KB205265

복 있는 사람

오직 하나님 말씀에 사로잡혀 밤낮 성경말씀 곱씹는 그대!
에덴에 다시 심긴 나무, 달마다 신선한 과실 맺고 잎사귀 하나 지는 일 없이, 늘 꽃 만발한 나무라네.(시편 1:2-3, 메시지)

나는 저자에게 직접 『메시지』의 저술 동기를 물은 적이 있습니다. 유진은 순전히 '목회적 동기'였다고 대답했습니다. 교인들이 성경 읽기를 너무 어려워하고, 말은 안 하지만 성경 읽기의 당위성을 알면서도 그렇게 못하고 있는 죄책감에서 교인들을 해방시키고 즐겁게 성경을 읽을 수 있도록 도울 길은 없을까를 고민했다고 합니다. 그 결과가 이 책 『메시지』입니다. 나는 지난 수년 동안 영어 성경을 이 『메시지』로 읽어 왔습니다. 얼마나 쉽고 흥미까지 있는지요! 그러면서도 이 책은 성경 원문의 표현을 벗어나지 않는 학문적 엄밀성까지 지키고 있습니다. 나는 성경에 흥미를 느끼며 성경을 독파할 다시없는 우리 시대의 대안으로, 단연 유진 피터슨의 『메시지』를 추천하고 싶습니다.

이동원 목사 지구촌교회

성경은 자구(字句)를 따져 가며 세심히 읽어야 하는 진리의 말씀입니다. 그뿐만 아니라, 성경은 하나님께서 우리를 인격적 존재로 대하시며 건네시는 생생한 일상의 말씀이기도 합니다. 그 살아 있는 말씀으로 하나님의 마음을 느끼며 신앙의 내용도 바로 이해하게 될 때, 우리는 더욱 성숙한 믿음으로 나아가게 될 것입니다. 그 길로 나아가는 데 이 책 『메시지』는 크나큰 유익을 줄 것이라 기대합니다.

박영선 목사 남포교회

유진 피터슨의 『메시지』 완간을 우리 모두가 오랫동안 기다려 왔습니다. 그의 탁월한 글솜씨와 함께 현대적 감각의 생생한 언어로 성경을 흥미롭게 풀어 우리 곁에 다가온 『메시지』는 성도들의 영적 삶에 큰 변화를 가져올 기회가 되리라 확신합니다. 어렵게 여기던 성경과의 거리감을 없애고 친밀하게 다가갈 수 있게 함으로 그야말로 '열린 성경'이 되어 더 많은 독자들을 만날 수 있게 되었습니다. 말씀이 거침없이 읽힐 때 어떤 일이 일어날지 참으로 기대와 함께 흥분이 됩니다.

이규현 목사 수영로교회

문자로 기록된 성경은 하나님의 말씀이다. 거기에는 하나님의 깊은 뜻이 담겨 있다. 성경에 담겨 있는 깊은 뜻은 어느 시대 어떤 번역자에 의해서도 완전하게 드러낼 수 없다. 시대의 상황에서 최선을 다한 번역일 뿐이다. 유진 피터슨의 『메시지』는 우리 시대에 살고 있는 사람들에게 하나님의 깊은 뜻을 가장 적절하게 잘 드러낸 최선의 번역이라는 찬사를 아끼지 않는다. 이름 그대로 독자들에게 살아 있는 메시지로 들려질 수 있는 번역이다. 어느 때보다 하나님의 말씀에 목말라하는 이때에, 이 『메시지』가 많은 독자들에게 영의 양식이 될 줄 확신하는 바이다.

임영수 목사 모새골 공동체

저는 『메시지』의 출판을 정말 오랫동안 기다려 왔습니다. 1996년도 안식년에 저는 리젠트 칼리지에 머물면서 저자도 만나고 그의 저서들도 접하게 되었습니다. 그때 『메시지』를 소개받고 읽으며 얼마나 좋아했는지 모릅니다. 그리고 그때부터 저는 한국어판의 간행을 기다려 왔습니다. 벌써 15년이나 되었네요. 이 책의 출간을 진심으로 기뻐하며 추천합니다. 여러분 모두 성경처럼 옆에 두고 읽어 보십시오. 은혜가 되고 영감이 떠오를 것입니다.

정주채 목사 향상교회

성에 낀 창가, 흐린 불빛 아래 앉아 시린 손을 호호 불며 시를 쓰던 지바고를 생각한다. 그리고 말씀의 지층을 탐사하면서, 곱씹은 말씀 한 자 한 자를 명징한 언어로 옮기느라 골똘했을 한 사람을 생각한다. 『메시지』의 행간에는 각고의 세월 동안 그가 흘렸을 눈물과 탄식, 기쁨과 감동이 배어 있다. 그 행간까지도 읽으려 한 번역자들과 편집자들의 노고도 눈물겹다. 아브라함 요수아 헤셸은 현대인을 가리켜 '메시지를 잃어버린 메신저'라 했다. 그런 현대인들에게 이 한 권의 책은 우리가 잃어버린 혹은 잊고 있는 본래적 삶을 되찾도록 도와줄 것이다. 성경의 세계와 깊이 만날 수 있는 또 하나의 창을 얻은 기분이다.

김기석 목사 청파교회

우리 교회는 성경을 읽을 때 두 가지 번역본을 사용하려고 합니다. 하나는 개역개정 성경이고, 하나는 『메시지』라는 의역 성경입니다. 특히, 『메시지』란 성경을 적극적으로 활용해 주시기를 바랍니다. 이미 성경을 여러 번 읽으셨던 분들은 새로운 번역본으로 읽으면서 성경의 새로운 의미를 깨달을 수 있을 것입니다. 그리고 처음 성경을 읽는 분들은 현대어로 번역된 이 성경을 통해 성경의 의미를 쉽게 파악할 수 있을 것입니다. 말씀을 통해 우리의 심령에 주실 하나님의 은혜의 단비를 사모합니다.

정현구 목사 서울영동교회

저는 『메시지』 성경을 읽으면서, 성경 읽기를 무척이나 어려워하는 우리 성도들이 떠올랐습니다. 묵상은커녕 성경을 하루 한 장 읽기에도 바쁜 오늘날, 『메시지』는 한국교회에 참 귀한 선물입니다. 저는 성도를 말씀으로 깨워 각자의 삶 속에서 예수님 닮은 모습으로 서도록 도와주는 일이 목회자의 본질적인 사명이라 확신하며 사역해 왔습니다. 그러한 목회자의 마음이 담긴 『메시지』는, 어렵게만 느껴지던 성경을 우리 일상의 언어로 풀어 주어 성도 스스로 삶 속에서 말씀으로 하나님과 관계 맺도록 도와줍니다. 진정한 그리스도인의 영성은 구체적이고 실천적인 '일상의 영성', '삶의 영성'입니다. 『메시지』를 통해 한국교회의 성도들이 말씀의 깊은 세계로 뛰어들어 그 말씀대로 살기 위해 씨름하는, 주님의 참된 제자로 세워지기를 소망합니다.

이찬수 목사 분당우리교회

유진 피터슨의 『메시지』는 묵상 성경이다. 유진 피터슨은 문학적 상상력과 신학적 치밀성이 통합된 아주 놀라운 성경 해석가요 설교자다. 그의 풍요로운 문학적 상상력이 신학적 경직을 훌쩍 건너뛰어, 그의 모든 글들을 풍요롭고 자유롭고 아름답게 해준다. 딱딱한 성경의 이야기(narrative)를 흥미롭고 풍요로운 시적 언어로 다시 풀어내어 신선한 통찰력이 넘치는 새로운 이야기로 전하는 '스토리텔링 바이블'이 바로 『메시지』이다.

이문식 목사 광교산울교회

『메시지』는 변함없는 진리의 말씀을, 지금 이 시대의 평범하고 일상적인 단어들에 담아 생동감 있게 전해 줍니다. 성경의 원문에 충실한 바른 번역이 살아 있는 언어로 더욱 빛을 발하는 『메시지』는, 성경을 처음 읽는 사람이든 오랫동안 상고해 온 사람이든, 누구에게나 깊이 파고드는 생명력 있는 진리의 귀한 통로가 될 것입니다. 이 시대의 젊은이와 미래를 이끌어 갈 다음 세대에게 생명을 살리는 도구로 크게 쓰일 것입니다.

오정현 목사 사랑의교회

성경은 하나님에 대하여 어디서도 얻을 수 없는 살아 있는 정보를 가득 담고 있는 세상에서 가장 소중한 책이지만, 성경 원어가 모국어가 아닌 모든 사람에게 늘 쉽지 않은 책이기도 하다. 유진 피터슨은 문화와 시간의 벽을 뛰어넘어 그 소중한 의미를 밝혀 주는 번역과 의역 작업을 통해 우리를 성경 말씀에 더 가까이 나아가게 만든다. 한국인에 의한 한국판 『메시지』가 나올 때까지, 이 책은 우리 모두에게 축복의 보고가 될 것이다.

김형국 목사 나들목교회

나는 『메시지』 출간으로, 한반도에 사는 남과 북의 사람들이 성경이 읽고 이해할 수 있는 책이라는 것을 알게 되리라고 확신한다. 유진 피터슨은 보통 사람들의 일상 언어로 성경을 번역했지만 학문적인 엄밀성도 갖춰, 젊은 사람이나 나이 든 사람, 성경을 공부해 온 사람이나 성경을 한 번도 읽은 적 없는 사람 모두에게, 하나님의 말씀이 "살아 있는" 말씀이 되게 했다. 하나님께서 『메시지』를 사용하셔서, 이 땅 한반도가 그분의 살아 있는 말씀으로 가득 채워지기를 기도한다.

오대원 예수전도단 설립자

포스트모던 시대에 교회가 유념해야 하는 사실은 매체가 메시지가 된다는 점입니다. 교회가 간직해 온 가장 소중하고 핵심적인 매체는 하나님의 말씀인 성경인데, 그간 다양한 번역이 나오기는 했지만 아직도 개역이나 개역개정에 대해 많은 사람들이 어렵다는 반응을 보이고 있습니다. 이처럼 한국교회의 매체는 여전히 어렵고 접근하기 불편한 것이 사실입니다. 성경이라는 매체가 '교회는 어려운 곳'이라는 메시지를 전한다면 안타까운 일입니다. 유진 피터슨의 『메시지』는 이미 영어권에서는 폭발적인 반응을 일으킨 바 있습니다. 이 『메시지』가 우리나라의 독자들에게도 전해지게 되어 기쁘게 생각합니다. 바라기는 『메시지』가 우리와 함께하시는 임마누엘의 하나님을 대면하는 새로운 매체가 되어, 교회의 문호가 모든 사람에게 활짝 열려 있다는 메시지도 함께 전달되기를 기대합니다.

김중안 전 한국기독학생회 IVF 대표

"말씀이 육신이 되어……." 육신이 된 말씀은 역사의 분기점마다 새 세상을 창조하는 영감과 통찰, 그리고 힘의 원천이었다. *위대한 개혁의 시대에는 일상의 언어*, 보통 사람의 말로 생생하게 살아 펄떡이는 말씀이 있었다. 위클리프의 성경이, 루터의 성경이, 암울했던 일제 강점기에는 개역성경이, 그리고 이제 우리에게는 『메시지』가 주어졌다. 주님께서는 우리 시대 또 어떤 역사를 시작하실 것인가?

이윤복 전 죠이선교회 대표

『메시지』 성경의 출간은 오랫동안 기다려 왔던 일입니다. 왜냐하면 성경을 오늘날의 언어로 이해할 수 있는 탁월한 성경이기 때문입니다. 『메시지』를 통해 많은 사람들이 성경의 진수를 오늘의 생각과 언어 그리고 정서로 이해할 수 있었으면 좋겠습니다. 성경을 손에 잡히는 언어로 이해하고 묵상하기에 가장 훌륭한 도구가 될 것입니다.

한철호 미션파트너스 상임대표

기독교는 창조주 하나님께서 친히 속내를 드러내신 계시의 종교다. 성경은 영원한 하나님의 진리를 제한된 사람의 언어로 담아낸 책으로, 평범한 사람이 이해하도록 배려하신 하나님의 커뮤니케이션이다. 그러나 역사상 수많은 번역이 난삽하거나 고전적 표현을 고집함으로써 성경의 메시지로부터 일반인을 격리시키는 오류를 범하곤 했다. 개역성경도 긴 시간이 흐르면서 현대인이 쉽게 읽기 어려운 책이 되고 말았다. 유진 피터슨의 『메시지』가 우리말로 번역된 것을 보니 오랜 가뭄에 단비같이 반가운 소식이다. 이 탁월한 '성경 옆의 성경'을 통해, 하나님의 말씀이 독자의 삶에 친숙하고 풍성하게 되살아나는 축복이 있기를 바란다.

정민영 전 국제 위클리프 성경번역선교회 부대표

원어의 운율과 숙어적인 의미를 살리면서도 편안하게 빠져서 읽을 수 있는 『메시지』를 우리말로 읽을 수 있게 됨을 환영한다. 우리말로 옮기면서 운율과 어감이 다소 달라졌지만, 성경을 살아 있는 메시지로 듣고자 하는 이들의 보조성경으로 흔쾌히 권하려다.

권영석 전 학원복음화협의회 상임대표

개역성경, 솔직히 좀 어려운 게 사실이지만 다들 쓰니까 어쩔 수 없이 들고 다녀야 했다. 다른 현대어 성경, 좀 밋밋하고 아쉬운 구석이 많아 영어 성경 보듯 가끔 참고만 했다. 유진 피터슨의 『메시지』 성경, 오랜만에 앉은자리에서 책 읽듯이 쭉 읽고 묵상하고 싶게 만드는 성경이다. 못 믿겠으면 지금 당장 로마서 12장 1-2절을 찾아 읽어 보라!

서재석 Young2080 대표

말씀에 목마른 사람들이 있습니다. 말씀 없이는 단 한 순간도 살아갈 수 없는 사람들입니다. 저는 컴패션 현지에서 가난 속에서 몸부림치며 하나님 말씀 붙들고 일어나는 수많은 어린이와 부모들을 만납니다. 그들과 만나면, 말씀의 능력 앞에 엎드릴 수밖에 없습니다. 그 말씀에 가장 좋은 친구가 되는 『메시지』를 통해 말씀의 살아 있음을 더욱 깊이 경험하게 되기를 바랍니다.

서정인 국제어린이양육기구 한국컴패션 대표

『메시지』는 평소에 늘 곁에 두고 읽고 싶은 성경입니다. 마침내 본문 전체가 번역되다니, 얼마나 기쁜지요! 유진 피터슨은 많은 책에서 일상의 영성을 강조하는데, 우리의 구체적인 삶 가운데 함께하시는 하나님을 깨닫고 만나는 데 『메시지』가 많은 도움을 주리라 믿습니다. 『메시지』를 읽고 잠잠히 묵상하는 가운데, 수천 년 전 살았던 성경 속 인물들이 지금 우리 곁에서 이야기하는 듯한 놀라운 경험을 하게 될 것입니다.

문애란 G&M 글로벌문화재단 대표

『메시지』는 이 시대의 언어로 성경 속 그 시절을 물 흐르듯 자연스럽게 만나게 합니다. 『메시지』를 통해 더 많은 이들이 우리를 향한 하나님의 계획하심과 일하심을 생생하게 느끼기를, 나아가 예수님을 알지 못하는 이들 역시 지금 이 순간에도 살아 역사하시는 하나님을 뜨겁게 맞이하기를 소망합니다.

김경란 전 KBS 아나운서

유진 피터슨의 『메시지』는 이미 영어권 독자에게는 '뉴욕타임스'처럼 매일 읽을 수 있는 책으로 자리 잡았다. 그러나 『메시지』는 단순히 사건에 대한 기사를 읽고 아는 것에 그치지 않고 '거룩한 독서', '영적 독서' 렉티오 디비나(lectio divina) 전통이 해온 것처럼 읽고, 묵상하고, 기도하고, 일상의 구체적 삶에서 말씀을 삶으로 살아 내도록 배려한다. 따라서 오늘도 여전히 살아 계셔서 말씀하시는 하나님이 성경을 통해서 말씀하시고 계신 것을 『메시지』를 통해서 체험하게 될 것이고 읽는 이들이 성경을 더욱더 사랑하게 될 것이라 믿고 진심으로 추천한다.

강영안 미국 칼빈신학대학원 철학신학 교수, 서강대학교 철학과 명예교수

『메시지』 성경의 뛰어난 가독성은, 하나님의 말씀인 성경이 이렇게 빨리 읽히고 이렇게 쉽게 이해되어도 괜찮나, 하는 생각이 들어 문득 독서를 멈출 정도이다. 그렇지만 성경이 왜 잘 안 읽히고 이해되기 어려운 책이어야 한단 말인가. 일상의 언어와 시대의 문장에 담겨 우리를 찾아온 새로운 버전의 이 성경은 하나님의 말씀이 얼마나 친근하고 가까운지를 새삼 상기시킨다. 말씀이 그분의 임재의 현장임을 믿는다. 『메시지』 성경의 생생하고 과감한 현대적 표현을 통해 우리는 어제와 마찬가지로 오늘도 동일하게 활동하시는 성령의 역동적인 운행을 경험하며 놀란다.

이승우 소설가, 조선대학교 문예창작학과 교수

『메시지』가 다른 쉬운 번역 성경과 차별되는 독특함은, 번역과 의역을 넘나드는 그 문학성 때문이다. 『메시지』는 딱딱한 성경의 이야기성(narrative)을 멋지게 되살려 낸, 이 시대를 사는 그리스도인들에게 참 반가운 선물이다. 『메시지』는 피터슨의 학문적인 토대 위에서 30여 년간의 목회 사역과 그의 문학적 소양이 빚어낸 역작이다. 하지만 역설적으로 『메시지』는 유진 피터슨의 책이 아니다. 그는 창작자가 아니라 통역자이기 때문이다. 하나님이 말씀하시고, 피터슨 목사는 알아듣기 쉬운 언어로 그 말씀을 전하는 또 한 명의 도구일 뿐이다. 이 지혜로운 동네 목사님이 준비해 주신 말씀이 우리 안에서 살아 내지도록 하는 것만이 그 은혜에 보답하는 길이리라.

고(故) 안수현 『그 청년 바보의사』 저자

제가 이스라엘에서 10년간 사역하면서 누린 최고의 복은, 이스라엘의 역사·지리·문화에 대한 폭넓은 이해를 통해 성경을 역사 드라마처럼 익사이팅하게 읽을 수 있게 되었다는 점입니다. 유진 피터슨의 『메시지』 또한 성경 속 이야기를 눈앞에서 움직이듯이 생생히 전달해 주어 성경을 더욱 친근하고 입체적으로 이해하도록 돕습니다. 이 책을 통해, 풍성하고 벗어날 수 없는 성경의 매력에 푹 빠져 보시기 바랍니다.

류모세 『열린다 성경』 저자

『메시지』는 마치 다리와도 같다. 성경과 사람들 사이에 다리를 놓아 우리로 하여금 바로 일상에서 말씀하시는 것 같은 생생한 어조로 진리를 듣게 해준다.

하덕규 CCM 아티스트

유진 피터슨은 일상과 사람과 영성을 따로 보지 않았습니다. 『메시지』에는 뭇 백성을 향한 애끓는 사랑과 그분을 향한 한결같은 장인 정신이 살아 있습니다. 예수가 사람이 되어 오신 사랑과 연민을 그는 『메시지』를 통해 실천했습니다.

홍순관 CCM 아티스트

『메시지』의 출간을 독자의 한 사람으로 기다리고 있었습니다. 따뜻하고 친절한 저자의 배려가 글 한 구절 한 구절에 담겨져 있는 듯합니다. 덕분에 쉽게 펼쳐 보지 못했던 성경의 구석구석을 『메시지』와 함께 여행할 수 있어 읽는 내내 가슴 설레고, 인생이라는 여행길에 걸음걸음 흥겨움을 줍니다. 고맙습니다. 좋은 책을 만나게 해주셔서…….

조수아 CCM 아티스트

하나님은 인간의 언어를 사용하여 우리의 수준으로 말씀하셨다. 신약성경이 코이네(평범한) 그리스어로 쓰여진 것도 바로 그 맥락일 것이다. 『메시지』는 누구나 이해할 수 있는 일상의 언어로 우리에게 말씀하신 그 놀라운 성육신의 은혜를 고스란히 담아내고 있다.

조준모 CCM 아티스트, 한동대학교 국제어문학부 교수

일상을 사는 일과 말씀을 읽고 그 말씀을 일상 속에 해석하고 또한 비추어 내는 일은 늘 어려운 숙제 같습니다. 여기 이 책이 그 여정 가운데 도움이 되지 않을까 싶습니다.

한웅재 CCM 아티스트

『메시지』는 유진 피터슨의 35년간의 목회 경험과 신학 교수로서의 전문성이 집약된 '읽는 성경'이다. 학자적 엄밀성뿐 아니라 공역 성경이 줄 수 없는 친근함과 정겨움이 넘쳐나는 이 책은, 기독교인과 일반인 모두에게 성경을 더욱 가까이하는 계기를 제공한다.

「국민일보」

『메시지』 한국어판 감수자

성경 읽기의 궁극적 목표는 순종이다. 순종은 하나님의 뜻에 대한 깨달음을 전제한다. 그리고 우리는 이 깨달음을 위해 성경을 읽는다. 그렇지만 우리는 종종 내게 칼날을 겨누는 깨달음보다는 그런 불편함이 없는 읽기 자체에만 몰두하려 한다. 그런 우리에게는 우리의 무릎을 꿇게 하는 성령의 감화가 필요하겠지만, 깨달음의 장애를 제거하려는 노력도 필요할 것이다. 유진 피터슨의『메시지』는 깨달음을 위한 읽기를 돕는 참 좋은 도구다. 물론 한 사람의 경험으로 비춘 사적인 읽기이지만, 그래서 오히려 더 구체적이고 더 살갑다.『메시지』를 읽으며 우리는 '나도 이처럼 실감나게 말씀을 읽고 싶다'는 열망을 갖게 된다. 세상의 온갖 잡음으로 난청의 지병에 시달리는 우리를 돕는 좋은 보청기가 될 수 있을 것이다.

권연경 교수 숭실대학교 신약학

말씀을 주체적으로 읽는 것이 기독교 영성의 중요한 부분이다. 그러나 난해한 번역은 때때로 그런 성경 읽기를 방해한다. 원문에 대한 해설적 번역인『메시지』성경은 보다 많은 사람들이 성경을 재미있고 진지하게 읽도록 도울 것이다. 또한 한국의 다소 보수적인 성경 번역 문화에서『메시지』성경은 신선하며 대안적인 번역이 되리라 확신한다.

김구원 교수 개신대학원대학교 구약학

유진 피터슨이 풀어가는『메시지』는 참으로 파격적이다. 워낙 파격적이어서 어떤 부분에서는 히브리어 본문보다 한 걸음 더 나아간 듯 보이기도 한다. 주어진 본문의 일점일획을 강조하는 오늘의 우리는 그의 번역을 따라가기가 주저되기도 한다. 그러나 성경 번역의 가장 기본적인 목적이 그때에 주어진 말씀을 오늘의 우리가 이해할 수 있도록 돕는 것, 다시 말해 '과거와 현재의 소통'이라고 할 때,『메시지』는 일관되게 이 목적에 충실하다.『메시지』를 읽다 보면 성경에 이런 말씀이 있었는지 깜짝 놀라게 될 것이다. 이렇게 파격적인 표현이 있었던가 싶을 것이며, 개역개정판을 다시 들추어 보게 될 것이다. 그렇게 두 번역본을 서로 대조해 보게 하고, 또 다른 번역들을 확인해 보게 만든다는 점으로도『메시지』의 가치는 매우 특별하다.

김근주 교수 기독연구원 느헤미야 전임연구위원

오랫동안 기다리던『메시지』가 드디어 출간되었다. 일상에서 만나는 하나님, 하나님께서 섭리하시는 일상의 삶이『메시지』성경에 어떻게 녹아 있을지 몹시 궁금했는데, 역시 기대를 저버리지 않는다. 저자의 40년 목회자로서의 삶과 묵상의 결과물로서, 오늘날 일상의 언어로 친근하게 표현되었을 뿐 아니라 한국적 맥락에서 능수능란하게 번역되어 있어, 구약의 지혜자와 시인들의 빛나는 지혜와 진솔한 고백, 그 절절한 외침들을 가슴 깊이 와 닿게 만든다. 성경을 통독하고자 하는 이들은 시 읽기에 대한 부담감을 떨쳐 버리고 편하게 넘기면서 읽을 수 있을 것이고, 한 구절 한 구절 음미하며 묵상하고자 하는 이들에게는 구약 성도들의 깊은 신앙의 맛을 느끼게 하는 동시에 쉽게 삶으로 옮겨 가도록 도와줄 것이다. 또한『메시지』본문으로 설교하는 사역자들은 원문과 다른 번역본들과 더불어 이 책을 참조하며 읽을 때 해석과 적용의 고리를 선명하게 이어 나갈 수 있을 것이다. 많은 성도들이 이 책을 통해 일상에서 더 깊이 하나님을 만나고 일상의 삶을 더 지혜롭고 행복하게 영위할 수 있게 되기를 바란다.

김성수 교수 고려신학대학원 구약학

『메시지』는 목회자의 마음으로 번역된 성경이다. 독자에게 하나님의 마음을 전달하려는 간절한 목자의 마음이 문체와 어조 속에 잘 반영되어 있다. 유진 피터슨은 자신이 목회하는 교회의 회중의 눈높이에 맞춰, 현대인의 접근을 어렵게 만드는 성경의 구절들을 일상의 언어로 탁월하게 번역해 냈다.

김회권 교수 숭실대학교 구약학

광야길을 가며 구약성경을 읽고 있던 에티오피아 재무장관에게 예루살렘 교회의 전도자 빌립이 다가와 물었습니다. "읽는 것이 이해가 되십니까?" 그러자 에티오피아 내시는 "도와주는 사람이 없는데 어찌 이해가 되겠습니까?"라고 대답했습니다. 이 에피소드는 유진 피터슨의 『메시지』의 역할이 무엇인지 잘 설명해 줍니다. 우리가 부르는 찬송가의 한 구절처럼, 『메시지』는 하나님의 말씀을 알아듣기 쉽고 이해하기 쉽게 들려주는 탁월한 통역자입니다. 또한 천상의 언어를 우리가 사는 이 땅의 언어로 번역한 성육신적 성경입니다. 어느 것도 이보다 더 좋을 수 없을 것입니다.

류호준 교수 백석대학교 구약학

종교개혁의 중요한 공헌 가운데 하나는, 신부들의 전유물처럼 여겨진 라틴어로 된 성경을 각 나라말로 번역하여 평신도들이 직접 성경을 읽게 함으로써 성경 중심의 신앙을 세운 것이다. 한국에서는 예배용으로 사용되는 개역성경의 전통이 있고 최근에 다양한 성경이 보급되었지만, 여전히 신앙인들이 쉽게 성경을 읽기에는 장애물들이 있는 실정이다. 이러한 상황에서, 성경 옆의 성경 『메시지』는 성경이 신앙인들에게 더 가까이 다가가게 만드는 역할을 한다는 면에서 반갑지 않을 수 없다. 나 자신도 감수를 하면서 쉬운 일상의 말로 번역된 성경의 이야기가 통전적으로 다가오는 편안함을 느낄 수 있었다. 『메시지』가 한국어를 사용하는 신앙인들에게 성경의 오묘한 세계로 들어가는 친절한 친구가 되기를 소망한다.

배정훈 교수 장로회신학대학교 구약학

유진 피터슨의 『메시지』를 우리말로 읽는다는 것은 커다란 감동입니다. 히브리어와 그리스어로 기록된 성경의 말씀이 무슨 뜻인지를 오늘날 우리들의 글말로 새롭게 듣게 하기 때문입니다. 성경의 세계와 오늘 우리 사이에는 커다란 시간적·공간적·문화적 거리가 있습니다. 유진 피터슨의 『메시지』는 이 거리를 단숨에 건너뛰게 해줍니다. 그때 선포되었던 말씀을 오늘 우리에게 선포되는 말씀으로 듣게 할 뿐만 아니라 그 뜻이 무엇인지를 정확하게 깨닫게 해줍니다. 어렵게만 느껴지던 성경의 구절이 '아! 그런 뜻이었구나' 하면서 우리에게 다가오는 경험을 하게 됩니다. 그런 점에서 유진 피터슨의 『메시지』는 '뜻으로 푼 성경'이라고 말할 수 있습니다. 그가 풀어 놓은 말씀의 향연에 참여할 때, 독자들은 하나님의 말씀을 "종일 작은 소리로 읊조리는"(시 119:97) 시인의 고백을 공유하게 됩니다.

왕대일 교수 감리교신학대학교 구약학

성경의 존재 이유는 하나님의 선물인 구원을 인류에게 전달하는 데 있다. 이 『메시지』 성경은 하나님의 말씀만이 제공할 수 있는 영혼을 살려 내는 싱싱함을 듬뿍 안겨 준다. 알찬 짜임새로 독자를 사로잡는 이 『메시지』 성경의 한 구절 한 구절은, 독자가 이해하기 쉽도록 현대적인 번역은 물론, 감칠맛 나는 수사학적 뉘앙스가 어우러져 수천 년 전 바로 그 선포의 자리에 함께하고 있다는 느낌마저 들게 한다. 동시에 본문의 의미를 정확하게 담아내려는 노력은 이 『메시지』 성경을 현대인의 영적 해갈을 위한 명작으로 손꼽히게 만든다. 그래서 성경에 대해서 이해하기 어렵다는 불평은 본 『메시지』 성경을 손에 든 순간부터 더 이상 설득력을 잃게 될 것이다. 현란한 언어가 난무하고 진리의 순수성이 훼손되는 현대사회의 모든 문제와 사회적 병폐를 치유해 줄 본 『메시지』 성경의 출간을 축하하며, 그리스도인들과 진리에 목마른 모든 현대인들에게 『메시지』를 강력히 추천하는 바이다.

윤철원 교수 서울신학대학교 신약학

『메시지』의 미덕은 두 가지다. 무엇보다 성경을 막힘없이 읽을 수 있게 해준다. 하나님의 거대한 이야기를 만들었던 소소한 일상 속에서 사람들이 웃고 떠들고 화내고 슬퍼하던 소리를 생생히 듣는다. 그들와 함께했던 하나님의 일하심을 또렷하게 본다. 이것이 『메시지』의 잘 알려진 첫 번째 미덕이다. 그런데 『메시지』의 두 번째 미덕은 첫 번째 미덕과는 반대의 성격을 띤다. 『메시지』는 종종 성경을 읽는 걸음을 멈추게 한다. 하나님의 말씀이 잘 들리지 않는 이유 중 하나는 우리가 그 말씀에 너무 "익숙해져" 있기 때문이다. 익숙한 말은 더 이상 들리지 않는다. 더 이상 설레지도 않는다. 그런데 『메시지』는 하나님의 말씀을 낯설게 한다. 이런 말씀이 성경에 있었단 말인가? 말씀을 낯설게 하기, 이것이 『메시지』의 두 번째 미덕이다. 이런 낯설음이 정말로 성경이 무엇을 말하고 있는지 다시금 꼼꼼히 살펴보는 계기가 된다면, 『메시지』는 '성경 옆의 성경'이라는 소임을 성공적으로 수행한 것이다. 『메시지』를 통해 하나님 말씀을 가슴 설레며 읽게 되는 것, 그 하늘의 복을 모든 독자들이 누릴 수 있기를 바란다.

전성민 교수 밴쿠버 기독교세계관대학원 원장

성경은 고전(古典) 가운데서도 최고의 고전이다. 고전이란 반드시 읽어야 할 책이라는 것은 누구나 알지만, 고전을 읽는다는 것은 말 그대로 고전(苦戰)이라, 쉽게 읽지 못하는 책이기도 하다. 성경이 영원히 읽어야 할 책이라는 점에는 그 누구도 이의를 제기하지 않을 것이다. 그러나 열정적인 독서에 비해서 그만큼 이해되지 않는 책이기도 하다. 이런 문제를 단번에 해결하는 책이 드디어 발간되었다. 문자적인 번역은 그 의미를 파악하기가 쉽지 않고, 풀어 쓴 의역은 본래의 의미를 벗어나기가 십상이다. 그런데 『메시지』는 이 둘의 한계를 신기하게 극복하고, 본문의 의미를 현대적인 언어로 되살린 탁월한 결과물이다. 마치 성경의 원저자이신 하나님께서 옆에서 우리가 쓰는 언어로 말씀하시는 것 같은 착각을 불러일으킬 정도다.

차준희 교수 한세대학교 구약학

'그때 거기에서의' 옛 메시지의 보화를 캐내어 '이제 여기에서의' 신선하고 살아 있는 복음 메시지로 우리에게 친숙하게 다가온 우리말 『메시지』 성경 출간을 기쁘게 생각합니다. 그 옛날 쉽게 알아들을 수 있었던 하나님의 말씀이 오늘 우리에게도 그렇게 다가와야 함은, 사람들의 기대이자 하나님의 선하신 뜻이라 확신합니다. 서구에서 그러했듯이, 『메시지』 성경은 한국의 오늘과 내일의 성도들에게도 많은 사랑을 받을 것입니다. 이에 설렘과 감사 가운데 『메시지』 성경을 환영하며 추천합니다.

허주 교수 아신대학교 신약학

『메시지』는 내가 아는 성경의 최근 번역본 중에 가장 역동적인 성경이다. 『메시지』는 아이들도 이해할 수 있는 성경이다. 성경을 많이 읽어 온 사람은 이 『메시지』를 통해 예수님의 말씀을 전혀 새로운 눈으로 보게 될 것이다.

빌리 그레이엄

『메시지』는 하나님 말씀을 교인들에게 전하려고 했던 피터슨의 목회 경험에서 나온 책이다. 『메시지』를 통해 가장 큰 유익을 얻을 사람은, 성경을 읽어도 이해가 되지 않아 성경을 덮어 버린 사람이다. 또한 깊이 생각하며 진리를 추구하지만 아직 말씀을 받아들일 준비가 되어 있지 않은 사람이다. 놀랍게도 『메시지』는, 일상적인 언어로 저들에게 강렬하게 다가가서 살아 있는 말씀이 된다.

달라스 윌라드 『하나님의 모략』 저자

『메시지』는 성경 본래의 목소리를 생생한 언어로 전해 주는 성경이다. 강력하게 추천한다.

리처드 포스터 『영적 훈련과 성장』 저자

학자적 엄밀성과 생생한 표현이 잘 어우러진 유진 피터슨의 『메시지』는, 다양한 성경 번역본 가운데 단연 돋보이고 뛰어난 성경이다. 성경 원문의 논리적 흐름과 활력적인 정서, 함축된 의미들이 탁월하게 되살아난다.

제임스 I. 패커 『하나님을 아는 지식』 저자

『메시지』는 오늘날 살아 있는 일상의 언어로 말하는 성경이다. 유진 피터슨의 탁월한 언어 감각은 『메시지』만의 고유한 특징이다.

고든 피 리젠트 칼리지 신약학 교수

우리는 전 교인과 함께 『메시지』를 읽었고, 지금도 계속해서 읽고 있다.

릭 워렌 새들백교회 담임목사

『메시지』는 한 번 손에 들면 놓을 수 없는 책이다. 다음에 어떤 내용이 있을지 궁금해서 계속해서 읽게 되고, 읽다 보면 끊임없이 놀라게 된다. 『메시지』의 신선한 관점과 형식은 예수님에 관한 사실들을 단번에 읽어 내는 경험을 가져다줄 것이다.

에이미 그랜트 CCM 아티스트

피터슨 목사님, 안녕하세요? 저는 그룹 U2의 싱어인 보노입니다. 성경 본문을 이렇게 멋지게 번역하신 그 수고에 대해서 저와 저희 밴드가 감사의 마음을 전하고 싶습니다. 정말이지 너무 훌륭합니다. 그동안 많은 훌륭한 번역들이 있었지만 제 자신의 언어 그대로 이야기해 주는 이런 성경은 처음이었어요. 10년이라는 시간, 참 긴 시간이죠. 이젠 좀 쉬셔야죠? 안녕히.

보노 록그룹 U2 리드싱어

나는 『메시지』에서 단어를 읽을 뿐 아니라, 단어 뒤에서 말하는 소리까지도 듣게 된다. 『메시지』는 우리 눈에 읽히고 귀로도 들려서, 성경 속으로 들어가는 문을 활짝 열어 준다.

마이클 카드 CCM 아티스트

『메시지』는 나를 사로잡아 놀랍도록 살아 있게 한다. 『메시지』는 경이와 흥분, 인간의 진정한 언어와 감정으로 가득 차 있다.

프레드릭 뷰크너 『하나님을 향한 여정』 저자

성경의 이야기를 새롭고 신선하게 보는 눈을 열어 준 이 책을 처음 만난 것이 아주 오래전 일인 것 같다. 이제 『메시지』를 읽고 싶어 하는 저 수많은 사람들의 명단에 내 이름이 올라 있다. 『메시지』는 내게 너무도 소중한 친구이다.

맥스 루케이도 『예수님처럼』 저자

유진 피터슨 덕분에 이 시대 모든 이들이 성경을 흥미롭고 강력하고 감미롭고 날카롭고 설득력 있고 통렬하고 인간적이고 현대적이고 따뜻하고 극적으로 읽을 수 있게 되었다.

월터 왱어린 『오직 나와 내 집은』 저자

나는 『메시지』의 한 구절을 읽고, 다시 읽고 생각한다. '아, 이것이 그런 뜻이었구나!' 피터슨은 우리에게 평생의 선물을 주었다.

레베카 피펏 『빛으로 소금으로』 저자

놀랍다! 나는 항상 『메시지』를 가지고 다닌다. 『메시지』는 어디를 가든 꺼내 보고 싶은 보화다.

조니 에릭슨 타다 『하나님의 눈물』 저자

『메시지』를 주신 하나님께 감사드린다. 유진 피터슨은 『메시지』를 통해 교회가 성경을 새롭게 읽을 수 있게 해주었다.

『크리스채너티 투데이』

『메시지』 원서 감수자

구약

로버트 L. 허버드 Jr. | 노스 파크 신학교 구약학 교수
리처드 E. 에버벡 | 트리니티 복음주의 신학교 구약학 교수
피터 E. 엔즈 | 이스턴 대학교 구약학 교수
듀안 A. 개럿 | 남침례 신학교 구약학 교수
프레스콧 H. 윌리엄스 Jr. | 전 오스틴 장로교 신학교 구약학 교수
브라이언 E. 베이어 | 컬럼비아 인터내셔널 대학교 인문대 교수
레이머 E. 쿠퍼 | 크리스웰 칼리지 구약학 교수
도널드 R. 글렌 | 댈러스 신학교 구약학 명예교수
폴 R. 하우스 | 비슨 신학교 구약학 교수
V. 필립스 롱 | 리젠트 칼리지 구약학 교수
트렘퍼 롱맨 3세 | 웨스트몬트 칼리지 구약학 교수
존 N. 오스월트 | 애즈베리 신학교 구약학 교수
리처드 L. 프랫 Jr. | 리폼드 신학교 구약학 교수
존 H. 월튼 | 휘튼 칼리지 구약학 교수
마빈 R. 윌슨 | 고든 칼리지 구약학 교수

신약

윌리엄 W. 클라인 | 덴버 신학교 신약학 교수
대럴 L. 보크 | 댈러스 신학교 신약학 교수
도널드 A. 해그너 | 풀러 신학교 신약학 교수
모이제스 실바 | 전 고든 콘웰 신학교 신약학 교수
로드니 A. 휘태커 | 트리니티 성공회 신학교 신약학 명예교수

『메시지』 한국어판 작업에 도움을 준 이들

번역

김순현 | 여수 갈릴리교회 담임목사, 번역가(『메시지』 『안식』 『디트리히 본회퍼』 등 다수)
윤종석 | 전문 번역가(『메시지』 『예수님처럼』 『하나님의 모략』 『놀라운 하나님의 은혜』 등 다수)
이종태 | 서울여자대학교 교목실장, 번역가(『메시지』 『순전한 기독교』 『다윗: 현실에 뿌리박은 영성』 등 다수)
홍종락 | 전문 번역가(『메시지』 『올 댓 바이블』 『피고석의 하나님』 『영광의 무게』 등 다수)

책임 감수

김회권 | 숭실대학교 기독교학과 교수, 『청년설교 시리즈』 『하나님 나라 신학 강해 시리즈』 저자
김영봉 | 와싱톤사귐의교회 담임목사, 『설교자의 일주일』 『사귐의 기도』 『바늘귀를 통과한 부자』 저자

신학 감수

김구원 | 개신대학원대학교 구약학 교수
김근주 | 기독연구원 느헤미야 전임연구위원
김성수 | 고려신학대학원 구약학 교수
류호준 | 백석대학교 구약학 교수
배정훈 | 장로회신학대학교 구약학 교수
왕대일 | 감리교신학대학교 구약학 교수
전성민 | 밴쿠버 기독교세계관대학원 세계관 및 구약학 교수
차준희 | 한세대학교 구약학 교수
권연경 | 숭실대학교 신약학 교수
김철홍 | 장로회신학대학교 신약학 교수
심상법 | 총신대학교 신약학 교수
윤철원 | 서울신학대학교 신약학 교수
허주 | 아신대학교 신약학 교수

영문 감수

이종태 | 서울여자대학교 교목실장, 번역가(『메시지』 『순전한 기독교』 『다윗: 현실에 뿌리박은 영성』 등 다수)
홍종락 | 전문 번역가(『메시지』 『올 댓 바이블』 『피고석의 하나님』 『영광의 무게』 등 다수)

편집 및 독자 감수

『메시지』 한국어판이 약 10년에 걸쳐 완간되기까지, 복 있는 사람 출판사에서 오랫동안 수고해 온 멤버들과 개교회 목회자, 선교단체 간사, 신학생들 그리고 무명의 독자들의 날카롭고도 애정어린 편집 및 감수의 손길이 『메시지』 곳곳에 배어 있다.

메시지 | 완역본 영한대역

2009년 10월 20일 초판(신약) 1쇄 발행
2011년 4월 29일 초판(모세오경) 1쇄 발행
2012년 7월 30일 초판(역사서) 1쇄 발행
2013년 8월 14일 초판(예언서) 1쇄 발행
2015년 1월 16일 초판(시가서) 1쇄 발행
2015년 11월 23일 완역본 1쇄 발행
2016년 7월 4일 완역본 영한대역 1쇄 발행
2024년 12월 30일 완역본 영한대역 11쇄 발행

지은이 유진 피터슨
옮긴이 김순현 윤종석 이종태 홍종락
책임 감수자 김회권 김영봉
펴낸이 박종현

(주) 복 있는 사람
주소 서울특별시 마포구 연남동 246-21(성미산로23길 26-6)
전화 02-723-7183(편집), 7734(영업·마케팅) 팩스 02-723-7184
이메일 hismessage@naver.com
등록 1998년 1월 19일 제1-2280호

ISBN 979-11-7083-232-4 03230

이 도서의 국립중앙도서관 출판예정도서목록(CIP)은
서지정보유통지원시스템 홈페이지(http://seoji.nl.go.kr)와 국가자료공동목록시스템
(http://www.nl.go.kr/kolisnet)에서 이용하실 수 있습니다. (CIP 제어번호: 2016014212)

THE MESSAGE: The Bible in Contemporary Language
by Eugene H. Peterson

Originally published in English in the USA under the title
THE MESSAGE: The Bible in Contemporary Language by Eugene H. Peterson

메시지 | 완역본 영한대역

THE MESSAGE

The Bible in Contemporary Language

Eugene H. Peterson

The MESSAGE

유진 피터슨

복 있는 사람

구약전서

모세오경

시가서

역사서

예언서

신약전서

일러두기

- 유진 피터슨의 『메시지』 영어 원문을 번역하면서, 한국 교회의 실정과 환경을 고려하여 『메시지』 한글 번역본의 극히 일부분을 의역하거나 문장과 용어를 바꾸었다.
- 유진 피터슨은 『메시지』 영어 원문에서, 유일무이한 하나님의 인격적 이름을 주(LORD) 대신에 대문자 GOD로 번역했다. 따라서 『메시지』 한국어판은 많은 논의와 신학 감수를 거쳐, 원저자의 의도를 반영해 '주'(LORD) 대신에 강조체 '하나님'(GOD)으로 표기했다.
- 『메시지』 한국어판의 도량형(길이, 무게, 부피)은 『메시지』 영어 원문을 기초로 하여, 오늘날 우리나라에서 일반적으로 통용되는 단위로 환산해 표기했다.
- 지명, 인명은 대한성서공회에서 발행한 「개역개정」「새번역」 성경의 원칙을 따랐다.

한국의 독자에게

한국의 많은 친구들이 하나님의 말씀, 이 귀한 성경 말씀을 오늘의 언어로 된 새로운 번역으로 읽게 된다니 기쁘기 그지없습니다.

하나님의 말씀—하나님은 말씀하시고, 언어를 사용하십니다—은 세상과 우리 안에서 벌어지는 모든 일, 글자 그대로 모든 일의 기초입니다. 성경의 첫 페이지에는 "하나님께서 말씀하셨다"가 아홉 번이나 나옵니다. 하나님이 말씀하시면, 일이 생겨납니다. 우리가 존재하게 됩니다. 성경은 하나님이 말씀하실 때 생겨나거나 존재하게 되는 일들의 이야기입니다. 그 이야기는 우리가 자녀와 부모 간에, 친구와 이웃들과 이야기할 때 사용하는 언어와 똑같은 언어로 말하고 기록되었습니다. 그러므로 하나님의 백성이, 하나님이 누구시며 그분이 무슨 일을 하시는지를 계시해 주는 말씀을 읽는 데 계속해서 열심을 내는 것은 놀랄 일이 아닙니다. 참으로 놀라운 사실은, 하나님의 백성인 우리가 모든 것을 포괄하는 그 거대한 창조와 구원의 이야기에 등장하고, 그 이야기에 참여하고 있으며, 그 이야기를 살아 낸다는 것입니다.

여러분이 이 책을 펴서 읽는 동안, 기독교 신앙과 모든 삶의 핵심에 자리한 그 거대한 대화 속으로 들어가기를, 하나님이 말씀하시고 여러분이 응답하는 대화 속으로 들어가기를 간절히 바랍니다.

유진 피터슨

『메시지』를 읽는 독자에게

『메시지』에 독특한 점이 있다면, 현직 목사가 그 본문을 다듬었기 때문일 것이다. 나는 성경의 메시지를 내가 섬기는 사람들의 삶 속에 들여놓는 것을 내게 주어진 일차적 책임으로 받아들이고 성인 인생의 대부분을 살아왔다. 강단과 교단, 가정 성경공부와 산상수련회에서 그 일을 했고, 병원과 양로원에서 대화하면서, 주방에서 커피를 마시고 바닷가를 거닐면서 그 일을 했다. 『메시지』는 40년간의 목회 사역이라는 토양에서 자라난 열매다.

인간의 삶을 만들고 변화시키는 하나님의 말씀은, 내가 『메시지』 작업을 하는 동안 정말로 사람들의 삶을 만들고 변화시켰다. 우리 교회와 공동체라는 토양에 심겨진 말씀의 씨앗은, 싹을 틔우고 자라서 열매를 맺었다. 현재의 『메시지』를 작업할 무렵에는, 내가 수확기의 과수원을 누비며 무성한 가지에서 잘 영근 사과며 복숭아며 자두를 따고 있다는 기분이 들곤 했다. 놀랍게도 성경에는, 내가 목회하는 성도며 죄인인 사람들이 살아 낼 수 없는 말씀, 이 나라와 문화 속에서 진리로 확증되지 않는 말씀이 단 한 페이지도 없었다.

내가 처음부터 목사였던 것은 아니다. 원래 나는 교사의 길에 들어서서, 몇 년간 신학교에서 성경 원어인 히브리어와 그리스어를 가르쳤다. 남은 평생을 교수와 학자로 가르치고 집필하고 연구하며 살겠거니 생각했었다. 그러다 갑자기 직업을 바꾸어 교회 목회를 맡게 되었다.

뛰어들고 보니, 교회는 전혀 다른 세계였다. 제일 먼저 눈에 띈 차이는, 아무도 성경에 별로 관심이 없어 보인다는 점이었다. 얼마 전까지만 해도, 사람들은 내게 돈을 내면서까지 성경을 가르쳐 달라고 했는데 말이다. 내가 새로 섬기게 된 사람들 중 다수는, 사실 성경에 대해 아무것도 몰랐다. 성경을 읽은 적도 없었고, 배우려는 마음조차 없었다. 성경을 몇 년씩 읽어 온 사람들도 많았지만, 그들에게 성경은 너무 익숙해서 무미건조하고 진부한 말로 전락해 있었다. 그들은 지루함을 느낀 나머지 성경을 제쳐 둔 상태였다. 그 양쪽 사이에 있는 사람은 많지 않았다. 내가 가장 중요하게 여긴 일은, 성경 말씀을 그 사람들의 머리와 가슴 속에 들여놓아서, 성경의 메시지가 그들의 삶이 되게 하는 것이었다. 그러나 거기에 관심을 갖는 사람은 거의 없었다. 신문과 잡지, 영화와 소설이 그들 입맛에 더 맞았다.

결국 나는, 바로 그 사람들에게 성경의 메시지를 듣게—정말로 듣게—해주는 일을 내 평생의 본분으로 삼게 되었다. 그것이야말로 확실히 나를 위해 예비된 일이었다.

나는 성경의 세계와 오늘의 세계라는 두 언어 세계에 살고 있었다. 나는 언제나 그 두 세계가 같은 세계인 줄 알았다. 그러나 사람들은 그렇게 보지 않았다. 나는 어쩔 수 없이 "번역가"(당시에는 그런 표현을 쓰지 않았지만)가 되었다. 날마다 그 두 세계의 접경에 서서, 하나님이 우리를 창조하시고 구원하시고 치유하시고 복 주시고 심판하시고 다스리실 때 쓰시는 성경의 언어를, 우리가 잡담하고 이야기하고 길을 알려 주고 사업하고 노래 부르고 자녀에게 말할 때 쓰는 오늘의 언어로 옮긴 것이다.

그렇게 하는 동안, 성경의 원어—강력하고 생생한 히브리어와 그리스어—는 끊임없이 내 설교의 물밑에서 작용했다. 성경의 원어는 단어와 문장을 힘 있고 예리하게 해주고, 내가 섬기는 사람들의 상상력을 넓혀 주었다. 그래서 오늘의 언어 속에서 성경의 언어를 듣고, 성경의 언어 속에서 오늘의 언어를 들을 수 있게 해주었다.

나는 30년간 한 교회에서 그 일을 했다. 그러던 어느 날(1990년 4월 30일이었다), 한 편집자가 내게 편지를 보내 왔다. 그동안 내가 목사로서 해온 일의 연장선에서 새로운 성경 번역본을 집필해 달라는 청탁의 편지였다. 나는 수락했다. 그 후 10년은 수확기였다. 그 열매가 바로 『메시지』다.

『메시지』는 읽는 성경이다. 기존의 탁월한 주석성경을 대체하기 위한 것이 아니다. 내 취지는 간단하다. (일찍이 우리 교회와 공동체에서도 그랬듯이) 성경이 충분히 읽을 수 있는 책이라는 사실을 모르는 사람들에게 성경을 읽게 해주고, 성경에 관심을 잃은 지 오래된 사람들에게 성경을 다시 읽게 해주는 것이다. 그렇다고 굳이 내용을 쉽게 하지는 않았다. 성경에는 이해하기 어려운 부분도 많이 있다. 그래서 『메시지』를 읽다 보면, 더 깊은 연구에 도움이 될 주석성경을 구하는 일이 조만간 중요하게 여겨질 것이다. 그때까지는, 일상을 살기 위해 읽으라. 읽으면서 이렇게 기도하라. "하나님, 말씀하신 대로 내게 이루어지기를 원합니다."

유진 피터슨

『메시지』 머리말

읽는 것이 먼저다. 일단 성경을 읽는 것이 중요하다. 읽다 보면, 어느새 우리는 새로운 말의 세계에 들어가 대화를 나누게 된다. 하나님께서 시작과 끝을 쥐고 계신 그 대화에 우리도 참여하고 있음을 곧 알게 된다. 이것은 우리가 예상치 못한 일이다. 하지만 어느 시대를 막론하고 성경을 읽는 사람들은, 성경이 우리에 관해서 기록된 책일 뿐 아니라 우리를 향해 기록된 책이라는 사실을 알고 있었다. 성경 속에서 우리는 대화의 참여자가 된다. 그 대화를 통해, 하나님은 말씀으로 우리를 만드시고 복 주시고 가르치시고 인도하시고 용서하시고 구원하신다.

우리는 이런 일에 익숙하지 못하다. 반면에, 설명이나 지시나 감동이나 즐거움을 주는 책을 읽는 데는 익숙하다. 하지만 성경은 다르다. 성경은 계시의 세계다. 하나님은 바로 우리 같은 사람들—하나님 형상대로 지음받은 남녀들—에게, 그분이 일하시는 방식과 우리가 살고 있는 세계의 실상을 계시해 주신다. 동시에 하나님은 우리를 이끌어 그분의 일하시는 삶에 동참하도록 초청하고 명령하신다. 우리 시대의 가장 중요한 일은 하나님께서 (하늘에서와 같이) 이 땅에 사랑과 정의의 위대한 통치를 세우시는 것이다. 우리가 그 일의 주체임을, 우리는 서서히 (혹은 갑자기) 깨닫는다. '계시'란 우리 스스로는 알아내지 못할 일, 짐작하지도 못할 내용을 읽고 있다는 뜻이다. 성경의 독특성은 바로 계시에 있다.

『메시지』 성경도, 일단 읽고 귀 기울여 듣는 것이 중요하다. 공부할 시간은 나중에 얼마든지 있을 것이다. 우선은 그냥 읽는 것이 중요하다. 서두르지 말고 생각하면서 읽어야 한다. 성경의 이야기와 노래, 기도와 대화, 설교와 환상이 우리를 보다 큰 세계로 초청하는 방식을 느낄 수 있어야 한다. 하나님께서는 그 큰 세계에 계시면서 우리 눈에 보이는 모든 것에 개입하신다. 이 땅에 산다는 것—그냥 왔다 가는 것이 아니라 정말로 산다는 것—의 의미를 일깨워 주신다. 읽다 보면, 우리는 "알아듣기" 시작한다. 읽으면 읽을수록, 더욱 그렇다. 우리는 하나님과 대화를 나누고 있다. 우리에게 가장 중요한 사안들에 관해서 어느새 듣고 대답하고 있다. 우리는 누구인가, 어디서 와서 어디로 가는가, 무엇이 우리를 움직이는가, 우리가 사는 세계와 공동체의 원리는 무엇인가, 무엇보다도 우리 가운데 계시면서 우리 힘으로 할 수 없는 일들을 대신 해주시는 하나님의 신기한 사랑에 관해 대화하게 된다.

성경을 읽으면서 우리는, 이 세상에 더 큰 의미가 있음을 알게 된다. 인간이라는 존재에도, 보이는 *세계에도, 보이지 않는 세계*에도 더 큰 의미가 있다. 모든 것에 더 큰 의미가 있다! 그리고 그 의미는 하나님과 관계가 있다.

많은 사람들에게 성경은 새로운 책, 전혀 다른 종류의 책이다. 성경은 우리가 읽는 책이지만, 우리를 읽는 책이기도 하다. 우리는 뭔가 얻어 낼 수 있는 책을 찾아 읽는 데 익숙하다. 이를테면, 유용한 정보나 기운을 북돋아 주는 감동적인 이야기, 온갖 일의 방법론, 비오는 날 시간을 때울 오락물, 더 행복한 삶으로 이끌어 줄 지혜 같은 것을 찾는다. 성경 읽기에도 그런 유익이 있을 수 있고, 실제로 있기도 하다. 하지만 하나님께서 우리에게 성경을 주신 본래 목적은, 단순히 우리를 초청하시기 위해서다. 하나님의 세계와 하나님의 말씀을 내 집처럼 느끼도록, 하나님이 말씀하시는 방식과 우리가 삶으로 그분께 응답하는 방식에 익숙해지도록 하려는 것이다.

성경을 읽다 보면, 몇 가지 놀라운 일이 있다. 가장 놀랄 만한 일은, 성경은 일단 펼쳐서 읽어 보면 참으로 다가가기 쉬운 책이라는 점이다. 성경은 사실 누구나 읽고 이해할 수 있는 책이다. 두어 세대마다 새로운 번역본이 나오는 이유는, 성경의 언어를 우리가 현재 쓰는 일상어, 성경이 맨 처음 기록된 바로 그 언어로 유지하기 위해서다. 똑똑하지 않은 사람, 교육을 많이 받지 못한 사람도 성경을 이해할 수 있다. 성경은 우리가 시장과 놀이터와 저녁식탁에서 흔히 듣는 단어와 문장들로 기록되었기 때문이다. 성경이 워낙 유명하고 높여지다 보니, 반드시 전문가들이 설명하고 해석해 주어야 한다고 생각하는 사람들이 많다. 물론 설명이 필요한 부분도 있다. 하지만 성경에 기록된 말을 처음 들은 사람들은 평범한 노동자 계층이었다. 성경을 영어로 옮긴 초기의 최고 번역가 중 한 사람인 윌리엄 틴데일이 한 말이 있다. 그는 "쟁기로 밭을 가는 소년"이 읽을 수 있도록 성경을 번역하고 있다고 말했다.

교육을 많이 받은 아프리카인 어거스틴은 나중에 역사상 가장 영향력 있는 성경 교사가 되었지만, 성경을 처음 읽었을 때는 큰 반감을 가졌다. 문학적으로 세련되고 깔끔한 책을 극찬했던 그가 보기에, 성경은 평범하고 시시한 사람들의 투박하고 촌스러운 이야기로 가득했던 것이다. 그가 읽은 라틴어 역 성경에는 속어와 은어가 수두룩했다. 많은 등장인물이 "속되고" 예수는 평범해 보여서, 그는 성경을 한 번 보고는 경멸하며 내던졌다. 그러나 하나님은 세련된 지성인의 몸을 입고 오지 않으셨고, 그분의 고상한 세계를 터득하도록 우리에게 수준 높은 지식인 문화를 가르치지도 않으셨다. 어거스틴은 세월이 흐른 뒤에야 그것을 깨달았다. 하나님이 우리를 구원하기 위해 유대인 종의 모습으로 인간의 삶에 들어오셨다는 것을 알게 되면서부터, 그는 감사하고 믿는 마음으로 성경을 읽기 시작했다.

성경을 읽어도 세상이 "더 나아지지" 않는다며 놀라는 사람들도 있다. 성경의 세계는 결코 여행사의 안내 책자에 나오는 그런 이상적인 세계가 아니다. 하나님께서 이 세계 속에서 일하시고 사랑하시고 구원하시지만, 그렇다고 해서 고난과 불의와 악이 말끔히 사라지지는 않는다. 그렇게 간단한 문제가 아니다. 하나님은 죄로 물든 우리의 본성과 역사 속에서 끈기 있고 깊이 있게 일하시지만, 종종 은밀하게 일하신다. 이 세계는 깔끔하고 단정한 곳이 못되며, 우리가 모든 일을 통제할 수 있다는 보장도 없다. 이런 현실에 익숙해져야 한다. 어디에나 신비가 있다. 성경이 우리에게 제시하는 세계는, 우리의 직업을 계획하여 미래를 보장받을 수 있는 세계, 인과법칙에 따라 움직이는 예측 가능한 세계가 아니다. 모든 일이 우리의 미숙한 바람대로 이루어지는 꿈의 세계도 아니다. 고통과 가난과 학대가 있다. 그 앞에서 우리는 분개하여 "어떻게 이러실 수 있습니까!" 하고 부르짖는다. 대다수 사람들의 경우, 우리의 꿈의 세계가 성경이 제시하는 실제 세계로 바뀌기까지, 길고 긴 세월이 걸린다. 그 실제 세계는 은혜와 자비, 희생과 사랑, 자유와 기쁨의 세계다. 하나님께 구원받은 세계다.

놀라운 사실이 하나 더 있다. 성경은 우리의 기분을 맞추려고 하지 않는다는 것이다. 성경은 더 쉬운 삶을 약속하는 어떤 것도 우리에게 팔려고 하지 않는다. 성경은 우리가 흔히 생각하는 형통이나 쾌락이나 짜릿한 모험의 비결을 내놓지 않는다. 성경을 읽으면서 뚜렷이 부각되는 실체는, 하나님께서 구원을 위해 사랑으로 행하시는 일이다. 우리와, 우리가 하는 모든 일이 그 하나님의 일에 포함되어 있다. 이것은 죄와 문화 속에서 위축되고 너저분해진 우리가 상상하던 것과는 사뭇 다르다. 성경을 읽는 것은, 여러 우상을 소개하는 우편주문용 카탈로그에서 우상 하나를 골라서 우리의 환상을 채우는 것이 아니다. 성경은 하나님께서 말씀으로 만물과 우리를 창조하시는 것에서 시작한다. 그리고 하나님께서 우리 각 사람과의 복잡한 관계 속으로 들어오셔서, 우리를 도우시고 복 주시고 가르치시고 훈련하시고 *책망하시고 징계하시고* 사랑하시고 구원하시는 이야기를 들려준다. 이것은 현실 도피가 아니라, 오히려 더 큰 현실 속으로 뛰어드는 것이다. 희생이 따르지만, 시종 훨씬 더 나은 삶으로 말이다.

하나님은 이 가운데 어느 것도 우리에게 강요하지 않으신다. 하나님의 말씀은 인격적인 부름이기 때문에, 초청하고 명령하고 도전하고 책망하고 심판하고 위로하고 지도하지만, 절대로 강요하지는 않는다. 결코 억지로 시키지 않는다. 대화에 참여해서 응답할 자유와 여지가 우리에게 주어져 있다. 무엇보다도 성경은 하나님의 일과 언어에 동참하도록 우리를 초청하는 책이다.

읽으면서 우리는, 말씀을 읽는 일과 말씀대로 사는 삶이 연관되어 있음을 알게 된다. 성경의 모든 말씀은 삶으로 살아 낼 수 있다. 많은 사람들이 발견하듯이, 성경을 읽으면서 가장 중요한 질문은 '이것이 무슨 의미인가'가 아니라 '어떻게 이대로 살 수 있는가'이다. 그래서 우리는 성경을 비인격적으로 읽지 않고 인격적으로 읽는다. 우리의 참 자아로 살기 위해서 읽는다. 그저 생활수준을 높이는 데 유용한 정보를 얻기 위해 읽는 것이 아니다. 성경 읽기는 하나님의 음성을 듣고 순종하기 위한 방편이지, 종교 자료를 수집해서 우리 스스로 신이 되기 위한 수단이 아니다.

지금부터 당신은 성경의 이야기를 듣게 될 것이다. 그 이야기들은 당신을 자신에게 몰입된 상태에서 이끌어 내어, 세상의 구원을 이루고 계신 하나님의 드넓은 자유 속으로 데려갈 것이다. 거기서 만나게 될 단어와 문장들이, 당신을 비수처럼 찔러 아름다움과 희망에 눈뜨게 할 것이다. 그것이 당신을 참된 삶과 연결해 줄 것이다.

그 메시지에 꼭 응답하기 바란다.

구약전서 | **감수의 글**

구약성경이 그리스도인의 정경으로 영접된 이래 2천 년 교회사 내내 구약성경은 여러 가지 이유로 경원시되어 왔다. 구약성경은 히말라야 산맥같이 험준하고 사하라 사막처럼 지루한 여로 같다. 구약성경은 일단 너무 길고 복잡하며, 우원(迂遠)한 옛날 이야기들로 가득 차 있다. 의미 없어 보이는 장황한 지명 및 인명 목록과 너무 자세한 제사 규정, 성막과 성전 건축 규정들은 독자들의 인내를 과도하게 요구한다. 구약성경으로 가는 길을 막는 장애물은 여기서 그치지 않는다. 현대인의 평등 정서에 반하는 선민사상과 인종학살과 같은 수준의 야만적 전쟁과 폭력 이야기, 간음과 근친상간 등 반인륜적인 범죄 이야기 등 구약성경에는 오늘날의 인권의식과 윤리의식에 손상을 가하는 이야기들이 적지 않다. 과연 이런 역사와 이야기 속에서 어떻게 거룩하신 하나님의 현존을 발견할 수 있을까? 남녀차별, 노예제, 일부다처제를 버젓이 긍정하는 것처럼 보이는 구약성경의 구절들 외에도 자기의를 앞세워 복수혈전을 요청하고 원수 파멸을 노골적으로 간구하는 시편 기도문들은 또 어찌할 것인가? 이런 이유 때문에 많은 그리스도인들이 구약성경과 신약성경 사이의 연속성을 찾는 데 어려움을 겪는다. 그들에게 구약성경은 인류에게 영생을 주시기 위해 독생자를 주시기까지 자신을 희생하신 하나님의 끝없는 죄인 사랑, 의인과 악인 모두에게 비를 주시는 그 하나님의 보편적인 사랑을 보여주지 않는 것처럼 보인다.

『메시지』의 저자인 유진 피터슨은 이렇게 아득히 멀어져 버린 구약성경과 현대 독자 사이의 간격을 메우기 위해 생동감 넘치는 현대어로 된 성경을 내놓았다.『메시지』는 일차적으로 목회자의 마음으로 번역된 성경이다. 독자에게 하나님의 마음을 전달하려는 간절한 목자의 마음이 그 문체와 어조 속에 잘 반영되어 있다. 유진 피터슨은 자신이 목회하는 교회 회중의 눈높이에 맞춰 현대인의 접근을 어렵게 만드는 구약성경의 구절들을 일상 언어로 번역한다. 험산 준령과 울퉁불퉁한 사막 여로를 곧게 펴서 독자들이 구약성경에서 전개되는 하나님의 구원 드라마를 속도감 있게 읽고 음미하도록 평탄 작업을 시도한다.

모세오경은 이스라엘 민족의 형성사다. 구약의 뿌리이며 그리스도인의 성경에서 첫째 자리를 차지하는 중요한 책이다. 하나님의 창조, 인류의 원시 역사, 아브라함과 이삭과 야곱의 가나안 정착 이야기, 출애굽 구원 이야기, 시내 산 율법 계시와 성막 건축 이야기, 38년의 광야 생활에서 겪은 징계와 연단, 하나님의 신적 인도와 지탱 이야기, 그리고 가나안 땅 입구까지 이르는 긴 여정을 담고 있다. 창세기부터 신명기까지 구약의 첫 다섯 책은 모세의 사명이 성취되는 과정을 자세하게 기록했기 때문에 모세오경으로 불린다. 또한 그것은 이스라엘 민족의 생명과 번영의 길을 제시한 매우 중요한 지침을 담고 있기 때문에 토라(Torah)라고도 불린다. 『메시지』 모세오경은, 바로 이 하나님의 백성이 가나안 땅을 향해 전진해 가는 이야기를 입체적으로 되살림으로써 독자들이 가나안 땅 행진에 동참하도록 유도한다.

여호수아부터 에스더까지 역사서는 이스라엘 민족의 가나안 정착부터 가나안 땅 상실까지, 그리고 이후 포로생활에서 귀환까지 약 천 년간의 통사(通史)를 다룬다. 십계명과 모세의 부대율법을 준수하는 데 실패하여 심판받는 이스라엘 백성 이야기다. 이 열두 권의 역사서에는 여호수아와 에스더를 제외하고는 하나님의 극적이고 강권적인 구원을 경험하는 장면보다는 심판과 저주를 받아 깨어지는 장면이 훨씬 많다. 『메시지』 역사서는 독자들을 이야기 속 등장인물의 자리로 초청하는 문체로 다듬어져 있다. 오늘날의 독자들로 하여금 자신의 삶, 자신의 교회 공동체의 이야기를 장강대하처럼 흘러가는 하나님의 구원사라는 관점에서 보도록 초청하며, 아울러 우리가 누리는 구원이 불순종으로 상실될 수 있다는 경고도 잊지 않는다. 열두 권의 역사서에 등장하는 하나님의 동역자들처럼 독자들도 자신의 동시대에 전개되는 하나님의 구원 역사에 감응하고 응답하도록 초청받고 있다.

모세오경(율법서)과 예언서가 하나님께서 이스라엘에게 선포하신 말씀들의 집성물이라면, 욥기에서부터 아가까지 시가서는 하나님을 향해 인간이 쏟아낸 말들과 하나님의 역사주관 섭리에 대한 인간의 비판적, 관조적 성찰의 집성물이다(내용상 욥기, 잠언, 전도서를 묶어 '지혜서'로 구분하기도 한다). 시가서에서는 하나님께서 들어주시고 받아 주신 인간의 모든 말도 하나님의 말씀으로 간주된다. 여기서는 하나님께서 친히 환희에 찬 인간의 찬양과 감사를 받으시며 쓰라린 기도, 불평과 의심, 그리고 항변도 묵묵히 경청해 주신다. 시가서의 하나님은 경청하시는 하나님, 연약하고 부서진 인간 옆에 와 함께하시는 성육신의 하나님이시다. 시가서는 『메시지』 성경의 백미(白眉)다. 『메시지』의 특징과 장점이 무엇보다 잘 드러나 있을 뿐 아니라, 독자에게 하나님의 마음을 원음 그대로 전달하려는 목자의 마음과 감수성이 그 문체와 어조 속에 잘 반영되어 있다. 가장 최신판 한국어 문체의 옷을 입고 나타나신 하나님, 한국인의 폐부와 심장에 웅성거리는 의심과 불평, 항변과 문제제기를 곁에서 경청하시는 하나님을『메시지』시가서에서 만날 수 있다.

이사야에서 말라기까지 **예언서**는 하나님의 백성 이스라엘의 죄와 불순종을 심판하시는 하나님의 공의로운 정화 사역과 심판당하여 부서지고 망가진 이스라엘을 다시 재활복구시키기 위하여 베푸시는 하나님의 위로 사역을 증언하는 책이다. 열여섯 명의 예언자들은 남북분열왕국시대 후반인 주전 8세기 중반 이후부터 등장했다. 그들은 먼 미래의 일을 알아맞히는 천리안적 신통력을 가진 예언가들이 아니라, 하나님의 입장에서 역사적 사건들을 해석하고 하나님의 의도를 대변했던 대언자들이었다. 예언자들의 눈에 비친 왕정시대는 사사시대의 영적·도덕적 무정부 상태와 다르지 않았고, 오히려 전제왕권을 휘두르는 인간 왕들은 하나님의 직접적 통치를 방해하는 장애물들이었다. 이런 상황에서 예언자들은 스스로를 하나님의 어전회의에서 의논된 의제를 지배계층에게 전달하는 거룩한 전령(messenger)이라고 자임하였다(왕상 22장, 사 6장). 구약성경의 예언이란 당대의 역사적·자연적 사건이나 현상들을 신학적으로 해석하는 틀을 가리킨다. 예언은 점성술에서 주로 시도하는 미래 예측(fortune-telling)이 아니라 하나님 나라 중심의 현실분석이었으며, 동시대 사람들의 마음에 모종의 신앙적 결단을 하도록 돕는 목회사역의 일환이었다. 인간 역사가 하나님의 공평과 정의의 잣대로 보아 급격한 퇴락과 영적 일탈의 길로 치달을 때 예언이 분출하였다. 결국 대부분의 예언자들은 철두철미하게 당대의 중심과제를 안고 씨름하던 사람들이었다.『메시지』의 다른 책과 동일하게, 예언서에서도 하나님의 마음이 잘 느껴진다. 지존하시며 거룩하신 하나님이 낮고 천한 인간의 거리에 내려오신 느낌을 준다. 특히, 우리 시대의 문화적·사상적 감수성에 적절하게 호소하며, 인간의 죄악과 타락에 대한 하나님의 진노, 좌절, 그리고 비통의 감정을 잘 전달한다.『메시지』예언서를 읽을 때 가장 강하게 다가오는 진실은, 이스라엘의 죄악으로 인한 하나님의 슬픔과 고통이 진노보다 더 크고 앞선다는 사실이다. 이스라엘의 죄와 씨름하시다가 당신의 독생자에게 모든 죄를 전가시켜 지고 가게 하시는 하나님 아버지의 마음이 예언서에 나타나 있다.

우리는『메시지』구약을 읽을 때 누릴 수 있는 유익을 몇 가지로 정리해 볼 수 있다. 첫째, 한 절 단위의

절 구분이 없기에 이야기의 맥락에 주목하면서 읽을 수 있다. 그러나 절 표시에 익숙한 한국 독자들을 위해 의미 단락별로 절 표시가 제시되어 있어서 설교 강단용 성경으로 사용될 여지를 남겨 두었다. 둘째, 구약 안의 다양한 하위 장르 및 각 책의 특징에 적합한 한글문체로 번역되었으며, 가독성 높은 편집으로 이를 잘 부각시켰다. 독백, 대화, 논쟁, 내러티브, 기도, 찬양, 비탄이 잘 읽힌다.『메시지』로 읽을 때, 성경 읽는 속도가 두 배 이상 빨라질 수 있다. 예레미야 6:26이 좋은 예다. "카운트다운이 시작된다. 육, 오, 사, 삼……공포가 들이닥친다!" 이런 번역은 심판 이미지의 박진감을 한껏 넘치게 한다. 시문이나 운문의 경우 인용 단락을 들여쓰기함으로써 가독성을 높인다. 창세기 49장이나 신명기 32–33장 등 시적 운율을 아름답게 되살린 번역도 눈에 띈다. 마찬가지로, 도량형 단위가 한국 독자들에게 익숙한 단위로 표현되어 있어 잘 읽힌다. 셋째, 아름답고 격조 높은 현대 한국어로 번역되어 성경 원의에 손쉽게 접근할 수 있을 뿐 아니라, 기존 한글성경의 단어, 개념, 어휘들에 익숙하지 않은 신세대 독자들의 감수성에 잘 맞는 흥미로운 비유, 유비 등이 사용되었다. '역동적 동등' 번역이라는 번역원리에 충실하여 독자들에게 하나님의 파토스가 부드럽게 이입되는 성경 읽기가 가능하다. 넷째, 구약성경의 히브리어 원문이 갖는 논리적, 서사적 역동성이 잘 부각되어 있다. 시편의 탄원, 불평, 간구, 찬양은 지금 바로 독자들의 기도언어로 읊조려지기에 손색이 없다. 이런 번역은 단지 원어나 구문에 대한 이해만으로는 불가능하고 말씀을 하나님의 마음으로 읽으면서도 동시에 부조리한 이 땅의 현실에서 살아가는 연약한 인간의 자리에서 읽을 때에만 가능한 일이다.『메시지』의 상관성 넘치고 생동감 넘치는 언어에 매료되고 나면, 성경 전체에 대한 호감과 관심이 비약적으로 증가되어 성경통독의 소망이 새록새록 자랄 것이다. 마지막으로, 많은 성경구절을 애독하고 암송하는 성도들의 경우, 평소 자신들이 알고 있던 구절과 다소 색다르게 번역된『메시지』성경을 보면서 그 구절의 원래 뜻이 무엇인지를 찾아보고 묵상할 수 있을 것이다. 따라서 현대적 언어 감각의 파격적인 번역은 그것을 가능하게 할 만큼 원문 성경구절의 의미범위가 상당히 넓고 포괄적임을 깨닫게 해주며, 성경을 더 자세히 읽고 공부해 보도록 격려한다.

번역은 하나님의 말씀을 현대인의 가슴에 와 닿게 증거하는 예언자적 중개 사역이다. 번역자는 하나님의 말씀을 살아 있는 말씀, 가슴에 와 닿는 말씀으로 전달할 의무가 있는 예언자다. 하나님의 말씀은 변함이 없지만 사람과 시대는 바뀌기에 하나님의 말씀도 계속해서 번역되어야 하는 것은 맞다. 그러나 하나님의 말씀이 너무 낯설어져 버린 시대를 사는 현대인들의 일상 언어의 한계 또한 인정해야, 하나님의 심원한 말씀과 계시에 대한 목마름을 유지할 수 있을 것이다.

『메시지』는 하나님의 간절한 마음을 계시하는 책이며, 예언자적인 목회자의 마음이 담겨 있는 또 하나의 귀한 번역 성경이다. 우리는 유진 피터슨의 수고 위에 한국어판 작업에 쏟아진 번역자와 편집진의 노고 속에서, 하나님 말씀을 우리 마음의 귓전에 들려주시려는 하나님의 간절하고 애타는 마음을 체감한다. 각 장에 적힌 글자 하나, 단어 하나, 구문 하나에 쏟아부어진 예언자적 중보의 영성이 독자들에게 잘 전달되어, 문자를 넘어 영이신 하나님과 막힘없는 교감이 일어나기를 간구한다.

김회권
숭실대학교 기독교학과 교수

신약전서 | **감수의 글**

우리 시대의 가장 탁월한 신학자요 목회자인 유진 피터슨이 그의 학문과 영성과 인격을 도구로 하여 번역한『메시지』를 드디어 한국 독자들이 접할 수 있게 되어 기쁘다. 그는 무려 10년의 세월 동안 주 5일, 하루 6시간을 이 작업에 투자하여 대작을 완성했다. 한 개인이 신구약성경 전체를 원전으로부터 직접 번역한 것은 유례를 찾기 힘든 일이다. 1958년에 출간된 필립스(J. B. Phillips)의 The New Testament in Modern English가 이에 근접한 사례다. 필립스도 생전에 구약성경 전체를 같은 방식으로 번역하려 했으나, 예언서 네 권을 번역하는 것으로 만족해야 했다. 또한,『메시지』에 대한 독자들의 반응에 있어서도 비슷한 사례를 찾기 어렵다. 영어권 기독교 독자들 사이에서『메시지』는 이미 확고한 지지층을 확보했고, 점점 영향력을 넓혀 가고 있다.

몇 년 전, 나는 피터슨의 번역 성경이 우리말로 번역될 것으로 예상하면서, '우리' 신학자들 가운데 이와 같은 작업을 '우리말'로 할 사람이 나왔으면 좋겠다는 글을 쓴 적이 있다. 미국에서 영어 회중을 섬기면서 설교와 성경공부에서『메시지』를 직접 사용해 보았던 사람으로서, 나는 이 번역 성경의 미덕을 잘 알고 있다. 그동안 이 번역 성경에 대한 비판도 적지 않았지만, 기독교 신앙에 분명히 큰 유익을 끼쳤으며 앞으로도 끼칠 것이라는 사실은 부정할 수 없다. 하지만 이것은 미국식 영어와 미국식 문화에 맞게 번역한 것이다. 그래서 누군가가 한국 문화와 정서 그리고 우리말의 독특한 맛을 살려 이와 같은 작업을 해주었으면 하는 바람을 가지는 것이다. 문제는 이 작업이 엄청난 노력과 인내와 시간을 필요로 한다는 데 있다. 가까운 미래에 이 같은 바람이 이루어질 가능성이 없어 보인다. 그래서 피터슨의 번역을 우리말로 읽게 된 것을 기쁘게 여기는 것이다. 이 번역이 비록 미국 문화 속에서 나온 것이지만, 미국 문화가 우리에게 낯설지 않은 만큼, 우리 독자들에게도 많은 유익을 끼칠 것으로 기대한다.

유진 피터슨은『메시지』가 성경을 처음 대하는 사람들에 의해 읽혀지기를 기대한다고 말한 적이 있다. 공역 성경(번역위원회가 책임지고 번역하여 성서공회의 이름으로 출판한 성경)이 초신자들에게는 쉽게 이해되지 않기 때문이다. 비유하자면,『메시지』가 젖이나 우유라면, 공역 성경은 밥에 해당한다. 피터슨은, 초신자들이『메시지』를 읽고 어느 정도 성장한 다음 "젖을 떼고" 공역 성경으로 옮겨 가라고 권고한다. 이 점에 있어서 나는 생각을 달리한다. 성경을 처음 접하는 사람은 공역 성경을 읽는 것으로 시작하는 것이 좋다.「개역성경」혹은「개역개정판」의 어투가 어색하면「새번역」혹은「공동번역」을 읽으면 된다. 『메시지』는 공역 성경을 읽고 이해하는 데 있어서 '도움'을 얻기 위해 읽혀져야 한다. 유진 피터슨 자신도 어느 인터뷰에서 천명한 바이지만, 『메시지』는 공역 성경을 대체하기 위해서 마련된 것이 아니다. 미국 교회에서는 공역 성경 대신 『메시지』를 예배중에 읽는 경우가 적지 않은데, 이것도 역시 바람직하지 않다.

여기에는 두 가지 이유가 있다. 첫째, 『메시지』는 '한 사람'이 자신의 해석과 판단에 따라 번역한 것이기 때문이다. 기독교가 성경 번역에 있어서 '공역'의 원칙을 고집한 이유는 단지 번역의 분량이 방대하기 때문만은 아니다. 교회의 '공교회성'이 성경 번역에 있어서도 중요하다고 판단했기 때문이다. 성경 번역자로서 유진 피터슨의 미덕이 많이 있지만, 여러 가지 배경을 가진 번역자들이 함께 논의하고 합의하여 번역하는 것은 또 다른 미덕을 가지고 있다. 둘째, 『메시지』는 엄밀하게 말하면 '번역 성경'이라기보다는 '의역 성경'이다. 때로는 현대적으로 '번안'을 한 경우도 있다. 이 모든 노력은 원문의 의미를 좀 더 생명력 있고 인상 깊게 전하려는 데 목적을 두고 있다. 하지만 의역을 하는 과정에서 해석이 개입되고, 그 해석은 독자의 묵상을 제한할 수 있다. 반면, 공역 성경은 이해하기 어려울 수 있지만 해석의 여지를 그대로 남겨 둔다.

나는 『메시지』를 '청바지에 티셔츠를 입은 예수'에 비유하고 싶다. 이 번역 성경은 그처럼 예수님을 친근하게 느끼도록 만들어 줄 것이다. 하지만 예수님이 2천 년 전에 청바지에 티셔츠를 입고 활동한 것으로 오해하게 만들어서는 안된다. 성경에는 언제나 '낯선 면'이 남아 있어야 하고 또 그럴 수밖에 없다. 그것을 모두 제거하려 하면, 본문의 영감을 고갈시킬 수 있다.

그럼에도 불구하고, 『메시지』는 다른 공역 성경에서 찾을 수 없는 장점을 가지고 있으며, 따라서 우리의 영성 생활에 좋은 길벗이 되어 줄 것이다. 번역 안에 유진 피터슨의 학문과 영성과 인격이 배어 있기 때문이다. 번역은 단순한 기계적인 작업이 아니다. 번역자가 어떤 안목을 가지고 있느냐에 따라, 그리고 번역자의 영성과 인격이 어떠하느냐에 따라 번역의 깊이와 맛이 달라진다. 특히, 문자에 담긴 하나님의 영감된 말씀을 분별하는 일은 예민한 영적 감수성을 요구한다. 유진 피터슨은 성경 원어에 대한 전문적인 지식을 갖추었을 뿐 아니라 성령의 영감을 분별할 만한 깊은 영성의 소유자다. 그의 모든 것이 녹아든 번역이라는 점에서 나는 기쁜 마음으로 이 책을 추천한다.

나는『메시지』가 공역 성경을 이해하는 데 좋은 참고 자료가 되기를 기대한다. 나 자신도 개인적으로 많은 도움을 받아 왔기 때문에 이 점에 대해서는 확신을 가지고 말할 수 있다. 개인 경건생활이나 공동체에서의 설교 혹은 성경 연구에 있어서『메시지』는 좋은 동반자가 되어 줄 것이다. 영어 회중에게 설교할 때, 나는 종종『메시지』의 번역을 소개하곤 했는데, 그럴 때마다 "그게 그런 뜻이었습니까?"라고 묻는 사람들이 있었다.『메시지』는 "너무 익숙해서 오히려 낯선" 본문들을 살아나게 만들어 준다. 아니, 너무 익숙해서 스쳐 지나가던 본문들에 대해 독자를 살아나게 한다. 성경에 대해 살아나면, 우리의 영혼이 살아나게 되어 있다. 이 점에서『메시지』는 탁월한 경건서라고 할 수 있다.

처음 신약부분에 대한 감수를 맡아 달라는 청을 받았을 때, 나는 주저했고 또한 사양했다. 감수에 대한 출판계의 부정적인 관행을 알고 있기 때문이었다. 몇 번의 대화 끝에 "제대로 감수"할 것을 감수하고 수락했다. 일단 작업을 시작하고 나서 나는 편집진의 신실성과 성실성에 놀랐고, 이 작업에 참여한 것을 영예로 여기고 있다. 번역, 원문 교열, 독회, 감수 등의 여러 단계를 거치면서 수없이 읽고 고치기를 반복했다. 감수자 자신도 모든 원고를 꼼꼼히 읽고 수정했음을 밝힌다. 이 같은 치밀하고 성실한 작업으로 인해 출판 일정이 수없이 재조정되었지만, 편집진에서는 소명감을 가지고 모든 일에 정성을 다했다. 이 점에서 이 출간 작업에 참여한 모든 이들에게 감사의 마음을 전한다. 그들은 참으로 "복 있는 사람"들이다. 부디,『메시지』가 독자들의 영적 여정에 좋은 벗이 되어, 복 있는 사람들로 살아가게 되기를 기대한다.

김영봉
와싱톤사귐의교회 담임목사

The MESSAGE

구약전서

일반적으로 모세오경으로 알려진 성경의 처음 다섯 책은 수 세기에 걸쳐 엄청난 권위와 위엄을 인정받아 왔다. 그 책들은 오랜 세월 동안 실로 방대한 분량의 읽기와 쓰기, 연구와 기도, 가르침과 설교의 재료가 되었으며, 지금도 그러하다.

이 다섯 책의 주된 관심사는 하나님이다. 이 다섯 책이 권위와 위엄을 자랑하는 것은 그 때문이다. 그러나 이 다섯 책은 하나님께만 관심을 기울이는 것이 아니라 우리에게도 관심을 기울인다. 이 다섯 책이 인간의 광범하고 강렬한 관심을 끄는 것은 그 때문이다. 우리는 '하늘과 땅'에서 무슨 일이 일어나고 있는지 알고 싶어 한다. 또 그 일들과 조화를 이루려면 어떻게 해야 하는지 알고 싶어 한다. 우리는 그것을 놓치고 싶지 않다.

모세오경은 대개 이야기와 이정표들로 구성되어 있다. 이야기들은 우리에게 매우 다양한 환경 속에서 인간들과 함께 일하시고 그들에게 말을 건네시는 하나님을 소개한다. 관념과 논쟁이 아니라, 우리 각 사람과 직접적으로 연관된 사건과 행동들 속에서 하나님을 소개하는 것이다. 이정표들은 즉각적이고 실제적인 지침들을 제공하여, 우리의 인간성에 어울리면서 하나님께 영광이 되는 행동으로 우리를 이끈다.

이 다섯 책에서 전개되는 이야기와 이정표들은 너무나 단순해서, 어른은 물론이고 아이들까지 쉽게 이해할 수 있다. 그러나 그 단순성은 (상당수 단순한 것들에서 보듯이) 심오하기도 해서, 하나님께서 우리와 함께 걸으시는 구원의 길에 우리를 평생토록 참여시킨다.

우리는 인간 성장의 이미지를 활용하여, 이 이야기와 이정표들이 수많은 남녀와 아이들을 강하게 끌어당겨 '하나님의' 백성으로 살아가게 하는 이유를 설명할 수 있다. 이 다섯 책은, 하나님께서 자신의 영광을 위해 먼저 우주를 창조하시고 그런 다음 인간을 창조하셔서 밟게 하시는 다섯 가지 성장 단계를 암시한다고 할 수 있다.

창세기는 태아기라고 할 수 있다. 하나님께서는 장차 인간의 죄와 반역 한가운데서 창조와 구원과

An enormous authority and dignity have, through the centuries, developed around the first five books of the Bible, commonly known as The Books of Moses. Over the course of many centuries, they account for a truly astonishing amount of reading and writing, study and prayer, teaching and preaching.

God is the primary concern of these books. That accounts for the authority and the dignity. But it is not only God; we get included. That accounts for the widespread and intense human interest. We want to know what's going on. We want to know how we fit into things. We don't want to miss out.

The Books of Moses are made up mostly of stories and signposts. The stories show us God working with and speaking to men and women in a rich variety of circumstances. God is presented to us not in ideas and arguments but in events and actions that involve each of us personally. The signposts provide immediate and practical directions to guide us into behavior that is appropriate to our humanity and honoring to God.

The simplicity of the storytelling and signposting in these books makes what is written here as accessible to children as to adults. But the simplicity (as in so many simple things) is also profound, inviting us into a lifetime of growing participation in God's saving ways with us.

An image of human growth suggests a reason for the powerful pull of these stories and signposts on so many millions of men, women, and children to live as *God's* people. The sketch shows the five books as five stages of growth in which God creates first a cosmos and then a people for his glory.

Genesis is Conception. After establishing the basic elements by which God will do his work of creation and salvation and judgment in the midst of human sin and rebellion (chapters 1-11), God conceives

심판이라는 자신의 일을 수행하시고자 기본 요소들을 확정하신 뒤에(1-11장) 한 민족을 잉태하신다. 그것은 그 민족에게 자신을 구원의 하나님으로 드러내시고, 그들을 통해 이 땅의 모든 사람에게도 자신을 드러내시려는 것이다. 하나님께서는 작은 한 사람, 곧 아브라함에서부터 시작하신다. 하나님께서 그에게 이렇게 말씀하신다. "나는 강한 하나님이다. 너는 내 앞에서 흠 없이 살고, 온전하게 살아라! 내가 나와 너 사이에 언약을 맺고, 네게 큰 민족을 줄 것이다"(창 17:1-2). 미발달 상태인 하나님의 백성이 자궁 속에서 자란다. 태아가 형태를 갖추어 가면서 세부 기관과 훨씬 세부적인 기관들이 점점 분명하게 드러난다. 사라, 이삭, 리브가, 야곱과 에서, 라헬, 요셉과 그의 형제들이 그렇다. 임신이 진행되면서 자궁 안에는 분명 생명이 자라고 있지만, 아직은 분명하지 않고 눈에 보이지 않는 것이 많다. 배경은 어렴풋하고, 주변 민족들과 관습들은 안개에 휩싸여 있다. 하지만 하나님께서 잉태하신 생명은 발길질을 하면서 튼튼하게 자라난다.

출애굽기는 분만기와 유아기라고 할 수 있다. 하나님의 백성을 잉태하는 기간이 오래 지속되다가 드디어 진통이 시작된다. 이집트에서의 종살이는 조만간 이루어질 자궁 수축을 암시한다. 출산을 관장하기 위해 모세가 무대에 등장하면서 이집트에 열 가지 극심한 재앙이 임하고, 동시에 자궁 수축이 시작되면서 산고가 끝난다. 홍해에서 바닷물이 갈라지고, 하나님의 백성이 자궁에서 빠져나와 마른 땅에 이르고, 하나님의 자유로운 백성으로서 그들의 삶이 시작된다. 모세는 기기도 하고 아장아장 걷기도 하는 그들을 이끌고 시내 산에 도착한다. 이제 그들에게 젖이 공급된다. 하나님께서 산에서 그들에게 자신을 드러내시자, 그들이 자신들의 어버이를 알아보기 시작한다. 그들은 자유와 구원의 언어를 배운다. 옹알이 내지 초보적인 어휘로 이곳에서 한 마디 저곳에서 한 마디를 익히면서 열 마디(계명)를 익힌다. "이렇게 해라, 저렇게 하지 마라"와 같은 이정표들이 솟아오르기 시작한다. 그들의 유아기 생활을 가장 크게 지배하는 것은 하나님, 곧 살아 계신 하나님이다. 그들이 하나님의 깊고 넓은 세계를 탐험하면서 예배가 그들의 주된 활동, 그들의 가장 중요한 활동이 된다. 그들은 자신들을 예배에 길들이고, 예배용 구조물을 세우고, 예배 순서를 익히는 일에 엄청난 주의를 기울인다. 그들은 하나님께 복종하고 하나님을 경배하는 일에 온통 주의를 기울인다. 그 결과, "구름이 회막을 덮고, 하나님의 영광

a People to whom he will reveal himself as a God of salvation and through them, over time, to everyone on earth. God begins small, with one man: Abraham. He said to Abraham, "I am The Strong God, live entirely before me, live to the hilt! I'll make a covenant between us and I'll give you a huge family"(Genesis 17:1-2). The embryonic People of God grow in the womb. Gradually details and then more details become evident as the embryo takes shape: Sarah, Isaac, Rebekah, Jacob and Esau, Rachel, Joseph and his brothers. The pregnancy develops. Life is obviously developing in that womb but there is also much that is not clear and visible. The background history is vague, the surrounding nations and customs veiled in a kind of mist. But the presence of life, God-conceived life, is kicking and robust.

Exodus is Birth and Infancy. The gestation of the People of God lasts a long time, but finally the birth pangs start. Egyptian slavery gives the first intimations of the contractions to come. When Moses arrives on the scene to preside over the birth itself, ten fierce plagues on Egypt accompany the contractions that bring the travail to completion: at the Red Sea the waters break, the People of God tumble out of the womb onto dry ground, and their life as a free People of God begins. Moses leads them crawling and toddling to Sinai. They are fed. God reveals himself to them at the mountain. They begin to get a sense of their Parent. They learn the language of freedom and salvation – a word here, a word there, the Ten Words (commandments) as a beginning, their basic vocabulary. The signposts begin to go up: do this; don't do that. But the largest part of their infant life is God, the living God. As they explore the deep and wide world of God, worship becomes their dominant and most important activity. An enormous amount of attention is given to training them in worship, building the structures for worship, mastering the procedures. They are learning how to give their full attention in obedience and adoration to God. As a result, "The Cloud [of God's presence] covered the Tent of Meeting, and the Glory of GOD filled The Dwelling. Moses couldn't enter the Tent of Meeting

이 성막에 가득했다. 구름이 회막 위에 있고 하나님의 영광이 성막에 가득했으므로, 모세는 회막 안으로 들어갈 수 없었다"(출 40:34-35).

레위기는 학령기라고 할 수 있다. 유아기에서 유년기로 접어들면, 공식적인 학령기가 시작된다. 알아야 할 것이 많아진다. 일을 제대로 처리하도록 돕는 몇 가지 조직과 장치, 이를테면 읽기, 쓰기, 산수가 필요한 것이다. 그러나 하나님의 백성이 밟아야 할 기초 교과과정은 하나님과 관련이 있다. 하나님과의 관계가 그들의 기초 교과과정인 것이다. 레위기는 하나님의 백성이 필독해야 할 교과서다. 레위기는 시청각 교재나 다름없다. 그것은 하나님과의 관계에 실패하거나(죄), 용서와 무죄 상태를 회복했을 때(구원), 하나님의 백성이 깨어서 준수하는 제사 의식과 절기를 그림으로 그려 보여준다. 일상생활은 끝없이 이어지는 구체적 세부 조항으로 이루어진다. 그 세부 조항 가운데 상당수는 우리가 하나님 앞에서 어떻게 행동하고, 서로에게 어떻게 처신해야 하는지와 관련이 있다. 그렇기 때문에 레위기가 하나님께서 중요하게 여기시는 끝없는 세부 조항으로 이루어져 있는 것은 당연한 일이다. "너희는 나의 모든 규례와 나의 모든 법도를 지켜라. 그대로 지켜 행하여라. 나는 하나님이다"(레 19:37).

민수기는 청소년기라고 할 수 있다. 청소년기는 우리가 누구인지를 꼬치꼬치 따지는 시기다. 대개의 경우 이 시기가 되면, 스스로를 돌볼 수 있을 만큼 신체적으로 충분히 자란 상태에 도달한다. 분명 어느 정도 한계가 있기는 하지만, 정신적으로도 스스로 사고할 수 있을 만큼 충분히 발달한 상태가 된다. 우리는 자신이 단순히 부모의 연장선도 아니고 우리 시대 문화를 반영하는 거울상도 아니라는 것을 깨닫는다. 그러면 우리는 누구인가? 특히 하나님의 백성으로서 우리는 누구인가? 민수기에 등장하는 하나님의 백성은, 처음으로 독립적으로 행동하고 사고하기 시작하면서 불가피하게 실수를 연발한다. 그들의 두드러진 실수 가운데 하나가 반역이다. 그들은 자신들의 하나밖에 없는 정체성을 실험한답시고 부모 세대 및 그 문화와 관계 맺기를 거부한다. 그것은 '자기 자신을 잃지 않으려고' 동원하는 가장 쉽고도 가장 저속한 방법이다. 그러나 사실 그런 '자신'에게는 딱히 이렇다 단언할 만한 것이 많지 않다. 성숙은 우리가 태아기와 분만기, 유아기와 학령기를 거치면서 습득한 것을 잘라 냄으로써 이루어지는 것이 아니라 통합함으로써 이루어진다. 하나님의 백성은 거의 사십 년 가까운 대단히 긴 청소년기

because the Cloud was upon it, and the Glory of GOD filled The Dwelling"(Exodus 40:34-35).

Leviticus is Schooling. As infancy develops into childhood, formal schooling takes place. There's a lot to know; they need some structure and arrangement to keep things straight: reading, writing, arithmetic. But for the People of God the basic curriculum has to do with God and their relationship with God. Leviticus is the *McGuffey's Reader* of the People of God. It is an almost totally audiovisual book, giving a picture and ritual in the sacrifices and feasts for the pivotal ways in which God's people keep alert and observant to the ways their relationship with God goes awry (sin) and the ways they are restored to forgiveness and innocence (salvation). Everyday life consists of endless and concrete detail, much of it having to do with our behavior before God and with one another, and so, of course, Leviticus necessarily consists also of endless detail which God took very seriously, saying, "Keep all my decrees and all my laws. Yes, *do* them. I am GOD"(Leviticus 19:37).

Numbers is Adolescence. The years of adolescence are critical to understanding who we are. We are advanced enough physically to be able, for the most part, to take care of ourselves. We are developed enough mentally, with some obvious limitations, to think for ourselves. We discover that we are not simply extensions of our parents; and we are not just mirror images of our culture. But who are we? Especially, who are we as a People of God? The People of God in Numbers are new at these emerging independent operations of behaving and thinking and so inevitably make a lot of mistakes. Rebellion is one of the more conspicuous mistakes. They test out their unique identity by rejecting the continuities with parents and culture. It's the easiest and cheapest way to "be myself" as we like to say. But it turns out that there isn't much to the "self" that is thus asserted. Maturity requires the integration, not the amputation, of what we have received through our conception and birth, our infancy and schooling. The People of God have an extraordinarily long adolescence in the wilderness – nearly forty years of it.

Deuteronomy is Adulthood. The mature life is a

를 광야에서 보낸다.

신명기는 성인기라고 할 수 있다. 성숙한 삶은 종합 작용으로 이루어진다. 성장은 기나긴 과정이다. 그리고 하나님 안에서 성장하는 데는 참으로 오랜 시간이 걸린다. 태아기를 꽉 채우고 홍해 바닷가에서 태어난 하나님의 백성은, 광야에서 사십 년 세월을 보내면서 모세의 인도와 지휘와 양육과 보호를 받으며 하나님의 계시 장소인 시내 산으로 나아가, 가르침과 지도와 훈련과 은혜를 받는다. 이제 그들은 새 땅, 곧 약속의 땅에서 자유로우면서도 순종하는 사람들로 살아갈 채비를 갖춘 상태다. 그들은 성인기에 돌입할 채비, 겉은 물론이고 속까지 성인이 될 채비를, 자유로운 백성, 거룩한 백성으로 살아갈 채비를 갖추었다. 그들을 자유로운 백성으로 만들어 주신 분도 하나님이시고, 그들을 거룩한 백성으로 변화시켜 주신 분도 하나님이시다. 그들은 (우리와 마찬가지로) 갈 길이 멀지만, 성숙의 온갖 조건을 이미 갖춘 상태다. 신명기는 하나님의 백성이 되는 전 과정을 요약하여 설교와 노래와 축복으로 표현해 낸다. 신명기의 가장 강력한 핵심어는 '사랑'이다. 모세는 이스라엘 백성에게 이렇게 말한다. "여러분은 하나님을, 여러분의 하나님을 전심으로 사랑하십시오. 여러분의 전부를 다해, 여러분이 가진 전부를 다 드려, 그분을 사랑하십시오"(신 6:5). 사랑은 인간의 가장 특징적이고 가장 종합적인 행위다. 우리는 사랑할 때 가장 우리다워진다. 우리는 사랑할 때 가장 하나님의 백성다워진다. 그러나 사랑은 사전에서 정의하는 추상적인 단어가 아니다. 성숙한 사랑을 하려면, 이 구원과 자유의 세계에서 살고, 이 구원과 자유의 세계를 이해하고, 이 구원과 자유의 세계로 들어가야 한다. 그리고 이야기들 속에서 우리 자신을 발견하고, 이정표들을 가까이하며 따르고, 예배생활을 익히고, 우리의 독특한 정체성, 곧 우리가 하나님의 백성으로서 사랑하는 것임을 깨달아야 한다.

성경에서 모세오경은 이어지는 육십일 권 책의 기초라고 할 수 있다. 그러나 그것은 완전한 건물이 아니라 그 건물을 미리 내다본 것이다. 말하자면 장차 이루어질 일을 위해 도덕적으로 정교한 토대를 제공한 것이다. 이어지는 각 권의 책은 하나님의 백성이 되는 것과 관련된 메시아적 구원의 몇몇 양상을 포착하고 발전시킨다. 하지만 그 일은 언제나 이 기초(모세오경) 위에서 행해진다. 이야기와 이정표들로 이루어진 이 기초는 견고하고 지속적인 것임이 입증되었다.

complex operation. Growing up is a long process. And growing up in God takes the longest time. During their forty years spent in the wilderness, the People of God developed from that full-term embryo brought to birth on the far shore of the Red Sea, are carried and led, nourished and protected under Moses to the place of God's Revelation at Sinai, taught and trained, disciplined and blessed. Now they are ready to live as free and obedient men and women in the new land, the Promised Land. They are ready for adulthood, ready to be as grown up inwardly as they are outwardly. They are ready to live as a free people, formed by God, as a holy people, transformed by God. They still have a long way to go (as do we all), but all the conditions for maturity are there. The book of Deuteronomy gathers up that entire process of becoming a People of God and turns it into a sermon and a song and a blessing. The strongest and key word in Deuteronomy is *love*. Moses told the people, "Love GOD, your God, with your whole heart: love him with all that's in you, love him with all you've got!"(Deuteronomy 6:5). Love is the most characteristic and comprehensive act of the human being. We are most ourselves when we love; we are most the People of God when we love. But love is not an abstract word defined out of a dictionary. In order to love maturely we have to live and absorb and enter into this world of salvation and freedom, find ourselves in the stories, become familiar with and follow the signposts, learn the life of worship, and realize our unique identity as the People of God who love.

The Books of Moses are foundational to the sixty-one books that follow in our Bibles. A foundation, though, is not a complete building but the anticipation of one. An elaborate moral infrastructure is provided here for what is yet to come. Each book that follows, in one way or another, picks up and develops some aspect of the messianic salvation involved in becoming the People of God, but it is always on this foundation. This foundation of stories and signposts has proved over and over to be solid and enduring.

하나님의 이름을 우리말로 옮길 때, 이스라엘 자손과 그 이웃 민족들이 구약성경의 히브리어 원문에서 사용했던 신(神)의 총칭을 '하나님'(God) 혹은 '신'(god)으로 번역했다. 하지만 불타는 떨기나무에서 모세에게 나타나신 하나님의 유일무이한 인격적 이름(출 3:13-14)은 **'하나님'**(GOD)으로 번역했다. 초기 유대인 공동체는 그 유일무이한 이름 대신 '주'(LORD)라는 단어를 사용했다. 그것은 경외심(우리의 입술은 그 이름을 담을 자격이 없다)과 조심하는 마음(하나님의 이름을 '함부로' 불러 무심코 불경죄를 저지르는 일이 없게 하려는 마음)에서 우러난 행동이었다. 그리고 대부분의 성경번역자들이 지금도 그러한 관례를 따르고 있다.

A note on translating the name of God. In the original Hebrew text of the Old Testament, the generic name for divinity used by both Israel and its neighbors is translated God (or god). But the unique and distinctively personal name for God that was revealed to Moses at the burning bush (Exodus 3:13-14) I have translated as "GOD." The Jewish community early on substituted "Lord" for the unique name out of reverence (our lips are not worthy to speak The Name) and caution (lest we inadvertently blaspheme by saying God's name "in vain"). Most Christian translators continue in that practice.

창세기 | 머리말

가장 먼저 하나님이 계신다. 하나님은 삶을 주관하신다. 하나님은 삶의 기초이시다. 하나님이 그 어떤 것보다 우선이라는 의식이 없다면, 우리는 어느 것 하나 똑바로 이해할 수 없다. 삶을 바로 이해할 수 없을 뿐 아니라, 삶을 제대로 살아갈 수도 없다. 하나님은 가장자리에만 계신 분이 아니고, 선택사항 중 하나이신 분도 아니며, 주말에만 뵙는 분도 아니다. 하나님은 중심과 주변 어디에나 계신 분이며, 처음이요 마지막이신 분이다. 오직 하나님, 하나님, 하나님이다!

창세기는 우리가 이 하나님과 바른 관계에서 시작할 수 있게 해준다. "모든 것의 시작은 이러하다. 하나님께서……"(창 1:1). 창세기를 읽다 보면, 하나님께서 만드시고 채우시는 현실을 의식하게 된다. 창세기는 우리 삶을 정확하게 이해하고 말할 수 있도록 돕는 언어를 제공한다. 우리가 어디서 와서 어디로 가는지, 우리가 무슨 생각을 하며 무슨 일을 하는지, 우리와 함께 사는 사람들이 누구이며 어떻게 하면 그들과 사이좋게 지낼 수 있는지, 우리가 처한 곤경과 끊임없이 찾아오는 축복 등에 대해 빠짐없이 정확하게 말해 준다.

창세기는 이 언어를 활용하여 견고하고 참된 기초를 세운다. 우리가 생각하고 행동하고 느끼는 모든 것이 우리가 일생 동안 지어 가는 건물에 꼭 필요한 자재가 된다. 우리가 하는 모든 일에는 엄청난 의미가 깃들어 있고, 우리의 말과 행동과 기도는 그 하나하나가 하나님 나라라는 거대한 건물을 짓는 일과 연관되어 있다. 그러나 우리가 기초를 세우지는 않는다. 기초는 이미 주어져 있으며, 그 기초는 확고한 기반 위에 서 있다.

예수께서는 자신의 가장 유명한 가르침을 끝맺으시면서, 인생을 살아가는 두 가지 방법을 말씀해 주셨다. 우리는 모래 위에 집을 지을 수도 있고 바위 위에 지을 수도 있다. 만일 우리가 모래 위에 집을 짓는다면, 그 집이 아무리 훌륭하다 해도 맥없이 무너지고 말 것이다. 우리는 이미 확고하게 놓인 터, 곧 바위 위에 집을 짓는다. 창세기는 이 바위에 대한 증언이다. 하나님께서 창조하시고 우리 삶에 개입하시며, 은혜로운 심판을 내리시고 믿음으로 살도록 우리를 부르시며, 우리와 언약을 맺으신다는 증언이다.

First, God. God is the subject of life. God is foundational for living. If we don't have a sense of the primacy of God, we will never get it right, get life right, get *our* lives right. Not God at the margins; not God as an option; not God on the weekends. God at center and circumference; God first and last; God, God, God.

Genesis gets us off on the right foot. "First this: God"(Genesis 1:1). Genesis pulls us into a sense of reality that is God-shaped and God-filled. It gives us a vocabulary for speaking accurately and comprehensively about our lives, where we come from and where we are going, what we think and what we do, the people we live with and how to get along with them, the troubles we find ourselves in and the blessings that keep arriving.

Genesis uses words to make a foundation that is solid and true. Everything we think and do and feel is material in a building operation in which we are engaged all our life long. There is immense significance in everything that we do. Our speech and our actions and our prayers are all, every detail of them, involved in this vast building operation comprehensively known as the Kingdom of God. But we don't build the foundation. The foundation is given. The foundation is firmly in place.

Jesus concluded his most famous teaching by telling us that there are two ways to go about our lives—we can build on sand or we can build on rock. No matter how wonderfully we build, if we build on sand it will all fall to pieces like a house of cards. We build on what is already there, on the rock. Genesis is a verbal witness to that rock: God's creative acts, God's intervening and gracious judgments, God's call to a life of faith, God's making covenant with us.

하나님께서 말씀하셨다. "우리가 우리의 형상을 따라 사람을 만들자.
그들로 우리의 본성을 드러내게 하여
그들이 바다의 물고기와
공중의 새와 집짐승과
온 땅과
땅 위에 사는 온갖 동물을 돌보게 하자."
하나님께서 사람을 창조하시되
하나님을 닮게 창조하시고
하나님의 본성을 드러내게 하셨다.
하나님께서 사람을 남자와 여자로 창조하셨다.
하나님께서 그들에게 복을 주시며 말씀하셨다.
"자녀를 낳고, 번성하여라! 온 땅에 가득하여라! 땅을 돌보아라!
바다의 물고기와 공중의 새와
땅 위에 사는 온갖 생물을 돌보아라!"(창 1:26-28)

그러나 창세기는 이 모든 것을 추상적인 '진리'나 핏기 없는 '원리'로 제시하지 않는다. 창세기는 구체적인 이름을 가진 사람들의 이야기를 연속해서 보여준다. 그들은 사랑하고 다투고, 믿고 의심한다. 결혼해서 자녀를 낳고, 죄를 짓고 은혜를 경험한다. 주의를 기울여 살펴보면, 이 이야기, 곧 아담과 하와, 가인과 아벨, 노아와 그의 아들들, 아브라함과 사라, 이삭과 리브가, 야곱과 라헬, 요셉과 그의 형제들 이야기가 또 다른 형태로 우리 삶에서 계속되고 있음을 알 수 있다. 이 이야기들은 우리가 '하늘과 땅'에서 일어나는 어떤 일에도 외부인이나 구경꾼일 수 없음을 분명히 보여준다. 하나님은 저 멀리 우주에서 비인격적으로 일하시는 분이 아니다. 그분은 우리를 찾아오신 바로 그 삶의 자리에서 우리와 함께 일하시는 분이다. 우리가 선한 일을 하든 나쁜 일을 하든, 우리는 하나님께서 행하시는 모든 일에 계속해서 참여할 수밖에 없다. 누구도 예외일 수 없고 빠져나갈 수도 없다. 그러므로 우리는 그 이야기 속에서 시작하고 그 이야기 속에서 우리의 자리를 찾아야 할 것이다. 맨 처음부터 말이다.

God spoke: "Let us make human beings in our image, make them
reflecting our nature
So they can be responsible for the fish in the sea.
the birds in the air, the cattle.
And, yes, Earth itself,
and every animal that moves on the face of Earth."
God created human being;
he created them godlike,
Reflecting God's nature.
He created them male and female.
God blessed them:
"Prosper! Reproduce! Fill Earth! Take charge!
Be responsible for fish in the sea and birds in the air,
for every living thing that moves on the face of Earth"(Genesis 1:26-28).

But Genesis presents none of this to us and abstract, bloodless "truth" or "principle." We are given a succession of stories with named people, people who loved and quarreled, believed and doubted, had children and married, experienced sin and grace. If we pay attention, we find that we ourselves are living variations on these very stories: Adam and Eve, Cain and Abel, Noah and his sons, Abraham and Sarah, Isaac and Rebekah, Jacob and Rachel, Joseph and his brothers. The stories show clearly that we are never outsiders or spectators to anything in "heaven and earth." God doesn't work impersonally from space; he works with us where we are, as he finds us. No matter what we do, whether good or bad, we continue to be part of everything that God is doing. Nobody can drop out—there's no place to drop out to. So we may as well get started and take our place in the story—at the beginning.

하나님께서 뭍을 땅이라 부르시고
모인 물을 바다라 부르셨다.
하나님께서 보시니 좋았다.

11-13 하나님께서 말씀하셨다. "땅은 푸른 움을 돋게 하여라!
씨 맺는 온갖 종류의 식물과
열매 맺는 온갖 종류의 나무를 자라게 하여라" 하시니
그대로 되었다.
땅은 씨 맺는 푸른 식물을
그 종류대로 나게 하고
열매 맺는 나무를 그 종류대로 자라게 했다.
하나님께서 보시니 좋았다.
저녁이 되고 아침이 되니
셋째 날이었다.

14-15 하나님께서 말씀하셨다. "빛들아! 나오너라!
하늘 창공에서 빛을 비추어라!
낮과 밤을 나누고
계절과 날과 해를 구분하여라.
하늘 창공에서 땅을 비추는 빛들이 되어라" 하시니
그대로 되었다.

16-19 하나님께서 두 큰 빛을 만드셔서,
그중 큰 빛에게는 낮을 맡기시고
작은 빛에게는 밤을 맡기셨다.
그리고 별들도 만드셨다.
하나님께서 그 빛들을 하늘 창공에 두셔서,
땅을 비추게 하시고
낮과 밤을 다스리며
빛과 어둠을 나누게 하셨다.
하나님께서 보시니 좋았다.
저녁이 되고 아침이 되니
넷째 날이었다.

20-23 하나님께서 말씀하셨다.
"바다는 물고기와 온갖 생물로 가득하여라!
새들은 땅 위 창공을 날아다녀라!"
하나님께서 거대한 고래들과
물에 가득한 모든 생물과
온갖 종류의 새를 창조하셨다.
하나님께서 보시니 좋았다.
하나님께서 그것들에게 복을 주시며 말씀하

And there it was.
God named the land Earth.
He named the pooled water Ocean.
God saw that it was good.

11-13 God spoke: "Earth, green up! Grow all varieties
of seed-bearing plants,
Every sort of fruit-bearing tree."
And there it was.
Earth produced green seed-bearing plants,
all varieties,
And fruit-bearing trees of all sorts.
God saw that it was good.
It was evening, it was morning—
Day Three.

14-15 God spoke: "Lights! Come out!
Shine in Heaven's sky!
Separate Day from Night.
Mark seasons and days and years,
Lights in Heaven's sky to give light to Earth."
And there it was.

16-19 God made two big lights, the larger
to take charge of Day,
The smaller to be in charge of Night;
and he made the stars.
God placed them in the heavenly sky
to light up Earth
And oversee Day and Night,
to separate light and dark.
God saw that it was good.
It was evening, it was morning—
Day Four.

20-23 God spoke: "Swarm, Ocean, with fish and all sea life!
Birds, fly through the sky over Earth!"
God created the huge whales,
all the swarm of life in the waters,
And every kind and species of flying birds.
God saw that it was good.
God blessed them: "Prosper! Reproduce! Fill Ocean!

창세기

GENESIS

하늘과 땅의 창조

1

1-2 모든 것의 시작은 이러하다. 하나님께서 하늘과 땅을 창조하셨다. 보이는 모든 것과 보이지 않는 모든 것을 창조하셨다. 땅은 아무것도 없는 늪, 끝없이 깊은 공허, 칠흑 같은 어둠이었다. 하나님의 영은 물의 심연 위에 새처럼 내려앉으셨다.

3-5 하나님께서 말씀하셨다. "빛!" 하시니
빛이 생겨났다.
하나님께서 보시니 그 빛이 좋았다.
하나님께서 빛과 어둠을 나누셔서,
빛을 낮이라 부르시고
어둠을 밤이라 부르셨다.
저녁이 되고 아침이 되니
첫째 날이었다.

6-8 하나님께서 말씀하셨다.
"물 한가운데 창공이 생겨
물과 물 사이를 갈라놓아라!"
하나님께서 창공을 만드셔서
창공 아래 물과
창공 위의 물로 갈라놓으시니,
그대로 되었다.
하나님께서 창공을 하늘이라 부르셨다.
저녁이 되고 아침이 되니
둘째 날이었다.

9-10 하나님께서 말씀하셨다. "갈라져라!
하늘 아래 있는 물은 한곳으로 모이고
뭍은 드러나라!" 하시니
그대로 되었다.

1

1-2 First this: God created the Heavens and Earth—all you see, all you don't see. Earth was a soup of nothingness, a bottomless emptiness, an inky blackness. God's Spirit brooded like a bird above the watery abyss.

3-5 God spoke: "Light!"
And light appeared.
God saw that light was good
and separated light from dark.
God named the light Day,
he named the dark Night.
It was evening, it was morning—
Day One.

6-8 God spoke: "Sky! In the middle of the waters;
separate water from water!"
God made sky.
He separated the water under sky
from the water above sky.
And there it was:
he named sky the Heavens;
It was evening, it was morning—
Day Two.

9-10 God spoke: "Separate!
Water-beneath-Heaven, gather into one place;
Land, appear!"

셨다.
"잘 자라서, 번성하여라! 바다에 가득하여라!
새들은 땅 위에 번성하여라!"
저녁이 되고 아침이 되니
다섯째 날이었다.

24-25 하나님께서 말씀하셨다. "땅은 생물을 내어라!
집짐승과 기어 다니는 것과 들짐승을 각기 종류대로 내어라" 하시니
그대로 되었다.
온갖 종류의 들짐승과
온갖 종류의 집짐승과 온갖 종류의 기어 다니는 것과 벌레가 생겨났다.
하나님께서 보시니 좋았다.

26-28 하나님께서 말씀하셨다. "우리가 우리의 형상을 따라 사람을 만들자.
그들로 우리의 본성을 드러내게 하여
그들이 바다의 물고기와
공중의 새와 집짐승과
온 땅과
땅 위에 사는 온갖 동물을 돌보게 하자."
하나님께서 사람을 창조하시되
하나님을 닮게 창조하시고
하나님의 본성을 드러내게 하셨다.
하나님께서 사람을 남자와 여자로 창조하셨다.
하나님께서 그들에게 복을 주시며 말씀하셨다.
"자녀를 낳고, 번성하여라! 온 땅에 가득하여라!
땅을 돌보아라!
바다의 물고기와 공중의 새와
땅 위에 사는 온갖 생물을 돌보아라!"

29-30 하나님께서 말씀하셨다.
"내가 땅 위에 있는 씨 맺는 온갖 식물과
열매 맺는 온갖 나무를
너희에게 양식으로 준다.
모든 짐승과 새와
숨 쉬고 움직이는 모든 것에게도
땅에서 자라는 것을 양식으로 준다" 하시니
그대로 되었다.
31 하나님께서 손수 만드신 모든 것을 보시니
참으로 좋고 좋았다!
저녁이 되고 아침이 되니

Birds, reproduce on Earth!"
It was evening, it was morning—
Day Five.

24-25 God spoke: "Earth, generate life! Every sort and kind:
cattle and reptiles and wild animals—all kinds."
And there it was:
wild animals of every kind,
Cattle of all kinds, every sort of reptile and bug.
God saw that it was good.

26-28 God spoke: "Let us make human beings in our image, make them
reflecting our nature
So they can be responsible for the fish in the sea,
the birds in the air, the cattle,
And, yes, Earth itself,
and every animal that moves on the face of Earth."
God created human beings;
he created them godlike,
Reflecting God's nature.
He created them male and female.
God blessed them:
"Prosper! Reproduce! Fill Earth! Take charge!
Be responsible for fish in the sea and birds in the air,
for every living thing that moves on the face of Earth."

29-30 Then God said, "I've given you
every sort of seed-bearing plant on Earth
And every kind of fruit-bearing tree,
given them to you for food.
To all animals and all birds,
everything that moves and breathes,
I give whatever grows out of the ground for food."
And there it was.

31 God looked over everything he had made;
it was so good, so very good!

여섯째 날이었다.

It was evening, it was morning—
Day Six.

2

1 하늘과 땅의 모든 것이
빠짐없이 완성되었다.

2-4 일곱째 날에
하나님께서 하시던 일을 마치셨다.
일곱째 날에
하나님께서 모든 일을 마치고 쉬셨다.
하나님께서 일곱째 날에 복을 주시고
그날을 거룩한 날로 삼으셨다.
그날에 하나님께서 창조하시던 모든 일을
마치고 쉬셨기 때문이다.

하늘과 땅이 창조될 때
그 모든 것의 시작은 이러했다.

아담과 하와

5-7 하나님께서 땅과 하늘을 지으시던 때에, 땅에는 아직 풀과 나무가 돋아나지 않았다. 하나님께서 땅에 비를 내리지 않으셨고, 땅을 일굴 사람도 없었기 때문이다. (땅속에서 솟아 나온 물이 온 땅을 적시고 있었다.) 하나님께서 땅의 흙으로 사람을 빚으시고, 그 코에 생명의 숨을 불어넣으셨다. 그러자 그 사람이 살아나, 생명체가 되었다!
8-9 하나님께서 동쪽에 있는 에덴에 동산을 일구시고, 만드신 사람을 그곳에 두셨다. 하나님께서는 보기에도 아름답고 먹기에도 좋은 온갖 나무를 그 땅에 자라게 하셨다. 동산 한가운데는 생명나무가 있었고, 선과 악을 알게 하는 나무도 있었다.
10-14 강 하나가 에덴에서 흘러나와 동산을 적시고, 그곳에서 네 줄기로 갈라져 네 강을 이루었다. 첫째 강의 이름은 비손인데, 금이 나는 하윌라 온 땅을 두루 돌아 흘렀다. 그 땅에서 나는 금은 질이 좋았다. 그 땅은 향기 나는 송진과 마노 보석이 나는 곳으로도 유명했다. 둘째 강의 이름은 기혼인데, 구스 온 땅을 두루 돌아 흘렀다. *셋째 강의 이름*은 힛데겔인데, 앗시리아 동쪽으로 흘렀다. 넷째 강의 이름은 유프라테스였다.
15 하나님께서 사람을 데려다가 에덴 동산에 두시고, 땅을 일구며 돌보게 하셨다.
16-17 하나님께서 사람에게 명령하셨다. "동산에

2

1 Heaven and Earth were finished,
down to the last detail.

2-4 By the seventh day
God had finished his work.
On the seventh day
he rested from all his work.
God blessed the seventh day.
He made it a Holy Day
Because on that day he rested from his work,
all the creating God had done.

This is the story of how it all started,
of Heaven and Earth when they were created.

Adam and Eve

5-7 At the time GOD made Earth and Heaven, before any grasses or shrubs had sprouted from the ground—GOD hadn't yet sent rain on Earth, nor was there anyone around to work the ground (the whole Earth was watered by underground springs)—GOD formed Man out of dirt from the ground and blew into his nostrils the breath of life. The Man came alive—a living soul!
8-9 Then GOD planted a garden in Eden, in the east. He put the Man he had just made in it. GOD made all kinds of trees grow from the ground, trees beautiful to look at and good to eat. The Tree-of-Life was in the middle of the garden, also the Tree-of-Knowledge-of-Good-and-Evil.
10-14 A river flows out of Eden to water the garden and from there divides into four rivers. The first is named Pishon; it flows through Havilah where there is gold. The gold of this land is good. The land is also known for a sweet-scented resin and the onyx stone. The second river is named Gihon; it flows through the land of Cush. The third river is named Hiddekel and flows east of Assyria. The fourth river is the Euphrates.
15 GOD took the Man and set him down in the Garden of Eden to work the ground and keep it in

있는 모든 나무의 열매는 무엇이든 먹어도 좋다. 그러나 선과 악을 알게 하는 나무의 열매는 먹어서는 안된다. 그 나무의 열매를 먹는 순간, 너는 죽을 것이다."

18-20 하나님께서 말씀하셨다. "사람이 혼자 있는 것이 좋지 않으니, 내가 그를 도울 짝을 만들어 주어야겠다." 하나님께서 땅의 흙으로 들의 모든 짐승과 공중의 모든 새를 만드셨다. 하나님께서 그것들을 사람에게로 데려가셔서, 그가 그것들을 무엇이라 부르는지 보셨다. 그 사람이 생물 하나하나를 일컫는 말이 곧 그 이름이 되었다. 그 사람이 집짐승과 공중의 새와 들짐승에게 이름을 붙여 주었으나, 정작 자신에게 꼭 맞는 짝은 찾지 못했다.

21-22 하나님께서 남자를 깊이 잠들게 하셨다. 그가 잠들자, 하나님께서 그의 갈빗대 하나를 떼어 내고 그 자리를 살로 메우셨다. 하나님께서 남자에게서 떼어 낸 갈빗대로 여자를 만드시고, 그녀를 남자에게 데려오셨다.

23-25 남자가 말했다.

"드디어 나타났구나! 내 뼈 중의 뼈,
내 살 중의 살!
남자에게서 나왔으니
여자라고 부르리라."
그러므로 남자는 부모를 떠나, 아내를 품에 안고 한 몸이 된다.
남자와 그의 아내는 둘 다 벌거벗었으나 부끄러워하지 않았다.

order.

16-17 GOD commanded the Man, "You can eat from any tree in the garden, except from the Tree-of-Knowledge-of-Good-and-Evil. Don't eat from it. The moment you eat from that tree, you're dead."

18-20 GOD said, "It's not good for the Man to be alone; I'll make him a helper, a companion." So GOD formed from the dirt of the ground all the animals of the field and all the birds of the air. He brought them to the Man to see what he would name them. Whatever the Man called each living creature, that was its name. The Man named the cattle, named the birds of the air, named the wild animals; but he didn't find a suitable companion.

21-22 GOD put the Man into a deep sleep. As he slept he removed one of his ribs and replaced it with flesh. GOD then used the rib that he had taken from the Man to make Woman and presented her to the Man.

23-25 The Man said,

"Finally! Bone of my bone,
flesh of my flesh!
Name her Woman
for she was made from Man."
Therefore a man leaves his father and mother and embraces his wife. They become one flesh.
The two of them, the Man and his Wife, were naked, but they felt no shame.

사람의 불순종

3

1 뱀은 하나님께서 지으신 들짐승 가운데 가장 간교했다. 뱀이 여자에게 말했다. "하나님이 너희에게 동산 안에 있는 모든 나무의 열매를 먹지 말라고 하셨다는데, 그게 정말이냐?"

2-3 여자가 뱀에게 말했다. "그렇지 않아. 동산 안에 있는 나무들의 열매는 먹어도 돼. 하지만 하나님께서는 동산 한가운데 있는 나무의 열매만큼은 '너희는 먹지도 말고 만지지도 마라. 그러면 너희가 죽을 것이다'라고 말씀하셨어."

4-5 뱀이 여자에게 말했다. "너희는 결코 죽지 않아. 하나님은 너희가 그 나무의 열매를 먹는 순간 하나님처럼 되어서, 선에서 악까지 모든 실상을 보게 되리라는 것을 알고 계신거야."

3

1 The serpent was clever, more clever than any wild animal GOD had made. He spoke to the Woman: "Do I understand that God told you not to eat from any tree in the garden?"

2-3 The Woman said to the serpent, "Not at all. We *can* eat from the trees in the garden. It's only about the tree in the middle of the garden that God said, 'Don't eat from it; don't even touch it or you'll die.'"

4-5 The serpent told the Woman, "You won't die. God knows that the moment you eat from that tree, you'll see what's really going on. You'll be just like God, knowing everything, ranging all the way from good to evil."

6 여자가 그 나무를 보니 먹음직스럽게 보였고, 그 열매를 먹으면 모든 것을 알게 될 것 같았다! 여자가 그 열매를 따서 먹고 자기 남편에게도 주니, 그도 먹었다.
7 그러자 그 두 사람은 곧바로 "실상을 보게 되었다." 자신들이 벌거벗은 것을 알게 된 것이다! 그들은 무화과나무 잎을 엮어서 임시로 몸을 가렸다.
8 저녁 산들바람 속에 하나님께서 동산을 거니시는 소리가 들리자, 남자와 그의 아내는 하나님을 피해 동산 나무 사이에 숨었다.
9 하나님께서 남자를 부르며 물으셨다. "네가 어디 있느냐?"
10 남자가 대답했다. "제가 동산에서 하나님의 소리를 듣고, 벌거벗은 것이 두려워 숨었습니다."
11 하나님께서 물으셨다. "네가 벌거벗었다고 누가 일러 주었느냐? 내가 네게 먹지 말라고 한 나무의 열매를 네가 먹었느냐?"
12 남자가 대답했다. "하나님께서 제게 짝으로 주신 여자가 그 나무의 열매를 주기에, 제가 먹었습니다."
하나님께서 여자에게 물으셨다. "네가 어찌하여 이런 일을 저질렀느냐?"
13 여자가 대답했다. "뱀이 꾀어서, 제가 먹었습니다."

14-15 하나님께서 뱀에게 말씀하셨다.

"네가 이런 일을 저질렀으니,
너는 모든 집짐승과 들짐승보다 더 저주를 받아
평생토록 배로 기어 다니면서
흙을 먹어야 할 것이다.
내가 너와 여자 사이에
네 후손과 여자의 후손 사이에 전쟁을 일으킬 것이다.
여자의 후손은 네 머리를 상하게 하고
너는 그의 발뒤꿈치를 상하게 할 것이다."

16 여자에게는 이렇게 말씀하셨다.

"내가 네게 해산의 고통을 크게 더하겠다.
너는 고통 속에서 아이를 낳을 것이다.
너는 네 남편을 기쁘게 해주려고 하겠지만
그는 너를 지배하려 들 것이다."

17-19 남자에게는 이렇게 말씀하셨다.

"네가 네 아내의 말을 듣고
내가 네게 먹지 말라고 한
나무의 열매를 먹었으니,

6 When the Woman saw that the tree looked like good eating and realized what she would get out of it—she'd know everything!—she took and ate the fruit and then gave some to her husband, and he ate.
7 Immediately the two of them did "see what's really going on"—saw themselves naked! They sewed fig leaves together as makeshift clothes for themselves.
8 When they heard the sound of GOD strolling in the garden in the evening breeze, the Man and his Wife hid in the trees of the garden, hid from God.
9 GOD called to the Man: "Where are you?"
10 He said, "I heard you in the garden and I was afraid because I was naked. And I hid."
11 GOD said, "Who told you you were naked? Did you eat from that tree I told you not to eat from?"
12 The Man said, "The Woman you gave me as a companion, she gave me fruit from the tree, and, yes, I ate it."
GOD said to the Woman, "What is this that you've done?"
13 "The serpent seduced me," she said, "and I ate."

14-15 GOD told the serpent:

"Because you've done this, you're cursed,
cursed beyond all cattle and wild animals,
Cursed to slink on your belly
and eat dirt all your life.
I'm declaring war between you and the Woman,
between your offspring and hers.
He'll wound your head,
you'll wound his heel."

16 He told the Woman:

"I'll multiply your pains in childbirth;
you'll give birth to your babies in pain.
You'll want to please your husband,
but he'll lord it over you."

17-19 He told the Man:

"Because you listened to your wife
and ate from the tree
That I commanded you not to eat from,
'Don't eat from this tree,'

땅이 너로 인하여 저주를 받을 것이다.
아이 낳는 것이 네 아내에게 고통스러운 일이듯이
네가 땅에서 양식을 얻는 것도
고통스러운 일이 될 것이다.
너는 평생토록 수고하며 일해야 할 것이다.
땅은 가시와 엉겅퀴를 내고
너는 죽어서 흙으로 돌아가는 그날까지
새벽부터 저녁까지 땀 흘리며
들에서 씨를 뿌리고 밭을 갈고 수확해야만
양식을 얻을 수 있을 것이다.
너는 흙에서 시작되었으니, 흙으로 끝날 것이다."

20 아담이라 알려진 그 남자는, 자기 아내에게 하와라는 이름을 지어 주었다. 그녀가 살아 있는 모든 것의 어머니였기 때문이다.

21 하나님께서 아담과 그의 아내에게 가죽옷을 만들어 입히셨다.

22 하나님께서 말씀하셨다. "이 사람이 우리 가운데 하나처럼 선에서 악까지 모든 것을 알게 되었다. 이제 그가 손을 뻗어 생명나무 열매도 따서 먹고 영원히 살면 어찌하겠는가? 그런 일이 결코 일어나서는 안된다!"

23-24 그래서 하나님은 그들을 에덴 동산에서 내쫓으시고, 그들이 흙으로 지어졌으므로 흙을 일구게 하셨다. 하나님께서 그들을 쫓아내신 다음, 동산 동쪽에 그룹 천사들과 회전하는 불칼을 두셔서, 생명나무에 이르는 길을 지키게 하셨다.

The very ground is cursed because of you;
getting food from the ground
Will be as painful as having babies is for your wife;
you'll be working in pain all your life long.
The ground will sprout thorns and weeds,
you'll get your food the hard way,
Planting and tilling and harvesting,
sweating in the fields from dawn to dusk,
Until you return to that ground yourself, dead and buried;
you started out as dirt, you'll end up dirt."

20 The Man, known as Adam, named his wife Eve because she was the mother of all the living.

21 GOD made leather clothing for Adam and his wife and dressed them.

22 GOD said, "The Man has become like one of us, capable of knowing everything, ranging from good to evil. What if he now should reach out and take fruit from the Tree-of-Life and eat, and live forever? Never—this cannot happen!"

23-24 So GOD expelled them from the Garden of Eden and sent them to work the ground, the same dirt out of which they'd been made. He threw them out of the garden and stationed angel-cherubim and a revolving sword of fire east of it, guarding the path to the Tree-of-Life.

가인과 아벨

4 1 아담이 자기 아내 하와와 잠자리를 같이 하니, 하와가 임신하여 가인을 낳았다. 하와가 말했다. "내가 하나님의 도우심으로 사내아이를 얻었다!"

2 하와가 또 아벨이라는 아이를 낳았다. 아벨은 양을 치는 목자가 되고, 가인은 농부가 되었다.

3-5 시간이 흘렀다. 가인은 자기 밭에서 거둔 곡식을 하나님께 제물로 가져왔고, 아벨도 자신이 기르는 양 떼의 첫 새끼 가운데서 가장 좋은 부위를 골라 제물로 가져왔다. 하나님께서 아벨과 그의 제물은 반기셨으나, 가인과 그의 제물은 반기지 않으셨다. 가인은 화를 내며 언짢아했다.

6-7 하나님께서 가인에게 말씀하셨다. "어찌하여 화를 내느냐? 언짢아하는 까닭이 무엇이냐? 네가 잘하면, 내가 받아들이지 않겠느냐? 네가 잘못하여서 죄가 숨어 너를 덮치려고 하니, 너는 죄를 다

4 1 Adam slept with Eve his wife. She conceived and had Cain. She said, "I've gotten a man, with God's help!"

2 Then she had another baby, Abel. Abel was a herdsman and Cain a farmer.

3-5 Time passed. Cain brought an offering to GOD from the produce of his farm. Abel also brought an offering, but from the firstborn animals of his herd, choice cuts of meat. GOD liked Abel and his offering, but Cain and his offering didn't get his approval. Cain lost his temper and went into a sulk.

6-7 GOD spoke to Cain: "Why this tantrum? Why the sulking? If you do well, won't you be accepted? And if you don't do well, sin is lying in wait

스러야 한다."
8 가인이 아우 아벨과 말다툼을 했다. 그들이 들에
나갔을 때, 가인이 아우 아벨을 덮쳐서 죽였다.
9 하나님께서 가인에게 물으셨다. "네 아우 아벨이
어디 있느냐?"
가인이 대답했다. "제가 어떻게 알겠습니까? 제가
그를 돌보는 사람입니까?"
10-12 하나님께서 말씀하셨다. "네가 무슨 일을 저질
렀느냐? 네 아우의 피가 땅에서 내게 울부짖고 있
구나. 이제부터 너는 이 땅에서 저주를 받게 될 것이
다. 땅이 두 팔을 벌려 살해된 네 아우의 피를 받았으
니, 너는 이 땅에서 쫓겨날 것이다. 네가 땅을 일구
어도, 땅은 네게 더 이상 좋은 것을 내주지 않을 것이
다. 너는 정처 없이 세상을 떠도는 자가 될 것이다."
13-14 가인이 하나님께 아뢰었다. "그 형벌은 제게 너
무 가혹합니다. 저는 그것을 감당할 수 없습니다! 하
나님께서 저를 이 땅에서 쫓아내셨으니, 제가 다시
는 하나님을 뵐 수 없게 되었습니다. 제가 정처 없이
세상을 떠돌면, 만나는 사람마다 저를 죽이려고 할
것입니다."
15 하나님께서 그에게 말씀하셨다. "그렇지 않다. 누
구든지 가인을 죽이는 자는 일곱 배의 벌을 받을 것
이다." 하나님께서 가인을 지키기 위해 그에게 표를
해주셔서, 어느 누가 그를 만나더라도 그를 죽이지
못하게 하셨다.
16 가인은 하나님 앞을 떠나, 에덴 동쪽에 있는 '아무
도 살지 않는 땅'에서 살았다.
17-18 가인이 자기 아내와 잠자리를 같이하니, 그의
아내가 임신하여 에녹을 낳았다. 그때에 가인이 도
시를 세우고, 자기 아들의 이름을 따서 그 도시의 이
름을 에녹이라고 했다.

에녹은 이랏을 낳고
이랏은 므후야엘을 낳고
므후야엘은 므드사엘을 낳고
므드사엘은 라멕을 낳았다.

19-22 라멕은 아다와 씰라를 아내로 맞이했다. 아다는
야발을 낳았는데, 그는 장막에 살면서 가축을 치는
모든 사람의 조상이 되었다. 그의 아우 이름은 유발
인데, 그는 수금과 피리를 연주하는 모든 사람의 조
상이 되었다. 씰라는 두발가인을 낳았는데, 그는 대
장간에서 구리와 쇠로 여러 기구를 만드는 사람이었
다. 그의 누이는 나아마였다.

23-24 라멕이 자기 아내들에게 말했다.

for you, ready to pounce; it's out to get you,
you've got to master it."
8 Cain had words with his brother. They were
out in the field; Cain came at Abel his brother
and killed him.
9 GOD said to Cain, "Where is Abel your brother?"
He said, "How should I know? Am I his babysit-
ter?"
10-12 GOD said, "What have you done! The voice
of your brother's blood is calling to me from
the ground. From now on you'll get nothing but
curses from this ground; you'll be driven from
this ground that has opened its arms to receive
the blood of your murdered brother. You'll farm
this ground, but it will no longer give you its
best. You'll be a homeless wanderer on Earth."
13-14 Cain said to GOD, "My punishment is too
much. I can't take it! You've thrown me off
the land and I can never again face you. I'm a
homeless wanderer on Earth and whoever finds
me will kill me."
15 GOD told him, "No. Anyone who kills Cain
will pay for it seven times over." GOD put a
mark on Cain to protect him so that no one who
met him would kill him.
16 Cain left the presence of GOD and lived in
No-Man's-Land, east of Eden.
17-18 Cain slept with his wife. She conceived and
had Enoch. He then built a city and named it
after his son, Enoch.

Enoch had Irad,
Irad had Mehujael,
Mehujael had Methushael,
Methushael had Lamech.

19-22 Lamech married two wives, Adah and
Zillah. Adah gave birth to Jabal, the ancestor
of all who live in tents and herd cattle. His
brother's name was Jubal, the ancestor of all
who play the lyre and flute. Zillah gave birth to
Tubal-Cain, who worked at the forge making
bronze and iron tools. Tubal-Cain's sister was
Naamah.

23-24 Lamech said to his wives,

"아다와 씰라는 내 말을 들으시오.
라멕의 아내들이여, 내 말에 귀를 기울이시오.
내게 상처를 입힌 남자를 내가 죽였소.
나를 공격한 젊은 남자를 내가 죽였소.
가인을 해친 자가 일곱 배의 벌을 받는다면,
라멕을 해친 자는 일흔일곱 배의 벌을 받을 것이오!"

25-26 아담이 다시 자기 아내와 잠자리를 같이했다. 그녀가 아들을 낳고 그 이름을 셋이라고 했다. 그녀가 이렇게 말했다. "가인에게 죽은 아벨을 대신해서 하나님께서 내게 또 다른 아이를 주셨다." 셋도 아들을 낳고 그 이름을 에노스라고 했다.
그때부터 사람들이 하나님의 이름으로 기도하고 예배하기 시작했다.

인류의 족보

5 1-2 인류의 족보는 이러하다. 하나님께서 인류를 창조하실 때, 하나님의 형상대로, 하나님의 본성을 닮은 존재로 만드셨다. 하나님께서 남자와 여자를 창조하시고, 그들 곧 온 인류에게 복을 주셨다.
3-5 아담은 백서른 살에 자신을 꼭 닮은 아들, 그 성품과 모습이 자신을 빼닮은 아들을 낳고 그 이름을 셋이라고 했다. 셋을 낳은 뒤에 그는 800년을 더 살면서 자녀를 낳았다. 아담은 모두 930년을 살고 죽었다.
6-8 셋은 백다섯 살에 에노스를 낳았다. 에노스를 낳은 뒤에 그는 807년을 더 살면서 자녀를 낳았다. 셋은 모두 912년을 살고 죽었다.
9-11 에노스는 아흔 살에 게난을 낳았다. 게난을 낳은 뒤에 그는 815년을 더 살면서 자녀를 낳았다. 에노스는 모두 905년을 살고 죽었다.
12-14 게난은 일흔 살에 마할랄렐을 낳았다. 마할랄렐을 낳은 뒤에 그는 840년을 더 살면서 자녀를 낳았다. 게난은 모두 910년을 살고 죽었다.
15-17 마할랄렐은 예순다섯 살에 야렛을 낳았다. 야렛을 낳은 뒤에 그는 830년을 더 살면서 자녀를 낳았다. 마할랄렐은 모두 895년을 살고 죽었다.
18-20 야렛은 백예순두 살에 에녹을 낳았다. 에녹을 낳은 뒤에 그는 800년을 더 살면서 자녀를 낳았다. 야렛은 모두 962년을 살고 죽었다.
21-23 에녹은 예순다섯 살에 므두셀라를 낳았다. 에녹은 늘 하나님과 동행했다. 므두셀라를 낳은 뒤에 그는 300년을 더 살면서 자녀를 낳았다. 에녹은 모

Adah and Zillah, listen to me;
you wives of Lamech, hear me out:
I killed a man for wounding me,
a young man who attacked me.
If Cain is avenged seven times,
for Lamech it's seventy-seven!

25-26 Adam slept with his wife again. She had a son whom she named Seth. She said, "God has given me another child in place of Abel whom Cain killed." And then Seth had a son whom he named Enosh.
That's when men and women began praying and worshiping in the name of GOD.

The Family Tree of the Human Race

5 1-2 This is the family tree of the human race: When God created the human race, he made it godlike, with a nature akin to God. He created both male and female and blessed them, the whole human race.
3-5 When Adam was 130 years old, he had a son who was just like him, his very spirit and image, and named him Seth. After the birth of Seth, Adam lived another 800 years, having more sons and daughters. Adam lived a total of 930 years. And he died.
6-8 When Seth was 105 years old, he had Enosh. After Seth had Enosh, he lived another 807 years, having more sons and daughters. Seth lived a total of 912 years. And he died.
9-11 When Enosh was ninety years old, he had Kenan. After he had Kenan, he lived another 815 years, having more sons and daughters. Enosh lived a total of 905 years. And he died.
12-14 When Kenan was seventy years old, he had Mahalalel. After he had Mahalalel, he lived another 840 years, having more sons and daughters. Kenan lived a total of 910 years. And he died.
15-17 When Mahalalel was sixty-five years old, he had Jared. After he had Jared, he lived another 830 years, having more sons and daughters. Mahalalel lived a total of 895 years. And he died.

두 365년을 살았다.
24 에녹은 늘 하나님과 동행하다가, 어느 날 홀연히 사라졌다. 하나님께서 그를 데려가신 것이다.
25-27 므두셀라는 백여든일곱 살에 라멕을 낳았다. 라멕을 낳은 뒤에 그는 782년을 더 살았다. 므두셀라는 모두 969년을 살고 죽었다.
28-31 라멕은 백여든두 살에 아들을 낳았다. 그는 아들의 이름을 노아라 하고, 이렇게 말했다. "이 아이는 하나님께서 저주하신 땅을 일구는 고된 일에서 우리를 쉬게 해줄 것이다." 노아를 낳은 뒤에 그는 595년을 더 살면서 자녀를 낳았다. 라멕은 모두 777년을 살고 죽었다.
32 노아는 오백 살에 셈과 함과 야벳을 낳았다.

땅의 거인들

6
1-2 사람들의 수가 늘어나기 시작하고 그들에게서 점점 더 많은 딸들이 태어나자, 하나님의 아들들이 사람의 딸들의 아름다움을 주목했다. 그들이 사람의 딸들을 눈여겨보고는, 저마다 자기 마음에 드는 대로 자기 아내로 삼았다.
3 그러자 하나님께서 말씀하셨다. "내가 사람들에게 영원히 생명을 불어넣지는 않을 것이다. 결국 그들은 죽게 될 것이다. 이제부터 그들은 120년밖에 살지 못할 것이다."
4 그 무렵 (그리고 그 후에도) 땅에는 거인들이 있었다. 그들은 하나님의 아들들과 사람의 딸들 사이에서 태어난 자들이었다. 그들은 고대의 용사들로서, 이름난 사람들이었다.

하나님과 동행한 노아

5-7 하나님께서 사람의 악이 통제 불능 상태가 되었음을 보셨다. 사람들은 눈을 떠서 잠들 때까지 온통 악한 것만 생각하고 악한 것만 꾀했다. 하나님께서 사람 지으신 것을 후회하시고 마음 아파하셨다. 하나님께서 말씀하셨다. "내가 타락한 내 피조물을 없애 버리겠다. 사람과 짐승, 뱀, 곤충, 새들을 가리지 않고 다 쓸어버리겠다. 그것들을 만든 것이 후회스럽구나."
8 그러나 노아만은 달랐다. 노아는 하나님의 눈에 쏙 들었다.

18-20 When Jared was 162 years old, he had Enoch. After he had Enoch, he lived another 800 years, having more sons and daughters. Jared lived a total of 962 years. And he died.
21-23 When Enoch was sixty-five years old, he had Methuselah. Enoch walked steadily with God. After he had Methuselah, he lived another 300 years, having more sons and daughters. Enoch lived a total of 365 years.
24 Enoch walked steadily with God. And then one day he was simply gone: God took him.
25-27 When Methuselah was 187 years old, he had Lamech. After he had Lamech, he lived another 782 years. Methuselah lived a total of 969 years. And he died.
28-31 When Lamech was 182 years old, he had a son. He named him Noah, saying, "This one will give us a break from the hard work of farming the ground that GOD cursed." After Lamech had Noah, he lived another 595 years, having more sons and daughters. Lamech lived a total of 777 years. And he died.
32 When Noah was 500 years old, he had Shem, Ham, and Japheth.

Giants in the Land

6
1-2 When the human race began to increase, with more and more daughters being born, the sons of God noticed that the daughters of men were beautiful. They looked them over and picked out wives for themselves.
3 Then GOD said, "I'm not going to breathe life into men and women endlessly. Eventually they're going to die; from now on they can expect a life span of 120 years."
4 This was back in the days (and also later) when there were giants in the land. The giants came from the union of the sons of God and the daughters of men. These were the mighty men of ancient lore, the famous ones.

Noah and His Sons

5-7 GOD saw that human evil was out of control. People thought evil, imagined evil—evil, evil, evil from morning to night. GOD was sorry that he had made the human race in the first place; it broke his heart. GOD said, "I'll get rid of my ruined creation, make a clean

9-10 노아의 이야기는 이러하다. 노아는 자기 공동체에서 선하고 흠 없는 사람이었다. 노아는 하나님과 동행했다. 노아는 세 아들 곧 셈과 함과 야벳을 두었다.
11-12 하나님께서 보시기에 세상은 이미 시궁창이 되어 있었고, 악이 곳곳에 퍼져 있었다. 하나님께서 보시기에 세상이 얼마나 타락했던지, 모든 사람이 썩어 있었고, 생명 자체가 속속들이 썩어 있었다.
13 하나님께서 노아에게 말씀하셨다. "다 끝났다. 사람도 끝이다. 악이 도처에 퍼져 있으니, 내가 깨끗이 쓸어버리겠다.
14-16 너는 티크나무로 배를 한 척 만들어라. 배 안에 방을 여러 개 만들고, 역청으로 배 안팎을 칠하여라. 배의 길이는 140미터, 너비는 23미터, 높이는 14미터가 되게 하여라. 배에 지붕을 달고, 맨 위에서 45센티미터 아래에 창을 하나 내고, 배 옆쪽에 출입문을 내어라. 그리고 아래층과 가운데층과 위층, 이렇게 삼층으로 만들어라.
17 내가 땅 위에 홍수를 일으켜, 하늘 아래 살아 있는 모든 것을 없애 버리겠다. 모든 것을 멸하겠다.
18-21 그러나 내가 너와는 언약을 맺을 것이다. 너는 네 아들들과 아내와 며느리들과 함께 배에 들어가거라. 살아 있는 모든 것 가운데서 암수 한 쌍씩을 데리고 배에 들어가서, 너와 함께 살아남게 하여라. 새도 그 종류대로, 포유동물도 그 종류대로, 땅에 기어 다니는 것도 그 종류대로 한 쌍씩 데리고 들어가서, 너와 함께 살아남게 하여라. 네게 필요한 모든 양식을 가져다가 쌓아 두어라. 이것은 너와 짐승들의 양식이 될 것이다."
22 노아는 하나님께서 명령하신 대로 다 행했다.

홍수가 땅을 덮다

7 1 그 후에 하나님께서 노아에게 말씀하셨다. "너는 가족들을 다 데리고 배에 들어가거라. 이 세대의 모든 사람 가운데 의로운 사람이라고는 오직 너밖에 없다.
2-4 모든 정결한 짐승은 암수 일곱 쌍씩, 모든 부정한 짐승은 암수 한 쌍씩, 모든 날짐승은 암수 일곱 쌍씩 배에 태워서, 땅 위에 살아남게 하여라. 이제 칠 일이 지나면, 내가 사십 일 동안 밤낮을 가리지 않고 온 땅

sweep: people, animals, snakes and bugs, birds—the works. I'm sorry I made them."
8 But Noah was different. GOD liked what he saw in Noah.

9-10 This is the story of Noah: Noah was a good man, a man of integrity in his community. Noah walked with God. Noah had three sons: Shem, Ham, and Japheth.
11-12 As far as God was concerned, the Earth had become a sewer; there was violence everywhere. God took one look and saw how bad it was, everyone corrupt and corrupting—life itself corrupt to the core.
13 God said to Noah, "It's all over. It's the end of the human race. The violence is everywhere; I'm making a clean sweep.
14-16 "Build yourself a ship from teakwood. Make rooms in it. Coat it with pitch inside and out. Make it 450 feet long, seventy-five feet wide, and forty-five feet high. Build a roof for it and put in a window eighteen inches from the top; put in a door on the side of the ship; and make three decks, lower, middle, and upper.
17 "I'm going to bring a flood on the Earth that will destroy everything alive under Heaven. Total destruction.
18-21 "But I'm going to establish a covenant with you: You'll board the ship, and your sons, your wife and your sons' wives will come on board with you. You are also to take two of each living creature, a male and a female, on board the ship, to preserve their lives with you: two of every species of bird, mammal, and reptile—two of everything so as to preserve their lives along with yours. Also get all the food you'll need and store it up for you and them."
22 Noah did everything God commanded him to do.

7 1 Next GOD said to Noah, "Now board the ship, you and all your family—out of everyone in this generation, you're the righteous one.
2-4 "Take on board with you seven pairs of every clean animal, a male and a female; one pair of every unclean animal, a male and a female; and seven pairs of every kind of bird, a male and a female, to insure their survival on Earth. In just seven days I will dump rain on Earth for forty days and forty nights. I'll make a clean sweep of everything that I've made."

에 비를 퍼부을 것이다. 내가 만든 모든 것을 다 쓸어버릴 것이다."

5 노아는 하나님께서 명령하신 대로 다 행했다.

6-10 홍수가 땅을 덮은 것은 노아가 육백 살 되던 해였다. 노아와 그의 아내와 아들들과 며느리들은 홍수를 피해 배에 들어갔다. 정결한 짐승과 부정한 짐승, 날짐승과 땅 위를 기어 다니는 모든 짐승도, 하나님께서 노아에게 명령하신 대로, 암수 짝을 지어 노아에게로 와서 배에 들어갔다. 칠 일이 지나자 홍수가 났다.

11-12 노아가 육백 살 되던 해 둘째 달, 그달 십칠 일에, 땅속 깊은 샘들이 모두 터지고, 하늘의 창들이 모두 열렸다. 사십 일 동안 밤낮으로 비가 땅 위에 쏟아졌다.

13-16 바로 그날, 노아는 자기의 세 아들 셈, 함, 야벳과, 자기 아내와 며느리들을 데리고 배에 들어갔다. 그들과 함께, 온갖 종류의 들짐승과 집짐승, 땅 위를 기어 다니는 온갖 짐승과 날아다니는 온갖 짐승도 짝을 지어 노아에게로 와서 배에 들어갔다. 하나님께서 노아에게 명령하신 대로, 살아 숨 쉬는 모든 것이 암수 짝을 지어 배에 들어갔다. 그런 다음 노아가 들어가자, 하나님께서 배의 문을 닫으셨다.

17-23 홍수가 사십 일 동안 계속되어 물이 차오르자, 배가 땅에서 높이 떠올랐다. 물이 계속해서 불어나 수위가 높아지자, 배가 수면에 떠다녔다. 홍수가 더욱 심해져, 가장 높은 산들까지 잠겼다. 수위가 그 산들의 봉우리보다 6미터 정도 더 높아졌다. 모든 것이 죽었다. 살아 움직이는 모든 것이 죽었다. 날짐승, 집짐승, 들짐승 할 것 없이 땅에 가득한 모든 생물이 죽었다. 사람도 다 죽었다. 마른 땅 위에 살면서 숨을 쉬는 모든 것이 죽었다. 하나님께서는 사람과 짐승, 기어 다니는 것과 날아다니는 새까지, 모든 피조물을 남김없이 쓸어버리셨다. 오직 노아와 그와 함께 배에 있던 가족과 짐승들만 살아남았다.

24 홍수는 백오십 일 동안 계속되었다.

노아가 하나님께 제단을 쌓다

8 1-3 그때에 하나님께서 노아와, 그와 함께 배에 있는 모든 들짐승과 집짐승들을 돌아보셨다. 하나님께서 바람을 일으키시니, 물이 줄어들기 시작했다. 땅속 깊은 샘

5 Noah did everything GOD commanded him.

6-10 Noah was 600 years old when the floodwaters covered the Earth. Noah and his wife and sons and their wives boarded the ship to escape the flood. Clean and unclean animals, birds, and all the crawling creatures came in pairs to Noah and to the ship, male and female, just as God had commanded Noah. In seven days the floodwaters came.

11-12 It was the six-hundredth year of Noah's life, in the second month, on the seventeenth day of the month that it happened: all the underground springs erupted and all the windows of Heaven were thrown open. Rain poured for forty days and forty nights.

13-16 That's the day Noah and his sons Shem, Ham, and Japheth, accompanied by his wife and his sons' wives, boarded the ship. And with them every kind of wild and domestic animal, right down to all the kinds of creatures that crawl and all kinds of birds and anything that flies. They came to Noah and to the ship in pairs—everything and anything that had the breath of life in it, male and female of every creature came just as God had commanded Noah. Then GOD shut the door behind him.

17-23 The flood continued forty days and the waters rose and lifted the ship high over the Earth. The waters kept rising, the flood deepened on the Earth, the ship floated on the surface. The flood got worse until all the highest mountains were covered—the high-water mark reached twenty feet above the crest of the mountains. Everything died. Anything that moved—dead. Birds, farm animals, wild animals, the entire teeming exuberance of life—dead. And all people—dead. Every living, breathing creature that lived on dry land died; he wiped out the whole works—people and animals, crawling creatures and flying birds, every last one of them, gone. Only Noah and his company on the ship lived.

24 The floodwaters took over for 150 days.

8 1-3 Then God turned his attention to Noah and all the wild animals and farm animals with him on the ship. God caused the wind to blow and the floodwaters began to go down. The underground springs were shut off, the windows of Heaven closed

들이 막히고, 하늘의 창들이 닫히고, 비가 그쳤다. 물이 조금씩 줄어들어서, 백오십 일이 지나자 고비를 넘겼다.

4-6 일곱째 달 십칠 일에, 배가 아라랏 산에 닿았다. 물은 열째 달이 될 때까지 계속 줄어서, 열째 달 첫째 날에 산봉우리들이 드러났다. 사십 일이 지난 뒤에 노아는 자신이 배에 단 창문을 열었다.

7-9 노아가 까마귀 한 마리를 내보냈다. 까마귀는 물이 마르기를 기다리며 이리저리 날아다니기만 했다. 그는 또 홍수의 상태를 알아보려고 비둘기 한 마리를 내보냈다. 그러나 물이 아직 땅을 뒤덮고 있어서, 비둘기는 내려앉을 곳을 찾지 못했다. 노아가 손을 뻗어 비둘기를 잡아서, 배 안으로 들여놓았다.

10-11 노아는 칠 일을 더 기다려 다시 비둘기를 내보냈다. 비둘기는 저녁때가 되어 돌아왔는데, 부리에 올리브 새순을 물고 있었다. 노아는 땅에서 물이 거의 다 빠진 것을 알았다.

12 노아가 다시 칠 일을 기다려 세 번째로 비둘기를 내보냈다. 이번에는 비둘기가 돌아오지 않았다.

13-14 노아가 육백한 살이 되던 해 첫째 달 첫째 날에, 물이 말랐다. 노아가 배의 뚜껑을 열고 보니, 땅이 말라 있었다. 둘째 달 이십칠 일에, 땅이 완전히 말랐다.

15-17 하나님께서 노아에게 말씀하셨다. "너는 네 아내와 아들들과 며느리들과 함께 배에서 나오너라. 모든 짐승, 곧 모든 새와 포유동물과 기어 다니는 것까지, 이 배에 가득한 저 생명들을 모두 데리고 나오너라. 그것들이 땅에서 새끼를 낳고 번성하게 하여라."

18-19 노아가 자기 아들들과 아내와 며느리들을 데리고 배에서 나오자, 모든 짐승과 기어 다니는 짐승과 새, 곧 땅 위의 모든 동물이 종류대로 배에서 나왔다.

20-21 노아는 하나님께 제단을 쌓았다. 그는 모든 짐승과 새들 가운데서 정결한 것을 골라 제단 위에 번제물로 드렸다. 하나님께서 그 향기를 맡으시고 마음속으로 생각하셨다. "내가 다시는 사람 때문에 땅을 저주하지 않을 것이다. 사람은 어려서부터 악으로 기울어지게 마련이니, 다시는 내가 이번처럼 살아 있는 모든 것을 죽이지 않을 것이다.

and the rain quit. Inch by inch the water lowered. After 150 days the worst was over.

4-6 On the seventeenth day of the seventh month, the ship landed on the Ararat mountain range. The water kept going down until the tenth month. On the first day of the tenth month the tops of the mountains came into view. After forty days Noah opened the window that he had built into the ship.

7-9 He sent out a raven; it flew back and forth waiting for the floodwaters to dry up. Then he sent a dove to check on the flood conditions, but it couldn't even find a place to perch—water still covered the Earth. Noah reached out and caught it, brought it back into the ship.

10-11 He waited seven more days and sent out the dove again. It came back in the evening with a freshly picked olive leaf in its beak. Noah knew that the flood was about finished.

12 He waited another seven days and sent the dove out a third time. This time it didn't come back.

13-14 In the six-hundred-first year of Noah's life, on the first day of the first month, the flood had dried up. Noah opened the hatch of the ship and saw dry ground. By the twenty-seventh day of the second month, the Earth was completely dry.

15-17 God spoke to Noah: "Leave the ship, you and your wife and your sons and your sons' wives. And take all the animals with you, the whole menagerie of birds and mammals and crawling creatures, all that brimming prodigality of life, so they can reproduce and flourish on the Earth."

18-19 Noah disembarked with his sons and wife and his sons' wives. Then all the animals, crawling creatures, birds—every creature on the face of the Earth—left the ship family by family.

20-21 Noah built an altar to GOD. He selected clean animals and birds from every species and offered them as burnt offerings on the altar. GOD smelled the sweet fragrance and thought to himself, "I'll never again curse the ground because of people. I know they have this bent toward evil from an early age, but I'll never again kill off everything living as I've just done.

22 For as long as Earth lasts,

22 땅이 존재하는 한,
씨를 뿌리고 거두는 일, 추위와 더위,
여름과 겨울, 낮과 밤이
멈추지 않을 것이다."

내가 너희와 언약을 맺겠다

9 1-4 하나님께서 노아와 그의 아들들에게 복을 주시며 말씀하셨다. "자녀를 낳고, 번성하여라! 땅에 가득하여라! 새와 짐승과 물고기를 포함한 살아 있는 모든 것이 너희 앞에서 꼼짝 못하고, 너희를 두려워할 것이다. 너희가 이것들을 책임지고 돌보아라. 살아 있는 모든 것이 너희의 양식이 될 것이다. 전에 내가 식물을 양식으로 주었듯이, 이제 이 모든 것을 너희에게 양식으로 준다. 그러나 고기는 생명인 피가 들어 있는 채로 먹어서는 안된다.

5 생명인 피를 흘리게 하는 자에게는 내가 반드시 갚아 줄 것이다. 짐승이든 사람이든 피를 흘리게 하는 자에게는 내가 반드시 갚아 줄 것이다.

6-7 다른 사람의 피를 흘리게 하는 자는
그 자신도 피 흘림을 당할 것이다.
하나님께서 자신의 형상대로 사람을 지으셔서
하나님의 본성을 드러내게 하셨기 때문이다.
너희는 좋은 결실을 맺고, 번성하여라.
이 땅에 생명이 가득하게 하고, 풍성하게 누리며 살아라!"

8-11 하나님께서 노아와 그의 아들들에게 말씀하셨다. "내가 너희와, 너희 뒤에 올 너희 자손과 언약을 맺겠다. 또한 너희와 함께 살아 있는 모든 것, 곧 너희가 배에서 데리고 나온 새와 집짐승과 들짐승과도 언약을 맺을 것이다. 내가 너희와 언약을 맺어, 다시는 살아 있는 모든 것을 홍수로 멸망시키지 않을 것이다. 다시는 홍수가 땅을 멸망시키지 못하게 하겠다."

12-16 하나님께서 말씀하셨다. "이것은 내가 너희와 그리고 너희와 함께 살아 있는 모든 것과, 너희 뒤를 이어 살게 될 모든 후손과 맺는 언약의 표다. 내가 구름 사이에 무지개를 걸어 두겠다. 그것이 나와 땅 사이에 맺은 *언약의 표*가 될 것이다. 이제부터 땅 위에 구름이 일어나 그 사이로 무지개가 나타나면, 내가 너희와 살아 있는 모든 것과 맺은 나의 언약을 기억하고, 내가 다시는 홍수로 모든 생명을 멸망시키지 않을 것이다. 구

planting and harvest, cold and heat,
Summer and winter, day and night
will never stop."

9 1-4 God blessed Noah and his sons: He said, "Prosper! Reproduce! Fill the Earth! Every living creature—birds, animals, fish—will fall under your spell and be afraid of you. You're responsible for them. All living creatures are yours for food; just as I gave you the plants, now I give you everything else. Except for meat with its lifeblood still in it—don't eat that.

5 "But your own lifeblood I will avenge; I will avenge it against both animals and other humans.

6-7 Whoever sheds human blood,
by humans let his blood be shed,
Because God made humans in his image
reflecting God's very nature.
You're here to bear fruit, reproduce,
lavish life on the Earth, live bountifully!"

8-11 Then God spoke to Noah and his sons: "I'm setting up my covenant with you including your children who will come after you, along with everything alive around you—birds, farm animals, wild animals—that came out of the ship with you. I'm setting up my covenant with you that never again will everything living be destroyed by floodwaters; no, never again will a flood destroy the Earth."

12-16 God continued, "This is the sign of the covenant I am making between me and you and everything living around you and everyone living after you. I'm putting my rainbow in the clouds, a sign of the covenant between me and the Earth. From now on, when I form a cloud over the Earth and the rainbow appears in the cloud, I'll remember my covenant between me and you and everything living, that never again will floodwaters destroy all life. When the rainbow appears in the cloud, I'll see it and remember the eternal covenant between God and everything living, every last living creature on Earth."

하나님께서 사람들의 언어를 혼란스럽게 하시다

11 1-2 한때 온 세상이 같은 언어를 사용했다. 그들은 동쪽에서 이주해 오다가 시날 땅 한 평지에 이르러 그곳에 정착했다.

3 그들이 서로 말했다. "자, 벽돌을 만들어 단단하게 구워 내자." 그들은 돌 대신 벽돌을 사용하고, 진흙 대신 역청을 사용했다.

4 그들이 말했다. "우리가 직접 도시를 세우고, 하늘까지 닿는 탑을 쌓자. 우리의 이름을 드높여서, 우리가 온 땅에 흩어지는 일이 없게 하자."

5 하나님께서 내려오셔서, 사람들이 세운 도시와 탑을 살펴보셨다.

6-9 하나님께서 단번에 알아보시고 말씀하셨다. "백성도 하나요 언어도 하나이니, 이것은 시작에 불과하다. 저들이 다음에 무슨 일을 할지 안 봐도 눈에 선하다. 저들은 무슨 일이든 거침없이 할 것이다! 자, 우리가 내려가서 저들의 말을 어지럽혀, 저들이 서로 알아듣지 못하게 하자." 하나님께서 그들을 그곳에서 세상 곳곳으로 흩어 버리셨다. 그래서 그들은 도시 세우는 일을 그만두어야 했다. 하나님께서 그들의 언어를 혼란스럽게 하셨으므로, 그곳의 이름을 바벨이라고 했다. 하나님께서 그들을 그곳에서 세상 곳곳으로 흩어 버리셨다.

셈의 족보

10-11 셈의 이야기는 이러하다. 셈은 홍수가 있은 지 두 해가 지나서 백 살에 아르박삿을 낳았다. 아르박삿을 낳은 뒤에 그는 500년을 더 살면서 자녀를 낳았다.

12-13 아르박삿은 서른다섯 살에 셀라를 낳았다. 셀라를 낳은 뒤에 그는 403년을 더 살면서 자녀를 낳았다.

14-15 셀라는 서른 살에 에벨을 낳았다. 에벨을 낳은 뒤에 그는 403년을 더 살면서 자녀를 낳았다.

16-17 에벨은 서른네 살에 벨렉을 낳았다. 벨렉을 낳은 뒤에 그는 430년을 더 살면서 자녀를 낳았다.

18-19 벨렉은 서른 살에 르우를 낳았다. 르우를 낳은 뒤에 그는 209년을 더 살면서 자녀를 낳았다.

20-21 르우는 서른두 살에 스룩을 낳았다. 스룩을 낳은 뒤에 그는 207년을 더 살면서 자녀를 낳았다.

22-23 스룩은 서른 살에 나홀을 낳았다. 나홀을 낳은 뒤에 그는 200년을 더 살면서 자녀를 낳았다.

God Turned Their Language into 'Babble'

11 1-2 At one time, the whole Earth spoke the same language. It so happened that as they moved out of the east, they came upon a plain in the land of Shinar and settled down.

3 They said to one another, "Come, let's make bricks and fire them well." They used brick for stone and tar for mortar.

4 Then they said, "Come, let's build ourselves a city and a tower that reaches Heaven. Let's make ourselves famous so we won't be scattered here and there across the Earth."

5 GOD came down to look over the city and the tower those people had built.

6-9 GOD took one look and said, "One people, one language; why, this is only a first step. No telling what they'll come up with next—they'll stop at nothing! Come, we'll go down and garble their speech so they won't understand each other." Then GOD scattered them from there all over the world. And they had to quit building the city. That's how it came to be called Babel, because there GOD turned their language into "babble." From there GOD scattered them all over the world.

10-11 This is the story of Shem. When Shem was 100 years old, he had Arphaxad. It was two years after the flood. After he had Arphaxad, he lived 500 more years and had other sons and daughters.

12-13 When Arphaxad was thirty-five years old, he had Shelah. After Arphaxad had Shelah, he lived 403 more years and had other sons and daughters.

14-15 When Shelah was thirty years old, he had Eber. After Shelah had Eber, he lived 403 more years and had other sons and daughters.

16-17 When Eber was thirty-four years old, he had Peleg. After Eber had Peleg, he lived 430 more years and had other sons and daughters.

18-19 When Peleg was thirty years old, he had Reu. After he had Reu, he lived 209 more years and had other sons and daughters.

20-21 When Reu was thirty-two years old, he had Serug. After Reu had Serug, he lived 207 more years and had other sons and daughters.

24-25 나홀은 스물아홉 살에 데라를 낳았다. 데라를 낳은 뒤에 그는 119년을 더 살면서 자녀를 낳았다.
26 데라는 일흔 살에 아브람과 나홀과 하란을 낳았다.

데라의 족보

27-28 데라의 이야기는 이러하다. 데라는 아브람과 나홀과 하란을 낳았다.
하란은 롯을 낳았다. 하란은 자기 가족의 고향인 갈대아 우르에서 아버지 데라보다 먼저 죽었다.
29 아브람과 나홀이 각자 아내를 맞아들였다. 아브람의 아내 이름은 사래였고, 나홀의 아내 이름은 밀가였다. 밀가는 나홀의 형제인 하란의 딸이었다. 하란에게는 두 딸이 있었는데, 밀가와 이스가였다.
30 사래는 임신을 못해서 자식이 없었다.
31 데라는 아들 아브람과 (하란의 아들인) 손자 롯과 (아브람의 아내인) 며느리 사래를 데리고 갈대아 우르를 떠나 가나안 땅을 향해 갔다. 그러나 도중에 하란에 이르러, 그곳에 자리를 잡고 살았다.
32 데라는 205년을 살고 하란에서 죽었다.

하나님께서 아브람을 부르시다

12 1 하나님께서 아브람에게 말씀하셨다. "네 고향과 네 가족과 네 아버지 집을 떠나, 내가 네게 보여줄 땅으로 가거라.

2-3 내가 너를 큰 민족이 되게 하고
네게 복을 주겠다.
내가 네 이름을 떨치게 할 것이니
너는 복의 근원이 될 것이다.
너를 축복하는 사람에게는 내가 복을 내리고
너를 저주하는 사람에게는 내가 저주를 내리겠다.
세상 모든 민족이
너로 인하여 복을 받을 것이다."

4-6 아브람은 하나님께서 말씀하신 대로 길을 떠났다. 롯도 아브람을 따라 떠났다. 아브람이 하란을 떠날 때, 그의 나이는 일흔다섯 살이었다. 아브람은 아내 사래와 조카 롯과 모든 재산과 하란에서 얻은 사람들을 데리고 가나안 땅을 향해

22-23 When Serug was thirty years old, he had Nahor. After Serug had Nahor, he lived 200 more years and had other sons and daughters.
24-25 When Nahor was twenty-nine years old, he had Terah. After Nahor had Terah, he lived 119 more years and had other sons and daughters.
26 When Terah was seventy years old, he had Abram, Nahor, and Haran.

The Family Tree of Terah

27-28 This is the story of Terah. Terah had Abram, Nahor, and Haran.
Haran had Lot. Haran died before his father, Terah, in the country of his family, Ur of the Chaldees.
29 Abram and Nahor each got married. Abram's wife was Sarai; Nahor's wife was Milcah, the daughter of his brother Haran. Haran had two daughters, Milcah and Iscah.
30 Sarai was barren; she had no children.
31 Terah took his son Abram, his grandson Lot (Haran's son), and Sarai his daughter-in-law (his son Abram's wife) and set out with them from Ur of the Chaldees for the land of Canaan. But when they got as far as Haran, they settled down there.
32 Terah lived 205 years. He died in Haran.

Abram and Sarai

12 1 GOD told Abram: "Leave your country, your family, and your father's home for a land that I will show you.

2-3 I'll make you a great nation
and bless you.
I'll make you famous;
you'll be a blessing.
I'll bless those who bless you;
those who curse you I'll curse.
All the families of the Earth
will be blessed through you."

4-6 So Abram left just as GOD said, and Lot left with him. Abram was seventy-five years old when he left Haran. Abram took his wife Sarai and his nephew Lot with him, along with all the posses-

길을 떠나, 마침내 그 땅에 무사히 도착했다.
아브람은 그 땅을 지나서 세겜 땅 모레의 상수리
나무가 있는 곳에 이르렀다. 당시 그 땅에는 가
나안 사람이 살고 있었다.
7 하나님께서 아브람에게 나타나셔서 말씀하셨
다. "내가 이 땅을 네 자손에게 주겠다." 아브람
은 하나님께서 자신에게 나타나신 그곳에 제단
을 쌓았다.
8 아브람이 그곳을 떠나 베델 동쪽에 있는 산지
로 가서, 서쪽으로는 베델이 보이고 동쪽으로는
아이가 보이는 곳에 장막을 쳤다. 그는 그곳에
제단을 쌓고 하나님께 기도를 드렸다.
9 아브람이 또 길을 떠나서, 줄곧 남쪽으로 길을
잡아 네겝 지역에 이르렀다.

10-13 그때 그 땅에 기근이 들었다. 기근이 극심
했기 때문에, 아브람은 이집트로 내려가 살았
다. 이집트 근처에 이르러, 그는 자기 아내 사래
에게 말했다. "여보, 알다시피 당신은 아름다운
여인이잖소. 이집트 사람들이 당신을 보면, '아,
저 여인은 그의 아내구나!' 하면서, 나는 죽이고
당신은 살려 둘 것이오. 부탁이니, 당신이 내 누
이라고 말해 주시오. 당신 덕에 내가 그들의 환
대를 받고 목숨도 부지할 수 있을 거요."
14-15 아브람이 이집트에 이르렀을 때, 이집트 사
람들은 그의 아내가 눈부시게 아름다운 여인임
을 한눈에 알아보았다. 바로의 대신들이 바로
앞에서 그 여인의 아름다움을 칭찬했다. 그리하
여 사래는 바로의 거처로 불려 들어갔다.
16-17 아브람은 아내 덕에 대접을 잘 받았다. 그
는 양과 소, 암나귀와 수나귀, 남종과 여종, 그리
고 낙타까지 얻었다. 그러나 하나님께서는 아브
람의 아내 사래의 일로 바로를 심하게 치셨다.
궁에 있던 모든 사람이 중병에 걸린 것이다.
18-19 바로가 아브람을 불러 말했다. "네가 어찌
하여 내게 이런 일을 행하였느냐? 그녀가 네 아
내라고 왜 말하지 않았느냐? 어찌하여 너는 그
녀가 네 누이라고 말하여, 내가 그녀를 아내로
삼게 할 뻔했느냐? 여기, 네 아내를 돌려줄 테
니, 데리고 나가거라!"
20 바로는 신하들을 시켜 아브람을 그 나라에서
내보냈다. 그들은 아브람이 자기 아내와 자신의
모든 소유를 가지고 나가게 했다.'

sions and people they had gotten in Haran, and
set out for the land of Canaan and arrived safe
and sound.
Abram passed through the country as far as
Shechem and the Oak of Moreh. At that time the
Canaanites occupied the land.
7 GOD appeared to Abram and said, "I will give
this land to your children." Abram built an altar
at the place God had appeared to him.
8 He moved on from there to the hill country east
of Bethel and pitched his tent between Bethel to
the west and Ai to the east. He built an altar there
and prayed to GOD.
9 Abram kept moving, steadily making his way
south, to the Negev.

10-13 Then a famine came to the land. Abram went
down to Egypt to live; it was a hard famine. As
he drew near to Egypt, he said to his wife, Sarai,
"Look. We both know that you're a beautiful
woman. When the Egyptians see you they're
going to say, 'Aha! That's his wife!' and kill me.
But they'll let you live. Do me a favor: tell them
you're my sister. Because of you, they'll welcome
me and let me live."
14-15 When Abram arrived in Egypt, the Egyptians
took one look and saw that his wife was stunning-
ly beautiful. Pharaoh's princes raved over her to
Pharaoh. She was taken to live with Pharaoh.
16-17 Because of her, Abram got along very well: he
accumulated sheep and cattle, male and female
donkeys, men and women servants, and camels.
But GOD hit Pharaoh hard because of Abram's
wife Sarai; everybody in the palace got seriously
sick.
18-19 Pharaoh called for Abram, "What's this that
you've done to me? Why didn't you tell me that
she's your wife? Why did you say, 'She's my sister'
so that I'd take her as my wife? Here's your wife
back—take her and get out!"
20 Pharaoh ordered his men to get Abram out
of the country. They sent him and his wife and
everything he owned on their way.

아브람과 롯이 갈라지다

13 1-2 아브람은 아내와 자신의 모든 소유를 가지고 이집트를 떠나 네겝 지역으로 돌아갔다. 롯도 그와 함께 갔다. 이제 아브람은 가축과 은과 금이 많은 큰 부자가 되었다.

3-4 아브람은 네겝 지역을 떠나 장막생활을 하면서 베델로 갔다. 그곳은 전에 그가, 베델과 아이 사이에 장막을 치고 처음으로 제단을 쌓은 곳이었다. 아브람은 거기서 하나님께 기도를 드렸다.

5-7 아브람과 함께 다니던 롯도 양과 소와 장막이 많은 부자였다. 그 땅은 그들이 함께 살기에는 비좁았다. 그들의 재산이 너무 많았으므로, 그들은 그곳에서 함께 살 수 없었다. 아브람과 롯의 목자들 사이에 다툼이 일어나기도 했다. 그때 그 땅에는 가나안 사람과 브리스 사람도 살고 있었다.

8-9 아브람이 롯에게 말했다. "너와 나 사이에, 네 목자들과 내 목자들 사이에 다툼이 있어서는 안 된다. 어쨌든 우리는 한 가족이 아니냐? 주위를 둘러보아라. 저기 넓은 땅이 보이지 않느냐? 그러니 따로 떨어져 살자꾸나. 네가 왼쪽으로 가면 나는 오른쪽으로 가고, 네가 오른쪽으로 가면 나는 왼쪽으로 가겠다."

10-11 롯이 바라보니, 요단 온 들판이 소알에 이르기까지 물이 넉넉하여, 하나님의 동산 같고 이집트 땅과 같았다. (그때는 하나님께서 소돔과 고모라를 멸망시키시기 전이었다.) 롯은 요단 온 들판을 택하고 동쪽으로 출발했다.

11-12 그렇게 해서 삼촌과 조카는 갈라지게 되었다. 아브람은 가나안에 자리를 잡았고, 롯은 평지의 여러 도시에서 살다가 소돔 근처에 장막을 쳤다.

13 소돔 사람들은 악해서, 하나님을 거슬러 극악한 죄를 짓는 자들이었다.

14-17 롯이 아브람을 떠나간 뒤에, 하나님께서 아브람에게 말씀하셨다. "네 눈을 들어 주위를 보아라. 북쪽과 남쪽, 동쪽과 서쪽을 둘러보아라. 네 눈에 보이는 모든 것, 네 앞에 펼쳐진 온 땅을, 내가 너와 네 자손에게 영원히 주겠다. 내가 네 후손을 땅의 먼지처럼 많아지게 하겠다. 땅의 먼지를 셀 수 없듯이 네 후손도 셀 수 없게 될 것이다. 일어나 걸어 보아라. 땅을 세로로 *질러가 보기도 하고, 가로로 질러가* 보기도 하여라. 내가 그 모든 것을 네게 주겠다."

18 아브람은 장막을 옮겨, 헤브론에 있는 마므레의 상수리나무 숲 근처에 자리를 잡고 살았다. 그

13 1-2 So Abram left Egypt and went back to the Negev, he and his wife and everything he owned, and Lot still with him. By now Abram was very rich, loaded with cattle and silver and gold.

3-4 He moved on from the Negev, camping along the way, to Bethel, the place he had first set up his tent between Bethel and Ai and built his first altar. Abram prayed there to GOD.

5-7 Lot, who was traveling with Abram, was also rich in sheep and cattle and tents. But the land couldn't support both of them; they had too many possessions. They couldn't both live there—quarrels broke out between Abram's shepherds and Lot's shepherds. The Canaanites and Perizzites were also living on the land at the time.

8-9 Abram said to Lot, "Let's not have fighting between us, between your shepherds and my shepherds. After all, we're family. Look around. Isn't there plenty of land out there? Let's separate. If you go left, I'll go right; if you go right, I'll go left."

10-11 Lot looked. He saw the whole plain of the Jordan spread out, well watered (this was before GOD destroyed Sodom and Gomorrah), like GOD's garden, like Egypt, and stretching all the way to Zoar. Lot took the whole plain of the Jordan. Lot set out to the east.

11-12 That's how they came to part company, uncle and nephew. Abram settled in Canaan; Lot settled in the cities of the plain and pitched his tent near Sodom.

13 The people of Sodom were evil—flagrant sinners against GOD.

14-17 After Lot separated from him, GOD said to Abram, "Open your eyes, look around. Look north, south, east, and west. Everything you see, the whole land spread out before you, I will give to you and your children forever. I'll make your descendants like dust—counting your descendants will be as impossible as counting the dust of the Earth. So—on your feet, get moving! Walk through the country, its length and breadth; I'm giving it all to you."

18 Abram moved his tent. He went and settled by the Oaks of Mamre in Hebron. There he built an

는 그곳에서 하나님께 제단을 쌓았다.

멜기세덱의 축복을 받다

14

1-2 그때에 이런 일이 있었다. 시날 왕 아므라벨, 엘라살 왕 아리옥, 엘람 왕 그돌라오멜, 고임 왕 디달이 전쟁을 일으켜서 소돔 왕 베라, 고모라 왕 버르사, 아드마 왕 시납, 스보임 왕 세메벨, 벨라 왕 소알과 싸웠다.

3-4 공격을 받은 다섯 왕은 싯딤 골짜기, 곧 소금 바다에 집결했다. 그들은 십이 년 동안 그돌라오멜의 지배를 받다가, 십삼 년째 되는 해에 반란을 일으켰던 것이다.

5-7 십사 년째 되는 해에 그돌라오멜이 자신과 동맹을 맺은 왕들과 함께 진격해 가서, 아스드롯가르나임에서 르바 사람을 치고, 함에서는 수스 사람을 치고, 사웨 기랴다임에서는 엠 사람을 치고, 세일 산지에서는 호리 사람을 쳐서, 사막 가장자리에 있는 엘 바란까지 이르렀다. 돌아오는 길에 그들은 엔미스밧, 곧 가데스에서 아멜렉 사람의 전 지역과 하사손다말에 사는 아모리 사람의 전 지역을 쳤다.

8-9 그러자 소돔 왕이 고모라 왕, 아드마 왕, 스보임 왕, 벨라 왕 곧 소알 왕과 함께 진군하여, 싯딤 골짜기에서 적들과 맞서 전열을 가다듬었다. 엘람 왕 그돌라오멜, 고임 왕 디달, 시날 왕 아므라벨, 엘라살 왕 아리옥, 이 네 왕이 다섯 왕과 맞서 싸웠다.

10-12 싯딤 골짜기는 역청 수렁이 가득했다. 소돔 왕과 고모라 왕이 달아나다가 역청 수렁에 빠지고, 나머지는 산지로 달아났다. 그러자 네 왕은 소돔과 고모라의 모든 재물과 양식과 병기를 약탈하여 떠나갔다. 그들은 당시 소돔에 살고 있던 아브람의 조카 롯을 사로잡고, 그의 모든 소유도 빼앗아 갔다.

13-16 도망쳐 나온 사람 하나가 히브리 사람 아브람에게 와서 그 일을 알렸다. 그때 아브람은 아모리 사람 마므레의 상수리나무 숲 근처에 살고 있었다. 마므레는 에스골과 형제간이었고, 아넬과도 형제간이었다. 이들은 모두 아브람과 동맹을 맺은 사이였다. 아브람이 자기 조카가 포로로 끌려갔다는 소식을 듣고 부하들을 모으니 318명이었다. 그들은 모두 아브람의 집에서 태어난 사람들이었다. 아브람은 그들을 데리고 롯을 잡아간 자들을 추격해 단까지 갔다. 아브람과 그의 부하들은 여러 패로 나뉘어 밤에 공격했다. 그들은 다

altar to GOD.

14

1-2 Then this: Amraphel king of Shinar, Arioch king of Ellasar, Kedorlaomer king of Elam, and Tidal king of Goiim went off to war to fight Bera king of Sodom, Birsha king of Gomorrah, Shinab king of Admah, Shemeber king of Zeboiim, and the king of Bela, that is, Zoar.

3-4 This second group of kings, the attacked, came together at the Valley of Siddim, that is, the Salt Sea. They had been under the thumb of Kedorlaomer for twelve years. In the thirteenth year, they revolted.

5-7 In the fourteenth year, Kedorlaomer and the kings allied with him set out and defeated the Rephaim in Ashteroth Karnaim, the Zuzim in Ham, the Emim in Shaveh Kiriathaim, and the Horites in their hill country of Seir as far as El Paran on the far edge of the desert. On their way back they stopped at En Mishpat, that is, Kadesh, and conquered the whole region of the Amalekites as well as that of the Amorites who lived in Hazazon Tamar.

8-9 That's when the king of Sodom marched out with the king of Gomorrah, the king of Admah, the king of Zeboiim, and the king of Bela, that is, Zoar. They drew up in battle formation against their enemies in the Valley of Siddim—against Kedorlaomer king of Elam, Tidal king of Goiim, Amraphel king of Shinar, and Arioch king of Ellasar, four kings against five.

10-12 The Valley of Siddim was full of tar pits. When the kings of Sodom and Gomorrah fled, they fell into the tar pits, but the rest escaped into the mountains. The four kings captured all the possessions of Sodom and Gomorrah, all their food and equipment, and went on their way. They captured Lot, Abram's nephew who was living in Sodom at the time, taking everything he owned with them.

13-16 A fugitive came and reported to Abram the Hebrew. Abram was living at the Oaks of Mamre the Amorite, brother of Eshcol and Aner. They were allies of Abram. When Abram heard that his nephew had been taken prisoner, he lined up his

마스쿠스 북쪽 호바까지 적들을 뒤쫓아 갔다. 그들은 약탈당한 모든 것을 되찾았고, 아브람의 조카 롯과 그의 재물뿐 아니라 부녀자들과 다른 사람들까지 되찾았다.
17-20 아브람이 그돌라오멜과 그와 동맹을 맺은 왕들을 쳐부수고 돌아오자, 소돔 왕이 사웨 골짜기, 곧 왕의 골짜기로 나와서 그를 맞이했다. 살렘 왕 멜기세덱이 빵과 포도주를 가지고 나아왔다. 그는 지극히 높으신 하나님의 제사장이었다. 그가 아브람을 축복하며 말했다.

지극히 높으신 하나님, 하늘과 땅의 창조주께
아브람은 복을 받으리라.
그대의 원수들을 그대의 손에 넘겨주신,
지극히 높으신 하나님께서는 찬양을 받으소서.

아브람은 되찾은 재물의 십분의 일을 멜기세덱에게 주었다.
21 소돔 왕이 아브람에게 말했다. "사람들은 내게 돌려주고, 재물은 그대가 다 가지시오."
22-24 그러나 아브람은 소돔 왕에게 이렇게 말했다. "하나님 지극히 높으신 하나님, 하늘과 땅의 창조주께 맹세하건대, 나는 왕의 것을 하나도 가지지 않겠습니다. 왕의 것은 실오라기 하나, 신발끈 하나도 가지지 않겠습니다. 그것은 왕이 '내가 아브람을 부자로 만들어 주었다'고 말하지 못하게 하려는 것입니다. 나에게는 아무것도 주지 마십시오. 다만 젊은이들이 먹은 것과, 나와 함께 갔던 사람들, 곧 아넬과 에스골과 마므레의 몫은 챙겨 주십시오. 그들은 자신들의 몫을 받아 마땅합니다."

하나님께서 아브람과 언약을 맺으시다

15 1 이 모든 일이 있은 뒤에, 하나님의 말씀이 환상 가운데 아브람에게 임했다. "아브람아, 두려워하지 마라. 나는 네 방패다. 네가 받을 상이 매우 크다!"
2-3 아브람이 말했다. "주 하나님, 제게는 자식이 없어 다마스쿠스 사람 엘리에셀이 모든 것을 물려받을 텐데, 주께서 주시는 선물이 무슨 소용이 있겠습니까?" *아브람이 계속해서 말했다.* "보십시오. 주께서 제게 자식을 주지 않으셨으니, 이제 제 집의 종이 모든 것을 상속받을 것입니다."
4 그러자 하나님의 메시지가 임했다. "걱정하지 마라. 그는 네 상속자가 아니다. 네 몸에서 태어

servants, all of them born in his household—there were 318 of them—and chased after the captors all the way to Dan. Abram and his men split into small groups and attacked by night. They chased them as far as Hobah, just north of Damascus. They recovered all the plunder along with nephew Lot and his possessions, including the women and the people.
17-20 After Abram returned from defeating Kedorlaomer and his allied kings, the king of Sodom came out to greet him in the Valley of Shaveh, the King's Valley. Melchizedek, king of Salem, brought out bread and wine—he was priest of The High God—and blessed him:

Blessed be Abram by The High God,
Creator of Heaven and Earth.
And blessed be The High God,
who handed your enemies over to you.

Abram gave him a tenth of all the recovered plunder.
21 The king of Sodom said to Abram, "Give me back the people but keep all the plunder for yourself."
22-24 But Abram told the king of Sodom, "I swear to GOD, The High God, Creator of Heaven and Earth, this solemn oath, that I'll take nothing from you, not so much as a thread or a shoestring. I'm not going to have you go around saying, 'I made Abram rich.' Nothing for me other than what the young men ate and the share of the men who went with me, Aner, Eshcol, and Mamre; they're to get their share of the plunder."

15 1 After all these things, this word of GOD came to Abram in a vision: "Don't be afraid, Abram. I'm your shield. Your reward will be grand!"
2-3 Abram said, "GOD, Master, what use are your gifts as long as I'm childless and Eliezer of Damascus is going to inherit everything?" Abram continued, "See, you've given me no children, and now a mere house servant is going to get it all."

날 아들이 네 상속자가 될 것이다."

5 하나님께서 아브람을 밖으로 데리고 나가셔서 말씀하셨다. "저 하늘을 바라보아라. 저 별들을 세어 보아라. 셀 수 있겠느냐? 네 자손을 세어 보아라! 아브람아, 너는 장차 큰 민족을 이룰 것이다!"

6 아브람이 믿었다! 하나님을 믿었다! 하나님께서는 그가 "하나님과 바른 관계를 맺었다"고 선언해 주셨다.

7 하나님께서 계속 말씀하셨다. "나는 너를 갈대아 우르에서 데리고 나와, 이 땅을 네게 주어 소유하게 한 하나님이다."

8 아브람이 말했다. "주 하나님, 이 땅이 제 것이 되리라는 것을 제가 어떻게 알 수 있겠습니까?"

9 하나님께서 말씀하셨다. "삼 년 된 암송아지 한 마리와 삼 년 된 암염소 한 마리, 삼 년 된 숫양 한 마리, 산비둘기 한 마리, 그리고 집비둘기 한 마리를 내게 가져오너라."

10-12 아브람이 그 모든 짐승을 하나님께 가져와서 반으로 가르고, 갈린 반쪽을 서로 마주 보게 차려 놓았다. 그러나 비둘기들은 가르지 않았다. 독수리들이 짐승의 시체 위로 날아들었으나, 아브람이 쫓아 버렸다. 해가 지자 아브람이 깊은 잠에 빠졌는데, 공포와 어둠이 그를 짓눌렀다.

13-16 하나님께서 아브람에게 말씀하셨다. "이것을 알아 두어라. 네 후손이 다른 나라에서 나그네로 살다가, 사백 년 동안 종살이를 하고 매질을 당하게 될 것이다. 그 후에 내가 그들의 주인으로 군림하는 자들을 벌할 것이다. 그러면 네 후손은 재물을 가득 가지고 거기서 나올 것이다. 그러나 너는 장수를 누리다가 평안히 죽게 될 것이다. 네 후손은 사 대째가 되어서야 이 땅으로 돌아오게 될 것이다. 아직까지는 아모리 사람의 죄가 한창 자라고 있기 때문이다."

17-21 해가 져서 어두워지자, 연기 나는 화덕과 타오르는 횃불이 갈라 놓은 짐승들 사이로 지나갔다. 그때 하나님께서 아브람과 언약을 맺으시며 말씀하셨다. "내가 이집트의 나일 강에서부터 앗시리아의 유프라테스 강에 이르는 이 땅을 네 자손에게 주겠다. 이 땅은 겐 사람과 그니스 사람과 갓몬 사람과 헷 사람과 브리스 사람과 르바 사람과 아모리 사람과 가나안 사람과 기르가스 사람과 여부스 사람의 땅이다."

4 Then GOD's Message came: "Don't worry, he won't be your heir; a son from your body will be your heir."

5 Then he took him outside and said, "Look at the sky. Count the stars. Can you do it? Count your descendants! You're going to have a big family, Abram!"

6 And he believed! Believed GOD! God declared him "Set-Right-with-God."

7 GOD continued, "I'm the same GOD who brought you from Ur of the Chaldees and gave you this land to own."

8 Abram said, "Master GOD, how am I to know this, that it will all be mine?"

9 GOD said, "Bring me a heifer, a goat, and a ram, each three years old, and a dove and a young pigeon."

10-12 He brought all these animals to him, split them down the middle, and laid the halves opposite each other. But he didn't split the birds. Vultures swooped down on the carcasses, but Abram scared them off. As the sun went down a deep sleep overcame Abram and then a sense of dread, dark and heavy.

13-16 GOD said to Abram, "Know this: your descendants will live as outsiders in a land not theirs; they'll be enslaved and beaten down for 400 years. Then I'll punish their slave masters; your offspring will march out of there loaded with plunder. But not you; you'll have a long and full life and die a good and peaceful death. Not until the fourth generation will your descendants return here; sin is still a thriving business among the Amorites."

17-21 When the sun was down and it was dark, a smoking firepot and a flaming torch moved between the split carcasses. That's when GOD made a covenant with Abram: "I'm giving this land to your children, from the Nile River in Egypt to the River Euphrates in Assyria—the country of the Kenites, Kenizzites, Kadmonites, Hittites, Perizzites, Rephaim, Amorites, Canaanites, Girgashites, and Jebusites."

하갈과 이스마엘

16 1-2 아브람의 아내 사래는 아직 아이를 낳지 못했다.
그녀에게는 하갈이라는 이집트 여종이 있었다. 사래가 아브람에게 말했다. "하나님께서 내가 아이 갖는 것을 좋다고 여기지 않으시니, 당신은 내 여종과 잠자리를 같이하세요. 내가 여종의 몸을 빌려서 대를 이을 수 있을지도 모르잖아요." 아브람은 사래의 말을 따르기로 했다.
3-4 그리하여 아브람의 아내 사래는 자신의 이집트 여종 하갈을 데려다가 자기 남편 아브람에게 아내로 주었다. 이것은 아브람이 가나안 땅에 산 지 십 년이 지난 뒤의 일이었다. 그가 하갈과 잠자리를 같이하자, 하갈이 임신을 했다. 하갈은 자신이 임신한 것을 알고 자신의 여주인을 업신여겼다.
5 사래가 아브람에게 말했다. "내가 이런 능욕을 당하는 것은 다 당신 책임이에요. 내가 내 여종을 당신과 잠자리를 같이하도록 했건만, 그 종이 자기가 임신한 것을 알고서 나를 업신여기지 뭐예요. 하나님께서 우리 중에 누가 옳은지 결정해 주시면 좋겠어요."
6 아브람이 말했다. "당신이 결정하구려. 당신 종은 당신 소관이잖소."
사래가 하갈을 학대하자, 하갈이 달아났다.
7-8 하나님의 천사가 광야의 샘 곁에서 하갈을 발견했다. 그 샘은 수르로 가는 길가에 있었다. 천사가 말했다. "사래의 여종 하갈아, 여기서 무엇을 하고 있느냐?"
하갈이 대답했다. "내 여주인 사래에게서 도망치는 중입니다."
9-12 하나님의 천사가 말했다. "네 여주인에게로 돌아가거라. 그녀의 학대를 참아 내어라." 천사가 계속해서 말했다. "내가 네게 큰 민족, 셀 수 없을 만큼 많은 자손을 주겠다.

네가 임신했으니, 아들을 낳을 것이다. 너는 그 이름을 이스마엘이라 하여라.
하나님께서 네 소리를 듣고 응답하셨다.
그는 날뛰는 야생마처럼 될 것이다.
남과 맞서 싸우고, 남도 그와 맞서 싸울 것이다.
그는 늘 문제를 일으키며
자기 가족과도 사이가 좋지 못할 것이다."

13 하갈이 자신에게 말씀하신 하나님께 기도하며 '나를 보시는 하나님!'이라고 불렀다.
"그래! 그분께서 나를 보셨고, 나도 그분을 뵈었다!"

16 1-2 Sarai, Abram's wife, hadn't yet produced a child.
She had an Egyptian maid named Hagar. Sarai said to Abram, "GOD has not seen fit to let me have a child. Sleep with my maid. Maybe I can get a family from her." Abram agreed to do what Sarai said.
3-4 So Sarai, Abram's wife, took her Egyptian maid Hagar and gave her to her husband Abram as a wife. Abram had been living ten years in Canaan when this took place. He slept with Hagar and she got pregnant. When Hagar learned she was pregnant, she looked down on her mistress.
5 Sarai told Abram, "It's all your fault that I'm suffering this abuse. I put my maid in bed with you and the minute she knows she's pregnant, she treats me like I'm nothing. May GOD decide which of us is right."
6 "You decide," said Abram. "Your maid is your business."
Sarai was abusive to Hagar and Hagar ran away.
7-8 An angel of GOD found her beside a spring in the desert; it was the spring on the road to Shur. He said, "Hagar, maid of Sarai, what are you doing here?"
She said, "I'm running away from Sarai my mistress."
9-12 The angel of GOD said, "Go back to your mistress. Put up with her abuse." He continued, "I'm going to give you a big family, children past counting.

From this pregnancy, you'll get a son: Name him Ishmael;
for GOD heard you, GOD answered you.
He'll be a bucking bronco of a man,
a real fighter, fighting and being fought,
Always stirring up trouble,
always at odds with his family."

13 She answered GOD by name, praying to the God who spoke to her, "You're the God who sees me!

14 그래서 광야의 그 샘도 '나를 보시는, 살아 계신 하
나님의 샘'이라고 부르게 되었다. 그 샘은 지금도 가데
스와 베렛 사이에 그대로 있다.
15-16 하갈이 아브람에게서 아들을 낳았다. 아브람이
그 아이의 이름을 이스마엘이라고 했다. 하갈이 아브
람의 아들 이스마엘을 낳았을 때에 아브람은 여든여
섯 살이었다.

할례, 언약의 표

17 1-2 아브람이 아흔아홉 살이 되었을 때, 하
나님께서 그에게 나타나셔서 말씀하셨다.
"나는 강한 하나님이다. 너는 내 앞에서 흠 없이 살고,
온전하게 살아라! 내가 나와 너 사이에 언약을 맺고,
네게 큰 민족을 줄 것이다."
3-8 아브람이 압도되어, 얼굴을 땅에 대고 엎드렸다.
하나님께서 그에게 말씀하셨다. "이것은 내가 너와
맺은 언약이다. 너는 수많은 민족들의 아버지가 될
것이다. 이제 네 이름은 더 이상 아브람이 아니라 아
브라함이다. '내가 너를 수많은 민족들의 아버지로 만
들 것'이기 때문이다. 내가 너를 아버지들의 아버지로
만들겠다. 네게서 여러 민족이 나오고, 네게서 여러
왕이 나오게 하겠다. 내가 너와는 물론이고 네 후손
과도 영원토록 지속될 언약을 맺어, 네 하나님이 되
고 네 후손의 하나님이 되겠다. 네가 장막을 치고 있
는 이 땅, 곧 가나안 땅 전체를 너와 네 후손에게 주어
영원토록 소유하게 하고, 나는 그들의 하나님이 될
것이다."
9-14 하나님께서 아브라함에게 계속 말씀하셨다. "너
는 내 언약을 지켜야 한다. 너와 네 후손이 대대로 지
켜야 한다. 이것은 네가 지켜야 할 언약, 네 후손이 지
켜야 할 언약이다. 너희 모든 남자에게 할례를 행하여
라. 포피를 잘라 내어라. 이것이 나와 너 사이에 맺는
언약의 표가 될 것이다. 대대로 모든 남자아이는 태어
난 지 팔 일째 되는 날에 할례를 받아야 한다. 너희 집
에서 태어난 종들과, 이방인에게서 사 온 종들도 너희
혈족은 아니지만 할례를 받아야 한다. 너희는 너희 자
손뿐 아니라 밖에서 들여온 사람에게도 할례를 행해
야 한다. 그러면 내 언약이 너희 몸에 새겨져서, 영원
한 언약의 표가 될 것이다. 할례를 받지 않은 남자, 곧
포피를 잘라 내지 않은 남자는 자기 백성 가운데서 잘
려 나갈 것이다. 그가 내 언약을 깨뜨렸기 때문이다."
15-16 하나님께서 또 아브라함에게 말씀하셨다. "네 아
내 사래를 더 이상 사래라고 하지 말고, 사라라고 하
여라. 내가 그녀에게 복을 주어, 그녀가 네 아들을 낳
게 하겠다! 내가 반드시 그녀에게 복을 주어, 그녀에

"Yes! He saw me; and then I saw him!"
14 That's how that desert spring got named
"God-Alive-Sees-Me Spring." That spring is
still there, between Kadesh and Bered.
15-16 Hagar gave Abram a son. Abram named
him Ishmael. Abram was eighty-six years old
when Hagar gave him his son, Ishmael.

17 1-2 When Abram was ninety-nine years
old, GOD showed up and said to him,
"I am The Strong God, live entirely before me,
live to the hilt! I'll make a covenant between us
and I'll give you a huge family."
3-8 Overwhelmed, Abram fell flat on his face.
Then God said to him, "This is my covenant
with you: You'll be the father of many nations.
Your name will no longer be Abram, but
Abraham, meaning that 'I'm making you
the father of many nations.' I'll make you a
father of fathers—I'll make nations from you,
kings will issue from you. I'm establishing my
covenant between me and you, a covenant
that includes your descendants, a covenant
that goes on and on and on, a covenant that
commits me to be your God and the God of
your descendants. And I'm giving you and your
descendants this land where you're now just
camping, this whole country of Canaan, to own
forever. And I'll be their God."
9-14 God continued to Abraham, "And you: You
will honor my covenant, you and your descen-
dants, generation after generation. This is the
covenant that you are to honor, the covenant
that pulls in all your descendants: Circumcise
every male. Circumcise by cutting off the
foreskin of the penis; it will be the sign of the
covenant between us. Every male baby will be
circumcised when he is eight days old, genera-
tion after generation—this includes house-born
slaves and slaves bought from outsiders who
are not blood kin. Make sure you circumcise
both your own children and anyone brought in
from the outside. That way my covenant will
be cut into your body, a permanent mark of my

게서 여러 민족이 나오게 하고, 여러 민족의 왕들도 나오게 할 것이다."

17 아브라함이 얼굴을 땅에 대고 엎드린 채 웃으며 속으로 말했다. "백 살이나 된 남자가 아들을 볼 수 있다고? 아흔 살이나 된 사라가 아이를 낳을 수 있다고?"

18 아브라함이 정신을 차리고 하나님께 아뢰었다. "이스마엘이나 하나님 앞에서 잘 살았으면 좋겠습니다."

19 하나님께서 말씀하셨다. "내 말은 그런 뜻이 아니다. 네 아내, 사라가 아들을 낳을 것이다. 너는 그 아이의 이름을 이삭(웃음)이라고 하여라. 내가 그와는 물론이고, 그의 후손과도 영원한 언약을 맺을 것이다.

20-21 이스마엘 말이냐? 네가 그를 위해 기도하는 것을 내가 들었다. 내가 그에게도 복을 주어, 많은 자식을 낳아 큰 민족을 이루게 하겠다. 그는 열두 지도자의 아버지가 될 것이다. 내가 그를 큰 민족이 되게 하겠다. 그러나 나는 내년 이맘때 사라가 낳을 네 아들 이삭과 언약을 맺을 것이다."

22 하나님께서 아브라함과 말씀을 마치고 떠나가셨다.

23 그날 아브라함은 자기 아들 이스마엘과, 집에서 태어난 종과 돈을 주고 사 온 모든 종, 곧 자기 집안의 모든 남자를 데려다가, 하나님께서 말씀하신 대로 그들의 포피를 잘라 내어 할례를 행했다.

24-27 아브라함이 할례를 받을 때 그의 나이는 아흔아홉 살이었고, 그의 아들 이스마엘이 할례를 받을 때 그의 나이는 열세 살이었다. 아브라함과 이스마엘이 같은 날에 할례를 받았고, 그의 집안에 있는 모든 종도 그날에 할례를 받았다. 집에서 태어난 종과 돈을 주고 이방인에게서 사 온 종이 모두 아브라함과 함께 할례를 받았다.

하나님께서 아브라함에게 아들을 약속하시다

18 1-2 하나님께서 마므레의 상수리나무 숲 근처에서 아브라함에게 *나타나셨다. 그때 아브라함은* 장막 입구에 앉아 있었다. 몹시 뜨거운 한낮이었다. 아브라함이 고개를 들어 보니, 세 사람이 서 있었다. 그가 장막에서 뛰어나가 그들을 맞이하며 절했다.

permanent covenant. An uncircumcised male, one who has not had the foreskin of his penis cut off, will be cut off from his people—he has broken my covenant."

15-16 God continued speaking to Abraham, "And Sarai your wife: Don't call her Sarai any longer; call her Sarah. I'll bless her—yes! I'll give you a son by her! Oh, how I'll bless her! Nations will come from her; kings of nations will come from her."

17 Abraham fell flat on his face. And then he laughed, thinking, "Can a hundred-year-old man father a son? And can Sarah, at ninety years, have a baby?"

18 Recovering, Abraham said to God, "Oh, keep Ishmael alive and well before you!"

19 But God said, "That's not what I mean. Your wife, Sarah, will have a baby, a son. Name him Isaac (Laughter). I'll establish my covenant with him and his descendants, a covenant that lasts forever.

20-21 "And Ishmael? Yes, I heard your prayer for him. I'll also bless him; I'll make sure he has plenty of children—a huge family. He'll father twelve princes; I'll make him a great nation. But I'll establish my covenant with Isaac whom Sarah will give you about this time next year."

22 God finished speaking with Abraham and left.

23 Then Abraham took his son Ishmael and all his servants, whether houseborn or purchased—every male in his household—and circumcised them, cutting off their foreskins that very day, just as God had told him.

24-27 Abraham was ninety-nine years old when he was circumcised. His son Ishmael was thirteen years old when he was circumcised. Abraham and Ishmael were circumcised the same day together with all the servants of his household, those born there and those purchased from outsiders—all were circumcised with him.

18 1-2 GOD appeared to Abraham at the Oaks of Mamre while he was sitting at the entrance of his tent. It was the hottest part of the day. He looked up and saw three men standing. He ran from his tent to greet them and bowed before

3-5 아브라함이 말했다. "주님, 괜찮으시다면 잠
시 이 종의 집에 머무시기 바랍니다. 물을 가져
올 테니 발을 씻으시고, 이 나무 아래에서 좀
쉬십시오. 제 곁을 지나가게 되셨으니, 제가 음
식을 가져오겠습니다. 원기를 회복하여 길을
떠나십시오."
그들이 말했다. "좋습니다. 그대가 말한 대로
하십시오."
6 아브라함이 급히 장막으로 달려가서 사라에
게 말했다. "서두르시오. 가장 고운 밀가루 세
컵을 가져다가 반죽하여 빵을 구우시오."
7-8 아브라함이 또 가축우리로 달려가서 살진
송아지 한 마리를 골라 종에게 건네니, 종이 곧
그것을 잡아 요리했다. 아브라함은 치즈와 우
유와 구운 송아지 고기를 가져다가 그 사람들
앞에 차려 놓았다. 그들이 식사하는 동안, 아브
라함은 나무 아래에 서 있었다.
9 그 사람들이 아브라함에게 말했다. "그대의
아내 사라는 어디 있습니까?"
아브라함이 대답했다. "장막 안에 있습니다."
10 그들 가운데 한 사람이 말했다. "내년 이맘때
내가 다시 찾아오겠습니다. 그때에는 그대의
아내 사라에게 아들이 있을 것입니다." 사라는
그 사람의 바로 뒤, 장막 입구에서 그 말을 듣
고 있었다.
11-12 아브라함과 사라는 이미 나이 많은 노인이
었고, 사라는 아이를 가질 수 있는 나이가 훨씬
지난 상태였다. 사라가 속으로 웃으면서 말했
다. "나처럼 늙은 여자가 임신을 한다고? 남편
도 이렇게 늙었는데?"
13-14 하나님께서 아브라함에게 말씀하셨다.
"사라가 '나처럼 늙은 여자가 아이를 갖는다
고?' 하면서 웃는데, 어찌 된 것이냐? 하나님이
하지 못할 일이 있느냐? 내가 내년 이맘때 돌
아올 텐데, 그때에는 사라에게 아이가 있을 것
이다."
15 사라가 두려운 나머지 거짓말을 했다. "저는
웃지 않았습니다."
그러자 하나님께서 말씀하셨다. "아니다. 네가
웃었다."

아브라함이 소돔을 위해 간구하다

16 그 사람들이 떠나려고 자리에서 일어나, 소
돔을 향해 출발했다. 아브라함은 그들을 배웅
하려고 함께 걸어갔다.

them.
3-5 He said, "Master, if it please you, stop for a while
with your servant. I'll get some water so you can
wash your feet. Rest under this tree. I'll get some
food to refresh you on your way, since your travels
have brought you across my path."
They said, "Certainly. Go ahead."
6 Abraham hurried into the tent to Sarah. He said,
"Hurry. Get three cups of our best flour; knead it
and make bread."
7-8 Then Abraham ran to the cattle pen and picked
out a nice plump calf and gave it to the servant who
lost no time getting it ready. Then he got curds
and milk, brought them with the calf that had been
roasted, set the meal before the men, and stood
there under the tree while they ate.
9 The men said to him, "Where is Sarah your wife?"
He said, "In the tent."
10 One of them said, "I'm coming back about this
time next year. When I arrive, your wife Sarah will
have a son." Sarah was listening at the tent opening,
just behind the man.
11-12 Abraham and Sarah were old by this time, very
old. Sarah was far past the age for having babies.
Sarah laughed within herself, "An old woman
like me? Get pregnant? With this old man of a
husband?"
13-14 GOD said to Abraham, "Why did Sarah laugh
saying, 'Me? Have a baby? An old woman like me?'
Is anything too hard for GOD? I'll be back about this
time next year and Sarah will have a baby."
15 Sarah lied. She said, "I didn't laugh," because she
was afraid.
But he said, "Yes you did; you laughed."

16 When the men got up to leave, they set off for
Sodom. Abraham walked with them to say good-bye.
17-19 Then GOD said, "Shall I keep back from
Abraham what I'm about to do? Abraham is going
to become a large and strong nation; all the nations
of the world are going to find themselves blessed
through him. Yes, I've settled on him as the one
to train his children and future family to observe
GOD's way of life, live kindly and generously and

17-19 그때 하나님께서 말씀하셨다. "내가 앞으로 하
려고 하는 일을 아브라함에게 숨기겠느냐? 아브라함
은 장차 크고 강한 민족이 되어, 세상 모든 민족이 그
를 통해 복을 받게 될 것이다. 그렇다. 내가 그를 택
한 것은, 그가 자기 자녀와 후손을 가르쳐 하나님의
생활방식을 따라, 친절하고 너그럽고 바르게 살게 하
려는 것이다. 그리하여 하나님이 아브라함에게 약속
하신 것을 이루려는 것이다."
20-21 하나님께서 계속해서 말씀하셨다. "소돔과 고모
라의 희생자들이 울부짖는 소리가 내 귀를 먹먹하게
하는구나. 그 도시의 죄악이 너무 크다. 내가 직접 내
려가서, 저들이 하는 짓이 정말 내 귀에 들려오는 울
부짖음처럼 악한지 알아봐야겠다."
22 그 사람들이 소돔을 향해 출발했으나, 아브라함은
하나님의 길에 서서 그 길을 가로막았다.
23-25 아브라함이 하나님을 대면하여 아뢰었다. "진심
이십니까? 죄 없는 사람들을 악한 사람들과 함께 쓸
어버릴 작정이십니까? 그 도시에 의인 오십 명이 있
다면 어떻게 하시겠습니까? 죄 없는 사람들을 악한
사람들과 함께 쓸어버리시겠습니까? 의인 오십 명을
봐서라도 그 도시를 용서하지 않으시렵니까? 저는
주께서 의인과 악인을 구별하지 않고 죽이실 것이라
고는 생각하지 않습니다. 세상을 심판하시는 분께서
공정하게 심판하셔야 하지 않겠습니까?"
26 하나님께서 말씀하셨다. "소돔에 의인 오십 명이
있으면, 내가 그들을 봐서 그 도시를 용서하겠다."
27-28 아브라함이 다시 아뢰었다. "한 줌 흙에 지나지
않는 제가 감히 주께 말씀드립니다. 오십 명에서 다
섯 명이 모자라면 어떻게 하시겠습니까? 다섯 명이
모자란다는 이유로 그 도시를 멸하시겠습니까?"
하나님께서 말씀하셨다. "사십오 명이 있으면, 내가
그 도시를 멸하지 않겠다."
29 아브라함이 다시 아뢰었다. "사십 명밖에 찾지 못
하시면 어떻게 하시겠습니까?"
"사십 명이 있으면, 그 도시를 멸하지 않겠다."
30 아브라함이 아뢰었다. "주님, 노하지 마십시오. 삼
십 명밖에 찾지 못하시면 어떻게 하시겠습니까?"
"삼십 명만 찾을 수 있어도, 내가 그 도시를 멸하지
않겠다."
31 아브라함이 더 강하게 아뢰었다. "주님, 부디 참아
주십시오. 이십 명이면 어떻게 하시겠습니까?"
"이십 명만 있어도, 내가 그 도시를 멸하지 않겠다."
32 아브라함이 멈추지 않고 아뢰었다. "주님, 이번이
마지막이니, 노하지 마십시오. 열 명밖에 찾지 못하
시면 어떻게 하시겠습니까?"

fairly, so that GOD can complete in Abraham
what he promised him."
20-21 GOD continued, "The cries of the victims in
Sodom and Gomorrah are deafening; the sin of
those cities is immense. I'm going down to see
for myself, see if what they're doing is as bad as
it sounds. Then I'll know."
22 The men set out for Sodom, but Abraham
stood in GOD's path, blocking his way.
23-25 Abraham confronted him, "Are you
serious? Are you planning on getting rid of the
good people right along with the bad? What
if there are fifty decent people left in the city;
will you lump the good with the bad and get
rid of the lot? Wouldn't you spare the city for
the sake of those fifty innocents? I can't believe
you'd do that, kill off the good and the bad
alike as if there were no difference between
them. Doesn't the Judge of all the Earth judge
with justice?"
26 GOD said, "If I find fifty decent people in
the city of Sodom, I'll spare the place just for
them."
27-28 Abraham came back, "Do I, a mere mortal
made from a handful of dirt, dare open my
mouth again to my Master? What if the fifty
fall short by five—would you destroy the city
because of those missing five?"
He said, "I won't destroy it if there are forty-
five."
29 Abraham spoke up again, "What if you only
find forty?"
"Neither will I destroy it if for forty."
30 He said, "Master, don't be irritated with me,
but what if only thirty are found?"
"No, I won't do it if I find thirty."
31 He pushed on, "I know I'm trying your
patience, Master, but how about for twenty?"
"I won't destroy it for twenty."
32 He wouldn't quit, "Don't get angry, Master—
this is the last time. What if you only come up
with ten?"
"For the sake of only ten, I won't destroy the
city."
33 When GOD finished talking with Abraham,

"그 열 명을 봐서라도, 내가 그 도시를 멸하지 않겠다."
33 하나님께서 아브라함과 말씀을 마치고 떠나가셨다. 아브라함은 집으로 돌아갔다.

소돔과 고모라의 심판

19 1-2 저녁때에 두 천사가 소돔에 도착했다. 롯은 그 도시 입구에 앉아 있었다. 그가 그들을 보고 일어나 맞이하면서, 그들에게 엎드려 절하며 말했다. "두 분께서는 부디 저희 집에 오셔서, 씻고 하룻밤 묵으십시오. 그러면 내일 아침 일찍 일어나 기운을 차리고 길을 떠나실 수 있을 겁니다."
그들이 말했다. "아닙니다. 우리는 거리에서 자겠습니다."
3 그러나 롯은 거절하지 말라고 간청했다. 그들은 거절하지 못하고 롯을 따라 집으로 들어갔다. 롯이 그들을 위해 따뜻한 음식을 차리자 그들이 먹었다.
4-5 그들이 잠자리에 들기 전에, 소돔의 남자들이 젊은이 노인 할 것 없이 사방에서 몰려와 롯의 집을 에워쌌다. 그러고는 롯에게 고함을 지르며 말했다. "오늘 밤 당신 집에서 머물려고 온 사람들이 어디 있소? 그들을 데리고 나오시오. 우리가 그들과 재미 좀 봐야겠소!"
6-8 롯이 밖으로 나가 뒤로 문을 닫아걸고 말했다. "여보시오, 제발 수치스러운 짓을 하지 마시오! 자, 내게 남자를 알지 못하는 두 딸이 있소. 내가 그들을 내줄 테니 그 아이들과 즐기고, 이 사람들은 건드리지 마시오. 이들은 내 손님이오."
9 그들이 말했다. "저리 비켜! 어디서 굴러들어 와서 우리를 가르치려 드는 거냐! 저들보다 너를 먼저 손봐야겠구나." 그러고는 롯에게 달려들어 그를 밀치고 문을 부수려고 했다.
10-11 그러자 두 사람이 손을 내밀어 롯을 집 안으로 끌어들이고 문을 닫아걸었다. 그들은 문을 부수려고 하는 자들을 우두머리 졸개 할 것 없이 모두 눈이 멀게 하여, 어둠 속을 헤매게 만들었다.
12-13 그 두 사람이 롯에게 말했다. "이곳에 그대의 가족들이 더 있습니까? 아들이나 딸이나, 이 도시에 사는 가족들 말입니다. 지금 당장 그들을 데리고 이 도시에서 나가시오! 우리가 곧 이 도시를 멸하려고 하오. 이곳의 희생자들이 울부짖는 소리가 하나님의 귀를 먹먹하게 합니다. 하나님께서 이곳을 쓸어버리도록 우리를 보내셨소."
14 롯이 밖으로 나가서 자기 딸들의 약혼자들에게 알렸다. "이곳을 떠나게. 하나님께서 이 도시를 멸하려고 하시네!" 그러나 그들은 롯의 말을 농담으로

he left. And Abraham went home.

19 1-2 The two angels arrived at Sodom in the evening. Lot was sitting at the city gate. He saw them and got up to welcome them, bowing before them and said, "Please, my friends, come to my house and stay the night. Wash up. You can rise early and be on your way refreshed."
They said, "No, we'll sleep in the street."
3 But he insisted, wouldn't take no for an answer; and they relented and went home with him. Lot fixed a hot meal for them and they ate.
4-5 Before they went to bed men from all over the city of Sodom, young and old, descended on the house from all sides and boxed them in. They yelled to Lot, "Where are the men who are staying with you for the night? Bring them out so we can have our sport with them!"
6-8 Lot went out, barring the door behind him, and said, "Brothers, please, don't be vile! Look, I have two daughters, virgins; let me bring them out; you can take your pleasure with them, but don't touch these men—they're my guests."
9 They said, "Get lost! You drop in from nowhere and now you're going to tell us how to run our lives. We'll treat you worse than them!" And they charged past Lot to break down the door.
10-11 But the two men reached out and pulled Lot inside the house, locking the door. Then they struck blind the men who were trying to break down the door, both leaders and followers, leaving them groping in the dark.
12-13 The two men said to Lot, "Do you have any other family here? Sons, daughters—anybody in the city? Get them out of here, and now! We're going to destroy this place. The outcries of victims here to GOD are deafening; we've been sent to blast this place into oblivion."
14 Lot went out and warned the fiancés of his daughters, "Evacuate this place; GOD is about

여겼다.
15 새벽이 되자, 천사들이 롯을 떠밀며 말했다. "서
두르시오. 너무 늦기 전에 그대의 아내와 두 딸을
데리고 이곳을 떠나시오. 그러지 않으면, 이 도시
가 벌을 받을 때에 멸망하고 말 것이오."
16-17 롯이 꾸물거리자, 그 사람들이 롯의 팔과 그
의 아내와 딸들의 팔을 잡고 도시 밖 안전한 곳으
로 데리고 나갔다. 하나님께서 그들에게 자비를 베
푸셨다! 롯의 가족을 밖으로 데리고 나온 뒤에, 그
사람들이 롯에게 말했다. "지금 당장 달아나 목숨
을 구하시오! 뒤돌아보지 마시오! 평지 어디에서도
멈추면 안됩니다. 산으로 달아나시오. 그러지 않으
면, 죽고 말 것입니다."
18-20 그러자 롯이 반대했다. "안됩니다, 그렇게 하
지 마십시오! 두 분께서는 저를 좋게 보시고 크나
큰 호의를 베푸셔서 제 생명을 구해 주셨습니다.
하지만 저는 산으로 달아날 수 없습니다. 산에 있
더라도 끔찍한 재앙이 미쳐서 죽을지도 모릅니
다. 저쪽을 보십시오. 저 성읍은 우리가 닿기에 가
깝고, 아무런 일도 닥치지 않을 만큼 작은 곳입니
다. 저 작은 성읍으로 달아나 목숨을 건지게 해주
십시오."
21-22 "좋소. 그대가 그렇게 하겠다면, 원하는 대
로 하시오. 그대가 택한 성읍은 멸하지 않겠소. 하
지만 서둘러 그곳으로 달아나시오! 그대가 그곳에
닿기 전에는 내가 아무 일도 할 수 없소." 그리하
여 그 성읍은 '작은 성읍'이라는 뜻의 소알이라 불
리게 되었다.
23 롯이 소알에 이르렀을 때 해가 하늘 높이 떠 있
었다.
24-25 그때 하나님께서 유황과 불을 소돔과 고모라
에 비처럼 퍼부으셨다. 유황과 불이 하나님이 계
신 하늘로부터 용암처럼 흘러내려서, 두 도시와
평지 전체, 두 도시에 살고 있던 모든 사람과, 땅
에서 자라던 모든 것을 멸했다.
26 그러나 롯의 아내는 뒤를 돌아보다가 그만 소금
기둥이 되고 말았다.
27-28 아브라함은 이튿날 아침 일찍 일어나, 얼마
전에 하나님과 함께 서 있던 곳으로 갔다. 그가 소
돔과 고모라를 바라보고 온 평지를 내려다보니,
보이는 것이라고는 온통 땅에서 뿜어져 나오는 연
기뿐이었다. 마치 용광로에서 뿜어져 나오는 연기
같았다.
29 하나님께서 평지의 도시들을 멸하실 때에 아브
라함을 잊지 않으셨다. 그래서 그 도시들을 땅에

to destroy this city!" But his daughters' would-be
husbands treated it as a joke.
15 At break of day, the angels pushed Lot to get
going, "Hurry. Get your wife and two daughters
out of here before it's too late and you're caught
in the punishment of the city."
16-17 Lot was dragging his feet. The men grabbed
Lot's arm, and the arms of his wife and daugh-
ters—GOD was so merciful to them!—and dragged
them to safety outside the city. When they had
them outside, Lot was told, "Now run for your
life! Don't look back! Don't stop anywhere on the
plain—run for the hills or you'll be swept away."
18-20 But Lot protested, "No, masters, you can't
mean it! I know that you've taken a liking to me
and have done me an immense favor in saving
my life, but I can't run for the mountains—who
knows what terrible thing might happen to me in
the mountains and leave me for dead. Look over
there—that town is close enough to get to. It's a
small town, hardly anything to it. Let me escape
there and save my life—it's a mere wide place in
the road."
21-22 "All right, Lot. If you insist. I'll let you have
your way. And I won't stamp out the town you've
spotted. But hurry up. Run for it! I can't do
anything until you get there." That's why the town
was called Zoar, that is, Smalltown.
23 The sun was high in the sky when Lot arrived at
Zoar.
24-25 Then GOD rained brimstone and fire down
on Sodom and Gomorrah—a river of lava from
GOD out of the sky!—and destroyed these cities
and the entire plain and everyone who lived in the
cities and everything that grew from the ground.
26 But Lot's wife looked back and turned into a
pillar of salt.
27-28 Abraham got up early the next morning and
went to the place he had so recently stood with
GOD. He looked out over Sodom and Gomorrah,
surveying the whole plain. All he could see was
smoke belching from the Earth, like smoke from
a furnace.
29 And that's the story: When God destroyed the
Cities of the Plain, he was mindful of Abraham

서 쓸어버리시기 전에 롯을 먼저 나오게 하신 것이다.

30 롯은 소알을 떠나 산으로 가서 두 딸과 함께 살았다. 소알에 머무는 것이 두려웠기 때문이다. 그는 두 딸과 함께 동굴에서 살았다.

31-32 하루는 큰딸이 작은딸에게 말했다. "아버지는 늙어 가고, 이 땅에는 우리에게 아이를 얻게 해줄 남자가 없구나. 아버지에게 술을 대접해 취하게 한 뒤에, 아버지와 잠자리를 같이하자. 그러면 우리가 아버지를 통해 자식을 얻게 될 거야. 우리가 집안을 살릴 수 있는 방법은 이것밖에 없어."

33-35 그날 밤 그들은 자기 아버지에게 술을 대접해 취하게 했다. 큰딸이 들어가 아버지와 잠자리를 같이했다. 그러나 그는 취한 나머지 딸이 무슨 일을 하는지 전혀 알지 못했다. 이튿날 아침, 큰딸이 작은딸에게 말했다. "지난밤에는 내가 아버지와 잠자리를 같이했으니, 오늘 밤은 네 차례야. 우리가 다시 아버지를 취하게 한 뒤에, 네가 아버지와 잠자리를 같이하여라. 그러면 우리 둘 다 아버지를 통해 아이를 갖게 되어, 우리 집안을 살리게 될 거야." 그날 밤 그들은 아버지에게 또다시 술을 대접해 취하게 한 다음, 작은딸이 들어가 아버지와 잠자리를 같이했다. 이번에도 그는 취한 나머지 딸이 무슨 일을 하는지 전혀 알지 못했다.

36-38 두 딸 모두 자기 아버지 롯의 아이를 갖게 되었다. 큰딸은 아들을 낳고 그 이름을 모압이라고 했다. 모압은 오늘날 모압 사람의 조상이 되었다. 작은딸도 아들을 낳고 그 이름을 벤암미라고 했다. 벤암미는 오늘날 암몬 사람의 조상이 되었다.

아브라함과 아비멜렉

20 1-2 아브라함은 그곳에서 남쪽 네겝 지역으로 이주하여 가데스와 수르 사이에 정착했다. 아브라함이 그랄에서 장막생활을 하던 때에 자기 아내 사라를 가리켜 "이 여인은 나의 누이요"라고 했다.

2-3 그랄 왕 아비멜렉이 사람을 보내어 사라를 데려갔다. 그러나 하나님께서 그날 밤 아비멜렉의 꿈에 나타나셔서 말씀하셨다. "너는 이제 죽은 목숨이다. 네가 데려온 여인은 남편이 있는 여인이다."

4-5 아비멜렉은 아직 그녀와 잠자리를 같이하지 않았고, 그녀에게 손도 대지 않았다. 그가 말했다. "주님, 죄 없는 사람을 죽이시렵니까? 아브라함이

and first got Lot out of there before he blasted those cities off the face of the Earth.

30 Lot left Zoar and went into the mountains to live with his two daughters; he was afraid to stay in Zoar. He lived in a cave with his daughters.

31-32 One day the older daughter said to the younger, "Our father is getting old and there's not a man left in the country by whom we can get pregnant. Let's get our father drunk with wine and lie with him. We'll get children through our father—it's our only chance to keep our family alive."

33-35 They got their father drunk with wine that very night. The older daughter went and lay with him. He was oblivious, knowing nothing of what she did. The next morning the older said to the younger, "Last night I slept with my father. Tonight, it's your turn. We'll get him drunk again and then you sleep with him. We'll both get a child through our father and keep our family alive." So that night they got their father drunk again and the younger went in and slept with him. Again he was oblivious, knowing nothing of what she did.

36-38 Both daughters became pregnant by their father, Lot. The older daughter had a son and named him Moab, the ancestor of the present-day Moabites. The younger daughter had a son and named him Ben-Ammi, the ancestor of the present-day Ammonites.

20 1-2 Abraham traveled from there south to the Negev and settled down between Kadesh and Shur. While he was camping in Gerar, Abraham said of his wife Sarah, "She's my sister."

2-3 So Abimelech, king of Gerar, sent for Sarah and took her. But God came to Abimelech in a dream that night and told him, "You're as good as dead—that woman you took, she's a married woman."

4-5 Now Abimelech had not yet slept with her, hadn't so much as touched her. He said, "Master, would you kill an innocent man? Didn't he tell

제게 '이 여인은 나의 누이요'라고 했고, 그녀도 아브라함을 가리켜 '그는 나의 오라버니입니다'라고 하지 않았습니까? 제가 이 일에서 무슨 잘못을 저질렀는지 모르겠습니다."

6-7 하나님께서 꿈에 그에게 말씀하셨다. "네가 다른 뜻이 없었다는 것을 잘 안다. 그래서 네가 내게 죄를 짓지 않도록 내가 막은 것이다. 너를 막아 그녀와 잠자리를 같이하지 못하게 한 것이다. 그러니 이제 그 여인을 남편에게 돌려보내라. 그는 예언자니, 그가 너와 네 목숨을 위해 기도해 줄 것이다. 그 여인을 돌려보내지 않으면, 너와 네 집안의 모든 사람이 반드시 죽을 것이다."

8-9 아비멜렉은 이튿날 아침 일찍 일어나 집안의 모든 종을 한자리에 불러 모으고 자초지종을 말했다. 그 자리에 모인 모든 사람이 큰 충격을 받았다. 아비멜렉이 아브라함을 불러들여 말했다. "우리에게 무슨 일을 한 것이오? 내가 그대에게 무슨 잘못을 했기에, 나와 내 나라에 이토록 엄청난 죄를 끌어들인 것이오? 그대가 내게 한 일은 결코 해서는 안될 일이었소."

10 아비멜렉이 계속해서 아브라함에게 말했다. "도대체 무슨 생각으로 이 같은 일을 벌인 것이오?"

11-13 아브라함이 말했다. "이곳에는 하나님을 두려워하는 마음이 없어서, 사람들이 나를 죽이고 내 아내를 빼앗을 것이라고 생각했기 때문입니다. 사실을 말씀드리면, 아내는 내 이복누이입니다. 그녀와 나는 아버지는 같고 어머니가 다를 뿐입니다. 하나님께서 나로 하여금 내 아버지의 집을 떠나 나그네로 떠돌게 하셨을 때, 내가 아내에게 말하기를 '부탁이 있소. 우리가 어디로 가든지, 사람들에게 내가 당신의 오라버니라고 말해 주시오' 하고 말했습니다."

14-15 아비멜렉은 사라를 아브라함에게 돌려보냈다. 그녀를 보내면서 양 떼와 소 떼와 남녀 종들도 함께 보냈다. 그가 말했다. "내 땅이 그대 앞에 있으니, 어디든지 원하는 곳에 가서 사시오."

16 사라에게는 이렇게 말했다. "나는 그대의 오라버니에게 은화 천 개를 주었소. 그것으로 사람들 앞에서 그대의 깨끗함이 입증될 것이오. 이제 그대는 명예가 회복되었소."

17-18 아브라함이 하나님께 기도하자, 하나님께서 아비멜렉과 그의 아내와 여종들의 병을 고쳐 주셨다. 그러자 그들이 다시 아이를 가질 수 있게 되었다. 하나님께서 아브라함의 아내 사라의 일로 아비멜렉 집안의 모든 태를 닫아 버리셨던 것이다.

me, 'She's my sister'? And didn't she herself say, 'He's my brother'? I had no idea I was doing anything wrong when I did this."

6-7 God said to him in the dream, "Yes, I know your intentions were pure, that's why I kept you from sinning against me; I was the one who kept you from going to bed with her. So now give the man's wife back to him. He's a prophet and will pray for you—pray for your life. If you don't give her back, know that it's certain death both for you and everyone in your family."

8-9 Abimelech was up first thing in the morning. He called all his house servants together and told them the whole story. They were shocked. Then Abimelech called in Abraham and said, "What have you done to us? What have I ever done to you that you would bring on me and my kingdom this huge offense? What you've done to me ought never to have been done."

10 Abimelech went on to Abraham, "Whatever were you thinking of when you did this thing?"

11-13 Abraham said, "I just assumed that there was no fear of God in this place and that they'd kill me to get my wife. Besides, the truth is that she is my half sister; she's my father's daughter but not my mother's. When God sent me out as a wanderer from my father's home, I told her, 'Do me a favor; wherever we go, tell people that I'm your brother.'"

14-15 Then Abimelech gave Sarah back to Abraham, and along with her sent sheep and cattle and servants, both male and female. He said, "My land is open to you; live wherever you wish."

16 And to Sarah he said, "I've given your brother a thousand pieces of silver—that clears you of even a shadow of suspicion before the eyes of the world. You're vindicated."

17-18 Then Abraham prayed to God and God healed Abimelech, his wife and his maidservants, and they started having babies again. For GOD had shut down every womb in Abimelech's household on account of Sarah, Abraham's wife.

이삭이 태어나다

21 1-4 하나님께서는 약속하신 바로 그날에 사
라를 찾아오셨다. 그리고 약속하신 대로
사라에게 행하셨다. 하나님께서 정하신 바로 그때에,
사라가 임신하여 노년의 아브라함에게 아들을 안겨
주었다. 아브라함은 아들의 이름을 이삭이라고 했다.
아이가 태어난 지 팔 일이 되자, 아브라함은 하나님
께서 명령하신 대로 아이에게 할례를 행했다.
5-6 아브라함의 아들 이삭이 태어났을 때, 아브라함
의 나이는 백 살이었다.
사라가 말했다.

하나님께서 내게 웃음을 복으로 주셨구나.
이 소식을 듣는 모든 이가 나와 함께 웃을 것이다!

7 그녀가 또 말했다.

사라가 아이에게 젖을 물릴 날이 올 것이라고
누가 아브라함에게 말할 수 있었겠는가!
그러나 내가 이렇게! 늙은 아브라함에게 아들을 안
겨 주지 않았는가!

8 아이가 자라서 젖을 떼게 되었다. 이삭이 젖을 떼던
날, 아브라함은 성대한 잔치를 베풀었다.
9-10 어느 날 사라가 보니, 이집트 여인 하갈이 아브
라함에게서 낳은 아들이 자기 아들 이삭을 놀리고 있
었다. 그녀가 아브라함에게 말했다. "저 여종과 아들
을 쫓아내세요. 저 여종의 아들이 내 아들 이삭과 함
께 유산을 나눠 갖게 할 수는 없습니다!"
11-13 아브라함은 그 일로 큰 고통을 겪었다. 결국 이
스마엘도 자기 아들이었기 때문이다. 그러나 하나님
께서 아브라함에게 말씀하셨다. "그 아이와 네 여종
의 문제로 걱정하지 마라. 사라가 네게 말한 대로 하
여라. 네 후손은 이삭을 통해 이어질 것이다. 네 여종
의 아들에 관해서는 안심하여라. 그도 네 아들이니,
내가 그도 큰 민족이 되게 하겠다."
14-16 아브라함은 이튿날 아침 일찍 일어나, 얼마의
음식과 물 한 통을 하갈의 등에 지워 주고, 아이와 함
께 떠나보냈다. 그녀는 정처 없이 길을 헤매다가 브
엘세바 광야에 이르렀다. 물이 다 떨어지자, 그녀는
아이를 덤불 아래 놓아두고 50미터쯤 걸어갔다. 그
녀는 "내 아들이 죽어 가는 모습을 지켜볼 수 없구나"
하고는, 그 자리에 주저앉아 흐느껴 울기 시작했다.
17-18 하나님께서 아이가 우는 소리를 들으셨다. 하
나님의 천사가 하늘에서 하갈을 부르며 말했다. "하

21 1-4 GOD visited Sarah exactly as he
said he would; GOD did to Sarah what
he promised: Sarah became pregnant and gave
Abraham a son in his old age, and at the very
time God had set. Abraham named him Isaac.
When his son was eight days old, Abraham
circumcised him just as God had commanded.
5-6 Abraham was a hundred years old when his
son Isaac was born.
Sarah said,

God has blessed me with laughter
and all who get the news will laugh with me!

7 She also said,

Whoever would have suggested to Abraham
that Sarah would one day nurse a baby!
Yet here I am! I've given the old man a son!

8 The baby grew and was weaned. Abraham
threw a big party on the day Isaac was weaned.
9-10 One day Sarah saw the son that Hagar the
Egyptian had borne to Abraham, poking fun
at her son Isaac. She told Abraham, "Get rid of
this slave woman and her son. No child of this
slave is going to share inheritance with my son
Isaac!"
11-13 The matter gave great pain to Abraham—
after all, Ishmael was his son. But God spoke
to Abraham, "Don't feel badly about the boy
and your maid. Do whatever Sarah tells you.
Your descendants will come through Isaac.
Regarding your maid's son, be assured that I'll
also develop a great nation from him—he's your
son, too."
14-16 Abraham got up early the next morning,
got some food together and a canteen of water
for Hagar, put them on her back and sent her
away with the child. She wandered off into the
desert of Beersheba. When the water was gone,
she left the child under a shrub and went off,
fifty yards or so. She said, "I can't watch my

갈아, 어찌 된 일이냐? 두려워하지 마라. 하나님께
서 아이의 소리를 들으셨고, 아이가 곤경에 처한 것
도 알고 계신다. 일어나거라. 가서 아이를 일으켜 세
우고, 굳게 붙잡아 주어라. 내가 그를 큰 민족이 되게
하겠다."
19 그때 하나님께서 하갈의 눈을 열어 주셨다. 그녀
가 둘러보니, 샘이 보였다. 그녀는 샘으로 가서 물통
에 물을 가득 채운 다음, 아이에게 시원한 물을 충분
히 먹였다.
20-21 아이가 자라는 동안 하나님께서 아이 곁에 계셨
다. 그 아이는 광야에 살면서 노련한 활잡이가 되었
다. 그는 바란 광야에서 살았다. 그의 어머니는 그에
게 이집트 여인을 아내로 얻어 주었다.

브엘세바에서 아비멜렉과 맺은 계약

22-23 그 무렵, 아비멜렉과 그의 군지휘관 비골이 아
브라함에게 말했다. "그대가 무슨 일을 하든지, 하
나님께서는 그대 편이오. 그러니 그대는 나와 내 가
족에게 어떠한 부당한 행동도 하지 않겠다고 맹세해
주시오. 이곳에서 사는 동안, 내가 그대를 대한 것처
럼 그대도 나와 내 땅을 그렇게 대하겠다고 맹세해
주시오."
24 아브라함이 말했다. "맹세합니다."
25-26 그러고 나서, 아브라함은 아비멜렉의 종들이 우
물을 빼앗은 일을 그에게 따졌다. 아비멜렉이 대답했
다. "누가 그런 짓을 했는지 나는 모르오. 그대도 그
일에 대해 내게 말해 준 적이 없지 않소. 오늘 처음
듣는 이야기오."
27-28 그리하여 두 사람은 계약을 맺었다. 아브라함이
양과 소를 가져다가 아비멜렉에게 주었다. 아브라함
은 양 떼에서 양 일곱 마리를 따로 떼어 놓았다.
29 아비멜렉이 물었다. "그대가 따로 떼어 놓은 이 양
일곱 마리는 무슨 뜻이오?"
30 아브라함이 대답했다. "이 양 일곱 마리를 받으시
고, 내가 판 이 우물이 내 우물이라는 증거로 삼아 주
십시오."
31-32 두 사람이 거기서 맹세하고 계약을 맺었으므로,
그곳을 브엘세바(맹세의 우물)라 부르게 되었다. 그
들이 브엘세바에서 계약을 맺은 다음, 아비멜렉과 그
의 군지휘관 비골은 그곳을 떠나 블레셋 사람의 땅으
로 *돌아갔다.*
33-34 아브라함은 브엘세바에 에셀 나무를 심고, 거기
서 하나님을 예배하고 영원하신 하나님께 기도를 드
렸다. 아브라함은 블레셋 사람의 땅에서 오랫동안 살
았다.

son die." As she sat, she broke into sobs.
17-18 Meanwhile, God heard the boy crying. The
angel of God called from Heaven to Hagar,
"What's wrong, Hagar? Don't be afraid. God
has heard the boy and knows the fix he's in. Up
now; go get the boy. Hold him tight. I'm going
to make of him a great nation."
19 Just then God opened her eyes. She looked.
She saw a well of water. She went to it and filled
her canteen and gave the boy a long, cool drink.
20-21 God was on the boy's side as he grew up.
He lived out in the desert and became a skilled
archer. He lived in the Paran wilderness. And
his mother got him a wife from Egypt.

22-23 At about that same time, Abimelech and
the captain of his troops, Phicol, spoke to
Abraham: "No matter what you do, God is
on your side. So swear to me that you won't
do anything underhanded to me or any of
my family. For as long as you live here, swear
that you'll treat me and my land as well as I've
treated you."
24 Abraham said, "I swear it."
25-26 At the same time, Abraham confronted
Abimelech over the matter of a well of water
that Abimelech's servants had taken. Abimel-
ech said, "I have no idea who did this; you
never told me about it; this is the first I've
heard of it."
27-28 So the two of them made a covenant.
Abraham took sheep and cattle and gave them
to Abimelech. Abraham set aside seven sheep
from his flock.
29 Abimelech said, "What does this mean?
These seven sheep you've set aside."
30 Abraham said, "It means that when you
accept these seven sheep, you take it as proof
that I dug this well, that it's my well."
31-32 That's how the place got named Beersheba
(the Oath-Well), because the two of them
swore a covenant oath there. After they had
made the covenant at Beersheba, Abimelech
and his commander, Phicol, left and went back
to Philistine territory.

하나님께서 아브라함을 시험하시다

22 1 이 모든 일이 있은 뒤에, 하나님께서 아
브라함을 시험하셨다. 하나님께서 말씀하
셨다. "아브라함아!"
아브라함이 대답했다. "예, 말씀하십시오."
2 하나님께서 말씀하셨다. "네가 아끼는 아들, 네 사
랑하는 아들 이삭을 데리고 모리아 땅으로 가거라.
거기서 내가 네게 지시할 산에서 그를 번제물로 바
쳐라."
3-5 아브라함은 아침 일찍 일어나서 나귀에 안장을 얹
었다. 그는 젊은 두 종과 아들 이삭을 데리고 갔다.
그는 번제에 쓸 장작을 쪼갠 뒤에, 하나님께서 지시
해 주신 곳으로 출발했다. 사흘째 되는 날에 그가 눈
을 들어 바라보니 멀리 그곳이 보였다. 아브라함은
젊은 두 종에게 말했다. "이곳에서 나귀와 함께 머물
러 있어라. 아이와 나는 저곳으로 가서 예배하겠다.
그러고 나서 우리가 너희에게 돌아오겠다."
6 아브라함은 번제에 쓸 장작을 가져다가 자기 아들
이삭에게 지우고, 자신은 부싯돌과 칼을 챙겨 들었
다. 두 사람은 함께 길을 떠났다.
7 이삭이 자기 아버지 아브라함에게 말했다. "아
버지?"
"그래, 내 아들아."
"부싯돌과 장작은 있는데, 번제에 쓸 양은 어디에 있
습니까?"
8 아브라함이 대답했다. "아들아, 번제에 쓸 양은 하
나님께서 마련하실 것이다." 두 사람은 계속해서 걸
었다.
9-10 그들이 하나님께서 아브라함에게 지시하신 곳에
이르렀다. 아브라함은 제단을 쌓고, 그 위에 장작을
벌여 놓았다. 그런 다음 이삭을 묶어 장작 위에 올려
놓았다. 아브라함이 손을 뻗어 칼을 쥐고 자기 아들
을 죽이려고 했다.
11 바로 그때에 하나님의 천사가 하늘에서 그를 불렀
다. "아브라함아! 아브라함아!"
"예, 말씀하십시오."
12 "그 아이에게 손대지 마라! 그 아이를 건드리지 마
라! 네가 나를 위해 네 아들, 네 사랑하는 아들을 제
단에 바치기를 주저하지 않았으니, 네가 하나님을 얼
마나 경외하는지 이제 내가 알겠다."
13 아브라함이 고개를 들어 살펴보니, 덤불에 뿔이
걸린 숫양 한 마리가 보였다. 아브라함은 그 양을 잡
아다가 자기 아들 대신 번제물로 바쳤다.
14 아브라함이 그곳의 이름을 '여호와 이레'(하나님께
서 마련하신다)라고 했다. "하나님의 산에서 하나님께

33-34 Abraham planted a tamarisk tree in
Beersheba and worshiped GOD there, praying
to the Eternal God. Abraham lived in Philistine
country for a long time.

22 1 After all this, God tested Abraham.
God said, "Abraham!"
"Yes?" answered Abraham. "I'm listening."
2 He said, "Take your dear son Isaac whom
you love and go to the land of Moriah. Sacrifice
him there as a burnt offering on one of the
mountains that I'll point out to you."
3-5 Abraham got up early in the morning and
saddled his donkey. He took two of his young
servants and his son Isaac. He had split wood
for the burnt offering. He set out for the place
God had directed him. On the third day he
looked up and saw the place in the distance.
Abraham told his two young servants, "Stay
here with the donkey. The boy and I are going
over there to worship; then we'll come back to
you."
6 Abraham took the wood for the burnt offering
and gave it to Isaac his son to carry. He carried
the flint and the knife. The two of them went
off together.
7 Isaac said to Abraham his father, "Father?"
"Yes, my son."
"We have flint and wood, but where's the sheep
for the burnt offering?"
8 Abraham said, "Son, God will see to it that
there's a sheep for the burnt offering." And
they kept on walking together.
9-10 They arrived at the place to which God had
directed him. Abraham built an altar. He laid
out the wood. Then he tied up Isaac and laid
him on the wood. Abraham reached out and
took the knife to kill his son.
11 Just then an angel of GOD called to him out
of Heaven, "Abraham! Abraham!"
"Yes, I'm listening."
12 "Don't lay a hand on that boy! Don't touch
him! Now I know how fearlessly you fear God;
you didn't hesitate to place your son, your dear

서 마련하신다"라는 말은 거기서 생겨난 것이다.
15-18 하나님의 천사가 하늘에서 두 번째로 아브라함을 불러 말했다. "내가 맹세한다. 하나님의 확실한 말씀이다! 네가 네 아들, 네 사랑스럽고 사랑스러운 아들을 아끼지 않고 내게 바쳤으니, 내가 네게 복을 주겠다. 내가 반드시 네게 복을 주겠다! 내가 네 자손을 하늘의 별처럼, 바닷가의 모래처럼 번성하게 하겠다! 네 후손이 원수를 물리칠 것이다. 네가 내 말에 순종했으니, 땅위의 모든 민족이 네 후손으로 인하여 복을 받게 될 것이다."
19 그 후에 아브라함은 젊은 종들에게로 돌아왔다. 그들은 짐을 챙겨 브엘세바로 돌아갔다. 아브라함은 브엘세바에 정착했다.

20-23 이 모든 일이 있은 뒤에, 아브라함에게 소식이 들려왔다. "그대의 동생 나홀이 아버지가 되었소! 밀가가 그의 자녀를 낳았는데, 맏아들은 우스, 그 아래로 부스, 그므엘(그는 아람의 아버지다), 게셋, 하소, 빌다스, 이들랍, 브두엘(그는 리브가의 아버지다)이 태어났소." 밀가는 아브라함의 동생 나홀에게서 이 여덟 아들을 낳았다.
24 나홀의 첩 르우마도 나홀의 네 자녀, 곧 데바, 가함, 다하스, 마아가를 낳았다.

막벨라 동굴에 사라를 묻다

23 1-2 사라는 127년을 살았다. 사라는 오늘날 헤브론이라 하는, 가나안 땅 기럇아르바에서 죽었다. 아브라함은 그녀를 위해 슬퍼하며 울었다.
3-4 아브라함은 죽은 아내 사라를 위해 애곡하기를 그치고 일어나서 헷 사람들에게 말했다. "비록 내가 여러분 가운데 사는 이방인에 지나지 않지만, 묘지로 쓸 땅을 내게 팔아서 내 아내를 안장할 수 있게 해주시기 바랍니다."
5-6 헷 사람들이 대답했다. "어째서 그런 말을 하십니까? 우리와 함께 사는 당신은 이방인에 불과한 분이 아닙니다. 당신은 하나님이 세우신 지도자입니다! 우리의 묘지 가운데서 가장 좋은 곳에 당신의 아내를 안장하십시오. 우리 가운데 누구도 묘지를 구하는 당신의 부탁을 거절하지 않을 것입니다."
7-9 그러자 아브라함이 일어나서 그 땅 사람들, 곧 헷 사람들에게 정중히 절하며 말했다. "여러

son, on the altar for me."
13 Abraham looked up. He saw a ram caught by its horns in the thicket. Abraham took the ram and sacrificed it as a burnt offering instead of his son.
14 Abraham named that place GOD-Yireh (GOD-Sees-to-It). That's where we get the saying, "On the mountain of GOD, he sees to it."
15-18 The angel of GOD spoke from Heaven a second time to Abraham: "I swear—GOD's sure word!—because you have gone through with this, and have not refused to give me your son, your dear, dear son, I'll bless you—oh, how I'll bless you! And I'll make sure that your children flourish—like stars in the sky! like sand on the beaches! And your descendants will defeat their enemies. All nations on Earth will find themselves blessed through your descendants because you obeyed me."
19 Then Abraham went back to his young servants. They got things together and returned to Beersheba. Abraham settled down in Beersheba.

20-23 After all this, Abraham got the news: "Your brother Nahor is a father! Milcah has given him children: Uz, his firstborn, his brother Buz, Kemuel (he was the father of Aram), Kesed, Hazo, Pildash, Jidlaph, and Bethuel." (Bethuel was the father of Rebekah.) Milcah gave these eight sons to Nahor, Abraham's brother.
24 His concubine, Reumah, gave him four more children: Tebah, Gaham, Tahash, and Maacah.

23 1-2 Sarah lived 127 years. Sarah died in Kiriath Arba, present-day Hebron, in the land of Canaan. Abraham mourned for Sarah and wept.
3-4 Then Abraham got up from mourning his dead wife and spoke to the Hittites: "I know I'm only an outsider here among you, but sell me a burial plot so that I can bury my dead decently."
5-6 The Hittites responded, "Why, you're no mere outsider here with us, you're a prince of God! Bury your dead wife in the best of our burial sites. None of us will refuse you a place for burial."

분이 나를 도와 내 아내를 안장할 적당한 매장지를 제공하겠다는 말이 진심이라면, 나를 위해 소할의 아들 에브론에게 말해 주시기 바랍니다. 그가 소유하고 있는 막벨라 동굴을 내게 팔도록 주선해 주십시오. 그 동굴은 그의 밭머리에 있습니다. 값은 충분히 쳐 드릴 테니, 여러분이 증인이 되어 그가 내게 그 밭을 팔도록 해주십시오."

10-11 에브론은 헷 사람 공동체의 일원이었다. 헷 사람 에브론이 마을 의회의 일원인 헷 사람들이 모두 들을 수 있도록 아브라함에게 큰소리로 대답했다. "어르신, 그렇게 해서는 안됩니다. 그 밭은 당신 것입니다. 당신께 드리는 선물입니다. 그 밭과 동굴을 당신께 드리겠습니다. 내 동족이 보는 앞에서 내가 그것을 당신께 드리겠습니다. 돌아가신 부인을 안장하십시오."

12-13 아브라함이 그곳에 모인 의회 앞에 정중히 절하고 에브론에게 대답했다. "부디 내 말을 들어주셔서, 내가 그 땅의 값을 치를 수 있게 해주십시오. 내 돈을 받고, 내가 가서 아내를 안장할 수 있게 해주십시오."

14-15 그러자 에브론이 아브라함에게 대답했다. "정 그러시다면, 어르신과 저 사이에 은 사백 세겔이면 어떻겠습니까? 어서 가서 부인을 안장하십시오."

16 아브라함은 에브론의 제안을 받아들이고, 에브론이 헷 사람의 마을 의회 앞에서 제안한 금액—당시 통용되던 환율로 은 사백 세겔—을 지불했다.

17-20 그리하여 마므레 근처에 있는 에브론의 밭, 곧 밭과 동굴과 밭의 경계 안에 있는 모든 나무가 아브라함의 소유가 되었다. 헷 사람의 마을 의회가 그 거래의 증인이 되었다. 그런 다음 아브라함은 가나안 땅 마므레, 곧 오늘날의 헤브론 근처 막벨라 밭에 있는 동굴에 자기 아내 사라를 묻었다. 그 밭과 거기에 딸린 동굴이 헷 사람에게서 아브라함 소유의 묘지가 되었다.

이삭과 리브가

24 1 아브라함은 이제 노인이 되었다. 하나님께서 아브라함이 하는 일마다 복을 주셨다.

2-4 아브라함이 그의 모든 소유를 맡아 관리하는 집안의 늙은 종에게 말했다. "네 손을 내 허벅지 밑에 넣고 하늘의 하나님, 땅의 하나님이신 하나님께 맹세하여라. 너는 이곳 가나안의 젊은

7-9 Then Abraham got up, bowed respectfully to the people of the land, the Hittites, and said, "If you're serious about helping me give my wife a proper burial, intercede for me with Ephron son of Zohar. Ask him to sell me the cave of Machpelah that he owns, the one at the end of his land. Ask him to sell it to me at its full price for a burial plot, with you as witnesses."

10-11 Ephron was part of the local Hittite community. Then Ephron the Hittite spoke up, answering Abraham with all the Hittites who were part of the town council listening: "Oh no, my master! I couldn't do that. The field is yours—a gift. I'll give it and the cave to you. With my people as witnesses, I give it to you. Bury your deceased wife."

12-13 Abraham bowed respectfully before the assembled council and answered Ephron: "Please allow me—I want to pay the price of the land; take my money so that I can go ahead and bury my wife."

14-15 Then Ephron answered Abraham, "If you insist, master. What's four hundred silver shekels between us? Now go ahead and bury your wife."

16 Abraham accepted Ephron's offer and paid out the sum that Ephron had named before the town council of Hittites—four hundred silver shekels at the current exchange rate.

17-20 That's how Ephron's field next to Mamre—the field, its cave, and all the trees within its borders—became Abraham's property. The town council of Hittites witnessed the transaction. Abraham then proceeded to bury his wife Sarah in the cave in the field of Machpelah that is next to Mamre, present-day Hebron, in the land of Canaan. The field and its cave went from the Hittites into Abraham's possession as a burial plot.

Isaac and Rebekah

24 1 Abraham was now an old man. GOD had blessed Abraham in every way.

2-4 Abraham spoke to the senior servant in his household, the one in charge of everything he had, "Put your hand under my thigh and swear by GOD—God of Heaven, God of Earth—that you will not get a wife for my son from among the young women of the Canaanites here, but will go to the

여자들 가운데서 내 아들의 아내 될 사람을 찾지 않고, 내가 태어난 고향으로 가서 내 아들 이삭의 아내를 찾겠다고 맹세하여라."

5 종이 대답했다. "하지만 그 여인이 집을 떠나 저와 함께 오지 않겠다고 하면 어찌합니까? 그러면 제가 아드님을 주인님의 고향 땅으로 데려가야 하는지요?"

6-8 아브라함이 말했다. "아니다. 절대 그래서는 안 된다. 내 아들을 그곳으로 데려가서는 절대로 안된다. 하나님 하늘의 하나님께서는 나를 내 아버지 집과 내 고향 땅에서 이끌어 내시고 '내가 이 땅을 네 후손에게 주겠다'고 내게 엄숙히 약속하셨다. 그러니 그 하나님께서 천사를 너보다 앞서 보내셔서 내 아들의 아내 될 사람을 찾게 하실 것이다. 그 여인이 오지 않겠다고 하면, 너는 내게 한 맹세에서 풀려나게 될 것이다. 그러나 어떠한 경우에도 내 아들을 그곳으로 데려가서는 안된다."

9 그 종은 자기 주인 아브라함의 허벅지 밑에 손을 넣고 엄숙히 맹세했다.

10-14 종은 주인의 낙타 떼에서 열 마리를 가져다가 주인이 준 선물을 싣고, 아람나하라임에 이르러 나홀의 성을 찾아갔다. 그는 성 밖에 있는 한 우물가에서 낙타들을 쉬게 했다. 때는 여인들이 물을 길으러 나오는 저녁 무렵이었다. 그는 이렇게 기도했다. "하나님, 제 주인 아브라함의 하나님, 오늘 일이 순조롭게 이루어지게 해주십시오. 제 주인 아브라함을 선대해 주십시오! 제가 이곳 우물가에 서 있다가 마을의 젊은 여인들이 물을 길으러 나오면, 한 여인에게 '그대의 물동이를 기울여 물을 마시게 해주시오' 하고 말하겠습니다. 그때 그 여인이 '드십시오. 제가 당신의 낙타들에게도 물을 먹이겠습니다' 하고 대답하면, 그 여인이 바로 하나님께서 당신의 종 이삭을 위해 택하신 여인인 줄 알겠습니다. 이것으로 하나님께서 제 주인을 위해 뒤에서 은혜롭게 일하고 계신 줄 알겠습니다."

15-17 그가 말을 마치자마자, 리브가가 어깨에 물동이를 메고 나왔다. 그녀는 아브라함의 동생 나홀의 아내인 밀가가 낳은 브두엘의 딸이었다. 그 여인은 눈부시게 아름다웠고, 아직 남자를 알지 못하는 처녀였다. 그녀가 우물로 내려가서 물동이에 물을 채워 가지고 올라왔다. 그 종이 그녀에게 달려가서 말했다. "그대의 물동이에 든 물을 한 모금 마실 수 있겠소?"

18-21 그녀가 말했다. "그럼요, 드십시오!" 그녀는 물동이를 받쳐 들고 그가 물을 마실 수 있게 해주

land of my birth and get a wife for my son Isaac."

5 The servant answered, "But what if the woman refuses to leave home and come with me? Do I then take your son back to your home country?"

6-8 Abraham said, "Oh no. Never. By no means are you to take my son back there. GOD, the God of Heaven, took me from the home of my father and from the country of my birth and spoke to me in solemn promise, 'I'm giving *this* land to your descendants.' This God will send his angel ahead of you to get a wife for my son. And if the woman won't come, you are free from this oath you've sworn to me. But under no circumstances are you to take my son back there."

9 So the servant put his hand under the thigh of his master Abraham and gave his solemn oath.

10-14 The servant took ten of his master's camels and, loaded with gifts from his master, traveled to Aram Naharaim and the city of Nahor. Outside the city, he made the camels kneel at a well. It was evening, the time when the women came to draw water. He prayed, "O GOD, God of my master Abraham, make things go smoothly this day; treat my master Abraham well! As I stand here by the spring while the young women of the town come out to get water, let the girl to whom I say, 'Lower your jug and give me a drink,' and who answers, 'Drink, and let me also water your camels'—let her be the woman you have picked out for your servant Isaac. Then I'll know that you're working graciously behind the scenes for my master."

15-17 It so happened that the words were barely out of his mouth when Rebekah, the daughter of Bethuel whose mother was Milcah the wife of Nahor, Abraham's brother, came out with a water jug on her shoulder. The girl was stunningly beautiful, a pure virgin. She went down to the spring, filled her jug, and came back up. The servant ran to meet her and said, "Please, can I have a sip of water from your jug?"

18-21 She said, "Certainly, drink!" And she held the jug so that he could drink. When he had satisfied his thirst she said, "I'll get water for your camels, too, until they've drunk their fill."

었다. 그가 물을 실컷 마시고 나자, 그녀가 말했다.
"제가 낙타들도 실컷 마실 수 있도록 물을 길어다
주겠습니다." 그녀는 곧 물동이의 물을 여물통에 붓
고, 다시 우물로 내려가 물동이를 채웠다. 그녀는
낙타들에게 물을 다 먹일 때까지 계속해서 물을 길
어 왔다.
이것이 하나님의 응답인지, 과연 하나님께서 이 여
행 목적을 이루어 주신 것인지, 그 사람은 말없이 그
모습을 지켜보고 있었다.
22-23 낙타들이 물을 다 마시자, 그 사람은 무게가 5
그램이 조금 넘는 금코걸이 한 개와 무게가 110그
램 정도 되는 팔찌 두 개를 꺼내어 그녀에게 선물로
주었다. 그리고 그녀에게 물었다. "그대의 가족에 대
해 내게 말해 주겠소? 그대는 누구의 딸인가요? 그
대의 아버지 집에 우리가 묵어갈 방이 있는지요?"
24-25 그녀가 대답했다. "저는 밀가와 나홀의 아들인
브두엘의 딸입니다. 우리 집에는 묵을 방이 많고,
꼴과 여물도 넉넉합니다."
26-27 그 사람은 이 말을 듣고서, 고개를 숙여 하나님
께 경배하고 기도했다. "하나님, 제 주인 아브라함
의 하나님, 찬양을 받으소서. 하나님께서 제 주인에
게 얼마나 관대하고 신실하신지, 아무것도 거절하
지 않으셨습니다. 저를 제 주인의 동생이 사는 집 앞
까지 이끌어 주셨습니다!"
28 그녀는 그곳을 떠나 달려가서, 무슨 일이 있었는
지 어머니 집 모든 식구에게 알렸다.
29-31 리브가에게는 라반이라는 오라버니가 있었는
데, 그가 우물가에 있는 그 사람에게로 뛰어나갔다.
그는 자기 여동생이 하고 있는 코걸이와 팔찌를 보
았고, 또 그녀가 "그 사람이 이러이러한 것을 내게
말했습니다" 하고 말하는 이야기도 들었던 것이다.
그가 가 보니, 과연 그 사람이 여전히 우물가에 낙타
들과 함께 서 있었다. 라반이 그를 맞이했다. "하나
님의 복을 받으신 분이여, 어서 들어오십시오! 어찌
하여 이곳에 서 계십니까? 제가 당신을 위해 집을 치
워 놓았습니다. 당신의 낙타들을 둘 곳도 있습니다."
32-33 그리하여 그 사람은 집으로 들어갔다. 라반은
낙타들에게서 짐을 내리고 낙타들에게 꼴과 여물을
주었다. 그리고 그 사람과 그의 일행이 발을 씻을 수
있도록 물을 가져다주었다. 그런 다음 라반은 먹을
것을 대접했다. 하지만 그 사람은 이렇게 말했다.
"제 이야기를 말씀드리기 전에는 먹지 않겠습니다."
라반이 말했다. "어서 말씀하십시오."
34-41 그 종이 말했다. "저는 아브라함의 종입니다.
하나님께서 제 주인에게 복을 주셔서, 유력한 사람

She promptly emptied her jug into the trough
and ran back to the well to fill it, and she kept at
it until she had watered all the camels.
The man watched, silent. Was this GOD's answer?
Had GOD made his trip a success or not?
22-23 When the camels had finished drinking, the
man brought out gifts, a gold nose ring weighing
a little over a quarter of an ounce and two arm
bracelets weighing about four ounces, and gave
them to her. He asked her, "Tell me about your
family? Whose daughter are you? Is there room
in your father's house for us to stay the night?"
24-25 She said, "I'm the daughter of Bethuel the
son of Milcah and Nahor. And there's plenty of
room in our house for you to stay—and lots of
straw and feed besides."
26-27 At this the man bowed in worship before
GOD and prayed, "Blessed be GOD, God of my
master Abraham: How generous and true you've
been to my master; you've held nothing back.
You led me right to the door of my master's
brother!"
28 And the girl was off and running, telling every-
one in her mother's house what had happened.
29-31 Rebekah had a brother named Laban. Laban
ran outside to the man at the spring. He had
seen the nose ring and the bracelets on his sister
and had heard her say, "The man said this and
this and this to me." So he went to the man and
there he was, still standing with his camels at
the spring. Laban welcomed him: "Come on in,
blessed of GOD! Why are you standing out here?
I've got the house ready for you; and there's also
a place for your camels."
32-33 So the man went into the house. The camels
were unloaded and given straw and feed. Water
was brought to bathe the feet of the man and the
men with him. Then Laban brought out food.
But the man said, "I won't eat until I tell my
story."
Laban said, "Go ahead; tell us."
34-41 The servant said, "I'm the servant of
Abraham. GOD has blessed my master—he's a
great man; GOD has given him sheep and cattle,
silver and gold, servants and maidservants,

이 되게 하셨습니다. 하나님께서 그분에게 양과 소, 은과 금, 남종과 여종, 낙타와 나귀를 주셨습니다. 결국에는 제 주인의 부인인 사라가 늘그막에 그분의 아들을 낳았고, 그분은 모든 재산을 그 아들에게 넘겨주셨습니다. 제 주인께서는 제게 맹세하라 하시면서, '내가 살고 있는 이 땅 가나안 사람의 딸들 가운데서 내 아들의 아내가 될 사람을 찾지 말고, 내 아버지 집, 내 친족에게로 가서, 그곳에서 내 아들의 아내가 될 사람을 찾아 오너라' 하고 말씀하셨습니다. 저는 제 주인에게 '하지만 그 여인이 저와 함께 오지 않겠다고 하면 어찌합니까?' 하고 말씀드렸습니다. 그분께서는 '내가 마음을 다해 섬기는 하나님께서 천사를 너와 함께 보내셔서 일이 잘 되게 해주실 것이다. 네가 내 친족, 내 아버지 집에서 내 아들의 아내가 될 사람을 데려오게 하실 것이다. 그런 뒤에야 너는 맹세에서 풀려나게 될 것이다. 네가 내 친족에게 갔는데, 그들이 그녀를 네게 내주지 않더라도, 너는 맹세에서 풀려나게 될 것이다' 하고 말씀하셨습니다.

42-44 제가 오늘 우물가에 이르렀을 때, 저는 이렇게 기도했습니다. '하나님, 제 주인 아브라함의 하나님, 제가 맡은 이 일이 잘 이루어지게 해주십시오. 저는 이 우물가에 서 있겠습니다. 한 젊은 여인이 물을 길으러 이곳에 오면, 제가 그녀에게 "그대 물동이의 물을 한 모금 마시게 해주시오" 하고 말하겠습니다. 그때 그녀가, "제가 당신에게 물을 드릴 뿐 아니라 당신의 낙타들에게도 물을 먹이겠습니다" 하고 말하면, 바로 그 여인이 하나님께서 제 주인의 아들을 위해 택하신 여인인 줄 알겠습니다.'

45-48 제가 이 기도를 마치자마자, 리브가가 물동이를 어깨에 메고 도착했습니다. 그녀는 우물로 내려가 물을 길었고, 저는 '물 좀 주시겠소?' 하고 물었습니다. 그녀는 주저하지 않고 물동이를 내밀며, '드십시오. 당신께서 다 드시면, 제가 당신의 낙타들에게도 물을 먹이겠습니다' 하고 말했습니다. 제가 물을 마시자, 그녀는 낙타들에게도 물을 주었습니다. 저는 그녀에게 '그대는 누구의 딸인가요?' 하고 물었습니다. 그녀는 자신이 '나홀과 밀가의 아들인 브두엘의 딸입니다' 하더군요. 저는 그녀에게 코걸이 한 개와 팔찌 두 개를 주고, 고개를 숙여 하나님께 경배했습니다. 저는 저를 제 주인의 친족이 사는 집 앞으로 곧장 이끄셔서 *주인 아들의 아내가 될 여인*을 얻게 하신 하나님, 제 주인 아브라함의 하나님을 찬양했습니다.

49 이제 여러분은 어떻게 하실지 제게 말씀해 주십시오. 여러분께서 관대하게 승낙하시려거든, 그렇게 하겠다고 제게 알려 주십시오. 그렇지 않거든, 제가

camels and donkeys. And then to top it off, Sarah, my master's wife, gave him a son in her old age and he has passed everything on to his son. My master made me promise, 'Don't get a wife for my son from the daughters of the Canaanites in whose land I live. No, go to my father's home, back to my family, and get a wife for my son there.' I said to my master, 'But what if the woman won't come with me?' He said, 'GOD before whom I've walked faithfully will send his angel with you and he'll make things work out so that you'll bring back a wife for my son from my family, from the house of my father. Then you'll be free from the oath. If you go to my family and they won't give her to you, you will also be free from the oath.'

42-44 "Well, when I came this very day to the spring, I prayed, 'GOD, God of my master Abraham, make things turn out well in this task I've been given. I'm standing at this well. When a young woman comes here to draw water and I say to her, Please, give me a sip of water from your jug, and she says, Not only will I give you a drink, I'll also water your camels—let that woman be the wife GOD has picked out for my master's son.'

45-48 "I had barely finished offering this prayer, when Rebekah arrived, her jug on her shoulder. She went to the spring and drew water and I said, 'Please, can I have a drink?' She didn't hesitate. She held out her jug and said, 'Drink; and when you're finished I'll also water your camels.' I drank, and she watered the camels. I asked her, 'Whose daughter are you?' She said, 'The daughter of Bethuel whose parents were Nahor and Milcah.' I gave her a ring for her nose, bracelets for her arms, and bowed in worship to GOD. I praised GOD, the God of my master Abraham who had led me straight to the door of my master's family to get a wife for his son.

49 "Now, tell me what you are going to do. If you plan to respond with a generous yes, tell me. But if not, tell me plainly so I can figure out what to do next."

다음 일을 생각할 수 있도록 분명하게 말씀해 주십시오."

50-51 라반과 브두엘이 대답했다. "이 일은 전적으로 하나님께로부터 비롯된 일입니다. 이 문제에 대해 우리는 어느 쪽이든 할 말이 없습니다. 리브가를 당신께 맡기니, 데려가십시오. 하나님께서 분명히 밝히신 대로, 당신 주인 아들의 아내로 삼으십시오."

52-54 아브라함의 종은 그들의 결정을 듣고서, 고개를 숙여 하나님께 경배했다. 그런 다음 은금 패물과 옷가지를 꺼내어 리브가에게 주었다. 그는 그녀의 오라버니와 어머니에게도 값비싼 선물을 주었다. 그와 그의 일행은 저녁을 먹고 밤을 지냈다. 그들은 아침 일찍 일어났다. 그 종이 말했다. "저를 제 주인에게로 돌아가게 해주십시오."

55 리브가의 오라버니와 어머니가 말했다. "저 아이를 한 열흘쯤 더 머물다 가게 해주십시오."

56 종이 대답했다. "제가 지체하지 않게 해주십시오! 하나님께서 모든 일을 잘 되게 해주셨으니, 저를 제 주인에게로 보내 주십시오."

57 그들이 말했다. "우리가 그 아이를 불러서 물어보겠습니다."
그들은 리브가를 불러서 물었다. "이분과 같이 가겠느냐?"

58 그녀가 대답했다. "가겠습니다."

59-60 그리하여 그들은 리브가와 그녀의 유모를, 아브라함의 종과 그 일행과 함께 가도록 배웅했다. 그들은 이런 말로 리브가를 축복했다.

너는 우리의 누이, 풍성한 삶을 살아라!
네 자녀들도, 승리하며 살 것이다!

61 리브가와 젊은 여종들이 낙타에 올라타고 그 사람을 따라나섰다. 그 종은 리브가를 데리고 주인의 집을 향해 출발했다.

62-65 이삭은 네겝 지역에서 살고 있었다. 그는 브엘라해로이를 방문했다가 막 돌아왔다. 저녁 무렵 그가 들에 나가 묵상하던 중에, 눈을 들어 보니 낙타 떼가 오는 것이 보였다. 리브가도 눈을 들어 이삭을 보고는, 낙타에서 내려 그 종에게 물었다. "들판에서 우리를 향해 오는 저 남자는 누구입니까?"
"제 주인이십니다."
그녀는 너울을 꺼내어 얼굴을 가렸다.

66-67 그 종이 이삭에게 여행의 자초지종을 말하자, 이삭은 리브가를 자기 어머니 사라의 장막으로 데리고 들어갔다. 그는 리브가와 결혼하고, 그녀는 그의

50-51 Laban and Bethuel answered, "This is totally from GOD. We have no say in the matter, either yes or no. Rebekah is yours: Take her and go; let her be the wife of your master's son, as GOD has made plain."

52-54 When Abraham's servant heard their decision, he bowed in worship before GOD. Then he brought out gifts of silver and gold and clothing and gave them to Rebekah. He also gave expensive gifts to her brother and mother. He and his men had supper and spent the night. But first thing in the morning they were up. He said, "Send me back to my master."

55 Her brother and mother said, "Let the girl stay a while, say another ten days, and then go."

56 He said, "Oh, don't make me wait! GOD has worked everything out so well—send me off to my master."

57 They said, "We'll call the girl; we'll ask her." They called Rebekah and asked her, "Do you want to go with this man?"

58 She said, "I'm ready to go."

59-60 So they sent them off, their sister Rebekah with her nurse, and Abraham's servant with his men. And they blessed Rebekah saying,

You're our sister—live bountifully!
And your children, triumphantly!

61 Rebekah and her young maids mounted the camels and followed the man. The servant took Rebekah and set off for home.

62-65 Isaac was living in the Negev. He had just come back from a visit to Beer Lahai Roi. In the evening he went out into the field; while meditating he looked up and saw camels coming. When Rebekah looked up and saw Isaac, she got down from her camel and asked the servant, "Who is that man out in the field coming toward us?"
"That is my master."
She took her veil and covered herself.

66-67 After the servant told Isaac the whole story of the trip, Isaac took Rebekah into the tent of

아내가 되었다. 이삭은 리브가를 사랑했다. 이삭은 어머니를 여읜 뒤에 위로를 받았다.

아브라함이 죽다

25 1-2 아브라함이 재혼을 했다. 새 아내의 이름은 그두라였다. 그녀는 시므란, 욕산, 므단, 미디안, 이스박, 수아를 낳았다.
3 욕산은 스바와 드단을 낳았다.
드단의 후손은 앗수르 사람, 르두시 사람, 르움미 사람이었다.
4 미디안은 에바, 에벨, 하녹, 아비다, 엘다아를 낳았다. 이들은 모두 그두라의 후손이다.

5-6 아브라함은 자신의 모든 소유를 이삭에게 주었다. 그는 아직 살아 있을 때에 첩들에게서 얻은 자식들에게도 재산을 나누어 주었다. 그 후에 그들을 동쪽 땅으로 보내어, 자기 아들 이삭과 서로 멀리 떨어져 살게 했다.
7-11 아브라함은 175년을 살고 숨을 거두었다. 그는 장수를 누리다가 수명을 다 채우고 평안하게 죽어, 자기 조상과 함께 묻혔다. 그의 아들 이삭과 이스마엘이 그를 막벨라 동굴에 묻었다. 그 동굴은 마므레 근처, 헷 사람 소할의 아들 에브론의 밭에 있었다. 이 밭은 아브라함이 헷 사람에게서 사들인 밭이었다. 아브라함은 아내 사라 곁에 묻혔다. 아브라함이 죽은 뒤에, 하나님께서 그의 아들 이삭에게 복을 주셨다. 이삭은 브엘라해로이에서 살았다.

이스마엘의 족보

12 아브라함의 아들 이스마엘, 곧 사라의 여종인 이집트 사람 하갈이 아브라함에게서 낳은 이스마엘의 족보는 이러하다.
13-16 이스마엘의 아들들의 이름을 태어난 순서대로 적으면 다음과 같다. 이스마엘의 맏아들 느바욧, 그 아래로 게달, 앗브엘, 밉삼, 미스마, 두마, 맛사, 하닷, 데마, 여둘, 나비스, 게드마. 이들은 모두 이스마엘의 아들들이다. 그들의 이름이 곧 그들이 정착하여 장막을 친 곳의 이름이 되었다. 그들은 열두 부족의 지도자들이었다.
17-18 이스마엘은 137년을 살았다. 그가 숨을 거두자, 자기 조상과 함께 묻혔다. 그의 자손은 이집트 동쪽 인근의 하윌라에서 앗수르 방면에 있는 수르에 이르기까지 흩어져 정착했다. 이스마엘의 자손은 자기 친족과 어울려 살지 않았다.

his mother Sarah. He married Rebekah and she became his wife and he loved her. So Isaac found comfort after his mother's death.

25 1-2 Abraham married a second time; his new wife was named Keturah. She gave birth to Zimran, Jokshan, Medan, Midian, Ishbak, and Shuah.
3 Jokshan had Sheba and Dedan.
Dedan's descendants were the Asshurim, the Letushim, and the Leummim.
4 Midian had Ephah, Epher, Hanoch, Abida, and Eldaah—all from the line of Keturah.

5-6 But Abraham gave everything he possessed to Isaac. While he was still living, he gave gifts to the sons he had by his concubines, but then sent them away to the country of the east, putting a good distance between them and his son Isaac.
7-11 Abraham lived 175 years. Then he took his final breath. He died happy at a ripe old age, full of years, and was buried with his family. His sons Isaac and Ishmael buried him in the cave of Machpelah in the field of Ephron son of Zohar the Hittite, next to Mamre. It was the field that Abraham had bought from the Hittites. Abraham was buried next to his wife Sarah. After Abraham's death, God blessed his son Isaac. Isaac lived at Beer Lahai Roi.

The Family Tree of Ishmael

12 This is the family tree of Ishmael son of Abraham, the son that Hagar the Egyptian, Sarah's maid, bore to Abraham.
13-16 These are the names of Ishmael's sons in the order of their births: Nebaioth, Ishmael's firstborn, Kedar, Adbeel, Mibsam, Mishma, Dumah, Massa, Hadad, Tema, Jetur, Naphish, and Kedemah—all the sons of Ishmael. Their settlements and encampments were named after them. Twelve princes with their twelve tribes.
17-18 Ishmael lived 137 years. When he breathed his last and died he was buried with his family. His children settled down all the way from

야곱과 에서

19-20 아브라함의 아들 이삭의 족보는 이러하다. 아브라함은 이삭을 낳았다. 이삭은 마흔 살에 밧단아람의 아람 사람 브두엘의 딸 리브가와 결혼했다. 그녀는 아람 사람 라반의 누이였다.

21-23 이삭은 자기 아내가 임신하지 못하므로, 하나님께 간절히 기도했다. 하나님께서 그의 기도를 들어주셔서, 리브가가 임신하게 되었다. 그런데 태 속에서 아이들이 어찌나 뒤척이고 발길질을 해 대던지, 그녀는 이렇게 말했다. "계속 이런 식이라면, 어찌 살까?" 그녀는 하나님께 나아가 어찌 된 일인지 알고자 했다. 하나님께서 그녀에게 말씀하셨다.

네 태 속에 두 민족이 있다.
두 민족이 네 몸속에 있는 동안 서로 다툴 것이다.
한 민족이 다른 민족을 압도할 것이며
형이 동생을 섬길 것이다.

24-26 해산할 날이 다 되었을 때, 그녀의 태 속에는 쌍둥이가 들어 있었다. 첫째가 나왔는데, 피부가 붉었다. 그 모습이 마치 털 많은 담요에 아늑하게 싸여 있는 것 같았다. 그래서 그의 이름을 에서(털복숭이)라고 했다. 이어서 동생이 나왔는데, 손으로 에서의 발뒤꿈치를 꼭 붙잡고 있었다. 그래서 그의 이름을 야곱(발뒤꿈치)이라고 했다. 그들이 태어났을 때, 이삭의 나이는 예순 살이었다.

27-28 아이들은 무럭무럭 자라났다. 에서는 밖에서 지내기 좋아하는 노련한 사냥꾼이 되었고, 야곱은 장막 안에서 생활하기 좋아하는 차분한 사람이 되었다. 이삭은 에서가 사냥해 온 것을 좋아했으므로 에서를 사랑했다. 그러나 리브가는 야곱을 사랑했다.

29-30 어느 날 야곱이 죽을 쑤고 있는데, 에서가 허기진 채 들에서 돌아왔다. 에서가 야곱에게 말했다. "그 붉은 죽을 내게 좀 다오. 배가 고파 죽겠다!" 그가 에돔(붉은 사람)이라고 불리게 된 것은 이 때문이었다.

31 야곱이 말했다. "형, 나와 거래합시다. 내가 끓인 죽과 형이 가지고 있는 장자의 권리를 맞바꿉시다."

32 에서가 대답했다. "배고파 죽을 지경인데, 장자의 권리가 무슨 소용이 있어?"

33-34 야곱이 말했다. "먼저 나한테 맹세부터 하시오." 그러자 에서가 맹세를 했다. 그는 맹세를 하

Havilah near Egypt eastward to Shur in the direction of Assyria. The Ishmaelites didn't get along with any of their kin.

Jacob and Esau

19-20 This is the family tree of Isaac son of Abraham: Abraham had Isaac. Isaac was forty years old when he married Rebekah daughter of Bethuel the Aramean of Paddan Aram. She was the sister of Laban the Aramean.

21-23 Isaac prayed hard to GOD for his wife because she was barren. GOD answered his prayer and Rebekah became pregnant. But the children tumbled and kicked inside her so much that she said, "If this is the way it's going to be, why go on living?" She went to GOD to find out what was going on. GOD told her,

Two nations are in your womb,
two peoples butting heads while still in your body.
One people will overpower the other,
and the older will serve the younger.

24-26 When her time to give birth came, sure enough, there were twins in her womb. The first came out reddish, as if snugly wrapped in a hairy blanket; they named him Esau (Hairy). His brother followed, his fist clutched tight to Esau's heel; they named him Jacob (Heel). Isaac was sixty years old when they were born.

27-28 The boys grew up. Esau became an expert hunter, an outdoorsman. Jacob was a quiet man preferring life indoors among the tents. Isaac loved Esau because he loved his game, but Rebekah loved Jacob.

29-30 One day Jacob was cooking a stew. Esau came in from the field, starved. Esau said to Jacob, "Give me some of that red stew—I'm starved!" That's how he came to be called Edom (Red).

31 Jacob said, "Make me a trade: my stew for your rights as the firstborn."

32 Esau said, "I'm starving! What good is a birthright if I'm dead?"

고 장자의 권리를 팔아넘겼다. 야곱은 에서에게 빵과 팥죽을 건넸다. 에서는 먹고 마신 다음, 일어나서 그곳을 떠나갔다. 그렇게 에서는 장자의 권리를 내던져 버렸다.

이삭과 아비멜렉

26 1 그 땅에 흉년이 들었다. 아브라함의 때에 있었던 것만큼이나 극심한 흉년이었다. 그래서 이삭은 그랄에 있는 블레셋 왕 아비멜렉에게로 갔다.

2-5 하나님께서 이삭에게 나타나셔서 말씀하셨다. "이집트로 내려가지 말고, 내가 네게 일러 주는 곳에 머물러라. 여기 이 땅에 머물러라. 그러면 내가 너와 함께하고 네게 복을 주겠다. 내가 너와 네 자손에게 이 모든 땅을 주어, 내가 네 아버지 아브라함에게 맹세한 약속을 다 이루겠다. 내가 네 후손을 하늘의 별처럼 많게 하고, 그들에게 이 모든 땅을 주겠다. 세상 모든 민족이 네 후손으로 인하여 복을 받게 될 것이다. 그것은, 아브라함이 나의 부름에 순종하고, 나의 명령, 곧 나의 계명과 나의 규례와 나의 가르침을 따랐기 때문이다."

6 그래서 이삭은 그랄에 머물렀다.

7 그곳 사람들이 그의 아내에 대해 물었다. 이삭이 "그녀는 내 누이입니다" 하고 대답했다. 그는 "내 아내입니다" 하고 말하기가 두려웠다. "리브가가 몹시 아름답기 때문에 이 사람들이 나를 죽이고 그녀를 빼앗아 갈지도 모른다"고 생각했던 것이다.

8-9 그들이 그곳에 머문 지 꽤 오랜 시간이 지난 어느 날, 블레셋 왕 아비멜렉이 창밖을 내다보다가, 이삭이 자기 아내 리브가를 껴안는 모습을 보았다. 아비멜렉이 사람을 보내어 이삭을 불러들였다. 그가 말했다. "그러니까 그녀는 그대의 아내였군. 그런데 어찌하여 그대는 누이라고 말했소?"
이삭이 대답했다. "그녀를 탐내는 사람에게 제가 죽을지도 모른다고 생각했기 때문입니다."

10 아비멜렉이 말했다. "그러나 그대가 우리에게 무슨 일을 저지를 뻔했는지 생각해 보시오! 시간이 조금 더 있었으면, 남자들 가운데 누군가가 그대의 아내와 잠자리를 같이했을지도 모르잖소. 그대 때문에 우리가 죄를 지을 뻔했소."

11 *아비멜렉은 백성에게 명령을* 내렸다. "누구든지 이 남자나 그의 아내를 건드리는 자는 반드시 죽을 것이다."

12-15 이삭이 그 땅에 곡물을 심어 엄청난 수확을 거

33-34 Jacob said, "First, swear to me." And he did it. On oath Esau traded away his rights as the firstborn. Jacob gave him bread and the stew of lentils. He ate and drank, got up and left. That's how Esau shrugged off his rights as the firstborn.

26 1 There was a famine in the land, as bad as the famine during the time of Abraham. And Isaac went down to Abimelech, king of the Philistines, in Gerar.

2-5 GOD appeared to him and said, "Don't go down to Egypt; stay where I tell you. Stay here in this land and I'll be with you and bless you. I'm giving you and your children all these lands, fulfilling the oath that I swore to your father Abraham. I'll make your descendants as many as the stars in the sky and give them all these lands. All the nations of the Earth will get a blessing for themselves through your descendants. And why? Because Abraham obeyed my summons and kept my charge—my commands, my guidelines, my teachings."

6 So Isaac stayed put in Gerar.

7 The men of the place questioned him about his wife. He said, "She's my sister." He was afraid to say "She's my wife." He was thinking, "These men might kill me to get Rebekah, she's so beautiful."

8-9 One day, after they had been there quite a long time, Abimelech, king of the Philistines, looked out his window and saw Isaac fondling his wife Rebekah. Abimelech sent for Isaac and said, "So, she's your wife. Why did you tell us 'She's my sister'?"
Isaac said, "Because I thought I might get killed by someone who wanted her."

10 Abimelech said, "But think of what you might have done to us! Given a little more time, one of the men might have slept with your wife; you would have been responsible for bringing guilt down on us."

11 Then Abimelech gave orders to his people: "Anyone who so much as lays a hand on this man or his wife dies."

두었다. 하나님께서 그에게 복을 주셨다. 이삭은 점점 더 부유해져, 아주 큰 부자가 되었다. 그의 양 떼와 소 떼와 종들이 많이 불어나자, 블레셋 사람들이 그를 시기하기 시작했다. 그들은 앙심을 품고, 이삭의 아버지 아브라함의 종들이 아브라함의 때에 판 모든 우물을 흙과 쓰레기로 막아 버렸다.

16 마침내, 아비멜렉이 이삭에게 말했다. "떠나시오. 그대는 너무 커져서 우리가 감당하지 못하겠소."

17-18 그래서 이삭은 그곳을 떠났다. 그는 그랄 골짜기에 장막을 치고 정착했다. 이삭은 자기 아버지 아브라함의 때에 팠으나 아브라함이 죽자 블레셋 사람들이 막아 버린 우물들을 다시 팠다. 그는 자기 아버지가 그 우물들에 붙였던 원래 이름대로 이름을 붙여 불렀다.

19-24 어느 날, 이삭의 종들이 골짜기를 파다가 물이 솟아나는 샘을 발견했다. 그랄 지역의 목자들이 "이 물은 우리 것이오"라고 주장하며 이삭의 목자들과 다투었다. 이삭은 우물을 두고 다투었다고 해서 그 우물의 이름을 에섹(다툼)이라고 했다. 이삭의 목자들이 다른 우물을 팠는데, 그것을 두고도 다툼이 일어났다. 그래서 이삭은 그 우물의 이름을 싯나(불화)라고 했다. 이삭이 그곳을 떠나 또 다른 우물을 팠다. 그러나 이번에는 그 우물을 두고 다툼이 일지 않았다. 그래서 이삭은 그 우물의 이름을 르호봇(활짝 트인 곳)이라 하고 이렇게 말했다. "이제 하나님께서 우리에게 넉넉한 땅을 주셨으니, 이 땅에서 우리가 퍼져 나갈 것이다." 그는 거기서 브엘세바로 올라갔다. 바로 그날 밤에 하나님께서 그에게 나타나셔서 말씀하셨다.

나는 네 아버지 아브라함의 하나님이다.
내가 너와 함께 있으니, 조금도 두려워하지 마라.
내가 나의 종 아브라함으로 인하여
네게 복을 주고 네 자손이 번성하게 할 것이다.

25 이삭이 그곳에 제단을 쌓고 하나님의 이름을 부르며 기도를 드렸다. 그는 장막을 쳤고, 그의 종들은 또 다른 우물을 파기 시작했다.

26-27 그때 아비멜렉이 자신의 보좌관 아훗삿과 군지휘관 비골을 데리고 그랄에서부터 이삭에게로 왔다. 이삭이 그들에게 물었다. "무슨 일로 나에게 왔습니까? 그대들은 나를 미워하여, 그대들의 땅에서 나를 쫓아내지 않았습니까?"

28-29 그들이 대답했다. "우리는 하나님께서 그대 편

12-15 Isaac planted crops in that land and took in a huge harvest. GOD blessed him. The man got richer and richer by the day until he was very wealthy. He accumulated flocks and herds and many, many servants, so much so that the Philistines began to envy him. They got back at him by throwing dirt and debris into all the wells that his father's servants had dug back in the days of his father Abraham, clogging up all the wells.

16 Finally, Abimelech told Isaac: "Leave. You've become far too big for us."

17-18 So Isaac left. He camped in the valley of Gerar and settled down there. Isaac dug again the wells which were dug in the days of his father Abraham but had been clogged up by the Philistines after Abraham's death. And he renamed them, using the original names his father had given them.

19-24 One day, as Isaac's servants were digging in the valley, they came on a well of spring water. The shepherds of Gerar quarreled with Isaac's shepherds, claiming, "This water is ours." So Isaac named the well Esek (Quarrel) because they quarreled over it. They dug another well and there was a difference over that one also, so he named it Sitnah (Accusation). He went on from there and dug yet another well. But there was no fighting over this one so he named it Rehoboth (Wide-Open Spaces), saying, "Now GOD has given us plenty of space to spread out in the land." From there he went up to Beersheba. That very night GOD appeared to him and said,

I am the God of Abraham your father;
  don't fear a thing because I'm with you.
I'll bless you and make your children flourish
  because of Abraham my servant.

25 Isaac built an altar there and prayed, calling on GOD by name. He pitched his tent and his servants started digging another well.

26-27 Then Abimelech came to him from Gerar with Ahuzzath his advisor and Phicol the head of his troops. Isaac asked them, "Why did you come

에 계시다는 것을 분명히 알았소. 우리는 그대와 우리 사이에 서로 우호적인 관계를 유지하는 계약을 맺고 싶소. 우리는 전에 그대를 괴롭히지 않았고 친절히 대했으며, 그대가 우리에게서 평안히 떠나가게 해주었소. 그러니 그대도 우리에게 그렇게 해주시오. 하나님의 복이 그대와 함께하기를 빕니다!"

30-31 이삭은 잔치를 베풀어 그들과 함께 먹고 마셨다. 이튿날 아침 그들은 서로 맹세를 주고받았다. 그런 다음 이삭이 작별을 고하자, 그들은 친구가 되어 헤어졌다.

32-33 그날 늦게 이삭의 종들이 그에게 와서 자신들이 파고 있던 우물에 관한 소식을 전했다. "저희가 물을 발견했습니다!" 이삭이 그 우물의 이름을 세바(맹세)라고 했다. 그것이 오늘날까지 그 도시의 이름, 곧 브엘세바(맹세의 우물)가 되었다.

34-35 에서는 마흔 살이 되던 때에 헷 사람 브에리의 딸 유딧과 헷 사람 엘론의 딸 바스맛을 아내로 맞아들였다. 그들은 이삭과 리브가의 근심거리가 되었다.

이삭이 야곱을 축복하다

27

1 이삭이 늙어서 거의 앞을 볼 수 없게 되자, 맏아들 에서를 불러 말했다. "내 아들아."

"예, 아버지."

2-4 이삭이 말했다. "나는 이제 늙어서 언제 죽을지 모르겠구나. 내 부탁을 들어다오. 화살집과 활을 챙겨 들로 나가서 사냥을 좀 해오너라. 그런 다음 내가 좋아하는 별미를 준비해서 내게 가져오너라. 내가 그것을 먹고 죽기 전에 너를 마음껏 축복해 주겠다."

5-7 이삭이 자기 아들 에서에게 하는 말을 리브가가 엿듣고 있었다. 에서가 자기 아버지를 위해 사냥감을 잡으러 들로 나가자마자, 리브가가 자기 아들 야곱에게 말했다. "방금 네 아버지가 네 형 에서와 나누는 이야기를 내가 엿들었다. 네 아버지가 이렇게 말씀하시더구나. '사냥감을 잡아 별미를 준비해 오너라. 내가 그것을 먹고 죽기 전에 하나님의 복으로 너를 축복해 주겠다.'

8-10 그러니 아들아, 내 말을 잘 듣고 내가 일러 주는 대로 하거라. 염소 떼가 있는 곳으로 가서, 새

to me? You hate me; you threw me out of your country."

28-29 They said, "We've realized that GOD is on your side. We'd like to make a deal between us—a covenant that we maintain friendly relations. We haven't bothered you in the past; we treated you kindly and let you leave us in peace. So—GOD's blessing be with you!"

30-31 Isaac laid out a feast and they ate and drank together. Early in the morning they exchanged oaths. Then Isaac said good-bye and they parted as friends.

32-33 Later that same day, Isaac's servants came to him with news about the well they had been digging, "We've struck water!" Isaac named the well Sheba (Oath), and that's the name of the city, Beersheba (Oath-Well), to this day.

34-35 When Esau was forty years old he married Judith, daughter of Beeri the Hittite, and Basemath, daughter of Elon the Hittite. They turned out to be thorns in the sides of Isaac and Rebekah.

27

1 When Isaac had become an old man and was nearly blind, he called his eldest son, Esau, and said, "My son."

"Yes, Father?"

2-4 "I'm an old man," he said; "I might die any day now. Do me a favor: Get your quiver of arrows and your bow and go out in the country and hunt me some game. Then fix me a hearty meal, the kind that you know I like, and bring it to me to eat so that I can give you my personal blessing before I die."

5-7 Rebekah was eavesdropping as Isaac spoke to his son Esau. As soon as Esau had gone off to the country to hunt game for his father, Rebekah spoke to her son Jacob. "I just overheard your father talking with your brother, Esau. He said, 'Bring me some game and fix me a hearty meal so that I can eat and bless you with GOD's blessing before I die.'

끼 염소 두 마리를 내게 끌고 오너라. 네가 가장
좋은 것을 골라 오면, 내가 그것들로 네 아버지가
좋아하는 별미를 준비하겠다. 너는 그것을 아버
지께 가져다드려라. 그러면 아버지가 그 음식을
드시고 죽기 전에 너를 축복해 주실 것이다."
11-12 야곱이 말했다. "하지만 어머니, 에서 형은
털이 많은 사람이고 나는 피부가 매끈합니다. 아
버지께서 나를 만지시면 어떻게 되겠습니까? 아
버지께서는 내가 아버지를 속이고 있다고 여기실
것입니다. 축복은커녕 오히려 저주를 받게 될 것
입니다."
13 그의 어머니가 말했다. "그렇게 되면 그 저주
는 내가 받을 테니, 너는 내가 시키는 대로만 하
여라. 가서 염소를 끌고 오너라."
14 그가 가서 염소를 끌고 와 어머니에게 건네자,
그녀는 그의 아버지가 몹시 좋아하는 별미를 요
리했다.
15-17 리브가는 맏아들 에서의 예복을 가져다가
작은아들 야곱에게 입혔다. 그리고 염소 가죽으
로 그의 두 손과 매끈한 목덜미를 덮었다. 그런
다음 자신이 준비한 별미와 직접 구운 신선한 빵
을 야곱의 손에 건넸다.
18 야곱이 아버지에게 가서 말했다. "아버지!"
그러자 이삭이 말했다. "그래, 아들아, 너는 누
구냐?"
19 야곱이 아버지에게 대답했다. "아버지의 맏아
들 에서입니다. 제가 아버지께서 말씀하신 대로
했습니다. 이제 일어나셔서 제가 사냥한 고기를
드시고, 마음껏 저를 축복해 주십시오."
20 이삭이 물었다. "벌써 다녀왔느냐? 어떻게 이
렇게 빨리 잡았느냐?"
"아버지의 하나님께서 제 길을 열어 주셨습니다."
21 이삭이 말했다. "가까이 오너라, 아들아. 내가
너를 만져 봐야겠다. 네가 정말 내 아들 에서란
말이냐?"
22-23 야곱이 아버지 이삭에게 가까이 다가가자,
이삭이 그를 만져 보고 말했다. "목소리는 야곱
의 목소리인데, 손은 에서의 손이구나." 야곱의
손이 그의 형 에서의 손처럼 털이 많았기 때문에,
이삭은 그가 야곱인 것을 알아보지 못했다.
23-24 이삭이 야곱을 축복하려다가 다시 물었다.
"네가 정말로 내 아들 에서냐?"
"예, 그렇습니다."
25 이삭이 말했다. "음식을 가져오너라. 내가 내
아들이 사냥해 온 것을 먹고 마음껏 축복해야겠

8-10 "Now, my son, listen to me. Do what I tell you.
Go to the flock and get me two young goats. Pick
the best; I'll prepare them into a hearty meal, the
kind that your father loves. Then you'll take it to
your father, he'll eat and bless you before he dies."
11-12 "But Mother," Jacob said, "my brother Esau
is a hairy man and I have smooth skin. What
happens if my father touches me? He'll think I'm
playing games with him. I'll bring down a curse on
myself instead of a blessing."
13 "If it comes to that," said his mother, "I'll take
the curse on myself. Now, just do what I say. Go
and get the goats."
14 So he went and got them and brought them to
his mother and she cooked a hearty meal, the kind
his father loved so much.
15-17 Rebekah took the dress-up clothes of her older
son Esau and put them on her younger son Jacob.
She took the goatskins and covered his hands and
the smooth nape of his neck. Then she placed the
hearty meal she had fixed and fresh bread she'd
baked into the hands of her son Jacob.
18 He went to his father and said, "My father!"
"Yes?" he said. "Which son are you?"
19 Jacob answered his father, "I'm your firstborn
son Esau. I did what you told me. Come now; sit
up and eat of my game so you can give me your
personal blessing."
20 Isaac said, "So soon? How did you get it so
quickly?"
"Because your GOD cleared the way for me."
21 Isaac said, "Come close, son; let me touch you—
are you really my son Esau?"
22-23 So Jacob moved close to his father Isaac.
Isaac felt him and said, "The voice is Jacob's voice
but the hands are the hands of Esau." He didn't
recognize him because his hands were hairy, like
his brother Esau's.
23-24 But as he was about to bless him he pressed
him, "You're sure? *You* are my son Esau?"
"Yes. I am."
25 Isaac said, "Bring the food so I can eat of my
son's game and give you my personal blessing."
Jacob brought it to him and he ate. He also
brought him wine and he drank.

다." 야곱이 아버지에게 음식을 가져다드리자 이삭이
먹었다. 포도주도 가져다드리자 이삭이 마셨다.
26 이삭이 말했다. "아들아, 가까이 와서 내게 입을
맞춰 다오."
27-29 야곱이 가까이 다가가서 이삭에게 입을 맞추자
이삭이 그의 옷 냄새를 맡았다. 마침내, 이삭이 그를
축복했다.

아, 내 아들의 냄새가
하나님께서 복을 내리신
넓은 들의 향기와 같구나.
하나님께서 네게
하늘의 이슬을 내리시고
땅에서 난 풍성한 곡식과 포도주를 주실 것이다.
민족들이 너를 섬기고
나라들이 네게 경의를 표할 것이다.
너는 네 형제들을 다스리고
네 어머니의 아들들이 네게 경의를 표할 것이다.
너를 저주하는 사람은 저주를 받고
너를 축복하는 사람은 복을 받을 것이다.

30-31 야곱이 이삭의 축복을 받고 나가자마자, 에서가
사냥을 마치고 돌아왔다. 그도 별미를 준비하여 아버
지에게 가서 말했다. "일어나셔서 이 아들이 사냥해
온 고기를 드시고, 저를 마음껏 축복해 주십시오."
32 그의 아버지 이삭이 말했다. "그런데 너는 누구냐?"
"아버지의 아들, 아버지의 맏아들, 에서입니다."
33 이삭이 떨면서 크게 동요하기 시작했다. 그가 말
했다. "그렇다면 먼저 사냥감을 잡아서 내게 가져온
그는 누구란 말이냐? 나는 네가 들어오기 바로 전에
식사를 마치고, 그를 축복해 주었다. 그가 영원히 복
을 받을 것이다!"
34 아버지의 말을 들은 에서가 비통하게 흐느껴 울며
큰소리로 말했다. "아버지! 제게도 축복해 주실 수 없
습니까?"
35 이삭이 말했다. "네 동생이 이곳에 와서 속임수를
써 네 복을 가로채 갔구나."
36 에서가 말했다. "그 녀석의 이름이 야곱, 발뒤꿈치
라고 불리는 것은 다 이유가 있었군요. 지금까지 그
녀석은 저를 두 번이나 속였습니다. 처음에는 제 장
자의 권리를 빼앗아 가더니, 이제는 제가 받을 복까
지 빼앗아 갔습니다."
에서가 간절히 청했다. "저를 위한 축복은 남겨 두지
않으셨습니까?"
37 이삭이 에서에게 대답했다. "나는 그를 네 주인이

26 Then Isaac said, "Come close, son, and kiss me."
27-29 He came close and kissed him and Isaac
smelled the smell of his clothes. Finally, he
blessed him,

Ahhh. The smell of my son
is like the smell of the open country
blessed by GOD.
May God give you
of Heaven's dew
and Earth's bounty of grain and wine.
May peoples serve you
and nations honor you.
You will master your brothers,
and your mother's sons will honor you.
Those who curse you will be cursed,
those who bless you will be blessed.

30-31 And then right after Isaac had blessed
Jacob and Jacob had left, Esau showed up
from the hunt. He also had prepared a hearty
meal. He came to his father and said, "Let my
father get up and eat of his son's game, that he
may give me his personal blessing."
32 His father Isaac said, "And who are you?"
"I am your son, your firstborn, Esau."
33 Isaac started to tremble, shaking violently.
He said, "Then who hunted game and brought
it to me? I finished the meal just now, before
you walked in. And I blessed him—he's blessed
for good!"
34 Esau, hearing his father's words, sobbed
violently and most bitterly, and cried to his
father, "My father! Can't you also bless me?"
35 "Your brother," he said, "came here falsely
and took your blessing."
36 Esau said, "Not for nothing was he named
Jacob, the Heel. Twice now he's tricked me:
first he took my birthright and now he's taken
my blessing."
He begged, "Haven't you kept back any bless-
ing for me?"
37 Isaac answered Esau, "I've made him your
master, and all his brothers his servants, and
lavished grain and wine on him. I've given it all

되게 하고, 그의 모든 형제를 그의 종이 되게 했으며, 그에게 곡식과 포도주를 남김없이 주었다. 내가 그 모든 것을 다 주었는데, 내 아들아, 너를 위해 무엇이 남아 있겠느냐?"

38 "아버지, 제게 축복해 주실 것이 하나도 없다는 말씀입니까? 아버지, 제게도 축복해 주십시오! 제게도 축복해 주세요!" 에서가 슬픔에 잠겨서 흐느꼈다.

39-40 이삭이 그에게 말했다.

너는 땅의 혜택을 받지 못하고,
하늘의 이슬에서 멀리 떨어져 살 것이다.
너는 칼로 생계를 유지하며 살고
네 동생을 섬길 것이다.
그러나 네가 더 이상 감당할 수 없을 때
너는 속박에서 벗어나 자유롭게 뛰어다닐 것이다.

41 에서는 아버지가 야곱을 축복한 일 때문에 야곱에 대한 분노로 들끓었다. 그는 "내 아버지의 죽음을 애곡할 때가 가까워지고 있다. 그때가 되면 내가 내 동생 야곱을 죽여 버리겠다"고 마음을 먹었다.

42-45 맏아들 에서가 하는 말을 들은 리브가는, 작은 아들 야곱을 불러 말했다. "네 형 에서가 네게 복수할 계획을 세우고 있다. 너를 죽이겠다는구나. 아들아, 내 말을 잘 들어라. 여기를 떠나거라. 하란에 있는 내 오라버니 라반에게 가서 네 목숨을 부지하여라. 네 형의 분노가 가라앉고 진정되어서 네가 그에게 한 일을 잊어버릴 때까지, 한동안 외삼촌 집에서 지내거라. 때가 되면, 내가 사람을 보내 너를 데려오게 하겠다. 내가 어찌 같은 날에 너희 둘을 다 잃겠느냐?"

46 리브가가 이삭에게 말했다. "나는 이 헷 여자들이 지긋지긋해요. 야곱마저 헷 여자와 결혼하겠다고 하면, 내가 어찌 살겠어요?"

28 1-2 이삭은 야곱을 불러 축복한 다음, 이렇게 당부했다. "가나안 여인을 아내로 맞이해서는 안된다. 당장 이곳을 떠나 밧단아람으로 가서, 네 외할아버지 브두엘의 집을 찾아가거라. 네 외삼촌 라반의 딸들 가운데서 아내를 얻도록 하여라.

3-4 그러면 강하신 하나님께서 네게 복을 주시고 수많은 자손을 주셔서, 여러 민족을 이루게 하실 것이다. 아브라함의 복을 너와 네 자손에게도 주셔서, 네가 살고 있는 이 땅, 하나님께서 아브라함에게 주신 이 땅을 네가 차지하게 하실 것이다."

5 이삭은 야곱을 떠나보냈다. 야곱은 밧단아람으로

away. What's left for you, my son?"

38 "But don't you have just one blessing for me, Father? Oh, bless me my father! Bless me!" Esau sobbed inconsolably.

39-40 Isaac said to him,

You'll live far from Earth's bounty,
remote from Heaven's dew.
You'll live by your sword, hand-to-mouth,
and you'll serve your brother.
But when you can't take it any more
you'll break loose and run free.

41 Esau seethed in anger against Jacob because of the blessing his father had given him; he brooded, "The time for mourning my father's death is close. And then I'll kill my brother Jacob."

42-45 When these words of her older son Esau were reported to Rebekah, she called her younger son Jacob and said, "Your brother Esau is plotting vengeance against you. He's going to kill you. Son, listen to me. Get out of here. Run for your life to Haran, to my brother Laban. Live with him for a while until your brother cools down, until his anger subsides and he forgets what you did to him. I'll then send for you and bring you back. Why should I lose both of you the same day?"

46 Rebekah spoke to Isaac, "I'm sick to death of these Hittite women. If Jacob also marries a native Hittite woman, why live?"

28 1-2 So Isaac called in Jacob and blessed him. Then he ordered him, "Don't take a Caananite wife. Leave at once. Go to Paddan Aram to the family of your mother's father, Bethuel. Get a wife for yourself from the daughters of your uncle Laban.

3-4 "And may The Strong God bless you and give you many, many children, a congregation of peoples; and pass on the blessing of Abraham to you and your descendants so that you will get this land in which you live, this

가서, 아람 사람 브두엘의 아들인 라반을 찾아갔다. 라반은 야곱과 에서의 어머니인 리브가의 오라버니였다.
6-9 에서는 이삭이 야곱을 축복하고 밧단아람으로 보내서 거기서 아내를 얻으라고 한 것과, 그를 축복하면서 가나안 여인과 결혼하지 말라고 당부한 것, 그리고 야곱이 부모의 말에 순종하여 밧단아람으로 떠난 것을 알게 되었다. 아버지 이삭이 가나안 여인을 얼마나 싫어하는지 알게 된 에서는, 이스마엘에게 가서 아브라함의 아들 이스마엘의 딸이요 느바욧의 누이인 마할랏과 결혼했다. 마할랏 외에도 그는 이미 여러 아내를 두고 있었다.

베델에서 드린 야곱의 서원

10-12 야곱은 브엘세바를 떠나 하란을 향해 갔다. 한 곳에 이르러 해가 지자, 그는 그곳에서 하룻밤을 묵기로 했다. 그는 거기에 있는 돌 하나를 가져다가 머리에 베고 누워 잠이 들었다. 그리고 꿈을 꾸었다. 꿈에 보니, 땅에 계단이 세워져 있고 그 끝이 하늘에까지 닿아서, 하나님의 천사들이 그 계단을 오르내리고 있었다.
13-15 그때 하나님께서 야곱 바로 앞에서 말씀하셨다. "나는 하나님, 네 조상 아브라함의 하나님, 이삭의 하나님이다. 네가 지금 자고 있는 이 땅을 내가 너와 네 후손에게 주겠다. 네 후손이 땅의 먼지처럼 많아질 것이며, 서쪽에서부터 동쪽에 이르기까지 그리고 북쪽에서부터 남쪽에 이르기까지 퍼져 나갈 것이다. 땅의 모든 민족이 너와 네 후손으로 인하여 복을 받게 될 것이다. 참으로 내가 너와 함께 있어, 네가 어디로 가든지 너를 지키며, 너를 다시 이 땅으로 데려오겠다. 내가 네게 약속한 것을 다 이루기까지, 내가 너를 떠나지 않겠다."
16-17 야곱이 잠에서 깨어나 말했다. "하나님께서 이곳에 계시는데, 내가 정말 그것을 몰랐구나!" 그는 무척 두려웠다. 그는 경외감에 사로잡혀 작은 소리로 말했다. "믿기지 않아. 이 얼마나 놀랍고 거룩한 곳인가! 이곳이 바로 하나님의 집이며, 여기가 바로 하늘의 문이다."
18-19 *야곱은 아침 일찍 일어나서, 베개로 삼았던* 돌을 가져다가 기념기둥으로 세우고 그 위에 기름을 부었다. 그러고 나서 그곳의 이름을 베델(하나님의 집)이라고 했다. 그 전까지 그 성읍의 이름은 루스였다.

land God gave Abraham."
5 So Isaac sent Jacob off. He went to Paddan Aram, to Laban son of Bethuel the Aramean, the brother of Rebekah who was the mother of Jacob and Esau.
6-9 Esau learned that Isaac had blessed Jacob and sent him to Paddan Aram to get a wife there, and while blessing him commanded, "Don't marry a Canaanite woman," and that Jacob had obeyed his parents and gone to Paddan Aram. When Esau realized how deeply his father Isaac disliked the Canaanite women, he went to Ishmael and married Mahalath the sister of Nebaioth and daughter of Ishmael, Abraham's son. This was in addition to the wives he already had.

10-12 Jacob left Beersheba and went to Haran. He came to a certain place and camped for the night since the sun had set. He took one of the stones there, set it under his head and lay down to sleep. And he dreamed: A stairway was set on the ground and it reached all the way to the sky; angels of God were going up and going down on it.
13-15 Then GOD was right before him, saying, "I am GOD, the God of Abraham your father and the God of Isaac. I'm giving the ground on which you are sleeping to you and to your descendants. Your descendants will be as the dust of the Earth; they'll stretch from west to east and from north to south. All the families of the Earth will bless themselves in you and your descendants. Yes. I'll stay with you, I'll protect you wherever you go, and I'll bring you back to this very ground. I'll stick with you until I've done everything I promised you."
16-17 Jacob woke up from his sleep. He said, "GOD is in this place—truly. And I didn't even know it!" He was terrified. He whispered in awe, "Incredible. Wonderful. Holy. This is God's House. This is the Gate of Heaven."
18-19 Jacob was up first thing in the morning. He took the stone he had used for his pillow and stood it up as a memorial pillar and poured oil over it. He christened the place Bethel (God's House). The name of the town had been Luz until then.

20-22 야곱은 이렇게 서원했다. "이제 시작하는 이 여정에서, 만일 하나님이 저와 함께 계셔서, 저를 지키고 보호하시며, 먹을 것과 입을 것을 마련해 주시고, 저로 무사히 제 아버지 집에 돌아가게 해 주시면, 하나님께서는 제 하나님이 되실 것입니다. 제가 기념으로 세운 이 돌기둥은, 이곳을 하나님이 사시는 곳이라 말해 주는 표석이 될 것입니다. 그리고 하나님께서 제게 무엇을 주시든지, 그 십분의 일을 하나님께 되돌려 드리겠습니다."

야곱이 라반의 집에 머물다

29 1-3 야곱이 다시 길을 떠나 동방 사람들의 땅에 이르렀다. 그가 보니 넓은 들에 우물이 있고, 세 무리의 양 떼가 우물 주위에서 자고 있었다. 이 우물은 양 떼에게 물을 먹이는 공동 우물이었다. 우물 입구는 큰 돌로 덮여 있었다. 양 떼가 다 모이면 목자들이 우물에서 돌을 굴려 양 떼에게 물을 먹였고, 물을 먹인 뒤에는 다시 돌을 제자리로 굴려서 우물을 덮어 두곤 했다.

4 야곱이 말했다. "여보시오, 당신들은 어디서 왔습니까?"

그들이 말했다. "하란에서 왔습니다."

5 야곱이 물었다. "나홀의 손자 라반이라는 분을 아십니까?"

"예, 압니다."

6 야곱이 계속해서 물었다. "그분은 잘 지내고 계시는지요?"

그들이 대답했다. "아주 잘 지내고 있습니다. 저기 그의 딸 라헬이 양 떼를 몰고 오는군요."

7 야곱이 말했다. "아직 해가 한창인데, 지금은 양을 모을 때가 아니지 않습니까? 양 떼에게 물을 먹이고 나서 돌아가 풀을 더 먹이는 것이 어떨까요?"

8 그들이 대답했다. "우리는 그렇게 할 수가 없답니다. 목자들이 이곳에 다 도착한 뒤에야 물을 먹일 수 있습니다. 우물에서 돌을 굴려 내려면 모두가 힘을 합쳐야 하거든요. 그러고 나서야 양 떼에게 물을 먹일 수 있습니다."

9-13 야곱이 그들과 대화하고 있을 때, 라헬이 아버지의 양 떼를 몰고 왔다. 그녀는 양을 치고 있었다. 야곱은 자기 외삼촌 라반의 딸 라헬을 알아보았다. 야곱은 그녀가 외삼촌 라반의 양 떼를 이끌고 도착한 것을 보자마자, 다가가서 혼자 힘으로 우물 입구에서 돌을 굴려 내고 외삼촌 라반의

20-22 Jacob vowed a vow: "If God stands by me and protects me on this journey on which I'm setting out, keeps me in food and clothing, and brings me back in one piece to my father's house, *this* GOD will be my God. This stone that I have set up as a memorial pillar will mark this as a place where God lives. And everything you give me, I'll return a tenth to you."

29 1-3 Jacob set out again on his way to the people of the east. He noticed a well out in an open field with three flocks of sheep bedded down around it. This was the common well from which the flocks were watered. The stone over the mouth of the well was huge. When all the flocks were gathered, the shepherds would roll the stone from the well and water the sheep; then they would return the stone, covering the well.

4 Jacob said, "Hello friends. Where are you from?"

They said, "We're from Haran."

5 Jacob asked, "Do you know Laban son of Nahor?"

"We do."

6 "Are things well with him?" Jacob continued.

"Very well," they said. "And here is his daughter Rachel coming with the flock."

7 Jacob said, "There's a lot of daylight still left; it isn't time to round up the sheep yet, is it? So why not water the flocks and go back to grazing?"

8 "We can't," they said. "Not until all the shepherds get here. It takes all of us to roll the stone from the well. Not until then can we water the flocks."

9-13 While Jacob was in conversation with them, Rachel came up with her father's sheep. She was the shepherd. The moment Jacob spotted Rachel, daughter of Laban his mother's brother, saw her arriving with his uncle Laban's sheep, he went and single-handedly rolled the stone from the mouth of the well and watered the sheep of his uncle Laban. Then he kissed Rachel and broke into tears. He told Rachel that he was related to her father, that he was Rebekah's son. She ran and told her father. When Laban heard the news—Jacob, his sister's son!—he ran out to meet him,

양 떼에게 물을 먹였다. 그러고 나서 야곱은 라헬에게 입 맞추고 울음을 터뜨렸다. 그는 자신이 그녀 아버지의 친척이며 리브가의 아들임을 라헬에게 밝혔다. 그녀는 집으로 달려가서 자신이 들은 것을 아버지에게 알렸다. 라반은 자기 누이의 아들 야곱이 왔다는 소식을 듣고, 달려 나가서 그를 껴안고 입 맞추고는 집으로 데려왔다. 야곱은 라반에게 그동안 있었던 일을 모두 이야기했다.

14-15 라반이 말했다. "너는 내 가족이자, 내 혈육이다!"

야곱이 라반의 집에 머문 지 한 달이 되었을 때, 라반이 말했다. "네가 내 조카이기는 하다만, 거저 일해서야 되겠느냐? 어느 정도의 보수를 받고 싶은지 말해 보아라. 얼마면 적당하겠느냐?"

16-18 라반에게는 두 딸이 있었다. 큰딸은 레아였고, 작은딸은 라헬이었다. 레아는 눈매가 예뻤지만, 라헬은 눈부시게 아름다웠다. 야곱이 사랑한 사람은 라헬이었다.

그래서 야곱은 이렇게 대답했다. "외삼촌의 작은 딸 라헬을 위해 제가 칠 년 동안 외삼촌의 일을 돕겠습니다."

19 라반이 말했다. "그 아이를 낯선 사람과 결혼시키느니 네게 주는 것이 훨씬 낫겠다. 좋다. 여기 내 집에 머물러라."

20 그리하여 야곱은 라헬을 위해 칠 년 동안 일했다. 그러나 그가 그녀를 몹시 사랑했으므로, 칠 년이 수일처럼 여겨졌다.

21-24 마침내 야곱이 라반에게 말했다. "제가 일하기로 약속한 기한을 다 채웠으니, 이제 제 아내를 주십시오. 저는 당장이라도 결혼할 준비가 되어 있습니다." 라반은 주위 사람들을 모두 초청하여 성대한 잔치를 베풀었다. 하지만 저녁이 되자, 그는 자기 딸 레아를 데려다가 신방에 들여보냈고, 야곱은 그녀와 잠자리를 같이했다.(라반은 여종 실바를 딸 레아에게 몸종으로 주었다.)

25 아침이 되어 보니, 신방에 레아가 있었다!

야곱이 라반에게 따져 물었다. "제게 무슨 일을 하신 겁니까? 제가 라헬을 얻겠다고 이 모든 기간을 일한 것이 아닙니까? 외삼촌은 어째서 저를 속이셨습니까?"

26-27 라반이 말했다. "우리 지역에서는 그런 식으로 하지 않는다네. 작은딸을 큰딸보다 먼저 결혼시키는 법이 없지. 신혼 첫 주를 즐기게. 그러면 다른 딸도 자네에게 주겠네. 그러나 그 값으로 칠 년을 더 일해야 할 것이네."

embraced and kissed him and brought him home. Jacob told Laban the story of everything that had happened.

14-15 Laban said, "You're family! My flesh and blood!"

When Jacob had been with him for a month, Laban said, "Just because you're my nephew, you shouldn't work for me for nothing. Tell me what you want to be paid. What's a fair wage?"

16-18 Now Laban had two daughters; Leah was the older and Rachel the younger. Leah had nice eyes, but Rachel was stunningly beautiful. And it was Rachel that Jacob loved.

So Jacob answered, "I will work for you seven years for your younger daughter Rachel."

19 "It is far better," said Laban, "that I give her to you than marry her to some outsider. Yes. Stay here with me."

20 So Jacob worked seven years for Rachel. But it only seemed like a few days, he loved her so much.

21-24 Then Jacob said to Laban, "Give me my wife; I've completed what we agreed I'd do. I'm ready to consummate my marriage." Laban invited everyone around and threw a big feast. At evening, though, he got his daughter Leah and brought her to the marriage bed, and Jacob slept with her. (Laban gave his maid Zilpah to his daughter Leah as her maid.)

25 Morning came: There was Leah in the marriage bed!

Jacob confronted Laban, "What have you done to me? Didn't I work all this time for the hand of Rachel? Why did you cheat me?"

26-27 "We don't do it that way in our country," said Laban. "We don't marry off the younger daughter before the older. Enjoy your week of honeymoon, and then we'll give you the other one also. But it will cost you another seven years of work."

28-30 Jacob agreed. When he'd completed the honeymoon week, Laban gave him his daughter Rachel to be his wife. (Laban gave his maid Bilhah to his daughter Rachel as her maid.) Jacob then slept with her. And he loved Rachel more than Leah. He worked for Laban another seven

28-30 야곱은 그렇게 하기로 했다. 신혼 첫 주를 지내자, 라반은 자기 딸 라헬을 야곱에게 주어 그의 아내가 되게 했다. (라반은 여종 빌하를 딸 라헬에게 몸종으로 주었다.) 야곱은 라헬과 잠자리를 같이했다. 야곱은 레아보다 라헬을 더 사랑했다. 그가 다시 칠 년 동안 라반을 위해 일했다.

31-32 **하나님**께서 레아가 사랑받지 못하는 것을 아시고 그녀의 태를 열어 주셨다. 그러나 라헬은 아이를 갖지 못했다. 레아가 임신하여 아들을 낳았다. 그녀는 아이의 이름을 르우벤(보라, 사내아이다!)이라 하고, "이것은 **하나님**께서 나의 불행을 보셨다는 증거다. 이제 내 남편이 나를 사랑해 줄 것이라는 증거나 다름없어" 하고 말했다.

33-35 레아가 또 임신하여 아들을 낳았다. 그녀는 "**하나님**께서 내가 사랑받지 못한다는 것을 들으시고 내게 이 아들도 주셨다" 말하고, 아이의 이름을 시므온(**하나님**께서 들으셨다)이라고 했다. 그녀가 다시 임신하여 아들을 낳았다. 그녀는 "내가 아들 셋을 낳았으니, 이제는 남편의 마음이 나와 통할 거야" 하면서, 아이의 이름을 레위(통하다)라고 했다. 그녀가 마지막으로 임신하여 네 번째 아들을 낳았다. 그녀는 "이제는 내가 **하나님**을 찬양하리라" 말하고, 아이의 이름을 유다(**하나님**을 찬양하다)라고 했다. 그러고는 그녀의 출산이 그쳤다.

30

1 라헬은 자신이 야곱의 아이를 낳지 못함을 깨닫고 언니를 시샘했다. 그녀가 야곱에게 말했다. "나도 아이를 갖게 해주세요. 그러지 않으면 죽어 버리겠어요!"

2 야곱이 라헬에게 화를 내며 말했다. "내가 하나님이라도 된다는 말이오? 내가 당신이 아이를 갖지 못하게 하기라도 했다는 말이오?"

3-5 라헬이 말했다. "내 몸종 빌하가 있으니, 그녀와 잠자리를 같이하세요. 그녀가 나를 대신해 아이를 낳으면, 내가 그녀를 통해 아이를 얻어 집안을 이어 나갈 수 있을 거예요." 그녀는 자신의 몸종 빌하를 야곱에게 아내로 주었고, 야곱은 빌하와 잠자리를 같이했다. 빌하가 임신하여 야곱의 아들을 낳았다.

6-8 라헬이 말했다. "하나님께서 내 편에서 나를 변호해 주셨다. 하나님께서 내 말을 들으시고 내게 아들을 주셨어." 그녀는 아이의 이름을 단(변호)이라고 했다. 라헬의 몸종 빌하가 또 임신하여 야곱에게서 두 번째 아들을 낳자, 라헬이 말했다. "내

years.

31-32 When GOD realized that Leah was unloved, he opened her womb. But Rachel was barren. Leah became pregnant and had a son. She named him Reuben (Look-It's-a-Boy!). "This is a sign," she said, "that GOD has seen my misery; and a sign that now my husband will love me."

33-35 She became pregnant again and had another son. "GOD heard," she said, "that I was unloved and so he gave me this son also." She named this one Simeon (GOD-Heard). She became pregnant yet again—another son. She said, "Now maybe my husband will connect with me—I've given him three sons!" That's why she named him Levi (Connect). She became pregnant a final time and had a fourth son. She said, "This time I'll praise GOD." So she named him Judah (Praise-GOD). Then she stopped having children.

30

1 When Rachel realized that she wasn't having any children for Jacob, she became jealous of her sister. She told Jacob, "Give me sons or I'll die!"

2 Jacob got angry with Rachel and said, "Am I God? Am I the one who refused you babies?"

3-5 Rachel said, "Here's my maid Bilhah. Sleep with her. Let her substitute for me so I can have a child through her and build a family." So she gave him her maid Bilhah for a wife and Jacob slept with her. Bilhah became pregnant and gave Jacob a son.

6-8 Rachel said, "God took my side and vindicated me. He listened to me and gave me a son." She named him Dan (Vindication). Rachel's maid Bilhah became pregnant again and gave Jacob a second son. Rachel said, "I've been in an all-out fight with my sister—and I've won." So she named him Naphtali (Fight).

9-13 When Leah saw that she wasn't having any more children, she gave her maid Zilpah to Jacob for a wife. Zilpah had a son for Jacob. Leah said, "How fortunate!" and she named him Gad (Lucky). When Leah's maid Zilpah had a second son for Jacob, Leah said, "A happy day! The

가 온 힘을 다해 언니와 싸워서 이겼다." 그러고는 아이의 이름을 납달리(싸움)라고 했다.

9-13 레아는 자신이 더 이상 아이를 낳을 수 없다는 것을 알고, 자신의 몸종 실바를 야곱에게 아내로 주었다. 실바가 야곱의 아들을 낳자, 레아가 "참 다행이구나!" 하고 말하면서 아이의 이름을 갓(행운)이라고 했다. 레아의 몸종 실바가 야곱에게서 두 번째 아들을 낳자, 레아가 "참 행복한 날이다! 여자들이 나의 행복을 보고 축하해 줄 거야" 하고 말했다. 그러고는 아이의 이름을 아셀(행복하다)이라고 했다.

14 밀 수확이 있던 어느 날, 르우벤이 들에서 합환채를 발견하고는, 그것을 집으로 가져와 자기 어머니 레아에게 주었다. 라헬이 레아에게 물었다. "언니의 아들이 가져온 합환채를 좀 얻을 수 있을까요?"

15 레아가 대답했다. "내게서 남편을 빼앗아 간 것으로는 부족하더냐? 그래서 이제는 내 아들이 가져온 합환채까지 원하는 거냐?"

라헬이 말했다. "좋아요. 언니의 아들이 가져온 사랑의 열매를 얻는 대신에 오늘 밤 그이가 언니와 잠자리를 같이하게 해주지요."

16-21 그날 저녁에 야곱이 들에서 돌아오자, 레아가 그를 맞이하며 말했다. "오늘 밤에는 나와 잠자리를 같이해요. 내 아들이 구해 온 합환채를 주고 당신과 하룻밤을 보내기로 했어요." 그래서 야곱은 그날 밤 레아와 잠자리를 같이했다. 하나님께서 레아의 말에 귀 기울여 주셔서, 레아가 임신하여 야곱에게서 다섯 번째 아들을 낳았다. 그녀가 말했다. "내 몸종을 남편에게 주었더니 하나님께서 내게 갚아 주셨다." 그녀는 아이의 이름을 잇사갈(교환했다)이라고 했다. 레아가 또 임신하여 야곱에게서 여섯 번째 아들을 낳고는 "하나님께서 내게 큰 선물을 주셨다. 내가 아들 여섯을 낳았으니, 이제는 남편이 나를 존중해 줄 거야" 하고 말했다. 그녀는 아이의 이름을 스불론이라고 했다. 그녀는 마지막으로 딸을 낳고 아이의 이름을 디나라고 했다.

22-24 그때에 하나님께서 라헬을 기억하셨다. 하나님께서 그녀의 말에 귀 기울이시고, 그녀의 태를 열어 주셨다. 그녀가 임신하여 아들을 낳고는, "하나님께서 나의 수치를 없애 주셨다" 하고 말했다. 그녀는 "하나님께서 내게 아들을 하나 더 주시면 좋으련만" 하고 기도하며, 아이의 이름을 요셉(더하다)이라고 했다.

야곱의 품삯

25-26 라헬이 요셉을 낳은 뒤에, 야곱이 라반에게 말했다. "제가 고향으로 돌아가게 해주십시오. 장인어른을 섬기고 얻은 제 아내들과 자식들을 제게 주십시오. 제가 장인

women will congratulate me in my happiness." So she named him Asher (Happy).

14 One day during the wheat harvest Reuben found some mandrakes in the field and brought them home to his mother Leah. Rachel asked Leah, "Could I please have some of your son's mandrakes?"

15 Leah said, "Wasn't it enough that you got my husband away from me? And now you also want my son's mandrakes?"

Rachel said, "All right. I'll let him sleep with you tonight in exchange for your son's love-apples."

16-21 When Jacob came home that evening from the fields, Leah was there to meet him: "Sleep with me tonight; I've bartered my son's mandrakes for a night with you." So he slept with her that night. God listened to Leah; she became pregnant and gave Jacob a fifth son. She said, "God rewarded me for giving my maid to my husband." She named him Issachar (Bartered). Leah became pregnant yet again and gave Jacob a sixth son, saying, "God has given me a great gift. This time my husband will honor me with gifts—I've given him six sons!" She named him Zebulun (Honor). Last of all she had a daughter and named her Dinah.

22-24 And then God remembered Rachel. God listened to her and opened her womb. She became pregnant and had a son. She said, "God has taken away my humiliation." She named him Joseph (Add), praying, "May GOD add yet another son to me."

25-26 After Rachel had had Joseph, Jacob spoke to Laban, "Let me go back home. Give me my wives and children for whom I've served you. You know how hard I've worked for you."

27-28 Laban said, "If you please, I have learned through divine inquiry that GOD has blessed me because of you." He went on, "So name your wages. I'll pay you."

어른을 위해 얼마나 열심히 일했는지 장인어른도 잘 아십니다."

27-28 라반이 말했다. "맞는 말이네. 내가 점을 쳐 보니, 하나님께서 자네 때문에 내게 복을 주셨다는 것을 알겠더군." 그러고는 이렇게 말을 이었다. "내가 얼마를 주면 좋을지 정해 보게. 내가 자네에게 주겠네."

29-30 야곱이 대답했다. "제가 한 일이 장인어른께 얼마나 가치가 있었는지, 제가 장인어른의 가축을 돌보는 동안 가축이 얼마나 불어났는지, 장인어른도 잘 아십니다. 제가 여기 왔을 때만 해도 장인어른의 재산이 보잘것없었으나 이제는 크게 불어났습니다. 제가 한 모든 일이 장인어른께는 복이 되었습니다. 이제는 제가 제 가족을 위해 무언가를 해야 하지 않겠습니까?"

31-33 "그래, 내가 자네에게 무엇을 해주면 되겠나?"
야곱이 말했다. "아무것도 해주지 않으셔도 됩니다. 다만 이렇게 하면 어떻겠습니까? 제가 목장으로 돌아가서 장인어른의 가축 떼를 돌보겠습니다. 오늘 모든 가축 떼를 샅샅이 살펴서, 얼룩지거나 점이 있는 양과, 검은 새끼양과, 점이 있거나 얼룩진 염소들을 골라 내십시오. 그것들이 제 품삯이 될 것입니다. 그리하면 장인어른께서 제 품삯을 조사하실 때 저의 정직함을 확인하실 수 있을 것입니다. 장인어른께서 얼룩지지 않고 점이 없는 염소나 검지 않은 양을 발견하시면, 제가 그것을 훔친 것으로 아셔도 좋습니다."

34 라반이 말했다. "좋네. 그렇게 하지."

35-36 그러나 라반은 그날로 얼룩지고 점이 있는 숫염소와 얼룩지고 점이 있는 암염소와 검은 양과 흰색 기미가 도는 가축까지 모두 가려내어, 자기 아들들 손에 맡겨 돌보게 했다. 그런 다음 자신과 야곱 사이에 사흘 거리를 두었다. 그동안 야곱은 라반의 남은 가축 떼를 돌보았다.

37-42 야곱은 미루나무, 감복숭아나무, 버즘나무의 싱싱한 가지들을 꺾어다가 껍질을 벗겨 흰 줄무늬가 드러나게 했다. 그는 껍질을 벗긴 가지들을 가축 떼가 물을 먹으러 오는 여물통 앞에 세워 두었다. 짝짓기 때가 된 가축들이 물을 마시러 와서 줄무늬가 있는 나뭇가지들 앞에서 짝짓기를 했다. 그렇게 짝짓기를 한 것들은 줄무늬가 있거나 점이 있거나 얼룩진 새끼들을 낳았다. 야곱은 암양들을 라반의 양 떼 가운데서 검은 빛이 도는 양들 앞에 두었다. 그는 이런 식으로 양 떼를 구분해 자신의 것으로 가려내어 라반의 양 떼와 섞이지 않게 했다. 튼튼한 가축들이 짝짓기를 할 때면, 그 가축들이 볼 수 있도록 여물통 앞에 가지들을 세워 놓아, 그 앞에서 짝짓기를 하게 했다. 그러나 약한 가축들 앞에는 그 가지들을 세워두지 않았다. 그리하여 약한 것들은 라반의 것이 되고, 튼튼한 것들은 야곱의 것이 되었다.

29-30 Jacob replied, "You know well what my work has meant to you and how your livestock has flourished under my care. The little you had when I arrived has increased greatly; everything I did resulted in blessings for you. Isn't it about time that I do something for my own family?"

31-33 "So, what should I pay you?"
Jacob said, "You don't have to pay me a thing. But how about this? I will go back to pasture and care for your flocks. Go through your entire flock today and take out every speckled or spotted sheep, every dark-colored lamb, every spotted or speckled goat. They will be my wages. That way you can check on my honesty when you assess my wages. If you find any goat that's not speckled or spotted or a sheep that's not black, you will know that I stole it."

34 "Fair enough," said Laban. "It's a deal."

35-36 But that very day Laban removed all the mottled and spotted billy goats and all the speckled and spotted nanny goats, every animal that had even a touch of white on it plus all the black sheep and placed them under the care of his sons. Then he put a three-day journey between himself and Jacob. Meanwhile Jacob went on tending what was left of Laban's flock.

37-42 But Jacob got fresh branches from poplar, almond, and plane trees and peeled the bark, leaving white stripes on them. He stuck the peeled branches in front of the watering troughs where the flocks came to drink. When the flocks were in heat, they came to drink and mated in front of the streaked branches. Then they gave birth to young that were streaked or spotted or speckled. Jacob placed the ewes before the dark-colored animals of Laban. That way he got distinctive flocks for himself which he didn't mix with Laban's flocks. And when the sturdier animals were mating, Jacob placed branches at the troughs in view of the animals so that they mated in

43 야곱은 점점 더 부자가 되었다. 낙타와 나귀는 말할 것도 없고, 상당히 많은 양 떼와 종들을 손에 넣게 되었다.

야곱이 라반을 떠나 고향으로 돌아가다

31 1-2 야곱은 라반의 아들들이 뒤에서 쑥덕거리는 소리를 들었다. "야곱이 우리 아버지 재산을 이용해서 자기 잇속만 차리는데, 우리 아버지는 손해만 보고 있다." 동시에 야곱은 라반의 태도가 달라졌다는 것도 알게 되었다. 자신을 대하는 태도가 전과 같지 않았던 것이다.

3 그때에 하나님께서 야곱에게 말씀하셨다. "네가 태어난 고향으로 돌아가거라. 내가 너와 함께 가겠다."

4-9 야곱은 라헬과 레아에게 기별하여 그의 가축 떼가 있는 들에서 만나자고 했다. 야곱이 말했다. "내가 보니, 그대들의 아버지가 나를 대하는 태도가 달라졌소. 나를 예전처럼 대해 주시지 않소. 그러나 내 아버지의 하나님께서는 변함이 없으셔서, 지금도 나와 함께하고 계시오. 내가 그대들의 아버지를 위해 얼마나 열심히 일했는지는 그대들이 잘 알 것이오. 그런데도 그대들의 아버지는 몇 번이나 되풀이하여 나를 속이고, 내 품삯도 번번이 바꿔 셈했소. 그러나 하나님께서는 그대들의 아버지가 내게 해를 입히지 못하게 하셨소. 그대들의 아버지가 '얼룩진 것이 자네의 품삯이 될 것이네' 하고 말하면 온 가축이 얼룩진 양과 새끼를 낳았고, 그대들의 아버지가 '이제부터는 줄무늬 있는 것이 자네의 품삯이 될 것이네' 하고 말하면 온 가축이 줄무늬 있는 새끼를 낳았소. 하나님께서는 몇 번이고 그대들 아버지의 가축을 이용해서 내게 갚아 주셨소.

10-11 일찍이 가축들이 짝짓기를 하던 때에, 나는 꿈에 줄무늬가 있고 얼룩지고 점이 있는 숫염소들이 암염소들에 올라타는 것을 보았소. 그 꿈에서 하나님의 천사가 '야곱아!' 하고 나를 불렀소.

나는 '예' 하고 대답했소.

12-13 그 천사가 이렇게 말했소. '잘 보아라. 가축들 가운데 짝짓기를 하고 있는 염소들은 다 줄무늬가 있고 얼룩지고 점이 있는 것뿐임을 알아 두어라. 라반이 이제까지 네게 어떻게 했는지 내가 다 안다. 나는 베델의 하나님이다. *네가 거기서 한 기둥을 거룩하게 구별해 세우고* 내게 서원했다. 이제 너는 이곳을 떠나 네가 태어난 고향으로 돌아가거라.'"

14-16 라헬과 레아가 말했다. "우리 아버지가 언제

front of the branches. But he wouldn't set up the branches before the feebler animals. That way the feeble animals went to Laban and the sturdy ones to Jacob.

43 The man got richer and richer, acquiring huge flocks, lots and lots of servants, not to mention camels and donkeys.

31 1-2 Jacob learned that Laban's sons were talking behind his back: "Jacob has used our father's wealth to make himself rich at our father's expense." At the same time, Jacob noticed that Laban had changed toward him. He wasn't treating him the same.

3 That's when GOD said to Jacob, "Go back home where you were born. I'll go with you."

4-9 So Jacob sent word for Rachel and Leah to meet him out in the field where his flocks were. He said, "I notice that your father has changed toward me; he doesn't treat me the same as before. But the God of my father hasn't changed; he's still with me. You know how hard I've worked for your father. Still, your father has cheated me over and over, changing my wages time and again. But God never let him really hurt me. If he said, 'Your wages will consist of speckled animals' the whole flock would start having speckled lambs and kids. And if he said, 'From now on your wages will be streaked animals' the whole flock would have streaked ones. Over and over God used your father's livestock to reward me.

10-11 "Once, while the flocks were mating, I had a dream and saw the billy goats, all of them streaked, speckled, and mottled, mounting their mates. In the dream an angel of God called out to me, 'Jacob!'

"I said, 'Yes?'

12-13 "He said, 'Watch closely. Notice that all the goats in the flock that are mating are streaked, speckled, and mottled. I know what Laban's been doing to you. I'm the God of Bethel where you consecrated a pillar and made a vow to me. Now be on your way, get out of this place, go home to

우리를 제대로 대해 준 적이 있나요? 아버지는 우리를 이방인보다도 못하게 대했잖아요. 아버지가 바란 것은 온통 돈밖에 없었습니다. 그것도 우리를 팔아서 번 것인데도 아버지가 다 써 버리고 말았습니다. 하나님께서 우리 아버지에게서 거두어 우리에게 돌려주신 재산은 당연히 우리와 우리 자녀들 몫입니다. 그러니 망설이지 마세요. 하나님께서 당신에게 일러 주신 대로 하세요."

17-18 야곱은 그렇게 했다. 그는 자녀와 아내들을 낙타에 태우고, 모든 가축과 밧단아람에서 얻은 것을 전부 가지고서, 가나안 땅에 있는 자기 아버지 이삭의 집으로 떠났다.

19-21 마침 라반은 양털을 깎으러 가고 없었다. 라헬이 그 틈을 타서 아버지 집의 수호신상을 훔쳐 냈다. 야곱이 자신의 계획을 비밀로 했기 때문에, 아람 사람 라반은 사태가 어떻게 돌아가는지 전혀 몰랐다. 야곱은 자신의 전 재산을 가지고 떠났다. 이내 유프라테스 강을 건너 길르앗 산지를 향해 나아갔다.

22-24 라반은 사흘이 지나서야 "야곱이 도망쳤다"는 소식을 들었다. 라반은 친척들을 불러 모아 야곱을 추격했다. 그들은 칠 일이 지나서야 길르앗 산지에서 그를 따라잡았다. 그날 밤 꿈에 하나님께서 아람 사람 라반에게 나타나셔서 말씀하셨다. "좋은 일이든 나쁜 일이든, 야곱에게 함부로 하지 마라."

25 라반이 이르러 보니, 야곱이 길르앗 산지에 장막을 쳐 놓았다. 라반도 그곳에 장막을 쳤다.

26-30 라반이 말했다. "자네가 나 몰래 내빼고 내 딸들을 포로처럼 끌고 가다니, 무슨 생각으로 이렇게 했는가? 어째서 도둑처럼 밤중에 도망쳤는가? 왜 내게 알리지 않았나? 내가 알았더라면, 음악과 소고와 피리를 동원해서 성대한 환송식을 열어 자네를 떠나보냈을 것이네! 하지만 자네는 내가 내 딸들과 손자손녀들에게 입 맞출 기회조차 주지 않았네. 그렇게 한 것은 어리석은 짓이네. 나는 마음만 먹으면 당장 자네를 해칠 수 있지만, 자네 아버지의 하나님께서 간밤에 내게 나타나셔서 말씀하셨네. 좋은 일이든 나쁜 일이든, 야곱에게 함부로 하지 말라고 말일세. 고향이 그리워서 떠난 것은 이해가 되네. 하지만 내 집의 수호신상은 왜 훔쳐 갔는가?"

31-32 야곱이 라반에게 대답했다. "저는 장인어른이 제게서 장인어른의 딸들을 강제로 빼앗아 갈까 봐 두려웠습니다. 그러나 장인어른의 수호신상에 관해서는, 여기 있는 누구에게서 그것이 나오든, 그

your birthplace.'"

14-16 Rachel and Leah said, "Has he treated us any better? Aren't we treated worse than outsiders? All he wanted was the money he got from selling us, and he's spent all that. Any wealth that God has seen fit to return to us from our father is justly ours and our children's. Go ahead. Do what God told you."

17-18 Jacob did it. He put his children and his wives on camels and gathered all his livestock and everything he had gotten, everything acquired in Paddan Aram, to go back home to his father Isaac in the land of Canaan.

19-21 Laban was off shearing sheep. Rachel stole her father's household gods. And Jacob had concealed his plans so well that Laban the Aramean had no idea what was going on—he was totally in the dark. Jacob got away with everything he had and was soon across the Euphrates headed for the hill country of Gilead.

22-24 Three days later, Laban got the news: "Jacob's run off." Laban rounded up his relatives and chased after him. Seven days later they caught up with him in the hill country of Gilead. That night God came to Laban the Aramean in a dream and said, "Be careful what you do to Jacob, whether good or bad."

25 When Laban reached him, Jacob's tents were pitched in the Gilead mountains; Laban pitched his tents there, too.

26-30 "What do you mean," said Laban, "by keeping me in the dark and sneaking off, hauling my daughters off like prisoners of war? Why did you run off like a thief in the night? Why didn't you tell me? Why, I would have sent you off with a great celebration—music, timbrels, flutes! But you wouldn't permit me so much as a kiss for my daughters and grandchildren. It was a stupid thing for you to do. If I had a mind to, I could destroy you right now, but the God of your father spoke to me last night, 'Be careful what you do to Jacob, whether good or bad.' I understand. You left because you were homesick. But why did you steal my household gods?"

31-32 Jacob answered Laban, "I was afraid. I

사람은 살아남지 못할 것입니다. 우리 모두 지켜 볼 테니, 뒤져 보십시오. 장인어른께 속한 것이 조금이라도 나오거든, 그것을 가져가십시오." 야곱은 라헬이 수호신상을 훔쳤다는 사실을 모르고 있었다.

33-35 라반은 야곱의 장막과 레아의 장막과 두 여종의 장막을 샅샅이 뒤졌지만, 아무것도 찾아내지 못했다. 그는 레아의 장막에서 나와 라헬의 장막으로 갔다. 그러나 라헬은 그 수호신상을 가져다 낙타 안장 속에 넣고는 그 위에 앉아 있었다. 라반이 장막을 뒤지고 샅샅이 수색했으나 아무것도 찾아내지 못했다. 라헬이 자기 아버지에게 말했다. "아버지, 제가 월경중이라 아버지 앞에서 일어설 수 없으니, 저를 무례하다 여기지 말아 주십시오." 라반은 그곳을 샅샅이 뒤져 보았으나, 수호신상을 찾아내지 못했다.

36-37 이제는 야곱이 화를 내며 라반에게 따졌다. "제가 무슨 죄를 짓고 무슨 잘못을 저질렀기에, 저를 이렇게 괴롭히십니까? 장인어른께서 이곳을 샅샅이 뒤졌으나, 장인어른의 소유라고 할 만한 것을 단 하나라도 찾아낸 것이 있습니까? 있다면, 보여 주십시오. 증거를 제시해 주십시오. 장인어른과 저 사이에 누가 옳고 그른지, 우리 가족과 장인어른의 가족이 배심원이 되어 가려 줄 것입니다.

38-42 제가 장인어른을 위해 이십 년 동안 일하면서, 암양과 암염소가 유산한 적이 한 번도 없었습니다. 저는 장인어른의 가축 가운데서 숫양 한 마리 잡아먹은 적이 없습니다. 들짐승에게 찢긴 가축은 장인어른께 가져가지 않고 제 주머니를 털어 변상했습니다. 사실, 장인어른은 제 잘못인지 아닌지 가리지도 않고 제게 물어내게 하셨습니다. 저는 찌는 듯한 더위나 살을 에는 듯한 추위에도 밖에서 일했고, 잠을 못 자고 밤을 새운 적도 여러 번 있었습니다. 지난 이십 년 동안 저는, 장인어른의 두 딸을 얻기 위해 십사 년을 종처럼 일했고, 장인어른의 가축을 얻기 위해 육 년을 더 일했습니다. 그런데도 장인어른은 제 품삯을 열 번이나 바꿔 셈했습니다. 제 아버지의 하나님, 아브라함의 하나님, 이삭의 두려우신 하나님께서 저와 함께 계시지 않았다면, 장인어른은 저를 빈손으로 떠나보냈을 것입니다. 그러나 하나님께서는 제가 곤경에 처한 것과 제가 얼마나 열심히 일했는지를 아시고, 지난밤에 판결을 내려 주신 것입니다."

43-44 라반이 자신을 변호했다. "딸들도 내 딸들이고, 아이들도 내 아이들이고, 가축도 내 가축일세.

thought you would take your daughters away from me by brute force. But as far as your gods are concerned, if you find that anybody here has them, that person dies. With all of us watching, look around. If you find anything here that belongs to you, take it." Jacob didn't know that Rachel had stolen the gods.

33-35 Laban went through Jacob's tent, Leah's tent, and the tents of the two maids but didn't find them. He went from Leah's tent to Rachel's. But Rachel had taken the household gods, put them inside a camel cushion, and was sitting on them. When Laban had gone through the tent, searching high and low without finding a thing, Rachel said to her father, "Don't think I'm being disrespectful, my master, that I can't stand before you, but I'm having my period." So even though he turned the place upside down in his search, he didn't find the household gods.

36-37 Now it was Jacob's turn to get angry. He lit into Laban: "So what's my crime, what wrong have I done you that you badger me like this? You've ransacked the place. Have you turned up a single thing that's yours? Let's see it—display the evidence. Our two families can be the jury and decide between us.

38-42 "In the twenty years I've worked for you, ewes and she-goats never miscarried. I never feasted on the rams from your flock. I never brought you a torn carcass killed by wild animals but that I paid for it out of my own pocket—actually, you made me pay whether it was my fault or not. I was out in all kinds of weather, from torrid heat to freezing cold, putting in many a sleepless night. For twenty years I've done this: I slaved away fourteen years for your two daughters and another six years for your flock and you changed my wages ten times. If the God of my father, the God of Abraham and the Fear of Isaac, had not stuck with me, you would have sent me off penniless. But God saw the fix I was in and how hard I had worked and last night rendered his verdict."

43-44 Laban defended himself: "The daughters are my daughters, the children are my children,

자네 눈에 보이는 모든 것이 내 것일세. 그러나 내가 내 딸들이나 그 애들이 낳은 자식들을 어찌하겠는가? 그러니 자네와 나 사이에 계약을 맺어 해결하세. 하나님께서 우리 사이에 증인이 되어 주실 것이네."

45 야곱이 돌 하나를 가져다가 기둥처럼 똑바로 세웠다.

46-47 야곱이 가족을 불러 모아 "돌들을 가져오시오!" 하고 말했다. 그들은 돌들을 주워 모아 쌓아 올리고, 그 돌무더기 곁에서 음식을 먹었다. 라반은 그 돌무더기를 아람 말로 여갈사하두다(증거의 기념비)라고 했고, 야곱은 히브리 말로 갈르엣(증거의 기념비)이라고 했다.

48-50 라반이 말했다. "이제부터 이 돌무더기 기념비가 자네와 나 사이에 증거가 될 것이네." (이 돌무더기를 갈르엣, 곧 증거의 기념비라 부르는 것은 이 때문이다.) 이 돌무더기를 미스바(망루)라고도 하는데, 이는 라반이 이렇게 말했기 때문이다. "우리가 서로 보지 못할 때에도 하나님께서 자네와 나 사이에서 지켜보신다네. 자네가 내 딸들을 박대하거나 다른 아내들을 맞아들이면, 주위에 자네를 보는 사람이 아무도 없다 하더라도, 하나님께서 자네를 보시고 우리 사이에 증인이 되어 주실 것이네."

51-53 라반이 계속해서 야곱에게 말했다. "이 돌무더기 기념비와 내가 세운 이 돌기둥이 증거일세. 내가 이 선을 넘어가 자네를 해치지 않고, 자네도 이 선을 넘어와 나를 해치지 않겠다는 증거 말일세. 아브라함의 하나님, 나홀의 하나님(그들 조상의 하나님)께서 우리 사이의 일들을 올바르게 해주실 것이네."

53-55 야곱도 두려우신 분, 곧 자기 아버지 이삭의 하나님께 맹세하며 약속했다. 야곱은 산에서 제사를 드리고 예배한 뒤에, 친족들을 모두 식사에 청했다. 그들은 음식을 먹고 그날 밤을 그 산에서 묵었다. 라반은 이튿날 아침 일찍 일어나, 손자손녀와 딸들에게 입 맞추고 그들을 축복한 다음 집을 향해 출발했다.

네 이름은 더 이상 야곱이 아니다

32 1-2 야곱도 자기 길을 갔다. 하나님의 천사들이 그를 만났다. 야곱이 그들을 보고 "하나님의 진이다!" 하고 말했다. 그러고는 그곳의 이름을 마하나임(진영)이라고 했다.

3-5 그런 다음 야곱은 에돔의 세일 땅에 사는 자기 형 에서에게 심부름꾼들을 먼저 보냈다. 그는 그

the flock is my flock—everything you see is mine. But what can I do about my daughters or for the children they've had? So let's settle things between us, make a covenant—God will be the witness between us."

45 Jacob took a stone and set it upright as a pillar.

46-47 Jacob called his family around, "Get stones!" They gathered stones and heaped them up and then ate there beside the pile of stones. Laban named it in Aramaic, Yegar-sahadutha (Witness Monument); Jacob echoed the naming in Hebrew, Galeed (Witness Monument).

48-50 Laban said, "This monument of stones will be a witness, beginning now, between you and me." (That's why it is called Galeed—Witness Monument.) It is also called Mizpah (Watchtower) because Laban said, "GOD keep watch between you and me when we are out of each other's sight. If you mistreat my daughters or take other wives when there's no one around to see you, God will see you and stand witness between us."

51-53 Laban continued to Jacob, "This monument of stones and this stone pillar that I have set up is a witness, a witness that I won't cross this line to hurt you and you won't cross this line to hurt me. The God of Abraham and the God of Nahor (the God of their ancestor) will keep things straight between us."

53-55 Jacob promised, swearing by the Fear, the God of his father Isaac. Then Jacob offered a sacrifice on the mountain and worshiped, calling in all his family members to the meal. They ate and slept that night on the mountain. Laban got up early the next morning, kissed his grandchildren and his daughters, blessed them, and then set off for home.

32 1-2 And Jacob went his way. Angels of God met him. When Jacob saw them he said, "Oh! God's Camp!" And he named the place Mahanaim (Campground).

3-5 Then Jacob sent messengers on ahead to

들에게 지시했다. "나의 주인 에서께 이렇게 전하여라. '당신의 종 야곱이 말씀드립니다. 저는 라반의 집에 머물며 지금까지 떠나지 못하고 있었습니다. 그동안 저는 소와 나귀와 양 떼를 얻게 되었고, 남녀 종들도 거느리게 되었습니다. 주인님, 주인님의 허락을 바라며 제가 이 모든 소식을 전합니다.'"

6 심부름꾼들이 야곱에게 돌아와 말했다. "주인님의 형님이신 에서께 주인님의 소식을 전했습니다. 그분은 주인님을 맞이하러, 부하 사백 명을 거느리고 오시는 중입니다."

7-8 야곱은 몹시 두렵고 겁이 났다. 당황한 그는, 일행과 양과 소와 낙타 떼를 두 진으로 나누고 나서 생각했다. "에서 형님이 한쪽 진을 치면, 다른 쪽 진은 달아날 기회가 있을 거야."

9-12 야곱이 기도했다. "나의 조상 아브라함의 하나님, 나의 아버지 이삭의 하나님, 제게 '네 부모의 고향으로 돌아가거라. 그러면 내가 너를 선대하겠다'고 말씀하신 하나님, 저는 하나님께서 보여주신 그 모든 사랑과 성실을 받을 만한 사람이 못됩니다. 제가 이곳을 떠나 요단 강을 건너던 때, 제가 가진 것은 옷가지가 전부였습니다. 하지만 보십시오. 이제 저는 두 진이나 이루었습니다! 몹시도 화가 난 제 형님으로부터 저를 구해 주십시오! 그가 와서 저와 제 아내들과 자식들 할 것 없이 저희 모두를 칠까 두렵습니다. 하나님께서는 '내가 너를 선대하겠다. 네 자손을 바다의 모래처럼 셀 수 없을 만큼 많아지게 하겠다'고 친히 말씀하셨습니다."

13-16 야곱은 그날 밤 그곳에서 묵었다. 그는 자기 소유물 가운데서 형 에서에게 줄 선물을 골라 준비했다. 암염소 이백 마리와 숫염소 스무 마리, 암양 이백 마리, 숫양 스무 마리, 새끼 딸린 낙타 서른 마리, 암소 마흔 마리, 황소 열 마리, 암나귀 스무 마리, 수나귀 열 마리였다. 그는 종들에게 한 떼씩 맡기며 말했다. "나보다 앞서 가거라. 가축 떼 사이에 거리를 충분히 두어라."

17-18 그런 다음 첫 번째 종에게 이렇게 지시했다. "나의 형님 에서가 가까이 다가와서 '네 주인이 누구냐? 어디로 가는 중이냐? 이것들은 누구의 것이냐?' 하고 묻거든, '주인님의 종 *야곱의 것입니다. 이것*들은 에서 주인님께 드리는 선물입니다. 그도 뒤에 오고 있습니다' 하고 대답하여라."

19-20 그는 떼를 이끌고 출발하는 두 번째 종과 세번째 종에게도 차례로 같은 지시를 내렸다. "너는

his brother Esau in the land of Seir in Edom. He instructed them: "Tell my master Esau this, 'A message from your servant Jacob: I've been staying with Laban and couldn't get away until now. I've acquired cattle and donkeys and sheep; also men and women servants. I'm telling you all this, my master, hoping for your approval.'"

6 The messengers came back to Jacob and said, "We talked to your brother Esau and he's on his way to meet you. But he has four hundred men with him."

7-8 Jacob was scared. Very scared. Panicked, he divided his people, sheep, cattle, and camels into two camps. He thought, "If Esau comes on the first camp and attacks it, the other camp has a chance to get away."

9-12 And then Jacob prayed, "God of my father Abraham, God of my father Isaac, GOD who told me, 'Go back to your parents' homeland and I'll treat you well.' I don't deserve all the love and loyalty you've shown me. When I left here and crossed the Jordan I only had the clothes on my back, and now look at me—two camps! Save me, please, from the violence of my brother, my angry brother! I'm afraid he'll come and attack us all, me, the mothers and the children. You yourself said, 'I will treat you well; I'll make your descendants like the sands of the sea, far too many to count.'"

13-16 He slept the night there. Then he prepared a present for his brother Esau from his possessions: two hundred female goats, twenty male goats, two hundred ewes and twenty rams, thirty camels with their nursing young, forty cows and ten bulls, twenty female donkeys and ten male donkeys. He put a servant in charge of each herd and said, "Go ahead of me and keep a healthy space between each herd."

17-18 Then he instructed the first one out: "When my brother Esau comes close and asks, 'Who is your master? Where are you going? Who owns these?'—answer him like this, 'Your servant Jacob. They are a gift to my master Esau. He's on his way.'"

19-20 He gave the same instructions to the second

이렇게 말하여라. '주인님의 종 야곱이 저희 뒤에 오고 있습니다.'" 야곱은 생각했다. "연이어 선물을 받으면 형님의 마음이 풀어지겠지. 그런 다음에 내 얼굴을 보면, 형님이 나를 기쁘게 맞아 줄지도 몰라."

21 야곱은 선물을 앞세워 보내고, 그날 밤을 진에서 머물렀다.

22-23 그러나 야곱은 밤중에 일어나, 두 아내와 두 여종과 열한 명의 자녀들을 데리고 얍복 강을 건넜다. 그는 그들을 강 너머로 안전하게 건너보내고, 자신의 모든 소유물도 건너보냈다.

24-25 야곱이 홀로 뒤에 남았는데, 어떤 사람이 그를 붙잡고 동이 틀 때까지 씨름했다. 그 사람은 야곱을 이길 수 없음을 알고는, 일부러 야곱의 엉덩이뼈를 쳐서 탈골시켰다.

26 그 사람이 말했다. "동이 트려고 하니 나를 놓아 다오."

야곱이 말했다. "저를 축복해 주시지 않으면 놓아 주지 않겠습니다."

27 그 사람이 물었다. "네 이름이 무엇이냐?"

야곱이 대답했다. "야곱입니다."

28 그 사람이 말했다. "아니다. 이제 네 이름은 더 이상 야곱이 아니다. 네가 하나님과 씨름하여 이겼으니, 이제부터 네 이름은 이스라엘(하나님과 씨름한 자)이다."

29 야곱이 물었다. "당신의 이름이 무엇입니까?"

그 사람이 말했다. "어째서 내 이름을 알려고 하느냐?" 그러고는 곧 그 자리에서 야곱을 축복해 주었다.

30 야곱은 "내가 하나님을 마주 대하여 뵈었는데도, 이렇게 살아서 이야기를 전하는구나!" 하고 말하며, 그곳의 이름을 브니엘(하나님의 얼굴)이라고 했다.

31-32 야곱이 브니엘을 떠날 때 해가 떠올랐다. 그는 엉덩이뼈 때문에 절뚝거렸다. (그래서 이스라엘 사람들은 오늘날까지도 엉덩이뼈의 힘줄을 먹지 않는다. 야곱의 엉덩이뼈가 탈골되었기 때문이다.)

야곱과 에서의 화해

33 1-4 야곱이 눈을 들어 보니, 에서가 부하 사백 명을 거느리고 오고 있었다. 야곱은 레아와 라헬과 두 여종에게 자녀들을 나누어 맡기고, 맨 앞에는 두 여종을, 그 뒤에는 레아와 그녀의 아이들을, 그리고 맨 뒤에는 라헬과 요셉을 세웠다. 야곱 자신은 선두에 서서, 자기 형에게

servant and to the third–to each in turn as they set out with their herds: "Say 'Your servant Jacob is on his way behind us.'" He thought, "I will soften him up with the succession of gifts. Then when he sees me face-to-face, maybe he'll be glad to welcome me."

21 So his gifts went before him while he settled down for the night in the camp.

22-23 But during the night he got up and took his two wives, his two maidservants, and his eleven children and crossed the ford of the Jabbok. He got them safely across the brook along with all his possessions.

24-25 But Jacob stayed behind by himself, and a man wrestled with him until daybreak. When the man saw that he couldn't get the best of Jacob as they wrestled, he deliberately threw Jacob's hip out of joint.

26 The man said, "Let me go; it's daybreak."

Jacob said, "I'm not letting you go 'til you bless me."

27 The man said, "What's your name?"

He answered, "Jacob."

28 The man said, "But no longer. Your name is no longer Jacob. From now on it's Israel (God-Wrestler); you've wrestled with God and you've come through."

29 Jacob asked, "And what's your name?"

The man said, "Why do you want to know my name?" And then, right then and there, he blessed him.

30 Jacob named the place Peniel (God's Face) because, he said, "I saw God face-to-face and lived to tell the story!"

31-32 The sun came up as he left Peniel, limping because of his hip. (This is why Israelites to this day don't eat the hip muscle; because Jacob's hip was thrown out of joint.)

33 1-4 Jacob looked up and saw Esau coming with his four hundred men. He divided the children between Leah and Rachel and the two maidservants. He put the maidservants out in front, Leah and her children next, and Rachel and Joseph last. He led the way

다가가면서 일곱 번 절하고 경의를 표했다. 그러자
에서가 달려와 그를 와락 껴안았다. 그는 야곱을
힘껏 안고 입을 맞추었다. 그 둘은 함께 울었다.
5 잠시 후에 에서가 둘러보다가, 여인과 아이들
을 보고 물었다. "너와 함께 있는 이 사람들은 누
구냐?"
야곱이 대답했다. "하나님께서 제게 은혜로 주신
자녀들입니다."
6-7 그러자 두 여종이 자기 아이들과 함께 나아와
절하고, 이어서 레아와 그녀의 아이들이 나아와 절
하고, 마지막으로 라헬과 요셉이 에서에게 나아와
절했다.
8 에서가 물었다. "내가 앞서 만난 가축 떼는 다 무
엇이냐?"
"주인님께서 저를 너그러이 맞아 주셨으면 하는 마
음에서 보내드린 것입니다."
9 에서가 말했다. "내 아우야, 나는 온갖 것을 풍성
히 가지고 있으니 네 것은 네가 가지거라."
10-11 야곱이 말했다. "아닙니다. 받아 주십시오. 저
를 맞아 줄 마음이 있으시면, 그 선물을 받아 주십
시오. 주인님의 얼굴을 뵈니, 저를 보고 미소 지으
시는 하나님의 얼굴을 뵙는 것 같습니다. 제가 주
인님께 드린 선물을 받아 주십시오. 하나님께서
저를 선대해 주셔서, 저는 넉넉히 가지고 있습니
다." 야곱이 간곡히 권하므로 에서가 선물을 받아
들였다.
12 에서가 말했다. "내가 앞장설 테니, 어서 출발
하자."
13-14 그러자 야곱이 말했다. "주인님도 보시다시
피, 아이들이 많이 지쳐 있습니다. 가축들도 새끼
에게 젖을 먹여야 하니, 천천히 진행하는 것이 좋
겠습니다. 하루라도 심하게 몰다가는 다 죽고 말
것입니다. 그러니 주인님께서는 이 종보다 앞서 가
십시오. 저는 제 가축 떼와 아이들 걸음에 맞춰서
천천히 가겠습니다. 세일에서 주인님을 만나겠습
니다."
15 에서가 말했다. "그렇다면 내 부하 몇을 네게 남
겨 두도록 하겠다."
야곱이 말했다. "그러실 필요가 없습니다. 저를 이
렇게 환대해 주신 것으로 충분합니다."
16 에서는 그날로 길을 떠나 세일로 돌아갔다.
17 야곱은 숙곳으로 갔다. 그는 자기가 살 집과 가
축을 위한 초막을 지었다. 그리하여 그곳을 숙곳
(초막)이라고 부르게 되었다.
18-20 이렇게 야곱은 밧단아람을 떠나 가나안 땅 세

and, as he approached his brother, bowed seven
times, honoring his brother. But Esau ran up
and embraced him, held him tight and kissed
him. And they both wept.
5 Then Esau looked around and saw the women
and children: "And who are these with you?"
Jacob said, "The children that God saw fit to
bless me with."
6-7 Then the maidservants came up with their
children and bowed; then Leah and her children,
also bowing; and finally, Joseph and Rachel
came up and bowed to Esau.
8 Esau then asked, "And what was the meaning
of all those herds that I met?"
"I was hoping that they would pave the way for
my master to welcome me."
9 Esau said, "Oh, brother. I have plenty of every-
thing – keep what is yours for yourself."
10-11 Jacob said, "Please. If you can find it in your
heart to welcome me, accept these gifts. When I
saw your face, it was as the face of God smiling on
me. Accept the gifts I have brought for you. God has
been good to me and I have more than enough."
Jacob urged the gifts on him and Esau accepted.
12 Then Esau said, "Let's start out on our way; I'll
take the lead."
13-14 But Jacob said, "My master can see that the
children are frail. And the flocks and herds are
nursing, making for slow going. If I push them
too hard, even for a day, I'd lose them all. So,
master, you go on ahead of your servant, while I
take it easy at the pace of my flocks and children.
I'll catch up with you in Seir."
15 Esau said, "Let me at least lend you some of
my men."
"There's no need," said Jacob. "Your generous
welcome is all I need or want."
16 So Esau set out that day and made his way
back to Seir.
17 And Jacob left for Succoth. He built a shelter
for himself and sheds for his livestock. That's
how the place came to be called Succoth (Sheds).
18-20 And that's how it happened that Jacob
arrived all in one piece in Shechem in the land
of Canaan – all the way from Paddan Aram. He

겜 성읍에 무사히 이르렀다. 그는 그 성읍 근방에 장막을 쳤다. 그리고 장막을 친 그 땅을 세겜의 아버지 하몰의 아들들에게서 샀다. 그는 그 땅값으로 은화 백 개를 지불했다. 그런 다음 그곳에 제단을 쌓고, 그 이름을 엘엘로헤이스라엘(이스라엘의 하나님은 강하시다)이라고 했다.

디나가 부끄러운 일을 당하다

34

1-4 어느 날, 레아가 낳은 야곱의 딸 디나가 그 땅 여자들을 만나러 갔다. 그 땅의 족장이며 히위 사람 하몰의 아들인 세겜이 그녀를 보고 강간하여 욕보였다. 그가 야곱의 딸 디나에게 마음을 빼앗기고 사랑에 빠져서, 결혼해 달라고 졸라 댔다. 세겜이 자기 아버지 하몰에게 말했다. "이 소녀를 제 아내로 얻어 주십시오."

5-7 야곱은 세겜이 자기 딸 디나를 욕보였다는 말을 들었으나, 아들들이 가축 떼와 함께 들에 나가 있었으므로 그들이 집으로 돌아올 때까지 아무 말도 하지 않았다. 세겜의 아버지 하몰이 결혼을 성사시키려고 야곱을 찾아왔다. 그 사이에 야곱의 아들들이 들에서 돌아와 무슨 일이 있었는지 들었다. 그들은 몹시 흥분해서, 분노를 억누르지 못했다. 세겜이 야곱의 딸을 욕보인 것은 이스라엘 안에서는 도저히 묵과할 수 없고 참을 수 없는 일이었다.

8-10 하몰이 야곱과 그의 아들들에게 말했다. "내 아들 세겜이 당신 딸에게 빠져 있습니다. 그러니 따님을 내 아들의 아내로 주십시오. 우리 서로 사돈 관계를 맺읍시다. 여러분의 딸을 우리에게 주면, 우리도 우리의 딸을 여러분에게 주겠습니다. 우리 서로 어울려 한 가족처럼 지냅시다. 우리 가운데 자리 잡고 편히 지내십시오. 우리와 함께 살면서 번성하기를 바랍니다."

11-12 세겜이 디나의 아버지와 오라버니들에게 자기 생각을 말했다. "허락해 주십시오. 신부를 데려오는 값은 얼마든지 치르겠습니다. 당신들이 그 값을 정하십시오. 이 소녀를 내 아내로 주기만 하면, 바라는 값이 아무리 많다 해도 꼭 치르겠습니다."

13-17 야곱의 아들들은 자신들의 누이를 욕보인 세겜과 그의 아버지에게 속임수를 써서 대답했다. 그들은 이렇게 말했다. "말도 안됩니다. 할례 받지 않은 남자에게 우리 누이를 줄 수 없습니다. 그렇게 하는 것은 우리에게 수치스러운 일입니다. 당신네 남자들이 모두 우리처럼 할례를 받는 조건이라면 한번 진지하게 이야기해 볼 수 있습니다. 그렇게 해준다면, 우리가 기꺼이 당신네 딸들과 결혼하고

camped near the city. He bought the land where he pitched his tent from the sons of Hamor, the father of Shechem. He paid a hundred silver coins for it. Then he built an altar there and named it El-Elohe-Israel (Mighty Is the God of Israel).

34

1-4 One day Dinah, the daughter Leah had given Jacob, went to visit some of the women in that country. Shechem, the son of Hamor the Hivite who was chieftain there, saw her and raped her. Then he felt a strong attraction to Dinah, Jacob's daughter, fell in love with her, and wooed her. Shechem went to his father Hamor, "Get me this girl for my wife."

5-7 Jacob heard that Shechem had raped his daughter Dinah, but his sons were out in the fields with the livestock so he didn't say anything until they got home. Hamor, Shechem's father, went to Jacob to work out marriage arrangements. Meanwhile Jacob's sons on their way back from the fields heard what had happened. They were outraged, explosive with anger. Shechem's rape of Jacob's daughter was intolerable in Israel and not to be put up with.

8-10 Hamor spoke with Jacob and his sons, "My son Shechem is head over heels in love with your daughter–give her to him as his wife. Intermarry with us. Give your daughters to us and we'll give our daughters to you. Live together with us as one family. Settle down among us and make yourselves at home. Prosper among us."

11-12 Shechem then spoke for himself, addressing Dinah's father and brothers: "Please, say yes. I'll pay anything. Set the bridal price as high as you will–the sky's the limit! Only give me this girl for my wife."

13-17 Jacob's sons answered Shechem and his father with cunning. Their sister, after all, had been raped. They said, "This is impossible. We could never give our sister to a man who was uncircumcised. Why, we'd be disgraced. The only condition on which we can talk business is if all your men become circumcised like us. Then

우리의 딸들을 당신들에게 시집보내며, 당신들 가운데서 편히 지내면서 당신들과 더불어 큰 민족을 이루어 행복하게 지내겠습니다. 그러나 당신들이 이 조건을 받아들이지 않으면, 우리는 우리 누이를 데리고 떠나겠습니다."

18 하몰과 그의 아들 세겜이 생각하기에 그 조건은 꽤 타당해 보였다.

19 야곱의 딸에게 빠져 있던, 젊은 세겜은 그들이 요구한 대로 했다. 그는 자기 아버지의 집안에서 가장 인정받는 아들이었다.

20-23 하몰과 그의 아들 세겜은 광장으로 가서 성읍 의회 앞에 말했다. "이 사람들은 우리를 좋아합니다. 그들은 우리의 친구입니다. 그러니 그들이 이 땅에 자리 잡고 편히 지내게 해줍시다. 우리 땅은 그들이 자리 잡고 살아도 될 만큼 넓습니다. 생각해 보십시오. 우리는 그들의 딸들과 결혼하고, 그들은 우리의 딸들과 결혼할 수 있게 될 것입니다. 하지만 이 사람들은 우리 성읍의 모든 남자가 자기들처럼 할례를 받아야만 우리의 청을 받아들이고, 우리와 함께 살면서 더불어 한 민족이 되겠다고 하는군요. 이것은 우리에게 크게 이득이 되는 거래입니다. 이 사람들은 엄청난 가축 떼를 소유하고 있는 대단한 부자들이니, 그 모든 것이 결국 우리 손에 들어오게 될 것입니다. 그러니 그들이 요구하는 대로 해주고, 그들이 우리 가운데 자리 잡고 살면서 우리와 어울리게 합시다."

24 성읍 주민 모두가 하몰과 그의 아들 세겜의 제안을 받아들여, 모든 남자가 할례를 받았다.

25-29 할례를 받고 사흘이 지난 뒤, 모든 남자가 아파하고 있을 때에 야곱의 두 아들 곧 디나의 오라버니인 시므온과 레위가 각자 칼을 들고, 자기들이 주인이기라도 한 것처럼 당당하게 성읍으로 들어가서 그곳 남자들을 모조리 살해했다. 그들은 또 하몰과 그의 아들 세겜을 죽이고, 세겜의 집에서 디나를 구출하여 그곳을 떠났다. 야곱의 다른 아들들은 살해 현장에 달려 들어가서, 디나를 욕보인 것에 대한 보복으로 성읍 전체를 약탈했다. 그들은 양 떼, 소 떼, 나귀 떼뿐 아니라 성읍 안과 들에 있는 소유물까지 모조리 빼앗았다. 그런 다음 부녀자들과 아이들을 포로로 잡고, 그들의 집을 샅샅이 뒤져 값나가는 것은 무엇이든 약탈했다.

30 야곱이 시므온과 레위에게 말했다. "너희가 이 땅의 가나안 사람과 브리스 사람 사이에서 내 이름을 몹시도 추하게 만들었구나. 저들이 힘을 합

we will freely exchange daughters in marriage and make ourselves at home among you and become one big, happy family. But if this is not an acceptable condition, we will take our sister and leave."

18 That seemed fair enough to Hamor and his son Shechem.

19 The young man was so smitten with Jacob's daughter that he proceeded to do what had been asked. He was also the most admired son in his father's family.

20-23 So Hamor and his son Shechem went to the public square and spoke to the town council: "These men like us; they are our friends. Let them settle down here and make themselves at home; there's plenty of room in the country for them. And, just think, we can even exchange our daughters in marriage. But these men will only accept our invitation to live with us and become one big family on one condition, that all our males become circumcised just as they themselves are. This is a very good deal for us—these people are very wealthy with great herds of livestock and we're going to get our hands on it. So let's do what they ask and have them settle down with us."

24 Everyone who was anyone in the city agreed with Hamor and his son, Shechem; every male was circumcised.

25-29 Three days after the circumcision, while all the men were still very sore, two of Jacob's sons, Simeon and Levi, Dinah's brothers, each with his sword in hand, walked into the city as if they owned the place and murdered every man there. They also killed Hamor and his son Shechem, rescued Dinah from Shechem's house, and left. When the rest of Jacob's sons came on the scene of slaughter, they looted the entire city in retaliation for Dinah's rape. Flocks, herds, donkeys, belongings—everything, whether in the city or the fields—they took. And then they took all the wives and children captive and ransacked their homes for anything valuable.

30 Jacob said to Simeon and Levi, "You've made my name stink to high heaven among the people here, these Canaanites and Perizzites. If they decided to gang up on us and attack, as few as we

쳐 우리를 치면, 수가 적은 우리는 살아남을 수가 없다. 저들이 나와 우리 가족을 다 죽이고 말 것이다."

31 그들이 말했다. "누구든지 우리 누이를 창녀처럼 대하는 자를, 우리는 가만 둘 수 없습니다."

베델로 돌아가거라

35 1 하나님께서 야곱에게 말씀하셨다. "베델로 돌아가거라. 그곳에 머물면서, 네가 네 형 에서를 피해 달아나던 때에 네게 나타난 하나님께 제단을 쌓아라."

2-3 야곱은 자기 가족과 자기와 함께한 모든 사람에게 말했다. "여러분이 지니고 있는 이방 신들을 모두 내던져 버리고, 몸을 깨끗이 씻고, 깨끗한 옷으로 갈아입으시오. 이제 우리는 베델로 갈 것이오. 그곳에서 내가 곤경에 처했을 때 내게 응답하시고, 내가 어디로 가든지 늘 나와 함께하신 하나님께, 제단을 쌓을 것이오."

4-5 그들은 자신들이 의지해 온 이방 신들과 행운의 부적 귀걸이들을 모두 야곱에게 넘겨주었다. 야곱은 그것들을 세겜 근처 상수리나무 밑에 묻었다. 그러고 나서 그들은 길을 떠났다. 큰 두려움이 주변 성읍들에 임했다. 겁에 질린 그들은 아무도 야곱의 아들들을 추격하지 못했다.

6-7 야곱과 그의 일행은 가나안 땅 루스, 곧 베델에 이르렀다. 야곱은 그곳에 제단을 쌓고, 그곳의 이름을 엘베델(베델의 하나님)이라고 했다. 야곱이 자기 형을 피해 달아나던 때에 하나님께서 그곳에서 그에게 나타나셨기 때문이다.

8 그때 리브가의 유모 드보라가 죽어, 베델 바로 아래에 있는 상수리나무 밑에 묻혔다. 사람들이 그 나무를 알론바굿(눈물의 상수리나무)이라고 했다.

9-10 야곱이 밧단아람에서 돌아온 뒤에, 하나님께서 그에게 다시 나타나 복을 주시며 말씀하셨다. "네 이름이 야곱(발뒤꿈치)이지만, 그것은 더 이상 네 이름이 아니다. 이제부터 네 이름은 이스라엘(하나님과 씨름한 자)이다."

11-12 하나님께서 말씀하셨다.

나는 강한 하나님이다.
자녀를 낳고, 번성하여라!
한 민족, 곧 민족들의 무리가
네게서 나오고
왕들이 네 허리에서 나올 것이다.

are we wouldn't stand a chance; they'd wipe me and my people right off the map."

31 They said, "Nobody is going to treat our sister like a whore and get by with it."

35 1 God spoke to Jacob: "Go back to Bethel. Stay there and build an altar to the God who revealed himself to you when you were running for your life from your brother Esau."

2-3 Jacob told his family and all those who lived with him, "Throw out all the alien gods which you have, take a good bath and put on clean clothes, we're going to Bethel. I'm going to build an altar there to the God who answered me when I was in trouble and has stuck with me everywhere I've gone since."

4-5 They turned over to Jacob all the alien gods they'd been holding on to, along with their lucky-charm earrings. Jacob buried them under the oak tree in Shechem. Then they set out. A paralyzing fear descended on all the surrounding villages so that they were unable to pursue the sons of Jacob.

6-7 Jacob and his company arrived at Luz, that is, Bethel, in the land of Canaan. He built an altar there and named it El-Bethel (God-of-Bethel) because that's where God revealed himself to him when he was running from his brother.

8 And that's when Rebekah's nurse, Deborah, died. She was buried just below Bethel under the oak tree. It was named Allon-Bacuth (Weeping-Oak).

9-10 God revealed himself once again to Jacob, after he had come back from Paddan Aram and blessed him: "Your name is Jacob (Heel); but that's your name no longer. From now on your name is Israel (God-Wrestler)."

11-12 God continued,

I am The Strong God.
Have children! Flourish!
A nation – a whole company of nations! –
will come from you.
Kings will come from your loins;
the land I gave Abraham and Isaac

이제 내가
아브라함과 이삭에게 준 땅을 네게 주고
네 후손에게도 줄 것이다.

13 그런 뒤에 하나님께서 야곱과 말씀을 나누시던 곳을 떠나 올라가셨다.

14-15 야곱은 하나님께서 자기와 말씀하시던 곳에 돌기둥을 세우고, 그 위에 부어 드리는 제물을 붓고, 또 그 위에 기름을 부었다. 야곱은 하나님께서 자기와 말씀을 나누신 장소, 곧 베델(하나님의 집)을 하나님께 바쳤다.

16-17 그들은 베델을 떠났다. 에브랏까지는 아직 한참을 가야 하는데, 라헬이 진통을 시작했다. 진통이 몹시 심할 즈음에, 산파가 그녀에게 말했다. "두려워하지 마세요. 또 사내아이를 낳았습니다."

18 죽어 가던 라헬은 마지막 숨을 거두면서 아이의 이름을 베노니(내 고통의 아들)라고 했다. 그러나 아이의 아버지는 아이의 이름을 베냐민(복된 아들)이라고 했다.

19-20 라헬이 죽어서 에브랏, 곧 베들레헴으로 가는 길가에 묻혔다. 야곱은 그곳에 묘비를 세워 그녀의 무덤을 표시했다. 그 묘비는 오늘날까지 '라헬의 묘비'로 그곳에 있다.

21-22 이스라엘이 계속 진행하다가 믹달에델에 장막을 쳤다. 이스라엘이 그 지역에서 지내는 동안, 르우벤이 자기 아버지의 첩 빌하와 잠자리를 같이했다. 그가 한 일을 이스라엘이 전해 들었다.

22-26 야곱에게는 열두 아들이 있었다.
레아가 낳은 아들은,
야곱의 맏아들인 르우벤
시므온
레위
유다
잇사갈
스불론이다.
라헬이 낳은 아들은,
요셉
베냐민이다.

I now give to you,
and pass it on to your descendants.

13 And then God was gone, ascended from the place where he had spoken with him.

14-15 Jacob set up a stone pillar on the spot where God had spoken with him. He poured a drink offering on it and anointed it with oil. Jacob dedicated the place where God had spoken with him, Bethel (God's-House).

16-17 They left Bethel. They were still quite a ways from Ephrath when Rachel went into labor—hard, hard labor. When her labor pains were at their worst, the midwife said to her, "Don't be afraid—you have another boy."

18 With her last breath, for she was now dying, she named him Ben-oni (Son-of-My-Pain), but his father named him Ben-jamin (Son-of-Good-Fortune).

19-20 Rachel died and was buried on the road to Ephrath, that is, Bethlehem. Jacob set up a pillar to mark her grave. It is still there today, "Rachel's Grave Stone."

21-22 Israel kept on his way and set up camp at Migdal Eder. While Israel was living in that region, Reuben went and slept with his father's concubine, Bilhah. And Israel heard of what he did.

22-26 There were twelve sons of Jacob.
The sons by Leah:
Reuben, Jacob's firstborn
Simeon
Levi
Judah
Issachar
Zebulun.
The sons by Rachel:
Joseph
Benjamin.
The sons by Bilhah, Rachel's maid:

라헬의 몸종 빌하가 낳은 아들은,
단
납달리다.
레아의 몸종 실바가 낳은 아들은,
갓
아셀이다.
이들은 밧단아람에서 태어난, 야곱의 아들들이다.

27-29 마침내 야곱이 기럇아르바의 마므레에 있는 자기 아버지 이삭의 집으로 돌아왔다. 오늘날 헤브론이라 불리는 그곳은 아브라함과 이삭이 살던 곳이다. 이삭은 이제 백여든 살이었다. 이삭은 늙고 나이가 들어서 마지막 숨을 거두었다. 아들 에서와 야곱이 그를 조상 곁에 묻었다.

에서의 족보

36 1 에돔이라고도 하는 에서의 족보는 이러하다.

2-3 에서는 가나안 여인들과 결혼했다. 헷 사람 엘론의 딸 아다, 히위 사람 아나의 딸이며 시브온의 손녀딸인 오홀리바마, 이스마엘의 딸이며 느바욧의 누이인 바스맛을 아내로 맞았다.
4 아다는 에서에게서 엘리바스를 낳았고,
바스맛은 르우엘을 낳았고,
5 오홀리바마는 여우스와 얄람과 고라를 낳았다.
이들은 모두 에서가 가나안 땅에서 얻은 아들들이다.

6-8 에서는 아내들과 아들딸들과 자기 집안의 모든 사람과 모든 가축—가나안에서 얻은 모든 짐승과 재산—을 거두어, 자기 아우 야곱에게서 상당히 떨어진 곳으로 옮겨 갔다. 한곳에서 같이 살기에는 형제의 재산이 너무 많고 땅도 부족해서, 그들의 가축 떼를 모두 먹여 살릴 수 없었기 때문이다. 에서는 세일 산지에 자리를 잡았다. (에서와 에돔은 같은 사람이다.)

9-10 세일 산지에 사는 에돔 사람의 조상 에서의 족보는 이러하다. 에서의 아들들의 이름은,
에서의 아내 아다가 낳은 아들 엘리바스
에서의 아내 바스맛이 낳은 아들 르우엘이다.
11-12 엘리바스의 아들들은 데만, 오말, 스보, 가담, 그나스다. (엘리바스에게는 딤나라는 첩이 있었는데, 그녀는 엘리바스의 아들 아말렉을 낳

Dan
Naphtali.
The sons by Zilpah, Leah's maid:
Gad
Asher.
These were Jacob's sons, born to him in Paddan Aram.

27-29 Finally, Jacob made it back home to his father Isaac at Mamre in Kiriath Arba, present-day Hebron, where Abraham and Isaac had lived. Isaac was now 180 years old. Isaac breathed his last and died—an old man full of years. He was buried with his family by his sons Esau and Jacob.

36 1 This is the family tree of Esau, who is also called Edom.

2-3 Esau married women of Canaan: Adah, daughter of Elon the Hittite;
Oholibamah, daughter of Anah and the granddaughter of Zibeon the Hivite; and Basemath, daughter of Ishmael and sister of Nebaioth.
4 Adah gave Esau Eliphaz;
Basemath had Reuel;
5 Oholibamah had Jeush, Jalam, and Korah.
These are the sons of Esau who were born to him in the and of Canaan.

6-8 Esagathered up his wives, sons and daughters, and evrybody in his household, along with all his liveock—all the animals and possessions he had gon in Canaan—and moved a considerable distancaway from his brother Jacob. The brothers hado many possessions to live together in the sar place; the land couldn't support their combir herds of livestock. So Esau ended up settlingthe hill country of Seir (Esau and Edom are the ne).

9-10 So t is the family tree of Esau, ancestor of the peoof Edom, in the hill country of Seir. The names sau's sons:
Eliphon of Esau's wife Adah;
Reuel of Esau's wife Basemath.

았다.) 이들은 모두 에서의 아내 아다의 손자들이다.

13 르우엘의 아들들은 나핫, 세라, 삼마, 미사다. 이들은 에서의 아내 바스맛의 손자들이다.

14 에서의 아내이며 시브온의 아들 아나의 딸인 오홀리바마의 아들들은 이러하다. 그녀는 에서에게서 여우스, 얄람, 고라를 낳았다.

15-16 에서의 족보에서 나온 족장들은 이러하다. 에서의 맏아들 엘리바스의 자손으로 족장이 된 이들은 데만, 오말, 스보, 그나스, 고라, 가담, 아말렉이다. 이들은 에돔 땅에 거주하는 엘리바스 자손의 족장들이며, 모두 아다의 자손이다.

17 에서의 아들 르우엘의 자손으로 족장이 된 이들은 나핫, 세라, 삼마, 미사다. 이들은 에돔 땅에 거주하는 르우엘 자손의 족장들이며, 에서의 아내 바스맛의 자손이다.

18 에서의 아내 오홀리바마의 자손으로 족장이 된 이들은 여우스, 얄람, 고라다. 이들은 모두 에서의 아내이자 아나의 딸인 오홀리바마에게서 태어난 족장들이다.

19 이들은 모두 에서 곧 에돔의 자손으로, 족장이 된 사람들이다.

20-21 그 땅의 원주민인 호리 사람 세일의 족보는 이러하다. 로단, 소발, 시브온, 아나, 디손, 에셀, 디산. 이들은 에돔 땅에 거주하는 세일의 자손으로, 호리 사람의 족장들이다.

22 로단의 아들들은 호리, 호맘이고, 로단의 누이는 딤나다.

23 소발의 아들들은 알완, 마나핫, 에발, 스보, 오남이다.

24 시브온의 아들들은 아야, 아나다. 아나는 자기 아버지 시브온의 나귀를 치다가 광야에서 온천을 발견한 사람이다.

25 아나의 아들은 디손이고 딸은 오홀리바마다.

26 디손의 아들들은 헴단, 에스반, 이드란, 그란이다.

27 에셀의 아들들은 빌한, 사아완, 아간이다.

28 디산의 아들들은 우스, 아란이다.

29-30 호리 사람의 족장들은 로단, 소발, 시브온, 아나, 디손, 에셀, 디산이다. 이들은 종족별로 살펴본, 세일 땅에 거주하는 호리 사람의 족장들이다.

11-12 The sons of Eliphaz: Teman, Omar, Zepho, Gatam, and Kenaz. (Eliphaz also had a concubine Timna, who had Amalek.) These are the grandsons of Esau's wife Adah.

13 And these are the sons of Reuel: Nahath, Zerah, Shammah, and Mizzah–grandsons of Esau's wife Basemath.

14 These are the sons of Esau's wife Oholibamah, daughter of Anah the son of Zibeon. She gave Esau his sons Jeush, Jalam, and Korah.

15-16 These are the chieftains in Esau's family tree. From the sons of Eliphaz, Esau's firstborn, came the chieftains Teman, Omar, Zepho, Kenaz, Korah, Gatam, and Amalek–the chieftains of Eliphaz in the land of Edom; all of them sons of Adah.

17 From the sons of Esau's son Reuel came the chieftains Nahath, Zerah, Shammah, and Mizzah. These are the chieftains of Reuel in the land of Edom; all these were sons of Esau's wife Basemath.

18 These are the sons of Esau's wife Oholibamah: the chieftains Jeush, Jalam, and Korah–chieftains born of Esau's wife Oholibamah, daughter of Anah.

19 These are the sons of Esau, that is, Edom, and these are their chieftains.

20-21 This is the family tree of Seir the Horite, who were native to that land: Lotan, Shobal, Zibeon, Anah, Dishon, Ezer, and Dishan. These are the chieftains of the Horites, the sons of Seir in the land of Edom.

22 The sons of Lotan were Hori and Homam; Lotan's sister was Timna.

23 The sons of Shobal were Alvan, Manahath, Ebal, Shepho, and Onam.

24 The sons of Zibeon were Aiah and Anah–this is the same Anah who found the hot springs in the wilderness while herding his father Zibeon's donkeys.

25 The children of Anah were Dishon and his daughter Oholibamah.

26 The sons of Dishon were Hemdan, Eshban, Ithran, and Keran.

27 The sons of Ezer: Bilhan, Zaavan, and Akan.

28 The sons of Dishan: Uz and Aran.

29-30 And these were the Horite chieftains: Lotan, Shobal, Zibeon, Anah, Dishon, Ezer, and Dishan–the

31-39 이스라엘에 아직 왕이 없을 때에, 에돔 땅을 다스린 왕들은 이러하다. 브올의 아들 벨라가 에돔의 왕이었고, 그의 도성의 이름은 딘하바였다. 벨라가 죽자, 보스라 출신 세라의 아들 요밥이 그 뒤를 이어 왕이 되었다. 요밥이 죽자, 데만 사람의 땅에서 온 후산이 그 뒤를 이어 왕이 되었다. 후산이 죽자, 브닷의 아들 하닷이 그 뒤를 이어 왕이 되었다. 하닷은 미디안 사람을 모압 땅에서 물리친 왕이었다. 그의 도성의 이름은 아윗이었다. 하닷이 죽자, 마스레가 출신 삼라가 그 뒤를 이어 왕이 되었다. 삼라가 죽자, 강가의 르호봇 출신 사울이 왕이 되었다. 사울이 죽자, 악볼의 아들 바알하난이 그 뒤를 이어 왕이 되었다. 악볼의 아들 바알하난이 죽자, 하닷이 왕이 되었다. 그의 도성의 이름은 바우였다. 그의 아내 이름은 므헤다벨이었는데, 그녀는 마드렛의 딸이자 메사합의 손녀였다.

40-43 에서의 가계에서 나온 족장들을 종족과 거주지별로 살펴보면 이러하다. 딤나, 알와, 여뎃, 오홀리바마, 엘라, 비논, 그나스, 데만, 밉살, 막디엘, 이람. 이들은 모두 에돔의 족장들로, 각자 자기 지역을 차지하고 살았다.

이상은 에돔 사람의 조상인 에서의 족보를 나열한 것이다.

37

1 그 즈음에 야곱은 자기 아버지가 살던 가나안 땅에 정착했다.

요셉과 그의 형제들

2 야곱의 이야기는 이러하다. 그의 이야기는 요셉과 함께 계속된다. 당시 열일곱 살이던 요셉은 양 떼를 치는 형들을 돕고 있었다. 사실 그 형들은 모두 요셉의 이복형들로, 아버지의 아내인 빌하와 실바의 아들들이었다. 요셉은 형들에 대해 좋지 않은 이야기를 아버지에게 전했다.

3-4 이스라엘은 늘그막에 얻은 아들 요셉을 다른 아들들보다 더 사랑했다. 그래서 그는 요셉에게 정교하게 수놓은 겉옷을 지어 입혔다. 그의 형들은 아버지가 자기들보다 요셉을 더 사랑하는 것을 알고는 그를 미워했다. 그들은 요셉에게 말조차 건네지 않았다.

5-7 요셉이 꿈을 꾸었다. 그가 꿈 이야기를 형

Horite chieftains clan by clan in the land of Seir.

31-39 And these are the kings who ruled in Edom before there was a king in Israel: Bela son of Beor was the king of Edom; the name of his city was Dinhabah. When Bela died, Jobab son of Zerah from Bozrah became the next king. When Jobab died, he was followed by Hushan from the land of the Temanites. When Hushan died, he was followed by Hadad son of Bedad; he was the king who defeated the Midianites in Moab; the name of his city was Avith. When Hadad died, Samlah of Masrekah became the next king. When Samlah died, Shaul from Rehoboth-on-the-River became king. When Shaul died, he was followed by Baal-Hanan son of Acbor. When Baal-Hanan son of Acbor died, Hadad became king; the name of his city was Pau; his wife's name was Mehetabel daughter of Matred, daughter of Me-Zahab.

40-43 And these are the chieftains from the line of Esau, clan by clan, region by region: Timna, Alvah, Jetheth, Oholibamah, Elah, Pinon, Kenaz, Teman, Mibzar, Magdiel, and Iram – the chieftains of Edom as they occupied their various regions.

This accounts for the family tree of Esau, ancestor of all Edomites.

37

1 Meanwhile Jacob had settled down where his father had lived, the land of Canaan.

Joseph and His Brothers

2 This is the story of Jacob. The story continues with Joseph, seventeen years old at the time, helping out his brothers in herding the flocks. These were his half brothers actually, the sons of his father's wives Bilhah and Zilpah. And Joseph brought his father bad reports on them.

3-4 Israel loved Joseph more than any of his other sons because he was the child of his old age. And he made him an elaborately embroidered coat. When his brothers realized that their father loved him more than them, they grew to hate him – they wouldn't even speak to him.

5-7 Joseph had a dream. When he told it to his brothers, they hated him even more. He said, "Listen

들에게 전하자, 형들이 그를 더 미워했다. 요셉이 말했다. "내가 꾼 꿈 이야기를 잘 들어 보세요. 우리가 모두 밖으로 나가 밭에서 밀짚 단을 모아들이는데, 갑자기 내 단이 일어나 우뚝 서고 형님들의 단들은 내 단 주위로 빙 둘러서서 내 단에 절을 하더군요."

8 형들이 말했다. "그래서 어쨌다는 거냐! 네가 우리를 다스리기라도 하겠다는 거냐? 네가 우리의 우두머리가 되겠다는 거냐?" 요셉의 꿈 이야기와 그의 말투 때문에 형들은 그를 전보다 더욱 미워했다.

9 요셉이 또 다른 꿈을 꾸고 이번에도 형들에게 말했다. "내가 또 다른 꿈을 꾸었습니다. 해와 달과 열한 별이 내게 절을 하더군요!"

10-11 그가 그 꿈 이야기를 아버지와 형들에게 전하자, 그의 아버지가 그를 꾸짖으며 말했다. "그 꿈 이야기가 다 무엇이냐? 나와 네 어머니와 네 형들이 다 네게 절하게 된다는 것이냐?" 이제 형들은 드러내 놓고 그를 시기했지만, 그의 아버지는 그 모든 일을 마음에 새겨 두었다.

12-13 그의 형들이 세겜으로 가서 아버지의 양 떼에게 풀을 먹이고 있었다. 이스라엘이 요셉에게 말했다. "네 형들이 지금 양 떼와 함께 세겜에 있다. 네가 네 형들에게 좀 다녀와야겠다."

요셉이 말했다. "그렇게 하겠습니다."

14 이스라엘이 그에게 말했다. "가서, 네 형들과 양 떼가 어떻게 하고 있는지 살펴보고, 돌아와서 내게 알려 다오." 그는 요셉을 헤브론 골짜기에서 세겜으로 떠나보냈다.

15 요셉이 들판에서 헤매고 있는데, 어떤 사람이 다가와 물었다. "무엇을 찾고 있느냐?"

16 "제 형들을 찾고 있습니다. 그들이 어디서 양 떼에게 풀을 먹이고 있는지 아시는지요?"

17 그 사람이 말했다. "그들은 여기를 떠났다. 내가 들으니, 그들이 '도단으로 가자'고 하더구나." 그래서 요셉은 길을 떠나 형들의 뒤를 따라가다가 도단에서 그들을 찾아냈다.

18-20 형들은 멀리서 요셉을 알아보았다. 그들은 그가 자신들에게 이르기 전에 그를 죽이기로 모의했다. 그들이 말했다. "꿈꾸는 자가 이리로 오는구나. *저 녀석을 죽여서 이 오래된 구덩이들 가운데* 한 곳에 던져 넣고, 사나운 짐승이 잡아먹었다고 말하자. 녀석의 꿈이 어떻게 되는지 지켜보자구."

21-22 르우벤은 아우들이 하는 이야기를 듣고 요셉을 구할 생각으로 끼어들었다. "그를 죽이려 하다

to this dream I had. We were all out in the field gathering bundles of wheat. All of a sudden my bundle stood straight up and your bundles circled around it and bowed down to mine."

8 His brothers said, "So! You're going to rule us? You're going to boss us around?" And they hated him more than ever because of his dreams and the way he talked.

9 He had another dream and told this one also to his brothers: "I dreamed another dream—the sun and moon and eleven stars bowed down to me!"

10-11 When he told it to his father and brothers, his father reprimanded him: "What's with all this dreaming? Am I and your mother and your brothers all supposed to bow down to you?" Now his brothers were really jealous; but his father brooded over the whole business.

12-13 His brothers had gone off to Shechem where they were pasturing their father's flocks. Israel said to Joseph, "Your brothers are with flocks in Shechem. Come, I want to send you to them."

Joseph said, "I'm ready."

14 He said, "Go and see how your brothers and the flocks are doing and bring me back a report." He sent him off from the valley of Hebron to Shechem.

15 A man met him as he was wandering through the fields and asked him, "What are you looking for?"

16 "I'm trying to find my brothers. Do you have any idea where they are grazing their flocks?"

17 The man said, "They've left here, but I overheard them say, 'Let's go to Dothan.'" So Joseph took off, tracked his brothers down, and found them in Dothan.

18-20 They spotted him off in the distance. By the time he got to them they had cooked up a plot to kill him. The brothers were saying, "Here comes that dreamer. Let's kill him and throw him into one of these old cisterns; we can say that a vicious animal ate him up. We'll see what his dreams amount to."

21-22 Reuben heard the brothers talking and intervened to save him, "We're not going to kill him. No murder. Go ahead and throw him in this

니 안될 일이야. 살인은 절대 안돼. 그 애를 이곳 광야에 있는 구덩이에 던져 버리기만 하고, 다치게는 하지 마라." 르우벤은 나중에 다시 와서 그를 끌어내어 아버지에게 데려갈 생각이었다.

23-24 요셉이 형들에게 이르자, 그들은 그가 입고 있던 화려한 겉옷을 벗기고, 그를 붙잡아 구덩이에 던져 넣었다. 그 구덩이는 바싹 말라서, 물 한 방울도 없었다.

25-27 그런 다음 그들은 앉아서 저녁을 먹었다. 그들이 눈을 들어 보니, 길르앗에서 오는 이스마엘 상인 한 떼가 보였다. 그들은 이집트에 가서 팔 향료와 향품과 향수를 여러 마리 낙타에 싣고 오는 길이었다. 유다가 말했다. "형제들아, 우리가 아우를 죽이고 그 흔적을 감춘다고 해서 얻는 게 무엇이냐? 그 아이를 죽이지 말고, 이스마엘 사람들에게 팔아넘기자. 따지고 보면, 그 아이도 우리의 형제, 우리의 혈육이다." 형제들이 그의 말에 동의했다.

28 그때에 미디안 상인들이 지나가고 있었다. 형들이 요셉을 구덩이에서 끌어내어 이스마엘 사람들에게 은화 스무 개를 받고 팔아넘겼다. 이스마엘 사람들은 요셉을 데리고 이집트로 내려갔다.

29-30 나중에 르우벤이 돌아와 구덩이로 가서 보니, 요셉이 거기에 없었다! 그는 비통한 마음에 자기 옷을 찢었다. 그가 어찌할 바를 몰라 하며 형제들에게 가서 말했다. "아이가 사라지고 없다! 이제 어찌해야 하나!"

31-32 그들이 요셉의 겉옷을 가져다가, 염소 한 마리를 죽인 다음 그 피에 옷을 담갔다. 그들은 그 겉옷을 아버지에게 가지고 가서 말했다. "저희가 이것을 발견했습니다. 살펴보십시오. 아버지 아들의 겉옷이 맞나요?"

33 야곱은 곧바로 그 겉옷을 알아보았다. "내 아들의 옷이다. 사나운 짐승이 그 아이를 잡아먹었구나. 요셉이 갈기갈기 찢겨 죽었구나!"

34-35 야곱은 슬픔에 잠겨 자기 옷을 찢고서, 거칠고 굵은 베옷을 입고, 아들의 죽음을 오래도록 슬퍼했다. 자녀들이 위로하려고 했으나, 그는 그들의 위로를 마다했다. "나는 내 아들의 죽음을 슬퍼하면서 무덤으로 가련다." 아버지는 요셉을 생각하며 하염없이 눈물을 흘렸다.

36 미디안 상인들이 이집트에서 요셉을 보디발에게 팔아넘겼다. 보디발은 바로의 신하로, 바로의 왕실 일을 맡아보는 사람이었다.

cistern out here in the wild, but don't hurt him." Reuben planned to go back later and get him out and take him back to his father.

23-24 When Joseph reached his brothers, they ripped off the fancy coat he was wearing, grabbed him, and threw him into a cistern. The cistern was dry; there wasn't any water in it.

25-27 Then they sat down to eat their supper. Looking up, they saw a caravan of Ishmaelites on their way from Gilead, their camels loaded with spices, ointments, and perfumes to sell in Egypt. Judah said, "Brothers, what are we going to get out of killing our brother and concealing the evidence? Let's sell him to the Ishmaelites, but let's not kill him—he is, after all, our brother, our own flesh and blood." His brothers agreed.

28 By that time the Midianite traders were passing by. His brothers pulled Joseph out of the cistern and sold him for twenty pieces of silver to the Ishmaelites who took Joseph with them down to Egypt.

29-30 Later Reuben came back and went to the cistern—no Joseph! He ripped his clothes in despair. Beside himself, he went to his brothers. "The boy's gone! What am I going to do!"

31-32 They took Joseph's coat, butchered a goat, and dipped the coat in the blood. They took the fancy coat back to their father and said, "We found this. Look it over—do you think this is your son's coat?"

33 He recognized it at once. "My son's coat—a wild animal has eaten him. Joseph torn limb from limb!"

34-35 Jacob tore his clothes in grief, dressed in rough burlap, and mourned his son a long, long time. His sons and daughters tried to comfort him but he refused their comfort. "I'll go to the grave mourning my son." Oh, how his father wept for him.

36 In Egypt the Midianites sold Joseph to Potiphar, one of Pharaoh's officials, manager of his household affairs.

유다와 다말

38 [1-5] 그 무렵, 유다는 형제들로부터 떨어져 나와 히라라고 하는 아둘람 사람과 함께 지내고 있었다. 그곳에 있는 동안 유다는 가나안 사람 수아의 딸을 만났다. 유다가 그녀와 결혼하여 잠자리를 같이하니, 그녀가 임신하여 아들을 낳고 아이의 이름을 엘이라고 했다. 그녀가 다시 임신하여 아들을 낳고 아이의 이름을 오난이라고 했다. 그녀가 또다시 아들을 낳고 아이의 이름을 셀라라고 했다. 셀라를 낳았을 때 그들 부부는 거십에 살고 있었다.

[6-7] 유다가 맏아들 엘에게 아내를 얻어 주었다. 그녀의 이름은 다말이었다. 그러나 유다의 맏아들 엘이 하나님께 심히 악한 죄를 지어, 하나님께서 그의 목숨을 거두어 가셨다.

[8-10] 유다가 오난에게 말했다. "가서 남편을 잃은 네 형수와 잠자리를 같이하도록 하여라. 네 형의 혈통이 끊어지지 않게 하는 것이 동생인 네가 해야 할 도리다." 하지만 오난은 아이를 낳아도 자기 아이가 되지 못할 것을 알고, 형수와 잠자리를 같이할 때마다 형의 아이를 낳지 않으려고 정액을 바닥에 쏟았다. 그가 한 짓은 하나님을 크게 거스르는 일이었다. 하나님께서 그의 목숨도 거두어 가셨다.

[11] 그러자 유다는 며느리 다말을 찾아가서 말했다. "내 아들 셀라가 다 자랄 때까지 네 아버지 집에서 과부로 지내고 있거라." 그는 셀라마저 형들처럼 죽게 될까 걱정했던 것이다. 그리하여 다말은 자기 아버지 집으로 가서 살았다.

[12] 시간이 흘러 유다의 아내, 곧 수아의 딸이 죽었다. 애도 기간이 끝나자, 유다는 아둘람 사람인 친구 히라와 함께 양 떼의 털을 깎으러 딤나로 갔다.

[13-14] 다말은 "네 시아버지가 양떼의 털을 깎으러 딤나로 갔다"는 소식을 전해 들었다. 그녀는 과부의 옷을 벗고, 너울로 얼굴을 가려 남이 알아보지 못하게 한 다음, 딤나로 가는 길에 있는 에나임 입구에 앉아 있었다. 그녀는 셀라가 다 자랐는데도 유다가 자기를 그와 결혼시키려 하지 않는다는 것을 알고 있었다.

[15] 유다는 너울로 얼굴을 가리고 있는 그녀를 보고는 창녀라고 생각했다. 그는 길가에 있는 그녀에게 다가가 말했다. "오늘 밤 함께 보내자." 유다는 그녀가 자기 며느리인 줄을 전혀 알지 못했다.

[16] 그녀가 말했다. "그 값으로 내게 무엇을 주겠습니까?"

[17] 유다가 말했다. "내 가축 떼에서 새끼 염소 한 마

38 [1-5] About that time, Judah separated from his brothers and hooked up with a man in Adullam named Hirah. While there, Judah met the daughter of a Canaanite named Shua. He married her, they went to bed, she became pregnant and had a son named Er. She got pregnant again and had a son named Onan. She had still another son; she named this one Shelah. They were living at Kezib when she had him.

[6-7] Judah got a wife for Er, his firstborn. Her name was Tamar. But Judah's firstborn, Er, grievously offended GOD and GOD took his life.

[8-10] So Judah told Onan, "Go and sleep with your brother's widow; it's the duty of a brother-in-law to keep your brother's line alive." But Onan knew that the child wouldn't be his, so whenever he slept with his brother's widow he spilled his semen on the ground so he wouldn't produce a child for his brother. GOD was much offended by what he did and also took his life.

[11] So Judah stepped in and told his daughter-in-law Tamar, "Live as a widow at home with your father until my son Shelah grows up." He was worried that Shelah would also end up dead, just like his brothers. So Tamar went to live with her father.

[12] Time passed. Judah's wife, Shua's daughter, died. When the time of mourning was over, Judah with his friend Hirah of Adullam went to Timnah for the sheep shearing.

[13-14] Tamar was told, "Your father-in-law has gone to Timnah to shear his sheep." She took off her widow's clothes, put on a veil to disguise herself, and sat at the entrance to Enaim which is on the road to Timnah. She realized by now that even though Shelah was grown up, she wasn't going to be married to him.

[15] Judah saw her and assumed she was a prostitute since she had veiled her face. He left the road and went over to her. He said, "Let me sleep with you." He had no idea that she was his daughter-in-law.

[16] She said, "What will you pay me?"

[17] "I'll send you," he said, "a kid goat from the

리를 보내겠다."
그녀가 말했다. "그것을 보낼 때까지 내게 담보물
을 맡기면 그렇게 하겠습니다."
18 "담보물로 원하는 게 뭐냐?"
그녀가 대답했다. "어르신이 갖고 있는 줄 달린 도
장과 지팡이를 주십시오."
유다는 그것들을 다말에게 건네고 잠자리를 같이
했다. 그녀가 임신하게 되었다.
19 그녀는 그곳을 떠나 집으로 돌아가서, 너울을 벗
고 과부의 옷을 다시 입었다.
20-21 유다는 친구인 아둘람 사람 편에 새끼 염소를
보내며 그 여자에게서 담보물을 찾아오게 했다. 그
러나 그 친구는 그녀를 찾지 못했다. 그래서 그곳
사람들에게 물었다. "이곳 에나임 근처 길가에 앉
아 있던 창녀는 어디로 갔습니까?"
그들이 말했다. "여기에는 창녀가 없답니다."
22 그가 유다에게로 돌아와서 말했다. "그 여자를
찾을 수 없었네. 그곳 사람들이, 거기에는 창녀가
없다고 하더군."
23 유다가 말했다. "담보물을 가질 테면 가지라지.
우리가 계속 찾아다니면, 다들 우리를 보고 손가락
질할 것이네. 나는 이 거래에서 내 도리를 다했네.
내가 새끼 염소를 보냈지만 자네가 그녀를 찾지 못
한 것뿐이네."
24 세 달쯤 지난 뒤에, 유다의 귀에 한 소식이 들려
왔다. "자네 며느리가 창녀 짓을 하고 있네. 게다가
이제는 임신까지 했다는군."
유다가 고함을 질렀다. "그 애를 이곳으로 끌어내
어 불태워 버려라!"
25 사람들이 다말을 끌어내려고 하자, 그녀가 시아
버지에게 전갈을 보냈다. "저는 이 물건의 주인 때
문에 임신하게 되었습니다. 이 물건을 확인해 보
십시오. 이 줄 달린 도장과 지팡이가 누구의 것입
니까?"
26 유다는 그것이 자기 것임을 알아보고 말했다. "그
애가 옳고, 내가 잘못했다. 내가 그 애를 내 아들 셀
라와 결혼시키려 하지 않았기 때문이다." 유다는 다
시는 그녀와 잠자리를 같이하지 않았다.
27-30 다말이 출산할 때가 되었는데, 그녀의 태 속
에 쌍둥이가 있었다. 아이를 낳을 때, 한 아이의 손
이 나왔다. 산파가 그 손에 붉은 실을 묶고 말했다.
"이 아이가 먼저 나온 아이다." 그러나 바로 그때,
그 아이의 손이 도로 들어가더니 그의 동생이 나왔
다. 산파가 말했다. "동생이 밀치고 나왔구나!" 그
래서 아이의 이름을 베레스(돌파)라고 했다. 곧이

flock."
She said, "Not unless you give me a pledge until
you send it."
18 "So what would you want in the way of a
pledge?"
She said, "Your personal seal-and-cord and the
staff you carry."
He handed them over to her and slept with her.
And she got pregnant.
19 She then left and went home. She removed her
veil and put her widow's clothes back on.
20-21 Judah sent the kid goat by his friend from
Adullam to recover the pledge from the woman.
But he couldn't find her. He asked the men of
that place, "Where's the prostitute that used to
sit by the road here near Enaim?"
They said, "There's never been a prostitute here."
22 He went back to Judah and said, "I couldn't
find her. The men there said there never has
been a prostitute there."
23 Judah said, "Let her have it then. If we keep
looking, everyone will be poking fun at us. I kept
my part of the bargain–I sent the kid goat but
you couldn't find her."
24 Three months or so later, Judah was told,
"Your daughter-in-law has been playing the
whore–and now she's a pregnant whore."
Judah yelled, "Get her out here. Burn her up!"
25 As they brought her out, she sent a message to
her father-in-law, "I'm pregnant by the man who
owns these things. Identify them, please. Who's
the owner of the seal-and-cord and the staff?"
26 Judah saw they were his. He said, "She's in the
right; I'm in the wrong–I wouldn't let her marry
my son Shelah." He never slept with her again.
27-30 When her time came to give birth, it turned
out that there were twins in her womb. As she
was giving birth, one put his hand out; the
midwife tied a red thread on his hand, saying,
"This one came first." But then he pulled it back
and his brother came out. She said, "Oh! A
breakout!" So she named him Perez (Breakout).
Then his brother came out with the red thread
on his hand. They named him Zerah (Bright).

어 그 아이의 형이 손에 붉은 실을 감고 나오니, 아이의 이름을 세라(빛나다)라고 했다.

이집트로 팔려 간 요셉

39 1 이스마엘 사람들이 요셉을 이집트로 끌고 가자, 바로의 신하로 왕실 일을 도맡아 관리하고 있던 이집트 사람 보디발이 그들에게서 요셉을 샀다.

2-6 하나님께서 요셉과 함께하셨으므로, 그가 하는 일이 다 잘 되었다. 그는 자기 주인인 이집트 사람의 집에서 지내게 되었다. 그의 주인은 하나님께서 요셉과 함께하시면서, 요셉이 하는 일마다 잘되게 해주시는 것을 알았다. 그는 요셉이 몹시 마음에 들어 그에게 자신의 시중을 들게 했다. 그는 자신의 개인적인 일들을 요셉에게 맡기고, 모든 재산을 관리하게 했다. 그때부터 하나님께서 요셉으로 인해 그 이집트 사람의 집에 복을 주셨다. 그의 집에 있는 것이든 밭에 있는 것이든, 그가 소유한 모든 것에 하나님의 복이 두루 미쳤다. 보디발은 하루 세 끼 밥 먹는 일만 신경 쓰면 되었다.

6-7 요셉은 용모가 준수하고 잘생긴 남자였다. 시간이 흐르면서 주인의 아내가 요셉에게 반해, 어느 날 이렇게 말했다. "나와 함께 침실로 가자."

8-9 요셉은 그렇게 하지 않았다. 그는 주인의 아내에게 말했다. "보십시오. 주인께서는 모든 소유를 제게 맡기시고 집안일에 대해서는 일절 신경 쓰지 않으십니다. 그분은 저를 동등한 사람으로 대해 주셨습니다. 다만 그분께서 제게 맡기지 않으신 것이 있는데, 바로 당신입니다. 당신은 주인님의 아내이기 때문입니다! 그런데 제가 어떻게 그분의 신뢰를 저버리고 하나님께 죄를 짓겠습니까?"

10 그녀가 하루도 빠지지 않고 날마다 졸라 댔지만, 요셉은 뜻을 굽히지 않았다. 그녀와 같이 자기를 거절한 것이다.

11-15 그러던 어느 날, 요셉이 일을 보러 집으로 들어갔는데, 그날따라 집 안에 종들이 아무도 없었다. 그녀가 그의 겉옷을 붙잡고 말했다. "나와 함께 침실로 가자!" 요셉은 그녀의 손에 겉옷을 버려두고 집 밖으로 뛰쳐나갔다. 그녀는 그가 겉옷을 자기 손에 버려두고 뛰쳐나간 것을 알고는, 종들을 불러 말했다. "이것 좀 봐라. 저 히브리 놈이 본색을 드러내서, 너희 모르게 나를 유혹하려 하는구나. 저 놈이 나를 욕보이려 해서 내가 크게 소리를 질렀더니, 내 고함과 비명 소리를 듣고는 이렇게 겉옷을 내 손에 버려두고 밖으로 도망쳤다."

39 1 After Joseph had been taken to Egypt by the Ishmaelites, Potiphar an Egyptian, one of Pharaoh's officials and the manager of his household, bought him from them.

2-6 As it turned out, GOD was with Joseph and things went very well with him. He ended up living in the home of his Egyptian master. His master recognized that GOD was with him, saw that GOD was working for good in everything he did. He became very fond of Joseph and made him his personal aide. He put him in charge of all his personal affairs, turning everything over to him. From that moment on, GOD blessed the home of the Egyptian—all because of Joseph. The blessing of GOD spread over everything he owned, at home and in the fields, and all Potiphar had to concern himself with was eating three meals a day.

6-7 Joseph was a strikingly handsome man. As time went on, his master's wife became infatuated with Joseph and one day said, "Sleep with me."

8-9 He wouldn't do it. He said to his master's wife, "Look, with me here, my master doesn't give a second thought to anything that goes on here—he's put me in charge of everything he owns. He treats me as an equal. The only thing he hasn't turned over to me is you. You're his wife, after all! How could I violate his trust and sin against God?"

10 She pestered him day after day after day, but he stood his ground. He refused to go to bed with her.

11-15 On one of these days he came to the house to do his work and none of the household servants happened to be there. She grabbed him by his cloak, saying, "Sleep with me!" He left his coat in her hand and ran out of the house. When she realized that he had left his coat in her hand and run outside, she called to her house servants: "Look—this Hebrew shows up and before you know it he's trying to seduce us. He tried to make love to me but I yelled as loud as I could. With all

16-18 그녀는 자기 주인이 집에 돌아올 때까지 요셉의 겉옷을 가지고 있다가, 그에게 같은 이야기를 들려주었다. "당신이 데려온 히브리 놈이 내 뒤를 쫓아와서, 나를 희롱하려고 하지 뭐예요. 내가 소리치고 비명을 질렀더니, 이렇게 자기 겉옷을 내 손에 버려두고 밖으로 도망쳤답니다."
19-23 요셉의 주인은 "이게 다 당신의 종이 벌인 일이예요"라고 하는 아내의 이야기에 격분했다. 그는 요셉을 붙잡아 왕의 죄수들을 가두는 감옥에 처넣었다. 그러나 하나님께서는 그곳 감옥에서도 여전히 요셉과 함께하셨고, 요셉에게 인자를 베푸셔서 간수장과 가까운 사이가 되게 하셨다. 간수장은 요셉에게 모든 죄수를 맡겼고, 요셉은 모든 일을 잘 처리했다. 간수장은 요셉에게 자유를 주고, 전혀 간섭하지 않았다. 하나님께서 요셉과 함께하시면서, 그가 하는 일마다 최선의 결과를 낳게 해주셨기 때문이다.

관리들의 꿈을 해석하다

40 1-4 시간이 흘러, 이집트 왕의 술잔을 맡은 관리와 빵을 맡은 관리가 자신들의 주인인 이집트 왕의 뜻을 거스르는 일이 있었다. 바로는 두 관리, 곧 술잔을 맡은 관리와 빵을 맡은 관리에게 크게 노하여, 그들을 감옥에 가두고 경호대장의 감시를 받게 했다. 그들이 갇힌 곳은 요셉이 갇힌 곳과 같은 감옥이었다. 경호대장은 요셉에게 그들의 시중을 들도록 지시했다.
4-7 감옥에 갇힌 지 얼마 뒤에, 술잔을 맡은 관리와 빵을 맡은 관리가 같은 날 밤에 꿈을 꾸었는데, 각자의 꿈이 저마다 의미를 가지고 있었다. 요셉이 아침에 그들에게 가 보니, 둘 다 기운이 없어 보였다. 그래서 그는 자신과 함께 갇혀 있는 바로의 두 관리에게 물었다. "무슨 일입니까? 어째서 얼굴에 수심이 가득합니까?"
8 그들이 말했다. "우리가 각자 꿈을 꾸었는데, 그 꿈을 해석해 줄 사람이 없어서 그러네."
요셉이 말했다. "꿈의 해석은 하나님께로부터 오는 것이 아닙니까? 어떤 꿈을 꾸었는지 이야기해 보십시오."
9-11 술잔을 맡은 관리가 먼저 요셉에게 자기 꿈을 이야기했다. "꿈에 보니 내 앞에 포도나무가 있는데, 가지가 세 개 달려 있더군. 싹이 나고 꽃이 피더니 포도송이들이 익는 거야. 나는 바로의 술잔을 가지고 있었는데, 그 포도송이들을 따서 바로의 술잔에 짜 넣고는 그 잔을 바로께 올려 드

my yelling and screaming, he left his coat beside me here and ran outside."
16-18 She kept his coat right there until his master came home. She told him the same story. She said, "The Hebrew slave, the one you brought to us, came after me and tried to use me for his plaything. When I yelled and screamed, he left his coat with me and ran outside."
19-23 When his master heard his wife's story, telling him, "These are the things your slave did to me," he was furious. Joseph's master took him and threw him into the jail where the king's prisoners were locked up. But there in jail GOD was still with Joseph: He reached out in kindness to him; he put him on good terms with the head jailer. The head jailer put Joseph in charge of all the prisoners–he ended up managing the whole operation. The head jailer gave Joseph free rein, never even checked on him, because GOD was with him; whatever he did GOD made sure it worked out for the best.

40 1-4 As time went on, it happened that the cupbearer and the baker of the king of Egypt crossed their master, the king of Egypt. Pharaoh was furious with his two officials, the head cupbearer and the head baker, and put them in custody under the captain of the guard; it was the same jail where Joseph was held. The captain of the guard assigned Joseph to see to their needs.
4-7 After they had been in custody for a while, the king's cupbearer and baker, while being held in the jail, both had a dream on the same night, each dream having its own meaning. When Joseph arrived in the morning, he noticed that they were feeling low. So he asked them, the two officials of Pharaoh who had been thrown into jail with him, "What's wrong? Why the long faces?"
8 They said, "We dreamed dreams and there's no one to interpret them."
Joseph said, "Don't interpretations come from God? Tell me the dreams."
9-11 First the head cupbearer told his dream to Joseph: "In my dream there was a vine in

렸네."

12-15 요셉이 말했다. "그 뜻은 이렇습니다. 가지 셋은 사흘을 뜻합니다. 사흘 안에 바로께서 당신을 이곳에서 꺼내어 복직시키실 것입니다. 당신은 술잔을 맡은 관리였을 때와 똑같이 바로께 술잔을 올려 드리게 될 것입니다. 당신의 일이 잘 되면 저를 기억해 주십시오. 바로께 제 사정을 아뢰어 주셔서 저를 이곳에서 꺼내 주십시오. 저는 히브리 사람의 땅에서 납치되어 왔습니다. 그리고 저는 여기서도 이 감옥에 갇힐 만한 일을 한 적이 없습니다."

16-17 요셉의 꿈 해석이 좋은 것을 보고, 빵을 맡은 관리도 그에게 말했다. "내 꿈은 이러하네. 버들가지를 엮어 만든 바구니 세 개가 내 머리 위에 있었네. 맨 위 바구니에는 갓 구운 온갖 빵들이 있었는데, 새들이 내 머리 위의 바구니에서 그것을 쪼아 먹고 있었네."

18-19 요셉이 말했다. "그 꿈의 해석은 이렇습니다. 바구니 셋은 사흘을 뜻합니다. 사흘 안에 바로께서 당신의 머리를 베고 당신의 몸을 기둥에 매달 텐데, 그러면 새들이 와서 당신의 뼈가 드러날 때까지 모조리 쪼아 먹을 것입니다."

20-22 사흘째 되는 날, 그날은 바로의 생일이었다. 바로는 모든 신하를 위해 잔치를 베풀고, 술잔을 맡은 관리와 빵을 맡은 관리를 모든 신하가 볼 수 있도록 영광의 자리에 나란히 세웠다. 그런 다음 술잔을 맡은 관리를 본래의 직위에 복직시켰다. 그 관리는 전과 똑같이 바로에게 술잔을 따라 올렸다. 하지만 빵을 맡은 관리는 요셉이 해석한 대로 기둥에 매달게 했다.

23 그러나 술잔을 맡은 관리는 요셉에게 신경 쓰지 않았다. 요셉의 처지를 까맣게 잊고 만 것이다.

바로의 꿈을 해석하다

41 1-4 그로부터 두 해가 지난 뒤에 바로가 꿈을 꾸었다. 꿈에 그는 나일 강가에 서 있었다. 튼튼해 보이는 암소 일곱 마리가 나일 강에서 올라와 습지에서 풀을 뜯고 있었다. 뒤이어 가죽만 남은 암소 일곱 마리가 강에서 올라와, 강가에 있는 암소들 곁에 섰다. 그러더니 바싹 마른 암소들이 튼튼한 암소 일곱 마리를 잡아먹는 것이었다. 그때 바로가 잠에서 깨어났다.

5-7 바로가 다시 잠이 들어 두 번째 꿈을 꾸었다. 줄기 하나에서 튼실하고 잘 여문 이삭 일곱이 자

front of me with three branches on it: It budded, blossomed, and the clusters ripened into grapes. I was holding Pharaoh's cup; I took the grapes, squeezed them into Pharaoh's cup, and gave the cup to Pharaoh."

12-15 Joseph said, "Here's the meaning. The three branches are three days. Within three days, Pharaoh will get you out of here and put you back to your old work–you'll be giving Pharaoh his cup just as you used to do when you were his cupbearer. Only remember me when things are going well with you again–tell Pharaoh about me and get me out of this place. I was kidnapped from the land of the Hebrews. And since I've been here, I've done nothing to deserve being put in this hole."

16-17 When the head baker saw how well Joseph's interpretation turned out, he spoke up: "My dream went like this: I saw three wicker baskets on my head; the top basket had assorted pastries from the bakery and birds were picking at them from the basket on my head."

18-19 Joseph said, "This is the interpretation: The three baskets are three days; within three days Pharaoh will take off your head, impale you on a post, and the birds will pick your bones clean."

20-22 And sure enough, on the third day it was Pharaoh's birthday and he threw a feast for all his servants. He set the head cupbearer and the head baker in places of honor in the presence of all the guests. Then he restored the head cupbearer to his cupbearing post; he handed Pharaoh his cup just as before. And then he impaled the head baker on a post, following Joseph's interpretations exactly.

23 But the head cupbearer never gave Joseph another thought; he forgot all about him.

41 1-4 Two years passed and Pharaoh had a dream: He was standing by the Nile River. Seven cows came up out of the Nile, all shimmering with health, and grazed on the marsh grass. Then seven other cows, all skin and bones, came up out of the river after them and stood by them on the bank of the Nile. The skinny cows ate the seven healthy cows. Then Pharaoh woke up.

라났다. 곧이어 이삭 일곱이 더 자라났는데, 이번에는 야위고 동풍에 바싹 마른 것들이었다. 그 야윈 이삭들이 튼실하고 잘 여문 이삭들을 삼켜 버렸다. 바로가 잠에서 깨어 보니 또 다른 꿈이었다.

8 아침이 되자, 바로는 마음이 뒤숭숭했다. 그는 사람을 보내어 이집트의 마술사와 현자들을 모두 불러들였다. 바로가 그들에게 자신이 꾼 꿈을 이야기했으나, 그들은 그 꿈을 바로에게 해석해 주지 못했다.

9-13 그때 술잔을 맡은 관리가 용기를 내어 바로에게 말했다. "제가 오래전에 경험한 일을 미리 말씀드렸어야 했는데, 이제야 생각났습니다. 전에 왕께서 종들에게 노하셔서 저와 빵을 맡은 관리를 경호대장의 집에 가두신 적이 있습니다. 그때 저희 두 사람이 같은 날 밤에 꿈을 꾸었는데, 각자 꾼 꿈이 저마다 의미가 있었습니다. 마침 그곳에 경호대장의 소유였던 젊은 히브리 종 하나가 저희와 함께 있었습니다. 저희가 꾼 꿈을 그에게 이야기했더니, 그가 저희 꿈을 각기 다르게 해석해 주었습니다. 그리고 모든 일이 그가 해석한 대로 되어서, 저는 복직되고 빵을 맡은 관리는 기둥에 매달렸습니다."

14 바로가 즉시 사람을 보내어 요셉을 불러오게 했다. 사람들이 서둘러 그를 감옥에서 끌어냈다. 요셉은 머리털을 깎고 깨끗한 옷을 입고서 바로 앞으로 나아갔다.

15 바로가 요셉에게 말했다. "내가 꿈을 꾸었는데, 아무도 그것을 해석해 주는 사람이 없다. 그런데 너는 꿈 이야기를 듣기만 하면 해석해 낸다고 하더구나."

16 요셉이 대답했다. "제가 아니라, 하나님께서 하시는 것입니다. 하나님께서 왕의 마음을 편하게 해주실 것입니다."

17-21 그러자 바로가 요셉에게 말했다. "꿈에 내가 나일 강가에 서 있었다. 튼튼해 보이는 암소 일곱 마리가 강에서 올라와 습지에서 풀을 뜯고 있었다. 뒤이어 가죽만 남은 암소 일곱 마리가 올라왔는데, 그처럼 흉한 소는 일찍이 이집트에서 본 적이 없었다. 그런데 가죽만 남아 보기 흉한 암소 일곱 마리가, 먼저 올라온 튼튼한 암소 일곱 마리를 잡아먹었다. 그러나 그렇게 잡아먹고도 전과 같이 뼈와 가죽만 남아 보기 흉한 모습이었다. 다른 소를 잡아먹었다고는 짐작할 수 없을 정도였다. 그러고는 잠에서 깨어났다.

5-7 He went back to sleep and dreamed a second time: Seven ears of grain, full-bodied and lush, grew out of a single stalk. Then seven more ears grew up, but these were thin and dried out by the east wind. The thin ears swallowed up the full, healthy ears. Then Pharaoh woke up—another dream.

8 When morning came, he was upset. He sent for all the magicians and sages of Egypt. Pharaoh told them his dreams, but they couldn't interpret them to him.

9-13 The head cupbearer then spoke up and said to Pharaoh, "I just now remembered something—I'm sorry, I should have told you this long ago. Once when Pharaoh got angry with his servants, he locked me and the head baker in the house of the captain of the guard. We both had dreams on the same night, each dream with its own meaning. It so happened that there was a young Hebrew slave there with us; he belonged to the captain of the guard. We told him our dreams and he interpreted them for us, each dream separately. Things turned out just as he interpreted. I was returned to my position and the head baker was impaled."

14 Pharaoh at once sent for Joseph. They brought him on the run from the jail cell. He cut his hair, put on clean clothes, and came to Pharaoh.

15 "I dreamed a dream," Pharaoh told Joseph. "Nobody can interpret it. But I've heard that just by hearing a dream you can interpret it."

16 Joseph answered, "Not I, but God. God will set Pharaoh's mind at ease."

17-21 Then Pharaoh said to Joseph, "In my dream I was standing on the bank of the Nile. Seven cows, shimmering with health, came up out of the river and grazed on the marsh grass. On their heels seven more cows, all skin and bones, came up. I've never seen uglier cows anywhere in Egypt. Then the seven skinny, ugly cows ate up the first seven healthy cows. But you couldn't tell by looking—after eating them up they were just as skinny and ugly as before. Then I woke up.

22-24 "In my second dream I saw seven ears of grain, full-bodied and lush, growing out of a single stalk, and right behind them, seven other ears, shriveled,

22-24 두 번째 꿈에 보니, 줄기 하나에서 튼실하고 잘 여문 이삭 일곱이 자라나고, 뒤이어 쭈글쭈글하고 야위고 동풍에 바싹 마른 이삭 일곱이 자라났다. 그러더니 그 야윈 이삭들이 알찬 이삭들을 삼켜 버렸다. 내가 이 모든 꿈을 마술사들에게 이야기했지만, 그들은 그 뜻을 해석하지 못했다."
25-27 요셉이 바로에게 말했다. "왕의 두 꿈은 모두 같은 것을 의미합니다. 하나님께서 친히 하시려는 일을 왕께 알려 주신 것입니다. 튼튼한 암소 일곱 마리는 일곱 해를 뜻하고, 튼실한 이삭 일곱도 일곱 해를 뜻합니다. 그 둘은 같은 꿈입니다. 뒤이어 올라온 병들고 흉한 암소 일곱 마리도 일곱 해를 뜻하고, 야위고 동풍에 바싹 마른 이삭 일곱도 마찬가지입니다. 그것들은 모두 칠 년 흉년을 의미합니다.
28-32 그 의미는 앞서 말씀드린 것과 같이, 하나님께서 친히 하시려는 일을 왕께 알려 주신 것입니다. 앞으로 일곱 해 동안은 이집트 전역에 큰 풍년이 들 것입니다. 그러나 그 뒤에 이어지는 일곱 해 동안은 흉년이 닥쳐 이집트 전역에 들었던 풍년의 흔적을 말끔히 지워 버릴 것입니다. 그 흉년으로 인해 나라가 텅 비고, 전에 들었던 큰 풍년의 흔적조차 사라지고 말 것입니다. 기근이 온 나라를 휩쓸 것입니다. 왕께서 같은 꿈을 두 번이나 꾸신 것은 하나님께서 이 일을 행하시기로, 그것도 속히 행하시기로 결정하셨다는 뜻입니다.
33-36 그러니 왕께서는 지혜롭고 경험 많은 사람을 찾으셔서, 그에게 나라를 맡겨 관리하게 하시는 것이 좋겠습니다. 그런 다음 감독관들을 임명하셔서, 풍년이 드는 일곱 해 동안 이집트 전역을 감독하게 하십시오. 그들에게 앞으로 풍년이 드는 동안 생산되는 온갖 식량을 거둬들여 왕의 권한으로 곡식을 비축하게 하고, 각 성읍에 보관하여 장차 식량으로 삼게 하십시오. 이 곡식을 저장해 두셔야, 앞으로 이집트에 닥칠 칠 년 흉년 동안 활용하실 수 있을 것입니다. 그렇게 해야 이 나라가 흉년으로 망하지 않을 것입니다."
37 바로와 그의 신하들이 이 제안을 좋게 여겼다.
38 바로가 신하들에게 말했다. "이 사람이야말로 우리에게 필요한 사람이 아니겠소? 이 사람처럼 그 안에 하나님의 영이 있는 사람을 *어디서 찾을 수 있겠소?"*
39-40 바로가 요셉에게 말했다. "그대야말로 우리가 찾는 사람이오. 하나님께서 그대에게 앞으로 일어날 일의 내막을 알려 주셨으니, 그대처럼 자

thin, and dried out by the east wind. And the thin ears swallowed up the full ears. I've told all this to the magicians but they can't figure it out."
25-27 Joseph said to Pharaoh, "Pharaoh's two dreams both mean the same thing. God is telling Pharaoh what he is going to do. The seven healthy cows are seven years and the seven healthy ears of grain are seven years–they're the same dream. The seven sick and ugly cows that followed them up are seven years and the seven scrawny ears of grain dried out by the east wind are the same–seven years of famine.
28-32 "The meaning is what I said earlier: God is letting Pharaoh in on what he is going to do. Seven years of plenty are on their way throughout Egypt. But on their heels will come seven years of famine, leaving no trace of the Egyptian plenty. As the country is emptied by famine, there won't be even a scrap left of the previous plenty–the famine will be total. The fact that Pharaoh dreamed the same dream twice emphasizes God's determination to do this and do it soon.
33-36 "So, Pharaoh needs to look for a wise and experienced man and put him in charge of the country. Then Pharaoh needs to appoint managers throughout the country of Egypt to organize it during the years of plenty. Their job will be to collect all the food produced in the good years ahead and stockpile the grain under Pharaoh's authority, storing it in the towns for food. This grain will be held back to be used later during the seven years of famine that are coming on Egypt. This way the country won't be devastated by the famine."
37 This seemed like a good idea to Pharaoh and his officials.
38 Then Pharaoh said to his officials, "Isn't this the man we need? Are we going to find anyone else who has God's spirit in him like this?"
39-40 So Pharaoh said to Joseph, "You're the man for us. God has given you the inside story–no one is as qualified as you in experience and wisdom. From now on, you're in charge of my affairs; all my people will report to you. Only as

격을 갖춘 사람, 그대처럼 경험 많고 지혜로운 사람도 없을 것이오. 이제부터 그대가 내 일을 맡아 보시오. 나의 모든 백성이 그대에게 보고할 것이오. 내가 그대보다 높은 게 있다면 왕이라는 사실뿐이오."

41-43 바로가 요셉을 임명하면서 말했다. "이집트 온 땅을 그대 손에 맡기겠소." 그런 다음 바로는 자신의 손가락에서 인장 반지를 빼내어 요셉의 손가락에 끼워 주었다. 바로는 요셉에게 가장 좋은 세마포옷을 입히고, 목에 금목걸이를 걸어 주었다. 그리고 왕의 전차에 버금가는 전차를 내주어 요셉이 마음대로 쓰게 했다. 요셉이 전차에 올라타자, 사람들이 "만세!" 하고 외쳤다.

요셉이 이집트 온 땅을 맡아 다스렸다.

44 바로가 요셉에게 말했다. "내가 왕이지만, 그대의 허락 없이는 이집트에서 어느 누구도 손가락 하나 움직이지 못할 것이오."

45 바로는 요셉에게 사브낫바네아(하나님께서 말씀하시며 그분은 살아 계시다)라는 이름을 지어 주고, 온(헬리오폴리스)의 제사장 보디베라의 딸 아스낫을 그에게 아내로 주었다.

요셉은 자신의 임무에 따라 이집트 온 땅을 둘러보았다.

46 요셉이 이집트 왕 바로를 위해 일하기 시작할 때에 그의 나이 서른 살이었다. 요셉은 바로 앞에서 물러나오자마자, 이집트에서 일을 시작했다.

47-49 풍년이 든 일곱 해 동안 그 땅은 풍성한 곡식을 냈다. 요셉은 이집트에 찾아온 일곱 해 풍년 동안 생산된 식량을 거두어들여 여러 도시에 비축했다. 각 도시마다 주변 밭에서 거두어들인 잉여 농산물을 저장하게 했다. 요셉이 얼마나 많은 곡식을 거두어들였던지, 바다의 모래처럼 많았다! 나중에는 그 수를 헤아리는 것조차 포기해야 할 정도였다.

50-52 요셉은 일곱 해 흉년이 닥치기 전에 온의 제사장 보디베라의 딸 아스낫에게서 두 아들을 보았다. 요셉은 "하나님께서 나의 모든 고난과 내 아버지의 집을 잊게 해주셨다"고 말하며, 맏아들의 이름을 므낫세(잊다)라고 했다. 또 "하나님께서 내 슬픔의 땅에서 나를 번성하게 해주셨다"고 말하면서, 둘째 아들의 이름을 에브라임(갑절의 번성)이라고 했다.

53-54 일곱 해 풍년이 끝나고, 요셉이 말한 대로 일곱 해 흉년이 찾아왔다. 모든 나라가 기근을 겪었

king will I be over you."

41-43 So Pharaoh commissioned Joseph: "I'm putting you in charge of the entire country of Egypt." Then Pharaoh removed his signet ring from his finger and slipped it on Joseph's hand. He outfitted him in robes of the best linen and put a gold chain around his neck. He put the second-in-command chariot at his disposal, and as he rode people shouted "Bravo!"

Joseph was in charge of the entire country of Egypt.

44 Pharaoh told Joseph, "I am Pharaoh, but no one in Egypt will make a single move without your stamp of approval."

45 Then Pharaoh gave Joseph an Egyptian name, Zaphenath-Paneah (God Speaks and He Lives). He also gave him an Egyptian wife, Asenath, the daughter of Potiphera, the priest of On (Heliopolis).

And Joseph took up his duties over the land of Egypt.

46 Joseph was thirty years old when he went to work for Pharaoh the king of Egypt. As soon as Joseph left Pharaoh's presence, he began his work in Egypt.

47-49 During the next seven years of plenty the land produced bumper crops. Joseph gathered up the food of the seven good years in Egypt and stored the food in cities. In each city he stockpiled surplus from the surrounding fields. Joseph collected so much grain—it was like the sand of the ocean!—that he finally quit keeping track.

50-52 Joseph had two sons born to him before the years of famine came. Asenath, daughter of Potiphera the priest of On, was their mother. Joseph named the firstborn Manasseh (Forget), saying, "God made me forget all my hardships and my parental home." He named his second son Ephraim (Double Prosperity), saying, "God has prospered me in the land of my sorrow."

53-54 Then Egypt's seven good years came to an end and the seven years of famine arrived, just as Joseph had said. All countries experienced

으나, 식량이 있는 나라는 이집트뿐이었다.
55 기근이 이집트 전역으로 확산되자, 괴로움에 빠
진 백성이 바로에게 먹을 것을 달라고 부르짖었
다. 바로는 이집트 사람들에게 이렇게 말했다. "요
셉에게 가서, 그가 일러 주는 대로 하여라."
56-57 기근이 더욱 심해져 이집트 온 땅을 덮자, 요
셉은 곡식 창고를 열어 비축해 두었던 식량을 이
집트 사람들에게 팔았다. 기근이 극심했다. 이윽
고 온 세상이 요셉에게서 식량을 사려고 모여들었
다. 기근이 온 세상을 덮쳤던 것이다.

요셉의 형들이 식량을 구하러 이집트로 가다

42 1-2 야곱이 이집트에 식량이 있다는 소
문을 듣고, 아들들에게 말했다. "어째서
잠자코 앉아서 서로 얼굴만 쳐다보고 있느냐? 이
집트에 식량이 있다고 하니, 그리로 내려가서 식
량을 좀 사 오너라. 그래야 우리가 굶어 죽지 않고
살지 않겠느냐."
3-5 요셉의 형 열 명이 식량을 구하러 이집트로 내
려갔다. 야곱은 요셉의 아우 베냐민을 그들과 함
께 보내지 않았다. 그에게 무슨 일이 일어날까 봐
두려웠기 때문이다. 가나안 땅에도 기근이 심하게
들었으므로, 이스라엘의 아들들은 식량을 사러 가
는 다른 사람들과 함께 이집트로 갔다.
6-7 그때 요셉은 이집트 온 땅을 다스리고 있었다.
그는 온 백성에게 식량을 나눠주는 일을 책임지고
있었다. 요셉의 형들이 도착하여 그에게 절하며
경의를 표했다. 요셉은 곧바로 그들을 알아보았으
나, 마치 모르는 사람을 대하듯 엄하게 말했다.
요셉이 물었다. "너희는 어디에서 왔느냐?"
그들이 대답했다. "가나안에서 왔습니다. 저희는
식량을 사려고 왔습니다."
8 요셉은 그들을 알아보았으나, 그들은 그를 알아
보지 못했다.
9 요셉은 그들에 관해 꾸었던 꿈을 떠올리며 말했
다. "너희는 정탐꾼들이다. 너희는 우리의 약점을
살피러 온 것이다."
10-11 그들이 말했다. "아닙니다, 주인님. 저희는
식량을 사러 왔을 뿐입니다. 저희는 모두 한 남자
의 아들들입니다. 저희는 정직한 사람들입니다.
정탐이라니, 당치도 않습니다."
12 요셉이 말했다. "아니다. 너희는 정탐꾼들이다.
너희는 우리의 약점을 찾으러 온 게 틀림없다."
13 그들이 말했다. "저희 형제는 모두 열둘이며, 가
나안 땅에 사는 한 아버지의 아들들입니다. 막내

famine; Egypt was the only country that had
bread.
55 When the famine spread throughout Egypt, the
people called out in distress to Pharaoh, calling
for bread. He told the Egyptians, "Go to Joseph.
Do what he tells you."
56-57 As the famine got worse all over the country,
Joseph opened the store-houses and sold
emergency supplies to the Egyptians. The famine
was very bad. Soon the whole world was coming
to buy supplies from Joseph. The famine was bad
all over.

42 1-2 When Jacob learned that there was
food in Egypt, he said to his sons, "Why
do you sit around here and look at one another?
I've heard that there is food in Egypt. Go down
there and buy some so that we can survive and
not starve to death."
3-5 Ten of Joseph's brothers went down to
Egypt to get food. Jacob didn't send Joseph's
brother Benjamin with them; he was afraid that
something bad might happen to him. So Israel's
sons joined everyone else that was going to Egypt
to buy food, for Canaan, too, was hit hard by the
famine.
6-7 Joseph was running the country; he was the
one who gave out rations to all the people. When
Joseph's brothers arrived, they treated him with
honor, bowing to him. Joseph recognized them
immediately, but treated them as strangers and
spoke roughly to them.
He said, "Where do you come from?"
"From Canaan," they said. "We've come to buy
food."
8 Joseph knew who they were, but they didn't
know who he was.
9 Joseph, remembering the dreams he had
dreamed of them, said, "You're spies. You've
come to look for our weak spots."
10-11 "No, master," they said. "We've only come
to buy food. We're all the sons of the same man;
we're honest men; we'd never think of spying."
12 He said, "No. You're spies. You've come to look

는 아버지와 함께 있고, 하나는 없어졌습니다."
14-16 그러나 요셉이 말했다. "내가 말한 대로, 너희는 정탐꾼들이다. 내가 너희를 시험해 보겠다. 바로의 살아 계심을 두고 맹세하건대, 너희 아우를 이곳으로 데려오기 전에는 너희가 이곳을 떠나지 못할 것이다. 너희 가운데 한 사람이 가서 너희 아우를 데려오고, 나머지는 이곳 감옥에 남아 있거라. 너희 말이 사실인지 아닌지 확인해야겠다. 바로의 살아 계심을 두고 말하건대, 너희는 정탐꾼들인 게 틀림없다."
17 그러고 나서 요셉은 그들을 감옥에 집어넣고 사흘을 지내게 했다.
18-20 사흘째 되는 날, 요셉이 그들에게 말했다. "너희가 살고 싶다면 이렇게 하여라. 나는 하나님을 경외하는 사람이다. 너희 말대로 너희가 정직하다면, 너희 형제 가운데 한 사람만 이곳 감옥에 남고, 나머지는 식량을 가지고 굶주리는 너희 가족들에게 돌아가거라. 그러나 너희는 너희 막내아우를 내게 데려와서, 너희 말이 진실임을 증명해야 한다. 그래야 너희 가운데 한 사람도 죽지 않을 것이다." 그들은 그렇게 하기로 했다.
21 그들이 서로 말하기 시작했다. "지금 우리는 우리 아우에게 한 짓의 죄값을 치르고 있는 거야. 우리 아우가 살려 달라고 할 때, 그 애가 얼마나 두려워했는지 우리가 똑똑히 보았잖아. 그런데도 우리는 그 애의 말을 들은 체도 하지 않았어. 그래서 이렇게 곤경에 처하게 된 거야."
22 르우벤이 한마디 했다. "내가 너희에게 '그 애를 다치게 하지 말라'고 하지 않았더냐? 그런데도 너희는 내 말을 듣지 않았어. 지금 우리는 그 애를 죽인 죄값을 치르고 있는 거야."
23-24 요셉이 통역을 쓰고 있었으므로, 그들은 요셉이 모든 말을 알아듣는 줄 알지 못했다. 요셉은 그들이 보지 못하는 곳으로 물러나와 울었다. 그는 마음이 진정되자, 그들이 지켜보는 앞에서 시므온을 붙잡아 묶고 죄수로 삼았다.
25 그런 다음 요셉은 지시를 내려, 그들의 자루에 곡식을 채우고 가져온 돈을 각자의 자루에 도로 넣게 했고, 또 그들이 돌아가는 길에 먹을 양식을 주게 했다. 요셉이 지시한 대로 되었다.
26 그들은 식량을 나귀에 싣고 출발했다.
27-28 잠잘 곳에 이르러, 그들 가운데 하나가 나귀에게 먹이를 주려고 자루를 열어 보니, 자루 안에 돈이 있었다. 그가 형제들을 불러 말했다. "내 돈이 되돌아왔어. 여기 내 자루 속에 돈이 들어 있

for our weak spots."
13 They said, "There were twelve of us brothers—sons of the same father in the country of Canaan. The youngest is with our father, and one is no more."
14-16 But Joseph said, "It's just as I said, you're spies. This is how I'll test you. As Pharaoh lives, you're not going to leave this place until your younger brother comes here. Send one of you to get your brother while the rest of you stay here in jail. We'll see if you're telling the truth or not. As Pharaoh lives, I say you're spies."
17 Then he threw them into jail for three days.
18-20 On the third day, Joseph spoke to them. "Do this and you'll live. I'm a God-fearing man. If you're as honest as you say you are, one of your brothers will stay here in jail while the rest of you take the food back to your hungry families. But you have to bring your youngest brother back to me, confirming the truth of your speech—and not one of you will die." They agreed.
21 Then they started talking among themselves. "Now we're paying for what we did to our brother—we saw how terrified he was when he was begging us for mercy. We wouldn't listen to him and now we're the ones in trouble."
22 Reuben broke in. "Didn't I tell you, 'Don't hurt the boy'? But no, you wouldn't listen. And now we're paying for his murder."
23-24 Joseph had been using an interpreter, so they didn't know that Joseph was understanding every word. Joseph turned away from them and cried. When he was able to speak again, he took Simeon and had him tied up, making a prisoner of him while they all watched.
25 Then Joseph ordered that their sacks be filled with grain, that their money be put back in each sack, and that they be given rations for the road. That was all done for them.
26 They loaded their food supplies on their donkeys and set off.
27-28 When they stopped for the night, one of them opened his sack to get food for his donkey; there at the mouth of his bag was his money. He called out to his brothers, "My money has been

다!" 다들 그것을 보고는 놀라서 두려워했다. "하
나님께서 우리를 어떻게 하시려는 거지?"
29-32 그들은 가나안 땅에 있는 아버지 야곱에게 돌
아가서, 그동안 있었던 일을 낱낱이 말했다. "그 나
라를 다스리는 사람이 우리에게 엄히 말하면서, 우
리를 정탐꾼들이라고 몰아세웠습니다. 우리는 이
렇게 말했습니다. '저희는 정직한 사람들이지 결코
정탐꾼들이 아닙니다. 저희는 열두 형제이고, 모두
가 한 아버지의 아들들입니다. 하나는 사라졌고,
막내는 아버지와 함께 가나안 땅에 있습니다.'
33-34 그랬더니 그 나라의 주인이 이렇게 말했습니
다. '너희 형제들 가운데 한 사람은 내 곁에 남겨
두고, 너희는 굶주린 가족을 위해 식량을 가지고
가거라. 너희 막내아우를 내게 데려와서, 너희가
정탐꾼들이 아니라 정직한 사람들이라는 것을 증
명해 보여라. 그러면 나는 너희 형제를 풀어 주고,
너희는 이 나라에 마음대로 오가게 될 것이다.'"
35 그들이 식량 자루를 비우는데, 자루에서 각 사
람의 돈 주머니가 나왔다. 그들과 그들의 아버지
는 그 돈을 보고서 근심에 사로잡혔다.
36 그들의 아버지가 말했다. "너희는 내가 얻은 모
든 것을 빼앗아 가는구나! 요셉도 없어지고, 시므
온도 없어졌는데, 이제는 베냐민마저 빼앗아 가려
고 하는구나. 너희 말대로 하면, 내게 무엇이 남겠
느냐."
37 르우벤이 목소리를 높여 말했다. "제 두 아들의
목숨을 아버지의 손에 맡기겠습니다. 제가 베냐민
을 데려오지 않으면, 아버지께서 그 아이들을 죽
이셔도 좋습니다. 베냐민을 제게 맡겨 주십시오.
제가 반드시 그 아이를 데려오겠습니다."
38 그러나 야곱은 거절했다. "내 아들을 너희와 함
께 내려보낼 수는 없다. 그 아이의 형은 죽었고,
내게 남은 것은 이제 그 아이뿐이다. 길에서 그 아
이에게 무슨 일이라도 생기면, 너희는 백발이 성
성한 채 슬퍼하는 나를 땅에 묻어야 할 것이다."

베냐민을 데리고 다시 이집트로 가다

43 1-2 기근이 더욱 심해졌다. 이집트에서
가져온 식량이 다 떨어지자, 그들의 아
버지가 말했다. "다시 가서 식량을 조금 더 구해
오너라."
3-5 유다가 말했다. "그 사람이 우리에게 엄히 경고
하면서 말하기를, '너희 아우를 데려오지 않으면,
너희는 내 얼굴을 볼 수 없을 것이다'라고 했습니
다. 아버지께서 아우를 우리와 함께 가도록 내주

returned; it's right here in my bag!" They were
puzzled—and frightened. "What's God doing
to us?"
29-32 When they got back to their father Jacob,
back in the land of Canaan, they told him every-
thing that had happened, saying, "The man who
runs the country spoke to us roughly and accused
us of being spies. We told him, 'We are honest
men and in no way spies. There were twelve of us
brothers, sons of one father; one is gone and the
youngest is with our father in Canaan.'
33-34 "But the master of the country said, 'Leave
one of your brothers with me, take food for your
starving families, and go. Bring your youngest
brother back to me, proving that you're honest
men and not spies. And then I'll give your brother
back to you and you'll be free to come and go in
this country.'"
35 As they were emptying their food sacks, each
man came on his purse of money. On seeing their
money, they and their father were upset.
36 Their father said to them, "You're taking every-
thing I've got! Joseph's gone, Simeon's gone, and
now you want to take Benjamin. If you have your
way, I'll be left with nothing."
37 Reuben spoke up: "I'll put my two sons in your
hands as hostages. If I don't bring Benjamin back,
you can kill them. Trust me with Benjamin; I'll
bring him back."
38 But Jacob refused. "My son will not go down
with you. His brother is dead and he is all I have
left. If something bad happens to him on the
road, you'll put my gray, sorrowing head in the
grave."

43 1-2 The famine got worse. When they had
eaten all the food they had brought back
from Egypt, their father said, "Go back and get
some more food."
3-5 But Judah said, "The man warned us most
emphatically, 'You won't so much as see my face
if you don't have your brother with you.' If you're
ready to release our brother to go with us, we'll
go down and get you food. But if you're not ready,

시면, 우리가 내려가서 아버지께 식량을 구해 오겠습니다. 하지만 아버지께서 그렇게 하지 않겠다고 하시면, 우리는 가지 않겠습니다. 간다고 한들 무슨 소용이 있겠습니까? 그 사람이 우리에게 '너희 아우를 데려오지 않으면, 너희는 내 얼굴을 볼 수 없을 것이다' 하고 말했으니 말입니다."

6 이스라엘이 말했다. "너희는 어찌하여 내 인생을 이토록 고달프게 하느냐? 도대체 어쩌자고 또 다른 아우가 있다는 말을 했느냐?"

7 그들이 말했다. "그 사람이 우리를 심하게 다그치며 '너희 아버지는 살아 계시느냐? 너희에게 또 다른 아우가 있느냐?' 하고 우리 가족에 대해 꼬치꼬치 캐묻기에, 그렇다고 대답한 것입니다. 그 사람이 '너희 아우를 이리로 데려오너라' 하고 말할 줄 우리가 어찌 알았겠습니까?"

8-10 유다가 아버지 이스라엘에게 재촉했다. "제가 책임질 테니 그 아이를 보내 주십시오. 우리가 곧 떠나야겠습니다. 우리가 가지 않으면, 우리 가족 모두가 굶어 죽게 됩니다. 우리도 아버지도 우리 자녀도 다 죽게 될 것입니다! 그 아이의 안전을 제가 모두 책임지겠습니다. 그 아이의 생명과 제 생명을 맞바꾸겠습니다. 제가 그 아이를 무사히 데려오지 않으면, 제가 죄인이 되어 모든 죄를 달게 받겠습니다. 우리가 이렇게 꾸물거리지 않고 갔더라면, 벌써 두 번은 다녀왔을 것입니다."

11-14 아버지 이스라엘이 마지못해 응했다. "정 그렇게 해야만 한다면, 이렇게 하여라. 이 땅에서 나는 가장 좋은 토산물을 너희 자루에 넣어 가서 그 사람에게 선물로 드리거라. 향유와 꿀, 향료와 향수, 유향나무 열매와 감복숭아도 얼마 가져가거라. 돈도 넉넉히 챙겨서, 너희 자루에 담겨 있던 액수의 두 배를 가져가거라. 분명히 착오가 있었을 것이다. 너희 아우를 데리고 출발하여라. 그 사람에게 다시 가거라. 너희들이 그 사람 앞에 설 때 강하신 하나님이 은혜를 베푸셔서, 그 사람이 너희의 다른 형제와 베냐민을 함께 돌려보내 주면 더없이 좋겠구나. 내게는 이제 남은 게 하나도 없다. 다 잃어버렸다."

15-16 그들은 선물을 마련하고 돈을 두 배로 챙겨서 베냐민을 데리고 갔다. 그들은 지체하지 않고 이집트로 가서 요셉을 만났다. 그들이 베냐민을 데려온 것을 보고, 요셉이 자기 집 관리인에게 말했다. "이 사람들을 집으로 데려가서 편히 쉬게 해주어라. 짐승을 잡고 식사를 준비하여라. 내가 그들과 점심을 함께할 것이다."

we aren't going. What would be the use? The man told us, 'You won't so much as see my face if you don't have your brother with you.'"

6 Israel said, "Why are you making my life so difficult! Why did you ever tell the man you had another brother?"

7 They said, "The man pressed us hard, asking pointed questions about our family: 'Is your father alive? Do you have another brother?' So we answered his questions. How did we know that he'd say, 'Bring your brother here'?"

8-10 Judah pushed his father Israel. "Let the boy go; I'll take charge of him. Let us go and be on our way–if we don't get going, we're all going to starve to death–we and you and our children, too! I'll take full responsibility for his safety; it's my life on the line for his. If I don't bring him back safe and sound, I'm the guilty one; I'll take all the blame. If we had gone ahead in the first place instead of procrastinating like this, we could have been there and back twice over."

11-14 Their father Israel gave in. "If it has to be, it has to be. But do this: stuff your packs with the finest products from the land you can find and take them to the man as gifts–some balm and honey, some spices and perfumes, some pistachios and almonds. And take plenty of money–pay back double what was returned to your sacks; that might have been a mistake. Take your brother and get going. Go back to the man. And may The Strong God give you grace in that man's eyes so that he'll send back your other brother along with Benjamin. For me, nothing's left; I've lost everything."

15-16 The men took the gifts, double the money, and Benjamin. They lost no time in getting to Egypt and meeting Joseph. When Joseph saw that they had Benjamin with them, he told his house steward, "Take these men into the house and make them at home. Butcher an animal and prepare a meal; these men are going to eat with me at noon."

17-18 The steward did what Joseph had said and took them inside. But they became anxious when they were brought into Joseph's home, thinking,

17-18 관리인은 요셉이 말한 대로 그들을 집 안으로 데리고 들어갔다. 그들은 안내를 받아 요셉의 집으로 들어가면서, 불안에 휩싸여 생각했다. "그 돈 때문이야. 그 사람은 우리가 처음 이곳으로 내려왔을 때 그 돈을 가지고 도망쳤다고 생각하는 거다. 이제 그가 원하는 곳에서 우리를 붙잡았으니, 우리를 종으로 삼고 우리의 나귀를 몰수하려는 거야."

19-22 그래서 그들은 요셉의 집 관리인에게 다가가 그 집 문 앞에서 말했다. "주인님, 들어 보십시오. 저희는 지난번에 식량을 사러 여기에 내려왔던 사람들입니다. 집으로 돌아가던 날 밤에 자루를 열어 보니, 자루에 저희 돈이 들어 있었습니다. 저희가 지불한 액수 그대로였습니다. 저희가 그 돈을 고스란히 가져왔고, 추가로 식량을 살 돈도 많이 가져왔습니다. 누가 저희 자루 속에 돈을 넣어 두었는지 저희는 모르겠습니다."

23 관리인이 말했다. "모든 것이 잘 되었으니, 걱정하지 마십시오. 여러분의 하나님, 여러분 아버지의 하나님께서 여러분에게 덤으로 주신 것이 분명합니다. 나는 이미 여러분의 돈을 다 받았습니다." 그러고는 시므온을 데려와 그들에게 넘겨주었다.

24-25 관리인은 그들을 요셉의 집으로 데리고 들어가서, 발 씻을 물을 주고 그들의 나귀에게 먹이를 주며 그들을 편히 쉬게 해주었다. 형제들은 요셉과 함께 식사할 것이라는 말을 듣고, 정오에 그가 나타나기를 기다리며 가져온 선물을 펼쳐 놓았다.

26 요셉이 집에 오자, 그들은 가져온 선물을 그 앞에 내놓고 정중히 머리 숙여 절했다.

27 요셉이 그들을 맞이하며 말했다. "전에 너희가 말한 연로하신 너희 아버지는 안녕하시냐? 아직도 살아 계시느냐?"

28 그들이 말했다. "예, 주인님의 종인 저희 아버지는 지금도 살아 계시고, 아주 잘 지내십니다." 그러고는 다시 정중히 머리 숙여 절했다.

29 그때 요셉이 자기 어머니의 아들, 곧 자기 친동생 베냐민을 알아보고 그들에게 물었다. "전에 너희가 내게 말한 막내아우가 이 아이냐?" 그러고는 "내 아들아, 하나님께서 네게 은혜 베푸시기를 빈다" 하고 말했다.

30-31 *요셉은 자기 아우를 보고* 감정이 북받쳐 울음이 터져 나오려고 하자, 급히 다른 방으로 들어가서 한참을 울었다. 그러고 나서 얼굴을 씻고 마음을 진정시킨 다음, 상을 차리라고 말했다.

"It's the money; he thinks we ran off with the money on our first trip down here. And now he's got us where he wants us–he's going to turn us into slaves and confiscate our donkeys."

19-22 So they went up to Joseph's house steward and talked to him in the doorway. They said, "Listen, master. We came down here one other time to buy food. On our way home, the first night out we opened our bags and found our money at the mouth of the bag–the exact amount we'd paid. We've brought it all back and have plenty more to buy more food with. We have no idea who put the money in our bags."

23 The steward said, "Everything's in order. Don't worry. Your God and the God of your father must have given you a bonus. I was paid in full." And with that, he presented Simeon to them.

24-25 He then took them inside Joseph's house and made them comfortable–gave them water to wash their feet and saw to the feeding of their donkeys. The brothers spread out their gifts as they waited for Joseph to show up at noon–they had been told that they were to have dinner with him.

26 When Joseph got home, they presented him with the gifts they had brought and bowed respectfully before him.

27 Joseph welcomed them and said, "And your old father whom you mentioned to me, how is he? Is he still alive?"

28 They said, "Yes–your servant our father is quite well, very much alive." And they again bowed respectfully before him.

29 Then Joseph picked out his brother Benjamin, his own mother's son. He asked, "And is this your youngest brother that you told me about?" Then he said, "God be gracious to you, my son."

30-31 Deeply moved on seeing his brother and about to burst into tears, Joseph hurried out into another room and had a good cry. Then he washed his face, got a grip on himself, and said, "Let's eat."

32-34 Joseph was served at his private table, the brothers off by themselves and the Egyptians off by themselves (Egyptians won't eat at the same

32-34 요셉은 따로 상을 받았고, 형제들은 형제들끼리, 이집트 사람들은 이집트 사람들끼리 식사하도록 상을 차리게 했다. (이집트 사람들은 히브리 사람들과 한 식탁에서 먹지 않았다. 히브리 사람들과 식사하는 것을 역겹게 여겼기 때문이다.) 형제들이 안내를 받아 앉고 보니, 요셉을 마주 보고 맏이에서부터 막내에 이르기까지 나이 순으로 앉게 되었다. 형제들은 이제 무슨 일이 벌어질까 의아해 하며 놀란 눈으로 서로 쳐다보았다. 요셉은 각 사람이 먹을 음식을 자기 식탁에서 형제들의 접시로 나르게 했다. 베냐민의 접시에 담긴 음식은 다른 형들의 접시에 담긴 음식보다 훨씬 많았다. 형제들은 요셉과 함께 마음껏 먹고 마셨다.

베냐민의 자루에서 은잔이 나오다

44 1-2 요셉이 자기 집 관리인에게 지시했다. "저 사람들의 자루에 그들이 가져갈 수 있을 만큼 넉넉하게 식량을 채우고, 각 사람이 가져온 돈을 자루 맨 위에 도로 넣어라. 그리고 막내의 자루 맨 위에는 식량 값으로 가져온 돈과 함께 내 은잔을 넣어 두어라." 그는 요셉이 지시한 대로 했다.

3-5 동이 트자, 그들은 배웅을 받으며 나귀들을 이끌고 길을 나섰다. 그들이 아직 그 도시에서 얼마 벗어나지 못했을 때, 요셉이 자기 집 관리인에게 말했다. "그들을 뒤쫓아라. 그들을 따라잡거든, '너희는 어찌하여 선을 악으로 갚느냐? 이것은 내 주인께서 마실 때 쓰시는 잔이다. 점을 칠 때 쓰시는 잔이기도 하다. 이렇게 괘씸한 짓을 저지르다니!' 하고 말하여라."

6 관리인은 그들을 따라잡고서 이 모든 말을 그대로 했다.

7-9 그들이 말했다. "저희는 무슨 말씀을 하시는지 모르겠습니다. 저희 형제들은 그런 짓을 할 사람들이 아닙니다! 지난번 자루 속에서 발견한 돈도 가나안 땅에서 고스란히 가져왔습니다. 그런데 저희가 마음이 변해 당신 주인님의 집에서 은잔을 훔쳤다고 생각하시는 것입니까? 저희 가운데 누구에게서든 그 잔이 발견되면, 그 사람은 죽어 마땅합니다. 그리고 나머지 형제들도 당신 주인님의 종이 되겠습니다."

10 관리인이 말했다. "좋다. 그러나 그렇게까지 할 필요는 없다. 잔이 발견되는 자는 내 주인님의 종이 될 것이다. 그러나 나머지 사람들은 죄가 없으니 가도 좋다."

table with Hebrews; it's repulsive to them). The brothers were seated facing Joseph, arranged in order of their age, from the oldest to the youngest. They looked at one another wide-eyed, wondering what would happen next. When the brothers' plates were served from Joseph's table, Benjamin's plate came piled high, far more so than his brothers. And so the brothers feasted with Joseph, drinking freely.

44 1-2 Joseph ordered his house steward: "Fill the men's bags with food—all they can carry—and replace each one's money at the top of the bag. Then put my chalice, my silver chalice, in the top of the bag of the youngest, along with the money for his food." He did as Joseph ordered.

3-5 At break of day the men were sent off with their donkeys. They were barely out of the city when Joseph said to his house steward, "Run after them. When you catch up with them, say, 'Why did you pay me back evil for good? This is the chalice my master drinks from; he also uses it for divination. This is outrageous!'"

6 He caught up with them and repeated all this word for word.

7-9 They said, "What is my master talking about? We would never do anything like that! Why, the money we found in our bags earlier, we brought back all the way from Canaan—do you think we'd turn right around and steal it back from your master? If that chalice is found on any of us, he'll die; and the rest of us will be your master's slaves."

10 The steward said, "Very well then, but we won't go that far. Whoever is found with the chalice will be my slave; the rest of you can go free."

11-12 They outdid each other in putting their bags on the ground and opening them up for inspection. The steward searched their bags, going from oldest to youngest. The chalice showed up in Benjamin's bag.

13 They ripped their clothes in despair, loaded up their donkeys, and went back to the city.

11-12 그들은 다급한 마음에 누가 먼저랄 것도 없이 각자 자기 자루를 바닥에 내려놓고 자루를 풀어 조사를 받았다. 관리인은 맏이에서부터 막내에 이르기까지 그들의 자루를 하나씩 뒤졌다. 그런데 베냐민의 자루에서 잔이 나왔다.

13 그들은 낙심하여 자기 옷을 찢고서, 나귀에 짐을 실은 뒤에 그 도시로 되돌아갔다.

14 유다와 그의 형제들이 돌아가 보니, 요셉이 아직 집에 있었다. 그들은 요셉이 보는 앞에서 바닥에 털썩 주저앉았다.

15 요셉이 그들을 나무라며 말했다. "너희가 어찌하여 이런 짓을 했느냐? 나 같은 사람이 이런 것을 알아낼 줄 몰랐단 말이냐?"

16 유다가 형제들을 대신해서 말했다. "주인님, 저희가 무슨 할 말이 있고 무슨 변명을 할 수 있겠습니까? 저희에게 죄가 없다는 것을 무엇으로 입증할 수 있겠습니까? 하나님께서 저희 뒤에 계시면서 저희 잘못을 들추어 보이셨습니다. 저희가 주인님 앞에 죄를 지었으니, 이제 주인님의 종이 되겠습니다. 저희 모두가 이 일에 연루되었습니다. 잔을 가져간 아이나 저희나 다 죄인입니다."

17 요셉이 말했다. "나는 그렇게 할 마음이 없다. 잔을 가져간 자만 나의 종이 될 것이다. 나머지는 죄가 없으니 너희 아버지에게로 돌아가거라."

18-20 유다가 앞으로 나아가 말했다. "주인님, 부탁드립니다. 주인님께 한 가지만 말씀드리게 해주십시오. 주인님께서는 바로와 같은 분이시니, 노여워하지 마시고, 제가 주제넘다고 여기지 말아 주십시오. 주인님께서는 저희에게 '아버지와 동생이 있느냐?'고 물으셨습니다. 그래서 저희는 '저희에게 연로한 아버지와, 그가 노년에 얻은 아우가 있습니다. 그 아이의 형은 죽고, 그 아이의 어머니가 낳은 아들 가운데 남은 아이는 그 아이뿐입니다. 그래서 아버지께서는 누구보다 그 아이를 사랑하십니다' 하고 솔직히 말씀드렸습니다.

21-22 그러자 주인님께서는 저희에게 '그 아이를 이리로 데려오너라. 내가 그 아이를 보아야겠다'고 말씀하셨습니다. 저희는 그럴 수 없다는 뜻으로 '그 아이는 아버지를 떠날 수 없습니다. 그 아이가 떠나면, 아버지는 돌아가시고 말 것입니다' 하고 말씀드렸습니다.

23 그러자 주인님께서는 '너희 막내아우를 데려오지 않으면, 너희는 *나를 보지 못할 것이다'* 하고 말씀하셨습니다.

24-26 저희는 저희 아버지께 돌아가, 주인님께서 저희에게 하신 모든 말씀을 전했습니다. 저희 아버지께서 '다시 가서 식량을 조금 더 구해 오너라'고 했을 때도, 저희

14 Joseph was still at home when Judah and his brothers got back. They threw themselves down on the ground in front of him.

15 Joseph accused them: "How can you have done this? You have to know that a man in my position would have discovered this."

16 Judah as spokesman for the brothers said, "What can we say, master? What is there to say? How can we prove our innocence? God is behind this, exposing how bad we are. We stand guilty before you and ready to be your slaves—we're all in this together, the rest of us as guilty as the one with the chalice."

17 "I'd never do that to you," said Joseph. "Only the one involved with the chalice will be my slave. The rest of you are free to go back to your father."

18-20 Judah came forward. He said, "Please, master; can I say just one thing to you? Don't get angry. Don't think I'm presumptuous—you're the same as Pharaoh as far as I'm concerned. You, master, asked us, 'Do you have a father and a brother?' And we answered honestly, 'We have a father who is old and a younger brother who was born to him in his old age. His brother is dead and he is the only son left from that mother. And his father loves him more than anything.'

21-22 "Then you told us, 'Bring him down here so I can see him.' We told you, master, that it was impossible: 'The boy can't leave his father; if he leaves, his father will die.'

23 "And then you said, 'If your youngest brother doesn't come with you, you won't be allowed to see me.'

24-26 "When we returned to our father, we told him everything you said to us. So when our father said, 'Go back and buy some more food,' we told him flatly, 'We can't. The only way we can go back is if our youngest brother is with us. We aren't allowed to even see the man if our youngest brother doesn't come with us.'

27-29 "Your servant, my father, told us, 'You know very well that my wife gave me two

는 '그럴 수 없습니다. 막내아우가 우리와 함께 가지 않으면, 우리는 다시 갈 수 없습니다. 막내아우가 함께 가지 않으면, 우리는 그분을 뵐 수가 없습니다' 하고 단호하게 말씀드렸습니다.

27-29 그러자 주인님의 종인 제 아버지는 저희에게 '너희도 잘 알다시피, 내 아내가 두 아들을 낳았는데, 한 아이는 잃어버렸다. 그 아이는 짐승에게 찢겨 죽은 게 틀림없다. 그 후로 나는 그 아이를 한 번도 본 적이 없다. 그런데 이제 너희가 이 아이를 데리고 갔다가 이 아이에게 무슨 일이라도 생기면, 너희는 백발이 성성한 채 슬퍼하는 나를 끝내 땅에 묻어야 할 것이다' 하고 말씀하셨습니다.

30-32 주인님의 종인 제 아버지에게 이 아이의 목숨은 당신 목숨이나 다름없어서, 제가 이 아이 없이 아버지 앞에 나타나면 아버지는 아이가 없어진 것을 아시고 그 자리에서 돌아가시고 말 것입니다. 아버지가 슬픔에 잠겨 돌아가시면, 여기 주인님 앞에 주인님의 종으로 서 있는 저희가 그분을 돌아가시게 한 셈이 됩니다. 그뿐 아닙니다. 저는 그 아이를 주인님께 보여드릴 수 있게 해달라고 하면서, 제 아버지께 '제가 그 아이를 데려오지 않으면, 아버지 앞에서 평생 죄인으로 살겠습니다' 하고 다짐했습니다.

33-34 그러니 이 아이 대신에 제가 주인님의 종으로 이곳에 머물게 해주십시오. 이 아이는 형제들과 함께 돌아가게 해주십시오. 이 아이가 함께 가지 못하는데, 제가 어떻게 아버지께 돌아갈 수 있겠습니까? 제발, 제가 돌아가서 아버지가 슬픔에 잠겨 돌아가시는 모습을 보지 않게 해주십시오!"

요셉이 형제들에게 자신을 밝히다

45 1-2 요셉은 더 이상 자신을 억제할 수 없어, 자신의 수행원들에게 "물러가라! 다들 물러가라!" 하고 소리쳤다. 요셉은 자기 곁에 아무도 없게 되자, 형제들에게 자신이 누구인지를 밝혔다. 그러나 그의 흐느끼는 소리가 너무도 격해서, 이집트 사람들에게까지 들렸다. 그 소식은 곧 바로의 궁에도 전해졌다.

3 요셉이 자기 형제들에게 말했다. "내가 요셉입니다. 정말 내 아버지께서 아직도 살아 계십니까?" 그의 형제들은 말문이 막혀 한 마디도 할 수 없었다. 그들은 자신들이 보고 들은 것을 믿을 수가 없었다.

4-8 요셉이 형제들에게 말했다. "내게 가까이 오십시오." 그들이 가까이 다가갔다. "내가 바로 형님들의 아우 요셉입니다. 형님들이 이집트에 팔아넘긴 그 요셉입니다. 저를 팔아넘겼다고 괴로워하지도 말고, 자책하지도 마십시오. 그 일 뒤에는 하나님이 계셨습니다. 하나님께

sons. One turned up missing. I concluded that he'd been ripped to pieces. I've never seen him since. If you now go and take this one and something bad happens to him, you'll put my old gray, grieving head in the grave for sure.'

30-32 "And now, can't you see that if I show up before your servant, my father, without the boy, this son with whom his life is so bound up, the moment he realizes the boy is gone, he'll die on the spot. He'll die of grief and we, your servants who are standing here before you, will have killed him. And that's not all. I got my father to release the boy to show him to you by promising, 'If I don't bring him back, I'll stand condemned before you, Father, all my life.'

33-34 "So let me stay here as your slave, not this boy. Let the boy go back with his brothers. How can I go back to my father if the boy is not with me? Oh, don't make me go back and watch my father die in grief!"

45 1-2 Joseph couldn't hold himself in any longer, keeping up a front before all his attendants. He cried out, "Leave! Clear out—everyone leave!" So there was no one with Joseph when he identified himself to his brothers. But his sobbing was so violent that the Egyptians couldn't help but hear him. The news was soon reported to Pharaoh's palace.

3 Joseph spoke to his brothers: "I am Joseph. Is my father really still alive?" But his brothers couldn't say a word. They were speechless—they couldn't believe what they were hearing and seeing.

4-8 "Come closer to me," Joseph said to his brothers. They came closer. "I am Joseph your brother whom you sold into Egypt. But don't feel badly, don't blame yourselves for selling me. God was behind it. God sent me here ahead of you to save lives. There has been a famine in the land now for two years;

서 나를 형님들보다 앞서 이곳으로 보내셔서, 여러 목숨을 구하게 하셨습니다. 이 땅에 흉년이 든 지 두 해가 되었지만, 앞으로도 다섯 해 동안은 흉년이 계속 들어 밭을 갈지도 못하고 추수도 하지 못하게 될 것입니다. 하나님께서 나를 앞서 보내셔서, 이 땅에 살아남은 민족이 있게 하시고, 놀라운 구원의 행위로 형님들의 목숨을 구하도록 준비하셨습니다. 보다시피, 나를 이곳으로 보낸 것은 형님들이 아니라 하나님이십니다. 하나님께서 나를 바로의 아버지와 같은 자리에 앉히시고, 내게 그의 일을 맡기셔서, 나를 이집트의 통치자로 세워 주셨습니다.

9-11 서둘러 아버지께 돌아가십시오. 가서 아버지께 이렇게 전하십시오. '아버지의 아들 요셉이 말씀드립니다. 저는 이집트 온 땅의 주인입니다. 되도록 빨리 이곳으로 오셔서 저와 함께 지내십시오. 아버지께서 저와 가까이 계실 수 있도록 제가 고센 땅에 지내실 곳을 마련해 놓겠습니다. 아버지와 아버지의 아들들과 손자들, 그리고 아버지의 양 떼와 소 떼와 아버지의 모든 재산을 가지고 오십시오. 제가 그곳에서 아버지를 극진히 모시겠습니다. 앞으로도 흉년이 다섯 해나 더 들 텐데, 아버지께 필요한 모든 것을 제가 살펴 드리겠습니다. 아버지와 아버지께 딸린 모든 식구를 제가 보살피고, 부족한 것이 하나도 없게 해드리겠습니다' 하고 말씀해 주십시오.

12-13 나를 보십시오. 내가 내 입으로 형님들에게 이 모든 말을 하는 것을, 형님들은 물론이고 내 아우 베냐민도 직접 보고 있습니다. 내가 이집트에서 차지하고 있는 높은 지위에 대해 아버지께 말씀드리고, 형님들이 이곳에서 본 것을 하나도 빠짐없이 말씀드려 주십시오. 하지만 오래 지체하지 말고, 서둘러 아버지를 모시고 이곳으로 내려오십시오."

14-15 그러고 나서 요셉은 자기 아우 베냐민의 목을 껴안고 울었다. 베냐민도 요셉의 목을 껴안고 울었다. 요셉은 형들과도 한 사람씩 입을 맞추며 부둥켜 안고 울었다. 그제야 형들도 요셉과 이야기를 나눌 수 있게 되었다.

16 "요셉의 형제들이 왔다"는 소식이 바로의 궁에 전해졌다. 그 소식을 듣고 바로와 그의 모든 신하가 기뻐했다.

17-18 바로가 요셉에게 말했다. "그대의 형제들에게 이렇게 전하시오. '너희 짐을 짐승들의 등에 싣고 가나안으로 가서, 너희 아버지와 너희 가족들을 데리고 이곳으로 돌아오너라. 내가 너희를 이집트에서

the famine will continue for five more years—neither plowing nor harvesting. God sent me on ahead to pave the way and make sure there was a remnant in the land, to save your lives in an amazing act of deliverance. So you see, it wasn't you who sent me here but God. He set me in place as a father to Pharaoh, put me in charge of his personal affairs, and made me ruler of all Egypt.

9-11 "Hurry back to my father. Tell him, 'Your son Joseph says: I'm master of all of Egypt. Come as fast as you can and join me here. I'll give you a place to live in Goshen where you'll be close to me—you, your children, your grandchildren, your flocks, your herds, and anything else you can think of. I'll take care of you there completely. There are still five more years of famine ahead; I'll make sure all your needs are taken care of, you and everyone connected with you—you won't want for a thing.'

12-13 "Look at me. You can see for yourselves, and my brother Benjamin can see for himself, that it's me, my own mouth, telling you all this. Tell my father all about the high position I hold in Egypt, tell him everything you've seen here, but don't take all day—hurry up and get my father down here."

14-15 Then Joseph threw himself on his brother Benjamin's neck and wept, and Benjamin wept on his neck. He then kissed all his brothers and wept over them. Only then were his brothers able to talk with him.

16 The story was reported in Pharaoh's palace: "Joseph's brothers have come." It was good news to Pharaoh and all who worked with him.

17-18 Pharaoh said to Joseph, "Tell your brothers, 'This is the plan: Load up your pack animals; go to Canaan, get your father and your families and bring them back here. I'll settle you on the best land in Egypt—you'll live off the fat of the land.'

19-20 "Also tell them this: 'Here's what I want you to do: Take wagons from Egypt to carry your little ones and your wives and load up your father and come back. Don't worry about having to leave things behind; the best in all of Egypt

가장 좋은 땅에 자리 잡고 살게 해주겠다. 너희는 그 땅에서 나는 기름진 것을 먹고 살게 될 것이다.'

19-20 그들에게 이 말도 전하시오. '나는 너희가 이렇게 하기를 바란다. 너희 아이들과 아내들을 태워 올 수 있도록 이집트에서 마차 몇 대를 가져가거라. 마차에 너희 아버지를 모시고 돌아오너라. 이집트 온 땅에 있는 가장 좋은 것이 너희 차지가 될 것이니, 아무 걱정 말고 살림살이는 두고 오너라.'"

21-23 이스라엘의 아들들은 바로가 하라는 대로 했다. 요셉은 그들에게 바로가 약속한 대로 마차를 내주었고, 돌아가는 길에 먹을 양식도 주었다. 그는 형들에게 새로 만든 옷을 마련해 주고, 베냐민에게는 은화 삼백 개와 옷 여러 벌을 주었다. 아버지에게는 이집트의 특산물을 실은 나귀 열 마리와 오는 길에 먹을 양식으로 곡식과 빵을 실은 또 다른 나귀 열 마리를 선물로 보냈다.

24 요셉은 형제들을 떠나보냈다. 그들이 떠나갈 때, 그는 "오가는 길에 마음을 편히 하시고, 서로 사이좋게 지내십시오" 하고 당부했다.

25-28 그들은 이집트를 떠나 가나안 땅에 있는 아버지 야곱에게로 돌아갔다. 그들이 말했다. "요셉이 지금까지 살아 있습니다. 그는 이집트 온 땅을 다스리는 사람입니다!" 야곱은 말문이 막혔다. 그는 자신의 귀를 의심했다. 그러나 요셉이 한 말을 아들들에게서 다 전해 듣고 또 요셉이 자기를 태워 오라고 보낸 마차를 보자, 그제야 혈색이 돌아왔다. 그들의 아버지 야곱이 기운을 차린 것이다. 이스라엘이 말했다. "내 아들 요셉이 지금까지 살아 있다는 말은 충분히 들었다. 그러니 내가 가서, 죽기 전에 그 아이를 봐야겠다."

야곱의 가족이 이집트로 가다

46 1 마침내 이스라엘은 자기의 모든 소유를 가지고 여행길에 올랐다. 그는 브엘세바에 이르러 자기 아버지 이삭의 하나님께 희생 제사를 드리며 예배했다.

2 그날 밤, 하나님께서 이스라엘에게 환상 가운데 말씀하셨다. "야곱아! 야곱아!"

그가 대답했다. "예, 말씀하십시오."

3-4 하나님께서 말씀하셨다. "나는 네 아버지의 하나님이다. 이집트로 내려가는 것을 두려워하지 마라. 내가 그곳에서 너를 큰 민족이 되게 하겠다. 내가 너와 함께 이집트로 내려갔다가, 너를 다시 이곳으로 데려오겠다. 네가 죽을 때, 요셉이 네 곁에 있을 것이다. 요셉이 그의 손으로 네 눈을 감겨 줄

will be yours.'"

21-23 And they did just that, the sons of Israel. Joseph gave them the wagons that Pharaoh had promised and food for the trip. He outfitted all the brothers in brand-new clothes, but he gave Benjamin three hundred pieces of silver and several suits of clothes. He sent his father these gifts: ten donkeys loaded with Egypt's best products and another ten donkeys loaded with grain and bread, provisions for his father's journey back.

24 Then he sent his brothers off. As they left he told them, "Take it easy on the journey; try to get along with each other."

25-28 They left Egypt and went back to their father Jacob in Canaan. When they told him, "Joseph is still alive–and he's the ruler over the whole land of Egypt!" he went numb; he couldn't believe his ears. But the more they talked, telling him everything that Joseph had told them and when he saw the wagons that Joseph had sent to carry him back, the blood started to flow again–their father Jacob's spirit revived. Israel said, "I've heard enough–my son Joseph is still alive. I've got to go and see him before I die."

46 1 So Israel set out on the journey with everything he owned. He arrived at Beersheba and worshiped, offering sacrifices to the God of his father Isaac.

2 God spoke to Israel in a vision that night: "Jacob! Jacob!"

"Yes?" he said. "I'm listening."

3-4 God said, "I am the God of your father. Don't be afraid of going down to Egypt. I'm going to make you a great nation there. I'll go with you down to Egypt; I'll also bring you back here. And when you die, Joseph will be with you; with his own hand he'll close your eyes."

5-7 Then Jacob left Beersheba. Israel's sons loaded their father and their little ones and their wives on the wagons Pharaoh had sent to carry him. They arrived in Egypt with the livestock and the wealth they had accumulated in Canaan.

것이다."
5-7 야곱이 브엘세바를 떠났다. 이스라엘의 아들
들은 바로가 이스라엘을 모셔 오라고 보내 준 마
차에 자신들의 아버지와 아이들과 아내들을 태
웠다. 그들은 가나안 땅에서 모은 가축과 재산을
가지고 이집트에 도착했다. 야곱은 자기 집안의
모든 사람, 곧 아들과 손자들, 딸과 손녀들까지
한 사람도 빠뜨리지 않고 다 데리고 갔다.
8 이집트로 내려간 이스라엘 자손, 곧 야곱과
그 자손의 이름은 이러하다.
야곱의 맏아들 르우벤.
9 르우벤의 아들 하녹, 발루, 헤스론, 갈미.
10 시므온의 아들 여무엘, 야민, 오핫, 야긴, 스
할, 가나안 여인이 낳은 아들 사울.
11 레위의 아들 게르손, 고핫, 므라리.
12 유다의 아들 엘, 오난, 셀라, 베레스, 세라.
(엘과 오난은 가나안 땅에 있을 때 이미 죽었
다.) 베레스의 아들은 헤스론과 하물이다.
13 잇사갈의 아들 돌라, 부와, 욥, 시므론.
14 스불론의 아들 세렛, 엘론, 얄르엘.
15 이들은 레아가 밧단아람에서 낳은 야곱의 자
손이다. 디나도 그의 딸이다. 아들딸을 모두 합
하니 서른세 명이다.
16 갓의 아들 시뵨, 학기, 수니, 에스본, 에리,
아로디, 아렐리.
17 아셀의 아들 임나, 이스와, 이스위, 브리아,
그들의 누이 세라. 브리아의 아들 헤벨과 말기엘.
18 이들은 라반이 자기 딸 레아에게 준 여종
실바가 낳은 야곱의 자손으로, 모두 열여섯 명
이다.
19-21 야곱의 아내 라헬의 아들은 요셉과 베냐민
이다. 요셉은 온의 제사장 보디베라의 딸 아스
낫과 결혼하여 얻은 두 아들, 므낫세와 에브라
임의 아버지다. 그들은 요셉이 이집트에서 얻
은 아들들이다. 베냐민의 아들들은 벨라, 베겔,
아스벨, 게라, 나아만, 에히, 로스, 뭅빔, 훕빔,
아릇이다.
22 이들은 야곱과 라헬 사이에서 태어난 자손으
로, 모두 열네 명이다.
23 단의 아들 후심.
24 납달리의 아들 야스엘, 구니, 예셀, 실렘.
25 이들은 라반이 자기 딸 라헬에게 준 여종 빌
하가 낳은 야곱의 자손으로, 모두 일곱 명이다.
26-27 야곱과 함께 이집트로 내려간 사람들 가운
데 야곱의 며느리들을 뺀 그의 직계 자손은 모

Jacob brought everyone in his family with him—
sons and grandsons, daughters and granddaughters.
Everyone.
8 These are the names of the Israelites, Jacob and
his descendants, who went to Egypt:
Reuben, Jacob's firstborn.
9 Reuben's sons: Hanoch, Pallu, Hezron, and Carmi.
10 Simeon's sons: Jemuel, Jamin, Ohad, Jakin,
Zohar, and Shaul the son of a Canaanite woman.
11 Levi's sons: Gershon, Kohath, and Merari.
12 Judah's sons: Er, Onan, Shelah, Perez, and
Zerah (Er and Onan had already died in the land
of Canaan). The sons of Perez were Hezron and
Hamul.
13 Issachar's sons: Tola, Puah, Jashub, and Shimron.
14 Zebulun's sons: Sered, Elon, and Jahleel.
15 These are the sons that Leah bore to Jacob in
Paddan Aram. There was also his daughter Dinah.
Altogether, sons and daughters, they numbered
thirty-three.
16 Gad's sons: Zephon, Haggi, Shuni, Ezbon, Eri,
Arodi, and Areli.
17 Asher's sons: Imnah, Ishvah, Ishvi, and Beriah.
Also their sister Serah, and Beriah's sons, Heber and
Malkiel.
18 These are the children that Zilpah, the maid that
Laban gave to his daughter Leah, bore to Jacob—
sixteen of them.
19-21 The sons of Jacob's wife Rachel were Joseph
and Benjamin. Joseph was the father of two sons,
Manasseh and Ephraim, from his marriage to
Asenath daughter of Potiphera, priest of On. They
were born to him in Egypt. Benjamin's sons were
Bela, Beker, Ashbel, Gera, Naaman, Ehi, Rosh,
Muppim, Huppim, and Ard.
22 These are the children born to Jacob through
Rachel—fourteen.
23 Dan's son: Hushim.
24 Naphtali's sons: Jahziel, Guni, Jezer, and Shillem.
25 These are the children born to Jacob through
Bilhah, the maid Laban had given to his daughter
Rachel—seven.
26-27 Summing up, all those who went down to Egypt
with Jacob—his own children, not counting his
sons' wives—numbered sixty-six. Counting in the

두 예순여섯 명이다. 이집트에서 요셉에게 태어난 두 아들까지 합하면, 이집트에 들어간 야곱의 집안 식구는 모두 일흔 명이다.

28-29 야곱은 유다를 앞서 보내어, 고센 땅으로 가는 길을 요셉에게서 알아 오게 했다. 그들이 고센에 도착할 무렵, 요셉은 전차를 준비시켜 아버지 이스라엘을 만나러 고센으로 갔다. 요셉은 아버지를 보자마자, 그의 목을 끌어안고 한참을 울었다.

30 이스라엘이 요셉에게 말했다. "내가 이렇게 네 얼굴을 들여다보고 네가 정말로 살아 있는 것을 확인하다니, 이제 죽어도 여한이 없다."

31-34 요셉이 자기 형제들과 아버지의 가족들에게 말했다. "내가 바로께 가서 '가나안 땅에 살던 제 형제들과 아버지의 가족들이 제게 왔습니다. 그들은 목자들입니다. 줄곧 가축을 치면서 살아온 사람들입니다. 그들이 양 떼와 소 떼를 몰고 자기들의 모든 재산을 가지고 왔습니다' 하고 말씀드리겠습니다. 바로께서 형님들을 불러들여 무슨 일을 하는지 물으실 것이니, 형님들은 '왕의 종들인 저희는 지금까지 줄곧 가축을 치며 살아온 기억밖에 없습니다. 저희는 물론이고 저희 조상도 그러했습니다' 하고 대답하십시오. 그러면 바로께서 형님들을 고센 지방에서 따로 지내게 하실 것입니다. 이집트 사람들은 목자라면 누구나 천하게 보기 때문입니다."

47

1 요셉이 바로에게 가서 말했다. "제 아버지와 형제들이 양 떼와 소 떼와 모든 재산을 가지고 가나안 땅에서 왔습니다. 그들이 지금 고센 땅에 와 있습니다."

2-3 요셉은 자기 형제들 가운데 다섯 사람을 데려가서 바로에게 소개했다. 바로가 그들에게 물었다. "너희는 무슨 일을 하느냐?"

3-4 "왕의 종들인 저희는 조상 때부터 목자였습니다. 저희는 새로 정착할 곳을 찾아 이 나라에 왔습니다. 가나안 땅에는 저희 양 떼를 먹일 풀밭이 없습니다. 가나안 땅에 기근이 몹시 심하게 들었기 때문입니다. 부디 왕의 종들이 고센 땅에 자리를 잡고 살게 해주십시오."

5-6 바로가 요셉을 보며 말했다. "그대의 아버지

two sons born to Joseph in Egypt, the members of Jacob's family who ended up in Egypt numbered seventy.

28-29 Jacob sent Judah on ahead to get directions to Goshen from Joseph. When they got to Goshen, Joseph gave orders for his chariot and went to Goshen to meet his father Israel. The moment Joseph saw him, he threw himself on his neck and wept. He wept a long time.

30 Israel said to Joseph, "I'm ready to die. I've looked into your face—you are indeed alive."

31-34 Joseph then spoke to his brothers and his father's family. "I'll go and tell Pharaoh, 'My brothers and my father's family, all of whom lived in Canaan, have come to me. The men are shepherds; they've always made their living by raising livestock. And they've brought their flocks and herds with them, along with everything else they own.' When Pharaoh calls you in and asks what kind of work you do, tell him, 'Your servants have always kept livestock for as long as we can remember—we and our parents also.' That way he'll let you stay apart in the area of Goshen—for Egyptians look down on anyone who is a shepherd."

47

1 Joseph went to Pharaoh and told him, "My father and brothers with their flocks d herds and everything they own have come from naan. Right now they are in Goshen."

He had taken five of his brothers with him and roduced them to Pharaoh. Pharaoh asked them, hat kind of work do you do?"

"Your servants are shepherds, the same as our hers were. We have come to this country to find a place to live. There is no pasture for our flocks Canaan. The famine has been very bad there. ase, would you let your servants settle in the on of Goshen?"

haraoh looked at Joseph. "So, your father and hers have arrived—a reunion! Egypt welcomes . Settle your father and brothers on the choicest —yes, give them Goshen. And if you know any

와 형제들이 도착해, 이렇게 온 가족이 다 만나게 되었소! 이집트는 그들을 환영하오. 가장 좋은 땅을 골라서 그대의 아버지와 형제들이 자리 잡고 살게 하시오. 좋소. 고센 땅을 그들에게 주시오. 그들 가운데 특별히 목축을 잘하는 이들이 있거든, 그들에게 내 가축을 맡겨 돌보게 하시오."

7-8 이어서 요셉이 자기 아버지 야곱을 모시고 들어와 바로에게 소개했다. 야곱이 바로를 축복하자, 바로가 야곱에게 물었다. "연세가 어떻게 되시오?"

9-10 야곱이 바로에게 대답했다. "제가 나그네처럼 세상을 살아온 세월이 백삼십 년입니다. 제 조상이 받아 누린 세월에는 못 미치지만, 험한 인생을 살았습니다." 야곱은 바로를 축복하고 물러나왔다.

11-12 요셉은 바로가 지시한 대로 자기 아버지와 형제들을 이집트에 정착시키고, 가장 좋은 땅—라암셋(고센)—을 그들에게 주어 그 땅의 당당한 주인이 되게 했다. 요셉은 자기 아버지와 형제들과 아버지의 온 가족을 가장 나이 어린 아이에 이르기까지 잘 보살폈다. 그는 그들에게 모든 것을 넉넉하게 공급해 주었다.

13-15 마침내 온 땅에 식량이 바닥났다. 기근이 더욱 심해지더니, 이집트 땅과 가나안 땅이 기근으로 황폐해졌다. 요셉은 식량 배급의 대가로, 이집트 땅과 가나안 땅에 있는 돈을 남김 없이 거두어들여 바로의 궁에 두었다. 이집트 땅과 가나안 땅에서 거두어들일 수 있는 돈이 바닥나자, 이집트 사람들이 요셉에게로 몰려와서 말했다. "저희에게 식량을 주십시오. 저희가 주인님 앞에서 죽는 모습을 두고 보실 참입니까? 돈이 바닥났습니다."

16-17 요셉이 말했다. "여러분의 가축을 끌고 오시오. 돈이 떨어졌다니, 여러분의 가축을 받고 식량을 내주겠소." 그래서 이집트 사람들은 요셉에게 가축을 끌고 왔고, 요셉은 말과 양, 소, 나귀를 받고 그들에게 식량을 내주었다. 요셉은 그해 내내 가축을 받고 그들에게 식량을 내주었다.

18-19 그해가 가고 이듬해가 되자, 이집트 사람들이 다시 몰려와서 말했다. "주인님께서 잘 아시다시피, 저희는 빈털터리입니다. 돈은 이미 다 떨어졌고, 가축마저 주인님께 다 팔아 버렸습니다. 저희 몸과 땅을 빼면 저희에게는 식량과 맞바꿀 물건이 아무것도 남아 있지 않습니다. 저희가 이렇게 버티다가 주인님 앞에서 굶어 죽는다면, 저희 몸과 땅이 무슨 소용이겠습니까? 저희의 몸과 땅을 받으시고 식량을 주십

among them that are especially good at their work, put them in charge of my own livestock."

7-8 Next Joseph brought his father Jacob in and introduced him to Pharaoh. Jacob blessed Pharaoh. Pharaoh asked Jacob, "How old are you?"

9-10 Jacob answered Pharaoh, "The years of my sojourning are 130—a short and hard life and not nearly as long as my ancestors were given." Then Jacob blessed Pharaoh and left.

11-12 Joseph settled his father and brothers in Egypt, made them proud owners of choice land—it was the region of Rameses (that is, Goshen)—just as Pharaoh had ordered. Joseph took good care of them—his father and brothers and all his father's family, right down to the smallest baby. He made sure they had plenty of everything.

13-15 The time eventually came when there was no food anywhere. The famine was very bad. Egypt and Canaan alike were devastated by the famine. Joseph collected all the money that was to be found in Egypt and Canaan to pay for the distribution of food. He banked the money in Pharaoh's palace. When the money from Egypt and Canaan had run out, the Egyptians came to Joseph. "Food! Give us food! Are you going to watch us die right in front of you? The money is all gone."

-17 Joseph said, "Bring your livestock. I'll trade ou food for livestock since your money's run ut." So they brought Joseph their livestock. e traded them food for their horses, sheep, ttle, and donkeys. He got them through that ar in exchange for all their livestock.

19 When that year was over, the next year lled around and they were back, saying, laster, it's no secret to you that we're broke: r money's gone and we've traded you all our estock. We've nothing left to barter with but r bodies and our farms. What use are our lies and our land if we stand here and starve leath right in front of you? Trade us food

시오. 저희가 바로의 종이 되고 저희 땅도 바로께 넘겨드리겠습니다. 저희가 바라는 것은 그저 살아남는 데 필요한 씨앗뿐입니다. 저희가 생계를 유지하며 땅을 살릴 수 있을 만큼만 씨앗을 주십시오."

20-21 요셉은 이집트에 있는 모든 땅을 사들여 바로의 것이 되게 했다. 기근이 너무 심해서 이집트 사람들은 너나없이 자기 땅을 팔 수밖에 없었다. 그렇게 해서 결국 모든 땅이 바로의 소유가 되었고, 백성은 바로의 종이 되었다. 요셉이 이집트 땅 이 끝에서 저 끝까지 온 백성을 종이 되게 한 것이다.

22 그러나 요셉은 제사장들의 땅은 사들이지 않았다. 제사장들은 바로에게서 정기적으로 급료를 받고 있었고, 그 급료만으로도 살아갈 수 있어서 땅을 팔 필요가 없었다.

23-24 요셉이 백성에게 공표했다. "나는 다음과 같이 일을 처리하겠소. 나는 여러분과 여러분의 땅을 사서 바로의 것이 되게 했소. 이제 나는 여러분에게 씨앗을 주어, 여러분이 땅에 심을 수 있게 하겠소. 곡식을 수확할 때, 오분의 일은 바로께 내고 오분의 사는 여러분이 가지시오. 여러분과 여러분의 가족을 위한 씨앗으로 말이오. 그러면 여러분은 여러분의 자녀들을 먹여 살릴 수 있을 것이오!"

25 백성이 말했다. "주인님께서 저희 목숨을 구해 주셨습니다! 주인님의 호의에 감사드립니다. 저희가 기꺼이 바로의 종이 되겠습니다."

26 요셉은 '오분의 일은 바로께 바친다'는 내용의 이집트 토지법을 공표했다. 그 법은 지금까지도 유효하다. 그러나 제사장들의 땅은 바로의 것이 되지 않았다.

야곱의 마지막 부탁

27-28 이스라엘은 이집트의 고센 땅에 자리를 잡고 살았다. 그들은 재산을 소유하고 번성하여 아주 큰 백성이 되었다. 야곱은 이집트에서 십칠 년을 살았다. 그는 모두 백사십칠 년을 살았다.

29-30 죽을 날이 다가오자, 이스라엘은 자기 아들 요셉을 불러 이렇게 말했다. "내 부탁을 들어다오. 내게 끝까지 성실하게 신의를 지키겠다는 표시로 네 손을 내 허벅지 밑에 넣어라. 나를 이집트에 묻지 마라. 내가 조상과 함께 잠들거든, 나를 이집트에서 옮겨 내어 내 조상 곁에 묻어 다오."

요셉이 말했다. "그렇게 하겠습니다. 아버지께서 당부하신 대로 하겠습니다."

31 이스라엘이 "내게 약속해 다오" 하고 말하자, 요셉이 약속했다.

이스라엘은 침상에서 머리 숙여 절하며 하나님께 순

for our bodies and our land. We'll be slaves to Pharaoh and give up our land–all we ask is seed for survival, just enough to live on and keep the farms alive."

20-21 So Joseph bought up all the farms in Egypt for Pharaoh. Every Egyptian sold his land–the famine was that bad. That's how Pharaoh ended up owning all the land and the people ended up slaves; Joseph reduced the people to slavery from one end of Egypt to the other.

22 Joseph made an exception for the priests. He didn't buy their land because they received a fixed salary from Pharaoh and were able to live off of that salary. So they didn't need to sell their land.

23-24 Joseph then announced to the people: "Here's how things stand: I've bought you and your land for Pharaoh. In exchange I'm giving you seed so you can plant the ground. When the crops are harvested, you must give a fifth to Pharaoh and keep four-fifths for yourselves, for seed for yourselves and your families–you're going to be able to feed your children!"

25 They said, "You've saved our lives! Master, we're grateful and glad to be slaves to Pharaoh."

26 Joseph decreed a land law in Egypt that is still in effect, *A Fifth Goes to Pharaoh*. Only the priests' lands were not owned by Pharaoh.

27-28 And so Israel settled down in Egypt in the region of Goshen. They acquired property and flourished. They became a large company of people. Jacob lived in Egypt for seventeen years. In all, he lived 147 years.

29-30 When the time came for Israel to die, he called his son Joseph and said, "Do me this favor. Put your hand under my thigh, a sign that you're loyal and true to me to the end. Don't bury me in Egypt. When I lie down with my fathers, carry me out of Egypt and bury me alongside them."

"I will," he said. "I'll do what you've asked."

31 Israel said, "Promise me." Joseph promised. Israel bowed his head in submission and grati-

종과 감사를 드렸다.

에브라임과 므낫세를 축복하다

48 1-2 이런 대화가 있고 나서 얼마 후에, 요셉은 "주인님의 아버지께서 편찮으십니다"라는 소식을 들었다. 그는 자신의 두 아들 므낫세와 에브라임을 데리고 야곱에게로 갔다. 야곱은 "당신의 아들 요셉이 왔습니다"라는 말을 듣고, 기운을 내어 침상에서 일어나 앉았다.

3-7 야곱이 요셉에게 말했다. "강하신 하나님께서 가나안 땅 루스에서 내게 나타나 복을 주시며 말씀하시기를, '내가 너로 번성하여 그 수가 많아지게 하고, 네게서 여러 민족이 나오게 하며, 이 땅을 네 뒤에 오는 자손에게 영원한 유산으로 넘겨주겠다'고 하셨다. 내가 너와 만나기 전에 이곳 이집트에서 태어난 네 두 아들을, 내가 양자로 삼아야겠다. 그 아이들은 르우벤과 시므온처럼 내 아들의 지위를 얻게 될 것이다. 이 두 아이 뒤에 태어나는 아이들은 네 자식이 될 것이다. 이 두 아이는 자기 형들의 뒤를 이어 유산을 상속받게 될 것이다. 내가 그렇게 하려는 것은, 내가 밧단을 떠나 가나안 땅으로 돌아가던 길에, 슬프게도, 네 어머니 라헬이 지금은 베들레헴이라 하는 에브랏에 거의 다 와서 죽고 말았기 때문이다."

8 그러고 나서 야곱이 요셉의 아들들을 보고 물었다. "이 아이들은 누구냐?"

9-11 요셉이 아버지에게 말했다. "이 아이들은 하나님께서 이곳에서 제게 주신 제 아들들입니다." 그러자 야곱이 말했다. "내가 축복할 수 있도록 그 아이들을 내게 데려오너라." 이스라엘은 나이가 많아 시력이 떨어져서 거의 앞을 볼 수 없었다. 그래서 요셉이 그들을 가까이 데려갔다. 연로한 이스라엘이 그들에게 입을 맞추고 껴안았다. 그런 다음 요셉에게 말했다. "내가 네 얼굴을 다시 보리라고는 생각지도 못했는데, 하나님께서는 네 아이들까지 보게 해주셨구나!"

12-16 요셉은 그들을 이스라엘의 무릎에서 물러나게 하고, 얼굴을 땅에 대고 엎드려 절했다. 그런 다음 두 아이를 데려다가, 오른손으로는 에브라임을 이끌어 이스라엘의 왼편에 서게 하고, 왼손으로는 므낫세를 이끌어 이스라엘의 오른편에 서게 했다. 그러나 이스라엘은 두 팔을 엇갈리게 내밀어 오른손을 작은아들 에브라임의 머리에 얹고, 왼손은 맏아들 므낫세의 머리에 얹었다. 그런 다음 그들을 축복했다.

tude from his bed.

48 1-2 Some time after this conversation, Joseph was told, "Your father is ill." He took his two sons, Manasseh and Ephraim, and went to Jacob. When Jacob was told, "Your son Joseph has come," he roused himself and sat up in bed.

3-7 Jacob said to Joseph, "The Strong God appeared to me at Luz in the land of Canaan and blessed me. He said, 'I'm going to make you prosperous and numerous, turn you into a congregation of tribes; and I'll turn this land over to your children coming after you as a permanent inheritance.' I'm adopting your two sons who were born to you here in Egypt before I joined you; they have equal status with Reuben and Simeon. But any children born after them are yours; they will come after their brothers in matters of inheritance. I want it this way because, as I was returning from Paddan, your mother Rachel, to my deep sorrow, died as we were on our way through Canaan when we were only a short distance from Ephrath, now called Bethlehem."

8 Just then Jacob noticed Joseph's sons and said, "Who are these?"

9-11 Joseph told his father, "They are my sons whom God gave to me in this place."

"Bring them to me," he said, "so I can bless them." Israel's eyesight was poor from old age; he was nearly blind. So Joseph brought them up close. Old Israel kissed and embraced them and then said to Joseph, "I never expected to see your face again, and now God has let me see your children as well!"

12-16 Joseph took them from Israel's knees and bowed respectfully, his face to the ground. Then Joseph took the two boys, Ephraim with his right hand setting him to Israel's left, and Manasseh with his left hand setting him to Israel's right, and stood them before him. But Israel crossed his arms and put his right hand on the head of Ephraim who was the younger and his left hand

저의 조상 아브라함과 이삭을
당신 앞에서 걷게 하신 하나님,
제가 태어난 날부터 지금까지 줄곧
저의 목자가 되어 주신 하나님,
온갖 해악에서 저를 구해 주신 하나님의 천사께서
이 아이들에게 복을 내려 주소서.
저의 이름이 이 아이들의 삶 속에서 메아리치게 하시고
저의 조상 아브라함과 이삭의 이름도 이 아이들의 삶 속에서 살아 있게 하소서.
이 아이들이 자라서
그들의 자손이 이 땅을 덮게 하소서.

17-18 요셉은 아버지가 오른손을 에브라임의 머리에 얹은 것을 보고 아버지가 실수한 것이려니 생각했다. 그래서 아버지의 오른손을 잡고 에브라임의 머리에서 므낫세의 머리로 옮기며 말했다. "아버지, 손을 잘못 얹으셨습니다. 다른 아이가 맏아들이니, 그 아이의 머리에 오른손을 얹으십시오."
19-20 그러나 그의 아버지는 그렇게 하기를 마다하며 말했다. "내 아들아, 나도 안다. 내가 무엇을 하는지 나도 안다. 므낫세도 민족을 이루어 크게 될 것이다. 그러나 그의 아우가 더 크게 되고, 그의 후손은 민족들을 부유하게 할 것이다." 그러고는 두 아이에게 축복했다.

이스라엘 백성이 너희의 이름으로 이렇게 축복하리라.
하나님께서 너를 에브라임과 므낫세처럼 되게 해주시기를.

이렇게 함으로써 그는 분명하게 에브라임을 므낫세 앞에 내세웠다.
21-22 이스라엘이 요셉에게 말했다. "이제 나는 곧 죽을 것이다. 하나님께서 너와 함께 계셔서, 네가 네 조상의 땅으로 무사히 돌아갈 수 있게 해주시기를 빈다. 너는 형제들 가운데 첫째나 다름없으니, 내가 칼과 활로 아모리 사람의 손에서 빼앗은 산등성이 땅을 네게 선물로 준다."

야곱이 열두 아들을 축복하다

49 1 야곱이 아들들을 불러 말했다. "내게로 모여라. 장차 너희에게 일어날 일을 일러 주겠다."

on the head of Manasseh, the firstborn. Then he blessed them:

The God before whom walked
my fathers Abraham and Isaac,
The God who has been my shepherd
all my life long to this very day,
The Angel who delivered me from every evil,
Bless the boys.
May my name be echoed in their lives,
and the names of Abraham and Isaac, my fathers,
And may they grow
covering the Earth with their children.

17-18 When Joseph saw that his father had placed his right hand on Ephraim's head, he thought he had made a mistake, so he took hold of his father's hand to move it from Ephraim's head to Manasseh's, saying, "That's the wrong head, Father; the other one is the firstborn; place your right hand on his head."
19-20 But his father wouldn't do it. He said, "I know, my son; but I know what I'm doing. He also will develop into a people, and he also will be great. But his younger brother will be even greater and his descendants will enrich nations." Then he blessed them both:

Israel will use your names to give blessings:
May God make you like Ephraim and Manasseh.

In that he made it explicit: he put Ephraim ahead of Manasseh.
21-22 Israel then said to Joseph, "I'm about to die. God be with you and give you safe passage back to the land of your fathers. As for me, I'm presenting you, as the first among your brothers, the ridge of land I took from Amorites with my sword and bow."

49 1 Jacob called his sons and said, "Gather around. I want to tell you what you can expect in the days to come."

2 야곱의 아들들아, 다 함께 와서 들어라.
너희 아버지 이스라엘의 말을 들어라.

3-4 르우벤, 너는 내 맏아들,
나의 힘, 내 사내다움의 첫 번째 증거.
너는 영예도 절정이고 힘도 절정이다만
엎질러진 물과 같아서
더 이상 정상에 있지 못할 것이다.
네가 아버지의 침상에 올라가,
아버지의 잠자리를 더럽혔기 때문이다.

5-6 시므온과 레위는 한통속.
걸핏하면 합세하여 싸움을 건다.
나는 그들이 꾸미는 복수극에 끼지 않고
그들이 모의하는 격한 싸움에 끼어들지 않을 것이다.
그들은 홧김에 사람들을 죽이고
내키는 대로 소들을 베어 버린다.
7 고삐 풀린 그들의 노여움,
무분별한 그들의 분노에 화가 임할 것이다.
나는 그들을 쓰레기와 함께 내던지고
갈기갈기 찢겨진 색종이 조각처럼 이스라엘 전역에 흩뿌릴 것이다.

8-12 너 유다야, 네 형제들이 너를 찬양할 것이다.
네 손가락이 네 원수들의 목을 누르고
네 형제들이 네게 경의를 표할 것이다.
유다, 너는 젊은 사자다.
내 아들아, 너는 짐승을 잡아먹고 힘차게 보금자리로 돌아올 것이다.
백수의 왕 사자처럼 웅크린 그를 보라.
누가 감히 끼어들어 그를 방해하랴?
왕권이 유다에게서 떠나지 않을 것이다.
최후의 통치자가 오고
민족들이 그에게 복종할 때까지,
유다는 지휘봉을 놓지 않을 것이다.
그는 자기 나귀를 포도나무에 단단히 매고
순종 나귀 새끼를 튼튼한 가지에 맬 것이다.
그는 자기 옷을 포도주에 빨고
자기 겉옷을 붉은 포도즙에 빨 것이다.
그의 두 눈은 포도주보다 *검고*
그의 이는 우유보다 흴 것이다.

13 스불론은 바닷가에 자리 잡고 살며
배들의 안전한 항구가 되고,

2 Come together, listen sons of Jacob,
listen to Israel your father.

3-4 Reuben, you're my firstborn,
my strength, first proof of my manhood,
at the top in honor and at the top in power,
But like a bucket of water spilled,
you'll be at the top no more,
Because you climbed into your father's marriage bed,
mounting that couch, and you defiled it.

5-6 Simeon and Levi are two of a kind,
ready to fight at the drop of a hat.
I don't want anything to do with their vendettas,
want no part in their bitter feuds;
They kill men in fits of temper,
slash oxen on a whim.
7 A curse on their uncontrolled anger,
on their indiscriminate wrath.
I'll throw them out with the trash;
I'll shred and scatter them like confetti throughout Israel.

8-12 You, Judah, your brothers will praise you:
Your fingers on your enemies' throat,
while your brothers honor you.
You're a lion's cub, Judah,
home fresh from the kill, my son.
Look at him, crouched like a lion, king of beasts;
who dares mess with him?
The scepter shall not leave Judah;
he'll keep a firm grip on the command staff
Until the ultimate ruler comes
and the nations obey him.
He'll tie up his donkey to the grapevine,
his purebred prize to a sturdy branch.
He will wash his shirt in wine
and his cloak in the blood of grapes,
His eyes will be darker than wine,
his teeth whiter than milk.

13 Zebulun settles down on the seashore;
he's a safe harbor for ships,

영토는 시돈과 맞닿은 곳까지 이를 것이다.

14-15 잇사갈은 가축우리 사이에 웅크린
튼튼한 나귀다.
그는 그곳이 얼마나 아름다운 곳인지
그 땅이 얼마나 좋은 곳인지를 알고서,
자신의 자유를 포기하고
종처럼 일하게 되었다.

16-17 단은 자기 백성을 위해 정의의 문제를 다룰 것이다.
그는 이스라엘 지파들 사이에서 자기 몫을 톡톡히 할 것이다.
단은 풀밭 속의 작은 뱀,
길가에 숨은 치명적인 뱀이다.
말의 발뒤꿈치를 물어
그 위에 탄 거대한 사람을 떨어뜨린다.

18 하나님,
제가 주의 구원을 바라고 기다립니다.

19 갓은 악당들의 공격을 받겠지만,
그들을 직접 쓰러뜨릴 것이다.

20 아셀은 양식이 풍부한 사람으로 알려져,
왕들에게 달콤하고 감미로운 것들을 올릴 것이다.

21-26 납달리는 자유롭게 뛰노는 사슴이니
사랑스러운 새끼 사슴들을 낳는다.

요셉은 야생 나귀,
샘 곁의 야생 나귀,
언덕 위의 씩씩한 나귀다.
사수들이 악의를 품고
화살촉에 증오를 묻혀 쏘았지만,
요셉은 빗발치는 화살 속에서도 흔들림 없이
활을 굳게 쥐고 팔을 유연하게 놀렸으니,
이는 야곱의 전사이시며 이스라엘의 목자요 바위이신 분께서
뒤에서 보호해 주셨기 때문이다.
네 아버지의 하나님, 그분께서 너를 도와주시기를!
강하신 하나님, 그분께서 네게 복을 주시고
하늘에서 내리는 복과
땅에서 솟구치는 복,
젖을 먹이는 복과 잉태하는 복을 주시기를!

right alongside Sidon.

14-15 Issachar is one tough donkey
crouching between the corrals;
When he saw how good the place was,
how pleasant the country,
He gave up his freedom
and went to work as a slave.

16-17 Dan will handle matters of justice for his people;
he will hold his own just fine among the tribes of Israel.
Dan is only a small snake in the grass,
a lethal serpent in ambush by the road
When he strikes a horse in the heel,
and brings its huge rider crashing down.

18 I wait in hope
for your salvation, GOD.

19 Gad will be attacked by bandits,
but he will trip them up.

20 Asher will become famous for rich foods,
candies and sweets fit for kings.

21-26 Naphtali is a deer running free
that gives birth to lovely fawns.

Joseph is a wild donkey,
a wild donkey by a spring,
spirited donkeys on a hill.
The archers with malice attacked,
shooting their hate-tipped arrows;
But he held steady under fire,
his bow firm, his arms limber,
With the backing of the Champion of Jacob,
the Shepherd, the Rock of Israel.
The God of your father – may he help you!
And may The Strong God – may he give you his blessings,
Blessings tumbling out of the skies,
blessings bursting up from the Earth –
blessings of breasts and womb.

네 아버지의 복이
예로부터 이어져 온 산들의 복보다 크고
영원한 언덕들의 복보다 풍성하기를.
그 복이 요셉의 머리에,
형제들 가운데서 거룩하게 구별된 사람의 이마에 머물기를.

27 베냐민은 굶주린 늑대다.
아침에는 자신이 잡은 짐승을 게걸스럽게 먹고
저녁에는 남은 것을 나눈다.

28 이들은 모두 이스라엘의 열두 지파다. 이것은 그들의 아버지가 아들들에게 축복하며 한 말, 특별히 아들 한 사람 한 사람에게 해준 고별 축복기도다.

29-32 야곱이 아들들에게 지시했다. "이제 나는 조상 곁으로 간다. 나를 헷 사람 에브론의 밭에 있는 동굴에 내 조상과 함께 묻어 다오. 그 동굴은 가나안 땅 마므레 앞 막벨라 밭에 있다. 그 밭은 아브라함이 묘지로 쓰려고 헷 사람 에브론에게서 사 두신 것이다. 아브라함과 그분의 아내 사라가 그곳에 묻혀 있고, 이삭과 그분의 아내 리브가도 그곳에 묻혀 있다. 나도 레아를 그곳에 묻었다. 그 밭과 동굴은 헷 사람에게서 산 것이다."
33 야곱은 아들들에게 지시하고 나서, 발을 침상 위로 올려 마지막 숨을 거두고, 조상 곁으로 돌아갔다.

50 1 요셉이 아버지를 끌어안고 슬피 울며, 그에게 입을 맞추었다.

야곱의 죽음

2-3 요셉이 장의사들을 시켜 자기 아버지의 시신에 향 재료를 넣게 했다. 장의사들이 이스라엘의 시신에 향 재료를 넣는 데 꼬박 사십 일이 걸렸다. 이집트 사람들은 칠십 일 동안 그의 죽음을 애도했다.
4-5 *애도 기간이 끝나자*, 요셉이 바로의 궁에 청원을 올렸다. "여러분이 진심으로 저를 생각하는 마음이 있거든, 바로께 제 말씀을 전해 주십시오. 제 아버지께서 제게 맹세하게 하시면서, '나는 곧 죽는다. 내가 죽으면, 내가 가나안 땅에 마

May the blessings of your father
exceed the blessings of the ancient mountains,
surpass the delights of the eternal hills;
May they rest on the head of Joseph,
on the brow of the one consecrated among his brothers.

27 Benjamin is a ravenous wolf;
all morning he gorges on his kill,
at evening divides up what's left over.

28 All these are the tribes of Israel, the twelve tribes. And this is what their father said to them as he blessed them, blessing each one with his own special farewell blessing.

29-32 Then he instructed them: "I am about to be gathered to my people. Bury me with my fathers in the cave which is in the field of Ephron the Hittite, the cave in the field of Machpelah facing Mamre in the land of Canaan, the field Abraham bought from Ephron the Hittite for a burial plot. Abraham and his wife Sarah were buried there; Isaac and his wife Rebekah were buried there; I also buried Leah there. The field and the cave were bought from the Hittites."

33 Jacob finished instructing his sons, pulled his feet into bed, breathed his last, and was gathered to his people.

50 1 Joseph threw himself on his father, wept over him, and kissed him.

2-3 Joseph then instructed the physicians in his employ to embalm his father. The physicians embalmed Israel. The embalming took forty days, the period required for embalming. There was public mourning by the Egyptians for seventy days.
4-5 When the period of mourning was completed, Joseph petitioned Pharaoh's court: "If you have reason to think kindly of me, present Pharaoh with my request: My father made me swear, saying, 'I

련해 놓은 묘지에 나를 묻어 다오' 하고 말씀하셨습니다. 부디 제가 올라가서 아버지의 장례를 치르게 해주십시오. 장례를 마치고, 제가 돌아오겠습니다."

6 바로가 말했다. "그렇게 하시오. 그대의 아버지가 그대에게 맹세하게 한 대로, 가서 고인의 장례를 치르시오."

7-9 요셉은 아버지의 장례를 치르러 갔다. 바로의 궁에서 일하는 모든 고위 관료들과 이집트의 모든 고위 인사들, 그리고 요셉의 가족들, 곧 그의 형제들과 아버지 집안 사람들이 요셉과 함께 올라갔다. 아이들과 양 떼와 소 떼는 고센에 남겨두었다. 전차와 기병들이 그들과 함께 갔다. 그것은 거대한 장례 행렬이었다.

10 그들은 요단 강 건너편 아닷 타작 마당에 이르러, 크게 애통하며 애도의 기간을 보냈다. 요셉은 자기 아버지를 위해 칠 일 동안 장례 예식을 치렀다.

11 가나안 사람들은 아닷 타작 마당에서 슬피 우는 모습을 보고 이렇게 말했다. "이집트 사람들이 진심으로 애도하는구나." 그리하여 요단 강가에 있는 그곳이 아벨미스라임(이집트 사람들의 애도)이라고 불리게 되었다.

12-13 야곱의 아들들은 아버지가 지시한 대로 행했다. 아버지의 시신을 가나안 땅으로 모셔다가, 마므레 앞 막벨라 밭에 있는 동굴에 묻었다. 그 밭은 아브라함이 헷 사람 에브론에게서 묘지로 사들인 것이었다.

⁂

14-15 요셉은 아버지의 장례를 치르고 나서 이집트로 돌아왔다. 아버지의 장례를 치르러 요셉과 함께 갔던 형제들도 그와 함께 돌아왔다. 장례를 치르고 나서 요셉의 형들이 서로 말했다. "요셉이 우리에게 원한을 품고 우리가 그에게 저지른 모든 악을 되갚으려고 하면 어떻게 하지?"

16-17 그래서 그들은 요셉에게 이런 전갈을 보냈다. "아버지께서 돌아가시기 전에 분부하시기를, '요셉에게 전하여라. 네 형들이 네게 아주 못된 짓을 했으나, 너는 네 형들의 죄, 그들의 모든 잘못을 용서해 주어라' 하고 말씀하셨습니다. 그러니, 아우님 아버지께서 섬기시던 그 하나님의 종들인 우리가 지은 죄를 용서해 주시겠습니까?" 요셉은 이 전갈을 받고 울었다.

18 요셉의 형들이 직접 와서, 요셉 앞에 엎드려

am ready to die. Bury me in the grave plot that I prepared for myself in the land of Canaan.' Please give me leave to go up and bury my father. Then I'll come back."

6 Pharaoh said, "Certainly. Go and bury your father as he made you promise under oath."

7-9 So Joseph left to bury his father. And all the high-ranking officials from Pharaoh's court went with him, all the dignitaries of Egypt, joining Joseph's family—his brothers and his father's family. Their children and flocks and herds were left in Goshen. Chariots and horsemen accompanied them. It was a huge funeral procession.

10 Arriving at the Atad Threshing Floor just across the Jordan River, they stopped for a period of mourning, letting their grief out in loud and lengthy lament. For seven days, Joseph engaged in these funeral rites for his father.

11 When the Canaanites who lived in that area saw the grief being poured out at the Atad Threshing Floor, they said, "Look how deeply the Egyptians are mourning." That is how the site at the Jordan got the name Abel Mizraim (Egyptian Lament).

12-13 Jacob's sons continued to carry out his instructions to the letter. They took him on into Canaan and buried him in the cave in the field of Machpelah facing Mamre, the field that Abraham had bought as a burial plot from Ephron the Hittite.

⁂

14-15 After burying his father, Joseph went back to Egypt. All his brothers who had come with him to bury his father returned with him. After the funeral, Joseph's brothers talked among themselves: "What if Joseph is carrying a grudge and decides to pay us back for all the wrong we did him?"

16-17 So they sent Joseph a message, "Before his death, your father gave this command: Tell Joseph, 'Forgive your brothers' sin—all that wrongdoing. They did treat you very badly.' Will you do it? Will you forgive the sins of the servants of your father's God?"

When Joseph received their message, he wept.

18 Then the brothers went in person to him, threw

말했다. "우리가 아우님의 종이 되겠습니다."

19-21 요셉이 대답했다. "두려워하지 마십시오. 내가 하나님을 대신하겠습니까? 보다시피, 형님들이 나를 해치려고 악한 일을 꾸몄으나, 하나님께서는 그 계략을 선으로 바꾸셔서 나를 이롭게 하셨고, 지금 형님들 주위에서 이루어진 모든 일에서 보는 것처럼, 수많은 사람들도 살리신 것입니다. 두려워할 이유가 없으니, 마음 편히 지내십시오. 제가 형님들과 형님들의 자녀들을 보살피겠습니다." 그는 진심어린 말로 그들을 안심시켰다.

22-23 요셉은 아버지의 집안 식구들과 함께 이집트에서 살았다. 그는 110년을 살면서 에브라임에게서 증손자를 보았다. 므낫세의 아들 마길의 아들들까지도 요셉의 자식으로 인정받았다.

24 마침내 요셉이 형제들에게 말했다. "나는 곧 죽습니다. 하나님께서 반드시 여러분에게 찾아오시고, 여러분을 이 땅에서 이끌어 내셔서, 아브라함과 이삭과 야곱에게 엄숙히 약속하신 땅으로 되돌아가게 하실 것입니다."

25 요셉은 이스라엘의 아들들에게 맹세하게 하면서 말했다. "하나님께서 찾아오셔서 여러분이 이곳을 떠나게 될 때에, 내 유골을 가지고 가십시오."

26 요셉은 백열 살에 죽었다. 그들이 그의 시신을 향 재료로 채우고, 이집트에서 입관했다.

themselves on the ground before him and said, "We'll be your slaves."

19-21 Joseph replied, "Don't be afraid. Do I act for God? Don't you see, you planned evil against me but God used those same plans for my good, as you see all around you right now—life for many people. Easy now, you have nothing to fear; I'll take care of you and your children." He reassured them, speaking with them heart-to-heart.

22-23 Joseph continued to live in Egypt with his father's family. Joseph lived 110 years. He lived to see Ephraim's sons into the third generation. The sons of Makir, Manasseh's son, were also recognized as Joseph's.

24 At the end, Joseph said to his brothers, "I am ready to die. God will most certainly pay you a visit and take you out of this land and back to the land he so solemnly promised to Abraham, Isaac, and Jacob."

25 Then Joseph made the sons of Israel promise under oath, "When God makes his visitation, make sure you take my bones with you as you leave here."

26 Joseph died at the age of 110 years. They embalmed him and placed him in a coffin in Egypt.

출애굽기 | 머리말

인류는 곤경에 처해 있다. 우리는 오랫동안 곤경 속에서 살아 왔다. 수많은 사람들이 이 곤경에서 우리를 건져 내기 위해, 엉망인 이 세상을 말끔히 치우기 위해 엄청난 노력을 기울여 왔다. 이 진창에서 우리를 끌어내려고 온 힘을 기울이는 사람들, 곧 부모와 교사, 의사와 상담가, 통치자와 정치인, 작가와 목회자들의 역량과 인내와 지성과 헌신은 여간 인상적인 게 아니다.

이러한 활동의 중심에 하나님이 계신다. 하나님께서 우리를 곤경에서 건져 내기 위해 행하시는 일, 그것을 포괄하는 용어가 다름 아닌 '구원'이다. 우리 스스로 할 수 없는 일을 하나님께서 우리를 위해 하시는 것, 그것이 구원이다. 하나님의 백성이 사용하는 어휘 중에서 가장 중요한 단어가 바로 구원이다. 출애굽기는 하나님께서 행하시는 구원을 담고 있는 감동적이고 극적인 실화다. 하나님께서는 모세를 통해 그분의 백성에게 말씀하신다.

> "나는 **하나님**이다. 내가 이집트의 혹독한 강제노동에서 너희를 이끌어 내겠다. 내가 너희를 종살이에서 구해 내겠다. 내가 직접 나서서, 강력한 심판을 행하여 너희를 속량하겠다. 내가 너희를 내 백성으로 삼고 너희 하나님이 될 것이다. 너희는 내가 이집트의 혹독한 강제노동에서 너희를 이끌어 낸, **하나님** 너희 하나님인 것을 알게 될 것이다. 나는 아브라함과 이삭과 야곱에게 주기로 약속한 땅으로 너희를 데리고 가서, 그 땅을 너희에게 주어 너희 나라가 되게 하겠다. **나는 하나님이다**"(출 6:6-8).

이 이야기는 노래와 시, 연극과 소설, 정치와 사회정의, 회개와 회심, 예배와 거룩한 생활로 재생산되면서 수 세기에 걸쳐 엄청난 결과들을 낳았다. 이 이야기는 지금도 사람들, 특히 곤경에 처한 사람들의 상상력을 끊임없이 사로잡는다.

의미심장하게도, 하나님은 추상적인 진리나 엄밀한 정의(定義)나 주의를 끄는 구호가 아닌 '이야기'로 구원을 제시하신다. 출애굽기는 줄거리와 등

The human race is in trouble. We've been in trouble for a long time. Enormous energies have been and continue to be expended by many, many men and women to get us out of the trouble we are in–to clean up the world's mess. The skill, the perseverance, the intelligence, the devotion of the people who put their shoulders to the wheel to pull us out of the muck–parents and teachers, healers and counselors, rulers and politicians, writers and pastors–are impressive.

At the center and core of this work is God. The most comprehensive term for what God is doing to get us out of the mess we are in is *salvation*. Salvation is God doing for us what we can't do for ourselves. Salvation is the biggest word in the vocabulary of the people of God. The Exodus is a powerful and dramatic and true story of God working salvation.

> "I am GOD. I will bring you out from under the cruel hard labor of Egypt. I will rescue you from slavery. I will redeem you, intervening with great acts of judgment. I'll take you as my own people and I'll be God to you. You'll know that I am GOD, your God who brings you out from under the cruel hard labor of Egypt. I'll bring you into the land that I promised to give Abraham, Issac, and Jacob and give it to you as your own country. *I AM GOD*"(Exodus 6:6-8).

The story has generated an extraordinary progeny through the centuries as it has reproduced itself in song and poem, drama and novel, politics and social justice, repentance and conversion, worship and holy living. It continues to capture the imagination of men and women, especially men and women in trouble.

It is significant that God does not present us with salvation in the form of an abstract truth, or a precise

장인물이 있는 이야기, 다시 말해 의도와 인격적 관계가 있는 이야기 속으로 우리를 끌어들인다. 이야기는 먼저 우리의 상상력을 통해 참여를 유도한다. 그런 다음에는 우리에게 의지가 있을 경우 믿음을 통해 우리의 삶 전체를 걸고 하나님께 응답하도록 참여를 유도한다. 이 출애굽 이야기는, 지금도 하나님께서 곤경에 처한 사람들을 역사의 혼란으로부터 건져 내어 구원의 나라로 이끌기 위해 사용하시는 주요 수단이다.

출애굽기의 반 정도(1-19, 32-34장)는 가혹한 학대를 받던 미천한 한 민족이 종살이에서 건짐 받아 자유로운 삶으로 옮겨 가는 흥미진진한 이야기다. 나머지 반(20-31, 35-40장)은 구원받은 삶, 곧 자유로운 삶을 지루하다 싶을 정도로 세심하게 가르치고 훈련시키는 과정이라고 할 수 있다. 구원 이야기는 이 둘 중 어느 한쪽이라도 없으면 온전하게 될 수 없다.

definition or a catchy slogan, but as *story*. Exodus draws us into a story with plot and characters, which is to say, with design and personal relationships. Story is an invitation to participate, first through our imagination and then, if we will, by faith—with our total lives in response to God. This Exodus story continues to be a major means that God uses to draw men and women in trouble out of the mess of history into the kingdom of salvation.

About half the book (chapters 1-19 and 32-34) is a gripping narrative of an obscure and severely brutalized people who are saved from slavery into a life of freedom. The other half (chapters 20-31 and 32-34) is a meticulous, some think tedious, basic instruction and training in living the saved, free life. The story of salvation is not complete without both halves.

출애굽기

1 [1-5] 야곱과 함께 각자 자기 가족을 데리고 이집트로 간 이스라엘의 아들들 이름은 이러하다.

르우벤, 시므온, 레위, 유다,
잇사갈, 스불론, 베냐민,
단, 납달리, 갓, 아셀.

야곱의 혈통에서 태어난 사람은 모두 칠십 명이었다. 요셉은 이미 이집트에 있었다.

[6-7] 그 후에 요셉이 죽고, 그의 모든 형제와 그 시대 사람들이 다 죽었다. 그러나 이스라엘 자손은 계속해서 자녀를 낳았다. 그들은 아이를 많이 낳고 번성하여 그 수가 폭발적으로 늘었고, 마침내 그 땅에 가득 차게 되었다.

이집트 왕이 이스라엘 자손을 억압하다

[8-10] 요셉을 알지 못하는 새 왕이 이집트를 다스리게 되었다. 그 왕이 놀라서 자기 백성에게 말했다. "이스라엘 자손의 수가 우리가 감당할 수 없을 만큼 많아졌다. 무슨 조치를 취해야겠다. 전쟁이라도 일어나서 그들이 우리의 적군과 합세하거나 우리를 떠나 버리는 일이 없도록, 그들을 견제할 방안을 강구하자."

[11-14] 그들은 이스라엘 자손을 노역자 부대로 편성하고 공사감독을 두어 강제노동을 하게 했다. 이스라엘 자손은 바로를 위해 곡식을 저장해 둘 성읍 비돔과 라암셋을 세웠다. 그러나 이집트 사람들이 그들을 가혹하게 부릴수록, 이스라엘 자손은 더욱더 불어났다. 어디를 가나 이스라엘 자손이 있었다! 이집트 사람들은 이스라엘 자손을 감당할 수 없게 되자 그들을 전보다 더 혹독하게 다루었고, 강제노동을 시켜 그들을 짓눌렀다. 이집트 사람들은 벽돌과 회반죽 만드는

EXODUS

1 [1-5] These are the names of the Israelites who went to Egypt with Jacob, each bringing his family members:

Reuben, Simeon, Levi, and Judah,
Issachar, Zebulun, and Benjamin,
Dan and Naphtali, Gad and Asher.

Seventy persons in all generated by Jacob's seed. Joseph was already in Egypt.

[6-7] Then Joseph died, and all his brothers—that whole generation. But the children of Israel kept on reproducing. They were very prolific—a population explosion in their own right—and the land was filled with them.

A New King... Who Didn't Know Joseph

[8-10] A new king came to power in Egypt who didn't know Joseph. He spoke to his people in alarm, "There are way too many of these Israelites for us to handle. We've got to do something: Let's devise a plan to contain them, lest if there's a war they should join our enemies, or just walk off and leave us."

[11-14] So they organized them into work-gangs and put them to hard labor under gang-foremen. They built the storage cities Pithom and Rameses for Pharaoh. But the harder the Egyptians worked them the more children the Israelites had—children everywhere! The Egyptians got so they couldn't stand the Israelites and treated them worse than ever, crushing them with slave labor. They made

일과 힘든 밭일 등 온갖 고된 노동으로 이스라엘 자손을 괴롭게 했다. 그들은 산더미처럼 많은 일과 과중한 노역을 부과하여 이스라엘 자손을 억압했다.

15-16 이집트 왕이 십브라와 부아라 하는 히브리 산파 두 명과 이야기를 나누었다. "너희는 히브리 여자들이 아이를 낳을 때 잘 살펴서, 사내아이거든 죽이고 여자아이거든 살려 두어라."

17-18 그러나 산파들은 하나님을 깊이 경외했으므로, 이집트 왕이 명령한 대로 하지 않고 사내아이들을 살려 두었다. 이집트 왕이 산파들을 불러들여 말했다. "너희가 어찌하여 내 명령을 따르지 않았느냐? 너희가 사내아이들을 살려 주었더구나!"

19 산파들이 바로에게 대답했다. "히브리 여인들은 이집트 여인들과 달리 힘이 좋아서, 산파가 도착하기도 전에 아이를 낳아 버립니다."

20-21 하나님께서 그 산파들을 기뻐하셨다. 이스라엘 백성은 그 수가 계속 증가하여, 아주 강한 백성이 되었다. 산파들이 하나님을 경외했으므로, 하나님께서 그들의 가정을 번성하게 하셨다.

22 그러자 바로가 온 백성에게 명령을 내렸다. "태어난 사내아이는 모두 나일 강에 던져 죽여라. 그러나 여자아이는 살려 두어라."

모세가 태어나다

2 1-3 레위 가문의 한 남자가 레위 가문의 여자와 결혼했다. 그 여자가 임신하여 아들을 낳았다. 그녀는 그 아이에게 특별한 것이 있음을 보고, 세 달 동안 아이를 숨겨서 길렀다. 더 이상 숨길 수 없게 되자, 그녀는 갈대로 만든 작은 바구니 배를 구해다가 역청과 송진을 발라 물이 새지 않게 하고, 그 속에 아이를 뉘었다. 그런 다음 바구니 배를 나일 강가의 갈대 사이에 띄워 놓았다.

4-6 아이의 누이가 조금 떨어져 잘 보이는 곳에 서서, 아이에게 무슨 일이 일어나는지 지켜보고 있었다. 마침 바로의 딸이 목욕하러 나일 강으로 내려왔다. 시녀들은 강가를 거닐고 있었다. 바로의 딸이 갈대 사이에 떠 있는 바구니 배를 보고, 시녀를 보내 가져오게 했다. 그녀가 *바구니를 열어 보니, 아이가 있었다.* 아이가 울고 있었다! 그녀가 아이를 보고 불쌍한 마음이 들어 말했다. "이 아이는 틀림없이 히브리 사람의 아이로구나."

7 그때 아이의 누이가 그녀 앞으로 나아가서 말했

them miserable with hard labor—making bricks and mortar and back-breaking work in the fields. They piled on the work, crushing them under the cruel workload.

15-16 The king of Egypt had a talk with the two Hebrew midwives; one was named Shiphrah and the other Puah. He said, "When you deliver the Hebrew women, look at the sex of the baby. If it's a boy, kill him; if it's a girl, let her live."

17-18 But the midwives had far too much respect for God and didn't do what the king of Egypt ordered; they let the boy babies live. The king of Egypt called in the midwives. "Why didn't you obey my orders? You've let those babies live!"

19 The midwives answered Pharaoh, "The Hebrew women aren't like the Egyptian women; they're vigorous. Before the midwife can get there, they've already had the baby."

20-21 God was pleased with the midwives. The people continued to increase in number—a very strong people. And because the midwives honored God, God gave them families of their own.

22 So Pharaoh issued a general order to all his people: "Every boy that is born, drown him in the Nile. But let the girls live."

Moses

2 1-3 A man from the family of Levi married a Levite woman. The woman became pregnant and had a son. She saw there was something special about him and hid him. She hid him for three months. When she couldn't hide him any longer she got a little basket-boat made of papyrus, waterproofed it with tar and pitch, and placed the child in it. Then she set it afloat in the reeds at the edge of the Nile.

4-6 The baby's older sister found herself a vantage point a little way off and watched to see what would happen to him. Pharaoh's daughter came down to the *Nile* to bathe; her maidens strolled on the bank. She saw the basket-boat floating in the reeds and sent her maid to get it. She opened it and saw the child—a baby crying! Her heart went out to him. She said, "This must be one of the Hebrew babies."

다. "제가 가서, 히브리 여인 중에 공주님을 대신
해서 아이에게 젖을 먹일 유모를 데려올까요?"
8 바로의 딸이 말했다. "그래, 어서 다녀오너라."
그 소녀가 가서 아이의 어머니를 불러왔다.
9 바로의 딸이 그녀에게 말했다. "이 아이를 데려
가서 나를 대신해 젖을 먹여 주게. 내가 자네에게
품삯을 주겠네." 그 여인이 아이를 데려가서 젖을
먹였다.
10 아이가 젖을 뗀 뒤에 여인이 아이를 바로의 딸
에게 데려오니, 바로의 딸이 그 아이를 아들로 삼
았다. 그녀는 "내가 그를 물에서 건져 냈다"고 말
하면서, 아이의 이름을 모세(건져 냈다)라고 했다.

미디안으로 도망친 모세

11-12 세월이 흘러, 모세가 어른이 되었다. 어느
날 그가 자기 동족에게 가서 보니, 그들이 모두
고되게 일하고 있었다. 마침 그때 한 이집트 사람
이 그의 동족 히브리 사람을 때리는 모습이 보였
다! 모세는 사방을 살펴 아무도 없는 것을 확인하
고는, 이집트 사람을 죽여 모래 속에 묻었다.
13 이튿날 그가 다시 그곳에 가 보니, 히브리 사
람 둘이서 싸우고 있었다. 먼저 싸움을 건 사람에
게 모세가 말했다. "그대는 왜 동족을 때리는 것
이오?"
14 그 사람이 되받아쳤다. "당신이 뭔데 우리에게
이래라저래라 하는 거요? 이집트 사람을 죽이더
니 나도 죽일 셈이오?"
그러자 모세가 두려워하며 말했다. "탄로 났구
나. 사람들이 이 일을 알고 있다."

15 바로가 이 소식을 전해 듣고 모세를 죽이려 했
으나, 모세는 미디안 땅으로 도망쳤다. 그는 한
우물가에 앉아 있었다.
16-17 미디안 제사장에게 일곱 딸이 있었다. 그 딸
들이 우물가로 와서 물을 길어 여물통에 채우고
아버지의 양 떼에게 물을 먹였다. 그때 어떤 목자
들이 와서 그들을 쫓아내자, 모세가 그 딸들을 구
해 주고 그들이 양 떼에게 물을 먹이는 것을 도와
주었다.
18 딸들이 집으로 돌아가 자기 아버지 르우엘에
게 이르니, 아버지가 말했다. "일찍 끝났구나. 어
떻게 이렇게 빨리 돌아왔느냐?"
19 그들이 말했다. "어떤 이집트 사람이 목자들한
테서 우리를 구해 주고, 우리를 위해 물을 길어

7 Then his sister was before her: "Do you want me
to go and get a nursing mother from the Hebrews
so she can nurse the baby for you?"
8 Pharaoh's daughter said, "Yes. Go." The girl went
and called the child's mother.
9 Pharaoh's daughter told her, "Take this baby and
nurse him for me. I'll pay you." The woman took
the child and nursed him.
10 After the child was weaned, she presented him
to Pharaoh's daughter who adopted him as her
son. She named him Moses (Pulled-Out), saying, "I
pulled him out of the water."

11-12 Time passed. Moses grew up. One day he
went and saw his brothers, saw all that hard labor.
Then he saw an Egyptian hit a Hebrew—one of his
relatives! He looked this way and then that; when
he realized there was no one in sight, he killed the
Egyptian and buried him in the sand.
13 The next day he went out there again. Two
Hebrew men were fighting. He spoke to the man
who started it: "Why are you hitting your neigh-
bor?"
14 The man shot back: "Who do you think you are,
telling us what to do? Are you going to kill me the
way you killed that Egyptian?"
Then Moses panicked: "Word's gotten out—people
know about this."

15 Pharaoh heard about it and tried to kill Moses,
but Moses got away to the land of Midian. He sat
down by a well.
16-17 The priest of Midian had seven daughters.
They came and drew water, filling the troughs
and watering their father's sheep. When some
shepherds came and chased the girls off, Moses
came to their rescue and helped them water their
sheep.
18 When they got home to their father, Reuel, he
said, "That didn't take long. Why are you back so
soon?"
19 "An Egyptian," they said, "rescued us from a
bunch of shepherds. Why, he even drew water for
us and watered the sheep."

양 떼에게 먹여 주기까지 했습니다."
20 아버지가 말했다. "그 사람이 어디 있느냐? 어째서 그 사람을 남겨 두고 왔느냐? 그를 불러다가 함께 식사하도록 하자."
21-22 모세가 그의 제안에 따라 그곳에 정착하기로 하자, 르우엘이 자기 딸 십보라(새)를 모세에게 아내로 주었다. 십보라가 아들을 낳자, 모세는 "내가 낯선 땅에서 나그네가 되었다"고 말하면서, 아이의 이름을 게르솜(나그네)이라고 했다.

20 He said, "So where is he? Why did you leave him behind? Invite him so he can have something to eat with us."
21-22 Moses agreed to settle down there with the man, who then gave his daughter Zipporah (Bird) to him for his wife. She had a son, and Moses named him Gershom (Sojourner), saying, "I'm a sojourner in a foreign country."

23 세월이 많이 흘러 이집트 왕이 죽었다. 이스라엘 자손이 종살이 때문에 신음하며 부르짖었다. 고된 노역에서 벗어나게 해달라는 그들의 부르짖음이 하나님께 이르렀다.

24 하나님께서 그들의 신음소리를 들으시고,
아브라함과 이삭과 야곱과 맺으신 언약을 기억하셨다.
25 하나님께서 이스라엘에게 일어난 일을 보시고,
그들의 처지를 헤아리셨다.

23 Many years later the king of Egypt died. The Israelites groaned under their slavery and cried out. Their cries for relief from their hard labor ascended to God:

24 God listened to their groanings.
God remembered his covenant with Abraham, with Isaac, and with Jacob.
25 God saw what was going on with Israel.
God understood.

하나님께서 모세를 부르시다

3 1-2 모세는 그의 장인인 미디안 제사장 이드로의 양 떼를 치고 있었다. 그는 양 떼를 이끌고 광야 서쪽 끝으로 가서 하나님의 산, 호렙에 이르렀다. 하나님의 천사가 떨기나무 가운데서 타오르는 불꽃으로 그에게 나타났다. 모세가 보니, 떨기나무가 활활 타오르는데도 그 나무가 타 버리지 않았다.
3 모세가 말했다. "이곳에서 무슨 일이 일어나고 있는 건가? 믿을 수가 없군! 놀라운 일이다! 어째서 떨기나무가 타 버리지 않는 걸까?"
4 모세가 멈춰 서서 살피려는 것을 보시고, 하나님께서 떨기나무 가운데서 그를 부르셨다. "모세야, 모세야!"
모세가 대답했다. "예, 제가 여기 있습니다!"
5 하나님께서 말씀하셨다. "더 이상 가까이 다가오지 마라. 네 발에서 신을 벗어라. 네가 서 있는 곳은 거룩한 땅이다."
6 하나님께서 또 말씀하셨다. "나는 네 조상의 하나님, 곧 아브라함의 하나님, 이삭의 하나님, 야곱의 하나님이다."
모세는 하나님 뵙기를 두려워하여, 얼굴을 가렸다.
7-8 하나님께서 말씀하셨다. "나는 내 백성이 이집

3 1-2 Moses was shepherding the flock of Jethro, his father-in-law, the priest of Midian. He led the flock to the west end of the wilderness and came to the mountain of God, Horeb. The angel of GOD appeared to him in flames of fire blazing out of the middle of a bush. He looked. The bush was blazing away but it didn't burn up.
3 Moses said, "What's going on here? I can't believe this! Amazing! Why doesn't the bush burn up?"
4 GOD saw that he had stopped to look. God called to him from out of the bush, "Moses! Moses!"
He said, "Yes? I'm right here!"
5 God said, "Don't come any closer. Remove your sandals from your feet. You're standing on holy ground."
6 Then he said, "I am the God of your father: The God of Abraham, the God of Isaac, the God of Jacob."
Moses hid his face, afraid to look at God.
7-8 GOD said, "I've taken a good, long look at the

트에서 고통받는 모습을 오랫동안 지켜보았다. 압
제자들의 손에서 벗어나기를 바라는 그들의 부르
짖음도 들었다. 나는 그들의 고통을 속속들이 알
고 있다. 이제 내가 내려가서 그들을 도와 이집트
의 손아귀에서 그들을 풀어 주고, 그들을 그 땅에
서 이끌어 내어 젖과 꿀이 흐르는 광활한 땅, 곧
가나안 사람과 헷 사람과 아모리 사람과 브리스
사람과 히위 사람과 여부스 사람의 땅으로 데리고
가겠다.
9-10 도움을 구하는 이스라엘 자손의 부르짖음이 내
게 들렸고, 그들이 이집트 사람들에게 얼마나 혹사
당하고 있는지도 내가 보았다. 이제 너는 돌아가
거라. 내가 너를 바로에게 보낼 테니, 너는 내 백성
이스라엘을 이집트에서 이끌고 나오너라."
11 모세가 하나님께 대답했다. "하지만 어째서 저입
니까? 어떻게 제가 바로에게 가서 이스라엘 자손을
이집트에서 이끌어 낼 수 있다고 생각하십니까?"
12 하나님께서 말씀하셨다. "내가 너와 함께하겠다.
너는 내 백성을 이집트에서 이끌어 낸 뒤에 이 산,
바로 이곳에서 하나님을 예배하게 될 것이다. 이것
이 내가 너를 보냈다는 증거가 될 것이다."
13 그러자 모세가 하나님께 아뢰었다. "제가 이스라
엘 백성에게 가서 '너희 조상의 하나님께서 나를 너
희에게 보내셨다'고 하면, 그들이 제게 '그분의 이
름이 무엇이냐?'고 물을 것입니다. 그러면 제가 무
엇이라고 대답해야 하겠습니까?"
14 하나님께서 모세에게 말씀하셨다. "나는 스스로
있는 자다. 너는 '스스로 있는 자가 나를 너희에게
보내셨다'고 이스라엘 백성에게 말하여라."
15 하나님께서 모세에게 계속해서 말씀하셨다. "네
가 이스라엘 자손에게 할 말은 이것이다. '하나님
너희 조상의 하나님, 곧 아브라함의 하나님, 이삭
의 하나님, 야곱의 하나님께서 나를 너희에게 보내
셨다.' 이것이 언제나 나의 이름이었고, 앞으로도
나는 이 이름으로 늘 기억될 것이다.
16-17 이제 가거라. 이스라엘의 지도자들을 모으고,
그들에게 '하나님 너희 조상의 하나님, 곧 아브라
함과 이삭과 야곱의 하나님께서 내게 나타나셔서
말씀하셨다'고 전하여라. 그리고 이렇게 말하여라.
'너희가 이집트에서 어떤 일을 겪고 있는지 내가 똑
똑히 보았다. 내가 너희를 이집트에서 겪는 괴로움
으로부터 이끌어 내어, 가나안 사람과 헷 사람과
아모리 사람과 브리스 사람과 히위 사람과 여부스
사람이 사는 땅, 젖과 꿀이 흐르는 땅으로 데리고
가겠다.'

affliction of my people in Egypt. I've heard their cries for deliverance from their slave masters; I know all about their pain. And now I have come down to help them, pry them loose from the grip of Egypt, get them out of that country and bring them to a good land with wide-open spaces, a land lush with milk and honey, the land of the Canaanite, the Hittite, the Amorite, the Perizzite, the Hivite, and the Jebusite.
9-10 "The Israelite cry for help has come to me,
and I've seen for myself how cruelly they're being treated by the Egyptians. It's time for you to go back: I'm sending you to Pharaoh to bring my people, the People of Israel, out of Egypt."
11 Moses answered God, "But why me? What
makes you think that I could ever go to Pharaoh and lead the children of Israel out of Egypt?"
12 "I'll be with you," God said. "And this will
be the proof that I am the one who sent you: When you have brought my people out of Egypt, you will worship God right here at this very mountain."
13 Then Moses said to God, "Suppose I go to the
People of Israel and I tell them, 'The God of your fathers sent me to you'; and they ask me, 'What is his name?' What do I tell them?"
14 God said to Moses, "I-AM-WHO-I-AM. Tell
the People of Israel, 'I-AM sent me to you.'"
15 God continued with Moses: "This is what
you're to say to the Israelites: 'GOD, the God of your fathers, the God of Abraham, the God of Isaac, and the God of Jacob sent me to you.' This has always been my name, and this is how I always will be known.
16-17 "Now be on your way. Gather the leaders of
Israel. Tell them, 'GOD, the God of your fathers, the God of Abraham, Isaac, and Jacob, appeared to me, saying, "I've looked into what's being done to you in Egypt, and I've determined to get you out of the affliction of Egypt and take you to the land of the Canaanite, the Hittite, the Amorite, the Perizzite, the Hivite, and the Jebusite, a land brimming over with milk and honey."'
18 "Believe me, they will listen to you. Then

18 그러면 그들이 네 말을 들을 것이다. 또 너는 이스라엘의 지도자들과 함께 이집트 왕에게 가서 이렇게 말하여라. '**하나님** 히브리 사람의 하나님께서 우리를 만나 주셨습니다. 우리가 광야로 사흘길을 가서 **하나님** 우리 하나님을 예배하게 해주십시오.'

19-22 내가 이집트 왕을 강제로 치지 않는 한, 그가 너희를 내보내지 않을 것이다. 그러므로 내가 직접 나서서 이집트를 칠 것이다. 내가 이적으로 그들을 휘청거리게 하고 그들의 아픈 곳을 칠 것이다! 그런 뒤에야, 그들이 너희를 기꺼이 떠나보낼 것이다! 나는 이 백성이 이집트 사람들의 따뜻한 배웅을 받게 하겠다. 너희가 빈손으로 떠나지 않을 것이다! 여인들은 저마다 자기 이웃과 자기 집에 사는 사람들에게 은붙이와 금붙이, 보석과 옷가지를 달라고 하여, 그것으로 너희 자녀를 치장할 것이다. 너희는 이집트 사람들을 빈털터리로 만들 것이다!"

4 1 모세가 이의를 제기했다. "그들은 저를 믿지 않고, 제가 하는 말을 한 마디도 듣지 않을 것입니다. 그들은 '**하나님**께서 그에게 나타나셨다고? 천만에!' 하고 말할 것입니다."

2 **하나님**께서 말씀하셨다. "네 손에 있는 것이 무엇이냐?"

"지팡이입니다."

3 "그것을 땅에 던져라." 모세가 지팡이를 던지니, 그것이 뱀이 되었다. 모세가 재빨리 뒤로 물러섰다!

4-5 **하나님**께서 모세에게 말씀하셨다. "손을 뻗어 그 꼬리를 잡아라." 그가 손을 뻗어 꼬리를 잡으니, 그것이 원래대로 지팡이가 되었다. "이는 **하나님** 그들 조상의 하나님, 곧 아브라함의 하나님, 이삭의 하나님, 야곱의 하나님이 네게 나타났다는 것을 그들이 믿게 하려는 것이다."

6 **하나님**께서 또 말씀하셨다. "네 손을 옷 속에 넣어 보아라." 모세가 손을 옷 속에 넣었다가 꺼내 보니, 손이 나병에 걸려 눈처럼 하얗게 되어 있었다.

7 **하나님**께서 말씀하셨다. "네 손을 다시 옷 속에 넣어 보아라." 모세가 다시 손을 넣었다가 꺼내 보니, 손이 전처럼 말끔해져 있었다.

8-9 "그들이 너를 믿지 않고 첫 번째 표적을 보고 믿지 않더라도, *두 번째 표적을 보고는 믿을 것이다*. 그러나 그들이 이 두 표적을 보고도 너를 믿지 않고 네 메시지도 듣지 않거든, 나일 강에서 물을 조금 떠다가 마른 땅에 부어라. 네가 부은 나일 강의 물이 마른 땅에 닿자마자 피로 변할 것이다."

you and the leaders of Israel will go to the king of Egypt and say to him: 'GOD, the God of the Hebrews, has met with us. Let us take a three-day journey into the wilderness where we will worship GOD—*our* God.'

19-22 "I know that the king of Egypt won't let you go unless forced to, so I'll intervene and hit Egypt where it hurts—oh, my miracles will send them reeling!—after which they'll be glad to send you off. I'll see to it that this people get a hearty send-off by the Egyptians—when you leave, you won't leave empty-handed! Each woman will ask her neighbor and any guests in her house for objects of silver and gold, for jewelry and extra clothes; you'll put them on your sons and daughters. Oh, you'll clean the Egyptians out!"

4 1 Moses objected, "They won't trust me. They won't listen to a word I say. They're going to say, 'GOD? Appear to him? Hardly!'"

2 So GOD said, "What's that in your hand?"

"A staff."

3 "Throw it on the ground." He threw it. It became a snake; Moses jumped back—fast!

4-5 GOD said to Moses, "Reach out and grab it by the tail." He reached out and grabbed it—and he was holding his staff again. "That's so they will trust that GOD appeared to you, the God of their fathers, the God of Abraham, the God of Isaac, and the God of Jacob."

6 GOD then said, "Put your hand inside your shirt." He slipped his hand under his shirt, then took it out. His hand had turned leprous, like snow.

7 He said, "Put your hand back under your shirt." He did it, then took it back out—as healthy as before.

8-9 "So if they don't trust you and aren't convinced by the first sign, the second sign should do it. But if it doesn't, if even after these two signs they don't trust you and listen to your message, take some water out of the Nile and pour it out on the dry land; the Nile water that you pour out will turn to blood when it hits the

10 모세가 하나님께 또 이의를 제기했다. "주님, 저는 정말 말을 잘하지 못합니다. 저는 본래 말재주가 없는 사람입니다. 전에도 그랬지만, 주님께서 제게 말씀하신 뒤에도 마찬가지입니다. 저는 말을 심하게 더듬습니다."

11-12 하나님께서 말씀하셨다. "누가 사람의 입을 만들었느냐? 누가 말 못하는 자와 듣지 못하는 자를 만들고, 누가 앞을 보는 자와 앞 못 보는 자를 만들었느냐? 나 하나님이 아니냐? 그러니 가거라. 내가 너와, 네 입과 함께하겠다! 내가 너와 함께하여, 네가 무슨 말을 해야 할지 가르쳐 주겠다."

13 모세가 말했다. "주님, 제발 다른 사람을 보내십시오!"

14-17 하나님께서 모세에게 노하셨다. "레위 사람, 네 형 아론이 있지 않느냐? 그가 말 잘하는 것을 내가 안다. 그는 말을 아주 잘하는 사람이다. 그가 지금, 너를 만나러 오고 있다. 그가 너를 보면 기뻐할 것이다. 너는 그가 해야 할 말을 일러 주어라. 네가 말할 때에 내가 너와 함께하고, 그가 말할 때에 내가 그와 함께하겠다. 내가 차근차근 너희를 가르치겠다. 그가 너를 대신해서 백성에게 말할 것이다. 그가 네 입을 대신하겠으나, 그 입에서 나오는 말은 네가 결정해야 할 것이다. 이제 이 지팡이를 손에 들어라. 네가 그것으로 이적을 행할 것이다."

18 모세가 장인 이드로에게 가서 말했다. "이집트에 있는 제 친족들에게 돌아가야겠습니다. 그들이 아직도 살아 있는지 알아보고 싶습니다."
이드로가 말했다. "가게나. 자네에게 평안이 있기를 비네."

19 하나님께서 미디안에서 모세에게 말씀하셨다. "어서 이집트로 돌아가거라. 너를 죽이려고 하던 자들이 모두 죽었다."

20 모세는 아내와 아들들을 나귀에 태우고 이집트로 돌아가는 여행길에 올랐다. 그는 하나님의 지팡이를 힘껏 쥐고 있었다.

21-23 하나님께서 모세에게 말씀하셨다. "이집트로 돌아가거든, 너는 내가 너를 통해 행할 모든 이적을 바로 앞에서 행하여라. 그러나 나는 그를 고집불통이 되게 하여 백성을 내보내지 않게 하겠다. 그러면 너는 바로에게 이렇게 말하여라. '하나님의 메시지다. 이스라엘은 나의 아들, 나의 맏아들이다! 내가 네게 "내 아들을 놓아주어 나를 섬기게 하

ground."

10 Moses raised another objection to GOD: "Master, please, I don't talk well. I've never been good with words, neither before nor after you spoke to me. I stutter and stammer."

11-12 GOD said, "And who do you think made the human mouth? And who makes some mute, some deaf, some sighted, some blind? Isn't it I, GOD? So, get going. I'll be right there with you—with your mouth! I'll be right there to teach you what to say."

13 He said, "Oh, Master, please! Send somebody else!"

14-17 GOD got angry with Moses: "Don't you have a brother, Aaron the Levite? He's good with words, I know he is. He speaks very well. In fact, at this very moment he's on his way to meet you. When he sees you he's going to be glad. You'll speak to him and tell him what to say. I'll be right there with you as you speak and with him as he speaks, teaching you step by step. He will speak to the people for you. He'll act as your mouth, but you'll decide what comes out of it. Now take this staff in your hand; you'll use it to do the signs."

18 Moses went back to Jethro his father-in-law and said, "I need to return to my relatives who are in Egypt. I want to see if they're still alive."
Jethro said, "Go. And peace be with you."

19 GOD said to Moses in Midian: "Go. Return to Egypt. All the men who wanted to kill you are dead."

20 So Moses took his wife and sons and put them on a donkey for the return trip to Egypt. He had a firm grip on the staff of God.

21-23 GOD said to Moses, "When you get back to Egypt, be prepared: All the wonders that I will do through you, you'll do before Pharaoh. But I will make him stubborn so that he will refuse to let the people go. Then you are to tell Pharaoh, 'GOD's Message: Israel is my son, my firstborn! I told you, "Free my son so that he can serve me."

여라" 하고 말했다. 그러나 너는 내 아들을 놓아 주려고 하지 않았다. 그래서 이제 내가 네 아들, 네 맏아들을 죽이겠다.'"

[24-26] 그들이 이집트로 돌아가다가 밤에 야영을 하는데, 하나님께서 모세를 만나셔서 그를 죽이려고 하셨다. 십보라가 부싯돌 칼을 가져다가 아들의 포피를 자르고 그것을 모세의 몸에 갖다 대며 말했다. "당신은 내게 피 남편입니다!" 그러자 하나님께서 그를 놓아주셨다. 십보라가 "피 남편"이라는 표현을 쓴 것은 할례 때문이었다.

[27-28] 하나님께서 아론에게 말씀하셨다. "광야로 가서 모세를 만나거라." 아론은 길을 떠나 하나님의 산에서 모세를 만나 그에게 입을 맞추었다. 모세는 하나님께서 그를 보내면서 전하라고 하신 메시지와 그에게 명령하신 이적들을 아론에게 알려 주었다.

[29-31] 모세와 아론이 가서 이스라엘의 모든 지도자를 불러 모았다. 아론은 하나님께서 모세에게 일러 주신 모든 말씀을 그들에게 전하고 백성 앞에서 이적을 행하여 보였다. 그러자 백성이 믿었다. 그들은 하나님께서 이스라엘 자손이 겪고 있는 일을 살피고 계시며, 그들의 고통을 모두 알고 계시다는 말을 듣고, 엎드려 경배했다.

모세와 아론이 바로 앞에 서다

5 [1] 그 후에 모세와 아론이 바로에게 가서 말했다. "하나님 이스라엘의 하나님께서 '내 백성을 놓아주어, 그들이 광야에서 나의 절기를 지키게 하여라' 하고 말씀하십니다."

[2] 바로가 말했다. "하나님이 누구인데, 내가 그의 말을 듣고 이스라엘을 보내야 한다는 것이냐? 나는 너희들이 말하는 '하나님'을 도무지 모르겠고, 이스라엘도 절대로 떠나보내지 않겠다."

[3] 그들이 말했다. "히브리 사람의 하나님께서 우리를 만나 주셨습니다. 우리가 광야로 사흘길을 가서 우리 하나님을 예배하게 해주십시오. 그러지 않으면 그분께서 질병과 죽음으로 우리를 치실 것입니다."

[4-5] 그러나 이집트 왕은 이렇게 말했다. "모세와 아론, 너희는 도대체 무엇 때문에 백성에게 휴일을 주어 쉬게 해야 한다는 것이냐? 돌아가서 일

But you refused to free him. So now I'm going to kill *your* son, *your* firstborn.'"

[24-26] On the journey back, as they camped for the night, GOD met Moses and would have killed him but Zipporah took a flint knife and cut off her son's foreskin, and touched Moses' member with it. She said, "Oh! You're a bridegroom of blood to me!" Then GOD let him go. She used the phrase "bridegroom of blood" because of the circumcision.

[27-28] GOD spoke to Aaron, "Go and meet Moses in the wilderness." He went and met him at the mountain of God and kissed him. Moses told Aaron the message that GOD had sent him to speak and the wonders he had commanded him to do.

[29-31] So Moses and Aaron proceeded to round up all the leaders of Israel. Aaron told them everything that GOD had told Moses and demonstrated the wonders before the people. And the people trusted and listened believingly that GOD was concerned with what was going on with the Israelites and knew all about their affliction. They bowed low and they worshiped.

Moses and Aaron and Pharaoh

5 [1] After that Moses and Aaron approached Pharaoh. They said, "GOD, the God of Israel, says, 'Free my people so that they can hold a festival for me in the wilderness.'"

[2] Pharaoh said, "And who is GOD that I should listen to him and send Israel off? I know nothing of this so-called 'GOD' and I'm certainly not going to send Israel off."

[3] They said, "The God of the Hebrews has met with us. Let us take a three-day journey into the wilderness so we can worship our GOD lest he strike us with either disease or death."

[4-5] But the king of Egypt said, "Why on earth, Moses and Aaron, would you suggest the people be given a holiday? Back to work!" Pharaoh went on, "Look, I've got all these people bumming around,

이나 하거라!" 바로가 계속해서 말했다. "내가 이 자들을 빈둥거리게 했더니, 이제 너희는 그들에게 쉴 시간까지 주자는 말이냐?"

6-9 바로는 즉시 조치를 취했다. 그는 강제노동 감독관과 작업반장들에게 지시를 내렸다. "너희는 벽돌을 만드는 데 필요한 짚을 더 이상 저 백성에게 공급해 주지 마라. 저들 스스로 짚을 마련하게 하여라. 전과 똑같은 수의 벽돌을 생산하게 하고, 저들의 하루 작업량을 조금도 줄여 주어서는 안된다! 저들이 게을러져서, '우리 하나님을 예배할 수 있도록 시간을 주십시오' 하며 떠들고 다니는 것이다. 저들을 엄히 다스려라. 그래야 저들의 불평이 사라지고, 신을 예배하겠다는 망상도 사라질 것이다."

10-12 강제노동 감독관과 작업반장들이 나가서 백성에게 새로운 지시를 내렸다. "바로께서 명령하신다. 더 이상 너희에게 짚을 공급해 주지 않겠다. 어디든 가서, 너희 스스로 짚을 마련하여라. 그러나 너희의 하루 작업량에서 벽돌 하나라도 줄어들어서는 안된다!" 백성은 이집트 전역으로 흩어져 짚을 긁어모았다.

13 강제노동 감독관들은 그들을 무자비하게 대했다. "너희의 하루 작업량을 다 채워라. 너희가 짚을 공급받던 때와 같은 수의 벽돌을 만들어야 한다."

14 강제노동 감독관들은 자신들이 세운 이스라엘 출신 작업반장들을 때리며 다그쳤다. "너희는 어째서 하루 작업량을 어제도 그제도, 그리고 오늘도 채우지 못했느냐?"

15-16 이스라엘 출신 작업반장들이 바로에게 가서 작업량을 줄여 달라고 호소했다. "왕께서는 어찌하여 왕의 종들을 이같이 대하십니까? 아무도 저희에게 짚을 주지 않으면서 저희더러 '벽돌을 만들라!'고 합니다. 보십시오. 저희의 잘못이 아닌데도, 저희가 이렇게 매를 맞았습니다."

17-18 그러자 바로가 말했다. "게으름뱅이들! 너희야말로 게으름뱅이들이다! 그러니 너희가 '우리가 가서 하나님을 예배하게 해주십시오' 하고 불평하는 것이다. 썩 물러가서 일이나 하여라! 아무도 너희에게 짚을 공급해 주지 않을 것이다. 그래도 하루가 끝날 때는 하루 작업량을 다 채워야 한다."

19 이스라엘 출신 작업반장들은 자신들이 곤경에 처했음을 알았다. 그들은 돌아가서 백성에게 "너희의 하루 작업량에서 벽돌 한 장도 줄여 줄 수 없다"고 말해야 했다.

20-21 그들은 바로 앞에서 나오다가, 자신들을 만

and now you want to reward them with time off?"

6-9 Pharaoh took immediate action. He sent down orders to the slave-drivers and their underlings: "Don't provide straw for the people for making bricks as you have been doing. Make them get their own straw. And make them produce the same number of bricks–no reduction in their daily quotas! They're getting lazy. They're going around saying, 'Give us time off so we can worship our God.' Crack down on them. That'll cure them of their whining, their god-fantasies."

10-12 The slave-drivers and their underlings went out to the people with their new instructions. "Pharaoh's orders: No more straw provided. Get your own straw wherever you can find it. And not one brick less in your daily work quota!" The people scattered all over Egypt scrabbling for straw.

13 The slave-drivers were merciless, saying, "Complete your daily quota of bricks–the same number as when you were given straw."

14 The Israelite foremen whom the slave-drivers had appointed were beaten and badgered. "Why didn't you finish your quota of bricks yesterday or the day before–and now again today?"

15-16 The Israelite foremen came to Pharaoh and cried out for relief: "Why are you treating your servants like this? Nobody gives us any straw and they tell us, 'Make bricks!' Look at us–we're being beaten. And it's not our fault."

17-18 But Pharaoh said, "Lazy! That's what you are! Lazy! That's why you whine, 'Let us go so we can worship GOD.' Well then, go–go back to work. Nobody's going to give you straw, and at the end of the day you better bring in your full quota of bricks."

19 The Israelite foremen saw that they were in a bad way, having to go back and tell their workers, "Not one brick short in your daily quota."

20-21 As they left Pharaoh, they found Moses and Aaron waiting to meet them. The foremen said to them, "May GOD see what you've done and judge you–you've made us stink before Pharaoh and his servants! You've put a weapon in his hand that's going to kill us!"

나려고 기다리던 모세와 아론과 마주쳤다. 그들이 모세와 아론에게 말했다. "하나님께서 당신들이 한 짓을 보시고 심판해 주셨으면 좋겠소. 당신들은 바로와 그의 신하들 앞에서 우리를 역겹게 만들었소! 당신들이 바로의 손에 우리를 죽일 무기를 쥐어 준 것이오!"

22-23 모세가 돌아와서 하나님께 아뢰었다. "주님, 주께서는 어찌하여 이 백성을 이렇게도 모질게 대하십니까? 도대체 왜 저를 보내셨습니까? 제가 바로에게 가서 주의 이름으로 말한 순간부터 이 백성의 사정이 더 악화되었습니다. 저들을 구하신다고요? 주께서는 이렇게 하는 것이 저들을 구하는 것으로 보이십니까?"

내가 너희를 구해 내겠다

6 1 하나님께서 모세에게 말씀하셨다. "이제 너는 내가 바로에게 어떻게 하는지 보게 될 것이다. 그는 강한 손에 떠밀려 그들을 내보낼 것이다. 그는 강한 손에 떠밀려 그들을 자기 땅에서 내쫓을 것이다."

2-6 하나님께서 모세에게 말씀하시며 그를 안심시키셨다. "나는 하나님이다. 나는 아브라함과 이삭과 야곱에게 강한 하나님으로 나타났으나, 그들에게 하나님(스스로 있는 자)이라는 내 이름으로 나를 알리지 않았다. 또한 나는 나그네로 머물던 가나안 땅을 그들에게 주기로 그들과 언약을 맺었다. 이제 나는 이집트 사람들이 종으로 부리는 이스라엘 자손의 신음소리를 듣고 나의 언약을 기억했다. 그러니 너는 이스라엘 자손에게 이렇게 전하여라.

6-8 '나는 하나님이다. 내가 이집트의 혹독한 강제노동에서 너희를 이끌어 내겠다. 내가 너희를 종살이에서 구해 내겠다. 내가 직접 나서서, 강력한 심판을 행하여 너희를 속량하겠다. 내가 너희를 내 백성으로 삼고 너희 하나님이 될 것이다. 너희는 내가 이집트의 혹독한 강제노동에서 너희를 이끌어 낸, 하나님 너희 하나님인 것을 알게 될 것이다. 나는 아브라함과 이삭과 야곱에게 주기로 약속한 땅으로 너희를 데리고 가서, 그 땅을 너희에게 주어 너희 나라가 되게 하겠다. 나는 하나님이다.'"

9 모세가 이 메시지를 이스라엘 자손에게 전했으나, 그들은 모진 종살이에 지치고 낙심하여 그의 말을 들으려고 하지 않았다.

10-11 그러자 하나님께서 모세에게 말씀하셨다. "이집트 왕 바로에게 가서 이스라엘 자손을 그의 땅에서 내보내라고 말하여라."

12 모세가 하나님께 대답했다. "보십시오. 이스라엘

22-23 Moses went back to GOD and said, "My Master, why are you treating this people so badly? And why did you ever send me? From the moment I came to Pharaoh to speak in your name, things have only gotten worse for this people. And rescue? Does this look like rescue to you?"

6 1 GOD said to Moses, "Now you'll see what I'll do to Pharaoh: With a strong hand he'll send them out free; with a strong hand he'll drive them out of his land."

2-6 God continued speaking to Moses, reassuring him, "I am GOD. I appeared to Abraham, Isaac, and Jacob as The Strong God, but by my name GOD (I-Am-Present) I was not known to them. I also established my covenant with them to give them the land of Canaan, the country in which they lived as sojourners. But now I've heard the groanings of the Israelites whom the Egyptians continue to enslave and I've remembered my covenant. Therefore tell the Israelites:

6-8 "I am GOD. I will bring you out from under the cruel hard labor of Egypt. I will rescue you from slavery. I will redeem you, intervening with great acts of judgment. I'll take you as my own people and I'll be God to you. You'll know that I am GOD, *your* God who brings you out from under the cruel hard labor of Egypt. I'll bring you into the land that I promised to give Abraham, Isaac, and Jacob and give it to you as your own country. *I AM GOD*."

9 But when Moses delivered this message to the Israelites, they didn't even hear him—they were that beaten down in spirit by the harsh slave conditions.

10-11 Then GOD said to Moses, "Go and speak to Pharaoh king of Egypt so that he will release the Israelites from his land."

12 Moses answered GOD, "Look—the Israelites won't even listen to me. How do you expect Pharaoh to? And besides, I stutter."

13 But GOD again laid out the facts to Moses and Aaron regarding the Israelites and Pharaoh

자손도 제 말을 들으려고 하지 않는데, 바로가 어찌 제 말을 듣겠습니까? 게다가 저는 말을 더듬습니다."

13 그러나 하나님께서는 모세와 아론에게 이스라엘 자손과 이집트 왕 바로에 대해 다시 설명해 주시면서, 이스라엘 자손을 이집트 땅에서 인도하여 내라고 거듭 명령하셨다.

모세와 아론의 족보

14 이스라엘 지파들의 우두머리들은 이러하다.
맏아들 르우벤의 아들들은 하녹, 발루, 헤스론, 갈미다. 이들은 르우벤 가문이다.

15 시므온의 아들들은 여무엘, 야민, 오핫, 야긴, 소할, 그리고 가나안 여인이 낳은 아들 사울이다. 이들은 시므온 가문이다.

16 레위의 아들들의 이름을 태어난 순서대로 적으면 게르손, 고핫, 므라리다. 레위는 137년을 살았다.

17 게르손의 아들들은 가문별로 립니, 시므이다.

18 고핫의 아들들은 아므람, 이스할, 헤브론, 웃시엘이다. 고핫은 133년을 살았다.

19 므라리의 아들들은 마홀리, 무시다.
이들은 태어난 순서로 본 레위의 자손이다.

20 아므람은 자신의 고모 요게벳과 결혼했는데, 그녀가 아론과 모세를 낳았다. 아므람은 137년을 살았다.

21 이스할의 아들들은 고라, 네벡, 시그리다.

22 웃시엘의 아들들은 미사엘, 엘사반, 시드리다.

23 아론은 암미나답의 딸이며 나손의 누이인 엘리세바와 결혼했는데, 그녀가 나답, 아비후, 엘르아살, 이다말을 낳았다.

24 고라의 아들들은 앗실, 엘가나, 아비아삽이다. 이들은 고라 가문이다.

25 아론의 아들 엘르아살은 부디엘의 딸 가운데 하나와 결혼했는데, 그녀가 비느하스를 낳았다.
이들은 가족별로 본 레위 가문의 우두머리들이다.

26-27 하나님께로부터 "이스라엘 자손을 가문별로 이집트 땅에서 이끌어 내라"는 명령을 받은 이들도 아론과 모세이고, 이집트 왕 바로에게 가서 이스라엘 자손을 이집트 땅에서 내보내라고 말한 이들도 모세와 아론이다.

내가 너를 바로에게 신과 같이 되게 하겠다

28 하나님께서 이집트에서 모세에게 말씀하실 때의 상황은 이러하다.

king of Egypt, and he again commanded them to lead the Israelites out of the land of Egypt.

The Family Tree of Moses and Aaron

14 These are the heads of the tribes:
The sons of Reuben, Israel's firstborn: Hanoch, Pallu, Hezron, and Carmi—these are the families of Reuben.

15 The sons of Simeon: Jemuel, Jamin, Ohad, Jakin, Zohar, and Saul, the son of a Canaanite woman—these are the families of Simeon.

16 These are the names of the sons of Levi in the order of their birth: Gershon, Kohath, and Merari. Levi lived 137 years.

17 The sons of Gershon by family: Libni and Shimei.

18 The sons of Kohath: Amram, Izhar, Hebron, and Uzziel. Kohath lived to be 133.

19 The sons of Merari: Mahli and Mushi.
These are the sons of Levi in the order of their birth.

20 Amram married his aunt Jochebed and she had Aaron and Moses. Amram lived to be 137.

21 The sons of Izhar: Korah, Nepheg, and Zicri.

22 The sons of Uzziel: Mishael, Elzaphan, and Sithri.

23 Aaron married Elisheba, the daughter of Amminadab and sister of Nahshon, and she had Nadab and Abihu, Eleazar and Ithamar.

24 The sons of Korah: Assir, Elkanah, and Abiasaph. These are the families of the Korahites.

25 Aaron's son Eleazar married one of the daughters of Putiel and she had Phinehas.
These are the heads of the Levite families, family by family.

26-27 This is the Aaron and Moses whom GOD ordered: "Bring the Israelites out of the land of Egypt clan by clan." These are the men, Moses and Aaron, who told Pharaoh king of Egypt to release the Israelites from Egypt.

"I'll Make You as a GOD to Pharaoh"

28 And that's how things stood when GOD next spoke to Moses in Egypt.

29 하나님께서 모세에게 말씀하셨다. "나는 하나님이다. 내가 네게 하는 말을 너는 이집트 왕 바로에게 하나도 빠짐없이 전하여라."
30 그러자 모세가 대답했다. "보십시오, 저는 말을 더듬습니다. 바로가 어찌 제 말을 듣겠습니까?"

7 1-5 하나님께서 모세에게 말씀하셨다. "보아라, 내가 너를 바로에게 신과 같이 되게 하고, 네 형 아론은 너의 예언자가 되게 하겠다. 너는 내가 네게 명령한 모든 것을 말하고, 네 형 아론은 그것을 바로에게 전해야 한다. 그러면 그가 이스라엘 자손을 자기 땅에서 내보낼 것이다. 동시에 나는 바로가 고집을 부리게 해서, 많은 표적과 이적을 이집트에 가득 채우겠다. 바로는 네 말을 들으려고 하지 않겠지만, 나는 내 뜻대로 이집트를 치고 강력한 심판을 행하여, 나의 군사요 나의 백성인 이스라엘 자손을 이집트에서 이끌어 내겠다. 내가 직접 나서서 이스라엘 자손을 그 땅에서 이끌어 낼 때에 내가 하나님인 것을 이집트 사람들이 알게 될 것이다."
6-7 모세와 아론은 하나님께서 명령하신 대로 행했다. 그들이 바로에게 말할 때에 모세는 여든 살이고 아론은 여든세 살이었다.

⁂

8-9 하나님께서 모세와 아론에게 말씀하셨다. "바로가 너희에게 '이적을 행하여, 너희 자신을 입증해 보아라' 하고 말하거든, 너는 아론에게 '형님의 지팡이를 들어 바로 앞에 던지십시오. 그러면 그것이 뱀으로 변할 것입니다' 하고 말하여라."
10 모세와 아론이 바로에게 가서 하나님께서 명령하신 대로 행했다. 아론이 자기 지팡이를 바로와 그의 신하들 앞에 던지니, 그것이 뱀으로 변했다.
11-12 바로가 현자와 마술사들을 불러들였다. 이집트의 마술사들도 자기들의 마술로 똑같이 했다. 그들이 각자 자기 지팡이를 던지니, 그것들이 모두 뱀으로 변했다. 그러나 그때에 아론의 지팡이가 그들의 지팡이들을 삼켜 버렸다.
13 그러나 바로는 고집을 부렸다. 하나님께서 말씀하신 대로, 바로는 그들의 말을 들으려 하지 않았다.

첫 번째 재앙, 피

14-18 하나님께서 모세에게 말씀하셨다. "바로는 고집이 세서, 백성을 내보내려 하지 않는다. 너는 아

29 God addressed Moses, saying, "I am GOD. Tell Pharaoh king of Egypt everything I say to you."
30 And Moses answered, "Look at me. I stutter. Why would Pharaoh listen to me?"

7 1-5 GOD told Moses, "Look at me. I'll make you as a god to Pharaoh and your brother Aaron will be your prophet. You are to speak everything I command you, and your brother Aaron will tell it to Pharaoh. Then he will release the Israelites from his land. At the same time I am going to put Pharaoh's back up and follow it up by filling Egypt with signs and wonders. Pharaoh is not going to listen to you, but I will have my way against Egypt and bring out my soldiers, my people the Israelites, from Egypt by mighty acts of judgment. The Egyptians will realize that I am GOD when I step in and take the Israelites out of their country."
6-7 Moses and Aaron did exactly what GOD commanded. Moses was eighty and Aaron eighty-three when they spoke to Pharaoh.

⁂

8-9 Then GOD spoke to Moses and Aaron. He said, "When Pharaoh speaks to you and says, 'Prove yourselves. Perform a miracle,' then tell Aaron, 'Take your staff and throw it down in front of Pharaoh: It will turn into a snake.'"
10 Moses and Aaron went to Pharaoh and did what GOD commanded. Aaron threw his staff down in front of Pharaoh and his servants, and it turned into a snake.
11-12 Pharaoh called in his wise men and sorcerers. The magicians of Egypt did the same thing by their incantations: each man threw down his staff and they all turned into snakes. But then Aaron's staff swallowed their staffs.
13 Yet Pharaoh was as stubborn as ever—he wouldn't listen to them, just as GOD had said.

Strike One: Blood

14-18 GOD said to Moses: "Pharaoh is a stubborn man. He refuses to release the people. First thing

침이 되거든 곧바로 바로에게 가서, 그가 강가로 내려올 때에 그를 만나거라. 너는 나일 강가에서, 전에 뱀으로 변했던 지팡이를 들고 그에게 이렇게 말하여라. '하나님 히브리 사람의 하나님께서 나를 왕에게 보내셔서 이 메시지를 전하게 하셨습니다. "내 백성을 내보내어 광야에서 나를 예배하게 하여라." 그런데도 왕은 아직까지 그 말씀을 듣지 않았습니다. 이제 이것으로 왕은 그분이 하나님이신 것을 알게 될 것입니다. 이제 내가 쥐고 있는 이 지팡이로 나일 강의 물을 치겠습니다. 그러면 강물이 피로 변하여, 나일 강에 있는 물고기가 죽고 강물에서 악취가 나서, 이집트 사람들이 그 강의 물을 마시지 못하게 될 것입니다.'"

19 하나님께서 모세에게 말씀하셨다. "너는 아론에게 말하여, 지팡이를 잡고서, 이집트의 물, 곧 이집트의 강과 운하와 늪과 모든 고인 물 위로 그것을 흔들라고 하여라. 이집트 온 땅에 피가 가득할 것이다. 냄비와 접시에 담긴 물까지 피로 변할 것이다."

20-21 모세와 아론은 하나님께서 명령하신 대로 행했다. 아론이 지팡이를 들어 바로와 그의 신하들이 보는 앞에서 나일 강의 물을 치니, 강의 물이 다 피로 변했다. 강에 있는 물고기가 죽고 강물에서 악취가 나서, 이집트 사람들이 그 강의 물을 마실 수 없게 되었다. 이집트 온 땅에 피가 가득했다.

22-25 그러나 이집트의 마술사들도 자기들의 마술로 똑같이 했다. 바로는 여전히 고집을 부렸다. 하나님께서 말씀하신 대로, 바로는 그들의 말을 들으려 하지 않았다. 그는 그 일에 전혀 마음을 두지 않고, 발길을 돌려 궁으로 돌아갔다. 그러나 이집트 사람들 모두가 나일 강의 물을 마실 수 없게 되었으므로, 마실 물을 찾아 강에서 멀리 떨어진 땅을 파야만 했다.

하나님께서 나일 강을 치시고 나서 칠 일이 지났다.

두 번째 재앙, 개구리 떼

8 1-4 하나님께서 모세에게 말씀하셨다. "너는 바로에게 가서 이렇게 말하여라. '하나님의 메시지다. 내 백성을 내보내어 나를 예배하게 하여라. 경고하건대, 네가 그들을 내보내지 않으면, 내가 개구리 떼로 온 땅을 치겠다. 나일 강이 개구리들로 가득 찰 것이다. 개구리들이 네 궁과 네 침실과 네 침대로 들어가고, 네 신하들의 집과 백성 가운데로 다니며, 네 솥과 냄비와 접시 속으로 뛰어들 것이다. 개구리들이 너를 덮치고, 모

in the morning, go and meet Pharaoh as he goes down to the river. At the shore of the Nile take the staff that turned into a snake and say to him, 'GOD, the God of the Hebrews, sent me to you with this message, "Release my people so that they can worship me in the wilderness." So far you haven't listened. This is how you'll know that I am GOD. I am going to take this staff that I'm holding and strike this Nile River water: The water will turn to blood; the fish in the Nile will die; the Nile will stink; and the Egyptians won't be able to drink the Nile water.'"

19 GOD said to Moses, "Tell Aaron, 'Take your staff and wave it over the waters of Egypt–over its rivers, its canals, its ponds, all its bodies of water–so that they turn to blood.' There'll be blood everywhere in Egypt–even in the pots and pans."

20-21 Moses and Aaron did exactly as GOD commanded them. Aaron raised his staff and hit the water in the Nile with Pharaoh and his servants watching. All the water in the Nile turned into blood. The fish in the Nile died; the Nile stank; and the Egyptians couldn't drink the Nile water. The blood was everywhere in Egypt.

22-25 But the magicians of Egypt did the same thing with their incantations. Still Pharaoh remained stubborn. He wouldn't listen to them as GOD had said. He turned on his heel and went home, never giving it a second thought. But all the Egyptians had to dig inland from the river for water because they couldn't drink the Nile water. Seven days went by after GOD had struck the Nile.

Strike Two: Frogs

8 1-4 GOD said to Moses, "Go to Pharaoh and tell him, 'GOD's Message: Release my people so they can worship me. If you refuse to release them, I'm warning you, I'll hit the whole country with frogs. The Nile will swarm with frogs–they'll come up into your houses, into your bedrooms and into your beds, into your servants' quarters, among the people, into your ovens and pots and pans. They'll be all over you, all over everyone–frogs everywhere, on and in

든 사람을 덮칠 것이다. 장소와 물건을 가리지 않
고, 개구리 천지가 될 것이다!'"
5 하나님께서 모세에게 말씀하셨다. "너는 아론에게
말하여, 지팡이를 강과 운하와 늪 위로 흔들어 개구
리 떼를 이집트 땅 위로 올라오게 하라고 하여라."
6 아론이 이집트의 물 위로 지팡이를 뻗자, 개구리
떼가 올라와 온 땅을 뒤덮었다.
7 그러나 마술사들도 자기들의 마술로 똑같이 하
여, 개구리들이 이집트 땅 위로 올라오게 했다.
8 바로가 모세와 아론을 불러들여 말했다. "하나님
께 기도하여 이 개구리들을 우리에게서 없애 다오.
내가 백성을 내보내어 하나님께 제사를 드리고 예
배하게 하겠다."
9 모세가 바로에게 말했다. "그렇게 하겠습니다. 시
간을 정해 주십시오. 왕의 신하들과 왕의 백성과
왕의 궁에서 이 개구리들을 언제 없애면 좋겠습니
까? 나일 강에 있는 개구리들만 남고 다 사라질 것
입니다."
10-11 "내일이다."
모세가 말했다. "내일 그렇게 하겠습니다. 왕께서
는 우리 하나님 같은 분이 없음을 알게 될 것입니
다. 개구리 떼가 왕과 왕의 궁과 왕의 신하들과 왕
의 백성에게서 사라질 것입니다. 오직 나일 강의
개구리들만 남을 것입니다."
12-14 모세와 아론이 바로 앞에서 물러나왔다. 모세
가 하나님께서 바로에게 보내신 개구리들을 두고
기도하자, 하나님께서 모세의 기도에 응답하셨다.
집과 뜰과 들 할 것 없이, 모든 곳에서 개구리들이
죽었다. 사람들이 개구리들을 모아서 쌓아 놓으니,
죽은 개구리 냄새가 온 땅에 진동했다.
15 그러나 바로는 숨을 돌리게 되자, 다시 고집을
부리고 모세와 아론의 말을 들으려 하지 않았다.
하나님께서 말씀하신 그대로였다.

세 번째 재앙, 이

16 하나님께서 모세에게 말씀하셨다. "너는 아론에
게 말하여, 지팡이를 들어 먼지를 치라고 하여라. 그
러면 이집트 온 땅에서 먼지가 이로 변할 것이다."
17 모세가 그대로 행했다. 아론이 지팡이를 쥐고 땅
의 먼지를 치자, 먼지가 이로 변하여 모든 사람과
짐승에게 들러붙었다. *온 땅의 먼지가 이로 변하*
여, 이집트 도처에 이가 퍼졌다.
18 마술사들도 자기들의 마술로 이를 만들어 내려
고 했지만, 이번에는 그렇게 할 수가 없었다. 어디
를 가나 이 천지였고, 모든 사람과 짐승에게 온통

everything!'"
5 GOD said to Moses, "Tell Aaron, 'Wave your
staff over the rivers and canals and ponds. Bring
up frogs on the land of Egypt.'"
6 Aaron stretched his staff over the waters of
Egypt and a mob of frogs came up and covered
the country.
7 But again the magicians did the same thing
using their incantations—they also produced
frogs in Egypt.
8 Pharaoh called in Moses and Aaron and said,
"Pray to GOD to rid us of these frogs. I'll release
the people so that they can make their sacrifices
and worship GOD."
9 Moses said to Pharaoh, "Certainly. Set the time.
When do you want the frogs out of here, away
from your servants and people and out of your
houses? You'll be rid of frogs except for those in
the Nile."
10-11 "Make it tomorrow."
Moses said, "Tomorrow it is—so you'll realize
that there is no God like our GOD. The frogs will
be gone. You and your houses and your servants
and your people, free of frogs. The only frogs left
will be the ones in the Nile."
12-14 Moses and Aaron left Pharaoh, and Moses
prayed to GOD about the frogs he had brought
on Pharaoh. GOD responded to Moses' prayer:
The frogs died off—houses, courtyards, fields, all
free of frogs. They piled the frogs in heaps. The
country reeked of dead frogs.
15 But when Pharaoh saw that he had some
breathing room, he got stubborn again and
wouldn't listen to Moses and Aaron. Just as GOD
had said.

Strike Three: Gnats

16 GOD said to Moses, "Tell Aaron, 'Take your
staff and strike the dust. The dust will turn into
gnats all over Egypt.'"
17 He did it. Aaron grabbed his staff and struck
the dust of the Earth; it turned into gnats, gnats
all over people and animals. All the dust of the
Earth turned into gnats, gnats everywhere in
Egypt.

이가 들러붙었다.
19 마술사들이 바로에게 말했다. "이것은 하나님이 하시는 일입니다." 그러나 바로는 완강해서 그들의 말을 들으려 하지 않았다. 하나님께서 말씀하신 그대로였다.

네 번째 재앙, 파리 떼

20-23 하나님께서 모세에게 말씀하셨다. "너는 아침 일찍 일어나서 바로 앞에 서거라. 바로가 물가로 내려올 때에, 그에게 이렇게 말하여라. '하나님의 메시지다. 내 백성을 내보내어 나를 예배하게 하여라. 네가 내 백성을 내보내지 않으면, 내가 너와 네 신하들과 네 백성과 네 궁에 파리 떼를 풀어 놓겠다. 이집트 사람들의 집과 그들이 딛고 선 땅에도 파리 떼가 득실거릴 것이다. 그러나 그 일이 일어날 때, 내 백성이 사는 고센 땅은 구별하여 거룩한 곳으로 삼겠다. 고센 땅에는 파리 떼가 없을 것이다. 그 일로 인하여 너는 내가 이 땅에서 하나님인 것을 알게 될 것이다. 내가 네 백성과 내 백성을 분명하게 구별하겠다. 이 표적이 내일 일어날 것이다.'"
24 하나님께서 말씀하신 대로 행하셨다. 바로의 궁과 신하들의 집에 파리 떼가 득실거렸다. 이집트 온 땅이 파리 떼로 폐허가 되었다.
25 바로가 모세와 아론을 불러들여 말했다. "어서 가거라. 너희 하나님께 제사를 드려라. 그러나 이 땅에서 드려야 한다."
26-27 모세가 말했다. "그렇게 하는 것은 현명한 일이 아닙니다. 이집트 사람들은 우리가 우리 하나님께 제사를 드리는 것을 몹시 불쾌하게 여길 것입니다. 우리가 이집트 사람들 앞에서 그들이 불쾌하게 여기는 제사를 드리면, 그들이 우리를 죽이려 들 것입니다. 우리 하나님께서 우리에게 지시하신 대로, 우리가 광야로 사흘길을 가서 제사를 드리게 해주십시오."
28 바로가 말했다. "좋다. 내가 너희를 내보낼 테니, 가서 광야에서 너희 하나님께 제사를 드려라. 다만 너무 멀리 가지는 마라. 이제 나를 위해 기도해 다오."
29 모세가 말했다. "내가 이곳에서 나가는 대로 하나님께 기도하여, 내일 파리 떼가 왕과 왕의 신하들과 왕의 백성에게서 떠나가게 하겠습니다. 그러나 우리를 속이지 마십시오. 왕의 마음이 바뀌어서, 우리를 내보내어 하나님께 제사를 드리지 못하게 하는 일이 없기를 바랍니다."
30-32 모세가 바로 앞에서 물러나와 하나님께 기도

18 The magicians tried to produce gnats with their incantations but this time they couldn't do it. There were gnats everywhere, all over people and animals.
19 The magicians said to Pharaoh, "This is God's doing." But Pharaoh was stubborn and wouldn't listen. Just as GOD had said.

Strike Four: Flies

20-23 GOD said to Moses, "Get up early in the morning and confront Pharaoh as he goes down to the water. Tell him, 'GOD's Message: Release my people so they can worship me. If you don't release my people, I'll release swarms of flies on you, your servants, your people, and your homes. The houses of the Egyptians and even the ground under their feet will be thick with flies. But when it happens, I'll set Goshen where my people live aside as a sanctuary–no flies in Goshen. That will show you that I am GOD in this land. I'll make a sharp distinction between your people and mine. This sign will occur tomorrow.'"
24 And GOD did just that. Thick swarms of flies in Pharaoh's palace and the houses of his servants. All over Egypt, the country ruined by flies.
25 Pharaoh called in Moses and Aaron and said, "Go ahead. Sacrifice to your God–but do it here in this country."
26-27 Moses said, "That would not be wise. What we sacrifice to our GOD would give great offense to Egyptians. If we openly sacrifice what is so deeply offensive to Egyptians, they'll kill us. Let us go three days' journey into the wilderness and sacrifice to our GOD, just as he instructed us."
28 Pharaoh said, "All right. I'll release you to go and sacrifice to your GOD in the wilderness. Only don't go too far. Now pray for me."
29 Moses said, "As soon as I leave here, I will pray to GOD that tomorrow the flies will leave Pharaoh, his servants, and his people. But don't play games with us and change your mind about releasing us to sacrifice to GOD."
30-32 Moses left Pharaoh and prayed to GOD. GOD did what Moses asked. He got rid of the flies from Pharaoh and his servants and his people.

하나, 하나님께서 모세의 기도를 들어주셨다. 하나님께서 바로와 그의 신하들과 그의 백성에게서 파리 떼를 없애 주셨다. 파리가 한 마리도 남지 않았다. 그러나 바로는 또다시 고집을 부리고 백성을 내보내려 하지 않았다.

다섯 번째 재앙, 가축의 죽음

9 1-4 하나님께서 모세에게 말씀하셨다. "바로에게 가서 이렇게 말하여라. '하나님 히브리 사람의 하나님이 말씀하신다. 내 백성을 내보내어 나를 예배하게 하여라. 경고하건대, 네가 그들을 내보내지 않고 계속 붙잡아 두면, 하나님이 들에 있는 네 가축을 칠 것이다. 너의 말과 나귀와 낙타와 소와 양을 쳐서 극심한 병이 들게 할 것이다. 하나님이 이스라엘의 가축과 이집트의 가축을 분명하게 구별할 것이다. 이스라엘 자손에게 속한 짐승은 단 한 마리도 죽지 않을 것이다.'"

5 하나님께서 때를 정하시고 말씀하셨다. "하나님이 내일 이 일을 행할 것이다."

6-7 이튿날 하나님께서 그대로 행하셨다. 이집트의 가축은 모두 죽었으나, 이스라엘 자손의 가축은 한 마리도 죽지 않았다. 바로가 사람을 보내어 일어난 일을 알아보니, 과연 이스라엘 자손의 가축은 단 한 마리도 죽지 않았다. 그러나 바로는 여전히 고집을 부리고 백성을 내보내려 하지 않았다.

여섯 번째 재앙, 악성 종기

8-11 하나님께서 모세와 아론에게 말씀하셨다. "너희는 아궁이에서 재를 긁어모아 두 손에 가득 쥐어라. 그리고 모세가 그것을 바로가 보는 앞에서 공중에 뿌려라. 그것이 이집트 온 땅을 덮는 미세한 먼지가 되어, 이집트 온 땅에 있는 사람과 짐승에게 악성 종기를 일으킬 것이다." 그들은 아궁이에서 재를 긁어모아 손에 쥐고, 바로 앞에 서서 공중에 뿌렸다. 그랬더니 그것이 사람과 짐승에게 악성 종기를 일으켰다. 이번에는 마술사들도 종기 때문에 모세와 맞서지 못했다. 이집트에 있는 다른 모든 사람과 마찬가지로, 그들도 온몸에 종기가 났기 때문이다.

12 하나님께서 바로의 고집을 드세게 하셨다. 하나님께서 모세에게 *말씀하신 대로, 바로는 그들의* 말을 들으려 하지 않았다.

일곱 번째 재앙, 우박

13-19 하나님께서 모세에게 말씀하셨다. "너는 아

There wasn't a fly left. But Pharaoh became stubborn once again and wouldn't release the people.

Strike Five: Animals

9 1-4 GOD said to Moses, "Go to Pharaoh and tell him, 'GOD, the God of the Hebrews, says: Release my people so they can worship me. If you refuse to release them and continue to hold on to them, I'm giving you fair warning: GOD will come down hard on your livestock out in the fields—horses, donkeys, camels, cattle, sheep—striking them with a severe disease. GOD will draw a sharp line between the livestock of Israel and the livestock of Egypt. Not one animal that belongs to the Israelites will die.'"

5 Then GOD set the time: "Tomorrow GOD will do this thing."

6-7 And the next day GOD did it. All the livestock of Egypt died, but not one animal of the Israelites died. Pharaoh sent men to find out what had happened and there it was: none of the livestock of the Israelites had died—not one death. But Pharaoh stayed stubborn. He wouldn't release the people.

Strike Six: Boils

8-11 GOD said to Moses and Aaron, "Take fistfuls of soot from a furnace and have Moses throw it into the air right before Pharaoh's eyes; it will become a film of fine dust all over Egypt and cause sores, an eruption of boils on people and animals throughout Egypt." So they took soot from a furnace, stood in front of Pharaoh, and threw it up into the air. It caused boils to erupt on people and animals. The magicians weren't able to compete with Moses this time because of the boils—they were covered with boils just like everyone else in Egypt.

12 GOD hardened Pharaoh in his stubbornness. He wouldn't listen, just as GOD had said to Moses.

Strike Seven: Hail

13-19 GOD said to Moses, "Get up early in the

침 일찍 일어나서 바로 앞에 서거라. 그에게 이렇게 말하여라. '하나님 히브리 사람의 하나님이 말씀하신다. 내 백성을 내보내어 나를 예배하게 하여라. 이번에는 내가 너와 네 신하들과 네 백성을 나의 강력한 능력으로 쳐서, 온 세상 어디에도 나와 같은 신이 없음을 너로 알게 하겠다. 내가 치명적인 질병으로 너와 네 백성을 쳤더라면, 지금쯤 네게 남은 것이 없고, 네게 그 흔적조차 없으리라는 것을 이제 너도 깨달을 것이다. 내가 너를 쓰러뜨리지 않은 것은, 네가 내 능력을 인정하게 하여 내 이름이 온 세상에 전파되게 하려는 것이다. 너는 아직도 내 백성을 희생시켜 네 자신을 높이면서, 내 백성을 놓아주지 않고 있다. 그러므로 앞으로 일어날 일은 이러하다. 내일 이맘때 내가 무시무시한 우박을 퍼부을 것이다. 이집트가 세워진 이래로 지금까지 그와 같은 우박이 없었을 것이다. 그러니 너는 네 가축을 안전한 곳으로 대피시켜라. 우박이 떨어지면, 사람이나 짐승 할 것 없이 들에 있는 모든 것이 죽을 것이다.'"

20-21 바로의 신하들 가운데 하나님의 말씀을 받아들인 자들은 모두 자기 일꾼과 짐승들을 서둘러 안전한 곳으로 대피시켰다. 그러나 하나님의 말씀을 진지하게 받아들이지 않은 자들은 자기 일꾼과 짐승들을 들에 내버려 두었다.

22 하나님께서 모세에게 말씀하셨다. "네 두 손을 하늘로 뻗어, 이집트 온 땅, 곧 이집트의 들에 있는 사람과 짐승들과 농작물 위에 우박이 떨어지게 하여라."

23-26 모세가 하늘을 향해 지팡이를 들자, 하나님께서 천둥소리와 함께 우박과 번개를 내리셨다. 하나님께서 이집트 땅에 우박을 퍼부으신 것이다. 번개와 폭풍을 동반한 사나운 우박이었다. 이집트 역사상 그와 같은 우박이 내린 적은 한 번도 없었다. 우박은 이집트 온 땅을 사납게 내리쳤다. 사람이나 짐승이나 농작물 할 것 없이, 들에 있는 모든 것을 세차게 내리쳤다. 들에 있는 나무까지 부러뜨렸다. 그러나 이스라엘 자손이 사는 고센 땅만은 예외여서, 그 땅에는 우박이 내리지 않았다.

27-28 바로가 모세와 아론을 불러들여 말했다. "이번에는 내가 확실히 죄를 지었다. 하나님이 옳고 나와 내 백성은 그르다. 하나님께 기도해 다오. 우리가 하나님이 내리시는 천둥과 우박을 맞을 만큼 맞았다. 내가 너희를 내보낼 테니, 가능한 한 빨리 여기서 나갔으면 좋겠다."

29-30 모세가 말했다. "내가 이 성을 벗어나는 대

morning and confront Pharaoh. Tell him, 'GOD, the God of the Hebrews, says: Release my people so they can worship me. This time I am going to strike you and your servants and your people with the full force of my power so you'll get it into your head that there's no one like me anywhere in all the Earth. You know that by now I could have struck you and your people with deadly disease and there would be nothing left of you, not a trace. But for one reason only I've kept you on your feet: To make you recognize my power so that my reputation spreads in all the Earth. You are still building yourself up at my people's expense. You are not letting them go. So here's what's going to happen: At this time tomorrow I'm sending a terrific hailstorm—there's never been a storm like this in Egypt from the day of its founding until now. So get your livestock under roof—everything exposed in the open fields, people and animals, will die when the hail comes down.'"

20-21 All of Pharaoh's servants who had respect for GOD's word got their workers and animals under cover as fast as they could, but those who didn't take GOD's word seriously left their workers and animals out in the field.

22 GOD said to Moses: "Stretch your hands to the skies. Signal the hail to fall all over Egypt on people and animals and crops exposed in the fields of Egypt."

23-26 Moses lifted his staff to the skies and GOD sent peals of thunder and hail shot through with lightning strikes. GOD rained hail down on the land of Egypt. The hail came, hail and lightning—a fierce hailstorm. There had been nothing like it in Egypt in its entire history. The hail hit hard all over Egypt. Everything exposed out in the fields, people and animals and crops, was smashed. Even the trees in the fields were shattered. Except for Goshen where the Israelites lived; there was no hail in Goshen.

27-28 Pharaoh summoned Moses and Aaron. He said, "I've sinned for sure this time—GOD is in the right and I and my people are in the wrong. Pray to GOD. We've had enough of GOD's thunder and hail. I'll let you go. The sooner you're out of here

로, 하나님께 내 손을 들겠습니다. 천둥이 멎고, 우박도 그칠 것입니다. 그러면 왕은 땅이 하나님의 것임을 알게 될 것입니다. 그래도 왕과 왕의 신하들이 하나님을 경외하지 않을 것을 나는 알고 있습니다."

31-32 (마침 아마와 보리가 무르익고 있어서, 그것들이 못쓰게 되고 말았다. 그러나 밀과 귀리는 아직 여물지 않아서 피해를 입지 않았다.)

33 모세가 바로 앞에서 물러나와 성 밖으로 나갔다. 그가 하나님께 손을 들자, 천둥과 우박이 그치고 비바람이 잠잠해졌다.

34-35 그러나 바로는 비와 우박과 천둥이 멎은 것을 보고, 곧 다시 죄를 지었다. 그와 그의 신하들이 전처럼 고집을 꺾지 않았다. 바로의 마음은 바위처럼 단단해졌다. 하나님께서 모세를 통해 말씀하신 대로, 바로는 이스라엘 자손을 내보내려 하지 않았다.

여덟 번째 재앙, 메뚜기 떼

10 1-2 하나님께서 모세에게 말씀하셨다. "바로에게 가거라. 내가 바로와 그의 신하들의 마음을 완강하게 했다. 이는 내가 바로에게 이 표적들을 보게 하려는 것이고, 내가 이집트 사람들을 어떻게 괴롭게 했는지 네가 네 자녀와 후손에게 전하게 하려는 것이다. 내가 이집트 사람들에게 행한 표적 이야기를 네가 네 자녀와 후손에게 들려주어, 내가 하나님인 것을 너희 모두가 알게 하려는 것이다."

3-6 모세와 아론이 바로에게 가서 말했다. "하나님 히브리 사람의 하나님께서 이렇게 말씀하십니다. '네가 언제까지 굴복하지 않겠느냐? 내 백성을 내보내어 나를 예배하게 하여라. 두고 보아라. 네가 내 백성을 내보내지 않으면, 내가 내일 네 땅으로 메뚜기 떼를 들여보내겠다. 메뚜기 떼가 온 땅을 뒤덮어, 아무도 땅을 보지 못하게 될 것이다. 메뚜기들이 우박의 피해를 입지 않고 남은 것을 모조리 먹어 치우고, 들에서 자라는 어린 나무까지 먹어 치울 것이다. 나무란 나무는 모조리 끝장낼 것이다. 또한 메뚜기들이 네 궁으로 들이닥쳐서, 네 신하들의 집과 이집트에 있는 모든 집에 가득 찰 것이다. 네 조상이 이 땅을 처음 밟은 이래로, 오늘까지 그와 같은 것을 본 사람이 아무도 없을 것이다.'"

모세가 발길을 돌려 바로 앞에서 물러나왔다.

the better."

29-30 Moses said, "As soon as I'm out of the city, I'll stretch out my arms to GOD. The thunder will stop and the hail end so you'll know that the land is GOD's land. Still, I know that you and your servants have no respect for GOD."

31-32 (The flax and the barley were ruined, for they were just ripening, but the wheat and spelt weren't hurt–they ripen later.)

33 Moses left Pharaoh and the city and stretched out his arms to GOD. The thunder and hail stopped; the storm cleared.

34-35 But when Pharaoh saw that the rain and hail and thunder had stopped, he kept right on sinning, stubborn as ever, both he and his servants. Pharaoh's heart turned rock-hard. He refused to release the Israelites, as GOD had ordered through Moses.

Strike Eight: Locusts

10 1-2 GOD said to Moses: "Go to Pharaoh. I've made him stubborn, him and his servants, so that I can force him to look at these signs and so you'll be able to tell your children and grandchildren how I toyed with the Egyptians, like a cat with a mouse; you'll tell them the stories of the signs that I brought down on them, so that you'll all know that I am GOD."

3-6 Moses and Aaron went to Pharaoh and said to him, "GOD, the God of the Hebrews, says, 'How long are you going to refuse to knuckle under? Release my people so that they can worship me. If you refuse to release my people, watch out; tomorrow I'm bringing locusts into your country. They'll cover every square inch of ground; no one will be able to see the ground. They'll devour everything left over from the hailstorm, even the saplings out in the fields–they'll clear-cut the trees. And they'll invade your houses, filling the houses of your servants, filling every house in Egypt. Nobody will have ever seen anything like this, from the time your ancestors first set foot on this soil until today.'"

Then he turned on his heel and left Pharaoh.

7 바로의 신하들이 바로에게 말했다. "왕께서는 저 사람이 언제까지 우리를 괴롭히도록 내버려 두시겠습니까? 저 사람들을 내보내어 자기의 **하나님**을 예배하게 하십시오. 이집트가 다 죽어 가는 것이 보이지 않습니까?"

8 모세와 아론이 다시 바로에게 불려 갔다. 바로가 그들에게 말했다. "그렇다면 어서 가거라. 가서 너희 **하나님**을 예배하여라. 너희와 함께 갈 사람들이 도대체 누구냐?"

9 모세가 말했다. "우리가 **하나님**께 예배를 드려야 하므로, 젊은이와 노인들, 아들과 딸들, 양 떼와 소 떼를 데리고 가겠습니다."

10-11 바로가 말했다. "**하나님**의 복을 빌어 주며 너희를 보낼지언정, 너희 자녀들을 너희와 함께 보내지는 않을 것이다. 너희가 못된 짓을 꾀하고 있는 것이 빤히 들여다보인다. 어림없는 수작 마라. 너희 장정들만 가거라. 어서 가서 **하나님**을 예배하여라. 그것이 너희가 그토록 바라던 것이 아니냐." 그들은 바로 앞에서 쫓겨났다.

12 **하나님**께서 모세에게 말씀하셨다. "네 손을 이집트 땅 위로 뻗어, 메뚜기 떼가 이집트 땅을 덮게 하여라. 메뚜기들이 우박의 피해를 입지 않고 땅에 남은 채소를 남김없이 먹어 치울 것이다."

13 모세가 지팡이를 이집트 땅 위로 뻗자, **하나님**께서 동풍이 불게 하셨다. 동풍이 그날 내내 낮과 밤으로 불었다. 아침에 보니, 동풍이 메뚜기 떼를 몰고 왔다.

14-15 메뚜기 떼가 이집트 땅을 덮고 이집트 온 땅에 내려앉았다. 메뚜기 떼가 땅을 가득 메웠다. 그렇게 많은 메뚜기 떼의 습격은 전에도 없었고 앞으로도 없을 것이었다. 메뚜기 떼가 온 땅을 뒤덮어서 땅이 새까맣게 되었다. 메뚜기들은 모든 채소와 열매뿐 아니라, 우박의 피해를 입지 않은 모든 것을 닥치는 대로 먹어 치웠다. 이집트 온 땅에 벌거벗은 나무와 텅 빈 들 외에는 아무것도 남지 않았다. 푸른 것이라고는 흔적조차 없었다.

16-17 바로가 즉시 모세와 아론을 불러들여 말했다. "내가 너희 **하나님**과 너희에게 죄를 지었다. 한 번 더 나의 죄를 눈감아 다오. 너희 **하나님**께 기도하여 이 재앙에서 나를 건져 달라고 해다오. 이곳에서 죽음이 떠나가게 해다오!"

18-19 모세가 바로 앞에서 물러나와 **하나님**께 기도하자, **하나님**께서 바람의 방향을 바꾸셨다. 강한 서풍이 메뚜기 떼를 몰고 가서 홍해에 처넣어 버렸다. 이집트 온 땅에 메뚜기가 한 마리도 남

7 Pharaoh's servants said to him, "How long are you going to let this man harass us? Let these people go and worship their GOD. Can't you see that Egypt is on its last legs?"

8 So Moses and Aaron were brought back to Pharaoh. He said to them, "Go ahead then. Go worship your GOD. But just who exactly is going with you?"

9 Moses said, "We're taking young and old, sons and daughters, flocks and herds—this is our worship-celebration of GOD."

10-11 He said, "I'd sooner send you off with GOD's blessings than let you go with your children. Look, you're up to no good—it's written all over your faces. Nothing doing. Just the men are going—go ahead and worship GOD. That's what you want so badly." And they were thrown out of Pharaoh's presence.

12 GOD said to Moses: "Stretch your hand over Egypt and signal the locusts to cover the land of Egypt, devouring every blade of grass in the country, everything that the hail didn't get."

13 Moses stretched out his staff over the land of Egypt. GOD let loose an east wind. It blew that day and night. By morning the east wind had brought in the locusts.

14-15 The locusts covered the country of Egypt, settling over every square inch of Egypt; the place was thick with locusts. There never was an invasion of locusts like it in the past, and never will be again. The ground was completely covered, black with locusts. They ate everything, every blade of grass, every piece of fruit, anything that the hail didn't get. Nothing left but bare trees and bare fields—not a sign of green in the whole land of Egypt.

16-17 Pharaoh had Moses and Aaron back in no time. He said, "I've sinned against your GOD and against you. Overlook my sin one more time. Pray to your GOD to get me out of this—get death out of here!"

18-19 Moses left Pharaoh and prayed to GOD. GOD reversed the wind—a powerful west wind took the locusts and dumped them into the Red Sea. There wasn't a single locust left in the whole country of

지 않았다.
20 그러나 하나님께서 바로의 마음을 전처럼 완강하게 하셨다. 바로는 여전히 이스라엘 자손을 내보내려 하지 않았다.

아홉 번째 재앙, 어둠

21 하나님께서 모세에게 말씀하셨다. "네 손을 하늘로 뻗어, 이집트 땅에 어둠이 내리게 하여라. 손으로 더듬어야 다닐 수 있을 만큼 짙은 어둠이 내릴 것이다."
22-23 모세가 하늘로 손을 뻗자, 짙은 어둠이 사흘 동안 이집트 땅에 내렸다. 사람들은 서로 볼 수 없었고, 사흘 동안 꼼짝도 할 수 없었다. 그러나 이스라엘 자손만은 예외여서, 그들이 사는 곳에는 빛이 있었다.
24 바로가 모세를 불러들여 말했다. "가서 하나님을 예배하여라. 너희 양 떼와 소 떼는 남겨 두고, 너희 자녀들은 데리고 가거라."
25-26 모세가 말했다. "왕께서는 우리가 하나님께 드릴 짐승과 제물들을 가져가게 해주셔야 합니다. 그래야 우리가 우리 하나님을 예배하면서 그것들을 제물로 드릴 수 있습니다. 우리의 가축들도 우리와 함께 가야 하며, 한 마리도 남겨 두어서는 안됩니다. 그것들은 우리가 하나님께 드릴 예배에 필요한 제물입니다. 그리고 그곳에 이를 때까지는, 어떤 것을 제물로 드려야 할지 우리가 알지 못합니다."
27 그러나 하나님께서 바로의 마음을 계속해서 완강하게 하셨다. 바로는 그들을 내보내려 하지 않았다.
28 바로가 모세에게 말했다. "내 앞에서 썩 꺼져라! 다시는 너를 보고 싶지 않다. 조심해라. 내 앞에 다시 나타났다가는 죽을 것이다."
29 모세가 말했다. "마음대로 하십시오. 나도 다시는 왕 앞에 나타나지 않겠습니다."

열 번째 재앙, 처음 태어난 것의 죽음

11 1 하나님께서 모세에게 말씀하셨다. "내가 마지막으로 바로와 이집트를 치겠다. 그렇게 한 다음에야 그가 너희를 놓아줄 것이다. 그가 너희를 내보내는 날, 그날은 너희가 이집트를 보는 마지막 날이 될 것이다. 그가 너희를 어떻게든 빨리 떨쳐 버리려 할 것이다.
2-3 네가 할 일은 이러하다. 너는 백성에게 말하여, 남자는 이웃 남자에게, 여자는 이웃 여자에게 은붙이와 금붙이를 요구하게 하여라." 하나님께서는 이집트 사람들이 이스라엘 백성을 선대하게 해주셨

Egypt.
20 But GOD made Pharaoh stubborn as ever. He still didn't release the Israelites.

Strike Nine: Darkness

21 GOD said to Moses: "Stretch your hand to the skies. Let darkness descend on the land of Egypt—a darkness so dark you can touch it."
22-23 Moses stretched out his hand to the skies. Thick darkness descended on the land of Egypt for three days. Nobody could see anybody. For three days no one could so much as move. Except for the Israelites: they had light where they were living.
24 Pharaoh called in Moses: "Go and worship GOD. Leave your flocks and herds behind. But go ahead and take your children."
25-26 But Moses said, "You have to let us take our sacrificial animals and offerings with us so we can sacrifice them in worship to our GOD. Our livestock has to go with us with not a hoof left behind; they are part of the worship of our GOD. And we don't know just what will be needed until we get there."
27 But GOD kept Pharaoh stubborn as ever. He wouldn't agree to release them.
28 Pharaoh said to Moses: "Get out of my sight! And watch your step. I don't want to ever see you again. If I lay eyes on you again, you're dead."
29 Moses said, "Have it your way. You won't see my face again."

Strike Ten: Death

11 1 GOD said to Moses: "I'm going to hit Pharaoh and Egypt one final time, and then he'll let you go. When he releases you, that will be the end of Egypt for you; he won't be able to get rid of you fast enough.
2-3 "So here's what you do. Tell the people to ask, each man from his neighbor and each woman from her neighbor, for things made of silver and gold." GOD saw to it that the Egyptians liked the people. Also, Moses was greatly admired by the Egyptians, a respected public figure among both Pharaoh's servants and the people at large.

다. 또한 모세는, 바로의 신하들과 백성에게 크게 높임을 받는 인물이 되었다.

4-7 모세가 바로 앞에 섰다. "하나님의 메시지입니다. '내가 한밤중에 이집트 가운데로 지나가겠다. 왕좌에 앉은 바로의 맏아들에서부터 맷돌을 가는 여종의 맏아들에 이르기까지, 이집트에 있는 모든 맏아들이 죽을 것이다. 짐승의 처음 태어난 새끼도 죽을 것이다. 이집트 전역에서 통곡소리가 터져 나올 것이다. 그러한 통곡은 전에도 없었고 앞으로도 없을 것이다. 그러나 이스라엘 자손에게는—사람에게나 짐승에게나—개도 감히 함부로 짖지 못할 것이다. 이는 하나님께서 이집트 사람과 이스라엘 자손을 분명하게 구별하고 계심을 너로 알게 하려는 것이다.'

8 그러면 왕의 모든 신하가 무릎을 꿇고 나에게 떠나 달라고 사정할 것입니다. '떠나시오! 당신과 당신을 따르는 백성은 모두 떠나 주시오!' 할 것입니다. 그때에는 나도 반드시 떠나겠습니다."

모세는 몹시 화를 내며 바로 앞에서 물러나왔다.

9 하나님께서 모세에게 말씀하셨다. "바로는 네가 하는 말을 한 마디도 들으려 하지 않을 것이다. 이는 나 하나님의 살아 있음과 나의 표적을 이집트 땅에 더 많이 나타내려는 것이다."

10 모세와 아론은 바로 앞에서 이 모든 표적을 행했다. 그러나 하나님께서는 바로의 마음을 전보다 더 완강하게 하셨다. 그는 또다시 이스라엘 자손을 자기 땅에서 내보내려 하지 않았다.

유월절, 무교절

12 1-10 하나님께서 이집트 땅에서 모세와 아론에게 말씀하셨다. "이 달은 너희에게 한 해의 첫째 달이 될 것이다. 이스라엘 온 공동체에 전하여라. 이 달 십 일에 모든 남자가 자기 가족을 위해 어린양 한 마리를, 집집마다 어린양 한 마리를 잡으라고 하여라. 가족의 수가 너무 적어서 어린양 한 마리를 다 먹을 수 없거든, 사람 수에 따라 가까운 이웃과 함께 나누어 먹어라. 각 사람이 먹을 양을 잘 계산하여라. 너희의 어린양은 일 년 된 건강한 수컷으로 하되, 양이나 염소 가운데서 골라라. 그 양을 이 달 십사 일까지 우리에 넣어 두었다가 해가 질 무렵에 잡아라. 이스라엘 온 공동체가 그렇게 하여라. 그런 다음 그 양의 피 얼마를 받아다가, 고기를 먹을 집의 두 문기둥과 그 기둥 사이에 놓인 상인방에 발라라. 그날 밤에 너희

4-7 Then Moses confronted Pharaoh: "GOD's Message: 'At midnight I will go through Egypt and every firstborn child in Egypt will die, from the firstborn of Pharaoh, who sits on his throne, to the firstborn of the slave girl working at her hand mill. Also the firstborn of animals. Widespread wailing will erupt all over the country, lament such as has never been and never will be again. But against the Israelites—man, woman, or animal—there won't be so much as a dog's bark, so that you'll know that GOD makes a clear distinction between Egypt and Israel.'

8 "Then all these servants of yours will go to their knees, begging me to leave, 'Leave! You and all the people who follow you!' And I will most certainly leave."

Moses, seething with anger, left Pharaoh.

9 GOD said to Moses, "Pharaoh's not going to listen to a thing you say so that the signs of my presence and work are going to multiply in the land of Egypt."

10 Moses and Aaron had performed all these signs in Pharaoh's presence, but GOD turned Pharaoh more stubborn than ever—yet again he refused to release the Israelites from his land.

12 1-10 GOD said to Moses and Aaron while still in Egypt, "This month is to be the first month of the year for you. Address the whole community of Israel; tell them that on the tenth of this month each man is to take a lamb for his family, one lamb to a house. If the family is too small for a lamb, then share it with a close neighbor, depending on the number of persons involved. Be mindful of how much each person will eat. Your lamb must be a healthy male, one year old; you can select it from either the sheep or the goats. Keep it penned until the fourteenth day of this month and then slaughter it—the entire community of Israel will do this—at dusk. Then take some of the blood and smear it on the two doorposts and the lintel of the

는 고기를 불에 구워 먹되, 누룩을 넣지 않은 빵과 쓴 나물을 곁들여 먹어야 한다. 날것으로 먹거나 물에 삶아 먹지 마라. 머리와 다리와 내장 할 것 없이, 고기 전체를 구워 먹어라. 그것을 아침까지 남겨 두지 말고, 남은 것이 있거든 불에 태워 버려라.

11 그것을 먹는 방법은 이러하다. 옷을 차려 입고, 신을 신고, 손에 지팡이를 들고, 서둘러 먹어라. 이것이 하나님의 유월절이다.

12-13 그날 밤에 내가 이집트 땅을 지나가면서 사람이든 짐승이든 가리지 않고 이집트 땅에 있는 처음 태어난 것을 모두 치고, 이집트의 모든 신들을 심판하겠다. 나는 하나님이다. 피는 너희가 살고 있는 집을 가리키는 표적이 될 것이다. 내가 그 피를 보고서 너희를 넘어가겠다. 내가 이집트 땅을 칠 때에 어떤 재앙도 너희를 건드리지 못할 것이다.

14-16 이날은 너희에게 기념일이 될 것이니, 너희는 이날을 하나님의 절기, 곧 대대로 영원히 지켜야 할 절기로 기념하여라. 너희는 칠 일 동안 누룩을 넣지 않은 빵(무교병)을 먹어라. 첫째 날에 너희는 집에서 누룩을 모두 없애 버려라. 첫째 날부터 일곱째 날까지 누룩을 넣은 빵을 먹는 사람은, 누구든지 이스라엘 가운데서 끊어질 것이다. 첫째 날과 일곱째 날은 거룩하게 구별된 날이니, 그 두 날에는 일하지 마라. 각 사람이 먹을 것을 장만하는 일만은 할 수 있다.

17-20 무교절을 지켜라! 이는 내가 너희를 이집트 땅에서 일제히 이끌어 낸 것을 기념하는 날이다. 너희는 이날을, 대대로 영원히 지켜야 할 절기로 기념하여라. 너희는 첫째 달 십사 일 저녁부터 이십일 일 저녁까지 누룩을 넣지 않은 빵을 먹어야 한다. 칠 일 동안은 너희 집 안에 누룩의 흔적조차 있어서는 안된다. 너희를 방문한 사람이든 그 땅에서 태어난 사람이든, 누구든지 누룩을 넣은 음식을 먹는 사람은 이스라엘 공동체 가운데서 끊어질 것이다. 누룩을 넣은 음식은 아무것도 먹지 말고, 오직 무교병만 먹어야 한다."

21-23 모세는 이스라엘의 장로들을 모두 불러 모아 이렇게 말했다. "각자 자기 가족을 위해 어린 *양 한 마리를 골라서 유월절* 어린양으로 잡으십시오. 우슬초 한 다발을 가져다가 피를 받은 그릇에 담근 다음, 그 피를 두 문기둥과 상인방에 바르십시오. 아침까지 아무도 집 밖으로 나가서는 안됩니다. 하나님께서 이집트를 치러 지나가실

houses in which you will eat it. You are to eat the meat, roasted in the fire, that night, along with bread, made without yeast, and bitter herbs. Don't eat any of it raw or boiled in water; make sure it's roasted—the whole animal, head, legs, and innards. Don't leave any of it until morning; if there are leftovers, burn them in the fire.

11 "And here is how you are to eat it: Be fully dressed with your sandals on and your stick in your hand. Eat in a hurry; it's the Passover to GOD.

12-13 "I will go through the land of Egypt on this night and strike down every firstborn in the land of Egypt, whether human or animal, and bring judgment on all the gods of Egypt. I am GOD. The blood will serve as a sign on the houses where you live. When I see the blood I will pass over you—no disaster will touch you when I strike the land of Egypt.

14-16 "This will be a memorial day for you; you will celebrate it as a festival to GOD down through the generations, a fixed festival celebration to be observed always. You will eat unraised bread (matzoth) for seven days: On the first day get rid of all yeast from your houses—anyone who eats anything with yeast from the first day to the seventh day will be cut off from Israel. The first and the seventh days are set aside as holy; do no work on those days. Only what you have to do for meals; each person can do that.

17-20 "Keep the Festival of Unraised Bread! This marks the exact day I brought you out in force from the land of Egypt. Honor the day down through your generations, a fixed festival to be observed always. In the first month, beginning on the fourteenth day at evening until the twenty-first day at evening, you are to eat unraised bread. For those seven days not a trace of yeast is to be found in your houses. Anyone, whether a visitor or a native of the land, who eats anything raised shall be cut off from the community of Israel. Don't eat anything raised. Only matzoth."

21-23 Moses assembled all the elders of Israel. He said, "Select a lamb for your families and slaughter the Passover lamb. Take a bunch of hyssop and dip it in the bowl of blood and smear it on the

것입니다. 하나님께서 두 문기둥과 상인방에 바른 피를 보시고, 그 문 앞을 넘어가실 것입니다. 파괴하는 자가 여러분의 집으로 들어가 여러분을 쳐서 멸하는 일이 없게 하실 것입니다.

24-27 이 말씀을 지키십시오. 이것은 여러분과 여러분의 자녀를 위한 규례이니, 영원히 지키십시오. 하나님께서 여러분에게 주시겠다고 약속하신 땅에 들어가거든, 여러분은 이것을 지켜 행하십시오. 여러분의 자녀가 '왜 이렇게 하는 것입니까?' 하고 묻거든, '이것은 하나님께 드리는 유월절 제사다. 하나님께서 이집트를 죽음으로 치시고 우리를 구하실 때, 이집트에 있던 이스라엘 자손의 집은 그냥 넘어가셨다' 하고 그들에게 말해 주십시오."

백성이 엎드려 경배했다.

28 이스라엘 자손이 가서, 하나님께서 모세와 아론에게 명령하신 대로, 모든 것을 행했다.

lintel and on the two doorposts. No one is to leave the house until morning. GOD will pass through to strike Egypt down. When he sees the blood on the lintel and the two doorposts, GOD will pass over the doorway; he won't let the destroyer enter your house to strike you down with ruin.

24-27 "Keep this word. It's the law for you and your children, forever. When you enter the land which GOD will give you as he promised, keep doing this. And when your children say to you, 'Why are we doing this?' tell them: 'It's the Passover-sacrifice to GOD who passed over the homes of the Israelites in Egypt when he hit Egypt with death but rescued us.'"

The people bowed and worshiped.

28 The Israelites then went and did what GOD had commanded Moses and Aaron. They did it all.

이스라엘이 이집트를 떠나다

29 한밤중에 하나님께서, 왕좌에 앉은 바로의 맏아들에서부터 감옥에 갇힌 죄수의 맏아들에 이르기까지, 이집트 땅의 모든 맏아들을 치셨다. 짐승의 처음 태어난 새끼도 치셨다.

30 그날 밤에 바로는 물론이고 그의 신하들과 모든 이집트 사람들이 깨어 일어났다. 거친 통곡의 소리가 이집트를 덮었다! 초상을 당하지 않은 집이 한 집도 없었다.

31-32 바로가 그 밤에 모세와 아론을 불러들여 말했다. "너희와 너희 이스라엘 자손은 이 땅에서 썩 나가 너희 뜻대로 하여라! 너희가 바라던 대로, 가서 하나님을 예배하여라. 너희가 요구하던 대로, 너희 양 떼와 소 떼도 데리고 가거라. 그리고 나를 위해 복을 빌어 다오."

33 이집트 사람들은 이스라엘 자손을 속히 내쫓고 싶었다. 그들은 "우리가 다 죽게 되었다"고 하면서, 이스라엘 자손에게 서둘러 떠나라고 재촉했다.

34-36 이스라엘 백성은 부풀지 않은 빵 반죽 덩어리를 그릇에 담아 외투에 싸서 어깨에 둘러맸다. 이스라엘 자손은 모세가 일러 준 대로 행하여, 이집트 사람들에게 은붙이와 금붙이와 옷가지를 요구했다. 하나님께서 이집트 사람들이 이스라엘 자손을 선대하게 해주셔서, 이스라엘 자손이 요구하는 대로 기꺼이 내주게 하셨다! 이스라엘 자손은 이집트 사람들을 빈털터리로 만들었다.

29 At midnight GOD struck every firstborn in the land of Egypt, from the firstborn of Pharaoh, who sits on his throne, right down to the firstborn of the prisoner locked up in jail. Also the firstborn of the animals.

30 Pharaoh got up that night, he and all his servants and everyone else in Egypt—what wild wailing and lament in Egypt! There wasn't a house in which someone wasn't dead.

31-32 Pharaoh called in Moses and Aaron that very night and said, "Get out of here and be done with you—you and your Israelites! Go worship GOD on your own terms. And yes, take your sheep and cattle as you've insisted, but go. And bless me."

33 The Egyptians couldn't wait to get rid of them; they pushed them to hurry up, saying, "We're all as good as dead."

34-36 The people grabbed their bread dough before it had risen, bundled their bread bowls in their cloaks and threw them over their shoulders. The Israelites had already done what Moses had told them; they had asked the Egyptians for silver and gold things and clothing. GOD saw to it that the Egyptians liked the people and so readily gave them what they asked for. Oh yes! They picked those Egyptians clean.

37-39 이스라엘 자손은 라암셋을 떠나 숙곳을 향해 나아갔다. 60만여 명의 장정이 자기 가족들과 함께 걸어서 갔다. 양 떼와 소 떼 등 수많은 가축 떼는 말할 것도 없고, 어중이떠중이들도 그 뒤를 따랐다. 그들은 이집트에서 가지고 나온 반죽으로 누룩을 넣지 않은 빵을 구웠다. 이는 그들이 이집트에서 급히 나오느라, 여정에 필요한 양식을 미처 마련하지 못했기 때문이다.

37-39 The Israelites moved on from Rameses to Succoth, about 600,000 on foot, besides their dependents. There was also a crowd of riffraff tagging along, not to mention the large flocks and herds of livestock. They baked unraised cakes with the bread dough they had brought out of Egypt; it hadn't raised—they'd been rushed out of Egypt and hadn't time to fix food for the journey.

유월절 규례

40-42 이스라엘 자손은 이집트에서 430년을 살았다. 430년이 끝나는 바로 그날, 하나님의 모든 군대가 이집트를 떠났다. 그날 하나님께서 이스라엘 자손을 이집트에서 이끌어 내시면서, 밤을 새워 지켜 주셨다. 하나님께서 이 밤을 지켜 주셨으므로, 이스라엘의 모든 사람이 대대로 이 밤을 새우며 하나님을 경배하게 되었다.

The Passover

40-42 The Israelites had lived in Egypt 430 years. At the end of the 430 years, to the very day, GOD's entire army left Egypt. GOD kept watch all night, watching over the Israelites as he brought them out of Egypt. Because GOD kept watch, all Israel for all generations will honor GOD by keeping watch this night—a watchnight.

43-47 하나님께서 모세와 아론에게 말씀하셨다. "유월절 규례는 이러하다.
외국인은 유월절 음식을 먹지 못한다.
돈으로 사들인 종으로, 할례 받은 사람은 먹을 수 있다.
잠시 머무는 방문객이나 고용된 일꾼은 먹을 수 없다.
한 집에서 먹되, 집 밖으로 고기를 가지고 나가서는 안된다.
뼈는 하나라도 꺾어서는 안된다.
이스라엘 온 공동체가 유월절 식사에 빠짐없이 참여해야 한다."

43-47 GOD said to Moses and Aaron, "These are the rules for the Passover:
No foreigners are to eat it.
Any slave, if he's paid for and circumcised, can eat it.
No casual visitor or hired hand can eat it.
Eat it in one house—don't take the meat outside the house.
Don't break any of the bones.
The whole community of Israel is to be included in the meal.

48 "너희와 함께 사는 외국인이 하나님 앞에서 유월절을 지키고자 한다면, 그의 집안 모든 남자가 할례를 받아야 한다. 그런 다음에 그는 유월절 식사에 참여할 수 있다. 그는 본국인과 같은 대우를 받을 것이다. 그러나 할례를 받지 않은 사람은 유월절 음식을 먹어서는 안된다."

48 "If an immigrant is staying with you and wants to keep the Passover to GOD, every male in his family must be circumcised, then he can participate in the Meal—he will then be treated as a native son. But no uncircumcised person can eat it.

49 "이 법은 본국인이나 너희와 함께 사는 외국인에게나 똑같이 적용된다."

49 "The same law applies both to the native and the immigrant who is staying with you."

50-51 이스라엘 모든 자손이 하나님께서 모세와 아론에게 명령하신 대로 행했다. 바로 그날에 하나님께서 이스라엘 자손을 지파별로 이집트 땅에서 이끌어 내셨다.

50-51 All the Israelites did exactly as GOD commanded Moses and Aaron. That very day GOD brought the Israelites out of the land of Egypt, tribe by tribe.

13

1-2 하나님께서 모세에게 말씀하셨다. "처음 태어난 것은 모두 거룩하게 구별하여 내게 바쳐라. 이스라엘 자손 가운데서 맨 처음 태를 열고 나온 것은, 사람이든 짐승이든 모두 내 것이다."

3 모세가 백성에게 말했다. "이날을 항상 기억하십시오. 이날은 여러분이 이집트, 곧 여러분이 종살이하던 집에서 나온 날입니다. 하나님께서 강한 손으로 여러분을 이집트에서 이끌어 내셨으니, 누룩을 넣은 빵은 먹지 마십시오.

4-5 여러분은 봄이 시작되는 아빕월에 이집트를 떠났습니다. 하나님께서 여러분을 이끄셔서, 가나안 사람과 헷 사람과 아모리 사람과 히위 사람과 여부스 사람의 땅, 곧 여러분에게 주시겠다고 여러분의 조상에게 약속하신 젖과 꿀이 흐르는 땅으로 여러분을 데려가시거든, 여러분은 이 달에 다음과 같이 예식을 지켜야 합니다.

6 여러분은 칠 일 동안 누룩을 넣지 않은 빵을 먹어야 하며, 일곱째 날에는 하나님께 절기를 지켜야 합니다.

7 칠 일 동안은 누룩을 넣지 않은 빵을 먹어야 합니다. 누룩을 넣은 흔적이 있어서는 안되며, 어디에도 누룩이 있어서는 안됩니다.

8 그날에 여러분은, 여러분의 자녀에게 '이 예식을 지키는 것은 내가 이집트에서 나올 때 하나님께서 나를 위해 행하신 일 때문이다' 하고 알려 주십시오.

9-10 이날을 지키는 것은 여러분의 손에 감은 표나 여러분의 두 눈 사이에 붙인 기념표나 여러분의 입에 담긴 하나님의 가르침과 같은 것입니다. 하나님께서 강한 손으로 여러분을 이집트에서 이끌어 내셨기 때문입니다. 여러분은 해마다 정해진 때에, 이 규례대로 행하십시오.

11-13 하나님께서 여러분과 여러분의 조상에게 약속하신 대로, 여러분을 가나안 사람의 땅으로 이끄셔서 그 땅을 여러분에게 주시거든, 여러분은 맨 처음 태어난 모든 것을 하나님께 구별하여 드려야 합니다. 여러분의 가축이 맨 처음 낳은 새끼도 모두 하나님의 것입니다. 여러분이 나귀의 첫 새끼를 다른 것으로 대신하고 싶으면 어린양으로 대신할 수 있습니다. 대신하지 않으려거든, 그 목을 꺾어야 합니다.

13-16 여러분의 자녀 가운데 맏아들은 모두 대속하십시오. 때가 되어 여러분의 아들이 '왜 이렇게 하

13

1-2 GOD spoke to Moses, saying, "Consecrate every firstborn to me—the first one to come from the womb among the Israelites, whether person or animal, is mine."

3 Moses said to the people, "Always remember this day. This is the day when you came out of Egypt from a house of slavery. GOD brought you out of here with a powerful hand. Don't eat any raised bread.

4-5 "You are leaving in the spring month of Abib. When GOD brings you into the land of the Canaanite, the Hittite, the Amorite, the Hivite, and the Jebusite, which he promised to your fathers to give you, a land lavish with milk and honey, you are to observe this service during this month:

6 "You are to eat unraised bread for seven days; on the seventh day there is a festival celebration to GOD.

7 "Only unraised bread is to be eaten for seven days. There is not to be a trace of anything fermented—no yeast anywhere.

8 "Tell your child on that day: 'This is because of what GOD did for me when I came out of Egypt.'

9-10 "The day of observance will be like a sign on your hand, a memorial between your eyes, and the teaching of GOD in your mouth. It was with a powerful hand that GOD brought you out of Egypt. Follow these instructions at the set time, year after year after year.

11-13 "When GOD brings you into the land of the Canaanites, as he promised you and your fathers, and turns it over to you, you are to set aside the first birth out of every womb to GOD. Every first birth from your livestock belongs to GOD. You can redeem every first birth of a donkey if you want to by substituting a lamb; if you decide not to redeem it, you must break its neck.

13-16 "Redeem every firstborn child among your sons. When the time comes and your son asks you, 'What does this mean?' you tell him, 'GOD brought us out of Egypt, out of a house of slavery, with a powerful hand. When Pharaoh stubbornly

는 것입니까?' 하고 묻거든, 이렇게 말해 주십시오. '하나님께서 강한 손으로 이집트, 곧 종살이하던 집에서 우리를 이끌어 내셨다. 바로가 우리를 놓아주지 않으려고 완강하게 버티자, 하나님께서 이집트에서 처음 태어난 것, 곧 사람뿐 아니라 짐승의 처음 태어난 것까지 다 죽이셨다. 그래서 내가 처음 태어난 모든 수컷을 하나님께 제물로 드리고 모든 맏아들을 대속하는 것이다.' 이날을 지키는 것은 여러분의 손에 감은 표나 여러분의 이마 중앙에 붙인 표와 같은 역할을 합니다. 하나님께서 강한 손으로 우리를 이집트에서 이끌어 내셨기 때문입니다."

17 바로가 백성을 내보낸 뒤의 상황은 이러하다. 블레셋 사람의 땅을 통과해 가는 길이 가장 가까운 길인데도, 하나님께서는 백성을 그 길로 인도하지 않으셨다. "백성이 전쟁을 만나면 마음이 바뀌어 이집트로 되돌아갈 것이다" 하고 생각하셨기 때문이다.
18 그래서 하나님께서는, 백성을 홍해로 가는 광야 길로 돌아가도록 인도하셨다. 이스라엘 자손은 군대식으로 대열을 갖춰 이집트를 떠났다.
19 모세는 요셉의 유골을 가지고 떠났다. 요셉이 전에 말하기를 "하나님께서 틀림없이 여러분을 책임지실 것입니다. 그때 여기서 내 유골을 가지고 가겠다고 다짐하십시오" 하고 이스라엘 자손에게 엄숙히 맹세시켰기 때문이다.
20-22 그들은 숙곳을 떠나서 광야 끝에 있는 에담에 진을 쳤다. 하나님께서 그들보다 앞서 가시며 낮에는 구름기둥으로 길을 인도하시고, 밤에는 불기둥으로 그들을 비추어 주셨다. 그들은 낮에도 밤에도 이동할 수 있었다. 낮에는 구름기둥이, 밤에는 불기둥이 그 백성을 떠나지 않았다.

하나님께서 행하시는 구원

14 1-2 하나님께서 모세에게 말씀하셨다. "너는 이스라엘 자손에게 말하여, 오던 길로 되돌아가서 믹돌과 바다 사이에 있는 비하히롯, 곧 바알스본 맞은편 바닷가에 진을 치라고 하여라.
3-4 바로는 '이스라엘 자손이 길을 잃고서 헤매고 있다. 저들이 광야에 꼼짝없이 갇혔다'고 생각할 것이다. 그때 내가 바로의 마음을 다시 고집스럽게 하여, 그가 너희를 뒤쫓아 오게 할 것이다. 내가 바로와 그의 군대를 사용하여 나의 영광을 드러내겠다. 그러면 이집트 사람들이 내가 하나님인 것을 깨닫게 될 것이다."
이스라엘 자손이 그대로 행했다.

refused to let us go, GOD killed every firstborn in Egypt, the firstborn of both humans and animals. That's why I make a sacrifice for every first male birth from the womb to GOD and redeem every firstborn son.' The observance functions like a sign on your hands or a symbol on the middle of your forehead: GOD brought us out of Egypt with a powerful hand."

17 It so happened that after Pharaoh released the people, God didn't lead them by the road through the land of the Philistines, which was the shortest route, for God thought, "If the people encounter war, they'll change their minds and go back to Egypt."
18 So God led the people on the wilderness road, looping around to the Red Sea. The Israelites left Egypt in military formation.
19 Moses took the bones of Joseph with him, for Joseph had made the Israelites solemnly swear to do it, saying, "God will surely hold you accountable, so make sure you bring my bones from here with you."
20-22 They moved on from Succoth and then camped at Etham at the edge of the wilderness. GOD went ahead of them in a Pillar of Cloud during the day to guide them on the way, and at night in a Pillar of Fire to give them light; thus they could travel both day and night. The Pillar of Cloud by day and the Pillar of Fire by night never left the people.

The Story and Song of Salvation

14 1-2 GOD spoke to Moses: "Tell the Israelites to turn around and make camp at Pi Hahiroth, between Migdol and the sea. Camp on the shore of the sea opposite Baal Zephon.
3-4 "Pharaoh will think, 'The Israelites are lost; they're confused. The wilderness has closed in *on them*.' Then I'll make Pharaoh's heart stubborn again and he'll chase after them. And I'll use Pharaoh and his army to put my Glory on display. Then the Egyptians will realize that I am GOD."

5-7 이집트 왕이 이스라엘 백성이 떠났다는 소식을 전해 들었다. 바로와 그의 신하들이 마음이 변하여 말했다. "우리에게 종살이하던 이스라엘을 놓아주다니, 우리가 대체 무슨 짓을 한 건가?" 바로는 전차를 준비시키고 군대를 소집했다. 그는 최정예 전차 육백 대와 그 밖의 이집트 전차들과 전차를 모는 기병들을 거느리고 나섰다.

8-9 하나님께서 이집트 왕 바로의 마음을 완강하게 하셨다. 바로는 이스라엘 자손이 뒤도 돌아보지 않고 떠나가자, 그들의 뒤를 쫓기로 결심했다. 이집트 사람들이 추격하여 바닷가에 진을 치고 있던 이스라엘 자손을 바짝 따라붙었다. 바로의 말이 끄는 전차들과 전차를 모는 기병들과 바로의 모든 군사가 바알스본 맞은편 비하히롯에 집결했다.

10-12 바로가 접근해 오자, 이스라엘 자손이 고개를 들어 그들을 보았다. 이집트 사람들이었다! 금방이라도 그들을 덮칠 태세였다!

그들은 몹시 두려워했다. 그들은 무서워서 하나님께 부르짖었다. 그들이 모세에게 말했다. "이집트에 넓은 매장지가 없어서 이곳 광야에서 죽게 하려고 우리를 데려왔단 말입니까? 왜 우리를 이집트에서 이끌고 나와서 이 같은 일을 당하게 하는 겁니까? 전에 이집트에 있을 때 우리가 이런 일이 일어날 거라고 하지 않았습니까? '광야에서 죽는 것보다 차라리 이집트에서 종으로 사는 것이 더 나으니, 우리를 이집트에 그대로 내버려 두라'고 우리가 말하지 않았습니까?"

13 모세가 백성에게 말했다. "두려워하지 마십시오. 굳게 서서, 하나님께서 오늘 여러분을 위해 행하시는 구원을 지켜보십시오. 오늘 저 이집트 사람들을 똑똑히 보아 두십시오. 다시는 여러분이 저들을 볼 일이 없을 것입니다.

14 하나님께서 여러분을 위해 싸우실 것입니다.
여러분은 잠자코 가만히 있기만 하면 됩니다!"

15-16 하나님께서 모세에게 말씀하셨다. "너는 왜 내게 부르짖느냐? 이스라엘 자손에게 말하여라. 계속해서 전진하라고 명령하여라. 지팡이를 높이 들고 바다 위로 네 손을 뻗어, 바다를 갈라지게 하여라! 이스라엘 자손이 바다 한가운데로 마른 땅을 밟고 지나가게 될 것이다.

17-18 내가 이집트 사람들이 너희를 집요하게 추격하도록 하겠다. 내가 바로와 그의 모든 군대와 그의 전

And that's what happened.

5-7 When the king of Egypt was told that the people were gone, he and his servants changed their minds. They said, "What have we done, letting Israel, our slave labor, go free?" So he had his chariots harnessed up and got his army together. He took six hundred of his best chariots, with the rest of the Egyptian chariots and their drivers coming along.

8-9 GOD made Pharaoh king of Egypt stubborn, determined to chase the Israelites as they walked out on him without even looking back. The Egyptians gave chase and caught up with them where they had made camp by the sea—all Pharaoh's horse-drawn chariots and their riders, all his foot soldiers there at Pi Hahiroth opposite Baal Zephon.

10-12 As Pharaoh approached, the Israelites looked up and saw them—Egyptians! Coming at them!

They were totally afraid. They cried out in terror to GOD. They told Moses, "Weren't the cemeteries large enough in Egypt so that you had to take us out here in the wilderness to die? What have you done to us, taking us out of Egypt? Back in Egypt didn't we tell you this would happen? Didn't we tell you, 'Leave us alone here in Egypt—we're better off as slaves in Egypt than as corpses in the wilderness.'"

13 Moses spoke to the people: "Don't be afraid. Stand firm and watch GOD do his work of salvation for you today. Take a good look at the Egyptians today for you're never going to see them again.

14 GOD will fight the battle for you.
And you? You keep your mouths shut!"

15-16 GOD said to Moses: "Why cry out to me? Speak to the Israelites. Order them to get moving. Hold your staff high and stretch your hand out over the sea: Split the sea! The Israelites will walk through the sea on dry ground.

17-18 "Meanwhile I'll make sure the Egyptians

차와 기병들을 사용하여 나의 영광을 드러내고, 내가 하나님인 것을 이집트 사람들이 깨닫게 하겠다."

19-20 이스라엘 진을 이끌고 가던 하나님의 천사가 그들 뒤로 자리를 옮겼다. 앞에 있던 구름기둥도 뒤로 자리를 옮겼다. 이제 구름이 이집트 진과 이스라엘 진 사이를 막아섰다. 구름이 한쪽 진은 어둠으로 덮어 버리고 다른 쪽 진은 빛으로 환하게 밝혀 주었다. 두 진이 밤새도록 서로 가까이 가지 못했다.

21 모세가 바다 위로 손을 뻗자, 하나님께서 밤새도록 강한 동풍으로 바닷물을 물러가게 하셨다. 하나님께서 바다를 마른 땅으로 만드셨다. 바닷물이 갈라졌다.

22-25 물이 갈라져 좌우에 벽이 되자, 이스라엘 자손이 바다 한가운데로 마른 땅을 밟고 지나갔다. 이집트 사람들이 그들을 맹렬히 추격하여 쫓아왔다. 바로의 모든 말과 전차와 기병들이 바다 한가운데로 달려 들어왔다. 새벽녘이 되자, 하나님께서 불기둥과 구름기둥에서 이집트 군대를 내려다보시고, 그들을 공포 속으로 몰아넣으셨다. 하나님께서 그들의 전차 바퀴를 움직이지 못하게 하시니, 전차 바퀴가 진창에 박혀 옴짝달싹하지 못했다.

이집트 사람들이 말했다. "이스라엘에게서 도망쳐라! 하나님이 그들 편이 되어 이집트와 싸우고 있다!"

26 하나님께서 모세에게 말씀하셨다. "네 손을 바다 위로 뻗어라. 그러면 바닷물이, 이집트 사람들과 그들의 전차와 기병들 위로 다시 덮칠 것이다."

27-28 모세가 바다 위로 손을 뻗었다. 날이 밝으면서 바닷물이 원래 있던 자리로 되돌아왔다. 이집트 사람들이 달아나려고 했으나, 하나님께서 이집트 사람들을 바다 한가운데에 처넣어 버리셨다. 바닷물이 다시 돌아와서, 전차와 기병들을 덮어 버렸다. 이스라엘을 추격하여 바다로 들어온 바로의 군대 가운데 살아남은 사람이 하나도 없었다.

29-31 그러나 이스라엘 자손은 바다 한가운데로 마른 땅을 밟고 지나갔다. 바닷물이 그들의 좌우에서 벽이 되어 주었다. 그날 하나님께서 이스라엘 자손을 이집트 사람들의 압제에서 구원해 주셨다. 이스라엘 자손은 이집트 사람들이 죽어서 바닷가로 밀려오는 것을 보고, 하나님께서 이집트 사람들에 맞서 행하신 큰 권능을 깨닫게 되었다. 백성이 하나님 앞에서 그분을 경외

keep up their stubborn chase—I'll use Pharaoh and his entire army, his chariots and horsemen, to put my Glory on display so that the Egyptians will realize that I am GOD."

19-20 The angel of God that had been leading the camp of Israel now shifted and got behind them. And the Pillar of Cloud that had been in front also shifted to the rear. The Cloud was now between the camp of Egypt and the camp of Israel. The Cloud enshrouded one camp in darkness and flooded the other with light. The two camps didn't come near each other all night.

21 Then Moses stretched out his hand over the sea and GOD, with a terrific east wind all night long, made the sea go back. He made the sea dry ground. The seawaters split.

22-25 The Israelites walked through the sea on dry ground with the waters a wall to the right and to the left. The Egyptians came after them in full pursuit, every horse and chariot and driver of Pharaoh racing into the middle of the sea. It was now the morning watch. GOD looked down from the Pillar of Fire and Cloud on the Egyptian army and threw them into a panic. He clogged the wheels of their chariots; they were stuck in the mud.

The Egyptians said, "Run from Israel! GOD is fighting on their side and against Egypt!"

26 GOD said to Moses, "Stretch out your hand over the sea and the waters will come back over the Egyptians, over their chariots, over their horsemen."

27-28 Moses stretched his hand out over the sea: As the day broke and the Egyptians were running, the sea returned to its place as before. GOD dumped the Egyptians in the middle of the sea. The waters returned, drowning the chariots and riders of Pharaoh's army that had chased after Israel into the sea. Not one of them survived.

29-31 But the Israelites walked right through the middle of the sea on dry ground, the waters forming a wall to the right and to the left. GOD delivered Israel that day from the oppression of the Egyptians. And Israel looked at the Egyptian dead, washed up on the shore of the sea, and realized the tremendous power that GOD brought against the

하며, 하나님과 그분의 종 모세를 믿었다.

구원의 노래

15 1-8 그때에 모세와 이스라엘 자손이 목소리를 합하여 하나님께 이 노래를 불러 드렸다.

내 마음 다해 하나님께 노래하리라, 이 놀라
운 승리를!
그분께서 말과 기병을 바다에 던지셨네.
하나님은 나의 힘, 하나님은 나의 노래
오, 하나님은 나의 구원!
그분은 내가 모시는 하나님
나 세상에 알리리라!
그분은 내 아버지의 하나님
나 그 소식 널리 전하리라!
하나님은 용사,
순전하심이 한결같으신 하나님.
바로의 전차와 군대를
바다에 내던지시고
그의 정예 장교들을
홍해에 수장시키셨네.
사나운 바닷물이 그들 위에 덮치니
그들 깊고 푸른 바다에 바위처럼 가라앉았네.
하나님, 주의 강한 오른손은 권능으로 빛나고
주의 강한 오른손은 원수를 산산이 부수십니다.
주의 강력한 위엄으로
교만한 원수들을 박살내시고
주의 진노를 풀어 놓으셔서,
그들을 바삭 태워 버리셨습니다.
주께서 콧김을 한 번 부시니
물이 쌓여 일어서고
일렁이는 물결이 둑처럼 일어서며
사나운 바다가 엉기어 늪이 되었습니다.

9 원수가 말합니다.
"내가 쫓아가서 붙잡고
노획물을 나누어서
물리도록 먹으리라.
내가 칼을 뽑아 들고
주먹으로 그들을 비틀거리게 하리라."

10-11 주께서 힘껏 바람을 일으키시니
바다가 그들을 덮쳤습니다.
그들은 거대한 물속에

Egyptians. The people were in reverent awe before GOD and trusted in GOD and his servant Moses.

15 1-8 Then Moses and the Israelites sang this song to GOD, giving voice together,

I'm singing my heart out to GOD – what a victory!
He pitched horse and rider into the sea.
GOD is my strength, GOD is my song,
and, yes! GOD is my salvation.
This is the kind of God I have
and I'm telling the world!
This is the God of my father –
I'm spreading the news far and wide!
GOD is a fighter,
pure GOD, through and through.
Pharaoh's chariots and army
he dumped in the sea,
The elite of his officers
he drowned in the Red Sea.
Wild ocean waters poured over them;
they sank like a rock in the deep blue sea.
Your strong right hand, GOD, shimmers with power;
your strong right hand shatters the enemy.
In your mighty majesty
you smash your upstart enemies,
You let loose your hot anger
and burn them to a crisp.
At a blast from your nostrils
the waters piled up;
Tumbling streams dammed up,
wild oceans curdled into a swamp.

9 The enemy spoke,
"I'll pursue, I'll hunt them down,
I'll divide up the plunder,
I'll glut myself on them;
I'll pull out my sword,
my fist will send them reeling."

10-11 You blew with all your might
and the sea covered them.
They sank like a lead weight

납덩이처럼 가라앉아 버렸습니다.
오 하나님, 신들 가운데
누가 주와 견주겠습니까?
권능과 거룩하신 위엄,
찬양받으실 하나님
이적을 행하시는 하나님
누가 주와 견줄 수 있겠습니까?

12-13 주께서 오른손을 내미시니
땅이 그들을 삼켰습니다.
그러나 주께서는 친히 구원하신 백성을
자비로운 사랑으로 이끄시고
주의 보호 아래 두시며
주의 거룩한 초장으로 인도하셨습니다.

14-18 사람들이 듣고서 겁을 먹었고
블레셋 사람들이 몸부림치며 두려워 떨었습니다.
에돔의 지도자들도
모압의 우두머리들마저도, 벌벌 떨었습니다.
가나안의 모든 사람도
당황하여 정신을 잃었습니다.
불안과 공포가
그들을 비틀거리게 했습니다.
주께서 오른손을 휘두르시자
그들이 그 앞에서 돌처럼 굳어졌습니다,
오 하나님, 주의 백성이 다 건너가서 뭍에 오를
때까지
주께서 지으신 백성이 다 건너가서 뭍에 오를
때까지, 그리하셨습니다.
주께서 그들을 데려다가
주님 기업의 산에 심으셨습니다.
그곳은 주께서 거하시는 곳
그곳은 주께서 지으신 곳
주님, 그곳은
주께서 손수 세우신 주님의 성소입니다.
하나님께서
영원무궁토록 다스리소서!

19 정말로 그랬다. 바로의 말과 전차와 기병들이
바다에 들어서자, 하나님께서 바닷물을 되돌려서
그들을 덮어 버리셨다. 그러나 이스라엘 자손은
바다 한가운데로 마른 땅을 밟고 지나갔다.

20-21 아론의 누이이며 예언자인 미리암이 탬버린

in the majestic waters.
Who compares with you
among gods, O GOD?
Who compares with you in power,
in holy majesty,
In awesome praises,
wonder-working God?

12-13 You stretched out your right hand
and the Earth swallowed them up.
But the people you redeemed,
you led in merciful love;
You guided them under your protection
to your holy pasture.

14-18 When people heard, they were scared;
Philistines writhed and trembled;
Yes, even the head men in Edom were shaken,
and the big bosses in Moab.
Everybody in Canaan
panicked and fell faint.
Dread and terror
sent them reeling.
Before your brandished right arm
they were struck dumb like a stone,
Until your people crossed over and entered, O
GOD,
until the people you made crossed over and
entered.
You brought them and planted them
on the mountain of your heritage,
The place where you live,
the place you made,
Your sanctuary, Master,
that you established with your own hands.
Let GOD rule
forever, for eternity!

19 Yes, Pharaoh's horses and chariots and riders
went into the sea and GOD turned the waters back
on them; but the Israelites walked on dry land
right through the middle of the sea.

20-21 Miriam the prophetess, Aaron's sister, took

을 들자, 모든 여인이 그녀를 따라 탬버린을 들고 춤을 추었다. 미리암이 노래를 부르며 그들을 이끌었다.

하나님께 노래하리라,
이 놀라운 승리를!
그분께서 말과 기병을
바다에 던지셨네!

마라에서 백성이 불평하다

22-24 모세가 이스라엘을 인도하여 홍해에서 수르 광야로 들어갔다. 그들이 사흘 동안 광야를 다녔지만 물을 찾지 못했다. 그들이 마라에 이르렀는데, 마라의 물은 써서 마실 수가 없었다. 그래서 그들은 그곳을 마라(쓰다)라고 했다. 백성이 모세에게 불평했다. "우리더러 무엇을 마시라는 말입니까?"
25 모세가 기도하며 하나님께 부르짖었다. 하나님께서 그에게 나뭇가지 하나를 가리키셨다. 모세가 그 가지를 가져다가 물에 던져 넣자, 물이 단물로 변했다.
26 하나님께서 법도와 율례를 세우시고, 그들을 시험하기 시작하신 곳이 바로 그곳이다.
하나님께서 말씀하셨다. "너희가 하나님 앞에서 제대로 살고 순종하여 내 말을 잘 들으며, 내 계명을 따르고 내 모든 법을 지키면, 내가 이집트 사람들에게 내린 그 모든 질병으로 너희를 치지 않을 것이다. 나는 너희를 치료하는 하나님이다."
27 그들이 엘림에 이르렀다. 그곳에는 샘이 열두 개, 종려나무가 일흔 그루 있었다. 그들은 그곳 물가에 진을 쳤다.

하나님께서 만나와 메추라기를 보내 주시다

16 1-3 이집트를 떠난 뒤 둘째 달 십오 일에, 이스라엘 온 무리가 엘림을 떠나 엘림과 시내 사이에 있는 신 광야로 이동했다. 이스라엘 온 무리가 그 광야에서 모세와 아론에게 불평했다. 이스라엘 자손이 말했다. "하나님께서는 왜 우리를 이집트에서 편안히 죽게 내버려 두지 않으셨는지 모르겠습니다. 거기에는 우리가 먹을 수 있는 양고기 요리와 빵이 잔뜩 있는데 말입니다. 당신들이 우리 이스라엘 온 무리를 이 광야로 끌고 와서 굶겨 죽이고 있는 것 아닙니까!"
4-5 하나님께서 모세에게 말씀하셨다. "내가 하늘에서 너희에게 양식을 비처럼 내려 주겠다. 백성

a tambourine, and all the women followed her with tambourines, dancing. Miriam led them in singing,

Sing to GOD—
what a victory!
He pitched horse and rider
into the sea!

Traveling Through the Wilderness

22-24 Moses led Israel from the Red Sea on to the Wilderness of Shur. They traveled for three days through the wilderness without finding any water. They got to Marah, but they couldn't drink the water at Marah; it was bitter. That's why they called the place Marah (Bitter). And the people complained to Moses, "So what are we supposed to drink?"
25 So Moses cried out in prayer to GOD. GOD pointed him to a stick of wood. Moses threw it into the water and the water turned sweet.
26 That's the place where GOD set up rules and procedures; that's where he started testing them. GOD said, "If you listen, listen obediently to how GOD tells you to live in his presence, obeying his commandments and keeping all his laws, then I won't strike you with all the diseases that I inflicted on the Egyptians; I am GOD your healer."
27 They came to Elim where there were twelve springs of water and seventy palm trees. They set up camp there by the water.

16 1-3 On the fifteenth day of the second month after they had left Egypt, the whole company of Israel moved on from Elim to the Wilderness of Sin which is between Elim and Sinai. The whole company of Israel complained against Moses and Aaron there in the wilderness. The Israelites said, "Why didn't GOD let us die in comfort in Egypt where we had lamb stew and all the bread we could eat? You've brought us out into this wilderness to starve us to death, the whole company of Israel!"
4-5 GOD said to Moses, "I'm going to rain bread

이 날마다 나가서 그날 먹을 양만큼 거두어들이게
하여라. 그들이 나의 가르침대로 사는지 살지 않
는지, 내가 그들을 시험해 보겠다. 여섯째 날에는,
거두어들인 것으로 음식을 준비하다 보면, 날마다
거두던 양의 두 배가 될 것이다."
6-7 모세와 아론이 이스라엘 백성에게 말했다. "오
늘 저녁에 여러분은 이집트에서 여러분을 이끌어
내신 분이 하나님이신 것을 알게 될 것입니다. 그
리고 아침에는 여러분이 하나님의 영광을 보게 될
것입니다. 여러분이 불평하는 소리를 하나님께서
들으셨습니다. 여러분도 알다시피, 여러분이 불평
한 것은 우리에게 한 것이 아니라, 하나님께 한 것
입니다."
8 모세가 말했다. "하나님께서 저녁에는 여러분에
게 고기를 주셔서 먹이시고, 아침에는 여러분에게
빵을 주셔서 배불리 먹이실 것입니다. 여러분이
불평하는 소리를 하나님께서 들으신 것입니다. 도
대체 우리가 누구이기에 이렇게 불평하는 것입니
까? 여러분이 불평한 것은 우리에게 한 것이 아니
라 하나님께 한 것입니다!"
9 모세가 아론에게 지시했다. "이스라엘 온 무리에
게 '하나님께 가까이 나아오십시오. 그분께서 여
러분이 불평하는 소리를 들으셨습니다' 하고 전해
주십시오."
10 아론이 이스라엘 온 무리에게 지시를 내릴 때,
그들이 광야를 바라보았다. 그곳에서 하나님의 영
광이 구름 속에 분명하게 드러났다.
11-12 하나님께서 모세에게 말씀하셨다. "이스라엘
자손이 불평하는 소리를 내가 들었다. 이제 그들
에게 이렇게 알려라. '해가 질 때는 너희가 고기를
먹을 것이고, 동이 틀 무렵에는 양식을 배불리 먹
을 것이다. 너희는 내가 하나님 너희 하나님인 것
을 깨닫게 될 것이다.'"
13-15 그날 저녁에 메추라기가 날아와 진을 덮었
고, 아침에는 온 진에 이슬이 맺혔다. 이슬이 걷히
자, 광야의 지면에 마치 땅 위에 맺힌 서리처럼 가
는 것이 널려 있었다. 이스라엘 자손이 그것을 보
고 서로 '만-후'(이게 뭐지?) 하고 물었다. 그들은
그것이 무엇인지 몰랐다.
15-16 모세가 그들에게 말했다. "이것은 하나님께서
여러분에게 먹으라고 주신 양식입니다. 하나님께
서 이렇게 지시하셨습니다. '각자 자기가 먹을 만
큼 한 사람에 2리터씩 거두어들여라. 각자 자기 장
막에 있는 모든 사람이 먹을 만큼 거두어들여라.'"
17-18 이스라엘 백성이 광야로 나가 거두어들이기

down from the skies for you. The people will go
out and gather each day's ration. I'm going to test
them to see if they'll live according to my Teaching or not. On the sixth day, when they prepare
what they have gathered, it will turn out to be
twice as much as their daily ration."
6-7 Moses and Aaron told the People of Israel,
"This evening you will know that it is GOD who
brought you out of Egypt; and in the morning
you will see the Glory of GOD. Yes, he's listened
to your complaints against him. You haven't been
complaining against us, you know, but against
GOD."
8 Moses said, "Since it will be GOD who gives you
meat for your meal in the evening and your fill
of bread in the morning, it's GOD who will have
listened to your complaints against him. Who are
we in all this? You haven't been complaining to
us—you've been complaining to GOD!"
9 Moses instructed Aaron: "Tell the whole company of Israel: 'Come near to GOD. He's heard your
complaints.'"
10 When Aaron gave out the instructions to the
whole company of Israel, they turned to face the
wilderness. And there it was: the Glory of GOD
visible in the Cloud.
11-12 GOD spoke to Moses, "I've listened to the
complaints of the Israelites. Now tell them: 'At
dusk you will eat meat and at dawn you'll eat your
fill of bread; and you'll realize that I am GOD,
your God.'"
13-15 That evening quail flew in and covered the
camp and in the morning there was a layer of
dew all over the camp. When the layer of dew had
lifted, there on the wilderness ground was a fine
flaky something, fine as frost on the ground. The
Israelites took one look and said to one another,
man-hu (What is it?). They had no idea what it
was.
15-16 So Moses told them, "It's the bread GOD has
given you to eat. And these are GOD's instructions: 'Gather enough for each person, about two
quarts per person; gather enough for everyone in
your tent.'"
17-18 The People of Israel went to work and started

시작했다. 더러는 조금 많게, 더러는 조금 적게 거두어들였다. 그러나 거두어들인 것의 양을 달아보니, 조금 많이 거둔 사람도 남지 않고, 조금 적게 거둔 사람도 모자라지 않았다. 각 사람이 필요한 만큼만 거두어들인 것이다.

19 모세가 그들에게 말했다. "거둔 것을 아침까지 남겨 두지 마십시오."

20 그러나 그들은 모세의 말을 듣지 않았다. 몇몇 사람이, 거둔 것 가운데 일부를 아침까지 따로 남겨 두었다. 그러자 거기서 벌레가 생기고 악취가 났다. 모세가 그들에게 크게 화를 냈다.

21-22 아침마다 사람들이 저마다 필요한 만큼 그것을 거두어들였다. 해가 뜨거워지면, 그것은 녹아서 사라져 버렸다. 여섯째 날에는 한 사람에 4리터씩, 두 배로 양식을 거두어들였다.

무리의 지도자들이 모세에게 와서 이 일을 보고했다.

23-24 모세가 말했다. "하나님께서 말씀하셨습니다. '내일은 안식의 날, 곧 하나님의 거룩한 안식일이다. 무엇이든 구울 것이 있거든 오늘 굽고, 삶을 것이 있거든 오늘 삶아라. 남은 것은 아침까지 따로 챙겨 두어라.'" 그들은 모세가 지시한 대로 남은 것을 아침까지 따로 챙겨 두었다. 거기서는 악취가 나지 않았고 벌레도 생기지 않았다.

25-26 모세가 말했다. "오늘은 그것을 먹으십시오. 오늘이 바로 그날, 곧 하나님께 드리는 안식일입니다. 오늘은 지면에서 그것을 얻지 못할 것입니다. 육 일 동안은 날마다 그것을 거두어들이십시오. 그러나 일곱째 날은 안식일이니, 그것을 거두어들이지 못할 것입니다."

27 일곱째 날에 백성 가운데 몇몇 사람이 그것을 거두어들이려고 나갔으나, 아무것도 얻지 못했다.

28-29 하나님께서 모세에게 말씀하셨다. "너희가 언제까지 내 명령을 어기고, 내 지시를 따르지 않으려느냐? 하나님이 너희에게 안식일을 주었다는 것을 모르겠느냐? 그래서 내가 여섯째 날에 너희에게 이틀치 양식을 주는 것이다. 그러니 일곱째 날에 너희는 각자 자기 집에 머물고 집 밖으로 나가지 마라."

30 백성이 일곱째 날에는 일을 하지 않고 쉬었다.

31 이스라엘 자손이 그것의 이름을 만나(이게 뭐지?)라고 했다. 그것은 고수 씨같이 희고, 꿀을 섞은 과자 같은 맛이 났다.

32 모세가 말했다. "이것은 하나님의 명령입니다. '너희는 이것을 일 오멜, 곧 2리터들이 단지에 담

gathering, some more, some less, but when they measured out what they had gathered, those who gathered more had no extra and those who gathered less weren't short—each person had gathered as much as was needed.

19 Moses said to them, "Don't leave any of it until morning."

20 But they didn't listen to Moses. A few of the men kept back some of it until morning. It got wormy and smelled bad. And Moses lost his temper with them.

21-22 They gathered it every morning, each person according to need. Then the sun heated up and it melted. On the sixth day they gathered twice as much bread, about four quarts per person.

Then the leaders of the company came to Moses and reported.

23-24 Moses said, "This is what GOD was talking about: Tomorrow is a day of rest, a holy Sabbath to GOD. Whatever you plan to bake, bake today; and whatever you plan to boil, boil today. Then set aside the leftovers until morning." They set aside what was left until morning, as Moses had commanded. It didn't smell bad and there were no worms in it.

25-26 Moses said, "Now eat it; this is the day, a Sabbath for GOD. You won't find any of it on the ground today. Gather it every day for six days, but the seventh day is Sabbath; there won't be any of it on the ground."

27 On the seventh day, some of the people went out to gather anyway but they didn't find anything.

28-29 GOD said to Moses, "How long are you going to disobey my commands and not follow my instructions? Don't you see that GOD has given you the Sabbath? So on the sixth day he gives you bread for *two* days. So, each of you, stay home. Don't leave home on the seventh day."

30 So the people quit working on the seventh day.

31 The Israelites named it manna (What is it?). It looked like coriander seed, whitish. And it tasted like a cracker with honey.

32 Moses said, "This is GOD's command: 'Keep a

아 다음 세대를 위해 보관해 두어라. 그렇게 해서, 내가 너희를 이집트에서 이끌어 낸 뒤에 광야에서 너희를 먹여 살린 양식을 그들이 볼 수 있게 하여라.'"

33 모세가 아론에게 말했다. "단지 하나를 가져다가 그 속에 만나 2리터를 채우십시오. 그것을 하나님 앞에 두고, 다음 세대를 위해 잘 보관하십시오."

34 아론은 하나님께서 모세에게 지시하신 대로, 그것을 챙겨 증거판 앞에 두고 보관했다.

35 이스라엘 자손은 장차 정착하여 살게 될 땅에 이를 때까지 사십 년 동안 만나를 먹었다. 그들은 가나안으로 들어가는 경계에 이를 때까지 만나를 먹었다.

36 고대 도량형에 따르면, 일 오멜은 십분의 일 에바다.

백성이 하나님을 시험하다

17

1-2 이스라엘 온 무리가 하나님의 인도하심에 따라 신 광야에서 서서히 앞으로 나아갔다. 그들이 르비딤에 진을 쳤으나, 거기에는 백성이 마실 물이 없었다. 백성이 모세를 비난하며 말했다. "우리에게 마실 물을 주십시오." 그러자 모세가 말했다. "어찌하여 나를 괴롭힙니까? 여러분은 어찌하여 하나님을 시험합니까?"

3 그러나 백성은 목이 말랐으므로, 모세에게 불평했다. "어쩌자고 우리를 이집트에서 데리고 나왔습니까? 어쩌자고 우리와 우리 자녀와 짐승들을 이곳으로 끌고 와서 목말라 죽게 하는 겁니까?"

4 모세가 기도로 하나님께 부르짖었다. "이 사람들을 제가 어떻게 해야 하겠습니까? 이제 조금 있으면 이들이 저를 죽이려 들 것입니다!"

5-6 하나님께서 모세에게 말씀하셨다. "너는 이스라엘의 장로들 가운데 몇 사람을 데리고 백성보다 앞서 가거라. 나일 강을 칠 때 썼던 지팡이를 가지고 가거라. 내가 저기 호렙 산 바위 위에서 네 앞에 있겠다. 너는 그 바위를 쳐라. 그러면 거기서 물이 솟구쳐 나와, 백성이 마실 수 있게 될 것이다."

6-7 모세는 이스라엘의 장로들이 지켜보는 앞에서 하나님의 말씀대로 행했다. 모세가 그곳의 이름을 맛사(시험한 곳)라고도 하고 므리바(다툼)라고도 했다. *이는 이스라엘 자손이 다투었기 때문이며,* "하나님께서 이곳에 우리와 함께 계신가, 계시지 않는가?" 하고 하나님을 시험했기 때문이다.

two-quart jar of it, an omer, for future generations so they can see the bread that I fed you in the wilderness after I brought you out of Egypt.'"

33 Moses told Aaron, "Take a jar and fill it with two quarts of manna. Place it before GOD, keeping it safe for future generations."

34 Aaron did what GOD commanded Moses. He set it aside before The Testimony to preserve it.

35 The Israelites ate the manna for forty years until they arrived at the land where they would settle down. They ate manna until they reached the border into Canaan.

36 According to ancient measurements, an omer is one-tenth of an ephah.

17

1-2 Directed by GOD, the whole company of Israel moved on by stages from the Wilderness of Sin. They set camp at Rephidim. And there wasn't a drop of water for the people to drink. The people took Moses to task: "Give us water to drink." But Moses said, "Why pester me? Why are you testing GOD?"

3 But the people were thirsty for water there. They complained to Moses, "Why did you take us from Egypt and drag us out here with our children and animals to die of thirst?"

4 Moses cried out in prayer to GOD, "What can I do with these people? Any minute now they'll kill me!"

5-6 GOD said to Moses, "Go on out ahead of the people, taking with you some of the elders of Israel. Take the staff you used to strike the Nile. And go. I'm going to be present before you there on the rock at Horeb. You are to strike the rock. Water will gush out of it and the people will drink."

6-7 Moses did what he said, with the elders of Israel right there watching. He named the place Massah (Testing-Place) and Meribah (Quarreling) because of the quarreling of the Israelites *and* because of their testing of GOD when they said, "Is GOD here with us, or not?"

8-9 Amalek came and fought Israel at Rephidim.

8-9 아말렉이 와서, 르비딤에서 이스라엘을 공격했다. 모세가 여호수아에게 명령했다. "우리를 위해 장정들을 뽑아서 아말렉과 싸우러 나가거라. 내가 내일 하나님의 지팡이를 잡고 산꼭대기에 서 있겠다."
10-13 여호수아는 모세가 지시한 대로 아말렉과 싸우러 나갔다. 모세와 아론과 훌은 산꼭대기로 올라갔다. 모세가 두 손을 들면 이스라엘이 이기고, 모세가 두 손을 내리면 아말렉이 이겼다. 모세의 두 팔이 아프기 시작했다. 그래서 그들은 돌을 가져다가 모세의 아래에 두었다. 모세가 그 돌 위에 앉자, 아론과 훌이 각자 양옆에서 그의 두 팔을 받쳐 주었다. 그리하여 그의 두 손이 해가 질 때까지 내려오지 않았다. 여호수아는 전투에서 아말렉과 그 군대를 무찔렀다.
14 하나님께서 모세에게 말씀하셨다. "너는 이 일을 기념으로 삼고 기록하여, 그 기록한 것을 여호수아에게 맡겨라. 내가 아말렉에 대한 기억을 이 세상에서 완전히 지워 버릴 것이다."
15-16 모세가 제단을 쌓고, 그 이름을 '하나님은 나의 깃발'이라고 했다. 그가 말했다.

하나님의 통치 앞에 무릎을 꿇어라!
하나님께서 영원토록
아말렉과 싸우실 것이다!

이드로가 모세를 찾아오다

18 1-4 미디안의 제사장이며 모세의 장인인 이드로가, 하나님께서 모세와 그분의 백성 이스라엘에게 행하신 모든 일, 곧 하나님께서 이스라엘을 이집트에서 건져 내셨다는 소식을 들었다. 모세의 장인 이드로는, 모세가 친정으로 돌려보냈던 십보라와 그녀의 두 아들을 데리고 있었다. 한 아이의 이름은 게르솜(나그네)인데, 이는 모세가 "내가 낯선 땅에서 나그네가 되었다"고 한 데서 붙여진 이름이다. 다른 아이의 이름은 엘리에셀(하나님의 도우심)인데, 이는 모세가 "내 아버지의 하나님께서 나의 도움이 되셔서, 바로의 살해 위협으로부터 나를 건져 주셨다"고 한 데서 붙여진 이름이다.
5-6 모세의 장인 이드로가 모세의 두 아들과 아내를 데리고 광야에 있는 모세에게 왔다. 모세는 하나님의 산에 진을 치고 있었다. 이드로는 앞서 모세에게 다음과 같은 전갈을 보냈다. "자네의 장인인 내가 자네의 아내와 두 아들을 데리고 가고 있네."

Moses ordered Joshua: "Select some men for us and go out and fight Amalek. Tomorrow I will take my stand on top of the hill holding God's staff."
10-13 Joshua did what Moses ordered in order to fight Amalek. And Moses, Aaron, and Hur went to the top of the hill. It turned out that whenever Moses raised his hands, Israel was winning, but whenever he lowered his hands, Amalek was winning. But Moses' hands got tired. So they got a stone and set it under him. He sat on it and Aaron and Hur held up his hands, one on each side. So his hands remained steady until the sun went down. Joshua defeated Amalek and its army in battle.
14 GOD said to Moses, "Write this up as a reminder to Joshua, to keep it before him, because I will most certainly wipe the very memory of Amalek off the face of the Earth."
15-16 Moses built an altar and named it "GOD My Banner." He said,

Salute GOD's rule!
GOD at war with Amalek
Always and forever!

18 1-4 Jethro, priest of Midian and father-in-law to Moses, heard the report of all that GOD had done for Moses and Israel his people, the news that GOD had delivered Israel from Egypt. Jethro, Moses' father-in-law, had taken in Zipporah, Moses' wife who had been sent back home, and her two sons. The name of the one was Gershom (Sojourner) for he had said, "I'm a sojourner in a foreign land"; the name of the other was Eliezer (God's-Help) because "The God of my father is my help and saved me from death by Pharaoh."
5-6 Jethro, Moses' father-in-law, brought Moses his sons and his wife there in the wilderness where he was camped at the mountain of God. He had sent a message ahead to Moses: "I, your father-in-law, am coming to you with your wife and two sons."
7-8 Moses went out to welcome his father-in-

7-8 모세가 장인을 맞으러 나가서, 엎드려 절하고 그에게 입을 맞추었다. 그들은 서로 안부를 묻고 나서 함께 장막으로 들어갔다. 모세는 하나님께서 이스라엘을 도우셔서 바로와 이집트 사람들에게 행하신 모든 일과, 오는 길에 겪은 온갖 고생과, 하나님께서 그들을 어떻게 구원하셨는지를, 장인에게 모두 들려주었다.

9-11 이드로는 하나님께서 이스라엘을 이집트 사람들의 압제에서 건져 내시면서 이스라엘에게 행하신 온갖 선한 일을 듣고 기뻐하며 이렇게 말했다. "이스라엘을 이집트와 바로의 권력에서 구원하시고, 자기 백성을 이집트의 압제에서 건져 내신 하나님은 찬양을 받으소서. 하나님께서 다른 모든 신들보다 크시다는 것을 이제 내가 알았네. 그분께서 이스라엘에게 오만하게 굴던 모든 자들에게 이 같은 일을 행하셨으니 말일세."

12 모세의 장인 이드로가 번제물과 희생 제물을 하나님께 바쳤다. 아론과 이스라엘의 장로들이 와서 모세의 장인과 함께 하나님 앞에서 음식을 먹었다.

13-14 이튿날 모세가 백성을 재판하려고 자리에 앉았다. 백성은 아침부터 저녁까지 하루 종일 모세 앞에 줄지어 서 있었다. 모세의 장인은 그가 백성을 위해 하는 모든 일을 보고 말했다. "이게 무슨 일인가? 어찌하여 모든 사람을 아침부터 저녁까지 자네 앞에 세워 두고 자네 혼자서 이 모든 일을 처리하는가?"

15-16 모세가 장인에게 대답했다. "백성이 하나님에 관한 문제들을 가지고 저에게 오기 때문입니다. 그들은 무슨 일이 생길 때마다 저에게 옵니다. 저는 이웃 간의 문제를 재판하고, 하나님의 법도와 규례를 그들에게 가르쳐 줍니다."

17-23 모세의 장인이 말했다. "그런 식으로 일하지 말게. 그러다가는 자네도 탈진하고 백성도 자네와 함께 탈진하고 말 걸세. 이 일은 너무 과중해서 자네 혼자서는 할 수 없네. 내 말을 들어 보게. 자네가 이 일을 어떻게 처리해야 하는지 내가 알려 주겠네. 하나님께서 이 일에 자네와 함께하실 걸세. 자네는 백성을 위해 하나님 앞에 나아가되, 중요한 문제를 하나님께 내어드리게. 자네가 할 일은 그들에게 법도와 규례를 가르쳐서, 그들이 어떻게 살고 무엇을 해야 하는지 보여주는 것이네. 그런 다음에 유능한 사람들, 곧 하나님을 경외하고 참되며 청렴한 사람들을 눈여겨보았다가 그들을 천 명, 백 명, 오십 명, 열 명으로 조직된

law. He bowed to him and kissed him. Each asked the other how things had been with him. Then they went into the tent. Moses told his father-in-law the story of all that GOD had done to Pharaoh and Egypt in helping Israel, all the trouble they had experienced on the journey, and how GOD had delivered them.

9-11 Jethro was delighted in all the good that GOD had done for Israel in delivering them from Egyptian oppression. Jethro said, "Blessed be GOD who has delivered you from the power of Egypt and Pharaoh, who has delivered his people from the oppression of Egypt. Now I know that GOD is greater than all gods because he's done this to all those who treated Israel arrogantly."

12 Jethro, Moses' father-in-law, brought a Whole-Burnt-Offering and sacrifices to God. And Aaron, along with all the elders of Israel, came and ate the meal with Moses' father-in-law in the presence of God.

13-14 The next day Moses took his place to judge the people. People were standing before him all day long, from morning to night. When Moses' father-in-law saw all that he was doing for the people, he said, "What's going on here? Why are you doing all this, and all by yourself, letting everybody line up before you from morning to night?"

15-16 Moses said to his father-in-law, "Because the people come to me with questions about God. When something comes up, they come to me. I judge between a man and his neighbor and teach them God's laws and instructions."

17-23 Moses' father-in-law said, "This is no way to go about it. You'll burn out, and the people right along with you. This is way too much for you—you can't do this alone. Now listen to me. Let me tell you how to do this so that God will be in this with you. Be there for the people before God, but let the matters of concern be presented to God. Your job is to teach them the rules and instructions, to show them how to live, what to do. And then you need to keep a sharp eye out for competent men—men who fear God, men of integrity, men who are incorruptible—and appoint them as leaders over groups organized by the thousand, by the hundred, by fifty, and by

사람들의 지도자로 세우게. 백성 사이의 문제를 재판하는 일상적인 일은 그들이 책임지도록 맡기게. 판결하기 어려운 사안은 자네에게 가져오게 하되, 일상적인 소송은 그들이 재판하도록 하게. 그들이 자네의 짐을 나누어 지면 자네의 일이 훨씬 가벼워질 걸세. 자네가 이렇게 일을 처리하면 자네는 하나님께서 명령하시는 것은 무엇이든 수행할 능력을 갖추게 될 테고, 백성도 각자 자기 자리에서 번성할 것이네."

24-27 모세가 장인의 조언을 듣고, 그가 말한 대로 모든 일을 처리했다. 모세는 온 이스라엘에서 능력 있는 사람들을 뽑아, 그들을 천 명, 백 명, 오십 명, 열 명으로 조직된 사람들의 지도자로 세웠다. 그들은 백성 사이의 문제를 재판하는 일상적인 일을 맡았다. 그들은 자신들이 판결하기 어려운 사안은 모세에게 가져왔고, 일상적인 문제는 자신들이 재판했다. 얼마 후에 모세는 장인을 떠나보냈다. 모세의 장인은 자기 고향으로 돌아갔다.

시내 산

19 1-2 이집트를 떠난 지 세 달이 지난 뒤에 이스라엘 자손은 시내 광야로 들어갔다. 그들은 르비딤을 떠나 시내 광야에 이르렀다. 이스라엘은 그곳 산 앞에 진을 쳤다.

3-6 모세가 하나님을 뵈러 올라가자, 하나님께서 산에서 그를 불러 말씀하셨다. "너는 야곱의 집에 말하고, 이스라엘 백성에게 전하여라. '너희는 내가 이집트 사람들에게 한 일을 보았고, 내가 어떻게 너희를 독수리 날개에 태워 내게 데려왔는지도 보았다. 너희가 내 말을 순종하는 마음으로 듣고 내 언약을 지키면, 너희는 모든 민족 가운데서 나의 특별한 보배가 될 것이다. 온 세상이 나의 것이지만, 너희는 내가 특별히 선택한 민족이다. 너희는 제사장 나라, 거룩한 민족이다.'
너는 이 말을 이스라엘 백성에게 꼭 전하여라."

7 모세가 돌아와서 이스라엘의 장로들을 불러 모으고, 하나님께서 그에게 명령하신 모든 말씀을 그들 앞에 전했다.

8 백성이 한목소리로 이렇게 응답했다. "하나님께서 말씀하시는 모든 것을 우리가 다 행하겠습니다." 모세는 백성이 한 말을 하나님께 전했다.

9 하나님께서 모세에게 말씀하셨다. "준비하여라. 내가 짙은 구름 속에서 네게 나타나겠다. 그

ten. They'll be responsible for the everyday work of judging among the people. They'll bring the hard cases to you, but in the routine cases they'll be the judges. They will share your load and that will make it easier for you. If you handle the work this way, you'll have the strength to carry out whatever God commands you, and the people in their settings will flourish also."

24-27 Moses listened to the counsel of his father-in-law and did everything he said. Moses picked competent men from all Israel and set them as leaders over the people who were organized by the thousand, by the hundred, by fifty, and by ten. They took over the everyday work of judging among the people. They brought the hard cases to Moses, but in the routine cases they were the judges. Then Moses said good-bye to his father-in-law who went home to his own country.

Mount Sinai

19 1-2 Three months after leaving Egypt the Israelites entered the Wilderness of Sinai. They followed the route from Rephidim, arrived at the Wilderness of Sinai, and set up camp. Israel camped there facing the mountain.

3-6 As Moses went up to meet God, GOD called down to him from the mountain: "Speak to the House of Jacob, tell the People of Israel: 'You have seen what I did to Egypt and how I carried you on eagles' wings and brought you to me. If you will listen obediently to what I say and keep my covenant, out of all peoples you'll be my special treasure. The whole Earth is mine to choose from, but you're special: a kingdom of priests, a holy nation.'
"This is what I want you to tell the People of Israel."

7 Moses came back and called the elders of Israel together and set before them all these words which GOD had commanded him.

8 The people were unanimous in their response: "Everything GOD says, we will do." Moses took the people's answer back to GOD.

9 GOD said to Moses, "Get ready. I'm about to come

러면 내가 너와 이야기하는 것을 백성이 듣고 너를 온전히 신뢰하게 될 것이다." 모세가 백성이 한 말을 다시 한번 하나님께 전했다.

10-13 하나님께서 모세에게 말씀하셨다. "너는 백성에게 가서, 거룩한 하나님을 뵐 수 있도록 앞으로 이틀 동안 그들을 준비시켜라. 그들에게 옷을 깨끗이 빨게 하여, 셋째 날에는 준비를 다 마치게 하여라. 이는 셋째 날에 하나님이 시내 산에 내려가서, 온 백성 앞에 나의 존재를 알릴 것이기 때문이다. 너는 백성을 위해 산 모든 주위에 경계선을 정하고, 이렇게 일러 주어라. '경고한다! 산에 오르지 마라. 산에 한 발짝도 들여놓지 마라. 누구든지 산에 접근하는 자는 반드시 죽음을 면치 못할 것이다. 이 명령을 어긴 그 자에게 아무도 손대지 말고, 돌로 쳐서 죽여야 한다. 아니면 화살을 쏘아 죽여야 한다. 짐승이든 사람이든, 반드시 죽여야 한다.'

뿔나팔소리가 길게 울리면, 그것은 백성이 산에 올라와도 좋다는 신호다."

14-15 모세가 산에서 내려와 백성에게 거룩한 만남을 준비하게 하니, 그들이 저마다 자기 옷을 깨끗이 빨았다. 모세가 백성에게 말했다. "셋째 날을 준비하고, 여자와 잠자리를 같이하지 마십시오."

16 셋째 날 새벽녘에, 천둥소리가 크게 울리고 번개가 치고 짙은 구름이 산을 뒤덮었다. 귀청을 찢는 듯한 나팔소리가 울려 퍼졌다. 진 안에 있던 모든 백성이 두려워 떨었다.

17 모세는 백성이 하나님을 만날 수 있도록, 그들을 이끌고 진 밖으로 나왔다. 그들은 긴장하며 산기슭에 섰다.

18-20 하나님께서 불 가운데 그곳으로 내려오시니, 시내 산에 연기가 자욱했다. 마치 용광로에서 나오는 것처럼 연기가 뿜어져 나왔다. 산 전체가 크게 흔들리며 진동했다. 나팔소리가 점점 크게 울려 퍼졌다. 모세가 아뢰자, 하나님께서 천둥소리로 응답하셨다. 하나님께서 시내 산 꼭대기로 내려오셨다. 하나님께서 모세를 산꼭대기로 부르시니, 모세가 올라갔다.

21-22 하나님께서 모세에게 말씀하셨다. "너는 내려가서, 백성에게 경고하여라. 하나님을 보겠다고 경계선을 넘어 들어오다가 많은 사람들이 죽는 일이 없게 하여라. 제사장들에게도 경고하여, 거룩한 만남을 준비하게 하여라. 그렇게 하지 않으면 하나님이 그들을 칠 것이다."

23 모세가 하나님께 아뢰었다. "백성은 시내 산에

to you in a thick cloud so that the people can listen in and trust you completely when I speak with you." Again Moses reported the people's answer to GOD.

10-13 GOD said to Moses, "Go to the people. For the next two days get these people ready to meet the Holy GOD. Have them scrub their clothes so that on the third day they'll be fully prepared, because on the third day GOD will come down on Mount Sinai and make his presence known to all the people. Post boundaries for the people all around, telling them, 'Warning! Don't climb the mountain. Don't even touch its edge. Whoever touches the mountain dies–a certain death. And no one is to touch that person, he's to be stoned. That's right–stoned. Or shot with arrows, shot to death. Animal or man, whichever–put to death.'

"A long blast from the horn will signal that it's safe to climb the mountain."

14-15 Moses went down the mountain to the people and prepared them for the holy meeting. They gave their clothes a good scrubbing. Then he addressed the people: "Be ready in three days. Don't sleep with a woman."

16 On the third day at daybreak, there were loud claps of thunder, flashes of lightning, a thick cloud covering the mountain, and an ear-piercing trumpet blast. Everyone in the camp shuddered in fear.

17 Moses led the people out of the camp to meet God. They stood at attention at the base of the mountain.

18-20 Mount Sinai was all smoke because GOD had come down on it as fire. Smoke poured from it like smoke from a furnace. The whole mountain shuddered in huge spasms. The trumpet blasts grew louder and louder. Moses spoke and GOD answered in thunder. GOD descended to the peak of Mount Sinai. GOD called Moses up to the peak and Moses climbed up.

21-22 GOD said to Moses, "Go down. Warn the people not to break through the barricades to get a look at GOD lest many of them die. And the priests also, warn them to prepare themselves for the holy meeting, lest GOD break out against them."

올라올 수 없습니다. 하나님께서 '산 주위에 경계선을 정해서, 거룩한 산 앞에서 경외심을 가져라' 하고 우리에게 이미 경고하셨기 때문입니다."

24 하나님께서 모세에게 말씀하셨다. "내려가서 아론을 데리고 다시 올라오너라. 그러나 제사장들과 백성이 경계선을 넘어 하나님에게 올라오는 일이 없게 하여라. 경계선을 넘으면, 하나님이 그들을 칠 것이다."

25 모세가 백성에게 내려가서, 그들에게 전했다.

십계명

20 1-2 하나님께서 이 모든 말씀을 하셨다.
"나는 너희를 이집트 땅,
종살이에서 이끌어 낸
하나님 너희 하나님이다.

3 나 외에, 다른 신을 섬기지 마라.

4-6 날아다니는 것이나 걸어 다니는 것이나 헤엄쳐 다니는 것이나, 크기와 모양과 형상이 어떠하든지, 신상들을 새겨 만들지 마라. 그것들에게 절하거나 그것들을 섬기지 마라. 나는 하나님 너희 하나님이며, 몹시도 질투하는 하나님이다. 나를 미워하는 사람에게는, 내가 그들의 죄를 자녀들에게 넘겨줄 뿐 아니라, 삼사 대 자손에 이르기까지 그 죄를 벌할 것이다. 그러나 나를 사랑하고 내 계명을 지키는 사람에게는, 내가 천 대에 이르기까지 한결같은 성실로 대한다.

7 하나님 너희 하나님의 이름을, 저주하거나 실없이 농담을 하는 데 사용하지 마라. 나 하나님은, 그 이름을 경건하지 못한 일에 사용하는 것을 참지 않을 것이다.

8-11 안식일을 기억하여 거룩하게 지켜라. 육 일 동안 일하면서 네 할 일을 다 하여라. 그러나 일곱째 날은 하나님 너희 하나님의 안식일이다. 그 날에는 아무 일도 하지 마라. 너희와 너희 아들딸, 너희 남종과 여종, 너희 집짐승, 심지어 너희 마을을 방문한 손님도 일을 해서는 안된다. 하나님이 육 일 동안 하늘과 땅과 바다와 그 안에 있는 모든 것을 만들고, 일곱째 날에 쉬었기 때문이다. 그러므로 하나님이 안식일을 복되게 하고, 그 날을 구별하여 거룩한 날로 삼은 것이다.

12 너희 부모를 공경하여라. 그러면 하나님 너희 하나님이 너희에게 주는 땅에서 오래도록 살 것이다.

13 살인하지 마라.

14 간음하지 마라.

23 Moses said to God, "But the people can't climb Mount Sinai. You've already warned us well telling us: 'Post boundaries around the mountain. Respect the holy mountain.'"

24 GOD told him, "Go down and then bring Aaron back up with you. But make sure that the priests and the people don't break through and come up to GOD, lest he break out against them."

25 So Moses went down to the people. He said to them:

20 1-2 GOD spoke all these words:
I am GOD, your God,
who brought you out of the land of Egypt,
out of a life of slavery.

3 No other gods, only me.

4-6 No carved gods of any size, shape, or form of anything whatever, whether of things that fly or walk or swim. Don't bow down to them and don't serve them because *I* am GOD, your God, and I'm a most jealous God, punishing the children for any sins their parents pass on to them to the third, and yes, even to the fourth generation of those who hate me. But I'm unswervingly loyal to the thousands who love me and keep my commandments.

7 No using the name of GOD, your God, in curses or silly banter; GOD won't put up with the irreverent use of his name.

8-11 Observe the Sabbath day, to keep it holy. Work six days and do everything you need to do. But the seventh day is a Sabbath to GOD, your God. Don't do any work–not you, nor your son, nor your daughter, nor your servant, nor your maid, nor your animals, not even the foreign guest visiting in your town. For in six days GOD made Heaven, Earth, and sea, and everything in them; he rested on the seventh day. Therefore GOD blessed the Sabbath day; he set it apart as a holy day.

12 Honor your father and mother so that you'll live a long time in the land that GOD, your God, is giving you.

13 No murder.

14 No adultery.

15 No stealing.

15 도둑질하지 마라.
16 너희 이웃에 대해 거짓말하지 마라.
17 너희 이웃의 집이나 그 아내, 남종이나 여종, 소나 나귀를 탐내지 마라. 너희 이웃의 소유는 무엇이든 너희 마음에 두지 마라."

18-19 온 백성이 천둥소리와 번개와 나팔소리와 연기 자욱한 산을 보고 두려워하며 뒤로 멀찍이 물러섰다. 그들이 모세에게 말했다. "당신이 우리에게 말씀하십시오. 우리가 듣겠습니다. 하나님께서 우리에게 말씀하시지 않게 해주십시오. 하나님께서 직접 말씀하시면, 우리는 죽습니다."
20 모세가 백성에게 말했다. "두려워하지 마십시오. 하나님께서 오신 것은, 여러분을 시험하고 여러분 안에 깊은 경외심을 심어 주어, 여러분이 죄짓지 않게 하시려는 것입니다."
21 모세가 하나님이 계신 짙은 구름 쪽으로 가까이 나아가는 동안, 백성은 멀리 떨어져 서 있었다.

22-26 하나님께서 모세에게 말씀하셨다. "너는 이 메시지를 이스라엘 백성에게 전하여라. '내가 하늘에서부터 너희와 이야기하는 것을 너희는 직접 경험했다. 너희는 은이나 금으로 신상들을 만들어서 내 옆에 두지 마라. 너희는 나를 위해 흙으로 제단을 만들고, 그 위에 너희의 양과 소를 번제물과 화목제물로 바쳐라. 내가 내 이름을 존귀하게 여겨 예배하도록 한 곳이면 어디든지 함께 있어 너희에게 복을 주겠다. 너희가 나를 위해 돌로 제단을 만들려거든, 다듬은 돌은 쓰지 마라. 돌에 정을 대는 것은 제단을 더럽히는 짓이다. 계단을 이용해 내 제단에 오르지 마라. 그러면 너희 벌거벗은 몸이 드러나기 때문이다.'"

여러 가지 규례와 법도

21

1 "네가 백성 앞에서 제시할 규례와 법도는 이러하다.
2-6 너희가 히브리 종을 산 경우, 그는 여섯 해 동안을 종으로 섬기고, 일곱째 해에는 몸값을 치르지 않고도 자유의 몸이 된다. *그가 혼자 몸으로 들어왔으면 혼자 몸으로 나가고,* 결혼한 몸으로 들어왔으면 아내를 데리고 나갈 수 있다. 주인이 그에게 아내를 얻어 주어서 그 아내가 아들딸을 낳았으면, 그의 아내와 아이들은 주인의 집에 머무르고 그 혼자서만 떠날 수 있다. 그러나 그 종이 '저는 주인님

16 No lies about your neighbor.
17 No lusting after your neighbor's house—or wife or servant or maid or ox or donkey. Don't set your heart on anything that is your neighbor's.

18-19 All the people, experiencing the thunder and lightning, the trumpet blast and the smoking mountain, were afraid—they pulled back and stood at a distance. They said to Moses, "You speak to us and we'll listen, but don't have God speak to us or we'll die."
20 Moses spoke to the people: "Don't be afraid. God has come to test you and instill a deep and reverent awe within you so that you won't sin."
21 The people kept their distance while Moses approached the thick cloud where God was.

22-26 GOD said to Moses, "Give this Message to the People of Israel: 'You've experienced firsthand how I spoke with you from Heaven. Don't make gods of silver and gods of gold and then set them alongside me. Make me an earthen Altar. Sacrifice your Whole-Burnt-Offerings, your Peace-Offerings, your sheep, and your cattle on it. Every place where I cause my name to be honored in your worship, I'll be there myself and bless you. If you use stones to make my Altar, don't use dressed stones. If you use a chisel on the stones you'll profane the Altar. Don't use steps to climb to my Altar because that will expose your nakedness.'"

21

1 "These are the laws that you are to place before them:
2-6 "When you buy a Hebrew slave, he will serve six years. The seventh year he goes free, for nothing. If he came in single he leaves single. If he came in married he leaves with his wife. If the master gives him a wife and she gave him sons and daughters, the wife and children stay with the master and he leaves by himself. But suppose the slave should say, 'I love my master and my

과 제 아내와 아이들을 사랑합니다. 저는 자유를 원하지 않습니다' 하고 말하면, 주인은 그를 하나님 앞으로 데리고 가서 그의 귀를 문이나 문기둥에 대고 송곳으로 뚫는다. 이것은 그가 평생 동안 종이 되었다는 표시다.

7-11 어떤 사람이 자기 딸을 종으로 판 경우, 그녀는 여섯 해가 지나도 남자처럼 자유의 몸이 될 수 없다. 주인이 그녀를 마음에 들어 하지 않으면, 그녀의 가족은 그녀를 다시 사 와야 한다. 그녀의 주인은 약속을 어겼으므로, 그녀를 외국인에게 팔 권리가 없다. 그녀를 자기 아들에게 양도하기로 했으면, 주인은 그녀를 딸처럼 대해 주어야 한다. 주인이 다른 여인을 아내로 맞아들이더라도, 음식과 의복과 부부관계에 대한 그녀의 권리는 온전히 유지해 주어야 한다. 주인이 이 세 가지 의무 가운데 어느 하나라도 이행하지 않으면, 그녀는 몸값을 치르지 않고도 자유의 몸이 된다.

12-14 사람을 때려서 죽게 한 자는 사형에 처해야 한다. 그러나 고의로 죽인 것이 아니라 불가항력적으로 발생한 우발적 사고라면, 그 살인한 자가 도망하여 은신할 곳을 내가 따로 정해 주겠다. 그러나 계획적이고 교활한 흉계에 의한 살인이라면, 설령 그가 내 제단에 있더라도 끌어내어 사형에 처해야 한다.

15 부모를 때린 자는 사형에 처해야 한다.

16 사람을 유괴한 자는, 그 사람을 팔았든 데리고 있든 상관없이 사형에 처해야 한다.

17 부모를 저주한 자는 사형에 처해야 한다.

18-19 사람들이 서로 싸우다가 한 사람이 다른 사람을 돌이나 주먹으로 때려서 상처를 입혔는데, 맞은 사람이 죽지 않고 자리에 누웠다가 나중에 나아서 목발을 짚고 다닐 수 있게 되었으면, 때린 사람은 형벌을 받지 않는다. 하지만 그동안 입은 손해를 보상하고 다친 사람이 완전히 회복될 때까지 책임을 져야 한다.

20-21 어떤 주인이 남종이나 여종을 몽둥이로 때려 그 종이 그 자리에서 죽으면, 그 종의 억울함을 갚아 주어야 한다. 그러나 그 종이 하루나 이틀을 더 살면, 그의 억울함을 갚아 주지 않아도 된다. 종은 주인의 재산이기 때문이다.

22-25 사람들이 서로 싸우다가 임신한 여자를 쳐서 유산하게 했으나 상처를 입히지 않았으면, 가해자는 무엇이든 그 여자의 남편이 요구하는 것으로 변상해야 한다. 그러나 그 이상의 해를 입힌 경우에는, 목숨에는 목숨으로, 눈에는 눈으로, 이에는 이로, 손에는 손으로, 발에는 발로, 화상에는 화상으

wife and children—I don't want my freedom,' then his master is to bring him before God and to a door or doorpost and pierce his ear with an awl, a sign that he is a slave for life.

7-11 "When a man sells his daughter to be a handmaid, she doesn't go free after six years like the men. If she doesn't please her master, her family must buy her back; her master doesn't have the right to sell her to foreigners since he broke his word to her. If he turns her over to his son, he has to treat her like a daughter. If he marries another woman, she retains all her full rights to meals, clothing, and marital relations. If he won't do any of these three things for her, she goes free, for nothing.

12-14 "If someone hits another and death results, the penalty is death. But if there was no intent to kill—if it was an accident, an 'act of God'—I'll set aside a place to which the killer can flee for refuge. But if the murder was premeditated, cunningly plotted, then drag the killer away, even if it's from my Altar, to be put to death.

15 "If someone hits father or mother, the penalty is death.

16 "If someone kidnaps a person, the penalty is death, regardless of whether the person has been sold or is still held in possession.

17 "If someone curses father or mother, the penalty is death.

18-19 "If a quarrel breaks out and one hits the other with a rock or a fist and the injured one doesn't die but is confined to bed and then later gets better and can get about on a crutch, the one who hit him is in the clear, except to pay for the loss of time and make sure of complete recovery.

20-21 "If a slave owner hits a slave, male or female, with a stick and the slave dies on the spot, the slave must be avenged. But if the slave survives a day or two, he's not to be avenged—the slave is the owner's property.

22-25 "When there's a fight and in the fight a pregnant woman is hit so that she miscarries but is not otherwise hurt, the one responsible has to pay whatever the husband demands in compensation. But if there is further damage, then you

로, 상처에는 상처로, 타박상에는 타박상으로 갚아야 한다.

26-27 어떤 주인이 남종이나 여종의 눈을 때려서 멀게 했으면, 주인은 그 눈으로 인해 그 종을 자유의 몸으로 내보내야 한다. 주인이 남종이나 여종의 이를 쳐서 부러뜨렸으면, 주인은 그 이로 인해 그 종을 풀어 주고 자유의 몸으로 내보내야 한다.

28-32 소가 남자나 여자를 들이받아 죽게 했으면, 그 소는 돌로 쳐서 죽여야 한다. 그 고기는 먹어서는 안되며, 이 경우에 소의 주인은 벌을 받지 않는다. 그러나 그 소가 들이받은 적이 있고 주인이 그것을 알고도 미리 조치를 취하지 않아 소가 남자나 여자를 죽인 경우에는, 그 소는 돌로 쳐서 죽이고 그 주인도 사형에 처해야 한다. 만일 사형을 받는 대신에 배상금을 주기로 합의했으면, 그는 자기 목숨을 되찾기 위해 배상금을 충분히 치러야 한다. 소가 남의 아들이나 딸을 들이받은 경우에도, 동일한 판결이 적용된다. 소가 남의 남종이나 여종을 들이받은 경우에는, 종의 주인에게 은 삼십 세겔을 지불하고 그 소는 돌로 쳐서 죽여야 한다.

33-34 어떤 사람이 구덩이의 덮개를 열어 놓거나 구덩이를 파고 덮개를 덮지 않아서 소나 나귀가 거기에 빠졌으면, 구덩이 주인은 짐승의 주인에게 짐승의 값을 치러 배상해야 한다. 그러나 죽은 짐승은 구덩이 주인의 차지가 된다.

35-36 어떤 사람의 소가 이웃의 소를 다치게 하여 죽게 했으면, 살아 있는 소를 팔아서 그 돈을 나누어 갖고 죽은 소도 나누어 가져야 한다. 그러나 그 소가 들이받은 적이 있고 주인이 그것을 알고도 미리 조치를 취하지 않은 경우에는, 소의 주인은 살아 있는 소로 배상하고 죽은 소를 차지한다."

22

1-3 "어떤 사람이 소나 양을 훔쳐서 그것을 잡거나 팔았으면, 그는 훔친 소 대신에 소 다섯 마리를, 훔친 양 대신에 양 네 마리를 배상해야 한다. 도둑이 어느 집에 침입하다가 붙잡혀서 맞아 죽었으면, 살인죄가 성립되지 *않는다. 그러나 그것이 날이 밝은 후에 일어난 일*이면, 살인죄가 성립된다.

3-4 도둑은 자신이 훔친 것에 대해 충분히 배상해야 한다. 갚을 능력이 없는 사람은 자기 몸을 팔아 종이 되어서라도 훔친 것을 갚아야 한다. 그가

must give life for life—eye for eye, tooth for tooth, hand for hand, foot for foot, burn for burn, wound for wound, bruise for bruise.

26-27 "If a slave owner hits the eye of a slave or handmaid and ruins it, the owner must let the slave go free because of the eye. If the owner knocks out the tooth of the male or female slave, the slave must be released and go free because of the tooth.

28-32 "If an ox gores a man or a woman to death, the ox must be stoned. The meat cannot be eaten but the owner of the ox is in the clear. But if the ox has a history of goring and the owner knew it and did nothing to guard against it, then if the ox kills a man or a woman, the ox is to be stoned and the owner given the death penalty. If a ransom is agreed upon instead of death, he must pay it in full as a redemption for his life. If a son or daughter is gored, the same judgment holds. If it is a slave or a handmaid the ox gores, thirty shekels of silver is to be paid to the owner and the ox stoned.

33-34 "If someone uncovers a cistern or digs a pit and leaves it open and an ox or donkey falls into it, the owner of the pit must pay whatever the animal is worth to its owner but can keep the dead animal.

35-36 "If someone's ox injures a neighbor's ox and the ox dies, they must sell the live ox and split the price; they must also split the dead animal. But if the ox had a history of goring and the owner knew it and did nothing to guard against it, the owner must pay an ox for an ox but can keep the dead animal."

22

1-3 "If someone steals an ox or a lamb and slaughters or sells it, the thief must pay five cattle in place of the ox and four sheep in place of the lamb. If the thief is caught while breaking in and is hit hard and dies, there is no bloodguilt. But if it happens after daybreak, there is bloodguilt.

3-4 "A thief must make full restitution for what is stolen. The thief who is unable to pay is to be sold for his thieving. If caught red-handed with the

현장에서 잡혔을 경우, 훔친 소나 나귀나 양이 아직 살아 있으면, 그는 두 배로 갚아야 한다.

5 어떤 사람이 자기 밭이나 포도밭에서 가축을 풀어 놓아 먹이다가, 그 가축이 다른 사람의 밭에 들어가서 뜯어 먹었으면, 가축의 주인은 자기 밭이나 포도밭에서 난 가장 좋은 것으로 배상해야 한다.

6 불이 나서 덤불로 번져 낟가리나 아직 거두지 않은 곡식이나 밭 전체를 태워 버렸으면, 불을 놓은 사람이 그 피해를 배상해야 한다.

7-8 어떤 사람이 이웃에게 돈이나 물건을 보관해 달라고 맡겼는데 그 맡은 사람의 집에 도둑이 든 경우, 도둑이 잡히면 그 도둑은 두 배로 배상해야 한다. 도둑이 잡히지 않으면, 그 집의 주인을 하나님 앞으로 데려가서, 그가 이웃의 물건에 손을 댔는지 안 댔는지 여부를 판결받아야 한다.

9 소나 나귀나 양이나 의복이나 그 밖의 어떤 유실물이든지, 도난당했다가 찾은 물건을 두고 서로 자기 것이라고 주장하는 경우에는, 두 당사자가 재판관 앞으로 가야 한다. 재판관에게 유죄 판결을 받은 사람은 상대방에게 두 배로 배상해야 한다.

10-13 어떤 사람이 나귀나 소나 양이나 그 밖의 짐승을 보호해 달라고 다른 사람에게 맡겼는데, 그 짐승이 죽거나 다치거나 없어졌지만 이를 목격한 사람이 없는 경우, 그 맡았던 사람은 하나님 앞에서 맹세하여 자신이 상대방의 재산에 손을 대지 않았음을 밝혀야 한다. 짐승의 주인은 그 맹세를 받아들이고 배상을 요구해서는 안된다. 그러나 그것이 도둑맞은 것으로 밝혀지면, 그 주인은 배상받을 수 있다. 그것이 들짐승에게 찢겨 죽었으면, 찢겨 죽은 짐승을 증거물로 제시하고 배상금은 지불하지 않아도 된다.

14-15 어떤 사람이 이웃에게서 짐승을 빌렸는데, 주인이 없는 사이에 그 짐승이 상처를 입거나 죽은 경우, 그는 그것에 대해 배상해야 한다. 그러나 주인이 그 자리에 함께 있었으면, 배상하지 않아도 된다. 그 짐승이 세를 내고 빌려 온 것이면, 그 세를 내는 것으로 배상해야 한다."

16-17 "어떤 사람이 약혼하지 않은 처녀를 꾀어 잠자리를 같이했으면, 그는 결혼 비용을 주고 그녀와 결혼해야 한다. 그녀의 아버지가 그녀를 절대 주지 않겠다고 하더라도, 그 사람은 처녀의 결혼

stolen goods, and the ox or donkey or lamb is still alive, the thief pays double.

5 "If someone grazes livestock in a field or vineyard but lets them loose so they graze in someone else's field, restitution must be made from the best of the owner's field or vineyard.

6 "If fire breaks out and spreads to the brush so that the sheaves of grain or the standing grain or even the whole field is burned up, whoever started the fire must pay for the damages.

7-8 "If someone gives a neighbor money or things for safekeeping and they are stolen from the neighbor's house, the thief, if caught, must pay back double. If the thief is not caught, the owner must be brought before God to determine whether the owner was the one who took the neighbor's goods.

9 "In all cases of stolen goods, whether oxen, donkeys, sheep, clothing, anything in fact missing of which someone says, 'That's mine,' both parties must come before the judges. The one the judges pronounce guilty must pay double to the other.

10-13 "If someone gives a donkey or ox or lamb or any kind of animal to another for safekeeping and it dies or is injured or lost and there is no witness, an oath before GOD must be made between them to decide whether one has laid hands on the property of the other. The owner must accept this and no damages are assessed. But if it turns out it was stolen, the owner must be compensated. If it has been torn by wild beasts, the torn animal must be brought in as evidence; no damages have to be paid.

14-15 "If someone borrows an animal from a neighbor and it gets injured or dies while the owner is not present, he must pay for it. But if the owner was with it, he doesn't have to pay. If the animal was hired, the payment covers the loss.

16-17 "If a man seduces a virgin who is not engaged to be married and sleeps with her, he must pay the marriage price and marry her. If her father absolutely refuses to give her away, the man must still pay the marriage price for virgins.

비용을 물어야 한다.
18 마술을 부리는 여자는 살려 두지 마라.
19 짐승과 교접하는 자는 사형에 처해야 한다.
20 하나님 한분 외에 다른 신에게 제사를 드리는 자
는 사형에 처해야 한다.
21 나그네를 학대하거나 착취하지 마라. 너희도 한
때 이집트에서 나그네였음을 기억하여라.
22-24 과부나 고아를 학대하지 마라. 너희가 그들을
학대해서 그들이 내게 부르짖으면, 내가 그 부르짖
음을 반드시 귀 기울여 들을 것이다. 내가 몹시 진
노를 드러내어, 칼을 들고 맹렬히 너희 가운데로
갈 것이다. 그러면 너희 아내는 과부가 되고 너희
자녀는 고아가 될 것이다.
25 너희 가운데서 아무것도 가진 것 없는 내 백성에
게 돈을 꾸어 주었으면, 심하게 독촉하지 말고 이
자도 받지 마라.
26-27 너희가 이웃의 겉옷을 담보물로 잡았으면, 해
가 지기 전에 돌려주어라. 그에게 덮을 것이라고는
그것뿐인데, 그가 무엇을 덮고 자겠느냐? 네 이웃
이 추워서 부르짖으면, 내가 직접 나설 것이다. 나
는 자비로운 하나님이다.
28 하나님에게 욕이 되는 말을 하지 말고, 너희의
지도자들을 저주하지 마라.
29-30 너희의 포도주 통이 가득 차거든 내게 바치는
것을 아까워하지 마라.
너희의 맏아들은 내게 바쳐라. 너희의 소와 양도
처음 태어난 것은 내게 바쳐라. 칠 일 동안은 어미
와 함께 있게 하고, 그 후에 내게 바쳐라.
31 너희는 나를 위해 거룩하여라.
들에서 찢겨 죽은 짐승을 발견하거든, 그 고기를
먹지 마라. 그것은 개에게나 던져 주어라."

23

1-3 "악의에 찬 소문을 옮기지 마라.
악인과 어울려 불의한 증언을 하지 마
라. 다수의 사람이 악을 행하더라도 그들을 따라가
지 말고, 다수의 마음에 들려고 거짓으로 증언하지
마라. 또 어떤 사람이 가난하다고 해서, 소송에서
그를 편들지도 마라.
4-5 너희 원수의 소나 나귀가 돌아다니는 것을 보거
든, *그 주인에게 데려다 주어라.* 너희를 미워하는
자의 나귀가 짐에 눌려 힘없이 쓰러져 있는 것을
보거든, 그냥 지나치지 말고 가서 일으켜 주어라.
6 가난한 사람들과 관련된 소송이 일어나거든, 그
들에게 돌아가야 할 마땅한 권리를 조작하지 마라.

18 "Don't let a sorceress live.
19 "Anyone who has sex with an animal gets the
death penalty.
20 "Anyone who sacrifices to a god other than
GOD alone must be put to death.
21 "Don't abuse or take advantage of strangers;
you, remember, were once strangers in Egypt.
22-24 "Don't mistreat widows or orphans. If you
do and they cry out to me, you can be sure I'll
take them most seriously; I'll show my anger
and come raging among you with the sword, and
your wives will end up widows and your children
orphans.
25 "If you lend money to my people, to any of
the down-and-out among you, don't come down
hard on them and gouge them with interest.
26-27 "If you take your neighbor's coat as security,
give it back before nightfall; it may be your
neighbor's only covering—what else does the
person have to sleep in? And if I hear the neigh-
bor crying out from the cold, I'll step in—I'm
compassionate.
28 "Don't curse God; and don't damn your leaders.
29-30 "Don't be stingy as your wine vats fill up.
"Dedicate your firstborn sons to me. The same with
your cattle and sheep—they are to stay for seven
days with their mother, then give them to me.
31 "Be holy for my sake.
"Don't eat mutilated flesh you find in the fields;
throw it to the dogs."

23

1-3 "Don't pass on malicious gossip.
"Don't link up with a wicked person and
give corrupt testimony. Don't go along with the
crowd in doing evil and don't fudge your testi-
mony in a case just to please the crowd. And just
because someone is poor, don't show favoritism
in a dispute.
4-5 "If you find your enemy's ox or donkey loose,
take it back to him. If you see the donkey of
someone who hates you lying helpless under its
load, don't walk off and leave it. Help it up.
6 "When there is a dispute concerning your poor,
don't tamper with the justice due them.

7 거짓 고발을 멀리하여라. 죄 없는 사람과 선한 사람을 죽이는 일에 끼어들지 마라. 나는 악인의 죄를 눈감아 주지 않는다.
8 뇌물을 받지 마라. 뇌물은 선한 사람의 눈을 멀게 하고 선한 사람의 말을 왜곡시킨다.
9 나그네를 착취하지 마라. 너희가 나그네의 처지를 잘 알지 않느냐. 너희도 한때 이집트 땅에서 나그네였다.
10-11 너희는 여섯 해 동안 땅에 씨를 뿌리고 그 농작물을 거두어들여라. 그러나 일곱째 해에는 그 땅을 묵히고 놀려서, 가난한 사람들이 그 땅에서 나는 것을 먹게 하여라. 그들이 남긴 것은 들짐승이 먹게 하여라. 너희의 포도밭과 올리브밭도 그렇게 해야 한다.
12 너희는 육 일 동안 일하고 일곱째 날에는 쉬어야 한다. 그래야 너희의 소와 나귀도 쉬고, 너희의 종과 이주 노동자들도 쉴 시간을 얻게 될 것이다.
13 내가 너희에게 하는 모든 말을 잘 들어라. 다른 신들은 거들떠보지도 말고, 그 이름을 입에 담지도 마라."

지켜야 할 세 가지 절기

14 "너희는 일 년에 세 차례, 나를 위해 절기를 지켜야 한다.
15 내가 너희에게 명령한 대로, 너희는 아빕월 정한 때에 칠 일 동안 누룩을 넣지 않은 빵을 먹으며 봄의 절기인 무교절을 지켜라. 그달에 너희가 이집트에서 나왔기 때문이다. 아무도 내 앞에 빈손으로 나와서는 안된다.
16 밭에서 수고하여 얻은 첫 열매를 거두어들일 때에 여름 절기인 맥추절을 지켜라.
일 년 농사를 거두어들이는 한 해의 끝에 가을 절기인 수장절을 지켜라.
17 너희의 모든 남자는 일 년에 세 차례, 주 하나님 앞에 나와야 한다."

18 "내게 바치는 희생 제물의 피를 누룩을 넣은 것과 함께 바치지 마라.
절기 때 내게 바친 제물의 지방을 아침까지 남겨두지 마라.
19 한 해의 첫 열매 가운데 가장 좋은 것을 너희 하나님의 집으로 가져오너라.
새끼 염소를 그 어미의 젖에 삶지 마라."

7 "Stay clear of false accusations. Don't contribute to the death of innocent and good people. I don't let the wicked off the hook.
8 "Don't take bribes. Bribes blind perfectly good eyes and twist the speech of good people.
9 "Don't take advantage of a stranger. You know what it's like to be a stranger; you were strangers in Egypt.
10-11 "Sow your land for six years and gather in its crops, but in the seventh year leave it alone and give it a rest so that your poor may eat from it. What they leave, let the wildlife have. Do the same with your vineyards and olive groves.
12 "Work for six days and rest the seventh so your ox and donkey may rest and your servant and migrant workers may have time to get their needed rest.
13 "Listen carefully to everything I tell you. Don't pay attention to other gods—don't so much as mention their names.

14 "Three times a year you are to hold a festival for me.
15 "Hold the spring Festival of Unraised Bread when you eat unraised bread for seven days at the time set for the month of Abib, as I commanded you. That was the month you came out of Egypt. No one should show up before me empty-handed.
16 "Hold the summer Festival of Harvest when you bring in the firstfruits of all your work in the fields.
"Hold the autumn Festival of Ingathering at the end of the season when you bring in the year's crops.
17 "Three times a year all your males are to appear before the Master, GOD.
18 "Don't offer the blood of a sacrifice to me with anything that has yeast in it.
"Don't leave the fat from my festival offering out overnight.
19 "Bring the choice first produce of the year to the house of your GOD.

20-24 "이제 마음을 가다듬고 준비하여라. 내가 너희 앞에 천사를 보내어 너희 가는 길에서 너희를 지키고, 내가 예비해 둔 곳으로 너희를 인도하도록 하겠다. 너희는 그에게 세심한 주의를 기울여, 그의 말에 순종하고 그를 거역하지 마라. 그가 나의 권한으로 행동하는 까닭에, 너희의 반역을 참지 않을 것이다. 그러나 너희가 그의 말에 순종하고 내가 너희에게 이르는 모든 것을 행하면, 내가 너희 원수들에게 원수가 되고 너희 적들과 맞서 싸우겠다. 내가 보낸 천사가 너희보다 앞서 가서 너희를 아모리 사람과 헷 사람과 브리스 사람과 가나안 사람과 히위 사람과 여부스 사람의 땅으로 인도할 때에, 내가 그 민족들을 깨끗이 없애 버리겠다. 그러니 그들의 신들을 숭배하지도 말고 섬기지도 마라. 내가 그들을 지면에서 쓸어버리고, 그들이 신성하게 여기는 남근 모양의 기둥들을 산산이 부수어 버릴 것이니, 너희는 그들이 하는 짓을 조금도 따라 하지 마라."

25-26 "너희는 너희 하나님을 섬겨라. 그러면 내가 너희의 음식과 물에 복을 줄 것이다. 내가 너희 중에서 병을 제거할 것이니, 너희 땅에서는 유산하는 일도 없고 임신하지 못하는 여인도 없을 것이다. 내가 반드시 너희가 풍족하고 흠잡을 데 없는 삶을 살게 하겠다.
27 내가 공포를 너희 앞에 보내어, 너희가 맞서야 할 민족들을 혼란에 빠뜨리겠다. 너희는 너희 원수들의 뒤통수만 보게 될 것이다.
28-31 또한 내가 절망을 너희 앞에 보내어, 히위 사람과 가나안 사람과 헷 사람을 너희 앞에서 몰아내겠다. 내가 그들을 단번에 없애 버리지는 않을 것이다. 이는 그 땅이 잡초로 무성해지고 들짐승들이 그 땅을 차지하는 일을 막으려는 것이다. 내가 그들을 그 땅에서 서서히 몰아내겠다. 그동안에 너희는 너희의 곡물을 잘 자라게 할 기회를 얻고 그 땅을 너희 소유로 삼게 될 것이다. 나는 너희의 경계를 홍해에서 지중해까지 그리고 광야에서 유프라테스 강까지 뻗어 가게 하고, 그 땅에 살고 있는 모든 사람을 너희 손에 넘겨 *주겠다. 그러니 어서 가서 그들을 쫓아내어라.*
32-33 그들이나 그들의 신들과 타협하지 마라. 그들이 그 땅에서 너희와 함께 머물지 못하게 해야 한다. 그러지 않으면, 그들이 너희를 꾀어 죄짓게 하고 그들의 신들을 섬기게 할 것이다. 조심

"Don't boil a kid in its mother's milk.

20-24 "Now get yourselves ready. I'm sending my Angel ahead of you to guard you in your travels, to lead you to the place that I've prepared. Pay close attention to him. Obey him. Don't go against him. He won't put up with your rebellions because he's acting on my authority. But if you obey him and do everything I tell you, I'll be an enemy to your enemies, I'll fight those who fight you. When my Angel goes ahead of you and leads you to the land of the Amorites, the Hittites, the Perizzites, the Canaanites, the Hivites, and the Jebusites, I'll clear the country of them. So don't worship or serve their gods; don't do anything they do because I'm going to wipe them right off the face of the Earth and smash their sacred phallic pillars to bits.

25-26 "But you—you serve your GOD and he'll bless your food and your water. I'll get rid of the sickness among you; there won't be any miscarriages nor barren women in your land. I'll make sure you live full and complete lives.
27 "I'll send my Terror on ahead of you and throw those peoples you're approaching into a panic. All you'll see of your enemies is the backs of their necks.
28-31 "And I'll send Despair on ahead of you. It will push the Hivites, the Canaanites, and the Hittites out of your way. I won't get rid of them all at once lest the land grow up in weeds and the wild animals take over. Little by little I'll get them out of there while you have a chance to get your crops going and make the land your own. I will make your borders stretch from the Red Sea to the Mediterranean Sea and from the Wilderness to the Euphrates River. I'm turning everyone living in that land over to you; go ahead and drive them out.
32-33 "Don't make any deals with them or their gods. They are not to stay in the same country with you lest they get you to sin by worshiping their gods. Beware. That's a huge danger."

하여라. 그것은 대단히 위험한 일이다."

시내 산에서 언약을 맺다

24 1-2 하나님께서 모세에게 말씀하셨다. "너는 아론과 나답과 아비후와 이스라엘의 장로 칠십 명과 함께 산에 올라 하나님에게 오너라. 그들은 멀찍이 서서 경배하고, 모세 너는 하나님에게 가까이 오너라. 나머지 사람들은 가까이 와서는 안된다. 백성은 결코 산에 올라와서는 안된다."

3 모세가 백성에게 가서 하나님께서 말씀하신 모든 것, 곧 모든 법도와 규례를 말해 주었다. 그들이 한목소리로 대답했다. "하나님께서 말씀하신 모든 것을 우리가 행하겠습니다."

4-6 모세는 하나님께서 말씀하신 모든 것을 기록했다. 그는 이튿날 아침 일찍 일어나, 이스라엘 열두 지파를 상징하는 열두 개의 돌기둥을 사용하여 산기슭에 제단을 쌓았다. 그런 다음 이스라엘의 젊은이들에게 지시하여, 소를 잡아 번제물과 화목 제물을 드리게 했다. 모세는 그 피의 절반을 가져다가 그릇에 담고, 나머지 절반은 제단에 뿌렸다.

7 모세가 언약의 책을 들고 낭독하니, 백성이 귀 기울여 들었다. 그들은 "하나님께서 말씀하신 모든 것을 우리가 행하겠습니다. 우리가 순종하겠습니다" 하고 말했다.

8 모세가 남은 피를 가져다가 백성에게 뿌리며 말했다. "이것은 내가 전한 이 모든 말씀에 따라 하나님께서 여러분과 맺으신 언약의 피입니다."

9-11 그 후에 모세와 아론과 나답과 아비후와 이스라엘의 장로 칠십 명이 산으로 올라가서 이스라엘의 하나님을 뵈었다. 하나님께서는 청보석을 깔아 놓은 것 같은, 하늘빛처럼 맑고 깨끗한 곳에 서 계셨다. 하나님께서 이스라엘 자손의 *기둥 같은 이 지도자들을 치지 않으셨다*. 그들은 하나님을 뵙고서, 먹고 마셨다.

12-13 하나님께서 모세에게 말씀하셨다. "산의 더 높은 곳으로 올라와서, 거기서 나를 기다려라. 내가 그들을 가르치려고 교훈과 계명을 기록한 두 돌판을 네게 주겠다." 모세가 자신의 부관 여호수아와 함께 일어나 하나님의 산으로 올라갔다.

14 모세가 이스라엘의 장로들에게 말했다. "우

24 1-2 He said to Moses, "Climb the mountain to GOD, you and Aaron, Nadab, Abihu, and seventy of the elders of Israel. They will worship from a distance; only Moses will approach GOD. The rest are not to come close. And the people are not to climb the mountain at all."

3 So Moses went to the people and told them everything GOD had said—all the rules and regulations. They all answered in unison: "Everything GOD said, we'll do."

4-6 Then Moses wrote it all down, everything GOD had said. He got up early the next morning and built an Altar at the foot of the mountain using twelve pillar-stones for the twelve tribes of Israel. Then he directed young Israelite men to offer Whole-Burnt-Offerings and sacrifice Peace-Offerings of bulls. Moses took half the blood and put it in bowls; the other half he threw against the Altar.

7 Then he took the Book of the Covenant and read it as the people listened. They said, "Everything GOD said, we'll do. Yes, we'll obey."

8 Moses took the rest of the blood and threw it out over the people, saying, "This is the blood of the covenant which GOD has made with you out of all these words I have spoken."

9-11 Then they climbed the mountain—Moses and Aaron, Nadab and Abihu, and seventy of the elders of Israel—and saw the God of Israel. He was standing on a pavement of something like sapphires—pure, clear sky-blue. He didn't hurt these pillar-leaders of the Israelites: They saw God; and they ate and drank.

12-13 GOD said to Moses, "Climb higher up the mountain and wait there for me; I'll give you tablets of stone, the teachings and commandments that I've written to instruct them." So Moses got up, accompanied by Joshua his aide. And Moses climbed up the mountain of God.

14 He told the elders of Israel, "Wait for us here until we return to you. You have Aaron and Hur

리가 돌아올 때까지 여기서 우리를 기다리십시오. 아론과 훌이 여러분과 함께 있으니, 무슨 문제가 생기면 그들에게 가십시오."

15-17 모세가 산에 오르자, 구름이 산을 덮었다. 하나님의 영광이 시내 산 위에 머무르고, 육 일 동안 구름이 산을 뒤덮었다. 일곱째 날에 하나님께서 구름 속에서 모세를 부르셨다. 산 밑에 있던 이스라엘 자손의 눈에는 하나님의 영광이 산꼭대기에서 맹렬히 타는 불처럼 보였다.

18 모세는 구름 속으로 들어가 산으로 올라갔다. 모세는 밤낮으로 사십 일을 그 산에 있었다.

성소를 지을 예물

25 1-9 하나님께서 모세에게 말씀하셨다. "너는 이스라엘 자손에게 말하여, 나를 위해 예물을 마련하게 하여라. 자원하는 마음으로 바치는 모든 사람의 예물을 받아라. 그들에게서 받을 예물은 이러하다. 금과 은과 청동, 청색 실과 자주색 실과 주홍색 실, 가는 모시실, 염소 털, 가공한 숫양 가죽, 돌고래 가죽, 아카시아나무, 등잔에 쓸 기름, 거룩하게 구별하는 기름에 넣는 향료와 분향할 향에 넣는 향료, 에봇과 가슴받이에 박을 마노와 그 밖의 보석들이다. 내가 그들 가운데 머물 수 있도록 그들에게 나를 위한 성소를 지으라고 하여라. 너는 내가 네게 준 설계대로, 곧 성막의 도안과 거기서 쓸 모든 기구의 도안대로 지어야 한다."

언약궤

10-15 "먼저 그들을 시켜 아카시아나무로 궤를 만들어라. 길이 1.12미터, 너비와 높이는 67.5센티미터가 되게 하고, 궤의 안과 밖에 순금을 입히고 그 둘레에는 금테를 둘러라. 금고리 네 개를 주조하여 궤의 네 다리에 달되, 한쪽에 고리 두 개, 다른 한쪽에 고리 두 개를 달아라. 아카시아나무로 채를 만들어 금을 입히고, 그 채를 궤 양쪽에 달린 고리에 끼워서 궤를 들 수 있게 하여라. 채는 고리에 끼워 두고 빼내지 마라.

16 내가 네게 줄 증거판을 그 궤 속에 넣어 두어라.

17 그 궤의 덮개, 곧 속죄판을 순금으로 만들되, 길이 1.12미터, 너비 67.5센티미터가 되게 하여라.

18-22 두들겨 편 금으로 날개 달린 천사 둘을 조각하여, 속죄판의 양쪽 끝에 자리 잡게 하여라.

with you; if there are any problems, go to them."

15-17 Then Moses climbed the mountain. The Cloud covered the mountain. The Glory of GOD settled over Mount Sinai. The Cloud covered it for six days. On the seventh day he called out of the Cloud to Moses. In the view of the Israelites below, the Glory of God looked like a raging fire at the top of the mountain.

18 Moses entered the middle of the Cloud and climbed the mountain. Moses was on the mountain forty days and forty nights.

Instructions on the Mountain: The Offerings

25 1-9 GOD spoke to Moses: "Tell the Israelites that they are to set aside offerings for me. Receive the offerings from everyone who is willing to give. These are the offerings I want you to receive from them: gold, silver, bronze; blue, purple, and scarlet material; fine linen; goats' hair; tanned rams' skins; dolphin skins; acacia wood; lamp oil; spices for anointing oils and for fragrant incense; onyx stones and other stones for setting in the Ephod and the Breastpiece. Let them construct a Sanctuary for me so that I can live among them. You are to construct it following the plans I've given you, the design for The Dwelling and the design for all its furnishings.

The Chest

10-15 "First let them make a Chest using acacia wood: make it three and three-quarters feet long and two and one-quarter feet wide and deep. Cover it with a veneer of pure gold inside and out and make a molding of gold all around it. Cast four gold rings and attach them to its four feet, two rings on one side and two rings on the other. Make poles from acacia wood and cover them with a veneer of gold and insert them into the rings on the sides of the Chest for carrying the Chest. The poles are to stay in the rings; they must not be removed.

16 "Place The Testimony that I give you in the Chest.

17 "Now make a lid of pure gold for the Chest, an Atonement-Cover, three and three-quarters feet long and two and one-quarter feet wide.

18-22 "Sculpt two winged angels out of hammered

천사 하나는 이쪽 끝에, 다른 하나는 저쪽 끝에 자리 잡게 하되, 천사들과 속죄판이 하나로 이어지게 하여라. 천사들은 날개를 활짝 펴서 속죄판 위에 머물게 하고, 서로 마주 보며 속죄판을 내려다보게 하여라. 속죄판을 덮개로 삼아 궤 위에 얹고, 궤 안에는 내가 네게 줄 증거판을 넣어 두어라. 내가 정한 때에 거기서 너를 만날 것이다. 속죄판 위, 곧 증거궤 위에 있는 두 천사 사이에서 내가 너와 이야기하고, 내가 이스라엘 자손에게 내릴 명령들을 네게 말해 주겠다."

임재의 빵을 차려 놓는 상

23-28 "다음으로 아카시아나무로 상을 만들어라. 길이 90센티미터, 너비 45센티미터, 높이 67.5센티미터가 되게 하고, 그 위에 순금을 입히고, 그 둘레에는 금테를 둘러라. 상 둘레에 손바닥 너비만한 턱을 만들고, 그 턱의 둘레에도 금테를 둘러라. 금고리 네 개를 만들어, 상의 네 다리에 달되, 상의 윗면과 평행이 되게 하여라. 그 고리들은 상을 나를 때 쓰는 채를 끼우는 데 사용될 것이다. 채는 아카시아나무로 만들고 거기에 금을 입혀서, 상을 나를 때 사용하여라.

29 접시와 대접과 단지, 그리고 부어 드리는 제물을 담는 주전자를 만들어라. 이것들은 순금으로 만들어라.

30 갓 구운 임재의 빵을 그 상 위에, 곧 내 앞에 항상 놓아두어라."

등잔대

31-36 "두들겨 편 순금으로 등잔대를 만들어라. 등잔대의 줄기와 가지와 잔과 꽃받침과 꽃잎이 모두 하나로 이어지게 하여라. 등잔대의 줄기 양쪽에 가지 여섯 개를 내되, 한쪽에 세 개, 다른 한쪽에 세 개를 내어라. 가지에는 꽃받침과 꽃잎이 달린 감복숭아꽃 모양의 잔 세 개를 얹어라. 줄기에서 나온 가지 여섯 개를 모두 그렇게 만들어라. 등잔대의 줄기에는 꽃받침과 꽃잎이 달린 감복숭아꽃 모양의 잔 네 개를 만들어 달되, 줄기에서 양쪽으로 갈라져 나온 가지 한 쌍마다 그 아래에 꽃받침을 하나씩 달아라. 두들겨 편 순금으로 등잔대를 만들되, 전체가 하나로 이어지게 만들어라.

37-38 등잔 일곱 개를 만들어 상 앞쪽을 비추게

gold for either end of the Atonement-Cover, one angel at one end, one angel at the other. Make them of one piece with the Atonement-Cover. Make the angels with their wings spread, hovering over the Atonement-Cover, facing one another but looking down on it. Set the Atonement-Cover as a lid over the Chest and place in the Chest The Testimony that I will give you. I will meet you there at set times and speak with you from above the Atonement-Cover and from between the angel-figures that are on it, speaking the commands that I have for the Israelites.

The Table

23-28 "Next make a Table from acacia wood. Make it three feet long, one and one-half feet wide and two and one-quarter feet high. Cover it with a veneer of pure gold. Make a molding all around it of gold. Make the border a handbreadth wide all around it and a rim of gold for the border. Make four rings of gold and attach the rings to the four legs parallel to the tabletop. They will serve as holders for the poles used to carry the Table. Make the poles of acacia wood and cover them with a veneer of gold. They will be used to carry the Table.

29 "Make plates, bowls, jars, and jugs for pouring out offerings. Make them of pure gold.

30 "Always keep fresh Bread of the Presence on the Table before me.

The Lampstand

31-36 "Make a Lampstand of pure hammered gold. Make its stem and branches, cups, calyxes, and petals all of one piece. Give it six branches, three from one side and three from the other; put three cups shaped like almond blossoms, each with calyx and petals, on one branch, three on the next, and so on—the same for all six branches. On the main stem of the Lampstand, make four cups shaped like almonds, with calyx and petals, a calyx extending from under each pair of the six branches, the entire Lampstand fashioned from one piece of hammered pure gold.

37-38 "Make seven of these lamps for the Table. Arrange the lamps so they throw their light out in front. Make the candle snuffers and trays out of

하여라. 심지 자르는 가위와 재를 담는 접시도 순금으로 만들어라.

39-40 순금 약 34킬로그램을 사용하여 등잔대와 그 부속 기구들을 만들어라. 내가 산에서 네게 준 도안을 잘 살펴서, 모든 것을 그대로 만들어라."

성막

26

1-6 "성막을 만들되, 가늘게 꼰 모시실과 청색 실과 자주색 실과 주홍색 실로 짜서 그룹 천사 문양을 수놓은 열 폭의 천으로 만들어라. 이 일은 숙련된 장인이 맡아야 한다. 열 폭의 천은 각각 길이 12.6미터, 너비 1.8미터로 하되, 다섯 폭을 옆으로 나란히 이어 한 벌이 되게 하고, 나머지 다섯 폭도 옆으로 나란히 이어 한 벌이 되게 하여라. 나란히 이은 한 벌의 한쪽 가장자리를 따라 청색 실로 고리를 만들고, 나란히 이은 다른 벌의 한쪽 가장자리에도 그렇게 하여, 두 벌의 마지막 폭에 각각 오십 개의 고리를 만들어라. 금으로 갈고리 오십 개를 만들고, 그것으로 두 벌의 천을 서로 연결하여 하나의 온전한 성막이 되게 하여라.

7-11 그런 다음 염소 털로 짜서 만든 열한 폭의 천으로 성막을 덮을 천막을 만들어라. 천 한 폭의 길이는 13.5미터, 너비는 1.8미터로 하되, 천 다섯 폭을 나란히 이어 연결하고, 나머지 여섯 폭도 그렇게 연결하여라. 여섯 번째 폭은 반으로 접어 성막 앞쪽으로 걸치게 하여라. 나란히 이은 천의 한쪽 가장자리를 따라 고리 오십 개를 만들고, 맞물릴 쪽의 가장자리에도 고리 오십 개를 만들어라. 청동으로 갈고리 오십 개를 만들고, 그것을 양쪽 고리에 걸어 하나의 천막이 되게 하여라.

12-14 여분으로 남은 천막의 반 폭은 성막의 뒤로 늘어뜨려라. 천막에서 양쪽으로 45센티미터씩 남는 부분은 성막 양옆으로 늘어뜨려 성막을 덮게 하여라. 마지막으로, 붉게 물들인 가공한 숫양 가죽으로 천막 덮개를 만들고, 돌고래 가죽으로 그 위에 덮을 덮개를 만들어라.

15-25 아카시아나무 널판으로 성막의 뼈대를 세워라. 각 널판은 길이 4.5미터, 너비 67.5센티미터로 하고, 널판마다 촉꽂이 두 개를 만들어 널판을 고정시킬 수 있게 하여라. 모든 널판을 똑같이 만들어라. 남쪽에 세울 널판 스무 개와 은밑받침 마흔 개를 만들어, 널판마다 두 개씩 달려 있는 촉꽂이를 꽂을 수 있게 하여라. 성막의 북쪽도 같은 구조로 만들어라. 서쪽을 바라보는 성막의 뒤쪽에

pure gold.

39-40 "Use a seventy-five-pound brick of pure gold to make the Lampstand and its accessories. Study the design you were given on the mountain and make everything accordingly."

The Dwelling

26

1-6 "Make The Dwelling itself from ten panels of tapestry woven from fine twisted linen, blue and purple and scarlet material, with an angel-cherubim design. A skilled craftsman should do it. The panels of tapestry are each to be forty-six feet long and six feet wide. Join five of the panels together, and then the other five together. Make loops of blue along the edge of the outside panel of the first set and the same on the outside panel of the second set. Make fifty loops on each panel. Then make fifty gold clasps and join the tapestries together so that The Dwelling is one whole.

7-11 "Next make tapestries of goat hair for a tent that will cover The Dwelling. Make eleven panels of these tapestries. The length of each panel will be forty-five feet long and six feet wide. Join five of the panels together, and then the other six. Fold the sixth panel double at the front of the tent. Now make fifty loops along the edge of the end panel and fifty loops along the edge of the joining panel. Make fifty clasps of bronze and connect the clasps with the loops, bringing the tent together.

12-14 "Hang half of the overlap of the tapestry panels over the rear of The Dwelling. The eighteen inches of overlap on either side will cover the sides of the tent. Finally, make a covering for the tapestries of tanned rams' skins dyed red and over that a covering of dolphin skins.

15-25 "Frame The Dwelling with planks of acacia wood, each section of frame fifteen feet long and two and one-quarter feet wide, with two pegs for securing them. Make all the frames identical: twenty frames for the south side with forty silver sockets to receive the two pegs from each of the twenty frames; the same construction on the north side of The Dwelling; for the rear of The Dwelling, which faces west, make six frames with two

세울 널판을 여섯 개 만들고, 성막 뒤쪽 두 모퉁이에 세울 널판을 추가로 두 개 더 만들어라. 두 모퉁이에 세울 널판은 두께가 위에서 아래까지 두 겹이 되게 하고, 하나의 고리에 끼워 맞추도록 하여라. 널판이 여덟 개이고, 각 널판에 밑받침이 두 개씩 있어, 은밑받침이 열여섯 개가 된다.

26-30 아카시아나무로 가로다지를 만들어라. 성막 한쪽 옆면 널판들에 다섯 개, 다른 쪽 옆면 널판들에도 다섯 개, 서쪽을 바라보는 성막 뒤쪽에도 다섯 개를 만들어라. 널판들의 가운데에 끼울 중간 가로다지는 이쪽 끝에서 저쪽 끝까지 이어지게 해야 한다. 널판에는 금을 입히고 가로다지를 꿸 금고리를 만들어라. 그리고 가로다지에도 금을 입혀라. 그런 다음 내가 산에서 네게 보여준 도안대로 성막을 세워라.

31-35 청색 실과 자주색 실과 주홍색 실과 가늘게 꼰 모시실로 휘장을 만들어라. 숙련된 장인을 시켜 휘장에 그룹 천사 문양을 짜 넣게 하여라. 그 휘장을 금갈고리에 걸어 아카시아나무로 만든 네 기둥에 드리워라. 네 기둥에는 금을 입히고, 은으로 만든 네 개의 밑받침 위에 그 기둥들을 세워라. 휘장을 갈고리에 걸어 드리우고 나서, 휘장 안쪽에 증거궤를 들여놓아라. 이 휘장이 성소와 지성소를 구분해 줄 것이다. 속죄판으로 지성소에 있는 증거궤를 덮어라. 상과 등잔대는 휘장 바깥쪽에 놓되, 등잔대는 성막 남쪽에 놓고 상은 맞은편 북쪽에 놓아라.

36-37 성막 문을 가리는 막을 만들어라. 청색 실과 자주색 실과 주홍색 실과 가늘게 꼰 모시실로 짜서 만들어라. 아카시아나무로 기둥 다섯 개를 만들고 금을 입혀서 그 막의 뼈대로 세우고, 막을 칠 수 있게 금갈고리도 만들어라. 그리고 기둥을 받치는 데 쓸 밑받침 다섯 개는 청동으로 주조하여라."

제단

27 1-8 "아카시아나무로 제단을 만들어라. 가로와 세로가 2.25미터의 정사각형 모양이 되게 하고, 높이는 1.35미터로 하여라. 네 귀퉁이에는 뿔을 하나씩 만들어 달되, 네 개의 뿔이 제단과 하나로 이어지게 하고 그 위에 청동을 입혀라. 재를 담는 통과 부삽, 대야, 고기 집게, 화로를 만들어라. 이 모든 기구는 청동으로 만들어라. 청동으로 그물 모양의 석쇠를 만들고 석쇠의 네 귀퉁이에 고리를 만들어 달아라. 그 석

additional frames for the rear corners. Both of the two corner frames need to be double in thickness from top to bottom and fit into a single ring—eight frames altogether with sixteen sockets of silver, two under each frame.

26-30 "Now make crossbars of acacia wood, five for the frames on one side of The Dwelling, five for the other side, and five for the back side facing west. The center crossbar runs from end to end halfway up the frames. Cover the frames with a veneer of gold and make gold rings to hold the crossbars. And cover the crossbars with a veneer of gold. Then put The Dwelling together, following the design you were shown on the mountain.

31-35 "Make a curtain of blue, purple, and scarlet material and fine twisted linen. Have a design of angel-cherubim woven into it by a skilled craftsman. Fasten it with gold hooks to four posts of acacia wood covered with a veneer of gold, set on four silver bases. After hanging the curtain from the clasps, bring the Chest of The Testimony in behind the curtain. The curtain will separate the Holy Place from the Holy-of-Holies. Now place the Atonement-Cover lid on the Chest of The Testimony in the Holy-of-Holies. Place the Table and the Lampstand outside the curtain, the Lampstand on the south side of The Dwelling and the Table opposite it on the north side.

36-37 "Make a screen for the door of the tent. Weave it from blue, purple, and scarlet material and fine twisted linen. Frame the weaving with five poles of acacia wood covered with a veneer of gold and make gold hooks to hang the weaving. Cast five bronze bases for the poles."

The Altar

27 1-8 "Make an Altar of acacia wood. Make it seven and a half feet square and four and a half feet high. Make horns at each of the four corners. The horns are to be of one piece with the Altar and covered with a veneer of bronze. Make buckets for removing the ashes, along with shovels, basins, forks, and fire pans. Make all these utensils from bronze. Make a grate of bronze mesh and attach bronze rings at each of the four

쇠를 제단 가장자리 밑에 달아 제단 중간에 자리하게 하여라. 제단을 드는 데 쓸 채는 아카시아나무로 만들고 거기에 청동을 입혀라. 제단 양쪽에 달린 고리에 그 채를 꿰어 제단을 나를 수 있게 하여라. 제단은 널판으로 만들되, 속이 비게 만들어라."

corners. Put the grate under the ledge of the Altar at the halfway point of the Altar. Make acacia wood poles for the Altar and cover them with a veneer of bronze. Insert the poles through the rings on the two sides of the Altar for carrying. Use boards to make the Altar, keeping the interior hollow.

성막 뜰

9-11 "성막 뜰을 만들어라. 뜰의 남쪽 면은 길이가 45미터여야 한다. 성막 뜰을 두를 휘장은 가늘게 꼰 모시실로 짜고, 휘장을 칠 기둥 스무 개와 청동으로 만든 밑받침 스무 개, 은으로 만든 갈고리와 줄도 만들어라. 뜰의 북쪽 면도 남쪽 면과 똑같이 만들어라.

12-19 뜰의 서쪽 끝에는 길이 22.5미터 되는 휘장을 치고, 휘장을 칠 기둥 열 개와 밑받침 열 개를 만들어라. 뜰의 앞쪽, 곧 뜰의 동쪽 끝의 길이도 22.5미터로 하고, 한쪽에 기둥 세 개와 밑받침 세 개를 세우고, 길이 6.75미터 되는 휘장을 쳐라. 다른 한쪽도 똑같이 하여라. 뜰의 정문에는 청색 실과 자주색 실과 주홍색 실과 가늘게 꼰 모시실로 짜서 장인이 수를 놓은 9미터 길이의 막을 쳐라. 밑받침 네 개에 기둥 네 개를 세우고 그 위에 막을 쳐라. 뜰 사방에 세울 기둥은 은줄로 묶고, 은갈고리를 달고, 청동밑받침으로 받쳐야 한다. 뜰의 길이는 45미터, 너비는 22.5미터여야 한다. 가늘게 꼰 모시실로 짜서 청동밑받침 위에 설치할 휘장의 높이는 2.25미터여야 한다. 성막의 말뚝과 뜰에 박을 말뚝을 비롯해 성막을 세우는 데 쓰는 모든 기구는 청동으로 만들어야 한다."

The Courtyard

9-11 "Make a Courtyard for The Dwelling. The south side is to be 150 feet long. The hangings for the Courtyard are to be woven from fine twisted linen, with their twenty posts, twenty bronze bases, and fastening hooks and bands of silver. The north side is to be exactly the same.

12-19 "For the west end of the Courtyard you will need seventy-five feet of hangings with their ten posts and bases. Across the seventy-five feet at the front, or east end, you will need twenty-two and a half feet of hangings, with their three posts and bases on one side and the same for the other side. At the door of the Courtyard make a screen thirty feet long woven from blue, purple, and scarlet stuff, with fine twisted linen, embroidered by a craftsman, and hung on its four posts and bases. All the posts around the Courtyard are to be banded with silver, with hooks of silver and bases of bronze. The Courtyard is to be 150 feet long and seventy-five feet wide. The hangings of fine twisted linen set on their bronze bases are to be seven and a half feet high. All the tools used for setting up The Holy Dwelling, including all the pegs in it and the Courtyard, are to be made of bronze.

20-21 "이스라엘 자손에게 등불에 쓸 맑고 깨끗한 올리브기름을 가져오게 하여, 등불이 끊임없이 타오르게 하여라. 아론과 그의 아들들은 이 등불을 회막 안, 증거궤를 가리는 휘장 바깥쪽에 항상 켜 두어, 저녁부터 아침까지 하나님 앞에서 타오르게 해야 한다. 이것은 이스라엘 자손이 대대로 지켜야 할 영원한 규례다."

20-21 "Now, order the Israelites to bring you pure, clear olive oil for light so that the lamps can be kept burning. In the Tent of Meeting, the area outside the curtain that veils The Testimony, Aaron and his sons will keep this light burning from evening until morning before GOD. This is to be a permanent practice down through the generations for Israelites."

제사장의 예복

28 1-5 "너는 이스라엘 자손 가운데서 네 형 아론과 그의 아들들, 곧 나답과 아비후와 엘르아살과 이다말을 데려다가 나를 섬기는 제사장 일을 맡겨라. 네 형 아론을 위해 거

The Vestments

28 1-5 "Get your brother Aaron and his sons from among the Israelites to serve me as priests: Aaron and his sons Nadab, Abihu, Eleazar,

룩한 예복을 지어 영광과 아름다움을 상징하게 하여라. 숙련된 장인들, 곧 내가 이 일에 재능을 부여한 사람들과 상의하고, 그들을 준비시켜 아론의 예복을 만들게 하여라. 이는 그를 거룩하게 구별하여 나를 섬기는 제사장으로 일하게 하려는 것이다. 그들이 지어야 할 옷은 가슴받이와 에봇과 겉옷과 속옷과 두건과 허리띠다. 네 형 아론과 그의 아들들에게 거룩한 예복을 만들어 주어, 그들이 나를 위해 제사장으로 일하게 하여라. 예복을 만드는 이들은 금실과 청색 실과 자주색 실과 주홍색 실과 가는 모시실로 만들어야 한다."

에봇

6-14 "숙련된 장인을 시켜, 금실과 청색 실과 자주색 실과 주홍색 실과 가늘게 꼰 모시실로 에봇을 만들게 하여라. 에봇은 양쪽 끝에 멜빵을 달아서 조일 수 있게 만들어라. 에봇 위에 매는 장식 허리띠는 에봇과 같은 재질로 만들되, 금실과 청색 실과 자주색 실과 주홍색 실과 가늘게 꼰 모시실로 만들고, 에봇에 이어 붙여 하나가 되게 해야 한다. 마노 보석 두 개를 가져다가 거기에 이스라엘의 아들들 이름을 태어난 순서에 따라 새겨 넣어라. 보석 하나에 여섯 명의 이름을 새기고, 다른 보석에 나머지 여섯 명의 이름을 새겨라. 보석 세공사가 인장을 새기듯이, 두 보석에 이스라엘의 아들들 이름을 새겨 넣어라. 그런 다음 그 두 보석을 세공한 금테에 물려라. 그 두 보석은 이스라엘 자손을 기념하는 보석이니 에봇의 양쪽 멜빵에 달아라. 아론이 이 이름들을 양 어깨에 짊어지고 하나님 앞에서 기념이 되게 할 것이다. 또 세공한 금테를 만들어라. 순금으로 사슬 두 개를 만들어 새끼줄처럼 꼰 다음, 그 꼰 사슬을 그 테에 달아라."

가슴받이

15-20 "이제 에봇을 만들 때와 마찬가지로, 숙련된 장인들을 동원하여 판결 가슴받이를 만들어라. 금실과 청색 실과 자주색 실과 주홍색 실과 가늘게 꼰 모시실을 사용하여 가로와 세로가 23센티미터인 정사각형 모양으로 두 겹이 되게 만들어라. 거기에 값진 보석을 네 줄로 박아 넣어라.

첫째 줄에는 홍옥수와 황옥과 취옥을
둘째 줄에는 홍옥과 청보석과 수정을

Ithamar. Make sacred vestments for your brother Aaron to symbolize glory and beauty. Consult with the skilled craftsmen, those whom I have gifted in this work, and arrange for them to make Aaron's vestments, to set him apart as holy, to act as priest for me. These are the articles of clothing they are to make: Breastpiece, Ephod, robe, woven tunic, turban, sash. They are making holy vestments for your brother Aaron and his sons as they work as priests for me. They will need gold; blue, purple, and scarlet material; and fine linen.

The Ephod

6-14 "Have the Ephod made from gold; blue, purple, and scarlet material; and fine twisted linen by a skilled craftsman. Give it two shoulder pieces at two of the corners so it can be fastened. The decorated band on it is to be just like it and of one piece with it: made of gold; blue, purple, and scarlet material; and of fine twisted linen. Next take two onyx stones and engrave the names of the sons of Israel on them in the order of their birth, six names on one stone and the remaining six on the other. Engrave the names of the sons of Israel on the two stones the way a jeweler engraves a seal. Then mount the stones in settings of filigreed gold. Fasten the two stones on the shoulder pieces of the Ephod–they are memorial stones for the Israelites. Aaron will wear these names on his shoulders as a memorial before GOD. Make the settings of gold filigree. Make two chains of pure gold and braid them like cords, then attach the corded chains to the settings.

The Breastpiece

15-20 "Now make a Breastpiece of Judgment, using skilled craftsmen, the same as with the Ephod. Use gold; blue, purple, and scarlet material; and fine twisted linen. Make it nine inches square and folded double. Mount four rows of precious gemstones on it.

First row: carnelian, topaz, emerald.
Second row: ruby, sapphire, crystal.
Third row: jacinth, agate, amethyst.
Fourth row: beryl, onyx, jasper.

셋째 줄에는 청옥과 마노와 자수정을 넷째 줄에는 녹주석과 얼룩 마노와 벽옥을 박아 넣어라.

20-21 이 보석들을 세공한 금테에 물려라. 열두 보석은 이스라엘의 아들들의 수대로 열둘이다. 인장을 새기듯이 보석마다 각 사람의 이름을 새겨 넣어 열두 지파를 나타내게 하여라.

22-28 가슴받이를 매달 사슬은 순금으로 새끼줄처럼 꼬아서 만들어라. 금고리 두 개를 만들어 가슴받이 양쪽 끝에 달고, 금줄 두 개를 가슴받이 양쪽 끝에 달려 있는 고리에 매어라. 그런 다음 그 금줄의 다른 두 끝을 두 개의 테에 매고, 그것들을 에봇 멜빵 앞에 달아라. 또 금고리 두 개를 만들어서 가슴받이 양 끝, 곧 에봇과 만나는 가슴받이 안쪽 가장자리에 달아라. 그런 다음 금고리 두 개를 더 만들어서 에봇의 앞쪽 두 멜빵 아랫부분, 곧 장식 허리띠 위쪽 이음매 곁에 달아라. 청색 줄로 가슴받이 고리와 에봇 고리를 이어 가슴받이를 고정시켜서, 가슴받이가 에봇의 장식 허리띠 위에 튼튼하게 붙어 늘어지지 않게 하여라.

29-30 아론이 성소에 들어갈 때마다 판결 가슴받이에 새긴 이스라엘의 아들들 이름을 가슴에 달고 하나님 앞으로 들어가 기념이 되게 하여라. 판결 가슴받이 안에 우림과 둠밈을 넣어라. 아론이 하나님 앞으로 들어갈 때, 그것들이 그의 가슴에 있어야 한다. 이렇게 아론은 늘 판결 가슴받이를 지니고 하나님 앞으로 들어가야 한다."

겉옷

31-35 "에봇에 받쳐 입을 겉옷을 청색으로 만들되, 머리를 넣을 수 있도록 가운데에 구멍을 내고, 그 구멍의 둘레를 감침질하여 찢어지지 않게 하여라. 겉옷 하단의 가장자리에는 청색 실과 자주색 실과 주홍색 실로 석류 모양의 술을 만들어 달고, 그 사이사이에 금방울을 달아라. 방울 하나 석류 하나, 또 방울 하나 석류 하나를 다는 식으로, 겉옷 하단의 가장자리를 돌아가며 방울과 석류를 번갈아 달면 된다. 아론이 제사장 직무를 수행할 때는 이 옷을 입어야 한다. 성소에 들어가서 하나님 앞으로 들어갔다가 나올 때 방울소리가 울리면, 그는 죽지 않을 것이다."

20-21 "Set them in gold filigree. The twelve stones correspond to the names of the Israelites, with twelve names engraved, one on each, as on a seal for the twelve tribes.

22-28 "Then make braided chains of pure gold for the Breastpiece, like cords. Make two rings of gold for the Breastpiece and fasten them to the two ends. Fasten the two golden cords to the rings at the ends of the Breastpiece. Then fasten the other ends of the two cords to the two settings of filigree, attaching them to the shoulder pieces of the Ephod in front. Then make two rings of gold and fasten them to the two ends of the Breastpiece on its inside edge facing the Ephod. Then make two more rings of gold and fasten them in the front of the Ephod to the lower part of the two shoulder pieces, near the seam above the decorated band. Fasten the Breastpiece in place by running a cord of blue through its rings to the rings of the Ephod so that it rests secure on the decorated band of the Ephod and won't come loose.

29-30 "Aaron will regularly carry the names of the sons of Israel on the Breastpiece of Judgment over his heart as he enters the Sanctuary into the presence of GOD for remembrance. Place the Urim and Thummim in the Breastpiece of Judgment. They will be over Aaron's heart when he enters the presence of GOD. In this way Aaron will regularly carry the Breastpiece of Judgment into the presence of GOD.

The Robe

31-35 "Make the robe for the Ephod entirely of blue, with an opening for the head at the center and a hem on the edge so that it won't tear. For the edge of the skirts make pomegranates of blue, purple, and scarlet material all around and alternate them with bells of gold – gold bell and pomegranate, gold bell and pomegranate – all around the hem of the robe. Aaron has to wear it when he does his priestly work. The bells will be heard when he enters the Holy Place and comes into the presence of GOD, and again when he comes out so that he won't die.

두건, 속옷, 속바지

36-38 "순금으로 패를 만들어라. 그 위에, 인장을 새기듯이 '하나님께 거룩'이라고 새겨라. 그 패를 청색 끈에 매어 두건 앞쪽에 달아라. 그 패는 아론의 이마에 달려 있어야 한다. 이스라엘 자손이 거룩하게 구별하여 드리는 거룩한 예물과 관련된 죄를 아론이 담당하게 하여라. 그 패가 늘 아론의 이마에 달려 있으면, 예물이 하나님 앞에서 기꺼이 받아들여질 것이다.

39-41 가는 모시실로 속옷을 지어라. 가는 모시실로 두건을 만들어라. 허리띠는 수놓는 사람이 만들어야 한다. 아론의 아들들이 입을 속옷과 허리띠와 관을 만들어 영광과 아름다움을 나타내게 하여라. 네 형 아론과 그의 아들들에게 그것들을 입혀라. 그들의 머리에 기름을 부어 제사장으로 세우고, 거룩하게 구별하여 나를 섬기는 제사장의 일을 하게 하여라.

42-43 허리에서 넓적다리까지 덮는 속바지를 모시실로 만들어라. 아론과 그의 아들들이 회막에 들어가거나 성소에서 섬기기 위해 제단으로 나아갈 때는 반드시 그 옷을 입어야 한다. 그래야 죄를 지어 죽는 일이 없게 된다. 이것은 아론과 그의 후손 제사장들이 지켜야 할 영원한 규례다."

제사장 위임식

29

1-4 "그들을 거룩하게 구별하여 제사장으로 세우는 의식은 이러하다. 수송아지 한 마리와 숫양 두 마리를 건강하고 흠 없는 것으로 골라라. 빵과 기름을 섞어 만든 과자와 기름을 바른 속 빈 과자를 고운 밀가루로 만들되, 누룩은 넣지 마라. 그것들을 한 바구니에 담아 수송아지와 숫양 두 마리와 함께 가져오너라. 아론과 그의 아들들을 회막 입구로 데려와서 물로 씻겨라.

5-9 예복을 가져와서 아론에게 속옷과 에봇 아래 받쳐 입는 겉옷과 에봇과 가슴받이를 입히고, 수놓은 허리띠로 에봇을 매게 하여라. 그의 머리에 두건을 씌우고 두건 위에 거룩한 패를 붙여라. 그리고 거룩하게 구별하는 기름을 가져다가 그의 머리에 부어, 그를 거룩하게 구별하여라. 그런 다음 그의 아들들을 데려다가 속옷을 입히고, 아론과 그의 아들들에게 허리띠를 매어 주고, 그들에게 관을 씌워라. 그들의 제사장직을 법으로 확정하여 영원한 것이 되게 하여라.

9-14 너는 아론과 그의 아들들에게 다음과 같은

The Turban, Tunic, Underwear

36-38 "Make a plate of pure gold. Engrave on it as on a seal: 'Holy to GOD.' Tie it with a blue cord to the front of the turban. It is to rest there on Aaron's forehead. He'll take on any guilt involved in the sacred offerings that the Israelites consecrate, no matter what they bring. It will always be on Aaron's forehead so that the offerings will be acceptable before GOD.

39-41 "Weave the tunic of fine linen. Make the turban of fine linen. The sash will be the work of an embroiderer. Make tunics, sashes, and hats for Aaron's sons to express glory and beauty. Dress your brother Aaron and his sons in them. Anoint, ordain, and consecrate them to serve me as priests.

42-43 "Make linen underwear to cover their nakedness from waist to thigh. Aaron and his sons must wear it whenever they enter the Tent of Meeting or approach the Altar to minister in the Holy Place so that they won't incur guilt and die. This is a permanent rule for Aaron and all his priest-descendants."

Consecration of Priests

29

1-4 "This is the ceremony for consecrating them as priests. Take a young bull and two rams, healthy and without defects. Using fine wheat flour but no yeast make bread and cakes mixed with oil and wafers spread with oil. Place them in a basket and carry them along with the bull and the two rams. Bring Aaron and his sons to the entrance of the Tent of Meeting and wash them with water.

5-9 "Then take the vestments and dress Aaron in the tunic, the robe of the Ephod, the Ephod, and the Breastpiece, belting the Ephod on him with the embroidered waistband. Set the turban on his head and place the sacred crown on the turban. Then take the anointing oil and pour it on his head, anointing him. Then bring his sons, put tunics on them and gird them with sashes, both Aaron and his sons, and set hats on them. Their priesthood is upheld by law and is permanent.

9-14 "This is how you will ordain Aaron and his

방식으로 직무를 맡겨라. 수소를 회막으로 끌어다가, 아론과 그의 아들들이 그 수소의 머리에 손을 얹게 한 다음, 회막 입구 하나님 앞에서 그 수소를 잡아라. 그 수소의 피 얼마를 받아다가 손가락으로 제단 뿔에 바르고, 나머지 피는 제단 밑에 부어라. 그런 다음 내장을 덮은 모든 지방과, 간과 두 콩팥에 붙은 지방을 떼어 내어 제단 위에서 불살라라. 그러나 그 수소의 고기와 가죽과 똥은 진 밖에서 태워 버려라. 이것이 바로 속죄 제사다.

15-18 또 숫양 한 마리를 끌어다가, 아론과 그의 아들들이 그 숫양의 머리에 손을 얹게 한 다음, 그 숫양을 잡고 피를 받아서 제단 사면에 뿌려라. 그 숫양의 각을 뜨고 내장과 다리는 씻어서 여러 부위의 고기와 머리와 함께 모아 두고, 그 숫양을 제단 위에서 송두리째 불살라라. 이것이 하나님에게 바치는 번제요, 향기로운 냄새며, 하나님에게 불살라 바치는 제사다.

19-21 다시 숫양 한 마리를 끌어다가, 아론과 그의 아들들이 그 숫양의 머리에 손을 얹게 한 다음, 그 숫양을 잡고 피 얼마를 받아서 아론의 오른쪽 귓불과 그의 아들들의 오른쪽 귓불에 바르고, 그들의 오른손 엄지손가락과 오른발 엄지발가락에도 발라라. 남은 피는 제단 사면에 뿌려라. 또 제단 위에 있는 피를 가져다가 거룩하게 구별하는 기름과 섞어 아론과 그의 옷에 뿌리고, 그의 아들들과 그들의 옷에도 뿌려라. 그러면 아론과 그의 옷과 그의 아들들과 그들의 옷이 거룩하게 될 것이다.

22-23 그 숫양에게서 지방 곧 기름진 꼬리와, 내장을 덮은 지방과, 간을 덮은 껍질과, 두 콩팥과 거기에 붙은 지방을 떼어 내고, 오른쪽 넓적다리를 잘라 내어라. 이것은 제사장 위임식에 쓸 숫양이다. 그리고 하나님 앞에 놓인 빵 바구니에서 빵 한 덩이와 기름을 섞어 만든 과자 한 개와 속 빈 과자 한 개를 가져오너라.

24-25 너는 이 모든 것을 아론과 그 아들들의 손에 얹어 주어, 그것을 하나님 앞에서 흔들게 하여, 흔들어 바치는 제물로 드리게 하여라. 그런 다음 그들의 손에서 그것을 받아다가 제단 위에 놓고 번제물과 함께 불살라라. 이것은 하나님 앞에 향기로운 냄새요, 하나님에게 바치는 제물이다.

26 아론의 위임식 제물인 숫양의 가슴을 가져다가 흔들어 바치는 제물로 하나님 앞에서 흔들어 바쳐라. 그것은 네 몫이 될 것이다.

sons: Bring the bull to the Tent of Meeting. Aaron and his sons will place their hands on the head of the bull. Then you will slaughter the bull in the presence of GOD at the entrance to the Tent of Meeting. Take some of the bull's blood and smear it on the horns of the Altar with your finger; pour the rest of the blood on the base of the Altar. Next take all the fat that covers the innards, fat from around the liver and the two kidneys, and burn it on the Altar. But the flesh of the bull, including its hide and dung, you will burn up outside the camp. It is an Absolution-Offering.

15-18 "Then take one of the rams. Have Aaron and his sons place their hands on the head of the ram. Slaughter the ram and take its blood and throw it against the Altar, all around. Cut the ram into pieces; wash its innards and legs, then gather the pieces and its head and burn the whole ram on the Altar. It is a Whole-Burnt-Offering to GOD, a pleasant fragrance, an offering by fire to GOD.

19-21 "Then take the second ram. Have Aaron and his sons place their hands on the ram's head. Slaughter the ram. Take some of its blood and rub it on Aaron's right earlobe and on the right earlobes of his sons, on the thumbs of their right hands and on the big toes of their right feet. Sprinkle the rest of the blood against all sides of the Altar. Then take some of the blood that is on the Altar, mix it with some of the anointing oil, and splash it on Aaron and his clothes and on his sons and their clothes so that Aaron and his clothes and his sons and his sons' clothes will be made holy.

22-23 "Take the fat from the ram, the fat tail, the fat that covers the innards, the long lobe of the liver, the two kidneys and the fat on them, and the right thigh: this is the ordination ram. Also take one loaf of bread, an oil cake, and a wafer from the bread-basket that is in the presence of GOD.

24-25 "Place all of these in the open hands of Aaron and his sons who will wave them before GOD, a Wave-Offering. Then take them from their hands and burn them on the Altar with the Whole-Burnt-Offering—a pleasing fragrance before GOD, a gift to GOD.

26 "Now take the breast from Aaron's ordination

27-28 아론과 그 아들들의 위임식 제물인 숫양의 고기 가운데서 흔들어 바친 가슴과 들어 올려 바친 넓적다리를 거룩하게 구별하여라. 아론과 그의 아들들은 이 제물을 이스라엘 자손에게서 영원토록 받게 될 것이다. 이스라엘 자손은 화목 제물 가운데서 이 제물을 정기적으로 바쳐야 한다.

29-30 아론의 거룩한 예복은 그의 후손에게 물려주어, 그들이 그 옷을 입고 기름부음을 받아 제사장직을 위임받게 하여라. 아론의 뒤를 이어 제사장이 될 아들은, 칠 일 동안 그 옷을 입고 회막에 들어가 성소에서 섬겨야 한다.

31-34 위임식 제물로 바친 숫양을 가져다가 그 고기를 성소에서 삶아라. 아론과 그의 아들들은 회막 입구에서 그 삶은 고기와 바구니에 든 빵을 먹어야 한다. 이 제물로 인해 속죄받고 제사장으로 위임받아 거룩하게 구별되었으니, 그들만이 그 제물을 먹을 수 있다. 그 제물은 거룩한 것이므로 다른 사람은 먹을 수 없다. 위임식 제물로 바친 숫양이나 빵이 이튿날 아침까지 남아 있거든 태워 버려야 한다. 그것은 거룩한 것이니, 다른 사람은 먹지 마라.

35-37 내가 너에게 명령한 모든 것을 행하여 아론과 그 아들들을 위한 위임식을 칠 일 동안 행하여라. 날마다 수소 한 마리를 속죄를 위한 속죄 제물로 바쳐라. 제단을 위한 속죄 제물은 제단 위에 바치고, 그것에 기름을 부어 거룩하게 구별하여라. 너는 칠 일 동안 제단을 위해 속죄하여 제단을 거룩하게 구별하여라. 그러면 제단에 거룩함이 속속들이 스며들게 되어, 그 제단을 만지는 사람도 거룩하게 될 것이다.

38-41 제단 위에 바쳐야 할 것은 이러하다. 일 년 된 어린양 두 마리를 날마다 바치되, 어린양 한 마리는 아침에 바치고 다른 어린양 한 마리는 저녁에 바쳐라. 첫 번째 어린양 제물을 바칠 때, 고운 밀가루 2리터에 깨끗한 올리브기름 1리터를 섞어 바치고, 포도주 1리터는 부어 드리는 제물로 바쳐라. 저녁에 두 번째 어린양 제물을 바칠 때도 아침 제사 때와 같은 곡식 제물과 부어 드리는 제물을 바쳐야 한다. 이것은 향기로운 냄새요, 하나님에게 바치는 제물이다.

42-46 이것은 너희가 대대로 회막 입구에서 매일 하나님 앞에 바쳐야 하는 번제다. 내가 거기서 너희를 만나고, 거기서 너희와 이야기하겠다. 나의 영광으로 거룩하게 된 그곳에서 내가 이스라엘 자손을 만날 것이다. 내가 회막과 제단을 거

ram and wave it before GOD, a Wave-Offering. That will be your portion.

27-28 "Consecrate the Wave-Offering breast and the thigh that was held up. These are the parts of the ordination ram that are for Aaron and his sons. Aaron and his sons are always to get this offering from the Israelites; the Israelites are to make this offering regularly from their Peace-Offerings.

29-30 "Aaron's sacred garments are to be handed down to his descendants so they can be anointed and ordained in them. The son who succeeds him as priest is to wear them for seven days and enter the Tent of Meeting to minister in the Holy Place.

31-34 "Take the ordination ram and boil the meat in the Holy Place. At the entrance to the Tent of Meeting, Aaron and his sons will eat the boiled ram and the bread that is in the basket. Atoned by these offerings, ordained and consecrated by them, they are the only ones who are to eat them. No outsiders are to eat them; they're holy. Anything from the ordination ram or from the bread that is left over until morning you are to burn up. Don't eat it; it's holy.

35-37 "Do everything for the ordination of Aaron and his sons exactly as I've commanded you throughout the seven days. Offer a bull as an Absolution-Offering for atonement each day. Offer it on the Altar when you make atonement for it: Anoint and consecrate it. Make atonement for the Altar and consecrate it for seven days; the Altar will become soaked in holiness–anyone who so much as touches the Altar will become holy.

38-41 "This is what you are to offer on the Altar: two year-old lambs each and every day, one lamb in the morning and the second lamb at evening. With the sacrifice of the first lamb offer two quarts of fine flour with a quart of virgin olive oil, plus a quart of wine for a Drink-Offering. The sacrifice of the second lamb, the one at evening, is also to be accompanied by the same Grain-Offering and Drink-Offering of the morning sacrifice to give a pleasing fragrance, a gift to GOD.

42-46 "This is to be your regular, daily Whole-Burnt-Offering before GOD, generation after generation, sacrificed at the entrance of the Tent of Meeting.

룩하게 하겠다. 내가 아론과 그의 아들들을 거룩하게 하여 나를 섬기는 제사장으로 삼겠다. 내가 이스라엘 자손 가운데로 들어가 그들과 함께 살 것이다. 내가 그들의 하나님이 될 것이다. 그들은, 내가 그들과 함께 살려고 그들을 이집트 땅에서 이끌어 낸 그들의 하나님인 것을 깨닫게 될 것이다. 나는 **하나님** 너희의 하나님이다."

분향단

30 1-5 "분향할 제단을 만들어라. 그것을 아카시아나무로 만들되, 가로와 세로가 45센티미터인 정사각형 모양이 되게 하고, 높이는 90센티미터로 하며, 제단과 네 뿔이 하나로 이어지게 하여라. 분향단의 윗면과 네 옆면과 뿔에 순금을 입히고, 그 둘레에 금테를 두르고, 금테 밑에 금고리 두 개를 만들어 달아라. 두 개의 고리를 분향단 양쪽 옆에 달아서 채를 꿰어 들 수 있게 하여라. 채는 아카시아나무로 만들어 금을 입혀라.

6-10 그 분향단을 증거궤를 가리는 휘장 앞, 곧 증거판 위에 있는 속죄판 앞에 놓아두어라. 그 속죄판에서 내가 너를 만나겠다. 아론은 그 분향단 위에다 향기로운 향을 피워야 하는데, 매일 아침 등잔을 손질할 때마다 피우고 저녁에 등불을 밝힐 준비를 할 때도 향을 피워야 한다. 그리하여 대대로 **하나님** 앞에서 향이 피어오르게 해야 한다. 이 분향단 위에 부정한 향이나 번제물이나 곡식 제물을 올려놓고 태워서는 안되며, 그 위에 부어 드리는 제물을 부어서도 안된다. 아론은 일 년에 한 차례 분향단의 뿔을 깨끗하게 하되, 매년 속죄 제물의 피로 이 단을 속죄해야 한다. 너는 대대로 이렇게 해야 한다. 이것은 **하나님**에게 지극히 거룩한 것이다."

속죄세

11-16 **하나님**께서 모세에게 말씀하셨다. "네가 이스라엘 자손의 수를 세어 조사할 때, 인구조사를 받는 모든 사람은 자기 목숨 값으로 속죄세를 **하나님**에게 바쳐야 한다. 그래야 인구조사를 할 때 나쁜 일이 일어나지 않을 것이다. 누구든지 인구조사를 받는 사람은 (성소 표준 세겔로 무게가 6그램 정도 되는) 반 세겔을 내야 한다. 이 반 세겔은 **하나님**에게 바치는 예

That's where I'll meet you; that's where I'll speak with you; that's where I'll meet the Israelites, at the place made holy by my Glory. I'll make the Tent of Meeting and the Altar holy. I'll make Aaron and his sons holy in order to serve me as priests. I'll move in and live with the Israelites. I'll be their God. They'll realize that I am their GOD who brought them out of the land of Egypt so that I could live with them. I am GOD, *your* God."

The Altar of Incense

30 1-5 "Make an Altar for burning incense. Construct it from acacia wood, one and one-half feet square and three feet high with its horns of one piece with it. Cover it with a veneer of pure gold, its top, sides, and horns, and make a gold molding around it with two rings of gold beneath the molding. Place the rings on the two opposing sides to serve as holders for poles by which it will be carried. Make the poles of acacia wood and cover them with a veneer of gold.

6-10 "Place the Altar in front of the curtain that hides the Chest of The Testimony, in front of the Atonement-Cover that is over The Testimony where I will meet you. Aaron will burn fragrant incense on it every morning when he polishes the lamps, and again in the evening as he prepares the lamps for lighting, so that there will always be incense burning before GOD, generation after generation. But don't burn on this Altar any unholy incense or Whole-Burnt-Offering or Grain-Offering. And don't pour out Drink-Offerings on it. Once a year Aaron is to purify the Altar horns. Using the blood of the Absolution-Offering of atonement, he is to make this atonement every year down through the generations. It is most holy to GOD."

The Atonement-Tax

11-16 GOD spoke to Moses: "When you take a head count of the Israelites to keep track of them, all must pay an atonement-tax to GOD for their life at the time of being registered so that nothing bad will happen because of the registration. Everyone who gets counted is to give a half-shekel (using the standard Sanctuary shekel of a fifth of an ounce to the shekel)—a half-shekel offering to GOD. Everyone counted, age

물이다. 스무 살 이상으로 인구조사를 받는 모든 사람은 하나님에게 예물을 바쳐야 한다. 너희 목숨에 대한 속죄세를 하나님에게 바칠 때, 부유한 사람이라고 해서 반 세겔보다 더 많이 내서도 안되고 가난한 사람이라고 해서 더 적게 내서도 안된다. 너는 이스라엘 자손에게서 속죄세를 받아 장막을 유지하는 비용으로 충당하여라. 그것은 이스라엘 자손이 하나님에게 경의를 표하여 기념물로 드리는 기금, 너희 목숨을 속죄하는 기금이 될 것이다."

대야

17-21 하나님께서 모세에게 말씀하셨다. "너는 대야와 그 받침대를 청동으로 만들어라. 그것을 회막과 제단 사이에 놓고, 거기에 물을 담아라. 아론과 그의 아들들이 그 물로 손과 발을 씻을 것이다. 그들이 회막에 들어갈 때나 제단 가까이 가서 섬기거나 하나님에게 예물을 바칠 때, 물로 씻어야 죽지 않을 것이다. 그들이 손과 발을 씻어야 죽지 않을 것이다. 이것은 아론과 그의 아들들이 대대로 지켜야 할 영원한 규례다."

거룩하게 구별하는 기름

22-25 하나님께서 모세에게 말씀하셨다. "너는 가장 좋은 향료를 취하여라. 성소 표준 도량형으로 액체 몰약은 5.5킬로그램, 향기로운 육계는 그 절반 정도인 2.75킬로그램, 향기로운 향초 줄기는 2.75킬로그램, 계피는 5.5킬로그램을 마련하고, 올리브기름도 4리터 마련하여라. 이것들을 향을 제조하는 사람이 하는 것처럼 잘 혼합하여, 거룩하게 구별하는 기름을 만들어라.

26-29 그것을 회막과 증거궤와, 상과 거기에 딸린 모든 기구와, 등잔대와 거기에 딸린 기구와, 분향단과, 번제단과 거기에 딸린 모든 기구와, 대야와 그 받침대에 발라라. 그것들을 거룩하게 구별하여 그 안에 거룩함이 속속들이 스며들게 하여라. 그러면 그것을 만지는 사람도 누구나 거룩하게 될 것이다.

30-33 그런 다음 아론과 그의 아들들에게 기름을 부어라. 그들을 거룩하게 구별하여 나를 섬기는 제사장으로 세워라. 너는 이스라엘 자손에게 이렇게 일러 주어라. '이것은 너희 대대로 내게 거룩하게 구별하는 기름이 될 것이

twenty and up, is to make the offering to GOD. The rich are not to pay more nor the poor less than the half-shekel offering to GOD, the atonement-tax for your lives. Take the atonement-tax money from the Israelites and put it to the maintenance of the Tent of Meeting. It will be a memorial fund for the Israelites in honor of GOD, making atonement for your lives."

The Washbasin

17-21 GOD spoke to Moses: "Make a bronze Washbasin; make it with a bronze base. Place it between the Tent of Meeting and the Altar. Put water in it. Aaron and his sons will wash their hands and feet in it. When they enter the Tent of Meeting or approach the Altar to serve there or offer gift offerings to GOD, they are to wash so they will not die. They are to wash their hands and their feet so they will not die. This is the rule forever, for Aaron and his sons down through the generations."

Holy Anointing Oil

22-25 GOD spoke to Moses: "Take the best spices: twelve and a half pounds of liquid myrrh; half that much, six and a quarter pounds, of fragrant cinnamon; six and a quarter pounds of fragrant cane; twelve and a half pounds of cassia—using the standard Sanctuary weight for all of them—and a gallon of olive oil. Make these into a holy anointing oil, a perfumer's skillful blend.

26-29 "Use it to anoint the Tent of Meeting, the Chest of The Testimony, the Table and all its utensils, the Lampstand and its utensils, the Altar of Incense, the Altar of Whole-Burnt-Offerings and all its utensils, and the Washbasin and its base. Consecrate them so they'll be soaked in holiness, so that anyone who so much as touches them will become holy.

30-33 "Then anoint Aaron and his sons. Consecrate them as priests to me. Tell the Israelites, 'This will be my holy anointing oil throughout your generations.' Don't pour it on ordinary men. Don't copy this mixture to use for yourselves. It's holy; keep it holy. Whoever mixes up anything like it, or puts it on an ordinary person, will be expelled."

다.' 그 기름을 일반인에게 붓지 마라. 너희 몸에 쓰려고 이 혼합법을 모방하지도 마라. 그것은 거룩한 것이니, 거룩하게 다루어라. 그 혼합법을 모방하거나 그 기름을 일반인에게 붓는 사람은 누구든지 추방될 것이다."

거룩한 향

34-38 하나님께서 모세에게 말씀하셨다. "너는 향기로운 향료들, 곧 소합향과 나감향과 풍자향을 가져다가, 거기에 순수한 유향을 섞어라. 향 제조하는 법에 따라 그 향료들을 같은 비율로 섞어 향기로운 향을 만들고, 소금을 쳐서 깨끗하고 거룩하게 만들어라. 그 가운데 일부를 곱게 빻아서, 그 가루 가운데 일부를 내가 너와 만날 회막 안 증거궤 앞에 놓아라. 그곳은 너희에게 가장 거룩한 곳이 될 것이다. 너희가 이 향을 만들 때, 사사로이 쓰려고 그 혼합법을 모방해서는 안된다. 그 향은 하나님에게 거룩한 것이니, 거룩하게 다루어라. 사적인 용도로 그 혼합법을 모방하는 사람은 누구든지 추방될 것이다."

브살렐과 오홀리압

31 1-5 하나님께서 모세에게 말씀하셨다. "내가 한 일을 보아라. 내가 유다 지파 사람 훌의 손자이며 우리의 아들인 브살렐을 직접 뽑았다. 내가 그에게 하나님의 영을 가득 채워 주었고, 문양을 그리고 금과 은과 동으로 만들고 보석을 깎아 물리고 나무를 조각하는 등, 온갖 공예에 필요한 솜씨와 지식과 기술을 주었다. 그는 탁월한 장인이다.

6-11 또한 내가 단 지파 사람 아히사막의 아들 오홀리압을 그에게 붙여 주어 함께 일하게 했다. 내가 공예에 재능이 있는 모든 사람에게 기술을 주어, 내가 너에게 명령한 모든 것을 만들게 하겠다. 곧 회막과 증거궤와 그 위에 덮을 속죄판과, 회막의 모든 기구와, 상과 거기에 딸린 모든 기구와, 순금 등잔대와 거기에 딸린 모든 기구와, 분향단과, 번제단과 거기에 딸린 모든 기구와, 대야와 그 받침대와, 예복과 제사장 아론과 그의 아들들이 제사장 직무를 행할 때 입을 거룩한 예복과, 거룩하게 구별하는 기름과, 성소에서 쓸 향기로운 향을 만들게 하겠다. 그들이 이 모든 것을 내가 네게 명령한 대로 만들 것이다."

나의 안식일을 지켜라

12-17 하나님께서 모세에게 말씀하셨다. "너는 이스라엘 자손에게 이렇게 전하여라. '너희는 그 무엇보다 나의 안식일을 지켜라. 안식일은 내가 너희를 거룩

Holy Incense

34-38 GOD spoke to Moses: "Take fragrant spices—gum resin, onycha, galbanum—and add pure frankincense. Mix the spices in equal proportions to make an aromatic incense, the art of a perfumer, salted and pure—holy. Now crush some of it into powder and place some of it before The Testimony in the Tent of Meeting where I will meet with you; it will be for you the holiest of holy places. When you make this incense, you are not to copy the mixture for your own use. It's holy to GOD; keep it that way. Whoever copies it for personal use will be excommunicated."

Bezalel and Oholiab

31 1-5 GOD spoke to Moses: "See what I've done; I've personally chosen Bezalel son of Uri, son of Hur of the tribe of Judah. I've filled him with the Spirit of God, giving him skill and know-how and expertise in every kind of craft to create designs and work in gold, silver, and bronze; to cut and set gemstones; to carve wood—he's an all-around craftsman.

6-11 "Not only that, but I've given him Oholiab, son of Ahisamach of the tribe of Dan, to work with him. And to all who have an aptitude for crafts I've given the skills to make all the things I've commanded you: the Tent of Meeting, the Chest of The Testimony and its Atonement-Cover, all the implements for the Tent, the Table and its implements, the pure Lampstand and all its implements, the Altar of Incense, the Altar of Whole-Burnt-Offering and all its implements, the Washbasin and its base, the official vestments, the holy vestments for Aaron the priest and his sons in their priestly duties, the anointing oil, and the aromatic incense for the Holy Place—they'll make everything just the way I've commanded you."

Sabbath

12-17 GOD spoke to Moses: "Tell the Israelites, 'Above all, keep my Sabbaths, the sign between me and you, generation after generation, to

하게 하는 하나님인 것을 생생히 알리려고 나와 너희 사이에 대대로 세운 표징이다. 안식일은 너희에게 거룩한 날이니, 너희는 안식일을 지켜라. 누구든지 안식일을 더럽히는 자는 반드시 죽임을 당할 것이다. 누구든지 안식일에 일하는 자는 백성 가운데서 추방될 것이다. 육 일 동안은 일할 것이나, 일곱째 날은 안식일이다. 순전한 안식의 날, 하나님에게 거룩한 날이다. 누구든지 안식일에 일하는 자는 반드시 죽임을 당할 것이다. 이스라엘 자손은 안식일을 변함없는 언약으로 삼아 대대로 지켜야 한다. 이것은 나와 이스라엘 자손 사이에 세워진 영원한 표징이다. 하나님이 육 일 동안 하늘과 땅을 만들고, 일곱째 날에는 쉬면서 숨을 돌렸기 때문이다.'"

18 하나님께서 시내 산에서 모세와 이야기를 마치시고, 손가락으로 돌판에 쓰신 두 증거판을 모세에게 주셨다.

우리를 위해 신을 만들어 주십시오

32 백성은 모세가 영원히 산에서 내려오지 않을 것이라 생각하고서 아론에게 몰려가 말했다. "어떻게 좀 해보십시오. 우리를 이끌어 줄 신을 만들어 주십시오. 우리를 이집트에서 데리고 나온 저 모세라는 사람이, 도대체 어찌 되었는지 모르겠습니다."

2-4 아론이 그들에게 말했다. "여러분의 아내와 아들딸들의 귀에서 금고리를 빼서 내게 가져오시오." 모든 백성이 귀에서 금고리를 빼서 아론에게 가져왔다. 아론이 그들의 손에서 받은 금을 가지고 그것을 주조하여 송아지 형상을 만들었다.

백성의 반응이 뜨거웠다. "오 이스라엘아, 이 신이 너희를 이집트에서 이끌어 낸 너희의 신이다!"

5 아론은 사태를 파악하고서, 송아지 형상 앞에 제단을 쌓았다.

그런 다음 이렇게 선언했다. "내일은 하나님께 드리는 절기입니다!"

6 이튿날 이른 아침, 백성이 일어나서 번제와 화목제를 드렸다. 백성이 앉아서 먹고 마시다가 파티를 벌이기 시작했다. 그것은 급기야 난잡한 파티로 변질되고 말았다!

7-8 하나님께서 모세에게 말씀하셨다. "가거라! 내려가거라! 네가 이집트 땅에서 이끌어 낸 네 백성이 타락하고 말았다. 그들이 순식간에 내가 명령한 길에서 벗어나 송아지 형상을 만들어 숭배했다. 그들이 송아지 형상에게 제물을 바치고, '오 이스라엘아, 이 신이

keep the knowledge alive that I am the GOD who makes you holy. Keep the Sabbath; it's holy to you. Whoever profanes it will most certainly be put to death. Whoever works on it will be excommunicated from the people. There are six days for work but the seventh day is Sabbath, pure rest, holy to GOD. Anyone who works on the Sabbath will most certainly be put to death. The Israelites will keep the Sabbath, observe Sabbath-keeping down through the generations, as a standing covenant. It's a fixed sign between me and the Israelites. Yes, because in six days GOD made the Heavens and the Earth and on the seventh day he stopped and took a long, deep breath.'"

18 When he finished speaking with him on Mount Sinai, he gave Moses two tablets of Testimony, slabs of stone, written with the finger of God.

"Make Gods for Us"

32 1 When the people realized that Moses was taking forever in coming down off the mountain, they rallied around Aaron and said, "Do something. Make gods for us who will lead us. That Moses, the man who got us out of Egypt—who knows what's happened to him?"

2-4 So Aaron told them, "Take off the gold rings from the ears of your wives and sons and daughters and bring them to me." They all did it; they removed the gold rings from their ears and brought them to Aaron. He took the gold from their hands and cast it in the form of a calf, shaping it with an engraving tool.

The people responded with enthusiasm: "These are your gods, O Israel, who brought you up from Egypt!"

5 Aaron, taking in the situation, built an altar before the calf.

Aaron then announced, "Tomorrow is a feast day to GOD!"

6 Early the next morning, the people got up and offered Whole-Burnt-Offerings and brought

너희를 이집트에서 이끌어 낸 너희의 신이다!'
하고 말했다."
9-10 하나님께서 모세에게 말씀하셨다. "내가 이
백성을 보니, 참으로 고집이 세고 목이 뻣뻣한
백성이구나! 이제 너는 나를 막지 마라. 내가 저
들에게 마음껏 진노를 터뜨리겠다. 내 진노가
활활 타올라서 저들을 태워 없애 버릴 것이다.
그러나 너는 내가 큰 민족으로 만들겠다."
11-13 모세가 하나님을 진정시키며 아뢰었다. "하
나님, 어찌하여 하나님께서 당신의 백성에게 진
노를 터뜨리려 하십니까? 하나님께서는 크신 권
능과 능력으로 저들을 이집트에서 이끌어 내셨
습니다. 그런데 어찌하여 이집트 사람들이 '그
신이 그들에게 악의를 품었군! 그들을 데리고 나
간 것이, 결국 그들을 산에서 죽여 지면에서 싹
쓸어버리기 위해서였다'고 말하게 하려 하십니
까? 진노를 거두십시오. 한 번 더 생각하셔서,
당신의 백성에게 불행을 안겨 주는 일을 거두어
주십시오! 당신의 종 아브라함과 이삭과 이스라
엘을 기억해 주십시오. 하나님께서 '내가 네 후
손을 하늘의 별처럼 많게 하고 그들에게 이 땅을
영원토록 주겠다'고 약속하지 않으셨습니까?"
14 그러자 하나님께서 뜻을 돌이키셨다. 자기 백
성에게 내리시려던 재앙을 내리지 않기로 결정
하셨다.

15-16 모세가 돌아서서 두 증거판을 손에 들고 산
에서 내려왔다. 그 두 돌판의 양면에는 글자가
쓰여 있었다. 그 두 돌판은 하나님께서 만드시
고 손수 새겨서 쓰신 것이었다.
17 여호수아가 백성이 시끄럽게 떠드는 소리를
듣고 모세에게 말했다. "진에서 싸우는 소리가
들립니다!"
18 그러나 모세는 이렇게 말했다.

이것은 승전가도 아니고
패전가도 아니다.
내가 듣기에는 백성이 파티를 벌이는 소리다.

19-20 정말 그랬다. 모세는 진 가까이 와서 송아
지 형상과 백성이 춤추는 모습을 보고 분노가
치밀어 올랐다. 그는 두 돌판을 산 아래로 내던
져 산산조각 냈다. 그는 그들이 만든 송아지 형
상을 가져다가 불에 녹이고, 가루가 되도록 빻
아서 물에 뿌리고는, 이스라엘 자손에게 마시게

Peace-Offerings. The people sat down to eat and drink and then began to party. It turned into a wild party!
7-8 GOD spoke to Moses, "Go! Get down there! Your people whom you brought up from the land of Egypt have fallen to pieces. In no time at all they've turned away from the way I commanded them: They made a molten calf and worshiped it. They've sacrificed to it and said, 'These are the gods, O Israel, that brought you up from the land of Egypt!'"
9-10 GOD said to Moses, "I look at this people—oh! what a stubborn, hard-headed people! Let me alone now, give my anger free reign to burst into flames and incinerate them. But I'll make a great nation out of you."
11-13 Moses tried to calm his GOD down. He said, "Why, GOD, would you lose your temper with your people? Why, you brought them out of Egypt in a tremendous demonstration of power and strength. Why let the Egyptians say, 'He had it in for them—he brought them out so he could kill them in the mountains, wipe them right off the face of the Earth.' Stop your anger. Think twice about bringing evil against your people! Think of Abraham, Isaac, and Israel, your servants to whom you gave your word, telling them 'I will give you many children, as many as the stars in the sky, and I'll give this land to your children as their land forever.'"
14 And GOD did think twice. He decided not to do the evil he had threatened against his people.

15-16 Moses turned around and came down from the mountain, carrying the two tablets of The Testimony. The tablets were written on both sides, front and back. God made the tablets and God wrote the tablets—engraved them.
17 When Joshua heard the sound of the people shouting noisily, he said to Moses, "That's the sound of war in the camp!"
18 But Moses said,

Those aren't songs of victory,
And those aren't songs of defeat,
I hear songs of people throwing a party.

했다.
21 모세가 아론에게 말했다. "이 백성이 도대체 형님에게 어떻게 했기에, 형님은 저들을 이토록 엄청난 죄에 빠지게 한 것입니까?"
22-23 아론이 말했다. "주인님, 화내지 마십시오. 당신도 이 백성이 얼마나 악한 것에 마음을 두는지 잘 알지 않습니까. 저들이 나에게 '우리를 이끌어 줄 신을 만들어 주십시오. 우리를 이집트에서 데리고 나온 저 모세라는 사람이, 도대체 어찌 되었는지 모르겠습니다' 하더군요.
24 그래서 내가 '금을 가지고 있는 사람이 있습니까?' 하고 물었습니다. 그랬더니 저들이 자기들의 장신구를 가져와서 내게 주었습니다. 내가 그것을 불에 던졌더니 이 송아지가 나왔습니다."
25-26 모세는 백성이 제멋대로 날뛰는 것을 보았다. 아론이 그들을 제멋대로 굴게 내버려 두어서, 적들 앞에서 조롱거리가 되게 한 것이다. 모세가 진 입구에 자리를 잡고 말했다. "누구든지 하나님 편에 설 사람은 나와 함께하시오!" 레위 자손이 모두 모세 앞으로 나아왔다.
27 모세가 그들에게 말했다. "하나님 이스라엘의 하나님께서 내리신 명령이오. '너희는 허리에 칼을 차고 진의 한쪽 끝에서 다른 쪽 끝까지 다니면서, 형제와 친구와 이웃들을 죽여라.'"
28 레위 자손이 모세의 명령대로 행했다. 그날 백성 가운데서 삼천 명이 죽임을 당했다.
29 모세가 말했다. "오늘 여러분은 받은 명령대로 다 행했습니다. 큰 희생을 치르면서 여러분의 아들과 형제들까지 죽였습니다! 하나님께서 여러분에게 복을 주셨습니다."
30 이튿날 모세가 백성에게 말했다. "여러분은 엄청난 죄를 지었습니다! 행여 하나님께서 여러분의 죄를 깨끗게 해주실지도 모르니, 이제 내가 하나님께 올라가려고 합니다."
31-32 모세가 하나님께 돌아가서 아뢰었다. "참으로 끔찍한 일이 아닐 수 없습니다. 이 백성이 죄를 지었습니다. 그것도 엄청난 죄를 지었습니다! 저들이 자신들을 위해 금으로 신상을 만들었습니다. 하지만 이제 저들의 죄를 용서해 주십시오.……용서하지 않으시려거든, 차라리 주께서 기록하신 책에서 제 이름을 지워 주십시오."
33-34 하나님께서 모세에게 말씀하셨다. "나에게 죄를 지은 사람들만 내가 내 책에서 지워 버릴 것이다. 이제 너는 가서, 내가 너에게 말해 준 곳으로 백성을 인도하여라. 보아라, 내 천사가 너

19-20 And that's what it was. When Moses came near to the camp and saw the calf and the people dancing, his anger flared. He threw down the tablets and smashed them to pieces at the foot of the mountain. He took the calf that they had made, melted it down with fire, pulverized it to powder, then scattered it on the water and made the Israelites drink it.
21 Moses said to Aaron, "What on Earth did these people ever do to you that you involved them in this huge sin?"
22-23 Aaron said, "Master, don't be angry. You know this people and how set on evil they are. They said to me, 'Make us gods who will lead us. This Moses, the man who brought us out of Egypt, we don't know what's happened to him.'
24 "So I said, 'Who has gold?' And they took off their jewelry and gave it to me. I threw it in the fire and out came this calf."
25-26 Moses saw that the people were simply running wild–Aaron had let them run wild, disgracing themselves before their enemies. He took up a position at the entrance to the camp and said, "Whoever is on GOD's side, join me!" All the Levites stepped up.
27 He then told them, "GOD's orders, the God of Israel: 'Strap on your swords and go to work. Crisscross the camp from one end to the other: Kill brother, friend, neighbor.'"
28 The Levites carried out Moses' orders. Three thousand of the people were killed that day.
29 Moses said, "You confirmed your ordination today–and at great cost, even killing your sons and brothers! And God has blessed you."
30 The next day Moses addressed the people: "You have sinned an enormous sin! But I am going to go up to GOD; maybe I'll be able to clear you of your sin."
31-32 Moses went back to GOD and said, "This is terrible. This people has sinned–it's an enormous sin! They made gods of gold for themselves. And now, if you will only forgive their sin...But if not, erase me out of the book you've written."
33-34 GOD said to Moses, "I'll only erase from my book those who sin against me. For right now, you go and lead the people to where I told you. Look,

보다 앞서 갈 것이다. 그러나 셈을 치르는 날, 내가 반드시 그들의 죄값을 물을 것이다."
35 백성과 아론이 만든 송아지 형상 때문에 하나님께서 백성에게 전염병을 내리셨다.

33 1-3 하나님께서 모세에게 말씀하셨다. "이제 가거라. 네가 이집트 땅에서 이끌어 낸 백성과 함께 이곳을 떠나거라. 내가 아브라함과 이삭과 야곱에게 '네 후손에게 주겠다'고 약속한 땅을 향해 가거라. 내가 천사를 너희보다 앞서 보내어, 가나안 사람과 아모리 사람과 헷 사람과 브리스 사람과 히위 사람과 여부스 사람을 몰아내겠다. 그 땅은 젖과 꿀이 흐르는 땅이다. 그러나 나는 너희와 함께하지 않겠다. 너희는 고집이 세고 목이 뻣뻣한 백성이다! 내가 너희와 함께 가다가는 너희를 없애 버릴지도 모른다."
4 백성이 이 엄한 결정을 듣고는 슬픔에 빠져 침통한 표정을 지었다. 장신구를 몸에 걸치는 사람이 아무도 없었다.
5-6 하나님께서 모세에게 말씀하셨다. "이스라엘 자손에게 전하여라. '너희는 목이 뻣뻣한 백성이다. 나는 너희와 한순간도 같이 있을 수 없다. 내가 너희를 없애 버릴지도 모른다. 그러니 내가 너희를 어떻게 할지 결정할 때까지는 너희 몸에서 모든 장신구를 떼어 버려라.'" 그리하여 이스라엘 자손은 호렙 산에서부터 장신구를 떼어 버렸다.

7-10 모세는 장막을 거두어 진 밖으로 나가서, 진에서 멀리 떨어진 곳에 장막을 치곤 했다. 그는 그 장막을 회막이라고 불렀다. 하나님을 찾는 사람은 누구나 진 밖에 있는 회막으로 나아갔다. 그 일은 이렇게 진행되었다. 모세가 회막으로 나아갈 때면 온 백성이 주의하여 서 있었다. 그들은 모세가 회막에 들어갈 때까지 저마다 자기 장막 입구에 서서 그를 지켜보았다. 모세가 회막에 들어갈 때면, 구름기둥이 회막 입구로 내려와 하나님께서 모세와 이야기를 나누셨다. 구름기둥이 내려와 회막 입구에 머무는 것을 볼 때면, 온 백성이 모두 일어섰다. 저마다 자기 장막 입구에 주의하여 서 있다가 엎드려 경배했다.
11 하나님께서는 마치 이웃이 서로 이야기를 나누듯이 모세와 얼굴을 마주하고 말씀을 나누셨다. 모세가 진으로 돌아가도, 그의 젊은 부관 여호수아는 회막을 떠나지 않고 그대로 머물렀다.

my Angel is going ahead of you. On the day, though, when I settle accounts, their sins will certainly be part of the settlement."
35 GOD sent a plague on the people because of the calf they and Aaron had made.

33 1-3 GOD said to Moses: "Now go. Get on your way from here, you and the people you brought up from the land of Egypt. Head for the land which I promised to Abraham, Isaac, and Jacob, saying 'I will give it to your descendants.' I will send an angel ahead of you and I'll drive out the Canaanites, Amorites, Hittites, Perizzites, Hivites, and Jebusites. It's a land flowing with milk and honey. But I won't be with you in person—you're such a stubborn, hard-headed people!—lest I destroy you on the journey."
4 When the people heard this harsh verdict, they were plunged into gloom and wore long faces. No one put on jewelry.
5-6 GOD said to Moses, "Tell the Israelites, 'You're one hard-headed people. I couldn't stand being with you for even a moment—I'd destroy you. So take off all your jewelry until I figure out what to do with you.'" So the Israelites stripped themselves of their jewelry from Mount Horeb on.

7-10 Moses used to take the Tent and set it up outside the camp, some distance away. He called it the Tent of Meeting. Anyone who sought GOD would go to the Tent of Meeting outside the camp. It went like this: When Moses would go to the Tent, all the people would stand at attention; each man would take his position at the entrance to his tent with his eyes on Moses until he entered the Tent; whenever Moses entered the Tent, the Pillar of Cloud descended to the entrance to the Tent and GOD spoke with Moses. All the people would see the Pillar of Cloud at the entrance to the Tent, stand at attention, and then bow down in worship,

12-13 모세가 하나님께 아뢰었다. "보십시오, 하나님께서는 제게 '이 백성을 이끌고 가라'고 하셨지만, 누구를 저와 함께 보내실지는 알려 주지 않으셨습니다. 주께서는 제게 '나는 너를 잘 안다. 너는 내게 특별한 존재다' 하고 말씀해 주셨습니다. 제가 주께 특별한 존재라면, 주의 계획을 알려 주십시오. 그러면 제가 계속해서 주께 특별한 존재가 될 것입니다. 이 백성은 주의 백성이며, 주의 책임이라는 것을 기억해 주십시오."

14 하나님께서 말씀하셨다. "내가 친히 너와 함께 가겠다. 내가 이 여정을 끝까지 지켜보겠다."

15-16 모세가 아뢰었다. "주께서 여기서 앞장서 가지 않으시려거든, 지금 당장 이 여정을 취소해 주십시오. 그러지 않으시면, 주께서 저와 함께하시고, 저뿐 아니라 우리 백성과 함께하신다는 것을 어떻게 알겠습니까? 저희와 함께 가시겠습니까, 가지 않으시겠습니까? 주께서 함께 가지 않으시면, 이 세상 다른 모든 민족 가운데서, 저와 주의 백성이 주께 특별한 존재라는 것을 저희가 어떻게 알겠습니까?"

17 하나님께서 모세에게 말씀하셨다. "알겠다. 네가 말한 대로 하겠다. 내가 너를 잘 알고, 너는 내게 특별한 존재이기 때문이다. 내가 너를 잘 안다."

18 모세가 아뢰었다. "부디, 주의 영광을 제게 보여 주십시오."

19 하나님께서 말씀하셨다. "내가 나의 선한 것을 네 앞으로 지나가게 하고, 네 앞에서 하나님의 이름을 선포하겠다. 나는 내가 선대하고자 하는 자를 선대하고, 내가 긍휼을 베풀고자 하는 자에게 긍휼을 베풀 것이다."

20 하나님께서 또 말씀하셨다. "그러나 네가 내 얼굴은 보지 못할 것이다. 나를 본 사람은 아무도 살 수 없기 때문이다."

21-23 하나님께서 말씀하셨다. "보아라, 여기 내 옆에 자리가 있다. 이 바위에 서 있어라. 나의 영광이 지나갈 때 내가 너를 바위틈에 두고, 내가 다 지나갈 때까지 너를 내 손으로 덮어 주겠다. 그런 다음 내가 손을 치우면, 너는 내 등을 보게 될 것이다. 그러나 내 얼굴은 보지 못할 것이다."

다시 새겨 주신 언약의 말씀

34

1-3 하나님께서 모세에게 말씀하셨다. "너는 돌판 두 개를 깎아서 처음 것과 같이 만들어라. 네가 깨뜨린 원래 판에 있던 말씀을 내가

each man at the entrance to his tent.

11 And GOD spoke with Moses face-to-face, as neighbors speak to one another. When he would return to the camp, his attendant, the young man Joshua, stayed – he didn't leave the Tent.

12-13 Moses said to GOD, "Look, you tell me, 'Lead this people,' but you don't let me know whom you're going to send with me. You tell me, 'I know you well and you are special to me.' If I am so special to you, let me in on your plans. That way, I will continue being special to you. Don't forget, this is *your* people, your responsibility."

14 GOD said, "My presence will go with you. I'll see the journey to the end."

15-16 Moses said, "If your presence doesn't take the lead here, call this trip off right now. How else will it be known that you're with me in this, with me and your people? Are you traveling with us or not? How else will we know that we're special, I and your people, among all other people on this planet Earth?"

17 GOD said to Moses: "All right. Just as you say; this also I will do, for I know you well and you are special to me. I know you by name."

18 Moses said, "Please. Let me see your Glory."

19 GOD said, "I will make my Goodness pass right in front of you; I'll call out the name, GOD, right before you. I'll treat well whomever I want to treat well and I'll be kind to whomever I want to be kind."

20 GOD continued, "But you may not see my face. No one can see me and live."

21-23 GOD said, "Look, here is a place right beside me. Put yourself on this rock. When my Glory passes by, I'll put you in the cleft of the rock and cover you with my hand until I've passed by. Then I'll take my hand away and you'll see my back. But you won't see my face."

34

1-3 GOD spoke to Moses: "Cut out two tablets of stone just like the originals

새 돌판에 다시 새겨 넣을 것이다. 아침에 시내 산으로 올라와 산꼭대기에서 나를 만날 준비를 하여라. 아무도 너와 함께 올라와서는 안된다. 이 산 어디에도 사람이나 짐승이 있어서는 안된다. 양이나 소가 산 앞에서 풀을 뜯고 있어서도 안된다."

4-7 모세가 돌판 두 개를 깎아서 처음 것과 같이 만들었다. 그는 아침 일찍 일어나, **하나님**께서 명령하신 대로 돌판 두 개를 가지고 시내 산으로 올라갔다. **하나님**께서 구름 가운데 내려오셔서 모세 옆에 자리를 정하시고, **하나님**의 이름을 선포하셨다. **하나님**께서 모세 앞으로 지나가며 선포하셨다. "**하나님**, 나 **하나님**은 자비롭고 은혜로우며 한없이 오래 참는 하나님이다. 사랑이 충만하고, 속속들이 진실한 하나님이다. 천 대에 이르기까지 한결같은 사랑을 베풀고, 죄악과 반역과 죄를 용서하는 하나님이다. 그러나 나는 죄를 그냥 넘기지는 않는다. 아버지가 죄를 지으면 본인뿐 아니라 아들과 손자, 그리고 삼사 대 자손에 이르기까지 그 죄값을 치르게 할 것이다."

8-9 모세가 곧바로 땅에 엎드려 경배하며 말했다. "주님, 주께서 제 안에서 조금이라도 선한 것을 보시거든, 비록 이 백성이 목이 뻣뻣한 백성이지만 저희와 함께 가 주십시오. 저희의 죄악과 죄를 용서해 주시고, 저희를 주의 것으로, 주의 소유로 삼아 주십시오."

10-12 **하나님**께서 말씀하셨다. "이제 내가 너희와 언약을 맺겠다. 세상 어디서도, 어느 민족에게도 일어난 적이 없는 이적을 내가 너희 모든 백성이 보는 앞에서 행하겠다. 그러면 너희와 함께 사는 온 백성이 **하나님**의 일, 곧 내가 너희를 위해 행하는 일이 얼마나 크고 놀라운지 보게 될 것이다. 너희는 내가 오늘 너희에게 명령하는 모든 것에 주의를 기울여라. 내가 아모리 사람과 가나안 사람과 헷 사람과 브리스 사람과 히위 사람과 여부스 사람을 몰아내어, 너희 앞길을 깨끗이 치울 것이다. 방심하지 마라. 경계를 늦추지 마라. 너희가 들어가는 땅의 사람들과 계약을 맺어, 그들이 너희를 넘어뜨리지 못하게 하여라.

13-16 너희는 그들의 제단을 허물고, 그들의 남근 모양의 기둥들을 깨부수고, 그들이 다산을 빌며 세운 *기둥들을 찍어 버려라*. 다른 신들을 예배하지 마라. **하나님**은 '질투'라는 이름을 가진 질투하는 하나님이다. 주의하여라. 너희는 그 땅에 살고 있는 사람들과 계약을 맺지 말고, 그들의 음란한 종교생활에 어울리지 말며, 그들의 제단에서 그들과 함께

and engrave on them the words that were on the original tablets you smashed. Be ready in the morning to climb Mount Sinai and get set to meet me on top of the mountain. Not a soul is to go with you; the whole mountain must be clear of people, even animals—not even sheep or oxen can be grazing in front of the mountain."

4-7 So Moses cut two tablets of stone just like the originals. He got up early in the morning and climbed Mount Sinai as GOD had commanded him, carrying the two tablets of stone. GOD descended in the cloud and took up his position there beside him and called out the name, GOD. GOD passed in front of him and called out, "GOD, GOD, a God of mercy and grace, endlessly patient—so much love, so deeply true—loyal in love for a thousand generations, forgiving iniquity, rebellion, and sin. Still, he doesn't ignore sin. He holds sons and grandsons responsible for a father's sins to the third and even fourth generation."

8-9 At once, Moses fell to the ground and worshiped, saying, "Please, O Master, if you see anything good in me, please Master, travel with us, hard-headed as these people are. Forgive our iniquity and sin. Own us, possess us."

10-12 And GOD said, "As of right now, I'm making a covenant with you: In full sight of your people I will work wonders that have never been created in all the Earth, in any nation. Then all the people with whom you're living will see how tremendous GOD's work is, the work I'll do for you. Take careful note of all I command you today. I'm clearing your way by driving out Amorites, Canaanites, Hittites, Perizzites, Hivites, and Jebusites. Stay vigilant. Don't let down your guard lest you make covenant with the people who live in the land that you are entering and they trip you up.

13-16 "Tear down their altars, smash their phallic pillars, chop down their fertility poles. Don't worship any other god. GOD—his name is The-Jealous-One—is a jealous God. Be careful that you don't make a covenant with the people who live in the land and take up with their

식사를 하지 마라. 너희의 아들들을 그들의 여자들
과 결혼시키지 마라. 안락의 신과 여신을 가까이하
는 여자들은 너희의 아들들에게도 똑같은 짓을 하
게 만들 것이다.
17 너희는 자신을 위해 신상들을 부어 만들지 마라.
18 너희는 무교절을 지켜라. 아빕월에는 칠 일 동안
누룩을 넣지 않은 빵만 먹어라. 이는 너희가 아빕
월에 이집트에서 나왔기 때문이다.
19 맨 처음 태어난 것은 모두 내 것이다. 너희의 가
축 가운데 처음 태어난 수컷은, 소든 양이든 모두
내 것이다.
20 맨 처음 태어난 나귀는 어린양으로 대신하여라.
대신하지 않으려거든, 그 목을 꺾어야 한다.
너희의 맏아들은 모두 대속하여라.
아무도 빈손으로 내 앞에 나와서는 안된다.
21 육 일 동안 일하고 일곱째 날에는 쉬어라. 밭갈
이하는 철이나 추수하는 철이라도 일곱째 날에는
일을 멈추어야 한다.
22 밀을 처음 거두어들일 때에 칠칠절을 지키고, 한
해가 끝날 때에는 수장절을 지켜라.
23-24 너희의 모든 남자는 일 년에 세 차례, 주 이스
라엘의 하나님 앞에 나와야 한다. 너희가 매년 세
차례 너희 하나님 앞에 나올 때에, 너희 땅에 대해
걱정하지 않아도 된다. 내가 너희 앞에서 모든 민
족을 몰아내고, 너희에게 땅을 넉넉히 줄 것이다.
너희에게서 그 땅을 빼앗으려고 기회를 엿보며 어
슬렁거리는 자가 없을 것이다.
25 너희는 내 희생 제물의 피를 발효된 것과 섞지
마라.
유월절에 쓰고 남은 것을 이튿날 아침까지 남겨 두
지 마라.
26 너희가 생산한 첫 열매 가운데 가장 좋은 것을
너희 하나님의 집으로 가져오너라.
새끼염소를 그 어미의 젖에 삶지 마라."

27 하나님께서 모세에게 말씀하셨다. "이제 너는 이
말을 기록하여라. 내가 이 말을 근거로 너와 이스
라엘과 언약을 맺었기 때문이다."
28 모세는 그곳에서 하나님과 함께 밤낮으로 사십
일을 지냈다. 그는 음식도 먹지 않고 물도 마시지
않은 채 언약의 말씀, 곧 열 가지 말씀을 두 돌판에
기록했다.
29-30 모세가 두 증거판을 들고 시내 산에서 내려올
때, 하나님과 함께 이야기를 나눈 그의 얼굴이 빛
나고 있었다. 그러나 그 자신은 알지 못했다. 아론

sex-and-religion life, join them in meals at their
altars, marry your sons to their women, women
who take up with any convenient god or goddess
and will get your sons to do the same thing.
17 "Don't make molten gods for yourselves.
18 "Keep the Feast of Unraised Bread. Eat only
unraised bread for seven days in the month of
Abib—it was in the month of Abib that you came
out of Egypt.
19 "Every firstborn from the womb is mine, all
the males of your herds, your firstborn oxen and
sheep.
20 "Redeem your firstborn donkey with a lamb. If
you don't redeem it you must break its neck.
"Redeem each of your firstborn sons.
"No one is to show up in my presence empty-
handed.
21 "Work six days and rest the seventh. Stop
working even during plowing and harvesting.
22 "Keep the Feast of Weeks with the first cutting
of the wheat harvest, and the Feast of Ingather-
ing at the turn of the year.
23-24 "All your men are to appear before the
Master, the GOD of Israel, three times a year.
You won't have to worry about your land when
you appear before your GOD three times each
year, for I will drive out the nations before you
and give you plenty of land. Nobody's going to be
hanging around plotting ways to get it from you.
25 "Don't mix the blood of my sacrifices with
anything fermented.
"Don't leave leftovers from the Passover Feast
until morning.
26 "Bring the finest of the firstfruits of your
produce to the house of your GOD.
"Don't boil a kid in its mother's milk."

27 GOD said to Moses: "Now write down these
words, for by these words I've made a covenant
with you and Israel."
28 Moses was there with GOD forty days and forty
nights. He didn't eat any food; he didn't drink
any water. And he wrote on the tablets the words
of the covenant, the Ten Words.
29-30 When Moses came down from Mount Sinai

과 이스라엘 모든 자손이 모세를 보았으나, 그의 빛나는 얼굴을 보고 두려워서 그에게 가까이 가기를 주저했다.
31-32 모세가 큰소리로 그들을 불렀다. 아론과 공동체 지도자들이 모세에게 다시 나아오자, 모세가 그들과 이야기를 나누었다. 그 후에야 이스라엘 모든 자손이 그에게 나아왔고, 모세는 하나님께서 시내 산에서 말씀해 주신 모든 명령을 그들에게 전했다.
33-35 모세는 그들과 이야기하기를 마치고, 수건으로 자기 얼굴을 가렸다. 그러나 하나님 앞에 나아가서 하나님과 함께 이야기할 때는 수건을 벗었고, 나올 때까지 수건을 쓰지 않았다. 모세가 나와서 자신이 받은 명령을 이스라엘 자손에게 전할 때면, 이스라엘 자손은 그의 얼굴이 빛나는 것을 보았다. 모세는 하나님과 이야기를 나누러 다시 들어갈 때까지 자기 얼굴을 수건으로 가렸다.

35 1 모세가 이스라엘 온 회중에게 말했다. "이것은 하나님께서 여러분에게 행하라고 명령하신 사항들입니다.
2-3 육 일 동안은 일을 해야 합니다. 그러나 일곱째 날은 거룩한 안식일, 하나님께 드리는 거룩한 안식일입니다. 이날에 일하는 사람은 누구나 죽임을 당할 것입니다. 안식일에 여러분은 집에서 불을 피워서는 안됩니다."

하나님께 드릴 예물

4 모세가 이스라엘 온 회중에게 말했다. "이것은 하나님께서 명령하신 것입니다.
5-9 여러분 가운데서 하나님을 위한 예물을 모으겠습니다. 사람이 하나님께 예물로 드리고 싶어 하는 것이면 무엇이든 하나님을 위해 받겠습니다. 금과 은과 청동, 청색 실과 자주색 실과 주홍색 실, 가는 모시실, 염소 털, 가공한 숫양 가죽, 돌고래 가죽, 아카시아나무, 등잔에 쓸 기름, 거룩하게 구별하는 기름에 넣는 향료와 분향할 향에 넣는 향료, 에봇과 가슴받이에 박을 마노 보석과 그 밖의 보석들을 받겠습니다.
10-19 여러분 가운데 기술이 있는 사람은 모두 나오십시오. 와서, 하나님께서 명령하신 모든 것, 곧 성막과 그 위에 덮을 천막과 덮개, 갈고리, 널판, 가로다지, 기둥, 밑받침, 증거궤와 그 채, 속죄판과 그것을 가릴 휘장, 상과 그 채와 부속 기

carrying the two Tablets of The Testimony, he didn't know that the skin of his face glowed because he had been speaking with GOD. Aaron and all the Israelites saw Moses, saw his radiant face, and held back, afraid to get close to him.
31-32 Moses called out to them. Aaron and the leaders in the community came back and Moses talked with them. Later all the Israelites came up to him and he passed on the commands, everything that GOD had told him on Mount Sinai.
33-35 When Moses finished speaking with them, he put a veil over his face, but when he went into the presence of GOD to speak with him, he removed the veil until he came out. When he came out and told the Israelites what he had been commanded, they would see Moses' face, its skin glowing, and then he would again put the veil on his face until he went back in to speak with GOD.

Building the Place of Worship

35 1 Moses spoke to the entire congregation of Israel, saying, "These are the things that GOD has commanded you to do:
2-3 "Work six days, but the seventh day will be a holy rest day, GOD's holy rest day. Anyone who works on this day must be put to death. Don't light any fires in your homes on the Sabbath day."

The Offerings

4 Moses spoke to the entire congregation of Israel, saying, "This is what GOD has commanded:
5-9 "Gather from among you an offering for GOD. Receive on GOD's behalf what everyone is willing to give as an offering: gold, silver, bronze; blue, purple, and scarlet material; fine linen; goats' hair; tanned rams' skins; dolphin skins; acacia wood; lamp oil; spices for anointing oils and for fragrant incense; onyx stones and other stones for setting in the Ephod and the Breastpiece.
10-19 "Come—all of you who have skills—come and make everything that GOD has commanded: The Dwelling with its tent and cover, its hooks, frames, crossbars, posts, and bases; the Chest with its poles, the Atonement-Cover and veiling curtain; the Table with its poles and implements

구와 임재의 빵, 불을 밝힐 등잔대와 부속 기구와 등잔과 등잔에 쓸 기름, 분향단과 그 채, 거룩하게 구별하는 기름, 분향할 향, 성막 입구의 정문에 늘어뜨릴 막, 번제단과 거기에 달 청동석쇠와 채와 부속 기구들, 대야와 그 받침대, 성막 뜰에 두를 휘장과 그 기둥과 밑받침, 뜰 정문에 칠 막, 성막의 말뚝, 뜰의 말뚝과 그 줄, 성소에서 섬길 때 입는 예복, 제사장 아론이 입을 거룩한 예복과 그 아들들이 제사장으로 섬길 때 입을 예복을 만드십시오."

20-26 이스라엘 공동체의 모든 사람이 모세 앞에서 물러나왔다. 마음에 감동을 받은 모든 사람, 그 영으로 자원하여 드리고자 하는 모든 사람이, 회막을 짓고 예배하고 거룩한 예복을 짓는 데 쓸 예물을 하나님께 가져왔다. 남자 여자 할 것 없이 그들 가운데 자원하여 드리기 원하는 사람들은 모두 와서 장식핀과 귀걸이, 반지, 목걸이 등 금으로 만든 것들을 드렸다. 저마다 자신의 금붙이를 하나님께 드렸다. 그리고 청색 실과 자주색 실과 주홍색 실, 가는 모시실, 염소 털, 가공한 가죽, 돌고래 가죽을 가진 사람들은 그것들을 가져왔다. 은이나 청동으로 하나님께 드리고 싶어 하는 이들은 그것을 예물로 가져왔다. 작업에 쓸 아카시아나무를 가진 이들은 그것을 가져왔다. 직조 기술이 있는 여자들은 청색 실과 자주색 실과 주홍색 실과 가는 모시실로 직접 짠 것을 가져왔다. 실을 잣는 재능이 있는 여자들은 염소 털로 실을 자았다.

27-29 지도자들은 에봇과 가슴받이에 박을 마노 보석과 그 밖의 값진 여러 보석들을 가져왔다. 그들은 등잔에 쓸 기름과 거룩하게 구별하는 기름과 향을 만드는 데 쓸 향료와 올리브기름도 가져왔다. 이스라엘의 모든 남자와 여자가 마음에 감동을 받아, 하나님께서 모세를 통해 만들라고 명령하신 작업에 쓸 것들을 기꺼이 가져왔다. 그들은 자발적으로 물품을 가져다가 하나님께 드렸다.

브살렐과 오홀리압

30-35 모세가 이스라엘 자손에게 말했다. "보십시오, 하나님께서 유다 지파 사람 훌의 손자이며 우리의 아들인 브살렐을 직접 뽑으셨습니다. 하나님께서는 그에게 하나님의 영을 가득 채워 주셨고, 문양을 그리고 금과 은과 청동으로 만들고 보석을 깎아 물리고 나무를 조각하는 등, 온갖 공예에 필요한 솜씨와 지식과 기술을 그에게 주셨습니다. 또한 하나님께서는 그와 단 지파 사람 아히사막의

and the Bread of the Presence; the Lampstand for giving light with its furnishings and lamps and the oil for lighting; the Altar of Incense with its poles, the anointing oil, the fragrant incense; the screen for the door at the entrance to The Dwelling; the Altar of Whole-Burnt-Offering with its bronze grate and poles and all its implements; the Washbasin with its base; the tapestry hangings for the Courtyard with the posts and bases, the screen for the Courtyard gate; the pegs for The Dwelling, the pegs for the Courtyard with their cords; the official vestments for ministering in the Holy Place, the sacred vestments for Aaron the priest and for his sons serving as priests."

20-26 So everyone in the community of Israel left the presence of Moses. Then they came back, every one whose heart was roused, whose spirit was freely responsive, bringing offerings to GOD for building the Tent of Meeting, furnishing it for worship and making the holy vestments. They came, both men and women, all the willing spirits among them, offering brooches, earrings, rings, necklaces—anything made of gold—offering up their gold jewelry to GOD. And anyone who had blue, purple, and scarlet fabrics; fine linen; goats' hair; tanned leather; and dolphin skins brought them. Everyone who wanted to offer up silver or bronze as a gift to GOD brought it. Everyone who had acacia wood that could be used in the work, brought it. All the women skilled at weaving brought their weavings of blue and purple and scarlet fabrics and their fine linens. And all the women who were gifted in spinning, spun the goats' hair.

27-29 The leaders brought onyx and other precious stones for setting in the Ephod and the Breastpiece. They also brought spices and olive oil for lamp oil, anointing oil, and incense. Every man and woman in Israel whose heart moved them freely to bring something for the work that GOD through Moses had commanded them to make, brought it, a voluntary offering for GOD.

Bezalel and Oholiab

30-35 Moses told the Israelites, "See, GOD has

아들 오홀리압을 가르치는 자로 삼으셨습니다. 하나님께서는 그들에게 조각하는 일과 문양을 그리는 일, 청색 실과 자주색 실과 주홍색 실과 가는 모시실로 천을 짜고 수를 놓는 일에 필요한 지식을 주셨습니다. 이제 그들은 무엇이든 만들 수 있고, 무엇이든 고안해 낼 수 있게 되었습니다."

36

1 "브살렐과 오홀리압은, 하나님께서 그분의 명령대로 성소의 예배에 필요한 모든 것을 만들라고 기술과 지식을 주신 사람들과 함께 일을 시작해야 합니다."

2-3 모세는 브살렐과 오홀리압뿐 아니라 하나님께서 손으로 능숙하게 일하는 재능을 주신 모든 사람을 불러들였다. 그 사람들은 일을 시작하고 그 일에 참여하기를 간절히 원했다. 그들은 이스라엘 자손이 성소를 만드는 일에 쓰라고 가져온 온갖 예물을 모세에게서 넘겨받았다. 백성이 아침마다 계속해서 자발적으로 예물을 가져왔다.

4-5 성소 건립에 필요한 모든 것을 만들던 기술자들이 잇따라 모세에게 와서 말했다. "하나님께서 우리에게 명령하신 일을 하는 데 쓰고도 남을 만큼 넉넉한데도, 백성이 더 많은 예물을 가져오고 있습니다!"

6-7 그래서 모세가 진중에 명령을 내렸다. "남자든 여자든, 성소 건립에 쓸 예물을 더 이상 가져오지 마십시오!"
그 명령을 듣고 백성이 더 이상 예물을 가져오지 않았다! 해야 할 일을 다 할 수 있을 만큼 물자가 넉넉했다. 남을 정도로 넉넉했다.

성막 천

8-13 성막 제작 기술이 있는 모든 사람이 가늘게 꼰 모시실과 청색 실과 자주색 실과 주홍색 실로 열 폭의 천을 짜고, 그 위에 그룹 천사 문양을 수놓았다. 천 한 폭은 길이 12.6미터, 너비 1.8미터였다. 열 폭의 천은 다섯 폭을 옆으로 나란히 이어 한 벌을 만들고, 나머지 다섯 폭도 옆으로 나란히 이어 또 한 벌을 만들었다. 나란히 이은 한 벌의 한쪽 가장자리를 따라 청색 실로 고리를 만들고, 나란히 이은 다른 벌의 한쪽 가장자리에도 그렇게 했다. 그들은 두 벌의 마지막 폭에 각각 오십 개

selected Bezalel son of Uri, son of Hur, of the tribe of Judah. He's filled him with the Spirit of God, with skill, ability, and know-how for making all sorts of things, to design and work in gold, silver, and bronze; to carve stones and set them; to carve wood, working in every kind of skilled craft. And he's also made him a teacher, he and Oholiab son of Ahisamach, of the tribe of Dan. He's gifted them with the know-how needed for carving, designing, weaving, and embroidering in blue, purple, and scarlet fabrics, and in fine linen. They can make anything and design anything."

36

1 "Bezalel and Oholiab, along with everyone whom GOD has given the skill and know-how for making everything involved in the worship of the Sanctuary as commanded by GOD, are to start to work."

2-3 Moses summoned Bezalel and Oholiab along with all whom GOD had gifted with the ability to work skillfully with their hands. The men were eager to get started and engage in the work. They took from Moses all the offerings that the Israelites had brought for the work of constructing the Sanctuary. The people kept on bringing in their freewill offerings, morning after morning.

4-5 All the artisans who were at work making everything involved in constructing the Sanctuary came, one after another, to Moses, saying, "The people are bringing more than enough for doing this work that GOD has commanded us to do!"

6-7 So Moses sent out orders through the camp: "Men! Women! No more offerings for the building of the Sanctuary!"
The people were ordered to stop bringing offerings! There was plenty of material for all the work to be done. Enough and more than enough.

The Tapestries

8-13 Then all the skilled artisans on The Dwelling made ten tapestries of fine twisted linen and blue, purple, and scarlet fabric with an angel-cherubim design worked into the material. Each panel of tapestry was forty-six feet long and six feet wide. Five of the panels were joined together, and then the other five. Loops of

의 고리를 만들어 서로 맞닿게 했다. 그리고 금갈고리 오십 개를 만들어서, 그것으로 두 벌의 천을 서로 연결하여 하나의 온전한 성막이 되게 했다.

14-19 그런 다음 그들은 염소 털로 짜서 만든 열한 폭의 천으로 성막을 덮을 천막을 만들었다. 천 한 폭의 길이는 13.5미터, 너비는 1.8미터였다. 그들은 천 다섯 폭을 나란히 이어 연결하고, 나머지 여섯 폭도 그렇게 연결했다. 그런 다음 나란히 이은 천의 한쪽 가장자리를 따라 고리 오십 개를 만들고, 맞물릴 쪽의 가장자리에도 고리 오십 개를 만들었다. 청동으로 갈고리 오십 개를 만들어서, 그것을 고리에 걸어 하나의 천막이 되게 했다. 그들은 붉게 물들인 가공한 숫양 가죽으로 천막을 덮고, 그 위에 돌고래 가죽을 덮어 일을 마무리했다.

성막의 뼈대

20-30 그들은 아카시아나무 널판을 수직으로 세워 성막의 뼈대를 만들었다. 각 널판은 길이 4.5미터, 너비 67.5센티미터로 하고, 널판마다 촉꽂이 두 개를 만들어 널판을 고정시킬 수 있게 했다. 그들은 모든 널판을 똑같이 만들었다. 남쪽에 세울 널판 스무 개를 만들고, 은밑받침 마흔 개를 만들어, 널판마다 두 개씩 달려 있는 촉꽂이를 꽂을 수 있게 했다. 성막의 북쪽도 같은 구조로 만들었다. 서쪽을 바라보는 성막의 뒤쪽에 세울 널판을 여섯 개 만들고, 성막 뒤쪽 두 모퉁이에 세울 널판도 추가로 두 개 더 만들었다. 두 모퉁이에 세울 널판은 두께가 위에서 아래까지 두 겹이고, 하나의 고리에 끼워 맞췄다. 널판이 여덟 개이고, 각 널판에 밑받침이 두 개씩 있어, 은밑받침이 열여섯 개가 되었다.

31-34 그들은 아카시아나무로 가로다지를 만들었는데, 성막 한쪽 옆면 널판들에 다섯 개, 다른 쪽 옆면 널판들에도 다섯 개, 서쪽을 바라보는 성막 뒤쪽에도 다섯 개를 만들었다. 널판들의 가운데에 끼울 중간 가로다지는 이쪽 끝에서 저쪽 끝까지 이어지게 했다. 그들은 널판에 금을 입히고, 가로다지를 꿸 수 있도록 금고리를 만들었다. 그리고 가로다지에도 금을 입혔다.

35-36 그들은 청색 실과 자주색 실과 주홍색

blue were made along the edge of the outside panel of the first set, and the same on the outside panel of the second set. They made fifty loops on each panel, with the loops opposite each other. Then they made fifty gold clasps and joined the tapestries together so that The Dwelling was one whole.

14-19 Next they made tapestries of woven goat hair for a tent that would cover The Dwelling. They made eleven panels of these tapestries. The length of each panel was forty-five feet long and six feet wide. They joined five of the panels together, and then the other six, by making fifty loops along the edge of the end panel and fifty loops along the edge of the joining panel, then making fifty clasps of bronze, connecting the clasps to the loops, bringing the tent together. They finished it off by covering the tapestries with tanned rams' skins dyed red, and covered that with dolphin skins.

The Framing

20-30 They framed The Dwelling with vertical planks of acacia wood, each section of frame fifteen feet long and two and a quarter feet wide, with two pegs for securing them. They made all the frames identical: twenty frames for the south side, with forty silver sockets to receive the two tenons from each of the twenty frames; they repeated that construction on the north side of The Dwelling. For the rear of The Dwelling facing west, they made six frames, with two additional frames for the rear corners. Both of the two corner frames were double in thickness from top to bottom and fit into a single ring—eight frames altogether with sixteen sockets of silver, two under each frame.

31-34 They made crossbars of acacia wood, five for the frames on one side of The Dwelling, five for the other side, and five for the back side facing west. The center crossbar ran from end to end halfway up the frames. They covered the frames with a veneer of gold, made gold rings to hold the crossbars, and covered the crossbars with a veneer of gold.

35-36 They made the curtain of blue, purple, and scarlet material and fine twisted linen. They wove a design of angel-cherubim into it. They made four posts of acacia wood, covered them with a veneer of gold, and

실과 가늘게 꼰 모시실로 휘장을 만들었다. 그리고 휘장에 그룹 천사 문양을 짜 넣었다. 아카시아나무로 기둥 네 개를 만들어 금을 입히고, 그 기둥을 받칠 은밑받침 네 개를 주조했다.
37-38 그들은 성막 문을 가릴 막을 만들었는데, 청색 실과 자주색 실과 주홍색 실과 가늘게 꼰 모시실로 수를 놓아 만들었다. 아카시아나무로 기둥 다섯 개를 만들고 금을 입혀서 뼈대로 세우고, 막을 칠 수 있게 금갈고리를 만들고, 기둥을 받칠 청동밑받침도 다섯 개 만들었다.

언약궤

37 1-5 브살렐은 아카시아나무로 궤를 만들었다. 길이 1.12미터, 너비와 높이는 67.5센티미터가 되게 만들었다. 궤의 안과 밖에 순금을 입히고, 그 둘레에 금테를 둘렀다. 금고리 네 개를 주조하여 궤의 네 다리에 달되, 한쪽에 고리 두 개, 다른 한쪽에 고리 두 개를 달았다. 아카시아나무로 채를 만들어 금을 입혔고, 그 채를 궤 양쪽에 달린 고리에 끼워서 궤를 들 수 있게 했다.
6 그런 다음 그는 궤의 덮개, 곧 속죄판을 순금으로 만들었는데, 길이 1.12미터, 너비 67.5센티미터가 되게 했다.
7-9 그는 두들겨 편 금으로 날개 달린 그룹 천사 둘을 조각하여 속죄판 양쪽 끝에 자리 잡게 했는데, 천사 하나는 이쪽 끝에, 다른 하나는 저쪽 끝에 자리 잡게 했고, 천사들과 속죄판이 하나로 이어지게 했다. 천사들은 날개를 활짝 펴고 속죄판 위에 머무는 듯 보였고, 서로 마주 보며 속죄판을 내려다보는 것 같았다.

임재의 빵을 차려 놓는 상

10-15 그는 아카시아나무로 상을 만들었다. 길이 90센티미터, 너비 45센티미터, 높이 67.5센티미터가 되게 하고, 그 위에 순금을 입히고, 그 둘레에는 금테를 둘렀다. 상 둘레에는 손바닥 너비만 한 턱을 만들고, 그 턱의 둘레에도 금테를 둘렀다. 상에 매달 금고리 네 개를 주조하여, 상의 네 다리에 상의 윗면과 평행이 되게 달았다. 그 고리들은 상을 나를 때 쓰는 채를 끼우는 데 사용될 것이었다. 채는 아카시아나무로 만들고, 거기에 금을 입혔다. 이 채는 상을 나를 때 사용될 것이었다.
16 그는 상에 쓸 기구들, 곧 접시와 대접과 단지, 그리고 부어 드리는 제물을 담는 주전자를 순금으로 만들었다.

cast four silver bases for them.
37-38 They made a screen for the door of the tent, woven from blue, purple, and scarlet material and fine twisted linen with embroidery. They framed the weaving with five poles of acacia wood covered with a veneer of gold, and made gold hooks to hang the weaving and five bronze bases for the poles.

The Chest

37 1-5 Bezalel made the Chest using acacia wood: He made it three and three-quarters feet long and two and a quarter feet wide and deep. He covered it inside and out with a veneer of pure gold and made a molding of gold all around it. He cast four gold rings and attached them to its four feet, two rings on one side and two rings on the other. He made poles from acacia wood, covered them with a veneer of gold, and inserted the poles for carrying the Chest into the rings on the sides.
6 Next he made a lid of pure gold for the Chest, an Atonement-Cover, three and three-quarters feet long and two and a quarter feet wide.
7-9 He sculpted two winged angel-cherubim out of hammered gold for the ends of the Atonement-Cover, one angel at one end, one angel at the other. He made them of one piece with the Atonement-Cover. The angels had outstretched wings and appeared to hover over the Atonement-Cover, facing one another but looking down on the Atonement-Cover.

The Table

10-15 He made the Table from acacia wood. He made it three feet long, one and a half feet wide and two and a quarter feet high. He covered it with a veneer of pure gold and made a molding of gold all around it. He made a border a handbreadth wide all around it and a rim of gold for the border. He cast four rings of gold for it and attached the rings to the four legs parallel to the tabletop. They will serve as holders for the poles used to carry the Table. He made the poles of acacia wood and covered them with a veneer of

등잔대

17-23 그는 두들겨 편 순금으로 등잔대를 만들고, 등잔대의 줄기와 가지와 잔과 꽃받침과 꽃잎이 모두 하나로 이어지게 만들었다. 등잔대의 줄기 양쪽에 가지 여섯 개를 냈는데, 한쪽에 세 개, 다른 한쪽에 세 개를 냈다. 가지에는 꽃받침과 꽃잎이 달린 감복숭아꽃 모양의 잔 세 개를 얹었고, 줄기에서 나온 가지 여섯 개를 모두 그렇게 만들었다. 등잔대의 줄기에는 꽃받침과 꽃잎이 달린 감복숭아꽃 모양의 잔 네 개를 만들어 달았다. 줄기에서 양쪽으로 갈라져 나온 가지 한 쌍마다 그 아래에 꽃받침을 하나씩 달았다. 두들겨 편 순금으로 줄기와 꽃받침을 포함한 등잔대 전체를 만들었고, 전체가 하나로 이어지게 했다. 그는 등잔 일곱 개와 심지 자르는 가위를 모두 순금으로 만들었다.

24 그는 약 34킬로그램의 순금을 사용하여 등잔대와 그 부속 기구들을 만들었다.

분향단

25-28 그는 아카시아나무로 분향단을 만들었다. 가로와 세로가 45센티미터인 정사각형 모양이 되게 하고, 높이는 90센티미터가 되게 하고, 제단과 네 뿔이 하나로 이어지게 했다. 분향단의 윗면과 네 옆면과 뿔에 순금을 입히고, 그 둘레에 금테를 두르고, 금테 밑에 금고리 두 개를 만들어 달았다. 두 개의 고리를 분향단 양쪽 옆에 달아 그 고리에 채를 꿰어 분향단을 나를 수 있게 했다. 채는 아카시아나무로 만들어 금을 입혔다.

29 또한 그는 향 제조하는 법에 따라, 거룩하게 구별하는 기름과 순수하고 향기로운 향을 마련했다.

번제단

38 1-7 그는 아카시아나무로 번제단을 만들었다. 가로와 세로가 2.25미터로 정사각형 모양이 되게 만들고, 높이는 1.35미터가 되게 했다. 네 귀퉁이에는 뿔을 하나씩 만들어 달았다. 네 개의 뿔이 제단과 하나로 이어지게 했고 청동을 입혔다. 그는 제단에 쓰이는 모든 기구, 곧 재를 담는 통, 부삽, 대야, 고기 집게, 화로를 청동으로 만들었다. 그는 청동으로 그물 모양의 석쇠를 만들어 제단 가장자리 밑에 달아 제단 중간에 자리 잡게 했다. 그리고 채를 꿸 수 있도록 고리 네 개를 주조하여 석쇠의 네 귀퉁이에 하나씩 달았다. 채는 아카시아나무로 만들어 청동을 입혔다. 그러고는 제단 양쪽에 달린 고리에 그 채를 꿰

gold. They will be used to carry the Table.

16 Out of pure gold he made the utensils for the Table: its plates, bowls, jars, and jugs used for pouring.

The Lampstand

17-23 He made a Lampstand of pure hammered gold, making its stem and branches, cups, calyxes, and petals all of one piece. It had six branches, three from one side and three from the other; three cups shaped like almond blossoms with calyxes and petals on one branch, three on the next, and so on—the same for all six branches. On the main stem of the Lampstand, there were four cups shaped like almonds, with calyxes and petals, a calyx extending from under each pair of the six branches. The entire Lampstand with its calyxes and stems was fashioned from one piece of hammered pure gold. He made seven of these lamps with their candle snuffers, all out of pure gold.

24 He used a seventy-five-pound brick of pure gold to make the Lampstand and its accessories.

The Altar of Incense

25-28 He made an Altar for burning incense from acacia wood. He made it a foot and a half square and three feet high, with its horns of one piece with it. He covered it with a veneer of pure gold, its top, sides, and horns, and made a gold molding around it with two rings of gold beneath the molding. He placed the rings on the two opposing sides to serve as holders for poles by which it will be carried. He made the poles of acacia wood and covered them with a veneer of gold.

29 He also prepared with the art of a perfumer the holy anointing oil and the pure aromatic incense.

The Altar of Whole-Burnt-Offering

38 1-7 He made the Altar of Whole-Burnt-Offering from acacia wood. He made it seven and a half feet square and four and a half feet high. He made horns at each of the four corners. The horns were made of one piece with the Altar and covered with a veneer of bronze. He made from bronze all the utensils for the Altar:

어 제단을 나를 수 있게 했다. 제단은 널판으로 만들었는데, 속이 비게 했다.

대야

8 그는 회막 입구에서 섬기도록 임명받은 여인들의 거울을 녹여 청동대야와 그 받침대를 만들었다.

성막 뜰

9-11 그는 성막 뜰을 만들었다. 뜰의 남쪽 면에는 길이 45미터의 휘장이 성막 뜰을 두르고 있었는데, 이 휘장은 가늘게 꼰 모시실로 짠 것이었다. 또한 남쪽에는 휘장을 칠 기둥 스무 개와 청동으로 만든 밑받침 스무 개, 그리고 은으로 만든 갈고리와 줄이 있었다. 뜰의 북쪽 면도 남쪽 면과 똑같았다.

12-20 뜰의 서쪽 끝에는 길이 22.5미터 되는 휘장과 기둥 열 개와 밑받침 열 개, 은갈고리와 은줄이 있었다. 뜰의 앞쪽, 곧 뜰의 동쪽 끝의 길이도 22.5미터였는데, 한쪽에 기둥 세 개와 밑받침 세 개가 있고, 길이 6.75미터 되는 휘장이 쳐져 있었다. 다른 한쪽도 똑같이 되어 있었다. 뜰 사방에 두른 휘장은 모두 가늘게 꼰 모시실로 짠 것이었다. 기둥 밑받침은 청동으로 만들었고, 기둥에 거는 갈고리와 줄은 은으로 만들었다. 뜰의 기둥 머리들은 은으로 덮개를 하고 은줄로 동여져 있었다. 뜰의 정문 입구에 친 막은 청색 실과 자주색 실과 주홍색 실과 가늘게 꼰 모시실로 수를 놓아 짠 것이었다. 길이 9미터, 높이 2.25미터로 뜰의 휘장과 잘 어울렸다. 기둥 네 개와 청동밑받침이 있었고, 갈고리는 은이었다. 기둥은 은으로 덮개를 하고 은줄로 동였다. 성막과 뜰에 박을 말뚝은 모두 청동으로 만들었다.

성막 공사의 명세서

21-23 다음은 증거판을 안치한 성막 공사의 명세서로, 제사장 아론의 아들 이다말이 모세의 지시를 받아 레위 사람들을 시켜 작성한 것이다. 유다 지파 사람 훌의 손자이며 우리의 아들인 브살렐이 하나님께서 모세에게 명령하신 모든 것을 만들었다. 브살렐과 함께 일한 단 지파 사람 아히사막의 아들 오홀리압은 솜씨 좋은 장인이자 도안가이며,

the buckets for removing the ashes, shovels, basins, forks, and fire pans. He made a grate of bronze mesh under the ledge halfway up the Altar. He cast four rings at each of the four corners of the bronze grating to hold the poles. He made the poles of acacia wood and covered them with a veneer of bronze. He inserted the poles through the rings on the two sides of the Altar for carrying it. The Altar was made out of boards; it was hollow.

The Washbasin

8 He made the Bronze Washbasin and its bronze stand from the mirrors of the women's work group who were assigned to serve at the entrance to the Tent of Meeting.

The Courtyard

9-11 And he made the Courtyard. On the south side the hangings for the Courtyard, woven from fine twisted linen, were 150 feet long, with their twenty posts and twenty bronze bases, and fastening hooks and bands of silver. The north side was exactly the same.

12-20 The west end of the Courtyard had seventy-five feet of hangings with ten posts and bases, and fastening hooks and bands of silver. Across the seventy-five feet at the front, or east end, were twenty-two and a half feet of hangings, with their three posts and bases on one side and the same for the other side. All the hangings around the Courtyard were of fine twisted linen. The bases for the posts were bronze and the fastening hooks and bands on the posts were of silver. The posts of the Courtyard were both capped and banded with silver. The screen at the door of the Courtyard was embroidered in blue, purple, and scarlet fabric with fine twisted linen. It was thirty feet long and seven and a half feet high, matching the hangings of the Courtyard. There were four posts with bases of bronze and fastening hooks of silver; they were capped and banded in silver. All the pegs for The Dwelling and the Courtyard were made of bronze.

21-23 This is an inventory of The Dwelling that housed The Testimony drawn up by order of Moses for the work of the Levites under Ithamar, son of Aaron the

청색 실과 자주색 실과 주홍색 실과 가는 모시실로 수를 놓는 사람이었다.

24 금. 성소 건축 공사에 사용된 금, 자원하여 바친 금은 성소 도량형으로 모두 994킬로그램이었다.

25-28 은. 인구조사를 받은 공동체 사람들에게서 거둔 은은 성소 도량형으로 3,419킬로그램이었다. 인구조사를 받은 스무 살 이상의 사람이 모두 603,550명으로, 각 사람이 일 베가, 곧 반 세겔을 낸 셈이다. 그들은 은 3,400킬로그램을 들여 성소 밑받침과 휘장 밑받침을 주조했다. 밑받침은 백 개를 주조했는데, 밑받침 하나당 은 34킬로그램이 들었다. 또한 그들은 나머지 은 19킬로그램을 들여 기둥에 연결할 갈고리와 기둥머리에 씌울 덮개, 기둥에 동여맬 줄을 만들었다.

29-31 청동. 거두어들인 청동은 무게가 2,406킬로그램이었다. 그것으로 회막 문과 청동 제단과 거기에 다는 석쇠와 제단의 모든 기구와 뜰 사방의 밑받침을 만들고, 성막과 뜰에 박을 모든 말뚝을 만들었다.

제사장이 입을 옷

39 1 예복. 그들은 청색 실과 자주색 실과 주홍색 실로 성소에서 섬길 때 입는 예복을 짜서 만들었다. 또한 그들은 하나님께서 모세에게 명령하신 대로 아론이 입을 거룩한 예복도 만들었다.

2-5 에봇. 그들은 금실과 청색 실과 자주색 실과 주홍색 실과 가늘게 꼰 모시실로 에봇을 만들었다. 그들은 금판을 두들겨 얇게 편 다음 그것을 잘라 여러 가닥의 실로 만들고, 청색 실과 자주색 실과 주홍색 실과 가늘게 꼰 모시실과 함께 섞어 짜서 문양을 만들었다. 멜빵은 에봇 양쪽 끝에 달아서 조일 수 있게 했다. 장식 허리띠는 하나님께서 모세에게 명령하신 대로 에봇과 같은 재질로 만들되, 금실과 청색 실과 자주색 실과 주홍색 실과 가늘게 꼰 모시실로 만들고 에봇에 이어 붙여 하나가 되게 했다.

6-7 그들은 마노 보석 두 개를 세공한 금테에 물리고 이스라엘의 아들들 이름을 그 보석에 새긴 다음, 그 보석들을 에봇의 양쪽 멜빵에 달아 이스라엘 자손을 기념하는 보석으로 삼았다. 이는 하나님께서 모세에게

priest. Bezalel, the son of Uri, son of Hur, of the tribe of Judah, made everything that GOD had commanded Moses. Working with Bezalel was Oholiab, the son of Ahisamach, of the tribe of Dan, an artisan, designer, and embroiderer in blue, purple, and scarlet fabrics and fine linen.

24 Gold. The total amount of gold used in construction of the Sanctuary, all of it contributed freely, weighed out at 1,900 pounds according to the Sanctuary standard.

25-28 Silver. The silver from those in the community who were registered in the census came to 6,437 pounds according to the Sanctuary standard–that amounted to a *beka*, or half-shekel, for every registered person aged twenty and over, a total of 603,550 men. They used the three and one-quarter tons of silver to cast the bases for the Sanctuary and for the hangings, one hundred bases at sixty-four pounds each. They used the remaining thirty-seven pounds to make the connecting hooks on the posts, and the caps and bands for the posts.

29-31 Bronze. The bronze that was brought in weighed 4,522 pounds. It was used to make the door of the Tent of Meeting, the Bronze Altar with its bronze grating, all the utensils of the Altar, the bases around the Courtyard, the bases for the gate of the Courtyard, and all the pegs for The Dwelling and the Courtyard.

39 1 Vestments. Using the blue, purple, and scarlet fabrics, they made the woven vestments for ministering in the Sanctuary. Also they made the sacred vestments for Aaron, as GOD had commanded Moses.

2-5 Ephod. They made the Ephod using gold and blue, purple, and scarlet fabrics and finely twisted linen. They hammered out gold leaf and sliced it into threads that were then worked into designs in the blue, purple, and scarlet fabric and fine linen. They made shoulder pieces fastened at the two ends. The decorated band was made of the same material–gold, blue, purple, and scarlet material, and of fine twisted linen–and of one piece with it, just as GOD had commanded Moses.

6-7 They mounted the onyx stones in a setting of filigreed gold and engraved the names of the sons of

명령하신 대로 행한 것이다.
8-10 가슴받이. 그들은 에봇을 만들 때와 마찬가지로 금실과 청색 실과 자주색 실과 주홍색 실과 가늘게 꼰 모시실로 가슴받이를 만들었다. 두 겹으로 만들어진 가슴받이는 가로와 세로가 23 센티미터인 정사각형 모양이었다. 거기에 값진 보석을 네 줄로 박아 넣었다.
첫째 줄에는 홍옥수와 황옥과 취옥을
11 둘째 줄에는 홍옥과 청보석과 수정을
12 셋째 줄에는 청옥과 마노와 자수정을
13-14 넷째 줄에는 녹주석과 얼룩 마노와 벽옥을 박아 넣었다.
이 보석들을 세공한 금테에 물렸다. 열두 보석은 이스라엘의 아들들의 수대로 열둘이었다. 인장을 새기듯이 열두 이름을 새겼는데, 각 사람의 이름은 열두 지파를 나타냈다.
15-21 그들은 순금을 새끼줄처럼 꼬아서 가슴받이를 매달 사슬을 만들었다. 그들은 금테 두 개와 금고리 두 개를 만들어서, 그 두 고리를 가슴받이의 양쪽 끝에 달고, 금줄 두 개의 끝을 가슴받이 끝에 달려 있는 두 개의 고리에 붙들어 맸다. 그런 다음 금줄을 두 개의 테에 붙잡아 매고, 그것들을 에봇 멜빵 앞에 달았다. 또 금고리 두 개를 만들어서 가슴받이 양 끝, 곧 에봇과 만나는 가슴받이 안쪽 가장자리에 달았다. 그런 다음 금고리 두 개를 더 만들어서 에봇의 앞 양쪽 두 멜빵 아랫부분, 곧 장식 허리띠 위쪽 이음매 곁에 달았다. 청색 줄로 가슴받이 고리와 에봇 고리를 이어 가슴받이를 고정시켜서, 가슴받이가 에봇의 장식 허리띠 위에 튼튼하게 붙어 늘어지지 않게 했다. 하나님께서 모세에게 명령하신 대로 행했다.
22-26 겉옷. 그들은 에봇에 받쳐 입을 겉옷을 모두 청색으로 만들었다. 겉옷의 가운데에 구멍을 내고, 그 구멍의 둘레를 옷깃처럼 감침질하여 찢어지지 않게 했다. 겉옷의 가장자리에는 청색 실과 자주색 실과 주홍색 실과 가늘게 꼰 모시실로 석류 모양의 술을 만들어 달았다. 또한 그들은 순금으로 방울을 만들어서, 겉옷의 가장자리를 돌아가며 방울과 석류를 번갈아 달았다. 성막에서 섬길 때 입는 겉옷의 가장자리를 돌아가며 방울 하나 석류 하나, 또 방울 하나 석류 하나를 달았다. 하나님께서 모세에게 명령하신 대로 행했다.
27-29 그들은 또 아론과 그의 아들들을 위해 직

Israel on them, then fastened them on the shoulder pieces of the Ephod as memorial stones for the Israelites, just as GOD had commanded Moses.
8-10 Breastpiece. They made a Breastpiece designed like the Ephod from gold, blue, purple, and scarlet material, and fine twisted linen. Doubled, the Breastpiece was nine inches square. They mounted four rows of precious gemstones on it.
First row: carnelian, topaz, emerald.
11 Second row: ruby, sapphire, crystal.
12 Third row: jacinth, agate, amethyst.
13-14 Fourth row: beryl, onyx, jasper.
The stones were mounted in a gold filigree. The twelve stones corresponded to the names of the sons of Israel, twelve names engraved as on a seal, one for each of the twelve tribes.
15-21 They made braided chains of pure gold for the Breastpiece, like cords. They made two settings of gold filigree and two rings of gold, put the two rings at the two ends of the Breastpiece, and fastened the two ends of the cords to the two rings at the end of the Breastpiece. Then they fastened the cords to the settings of filigree, attaching them to the shoulder pieces of the Ephod in front. Then they made two rings of gold and fastened them to the two ends of the Breastpiece on its inside edge facing the Ephod. They made two more rings of gold and fastened them in the front of the Ephod to the lower part of the two shoulder pieces, near the seam above the decorated band of the Ephod. The Breastpiece was fastened by running a cord of blue through its rings to the rings of the Ephod so that it rested secure on the decorated band of the Ephod and wouldn't come loose, just as GOD had commanded Moses.
22-26 Robe. They made the robe for the Ephod entirely of blue. The opening of the robe at the center was like a collar, the edge hemmed so that it wouldn't tear. On the hem of the robe they made pomegranates of blue, purple, and scarlet material and fine twisted linen. They also made bells of pure gold and alternated the bells and pomegranates—a bell and a pomegranate, a bell and a pomegranate—all around the hem of the robe that was worn for ministering, just as GOD had commanded Moses.
27-29 They also made the tunics of fine linen, the

조공이 만든 가는 모시실로 속옷을 만들고, 가는 모시실로 두건을, 모시실로 관을, 가늘게 꼰 모시실로 속바지를 만들고, 가늘게 꼰 모시실과 청색 실과 자주색 실과 주홍색 실로 수를 놓아 허리띠를 만들었다. 하나님께서 모세에게 명령하신 대로 행했다.

30-31 그들은 순금으로 패, 곧 거룩한 관을 만들고, 인장을 새기듯이 그 위에 '하나님께 거룩'이라고 새겼다. 그것을 청색 끈에 매어 두건에 달았다. 하나님께서 모세에게 명령하신 대로 행했다.

성막을 완성하다

32 이렇게 해서 성막, 곧 회막이 완성되었다. 이스라엘 백성은 하나님께서 모세에게 명령하신 모든 것을, 하나도 빠뜨리지 않고 모두 행했다.

33-41 그들은 성막, 곧 회막과 거기에 딸린 모든 기구를 모세에게 가져왔다. 그 내역은 이러하다.

붙잡아 매는 갈고리
널판
가로다지
기둥
밑받침
가공한 숫양 가죽 덮개
돌고래 가죽 덮개
칸막이 휘장
증거궤와
거기에 딸린 채와
속죄판
상과
거기에 딸린 기구와
임재의 빵
순금 등잔대와
거기에 장착할 등잔들
그리고 거기에 딸린 모든 기구와
등잔에 쓸 기름
금제단
거룩하게 구별하는 기름
분향할 향
성막 문에 치는 막
청동제단과
거기에 딸린 청동석쇠와
제단의 채와 모든 부속 기구들
대야와
그 받침대

work of a weaver, for Aaron and his sons, the turban of fine linen, the linen hats, the linen underwear made of fine twisted linen, and sashes of fine twisted linen, blue, purple, and scarlet material and embroidered, just as GOD had commanded Moses.

30-31 They made the plate, the sacred crown, of pure gold and engraved on it as on a seal: "Holy to GOD." They attached a blue cord to it and fastened it to the turban, just as GOD had commanded Moses.

32 That completed the work of The Dwelling, the Tent of Meeting. The People of Israel did what GOD had commanded Moses. They did it all.

33-41 They presented The Dwelling to Moses, the Tent and all its furnishings:

fastening hooks
frames
crossbars
posts
bases
tenting of tanned ram skins
tenting of dolphin skins
veil of the screen
Chest of The Testimony
with its poles
and Atonement-Cover
Table
with its utensils
and the Bread of the Presence
Lampstand of pure gold
and its lamps all fitted out
and all its utensils
and the oil for the light
Gold Altar
anointing oil
fragrant incense
screen for the entrance to the Tent
Bronze Altar
with its bronze grate
its poles and all its utensils
Washbasin
and its base
hangings for the Courtyard
its posts and bases

성막 뜰에 두르는 휘장과
휘장을 칠 기둥과 밑받침
성막 뜰 정문에 칠 막과
막을 칠 줄과 말뚝
성막, 곧 회막에서 섬길 때 쓰는 기구들
성소에서 섬길 때 입는 예복
제사장 아론과
그의 아들들이 제사장으로 섬길 때 입는 거룩한 예복.

42-43 이스라엘 자손은 모든 일을 하나님께서 명령하신 대로 다 마쳤다. 모세는 그들이 모든 일을 마친 것과 하나님께서 명령하신 대로 행한 것을 보고, 그들을 축복했다.

모세가 하나님께서 명령하신 대로 다 행하다

40 1-3 하나님께서 모세에게 말씀하셨다. "첫째 달 첫째 날에 성막, 곧 회막을 세워라. 그 안에 증거궤를 두고 휘장을 쳐서 그 궤를 가려라.
4 상을 가져다가 놓고, 등잔대와 등잔을 배치하여라.
5 금으로 만든 분향단을 증거궤 앞에 두고 성막 문에 휘장을 달아라.
6 번제단을 성막, 곧 회막 입구에 놓아라.
7 대야를 회막과 제단 사이에 놓고, 거기에 물을 채워라.
8 회막 사방에 뜰을 만들고 뜰 입구에는 휘장을 달아라.
9-11 그런 다음 거룩하게 구별하는 기름을 가져다가 성막과 그 안에 있는 모든 것에 바르고, 성막과 거기에 딸린 모든 기구를 거룩하게 구별하여라. 그러면 그것들이 거룩하게 될 것이다. 번제단과 거기에 딸린 모든 기구에 기름을 발라 제단을 거룩하게 구별하여라. 그러면 제단이 지극히 거룩하게 될 것이다. 대야와 그 받침대에 기름을 발라 거룩하게 구별하여라.
12-15 마지막으로, 아론과 그의 아들들을 회막 문으로 데려가 물로 씻겨라. 아론에게 거룩한 예복을 입히고 그에게 기름을 붓고, 그를 거룩*하게 구별하여 나를 섬기는 제사장*으로 세워라. 그의 아들들을 데려다가 속옷을 입히고, 네가 그들의 아버지에게 기름을 부었던 것처럼 그들에게도 기름을 부어 나를 섬기는 제사장으로 세워라. 그들은 기름부음을 받음으로써 대

screen for the gate of the Courtyard
its cords and its pegs
utensils for ministry in The Dwelling, the Tent of Meeting
woven vestments for ministering in the Sanctuary
sacred vestments for Aaron the priest,
and his sons when serving as priests

42-43 The Israelites completed all the work, just as GOD had commanded. Moses saw that they had done all the work and done it exactly as GOD had commanded. Moses blessed them.

"Moses Finished the Work"

40 1-3 GOD spoke to Moses: "On the first day of the first month, set up The Dwelling, the Tent of Meeting. Place the Chest of The Testimony in it and screen the Chest with the curtain.
4 "Bring in the Table and set it, arranging its Lampstand and lamps.
5 "Place the Gold Altar of Incense before the Chest of The Testimony and hang the curtain at the door of The Dwelling.
6 "Place the Altar of Whole-Burnt-Offering at the door of The Dwelling, the Tent of Meeting.
7 "Place the Washbasin between the Tent of Meeting and the Altar and fill it with water.
8 "Set up the Courtyard on all sides and hang the curtain at the entrance to the Courtyard.
9-11 "Then take the anointing oil and anoint The Dwelling and everything in it; consecrate it and all its furnishings so that it becomes holy. Anoint the Altar of Whole-Burnt-Offering and all its utensils, consecrating the Altar so that it is completely holy. Anoint the Washbasin and its base: consecrate it.
12-15 "Finally, bring Aaron and his sons to the entrance of the Tent of Meeting and wash them with water. Dress Aaron in the sacred vestments. Anoint him. Consecrate him to serve me as priest. Bring his sons and put tunics on them. Anoint them, just as you anointed their father, to serve me as priests. Their anointing will bring them into a perpetual priesthood, down through the generations."
16 Moses did everything God commanded. He did it all.

대로 영원한 제사장직을 맡게 될 것이다."

16 모세는 **하나님**께서 명령하신 모든 것을 하나도 빠뜨리지 않고 다 행했다.

17-19 둘째 해 첫째 달 첫째 날에 성막이 세워졌다. 모세가 성막을 세웠는데, 밑받침을 놓고, 널판을 세우고, 가로다지를 얹고, 기둥을 세우고, 성막 위로 천막을 펴고, 천막 위에 덮개를 씌웠다. **하나님**께서 모세에게 명령하신 대로 행했다.

20-21 모세는 증거판을 궤 안에 놓고, 궤를 나를 수 있도록 채를 끼우고, 궤 위에 덮개 곧 속죄판을 얹었다. 그러고는 궤를 성막 안에 들여놓고 휘장을 쳐서 증거궤를 가렸다. **하나님**께서 모세에게 명령하신 대로 행했다.

22-23 모세는 회막 안, 성막의 북쪽 면, 휘장 바깥쪽에 상을 놓고 거기 **하나님** 앞에 빵을 차려 놓았다. **하나님**께서 모세에게 명령하신 대로 행했다.

24-25 모세는 회막 안, 상의 맞은편, 성막의 남쪽 면에 등잔대를 놓고 **하나님** 앞에 등잔들을 올려놓았다. **하나님**께서 그에게 명령하신 대로 행했다.

26-27 모세는 금제단을 회막 안, 휘장 앞에 놓고 그 위에 향기로운 향을 피웠다. **하나님**께서 그에게 명령하신 대로 행했다.

28 모세는 성막 문에 막을 달았다.

29 모세는 성막, 곧 회막 문에 번제단을 놓고 번제와 곡식 제사를 드렸다. **하나님**께서 그에게 명령하신 대로 행했다.

30-32 모세는 회막과 제단 사이에 대야를 놓고 거기에 씻을 물을 채웠다. 모세와 아론과 그의 아들들이 거기서 손과 발을 씻었다. 그들은 회막에 들어갈 때와 제단에서 섬길 때 거기서 씻었다. **하나님**께서 모세에게 명령하신 대로 행했다.

33 마지막으로, 모세는 성막과 제단 주위에 뜰을 조성하고, 뜰 입구에 막을 달았다.

모세는 일을 다 마쳤다.

34-35 구름이 회막을 덮고, **하나님**의 영광이 성막에 가득했다. 구름이 회막 위에 있고 **하나님**의 영광이 성막에 가득했으므로, 모세는 회막 안으로 들어갈 수 없었다.

36-38 구름이 성막에서 걷힐 때면, 이스라엘 백

17-19 On the first day of the first month of the second year, The Dwelling was set up. Moses set it up: He laid its bases, erected the frames, placed the crossbars, set the posts, spread the tent over The Dwelling, and put the covering over the tent, just as GOD had commanded Moses.

20-21 He placed The Testimony in the Chest, inserted the poles for carrying the Chest, and placed the lid, the Atonement-Cover, on it. He brought the Chest into The Dwelling and set up the curtain, screening off the Chest of The Testimony, just as GOD had commanded Moses.

22-23 He placed the Table in the Tent of Meeting on the north side of The Dwelling, outside the curtain, and arranged the Bread there before GOD, just as GOD had commanded him.

24-25 He placed the Lampstand in the Tent of Meeting opposite the Table on the south side of The Dwelling and set up the lamps before GOD, just as GOD had commanded him.

26-27 Moses placed the Gold Altar in the Tent of Meeting in front of the curtain and burned fragrant incense on it, just as GOD had commanded him.

28 He placed the screen at the entrance to The Dwelling.

29 He set the Altar of Whole-Burnt-Offering at the door of The Dwelling, the Tent of Meeting, and offered up the Whole-Burnt-Offerings and the Grain-Offerings, just as GOD had commanded Moses.

30-32 He placed the Washbasin between the Tent of Meeting and the Altar, and filled it with water for washing. Moses and Aaron and his sons washed their hands and feet there. When they entered the Tent of Meeting and when they served at the Altar, they washed, just as GOD had commanded Moses.

33 Finally, he erected the Courtyard all around The Dwelling and the Altar, and put up the screen for the Courtyard entrance.

Moses finished the work.

34-35 The Cloud covered the Tent of Meeting, and the Glory of GOD filled The Dwelling. Moses couldn't enter the Tent of Meeting because the Cloud was upon it, and the Glory of GOD filled The Dwelling.

성이 길을 나섰다. 그러나 구름이 걷히지 않으면, 그 들은 구름이 걷히기까지 길을 나서지 않았다. 낮에는 하나님의 구름이 성막 위에 있고 밤에는 불이 그 구름 가운데 있어서, 온 이스라엘 자손이 모든 여정에서 그것을 볼 수 있었다.

36-38 Whenever the Cloud lifted from The Dwelling, the People of Israel set out on their travels, but if the Cloud did not lift, they wouldn't set out until it did lift. The Cloud of GOD was over The Dwelling during the day and the fire was in it at night, visible to all the Israelites in all their travels.

레위기 | 머리말

인류가 결코 포기하지 않는 습관 가운데 하나는 하나님을 길들이겠다는 고집이다. 우리는 하나님을 길들이겠다고 결심한다. 우리의 계획을 위해 하나님을 이용할 방법을 생각해 낸다. 우리의 계획과 야망과 기호에 들어맞는 크기로 하나님을 축소시키려 한다.

그러나 성경은 우리가 그럴 수 없다고 훨씬 더 고집스럽게 말한다. 하나님이 우리의 계획에 딱 들어맞으실 리가 없다. 오히려 우리가 그분의 계획에 맞춰야 한다. 우리는 하나님을 이용할 수 없다. 하나님은 도구나 기구나 신용카드가 아니시다.

> "너희는 내가 명령한 것을 행하고, 내가 일러 준 대로 살아라. 나는 **하나님**이다.
> 나의 거룩한 이름을 더럽히지 마라. 나는 이스라엘 백성 가운데서 거룩하게 높임을 받기 원한다. 나는 너희를 거룩하게 하는 **하나님**이다. 나는 너희 하나님이 되려고 너희를 이집트에서 이끌어 낸 **하나님**이다. 나는 **하나님**이다"(레 22:31-33).

우리는 소원성취라는 우리의 환상이나 세상의 명성을 얻으려는 이상적인 계획에 하나님을 끌어들이려고 시도한다. 우리의 그러한 시도로부터 하나님을 구별해 주는 단어가 다름 아닌 '거룩'이다. 거룩은 하나님께서 그분의 방식대로 살아 계시며, 우리의 경험과 상상을 뛰어넘는 방식으로 살아 계시다는 뜻이다. 거룩은 강렬한 순수성으로 타오르는 생명, 접촉하는 것은 무엇이든 변화시키는 생명과 관계가 있다.

하나님은 모든 생명의 중심이시며 거룩한 하나님이시다. 그러므로 우리가 바라는 하나님이 아니라 있는 그대로의 하나님께 응답하며 살기 위해서는, 많은 가르침과 오랜 훈련이 필요하다. 레위기는 이집트에서 건짐받은 우리의 조상이 가나안 땅에 정착하기 위해 길을 떠나는 이야기에서 잠시 쉬어 가는 대목이라 할 수 있다. 일종의 연장된 중간휴식, 곧 '거룩'이 무엇인지 조금도 알지 못하는 문화 속에서 '거룩하게' 살기 위해, 상세하고도 대단히 신중하게 준비하는 시간이다. 이 백성은 가나안에 들어가는 순간, 우상이라는 일촉즉발의 치명적인 지뢰밭을 지나가야 할 것이다. 그 우

One of the stubbornly enduring habits of the human race is to insist on domesticating God. We are determined to tame him. We figure out ways to harness God to our projects. We try to reduce God to a size that conveniently fits our plans and ambitions and tastes.

But our Scriptures are even more stubborn in telling us that we can't do it. God cannot be fit into our plans, we must fit into his. We can't use God – God is not a tool or appliance or credit card.

> "Do what I tell you; *live* what I tell you. I am GOD. Don't desecrate my holy name. I insist on being treated with holy reverence among the People of Israel. I am GOD who makes you holy and brought you out of Egypt to be your God. I am GOD"(Leviticus 22:31-33).

"Holy" is the word that sets God apart and above our attempts to enlist him in our wish-fulfillment fantasies or our utopian schemes for making our mark in the world. Holy means that God is alive on God's terms, alive in a way that exceeds our experience and imagination. Holy refers to life burning with an intense purity that transforms everything it touches into itself.

Because the core of all living is God, and God is a holy God, we require much teaching and long training for living in response to God as he is and not as we want him to be. The book of Leviticus is a narrative pause in the story of our ancestors as they are on their way, saved out of Egypt, to settle in the land of Canaan. It is a kind of extended time-out of instruction, a detailed and meticulous preparation for living "holy" in a culture that doesn't have the faintest idea what "holy" is. The moment these people enter

상들은 "우리가 원하는 것을, 우리가 원하는 대로, 우리가 원하는 때에, 우리에게 주십시오" 라고 외치는, 신에 대한 우리의 환상에 부합하는 것들이다. 하지만 이런 환상을 품고 가다가는 불구가 되거나 목숨을 잃고 말 것이다. 모든 나라와 문화 속에서 구원받은 하나님의 백성을, 하나님께서 창조하신 목적대로, 곧 하나님이 거룩하신 것처럼 거룩하게 살도록 가르치는 '많은 교훈과 오랜 훈련'의 출발점이 바로 레위기다.

이런 관점에서 레위기를 읽을 때 우리의 마음을 울리는 첫 번째 사실은, 이 거룩하신 하나님께서 실제로 우리와 함께하신다는 것이며, 우리 삶의 세세한 부분이 모두 이 거룩하신 하나님의 현존에 영향을 받는다는 것이다. 우리 안에 있는 것도, 우리의 관계도, 우리의 환경도 예외가 아니다. 두 번째 사실은, 하나님께서 우리 안과 우리 주위에 있는 모든 것을 그분의 거룩한 임재 속으로 가져가셔서, 그 모든 것이 거룩하신 분의 강렬한 불꽃 속에서 변화되는 길(희생 제사, 절기, 안식일)을 우리에게 제공하신다는 것이다. 그분의 임재 속으로 들어가는 것은 근사한 일이다. 우리도 고대 이스라엘 백성처럼 매 순간 그분의 임재 가운데 서 있다(시 139편). 우리 주님은 우리 근처의 장막이나 집에 거하시지 않는다. 그분은 신자인 우리 안에 그리고 우리들 가운데 거하시면서 이렇게 말씀하신다. "내가 거룩하니, 너희도 거룩하여라"(벧전 1:16; 레 11:44-45, 19:2, 20:7 인용).

우리가 이 사실을 깨닫기만 하면, 겉보기에 끝없이 이어지는 것 같은 레위기의 세부 지침과 가르침들은 우리에게 복음을 가리키는 이정표가 될 것이다. 말하자면 하나님께서는 우리 삶의 세세한 부분에 이르기까지 마음을 쓰시며, 우리 안과 우리 주위에 있는 모든 것을 기꺼이 변화시킬 의향이 있으시다는 것이다. 나중에 바울은 그 변화에 대해 다음과 같이 권고했다.

> 그러므로 나는, 이제 여러분이 이렇게 살기를 바랍니다. 하나님께서 여러분을 도우실 것입니다. 여러분의 매일의 삶, 일상의 삶—자고 먹고 일하고 노는 모든 삶—을 하나님께 헌물로 드리십시오. 하나님께서 여러분을 위해 하시는 일을 받아들이는 것이, 바로 여러분이 그분을 위해 할 수 있는 최선의 일입니다. 문화에 너무 잘 순응하여 아무 생각 없이 *동화되어 버리는 일이 없도록 하십시오*. 대신에, 여러분은 하나님께 시선을 고정하십시오. 그러면 속에서부터 변화가 일어날 것입니다. 그분께서 여러분에게 바라시는 것을 흔쾌히 인정하고, 조금도 머뭇거리지 말고 거기에 응하십시오. 여러분을 둘

Canaan they will be picking their way through a lethal minefield of gods and goddesses that are designed to appeal to our god-fantasies: "Give us what we want when we want it on our own terms." What these god-fantasies in fact do is cripple or kill us. Leviticus is a start at the "much teaching and long training" that continues to be adapted and reworked in every country and culture where God is forming a saved people to live as he created them to live–holy as God is holy.

The first thing that strikes us as we read Leviticus in this light is that this holy God is actually present with us and virtually every detail of our lives is affected by the presence of this holy God; nothing in us, our relationships, or environment is left out. The second thing is that God provides a way (the sacrifices and feasts and Sabbaths) to bring everything in and about us into his holy presence, transformed in the fiery blaze of the holy. It is an awesome thing to come into his presence and we, like ancient Israel, stand in his presence at every moment (Psalm 139). Our Lord is not dwelling in a tent or house in our neighborhood. But he makes his habitation in us and among us as believers and says, "I am holy; you be holy"(1 Peter 1:16, citing Leviticus 11:44-45; 19:2; 20:7).

Once we realize this, the seemingly endless details and instructions of Leviticus become signposts of good news to us: God cares that much about the details of our lives, willing everything in and about us into the transformation that St. Paul later commended:

> So here's what I want you to do, God helping you: Take your everyday, ordinary life–your sleeping, eating, going-to-work, and walking-around life–and place it before God as an offering. Embracing what God does for you is the best thing you can do for him. Don't become so well-adjusted to your culture that you fit into it without even thinking. Instead, fix your attention on God. You'll be changed from the inside out. Readily recognize what he wants from you, and quickly respond to it. Unlike the

러싸고 있는 문화는 늘 여러분을 미숙한 수준으로 끌어 낮추려 하지만, 하나님께서는 언제나 여러분에게서 최선의 것을 이끌어 내시고 여러분 안에 멋진 성숙을 길러 주십니다(롬 12:1–2).

culture around you, always dragging you down to its level of immaturity, God brings the best out of you, develops well-formed maturity in you(Romans 12:1-2).

레위기

번제

1 [1-2] 하나님께서 모세를 부르셔서, 회막에서 그에게 말씀하셨다. "너는 이스라엘 백성에게 전하여라. 그들에게 이렇게 일러 주어라. 누구든지 하나님에게 제물을 바칠 때는, 소 떼나 양 떼 가운데서 골라 제물을 바쳐야 한다.

[3-9] 소 떼 가운데서 골라 번제로 제물을 바치는 것이면, 하나님이 받을 만한 흠 없는 수컷을 회막 입구에서 바쳐야 한다. 너희 손을 번제물의 머리에 얹어라. 그러면 그것이 너희를 대신해 속죄하는 제물로 받아들여질 것이다. 하나님 앞에서 그 수소를 잡아라. 아론의 아들인 제사장들은 그 피를 가져다가, 회막 입구에 있는 제단 사면에 뿌려야 한다. 그런 다음, 그 번제물의 가죽을 벗기고 각을 떠라. 아론의 아들인 제사장들은 제단에 불을 마련하고 정성껏 장작을 벌여 놓은 다음, 각을 뜬 여러 부위의 고기와 머리와 지방을 제단 위, 불을 피우기 위해 마련해 놓은 장작 위에 차려 놓아야 한다. 그 내장과 다리를 깨끗이 씻어라. 그러면 제사장은 그것들을 모두 제단 위에서 불살라야 한다. 이것이 번제요, 불살라 바치는 제물이며, 하나님을 기쁘게 하는 향기다.

[10-13] 양 떼나 염소 떼 가운데서 골라 번제로 바치는 것이면, 흠 없는 수컷을 바쳐야 한다. 제단의 북쪽 하나님 앞에서 그 제물을 잡아라. 아론의 아들인 제사장들은 그 피를 제단 사면에 뿌려야 한다. 그 번제물의 각을 떠라. 제사장은 여러 부위의 고기와 머리와 지방을 제단 위, 불을 피우기 위해 마련해 놓은 장작 위에 차려 놓아야 한다. 그 내장과 다리를 깨끗이 씻어라. 그러면 제사장은 그것들을 모두 제단 위에서 불살라 바쳐야 한

LEVITICUS

Whole-Burnt-Offering

1 [1-2] GOD called Moses and spoke to him from the Tent of Meeting: "Speak to the People of Israel. Tell them, When anyone presents an offering to GOD, present an animal from either the herd or the flock.

[3-9] "If the offering is a Whole-Burnt-Offering from the herd, present a male without a defect at the entrance to the Tent of Meeting that it may be accepted by GOD. Lay your hand on the head of the Whole-Burnt-Offering so that it may be accepted on your behalf to make atonement for you. Slaughter the bull in GOD's presence. Aaron's sons, the priests, will make an offering of the blood by splashing it against all sides of the Altar that stands at the entrance to the Tent of Meeting. Next, skin the Whole-Burnt-Offering and cut it up. Aaron's sons, the priests, will prepare a fire on the Altar, carefully laying out the wood, and then arrange the body parts, including the head and the suet, on the wood prepared for the fire on the Altar. Scrub the entrails and legs clean. The priest will burn it all on the Altar: a Whole-Burnt-Offering, a Fire-Gift, a pleasing fragrance to GOD.

[10-13] "If the Whole-Burnt-Offering comes from the flock, whether sheep or goat, present a male without defect. Slaughter it on the north side of the Altar in GOD's presence. The sons of Aaron, the priests, will throw the blood against all sides of the Altar. Cut it up and the priest will arrange

다. 이것이 번제요, 불살라 바치는 제물이며, 하나님을 기쁘게 하는 향기다.

14-17 새를 번제로 하나님에게 바치는 것이면, 산비둘기나 집비둘기를 바쳐야 한다. 제사장은 그 새를 제단으로 가져가서, 목을 비틀어 끊고 제단 위에서 불살라야 한다. 그러나 먼저 그 피를 제단 곁으로 흘려보내고, 모래주머니와 그 안에 든 것을 제거해서, 제단 동쪽에 있는 잿더미에 던져 버려야 한다. 그리고 두 날개를 잡고 그 몸을 찢되 두 쪽으로 나뉘지 않게 하여, 제단 위, 불을 피우기 위해 마련해 놓은 장작 위에서 불살라야 한다. 이것이 번제요, 불살라 바치는 제물이며, 하나님을 기쁘게 하는 향기다."

곡식 제물

2 1-3 "하나님에게 곡식 제물을 바칠 때는, 고운 곡식 가루를 사용해야 한다. 그 가루에 기름을 붓고 향을 얹어, 아론의 아들인 제사장들에게 가져가거라. 그러면 제사장들 가운데 한 사람이 고운 곡식 가루 한 움큼과 기름을 가져다가, 향 전체와 함께 제단 위에서 기념물로 불살라야 한다. 이것이 불살라 바치는 제물이며, 하나님을 기쁘게 하는 향기다. 곡식 제물 가운데 남은 것은 아론과 그의 아들들 몫이다. 이것은 하나님에게 불살라 바치는 제물 가운데 지극히 거룩한 것이다.

4 화덕에서 구운 빵으로 곡식 제물을 바칠 때는, 고운 곡식 가루에 기름을 섞되 누룩을 넣지 않고 만든 빵이나, 고운 곡식 가루에 누룩을 넣지 않고 기름을 얇게 발라 만든 과자를 바쳐야 한다.

5-6 철판에 구운 것으로 곡식 제물을 바칠 때는, 고운 곡식 가루에 기름을 섞되 누룩을 넣지 않고 만든 것을 바쳐야 한다. 그것을 여러 조각으로 부수고 그 위에 기름을 부어라. 이것이 곡식 제물이다.

7 냄비에 넣어 튀긴 것으로 곡식 제물을 바칠 때는, 고운 곡식 가루에 기름을 섞어 만들어야 한다.

8-10 너희는 이와 같은 재료로 만든 곡식 제물을 가져다가 제사장에게 주어라. 제사장은 그 곡식 제물을 제단으로 가져가서, 그중에서 기념할 조각을 떼어 제단 위에서 불살라야 한다. 이것이 불살라 바치는 제물이며, 하나님을 기쁘게 하는 향기다. 곡식 제물 가운데 남은 것은 아론과 그의 아들들 몫이다. 이것은 하나님에게 바치는 제물 가운데 지극히 거룩한 것이다.

11-13 하나님에게 바치는 모든 곡식 제물에는 누

the pieces, including the head and the suet, on the wood prepared for burning on the Altar. Scrub the entrails and legs clean. The priest will offer it all, burning it on the Altar: a Whole-Burnt-Offering, a Fire-Gift, a pleasing fragrance to GOD.

14-17 "If a bird is presented to GOD for the Whole-Burnt-Offering it can be either a dove or a pigeon. The priest will bring it to the Altar, wring off its head, and burn it on the Altar. But he will first drain the blood on the side of the Altar, remove the gizzard and its contents, and throw them on the east side of the Altar where the ashes are piled. Then rip it open by its wings but leave it in one piece and burn it on the Altar on the wood prepared for the fire: a Whole-Burnt-Offering, a Fire-Gift, a pleasing fragrance to GOD."

Grain-Offering

2 1-3 "When you present a Grain-Offering to GOD, use fine flour. Pour oil on it, put incense on it, and bring it to Aaron's sons, the priests. One of them will take a handful of the fine flour and oil, with all the incense, and burn it on the Altar for a memorial: a Fire-Gift, a pleasing fragrance to GOD. The rest of the Grain-Offering is for Aaron and his sons—a most holy part of the Fire-Gifts to GOD.

4 "When you present a Grain-Offering of oven-baked loaves, use fine flour, mixed with oil but no yeast. Or present wafers made without yeast and spread with oil.

5-6 "If you bring a Grain-Offering cooked on a griddle, use fine flour mixed with oil but without yeast. Crumble it and pour oil on it—it's a Grain-Offering.

7 "If you bring a Grain-Offering deep-fried in a pan, make it of fine flour with oil.

8-10 "Bring the Grain-Offering you make from these ingredients and present it to the priest. He will bring it to the Altar, break off a memorial piece from the Grain-Offering, and burn it on the Altar: a Fire-Gift, a pleasing fragrance to GOD. The rest of the Grain-Offering is for Aaron and his sons—a most holy part of the gifts to GOD.

11-13 "All the Grain-Offerings that you present to

룩을 넣어서는 안된다. 누룩이나 꿀을 하나님에게 불살라 바치는 제물로 바쳐서는 안된다. 그것들을 첫 수확물의 제물로 하나님에게 바치는 것은 괜찮지만, 하나님을 기쁘게 하는 향기로 바치려고 제단 위에 올려놓아서는 안된다. 너희가 바치는 모든 곡식 제물에는 소금을 쳐서 간을 맞추어야 한다. 너희가 바치는 곡식 제물에 너희 하나님과 언약을 맺을 때 넣는 소금을 빼놓아서는 안된다. 너희가 바치는 모든 제물에 소금을 넣어라.

14-16 첫 수확물을 곡식 제물로 하나님에게 바칠 때는, 햇곡식의 이삭을 볶아 찧은 것을 바쳐야 한다. 그 위에 기름을 붓고 향을 얹어라. 이것이 곡식 제물이다. 제사장은 그 곡식과 기름에서 일부를 덜어 내어 향 전체와 함께 기념물로 불살라야 한다. 이것이 하나님에게 불살라 바치는 제물이다."

화목 제물

3 1-5 "소 떼 가운데서 골라 화목 제물로 바치는 것이면, 수컷이든 암컷이든 흠 없는 것을 바쳐야 한다. 제물의 머리에 손을 얹은 다음, 회막 입구에서 그 제물을 잡아라. 아론의 아들인 제사장들은 제단 사면에 그 피를 뿌려야 한다. 그 화목 제물 가운데서 내장을 덮거나 내장에 붙은 모든 지방과, 두 콩팥과 그 둘레 허리께 있는 지방과, 콩팥과 함께 떼어 낸 간을 덮은 껍질은 하나님에게 불살라 바치는 제물로 바쳐야 한다. 아론과 그의 아들들은 그것들을 제단 위, 불을 피우기 위해 마련해 놓은 장작 위에서 번제물과 함께 불살라야 한다. 이것이 불살라 바치는 제물이며, 하나님을 기쁘게 하는 향기다.

6-11 양 떼 가운데서 골라 하나님에게 화목 제물로 바치는 것이면, 수컷이든 암컷이든 흠 없는 것을 끌고 와야 한다. 어린양을 바치는 것이면, 그 양을 하나님에게 바쳐라. 제물의 머리에 손을 얹은 다음, 회막에서 그 제물을 잡아라. 그러면 아론의 아들들이 그 피를 제단 사면에 뿌릴 것이다. 화목 제물에서 떼어 낸 지방과, 엉치뼈 부근에서 잘라 낸 기름진 꼬리 전부와, 내장을 덮거나 내장에 붙은 모든 지방과, 두 콩팥과 그 둘레 허리께 있는 지방과, 콩팥과 함께 떼어 낸 간을 덮은 껍질을 하나님에게 불살라 바치는 제물로 바쳐라. 제사장은 그것을 제단 위에서 불살라야 한다. 이것이 하나님에게 바치는 음식이며, 불살라 바치는 제물이다.

GOD must be made without yeast; you must never burn any yeast or honey as a Fire-Gift to GOD. You may offer them to GOD as an offering of firstfruits but not on the Altar as a pleasing fragrance. Season every presentation of your Grain-Offering with salt. Don't leave the salt of the covenant with your God out of your Grain-Offerings. Present all your offerings with salt.

14-16 "If you present a Grain-Offering of firstfruits to GOD, bring crushed heads of the new grain roasted. Put oil and incense on it—it's a Grain-Offering. The priest will burn some of the mixed grain and oil with all the incense as a memorial—a Fire-Gift to GOD."

The Peace-Offering

3 1-5 "If your offering is a Peace-Offering and you present an animal from the herd, either male or female, it must be an animal without any defect. Lay your hand on the head of your offering and slaughter it at the entrance of the Tent of Meeting. Aaron's sons, the priests, will throw the blood on all sides of the Altar. As a Fire-Gift to GOD from the Peace-Offering, present all the fat that covers or is connected to the entrails, the two kidneys and the fat around them at the loins, and the lobe of the liver that is removed along with the kidneys. Aaron and his sons will burn it on the Altar along with the Whole-Burnt-Offering that is on the wood prepared for the fire: a Fire-Gift, a pleasing fragrance to GOD.

6-11 "If your Peace-Offering to GOD comes from the flock, bring a male or female without defect. If you offer a lamb, offer it to GOD. Lay your hand on the head of your offering and slaughter it at the Tent of Meeting. The sons of Aaron will throw its blood on all sides of the Altar. As a Fire-Gift to GOD from the Peace-Offering, present its fat, the entire fat tail cut off close to the backbone, all the fat on and connected to the entrails, the two kidneys and the fat around them on the loins, and the lobe of the liver which is removed along with the kidneys. The priest will burn it on the Altar: a meal, a Fire-Gift to GOD.

12-16 "If the offering is a goat, bring it into the

12-16 염소를 바치는 것이면, 그 염소를 하나님 앞으로 끌고 와서 그 머리에 손을 얹은 다음, 회막 앞에서 잡아야 한다. 그러면 아론의 아들들이 그 피를 제단 사면에 뿌릴 것이다. 내장을 덮거나 내장에 붙은 모든 지방과, 두 콩팥과 그 둘레 허리께 있는 지방과, 콩팥과 함께 떼어 낸 간을 덮은 껍질을 하나님에게 불살라 바치는 제물로 바쳐라. 그러면 제사장은 그것들을 제단 위에서 불살라야 한다. 이것이 하나님에게 바치는 음식이요, 불살라 바치는 제물이며, 하나님을 기쁘게 하는 향기다.

16-17 모든 지방은 하나님의 것이다. 이것은 너희가 어느 곳에 살든지 대대로 지켜야 할 영원한 규례다. 너희는 지방을 먹지 말고, 피도 먹지 마라. 그 가운데 어느 것도 먹어서는 안된다."

속죄 제물

4 1-12 하나님께서 모세에게 말씀하셨다. "너는 이스라엘 자손에게 이렇게 일러 주어라. 어떤 사람이 뜻하지 않게 하나님의 명령 가운데 하나라도 어겨 범해서는 안될 죄를 지었으면, 특히, 기름부음을 받은 제사장이 죄를 지어 그 죄가 백성에게 돌아가게 되었으면, 그 제사장은 자신이 지은 죄로 인해 흠 없는 수소 한 마리를 하나님에게 속죄 제물로 가져와야 한다. 그는 그 수소를 회막 입구 하나님 앞으로 끌고 와서 그 머리에 손을 얹은 다음, 하나님 앞에서 잡아야 한다. 그 수소의 피 얼마를 받아다가 회막 안으로 가지고 들어가서, 손가락에 그 피를 찍어 하나님 앞, 곧 성소 휘장 앞에 일곱 번 뿌려야 한다. 또한 그는 그 피 얼마를 가져다가 회막 안, 곧 하나님 앞에 있는 분향단의 뿔들에도 발라야 한다. 수소의 나머지 피는 회막 입구에 있는 번제단 밑에 쏟아야 한다. 그런 다음 속죄 제물로 바친 수소의 지방을 모두 떼어 내야 한다. 떼어 내야 할 지방은 내장을 덮거나 내장에 붙은 모든 지방과, 두 콩팥과 그 둘레 허리께 있는 지방과, 콩팥과 함께 떼어 낸 간을 덮은 껍질이다. 이 절차는 화목 제물로 바친 수소의 지방을 떼어 낼 때와 같다. 마지막으로, 그는 이 모든 것을 번제단 위에서 불살라야 한다. 그 밖의 모든 것, 곧 수소의 가죽, 고기, 머리, 다리, 기관, 내장은 진 밖에 있는 깨끗한 곳, 곧 재를 버리는 곳으로 가져가서 장작불 위에 얹어 불살라야 한다.

presence of GOD, lay your hand on its head, and slaughter it in front of the Tent of Meeting. Aaron's sons will throw the blood on all sides of the Altar. As a Fire-Gift to GOD present the fat that covers and is connected to the entrails, the two kidneys and the fat which is around them on the loins, and the lobe of the liver which is removed along with the kidneys. The priest will burn them on the Altar: a meal, a Fire-Gift, a pleasing fragrance.

16-17 "All the fat belongs to GOD. This is the fixed rule down through the generations, wherever you happen to live: Don't eat the fat; don't eat the blood. None of it."

The Absolution-Offering

4 1-12 GOD spoke to Moses: "Tell the Israelites, When a person sins unintentionally by straying from any of GOD's commands, breaking what must not be broken, if it's the anointed priest who sins and so brings guilt on the people, he is to bring a bull without defect to GOD as an Absolution-Offering for the sin he has committed. Have him bring the bull to the entrance of the Tent of Meeting in the presence of GOD, lay his hand on the bull's head, and slaughter the bull before GOD. He is then to take some of the bull's blood, bring it into the Tent of Meeting, dip his finger in the blood, and sprinkle some of it seven times before GOD, before the curtain of the Sanctuary. He is to smear some of the blood on the horns of the Altar of Fragrant Incense before GOD which is in the Tent of Meeting. He is to pour the rest of the bull's blood out at the base of the Altar of Whole-Burnt-Offering at the entrance of the Tent of Meeting. He is to remove all the fat from the bull of the Absolution-Offering, the fat which covers and is connected to the entrails, the two kidneys and the fat that is around them at the loins, and the lobe of the liver which he takes out along with the kidneys—the same procedure as when the fat is removed from the bull of the Peace-Offering. Finally, he is to burn all this on the Altar of Burnt Offering. Everything else—the bull's hide, meat, head, legs, organs, and guts—he is to take outside the camp to a clean place where the ashes are dumped and is to burn it on a wood fire.

13-21 회중 전체가 뜻하지 않게 하나님의 명령 가운데 하나라도 어겨 범해서는 안될 죄를 지었으면, 그 사실을 깨달은 사람이 하나도 없더라도 그들은 유죄다. 자신들이 지은 죄를 깨달은 경우, 회중은 수소 한 마리를 속죄 제물로 끌고 와서 회막에 바쳐야 한다. 회중의 장로들은 하나님 앞에서 그 수소의 머리에 손을 얹은 다음, 그들 가운데 한 사람이 하나님 앞에서 그 수소를 잡아야 한다. 기름부음을 받은 제사장은 그 피 얼마를 가져다가 회막 안으로 가지고 들어가서, 손가락에 그 피를 찍어 하나님 앞, 곧 휘장 앞에 일곱 번 뿌려야 한다. 그는 또 그 피를 회막 안, 곧 하나님 앞에 있는 제단 뿔들에 바르고, 나머지 피는 회막 입구에 있는 번제단 밑에 쏟아야 한다. 그는 제물에서 지방을 떼어 내어 제단 위에서 불살라야 한다. 이 수소를 처리하는 절차는 속죄 제물로 바친 수소를 처리할 때와 같다. 제사장이 회중을 위해 속죄하면, 그들은 용서를 받는다. 그 후에 회중은 그 수소를 진 밖으로 끌어내어, 첫 번째 수소를 불사른 것과 같이 불살라야 한다. 이것이 회중을 위한 속죄 제물이다.

22-26 통치자가 뜻하지 않게 하나님의 명령 가운데 하나라도 어겨 범해서는 안될 죄를 지었으면, 그는 유죄다. 그가 자신이 지은 죄를 깨달은 경우, 흠 없는 숫염소 한 마리를 제물로 끌고 와서, 그 머리에 손을 얹은 다음, 하나님 앞 번제물 잡는 곳에서 그것을 잡아야 한다. 이것이 속죄 제물이다. 제사장은 이 속죄 제물의 피 얼마를 가져다가 손가락에 찍어 번제단의 뿔들에 바르고, 나머지 피는 제단 밑에 쏟아야 한다. 숫염소의 모든 지방은 화목 제물의 지방을 불사를 때와 마찬가지로 제단 위에서 불살라야 한다.

제사장이 통치자의 죄 때문에 그를 위해 속죄하면, 그는 용서를 받는다.

27-31 회중 가운데 한 사람이 뜻하지 않게 하나님의 명령 가운데 하나라도 어겨 범해서는 안될 죄를 지었으면, 그는 유죄다. 그가 자신이 지은 죄를 깨달은 경우, 흠 없는 암염소 한 마리를 끌고 와서 자신이 지은 죄를 위해 바치고 그 제물의 머리에 손을 얹은 다음, 번제물 잡는 곳에서 그 제물을 잡아야 한다. 제사장은 그 속죄 제물의 피 얼마를 가져다가 손가락에 찍어 번제단의 뿔들에 바르고, 나머지 피는 제단 밑

13-21 "If the whole congregation sins unintentionally by straying from one of the commandments of GOD that must not be broken, they become guilty even though no one is aware of it. When they do become aware of the sin they've committed, the congregation must bring a bull as an Absolution-Offering and present it at the Tent of Meeting. The elders of the congregation will lay their hands on the bull's head in the presence of GOD and one of them will slaughter it before GOD. The anointed priest will then bring some of the blood into the Tent of Meeting, dip his finger in the blood, and sprinkle some of it seven times before GOD in front of the curtain. He will smear some of the blood on the horns of the Altar which is before GOD in the Tent of Meeting and pour the rest of it at the base of the Altar of Whole-Burnt-Offering at the entrance of the Tent of Meeting. He will remove all the fat and burn it on the Altar. He will follow the same procedure with this bull as with the bull for the Absolution-Offering. The priest makes atonement for them and they are forgiven. They then will take the bull outside the camp and burn it just as they burned the first bull. It's the Absolution-Offering for the congregation.

22-26 "When a ruler sins unintentionally by straying from one of the commands of his GOD which must not be broken, he is guilty. When he becomes aware of the sin he has committed, he must bring a goat for his offering, a male without any defect, lay his hand on the head of the goat, and slaughter it in the place where they slaughter the Whole-Burnt-Offering in the presence of GOD—it's an Absolution-Offering. The priest will then take some of the blood of the Absolution-Offering with his finger, smear it on the horns of the Altar of Whole-Burnt-Offering, and pour the rest at the base of the Altar. He will burn all its fat on the Altar, the same as with the fat of the Peace-Offering.

"The priest makes atonement for him on account of his sin and he's forgiven.

27-31 "When an ordinary member of the congregation sins unintentionally, straying from one of the commandments of GOD which must not be broken, he is guilty. When he is made aware of his sin, he shall bring a goat, a female without any defect, and

에 쏟아야 한다. 마지막으로, 그는 화목 제물을 처리할 때와 같이 그 제물에서 지방을 모두 떼어 내어, 제단 위에서 불살라 하나님을 기쁘게 하는 향기로 바쳐야 한다.
이와 같이 제사장이 그를 위해 속죄하면, 그는 용서를 받는다.
32-35 그가 속죄 제물로 어린양을 가져오는 것이면, 흠 없는 암컷을 바쳐야 한다. 그는 속죄 제물의 머리에 손을 얹은 다음, 번제물 잡는 곳에서 잡아야 한다. 제사장은 속죄 제물의 피 얼마를 가져다가 손가락에 찍어 번제단의 뿔들에 바르고, 나머지 피는 제단 밑에 쏟아야 한다. 그는 화목 제물로 바친 어린양을 처리할 때와 같이 속죄 제물의 지방을 모두 떼어 내야 한다. 마지막으로, 제사장은 그것을 제단 위, 곧 하나님에게 바치는 제물 위에 올려놓고 불살라야 한다.
이와 같이 제사장이 그의 죄 때문에 그를 위해 속죄하면, 그는 용서를 받는다."

5

1 "너희가 범죄 사건에 대해 보거나 들은 것을 증인석에 올라가 증언하지 않아 죄를 지으면, 너희는 그 죄에 대해 책임을 져야 한다.
2 너희가 부정한 것, 곧 부정한 들짐승의 주검이나 부정한 집짐승의 주검이나 부정한 길짐승의 주검을 만졌으면, 그것을 깨닫지 못했더라도 너희가 더러워졌으므로 죄가 된다.
3 너희가 사람 몸에 있는 부정한 것, 곧 그것이 무엇이든 사람을 더럽힐 수 있는 부정한 것에 닿았으면, 그것을 깨닫지 못하다가 나중에 깨닫더라도 죄가 된다.
4 너희가 선한 일이든 악한 일이든 무엇을 하겠다고 충동적으로 맹세하거나 경솔히 다짐했으면, 그것을 깨닫지 못하다가 나중에 깨닫더라도 어느 경우에나 죄가 된다.
5-6 너희에게 이러한 죄가 있거든 그 지은 죄를 즉시 고백하고, 너희가 지은 죄에 대한 벌로 가축 떼에서 암컷 어린양이나 암염소 한 마리를 속죄 제물로 가져와 하나님에게 바쳐야 한다. 이와 같이 제사장이 너희 죄를 위해 속죄해야 한다.
7-10 어린양을 드릴 형편이 못되거든, 너희가 지은 죄에 대한 벌로 산비둘기나 집비둘기 두 마

offer it for his sin, lay his hand on the head of the Absolution-Offering, and slaughter it at the place of the Whole-Burnt-Offering. The priest will take some of its blood with his finger, smear it on the horns of the Altar of Whole-Burnt-Offering, and pour the rest at the base of the Altar. Finally, he'll take out all the fat, the same as with the Peace-Offerings, and burn it on the Altar for a pleasing fragrance to GOD.
"In this way, the priest makes atonement for him and he's forgiven.
32-35 "If he brings a lamb for an Absolution-Offering, he shall present a female without any defect, lay his hand on the head of the Absolution-Offering, and slaughter it at the same place they slaughter the Whole-Burnt-Offering. The priest will take some of the blood of the Absolution-Offering with his finger, smear it on the horns of the Altar of Burnt-Offering, and pour the rest at the base of the Altar. He shall remove all the fat, the same as for the lamb of the Peace-Offering. Finally, the priest will burn it on the Altar on top of the gifts to GOD.
"In this way, the priest makes atonement for him on account of his sin and he's forgiven."

5

1 "If you sin by not stepping up and offering yourself as a witness to something you've heard or seen in cases of wrongdoing, you'll be held responsible.
2 "Or if you touch anything ritually unclean, like the carcass of an unclean animal, wild or domestic, or a dead reptile, and you weren't aware of it at the time, but you're contaminated and you're guilty;
3 "Or if you touch human uncleanness, any sort of ritually contaminating uncleanness, and you're not aware of it at the time, but later you realize it and you're guilty;
4 "Or if you impulsively swear to do something, whether good or bad–some rash oath that just pops out–and you aren't aware of what you've done at the time, but later you come to realize it and you're guilty in any of these cases;
5-6 "When you are guilty, immediately confess the sin that you've committed and bring as your penalty to GOD for the sin you have committed a female

리를 하나님에게 가져와서, 한 마리는 속죄 제물로 바치고 다른 한 마리는 번제물로 바쳐야 한다. 이것들을 제사장에게 가져오면, 제사장은 먼저 속죄 제물로 가져온 비둘기를 바쳐야 한다. 그는 그 목을 비틀어 꺾되 끊지는 말아야 하며, 그 속죄 제물의 피 얼마를 제단에 뿌리고, 나머지 피는 제단 밑에 짜내야 한다. 이것이 속죄 제물이다. 그런 다음 그는 두 번째 비둘기를 가져다가 절차에 따라 번제물로 바쳐야 한다.

이와 같이 제사장이 너희 죄를 위해 속죄하면, 너희는 용서를 받는다.

11-12 산비둘기 두 마리나 집비둘기 두 마리를 바칠 형편이 못되거든, 고운 곡식 가루 2리터를 속죄 제물로 가져와야 한다. 이것은 속죄 제물이니, 거기에 기름을 섞거나 향을 얹어서는 안된다. 이것을 제사장에게 가져가면, 제사장은 그 가루를 기념물로 한 움큼 가져다가 하나님에게 바치는 제물과 함께 제단 위에서 불살라야 한다. 이것이 속죄 제물이다.

13 제사장이 너희를 위해 그리고 너희가 지은 죄 가운데 어떤 죄를 위해 속죄하면, 너희는 용서를 받는다. 나머지 제물은 곡식 제물과 마찬가지로 제사장의 몫이다."

보상 제물

14-16 하나님께서 모세에게 말씀하셨다. "어떤 사람이 신뢰를 저버리고 하나님의 거룩한 제물 가운데 어느 하나라도 소홀히 하여 자신도 모르게 죄를 지었으면, 그는 그 죄에 대한 벌로 가축 떼에서 흠 없는 숫양 한 마리를 가져와 하나님에게 바쳐야 한다. 그 숫양의 값은 세겔로 정해야 하는데, 보상 제물의 값을 규정한 성소 세겔 단위에 따라야 한다. 그가 거룩한 제물과 관련하여 자신이 지은 죄를 추가로 보상할 때는, 그 숫양 값에 오분의 일을 더해서 제사장에게 주어야 한다.

이와 같이 제사장이 보상 제물의 숫양으로 그를 위해 속죄하면, 그는 용서를 받는다.

17-18 누구든지 하나님의 명령 가운데 하나라도 어겨 범해서는 안될 죄를 지었는데, 그것을 깨닫지 못하다가 나중에 깨달으면, 그는 그것에 대해 책임을 져야 한다. 그는 보상 제물의 값으로 정해진 흠 없는 숫양 한 마리를 제사장에게 가져와야 한다.

lamb or goat from the flock for an Absolution-Offering.

"In this way, the priest will make atonement for your sin.

7-10 "If you can't afford a lamb, bring as your penalty to GOD for the sin you have committed two doves or two pigeons, one for the Absolution-Offering and the other for the Whole-Burnt-Offering. Bring them to the priest who will first offer the one for the Absolution-Offering: He'll wring its neck but not sever it, splash some of the blood of the Absolution-Offering against the Altar, and squeeze the rest of it out at the base. It's an Absolution-Offering. He'll then take the second bird and offer it as a Whole-Burnt-Offering, following the procedures step-by-step.

"In this way, the priest will make atonement for your sin and you're forgiven.

11-12 "If you cannot afford the two doves or pigeons, bring two quarts of fine flour for your Absolution-Offering. Don't put oil or incense on it—it's an Absolution-Offering. Bring it to the priest; he'll take a handful from it as a memorial and burn it on the Altar with the gifts for GOD. It's an Absolution-Offering.

13 "The priest will make atonement for you and any of these sins you've committed and you're forgiven. The rest of the offering belongs to the priest, the same as with the Grain-Offering."

Compensation-Offering

14-16 GOD spoke to Moses: "When a person betrays his trust and unknowingly sins by straying against any of the holy things of GOD, he is to bring as his penalty to GOD a ram without any defect from the flock, the value of the ram assessed in shekels, according to the Sanctuary shekel for a Compensation-Offering. He is to make additional compensation for the sin he has committed against any holy thing by adding twenty percent to the ram and giving it to the priest.

"Thus the priest will make atonement for him with the ram of the Compensation-Offering and he's forgiven.

17-18 "If anyone sins by breaking any of the com-

18-19 그가 모르고 저지른 잘못 때문에 제사장이 그를 위해 속죄하면, 그는 용서를 받는다. 이것이 보상 제물이다. 그가 하나님 앞에 분명히 죄가 있기 때문이다."

6 1-6 하나님께서 모세에게 말씀하셨다. "누구든지 하나님에 대한 신뢰를 저버림으로 죄를 지었으면, 곧 이웃이 자신에게 맡긴 물건과 관련해 이웃을 속이거나, 그 물건을 빼앗거나, 그 물건을 사취하거나, 이웃을 협박하거나, 잃어버린 물건을 줍고도 거짓말하거나, 사람이 짓기 쉬운 죄와 관련해 거짓 맹세하여, 결국 그가 죄를 짓고 유죄인 것이 드러나면, 그는 자신이 훔치거나 빼앗은 것을 되돌려 주어야 하고, 자신이 맡았던 물건을 반환해야 하며, 자신이 주운 물건이나 거짓으로 맹세한 물건을 되돌려 주어야 한다. 그는 전부 갚을 뿐 아니라 물건 값에 오분의 일을 더해서 원래의 주인에게 갚되, 보상 제물을 바치는 날에 갚아야 한다. 그는 정해진 보상 제물의 값에 따라, 가축 가운데서 흠 없는 숫양 한 마리를 보상 제물로 하나님에게 바쳐야 한다.

7 이와 같이 제사장이 하나님 앞에서 그를 위해 속죄하면, 그는 사람이 하면 죄가 되는 일들 가운데 어느 하나라도 잘못하여 지은 죄를 용서받는다."

그 밖의 규례

8-13 하나님께서 모세에게 말씀하셨다. "아론과 그의 아들들에게 명령하여라. 그들에게 이렇게 지시하여라. 번제물에 관한 규례는 이러하다. 번제물은 아침이 될 때까지 밤새도록 제단의 화로 위에 그대로 두고, 제단 위의 불은 계속 타오르게 해야 한다. 제사장은 모시로 짠 옷을 입고 속에는 모시 속옷을 입어야 한다. 번제물을 태우고 남은 재는 제단 옆으로 옮겨 두었다가, 옷을 갈아입고 진 밖에 있는 깨끗한 곳으로 옮겨야 한다. 그동안에 제단 위의 불이 계속 타오르게 해야 하며, 절대 꺼뜨려서는 안된다. 아침마다 불에 장작을 보충하고, 그 위에 번제물을 차려 놓고, 화목 제물의 지방을 그 위에서 불살라야 한다. 제단 위의 불이 계속 타오르게 해야 하며, 절대 꺼뜨려서는 안된다."

mandments of GOD which must not be broken, but without being aware of it at the time, the moment he does realize his guilt he is held responsible. He is to bring to the priest a ram without any defect, assessed at the value of the Compensation-Offering.

18-19 "Thus the priest will make atonement for him for his error that he was unaware of and he's forgiven. It is a Compensation-Offering; he was surely guilty before God."

6 1-6 GOD spoke to Moses: "When anyone sins by betraying trust with GOD by deceiving his neighbor regarding something entrusted to him, or by robbing or cheating or threatening him; or if he has found something lost and lies about it and swears falsely regarding any of these sins that people commonly commit—when he sins and is found guilty, he must return what he stole or extorted, restore what was entrusted to him, return the lost thing he found, or anything else about which he swore falsely. He must make full compensation, add twenty percent to it, and hand it over to the owner on the same day he brings his Compensation-Offering. He must present to GOD as his Compensation-Offering a ram without any defect from the flock, assessed at the value of a Compensation-Offering.

7 "Thus the priest will make atonement for him before GOD and he's forgiven of any of the things that one does that bring guilt."

Further Instructions

8-13 GOD spoke to Moses: "Command Aaron and his sons. Tell them, These are the instructions for the Whole-Burnt-Offering. Leave the Whole-Burnt-Offering on the Altar hearth through the night until morning, with the fire kept burning on the Altar. Then dress in your linen clothes with linen underwear next to your body. Remove the ashes remaining from the Whole-Burnt-Offering and place them beside the Altar. Then change clothes and carry the ashes outside the camp to a clean place. Meanwhile keep the fire on the Altar burning; it must not go out. Replenish the wood for the fire every morning,

14-18 "곡식 제물에 관한 규례는 이러하다. 곡식 제물은 아론의 아들들이 제단 앞에서 하나님에게 바쳐야 한다. 제사장은 곡식 제물에서 고운 가루를 한 움큼 가져다가 곡식 제물에 섞은 기름과 거기에 얹은 향과 함께 기념물로 제단 위에서 불살라, 하나님을 기쁘게 하는 향기로 바쳐야 한다. 나머지 곡식 제물은 아론과 그의 아들들이 먹는다. 그들은 누룩을 넣지 않은 빵을 먹어야 하며, 거룩한 곳, 곧 회막 뜰에서 그것을 먹어야 한다. 누룩을 넣고 구워서는 안된다. 그것은 나에게 바친 제물 가운데서 내가 그들 몫으로 정해 준 것이다. 그것은 속죄 제물과 보상 제물처럼 지극히 거룩한 것이다. 아론의 후손 가운데서 남자는 누구나 그것을 먹을 수 있다. 이것은 하나님에게 바치는 제물과 관련하여 대대로 지켜야 할 영원한 규례다. 누구든지 이 제물을 만지는 사람은 거룩해야 한다."

19-23 하나님께서 모세에게 말씀하셨다. "아론과 그의 아들들이 기름부음을 받는 날에 그들 각자가 하나님에게 바쳐야 할 제물은 이러하다. 고운 곡식 가루 2리터를 매일 바치는 곡식 제물로 바치되, 반은 아침에 바치고 반은 저녁에 바쳐야 한다. 그 가루에 기름을 섞어 철판에 굽고, 잘 섞은 뒤에 여러 조각으로 부셔서 하나님을 기쁘게 하는 향기로 바쳐야 한다. 아론의 아들들 가운데 아론의 뒤를 이어 기름부음을 받은 제사장이 그것을 하나님에게 바쳐야 한다. 이것은 영원한 규례다. 제물은 모두 불살라야 한다. 제사장이 바치는 모든 곡식 제물은 온전히 불살라야 하며, 아무도 그것을 먹어서는 안된다."

24-30 하나님께서 모세에게 말씀하셨다. "아론과 그의 아들들에게 이렇게 일러 주어라. 속죄 제물을 위한 규례는 이러하다. 속죄 제물은 지극히 거룩한 제물이니 하나님 앞 번제물 잡는 곳에서 잡아야 한다. 제사를 드리는 제사장이 그 제물을 먹되, 거룩한 곳, 곧 회막 뜰에서 먹어야 한다. 누구든지 그 고기를 만지는 사람은 거룩해야 한다. 고기에서 피가 튀어 옷에 묻으

arrange the Whole-Burnt-Offering on it, and burn the fat of the Peace-Offering on top of it all. Keep the fire burning on the Altar continuously. It must not go out.

14-18 "These are the instructions for the Grain-Offering. Aaron's sons are to present it to GOD in front of the Altar. The priest takes a handful of the fine flour of the Grain-Offering with its oil and all its incense and burns this as a memorial on the Altar, a pleasing fragrance to GOD. Aaron and his sons eat the rest of it. It is unraised bread and so eaten in a holy place—in the Courtyard of the Tent of Meeting. They must not bake it with yeast. I have designated it as their share of the gifts presented to me. It is very holy, like the Absolution-Offering and the Compensation-Offering. Any male descendant among Aaron's sons may eat it. This is a fixed rule regarding GOD's gifts, stretching down the generations. Anyone who touches these offerings must be holy."

19-23 GOD spoke to Moses: "This is the offering which Aaron and his sons each are to present to GOD on the day he is anointed: two quarts of fine flour as a regular Grain-Offering, half in the morning and half in the evening. Prepare it with oil on a griddle. Bring it well-mixed and then present it crumbled in pieces as a pleasing fragrance to GOD. Aaron's son who is anointed to succeed him offers it to GOD—this is a fixed rule. The whole thing is burned. Every Grain-Offering of a priest is burned completely; it must not be eaten."

24-30 GOD spoke to Moses: "Tell Aaron and his sons, These are the instructions for the Absolution-Offering. Slaughter the Absolution-Offering in the place where the Whole-Burnt-Offering is slaughtered before GOD—the offering is most holy. The priest in charge eats it in a holy place, the Courtyard of the Tent of Meeting. Anyone who touches any of the meat must be holy. A garment that gets blood spattered on it must be washed in a holy place.

면, 거룩한 곳에서 그 옷을 빨아야 한다. 고기를 삶을 때 사용한 질그릇은 깨뜨려야 한다. 고기를 청동그릇에 삶았으면, 그 그릇은 문질러 닦고 물로 씻어야 한다. 제사장의 가족 가운데서 남자는 누구나 그 제물을 먹을 수 있다. 그것은 지극히 거룩한 것이다. 그러나 성소에서 속죄하기 위해 속죄 제물의 피를 회막 안으로 가져왔을 때는, 그 제물을 먹어서는 안된다. 그것은 불살라야 한다."

⸙

7 1-6 "보상 제물에 관한 규례는 이러하다. 보상 제물은 지극히 거룩한 것이니, 보상 제물은 번제물 잡는 곳에서 잡아야 한다. 제사장은 그 피를 제단 사면에 뿌려야 한다. 그 제물의 지방을 바치되, 기름진 꼬리와, 내장을 덮은 지방과, 두 콩팥과 그 둘레 허리께 있는 지방과, 콩팥과 함께 떼어 낸 간을 덮은 껍질을 모두 바쳐야 한다. 제사장은 이것들을 제단 위에서 하나님에게 바치는 제물로 불살라야 한다. 이것이 보상 제물이다. 제사장의 가족 가운데서 남자는 누구나 그 제물을 먹을 수 있으나, 반드시 거룩한 곳에서 먹어야 한다. 그 제물은 지극히 거룩한 것이다.

7-10 보상 제물은 속죄 제물과 같아서, 이 두 제물에는 같은 규례가 적용된다. 그 제물은 속죄한 제사장의 몫이다. 어떤 사람을 위해 번제를 바친 제사장은 그가 바친 번제물의 가죽을 갖는다. 화덕에서 구운 곡식 제물이나 냄비나 철판에서 만든 곡식 제물은 모두 그 제물을 바친 제사장의 몫이다. 그것은 그의 것이다. 기름을 섞은 것이든 마른 것이든, 모든 곡식 제물은 아론의 아들들이 다 똑같이 나누어 갖는다."

⸙

11-15 "하나님에게 바치는 화목 제물에 관한 규례는 이러하다. 감사의 뜻으로 화목 제물을 바칠 때는, 누룩 없이 기름을 섞어 만든 빵과, 누룩 없이 기름을 얇게 발라 만든 과자와, 고운 곡식 가루에 기름을 섞어 반죽해서 만든 과자*를 감사 제물과 함께 바쳐야 한다*. 감사의 뜻으로 바치는 화목 제물에는, 누룩을 넣은 빵도 함께 바쳐야 한다. 제물의 종류별로 각각 하나씩 높이 들어 바치는 제물로 하나님에게 바쳐야 한다. 그 제물은 화목 제물의 피를 뿌린 제

Break the clay pot in which the meat was cooked. If it was cooked in a bronze pot, scour it and rinse it with water. Any male among the priestly families may eat it; it is most holy. But any Absolution-Offering whose blood is brought into the Tent of Meeting to make atonement in the Sanctuary must not be eaten, it has to be burned."

⸙

7 1-6 "These are the instructions for the Compensation-Offering. It is most holy. Slaughter the Compensation-Offering in the same place that the Whole-Burnt-Offering is slaughtered. Splash its blood against all sides of the Altar. Offer up all the fat: the fat tail, the fat covering the entrails, the two kidneys and the fat encasing them at the loins, and the lobe of the liver that is removed with the kidneys. The priest burns them on the Altar as a gift to GOD. It is a Compensation-Offering. Any male from among the priests' families may eat it. But it must be eaten in a holy place; it is most holy.

7-10 "The Compensation-Offering is the same as the Absolution-Offering—the same rules apply to both. The offering belongs to the priest who makes atonement with it. The priest who presents a Whole-Burnt-Offering for someone gets the hide for himself. Every Grain-Offering baked in an oven or prepared in a pan or on a griddle belongs to the priest who presents it. It's his. Every Grain-Offering, whether dry or mixed with oil, belongs equally to all the sons of Aaron.

⸙

11-15 "These are the instructions for the Peace-Offering which is presented to GOD. If you bring it to offer thanksgiving, then along with the Thanksgiving-Offering present unraised loaves of bread mixed with oil, unraised wafers spread with oil, and cakes of fine flour, well-kneaded and mixed with oil. Along with the Peace-Offering of thanksgiving, present loaves of yeast bread as an offering. Bring one of each kind as an offering, a Contribution-Offering to GOD; it goes to the priest who throws the blood of the Peace-Offering. Eat the meat from the Peace-Offering of thanksgiving the same day it is offered.

사장의 몫이 된다. 감사의 뜻으로 바친 화목 제물 가운데서 고기는 그것을 바친 그날에 먹어야 하며, 다음날 아침까지 조금이라도 남겨 두어서는 안된다.

16-21 서원 제물이거나 자원 제물이면, 제물을 바친 그날에 먹고, 남은 것은 다음날에 먹어도 된다. 그러나 제물 가운데 셋째 날까지 남은 고기는 반드시 불살라야 한다. 셋째 날에 화목 제물의 고기를 조금이라도 먹으면, 그 제물을 바친 사람은 받아들여지지 않을 것이다. 그 제물이 그에게 조금도 유익이 되지 못하는 것은, 그것이 부정한 고기가 되었기 때문이다. 누구든지 그 고기를 먹는 사람은 그 죄에 대해 책임을 져야 한다. 부정한 것에 닿은 고기는 먹지 말고 불살라야 한다. 그 밖의 다른 고기는 정결하게 된 사람이면 누구나 먹을 수 있다. 그러나 부정한 사람이 **하나님**에게 바쳐진 화목 제물의 고기를 먹으면, 그는 회중 가운데서 추방될 것이다. 사람에게 있는 부정한 것이든 짐승에게 있는 부정한 것이든 또는 역겨운 물건이든, 부정한 것을 만지고도 **하나님**에게 바쳐진 화목 제물을 먹으면, 그는 회중 가운데서 추방될 것이다."

22-27 **하나님**께서 모세에게 말씀하셨다. "이스라엘 백성에게 전하여라. 그들에게 이렇게 일러 주어라. 소나 양이나 염소의 지방은 어느 것이든 먹지 마라. 죽은 채 발견된 짐승의 지방이나 맹수에게 찢겨 죽은 짐승의 지방은 다른 용도로는 쓸 수 있으나, 먹어서는 안된다. **하나님**에게 제물로 바친 짐승의 지방을 먹는 사람은 회중 가운데서 추방될 것이다. 또한 너희가 어느 곳에 살든지, 새의 피든 짐승의 피든, 피는 절대로 먹어서는 안된다. 피를 먹는 사람은 회중 가운데서 추방될 것이다."

28-34 **하나님**께서 모세에게 말씀하셨다. "이스라엘 백성에게 전하여라. 그들에게 이렇게 일러 주어라. 화목 제물을 **하나님**에게 바칠 때는, 그 제물의 일부를 자기 손으로 가져와서 **하나님**을 위한 특별 제물로 바쳐야 한다. 제물에서 떼어 낸 지방과 가슴을 함께 가져와서, 가슴은 흔들어 바치는 제물로 **하나님** 앞에 흔들어

Don't leave any of it overnight.

16-21 "If the offering is a Votive-Offering or a Freewill-Offering, it may be eaten the same day it is sacrificed and whatever is left over on the next day may also be eaten. But any meat from the sacrifice that is left to the third day must be burned up. If any of the meat from the Peace-Offering is eaten on the third day, the person who has brought it will not be accepted. It won't benefit him a bit–it has become defiled meat. And whoever eats it must take responsibility for his iniquity. Don't eat meat that has touched anything ritually unclean; burn it up. Any other meat can be eaten by those who are ritually clean. But if you're not ritually clean and eat meat from the Peace-Offering for GOD, you will be excluded from the congregation. And if you touch anything ritually unclean, whether human or animal uncleanness or an obscene object, and go ahead and eat from a Peace-Offering for GOD, you'll be excluded from the congregation."

22-27 GOD spoke to Moses: "Speak to the People of Israel. Tell them, Don't eat any fat of cattle or sheep or goats. The fat of an animal found dead or torn by wild animals can be put to some other purpose, but you may not eat it. If you eat fat from an animal from which a gift has been presented to GOD, you'll be excluded from the congregation. And don't eat blood, whether of birds or animals, no matter where you end up living. If you eat blood you'll be excluded from the congregation."

28-34 GOD spoke to Moses: "Speak to the People of Israel. Tell them, When you present a Peace-Offering to GOD, bring some of your Peace-Offering as a special sacrifice to GOD, a gift to GOD in your own hands. Bring the fat with the breast and then wave the breast before GOD as a Wave-Offering. The priest will burn the fat on the Altar; Aaron and his sons get the breast. Give the right thigh from your Peace-Offerings as a Contribution-Offering to the priest. Give a portion of the right thigh to the son of Aaron who offers the blood and fat of the Peace-Of-

바치고, 지방은 제사장이 제단 위에서 불살라야 한다. 가슴은 아론과 그의 아들들의 몫이 된다. 너희가 바치는 화목 제물 가운데 오른쪽 넓적다리는 높이 들어 바치는 제물로 제사장에게 주어라. 오른쪽 넓적다리는 아론의 아들들 가운데 화목 제물의 피와 지방을 바치는 제사장에게 주어, 그의 몫이 되게 하여라. 이스라엘 자손의 화목 제물 가운데서 흔들어 바치는 제물의 가슴과 높이 들어 바치는 제물의 넓적다리는, 내가 제사장 아론과 그의 아들들에게 준다. 이것은 그들이 이스라엘 백성에게서 받을 영원한 보상이다."

35-36 이것은 아론과 그의 아들들이 제사장이 되어 **하나님**을 섬기도록 세워진 날부터, **하나님**의 제물 가운데서 그들이 받게 될 몫이다. **하나님**께서는 제사장들이 기름부음을 받은 날부터 이것을 그들에게 주도록 이스라엘 백성에게 명령하셨다. 이것은 대대로 지켜야 할 영원한 규례다.

37-38 이것은 번제물, 곡식 제물, 속죄 제물, 보상 제물, 위임식 제물, 화목 제물에 관한 규례다. 이는 시내 광야에서 이스라엘 백성에게 **하나님**께 제물을 드리라고 명령하신 날에, **하나님**께서 시내 산에서 모세에게 주신 규례다.

제사장 위임식

8 1-4 **하나님**께서 모세에게 말씀하셨다. "너는 아론과 그의 아들들을 함께 데려오고, 그들의 옷과 거룩하게 구별하는 기름과 속죄 제물로 바칠 수소 한 마리와 숫양 두 마리와 누룩을 넣지 않은 빵 한 바구니를 가져오너라. 그리고 모든 회중을 회막 입구에 불러 모아라." 모세가 **하나님**께서 명령하신 대로 하니, 회중이 회막 입구에 모였다.

5 모세가 회중에게 말했다. "**하나님**께서 이렇게 하라고 명령하셨습니다."

6-9 모세는 아론과 그의 아들들을 데려다가 물로 그들을 씻겼다. 그는 아론에게 속옷을 입히고 허리띠를 매어 주었다. 그런 다음 겉옷을 입히고 에봇을 걸쳐 주고, 장식 허리띠로 에봇을 고정시켜 몸에 꼭 맞게 했다. 그는 또 아론에게 가슴받이를 달아 주고, 가슴받이 주머니 안에 우림과 둠밈을 넣어 주었다. 그러고는 아론의 머리에 두건을 씌우고, 두건 앞쪽에 금패, 곧

fering as his portion. From the Peace-Offerings of Israel, I'm giving the breast of the Wave-Offering and the thigh of the Contribution-Offering to Aaron the priest and his sons. This is their fixed compensation from the People of Israel."

35-36 From the day they are presented to serve as priests to GOD, Aaron and his sons can expect to receive these allotments from the gifts of GOD. This is what GOD commanded the People of Israel to give the priests from the day of their anointing. This is the fixed rule down through the generations.

37-38 These are the instructions for the Whole-Burnt-Offering, the Grain-Offering, the Absolution-Offering, the Compensation-Offering, the Ordination-Offering, and the Peace-Offering which GOD gave Moses at Mount Sinai on the day he commanded the People of Israel to present their offerings to GOD in the wilderness of Sinai.

The Ordination of Priests

8 1-4 GOD spoke to Moses: He said, "Take Aaron and with him his sons, the garments, the anointing oil, the bull for the Absolution-Offering, the two rams, and the basket of unraised bread. Gather the entire congregation at the entrance of the Tent of Meeting." Moses did just as GOD commanded him and the congregation gathered at the entrance of the Tent of Meeting.

5 Moses addressed the congregation: "This is what GOD has commanded to be done."

6-9 Moses brought Aaron and his sons forward and washed them with water. He put the tunic on Aaron and tied it around him with a sash. Then he put the robe on him and placed the Ephod on him. He fastened the Ephod with a woven belt, making it snug. He put the Breastpiece on him and put the Urim and Thummim in the pouch of the Breastpiece. He placed the turban on his head with the gold plate fixed to the front of it, the holy crown, just as GOD had commanded Moses.

10-12 Then Moses took the anointing oil and anointed The Dwelling and everything that was in it, consecrating them. He sprinkled some of the oil on the Altar seven times, anointing the Altar and all its

거룩한 관을 달아 주었다. 모세는 하나님께서 명령하신 대로 행했다.

10-12 그런 다음 모세는 거룩하게 구별하는 기름을 가져다가 성막과 그 안에 있는 모든 기구에 발라서, 그것들을 거룩하게 구별했다. 그는 또 그 기름을 제단 위에 일곱 번 뿌리고, 제단과 그 모든 기구, 대야와 그 받침대에 발라서 그것들을 거룩하게 구별했다. 그러고는 거룩하게 구별하는 기름을 아론의 머리에 붓고 그에게 발라서, 그를 거룩하게 구별했다.

13 모세는 아론의 아들들을 데려다가, 그들에게 속옷을 입히고 허리띠를 매어 준 다음 머리에 두건을 씌어 주었다. 모세는 하나님께서 명령하신 대로 행했다.

14-17 모세가 속죄 제물로 바칠 수소 한 마리를 끌고 나오자, 아론과 그의 아들들이 수소의 머리에 손을 얹었다. 모세는 수소를 잡고 손가락으로 제단 뿔 하나하나에 피를 발라서 제단을 깨끗하게 하고, 나머지 피는 제단 밑에 쏟았다. 모세는 제단을 거룩하게 구별하여 거기서 속죄할 수 있게 했다. 그는 내장을 덮은 모든 지방과, 간을 덮은 껍질과, 두 콩팥과 거기에 붙은 지방을 가져다가 제단 위에서 모두 불살랐고, 그 수소의 가죽과 고기와 내장은 진 밖에서 불살랐다. 모세는 하나님께서 명령하신 대로 행했다.

18-21 모세가 번제물로 숫양 한 마리를 드리자, 아론과 그의 아들들이 그 숫양의 머리에 손을 얹었다. 모세는 숫양을 잡고 그 피를 제단 사면에 뿌렸다. 그는 숫양의 각을 뜨고 나서, 머리와 각을 뜬 여러 부위와 지방을 불살랐다. 그는 내장과 다리를 물로 씻은 다음, 그 숫양을 통째로 제단 위에서 불살랐다. 이것은 번제요, 하나님을 기쁘시게 하는 향기며, 하나님께 드리는 제물이다. 모세는 하나님께서 명령하신 대로 행했다.

22-29 모세가 두 번째 숫양, 곧 위임식 제물로 쓸 숫양을 드리자, 아론과 그의 아들들이 그 숫양의 머리에 손을 얹었다. 모세는 숫양을 잡고 그 피 얼마를 가져다가 아론의 오른쪽 귓불과 오른손 엄지손가락과 오른발 엄지발가락에 발랐다. 또 아론의 아들들을 데려다가, 그 피 얼마를 그들의 오른쪽 귓불과 오른손 엄지손가락과 오른발 엄지발가락에 발랐다. 나머지 피는 제단 사면에 뿌렸다. 모세는 숫양의 지방과, 기

utensils, the Washbasin and its stand, consecrating them. He poured some of the anointing oil on Aaron's head, anointing him and thus consecrating him.

13 Moses brought Aaron's sons forward and put tunics on them, belted them with sashes, and put caps on them, just as GOD had commanded Moses.

14-17 Moses brought out the bull for the Absolution-Offering. Aaron and his sons placed their hands on its head. Moses slaughtered the bull and purified the Altar by smearing the blood on each of the horns of the Altar with his finger. He poured out the rest of the blood at the base of the Altar. He consecrated it so atonement could be made on it. Moses took all the fat on the entrails and the lobe of liver and the two kidneys with their fat and burned it all on the Altar. The bull with its hide and meat and guts he burned outside the camp, just as GOD had commanded Moses.

18-21 Moses presented the ram for the Whole-Burnt-Offering. Aaron and his sons laid their hands on the head of the ram. Moses slaughtered it and splashed the blood against all sides of the Altar. He cut the ram up into pieces and then burned the head, the pieces, and the fat. He washed the entrails and the legs with water and then burned the whole ram on the Altar. It was a Whole-Burnt-Offering, a pleasing fragrance—a gift to GOD, just as GOD had commanded Moses.

22-29 Moses then presented the second ram, the ram for the Ordination-Offering. Aaron and his sons laid their hands on the ram's head. Moses slaughtered it and smeared some of its blood on the lobe of Aaron's right ear, on the thumb of his right hand, and on the big toe of his right foot. Then Aaron's sons were brought forward and Moses smeared some of the blood on the lobes of their right ears, on the thumbs of their right hands, and on the big toes of their right feet. Moses threw the remaining blood against each side of the Altar. He took the fat, the fat tail, all the fat that was on the entrails, the lobe of the liver, the two kidneys with their fat, and the right thigh. From the basket of unraised bread that was in the presence of GOD he took one loaf of the unraised bread made with oil and one wafer.

름진 꼬리와, 내장에 붙은 모든 지방과, 간을 덮은 껍질과, 두 콩팥과 거기에 붙은 지방과, 오른쪽 넓적다리를 떼어 냈다. 그는 하나님 앞에 두는 누룩을 넣지 않은 빵 바구니에서, 누룩을 넣지 않고 기름을 섞어 만든 빵 한 개와 속이 빈 과자 한 개를 집어서, 지방과 오른쪽 넓적다리 위에 올려놓았다. 그가 이 모든 것을 아론과 그의 아들들의 손에 두자, 아론과 그의 아들들이 그것을 흔들어 바치는 제물로 하나님 앞에 흔들어 드렸다. 그런 다음 모세가 그 모든 것을 그들의 손에서 다시 가져다가 제단 위에 있는 번제물 위에 놓고 불살랐다. 이것은 위임식 제물이요, 하나님을 기쁘시게 하는 향기며, 하나님께 드리는 제물이다. 모세는 그 가슴을 가져다가 흔들어 바치는 제물로 하나님 앞에 올려 드렸다. 위임식 제물 가운데서 가슴은 모세의 몫이었다. 모세는 하나님께서 명령하신 대로 행했다.

30 모세는 거룩하게 구별하는 기름과 제단에 있는 피 얼마를 가져다가 아론과 그의 옷과 아론의 아들들과 그들의 옷에 뿌려서, 아론과 그의 옷과 아론의 아들들과 그들의 옷을 거룩하게 구별했다.

31-35 모세가 아론과 그의 아들들에게 말했다. "회막 입구에서 그 고기를 삶아서, 위임식 바구니에 담긴 빵과 함께 먹으십시오. '아론과 그의 아들들이 그것을 먹어야 한다'고 하셨으니, 그것을 먹으십시오. 남은 고기와 빵은 모두 불살라 버리십시오. 위임식을 마치는 날까지 칠 일 동안 회막 문을 나가지 마십시오. 여러분의 위임식은 칠 일 동안 계속될 것입니다. 하나님께서 여러분을 위해 속죄하시려고, 여러분이 오늘 행한 것을 하라고 명령하셨습니다. 여러분은 칠 일 동안 밤낮으로 회막 입구에 머무십시오. 반드시 하나님께서 시키시는 대로 행하십시오. 그러면 죽지 않을 것입니다. 이것이 내가 받은 명령입니다."

36 아론과 그의 아들들은 하나님께서 모세를 통해 명령하신 일을 모두 행했다.

아론이 제사장 직무를 수행하다

9 1-2 팔 일째 되는 날, 모세는 아론과 그의 아들들과 이스라엘의 지도자들을 불러 모았다. 모세가 아론에게 말했다. "속죄 제물로 드릴 송아지 한 마리와 번제물로 드릴 숫양 한 마리를 흠 없는 것으로 가져와서 하나님께 드리십시오.

He placed these on the fat portions and the right thigh. He put all this in the hands of Aaron and his sons who waved them before GOD as a Wave-Offering. Then Moses took it all back from their hands and burned them on the Altar on top of the Whole-Burnt-Offering. These were the Ordination-Offerings, a pleasing fragrance to GOD, a gift to GOD. Then Moses took the breast and raised it up as a Wave-Offering before GOD; it was Moses' portion from the Ordination-Offering ram, just as GOD had commanded Moses.

30 Moses took some of the anointing oil and some of the blood from the Altar and sprinkled Aaron and his garments, and his sons and their garments, consecrating Aaron and his garments and his sons and their garments.

31-35 Moses spoke to Aaron and his sons: "Boil the meat at the entrance of the Tent of Meeting and eat it there with the bread from the basket of ordination, just as I commanded, saying, 'Aaron and his sons are to eat it.' Burn up the leftovers from the meat and bread. Don't leave through the entrance of the Tent of Meeting for the seven days that will complete your ordination. Your ordination will last seven days. GOD commanded what has been done this day in order to make atonement for you. Stay at the entrance of the Tent of Meeting day and night for seven days. Be sure to do what GOD requires, lest you die. This is what I have been commanded."

36 Aaron and his sons did everything that GOD had commanded by Moses.

The Priests Go to Work

9 1-2 On the eighth day, Moses called in Aaron and his sons and the leaders of Israel. He spoke to Aaron: "Take a bull-calf for your Absolution-Offering and a ram for your Whole-Burnt-Offering, both without defect, and offer them to GOD.

3-4 "Then tell the People of Israel, Take a male goat for an Absolution-Offering and a calf and a lamb, both yearlings without defect, for a Whole-Burnt-Offering and a bull and a ram for a Peace-Offering, to be sacrificed before GOD with a

3-4 그리고 이스라엘 백성에게 이렇게 전하십시오. 속죄 제물로 드릴 숫염소 한 마리와 번제물로 드릴 일 년 된 흠 없는 송아지 한 마리와 어린양 한 마리를 가져오고, 화목 제물로 드릴 수소 한 마리와 숫양 한 마리를 기름 섞은 곡식 제물과 함께 가져와서 **하나님** 앞에 드리십시오. **하나님**께서 오늘 여러분에게 나타나실 것입니다."

5-6 백성이 모세가 명령한 것들을 회막으로 가져왔다. 온 회중이 가까이 다가와서 **하나님** 앞에 섰다. 모세가 말했다. "이것은 **하나님**께서 여러분에게 명령하신 것입니다. **하나님**의 빛나는 영광이 여러분에게 나타날 것입니다."

7 모세가 아론에게 지시했다. "제단으로 가까이 가서, 형님의 속죄 제물과 번제물을 드리십시오. 형님 자신과 백성을 위해 속죄하십시오. **하나님**께서 명령하신 대로, 백성을 위한 제물을 드려 그들을 위해 속죄하십시오."

8-11 아론은 제단으로 가까이 가서 자신을 위한 속죄 제물로 송아지를 잡았다. 아론의 아들들이 그 피를 그에게 가져오자, 아론은 손가락에 그 피를 찍어 제단 뿔들에 발랐다. 나머지 피는 제단 밑에 쏟았다. 아론은 속죄 제물에서 떼어 낸 지방과, 콩팥과, 간을 덮은 껍질을 제단 위에서 불살랐다. 모세는 **하나님**께서 명령하신 대로 행했다. 고기와 가죽은 진 밖에서 불살랐다.

12-14 그 다음에 아론은 번제물을 잡았다. 아론의 아들들이 그에게 그 피를 건네자, 아론은 그 피를 제단 사면에 뿌렸다. 아론의 아들들이 그에게 각을 뜬 여러 부위와 머리를 건네자, 아론은 그것들을 제단 위에서 불살랐다. 그는 내장과 다리를 씻어 제단 위에 있는 번제물 위에 놓고 불살랐다.

15-21 이어서 아론은 백성의 제물을 드렸다. 아론은 백성을 위한 속죄 제물로 숫염소를 가져다가 잡고, 먼저 드린 제물과 마찬가지로 그것을 속죄 제물로 드렸다. 같은 절차에 따라 번제물도 드렸다. 이어서 곡식 제물을 한 움큼 가져다가 아침 번제물과 함께 제단 위에서 불살랐다. 그리고 백성을 위한 화목 제물로 수소와 숫양을 잡았다. 아론의 아들들이 그에게 그 피를 건네자, 아론은 그 피를 제단 사면에 뿌렸다. 그들이 수소와 숫양에게서 떼어 낸 여러 부위의 지방, 곧 기름진 꼬리와, 콩팥을 덮은 지방과, 간을 덮은 껍질을 두 짐승의 가슴 위에 놓자, 아론은 그것을 제단 위에서 불살랐다. 아론은 두 짐승의 가슴과 오른쪽 넓적다리를 흔들어 바치는 제물로 **하나님** 앞에 흔들

Grain-Offering mixed with oil, because GOD will appear to you today."

5-6 They brought the things that Moses had ordered to the Tent of Meeting. The whole congregation came near and stood before GOD. Moses said, "This is what GOD commanded you to do so that the Shining Glory of GOD will appear to you."

7 Moses instructed Aaron, "Approach the Altar and sacrifice your Absolution-Offering and your Whole-Burnt-Offering. Make atonement for yourself and for the people. Sacrifice the offering that is for the people and make atonement for them, just as GOD commanded."

8-11 Aaron approached the Altar and slaughtered the calf as an Absolution-Offering for himself. Aaron's sons brought the blood to him. He dipped his finger in the blood and smeared some of it on the horns of the Altar. He poured out the rest of the blood at the base of the Altar. He burned the fat, the kidneys, and the lobe of the liver from the Absolution-Offering on the Altar, just as GOD had commanded Moses. He burned the meat and the skin outside the camp.

12-14 Then he slaughtered the Whole-Burnt-Offering. Aaron's sons handed him the blood and he threw it against each side of the Altar. They handed him the pieces and the head and he burned these on the Altar. He washed the entrails and the legs and burned them on top of the Whole-Burnt-Offering on the Altar.

15-21 Next Aaron presented the offerings of the people. He took the male goat, the Absolution-Offering for the people, slaughtered it, and offered it as an Absolution-Offering just as he did with the first offering. He presented the Whole-Burnt-Offering following the same procedures. He presented the Grain-Offering by taking a handful of it and burning it on the Altar along with the morning Whole-Burnt-Offering. He slaughtered the bull and the ram, the people's Peace-Offerings. Aaron's sons handed him the blood and he threw it against each side of the Altar. The fat pieces from the bull and the ram–the fat tail and the fat that covers the kidney and the lobe of the liver–they laid on the breasts and Aaron burned it on the Altar.

어 드렸다. 모세는 하나님께서 명령하신 대로
행했다.
22-24 아론이 백성을 향해 두 손을 들어 그들을
축복했다. 아론은 속죄 제물과 번제물과 화목
제물을 다 드리고 나서 제단에서 내려왔다. 모
세와 아론은 회막 안으로 들어갔다. 그들이 회
막에서 나와 백성을 축복하자, 하나님의 영광
이 온 백성에게 나타났다. 하나님께로부터 불
이 나와서, 제단 위에 있는 번제물과 지방을 불
살라 버렸다. 온 백성이 그 일어난 일을 보고,
큰소리로 환호하며 땅에 엎드려 경배했다.

나답과 아비후의 죽음

10 1-2 바로 그날에 아론의 아들들인 나
답과 아비후가 각기 자기 향로를 가
져와서, 거기에 타오르는 숯불을 담고 향을 피
워 '알 수 없는' 불을 하나님께 드렸다. 그러나
그 불은 하나님께서 명령하신 불이 아니었다.
하나님께로부터 불이 나와서 그들을 불살라 버
리니, 그들이 하나님 앞에서 죽고 말았다.
3 모세가 아론에게 말했다. "하나님께서 다음
과 같이 말씀하신 것은 이 일을 두고 하신 것입
니다.

나를 가까이하는 사람에게
  내가 나의 거룩함을 보일 것이다.
  온 백성 앞에서
  내가 나의 영광을 나타낼 것이다."

아론은 아무 말도 하지 못했다.
4-5 모세가 아론의 삼촌 웃시엘의 두 아들 미사
엘과 엘사반을 불러서 그들에게 말했다. "가서,
너희의 죽은 조카들을 성소에서 진 밖으로 옮
겨라." 그들은 모세가 지시한 대로 가서 조카들
을 진 밖으로 옮겼다.
6-7 모세가 아론과 그의 남은 아들 엘르아살과
이다말에게 말했다. "머리를 풀거나 옷을 찢어
애도해서는 안됩니다. 그렇게 하다가는 여러분
마저 죽고, 하나님께서 온 회중에게 진노하실
것입니다. 하나님께서 불로 없애신 자들의 죽
음은 *여러분의 동족인* 이스라엘 온 백성이 애
도할 것입니다. 여러분은 회막 문을 떠나지 마
십시오. 떠나면, 여러분은 죽습니다. 여러분은
하나님께서 기름부어 거룩하게 구별하신 사람
들이기 때문입니다."

Aaron waved the breasts and the right thigh before
GOD as a Wave-Offering, just as GOD commanded.
22-24 Aaron lifted his hands over the people and
blessed them. Having completed the rituals of the
Absolution-Offering, the Whole-Burnt-Offering, and
the Peace-Offering, he came down from the Altar.
Moses and Aaron entered the Tent of Meeting.
When they came out they blessed the people and the
Glory of GOD appeared to all the people. Fire blazed
out from GOD and consumed the Whole-Burnt-Of-
fering and the fat pieces on the Altar. When all the
people saw it happen they cheered loudly and then
fell down, bowing in reverence.

Nadab and Abihu

10 1-2 That same day Nadab and Abihu,
Aaron's sons, took their censers, put hot
coals and incense in them, and offered "strange" fire
to GOD–something GOD had not commanded. Fire
blazed out from GOD and consumed them–they
died in GOD's presence.
3 Moses said to Aaron, "This is what GOD meant
when he said,

To the one who comes near me,
  I will show myself holy;
Before all the people,
  I will show my glory."

Aaron was silent.
4-5 Moses called for Mishael and Elzaphan, sons of
Uzziel, Aaron's uncle. He said, "Come. Carry your
dead cousins outside the camp, away from the
Sanctuary." They came and carried them off, outside
the camp, just as Moses had directed.
6-7 Moses then said to Aaron and his remaining
sons, Eleazar and Ithamar, "No mourning rituals for
you–unkempt hair, torn clothes–or you'll also die
and GOD will be angry with the whole congregation.
Your relatives–all the People of Israel, in fact–
will do the mourning over those GOD has destroyed
by fire. And don't leave the entrance to the Tent of
Meeting lest you die, because GOD's anointing oil is
on you."
They did just as Moses said.

그들은 모세가 말한 대로 행했다.

8-11 하나님께서 아론에게 지시하셨다. "너나 네 아들들이 회막에 들어갈 때는, 포도주나 독한 술을 마시지 마라. 마시면, 너희는 죽는다. 이것은 대대로 지켜야 할 영원한 규례다. 거룩한 것과 속된 것을 구별하고, 정결한 것과 부정한 것을 구별하여라. 하나님이 모세를 통해 말한 모든 규례를 이스라엘 백성에게 가르쳐라."

12-15 모세가 아론과 살아남은 그의 두 아들 엘르아살과 이다말에게 말했다. "하나님께 불살라 바치는 제물을 드리고 남은 곡식 제물은 여러분이 가져가십시오. 누룩을 넣지 않고 만든 그 제물은 지극히 거룩한 것이니, 여러분은 그것을 제단 옆에서 먹으십시오. 하나님께 불살라 바치는 제물 가운데서 그것은 형님과 형님 아들들의 몫이니, 거룩한 곳에서 먹어야 합니다. 하나님께서 내게 그렇게 명령하셨습니다. 또한 형님과 형님의 아들딸들은 흔들어 바치는 제물의 가슴과 높이 들어 바치는 제물의 넓적다리를 정결한 곳에서 먹어야 합니다. 그것들은 이스라엘 백성이 바친 화목 제물 가운데서 형님과 형님 자녀들의 몫으로 주신 것입니다. 높이 들어 바치는 제물의 넓적다리와, 흔들어 바치는 제물의 가슴과, 불살라 바치는 제물에서 떼어 낸 지방을 가져다가, 흔들어 바치는 제물로 올려 드리십시오. 이것은 하나님께서 명령하신 대로, 영원히 형님과 형님 자녀들의 몫이 될 것입니다."

16-18 모세는 속죄 제물로 드린 염소가 어떻게 되었는지 알아보았다. 그런데 그것은 이미 다 타 버린 상태였다. 모세가 아론의 남은 아들 엘르아살과 이다말에게 화를 내며 물었다. "속죄 제물은 지극히 거룩한 것인데, 어찌하여 너희는 그것을 거룩한 곳에서 먹지 않았느냐? 그 제물을 너희에게 주신 것은, 공동체의 죄를 없애고 하나님 앞에서 그들을 위해 속죄하게 하려는 것이다. 그 피를 거룩한 곳으로 가지고 들어가지 않았으니, 너희는 내가 명령한 대로 성소에서 그 염소를 먹었어야 했다."

19 아론이 모세에게 대답했다. "보십시오. 오늘 그들이 하나님 앞에 속죄 제물과 번제물을 드렸습니다. 그리고 내게 무슨 일이 있었는지 당신도 보지 않았습니까? 나는 두 아들을 잃었습

8-11 GOD instructed Aaron: "When you enter the Tent of Meeting, don't drink wine or strong drink, neither you nor your sons, lest you die. This is a fixed rule down through the generations. Distinguish between the holy and the common, between the ritually clean and unclean. Teach the People of Israel all the decrees that GOD has spoken to them through Moses."

12-15 Moses spoke to Aaron and his surviving sons, Eleazar and Ithamar, "Take the leftovers of the Grain-Offering from the Fire-Gifts for GOD and eat beside the Altar that which has been prepared without yeast, for it is most holy. Eat it in the Holy Place because it is your portion and the portion of your sons from the Fire-Gifts for GOD. This is what GOD commanded me. Also, you and your sons and daughters are to eat the breast of the Wave-Offering and the thigh of the Contribution-Offering in a clean place. They are provided as your portion and the portion of your children from the Peace-Offerings presented by the People of Israel. Bring the thigh of the Contribution-Offering and the breast of the Wave-Offering and the fat pieces of the Fire-Gifts and lift them up as a Wave-Offering. This will be the regular share for you and your children as ordered by GOD."

16-18 When Moses looked into the matter of the goat of the Absolution-Offering, he found that it had been burned up. He became angry with Eleazar and Ithamar, Aaron's remaining sons, and asked, "Why didn't you eat the Absolution-Offering in the Holy Place since it is most holy? The offering was given to you for taking away the guilt of the community by making atonement for them before GOD. Since its blood was not taken into the Holy Place, you should have eaten the goat in the Sanctuary as I commanded."

19 Aaron replied to Moses, "Look. They sacrificed their Absolution-Offering and Whole-Burnt-Offering before GOD today, and you see what has happened to me—I've lost two sons. Do you think GOD would have been pleased if I had gone ahead and eaten the Absolution-Offering today?"

니다. 오늘 내가 그 속죄 제물을 먹었다고 한들, 하나님께서 기뻐하셨겠습니까?"

20 이 말을 듣고 모세도 수긍했다.

먹을 수 있는 짐승과 먹을 수 없는 짐승

11 1-2 하나님께서 모세와 아론에게 말씀하셨다. "이스라엘 백성에게 전하여라. 그들에게 이렇게 일러 주어라. 땅 위에 있는 모든 짐승 가운데 네가 먹을 수 있는 짐승은 이러하다.

3-8 굽이 둘로 갈라지고 새김질을 하는 짐승은 어느 것이든 먹어도 된다. 새김질은 하지만 굽이 갈라지지 않았거나, 굽은 갈라졌으나 새김질을 하지 않는 짐승은 먹어서는 안된다. 예를 들어, 낙타는 새김질은 하지만 굽이 갈라지지 않았으니 부정한 것이다. 오소리도 새김질은 하지만 굽이 갈라지지 않았으니 부정한 것이다. 토끼도 새김질은 하지만 굽이 갈라지지 않았으니 부정한 것이다. 돼지는 굽이 둘로 갈라졌지만 새김질을 하지 않으니 부정한 것이다. 너희는 이런 짐승의 고기를 먹어서는 안되며 그 주검을 만져서도 안된다. 그것들은 너희에게 부정한 것이다.

9-12 바다나 강에 사는 동물 가운데서 지느러미와 비늘이 있는 것은 무엇이든 먹어도 된다. 그러나 바다에 사는 것이든 강에 사는 것이든, 얕은 곳에 사는 작은 것이든 깊은 곳에 사는 큰 것이든, 지느러미와 비늘이 없는 것은 무엇이나 혐오스러운 것이다. 이런 것은 혐오스러운 것으로 여겨라. 그 고기를 먹지 말고 그 주검도 혐오스러운 것으로 여겨라. 물에 사는 것 가운데서 지느러미와 비늘이 없는 것은 무엇이든 너희에게 혐오스러운 것이다.

13-19 다음은 너희가 혐오해야 할 새들이니, 이것들은 먹지 마라. 독수리, 참수리, 물수리, 솔개, 각종 수리, 각종 까마귀, 타조, 쏙독새, 갈매기, 각종 매, 올빼미, 가마우지, 따오기, 뜸부기, 사다새, 대머리수리, 황새, 각종 왜가리, 오디새, 박쥐. 이 새들은 혐오스러운 것이다.

20-23 네 발로 기어 다니는 날벌레는 모두 너희에게 혐오스러운 것이다. 그러나 이것들 가운데서 *몇 가지는 먹어도 된다*. 이를테면, 다리가 달려서 땅에서 뛸 수 있는 것은 먹을 수 있다. 각종 메뚜기와 여치와 귀뚜라미와 방아깨비는 먹어도 된다. 그러나 그 밖에 다리가 네 개 달린 날벌레는 모두 혐오스러운 것이다.

20 When Moses heard this response, he accepted it.

Foods

11 1-2 GOD spoke to Moses and Aaron: "Speak to the People of Israel. Tell them, Of all the animals on Earth, these are the animals that you may eat:

3-8 "You may eat any animal that has a split hoof, divided in two, and that chews the cud, but not an animal that only chews the cud or only has a split hoof. For instance, the camel chews the cud but doesn't have a split hoof, so it's unclean. The rock badger chews the cud but doesn't have a split hoof and so it's unclean. The rabbit chews the cud but doesn't have a split hoof so is unclean. The pig has a split hoof, divided in two, but doesn't chew the cud and so is unclean. You may not eat their meat nor touch their carcasses; they are unclean to you.

9-12 "Among the creatures that live in the water of the seas and streams, you may eat any that have fins and scales. But anything that doesn't have fins and scales, whether in seas or streams, whether small creatures in the shallows or huge creatures in the deeps, you are to detest. Yes, detest them. Don't eat their meat; detest their carcasses. Anything living in the water that doesn't have fins and scales is detestable to you.

13-19 "These are the birds you are to detest. Don't eat them. They are detestable: eagle, vulture, osprey, kite, all falcons, all ravens, ostrich, nighthawk, sea gull, all hawks, owl, cormorant, ibis, water hen, pelican, Egyptian vulture, stork, all herons, hoopoe, bat.

20-23 "All flying insects that walk on all fours are detestable to you. But you can eat some of these, namely, those that have jointed legs for hopping on the ground: all locusts, katydids, crickets, and grasshoppers. But all the other flying insects that have four legs you are to detest.

24-25 "You will make yourselves ritually unclean until evening if you touch their carcasses. If you pick up one of their carcasses you must wash your clothes and you'll be unclean until evening.

26 "Every animal that has a split hoof that's not completely divided, or that doesn't chew the cud is

24-25 그런 것들의 주검에 몸이 닿은 사람은 저녁때까지 부정하다. 그 주검들 가운데 하나라도 들어 옮기는 사람은 반드시 자기 옷을 빨아야 한다. 그는 저녁때까지 부정하다.

26 굽이 갈라졌어도 완전히 갈라지지 않았거나 새김질을 하지 않는 짐승은 모두 너희에게 부정한 것이다. 그것들 가운데 어느 하나의 주검에 몸이 닿은 사람은 부정하게 된다.

27-28 네 발로 걷는 짐승 가운데 발바닥으로 걷는 짐승은 모두 너희에게 부정한 것이다. 그 주검에 몸이 닿은 사람은 저녁때까지 부정하다. 그 주검을 들어 옮기는 사람은 반드시 자기 옷을 빨아야 한다. 그는 저녁때까지 부정하다. 그것들은 너희에게 부정한 것이다.

29-38 땅에 기어 다니는 동물 가운데서 너희에게 부정한 것은 이러하다. 족제비, 쥐, 각종 도마뱀, 도마뱀붙이, 왕도마뱀, 벽도마뱀, 사막도마뱀, 카멜레온. 기어 다니는 동물 가운데 이런 것들은 너희에게 부정한 것이다. 이것들이 죽었을 때 그 주검을 만지는 사람은 저녁때까지 부정하다. 이것들 가운데 하나가 죽어서 어떤 물건 위에 떨어진 경우, 나무든 천이든 가죽이든 삼베든, 그 물건이 무엇으로 만들어졌든, 또 그 물건의 용도가 무엇이든 관계없이 그 물건은 부정하게 되니, 그 물건을 물에 담가라. 그것은 저녁때까지 부정하고, 그 후에는 정결하다. 그 주검이 질그릇에 떨어지면, 그 안에 있는 것은 무엇이든 부정하게 된다. 너희는 그 그릇을 깨뜨려야 한다. 먹을 수 있는 음식이더라도 그 그릇에 담긴 물에 닿으면, 부정하게 된다. 그 그릇에 담긴 마실 것도 무엇이든 부정하게 된다. 이런 것들의 주검이 어떤 물건에 떨어지면, 그 물건은 무엇이든 부정하게 된다. 화덕이든 냄비든 모두 깨뜨려야 한다. 그것들은 부정한 것이니, 너희는 그것들을 부정한 것으로 여겨야 한다. 샘이나 물이 고인 웅덩이는 정결한 것으로 남지만, 이 주검들 가운데 어느 하나라도 너희 몸에 닿으면, 너희는 부정하게 된다. 파종할 씨 위에 주검이 떨어져도, 그 씨는 여전히 정결하다. 그러나 그 씨가 물에 젖어 있을 때 주검이 그 위에 떨어지면, 너희는 그 씨를 부정한 것으로 여겨야 한다.

39-40 먹어도 되는 짐승이 죽었을 경우, 그 주검에 몸이 닿은 사람은 누구나 저녁때까지 부정하다. 죽은 고기를 먹은 사람은 자기 옷을 빨아야 하며, 저녁때까지 부정하다. 그 주검을 들어 옮기는 사람도 자기 옷을 빨아야 하며, 저녁때까지

unclean for you; if you touch the carcass of any of them you become unclean.

27-28 "Every four-footed animal that goes on its paws is unclean for you; if you touch its carcass you are unclean until evening. If you pick up its carcass you must wash your clothes and are unclean until evening. They are unclean for you.

29-38 "Among the creatures that crawl on the ground, the following are unclean for you: weasel, rat, all lizards, gecko, monitor lizard, wall lizard, skink, chameleon. Among the crawling creatures, these are unclean for you. If you touch them when they are dead, you are ritually unclean until evening. When one of them dies and falls on something, that becomes unclean no matter what it's used for, whether it's made of wood, cloth, hide, or sackcloth. Put it in the water–it's unclean until evening, and then it's clean. If one of these dead creatures falls into a clay pot, everything in the pot is unclean and you must break the pot. Any food that could be eaten but has water on it from such a pot is unclean, and any liquid that could be drunk from it is unclean. Anything that one of these carcasses falls on is unclean–an oven or cooking pot must be broken up; they're unclean and must be treated as unclean. A spring, though, or a cistern for collecting water remains clean, but if you touch one of these carcasses you're ritually unclean. If a carcass falls on any seeds that are to be planted, they remain clean. But if water has been put on the seed and a carcass falls on it, you must treat it as unclean.

39-40 "If an animal that you are permitted to eat dies, anyone who touches the carcass is ritually unclean until evening. If you eat some of the carcass you must wash your clothes and you are unclean until evening. If you pick up the carcass you must wash your clothes and are unclean until evening.

41-43 "Creatures that crawl on the ground are detestable and not to be eaten. Don't eat creatures that crawl on the ground, whether on their belly or on all fours or on many feet–they are detestable. Don't make yourselves unclean or be defiled by them, because I am your GOD.

부정하다.

41-43 땅에 기어 다니는 동물은 혐오스러운 것이니 먹어서는 안된다. 배로 기어 다니든 네 발로 기어 다니든 여러 발로 기어 다니든, 땅에 기어 다니는 동물은 먹지 마라. 그것들은 혐오스러운 것이다. 너희는 그것들로 너희 자신을 부정하게 하거나 더럽히는 일이 없게 하여라. 나는 너희 하나님이다.

44-45 내가 거룩하니, 너희도 자신을 거룩하게 하여라. 땅에 기어 다니는 어떤 것으로도 너희 자신을 부정하게 해서는 안된다. 나는 너희를 이집트 땅에서 이끌어낸 하나님이다. 내가 거룩하니, 너희도 거룩하여라."

46-47 "이것은 짐승과 새와 물고기와 땅에 기어 다니는 동물에 관한 규례다. 너희는 부정한 것과 정결한 것, 먹을 수 있는 동물과 먹을 수 없는 동물을 구별해야 한다."

산모를 정결하게 하는 규례

12 1-5 하나님께서 모세에게 말씀하셨다. "이스라엘 백성에게 이렇게 일러 주어라. 임신하여 사내아이를 낳은 여자는 칠 일 동안 부정하다. 그녀는 월경할 때와 마찬가지로 부정하다. 너희는 팔 일째 되는 날에 그 아이에게 할례를 행하여라. 산모는 출혈 상태에서 정결하게 될 때까지 삼십삼 일 동안 집 안에 머물러 있어야 한다. 정결하게 되는 기간이 다 찰 때까지, 산모는 거룩하게 구별된 것을 만지거나 성소에 들어가서는 안된다. 여자아이를 낳은 여자는 십사 일 동안 부정하다. 그녀는 월경할 때와 마찬가지로 부정하다. 산모는 출혈 상태에서 정결하게 될 때까지 육십육 일 동안 집 안에 머물러 있어야 한다.

6-7 사내아이를 낳았든 여자아이를 낳았든, 정결하게 되는 기간이 다 차면, 산모는 번제물로 바칠 일 년 된 어린양 한 마리와 속죄 제물로 바칠 집비둘기나 산비둘기 한 마리를 회막 입구로 가져와서 제사장에게 건네야 한다. 제사장은 그것을 받아 하나님에게 바쳐서 그녀를 위해 속죄해야 한다. 그러면 그녀는 출혈 상태로부터 정결하게 된다.

이것은 사내아이나 여자아이를 낳은 산모에게 주는 규례다.

8 그녀가 어린양 한 마리를 마련할 형편이 못되면, *산비둘기 두 마리나 집비둘기 두 마리를 가져다가* 하나는 번제물로, 다른 하나는 속죄 제물로 바쳐도 된다. 제사장이 그녀를 위해 속죄하면, 그녀는 정결하게 된다."

44-45 "Make yourselves holy for I am holy. Don't make yourselves ritually unclean by any creature that crawls on the ground. I am GOD who brought you up out of the land of Egypt. Be holy because I am holy.

46-47 "These are the instructions on animals, birds, fish, and creatures that crawl on the ground. You have to distinguish between the ritually unclean and the clean, between living creatures that can be eaten and those that cannot be eaten."

Childbirth

12 1-5 GOD spoke to Moses: "Tell the People of Israel, A woman who conceives and gives birth to a boy is ritually unclean for seven days, the same as during her menstruation. On the eighth day circumcise the boy. The mother must stay home another thirty-three days for purification from her bleeding. She may not touch anything consecrated or enter the Sanctuary until the days of her purification are complete. If she gives birth to a girl, she is unclean for fourteen days, the same as during her menstruation. She must stay home for sixty-six days for purification from her bleeding.

6-7 "When the days for her purification for either a boy or a girl are complete, she will bring a yearling lamb for a Whole-Burnt-Offering and a pigeon or dove for an Absolution-Offering to the priest at the entrance of the Tent of Meeting. He will offer it to GOD and make atonement for her. She is then clean from her flow of blood.

"These are the instructions for a woman who gives birth to either a boy or a girl.

8 "If she can't afford a lamb, she can bring two doves or two pigeons, one for the Whole-Burnt-Offering and one for the Absolution-Offering. The priest will make atonement for her and she will be clean."

악성 피부병에 관한 규례

13

1-3 하나님께서 모세와 아론에게 말씀하셨다. "어떤 사람의 피부에 부스럼이나 물집이나 번들거리는 얼룩이 생겨서 그 몸에 악성 피부병 증상이 보이면, 그 사람을 제사장 아론이나 그의 아들들 가운데 한 제사장에게 데려가야 한다. 제사장은 그 피부의 상처를 살펴보아야 한다. 상처 부위의 털이 희어지고 그 부위가 피부보다 들어가 보이면, 그것은 전염성이 있는 악성 피부병이다. 제사장은 그 상처를 살펴본 뒤에 그 사람을 부정하다고 선언해야 한다.

4-8 피부에 생긴 번들거리는 얼룩이 희기는 한데 피부에만 있는 것처럼 보이고 그 부위의 털이 희어지지 않았으면, 제사장은 그 사람을 칠 일 동안 격리시켜야 한다. 칠 일째 되는 날에 상처를 다시 살펴보아 상처가 더 퍼지지 않았다고 판단되면, 제사장은 그를 다시 칠 일 동안 격리시켜야 한다. 칠 일째 되는 날에 다시 살펴보아 상처가 옅어지고 더 퍼지지 않았으면, 제사장은 그 사람을 정결하다고 선언해야 한다. 그것은 해롭지 않은 뾰루지다. 그 사람이 집에 가서 자기 옷을 빨아 입으면, 그는 정결하다. 그러나 제사장에게 몸을 보여서 정결하다고 선언을 받은 뒤에 상처가 더 퍼졌으면, 그는 다시 제사장에게 돌아가야 한다. 제사장은 그를 살펴보아 상처가 퍼졌으면, 그 사람을 부정하다고 선언해야 한다. 그것은 전염성이 있는 악성 피부병이다.

9-17 어떤 사람이 전염성이 있는 악성 피부병에 걸렸으면, 반드시 그를 제사장에게 데려가야 하고, 제사장은 그를 살펴보아야 한다. 피부에 흰 부스럼이 생겼는데 그 부위의 털이 희어지고 부스럼이 곪아 터졌으면, 그것은 만성 피부병이다. 제사장은 그를 부정하다고 선언해야 한다. 그러나 그가 이미 부정하다는 진단을 받았으므로, 그를 격리시키지 않아도 된다. 제사장이 보기에 악성 피부병이 그 사람의 머리끝에서 발끝까지 피부 전체를 덮었으면, 제사장은 철저히 살펴보아야 한다. 피부병이 그 사람의 몸 전체를 덮었으면, 제사장은 그 사람을 정결하다고 선언해야 한다. 상처 부위가 온통 희어졌으므로, 그 사람은 정결하다. 그러나 상처 부위가 곪아 터져 고름이 흘러나오면, 그 사람은 부정하다. 제사장은 곪아 터진 부위를 살펴보고 그 사람을 부정하다고 선언해야 한다. 곪아 터진 부위는 악성 피부병의 증거이므로 부정하다. 그러나 곪아 터진 부위가 아물어 희어졌으면, 그 사람은 제사장에게 돌아가야 하고, 제사장은 그를 다시 살펴보아야 한다. 상처 부위가 희어졌으면, 제사장은 그 사람을 정결하다고 선언해야 한다. 그는 정결하다.

Infections

13

1-3 GOD spoke to Moses and Aaron: "When someone has a swelling or a blister or a shiny spot on the skin that might signal a serious skin disease on the body, bring him to Aaron the priest or to one of his priest sons. The priest will examine the sore on the skin. If the hair in the sore has turned white and the sore appears more than skin deep, it is a serious skin disease and infectious. After the priest has examined it, he will pronounce the person unclean.

4-8 "If the shiny spot on the skin is white but appears to be only on the surface and the hair has not turned white, the priest will quarantine the person for seven days. On the seventh day the priest will examine it again; if, in his judgment, the sore is the same and has not spread, the priest will keep him in quarantine for another seven days. On the seventh day the priest will examine him a second time; if the sore has faded and hasn't spread, the priest will declare him clean—it is a harmless rash. The person can go home and wash his clothes; he is clean. But if the sore spreads after he has shown himself to the priest and been declared clean, he must come back again to the priest who will conduct another examination. If the sore has spread, the priest will pronounce him unclean—it is a serious skin disease and infectious.

9-17 "Whenever someone has a serious and infectious skin disease, you must bring him to the priest. The priest will examine him; if there is a white swelling in the skin, the hair is turning white, and there is an open sore in the swelling, it is a chronic skin disease. The priest will pronounce him unclean. But he doesn't need to quarantine him because he's already given his diagnosis of unclean. If a serious disease breaks out that covers all the skin from head to foot, wherever the priest looks, the priest will make a thorough examination; if the disease covers his entire body, he will pronounce the person with the sore clean—since it has turned all white, he is clean. But

18-23 어떤 사람이 피부에 종기가 생겼다가 나았는데 종기가 있던 자리에 흰 부스럼이나 번들거리는 희붉은 얼룩이 생겼으면, 그는 제사장에게 가서 자기 몸을 보여야 한다. 상처가 깊어지고 상처 부위의 털이 희어졌으면, 제사장은 그를 부정하다고 선언해야 한다. 그것은 종기에서 발생한 악성 피부병이다. 그러나 제사장이 살펴보아 상처 부위의 털이 희지 않고 상처도 깊지 않고 수그러들었으면, 제사장은 그를 칠 일 동안 격리시켜야 한다. 그러고도 상처가 피부에 넓게 퍼졌으면, 제사장은 그를 부정하다고 진단해야 한다. 그것은 전염성이 있는 병이다. 그러나 번들거리는 얼룩이 더 퍼지지 않고 그대로이면, 그것은 종기로 인해 생긴 흉터일 뿐이다. 제사장은 그를 정결하다고 선언해야 한다.

24-28 어떤 사람이 피부에 화상을 입었는데, 덴 자리에 희붉은 얼룩이나 번들거리는 흰 얼룩이 생겼으면, 제사장은 그것을 살펴보아야 한다. 얼룩 부위에 난 털이 희어지고 그 부위가 피부보다 들어가 보이면, 화상 부위에 악성 피부병이 생긴 것이다. 제사장은 그를 부정하다고 선언해야 한다. 그것은 전염성이 있는 악성 피부병이다. 그러나 제사장이 살펴보아 얼룩 부위의 털이 희지 않고 그 부위가 피부보다 들어가 보이지 않고 옅어졌으면, 제사장은 그를 칠 일 동안 격리시켜야 한다. 칠 일째 되는 날에 제사장은 그를 다시 살펴보아야 한다. 그때까지 얼룩이 피부에 퍼졌으면, 제사장은 그를 부정하다고 진단해야 한다. 그것은 전염성이 있는 악성 피부병이다. 그러나 그때까지 얼룩이 같은 부위에 머물러 더 퍼지지 않고 수그러들었으면, 그것은 화상으로 부풀어 오른 것일 뿐이다. 그것은 화상으로 생긴 흉터이니, 제사장은 그를 정결하다고 선언해야 한다.

29-37 남자든 여자든 머리나 턱에 피부병이 생기면, 제사장은 병의 상태를 진단해야 한다. 상처 부위가 피부보다 들어가 보이고 그 부위의 털이 누렇고 가늘면, 제사장은 그 사람을 부정하다고 선언해야 한다. 그것은 전염성이 있는 피부병인 백선이다. 그러나 제사장이 백선이 난 자리를 살펴보아 상처 부위가 피부보다 들어가 보이지 않고 그 부위의 털이 검지 않으면, 제사장은 그 사람을 칠 일 동안 격리시켜야 한다. 칠 일째 되는 날에 제사장은 상처 부위를 다시

if they are open, running sores, he is unclean. The priest will examine the open sores and pronounce him unclean. The open sores are unclean; they are evidence of a serious skin disease. But if the open sores dry up and turn white, he is to come back to the priest who will reexamine him; if the sores have turned white, the priest will pronounce the person with the sores clean. He is clean.

18-23 "When a person has a boil and it heals and in place of the boil there is white swelling or a reddish-white shiny spot, the person must present himself to the priest for an examination. If it looks like it has penetrated the skin and the hair in it has turned white, the priest will pronounce him unclean. It is a serious skin disease that has broken out in the boil. But if the examination shows that there is no white hair in it and it is only skin deep and has faded, the priest will put him in quarantine for seven days. If it then spreads over the skin, the priest will diagnose him as unclean. It is infectious. But if the shiny spot has not changed and hasn't spread, it's only a scar from the boil. The priest will pronounce him clean.

24-28 "When a person has a burn on his skin and the raw flesh turns into a reddish-white or white shiny spot, the priest is to examine it. If the hair has turned white in the shiny spot and it looks like it's more than skin deep, a serious skin disease has erupted in the area of the burn. The priest will pronounce him unclean; it is a serious skin disease and infectious. But if on examination there is no white hair in the shiny spot and it doesn't look to be more than skin deep but has faded, the priest will put him in quarantine for seven days. On the seventh day the priest will reexamine him. If by then it has spread over the skin, the priest will diagnose him as unclean; it is a serious skin disease and infectious. If by that time the shiny spot has stayed the same and has not spread but has faded, it is only a swelling from the burn. The priest will pronounce him clean; it's only a scar from the burn.

29-37 "If a man or woman develops a sore on the head or chin, the priest will offer a diagnosis. If it looks as if it is under the skin and the hair in it is yellow and thin, he will pronounce the person ritually unclean. It is an itch, an infectious skin disease. But

살펴보아, 백선이 퍼지지 않았고 백선 부위의 털이 누렇지 않으며 그 부위가 피부보다 들어가 보이지 않으면, 그는 백선이 난 자리만 제외하고 털을 모두 밀어야 한다. 제사장은 그를 다시 칠 일 동안 격리시켜야 한다. 백선이 퍼지지 않았고 백선 부위가 피부보다 들어가 보이지 않으면, 제사장은 그를 정결하다고 선언해야 한다. 그 사람이 집에 가서 자기 옷을 빨아 입으면, 그는 정결하다. 그러나 그 사람이 정결하다고 선언받은 뒤에 다시 백선이 퍼지면, 제사장은 그 부위를 다시 살펴보아야 한다. 백선이 피부에 퍼졌으면, 누런 털을 찾아볼 필요도 없이 그 사람은 부정하다. 그러나 제사장이 보기에 백선이 더 진행되지 않았고 그 부위에 검은 털이 자라기 시작했으면, 백선이 나은 것이다. 그 사람은 정결하니, 제사장은 그를 정결하다고 선언해야 한다.

38-39 남자든 여자든 피부에 번들거리는 얼룩이나 번들거리는 흰 얼룩이 생기면, 제사장은 그것을 살펴보아야 한다. 얼룩이 희끗하면, 그것은 피부에 생긴 뾰루지일 뿐이니, 그 사람은 정결하다.

40-44 어떤 사람이 머리카락이 빠져 대머리가 되어도, 그는 정결하다. 앞머리카락이 빠지면, 그저 대머리일 뿐 그는 정결하다. 그러나 두피나 이마에 희붉은 상처가 생기면, 그것은 악성 피부병에 걸렸다는 뜻이다. 제사장은 그 상처를 살펴보아야 한다. 두피나 이마에 생긴 상처가 악성 피부병에 걸린 상처처럼 희붉게 보이면, 그는 악성 피부병에 걸린 것이므로 부정하다. 제사장은 그의 머리에 생긴 상처로 인해 그를 부정하다고 선언해야 한다.

45-46 악성 피부병에 걸린 사람은 누구든지 찢어진 옷을 입고, 머리를 풀되 빗질을 하지 말아야 한다. 또한 그는 윗입술을 가리고, "부정하다! 부정하다!" 하고 외쳐야 한다. 그 상처가 없어지지 않는 한, 그는 계속해서 부정할 것이다. 그 사람은 진 밖에서 따로 살아야 한다."

47-58 "털옷이나 모시옷이나, 모시나 털로 짠 직물이나 편물이나, 가죽이나 가죽 제품에 악성 곰팡이가 피어 반점이 생기면, 또는 옷이나 가죽이나 직물이나 편물이나 가죽으로 만든 어떤 것에 푸르스름하거나 불그스름한 반점이 생

if when he examines the itch, he finds it is only skin deep and there is no black hair in it, he will put the person in quarantine for seven days. On the seventh day he will reexamine the sore; if the itch has not spread, there is no yellow hair in it, and it looks as if the itch is only skin deep, the person must shave, except for the itch; the priest will send him back to quarantine for another seven days. If the itch has not spread, and looks to be only skin deep, the priest will pronounce him clean. The person can go home and wash his clothes; he is clean. But if the itch spreads after being pronounced clean, the priest must reexamine it; if the itch has spread in the skin, he doesn't have to look any farther, for yellow hair, for instance; he is unclean. But if he sees that the itch is unchanged and black hair has begun to grow in it, the itch is healed. The person is clean and the priest will pronounce him clean.

38-39 "When a man or woman gets shiny or white shiny spots on the skin, the priest is to make an examination; if the shiny spots are dull white, it is only a rash that has broken out: The person is clean.

40-44 "When a man loses his hair and goes bald, he is clean. If he loses his hair from his forehead, he is bald and he is clean. But if he has a reddish-white sore on scalp or forehead, it means a serious skin disease is breaking out. The priest is to examine it; if the swollen sore on his scalp or forehead is reddish-white like the appearance of the sore of a serious skin disease, he has a serious skin disease and is unclean. The priest has to pronounce him unclean because of the sore on his head.

45-46 "Any person with a serious skin disease must wear torn clothes, leave his hair loose and unbrushed, cover his upper lip, and cry out, 'Unclean! Unclean!' As long as anyone has the sores, that one continues to be ritually unclean. That person must live alone; he or she must live outside the camp.

47-58 "If clothing–woolen or linen clothing, woven or knitted cloth of linen or wool, leather or leatherwork–is infected with a patch of serious fungus and if the spot in the clothing or the leather or the woven or the knitted material or anything made of leather

기면, 그것은 악성 곰팡이가 피었다는 표시다. 그것을 제사장에게 보여야 한다. 제사장은 그 반점을 살펴보고 곰팡이가 핀 물건을 칠 일 동안 압류해 두어야 한다. 칠 일째 되는 날에 제사장은 그 반점을 다시 살펴보아야 한다. 직물이나 편물이나 가죽 소재의 옷에 반점이 퍼졌으면, 그것은 쉽게 없어지지 않는 악성 곰팡이의 반점이니, 그 천이나 가죽은 부정하다. 제사장은 그 옷을 불살라야 한다. 그것은 쉽게 없어지지 않는 악성 곰팡이니, 불에 태워 버려야 한다. 그러나 제사장이 살펴보아 반점이 옷에 퍼지지 않았으면, 제사장은 그 옷의 주인에게 반점이 있는 옷을 빨게 하고, 그것을 다시 칠 일 동안 압류해 두어야 한다. 옷을 빤 뒤에, 제사장은 다시 살펴보아야 한다. 반점이 퍼지지 않았더라도 반점의 모양이 바뀌지 않았으면, 그 옷은 여전히 부정하다. 곰팡이가 옷 안쪽에 피었든 바깥쪽에 피었든, 그 옷은 불에 태워 버려야 한다. 그 옷을 빤 뒤에 반점이 수그러들었으면, 제사장은 반점이 있는 부분을 잘라 내야 한다. 하지만 그렇게 하고도 반점이 다시 나타나면 그것은 새로 생겨난 것이니, 반점이 생긴 것은 모두 불에 던져 버려라. 그러나 한 번 빨아서 옷에서 반점이 완전히 사라졌으면, 한 번 더 빨아야 한다. 그러면 정결하게 된다.

59 이것은 털옷이나 모시옷이나 직물이나 편물이나 온갖 가죽 제품에 악성 곰팡이 반점이 생겼을 때, 그것이 정결한지 부정한지를 결정하기 위한 규례다."

14

1-9 하나님께서 모세에게 말씀하셨다. "악성 피부병에 걸린 사람을 정결하게 하는 날에 지켜야 할 규례는 이러하다. 먼저, 그 사람을 제사장에게 데려가면, 제사장은 그를 진 밖으로 데리고 나가서 살펴보아야 한다. 악성 피부병에 걸린 사람이 병에서 나았으면, 제사장은 정결하게 되려는 그 사람을 위해 살아 있는 정결한 새 두 마리와 백향목 가지와 주홍색 실과 우슬초를 가져오도록 사람들에게 지시해야 한다. 제사장은 병에서 나은 사람에게 지시하여 그 두 마리 새 가운데 한 마리를 맑은 물이 담긴 질그릇 위에서 잡게 해야 한다. 그런 다음 살아 있는 새와 백향목 가지와 주홍색 실과 우슬초를 가져다가, 맑은 물 위에

is greenish or rusty, that is a sign of serious fungus. Show it to the priest. The priest will examine the spot and then confiscate the material for seven days. On the seventh day he will reexamine the spot. If it has spread in the garment–the woven or knitted or leather material–it is the spot of a persistent serious fungus and the material is unclean. He must burn the garment. Because of the persistent and contaminating fungus, the material must be burned. But if when the priest examines it the spot has not spread in the garment, the priest will command the owner to wash the material that has the spot, and he will confiscate it for another seven days. He'll then make another examination after it has been washed; if the spot hasn't changed in appearance, even though it hasn't spread, it is still unclean. Burn it up, whether the fungus has affected the back or the front. If, when the priest makes his examination, the spot has faded after it has been washed, he is to tear the spot from the garment. But if it reappears, it is a fresh outbreak–throw whatever has the spot in the fire. If the garment is washed and the spot has gone away, then wash it a second time; it is clean.

59 "These are the instructions regarding a spot of serious fungus in clothing of wool or linen, woven or knitted material, or any article of leather, for pronouncing them clean or unclean."

14

1-9 GOD spoke to Moses: "These are the instructions for the infected person at the time of his cleansing. First, bring him to the priest. The priest will take him outside the camp and make an examination; if the infected person has been healed of the serious skin disease, the priest will order two live, clean birds, some cedar wood, scarlet thread, and hyssop to be brought for the one to be cleansed. The priest will order him to kill one of the birds over fresh water in a clay pot. The priest will then take the live bird with the cedar wood, the scarlet thread, and the hyssop and dip them in the blood of the dead bird over fresh water and then sprinkle the person being cleansed from the serious skin disease seven times and pronounce him clean. Finally, he will release the live bird in the open field. The cleansed person,

서 죽은 새의 피를 찍어 악성 피부병이 나아 정결하게 된 사람에게 일곱 번 뿌리고, 그를 정결하다고 선언해야 한다. 마지막으로, 살아 있는 새는 넓은 들로 날려 보내야 한다. 정결하게 된 그 사람은 자기 옷을 빨고 자기 몸의 털을 모두 밀고 물로 씻으면 정결하게 된다. 그 후에 그는 진으로 들어가도 되지만, 자기 장막 밖에서 칠 일 동안 생활해야 한다. 칠 일째 되는 날, 그는 자기 몸의 털을 밀되, 머리털과 수염과 눈썹까지 모두 밀어야 한다. 그런 다음 자기 옷을 빨고 물로 온몸을 씻어야 한다. 그러면 그 사람은 정결하게 된다.

10-18 다음날 곧 팔 일째 되는 날에, 그는 흠 없는 어린양 두 마리와 일 년 된 흠 없는 암양 한 마리를, 기름 섞은 고운 곡식 가루 6리터와 함께 가져와야 한다. 그 사람을 정결하다고 선언할 제사장은, 그와 그가 바친 제물을 회막 입구 **하나님** 앞에 두어야 한다. 제사장은 어린양 두 마리 가운데 한 마리를 끌어다가 기름 0.3리터와 함께 보상 제물로 바치되, **하나님** 앞에 흔들어 바치는 제물로 올려 바쳐야 한다. 속죄 제물과 번제물 잡는 곳, 곧 거룩한 곳에서 그 어린양을 잡아야 한다. 보상 제물은 속죄 제물과 마찬가지로 제사장의 몫이다. 그것은 지극히 거룩한 것이다. 제사장은 보상 제물의 피 얼마를 받아다가, 정결하게 되려는 사람의 오른쪽 귓불과 오른손 엄지손가락과 오른발 엄지발가락에 발라야 한다. 그런 다음 기름을 가져다가 자기 왼손 손바닥에 붓고, 오른손 손가락으로 그 기름을 찍어 **하나님** 앞에 일곱 번 뿌려야 한다. 제사장은 그 남은 기름을 정결하게 되려는 사람의 오른쪽 귓불과 오른손 엄지손가락과 오른발 엄지발가락, 곧 보상 제물의 피를 바른 부위에 덧발라야 한다. 나머지 기름은 정결하게 되려는 사람의 머리에 바르고, **하나님** 앞에서 그를 위해 속죄해야 한다.

19-20 마지막으로, 제사장은 부정한 상태에서 벗어나 정결하게 되려는 사람을 위해 속죄 제물을 바치고 그를 위해 속죄한 뒤에, 번제물을 잡아 제단 위에서 곡식 제물과 함께 바쳐야 한다. 이와 같이 제사장이 그 사람을 위해 속죄하면, 그 사람은 정결하게 된다."

21-22 "가난하여 이러한 제물을 바칠 형편이 못 되는 사람은, 어린 숫양 한 마리를 보상 제물로

after washing his clothes, shaving off all his hair, and bathing with water, is clean. Afterwards he may again enter the camp, but he has to live outside his tent for seven days. On the seventh day, he must shave off all his hair – from his head, beard, eyebrows, all of it. He then must wash his clothes and bathe all over with water. He will be clean.

10-18 "The next day, the eighth day, he will bring two lambs without defect and a yearling ewe without defect, along with roughly six quarts of fine flour mixed with oil. The priest who pronounces him clean will place him and the materials for his offerings in the presence of GOD at the entrance to the Tent of Meeting. The priest will take one of the lambs and present it and the pint of oil as a Compensation-Offering and lift them up as a Wave-Offering before GOD. He will slaughter the lamb in the place where the Absolution-Offering and the Whole-Burnt-Offering are slaughtered, in the Holy Place, because like the Absolution-Offering, the Compensation-Offering belongs to the priest; it is most holy. The priest will now take some of the blood of the Compensation-Offering and put it on the right earlobe of the man being cleansed, on the thumb of his right hand, and on the big toe of his right foot. Following that he will take some oil and pour it into the palm of his left hand and then with the finger of his right hand sprinkle oil seven times before GOD. The priest will put some of the remaining oil on the right earlobe of the one being cleansed, on the thumb of his right hand, and on the big toe of his right foot, placing it on top of the blood of the Compensation-Offering. He will put the rest of the oil on the head of the man being cleansed and make atonement for him before GOD.

19-20 "Finally the priest will sacrifice the Absolution-Offering and make atonement for the one to be cleansed from his uncleanness, slaughter the Whole-Burnt-Offering and offer it with the Grain-Offering on the Altar. He has made atonement for him. He is clean.

21-22 "If he is poor and cannot afford these offerings, he will bring one male lamb as a Compensation-Offering to be offered as a Wave-Offering to make

가져와서 자신을 위해 속죄할 흔들어 바치는 제물로 바치고, 기름 섞은 고운 곡식 가루 2리터와 기름 0.3리터를 곡식 제물로 바쳐야 한다. 형편이 닿는 대로 산비둘기 두 마리나 집비둘기 두 마리를 바치되, 한 마리는 속죄 제물로 다른 한 마리는 번제물로 바쳐야 한다.

23-29 팔 일째 되는 날에 그는 그것들을 제사장에게로, 곧 회막 입구 **하나님** 앞으로 가져와야 한다. 제사장은 보상 제물로 바친 어린양을 기름 0.3리터와 함께 가져다가, 흔들어 바치는 제물로 **하나님** 앞에 흔들어 바쳐야 한다. 그런 다음 보상 제물로 바친 어린양을 잡고 그 피 얼마를 가져다가, 정결하게 되려는 이의 오른쪽 귓불과 오른손 엄지손가락과 오른발 엄지발가락에 발라야 한다. 제사장은 자신의 왼손 손바닥에 기름을 붓고, 오른손 손가락으로 그 기름을 찍어 **하나님** 앞에 일곱 번 뿌려야 한다. 또한 자기 손바닥에 있는 기름을 찍어 보상 제물의 피를 바른 부위, 곧 정결하게 되려는 이의 오른쪽 귓불과 오른손 엄지손가락과 오른발 엄지발가락에 덧발라야 한다. 그리고 손바닥에 남아 있는 기름을 가져다가, 정결하게 되려는 사람의 머리에 바르고 **하나님** 앞에서 그를 위해 속죄해야 한다.

30-31 마지막으로, 그 사람은 힘이 닿는 대로 마련한 산비둘기나 집비둘기를, 하나는 속죄 제물로 다른 하나는 번제물로 바치되, 곡식 제물과 함께 바쳐야 한다. 이런 절차에 따라, 제사장은 **하나님** 앞에서 정결하게 되려는 사람을 위해 속죄해야 한다."

32 이것은 악성 피부병에 걸렸으나 자신을 정결하게 하기 위해 바치는 제물을 마련할 형편이 못되는 사람이 따라야 할 규례다.

집에 악성 곰팡이가 핀 경우

33-42 **하나님**께서 모세와 아론에게 말씀하셨다. "내가 너희에게 주어 소유하게 할 가나안 땅에 너희가 들어가서, 너희 소유가 된 그 땅의 어느 한 집에 내가 내린 악성 곰팡이가 피거든, 그 집의 주인은 제사장에게 가서 '집에 *곰팡이가 피었습니다*' 하고 알려야 한다. 제사장은 그 곰팡이를 살펴보러 가기 전에 그 집을 비우도록 지시해야 한다. 이는 그 집에 있는 물건이 하나라도 부정하다고 선언되는 일이 없게 하려는 것이다. 제사장이 그 집에 가

atonement for him, and with it a couple of quarts of fine flour mixed with oil for a Grain-Offering, a pint of oil, and two doves or pigeons which he can afford, one for an Absolution-Offering and the other for a Whole-Burnt-Offering.

23-29 "On the eighth day he will bring them to the priest at the entrance to the Tent of Meeting before the presence of GOD. The priest will take the lamb for the Compensation-Offering together with the pint of oil and wave them before GOD as a Wave-Offering. He will slaughter the lamb for the Compensation-Offering, take some of its blood and put it on the lobe of the right ear of the one to be cleansed, on the thumb of his right hand, and on the big toe of his right foot. The priest will pour some of the oil into the palm of his left hand, and with his right finger sprinkle some of the oil from his palm seven times before GOD. He will put some of the oil that is in his palm on the same places he put the blood of the Compensation-Offering, on the lobe of the right ear of the one to be cleansed, on the thumb of his right hand, and on the big toe of his right foot. The priest will take what is left of the oil in his palm and put it on the head of the one to be cleansed, making atonement for him before GOD.

30-31 "At the last, he will sacrifice the doves or pigeons which are within his means, one as an Absolution-Offering and the other as a Whole-Burnt-Offering along with the Grain-Offering. Following this procedure the priest will make atonement for the one to be cleansed before GOD."

32 These are the instructions to be followed for anyone who has a serious skin disease and cannot afford the regular offerings for his cleansing.

33-42 GOD spoke to Moses and Aaron: "When you enter the land of Canaan, which I'm giving to you as a possession, and I put a serious fungus in a house in the land of your possession, the householder is to go and tell the priest, 'I have some kind of fungus in my house.' The priest is to order the house vacated until he can come to examine the fungus, so that nothing in the house is declared unclean. When the priest comes and examines the house, if the fungus on the

서 살펴보아, 그 집 벽에 핀 곰팡이가 푸르스름하거나 불그스름하게 돋아나 있고 벽면보다 더 깊이 스며들었으면, 제사장은 그 집 문밖으로 나와서 그 집을 칠 일 동안 폐쇄해야 한다. 칠 일째 되는 날에 다시 가서 살펴보아 곰팡이가 그 집 벽에 두루 퍼졌으면, 제사장은 곰팡이가 핀 돌들을 빼내어 성 밖의 쓰레기 더미에 버리도록 지시해야 한다. 반드시 그 집 내벽 전체를 긁어내고, 긁어낸 벽토는 성 밖의 쓰레기 더미에 버려야 한다. 그러고 나서 돌들이 빠진 자리에 새로운 돌들을 끼우고, 그 집 내벽에 벽토를 다시 발라야 한다.

43-47 돌들을 빼내고 집 내벽을 긁어내어 벽토를 다시 바른 뒤에도 곰팡이가 피면, 제사장이 가서 살펴봐야 한다. 만일 곰팡이가 퍼졌으면, 그것은 악성 곰팡이다. 그 집은 부정하니, 그 집을 헐고 돌들과 목재와 벽토를 성 밖의 쓰레기 더미에 내다 버려야 한다. 그 집을 폐쇄한 기간에 그 집에 들어가는 사람은 누구든지 저녁때까지 부정하고, 그 집에서 잠을 자거나 음식을 먹은 사람은 누구든지 자기 옷을 빨아야 한다.

48-53 그러나 제사장이 가서 살펴보아, 내벽에 벽토를 다시 바른 뒤에 그 집에 곰팡이가 퍼지지 않았으면, 곰팡이가 제거된 것이다. 제사장은 그 집이 정결하다고 선언해야 한다. 그런 다음 새 두 마리와 백향목 가지와 주홍색 실과 우슬초를 가져다가 그 집을 정결하게 해야 한다. 제사장은 맑은 물이 담긴 질그릇 위에서 새 한 마리를 잡아야 한다. 그런 다음 백향목 가지와 우슬초와 주홍색 실과 살아 있는 새를 가져다가, 죽은 새의 피와 맑은 물에 담갔다가 그 집에 일곱 번 뿌려야 한다. 이렇게 새의 피와 맑은 물과 살아 있는 새와 백향목 가지와 우슬초와 주홍색 실로 그 집을 정결하게 해야 한다. 마지막으로, 살아 있는 새는 성 밖의 넓은 들에 놓아주어야 한다. 제사장이 그 집을 위해 속죄했으니, 그 집은 정결하다.

54-57 이것은 각종 악성 피부병과 백선, 옷과 집에 피는 노균과 곰팡이, 그리고 부스럼과 물집과 번들거리는 얼룩과 관련해서 따라야 할 절차로, 언제 부정하게 되고 언제 정결하게 되는지를 판정하기 위한 것이다. 이것은 전염성 있는 피부병과 노균과 곰팡이와 관련된 절차다."

walls of the house has greenish or rusty swelling that appears to go deeper than the surface of the wall, the priest is to walk out the door and shut the house up for seven days. On the seventh day he is to come back and conduct another examination; if the fungus has spread in the walls of the house, he is to order that the stones affected by the fungus be torn out and thrown in a garbage dump outside the city. He is to make sure the entire inside of the house is scraped and the plaster that is removed be taken away to the garbage dump outside the city. Then he is to replace the stones and replaster the house.

43-47 "If the fungus breaks out again in the house after the stones have been torn out and the house has been scraped and plastered, the priest is to come and conduct an examination; if the fungus has spread, it is a malignant fungus. The house is unclean. The house has to be demolished–its stones, wood, and plaster are to be removed to the garbage dump outside the city. Anyone who enters the house while it is closed up is unclean until evening. Anyone who sleeps or eats in the house must wash his clothes.

48-53 "But if when the priest comes and conducts his examination, he finds that the fungus has not spread after the house has been replastered, the priest is to declare that the house is clean; the fungus is cured. He then is to purify the house by taking two birds, some cedar wood, scarlet thread, and hyssop. He will slaughter one bird over fresh water in a clay pot. Then he will take the cedar wood, the hyssop, the scarlet thread, and the living bird, dip them in the blood of the killed bird and the fresh water and sprinkle the house seven times, cleansing the house with the blood of the bird, the fresh water, the living bird, the cedar wood, the hyssop, and the scarlet thread. Last of all, he will let the living bird loose outside the city in the open field. He has made atonement for the house; the house is clean.

54-57 "These are the procedures to be followed for every kind of serious skin disease or itch, for mildew or fungus on clothing or in a house, and for a swelling or blister or shiny spot in order to determine when it is unclean and when it is clean. These are the procedures regarding infectious skin diseases and mildew and fungus."

남자나 여자가 부정하게 되었을 때의 규례

15 1-3 하나님께서 모세와 아론에게 말씀하셨다. "이스라엘 백성에게 전하여라. 그들에게 이렇게 일러 주어라. 어떤 남자의 성기에서 고름이 흘러나오면, 그 고름은 부정한 것이다. 고름이 계속 흘러나오든 흘러나오지 않고 고여 있든, 그는 부정하다. 고름이 몸에서 계속 흘러나오거나 고름이 몸 안에 고여 있는 모든 날 동안, 그는 부정하다.

4-7 그가 누운 자리는 모두 부정하고, 그가 깔고 앉은 물건도 모두 부정하다. 고름을 흘리는 남자의 잠자리에 몸이 닿았거나, 그가 깔고 앉은 물건에 앉았거나, 그와 몸이 닿은 사람은 누구든지 자기 옷을 빨고 물로 몸을 씻어야 한다. 그는 저녁때까지 부정하다.

8-11 고름을 흘리는 남자가 정결한 사람에게 침을 뱉으면, 그 정결한 사람은 자기 옷을 빨고 물로 몸을 씻어야 한다. 그는 저녁때까지 부정하다. 고름을 흘리는 남자가 타고 다니는 안장도 모두 부정하다. 그가 깔고 앉은 물건에 몸이 닿은 사람은 누구나 저녁때까지 부정하다. 그러한 물건을 옮긴 사람도 자기 옷을 빨고 물로 몸을 씻어야 한다. 그는 저녁때까지 부정하다. 고름을 흘리는 남자가 물로 두 손을 씻지 않은 채 어떤 사람을 만졌으면, 그에게 닿은 사람도 자기 옷을 빨고 물로 몸을 씻어야 한다. 그는 저녁때까지 부정하다.

12 고름을 흘리는 남자가 만진 질그릇은 깨뜨려 버려야 한다. 나무그릇은 물로 씻어야 한다.

13-15 고름을 흘리던 남자가 나아서 깨끗하게 되면, 그는 정결해지기 위해 칠 일 동안 기다렸다가 옷을 빨고 흐르는 물에 몸을 씻어야 한다. 그런 다음에야 그는 정결하게 된다. 팔 일째 되는 날에 그는 산비둘기 두 마리나 집비둘기 두 마리를 가지고 회막 입구 하나님 앞으로 와서, 제사장에게 주어야 한다. 그러면 제사장은 한 마리는 속죄 제물로, 다른 한 마리는 번제물로 바쳐서, 고름을 흘리는 그 사람을 위해 하나님 앞에서 속죄해야 한다.

16-18 어떤 남자가 정액을 흘리면, 그는 물로 온몸을 씻어야 한다. 그는 저녁때까지 부정하다. 옷이든 가죽으로 만든 물건이든, 정액이 묻은 것은 모두 물로 빨아야 한다. 그것은 저녁때까지 부정하다. 남자가 여자와 잠자리를 같이하여 정액을 흘리면, 둘 다 물로 씻어야 한다. 그

Bodily Discharges

15 1-3 GOD spoke to Moses and Aaron: "Speak to the People of Israel. Tell them, When a man has a discharge from his genitals, the discharge is unclean. Whether it comes from a seepage or an obstruction he is unclean. He is unclean all the days his body has a seepage or an obstruction.

4-7 "Every bed on which he lies is ritually unclean, everything on which he sits is unclean. If someone touches his bed or sits on anything he's sat on, or touches the man with the discharge, he has to wash his clothes and bathe in water; he remains unclean until evening.

8-11 "If the man with the discharge spits on someone who is clean, that person has to wash his clothes and bathe in water; he remains unclean until evening. Every saddle on which the man with the discharge rides is unclean. Whoever touches anything that has been under him becomes unclean until evening. Anyone who carries such an object must wash his clothes and bathe with water; he remains unclean until evening. If the one with the discharge touches someone without first rinsing his hands with water, the one touched must wash his clothes and bathe with water; he remains unclean until evening.

12 "If a pottery container is touched by someone with a discharge, you must break it; a wooden article is to be rinsed in water.

13-15 "When a person with a discharge is cleansed from it, he is to count off seven days for his cleansing, wash his clothes, and bathe in running water. Then he is clean. On the eighth day he is to take two doves or two pigeons and come before GOD at the entrance of the Tent of Meeting and give them to the priest. The priest then offers one as an Absolution-Offering and one as a Whole-Burnt-Offering and makes atonement for him in the presence of GOD because of his discharge.

16-18 "When a man has an emission of semen, he must bathe his entire body in water; he remains unclean until evening. Every piece of clothing and everything made of leather which gets semen on it must be washed with water; it remains unclean until evening. When a man sleeps with a woman and has an emission of semen, both are to wash in water;

들은 저녁때까지 부정하다.
19-23 어떤 여자가 몸에서 피를 흘리는데 그것이 월경이면, 그 여자는 칠 일 동안 부정하다. 그 여자의 몸에 닿은 사람은 모두 저녁때까지 부정하다. 그 여자가 월경중에 눕거나 앉은 자리는 모두 부정하다. 그 여자의 잠자리에 몸이 닿거나 그 여자가 깔고 앉은 물건에 몸이 닿은 사람은, 자기 옷을 빨고 물로 몸을 씻어야 한다. 그는 저녁때까지 부정하다.
24 어떤 남자가 그 여자와 잠자리를 같이하다가 그 여자가 흘린 피에 몸이 닿으면, 그는 칠 일 동안 부정하고 그가 누운 잠자리도 모두 부정하다.
25-27 어떤 여자가 월경 기간이 아닌데 여러 날 동안 출혈을 하거나 월경 기간이 지났는데도 계속 출혈을 하면, 그 여자는 월경할 때와 마찬가지로 부정하다. 출혈을 하는 동안 그 여자가 누운 잠자리와 그 여자가 앉은 자리는 모두 월경할 때와 마찬가지로 부정하다. 이러한 것들에 몸이 닿은 사람은 모두 부정하다. 그는 자기 옷을 빨고 물로 몸을 씻어야 한다. 그는 저녁때까지 부정하다.
28-30 출혈이 멎어 깨끗하게 되면, 그 여자는 칠 일을 기다려야 한다. 그런 다음에야 정결하게 된다. 팔 일째 되는 날에 그 여자는 산비둘기 두 마리나 집비둘기 두 마리를 가져와 회막 입구에서 제사장에게 주어야 한다. 그러면 제사장은 한 마리는 속죄 제물로, 다른 한 마리는 번제물로 바친다. 제사장은 출혈로 인해 부정해진 그 여자를 위해 하나님 앞에서 속죄해야 한다.
31 너희는 부정하게 하는 것으로부터 이스라엘 백성을 떼어 놓아야 한다. 그러지 않으면, 그들 가운데 있는 나의 성막을 더럽혀 그들이 부정한 상태로 죽게 될 것이다.
32-33 이것은 고름이나 정액을 흘려 자신을 부정하게 한 남자와 월경중인 여자가 따라야 할 절차로, 몸에서 무언가 흘러나오는 남자나 여자뿐 아니라 부정한 여자와 잠자리를 같이한 남자도 이 절차를 따라야 한다."

they remain unclean until evening.
19-23 "When a woman has a discharge of blood, the impurity of her menstrual period lasts seven days. Anyone who touches her is unclean until evening. Everything on which she lies or sits during her period is unclean. Anyone who touches her bed or anything on which she sits must wash his clothes and bathe in water; he remains unclean until evening.
24 "If a man sleeps with her and her menstrual blood gets on him, he is unclean for seven days and every bed on which he lies becomes unclean.
25-27 "If a woman has a discharge of blood for many days, but not at the time of her monthly period, or has a discharge that continues beyond the time of her period, she is unclean the same as during the time of her period. Every bed on which she lies during the time of the discharge and everything on which she sits becomes unclean the same as in her monthly period. Anyone who touches these things becomes unclean and must wash his clothes and bathe in water; he remains unclean until evening.
28-30 "When she is cleansed from her discharge, she is to count off seven days; then she is clean. On the eighth day she is to take two doves or two pigeons and bring them to the priest at the entrance to the Tent of Meeting. The priest will offer one for an Absolution-Offering and the other for a Whole-Burnt-Offering. The priest will make atonement for her in the presence of GOD because of the discharge that made her unclean.
31 "You are responsible for keeping the People of Israel separate from that which makes them ritually unclean, lest they die in their unclean condition by defiling my Dwelling which is among them.
32-33 "These are the procedures to follow for a man with a discharge or an emission of semen that makes him unclean, and for a woman in her menstrual period—any man or woman with a discharge and also for a man who sleeps with a woman who is unclean."

속죄의 날

16 1-2 아론의 두 아들이 알 수 없는 불을 가지고 하나님 앞으로 나아갔다가 죽은 일이 있었다. 그 후에 하나님께서 모세

The Day of Atonement

16 1-2 After the death of Aaron's two sons—they died when they came before GOD with strange fire—GOD spoke to Moses: "Tell your

에게 말씀하셨다. "네 형 아론에게 일러 주어라. 휘장 안쪽의 지성소, 곧 궤를 덮고 있는 속죄판 앞에 아무 때나 들어오다가는 죽을 것이다. 내가 구름 속에서 속죄판 위에 임하기 때문이다.

3-5 아론이 성소에 들어갈 때에 따라야 할 절차는 이러하다. 아론은 속죄 제물로 바칠 수송아지 한 마리와 번제물로 바칠 숫양 한 마리를 가져와야 한다. 거룩한 모시 속옷과 모시 속바지를 입고, 모시로 만든 띠를 두르고, 모시로 만든 두건을 써야 한다. 이것들은 거룩한 옷이니, 먼저 물로 몸을 씻고 나서 입어야 한다. 그런 다음 그는 이스라엘 공동체로부터 속죄 제물과 번제물로 바칠 숫염소 두 마리를 받아 가져와야 한다.

6-10 아론은 자신을 위한 속죄 제물로 수송아지를 바쳐서, 자기 자신과 자기 가족을 위해 속죄해야 한다. 또한 그는 숫염소 두 마리를 회막 입구 **하나님** 앞에 두고 제비를 뽑아서, 하나는 **하나님**을 위한 것으로, 다른 하나는 아사셀을 위한 것으로 정해야 한다. **하나님**의 몫으로 정해진 염소는 속죄 제물로 바치고, 아사셀의 몫으로 정해진 염소는 속죄를 위해 광야에 있는 아사셀에게 보내야 한다.

11-14 아론은 자신을 위한 제물로 수송아지를 바쳐서, 자기 자신과 자기 가족을 위해 속죄해야 한다. 그는 속죄 제물로 수송아지를 잡아야 한다. **하나님** 앞 제단에 타오르는 숯불을 향로에 가득 담고 곱게 간 향기로운 향을 두 손 가득 떠서 휘장 안으로 가지고 들어가, **하나님** 앞에서 그 향을 태워 향의 연기가 증거궤 위의 속죄판을 덮게 해야 한다. 그래야 그가 죽지 않을 것이다. 그런 다음 수송아지의 피 얼마를 가져다가 손가락에 찍어 속죄판 위에 뿌리고, 속죄판 앞에 일곱 번 뿌려야 한다.

15-17 이어서 아론은 백성을 위한 속죄 제물로 지목된 염소를 잡고, 그 피를 가지고—휘장 안으로 들어가서, 수송아지의 피를 뿌릴 때와 마찬가지로 염소의 피를 제단 위와 앞에 *뿌려야 한다. 이와 같이 아론은 지성소를 위*해 속죄해야 한다. 이는 이스라엘 자손의 부정과 그들의 반역과 그들의 다른 모든 죄 때문이다. 아론은 부정한 백성 가운데 있는 회막을 위해서도 그와 같이 해야 한다. 아론이

brother Aaron not to enter into the Holy of Holies, barging inside the curtain that's before the Atonement-Cover on the Chest whenever he feels like it, lest he die, because I am present in the Cloud over the Atonement-Cover.

3-5 "This is the procedure for Aaron when he enters the Holy Place: He will bring a young bull for an Absolution-Offering and a ram for a Whole-Burnt-Offering; he will put on the holy linen tunic and the linen underwear, tie the linen sash around him, and put on the linen turban. These are the sacred vestments so he must bathe himself with water before he puts them on. Then from the Israelite community he will bring two male goats for an Absolution-Offering and a Whole-Burnt-Offering.

6-10 "Aaron will offer the bull for his own Absolution-Offering in order to make atonement for himself and his household. Then he will set the two goats before GOD at the entrance to the Tent of Meeting and cast lots over the two goats, one lot for GOD and the other lot for Azazel. He will offer the goat on which the lot to GOD falls as an Absolution-Offering. The goat on which the lot for Azazel falls will be sent out into the wilderness to Azazel to make atonement.

11-14 "Aaron will present his bull for an Absolution-Offering to make atonement for himself and his household. He will slaughter his bull for the Absolution-Offering. He will take a censer full of burning coals from the Altar before GOD and two handfuls of finely ground aromatic incense and bring them inside the curtain and put the incense on the fire before GOD; the smoke of the incense will cover the Atonement-Cover which is over The Testimony so that he doesn't die. He will take some of the bull's blood and sprinkle it with his finger on the front of the Atonement-Cover, then sprinkle the blood before the Atonement-Cover seven times.

15-17 "Next he will slaughter the goat designated as the Absolution-Offering for the people and bring the blood inside the curtain. He will repeat what he does with the bull's blood, sprinkling it on and before the Atonement-Cover. In this way he will make atonement for the Holy of Holies because of the uncleannesses of the Israelites, their acts of rebellion, and all their other sins. He will do the same thing for

속죄하기 위해 지성소에 들어가서, 자신과 자기 가족과 이스라엘 온 공동체를 위해 속죄하기를 마치고 성소에서 나오기까지, 아무도 회막 안에 있어서는 안된다.

18-19 그 후에 아론은 하나님 앞 제단으로 가서, 제단을 위해 속죄해야 한다. 그는 수송아지의 피와 염소의 피 얼마를 가져다가 제단의 네 뿔에 바르고, 그 피를 손가락에 찍어 제단 위에 일곱 번 뿌려서, 이스라엘 자손의 부정으로부터 제단을 정결하게 하고 거룩하게 구별해야 한다.

20-22 지성소와 회막과 제단을 위해 속죄하기를 마친 뒤에, 아론은 살아 있는 염소를 가져와서 그 머리에 두 손을 얹고, 이스라엘 백성의 모든 부정과 모든 반역과 모든 죄를 고백해야 한다. 그리고 그 모든 죄를 그 염소의 머리에 씌워서 대기하고 있던 사람에게 맡겨 광야로 내보내야 한다. 그 염소가 이스라엘 백성의 온갖 부정을 짊어지고 광야로 나가면, 그는 그 염소를 광야에 풀어 주어야 한다.

23-25 마지막으로, 아론은 회막 안으로 들어가, 지성소에 들어가기 위해 입었던 모시옷을 벗어서 거기 놓아두어야 한다. 그는 거룩한 곳에서 물로 몸을 씻고, 제사장 옷을 입고, 자신을 위한 번제물과 백성을 위한 번제물을 바쳐 자신과 백성을 위해 속죄한 다음, 속죄 제물의 지방을 제단 위에서 불살라야 한다.

26-28 염소를 끌고 나가서 광야의 아사셀에게 놓아 보낸 사람은, 자기 옷을 빨고 물로 몸을 씻어야 한다. 그런 다음에야 그는 진 안으로 들어올 수 있다. 속죄 제물로 바친 수송아지와 속죄 제물로 바친 염소의 피를 지성소 안으로 가지고 들어가 속죄한 다음에는, 그것들을 진 밖으로 가지고 나가서 그 가죽과 고기와 내장 전체를 불살라야 한다. 지명을 받아 그것들을 불사른 사람은, 자기 옷을 빨고 물로 몸을 씻어야 한다. 그런 다음에야 그는 진 안으로 들어올 수 있다."

29-31 "이것은 너희가 지켜야 할 기준이며, 영원히 지켜야 할 규례다. 일곱째 달 십 일에, 너희는 본국인이든 너희와 함께 사는 외국인이든, 엄격한 금식을 시작하고 아무 일도 해서는 안된다. 이날은 너희를 위해 속죄하는 날, 너희가 정결하게 되는 날이기 때문이다.

the Tent of Meeting which dwells among the people in the midst of their uncleanness. There is to be no one in the Tent of Meeting from the time Aaron goes in to make atonement in the Holy of Holies until he comes out, having made atonement for himself, his household, and the whole community of Israel.

18-19 "Then he will come out to the Altar that is before GOD and make atonement for it. He will take some of the bull's blood and some of the goat's blood and smear it all around the four horns of the Altar. With his finger he will sprinkle some of the blood on it seven times to purify and consecrate it from the uncleannesses of the Israelites.

20-22 "When Aaron finishes making atonement for the Holy of Holies, the Tent of Meeting, and the Altar, he will bring up the live goat, lay both hands on the live goat's head, and confess all the iniquities of the People of Israel, all their acts of rebellion, all their sins. He will put all the sins on the goat's head and send it off into the wilderness, led out by a man standing by and ready. The goat will carry all their iniquities to an empty wasteland; the man will let him loose out there in the wilderness.

23-25 "Finally, Aaron will come into the Tent of Meeting and take off the linen clothes in which he dressed to enter the Holy of Holies and leave them there. He will bathe in water in a Holy Place, put on his priestly vestments, offer the Whole-Burnt-Offering for himself and the Whole-Burnt-Offering for the people, making atonement for himself and the people, and burn the fat of the Absolution-Offering on the Altar.

26-28 "The man who takes the goat out to Azazel in the wilderness then will wash his clothes and bathe himself with water. After that he will be permitted to come back into the camp. The bull for the Absolution-Offering and the goat for the Absolution-Offering, whose blood has been taken into the Holy of Holies to make atonement, are to be taken outside the camp and burned—their hides, their meat, and their entrails. The man assigned to burn them up will then wash his clothes and bathe himself in water. Then he is free to come back into the camp.

29-31 "This is standard practice for you, a perpetual ordinance. On the tenth day of the seventh month,

너희의 모든 죄가 하나님 앞에서 말끔히 씻겨 질 것이다. 이날은 모든 안식일 중의 안식일이다. 너희는 금식해야 한다. 이것은 너희가 영원히 지켜야 할 규례다.
32 아버지의 뒤를 이어 기름부음을 받고 위임받은 제사장은 다음과 같은 절차에 따라 속죄해야 한다.
33 그는 거룩한 모시옷을 입어야 한다.
그는 속죄하여 지성소를 정결하게 해야 한다.
그는 속죄하여 회막과 제단을 정결하게 해야 한다.
그는 제사장들과 온 회중을 위해 속죄해야 한다.
34 이것은 너희가 영원히 지켜야 할 규례다. 너희는 이스라엘 백성의 모든 죄를 위해 일 년에 한 차례 속죄해야 한다."
아론은 하나님께서 모세에게 명령하신 대로 행했다.

제물과 피에 관한 규례

17 1-7 하나님께서 모세에게 말씀하셨다. "아론과 그의 아들들과 온 이스라엘 자손에게 전하여라. 그들에게 이렇게 일러 주어라. 이것은 하나님이 명령한 것이다. 소나 어린양이나 염소를 회막 입구로 끌고 와서 하나님의 성막 앞에서 하나님에게 바치지 않고 진 안이나 밖에서 잡는 사람은 누구든지 피 흘리는 죄를 범한 자로 여길 것이다. 그는 피를 흘렸으므로 자기 백성 가운데서 끊어져야 한다. 이것은 이스라엘 자손이 습관을 따라 들에서 잡던 제물을 하나님에게로 가져오게 하려는 것이다. 그들은 그 제물을 하나님에게로 가져와야 한다. 그 제물을 회막 입구에 있는 제사장에게 가져와서, 화목 제물로 하나님에게 바쳐야 한다. 제사장은 그 피를 회막 입구에서 하나님의 제단에 뿌리고, 그 지방을 하나님을 기쁘게 하는 향기로 불살라야 한다. 그들은 전에 음란하게 섬기던 숫염소 귀신들에게 더 이상 제물을 바쳐서는 안된다. 이것은 그들이 대대로 지켜야 할 영원한 규례다.
8-9 *너는 또 그들에게 이렇게 일러 주어라.* 이스라엘 자손이든 그들과 함께 사는 외국인이든, 번제물이나 화목 제물을 바치되 그것을 회막 입구로 가져와서 하나님에게 바치지 않는 사람은 자기 백성 가운데서 끊어질 것이다.

both the citizen and the foreigner living with you are to enter into a solemn fast and refrain from all work, because on this day atonement will be made for you, to cleanse you. In the presence of GOD you will be made clean of all your sins. It is a Sabbath of all Sabbaths. You must fast. It is a perpetual ordinance.
32 "The priest who is anointed and ordained to succeed his father is to make the atonement:
He puts on the sacred linen garments;
33 He purges the Holy of Holies by making atonement;
He purges the Tent of Meeting and the Altar by making atonement;
He makes atonement for the priests and all the congregation.
34 "This is a perpetual ordinance for you: Once a year atonement is to be made for all the sins of the People of Israel."
And Aaron did it, just as GOD commanded Moses.

Holy Living: Sacrifices and Blood

17 1-7 GOD spoke to Moses: "Speak to Aaron and his sons and all the Israelites. Tell them, This is what GOD commands: Any and every man who slaughters an ox or lamb or goat inside or outside the camp instead of bringing it to the entrance of the Tent of Meeting to offer it to GOD in front of The Dwelling of GOD—that man is considered guilty of bloodshed; he has shed blood and must be cut off from his people. This is so the Israelites will bring to GOD the sacrifices that they're in the habit of sacrificing out in the open fields. They must bring them to GOD and the priest at the entrance to the Tent of Meeting and sacrifice them as Peace-Offerings to GOD. The priest will splash the blood on the Altar of GOD at the entrance to the Tent of Meeting and burn the fat as a pleasing fragrance to GOD. They must no longer offer their sacrifices to goat-demons—a kind of religious orgy. This is a perpetual decree down through the generations.
8-9 "Tell them, Any Israelite or foreigner living among them who offers a Whole-Burnt-Offering or Peace-Offering but doesn't bring it to the entrance of the Tent of Meeting to sacrifice it to GOD, that

10-12 이스라엘 자손이든 그들과 함께 사는 외국인이든, 피를 먹는 사람이 있으면 나는 그와 관계를 끊고 그를 백성 가운데서 끊어 버리겠다. 이는 생물의 생명이 그 피 속에 있기 때문이다. 피는 너희의 생명을 위해 속죄할 때 제단 위에 바치라고 내가 준 것이다. 피 곧 생명이 죄를 속한다. 그래서 내가 이스라엘 백성에게 피를 먹지 말라고 한 것이다. 너희와 함께 사는 외국인에게도 피를 먹지 말라는 명령이 적용된다.

13-14 이스라엘 자손이든 그들과 함께 사는 외국인이든, 먹을 수 있는 짐승이나 새를 사냥해 잡은 사람은, 누구든지 그 피를 땅에 쏟고 흙으로 덮어야 한다. 모든 생물의 생명은 피와 다름없고, 피는 곧 그 생물의 생명이기 때문이다. 그래서 내가 이스라엘 자손에게 '어떤 생물의 피도 먹지 마라. 피는 곧 모든 생물의 생명이기 때문이다. 피를 먹는 자는 누구든지 끊어져야 한다'고 말한 것이다.

15-16 죽은 채 발견된 짐승이나 찢겨 죽은 짐승을 먹은 사람은, 본국인이든 외국인이든 자기 옷을 빨고 물로 몸을 씻어야 한다. 그는 저녁때까지 부정하다가 저녁이 지나면 정결하게 된다. 옷을 빨지 않거나 몸을 씻지 않으면, 그는 자신의 행위에 책임을 져야 한다."

성관계에 관한 규례

18 1-5 하나님께서 모세에게 말씀하셨다. "이스라엘 백성에게 전하여라. 그들에게 이렇게 일러 주어라. 나는 하나님 너희 하나님이다. 너희는 전에 너희가 살던 이집트 땅의 사람들처럼 살지 마라. 내가 너희를 이끌고 갈 가나안 땅의 사람들처럼 살아서도 안 된다. 너희는 그들이 하는 대로 하지 마라. 너희는 나의 법도를 따라 살고, 나의 규례를 지키며 살아라. 나는 너희 하나님이다. 너희는 나의 규례와 법도를 지켜라. 이것을 지키는 사람은 그로 인해 살 것이다. 나는 하나님이다.

6 가까운 친족과 동침하지 마라. 나는 하나님이다.

7 네 어머니와 동침하여 네 아버지를 욕되게 하지 마라. 그녀는 네 어머니이니, 그녀와 동침해서는 안된다.

8 네 아버지의 아내와 동침하지 마라. 그것은 네 아버지를 욕되게 하는 짓이다.

9 네 아버지의 딸이든 네 어머니의 딸이든, 한

person must be cut off from his people.

10-12 "If any Israelite or foreigner living among them eats blood, I will disown that person and cut him off from his people, for the life of an animal is in the blood. I have provided the blood for you to make atonement for your lives on the Altar; it is the blood, the life, that makes atonement. That's why I tell the People of Israel, 'Don't eat blood.' The same goes for the foreigner who lives among you, 'Don't eat blood.'

13-14 "Any and every Israelite–this also goes for the foreigners–who hunts down an animal or bird that is edible, must bleed it and cover the blood with dirt, because the life of every animal is its blood–the blood is its life. That's why I tell the Israelites, 'Don't eat the blood of any animal because the life of every animal is its blood. Anyone who eats the blood must be cut off.'

15-16 "Anyone, whether native or foreigner, who eats from an animal that is found dead or mauled must wash his clothes and bathe in water; he remains unclean until evening and is then clean. If he doesn't wash or bathe his body, he'll be held responsible for his actions."

Sex

18 1-5 GOD spoke to Moses: "Speak to the People of Israel. Tell them, I am GOD, your God. Don't live like the people of Egypt where you used to live, and don't live like the people of Canaan where I'm bringing you. Don't do what they do. Obey my laws and live by my decrees. I am your GOD. Keep my decrees and laws: The person who obeys them lives by them. I am GOD.

6 "Don't have sex with a close relative. I am GOD.

7 "Don't violate your father by having sex with your mother. She is your mother. Don't have sex with her.

8 "Don't have sex with your father's wife. That violates your father.

9 "Don't have sex with your sister, whether she's your father's daughter or your mother's, whether she was born in the same house or elsewhere.

10 "Don't have sex with your son's daughter or your daughter's daughter. That would violate your own body.

집에서 태어났든 다른 곳에서 데려왔든, 네 누이와 동침하지 마라.
10 네 아들의 딸이나 네 딸의 딸과 동침하지 마라. 그것은 네 몸을 욕되게 하는 짓이다.
11 네 아버지의 아내가 낳은 네 아버지의 딸과 동침하지 마라. 그녀는 네 누이다.
12 네 아버지의 누이와 동침하지 마라. 그녀는 네 고모이며 네 아버지의 가까운 친족이다.
13 네 어머니의 자매와 동침하지 마라. 그녀는 네 이모이며 네 어머니의 가까운 친족이다.
14 네 숙부의 아내와 동침하여 네 아버지의 형제, 곧 네 숙부를 욕되게 하지 마라. 그녀는 네 숙모다.
15 네 며느리와 동침하지 마라. 그녀는 네 아들의 아내이니 그녀와 동침하지 마라.
16 네 형제의 아내와 동침하지 마라. 그것은 네 형제를 욕되게 하는 짓이다.
17 한 여자와 그 여자의 딸과 아울러 동침하지 마라. 그녀의 손녀들과도 동침하지 마라. 그들은 그녀의 가까운 친족이다. 그것은 사악한 짓이다.
18 네 아내가 살아 있는 동안에 그녀의 자매를 첩으로 맞아 동침하는 일이 없게 하여라.
19 월경중이라 부정한 상태인 여자와 동침하지 마라.
20 네 이웃의 아내와 동침하지 마라. 그녀 때문에 네 자신을 욕되게 하지 마라.
21 네 자녀를 몰렉 신에게 희생 제물로 불살라 바치지 마라. 그것은 분명 네 하나님을 모독하는 짓이다. 나는 하나님이다.
22 여자하고 하듯이 남자와 동침하지 마라. 그것은 역겨운 짓이다.
23 짐승과 교접하지 마라. 짐승으로 네 자신을 욕되게 하지 마라.
여자도 짐승과 교접해서는 안된다. 그것은 사악한 짓이다.
24-28 이 모든 일 가운데 어느 것으로도 너희 자신을 더럽히지 마라. 내가 너희 앞에 있는 땅에서 쫓아낼 민족들이 그와 같은 일을 하다가 더러워졌고, 그 땅도 더러워졌다. 나는 그 죄악으로 인해 그 땅을 벌했고, 그 땅은 거기에 살던 사람들을 토해 냈다. 너희는 본국인이든 외국인이든, 나의 규례와 법도를 지켜야 한다. 너희는 이 역겨운 짓들 가운데 어느 하나라도 행해서는 안된다. 너희가 오기 전에 그 땅에 살던 사람들이 그 모든 짓을 행하여 그 땅을 더럽혔다. 너희마저 그 땅을 더럽히면, 그 땅이 너희 앞서 살았던 민족들을 토해 냈듯이 너희도 토해 낼 것이다.

11 "Don't have sex with the daughter of your father's wife born to your father. She is your sister.
12 "Don't have sex with your father's sister; she is your aunt, closely related to your father.
13 "Don't have sex with your mother's sister; she is your aunt, closely related to your mother.
14 "Don't violate your father's brother, your uncle, by having sex with his wife. She is your aunt.
15 "Don't have sex with your daughter-in-law. She is your son's wife; don't have sex with her.
16 "Don't have sex with your brother's wife; that would violate your brother.
17 "Don't have sex with both a woman and her daughter. And don't have sex with her granddaughters either. They are her close relatives. That is wicked.
18 "Don't marry your wife's sister as a rival wife and have sex with her while your wife is living.
19 "Don't have sex with a woman during the time of her menstrual period when she is unclean.
20 "Don't have sex with your neighbor's wife and violate yourself by her.
21 "Don't give any of your children to be burned in sacrifice to the god Molech–an act of sheer blasphemy of your God. I am GOD.
22 "Don't have sex with a man as one does with a woman. That is abhorrent.
23 "Don't have sex with an animal and violate yourself by it.
"A woman must not have sex with an animal. That is perverse.
24-28 "Don't pollute yourself in any of these ways. This is how the nations became polluted, the ones that I am going to drive out of the land before you. Even the land itself became polluted and I punished it for its iniquities–the land vomited up its inhabitants. You must keep my decrees and laws–natives and foreigners both. You must not do any of these abhorrent things. The people who lived in this land before you arrived did all these things and polluted the land. And if you pollute it, the land will vomit you up just as it vomited up the nations that preceded you.
29-30 "Those who do any of these abhorrent things

29-30 이 역겨운 짓들 가운데 어느 하나라도 행하는 자는 자기 백성 가운데서 끊어질 것이다. 너희는 내 명령을 지켜라. 너희가 오기 전에 행해졌던 역겨운 짓들 가운데 어느 하나라도 행하지 마라. 그런 짓으로 너희 자신을 더럽히지 마라. 나는 **하나님** 너희 하나님이다."

내가 거룩하니, 너희도 거룩하여라

19 1-2 **하나님**께서 모세에게 말씀하셨다. "너는 이스라엘 회중에게 전하여라. 그들에게 이렇게 일러 주어라. **하나님** 너희 하나님인 내가 거룩하니, 너희도 거룩하여라.

3 너희는 저마다 자기 부모를 공경해야 한다.

안식일을 지켜라. 나는 **하나님** 너희 하나님이다.

4 신이라고 할 수 없는 우상들에 관심을 갖지 마라. 쇠를 녹여 우상들을 만들지 마라. 나는 **하나님** 너희 하나님이다.

5-8 **하나님**에게 화목 제물을 바칠 때는, 너희가 배운 대로 받아들여질 만하게 바쳐야 한다. 제물은 너희가 바친 그날과 그 다음날까지 먹고, 셋째 날까지 남은 것은 무엇이든 불살라 버려야 한다. 셋째 날까지 남은 제물을 먹으면, 그 고기는 더럽혀졌으므로 받아들여지지 않을 것이다. 누구든지 그것을 먹는 자는 **하나님**에게 거룩한 것을 더럽힌 것이므로 책임을 져야 할 것이다. 그 사람은 자기 백성 가운데서 끊어질 것이다.

9-10 땅에서 곡식을 거두어들일 때는, 밭 가장자리까지 거두지 말고 떨어진 이삭을 다 줍지 마라. 너희 포도밭의 포도를 남김없이 거두지 말고, 밭으로 되돌아가 떨어진 포도알갱이를 줍지도 마라. 가난한 사람과 외국인을 위해 그것들을 남겨 두어라. 나는 **하나님** 너희 하나님이다.

11 도둑질하지 마라.

거짓말하지 마라.

속이지 마라.

12 내 이름으로 거짓 맹세하여 너희 하나님의 이름을 욕되게 하지 마라. 나는 **하나님**이다.

13 네 친구를 이용해 먹거나 그의 것을 빼앗지 마라.

품꾼이 받을 삯을 주지 않은 채 다음날까지 가지고 있지 마라.

14 듣지 못하는 사람을 저주하지 말고, 눈먼 사람 앞에 장애물을 놓지 마라. 너희 하나님을 두려워하여라. 나는 **하나님**이다.

15 정의를 왜곡하지 마라. 가난한 사람이라고 해서 편들지 말고, 세력 있는 사람이라고 해서 봐주지

will be cut off from their people. Keep to what I tell you; don't engage in any of the abhorrent acts that were practiced before you came. Don't pollute yourselves with them. I am GOD, *your* God."

"I Am GOD, Your God"

19 1-2 GOD spoke to Moses: "Speak to the congregation of Israel. Tell them, Be holy because I, GOD, your God, am holy.

3 "Every one of you must respect his mother and father.

"Keep my Sabbaths. I am GOD, your God.

4 "Don't take up with no-god idols. Don't make gods of cast metal. I am GOD, your God.

5-8 "When you sacrifice a Peace-Offering to GOD, do it as you've been taught so it is acceptable. Eat it on the day you sacrifice it and the day following. Whatever is left until the third day is to be burned up. If it is eaten on the third day it is polluted meat and not acceptable. Whoever eats it will be held responsible because he has violated what is holy to GOD. That person will be cut off from his people.

9-10 "When you harvest your land, don't harvest right up to the edges of your field or gather the gleanings from the harvest. Don't strip your vineyard bare or go back and pick up the fallen grapes. Leave them for the poor and the foreigner. I am GOD, your God.

11 "Don't steal.

"Don't lie.

"Don't deceive anyone.

12 "Don't swear falsely using my name, violating the name of your God. I am GOD.

13 "Don't exploit your friend or rob him.

"Don't hold back the wages of a hired hand overnight.

14 "Don't curse the deaf; don't put a stumbling block in front of the blind; fear your God. I am GOD.

15 "Don't pervert justice. Don't show favoritism to either the poor or the great. Judge on the basis of what is right.

16 "Don't spread gossip and rumors.

마라. 옳은 것에 기초해서 재판하여라.

16 험담과 소문을 퍼뜨리지 마라.

네 이웃의 목숨이 위태로운데 팔짱을 끼고 바라보기만 해서는 안된다. 나는 하나님이다.

17 마음속으로 네 이웃을 미워하지 마라. 그에게 잘못이 있으면, 그것을 밝히 드러내라. 그러지 않으면, 너도 그 잘못의 공범자가 된다.

18 네 동족에게 복수할 기회를 노리거나 원한을 품지 마라.

네 이웃을 네 자신처럼 사랑하여라. 나는 하나님이다.

19 너희는 내 규례를 지켜라.

종류가 다른 두 동물을 서로 교배시키지 마라.

너희 밭에 두 종류의 씨를 함께 뿌리지 마라.

두 종류의 재료로 짠 옷을 입지 마라.

20-22 한 남자가 여종하고 동침했는데, 그 여종에게 결혼하기로 한 남자가 있고 그가 아직 그녀의 몸값을 치르지 않았거나 그녀가 자유의 몸이 아니라면, 두 사람은 조사를 받아야 한다. 하지만 여자가 자유의 몸이 아니기 때문에 그 두 사람이 사형을 당하지는 않는다. 남자는 하나님에게 바칠 보상 제물을 회막 입구로 가져와야 한다. 이때 보상 제물은 숫양이어야 한다. 제사장은 남자가 저지른 죄 때문에 바친 보상 제물인 숫양을 가지고, 그를 위해 하나님 앞에서 속죄해야 한다. 그러면 남자는 자신이 저지른 죄를 용서받게 된다.

23-25 너희가 그 땅에 들어가 각종 과일나무를 심을 때, 처음 삼 년 동안은 그 나무의 열매를 먹지 마라. 그 열매는 먹을 수 없는 것으로 여겨라. 사 년째 되는 해에는 그 열매가 거룩하게 되어, 하나님에게 바치는 찬양의 제물이 된다. 오 년째 되는 해부터 너희는 그 열매를 먹을 수 있다. 이렇게 하면 너희는 더 풍성한 수확물을 얻게 될 것이다. 나는 하나님 너희 하나님이다.

26 너희는 고기를 피째 먹지 마라.

점을 치거나 마술을 쓰지 마라.

27 머리 양옆에 난 머리카락을 자르지 말고, 수염을 다듬지 마라.

28 죽은 사람을 위한다고 너희 몸에 상처를 내지 마라.

너희 몸에 문신을 새기지 마라. 나는 하나님이다.

29 너희 딸을 창녀가 되게 하여 그녀를 욕되게 하지 마라. 그러면 온 땅이 조만간 지저분한 섹스로 가득 차 매음굴이 될 것이다.

30 나의 안식일을 지키고, 나의 성소를 귀하게 여겨라. 나는 하나님이다.

"Don't just stand by when your neighbor's life is in danger. I am GOD.

17 "Don't secretly hate your neighbor. If you have something against him, get it out into the open; otherwise you are an accomplice in his guilt.

18 "Don't seek revenge or carry a grudge against any of your people.

"Love your neighbor as yourself. I am GOD.

19 "Keep my decrees.

"Don't mate two different kinds of animals.

"Don't plant your fields with two kinds of seed.

"Don't wear clothes woven of two kinds of material.

20-22 "If a man has sex with a slave girl who is engaged to another man but has not yet been ransomed or given her freedom, there must be an investigation. But they aren't to be put to death because she wasn't free. The man must bring a Compensation-Offering to GOD at the entrance to the Tent of Meeting, a ram of compensation. The priest will perform the ritual of atonement for him before GOD with the ram of compensation for the sin he has committed. Then he will stand forgiven of the sin he committed.

23-25 "When you enter the land and plant any kind of fruit tree, don't eat the fruit for three years; consider it inedible. By the fourth year its fruit is holy, an offering of praise to GOD. Beginning in the fifth year you can eat its fruit; you'll have richer harvests this way. I am GOD, your God.

26 "Don't eat meat with blood in it.

"Don't practice divination or sorcery.

27 "Don't cut the hair on the sides of your head or trim your beard.

28 "Don't gash your bodies on behalf of the dead.

"Don't tattoo yourselves. I am GOD.

29 "Don't violate your daughter by making her a whore–the whole country would soon become a brothel, filled with sordid sex.

30 "Keep my Sabbaths and revere my Sanctuary: I am GOD.

31 "Don't dabble in the occult or traffic with

31 주술에 빠지지 말고, 영매들을 가까이하지 마라. 그런 일로 너희 영혼을 더럽히지 마라. 나는 하나님 너희 하나님이다.

32 노인을 공경하고, 나이 든 어른에게 존경을 표하여라. 너희 하나님을 경외하여라. 나는 하나님이다.

33-34 외국인이 너희 땅에서 생활할 때에 그를 착취하지 마라. 외국인과 본국인을 동등하게 대하여라. 그를 네 가족처럼 사랑하여라. 너희도 전에는 이집트 땅에서 외국인이었다는 것을 기억하여라. 나는 하나님 너희 하나님이다.

35-36 길이나 무게나 양을 잴 때 속이지 마라. 바른 저울과 바른 추와 바른 자를 사용하여라. 나는 하나님 너희 하나님이다. 내가 너희를 이집트에서 이끌어 냈다.

37 너희는 나의 모든 규례와 나의 모든 법도를 지켜라. 그대로 지켜 행하여라. 나는 하나님이다."

반드시 죽여야 하는 죄

20 1-5 하나님께서 모세에게 말씀하셨다. "너는 이스라엘 자손에게 이렇게 일러 주어라. 이스라엘 자손이든 이스라엘에 사는 외국인이든, 자기 자녀를 몰렉 신에게 바치는 사람은 모두 사형에 처해야 한다. 공동체가 그를 돌로 쳐서 죽여야 한다. 나도 그를 단호하게 내쫓아 자기 백성 가운데서 끊어 버리겠다. 자기 자녀를 몰렉 신에게 바친 사람은 나의 성소를 더럽히고 나의 거룩한 이름을 모독한 것이다. 그 사람이 자기 자녀를 몰렉 신에게 바치는데도 그 땅 사람들이 아무 일 없다는 듯이 못 본 척하며 그를 죽이지 않으면, 내가 그와 그의 가족을 가차 없이 내쫓을 것이다. 그는 물론이고 그와 함께 몰렉 신의 의식에 참여하여 음란한 행위를 한 자들을 모조리 자기 백성 가운데서 끊어 버리겠다.

6 나는 주술에 빠지거나 영매들과 가까이하면서 그들의 의식에 참여해 음란한 짓을 일삼는 자들을 가차 없이 내쫓을 것이다. 그들을 자기 백성 가운데서 끊어 버리겠다.

7-8 너희 자신을 구별하여 거룩하게 살아라. 나는 하나님 너희 하나님이니, 너희는 거룩한 삶을 살아라. 너희는 내가 일러 주는 대로 행하고, 내가 일러 주는 대로 살아라. 나는 너희를 거룩하게 하는 하나님이다.

9 자기 부모를 저주하는 자는 모두 사형에 처해야 한다. 자기 부모를 저주했으니, 그는 자기 죄값으로 죽을 것이다.

10 어떤 남자가 다른 남자의 아내, 이를테면 이웃의

mediums; you'll pollute your souls. I am GOD, your God.

32 "Show respect to the aged; honor the presence of an elder; fear your God. I am GOD.

33-34 "When a foreigner lives with you in your land, don't take advantage of him. Treat the foreigner the same as a native. Love him like one of your own. Remember that you were once foreigners in Egypt. I am GOD, your God.

35-36 "Don't cheat when measuring length, weight, or quantity. Use honest scales and weights and measures. I am GOD, your God. I brought you out of Egypt.

37 "Keep all my decrees and all my laws. Yes, *do* them. I am GOD."

20 1-5 GOD spoke to Moses: "Tell the Israelites, Each and every Israelite and foreigner in Israel who gives his child to the god Molech must be put to death. The community must kill him by stoning. I will resolutely reject that man and cut him off from his people. By giving his child to the god Molech he has polluted my Sanctuary and desecrated my holy name. If the people of the land look the other way as if nothing had happened when that man gives his child to the god Molech and fail to kill him, I will resolutely reject that man and his family, and him and all who join him in prostituting themselves in the rituals of the god Molech I will cut off from their people.

6 "I will resolutely reject persons who dabble in the occult or traffic with mediums, prostituting themselves in their practices. I will cut them off from their people.

7-8 "Set yourselves apart for a holy life. *Live* a holy life, because I am GOD, your God. Do what I tell you; *live* the way I tell you. I am the GOD who makes you holy.

9 "Any and every person who curses his father or mother must be put to death. By cursing his father or mother he is responsible for his own death.

10 "If a man commits adultery with another

아내와 간음하면, 간음한 남자와 여자 둘 다 사
형에 처해야 한다.
11 어떤 남자가 자기 아버지의 아내와 동침하
면, 자기 아버지를 욕되게 한 것이다. 그 남자
와 여자는 반드시 사형에 처해야 한다. 그들은
자기 죄값으로 죽을 것이다.
12 어떤 남자가 자기 며느리와 동침하면, 둘 다
사형에 처해야 한다. 그들이 저지른 짓은 사악
하므로, 그들은 자기 죄값으로 죽을 것이다.
13 어떤 남자가 여자와 하듯이 남자하고 동침하
면, 그 둘은 역겨운 짓을 한 것이므로 사형에 처
해야 한다. 그들은 자기 죄값으로 죽을 것이다.
14 어떤 남자가 한 여자뿐 아니라 그 여자의 어
머니와도 결혼하면, 그것은 사악한 짓이다. 그
들 셋을 모두 화형에 처해서, 공동체로부터 사
악한 짓을 제거해야 한다.
15 어떤 남자가 짐승과 교접하면, 그는 사형에
처해야 한다. 너희는 그 짐승도 죽여야 한다.
16 어떤 여자가 짐승과 교접하면, 너희는 그 여자
와 짐승을 모두 죽여야 한다. 그들은 사형에 처
해야 한다. 그들은 자기 죄값으로 죽을 것이다.
17 어떤 남자가 자기 누이, 곧 자기 아버지의 딸
이나 자기 어머니의 딸과 결혼하여 동침하면,
그것은 수치스러운 일이다. 그들은 공개적으로
자기 백성 가운데서 끊어져야 한다. 그가 자기
누이를 욕되게 했으니, 그 죄값을 치러야 한다.
18 어떤 남자가 월경중인 여자와 잠자리를 같이
하여 성관계를 가지면, 그는 그 여자의 샘을 드
러낸 것이고 그 여자는 자신의 샘을 드러낸 것
이니, 둘 다 자기 백성 가운데서 끊어져야 한다.
19 네 이모나 네 고모와 동침하지 마라. 그것은
가까운 친족을 욕되게 하는 짓이다. 둘 다 그
죄값을 치러야 한다.
20 어떤 남자가 자기 숙모와 동침하면, 그것은
자기 숙부를 욕되게 한 것이다. 둘 다 그 죄값
을 치르고 자식 없이 죽을 것이다.
21 어떤 남자가 자기 형제의 아내와 결혼하면,
그것은 더러운 짓이다. 그는 자기 형제를 모욕
한 것이다. 그들은 자식을 보지 못할 것이다.
22-23 너희는 내가 일러 준 대로, 나의 모든 규례
와 법도를 지켜 행하여라. 그렇게 살아야 내가
너희를 데리고 들어갈 그 땅이 너희를 토해 내지
않을 것이다. 내가 너희 앞에서 쫓아낼 민족들처
럼 살아서는 안된다. 그들은 이 모든 짓을 행했
고, 나는 그 일 하나하나를 끔찍이 싫어했다.

man's wife – the wife, say, of his neighbor – both the
man and the woman, the adulterer and adulteress,
must be put to death.
11 "If a man has sex with his father's wife, he has
violated his father. Both the man and woman must
be put to death; they are responsible for their own
deaths.
12 "If a man has sex with his daughter-in-law, both
of them must be put to death. What they have done
is perverse. And they are responsible for their own
deaths.
13 "If a man has sex with a man as one does with a
woman, both of them have done what is abhorrent.
They must be put to death; they are responsible for
their own deaths.
14 "If a man marries both a woman and her mother,
that's wicked. All three of them must be burned at the
stake, purging the wickedness from the community.
15 "If a man has sex with an animal, he must be put
to death and you must kill the animal.
16 "If a woman has sex with an animal, you must kill
both the woman and the animal. They must be put
to death. And they are responsible for their deaths.
17 "If a man marries his sister, the daughter of either
his father or mother, and they have sex, that's a
disgrace. They must be publicly cut off from their
people. He has violated his sister and will be held
responsible.
18 "If a man sleeps with a woman during her period
and has sex with her, he has uncovered her 'fountain'
and she has revealed her 'fountain' – both of them
must be cut off from their people.
19 "Don't have sex with your aunt on either your
mother's or father's side. That violates a close
relative. Both of you are held responsible.
20 "If a man has sex with his aunt, he has dishonored
his uncle. They will be held responsible and die
childless.
21 "If a man marries his brother's wife, it's a defile-
ment. He has shamed his brother. They will be
childless.
22-23 "Do what I tell you, all my decrees and laws;
live by them so that the land where I'm bringing you
won't vomit you out. You simply must not live like
the nations I'm driving out before you. They did all

24-26 기억하여라. 내가 너희에게 말한 대로, 너희는 그들의 땅을 차지하게 될 것이다. 젖과 꿀이 흐르는 그 땅을 내가 너희에게 유산으로 주겠다. 나는 **하나님**, 곧 너희를 여러 민족들 가운데서 구별한 너희 하나님이다. 그러니 너희는 이렇게 살아라. 정결한 짐승과 부정한 짐승을 구별하고, 정결한 새와 부정한 새를 구별하여라. 짐승이든 새든 땅을 기어 다니는 것이든, 내가 너희를 위해 부정하다고 정해 준 것들로 너희 자신을 더럽히지 마라. 나 **하나님**이 거룩하니, 너희도 내 앞에서 거룩하게 살아라. 내가 너희를 여러 민족들 가운데서 구별하여 내 것이 되게 했다.

27 너희 가운데 영매나 마법사로 사는 자는 사형에 처해야 한다. 너희는 그들을 돌로 쳐서 죽여야 한다. 그들은 자기 죄값으로 죽을 것이다."

제사장이 지켜야 할 규례

21 1-4 **하나님**께서 모세에게 말씀하셨다. "너는 아론의 아들들인 제사장들에게 전하여라. 그들에게 이렇게 일러 주어라. 제사장은 주검을 만져 자신을 더럽혀서는 안된다. 다만 가까운 가족인 어머니나 아버지나 아들이나 딸이나 형제나 결혼하지 않아 남편 없이 그를 의지하다가 죽은 누이의 주검은 예외다. 이들 가족 때문에 제사장이 부정하게 되는 것은 괜찮지만, 결혼해서 혈연으로만 연결되어 있는 누이의 주검과 접촉하여 자신을 더럽히고 욕되게 해서는 안된다.

5-6 제사장은 자기 머리털을 밀거나 수염을 다듬거나 자기 몸에 상처를 내서는 안된다. 그는 자기 하나님에게 거룩해야 하고, 자기 하나님의 이름을 더럽혀서는 안된다. **하나님**에게 제물을 바치는 것, 곧 자기 하나님에게 음식을 바치는 것이 그의 일이니, 그는 거룩해야 한다.

7-8 제사장은 하나님에게 거룩한 사람이니, 창녀나 제의에서 몸을 판 여자나 이혼한 여자와 결혼해서는 안된다. 그는 너희 하나님에게 음식을 바치는 사람이니 거룩해야 한다. 너희는 그를 거룩한 사람으로 대하여라. 너희를 거룩하게 하는 나 **하나님**이 거룩하기 때문이다.

9 제사장의 딸이 매춘으로 자기 몸을 더럽혔을 경우, 그녀는 자기 아버지를 수치스럽게 한 것이다. 그녀는 화형에 처해야 한다.

10-12 형제들 가운데서 대제사장이 된 사람은,

these things and I hated every minute of it.

24-26 "I've told you, remember, that you will possess their land that I'm giving to you as an inheritance, a land flowing with milk and honey. I am GOD, your God, who has distinguished you from the nations. So live like it: Distinguish between ritually clean and unclean animals and birds. Don't pollute yourselves with any animal or bird or crawling thing which I have marked out as unclean for you. Live holy lives before me because I, GOD, am holy. I have distinguished you from the nations to be my very own.

27 "A man or woman who is a medium or sorcerer among you must be put to death. You must kill them by stoning. They're responsible for their own deaths."

Holy Priests

21 1-4 GOD spoke to Moses: "Speak to the priests, the sons of Aaron. Tell them, A priest must not ritually contaminate himself by touching the dead, except for close relatives: mother, father, son, daughter, brother, or an unmarried sister who is dependent on him since she has no husband; for these he may make himself ritually unclean, but he must not contaminate himself with the dead who are only related to him by marriage and thus profane himself.

5-6 "Priests must not shave their heads or trim their beards or gash their bodies. They must be holy to their God and must not profane the name of their God. Because their job is to present the gifts of GOD, the food of their God, they are to be holy.

7-8 "Because a priest is holy to his God he must not marry a woman who has been a harlot or a cult prostitute or a divorced woman. Make sure he is holy because he serves the food of your God. Treat him as holy because I, GOD, who make you holy, am holy.

9 "If a priest's daughter defiles herself in prostitution, she disgraces her father. She must be burned at the stake.

10-12 "The high priest, the one among his brothers who has received the anointing oil poured on his head and been ordained to wear the priestly vestments, must not let his hair go wild and tangled

자기 머리에 거룩하게 구별하는 기름부음을 받고
위임을 받아 제사장 옷을 입었으니, 머리를 풀거나
엉킨 채로 두거나 낡거나 찢어진 옷을 입어서는 안
된다. 그는 주검이 놓인 방에 들어가서도 안된다.
자기 아버지나 어머니 때문이라고 해도 자신을 더
럽혀서는 안된다. 그는 거룩하게 구별하는 기름부
음을 받고 드려졌으므로, 하나님의 성소를 버려두
고 나가거나 성소를 더럽혀서는 안된다. 나는 하나
님이다.
13-15 그는 젊은 처녀와 결혼해야 한다. 과부나 이
혼한 여자나 제의에서 몸을 판 여자와 결혼해서는
안된다. 그는 자기 백성 가운데서 고른 처녀하고만
결혼해야 한다. 그는 자기 후손이 그 백성 가운데
서 더러워지지 않게 해야 한다. 나는 그를 거룩하
게 하는 하나님이기 때문이다."

16-23 하나님께서 모세에게 말씀하셨다. "너는 아론
에게 이렇게 일러 주어라. 대대로 너의 후손 가운
데서 흠이 있는 사람은 자기 하나님에게 음식을 바
칠 수 없다. 흠이 있는 사람은 눈이 먼 사람, 다리
를 저는 사람, 몸이 일그러졌거나 기형인 사람, 손
이나 발이 불구인 사람, 등이 굽은 사람, 난쟁이,
눈에 부정한 것이 낀 사람, 고름을 흘리는 사람, 고
환이 상한 사람을 가리킨다. 제사장 아론의 후손
가운데서 흠이 있는 사람은 하나님에게 제물을 바
칠 수 없다. 그는 흠이 있으므로 자기 하나님에게
음식을 바쳐서는 안된다. 그는 자기 하나님의 음
식, 곧 지극히 거룩한 제물과 거룩한 제물을 모두
먹을 수는 있지만, 자기에게 흠이 있으니 휘장 가
까이 가거나 제단에 다가가서는 안된다. 그럴 경우
나의 성소를 더럽히고 말 것이다. 나는 그들을 거
룩하게 하는 하나님이다."
24 모세는 이 말씀을 아론과 그의 아들들과 이스라
엘 온 백성에게 전했다.

22 1-2 하나님께서 모세에게 말씀하셨다.
"너는 아론과 그의 아들들에게 말하여,
이스라엘 자손이 나에게 바치는 거룩한 제물을 경
건하게 다루어서, 나의 거룩한 이름을 모독하는 일
*이 없게 하여라. 나는 하나님*이다.
3 너는 그들에게 이렇게 일러 주어라. 이제부터 너
희 후손 가운데 누구든지, 이스라엘 자손이 하나님
에게 구별해 바친 거룩한 제물에 부정한 상태로 다
가가면, 그는 내 앞에서 끊어질 것이다. 나는 하나

nor wear ragged and torn clothes. He must not
enter a room where there is a dead body. He
must not ritually contaminate himself, even
for his father or mother; and he must neither
abandon nor desecrate the Sanctuary of his God
because of the dedication of the anointing oil
which is upon him. I am GOD.
13-15 "He is to marry a young virgin, not a widow,
not a divorcee, not a cult prostitute–he is only to
marry a virgin from his own people. He must not
defile his descendants among his people because
I am GOD who makes him holy."

16-23 GOD spoke to Moses: "Tell Aaron, None of
your descendants, in any generation to come,
who has a defect of any kind may present as an
offering the food of his God. That means anyone
who is blind or lame, disfigured or deformed,
crippled in foot or hand, hunchbacked or
dwarfed, who has anything wrong with his eyes,
who has running sores or damaged testicles.
No descendant of Aaron the priest who has any
defect is to offer gifts to GOD; he has a defect and
so must not offer the food of his God. He may eat
the food of his God, both the most holy and the
holy, but because of his defect he must not go
near the curtain or approach the Altar. It would
desecrate my Sanctuary. I am GOD who makes
them holy."
24 Moses delivered this message to Aaron, his
sons, and to all the People of Israel.

22 1-2 GOD spoke to Moses: "Tell Aaron and
his sons to treat the holy offerings that
the Israelites consecrate to me with reverence so
they won't desecrate my holy name. I am GOD.
3 "Tell them, From now on, if any of your descen-
dants approaches in a state of ritual uncleanness
the holy offerings that the Israelites consecrate
to GOD, he will be cut off from my presence. I am
GOD.
4-8 "Each and every one of Aaron's descendants
who has an infectious skin disease or a discharge
may not eat any of the holy offerings until he

님이다.

4-8 아론의 후손 가운데서 전염성이 있는 피부병에 걸렸거나 고름을 흘리는 사람은, 정결하게 될 때까지 거룩한 제물을 먹어서는 안된다. 또한 주검 때문에 더러워진 것을 만졌거나, 정액을 흘렸거나, 기어 다니는 것과 접촉해 더러워졌거나, 어떤 이유로든 부정하게 된 사람의 몸에 닿은 사람, 곧 그런 부정한 것과 접촉한 사람은 저녁때까지 부정하며, 물로 자기 몸을 깨끗이 씻지 않으면 거룩한 제물을 먹을 수 없다. 그는 해가 진 뒤에야 정결하게 되어 거룩한 제물을 먹을 수 있다. 그것이 그의 음식이기 때문이다. 그는 죽은 채 발견되었거나 맹수에게 찢겨 죽은 것을 먹어 자신을 더럽혀서는 안된다. 나는 하나님이다.

9 제사장들은 나의 지시를 따라야 한다. 그러지 않고 제물을 함부로 다루면, 그들은 죄를 짓고 죽게 될 것이다. 나는 그들을 거룩하게 하는 하나님이다.

10-13 일반인은 그 누구도 거룩하게 구별된 음식을 먹어서는 안된다. 제사장의 손님이나 제사장의 품꾼도 거룩한 음식을 먹어서는 안된다. 그러나 제사장이 돈을 주고 산 종은 그 음식을 먹을 수 있다. 제사장의 집에서 태어난 종도 제사장의 음식을 먹을 수 있다. 그러나 제사장의 딸이 일반인과 결혼한 경우, 거룩하게 바쳐진 음식을 더 이상 먹어서는 안된다. 그 딸이 과부가 되었거나 자식 없이 이혼하여 자기 아버지 집으로 돌아와 예전처럼 살 때는, 아버지의 음식을 먹을 수 있다. 그러나 일반인은 그 누구도 거룩한 음식을 먹어서는 안된다.

14 누가 모르고 거룩한 제물을 먹었으면, 그는 그 거룩한 제물 값에 오분의 일을 더해서 제사장에게 갚아야 한다.

15-16 제사장들은 이스라엘 자손이 하나님에게 바친 거룩한 제물을 함부로 다루어서는 안된다. 그들이 거룩한 제물을 먹다가 부정하게 되어 스스로 죄를 짓는 일이 없게 해야 한다. 나는 그 음식을 거룩하게 하는 하나님이다."

17-25 하나님께서 모세에게 말씀하셨다. "아론과 그의 아들들과 이스라엘 온 백성에게 이렇게 일러 주어라. 너희 가운데 본국인이든 외국인이든, 서원한 것을 행하려고 하나님에게 번제물을 바치거나 자원 제물을 바칠 때, 그 제물이 받아들여지려면 반드시 소나 양이나 염소 가운데서 흠 없는 수컷을 골라서 바쳐야 한다. 어떤 것이든 흠 있는 것을 바

is clean. Also, if he touches anything defiled by a corpse, or has an emission of semen, or is contaminated by touching a crawling creature, or touches a person who is contaminated for whatever reason—a person who touches any such thing will be ritually unclean until evening and may not eat any of the holy offerings unless he has washed well with water. After the sun goes down he is clean and may go ahead and eat the holy offerings; they are his food. But he must not contaminate himself by eating anything found dead or torn by wild animals. I am GOD.

9 "The priests must observe my instructions lest they become guilty and die by treating the offerings with irreverence. I am GOD who makes them holy.

10-13 "No layperson may eat anything set apart as holy. Nor may a priest's guest or his hired hand eat anything holy. But if a priest buys a slave, the slave may eat of it; also the slaves born in his house may eat his food. If a priest's daughter marries a layperson, she may no longer eat from the holy contributions. But if the priest's daughter is widowed or divorced and without children and returns to her father's household as before, she may eat of her father's food. But no layperson may eat of it.

14 "If anyone eats from a holy offering accidentally, he must give back the holy offering to the priest and add twenty percent to it.

15-16 "The priests must not treat with irreverence the holy offerings of the Israelites that they contribute to GOD lest they desecrate themselves and make themselves guilty when they eat the holy offerings. I am GOD who makes them holy."

17-25 GOD spoke to Moses: "Tell Aaron and his sons and all the People of Israel, Each and every one of you, whether native born or foreigner, who presents a Whole-Burnt-Offering to GOD to fulfill a vow or as a Freewill-Offering, must make sure that it is a male without defect from cattle, sheep, or goats for it to be acceptable. Don't try slipping in some creature that has a defect—it

쳐서는 안된다. 그런 제물은 받지 않을 것이다. 누구든지 서원한 것을 행하려고 소나 양 가운데서 하나님에게 화목 제물을 바치거나 자원 제물을 바칠 때, 그 제물이 받아들여지려면 반드시 흠 없는 온전한 것을 바쳐야 한다. 눈먼 것이나 다리를 저는 것이나 어떤 부위가 잘린 것이나 고름을 흘리는 것이나 종기가 난 것이나 피부병이 있는 것을 하나님에게 바쳐서는 안된다. 그런 것들은 하나님에게 바치는 제물로 제단 위에 올려서는 안된다. 자원 제물로는 한쪽 다리가 길거나 짧은 소와 양을 드려도 괜찮다. 그러나 서원 제물로는 받아들여지지 않을 것이다. 짐승 가운데 고환이 상했거나 으스러졌거나 찢겼거나 잘려 나간 것은 하나님에게 바치지 마라. 너희 땅에서 그와 같은 일을 하지 마라. 외국인에게서도 그런 짐승을 받아 너희 하나님에게 음식으로 바치는 일이 없게 하여라. 그런 것들은 보기 흉하고 결함이 있으므로 받지 않을 것이다."

26-30 하나님께서 모세에게 말씀하셨다. "송아지나 어린양이나 염소가 태어나면 칠 일 동안은 그 어미와 함께 있게 해야 한다. 팔 일째 되는 날부터는, 그것을 하나님에게 제물로 바쳐도 받아들여질 것이다. 암소나 암양을 그 새끼와 같은 날에 잡지 마라. 하나님에게 감사 제물을 바칠 때는 받아들여지도록 바르게 바쳐야 한다. 제물은 바친 그날에 다 먹고, 다음날 아침까지 남겨 두지 마라. 나는 하나님이다.

31 너희는 내가 명령한 것을 행하고, 내가 일러 준 대로 살아라. 나는 하나님이다.

32-33 나의 거룩한 이름을 더럽히지 마라. 나는 이스라엘 백성 가운데서 거룩하게 높임을 받기 원한다. 나는 너희를 거룩하게 하는 하나님이다. 나는 너희 하나님이 되려고 너희를 이집트에서 이끌어 낸 하나님이다. 나는 하나님이다."

하나님의 절기

23 1-2 하나님께서 모세에게 말씀하셨다. "너는 이스라엘 백성에게 이렇게 일러 주어라. 너희가 거룩한 모임으로 선언해야 하는 하나님의 절기, 내가 정한 절기는 이러하다.

3 *육 일 동안 일하여라. 일곱째 날은 안식일*이다. 완전하고 온전한 안식의 날, 거룩한 모임의 날이다. 이날에는 아무 일도 하지 마라. 너희가 어디서 살든지, 이날은 하나님의 안식일이다.

4 하나님이 정한 절기, 곧 너희가 정해진 때에 선포

won't be accepted. Whenever anyone brings an offering from cattle or sheep as a Peace-Offering to GOD to fulfill a vow or as a Freewill-Offering, it has to be perfect, without defect, to be acceptable. Don't try giving GOD an animal that is blind, crippled, mutilated, an animal with running sores, a rash, or mange. Don't place any of these on the Altar as a gift to GOD. You may, though, offer an ox or sheep that is deformed or stunted as a Freewill-Offering, but it is not acceptable in fulfilling a vow. Don't offer to GOD an animal with bruised, crushed, torn, or cut-off testicles. Don't do this in your own land but don't accept them from foreigners and present them as food for your GOD either. Because of deformities and defects they will not be acceptable."

26-30 GOD spoke to Moses: "When a calf or lamb or goat is born, it is to stay with its mother for seven days. After the eighth day, it is acceptable as an offering, a gift to GOD. Don't slaughter both a cow or ewe and its young on the same day. When you sacrifice a Thanksgiving-Offering to GOD, do it right so it will be acceptable. Eat it on the same day; don't leave any leftovers until morning. I am GOD.

31 "Do what I tell you; *live* what I tell you. I am GOD.

32-33 "Don't desecrate my holy name. I insist on being treated with holy reverence among the People of Israel. I am GOD who makes you holy and brought you out of Egypt to be your God. I am GOD."

The Feasts

23 1-2 GOD spoke to Moses: "Tell the People of Israel, These are my appointed feasts, the appointed feasts of GOD which you are to decree as sacred assemblies.

3 "Work six days. The seventh day is a Sabbath, a day of total and complete rest, a sacred assembly. Don't do any work. Wherever you live, it is a Sabbath to GOD.

4 "These are the appointed feasts of GOD, the sacred assemblies which you are to announce at

해야 할 거룩한 모임은 이러하다.
5 첫째 달 십사 일 해가 질 무렵부터 하나님의 유월
절이다.
6-8 같은 달 십오 일은 하나님의 무교절이다. 너희
는 칠 일 동안 누룩을 넣지 않은 빵을 먹어야 한다.
첫째 날에 거룩한 모임을 열고, 평소에 하던 일은
아무것도 하지 마라. 너희는 칠 일 동안 하나님에
게 불살라 바치는 제물을 바쳐야 한다. 칠 일째 되
는 날에도 거룩한 모임을 열고, 평소에 하던 일은
아무것도 하지 마라."
9-14 하나님께서 모세에게 말씀하셨다. "이스라엘
백성에게 이렇게 일러 주어라. 내가 주는 땅에 들
어가 곡식을 거두어들일 때, 너희가 수확한 첫 곡
식단을 제사장에게 가져오너라. 그러면 제사장은
너희를 위해 그 곡식단이 받아들여지도록 그것을
하나님 앞에 흔들어 바칠 것이다. 제사장은 그것을
안식일 다음날 아침에 흔들어 바쳐야 한다. 곡식단
을 흔들어 바치는 날, 너희는 일 년 된 흠 없는 어
린 숫양을 하나님에게 번제물로 바쳐라. 그와 함께
기름 섞은 고운 곡식 가루 4리터를 곡식 제물로 바
쳐라. 이것은 하나님에게 불살라 바치는 제물이며,
하나님을 기쁘게 하는 향기다. 또한 포도주 1리터
를 부어 드리는 제물로 바쳐야 한다. 너희가 이렇
게 제물을 너희 하나님에게 바치는 날까지는, 빵이
나 볶은 곡식이나 날곡식을 먹지 마라. 이것은 너
희가 어디서 살든지, 대대로 지켜야 할 영원한 규
례다."

15-21 "안식일 다음날 아침, 곧 너희가 곡식단을 흔
들어 바친 날부터 일곱 번째 안식일 다음날 아침까
지 일곱 주를 꽉 채워 오십 일을 세어라. 그날에 너
희는 새로운 곡식 제물을 하나님에게 바쳐라. 너희
가 살고 있는 곳에서, 고운 곡식 가루 4리터에 누룩
을 넣어 구운 빵 두 덩이를 가져오너라. 이것은 첫
수확물로 하나님에게 흔들어 바치는 제물이다. 이
빵과 함께, 일 년 된 흠 없는 어린 숫양 일곱 마리
와 수송아지 한 마리와 숫양 두 마리를 바쳐야 한
다. 이것들을 곡식 제물과 부어 드리는 제물과 함
께 하나님에게 번제물로 바쳐야 한다. 이것은 불살
라 바치는 제물이며, 하나님을 기쁘게 하는 향기
다. 너희는 또 숫염소 한 마리를 속죄 제물로 바치
고 일 년 된 어린양 두 마리를 화목 제물로 바쳐라.
제사장은 첫 수확물로 만든 빵과 함께 그 어린양
두 마리를 흔들어 바치는 제물로 하나님 앞에 흔들
어 바쳐야 한다. 그것들은 하나님에게 바쳐진 거룩

the times set for them:
5 "GOD's Passover, beginning at sundown on the
fourteenth day of the first month.
6-8 "GOD's Feast of Unraised Bread, on the
fifteenth day of this same month. You are to eat
unraised bread for seven days. Hold a sacred
assembly on the first day; don't do any regular
work. Offer Fire-Gifts to GOD for seven days. On
the seventh day hold a sacred assembly; don't do
any regular work."
9-14 GOD spoke to Moses: "Tell the People of
Israel, When you arrive at the land that I am
giving you and reap its harvest, bring to the
priest a sheaf of the first grain that you harvest.
He will wave the sheaf before GOD for accep-
tance on your behalf; on the morning after
Sabbath, the priest will wave it. On the same day
that you wave the sheaf, offer a year-old male
lamb without defect for a Whole-Burnt-Offering
to GOD and with it the Grain-Offering of four
quarts of fine flour mixed with oil – a Fire-Gift to
GOD, a pleasing fragrance – and also a Drink-Of-
fering of a quart of wine. Don't eat any bread or
roasted or fresh grain until you have presented
this offering to your God. This is a perpetual
decree for all your generations to come, wherev-
er you live.

15-21 "Count seven full weeks from the morning
after the Sabbath when you brought the sheaf
as a Wave-Offering, fifty days until the morning
of the seventh Sabbath. Then present a new
Grain-Offering to GOD. Bring from wherever
you are living two loaves of bread made from
four quarts of fine flour and baked with yeast as
a Wave-Offering of the first ripe grain to GOD.
In addition to the bread, offer seven yearling
male lambs without defect, plus one bull and
two rams. They will be a Whole-Burnt-Offering
to GOD together with their Grain-Offerings and
Drink-Offerings – offered as Fire-Gifts, a pleas-
ing fragrance to GOD. Offer one male goat for an
Absolution-Offering and two yearling lambs for
a Peace-Offering. The priest will wave the two
lambs before GOD as a Wave-Offering, together

한 제물로, 제사장의 몫이다. 그날에 너희는 거룩한 모임을 선포해야 한다. 평소에 하던 일은 아무것도 하지 마라. 이것은 너희가 어디서 살든지, 대대로 지켜야 할 영원한 규례다.
22 너희가 땅에서 곡식을 거두어들일 때는 밭의 가장자리까지 거두지 말고, 떨어진 이삭을 다 줍지도 마라. 가난한 사람과 외국인을 위해 그것들을 남겨 두어라. 나는 **하나님** 너희 하나님이다."

23-25 **하나님**께서 모세에게 말씀하셨다. "너는 이스라엘 백성에게 이렇게 일러 주어라. 일곱째 달 첫째 날은 안식의 날, 거룩한 모임의 날로 구별하여라. 숫양의 뿔로 만든 나팔을 크게 울려 그날을 기념하여라. 평소에 하던 일은 아무것도 하지 말고, **하나님**에게 불살라 바치는 제물을 바쳐라."

26-32 **하나님**께서 모세에게 말씀하셨다. "일곱째 달 십 일은 속죄일이다. 너희는 거룩한 모임을 열고, 금식하며, **하나님**에게 불살라 바치는 제물을 바쳐라. 그날은 너희 **하나님** 앞에서 너희를 위해 속죄하는 속죄일이니, 그날에는 일하지 마라. 그날에 금식하지 않는 사람은 누구든지 자기 백성 가운데서 끊어져야 한다. 누구든지 그날에 일하는 사람은 내가 그 백성 가운데서 멸할 것이다. 그날에는 아무 일도 해서는 안된다. 절대로 일하지 마라. 이것은 너희가 어디서 살든지, 대대로 지켜야 할 영원한 규례다. 그날은 안식일, 곧 온전하고 완전한 쉼의 날이며 금식의 날이다. 그달 구 일 저녁부터 다음날 저녁까지 너희는 안식일을 지켜라."

33-36 **하나님**께서 모세에게 말씀하셨다. "너는 이스라엘 백성에게 이렇게 일러 주어라. **하나님**의 초막절은 일곱째 달 십오 일에 시작되어 칠 일 동안 이어진다. 첫째 날은 거룩한 모임의 날이니, 평소에 하던 일은 아무것도 하지 마라. 칠 일 동안 **하나님**에게 불살라 바치는 제물을 바쳐라. 팔 일째 되는 날에 다시 거룩한 모임을 열고 *하나님에게 제물을 바쳐라. 이것은* 엄숙한 집회다. 평소에 하던 일은 아무것도 하지 마라.
37-38 이것들은 **하나님**이 정한 절기다. 그날에 너희는 거룩한 모임을 선포하고 **하나님**에게 불살라 바치는 제물을 바치되, 번제물과 곡식 제물

with the bread of the first ripe grain. They are sacred offerings to GOD for the priest. Proclaim the day as a sacred assembly. Don't do any ordinary work. It is a perpetual decree wherever you live down through your generations.
22 "When you reap the harvest of your land, don't reap the corners of your field or gather the gleanings. Leave them for the poor and the foreigners. I am GOD, *your* God."

23-25 GOD said to Moses: "Tell the People of Israel, On the first day of the seventh month, set aside a day of rest, a sacred assembly—mark it with loud blasts on the ram's horn. Don't do any ordinary work. Offer a Fire-Gift to GOD."

26-32 GOD said to Moses: "The tenth day of the seventh month is the Day of Atonement. Hold a sacred assembly, fast, and offer a Fire-Gift to GOD. Don't work on that day because it is a day of atonement to make atonement for you before your GOD. Anyone who doesn't fast on that day must be cut off from his people. I will destroy from among his people anyone who works on that day. Don't do any work that day—none. This is a perpetual decree for all the generations to come, wherever you happen to be living. It is a Sabbath of complete and total rest, a fast day. Observe your Sabbath from the evening of the ninth day of the month until the following evening."

33-36 GOD said to Moses: "Tell the People of Israel, GOD's Feast of Booths begins on the fifteenth day of the seventh month. It lasts seven days. The first day is a sacred assembly; don't do any ordinary work. Offer Fire-Gifts to GOD for seven days. On the eighth day hold a sacred assembly and offer a gift to GOD. It is a solemn convocation. Don't do any ordinary work.
37-38 "These are the appointed feasts of GOD which you will decree as sacred assemblies for presenting Fire-Gifts to GOD: the Whole-Burnt-Offerings, Grain-Offerings, sacrifices, and Drink-Offerings assigned to each day. These are in addition to offerings for GOD's Sabbaths and also in addition

과 희생 제물과 부어 드리는 제물을 각각 정해진 날에 바쳐야 한다. 이 제물들은 하나님의 안식일에 바치는 제물, 서원 제물, 자원 제물과는 별도로 너희가 하나님에게 바치는 것들이다.

39-43 밭에서 곡식을 거두고 난 다음, 너희는 일곱째 달 십오 일부터 칠 일 동안 하나님의 절기를 기념하여라. 첫째 날은 온전히 쉬는 날이고, 팔 일째 되는 날도 온전히 쉬는 날이다. 첫째 날에 가장 좋은 나무에서 열린 가장 좋은 열매를 따고, 종려나무 잎과 잎이 무성한 나뭇가지와 시냇가의 버드나무를 꺾어 들고, 너희 하나님 앞에서 칠 일 동안 즐거워하여라. 칠 일 내내 하나님 앞에서 그 절기를 경축하여라. 앞으로 매년 일곱째 달이 되면, 이 절기를 기념하여라. 너희는 칠 일 동안 초막에서 지내야 한다. 이스라엘의 모든 아들딸이 초막에 들어가야 한다. 이는 내가 이스라엘 백성을 이집트 땅에서 이끌어 낼 때 초막에서 살게 한 것을 너희 후손이 알게 하려는 것이다. 나는 하나님 너희 하나님이다."

44 모세는 이스라엘이 즐겁게 지켜야 할 절기, 곧 하나님께서 정해 주신 일 년 동안의 절기를 그들에게 공표했다.

하나님 앞에 두는 등불과 빵

24 1-4 하나님께서 모세에게 말씀하셨다. "이스라엘 백성에게 등불에 쓸 깨끗한 올리브기름을 가져오게 하여, 등불이 계속 타오르게 하여라. 아론은 이 등불을 회막 안 증거궤를 가리는 휘장 앞에 두어, 저녁부터 아침까지 하나님 앞에서 계속 타오르게 해야 한다. 이것은 너희가 대대로 지켜야 할 영원한 규례다. 아론은 이 등불을 하나님 앞 순금 등잔대 위에 두어, 계속 타오르게 해야 한다."

5-9 "너는 고운 곡식 가루를 가져다가, 빵 한 개당 가루 4리터를 들여 빵 열두 개를 구워라. 그 빵들을 하나님 앞 순금 상 위에 한 줄에 여섯 개씩 두 줄로 차려 놓아라. 각 줄을 따라 순전한 향을 발라, 그 빵을 기념물로 삼아라. 이것은 하나님에게 바치는 제물이다. 안식일마다 그 빵을 하나님 앞에 차려 놓아야 한다. 이것은 이스라엘 자손이 지켜야 할 영원한 언약이다. 그 빵은 아론과 그의 아들들 몫이 되고, 그들은 그 빵을 거룩한 곳에서 먹어야 한다. 그 빵은 하나님에

to other gifts connected with whatever you have vowed and all the Freewill-Offerings you give to GOD.

39-43 "So, summing up: On the fifteenth day of the seventh month, after you have brought your crops in from your fields, celebrate the Feast of GOD for seven days. The first day is a complete rest and the eighth day is a complete rest. On the first day, pick the best fruit from the best trees; take fronds of palm trees and branches of leafy trees and from willows by the brook and celebrate in the presence of your GOD for seven days—yes, for seven full days celebrate it as a festival to GOD. Every year from now on, celebrate it in the seventh month. Live in booths for seven days—every son and daughter of Israel is to move into booths so that your descendants will know that I made the People of Israel live in booths when I brought them out of the land of Egypt. I am GOD, *your* God."

44 Moses posted the calendar for the annual appointed feasts of GOD which Israel was to celebrate.

Light and Bread

24 1-4 GOD spoke to Moses: "Order the People of Israel to bring you virgin olive oil for light so that the lamps may be kept burning continually. Aaron is in charge of keeping these lamps burning in front of the curtain that screens The Testimony in the Tent of Meeting from evening to morning continually before GOD. This is a perpetual decree down through the generations. Aaron is responsible for keeping the lamps burning continually on the Lampstand of pure gold before GOD.

5-9 "Take fine flour and bake twelve loaves of bread, using about four quarts of flour to a loaf. Arrange them in two rows of six each on the Table of pure gold before GOD. Along each row spread pure incense, marking the bread as a memorial; it is a gift to GOD. Regularly, every Sabbath, this bread is to be set before GOD, a perpetual covenantal response from Israel. The bread then goes to Aaron

게 바친 제물에서 온 것으로, 그들의 몫 가운데서 도 지극히 거룩한 것이다. 이것은 영원히 지켜야 할 규례다."

하나님을 모독한 자

10-12 어머니는 이스라엘 사람이고 아버지는 이집트 사람인 한 남자가 있었다. 하루는 그가 외출하여 이스라엘 사람들에게로 갔는데, 진 안에서 그와 어떤 이스라엘 사람 사이에 싸움이 일어났다. 그 이스라엘 여인의 아들이 하나님의 이름을 모독하고 저주했다. 그러자 사람들이 그를 끌고 모세에게로 왔다. 그의 어머니 이름은 슬로밋인데, 단 지파 디브리의 딸이었다. 사람들은 그를 가두어 두고 하나님의 뜻이 그들에게 드러나기를 기다렸다.

13-16 하나님께서 모세에게 말씀하셨다. "하나님을 모독한 그 자를 진 밖으로 끌어내라. 그가 한 말을 들은 사람은 모두 그의 머리에 손을 얹은 다음, 온 회중이 그를 돌로 쳐서 죽여라. 너는 이스라엘 자손에게 이렇게 일러 주어라. 누구든지 하나님을 저주한 자는 그 책임을 져야 한다. 누구든지 하나님의 이름을 모독한 자는 사형에 처해야 한다. 온 회중이 그를 돌로 쳐서 죽여야 한다. 외국인이든 본국인이든, 하나님의 이름을 모독한 자는 사형에 처해야 한다.

17-22 누구든지 사람을 때려 죽게 한 사람은 사형에 처해야 한다. 다른 사람의 짐승을 죽인 사람은 그것을 물어 주어야 한다. 생명은 생명으로 갚아야 한다. 누구든지 이웃에게 상처를 입힌 사람은 자신이 입힌 만큼 되받게 될 것이다. 골절에는 골절로, 눈에는 눈으로, 이에는 이로 되받게 될 것이다. 이웃에게 상처를 입힌 만큼 그 자신도 상처를 입게 될 것이다. 짐승을 때려 죽게 한 자는 그것을 물어 주어야 한다. 그러나 사람을 때려 죽게 한 사람은 사형에 처해야 한다. 여기에 예외는 없다. 외국인이나 본국인에게나 같은 법이 적용된다. 나는 하나님 너희 하나님이다."

23 모세가 이렇게 이스라엘 백성에게 말하자, 그들은 하나님을 모독한 자를 진 밖으로 끌어내어 돌로 쳐서 죽였다. 이스라엘 백성은 하나님께서 모세에게 명령하신 대로 행했다.

땅도 하나님 앞에서 안식하게 하여라

25 1-7 하나님께서 시내 산에서 모세에게 말씀하셨다. "너는 이스라엘 백성에게 전하여라. 그들에게 이렇게 일러 주어라. 내가 너

and his sons, who are to eat it in a Holy Place. It is their most holy share from the gifts to GOD. This is a perpetual decree."

10-12 One day the son of an Israelite mother and an Egyptian father went out among the Israelites. A fight broke out in the camp between him and an Israelite. The son of the Israelite woman blasphemed the Name of GOD and cursed. They brought him to Moses. His mother's name was Shelomith, daughter of Dibri of the tribe of Dan. They put him in custody waiting for GOD's will to be revealed to them.

13-16 Then GOD spoke to Moses: "Take the blasphemer outside the camp. Have all those who heard him place their hands on his head; then have the entire congregation stone him. Then tell the Israelites, Anyone who curses God will be held accountable; anyone who blasphemes the Name of GOD must be put to death. The entire congregation must stone him. It makes no difference whether he is a foreigner or a native, if he blasphemes the Name, he will be put to death.

17-22 "Anyone who hits and kills a fellow human must be put to death. Anyone who kills someone's animal must make it good—a life for a life. Anyone who injures his neighbor will get back the same as he gave: fracture for fracture, eye for eye, tooth for tooth. What he did to hurt that person will be done to him. Anyone who hits and kills an animal must make it good, but whoever hits and kills a fellow human will be put to death. And no double standards: the same rule goes for foreigners and natives. I am GOD, *your* God."

23 Moses then spoke to the People of Israel. They brought the blasphemer outside the camp and stoned him. The People of Israel followed the orders GOD had given Moses.

"The Land Will Observe a Sabbath to GOD"

25 1-7 GOD spoke to Moses at Mount Sinai: "Speak to the People of Israel. Tell them, When you enter the land which I am going to give you, the land will observe a Sabbath to GOD. Sow

희에게 주는 땅에 들어가면, 그 땅도 하나님 앞에서 안식하게 하여라. 너희는 여섯 해 동안, 밭에 씨를 뿌리고 포도밭을 가꾸고 수확물을 거두어들여라. 그러나 일곱째 해에는, 그 땅이 하나님 앞에서 안식, 곧 온전하고 완전한 쉼을 얻게 해야 한다. 너희는 밭에 씨를 뿌려서도 안되고, 포도밭을 가꾸어서도 안된다. 자생하는 것을 거두어들이지도 말고, 돌보지 않은 포도나무의 열매를 수확하지도 마라. 그 땅은 한 해 동안 온전하고 완전한 쉼을 얻을 것이다. 안식년 동안 그 땅에서 자생하는 것은 너희가 먹어도 된다. 너희와, 너희 남종과 여종과 너희 품꾼과 너희 땅에서 사는 외국인은 물론이고, 너희의 가축과 그 땅의 들짐승도 그것을 먹을 수 있다. 그 땅에서 자생하는 것은 무엇이든 먹어도 된다."

희년

8-12 "안식년을 일곱 번, 곧 일곱 해를 일곱 번 세어라. 안식년이 일곱 번이면 마흔아홉 해가 된다. 일곱째 달 십 일, 곧 속죄일에 숫양의 뿔로 만든 나팔을 크게 울려라. 나팔소리가 온 땅에 울려 퍼지게 하여라. 너희는 오십 년이 되는 해를 거룩한 해로 정하고, 온 땅에 사는 모든 사람에게 자유를 선포하여라. 이 해는 너희를 위한 희년이니, 각 사람은 자기 집안의 소유지로 돌아가서 자기 가족을 만날 것이다. 오십 년째 해는 너희의 희년이다. 씨를 뿌리지도 말고, 밭에서 자생하는 것을 거두지도 말고, 돌보지 않은 포도나무의 열매를 수확하지도 마라. 그해는 희년이고 너희에게 거룩한 해이기 때문이다. 너희는 밭에서 자생하는 것은 무엇이든 먹어도 된다.

13 이 희년에는 모든 사람이 자기 집안의 소유지로 돌아가야 한다.

14-17 이웃에게 소유물을 팔거나 이웃에게서 소유물을 살 때는, 이웃을 속이지 마라. 살 때는 희년에서 몇 해가 지났는지를 계산해서 가격을 정하고, 팔 때는 다음 희년까지 몇 해가 남았는지를 계산해서 가격을 정해야 한다. 희년까지 햇수가 많이 남았으면 큰 돈이 되니 값을 올릴 수 있다. 하지만 햇수가 적게 남았으면 돈이 덜 되니 값을 내려라. 실제로 너희가 사고파는 것은 곡물을 수확할 수 있는 횟수인 것이다. 너희는 서로 속이지 말고, 너희 하나님을 두려워하여라. 나는 하나님 너희 하나님이다.

18-22 나의 규례를 지키고, 나의 법도를 따라 살아

your fields, prune your vineyards, and take in your harvests for six years. But the seventh year the land will take a Sabbath of complete and total rest, a Sabbath to GOD; you will not sow your fields or prune your vineyards. Don't reap what grows of itself; don't harvest the grapes of your untended vines. The land gets a year of complete and total rest. But you can eat from what the land volunteers during the Sabbath year—you and your men and women servants, your hired hands, and the foreigners who live in the country, and, of course, also your livestock and the wild animals in the land can eat from it. Whatever the land volunteers of itself can be eaten.

"The Fiftieth Year Shall Be a Jubilee for You"

8-12 "Count off seven Sabbaths of years—seven times seven years: Seven Sabbaths of years adds up to forty-nine years. Then sound loud blasts on the ram's horn on the tenth day of the seventh month, the Day of Atonement. Sound the ram's horn all over the land. Sanctify the fiftieth year; make it a holy year. Proclaim freedom all over the land to everyone who lives in it—a Jubilee for you: Each person will go back to his family's property and reunite with his extended family. The fiftieth year is your Jubilee year: Don't sow; don't reap what volunteers itself in the fields; don't harvest the untended vines because it's the Jubilee and a holy year for you. You're permitted to eat from whatever volunteers itself in the fields.

13 "In this year of Jubilee everyone returns home to his family property.

14-17 "If you sell or buy property from one of your countrymen, don't cheat him. Calculate the purchase price on the basis of the number of years since the Jubilee. He is obliged to set the sale price on the basis of the number of harvests remaining until the next Jubilee. The more years left, the more money; you can raise the price. But the fewer years left, the less money; decrease the price. What you are buying and selling in fact is the number of crops you're going to harvest. Don't cheat each other. Fear your God. I am GOD, your God.

라. 그러면 너희가 그 땅에서 안전하게 살 것이다. 그 땅은 열매를 낼 것이고, 너희는 온갖 먹을 거리를 얻고 아무 걱정 없이 안전하게 살게 될 것이다. 너희가 묻기를, '일곱째 해에 심지도 않고 거두지도 않으면 무엇을 먹고 살라는 말입니까?' 하겠지만, 내가 보증하겠다. 내가 여섯째 해에 너희에게 복을 주어, 세 해 동안 먹기에 충분한 소출이 그 땅에서 나게 할 것이다. 여덟째 해에 씨를 뿌리고 나서, 아홉째 해가 되어 햇곡식을 거둘 때까지 너희는 묵은 곡식을 먹게 될 것이다.

23-24 땅을 영구히 팔지는 못한다. 땅은 나의 것이다. 너희는 다만 외국인이요 나의 소작인일 뿐이다. 너희는 너희가 소유한 땅을 누군가가 되살 수 있는 권리를 보장해야 한다.

25-28 네 형제 가운데 하나가 가난하게 되어 자기 땅의 일부를 팔아야 할 경우, 그 친척 가운데 가장 가까운 사람이 나서서 자기 형제가 판 땅을 되사야 한다. 땅을 되사 줄 친척이 없는 사람이라도 나중에 성공해서 그 땅을 되살 만큼 충분한 돈을 벌었으면, 그 사람은 자신이 땅을 판 뒤로 사용된 땅의 가치를 계산해서 남은 값을 땅을 산 사람에게 지불하면 된다. 그렇게 해서 그는 자기 소유의 땅으로 돌아갈 수 있다. 그러나 되살 만큼 돈을 벌지 못했으면, 그가 판 땅은 희년이 될 때까지 그 땅을 산 사람의 소유로 남는다. 희년이 되면 땅은 원래의 주인에게 돌아갈 것이다. 그때 그는 자기 땅으로 돌아가 그 땅에서 살아갈 수 있다.

29-31 성곽 안에 있는 집을 판 경우, 판 지 한 해가 다 차기까지는 되살 권리가 있다. 한 해 동안은 언제든 되살 수 있다. 하지만 한 해가 다 지나도록 되사지 못하면, 그 집은 영원히 구입한 사람과 그 자손의 소유가 된다. 그 집은 희년이 되어도 원래의 주인에게 돌아가지 않는다. 그러나 성곽이 없는 마을에 있는 집은 밭과 마찬가지로 처리할 것이다. 그 집은 언제든 되살 수 있고, 희년에는 원래의 주인에게 돌아가야 한다.

32-34 레위인 성읍의 경우에는, 성읍 안에 있는 그들 소유의 집은 언제든 되살 수 있다. 레위인의 집은 그들 소유의 성읍에서 판 것이면 언제든 되살 수 있고, 희년이 되면 원래의 주인에게 돌아간다. *레위인의 성읍에 있는 집은* 이스라엘 백성 가운데 있는 그들의 재산이기 때문이다. 레위인의 성읍에 속한 목초지는 그들의 영원한 소유지이므로 팔 수 없다.

35-38 너희 형제 가운데 누가 가난하게 되어 자기

18-22 "Keep my decrees and observe my laws and you will live secure in the land. The land will yield its fruit; you will have all you can eat and will live safe and secure. Do I hear you ask, 'What are we going to eat in the seventh year if we don't plant or harvest?' I assure you, I will send such a blessing in the sixth year that the land will yield enough for three years. While you plant in the eighth year, you will eat from the old crop and continue until the harvest of the ninth year comes in.

23-24 "The land cannot be sold permanently because the land is mine and you are foreigners—you're my tenants. You must provide for the right of redemption for any of the land that you own.

25-28 "If one of your brothers becomes poor and has to sell any of his land, his nearest relative is to come and buy back what his brother sold. If a man has no one to redeem it but he later prospers and earns enough for its redemption, he is to calculate the value since he sold it and refund the balance to the man to whom he sold it; he can then go back to his own land. If he doesn't get together enough money to repay him, what he sold remains in the possession of the buyer until the year of Jubilee. In the Jubilee it will be returned and he can go back and live on his land.

29-31 "If a man sells a house in a walled city, he retains the right to buy it back for a full year after the sale. At any time during that year he can redeem it. But if it is not redeemed before the full year has passed, it becomes the permanent possession of the buyer and his descendants. It is not returned in the Jubilee. However, houses in unwalled villages are treated the same as fields. They can be redeemed and have to be returned at the Jubilee.

32-34 "As to the Levitical cities, houses in the cities owned by the Levites are always subject to redemption. Levitical property is always redeemable if it is sold in a town that they hold and reverts to them in the Jubilee, because the houses in the towns of the Levites are their property among the People of Israel. The pastures belonging to their cities may not be sold; they are their permanent possession.

힘으로 살아가지 못하는 사람이 있으면, 외국인 이나 손님을 돕듯이 그를 도와주어라. 그래서 그가 너희 동네에서 계속 살 수 있게 해주어라. 그에게 이자를 받아 돈을 벌려고 하지 마라. 너희 하나님을 경외하는 마음으로, 너희 형제가 너희와 한 동네에서 함께 살 수 있게 해주어라. 그의 곤경을 이용하여 과도한 이자를 얻으려고 돈을 빌려 주거나, 이득을 보려고 양식을 꾸어 주어서는 안된다. 나는 가나안 땅을 너희에게 주어 너희 하나님이 되려고 너희를 이집트에서 이끌어 낸 너희 하나님이다.

39-43 너희 형제 가운데 누가 가난하게 되어 자신의 몸을 너희에게 팔아야 할 경우, 그를 종 부리듯 하지 말고, 품꾼이나 너희 가운데 머무는 손님처럼 대하여라. 희년이 될 때까지 그가 너희를 위해 일할 것이다. 희년이 되면 그는 자녀들과 함께 마음 놓고 자기 친척과 조상의 땅으로 돌아갈 수 있다. 이스라엘 백성은 내가 이집트에서 이끌어 낸 나의 종이니, 절대 종으로 팔 수 없다. 너희는 그를 가혹하게 부리지 마라. 너희는 하나님을 두려워하여라.

44-46 너희가 소유할 수 있는 남종과 여종은 주변 나라에서 온 사람들이어야 한다. 주변 나라로부터 종을 사들이는 것은 괜찮다. 일시적으로 너희와 함께 사는 외국인 노동자의 자녀들은 사들여도 된다. 너희 땅에서 태어나 너희 가운데 사는 그들의 친척에게서 사들일 수도 있다. 너희는 그들을 너희 소유로 삼아 너희 자녀에게 재산으로 물려줄 수 있고, 그들이 사는 동안 종으로 부릴 수도 있다. 그러나 너희 형제 이스라엘 자손을 가혹하게 부려서는 안된다.

47-53 너희와 함께 사는 외국인이나 거류민 가운데 부유해진 사람이 있어서, 너희 형제 가운데 가난해진 한 사람이 너희와 함께 사는 외국인이나 그의 친척에게 자신의 몸을 판 경우, 그는 자기 몸을 판 뒤라도 되살 권리가 있다. 그의 친족 가운데 하나가 그를 되살 수 있다. 그의 삼촌이나 사촌이나 그의 친척 가운데서 가까운 사람이 그를 되살 수 있다. 또는 그가 돈을 모아서 스스로 값을 치를 수도 있다. 그럴 경우, 그와 그의 주인은 그가 몸을 판 해부터 희년이 되는 해까지의 햇수를 계산하고, 그 햇수 동안 치러야 할 품꾼의 삯에 따라 되사는 값을 정해야 한다. 희년까지 햇수가 많이 남았으면, 그는 자신을 판 가격의 상당액을 갚아야 한다. 그러나 희년까지 몇 해 남지

35-38 "If one of your brothers becomes indigent and cannot support himself, help him, the same as you would a foreigner or a guest so that he can continue to live in your neighborhood. Don't gouge him with interest charges; out of reverence for your God help your brother to continue to live with you in the neighborhood. Don't take advantage of his plight by running up big interest charges on his loans, and don't give him food for profit. I am your GOD who brought you out of Egypt to give you the land of Canaan and to be your God.

39-43 "If one of your brothers becomes indigent and has to sell himself to you, don't make him work as a slave. Treat him as a hired hand or a guest among you. He will work for you until the Jubilee, after which he and his children are set free to go back to his clan and his ancestral land. Because the People of Israel are my servants whom I brought out of Egypt, they must never be sold as slaves. Don't tyrannize them; fear your God.

44-46 "The male and female slaves which you have are to come from the surrounding nations; you are permitted to buy slaves from them. You may also buy the children of foreign workers who are living among you temporarily and from their clans which are living among you and have been born in your land. They become your property. You may will them to your children as property and make them slaves for life. But you must not tyrannize your brother Israelites.

47-53 "If a foreigner or temporary resident among you becomes rich and one of your brothers becomes poor and sells himself to the foreigner who lives among you or to a member of the foreigner's clan, he still has the right of redemption after he has sold himself. One of his relatives may buy him back. An uncle or cousin or any close relative of his extended family may redeem him. Or, if he gets the money together, he can redeem himself. What happens then is that he and his owner count out the time from the year he sold himself to the year of Jubilee; the buy-back price is set according to the wages of a hired hand for that number of years. If many years remain before the Jubilee, he must pay back a larger share of his

않았으면, 그 남은 햇수에 따라 되사는 값을 계산해야 한다. 주인은 그를 해마다 고용한 사람처럼 대해야 한다. 주인이라도 그를 가혹하게 부리는 일이 없어야 한다.

54-55 그가 이 방법들 가운데 어느 것으로도 풀려나지 못한다 해도, 희년이 되면 자유의 몸이 된다. 그는 물론이고 그의 자녀까지도 자유의 몸이 된다. 이는 이스라엘 백성이 나의 종, 곧 내가 이집트에서 이끌어 낸 나의 종이기 때문이다. 나는 하나님 너희 하나님이다."

26 1 "너희 자신을 위해 우상들을 만들지 마라. 조각한 신상이나 돌기둥을 세우지 마라. 조각한 돌을 너희 땅에 놓고 그 앞에 절하며 섬기는 일이 없게 하여라. 나는 하나님 너희 하나님이다.

2 너희는 나의 안식일을 지키고, 나의 성소를 귀하게 여겨라. 나는 하나님이다."

너희가 내 규례를 따라 살면

3-5 "너희가 내 규례를 따라 살고 내 계명을 잘 지키면, 내가 철 따라 비를 내려 줄 것이다. 땅은 농작물을 내고 들의 나무는 열매를 맺을 것이다. 너희는 포도를 수확할 때까지 타작하고, 다음 파종할 때까지 포도를 거두게 될 것이다. 너희는 배불리 먹고도 남을 만큼 풍성히 거두고 너희 땅에서 아무 걱정 없이 안전하게 살 것이다.

6-10 내가 그 땅을 평화의 땅으로 만들 것이다. 너희는 밤에 아무 두려움 없이 잠들 수 있을 것이다. 내가 그 땅에서 사나운 짐승을 없애고 전쟁을 없애겠다. 너희는 원수를 쫓아내고 원수를 쓰러뜨릴 것이다. 너희 다섯 명이 그들 백 명을 추격하고, 너희 백 명이 그들 만 명을 추격하여 그들을 없애 버릴 것이다. 내가 너희에게 온갖 주의를 기울여, 반드시 너희가 번성하고 너희 수가 많아지게 하며, 내가 너희와 맺은 언약이 제대로 이행되게 하겠다. 너희가 지난해에 거둔 곡식을 다 먹지 못했는데도 햇곡식을 쌓을 자리를 마련하기 위해 창고를 비워야 할 것이다.

11-13 *너희가 사는 곳에 나도 같이 살 것이다.* 내가 너희를 피하지도 않고 멀리하지도 않겠다. 내가 너희와 함께 거리를 거닐겠다. 나는 너희 하나님이 되고, 너희는 내 백성이 될 것이다. 나는 너희를 이집트에서 구해 내어 더 이상 이집트 사람

purchase price, but if only a few years remain until the Jubilee, he is to calculate his redemption price accordingly. He is to be treated as a man hired from year to year. You must make sure that his owner does not tyrannize him.

54-55 "If he is not redeemed in any of these ways, he goes free in the year of Jubilee, he and his children, because the People of Israel are my servants, my servants whom I brought out of Egypt. I am GOD, *your* God.

26 1 "Don't make idols for yourselves; don't set up an image or a sacred pillar for yourselves, and don't place a carved stone in your land that you can bow down to in worship. I am GOD, *your* God.

2 "Keep my Sabbaths; treat my Sanctuary with reverence. I am GOD.

"If You Live by My Decrees..."

3-5 "If you live by my decrees and obediently keep my commandments, I will send the rains in their seasons, the ground will yield its crops and the trees of the field their fruit. You will thresh until the grape harvest and the grape harvest will continue until planting time; you'll have more than enough to eat and will live safe and secure in your land.

6-10 "I'll make the country a place of peace—you'll be able to go to sleep at night without fear; I'll get rid of the wild beasts; I'll eliminate war. You'll chase out your enemies and defeat them: Five of you will chase a hundred, and a hundred of you will chase ten thousand and do away with them. I'll give you my full attention: I'll make sure you prosper, make sure you grow in numbers, and keep my covenant with you in good working order. You'll still be eating from last year's harvest when you have to clean out the barns to make room for the new crops.

11-13 "I'll set up my residence in your neighborhood; I won't avoid or shun you; I'll stroll through your streets. I'll be your God; you'll be my people. I am GOD, your personal God who rescued you

들의 종이 되지 않게 한 하나님, 곧 너희 하나님
이다. 나는 너희에게서 종의 굴레를 벗겨 내어,
너희가 마음껏 자유롭게 다니게 했다."

너희가 내 말에 순종하지 않으면

14-17 "그러나 너희가 내 말에 순종하지 않고 내
계명을 지키지 않으면, 또 내 규례를 멸시하고 내
법도를 경멸하여 순종하지 않고 내 언약을 내팽
개치면, 내가 직접 나서서 다음과 같은 재앙을 쏟
아붓겠다. 내가 몸을 쇠약하게 하는 병과 열병을
보내고 눈을 어둡게 하여, 너희 생명을 조금씩 쇠
약하게 하겠다. 너희가 씨를 뿌리지만, 너희 원수
들이 그 알곡을 먹어 버릴 것이다. 너희 원수들이
너희를 넘어뜨리는 동안, 나는 그 곁에서 등을 돌
리고 서 있을 것이다. 너희를 미워하는 자들이 너
희를 다스릴 것이다. 너희를 뒤쫓는 자가 없는데
도 너희는 겁을 집어먹고 도망치게 될 것이다.
18-20 이렇게 하는데도 너희가 내 말에 주의를 기
울이지 않으면, 내가 너희 죄로 인해 너희를 일곱
배로 벌하겠다. 내가 너희의 그 드센 교만을 꺾어
버리겠다. 너희 머리 위의 하늘을 철판처럼, 너희
발 아래의 땅을 무쇠처럼 만들어 버리겠다. 너희
가 아무리 애써도 아무것도 얻지 못할 것이다. 땅
에서 곡식을 얻지 못하고, 나무에서 열매를 얻지
못할 것이다.
21-22 너희가 나를 거역하고 내 말에 귀를 기울이
지 않으면, 너희가 지은 죄보다 일곱 배나 더 벌
을 내리겠다. 내가 너희에게 들짐승들을 풀어 놓
겠다. 들짐승들이 너희 자녀들을 물어 가고 너희
가축을 죽이고 너희의 수를 크게 줄여서, 너희가
사는 곳은 유령 도시처럼 황폐해질 것이다.
23-26 이렇게 하는데도 너희가 바뀌지 않고 징계
를 받아들이지 않으며 계속해서 내게 맞서면, 그
때는 내가 너희와 맞설 것이다. 내가 너희 죄로
인해 너희를 일곱 배로 벌하겠다. 내가 너희에게
전쟁을 일으켜 너희가 언약을 파기한 것을 되갚
아 주겠다. 너희가 전쟁을 피해 성 안으로 모여들
면 내가 너희에게 치명적인 전염병을 보내겠다.
너희가 너희 원수 앞에서 맥없이 무너질 것이다.
내가 너희의 양식을 끊어 버리면, 열 명의 여인이
한 화덕에서 빵을 구워 너희에게 나누어 줄 것이
다. 너희는 먹어도 먹은 것 같지 않을 것이다. 아
무도 배부르지 못할 것이다.
27-35 이렇게까지 하는데도 너희가 바뀌지 않고
여전히 내 말에 귀를 기울이지 않고 나와 맞서면,

from Egypt so that you would no longer be slaves
to the Egyptians. I ripped off the harness of your
slavery so that you can move about freely.

"But If You Refuse to Obey Me..."

14-17 "But if you refuse to obey me and won't
observe my commandments, despising my
decrees and holding my laws in contempt by your
disobedience, making a shambles of my covenant,
I'll step in and pour on the trouble: debilitating
disease, high fevers, blindness, your life leaking
out bit by bit. You'll plant seed but your enemies
will eat the crops. I'll turn my back on you and
stand by while your enemies defeat you. People
who hate you will govern you. You'll run scared
even when there's no one chasing you.
18-20 "And if none of this works in getting your
attention, I'll discipline you seven times over for
your sins. I'll break your strong pride: I'll make the
skies above you like a sheet of tin and the ground
under you like cast iron. No matter how hard you
work, nothing will come of it: No crops out of the
ground, no fruit off the trees.
21-22 "If you defy me and refuse to listen, your
punishment will be seven times more than your
sins: I'll set wild animals on you; they'll rob you of
your children, kill your cattle, and decimate your
numbers until you'll think you are living in a ghost
town.
23-26 "And if even this doesn't work and you refuse
my discipline and continue your defiance, then it
will be my turn to defy you. I, yes I, will punish you
for your sins seven times over: I'll let war loose
on you, avenging your breaking of the covenant;
when you huddle in your cities for protection,
I'll send a deadly epidemic on you and you'll be
helpless before your enemies; when I cut off your
bread supply, ten women will bake bread in one
oven and ration it out. You'll eat, but barely—no
one will get enough.
27-35 "And if this—*even this!*—doesn't work and
you still won't listen, still defy me, I'll have had
enough and in hot anger will defy you, punishing
you for your sins seven times over: famine will be
so severe that you'll end up cooking and eating

내가 더는 두고 보지 않고 진노하여 너희와 맞서고, 너희 죄로 인해 너희를 일곱 배로 벌할 것이다! 극심한 기근이 찾아와서, 너희는 급기야 너희 아들을 삶아 먹고 너희 딸을 구워 먹게 될 것이다. 내가 음란한 종교의 산당을 허물고, 거기에 딸린 기물들도 모두 박살내겠다. 너희의 주검과 우상들의 주검을 한자리에 차곡차곡 쌓아 올리겠다. 내가 너희를 몹시 싫어하여 너희 도시를 돌무더기로 만들어 버리겠다. 너희 성소를 쓸어버리고, 너희가 피워 올리는 '기쁘게 하는 향기'에도 코를 막아 버리겠다. 내가 너희 땅을 생명이 없는 황무지로 만들어 버리겠다. 그 땅을 접수하러 온 너희 원수들이 그 광경을 보고 충격을 받을 것이다. 내가 너희를 세계 곳곳으로 흩어 버리고, 내 칼끝을 너희 등에 겨눈 채로 계속 너희 뒤를 쫓을 것이다. 너희의 땅은 황폐하게 되고, 너희의 도시는 폐허가 될 것이다. 너희가 그 땅을 떠나 너희 원수들의 땅에 흩어져 사는 동안, 너희가 사라진 그 땅은 그제야 쉼을 얻고 안식을 누릴 것이다. 버려져 있는 동안에 그 땅은 쉼을 얻을 것이며, 너희가 그 땅에 사는 동안에 누리지 못했던 쉼, 곧 안식을 누리게 될 것이다.

36-39 너희 가운데 아직 살아남은 자들에게는 내가 두려움을 잔뜩 심어 주겠다. 그들은 나뭇잎 바스락거리는 소리에도 기겁하여 달아날 것이다. 뒤쫓는 자가 없는데도 목숨을 부지하려고 도망치듯이 이리 뛰고 저리 뛰고 갈팡질팡하다가, 극도로 당황해서 서로 걸려 넘어지고 말 것이다. 너희는 원수들과 맞설 수 없을 것이다. 너희는 민족들 가운데서 망하고 너희 원수들의 땅이 너희를 집어삼킬 것이다. 살아남은 자도 원수들의 땅에서 서서히 힘을 잃고, 쇠약해지고 말 것이다. 자신들의 죄로 인해 쇠약해지고, 조상이 지은 죄 때문에 더욱 쇠약해지고 말 것이다."

그러나 그들이 자신들의 죄를 고백하면

40-42 "그러나 그들이 자신들의 죄와 조상의 죄, 곧 그들의 배은망덕한 반역과 반항 때문에 내가 그들과 맞서 그들을 원수의 땅으로 쫓아냈다고 고백하면, 행여 그들이 자신들의 굳은 마음을 부드럽게 하여 그들의 죄를 바로잡기만 하면, 내가 *야곱과 맺은 내 언약을 기억하고, 이삭과 맺은 내 언약,* 아브라함과 맺은 내 언약을 기억할 것이다. 또한 그 땅도 기억하겠다.

43-45 그들이 버리고 떠난 그 땅은 그들이 없는 동안에 안식을 누릴 것이다. 하지만 내 법도를 거절하고

your sons in stews and your daughters in barbecues; I'll smash your sex-and-religion shrines and all the paraphernalia that goes with them, and then stack your corpses and the idol-corpses in the same piles–I'll abhor you; I'll turn your cities into rubble; I'll clean out your sanctuaries; I'll hold my nose at the "pleasing aroma" of your sacrifices. I'll turn your land into a lifeless moonscape–your enemies who come in to take over will be shocked at what they see. I'll scatter you all over the world and keep after you with the point of my sword in your backs. There'll be nothing left in your land, nothing going on in your cities. With you gone and dispersed in the countries of your enemies, the land, empty of you, will finally get a break and enjoy its Sabbath years. All the time it's left there empty, the land will get rest, the Sabbaths it never got when you lived there.

36-39 "As for those among you still alive, I'll give them over to fearful timidity–even the rustle of a leaf will throw them into a panic. They'll run here and there, back and forth, as if running for their lives even though no one is after them, tripping and falling over one another in total confusion. You won't stand a chance against an enemy. You'll perish among the nations; the land of your enemies will eat you up. Any who are left will slowly rot away in the enemy lands. Rot. And all because of their sins, their sins compounded by their ancestors' sins.

"On the Other Hand, If They Confess..."

40-42 "On the other hand, if they confess their sins and the sins of their ancestors, their treacherous betrayal, the defiance that set off my defiance that sent them off into enemy lands; if by some chance they soften their hard hearts and make amends for their sin, I'll remember my covenant with Jacob, I'll remember my covenant with Isaac, and, yes, I'll remember my covenant with Abraham. And I'll remember the land.

43-45 "The land will be empty of them and enjoy its Sabbaths while they're gone. They'll pay for their sins because they refused my laws and

내 규례를 업신여긴 그들은 죄값을 치르게 될 것이다. 그러나 그들의 행실에도 불구하고, 그들이 원수들 가운데 있을 때에, 나는 그들을 내치거나 멸시하거나 완전히 없애지는 않을 것이다. 내가 그들과 맺은 내 언약도 깨뜨리지 않겠다. 나는 **하나님** 그들의 하나님이다. 내가 그들을 위해 그들의 조상과 맺은 언약을 기억할 것이다. 나는 그들의 하나님이 되기 위해, 모든 민족이 지켜보는 앞에서 그들을 이집트에서 이끌어 냈다. 나는 **하나님**이다."

46 이것은 **하나님**께서 시내 산에서 모세를 통해 자신과 이스라엘 백성 사이에 세우신 규례와 법도와 지침이다.

서원 제물의 값

27 1-8 **하나님**께서 모세에게 말씀하셨다. "너는 이스라엘 백성에게 전하여라. 그들에게 이렇게 일러 주어라. 누구든지 **하나님**을 섬기는 사람으로 서원하고 그 값을 드리기로 했으면, 스무 살에서 예순 살에 이르는 남자는 그 값을 성소 세겔을 기준으로 은 오십 세겔로 정하여라. 여자일 경우, 그 값은 삼십 세겔이다. 다섯 살에서 스무 살 사이면, 남자는 그 값을 이십 세겔, 여자는 그 값을 십 세겔로 정하여라. 생후 한 달에서 다섯 살 사이면, 남자아이는 은 오 세겔, 여자아이는 은 삼 세겔로 값을 정하여라. 예순 살이 넘었으면, 남자는 십오 세겔, 여자는 십 세겔로 값을 정하여라. 너무 가난하여 정한 액수를 낼 수 없는 사람이면, 그를 제사장에게 데려가거라. 제사장은 서원한 그 사람이 낼 수 있는 형편에 따라 그의 값을 정해 주어야 한다.

9-13 그가 받아들여질 만한 짐승을 **하나님**에게 바치기로 서원했으면, 그 짐승은 **하나님**에게 바쳐진 것이므로 성소의 재산이 된다. 좋은 것을 나쁜 것으로, 나쁜 것을 좋은 것으로 바꾸거나 대체해서는 안된다. 바치려던 짐승을 다른 짐승으로 바꾸면, 본래의 것과 바꾼 것이 모두 성소의 재산이 된다. 그가 서원한 것이 부정한 짐승, 곧 **하나님**에게 바치는 제물로 받아들여질 만한 것이 아니면, 그 짐승을 제사장에게 보여야 한다. 제사장은 비싸든 싸든 그 값을 매길 것이고, 제사장이 정한 값이 그 제물의 값이 될 것이다. 그가 마음을 바꿔 그 짐승을 되사려고 하면, 짐승 값에 오분의 일을 더해서 내야 한다.

14-15 어떤 사람이 자기 집을 거룩하게 구별하여 성

treated my decrees with contempt. But in spite of their behavior, while they are among their enemies I won't reject or abhor or destroy them completely. I won't break my covenant with them: I am GOD, their God. For their sake I will remember the covenant with their ancestors whom I, with all the nations watching, brought out of Egypt in order to be their God. I am GOD."

46 These are the decrees, laws, and instructions that GOD established between himself and the People of Israel through Moses at Mount Sinai.

Vows, Dedications, and Redemptions

27 1-8 GOD spoke to Moses: He said, "Speak to the People of Israel. Tell them, If anyone wants to vow the value of a person to the service of GOD, set the value of a man between the ages of twenty and sixty at fifty shekels of silver, according to the Sanctuary shekel. For a woman the valuation is thirty shekels. If the person is between the ages of five and twenty, set the value at twenty shekels for a male and ten shekels for a female. If the person is between one month and five years, set the value at five shekels of silver for a boy and three shekels of silver for a girl. If the person is over sixty, set the value at fifteen shekels for a man and ten shekels for a woman. If anyone is too poor to pay the stated amount, he is to present the person to the priest, who will then set the value for him according to what the person making the vow can afford.

9-13 "If he vowed an animal that is acceptable as an offering to GOD, the animal is given to GOD and becomes the property of the Sanctuary. He must not exchange or substitute a good one for a bad one, or a bad one for a good one; if he should dishonestly substitute one animal for another, both the original and the substitute become property of the Sanctuary. If what he vowed is a ritually unclean animal, one that is not acceptable as an offering to GOD, the animal must be shown to the priest, who will set its value, either high or low. Whatever the priest sets will be its value. If the owner changes his mind and wants

소의 재산으로 하나님에게 바칠 경우, 제사장이 그 값을 심사하여 비싸든 싸든 그 값을 매기면 제사장이 정한 값이 그 집의 값이 된다. 그 사람이 집을 되사려고 하면, 그 값에 오분의 일을 더해서 내야 다시 자기 것이 된다.

16-21 어떤 사람이 자기 집안의 땅 일부를 거룩하게 구별하여 하나님에게 바칠 경우, 그 값은 그 땅에 뿌릴 씨앗의 분량에 따라 정해야 한다. 보리 220리터에 은 오십 세겔의 비율로 정하면 된다. 그가 희년에 자기 밭을 거룩하게 구별해 바치면, 그 값은 앞서 정한 그대로 하면 된다. 그러나 희년이 지난 다음에 그 밭을 바치면, 제사장이 다음 희년까지 남은 햇수를 계산해서 그 햇수에 비례해 값을 낮추어 정하면 된다. 밭을 바친 사람이 그 밭을 되사려면, 정한 값에 오분의 일을 더해서 내야 한다. 그러면 그 밭은 다시 자기 것이 된다. 그러나 그가 그 밭을 되사지 않거나 다른 사람에게 팔았으면, 다시는 그 밭을 되살 수 없다. 희년이 되어 그 밭이 풀려나더라도, 그 밭은 하나님에게 거룩한 것이 되어 성소의 재산, 곧 하나님의 밭이 된다. 그 밭은 제사장의 소유가 될 것이다.

22-25 어떤 사람이 자기 집안의 땅이 아니라 자기가 사들인 밭을 거룩하게 구별하여 하나님에게 바치려면, 제사장은 다음 희년까지 남은 햇수를 계산해서 그 햇수에 비례해 값을 매겨야 한다. 그 사람은 그 자리에서 그 값을 하나님에게 거룩한 것, 곧 성소에 속한 것으로 바쳐야 한다. 희년이 되면, 그 밭은 밭을 판 사람, 곧 그 밭의 원래 주인에게 돌아간다. 모든 값은 성소 세겔로 정할 것이며, 일 세겔은 이십 게라다.

26-27 짐승의 첫 새끼는 거룩하게 구별하여 바칠 수 없다. 맨 처음 태어난 것은 이미 하나님에게 속한 것이기 때문이다. 소든 양이든, 그것은 이미 하나님의 것이다. 그러나 바치려는 것이 부정한 짐승이면, 정한 값에 오분의 일을 더해서 되살 수 있다. 되사지 않으려면, 그 짐승은 정한 값에 다른 사람에게 팔아야 한다.

28 어떤 사람이 자기 소유물 가운데 무엇을 하나님에게 온전히 바쳤으면, 사람이든 짐승이든 집안의 땅이든, 그것을 팔거나 되살 수 없다. 모든 헌물은 지극히 거룩한 것이다. 그것은 하나님의 재산으로, 누구에게도 양도할 수 없다.

to redeem it, he must add twenty percent to its value.

14-15 "If a man dedicates his house to GOD, into the possession of the Sanctuary, the priest assesses its value, setting it either high or low. Whatever value the priest sets, that's what it is. If the man wants to buy it back, he must add twenty percent to its price and then it's his again.

16-21 "If a man dedicates to GOD part of his family land, its value is to be set according to the amount of seed that is needed for it at the rate of fifty shekels of silver to six bushels of barley seed. If he dedicates his field during the year of Jubilee, the set value stays. But if he dedicates it after the Jubilee, the priest will compute the value according to the years left until the next Jubilee, reducing the value proportionately. If the one dedicating it wants to buy it back, he must add twenty percent to its valuation, and then it's his again. But if he doesn't redeem it or sells the field to someone else, it can never be bought back. When the field is released in the Jubilee, it becomes holy to GOD, the possession of the Sanctuary, GOD's field. It goes into the hands of the priests.

22-25 "If a man dedicates to GOD a field he has bought, a field which is not part of the family land, the priest will compute its proportionate value in relation to the next year of Jubilee. The man must pay its value on the spot as something that is now holy to GOD, belonging to the Sanctuary. In the year of Jubilee it goes back to its original owner, the man from whom he bought it. The valuations will be reckoned by the Sanctuary shekel, at twenty gerahs to the shekel.

26-27 "No one is allowed to dedicate the firstborn of an animal; the firstborn, as firstborn, already belongs to GOD. No matter if it's cattle or sheep, it already belongs to GOD. If it's one of the ritually unclean animals, he can buy it back at its assessed value by adding twenty percent to it. If he doesn't redeem it, it is to be sold at its assessed value.

28 "But nothing that a man irrevocably devotes to GOD from what belongs to him, whether human or animal or family land, may be either sold or bought back. Everything devoted is holy to the highest degree; it's GOD's inalienable property.

29 "No human who has been devoted to destruction can be redeemed. He must be put to death.

29 거룩한 진멸에 바쳐진 사람은 속하여 살려 줄 수 없다. 그는 반드시 죽여야 한다."

30-33 "땅의 곡식이든 나무의 열매든, 땅에서 거둔 소출의 십분의 일은 **하나님**의 것이다. 그것은 **하나님**에게 거룩한 것이다. 어떤 사람이 자신이 바친 십분의 일을 되사고자 할 경우, 그는 그 되사는 값에 오분의 일을 더해서 내야 한다. 소 떼와 양 떼의 십분의 일, 곧 목자의 지팡이 밑으로 지나가는 짐승의 십분의 일은 **하나님**에게 거룩한 것이다. 좋은 것과 나쁜 것을 골라서도 안되고 바꿔서도 안된다. 바꿀 경우, 본래의 것과 바꾼 것이 모두 성소의 소유가 되며 되살 수 없게 된다."

34 이것은 **하나님**께서 시내 산에서 이스라엘 백성을 위해 모세에게 주신 계명이다.

30-33 "A tenth of the land's produce, whether grain from the ground or fruit from the trees, is GOD's. It is holy to GOD. If a man buys back any of the tenth he has given, he must add twenty percent to it. A tenth of the entire herd and flock, every tenth animal that passes under the shepherd's rod, is holy to GOD. He is not permitted to pick out the good from the bad or make a substitution. If he dishonestly makes a substitution, both animals, the original and the substitute, become the possession of the Sanctuary and cannot be redeemed."

34 These are the commandments that GOD gave to Moses on Mount Sinai for the People of Israel.

참다운 인간 공동체를 이루는 것은 긴 시간이 소요되는 복잡다단하고 번거로운 일이다. 한 개인이 성숙한 인간으로 성장하는 데도 최대한 지혜와 인내와 용기를 발휘해야 한다. 그러나 다른 사람들과 더불어 성장하는 것은, 낯선 사람이나 비열한 원수들은 말할 것도 없고 부모와 형제자매와 이웃들과 더불어 성장하는 것조차도 대단히 복잡한 일이다.

민수기는 그처럼 녹록치 않은 성장 과정 속으로 우리를 밀어 넣는다. 성경의 이 부분에 수록된 사건들을 읽다 보면, 우리는 하나님의 백성에 속하는 것이 어떤 것인지 생생히 실감하게 된다. 하나님의 백성은 하나님을 경외하고, 일상생활에서 사랑과 정의를 실천하고, 자신과 타인 안에 있는 죄를 다룰 줄 알고, 하나님의 명령을 따르면서 복된 미래로 나아가는 인간 공동체를 가리킨다. 이 모든 일에는 환상이 끼어들 여지가 없다.

Becoming a truly human community is a long, complex, messy business. Simply growing up as a man or woman demands all the wisdom and patience and courage that we can muster. But growing up with others, parents and siblings and neighbors, to say nothing of odd strangers and mean enemies, immensely complicates the growing up.

The book of Numbers plunges us into the mess of growing up. The pages in this section of the biblical story give us a realistic feel for what is involved in being included in the people of God, which is to say, a human community that honors God, lives out love and justice in daily affairs, learns how to deal with sin in oneself and others, and follows God's commands into a future of blessing. And all this without illusions.

> 구름이 성막 위로 올라갈 때면 이스라엘 백성이 행진했고, 구름이 내려와 머물 때면 백성이 진을 쳤다. 이스라엘 백성은 **하나님**의 명령에 따라 행진하고, **하나님**의 명령에 따라 진을 쳤다. 구름이 성막 위에 머무는 동안에는 진을 쳤다. 구름이 성막 위에 여러 날을 머물면, 그들은 **하나님**의 명령에 따라 행진하지 않았다. 구름이 성막 위에 머물러 있는 동안에는 **하나님**의 명령에 순종하여 진 안에 머물렀고, **하나님**께서 명령을 내리시면 곧바로 행진했다. 구름이 해가 질 무렵부터 새벽녘까지 머물다가 동이 틀 무렵에 올라가면, 그들은 행진했다. 밤이든 낮이든 상관없이, 구름이 올라가면 그들은 행진했다. 구름이 성막 위에 이틀을 머물든 한 달을 머물든 한 해를 머물든 상관이 없었다. 구름이 성막 위에 머무는 동안에는 그들도 그 자리에 머물렀다. 그러다가 구름이 올라가면, 그들도 일어나 행진했다. 그들은 **하나님**의 명령에 따라 진을 치고, **하나님**의 명령에 따라 행진했다. 그들은 모세가 전한 **하나님**의 명령에 순종하며 살았다 (민 9:17-23).

> When the Cloud lifted above the Tent, the People of Israel marched out; and when the Cloud descended the people camped. The People of Israel marched at GOD's command and they camped at his command. As long as the Cloud was over The Dwelling, they camped. Even when the Cloud hovered over The Dwelling for many days, they honored GOD's command and wouldn't march. They stayed in camp, obedient to GOD's command, as long as the Cloud was over The Dwelling, but the moment GOD issued orders they marched. If the Cloud stayed only from sunset to daybreak and then lifted at daybreak, they marched. Night or day, it made no difference—when the Cloud lifted, they marched. It made no difference whether the Cloud hovered over The Dwelling for two days or a month or a year, as long as the Cloud was there, they were there. And when the Cloud went up, they got up and marched. They camped at GOD's command and they marched at GOD's command. They lived obediently by GOD's orders as delivered

우리 가운데 상당수는 낭만적으로 묘사된 영성을 마음속에 그리며 좋아한다. 이를테면 "하나님께서 하늘에 계시니 모든 것이 세상과 제대로 어우러지네"(로버트 브라우닝의 '피파의 노래' 일부—옮긴이)와 같은 식의 생각 말이다. 일이 "제대로" 되지 않을 때, 우리는 다른 사람이나 자신을 탓하고, 할 수 있는 최선을 다해 상황을 헤쳐 나가고, 종종 성질을 부리고, 다른 시대—아마도 '성경 시대!'—에 태어났더라면 거룩하게 사는 것이 훨씬 쉬웠을 것이라고 생각한다. 하지만 그것은 헛된 생각일 뿐이다. 하나님께 지음받은 인간이 되어 순종하는 믿음과 희생적인 사랑의 삶으로 부름받는다는 것이 무슨 뜻인지를 보여주는 기본 교재인 성경 어디에도, 사는 것이 쉽다거나 '자연스러운 것'이라고 암시하는 대목은 없다. 따라서 우리는 많은 도움이 필요하다.

우리는 조직적인 도움이 필요하다. 공동체 안에서 함께 지낼 때는, 업무를 분담하고 지도자를 임명하고 물품 목록을 갖추어 두어야 한다. 수를 세고 목록을 작성하고 명부를 갖추는 것은 기도와 가르침과 정의만큼이나 하나님의 공동체로 살아가는 데 꼭 필요한 요소다. 정확한 계산법은 하나님의 백성이 갖추어야 할 덕목이다.

우리는 관계의 측면에서도 도움이 필요하다. 우리는 하나님의 부르심과 인도하심과 명령을 받는 사람들이, 싸우고 말다툼하고 불평하고 반역하고 간음하고 도둑질하는 등 많은 죄를 범하는 남녀 무리와 함께 있음을 알게 된다. 함께 살아가는 데는 도움이 필요하다. 하나님의 백성이 되는 데는 사려 깊은 훈련이 필요하다.

수를 세는 일과 다툼이 민수기의 상당 부분을 차지한다. 그것들은 우리가 하나님의 백성이 되는 데 있어서 피할 수 없는 부분이다. 이처럼 결코 낭만적이지 않은 세부사항을 받아들이도록 우리의 상상력을 훈련시켜서, 하나님의 백성이 되어 가는 데 꼭 필요한 책이 바로 민수기다.

by Moses(Numbers 9:17-23).

Many of us fondle a romanticized spirituality in our imaginations. The "God's in his heaven/all's right with the world" sort of thing. When things don't go "right" we blame others or ourselves, muddle through as best we can, often with considerable crankiness, and wish that we had been born at a different time – "Bible times" maybe! – when living a holy life was so much easier. That's odd because the Bible, our primary text for showing us what it means to be a human being created by God and called to a life of obedient faith and sacrificial love, nowhere suggests that life is simple or even "natural." We need a lot of help.

We need organizational help. When people live together in community, jobs have to be assigned, leaders appointed, inventories kept. Counting and list-making and rosters are as much a part of being a community of God as prayer and instruction and justice. Accurate arithmetic is an aspect of becoming a people of God.

And we need relational help. The people who find themselves called and led and commanded by God find themselves in the company of men and women who sin a lot – quarrel, bicker, grumble, rebel, fornicate, steal – you name it, we do it. We need help in getting along with each other. Wise discipline is required in becoming a people of God.

It follows that counting and quarreling take up considerable space in the book of Numbers. Because they also continue to be unavoidable aspects of our becoming the people of God, this book is essential in training our imaginations to take in some of these less-than-romantic details by which we are formed into the people of God.

민수기

시내 광야에서의 인구조사

1 [1-5] 이스라엘 자손이 이집트에서 나온 이듬해 둘째 달 첫째 날에 하나님께서 시내 광야 회막에서 모세에게 말씀하셨다. "너는 가문과 집안별로 이스라엘 백성 온 회중의 수를 세어, 모든 남자의 이름을 명부에 올려라. 너와 아론은 군에 입대해 싸울 수 있는 스무 살 이상 된 남자들을 모두 부대별로 등록시켜야 한다. 각 지파에서 한 사람씩, 곧 지파마다 우두머리를 한 사람씩 뽑아 너희를 돕게 하여라. 너희를 도와줄 사람들의 이름은 이러하다.

르우벤 지파에서는 스데울의 아들 엘리술
6 시므온 지파에서는 수리삿대의 아들 슬루미엘
7 유다 지파에서는 암미나답의 아들 나손
8 잇사갈 지파에서는 수알의 아들 느다넬
9 스불론 지파에서는 헬론의 아들 엘리압
10 요셉의 아들들 가운데
에브라임 지파에서는 암미훗의 아들 엘리사마
므낫세 지파에서는 브다술의 아들 가말리엘
11 베냐민 지파에서는 기드오니의 아들 아비단
12 단 지파에서는 암미삿대의 아들 아히에셀
13 아셀 지파에서는 오그란의 아들 바기엘
14 갓 지파에서는 드우엘의 아들 엘리아삽
15 납달리 지파에서는 에난의 아들 아히라."

16 이들은 회중 가운데서 선출된 사람들로, 조상 때부터 내려온 지파들의 지도자들이자 이스라엘 각 부대의 우두머리들이다.

NUMBERS

Census in the Wilderness of Sinai

1 [1-5] GOD spoke to Moses in the Wilderness of Sinai at the Tent of Meeting on the first day of the second month in the second year after they had left Egypt. He said, "Number the congregation of the People of Israel by clans and families, writing down the names of every male. You and Aaron are to register, company by company, every man who is twenty years and older who is able to fight in the army. Pick one man from each tribe who is head of his family to help you. These are the names of the men who will help you:

from Reuben: Elizur son of Shedeur
6 from Simeon: Shelumiel son of Zurishaddai
7 from Judah: Nahshon son of Amminadab
8 from Issachar: Nethanel son of Zuar
9 from Zebulun: Eliab oson of Helon
10 from the sons of Joseph,
from Ephraim: Elishama son of Ammihud
from Manasseh: Gamaliel son of Pedahzur
11 from Benjamin: Abidan son of Gideoni
12 from Dan: Ahiezer son of Ammishaddai
13 from Asher: Pagiel son of Ocran
14 from Gad: Eliasaph son of Deuel
15 from Naphtali: Ahira son of Enan."

16 These were the men chosen from the congregation, leaders of their ancestral tribes, heads of Israel's military divisions.

17-19 모세와 아론은 자신들을 돕도록 임명된 이 사람들을 데리고, 둘째 달 첫째 날에 온 회중을 불러 모았다. 백성이 자기 가문과 조상의 집안별로 명부에 등록하고, 스무 살 이상 된 남자들의 이름을 명부에 기록했다. 하나님께서 모세에게 명령하신 대로 한 것이다. 모세는 시내 광야에서 그들의 수를 세었다.

20-21 이스라엘의 맏아들 르우벤의 자손 가운데 군에 입대해 싸울 수 있는 스무 살 이상 된 남자로 조상의 가문과 집안별로 등록된 사람을 하나하나 세었다. 르우벤 지파는 그 수가 46,500명이었다.

22-23 시므온의 자손 가운데 군에 입대해 싸울 수 있는 스무 살 이상 된 남자로 가문과 집안별로 등록된 사람을 하나하나 세었다. 시므온 지파는 그 수가 59,300명이었다.

24-25 갓의 자손 가운데 군에 입대해 싸울 수 있는 스무 살 이상 된 남자로 가문과 집안별로 등록된 사람을 하나하나 세었다. 갓 지파는 그 수가 45,650명이었다.

26-27 유다의 자손 가운데 군에 입대해 싸울 수 있는 스무 살 이상 된 남자로 가문과 집안별로 등록된 사람을 하나하나 세었다. 유다 지파는 그 수가 74,600명이었다.

28-29 잇사갈의 자손 가운데 군에 입대해 싸울 수 있는 스무 살 이상 된 남자로 가문과 집안별로 등록된 사람을 하나하나 세었다. 잇사갈 지파는 그 수가 54,400명이었다.

30-31 스불론의 자손 가운데 군에 입대해 싸울 수 있는 스무 살 이상 된 남자로 가문과 집안별로 등록된 사람을 하나하나 세었다. 스불론 지파는 그 수가 57,400명이었다.

32-33 요셉의 아들 에브라임의 자손 가운데 군에 입대해 싸울 수 있는 스무 살 이상 된 남자로 가문과 집안별로 등록된 사람을 하나하나 세었다. 에브라임 지파는 그 수가 40,500명이었다.

34-35 요셉의 아들 므낫세의 자손 가운데 군에 입대해 싸울 수 있는 스무 살 이상 된 남자로 가문과 집안별로 등록된 사람을 하나하나 세었다. 므낫세 지파는 그 수가 32,200명이 었다.

36-37 베냐민의 자손 가운데 군에 입대해 싸울 수 있는 스무 살 이상 된 남자로 가문과 집안별로 등록된 사람을 하나하나 세었다. 베냐민

17-19 Moses and Aaron took these men who had been named to help and gathered the whole congregation together on the first day of the second month. The people registered themselves in their tribes according to their ancestral families, putting down the names of those who were twenty years old and older, just as GOD commanded Moses. He numbered them in the Wilderness of Sinai.

20-21 The line of Reuben, Israel's firstborn: The men were counted off head by head, every male twenty years and older who was able to fight in the army, registered by tribes according to their ancestral families. The tribe of Reuben numbered 46,500.

22-23 The line of Simeon: The men were counted off head by head, every male twenty years and older who was able to fight in the army, registered by clans and families. The tribe of Simeon numbered 59,300.

24-25 The line of Gad: The men were counted off head by head, every male twenty years and older who was able to fight in the army, registered by clans and families. The tribe of Gad numbered 45,650.

26-27 The line of Judah: The men were counted off head by head, every male twenty years and older who was able to fight in the army, registered by clans and families. The tribe of Judah numbered 74,600.

28-29 The line of Issachar: The men were counted off head by head, every male twenty years and older who was able to fight in the army, registered by clans and families. The tribe of Issachar numbered 54,400.

30-31 The line of Zebulun: The men were counted off head by head, every male twenty years and older who was able to fight in the army, registered by clans and families. The tribe of Zebulun numbered 57,400.

32-33 The line of Joseph: From son Ephraim the men were counted off head by head, every male twenty years and older who was able to fight in the army, registered by clans and families. The tribe of Ephraim numbered 40,500.

34-35 And from son Manasseh the men were counted off head by head, every male twenty years and older who was able to fight in the army, registered by clans and families. The tribe of Manasseh numbered 32,200.

36-37 The line of Benjamin: The men were counted off head by head, every male twenty years and older

지파는 그 수가 35,400명이었다.
38-39 단의 자손 가운데 군에 입대해 싸울 수 있는 스무 살 이상 된 남자로 가문과 집안별로 등록된 사람을 하나하나 세었다. 단 지파는 그 수가 62,700명이었다.
40-41 아셀의 자손 가운데 군에 입대해 싸울 수 있는 스무 살 이상 된 남자로 가문과 집안별로 등록된 사람을 하나하나 세었다. 아셀 지파는 그 수가 41,500명이었다.
42-43 납달리의 자손 가운데 군에 입대해 싸울 수 있는 스무 살 이상 된 남자로 가문과 집안별로 등록된 사람을 하나하나 세었다. 납달리 지파는 그 수가 53,400명이었다.
44-46 이것은 모세와 아론이 이스라엘 가문을 대표하는 열두 지도자의 도움을 받아 등록시킨 사람들의 수다. 군에 입대해 싸울 수 있는 스무 살 이상 된 사람으로 조상의 가문별로 계수된 이스라엘 백성의 수는, 모두 603,550명이었다.
47-51 그러나 레위인은 다른 지파들과 함께 자기 조상의 가문별로 계수되지 않았다. 하나님께서 모세에게 말씀하셨다. "레위 지파는 예외다. 그들은 등록시키지 마라. 레위 지파의 수는 세지 않아도 된다. 이스라엘 백성을 대상으로 한 인구조사에 그들을 포함시키지 마라. 대신 레위인에게 증거판이 보관된 성막과 그 모든 기구와 거기에 딸린 모든 것을 맡게 하여라. 그들은 성막과 그 모든 기구를 나르고 성막을 관리하며 성막 주위에 진을 치고 살아야 한다. 성막을 옮길 때가 되면 레위인이 그것을 거두고, 성막을 세울 때가 되면 레위인이 그것을 세워야 한다. 그들 외에 성막에 가까이 다가오는 자는 죽임을 당할 것이다.
52-53 나머지 이스라엘 백성은 부대별로 자기 진영의 깃발 아래 장막을 쳐야 한다. 그러나 레위인은 증거판이 보관된 성막 주위에 진을 쳐서, 진노가 이스라엘 공동체에 임하지 않게 해야 한다. 레위인의 임무는 증거판이 보관된 성막을 안전하게 지키는 것이다."
54 이스라엘 백성은 하나님께서 모세에게 명령하신 모든 것을 행했다. 그들은 그 모든 일을 빠짐없이 행했다.

who was able to fight in the army, registered by clans and families. The tribe of Benjamin numbered 35,400.
38-39 The line of Dan: The men were counted off head by head, every male twenty years and older who was able to fight in the army, registered by clans and families. The tribe of Dan numbered 62,700.
40-41 The line of Asher: The men were counted off head by head, every male twenty years and older who was able to fight in the army, registered by clans and families. The tribe of Asher numbered 41,500.
42-43 The line of Naphtali: The men were counted off head by head, every male twenty years and older who was able to fight in the army, registered by clans and families. The tribe of Naphtali numbered 53,400.
44-46 These are the numbers of those registered by Moses and Aaron, registered with the help of the leaders of Israel, twelve men, each representing his ancestral family. The sum total of the People of Israel twenty years old and over who were able to fight in the army, counted by ancestral family, was 603,550.
47-51 The Levites, however, were not counted by their ancestral family along with the others. GOD had told Moses, "The tribe of Levi is an exception: Don't register them. Don't count the tribe of Levi; don't include them in the general census of the People of Israel. Instead, appoint the Levites to be in charge of The Dwelling of The Testimony–over all its furnishings and everything connected with it. Their job is to carry The Dwelling and all its furnishings, maintain it, and camp around it. When it's time to move The Dwelling, the Levites will take it down, and when it's time to set it up, the Levites will do it. Anyone else who even goes near it will be put to death.
52-53 "The rest of the People of Israel will set up their tents in companies, every man in his own camp under its own flag. But the Levites will set up camp around The Dwelling of The Testimony so that wrath will not fall on the community of Israel. The Levites are responsible for the security of The Dwelling of The Testimony."
54 The People of Israel did everything that GOD commanded Moses. They did it all.

행진 순서

2 [1-2] 하나님께서 모세와 아론에게 말씀하셨다. "이스라엘 백성은 회막을 에워싸고 둘레에 진을 치되, 회막을 마주 보도록 쳐야 한다. 부대마다 자기 지파를 표시하는 깃발 아래 진을 쳐야 한다.

[3-4] 동쪽 해 뜨는 쪽에는 유다 지파의 진영에 속한 부대들이 그 진영의 깃발 아래 진을 친다. 유다 지파의 지휘관은 암미나답의 아들 나손이며, 그가 이끌 병력의 수는 74,600명이다.

[5-6] 잇사갈 지파는 유다 지파 옆에 진을 친다. 잇사갈 지파의 지휘관은 수알의 아들 느다넬이며, 그가 이끌 병력의 수는 54,400명이다.

[7-8] 스불론 지파도 유다 지파 옆에 진을 친다. 스불론 지파의 지휘관은 헬론의 아들 엘리압이며, 그가 이끌 병력의 수는 57,400명이다.

[9] 유다 진영에 배속된 각 부대의 군사 수는 모두 186,400명이다. 이들이 선두에 서서 행진할 것이다."

[10-11] "남쪽에는 르우벤 지파의 진영에 속한 부대들이 그 진영의 깃발 아래 진을 친다. 르우벤 지파의 지휘관은 스데울의 아들 엘리술이며, 그가 이끌 병력의 수는 46,500명이다.

[12-13] 시므온 지파는 르우벤 지파 옆에 진을 친다. 시므온 지파의 지휘관은 수리삿대의 아들 슬루미엘이며, 그가 이끌 병력의 수는 59,300명이다.

[14-15] 갓 지파도 르우벤 지파 옆에 진을 친다. 갓 지파의 지휘관은 드우엘의 아들 엘리아삽이며, 그가 이끌 병력의 수는 45,650명이다.

[16] 르우벤 진영에 배속된 각 부대의 군사 수는 모두 151,450명이다. 이들이 두 번째로 행진한다."

[17] "회막은 레위인의 진영과 함께 행진 대열의 중앙에 위치한다. 각 지파가 진을 친 순서대로 행진하되, 각자 자기 깃발을 따라 행진한다."

[18-19] "서쪽에는 에브라임 지파의 진영에 속한 부대들이 그 진영의 깃발 아래 진을 친다. 에브라임 지파의 지휘관은 암미훗의 아들 엘리사마이며, 그가 이끌 병력의 수는 40,500명이다.

[20-21] 므낫세 지파는 에브라임 지파 옆에 진을 친다. 므낫세 지파의 지휘관은 브다술의 아들 가말리엘이며, 그가 이끌 병력의 수는 32,200명이다.

[22-23] 베냐민 지파도 에브라임 지파 옆에 진을 친다.

Marching Orders

2 [1-2] GOD spoke to Moses and Aaron. He said, "The People of Israel are to set up camp circling the Tent of Meeting and facing it. Each company is to camp under its distinctive tribal flag."

[3-4] To the east toward the sunrise are the companies of the camp of Judah under its flag, led by Nahshon son of Amminadab. His troops number 74,600.

[5-6] The tribe of Issachar will camp next to them, led by Nethanel son of Zuar. His troops number 54,400.

[7-8] And the tribe of Zebulun is next to them, led by Eliab son of Helon. His troops number 57,400.

[9] The total number of men assigned to Judah, troop by troop, is 186,400. They will lead the march.

[10-11] To the south are the companies of the camp of Reuben under its flag, led by Elizur son of Shedeur. His troops number 46,500.

[12-13] The tribe of Simeon will camp next to them, led by Shelumiel son of Zurishaddai. His troops number 59,300.

[14-15] And the tribe of Gad is next to them, led by Eliasaph son of Deuel. His troops number 45,650.

[16] The total number of men assigned to Reuben, troop by troop, is 151,450. They are second in the order of the march.

[17] The Tent of Meeting with the camp of the Levites takes its place in the middle of the march. Each tribe will march in the same order in which they camped, each under its own flag.

[18-19] To the west are the companies of the camp of Ephraim under its flag, led by Elishama son of Ammihud. His troops number 40,500.

[20-21] The tribe of Manasseh will set up camp next to them, led by Gamaliel son of Pedahzur. His troops number 32,200.

[22-23] And next to him is the camp of Benjamin,

베냐민 지파의 지휘관은 기드오니의 아들 아비단 이며, 그가 이끌 병력의 수는 35,400명이다.

24 에브라임 진영에 배속된 각 부대의 군사 수는 모두 108,100명이다. 이들이 세 번째로 행진한다."

25-26 "북쪽에는 단 지파의 진영에 속한 부대들이 그 진영의 깃발 아래 진을 친다. 단 지파의 지휘관은 암미삿대의 아들 아히에셀이며, 그가 이끌 병력의 수는 62,700명이다.

27-28 아셀 지파는 단 지파 옆에 진을 친다. 아셀 지파의 지휘관은 오그란의 아들 바기엘이며, 그가 이끌 병력의 수는 41,500명이다.

29-30 납달리 지파도 단 지파 옆에 진을 친다. 납달리 지파의 지휘관은 에난의 아들 아히라이며, 그가 이끌 병력의 수는 53,400명이다.

31 단 진영에 배속된 각 부대의 군사 수는 모두 157,600명이다. 이들은 자기 진영의 깃발 아래 행진 대열의 맨 마지막에 자리를 잡고 출발한다."

32-33 이들은 자기 조상의 가문에 따라 계수된 이스라엘 백성이다. 모든 진영에서 부대별로 계수된 군사 수는 모두 603,550명에 달했다. 그러나 하나님께서 모세에게 내리신 명령에 따라, 레위인은 나머지 이스라엘 자손과 함께 계수되지 않았다.

34 이스라엘 백성은 하나님께서 모세에게 명령하신 대로 모두 행했다. 그들은 각각 자기 진영의 깃발 아래 진을 치고, 자기 조상의 가문과 함께 지파별로 행진했다.

레위인

3 1 하나님께서 시내 산에서 모세와 말씀하시던 때에 아론과 모세의 족보는 이러하다.

2-4 아론의 아들들의 이름은 맏아들 나답, 그 아래로 아비후, 엘르아살, 이다말이다. 이들은 제사장으로 섬기도록 위임받고, 기름부음을 받은 제사장들이다. 그러나 나답과 아비후는 시내 광야에서 규정에 어긋난 제물을 하나님께 드리다가 하나님 앞에서 죽었다. 그들이 아들 없이 죽었으므로, 엘르아살과 이다말이 아버지 아론이 살아 있는 동안 제사장 직무를 수행했다.

5-10 하나님께서 모세에게 말씀하셨다. "너는 레위 지파를 앞으로 나오게 하여라. 그들을 아론에게 맡겨 그를 돕게 하여라. 그들은 성막 일을 수행하여 회막 앞에서 아론과 온 회중을 위해 일하게 될 것이다. 그들의 임무는 성막의 모든 기구를 책임

led by Abidan son of Gideoni. His troops number 35,400.

24 The total number of men assigned to the camp of Ephraim, troop by troop, is 108,100. They are third in the order of the march.

25-26 To the north are the companies of the camp of Dan under its flag, led by Ahiezer son of Ammishaddai. His troops number 62,700.

27-28 The tribe of Asher will camp next to them, led by Pagiel son of Ocran. His troops number 41,500.

29-30 And next to them is the tribe of Naphtali, led by Ahira son of Enan. His troops number 53,400.

31 The total number of men assigned to the camp of Dan number 157,600. They will set out, under their flags, last in the line of the march.

32-33 These are the People of Israel, counted according to their ancestral families. The total number in the camps, counted troop by troop, comes to 603,550. Following GOD's command to Moses, the Levites were not counted in with the rest of Israel.

34 The People of Israel did everything the way GOD commanded Moses: They camped under their respective flags; they marched by tribe with their ancestral families.

The Levites

3 1 This is the family tree of Aaron and Moses at the time GOD spoke with Moses on Mount Sinai.

2-4 The names of the sons of Aaron: Nadab the firstborn, Abihu, Eleazar, and Ithamar—anointed priests ordained to serve as priests. But Nadab and Abihu fell dead in the presence of GOD when they offered unauthorized sacrifice to him in the Wilderness of Sinai. They left no sons, and so only Eleazar and Ithamar served as priests during the lifetime of their father, Aaron.

5-10 GOD spoke to Moses. He said, "Bring forward the tribe of Levi and present them to Aaron so they can help him. They shall work for him and the whole congregation at the Tent of Meeting by

지고, 이스라엘 백성이 의무를 다하기 위해 나아올 때 성막 일을 수행하는 것이다. 너는 레위인을 아론과 그의 아들들에게 맡겨라. 그들은 전적으로 아론을 위해 일하도록 임명된 사람들이다. 아론과 그의 아들들을 세워 제사장 직무를 수행하게 하여라. 누구든지 다른 사람이 그를 밀치고 들어오려고 하다가는 죽임을 당할 것이다."

11-13 하나님께서 모세에게 말씀하셨다. "나는 이스라엘 백성 가운데서 레위인을 택하여, 모든 이스라엘 어머니의 맏아들을 대신하게 했다. 레위인은 나의 것이다. 처음 태어난 것은 모두 나의 것이다. 내가 이집트에서 처음 태어난 것을 모두 죽여 없애던 때에, 사람이든 짐승이든 이스라엘에서 처음 태어난 것은 모두 거룩하게 구별하여 나의 것으로 삼았다. 그들은 나의 것이다. 나는 하나님이다."

14-16 하나님께서 시내 광야에서 모세에게 말씀하셨다. "레위 자손의 수를 조상의 가문과 집안별로 세어라. 태어난 지 한 달 이상 된 남자의 수를 모두 세어라." 모세는 하나님께서 지시하신 대로 그들의 수를 세었다.

17 레위의 아들들의 이름은 게르손, 고핫, 므라리다.

18 게르손의 아들들의 이름은 가문별로 립니, 시므이다.

19 고핫의 아들들은 가문별로 아므람, 이스할, 헤브론, 웃시엘이다.

20 므라리의 아들들은 가문별로 마흘리, 무시다. 이는 가문별로 살펴본 레위의 자손이다.

21-26 게르손은 립니 가문과 시므이 가문의 조상이다. 이들은 게르손 가문으로 알려졌다. 그들 중 태어난 지 한 달 이상 된 남자의 수는 모두 7,500명이었다. 게르손 자손은 성막 뒤편 서쪽에 진을 쳤으며, 라엘의 아들 엘리아삽이 그들을 이끌었다. 게르손 자손이 회막에서 맡은 일은 성막과 장막과 그 덮개, 회막 입구를 가리는 막, 뜰의 휘장, 성막과 제단을 둘러싼 뜰의 입구를 가리는 막, 여러 가지 줄, 그 밖에 이와 관련된 모든 일을 관리하는 것이었다.

27-32 고핫은 아므람 가문과 이스할 가문과 헤브론 가문과 웃시엘 가문의 조상이다. 이들은 고핫 가문으로 알려졌다. 그들 중 태어난 지 한 달 이상 된 남자의 수는 모두 8,600명이었다. 고핫 자손은 성소를 맡았다. 고핫 자손은 성막 남쪽

doing the work of The Dwelling. Their job is to be responsible for all the furnishings of The Dwelling, ministering to the affairs of The Dwelling as the People of Israel come to perform their duties. Turn the Levites over to Aaron and his sons; they are the ones assigned to work full time for him. Appoint Aaron and his sons to minister as priests; anyone else who tries to elbow his way in will be put to death."

11-13 GOD spoke to Moses: "I have taken the Levites from among the People of Israel as a stand-in for every Israelite mother's firstborn son. The Levites belong to me. All the firstborn are mine—when I killed all the firstborn in Egypt, I consecrated for my own use every firstborn in Israel, whether human or animal. They belong to me. I am GOD."

14-16 GOD spoke to Moses in the Wilderness of Sinai: "Count the Levites by their ancestral families and clans. Count every male a month old and older." Moses counted them just as he was instructed by the mouth of GOD.

17 These are the names of the sons of Levi: Gershon, Kohath, and Merari.

18 These are the names of the Gershonite clans: Libni and Shimei.

19 The sons of Kohath by clan: Amram, Izhar, Hebron, and Uzziel.

20 The sons of Merari by clan: Mahli and Mushi. These are the clans of Levi, family by family.

21-26 Gershon was ancestor to the clans of the Libnites and Shimeites, known as the Gershonite clans. All the males who were one month and older numbered 7,500. The Gershonite clans camped on the west, behind The Dwelling, led by Eliasaph son of Lael. At the Tent of Meeting the Gershonites were in charge of maintaining The Dwelling and its tent, its coverings, the screen at the entrance to the Tent of Meeting, the hangings of the Courtyard, the screen at the entrance to the Courtyard that surrounded The Dwelling and Altar, and the cords—in short, everything having to do with these things.

27-32 Kohath was ancestor to the clans of the Amramites, Izharites, Hebronites, and Uzzielites. These were known as the Kohathite clans. All the

에 진을 쳤으며, 웃시엘의 아들 엘리사반이 그들을 이끌었다. 그들이 맡은 일은 증거궤와 상과 등잔대와 제단들, 예식에 쓰는 성소의 물품과 휘장, 그 밖에 이와 관련된 모든 일을 관리하는 것이었다. 제사장 아론의 아들 엘르아살이 레위인의 지도자들과 성소 맡은 이들을 감독했다.

33-37 므라리는 마흘리 가문과 무시 가문의 조상이다. 이들은 므라리 가문으로 알려졌다. 그들 중 태어난 지 한 달 이상 된 남자의 수는 모두 6,200명이었다. 그들은 성막 북쪽에 진을 쳤으며, 아비하일의 아들 수리엘이 그들을 이끌었다. 므라리 자손이 맡은 일은 성막의 널판과 가로다지, 기둥, 밑받침, 성막에 딸린 모든 기구와 이와 관련된 모든 물건을 책임지고, 뜰 둘레에 세우는 기둥과 밑받침, 장막 말뚝과 여러 가지 줄을 관리하는 것이었다.

38 모세와 아론과 그의 아들들은 성막 동쪽, 곧 회막 앞 해 뜨는 쪽에 진을 쳤다. 그들이 맡은 일은 이스라엘 백성을 위해 성소를 관리하고 예배 의식을 거행하는 것이었다. 이들 외에 이 직무를 수행하려고 한 사람은 누구든지 죽임을 당했다.

39 **하나님**의 명령에 따라 모세와 아론이 가문별로 계수한 레위인, 곧 태어난 지 한 달 이상 된 남자의 수는 모두 22,000명이었다.

40-41 **하나님**께서 모세에게 말씀하셨다. "이스라엘 백성 가운데서 태어난 지 한 달 이상 된 모든 맏아들의 수를 세어라. 그들의 이름을 명부에 올려라. 이스라엘 백성의 모든 맏아들 대신에 레위인을 나의 것으로 따로 떼어 놓아라. 기억하여라. 나는 **하나님**이다. 이스라엘 백성의 가축 대신에 레위인의 가축을 나의 것으로 따로 떼어 놓아라. 나는 **하나님**이다."

42-43 모세는 **하나님**께서 명령하신 대로, 이스라엘 백성의 모든 맏아들의 수를 세었다. 태어난 지 한 달 이상 된 맏아들, 곧 명부에 이름을 올린 맏아들의 수는 모두 22,273명이었다.

44-48 **하나님**께서 다시 모세에게 말씀하셨다. "너는 이스라엘 백성의 모든 맏아들 대신에 레위인을 택하고, 이스라엘 백성의 가축 대신에 레위인의 가축을 택하여라. 레위인은 나의 것이다. 나는 **하나님**이다. 이스라엘 자손의 맏아들 가운데서 레위인의 수를 초과하는 273명

males who were one month and older numbered 8,600. The Kohathites were in charge of the Sanctuary. The Kohathite clans camped on the south side of The Dwelling, led by Elizaphan son of Uzziel. They were in charge of caring for the Chest, the Table, the Lampstand, the Altars, the articles of the Sanctuary used in worship, and the screen—everything having to do with these things. Eleazar, the son of Aaron the priest, supervised the leaders of the Levites and those in charge of the Sanctuary.

33-37 Merari was ancestor to the clans of the Mahlites and the Mushites, known as the Merarite clans. The males who were one month and older numbered 6,200. They were led by Zuriel son of Abihail and camped on the north side of The Dwelling. The Merarites were in charge of the frames of The Dwelling, its crossbars, posts, bases, and all its equipment—everything having to do with these things, as well as the posts of the surrounding Courtyard with their bases, tent pegs, and cords.

38 Moses and Aaron and his sons camped to the east of The Dwelling, toward the rising sun, in front of the Tent of Meeting. They were in charge of maintaining the Sanctuary for the People of Israel and the rituals of worship. Anyone else who tried to perform these duties was to be put to death.

39 The sum total of Levites counted at GOD's command by Moses and Aaron, clan by clan, all the males one month and older, numbered 22,000.

40-41 GOD spoke to Moses: "Count all the firstborn males of the People of Israel who are one month and older. List their names. Then set apart for me the Levites—remember, I am GOD—in place of all the firstborn among the People of Israel, also the livestock of the Levites in place of their livestock. I am GOD."

42-43 So, just as GOD commanded him, Moses counted all the firstborn of the People of Israel. The total of firstborn males one month and older, listed by name, numbered 22,273.

44-48 Again GOD spoke to Moses. He said, "Take the Levites in place of all the firstborn of Israel and the livestock of the Levites in place of their livestock. The Levites are mine, I am GOD. Redeem the 273 first-

을 대속하되, (이십 게라가 일 세겔인) 성소 세겔로 한 사람에 오 세겔씩 거두어 대속하여라. 이렇게 거둔 돈을 레위인의 수를 초과하는 이스라엘 자손을 대속하는 값으로 아론과 그의 아들들에게 주어라."

49-51 모세는 레위인이 대속한 사람들의 수를 초과한 이들에게서 대속의 값을 거두었다. 그는 이스라엘 자손의 맏아들 273명에게서 성소 세겔로 은 1,365세겔을 거두었다. 하나님께서 말씀하신 대로 모세는 그 대속의 값을 아론과 그의 아들들에게 주었다. 그는 이렇게 하나님께서 명령하신 대로 행했다.

고핫 자손의 임무

4 1-3 하나님께서 모세와 아론에게 말씀하셨다. "레위 자손 가운데서 고핫 자손의 수를 가문과 집안별로 세어라. 서른 살에서 쉰 살까지 회막 일을 할 만한 남자의 수를 모두 세어라.

4 고핫 자손이 회막에서 맡을 일은, 지극히 거룩한 것들을 보살피는 것이다.

5-6 진이 출발하려고 할 때, 아론과 그의 아들들은 안으로 들어가서 칸막이 휘장을 내리고 그것으로 증거궤를 덮어야 한다. 그 위에 돌고래 가죽을 덮고, 또 그 위에 튼튼한 청색 천을 덮은 다음 채를 꿰어야 한다.

7-8 임재의 빵을 차려 놓는 상 위에 청색 보자기를 펴고, 그 위에 접시와 향 담는 그릇과 대접과 부어 드리는 제물을 담는 주전자를 두고, 늘 차려 놓는 빵도 그 위에 놓아두어라. 이것들을 주홍색 보자기로 덮고, 그 위에 돌고래 가죽을 덮은 다음 채를 꿰어야 한다.

9-10 빛을 내는 등잔대와 등잔들, 심지 자르는 가위와 재를 담는 접시, 등잔대에 딸린 기름 단지들을 청색 보자기로 덮은 다음, 이 모든 것을 돌고래 가죽 덮개로 싸서 들것 위에 얹어야 한다.

11 금제단 위에 청색 보자기를 펴고 그 위에 돌고래 가죽을 덮어서 들것 위에 얹어야 한다.

12 성소에서 섬길 때 쓰는 온갖 기구를 가져다가 청색 보자기에 싸고 돌고래 가죽을 덮은 다음 들것 위에 얹어야 한다.

13-14 제단의 재를 치우고 그 위에 자주색 보자기를 펴고, 거기에다 제단에서 예식을 거행할 때 쓰는 온갖 기구, 곧 화로와 고기 집게와

born Israelites who exceed the number of Levites by collecting five shekels for each one, using the Sanctuary shekel (the shekel weighing twenty gerahs). Give that money to Aaron and his sons for the redemption of the excess number of Israelites."

49-51 So Moses collected the redemption money from those who exceeded the number redeemed by the Levites. From the 273 firstborn Israelites he collected silver weighing 1,365 shekels according to the Sanctuary shekel. Moses turned over the redemption money to Aaron and his sons, as he was commanded by the word of GOD.

Duties of the Kohathites

4 1-3 GOD spoke to Moses and Aaron. He said, "Number the Kohathite line of Levites by clan and family. Count all the men from thirty to fifty years of age, all who enter the ministry to work in the Tent of Meeting.

4 "This is the assigned work of the Kohathites in the Tent of Meeting: care of the most holy things.

5-6 "When the camp is ready to set out, Aaron and his sons are to go in and take down the covering curtain and cover the Chest of The Testimony with it. Then they are to cover this with a dolphin skin, spread a solid blue cloth on top, and insert the poles.

7-8 "Then they are to spread a blue cloth on the Table of the Presence and set the Table with plates, incense dishes, bowls, and jugs for drink offerings. The bread that is always there stays on the Table. They are to cover these with a scarlet cloth, and on top of that spread the dolphin skin, and insert the poles.

9-10 "They are to use a blue cloth to cover the light-giving Lampstand and the lamps, snuffers, trays, and the oil jars that go with it. Then they are to wrap it all in a covering of dolphin skin and place it on a carrying frame.

11 "They are to spread a blue cloth over the Gold Altar and cover it with dolphin skins and place it on a carrying frame.

12 "They are to take all the articles used in ministering in the Sanctuary, wrap them in a blue cloth, cover them with dolphin skins, and place them on a carrying frame.

13-14 "They are to remove the ashes from the Altar and

부삽과 쟁반 등 제단에서 쓰는 모든 기구를 얹고, 그 위에 돌고래 가죽을 덮은 다음 채를 꿰어야 한다.
15 아론과 그의 아들들이 모든 거룩한 비품과 기구를 싸는 일을 마치고 진영이 출발할 준비가 되면, 고핫 자손이 와서 그것들을 들고 날라야 한다. 이때 그 거룩한 물건들을 만져서는 안된다. 만졌다가는 죽을 것이다. 고핫 자손이 맡은 임무는 회막 안에 있는 모든 물건을 들고 나르는 것이다.
16 제사장 아론의 아들 엘르아살은 등불에 쓰는 기름, 향기로운 향, 매일 바치는 곡식 제물, 거룩하게 구별하는 기름을 맡아야 한다. 또한 그는 성막 전체와 성막의 거룩한 비품과 기구를 포함한 성막 안의 모든 것을 맡아야 한다."
17-20 하나님께서 모세와 아론에게 말씀하셨다. "고핫 자손의 가문들이 레위인 가운데서 끊어지지 않게 하여라. 그들이 지극히 거룩한 것에 가까이 갈 때 죽지 않고 살도록 그들을 보호하여라. 그들을 보호하기 위해, 아론과 그의 아들들이 그들보다 먼저 성소 안으로 들어가서 각 사람이 해야 할 일과 날라야 할 것을 정해 주어야 한다. 고핫 자손은 성소에 들어가서 거룩한 것들을 보아서는 안된다. 잠깐이라도 보았다가는 죽을 것이다."

게르손 자손의 임무

21-23 하나님께서 모세에게 말씀하셨다. "게르손 자손의 수를 조상의 가문과 집안별로 세어라. 서른 살에서 쉰 살까지 회막 일을 할 만한 남자의 수를 모두 세어라.
24-28 게르손 자손의 가문과 집안은 무거운 짐을 나르는 일로 섬길 것이다. 그들은 성소와 회막의 휘장들, 장막 덮개와 그 위에 씌우는 돌고래 가죽 덮개, 회막 입구를 가리는 막, 거기에 딸린 여러 가지 줄, 그 밖에 성소에서 섬길 때 쓰는 모든 기구를 나르고, 이와 관련된 일을 해야 한다. 그들은, 아론과 그 아들들의 감독 아래 짐을 들어 올리고 나르고 옮기는 모든 일을 수행해야 한다. 너는 그들이 날라야 할 것을 분명하게 정해 주어라. 이것은 게르손 자손이 회막에서 할 일이다. 제사장 아론의 아들 이다말이 그들의 일을 감독할 것이다."

spread a purple cloth over it. They are to place on it all the articles used in ministering at the Altar – firepans, forks, shovels, bowls; everything used at the Altar – place them on the Altar, cover it with the dolphin skins, and insert the poles.
15 "When Aaron and his sons have finished covering the holy furnishings and all the holy articles, and the camp is ready to set out, the Kohathites are to come and do the carrying. But they must not touch the holy things or they will die. The Kohathites are in charge of carrying all the things that are in the Tent of Meeting.
16 "Eleazar son of Aaron the priest, is to be in charge of the oil for the light, the fragrant incense, the regular Grain-Offering, and the anointing oil. He is to be in charge of the entire Dwelling and everything in it, including its holy furnishings and articles."
17-20 GOD spoke to Moses and Aaron, "Don't let the tribal families of the Kohathites be destroyed from among the Levites. Protect them so they will live and not die when they come near the most holy things. To protect them, Aaron and his sons are to precede them into the Sanctuary and assign each man his task and what he is to carry. But the Kohathites themselves must not go in to look at the holy things, not even a glance at them, or they will die."

Duties of the Gershonites

21-23 GOD spoke to Moses: "Number the Gershonites by tribes according to their ancestral families. Count all the men from thirty to fifty years of age who enter the ministry of work in the Tent of Meeting.
24-28 "The Gershonites by family and clan will serve by carrying heavy loads: the curtains of the Sanctuary and the Tent of Meeting; the covering of the Tent and the outer covering of dolphin skins; the screens for the entrance to the Tent; the cords; and all the equipment used in its ministries. The Gershonites have the job of doing the work connected with these things. All their work of lifting and carrying and moving is to be done under the supervision of Aaron and his sons. Assign them specifically what they are to carry. This is the work of the Gershonite clans at the Tent of Meeting. Ithamar son of Aaron the priest is to supervise their work.

므라리 자손의 임무

29-30 "므라리 자손의 수를 조상의 집안별로 세어라. 서른 살에서 쉰 살까지 회막 일을 할 만한 남자의 수를 모두 세어라.

31-33 그들이 회막에서 맡을 일은 성막의 널판과 가로다지, 기둥과 밑받침, 뜰 둘레에 세우는 기둥과 밑받침, 장막 말뚝과 여러 가지 줄, 그리고 이것들을 사용하는 것과 관련된 모든 기구를 나르는 것이다. 너는 각 사람이 날라야 할 것을 정확하게 정해 주어라. 이것은 므라리 자손이 회막에서 제사장 아론의 아들 이다말의 감독 아래 해야 할 일이다."

34-37 모세와 아론과 회중의 지도자들은 고핫 자손의 수를 가문과 집안별로 세었다. 서른 살에서 쉰 살까지 회막 일을 하러 온 남자의 수를 가문별로 세어 보니, 모두 2,750명이었다. 이는 회막에서 섬긴 고핫 자손의 전체 수다. 모세와 아론은 하나님께서 모세를 통해 명령하신 대로 그들의 수를 세었다.

38-41 게르손 자손의 수도 가문과 집안별로 세었다. 서른 살에서 쉰 살까지 회막 일을 하러 온 남자의 수를 가문과 집안별로 세어 보니, 모두 2,630명이었다. 이는 회막에서 섬긴 게르손 자손의 전체 수다. 모세와 아론은 하나님께서 명령하신 대로 그들의 수를 세었다.

42-45 므라리 자손의 수도 가문과 집안별로 세었다. 서른 살에서 쉰 살까지 회막 일을 하러 온 남자의 수를 가문별로 세어 보니, 모두 3,200명이었다. 이는 므라리 자손 가운데서 계수된 사람의 전체 수다. 모세와 아론은 하나님께서 모세를 통해 명령하신 대로 그들의 수를 세었다.

46-49 모세와 아론과 이스라엘의 지도자들은 모든 레위인의 수를 가문과 집안별로 세었다. 서른 살에서 쉰 살까지 회막 운반 작업을 하러 온 남자의 수는 모두 8,580명이었다. 모세는 하나님께서 명령하신 대로 각 사람이 할 일을 정해 주고 날라야 할 것을 일러 주었다.

이것은 하나님께서 모세에게 명령하신 대로, 이스라엘 자손의 수를 계수한 이야기다.

Duties of the Merarites

29-30 "Number the Merarites by their ancestral families. Count all the men from thirty to fifty years of age who enter the ministry of work at the Tent of Meeting.

31-33 "This is their assigned duty as they go to work at the Tent of Meeting: to carry the frames of The Dwelling, its crossbars, posts, and bases, as well as the posts of the surrounding Courtyard with their bases, tent pegs, cords, and all the equipment related to their use. Assign to each man exactly what he is to carry. This is the ministry of the Merarite clans as they work at the Tent of Meeting under the supervision of Ithamar son of Aaron the priest."

34-37 Moses, Aaron, and the leaders of the congregation counted the Kohathites by clan and family. All the men from thirty to fifty years of age who came to serve in the work in the Tent of Meeting, counted by clans, were 2,750. This was the total from the Kohathite clans who served in the Tent of Meeting. Moses and Aaron counted them just as GOD had commanded through Moses.

38-41 The Gershonites were counted by clan and family. All the men from thirty to fifty years of age who came to serve in the work in the Tent of Meeting, counted by clan and family, were 2,630. This was the total from the Gershonite clans who served in the Tent of Meeting. Moses and Aaron counted them just as GOD had commanded.

42-45 The Merarites were counted by clan and family. All the men from thirty to fifty years of age who came to serve in the work in the Tent of Meeting, counted by clan, were 3,200. This was the total from the Merarite clans. Moses and Aaron counted them just as GOD had commanded through Moses.

46-49 So Moses and Aaron and the leaders of Israel counted all the Levites by clan and family. All the men from thirty to fifty years of age who came to do the work of serving and carrying the Tent of Meeting numbered 8,580. At GOD's command through Moses, each man was assigned his work and told what to carry.

And that's the story of their numbering, as GOD commanded Moses.

5 1-3 하나님께서 모세에게 말씀하셨다. "너는 이스라엘 백성에게 명령하여, 악성 피부병에 걸린 사람, 고름을 흘리는 사람, 주검에 닿아 부정하게 된 사람을 진 안에 머물지 못하게 하여라. 남자와 여자 가리지 말고 똑같이 내보내라. 그들을 진 밖으로 내보내어, 내가 그들 가운데 머물고 있는 진을 더럽히지 못하게 하여라."

4 이스라엘 백성은 그대로 행하여 그들을 진 안에 머물지 못하게 했다. 그들은 하나님께서 모세를 통해 명령하신 대로 행했다.

5-10 하나님께서 모세에게 말씀하셨다. "너는 이스라엘 백성에게 이렇게 일러 주어라. 남자든 여자든 어떤 잘못을 저질렀으면, 그 사람은 하나님과의 신뢰 관계를 끊은 것이므로 유죄다. 그는 반드시 자기 잘못을 고백해야 한다. 또한 그는 피해자에게 전액을 보상하고 거기에 오분의 일을 더해서 갚아야 한다. 그러나 피해자에게 보상을 받을 가까운 친척이 없으면, 그 보상은 하나님의 것이므로 속죄에 쓰는 숫양과 함께 제사장에게 주어야 한다. 이스라엘 백성이 제사장에게 가져오는 거룩한 제물은 모두 제사장의 것이다. 각 사람이 가져온 거룩한 제물은 그 사람의 것이지만, 일단 제사장에게 준 것은 제사장의 것이 된다."

11-15 하나님께서 모세에게 말씀하셨다. "이스라엘 백성에게 이렇게 일러 주어라. 한 남자의 아내가 바람을 피우고, 남편을 배신한 채 다른 남자와 잠자리를 같이하여 자기 몸을 더럽혔는데도 남편이 그 사실을 전혀 알아채지 못했다고 하자. 목격자도 없고 현장에서 잡힌 것도 아닌데 남편이 질투심에 사로잡혀 자기 아내가 부정하다고 의심할 경우, 또는 아내가 결백한데도 남편이 근거 없는 질투심에 사로잡혀 의심할 경우, 남편은 자기 아내를 제사장에게 데려가야 한다. 그는 자기 아내를 위해 보릿가루 2리터를 제물로 가져가야 한다. 그 제물에는 기름을 부어서도 안되고 향을 섞어서도 안된다. 그것은 질투 때문에 바친 곡식 제물, 죄를 밝히기

Some Camp Rules

5 1-3 GOD spoke to Moses: "Command the People of Israel to ban from the camp anyone who has an infectious skin disease, anyone who has a discharge, and anyone who is ritually unclean from contact with a dead body. Ban male and female alike; send them outside the camp so that they won't defile their camp, the place I live among them."

4 The People of Israel did this, banning them from the camp. They did exactly what GOD had commanded through Moses.

5-10 GOD spoke to Moses: "Tell the People of Israel, When a man or woman commits any sin, the person has broken trust with GOD, is guilty, and must confess the sin. Full compensation plus twenty percent must be made to whoever was wronged. If the wronged person has no close relative who can receive the compensation, the compensation belongs to GOD and must be given to the priest, along with the ram by which atonement is made. All the sacred offerings that the People of Israel bring to a priest belong to the priest. Each person's sacred offerings are his own, but what one gives to the priest stays with the priest."

11-15 GOD spoke to Moses: "Tell the People of Israel, Say a man's wife goes off and has an affair, is unfaithful to him by sleeping with another man, but her husband knows nothing about it even though she has defiled herself. And then, even though there was no witness and she wasn't caught in the act, feelings of jealousy come over the husband and he suspects that his wife is impure. Even if she is innocent and his jealousy and suspicions are groundless, he is to take his wife to the priest. He must also take an offering of two quarts of barley flour for her. He is to pour no oil on it or mix incense with it because it is a Grain-Offering for jealousy, a Grain-Offering for bringing the guilt out into the open.

16-22 "The priest then is to take her and have her stand in the presence of GOD. He is to take some holy water in a pottery jar and put some dust from the floor of The Dwelling in the water. After the priest has her stand in

위해 바친 제물이기 때문이다.

16-22 제사장은 그 여자를 데려다가 하나님 앞에 세워야 한다. 그리고 옹기항아리에 거룩한 물을 담아다가 성막 바닥에서 흙먼지 얼마를 긁어 그 물에 타야 한다. 제사장은 그 여자를 하나님 앞에 세운 다음 그 여자에게 머리를 풀게 하고, 진상 규명의 제물, 곧 질투 때문에 바친 곡식 제물을 그 여자의 두 손에 얹어 놓아야 한다. 제사장은 저주를 전하는 쓴 물을 손에 들고 그 여자에게 맹세시키면서 이렇게 말해야 한다. '그대가 다른 남자와 잠자리를 같이한 적이 없고 그대가 남편과 결혼생활을 하는 동안에 바람을 피워 몸을 더럽힌 일이 없으면, 저주를 전하는 이 쓴 물이 그대를 해치지 않을 것이오. 그러나 그대가 남편과 결혼생활을 하는 동안에 바람을 피우고 그대의 남편 외에 다른 남자와 잠자리를 같이하여 자기 몸을 더럽혔으면—이 대목에서 제사장은 그 여자를 다음과 같이 저주해야 한다—하나님께서 그대의 자궁을 오그라들게 하시고 그대의 배를 부풀어 오르게 하셔서, 그대의 백성이 그대를 저주하고 욕하게 하실 것이오. 저주를 전하는 이 물이 그대의 몸속에 들어가서, 그대의 배를 부풀어 오르게 하고 그대의 자궁을 오그라들게 할 것이오.'

그러면 그 여자는 '아멘. 아멘' 하고 말해야 한다.

23-28 제사장은 이 저주의 말을 두루마리에 적어서, 쓴 물에 그 글자를 씻은 다음, 저주를 전하는 쓴 물을 그 여자에게 주어야 한다. 이 물은 그 여자의 몸속에 들어가 심한 통증을 일으킬 것이다. 제사장은 그 여자의 손에서 질투 때문에 바친 곡식 제물을 한 움큼 받아, 하나님 앞에 흔들어 바치고 제단으로 가져가야 한다. 제사장은 또 곡식 제물을 한 움큼 쥐고, 그것을 진상 규명의 제물로 삼아 제단 위에서 불살라 바쳐야 한다. 그런 다음 여자에게 그 물을 마시게 해야 한다. 저주를 전하는 물을 마셨을 때, 그 여자가 자기 남편을 배반하고 몸을 더럽힌 일이 있으면, 그 물이 그 여자의 몸속에 들어가 심한 통증을 일으킬 것이다. 그 여자의 배가 부풀어 오르고 자궁이 오그라들 것이다. 그 여자는 자기 백성 가운데서 저주를 받을 것이다. 그러나 그 여자가 자기 몸을 더럽힌 일이 없고 결백하면, 자신의 오명을 씻고 아이도 가질 수 있게 될 것이다.

29-31 *이것은 질투에 관한 법으로,* 한 여자가 남편과 결혼생활을 하는 동안 바람을 피우고 자기 몸을 더럽혔거나, 남편이 아내를 의심하여 질투심에 사로잡혔을 경우에 적용되는 법이다. 제사장은 그 여자를 하나님 앞에 세우고 이 모든 절차를 그 여자에게 적용해야

the presence of GOD he is to uncover her hair and place the exposure-offering in her hands, the Grain-Offering for jealousy, while he holds the bitter water that delivers a curse. Then the priest will put the woman under oath and say, 'If no man has slept with you and you have not had an adulterous affair and become impure while married to your husband, may this bitter water that delivers a curse not harm you. But if you have had an affair while married to your husband and have defiled yourself by sleeping with a man other than your husband'—here the priest puts the woman under this curse—'may GOD cause your people to curse and revile you when he makes your womb shrivel and your belly swell. Let this water that delivers a curse enter your body so that your belly swells and your womb shrivels.'

"Then the woman shall say, 'Amen. Amen.'

23-28 "The priest is to write these curses on a scroll and then wash the words off into the bitter water. He then is to give the woman the bitter water that delivers a curse. This water will enter her body and cause acute pain. The priest then is to take from her hands a handful of the Grain-Offering for jealousy, wave it before GOD, and bring it to the Altar. The priest then is to take a handful of the Grain-Offering, using it as an exposure-offering, and burn it on the Altar; after this he is to make her drink the water. If she has defiled herself in being unfaithful to her husband, when she drinks the water that delivers a curse, it will enter her body and cause acute pain; her belly will swell and her womb shrivel. She will be cursed among her people. But if she has not defiled herself and is innocent of impurity, her name will be cleared and she will be able to have children.

29-31 "This is the law of jealousy in a case where a woman goes off and has an affair and defiles herself while married to her husband, or a husband is tormented with feelings of jealousy because he suspects his wife. The priest is to have her stand in the presence of GOD and go through this entire procedure with her.

한다. 그러면 남편은 죄를 면하고, 그 여자는 자기 죄
값을 치르게 될 것이다."

나실인 서원

6 1-4 하나님께서 모세에게 말씀하셨다. "너는
이스라엘 백성에게 전하여라. 그들에게 이
렇게 일러 주어라. 남자든 여자든 너희가 자신을 거
룩하게 구별하여 하나님에게 완전히 바치겠다는 특
별 서원, 곧 나실인 서원을 하려고 할 경우, 너희는
포도주와 맥주를 마셔서는 안된다. 취하게 하는 음
료는 무엇이든 마셔서는 안된다. 포도즙도 안되고,
포도나 건포도를 먹어서도 안된다. 나실인으로 헌
신하는 기간 내내 포도나무에서 취한 것은 어떤 것
도 먹어서는 안된다. 포도 씨나 포도 껍질을 먹어서
도 안된다.

5 헌신하는 기간 동안 너희는 머리털을 깎아서는 안
된다. 긴 머리는 하나님에게 거룩하게 구별되었음
을 알리는 지속적인 표가 될 것이다.

6-7 또한 하나님에게 자신을 구별해 바치기로 한 기
간 동안 주검에 가까이 가서도 안된다. 너희 아버지
나 어머니, 너희 형제나 누이의 주검이더라도, 너희
는 그것으로 자기 몸을 더럽혀서는 안된다. 하나님
에게 자신을 구별해 바쳤음을 알리는 표가 너희 머
리에 있기 때문이다.

8 헌신하는 기간 동안 너희는 하나님에게 거룩해야
한다.

9-12 누가 갑자기 너희 곁에서 죽어 너희가 구별해
바친 머리털이 더럽혀졌을 경우, 너희는 자신을 정
결하게 하는 날, 곧 칠 일째 되는 날에 머리털을 깎
아야 한다. 팔 일째 되는 날에는 산비둘기 두 마리나
집비둘기 두 마리를 회막 입구로 가져와서 제사장에
게 주어야 한다. 그러면 제사장은 한 마리는 속죄 제
물로, 다른 한 마리는 번제물로 바쳐, 주검 때문에
더럽혀진 너희를 정결하게 할 것이다. 그날로 너희
는 다시 자기 머리를 거룩하게 하고, 너희 자신을 나
실인으로 다시 하나님에게 구별해 바치고, 일 년 된
어린양을 보상 제물로 가져와야 한다. 너희는 처음
부터 다시 시작해야 한다. 너희의 헌신이 더럽혀졌
으므로, 지나간 날은 날수로 세지 않는다.

13-17 너희가 하나님에게 자신을 구별해 바치기로 한
기간이 다 찼을 때를 위한 법은 이러하다. 먼저, 너
희는 회막 입구로 가서 너희의 제물을 하나님에게
바쳐야 한다. 일 년 된 건강한 어린 숫양 한 마리는
번제물로 바치고, 일 년 된 건강한 암양 한 마리는
속죄 제물로, 건강한 숫양 한 마리는 화목 제물로 바

The husband will be cleared of wrong, but the
woman will pay for her wrong."

Nazirite Vows

6 1-4 GOD spoke to Moses: "Speak to the
People of Israel; tell them, If any of you,
man or woman, wants to make a special Nazirite
vow, consecrating yourself totally to GOD, you
must not drink any wine or beer, no intoxicating
drink of any kind, not even the juice of grapes—
in fact, you must not even eat grapes or raisins.
For the duration of the consecration, nothing
from the grapevine—not even the seeds, not
even the skin—may be eaten.

5 "Also, for the duration of the consecration you
must not have your hair cut. Your long hair will
be a continuing sign of holy separation to GOD.

6-7 "Also, for the duration of the consecration
to GOD, you must not go near a corpse. Even if
it's the body of your father or mother, brother
or sister, you must not ritually defile yourself
because the sign of consecration to God is on
your head.

8 "For the entire duration of your consecration
you are holy to GOD.

9-12 "If someone should die suddenly in your
presence, so that your consecrated head is
ritually defiled, you must shave your head on
the day of your purifying, that is, the seventh
day. Then on the eighth day bring two doves
or two pigeons to the priest at the entrance to
the Tent of Meeting. The priest will offer one
for the Absolution-Offering and one for the
Whole-Burnt-Offering, purifying you from the
ritual contamination of the corpse. You resanc-
tify your hair on that day and reconsecrate
your Nazirite consecration to GOD by bringing
a yearling lamb for a Compensation-Offering.
You start over; the previous days don't count
because your consecration was ritually defiled.

13-17 "These are the instructions for the time set
when your special consecration to GOD is up.
First, you are to be brought to the entrance to
the Tent of Meeting. Then you will present your
offerings to GOD: a healthy yearling lamb for

쳐야 한다. 또 고운 곡식 가루로 만든 누룩을 넣지 않은 빵과 고운 곡식 가루에 기름을 섞어 만든 빵과 기름을 발라 만든 과자 한 바구니를 바치고, 곡식 제물과 부어 드리는 제물도 바쳐야 한다. 제사장은 하나님에게 나아와 너희의 속죄 제물과 번제물을 바쳐야 한다. 누룩을 넣지 않은 빵 한 바구니와 함께 숫양을 하나님에게 화목 제물로 바치고, 마지막으로 곡식 제물과 부어 드리는 제물을 바쳐야 한다.

18 너희가 구별해 바친 자신의 머리털을 회막 입구에서 깎고, 그 깎은 머리털은 화목 제물 밑에 타고 있는 불 속에 넣어라.

19-20 너희가 구별해 바친 머리털을 깎고 나면, 제사장은 삶은 숫양의 어깨와 누룩을 넣지 않은 빵 한 개와 과자 한 개를 바구니에서 가져와서, 너희의 두 손에 얹어 놓아야 한다. 제사장은 그것들을 흔들어 바치는 제물로 하나님 앞에 흔들어 바쳐야 한다. 그것들은 거룩한 것이므로, 흔들어 바친 가슴과 들어 올려 바친 넓적다리와 함께 제사장의 소유가 된다.

그제야 너희는 포도주를 마실 수 있다.

21 이것은 나실인이 지켜야 할 법으로, 그가 따로 바치는 제물 외에 자신을 구별해 바치기로 서원하고 하나님에게 제물을 바칠 때 지켜야 할 지침이다. 그는 나실인이 지켜야 할 법에 따라 서원한 것은 그대로 실행에 옮겨야 한다."

아론의 축복

22-23 하나님께서 모세에게 말씀하셨다. "너는 아론과 그의 아들들에게, '너희는 이스라엘 백성에게 이렇게 축복해야 한다'고 일러 주어라.

24 하나님께서 여러분에게 복을 내리시고 여러분을 지켜 주시기를,
25 하나님께서 여러분에게 미소 지으시고 은혜 베푸시기를,
26 하나님께서 여러분의 얼굴에서 눈을 떼지 않으시고
여러분을 형통케 해주시기를 빕니다.

27 이렇게 하여, 그들이 나의 이름을 이스라엘 백성 위에 두게 하여라.
그러면 내가 나의 이름을 확인하고 그들에게 복을 내릴 것이다."

the Whole-Burnt-Offering, a healthy yearling ewe for an Absolution-Offering, a healthy ram for a Peace-Offering, a basket of unraised bread made of fine flour, loaves mixed with oil, and crackers spread with oil, along with your Grain-Offerings and Drink-Offerings. The priest will approach GOD and offer up your Absolution-Offering and Whole-Burnt-Offering. He will sacrifice the ram as a Peace-Offering to GOD with the basket of unraised bread, and, last of all, the Grain-Offering and Drink-Offering.

18 "At the entrance to the Tent of Meeting, shave off the hair you consecrated and put it in the fire that is burning under the Peace-Offering.

19-20 "After you have shaved the hair of your consecration, the priest will take a shoulder from the ram, boiled, and a piece of unraised bread and a cracker from the basket and place them in your hands. The priest will then wave them before GOD, a Wave-Offering. They are holy and belong to the priest, along with the breast that was waved and the thigh that was offered.

"Now you are free to drink wine.

21 "These are the instructions for Nazirites as they bring offerings to GOD in their vow of consecration, beyond their other offerings. They must carry out the vow they have vowed following the instructions for the Nazirite."

The Aaronic Blessing

22-23 GOD spoke to Moses: "Tell Aaron and his sons, This is how you are to bless the People of Israel. Say to them,

24 GOD bless you and keep you,
25 GOD smile on you and gift you,
26 GOD look you full in the face
and make you prosper.

27 In so doing, they will place my name on the People of Israel—
I will confirm it by blessing them."

지도자들이 드린 봉헌 제물

7 [1] 모세는 성막 세우는 일을 마친 뒤에 성막에 기름을 발라, 성막과 거기에 딸린 모든 기구를 거룩하게 구별했다. 제단과 거기에 딸린 기구에도 기름을 발라 거룩하게 구별했다.

2-3 인구조사를 수행한 이스라엘의 지도자들, 곧 각 지파의 우두머리들이 제물을 가져왔다. 덮개 있는 수레 여섯 대와 수소 열두 마리를 하나님 앞에 드렸는데, 수레는 지도자 두 사람에 한 대씩, 수소는 지도자 한 사람에 한 마리씩이었다.

4-5 하나님께서 모세에게 말씀하셨다. "너는 이 제물들을 받아 회막을 운반하는 데 사용하여라. 그것들을 레위인에게 주어, 그들의 일에 필요한 대로 쓰게 하여라."

6-9 모세는 수레와 수소들을 받아 레위인에게 주었다. 수레 두 대와 수소 네 마리는 게르손 자손에게 주어 그들의 일에 쓰게 하고, 수레 네 대와 수소 여덟 마리는 므라리 자손에게 주어 그들의 일에 쓰게 했다. 그들은 모두 제사장 아론의 아들 이다말의 감독을 받았다. 모세는 고핫 자손에게는 아무것도 주지 않았다. 고핫 자손은 자신들이 맡은 거룩한 것들을 어깨에 메고 직접 날라야 했기 때문이다.

10-11 제단에 기름을 부어 거룩하게 구별하던 날, 지도자들이 제단 봉헌을 위한 제물을 가져와 제단 앞에 드렸다. 하나님께서 모세에게 "날마다 지도자 한 사람씩 제단 봉헌을 위한 제물을 바쳐야 한다"고 말씀하셨기 때문이다.

12-13 첫째 날에는 유다 지파 암미나답의 아들 나손이 제물을 가져왔다. 그가 드린 제물은 이러하다.
(성소 표준 중량으로) 무게가 1,430그램인 은쟁반 하나와 무게가 770그램인 은대접 하나. 이 두 그릇에는 곡식 제물로 드릴 기름 섞은 고운 곡식 가루가 가득 담겨 있었다.

14 무게가 110그램인 금접시 하나. 이 그릇에는 향이 가득 담겨 있었다.

15 번제물로 드릴 수송아지 한 마리, 숫양 한 마리, 일 년 된 어린 숫양 한 마리.

16 속죄 제물로 드릴 숫염소 한 마리.
화목 제물로 드릴 수소 두 마리, 숫양 다섯 마리, 숫염소 다섯 마리, 일 년 된 어린 숫양 다섯 마리.

17 이것이 암미나답의 아들 나손이 드린 제물이다.

18-23 둘째 날에는 잇사갈의 지도자, 수알의 아들 느다넬이 제물을 가져왔다. 그가 드린 제물은 이러하다.

Offerings for the Dedication

7 [1] When Moses finished setting up The Dwelling, he anointed it and consecrated it along with all that went with it. At the same time he anointed and consecrated the Altar and its accessories.

2-3 The leaders of Israel, the heads of the ancestral tribes who had carried out the census, brought offerings. They presented before GOD six covered wagons and twelve oxen, a wagon from each pair of leaders and an ox from each leader.

4-5 GOD spoke to Moses: "Receive these so that they can be used to transport the Tent of Meeting. Give them to the Levites according to what they need for their work."

6-9 Moses took the wagons and oxen and gave them to the Levites. He gave two wagons and four oxen to the Gershonites for their work and four wagons and eight oxen to the Merarites for their work. They were all under the direction of Ithamar son of Aaron the priest. Moses didn't give any to the Kohathites because they had to carry the holy things for which they were responsible on their shoulders.

10-11 When the Altar was anointed, the leaders brought their offerings for its dedication and presented them before the Altar because GOD had instructed Moses, "Each day one leader is to present his offering for the dedication of the Altar."

12-13 On the first day, Nahshon son of Amminadab, of the tribe of Judah, brought his offering. His offering was:
a silver plate weighing three and a quarter pounds and a silver bowl weighing one and three-quarter pounds (according to the standard Sanctuary weights), each filled with fine flour mixed with oil as a Grain-Offering;

14 a gold vessel weighing four ounces, filled with incense;

15 a young bull, a ram, and a yearling lamb for a Whole-Burnt-Offering;

16 a he-goat for an Absolution-Offering;
two oxen, five rams, five he-goats, and five

(성소 표준 중량으로) 무게가 1,430그램인 은쟁반 하나와 무게가 770그램인 은대접 하나. 이 두 그릇에는 곡식 제물로 드릴 기름 섞은 고운 곡식 가루가 가득 담겨 있었다.
무게가 110그램인 금접시 하나. 이 그릇에는 향이 가득 담겨 있었다.
번제물로 드릴 수송아지 한 마리, 숫양 한 마리, 일 년 된 어린 숫양 한 마리.
속죄 제물로 드릴 숫염소 한 마리.
화목 제물로 드릴 수소 두 마리, 숫양 다섯 마리, 숫염소 다섯 마리, 일 년 된 어린 숫양 다섯 마리.
이것이 수알의 아들 느다넬이 드린 제물이다.

24-29 셋째 날에는 스불론 자손의 지도자, 헬론의 아들 엘리압이 제물을 가져왔다. 그가 드린 제물은 이러하다.
(성소 표준 중량으로) 무게가 1,430그램인 은쟁반 하나와 무게가 770그램인 은대접 하나. 이 두 그릇에는 곡식 제물로 드릴 기름 섞은 고운 곡식 가루가 가득 담겨 있었다.
무게가 110그램인 금접시 하나. 이 그릇에는 향이 가득 담겨 있었다.
번제물로 드릴 수송아지 한 마리, 숫양 한 마리, 일 년 된 어린 숫양 한 마리.
속죄 제물로 드릴 숫염소 한 마리.
화목 제물로 드릴 수소 두 마리, 숫양 다섯 마리, 숫염소 다섯 마리, 일 년 된 어린 숫양 다섯 마리.
이것이 헬론의 아들 엘리압이 드린 제물이다.

30-35 넷째 날에는 르우벤 자손의 지도자, 스데울의 아들 엘리술이 제물을 가져왔다. 그가 드린 제물은 이러하다.
(성소 표준 중량으로) 무게가 1,430그램인 은쟁반 하나와 무게가 770그램인 은대접 하나. 이 두 그릇에는 곡식 제물로 드릴 기름 섞은 고운 곡식 가루가 가득 담겨 있었다.
무게가 110그램인 금접시 하나. 이 그릇에는 향이 가득 담겨 있었다.
번제물로 드릴 수송아지 한 마리, 숫양 한 마리, 일 년 된 어린 숫양 한 마리.
속죄 제물로 드릴 숫염소 한 마리.
화목 제물로 드릴 수소 두 마리, 숫양 다섯 마리, 숫염소 다섯 마리, 일 년 된 어린 숫양 다

yearling lambs to be sacrificed as a Peace-Offering.
17 This was the offering of Nahshon son of Amminadab.

18-23 On the second day, Nethanel son of Zuar, the leader of Issachar, brought his offering. His offering was:
a silver plate weighing three and a quarter pounds and a silver bowl weighing one and three-quarter pounds (according to the standard Sanctuary weights), each filled with fine flour mixed with oil as a Grain-Offering;
a gold vessel weighing four ounces, filled with incense;
a young bull, a ram, and a yearling lamb for a Whole-Burnt-Offering;
a he-goat for an Absolution-Offering;
two oxen, five rams, five he-goats, and five yearling lambs to be sacrificed as a Peace-Offering.
This was the offering of Nethanel son of Zuar.

24-29 On the third day, Eliab son of Helon, the leader of the people of Zebulun, brought his offering. His offering was:
a silver plate weighing three and a quarter pounds and a silver bowl weighing one and three-quarter pounds (according to the standard Sanctuary weights), each filled with fine flour mixed with oil as a Grain-Offering;
a gold vessel weighing four ounces, filled with incense;
a young bull, a ram, and a yearling lamb for a Whole-Burnt-Offering;
a he-goat for an Absolution-Offering;
two oxen, five rams, five he-goats, and five yearling lambs to be sacrificed as a Peace-Offering.
This was the offering of Eliab son of Helon.

30-35 On the fourth day, Elizur son of Shedeur, the leader of the people of Reuben, brought his offering. His offering was:
a silver plate weighing three and a quarter pounds and a silver bowl weighing one and three-quarter pounds (according to the standard Sanctuary weights), each filled with fine flour mixed with oil as a Grain-Offering;
a gold vessel weighing four ounces, filled with incense;

섯 마리.
이것이 스데울의 아들 엘리술이 드린 제물이다.

36-41 다섯째 날에는 시므온 자손의 지도자, 수리삿대의 아들 슬루미엘이 제물을 가져왔다. 그가 드린 제물은 이러하다.
(성소 표준 중량으로) 무게가 1,430그램인 은쟁반 하나와 무게가 770그램인 은대접 하나. 이 두 그릇에는 곡식 제물로 드릴 기름 섞은 고운 곡식 가루가 가득 담겨 있었다.
무게가 110그램인 금접시 하나. 이 그릇에는 향이 가득 담겨 있었다.
번제물로 드릴 수송아지 한 마리, 숫양 한 마리, 일 년 된 어린 숫양 한 마리.
속죄 제물로 드릴 숫염소 한 마리.
화목 제물로 드릴 수소 두 마리, 숫양 다섯 마리, 숫염소 다섯 마리, 일 년 된 어린 숫양 다섯 마리.
이것이 수리삿대의 아들 슬루미엘이 드린 제물이다.

42-47 여섯째 날에는 갓 자손의 지도자, 드우엘의 아들 엘리아삽이 제물을 가져왔다. 그가 드린 제물은 이러하다.
(성소 표준 중량으로) 무게가 1,430그램인 은쟁반 하나와 무게가 770그램인 은대접 하나. 이 두 그릇에는 곡식 제물로 드릴 기름 섞은 고운 곡식 가루가 가득 담겨 있었다.
무게가 110그램인 금접시 하나. 이 그릇에는 향이 가득 담겨 있었다.
번제물로 드릴 수송아지 한 마리, 숫양 한 마리, 일 년 된 어린 숫양 한 마리.
속죄 제물로 드릴 숫염소 한 마리.
화목 제물로 드릴 수소 두 마리, 숫양 다섯 마리, 숫염소 다섯 마리, 일 년 된 어린 숫양 다섯 마리.
이것이 드우엘의 아들 엘리아삽이 드린 제물이다.

48-53 일곱째 날에는 에브라임 자손의 지도자, 암미훗의 아들 엘리사마가 제물을 가져왔다. 그가 드린 제물은 이러하다.
(성소 표준 중량으로) 무게가 1,430그램인 은쟁반 하나와 무게가 770그램인 은대접 하

a young bull, a ram, and a yearling lamb for a Whole-Burnt-Offering;
a he-goat for an Absolution-Offering;
two oxen, five rams, five he-goats, and five yearling lambs to be sacrificed as a Peace-Offering.
This was the offering of Elizur son of Shedeur.

36-41 On the fifth day, Shelumiel son of Zurishaddai, the leader of the people of Simeon, brought his offering. His offering was:
a silver plate weighing three and a quarter pounds and a silver bowl weighing one and three-quarter pounds (according to the standard Sanctuary weights), each filled with fine flour mixed with oil as a Grain-Offering;
a gold vessel weighing four ounces, filled with incense;
a young bull, a ram, and a yearling lamb for a Whole-Burnt-Offering;
a he-goat for an Absolution-Offering;
two oxen, five rams, five he-goats, and five yearling lambs to be sacrificed as a Peace-Offering.
This was the offering of Shelumiel son of Zurishaddai.

42-47 On the sixth day, Eliasaph son of Deuel, the leader of the people of Gad, brought his offering. His offering was:
a silver plate weighing three and a quarter pounds and a silver bowl weighing one and three-quarter pounds (according to the standard Sanctuary weights), each filled with fine flour mixed with oil as a Grain-Offering;
a gold vessel weighing four ounces, filled with incense;
a young bull, a ram, and a yearling lamb for a Whole-Burnt-Offering;
a he-goat for an Absolution-Offering;
two oxen, five rams, five he-goats, and five yearling lambs to be sacrificed as a Peace-Offering.
This was the offering of Eliasaph son of Deuel.

48-53 On the seventh day, Elishama son of Ammihud, the leader of the people of Ephraim, brought his offering. His offering was:
a silver plate weighing three and a quarter pounds and a silver bowl weighing one and three-quarter pounds (according to the standard Sanctuary

나. 이 두 그릇에는 곡식 제물로 드릴 기름 섞은 고운 곡식 가루가 가득 담겨 있었다.
무게가 110그램인 금접시 하나. 이 그릇에는 향이 가득 담겨 있었다.
번제물로 드릴 수송아지 한 마리, 숫양 한 마리, 일 년 된 어린 숫양 한 마리.
속죄 제물로 드릴 숫염소 한 마리.
화목 제물로 드릴 수소 두 마리, 숫양 다섯 마리, 숫염소 다섯 마리, 일 년 된 어린 숫양 다섯 마리.
이것이 암미훗의 아들 엘리사마가 드린 제물이다.

weights), each filled with fine flour mixed with oil as a Grain-Offering;
a gold vessel weighing four ounces, filled with incense;
a young bull, a ram, and a yearling lamb for a Whole-Burnt-Offering;
a he-goat for an Absolution-Offering;
two oxen, five rams, five he-goats, and five yearling lambs to be sacrificed as a Peace-Offering.
This was the offering of Elishama son of Ammihud.

54-59 여덟째 날에는 므낫세 자손의 지도자, 브다술의 아들 가말리엘이 제물을 가져왔다. 그가 드린 제물은 이러하다.
(성소 표준 중량으로) 무게가 1,430그램인 은쟁반 하나와 무게가 770그램인 은대접 하나. 이 두 그릇에는 곡식 제물로 드릴 기름 섞은 고운 곡식 가루가 가득 담겨 있었다.
무게가 110그램인 금접시 하나. 이 그릇에는 향이 가득 담겨 있었다.
번제물로 드릴 수송아지 한 마리, 숫양 한 마리, 일 년 된 어린 숫양 한 마리.
속죄 제물로 드릴 숫염소 한 마리.
화목 제물로 드릴 수소 두 마리, 숫양 다섯 마리, 숫염소 다섯 마리, 일 년 된 어린 숫양 다섯 마리.
이것이 브다술의 아들 가말리엘이 드린 제물이다.

54-59 On the eighth day, Gamaliel son of Pedahzur, the leader of the people of Manasseh, brought his offering. His offering was:
a silver plate weighing three and a quarter pounds and a silver bowl weighing one and three-quarter pounds (according to the standard Sanctuary weights), each filled with fine flour mixed with oil as a Grain-Offering;
a gold vessel weighing four ounces, filled with incense;
a young bull, a ram, and a yearling lamb for a Whole-Burnt-Offering;
a he-goat for an Absolution-Offering;
two oxen, five rams, five he-goats, and five yearling lambs to be sacrificed as a Peace-Offering.
This was the offering of Gamaliel son of Pedahzur.

60-65 아홉째 날에는 베냐민 자손의 지도자, 기드오니의 아들 아비단이 제물을 가져왔다. 그가 드린 제물은 이러하다.
(성소 표준 중량으로) 무게가 1,430그램인 은쟁반 하나와 무게가 770그램인 은대접 하나. 이 두 그릇에는 곡식 제물로 드릴 기름 섞은 고운 곡식 가루가 가득 담겨 있었다.
무게가 110그램인 금접시 하나. 이 그릇에는 향이 가득 담겨 있었다.
번제물로 드릴 수송아지 한 마리, 숫양 한 마리, 일 년 된 어린 숫양 한 마리.
속죄 제물로 드릴 숫염소 한 마리.
화목 제물로 드릴 수소 두 마리, 숫양 다섯 마리, 숫염소 다섯 마리, 일 년 된 어린 숫양 다섯 마리.
이것이 기드오니의 아들 아비단이 드린 제물이다.

60-65 On the ninth day, Abidan son of Gideoni, the leader of the people of Benjamin, brought his offering. His offering was:
a silver plate weighing three and a quarter pounds and a silver bowl weighing one and three-quarter pounds (according to the standard Sanctuary weights), each filled with fine flour mixed with oil as a Grain-Offering;
a gold vessel weighing four ounces, filled with incense;
a young bull, a ram, and a yearling lamb for a Whole-Burnt-Offering;
a he-goat for an Absolution-Offering;
two oxen, five rams, five he-goats, and five yearling lambs to be sacrificed as a Peace-Offering.
This was the offering of Abidan son of Gideoni.

66-71 열째 날에는 단 자손의 지도자, 암미삿대의 아들 아히에셀이 제물을 가져왔다. 그가 드린 제물은 이러하다.
(성소 표준 중량으로) 무게가 1,430그램인 은쟁반 하나와 무게가 770그램인 은대접 하나. 이 두 그릇에는 곡식 제물로 드릴 기름 섞은 고운 곡식 가루가 가득 담겨 있었다.
무게가 110그램인 금접시 하나. 이 그릇에는 향이 가득 담겨 있었다.
번제물로 드릴 수송아지 한 마리, 숫양 한 마리, 일 년 된 어린 숫양 한 마리.
속죄 제물로 드릴 숫염소 한 마리.
화목 제물로 드릴 수소 두 마리, 숫양 다섯 마리, 숫염소 다섯 마리, 일 년 된 어린 숫양 다섯 마리.
이것이 암미삿대의 아들 아히에셀이 드린 제물이다.

66-71 On the tenth day, Ahiezer son of Ammishaddai, the leader of the people of Dan, brought his offering. His offering was:
a silver plate weighing three and a quarter pounds and a silver bowl weighing one and three-quarter pounds (according to the standard Sanctuary weights), each filled with fine flour mixed with oil as a Grain-Offering;
a gold vessel weighing four ounces, filled with incense;
a young bull, a ram, and a yearling lamb for a Whole-Burnt-Offering;
a he-goat for an Absolution-Offering;
two oxen, five rams, five he-goats, and five yearling lambs to be sacrificed as a Peace-Offering.
This was the offering of Ahiezer son of Ammishaddai.

72-77 열한째 날에는 아셀 자손의 지도자, 오그란의 아들 바기엘이 제물을 가져왔다. 그가 드린제물은 이러하다.
(성소 표준 중량으로) 무게가 1,430그램인 은쟁반 하나와 무게가 770그램인 은대접 하나. 이 두 그릇에는 곡식 제물로 드릴 기름 섞은 고운 곡식 가루가 가득 담겨 있었다.
무게가 110그램인 금접시 하나. 이 그릇에는 향이 가득 담겨 있었다.
번제물로 드릴 수송아지 한 마리, 숫양 한 마리, 일 년 된 어린 숫양 한 마리.
속죄 제물로 드릴 숫염소 한 마리.
화목 제물로 드릴 수소 두 마리, 숫양 다섯 마리, 숫염소 다섯 마리, 일 년 된 어린 숫양 다섯 마리.
이것이 오그란의 아들 바기엘이 드린 제물이다.

72-77 On the eleventh day, Pagiel son of Ocran, the leader of the people of Asher, brought his offering. His offering was:
a silver plate weighing three and a quarter pounds and a silver bowl weighing one and three-quarter pounds (according to the standard Sanctuary weights), each filled with fine flour mixed with oil as a Grain-Offering;
a gold vessel weighing four ounces, filled with incense;
a young bull, a ram, and a yearling lamb for a Whole-Burnt-Offering;
a he-goat for an Absolution-Offering;
two oxen, five rams, five he-goats, and five yearling lambs to be sacrificed as a Peace-Offering.
This was the offering of Pagiel son of Ocran.

78-83 열두째 날에는 납달리 자손의 지도자, 에난의 아들 아히라가 제물을 가져왔다. 그가 드린 제물은 이러하다.
(성소 표준 중량으로) 무게가 1,430그램인 은쟁반 하나와 무게가 770그램인 은대접 하나. 이 두 그릇에는 곡식 제물로 드릴 기름 섞은 고운 곡식 가루가 가득 담겨 있었다.
무게가 110그램인 금접시 하나. 이 그릇에는 향이 가득 담겨 있었다.
번제물로 드릴 수송아지 한 마리, 숫양 한 마리, 일 년 된 어린 숫양 한 마리.

78-83 On the twelfth day, Ahira son of Enan, the leader of the people of Naphtali, brought his offering. His offering was:
a silver plate weighing three and a quarter pounds and a silver bowl weighing one and three-quarter pounds (according to the standard Sanctuary weights), each filled with fine flour mixed with oil as a Grain-Offering;
a gold vessel weighing four ounces, filled with incense;
a young bull, a ram, and a yearling lamb for a Whole-Burnt-Offering;

속죄 제물로 드릴 숫염소 한 마리.
화목 제물로 드릴 수소 두 마리, 숫양 다섯 마리, 숫염소 다섯 마리, 일 년 된 어린 숫양 다섯 마리.
이것이 에난의 아들 아히라가 드린 제물이다.

84 제단에 기름을 부어 거룩하게 구별하던 때에 이스라엘의 지도자들이 드린 제물은 이러하다.

은쟁반 열둘
은대접 열둘
금접시 열둘.

85-86 각 쟁반의 무게는 1,430그램이고, 각 대접의 무게는 770그램이다. 쟁반과 대접을 모두 합한 무게는 (성소 표준 중량으로) 약 26,400그램이다. 향이 가득 담긴 금접시 열둘은 하나의 무게가 (성소 표준 중량으로) 110그램이다. 금접시를 모두 합한 무게는 약 1,320그램이다.
87 곡식 제물과 함께 번제물로 드린 짐승의 수는 이러하다.

수송아지 열두 마리
숫양 열두 마리
일 년 된 어린 숫양 열두 마리.

속죄 제물로 드린 짐승의 수는 이러하다.

숫염소 열두 마리.

88 화목 제물로 드린 짐승의 수는 이러하다.

수소 스물네 마리
숫양 육십 마리
숫염소 육십 마리
일 년 된 어린 숫양 육십 마리.

이것이 제단에 기름을 부어 구별한 뒤에 드린 *제단 봉헌 제물이다.*
89 모세가 하나님께 아뢰려고 회막에 들어갈 때면, 증거궤를 덮은 속죄판 위의 두 그룹 천사 사이에서 말씀하시는 그분의 음성을 들었다. 하나님께서 그와 말씀하신 것이다.

a he-goat for an Absolution-Offering;
two oxen, five rams, five he-goats, and five yearling lambs to be sacrificed as a Peace-Offering.
This was the offering of Ahira son of Enan.

84 These were the dedication offerings of the leaders of Israel for the anointing of the Altar:

twelve silver plates,
twelve silver bowls,
twelve gold vessels.

85-86 Each plate weighed three and a quarter pounds and each bowl one and three-quarter pounds. All the plates and bowls together weighed about sixty pounds (using the official Sanctuary weight). The twelve gold vessels filled with incense weighed four ounces each (using the official Sanctuary weight). Altogether the gold vessels weighed about three pounds.
87 The sum total of animals used for the Whole-Burnt-Offering together with the Grain-Offering:

twelve bulls,
twelve rams,
twelve yearling lambs.

For the Absolution-Offering:

twelve he-goats.

88 The sum total of animals used for the sacrifice of the Peace-Offering:

twenty-four bulls,
sixty rams,
sixty he-goats,
sixty yearling lambs.

These were the offerings for the dedication of the Altar after it was anointed.
89 When Moses entered the Tent of Meeting to speak with GOD, he heard the Voice speaking to him from between the two angel-cherubim above the Atonement-Cover on the Chest of The Testimony. He spoke with him.

등잔

8 1-2 하나님께서 모세에게 말씀하셨다. "아론에게, 등잔 일곱 개를 두어 등잔대 앞을 비추게 하라고 일러 주어라."

3-4 아론이 그대로 행했다. 하나님께서 모세에게 지시하신 대로, 등잔들을 설치하여 등잔대 앞을 비추게 했다. 등잔대는 줄기에서 꽃잎까지 두들겨 편 금으로 만들었다. 하나님께서 모세에게 보여주신 도안과 정확히 일치하게 만들었다.

레위인을 정결하게 하다

5-7 하나님께서 모세에게 말씀하셨다. "이스라엘 백성 가운데서 레위인을 데려다가, 그들을 정결하게 하여 하나님의 일을 할 수 있게 하여라. 너는 이렇게 하여라. 속죄의 물을 그들에게 뿌리고, 그들이 온몸의 털을 밀게 하고 자기 옷을 빨게 하여라. 그러면 그들이 정결하게 될 것이다.

8-11 그들에게 수송아지 한 마리를 가져오게 하고, 기름 섞은 고운 곡식 가루를 곡식 제물로 가져오게 하여라. 또한 다른 수송아지 한 마리를 속죄 제물로 가져오게 하여라. 레위인을 회막 앞으로 나오게 하고, 이스라엘 온 공동체를 모아라. 레위인을 하나님 앞에 세우면, 이스라엘 백성이 그들에게 손을 얹을 것이다. 아론은 이스라엘 백성으로부터 레위인을 넘겨받아 흔들어 바치는 제물로 하나님 앞에 바쳐야 한다. 이는 하나님의 일을 하도록 그들을 준비시키는 것이다.

12-14 너는 레위인에게 수송아지들의 머리에 손을 얹게 한 다음, 한 마리는 속죄 제물로, 다른 한 마리는 번제물로 하나님에게 바쳐 레위인을 위해 속죄하여라. 레위인을 아론과 그의 아들들 앞에 세우고, 그들을 흔들어 바치는 제물로 하나님에게 바쳐라. 이는 레위인을 이스라엘 백성에게서 구별하는 절차다. 레위인은 오직 나를 위해서만 존재한다.

15-19 네가 이렇게 레위인을 정결하게 하여 흔들어 바치는 제물로 하나님에게 바친 뒤에야, 그들이 회막에 들어가서 일할 수 있다. 이스라엘 백성 가운데서 레위인을 뽑은 것은 오직 내가 쓰기 위해서다. 그들은 이스라엘 여인들에게서 태어난 모든 맏아들을 대신하는 것이다. 짐승이든 사람이든, 이스라엘에서 처음 태어

The Lights

8 1-2 GOD spoke to Moses: "Tell Aaron, Install the seven lamps so they will throw light in front of the Lampstand."

3-4 Aaron did just that. He installed the lamps so they threw light in front of the Lampstand, as GOD had instructed Moses. The Lampstand was made of hammered gold from its stem to its petals. It was made precisely to the design GOD had shown Moses.

Purifying the Levites

5-7 GOD spoke to Moses: "Take the Levites from the midst of the People of Israel and purify them for doing GOD's work. This is the way you will do it: Sprinkle water of absolution on them; have them shave their entire bodies; have them scrub their clothes. Then they will have purified themselves.

8-11 "Have them take a young bull with its accompanying Grain-Offering of fine flour mixed with oil, plus a second young bull for an Absolution-Offering. Bring the Levites to the front of the Tent of Meeting and gather the entire community of Israel. Present the Levites before GOD as the People of Israel lay their hands on them. Aaron will present the Levites before GOD as a Wave-Offering from the People of Israel so that they will be ready to do GOD's work.

12-14 "Have the Levites place their hands on the heads of the bulls, selecting one for the Absolution-Offering and another for the Whole-Burnt-Offering to GOD to make atonement for the Levites. Then have the Levites stand in front of Aaron and his sons and present them as a Wave-Offering to GOD. This is the procedure for setting apart the Levites from the rest of the People of Israel; the Levites are exclusively for my use.

15-19 "After you have purified the Levites and presented them as a Wave-Offering to GOD, they can go to work in the Tent of Meeting. The Levites have been selected out of the People of Israel for my exclusive use; they function in place of every firstborn male born to an Israelite woman. Every firstborn male in Israel, animal or human, is set apart for my use. When I struck down all the firstborn of Egypt, I consecrated them for my holy uses. But now I take the Levites as stand-ins in place of every firstborn

난 것은 모두 내가 쓰려고 따로 구별해 둔 것이다. 내가 이집트의 모든 맏아들을 치던 날, 나는 그들을 거룩하게 쓰려고 구별해 두었다. 그러나 이제 나는 이스라엘 백성 가운데서 뽑은 레위인을 이스라엘의 모든 맏아들 대신 받아, 그들을 아론과 그의 아들들에게 주었다. 이는 그들이 이스라엘 백성을 위해 회막과 관련된 모든 일을 하고 이스라엘 백성을 위해 속죄하게 하여, 이스라엘 백성이 성소에 가까이 나아올 때 나쁜 일이 일어나지 않게 하려는 것이다."

20-22 모세와 아론과 이스라엘 백성 온 공동체는 하나님께서 모세에게 명령하신 대로, 이 절차들을 레위인과 함께 실행에 옮겼다. 레위인은 자기 몸을 정결하게 하고 자기 옷을 깨끗이 빨았다. 아론은 그들을 흔들어 바치는 제물로 하나님 앞에 드리고, 그들을 위해 속죄하여 그들을 정결하게 했다. 그런 뒤에 레위인은 회막으로 가서 일을 했다. 아론과 그의 아들들은 하나님의 지시에 따라 그들을 감독했다.

23-26 하나님께서 모세에게 말씀하셨다. "이것은 레위인에 관한 지침이다. 그들은 스물다섯 살이 되면 회막에 들어가 일을 시작해야 한다. 쉰 살이 되면 일에서 물러나야 한다. 그들은 형제들이 회막에서 하는 일을 도울 수는 있지만, 직접 그 일을 맡아 해서는 안된다. 이것이 레위인의 직무에 관한 기본 규례다."

두 번째 유월절

9 1-3 이집트를 떠난 이듬해 첫째 달에 하나님께서 시내 광야에서 모세에게 말씀하셨다. "이스라엘 백성이 정해진 때에 유월절을 기념하여 지키게 하여라. 예정대로 이 달 십사 일 저녁에 모든 규례와 절차에 따라 유월절을 기념하여 지켜라."

4-5 모세가 이스라엘 백성에게 유월절을 기념하여 지키라고 명령하자, 그들이 첫째 달 십사 일 저녁에 시내 광야에서 유월절을 지켰다. 이스라엘 백성은 하나님께서 모세에게 명령하신 대로 모두 행했다.

6-7 그러나 그들 가운데 몇 사람은 주검 때문에 부정하게 되어 정해진 날에 유월절을 지킬 수 없었다. 그들이 유월절에 모세와 아론에게 나와서, 모세에게 말했다. "우리가 주검 때문에 부정하게 되기는 했지만, 어찌하여 우리가 유월절 정해진 때에 다른 이스라엘 자손과 함께 하나님께 제물을

son in Israel, selected out of the People of Israel, and I have given the Levites to Aaron and his sons to do all the work involved in the Tent of Meeting on behalf of all the People of Israel and to make atonement for them so that nothing bad will happen to them when they approach the Sanctuary."

20-22 Moses, Aaron, and the entire community of the People of Israel carried out these procedures with the Levites, just as GOD had commanded Moses. The Levites purified themselves and scrubbed their clothes. Then Aaron presented them as a Wave-Offering before GOD and made atonement for them to purify them. Only then did the Levites go to work at the Tent of Meeting. Aaron and his sons supervised them following the directions GOD had given.

23-26 GOD spoke to Moses: "These are your instructions regarding the Levites: At the age of twenty-five they will join the workforce in the Tent of Meeting; at the age of fifty they must retire from the work. They can assist their brothers in the tasks in the Tent of Meeting, but they are not permitted to do the actual work themselves. These are the ground rules for the work of the Levites."

Passover

9 1-3 GOD spoke to Moses in the Wilderness of Sinai in the first month of the second year after leaving Egypt: "Have the People of Israel celebrate Passover at the set time. Celebrate it on schedule, on the evening of the fourteenth day of this month, following all the rules and procedures."

4-5 Moses told the People of Israel to celebrate the Passover and they did—in the Wilderness of Sinai at evening of the fourteenth day of the first month. The People of Israel did it all just as GOD had commanded Moses.

6-7 But some of them couldn't celebrate the Passover on the assigned day because they were ritually unclean on account of a corpse. So they presented themselves before Moses and Aaron on Passover and told Moses, "We have become ritually unclean because of a corpse, but why should we

드리지 못하게 막는 것입니까?"
8 모세가 대답했다. "시간을 좀 주십시오. 하나님께서 여러분의 처지를 보시고 어떻게 말씀하시는지 알아보겠습니다."
9-12 하나님께서 모세에게 말씀하셨다. "너는 이스라엘 백성에게 이렇게 일러 주어라. 너희 가운데 어떤 사람이 주검 때문에 부정하게 되었거나 먼 여행길에 있다 하더라도, 하나님의 유월절을 기념하여 지킬 수 있다. 그러나 그런 사람은 둘째 달 십사 일 저녁에 유월절을 지켜야 한다. 누룩을 넣지 않은 빵과 쓴 나물을 곁들여 유월절 양을 먹고, 다음날 아침까지 아무것도 남기지 마라. 어린양의 뼈를 꺾지도 마라. 모든 절차를 그대로 따라라.
13 그러나 정결한 사람이나 여행중이 아닌 사람이 유월절을 지키지 않으면, 그 사람은 자기 백성 가운데서 끊어져야 한다. 정해진 때에 하나님에게 제물을 바치지 않았기 때문이다. 그러한 사람은 자기 죄값을 치르게 될 것이다.
14 너희와 함께 사는 외국인이 하나님의 유월절을 지키려면, 모든 규례와 절차를 따라야 한다. 외국인이나 본국인에게나 똑같은 절차가 적용된다."

성막을 덮은 구름

15-16 성막을 세우던 날, 구름이 성막 곧 증거판이 보관된 성막을 덮었다. 해가 질 무렵부터 새벽녘까지 구름이 성막을 덮고 있었다. 그 구름은 불처럼 보였다. 구름은 그렇게 항상 성막을 덮고 있었고, 밤이 되면 불처럼 보였다.
17-23 구름이 성막 위로 올라갈 때면 이스라엘 백성이 행진했고, 구름이 내려와 머물 때면 백성이 진을 쳤다. 이스라엘 백성은 하나님의 명령에 따라 행진하고, 하나님의 명령에 따라 진을 쳤다. 구름이 성막 위에 머무는 동안에는 진을 쳤다. 구름이 성막 위에 여러 날을 머물면, 그들은 하나님의 명령에 따라 행진하지 않았다. 구름이 성막 위에 머물러 있는 동안에는 하나님의 명령에 순종하여 진안에 머물렀고, 하나님께서 명령을 내리시면 곧바로 행진했다. 구름이 해가 질 무렵부터 새벽녘까지 머물다가 동이 틀 무렵에 올라가면, 그들은 행진했다. 밤이든 낮이든 상관없이, 구름이 올라가면 그들은 행진했다. 구름이 성막 위에 이틀을 머물든 한 달을 머물든 한 해를 머물든 상관이 없었다. 구름이 성막 위에 머무는 동안에는 그들도 그 자리에 머물렀다. 그러다가 구름이 올라가면, 그들도 일어나 행진했다. 그들은 하나님의 명령에

be barred from bringing GOD's offering along with other Israelites on the day set for Passover?"
8 Moses said, "Give me some time; I'll find out what GOD says in your circumstances."
9-12 GOD spoke to Moses: "Tell the People of Israel, If one or another of you is ritually unclean because of a corpse, or you happen to be off on a long trip, you may still celebrate GOD's Passover. But celebrate it on the fourteenth day of the second month at evening. Eat the lamb together with unraised bread and bitter herbs. Don't leave any of it until morning. Don't break any of its bones. Follow all the procedures.
13 "But a man who is ritually clean and is not off on a trip and still fails to celebrate the Passover must be cut off from his people because he did not present GOD's offering at the set time. That man will pay for his sin.
14 "Any foreigner living among you who wants to celebrate GOD's Passover is welcome to do it, but he must follow all the rules and procedures. The same procedures go for both foreigner and native-born."

The Cloud

15-16 The day The Dwelling was set up, the Cloud covered The Dwelling of the Tent of Testimony. From sunset until daybreak it was over The Dwelling. It looked like fire. It was like that all the time, the Cloud over The Dwelling and at night looking like fire.
17-23 When the Cloud lifted above the Tent, the People of Israel marched out; and when the Cloud descended the people camped. The People of Israel marched at GOD's command and they camped at his command. As long as the Cloud was over The Dwelling, they camped. Even when the Cloud hovered over The Dwelling for many days, they honored GOD's command and wouldn't march. They stayed in camp, obedient to GOD's command, as long as the Cloud was over The Dwelling, but the moment GOD issued orders they marched. If the Cloud stayed only from sunset to daybreak and then lifted at daybreak, they marched. Night or day, it made

따라 진을 치고, 하나님의 명령에 따라 행진했다. 그들은 모세가 전한 하나님의 명령에 순종하며 살았다.

두 개의 나팔

10 1-3 하나님께서 모세에게 말씀하셨다. "너는 두들겨 편 은으로 나팔 두 개를 만들어라. 회중을 불러 모으거나 진에 행진 명령을 내릴 때, 이 두 나팔을 사용하여라. 나팔 둘을 같이 불면, 온 공동체가 회막 입구에 모여 너를 만날 것이다.

4-7 나팔 하나를 짧게 불면, 그것은 지도자들, 곧 가문의 우두머리들에게 모임을 알리는 신호다. 나팔 하나를 길게 불면, 그것은 행진하라는 신호다. 첫 번째 나팔소리에는 동쪽에 진을 친 지파들이 출발하고, 두 번째 나팔소리에는 남쪽에 진을 친 지파들이 출발한다. 긴 나팔소리는 행진하라는 신호다. 모임을 알리는 나팔소리와 행진을 알리는 신호는 다르다.

8-10 나팔을 부는 일은 아론의 아들들인 제사장들이 맡는다. 이것은 그들이 대대로 맡아야 할 임무다. 침략자들에 맞서 싸우러 나갈 때는 나팔을 길게 불어라. 그러면 하나님이 너희를 알아보고 너희 원수들에게서 너희를 구해 줄 것이다. 경축일과 정한 절기와 음력 초하룻날에는 번제물과 화목 제물을 바치며 나팔을 불어라. 그 소리를 듣고서 너희는 하나님에게 주의를 기울이게 될 것이다. 나는 하나님 너희 하나님이다."

시내 광야를 떠나 행진하다

11-13 둘째 해 둘째 달 이십 일에 증거판이 보관된 성막 위로 구름이 올라갔다. 그러자 이스라엘 백성은 시내 광야에서 출발하여 구름이 바란 광야에 내려앉을 때까지 이동했다. 그들은 하나님께서 모세를 통해 주신 명령에 따라 행진을 시작했다.

14-17 유다 진영의 깃발이 앞장섰고, 암미나답의 아들 나손의 지휘 아래 부대별로 출발했다. 잇사갈 지파의 부대는 수알의 아들 느다넬이 이끌었고, 스불론 지파의 부대는 헬론의 아들 엘리압이 이끌었다. 성막을 거두자, 게르손 자손과 므라리 자손이 성막을 메고 출발했다.

no difference—when the Cloud lifted, they marched. It made no difference whether the Cloud hovered over The Dwelling for two days or a month or a year, as long as the Cloud was there, they were there. And when the Cloud went up, they got up and marched. They camped at GOD's command and they marched at GOD's command. They lived obediently by GOD's orders as delivered by Moses.

The Two Bugles

10 1-3 GOD spoke to Moses: "Make two bugles of hammered silver. Use them to call the congregation together and give marching orders to the camps. When you blow them, the whole community will meet you at the entrance of the Tent of Meeting.

4-7 "When a bugle gives a single, short blast, that's the signal for the leaders, the heads of the clans, to assemble. When it gives a long blast, that's the signal to march. At the first blast the tribes who were camped on the east set out. At the second blast the camps on the south set out. The long blasts are the signals to march. The bugle call that gathers the assembly is different from the signal to march.

8-10 "The sons of Aaron, the priests, are in charge of blowing the bugles; it's their assigned duty down through the generations. When you go to war against an aggressor, blow a long blast on the bugle so that GOD will notice you and deliver you from your enemies. Also at times of celebration, at the appointed feasts and New Moon festivals, blow the bugles over your Whole-Burnt-Offerings and Peace-Offerings: they will keep your attention on God. I am GOD, *your* God."

The March from Sinai to Paran

11-13 In the second year, on the twentieth day of the second month, the Cloud went up from over The Dwelling of The Testimony. At that the People of Israel set out on their travels from the Wilderness of Sinai until the Cloud finally settled in the Wilderness of Paran. They began their march at the command of GOD through Moses.

14-17 The flag of the camp of Judah led the way, rank after rank under the command of Nahshon son of Amminadab. Nethanel son of Zuar commanded the

18-21 르우벤 진영의 깃발이 그 뒤를 이었는데, 스데울의 아들 엘리술이 부대를 이끌었다. 시므온 지파의 부대는 수리삿대의 아들 슬루미엘이 이끌었고, 갓 지파의 부대는 드우엘의 아들 엘리아삽이 이끌었다. 이어서 고핫 자손이 거룩한 물건들을 메고 출발했다. 이들이 도착하기 전에 성막이 세워져 있어야 했다.
22-24 뒤이어 에브라임 지파의 깃발이 출발했는데, 암미훗의 아들 엘리사마가 부대를 이끌었다. 므낫세 지파의 부대는 브다술의 아들 가말리엘이 이끌었고, 베냐민 지파의 부대는 기드오니의 아들 아비단이 이끌었다.
25-27 마지막으로, 모든 진영의 후방 경계를 맡은 단 지파가 깃발을 앞세우고 행진했는데, 암미삿대의 아들 아히에셀이 이끌었다. 아셀 지파의 부대는 오그란의 아들 바기엘이 이끌었고, 납달리 지파의 부대는 에난의 아들 아히라가 이끌었다.
28 이것이 이스라엘 백성의 행진 대형이었다. 그들은 이렇게 길을 떠났다.

29 모세가 자신의 처남 호밥에게 말했다. 그는 미디안 사람이자 모세의 장인인 르우엘의 아들이었다. "이제 우리는 하나님께서 '내가 너희에게 주겠다'고 약속하신 곳으로 행진할 것이네. 우리가 자네를 선대할 테니, 우리와 함께 가세. 하나님께서 이스라엘에게 좋은 것을 약속해 주셨다네."
30 호밥이 말했다. "가지 않겠습니다. 나는 내 고향, 내 가족에게로 돌아갈 작정입니다."
31-32 그러자 모세가 대답했다. "우리를 떠나지 말게. 광야에서 진을 칠 최적의 장소를 두루 아는 사람은 자네밖에 없네. 우리에게는 자네의 안목이 필요하네. 우리와 함께 가면, 하나님께서 우리에게 베풀어 주신 온갖 좋은 것을 자네에게도 나누어 주겠네."

33-36 그들은 행진했다. 그들은 하나님의 산을 떠나서, 하나님의 언약궤를 앞세우고 사흘길을 행진해 진을 칠 곳을 찾았다. 낮에 그들이 진영을 떠나 행진할 때면, 하나님의 구름이 그들 위에 머물렀다. 언약궤를 앞세우고 갈 때면, 모세는 이렇게 말했다.

하나님, 일어나소서!

forces of the tribe of Issachar, and Eliab son of Helon commanded the forces of the tribe of Zebulun. As soon as The Dwelling was taken down, the Gershonites and the Merarites set out, carrying The Dwelling.
18-21 The flag of the camp of Reuben was next with Elizur son of Shedeur in command. Shelumiel son of Zurishaddai commanded the forces of the tribe of Simeon; Eliasaph son of Deuel commanded the forces of the tribe of Gad. Then the Kohathites left, carrying the holy things. By the time they arrived The Dwelling would be set up.
22-24 The flag of the tribe of Ephraim moved out next, commanded by Elishama son of Ammihud. Gamaliel son of Pedahzur commanded the forces of the tribe of Manasseh; Abidan son of Gideoni commanded the forces of the tribe of Benjamin.
25-27 Finally, under the flag of the tribe of Dan, the rear guard of all the camps marched out with Ahiezer son of Ammishaddai in command. Pagiel son of Ocran commanded the forces of the tribe of Asher; Ahira son of Enan commanded the forces of the tribe of Naphtali.
28 These were the marching units of the People of Israel. They were on their way.

29 Moses said to his brother-in-law Hobab son of Reuel the Midianite, Moses' father-in-law, "We're marching to the place about which GOD promised, 'I'll give it to you.' Come with us; we'll treat you well. GOD has promised good things for Israel."
30 But Hobab said, "I'm not coming; I'm going back home to my own country, to my own family."
31-32 Moses countered, "Don't leave us. You know all the best places to camp in the wilderness. We need your eyes. If you come with us, we'll make sure that you share in all the good things GOD will do for us."

33-36 And so off they marched. From the Mountain of GOD they marched three days with the Chest of the Covenant of GOD in the lead to scout out a campsite. The Cloud of GOD was above them by day when they marched from the camp. With the Chest leading the way, Moses would say,

Get up, GOD!

주의 원수들을 물리치소서!
주를 미워하는 자들을 산으로 쫓아내소서!

그리고 언약궤를 내려놓을 때면, 이렇게 말했다.

하나님, 저희와 함께 쉬소서.
이스라엘의 많고 많은
사람들과 함께 머무소서.

하나님의 불이 타오르다

11 1-3 백성이 자신들의 고단한 삶을 두고 불평하기 시작했다. 하나님께서 그 불평을 들으시고 진노를 발하셨다. 하나님께로부터 불이 타올라 진 바깥 경계를 불태웠다. 백성이 모세에게 소리쳐 도움을 청했다. 모세가 하나님께 기도하자, 불이 꺼졌다. 하나님의 불이 그들을 향해 타올랐기 때문에, 그곳의 이름을 다베라(불사름)라고 했다.

지도자 칠십 명을 세우다

4-6 백성 가운데 있던 어중이떠중이 무리가 탐욕을 품자, 이윽고 이스라엘 백성도 울며 불평을 터뜨렸다. "어째서 우리는 고기를 먹을 수 없는 거지? 이집트에서는 오이와 수박, 부추와 양파와 마늘은 말할 것도 없고 생선까지 공짜로 먹었는데 말이야! 여기에는 맛있는 것이 하나도 없다. 우리가 먹을 것이라고는 온통 만나, 만나, 만나뿐이다."
7-9 만나는 씨앗 모양이었고 겉은 송진처럼 반들반들했다. 백성이 돌아다니며 그것을 모아서 맷돌에 갈거나 절구에 넣어 곱게 빻았다. 그런 다음 냄비에 넣어 익힌 후에 빚어서 과자를 만들었다. 그 맛은 올리브기름에 튀긴 과자 맛 같았다. 밤에 이슬이 진 위로 내리면, 만나도 함께 내렸다.
10 모세는 온 집안이 저마다 자기 장막 앞에서 울며 불평하는 소리를 들었다. 하나님께서 크게 진노하셨다. 모세는 사태가 심각하다는 것을 깨달았다.
11-15 모세가 하나님께 아뢰었다. "어찌하여 저를 이렇게 대하십니까? 제가 이런 대접을 받을 만한 일을 하나님께 한 적이 있습니까? 제가 이들을 낳았습니까? 제가 이들의 어미라도 된다는 말입니까? *어찌하여 이 백성의 무거운 짐을 저에게 지우십니까?* 왜 저에게 아이를 품은 어미처럼 이들을 안고 다니라고 하십니까? 어찌하여 이들의 조상에게 약속하신 땅에 이르기까지 이들을 안고 가라고 하십니까? 이 백성이 모두 '고기가 먹고 싶으니, 고기를

Put down your enemies!
Chase those who hate you to the hills!

And when the Chest was set down, he would say,

Rest with us, GOD,
Stay with the many,
Many thousands of Israel.

Camp Taberah

11 1-3 The people fell to grumbling over their hard life. GOD heard. When he heard his anger flared; then fire blazed up and burned the outer boundaries of the camp. The people cried out for help to Moses; Moses prayed to GOD and the fire died down. They named the place Taberah (Blaze) because fire from GOD had blazed up against them.

Camp Kibroth Hattaavah

4-6 The riffraff among the people had a craving and soon they had the People of Israel whining, "Why can't we have meat? We ate fish in Egypt–and got it free!–to say nothing of the cucumbers and melons, the leeks and onions and garlic. But nothing tastes good out here; all we get is manna, manna, manna."
7-9 Manna was a seedlike substance with a shiny appearance like resin. The people went around collecting it and ground it between stones or pounded it fine in a mortar. Then they boiled it in a pot and shaped it into cakes. It tasted like a delicacy cooked in olive oil. When the dew fell on the camp at night, the manna was right there with it.
10 Moses heard the whining, all those families whining in front of their tents. GOD's anger blazed up. Moses saw that things were in a bad way.
11-15 Moses said to GOD, "Why are you treating me this way? What did I ever do to you to deserve this? Did I conceive them? Was I their mother? So why dump the responsibility of this people on me? Why tell me to carry them around like a nursing mother, carry them all the way to

주십시오' 하며 불평하는데, 이들에게 줄 고기를 제가 어디서 얻을 수 있겠습니까? 이 일은 저 혼자 할 수 있는 일이 아닙니다. 이 백성을 모두 안고 가는 것은 너무나 버거운 일입니다. 저를 이리 대하시려거든, 차라리 죽여 주십시오. 저는 볼 만큼 보고, 겪을 만큼 겪었습니다. 저를 여기서 벗어나게 해주십시오."

16-17 하나님께서 모세에게 말씀하셨다. "이스라엘의 지도자들 가운데서 칠십 명을 불러 모아라. 그들은 네가 아는 이들로, 존경받고 신뢰할 만한 사람들이어야 한다. 그들을 회막으로 데려오너라. 내가 거기서 너를 만나겠다. 내가 내려가서 너와 이야기하겠다. 내가 네게 내려 준 영을 그들에게도 내려 주겠다. 그러면 그들이 이 백성의 짐을 일부 짊어질 수 있을 것이다. 너 혼자 그 짐을 다 짊어지려고 애쓰지 않아도 될 것이다.

18-20 너는 백성에게 이렇게 일러 주어라. 너희 자신을 거룩하게 구별하여라. 고기를 먹게 될 내일을 위해 준비하여라. 너희는 하나님에게 '고기를 원합니다. 고기를 주십시오. 이집트에서도 이보다는 더 잘 살았습니다' 하고 불평했다. 하나님이 너희의 불평을 들었으니, 너희에게 고기를 주겠다. 너희는 고기를 먹게 될 것이다. 너희는 고기를 하루만 먹고 말 것이 아니다. 이틀이나, 닷새나, 열흘이나, 스무 날도 아니다. 한 달 내내 먹게 될 것이다. 콧구멍에서 고기 냄새가 날 때까지 먹게 될 것이다. 고기 이야기만 나와도 구역질을 할 만큼 고기에 질리고 말 것이다. 너희 가운데 있는 하나님을 너희가 거부하고, 그 얼굴을 향해 '아이고, 우리가 어쩌자고 이집트를 떠났던가?' 하면서 불평했기 때문이다."

21-22 모세가 아뢰었다. "제가 이 자리에 서 있지만, 지금 이 자리에는 걸어서 행진하는 장정 60만 명이 저를 둘러싸고 있습니다. 하나님께서는 '내가 그들에게 고기를 주겠다. 한 달 동안 매일 고기를 주겠다'고 하시는데, 그 고기가 어디서 나온단 말입니까? 양 떼와 소 떼를 다 잡는다고 한들 넉넉하겠습니까? 바다의 고기를 다 잡는다고 한들 충분하겠습니까?"

23 하나님께서 모세에게 대답하셨다. "그래서, 너는 내가 너희를 보살피지 못할 것이라고 생각하느냐? 이제 너는 내가 말한 것이 너희에게 일어나는지 안 일어나는지 곧 보게 될 것이다."

24-25 모세가 밖으로 나가서 하나님께서 하신 말씀을 백성에게 알렸다. 그는 지도자 칠십 명을 불러

the land you promised to their ancestors? Where am I supposed to get meat for all these people who are whining to me, 'Give us meat; we want meat.' I can't do this by myself—it's too much, all these people. If this is how you intend to treat me, do me a favor and kill me. I've seen enough; I've had enough. Let me out of here."

16-17 GOD said to Moses, "Gather together seventy men from among the leaders of Israel, men whom you know to be respected and responsible. Take them to the Tent of Meeting. I'll meet you there. I'll come down and speak with you. I'll take some of the Spirit that is on you and place it on them; they'll then be able to take some of the load of this people—you won't have to carry the whole thing alone.

18-20 "Tell the people, Consecrate yourselves. Get ready for tomorrow when you're going to eat meat. You've been whining to GOD, 'We want meat; give us meat. We had a better life in Egypt.' GOD has heard your whining and he's going to give you meat. You're going to eat meat. And it's not just for a day that you'll eat meat, and not two days, or five or ten or twenty, but for a whole month. You're going to eat meat until it's coming out your nostrils. You're going to be so sick of meat that you'll throw up at the mere mention of it. And here's why: Because you have rejected GOD who is right here among you, whining to his face, 'Oh, why did we ever have to leave Egypt?'"

21-22 Moses said, "I'm standing here surrounded by 600,000 men on foot and you say, 'I'll give them meat, meat every day for a month.' So where's it coming from? Even if all the flocks and herds were butchered, would that be enough? Even if all the fish in the sea were caught, would that be enough?"

23 GOD answered Moses, "So, do you think I can't take care of you? You'll see soon enough whether what I say happens for you or not."

24-25 So Moses went out and told the people what GOD had said. He called together seventy of the leaders and had them stand around the Tent. GOD came down in a cloud and spoke to Moses

모아 그들을 장막 주위에 세웠다. 하나님께서 구름 가운데 내려오셔서 모세에게 말씀하시고, 모세에게 내린 영을 칠십 명의 지도자들에게도 내려 주셨다. 그 영이 그들에게 내려와 머물자, 그들이 예언을 했다. 그러나 예언을 계속하지는 못했다. 그것은 단 한 번 일어난 일이었다.

26 한편 두 사람, 곧 엘닷과 메닷이 진 안에 남아 있었다. 그들은 지도자 명단에 들어 있었지만, 장막으로 가지 않고 진에 있었다. 그런데도 영이 그들에게 내려와 머물렀고, 그들도 진에서 예언을 했다.
27 한 젊은이가 모세에게 달려와서 알렸다. "엘닷과 메닷이 진에서 예언하고 있습니다!"
28 그러자 젊은 시절부터 모세의 오른팔 역할을 해 온 눈의 아들 여호수아가 말했다. "나의 주인 모세여! 그들을 말리셔야 합니다!"
29 그러나 모세는 이렇게 말했다. "네가 나를 위해 시기하는 것이냐? 나는 하나님의 백성이 다 예언자가 되었으면 좋겠다. 하나님께서 모든 백성에게 그분의 영을 내려 주셨으면 좋겠다."

30-34 모세와 이스라엘의 지도자들이 진으로 돌아왔다. 하나님께서 일으키신 바람이 바다에서 메추라기를 몰고 왔다. 메추라기가 진 안에 90센티미터가량 쌓였고, 진 밖으로는 사방 하룻길 되는 거리까지 쌓였다. 그날 낮과 밤과 그 다음날까지 백성이 나가서 종일토록 메추라기를 주워 모으니, 그 양이 상당했다. 그들 가운데 가장 적게 거둔 사람도 2,200리터를 모았다. 그들은 그것들을 진 사방에 널어 말렸다. 그러나 그들이 메추라기를 씹어 미처 한 입 삼키기도 전에, 하나님께서 백성에게 크게 진노하셨다. 하나님께서 그들을 끔찍한 전염병으로 치셨다. 결국 그들은 그곳을 기브롯핫다아와(탐욕의 무덤)라고 불렀다. 그들은 고기를 탐한 백성을 그곳에 묻었다.
35 그들은 기브롯핫다아와를 떠나 하세롯으로 행진해 갔다. 그들은 하세롯에 머물렀다.

미리암과 아론이 모세에게 대항하다

12 1-2 (모세가 아내로 맞아들인) 구스 여인 때문에 미리암과 아론이 뒤에서 모세를 비방했다. 그들이 말했다. "하나님께서 모세를 통

and took some of the Spirit that was on him and put it on the seventy leaders. When the Spirit rested on them they prophesied. But they didn't continue; it was a onetime event.

26 Meanwhile two men, Eldad and Medad, had stayed in the camp. They were listed as leaders but they didn't leave camp to go to the Tent. Still, the Spirit also rested on them and they prophesied in the camp.
27 A young man ran and told Moses, "Eldad and Medad are prophesying in the camp!"
28 Joshua son of Nun, who had been Moses' right-hand man since his youth, said, "Moses, master! Stop them!"
29 But Moses said, "Are you jealous for me? Would that all GOD's people were prophets. Would that GOD would put his Spirit on all of them."

30-34 Then Moses and the leaders of Israel went back to the camp. A wind set in motion by GOD swept quails in from the sea. They piled up to a depth of about three feet in the camp and as far out as a day's walk in every direction. All that day and night and into the next day the people were out gathering the quail—huge amounts of quail; even the slowest person among them gathered at least sixty bushels. They spread them out all over the camp for drying. But while they were still chewing the quail and had hardly swallowed the first bites, GOD's anger blazed out against the people. He hit them with a terrible plague. They ended up calling the place Kibroth Hattaavah (Graves-of-the-Craving). There they buried the people who craved meat.
35 From Kibroth Hattaavah they marched on to Hazeroth. They remained at Hazeroth.

Camp Hazeroth

12 1-2 Miriam and Aaron talked against Moses behind his back because of his Cushite wife (he had married a Cushite woman).

해서만 말씀하시느냐? 우리를 통해서도 말씀하시
지 않느냐?"
하나님께서 그들이 하는 말을 들으셨다.
3-8 모세는 아주 겸손한 사람이었다. 그는 이 땅에
사는 어떤 사람보다도 겸손했다. 하나님께서 갑자
기 모세와 아론과 미리암 사이에 개입하셨다. "너
희 셋은 회막으로 나아오너라." 그들 셋이 나아오
자, 하나님께서 구름기둥 가운데 내려오셔서 장막
입구에 서 계셨다. 그분께서 아론과 미리암을 부르
셨다. 그들이 나아가자, 하나님께서 말씀하셨다.

너희는 내가 하는 말을 잘 들어라.
너희 가운데 하나님의 예언자가 있으면,
나는 환상으로 나 자신을 그에게 알리고
꿈속에서 그에게 말할 것이다.
그러나 나의 종 모세에게는 그렇게 하지 않는다.
그는 나의 집 어디든 마음대로 드나들도록 허락
받은 사람이다.
나는 그와 직접 친밀하게 말하고
수수께끼가 아닌 분명한 말로 이야기한다.
그는 하나님의 참 모습을 깊이 헤아리는 사람이다.
그런데 어찌하여 너희는 존경이나 경의를 표하
지 않고
나의 종 모세를 비방하는 것이냐?

9 하나님께서 그들에게 진노하고 떠나가셨다.
10 장막을 덮고 있던 구름이 걷히니, 미리암이 나병
에 걸려 피부가 눈처럼 하얗게 되었다. 아론이 미
리암을 살펴보니, 영락없는 나병환자였다!
11-12 아론이 모세에게 말했다. "나의 주인님, 우리
가 어리석게 생각 없이 지은 죄 때문에, 우리를 가
혹하게 벌하지 마십시오. 제발 미리암을, 몸이 반
쯤 썩은 채 모태에서 죽어 나온 아이처럼 저렇게
두지 마십시오."
13 그러자 모세가 하나님께 기도했다.

하나님, 미리암을 고쳐 주십시오.
부디 미리암을 고쳐 주십시오.

14-16 하나님께서 모세에게 응답하셨다. "미리암의
얼굴에 그녀의 아버지가 침을 뱉었어도, 그녀가 칠
일 동안은 부끄러워해야 하지 않겠느냐? 그녀를
칠 일 동안 진 밖에 격리시켜라. 그런 뒤에야 그녀
가 진으로 돌아올 수 있다." 그리하여 미리암은 칠
일 동안 진 밖에 격리되었다. 백성은 그녀가 돌아

They said, "Is it only through Moses that GOD speaks? Doesn't he also speak through us?" GOD overheard their talk.

3-8 Now the man Moses was a quietly humble man, more so than anyone living on Earth. GOD broke in suddenly on Moses and Aaron and Miriam saying, "Come out, you three, to the Tent of Meeting." The three went out. GOD descended in a Pillar of Cloud and stood at the entrance to the Tent. He called Aaron and Miriam to him. When they stepped out, he said,

Listen carefully to what I'm telling you.
If there is a prophet of GOD among you,
I make myself known to him in visions,
I speak to him in dreams.
But I don't do it that way with my servant Moses;
he has the run of my entire house;
I speak to him intimately, in person,
in plain talk without riddles:
He ponders the very form of GOD.
So why did you show no reverence or respect
in speaking against my servant, against Moses?

9 The anger of GOD blazed out against them. And then he left.
10 When the Cloud moved off from the Tent, oh! Miriam had turned leprous, her skin like snow. Aaron took one look at Miriam – a leper!
11-12 He said to Moses, "Please, my master, please don't come down so hard on us for this foolish and thoughtless sin. Please don't make her like a stillborn baby coming out of its mother's womb with half its body decomposed."
13 And Moses prayed to GOD:

Please, God, heal her,
please heal her.

14-16 GOD answered Moses, "If her father had spat in her face, wouldn't she be ostracized for seven days? Quarantine her outside the camp for seven days. Then she can be readmitted to the camp." So Miriam was in quarantine outside the

올 때까지 행진하지 않았다. 백성은 그녀가 돌아온 뒤에야 하세롯에서 출발하여, 바란 광야에 이르러 진을 쳤다.

camp for seven days. The people didn't march on until she was readmitted. Only then did the people march from Hazeroth and set up camp in the Wilderness of Paran.

가나안 땅 정탐

13 1-2 하나님께서 모세에게 말씀하셨다. "사람들을 보내어, 내가 이스라엘 백성에게 주려고 하는 가나안 땅을 정탐하게 하여라. 각 지파에서 한 사람씩 보내되, 각 지파에서 믿을 수 있는 검증된 지도자를 보내야 한다."

3-15 모세는 하나님의 명령에 따라 바란 광야에서 그들을 보냈다. 그들은 모두 각 지파에서 한 사람씩 뽑힌 이스라엘의 지도자들이었다. 그들의 이름은 이러하다.

르우벤 지파에서는 삭굴의 아들 삼무아
시므온 지파에서는 호리의 아들 사밧
유다 지파에서는 여분네의 아들 갈렙
잇사갈 지파에서는 요셉의 아들 이갈
에브라임 지파에서는 눈의 아들 호세아
베냐민 지파에서는 라부의 아들 발디
스불론 지파에서는 소디의 아들 갓디엘
(요셉 지파 가운데 하나인) 므낫세 지파에서는 수시의 아들 갓디
단 지파에서는 그말리의 아들 암미엘
아셀 지파에서는 미가엘의 아들 스둘
납달리 지파에서는 웝시의 아들 나비
갓 지파에서는 마기의 아들 그우엘.

16 이는 모세가 그 땅을 정탐하라고 보낸 사람들의 명단이다. 모세는 눈의 아들 호세아(구원)에게 여호수아(하나님께서 구원하신다)라는 새 이름을 지어 주었다.

17-20 모세는 가나안을 정탐하라고 그들을 보내면서 이렇게 말했다. "네겝 지역에 올라가 보고, 산지에도 가 보시오. 그 땅을 샅샅이 살펴보고, 그 땅이 어떠한지 조사하시오. 그 땅의 백성이 강한지 약한지, 그들의 수가 적은지 많은지 조사하시오. 그 땅이 살기 좋은 땅인지 척박한 땅인지 상세히 알아 오시오. 그들이 살고 있는 성읍들이 탁 트인 진인지 성곽으로 둘러쌓인 요새인지, 토양이 비옥한지 메마른지, 삼림이 우거져 있는지 상세히 알아 오시오. 그리고 그 땅에서 자라는 열매를 가져오시오. 지금은 포도가 처음 익는 철

Scouting Out Canaan

13 1-2 GOD spoke to Moses: "Send men to scout out the country of Canaan that I am giving to the People of Israel. Send one man from each ancestral tribe, each one a tried-and-true leader in the tribe."

3-15 So Moses sent them off from the Wilderness of Paran at the command of GOD. All of them were leaders in Israel, one from each tribe. These were their names:

from Reuben: Shammua son of Zaccur
from Simeon: Shaphat son of Hori
from Judah: Caleb son of Jephunneh
from Issachar: Igal son of Joseph
from Ephraim: Hoshea son of Nun
from Benjamin: Palti son of Raphu
from Zebulun: Gaddiel son of Sodi
from Manasseh (a Joseph tribe): Gaddi son of Susi
from Dan: Ammiel son of Gemalli
from Asher: Sethur son of Michael
from Naphtali: Nahbi son of Vophsi
from Gad: Geuel son of Maki.

16 These are the names of the men Moses sent to scout out the land. Moses gave Hoshea (Salvation) son of Nun a new name–Joshua (GOD-Saves).

17-20 When Moses sent them off to scout out Canaan, he said, "Go up through the Negev and then into the hill country. Look the land over, see what it is like. Assess the people: Are they strong or weak? Are there few or many? Observe the land: Is it pleasant or harsh? Describe the towns where they live: Are they open camps or fortified with walls? And the soil: Is it fertile or barren? Are there forests? And try to bring back a sample of the produce that grows there–this is the season for the first ripe grapes."

이오."

21-25 그들은 길을 떠났다. 그들은 신 광야에서 르보하맛 방면에 있는 르홉에 이르기까지 그 땅을 정탐했다. 그들은 네겝 사막을 지나 헤브론 성읍까지 이르렀다. 거기에는 거인족 아낙의 후손인 아히만 부족과 세새 부족과 달매 부족이 살고 있었다. 헤브론은 이집트의 소안보다 칠 년 먼저 세워진 곳이다. 그들은 에스골 골짜기에 이르러, 포도송이 하나가 달린 가지를 잘라 장대에 매달았다. 그것을 나르려면 두 사람이 필요했다. 또한 그들은 석류와 무화과도 땄다. 그들은 그곳 이름을 에스골 골짜기(포도송이 골짜기)라고 했다. 그곳에서 잘라 낸 포도송이가 엄청나게 컸기 때문이다. 그들은 그 땅을 사십 일 동안 정탐하고 돌아왔다.

26-27 그들은 가데스에 있는 바란 광야에서 모세와 아론과 이스라엘 백성 온 회중 앞에 모습을 드러냈다. 그들은 온 회중에게 보고하고 그 땅의 과일을 보여주었다. 그리고 자신들의 정탐 이야기를 들려주었다.

27-29 "우리를 보낸 그 땅으로 갔더니, 정말 그곳은 젖과 꿀이 흐르는 땅이었습니다! 이 과일 좀 보십시오! 그런데 문제는, 그곳에 사는 백성은 몹시 사납고, 그들의 성읍은 거대한 요새라는 점입니다. 더구나 우리는 거인족인 아낙 자손도 보았습니다. 아말렉 사람이 네겝 지역에 퍼져 있고, 헷 사람과 여부스 사람과 아모리 사람이 산지를 차지하고 있습니다. 그리고 가나안 사람이 지중해 바닷가와 요단 강가에 자리 잡고 있습니다."

30 갈렙이 이야기를 중단시키고 모세 앞에서 백성을 조용히 시킨 뒤에 말했다. "당장 올라가서 그 땅을 점령합시다. 우리는 할 수 있습니다."

31-33 그러나 다른 사람들이 이렇게 말했다. "우리는 그 백성을 칠 수 없소. 그들은 우리보다 강하오." 그러면서 그들은 이스라엘 백성 사이에 무시무시한 소문을 퍼뜨렸다. "우리가 그 땅 이쪽 끝에서 저쪽 끝까지 정탐해 보았는데, 그 땅은 사람들을 통째로 삼키는 땅이다. 우리가 본 그곳 사람들은 모두가 어마어마하게 컸다. 우리는 네피림 자손인 거인족도 보았다. (거인족인 아낙 자손은 네피림 자손에서 나왔다.) 그들 곁에 서니, 마치 우리가 메뚜기 같았다. 그들도 우리가 메뚜기라도 된다는 듯이 얕잡아 보았다."

21-25 With that they were on their way. They scouted out the land from the Wilderness of Zin as far as Rehob toward Lebo Hamath. Their route went through the Negev Desert to the town of Hebron. Ahiman, Sheshai, and Talmai, descendants of the giant Anak, lived there. Hebron had been built seven years before Zoan in Egypt. When they arrived at the Eshcol Valley they cut off a branch with a single cluster of grapes–it took two men to carry it–slung on a pole. They also picked some pomegranates and figs. They named the place Eshcol Valley (Grape-Cluster-Valley) because of the huge cluster of grapes they had cut down there. After forty days of scouting out the land, they returned home.

26-27 They presented themselves before Moses and Aaron and the whole congregation of the People of Israel in the Wilderness of Paran at Kadesh. They reported to the whole congregation and showed them the fruit of the land. Then they told the story of their trip:

27-29 "We went to the land to which you sent us and, oh! It does flow with milk and honey! Just look at this fruit! The only thing is that the people who live there are fierce, their cities are huge and well fortified. Worse yet, we saw descendants of the giant Anak. Amalekites are spread out in the Negev; Hittites, Jebusites, and Amorites hold the hill country; and the Canaanites are established on the Mediterranean Sea and along the Jordan."

30 Caleb interrupted, called for silence before Moses and said, "Let's go up and take the land–now. We can do it."

31-33 But the others said, "We can't attack those people; they're way stronger than we are." They spread scary rumors among the People of Israel. They said, "We scouted out the land from one end to the other–it's a land that swallows people whole. Everybody we saw was huge. Why, we even saw the Nephilim giants (the Anak giants come from the Nephilim). Alongside them we felt like grasshoppers. And they looked down on us as if we were grasshoppers."

백성의 반역

14 [1-3] 온 공동체가 큰 소란을 일으키며 밤새도록 울부짖었다. 이스라엘 온 백성이 모세와 아론에게 불평을 쏟아냈다. 공동체 전체가 여기에 가세했다. "차라리 우리가 이집트에서 죽었으면 좋았을 것을! 아니면 이 광야에서라도 죽었으면 좋았을 것을! 어쩌자고 하나님은 우리를 이 땅으로 데려와서 우리를 죽게 하시는가? 우리 아내와 자식들이 노획물이 되겠구나. 차라리 이집트로 돌아가는 편이 낫겠다! 당장 그렇게 하자!"

[4] 곧이어 그들은 서로 말했다. "새로운 지도자를 뽑아 이집트로 돌아가자."

[5] 모세와 아론은 비상 회의로 모인 온 공동체 앞에서 얼굴을 땅에 대고 엎드렸다.

[6-9] 정탐을 다녀온 이들 가운데 눈의 아들 여호수아와 여분네의 아들 갈렙이 자기 옷을 찢으며, 그 자리에 모여든 이스라엘 백성에게 말했다. "우리가 두루 다니며 정탐한 그 땅은 매우 아름답고 정말 좋은 땅입니다. 하나님께서 우리를 기뻐하시면, 저들이 말한 대로, 젖과 꿀이 흐르는 그 땅으로 우리를 인도하실 것입니다. 그 땅을 우리에게 주실 것입니다. 그러니 하나님을 배역하지 마십시오! 그 백성을 두려워하지 마십시오. 그렇습니다. 그들은 우리의 밥이 될 것입니다! 그들에게는 보호자가 없지만, 우리에게는 하나님이 계십니다. 그러니 그들을 두려워하지 마십시오!"

[10-12] 그러나 온 공동체가 들고일어나 그들을 돌로 치려고 했다.

그때 하나님의 빛나는 영광이 회막 가운데 나타났다. 모든 이스라엘 자손이 그것을 보았다. 하나님께서 모세에게 말씀하셨다. "이 백성이 언제까지 나를 업신여기겠느냐? 언제까지 나를 신뢰하지 않을 작정이냐? 내가 저들 가운데 일으킨 모든 표적을 보고도 저렇게 하는구나! 이것으로 충분하다. 이제 내가 저들을 전염병으로 쳐서 죽이겠다. 그러나 너는 저들보다 크고 강한 민족으로 만들겠다."

[13-16] 그러나 모세는 하나님께 이렇게 아뢰었다. "이집트 사람들이 듣겠습니다! 하나님께서는 큰 *능력을 보이시며 이 백성을 이집트에서 건져 내셨*는데, 이제 그리하시겠다니요? 이집트 사람들이 모든 사람에게 알릴 것입니다. 그들은 당신께서 하나님이시고, 이 백성 편이시며, 이 백성 가운데 계시다는 말을 이미 들었습니다. 그들은 이 백성

14 [1-3] The whole community was in an uproar, wailing all night long. All the People of Israel grumbled against Moses and Aaron. The entire community was in on it: "Why didn't we die in Egypt? Or in this wilderness? Why has GOD brought us to this country to kill us? Our wives and children are about to become plunder. Why don't we just head back to Egypt? And right now!"

[4] Soon they were all saying it to one another: "Let's pick a new leader; let's head back to Egypt."

[5] Moses and Aaron fell on their faces in front of the entire community, gathered in emergency session.

[6-9] Joshua son of Nun and Caleb son of Jephunneh, members of the scouting party, ripped their clothes and addressed the assembled People of Israel: "The land we walked through and scouted out is a very good land–very good indeed. If GOD is pleased with us, he will lead us into that land, a land that flows, as they say, with milk and honey. And he'll give it to us. Just don't rebel against GOD! And don't be afraid of those people. Why, we'll have them for lunch! They have no protection and GOD is on our side. Don't be afraid of them!"

[10-12] But, up in arms now, the entire community was talking of hurling stones at them.

Just then the bright Glory of GOD appeared at the Tent of Meeting. Every Israelite saw it. GOD said to Moses, "How long will these people treat me like dirt? How long refuse to trust me? And with all these signs I've done among them! I've had enough–I'm going to hit them with a plague and kill them. But I'll make you into a nation bigger and stronger than they ever were."

[13-16] But Moses said to GOD, "The Egyptians are going to hear about this! You delivered this people from Egypt with a great show of strength, and now this? The Egyptians will tell everyone. They've already heard that you are GOD, that you are on the side of this people, that you are present among them, that they see you with their own eyes in your Cloud that hovers over them, in the Pillar of Cloud that leads them by day and the

이 구름 속에서 하나님을 두 눈으로 뵙는다는 말도 들었습니다. 또한 그들은 구름이 이 백성 위에 머물면서, 낮에는 구름기둥으로 이 백성을 인도하고, 밤에는 불기둥으로 인도한다는 말도 들었습니다. 하나님께서 이 백성 전체를 단번에 죽이시면, 이제까지 진행되어 온 일을 들은 민족들이 '하나님은 저 백성을 약속한 땅으로 데리고 갈 능력이 없어서, 저들을 광야에서 무참히 죽여 버렸다' 하고 말할 것입니다.

17 전에 주께서 말씀하신 대로, 부디 주의 능력을 더 크게 펼치시기 바랍니다.

18 하나님은 노하기를 더디하고 그 사랑이 심히 커서
죄악과 반역과 죄를 용서하되,
죄를 그냥 덮어 두지는 않는다.
부모가 지은 죄의 결과를
삼사 대 자손에 이르기까지
미치게 한다.

19 이집트를 떠나던 날부터 이 백성을 줄곧 용서하신 것처럼, 하나님의 신실하신 사랑을 아낌없이 베푸셔서, 이 백성의 잘못을 용서해 주십시오."

20-23 하나님께서 말씀하셨다. "네 말을 존중하여 내가 저들을 용서하겠다. 그러나 내가 살아 있는 한, 그리고 하나님의 영광이 온 땅을 가득 채우고 있는 한, 나의 영광과 내가 이집트와 광야에서 행한 이적을 보았으면서도 끊임없이 나를 시험하며 내 말을 듣지 않은 자들은, 단 한 사람도, 내가 그들의 조상에게 엄숙히 약속한 땅을 보지 못할 것이다. 계속해서 나를 멸시한 자들은 어느 누구도 그 땅을 보지 못할 것이다.

24 그러나 나의 종 갈렙은 다르다. 그는 마음이 저들과 달라서, 전심으로 나를 따른다. 나는 그가 정탐한 땅으로 그를 들어가게 하고, 그의 자손이 그 땅을 물려받게 할 것이다.

25 아말렉 사람과 가나안 사람이 골짜기에 자리 잡고 있으니, 당장 진로를 바꿔 홍해에 이르는 길을 따라서 광야로 돌아가거라."

26-30 하나님께서 모세와 아론에게 말씀하셨다. "이 악한 공동체가 언제까지 내게 불평을 늘어놓겠느냐? 이 불평 많은 이스라엘 자손의 투덜거리는 소리를 내가 들을 만큼 들었다. 너는 그들에게 전하여라. 하나님의 말이다. 내가 살아 있음을 두

Pillar of Fire at night. If you kill this entire people in one stroke, all the nations that have heard what has been going on will say, 'Since GOD couldn't get these people into the land which he had promised to give them, he slaughtered them out in the wilderness.'

17 "Now, please, let the power of the Master expand, enlarge itself greatly, along the lines you have laid out earlier when you said,

18 GOD, slow to get angry and huge in loyal love,
forgiving iniquity and rebellion and sin;
Still, never just whitewashing sin.
But extending the fallout of parents' sins
to children into the third,
even the fourth generation.

19 "Please forgive the wrongdoing of this people out of the extravagance of your loyal love just as all along, from the time they left Egypt, you have been forgiving this people."

20-23 GOD said, "I forgive them, honoring your words. But as I live and as the Glory of GOD fills the whole Earth—not a single person of those who saw my Glory, saw the miracle signs I did in Egypt and the wilderness, and who have tested me over and over and over again, turning a deaf ear to me—not one of them will set eyes on the land I so solemnly promised to their ancestors. No one who has treated me with such repeated contempt will see it.

24 "But my servant Caleb—this is a different story. He has a different spirit; he follows me passionately. I'll bring him into the land that he scouted and his children will inherit it.

25 "Since the Amalekites and Canaanites are so well established in the valleys, for right now change course and head back into the wilderness following the route to the Red Sea."

26-30 GOD spoke to Moses and Aaron: "How long is this going to go on, all this grumbling against me by this evil-infested community? I've had my fill of complaints from these grumbling Israelites. Tell them, As I live—GOD's decree—here's what

고 맹세하건대, 이제 내가 이렇게 행하겠다. 너희는 주검이 되어 광야에 나뒹굴게 될 것이다. 인구조사 때 계수된 스무 살 이상의 사람들, 곧 불평하고 원망하던 이 세대가 모두 다 그렇게 될 것이다. 너희 가운데 아무도 내가 굳게 약속한 땅에 들어가지 못할 것이며, 그 땅에 너희 집도 짓지 못할 것이다. 그러나 여분네의 아들 갈렙과 눈의 아들 여호수아는 들어가게 될 것이다.

31-34 너희가 노획물로 사로잡혀 갈 것이라고 말한 너희의 자녀들만 내가 그 땅으로 데리고 들어가서, 너희가 거부한 그 땅을 차지하게 하겠다. 그러나 너희는 주검이 되어 광야에서 썩어질 것이다. 너희의 자녀들은 너희 세대가 다 주검이 되어 광야에 누울 때까지, 사십 년 동안 광야에서 양을 치며 너희가 지은 음란과 불성실의 죄를 짊어지고 살 것이다. 너희가 사십 일 동안 그 땅을 정탐했으니, 하루를 일 년으로 쳐서 사십 년 동안 너희 죄값으로 형기를 채워야 한다. 이는 너희가 나를 노하게 하여 받는 기나긴 훈련이다.

35 나 하나님이 말했듯이, 나는 악이 가득한 이 공동체, 나를 거슬러 한통속이 되어 버린 이 공동체 전체에 반드시 이 일을 행할 것이다. 그들은 이 광야에서 최후를 맞을 것이다. 그들은 여기서 죽을 것이다."

36-38 모세가 정탐을 보냈던 사람들이 돌아와서 그 땅에 대해 그릇된 소문을 유포시키며 온 공동체를 부추겨 모세에게 불평하게 했다. 그 사람들이 모두 죽었다. 그들은 그 땅에 대해 그릇된 소문을 퍼뜨리다가 하나님 앞에서 전염병으로 죽었다. 그 땅을 정탐하러 갔던 사람들 가운데 눈의 아들 여호수아와 여분네의 아들 갈렙만이 살아남았다.

39-40 모세가 이 모든 말씀을 이스라엘 백성에게 전하니, 그들이 몹시 슬퍼했다. 그들은 이튿날 아침 일찍 산지로 올라가며 말했다. "다 왔다. 이제 우리가 올라가기만 하면 된다. 하나님께서 우리에게 약속하신 땅으로 올라가서 그 땅을 치자. 우리가 죄를 지었으나, 지금이라도 그 땅을 치자."

41-43 모세가 말했다. "여러분은 어쩌자고 또 하나님의 명령을 거스르는 것입니까? 이 일은 결코 성공하지 못할 것입니다. 그들을 치러 가지 마십시오. 하나님께서 이 일에 여러분과 함께하지 않으십니다. 여러분은 적에게 처참하게 패하고 말 것입니다. 아말렉 사람과 가나안 사람이 여러분

I'm going to do: Your corpses are going to litter the wilderness–every one of you twenty years and older who was counted in the census, this whole generation of grumblers and grousers. Not one of you will enter the land and make your home there, the firmly and solemnly promised land, except for Caleb son of Jephunneh and Joshua son of Nun.

31-34 "Your children, the very ones that you said would be taken for plunder, I'll bring in to enjoy the land you rejected while your corpses will be rotting in the wilderness. These children of yours will live as shepherds in the wilderness for forty years, living with the fallout of your whoring unfaithfulness until the last of your generation lies a corpse in the wilderness. You scouted out the land for forty days; your punishment will be a year for each day, a forty-year sentence to serve for your sins–a long schooling in my displeasure.

35 "I, GOD, have spoken. I will most certainly carry out these things against this entire evil-infested community which has banded together against me. In this wilderness they will come to their end. There they will die."

36-38 So it happened that the men Moses sent to scout out the land returned to circulate false rumors about the land causing the entire community to grumble against Moses–all these men died. Having spread false rumors of the land, they died in a plague, confronted by GOD. Only Joshua son of Nun and Caleb son of Jephunneh were left alive of the men who went to scout out the land.

39-40 When Moses told all of this to the People of Israel, they mourned long and hard. But early the next morning they started out for the high hill country, saying, "We're here; we're ready–let's go up and attack the land that GOD promised us. We sinned, but now we're ready."

41-43 But Moses said, "Why are you crossing GOD's command yet again? This won't work. Don't attack. GOD isn't with you in this–you'll be beaten badly by your enemies. The Amalekites and Canaanites are ready for you and they'll kill you. Because you have left off obediently following GOD, GOD is not going to be with you in this."

을 기다리고 있다가 여러분을 죽일 것입니다. 여러분이 하나님의 말씀을 순종하며 따르지 않았으니, 하나님께서 이 일에 여러분과 함께하지 않으실 것입니다."

44-45 그러나 그들은 갔다. 무모하고 오만하게도 그들은 산지로 올라갔다. 그러나 언약궤와 모세는 진에서 꼼짝도 하지 않았다. 산지에 사는 아말렉 사람과 가나안 사람이 산에서 나와 그들을 쳐서 물리치고, 호르마까지 그들을 밀어냈다.

하나님께 드리는 제물

15 1-5 하나님께서 모세에게 말씀하셨다. "너는 이스라엘 백성에게 전하여라. 그들에게 이렇게 일러 주어라. 내가 너희에게 주려고 하는 땅에 너희가 들어가 불살라 바치는 제물을 하나님에게 바칠 때, 곧 절기를 맞아 서원 제물이나 자원 제물로 번제물이나 소 떼나 양 떼에서 고른 제물을 하나님을 기쁘게 하는 향기로 바칠 때, 제물을 가져오는 사람은 고운 곡식 가루 2리터에 기름 1리터를 섞은 것을 하나님에게 곡식 제물로 바쳐야 한다. 번제물이나 희생 제물로 바칠 어린양 한 마리에는 기름 1리터와 부어 드리는 제물로 바칠 포도주 1리터를 준비하여라.

6-7 숫양 한 마리를 바칠 때는 고운 곡식 가루 4리터에 기름 1.25리터를 섞어 곡식 제물로 준비하고, 포도주 1.25리터를 부어 드리는 제물로 준비하여라. 이것을 하나님을 기쁘게 하는 향기로 바쳐야 한다.

8-10 특별 서원을 갚거나 하나님에게 화목 제물을 바치려고 수송아지를 번제물이나 희생 제물로 준비할 때는, 수송아지와 함께 고운 곡식 가루 6리터와 기름 2리터를 곡식 제물로 바쳐라. 그리고 포도주 2리터도 부어 드리는 제물로 바쳐라. 이것은 불살라 바치는 제물이요, 하나님을 기쁘게 하는 향기가 될 것이다.

11-12 수소 한 마리나 숫양 한 마리, 어린양 한 마리나 어린 염소 한 마리를 준비할 때도 이와 같이 해야 한다. 너희가 준비한 것이 아무리 많아도, 그 수효대로 한 마리씩 이 절차를 따르도록 하여라.

13-16 이스라엘 본국인이 하나님을 기쁘게 하는 향기로 불살라 바치는 제물을 바칠 때는, 이 절차를 따라야 한다. 다음 세대에 대대로 너희와 함께 사는 외국인이나 거류민이 하나님을 기쁘게 하는 향기로 불살라 바치는 제물을 바칠 때도 같은 절

44-45 But they went anyway; recklessly and arrogantly they climbed to the high hill country. But the Chest of the Covenant and Moses didn't budge from the camp. The Amalekites and the Canaanites who lived in the hill country came out of the hills and attacked and beat them, a rout all the way down to Hormah.

Matters of Worship

15 1-5 GOD spoke to Moses: "Speak to the People of Israel. Tell them, When you enter your homeland that I am giving to you and sacrifice a Fire-Gift to GOD, a Whole-Burnt-Offering or any sacrifice from the herd or flock for a Vow-Offering or Freewill-Offering at one of the appointed feasts, as a pleasing fragrance for GOD, the one bringing the offering shall present to GOD a Grain-Offering of two quarts of fine flour mixed with a quart of oil. With each lamb for the Whole-Burnt-Offering or other sacrifice, prepare a quart of oil and a quart of wine as a Drink-Offering.

6-7 "For a ram prepare a Grain-Offering of four quarts of fine flour mixed with one and a quarter quarts of oil and one and a quarter quarts of wine as a Drink-Offering. Present it as a pleasing fragrance to GOD.

8-10 "When you prepare a young bull as a Whole-Burnt-Offering or sacrifice for a special vow or a Peace-Offering to GOD, bring with the bull a Grain-Offering of six quarts of fine flour and two quarts of oil. Also bring two quarts of wine as a Drink-Offering. It will be a Fire-Gift, a pleasing fragrance to GOD.

11-12 "Each bull or ram, each lamb or young goat, is to be prepared in this same way. Carry out this procedure for each one, no matter how many you have to prepare.

13-16 "Every native-born Israelite is to follow this procedure when he brings a Fire-Gift as a pleasing fragrance to GOD. In future generations, when a foreigner or visitor living at length among you presents a Fire-Gift as a pleasing fragrance to GOD, the same procedures must be followed. The community has the same rules for you and the foreigner living among you. This is the regular rule

차를 따라야 한다. 공동체는 너희나 너희와 함께 사는 외국인에게나 같은 규례를 적용해야 한다. 이것은 다음 세대에 항상 지켜야 할 규례다. 너희나 외국인이나, 하나님 앞에서는 동일하다. 너희나 너희와 함께 사는 외국인에게나 같은 법과 규례가 적용된다."

17-21 하나님께서 모세에게 말씀하셨다. "너는 이스라엘 백성에게 전하여라. 그들에게 이렇게 일러 주어라. 내가 너희를 데려가려고 하는 그 땅에 너희가 들어가서 그 땅에서 나는 양식을 먹게 될 때, 너희는 그 양식의 일부를 하나님에게 바칠 제물로 따로 떼어 놓아라. 처음 반죽한 것으로 둥근 빵을 만들어 제물로 바쳐라. 이는 타작마당에서 바치는 제물이다. 너희는 대대로 처음 반죽한 것으로 이 제물을 만들어 하나님에게 바쳐라."

22-26 "그러나 너희가 정도에서 벗어나 하나님이 모세에게 내린 명령, 곧 하나님이 모세를 통해 너희에게 명령한 것을 하나님이 처음 명령하던 때부터 지금까지 지키지 않았으면, 그리고 그것이 회중이 모르는 가운데 실수로 저지른 것이면, 온 회중은 수송아지 한 마리를 번제물, 곧 하나님을 기쁘게 하는 향기로 바치고, 곡식 제물과 부어 드리는 제물도 함께 규례대로 바쳐야 한다. 또 숫염소 한 마리를 속죄 제물로 바쳐야 한다. 제사장은 이스라엘 백성 온 공동체를 위해 속죄해야 한다. 그러면 그들이 용서를 받는다. 그것은 그들이 고의로 저지른 죄가 아니었고, 그들이 하나님에게 불살라 바치는 제물을 바쳤으며, 자신들의 실수를 보상하기 위해 속죄 제물을 바쳤기 때문이다. 모든 백성이 잘못을 저지른 것이므로, 이스라엘 온 공동체뿐만 아니라 그들과 함께 사는 외국인도 용서를 받을 것이다.

27-28 그러나 어떤 사람이 자신이 무엇을 하는지도 모르고 실수로 죄를 지었으면, 그는 일 년 된 암염소 한 마리를 속죄 제물로 가져와야 한다. 제사장은 실수로 죄를 지은 그 사람을 위해 속죄해야 한다. 하나님 앞에서 속죄하여, 그 죄가 그 사람에게 남아 있지 않게 해야 한다.

29 본국에서 난 이스라엘 자손이든 외국인이든, 실수로 죄를 지은 사람에게는 누구나 같은 규례가 적용된다.

30-31 그러나 본국인이든 외국인이든, 고의로 하

for future generations. You and the foreigner are the same before GOD. The same laws and regulations apply to both you and the foreigner who lives with you."

17-21 GOD spoke to Moses: "Speak to the People of Israel. Tell them, When you enter the land into which I'm bringing you, and you eat the food of that country, set some aside as an offering for GOD. From the first batch of bread dough make a round loaf for an offering – an offering from the threshing floor. Down through the future generations make this offering to GOD from each first batch of dough.

22-26 "But if you should get off the beaten track and not keep the commands which GOD spoke to Moses, any of the things that GOD commanded you under the authority of Moses from the time that GOD first commanded you right up to this present time, and if it happened more or less by mistake, with the congregation unaware of it, then the whole congregation is to sacrifice one young bull as a Whole-Burnt-Offering, a pleasing fragrance to GOD, accompanied by its Grain-Offering and Drink-Offering as stipulated in the rules, and a he-goat as an Absolution-Offering. The priest is to atone for the entire community of the People of Israel and they will stand forgiven. The sin was not deliberate, and they offered to GOD the Fire-Gift and Absolution-Offering for their inadvertence. The whole community of Israel including the foreigners living there will be absolved, because everyone was involved in the error.

27-28 "But if it's just one person who sins by mistake, not realizing what he's doing, he is to bring a yearling she-goat as an Absolution-Offering. The priest then is to atone for the person who accidentally sinned, to make atonement before GOD so that it won't be held against him.

29 "The same standard holds for everyone who sins by mistake; the native-born Israelites and the foreigners go by the same rules.

30-31 "But the person, native or foreigner, who sins defiantly, deliberately blaspheming GOD, must be

나님을 모독하는 죄를 지은 사람은 자기 백성 가운데서 끊어져야 한다. 그가 하나님의 말씀을 업신여기고 하나님의 명령을 어겼기 때문이다. 그런 자는 반드시 공동체에서 내쫓아 홀로 죄값을 치르게 해야 한다."

32-35 이스라엘 백성이 광야에서 여러 해를 지내던 때였다. 어떤 사람이 안식일에 나뭇가지를 줍다가 붙잡혔다. 그를 붙잡은 사람들이 모세와 아론과 온 회중 앞으로 그를 끌고 왔다. 그들은 그를 어떻게 해야 할지 결정이 내려질 때까지 가두어 두었다. 그때 하나님께서 모세에게 말씀하셨다. "그에게 사형을 선고하여라. 온 공동체가 진 밖에서 그를 돌로 쳐서 죽여야 한다."
36 하나님께서 모세를 통해 명령하신 대로, 온 공동체가 그를 진 밖으로 끌어내어 돌로 쳐서 죽였다.

37-41 하나님께서 모세에게 말씀하셨다. "이스라엘 백성에게 전하여라. 그들에게 이렇게 일러 주어라. 지금부터 너희는 대대로 옷자락에 술을 만들어 달고, 청색 끈을 그 술에 달아 표시해야 한다. 너희는 그 술을 볼 때마다 하나님의 계명을 기억하여 지켜야 한다. 너희가 느끼고 보는 것, 곧 너희를 꾀어 배역하게 하는 모든 것에 미혹되는 일이 없게 해야 한다. 그 술은 나의 모든 계명을 기억하여 지키고, 하나님을 위해 거룩하게 살라는 표가 될 것이다. 나는 너희 하나님이 되려고 너희를 이집트 땅에서 구해 낸 하나님이다. 나는 하나님 너희 하나님이다."

고라 무리의 반역

16 1-3 어느 날, 레위의 증손이자 고핫의 손자이며 이스할의 아들인 고라가 르우벤 자손 몇 명—엘리압의 아들인 다단과 아비람, 그리고 벨렛의 아들인 온—과 함께 거들먹거리며 모세에게 반기를 들었다. 고라는 이스라엘 회중 가운데서 지도자 250명을 자기편으로 끌어들였다. 이들은 총회에서 높은 지위를 차지한 사람들로, 이름 있는 자들이었다. 그들이 모세와 아론에게 몰려가서 대들며 말했다. "당신들은 월권을 했소. 온 공동체가 거룩하고 하나님께서 그들 가운데 계시는데, 당신들은 어째서 모든 권한을

cut off from his people: He has despised GOD's word, he has violated GOD's command; that person must be kicked out of the community, ostracized, left alone in his wrongdoing."

32-35 Once, during those wilderness years of the People of Israel, a man was caught gathering wood on the Sabbath. The ones who caught him hauled him before Moses and Aaron and the entire congregation. They put him in custody until it became clear what to do with him. Then GOD spoke to Moses: "Give the man the death penalty. Yes, kill him, the whole community hurling stones at him outside the camp."
36 So the whole community took him outside the camp and threw stones at him, an execution commanded by GOD and given through Moses.

37-41 GOD spoke to Moses: "Speak to the People of Israel. Tell them that from now on they are to make tassels on the corners of their garments and to mark each corner tassel with a blue thread. When you look at these tassels you'll remember and keep all the commandments of GOD, and not get distracted by everything you feel or see that seduces you into infidelities. The tassels will signal remembrance and observance of all my commandments, to live a holy life to GOD. I am your GOD who rescued you from the land of Egypt to be your personal God. Yes, I am GOD, *your* God."

The Rebels

16 1-3 Getting on his high horse one day, Korah son of Izhar, the son of Kohath, the son of Levi, along with a few Reubenites—Dathan and Abiram sons of Eliab, and On son of Peleth—rebelled against Moses. He had with him 250 leaders of the congregation of Israel, prominent men with positions in the Council. They came as a group and confronted Moses and Aaron, saying, "You've overstepped yourself. This entire community is holy and GOD is in their midst. So why do you act like you're running the whole show?"

진 것처럼 행동하는 거요?"
4 모세가 이 말을 듣고 얼굴을 땅에 대고 엎드렸다.
5 그러고 나서 고라와 그의 무리에게 말했다. "아침이 되면, 하나님께서 누가 그분 편에 서 있고, 누가 거룩한 사람인지 밝히 보이실 것이오. 하나님께서 친히 택하신 사람을 곁에 세우실 것이오.
6-7 고라, 내가 당신과 당신 무리에게 바라는 것은 이것이오. 내일 향로를 가져오시오. 하나님 앞에서 향로에 불을 담고 그 위에 향을 얹으시오. 그러면 누가 거룩한지, 누가 하나님께서 택하신 사람인지 알게 될 것이오. 레위 자손 여러분, 당신들이야말로 월권을 하고 있소."
8-11 모세가 계속해서 고라에게 말했다. "레위 자손 여러분, 잘 들으시오. 이스라엘의 하나님께서 당신들을 이스라엘의 회중 가운데서 뽑으시고 당신들을 그분 곁에 오게 하셔서, 하나님의 성막 일로 섬기게 하시고 회중 앞에 서서 그들을 돌보게 하셨는데, 그것으로 부족하다는 말이오? 그분께서는 당신과 당신의 레위인 형제들을 불러들여 최측근이 되게 하셨는데, 이제 당신들은 제사장직까지 거머쥐려 하고 있소. 당신들은 우리를 거역한 것이 아니라 하나님을 거역한 것이오. 어떻게 당신들이 아론을 비방하며 그에게 대든단 말이오?"
12-14 모세가 엘리압의 두 아들 다단과 아비람에게 출두하라고 지시했다. 그러자 그들이 말했다. "우리는 가지 않겠소. 젖과 꿀이 흐르는 땅에서 우리를 끌어내어 이 광야에서 죽이는 것으로는 성이 차지 않는단 말이오? 이제 당신은 아예 우리를 마음대로 부리려 하는구려! 현실을 직시하시오. 당신이 한 일이 뭐가 있소? 우리를 젖과 꿀이 흐르는 땅으로 데려가기를 했소, 약속한 밭과 포도밭을 우리에게 유산으로 주기를 했소? 현실을 보지 못하게 하려면 우리의 두 눈을 뽑아내야 할 것이오. 관두시오. 우리는 가지 않겠소."
15 모세는 몹시 화가 나서 하나님께 아뢰었다. "저들의 곡식 제물을 받지 마십시오. 저는 저들에게서 나귀 한 마리 빼앗지 않았고, 저들의 머리카락 한 올 상하게 하지 않았습니다."
16-17 모세가 고라에게 말했다. "내일 당신네 사람들을 하나님 앞에 나아오게 하시오. 그들과 아론은 물론이고 당신도 나아오시오. 각자 자기 향로에 향을 가득 담아 가져와서 하나님께 드리

4 On hearing this, Moses threw himself facedown on the ground.
5 Then he addressed Korah and his gang: "In the morning GOD will make clear who is on his side, who is holy. GOD will take his stand with the one he chooses.
6-7 "Now, Korah, here's what I want you, you and your gang, to do: Tomorrow, take censers. In the presence of GOD, put fire in them and then incense. Then we'll see who is holy, see whom GOD chooses. Sons of Levi, you've overstepped *yourselves*!"
8-11 Moses continued with Korah, "Listen well now, sons of Levi. Isn't it enough for you that the God of Israel has selected you out of the congregation of Israel to bring you near him to serve in the ministries of The Dwelling of GOD, and to stand before the congregation to minister to them? He has brought you and all your brother Levites into his inner circle, and now you're grasping for the priesthood, too. It's GOD you've ganged up against, not us. What do you have against Aaron that you're bad-mouthing him?"
12-14 Moses then ordered Dathan and Abiram, sons of Eliab, to appear, but they said, "We're not coming. Isn't it enough that you yanked us out of a land flowing with milk and honey to kill us in the wilderness? And now you keep trying to boss us around! Face it, you haven't produced: You haven't brought us into a land flowing with milk and honey, you haven't given us the promised inheritance of fields and vineyards. You'd have to poke our eyes out to keep us from seeing what's going on. Forget it, we're not coming."
15 Moses' temper blazed white-hot. He said to GOD, "Don't accept their Grain-Offering. I haven't taken so much as a single donkey from them; I haven't hurt a single hair of their heads."
16-17 Moses said to Korah, "Bring your people before GOD tomorrow. Appear there with them and Aaron. Have each man bring his censer filled with incense and present it to GOD—all 250 censers. And you and Aaron do the same, bring your censers."
18 So they all did it. They brought their censers filled with fire and incense and stood at the entrance of the Tent of Meeting. Moses and Aaron

시오. 모두 250개의 향로가 될 것이오. 당신과
아론도 똑같이 향로를 가져오시오."
18 그들은 그대로 했다. 저마다 불과 향이 가득
담긴 향로를 가져와서 회막 입구에 섰다. 모세
와 아론도 그렇게 했다.
19 고라와 그의 무리가 회막 입구에서 모세와 아
론에게 맞섰다. 그때 온 공동체가 하나님의 영
광을 보았다.
20-21 하나님께서 모세와 아론에게 말씀하셨다.
"너희는 이 회중으로부터 떨어져 있어라. 내가
저들을 완전히 없애 버리겠다."
22 그러자 모세와 아론이 얼굴을 땅에 대고 엎드
리며 말했다. "하나님, 살아 있는 모든 것의 하
나님, 죄는 한 사람이 지었는데, 온 공동체에 화
를 쏟으실 작정이십니까?"
23-24 하나님께서 모세에게 말씀하셨다. "공동체
에 전하여라. 고라와 다단과 아비람의 장막에서
물러서라고, 그들에게 일러 주어라."
25-26 모세가 일어나 다단과 아비람에게 갔다. 이
스라엘의 지도자들도 그를 따라갔다. 모세가 공
동체에 말했다. "이 악인들의 장막에서 물러서
십시오. 그들에게 속한 것은 하나도 건드리지
마십시오. 건드렸다가는 그들이 지은 죄의 홍수
에 쓸려 가고 말 것입니다."
27 그들은 모두 고라와 다단과 아비람의 장막에
서 멀찍이 물러섰다. 다단과 아비람은 아내와
자녀와 젖먹이들과 함께 밖으로 나와서 자기들
장막 입구에 서 있었다.
28-30 모세가 계속해서 공동체에 말했다. "이로
써 여러분은 이 모든 일이 하나님께서 나를 보
내서 하신 것이지, 내가 마음대로 조작한 것이
아니라는 것을 알게 될 것입니다. 이 자들이 우
리처럼 수명이 다해 죽는다면, 하나님께서 나를
보내신 것이 아닙니다. 그러나 하나님께서 전에
없던 일을 행하셔서, 땅이 입을 벌려 이들을 모
두 삼키고 산 채로 스올에 내던지게 하시면, 여
러분은 이 자들이 하나님을 업신여겼다는 것을
알게 될 것입니다."
31-33 모세가 이 말을 마치자마자 땅이 쫙 갈라졌
다. 땅이 입을 벌려 그들과 그들의 가족과, 고라
와 관계된 모든 사람과, 그들의 모든 소유를 한
입에 삼켜 버렸다. 그들은 산 채로 스올에 내던
져져 최후를 맞이했다. 땅이 그들을 덮어 버렸
다. 공동체가 그들의 소리를 들은 것은 그때가
마지막이었다.

did the same.
19 It was Korah and his gang against Moses and
Aaron at the entrance of the Tent of Meeting. The
entire community could see the Glory of GOD.
20-21 GOD said to Moses and Aaron, "Separate
yourselves from this congregation so that I can
finish them off and be done with them."
22 They threw themselves on their faces and said, "O
God, God of everything living, when one man sins are
you going to take it out on the whole community?"
23-24 GOD spoke to Moses: "Speak to the commu-
nity. Tell them, Back off from the tents of Korah,
Dathan, and Abiram."
25-26 Moses got up and went to Dathan and Abiram.
The leaders of Israel followed him. He then spoke
to the community: "Back off from the tents of these
bad men; don't touch a thing that belongs to them
lest you be carried off on the flood of their sins."
27 So they all backed away from the tents of Korah,
Dathan, and Abiram. Dathan and Abiram by now
had come out and were standing at the entrance to
their tents with their wives, children, and babies.
28-30 Moses continued to address the community:
"This is how you'll know that it was GOD who
sent me to do all these things and that it wasn't
anything I cooked up on my own. If these men die
a natural death like all the rest of us, you'll know
that it wasn't GOD who sent me. But if GOD does
something unprecedented—if the ground opens up
and swallows the lot of them and they are pitched
alive into Sheol—then you'll know that these men
have been insolent with GOD."
31-33 The words were hardly out of his mouth when
the Earth split open. Earth opened its mouth and
in one gulp swallowed them down, the men and
their families, all the human beings connected with
Korah, along with everything they owned. And that
was the end of them, pitched alive into Sheol. The
Earth closed up over them and that was the last the
community heard of them.
34 At the sound of their cries everyone around
ran for dear life, shouting, "We're about to be
swallowed up alive!"
35 Then GOD sent lightning. The fire cremated the

34 주위에 있던 사람들이 그들의 비명소리에 놀라, "우리마저 산 채로 삼켜 버리겠다!" 하고 소리치며 모두 필사적으로 도망쳤다.

35 그때 **하나님**께서 번갯불을 보내셨다. 그 불이 분향하던 250명을 불살라 버렸다.

36-38 **하나님**께서 모세에게 말씀하셨다. "너는 제사장 아론의 아들 엘르아살에게 명령하여, 연기 나는 잿더미에서 향로들을 모으게 하고, 타다 남은 숯불은 멀리 흩어 버리게 하여라. 이 향로들은 거룩하게 되었기 때문이다. 죄를 지어 죽은 자들의 향로를 가져다가 얇게 두들겨 펴서 제단에 씌워라. 그 향로들은 **하나님**에게 바쳐진 것으로, **하나님**에게 거룩한 것이다. 이것을 이스라엘 자손에게 표징으로 삼아, 오늘 일어난 일의 증거가 되게 하여라."

39-40 엘르아살은 **하나님**께서 모세를 통해 지시하신 대로, 타 죽은 이들의 청동향로들을 거두어 두들겨 펴서 제단에 씌웠다. 이것은 아론의 후손만이 **하나님** 앞에 향을 사르도록 허락받았으며, 다른 사람이 그렇게 하면 결국 고라와 그의 무리처럼 된다는 것을 이스라엘 자손에게 알리는 표징이 되었다.

41 이튿날, 이스라엘 공동체에서 불평이 터져 나왔다. 모세와 아론에게 퍼붓는 불평이었다. "당신들이 **하나님**의 백성을 죽였습니다!"

42 온 공동체가 모여서 모세와 아론을 공격할 때에 모세와 아론이 회막을 보니, 모든 이가 볼 수 있도록 구름, 곧 **하나님**의 영광이 머물러 있었다.

43-45 모세와 아론이 회막 앞에 서자, **하나님**께서 모세에게 말씀하셨다. "이 회중에게서 멀찍이 떨어져 있어라. 내가 저들을 당장 없애 버리겠다." 그들은 얼굴을 땅에 대고 엎드렸다.

46 모세가 아론에게 말했다. "형님의 향로를 가져다가 제단의 불을 담고 그 위에 향을 가득 얹으십시오. 어서 빨리 회중에게 가서 그들을 위해 속죄하십시오. **하나님**께서 진노를 쏟아내고 계십니다. 전염병이 시작되었습니다!"

47-48 아론은 모세가 지시한 대로 향로를 가지고 회중 가운데로 뛰어갔다. 이미 전염병이 퍼지고 있었다. 그는 향로에 향을 얹어 백성을 위해 속죄했다. 그가 살아 있는 자들과 죽은 자들 사이에 서자, 전염병이 그쳤다.

49-50 고라의 일로 죽은 사람 외에도, 전염병으로 죽은 사람이 14,700명이었다. 아론은 회막 입구로 돌아와서 모세와 합류했다. 전염병이 그친

250 men who were offering the incense.

36-38 GOD spoke to Moses: "Tell Eleazar son of Aaron the priest, Gather up the censers from the smoldering cinders and scatter the coals a distance away for these censers have become holy. Take the censers of the men who have sinned and are now dead and hammer them into thin sheets for covering the Altar. They have been offered to GOD and are holy to GOD. Let them serve as a sign to Israel, evidence of what happened this day."

39-40 So Eleazar gathered all the bronze censers that belonged to those who had been burned up and had them hammered flat and used to overlay the Altar, just as GOD had instructed him by Moses. This was to serve as a sign to Israel that only descendants of Aaron were allowed to burn incense before GOD; anyone else trying it would end up like Korah and his gang.

41 Grumbling broke out the next day in the community of Israel, grumbling against Moses and Aaron: "You have killed GOD's people!"

42 But it so happened that when the community got together against Moses and Aaron, they looked over at the Tent of Meeting and there was the Cloud – the Glory of GOD for all to see.

43-45 Moses and Aaron stood at the front of the Tent of Meeting. GOD spoke to Moses: "Back away from this congregation so that I can do away with them this very minute."

They threw themselves facedown on the ground.

46 Moses said to Aaron, "Take your censer and fill it with incense, along with fire from the Altar. Get to the congregation as fast as you can: make atonement for them. Anger is pouring out from GOD – the plague has started!"

47-48 Aaron grabbed the censer, as directed by Moses, and ran into the midst of the congregation. The plague had already begun. He put burning incense into the censer and atoned for the people. He stood there between the living and the dead and stopped the plague.

49-50 Fourteen thousand seven hundred people died from the plague, not counting those who died in the affair of Korah. Aaron then went back to join Moses at the entrance to the Tent of Meeting. The

것이다.

아론의 싹 난 지팡이

17 1-5 하나님께서 모세에게 말씀하셨다. "이스라엘 백성에게 전하여, 그들에게서 지팡이를 거두어라. 각 지파의 지도자에게서 지팡이 하나씩, 모두 열두 개를 거두어라. 각 지도자의 이름을 지팡이에 써라. 먼저 아론부터 레위의 지팡이에 아론의 이름을 쓰고, 나머지 지팡이들에도 각 지파 지도자들의 이름을 써라. 그것들을 회막 안, 내가 너희와 약속을 맺는 증거판 앞에 놓아라. 그러면 내가 선택하는 사람의 지팡이에서 싹이 날 것이다. 이스라엘 백성이 너희에게 쉴 새 없이 쏟아내는 불평을 내가 그치게 하겠다."

6-7 모세가 이스라엘 백성에게 전하자, 그들의 지도자들이 각 지파마다 하나씩 모두 열두 개의 지팡이를 건넸다. 아론의 지팡이도 그 가운데 있었다. 모세는 그 지팡이들을 증거의 장막 안 하나님 앞에 펼쳐 놓았다.

8-9 이튿날 모세가 증거의 장막 안으로 들어가 보니, 아론의 지팡이, 곧 레위 지파의 지팡이에 정말로 싹이 돋아나 있었다. 싹이 돋아나서 꽃이 피고, 아몬드 열매까지 열려 있었다! 모세가 지팡이들을 모두 하나님 앞에서 가지고 나와 이스라엘 백성에게 보여주자, 그들이 찬찬히 훑어보았다. 지도자들이 저마다 자기 이름이 적힌 지팡이를 가져갔다.

10 하나님께서 모세에게 말씀하셨다. "아론의 지팡이를 증거판 앞에 도로 갖다 놓아라. 그것을 간직하여 반역자들에게 경종이 되게 하여라. 이것으로 백성이 나에 대한 불평을 그치고 자기 목숨을 건지게 될 것이다."

11 모세는 하나님께서 명령하신 대로 행했다.

12-13 이스라엘 백성이 모세에게 말했다. "우리는 죽은 것이나 다름없습니다. 이것은 우리에게 내리는 사형선고입니다. 하나님의 성막에 가까이 가는 사람은 누구든지 죽을 텐데, 우리 모두 망한 것이 아닙니까?"

제사장과 레위인의 직무

18 1-4 하나님께서 아론에게 말씀하셨다. "성소와 관련된 죄를 다루는 일은 너와 네 아들들과 네 아버지의 집안이 책임져야 한

plague was stopped.

Aaron's Staff

17 1-5 GOD spoke to Moses: "Speak to the People of Israel. Get staffs from them—twelve staffs in all, one from the leader of each of their ancestral tribes. Write each man's name on his staff. Start with Aaron; write Aaron's name on the staff of Levi and then proceed with the rest, a staff for the leader of each ancestral tribe. Now lay them out in the Tent of Meeting in front of The Testimony where I keep appointments with you. What will happen next is this: The staff of the man I choose will sprout. I'm going to put a stop to this endless grumbling by the People of Israel against you."

6-7 Moses spoke to the People of Israel. Their leaders handed over twelve staffs, one for the leader of each tribe. And Aaron's staff was one of them. Moses laid out the staffs before GOD in the Tent of Testimony.

8-9 Moses walked into the Tent of Testimony the next day and saw that Aaron's staff, the staff of the tribe of Levi, had in fact sprouted–buds, blossoms, and even ripe almonds! Moses brought out all the staffs from GOD's presence and presented them to the People of Israel. They took a good look. Each leader took the staff with his name on it.

10 GOD said to Moses, "Return Aaron's staff to the front of The Testimony. Keep it there as a sign to rebels. This will put a stop to the grumbling against me and save their lives."

11 Moses did just as GOD commanded him.

12-13 The People of Israel said to Moses, "We're as good as dead. This is our death sentence. Anyone who even gets close to The Dwelling of GOD is as good as dead. Are we all doomed?"

Duties in the Tent of Testimony

18 1-4 GOD said to Aaron, "You and your sons, along with your father's family, are responsible for taking care of sins having to do with the Sanctuary; you and your sons are also responsible for sins involving the priesthood. So

다. 제사장의 직무와 관련된 죄도 너와 네 아들들이 책임져야 한다. 레위 지파에 속한 네 형제들을 명부에 올려라. 그들이 너와 함께 있게 하여, 너와 네 아들들이 증거의 장막에서 일할 때 너희를 돕게 하여라. 그들은 네게 보고하고 장막과 관련된 일을 해야 한다. 그러나 그들은 제단의 거룩한 기구에는 조금도 관여해서는 안된다. 이를 어기면 죽임을 당할 것이다. 그들뿐 아니라 너희도 죽을 것이다! 그들은 너희 곁에서 회막을 돌보는 일, 곧 회막과 관련된 일을 해야 한다. 그 밖에 다른 사람이 너희를 도울 수는 없다.

5-7 너희가 할 일은 성소와 제단을 보살펴서, 이스라엘 백성에게 진노가 더 이상 내리지 않게 하는 것이다. 너희 형제인 레위인은 내가 온 이스라엘 자손 가운데서 직접 뽑은 사람들이다. 내가 그들을 너희에게 선물로 주어 회막 일을 돕도록 하겠다. 그러나 제사장으로 섬기면서 제단 근처와 휘장 안에서 하는 일은 너와 네 아들들이 해야 한다. 제사장의 직무는 내가 너희에게만 주는 선물이다. 아무도 그 일을 대신할 수 없다. 다른 사람이 함부로 성소에 들어오다가는 죽임을 당할 것이다."

8-10 하나님께서 아론에게 말씀하셨다. "나의 헌물, 곧 내가 이스라엘 백성에게서 받는 모든 거룩한 제물을 네게 맡긴다. 그것들을 너와 네 자녀의 몫으로 주어 네가 개인적으로 쓸 수 있게 하겠다. 이것은 영원한 규례다. 제물 가운데서 남은 것, 곧 곡식 제물과 속죄 제물과 보상 제물 가운데서 불사르지 않고 남은 것은 무엇이든 너와 네 아들들의 몫이다. 그것은 지극히 거룩한 것이니, 경건한 마음으로 먹어라. 남자는 누구나 그것을 먹을 수 있다. 너는 그것을 거룩하게 다루어라.

11-13 이스라엘 백성이 흔들어 바치는 제물도 네 몫이다. 내가 그것을 너와 네 아들딸들에게 선물로 준다. 이것은 영원한 규례다. 네 집에 있는 정결한 사람은 누구나 그것을 먹을 수 있다. 가장 좋은 올리브기름과 가장 좋은 새 포도주와 곡식, 곧 그들이 수확의 첫 열매로 하나님에게 바친 것도 네게 준다. 그들이 하나님에게 바친 첫 수확물은 모두 네 것이다. 네 집에 있는 사람 가운데 정결한 사람은 누구나 그것을 먹을 수 있다.

14-16 완전한 헌신의 제물도 네 몫이다. 짐승이든 사람이든, 처음 태어난 것으로 하나님에게 바친 것은 모두 네 몫이다. 다만 처음 태어난 것 자체

enlist your brothers of the tribe of Levi to join you and assist you and your sons in your duties in the Tent of Testimony. They will report to you as they go about their duties related to the Tent, but they must not have anything to do with the holy things of the Altar under penalty of death–both they and you will die! They are to work with you in taking care of the Tent of Meeting, whatever work is involved in the Tent. Outsiders are not allowed to help you.

5-7 "Your job is to take care of the Sanctuary and the Altar so that there will be no more outbreaks of anger on the People of Israel. I personally have picked your brothers, the Levites, from Israel as a whole. I'm giving them to you as a gift, a gift of GOD, to help with the work of the Tent of Meeting. But only you and your sons may serve as priests, working around the Altar and inside the curtain. The work of the priesthood is my exclusive gift to you; it cannot be delegated–anyone else who invades the Sanctuary will be executed."

8-10 GOD spoke to Aaron, "I am personally putting you in charge of my contributions, all the holy gifts I get from the People of Israel. I am turning them over to you and your children for your personal use. This is the standing rule. You and your sons get what's left from the offerings, whatever hasn't been totally burned up on the Altar–the leftovers from Grain-Offerings, Absolution-Offerings, and Compensation-Offerings. Eat it reverently; it is most holy; every male may eat it. Treat it as holy.

11-13 "You also get the Wave-Offerings from the People of Israel. I present them to you and your sons and daughters as a gift. This is the standing rule. Anyone in your household who is ritually clean may eat it. I also give you all the best olive oil, the best new wine, and the grain that is offered to GOD as the firstfruits of their harvest–all the firstfruits they offer to GOD are yours. Anyone in your household who is ritually clean may eat it.

14-16 "You get every Totally-Devoted gift. Every firstborn that is offered to GOD, whether animal or person, is yours. Except you don't get the firstborn itself, but its redemption price; firstborn humans

를 받는 것이 아니라 그것을 대속하는 값을 받는 것이다. 사람의 맏아들과 정결한 짐승의 첫 새끼는 그것을 바친 사람이 되사고, 너는 그가 되사면서 치른 값을 받는다. 태어난 지 한 달 된 것부터 되살 수 있는데, 대속하는 값은 성소 표준 세겔로 은 오 세겔이다. 일 세겔은 이십 게라다.

17-19 이와 달리, 수소의 첫 새끼나 양의 첫 새끼나 염소의 첫 새끼는 값을 받고 돌려주지 않는다. 그것들은 거룩한 것이다. 대신에, 너는 그것들의 피를 제단에 뿌리고, 그것들의 지방을 불살라 바치는 제물, 곧 **하나님**을 기쁘게 하는 향기로 불살라 바쳐야 한다. 그러나 흔들어 바치는 제물의 가슴과 오른쪽 넓적다리가 네 몫인 것처럼, 그것들의 고기도 네 몫이다. 이스라엘 백성이 **하나님**을 위해 따로 마련한 모든 거룩한 제물을 내가 너와 네 자녀들에게 준다. 이것은 너와 네 자녀들이 지켜야 할 영원한 규례로, **하나님** 앞에서 맺은 영원불변의 소금 언약이다."

20 **하나님**께서 아론에게 말씀하셨다. "너는 땅에서는 받을 유산이 없다. 작은 땅이라도 네 몫은 없다. 네 몫의 땅은 나다. 이스라엘 백성 가운데서 네가 받을 유산은 바로 나밖에 없다.

21-24 나는 레위인에게 회막에서 일하는 대가로 이스라엘의 십일조 전부를 준다. 이제부터 이스라엘 백성은 회막을 드나들지 못한다. 회막을 드나드는 죄를 지을 경우 벌을 받게 될 것인데, 그 벌은 바로 죽음이다. 회막에서 일할 수 있는 사람은 오직 레위인뿐이다. 이것을 어길 경우, 모든 책임은 레위인이 진다. 이것은 언제나 지켜야 하는 규례다. 레위인은 이스라엘 백성 가운데서 유산을 받지 못한다. 대신에, 이스라엘 백성이 **하나님**에게 제물로 바치는 십일조를 내가 그들에게 준다. 그래서 내가 이런 규례를 주는 것이다. 레위인은 이스라엘 백성 가운데서 땅을 유산으로 상속받지 못한다."

25-29 **하나님**께서 모세에게 말씀하셨다. "레위인에게 전하여라. 그들에게 이렇게 일러 주어라. 내가 너희에게 유산으로 정해 준 십일조를 이스라엘 백성에게서 받으면, 너희는 거기서 십분의 일을 떼어 **하나님**에게 제물로 바쳐야 한다. 내가 너희의 제물을, 다른 사람들이 타작마당에서 바치는 곡식 제물이나 술통에서 따라 바치는 포도주

and ritually clean animals are bought back and you get the redemption price. When the firstborn is a month old it must be redeemed at the redemption price of five shekels of silver, using the standard of the Sanctuary shekel, which weighs twenty gerahs.

17-19 "On the other hand, you don't redeem a firstborn ox, sheep, or goat–they are holy. Instead splash their blood on the Altar and burn their fat as a Fire-Gift, a pleasing fragrance to GOD. But you get the meat, just as you get the breast from the Wave-Offering and the right thigh. All the holy offerings that the People of Israel set aside for GOD, I'm turning over to you and your children. That's the standard rule and includes both you and your children–a Covenant-of-Salt, eternal and unchangeable before GOD."

20 GOD said to Aaron, "You won't get any inheritance in land, not so much as a small plot of ground: I am your plot of ground, I am your inheritance among the People of Israel.

21-24 "I'm giving the Levites all the tithes of Israel as their pay for the work they do in the Tent of Meeting. Starting now, the rest of the People of Israel cannot wander in and out of the Tent of Meeting; they'll be penalized for their sin and the penalty is death. It's the Levites and only the Levites who are to work in the Tent of Meeting and they are responsible for anything that goes wrong. This is the regular rule for all time. They get no inheritance among the People of Israel; instead I turn over to them the tithes that the People of Israel present as an offering to GOD. That's why I give the ruling: They are to receive no land-inheritance among the People of Israel."

25-29 GOD spoke to Moses: "Speak to the Levites. Tell them, When you get the tithe from the People of Israel, the inheritance that I have assigned to you, you must tithe that tithe and present it as an offering to GOD. Your offerings will be treated the same as other people's gifts of grain from the threshing floor or wine from the wine vat. This is your procedure for making offerings to GOD from

와 똑같은 것으로 여길 것이다. 너희가 이스라엘 백성에게서 받는 모든 십일조에서 일부를 하나님에게 제물로 바치는 절차는 이러하다. 이 십일조 가운데서 하나님의 몫을 떼어 제사장 아론에게 주어라. 너희가 받는 모든 것 가운데서 가장 좋고 지극히 거룩한 것을 하나님의 몫으로 떼어 놓아야 한다.

30-32 너는 레위인에게 이렇게 일러 주어라. 너희가 가장 좋은 것을 바치면, 남은 것은 내가 다른 사람들이 타작마당에서 바치는 곡식이나 술통에서 따라 바치는 포도주와 똑같은 것으로 여길 것이다. 너희와 너희 집안 사람들은 언제 어디서든 그것을 먹어도 된다. 그것은 회막에서 일하는 대가로 내가 너희에게 주는 몫이다. 너희는 가장 좋은 것을 바침으로써 죄를 면하게 될 것이다. 너희는 이스라엘 백성의 거룩한 제물을 더럽히지 않도록 하여라. 그래야 너희가 죽지 않을 것이다."

정결하게 하는 물

19 1-4 하나님께서 모세와 아론에게 말씀하셨다. "이것은 하나님이 명령하는 규례, 곧 계시로 정한 규례다. 너는 이스라엘 백성에게 말하여, 한 번도 멍에를 메어 본 적이 없는 정결하고 건강한 붉은 암소를 가져오게 하여라. 그 암소를 제사장 엘르아살에게 주고, 그것을 진 밖으로 끌고 가서, 그가 보는 앞에서 잡아라. 엘르아살은 손가락에 그 피 얼마를 찍어 회막 쪽으로 일곱 번 뿌려야 한다.

5-8 그 후에 엘르아살의 감독 아래 그 암소를 불사르되, 가죽과 고기와 피와 똥까지 모두 불살라야 한다. 제사장은 백향목 가지 하나와 우슬초 가지 몇 개와 주홍색 실 한 다발을 가져다가 불타는 암소 위에 던져야 한다. 그런 다음 제사장은 자기 옷을 빨고, 물로 몸을 깨끗이 씻어야 한다. 그 후에야 그는 진으로 들어올 수 있다. 그는 저녁때까지 부정하다. 암소를 불사른 사람도 자기 옷을 빨고, 물로 몸을 깨끗이 씻어야 한다. 그도 저녁때까지 부정하다.

9 그 후에 정결한 사람이 암소의 재를 거두어, 진 밖의 정결한 곳에 두어야 한다. 속죄 제사를 드릴 때 정결하게 하는 물에 타서 쓸 수 있도록, 이스라엘 회중은 그것을 잘 보관해야 한다.

10 재를 거두었던 사람은 자기 옷을 깨끗이 빨아야 하며, 그는 저녁때까지 부정하다. 이것은 본국에서 태어난 이스라엘 자손과 그들과 함께 사는

all the tithes you get from the People of Israel: give GOD's portion from these tithes to Aaron the priest. Make sure that GOD's portion is the best and holiest of everything you get.

30-32 "Tell the Levites, When you offer the best part, the rest will be treated the same as grain from the threshing floor or wine from the wine vat that others give. You and your households are free to eat the rest of it anytime and anyplace–it's your wages for your work at the Tent of Meeting. By offering the best part, you'll avoid guilt, you won't desecrate the holy offerings of the People of Israel, and you won't die."

The Red Cow

19 1-4 GOD spoke to Moses and Aaron: "This is the rule from the Revelation that GOD commands: Tell the People of Israel to get a red cow, a healthy specimen, ritually clean, that has never been in harness. Present it to Eleazar the priest, then take it outside the camp and butcher it while he looks on. Eleazar will take some of the blood on his finger and splash it seven times in the direction of the Tent of Meeting.

5-8 "Then under Eleazar's supervision burn the cow, the whole thing–hide, meat, blood, even its dung. The priest then will take a stick of cedar, some sprigs of hyssop, and a piece of scarlet material and throw them on the burning cow. Afterwards the priest must wash his clothes and bathe well with water. He can then come into the camp but he remains ritually unclean until evening. The man who burns the cow must also wash his clothes and bathe with water. He also is unclean until evening.

9 "Then a man who is ritually clean will gather the ashes of the cow and place them in a ritually clean place outside the camp. The congregation of Israel will keep them to use in the Water-of-Cleansing, an Absolution-Offering.

10 "The man who gathered up the ashes must scrub his clothes; he is ritually unclean until evening. This is to be a standing rule for both native-born Israelites and foreigners living among them.

11-13 "Anyone who touches a dead body is ritually

외국인이 지켜야 할 영원한 규례다.

11-13 누구든지 주검을 만진 사람은 칠 일 동안 부정하다. 그는 삼 일째 되는 날에 정결하게 하는 물로 자기 몸을 정결하게 해야 하며, 칠 일째 되는 날에 정결하게 된다. 그러나 삼 일째 되는 날과 칠 일째 되는 날에 이 절차를 따르지 않으면, 그는 정결하게 되지 않는다. 누구든지 주검을 만진 뒤에 정결하게 하지 않으면, 그는 하나님의 성막을 더럽힌 자이므로 반드시 공동체 가운데서 추방해야 한다. 정결하게 하는 물을 자기 몸에 뿌리지 않는 한, 그는 부정한 상태로 남아 있기 때문이다.

14-15 장막에서 사람이 죽었을 때 적용되는 규례는 이러하다. 그 장막에 출입하는 사람이나 이미 장막 안에 있던 사람은 칠 일 동안 부정하다. 뚜껑을 덮지 않은 그릇도 모두 부정하다.

16-21 넓은 들에 나가 있다가, 맞아 죽은 사람의 주검이나 수명이 다해 죽은 사람의 주검이나 사람의 뼈나 무덤을 만진 사람은 칠 일 동안 부정하다. 이 부정한 사람을 위해서는 속죄 제물을 태우고 남은 재를 가져다가 대접에 담고 거기에 맑은 물을 부어야 한다. 정결한 사람이 우슬초 가지를 그 물에 담갔다가 장막과 거기에 딸린 모든 기구와 장막 안에 있던 사람, 살해당했거나 수명이 다해 죽은 사람의 뼈를 만진 사람, 무덤을 만진 사람에게 뿌린다. 정결한 사람은 삼 일째 되는 날과 칠 일째 되는 날에 부정한 사람에게 물을 뿌려야 한다. 그러면 부정한 사람은 칠 일째 되는 날에 정결하게 된다. 정결하게 된 그 사람은 자기 옷을 깨끗이 빨고 몸을 씻어야 한다. 그는 저녁때까지 부정하다. 그러나 부정한 사람이 이 정결 과정을 거치지 않으면, 그는 공동체 가운데서 추방되어야 한다. 그가 하나님의 성소를 더럽혔기 때문이다. 그는 정결하게 하는 물을 뿌리지 않았으므로 부정하다. 이것은 위와 같은 경우에 적용해야 할 영원한 규례다.

정결하게 하는 물을 뿌린 사람은 자기 옷을 깨끗이 빨아야 한다. 정결하게 하는 물을 만진 사람도 저녁때까지 부정하다.

22 부정한 사람이 만진 것은 무엇이든 부정하며, 부정한 사람이 만진 것을 만진 사람도 저녁때까지 부정하다."

unclean for seven days. He must purify himself with the Water-of-Cleansing on the third day; on the seventh day he will be clean. But if he doesn't follow the procedures for the third and seventh days, he won't be clean. Anyone who touches the dead body of anyone and doesn't get cleansed desecrates GOD's Dwelling and is to be excommunicated. For as long as the Water-of-Cleansing has not been sprinkled on him, he remains ritually unclean.

14-15 "This is the rule for someone who dies in his tent: Anyone who enters the tent or is already in the tent is ritually unclean for seven days, and every open container without a lid is unclean.

16-21 "Anyone out in the open field who touches a corpse, whether dead from violent or natural causes, or a human bone or a grave is unclean for seven days. For this unclean person, take some ashes from the burned Absolution-Offering and add some fresh water to it in a bowl. Find a ritually clean man to dip a sprig of hyssop into the water and sprinkle the tent and all its furnishings, the persons who were in the tent, the one who touched the bones of the person who was killed or died a natural death, and whoever may have touched a grave. Then he is to sprinkle the unclean person on the third and seventh days. On the seventh day he is considered cleansed. The cleansed person must then scrub his clothes and take a bath; by evening he is clean. But if an unclean person does not go through these cleansing procedures, he must be excommunicated from the community; he has desecrated the Sanctuary of GOD. The Water-of-Cleansing has not been sprinkled on him and he is ritually unclean. This is the standing rule for these cases.

"The man who sprinkles the Water-of-Cleansing has to scrub his clothes; anyone else who touched the Water-of-Cleansing is also ritually unclean until evening.

22 "Anything the ritually unclean man touches becomes unclean, and the person who touches what he touched is unclean until evening."

가데스에서 일어난 일

20 1 첫째 달에, 온 이스라엘 백성이 신 광야에 이르렀다. 백성은 가데스에 머물렀다.
그곳에서 미리암이 죽어 땅에 묻혔다.
2-5 거기에는 마실 물이 없었다. 그들이 무리를 지어 모세와 아론에게 대들었다. 그들은 모세에게 비난을 퍼부었다. "우리 형제들이 하나님 앞에서 죽을 때 우리도 죽었으면 차라리 좋았을 것을. 어쩌자고 당신은 하나님의 회중을 여기 광야까지 끌고 와서, 사람이나 가축이나 모두 죽게 하는 겁니까? 왜 우리를 이집트에서 데리고 나와서 이 비참한 땅으로 끌고 온 겁니까? 여기에는 곡식도 없고, 무화과도 없고, 포도나무도 없고, 물도 없는데 말입니다!"
6 모세와 아론은 몰려든 회중을 뒤로하고 회막으로 가서, 얼굴을 땅에 대고 엎드렸다. 그들이 하나님의 영광을 뵈었다.
7-8 하나님께서 모세에게 말씀하셨다. "지팡이를 손에 잡아라. 네 형 아론과 함께 공동체를 소집하여라. 그들 바로 앞에 있는 저 바위에 말하여라. 그러면 그 바위에서 물이 날 것이다. 바위에서 물을 내어, 회중과 가축이 마시게 하여라."
9-10 모세는 하나님께서 명령하신 대로 지팡이를 잡고 하나님 앞에서 나왔다. 모세와 아론은 온 회중을 바위 앞에 불러 모았다. 모세가 말했다. "반역자들은 들으시오! 우리가 여러분을 위해 이 바위에서 물을 내야 하겠소?"
11 이 말과 함께 모세가 팔을 들어 지팡이로 바위를 세차게 두 번 쳤다. 그러자 물이 흘러나왔다. 회중과 가축이 그 물을 마셨다.
12 하나님께서 모세와 아론에게 말씀하셨다. "너희가 나를 신뢰하지 않고 이스라엘 백성 앞에서 나를 거룩한 경외심으로 대하지 않았으니, 너희 두 사람은 내가 이 무리에게 주려고 하는 땅으로 그들을 이끌고 들어가지 못할 것이다."
13 이곳 므리바(다툼) 샘에서 이스라엘 백성이 하나님과 다투었고, 하나님께서 자신의 거룩함을 나타내 보이셨다.

14-16 모세는 가데스에서 에돔 왕에게 사신을 보내 이런 메시지를 전했다. "왕의 형제 이스라엘이 전하는 메시지입니다. 왕께서는 우리가 겪은 온갖 고초를 잘 아실 것입니다. 우리 조상은 이집트

Camp Kadesh

20 1 In the first month, the entire company of the People of Israel arrived in the Wilderness of Zin. The people stayed in Kadesh.
Miriam died there, and she was buried.
2-5 There was no water there for the community, so they ganged up on Moses and Aaron. They attacked Moses: "We wish we'd died when the rest of our brothers died before GOD. Why did you haul this congregation of GOD out here into this wilderness to die, people and cattle alike? And why did you take us out of Egypt in the first place, dragging us into this miserable country? No grain, no figs, no grapevines, no pomegranates—and now not even any water!"
6 Moses and Aaron walked from the assembled congregation to the Tent of Meeting and threw themselves facedown on the ground. And they saw the Glory of GOD.
7-8 GOD spoke to Moses: "Take the staff. Assemble the community, you and your brother Aaron. Speak to that rock that's right in front of them and it will give water. You will bring water out of the rock for them; congregation and cattle will both drink."
9-10 Moses took the staff away from GOD's presence, as commanded. He and Aaron rounded up the whole congregation in front of the rock. Moses spoke: "Listen, rebels! Do we have to bring water out of this rock for you?"
11 With that Moses raised his arm and slammed his staff against the rock—once, twice. Water poured out. Congregation and cattle drank.
12 GOD said to Moses and Aaron, "Because you didn't trust me, didn't treat me with holy reverence in front of the People of Israel, you two aren't going to lead this company into the land that I am giving them."
13 These were the Waters of Meribah (Bickering) where the People of Israel bickered with GOD, and he revealed himself as holy.

14-16 Moses sent emissaries from Kadesh to the king of Edom with this message: "A message from your brother Israel: You are familiar with

로 내려가 그곳에서 오랫동안 살았습니다. 그런데 이집트 사람들은 우리와 우리 조상을 잔인하게 학대했습니다. 우리가 하나님께 울부짖고 도움을 구하자, 하나님께서 우리의 울부짖음을 들으시고 천사를 보내셔서 우리를 이집트에서 이끌어 내셨습니다. 이제 우리는 왕의 영토 경계에 있는 성읍 가데스에 와 있습니다.

17 우리가 왕의 영토를 지나가도록 허락해 주시겠습니까? 우리가 왕의 밭이나 과수원에 들어가지 않고, 왕의 우물물도 마시지 않겠습니다. 큰길, 곧 왕의 길만 따라가겠습니다. 왕의 영토를 다 지나갈 때까지, 오른쪽으로나 왼쪽으로나 벗어나지 않겠습니다."

18 에돔 왕이 답했다. "절대 안된다! 내 땅에 발을 딛는 순간, 내가 너희를 죽일 것이다."

19 이스라엘 백성이 말했다. "들어 보십시오. 우리가 큰길로만 다니겠습니다. 우리나 우리 가축이 물을 마시면, 그 값을 치르겠습니다. 우리는 위험한 사람들이 아닙니다. 그저 발이 부르튼 여행자들일 뿐입니다."

20-21 왕은 같은 답변을 보내왔다. "안된다. 너희는 지나갈 수 없다." 에돔 왕은 무장한 많은 백성을 거느리고 나와서 길을 막았다. 에돔 왕은 그들이 자기 영토를 지나가지 못하게 했다. 그래서 이스라엘은 에돔을 돌아서 갈 수밖에 없었다.

아론의 죽음

22 이스라엘 백성 온 무리가 가데스를 출발하여, 호르 산으로 나아갔다.

23-26 하나님께서 에돔 경계에 있는 호르 산에서 모세와 아론에게 말씀하셨다. "아론이 자기 조상에게 돌아갈 때가 되었다. 그는 내가 이스라엘 백성에게 주려고 하는 땅에 들어가지 못할 것이다. 너희가 므리바 샘에서 내 명령을 거역했기 때문이다. 너는 아론과 그의 아들 엘르아살을 데리고 호르 산으로 올라가거라. 아론의 옷을 벗겨 그의 아들 엘르아살에게 입혀라. 아론이 거기서 자기 조상에게 돌아가 죽을 것이다."

27-29 모세가 하나님의 명령에 순종했다. 그들은 온 회중이 지켜보는 앞에서 호르 산으로 올라갔다. 모세는 아론의 옷을 벗겨 그의 아들 엘르아살에게 입혔다. 아론이 그 산의 꼭대기에서 죽자, 모세와 엘르아살은 산에서 내려왔다. 온 회중이 아론이 죽었다는 소식을 듣고, 삼십 일 동안 그의 죽음을 슬퍼했다.

all the trouble we've run into. Our ancestors went down to Egypt and lived there a long time. The Egyptians viciously abused both us and our ancestors. But when we cried out for help to GOD, he heard our cry. He sent an angel and got us out of Egypt. And now here we are at Kadesh, a town at the border of your land.

17 "Will you give us permission to cut across your land? We won't trespass through your fields or orchards and we won't drink out of your wells; we'll keep to the main road, the King's Road, straying neither right nor left until we've crossed your border."

18 The king of Edom answered, "Not on your life. If you so much as set a foot on my land, I'll kill you."

19 The People of Israel said, "Look, we'll stay on the main road. If we or our animals drink any water, we'll pay you for it. We're harmless–just a company of footsore travelers."

20-21 He answered again: "No. You may *not* come through." And Edom came out and blocked the way with a crowd of people brandishing weapons. Edom refused to let them cross through his land. So Israel had to detour around him.

Camp Hor

22 The People of Israel, the entire company, set out from Kadesh and traveled to Mount Hor.

23-26 GOD said to Moses and Aaron at Mount Hor at the border of Edom, "It's time for Aaron to be gathered into the company of his ancestors. He will not enter the land I am giving to the People of Israel because you both rebelled against my orders at the Waters of Meribah. So take Aaron and his son Eleazar and lead them up Mount Hor. Remove Aaron's clothes from him and put them on his son Eleazar. Aaron will be gathered there; Aaron will die."

27-29 Moses obeyed GOD's command. They climbed Mount Hor as the whole congregation watched. Moses took off Aaron's clothes and put them on his son Eleazar. Aaron died on top of the mountain. Then Moses and Eleazar came down from the mountain. The whole congregation, getting the news that Aaron had died, went into thirty days of mourning for him.

거룩한 진멸

21 1 네겝 지역에서 다스리던 가나안 사람 아랏 왕은, 이스라엘이 아다림 길로 진격해 오고 있다는 소식을 들었다. 그는 이스라엘을 공격하여 그들 가운데 일부를 포로로 잡아갔다.
2 이스라엘이 하나님께 서원했다. "이 백성을 저희 손에 넘겨주시면, 저희가 그들의 성읍들을 쳐부수고, 그 잔해를 하나님께 바쳐 거룩한 진멸이 되게 하겠습니다."
3 하나님께서 이스라엘의 기도를 들으시고 가나안 사람을 그들 손에 넘겨주셨다. 이스라엘은 그들과 그들의 성읍들을 쳐부수었다. 거룩한 진멸이었다. 이스라엘은 그곳 이름을 호르마(거룩한 진멸)라고 했다.

구리뱀으로 백성을 구하다

4-5 그들은 호르 산에서 출발하여 홍해 길을 따라 에돔 땅을 돌아서 나아갔다. 백성이 길을 가는 동안에 그들의 마음이 조급하고 날카로워졌다. 그들은 하나님과 모세에게 거침없이 대들었다. "어쩌자고 우리를 이집트에서 끌어 내어, 하나님께 버림받은 이 땅에서 죽게 하는 겁니까? 먹을 만한 음식도 없고 물도 없습니다. 이 형편없는 음식을 더는 못 먹겠습니다."
6-7 하나님께서 독사들을 백성 가운데로 보내셨다. 독사들이 그들을 물어, 이스라엘의 많은 사람들이 죽었다. 백성이 모세에게 와서 말했다. "우리가 하나님과 당신을 거역하는 죄를 지었습니다. 이 뱀들을 우리에게서 거두어 달라고 하나님께 기도해 주십시오."
모세가 백성을 위해 기도했다.
8 하나님께서 모세에게 말씀하셨다. "뱀 한 마리를 만들어 깃대에 매달아라. 물린 자는 누구든지 그것을 보면 살게 될 것이다."
9 모세는 이글거리는 구리로 뱀을 만들어 깃대 위에 달아 놓았다. 뱀에게 물린 사람마다 그 구리뱀을 보고 살아났다.

호르 산에서 모압까지

10-15 이스라엘 백성이 길을 떠나 오봇에 진을 쳤다. 오봇을 떠나서는 모압 맞은편, 동쪽 광야의 이예아바림에 진을 쳤다. 그곳을 떠나서는 세렛 골짜기에 진을 쳤다. 그 다음에는 아모리 땅과 모압 땅의 경계에 있는 아르논 강을 따라 진을 쳤다. 하나님의 전쟁기는 이 지역을 두고 다음과 같이 기록하고 있다.

Hormah

21 1 The Canaanite king of Arad, ruling in the Negev, heard that Israel was advancing up the road to Atharim. He attacked Israel and took prisoners of war.
2 Israel vowed a vow to GOD: "If you will give this people into our power, we'll destroy their towns and present the ruins to you as a holy destruction."
3 GOD listened to Israel's prayer and gave them the Canaanites. They destroyed both them and their towns, a holy destruction. They named the place Hormah (Holy Destruction).

The Snake of Fiery Copper

4-5 They set out from Mount Hor along the Red Sea Road, a detour around the land of Edom. The people became irritable and cross as they traveled. They spoke out against God and Moses: "Why did you drag us out of Egypt to die in this godforsaken country? No decent food; no water—we can't stomach this stuff any longer."
6-7 So GOD sent poisonous snakes among the people; they bit them and many in Israel died. The people came to Moses and said, "We sinned when we spoke out against GOD and you. Pray to GOD; ask him to take these snakes from us." Moses prayed for the people.
8 GOD said to Moses, "Make a snake and put it on a flagpole: Whoever is bitten and looks at it will live."
9 So Moses made a snake of fiery copper and put it on top of a flagpole. Anyone bitten by a snake who then looked at the copper snake lived.

Camping on the Way to Moab

10-15 The People of Israel set out and camped at Oboth. They left Oboth and camped at Iye Abarim in the wilderness that faces Moab on the east. They went from there and pitched camp in the Zered Valley. Their next camp was alongside the Arnon River, which marks the border between Amorite country and Moab. The Book of the Wars of GOD refers to this place:

수바의 와헙과
아르논 골짜기들은
협곡 벼랑을 따라
아르 촌락으로 뻗어 있고,
모압의 경계 쪽으로
가파르게 기울어 있다.

16-18 그들이 거기서 브엘(우물)로 나아갔다. 그곳은 하나님께서 모세에게 "백성을 모아라. 내가 그들에게 물을 주겠다"고 말씀하신 곳이다. 거기서 이스라엘은 다음과 같은 노래를 불렀다.

우물물아, 솟아나라!
우물의 노래를 불러라.
이 우물은
홀과 지팡이로
군주들이 파고
백성의 지도자들이 판 우물이다.

19-20 그들은 광야에서 맛다나를 떠나 나할리엘에 이르렀고, 나할리엘을 떠나 바못(고원)에 이르렀고, 바못을 떠나 모압 들판을 향해 트인 골짜기로 나아갔다. 그곳은 비스가(꼭대기) 산이 솟아올라 여시몬(황무지)이 내려다보이는 곳이었다.

시혼과 옥을 물리치다

21-22 이스라엘이 아모리 왕 시혼에게 사신들을 보내어 이렇게 말했다. "우리가 왕의 영토를 지나가게 해주십시오. 우리가 왕의 밭에 들어가지 않고, 왕의 포도밭에서 우물물을 마시지도 않겠습니다. 우리는 왕의 영토를 다 지나갈 때까지 큰길, 곧 왕의 길만 따라가겠습니다."
23-27 그러나 시혼은 이스라엘이 지나가는 것을 허락하지 않았다. 오히려 이스라엘과 싸우려고 군대를 소집하여 광야로 진격해 왔다. 그는 야하스에 이르러 이스라엘을 공격했다. 그러나 이스라엘이 맹렬히 싸워 그를 무찌르고, 아르논에서 얍복, 곧 암몬의 경계에 이르기까지 그의 영토를 점령했다. 그들은 거기서 멈추었는데, 암몬의 경계가 요새화되어 있었기 때문이다. 이스라엘은 헤스본과 그 주변 모든 마을을 포함한 아모리 사람의 모든 성읍을 점령했다. 헤스본은 아모리 왕 시혼이 다스리던 수도였다. 시혼은 모압의 이전 왕을 공격해서 북쪽으로 아르논 강에 이르기까지 그의 모든 영토를 빼앗은 왕이다. 그래서 시인들은 이렇게 노래했다.

Waheb in Suphah,
the canyons of Arnon;
Along the canyon ravines
that lead to the village Ar
And lean hard against
the border of Moab.

16-18 They went on to Beer (The Well), where GOD said to Moses, "Gather the people; I'll give them water." That's where Israel sang this song:

Erupt, Well!
Sing the Song of the Well,
the well sunk by princes,
Dug out by the peoples' leaders
digging with their scepters and staffs.

19-20 From the wilderness their route went from Mattanah to Nahaliel to Bamoth (The Heights) to the valley that opens into the fields of Moab from where Pisgah (The Summit) rises and overlooks Jeshimon (Wasteland).

21-22 Israel sent emissaries to Sihon, king of the Amorites, saying, "Let us cross your land. We won't trespass into your fields or drink water in your vineyards. We'll keep to the main road, the King's Road, until we're through your land."
23-27 But Sihon wouldn't let Israel go through. Instead he got his army together and marched into the wilderness to fight Israel. At Jahaz he attacked Israel. But Israel fought hard, beat him soundly, and took possession of his land from the Arnon all the way to the Jabbok right up to the Ammonite border. They stopped there because the Ammonite border was fortified. Israel took and occupied all the Amorite cities, including Heshbon and all its surrounding villages. Heshbon was the capital city of Sihon king of the Amorites. He had attacked the former king of Moab and captured all his land as far north as the river Arnon. That is why the folk singers sing,

헤스본으로 와서 도성을 재건하여라.
시혼의 성읍을 복구하여라.

28-29 헤스본에서 불이 나오고
시혼의 도성에서 화염이 나와
모압의 아르를 불태우고
아르논 고원의 원주민들을 불살랐다.
화가 있을 것이다, 모압아!
그모스의 백성아, 너는 망했다!
네 아들들은 도망자가 되어 쫓기고, 네 딸들은 포로가 되어
아모리 왕 시혼에게 넘겨졌다.

30 그러나 우리가 그들을 죽였다.
헤스본에서 디본까지 남김없이 해치웠다.
노바까지 파괴했고
메드바까지 이르는 땅을 초토화시켰다.

31-32 이스라엘은 아모리 사람의 땅으로 이주하여 거기서 지냈다. 모세는 사람들을 보내어 야스엘을 정탐하게 했다. 이스라엘은 야스엘의 마을들을 점령하고, 그곳에 사는 아모리 사람을 쫓아냈다.
33 그들은 북쪽으로 방향을 바꾸어 바산 길로 나아갔다. 바산 왕 옥이 모세와 맞서 싸우려고 자기의 모든 군대를 거느리고 에드레이로 진격해 왔다.
34 하나님께서 모세에게 말씀하셨다. "그를 두려워하지 마라. 내가 그와 그의 온 백성과 그의 땅을 네게 선물로 주겠다. 헤스본에서 다스리던 아모리 왕 시혼에게 한 것처럼, 그를 처치하여라."
35 그들이 그와 그의 아들들과 그의 온 백성을 치니, 살아남은 자가 하나도 없었다. 이스라엘이 그 땅을 점령한 것이다.

모압 왕 발락과 발람

22 1 이스라엘 백성이 계속 행진하여 요단-여리고 앞 모압 평야에 진을 쳤다.
2-3 십볼의 아들 발락은 이스라엘이 아모리 사람에게 한 일을 모두 들어 알고 있었다. 모압 백성은 이스라엘 때문에 잔뜩 겁을 먹었다. 이스라엘의 수가 너무 많았던 것이다! 그들은 공포에 떨었다.
4-5 모압이 미디안의 지도자들에게 말했다. "보시오, 까마귀 떼가 시체의 살점을 말끔히 뜯어먹듯이, 이 무리가 우리를 남김없이 먹어 치우려 하고 있소."
그 당시, 모압의 왕은 십볼의 아들 발락이었다. 그는 브올의 아들 발람을 데려오라고 사신들을 보냈

Come to Heshbon to rebuild the city,
restore Sihon's town.

28-29 Fire once poured out of Heshbon,
flames from the city of Sihon;
Burning up Ar of Moab,
the natives of Arnon's heights.
Doom, Moab!
The people of Chemosh, done for!
Sons turned out as fugitives, daughters abandoned as captives
to the king of the Amorites, to Sihon.

30 Oh, but we finished them off
Nothing left of Heshbon as far as Dibon;
Devastation as far off as Nophah,
scorched earth all the way to Medeba.

31-32 Israel moved in and lived in Amorite country. Moses sent men to scout out Jazer. They captured its villages and drove away the Amorites who lived there.
33 Then they turned north on the road to Bashan. Og king of Bashan marched out with his entire army to meet Moses in battle at Edrei.
34 GOD said to Moses, "Don't be afraid of him. I'm making a present of him to you, him and all his people and his land. Treat him the same as Sihon king of the Amorites who ruled in Heshbon."
35 So they attacked him, his sons, and all the people—there was not a single survivor. Israel took the land.

Balaam

22 1 The People of Israel marched on and camped on the Plains of Moab at Jordan-Jericho.
2-3 Balak son of Zippor learned of all that Israel had done to the Amorites. The people of Moab were in a total panic because of Israel. There were so many of them! They were terrorized.
4-5 Moab spoke to the leaders of Midian: "Look, this mob is going to clean us out—a bunch of crows picking a carcass clean."

다. 발람은 자기 고향인 유프라테스 강가에 자리한 브돌에 살고 있었다.

5-6 발락의 사신들이 전할 말은 이러했다. "보시오, 한 백성이 이집트에서 나와 온 땅을 덮었소! 그들이 나를 맹렬히 압박하고 있소. 그들이 너무 벅차서 나로서는 감당할 수 없으니, 부디 와서, 나를 위해 그들을 저주해 주시오. 그러면 내가 그들을 치겠소. 우리가 그들을 공격해서, 이 땅에서 쫓아낼 수 있을 것이오. 당신의 명성은 익히 들어 알고 있소. 당신이 축복하는 자는 복을 받고, 당신이 저주하는 자는 저주를 받는다는 말을 들었소."

7-8 곧 모압의 지도자와 미디안의 지도자들이, 저주의 대가로 제공할 사례금을 단단히 챙겨서 길을 떠났다. 그들이 발람의 집에 이르러, 그에게 발락의 말을 전했다.

발람이 말했다. "오늘 밤은 여기서 지내십시오. 내일 아침에 하나님께서 내게 주시는 말씀을 여러분에게 알려 드리겠습니다."

모압의 귀족들은 그의 집에 머물렀다.

9 하나님께서 발람에게 오셔서 물으셨다. "너와 함께 있는 이 사람들은 누구냐?"

10-11 발람이 대답했다. "십볼의 아들인 모압 왕 발락이 사람들을 보내면서 이런 메시지를 전했습니다. '보시오, 이집트에서 나온 백성이 온 땅을 덮었소! 부디 와서, 나를 위해 그들을 저주해 주시오. 그러면 내가 그들을 공격해서, 이 땅에서 쫓아낼 수 있을 것이오.'"

12 하나님께서 발람에게 말씀하셨다. "그들과 함께 가지 마라. 그 백성은 복을 받은 백성이니, 그들을 저주하지 마라."

13 이튿날 아침에 발람이 일어나 발락의 귀족들에게 말했다. "돌아가십시오. 하나님께서 내가 여러분과 함께 가는 것을 허락하지 않으십니다."

14 그리하여 모압의 귀족들은 길을 떠나 발락에게 돌아가서 말했다. "발람이 우리와 함께 오지 않으려고 합니다."

15-17 발락은 그들보다 지위가 높고 명망 있는 귀족들을 보냈다. 그들이 발람에게 가서 말했다. "십볼의 아들 발락이 이렇게 말씀합니다. '부디 거절하지 말고 내게 오시오. 당신을 극진히 예우하고 사례도 아낌없이 하겠소. 원하는 것이 무엇이든, 내가 다 들어주겠소. 얼마든지 사례할 테니, 그저 와서 저 백성을 저주해 주기만 하시오.'"

18-19 발람이 발락의 신하들에게 대답했다. "발락이 은과 금이 가득한 자기 집을 준다 해도, 나는 내 하

Balak son of Zippor, who was king of Moab at that time, sent emissaries to get Balaam son of Beor, who lived at Pethor on the banks of the Euphrates River, his homeland.

5-6 Balak's emissaries said, "Look. A people has come up out of Egypt, and they're all over the place! And they're pressing hard on me. Come and curse them for me–they're too much for me. Maybe then I can beat them; we'll attack and drive them out of the country. You have a reputation: Those you bless stay blessed; those you curse stay cursed."

7-8 The leaders of Moab and Midian were soon on their way, with the fee for the cursing tucked safely in their wallets. When they got to Balaam, they gave him Balak's message.

"Stay here for the night," Balaam said. "In the morning I'll deliver the answer that GOD gives me." The Moabite nobles stayed with him.

9 Then God came to Balaam. He asked, "So who are these men here with you?"

10-11 Balaam answered, "Balak son of Zippor, king of Moab, sent them with a message: 'Look, the people that came up out of Egypt are all over the place! Come and curse them for me. Maybe then I'll be able to attack and drive them out of the country.'"

12 God said to Balaam, "Don't go with them. And don't curse the others–they are a blessed people."

13 The next morning Balaam got up and told Balak's nobles, "Go back home; GOD refuses to give me permission to go with you."

14 So the Moabite nobles left, came back to Balak, and said, "Balaam wouldn't come with us."

15-17 Balak sent another group of nobles, higher ranking and more distinguished. They came to Balaam and said, "Balak son of Zippor says, 'Please, don't refuse to come to me. I will honor and reward you lavishly–anything you tell me to do, I'll do; I'll pay anything–only come and curse this people.'"

18-19 Balaam answered Balak's servants: "Even if Balak gave me his house stuffed with silver and gold, I wouldn't be able to defy the orders of

나님의 명령을 어기고는 크든 작든 아무 일도 할
수 없습니다. 하지만 지난번에 오신 분들처럼 여
러분도 오늘 밤 여기서 지내십시오. 이번에는 하
나님께서 어떻게 말씀하시는지 알아보겠습니다."
20 그날 밤, 하나님께서 발람에게 오셔서 말씀하
셨다. "이 사람들이 너를 보려고 이렇게 왔으니,
그들과 함께 가거라. 그러나 내가 네게 말하는 것
외에는 절대 아무 일도 해서는 안된다."
21-23 발람은 아침에 일어나 나귀에 안장을 얹고,
모압에서 온 귀족들과 함께 길을 떠났다. 그러나
발람이 길을 나서자 하나님께서 진노하셨다. 하
나님의 천사가 그가 가는 것을 막으려고 길에 서
있었다. 발람은 나귀를 탔고, 하인 둘이 그와 함
께 가고 있었다. 나귀는 천사가 길을 막고 서서
칼을 휘두르는 것을 보자, 급히 길에서 벗어나 도
랑으로 뛰어들었다. 발람은 나귀를 때려 다시 길
로 돌아가게 했다.
24-25 그러나 그들이 길 양옆으로 울타리가 세워
진 포도밭 사이로 지나갈 때, 나귀는 길을 막고
선 하나님의 천사를 다시 보게 되었다. 나귀는 울
타리 쪽으로 몸을 붙여, 발람의 발이 울타리에 짓
눌리게 했다. 그러자 발람이 다시 나귀를 때렸다.
26-27 하나님의 천사가 또다시 길을 막아섰다. 이
번에는 길목이 매우 비좁아서, 오른쪽으로도 왼
쪽으로도 빠져나갈 틈이 없었다. 발람의 나귀는
천사를 보자 그만 주저앉고 말았다. 발람은 화가
치밀어, 지팡이로 나귀를 때렸다.
28 그때 하나님께서 나귀의 입을 열어 주셨다. 나
귀가 발람에게 말했다. "도대체 제가 당신께 무엇
을 잘못했기에 저를 이렇게 세 번씩이나 때리십
니까?"
29 발람이 말했다. "네가 나를 가지고 놀지 않았
느냐! 내게 칼이 있었으면, 벌써 너를 죽였을 것
이다."
30 나귀가 발람에게 말했다. "이때까지 저는 여러
해 동안 당신의 충실한 나귀가 아니었습니까? 제
가 전에 당신에게 이와 같은 짓을 한 적이 있습니
까? 말씀해 보십시오."
그가 말했다. "없다."
31 그때 하나님께서 발람의 눈을 열어 상황을 보
게 해주셨다. 그가 보니, 하나님의 천사가 길을
막고 서서 칼을 휘두르고 있었다. 발람이 얼굴을
땅에 대고 엎드렸다.
32-33 하나님의 천사가 그에게 말했다. "너는 어째
서 네 불쌍한 나귀를 이렇게 세 번씩이나 때렸느

my GOD to do anything, whether big or little. But
come along and stay with me tonight as the others
did; I'll see what GOD will say to me this time."
20 God came to Balaam that night and said, "Since
these men have come all this way to see you, go
ahead and go with them. But make sure you do
absolutely nothing other than what I tell you."
21-23 Balaam got up in the morning, saddled his
donkey, and went off with the noblemen from
Moab. As he was going, though, God's anger
flared. The angel of GOD stood in the road to block
his way. Balaam was riding his donkey, accompa-
nied by his two servants. When the donkey saw the
angel blocking the road and brandishing a sword,
she veered off the road into the ditch. Balaam beat
the donkey and got her back on the road.
24-25 But as they were going through a vineyard,
with a fence on either side, the donkey again saw
GOD's angel blocking the way and veered into the
fence, crushing Balaam's foot against the fence.
Balaam hit her again.
26-27 GOD's angel blocked the way yet again—a very
narrow passage this time; there was no getting
through on the right or left. Seeing the angel,
Balaam's donkey sat down under him. Balaam lost
his temper; he beat the donkey with his stick.
28 Then GOD gave speech to the donkey. She said
to Balaam: "What have I ever done to you that you
have beat me these three times?"
29 Balaam said, "Because you've been playing
games with me! If I had a sword I would have
killed you by now."
30 The donkey said to Balaam, "Am I not your
trusty donkey on whom you've ridden for years
right up until now? Have I ever done anything like
this to you before? Have I?"
He said, "No."
31 Then GOD helped Balaam see what was going
on: He saw GOD's angel blocking the way,
brandishing a sword. Balaam fell to the ground,
his face in the dirt.
32-33 GOD's angel said to him: "Why have you
beaten your poor donkey these three times? I
have come here to block your way because you're
getting way ahead of yourself. The donkey saw me

냐? 네가 성급히 길을 나서기에 내가 너를 막으려고 왔다. 나귀가 나를 보고, 내게서 세 번이나 비켜났다. 그러지 않았으면, 내가 벌써 너를 죽이고 나귀는 살려서 풀어 주었을 것이다."

34 발람이 하나님의 천사에게 말했다. "제가 잘못했습니다. 당신께서 저를 막으시려고 길에 서 계신 줄 몰랐습니다. 제가 하려는 일을 기뻐하지 않으시면 돌아가겠습니다."

35 하나님의 천사가 발람에게 말했다. "그들과 함께 가거라. 다만 내가 네게 일러 주는 것만 말하여라. 다른 말은 절대로 해서는 안된다."

그리하여 발람은 발락의 귀족들과 함께 갔다.

36 발락은 발람이 오고 있다는 소식을 듣고, 그를 마중하러 자기 영토의 경계 아르논 강가에 자리한 모압 사람의 성읍으로 나갔다.

37 발락이 발람에게 말했다. "내가 긴급한 전갈을 보내 도움을 요청하지 않았소? 내가 부를 때 왜 오지 않았소? 내가 넉넉하게 사례하지 못할 것이라고 생각한 것이오?"

38 발람이 발락에게 말했다. "내가 이렇게 오지 않았습니까. 그러나 나는 아무것도 알려 드릴 수 없습니다. 나는 하나님께서 내게 주시는 말씀만 전할 수 있습니다. 다른 말은 한 마디도 할 수 없습니다."

39-40 발람은 발락과 함께 기럇후솟(중심가)으로 갔다. 발락은 소와 양을 잡아 제물로 바치고, 그 제물을 발람과 그와 함께한 귀족들에게 선물했다.

41 이튿날 새벽에 발락이 발람을 데리고 이스라엘 백성 일부가 잘 보이는 바못바알(바알의 산당)로 올라갔다.

발람의 예언

23 1 발람이 말했다. "여기에 제단 일곱을 쌓고, 수소 일곱 마리와 숫양 일곱 마리를 준비해 주십시오."

2 발락은 발람의 말대로 했다. 발람과 발락은 제단마다 수소와 숫양을 한 마리씩 바쳤다.

3 발람이 발락에게 지시했다. "왕은 여기 왕의 번제물 곁에 서서 지키고 계십시오. 나 혼자 다녀오겠습니다. 어쩌면 하나님께서 오셔서 나를 만나 주실지도 모르겠습니다. 그분께서 내게 보여주거나 알려 주는 것은 무엇이든, 왕께 전해 드리겠습니다." 그러고 나서 그는 혼자 갔다.

and turned away from me these three times. If she hadn't, I would have killed you by this time, but not the donkey. I would have let her off."

34 Balaam said to GOD's angel, "I have sinned. I had no idea you were standing in the road blocking my way. If you don't like what I'm doing, I'll head back."

35 But GOD's angel said to Balaam, "Go ahead and go with them. But only say what I tell you to say—absolutely no other word."

And so Balaam continued to go with Balak's nobles.

36 When Balak heard that Balaam was coming, he went out to meet him in the Moabite town that was on the banks of the Arnon, right on the boundary of his land.

37 Balak said to Balaam, "Didn't I send an urgent message for help? Why didn't you come when I called? Do you think I can't pay you enough?"

38 Balaam said to Balak, "Well, I'm here now. But I can't tell you just anything. I can speak only words that God gives me—no others."

39-40 Balaam then accompanied Balak to Kiriath Huzoth (Street-Town). Balak slaughtered cattle and sheep for sacrifices and presented them to Balaam and the nobles who were with him.

41 At daybreak Balak took Balaam up to Bamoth Baal (The Heights of Baal) so that he could get a good view of some of the people.

23 1 Balaam said, "Build me seven altars here, and then prepare seven bulls and seven rams."

2 Balak did it. Then Balaam and Balak sacrificed a bull and a ram on each of the altars.

3 Balaam instructed Balak: "Stand watch here beside your Whole-Burnt-Offering while I go off by myself. Maybe GOD will come and meet with me. Whatever he shows or tells me, I'll report to you." Then he went off by himself.

4 God did meet with Balaam. Balaam said, "I've set up seven altars and offered a bull and a ram on

4 하나님께서 발람을 만나 주셨다. 발람이 아뢰었다. "제가 제단 일곱을 쌓고, 제단마다 수소와 숫양을 한 마리씩 바쳤습니다."
5 하나님께서 발람에게 메시지를 주셨다. "발락에게 돌아가 이 메시지를 전하여라."
6-10 발람이 발락에게 돌아가 보니, 그는 모압의 모든 귀족과 함께 자기 번제물 곁에 서 있었다. 발람은 자신이 받은 예언의 메시지를 전했다.

발락이 아람에서,
모압 왕이 동쪽 산지에서 나를 이곳으로 데리고 왔다.
"와서, 나를 위해 야곱을 저주해 주시오.
와서, 이스라엘에게 악담을 퍼부어 주시오."
하나님께서 저주하시지 않은 저들을 내가 어찌 저주하겠는가?
하나님께서 악담을 퍼부으시지 않은 저들에게 내가 어찌 악담을 퍼붓겠는가?
내가 바위산 봉우리에서 그들을 바라보고
언덕 꼭대기에서 그들을 굽어본다.
보라, 홀로 떨어져 진을 친 백성을!
그들은 민족들 가운데서 자신을 이방인으로 여긴다.
야곱의 흙먼지를 누가 헤아리며,
티끌 구름 같은 이스라엘의 수를 누가 셀 수 있으랴?
나는 바르게 사는 이 백성처럼 죽기를 바란다!
나의 최후가 그들과 같기를 원한다!

11 발락이 발람에게 말했다. "이게 무슨 짓이오? 나의 원수들을 저주해 달라고 당신을 데려왔더니, 당신은 그들에게 축복만 하고 있잖소."
12 발람이 대답했다. "하나님께서 내게 주시는 말씀만 주의해서 전해야 하지 않겠습니까?"

13 발락이 발람에게 말했다. "나와 함께 다른 곳으로 갑시다. 거기서도 그들의 진 끝자락만 볼 수 있고, 전체는 볼 수 없을 것이오. 거기서 나를 위해 그들을 저주해 주시오."
14 그는 발람을 비스가 산 꼭대기에 있는 '파수꾼의 풀밭'으로 데려갔다. 그는 거기에다 제단 일곱을 쌓고, 제단마다 수소와 숫양을 한 마리씩 바쳤다.
15 발람이 발락에게 말했다. "내가 저쪽에서 하나님을 뵙는 동안, 왕께서는 왕의 번제물 곁에 서 계십시오."
16 하나님께서 발람을 만나 주시고 그에게 메시지를 주셨다. "발락에게 돌아가 이 메시지를 전하여라."

each altar."
5 Then GOD gave Balaam a message: "Return to Balak and give him this message."
6-10 He went back and found him stationed beside his Whole-Burnt-Offering and with him all the nobles of Moab. Then Balaam spoke his message-oracle:

Balak led me here from Aram,
the king of Moab all the way from the eastern mountains.
"Go, curse Jacob for me;
go, damn Israel."
How can I curse whom God has not cursed?
How can I damn whom GOD has not damned?
From rock pinnacles I see them,
from hilltops I survey them:
Look! a people camping off by themselves,
thinking themselves outsiders among nations.
But who could ever count the dust of Jacob
or take a census of cloud-of-dust Israel?
I want to die like these right-living people!
I want an end just like theirs!

11 Balak said to Balaam, "What's this? I brought you here to curse my enemies, and all you've done is bless them."
12 Balaam answered, "Don't I have to be careful to say what GOD gives me to say?"

13 Balak said to him, "Go with me to another place from which you can only see the outskirts of their camp—you won't be able to see the whole camp. From there, curse them for my sake."
14 So he took him to Watchmen's Meadow at the top of Pisgah. He built seven altars there and offered a bull and a ram on each altar.
15 Balaam said to Balak, "Take up your station here beside your Whole-Burnt-Offering while I meet with him over there."
16 GOD met with Balaam and gave him a

17-24 발람이 발락에게 돌아가 보니, 그는 모압의 귀족들과 함께 자기 번제물 곁에 서 있었다. 발락이 발람에게 말했다. "하나님께서 뭐라고 하셨소?" 그러자 발람이 자신이 받은 예언의 메시지를 전했다.

발락아, 일어서서 들어라.
십볼의 아들아, 잘 들어라.
하나님은 사람이 아니시니 거짓을 말하지 않으시며
사람의 아들이 아니시니 마음을 바꾸지 않으신다.
그분께서 말씀만 하시고 행하지 않으시겠느냐?
그분께서 약속만 하시고 지키지 않으시겠느냐?
나는 축복하라고 이곳에 보내졌고
그분께서 복을 내리셨다. 그러니 내가 어찌 그것을 바꿀 수 있으랴?
그분께서 야곱에게 아무 불만이 없으시고
이스라엘에게서 어떤 잘못도 찾지 못하신다.
하나님께서 그들과 함께 계시고,
그들이 그분과 함께하면서 자신들의 왕이신 그분께 소리 높여 찬양한다.
하나님께서 그들을 이집트에서 이끌어 내셨으니,
그 행하심이 사나운 들소와도 같았다.
야곱을 결박할 마술이 없고
이스라엘을 방해할 술법도 없다.
사람들이 야곱과 이스라엘을 보고 말하리라.
"하나님께서 행하신 일이 어찌 그리 큰가!"
보라, 사자처럼 제 발로 일어나 기지개를 켜는 백성을,
눈을 떴다 하면 사냥이 끝날 때까지
배불리 먹고 마실 때까지
눕지도 쉬지도 않는 맹수의 제왕 같은 백성을.

25 발락이 발람에게 말했다. "좋소. 그들을 저주할 수 없다면, 적어도 축복하지는 마시오."
26 발람이 발락에게 대답했다. "무엇이든 하나님께서 말씀하시는 것만 전하겠다고 내가 전에 말씀드리지 않았습니까?"

❦

27-28 발락이 발람에게 말했다. "내가 당신을 다른 곳으로 데리고 가겠소. 우리가 하나님의 눈에 드는 좋은 자리를 찾으면, 당신이 나를 위해 그들을 저주할 수 있을지도 모르니 말이오." 그래서 발락은 발람을 데리고 여시몬(황무지)이 내려다보이는 브올 산 꼭대기로 갔다.
29 발람이 발락에게 말했다. "나를 위해 이곳에 제단

message. He said, "Return to Balak and give him the message."
17-24 Balaam returned and found him stationed beside his Whole-Burnt-Offering and the nobles of Moab with him. Balak said to him, "What did GOD say?" Then Balaam spoke his message-oracle:

On your feet, Balak. Listen,
listen carefully son of Zippor:
God is not man, one given to lies,
and not a son of man changing his mind.
Does he speak and not do what he says?
Does he promise and not come through?
I was brought here to bless;
and now he's blessed—how can I change that?
He has no bone to pick with Jacob,
he sees nothing wrong with Israel.
GOD is with them,
and they're with him, shouting praises to their King.
God brought them out of Egypt,
rampaging like a wild ox.
No magic spells can bind Jacob,
no incantations can hold back Israel.
People will look at Jacob and Israel and say,
"What a great thing has God done!"
Look, a people rising to its feet, stretching like a lion,
a king-of-the-beasts, aroused,
Unsleeping, unresting until its hunt is over
and it's eaten and drunk its fill.

25 Balak said to Balaam, "Well, if you can't curse them, at least don't bless them."
26 Balaam replied to Balak, "Didn't I tell you earlier: 'All God speaks, and only what he speaks, I speak'?"

❦

27-28 Balak said to Balaam, "Please, let me take you to another place; maybe we can find the right place in God's eyes where you'll be able to curse them for me." So Balak took Balaam to

일곱을 쌓고, 제물로 수소 일곱 마리와 숫양 일곱 마리를 준비해 주십시오."

30 발락이 그대로 한 뒤에 제단마다 수소와 숫양을 한 마리씩 바쳤다.

발람의 마지막 메시지

24 1-3 그때에 발람은 하나님께서 이스라엘에게 복을 내리고 싶어 하신다는 것을 깨달았다. 그래서 그는 전에 하던 것처럼 마술을 쓰지 않고, 고개를 돌려 광야 쪽을 바라보았다. 발람이 보니, 이스라엘이 지파별로 진을 친 것이 보였다. 하나님의 영이 그에게 임하여, 그가 예언의 메시지를 선포했다.

3-9 브올의 아들 발람이 전하는 말이다.
눈이 매우 밝은 사람이 전하는 말이다.
하나님께서 하시는 말씀을 듣는 사람,
강하신 하나님께서 보여주시는 것을 보는 사람,
얼굴을 땅에 대고 엎드려 예배하는 사람,
실제 무슨 일이 일어나고 있는지 아는 사람의 말이다.

야곱아, 너의 장막이
이스라엘아, 너의 안식처가 어찌 그리 아름다우냐!
멀리 뻗은 계곡 같고
강가에 가꾸어 놓은 정원 같구나.
정원사 하나님께서 심으신 달콤한 향초 같고
못가와 샘물가에서 자라는 붉은 삼나무 같구나.
그들의 물동이에서는 물이 넘치고
그들의 씨는 도처에 퍼지리라.
그들의 왕은 아각과 그 일족보다 뛰어나고
그들의 왕국은 위세를 크게 떨치리라.
하나님께서 그들을 이집트에서 이끌어 내셨으니,
그 행하심이 사나운 들소와도 같았다.
원수들을 고기 조각 삼키듯 하시는 분,
원수들의 뼈를 가루로 만드시고, 그들의 화살을 꺾으시는 분.
이스라엘이 사자처럼 웅크리고
맹수의 제왕처럼 잠을 자니, 누가 그를 방해하랴?
너를 축복하는 사람은 누구나 복을 받고
너를 저주하는 사람은 누구나 저주를 받으리라.

10-11 발락이 크게 화가 나서 주먹을 불끈 쥐며 발람에게 말했다. "나는 원수들을 저주해 달라고 당신

the top of Peor, with a vista over the Jeshimon (Wasteland).

29 Balaam said to Balak, "Build seven altars for me here and prepare seven bulls and seven rams for sacrifice."

30 Balak did it and presented an offering of a bull and a ram on each of the altars.

24 1-3 By now Balaam realized that GOD wanted to bless Israel. So he didn't work in any sorcery as he had done earlier. He turned and looked out over the wilderness. As Balaam looked, he saw Israel camped tribe by tribe. The Spirit of God came on him, and he spoke his oracle-message:

3-9 Decree of Balaam son of Beor,
yes, decree of a man with 20/20 vision;
Decree of a man who hears God speak,
who sees what The Strong God shows him,
Who falls on his face in worship,
who sees what's really going on.

What beautiful tents, Jacob,
oh, your homes, Israel!
Like valleys stretching out in the distance,
like gardens planted by rivers,
Like sweet herbs planted by the gardener GOD,
like red cedars by pools and springs,
Their buckets will brim with water,
their seed will spread life everywhere.
Their king will tower over Agag and his ilk,
their kingdom surpassingly majestic.
God brought them out of Egypt,
rampaging like a wild ox,
Gulping enemies like morsels of meat,
crushing their bones, snapping their arrows.
Israel crouches like a lion and naps,
king-of-the-beasts–who dares disturb him?
Whoever blesses you is blessed,
whoever curses you is cursed.

10-11 Balak lost his temper with Balaam. He shook

을 이곳으로 부른 것인데, 당신은 무엇을 한 것이오? 그들을 축복하다니! 그것도 세 번씩이나! 썩 물러가시오! 고향으로 돌아가시오! 당신에게 후히 사례하겠다고 했지만, 나는 아무것도 줄 수 없소. 당신은 하나님을 탓해야 할 것이오."

12-15 발람이 발락에게 말했다. "왕께서 사신들을 보내셨을 때, 내가 미리 말씀드리지 않았습니까? '발락이 자기 궁궐에 은과 금을 가득 채워 내게 준다 해도, 나는 하나님의 명령을 어기고는 선하든 악하든 아무 일도 내 마음대로 할 수 없습니다' 하고 말입니다. 이제 나는 고향으로, 내 백성에게로 갑니다. 장차 이 백성이 왕의 백성에게 어떻게 할 것인지 알려 드리겠습니다." 그러고 나서 그는 자신이 받은 예언의 메시지를 선포했다.

15-19 브올의 아들 발람이 전하는 말이다.
눈이 매우 밝은 사람이 전하는 말이다.
하나님의 말씀을 듣는 사람,
지극히 높으신 하나님께 무슨 일이 일어나고 있는지 아는 사람,
강하신 하나님께서 보여주시는 것을 보는 사람,
엎드려 예배하고 무엇이 실재인지 아는 사람의 말이다.
나는 그분을 보지만, 지금은 아니다.
나는 그분을 감지하지만, 여기서는 아니다.
한 별이 야곱에게서 솟아나고
한 홀이 이스라엘에게서 일어나리라.
그는 모압의 머리를,
시끄러운 수다쟁이의 두개골을 가루로 만들리라.
나는 에돔이 경매로 팔리고
원수 세일이 벼룩시장에 헐값에 넘겨지는 것을 본다.
그러나 이스라엘은 전리품을 차지한다.
한 통치자가 야곱에게서 나와
그 도시에 남아 있는 것을 파괴하리라.

20 그런 다음 발람은 아말렉을 바라보며 예언의 메시지를 전했다.

아말렉아, 너는 지금 민족들 가운데서 으뜸이지만
마지막이 되어, 멸망하리라.

21-22 그는 또 겐 족속을 바라보며 예언의 메시지를 전했다.

his fist. He said to Balaam: "I got you in here to curse my enemies and what have you done? Blessed them! Blessed them three times! Get out of here! Go home! I told you I would pay you well, but you're getting nothing. You can blame GOD."

12-15 Balaam said to Balak, "Didn't I tell you up front when you sent your emissaries, 'Even if Balak gave me his palace stuffed with silver and gold, I couldn't do anything on my own, whether good or bad, that went against GOD's command'? I'm leaving for home and my people, but I warn you of what this people will do to your people in the days to come." Then he spoke his oracle-message:

15-19 Decree of Balaam son of Beor,
decree of the man with 20/20 vision,
Decree of the man who hears godly speech,
who knows what's going on with the High God,
Who sees what The Strong God reveals,
who bows in worship and sees what's real.
I see him, but not right now,
I perceive him, but not right here;
A star rises from Jacob
a scepter from Israel,
Crushing the heads of Moab,
the skulls of all the noisy windbags;
I see Edom sold off at auction,
enemy Seir marked down at the flea market,
while Israel walks off with the trophies.
A ruler is coming from Jacob
who'll destroy what's left in the city.

20 Then Balaam spotted Amalek and delivered an oracle-message. He said,

Amalek, you're in first place among nations right now,
but you're going to come in last, ruined.

21-22 He saw the Kenites and delivered his oracle-message to them:

네 안식처는 꽤 안전한 곳에 있어서
낭떠러지 높은 곳에 있는 보금자리 같다.
그러나 앗수르가 너를 포로로 잡아갈 때
너 겐 족속은 바보 같아 보이리라.

23-24 발람은 마지막 예언의 메시지를 선포했다.

화가 있으리라! 하나님께서 이 일을 시작하실 때
누가 살아남으랴?
바닷가의 민족들, 바다를 건너온 침략자들이
앗수르와 에벨을 괴롭히겠지만,
그들도 다른 민족들처럼
사라지고 말리라.

25 발람은 일어나 고향으로 돌아갔다. 발락도 자기 길로 갔다.

싯딤에서 벌어진 음란한 바알 숭배

25 1-3 이스라엘이 싯딤(아카시아 숲)에서 장막을 치고 머무는 동안, 남자들이 모압 여자들과 성관계를 갖기 시작했다. 이 사건은 모압 여자들이 음란한 종교 의식에 남자들을 초대하면서 시작되었다. 그 남자들은 모압 여자들과 함께 음식을 먹고 그들의 신들에게 절했다. 이스라엘은 결국 브올의 신 바알을 숭배하는 의식에 참여하고 말았다. 하나님께서 진노하셔서, 이스라엘에게 화를 발하셨다.

4 하나님께서 모세에게 말씀하셨다. "이스라엘의 지도자들을 모두 잡아다가 목매달아 처형하고, 그들의 주검을 누구나 볼 수 있도록 버려두어라. 그래야만 하나님의 진노가 이스라엘에서 떠날 것이다."

5 모세가 이스라엘의 재판관들에게 지시했다. "여러분 관할 아래 있는 남자들 가운데 바알브올 숭배에 가담한 자들을 찾아 처형하십시오."

6-9 모든 사람이 회막 입구에서 참회의 눈물을 흘리고 있을 때, 이스라엘 남자 하나가 모세와 온 회중 앞에서 자기 행동을 과시하듯 당당하게 미디안 여자를 데리고 자기 가족의 장막으로 들어갔다. 제사장 아론의 손자이자 엘르아살의 아들인 비느하스가 그의 하는 짓을 보고, 창을 쥐고 그들을 뒤쫓아 장막으로 들어갔다. 그는 창 하나로 두 사람을 꿰뚫었는데, 창이 이스라엘 남자와 그 여자의 배를 단번에 관통했다. 그러자 이스라엘 백

Your home is in a nice secure place,
like a nest high on the face of a cliff.
Still, you Kenites will look stupid
when Asshur takes you prisoner.

23-24 Balaam spoke his final oracle-message:

Doom! Who stands a chance
when God starts in?
Sea-Peoples, raiders from across the sea,
will harass Asshur and Eber,
But they'll also come to nothing,
just like all the rest.

25 Balaam got up and went home. Balak also went on his way.

The Orgy at Shittim

25 1-3 While Israel was camped at Shittim (Acacia Grove), the men began to have sex with the Moabite women. It started when the women invited the men to their sex-and-religion worship. They ate together and then worshiped their gods. Israel ended up joining in the worship of the Baal of Peor. GOD was furious, his anger blazing out against Israel.

4 GOD said to Moses, "Take all the leaders of Israel and kill them by hanging, leaving them publicly exposed in order to turn GOD's anger away from Israel."

5 Moses issued orders to the judges of Israel: "Each of you must execute the men under your jurisdiction who joined in the worship of Baal Peor."

6-9 Just then, while everyone was weeping in penitence at the entrance of the Tent of Meeting, an Israelite man, flaunting his behavior in front of Moses and the whole assembly, paraded a Midianite woman into his family tent. Phinehas son of Eleazar, the son of Aaron the priest, saw what he was doing, grabbed his spear, and followed them into the tent. With one thrust he drove the spear through the two of them, the man of Israel and the woman, right through their private parts. That stopped the plague from

성 가운데 퍼지던 전염병이 그쳤다. 그러나 이미 24,000명이 죽은 뒤였다.

10-13 하나님께서 모세에게 말씀하셨다. "제사장 아론의 손자이자 엘르아살의 아들인 비느하스가 이스라엘 백성을 향한 나의 진노를 그치게 했다. 그가 나의 영광을 위해 나만큼 열심을 다했으므로, 내가 질투로 이스라엘 백성을 다 죽이지는 않았다. 그러니 내가 그와 평화의 언약을 맺을 것이라고 일러 주어라. 내가 그와는 물론이고 그의 후손과도 영원한 제사장직의 언약을 맺을 것이다. 그가 자기 하나님을 위해 열심을 다했고, 이스라엘 백성을 위해 속죄했기 때문이다."

14-15 미디안 여자와 함께 처형된 이스라엘 남자의 이름은 살루의 아들 시므리였다. 살루는 시므온 지파 가문의 우두머리였다. 처형된 미디안 여자의 이름은 수르의 딸 고스비였다. 수르는 미디안 족속 한 가문의 우두머리였다.

16-18 하나님께서 모세에게 말씀하셨다. "이제부터는 미디안 사람을 적으로 여겨라. 온 힘을 다해 그들을 쳐라. 그들은 브올에서 생겼던 일과 그 일로 인해 전염병이 돌았을 때 처형된 미디안 지도자의 딸 고스비의 일로 너희를 꾀어, 너희의 적이 되고 말았다."

모압 평야에서 실시한 두 번째 인구조사

26 1-2 전염병이 그친 뒤에 하나님께서 모세와 제사장 아론의 아들 엘르아살에게 말씀하셨다. "이스라엘 온 공동체의 수를 가문별로 세어라. 스무 살 이상 된 남자로, 이스라엘 군에 복무할 수 있는 사람의 수를 모두 세어라."

3-4 모세와 제사장 엘르아살은 하나님의 명령에 순종하여 요단-여리고 앞 모압 평야에서 백성에게 말했다. "스무 살 이상 된 사람의 수를 세십시오!"

4-7 이집트 땅에서 나온 이스라엘 백성은 이러하다.

이스라엘의 맏아들 르우벤의 자손은 이러하다.

하녹과 하녹 가문
발루와 발루 가문
헤스론과 헤스론 가문
갈미와 갈미 가문.

이들은 르우벤 가문이며, 계수된 사람은 43,730명이다.

8 발루의 아들은 엘리압이다.

continuing among the People of Israel. But 24,000 had already died.

10-13 GOD spoke to Moses: "Phinehas son of Eleazar, son of Aaron the priest, has stopped my anger against the People of Israel. Because he was as zealous for my honor as I myself am, I didn't kill all the People of Israel in my zeal. So tell him that I am making a Covenant-of-Peace with him. He and his descendants are joined in a covenant of eternal priesthood, because he was zealous for his God and made atonement for the People of Israel."

14-15 The name of the man of Israel who was killed with the Midianite woman was Zimri son of Salu, the head of the Simeonite family. And the name of the Midianite woman who was killed was Cozbi daughter of Zur, a tribal chief of a Midianite family.

16-18 GOD spoke to Moses: "From here on make the Midianites your enemies. Fight them tooth and nail. They turned out to be your enemies when they seduced you in the business of Peor and that woman Cozbi, daughter of a Midianite leader, the woman who was killed at the time of the plague in the matter of Peor."

Census on the Plains of Moab

26 1-2 After the plague GOD said to Moses and Eleazar son of Aaron the priest, "Number the entire community of Israel by families—count every person who is twenty years and older who is able to serve in the army of Israel."

3-4 Obeying GOD's command, Moses and Eleazar the priest addressed them on the Plains of Moab at Jordan-Jericho: "Count off from age twenty and older."

4-7 The People of Israel who came out of the land of Egypt:

Reuben, Israel's firstborn. The sons of Reuben were:

Hanoch and the Hanochite clan,
Pallu and the Palluite clan,
Hezron and the Hezronite clan,
Carmi and the Carmite clan.

These made up the Reubenite clans. They numbered 43,730.

9-11 엘리압의 아들은 느무엘, 다단, 아비람이 다. (다단과 아비람은 고라 무리에서 뽑힌 공동체 지도자들로, 고라와 함께 모세와 아론에게 반기를 들어 하나님께 반역한 자들이다. 불이 250명을 집어삼킬 때, 땅이 입을 벌려 고라 무리와 함께 그들도 삼켜 버렸다. 세월이 지난 지금도 그들은 경고의 표징으로 남아 있다. 그러나 고라의 자손이 다 죽어 없어진 것은 아니었다.)

12-14 가문별로 본 시므온의 자손은 이러하다.
느무엘과 느무엘 가문
야민과 야민 가문
야긴과 야긴 가문
세라와 세라 가문
사울과 사울 가문.
이들은 시므온 가문이며, 계수된 사람은 22,200명이다.

15-18 가문별로 본 갓의 자손은 이러하다.
스본과 스본 가문
학기와 학기 가문
수니와 수니 가문
오스니와 오스니 가문
에리와 에리 가문
아롯과 아롯 가문
아렐리와 아렐리 가문.
이들은 갓 가문이며, 계수된 사람은 40,500명이다.

19-22 유다의 아들 에르와 오난은 가나안 땅에서 일찍 죽었다. 가문별로 본 유다의 자손은 이러하다.
셀라와 셀라 가문
베레스와 베레스 가문
세라와 세라 가문.
베레스의 자손은 이러하다.
헤스론과 헤스론 가문
하물과 하물 가문.
이들은 유다 가문이며, 계수된 사람은 76,500명이다.

23-25 가문별로 본 잇사갈의 자손은 이러하다.
돌라와 돌라 가문
부와와 부니 가문

8 The son of Pallu: Eliab.
9-11 The sons of Eliab: Nemuel, Dathan, and Abiram. (These were the same Dathan and Abiram, community leaders from Korah's gang, who rebelled against Moses and Aaron in the Korah Rebellion against GOD. The Earth opened its jaws and swallowed them along with Korah's gang who died when the fire ate them up, all 250 of them. After all these years, they're still a warning sign. But the line of Korah did not die out.)

12-14 The sons of Simeon by clans:
Nemuel and the Nemuelite clan,
Jamin and the Jaminite clan,
Jakin and the Jakinite clan,
Zerah and the Zerahite clan,
Shaul and the Shaulite clan.
These were the clans of Simeon. They numbered 22,200 men.

15-18 The sons of Gad by clans:
Zephon and the Zephonite clan,
Haggi and the Haggite clan,
Shuni and the Shunite clan,
Ozni and the Oznite clan,
Eri and the Erite clan,
Arodi and the Arodite clan,
Areli and the Arelite clan.
These were the clans of Gad. They numbered 40,500 men.

19-22 Er and Onan were sons of Judah who died early on in Canaan. The sons of Judah by clans:
Shelah and the Shelanite clan,
Perez and the Perezite clan,
Zerah and the Zerahite clan.
The sons of Perez:
Hezron and the Hezronite clan,
Hamul and the Hamulite clan.
These were the clans of Judah. They numbered 76,500.

23-25 The sons of Issachar by clans:
Tola and the Tolaite clan,
Puah and the Puite clan,
Jashub and the Jashubite clan,

야숩과 야숩 가문
시므론과 시므론 가문.
이들은 잇사갈 가문이며, 계수된 사람은 64,300명이다.

26-27 가문별로 본 스불론의 자손은 이러하다.
세렛과 세렛 가문
엘론과 엘론 가문
얄르엘과 얄르엘 가문.
이들은 스불론 가문이며, 계수된 사람은 60,500명이다.

28-34 가문별로 본 요셉의 자손은 므낫세와 에브라임으로 나뉜다. 므낫세의 자손은 이러하다.
마길과 마길 가문
(마길은 길르앗의 아버지다)
길르앗과 길르앗 가문.
길르앗의 자손은 이러하다.
이에셀과 이에셀 가문
헬렉과 헬렉 가문
아스리엘과 아스리엘 가문
세겜과 세겜 가문
스미다와 스미다 가문
헤벨과 헤벨 가문.
헤벨의 아들 슬로브핫은 아들은 없고 딸만 있었다.
그 딸들의 이름은 말라, 노아, 호글라, 밀가, 디르사다.
이들은 므낫세 가문이며, 계수된 사람은 52,700명이다.

35-37 가문별로 본 에브라임의 자손은 이러하다.
수델라와 수델라 가문
베겔과 베겔 가문
다한과 다한 가문.
수델라의 자손은 이러하다.
에란과 에란 가문.
이들은 에브라임 가문이며, 계수된 사람은 32,500명이다.
이들은 가문별로 본 요셉의 자손이다.

38-41 가문별로 본 베냐민의 자손은 이러하다.
벨라와 벨라 가문
아스벨과 아스벨 가문
아히람과 아히람 가문

Shimron and the Shimronite clan.
These were the clans of Issachar. They numbered 64,300.

26-27 The sons of Zebulun by clans:
Sered and the Seredite clan,
Elon and the Elonite clan,
Jahleel and the Jahleelite clan.
These were the clans of Zebulun. They numbered 60,500.

28-34 The sons of Joseph by clans through Manasseh and Ephraim. Through Manasseh:
Makir and the Makirite clan
(now Makir was the father of Gilead),
Gilead and the Gileadite clan.
The sons of Gilead:
Iezer and the Iezerite clan,
Helek and the Helekite clan,
Asriel and the Asrielite clan,
Shechem and the Shechemite clan,
Shemida and the Shemidaite clan,
Hepher and the Hepherite clan.
Zelophehad son of Hepher had no sons, only daughters.
Their names were Mahlah, Noah, Hoglah, Milcah, and Tirzah.
These were the clans of Manasseh. They numbered 52,700.

35-37 The sons of Ephraim by clans:
Shuthelah and the Shuthelahite clan,
Beker and the Bekerite clan,
Tahan and the Tahanite clan.
The sons of Shuthelah:
Eran and the Eranite clan.
These were the clans of Ephraim. They numbered 32,500.
These are all the sons of Joseph by their clans.

38-41 The sons of Benjamin by clans:
Bela and the Belaite clan,
Ashbel and the Ashbelite clan,
Ahiram and the Ahiramite clan,
Shupham and the Shuphamite clan,

수부밤과 수부밤 가문
후밤과 후밤 가문.
아룻과 나아만으로 나뉘는 벨라의 자손은 이러하다.
아룻과 아룻 가문
나아만과 나아만 가문.
이들은 베냐민 가문이며, 계수된 사람은 45,600명이다.

42-43 가문별로 본 단의 자손은 이러하다.
수함과 수함 가문.
이들은 단 가문이며, 모두 수함 가문이다. 계수된 사람은 64,400명이다.

44-47 가문별로 본 아셀의 자손은 이러하다.
임나와 임나 가문
이스위와 이스위 가문
브리아와 브리아 가문.
브리아의 자손은 이러하다.
헤벨과 헤벨 가문
말기엘과 말기엘 가문.
아셀은 딸 세라를 두었다.
이들은 아셀 가문이며, 계수된 사람은 53,400명이다.

48-50 가문별로 본 납달리의 자손은 이러하다.
야스엘과 야스엘 가문
구니와 구니 가문
예셀과 예셀 가문
실렘과 실렘 가문.
이들은 납달리 가문이며, 계수된 사람은 45,400명이다.

51 계수된 이스라엘 백성은 모두 601,730명이다.

52-54 하나님께서 모세에게 말씀하셨다. "인구수에 따라 그 땅을 유산으로 나누어 주어라. 수가 많은 지파는 많은 유산을 받고, 수가 적은 지파는 적은 유산을 받는다. 각 지파마다 계수된 인구수*에 따라* 유산을 받는다.
55-56 반드시 제비뽑기로 그 땅을 나누어라.
각 지파의 유산은 인구수, 곧 각 조상의 지파에 이름을 올린 사람들의 수를 근거로, 수가 많은 지파와 수가 적은 지파 사이에서 제비뽑기로 나누

Hupham and the Huphamite clan.
The sons of Bela through Ard and Naaman:
Ard and the Ardite clan,
Naaman and the Naamite clan.
These were the clans of Benjamin. They numbered 45,600.

42-43 The sons of Dan by clan:
Shuham and the Shuhamite clan.
These are the clans of Dan, all Shuhamite clans. They numbered 64,400.

44-47 The sons of Asher by clan:
Imnah and the Imnite clan,
Ishvi and the Ishvite clan,
Beriah and the Beriite clan.
The sons of Beriah:
Heber and the Heberite clan,
Malkiel and the Malkielite clan.
Asher also had a daughter, Serah.
These were the clans of Asher. They numbered 53,400.

48-50 The sons of Naphtali by clans:
Jahzeel and the Jahzeelite clan,
Guni and the Gunite clan,
Jezer and the Jezerite clan,
Shillem and the Shillemite clan.
These were the clans of Naphtali. They numbered 45,400.

51 The total number of the People of Israel: 601,730.

52-54 GOD spoke to Moses: "Divide up the inheritance of the land based on population. A larger group gets a larger inheritance; a smaller group gets a smaller inheritance—each gets its inheritance based on the population count.
55-56 "Make sure that the land is assigned by lot. "Each group's inheritance is based on population, the number of names listed in its ancestral tribe, divided among the many and the few by lot."

어야 한다."

57-58 가문별로 계수된 레위인은 이러하다.
게르손과 게르손 가문
고핫과 고핫 가문
므라리와 므라리 가문.
레위 가문에는 다음 가문들도 포함된다.
립니 가문
헤브론 가문
마흘리 가문
무시 가문
고라 가문.

58-61 고핫은 아므람을 낳았다. 아므람의 아내는 요게벳으로, 이집트에서 레위 가문에 태어난 레위 자손이다. 요게벳은 아므람에게서 아론과 모세와 그들의 누이 미리암을 낳았다. 아론은 나답과 아비후, 엘르아살, 이다말의 아버지다. 나답과 아비후는 규정에 어긋난 제물을 하나님 앞에 드리다가 죽었다.

62 태어난 지 한 달 이상 된 레위 남자의 수는 23,000명에 달했다. 그들은 땅을 유산으로 받지 않았으므로 나머지 이스라엘 백성과 함께 계수되지 않았다.

63-65 이들은 모세와 제사장 엘르아살이 요단-여리고 앞 모압 평야에서 계수한 이스라엘 백성이다. 모세와 제사장 아론이 시내 광야에서 이스라엘 백성을 상대로 인구조사를 실시할 때 계수한 사람들은 단 한 사람도 여기에 포함되지 않았다. 이는 하나님께서 그들을 두고 "그들은 죽을 것이다. 광야에서 죽을 것이다. 여분네의 아들 갈렙과 눈의 아들 여호수아 외에는 한 사람도 살아남지 못할 것이다" 하고 말씀하셨기 때문이다.

슬로브핫의 딸들

27 1 슬로브핫의 딸들이 앞으로 나왔다. 그들의 아버지 슬로브핫은 요셉의 아들 므낫세 가문에 속한 사람으로, 헤벨의 아들이고 길르앗의 손자이며 마길의 증손이고 므낫세의 현손이었다. 그 딸들의 이름은 말라, 노아, 호글라, 밀가, 디르사였다.

2-4 그들이 회막 입구로 가서, 모세와 제사장 엘르아살과 지도자들과 회중 앞에 서서 말했다. "저희 아버지는 광야에서 돌아가셨습니다. 그분

57-58 These are the numberings of the Levites by clan:
Gershon and the Gershonite clan,
Kohath and the Kohathite clan,
Merari and the Merarite clan.
The Levite clans also included:
the Libnite clan,
the Hebronite clan,
the Mahlite clan,
the Mushite clan,
the Korahite clan.

58-61 Kohath was the father of Amram. Amram's wife was Jochebed, a descendant of Levi, born into the Levite family during the Egyptian years. Jochebed bore Aaron, Moses, and their sister Miriam to Amram. Aaron was the father of Nadab and Abihu, Eleazar and Ithamar; however, Nadab and Abihu died when they offered unauthorized sacrifice in the presence of GOD.

62 The numbering of Levite males one month and older came to 23,000. They hadn't been counted in with the rest of the People of Israel because they didn't inherit any land.

63-65 These are the ones numbered by Moses and Eleazar the priest, the People of Israel counted in the Plains of Moab at Jordan-Jericho. Not one of them had been among those counted by Moses and Aaron the priest in the census of the People of Israel taken in the Wilderness of Sinai. For GOD had said of them, "They'll die, die in the wilderness – not one of them will be left except for Caleb son of Jephunneh, and Joshua son of Nun."

The Daughters of Zelophehad

27 1 The daughters of Zelophehad showed up. Their father was the son of Hepher son of Gilead son of Makir son of Manasseh, belonging to the clans of Manasseh son of Joseph. The daughters were Mahlah, Noah, Hoglah, Milcah, and Tirzah.

2-4 They came to the entrance of the Tent of Meeting. They stood before Moses and Eleazar the

은 하나님께 반역한 고라 무리와 함께하지 않았습니다. 그분은 자신의 죄 때문에 돌아가셨습니다. 아버지는 아들을 두지 않으셨습니다. 그런데 아들이 없어서 저희 아버지의 이름이 가문에서 빠져야 한다니, 어찌 된 것입니까? 저희 아버지의 친척들과 함께 저희도 유산을 물려받게 해주십시오."

5 모세가 그들의 사정을 하나님께 아뢰었다.

6-7 하나님께서 판결해 주셨다. "슬로브핫의 딸들의 말이 옳다. 그 아버지의 친척들과 함께 그 딸들에게도 땅을 유산으로 주어라. 그 아버지의 유산을 그들에게 주어라.

8-11 또 이스라엘 백성에게 이렇게 일러 주어라. 어떤 사람이 아들을 두지 않고 죽으면, 그의 유산을 그의 딸에게 주어라. 딸이 없으면, 그의 형제에게 주어라. 형제가 없으면, 그의 아버지의 형제에게 주어라. 그의 아버지에게 형제가 없으면, 가장 가까운 친척에게 주어, 유산이 그 집안에 남아 있게 하여라. 이것은 하나님이 모세를 통해 명령한 대로, 이스라엘 백성이 지켜야 하는 율례다."

모세의 후계자, 여호수아

12-14 하나님께서 모세에게 말씀하셨다. "너는 아바림 산에 올라가서, 내가 이스라엘 백성에게 주려고 하는 땅을 바라보아라. 그 땅을 본 뒤에는 너도 죽어서, 네 형 아론을 따라 네 조상에게 돌아가게 될 것이다. 이는 온 회중이 신 광야에서 물 문제로 다툴 때, 너희가 그들 앞에서 거룩한 경외심으로 나를 대하지 않았기 때문이다. 신 광야의 가데스에서 있었던 므리바(다툼)의 물 사건을 두고 하는 말이다."

15-17 모세가 하나님께 대답했다. "하나님, 살아 있는 모든 이에게 영을 주시는 하나님, 이 공동체 위에 한 사람을 세우셔서, 그가 이들을 이끌게 해주십시오. 그가 이들 앞에서 길을 제시하기도 하고 공동체를 이끌고 돌아오게도 해주십시오. 그래서 하나님의 공동체가 목자 없는 양처럼 되지 않게 해주십시오."

18-21 하나님께서 모세에게 말씀하셨다. "눈의 아들 여호수아를 데려오너라. 그의 안에는 하나님의 영이 있다! 그에게 네 손을 얹어라. 그를 제사장 엘르아살과 온 회중 앞에 세우고, 모든 사람이 보는 앞에서 그를 후계자로 임명하여라. 네 권위를 그에게 넘겨주어, 온 이스라엘 백성이 그의 말에 순종하게 하여라. 그는 제사장 엘르아살의 조

priest and before the leaders and the congregation and said, "Our father died in the wilderness. He wasn't part of Korah's rebel anti-GOD gang. He died for his own sins. And he left no sons. But why should our father's name die out from his clan just because he had no sons? So give us an inheritance among our father's relatives."

5 Moses brought their case to GOD.

6-7 GOD ruled: "Zelophehad's daughters are right. Give them land as an inheritance among their father's relatives. Give them their father's inheritance.

8-11 "Then tell the People of Israel, If a man dies and leaves no son, give his inheritance to his daughter. If he has no daughter, give it to his brothers. If he has no brothers, give it to his father's brothers. If his father had no brothers, give it to the nearest relative so that the inheritance stays in the family. This is the standard procedure for the People of Israel, as commanded by GOD through Moses."

Joshua

12-14 GOD said to Moses, "Climb up into the Abarim Mountains and look over at the land that I am giving to the People of Israel. When you've had a good look you'll be joined to your ancestors in the grave—yes, you also along with Aaron your brother. This goes back to the day when the congregation quarreled in the Wilderness of Zin and you didn't honor me in holy reverence before them in the matter of the waters, the Waters of Meribah (Quarreling) at Kadesh in the Wilderness of Zin."

15-17 Moses responded to GOD: "Let GOD, the God of the spirits of everyone living, set a man over this community to lead them, to show the way ahead and bring them back home so GOD's community will not be like sheep without a shepherd."

18-21 GOD said to Moses, "Take Joshua the son of Nun—the Spirit is in him!—and place your hand on him. Stand him before Eleazar the priest in front of the entire congregation and commission him with everyone watching. Pass your magisterial authority over to him so that the whole congrega-

언을 구해야 한다. 그러면 제사장은 우림의 판결을 사용해 하나님 앞에서 기도하며 그에게 조언해 줄 것이다. 그는 이스라엘 백성, 곧 온 공동체의 출입을 지휘하게 될 것이다."
22-23 모세는 하나님의 명령을 따라 그대로 행했다. 그는 여호수아를 데려다가, 제사장 엘르아살과 온 공동체 앞에 세웠다. 그리고 하나님께서 명령하신 대로, 그에게 손을 얹어 그를 후계자로 임명했다.

하나님께 드리는 제물

28 1-8 하나님께서 모세에게 말씀하셨다. "이스라엘 백성에게 명령하여라. 그들에게 이렇게 일러 주어라. 너희는 나의 음식, 곧 불살라 바쳐서 나를 기쁘게 하는 향기로운 제물을 정해진 때에 바쳐야 한다. 그들에게 또 이렇게 일러 주어라. 너희가 하나님에게 바쳐야 하는 불살라 바치는 제물은 이러하다. 일 년 된 건강한 어린 숫양 두 마리를 매일 번제물로 바치되, 한 마리는 아침에 바치고 다른 한 마리는 저녁에 바쳐라. 또 고운 곡식 가루 2리터에 올리브기름 1리터를 섞어서 곡식 제물로 함께 바쳐라. 이는 시내 산에서 제정된 표준 번제로, 하나님을 기쁘게 하는 향기요 불살라 바치는 제물이다. 이것과 함께 바칠 부어 드리는 제물은 어린 숫양 한 마리에 독한 술 1리터로 한다. 부어 드리는 제물은 성소에서 하나님 앞에 부어 바쳐라. 저녁에 두 번째 어린 숫양을 바칠 때도 아침에 한 것처럼 곡식 제물과 부어 드리는 제물을 함께 바쳐라. 이것은 불살라 바치는 제물이며, 하나님을 기쁘게 하는 향기다."

9-10 "안식일에는 일 년 된 어린 숫양 두 마리를 바치되, 고운 곡식 가루 4리터에 기름 섞은 곡식 제물과 부어 드리는 제물을 함께 바쳐라. 이것은 매일 바치는 번제와, 거기에 딸린 부어 드리는 제물 외에 안식일마다 바치는 번제다."

11 "매월 초에 하나님에게 번제를 바칠 때는, 수송아지 두 마리, 숫양 한 마리, 일 년 된 어린 숫양 일곱 마리를 바쳐라. 그것들은 모두 건강한 것이어야 한다.
12-14 수송아지 한 마리에 기름 섞은 고운 곡식 가

tion of the People of Israel will listen obediently to him. He is to consult with Eleazar the priest who, using the oracle-Urim, will prayerfully advise him in the presence of GOD. He will command the People of Israel, the entire community, in all their comings and goings."
22-23 Moses followed GOD's orders. He took Joshua and stood him before Eleazar the priest in front of the entire community. He laid his hands on him and commissioned him, following the procedures GOD had given Moses.

Offerings

28 1-8 GOD spoke to Moses: "Command the People of Israel. Tell them, You're in charge of presenting my food, my Fire-Gifts of pleasing fragrance, at the set times. Tell them, This is the Fire-Gift that you are to present to GOD: two healthy yearling lambs each day as a regular Whole-Burnt-Offering. Sacrifice one lamb in the morning, the other in the evening, together with two quarts of fine flour mixed with a quart of olive oil for a Grain-Offering. This is the standard Whole-Burnt-Offering instituted at Mount Sinai as a pleasing fragrance, a Fire-Gift to GOD. The Drink-Offering that goes with it is a quart of strong beer with each lamb. Pour out the Drink-Offering before GOD in the Sanctuary. Sacrifice the second lamb in the evening with the Grain-Offering and Drink-Offering the same as in the morning–a Fire-Gift of pleasing fragrance for GOD.

9-10 "On the Sabbath, sacrifice two healthy yearling lambs, together with the Drink-Offering and the Grain-Offering of four quarts of fine flour mixed with oil. This is the regular Sabbath Whole-Burnt-Offering, in addition to the regular Whole-Burnt-Offering and its Drink-Offering.

11 "On the first of the month offer a Whole-Burnt-Offering to GOD: two young bulls, one ram, and seven male yearling lambs–all healthy.
12-14 "A Grain-Offering of six quarts of fine flour

루 6리터를 곡식 제물로 함께 바치고, 숫양 한 마리에 기름 섞은 고운 곡식 가루 4리터를 함께 바치며, 어린 숫양 한 마리에 기름 섞은 고운 곡식 가루 2리터를 함께 바쳐라. 이는 번제요, 하나님을 기쁘게 하는 향기며, 불살라 바치는 제물이다. 이것과 함께 부어 드리는 제물은, 수송아지 한 마리에 포도주 2리터, 숫양 한 마리에 포도주 1.25리터, 어린 숫양 한 마리에 포도주 1리터를 바쳐야 한다.

14-15 이것은 일 년 내내 매월 초에 바쳐야 하는 번제다. 매일 바치는 번제와 거기에 딸린 부어 드리는 제물 외에도, 숫염소 한 마리를 속죄 제물로 하나님에게 바쳐야 한다."

mixed with oil goes with each bull, four quarts of fine flour mixed with oil with the ram, and two quarts of fine flour mixed with oil with each lamb. This is for a Whole-Burnt-Offering, a pleasing fragrance, a Fire-Gift to GOD. Also, Drink-Offerings of two quarts of wine for each bull, one and a quarter quarts of wine for the ram, and a quart of wine for each lamb are to be poured out.

14-15 "This is the first of the month Whole-Burnt-Offering to be made throughout the year. In addition to the regular Whole-Burnt-Offering with its accompanying Drink-Offering, a he-goat is to be offered to GOD as an Absolution-Offering.

16-17 "하나님의 유월절은 첫째 달 십사 일에 지켜야 한다. 그달 십오 일에 절기가 시작된다.

17-22 칠 일 동안은 누룩을 넣지 않은 빵을 먹어야 한다. 첫째 날은 거룩한 예배로 시작하여라. 그날은 평소에 하던 일은 아무것도 하지 마라. 하나님에게 불살라 바치는 제물로 번제를 바치되, 수송아지 두 마리, 숫양 한 마리, 일 년 된 어린 숫양 일곱 마리를 모두 건강한 것으로 가져오너라. 고운 곡식 가루에 기름 섞은 곡식 제물을 준비하되, 수송아지 한 마리에 6리터, 숫양 한 마리에 4리터, 어린 숫양 한 마리에 2리터를 준비하여라. 거기에 너희를 위해 속죄할 속죄 제물로 숫염소 한 마리를 준비하여라.

23-24 아침마다 바치는 번제 외에 이것들을 별도로 바쳐야 한다. 이렇게 칠 일 동안 날마다 불살라 바치는 제물, 곧 하나님을 기쁘게 하는 향기로 음식을 준비하여라. 매일 바치는 번제물과 부어 드리는 제물 외에 별도로 이것을 준비하여라.

25 칠 일째 되는 날은 거룩한 예배로 마무리하여라. 그날은 평소에 하던 일은 아무것도 하지 마라."

16-17 "GOD's Passover is to be held on the fourteenth day of the first month. On the fifteenth day of this month hold a festival.

17-22 "For seven days, eat only unraised bread: Begin the first day in holy worship; don't do any regular work that day. Bring a Fire-Gift to GOD, a Whole-Burnt-Offering: two young bulls, one ram, and seven male yearling lambs – all healthy. Prepare a Grain-Offering of six quarts of fine flour mixed with oil for each bull, four quarts for the ram, and two quarts for each lamb, plus a goat as an Absolution-Offering to atone for you.

23-24 "Sacrifice these in addition to the regular morning Whole-Burnt-Offering. Prepare the food this way for the Fire-Gift, a pleasing fragrance to GOD, every day for seven days. Prepare it in addition to the regular Whole-Burnt-Offering and Drink-Offering.

25 "Conclude the seventh day in holy worship; don't do any regular work on that day.

26-30 "첫 열매를 바치는 날, 곧 하나님에게 첫 수확물을 가져오는 칠칠절에는 거룩한 예배로 모이고, 평소에 하던 일은 아무것도 하지 마라. 불살라 바쳐서 하나님을 기쁘게 하는 향기로운 제물로 수송아지 두 마리, 숫양 한 마리, 일 년 된 어린 숫양 일곱 마리를 가져오너라. 그것들은 모두 건강한 것이어야 한다. 고운 곡식 가루에 기름 섞은 곡식 제물을 준비하되, 수송아지 한 마리에 6리터, 숫

26-30 "On the Day of Firstfruits when you bring an offering of new grain to GOD on your Feast-of-Weeks, gather in holy worship and don't do any regular work. Bring a Whole-Burnt-Offering of two young bulls, one ram, and seven male yearling lambs as a pleasing fragrance to GOD. Prepare a Grain-Offering of six quarts of fine flour mixed with oil for each bull, four quarts for the ram, and

양 한 마리에 4리터, 어린 숫양 한 마리에 2리터
를 준비하여라. 거기에 너희를 위해 속죄할 속죄
제물로 숫염소 한 마리를 준비하여라.
31 이것은 매일 바치는 번제와 거기에 딸린 곡식
제물과 부어 드리는 제물 외에 별도로 바쳐야 하
는 제물이다. 잊지 마라, 그 짐승들은 건강한 것이
어야 한다."

29 1-5 "일곱째 달 첫째 날에는 거룩한 예
배로 모이고, 평소에 하던 일은 아무것
도 하지 마라. 이날은 너희가 나팔을 부는 날이다.
너희는 번제를 드리되, 수송아지 한 마리, 숫양 한
마리, 일 년 된 어린 숫양 일곱 마리를 하나님을
기쁘게 하는 향기로 바쳐라. 그것들은 모두 건강
한 것이어야 한다. 고운 곡식 가루에 기름 섞은 곡
식 제물을 준비하되, 수송아지 한 마리에 6리터,
숫양 한 마리에 4리터, 어린 숫양 한 마리에 2리
터를 준비하여라. 거기에 너희를 위해 속죄할 속
죄 제물로 숫염소 한 마리를 준비하여라.
6 이것은 규정에 따라 매달 바치는 번제와 매일 바
치는 번제와 거기에 딸린 곡식 제물과 부어 드리
는 제물 외에 별도로 바쳐야 하는 것으로, 하나님
을 기쁘게 하는 향기요 불살라 바치는 제물이다."

7 "이 일곱째 달 십 일에 너희는 거룩한 예배로 모
이고, 자신을 낮추고, 아무 일도 하지 마라.
8-11 수송아지 한 마리, 숫양 한 마리, 일 년 된 어
린 숫양 일곱 마리를 하나님을 기쁘게 하는 향기
로 바칠 번제물로 가져오너라. 그것들은 모두 건
강한 것이어야 한다. 고운 곡식 가루에 기름 섞은
곡식 제물을 준비하되, 수송아지 한 마리에 6리
터, 숫양 한 마리에 4리터를 준비하고, 어린 숫양
일곱 마리의 경우에는 한 마리에 2리터씩 준비하
여라. 매일 바치는 번제와 거기에 딸린 곡식 제물
과 부어 드리는 제물 외에, 숫염소 한 마리를 너희
를 위해 속죄할 속죄 제물로 가져오너라."

12-16 "일곱째 달 십오 일에 거룩한 예배로 모이고,
평소에 하던 일은 아무것도 하지 마라. 칠 일 동안
하나님 앞에서 절기를 지켜라. 수송아지 열세 마
리, 숫양 두 마리, 일 년 된 어린 숫양 열네 마리를
하나님을 기쁘게 하는 향기로 바칠 번제물로 가져

two quarts for each lamb, plus a he-goat as an
Absolution-Offering to atone for you.
31 "These are all over and above the daily
Whole-Burnt-Offering and its Grain-Offering and
the Drink-Offering. Remember, the animals must
be healthy."

29 1-5 "On the first day of the seventh
month, gather in holy worship and do
no regular work. This is your Day-of-Trumpet-
Blasts. Sacrifice a Whole-Burnt-Offering: one
young bull, one ram, and seven male yearling
lambs—all healthy—as a pleasing fragrance to
GOD. Prepare a Grain-Offering of six quarts of
fine flour mixed with oil for the bull, four quarts
for the ram, and two quarts for each lamb, plus
a he-goat as an Absolution-Offering to atone for
you.
6 "These are all over and above the monthly and
daily Whole-Burnt-Offerings with their Grain-
Offerings and Drink-Offerings as prescribed, a
pleasing fragrance, a Fire-Gift to GOD.

7 "On the tenth day of this seventh month, gather
in holy worship, humble yourselves, and do no
work.
8-11 "Bring a Whole-Burnt-Offering to GOD as a
pleasing fragrance: one young bull, one ram, and
seven yearling male lambs—all healthy. Prepare
a Grain-Offering of six quarts of fine flour mixed
with oil for the bull, four quarts for the ram, and
two quarts for each of the seven lambs. Also bring
a he-goat as an Absolution-Offering to atone for
you in addition to the regular Whole-Burnt-Offer-
ing with its Grain-Offering and Drink-Offering.

12-16 "Gather in holy worship on the fifteenth
day of the seventh month; do no regular work.
Celebrate a Festival to GOD for seven days. Bring
a Whole-Burnt-Offering, a Fire-Gift of pleasing
fragrance to GOD: thirteen young bulls, two rams,
and fourteen yearling male lambs—all healthy.

오너라. 그것들은 모두 건강한 것이어야 한다. 고운 곡식 가루에 기름 섞은 곡식 제물을 준비하되, 수송아지 한 마리에 6리터, 숫양 한 마리에 4리터를 준비하고, 어린 숫양 열네 마리의 경우에는 한 마리에 2리터씩 준비하여라. 매일 바치는 번제와 거기에 딸린 곡식 제물과 부어 드리는 제물 외에, 숫염소 한 마리를 너희를 위해 속죄할 속죄 제물로 가져오너라.

17-19 둘째 날에는 수송아지 열두 마리, 숫양 두 마리, 일 년 된 어린 숫양 열네 마리를 가져오너라. 그것들은 모두 건강한 것이어야 한다. 곡식 제물과 부어 드리는 제물은 규례에 따라 수송아지와 숫양과 어린 숫양들에 맞게 준비하여라. 매일 바치는 번제와 거기에 딸린 곡식 제물과 부어 드리는 제물 외에, 숫염소 한 마리를 속죄 제물로 가져오너라.

20-22 셋째 날에는 수송아지 열한 마리, 숫양 두 마리, 일 년 된 어린 숫양 열네 마리를 가져오너라. 그것들은 모두 건강한 것이어야 한다. 곡식 제물과 부어 드리는 제물은 규례에 따라 수송아지와 숫양과 어린 숫양들에 맞게 준비하여라. 매일 바치는 번제와 거기에 딸린 곡식 제물과 부어 드리는 제물 외에, 숫염소 한 마리를 속죄 제물로 가져오너라.

23-25 넷째 날에는 수송아지 열 마리, 숫양 두 마리, 일 년 된 어린 숫양 열네 마리를 가져오너라. 그것들은 모두 건강한 것이어야 한다. 곡식 제물과 부어 드리는 제물은 규례에 따라 수송아지와 숫양과 어린 숫양들에 맞게 준비하여라. 매일 바치는 번제와 거기에 딸린 곡식 제물과 부어 드리는 제물 외에, 숫염소 한 마리를 속죄 제물로 가져오너라.

26-28 다섯째 날에는 수송아지 아홉 마리, 숫양 두 마리, 일 년 된 어린 숫양 열네 마리를 가져오너라. 그것들은 모두 건강한 것이어야 한다. 곡식 제물과 부어 드리는 제물은 규례에 따라 수송아지와 숫양과 어린 숫양들에 맞게 준비하여라. 매일 바치는 번제와 거기에 딸린 곡식 제물과 부어 드리는 제물 외에, 숫염소 한 마리를 속죄 제물로 가져오너라.

29-31 *여섯째 날에는 수송아지 여덟 마리*, 숫양 두 마리, 일 년 된 어린 숫양 열네 마리를 가져오너라. 그것들은 모두 건강한 것이어야 한다. 곡식 제물과 부어 드리는 제물은 규례에 따라 수송아지와 숫양과 어린 숫양들에 맞게 준비하여라. 매일 바

Prepare a Grain-Offering of six quarts of fine flour mixed with oil for each of the bulls, four quarts for each ram, and two quarts for each of the fourteen lambs. Also bring a he-goat as an Absolution-Offering in addition to the regular Whole-Burnt-Offering with its Grain-Offering and Drink-Offering.

17-19 "On the second day: twelve young bulls, two rams, and fourteen yearling male lambs–all healthy. Prepare Grain-Offerings and Drink-Offerings to go with the bulls, rams, and lambs following the prescribed recipes. And bring a he-goat as an Absolution-Offering in addition to the regular Whole-Burnt-Offering with its Grain-Offering and Drink-Offering.

20-22 "On the third day: eleven bulls, two rams, and fourteen male yearling lambs–all healthy. Prepare Grain-Offerings and Drink-Offerings to go with the bulls, rams, and lambs following the prescribed recipes. And bring a he-goat as an Absolution-Offering in addition to the regular Whole-Burnt-Offering with its Grain-Offering and Drink-Offering.

23-25 "On the fourth day: ten bulls, two rams, and fourteen male yearling lambs–all healthy. Prepare Grain-Offerings and Drink-Offerings to go with the bulls, rams, and lambs following the prescribed recipes. And bring a he-goat as an Absolution-Offering in addition to the regular Whole-Burnt-Offering with its Grain-Offering and Drink-Offering.

26-28 "On the fifth day: nine bulls, two rams, and fourteen male yearling lambs–all healthy. Prepare Grain-Offerings and Drink-Offerings to go with the bulls, rams, and lambs following the prescribed recipes. And bring a he-goat as an Absolution-Offering in addition to the regular Whole-Burnt-Offering with its Grain-Offering and Drink-Offering.

29-31 "On the sixth day: eight bulls, two rams, and fourteen male yearling lambs–all healthy. Prepare Grain-Offerings and Drink-Offerings to go with the bulls, rams, and lambs following the prescribed recipes. And bring a he-goat as an Absolution-Offering in addition to the regular

치는 번제와 거기에 딸린 곡식 제물과 부어 드리는 제물 외에, 숫염소 한 마리를 속죄 제물로 가져오너라.

32-34 일곱째 날에는 수송아지 일곱 마리, 숫양 두 마리, 일 년 된 어린 숫양 열네 마리를 가져오너라. 그것들은 모두 건강한 것이어야 한다. 곡식 제물과 부어 드리는 제물은 규례에 따라 수송아지와 숫양과 어린 숫양들에 맞게 준비하여라. 매일 바치는 번제와 거기에 딸린 곡식 제물과 부어 드리는 제물 외에, 숫염소 한 마리를 속죄 제물로 가져오너라.

35-38 여덟째 날에는 거룩한 예배로 모이고, 평소에 하던 일은 아무것도 하지 마라. 하나님을 기쁘게 하는 향기로 불살라 바치는 제물, 곧 번제물을 가져오되, 수송아지 한 마리, 숫양 한 마리, 일 년 된 어린 숫양 일곱 마리를 가져오너라. 그것들은 모두 건강한 것이어야 한다. 곡식 제물과 부어 드리는 제물은 규례에 따라 수송아지와 숫양과 어린 숫양들에 맞게 준비하여라. 매일 바치는 번제와 거기에 딸린 곡식 제물과 부어 드리는 제물 외에, 숫염소 한 마리를 속죄 제물로 가져오너라.

39 너희가 절기를 맞아 모일 때마다 번제와 곡식 제물과 부어 드리는 제물과 화목 제물을 하나님에게 바쳐라. 이것은 너희가 개인적으로 바치는 서원 제물과 자원 제물 외에 별도로 바쳐야 하는 제물이다."

40 모세는 하나님께서 명령하신 모든 것을 이스라엘 백성에게 알려 주었다.

서원

30 1-2 모세가 이스라엘 백성 각 지파의 우두머리들에게 말했다. "하나님께서 이렇게 명령하십니다. '남자가 하나님에게 서원하거나 무엇을 하겠다고 맹세한 경우, 그는 자신이 한 말을 어겨서는 안된다. 그는 자신이 말한 대로 정확히 지켜야 한다.

3-5 여자가 어릴 때 자기 아버지의 집에 살면서 하나님에게 서원하거나 서약한 경우, 아버지가 그녀의 서원이나 서약을 듣고도 아무 말 하지 않으면, 그녀는 자신의 서원과 서약을 모두 지켜야 한다. 그러나 아버지가 그 서원이나 서약을 듣고 그녀를 만류하면, 그 서원과 서약은 무효가 된다. 아버지가 그녀를 말렸으므로, 하나님이 그녀를 놓아줄 것이다.

6-8 여자가 서원을 하거나 경솔하게 약속하거나 분

Whole-Burnt-Offering with its Grain-Offering and Drink-Offering.

32-34 "On the seventh day: seven bulls, two rams, and fourteen male yearling lambs—all healthy. Prepare Grain-Offerings and Drink-Offerings to go with the bulls, rams, and lambs following the prescribed recipes. And bring a he-goat as an Absolution-Offering in addition to the regular Whole-Burnt-Offering with its Grain-Offering and Drink-Offering.

35-38 "On the eighth day: Gather in holy worship; do no regular work. Bring a Fire-Gift of pleasing fragrance to GOD, a Whole-Burnt-Offering: one bull, one ram, and seven male yearling lambs—all healthy. Prepare Grain-Offerings and Drink-Offerings to go with the bulls, rams, and lambs following the prescribed recipes. And bring a he-goat as an Absolution-Offering in addition to the regular Whole-Burnt-Offering with its Grain-Offering and Drink-Offering.

39 "Sacrifice these to GOD as a congregation at your set feasts: your Whole-Burnt-Offerings, Grain-Offerings, Drink-Offerings, and Peace-Offerings. These are all over and above your personal Vow-Offerings and Freewill-Offerings."

40 Moses instructed the People of Israel in all that GOD commanded him.

Vows

30 1-2 Moses spoke to the heads of the tribes of the People of Israel: "This is what GOD commands: When a man makes a vow to GOD or binds himself by an oath to do something, he must not break his word; he must do exactly what he has said.

3-5 "When a woman makes a vow to GOD and binds herself by a pledge as a young girl still living in her father's house, and her father hears of her vow or pledge but says nothing to her, then she has to make good on all her vows and pledges. But if her father holds her back when he hears of what she has done, none of her vows and pledges are valid. GOD will release her since her father held her back.

6-8 "If she marries after she makes a vow or has

별없이 서약하고 나서 시집을 간 경우, 남편이 그 것을 듣고도 그녀에게 아무 말 하지 않으면, 그 여자는 자신이 서원하고 서약한 대로 행해야 한다. 그러나 남편이 그 서원을 듣고 막으면, 그녀를 묶고 있는 서원과 서약을 남편이 취소시킨 것이니, 하나님이 그녀를 놓아줄 것이다.

9 과부나 이혼한 여자가 한 서원이나 서약은 그대로 구속력이 있다.

10-15 아내가 남편과 함께 살면서 서원을 하거나 맹세로 서약한 경우, 남편이 그것을 듣고도 아무 말 하지 않거나 그녀에게 그렇게 하지 말라고 하지 않으면, 그녀의 서원과 서약은 모두 유효하다. 그러나 남편이 그녀의 서원과 서약을 듣고 즉시 그것을 취소시키면, 그 서원과 서약은 구속력이 없다. 남편이 취소시킨 것이니, 하나님이 그녀를 놓아줄 것이다. 아내가 한 서원과 서약이 그녀에게 해를 입힐 가능성이 있는 경우, 남편은 그녀의 서원과 서약을 지지할 수도 있고 취소시킬 수도 있다. 그러나 남편이 잠잠하고 그 다음날에도 거론하지 않으면, 그는 아내의 서원과 서약을 승인한 것이다. 그녀는 자신의 서원과 서약을 다 지켜야 한다. 남편이 그녀의 말을 듣고도 아무 말을 하지 않았으므로, 아내는 자신의 서원과 서약에 매이게 된 것이다. 그러나 남편이 그녀의 말을 듣고 얼마 지나서야 취소시키면, 그가 아내의 죄를 떠맡아야 한다.'"

16 이것은 남편과 아내 사이, 아버지와 아버지 집에 사는 어린 딸 사이의 처리법에 관해 하나님께서 모세에게 내리신 규례다.

미디안 전쟁

31 1-2 하나님께서 모세에게 말씀하셨다. "미디안 사람에게 이스라엘 백성의 원수를 갚아라. 그런 다음에 너는 네 조상에게 돌아가게 될 것이다."

3-4 모세가 백성에게 말했다. "미디안과 싸워 미디안에 대한 하나님의 원수를 갚을 사람들을 이스라엘 각 지파에서 천 명씩 모집하여 전쟁에 내보내십시오."

5-6 그리하여 이스라엘 각 지파에서 천 명씩, 모두 만이천 명을 모집하여 전투 부대를 편성했다. 모세는 각 지파에서 천 명씩을 전쟁에 내보냈다. 엘르아살의 아들 비느하스도 제사장 신분으로 입대하여 거룩한 기구와 신호용 나팔을 맡았다.

made some rash promise or pledge, and her husband hears of it but says nothing to her, then she has to make good on whatever she vowed or pledged. But if her husband intervenes when he hears of it, he cancels the vow or rash promise that binds her. And GOD will release her.

9 "Any vow or pledge taken by a widow or divorced woman is binding on her.

10-15 "When a woman who is living with her husband makes a vow or takes a pledge under oath and her husband hears about it but says nothing and doesn't say she can't do it, then all her vows and pledges are valid. But if her husband cancels them when he hears about them, then none of the vows and pledges that she made are binding. Her husband has canceled them and GOD will release her. Any vow and pledge that she makes that may be to her detriment can be either affirmed or annulled by her husband. But if her husband is silent and doesn't speak up day after day, he confirms her vows and pledges—she has to make good on them. By saying nothing to her when he hears of them, he binds her to them. If, however, he cancels them sometime after he hears of them, he takes her guilt on himself."

16 These are the rules that GOD gave Moses regarding conduct between a man and his wife and between a father and his young daughter who is still living at home.

The Midianite War

31 1-2 GOD spoke to Moses: "Avenge the People of Israel on the Midianites. Afterward you will go to be with your dead ancestors."

3-4 Moses addressed the people: "Recruit men for a campaign against Midian, to exact GOD's vengeance on Midian, a thousand from each tribe of Israel to go to war."

5-6 A fighting force of a thousand from each tribe of Israel—twelve thousand in all—was recruited. Moses sent them off to war, a thousand from each tribe, and also Phinehas son of Eleazar, who went as priest to the army, in charge of holy vessels and the signaling bugles.

7-12 They attacked Midian, just as GOD had

7-12 그들은 하나님께서 모세에게 명령하신 대로 미디안을 공격하여, 최후의 한 사람까지 다 죽였다. 죽은 자들 중에는 에위, 레겜, 수르, 후르, 레바 등 미디안의 다섯 왕도 있었다. 그들은 브올의 아들 발람도 칼로 베어 죽였다. 이스라엘 백성은 미디안 여자들과 아이들을 포로로 잡고, 그들의 모든 짐승과 가축과 재산을 전리품으로 취했다. 그들은 미디안 사람이 살던 모든 성읍과 막사를 잿더미로 만들고, 모든 물자와 사람과 짐승을 닥치는 대로 노획했다. 그들은 포로와 노획물과 전리품을 끌고, 요단-여리고 앞 모압 평야에 진을 치고 있던 모세와 제사장 엘르아살과 이스라엘 공동체로 돌아왔다.

13-18 모세와 제사장 엘르아살과 회중의 모든 지도자가 부대를 맞으러 진 밖으로 나갔다. 모세는 전장에서 돌아오는 군지휘관인 천부장과 백부장들에게 화를 냈다. "이게 무슨 짓이오! 이 여자들을 살려 두다니! 저들은 브올 사건 때 발람의 지시에 따라 이스라엘 백성을 꾀어 하나님으로부터 멀어지게 하고, 전염병을 촉발시켜 하나님의 백성을 치게 한 장본인들이오. 그러니 그대들은 일을 마무리하시오. 사내아이들은 모두 죽이고, 남자와 잠자리를 같이한 여자들도 모두 죽이시오. 그들보다 어린 처녀들은 그대들을 위해 살려 두어도 좋소.

19-20 이제 그대들은 이렇게 하시오. 진 밖에 장막을 치시오. 사람을 죽였거나 주검을 만진 사람은 모두 칠 일 동안 진 밖에 머물러야 합니다. 삼 일째 되는 날과 칠 일째 되는 날에 그대들과 그대들이 잡아 온 포로들을 정결하게 하시오. 모든 옷가지와 기구를 정결하게 하시오. 가죽으로 만든 것이든, 염소 털로 짠 것이든, 나무로 만든 것이든 모두 정결하게 하시오."

21-24 제사장 엘르아살이 전쟁에서 싸운 군사들에게 말했다. "이것은 하나님께서 모세에게 계시로 주신 규정입니다. 금과 은과 청동과 쇠와 주석과 납 등 불에 타지 않는 것은 모두 불에 넣었다가 꺼내야 합니다. 그러면 정결하게 될 것입니다. 그런 다음에는 정결하게 하는 물로 씻어야 합니다. 불에 타는 것은 무엇이든 그 물에 담갔다가 꺼내야 합니다. 칠 일째 되는 날에 그대들의 옷을 깨끗이 빨면, 여러분은 정결하게 될 것입니다. 그런 뒤에야 여러분은 진으로 돌아올 수 있습니다."

commanded Moses, and killed every last man. Among the fallen were Evi, Rekem, Zur, Hur, and Reba—the five kings of Midian. They also killed Balaam son of Beor with the sword. The People of Israel took the Midianite women and children captive and took all their animals and herds and goods as plunder. They burned to the ground all the towns in which Midianites lived and also their tent camps. They looted and plundered everything and everyone—stuff and people and animals. They took it all—captives and booty and plunder—back to Moses and Eleazar the priest and the company of Israel where they were camped on the Plains of Moab, at Jordan-Jericho.

13-18 Moses, Eleazar, and all the leaders of the congregation went to meet the returning army outside the camp. Moses was furious with the army officers—the commanders of thousands and commanders of hundreds—as they came back from the battlefield: "What's this! You've let these women live! They're the ones who, under Balaam's direction, seduced the People of Israel away from GOD in that mess at Peor, causing the plague that hit GOD's people. Finish your job: kill all the boys. Kill every woman who has slept with a man. The younger women who are virgins you can keep alive for yourselves.

19-20 "Now here's what you are to do: Pitch tents outside the camp. All who have killed anyone or touched a corpse must stay outside the camp for seven days. Purify yourselves and your captives on the third and seventh days. Purify every piece of clothing and every utensil—everything made of leather, goat hair, or wood."

21-24 Eleazar the priest then spoke to the soldiers who had fought in the battle: "This is the ruling from the Revelation that GOD gave Moses: Gold, silver, bronze, iron, tin, and lead—and anything else that can survive fire—must be passed through the fire; then it will be ritually purified. It must also be ritually washed in the Water-of-Cleansing. Further, whatever cannot survive fire must be put through that water. On the seventh day scrub your clothes; you will be ritually clean. Then you can return to camp."

25-27 하나님께서 모세에게 말씀하셨다. "너와 제사장 엘르아살과 공동체에 속한 각 가문의 지도자들은 사로잡아 온 사람과 짐승의 수를 세어라. 전리품을 절반으로 나누어, 반은 전투를 치른 군사들에게 주고 반은 회중에게 주어라.

28-30 군사들이 차지한 노획물은 사람이든 소든 나귀든 양이든, 오백분의 일의 비율로 세를 부과하여라. 그것은 하나님의 몫이니, 그들이 받은 절반의 몫에서 거두어 하나님 대신 제사장 엘르아살에게 넘겨주어라. 회중이 받은 절반은 사람이든 소든 나귀든 양이든 염소든 다른 짐승이든, 오십분의 일의 비율로 세를 부과하여라. 그것을 하나님의 성막 관리를 맡은 레위인에게 주어라."

31 모세와 엘르아살은 하나님께서 모세에게 명령하신 대로 행했다.

32-35 군대가 빼앗아 온 전리품 가운데 남은 것은 이러하다.
양 675,000마리
소 72,000마리
나귀 61,000마리
처녀 32,000명.

36-40 전쟁에서 싸운 군사들이 차지한 절반의 몫은 이러하다.
양 337,500마리, 그중 675마리를 하나님 몫으로 드렸다.
소 36,000마리, 그중 72마리를 하나님 몫으로 드렸다.
나귀 30,500마리, 그중 61마리를 하나님 몫으로 드렸다.
사람 16,000명, 그중 32명을 하나님 몫으로 드렸다.

41 모세는 이 세금을 하나님 몫으로 떼어 제사장 엘르아살에게 주었다. 이렇게 모세는 하나님께서 지시하신 대로 행했다.

42-46 모세가 전쟁에 나갔던 사람들에게서 떼어 이스라엘 공동체에 나누어 준 나머지 절반은 이러하다.
양 337,500마리
소 36,000마리
나귀 30,500마리
사람 16,000명.

25-27 GOD said to Moses, "I want you and Eleazar the priest and the family leaders in the community to count the captives, people and animals. Split the plunder between the soldiers who fought the battle and the rest of the congregation.

28-30 "Then tax the booty that goes to the soldiers at the rate of one life out of five hundred, whether humans, cattle, donkeys, or sheep. It's a GOD-tax taken from their half-share to be turned over to Eleazar the priest on behalf of GOD. Tax the congregation's half-share at the rate of one life out of fifty, whether persons, cattle, donkeys, sheep, goats, or other animals. Give this to the Levites who are in charge of the care of GOD's Dwelling."

31 Moses and Eleazar followed through with what GOD had commanded Moses.

32-35 The rest of the plunder taken by the army:
675,000 sheep
72,000 cattle
61,000 donkeys
32,000 women who were virgins

36-40 The half-share for those who had fought in the war:
337,500 sheep, with a tax of 675 for GOD
36,000 cattle, with a tax of 72 for GOD
30,500 donkeys, with a tax of 61 for GOD
16,000 people, with a tax of 32 for GOD

41 Moses turned the tax over to Eleazar the priest as GOD's part, following GOD's instructions to Moses.

42-46 The other half-share for the Israelite community that Moses set apart from what was given to the men who fought the war was:
337,500 sheep
36,000 cattle
30,500 donkeys
16,000 people

47 From the half-share going to the People of Israel, Moses, just as GOD had instructed him, picked one out of every fifty persons and animals

47 모세는 **하나님**께서 지시하신 대로 이스라엘 백성에게 돌아간 절반에서 사람이든 짐승이든, 오십분의 일을 떼어 **하나님**의 성막 관리를 맡은 레위인에게 주었다.

48-50 군지휘관인 천부장과 백부장들이 모세에게 와서 말했다. "우리가 우리 수하의 군사들을 세어 보았는데, 한 사람도 잃어버리지 않았습니다. 그래서 우리가 **하나님**께 드릴 예물을 가져왔습니다. **하나님** 앞에서 우리 삶을 속죄하려고 우리가 얻은 금패물인 팔장식, 팔찌, 반지, 귀걸이, 장신구를 가져왔습니다."

51-54 모세와 제사장 엘르아살은 그들에게서 정교하게 세공된 온갖 금패물을 받았다. 모세와 엘르아살이 천부장과 백부장들에게서 받아 **하나님**께 예물로 드린 금의 무게는 약 185킬로그램이었다. 이것은 모두 노획물을 차지한 군사들이 기부한 것이다. 모세와 엘르아살은 천부장과 백부장들에게서 받은 금을 회막으로 가져가, **하나님** 앞에서 이스라엘 백성을 위한 기념물로 삼았다.

요단 강 동쪽 지파들

32 1-4 르우벤 자손과 갓 자손은 엄청나게 많은 수의 가축 떼를 소유하고 있었다. 그들이 야셀 땅과 길르앗 땅을 살펴보니, 가축을 방목하기에 알맞은 곳이었다. 그래서 갓 자손과 르우벤 자손은 모세와 제사장 엘르아살과 회중의 지도자들에게 가서 말했다. "아다롯, 디본, 야스엘, 니므라, 헤스본, 엘르알레, 스밤, 느보, 브온, 곧 **하나님**께서 이스라엘 공동체 앞에서 쳐서 멸하신 땅은 가축에게 더없이 좋은 땅입니다. 그리고 우리에게는 가축 떼가 있습니다."

5 그들은 말을 이었다. "우리가 이제까지 일을 잘했다고 여기시면 이 땅을 우리에게 유산으로 주셔서, 우리가 요단 강을 건너지 않게 해주십시오."

6-12 모세가 갓 자손과 르우벤 자손에게 말했다. "전쟁이 임박했는데 형제들에게 떠넘기고, 여러분만 여기에 정착하겠다는 것이오? 이제 곧 이스라엘 백성이 **하나님**께서 주신 땅으로 들어가려고 하는데, 여러분은 어찌하여 형제들을 실망시키고 그들의 사기마저 떨어뜨리려고 합니까? 내가 저 땅을 정탐하라고 가데스바네아에서 여러분의 조상을 보냈을 때에 그들이 한 짓과 똑같군요. 그들은 에스골 골짜기까지 가서 한 번 훑어보고는 포

and gave them to the Levites, who were in charge of maintaining GOD's Dwelling.

48-50 The military officers—commanders of thousands and commanders of hundreds—came to Moses and said, "We have counted the soldiers under our command and not a man is missing. We've brought offerings to GOD from the gold jewelry we got—armlets, bracelets, rings, earrings, ornaments—to make atonement for our lives before GOD."

51-54 Moses and Eleazar the priest received the gold from them, all that fine-crafted jewelry. In total, the gold from the commanders of thousands and hundreds that Moses and Eleazar offered as a gift to GOD weighed about six hundred pounds, all donated by the soldiers who had taken the booty. Moses and Eleazar took the gold from the commanders of thousands and hundreds and brought it to the Tent of Meeting, to serve as a reminder for the People of Israel before GOD.

Tribes East of the Jordan

32 1-4 The families of Reuben and Gad had huge herds of livestock. They saw that the country of Jazer and Gilead was just the place for grazing livestock. And so they came, the families of Gad and of Reuben, and spoke to Moses and Eleazar the priest and the leaders of the congregation, saying, "Ataroth, Dibon, Jazer, Nimrah, Heshbon, Elealeh, Sebam, Nebo, and Beon—the country that GOD laid low before the community of Israel—is a country just right for livestock, and we have livestock."

5 They continued, "If you think we've done a good job so far, give us this country for our inheritance. Don't make us go across the Jordan."

6-12 Moses answered the families of Gad and Reuben: "Do you mean that you are going to leave the fighting that's ahead to your brothers while you settle down here? Why would you even think of letting the People of Israel down, demoralizing them just as they're about to move into the land GOD gave them? That's exactly what your ancestors did when I sent them from Kadesh Barnea to survey the country. They went as far as the

기하고 말았습니다. 그들은 이스라엘 백성의 사기를 완전히 꺾어서, 하나님께서 그들에게 주신 땅으로 들어가지 못하게 했습니다. 그러자 하나님께서 참으로 진노하셔서 이렇게 맹세하셨습니다. '그들은 그 땅을 결코 보지 못할 것이다. 이집트에서 나온 사람들 가운데 스무 살 이상 된 자는, 내가 아브라함과 이삭과 야곱에게 약속한 땅을 결코 보지 못할 것이다. 그들은 나를 따르는 일에 관심이 없었다. 마음도 없었다. 그나스 사람 여분네의 아들 갈렙과 눈의 아들 여호수아 외에는, 아무도 나를 따르지 않았다. 이 두 사람만 나를 따르고, 그 일에 마음이 있었다.'

13 하나님께서 이스라엘에게 진노하셔서, 그분의 눈앞에서 악을 행한 그 세대가 모두 죽어 없어질 때까지, 사십 년 동안 그들을 광야에서 헤매게 하셨습니다.

14-15 그런데 이제는 여러분이 여러분 조상 대신 또 하나의 죄인 무리가 되어, 이미 이스라엘을 향해 활활 타오르고 있는 하나님의 진노에 기름을 끼얹으려 하는군요. 여러분이 하나님을 따르지 않으면, 그분께서 다시 한번 진노하셔서 이스라엘을 광야에 내버리실 것입니다. 여러분의 모든 잘못 때문에 그 재앙이 닥치게 될 것입니다."

16-19 그러자 그들이 모세에게 가까이 다가와 말했다. "우리는 그저 우리 가축을 위해 축사를 짓고, 우리 가족을 위해 성읍을 세우려는 것뿐입니다. 그런 다음에 무기를 들고 최전방에 서서, 이스라엘 백성을 그들이 살 곳으로 이끌고 가겠습니다. 그러면 우리는 가족들을 뒤에 남겨 두고 떠날 수 있을 테고, 우리 가족들은 요새화된 성읍 안에 머물면서 이 땅 주민들로부터 안전하게 지낼 수 있을 것입니다. 이스라엘 자손이 저마다 유산을 충분히 차지할 때까지, 우리는 집으로 돌아오지 않을 것입니다. 우리가 요단 강 동쪽에서 유산을 차지했으니, 요단 강 서쪽에서는 어떤 유산도 바라지 않겠습니다."

20-22 모세가 말했다. "여러분이 말한 대로 하나님 앞에서 무장을 하고 우리와 함께 요단 강을 건너가서, 하나님께서 자기 원수들을 그 땅에서 쓸어 내실 때까지 하나님 앞에서 싸워 그 땅을 정복하면, 여러분은 하나님과 이스라엘에 대한 여러분의 의무를 다한 셈이 될 것입니다. 그제야 이 땅이 하나님 앞에서 여러분의 소유가 될 것입니다.

23-24 그러나 여러분이 말한 대로 하지 않으면, 여러분은 하나님께 죄를 짓는 것입니다. 그러면 여러분은 그 죄에서 벗어나지 못한다는 것을 잘 알 것입

Valley of Eshcol, took one look and quit. They completely demoralized the People of Israel from entering the land GOD had given them. And GOD got angry—oh, did he get angry! He swore: 'They'll never get to see it; none of those who came up out of Egypt who are twenty years and older will ever get to see the land that I promised to Abraham, Isaac, and Jacob. They weren't interested in following me—their hearts weren't in it. None, except for Caleb son of Jephunneh the Kenizzite, and Joshua son of Nun; they followed me—their hearts were in it.'

13 "GOD's anger smoked against Israel. He made them wander in the wilderness for forty years, until that entire generation that acted out evil in his sight had died out.

14-15 "And now here you are, just one more mob of sinners stepping up to replace your ancestors, throwing fuel on the already blazing anger of GOD against Israel. If you won't follow him, he'll do it again. He'll dump them in the desert and the disaster will be all your fault."

16-19 They came close to him and said, "All we want to do is build corrals for our livestock and towns for our families. Then we'll take up arms and take the front lines, leading the People of Israel to their place. We'll be able to leave our families behind, secure in fortified towns, safe from those who live in the land. But we won't go back home until every Israelite is in full possession of his inheritance. We won't expect any inheritance west of the Jordan; we are claiming all our inheritance east of the Jordan."

20-22 Moses said, "If you do what you say, take up arms before GOD for battle and together go across the Jordan ready, before GOD, to fight until GOD has cleaned his enemies out of the land, then when the land is secure you will have fulfilled your duty to GOD and Israel. Then this land will be yours to keep before GOD.

23-24 "But if you don't do what you say, you will be sinning against GOD; you can be sure that your sin will track you down. So, go ahead. Build towns for your families and corrals for your livestock. Do what you said you'd do."

니다. 자, 가십시오. 여러분의 가족을 위해 성읍을
세우고, 여러분의 가축을 위해 축사를 지으십시오.
여러분이 한 말을 꼭 지키십시오."
25-27 갓 자손과 르우벤 자손이 모세에게 말했다.
"우리는 주인님의 명령대로 할 것입니다. 우리의
자녀와 아내들, 우리의 양 떼와 소 떼는 이곳 길르
앗의 성읍들에 머물게 하겠습니다. 그러나 우리는
모두 주인님이 말씀하신 대로, 완전 무장을 하고
강을 건너가, 하나님을 위해 싸우겠습니다."
28-30 모세는 그들을 위해 제사장 엘르아살과 눈의
아들 여호수아와 이스라엘 백성 각 지파의 우두머
리들에게 지시를 내렸다. "갓 자손과 르우벤 자손
이 무장을 하고서, 하나님 앞에서 싸우기 위해 여
러분과 함께 요단 강을 건너가 그 땅을 정복하면,
여러분은 그들에게 길르앗 땅을 유산으로 주십시
오. 그러나 여러분과 함께 건너가지 않으면, 그들
은 여러분과 함께 가나안 땅에 정착해야 할 것입
니다."
31-32 갓 자손과 르우벤 자손이 대답했다. "우리가
하나님께서 말씀하신 대로 하겠습니다. 하나님 앞
에서 요단 강을 건너가, 기꺼이 싸우겠습니다. 다
만 우리가 유산으로 받을 땅은 이곳 요단 강 동쪽
이 되게 해주십시오."
33 모세는 갓 자손과 르우벤 자손과 요셉의 아들 므
낫세 반쪽 지파에게, 아모리 왕 시혼의 나라와 바
산 왕 옥의 나라 전체, 곧 그 땅과 그 땅에 세워진
성읍들과 주변의 모든 영토를 주었다.
34-36 갓 자손은 디본, 아다롯, 아로엘, 아다롯소반,
야스엘, 욕브하, 벳니므라, 벳하란을 요새화된 성
읍들로 재건했다. 그들은 가축을 위한 축사도 지
었다.
37-38 르우벤 자손은 헤스본, 엘르알레, 기랴다임을
재건하고, 느보와 바알므온, 십마도 재건했다. 그
들은 자신들이 재건한 성읍들에 새 이름을 붙였다.
39-40 므낫세의 아들 마길의 집안은 길르앗으로 가
서 그곳을 점령하고, 거기 살던 아모리 사람을 내
쫓았다. 그러자 모세는 길르앗을 므낫세의 후손인
마길 자손에게 주었다. 그들은 그곳으로 이주하여
정착했다.
41 므낫세의 다른 아들 야일은 마을 몇 개를 점령하
고, 그곳을 하봇야일(야일의 장막촌)이라고 했다.
42 노바는 그낫과 그 주변 진들을 점령하고, 자기
이름을 따서 그곳을 노바라고 했다.

25-27 The families of Gad and Reuben told Moses:
"We will do as our master commands. Our
children and wives, our flocks and herds will stay
behind here in the towns of Gilead. But we, every
one of us fully armed, will cross the river to fight
for GOD, just as our master has said."
28-30 So Moses issued orders for them to Eleazar
the priest, Joshua the son of Nun, and the heads
of the ancestral tribes of the People of Israel.
Moses said, "If the families of Gad and Reuben
cross the Jordan River with you and before GOD,
all armed and ready to fight, then after the land
is secure, you may give them the land of Gilead
as their inheritance. But if they don't cross over
with you, they'll have to settle up with you in
Canaan."
31-32 The families of Gad and Reuben responded:
"We will do what GOD has said. We will cross the
Jordan before GOD, ready and willing to fight.
But the land we inherit will be here, to the east of
the Jordan."
33 Moses gave the families of Gad, Reuben, and
the half-tribe of Manasseh son of Joseph the
kingdom of Sihon, king of the Amorites, and
the kingdom of Og, king of Bashan – the land,
its towns, and all the territories connected with
them – the works.
34-36 The Gadites rebuilt Dibon, Ataroth, Aroer,
Atroth Shophan, Jazer, Jogbehah, Beth Nimrah,
and Beth Haran as fortified cities; they also built
corrals for their animals.
37-38 The Reubenites rebuilt Heshbon, Elealeh,
and Kiriathaim, also Nebo and Baal Meon and
Sibmah. They renamed the cities that they
rebuilt.
39-40 The family of Makir son of Manasseh went to
Gilead, captured it, and drove out the Amorites
who lived there. Moses then gave Gilead to the
Makirites, the descendants of Manasseh. They
moved in and settled there.
41 Jair, another son of Manasseh, captured some
villages and named them Havvoth Jair (Jair's
Tent-Camps).
42 Nobah captured Kenath and its surrounding
camps. He renamed it after himself, Nobah.

라암셋에서 요단–여리고까지

33 1-2 이스라엘 백성이 모세와 아론의 지휘 아래 부대를 편성하여 이집트를 떠나 행진하면서 진을 쳤던 곳은 이러하다. 모세는 **하나님**의 지시에 따라, 그들이 이동할 때마다 진을 친 곳을 하나하나 일지에 기록했다.
3-4 그들은 유월절 다음날에 라암셋에서 나왔다. 그날은 첫째 달 십오일이었다. 그들은 고개를 들고 당당하게 행진하여 나왔다. 이집트 사람들은 **하나님**께서 쳐죽이신 맏아들을 장사하는 데 여념이 없어, 그들이 떠나가는 것을 그저 바라보기만 했다. **하나님**께서는 그들의 신들이 얼마나 터무니없는지 여실히 드러내셨다.

5-36 이스라엘 백성은
라암셋을 떠나 숙곳에 진을 쳤다.
숙곳을 떠나서는 광야 가장자리에 있는 에담에 진을 쳤다.
에담을 떠나서는 바알스본 동쪽 비하히롯으로 돌아가 믹돌 근처에 진을 쳤다.
비하히롯을 떠나서는 바다를 건너 광야로 들어갔다. 에담 광야에서 사흘길을 걸어 마라에 진을 쳤다.
마라를 떠나서는 샘 열두 개와 야자나무 일흔 그루가 있는 엘림에 이르러 진을 쳤다.
엘림을 떠나서는 홍해 옆에 진을 쳤다.
홍해를 떠나서는 신 광야에 진을 쳤다.
신 광야를 떠나서는 돕가에 진을 쳤다.
돕가를 떠나서는 알루스에 진을 쳤다.
알루스를 떠나서는 르비딤에 진을 쳤다. 그곳에는 백성이 마실 물이 없었다.
르비딤을 떠나서는 시내 광야에 진을 쳤다.
시내 광야를 떠나서는 기브롯핫다아와에 진을 쳤다.
기브롯핫다아와를 떠나서는 하세롯에 진을 쳤다.
하세롯을 떠나서는 릿마에 진을 쳤다.
릿마를 떠나서는 림몬베레스에 진을 쳤다.
림몬베레스를 떠나서는 립나에 진을 쳤다.
립나를 떠나서는 릿사에 진을 쳤다.
릿사를 떠나서는 그헬라다에 진을 쳤다.
그헬라다를 떠나서는 세벨 산에 진을 쳤다.
세벨 산을 떠나서는 하라다에 진을 쳤다.
하라다를 떠나서는 막헬롯에 진을 쳤다.
막헬롯을 떠나서는 다핫에 진을 쳤다.

Campsites from Rameses to Jordan-Jericho

33 1-2 These are the camping sites in the journey of the People of Israel after they left Egypt, deployed militarily under the command of Moses and Aaron. Under GOD's instruction Moses kept a log of every time they moved, camp by camp:
3-4 They marched out of Rameses the day after the Passover. It was the fifteenth day of the first month. They marched out heads high and confident. The Egyptians, busy burying their firstborn whom GOD had killed, watched them go. GOD had exposed the nonsense of their gods.

5-36 The People of Israel:
left Rameses and camped at Succoth;
left Succoth and camped at Etham at the edge of the wilderness;
left Etham, circled back to Pi Hahiroth east of Baal Zephon, and camped near Migdol;
left Pi Hahiroth and crossed through the Sea into the wilderness; three days into the Wilderness of Etham they camped at Marah;
left Marah and came to Elim where there were twelve springs and seventy palm trees; they camped there;
left Elim and camped by the Red Sea;
left the Red Sea and camped in the Wilderness of Sin;
left the Wilderness of Sin and camped at Dophkah;
left Dophkah and camped at Alush;
left Alush and camped at Rephidim where there was no water for the people to drink;
left Rephidim and camped in the Wilderness of Sinai;
left the Wilderness of Sinai and camped at Kibroth Hattaavah;
left Kibroth Hattaavah and camped at Hazeroth;
left Hazeroth and camped at Rithmah;
left Rithmah and camped at Rimmon Perez;
left Rimmon Perez and camped at Libnah;
left Libnah and camped at Rissah;
left Rissah and camped at Kehelathah;
left Kehelathah and camped at Mount Shepher;
left Mount Shepher and camped at Haradah;
left Haradah and camped at Makheloth;
left Makheloth and camped at Tahath;

다핫을 떠나서는 데라에 진을 쳤다.
데라를 떠나서는 밋가에 진을 쳤다.
밋가를 떠나서는 하스모나에 진을 쳤다.
하스모나를 떠나서는 모세롯에 진을 쳤다.
모세롯을 떠나서는 브네야아간에 진을 쳤다.
브네야아간을 떠나서는 홀하깃갓에 진을 쳤다.
홀하깃갓을 떠나서는 욧바다에 진을 쳤다.
욧바다를 떠나서는 아브로나에 진을 쳤다.
아브로나를 떠나서는 에시온게벨에 진을 쳤다.
에시온게벨을 떠나서는 신 광야에 있는 가데스에 진을 쳤다.

37-39 그들이 가데스를 떠나 에돔 경계에 있는 호르 산에 진을 치고 나서, 제사장 아론이 하나님의 명령에 따라 호르 산으로 올라가 그곳에서 죽었다. 그날은 이스라엘 백성이 이집트를 떠난 지 사십 년 되는 해 다섯째 달 첫째 날이었다. 아론이 호르 산에서 죽을 때 백스물세 살이었다.

40 가나안의 네겝 지역에서 다스리던 가나안 사람 아랏 왕이, 이스라엘 백성이 도착했다는 소식을 들었다.

41-47 그들은 호르 산을 떠나 살모나에 진을 쳤다.
살모나를 떠나서는 부논에 진을 쳤다.
부논을 떠나서는 오봇에 진을 쳤다.
오봇을 떠나서는 모압 경계에 있는 이예아바림에 진을 쳤다.
이임을 떠나서는 디본갓에 진을 쳤다.
디본갓을 떠나서는 알몬디블라다임에 진을 쳤다.
알몬디블라다임을 떠나서는 느보가 보이는 아바림(강 저편) 산지에 진을 쳤다.

48-49 그들은 아바림 산지를 떠나 요단-여리고 앞 모압 평야에 진을 쳤다. 모압 평야에 자리한 그들의 진은 요단 강가를 따라 벳여시못에서 아벨싯딤(아카시아 초원)까지 뻗어 있었다.

50-53 하나님께서 요단-여리고 앞 모압 평야에서 모세에게 말씀하셨다. "너는 이스라엘 백성에게 이렇게 일러 주어라. 너희가 요단 강을 건너 가나안 땅에 들어가면, 그 땅 주민들을 너희 앞에서 쫓아내고, 그들이 돌에 새긴 우상과 부어 만든 신상들을 부수고, 그들의 산당들을 허

left Tahath and camped at Terah;
left Terah and camped at Mithcah;
left Mithcah and camped at Hashmonah;
left Hashmonah and camped at Moseroth;
left Moseroth and camped at Bene Jaakan;
left Bene Jaakan and camped at Hor Haggidgad;
left Hor Haggidgad and camped at Jotbathah;
left Jotbathah and camped at Abronah;
left Abronah and camped at Ezion Geber;
left Ezion Geber and camped at Kadesh in the Wilderness of Zin.

37-39 After they left Kadesh and camped at Mount Hor at the border of Edom, Aaron the priest climbed Mount Hor at GOD's command and died there. It was the first day of the fifth month in the fortieth year after the People of Israel had left Egypt. Aaron was 123 years old when he died on Mount Hor.

40 The Canaanite king of Arad—he ruled in the Negev of Canaan—heard that the People of Israel had arrived.

41-47 They left Mount Hor and camped at Zalmonah;
left Zalmonah and camped at Punon;
left Punon and camped at Oboth;
left Oboth and camped at Iye Abarim on the border of Moab;
left Iyim and camped at Dibon Gad;
left Dibon Gad and camped at Almon Diblathaim;
left Almon Diblathaim and camped in the mountains of Abarim (Across-the-River), within sight of Nebo.

48-49 After they left the mountains of Abarim they camped on the Plains of Moab at Jordan-Jericho. On the Plains of Moab their camp stretched along the banks of the Jordan from Beth Jeshimoth to Abel Shittim (Acacia Meadow).

50-53 GOD spoke to Moses on the Plains of Moab at Jordan-Jericho: "Tell the People of Israel, When you cross the Jordan into the country of Canaan, drive out the native population before you, destroy their carved idols, destroy their cast images, level their worship-mounds so that you take over the land and make yourself at home in it; I've given it to you.

물어뜨려라. 그 땅을 점령하고, 거기서 마음 편히 살아라. 내가 그 땅을 너희에게 주었다. 그 땅은 너희 것이다.

54 그 땅을 가문의 규모에 따라 제비를 뽑아 나누어 주어라. 큰 가문에는 큰 토지를 나누어 주고 작은 가문에는 작은 토지를 나누어 주되, 제비가 뽑히는 대로 하여라. 너희 조상의 지파에 따라 그 땅을 나누어 주어라.

55-56 그러나 너희가 그 땅 주민을 쫓아내지 않으면, 너희가 남겨 놓은 자들이 너희 눈에 먼지가 되고 너희 발에 가시가 될 것이다. 그들이 바로 너희 뒷마당에 살면서 너희를 끊임없이 괴롭힐 것이다. 그러면 내가 그들을 다루기로 마음먹었던 대로 너희를 다룰 것이다."

각 지파가 유산으로 받을 땅

34 1-2 하나님께서 모세에게 말씀하셨다. "이스라엘 백성에게 명령하여라. 그들에게 이렇게 일러 주어라. 너희가 가나안 땅에 들어갈 때, 너희가 유산으로 받게 될 땅의 경계는 이러하다.

3-5 남쪽 경계는 에돔과 맞닿은 신 광야 일부를 포함한 사해 동쪽에서 시작되어 전갈 고개를 돌아 신에 이르고, 거기서 가데스바네아 남쪽으로 이어지다가, 하살아달을 지나 아스몬에 이른다. 그 경계는 다시 북쪽 이집트 시내로 방향을 틀어 지중해에 이른다.

6 서쪽 경계는 지중해다.

7-9 북쪽 경계는 지중해에서 호르 산까지 이어지고, 또 호르 산에서 르보하맛까지 이어져 스닷에 이르고, 거기서 시브론으로 이어지다가 하살에난에서 끝난다. 이것이 너희 땅의 북쪽 경계다.

10-12 동쪽 경계는 하살에난에서 스밤까지 이어지고, 다시 스밤에서 아인 동쪽 리블라까지 갔다가, 갈릴리 바다 동쪽 비탈을 끼고 이어진다. 거기서 요단 강을 따라 내려가다가 사해에서 끝난다.

이것이 너희 땅의 사방 경계다."

13-15 모세가 이스라엘 백성에게 명령했다. "이것이 바로 여러분이 제비를 뽑아 유산으로 나누어 받을 땅입니다. 하나님께서 그 땅을 아홉 지파와 반쪽 지파에게 주라고 명령하셨습니다. 르우벤 지파와 갓 지파와 므낫세 반쪽 지파는 이미 자신들의 유산을 받았습니다. 이 두 지파

It's yours.

54 "Divide up the land by lot according to the size of your clans: Large clans will get large tracts of land, small clans will get smaller tracts of land. However the lot falls, that's it. Divide it up according to your ancestral tribes.

55-56 "But if you don't drive out the native population, everyone you let stay there will become a cinder in your eye and a splinter in your foot. They'll give you endless trouble right in your own backyards. And I'll start treating you the way I planned to treat them."

Land Inheritance

34 1-2 GOD spoke to Moses: "Command the People of Israel. Tell them, When you enter Canaan, these are the borders of the land you are getting as an inheritance:

3-5 "Your southern border will take in some of the Wilderness of Zin where it touches Edom. It starts in the east at the Dead Sea, curves south of Scorpion Pass and on to Zin, continues south of Kadesh Barnea, then to Hazar Addar and on to Azmon, where it takes a turn to the northwest to the Brook of Egypt and on to the Mediterranean Sea.

6 "Your western border will be the Mediterranean Sea.

7-9 "Your northern border runs on a line from the Mediterranean Sea to Mount Hor, and from Mount Hor to Lebo Hamath, connects to Zedad, continues to Ziphron, and ends at Hazar Enan. This is your northern border.

10-12 "Your eastern border runs on a line from Hazar Enan to Shepham. The border goes south from Shepham to Riblah to the east of Ain, and continues along the slopes east of the Sea of Galilee. The border then follows the Jordan River and ends at the Dead Sea.

"This is your land with its four borders."

13-15 Moses then commanded the People of Israel: "This is the land: Divide up the inheritance by lot. GOD has ordered it to be given to the nine and a half tribes. The tribe of Reuben, the tribe of Gad, and the half-tribe of Manasseh have already received their inheritance; the two tribes and the half-tribe got their inheritance east of Jordan-Jericho, facing the sunrise."

와 반쪽 지파는 요단-여리고 동쪽, 해 뜨는 곳에서 자신들의 유산을 받았습니다."

16-19 하나님께서 모세에게 말씀하셨다. "그 땅을 유산으로 나누어 주는 일을 맡을 사람은 제사장 엘르아살과 눈의 아들 여호수아다. 각 지파에서 지도자 한 명씩을 임명하여, 그들이 땅을 나누어 주는 일을 돕게 하여라. 너희가 임명할 사람들은 이러하다.

19-28 유다 지파에서는 여분네의 아들 갈렙
시므온 지파에서는 암미훗의 아들 스무엘
베냐민 지파에서는 기슬론의 아들 엘리닷
단 지파에서는 요글리의 아들 북기 족장
요셉의 아들 므낫세 지파에서는 에봇의 아들 한니엘 족장
요셉의 아들 에브라임 지파에서는 십단의 아들 그므엘 족장
스불론 지파에서는 바르낙의 아들 엘리사반 족장
잇사갈 지파에서는 앗산의 아들 발디엘 족장
아셀 지파에서는 슬로미의 아들 아히훗 족장
납달리 지파에서는 암미훗의 아들 브다헬 족장이다."

29 이들은 가나안 땅에서 이스라엘 백성에게 땅을 유산으로 나누어 주도록 하나님께 명령받은 사람들이다.

레위인에게 줄 성읍과 도피성

35 1-3 하나님께서 요단-여리고 앞 모압 평야에서 모세에게 말씀하셨다. "이스라엘 백성에게 명령하여, 그들이 받는 유산 가운데서 레위인이 거주할 성읍을 내어주게 하여라. 그 성읍 주위에는 반드시 풍부한 목초지가 있어야 한다. 그들이 거주할 성읍과 소 떼와 양 떼와 모든 가축을 위한 목초지를 제공하고, 그들을 잘 보살펴라.

4-5 레위인의 성읍을 에워싼 목초지는 성벽 둘레로부터 바깥쪽으로 사방 450미터까지 이르는 지역이어야 한다. 목초지의 바깥쪽 경계는 성읍을 중심으로 해서 동쪽으로 900미터, 남쪽으로 900미터, 서쪽으로 900미터, 북쪽으로 900미터를 재어야 한다. 그렇게 하면 레위인이 거주하는 성읍마다 목초지를 제공할 수 있을 것이다.

6-8 너희가 레위인에게 줄 성읍들 가운데서 여

16-19 GOD spoke to Moses: "These are the men who will be in charge of distributing the inheritance of the land: Eleazar the priest and Joshua son of Nun. Assign one leader from each tribe to help them in distributing the land. Assign these:

19-28 Caleb son of Jephunneh from the tribe of Judah;
Shemuel son of Ammihud from the tribe of Simeon;
Elidad son of Kislon from the tribe of Benjamin;
Bukki son of Jogli, leader from the tribe of Dan;
Hanniel son of Ephod, leader from the tribe of Manasseh son of Joseph;
Kemuel son of Shiphtan, leader from the tribe of Ephraim son of Joseph;
Elizaphan son of Parnach, leader from the tribe of Zebulun;
Paltiel son of Azzan, leader from the tribe of Issachar;
Ahihud son of Shelomi, leader from the tribe of Asher;
Pedahel son of Ammihud, leader from the tribe of Naphtali."

29 These are the men GOD commanded to hand out the assignments of land-inheritance to the People of Israel in the country of Canaan.

Cities for Levites and Asylum-Cities

35 1-3 Then GOD spoke to Moses on the Plains of Moab at Jordan-Jericho: "Command the People of Israel to give the Levites as their part of the total inheritance towns to live in. Make sure there is plenty of pasture around the towns. Then they will be well taken care of with towns to live in and pastures for their cattle, flocks, and other livestock.

4-5 "The pasture surrounding the Levites' towns is to extend 1,500 feet in each direction from the city wall. The outside borders of the pasture are to measure three thousand feet on each of the four sides—east, south, west, and north—with the town at the center. Each city will be supplied with pasture.

6-8 "Six of these towns that you give the Levites will be asylum-cities to which anyone who acciden-

섯 개를 도피성으로 삼아, 실수로 사람을 죽인 자가 피신할 수 있게 하여라. 이 밖에도 성읍 마흔두 개를 별도로 레위인에게 내어주어라. 너희는 레위인에게 모두 성읍 마흔여덟 개와 거기에 딸린 목초지를 내어주어야 한다. 이스라엘 백성의 공동 소유 가운데서 레위인에게 성읍을 내어줄 때는 지파의 크기에 따라 떼어 주어야 한다. 수가 많은 지파는 성읍을 많이 내어주고, 수가 적은 지파는 적게 내어주면 된다."

9-15 하나님께서 모세에게 말씀하셨다. "이스라엘 백성에게 전하여라. 그들에게 이렇게 일러주어라. 너희가 요단 강을 건너 가나안 땅으로 들어가거든, 성읍 몇 개를 도피성으로 지정하여 실수로 사람을 죽게 한 자가 피신할 수 있게 하여라. 그 성읍들을 복수하는 자를 피할 도피성으로 삼아, 사람을 죽게 한 자가 법정에 출두하기 전에 공동체 앞에서 살해되는 일이 없게 하여라. 성읍 여섯 개를 도피성으로 마련하여라. 그 가운데 세 개는 요단 강 동쪽에 두고 세 개는 가나안 본토에 두어, 이스라엘 백성과 외국인과 임시 거류민과 방문객에게도 도피성이 되게 하여라. 누구든지 실수로 사람을 죽게 한 자가 그곳으로 달려갈 수 있게, 성읍 여섯 개를 도피성으로 두어라.

16 그러나 실수로 사람을 죽게 한 자가 쇠 연장을 사용한 경우, 그것은 명백한 살인 행위다. 그는 살인자이므로 사형에 처해야 한다.

17 누가 사람을 죽일 만큼 큰 돌을 손에 쥐고 있다가 사람을 죽게 한 경우, 그것도 살인이다. 그는 살인자이므로 사형에 처해야 한다.

18 누가 사람을 죽일 만큼 육중한 나무 연장을 들고 다니다가 사람을 죽게 한 경우, 그것도 살인이다. 그는 살인자이므로 사형에 처해야 한다.

19 이러한 경우에, 복수하는 자는 살인자를 만나는 즉시 죽일 권리가 있다. 그는 살인자를 현장에서 죽여도 된다.

20-21 누가 들끓는 증오심으로 사람을 밀치거나 매복해 있다가 무언가를 던져서 사람을 죽게 한 경우, 또는 홧김에 주먹으로 쳐서 사람을 죽게 한 경우, 그것도 살인이다. 그는 사형에 처해야 한다. 복수하는 자는 그를 붙잡는 즉시 죽일 권리가 있다.

22-27 그러나 누가 원한 없이 충동적으로 사람을 밀치거나, 성급하게 무언가를 집어 던지거

tally kills another person may flee for asylum. In addition, you will give them forty-two other towns—forty-eight towns in all, together with their pastures. The towns that you give the Levites from the common inheritance of the People of Israel are to be taken in proportion to the size of each tribe—many towns from a tribe that has many, few from a tribe that has few."

9-15 GOD spoke to Moses: "Speak to the People of Israel. Tell them, When you cross the River Jordan into the country of Canaan, designate your asylum-cities, towns to which a person who accidentally kills someone can flee for asylum. They will be places of refuge from the avenger so that the alleged murderer won't be killed until he can appear before the community in court. Provide six asylum-cities. Designate three of the towns to the east side of the Jordan, the other three in Canaan proper—asylum-cities for the People of Israel, for the foreigner, and for any occasional visitors or guests—six asylum-cities to run to for anyone who accidentally kills another.

16 "But if the killer has used an iron object, that's just plain murder; he's obviously a murderer and must be put to death.

17 "Or if he has a rock in his hand big enough to kill and the man dies, that's murder; he's a murderer and must be put to death.

18 "Or if he's carrying a wooden club heavy enough to kill and the man dies, that's murder; he's a murderer and must be put to death.

19 "In such cases the avenger has a right to kill the murderer when he meets him—he can kill him on the spot.

20-21 "And if out of sheer hatred a man pushes another or from ambush throws something at him and he dies, or angrily hits him with his fist and kills him, that's murder—he must be put to death. The avenger has a right to kill him when he gets him.

22-27 "If, however, he impulsively pushes someone and there is no history of hard feelings, or he impetuously picks up something and throws it, or he accidentally drops a stone tool—a maul or hammer, say—and it hits and kills someone he didn't even

나, 사람이 있는 줄 모르고 실수로 망치 같은 연장을 떨어뜨려서 사람을 죽게 한 경우, 두 사람 사이에 원한이 있다고 의심할 만한 점이 없으면, 공동체는 이 지침에 따라 우발적 살인자와 복수하는 자 사이를 판가름해야 한다. 우발적 살인자를 복수하는 자의 손에서 구하는 것이 공동체의 의무다. 공동체는 그 살인 혐의자를 그가 피신해 있던 도피성으로 돌려보내야 한다. 거룩한 기름을 부어 세운 대제사장이 죽을 때까지, 그는 그곳에 머물러야 한다. 그러나 살인자가 자신이 피신해 있던 도피성을 떠났는데, 복수하는 자가 도피성의 경계 밖에 있다가 그를 발견한 경우, 복수하는 자는 그 살인자를 죽일 권리가 있다. 그 복수하는 자에게는 살인죄가 성립되지 않는다.

28 그러므로 살인자는 대제사장이 죽을 때까지 도피성에 머물러야 한다. 그는 대제사장이 죽은 뒤에야 자기 땅으로 돌아갈 수 있다."

29 "이것은 너희가 어디서 살든지, 지금부터 대대로 따라야 할 재판 절차다.

30 누구든지 사람을 죽인 자는 목격자의 증언이 있어야 처형할 수 있다. 그러나 한 사람의 증언만으로는 살인자를 처형할 수 없다.

31 뇌물을 받고 살인자의 목숨을 살려 주는 일이 없게 하여라. 그는 유죄이므로 사형을 받아 마땅하다. 반드시 그를 처형해야 한다.

32 도피성으로 피신해 있는 자에게 뇌물을 받고, 대제사장이 죽기 전에 그를 자기 땅으로 돌려보내어 살게 해주어서는 안된다.

33 너희가 사는 땅을 더럽히지 마라. 살인은 땅을 더럽힌다. 살인한 자의 피가 아니고는 그 땅에서 살인의 피를 씻을 수 없다.

34 너희가 사는 땅을 더럽히지 마라. 나도 그 땅에 살기 때문이다. 나 하나님은, 이스라엘 백성이 사는 곳에 같이 살고 있다."

유산을 받은 슬로브핫의 딸들

36 1 요셉 자손의 가문 가운데 므낫세의 손자이자 마길의 아들인 길르앗 가문의 우두머리들이, 모세와 이스라엘 백성의 지도자들인 각 집안의 우두머리들에게 나아왔다.

2-4 그들이 말했다. "하나님께서 주인님께 명령하셔서 제비를 뽑아 이스라엘 백성에게 땅을

know was there, and there's no suspicion that there was bad blood between them, the community is to judge between the killer and the avenger following these guidelines. It's the task of the community to save the killer from the hand of the avenger—the community is to return him to his asylum-city to which he fled. He must stay there until the death of the High Priest who was anointed with the holy oil. But if the murderer leaves the asylum-city to which he has fled, and the avenger finds him outside the borders of his asylum-city, the avenger has a right to kill the murderer. And he's not considered guilty of murder.

28 "So it's important that he stay in his asylum-city until the death of the High Priest. After the death of the High Priest he is free to return to his own place.

29 "These are the procedures for making judgments from now on, wherever you live.

30 "Anyone who kills another may be executed only on the testimony of eyewitnesses. But no one can be executed on the testimony of only one witness.

31 "Don't accept bribe money in exchange for the life of a murderer. He's guilty and deserves the death penalty. Put him to death.

32 "And don't accept bribe money for anyone who has fled to an asylum-city so as to permit him to go back and live in his own place before the death of the High Priest.

33 "Don't pollute the land in which you live. Murder pollutes the land. The land can't be cleaned up of the blood of murder except through the blood of the murderer.

34 "Don't desecrate the land in which you live. I live here, too—I, GOD, live in the same neighborhood with the People of Israel."

The Daughters of Zelophehad

36 1 The heads of the ancestral clan of Gilead son of Makir, the son of Manasseh—they were from the clans of the descendants of Joseph—approached Moses and the leaders who were heads of the families in the People of Israel.

유산으로 나누어 주라고 하셨을 때, 주인님께서는 우리의 형제 슬로브핫의 유산을 그의 딸들에게 넘겨주라는 하나님의 명령도 받으셨습니다. 그런데 그 딸들이 이스라엘 백성의 다른 지파 사람에게 시집가면 어떻게 됩니까? 그들이 유산으로 받은 땅이 조상 대대로 이어져 온 우리 지파에서 떨어져 나가, 그들이 시집간 지파에 더해질 것입니다. 그러면 이스라엘 백성에게 희년이 찾아와도, 그 딸들의 유산은 그들이 시집간 지파의 유산이 되고 말 것입니다. 그들의 땅이 우리 조상의 유산에서 떨어져 나가고 마는 것입니다!"

5-9 모세가 하나님의 명령에 따라 이스라엘 백성에게 지시했다. "요셉 자손 지파의 말이 옳습니다. 하나님께서 슬로브핫의 딸들에게 내리신 명령은 이러합니다. '자기 조상의 가문 안에서 결혼하는 한, 그들은 자기가 선택한 사람과 결혼할 수 있다. 이스라엘 백성이 유산으로 받은 땅이 이 지파에서 저 지파로 넘어가서는 안된다. 각 지파가 유산으로 받은 땅은 자기 지파에서 관리해야 한다. 지파를 불문하고, 땅을 상속받은 딸은 누구나 자기 아버지 지파의 가문에 속한 남자에게만 시집가야 한다. 모든 이스라엘 자손은 유산으로 받은 땅이 자기 조상의 지파 안에 남아 있게 해야 한다. 유산으로 받을 땅이 이 지파에서 저 지파로 넘어가서는 안된다. 이스라엘 백성의 각 지파는 반드시 자기 땅을 굳게 붙들어야 한다.'"

10-12 슬로브핫의 딸들은 하나님께서 모세에게 명령하신 대로 행했다. 슬로브핫의 딸들, 곧 말라, 디르사, 호글라, 밀가, 노아는 모두 자기 아버지의 조카인 사촌들과 결혼했다. 그들이 요셉의 아들 므낫세 집안으로 시집갔으므로, 그들이 유산으로 받은 땅은 자기 아버지의 지파에 남아 있게 되었다.

13 이것은 하나님께서 요단-여리고 앞 모압 평야에서 모세의 권위를 통해 이스라엘 백성에게 내리신 명령과 규례다.

2-4 They said, "When GOD commanded my master to hand over the inheritance-lands by lot to the People of Israel, my master was also commanded by GOD to hand over the inheritance-land of Zelophehad our brother to his daughters. But what happens if they marry into another tribe in the People of Israel? Their inheritance-land will be taken out of our ancestral tribe and get added into the tribe into which they married. And then when the year of Jubilee comes for the People of Israel their inheritance will be lumped in with the inheritance of the tribe into which they married—their land will be removed from our ancestors' inheritance!"

5-9 Moses, at GOD's command, issued this order to the People of Israel: "What the tribe of the sons of Joseph says is right. This is GOD's command to Zelophehad's daughters: They are free to marry anyone they choose as long as they marry within their ancestral clan. The inheritance-land of the People of Israel must not get passed around from tribe to tribe. No, keep the tribal inheritance-land in the family. Every daughter who inherits land, regardless of the tribe she is in, must marry a man from within her father's tribal clan. Every Israelite is responsible for making sure the inheritance stays within the ancestral tribe. No inheritance-land may be passed from tribe to tribe; each tribe of the People of Israel must hold tight to its own land."

10-12 Zelophehad's daughters did just as GOD commanded Moses. Mahlah, Tirzah, Hoglah, Milcah, and Noah, Zelophehad's daughters, all married their cousins on their father's side. They married within the families of Manasseh son of Joseph and their inheritance-lands stayed in their father's family.

13 These are the commands and regulations that GOD commanded through the authority of Moses to the People of Israel on the Plains of Moab at Jordan-Jericho.

신명기 | 머리말

신명기는 설교, 그야말로 설교의 연속이다. 성경에서 가장 긴 설교이며, 어쩌면 이제까지 설교자들이 전한 설교 가운데 가장 긴 설교일지도 모른다. 신명기는 모세가 모압 평야에서 온 이스라엘 자손 앞에 설교하는 모습을 제시한다. 신명기는 그의 마지막 설교다. 설교를 마친 후 그는, 설교단을 평야에 남겨 둔 채 산으로 올라가 거기서 생을 마감할 것이다.

이 설교의 배경은 감동과 흥분을 한껏 자아낸다. 모세는 이집트에서 태어나 죽음의 위협을 받는 어린아이의 모습으로 성경의 구원 이야기에 등장했다. 그로부터 120년이 지난 지금, 그는 여전히 눈이 맑고 발걸음이 활기찬 모습으로 이 장대한 설교를 전하고 죽는다. 여전히 말씀과 생명으로 충만한 채 죽음을 맞이한다.

이 설교는 모든 설교가 지향하는 바를 그대로 견지한다. 말하자면 과거에 기록되고 선포된 하나님의 말씀을 고르고, 조상의 경험과 개인의 경험을 취하여, 그 말씀과 경험을 지금 여기서 하나의 사건으로 재현하는 것이다. 하나님의 말씀은 연구 대상으로만 존재하는 문학적 가공물이 아니다. 인간의 경험 역시 그저 후회나 감탄을 불러일으키기 위해 존재하는 죽은 역사가 아니다. 모세가 이 설교 전체에 걸쳐서 "오늘"이라는 말과 "이날"이라는 말을 모자이크처럼 계속 반복해서 사용하는 이유는, 청중의 주의를 팽팽하게 붙잡아 즉각적인 응답을 이끌어 내려는 것이다. "이렇게 살아라! 지금 당장!"이라고 말씀하시는 하나님의 충만한 계시를 통해 인간의 다양한 경험은 생명을 얻고 구원을 얻는다.

> 내가 오늘 여러분에게 명령하는 이 계명은 여러분에게 어려운 것도 아니요, 여러분의 힘이 미치지 않는 곳에 있는 것도 아닙니다. 그 계명이 높은 산 위에 있어, 누가 산꼭대기에 올라가서 그것을 가지고 내려와 여러분의 수준에 맞게 풀이해 주어야, 여러분이 그 계명대로 살아갈 수 있는 것도 아닙니다. 또한 그 계명이 바다 건너편에 있어, 누가 바다를 건너가서 그것을 가져다가 설명해 주어야, 여러분이 그 계명대로 살아갈 수 있는

Deuteronomy is a sermon–actually a series of sermons. It is the longest sermon in the Bible and maybe the longest sermon ever. Deuteronomy presents Moses, standing on the Plains of Moab with all Israel assembled before him, preaching. It is his last sermon. When he completes it, he will leave his pulpit on the plains, climb a mountain, and die.

The setting is stirring and emotion-packed. Moses had entered the biblical story of salvation as a little baby born in Egypt under a death threat. Now, 120 years later, eyesight sharp as ever and walking with "a spring in his step", he preaches this immense sermon and dies, still brimming with words and life.

This sermon does what all sermons are intended to do: Take God's words, written and spoken in the past, take the human experience, ancestral and personal, of the listening congregation, then reproduce the words and experience as a single event right now, in this present moment. No word that God has spoken is a mere literary artifact to be studied; no human experience is dead history merely to be regretted or admired. The continuous and insistent Mosaic repetitions of "today" and "this day" throughout these sermons keep attentions taut and responsive. The complete range of human experience is brought to life and salvation by the full revelation of God: Live this! Now!

> This commandment that I'm commanding you today isn't too much for you, it's not out of your reach. It's not on a high mountain–you don't have to get mountaineers to climb the peak and bring it down to your level and explain it before you can live it. And it's not across the ocean–you don't have to send sailors out to get it, bring it back, and then explain it before you can live it.

것도 아닙니다. 그렇습니다. 그 말씀은 바로 지금 여기에 있습니다. 입 속 혀처럼 가까이, 가슴 속 심장처럼 가까이 있습니다. 그러니 바로 행하십시오!

내가 오늘 여러분을 위해 한 일을 보십시오.
내가 여러분 앞에
생명과 선,
죽음과 악을 두었습니다.

내가 오늘 여러분에게 명령합니다. **하나님** 여러분의 하나님을 사랑하십시오. 그분의 길을 따라 걸어가십시오. 그분의 계명과 법도와 규례를 지키십시오. 그러면 여러분이 참으로 살고, 풍성하게 살 것입니다. **하나님** 여러분의 하나님께서 여러분이 들어가 차지할 땅에서 여러분에게 복을 내리실 것입니다(신 30:11-16).

모압 평야는 이집트 땅에서 약속의 땅으로, 종의 상태에서 자유인의 상태로 나아가는 사십 년 여정의 마지막 정거장이다. 하나의 공동체로서의 이스라엘 백성은 구원, 방황, 반역, 전쟁, 섭리, 예배, 인도하심 등 많은 것을 경험했다. 또한 이스라엘 백성은 하나님께로부터 계명과 언약 조건과 제사 절차에 관해 들었다. 그리고 요단 강을 건너 새 땅을 차지할 준비가 된 지금, 모세는 모압 평야에서 이 위대한 설교를 전하면서, 이스라엘 백성이 경험한 것과 하나님이 알려 주신 것을 하나라도 잊어서는 안된다고 당부한다. 그는 이스라엘 백성이 경험한 구원과 섭리를 현재 시제로 옮기고(1-11장), 하나님께서 알려 주신 계명과 언약도 현재 시제로 옮긴다(12-28장). 그런 다음 그는 당부와 노래와 축복으로 그 모든 것을 마무리하며, 오늘 여기서 순종하는 믿음의 삶을 시작하도록 그들을 떠나보낸다(29-34장).

"자, 가자!"

No. The word is right here and now—as near as the tongue in your mouth, as near as the heart in your chest. Just do it!

Look at what I've done for you today: I've placed in front of you
Life and Good
Death and Evil

And I command you today: Love GOD, your God. Walk in his ways. Keep his commandments, regulations, and rules so that you will live, really live, live exuberantly, blessed by GOD, your God, in the land you are about to enter and possess(Deuteronomy 30:11-16).

The Plains of Moab are the last stop on the forty-year journey from Egyptian slavery to Promised Land freedom. The People of Israel have experienced a lot as a congregation: deliverance, wanderings, rebellions, wars, providence, worship, guidance. The People of Israel have heard a lot from God: commandments, covenant conditions, sacrificial procedures. And now, poised at the River Jordan, ready to cross over and possess the new land, Moses, preaching his great Plains of Moab sermon, makes sure that they don't leave any of it behind, not so much as one detail of their experience or God's revelation: He puts their entire experience of salvation and providence into the present tense(chapters 1-11); he puts the entire revelation of commandment and covenant into the present tense(chapters 12-28); and then he wraps it all up in a charge and a song and a blessing to launch them into today's obedience and believing(chapters 29-34).

"Let's go."

신명기

1 1-2 이것은 요단 강 동쪽 아라바 광야에서 모세가 온 이스라엘 백성에게 전한 설교다. 아라바는 숩 맞은편, 곧 바란, 도벨, 라반, 하세롯, 디사합 부근에 있는 광야다. 호렙에서 세일 산을 지나 가데스바네아까지는 열하루가 걸린다.

3-4 사십 년째 되던 해 열한째 달 첫째 날에, 모세는 하나님께서 이스라엘 백성과 관련하여 그에게 명령하신 모든 것을 그들에게 전해 주었다. 이는 모세가 헤스본에서 다스리던 아모리 왕 시혼과 에드레이의 아스다롯에서 다스리던 바산 왕 옥을 쳐부순 다음에 있었던 일이다. 모세는 요단 강 동쪽 모압 땅에서 이 계시의 말씀을 설명하기 시작했다.

모세가 모압 평야에서 전한 설교

5 모세가 말했다.

6-8 전에 호렙 산에서, 하나님 우리 하나님께서 우리에게 이렇게 말씀하셨습니다. "너희는 이 산에서 꽤 오래 머물렀다. 이제 길을 떠나라. 어서 출발하여라. 아모리 사람의 산지로 가거라. 아라바, 산지들, 작은 언덕들, 네겝 지역, 바닷가 등 사람이 살고 있는 곳이면 어디로든 나아가거라. 또 가나안 사람의 땅과 레바논을 거쳐 멀리 큰 강 유프라테스까지 나아가거라. 보아라, 내가 이 땅을 너희에게 주었다. 이제 너희는 그 땅에 들어가서 그 땅을 차지하여라. 그 땅은 하나님이 너희 조상 아브라함과 이삭과 야곱과 그 자손에게 주겠다고 약속한 땅

DEUTERONOMY

1 1-2 These are the sermons Moses preached to all Israel when they were east of the Jordan River in the Arabah Wilderness, opposite Suph, in the vicinity of Paran, Tophel, Laban, Hazeroth, and Dizahab. It takes eleven days to travel from Horeb to Kadesh Barnea following the Mount Seir route.

3-4 It was on the first day of the eleventh month of the fortieth year when Moses addressed the People of Israel, telling them everything GOD had commanded him concerning them. This came after he had defeated Sihon king of the Amorites, who ruled from Heshbon, and Og king of Bashan, who ruled from Ashtaroth in Edrei. It was east of the Jordan in the land of Moab that Moses set out to explain this Revelation.

Moses Preaches to Israel on the Plains of Moab

5 He said:

6-8 Back at Horeb, GOD, our God, spoke to us: "You've stayed long enough at this mountain. On your way now. Get moving. Head for the Amorite hills, wherever people are living in the Arabah, the mountains, the foothills, the Negev, the seashore—the Canaanite country and the Lebanon all the way to the big river, the Euphrates. Look, I've given you this land. Now go in and take it. It's the land GOD promised to give your ancestors Abraham, Isaac, and Jacob and their children after them."

이다."

9-13 그때에 내가 여러분에게 이렇게 말했습니다. "나 혼자서는 이 일을 할 수 없습니다. 나 혼자서는 여러분의 짐을 질 수 없습니다. **하나님** 여러분의 하나님께서 여러분의 수를 늘어나게 해주셨습니다. 여러분 자신을 보십시오. 여러분의 수가 하늘의 별들에 뒤지지 않습니다! **하나님** 여러분 조상의 하나님께서 계속 그렇게 해주셔서 여러분의 수를 천 배나 늘어나게 하시고, 약속하신 대로 여러분에게 복 주시기를 원합니다. 하지만 나 혼자서 어떻게 여러분의 힘든 문제와 여러분의 무거운 짐과 여러분 사이의 분쟁을 감당할 수 있겠습니까? 그러니 여러분은 자기 지파에서 지혜롭고 사려 깊고 경험 많은 사람들을 뽑으십시오. 그러면 내가 그들을 여러분의 지도자로 세우겠습니다."

14 그러자 여러분은 내게 "좋습니다! 훌륭한 해결책입니다" 하고 대답했습니다.

15 그래서 나는 여러분의 지파에서 지혜롭고 경험 많은 사람들을 뽑아 여러분의 지도자로 삼았습니다. 여러분이 속한 지파들에 맞게 천 명을 맡을 지도자, 백 명을 맡을 지도자, 오십 명을 맡을 지도자, 열 명을 맡을 지도자를 뽑아 관리로 삼은 것입니다.

16-17 동시에 나는 여러분의 재판관들에게 이렇게 명령했습니다. "그대들의 동족인 이스라엘 자손 사이에 서로 고소하고 소송하는 일이 생기면, 잘 듣고 공정하게 재판하시오. 동족 사이에서만 그럴 것이 아니라 동족과 외국인 사이에 발생한 일도 공정하게 재판하시오. 어느 한쪽을 편들지 말고, 힘없는 사람이나 유력한 사람이나 똑같이 대하시오. 각 사람의 말을 주의 깊게 들으시오. 유명인사라고 해서 주눅 들 것 없습니다. 그대들이 하는 재판은 하나님의 재판이기 때문이오. 그대들이 처리하기 힘든 사건은 내게 가져오시오. 그것은 내가 처리하겠습니다."

18 그때에 나는 여러분이 해야 할 일을 여러분에게 다 지시했습니다.

19-21 우리는 **하나님** 우리 하나님께서 명령하신 대로 호렙을 떠나 아모리 사람의 산지로 향했습니다. 우리는 여러분이 이제껏 보아 온 것보다 크고 두려운 광야를 지나 마침내 가데스바네아에 이르렀습니다. 거기서 내가 여러분에게 말했습니다. "여러분은 **하나님** 우리 하나님께서 우리에게 주시는 아모리 사람의 산지에 이르렀습니다. 보십시오, **하나님** 여러분의 하나님께서 여러분 앞에 이 땅을 선물로 두셨습니다. 어서 가서 그 땅을 차지하십시오. **하나님** 여러분 조상의 하나님께서 그 땅을 여러분에게 주시겠다고 약속하셨습니다. 그러

9-13 At the time I told you, "I can't do this, can't carry you all by myself. GOD, your God, has multiplied your numbers. Why, look at you–you rival the stars in the sky! And may GOD, the God-of-Your-Fathers, keep it up and multiply you another thousand times, bless you just as he promised. But how can I carry, all by myself, your troubles and burdens and quarrels? So select some wise, understanding, and seasoned men from your tribes, and I will commission them as your leaders."

14 You answered me, "Good! A good solution."

15 So I went ahead and took the top men of your tribes, wise and seasoned, and made them your leaders–leaders of thousands, of hundreds, of fifties, and of tens, officials adequate for each of your tribes.

16-17 At the same time I gave orders to your judges: "Listen carefully to complaints and accusations between your fellow Israelites. Judge fairly between each person and his fellow or foreigner. Don't play favorites; treat the little and the big alike; listen carefully to each. Don't be impressed by big names. This is *God's* judgment you're dealing with. Hard cases you can bring to me; I'll deal with them."

18 I issued orders to you at that time regarding everything you would have to deal with.

19-21 Then we set out from Horeb and headed for the Amorite hill country, going through that huge and frightening wilderness that you've had more than an eyeful of by now–all under the command of GOD, our God–and finally arrived at Kadesh Barnea. There I told you, "You've made it to the Amorite hill country that GOD, our God, is giving us. Look, GOD, your God, has placed this land as a gift before you. Go ahead and take it now. GOD, the God-of-Your-Fathers, promised it to you. Don't be afraid. Don't lose heart."

22 But then you all came to me and said, "Let's send some men on ahead to scout out the

니 두려워하지 마십시오. 낙심하지 마십시오."

22 그러나 그때 여러분은 모두 나에게 와서 말했습니다. "우리보다 먼저 몇 사람을 보내어 그 땅을 정탐하게 한 다음, 어느 길로 가는 것이 가장 좋은지, 우리가 차지할 만한 성읍은 어떤 곳이 있는지 보고하게 합시다."

23-25 나는 그 의견을 좋게 여겨 각 지파에서 한 사람씩 열두 사람을 뽑았습니다. 그들은 길을 떠나 산지로 올라가서, 에스골 골짜기에 이르러 그 땅을 샅샅이 조사했습니다. 그들은 그 땅의 열매를 가지고 우리에게 돌아와서 "**하나님** 우리 하나님께서 우리에게 주시는 땅은 좋은 땅입니다!" 하고 말했습니다.

26-28 그러나 그때 여러분은 올라가려고 하지 않고, 오히려 **하나님** 여러분의 하나님의 명백한 말씀을 거역했습니다. 여러분은 장막 안에서 불평하며 말했습니다. "하나님께서 우리를 미워하시는구나. 하나님께서 우리를 아모리 사람 가운데 던져 버리시려고 이집트에서 이끌어 내셨다. 우리에게 사형선고를 내리신 게 틀림없어! 우리가 어떻게 올라갈 수 있단 말인가? 우리는 막다른 골목으로 몰린 거야. 우리 형제들도 '그 땅 백성은 우리보다 훨씬 크고 강하다. 그들의 성읍들은 크고, 그들의 요새들은 엄청나게 견고하기 이를 데 없다. 우리는 거기서 거인족인 아낙 자손까지 보았다!' 하면서 우리의 기를 꺾지 않았던가!"

29-33 나는 두려워하는 여러분을 안심시키려고 이렇게 말했습니다. "그들을 두려워하지 마십시오. **하나님** 여러분의 하나님께서 앞서 가시며 여러분을 위해 싸우고 계십니다. 그분께서 여러분을 위해 이집트에서 어떻게 일하셨는지, 광야에서는 어떻게 일하셨는지, 여러분의 두 눈으로 똑똑히 보았습니다. 여러분은, 아버지가 자기 아이를 안고 가듯이, **하나님** 여러분의 하나님께서 여러분이 이곳에 이를 때까지 줄곧 여러분을 안고 다니시는 것도 보았습니다. 그러나 이제 이곳에 이르렀으면서도, 여러분은 **하나님** 여러분의 하나님을 신뢰하려고 하지 않는군요. 이 **하나님**께서 여러분의 여정 가운데 여러분보다 앞서 가시며 진 칠 곳을 정찰하시고, 밤에는 불기둥으로 낮에는 구름기둥으로 여러분이 가야 할 길을 보여주시는데도 말입니다."

34-36 **하나님**께서는 여러분이 하는 말을 들으시고, 진노하며 맹세하셨습니다. "이 악한 세대 가운데서는 단 한 사람도, 내가 너희 조상에게 주기로 약속한 좋은 땅을 얻지 못할 것이다. 얻기는커녕 보지도 못할 것이다. 다만 여분네의 아들 갈렙만은 예외다. 그는 그 땅을 볼 것이다. 그가 마음과 뜻을 다해 **하나님**을 따랐으니, 그가 밟은 땅을 내가 그와 그의 자손에게 주겠다."

land for us and bring back a report on the best route to take and the kinds of towns we can expect to find."

23-25 That seemed like a good idea to me, so I picked twelve men, one from each tribe. They set out, climbing through the hills. They came to the Eshcol Valley and looked it over. They took samples of the produce of the land and brought them back to us, saying, "It's a good land that GOD, our God, is giving us!"

26-28 But then you weren't willing to go up. You rebelled against GOD, your God's plain word. You complained in your tents: "GOD hates us. He hauled us out of Egypt in order to dump us among the Amorites—a death sentence for sure! How can we go up? We're trapped in a dead end. Our brothers took all the wind out of our sails, telling us, 'The people are bigger and stronger than we are; their cities are huge, their defenses massive—we even saw Anakite giants there!'"

29-33 I tried to relieve your fears: "Don't be terrified of them. GOD, your God, is leading the way; he's fighting for you. You saw with your own eyes what he did for you in Egypt; you saw what he did in the wilderness, how GOD, your God, carried you as a father carries his child, carried you the whole way until you arrived here. But now that you're here, you won't trust GOD, your God—this same GOD who goes ahead of you in your travels to scout out a place to pitch camp, a fire by night and a cloud by day to show you the way to go."

34-36 When GOD heard what you said, he exploded in anger. He swore, "Not a single person of this evil generation is going to get so much as a look at the good land that I promised to give to your parents. Not one—except for Caleb son of Jephunneh. He'll see it. I'll give him and his descendants the land he walked on because he was all for following GOD, heart and soul."

37-40 But I also got it. Because of you GOD's anger spilled over onto me. He said, "You aren't getting in either. Your assistant, Joshua

37-40 나 또한 벌을 받았습니다. 여러분 때문에 하나님의 진노가 나에게까지 미친 것입니다. 그분께서는 이렇게 말씀하셨습니다. "너도 그 땅에 들어가지 못할 것이다. 너의 부관 눈의 아들 여호수아는 들어갈 것이다. 너는 그에게 용기를 북돋아 주어라. 그는 이스라엘 자손에게 유산을 찾아 줄 적임자다. 또한 너희가 노획물로 잡혀갈 것이라고 한 너희 젖먹이들과, 아직 옳고 그름조차 구별하지 못하는 이 어린아이들도 모두 그 땅에 들어갈 것이다. 내가 그들에게 그 땅을 주겠다. 그렇다. 그들이 그 땅의 새로운 주인이 될 것이다. 그러나 너희는 아니다. 너희는 발길을 돌려, 홍해 길을 따라 광야로 돌아가거라."

41 그러자 여러분은 이렇게 말했습니다. "우리가 하나님께 죄를 지었습니다. 하나님 우리 하나님께서 명령하신 대로 우리가 올라가 싸우겠습니다." 여러분은 무기를 들고 전투할 태세를 갖췄습니다. 그 산지로 들어가는 것을 너무나 쉽게 여겼던 것입니다!

42 그러나 하나님께서 내게 말씀하셨습니다. "그들에게 이렇게 전하여라. '그렇게 하지 마라. 싸우러 올라가지 마라. 내가 이 일에 너희와 함께하지 않겠다. 너희 원수들이 너희를 죽일 것이다.'"

43-46 내가 그 말을 여러분에게 전했지만, 여러분은 들으려 하지 않았습니다. 여러분은 하나님의 명백한 말씀을 거역했습니다. 가슴을 펴고 자신만만하게 산지로 들어갔습니다. 그러자 평생을 그 산지에서 살아온 아모리 사람이 여러분에게 벌 떼처럼 달려들어, 세일에서 호르마까지 여러분을 뒤쫓았습니다. 그것은 여러분이 당한 뼈아픈 패배였습니다. 여러분은 돌아와 하나님 앞에서 통곡했지만, 하나님께서는 여러분을 조금도 거들떠보지 않으셨고, 관심조차 보이지 않으셨습니다. 그래서 여러분은 예전만큼이나 오랫동안 가데스에 머물렀던 것입니다.

광야에서 보낸 시간들

2 1 우리는 하나님께서 내게 지시하신 대로, 발길을 돌려 홍해 길을 따라 광야로 들어갔습니다. 우리는 오랫동안, 세일 산지 일대를 떠돌아다녔습니다.

2-6 그때에 하나님께서 말씀하셨습니다. "너희가 이 산지에서 오랫동안 떠돌았으니, 이제 북쪽으로 가거라. 백성에게 이렇게 명령하여라. '너희는 세일에 자리 잡은 너희 동족 에서의 자손이 사는 땅을 통과하게 될 것이다. 그들이 너희를 두려워하니, 조심하여

son of Nun, will go in. Build up his courage. He's the one who will claim the inheritance for Israel. And your babies of whom you said, 'They'll be grabbed for plunder,' and all these little kids who right now don't even know right from wrong–they'll get in. I'll give it to them. Yes, they'll be the new owners. But not you. Turn around and head back into the wilderness following the route to the Red Sea."

41 You spoke up, "We've sinned against GOD. We'll go up and fight, following all the orders that GOD, our God, has commanded." You took your weapons and dressed for battle–you thought it would be so easy going into those hills!

42 But GOD told me, "Tell them, 'Don't do it; don't go up to fight–I'm not with you in this. Your enemies will waste you.'"

43-46 I told you but you wouldn't listen. You rebelled at the plain word of GOD. You threw out your chests and strutted into the hills. And those Amorites, who had lived in those hills all their lives, swarmed all over you like a hive of bees, chasing you from Seir all the way to Hormah, a stinging defeat. You came back and wept in the presence of GOD, but he didn't pay a bit of attention to you; GOD didn't give you the time of day. You stayed there in Kadesh a long time, about as long as you had stayed there earlier.

2 1 Then we turned around and went back into the wilderness following the route to the Red Sea, as GOD had instructed me. We worked our way in and around the hills of Seir for a long, long time.

2-6 Then GOD said, "You've been going around in circles in these hills long enough; go north. Command the people, You're about to cut through the land belonging to your relatives, the People of Esau who settled in Seir. They are terrified of you, but restrain yourselves.

라. 그들과 싸우지 마라. 그들의 땅은 한 뼘이라도 내가 너희에게 주지 않을 것이다. 세일 산지는 내가 이미 에서에게 주었으니, 그가 그 땅의 주인이다. 너희가 그들에게서 먹을 것을 얻거나 마실 것을 얻거든, 반드시 값을 치러야 한다.'"

7 하나님 여러분의 하나님께서는 여러분이 하는 모든 일에 복을 주셨습니다. 그리고 여러분이 이 넓은 광야를 지나는 동안 여러분을 지켜 주셨습니다. 지난 사십 년 동안 하나님 여러분의 하나님께서 여러분과 함께 이곳에 계셨으므로, 여러분에게는 부족한 것이 하나도 없었습니다.

8 우리는 세일에 사는 우리 동족 에서의 자손을 비켜 지나왔습니다. 엘랏과 에시온게벨에서 시작되는 아라바 길을 포기한 것입니다. 그 대신에 우리는 모압 광야를 가로지르는 길로 접어들었습니다.

9 하나님께서 내게 말씀하셨습니다. "모압 사람과 싸우려 하지 마라. 나는 너희에게 그들의 땅 어느 곳도 주지 않을 것이다. 아르 지역의 소유권은 내가 롯의 자손에게 주었기 때문이다."

10-12 전에는 에밈 사람(몸집이 거대한 사람들)이 그곳에 살았는데, 그들은 아낙 사람처럼 몸집이 큰 거인족이었습니다. 그들은 아낙 사람처럼 르바 사람(귀신 같은 사람들)과 같은 무리로 여겨졌으나, 모압에서는 에밈 사람으로 알려졌습니다. 전에 세일에는 호리 사람도 살았지만, 에서의 자손이 그 땅을 차지하고 그들을 멸망시켰습니다. 이것도 하나님께서 이스라엘에게 주셔서 차지하게 하신 땅에서 한 것과 같습니다.

13 하나님께서 "이제 세렛 시내를 건너라" 말씀하셔서, 우리는 세렛 시내를 건넜습니다.

14-15 우리가 가데스바네아에서 세렛 시내에 이르기까지는 삼십팔 년이 걸렸습니다. 그 세월이 어찌나 길었던지, 하나님께서 맹세하신 대로, 그 세대의 모든 군사가 진에서 다 죽었습니다. 최후의 한 사람이 진에서 사라질 때까지 하나님께서 그들을 가차 없이 치신 것입니다.

16-23 마지막 군사까지 다 죽자, 하나님께서 내게 말씀하셨습니다. "오늘 너는 모압 땅 아르를 가로질러 갈 것이다. 암몬 자손에게 가까이 이르거든, 그들에게 싸움을 걸지 말고 그들과 싸우지도 마라. 암몬 자손의 땅은 내가 너희에게 주지 않을 것이기 때문이다. 그 땅은 내가 이미 롯의 자손에게 주었다." 그곳도 르바 사람의 땅으로 알려진 곳이었습니다. 전에

Don't try and start a fight. I am not giving you so much as a square inch of their land. I've already given all the hill country of Seir to Esau–he owns it all. Pay them up front for any food or water you get from them."

7 GOD, your God, has blessed you in everything you have done. He has guarded you in your travels through this immense wilderness. For forty years now, GOD, your God, has been right here with you. You haven't lacked one thing.

8 So we detoured around our brothers, the People of Esau who live in Seir, avoiding the Arabah Road that comes up from Elath and Ezion Geber; instead we used the road through the Wilderness of Moab.

9 GOD told me, "And don't try to pick a fight with the Moabites. I am not giving you any of their land. I've given ownership of Ar to the People of Lot."

10-12 The Emites (Monsters) used to live there–mobs of hulking giants, like Anakites. Along with the Anakites they were lumped in with the Rephaites (Ghosts) but in Moab they were called Emites. Horites also used to live in Seir, but the descendants of Esau took over and destroyed them, the same as Israel did in the land GOD gave them to possess.

13 GOD said, "It's time now to cross the Brook Zered." So we crossed the Brook Zered.

14-15 It took us thirty-eight years to get from Kadesh Barnea to the Brook Zered. That's how long it took for the entire generation of soldiers from the camp to die off, as GOD had sworn they would. GOD was relentless against them until the last one was gone from the camp.

16-23 When the last of these soldiers had died, GOD said to me, "This is the day you cut across the territory of Moab, at Ar. When you approach the People of Ammon, don't try and pick a fight with them because I'm not giving you any of the land of the People of Ammon for yourselves–I've already given it to the People of Lot." It is also considered to have once been

그곳에 르바 사람이 살았는데, 암몬 사람은 그들을
삼숨 사람(미개인들)이라 불렀습니다. 그들은 아낙
사람처럼 거인족이었고 거대한 무리였습니다. 하
나님께서 그들을 멸하셨으므로, 암몬 사람이 들어
가 그 땅을 차지했습니다. 이는 세일에 사는 에서
의 자손이 한 것과 같습니다. 보다시피, 하나님께
서 그곳에 먼저 살던 호리 사람을 없애 버리시자,
에서의 자손이 들어가 그 땅을 차지하게 된 것입니
다. 이는 가사에 이르기까지 여러 마을에 살던 아
위 사람의 경우도 마찬가지입니다. 갑돌(크레타)에
서 온 갑돌 사람이 그들을 소탕하고 그곳에 들어가
살게 된 것입니다.

헤스본 왕 시혼을 진멸하다

24-25 "이제 일어나서, 떠나라. 아르논 시내를 건너
라. 보아라, 헤스본 왕 아모리 사람 시혼과 그의 땅
이 여기 있다. 내가 그 땅을 너희 손에 넘겨주겠다.
그 땅은 이제 너희 것이다. 어서 가서 그 땅을 차지
하여라. 가서 그와 싸워라. 오늘이 다 가기 전에,
내가 반드시 이 주변에 사는 모든 백성이 두려움에
떨게 하겠다. 너희 소문이 들불처럼 퍼져서, 그들
이 벌벌 떨게 될 것이다."

26-28 나는 그데못 광야에서 헤스본 왕 시혼에게 사
신을 보내어, 다음과 같이 우호적인 메시지를 전했
습니다. "큰길을 따라 왕의 영토를 지나가게 해주
십시오. 내가 오른쪽으로나 왼쪽으로나 벗어나지
않고, 큰길로만 가겠습니다. 음식이나 물이 필요한
경우에는 값을 치르겠습니다. 걸어서 지나가게만
해주십시오.

29 세일에 사는 에서의 자손과 아르에 사는 모압 사
람도 그렇게 해주었습니다. 내가 요단 강을 건너,
하나님 우리 하나님께서 우리에게 주시는 땅에 들
어갈 때까지 계속해서 길을 갈 수 있도록 도와주십
시오."

30 그러나 헤스본 왕 시혼은 우리가 그의 영토를 지
나가는 것을 허락하지 않았습니다. 여러분이 본 것
처럼, 하나님 여러분의 하나님께서 그를 여러분 손
에 넘겨주시려고, 그의 성품을 비열하게 하시고 그
의 마음을 완악하게 하셨습니다.

31 그때에 하나님께서 내게 말씀하셨습니다. "보아
라, 이제 내가 일을 시작했으니, 시혼과 그의 땅이
조만간 네 차지가 될 것이다. 어서 가서, 그 땅을
차지하여라. 이제 그 땅은 네 것이나 다름없다!"

32-36 시혼과 그의 모든 군대가 우리와 맞서 싸우려
고 야하스로 진격해 왔습니다. 자신의 모든 군대를

the land of the Rephaites. Rephaites lived there
long ago—the Ammonites called them Zamzum-
mites (Barbarians)—huge mobs of them, giants
like the Anakites. GOD destroyed them and the
Ammonites moved in and took over. It was the
same with the People of Esau who live in Seir—
GOD got rid of the Horites who lived there earlier
and they moved in and took over, as you can see.
Regarding the Avvites who lived in villages as far
as Gaza, the Caphtorites who came from Caphtor
(Crete) wiped them out and moved in.

24-25 "On your feet now. Get started. Cross the
Brook Arnon. Look: Here's Sihon the Amorite
king of Heshbon and his land. I'm handing it
over to you—it's all yours. Go ahead, take it.
Go to war with him. Before the day is out, I'll
make sure that all the people around here are
thoroughly terrified. Rumors of you are going to
spread like wildfire; they'll totally panic."

26-28 From the Wilderness of Kedemoth, I sent
messengers to Sihon, king of Heshbon. They
carried a friendly message: "Let me cross
through your land on the highway. I'll stay right
on the highway; I won't trespass right or left. I'll
pay you for any food or water we might need. Let
me walk through.

29 "The People of Esau who live in Seir and the
Moabites who live in Ar did this, helping me on
my way until I can cross the Jordan and enter
the land that GOD, our God, is giving us."

30 But Sihon king of Heshbon wouldn't let us
cross his land. GOD, your God, turned his spirit
mean and his heart hard so he could hand him
over to you, as you can see that he has done.

31 Then GOD said to me, "Look, I've got the ball
rolling—Sihon and his land are soon yours. Go
ahead. Take it. It's practically yours!"

32-36 So Sihon and his entire army confronted us
in battle at Jahaz. GOD handed him, his sons,
and his entire army over to us and we utterly
crushed them. While we were at it we captured
all his towns and totally destroyed them, a holy
destruction—men, women, and children. No

이끌고 나와 야하스에서 우리와 맞서 싸웠습니다.
하나님께서 그와 그의 아들들과 그의 모든 군대를
우리 손에 넘겨주셔서, 우리는 그들을 모조리 쳐부
수었습니다. 여세를 몰아 우리는 그의 모든 성읍을
점령하고, 남자와 여자, 아이 할 것 없이 모조리 없
앴습니다. 그야말로 거룩한 진멸이었습니다. 살아
남은 자가 하나도 없었습니다. 다만 가축과 그 성
읍에서 탈취한 물건은 우리 것으로 삼았습니다. 아
르논 시내 끝자락에 있는 아로엘과 그 골짜기 가운
데 있는 성읍에서부터 멀리 길르앗에 이르기까지,
우리가 감당하지 못할 성읍은 하나도 없었습니다.
하나님 우리 하나님께서는 최후의 한 성읍까지 우
리에게 주셨습니다.
37 여러분이 하나님의 명령에 순종하여 빼앗지 않
은 땅은, 암몬 자손의 땅과 얍복 강 일대의 땅, 그
리고 산지의 성읍들 주변에 있는 땅뿐이었습니다.

바산 왕 옥을 진멸하다

3 1 그런 다음 우리는 북쪽으로 방향을 바꾸
어 바산 길로 나아갔습니다. 바산 왕 옥은
우리와 맞서 싸우려고 자신의 모든 백성을 거느리
고 에드레이로 나왔습니다.
2 하나님께서 내게 말씀하셨습니다. "그를 두려워
하지 마라. 내가 그와 그의 모든 군대와 그의 땅을
네 손에 넘겨주겠다. 헤스본에서 다스리던 아모리
왕 시혼을 처치한 것과 같이 그를 처치하여라."
3-7 하나님 우리 하나님께서는 바산 왕 옥과 그의
모든 백성도 우리 손에 넘겨주셨고, 이에 우리는
그들을 모조리 진멸했습니다. 이번에도 살아남은
자가 하나도 없었습니다. 동시에 우리는 그의 성읍
들도 모두 빼앗았습니다. 바산 왕 옥의 영토인 아
르곱 전역의 육십 개 성읍 가운데서 우리가 빼앗지
못한 성읍은 하나도 없었습니다. 그 성읍들은 하나
같이 성벽이 높고 성문마다 빗장을 걸어 잠근 요새
였습니다. 성곽이 없는 마을들도 많았습니다. 우리
는 그 마을들도 모조리 쳐부수었습니다. 그야말로
거룩한 진멸이었습니다. 우리는 헤스본 왕 시혼에
게 한 것과 똑같이 했습니다. 모든 성읍과 남자와
여자, 아이 할 것 없이 모조리 없애는, 그야말로 거
룩한 진멸이었습니다. 그러나 가축과 그 성읍에서
탈취한 물건은 우리 것으로 삼았습니다.
8-10 그때에 우리는 요단 강 동쪽 땅을 다스리던 두
아모리 왕의 손에서, 아르논 시내에서 헤르몬 산에
이르는 땅을 빼앗았습니다. (시돈 사람들은 헤르몬
을 시론이라 불렀고, 아모리 사람들은 스닐이라 불

survivors. We took the livestock and the plunder
from the towns we had captured and carried
them off for ourselves. From Aroer on the edge
of the Brook Arnon and the town in the gorge, as
far as Gilead, not a single town proved too much
for us; GOD, our God, gave every last one of them
to us.
37 The only land you didn't take, obeying GOD's
command, was the land of the People of Ammon,
the land along the Jabbok and around the cities
in the hills.

3 1 Then we turned north and took the road
to Bashan. Og king of Bashan, he and
all his people, came out to meet us in battle at
Edrei.
2 GOD said to me, "Don't be afraid of him; I'm
turning him over to you, along with his whole
army and his land. Treat him the way you treat-
ed Sihon king of the Amorites who ruled from
Heshbon."
3-7 So GOD, our God, also handed Og king of
Bashan over to us–Og and all his people–and
we utterly crushed them. Again, no survivors. At
the same time we took all his cities. There wasn't
one of the sixty cities that we didn't take–the
whole region of Argob, Og's kingdom in Bashan.
All these cities were fortress cities with high walls
and barred gates. There were also numerous
unwalled villages. We totally destroyed them–
a holy destruction. It was the same treatment we
gave to Sihon king of Heshbon, a holy destruc-
tion of every city, man, woman, and child. But all
the livestock and plunder from the cities we took
for ourselves.
8-10 Throughout that time we took the land
from under the control of the two kings of the
Amorites who ruled the country east of the
Jordan, all the way from the Brook Arnon to
Mount Hermon. (Sirion is the name given
Hermon by the Sidonians; the Amorites call
it Senir.) We took all the towns of the plateau,
everything in Gilead, everything in Bashan, as
far as Salecah and Edrei, the border towns of

렀습니다.) 우리는 고원 지대의 모든 성읍과 길르앗 온 땅과 바산 온 땅을 빼앗고, 바산 왕 옥의 영토 경계에 있는 성읍인 살르가와 에드레이까지 빼앗았습니다.
11 바산 왕 옥은 르바 사람 가운데서 마지막 생존자였습니다. 쇠로 만든 그의 침대는 길이가 4미터, 너비가 1.8미터인데, 암몬 자손이 사는 랍바에 있어 지금도 볼 수 있습니다.

요단 강 동쪽 땅 분배

12 나는 우리가 당시에 차지한 땅 가운데서 아르논 시내 일대의 아로엘 북쪽 땅과 길르앗 산지 절반과 거기에 딸린 성읍들을 르우벤 자손과 갓 자손에게 주었습니다.
13 므낫세 반쪽 지파에게는 길르앗의 나머지 땅과 바산 왕 옥의 영토 전역, 곧 바산 전역을 포함한 아르곱의 모든 지역을 주었습니다. 아르곱은 전에 르바 사람의 땅으로 알려진 곳입니다.
14 므낫세의 아들 야일은 그술 사람과 마아갓 사람의 경계까지 이르는 아르곱 땅을 모두 차지했습니다. 그는 그곳 바산 마을들을 자기 이름을 따서 하봇야일(야일의 장막촌)이라 불렀습니다. 그 마을들은 지금도 그렇게 불립니다.
15 나는 마길에게는 길르앗을 주었습니다.
16-17 르우벤 자손과 갓 자손에게는 아르논 시내 중앙을 경계로 하여 길르앗에서 아르논 시내에 이르는 땅을 주고, 암몬 자손의 경계인 얍복 강까지 주었습니다. 서쪽으로는 아라바에 있는 요단 강까지, 동쪽으로는 비스가 산 기슭까지를 경계로 하여, 긴네렛(갈릴리 바다)에서 아라바 바다(소금 바다, 사해)에 이르는 지역을 주었습니다.

18-20 그때에 나는 여러분에게 이렇게 명령했습니다. "하나님 여러분의 하나님께서 이 땅을 여러분에게 주셔서 차지하게 하셨습니다. 그러니 군사들은 싸울 준비를 갖추고 여러분의 형제인 이스라엘 백성보다 앞서 강을 건너야 합니다. 다만 여러분의 아내와 아이들, 그리고 (내가 알기로 여러분이 많이 거느리고 있는) 가축들은 내가 앞서 여러분에게 나누어 준 성읍들로 가서 정착해도 됩니다. 하나님께서 여러분에게 주신 것과 마찬가지로 여러분의 형제들에게도 살 곳을 확보해 주실 것입니다. 그들이 하나님 여러분의 하나님께서 그들에게 주시는 요단 강 서쪽 땅을 차지하게 되면, 그제야

Bashan, Og's kingdom.
11 Og king of Bashan was the last remaining Rephaite. His bed, made of iron, was over thirteen feet long and six wide. You can still see it on display in Rabbah of the People of Ammon.

12 Of the land that we possessed at that time, I gave the Reubenites and the Gadites the territory north of Aroer along the Brook Arnon and half the hill country of Gilead with its towns.
13 I gave the half-tribe of Manasseh the rest of Gilead and all of Bashan, Og's kingdom–all the region of Argob, which takes in all of Bashan. This used to be known as the Land of the Rephaites.
14 Jair, a son of Manasseh, got the region of Argob to the borders of the Geshurites and Maacathites. He named the Bashan villages after himself, Havvoth Jair (Jair's Tent-Villages). They're still called that.
15 I gave Gilead to Makir.
16-17 I gave the Reubenites and Gadites the land from Gilead down to the Brook Arnon, whose middle was the boundary, and as far as the Jabbok River, the boundary line of the People of Ammon. The western boundary was the Jordan River in the Arabah all the way from the Kinnereth (the Sea of Galilee) to the Sea of the Arabah (the Salt Sea or Dead Sea) at the base of the slopes of Mount Pisgah on the east.

18-20 I commanded you at that time, "GOD, your God, has given you this land to possess. Your men, fit and armed for the fight, are to cross the river in advance of their brothers, the People of Israel. Only your wives, children, and livestock (I know you have much livestock) may go ahead and settle down in the towns I have already given you until GOD secures living space for your brothers as he has for you and they have taken possession of the country west of the Jordan that GOD, your God, is giving them. After that, each man may return to the land I've given you here."

여러분은 저마다 내가 이곳에서 여러분에게 나누어 준 땅으로 돌아갈 수 있습니다."

너는 요단 강을 건너지 못할 것이다

21-22 그때에 나는 여호수아에게 명령했습니다. "너는 하나님 너희 하나님께서 이 두 왕에게 행하신 모든 것을 두 눈으로 똑똑히 보았다. 하나님께서는 네가 건너갈 강 건너편 모든 나라에도 똑같이 행하실 것이다. 그들을 두려워하지 마라. 하나님 너희 하나님께서 친히 너희를 위해 싸우실 것이다."

23-25 동시에 나는 하나님께 간절히 구했습니다. "주 나의 하나님, 주께서는 이 일의 시작부터 저를 참여시키셨습니다. 주께서는 제게 주의 위대하심을 나타내시고, 주의 권능을 보여주셨습니다. 하늘과 땅에 있는 어떤 신이 주께서 행하신 것과 같은 일을 행할 수 있겠습니까! 부디, 이 일의 마지막까지 저를 참여시켜 주셔서, 제가 저 강을 건너서 요단 강 저편에 있는 좋은 땅, 초목이 무성한 언덕, 레바논의 산들을 보게 해주십시오."

26-27 그러나 하나님께서는 여러분 때문에 내게 진노하셔서, 나의 간구를 들어주지 않으셨습니다. 그분께서 말씀하셨습니다. "이제 됐다. 더 이상 이 일로 내게 말하지 마라. 너는 비스가 산 정상에 올라가서 동서남북 사방을 둘러보아라. 그 땅을 네 두 눈에 담아 두어라. 너는 이 요단 강을 건너지 못할 것이니, 잘 보아 두어라.

28 너는 여호수아에게 명령하여, 그에게 용기와 힘을 북돋아 주어라. 그가 혼자서 이 백성을 이끌고 강을 건너서, 네가 바라보기만 하고 들어갈 수 없는 그 땅을 그들에게 유산으로 받게 할 것이다."

29 그래서 우리는 벳브올 맞은편 이 골짜기에 머물렀습니다.

지켜야 할 하나님의 규례와 법도

4 1-2 이스라엘 여러분, 들으십시오. 내가 여러분에게 가르치는 규례와 법도를 잘 듣고 따르십시오. 그리하면 여러분이 살 것이요, 하나님 여러분 조상의 하나님께서 여러분에게 주시는 땅에 들어가 그 땅을 차지할 것입니다. 내가 여러분에게 명령하는 말에 한 마디도 더하거나 빼지 마십시오. 여러분은 내가 여러분에게 전하는, 하나님 여러분의 하나님의 명령을 지키십시오.

3-4 여러분은 하나님께서 바알브올에서 행하신 일을 두 눈으로 보았습니다. 하나님께서 바알브올

21-22 I commanded Joshua at that time, "You've seen with your own two eyes everything GOD, your God, has done to these two kings. GOD is going to do the same thing to all the kingdoms over there across the river where you're headed. Don't be afraid of them. GOD, your God—he's fighting for you."

23-25 At that same time, I begged GOD: "GOD, my Master, you let me in on the beginnings, you let me see your greatness, you let me see your might—what god in Heaven or Earth can do anything like what you've done! Please, let me in also on the endings, let me cross the river and see the good land over the Jordan, the lush hills, the Lebanon mountains."

26-27 But GOD was still angry with me because of you. He wouldn't listen. He said, "Enough of that. Not another word from you on this. Climb to the top of Mount Pisgah and look around: look west, north, south, east. Take in the land with your own eyes. Take a good look because you're not going to cross this Jordan.

28 "Then command Joshua: Give him courage. Give him strength. Single-handed he will lead this people across the river. Single-handed he'll cause them to inherit the land at which you can only look."

29 That's why we have stayed in this valley near Beth Peor.

4 1-2 Now listen, Israel, listen carefully to the rules and regulations that I am teaching you to follow so that you may live and enter and take possession of the land that GOD, the God-of-Your-Fathers, is giving to you. Don't add a word to what I command you, and don't remove a word from it. Keep the commands of GOD, your God, that I am commanding you.

3-4 You saw with your own eyes what GOD did at Baal Peor, how GOD destroyed from among you every man who joined in the Baal Peor orgies. But you, the ones who held tight to GOD, your God,

광란의 축제에 참여한 모든 사람을 여러분 가운데서 어떻게 멸하셨는지 똑똑히 보았습니다. 그러나 하나님 여러분의 하나님을 꼭 붙잡은 사람은 오늘까지 다 살아 있습니다.
5-6 잘 들으십시오. 내가 하나님께서 내게 명령하신 규례와 법도를 여러분에게 가르쳐 주겠습니다. 이것은 여러분이 들어가 소유하게 될 땅에서 이 규례와 법도를 지키며 살게 하려는 것입니다. 여러분은 이것을 지켜 실천하십시오. 그러면 여러분은 지혜롭고 슬기로워질 것입니다. 사람들이 여러분에 대해 듣고 눈으로 확인하고서 "대단한 민족이다! 어떻게 저토록 지혜롭고 슬기로울 수 있을까! 저런 민족은 처음 본다" 하고 말할 것입니다.
7-8 맞습니다. 우리와 함께 계시고, 늘 우리 말을 들으시는 하나님 우리 하나님처럼 친밀하신 신을 섬기는 위대한 민족이 또 어디 있겠습니까? 내가 오늘 여러분 앞에 제시하는 이 계시의 말씀만큼 선하고 올바른 규례와 법도를 가진 위대한 민족이 또 어디 있겠습니까?
9 정신을 바짝 차리고, 여러분 자신을 면밀히 살피십시오. 여러분이 본 것을 잊지 마십시오. 여러분의 마음이 흐트러지지 않게 하십시오. 평생토록 깨어 있으십시오. 여러분이 보고 들은 것을 여러분의 자녀와 손자손녀에게 가르치십시오.
10 여러분이 호렙에서 하나님 여러분의 하나님 앞에 서던 날, 하나님께서 내게 말씀하셨습니다. "백성을 내 앞에 불러 모아 내 말에 귀를 기울이게 하여라. 그들이 그 땅에서 사는 날 동안 거룩한 두려움으로 나를 경외하는 법을 배우고, 똑같은 말씀을 그들의 자녀에게도 가르치게 하여라."
11-13 여러분이 모여서 산기슭에 서자, 그 산에 불이 활활 타올라 불길이 하늘 높이 치솟았습니다. 칠흑 같은 어둠과 짙은 구름이 여러분을 감쌌습니다. 하나님께서 불 가운데서 여러분에게 말씀하셨습니다. 여러분은 말씀하시는 소리만 들었을 뿐 아무것도 보지 못했습니다. 아무 형상도 보지 못하고 오직 그 음성만 들었습니다. 하나님께서는 그분의 언약, 곧 십계명을 선포하셨습니다. 여러분에게 그 계명대로 살라고 명령하시면서, 그것을 두 돌판에 써 주셨습니다.
14 *그때에 하나님께서 내게 명령하시기를*, 여러분이 요단 강을 건너가 차지할 땅에서 지키며 살아야 할 규례와 법도를 여러분에게 가르쳐 주라고 하셨습니다.
15-20 하나님께서 호렙 산 불 가운데서 여러분에게 말씀하시던 날, 여러분은 아무 형상도 보지 못했습

are alive and well, every one of you, today.
5-6 Pay attention: I'm teaching you the rules and regulations that GOD commanded me, so that you may live by them in the land you are entering to take up ownership. Keep them. Practice them. You'll become wise and understanding. When people hear and see what's going on, they'll say, "What a great nation! So wise, so understanding! We've never seen anything like it."
7-8 Yes. What other great nation has gods that are intimate with them the way GOD, our God, is with us, always ready to listen to us? And what other great nation has rules and regulations as good and fair as this Revelation that I'm setting before you today?
9 Just make sure you stay alert. Keep close watch over yourselves. Don't forget anything of what you've seen. Don't let your heart wander off. Stay vigilant as long as you live. Teach what you've seen and heard to your children and grandchildren.
10 That day when you stood before GOD, your God, at Horeb, GOD said to me, "Assemble the people in my presence to listen to my words so that they will learn to fear me in holy fear for as long as they live on the land, and then they will teach these same words to their children."
11-13 You gathered. You stood in the shadow of the mountain. The mountain was ablaze with fire, blazing high into the very heart of Heaven. You stood in deep darkness and thick clouds. GOD spoke to you out of the fire. You heard the sound of words but you saw nothing–no form, only a voice. He announced his covenant, the Ten Words, by which he commanded you to live. Then he wrote them down on two slabs of stone.
14 And GOD commanded me at that time to teach you the rules and regulations that you are to live by in the land which you are crossing over the Jordan to possess.
15-20 You saw no form on the day GOD spoke to you at Horeb from out of the fire. Remember that. Carefully guard yourselves so that you don't turn corrupt and make a form, carving a

니다. 그 점을 기억하십시오. 여러분이 타락하여 형상을 만드는 일이 없도록 스스로 조심하십시오. 남자의 형상이든 여자의 형상이든, 어슬렁거리는 짐승의 형상이든 날아다니는 새의 형상이든, 기어 다니는 뱀의 형상이든 물속 물고기의 형상이든, 아무것도 돌에 새기지 마십시오. 또 하늘로 눈을 들어, 해와 달과 별들, 곧 하늘의 온갖 천체를 보고 미혹되어서, 그것들을 경배하고 섬기는 일이 없도록 스스로 조심하십시오. 그것들은 도처에 있는 세상 모든 사람을 위해 **하나님**께서 진열해 놓으신 것에 불과합니다. 그러나 여러분은, **하나님**께서 용광로와 같은 이집트에서 건져 내셔서, 오늘 이처럼 그분 소유의 백성이 되게 하셨습니다.

21-22 그러나 **하나님**께서는 여러분과 여러분이 한 말 때문에 내게 진노하셨습니다. 그분께서는 내가 요단 강을 건너지 못하고, **하나님** 여러분의 하나님께서 여러분에게 유산으로 주시는 저 아름다운 땅에 들어가지 못할 것이라고 맹세하셨습니다. 이는 내가 이 땅에서 죽는다는 뜻입니다. 나는 요단 강을 건너지 못하지만, 여러분은 건너가서 저 아름다운 땅을 차지할 것입니다.

23-24 그러니 정신을 바짝 차리십시오. **하나님** 여러분의 하나님께서 여러분과 맺으신 언약을 한순간도 잊지 마십시오. 어떤 형상이든, 새겨 만든 우상들에 관심을 갖지 마십시오. 이는 **하나님** 여러분의 하나님께서 분명하게 내리신 명령입니다. **하나님** 여러분의 하나님을 함부로 대해서는 안됩니다. 그분은 태워 버리는 불이시며, 질투하는 하나님이십니다.

25-28 여러분이 자녀를 낳고 손자손녀를 보고 나이를 먹어 가면서 그것들을 당연한 것으로 여기며 살다가, 그만 타락하여 어떤 형상이든 돌에 새겨 만들거나, **하나님** 보시기에 분명히 악한 짓을 하여 그분의 진노를 산다면, 내가 하늘과 땅을 증인 삼아 여러분에게 장담하건대, 여러분은 요단 강을 건너가 차지할 그 땅에서 쫓겨나고 말 것입니다. 정말입니다. 여러분이 그 땅에서 머무는 기간이 극히 짧을 것입니다. 여러분은 완전히 멸망할 것입니다. **하나님**께서 여러분을 멀리 사방으로 흩어 버리실 것입니다. **하나님**께서 여러분을 쫓아 보내실 민족들 가운데서도 살아남을 사람이 얼마 되지 않을 것입니다. 여러분은 거기서 사람이 나무나 돌로 만든 이상한 신들, 곧 보지도 못하고 듣지도 못하고 먹지도 못하고 냄새도 맡지 못하는 신들을 마음껏 섬기게 될 것입니다.

29-31 그러나 여러분이 거기서도 **하나님** 여러분의 하

figure that looks male or female, or looks like a prowling animal or a flying bird or a slithering snake or a fish in a stream. And also carefully guard yourselves so that you don't look up into the skies and see the sun and moon and stars, all the constellations of the skies, and be seduced into worshiping and serving them. GOD set them out for everybody's benefit, everywhere. But you—GOD took you right out of the iron furnace, out of Egypt, to become the people of his inheritance—and that's what you are this very day.

21-22 But GOD was angry with me because of you and the things you said. He swore that I'd never cross the Jordan, never get to enter the good land that GOD, your God, is giving you as an inheritance. This means that I am going to die here. I'm not crossing the Jordan. But you will cross; you'll possess the good land.

23-24 So stay alert. Don't for a minute forget the covenant which GOD, your God, made with you. And don't take up with any carved images, no forms of any kind—GOD, your God, issued clear commands on that. GOD, your God, is not to be trifled with—he's a consuming fire, a jealous God.

25-28 When the time comes that you have children and grandchildren, put on years, and start taking things for granted, if you then become corrupt and make any carved images, no matter what their form, by doing what is sheer evil in GOD's eyes and provoking his anger—I can tell you right now, with Heaven and Earth as witnesses, that it will be all over for you. You'll be kicked off the land that you're about to cross over the Jordan to possess. Believe me, you'll have a very short stay there. You'll be ruined, completely ruined. GOD will scatter you far and wide; a few of you will survive here and there in the nations where GOD will drive you. There you can worship your homemade gods to your hearts' content, your wonderful gods of wood and stone that can't see or hear or eat or smell.

29-31 But even there, if you seek GOD, your God, you'll be able to find him if you're serious,

나님을 찾으면, 진정으로 그분을 찾고 마음과 뜻을 다해 그분을 찾으면, 그분을 만나게 될 것입니다. 장차 여러분이 환난을 당하고 이 모든 끔찍한 일이 여러분에게 일어나면, 그제야 여러분은 **하나님** 여러분의 하나님께로 돌아가, 그분이 하시는 말씀을 순종하는 마음으로 듣게 될 것입니다. **하나님** 여러분의 하나님은 무엇보다 자비로운 하나님이십니다. 그분은 여러분을 버리지도 멸하지도 않으실 것이며, 여러분의 조상에게 지키겠다고 맹세하신 언약을 잊지도 않으실 것입니다.

32-33 물어보십시오. 여러분이 태어나기 전 그 오랜 세월 동안 무슨 일이 있었는지 알아보십시오. 하나님께서 이 땅에 남자와 여자를 창조하신 날부터 지금까지, 동쪽 지평선에서 서쪽 지평선에 이르기까지, 여러분이 상상할 수 있는 가장 먼 옛날에 이르기까지, 여러분이 상상할 수 있는 가장 먼 곳에 이르기까지, 이처럼 큰 일이 일어난 적이 있습니까? 누가 이와 같은 일을 들어 본 적이 있습니까? 불 가운데서 말씀하시는 신의 음성을 듣고도 여러분처럼 살아남아서 그 이야기를 전한 백성이 있습니까?

34 **하나님** 여러분의 하나님께서 이집트에서 여러분이 지켜보는 앞에서 여러분을 위해 행하신 것처럼, 온갖 시험과 이적과 전쟁을 통해, 강한 손과 펴신 팔과 두렵고 어마어마한 광경으로, 한 민족을 다른 민족 가운데서 이끌어 내려고 그토록 애쓴 신이 있습니까?

35-38 이 모든 것을 여러분에게 보여주신 것은, **하나님**만이 하나님이시며 그분만이 유일한 하나님이시라는 것을 여러분이 알게 하시려는 것입니다. 하나님은 정말로 그런 분이십니다. **하나님**께서는 여러분을 가르치시려고 하늘로부터 그분의 음성을 여러분에게 들려주셨습니다. 땅에서는 큰 불을 여러분에게 보여주셔서, 여러분이 다시 한번 그분의 말씀, 곧 불 가운데서 들려오는 그분의 말씀을 듣게 하셨습니다. **하나님**께서는 여러분의 조상을 사랑하셨고, 그래서 그들의 자손과 함께 일하기로 작정하셨습니다. 그분께서는 친히 강한 능력으로 여러분을 이집트에서 이끌어 내시고, 여러분보다 크고 강하고 오래된 여러 민족들을 쫓아내셨습니다. 그분께서는 여러분을 이끌어 내셔서, 그 민족들의 땅을 여러분에게 유산으로 넘겨주셨습니다. 그 일이 지금, 바로 오늘 일어나고 있습니다.

39-40 오늘 여러분은, **하나님**께서 위로는 하늘에 계시고 아래로는 땅에 계시며, 그분만이 오직 한

looking for him with your whole heart and soul. When troubles come and all these awful things happen to you, in future days you will come back to GOD, your God, and listen obediently to what he says. GOD, your God, is above all a compassionate God. In the end he will not abandon you, he won't bring you to ruin, he won't forget the covenant with your ancestors which he swore to them.

32-33 Ask questions. Find out what has been going on all these years before you were born. From the day God created man and woman on this Earth, and from the horizon in the east to the horizon in the west—as far back as you can imagine and as far away as you can imagine—has as great a thing as this ever happened? Has anyone ever heard of such a thing? Has a people ever heard, as you did, a god speaking out of the middle of the fire and lived to tell the story?

34 Or has a god ever tried to select for himself a nation from within a nation using trials, miracles, and war, putting his strong hand in, reaching his long arm out, a spectacle awesome and staggering, the way GOD, your God, did it for you in Egypt while you stood right there and watched?

35-38 You were shown all this so that you would know that GOD is, well, God. He's the only God there is. He's it. He made it possible for you to hear his voice out of Heaven to discipline you. Down on Earth, he showed you the big fire and again you heard his words, this time out of the fire. He loved your ancestors and chose to work with their children. He personally and powerfully brought you out of Egypt in order to displace bigger and stronger and older nations with you, bringing you out and turning their land over to you as an inheritance. And now it's happening. This very day.

39-40 Know this well, then. Take it to heart right now: GOD is in Heaven above; GOD is on Earth below. He's the only God there is. Obediently live by his rules and commands which I'm giving you today so that you'll live well and your children after you—oh, you'll live a long time in the land

분 하나님이신 것을 제대로 알고 마음에 새기십시오. 내가 오늘 여러분에게 전하는 그분의 규례와 계명을 지키며 사십시오. 그러면 여러분이 잘 살고, 여러분의 자손도 여러분의 뒤를 이어 잘 살 것입니다. 여러분은 하나님 여러분의 하나님께서 여러분에게 주시는 땅에서 오래도록 살게 될 것입니다.

41-42 그때에 모세는 요단 강 동쪽 지역에 성읍 세 개를 따로 구별하고, 뜻하지 않게 사람을 죽인 자가 그곳으로 피신하여 목숨을 건질 수 있게 했다. 원한을 품은 일 없이 뜻하지 않게 살인한 자는, 이 성읍들 가운데 한 곳으로 피신하여 목숨을 건질 수 있었다.

43 그 세 성읍은 르우벤 지파가 차지한 고원 지대 광야의 베셀, 갓 지파가 차지한 길르앗의 라못, 므낫세 지파가 차지한 바산의 골란이다.

모세가 모압 평야에서 전한 두 번째 설교

44-49 다음은 모세가 이스라엘 백성에게 전한 계시의 말씀이다. 이것은 이스라엘 백성이 이집트를 나와 요단 강 동쪽 벳브올 맞은편 골짜기에 도착한 뒤에, 모세가 이스라엘 백성에게 전한 증언과 규례와 법도다. 그곳은 헤스본에서 다스리던 아모리 왕 시혼의 땅이었다. 모세와 이스라엘 백성은 이집트를 떠난 뒤에 그를 쳐서 물리치고 그 땅을 차지했다. 또한 그들은 바산 왕 옥의 땅도 차지했다. 두 아모리 왕이 차지하고 있던 요단 강 동쪽 지역의 땅은, 아르논 시내 근처에 있는 아로엘에서부터 북쪽으로는 헤르몬 산으로 알려진 시온 산까지, 요단 강 동쪽의 아라바 전역, 남쪽으로는 비스가 산 기슭 아래 아라바 바다(사해)까지였다.

십계명

5 1 모세가 온 이스라엘을 불러 모아, 그들에게 말했다.

이스라엘 여러분, 주목하십시오. 내가 오늘 여러분의 들을 줄 아는 귀에 대고 전하는 규례와 법도를, 순종하는 마음으로 들으십시오. 이것들을 익히고, 그대로 사십시오.

2-5 하나님 우리 하나님께서는 호렙에서 우리와 언약을 맺으셨습니다. 하나님께서는 이 언약을 우리 조상하고만 맺으신 것이 아니라, 오늘 이렇게 살아 있는 우리 모두와도 맺으셨습니다. 하나님께서

that GOD, your God, is giving you.

41-42 Then Moses set aside three towns in the country on the east side of the Jordan to which someone who had unintentionally killed a person could flee and find refuge. If the murder was unintentional and there was no history of bad blood, the murderer could flee to one of these cities and save his life:

43 Bezer in the wilderness on the tableland for the Reubenites, Ramoth in Gilead for the Gadites, and Golan in Bashan for the Manassites.

44-49 This is the Revelation that Moses presented to the People of Israel. These are the testimonies, the rules and regulations Moses spoke to the People of Israel after their exodus from Egypt and arrival on the east side of the Jordan in the valley near Beth Peor. It was the country of Sihon king of the Amorites who ruled from Heshbon. Moses and the People of Israel fought and beat him after they left Egypt and took his land. They also took the land of Og king of Bashan. The two Amorite kings held the country on the east of the Jordan from Aroer on the bank of the Brook Arnon as far north as Mount Siyon, that is, Mount Hermon, all the Arabah plain east of the Jordan, and as far south as the Sea of the Arabah (the Dead Sea) beneath the slopes of Mount Pisgah.

Moses Teaches Israel on the Plains of Moab

5 1 Moses called all Israel together. He said to them,

Attention, Israel. Listen obediently to the rules and regulations I am delivering to your listening ears today. Learn them. Live them.

2-5 GOD, our God, made a covenant with us at Horeb. GOD didn't just make this covenant with our parents; he made it also with us, with all of us who are alive right now. GOD spoke to you personally out of the fire on the mountain. At the time I stood between GOD and you, to tell you

는 그 산 불 가운데서 여러분에게 직접 말씀하셨습
니다. 그때 나는 **하나님**과 여러분 사이에 서서, **하
나님**께서 하시는 말씀을 여러분에게 전해 주었습니
다. 기억하시겠지만, 여러분이 그 불을 두려워하여
산에 올라가려고 하지 않았기 때문입니다. **하나님**
께서 말씀하셨습니다.

6 "나는 너희를 이집트 땅,
종살이하던 집에서 이끌어 낸
하나님 너희 하나님이다.

7 나 외에, 다른 신을 섬기지 마라.
8-10 날아다니는 것이나 걸어 다니는 것이나 헤엄쳐
다니는 것이나, 크기와 모양과 형상이 어떠하든지,
신상들을 새겨 만들지 마라. 그것들에게 절하거나
그것들을 섬기지 마라. 나는 **하나님**, 너희 하나님이
며, 몹시도 질투하는 하나님이다. 나는 부모의 죄를
자녀들에게 넘겨줄 뿐 아니라, 삼사 대 자손에 이르
기까지 그 죄값을 치르게 할 것이다. 그러나 나를 사
랑하고 내 계명을 지키는 사람에게는, 내가 천 대에
이르기까지 한결같은 사랑을 베푼다.
11 **하나님** 너희 하나님의 이름을, 저주하거나 실없
이 농담을 하는 데 사용하지 마라. 나 **하나님**은, 그
이름을 경건하지 못한 일에 사용하는 것을 참지 않
을 것이다.
12-15 안식일에는 일하지 마라. **하나님** 너희 하나님
이 너희에게 명령한 대로 안식일을 거룩하게 지켜
라. 육 일 동안 일하면서 네 할 일을 다 하여라. 그러
나 일곱째 날은 안식일, 곧 휴식의 날이니, 아무 일
도 하지 마라. 너희와 너희 아들딸, 너희 남종과 여
종, 너희 소와 나귀(너희 소유의 집짐승), 심지어 너
희 마을을 방문한 손님도 일을 해서는 안된다. 그래
야 너희 남종과 여종들도 너희와 똑같이 쉴 수 있을
것이다. 너희가 이집트에서 종으로 살았고, **하나님**
너희 하나님이 강한 능력을 나타내어 너희를 그곳에
서 이끌어 내었음을 잊지 마라. **하나님** 너희 하나님
이 너희에게 안식의 날을 지키라고 명령하는 것은
그 때문이다.
16 너희 부모를 공경하여라. 이는 **하나님** 너희 하나
님의 명령이다! 그러면 너희가 오래도록 살고, 하나
님이 너희에게 주는 땅에서 너희가 잘 될 것이다.
17 살인하지 마라.
18 간음하지 마라.
19 도둑질하지 마라.
20 너희 이웃에 대해 거짓말하지 마라.

what GOD said. You were afraid, remember, of
the fire and wouldn't climb the mountain. He
said:

6 I am GOD, your God,
who brought you out of the land of Egypt,
out of a house of slaves.

7 No other gods, only me.
8-10 No carved gods of any size, shape, or form of
anything whatever, whether of things that fly or
walk or swim. Don't bow down to them and don't
serve them because *I* am GOD, your God, and I'm
a most jealous God. I hold parents responsible
for any sins they pass on to their children to the
third, and yes, even to the fourth generation. But
I'm lovingly loyal to the thousands who love me
and keep my commandments.
11 No using the name of GOD, your God, in
curses or silly banter; GOD won't put up with
the irreverent use of his name.
12-15 No working on the Sabbath; keep it holy
just as GOD, your God, commanded you. Work
six days, doing everything you have to do, but
the seventh day is a Sabbath, a Rest Day—no
work: not you, your son, your daughter, your
servant, your maid, your ox, your donkey (or
any of your animals), and not even the foreigner
visiting your town. That way your servants and
maids will get the same rest as you. Don't ever
forget that you were slaves in Egypt and GOD,
your God, got you out of there in a powerful
show of strength. That's why GOD, your God,
commands you to observe the day of Sabbath
rest.
16 Respect your father and mother—GOD, your
God, commands it! You'll have a long life; the
land that God is giving you will treat you well.
17 No murder.
18 No adultery.
19 No stealing.
20 No lies about your neighbor.
21 No coveting your neighbor's wife. And no
lusting for his house, field, servant, maid, ox,
or donkey either—nothing that belongs to your

21 너희 이웃의 아내를 탐내지 마라. 이웃의 집이나 밭, 남종이나 여종, 소나 나귀나 그 무엇이든, 너희 이웃의 소유는 어떤 것도 탐내지 마라!"

22 이것이 하나님께서 산에서 온 회중에게 선포하신 말씀입니다. 그분께서는 불과 구름과 짙은 안개 가운데서 큰 음성으로 말씀하셨습니다. 그 말씀이 전부였고, 한 마디도 더하지 않으셨습니다. 그러고는 그것을 두 돌판에 써서 내게 주셨습니다.

23-24 여러분이 짙은 구름 가운데서 들려오는 그 음성을 듣고 산이 불타는 것을 보고 나서야, 여러분 각 지파의 우두머리와 지도자들이 내게 다가와서 말했습니다.

24-26 "우리 하나님께서 우리에게 그분의 영광과 위엄을 드러내 보이셨습니다. 오늘 우리는 그분께서 불 가운데서 하시는 말씀을 들었습니다! 하나님께서 사람들에게 말씀하시는데도 그들이 여전히 살아 있는 것을 우리가 똑똑히 보았습니다. 하지만 어찌 더 모험을 하겠습니까? 우리가 더 머물다가는 이 큰 불이 우리를 삼키고 말 것입니다. 우리가 하나님의 음성을 더 듣다가는 틀림없이 죽고 말 것입니다. 이제까지, 우리처럼 하나님의 음성을 듣고도 살아남아서 이야기를 전한 사람이 있었습니까?

27 이제부터는 당신이 가서 하나님 우리 하나님께서 하시는 말씀을 듣고, 하나님께서 당신에게 일러 주시는 말씀을 우리에게 전해 주십시오. 그러면 우리가 듣고 그대로 행하겠습니다."

28-29 하나님께서는 여러분이 내게 하는 말을 들으시고 내게 말씀하셨습니다. "이 백성이 네게 하는 말을 내가 들었다. 그들의 말이 참으로 옳다. 그들이 언제나 이런 마음으로 나를 경외하고 나의 모든 계명을 지키면, 내가 무엇인들 주지 않겠느냐? 그렇게 하기만 하면, 그들과 그 자손이 영원토록 잘 살 것이다!

30-31 가서 그들에게 자기 장막으로 돌아가라고 말하여라. 그러나 너는 여기에 나와 함께 머물러 있어라. 그들에게 가르쳐야 할 모든 계명과 규례와 법도를 내가 네게 일러 주겠다. 그러면 그들은 내가 그들에게 주어 소유하게 할 땅에서 어떻게 살아야 하는지 알게 될 것이다."

32-33 그러니 여러분은 정신을 바짝 차려서, 하나님께서 여러분에게 명령하시는 그대로 행하십시오. 오른쪽으로나 왼쪽으로나 벗어나지 마십시오. 하나님께서 명령하시는 길을 곧장 따라가십시오. 그러면 여러분이 차지할 땅에서 여러분이 잘 살고, 오래도록 살 것입니다.

neighbor!

22 These are the words that GOD spoke to the whole congregation at the mountain. He spoke in a tremendous voice from the fire and cloud and dark mist. And that was it. No more words. Then he wrote them on two slabs of stone and gave them to me.

23-24 As it turned out, when you heard the Voice out of that dark cloud and saw the mountain on fire, you approached me, all the heads of your tribes and your leaders, and said,

24-26 "Our GOD has revealed to us his glory and greatness. We've heard him speak from the fire today! We've seen that God can speak to humans and they can still live. But why risk it further? This huge fire will devour us if we stay around any longer. If we hear GOD's voice anymore, we'll die for sure. Has anyone ever known of anyone who has heard the Voice of GOD the way we have and lived to tell the story?

27 "From now on, *you* go and listen to what GOD, our God, says and then tell us what GOD tells you. We'll listen and we'll do it."

28-29 GOD heard what you said to me and told me, "I've heard what the people said to you. They're right–good and true words. What I wouldn't give if they'd always feel this way, continuing to revere me and always keep all my commands; they'd have a good life forever, they and their children!

30-31 "Go ahead and tell them to go home to their tents. But you, you stay here with me so I can tell you every commandment and all the rules and regulations that you must teach them so they'll know how to live in the land that I'm giving them as their own."

32-33 So be very careful to act exactly as GOD commands you. Don't veer off to the right or the left. Walk straight down the road GOD commands so that you'll have a good life and live a long time in the land that you're about to possess.

여러분의 하나님을 전심으로 사랑하십시오

6 [1-2] 이것은 하나님 여러분의 하나님께서 여러분에게 가르치라고 내게 명령하신 계명과 규례와 법도입니다. 여러분이 건너가 차지할 땅에서 이것을 지켜 행하십시오. 이것은 여러분과 여러분의 자녀와 손자손녀가 평생토록 하나님을 깊이 경외하며 살고, 내가 여러분에게 명령하는 그분의 규례와 법도를 지켜, 오래도록 잘 살게 하려는 것입니다.

[3] 이스라엘 여러분, 잘 들으십시오. 이 말을 듣고 그대로 행하십시오. 그러면 하나님께서 약속하신 대로, 젖과 꿀이 흐르는 땅에서 여러분이 잘 살고, 풍요로운 삶을 얻게 될 것입니다.

[4] 이스라엘 여러분, 주목하십시오!

하나님 우리 하나님! 그분은 오직 한분 하나님이십니다!

[5] 여러분은 하나님을, 여러분의 하나님을 전심으로 사랑하십시오. 여러분의 전부를 다해, 여러분이 가진 전부를 다 드려, 그분을 사랑하십시오.

[6-9] 오늘 내가 여러분에게 전한 이 계명을 여러분 마음에 새기십시오. 이 계명이 여러분 마음에서 떠나지 않게 하고, 여러분 자녀의 마음에서 떠나지 않게 하십시오. 집에 앉아 있을 때나 길을 걸을 때나 어디에 있든지, 이 계명에 관해 이야기하십시오. 아침에 일어나는 순간부터 밤에 잠자리에 드는 순간까지, 이 계명에 관해 이야기하십시오. 이 계명을 여러분의 손과 이마에 매어 표로 삼으십시오. 여러분의 집 양쪽 문기둥과 성문에도 새겨 놓으십시오.

[10-12] 하나님 여러분의 하나님께서 여러분의 조상 아브라함과 이삭과 야곱을 통해 여러분에게 주기로 약속하신 땅에 여러분을 이끌어 들이시면, 여러분은 여러분이 세우지 않은 크고 번화한 성읍들, 여러분이 구입하지 않은 좋은 가구가 즐비한 집들로 들어가, 여러분이 파지 않은 우물과 여러분이 심지 않은 포도밭과 올리브밭을 만나게 될 것입니다. 여러분이 그 모든 것을 차지하고 그곳에 정착하여 기쁨과 만족을 얻게 되거든, 여러분이 어떻게 그곳에 이르게 되었는지를 잊지 마십시오. 여러분을 이집트 종살이에서 이끌어 내신 분은 하나님이십니다.

[13-19] 하나님 여러분의 하나님을 깊이 경외하십시오. *그분만을 섬기고 오직 그분만을 예배하십시오*. 그분의 이름으로만 맹세하십시오. 여러분 가운데 살고 계신 하나님 여러분의 하나님은 질투하는 하나님이시니, 다른 신들, 곧 이웃 백성이 섬기는 신들과 어울리지 마십시오. 그분을 노하게 하여, 활활 타오르는 그

6 [1-2] This is the commandment, the rules and regulations, that GOD, your God, commanded me to teach you to live out in the land you're about to cross into to possess. This is so that you'll live in deep reverence before GOD lifelong, observing all his rules and regulations that I'm commanding you, you and your children and your grandchildren, living good long lives.

[3] Listen obediently, Israel. Do what you're told so that you'll have a good life, a life of abundance and bounty, just as GOD promised, in a land abounding in milk and honey.

[4] Attention, Israel!

GOD, our God! GOD the one and only!

[5] Love GOD, your God, with your whole heart: love him with all that's in you, love him with all you've got!

[6-9] Write these commandments that I've given you today on your hearts. Get them inside of you and then get them inside your children. Talk about them wherever you are, sitting at home or walking in the street; talk about them from the time you get up in the morning to when you fall into bed at night. Tie them on your hands and foreheads as a reminder; inscribe them on the doorposts of your homes and on your city gates.

[10-12] When GOD, your God, ushers you into the land he promised through your ancestors Abraham, Isaac, and Jacob to give you, you're going to walk into large, bustling cities you didn't build, well-furnished houses you didn't buy, come upon wells you didn't dig, vineyards and olive orchards you didn't plant. When you take it all in and settle down, pleased and content, make sure you don't forget how you got there—GOD brought you out of slavery in Egypt.

[13-19] Deeply respect GOD, your God. Serve and worship him exclusively. Back up your promises with his name only. Don't fool around with other gods, the gods of your neighbors, because GOD, your God, who is alive among you is a jealous God. Don't provoke him, igniting his hot anger that would burn you right off the face

분의 진노가 여러분을 지면에서 싹 태워 버리는 일이 없게 하십시오. 전에 여러분이 맛사에서 하나님을 시험했던 것처럼, **하나님** 여러분의 하나님을 시험하지 마십시오. **하나님** 여러분의 하나님의 명령을 잘 지키고, 그분께서 여러분에게 주신 의무와 법도를 모두 지키십시오. 옳은 일을 하십시오. **하나님** 보시기에 선한 일을 행하십시오. 그러면 여러분이 잘 살게 되고, **하나님**께서 여러분의 조상을 통해 엄숙히 약속하신 저 아름다운 땅에 당당히 들어가 그 땅을 차지하며, **하나님**께서 말씀하신 대로 여러분의 원수들을 사방으로 쫓아낼 수 있을 것입니다.

20-24 장차 여러분의 자녀가 "**하나님** 우리 하나님께서 명령하신 이 의무와 법도와 규례는 무슨 뜻입니까?" 하고 묻거든, 여러분은 그들에게 이렇게 일러 주십시오. "우리가 이집트에서 바로의 종이었으나, **하나님**께서 강한 능력으로 직접 나서서 우리를 그 땅에서 이끌어 내셨다. **하나님**께서 이집트, 곧 바로와 그의 집안에 기적-표징과 큰 이적과 끔찍한 재앙을 내리실 때, 우리가 그곳에 서서 똑똑히 보았다. **하나님**께서 우리를 그곳에서 이끌어 내신 것은, 우리를 이곳으로 데려오셔서 우리 조상에게 엄숙히 약속하신 땅을 우리에게 주시려는 것이었다. **하나님**께서 우리에게 이 모든 규례를 따르라고 명령하신 것은 그 때문이다. 이는 우리가 **하나님** 우리 하나님 앞에서 경건하게 살게 하셔서, 오늘 이처럼 우리를 잘 살게 하시고 오래도록 살게 해주시려는 것이다.

25 **하나님** 우리 하나님께서 명령하신 대로 우리가 그분 앞에서 이 모든 계명을 지켜 행하면, 이것이야 말로 하나님 앞에 바로 세워진 온전한 삶이 될 것이다."

하나님께서 이스라엘을 택하신 이유

7 1-2 **하나님** 여러분의 하나님께서, 여러분이 들어가 차지하려고 하는 땅으로 여러분을 데려가신 뒤에, 그곳에 자리 잡고 살던 막강한 민족들, 곧 헷 사람, 기르가스 사람, 아모리 사람, 가나안 사람, 브리스 사람, 히위 사람, 여부스 사람을 여러분 앞에서 몰아내실 것입니다. 그 일곱 민족은 모두 여러분보다 수가 많고 강한 민족입니다. **하나님** 여러분의 하나님께서 그들을 여러분 손에 넘겨주실 것이니, 여러분은 그들을 쳐부수어야 합니다. 여러분은 그들을 완전히 멸해서, 그들을 거룩한 진멸의 제물로 **하나님**께 드려야 합니다.

그들과 조약을 맺지 마십시오.
어떤 경우에도 그들을 풀어 주지 마십시오.

of the Earth. Don't push GOD, your God, to the wall as you did that day at Massah, the Testing-Place. Carefully keep the commands of GOD, your God, all the requirements and regulations he gave you. Do what is right; do what is good in GOD's sight so you'll live a good life and be able to march in and take this pleasant land that GOD so solemnly promised through your ancestors, throwing out your enemies left and right—exactly as GOD said.

20-24 The next time your child asks you, "What do these requirements and regulations and rules that GOD, our God, has commanded mean?" tell your child, "We were slaves to Pharaoh in Egypt and GOD powerfully intervened and got us out of that country. We stood there and watched as GOD delivered miracle-signs, great wonders, and evil-visitations on Egypt, on Pharaoh and his household. He pulled us out of there so he could bring us here and give us the land he so solemnly promised to our ancestors. That's why GOD commanded us to follow all these rules, so that we would live reverently before GOD, our God, as he gives us this good life, keeping us alive for a long time to come.

25 "It will be a set-right and put-together life for us if we make sure that we do this entire commandment in the Presence of GOD, our God, just as he commanded us to do."

7 1-2 When GOD, your God, brings you into the country that you are about to enter and take over, he will clear out the superpowers that were there before you: the Hittite, the Girgashite, the Amorite, the Canaanite, the Perizzite, the Hivite, and the Jebusite. Those seven nations are all bigger and stronger than you are. GOD, your God, will turn them over to you and you will conquer them. You must completely destroy them, offering them up as a holy destruction to GOD.

Don't make a treaty with them.
Don't let them off in any way.
3-4 Don't marry them: Don't give your daughters

3-4 그들과 결혼하지 마십시오. 여러분의 딸을 그들의 아들에게 주지도 말고, 그들의 딸을 여러분의 아들에게 데려오지도 마십시오. 그렇게 하다가는 여러분이 미처 눈치채기도 전에, 그들이 자기 신들을 숭배하는 일에 여러분을 끌어들이고 말 것입니다. 그러면 하나님께서 진노하셔서, 순식간에 여러분을 멸하실 것입니다.

5 여러분은 이렇게 해야 합니다.

그들의 제단을 하나씩 허물고
남근 모양의 기둥들을 깨부수고
섹스와 종교를 결합한 아세라 목상들을 찍어 버리고
그들이 조각한 신상들을 불사르십시오.

6 여러분은 하나님 여러분의 하나님 앞에 거룩하게 구별된 백성이니, 그렇게 해야 합니다. 하나님 여러분의 하나님께서 땅에 있는 모든 백성 가운데서 여러분을 친히 택하시고, 그분의 소중한 보배로 삼으셨습니다.

7-10 하나님께서 여러분에게 마음이 끌리시고 여러분을 택하신 것은, 여러분이 수가 많고 유력해서가 아니었습니다. 사실, 여러분에게는 이렇다 할 것이 없었습니다. 그분께서는 순전한 사랑 때문에, 그리고 여러분의 조상에게 하신 약속을 지키시려고 그렇게 하신 것입니다. 하나님께서 크신 능력으로 직접 나서서 저 종살이 하던 세계에서 여러분을 되사시고, 이집트 왕 바로의 강철 같은 손에서 여러분을 해방시켜 주신 것입니다. 그러니 여러분은, 하나님 여러분의 하나님만이 참 하나님이시며 여러분이 의지해야 할 하나님이시라는 것을 알아야 합니다. 하나님께서는 그분을 사랑하고 그분의 계명을 지키는 사람들과 맺은 신실한 사랑의 언약을 천 대에 이르기까지 지키십니다. 그러나 그분을 미워하는 자들에게는 벌을 내려 죽게 하십니다. 하나님께서는 그런 자들에게 지체 없이 되갚아 주십니다. 하나님께서는 그분을 미워하는 자들을 즉시 벌하십니다.

11 그러니 내가 오늘 여러분에게 명령하는 계명과 규례와 법도를 지키십시오. 그대로 행하십시오.

12-13 그러면 장차 이런 일이 일어날 것입니다. 여러분이 이 명령을 따라 잘 지켜 행하면, 하나님께서도 여러분의 조상과 맺은 신실한 사랑의 언약을 지키실 것입니다.

하나님께서 여러분을 사랑하시고
여러분에게 복을 내리시며
여러분의 수를 늘려 주실 것입니다.

to their sons and don't take their daughters for your sons—before you know it they'd involve you in worshiping their gods, and GOD would explode in anger, putting a quick end to you.

5 Here's what you are to do:

Tear apart their altars stone by stone,
smash their phallic pillars,
chop down their sex-and-religion Asherah groves,
set fire to their carved god-images.

6 Do this because you are a people set apart as holy to GOD, your God. GOD, your God, chose you out of all the people on Earth for himself as a cherished, personal treasure.

7-10 GOD wasn't attracted to you and didn't choose you because you were big and important—the fact is, there was almost nothing to you. He did it out of sheer love, keeping the promise he made to your ancestors. GOD stepped in and mightily bought you back out of that world of slavery, freed you from the iron grip of Pharaoh king of Egypt. Know this: GOD, your God, is God indeed, a God you can depend upon. He keeps his covenant of loyal love with those who love him and observe his commandments for a thousand generations. But he also pays back those who hate him, pays them the wages of death; he isn't slow to pay them off—those who hate him, he pays right on time.

11 So keep the command and the rules and regulations that I command you today. Do them.

12-13 And this is what will happen: When you, on your part, will obey these directives, keeping and following them, GOD, on his part, will keep the covenant of loyal love that he made with your ancestors:

He will love you,
he will bless you,
he will increase you.

13-15 또 여러분에게 주시겠다고 여러분의 조상에게 약
속하신 땅에서, 여러분의 태에서 태어난 젖먹이와 여
러분의 밭에서 난 곡식 수확물과 포도주와 기름에 복
을 내리시고, 여러분의 소 떼에서 태어난 송아지와 양
떼에서 태어난 어린양에게도 복을 내려 주실 것입니
다. 여러분은 다른 모든 민족보다 더 큰 복을 받아서,
여러분 가운데서 아이를 낳지 못하는 사람이 없고, 여
러분의 가축 가운데서 새끼를 낳지 못하는 짐승이 없
을 것입니다. **하나님**께서 온갖 질병을 없애 주실 것입
니다. 그분께서는 여러분이 이집트에서 경험한 온갖
나쁜 질병에 걸리지 않게 하시고, 여러분을 미워하는
자들에게 그러한 병이 걸리게 하실 것입니다.
16 여러분은 **하나님** 여러분의 하나님께서 여러분에게
넘겨주시는 모든 민족을 완전히 쳐부수어야 합니다.
그들을 불쌍히 여기지 말고, 그들의 신들을 숭배하지
마십시오. 그렇게 했다가는 그것들이 여러분에게 덫이
되고 말 것입니다.
17-19 여러분은 속으로 "이 민족들이 우리보다 열 배는
많은 것 같다! 우리는 그들에게 아무런 충격도 주지 못
할 것이다!" 하고 생각할 것입니다. 그러나 내가 분명
히 말하건대, 두려워하지 마십시오. **하나님** 여러분의
하나님께서 바로와 온 이집트에 행하신 일을 낱낱이
기억하고 또 기억하십시오. 여러분이 직접 목격한 그
위대한 싸움들을 기억하십시오. 하나님께서 팔을 뻗어
여러분을 그곳에서 이끌어 내실 때에 보여주신 기적-
표징과 이적과 그분의 강한 손을 기억하십시오. **하나
님** 여러분의 하나님께서는, 지금 여러분이 두려워하고
있는 저 민족들에게도 그와 똑같이 행하실 것입니다.
20 그뿐 아니라, 말벌까지 보내실 것입니다. **하나님**께
서 그들에게 말벌을 풀어 놓으셔서, 여러분의 눈을 피
해 살아남은 자들까지 모조리 죽이실 것입니다.
21-24 그러니 그들을 겁내지 마십시오. **하나님** 여러분의
하나님, 위대하고 두려우신 **하나님**께서 여러분 가운
데 계십니다. **하나님** 여러분의 하나님께서 저 민족들
을 서서히 쫓아내실 것입니다. 여러분은 저들을 단번
에 쓸어버리지는 못할 것입니다. 그렇게 했다가는 들
짐승들이 그 땅을 차지하고서 여러분을 덮칠지도 모릅
니다. **하나님** 여러분의 하나님께서는 그들을 여러분의
길에서 몰아내시고 그들을 큰 공포에 빠지게 하셔서,
그들 가운데 살아남은 자가 하나도 없게 하실 것입니
다. 그분께서 그들의 왕들을 여러분 손에 넘겨주실 것
이니, 여러분은 그들의 흔적을 하늘 아래서 모조리 없
애 버릴 것입니다. 단 한 사람도 여러분과 맞서지 못할
것이며, 여러분은 그들을 모조리 죽일 것입니다.
25-26 여러분은 반드시 그들이 조각한 신상들을 불살라

13-15 He will bless the babies from your womb
and the harvest of grain, new wine, and oil
from your fields; he'll bless the calves from
your herds and lambs from your flocks in the
country he promised your ancestors that he'd
give you. You'll be blessed beyond all other
peoples: no sterility or barrenness in you or
your animals. GOD will get rid of all sickness.
And all the evil afflictions you experienced in
Egypt he'll put not on you but on those who
hate you.
16 You'll make mincemeat of all the peoples
that GOD, your God, hands over to you. Don't
feel sorry for them. And don't worship their
gods–they'll trap you for sure.
17-19 You're going to think to yourselves,
"Oh! We're outnumbered ten to one by these
nations! We'll never even make a dent in
them!" But I'm telling you, Don't be afraid.
Remember, yes, remember in detail what
GOD, your God, did to Pharaoh and all Egypt.
Remember the great contests to which you
were eyewitnesses: the miracle-signs, the
wonders, GOD's mighty hand as he stretched
out his arm and took you out of there. GOD,
your God, is going to do the same thing to
these people you're now so afraid of.
20 And to top it off, the Hornet. GOD will
unleash the Hornet on them until every
survivor-in-hiding is dead.
21-24 So don't be intimidated by them. GOD,
your God, is among you–GOD majestic, GOD
awesome. GOD, your God, will get rid of these
nations, bit by bit. You won't be permitted
to wipe them out all at once lest the wild
animals take over and overwhelm you. But
GOD, your God, will move them out of your
way–he'll throw them into a huge panic until
there's nothing left of them. He'll turn their
kings over to you and you'll remove all trace
of them under Heaven. Not one person will
be able to stand up to you; you'll put an end
to them all.
25-26 Make sure you set fire to their carved
gods. Don't get greedy for the veneer of silver

버리십시오. 그 신상들에 입힌 은이나 금을 탐내어 여러분의 것으로 취하지 마십시오. 그것 때문에 여러분은 덫에 걸리고 말 것입니다. 그런 짓은, **하나님** 여러분의 하나님께서 몹시 싫어하시는 역겨운 행동입니다. 여러분은 그 역겨운 것은 하나라도 집에 들이지 마십시오. 그렇게 했다가는 여러분도 그 역겨운 것처럼 끝장나고 말 것입니다. 거룩한 진멸의 제물로 불살라지고 말 것입니다. 그것은 금지된 물건입니다! 그러니 그것을 혐오하고 역겨운 것으로 여기십시오. 그것을 없애 버려서, **하나님**의 거룩하심을 지키십시오.

여러분의 하나님을 잊지 마십시오

8 1-5 여러분은 오늘 내가 여러분에게 명령하는 모든 계명을 지켜 행하십시오. 그러면 여러분이 살고 번성할 것이며, **하나님**께서 여러분의 조상에게 약속하신 땅에 들어가 그 땅을 차지할 것입니다. **하나님**께서 지난 사십 년 동안 광야에서 여러분을 인도하신 모든 여정을 기억하십시오. 그렇게 여러분을 극한까지 몰아붙여 시험하신 것은, 여러분의 마음이 어떠한지, 여러분이 그분의 계명을 지키는지 지키지 않는지 알아보시려는 것이었습니다. 그분께서는 여러분에게 힘든 시기를 겪게 하시고, 여러분을 굶주리게도 하셨습니다. 그러고는 여러분도 모르고 여러분의 조상도 몰랐던 만나로 여러분을 먹여 주셨습니다. 이는 사람이 빵으로만 사는 것이 아니라 **하나님**의 입에서 나오는 모든 말씀으로 산다는 것을 여러분이 알게 하시려는 것입니다. 그 사십 년 동안 여러분의 옷이 해어진 적이 없고, 여러분의 발이 부르튼 적이 없습니다. 여러분은 아버지가 자기 자녀를 훈련시키듯이, **하나님**께서 여러분을 훈련시키신다는 것을 마음 깊이 배웠습니다.

6-9 **하나님** 여러분의 하나님의 계명을 지키고 그분께서 보여주시는 길을 따라 걸으며 그분을 경외하는 것이야말로 가장 중요한 일입니다. 이제 곧 **하나님**께서 여러분을 아름다운 땅으로 데려가실 것입니다. 그곳은 시내와 강이 흐르고, 샘과 호수가 있고, 산에서 물이 흘러내려 골짜기로 흐르는 땅입니다. 그곳은 밀과 보리, 포도주와 무화과와 석류, 올리브와 기름과 꿀이 나는 땅입니다. 그곳에서 여러분은 *절대로 굶주리지 않을 것입니다. 식탁에는 음식이 끊이지 않을 것이며*, 여러분이 거할 보금자리도 마련될 것입니다. 그 땅에서 여러분은 바위에서 쇠를 얻고, 산에서는 구리를 캐내게 될 것입니다.

10 여러분은 배불리 먹고 나서, 그 아름다운 땅을 여

and gold on them and take it for yourselves—you'll get trapped by it for sure. GOD hates it; it's an abomination to GOD, your God. And don't dare bring one of these abominations home or you'll end up just like it, burned up as a holy destruction. No: It is forbidden! Hate it. Abominate it. Destroy it and preserve GOD's holiness.

8 1-5 Keep and live out the entire commandment that I'm commanding you today so that you'll live and prosper and enter and own the land that GOD promised to your ancestors. Remember every road that GOD led you on for those forty years in the wilderness, pushing you to your limits, testing you so that he would know what you were made of, whether you would keep his commandments or not. He put you through hard times. He made you go hungry. Then he fed you with manna, something neither you nor your parents knew anything about, so you would learn that men and women don't live by bread only; we live by every word that comes from GOD's mouth. Your clothes didn't wear out and your feet didn't blister those forty years. You learned deep in your heart that GOD disciplines you in the same ways a father disciplines his child.

6-9 So it's paramount that you keep the commandments of GOD, your God, walk down the roads he shows you and reverently respect him. GOD is about to bring you into a good land, a land with brooks and rivers, springs and lakes, streams out of the hills and through the valleys. It's a land of wheat and barley, of vines and figs and pomegranates, of olives, oil, and honey. It's land where you'll never go hungry—always food on the table and a roof over your head. It's a land where you'll get iron out of rocks and mine copper from the hills.

10 After a meal, satisfied, bless GOD, your God, for the good land he has given you.

11-16 Make sure you don't forget GOD, your God, by not keeping his commandments, his rules

러분에게 주신 **하나님** 여러분의 하나님을 찬양하십시오.

11-16 **하나님** 여러분의 하나님을 잊지 않겠다고 다짐하십시오. 내가 오늘 여러분에게 명령하는 그분의 계명과 규례와 법도를 어기는 일이 없게 하십시오. 여러분이 배불리 먹고, 좋은 집을 지어 거기서 살고, 여러분의 소 떼와 양 떼가 늘어나 돈이 더 많아지고, 여러분의 생활수준이 점점 높아질 때, 행여 여러분의 마음이 여러분 자신과 여러분의 재산으로 가득 차서, **하나님** 여러분의 하나님을 잊는 일이 없게 하십시오.

그분은 여러분을 이집트의 종살이에서 구해 내신 하나님,
여러분을 이끌고 저 막막하고 무시무시한 광야,
불뱀과 전갈이 다니는 황량하고 메마른 불모지를 지나게 하신 하나님,
단단한 바위에서 솟아나는 물을 주신 하나님,
여러분의 조상이 들어 보지 못한 만나로
광야에서 여러분을 먹이신 하나님이십니다.
이는 여러분에게 고된 삶을 맛보게 하시고 여러분을 시험하셔서
장차 여러분이 잘 살 수 있도록 준비시키시려는 것이었습니다.

17-18 여러분이 마음속으로 "이 모든 것은 다 내가 이룬 것이다. 나 혼자서 이루었어. 나는 부자다. 모두 다 내 것이다!" 하고 생각한다면, 생각을 고쳐먹으십시오. 기억하십시오. **하나님** 여러분의 하나님께서는, 오늘 이처럼 여러분의 조상에게 맹세하신 언약을 이루시려고, 여러분에게 이 모든 부를 일구어 낼 힘을 주신 것입니다.

19-20 여러분이 **하나님** 여러분의 하나님을 잊고, 다른 신들과 어울려 그 신들을 섬기고 숭배하면, 분명히 경고하건대, 여러분은 그 일로 멸망하고 말 것입니다. 곧 파멸입니다. 여러분이 **하나님** 여러분의 하나님의 음성에 순종하지 않으면, **하나님**께서 여러분 앞에서 멸망시키신 민족들처럼 여러분도 멸망하고 말 것입니다.

이스라엘 백성의 반역

9 1-2 이스라엘 여러분, 주목하십시오!
여러분은 저 땅에 들어가 여러분보다 수가 많고 강한 민족들을 쫓아내려고, 바로 오늘 요단 강을 건널 것입니다. 이제 여러분은 하늘에 닿을 만큼

and regulations that I command you today. Make sure that when you eat and are satisfied, build pleasant houses and settle in, see your herds and flocks flourish and more and more money come in, watch your standard of living going up and up—make sure you don't become so full of yourself and your things that you forget GOD, your God,

the God who delivered you from Egyptian slavery;
the God who led you through that huge and fearsome wilderness, those desolate, arid badlands crawling with fiery snakes and scorpions;
the God who gave you water gushing from hard rock;
the God who gave you manna to eat in the wilderness, something your ancestors had never heard of, in order to give you a taste of the hard life, to test you so that you would be prepared to live well in the days ahead of you.

17-18 If you start thinking to yourselves, "I did all this. And all by myself. I'm rich. It's all mine!"—well, think again. Remember that GOD, your God, gave you the strength to produce all this wealth so as to confirm the covenant that he promised to your ancestors—as it is today.

19-20 If you forget, forget GOD, your God, and start taking up with other gods, serving and worshiping them, I'm on record right now as giving you firm warning: that will be the end of you; I mean it—destruction. You'll go to your doom—the same as the nations GOD is destroying before you; doom because you wouldn't obey the Voice of GOD, your God.

9 1-2 Attention, Israel!
This very day you are crossing the Jordan to enter the land and dispossess nations that are much bigger and stronger than you are. You're going to find huge cities with sky-high fortress-walls and gigantic people, descendants

높이 솟은 성벽으로 둘러싸인 큰 성읍들과 몸집이 대단히 큰 사람들, 곧 아낙 자손을 만나게 될 것입니다. 여러분은 그들에 대한 소문을 들었고, "아무도 아낙 자손과 맞설 수 없다"는 말까지 들었습니다.

3 여러분은 오늘 이것을 알아 두십시오. **하나님** 여러분의 하나님께서는 여러분보다 앞서 강을 건너가실 것입니다. 그분은 태워 버리는 불이십니다. 그분께서 그 민족들을 멸하셔서, 여러분의 힘 아래 굴복시키실 것입니다. **하나님**께서 여러분에게 약속하신 대로, 여러분은 그들을 쫓아내고, 속히 그들을 멸망시킬 것입니다.

4-5 **하나님**께서 그들을 여러분 앞에서 몰아내시거든, "**하나님**께서 우리를 이곳으로 이끌고 오셔서 저 민족들을 쫓아내게 하신 것은 내가 행한 모든 착한 행실 때문이다" 하고 생각하지 마십시오. 사실 그것은 저 민족들이 악을 저질렀기 때문입니다. 여러분이 여기까지 온 것은 여러분이 행한 착한 행실 때문도 아니고, 여러분이 쌓아 올린 고상한 행위 때문도 아닙니다. **하나님** 여러분의 하나님께서 저 민족들을 여러분 앞에서 쫓아내시려는 이유는, 그들이 몹시도 사악하기 때문입니다. 또한 그것은 여러분의 조상, 곧 아브라함과 이삭과 야곱에게 하신 약속을 지키시려는 것입니다.

6-10 이것을 기억하고 절대 잊지 마십시오. **하나님**께서 저 아름다운 땅을 차지하라고 여러분에게 주시는 것은, 여러분이 선을 행해서가 아닙니다. 전혀 아닙니다! 여러분은 고집 센 백성일 뿐입니다. 여러분이 광야에서 **하나님** 여러분의 하나님을 얼마나 노엽게 했는지, 절대로 잊지 말고 기억하십시오. 여러분은 이집트를 떠나던 날부터 이곳에 이를 때까지 **하나님**께 반항하고 대들었습니다. 줄곧 반역을 일삼았습니다. 호렙에서 여러분은, **하나님**께서 여러분을 멸하려고 하셨을 만큼 그분을 노엽게 했습니다. 내가 돌판, 곧 **하나님**께서 여러분과 맺으신 언약의 돌판을 받으려고 그 산에 올라갔을 때, 나는 밤낮으로 사십 일을 그곳에 머물면서, 음식도 먹지 않고 물도 마시지 않았습니다. 그때 **하나님**께서 손수 새기신 돌판 두 개를 내게 주셨습니다. 거기에는 여러분이 모두 모였을 때, **하나님**께서 그 산 불 가운데서 여러분에게 하신 모든 말씀이 글자 그대로 기록되어 있었습니다.

11-12 밤낮으로 사십 일이 지난 뒤에 **하나님**께서 내게 두 돌판, 곧 언약의 돌판을 주셨습니다. 그리고 내게 말씀하셨습니다. "어서 가거라. 네가 이집트에서 이끌어 낸 네 백성이 모든 것을 파멸시키고 있으니, 빨리 내려가거라. 그들이, 내가 그들을 위해 펼쳐 놓은

of the Anakites—you've heard all about them; you've heard the saying, "No one can stand up to an Anakite."

3 Today know this: GOD, your God, is crossing the river ahead of you—he's a consuming fire. He will destroy the nations, he will put them under your power. You will dispossess them and very quickly wipe them out, just as GOD promised you would.

4-5 But when GOD pushes them out ahead of you, don't start thinking to yourselves, "It's because of all the good I've done that GOD has brought me in here to dispossess these nations." Actually it's because of all the evil these nations have done. No, it's nothing good that you've done, no record for decency that you've built up, that got you here; it's because of the vile wickedness of these nations that GOD, your God, is dispossessing them before you so that he can keep his promised word to your ancestors, to Abraham, Isaac, and Jacob.

6-10 Know this and don't ever forget it: It's not because of any good that you've done that GOD is giving you this good land to own. Anything but! You're stubborn as mules. Keep in mind and don't ever forget how angry you made GOD, your God, in the wilderness. You've kicked and screamed against GOD from the day you left Egypt until you got to this place, rebels all the way. You made GOD angry at Horeb, made him so angry that he wanted to destroy you. When I climbed the mountain to receive the slabs of stone, the tablets of the covenant that GOD made with you, I stayed there on the mountain forty days and nights: I ate no food; I drank no water. Then GOD gave me the two slabs of stone, engraved with the finger of God. They contained word for word everything that GOD spoke to you on the mountain out of the fire, on the day of the assembly.

11-12 It was at the end of the forty days and nights that GOD gave me the two slabs of stone, the tablets of the covenant. GOD said to me, "Get going, and quickly. Get down there, because your people whom you led out of

길을 순식간에 버리고 떠나서, 자기들을 위해 신상을
부어 만들었다."
13-14 하나님께서 말씀하셨습니다. "내가 이 백성을
보니, 목이 뻣뻣하고 마음이 굳은 반역자들이다. 나
를 막지 마라. 내가 저들을 멸망시키겠다. 내가 저들
을 지상에서 완전히 쓸어버리겠다. 그러고 나서 너와
새롭게 시작하여, 너를 저들보다 낫고 저들보다 큰
민족으로 만들겠다."
15-17 내가 언약 돌판을 두 손에 들고 돌아서서 그 산
을 내려오는데, 그 산은 이미 불타고 있었습니다. 내
가 보니, 여러분이 하나님 여러분의 하나님께 죄를
짓고 있었습니다. 여러분이 직접 송아지 모양의 신상
을 부어 만들었던 것입니다! 하나님께서 걸어가라고
명령하신 길에서 여러분은 너무 빨리 떠나갔습니다.
나는 두 돌판을 높이 들었다가 내던져, 그것을 여러
분이 지켜보는 앞에서 산산조각 내 버렸습니다.
18-20 그런 다음 나는 전과 같이 밤낮으로 사십 일을
하나님 앞에 엎드려, 음식도 먹지 않고 물도 마시지
않았습니다. 내가 그렇게 한 것은, 여러분과 여러분
이 저지른 모든 죄 때문이었습니다. 여러분이 하나님
을 거슬러 죄를 짓고, 하나님 보시기에 악한 일을 저
질러 그분을 노엽게 했기 때문이었습니다. 나는 하나
님의 진노, 활활 타오르는 그분의 진노가 두려웠습니
다. 그분께서 여러분을 멸망시키려고 하신다는 생각
이 들었습니다. 그러나 하나님께서 다시 한번 내 말
을 들어주셨습니다. 그분께서 아론에게도 진노하셔
서, 그를 멸하려 하셨습니다. 그때에 나는 아론을 위
해서도 기도했습니다.
21 나는 여러분이 만든 죄악된 물건, 곧 송아지 신상
을 가져다가 불 속에 넣어 태운 다음, 고운 가루가 될
때까지 부수고 빻아서, 산에서 흘러 내려오는 시냇물
에 뿌렸습니다.
22 여러분은 우리가 진을 쳤던 다베라(불사름), 맛사
(시험한 곳), 기브롯핫다아와(탐욕의 무덤)에서도 그
랬습니다. 여러분은 하나님을 진노케 한 경우가 많았
습니다.
23-24 최근에도 하나님께서는 가데스바네아에서 여러
분을 보내시며, "가서, 내가 너희에게 주는 땅을 차지
하여라" 하고 명령하셨습니다. 그때 여러분은 어떻게
했습니까? 하나님을 거역했습니다. 하나님 여러분의
하나님께서 내리신 분명한 명령을 거스르고 그분을
신뢰하지 않았습니다. 그분의 말씀에 순종하려 하지
않았습니다. 내가 여러분을 알게 된 날부터 지금까
지, 여러분은 줄곧 하나님을 거역하는 반역자로 살아
왔습니다.

Egypt have ruined everything. In almost no
time at all they have left the road that I laid out
for them and gone off and made for themselves
a cast god."
13-14 GOD said, "I look at this people and all I
see are hardheaded, hardhearted rebels. Get
out of my way now so I can destroy them. I'm
going to wipe them off the face of the map.
Then I'll start over with you to make a nation
far better and bigger than they could ever be."
15-17 I turned around and started down the
mountain–by now the mountain was blazing
with fire–carrying the two tablets of the
covenant in my two arms. That's when I saw
it: There you were, sinning against GOD, your
God–you had made yourselves a cast god in
the shape of a calf! So soon you had left the
road that GOD had commanded you to walk on.
I held the two stone slabs high and threw them
down, smashing them to bits as you watched.
18-20 Then I prostrated myself before GOD,
just as I had at the beginning of the forty days
and nights. I ate no food; I drank no water. I
did this because of you, all your sins, sinning
against GOD, doing what is evil in GOD's eyes
and making him angry. I was terrified of GOD's
furious anger, his blazing anger. I was sure
he would destroy you. But once again GOD
listened to me. And Aaron! How furious he
was with Aaron–ready to destroy him. But I
prayed also for Aaron at that same time.
21 But that sin-thing that you made, that
calf-god, I took and burned in the fire, pound-
ed and ground it until it was crushed into a
fine powder, then threw it into the stream that
comes down the mountain.
22 And then there was Camp Taberah (Blaze),
Massah (Testing-Place), and Camp Kibroth
Hattaavah (Graves-of-the-Craving)–more
occasions when you made GOD furious with
you.
23-24 The most recent was when GOD sent you
out from Kadesh Barnea, ordering you: "Go.
Possess the land that I'm giving you." And what
did you do? You rebelled. Rebelled against

25-26 하나님께서 여러분을 멸하시겠다고 말씀하실 때에 나는 밤낮으로 사십 일을 하나님 앞에 엎드려, 여러분을 위해 하나님께 기도했습니다. "나의 주 하나님, 주의 관대하심으로 속량하시고, 그 크신 능력으로 이집트에서 이끌어 내신 당신의 백성, 당신의 소유를 멸하지 말아 주십시오.
27-28 주의 종 아브라함과 이삭과 야곱을 기억하셔서, 이 백성의 완악함과 악과 죄를, 너무 심각하게 여기지 말아 주십시오. 그렇게 하지 않으시면, 주께서 저들을 구해 내신 이집트 땅의 사람들이 '하나님도 어쩔 수 없군. 그가 지쳐서, 자신이 약속한 땅으로 그들을 데리고 가지 못하는 거야. 그들을 미워해서, 결국 그들을 광야에 죽게 내버려 두는구나' 하고 말할 것입니다.
29 그들은 주께서 친히 강한 능력으로 구해 내신 주의 백성, 주의 소유입니다."

십계명을 다시 받다

10 1-2 그러자 하나님께서 이렇게 대답하셨습니다. "너는 돌판 두 개를 처음 것과 같이 만들어서, 산으로 가지고 올라와 나를 만나라. 또 나무로 궤를 하나 만들어라. 처음 돌판, 곧 네가 깨뜨려 버린 돌판에 있던 말을 내가 그 돌판에 새겨 줄 테니, 너는 그것을 그 궤에 넣어라."
3-5 그래서 나는 아카시아나무로 궤를 만들고, 처음 것과 같이 돌판 두 개를 만들어 양손에 들고 산으로 올라갔습니다. 하나님께서는 총회 날에 그 산 불 가운데서 여러분에게 말씀하신 십계명을, 처음 돌판에 쓰셨던 것처럼 그 돌판에 새겨 내게 주셨습니다. 나는 돌아서서 산을 내려왔습니다. 그러고는 하나님께서 명령하신 대로, 내가 만든 궤 안에 그 두 돌판을 넣었습니다. 두 돌판은 그 후로 지금까지 그 궤 안에 있습니다.

❦

6-7 이스라엘 백성은 야아간 사람의 우물을 떠나 모세라로 갔습니다. 거기서 아론이 죽어 묻혔고, 그의 아들 엘르아살이 뒤를 이어 제사장이 되었습니다. 그들은 그곳을 떠나 굿고다로 갔고, 굿고다를 떠나서는 여러 물줄기가 흐르는 땅 욧바다로 갔습니다.
8-9 그때에 하나님께서 레위 지파를 따로 구별하셔서, 하나님의 언약궤를 나르게 하시고, 하나님 앞에서 일하게 하시며, 그분을 섬기고 그분의 이-

the clear orders of GOD, your God. Refused to trust him. Wouldn't obey him. You've been rebels against GOD from the first day I knew you.
25-26 When I was on my face, prostrate before GOD those forty days and nights after GOD said he would destroy you, I prayed to GOD for you, "My Master, GOD, don't destroy your people, your inheritance whom, in your immense generosity, you redeemed, using your enormous strength to get them out of Egypt.
27-28 "Remember your servants Abraham, Isaac, and Jacob; don't make too much of the stubbornness of this people, their evil and their sin, lest the Egyptians from whom you rescued them say, 'GOD couldn't do it; he got tired and wasn't able to take them to the land he promised them. He ended up hating them and dumped them in the wilderness to die.'
29 "They are your people still, your inheritance whom you powerfully and sovereignly rescued."

10 1-2 GOD responded. He said, "Shape two slabs of stone similar to the first ones. Climb the mountain and meet me. Also make yourself a wooden chest. I will engrave the stone slabs with the words that were on the first ones, the ones you smashed. Then you will put them in the Chest."
3-5 So I made a chest out of acacia wood, shaped two slabs of stone, just like the first ones, and climbed the mountain with the two slabs in my arms. He engraved the stone slabs the same as he had the first ones, the Ten Words that he addressed to you on the mountain out of the fire on the day of the assembly. Then GOD gave them to me. I turned around and came down the mountain. I put the stone slabs in the Chest that I made and they've been there ever since, just as GOD commanded me.

❦

6-7 The People of Israel went from the wells of the Jaakanites to Moserah. Aaron died there and was buried. His son Eleazar succeeded him as priest.

름으로 축복하는 일을 하게 하셨습니다. 그들은 지금도 그렇게 하고 있습니다. 그 때문에 레위인에게는 그들의 동족이 유산으로 물려받은 것과 같은 땅이 한 평도 없습니다. **하나님** 여러분의 하나님께서 그들에게 약속하신 대로, **하나님**께서 그들의 유산이 되어 주시기 때문입니다.
10 나는 처음과 같이 산 위에서 밤낮으로 사십 일을 머물렀습니다. 그러자 **하나님**께서 그때처럼 나의 간구를 들어주셨습니다. 여러분을 멸하지 않기로 하신 것입니다.
11 **하나님**께서 내게 말씀하셨습니다. "이제 떠나거라. 백성을 인도하여라. 그들이 다시 길을 떠나, 내가 그들 조상에게 주겠다고 약속한 땅을 차지하게 하여라."

여러분 마음의 굳은살을 베어 내고

12-13 그러니 이스라엘 여러분, **하나님**께서 여러분에게 기대하시는 것이 무엇이겠습니까? 그것은 바로 여러분이 그분 앞에서 거룩하고 경건하게 살고, 그분께서 여러분 앞에 두신 길을 따라 걸으며, 그분을 사랑하고, 마음을 다해 **하나님** 여러분의 하나님을 섬기며, 내가 오늘 여러분에게 명령하는 **하나님**의 계명과 법도를 지키는 것입니다. 이것이야말로 여러분이 잘 사는 길입니다.
14-18 주위를 둘러보십시오. 여러분의 눈에 보이는 모든 것, 곧 하늘과 그 위에 있는 것, 땅과 그 위에 있는 모든 것이 다 **하나님**의 것입니다. 그런데도 **하나님**께서는 여러분의 조상에게 마음을 두시고, 다른 모든 민족 가운데서 그들의 자손인 여러분을 택하셨습니다! 우리가 지금 그 자리에 있습니다. 그러니 여러분은 마음의 굳은살을 베어 내고, 제멋대로 고집부리는 것을 멈추십시오. **하나님** 여러분의 하나님은 모든 신의 하나님이시며, 모든 주의 주이시며, 위대하고 강하고 두려우신 하나님이십니다. 그분께서는 편애하지 않으시고, 뇌물을 받지 않으시며, 고아와 과부가 공평하게 대우 받게 하시고, 외국인이 음식과 옷을 구할 수 있도록 그들을 따뜻하게 보살피는 분이십니다.

19-21 여러분은 낯선 외국인을 보살펴 따뜻하게 대해야 합니다.
기억하십시오. 여러분도 전에는 이집트 땅에서 외국인이었습니다.
하나님 여러분의 하나님을 경외하고, 그분을 섬기며, 그분을 꼭 붙잡고,

From there they went to Gudgodah, and then to Jotbathah, a land of streams of water.
8-9 That's when GOD set apart the tribe of Levi to carry GOD's Covenant Chest, to be on duty in the Presence of GOD, to serve him, and to bless in his name, as they continue to do today. And that's why Levites don't have a piece of inherited land as their kinsmen do. GOD is their inheritance, as GOD, your God, promised them.
10 I stayed there on the mountain forty days and nights, just as I did the first time. And GOD listened to me, just as he did the first time: GOD decided not to destroy you.
11 GOD told me, "Now get going. Lead your people as they resume the journey to take possession of the land that I promised their ancestors that I'd give to them."

12-13 So now Israel, what do you think GOD expects from you? Just this: Live in his presence in holy reverence, follow the road he sets out for you, love him, serve GOD, your God, with everything you have in you, obey the commandments and regulations of GOD that I'm commanding you today—live a good life.
14-18 Look around you: Everything you see is GOD's—the heavens above and beyond, the Earth, and everything on it. But it was your ancestors who GOD fell in love with; he picked their children—that's *you*!—out of all the other peoples. That's where we are right now. So cut away the thick calluses from your heart and stop being so willfully hardheaded. GOD, your God, is the God of all gods, he's the Master of all masters, a God immense and powerful and awesome. He doesn't play favorites, takes no bribes, makes sure orphans and widows are treated fairly, takes loving care of foreigners by seeing that they get food and clothing.

19-21 You must treat foreigners with the same loving care—
remember, you were once foreigners in Egypt.
Reverently respect GOD, your God, serve him, hold tight to him,
back up your promises with the authority of his

여러분의 약속을 그분의 이름으로만 맹세하십시오.
그분은 여러분의 찬양을 받으실, 여러분의 하나님이십니다!
그분은 여러분이 두 눈으로 직접 본 것처럼,
크고 두려운 이 모든 일을 행하신 분이십니다.

22 여러분의 조상이 이집트에 들어갈 때에는 그 수가 겨우 칠십 명에 지나지 않았습니다. 그러나 이제 보십시오. 여러분의 수가 밤하늘의 별처럼 많지 않습니까? 하나님께서 그렇게 하신 것입니다.

하나님을 사랑하고 그분의 계명을 지키십시오

11 1 그러므로 하나님 여러분의 하나님을 사랑하십시오.
여러분이 사는 날 동안 그분의 규례와 법도를 잘 지키고,
그분의 계명을 지키십시오.

2-7 오늘 여기에서 가장 중심에 있어야 할 사람은 여러분의 자녀가 아닙니다. 그들은 하나님께서 행하신 일을 알지도 못하고, 그분이 행하신 일을 본 적도 없으며, 그분의 징계를 경험하지도 못했고, 그분의 위대하심에 놀란 적도 없기 때문입니다. 또한 그들은, 하나님께서 어떻게 그분의 크신 능력으로 이집트 한가운데서 이집트 왕 바로와 그의 온 땅에 기적-표징과 큰 일을 일으키셨는지, 이집트의 군대와 말과 전차들이 여러분을 뒤쫓아 올 때에 어떻게 그들을 홍해에 수장시키셨는지 알지 못합니다. 하나님께서 그들을 물에 빠뜨려 죽이셨지만, 여러분은 살아서 오늘 이 자리에 서 있습니다. 여러분이 이곳에 이르기까지 하나님께서 여러분을 광야에서 어떻게 돌보셨는지, 르우벤의 자손이며 엘리압의 아들인 다단과 아비람에게 그분께서 어떻게 행하셨는지, 땅이 어떻게 입을 벌려 이스라엘 가운데서 그들과 그 가족과 그들의 장막과 주위의 모든 것을 삼켜 버렸는지를 아는 사람도 여러분의 자녀가 아닙니다. 그렇습니다. 하나님께서 행하신 이 모든 크고 위대한 일을 두 눈으로 본 사람은, 다름 아닌 여러분입니다.

8-9 그러므로 여러분은 오늘 내가 여러분에게 명령하는 모든 *계명을 지켜 행해야* 합니다. 그러면 여러분은 힘을 얻고, 여러분이 건너가서 차지하려는 땅에 들어가 그 땅을 차지하게 될 것입니다. 여러분은 계명을 지킴으로써, 하나님께서 여러분의 조상과 그 자손에게 주시기로 약속하신 땅, 젖과 꿀이 흐르는 땅

name.
He's your praise! He's your God!
He did all these tremendous, these staggering things
that you saw with your own eyes.

22 When your ancestors entered Egypt, they numbered a mere seventy souls. And now look at you—you look more like the stars in the night skies in number. And your GOD did it.

11 1 So love GOD, your God;
guard well his rules and regulations;
obey his commandments for the rest of time.

2-7 Today it's very clear that it isn't your children who are front and center here: They weren't in on what GOD did, didn't see the acts, didn't experience the discipline, didn't marvel at his greatness, the way he displayed his power in the miracle-signs and deeds that he let loose in Egypt on Pharaoh king of Egypt and all his land, the way he took care of the Egyptian army, its horses and chariots, burying them in the waters of the Red Sea as they pursued you. GOD drowned them. And you're standing here today alive. Nor was it your children who saw how GOD took care of you in the wilderness up until the time you arrived here, what he did to Dathan and Abiram, the sons of Eliab son of Reuben, how the Earth opened its jaws and swallowed them with their families—their tents, and everything around them—right out of the middle of Israel. Yes, it was you—your eyes—that saw every great thing that GOD did.

8-9 So it's you who are in charge of keeping the entire commandment that I command you today so that you'll have the strength to invade and possess the land that you are crossing the river to make your own. Your obedience will give you a long life on the soil that GOD promised to give your ancestors and their children, a land flowing with milk and honey.

10-12 The land you are entering to take up

에서 오래도록 살게 될 것입니다.
10-12 여러분이 들어가 차지하려는 땅은 여러분이 떠나온 이집트 땅과 같지 않습니다. 거기서는 여러분이 씨를 뿌리고, 채소밭에 물을 줄 때처럼 직접 물을 주어야 했습니다. 그러나 여러분이 강을 건너가 여러분의 소유로 삼을 땅은 산과 골짜기가 있는 땅, 하늘에서 내리는 빗물을 흡수하는 땅입니다. 정원사이신 하나님 여러분의 하나님께서 친히 가꾸시고, 일 년 내내 홀로 돌보시는 땅입니다.
13-15 이제부터 여러분이, 내가 오늘 여러분에게 명령하는 계명을 순종하는 마음으로 듣고, 하나님 여러분의 하나님을 사랑하고, 마음을 다해 그분을 섬기면, 그분께서 제때에 가을비와 봄비를 내려 주셔서, 여러분이 곡식과 포도와 올리브를 거두게 해주실 것입니다. 또한 여러분의 가축들이 뜯어먹을 풀도 무성하게 해주실 것입니다. 여러분은 먹을거리를 풍성히 얻게 될 것입니다.
16-17 여러분은 유혹을 받고 길을 벗어나, 다른 신들을 섬기고 숭배하는 일이 없도록 깨어 있으십시오. 그러지 않으면 하나님께서 진노하셔서 하늘을 닫으실 것입니다. 비가 내리지 않고 밭에서는 아무것도 자라지 않아서, 여러분은 곧 굶어 죽고 말 것입니다. 하나님께서 여러분에게 주신 아름다운 땅에서, 여러분은 흔적도 없이 사라지고 말 것입니다.
18-21 그러므로 이 말을 여러분의 마음에 간직하십시오. 마음속 깊이 간직하십시오. 손과 이마에 매어 표로 삼으십시오. 또한 여러분의 자녀에게 가르치십시오. 집에 앉아 있을 때나 길을 걸을 때나 어디에 있든지, 아침에 일어나서 밤에 잠자리에 드는 순간까지 이 계명에 관해 이야기하십시오. 양쪽 문기둥과 성문에도 새겨 넣으십시오. 그러면 하나님께서 여러분의 조상에게 주겠다고 약속하신 땅에서 여러분과 여러분의 자손이, 땅 위에 하늘이 있는 한, 오래도록 살게 될 것입니다.
22-25 맞습니다. 내가 여러분에게 지키라고 명령하는 이 모든 계명을 부지런히 지키고, 하나님 여러분의 하나님을 사랑하고, 그분께서 일러 주시는 대로 행하며, 그분께 꼭 붙어 있으면, 하나님께서 여러분 앞에서 저 모든 민족을 쫓아내실 것입니다. 그렇습니다. 그분께서 여러분보다 크고 강한 민족들을 몰아내실 것입니다. 여러분이 발을 딛는 곳마다 여러분의 땅이 될 것입니다. 여러분 땅의 경계는 광야에서 레바논 산맥에 이르기까지, 유프라테스 강에서 지중해에 이르기까지 뻗어 나갈 것입니다. 아무도 여러분의 앞길을 막지 못할 것입니다. 여러분이 가는 곳이면 어

ownership isn't like Egypt, the land you left, where you had to plant your own seed and water it yourselves as in a vegetable garden. But the land you are about to cross the river and take for your own is a land of mountains and valleys; it drinks water that rains from the sky. It's a land that GOD, your God, personally tends—he's the gardener—he alone keeps his eye on it all year long.
13-15 From now on if you listen obediently to the commandments that I am commanding you today, love GOD, your God, and serve him with everything you have within you, he'll take charge of sending the rain at the right time, both autumn and spring rains, so that you'll be able to harvest your grain, your grapes, your olives. He'll make sure there's plenty of grass for your animals. You'll have plenty to eat.
16-17 But be vigilant, lest you be seduced away and end up serving and worshiping other gods and GOD erupts in anger and shuts down Heaven so there's no rain and nothing grows in the fields, and in no time at all you're starved out—not a trace of you left on the good land that GOD is giving you.
18-21 Place these words on your hearts. Get them deep inside you. Tie them on your hands and foreheads as a reminder. Teach them to your children. Talk about them wherever you are, sitting at home or walking in the street; talk about them from the time you get up in the morning until you fall into bed at night. Inscribe them on the doorposts and gates of your cities so that you'll live a long time, and your children with you, on the soil that GOD promised to give your ancestors for as long as there is a sky over the Earth.
22-25 That's right. If you diligently keep all this commandment that I command you to obey—love GOD, your God, do what he tells you, stick close to him—GOD on his part will drive out all these nations that stand in your way. Yes, he'll drive out nations much bigger and stronger than you. Every square inch on which you place your foot will be yours. Your

디딘지, 하나님께서 약속하신 대로 공포와 전율을
여러분보다 앞서 보내실 것입니다.
26 나는 오늘 여러분을 복과 저주의 갈림길에 세웠
습니다.
27 내가 오늘 여러분에게 명령하는 하나님 여러분
의 하나님의 계명을 순종하는 마음으로 듣고 따르
면, 복을 받을 것입니다.
28 내가 오늘 여러분에게 명령하는 하나님 여러분
의 하나님의 계명에 주의를 기울이지 않고, 그 길
에서 벗어나 여러분이 알지도 못하는 신들을 따라
가면, 저주를 받을 것입니다.
29-30 하나님 여러분의 하나님께서 여러분이 들어
가 차지할 땅으로 여러분을 데리고 가시면, 여러
분은 그리심 산에서 축복을 선포하고 에발 산에
서 저주를 선포하십시오. 요단 강을 건너면, 서쪽
길을 따라가다가 길갈과 모레의 상수리나무 인근
골짜기에 있는 가나안 사람들의 땅을 통과해 가
십시오.
31-32 이제 여러분은 요단 강을 건너, 하나님 여러
분의 하나님께서 여러분에게 주시는 땅으로 들어
가 그 땅을 차지하게 될 것입니다. 깨어 있으십시
오. 내가 오늘 여러분 앞에 제시하는 법도와 규례
를 모두 지켜 행하십시오.

하나님께서 택하신 예배 처소

12 1 이것은 하나님 여러분 조상의 하나님
께서 여러분에게 차지하라고 주신 땅에
서 여러분이 사는 날 동안 부지런히 지켜야 할 규
례와 법도입니다.
2-3 여러분이 쫓아낼 민족들이 자기 신들을 섬기는
산당은, 가차 없이 허물어 버리십시오. 그 산당을
낮은 산이나 높은 산, 푸른 나무숲이나 그 어디에
서 찾아내든지, 가차 없이 허물어 버리십시오. 그
들의 제단을 부수고, 남근 모양의 기둥들을 박살
내십시오. 섹스와 종교를 결합한 아세라 산당들을
불태우고, 그들이 조각한 신상들을 부수어 버리십
시오. 그 산당의 이름들을 흔적도 없이 지워 버리
십시오.
4 여러분은 그런 곳과 분명히 선을 그으십시오. 그
런 곳에서 일어나는 일이, 하나님 여러분의 하나
님께 드리는 예배를 더럽히지 못하게 하십시오.
5-7 여러분은 하나님 여러분의 하나님께서 택하셔
서 자기 이름으로 표시하신 곳, 이스라엘 온 지파
를 위해 정해 주신 곳으로 가서, 그곳에서 모임을
가지십시오. 여러분의 속죄 제물과 희생 제물, 여

borders will stretch from the wilderness to the mountains of Lebanon, from the Euphrates River to the Mediterranean Sea. No one will be able to stand in your way. Everywhere you go, GOD-sent fear and trembling will precede you, just as he promised.
26 I've brought you today to the crossroads of
Blessing and Curse.
27 The Blessing: if you listen obediently to the
commandments of GOD, your God, which I command you today.
28 The Curse: if you don't pay attention to the
commandments of GOD, your God, but leave the road that I command you today, following other gods of which you know nothing.
29-30 Here's what comes next: When GOD, your
God, brings you into the land you are going into to make your own, you are to give out the Blessing from Mount Gerizim and the Curse from Mount Ebal. After you cross the Jordan River, follow the road to the west through Canaanite settlements in the valley near Gilgal and the Oaks of Moreh.
31-32 You are crossing the Jordan River to invade
and take the land that GOD, your God, is giving you. Be vigilant. Observe all the regulations and rules I am setting before you today.

12 1 These are the rules and regulations
that you must diligently observe for as long as you live in this country that GOD, the God-of-Your-Fathers, has given you to possess.
2-3 Ruthlessly demolish all the sacred shrines
where the nations that you're driving out worship their gods—wherever you find them, on hills and mountains or in groves of green trees. Tear apart their altars. Smash their phallic pillars. Burn their sex-and-religion Asherah shrines. Break up their carved gods. Obliterate the names of those god sites.
4 Stay clear of those places—don't let what went
on there contaminate the worship of GOD, your God.
5-7 Instead find the site that GOD, your God, will
choose and mark it with his name as a common

러분의 십일조와 높이 들어 바치는 제물, 여러분의 서원 제물과 자원 제물, 소 떼와 양 떼의 첫 새끼를 그곳으로 가져가십시오. 거기, 곧 **하나님** 여러분의 하나님 앞에서 잔치를 벌이십시오. **하나님** 여러분의 하나님께서 주시는 복으로 성취한 모든 것을 두고 여러분의 가족과 함께 기뻐하십시오.

8-10 지금은 우리가 이 같은 일들을 저마다 원하는 대로 하고 있지만, 앞으로는 그렇게 하지 마십시오. 아직까지는 여러분이 목적지와 안식처, 곧 **하나님** 여러분의 하나님께서 유산으로 주시는 땅에 이르지 못했기 때문입니다. 그러나 여러분이 요단강을 건너 **하나님** 여러분의 하나님께서 유산으로 주시는 땅에 들어가 자리를 잡으면, 그분께서 여러분 주위에 있는 모든 적들을 쫓아내시고 여러분을 편히 쉬게 해주실 것입니다. 그러면 여러분은 안전하게 자리를 잡고 살게 될 것입니다.

11-12 그때부터는 내가 여러분에게 명령하는 모든 것, 곧 여러분의 속죄 제물과 희생 제물, 여러분의 십일조와 높이 들어 바치는 제물, 여러분이 **하나님**께 서원하고 바치는 서원 제물 가운데서 가장 좋은 것을, **하나님** 여러분의 하나님께서 택하셔서 자기 이름으로 표시하신 곳, 여러분이 그분을 만날 수 있는 곳으로 가져가십시오. 거기서 여러분은, **하나님** 여러분의 하나님 앞에서 여러분의 자녀와 남종과 여종과, 여러분의 유산 가운데 자기 몫 없이 여러분의 동네에 사는 레위인과 함께 기뻐하십시오.

13-14 특히, 마음에 드는 아무 곳에서나 속죄 제물을 드리는 일이 없도록 조심하십시오. **하나님**께서 여러분의 지파 가운데서 택하신 한곳에서만 속죄 제물을 드리십시오. 내가 명령하는 모든 것을 그곳으로만 가져가야 합니다.

15 **하나님** 여러분의 하나님께서 주신 복에 따라, 노루나 사슴처럼 제물용이 아닌 짐승은 여러분의 성읍에서 잡아 원하는 부위를 먹어도 됩니다. 정결한 사람이든 부정한 사람이든, 모두 그 고기를 먹을 수 있습니다.

16-18 그러나 그 피를 먹어서는 안됩니다. 피는 물처럼 땅바닥에 쏟아 버려야 합니다. 그리고 여러분의 곡식과 새 포도주와 올리브기름의 십일조, 소와 양의 첫 새끼, 여러분이 서원하여 드린 서원 제물과 자원 제물, 높이 들어 바치는 제물도 여러분의 성읍에서 먹어서는 안됩니다. 이 모든 것은 **하나님** 여러분의 하나님 앞, 곧 **하나님** 여러분의 하나님께서 택하신 곳에서 먹어야 합니다. 여러분

center for all the tribes of Israel. Assemble there. Bring to that place your Absolution-Offerings and sacrifices, your tithes and Tribute-Offerings, your Vow-Offerings, your Freewill-Offerings, and the firstborn of your herds and flocks. Feast there in the Presence of GOD, your God. Celebrate everything that you and your families have accomplished under the blessing of GOD, your God.

8-10 Don't continue doing things the way we're doing them at present, each of us doing as we wish. Until now you haven't arrived at the goal, the resting place, the inheritance that GOD, your God, is giving you. But the minute you cross the Jordan River and settle into the land GOD, your God, is enabling you to inherit, he'll give you rest from all your surrounding enemies. You'll be able to settle down and live in safety.

11-12 From then on, at the place that GOD, your God, chooses to mark with his name as the place where you can meet him, bring everything that I command you: your Absolution-Offerings and sacrifices, tithes and Tribute-Offerings, and the best of your Vow-Offerings that you vow to GOD. Celebrate there in the Presence of GOD, your God, you and your sons and daughters, your servants and maids, including the Levite living in your neighborhood because he has no place of his own in your inheritance.

13-14 Be extra careful: Don't offer your Absolution-Offerings just any place that strikes your fancy. Offer your Absolution-Offerings only in the place that GOD chooses in one of your tribal regions. There and only there are you to bring all that I command you.

15 It's permissible to slaughter your nonsacrificial animals like gazelle and deer in your towns and eat all you want from them with the blessing of GOD, your God. Both the ritually clean and unclean may eat.

16-18 But you may not eat the blood. Pour the blood out on the ground like water. Nor may you eat there the tithe of your grain, new wine, or olive oil; nor the firstborn of your herds and flocks; nor any of the Vow-Offerings that you vow; nor your Freewill-Offerings and Tribute-Of-

과 여러분의 자녀, 여러분의 남종과 여종, 여러분의 동네에 사는 레위인이 모두 그렇게 해야 합니다. 여러분은 여러분이 성취한 모든 것을 두고, **하나님** 여러분의 하나님 앞에서 경축해야 합니다.

19 여러분은 여러분의 땅에서 사는 동안 레위인을 결코 소홀히 대하지 마십시오.

20-22 **하나님** 여러분의 하나님께서 친히 약속하신 대로, 여러분의 영토를 넓혀 주신 뒤에, 고기 생각이 간절하여 여러분의 입에서 "고기가 먹고 싶다"는 말이 나오면, 가서 원하는 만큼 고기를 먹으십시오. 만일 **하나님** 여러분의 하나님께서 자기 이름으로 표시하신 곳이 여러분이 사는 곳에서 너무 멀면, 내가 여러분에게 명령한 대로 **하나님**께서 여러분에게 주신 소나 양을 잡아, 여러분의 성읍에서 마음껏 먹어도 됩니다. 노루나 사슴처럼 제물용이 아닌 짐승을 먹듯이, 그 고기를 먹어도 됩니다. 부정한 사람이든 정결한 사람이든, 한 식탁에 둘러앉아 그것을 먹을 수 있습니다.

23-25 그러나 피는 안됩니다. 피는 먹지 마십시오. 피는 생명이니, 생명을 고기와 함께 먹어서는 안됩니다. 피는 먹지 말고, 물처럼 땅바닥에 쏟아 버리십시오. 그것을 먹지 마십시오. 그러면 여러분과 여러분의 자손이 모두 잘 살게 될 것입니다. 반드시, **하나님** 보시기에 올바른 일을 행하십시오.

26-27 여러분의 거룩한 제물과 여러분의 서원 제물은, 높이 들어 **하나님**께서 정해 주신 곳으로 가져가십시오. 속죄 제물의 고기와 피는 **하나님** 여러분의 하나님의 제단에 바치십시오. 속죄 제물의 피는 **하나님** 여러분의 하나님의 제단에 쏟으십시오. 그런 다음 여러분은 고기를 먹어도 됩니다.

28 정신을 차려, 내가 여러분에게 명령하는 이 말을 순종하는 마음으로 들으십시오. 그러면 여러분과 여러분의 자손이, **하나님** 여러분의 하나님 보시기에 선한 일과 올바른 일을 행하면서, 오래도록 잘 살게 될 것입니다.

다른 신들을 섬기지 마십시오

29-31 **하나님** 여러분의 하나님께서 여러분이 들어가 차지하려는 땅에 살고 있는 민족들을 끊어 버리시고 여러분 앞에서 그들을 몰아내셔서, 그들을 대신해 여러분이 그 땅에 자리를 잡게 하시면, 조심하십시오, 여러분 앞에서 멸망한 그들에 대해 호기심을 품는 일이 없도록 조심하십시오. 그들의 신들에게 정신이 팔려, "이 민족들은 신들을 어떻게 섬겼을까? 나도 한번 그렇게 해보고 싶다"

ferings. All these you must eat in the Presence of GOD, your God, in the place GOD, your God, chooses—you, your son and daughter, your servant and maid, and the Levite who lives in your neighborhood. You are to celebrate in the Presence of GOD, your God, all the things you've been able to accomplish.

19 And make sure that for as long as you live on your land you never, never neglect the Levite.

20-22 When GOD, your God, expands your territory as he promised he would do, and you say, "I'm hungry for meat," because you happen to be craving meat at the time, go ahead and eat as much meat as you want. If you're too far away from the place that GOD, your God, has marked with his name, it's all right to slaughter animals from your herds and flocks that GOD has given you, as I've commanded you. In your own towns you may eat as much of them as you want. Just as the nonsacrificial animals like the gazelle and deer are eaten, you may eat them; the ritually unclean and clean may eat them at the same table.

23-25 Only this: Absolutely no blood. Don't eat the blood. Blood is life; don't eat the life with the meat. Don't eat it; pour it out on the ground like water. Don't eat it; then you'll have a good life, you and your children after you. By all means, do the right thing in GOD's eyes.

26-27 And this: Lift high your Holy-Offerings and your Vow-Offerings and bring them to the place GOD designates. Sacrifice your Absolution-Offerings, the meat and blood, on the Altar of GOD, your God; pour out the blood of the Absolution-Offering on the Altar of GOD, your God; then you can go ahead and eat the meat.

28 Be vigilant, listen obediently to these words that I command you so that you'll have a good life, you and your children, for a long, long time, doing what is good and right in the eyes of GOD, your God.

29-31 When GOD, your God, cuts off the nations whose land you are invading, shoves them out of your way so that you displace them and

하고 생각하는 일이 없게 하십시오. 하나님 여러분의 하나님께 그 같은 일을 하지 마십시오. 그들은 상상할 수 있는 온갖 역겨운 짓을 자기 신들과 함께 저지릅니다. 하나님께서는 그러한 짓을 몹시 싫어하십니다. 그들은 자녀를 불살라 자기 신들에게 제물로 바치기까지 합니다!

32 내가 여러분에게 명령하는 모든 것을, 여러분은 부지런히 지켜 행하십시오. 거기에 무엇을 더하거나 빼지 마십시오.

13 1-4 여러분의 공동체에 예언자나 환상을 보는 자가 나타나서 기적-표징이나 이적을 일으키겠다 말하고, 자신이 말한 기적-표징이나 이적이 일어나서, 그가 (여러분이 알지 못하는 신들을 들먹이며) "다른 신들을 따라가 그 신들을 섬기자" 하고 말하거든, 그 예언자나 환상을 보는 자의 말을 듣는 척도 하지 마십시오. 이는 하나님 여러분의 하나님께서, 여러분이 마음을 다해 그분을 온전히 사랑하는지 알아보시려고 여러분을 시험하시는 것입니다. 여러분은 하나님 여러분의 하나님만을 따르고, 그분을 깊이 경외하고, 그분의 계명을 지키고, 그분의 말씀을 순종하는 마음으로 들으며, 그분을 섬겨야 합니다. 생명을 다해 그분을 꼭 붙잡으십시오!

5 그런 예언자나 환상을 보는 자는 반드시 사형에 처해야 합니다. 이집트에서 여러분을 건져 주시고, 종살이하던 세계에서 여러분을 속량하셨으며, 여러분에게 길을 제시해 그 길을 걸으라고 명령하신 하나님 여러분의 하나님을 배반하라고 그 자가 선동했기 때문입니다. 여러분은 여러분의 공동체에서 악을 말끔히 제거해 버리십시오.

6-10 그리고 여러분의 형제나 아들이나 딸이나, 여러분이 사랑하는 아내나 여러분의 평생 친구가 은밀히 다가와서, (여러분이나 여러분의 조상이 전혀 알지 못하는 신들, 땅의 이 끝에서 저 끝까지 원근 각처에 있는 민족들의 신들을 들먹이며) "가서 다른 신들을 섬깁시다" 하고 꾀거든, 여러분은 그를 따르지도 말고 그의 말을 듣지도 마십시오. 그런 자를 불쌍히 여기지도 말고 변호해 주지도 마십시오. 그 자를 죽이십시오. 그런 자는 죽이는 것이 옳습니다. 여러분이 먼저 돌을 던지십시오. 그런 다음 곧바로 공동체의 모든 사람이 동참하여 돌을 던지십시오. 돌로 쳐서 그를 죽이십시오. 그가 여러분을 반역자로 만들어, 이집트 땅 종살이

settle in their land, be careful that you don't get curious about them after they've been destroyed before you. Don't get fascinated with their gods, thinking, "I wonder what it was like for them, worshiping their gods. I'd like to try that myself." Don't do this to GOD, your God. They commit every imaginable abomination with their gods. GOD hates it all with a passion. Why, they even set their children on fire as offerings to their gods!

32 Diligently do everything I command you, the way I command you: don't add to it; don't subtract from it.

13 1-4 When a prophet or visionary gets up in your community and gives out a miracle-sign or wonder, and the miracle-sign or wonder that he gave out happens and he says, "Let's follow other gods" (these are gods you know nothing about), "let's worship them," don't pay any attention to what that prophet or visionary says. GOD, your God, is testing you to find out if you totally love him with everything you have in you. You are to follow only GOD, your God, hold him in deep reverence, keep his commandments, listen obediently to what he says, serve him—hold on to him for dear life!

5 And that prophet or visionary must be put to death. He has urged mutiny against GOD, your God, who rescued you from Egypt, who redeemed you from a world of slavery and put you on the road on which GOD, your God, has commanded you to walk. Purge the evil from your company.

6-10 And when your brother or son or daughter, or even your dear wife or lifelong friend, comes to you in secret and whispers, "Let's go and worship some other gods" (gods that you know nothing about, neither you nor your ancestors, the gods of the peoples around you near and far, from one end of the Earth to the other), don't go along with him; shut your ears. Don't feel sorry for him and don't make excuses for him. Kill him. That's right, kill him. You throw the first stone. Take action at once and swiftly with everybody in the community getting in on it at the end. Stone him

하던 세계에서 여러분을 이끌어 내신 하나님 여러분의 하나님을 거역하게 하려고 했기 때문입니다.

11 그러면 이스라엘의 모든 남자와 여자와 아이가 그 일을 듣고 두려워하여, 이처럼 악한 일을 다시는 저지르지 않게 될 것입니다.

12-17 하나님 여러분의 하나님께서 여러분에게 들어가 살라고 주시는 성읍들 가운데 한 곳에서 소문이 들리기를, 악한 자들이 그 성읍 주민들 일부와 공모하여 배반을 일삼고 (여러분이 알지 못하는 신들을 들먹이며) "가서 다른 신들을 섬깁시다" 한다 하거든, 여러분은 반드시 그 일을 자세히 알아봐야 합니다. 심문하고 조사하십시오. 소문이 사실로 판명되고, 그 역겨운 일이 실제로 여러분의 공동체 안에서 벌어졌다는 것이 사실로 드러나면, 여러분은 그 성읍 주민들을 처형해야 합니다. 그들을 죽이고, 그 성읍을 거룩한 진멸을 위해 따로 떼어 두십시오. 그 성읍과 그 안에 있는 모든 것과 가축까지 멸하십시오. 노획물은 그 성읍의 광장 한가운데 모아 놓고 그 성읍과 노획물을 모조리 불살라서, 그 연기를 하나님 여러분의 하나님을 위한 거룩한 제물로 바치십시오. 그 성읍을 폐허 더미로 남겨 두고, 다시는 그 터 위에 성읍을 세우지 마십시오. 거룩한 진멸에 바쳐진 노획물 가운데 어느 것에도 손대지 마십시오. 완전히 없애 버리십시오. 그래야 하나님께서 진노를 푸시고 긍휼을 베푸셔서, 여러분의 조상에게 약속하신 대로, 여러분을 번성하게 해주실 것입니다.

18 그렇습니다. 하나님 여러분의 하나님의 말씀을 잘 들으십시오. 오늘 내가 여러분에게 전하는 그분의 계명을 모두 지키십시오. 하나님 여러분의 하나님 보시기에 올바른 일을 행하십시오.

먹을 수 있는 짐승과 먹을 수 없는 짐승

14 1-2 여러분은 하나님 여러분의 하나님의 자녀이니, 죽은 자를 위해 애도할 때 여러분의 몸에 상처를 내거나 머리를 미는 일이 없게 하십시오. 하나님 여러분의 하나님께 거룩한 백성은 여러분밖에 없습니다. 하나님께서 땅 위에 있는 모든 백성 가운데서 여러분을 택하셔서 그분의 소중한 보배로 삼으셨기 때문입니다.

3-8 혐오스러운 것은 무엇이든 먹지 마십시오. 여러분이 먹어도 되는 짐승은 소와 양과 염소, 사슴과 노루와 수노루, 들염소와 산염소와 영양과 산양과 같이 굽이 갈라지고 새김질하는 모든 짐승입니다. 그러나 낙타와 토끼와 바위너구리는 먹어서는 안됩니다. 그것들은 새김질은 하지만 굽이 갈라지지 않아

with stones so that he dies. He tried to turn you traitor against GOD, your God, the one who got you out of Egypt and the world of slavery.

11 Every man, woman, and child in Israel will hear what's been done and be in awe. No one will dare to do an evil thing like this again.

12-17 When word comes in from one of your cities that GOD, your God, is giving you to live in, reporting that evil men have gotten together with some of the citizens of the city and have broken away, saying, "Let's go and worship other gods" (gods you know nothing about), then you must conduct a careful examination. Ask questions, investigate. If it turns out that the report is true and this abomination did in fact take place in your community, you must execute the citizens of that town. Kill them, setting that city apart for holy destruction: the city and everything in it including its animals. Gather the plunder in the middle of the town square and burn it all–town and plunder together up in smoke, a holy sacrifice to GOD, your God. Leave it there, ashes and ruins. Don't build on that site again. And don't let any of the plunder devoted to holy destruction stick to your fingers. Get rid of it so that GOD may turn from anger to compassion, generously making you prosper, just as he promised your ancestors.

18 Yes. Obediently listen to GOD, your God. Keep all his commands that I am giving you today. Do the right thing in the eyes of GOD, your God.

14 1-2 You are children of GOD, your God, so don't mutilate your bodies or shave your heads in funeral rites for the dead. You only are a people holy to GOD, your God; GOD chose you out of all the people on Earth as his cherished personal treasure.

3-8 Don't eat anything abominable. These are the animals you may eat: ox, sheep, goat, deer, gazelle, roebuck, wild goat, ibex, antelope, mountain sheep–any animal that has a cloven hoof and chews the cud. But you may not eat camels, rabbits, and rock badgers because

서 부정한 것입니다. 돼지도 먹지 마십시오. 돼지는 굽은 갈라졌지만 새김질을 하지 않아서 부정한 것입니다. 그 주검을 만져서도 안됩니다.

9-10 물속에 사는 것 가운데서 지느러미와 비늘이 있는 것은 무엇이든 여러분이 먹어도 됩니다. 그러나 지느러미나 비늘이 없는 것은 먹어서는 안됩니다. 그것은 부정한 것입니다.

11-18 정결한 새는 무엇이든 먹어도 됩니다. 그러나 예외가 있는데, 다음 새들은 먹지 마십시오. 곧 독수리, 참수리, 검은대머리수리, 솔개, 수리, 각종 말똥가리, 각종 까마귀, 타조, 쏙독새, 각종 매, 금눈쇠올빼미, 큰올빼미, 흰올빼미, 사다새, 물수리, 가마우지, 황새, 각종 왜가리, 오디새, 박쥐입니다.

19-20 날개 달린 곤충은 부정하니 먹지 마십시오. 그러나 정결하고 날개 달린 것은 먹어도 됩니다.

21 여러분은 **하나님** 여러분의 하나님께 거룩한 백성이니, 죽은 채 발견된 것은 무엇이든 먹지 마십시오. 그러나 그것을 여러분의 동네에 사는 외국인에게 먹으라고 주거나 그에게 파는 것은 괜찮습니다. 새끼염소를 그 어미의 젖에 삶지 마십시오.

십일조

22-26 매년 여러분의 밭에서 거둔 농산물 가운데서 십분의 일, 곧 십일조를 예물로 드리십시오. 여러분의 곡식과 포도주와 기름의 십일조를, 양 떼와 소 떼의 처음 태어난 새끼와 함께 **하나님** 여러분의 하나님 앞, 곧 **하나님**께서 예배를 위해 정해 주신 곳으로 가져가서 먹어야 합니다. 이렇게 함으로써 여러분은, 살아 있는 동안 **하나님** 여러분의 하나님을 깊이 경외하며 사는 법을 배우게 될 것입니다. 그러나 **하나님** 여러분의 하나님께서 정해 주신 곳이 너무 멀어서 그곳까지 십일조를 가져갈 수 없을 경우에도, **하나님** 여러분의 하나님께서는 여러분에게 복을 주실 것입니다. 여러분의 십일조를 돈으로 바꾸어 **하나님** 여러분의 하나님께서 예배받으시기 위해 택하신 곳으로 가져가십시오. 거기서 여러분이 원하는 것을 사십시오. 소나 양, 포도주나 맥주, 그 무엇이든 여러분이 보기에 좋은 것을 그 돈을 주고 사십시오. 그런 다음 여러분과 여러분의 온 집안이 **하나님** 여러분의 하나님 앞에서 잔치를 벌이고 즐거운 시간을 보내십시오.

27 그러나 여러분의 성읍에 사는 레위인을 잊지 말고 잘 보살피십시오. 그들은 여러분처럼 재산이나 자기 소유의 유산을 상속받을 수 없기 때문입니다.

28-29 여러분은 매 삼 년 끝에 그해에 거둔 모든 곡

they chew the cud but they don't have a cloven hoof–that makes them ritually unclean. And pigs: Don't eat pigs–they have a cloven hoof but don't chew the cud, which makes them ritually unclean. Don't even touch a pig's carcass.

9-10 This is what you may eat from the water: anything that has fins and scales. But if it doesn't have fins or scales, you may not eat it. It's ritually unclean.

11-18 You may eat any ritually clean bird. These are the exceptions, so don't eat these: eagle, vulture, black vulture, kite, falcon, the buzzard family, the raven family, ostrich, nighthawk, the hawk family, little owl, great owl, white owl, pelican, osprey, cormorant, stork, the heron family, hoopoe, bat.

19-20 Winged insects are ritually unclean; don't eat them. But ritually clean winged creatures are permitted.

21 Because you are a people holy to GOD, your God, don't eat anything that you find dead. You can, though, give it to a foreigner in your neighborhood for a meal or sell it to a foreigner.

Don't boil a kid in its mother's milk.

22-26 Make an offering of ten percent, a tithe, of all the produce which grows in your fields year after year. Bring this into the Presence of GOD, your God, at the place he designates for worship and there eat the tithe from your grain, wine, and oil and the firstborn from your herds and flocks. In this way you will learn to live in deep reverence before GOD, your God, as long as you live. But if the place GOD, your God, designates for worship is too far away and you can't carry your tithe that far, GOD, your God, will still bless you: exchange your tithe for money and take the money to the place GOD, your God, has chosen to be worshiped. Use the money to buy anything you want: cattle, sheep, wine, or beer–anything that looks good to you. You and your family can then feast in the Presence of GOD, your God, and have a good time.

27 Meanwhile, don't forget to take good care of the Levites who live in your towns; they won't

식의 십분의 일을 거두어들여, 창고에 따로 저장해 두십시오. 재산이나 유산이 없는 레위인과 여러분의 동네에 사는 외국인과 고아와 과부를 위해 그것을 비축해 두십시오. 그러면 그들이 먹을거리를 풍성히 얻게 될 것이고, 하나님 여러분의 하나님께서 여러분이 하는 모든 일에 복을 주실 것입니다.

빚을 면제해 주는 해

15
1-3 매 칠 년 끝에는 모든 빚을 면제해 주십시오. 그 절차는 다음과 같습니다. 누구든지 이웃에게 돈을 꾸어 준 사람은 자기가 꾸어 준 것을 장부에서 지워 버려야 합니다. 하나님께서 "모든 빚이 면제되었다" 말씀하시니, 여러분은 이웃이나 그의 형제에게 빚을 갚으라고 독촉해서는 안됩니다. 외국인에게 빌려 준 돈은 거두어들여도 되지만, 여러분의 동족 이스라엘 자손에게 꾸어 준 것은 무엇이든지 장부에서 지워 버려야 합니다.
4-6 여러분 가운데 가난한 사람이 있어서는 안됩니다. 하나님 여러분의 하나님께서 여러분에게 유산으로 주시는 저 땅, 곧 여러분이 차지할 땅에서 여러분에게 아낌없이 복을 주실 것이기 때문입니다. 그러나 여러분이 하나님 여러분의 하나님의 음성을 순종하는 마음으로 듣고, 내가 오늘 여러분에게 명령하는 모든 계명을 부지런히 지킬 때에만 그렇게 하실 것입니다. 그렇습니다. 하나님 여러분의 하나님께서는 약속하신 대로, 여러분에게 복을 주실 것입니다. 여러분은 많은 민족들에게 꾸어 줄지언정 꾸지는 않을 것이고, 많은 민족들을 다스릴지언정 다스림을 받지는 않을 것입니다.
7-9 하나님 여러분의 하나님께서 주시는 저 땅에서 함께 살아가는 여러분의 동족 가운데 곤경에 처하거나 도움이 필요한 이를 만나거든, 못 본 척 고개를 돌리지 마십시오. 여러분의 지갑을 꼭 닫지 마십시오. 그러면 안됩니다. 그의 처지를 살펴보고, 여러분의 지갑을 열어 그가 필요로 하는 만큼 넉넉하게 꾸어 주십시오. 손해를 따지지 마십시오. "조금 있으면 일곱째 해, 곧 모든 빚을 면제해 주는 해다" 하는 이기적인 소리에 솔깃하여, 곤경에 빠진 궁핍한 이웃을 외면하거나 그를 돕지 않는 일이 없게 하십시오. 그가 여러분과 여러분의 뻔뻔스러운 *죄를 두고* 하나님께 *부르짖으면* 하나님께서 들으실 것이기 때문입니다.
10-11 자원하는 마음으로 기꺼이 베푸십시오. 아까워하는 마음을 갖지 마십시오. 여러분이 이러한 문제를 어떻게 처리하느냐에 따라, 여러분이 하는 모

get any property or inheritance of their own as you will.
28-29 At the end of every third year, gather the tithe from all your produce of that year and put it aside in storage. Keep it in reserve for the Levite who won't get any property or inheritance as you will, and for the foreigner, the orphan, and the widow who live in your neighborhood. That way they'll have plenty to eat and GOD, your God, will bless you in all your work.

15
1-3 At the end of every seventh year, cancel all debts. This is the procedure: Everyone who has lent money to a neighbor writes it off. You must not press your neighbor or his brother for payment: All-Debts-Are-Canceled–GOD says so. You may collect payment from foreigners, but whatever you have lent to your fellow Israelite you must write off.
4-6 There must be no poor people among you because GOD is going to bless you lavishly in this land that GOD, your God, is giving you as an inheritance, your very own land. But only if you listen obediently to the Voice of GOD, your God, diligently observing every commandment that I command you today. Oh yes–GOD, your God, will bless you just as he promised. You will lend to many nations but won't borrow from any; you'll rule over many nations but none will rule over you.
7-9 When you happen on someone who's in trouble or needs help among your people with whom you live in this land that GOD, your God, is giving you, don't look the other way pretending you don't see him. Don't keep a tight grip on your purse. No. Look at him, open your purse, lend whatever and as much as he needs. Don't count the cost. Don't listen to that selfish voice saying, "It's almost the seventh year, the year of All-Debts-Are-Canceled," and turn aside and leave your needy neighbor in the lurch, refusing to help him. He'll call GOD's attention to you and your blatant sin.
10-11 Give freely and spontaneously. Don't have

든 일, 곧 여러분의 모든 업무와 사업 가운데 내려 주시는 하나님 여러분의 하나님의 복이 결정됩니다. 여러분 가운데는 가난하고 궁핍한 사람이 늘 있을 것입니다. 그러므로 나는 여러분에게 명령합니다. 언제나 인정 많은 사람이 되십시오. 지갑을 열고 손을 활짝 펴서, 어려움에 처한 여러분의 이웃, 가난하고 굶주린 여러분의 이웃에게 베푸십시오.

12-15 히브리 남자나 히브리 여자가 여러분에게 팔려 와서 여섯 해 동안 여러분을 섬겼을 경우, 일곱째 해에는 그들을 놓아주어 자유로운 삶을 살게 해야 합니다. 그들을 놓아줄 때에는 빈손으로 보내지 마십시오. 그들에게 가축 몇 마리를 내어주고, 빵과 포도주와 기름도 듬뿍 내어주십시오. 하나님 여러분의 하나님께서 여러분에게 베푸신 온갖 복을 듬뿍 떼어 그들에게 주십시오. 여러분도 전에는 이집트 땅에서 종이었으며, 하나님 여러분의 하나님께서 그 종살이하던 세계에서 여러분을 속량해 주셨음을 한순간도 잊지 마십시오.

그래서 내가 오늘 여러분에게 이것을 명령하는 것입니다.

16-17 그러나 여러분의 종이 여러분과 여러분의 가족을 사랑하고 여러분과 함께 지내는 것을 좋아하여 "나는 주인님을 떠나고 싶지 않습니다" 하고 말하면, 송곳을 가져다가 그의 귀를 문기둥에 대고 구멍을 뚫어, 그를 영원토록 여러분의 종으로 삼으십시오. 여러분과 함께 지내고 싶어 하는 여종에게도 똑같이 하십시오.

18 여러분의 종을 놓아주는 것을 이치에 맞지 않은 어려운 일로 여기지 마십시오. 따지고 보면, 그는 여섯 해 동안 품꾼의 절반 품삯으로 여러분을 위해 일했기 때문입니다.

하나님 여러분의 하나님께서 여러분이 하는 모든 일에 복을 주실 것이니, 내 말을 믿으십시오.

19-23 여러분의 소 떼와 양 떼 가운데서 처음 태어난 수컷은 모두 하나님 여러분의 하나님께 드리십시오. 처음 태어난 소는 부리지 말고, 처음 태어난 양의 털은 깎지 마십시오. 이것들은 여러분과 여러분의 가족이 하나님 여러분의 하나님 앞, 곧 하나님께서 예배를 위해 정해 주신 곳에서 해마다 먹어야 하는 것들입니다. 그 짐승에게 흠이 있으면, 곧 다리를 절거나 눈이 멀었거나 그 밖에 어딘가 결함이 있으면, 하나님 여러분의 하나님께 제물로 잡아 드리지 마십시오. 그런 것은 집에서 먹으십시오. 노

a stingy heart. The way you handle matters like this triggers GOD, your God's, blessing in everything you do, all your work and ventures. There are always going to be poor and needy people among you. So I command you: Always be generous, open purse and hands, give to your neighbors in trouble, your poor and hurting neighbors.

12-15 If a Hebrew man or Hebrew woman was sold to you and has served you for six years, in the seventh year you must set him or her free, released into a free life. And when you set them free don't send them off empty-handed. Provide them with some animals, plenty of bread and wine and oil. Load them with provisions from all the blessings with which GOD, your God, has blessed you. Don't for a minute forget that you were once slaves in Egypt and GOD, your God, redeemed you from that slave world.

For that reason, this day I command you to do this.

16-17 But if your slave, because he loves you and your family and has a good life with you, says, "I don't want to leave you," then take an awl and pierce through his earlobe into the doorpost, marking him as your slave forever. Do the same with your women slaves who want to stay with you.

18 Don't consider this an unreasonable hardship, this setting your slave free. After all, he's worked six years for you at half the cost of a hired hand. Believe me, GOD, your God, will bless you in everything you do.

19-23 Consecrate to GOD, your God, all the firstborn males in your herds and flocks. Don't use the firstborn from your herds as work animals; don't shear the firstborn from your flocks. These are for you to eat every year, you and your family, in the Presence of GOD, your God, at the place that GOD designates for worship. If the animal is defective, lame, say, or blind—anything wrong with it—don't slaughter it as a sacrifice to GOD, your God. Stay at home and eat it there.

루나 사슴을 먹을 때와 마찬가지로, 정결한 사람이든 부정한 사람이든 누구나 그것을 먹어도 됩니다. 다만 그 피를 먹어서는 안됩니다. 피는 물처럼 땅바닥에 쏟아 버리십시오.

유월절

16 1-4 아빕월을 지켜 하나님 여러분의 하나님께 유월절 제사를 드리십시오. 하나님 여러분의 하나님께서 여러분을 아빕월 밤에 이집트에서 건져 내셨습니다. 하나님께서 자기 이름을 두고 예배받으시려고 택하신 그곳에서, 하나님 여러분의 하나님께 유월절 제물을 드리십시오. 누룩을 넣은 빵을 그 제물과 함께 먹어서는 안됩니다. 칠 일 동안 누룩을 넣지 않은 빵, 곧 궁핍한 시절에 먹었던 빵을 그 제물과 함께 먹으십시오. 이는 여러분이 이집트를 나올 때 급히 떠나왔기 때문입니다. 그 빵은 여러분이 이집트를 어떻게 떠나왔는지를, 여러분이 사는 동안 생생하게 기억나게 할 것입니다. 칠 일 동안은 어디에도 누룩의 흔적이 있어서는 안됩니다. 여러분이 저녁에 제물로 드린 고기는 다음날 아침까지 남겨 두지 마십시오.

5-7 유월절 제물을, 하나님 여러분의 하나님께서 여러분에게 주신 성읍 아무 데서나 드리지 마십시오. 오직 하나님 여러분의 하나님께서 예배를 위해 정해 주신 곳에서, 여러분이 이집트를 나오던 시각, 곧 해가 지는 저녁에 유월절 제물을 드리십시오. 하나님 여러분의 하나님께서 정해 주신 곳에서 그 제물을 삶아 먹고, 새벽에 집으로 돌아가십시오.

8 육 일 동안 누룩을 넣지 않은 빵을 먹고, 일곱째 날은 거룩한 날로 구별하여 아무 일도 하지 마십시오.

칠칠절

9-11 무르익은 곡식에 낫을 대는 날부터 시작하여, 일곱 주를 세십시오. 여러분의 자원 제물을 가지고 가서 하나님 여러분의 하나님께 드리는 칠칠절을 기념하십시오. 하나님 여러분의 하나님께서 여러분에게 복을 주시는 대로 넉넉하게 드리십시오. 여러분과 여러분의 자녀, 여러분의 남종과 여종, 여러분의 동네에 사는 레위인, 여러분과 함께 사는 외국인과 고아와 과부 할 것 없이 모두 다 하나님 여러분의 하나님 앞에서 기뻐하십시오. 하나님 여러분의 하나님께서 예배받으시려고 따로 구별해 주신 곳에서 기뻐하십시오.

12 여러분도 전에는 이집트 땅에서 종이었음을 잊

Both the ritually clean and unclean may eat it, the same as with a gazelle or a deer. Only you must not eat its blood. Pour the blood out on the ground like water.

16 1-4 Observe the month of Abib by celebrating the Passover to GOD, your God. It was in the month of Abib that GOD, your God, delivered you by night from Egypt. Offer the Passover-Sacrifice to GOD, your God, at the place GOD chooses to be worshiped by establishing his name there. Don't eat yeast bread with it; for seven days eat it with unraised bread, hard-times bread, because you left Egypt in a hurry–that bread will keep the memory fresh of how you left Egypt for as long as you live. There is to be no sign of yeast anywhere for seven days. And don't let any of the meat that you sacrifice in the evening be left over until morning.

5-7 Don't sacrifice the Passover in any of the towns that GOD, your God, gives you other than the one GOD, your God, designates for worship; there and there only you will offer the Passover-Sacrifice at evening as the sun goes down, marking the time that you left Egypt. Boil and eat it at the place designated by GOD, your God. Then, at daybreak, turn around and go home.

8 Eat unraised bread for six days. Set aside the seventh day as a holiday; don't do any work.

9-11 Starting from the day you put the sickle to the ripe grain, count out seven weeks. Celebrate the Feast-of-Weeks to GOD, your God, by bringing your Freewill-Offering–give as generously as GOD, your God, has blessed you. Rejoice in the Presence of GOD, your God: you, your son, your daughter, your servant, your maid, the Levite who lives in your neighborhood, the foreigner, the orphan and widow among you; rejoice at the place GOD, your God, will set aside to be worshiped.

12 Don't forget that you were once a slave in Egypt. So be diligent in observing these regulations.

지 마십시오. 이 법도를 부지런히 지키십시오.

초막절

13-15 타작마당과 포도주틀에서 수확물을 거두어들일 때, 칠 일 동안 초막절을 지키십시오. 여러분과 여러분의 자녀, 여러분의 남종과 여종, 여러분의 동네에 사는 레위인과 외국인과 고아와 과부 할 것 없이 모두 이 절기를 기뻐하십시오. 칠 일 동안 **하나님**께서 정해 주신 곳에서, **하나님** 여러분의 하나님 앞에 절기를 지키십시오. **하나님** 여러분의 하나님께서 여러분의 수확물과 여러분이 하는 모든 일에 복을 주셨으니, 즐겁게 보내십시오. 마음껏 경축하십시오!

16-17 여러분 가운데 모든 남자는 해마다 세 차례, 곧 무교절(유월절)과 칠칠절과 초막절에, **하나님** 여러분의 하나님께서 정해 주신 곳에서 그분 앞에 나아가야 합니다. 빈손으로 **하나님** 앞에 나아가서는 안됩니다. 저마다 **하나님** 여러분의 하나님께서 베풀어 주신 복에 따라, 힘 닿는 만큼 넉넉하게 가져가서 드려야 합니다.

18-19 **하나님** 여러분의 하나님께서 여러분에게 주시는 모든 성읍에, 지파에 따라 재판관과 관리들을 임명하여 세우십시오. 그들은 백성을 공정하고 정직하게 재판해야 합니다. 법을 왜곡하지 말고, 어느 한쪽을 편들지 마십시오. 뇌물을 받지 마십시오. 뇌물은 슬기로운 사람의 눈을 어둡게 하고, 가장 선한 사람의 의도마저 훼손합니다.

20 옳은 것, 바른 것! 오직 올바른 것만 따르십시오! 그렇게 할 때에만 여러분이 참으로 살고, **하나님** 여러분의 하나님께서 여러분에게 주시는 땅을 차지할 수 있습니다.

21-22 여러분이 세울 **하나님** 여러분의 하나님의 제단 옆에 다산의 신 아세라 목상들을 세우지 마십시오. 남근 모양의 기둥들을 세우지 마십시오. 그것들은 **하나님** 여러분의 하나님께서 혐오하시는 것들입니다.

17 1 흠이 있거나 결함이 있는 소나 양을 **하나님** 여러분의 하나님께 제물로 드리지

13-15 Observe the Feast-of-Booths for seven days when you gather the harvest from your threshing-floor and your wine-vat. Rejoice at your festival: you, your son, your daughter, your servant, your maid, the Levite, the foreigner, and the orphans and widows who live in your neighborhood. Celebrate the Feast to GOD, your God, for seven days at the place GOD designates. GOD, your God, has been blessing you in your harvest and in all your work, so make a day of it–really celebrate!

16-17 All your men must appear before GOD, your God, three times each year at the place he designates: at the Feast-of-Unraised-Bread (Passover), at the Feast-of-Weeks, and at the Feast-of-Booths. No one is to show up in the Presence of GOD empty-handed; each man must bring as much as he can manage, giving generously in response to the blessings of GOD, your God.

18-19 Appoint judges and officers, organized by tribes, in all the towns that GOD, your God, is giving you. They are to judge the people fairly and honestly. Don't twist the law. Don't play favorites. Don't take a bribe–a bribe blinds even a wise person; it undermines the intentions of the best of people.

20 The right! The right! Pursue only what's right! It's the only way you can really live and possess the land that GOD, your God, is giving you.

21-22 Don't plant fertility Asherah trees alongside the Altar of GOD, your God, that you build. Don't set up phallic sex pillars–GOD, your God, hates them.

17 1 And don't sacrifice to GOD, your God, an ox or sheep that is defective or has anything at all wrong with it. That's an abomination, an insult to GOD, your God.

마십시오. 그런 것은 하나님 여러분의 하나님께 역겹고 혐오스러운 것입니다.

2-5 하나님 여러분의 하나님께서 여러분에게 주시는 성읍 안에서, 하나님 보시기에 부정한 짓을 저지르고, 그분의 언약을 저버리고 다른 신들을 숭배하러 가서 해나 달이나 하나님을 대적하는 하늘의 신들에게 절하는 자를 만나거든, 그 증거를 찾아 철저히 조사하십시오. 그것이 사실로 드러나고 그들이 이스라엘 안에서 역겨운 짓을 한 것이 드러나면, 여러분은 그 악한 짓을 저지른 남자나 여자를 여러분의 성문 밖으로 끌고 가 돌로 쳐서 죽여야 합니다. 그가 죽을 때까지 돌로 쳐야 합니다.

6-7 하지만 두세 사람의 증언이 있을 때에만 사람을 죽일 수 있습니다. 한 명의 증언만으로 사람을 죽여서는 안됩니다. 증인이 먼저 돌을 던지고, 그 후에 공동체의 나머지 사람들이 따라서 던져야 합니다. 이와 같이 하여 여러분은 여러분의 공동체에서 악을 제거해야 합니다.

8-9 여러분이 판결하기 어려운 재판의 문제, 곧 살인이나 법적 소송이나 싸움 등 어려운 사건이 생기거든, 그 사건을 하나님 여러분의 하나님께서 정해 주신 예배 처소로 가져가십시오. 그 사건을 당시 직무를 맡은 레위인 제사장들과 재판관에게 가져가서 문의하십시오. 그러면 그들이 여러분에게 판결을 내려 줄 것입니다.

10-13 그런 다음 하나님 여러분의 하나님께서 정해 주신 곳에서 그들의 판결대로 실행하십시오. 그들이 여러분에게 일러 주는 대로, 꼭 그대로 행하십시오. 그들의 판결을 정확히 따르십시오. 빼거나 더하지 마십시오. 하나님 여러분의 하나님 앞에서 섬기는 제사장이나 재판관의 판결을 듣지 않고 거역하는 사람은 죽여야 합니다. 그런 자는 뿌리째 뽑아 버리십시오. 이스라엘에서 악을 제거하십시오. 그러면 모든 사람이 듣고 마음에 깊이 새겨서, 아무도 주제넘게 행동하지 않을 것입니다.

14-17 하나님 여러분의 하나님께서 여러분에게 주시는 땅에 들어가서 그 땅을 차지하고 자리를 잡은 다음에, "주위의 모든 민족처럼 왕을 세워야겠

2-5 If you find anyone within the towns that GOD, your God, is giving you doing what is wrong in GOD's eyes, breaking his covenant by going off to worship other gods, bowing down to them—the sun, say, or the moon, or any rebel sky-gods—look at the evidence and investigate carefully. If you find that it is true, that, in fact, an abomination has been committed in Israel, then you are to take the man or woman who did this evil thing outside your city gates and stone the man or the woman. Hurl stones at the person until dead.

6-7 But only on the testimony of two or three witnesses may a person be put to death. No one may be put to death on the testimony of one witness. The witnesses must throw the first stones in the execution, then the rest of the community joins in. You have to purge the evil from your community.

8-9 When matters of justice come up that are too much for you—hard cases regarding homicides, legal disputes, fights—take them up to the central place of worship that GOD, your God, has designated. Bring them to the Levitical priests and the judge who is in office at the time. Consult them and they will hand down the decision for you.

10-13 Then carry out their verdict at the place designated by GOD, your God. Do what they tell you, in exactly the way they tell you. Follow their instructions precisely: Don't leave out anything; don't add anything. Anyone who presumes to override or twist the decision handed down by the priest or judge who was acting in the Presence of GOD, your God, is as good as dead—root him out, rid Israel of the evil. Everyone will take notice and be impressed. That will put an end to presumptuous behavior.

14-17 When you enter the land that GOD, your God, is giving you and take it over and settle down, and then say, "I'm going to get me a king, a king like all the nations around me," make sure you get yourself a king whom GOD, your God, chooses. Choose your king from among your kinsmen;

다"는 말이 나오면, 반드시 하나님 여러분의 하나님께서 택하시는 사람을 왕으로 세우십시오. 여러분의 동족 가운데서 왕을 고르십시오. 외국인을 왕으로 세우지 말고, 여러분의 동족을 왕으로 세워야 합니다. 그러나 아무리 왕이라고 해도 전쟁 무기를 늘리거나 군마와 전차를 비축하게 해서는 안됩니다. 말을 늘리려고 백성을 이집트로 보내서도 안됩니다. 하나님께서 여러분에게 "너희가 다시는 그곳으로 돌아가서는 안된다!" 하고 말씀하셨기 때문입니다. 또한 왕이 후궁을 늘리고 여러 아내를 맞이하여, 바르고 고결한 삶에서 벗어나는 일이 없게 하십시오. 또 은과 금을 많이 쌓아 두는 일도 없게 하십시오.

18-20 왕이 해야 할 일은 이러합니다. 왕위에 오른 사람이 맨 먼저 할 일은, 레위인 제사장들의 감독 아래 이 계시의 말씀을 두루마리에 직접 기록하는 것입니다. 왕은 그것을 늘 곁에 두고 날마다 연구하여 하나님을 경외하는 것이 무슨 뜻인지 배우고, 이 규례와 법도를 성심껏 따르고 지키면서 살아야 합니다. 그는 자만하거나 교만해서도 안되고, 자기 좋을 대로 하거나 자기 생각을 내세우기 위해 기분에 따라 계명을 고쳐서도 안됩니다. 그와 그의 자손이 이 계명을 읽고 배우면, 이스라엘에서 오랫동안 왕으로 다스리게 될 것입니다.

제사장과 레위인의 몫

18 1-2 레위인 제사장들, 곧 모든 레위 지파는 나머지 이스라엘 지파들과 함께 땅을 유산으로 받지 못합니다. 그들은 하나님께 불살라 바친 제물을 유산으로 받아, 그것을 먹고 살 것입니다. 그러나 그들은 자기 동족처럼 땅을 유산으로 받지 못합니다. 그들의 유산은 다름 아닌 하나님이기 때문입니다.

3-5 소나 양을 제물로 바치는 백성에게서 제사장이 받을 수 있는 것은 앞다리와 턱과 위입니다. 여러분은 처음 거둔 곡식과 포도주와 기름은 물론이고, 여러분이 처음 깎은 양털도 제사장에게 주어야 합니다. 이는 하나님 여러분의 하나님께서 여러분의 모든 지파 가운데서 그들과 그 자손을 택하셔서, 그들이 언제나 하나님 여러분의 하나님의 이름으로 그곳에 있으면서 섬기게 하셨기 때문입니다.

6-8 레위인은 자신이 원하는 성읍 어디든지 갈 수 있습니다. 그가 이스라엘의 어느 성읍을 떠나,

don't take a foreigner—only a kinsman. And make sure he doesn't build up a war machine, amassing military horses and chariots. He must not send people to Egypt to get more horses, because GOD told you, "You'll never go back there again!" And make sure he doesn't build up a harem, collecting wives who will divert him from the straight and narrow. And make sure he doesn't pile up a lot of silver and gold.

18-20 This is what must be done: When he sits down on the throne of his kingdom, the first thing he must do is make himself a copy of this Revelation on a scroll, copied under the supervision of the Levitical priests. That scroll is to remain at his side at all times; he is to study it every day so that he may learn what it means to fear his GOD, living in reverent obedience before these rules and regulations by following them. He must not become proud and arrogant, changing the commands at whim to suit himself or making up his own versions. If he reads and learns, he will have a long reign as king in Israel, he and his sons.

18 1-2 The Levitical priests—that's the entire tribe of Levi—don't get any land-inheritance with the rest of Israel. They get the Fire-Gift-Offerings of GOD—they will live on that inheritance. But they don't get land-inheritance like the rest of their kinsmen. GOD is their inheritance.

3-5 This is what the priests get from the people from any offering of an ox or a sheep: the shoulder, the two cheeks, and the stomach. You must also give them the firstfruits of your grain, wine, and oil and the first fleece of your sheep, because GOD, your God, has chosen only them and their children out of all your tribes to be present and serve always in the name of GOD, your God.

6-8 If a Levite moves from any town in Israel—and he is quite free to move wherever he desires—and comes to the place GOD designates for worship, he may serve there in the name of GOD along with all his brother Levites who are present and serving in the Presence of GOD. And he will get an equal share to eat, even though he has money from the

하나님께서 예배받으시려고 정해 주신 곳으로 갈 경우, 그는 하나님 앞에서 섬기는 모든 레위인 형제와 함께 그곳에서 하나님의 이름으로 섬길 수 있습니다. 그가 자기 조상의 재산을 판 돈을 가지고 있더라도, 그들과 똑같이 먹고 살 몫을 나누어 받아야 합니다.

다른 민족들의 생활방식을 본받지 마십시오

9-12 하나님 여러분의 하나님께서 여러분에게 주시는 땅에 들어가거든, 여러분은 그곳에 사는 민족들의 역겨운 생활방식을 본받지 마십시오. 여러분의 아들이나 딸을 불 속에 제물로 바치지 마십시오. 점이나 마술, 운세풀이, 마법, 주문 걸기, 혼백 불러내기나 죽은 자와 소통하는 짓 등을 따라하지 마십시오. 하나님께서는 이와 같은 짓을 일삼는 자들을 역겨워하십니다. 하나님 여러분의 하나님께서 저 민족들을 여러분 앞에서 쫓아내려고 하시는 것은, 그런 역겨운 관습 때문입니다.

13-14 하나님 여러분의 하나님께 온전히 충성하십시오. 여러분이 저 땅에서 쫓아낼 민족들은 지금도 마술사와 무당들과 놀아나고 있지만, 여러분은 그렇게 해서는 안됩니다. 하나님 여러분의 하나님께서는 그런 일을 금하십니다.

15-16 하나님 여러분의 하나님께서 여러분을 위해 한 예언자를 일으켜 세우실 것입니다. 여러분의 동족 가운데서 나와 같은 예언자를 세우실 것입니다. 여러분은 그의 말을 순종하는 마음으로 들으십시오. 이것은 여러분이 호렙에 모이던 날에 하나님 여러분의 하나님께 청한 일입니다. 그때 여러분은 이렇게 말했습니다. "우리는 하나님 우리 하나님께서 하시는 말씀을 더 이상 듣지 못하겠습니다. 이렇게 불을 보고 서 있다가는 우리가 죽을 것 같습니다!"

17-19 그러자 하나님께서 내게 말씀하셨습니다. "맞다. 그들의 말이 옳다. 내가 그들을 위해 그들의 동족 가운데서 너와 같은 예언자 한 사람을 일으켜 세워, 무슨 말을 해야 하는지 그에게 일러 주겠다. 그러면 그는 내가 그에게 명령하는 모든 것을 그들에게 전해 줄 것이다. 그가 전하는 내 말을 귀 기울여 듣지 않는 자에게는, 내가 직접 책임을 물을 것이다.

20 만일 어떤 예언자가 내 말을 조작하거나, 내가 명령하지도 않은 말을 내 이름으로 말하거나 다른 신들의 이름으로 말하면, 그 예언자는 반드시 죽여야 한다."

21-22 여러분은 마음속으로, "하나님께서 하신 말씀인지 아닌지 우리가 어떻게 알겠는가?" 하고 말할지도 모르겠습니다. 알 수 있는 방법이 여기 있습니다. 예언자가 하나님의 이름으로 말한 것이 실제로 일어나

sale of his parents' possessions.

9-12 When you enter the land that GOD, your God, is giving you, don't take on the abominable ways of life of the nations there. Don't you dare sacrifice your son or daughter in the fire. Don't practice divination, sorcery, fortunetelling, witchery, casting spells, holding seances, or channeling with the dead. People who do these things are an abomination to GOD. It's because of just such abominable practices that GOD, your God, is driving these nations out before you.

13-14 Be completely loyal to GOD, your God. These nations that you're about to run out of the country consort with sorcerers and witches. But not you. GOD, your God, forbids it.

15-16 GOD, your God, is going to raise up a prophet for you. GOD will raise him up from among your kinsmen, a prophet like me. Listen obediently to him. This is what you asked GOD, your God, for at Horeb on the day you were all gathered at the mountain and said, "We can't hear any more from GOD, our God; we can't stand seeing any more fire. We'll die!"

17-19 And GOD said to me, "They're right; they've spoken the truth. I'll raise up for them a prophet like you from their kinsmen. I'll tell him what to say and he will pass on to them everything I command him. And anyone who won't listen to my words spoken by him, I will personally hold responsible.

20 "But any prophet who fakes it, who claims to speak in my name something I haven't commanded him to say, or speaks in the name of other gods, that prophet must die."

21-22 You may be wondering among yourselves, "How can we tell the difference, whether it was GOD who spoke or not?" Here's how: If what the prophet spoke in GOD's name doesn't happen, then obviously GOD wasn't behind it; the prophet made it up. Forget about him.

지 않으면, **하나님**께서 하신 말씀이 아니라 예언자가 자기 마음대로 꾸며 낸 것입니다. 그런 예언자의 말은 신경 쓰지 마십시오.

도피성

19 1-3 **하나님** 여러분의 하나님께서 친히 여러분에게 주시는 땅에서 저 민족들을 내쫓으시고 여러분이 그들의 성읍과 집에 들어가 살게 되면, 여러분은 **하나님** 여러분의 하나님께서 여러분에게 차지하라고 주시는 땅에서, 누구나 쉽게 접근할 수 있는 성읍 셋을 따로 떼어 놓아야 합니다. 여러분은 **하나님** 여러분의 하나님께서 여러분에게 차지하라고 주시는 저 땅을 세 지역으로 나누고 각 성읍에 이르는 길을 닦아서, 실수로 사람을 죽인 사람이 그곳으로 피신할 수 있게 하십시오.

4-7 살인자가 그곳으로 피신하여 보호받을 수 있는 경우는 다음과 같습니다. 그는 원한을 품은 일 없이 실수로 이웃을 죽인 사람이어야 합니다. 예를 들어, 어떤 사람이 자기 이웃과 함께 나무를 하러 숲에 가서 도끼를 휘두르다가 그만 도끼날이 자루에서 빠져 그 이웃이 맞아 죽었다고 합시다. 그 사람은 이 세 성읍 가운데 한 곳으로 피신하여 목숨을 건질 수 있습니다. 그 성읍이 너무 멀리 떨어져 있으면, 복수심에 불타는 피의 보복자가 그 사람을 뒤쫓아 가서 잡아 죽이고 말 것입니다. 거리가 먼 탓에, 죽지 않아도 되는 사람이 죽게 됩니다. 사람을 죽인 것이 그의 잘못이 아니고 살인자와 피해자 사이에 원한을 살 만한 일이 없었는데도, 그런 참극이 빚어지는 것입니다. 그러므로 나는 여러분에게 명령합니다. 여러분을 위해 성읍 셋을 따로 떼어 두십시오.

8-10 **하나님** 여러분의 하나님께서 여러분의 조상에게 엄숙히 약속하신 대로, 여러분의 땅을 넓혀 주시고 그 경계를 확장해 주시고 여러분의 조상에게 약속하신 땅 전체를 여러분에게 주시면, 다시 말해 내가 오늘 여러분에게 명령하는 대로, 여러분이 열심히 살고 **하나님** 여러분의 하나님을 사랑하며 그분이 말씀하시는 것을 여러분 평생에 실천하여 그런 일이 일어나면, 여러분은 이 세 성읍에 다른 세 성읍을 추가하여 무고한 피가 여러분의 땅에 떨어지는 일이 없게 하십시오. **하나님** 여러분의 하나님께서 여러분에게 유산으로 주시는 땅이니, 여러분은 그 땅을 무고한 피로 더럽혀 피 흘림의 죄를 뒤집어쓰지 않게 해야 합니다.

11-13 그러나 어떤 사람이 이웃을 미워하여 숨어서 기다리다가, 그를 급습하여 쳐죽이고 이 성읍들 가운데 한 곳으로 달아난 경우에는 이야기가 다릅니다. 그

19 1-3 When GOD, your God, throws the nations out of the country that GOD, your God, is giving you and you settle down in their cities and houses, you are to set aside three easily accessible cities in the land that GOD, your God, is giving you as your very own. Divide your land into thirds, this land that GOD, your God, is giving you to possess, and build roads to the towns so that anyone who accidentally kills another can flee there.

4-7 This is the guideline for the murderer who flees there to take refuge: He has to have killed his neighbor without premeditation and with no history of bad blood between them. For instance, a man goes with his neighbor into the woods to cut a tree; he swings the ax, the head slips off the handle and hits his neighbor, killing him. He may then flee to one of these cities and save his life. If the city is too far away, the avenger of blood racing in hot-blooded pursuit might catch him since it's such a long distance, and kill him even though he didn't deserve it. It wasn't his fault. There was no history of hatred between them. Therefore I command you: Set aside the three cities for yourselves.

8-10 When GOD, your God, enlarges your land, extending its borders as he solemnly promised your ancestors, by giving you the whole land he promised them because you are diligently living the way I'm commanding you today, namely, to love GOD, your God, and do what he tells you all your life; and when that happens, then add three more to these three cities so that there is no chance of innocent blood being spilled in your land. GOD, your God, is giving you this land as an inheritance—you don't want to pollute it with innocent blood and bring bloodguilt upon yourselves.

11-13 On the other hand, if a man with a history of hatred toward his neighbor waits in ambush, then jumps him, mauls and kills him, and then

가 살던 성읍의 장로들은 사람을 보내어 그를 붙잡아 돌아오게 해야 합니다. 그런 다음 그를 피의 보복자에게 넘겨주어 죽게 해야 합니다. 그를 불쌍히 여기지 마십시오. 이스라엘에서 사악한 살인을 말끔히 씻어 버리십시오. 그래야 여러분이 깨끗한 공기를 마시며 잘 살게 될 것입니다.

14 여러분은 그 땅에 첫 발을 들여놓은 여러분의 조상이, 오래전에 자기 소유지 경계로 세워 놓은 경계표를 옮기지 마십시오.

15 어떤 범죄나 죄도 한 사람의 증언만으로는 유죄 판결을 내릴 수 없습니다. 증인이 두세 사람은 있어야 그 일을 판결할 수 있습니다.

16-21 악의를 가진 증인이 나타나서 어떤 사람에게 죄가 있다고 말하면, 다툼에 연루된 두 당사자는 하나님 앞에, 그 당시 직무를 맡은 제사장과 재판관들 앞에 서야 합니다. 재판관들은 철저하게 심문하여, 그 증인이 거짓 증인이고 자기 동족 이스라엘 자손에 대해 거짓 증언을 한 것이 드러나면, 그가 상대에게 주려고 했던 것과 똑같은 벌을 그에게 주어야 합니다. 여러분의 공동체에서 더러운 악을 말끔히 쓸어버리십시오. 그러면 백성이 여러분이 한 일을 듣고 마음에 깊이 새겨, 여러분 가운데서 그와 같은 악을 다시는 행하지 않을 것입니다. 그를 불쌍히 여기지 마십시오. 목숨에는 목숨으로, 눈에는 눈으로, 이에는 이로, 손에는 손으로, 발에는 발로 갚으십시오.

전쟁에 관한 법

20 1-4 여러분이 적과 싸우러 나가서 여러분보다 많은 수의 말과 전차와 군사를 보더라도, 그들을 두려워하여 움츠러들지 마십시오. 이집트에서 여러분을 이끌어 내신 하나님 여러분의 하나님께서 여러분과 함께 계십니다. 전투가 시작되려고 하면, 제사장을 앞에 내세워 전군에 말하게 하십시오. 제사장은 이렇게 말하십시오. "이스라엘 여러분, 들으십시오. 잠시 후 여러분은 적과 *전투를 벌일 것입니다. 전의가 꺾이지 않게 하십시*오. 두려워하지 마십시오. 주저하지 마십시오. 침착하십시오. 하나님 여러분의 하나님께서 여러분과 함께 계시면서, 여러분과 더불어 적과 싸워 승리하실 것입니다."

runs to one of these cities, that's a different story. The elders of his own city are to send for him and have him brought back. They are to hand him over to the avenger of blood for execution. Don't feel sorry for him. Clean out the pollution of wrongful murder from Israel so that you'll be able to live well and breathe clean air.

14 Don't move your neighbor's boundary markers, the longstanding landmarks set up by your pioneer ancestors defining their property.

15 You cannot convict anyone of a crime or sin on the word of one witness. You need two or three witnesses to make a case.

16-21 If a hostile witness stands to accuse someone of a wrong, then both parties involved in the quarrel must stand in the Presence of GOD before the priests and judges who are in office at that time. The judges must conduct a careful investigation; if the witness turns out to be a false witness and has lied against his fellow Israelite, give him the same medicine he intended for the other party. Clean the polluting evil from your company. People will hear of what you've done and be impressed; that will put a stop to this kind of evil among you. Don't feel sorry for the person: It's life for life, eye for eye, tooth for tooth, hand for hand, foot for foot.

20 1-4 When you go to war against your enemy and see horses and chariots and soldiers far outnumbering you, do not recoil in fear of them; GOD, your God, who brought you up out of Egypt is with you. When the battle is about to begin, let the priest come forward and speak to the troops. He'll say, "Attention, Israel. In a few minutes you're going to do battle with your enemies. Don't waver in resolve. Don't fear. Don't hesitate. Don't panic. GOD, your God, is right there with you, fighting with you against your enemies, fighting to win."

5-7 그 다음에는 장교들을 내세워 전군에 말하게 하십시오. "새 집을 짓고서 아직 준공식을 하지 못한 사람이 이 자리에 있습니까? 그런 사람이 있으면 지금 당장 집으로 돌아가십시오. 그가 싸우다 죽어서, 다른 사람이 준공식을 거행하는 일이 없게 하십시오. 포도밭을 일구어 놓고서 아직 포도를 맛보지 못한 사람이 있습니까? 그런 사람이 있으면 지금 당장 집으로 돌아가십시오. 그가 싸우다 죽어서, 다른 사람이 그 포도를 맛보는 일이 없게 하십시오. 약혼하고서 아직 아내를 맞아들이지 못한 사람이 있습니까? 그런 사람이 있으면 지금 당장 집으로 돌아가십시오. 그가 싸우다 죽어서, 다른 사람이 그 여자를 맞아들이는 일이 없게 하십시오."

8 장교들은 또 이렇게 말하십시오. "전의가 꺾여 두려운 사람이 이 자리에 있습니까? 그런 사람이 있으면 지금 당장 집으로 돌아가십시오. 그래야 그의 동료들이 그의 소심하고 겁 많은 모습에 영향을 받지 않을 것입니다."

9 장교들은 전군에 할 말을 마쳤으면 지휘관들을 임명하여 부대별로 소집하게 하십시오.

10-15 여러분이 어떤 성읍에 다가가 공격하고자 할 때에는, 먼저 "평화를 원합니까?" 하고 큰소리로 말하십시오. 그들이 "평화를 원합니다!" 하고 여러분에게 성읍을 개방하면, 그곳 사람들을 강제노역자로 삼아 여러분을 위해 일하게 하십시오. 그러나 그들이 평화 제안을 받아들이지 않고 전쟁을 고집하면, 곧바로 공격하십시오. **하나님** 여러분의 하나님께서 그들을 여러분의 손에 넘겨주실 것이니, 거기 있는 모든 남자를 칼로 쳐죽이십시오. 그러나 여자와 아이와 가축은 죽이지 마십시오. 성읍 안에 있는 모든 것은 전리품으로 취하여, 여러분이 먹고 사용해도 됩니다. 그것은 **하나님** 여러분의 하나님께서 여러분에게 주시는 것입니다. 여러분에게서 멀리 떨어져 있는 성읍들, 곧 여러분 주변의 민족들에게 속하지 않은 성읍들은 이런 식으로 처리하십시오.

16-18 그러나 **하나님** 여러분의 하나님께서 여러분에게 유산으로 주시는 민족들의 성읍은 경우가 다릅니다. 그들은 한 사람도 살려 두지 마십시오. 그들을 거룩한 진멸의 제물로 삼으십시오. **하나님** 여러분의 하나님께서 명령하신 대로, 헷 사람, 아모리 사람, 가나안 사람, 브리스 사람, 히위 사람, 여부스 사람을 진멸하십시오. 그렇게 해야 그들이 자기 신들과 어울리며 행하던 역겨운 짓을 여러분에게 가르쳐서, 여러분이 **하나님** 여러분의 하나님께 죄를 짓게 되는 일이

5-7 Then let the officers step up and speak to the troops: "Is there a man here who has built a new house but hasn't yet dedicated it? Let him go home right now lest he die in battle and another man dedicate it. And is there a man here who has planted a vineyard but hasn't yet enjoyed the grapes? Let him go home right now lest he die in battle and another man enjoy the grapes. Is there a man here engaged to marry who hasn't yet taken his wife? Let him go home right now lest he die in battle and another man take her."

8 The officers will then continue, "And is there a man here who is wavering in resolve and afraid? Let him go home right now so that he doesn't infect his fellows with his timidity and cowardly spirit."

9 When the officers have finished speaking to the troops, let them appoint commanders of the troops who shall muster them by units.

10-15 When you come up against a city to attack it, call out, "Peace?" If they answer, "Yes, peace!" and open the city to you, then everyone found there will be conscripted as forced laborers and work for you. But if they don't settle for peace and insist on war, then go ahead and attack. GOD, your God, will give them to you. Kill all the men with your swords. But don't kill the women and children and animals. Everything inside the town you can take as plunder for you to use and eat–GOD, your God, gives it to you. This is the way you deal with the distant towns, the towns that don't belong to the nations at hand.

16-18 But with the towns of the people that GOD, your God, is giving you as an inheritance, it's different: don't leave anyone alive. Consign them to holy destruction: the Hittites, Amorites, Canaanites, Perizzites, Hivites, and Jebusites, obeying the command of GOD, your God. This is so there won't be any of them left to teach you to practice the abominations that they engage in with their gods and you end up sinning against GOD, your God.

없을 것입니다.

19-20 여러분이 어떤 성읍을 공격하러 올라가 오랫동안 포위하고 있을 때, 도끼를 휘둘러 나무를 쓰러뜨리는 일이 없게 하십시오. 그 나무들은 여러분이 장차 먹을 양식이니 베지 마십시오. 그 나무들이 군사들처럼 무기를 들고 여러분과 맞서 싸우러 올 리는 없지 않습니까? 그러나 열매를 맺지 않는 나무는 예외입니다. 그런 나무는 베어서, 여러분에게 저항하는 성읍을 함락하기까지, 그 성읍을 포위하고 공격하는 데 필요한 병기 재료로 사용하십시오.

21

1-8 하나님 여러분의 하나님께서 여러분에게 주신 땅에서 들에 방치된 주검이 발견되었는데, 누가 그를 죽였는지 아무도 알지 못할 경우, 여러분의 지도자와 재판관들이 나가서 그 주검이 있는 곳에서부터 인근 성읍들에 이르는 거리를 재어야 합니다. 그 주검에서 가장 가까운 성읍의 지도자와 재판관들은 아직 부린 적도 없고 멍에를 메운 적도 없는 암송아지 한 마리를 끌고 오십시오. 지도자들은 물이 흐르는 골짜기, 땅을 갈아엎거나 씨를 뿌린 적이 없는 골짜기로 암송아지를 끌고 가서 그 목을 꺾으십시오. 그런 다음 레위인 제사장들이 나서십시오. 그들은 하나님께서 택하셔서 이런 일과 관련해 그분을 섬기고, 법적 소송과 폭력 범죄를 수습하며, 하나님의 이름으로 축복을 선언하는 일을 맡은 사람들입니다. 마지막으로, 그 주검에서 가장 가까운 성읍의 지도자들 모두가 물가에서 목이 꺾인 암송아지 위에서 손을 씻고 이렇게 말하십시오. "우리는 이 사람을 죽이지 않았고, 누가 이 사람을 죽였는지도 모릅니다. 하나님, 주께서 속량하신 주의 백성 이스라엘을 정결하게 해주십시오. 주의 백성 이스라엘을 이 살인죄에서 깨끗하게 해주십시오."

8-9 그러면 이스라엘은 그 살인에 대한 책임을 벗게 될 것입니다. 이 절차를 따름으로써 여러분은 그 살인에 관여했다는 의혹에서 벗어날 것입니다. 여러분이 하나님 보시기에 옳은 일을 했기 때문입니다.

10-14 여러분이 적과 싸우러 나갈 때에 하나님 여러분의 하나님께서 여러분에게 승리를 안겨 주셔서 포로를 사로잡았는데, 여러분이 그 포로들 가운데 아름다운 여자를 보고 마음이 끌려 그 여자와 결

19-20 When you mount an attack on a town and the siege goes on a long time, don't start cutting down the trees, swinging your axes against them. Those trees are your future food; don't cut them down. Are trees soldiers who come against you with weapons? The exception can be those trees which don't produce food; you can chop them down and use the timbers to build siege engines against the town that is resisting you until it falls.

21

1-8 If a dead body is found on the ground, this ground that GOD, your God, has given you, lying out in the open, and no one knows who killed him, your leaders and judges are to go out and measure the distance from the body to the nearest cities. The leaders and judges of the city that is nearest the corpse will then take a heifer that has never been used for work, never had a yoke on it. The leaders will take the heifer to a valley with a stream, a valley that has never been plowed or planted, and there break the neck of the heifer. The Levitical priests will then step up. GOD has chosen them to serve him in these matters by settling legal disputes and violent crimes and by pronouncing blessings in GOD's name. Finally, all the leaders of that town that is nearest the body will wash their hands over the heifer that had its neck broken at the stream and say, "We didn't kill this man and we didn't see who did it. Purify your people Israel whom you redeemed, O GOD. Clear your people Israel from any guilt in this murder."

8-9 That will clear them from any responsibility in the murder. By following these procedures you will have absolved yourselves of any part in the murder because you will have done what is right in GOD's sight.

10-14 When you go to war against your enemies and GOD, your God, gives you victory and you take prisoners, and then you notice among the prisoners of war a good-looking woman whom you find attractive and would like to marry, this

혼하고 싶을 경우, 여러분은 이렇게 하십시오. 그 여자를 집으로 데려가, 머리를 손질하고 손톱을 깎고 포로로 잡혔을 때 입고 있던 옷을 벗어 버리게 하십시오. 그 여자는 한 달 동안 여러분의 집에 머물면서 자기 부모를 생각하며 애도해야 합니다. 그런 다음에야 여러분은 그 여자와 잠자리를 같이 하여 부부가 될 수 있습니다. 그 여자가 여러분의 마음에 들지 않으면, 그녀를 놓아주어 원하는 곳 어디서든 살게 해야 합니다. 그 여자를 팔거나 종으로 부려서는 안됩니다. 여러분이 그 여자를 욕되게 했기 때문입니다.

15-17 어떤 남자에게 두 아내가 있는데, 한 아내는 사랑을 받고 다른 아내는 미움을 받다가 둘 다 그 남자의 아들을 낳았습니다. 이때 미움받는 아내의 아들이 맏아들인 경우, 그 남자는 자기 아들들에게 유산을 나누어 줄 때, 진짜 맏아들인 미움받는 아내의 아들을 제쳐 두고 사랑받는 아내의 아들을 맏아들로 대해서는 안됩니다. 그는 미움받는 아내의 아들, 곧 진짜 맏아들의 상속권을 인정하여 자기 유산에서 두 배의 몫을 그에게 주어야 합니다. 그 아들이 생식능력의 첫 번째 증거이므로, 맏아들의 권리는 그에게 있습니다.

18-20 어떤 사람에게 부모의 말을 전혀 듣지 않고 반항하는 고집 센 아들이 있어, 부모가 아무리 타일러도 말을 듣지 않을 경우, 부모는 그를 강제로라도 성문에 있는 지도자들 앞으로 끌고 가서, "우리 아들 녀석은 고집 센 반항아입니다. 우리가 하는 말을 한 마디도 들으려 하지 않습니다. 게다가 먹보이고 술꾼입니다" 하고 말하십시오.

21 그러면 성읍의 모든 사람이 그에게 돌을 던져 죽여야 합니다. 여러분은 여러분 가운데서 더러운 악을 말끔히 제거해야 합니다. 온 이스라엘이 그 일어난 일을 듣고 두려워할 것입니다.

22-23 어떤 사람이 죽을죄를 지어서 사형 선고를 받고 처형되어 나무에 매달린 경우, 그의 주검을 밤새도록 나무에 매달아 두지 마십시오. 그날로 무덤에 안장하여, 여러분의 **하나님**께서 주신 땅을 더럽히는 일이 없게 하십시오. 사형당해 나무에 매달린 사람은 하나님을 욕되게 하기 때문입니다.

is what you do: Take her home; have her trim her hair, cut her nails, and discard the clothes she was wearing when captured. She is then to stay in your home for a full month, mourning her father and mother. Then you may go to bed with her as husband and wife. If it turns out you don't like her, you must let her go and live wherever she wishes. But you can't sell her or use her as a slave since you've humiliated her.

15-17 When a man has two wives, one loved and the other hated, and they both give him sons, but the firstborn is from the hated wife, at the time he divides the inheritance with his sons he must not treat the son of the loved wife as the firstborn, cutting out the son of the hated wife, who is the actual firstborn. No, he must acknowledge the inheritance rights of the real firstborn, the son of the hated wife, by giving him a double share of the inheritance: that son is the first proof of his virility; the rights of the firstborn belong to him.

18-20 When a man has a stubborn son, a real rebel who won't do a thing his mother and father tell him, and even though they discipline him he still won't obey, his father and mother shall forcibly bring him before the leaders at the city gate and say to the city fathers, "This son of ours is a stubborn rebel; he won't listen to a thing we say. He's a glutton and a drunk."

21 Then all the men of the town are to throw rocks at him until he's dead. You will have purged the evil pollution from among you. All Israel will hear what's happened and be in awe.

22-23 When a man has committed a capital crime, been given the death sentence, executed and hung from a tree, don't leave his dead body hanging overnight from the tree. Give him a decent burial that same day so that you don't desecrate your GOD-given land—a hanged man is an insult to God.

22 [1-3] 동족의 소나 양이 줄이 풀려 돌아다니는 것을 보거든, 못 본 척 고개를 돌리지 마십시오. 그 짐승을 본래 있던 자리로 즉시 돌려보내십시오. 여러분의 동족 이스라엘 사람이 가까이에 없거나 여러분이 그 짐승의 주인을 알지 못하겠거든, 그 짐승을 집으로 끌고 가서 잘 보살피십시오. 그러다가 여러분의 동족이 그 짐승에 대해 물어 오면, 그때 그에게 돌려주십시오. 여러분의 동족 이스라엘 사람이 나귀든 옷가지든 그 무엇을 잃어버리든지, 그렇게 하십시오. 못 본 척 고개를 돌리지 마십시오.

[4] 동족의 나귀나 소가 상처를 입어 길가에 쓰러져 있는 것을 보거든, 못 본 척 고개를 돌리지 마십시오. 여러분의 동족을 거들어 그 짐승을 일으켜 주십시오.

[5] 여자가 남자 옷을 입어서는 안되고, 남자가 여자 옷을 입어서도 안됩니다. 이런 것은 하나님 여러분의 하나님께 역겨운 짓입니다.

[6-7] 여러분이 길을 가다가 나무나 땅에서 새의 둥지를 발견했는데, 어미새가 새끼나 알을 품고 있는 경우, 새끼를 품고 있는 어미새는 잡지 마십시오. 새끼는 잡아도 되지만 어미새는 날려 보내십시오. 그래야 여러분이 오래도록 잘 살게 될 것입니다.

[8] 새로 집을 짓거든, 지붕 둘레에 난간을 설치하여 안전하게 하십시오. 그래야 누군가 떨어져 죽는 일이 없고, 여러분의 집이 사망 사고를 책임지는 일도 없을 것입니다.

[9] 여러분의 포도밭에 두 종자의 씨를 섞어서 뿌리지 마십시오. 그럴 경우, 여러분이 뿌린 곡식과 포도밭의 수확물 전체를 잃게 될 것입니다.

[10] 소와 나귀를 한 멍에에 메워 밭을 갈지 마십시오.

[11] 양털과 모시실을 섞어 짠 옷을 입지 마십시오.

[12] 몸에 걸치는 겉옷의 네 귀퉁이에 술을 만들어 다십시오.

[13-19] 어떤 남자가 여자와 결혼하여 잠자리를 같이

22 [1-3] If you see your kinsman's ox or sheep wandering off loose, don't look the other way as if you didn't see it. Return it promptly. If your fellow Israelite is not close by or you don't know whose it is, take the animal home with you and take care of it until your fellow asks about it. Then return it to him. Do the same if it's his donkey or a piece of clothing or anything else your fellow Israelite loses. Don't look the other way as if you didn't see it.

[4] If you see your fellow's donkey or ox injured along the road, don't look the other way. Help him get it up and on its way.

[5] A woman must not wear a man's clothing, nor a man wear women's clothing. This kind of thing is an abomination to GOD, your God.

[6-7] When you come across a bird's nest alongside the road, whether in a tree or on the ground, and the mother is sitting on the young or on the eggs, don't take the mother with the young. You may take the babies, but let the mother go so that you will live a good and long life.

[8] When you build a new house, make a parapet around your roof to make it safe so that someone doesn't fall off and die and your family become responsible for the death.

[9] Don't plant two kinds of seed in your vineyard. If you do, you will forfeit what you've sown, the total production of the vineyard.

[10] Don't plow with an ox and a donkey yoked together.

[11] Don't wear clothes of mixed fabrics, wool and linen together.

[12] Make tassels on the four corners of the cloak you use to cover yourself.

[13-19] If a man marries a woman, sleeps with her, and then turns on her, calling her a slut, giving

하고 나서, 갑자기 그 여자를 난잡한 여자라 욕하면서 "내가 이 여자와 결혼하여 잠자리를 같이하고 보니 처녀가 아니었다" 하고 누명을 씌울 경우, 그 여자의 부모는 그 여자가 처녀였다는 증거물을 가지고 그 여자와 함께 성문에 있는 지도자들에게 가야 합니다. 그런 다음, 그 여자의 아버지는 지도자들에게 이렇게 말해야 합니다. "내가 내 딸을 이 남자에게 아내로 주었는데, 그가 갑자기 내 딸을 욕하며 내쳤습니다. 그리고 이제는 내 딸이 처녀가 아니었다고 비방하고 있습니다. 하지만 이것을 보십시오. 내 딸이 처녀였다는 증거가 여기 있습니다." 그러고는 지도자들 앞에 그 여자의 피 묻은 결혼 예복을 펴 놓아, 확인할 수 있게 해야 합니다. 그러면 성읍의 지도자들은 그 남편을 붙잡아 매질하고 그에게 은화 백 개를 벌금으로 부과하여, 그것을 받아 그 여자의 아버지에게 주어야 합니다. 그 남자가 이스라엘의 처녀에게 누명을 씌웠기 때문입니다. 그는 그 여자를 아내로 데리고 있어야 하며, 결코 이혼해서는 안됩니다.

20-21 그러나 그의 주장이 사실로 드러나고 그 여자가 처녀였다는 증거가 없으면, 성읍의 남자들이 그 여자를 그 아버지의 집 문 앞으로 끌어내어 돌로 쳐서 죽여야 합니다. 그 여자가 이스라엘 가운데서 수치스러운 일을 하여, 자기 부모의 집에 있을 때에 창녀처럼 살았기 때문입니다. 이렇게 여러분은, 여러분 가운데서 악을 제거해 버리십시오.

22 어떤 남자가 다른 남자의 아내와 잠자리를 같이하다가 발각된 경우, 둘 다 죽여야 합니다. 이스라엘 가운데서 그런 악을 제거해 버리십시오.

23-24 어떤 남자가 이미 한 남자와 약혼한 처녀를 성읍 안에서 만나 잠자리를 같이한 경우, 그 두 사람을 성문으로 끌고 가 돌로 쳐서 죽여야 합니다. 그 여자는 성읍 안에 있으면서도 도와 달라고 소리치지 않았기 때문이고, 그 남자는 자기 이웃의 약혼녀를 범했기 때문입니다. 이렇게 여러분은, 여러분 가운데서 악을 제거해 버리십시오.

25-27 그러나 그 남자가 약혼한 여자를 들에서 보고 덮쳐 범했으면, 여자를 범한 남자만 죽여야 합니다. 여자는 잘못한 게 없으니, 그 여자에게는 어떠한 벌도 주지 마십시오. 이는 어떤 사람이 들에서 자기 이웃을 만나 살해한 것과 같은 경우입니다. 약혼한 그 여자가 도와 달라고 고함을 질렀어도, 그 소리를 듣고 구해 줄 사람이 주위에 없었기 때문입니다.

her a bad name, saying, "I married this woman, but when I slept with her I discovered she wasn't a virgin," then the father and mother of the girl are to take her with the proof of her virginity to the town leaders at the gate. The father is to tell the leaders, "I gave my daughter to this man as wife and he turned on her, rejecting her. And now he has slanderously accused her, claiming that she wasn't a virgin. But look at this, here is the proof of my daughter's virginity." And then he is to spread out her bloodstained wedding garment before the leaders for their examination. The town leaders then are to take the husband, whip him, fine him a hundred pieces of silver, and give it to the father of the girl. The man gave a virgin girl of Israel a bad name. He has to keep her as his wife and can never divorce her.

20-21 But if it turns out that the accusation is true and there is no evidence of the girl's virginity, the men of the town are to take her to the door of her father's house and stone her to death. She acted disgracefully in Israel. She lived like a whore while still in her parents' home. Purge the evil from among you.

22 If a man is found sleeping with another man's wife, both must die. Purge that evil from Israel.

23-24 If a man comes upon a virgin in town, a girl who is engaged to another man, and sleeps with her, take both of them to the town gate and stone them until they die – the girl because she didn't yell out for help in the town and the man because he raped her, violating the fiancee of his neighbor. You must purge the evil from among you.

25-27 But if it was out in the country that the man found the engaged girl and grabbed and raped her, only the man is to die, the man who raped her. Don't do anything to the girl; she did nothing wrong. This is similar to the case of a man who comes across his neighbor out in the country and murders him; when the engaged girl yelled out for help, there was no one around to hear or help her.

28-29 When a man comes upon a virgin who has

28-29 어떤 남자가 약혼한 적이 없는 처녀를 만나 그 녀를 덮쳐 범하다가 두 사람이 발견되었으면, 여자를 범한 남자는 그 여자의 아버지에게 은화 오십 개를 주어야 합니다. 그는 그 여자를 욕보였으므로 그 여자와 결혼해야 하며, 결코 이혼해서는 안됩니다.

30 아무도 자기 아버지의 전처와 결혼해서는 안됩니다. 그런 짓은 자기 아버지의 권리를 범하는 것입니다.

23 1 거세된 남자는 하나님의 회중에 들 수 없습니다.

2 사생아는 하나님의 회중에 들 수 없고, 그의 자손도 십 대에 이르기까지 회중에 들 수 없습니다.

3-6 암몬 사람이나 모압 사람은 하나님의 회중에 들 수 없고, 그들의 자손도 십 대에 이르기까지 회중에 들 수 없습니다. 여러분이 이집트에서 나올 때에 그들은 여러분을 환대하지 않았고, 게다가 여러분을 저주하려고 브올의 아들 발람을 고용하여 메소포타미아의 브돌에서 그를 데려왔기 때문입니다. 하나님 여러분의 하나님께서는 발람의 말을 듣지 않으시고, 오히려 저주를 복으로 바꾸어 주셨습니다. 하나님 여러분의 하나님께서 여러분을 얼마나 사랑하시는지요! 그러니 절대로 그들과 어울리려고 하거나, 그들을 위해 어떠한 일을 하려고 하지 마십시오.

7 에돔 사람을 경멸하지 마십시오. 그들은 여러분의 친족입니다.
이집트 사람을 경멸하지 마십시오. 여러분은 그들의 땅에서 외국인이었습니다.

8 에돔 사람과 이집트 사람에게서 삼 대 자손으로 태어난 사람은 하나님의 회중에 들 수 있습니다.

9-11 여러분이 적과 싸우러 나가 진을 치고 있을 때, 부정한 일을 하지 않도록 스스로 조심하십시오. 여러분 가운데 한 사람이 밤에 정액을 흘려 부정하게 되었으면, 그는 진 밖으로 나가서 저녁때까지 그곳에 머물러야 합니다. 그는 오후 늦게야 몸을 씻고 해가 질 무렵에 진으로 돌아올 수 있습니다.

12-14 *용변을 볼 수 있게 진 밖에* 변소를 마련하십시오. 그곳에 갈 때는 무기 외에 막대기를 가지고 가서, 용변을 본 뒤에 막대기로 땅을 파고 배설물을 덮으십시오. 하나님 여러분의 하나님께서 여러분을 구원하시고, 적들과의 싸움에서 여러분에게 승리를

never been engaged and grabs and rapes her and they are found out, the man who raped her has to give her father fifty pieces of silver. He has to marry her because he took advantage of her. And he can never divorce her.

30 A man may not marry his father's ex-wife—that would violate his father's rights.

23 1 No eunuch is to enter the congregation of GOD.

2 No bastard is to enter the congregation of GOD, even to the tenth generation, nor any of his children.

3-6 No Ammonite or Moabite is to enter the congregation of GOD, even to the tenth generation, nor any of his children, ever. Those nations didn't treat you with hospitality on your travels out of Egypt, and on top of that they also hired Balaam son of Beor from Pethor in Mesopotamia to curse you. GOD, your God, refused to listen to Balaam but turned the curse into a blessing—how GOD, your God, loves you! Don't even try to get along with them or do anything for them, ever.

7 But don't spurn an Edomite; he's your kin.
And don't spurn an Egyptian; you were a foreigner in his land.

8 Children born to Edomites and Egyptians may enter the congregation of GOD in the third generation.

9-11 When you are camped out, at war with your enemies, be careful to keep yourself from anything ritually defiling. If one of your men has become ritually unclean because of a nocturnal emission, he must go outside the camp and stay there until evening when he can wash himself, returning to the camp at sunset.

12-14 Mark out an area outside the camp where you can go to relieve yourselves. Along with your weapons have a stick with you. After you relieve yourself, dig a hole with the stick and

안겨 주시려고 여러분의 진을 두루 거니시기 때문입니다. 그러니 여러분은 진을 거룩한 상태로 유지하십시오. 하나님의 눈에 거슬리는 상스러운 것이나 역겨운 것을 용납하지 마십시오.

15-16 도망쳐 나온 종을 그 주인에게 돌려보내지 마십시오. 그가 피신하려고 여러분에게 왔기 때문입니다. 그가 여러분의 성읍 안에서 원하는 곳에 자리를 잡고 살게 해주십시오. 그를 부려 먹지 마십시오.

17-18 이스라엘의 딸은 신전의 창녀가 되어서는 안됩니다. 이스라엘의 아들도 신전의 남창이 되어서는 안됩니다. 신전의 창녀가 매춘으로 번 돈이나 신전의 남창이 번 소득은 서원을 갚는 돈으로 하나님의 집에 가져오지 마십시오. 이 두 가지는 모두 하나님 여러분의 하나님께서 역겨워하시는 것입니다.

19-20 여러분의 친족에게 꾸어 준 것이 있거든 이자를 받지 마십시오. 돈이든 양식이든 옷이든, 이자를 받을 수 있는 그 어떤 것에도 이자를 받지 마십시오. 외국인에게는 이자를 받아도 되지만, 여러분의 형제에게는 이자를 받아서는 안됩니다. 그래야 하나님 여러분의 하나님께서 여러분이 하는 모든 일과, 여러분이 들어가 차지할 땅에 복을 주실 것입니다.

21-23 하나님 여러분의 하나님께 서원한 것은 미루지 말고 지키십시오. 하나님 여러분의 하나님께서는 여러분이 서원한 것을 지키기를 기대하십니다. 여러분이 서원을 지키지 않았으면, 여러분에게 죄가 됩니다. 하지만 애초에 서원하지 않았으면, 죄가 될 일도 없습니다. 여러분이 무엇을 하겠다고 말했으면, 그대로 행하십시오. 여러분이 자원해서 하나님 여러분의 하나님께 서원한 것은 반드시 지키십시오. 약속했으면, 그 약속을 지켜야 합니다.

24-25 이웃의 포도밭에 들어가서 포도를 원하는 만큼 배불리 먹는 것은 괜찮지만, 양동이나 가방에 조금이라도 담아서는 안됩니다. 이웃의 무르익은 곡식밭을 지나갈 때에 곡식 이삭을 따는 것은 괜찮지만, 낫을 대서는 안됩니다.

24 1-4 어떤 남자가 한 여자와 결혼했는데, 그 여자에게 부정한 것이 있음을 알게 되어

cover your excrement. GOD, your God, strolls through your camp; he's present to deliver you and give you victory over your enemies. Keep your camp holy; don't permit anything indecent or offensive in GOD's eyes.

15-16 Don't return a runaway slave to his master; he's come to you for refuge. Let him live wherever he wishes within the protective gates of your city. Don't take advantage of him.

17-18 No daughter of Israel is to become a sacred prostitute; and no son of Israel is to become a sacred prostitute. And don't bring the fee of a sacred whore or the earnings of a priest-pimp to the house of GOD, your God, to pay for any vow–they are both an abomination to GOD, your God.

19-20 Don't charge interest to your kinsmen on any loan: not for money or food or clothing or anything else that could earn interest. You may charge foreigners interest, but you may not charge your brothers interest; that way GOD, your God, will bless all the work that you take up and the land that you are entering to possess.

21-23 When you make a vow to GOD, your God, don't put off keeping it; GOD, your God, expects you to keep it and if you don't you're guilty. But if you don't make a vow in the first place, there's no sin. If you say you're going to do something, do it. Keep the vow you willingly vowed to GOD, your God. You promised it, so do it.

24-25 When you enter your neighbor's vineyard, you may eat all the grapes you want until you're full, but you may not put any in your bucket or bag. And when you walk through the ripe grain of your neighbor, you may pick the heads of grain, but you may not swing your sickle there.

24 1-4 If a man marries a woman and then it happens that he no longer likes her

그 여자에게서 마음이 떠난 경우, 그는 이혼 증서를 써서 그 여자의 손에 쥐어 주고 그녀를 내보낼 수 있습니다. 그 여자가 그의 집을 떠나 다른 남자의 아내가 되었는데, 두 번째 남편도 그 여자를 싫어하여 이혼 증서를 써서 그 여자의 손에 쥐어 주고 내보냈거나 그 두 번째 남편이 죽은 경우, 그 여자를 내보낸 첫 번째 남편은 그 여자를 다시 아내로 맞아들여서는 안됩니다. 그 여자가 이미 자신을 더럽혔으므로, 첫 번째 남편과 다시 결혼하는 것은 하나님 앞에 역겨운 일이며, 하나님 여러분의 하나님께서 여러분에게 유산으로 주시는 땅을 죄로 더럽히는 일입니다.

5 어떤 남자가 아내를 맞아들였으면, 그를 군대에 보내서도 안되고 어떤 의무를 그에게 지워서도 안됩니다. 그는 한 해 동안 집에 있으면서 자기 아내를 행복하게 해주어야 합니다.

6 맷돌 전체나 그 위짝을 담보물로 잡지 마십시오. 그것은 누군가의 생명을 빼앗는 짓입니다.

7 어떤 사람이 자기 동족 가운데 한 사람, 곧 이스라엘 백성 가운데 한 사람을 유괴하여 종으로 삼거나 팔아넘기다가 잡혔을 경우, 그를 반드시 죽여야 합니다. 여러분 가운데서 그런 악을 제거해 버리십시오.

8-9 경고합니다! 악성 피부병이 발생한 경우, 레위인 제사장들이 적어 주는 규례를 정확히 따르십시오. 내가 그들에게 명령한 규례를 철저히 지키십시오. 여러분이 이집트에서 나오는 길에 하나님 여러분의 하나님께서 미리암에게 하신 일을 잊지 마십시오.

10-13 이웃에게 무엇을 꾸어 줄 경우, 담보물을 잡으려고 그의 집에 들어가지 마십시오. 여러분은 밖에서 기다리고, 여러분에게 담보를 제공하는 사람이 담보물을 가지고 밖으로 나오게 하십시오. 그가 가난한 사람이면, 그의 겉옷을 덮고 자지 마십시오. 해가 질 무렵에는 그것을 돌려주어, 그가 자기 겉옷을 덮고 자면서 여러분을 축복할 수 있게 하십시오. 그렇게 하는 것이 하나님 여러분의 하나님께서 보시기에 의로운 행위입니다.

14-15 가난하고 궁핍한 노동자를 착취하지 마십시오. 그가 여러분의 땅, 여러분의 성읍에 사는 사람이면, 동족이든 아니든 그를 착취해서는 안됩니다. 하루 일을 마칠 때면 반드시 그에게 품삯을 주십시오. 그

because he has found something wrong with her, he may give her divorce papers, put them in her hand, and send her off. After she leaves, if she becomes another man's wife and he also comes to hate her and this second husband also gives her divorce papers, puts them in her hand, and sends her off, or if he should die, then the first husband who divorced her can't marry her again. She has made herself ritually unclean, and her remarriage would be an abomination in the Presence of GOD and defile the land with sin, this land that GOD, your God, is giving you as an inheritance.

5 When a man takes a new wife, he is not to go out with the army or be given any business or work duties. He gets one year off simply to be at home making his wife happy.

6 Don't seize a handmill or an upper millstone as collateral for a loan. You'd be seizing someone's very life.

7 If a man is caught kidnapping one of his kinsmen, someone of the People of Israel, to enslave or sell him, the kidnapper must die. Purge that evil from among you.

8-9 Warning! If a serious skin disease breaks out, follow exactly the rules set down by the Levitical priests. Follow them precisely as I commanded them. Don't forget what GOD, your God, did to Miriam on your way out of Egypt.

10-13 When you make a loan of any kind to your neighbor, don't enter his house to claim his pledge. Wait outside. Let the man to whom you made the pledge bring the pledge to you outside. And if he is destitute, don't use his cloak as a bedroll; return it to him at nightfall so that he can sleep in his cloak and bless you. In the sight of GOD, your God, that will be viewed as a righteous act.

14-15 Don't abuse a laborer who is destitute and needy, whether he is a fellow Israelite living in

는 하루 벌어 하루 먹고 사는 처지여서, 당장 그 품삯을 받지 못하면 살 수 없기 때문입니다. 여러분이 품삯 지급을 미루면 그가 하나님께 이의를 제기할 것이고, 그러면 그것이 여러분의 죄로 남을 것입니다.

16 부모가 자식을 대신하여 사형을 당해서는 안되고, 자식이 부모를 대신하여 사형을 당해서도 안됩니다. 누구나 자기 죄로만 사형을 당해야 합니다.

17-18 외국인과 고아가 정당한 권리를 누릴 수 있게 하십시오. 과부의 겉옷을 담보물로 잡지 마십시오. 여러분도 전에는 이집트 땅에서 종이었으며, 하나님 여러분의 하나님께서 여러분을 그곳에서 이끌어 내셨음을 절대로 잊지 마십시오. 여러분에게 명령합니다. 내가 여러분에게 일러 주는 대로 행하십시오.

19-22 여러분이 곡식을 수확하다가 곡식 한 단을 잊어버리고 왔을 경우, 그것을 가지러 되돌아가지 마십시오. 외국인과 고아와 과부를 위해 그것을 남겨 두십시오. 그러면 하나님 여러분의 하나님께서 여러분이 하는 모든 일에 복을 주실 것입니다. 여러분이 올리브나무를 흔들어 그 열매를 떨어낼 때, 이미 떨어낸 나무로 다시 가서 남은 열매를 모조리 떨어내는 일이 없게 하십시오. 그 남은 것은 외국인과 고아와 과부의 것입니다. 여러분이 여러분의 포도밭에서 포도송이를 딸 때, 가지에 마지막 남은 포도송이까지 따지 마십시오. 외국인과 고아와 과부를 위해 몇 송이라도 남겨 두십시오. 여러분이 전에 이집트 땅에서 종이었던 것을 절대로 잊지 마십시오. 여러분에게 명령합니다. 내가 여러분에게 일러 주는 대로 행하십시오.

25 1-3 사람들 사이에 법적 소송이 일어날 경우, 그들을 법정으로 보내십시오. 재판관은 그들 사이를 재판하여, 한쪽에는 무죄를 선고하고 다른 한쪽에는 유죄를 선고하십시오. 유죄를 선고받은 사람이 벌을 받아야 하면, 재판관은 그를 자기 앞에 엎드리게 하고, 그의 죄에 해당하는 만큼 매를 맞게 해야 합니다. 그러나 마흔 대 이상 맞게 하지는 마십시오. 그렇게 하는 것은 그를 인간 이하의 존재로 대하는 것입니다.
4 타작 일을 하는 소의 입에 망을 씌우지 마십시오.

5-6 형제들이 함께 살다가 그 가운데 한 사람이 아들

your land and in your city. Pay him at the end of each workday; he's living from hand to mouth and needs it now. If you hold back his pay, he'll protest to GOD and you'll have sin on your books.

16 Parents shall not be put to death for their children, nor children for their parents. Each person shall be put to death for his own sin.

17-18 Make sure foreigners and orphans get their just rights. Don't take the cloak of a widow as security for a loan. Don't ever forget that you were once slaves in Egypt and GOD, your God, got you out of there. I command you: Do what I'm telling you.

19-22 When you harvest your grain and forget a sheaf back in the field, don't go back and get it; leave it for the foreigner, the orphan, and the widow so that GOD, your God, will bless you in all your work. When you shake the olives off your trees, don't go back over the branches and strip them bare—what's left is for the foreigner, the orphan, and the widow. And when you cut the grapes in your vineyard, don't take every last grape—leave a few for the foreigner, the orphan, and the widow. Don't ever forget that you were a slave in Egypt. I command you: Do what I'm telling you.

25 1-3 When men have a legal dispute, let them go to court; the judges will decide between them, declaring one innocent and the other guilty. If the guilty one deserves punishment, the judge will have him prostrate himself before him and lashed as many times as his crime deserves, but not more than forty. If you hit him more than forty times, you will degrade him to something less than human.
4 Don't muzzle an ox while it is threshing.

5-6 When brothers are living together and one of them dies without having had a son, the

없이 죽은 경우, 그 죽은 사람의 아내는 다른 집안 남자와 결혼해서는 안됩니다. 남편의 형제가 그 여자와 결혼하여 자신의 의무를 다해야 합니다. 그 여자가 낳은 첫아들은 죽은 남편의 이름으로 지어, 그 이름이 이스라엘에서 없어지지 않게 해야 합니다.

widow of the dead brother shall not marry a stranger from outside the family; her husband's brother is to come to her and marry her and do the brother-in-law's duty by her. The first son that she bears shall be named after her dead husband so his name won't die out in Israel.

7-10 그러나 그 형제가 자기 형제의 아내와 결혼하기를 원하지 않으면, 그 여자는 성문에 있는 지도자들에게 가서 이렇게 말해야 합니다. "내 남편의 형제가 자기 형제의 이름을 이스라엘 가운데서 이어 주려고 하지 않습니다. 그의 의무를 나에게 이행할 마음이 없는 것 같습니다." 그러면 지도자들은 남편의 형제를 불러 꾸짖어야 합니다. 그래도 그가 듣지 않고 "나는 저 여인을 원하지 않습니다" 하고 말하면, 그 형제의 아내는 그의 발에서 신발을 벗긴 다음, 그의 얼굴에 침을 뱉고 이렇게 말해야 합니다. "자기 형제의 집안을 일으켜 세우려고 하지 않는 자에게는 이런 일이 일어난다. 이스라엘에서 그의 이름은 '신발 없는 자의 집안'이 될 것이다!"

7-10 But if the brother doesn't want to marry his sister-in-law, she is to go to the leaders at the city gate and say, "My brother-in-law refuses to keep his brother's name alive in Israel; he won't agree to do the brother-in-law's duty by me." Then the leaders will call for the brother and confront him. If he stands there defiant and says, "I don't want her," his sister-in-law is to pull his sandal off his foot, spit in his face, and say, "This is what happens to the man who refuses to build up the family of his brother—his name in Israel will be Family-No-Sandal."

11-12 두 남자가 싸울 때에 한쪽 남자의 아내가 남편을 구하려다 그만 남편을 때리는 사람의 성기를 움켜잡은 경우, 여러분은 그 여인의 손을 잘라 버려야 합니다. 그녀를 조금도 불쌍히 여기지 마십시오.

11-12 When two men are in a fight and the wife of the one man, trying to rescue her husband, grabs the genitals of the man hitting him, you are to cut off her hand. Show no pity.

13-16 두 개의 추, 곧 무거운 추와 가벼운 추를 함께 가지고 다니지 마십시오. 또한 큰 되와 작은 되를 함께 두지 마십시오. 추는 정확하고 바른 것으로 하나만 사용하고, 되도 정확하고 바른 것으로 하나만 사용하십시오. 그러면 **하나님** 여러분의 하나님께서 여러분에게 주시는 땅에서 여러분이 오래도록 살 것입니다. **하나님** 여러분의 하나님께서는 추와 되를 가지고 눈속임하는 것을 몹시 싫어하십니다. 거래에서 이루어지는 모든 불법 행위를 역겨워하십니다!

13-16 Don't carry around with you two weights, one heavy and the other light, and don't keep two measures at hand, one large and the other small. Use only one weight, a true and honest weight, and one measure, a true and honest measure, so that you will live a long time on the land that GOD, your God, is giving you. Dishonest weights and measures are an abomination to GOD, your God—all this corruption in business deals!

17-19 여러분이 이집트에서 나온 뒤에 아말렉이 여러분의 여정에서 어떻게 했는지 잊지 마십시오. 그들은 여러분이 지쳐서 한 발짝도 더 내딛지 못할 때에 여러분 뒤에 처진 사람들을 무자비하게 베어 죽이고, **하나님**마저 무시했습니다. **하나님** 여러분의 하나님께서 여러분에게 차지하라고 유산으로 주시는 땅에서 친히 여러분 주위의 모든 적을 물리치고 여러분에게 안식을 주실 때, 여러분은 이 땅에서 아말렉이라는 이름을 지워 버려야 합니다. 이것을 잊지 마십시오!

17-19 Don't forget what Amalek did to you on the road after you left Egypt, how he attacked you when you were tired, barely able to put one foot in front of another, mercilessly cut off your stragglers, and had no regard for GOD. When GOD, your God, gives you rest from all the enemies that surround you in the inheritance-land GOD, your God, is giving you to possess, you are to wipe the name of Amalek from off the Earth. Don't forget!

첫 열매, 십일조

26 1-5 여러분이 **하나님** 여러분의 하나님께서 여러분에게 유산으로 주시는 땅에 들어가 그곳을 차지하고 자리를 잡게 되면, **하나님** 여러분의 하나님께서 여러분에게 주신 땅에서 거둔 모든 첫 열매 가운데 얼마를 가져다가 바구니에 담아, **하나님** 여러분의 하나님께서 예배받으시려고 따로 정해 주신 곳으로 가야 합니다. 그때에 그곳에 있는 제사장에게 가서, "**하나님**께서 우리에게 주시겠다고 우리 조상에게 약속하신 땅에 내가 들어온 것을, 오늘 **하나님** 당신의 하나님께 아룁니다" 하고 말하십시오. 제사장이 여러분에게서 바구니를 받아 **하나님**의 제단 위에 놓으면, 여러분은 **하나님** 여러분의 하나님 앞에서 이렇게 아뢰십시오.

5-10 내 조상은 방랑하는 아람 사람으로,
이집트로 내려가 거기서 나그네로 살았습니다.
처음에는 그와 몇 안되는 형제들이 전부였지만
이내 그들은 크고 강하고, 수가 많은 민족이 되었습니다.
그러자 이집트 사람들이 우리를 학대하고 때리며
무자비하고 잔혹하게 종살이를 시켰습니다.
우리가 **하나님** 우리 조상의 하나님께 울부짖자,
그분께서 우리의 소리를 들으시고
우리의 궁핍과 곤경과 비참한 처지를 보셨습니다.
하나님께서는 강한 손과 펴신 팔,
큰 위엄과 표적과 이적으로
우리를 이집트에서 이끌어 내셨습니다.
우리를 이곳으로 데리고 오셔서,
우리에게 젖과 꿀이 흐르는 이 땅을 주셨습니다.
그래서 내가 이 자리에 서게 된 것입니다. 오 **하나님**,
하나님께서 내게 주신 이 땅에서 재배한 첫 열매를 가져왔습니다.

10-11 그런 다음 가져온 것을 **하나님** 여러분의 하나님 앞에 놓고, **하나님** 여러분의 하나님 앞에 엎드리십시오. 그리고 기뻐하십시오! **하나님** 여러분의 하나님께서 여러분과 여러분의 집안에 베푸신 온갖 좋은 것으로 경축하십시오. 여러분과 레위인과 여러분과 함께 사는 외국인이 한데 어우러져 잔치를 벌이십시오.

12-14 삼 년마다 십일조를 바치는 해가 되면, 여러분

26 1-5 Once you enter the land that GOD, your God, is giving you as an inheritance and take it over and settle down, you are to take some of all the firstfruits of what you grow in the land that GOD, your God, is giving you, put them in a basket and go to the place GOD, your God, sets apart for you to worship him. At that time, go to the priest who is there and say, "I announce to GOD, your God, today that I have entered the land that God promised our ancestors that he'd give to us." The priest will take the basket from you and place it on the Altar of GOD, your God. And there in the Presence of GOD, your God, you will recite:

5-10 A wandering Aramean was my father,
he went down to Egypt and sojourned there,
he and just a handful of his brothers at first, but soon
they became a great nation, mighty and many.
The Egyptians abused and battered us,
in a cruel and savage slavery.
We cried out to GOD, the God-of-Our-Fathers:
He listened to our voice, he saw
our destitution, our trouble, our cruel plight.
And GOD took us out of Egypt
with his strong hand and long arm, terrible and great,
with signs and miracle-wonders.
And he brought us to this place,
gave us this land flowing with milk and honey.
So here I am. I've brought the firstfruits
of what I've grown on this ground you gave me, O GOD.

10-11 Then place it in the Presence of GOD, your God. Prostrate yourselves in the Presence of GOD, your God. And rejoice! Celebrate all the good things that GOD, your God, has given you and your family; you and the Levite and the foreigner who lives with you.

12-14 Every third year, the year of the tithe, give a tenth of your produce to the Levite, the

이 거둔 곡식에서 십분의 일을 떼어 레위인과 외국인과 고아와 과부에게 주어, 그들이 여러분의 성읍에서 배불리 먹게 하십시오. 그런 다음, 하나님 여러분의 하나님 앞에서 이렇게 아뢰십시오.

나는 거룩한 몫을 가져다가
레위인과 외국인과 고아와 과부에게 주었습니다.
나는 주께서 명령하신 대로 행했습니다.
주신 명령을 회피하지 않았고
하나도 잊지 않았습니다.
애도할 때에 그 거룩한 몫을 먹지 않았고
부정한 상태일 때에는 그것을 떼어 놓지 않았으며
장례식에 쓰지도 않았습니다.
나는 하나님의 말씀을 순종하는 마음으로 듣고
주께서 내게 명령하신 대로 살았습니다.

15 하늘에 있는 주의 거룩한 집에서 굽어 살펴 주십시오!
주의 백성 이스라엘에게 복을 내려 주시고
주께서 우리 조상에게 약속하신 대로, 우리에게 주신 땅,
젖과 꿀이 흐르는 이 땅에도 복을 내려 주십시오.

16-17 바로 오늘 하나님 여러분의 하나님께서 이 규례와 법도를 지키라고, 온 마음을 다해 그것을 지켜 행하라고 여러분에게 명령하십니다. 여러분은 오늘 하나님께서 여러분의 하나님이심을 선언했고, 그분께서 여러분에게 지시하시는 대로 살겠다고 새롭게 맹세했습니다. 그러니 그분께서 규례와 법도와 계명으로 여러분에게 일러 주시는 것을 지켜 행하고, 그분의 말씀을 순종하는 마음으로 들으십시오.

18-19 하나님께서는 친히 약속하신 대로, 오늘 여러분을 그분의 소중한 보배로 받아들이시고, 그분의 계명을 지키는 백성, 손수 만드신 다른 모든 민족들 위에 높이 세워진 백성, 칭찬을 받으며 명성과 영예를 얻는 백성이 되게 하시겠다고 거듭 단언하셨습니다. 그분께서 약속하신 대로, 여러분은 하나님 여러분의 하나님께 거룩한 백성입니다.

돌에 새겨 기록한 말씀

27 1-3 모세가 이스라엘의 지도자들과 백성에게 명령했다. 여러분은 내가 오늘 여

foreigner, the orphan, and the widow so that they may eat their fill in your cities. And then, in the Presence of GOD, your God, say this:

I have brought the sacred share,
I've given it to the Levite, foreigner, orphan, and widow.
What you commanded, I've done.
I haven't detoured around your commands,
I haven't forgotten a single one.
I haven't eaten from the sacred share while mourning,
I haven't removed any of it while ritually unclean,
I haven't used it in funeral feasts.
I have listened obediently to the Voice of GOD, my God,
I have lived the way you commanded me.

15 Look down from your holy house in Heaven!
Bless your people Israel and the ground you gave us,
just as you promised our ancestors you would,
this land flowing with milk and honey.

16-17 This very day GOD, your God, commands you to follow these rules and regulations, to live them out with everything you have in you. You've renewed your vows today that GOD is your God, that you'll live the way he shows you; do what he tells you in the rules, regulations, and commandments; and listen obediently to him.

18-19 And today GOD has reaffirmed that you are dearly held treasure just as he promised, a people entrusted with keeping his commandments, a people set high above all other nations that he's made, high in praise, fame, and honor: you're a people holy to GOD, your God. That's what he has promised.

27 1-3 Moses commanded the leaders of Israel and charged the people: Keep every commandment that I command you today.

러분에게 명령하는 모든 계명을 지키십시오. 요단 강을 건너, **하나님** 여러분의 하나님께서 여러분에게 주시는 땅에 들어가는 날, 여러분은 큰 돌들을 세우고 거기에 회반죽을 입히십시오. 강을 건너자마자, 이 모든 계시의 말씀을 그 돌들 위에 기록하십시오. 그러면 여러분은 **하나님** 여러분의 하나님께서 여러분에게 주시는 땅, **하나님** 여러분의 조상의 하나님께서 여러분에게 약속하신 젖과 꿀이 흐르는 땅에 들어가게 될 것입니다.

4-7 요단 강을 건너가거든, 이 돌들을 에발 산에 세우고 거기에 회반죽을 입히십시오. 그곳 산 위에 **하나님** 여러분의 하나님을 위해 돌로 제단을 쌓으십시오. 그 돌들에 쇠 연장을 대지 마십시오. 다듬지 않은 돌로 **하나님** 여러분의 하나님을 위해 제단을 쌓고, 그 위에 **하나님** 여러분의 하나님께 번제를 드리십시오. 화목 제물을 드리고 거기서 먹으면서, **하나님** 여러분의 하나님 앞에서 기뻐하십시오.

8 여러분은 이 모든 계시의 말씀을, 그 돌들 위에 분명하게 기록하고 새기십시오.

에발 산에서 선포한 저주

9-10 모세와 레위인 제사장들이 온 이스라엘에게 선포했다. 조용히 하십시오. 이스라엘 여러분, 잘 들으십시오. 바로 오늘 여러분은 **하나님** 여러분의 하나님의 백성이 되었습니다. **하나님** 여러분의 하나님께서 하시는 말씀을 잘 들으십시오. 내가 오늘 여러분에게 명령하는 그분의 계명과 법도를 지키십시오.

11-13 그날 모세가 명령했다. 여러분이 요단 강을 건넌 뒤에, 백성을 축복하기 위해 그리심 산에 서야 할 지파는 시므온 지파, 레위 지파, 유다 지파, 잇사갈 지파, 요셉 지파, 베냐민 지파입니다. 그리고 저주하기 위해 에발 산에 서야 할 지파는 르우벤 지파, 갓 지파, 아셀 지파, 스불론 지파, 단 지파, 납달리 지파입니다.

14-26 레위인들은 대변인 역을 맡아 큰소리로 이스라엘에게 이렇게 선포하십시오.

"**하나님**께서 역겨워하시는 신상을 새기거나 부어 만드는 자, 장인이 만든 신상을 은밀한 곳에 세워 두는 자는 **하나님**의 저주를 받습니다" 하면
온 백성이 "예, 물론입니다" 하고 응답하십시오.
"부모 얼굴에 먹칠하는 자는 **하나님**의 저주를 받습니다" 하면
온 백성이 "예, 물론입니다" 하고 응답하십시오.

On the day you cross the Jordan into the land that GOD, your God, is giving you, erect large stones and coat them with plaster. As soon as you cross over the river, write on the stones all the words of this Revelation so that you'll enter the land that GOD, your God, is giving you, that land flowing with milk and honey that GOD, the God-of-Your-Fathers, promised you.

4-7 So when you've crossed the Jordan, erect these stones on Mount Ebal. Then coat them with plaster. Build an Altar of stones for GOD, your God, there on the mountain. Don't use an iron tool on the stones; build the Altar to GOD, your God, with uncut stones and offer your Whole-Burnt-Offerings on it to GOD, your God. When you sacrifice your Peace-Offerings you will also eat them there, rejoicing in the Presence of GOD, your God.

8 Write all the words of this Revelation on the stones. Incise them sharply.

9-10 Moses and the Levitical priests addressed all Israel: Quiet. Listen obediently, Israel. This very day you have become the people of GOD, your God. Listen to the Voice of GOD, your God. Keep his commandments and regulations that I'm commanding you today.

11-13 That day Moses commanded: After you've crossed the Jordan, these tribes will stand on Mount Gerizim to bless the people: Simeon, Levi, Judah, Issachar, Joseph, and Benjamin. And these will stand on Mount Ebal for the curse: Reuben, Gad, Asher, Zebulun, Dan, and Naphtali.

14-26 The Levites, acting as spokesmen and speaking loudly, will address Israel:

GOD's curse on anyone who carves or casts a god-image—an abomination to GOD made by a craftsman—and sets it up in secret.
All respond: *Yes. Absolutely.*
GOD's curse on anyone who demeans a parent.
All respond: *Yes. Absolutely.*
GOD's curse on anyone who moves his neighbor's boundary marker.

"이웃의 경계표를 옮기는 자는 하나님의 저주를 받습니다" 하면
온 백성이 "예, 물론입니다" 하고 응답하십시오.
"눈먼 사람을 잘못된 길로 인도하는 자는 하나님의 저주를 받습니다" 하면
온 백성이 "예, 물론입니다" 하고 응답하십시오.
"외국인과 고아와 과부의 정당한 권리를 침해하는 자는 하나님의 저주를 받습니다" 하면
온 백성이 "예, 물론입니다" 하고 응답하십시오.
"아버지의 아내와 동침하여 아버지의 여자를 욕보이는 자는 하나님의 저주를 받습니다" 하면
온 백성이 "예, 물론입니다" 하고 응답하십시오.
"짐승과 교접하는 자는 하나님의 저주를 받습니다" 하면
온 백성이 "예, 물론입니다" 하고 응답하십시오.
"아버지의 딸이든 어머니의 딸이든 자기 누이와 동침하는 자는 하나님의 저주를 받습니다" 하면
온 백성이 "예, 물론입니다" 하고 응답하십시오.
"장모와 동침하는 자는 하나님의 저주를 받습니다" 하면
온 백성이 "예, 물론입니다" 하고 응답하십시오.
"이웃을 몰래 죽이는 자는 하나님의 저주를 받습니다" 하면
온 백성이 "예, 물론입니다" 하고 응답하십시오.
"뇌물을 받고 무고한 사람을 죽이는 자는 하나님의 저주를 받습니다" 하면
온 백성이 "예, 물론입니다" 하고 응답하십시오.
"이 계시의 말씀을 행하지 않는 자는 하나님의 저주를 받습니다" 하면
온 백성이 "예, 물론입니다" 하고 응답하십시오.

순종하여 받을 복

28 1-6 여러분이 하나님 여러분의 하나님의 말씀을 잘 듣고, 내가 오늘 여러분에게 명령하는 그분의 모든 계명을 마음을 다해 지키면, 하나님 여러분의 하나님께서 여러분을 세상 모든 민족 위에 높이 두실 것입니다. 여러분이 하나님 여러분의 하나님의 말씀에 응답했으므로, 이 모든 복이 여러분에게 내려서, 여러분 너머로 퍼져 나갈 것입니다.

하나님의 복이 도시에 내릴 것입니다.
하나님의 복이 시골에 내릴 것입니다.
하나님의 복이 여러분의 자녀에게
여러분의 땅에서 나는 곡식에

All respond: *Yes. Absolutely.*
GOD's curse on anyone who misdirects a blind man on the road.
All respond: *Yes. Absolutely.*
GOD's curse on anyone who interferes with justice due the foreigner, orphan, or widow.
All respond: *Yes. Absolutely.*
GOD's curse on anyone who has sex with his father's wife; he has violated the woman who belongs to his father.
All respond: *Yes. Absolutely.*
GOD's curse on anyone who has sex with an animal.
All respond: *Yes. Absolutely.*
GOD's curse on anyone who has sex with his sister, the daughter of his father or mother.
All respond: *Yes. Absolutely.*
GOD's curse on anyone who has sex with his mother-in-law.
All respond: *Yes. Absolutely.*
GOD's curse on anyone who kills his neighbor in secret.
All respond: *Yes. Absolutely.*
GOD's curse on anyone who takes a bribe to kill an innocent person.
All respond: *Yes. Absolutely.*
GOD's curse on whoever does not give substance to the words of this Revelation by living them.
All respond: *Yes. Absolutely.*

28 1-6 If you listen obediently to the Voice of GOD, your God, and heartily obey all his commandments that I command you today, GOD, your God, will place you on high, high above all the nations of the world. All these blessings will come down on you and spread out beyond you because you have responded to the Voice of GOD, your God:

GOD's blessing inside the city,
GOD's blessing in the country;
GOD's blessing on your children,
the crops of your land,

여러분이 기르는 가축의 새끼에게
여러분이 기르는 소의 새끼에게
여러분이 기르는 양의 새끼에게 내릴 것입니다.
하나님의 복이 여러분의 바구니와 빵 반죽 그릇에도 내릴 것입니다.
여러분이 들어와도 하나님의 복이 내리고
여러분이 나가도 하나님의 복이 내릴 것입니다.

the young of your livestock,
the calves of your herds,
the lambs of your flocks.
GOD's blessing on your basket and bread bowl;
GOD's blessing in your coming in,
GOD's blessing in your going out.

7 여러분의 적들이 여러분을 공격해도, 하나님께서 그들을 쳐부수실 것입니다. 그들이 여러분을 치러 한 길로 왔다가 일곱 길로 도망칠 것입니다.
8 하나님께서 명령하셔서, 여러분의 창고와 일터에 복이 넘치게 하실 것입니다. 하나님 여러분의 하나님께서 여러분에게 주시는 땅에서, 여러분에게 복을 내리실 것입니다.
9 여러분이 하나님 여러분의 하나님의 계명을 지키고 그분께서 여러분에게 보여주신 길을 따라 살면, 하나님 여러분의 하나님께서 약속하신 대로, 여러분을 거룩한 백성으로 만드실 것입니다.

10 땅 위의 모든 백성이 하나님의 이름 아래 살아가는 여러분의 모습을 보고, 여러분을 크게 두려워할 것입니다.
11-14 하나님께서 여러분에게 좋은 것을 아낌없이 주실 것입니다. 하나님께서 여러분에게 주시겠다고 여러분의 조상에게 약속하신 땅에서, 여러분의 태에서 태어나는 자녀와 여러분이 보살피는 가축 새끼와 땅에서 나는 곡물을 아낌없이 주실 것입니다. 하나님께서 하늘 금고의 문을 여셔서 여러분의 땅에 철 따라 비를 내리시고, 여러분이 손대는 일에 복을 내리실 것입니다. 여러분은 많은 민족들에게 빌려주기는 해도, 여러분이 빌리지는 않을 것입니다. 내가 오늘 여러분에게 명령하는 하나님의 계명을 여러분이 잘 듣고 부지런히 지키면, 하나님께서 여러분을 머리가 되게 하시고 꼬리가 되지 않게 하실 것이며, 여러분을 언제나 위에만 있고 아래에 있지 않게 하실 것입니다. 내가 오늘 여러분에게 명령하는 말에서 오른쪽으로나 왼쪽으로나 조금이라도 벗어나서, 다른 신들을 따라가거나 섬기는 일이 없게 하십시오.

불순종하여 받을 저주

15-19 여러분이 하나님 여러분의 하나님의 말씀을 잘 듣지 않고, 내가 오늘 명령하는 계명과 규례를 부지런히 지키지 않으면, 이 모든 저주가 여러분에게 쏟

7 GOD will defeat your enemies who attack you. They'll come at you on one road and run away on seven roads.
8 GOD will order a blessing on your barns and workplaces; he'll bless you in the land that GOD, your God, is giving you.
9 GOD will form you as a people holy to him, just as he promised you, if you keep the commandments of GOD, your God, and live the way he has shown you.

10 All the peoples on Earth will see you living under the Name of GOD and hold you in respectful awe.
11-14 GOD will lavish you with good things: children from your womb, offspring from your animals, and crops from your land, the land that GOD promised your ancestors that he would give you. GOD will throw open the doors of his sky vaults and pour rain on your land on schedule and bless the work you take in hand. You will lend to many nations but you yourself won't have to take out a loan. GOD will make you the head, not the tail; you'll always be the top dog, never the bottom dog, as you obediently listen to and diligently keep the commands of GOD, your God, that I am commanding you today. Don't swerve an inch to the right or left from the words that I command you today by going off following and worshiping other gods.

15-19 Here's what will happen if you don't obediently listen to the Voice of GOD, your God, and diligently keep all the commandments and guidelines that I'm commanding you today. All these curses will come down hard on you:

아져 내릴 것입니다.

하나님의 저주가 도시에 내릴 것입니다.
하나님의 저주가 시골에 내릴 것입니다.
하나님의 저주가 여러분의 바구니와 빵 반죽 그릇에 내릴 것입니다.
하나님의 저주가 여러분의 자녀에게
여러분의 땅에서 나는 곡식에
여러분이 기르는 가축의 새끼에게
여러분이 기르는 소의 새끼에게
여러분이 기르는 양의 새끼에게 내릴 것입니다.
여러분이 들어와도 하나님의 저주가 내리고
여러분이 나가도 하나님의 저주가 내릴 것입니다.

20 여러분이 하려고 하는 모든 일에 하나님께서 저주와 혼란과 역풍을 보내셔서, 마침내 여러분이 멸망하고 여러분에게 남은 것이 하나도 없게 하실 것입니다. 이것은 모두 여러분이 그분을 저버리고 악을 좇았기 때문입니다.
21 하나님께서 여러분을 질병에 걸리게 하셔서, 여러분이 들어가 차지할 땅에서 여러분을 쓸어버리실 것입니다.
22 하나님께서 여러분을 폐병과 열병과 발진과 발작과 탈수증과 마름병과 황달로 공격하실 것입니다. 그것들이 여러분을 따라다니며 괴롭히다가, 마침내 여러분을 죽게 할 것입니다.
23-24 여러분 머리 위에 있는 하늘은 쇠 지붕이 되고, 여러분이 딛고 선 땅은 콘크리트 덩어리가 될 것입니다. 하나님께서 하늘에서 재와 먼지를 비처럼 내리셔서 여러분을 질식시키실 것입니다.
25-26 하나님께서 적의 공격을 통해 여러분을 치실 것입니다. 여러분은 그들을 치러 한 길로 갔다가 일곱 길로 도망칠 것입니다. 땅 위의 모든 나라가 여러분을 보고 혐오스럽게 여길 것입니다. 썩은 고기를 먹는 새와 짐승들이 여러분의 주검을 마음껏 뜯어먹어도, 그것들을 쫓아 줄 사람이 없을 것입니다.
27-29 하나님께서 이집트의 종기와 치질과 옴과 난치성 가려움증으로 여러분을 모질게 치실 것입니다. 그분께서 여러분을 미치게 하시고, 눈멀게 하시고, 노망이 들게 하실 것입니다. 눈먼 자가 평생토록 어둠 속에서 길을 더듬는 것처럼 여러분은 대낮에도 길을 더듬게 되어, 여러분이 가려고 하는 곳에도 이르지 못할 것입니다. 여러분이 학대와 강탈을 당하지 않고 지나가는 날이 하루도 없을 것입니다. 하지만 아무도 여러분을 도와주지 않을 것입니다.

GOD's curse in the city,
GOD's curse in the country;
GOD's curse on your basket and bread bowl;
GOD's curse on your children,
the crops of your land,
the young of your livestock,
the calves of your herds,
the lambs of your flocks.
GOD's curse in your coming in,
GOD's curse in your going out.

20 GOD will send The Curse, The Confusion, The Contrariness down on everything you try to do until you've been destroyed and there's nothing left of you–all because of your evil pursuits that led you to abandon me.
21 GOD will infect you with The Disease, wiping you right off the land that you're going in to possess.
22 GOD will set consumption and fever and rash and seizures and dehydration and blight and jaundice on you. They'll hunt you down until they kill you.
23-24 The sky over your head will become an iron roof, the ground under your feet, a slab of concrete. From out of the skies GOD will rain ash and dust down on you until you suffocate.
25-26 GOD will defeat you by enemy attack. You'll come at your enemies on one road and run away on seven roads. All the kingdoms of Earth will see you as a horror. Carrion birds and animals will boldly feast on your dead body with no one to chase them away.
27-29 GOD will hit you hard with the boils of Egypt, hemorrhoids, scabs, and an incurable itch. He'll make you go crazy and blind and senile. You'll grope around in the middle of the day like a blind person feeling his way through a lifetime of darkness; you'll never get to where you're going. Not a day will go by that you're not abused and robbed. And no one is going to help you.
30-31 You'll get engaged to a woman and another man will take her for his mistress; you'll build a house and never live in it; you'll plant a garden

30-31 여러분이 여자와 약혼해도 다른 남자가 그 여자를 빼앗아 첩으로 삼을 것입니다. 여러분이 집을 지어도 그 집에서 살지 못하고, 정원을 가꾸어도 당근 한 뿌리 먹지 못할 것입니다. 여러분의 소가 도살되는 것을 보면서도 고기 한 조각 얻지 못할 것입니다. 여러분의 나귀를 눈앞에서 도둑맞아도 다시 찾지 못할 것입니다. 여러분의 양을 적들에게 빼앗겨도 여러분을 도우려고 나서는 사람이 없을 것입니다.

32-34 여러분이 아들딸을 외국인에게 빼앗기고 눈이 빠지도록 그들을 기다려도, 어찌해 볼 도리가 없을 것입니다. 여러분의 곡식과 여러분이 일해서 얻은 모든 것을 외국인이 먹어 치우고, 여러분은 학대와 구타를 당하며 남은 생애를 보내게 될 것입니다. 여러분의 눈에 보이는 것마다 여러분을 미치게 할 것입니다.

35 하나님께서 여러분의 무릎과 다리를 치료할 수 없는 심한 종기로 치셔서, 머리끝부터 발끝까지 번지게 하실 것입니다.

36-37 하나님께서 여러분과 여러분이 세운 왕을 여러분과 여러분의 조상이 들어 보지도 못한 나라로 데려가실 것입니다. 거기서 여러분은 다른 신들, 곧 나무나 돌로 만들어져 신이라고 할 수 없는 것들을 섬기게 될 것입니다. 하나님께서 데려가실 모든 민족 가운데서 여러분은 교훈거리와 웃음거리, 혐오의 대상이 되고 말 것입니다!

38-42 여러분이 밭에 자루째 씨를 뿌려도, 메뚜기들이 먹어 치워서 거둘 게 거의 없을 것입니다. 여러분이 포도밭을 일구고 풀을 뽑고 가지를 손질해도, 벌레들이 먹어 치워 포도주를 마시거나 저장하지 못할 것입니다. 도처에 올리브나무가 있어도, 그 열매가 다 떨어져 여러분의 얼굴과 손에 바를 기름이 없을 것입니다. 여러분이 아들딸을 낳아도, 그들이 여러분의 자녀로 오래 있지 못하고 포로로 잡혀갈 것입니다. 여러분의 모든 나무와 곡식을 메뚜기들이 차지하고 말 것입니다.

43-44 여러분과 함께 사는 외국인은 여러분보다 점점 더 높이 올라가고, 여러분은 점점 깊은 구렁텅이 속으로 떨어질 것입니다. 그가 여러분에게 빌려 주어도, 여러분은 그에게 빌려 주지 못할 것입니다. 그는 머리가 되고, 여러분은 꼬리가 될 것입니다.

45-46 이 모든 저주가 여러분 위에 내려, 여러분에게 남은 것이 하나도 없게 될 때까지 여러분을 쫓아다니며 괴롭힐 것입니다. 이는 여러분이 하나님 여러분의 하나님의 말씀을 잘 듣지 않고, 내가 오늘 여러분에

and never eat so much as a carrot; you'll watch your ox get butchered and not get a single steak from it; your donkey will be stolen from in front of you and you'll never see it again; your sheep will be sent off to your enemies and no one will lift a hand to help you.

32-34 Your sons and daughters will be shipped off to foreigners; you'll wear your eyes out looking vainly for them, helpless to do a thing. Your crops and everything you work for will be eaten and used by foreigners; you'll spend the rest of your lives abused and knocked around. What you see will drive you crazy.

35 GOD will hit you with painful boils on your knees and legs and no healing or relief from head to foot.

36-37 GOD will lead you and the king you set over you to a country neither you nor your ancestors have heard of; there you'll worship other gods, no-gods of wood and stone. Among all the peoples where GOD will take you, you'll be treated as a lesson or a proverb – a horror!

38-42 You'll plant sacks and sacks of seed in the field but get almost nothing – the grasshoppers will devour it. You'll plant and hoe and prune vineyards but won't drink or put up any wine – the worms will devour them. You'll have groves of olive trees everywhere, but you'll have no oil to rub on your face or hands – the olives will have fallen off. You'll have sons and daughters but they won't be yours for long – they'll go off to captivity. Locusts will take over all your trees and crops.

43-44 The foreigner who lives among you will climb the ladder, higher and higher, while you go deeper and deeper into the hole. He'll lend to you; you won't lend to him. He'll be the head; you'll be the tail.

45-46 All these curses are going to come on you. They're going to hunt you down and get you until there's nothing left of you because you didn't obediently listen to the Voice of GOD, your God, and diligently keep his commandments and guidelines that I commanded you.

게 명령한 그분의 계명과 규례를 부지런히 지키지 않았기 때문입니다. 이 저주들은 여러분의 자손에게 영원토록 경고의 표징이 될 것입니다.

47-48 모든 것이 풍족한데도 여러분이 하나님 여러분의 하나님을 기쁘고 즐거운 마음으로 섬기지 않은 탓에, 여러분은 하나님께서 여러분을 대적하라고 보내시는 여러분의 원수들을 섬기며, 굶주림과 목마름과 누더기와 비참함 속에서 살게 될 것입니다. 그분께서 여러분의 목에 쇠멍에를 메워, 마침내 여러분을 멸망시키실 것입니다.

49-52 그렇습니다. 하나님께서는 여러분을 대적하도록 먼 곳에서 한 민족을 일으키셔서, 독수리처럼 여러분을 덮치게 하실 것입니다. 여러분이 알아듣지 못하는 언어를 쓰고 험상궂게 생긴 그들은, 늙은 여자와 갓난아이를 가리지 않고 학대하는 민족입니다. 그들은 여러분이 기르는 가축의 새끼와 여러분의 밭에서 나는 곡식을 약탈하여, 마침내 여러분을 멸망시킬 것입니다. 그들은 곡식과 포도주와 기름과 송아지와 어린양을 남겨 두지 않는 것은 물론이고, 결국에는 여러분도 가만 놔두지 않을 것입니다. 그들이 사방에서 여러분을 포위하고 공격하여 여러분을 성문 뒤로 몰아넣을 것입니다. 그들은 여러분이 안전하다고 여기던 높고 웅대한 성벽을 공격하여 무너뜨릴 것입니다. 그들은 하나님 여러분의 하나님께서 여러분에게 주신 땅 도처에 있는 요새화된 성읍을 그렇게 포위하고 공격할 것입니다.

53-55 마침내 여러분은 하나님 여러분의 하나님께서 여러분에게 주신 아들딸을 잡아먹을 것입니다. 포위 공격으로 고통이 최고조에 달하면, 여러분은 여러분의 젖먹이까지 잡아먹게 될 것입니다. 여러분 가운데 가장 온유하고 자상하던 남자마저 험악하게 변하여, 자기 형제와 소중한 아내와 살아남은 자녀들에게까지 독기 서린 눈을 부라리고, 자기가 먹고 있는 자기 자녀의 살점을 그들과 나눠 먹으려 하지 않을 것입니다. 원수들이 여러분의 요새화된 성읍을 포위하고 옥죄어 오는 것이 고통스러워서, 그는 모든 것을 잃고 인간성마저 상실하게 된 것입니다.

56-57 여러분 가운데 가장 온유하고 상냥하여 들꽃 한 송이조차 함부로 밟지 않던 여자마저 험악하게 변하여, 자신의 소중한 남편과 아들딸에게 독기 서린 눈을 부라리고, 심지어 갓 태어난 아기와 그 태반까지 남몰래 먹으려 들 것이며, 기어이 잡아먹고 말 것입니다! 원수들이 여러분의 요새화된 성읍을 포위하고 옥죄어 오는 것이 고통스러워서, 그녀는 모든 것을 잃고 인간성마저 상실했기 때문입니다.

The curses will serve as signposts, warnings to your children ever after.

47-48 Because you didn't serve GOD, your God, out of the joy and goodness of your heart in the great abundance, you'll have to serve your enemies whom GOD will send against you. Life will be famine and drought, rags and wretchedness; then he'll put an iron yoke on your neck until he's destroyed you.

48-52 Yes, GOD will raise up a faraway nation against you, swooping down on you like an eagle, a nation whose language you can't understand, a mean-faced people, cruel to grandmothers and babies alike. They'll ravage the young of your animals and the crops from your fields until you're destroyed. They'll leave nothing behind: no grain, no wine, no oil, no calves, no lambs—and finally, no *you*. They'll lay siege to you while you're huddled behind your town gates. They'll knock those high, proud walls flat, those walls behind which you felt so safe. They'll lay siege to your fortified cities all over the country, this country that GOD, your God, has given you.

53-55 And you'll end up cannibalizing your own sons and daughters that GOD, your God, has given you. When the suffering from the siege gets extreme, you're going to eat your own babies. The most gentle and caring man among you will turn hard, his eye evil, against his own brother, his cherished wife, and even the rest of his children who are still alive, refusing to share with them a scrap of meat from the cannibal child-stew he is eating. He's lost everything, even his humanity, in the suffering of the siege that your enemy mounts against your fortified towns.

56-57 And the most gentle and caring woman among you, a woman who wouldn't step on a wildflower, will turn hard, her eye evil, against her cherished husband, against her son, against her daughter, against even the afterbirth of her newborn infants; she plans to eat them in secret—she does eat them!—because she has lost everything, even her humanity, in the

58-61 여러분이 이 영광스럽고 두려운 이름, **하나님** 여러분의 하나님을 경외하지 않고, 이 책에 쓰인 모든 계시의 말씀을 부지런히 지키지 않으면, **하나님** 여러분의 하나님께서 여러분과 여러분의 자손에게 재앙을 내리실 것입니다. 그칠 줄 모르는 큰 재앙과 무시무시한 질병으로 사정없이 치실 것입니다. 그분께서는 한때 여러분이 그토록 무서워하던 이집트의 모든 질병을 가져다가 여러분에게 들러붙게 하실 것입니다. 그렇습니다. **하나님**께서는 상상할 수 있는 모든 질병과 재앙, 이 계시의 책에 기록되지 않은 재앙까지 여러분에게 내리셔서, 여러분을 멸하실 것입니다.

62 여러분이 한때 하늘의 눈부신 별처럼 허다하게 많았더라도, 이제는 몇 안되는 가엾은 낙오자로 남고 말 것입니다. 이는 **하나님** 여러분의 하나님께서 하시는 말씀을 여러분이 순종하여 듣지 않았기 때문입니다.

63-66 결국 이렇게 끝나고 말 것입니다. 전에 **하나님**께서 여러분을 기뻐하시고, 여러분을 잘 살게 하시고, 여러분에게 많은 자손 주기를 기뻐하셨던 것처럼, 이제 여러분을 제거하고 땅에서 없애 버리는 것을 기뻐하실 것입니다. 그분께서는 여러분이 들어가 차지할 그 땅에서 여러분을 뿌리째 뽑아, 사방으로 부는 바람에 여러분을 실어, 땅 이쪽 끝에서 저쪽 끝까지 흩어 버리실 것입니다. 여러분은 다른 모든 신들, 곧 여러분과 여러분의 조상이 들어 보지도 못한 신들, 나무나 돌로 만들어져 신이라고 할 수도 없는 것들을 섬기게 될 것입니다. 여러분은 거기서 안식을 얻기는커녕 자리조차 잡지 못할 것입니다. **하나님**께서 여러분에게 불안한 마음, 갈망하는 눈, 향수병에 걸린 영혼을 주실 것입니다. 여러분은 끊임없는 위험에 노출된 채 온갖 망령에 시달리며, 다음 모퉁이에서 무엇을 만날지 전혀 알지 못한 채 살게 될 것입니다.

67 여러분은 아침에는 "어서 저녁이 되었으면!" 하고, 저녁에는 "어서 아침이 되었으면!" 할 것입니다. 여러분은 직접 목격한 광경 때문에 다음에 무슨 일이 닥칠지 몰라서, 두려워 떨게 될 것입니다.

68 "여러분이 다시는 보지 않게 될 것입니다" 하고 내가 약속한 그 길로, **하나님**께서 여러분을 배에 태워 이집트로 돌려보내실 것입니다. 거기서 여러분이 자기 자신을 원수들에게 남종이나 여종으로 팔려고 해도, 여러분을 살 사람이 없을 것입니다.

suffering of the siege that your enemy mounts against your fortified towns.

58-61 If you don't diligently keep all the words of this Revelation written in this book, living in holy awe before This Name glorious and terrible, GOD, your God, then GOD will pound you with catastrophes, you and your children, huge interminable catastrophes, hideous interminable illnesses. He'll bring back and stick you with every old Egyptian malady that once terrorized you. And yes, every disease and catastrophe imaginable–things not even written in the Book of this Revelation–GOD will bring on you until you're destroyed.

62 Because you didn't listen obediently to the Voice of GOD, your God, you'll be left with a few pitiful stragglers in place of the dazzling stars-in-the-heavens multitude you had become.

63-66 And this is how things will end up: Just as GOD once enjoyed you, took pleasure in making life good for you, giving you many children, so GOD will enjoy getting rid of you, clearing you off the Earth. He'll weed you out of the very soil that you are entering in to possess. He'll scatter you to the four winds, from one end of the Earth to the other. You'll worship all kinds of other gods, gods neither you nor your parents ever heard of, wood and stone no-gods. But you won't find a home there, you'll not be able to settle down. GOD will give you a restless heart, longing eyes, a homesick soul. You will live in constant jeopardy, terrified of every shadow, never knowing what you'll meet around the next corner.

67 In the morning you'll say, "I wish it were evening." In the evening you'll say, "I wish it were morning." Afraid, terrorized at what's coming next, afraid of the unknown, because of the sights you've witnessed.

68 GOD will ship you back to Egypt by a road I promised you'd never see again. There you'll offer yourselves for sale, both men and women, as slaves to your enemies. And not a buyer to be found.

모압 평야에서 맺으신 언약의 말씀

29 [1] 이것은 하나님께서 호렙에서 이스라엘 백성과 맺으신 언약에 덧붙여, 모압 땅에서 모세에게 명령하여 그들과 맺으신 언약의 말씀이다.

[2-4] 모세가 온 이스라엘을 불러 모아 말했다. 여러분은 하나님께서 이집트에서 바로와 그의 신하들에게 하신 일, 이집트 온 땅에 하신 모든 일을 두 눈으로 똑똑히 보았습니다. 그것은 여러분이 직접 목격한 엄청난 시험과 큰 표적과 이적이었습니다. 그러나 하나님께서는 오늘까지 여러분에게 깨닫는 마음이나 통찰력 있는 눈이나 경청하는 귀를 주지 않으셨습니다.

[5-6] 나는 지난 사십 년 동안 여러분을 이끌고 광야를 지나왔습니다. 그 모든 세월 동안 여러분의 몸에 걸친 옷이 해어지지 않았고, 여러분의 발에 신은 신발이 닳지 않았습니다. 여러분은 빵과 포도주와 맥주 없이도 잘 살았습니다. 이는 하나님이 정말로 하나님 여러분의 하나님이신 것을 여러분에게 알게 하시려는 것이었습니다.

[7-8] 여러분이 이곳에 이르렀을 때, 헤스본 왕 시혼과 바산 왕 옥이 전쟁 준비를 하고 우리와 싸우러 나왔지만, 우리는 그들을 쳐부수었습니다. 우리는 그들의 땅을 빼앗아 르우벤 자손과 갓 자손과 므낫세 반쪽 지파에게 유산으로 주었습니다.

[9] 여러분은 이 언약의 말씀을 부지런히 지키십시오. 이 말씀대로 행하면, 여러분은 모든 면에서 지혜롭고 잘 살게 될 것입니다.

[10-13] 오늘 여러분은 하나님 여러분의 하나님 앞에 모두 나와 섰습니다. 각 지파의 우두머리, 여러분의 지도자, 관리, 이스라엘의 모든 사람, 곧 여러분의 아이와 아내와 여러분의 진에 장작과 물을 날라다 주는 외국인에 이르기까지 다 나와서, 하나님 여러분의 하나님께서 오늘 여러분과 맺으시는 엄숙한 언약에 참여하고 있습니다. 하나님께서 여러분과 여러분의 조상 아브라함과 이삭과 야곱에게 약속하신 대로, 여러분은 그분의 백성이 되고, 그분은 하나님 여러분의 하나님이 되시겠다는 *언약을 다시 굳게 하는 것입니다.*

[14-21] 나는 이 언약과 맹세를 여러분하고만 맺는 것이 아닙니다. 나는 오늘 하나님 우리 하나님 앞에서 있는 여러분하고만 이 언약을 맺는 것이 아니라, 오늘 이 자리에 있지 않은 사람들과도 맺는 것

29 [1] These are the terms of the Covenant that GOD commanded Moses to make with the People of Israel in the land of Moab, renewing the Covenant he made with them at Horeb.

Moses Blesses Israel on the Plains of Moab

[2-4] Moses called all Israel together and said, You've seen with your own eyes everything that GOD did in Egypt to Pharaoh and his servants, and to the land itself—the massive trials to which you were eyewitnesses, the great signs and miracle-wonders. But GOD didn't give you an understanding heart or perceptive eyes or attentive ears until right now, this very day.

[5-6] I took you through the wilderness for forty years and through all that time the clothes on your backs didn't wear out, the sandals on your feet didn't wear out, and you lived well without bread and wine and beer, proving to you that I am in fact GOD, your God.

[7-8] When you arrived here in this place, Sihon king of Heshbon and Og king of Bashan met us primed for war but we beat them. We took their land and gave it as an inheritance to the Reubenites, the Gadites, and the half-tribe of Manasseh.

[9] Diligently keep the words of this Covenant. Do what they say so that you will live well and wisely in every detail.

[10-13] You are all standing here today in the Presence of GOD, your God—the heads of your tribes, your leaders, your officials, all Israel: your babies, your wives, the resident foreigners in your camps who fetch your firewood and water—ready to cross over into the solemnly sworn Covenant that GOD, your God, is making with you today, the Covenant that this day confirms that you are his people and he is GOD, your God, just as he promised you and your ancestors Abraham, Isaac, and Jacob.

[14-21] I'm not making this Covenant and its oath with you alone. I *am* making it with you who are standing here today in the Presence of GOD, our

입니다. 우리가 이집트에서 어떤 처지로 살았고 우리가 여러 민족들 사이를 어떻게 헤쳐 왔는지, 여러분은 잘 알고 있습니다. 여러분은 그들의 역겨운 것들, 곧 그들이 나무와 돌과 은과 금으로 만든 잡신들을 충분히 보았습니다. 여러분 가운데 남자나 여자나, 어떤 가문이나 지파 그 누구든지, 하나님에게서 벗어나 그 민족들의 우상에 빠지지 않도록, 경계를 늦추지 마십시오. 독초가 움터 올라 여러분 가운데 퍼지지 않게 하십시오. 이 언약과 맹세의 말씀을 듣고도 자신을 제외시켜 "미안하지만, 나는 내 뜻대로 살겠습니다" 하면서 모든 사람의 목숨까지 파멸시키는 자가 생기지 않게 하십시오. 하나님께서 그를 용서하지 않으실 것입니다. 하나님의 진노와 질투가 화산처럼 폭발하여 그에게 미칠 것입니다. 이 책에 기록된 모든 저주가 그를 덮을 것입니다. 하나님께서 그의 이름을 기록에서 지워 버리실 것입니다. 하나님께서 그를 이스라엘 모든 지파 가운데서 따로 떼어 내어, 이 계시의 책에 기록된 언약의 온갖 저주대로, 그에게 특별한 벌을 내리실 것입니다.

22-23 여러분 뒤에 올 다음 세대의 자손과 먼 나라에서 올 외국인이, 도처에 널린 참상과 하나님께서 온 땅을 병들게 하신 것을 보고 소스라치게 놀랄 것입니다. 그들은 유황불에 검게 타 버린 불모지와 소금 평야, 아무것도 뿌릴 수 없고, 아무것도 자라지 않으며, 풀잎 하나 돋아나지 않는 땅을 보게 될 것입니다. 그 땅은 하나님께서 진노로 멸하신 소돔과 고모라와 아드마와 스보임 같을 것입니다.

24 모든 민족이 이렇게 물을 것입니다. "어찌하여 하나님께서 이 땅에 이런 일을 행하셨단 말인가? 도대체 무엇이 그분을 이토록 진노하게 했을까?"

25-28 그러면 여러분의 자손이 이렇게 대답할 것입니다. "그들은, 하나님께서 이집트에서 그들 조상을 이끌어 내신 뒤에 그들 조상과 맺으신 언약을 저버리고, 그들이 들어 보지도 못하고 그들과 아무 관계도 없는 신들에게 가서 그것들을 섬기고 그것들에게 복종했기 때문입니다. 그래서 하나님의 진노가 폭발하여 이 땅에 미쳤고, 이 책에 기록된 온갖 저주가 그 위에 내렸습니다. 크게 진노하신 하나님께서 그들을 그 땅에서 뿌리 뽑으셔서, 오늘 여러분이 보는 것처럼, 다른 땅에 내다 버리신 것입니다."

29 감추어진 것은 하나님 우리 하나님께서 책임지

God, yes, but also with those who are not here today. You know the conditions in which we lived in Egypt and how we crisscrossed through nations in our travels. You got an eyeful of their obscenities, their wood and stone, silver and gold junk-gods. Don't let down your guard lest even now, today, someone–man or woman, clan or tribe–gets sidetracked from GOD, our God, and gets involved with the no-gods of the nations; lest some poisonous weed sprout and spread among you, a person who hears the words of the Covenant-oath but exempts himself, thinking, "I'll live just the way I please, thank you," and ends up ruining life for everybody. GOD won't let him off the hook. GOD's anger and jealousy will erupt like a volcano against that person. The curses written in this book will bury him. GOD will delete his name from the records. GOD will separate him out from all the tribes of Israel for special punishment, according to all the curses of the Covenant written in this Book of Revelation.

22-23 The next generation, your children who come after you and the foreigner who comes from a far country, will be appalled when they see the widespread devastation, how GOD made the whole land sick. They'll see a fire-blackened wasteland of brimstone and salt flats, nothing planted, nothing growing, not so much as a blade of grass anywhere–like the overthrow of Sodom and Gomorrah, Admah and Zeboiim, which GOD overthrew in fiery rage.

24 All the nations will ask, "Why did GOD do this to this country? What on earth could have made him this angry?"

25-28 Your children will answer, "Because they abandoned the Covenant of the GOD of their ancestors that he made with them after he got them out of Egypt; they went off and worshiped other gods, submitted to gods they'd never heard of before, gods they had no business dealing with. So GOD's anger erupted against that land and all the curses written in this book came down on it. GOD, furiously angry, pulled them, roots and all, out of their land and dumped them in another country, as you can see."

고 하실 일이지만, 드러난 것은 우리의 몫입니다. 이 모든 계시의 말씀을 소중히 여겨 순종하는 것은, 우리와 우리 자손이 해야 할 일입니다.

생명과 선, 죽음과 악의 길

30 1-5 앞으로 이런 일이 일어날 것입니다. 내가 여러분 앞에 제시한 대로 복과 저주가 임할 것입니다. 하나님께서 여러분을 흩으셔서 여러 민족들 가운데서 살게 하실 때에, 여러분과 여러분의 자손이 이 일들을 진지하게 받아들이고 하나님 여러분의 하나님께 돌아와서 내가 오늘 여러분에게 명령하는 모든 말씀에 따라 마음과 뜻을 다해 그분께 순종하면, 하나님 여러분의 하나님께서 여러분이 잃어버린 모든 것을 회복해 주시고 여러분을 긍휼히 여기실 것입니다. 그분께서 돌아오셔서, 흩어져 살던 모든 곳에서 여러분을 모으실 것입니다. 여러분이 아무리 멀리 떨어져 있어도 하나님 여러분의 하나님께서는 그곳에서 여러분을 이끌고 나오셔서, 전에 여러분의 조상이 차지했던 땅으로 여러분을 다시 데려오실 것입니다. 그 땅은 다시 여러분의 땅이 될 것입니다. 그분은 그 땅에서 여러분을 잘 살게 하시고, 여러분의 조상보다 수가 더 많게 하실 것입니다.

6-7 하나님 여러분의 하나님께서 여러분과 여러분 자손의 마음에서 굳은살을 베어 내셔서, 여러분이 마음과 뜻을 다해 하나님 여러분의 하나님을 사랑하게 하시고, 참된 삶을 살게 하실 것입니다. 하나님 여러분의 하나님께서 여러분의 원수들, 곧 여러분을 미워하여 여러분을 노리던 자들 위에 이 모든 저주를 내리실 것입니다.

8-9 그러면 여러분은 새롭게 시작하여 하나님의 말씀을 잘 듣고, 내가 오늘 여러분에게 명령하는 그분의 모든 계명을 지킬 것입니다. 하나님 여러분의 하나님께서 여러분의 일에 전보다 더 큰 복을 주실 것입니다. 여러분은 아이를 낳고 송아지를 얻고 농작물을 재배하며, 모든 면에서 행복한 삶을 누리게 될 것입니다. 그렇습니다. 하나님께서 여러분의 조상이 잘 되게 하면서 기뻐하셨듯이, 여러분의 일이 잘 되게 하면서 다시 기뻐하실 것입니다.

10 여러분이 하나님 여러분의 하나님의 말씀을 잘 듣고 *이 계시의 책에 기록된* 계명과 규례를 지키면, 그렇게 해주실 것입니다. 마지못해 해서는 안됩니다. 여러분은 마음을 다하고 정성을 다해 하나님 여러분의 하나님께 돌아와야 합니다. 조금도 망설여서는 안됩니다.

29 GOD, our God, will take care of the hidden things but the revealed things are our business. It's up to us and our children to attend to all the terms in this Revelation.

30 1-5 Here's what will happen. While you're out among the nations where GOD has dispersed you and the blessings and curses come in just the way I have set them before you, and you and your children take them seriously and come back to GOD, your God, and obey him with your whole heart and soul according to everything that I command you today, GOD, your God, will restore everything you lost; he'll have compassion on you; he'll come back and pick up the pieces from all the places where you were scattered. No matter how far away you end up, GOD, your God, will get you out of there and bring you back to the land your ancestors once possessed. It will be yours again. He will give you a good life and make you more numerous than your ancestors.

6-7 GOD, your God, will cut away the thick calluses on your heart and your children's hearts, freeing you to love GOD, your God, with your whole heart and soul and live, really live. GOD, your God, will put all these curses on your enemies who hated you and were out to get you.

8-9 And you will make a new start, listening obediently to GOD, keeping all his commandments that I'm commanding you today. GOD, your God, will outdo himself in making things go well for you: you'll have babies, get calves, grow crops, and enjoy an all-around good life. Yes, GOD will start enjoying you again, making things go well for you just as he enjoyed doing it for your ancestors.

10 But only if you listen obediently to GOD, your God, and keep the commandments and regulations written in this Book of Revelation. Nothing halfhearted here; you must return to GOD, your God, totally, heart and soul, holding nothing back.

11-14 This commandment that I'm commanding

11-14 내가 오늘 여러분에게 명령하는 이 계명은 여러분에게 어려운 것도 아니요, 여러분의 힘이 미치지 않는 곳에 있는 것도 아닙니다. 그 계명이 높은 산 위에 있어, 누가 산꼭대기에 올라가서 그것을 가지고 내려와 여러분의 수준에 맞게 풀이해 주어야, 여러분이 그 계명대로 살아갈 수 있는 것도 아닙니다. 또한 그 계명이 바다 건너편에 있어, 누가 바다를 건너가서 그것을 가져다가 설명해 주어야, 여러분이 그 계명대로 살아갈 수 있는 것도 아닙니다. 그렇습니다. 그 말씀은 바로 지금 여기에 있습니다. 입 속 혀처럼 가까이, 가슴 속 심장처럼 가까이 있습니다. 그러니 바로 행하십시오!

15 내가 오늘 여러분을 위해 한 일을 보십시오.
내가 여러분 앞에
생명과 선,
죽음과 악을 두었습니다.

16 내가 오늘 여러분에게 명령합니다. 하나님 여러분의 하나님을 사랑하십시오. 그분의 길을 따라 걸어가십시오. 그분의 계명과 법도와 규례를 지키십시오. 그러면 여러분이 참으로 살고, 풍성하게 살 것입니다. 하나님 여러분의 하나님께서 여러분이 들어가 차지할 땅에서 여러분에게 복을 내리실 것입니다.

17-18 그러나 여러분에게 경고합니다. 여러분의 마음이 변하여 잘 듣지 않고 자기 마음대로 떠나서 다른 신들을 섬기고 숭배하면, 여러분은 반드시 죽고 말 것입니다. 요단 강을 건너 들어가 차지할 땅에서 오래 살지 못할 것입니다.

19-20 나는 오늘 하늘과 땅을 불러 여러분 앞에 증인으로 세우고, 생명과 죽음, 복과 저주를 여러분 앞에 둡니다. 여러분과 여러분의 후손이 살려거든, 생명을 택하십시오. 하나님 여러분의 하나님을 사랑하고, 그분의 말씀을 순종하여 듣고, 그분을 꼭 품으십시오. 그렇습니다. 그분이 바로 생명이십니다. 여러분의 조상 아브라함과 이삭과 야곱에게 주겠다고 약속하신 그 땅에 계신 하나님 여러분의 하나님이야말로, 생명 그 자체이십니다.

모세의 마지막 당부

31 1-2 모세가 온 이스라엘에게 계속해서 이 말을 선포했다. 그가 말했다. "내 나이가 이제 백스무 살입니다. 거동이 전과 같지 못합니다. 하나님께서도 나에게 '너는 이 요단 강을 건너지 못

you today isn't too much for you, it's not out of your reach. It's not on a high mountain—you don't have to get mountaineers to climb the peak and bring it down to your level and explain it before you can live it. And it's not across the ocean—you don't have to send sailors out to get it, bring it back, and then explain it before you can live it. No. The word is right here and now—as near as the tongue in your mouth, as near as the heart in your chest. Just do it!

15 Look at what I've done for you today: I've placed in front of you
Life and Good
Death and Evil.

16 And I command you today: Love GOD, your God. Walk in his ways. Keep his commandments, regulations, and rules so that you will live, really live, live exuberantly, blessed by GOD, your God, in the land you are about to enter and possess.

17-18 But I warn you: If you have a change of heart, refuse to listen obediently, and willfully go off to serve and worship other gods, you will most certainly die. You won't last long in the land that you are crossing the Jordan to enter and possess.

19-20 I call Heaven and Earth to witness against you today: I place before you Life and Death, Blessing and Curse. Choose life so that you and your children will live. And love GOD, your God, listening obediently to him, firmly embracing him. Oh yes, he is life itself, a long life settled on the soil that GOD, your God, promised to give your ancestors, Abraham, Isaac, and Jacob.

The Charge

31 1-2 Moses went on and addressed these words to all Israel. He said, "I'm 120 years old today. I can't get about as I used to. And GOD told me, 'You're not going to cross this Jordan River.'

3-5 "GOD, your God, will cross the river ahead of you and destroy the nations in your path so

할 것이다' 하고 말씀하셨습니다.

3-5 하나님 여러분의 하나님께서 여러분보다 먼저 강을 건너셔서, 여러분 앞에 있는 저 민족들을 멸하시고, 여러분이 그들을 쫓아내게 하실 것입니다. (하나님께서 말씀하신 대로, 여호수아가 여러분 앞에서 강을 건널 것입니다.) 하나님께서는 아모리 왕 시혼과 옥과 그들의 땅에 행하신 것처럼, 저 민족들에게도 똑같이 행하시고 저들을 멸하실 것입니다. 하나님께서 저 민족들을 여러분 손에 넘겨주시면, 여러분은 내가 여러분에게 명령한 대로 그들에게 행하십시오.

6 힘을 내십시오. 용기를 내십시오. 두려워하지 마십시오. 하나님 여러분의 하나님께서 여러분보다 앞서 성큼성큼 힘차게 걸어가시니, 그들을 두려워하지 마십시오. 하나님께서 여러분과 함께하실 것입니다. 여러분을 버리지도 않으시고, 떠나지도 않으실 것입니다."

7-8 모세가 여호수아를 불러, 온 이스라엘이 지켜보는 앞에서 그에게 말했다. "힘을 내시오. 용기를 내시오. 그대는 이 백성과 함께 하나님께서 그들 조상에게 주시겠다고 약속하신 땅으로 들어가서, 그들이 저 땅을 자랑스럽게 차지하게 하시오. 하나님께서 그대보다 앞서 성큼성큼 힘차게 걸어가시고, 그대와 함께하십니다. 그대를 버리지도 않으시고, 떠나지도 않으실 것이오. 두려워하지 마시오. 염려하지 마시오."

9-13 모세가 이 계시의 말씀을 기록하여, 하나님의 언약궤를 나르는 레위 자손 제사장과 이스라엘의 모든 지도자에게 주었다. 그리고 그들에게 명령을 내렸다. "일곱째 해, 곧 모든 빚을 면제해 주는 해가 끝날 무렵인 초막절 순례 기간에, 온 이스라엘이 하나님 여러분의 하나님을 뵈려고 그분께서 정해 주신 곳으로 나아올 때에, 여러분은 이 계시의 말씀을 온 이스라엘에게 읽어 주어, 모두가 듣게 하십시오. 남자와 여자와 아이와 여러분과 함께 사는 외국인 할 것 없이 백성을 다 불러 모아서, 그들이 잘 듣고, 하나님 여러분의 하나님을 경외하며 사는 법을 배우고, 이 모든 계시의 말씀을 부지런히 지키게 하십시오. 이 모든 것을 모르는 그들의 자녀들도, 여러분이 요단 강을 건너가 차지할 땅에서 사는 동안에 듣고 배워서, 하나님 여러분의 하나님을 경외하며 살게 하십시오."

that you may dispossess them. (And Joshua will cross the river before you, as GOD said he would.) GOD will give the nations the same treatment he gave the kings of the Amorites, Sihon and Og, and their land; he'll destroy them. GOD will hand the nations over to you, and you'll treat them exactly as I have commanded you.

6 "Be strong. Take courage. Don't be intimidated. Don't give them a second thought because GOD, your God, is striding ahead of you. He's right there with you. He won't let you down; he won't leave you."

7-8 Then Moses summoned Joshua. He said to him with all Israel watching, "Be strong. Take courage. You will enter the land with this people, this land that GOD promised their ancestors that he'd give them. You will make them the proud possessors of it. GOD is striding ahead of you. He's right there with you. He won't let you down; he won't leave you. Don't be intimidated. Don't worry."

9-13 Moses wrote out this Revelation and gave it to the priests, the sons of Levi, who carried the Chest of the Covenant of GOD, and to all the leaders of Israel. And he gave these orders: "At the end of every seven years, the Year-All-Debts-Are-Canceled, during the pilgrim Festival of Booths when everyone in Israel comes to appear in the Presence of GOD, your God, at the place he designates, read out this Revelation to all Israel, with everyone listening. Gather the people together—men, women, children, and the foreigners living among you—so they can listen well, so they may learn to live in holy awe before GOD, your God, and diligently keep everything in this Revelation. And do this so that their children, who don't yet know all this, will also listen and learn to live in holy awe before GOD, your God, for as long as you live on the land that you are crossing over the Jordan to possess."

14-15 GOD spoke to Moses: "You are about to die. So call Joshua. Meet me in the Tent of Meeting so that I can commission him."

14-15 하나님께서 모세에게 말씀하셨다. "너는 머지않아 죽는다. 여호수아를 불러, 함께 회막에서 나를 만나거라. 내가 그를 임명하겠다."
그래서 모세와 여호수아가 함께 가서 회막에 섰다. 하나님께서 구름기둥 가운데서 회막에 나타나시고, 구름은 회막 입구 가까이에 있었다.
16-18 하나님께서 모세에게 말씀하셨다. "이제 너는 죽어서 네 조상과 함께 묻힐 것이다. 네가 무덤에 눕자마자, 이 백성은 저 땅에 들어가 이방 신들을 음란하게 섬길 것이다. 그들은 나를 저버리고, 나와 맺은 언약을 깨뜨릴 것이다. 나는 몹시 진노할 것이다! 나는 그들을 홀로 버려둔 채 떠나가서 뒤돌아보지 않을 것이다. 그러면 수많은 재난과 재앙이 무방비 상태의 그들을 덮칠 것이다. 그들은 '이 모든 재앙이 우리에게 닥친 것은 하나님께서 여기 계시지 않기 때문이 아닌가?' 하고 말할 것이다. 그러나 나는, 그들이 다른 신들과 어울리며 저지른 온갖 악행 때문에, 그들의 삶에 관여하지 않고 못 본 척할 것이다!
19-21 이제 너희는 이 노래를 옮겨 적은 다음, 이스라엘 백성에게 가르쳐서 외워 부르게 하여라. 그러면 이 노래가 그들에게 나의 증언이 될 것이다. 내가 그들의 조상에게 약속한 젖과 꿀이 흐르는 땅으로 그들을 이끌고 들어가면, 그들이 배불리 먹고 살이 쪄서 다른 신들과 바람을 피우고 그것들을 섬기기 시작할 것이다. 사태가 악화되어 끔찍한 일들이 일어난 뒤에야, 그들 곁에서 이 노래가 증언이 되어, 그들이 누구이며 무엇이 잘못되었는지 일깨워 줄 것이다. 그들의 후손이 이 노래를 잊지 않고 부를 것이다. 내가 약속한 저 땅에 그들이 아직 들어가지 않았지만, 나는 그들이 무슨 생각을 품고 있는지 다 알고 있다."
22 모세가 그날에 이 노래를 기록하여 이스라엘 백성에게 가르쳤다.
23 하나님께서 눈의 아들 여호수아에게 명령하여 말씀하셨다. "힘을 내라. 용기를 내라. 너는 내가 이스라엘 백성에게 주겠다고 약속한 땅에 그들을 이끌고 들어갈 것이다. 내가 너와 함께하겠다."
24-26 모세는 이 계시의 말씀을 마지막 한 글자까지 책에 다 기록하고 나서, 하나님의 언약궤 운반을 맡은 레위인들에게 명령하여 말했다. "이 계시의 책을 가져다가 하나님 여러분의 하나님 언약궤 옆에 두십시오. 이 책을 거기에 두어 증거로 삼으십시오.
27-29 나는 여러분이 반역을 일삼으며, 얼마나 완

So Moses and Joshua went and stationed themselves in the Tent of Meeting. GOD appeared in the Tent in a Pillar of Cloud. The Cloud was near the entrance of the Tent of Meeting.
16-18 GOD spoke to Moses: "You're about to die and be buried with your ancestors. You'll no sooner be in the grave than this people will be up and whoring after the foreign gods of this country that they are entering. They will abandon me and violate my Covenant that I've made with them. I'll get angry, oh so angry! I'll walk off and leave them on their own, won't so much as look back at them. Then many calamities and disasters will devastate them because they are defenseless. They'll say, 'Isn't it because our God wasn't here that all this evil has come upon us?' But I'll stay out of their lives, keep looking the other way because of all their evil: they took up with other gods!
19-21 "But for right now, copy down this song and teach the People of Israel to sing it by heart. They'll have it then as my witness against them. When I bring them into the land that I promised to their ancestors, a land flowing with milk and honey, and they eat and become full and get fat and then begin fooling around with other gods and worshiping them, and then things start falling apart, many terrible things happening, this song will be there with them as a witness to who they are and what went wrong. Their children won't forget this song; they'll be singing it. Don't think I don't know what they are already scheming to do, and they're not even in the land yet, this land I promised them."
22 So Moses wrote down this song that very day and taught it to the People of Israel.
23 Then GOD commanded Joshua son of Nun saying, "Be strong. Take courage. You will lead the People of Israel into the land I promised to give them. And I'll be right there with you."
24-26 After Moses had finished writing down the words of this Revelation in a book, right down to the last word, he ordered the Levites who were responsible for carrying the Chest of the Covenant of GOD, saying, "Take this Book of Revelation and place it alongside the Chest of the Covenant of

악하고 제멋대로인지 잘 알고 있습니다. 지금 내가 버젓이 살아서 여러분과 함께 있는데도 여러분이 하나님께 반역하는데, 내가 죽으면 얼마나 더하겠습니까! 그러니 각 지파의 지도자와 관리들을 이곳으로 불러 모으십시오. 내가 하늘과 땅을 증인 삼아 그들에게 직접 말해야겠습니다. 내가 죽은 뒤에, 여러분이 모든 것을 엉망으로 만들고, 내가 명령한 길에서 떠나 온갖 악한 일을 끌어들이리라는 것을 나는 잘 알고 있습니다. 또한 나는 여러분이 하나님을 무시하고 기어이 악을 행하리라는 것과, 여러분이 행하는 일로 그분을 진노하게 하리라는 것도 잘 알고 있습니다."

30 온 이스라엘이 모여서 듣는 가운데, 모세는 그들에게 다음 노랫말을 처음부터 끝까지 가르쳐 주었다.

모세의 노래

32

1-5 하늘아, 내가 말할 테니 귀를 기울여라.
땅아, 내가 입을 열 테니 주목하여라.
나의 가르침은 부드러운 비처럼 내리고
나의 말은 아침 이슬처럼 맺히나니,
새싹 위에 내리는 가랑비
정원에 내리는 봄비 같다.
내가 하나님의 이름을 선포하니
우리 하나님의 위대하심에 응답하여라!
그분은 반석, 그분의 일은 완전하고
그분의 길은 공평하고 정의롭다.
너희가 의지할 하나님은 한결같이
올곧은 하나님이시다.
그분의 자녀라고 할 수 없는, 엉망진창인 자들이
그분 얼굴에 먹칠을 하지만, 그분 얼굴은 조금도 더러워지지 않는다.

6-7 너희가 이처럼 대하는 분이 하나님이심을 알지 못하느냐?
이런 미친 짓을 하다니, 너희는 경외심도 없느냐?
이분은 너희를 창조하신 아버지,
너희를 지으셔서 땅 위에 세우신 아버지가 아니시더냐?
너희가 태어나기 전에 어떤 일이 있었는지 읽어 보아라.
옛일을 조사하고, 너희 뿌리를 알아보아라.

GOD, your God. Keep it there as a witness.

27-29 "I know what rebels you are, how stubborn and willful you can be. Even today, while I'm still alive and present with you, you're rebellious against GOD. How much worse when I've died! So gather the leaders of the tribes and the officials here. I have something I need to say directly to them with Heaven and Earth as witnesses. I know that after I die you're going to make a mess of things, abandoning the way I commanded, inviting all kinds of evil consequences in the days ahead. You're determined to do evil in defiance of GOD–I know you are–deliberately provoking his anger by what you do."

30 So with everyone in Israel gathered and listening, Moses taught them the words of this song, from start to finish.

The Song

32

1-5 Listen, Heavens, I have something to tell you.
Attention, Earth, I've got a mouth full of words.
My teaching, let it fall like a gentle rain,
my words arrive like morning dew,
Like a sprinkling rain on new grass,
like spring showers on the garden.
For it's GOD's Name I'm preaching–
respond to the greatness of our God!
The Rock: His works are perfect,
and the way he works is fair and just;
A God you can depend upon, no exceptions,
a straight-arrow God.
His messed-up, mixed-up children, his non-children,
throw mud at him but none of it sticks.

6-7 Don't you realize it is GOD you are treating like this?
This is crazy; don't you have any sense of reverence?
Isn't this your father who created you,
who made you and gave you a place on Earth?
Read up on what happened before you were born;
dig into the past, understand your roots.
Ask your parents what it was like before you were

너희가 태어나기 전에는 어떠했는지 부모에게
물어보고,
어른들에게 물어보아라. 그들이 한두 가지 말
해 줄 것이다.

8-9 지극히 높으신 하나님께서 민족들에게 땅
을 나누어 주시고
땅 위에 살 곳을 주실 때,
백성마다 경계를 그어 주시고
하늘 보호자들의 보살핌을 받게 하셨다.
그러나 하나님께서 자기 백성만은 친히 떠맡으
시고
야곱만은 직접 돌보셨다.

10-14 그분이 광야에서
바람만 드나드는 텅 빈 황무지에서 그를 찾아
내시고
두 팔로 감싸 극진히 돌보아 주셨으며
자기 눈동자처럼 지켜 주셨다.
마치 독수리가 보금자리를 맴돌며
새끼들을 보호하고
날개를 펴서 새끼들을 공중으로 들어 올려
새끼들에게 나는 법을 가르치듯이,
하나님께서 홀로 야곱을 인도하시고
이방 신은 눈에 띄지 않게 하셨다.
하나님께서 그를 산꼭대기로 들어 올리셔서,
밭의 곡식을 마음껏 즐기게 하셨다.
바위에서 흘러내리는 꿀을 먹이시고
단단한 바위틈에서 나오는 기름을 먹게 하셨다.
우유로 만든 치즈와 양의 젖
어린양과 염소의 살진 고기와
바산의 숫양, 질 좋은 밀을 먹이시고
검붉은 포도주를 먹게 하셨다. 너희는 질 좋은
포도주를 마신 것이다!

15-18 여수룬은 몸집이 커지자 반항했다.
네가 살이 찌고 비대해져 기름통이 된 것이다.
그는 자신을 지으신 하나님을 저버리고
자기 구원의 반석을 업신여겼다.
그들은 최신 유행하는 이방 신들로 그분의 질
투를 사고
음란한 짓으로 그분의 진노를 불러일으켰다.
그들은 신이라고 할 수 없는 귀신들,
자기들이 알지도 못하던 신들,
시장에 갓 나온 최신 유행하는 신들,

born;
ask the old-ones, they'll tell you a thing or two.

8-9 When the High God gave the nations their
stake,
gave them their place on Earth,
He put each of the peoples within boundaries
under the care of divine guardians.
But GOD himself took charge of his people,
took Jacob on as his personal concern.

10-14 He found him out in the wilderness,
in an empty, windswept wasteland.
He threw his arms around him, lavished atten-
tion on him,
guarding him as the apple of his eye.
He was like an eagle hovering over its nest,
overshadowing its young,
Then spreading its wings, lifting them into the air,
teaching them to fly.
GOD alone led him;
there was not a foreign god in sight.
GOD lifted him onto the hilltops,
so he could feast on the crops in the fields.
He fed him honey from the rock,
oil from granite crags,
Curds of cattle and the milk of sheep,
the choice cuts of lambs and goats,
Fine Bashan rams, high-quality wheat,
and the blood of grapes: you drank good wine!

15-18 Jeshurun put on weight and bucked;
you got fat, became obese, a tub of lard.
He abandoned the God who made him,
he mocked the Rock of his salvation.
They made him jealous with their foreign
newfangled gods,
and with obscenities they vexed him no end.
They sacrificed to no-god demons,
gods they knew nothing about,
The latest in gods, fresh from the market,
gods your ancestors would never call "gods."
You walked out on the Rock who gave you your life,
forgot the birth-God who brought you into the
world.

너희 조상이 한 번도 "신"이라고 부른 적 없는 것
들에게 제물을 바쳤다.
너희에게 생명을 주신 반석이신 분을 버리고
너희를 세상에 내신 하나님을 잊어버렸다.

19-25 하나님께서 그것을 보시고 발길을 돌리셨다.
자기 아들딸들에게 상처를 입으시고 진노하셨다.
그분께서 말씀하셨다. "이제부터 나는 못 본 척
하겠다.
그들에게 무슨 일이 일어나는지 지켜보겠다.
그들은 변절자, 위아래가 뒤집힌 세대다!
다음에는 어떻게 할지 그 진심을 누가 알겠
느냐?
그들이 신의 아닌 것들로 나를 자극하고
허풍쟁이 신들로 나를 격노케 했으니,
이제 나도 내 백성이 아닌 자들로 그들을 자극
하고
빈껍데기 민족으로 그들을 격앙시키겠다.
나의 진노가 불을 뿜으니,
들불처럼 스올 밑바닥까지 타들어 가며
하늘 높이 치솟아 땅과 곡식을 삼켜 버리고
모든 산을 기슭에서 꼭대기까지 불살라 버린다.
나는 그들 위에 재난을 쌓아 올리고
굶주림, 불 같은 더위, 치명적인 질병을
화살 삼아 그들을 향해 쏘겠다.
으르렁거리는 들짐승들을 숲에서 보내어 그들을
덮치게 하고
독벌레들을 땅속에서 보내어 그들을 치게 하겠다.
거리에는 살인이
집 안에는 공포가 난무하니,
청년과 처녀가 거꾸러지고
젖먹이와 백발노인도 거꾸러질 것이다."

26-27 "내가 그들을 갈기갈기 찢어
땅에서 그들의 흔적을 모두 지워 버리겠다" 할
수도 있었지만
원수가 그 모든 것을 자기 공로인 양
"우리가 한 일을 보아라!
이 일은 하나님과 아무 관계가 없다" 하고 우쭐
댈까 봐
그렇게 하지 않았다.

28-33 그들은 어리석은 민족이어서
비를 피할 줄도 모른다.
그들이 조금이라도 분별력이 있었다면

19-25 GOD saw it and turned on his heel,
angered and hurt by his sons and daughters.
He said, "From now on I'm looking the other way.
Wait and see what happens to them.
Oh, they're a turned-around, upside-down
generation!
Who knows what they'll do from one moment
to the next?
They've goaded me with their no-gods,
infuriated me with their hot-air gods;
I'm going to goad them with a no-people,
with a hollow nation incense them.
My anger started a fire,
a wildfire burning deep down in Sheol,
Then shooting up and devouring the Earth and
its crops,
setting all the mountains, from bottom to
top, on fire.
I'll pile catastrophes on them,
I'll shoot my arrows at them:
Starvation, blistering heat, killing disease;
I'll send snarling wild animals to attack from
the forest
and venomous creatures to strike from the dust.
Killing in the streets,
terror in the houses,
Young men and virgins alike struck down,
and yes, breast-feeding babies and gray-haired
old men."

26-27 I could have said, "I'll hack them to pieces,
wipe out all trace of them from the Earth,"
Except that I feared the enemy would grab the
chance
to take credit for all of it,
Crowing, "Look what we did!
GOD had nothing to do with this."

28-33 They are a nation of ninnies,
they don't know enough to come in out of the
rain.
If they had any sense at all, they'd know this;
they would see what's coming down the road.
How could one soldier chase a thousand
enemies off,

길 위에 무엇이 떨어지고 있는지 볼 텐데.
그들의 반석이신 분께서 그들을 팔아 버리지 않으시고서야
하나님께서 그들을 포기하지 않으시고서야,
어찌 군사 한 명이 천 명의 적을 쫓아내며
어찌 두 사람이 이천 명을 도망치게 할 수 있겠느냐?
우리의 원수들조차 자기들의 반석은
우리의 반석에 비하면 아무것도 아니라고 한다.
그들은 소돔에서 뻗어 나온 포도나무,
고모라의 밭에 뿌리박은 포도나무다.
그들의 포도는 독이 있어서
송이마다 쓰기만 하다.
그들의 포도주는 방울뱀의 독,
치명적인 코브라의 독이 섞여 있다.

34-35 내가 그것들을 내 창고에 보관하고
철문으로 꼭꼭 잠가 둔 것을, 깨닫지 못하느냐?
원수 갚는 것은 나의 일이니
그들이 넘어지기만을 내가 기다린다.
그들이 멸망할 날이 가까우니
느닷없이 신속하고도 확실하게 닥칠 것이다.

36-38 하나님께서는 자기 백성을 심판하셔도
가엾게 여기며 심판하실 것이다.
그들의 힘이 다하고
종도 자유인도 남지 않았음을
그분께서 보시고 말씀하실 것이다.
"그들의 신들이 어디 있느냐?
그들이 피난처로 삼던 반석이 어디 있느냐?
그들이 제물로 바친 지방 덩어리를 먹고
그들이 부어 바친 포도주를 마시던 신들이 어디 있느냐?
능력을 보여달라고, 도와 달라고,
너희에게 손을 펼쳐 달라고, 그것들에게 말해 보아라!"

39-42 "이제 알겠느냐? 내가 하나님인 줄 이제 알겠느냐?
나밖에 다른 신이 없다는 것을 알겠느냐?
나는 죽이기도 하고 살리기도 하며, 상하게도 하고 낫게도 하니
내게서 빠져나갈 자 아무도 없다!
내가 손을 들고 엄숙히 맹세한다.
'나는 언제 어디에나 있다. 내가 내 생명을 걸고

or two men run off two thousand,
Unless their Rock had sold them,
unless GOD had given them away?
For their rock is nothing compared to our Rock;
even our enemies say that.
They're a vine that comes right out of Sodom,
who they are is rooted in Gomorrah;
Their grapes are poison grapes,
their grape-clusters bitter.
Their wine is rattlesnake venom,
mixed with lethal cobra poison.

34-35 Don't you realize that I have my shelves
well stocked, locked behind iron doors?
I'm in charge of vengeance and payback,
just waiting for them to slip up;
And the day of their doom is just around the corner,
sudden and swift and sure.

36-38 Yes, GOD will judge his people,
but oh how compassionately he'll do it.
When he sees their weakened plight
and there is no one left, slave or free,
He'll say, "So where are their gods,
the rock in which they sought refuge,
The gods who feasted on the fat of their sacrifices
and drank the wine of their drink-offerings?
Let them show their stuff and help you,
let them give you a hand!

39-42 "Do you see it now? Do you see that I'm the one?
Do you see that there's no other god beside me?
I bring death and I give life, I wound and I heal—
there is no getting away from or around me!
I raise my hand in solemn oath;
I say, 'I'm always around. By that very life I promise:
When I sharpen my lightning sword
and execute judgment,
I take vengeance on my enemies
and pay back those who hate me.
I'll make my arrows drunk with blood,

약속한다.
내가 번뜩이는 칼을 갈아
재판을 집행할 때
나의 원수들에게 복수하고
나를 미워하는 자들에게 되갚아 주겠다.
내 화살이 피에 취하게 하고
내 칼이 살을 실컷 먹게 하겠다.
살해당한 자들과 포로들,
오만하고 거만한 원수의 주검을 마음껏 먹게 하겠다.'"

43 민족들아, 그분의 백성과 함께 즐거워하고 찬양하여라.
그분께서는 자기 종들의 죽음을 갚아 주시고
자기 원수들에게 복수하시며
그 백성을 위해 자기 땅을 깨끗게 하신다.

44-47 모세와 눈의 아들 여호수아가 가서 이 노랫말을 백성에게 들려주었다. 모세가 이 모든 말씀을 온 이스라엘에게 전한 뒤에 말했다. "내가 오늘 증언한 이 모든 말씀을 마음에 새기고, 속히 여러분의 자녀들에게 명령하여 이 모든 계시의 말씀을 하나하나 실천하게 하십시오. 그렇습니다. 이것은 여러분에게 하찮은 것이 아닙니다. 바로 여러분의 생명입니다. 여러분이 이 말씀을 지키면, 요단 강을 건너가 차지할 저 땅에서 오래도록 잘 살 것입니다."

48-50 바로 그날에 하나님께서 모세에게 말씀하셨다. "너는 여리고 맞은편 모압 땅에 있는 아바림 산을 타고 느보 산 정상에 올라가서, 내가 이스라엘 백성에게 주어 차지하게 할 가나안 땅을 바라보아라. 네 형 아론이 호르 산에서 죽어 자기 조상에게 돌아간 것처럼, 너도 네가 올라간 산에서 죽어 땅에 묻힌 네 조상에게 돌아가거라.
51-52 이는 네가 신 광야 가데스의 므리바 샘에서 이스라엘 백성이 지켜보는 가운데 나와의 믿음을 저버리고, 나의 거룩한 임재를 나타내지 않았기 때문이다. 너는 네 앞에 펼쳐진 저 땅, 내가 이스라엘 백성에게 주는 땅을 바라보기만 할 뿐, 들어가지는 못할 것이다."

모세의 축복

33 1-5 하나님의 사람 모세가 죽기 전에, 이스라엘 백성에게 다음과 같은 말로 축복했다.

my sword will gorge itself on flesh,
Feasting on slain and captive alike,
the proud and vain enemy corpses.'"

43 Celebrate, nations, join the praise of his people.
He avenges the deaths of his servants,
Pays back his enemies with vengeance,
and cleanses his land for his people.

44-47 Moses came and recited all the words of this song in the hearing of the people, he and Joshua son of Nun. When Moses had finished saying all these words to all Israel, he said, "Take to heart all these words to which I give witness today and urgently command your children to put them into practice, every single word of this Revelation. Yes. This is no small matter for you; it's your life. In keeping this word you'll have a good and long life in this land that you're crossing the Jordan to possess."

48-50 That same day GOD spoke to Moses: "Climb the Abarim Mountains to Mount Nebo in the land of Moab, overlooking Jericho, and view the land of Canaan that I'm giving the People of Israel to have and hold. Die on the mountain that you climb and join your people in the ground, just as your brother Aaron died on Mount Hor and joined his people.
51-52 "This is because you broke faith with me in the company of the People of Israel at the Waters of Meribah Kadesh in the Wilderness of Zin—you didn't honor my Holy Presence in the company of the People of Israel. You'll look at the land spread out before you but you won't enter it, this land that I am giving to the People of Israel."

The Blessing

33 1-5 Moses, man of God, blessed the People of Israel with this blessing before his death. He said,

GOD came down from Sinai,

하나님께서 시내 산에서 내려오시고
세일 산에서 그들 위에 떠오르셨다.
그분께서 바란 산에서 빛을 비추시고
거룩한 천사 만 명을 거느리고 오시는데
그분의 오른손에서는
널름거리는 불길이 흘러나왔다.
오, 주께서 저 백성을 어찌나 아끼시는지,
당신의 거룩한 이들이 모두 주의 왼손 안에 있습니다.
그들이 주의 발 앞에 앉아서
주의 가르침을,
모세가 명령한 계시의 말씀을
야곱의 유산으로 귀히 여깁니다.
이렇게 하나님께서는
이스라엘의 지도자와 지파들이 모인 가운데
여수룬에서 왕이 되셨습니다.

6 르우벤
"르우벤은 그 수가 줄어들어 겨우겨우 살겠지만
죽지 않고 살게 해주십시오."

7 유다
"하나님, 유다의 외치는 소리를 들으시고
그를 자기 백성에게로 데려다 주십시오.
그의 손을 강하게 하시고
그의 도움이 되셔서 그의 원수들을 물리쳐 주십시오."

8-11 레위
"주의 둠밈과 우림이
주의 충성스런 성도에게 있게 해주십시오.
주께서 맛사에서 그를 시험하시고
므리바 샘에서 그와 다투셨습니다.
그는 자기 아버지와 어머니를 두고
'나는 저들을 모른다' 하고
자기 형제들을 외면하고
자기 자식들까지 못 본 체했으니,
이는 그가 주의 말씀을 보호하고
주의 언약을 지키고 있었기 때문입니다.
그로 하여금 주의 규례를 야곱에게 가르치고
주의 계시를 이스라엘에게 가르치며,
주의 코에 향을 피워 올리고
주의 제단에서 번제를 드리게 해주십시오.
하나님, 그의 헌신에 복을 주시고
그가 하는 일에 주께서 승인하신다는 표를 찍어

he dawned from Seir upon them;
He radiated light from Mount Paran,
coming with ten thousand holy angels
And tongues of fire
streaming from his right hand.
Oh, how you love the people,
all his holy ones are palmed in your left hand.
They sit at your feet,
honoring your teaching,
The Revelation commanded by Moses,
as the assembly of Jacob's inheritance.
Thus GOD became king in Jeshurun
as the leaders and tribes of Israel gathered.

6 Reuben:
"Let Reuben live and not die,
but just barely, in diminishing numbers."

7 Judah:
"Listen, GOD, to the Voice of Judah,
bring him to his people;
Strengthen his grip,
be his helper against his foes."

8-11 Levi:
"Let your Thummim and Urim
belong to your loyal saint;
The one you tested at Massah,
whom you fought with at the Waters of Meribah,
Who said of his father and mother,
'I no longer recognize them.'
He turned his back on his brothers
and neglected his children,
Because he was guarding your sayings
and watching over your Covenant.
Let him teach your rules to Jacob
and your Revelation to Israel,
Let him keep the incense rising to your nostrils
and the Whole-Burnt-Offerings on your Altar.
GOD bless his commitment,
stamp your seal of approval on what he does;
Disable the loins of those who defy him,
make sure we've heard the last from those

주십시오.
그에게 대항하는 자의 허리를 꺾으셔서
그를 미워하는 자의 최후가 어떠한지, 저희가 듣게 해주십시오."

12 베냐민
"그는 하나님께서 사랑하시는 자,
하나님의 영원한 거처.
하나님께서 종일토록 그를 감싸시고
그 안에서 편히 쉬신다."

13-17 요셉
"그의 땅은 하나님께 이런 복을 받게 하십시오.
높은 하늘에서 내리는 가장 맑은 이슬
땅속 깊은 곳에서 솟구치는 샘물
태양이 발하는 가장 밝은 빛
달이 내는 가장 좋은 빛
산들의 꼭대기에서 쏟아지는 아름다움
영원한 언덕에서 나는 최고의 산물
땅의 풍성한 선물들 가운데서도 가장 값진 선물
불타는 떨기나무에 거하시는 분의 미소.
이 모든 복이 요셉의 머리 위에
형제들 가운데서 거룩하게 구별된 이의 이마 위에 내릴 것이다.
그는 처음 태어난 수소처럼 위엄이 있고
그의 뿔은 들소의 뿔.
그 뿔로 민족들을 들이받아
땅 끝으로 모두 밀어낼 것이다.
에브라임의 수만 명이 그러하고
므낫세의 수천 명이 그러할 것이다."

18-19 스불론과 잇사갈
"스불론아, 외출할 때에 기뻐하여라.
잇사갈아, 집에 있을 때에 기뻐하여라.
그들이 사람들을 산으로 초청하여
바른 예배의 제물을 바칠 것이니,
바다에서 풍요를 거둬들이고
바닷가에서 보화를 주울 것이기 때문이다."

20-21 갓
"갓을 광대하게 하신 분, 찬양을 받으소서.
갓은 사자처럼 돌아다니다가
먹이의 팔을 찢고, 그 머리를 쪼갠다.
그는 가장 좋은 곳, 지도자의 몫으로 마련된 그 땅을

who hate him."

12 Benjamin:
"GOD's beloved;
GOD's permanent residence.
Encircled by GOD all day long,
within whom GOD is at home."

13-17 Joseph:
"Blessed by GOD be his land:
The best fresh dew from high heaven,
and fountains springing from the depths;
The best radiance streaming from the sun
and the best the moon has to offer;
Beauty pouring off the tops of the mountains
and the best from the everlasting hills;
The best of Earth's exuberant gifts,
the smile of the Burning-Bush Dweller.
All this on the head of Joseph,
on the brow of the consecrated one among his brothers.
In splendor he's like a firstborn bull,
his horns the horns of a wild ox;
He'll gore the nations with those horns,
push them all to the ends of the Earth.
Ephraim by the ten thousands will do this,
Manasseh by the thousands will do this."

18-19 Zebulun and Issachar:
"Celebrate, Zebulun, as you go out,
and Issachar, as you stay home.
They'll invite people to the Mountain
and offer sacrifices of right worship,
For they will have hauled riches in from the sea
and gleaned treasures from the beaches."

20-21 Gad:
"Blessed is he who makes Gad large.
Gad roams like a lion,
tears off an arm, rips open a skull.
He took one look and grabbed the best place for himself,
the portion just made for someone in charge.

한 번 쳐다보고 혼자 힘으로 움켜쥐었다.
그는 선두에 서서
하나님의 옳은 길을 따르고
이스라엘의 생명을 위해 그분의 규례를 지켰다."

22 단
"단은 바산에서 뛰어오르는
새끼 사자다."

23 납달리
"납달리에게 은총이 넘치고
하나님의 복이 넘쳐흐른다.
그는 바다와
남쪽 땅을 차지한다."

24-25 아셀
"아들들 가운데 가장 많은 복을 받은 아셀!
형제들이 가장 아끼는 이가 되어
그 발을 기름에 담그고 안마를 받을 것이다.
철문을 잠갔으니 안전하고
살아 있는 동안 네 힘이 강철 같을 것이다."

26-28 여수룬아, 하나님 같은 분은 없다.
그분께서 너를 구하시려 하늘을 가르고 오시며
구름으로 자기 위엄을 두르신다.
옛부터 계시는 하나님은 너의 안식처,
영원하신 두 팔이 그 기초를 떠받치신다.
그분께서 원수들을 네 앞에서 쫓아내시며
"멸하여라!" 명령하셨다.
이스라엘은 안전히 살고
야곱의 샘은 곡식과 포도주의 땅에
고요히 흐르고
그의 하늘은 이슬을 흠뻑 내린다.

29 이스라엘아! 너와 같이 복된 이가 누구겠느냐?
하나님께 구원받은 백성아!
그분은 너를 지키시는 방패
승리를 안기시는 칼.
네 원수들이 배로 기어서 네게 나아오고
너는 그들의 등을 밟고 행진할 것이다.

모세의 죽음

34

1-3 모세가 모압 평야에서 여리고 맞은편에 있는 느보 산 비스가 꼭대기에 올랐다.

He took his place at the head,
carried out GOD's right ways
and his rules for life in Israel."

22 Dan:
"Dan is a lion's cub
leaping out of Bashan."

23 Naphtali:
"Naphtali brims with blessings,
spills over with GOD's blessings
As he takes possession
of the sea and southland."

24-25 Asher:
"Asher, best blessed of the sons!
May he be the favorite of his brothers,
his feet massaged in oil.
Safe behind iron-clad doors and gates,
your strength like iron as long as you live."

26-28 There is none like God, Jeshurun,
riding to your rescue through the skies,
his dignity haloed by clouds.
The ancient God is home
on a foundation of everlasting arms.
He drove out the enemy before you
and commanded, "Destroy!"
Israel lived securely,
the fountain of Jacob undisturbed
In grain and wine country
and, oh yes, his heavens drip dew.

29 Lucky Israel! Who has it as good as you?
A people *saved* by GOD!
The Shield who defends you,
the Sword who brings triumph.
Your enemies will come crawling on their bellies
and you'll march on their backs.

The Death of Moses

34

1-3 Moses climbed from the Plains of Moab to Mount Nebo, the peak of

하나님께서 그에게 길르앗에서 단까지 이르는 온 땅을 보여주셨다. 납달리와 에브라임과 므낫세의 땅, 지중해까지 이르는 유다의 땅, 네겝 지역, 종려나무 성읍 여리고를 에워싸며 멀리 남쪽 소알까지 이르는 평지를 보여주셨다.

4 그런 다음 하나님께서 그에게 말씀하셨다. "이것은 내가 네 조상 아브라함과 이삭과 야곱에게 맹세하여 '네 후손에게 주겠다'고 약속한 땅이다. 내가 저기 있는 저 땅을 네 눈으로 보게 해주었다. 그러나 너는 저 땅에 들어가지 못한다."

5-6 하나님의 종 모세는 하나님께서 말씀하신 대로 모압 땅에서 죽었다. 하나님께서 그를 벳브올 맞은편 모압 땅 골짜기에 묻으셨는데, 오늘날까지 그가 묻힌 곳을 아는 사람이 아무도 없다.

7-8 모세가 죽을 때 백스무 살이었으나 그는 눈빛이 흐리지 않았고, 거뜬히 걸어 다닐 수 있었다. 이스라엘 백성은 모압 평야에서 모세를 생각하며 삼십 일 동안 슬피 울었다. 이렇게 모세를 위해 애도하는 기간이 끝났다.

9 모세가 안수했으므로, 눈의 아들 여호수아는 지혜의 영으로 가득 찼다. 이스라엘 백성은 그의 말을 잘 듣고, 하나님께서 모세에게 명령하신 대로 행했다.

10-12 그 후로 지금까지 이스라엘에 모세와 같은 예언자가 다시는 일어나지 않았다. 모세는 하나님께서 얼굴을 마주 보고 아시던 사람이다. 하나님께서 그를 이집트에 보내셔서 바로와 그의 모든 신하와 그의 온 땅에 일으키게 하신 표징과 이적 같은 것이, 그 후로 다시는 일어나지 않았다. 모세가 온 이스라엘 백성이 보는 앞에서 행한 크고 두려운 일과 그의 강한 손에 견줄 만한 것이 아무것도 없었다.

Pisgah facing Jericho. GOD showed him all the land from Gilead to Dan, all Naphtali, Ephraim, and Manasseh; all Judah reaching to the Mediterranean Sea; the Negev and the plains which encircle Jericho, City of Palms, as far south as Zoar.

4 Then and there GOD said to him, "This is the land I promised to your ancestors, to Abraham, Isaac, and Jacob with the words 'I will give it to your descendants.' I've let you see it with your own eyes. There it is. But you're not going to go in."

5-6 Moses died there in the land of Moab, Moses the servant of GOD, just as GOD said. God buried him in the valley in the land of Moab opposite Beth Peor. No one knows his burial site to this very day.

7-8 Moses was 120 years old when he died. His eyesight was sharp; he still walked with a spring in his step. The People of Israel wept for Moses in the Plains of Moab thirty days. Then the days of weeping and mourning for Moses came to an end.

9 Joshua son of Nun was filled with the spirit of wisdom because Moses had laid his hands on him. The People of Israel listened obediently to him and did the same as when GOD had commanded Moses.

10-12 No prophet has risen since in Israel like Moses, whom GOD knew face-to-face. Never since has there been anything like the signs and miracle-wonders that GOD sent him to do in Egypt, to Pharaoh, to all his servants, and to all his land—nothing to compare with that all-powerful hand of his and all the great and terrible things Moses did as every eye in Israel watched.

『역사서』 | 머리말

여호수아서부터 시작해 에스더서까지 이어지는 이 열두 권의 책은 흔히 '역사서'라 불린다. 그러나 그 사이에 일어난 일들을 기록한 '역사'라고만 할 수 없는 것이, 이는 무엇보다 사람이 하나님을 만나고 경험하는 일에 주목하는 역사이기 때문이다. 히브리 백성은 그들 내면과 주위에서 일어나는 일을 주시하고 거기에 전력으로 뛰어든 이들이었다. 그것은 하나님이 이 세상 안에, 또 그들의 공동체 안에, 그리고 그들 안에 살아 역사하시는 분이라는 그들의 믿음 때문이었다.

> **하나님**이 우리 하나님이십니다! 그분께서 우리 조상을 이집트의 종살이에서 이끌어 내셨습니다. 그분은 그 모든 위대한 기적을 우리가 보는 앞에서 행하셨습니다. 우리가 수없이 많은 길을 지나고 여러 나라를 통과하는 동안, 그분은 한순간도 우리에게서 눈을 떼지 않으셨습니다. 바로 우리를 위해 그분은 모든 민족, 곧 이 땅에 살던 아모리 사람과 모든 사람을 쫓아내셨습니다.
> 우리도 함께하겠습니다. 우리도 **하나님**을 예배하겠습니다. 그분만이 우리의 하나님이십니다(수 24:17-18).

그들은 살아 계신 하나님을 떠나서는 인생과 세상을 논할 수 없으며, 아무리 특별하고 신비한 체험이라도—일식(日蝕)이나 염소 간에 생긴 반점이나 땅 틈에서 올라오는 증기 소리 같은 것들도—이야기의 중심이 될 수 없다고 여겼다. 하나님은 천문학적, 생리학적, 심리학적 현상으로 축소될 수 없는 분이셨다. 하나님은 살아 계셔서 언제 어디서나 그분의 뜻을 이루시는 분, 사람을 불러 일을 맡기시고, 믿음과 순종을 일깨우시고, 예배 공동체를 일구어 내시고, 자신의 사랑과 자비를 나타내시며, 죄를 심판하시는 분이셨다. 그런데 그분은 이 모든 일을 막연한 일반을 향해서가 아니라, 특정한 시간에 특정한 장소에서 특정한 이름을 가진 사람들과 더불어—곧 역사 속에서—행하셨다.

성경 안의 사람들에게 하나님은 철학자들이 토론하는 추상적 관념도, 제사장들이 다루는 괴이한 능력

The twelve biblical books stretching from Joshua to Esther are conventionally designated "the history books." But the word "history" doesn't tell the whole story, for this is history attentive to the conditions in which people encounter and experience God. The Hebrew people were intent on observing and participating in what happened in and around them because they believed that God was personally alive and active in the world, in their community, and in them.

> GOD is our God! He brought up our ancestors from Egypt and from slave conditions. He did all those great signs while we watched. He has kept his eye on us all along the roads we've traveled and among the nations we've passed through. Just for us he drove out all the nations, Amorites and all, who lived in the land.
> Count us in: We too are going to worship GOD. He's our God(Joshua 24:17-18).

Life could not be accounted for by something less than the life of God, no matter how impressive and mysterious their experience was, whether an eclipse of the sun, spots on the liver of a goat, or the hiss of steam from a fissure in the earth. God could not be reduced to astronomical, physiological, geological, or psychological phenomena; God was alive, always and everywhere working his will, challenging people with his call, evoking faith and obedience, shaping a worshiping community, showing his love and compassion, and working out judgments on sin. And none of this "in general" or "at large," but at particular times, in specific places, with named persons: history.

For biblical people, God is not an idea for philosophers to discuss or a force for priests to

도 아니었다. 창조의 일부가 아닌 하나님은 사람의 연구대상, 관찰대상, 관리대상이 될 수 없는 존재이시다. 아울러 하나님은 '인격체'(person)이시다. 즉 이 시공간 속에서 우리가 섬기거나 반역할 수도, 믿거나 거부할 수도, 사랑하거나 미워할 수도 있는 존재이시다. 이 책들이 우리를 무수한 날짜와 사건과 인물과 상황들, 곧 역사 속에 빠뜨리는 이유도 거기에 있다. 하나님은 우리의 일상을 이루는 평범하고 비상한 사건들 속에서 우리를 만나신다. 성경 속 믿음의 조상들은 사람이 역사로부터 도피할 때, 시쳇말로 "머리 깎고 산에 들어갈 때" 하나님을 더 잘 만날 수 있다는 식의 생각을 해본 적이 없다. 그들에게 역사는 하나님께서 구원의 일을 행하실 때 사용하시는 매개물이었다. 렘브란트가 예술작품을 만들 때 물감과 캔버스를 매개물로 사용한 것처럼 말이다. 우리가 역사의 어지러운 판을 등진다고 해서 하나님께 더 가까이 가는 것은 결코 아니다.

이러한 철두철미한 역사의식이, 다시 말해, 존엄한 역사적 사명과 하나님의 역사 속 현존에 대한 의식이 히브리 백성의 말하는 방식과 글 쓰는 방식을 결정했다. 고대세계 일반과 달리 그들은 공상적인 이야기들을 만들어 내거나 즐기는 일에 관심이 없었다. 그들의 글들은 오락적이지도 설명적이지도 않았다. 그 글들은 다만 하나님께서 사람과 세상을 어떻게 대하시는지를 계시해 주었다. 하나님을 대하는, 또 하나님이 대하시는 구체적 인간 군상의 모습과 그 현실적 상황들을 이야기라는 틀에 담아 보여주었다.

하나님께 감사하여라! 그분의 이름을 소리쳐 불러라!
온 세상에 그분이 어떤 분이신지, 어떤 일을 하셨는지 알려라!
그분께 노래하여라! 그분을 위해 연주하여라!
그분께서 행하신 모든 놀라운 일을 방방곡곡에 전파하여라!
하나님을 찾는 이들아,
그분의 거룩한 이름을 한껏 즐겨라. 환호성을 올려라!
하나님과 그분의 능력을 배우고
밤낮으로 그분의 임재를 구하여라.
그분께서 행하신 놀라운 일들,
그분 입에서 나온 기적과 심판을 기억하여라.
그분의 종 이스라엘의 자손들아!
그분께서 가장 아끼시는 야곱의 자녀들아!
그분은 하나님 곧 우리 하나님이시다.
그분의 심판과 판결은 어디든 미친다.
그분께서는 약속하신 바를 지키신다.

manipulate. God is not a part of creation that can be studied and observed and managed. God is person—a person to be worshiped or defied, believed or rejected, loved or hated, in time and place. That is why these books immerse us in dates and events, in persons and circumstances—in history. God meets us in the ordinary and extraordinary occurrences that make up the stuff of our daily lives. It never seemed to have occurred to our biblical ancestors that they could deal better with God by escaping from history, "getting away from it all" as we say. History is the medium in which God works salvation, just as paint and canvas is the medium in which Rembrandt made created works of art. We cannot get closer to God by distancing ourselves from the mess of history.

This deeply pervasive sense of history—the dignity of their place in history, the presence of God in history—accounts for the way in which the Hebrew people talked and wrote. They did not, as was the fashion in the ancient world, make up and embellish fanciful stories. Their writings did not entertain or explain; they revealed the ways of God with men and women and the world. They gave narrative shape to actual people and circumstances in their dealings with God, and in God's dealings with them.

Thank GOD! Call out his Name!
Tell the whole world who he is and what he's done!
Sing to him! Play songs for him!
Broadcast all his wonders!
Revel in his holy Name,
GOD-seekers, be jubilant!
Study GOD and his strength,
seek his presence day and night;
Remember all the wonders he performed,
the miracles and judgments that came out of his mouth.
Seed of Israel his servant!
Children of Jacob, his first choice!
He is our GOD, our God;
wherever you go you come on his judgments

명령하신 그 언약,
아브라함과 맺으신 그 언약,
이삭에게 맹세하신 그 언약을 수천 대까지 지키신다.
그 언약을 야곱에게 대문짝만하게 적어 주셨다.
이스라엘과 이 영원한 언약을 맺으셨다.
"내가 너희에게 가나안 땅을 주노라.
유산으로 주노라.
별 볼 일 없는 너희,
한 줌 나그네에 불과한 너희에게."

그들은 이곳저곳을 방황했고,
이 나라 저 나라로 옮겨 다녔다.
그러나 그분께서는 누구도 그들을 괴롭히지 못하게 하셨고,
그들 편이 되어 폭군들에 맞서 주셨다.
"감히 내가 기름부은 이들을 건드리지 마라.
내 예언자들에게 손대지 마라."

만민들아, 만물들아, **하나님**께 노래하여라!
그분의 구원 소식을 날마다 전파하여라!
이방 민족들 가운데 그분의 영광을 선포하여라.
그분께서 행하신 놀라운 일들을 모든 종족과 종교 가운데 널리 알려라.
하나님께서 위대하시니! 찬양받으시기에 합당하시니!
어떤 신이 그분 영광에 이를 수 있으랴.
(대상 16:8-25)

사실, 히브리 사람에게 하나님과 무관한(secular) 역사란 있을 수 없었다. 그런 것은 애초에 없었다. 이 세상 모든 일은 다 하나님의 활동무대에서 일어나는 일이었다. 그들의 이야기 자체는 하나님에 대해 많은 말을 늘어놓고 있지 않기에, 자칫 우리는 그 모든 일 가운데 계시는 하나님의 보이지 않는, 말 없는 현존을 망각하기 쉽다. 그러나 그렇게 해서는 그 글들의 내용도, 그 형식도 제대로 이해할 수 없다. 그 이야기들 어디서도 하나님은 부재자나 주변인으로 머물지 않으신다. 히브리 사람이 그렇게 사람과 사건들에 주목한 이유는 오직 하나였다. 바로, 하나님을 향해 깨어 있기 위함이었다.

이는 현대를 사는 우리가 터득하기 어려운 사고방식이다. 우리는 하나님을 배제시킨 채 연구하고 글을 쓰는 역사가나 학자, 언론인들에게서 역사를 배우는 데 익숙해 있기 때문이다. 우리의 학교와 일간지와 텔레비전 방송국들은 그동안 우리를, 역사를 오직 정치와 경제, 이익추구와 환경적 조건의 관점에서만 읽

and decisions.
He keeps his commitments across thousands
of generations, the covenant he commanded,
The same one he made with Abraham,
the very one he swore to Isaac;
He posted it in big block letters to Jacob,
this eternal covenant with Israel:
"I give you the land of Canaan,
this is your inheritance;
Even though you're not much to look at,
a few straggling strangers."

They wandered from country to country,
camped out in one kingdom after another;
But he didn't let anyone push them around,
he stood up for them against bully-kings:
"Don't you dare touch my anointed ones,
don't lay a hand on my prophets."

Sing to GOD, everyone and everything!
Get out his salvation news every day!
Publish his glory among the godless nations,
his wonders to all races and religions.
And why? Because GOD is great—well worth praising!
No god or goddess comes close in honor.
(1 Chronicles 16:8-25)

For the Hebrews there simply was no secular history. None. Everything that happened, happened in a world penetrated by God. Since they do not talk a lot about God in their storytelling, it is easy to forget that God is always the invisible and mostly silent presence in everything that is taking place. But if we forget for very long, we will understand neither what is written nor the way it is written. God is never absent from these narratives and never peripheral to them. As far as these writers were concerned, the only reason for paying attention to people and events was to stay alert to God.

This is a difficult mindset for us to acquire, for we are used to getting our history from so-called historians, scholars, and journalists for whom God is not involved or present in what they study

도록 길들여 왔다. 그렇게 길들여진 이들에게 하나님은 그저 적당한 곳 어딘가에 끼워 넣으면 되는 무엇에 불과하다. 그러나 여호수아서에서 에스더서까지의 이 역사서들은 근본적으로 다르다. 이 책들은 하나님의 모든 역사 속에 우리 자신과 우리 주변의 모든 사람이 개입되는 그런 역사 읽기로 우리를 이끌어 간다.

and write. We are thoroughly trained by our schools, daily newspapers, and telecasts to read history solely in terms of politics and economics, human interest and environmental conditions. If we have a mind for it, we can go ahead and fit God in somewhere or other. These historical books—Joshua through Esther—are radically and refreshingly different. They pull us into a way of reading history that involves us and everyone around us in all the operations of God.

여호수아 | 머리말

땅. 젖과 꿀이 흐르는 땅. 약속의 땅. 거룩한 땅. 가나안 땅. 그 땅! 모세의 뒤를 이어 이스라엘의 지도자가 된 여호수아가 요단 강가에 서 있다. 그 강 건너편 가나안 땅에 들어가 그곳을 차지하려는 것이다. 그곳은 유구한 역사의 거대한 문명들 사이에 낀 보잘것없는 지역이었다. 그곳에서 무언가 중요한 일이 일어나리라 생각했던 사람은 당대에 아무도 없었다. 그 협소한 지역은 이집트와 메소포타미아라는 두 위대한 문화권과 경제권 사이에 놓인 다리라는 점을 제외하면 하등의 중요성도 없었다. 그러나 이제 그곳은 인류의 종교사에서 중요한 곳이 될 것이었다. 아니, 그곳은 실로 앞선 모든 것과 주변 모든 것을 압도하는 곳이 될 것이었다.

이스라엘 백성은 거의 오백 년 동안을 땅 없이 살았다. 그들의 '조상'인 아브라함, 이삭, 야곱 그리고 그의 열두 아들은 모두 가나안 땅을 떠도는 유목민이었다. 그들 이후, 이스라엘 백성은 장구한 세월 동안(사백 년 넘도록!) 이집트에서 종으로 살았고, 그러다 모세의 인도로 기적적인 해방을 맞아 자유민이 되었으며, 하나님의 인도와 축복 아래 사십 년간 자유민 수업과 훈련을 받았다.

여호수아서를 열 때 우리가 만나는 그들, 그날 요단에 진 친 그 무리는, 천 년의 절반에 가까운 시간을 종으로 살아온 사람들이었다. 불과 얼마 전에야 자유의 몸이 된 초라한 행색의 유랑민이었다. 땅 한 평 가질 수 없는 종이 땅을 소유한 자유민이 되는 일은 실로 엄청난 변화였다. 그런 변화를 이끌며 여호수아는 그 땅을 정복했고(1-12장), 그 땅을 열두 지파에게 분배했으며(13-22장), 그 백성을 그 땅과, 그 땅을 선물로 주신 하나님과 묶어 주는 엄숙한 언약-증거 의식으로 대장정을 마무리했다(23-24장). 그들은 오직 하나님만 예배하는 백성이 되겠다고 서약했다.

여호수아서를 신성한 이야기로 받아들이는 데 있어 현대 독자 대부분에게 가장 큰 걸림돌은 이른바 '거룩한 전쟁'(holy war)이라 불리는 군

Land. Land flowing with milk and honey. Promised land. Holy land. Canaan land. The land. Joshua, Moses' successor as leader of Israel, was poised at the River Jordan to enter and take possession of Canaan, an unremarkable stretch of territory sandwiched between massive and already ancient civilizations. It would have been unimaginable to anyone at the time that anything of significance could take place on that land. This narrow patch had never been significant economically or culturally, but only as a land bridge between the two great cultures and economies of Egypt and Mesopotamia. But it was about to become important in the religious consciousness of humankind. In significant ways, this land would come to dwarf everything that had gone on before and around it.

The People of Israel had been landless for nearly five hundred years. The "fathers"—Abraham, Isaac, Jacob and his twelve sons—had been nomads in the land of Canaan. That was followed by a long period of slavery in Egypt (over four hundred years!), a miraculous deliverance into freedom led by Moses, and then forty years of testing and training for living as a free people under God's guidance and blessing.

The company camped at the Jordan on the day that opens the book of Joshua had nearly half a millennium of slavery behind them. They were a dispossessed, ragtag crew—and only very recently set free. The transition from being landless slaves to landholding free men and women was huge. Joshua leads the transition, first in taking the land (chapters 1 through 12), then in distributing it among the twelve tribes (chapters 13 through 22), and concluding with a solemn covenant-witness (chapters 23 through 24) that bound the people to the gift of land and the worship of the God from whom they received it.

For most modern readers of Joshua, the toughest barrier to embracing this story as sacred is the

사행동이다. 내가 '거룩한 저주'(holy curse)라고 번역한 그것은 정복한 성읍의 주민을 모조리 죽이고, 짐승이든 물건이든 그 안의 모든 것을 완전히 파괴해 버리는 행위를 말한다. 대학살, 대대적인 파괴행위다. 이 책에서는 "하나도 살려 두어서는 안된다"는 말이 후렴구처럼 반복해서 등장한다. 흔히 우리는 지금 우리 시대의 시각에 입각해 "어찌 이렇게 잔혹할 수가!"라고 말한다. 그러나 우리가 주전 13세기로 돌아가 본다면 아마 다른 시각을 갖게 될 것이다. 당시 가나안 문화는 아이 희생제(child sacrifice)나 사원 매춘(sacred prostitution)으로 얼룩져 있었다. 신(들)을 움직여 득을 볼 요량으로 사회에서 가장 죄 없고 힘없는 이들(어린아이와 처녀들)을 잔인무도하게 희생시키는 야만적 관행들이 횡행하는 사악한 뱀 우리 같은 곳이 바로 가나안이었다.

모세의 리더십과 가르침을 이어받아 여호수아서가 펼쳐 보이는 이 구원 이야기 역시 특정 장소들에 뿌리박고 특정 사람들과 결합되어 있다. 그래서 수백 개도 넘는 구체적 지명, 명칭, 이름들이 등장한다. 이 이야기에서는 우리가 흔히 종교의 중심 주제라고 여기는 것들 ―관념, 진리, 기도, 약속, 신조― 이 특정 인물이나 실제 장소와 분리되어 별개로 제시되는 법이 결코 없다. 성경이 제시하는 종교에는 구체적 인물이나 장소와 동떨어진 '위대한 사상'이니 '숭고한 진리'니 '영감을 주는 생각'이니 하는 것들이 설 자리가 없다. 우리를 향한 하나님의 크신 사랑과 목적은 언제나 혼란, 위기와 죄, 파탄, 일상적 노동, 평범한 꿈 같은 것들을 통해 이루어진다. 하나님은 언제나 우리의 이상적인 모습이 아니라 있는 모습 그대로를 사용해 일하신다. 그분은 여호수아에게(그리고 우리에게!) 다음과 같이 말씀하신다. "힘을 내어라! 용기를 내어라! 겁내지 마라. 낙심하지 마라. 하나님 네 하나님이 네가 내딛는 모든 걸음마다 함께할 것이다"(수1:9).

하나님을 현실 곧 어려운 세상살이에서 벗어날 도피처로 삼기 좋아하는 이들은 이런 방식이 그다지 마음에 들지 않을 것이다. 그러나 현실도피가 아니라 현실을 추구하는 이들에게 이런 식으로 전개되는 하나님의 구원 이야기, 곧 불같은 의지와 믿음으로 여호수아가 자기 백성을 위해 땅을 정복해 나가는 이야기, *비상하리만치 신중하게* 모든 지파와 집안들의 이름을 하나하나 불러 가며 그들에게 제 몫을 할당해 주는 이야기는, 실로 좋은 소식이다. 여호수아서는 현실에 뿌리박은 삶을 위한 확고한 토대가 되어 주는 책이다.

military strategy of "holy war," what I have translated as the "holy curse"—killing everyone in the conquered cities and totally destroying all the plunder, both animals and goods. Massacre and destruction. "No survivors" is the recurrent refrain. We look back from our time in history and think, "How horrible." But if we were able to put ourselves back in the thirteenth century B.C., we might see it differently, for that Canaanite culture was a snake pit of child sacrifice and sacred prostitution, practices ruthlessly devoted to using the most innocent and vulnerable members of the community (babies and virgins) to manipulate God or gods for gain.

As the book of Joshua takes the story of salvation forward from the leadership and teaching of Moses, it continues to keep us grounded in places and connected to persons: place names, personal names—hundreds of them. What we often consider to be the subjects of religion—ideas, truths, prayers, promises, beliefs—are never permitted to have a life of their own apart from particular persons and actual places. Biblical religion has a low tolerance for "great ideas" or "sublime truths" or "inspirational thoughts" apart from the people and places in which they occur. God's great love and purposes for us are worked out in the messes, storms and sins, blue skies, daily work, and dreams of our common lives, working with us as we are and not as we should be. He said to Joshua (and us!), "Strength! Courage! Don't be timid; don't get discouraged. GOD, your God, is with you every step you take"(Joshua 1:9).

People who want God as an escape from reality, from the often hard conditions of this life, don't find this much to their liking. But to the man or woman wanting more reality, not less—this continuation of the salvation story—Joshua's fierce and devout determination to win land for his people and his extraordinary attention to getting all the tribes and their families name by name assigned to their own place, is good news indeed. Joshua lays a firm foundation for a life that is grounded.

여호수아

1

[1-9] 하나님의 종 모세가 죽은 뒤에 하나님께서 모세를 보좌하던 여호수아에게 말씀하셨다.

"내 종 모세가 죽었으니, 가거라. 너는 모든 백성과 함께 이 요단 강을 건너, 내가 이스라엘 백성에게 주려는 땅으로 가거라. 모세에게 약속한 대로, 내가 너희 발로 밟는 땅을 한 구석도 빠짐없이 너희에게 모두 주겠다. 광야와 이 레바논에서부터 동쪽으로 큰 강 유프라테스에 이르는 헷 사람의 온 땅과, 서쪽으로 큰 바다까지 모두 너희 것이다. 네 평생에 너를 당해 낼 자가 아무도 없을 것이다. 내가 모세와 함께했던 것같이 너와 함께할 것이다. 나는 너를 포기하지 않으며 너를 떠나지 않겠다. 힘을 내어라! 용기를 내어라! 너는 이 백성을 인도하여 내가 그들의 조상에게 주기로 약속한 땅을 유산으로 받게 할 것이다. 네 마음과 뜻을 다하여라. 모세가 너에게 명령한 계시를 하나도 빠짐없이 그대로 행하여라. 왼쪽으로나 오른쪽으로나 길을 벗어나지 마라. 그러면 틀림없이 네가 가려는 곳에 이르게 될 것이다. 또 이 계시의 책이 잠시도 네 마음에서 떠나지 않게 하여라. 밤낮으로 그것을 묵상하고 마음에 새겨, 거기 기록된 대로 반드시 모두 행하여라. 그러면 네가 이르려는 곳에 이르게 될 것이고, 네가 뜻한 바를 이루게 될 것이다. 내가 네게 명령하지 않았느냐? 힘을 내어라! 용기를 내어라! 겁내지 마라. 낙심하지 마라. 하나님 네 하나님이 네가 내딛는 모든 걸음마다 함께할 것이다."

땅을 차지할 것이다

[10-11] 그리하여 여호수아는 백성의 지도자들에게

JOSHUA

1

[1-9] After the death of Moses the servant of GOD, GOD spoke to Joshua, Moses' assistant:

"Moses my servant is dead. Get going. Cross this Jordan River, you and all the people. Cross to the country I'm giving to the People of Israel. I'm giving you every square inch of the land you set your foot on—just as I promised Moses. From the wilderness and this Lebanon east to the Great River, the Euphrates River—all the Hittite country—and then west to the Great Sea. It's all yours. All your life, no one will be able to hold out against you. In the same way I was with Moses, I'll be with you. I won't give up on you; I won't leave you. Strength! Courage! You are going to lead this people to inherit the land that I promised to give their ancestors. Give it everything you have, heart and soul. Make sure you carry out The Revelation that Moses commanded you, every bit of it. Don't get off track, either left or right, so as to make sure you get to where you're going. And don't for a minute let this Book of The Revelation be out of mind. Ponder and meditate on it day and night, making sure you practice everything written in it. Then you'll get where you're going; then you'll succeed. Haven't I commanded you? Strength! Courage! Don't be timid; don't get discouraged. GOD, your God, is with you every step you take."

The Taking of the Land

[10-11] Then Joshua gave orders to the people's

명령했다. "진을 두루 다니며 백성에게 이렇게 명령하십시오. '짐을 꾸리십시오. 사흘 후에 여러분은 이 요단 강을 건너서 하나님 여러분의 하나님께서 여러분 소유로 주시는 땅에 들어가, 그 땅을 차지하게 될 것입니다.'"

12-15 또 여호수아는 르우벤 지파와 갓 지파와 므낫세 반쪽 지파에게 이렇게 말했다. "하나님의 종 모세가 여러분에게 명령한 것을 잊지 마십시오. 하나님 여러분의 하나님은 여러분에게 쉼을 주시고 이 땅을 주시는 분입니다. 여러분의 아내와 자녀와 가축들은 모세가 여러분에게 준 땅인 여기 요단 강 동쪽에 남아도 좋습니다. 하지만 강한 군사인 여러분 모두는 형제들의 선두에 서서 전투대형으로 강을 건너, 하나님 여러분의 하나님께서 여러분에게 주신 것처럼 여러분의 형제들에게도 쉴 곳을 주실 때까지 그들을 도와야 합니다. 그들도 하나님 여러분의 하나님이 주시는 땅을 얻게 될 것입니다. 그 후에야 여러분은 하나님의 종 모세가 여러분에게 준 요단 강 건너편 동쪽 여러분의 소유지로 자유롭게 돌아오게 될 것입니다."

16-18 그들이 여호수아에게 대답했다. "명령하신 대로 우리가 다 행하겠습니다. 당신이 어디로 보내든지 우리는 가겠습니다. 모세에게 충실하게 순종한 것처럼 당신에게도 순종하겠습니다. 오직 하나님 당신의 하나님께서 모세와 함께 계셨던 것처럼, 당신과 함께 계시기를 빕니다. 누구든지 당신의 말에 이의를 달거나 당신의 명령에 순종하지 않는 사람은 죽임을 당할 것입니다. 힘을 내십시오! 용기를 내십시오!"

라합

2 1 눈의 아들 여호수아가 싯딤에서 정탐꾼 두 사람을 몰래 보내며 말했다. "가서 그 땅을 둘러보고, 여리고를 잘 살펴보시오." 그들이 길을 떠나 라합이라는 창녀의 집에 이르러 그곳에서 묵었다.

2 여리고 왕에게 보고가 들어갔다. "지금 막 들어온 소식입니다. 이 땅을 정탐하려고 이 밤에 사람들이 들어왔습니다. 이스라엘 백성 가운데서 왔다고 합니다."

3 *여리고 왕이 라합에게 전갈을 보냈다.* "너희 집에 묵으려고 온 사람들을 내놓아라. 그들은 정탐꾼들이다. 이 온 땅을 정탐하러 온 자들이다."

4-7 그러나 그 여인은 두 사람을 데려다가 숨겨 두고 이렇게 말했다. "맞습니다. 두 사람이 저에게 오기

leaders: "Go through the camp and give this order to the people: 'Pack your bags. In three days you will cross this Jordan River to enter and take the land GOD, your God, is giving you to possess.'"

12-15 Then Joshua addressed the Reubenites, the Gadites, and the half-tribe of Manasseh. He said, "Remember what Moses the servant of GOD commanded you: GOD, your God, gives you rest and he gives you this land. Your wives, your children, and your livestock can stay here east of the Jordan, the country Moses gave you; but you, tough soldiers all, must cross the River in battle formation, leading your brothers, helping them until GOD, your God, gives your brothers a place of rest just as he has done for you. They also will take possession of the land that GOD, your God, is giving them. Then you will be free to return to your possession, given to you by Moses the servant of GOD, across the Jordan to the east."

16-18 They answered Joshua: "Everything you commanded us, we'll do. Wherever you send us, we'll go. We obeyed Moses to the letter; we'll also obey you—we just pray that GOD, your God, will be with you as he was with Moses. Anyone who questions what you say and refuses to obey whatever you command him will be put to death. Strength! Courage!"

Rahab

2 1 Joshua son of Nun secretly sent out from Shittim two men as spies: "Go. Look over the land. Check out Jericho." They left and arrived at the house of a harlot named Rahab and stayed there.

2 The king of Jericho was told, "We've just learned that men arrived tonight to spy out the land. They're from the People of Israel."

3 The king of Jericho sent word to Rahab: "Bring out the men who came to you to stay the night in your house. They're spies; they've come to spy out the whole country."

4-7 The woman had taken the two men and hidden them. She said, "Yes, two men did come

는 했지만, 저는 그들이 어디서 왔는지 몰랐습니다. 어두워져서 성문이 닫힐 무렵에 그 자들이 떠났는데, 어디로 갔는지는 모르겠습니다. 서두르십시오! 쫓아가면 잡을 수 있을 것입니다!" (그러나 그때는 라합이 두 사람을 지붕으로 데리고 올라가, 지붕 위에 널어놓은 아마 단 밑에 숨겨 둔 뒤였다.) 그들을 뒤쫓던 사람들은 요단 길을 따라 여울목 쪽으로 향했다. 그들이 나가자마자 성문이 닫혔다.

8-11 그 밤에 정탐꾼들이 잠자리에 들기 전, 라합이 지붕 위에 있는 그들에게 올라가서 말했다. "나는 **하나님**께서 당신들에게 이 땅을 주신 것을 압니다. 우리 모두가 두려워 떨고 있고, 이 땅의 모든 사람이 절망에 빠져 있습니다. 당신들이 이집트를 떠날 때 **하나님**께서 당신들 앞에서 어떻게 홍해 물을 마르게 하셨는지, 당신들이 거룩한 저주 아래 두어 멸망시킨 요단 동쪽 아모리 사람의 두 왕 시혼과 옥에게 그분께서 어떻게 행하셨는지 우리가 들었습니다. 그 말을 듣고서 다들 가슴이 철렁 내려앉아 숨이 멎는 줄 알았습니다. 모두가 당신들 때문입니다. 당신들과, 위로 하늘의 하나님이시며 아래로 땅의 하나님이신 **하나님** 당신들의 하나님 때문입니다.

12-13 이제 **하나님**의 이름으로 나에게 약속해 주십시오. 내가 당신들에게 자비를 베풀었으니, 당신들도 우리 집에 자비를 베풀어 주십시오. 내 부모와 형제를 비롯해서 우리 집과 관계된 사람들을 모두 살려 주겠다는 보증으로, 눈에 보이는 증거물을 주십시오. 우리 목숨을 죽음에서 건져 주십시오!"

14 "우리가 목숨을 걸고 당신들을 지키겠소!" 그 사람들이 말했다. "다만, 이 일을 아무에게도 말하지 마시오. 그러면 **하나님**께서 이 땅을 우리에게 넘겨 주실 때, 우리가 신의를 지키고 자비를 베풀어 당신들에게 도리를 다할 것이오."

15-16 라합의 집이 바깥쪽 성벽 위에 있었으므로, 라합은 그들을 창문에서 줄로 달아 내렸다. 그리고 그들에게 말했다. "뒤쫓는 사람들의 눈에 띄지 않도록 산으로 달아나세요. 사흘 동안 숨어 있으면 뒤쫓던 사람들이 돌아갈 겁니다. 그때 길을 떠나십시오."

17-20 그 사람들이 대답했다. "우리가 당신과 맺은 맹세를 지키게 하려면 이렇게 하시오. 우리를 달아 내렸던 창문 밖으로 이 붉은 줄을 걸어 놓고 당신의 부모와 형제 온 가족이 당신 집에 모여 있으시오. 누구든지 당신 집 문을 나서서 길로 나갔다가 목숨을 잃으면 그것은 그 사람 잘못이지 우리 책임이 아닙니다. 그러나 집 안에 있는 사람들에 대해서는 전적으로 우리가 책임지겠소. 누가 그들 중 하나에게라도

to me, but I didn't know where they'd come from. At dark, when the gate was about to be shut, the men left. But I have no idea where they went. Hurry up! Chase them—you can still catch them!" (She had actually taken them up on the roof and hidden them under the stalks of flax that were spread out for her on the roof.) So the men set chase down the Jordan road toward the fords. As soon as they were gone, the gate was shut.

8-11 Before the spies were down for the night, the woman came up to them on the roof and said, "I know that GOD has given you the land. We're all afraid. Everyone in the country feels hopeless. We heard how GOD dried up the waters of the Red Sea before you when you left Egypt, and what he did to the two Amorite kings east of the Jordan, Sihon and Og, whom you put under a holy curse and destroyed. We heard it and our hearts sank. We all had the wind knocked out of us. And all because of you, you and GOD, your God, God of the heavens above and God of the earth below.

12-13 "Now promise me by GOD. I showed you mercy; now show my family mercy. And give me some tangible proof, a guarantee of life for my father and mother, my brothers and sisters—everyone connected with my family. Save our souls from death!"

14 "Our lives for yours!" said the men. "But don't tell anyone our business. When GOD turns this land over to us, we'll do right by you in loyal mercy."

15-16 She lowered them down out a window with a rope because her house was on the city wall to the outside. She told them, "Run for the hills so your pursuers won't find you. Hide out for three days and give your pursuers time to return. Then get on your way."

17-20 The men told her, "In order to keep this oath you made us swear, here is what you must do: Hang this red rope out the window through which you let us down and gather your entire family with you in your house—father, mother, brothers, and sisters. Anyone who goes out the

손을 대면 그것은 우리 잘못입니다. 다만, 당신이 우리의 일을 아무에게라도 말하면 당신과 맺은 이 맹세는 무효입니다. 우리는 더 이상 책임이 없습니다."

21 라합은 "그 말대로 하겠습니다" 하고는, 그들을 보냈다. 그들이 떠나자 라합은 창문 밖으로 붉은 줄을 내걸었다.

22 그들은 산으로 가서, 뒤쫓는 사람들이 돌아갈 때까지 사흘 동안 거기 머물렀다. 뒤쫓는 사람들은 이곳저곳을 샅샅이 뒤졌으나 아무것도 찾지 못했다.

23-24 그들이 돌아갔다. 두 사람은 산에서 내려와 강을 건너, 눈의 아들 여호수아에게 돌아가서 자신들이 겪은 일을 빠짐없이 보고했다. "하나님께서 온 땅을 우리에게 주셨습니다! 그곳 사람들 모두가 우리 때문에 겁에 질려 있습니다."

요단 강을 건너다

3 1-4 여호수아는 일찍 일어나, 온 이스라엘 백성과 함께 싯딤을 떠나 요단 강에 이르렀다. 그는 강을 건너기 전에 그곳에 진을 쳤다. 사흘 후에, 지도자들이 진을 두루 다니며 백성에게 명령을 내렸다. "레위 제사장들이 하나님 여러분의 하나님의 언약궤를 메는 것을 보거든, 여러분이 머물던 자리를 떠나 그 궤를 따라나서십시오. 여러분과 언약궤 사이는 900미터 정도 간격을 두어야 합니다. 반드시 그 거리를 유지해야 합니다! 그러면 갈 길이 분명히 보일 것입니다. 이 길은 여러분이 한 번도 가본 적이 없는 길입니다."

5 여호수아가 백성에게 말했다. "여러분 자신을 정결하게 하십시오. 내일 하나님께서 여러분 가운데서 놀라운 기적을 행하실 것입니다."

6 여호수아가 제사장들에게 지시했다. "언약궤를 메고 백성보다 앞서 가십시오." 그래서 제사장들은 언약궤를 메고 백성보다 앞서 나아갔다.

7-8 하나님께서 여호수아에게 말씀하셨다. "바로 오늘부터 내가 온 이스라엘이 보는 앞에서 너를 높일 것이다. 내가 모세와 함께 있었던 것처럼 너와 함께 있다는 것을 그들이 직접 보게 될 것이다. 너는 언약궤를 멘 제사장들에게, 요단 강 물가에 이르거든 거기 강둑에 서 있으라고 명령하여라."

doors of your house into the street and is killed, it's his own fault—we aren't responsible. But for everyone within the house we take full responsibility. If anyone lays a hand on one of them, it's our fault. But if you tell anyone of our business here, the oath you made us swear is canceled—we're no longer responsible."

21 She said, "If that's what you say, that's the way it is," and sent them off. They left and she hung the red rope out the window.

22 They headed for the hills and stayed there for three days until the pursuers had returned. The pursuers had looked high and low but found nothing.

23-24 The men headed back. They came down out of the hills, crossed the river, and returned to Joshua son of Nun and reported all their experiences. They told Joshua, "Yes! GOD has given the whole country to us. Everybody there is in a state of panic because of us."

The Jordan

3 1-4 Joshua was up early and on his way from Shittim with all the People of Israel with him. He arrived at the Jordan and camped before crossing over. After three days, leaders went through the camp and gave out orders to the people: "When you see the Covenant-Chest of GOD, your God, carried by the Levitical priests, start moving. Follow it. Make sure you keep a proper distance between you and it, about half a mile—be sure now to keep your distance!—and you'll see clearly the route to take. You've never been on this road before."

5 Then Joshua addressed the people: "Sanctify yourselves. Tomorrow God will work miracle-wonders among you."

6 Joshua instructed the priests, "Take up the Chest of the Covenant and step out before the people." So they took it up and processed before the people.

7-8 GOD said to Joshua, "This very day I will begin to make you great in the eyes of all Israel. They'll see for themselves that I'm with you in the same way that I was with Moses. You will command the priests who are carrying the Chest of the Covenant: 'When you come to the edge of the Jordan's waters,

9-13 여호수아는 이스라엘 백성에게 말했다. "주
목하십시오! 하나님 여러분의 하나님께서 하시
는 말씀을 들으십시오. 하나님께서 여러분 가
운데 살아 계심을 여러분이 이제 알게 될 것입
니다. 그분께서 가나안 사람, 헷 사람, 히위 사
람, 브리스 사람, 기르가스 사람, 아모리 사람,
여부스 사람을 여러분 앞에서 완전히 쫓아내실
것입니다. 여러분 앞에 있는 것을 보십시오. 언
약궤입니다. 생각해 보십시오. 온 땅의 주께서
여러분이 보는 앞에서 요단 강을 건너실 것입
니다. 이제 이스라엘 지파 중에서 지파별로 한
명씩 열두 사람을 뽑으십시오. 온 땅의 주이신
하나님의 언약궤를 멘 제사장들의 발이 요단
강 물에 닿는 순간, 흘러내리던 물이 멈출 것입
니다. 위에서부터 흘러내리던 물이 가득 고일
것입니다."
14-16 정말 그대로 되었다. 언약궤를 멘 제사장
들이 앞장선 가운데 백성은 요단 강을 건너기
위해 장막을 떠났다. 제사장들이 요단 강에 이
르러 그 발이 물가에 닿자(요단 강은 추수철이
면 내내 강둑에 물이 넘쳤다) 흘러내리던 물이
멈췄다. 멀리 사르단 근처의 아담에 물이 가득
고인 것이다. 저만치 아라바 바다(소금 바다)까
지 강이 말랐다. 그래서 백성은 여리고 쪽으로
건너갔다.
17 온 이스라엘이 마른 땅을 밟고 요단 강을 건
너는 동안, 언약궤를 멘 제사장들은 강 한가운
데 마른 땅을 굳게 딛고 서 있었다. 마침내 온
이스라엘 민족이 발 하나 젖지 않은 채 요단 강
을 건넜다.

4
1-3 마침내 온 백성이 강을 건너자, 하
나님께서 여호수아에게 말씀하셨다.
"백성 중에서 지파별로 한 명씩 열두 사람을 뽑
아, 그들에게 '바로 여기, 제사장들의 발이 굳게
섰던 요단 강 한가운데서 돌 열두 개를 취하십
시오. 그 돌들을 가져다가 오늘 밤 여러분이 진
을 칠 곳에 두십시오' 하고 말하여라."
4-7 여호수아는 자신이 이스라엘 백성 중에서
지파별로 한 명씩 뽑은 열두 사람을 불러 지시
했다. "요단 강 한가운데로 가서 하나님 여러분
의 하나님의 언약궤 앞에 서십시오. 각자 돌 하
나씩을 들어 어깨에 메십시오. 이스라엘 백성
각 지파마다 돌 하나씩입니다. 그 돌들은 훗날

stand there on the river bank.'"
9-13 Then Joshua addressed the People of Israel:
"Attention! Listen to what GOD, your God, has to
say. This is how you'll know that God is alive among
you—he will completely dispossess before you the
Canaanites, Hittites, Hivites, Perizzites, Girgashites,
Amorites, and Jebusites. Look at what's before you:
the Chest of the Covenant. Think of it—the Master of
the entire earth is crossing the Jordan as you watch.
Now take twelve men from the tribes of Israel, one
man from each tribe. When the soles of the feet
of the priests carrying the Chest of GOD, Master
of all the earth, touch the Jordan's water, the flow
of water will be stopped—the water coming from
upstream will pile up in a heap."
14-16 And that's what happened. The people left their
tents to cross the Jordan, led by the priests carrying
the Chest of the Covenant. When the priests got to
the Jordan and their feet touched the water at the
edge (the Jordan overflows its banks throughout
the harvest), the flow of water stopped. It piled up
in a heap—a long way off—at Adam, which is near
Zarethan. The river went dry all the way down to the
Arabah Sea (the Salt Sea). And the people crossed,
facing Jericho.
17 And there they stood; those priests carrying the
Chest of the Covenant stood firmly planted on dry
ground in the middle of the Jordan while all Israel
crossed on dry ground. Finally the whole nation was
across the Jordan, and not one wet foot.

4
1-3 When the whole nation was finally across,
GOD spoke to Joshua: "Select twelve men
from the people, a man from each tribe, and tell
them, 'From right here, the middle of the Jordan
where the feet of the priests are standing firm, take
twelve stones. Carry them across with you and set
them down in the place where you camp tonight.'"
4-7 Joshua called out the twelve men whom he
selected from the People of Israel, one man from
each tribe. Joshua directed them, "Cross to the
middle of the Jordan and take your place in front
of the Chest of GOD, your God. Each of you heft a
stone to your shoulder, a stone for each of the tribes

이 일에 대한 기념물이 될 것입니다. 여러분의 자손이 '이 돌들은 무엇입니까?' 하고 묻거든, 여러분은 '하나님의 언약궤가 요단 강을 건널 때 강물이 그 궤 앞에서 멈췄다. 궤가 다 건널 때까지 줄곧 멈춰 있었다. 이 돌들은 이스라엘 백성을 위한 영원한 기념물이다'라고 말해 주십시오."

8-9 이스라엘 백성은 여호수아가 명령한 대로 행했다. 요단 강 한가운데서 돌 열두 개를—하나님께서 여호수아에게 지시하신 대로 열두 지파가 돌 하나씩을—취하여 그것을 메고 진으로 돌아와 진 안에 두었다. 여호수아는 언약궤를 멘 제사장들이 서 있던 요단 강 한가운데서 가져온 열두 돌을 세웠다. 그 돌들은 오늘까지 그곳에 있다.

10-11 언약궤를 멘 제사장들은 하나님께서 여호수아에게 지시하여 백성에게 행하게 한 일이 다 이루어질 때까지(이로써 일찍이 모세가 여호수아에게 지시한 일이 이루어졌다) 계속해서 요단 강 한가운데 서 있었다. 백성은 한 사람도 망설이지 않고 모두가 강을 건넜다. 강을 다 건너고 나서 온 백성은 언약궤와 제사장들이 건너오는 모습을 지켜보았다.

12-13 르우벤 지파와 갓 지파와 므낫세 반쪽 지파는 모세가 지시한 대로, 이스라엘 백성 앞에서 전투대형으로 건너갔다. 모두 약 사만 명의 무장한 군사들이 전투태세를 갖추고 하나님 앞에서 여리고 평지로 건너갔다.

14 하나님께서는 그날 온 이스라엘 백성이 보는 앞에서 여호수아를 높여 주셨다. 그리하여 이스라엘은 모세가 살아 있는 동안 모세를 두려워했듯이 여호수아를 두려워하게 되었다.

15-16 하나님께서 여호수아에게 말씀하셨다. "증거궤를 멘 제사장들에게 명령하여 요단 강에서 올라오게 하여라."

17 여호수아는 제사장들에게 "요단 강에서 올라오십시오" 하고 명령했다.

18 제사장들이 그대로 행했다. 그들은 하나님의 언약궤를 메고 요단 강 한가운데서 올라왔다. 제사장들의 발이 마른 땅에 닿자마자, 요단 강물이 전처럼 둑 안으로 다시 흐르기 시작했다.

19-22 백성은 첫째 달 십일에 요단 강에서 올라와, 여리고 동쪽 길갈(동그라미)에 진을 쳤다.

of the People of Israel, so you'll have something later to mark the occasion. When your children ask you, 'What are these stones to you?' you'll say, 'The flow of the Jordan was stopped in front of the Chest of the Covenant of GOD as it crossed the Jordan—stopped in its tracks. These stones are a permanent memorial for the People of Israel.'"

8-9 The People of Israel did exactly as Joshua commanded: They took twelve stones from the middle of the Jordan—a stone for each of the twelve tribes, just as GOD had instructed Joshua—carried them across with them to the camp, and set them down there. Joshua set up the twelve stones taken from the middle of the Jordan that had marked the place where the priests who carried the Chest of the Covenant had stood. They are still there today.

10-11 The priests carrying the Chest continued standing in the middle of the Jordan until everything God had instructed Joshua to tell the people to do was done (confirming what Moses had instructed Joshua). The people crossed; no one dawdled. When the crossing of all the people was complete, they watched as the Chest of the Covenant and the priests crossed over.

12-13 The Reubenites, Gadites, and the half-tribe of Manasseh had crossed over in battle formation in front of the People of Israel, obedient to Moses' instructions. All told, about forty thousand armed soldiers crossed over before GOD to the plains of Jericho, ready for battle.

14 GOD made Joshua great that day in the sight of all Israel. They were in awe of him just as they had been in awe of Moses all his life.

15-16 GOD told Joshua, "Command the priests carrying the Chest of The Testimony to come up from the Jordan."

17 Joshua commanded the priests, "Come up out of the Jordan."

18 They did it. The priests carrying GOD's Chest of the Covenant came up from the middle of the Jordan. As soon as the soles of the priests' feet touched dry land, the Jordan's waters resumed their flow within the banks, just as before.

여호수아는 요단 강에서 가져온 돌 열두 개를 길갈에 기념물로 세웠다. 그러고 나서 이스라엘 백성에게 말했다. "훗날 여러분의 자손이 그 아버지에게 '이 돌들은 대체 무엇입니까?' 하고 묻거든, 여러분은 '이스라엘이 마른 땅을 밟고 이 요단 강을 건넜다' 하고 말해 주십시오.

23-24 그렇습니다. **하나님** 여러분의 하나님께서 여러분이 강을 다 건널 때까지 요단 강 물을 마르게 하셨습니다. 전에 **하나님** 여러분의 하나님께서 우리가 홍해를 다 건널 때까지 우리 앞에서 홍해를 마르게 하셨던 것처럼 말입니다. 그렇게 하신 것은 땅의 모든 사람이 **하나님**의 구원하시는 손이 얼마나 강한지 알도록 하고, 여러분이 항상 **하나님**을 경외하도록 하려는 것입니다."

5

1 이스라엘 백성이 강을 다 건널 때까지 **하나님**께서 그들 앞에서 요단 강을 멈추게 하셨다는 소식을 듣고, 요단 강 서쪽의 모든 아모리 사람의 왕들과 바닷가 가나안 사람의 왕들의 마음이 무너져 내렸다. 이스라엘 백성을 생각만 해도 그들은 간담이 서늘해졌다.

2-3 그때 **하나님**께서 여호수아에게 말씀하셨다. "돌칼을 만들어 이스라엘 백성에게 다시 할례를 행하여라." 여호수아는 돌칼을 만들어 할례산에서 이스라엘 백성에게 할례를 행했다.

4-7 여호수아가 할례를 행한 까닭은 이러하다. 이집트를 떠난 백성 가운데 남자, 곧 모든 군사는 이집트를 나오는 여정 중에 광야에서 죽었다. 이집트에서 나온 사람들은 물론 다 할례를 받았으나, 이집트를 떠난 뒤로 광야 길에서 태어난 사람들은 할례를 받지 못했다. 사실 이스라엘 백성은 민족 전체가 죽기까지, 곧 이집트에서 나올 때에 군대 징집 연령에 해당하던 남자들이 **하나님**의 부르심에 불순종하여 모두 죽기까지 사십 년 동안 광야를 헤맸다. **하나님**께서는 친히 우리에게 주시겠다고 우리 조상에게 엄숙히 약속하신 그 땅, 곧 젖과 꿀이 흐르는 땅을 그들이 절대로 보지 못할 것이라고 맹세하셨다. 결국 그 자손들이 그들을 대신했는데, 여호수아가 할례를 행한 사람들이 바로 그들이었다. 그들이 지금까지 할례를 받지 못한 것은, 광야 길에서 아무도 할례를 행하지 않았기 때문이다.

19-22 The people came up out of the Jordan on the tenth day of the first month. They set up camp at The Gilgal (The Circle) to the east of Jericho. Joshua erected a monument at The Gilgal, using the twelve stones that they had taken from the Jordan. And then he told the People of Israel, "In the days to come, when your children ask their fathers, 'What are these stones doing here?' tell your children this: 'Israel crossed over this Jordan on dry ground.'

23-24 "Yes, GOD, your God, dried up the Jordan's waters for you until you had crossed, just as GOD, your God, did at the Red Sea, which had dried up before us until we had crossed. This was so that everybody on earth would recognize how strong GOD's rescuing hand is and so that you would hold GOD in solemn reverence always."

5

1 When all the Amorite kings west of the Jordan and the Canaanite kings along the seacoast heard how GOD had stopped the Jordan River before the People of Israel until they had crossed over, their hearts sank; the courage drained out of them just thinking about the People of Israel.

2-3 At that time GOD said to Joshua, "Make stone knives and circumcise the People of Israel a second time." So Joshua made stone knives and circumcised the People of Israel at Foreskins Hill.

4-7 This is why Joshua conducted the circumcision. All the males who had left Egypt, the soldiers, had died in the wilderness on the journey out of Egypt. All the people who had come out of Egypt, of course, had been circumcised, but all those born in the wilderness along the way since leaving Egypt had not been. The fact is that the People of Israel had walked through that wilderness for forty years until the entire nation died out, all the men of military age who had come out of Egypt but had disobeyed the call of GOD. GOD vowed that these would never lay eyes on the land GOD had solemnly promised their ancestors to give us, a land flowing with milk and honey. But their children had replaced them. These are the ones Joshua circumcised. They had never been circumcised; no one had circumcised them along the way.

8 온 백성의 할례가 끝나자, 그들은 다 나을 때
까지 진을 친 곳에 그대로 머물렀다.
9 하나님께서 여호수아에게 말씀하셨다. "내가
오늘 너희가 이집트에서 겪은 치욕을 없애 버
렸다." 그래서 그곳은 오늘까지 길갈이라고 불
린다.

10 이스라엘 백성은 계속해서 길갈에 진을 쳤
다. 그들은 그달 십사일 저녁에 여리고 평지에
서 유월절을 지켰다.
11-12 유월절 바로 다음 날부터 그들은 그 땅의
열매, 곧 누룩을 넣지 않은 빵과 볶은 곡식을
먹기 시작했다. 그러자 만나가 더 이상 내리지
않았다. 만나가 완전히 그친 것이다. 이스라엘
백성이 그 땅에서 난 음식을 먹기 시작하자, 그
들에게 더 이상 만나가 주어지지 않았다. 그해
에 그들은 가나안 땅에서 난 곡식을 먹었다.

13 그리고 이 일이 있었다. 여호수아가 여리고
근처에 이르렀을 때다. 그가 눈을 들어 보니,
바로 앞에 어떤 사람이 칼을 뽑아 들고 서 있었
다. 여호수아가 그에게 다가가서 물었다. "너
는 어느 편이냐? 우리 편이냐, 우리 원수의 편
이냐?"
14 그가 말했다. "어느 편도 아니다. 나는 하나
님의 군대 사령관으로, 이제 막 도착했다." 여
호수아가 땅에 엎드려 경배한 다음, 그에게 물
었다. "내 주께서 이 종에게 내리실 명령이 무
엇입니까?"
15 하나님의 군대 사령관이 여호수아에게 명령
했다. "네 발에서 신을 벗어라. 네가 서 있는 곳
은 거룩한 곳이다."
여호수아가 그대로 행했다.

여리고 성 점령

6 1 여리고는 이스라엘 백성 때문에 철통
같이 닫혀 있었다. 들어가는 사람도 나
오는 사람도 없었다.
2-5 하나님께서 여호수아에게 말씀하셨다. "잘
들어라. 내가 여리고를 그 왕과 정예부대와 함
께 이미 너에게 넘겨주었으니, 너는 이렇게 하
여라. 너희 모든 군사들은 그 성 둘레를 따라
행진하여라. 성을 한 바퀴씩 돌되, 육 일 동안

8 When they had completed the circumcising of the
whole nation, they stayed where they were in camp
until they were healed.
9 GOD said to Joshua, "Today I have rolled away the
reproach of Egypt." That's why the place is called
The Gilgal. It's still called that.

10 The People of Israel continued to camp at The
Gilgal. They celebrated the Passover on the evening
of the fourteenth day of the month on the plains of
Jericho.
11-12 Right away, the day after the Passover, they
started eating the produce of that country, unraised
bread and roasted grain. And then no more manna;
the manna stopped. As soon as they started eating
food grown in the land, there was no more manna
for the People of Israel. That year they ate from the
crops of Canaan.

13 And then this, while Joshua was there near
Jericho: He looked up and saw right in front of him
a man standing, holding his drawn sword. Joshua
stepped up to him and said, "Whose side are you
on—ours or our enemies'?"
14 He said, "Neither. I'm commander of GOD's army.
I've just arrived." Joshua fell, face to the ground,
and worshiped. He asked, "What orders does my
Master have for his servant?"
15 GOD's army commander ordered Joshua, "Take
your sandals off your feet. The place you are stand-
ing is holy."
Joshua did it.

Jericho

6 1 Jericho was shut up tight as a drum because
of the People of Israel: no one going in, no
one coming out.
2-5 GOD spoke to Joshua, "Look sharp now. I've
already given Jericho to you, along with its king
and its crack troops. Here's what you are to do:
March around the city, all your soldiers. Circle
the city once. Repeat this for six days. Have seven
priests carry seven ram's horn trumpets in front of

반복해서 돌아라. 제사장 일곱 명이 언약궤 앞에서 숫양 뿔나팔 일곱 개를 들고 가게 하여라. 칠 일째 되는 날에는 제사장들이 나팔을 부는 동안 성을 일곱 바퀴 돌아라. 후에 숫양 뿔을 길게 부는 소리가 들리거든 온 백성이 힘껏 소리를 질러야 한다. 그러면 성벽이 곧바로 무너질 것이다. 그때 백성이 일제히 진격하여 들어가라."

6 눈의 아들 여호수아가 제사장들을 불러 말했다. "언약궤를 메십시오. 그리고 일곱 제사장은 숫양 뿔나팔 일곱 개를 들고 하나님의 궤 앞에 서십시오."

7 그가 또 백성에게 말했다. "출발하십시오! 성 둘레를 따라 행진하십시오. 무장한 호위대는 하나님의 궤 앞에서 행진하십시오."

8-9 그러자 백성이 그대로 행했다. 여호수아가 명령하자, 백성이 움직였다. 일곱 제사장은 숫양 뿔나팔 일곱 개를 들고 하나님 앞에서 출발했다. 그들은 하나님의 언약궤 앞에 서서 나팔을 불었다. 무장한 호위대가 나팔을 부는 제사장들 앞에서 행진했고, 후방 호위대는 나팔을 불며 행진하는 제사장들 뒤에서 행진했다.

10 여호수아가 백성에게 명령했다. "소리치지 말고, 말도 하지 마십시오. 내가 '외치라!'고 할 때까지는 속닥거리지도 마십시오. 외치라는 명령이 들릴 때에 힘껏 외치십시오!"

11-13 여호수아는 하나님의 궤를 보내어 성 둘레를 돌게 했다. 궤는 성을 한 바퀴 돌고서 진으로 돌아와 진 안에서 밤을 보냈다. 여호수아는 이튿날 아침 일찍 일어났고 제사장들은 하나님의 궤를 멨다. 제사장 일곱 명이 숫양 뿔나팔 일곱 개를 들고 하나님의 궤 앞에서 행진했다. 그들이 나팔을 불며 행진하는 동안, 무장한 호위대가 앞에서 행진했고 후방 호위대는 뒤에서 행진했다. 이렇게 그들은 나팔을 불며 행진했다!

14 둘째 날에 그들은 다시 성을 한 바퀴 돌고 진으로 돌아왔다. 육 일 동안 그렇게 했다.

15-17 일곱째 날, 그들은 아침 일찍 일어나 성 둘레를 똑같은 방식으로 행진하되 그날만은 일곱 바퀴를 돌았다. 일곱 바퀴째 돌 때에, 제사장들이 나팔을 불자 여호수아가 백성에게 신호를 보냈다. "외치십시오! 하나님께서 이 성을 여러분에게 주셨습니다. 이 성과 그 안에 있는 모든 것은 거룩한 저주를 받아 하나님께 바쳐졌습니다.

the Chest. On the seventh day march around the city seven times, the priests blowing away on the trumpets. And then, a long blast on the ram's horn—when you hear that, all the people are to shout at the top of their lungs. The city wall will collapse at once. All the people are to enter, every man straight on in."

6 So Joshua son of Nun called the priests and told them, "Take up the Chest of the Covenant. Seven priests are to carry seven ram's horn trumpets leading God's Chest."

7 Then he told the people, "Set out! March around the city. Have the armed guard march before the Chest of GOD."

8-9 And it happened. Joshua spoke, the people moved: Seven priests with their seven ram's horn trumpets set out before GOD. They blew the trumpets, leading GOD's Chest of the Covenant. The armed guard marched ahead of the trumpet-blowing priests; the rear guard was marching after the Chest, marching and blowing their trumpets.

10 Joshua had given orders to the people, "Don't shout. In fact, don't even speak—not so much as a whisper until you hear me say, 'Shout!'—then shout away!"

11-13 He sent the Chest of GOD on its way around the city. It circled once, came back to camp, and stayed for the night. Joshua was up early the next morning and the priests took up the Chest of GOD. The seven priests carrying the seven ram's horn trumpets marched before the Chest of GOD, marching and blowing the trumpets, with the armed guard marching before and the rear guard marching after. Marching and blowing of trumpets!

14 On the second day they again circled the city once and returned to camp. They did this six days.

15-17 When the seventh day came, they got up early and marched around the city this same way but seven times—yes, this day they circled the city seven times. On the seventh time around the priests blew the trumpets and Joshua signaled the people, "Shout!—GOD has given you the city! The city and everything in it is under a holy curse and offered up to GOD.

"Except for Rahab the harlot—she is to live, she and

다만 창녀 라합만은 예외입니다. 라합과 그 집에 있는 모든 사람은 우리가 보낸 정탐꾼들을 숨겨 주었으므로, 살려 두어야 합니다.

18-19 거룩한 저주를 받은 이 성에서 여러분은 행동에 주의하십시오. 성 안에 있는 물건을 탐내지 마십시오. 저주받은 것을 취함으로써, 그 저주로 이스라엘 진을 위험에 빠뜨리고 모든 사람을 괴롭게 하는 일이 없도록 조심하십시오. 모든 은과 금, 동과 철로 만든 그릇은 하나님께 거룩한 것이니, 그것들은 하나님의 보물 보관소에 두십시오."

20 제사장들이 나팔을 불었다.

백성이 나팔소리를 듣고 우레처럼 큰소리로 외치자, 성벽이 곧바로 무너져 내렸다. 백성은 곧장 성 안으로 달려 들어가 그 성을 차지했다.

21 그들은 성 안의 모든 것을 거룩한 저주 아래 두어, 남녀노소와 소와 양과 나귀를 가리지 않고 죽였다.

22-24 여호수아는 전에 그 땅을 정탐했던 두 사람에게 명령했다. "그대들이 약속한 대로 그 창녀의 집에 들어가, 그녀뿐 아니라 그녀와 관계된 사람들을 모두 구하시오." 젊은 정탐꾼들이 들어가서 라합과 그 부모와 형제, 곧 그녀와 관계된 사람들을 모두 데리고 나왔다. 온 가족을 데리고 나와서 이스라엘 진 밖의 한곳에 있게 했다. 그리고 성과 그 안에 있는 모든 것을 불살라 버렸다. 그러나 금과 은, 동과 철로 만든 그릇은 예외여서, 그것은 모두 하나님의 집 보물 보관소에 두었다.

25 여호수아는 창녀 라합만은 살려 주었다. 곧 라합과 그녀의 아버지 집안과 그녀와 관계된 모든 사람을 살려 준 것이다. 라합이 오늘까지 이스라엘 가운데 살아 있는데, 그것은 여호수아가 여리고를 정탐하도록 보낸 정탐꾼들을 그녀가 숨겨 주었기 때문이다.

26 그때 여호수아가 엄숙히 맹세했다.

이 여리고 성을 다시 세우려는 사람은
하나님 앞에 저주를 받을 것이다.
기초를 쌓으면 맏아들을 잃고
문짝을 달면 막내아들을 잃을 것이다.

27 하나님께서 여호수아와 함께 계셨으므로, 그는 온 땅에 널리 알려졌다.

everyone in her house with her, because she hid the agents we sent.

18-19 "As for you, watch yourselves in the city under holy curse. Be careful that you don't covet anything in it and take something that's cursed, endangering the camp of Israel with the curse and making trouble for everyone. All silver and gold, all vessels of bronze and iron are holy to GOD. Put them in GOD's treasury."

20 The priests blew the trumpets.

When the people heard the blast of the trumpets, they gave a thunderclap shout. The wall fell at once. The people rushed straight into the city and took it.

21 They put everything in the city under the holy curse, killing man and woman, young and old, ox and sheep and donkey.

22-24 Joshua ordered the two men who had spied out the land, "Enter the house of the harlot and rescue the woman and everyone connected with her, just as you promised her." So the young spies went in and brought out Rahab, her father, mother, and brothers—everyone connected with her. They got the whole family out and gave them a place outside the camp of Israel. But they burned down the city and everything in it, except for the gold and silver and the bronze and iron vessels—all that they put in the treasury of GOD's house.

25 But Joshua let Rahab the harlot live—Rahab and her father's household and everyone connected to her. She is still alive and well in Israel because she hid the agents whom Joshua sent to spy out Jericho.

26 Joshua swore a solemn oath at that time:

Cursed before GOD is the man
who sets out to rebuild this city Jericho.
He'll pay for the foundation with his firstborn son,
he'll pay for the gates with his youngest son.

27 GOD was with Joshua. He became famous all over the land.

아간의 범죄

7 1 그때에 이스라엘 백성이 거룩한 저주를
어기는 일이 일어났다. 유다 지파 세라의
증손이요 삽디의 손자요 갈미의 아들인 아간이,
저주받은 물건 가운데 일부를 취한 것이다. 하나
님께서 이스라엘 백성에게 진노하셨다.
2 여호수아가 여리고에서 베델 동쪽의 벳아웬 근
처에 있는 아이(폐허)로 사람들을 보냈다. 그들에
게 "올라가서 그 땅을 정탐하시오" 하고 지시하니,
그 사람들이 올라가서 아이를 정탐했다.
3 그들이 여호수아에게 돌아와 보고했다. "굳이 많
은 백성을 보내지 않아도 되겠습니다. 이삼천 명
이면 충분히 아이를 물리칠 수 있습니다. 군대를
모두 동원하여 지치게 할 필요가 없습니다. 그곳
사람의 수가 얼마 되지 않습니다."
4-5 그리하여 백성 가운데 삼천 명이 그곳으로 올
라갔다. 그러나 그들은 도리어 아이 사람들에게
패하여 도망쳐 왔다! 아이 사람들이 성문에서 채
석장까지, 또 거기서 내리막길을 따라 쫓아오면서
이스라엘 사람 서른여섯 명을 죽였다. 백성은 마
음이 무너져 내렸고 기운을 다 잃고 말았다.
6 여호수아가 옷을 찢고 하나님의 궤 앞에서 얼굴
을 땅에 대고 엎드렸다. 그와 지도자들은 머리 위
에 먼지를 뒤집어쓰고 저녁때까지 엎드려 있었다.
7-9 여호수아가 말했다. "오 주 하나님, 어찌하여
이 백성을 요단 강 건너편으로 데려오셨습니까?
아모리 사람의 희생물이 되게 하시려는 것입니
까? 우리를 없애 버리시려는 것입니까? 차라리 요
단 강 동쪽에 정착할 것을 그랬습니다. 오 주님,
이스라엘이 적에게 패하여 도망쳤으니, 이제 제가
무슨 말을 할 수 있겠습니까? 가나안 사람과 이곳
에 사는 다른 모든 사람이 이 소식을 들으면, 떼
를 지어 몰려와서 순식간에 우리를 해치울 것입니
다. 그렇게 되면 주님의 명성은 어떻게 지키시렵
니까?"
10-12 하나님께서 여호수아에게 말씀하셨다. "일어
나거라. 어찌하여 엎드려 있느냐? 이스라엘이 죄
를 지었다. 그들이 내가 지키라고 명령한 언약을
어기고 내가 금지한 전리품을 취했다. 또한 그것
을 훔치고서는 자기가 한 짓을 은폐하려고 그 훔
친 것을 자기네 살림과 함께 감추어 두었다. 이스
라엘 백성은 더 이상 원수를 똑바로 쳐다볼 수 없
게 되었다. 그들 자신이 전리품이 되고 말았다. 저
주받은 물건을 너희 중에서 없애지 않으면, 나는
너희와 함께 있지 않을 것이다.

Achan

7 1 Then the People of Israel violated the
holy curse. Achan son of Carmi, the son of
Zabdi, the son of Zerah of the tribe of Judah, took
some of the cursed things. GOD became angry
with the People of Israel.
2 Joshua sent men from Jericho to Ai (The Ruin),
which is near Beth Aven just east of Bethel. He
instructed them, "Go up and spy out the land."
The men went up and spied out Ai.
3 They returned to Joshua and reported, "Don't
bother sending a lot of people—two or three
thousand men are enough to defeat Ai. Don't
wear out the whole army; there aren't that many
people there."
4-5 So three thousand men went up—and then
fled in defeat before the men of Ai! The men of Ai
killed thirty-six—chased them from the city gate
as far as The Quarries, killing them at the descent.
The heart of the people sank, all spirit knocked
out of them.
6 Joshua ripped his clothes and fell on his face to
the ground before the Chest of GOD, he and the
leaders throwing dirt on their heads, prostrate
until evening.
7-9 Joshua said, "Oh, oh, oh...Master, GOD. Why
did you insist on bringing this people across the
Jordan? To make us victims of the Amorites? To
wipe us out? Why didn't we just settle down on
the east side of the Jordan? Oh, Master, what can
I say after this, after Israel has been run off by its
enemies? When the Canaanites and all the others
living here get wind of this, they'll gang up on us
and make short work of us—and then how will
you keep up *your* reputation?"
10-12 GOD said to Joshua, "Get up. Why are you
groveling? Israel has sinned: They've broken
the covenant I commanded them; they've taken
forbidden plunder—stolen and then covered
up the theft, squirreling it away with their own
stuff. The People of Israel can no longer look
their enemies in the eye—they themselves are
plunder. I can't continue with you if you don't rid
yourselves of the cursed things.
13 "So get started. Purify the people. Tell them:

13 어서 시작하여라. 백성을 정결하게 하여라. 그들에게 자신을 정결하게 하여 내일을 준비하라고 일러 주어라. 하나님 이스라엘의 하나님이 말한다. 진 안에 저주받은 물건이 있다. 그 저주받은 물건을 없애기 전에는 너희가 적과 맞설 수 없다.

14-15 아침 일찍 너희는 지파별로 나오너라. 하나님이 지명하는 지파는 가문별로 나오고, 하나님이 지명하는 가문은 가족별로 나오고, 하나님이 지명하는 가족은 장정별로 나오너라. 저주받은 물건을 가진 것으로 밝혀지는 사람은 그의 모든 소유와 함께 불태워 버려라. 그가 하나님의 언약을 어기고 이스라엘 가운데서 비열한 짓을 저질렀기 때문이다."

16-18 여호수아가 새벽같이 일어나서 이스라엘을 지파별로 불렀다. 그 가운데서 유다 지파가 뽑혔다. 이어서 그는 유다 지파를 가문별로 불렀는데 세라 가문이 뽑혔다. 다시 세라 가문을 불렀는데 삽디 가족이 뽑혔다. 그리고 삽디 가족을 한 사람씩 불렀는데, 유다 지파 세라의 증손이요 삽디의 손자이요 갈미의 아들인 아간이 뽑혔다.

19 여호수아가 아간에게 말했다. "내 아들아, 하나님 이스라엘의 하나님께 영광을 돌려라. 그분께 자백하여라. 네가 한 일을 내게 말하여라. 하나도 숨기지 마라."

20-21 아간이 여호수아에게 대답했다. "사실, 제가 하나님 이스라엘의 하나님께 죄를 지었습니다. 전리품 중에서 시날의 아름다운 겉옷 한 벌과 은 이백 세겔, 그리고 오십 세겔 되는 금덩이가 보이기에 탐이 나서 취했습니다. 제 장막 안에 묻어 두었는데, 은은 맨 밑에 두었습니다."

22-23 여호수아가 사람들을 보냈다. 그들이 장막으로 달려가 보니, 과연 장막 안에 그 물건들이 묻혀 있었고 은이 맨 밑에 있었다. 그들은 장막에서 그 물건들을 취하여 여호수아와 이스라엘 온 백성에게 가져와서 하나님 앞에 펼쳐 놓았다.

24 여호수아가 세라의 아들 아간을 잡고, 그 은과 겉옷과 금덩이, 그의 아들딸들, 그의 소와 나귀와 양, 장막 등 그와 관계된 모든 것을 취했다. 온 이스라엘이 그 자리에 함께 있었다. 온 이스라엘 백성이 함께 그것들을 이끌고 아골 골짜기(*괴로움의 골짜기*)로 갔다.

25-26 여호수아가 말했다. "어찌하여 네가 우리를 괴롭게 하였느냐? 하나님께서 오늘 너를 괴롭게 하실 것이다!" 그러자 온 이스라엘이 그를 돌로 쳐서 죽였다. 그를 불태우고 돌로 친 것이다. 그들은

Get ready for tomorrow by purifying yourselves. For this is what GOD, the God of Israel, says: There are cursed things in the camp. You won't be able to face your enemies until you have gotten rid of these cursed things.

14-15 "First thing in the morning you will be called up by tribes. The tribe GOD names will come up clan by clan; the clan GOD names will come up family by family; and the family GOD names will come up man by man. The person found with the cursed things will be burned, he and everything he has, because he broke GOD's covenant and did this despicable thing in Israel."

16-18 Joshua was up at the crack of dawn and called Israel up tribe by tribe. The tribe of Judah was singled out. Then he called up the clans and singled out the Zerahites. He called up the Zerahite families and singled out the Zabdi family. He called up the family members one by one and singled out Achan son of Carmi, the son of Zabdi, the son of Zerah of the tribe of Judah.

19 Joshua spoke to Achan, "My son, give glory to GOD, the God of Israel. Make your confession to him. Tell me what you did. Don't keep back anything from me."

20-21 Achan answered Joshua, "It's true. I sinned against GOD, the God of Israel. This is how I did it. In the plunder I spotted a beautiful Shinar robe, two hundred shekels of silver, and a fifty-shekel bar of gold, and I coveted and took them. They are buried in my tent with the silver at the bottom."

22-23 Joshua sent off messengers. They ran to the tent. And there it was, buried in the tent with the silver at the bottom. They took the stuff from the tent and brought it to Joshua and to all the People of Israel and spread it out before God.

24 Joshua took Achan son of Zerah, took the silver, the robe, the gold bar, his sons and daughters, his ox, donkey, sheep, and tent—everything connected with him. All Israel was there. They led them off to the Valley of Achor (Trouble Valley).

25-26 Joshua said, "Why have you troubled us? GOD will now trouble you. Today!" And all Israel stoned him—burned him with fire and stoned

그 위에 큰 돌무더기를 쌓았는데, 그것이 오늘까지 그대로 남아 있다. 그제야 하나님께서 맹렬한 진노를 거두셨다. 그래서 오늘까지 그곳을 괴로움의 골짜기라고 부른다.

him with stones. They piled a huge pile of stones over him. It's still there. Only then did GOD turn from his hot anger. That's how the place came to be called Trouble Valley right up to the present time.

아이 성 점령

Ai

8
1 하나님께서 여호수아에게 말씀하셨다. "겁내지 마라. 머뭇거리지도 마라. 너의 모든 군사를 이끌고 다시 아이로 가거라. 내가 아이 왕과 그 백성과 성읍과 땅을 다 네게 넘겨주었다.
2 여리고와 그 왕에게 한 것처럼 아이와 그 왕에게도 행하여라. 이번에는 재물과 가축을 너희 마음껏 전리품으로 취해도 좋다. 성 뒤쪽에 군사들을 매복시켜라."
3-8 여호수아와 모든 군사들이 아이로 행군할 준비를 마쳤다. 여호수아는 강하고 노련한 군사 삼만 명을 뽑아 밤중에 그들을 보내며 지시했다. "잘 들어라. 성 뒤쪽에 매복하되, 최대한 바짝 접근하여라. 깨어 있어라. 나와 내 군대는 성 정면으로 다가갈 것이다. 그들이 전처럼 우리를 맞서러 나오면, 우리는 돌아서서 도망칠 것이다. 그들은 성을 남겨 두고 우리를 뒤쫓아 올 것이다. 우리가 멀찍이 달아나면, 그들은 '지난번처럼 저들이 도망친다' 하고 말할 것이다. 너희는 이것을 신호 삼아 매복지에서 뛰쳐나와 성을 점령하여라. 하나님 너희 하나님께서 그 성을 손쉽게 너희에게 넘겨주실 것이다. 일단 성을 차지하고 나서는 불살라 버려라. 하나님께서 말씀하시니, 너희는 그 말씀대로 행하여라. 시작하여라. 내가 너희에게 명령을 내렸다."
9 여호수아가 그들을 보냈다. 그들은 아이 서쪽 베델과 아이 사이에 매복하고 기다렸다. 여호수아는 백성과 함께 그날 밤을 보냈다.
10-13 여호수아가 아침 일찍 일어나 군대를 소집했다. 그는 이스라엘의 지도자들과 함께 군대를 이끌고 아이로 향했다. 아이 성이 보이는 곳까지 전군이 곧장 행진해 올라가서 아이 북쪽에 진을 쳤다. 그들과 아이 사이에는 골짜기가 있었다. 그는 군사 오천 명 정도를 떼어서 성의 서쪽 베델과 아이 사이에 매복시켰다. 주력부대는 성 북쪽에, 매복부대는 성 서쪽에 두어 병력 배치를 마쳤다. 여호수아는 골짜기에서 그날 밤을 보냈다.
14 아이 왕이 이 모든 것을 보았고, 그 성의 사람들은 한시도 지체하지 않았다. 왕은 이스라엘과 맞서 싸우려고 아라바로 가는 길목 벌판으로 군대

8
1 GOD said to Joshua, "Don't be timid and don't so much as hesitate. Take all your soldiers with you and go back to Ai. I have turned the king of Ai over to you—his people, his city, and his land.
2 "Do to Ai and its king what you did to Jericho and its king. Only this time you may plunder its stuff and cattle to your heart's content. Set an ambush behind the city."
3-8 Joshua and all his soldiers got ready to march on Ai. Joshua chose thirty thousand men, tough, seasoned fighters, and sent them off at night with these orders: "Look sharp now. Lie in ambush behind the city. Get as close as you can. Stay alert. I and the troops with me will approach the city head-on. When they come out to meet us just as before, we'll turn and run. They'll come after us, leaving the city. As we are off and running, they'll say, 'They're running away just like the first time.' That's your signal to spring from your ambush and take the city. GOD, your God, will hand it to you on a platter. Once you have the city, burn it down. GOD says it, you do it. Go to it. I've given you your orders."
9 Joshua sent them off. They set their ambush and waited between Bethel and Ai, just west of Ai. Joshua spent the night with the people.
10-13 Joshua was up early in the morning and mustered his army. He and the leaders of Israel led the troops to Ai. The whole army, fighting men all, marched right up within sight of the city and set camp on the north side of Ai. There was a valley between them and Ai. He had taken about five thousand men and put them in ambush between Bethel and Ai, west of the city. They were all deployed, the main army to the north of the city and the ambush to the west. Joshua spent the night in the valley.

를 거느리고 새벽같이 나왔다. 성 뒤쪽에 자신들을 칠 매복부대가 있다는 것을 왕은 알지 못했다.

15-17 여호수아와 온 이스라엘 군대는 쫓기는 척하며 광야 쪽으로 도망쳤다. 성 안에 있던 사람들 모두가 명령대로 그들의 뒤를 쫓았다. 그들은 여호수아를 쫓아 성을 멀리 벗어나 버렸다. 이스라엘을 쫓지 않고 아이나 베델에 남아 있는 사람은 한 명도 없었다. 그들이 이스라엘을 뒤쫓는 동안 성은 무방비 상태로 비어 있었다.

18-19 그때 하나님께서 여호수아에게 말씀하셨다. "네 손에 든 단창을 아이를 향해 뻗어라. 내가 그 성을 네게 넘겨주겠다." 여호수아는 손에 든 단창을 아이를 향해 뻗었다. 그것을 신호로 해서, 매복해 있던 군사들이 뛰쳐나와 성으로 달려가서 성을 점령하고 재빨리 불을 질렀다.

20-21 아이 사람들이 뒤를 돌아보니, 성에서 연기가 치솟고 있었다! 그들은 자신들이 벗어날 수 없는 덫에 걸렸음을 알았다. 광야 쪽으로 도망치던 이스라엘 군대가 뒤로 돌아섰다. 매복부대가 성을 점령하여 성에서 연기가 치솟는 것을 보고는, 여호수아와 온 이스라엘이 돌아서서 아이 사람들을 공격했다.

22-23 그때 매복 군사들도 성에서 쏟아져 나왔다. 양쪽에 이스라엘 사람들을 두고 사이에 아이 사람들이 낀 형국이었다. 어마어마한 살육이 벌어졌다. 아이 왕 외에는 단 한 사람도 살아남지 못했다. 그들은 왕을 생포하여 여호수아에게 데려갔다.

24-25 이스라엘은 자신들을 뒤쫓던 아이 사람들을 벌판과 광야에서 모두 죽였다. 이스라엘 사람들은 전투를 마치고 아이로 돌아와 성을 완전히 폐허로 만들었다. 그날 죽은 사람은 남녀 합해서 만이천 명으로, 아이 사람 전부였다.

26-27 아이와 그 모든 백성에 대한 거룩한 진멸이 마무리될 때까지 여호수아는 단창을 뻗어 든 손을 내리지 않았다. 이스라엘은 그 성에 남아 있는 가축과 전리품을 취했다. 하나님께서 여호수아에게 지시하신 대로 행한 것이다.

28-29 여호수아는 아이를 잿더미로 만들었다. *영원히 아무것도 없는 '무더기'*요 '존재하지 않는 곳'으로 만들어 버린 것이다. 그곳은 오늘까지 그대로 남아 있다. 여호수아는 아이 왕을 나무에 매달았다. 저녁 무렵 해가 지자, 여호수아는 시체를 나무에서 내리라고 명령했다. 사람

14 So it happened that when the king of Ai saw all this, the men of the city lost no time; they were out of there at the crack of dawn to join Israel in battle, the king and his troops, at a field en route to the Arabah. The king didn't know of the ambush set against him behind the city.

15-17 Joshua and all Israel let themselves be chased; they ran toward the wilderness. Everybody in the city was called to the chase. They pursued Joshua and were led away from the city. There wasn't a soul left in Ai or Bethel who wasn't out there chasing after Israel. The city was left empty and undefended as they were chasing Israel down.

18-19 Then GOD spoke to Joshua: "Stretch out the javelin in your hand toward Ai–I'm giving it to you." Joshua stretched out the javelin in his hand toward Ai. At the signal the men in ambush sprang to their feet, ran to the city, took it, and quickly had it up in flames.

20-21 The men of Ai looked back and, oh! saw the city going up in smoke. They found themselves trapped with nowhere to run. The army on the run toward the wilderness did an about-face–Joshua and all Israel, seeing that the ambush had taken the city, saw it going up in smoke, turned and attacked the men of Ai.

22-23 Then the men in the ambush poured out of the city. The men of Ai were caught in the middle with Israelites on both sides–a real massacre. And not a single survivor. Except for the king of Ai; they took him alive and brought him to Joshua.

24-25 When it was all over, Israel had killed everyone in Ai, whether in the fields or in the wilderness where they had chased them. When the killing was complete, the Israelites returned to Ai and completed the devastation. The death toll that day came to twelve thousand men and women–everyone in Ai.

26-27 Joshua didn't lower his outstretched javelin until the sacred destruction of Ai and all its people was completed. Israel did get to take the livestock and loot left in the city; GOD's instructions to Joshua allowed for that.

28-29 Joshua burned Ai to the ground. A "heap" of nothing forever, a "no-place"–go see for yourself. He hanged the king of Ai from a tree. At evening, with

들은 시체를 성 입구에 버리고 그 위에 돌무더기를 높이 쌓았다. 그곳도 오늘까지 그대로 남아 있다.

30-32 이 일 후에 여호수아가 에발 산에서 이스라엘의 하나님께 제단을 쌓았다. 그는 하나님의 종 모세가 이스라엘 백성에게 내린 지시를 따라, 모세의 계시의 책에 기록된 대로 제단을 쌓았다. 쇠 연장으로 깎거나 다듬지 않은 돌로 쌓은 제단이었다. 그들은 그 위에 번제와 화목제를 하나님께 드렸다. 또한 여호수아는 이스라엘 백성이 지켜보는 앞에서 모세의 계시를 돌에 새겨 넣었다.
33 온 이스라엘이 외국인과 본국인 할 것 없이 장로와 관리, 재판관들과 함께 하나님의 언약궤를 멘 레위 제사장들을 사이에 두고 마주하여 궤 양편에 섰다. 전에 하나님의 종 모세가 명령한 대로, 이스라엘 백성을 축복하기 위해 백성의 절반은 그리심 산을 등지고 서고 절반은 에발 산을 등지고 섰다.
34-35 그 후에, 여호수아는 계시에 기록된 모든 것, 축복과 저주, 계시의 책에 있는 모든 말씀을 낭독했다. 모세가 명령한 모든 것 가운데서, 여호수아가 온 회중—남자와 여자와 아이들, 그리고 그들과 여정을 함께한 외국인들—에게 낭독해 주지 않은 말씀은 하나도 없었다.

기브온 사람과 맺은 조약

9 1-2 요단 강 서편의 산지와 작은 언덕과 레바논 북쪽의 지중해 연안에 살고 있는 헷 사람, 아모리 사람, 가나안 사람, 브리스 사람, 히위 사람, 기르가스 사람, 여부스 사람의 왕이 그 소식을 들었다. 그들은 함께 모여 한 지휘부 아래 여호수아와 이스라엘에 맞서 싸우기로 동맹을 맺었다.
3-6 기브온 사람들은 여호수아가 여리고와 아이에 행한 일을 듣고 계략을 꾸몄다. 그들은 나그네로 가장했다. 군데군데 덧대고 기운 자루와 포도주 부대를 나귀에 싣고, 너덜너덜한 신발을 신고, 누더기 옷을 걸치고, 말라비틀어진 빵 조각과 부스러기 음식만 챙겼다. 그러고는 길갈에 있는 여호수아에게 와서 이스라엘 사람들에게 말했다. "우리는 먼 나라에서 왔습니다. 우리와 조약을 맺어 주십시오."

the sun going down, Joshua ordered the corpse cut down. They dumped it at the entrance to the city and piled it high with stones—you can go see that also.

30-32 Then Joshua built an altar to the GOD of Israel on Mount Ebal. He built it following the instructions of Moses the servant of GOD to the People of Israel and written in the Book of The Revelation of Moses, an altar of whole stones that hadn't been chiseled or shaped by an iron tool. On it they offered to GOD Whole-Burnt-Offerings and sacrificed Peace-Offerings. He also wrote out a copy of The Revelation of Moses on the stones. He wrote it with the People of Israel looking on.
33 All Israel was there, foreigners and citizens alike, with their elders, officers, and judges, standing on opposite sides of the Chest, facing the Levitical priests who carry GOD's Covenant Chest. Half of the people stood with their backs to Mount Gerizim and half with their backs to Mount Ebal to bless the People of Israel, just as Moses the servant of GOD had instructed earlier.
34-35 After that, he read out everything written in The Revelation, the Blessing and the Curse, everything in the Book of The Revelation. There wasn't a word of all that Moses commanded that Joshua didn't read to the entire congregation—men, women, children, and foreigners who had been with them on the journey.

Gibeon

9 1-2 All the kings west of the Jordan in the hills and foothills and along the Mediterranean seacoast north toward Lebanon—the Hittites, Amorites, Canaanites, Perizzites, Hivites, Girgashites, and Jebusites—got the news. They came together in a coalition to fight against Joshua and Israel under a single command.
3-6 The people of Gibeon heard what Joshua had done to Jericho and Ai and cooked up a ruse. They posed as travelers: their donkeys loaded with patched sacks and mended wineskins, threadbare sandals on their feet, tattered clothes on their bodies, nothing but dry crusts and crumbs for food.

7 이스라엘 사람들이 이 히위 사람들에게 말했다.
"당신들이 이 지방 사람이 아니라는 것을 어떻게
알고 우리가 당신들과 조약을 맺을 수 있겠소?"
8 그들이 여호수아에게 말했다. "우리가 당신의
종이 되겠습니다."
여호수아가 말했다. "당신들은 누구며, 어디서
왔소?"
9-11 그들이 말했다. "먼 나라, 아주 멀리서 왔습
니다. 당신의 종들이 이렇게 온 것은, 하나님 당
신의 하나님에 대해 굉장한 일들을 들었기 때문
입니다. 그분께서 이집트에서 행하신 모든 일 말
입니다! 요단 강 동쪽의 두 아모리 왕, 곧 헤스본
왕 시혼과 아스다롯에서 다스리던 바산 왕 옥에
게 행하신 일도 우리가 들었습니다! 우리 지도자
들과 우리 나라의 모든 사람들이 '길에서 먹을 음
식을 싸 가지고 가서 그들을 만나시오. 그리고 우
리는 당신들의 종이니 우리와 조약을 맺어 달라
고 전하시오' 하고 우리에게 말했습니다.
12-13 당신들을 만나려고 떠나올 때만 해도, 이 빵
은 갓 구운 것처럼 따끈따끈했습니다. 그런데 보
십시오. 빵 조각과 부스러기만 남았습니다. 갈라
져서 기운 이 포도주 부대도 처음 포도주를 담을
때는 새것이나 다름없었습니다. 우리의 옷과 신
발도 멀고 험한 길을 오느라 이렇게 누더기가 되
었습니다."
14 이스라엘 사람들은 그들을 살펴보고 그들의
말을 받아들였다. 그러나 이 일에 대해 하나님께
여쭙지는 않았다.
15 여호수아는 그들과 화친하여 그들의 목숨을
보장하는 조약을 정식으로 맺었다. 회중의 지도
자들도 그 조약을 지키기로 맹세했다.
16-18 그들과 조약을 맺은 지 사흘 후에, 이스라엘
백성은 그 사람들이 줄곧 그곳에 살아온 가까운
이웃인 것을 알게 되었다! 이스라엘 백성은 진을
걷고 출발하여 사흘 후에 그들의 성읍인 기브온,
그비라, 브에롯, 기럇여아림에 이르렀다. 그러나
이스라엘 백성은 그들을 치지 않았다. 회중의 지
도자들이 이스라엘의 하나님 앞에서 약속했기 때
문이다. 그러자 회중은 지도자들에게 반발하고
나섰다.
19-21 지도자들이 단합하여 회중에게 대답했다.
"우리가 이스라엘의 하나님 앞에서 그들에게 약
속했습니다. 그러니 그들에게 손을 대서는 안됩
니다. 그들을 살려 주지 않으면 약속을 어긴 책임
을 면할 수 없을 것입니다." 지도자들은 이어서

They came to Joshua at Gilgal and spoke to the
men of Israel, "We've come from a far-off country;
make a covenant with us."
7 The men of Israel said to these Hivites, "How do
we know you aren't local people? How could we
then make a covenant with you?"
8 They said to Joshua, "We'll be your servants."
Joshua said, "Who are you now? Where did you
come from?"
9-11 They said, "From a far-off country, very far
away. Your servants came because we'd heard such
great things about GOD, your God—all those things
he did in Egypt! And the two Amorite kings across
the Jordan, King Sihon of Heshbon and King Og
of Bashan, who ruled in Ashtaroth! Our leaders
and everybody else in our country told us, 'Pack
up some food for the road and go meet them. Tell
them, We're your servants; make a covenant with
us.'
12-13 "This bread was warm from the oven when we
packed it and left to come and see you. Now look
at it—crusts and crumbs. And our cracked and
mended wineskins, good as new when we filled
them. And our clothes and sandals, in tatters from
the long, hard traveling."
14 The men of Israel looked them over and accepted
the evidence. But they didn't ask GOD about it.
15 So Joshua made peace with them and formalized
it with a covenant to guarantee their lives. The
leaders of the congregation swore to it.
16-18 And then, three days after making this
covenant, they learned that they were next-door
neighbors who had been living there all along! The
People of Israel broke camp and set out; three days
later they reached their towns—Gibeon, Kephirah,
Beeroth, and Kiriath Jearim. But the People
of Israel didn't attack them; the leaders of the
congregation had given their word before the GOD
of Israel. But the congregation was up in arms over
their leaders.
19-21 The leaders were united in their response
to the congregation: "We promised them in the
presence of the GOD of Israel. We can't lay a hand
on them now. But we can do this: We will let
them live so we don't get blamed for breaking our

말했다. "우리는 그들을 살려 둘 것입니다. 다만 그들은 온 회중을 위해 장작 패는 자와 물 긷는 자로 살아갈 것입니다."
지도자들이 약속한 대로 되었다.
22-23 여호수아가 기브온 사람들을 불러 모아 말했다. "어째서 당신들은 우리 가까이 있는 이웃이면서 '우리는 아주 먼 곳에 삽니다'라는 말로 우리를 속였소? 그러니 당신들은 저주를 받아, 지금부터 막노동을 해야 할 것이오. 내 하나님의 집을 위해 장작 패는 자와 물 긷는 자가 될 것이오."
24-25 그들이 여호수아에게 대답했다. "하나님 당신의 하나님께서 그분의 종 모세를 통해 명령하신 말씀, 곧 온 땅을 당신들에게 주고 그 땅에 사는 사람들을 모두 멸하라고 하신 말씀을 우리가 똑똑히 들었습니다. 우리는 당신들 때문에 겁이 났습니다. 그래서 그렇게 했습니다. 그게 전부입니다. 이제 우리는 당신의 처분에 따르겠습니다. 당신이 옳다고 여기시는 대로 우리에게 행하십시오."
26-27 사정이 그렇게 된 것이었다. 여호수아는 이스라엘 백성이 그들을 죽이지 못하도록 보호했다. 그는 그들로 하여금 회중이 쓰고, 하나님이 택하신 곳에서 하나님의 제단에서 쓸 장작 패는 자와 물 긷는 자로 삼았다. 오늘까지도 그들은 그 일을 하고 있다.

여호수아가 기브온을 구하다

10 1-2 얼마 후 예루살렘 왕 아도니(나의 주)세덱은, 여호수아가 여리고와 그 왕에게 한 것처럼 아이를 취하여 아이와 그 왕을 거룩한 저주 아래 전멸시켰다는 소식을 들었다. 그는 또 기브온 사람들이 이스라엘과 조약을 맺고 이웃으로 살고 있다는 소식도 들었다. 그와 그의 백성은 크게 놀랐다. 기브온은 큰 성—왕이 있는 어느 성 못지않게 크고 아이보다도 큰성—이었고 그곳 사람들은 모두 노련한 전사들이었기 때문이다.
3-4 예루살렘 왕 아도니세덱은 헤브론 왕 호함, 야르뭇 왕 비람, 라기스 왕 야비아, 에글론 왕 드빌에게 전갈을 보냈다. "와서 나를 도와주시오. 우리가 함께 기브온을 칩시다. 그들이 여호수아와 이스라엘 백성과 동맹을 맺었소."
5 그래서 아모리 사람의 (서쪽) 다섯 왕—예루살렘 왕, 헤브론 왕, 야르뭇 왕, 라기스 왕, 에글론 왕—은 연합군을 결성하여 기브온을 치기 위해 나섰다.

promise." Then the leaders continued, "We'll let them live, but they will be woodcutters and water carriers for the entire congregation."
And that's what happened; the leaders' promise was kept.
22-23 But Joshua called the Gibeonites together and said, "Why did you lie to us, telling us, 'We live far, far away from you,' when you're our next-door neighbors? For that you are cursed. From now on it's menial labor for you—woodcutters and water carriers for the house of my God."
24-25 They answered Joshua, "We got the message loud and clear that GOD, your God, commanded through his servant Moses: to give you the whole country and destroy everyone living in it. We were terrified because of you; that's why we did this. That's it. We're at your mercy. Whatever you decide is right for us, do it."
26-27 And that's what they did. Joshua delivered them from the power of the People of Israel so they didn't kill them. But he made them woodcutters and water carriers for the congregation and for the Altar of GOD at the place GOD chooses. They still are.

The Five Kings

10 1-2 It wasn't long before My-Master-Zedek king of Jerusalem heard that Joshua had taken Ai and destroyed it and its king under a holy curse, just as he had done to Jericho and its king. He also learned that the people of Gibeon had come to terms with Israel and were living as neighbors. He and his people were alarmed: Gibeon was a big city—as big as any with a king and bigger than Ai—and all its men were seasoned fighters.
3-4 Adoni-Zedek king of Jerusalem sent word to Hoham king of Hebron, Piram king of Jarmuth, Japhia king of Lachish, and Debir king of Eglon: "Come and help me. Let's attack Gibeon; they've joined up with Joshua and the People of Israel."
5 So the five Amorite (Western) kings—the king of Jerusalem, the king of Hebron, the king of Jarmuth, the king of Lachish, and the king of Eglon—combined their armies and set out to attack Gibeon.
6 The men of Gibeon sent word to Joshua camped

6 기브온 사람들은 길갈의 진에 있는 여호수아에
게 전갈을 보냈다. "우리를 저버리지 마십시오!
속히 이리로 올라와서 우리를 구해 주십시오! 산
지에 사는 아모리 사람의 왕들이 힘을 합쳐 우리
를 공격하고 있습니다."
7-8 여호수아는 전군을 이끌고 길갈을 떠났다. 그
들 모두가 강한 군사들이었다! 하나님께서 그에
게 말씀하셨다. "머뭇거릴 것 없다. 내가 그들을
네 손아귀에 두었으니, 그들 중 누구도 네게 맞서
지 못할 것이다."
9-11 여호수아는 길갈에서 밤새도록 행군하여 기
습작전으로 그들을 쳤다. 하나님께서 이스라엘
앞에서 그들을 완전히 혼란에 빠뜨리셔서, 기브
온에서 큰 승리를 주셨다. 이스라엘은 벳호론으
로 가는 산등성이를 따라 아세가와 막게다까지
추격하며 그들과 싸웠다. 그들이 이스라엘 백성
에게서 달아나 벳호론 산등성이에서 아세가까지
비탈을 내려가는 동안, 하나님께서 하늘에서 큰
우박을 퍼부으셔서 많은 사람들이 죽었다. 이스
라엘 백성의 칼에 죽은 사람보다 우박에 맞아 죽
은 사람이 더 많았다.
12-13 하나님께서 아모리 사람을 이스라엘에게 넘
겨주시던 날, 여호수아가 온 이스라엘이 듣는 데
서 하나님께 아뢰었다.

"해야, 기브온 위에 멈추어라.
달아, 아얄론 골짜기 위에 머물러라."
그러자 그가 적들을 물리칠 때까지
해가 멈추었고
달이 꼼짝하지 않았다.

13-14 (야살의 책에도 이 일이 기록되어 있다.) 해
가 곧 중천에 멈추어 서서, 하루 종일 그 자리에
있었다. 그런 날은 전에도 없었고 이후로도 없었
다. 하나님께서 사람의 목소리를 들어주셨다! 참
으로 하나님께서 이스라엘을 위해 싸워 주셨다.
15 그 후에 여호수아는 온 이스라엘을 이끌고 길
갈의 진으로 돌아왔다.

16-17 한편, 다섯 왕은 막게다의 굴에 숨어 있었
다. 누군가 여호수아에게 "다섯 왕이 막게다 굴에
숨은 것을 알아냈습니다" 하고 전했다.
18-19 여호수아가 말했다. "큰 돌을 굴려 굴 입구
를 막고 호위병들을 세워 지켜라. 너희는 지체하
지 말고 적을 추격하여라. 퇴로를 차단하여, 그들

at Gilgal, "Don't let us down now! Come up here quickly! Save us! Help us! All the Amorite kings who live up in the hills have ganged up on us."
7-8 So Joshua set out from Gilgal, his whole army with him—all those tough soldiers! GOD told him, "Don't give them a second thought. I've put them under your thumb—not one of them will stand up to you."
9-11 Joshua marched all night from Gilgal and took them by total surprise. GOD threw them into total confusion before Israel, a major victory at Gibeon. Israel chased them along the ridge to Beth Horon and fought them all the way down to Azekah and Makkedah. As they ran from the People of Israel, down from the Beth Horon ridge and all the way to Azekah, GOD pitched huge stones on them out of the sky and many died. More died from the hailstones than the People of Israel killed with the sword.
12-13 The day GOD gave the Amorites up to Israel, Joshua spoke to GOD, with all Israel listening:

"Stop, Sun, over Gibeon;
Halt, Moon, over Aijalon Valley."
And Sun stopped,
Moon stood stock still
Until he defeated his enemies.

13-14 (You can find this written in the Book of Jashar.) The sun stopped in its tracks in mid sky; just sat there all day. There's never been a day like that before or since—GOD took orders from a human voice! Truly, GOD fought for Israel.
15 Then Joshua returned, all Israel with him, to the camp at Gilgal.

16-17 Meanwhile the five kings had hidden in the cave at Makkedah. Joshua was told, "The five kings have been found, hidden in the cave at Makkedah."
18-19 Joshua said, "Roll big stones against the mouth of the cave and post guards to keep watch. But don't you hang around—go after your enemies. Cut off their retreat. Don't let them back into their cities. GOD has given them to

이 자기들 성읍으로 다시 들어가지 못하게 하여
라. 하나님께서 그들을 너희에게 넘겨주셨다."
20-21 여호수아와 이스라엘 백성은 그들을 죽여
전멸시켰다. 겨우 몇 사람만 피하여 요새화된 성
읍들로 도망쳐 갔다. 온 군대가 무사히 진으로,
막게다의 여호수아에게로 돌아왔다. 그날 이스라
엘 백성 가운데서 어떤 비판의 소리도 들리지 않
았다!
22 그때 여호수아가 말했다. "굴 입구를 열고 다
섯 왕을 내게로 데려오너라."
23 그들은 명령대로 했다. 다섯 왕 곧 예루살렘
왕, 헤브론 왕, 야르뭇 왕, 라기스 왕, 에글론 왕
을 굴에서 끌어내어 그에게 데려왔다.
24 그들이 다섯 왕을 모두 여호수아 앞에 두자,
여호수아는 군대를 소집하여 자기와 함께했던 야
전 사령관들에게 말했다. "이리 나와서, 이 왕들
의 목을 발로 밟으시오."
그들이 다가가서 왕들의 목을 밟았다.
25 여호수아가 그들에게 말했다. "주저하거나 겁
내지 말고, 힘을 내시오! 담대하시오! 여러분이
싸우러 나갈 때마다 하나님께서 여러분의 모든
적들에게 이렇게 하실 것입니다."
26-27 그러고 나서 여호수아는 왕들을 쳐죽였다.
그는 다섯 개의 나무에 그들을 매달아 저녁때까
지 두었다. 해가 지자 여호수아가 명령을 내렸다.
사람들은 그들을 나무에서 내려 그들이 숨었던
굴 속에 던지고, 굴 입구를 큰 돌로 막았다. 그곳
은 오늘까지 그대로 남아 있다.

살아남은 자가 하나도 없었다

28 그날 여호수아는 막게다를 점령했는데, 왕까
지 죽이는 큰 살육이었다. 그가 거룩한 저주를 행
하니, 살아남은 자가 하나도 없었다. 막게다 왕도
여리고 왕이 당한 것과 똑같이 당했다.
29-30 여호수아는 온 이스라엘과 함께 막게다에서
립나로 이동하여 립나와 싸웠다. 하나님께서 립
나를 이스라엘에게 넘겨주셨다. 그들은 그 성읍
과 왕을 점령하고 모두 진멸했다. 살아남은 자가
하나도 없었다. 립나 왕도 여리고 왕이 당한 것과
똑같이 당했다.
31-32 여호수아는 온 이스라엘과 함께 립나에서
라기스로 이동했다. 그는 근처에 진을 치고 공격
했다. 하나님께서 라기스를 이스라엘에게 넘겨주
셨다. 이스라엘은 이틀 만에 그곳을 점령하고 사
람들을 모두 죽였다. 그는 립나에서 한 것과 똑같

you."
20-21 Joshua and the People of Israel then
finished them off, total devastation. Only a few
got away to the fortified towns. The whole army
then returned intact to the camp and to Joshua
at Makkedah. There was no criticism that day
from the People of Israel!
22 Then Joshua said, "Open the mouth of the
cave and bring me those five kings."
23 They did it. They brought him the five kings
from the cave: the king of Jerusalem, the king
of Hebron, the king of Jarmuth, the king of
Lachish, and the king of Eglon.
24 When they had them all there in front of
Joshua, he called up the army and told the field
commanders who had been with him, "Come
here. Put your feet on the necks of these kings."
They stepped up and put their feet on their
necks.
25 Joshua told them, "Don't hold back. Don't be
timid. Be strong! Be confident! This is what GOD
will do to all your enemies when you fight them."
26-27 Then Joshua struck and killed the kings. He
hung them on five trees where they remained
until evening. At sunset Joshua gave the com-
mand. They took them down from the trees and
threw them into the cave where they had hidden.
They put large stones at the mouth of the cave.
The kings are still in there.

No Survivors

28 That same day Joshua captured Makkedah, a
massacre that included the king. He carried out
the holy curse. No survivors. Makkedah's king
got the same treatment as Jericho's king.
29-30 Joshua, all Israel with him, moved on from
Makkedah to Libnah and fought against Libnah.
GOD gave Libnah to Israel. They captured city
and king and massacred the lot. No survivors.
Libnah's king got the same treatment as
Jericho's king.
31-32 Joshua, all Israel with him, moved on from
Libnah to Lachish. He set up camp nearby and
attacked. GOD gave Lachish to Israel. Israel took
it in two days and killed everyone. He carried out

이 거룩한 저주를 행했다.
33 게셀 왕 호람이 라기스를 도우려고 왔다. 여호수아는 그와 그의 군대를 쳐서 한 사람도 남기지 않았다. 살아남은 자가 하나도 없었다.
34-35 여호수아는 온 이스라엘과 함께 라기스에서 에글론으로 이동하여 그곳에 진을 치고 공격했다. 그들은 그곳을 점령하고 모든 사람을 죽여서, 라기스에서 한 것과 똑같이 거룩한 저주를 행했다.
36-37 여호수아는 온 이스라엘과 함께 에글론에서 헤브론으로 올라갔다. 그는 그곳을 공격하여 점령했다. 온 이스라엘이 왕과 마을과 백성을 치고 모든 사람을 죽였다. 에글론과 마찬가지로, 살아남은 자가 하나도 없었다. 그 성읍과 백성에게 거룩한 저주를 행했다.
38-39 그 후에, 여호수아는 온 이스라엘과 함께 드빌 쪽으로 돌아서 그곳을 공격했다. 그는 그 성읍과 왕과 마을들을 점령했다. 모든 사람을 죽였다. 모든 사람과 모든 것을 거룩한 저주 아래 두었다. 살아남은 자가 하나도 없었다. 드빌과 그 왕도, 헤브론과 그 왕과 립나와 그 왕이 당한 것과 똑같이 당했다.

40-42 여호수아는 산지, 사막, 작은 언덕, 산비탈 등 온 땅을 차지하고 그 땅의 모든 왕을 취했다. 그는 한 사람도 살려 두지 않았다. 하나님 이스라엘의 하나님께서 일찍이 명령하신 대로, 숨 쉬는 모든 것에 거룩한 저주를 행했다. 여호수아의 정복지는 가데스바네아에서 가사까지, 고센 전역에서 기브온까지 이르렀다. 여호수아가 단번의 출정으로 이 모든 왕과 그들의 땅을 차지할 수 있었던 것은, 하나님 이스라엘의 하나님께서 이스라엘을 위해 싸우셨기 때문이다.
43 그 후에 여호수아는 온 이스라엘과 함께 길갈의 진으로 돌아왔다.

11 1-3 하솔 왕 야빈이 이 소식을 듣고, 마돈 왕 요밥, 시므론 왕, 악삽 왕, 북쪽 *산지의 모든 왕, 긴네롯 남쪽 골짜기의 왕*, 서쪽 작은 언덕과 나봇도르의 왕, 동쪽과 서쪽의 가나안 사람, 아모리 사람과 헷 사람과 브리스 사람과 산지의 여부스 사람, 미스바 지방 헤르몬 산 아래 사는 히위 사람에게 전갈을 보냈다.

the holy curse, the same as with Libnah.
33 Horam, king of Gezer, arrived to help Lachish. Joshua attacked him and his army until there was nothing left of them. No survivors.
34-35 Joshua, all Israel with him, moved on from Lachish to Eglon. They set up camp and attacked. They captured it and killed everyone, carrying out the holy curse, the same as they had done with Lachish.
36-37 Joshua, all Israel with him, went up from Eglon to Hebron. He attacked and captured it. They killed everyone, including its king, its villages, and their people. No survivors, the same as with Eglon. They carried out the holy curse on city and people.
38-39 Then Joshua, all Israel with him, turned toward Debir and attacked it. He captured it, its king, and its villages. They killed everyone. They put everyone and everything under the holy curse. No survivors. Debir and its king got the same treatment as Hebron and its king, and Libnah and its king.

40-42 Joshua took the whole country: hills, desert, foothills, and mountain slopes, including all kings. He left no survivors. He carried out the holy curse on everything that breathed, just as GOD, the God of Israel, had commanded. Joshua's conquest stretched from Kadesh Barnea to Gaza and from the entire region of Goshen to Gibeon. Joshua took all these kings and their lands in a single campaign because GOD, the God of Israel, fought for Israel.
43 Then Joshua, all Israel with him, went back to the camp at Gilgal.

11 1-3 When Jabin king of Hazor heard of all this, he sent word to Jobab king of Madon; to the king of Shimron; to the king of Acshaph; to all the kings in the northern mountains; to the kings in the valley south of Kinnereth; to the kings in the western foothills and Naphoth Dor; to the Canaanites both east

4-5 그들은 모든 병력을 한데 모아 총력전을 벌였는데, 그 군사의 수가 바닷가의 모래알처럼 셀 수 없이 많았고, 말과 전차들은 말할 것도 없었다. 이 모든 왕이 이스라엘과 싸울 태세를 갖추고 메롬 물가에 모여서 함께 진을 쳤다.

6 하나님께서 여호수아에게 말씀하셨다. "그들 때문에 걱정할 것 없다. 내일 이맘때 내가 그들을 모두 이스라엘에게 넘겨주어 죽게 할 것이다. 너는 그들의 말 뒷발 힘줄을 끊고 전차들을 불태워 버려라."

7-9 여호수아는 온 군대를 이끌고 메롬 물가에서 그들을 기습공격했다. 하나님께서 그들을 이스라엘에게 넘겨주셨다. 이스라엘은 큰 시돈과 미스르봇마임까지, 동쪽으로는 미스바 골짜기까지 그들을 추격하며 공격했다. 살아남은 자가 하나도 없었다. 여호수아는 하나님께서 명령하신 대로 그들에게 행했다. 그들의 말 뒷발 힘줄을 끊고, 전차들을 불태워 버렸다.

10-11 그 후에 여호수아가 돌아와 하솔을 차지하고 그 왕을 죽였다. 일찍이 하솔은 그 모든 왕국의 우두머리였다. 이스라엘은 그곳 사람들을 모두 죽여 거룩한 저주를 행했다. 어디서든 단 한 명의 목숨도 살려 두지 않았다. 여호수아는 하솔을 불태워 버렸다.

12-14 여호수아는 그 모든 왕의 성읍들을 점령하고 그 왕들을 쳐죽였다. 하나님의 종 모세가 명령한 거룩한 저주 그대로였다. 그러나 이스라엘은 하솔을 제외한 산 위의 성읍들은 불사르지 않았다. 하솔은 여호수아가 불태워 버렸다. 이스라엘 백성은 그 성읍들에서 가축을 비롯한 전리품을 약탈해 가졌으나, 사람들은 모두 죽였다. 숨을 쉬는 사람은 하나도 살려 두지 않았다.

15 하나님께서 그 종 모세에게 명령하신 대로, 모세는 여호수아에게 명령했고 여호수아는 그 명령대로 행했다. 하나님께서 모세에게 명령하신 것 가운데 여호수아가 행하지 않은 것은 하나도 없었다.

16-20 여호수아는 산지, 남쪽 사막, 고센 전역, 작은 언덕, 골짜기(아라바), 이스라엘 산지와 거기에 딸린 작은 언덕까지 온 땅을 차지했다. 세일 지방에 우뚝 솟은 할락 산에서부터 헤르몬 산 아래 레바논 골짜기의 바알갓까지, 그 땅의 모든 왕을 잡아서 죽였다. 여호수아는 이 왕들과 오랫

and west; to the Amorites, Hittites, Perizzites, and Jebusites in the hill country; and to the Hivites below Hermon in the region of Mizpah.

4-5 They came out in full force, all their troops massed together—a huge army, in number like sand on an ocean beach—to say nothing of all the horses and chariots. All these kings met and set up camp together at the Waters of Merom, ready to fight against Israel.

6 GOD said to Joshua: "Don't worry about them. This time tomorrow I'll hand them over to Israel, all dead. You'll hamstring their horses. You'll set fire to their chariots."

7-9 Joshua, his entire army with him, took them by surprise, falling on them at the Waters of Merom. GOD gave them to Israel, who struck and chased them all the way to Greater Sidon, to Misrephoth Maim, and then to the Valley of Mizpah on the east. No survivors. Joshua treated them following GOD's instructions: he hamstrung their horses; he burned up their chariots.

10-11 Then Joshua came back and took Hazor, killing its king. Early on Hazor had been head of all these kingdoms. They killed every person there, carrying out the holy curse—not a breath of life left anywhere. Then he burned down Hazor.

12-14 Joshua captured and massacred all the royal towns with their kings, the holy curse commanded by Moses the servant of GOD. But Israel didn't burn the cities that were built on mounds, except for Hazor—Joshua did burn down Hazor. The People of Israel plundered all the loot, including the cattle, from these towns for themselves. But they killed the people—total destruction. They left nothing human that breathed.

15 Just as GOD commanded his servant Moses, so Moses commanded Joshua, and Joshua did it. He didn't leave incomplete one thing that GOD had commanded Moses.

16-20 Joshua took the whole country: the mountains, the southern desert, all of Goshen, the foothills, the valley (the Arabah), and the Israel mountains with their foothills, from Mount Halak, which towers

동안 싸웠다. 기브온에 사는 히위 사람 외에는 이스라엘 백성과 화친한 성읍이 하나도 없었다. 나머지 모든 성읍은 이스라엘이 싸워서 차지했다. 그들이 고집스럽게 이스라엘과 싸운 것은, 그들을 불쌍히 여기지 않고 거룩한 저주 아래 두시려는 하나님의 의도였다. 이렇게 여호수아는 하나님께서 모세에게 명령하신 대로 그들을 전멸시킬 수 있었다.

21-22 그때에 여호수아가 또 나가서, 산지와 헤브론, 드빌, 아납, 유다 산지, 이스라엘 산지에서 아낙 사람을 전멸시켰다. 여호수아는 그들과 그 성들에 거룩한 저주를 행했다. 이스라엘 백성의 땅에는 아낙 사람이 하나도 남지 않았다. 다만 가사와 가드와 아스돗에만 조금 남아 있었다.

23 여호수아는 온 지역을 차지했다. 그는 하나님께서 모세에게 말씀하신 모든 것을 행했다. 그리고 그 땅을 지파별로 이스라엘에게 유산으로 나누어 주었다.

마침내 이스라엘이 전쟁에서 벗어나 쉼을 얻었다.

이스라엘이 물리친 왕들

12 1 이스라엘 백성은 아르논 협곡에서 헤르몬 산에 이르는 요단 강 동쪽 땅과 아라바 골짜기 동쪽 땅을 차지했다. 그 땅을 다스리던 왕들은 이러하다.

2-3 헤스본에서 다스리던 아모리 왕 시혼. 그는 아르논 협곡 끝에 있는 아로엘에서부터 협곡 가운데와 길르앗 절반 이상을 지나 암몬 사람의 경계인 얍복 강 협곡까지 다스렸다. 아라바 골짜기 동쪽 방면의 긴네렛 바다부터 아라바 바다(소금 바다)까지도 그의 영토였는데, 동쪽으로는 벳여시못, 남쪽으로는 비스가 산기슭에 이르렀다.

4-5 르바 사람의 마지막 후손 중 하나로, 아스다롯과 에드레이에서 다스리던 바산 왕 옥. *그는 헤르몬 산과 살르가에서* 바산 전역을 지나 그술 사람과 마아가 사람의 경계까지(길르앗의 남은 절반)와 헤스본 왕 시혼의 경계까지 다스렸다.

6 하나님의 종 모세와 이스라엘 백성이 그

over the region of Seir, all the way to Baal Gad in the Valley of Lebanon in the shadows of Mount Hermon. He captured their kings and then killed them. Joshua fought against these kings for a long time. Not one town made peace with the People of Israel, with the one exception of the Hivites who lived in Gibeon. Israel fought and took all the rest. It was GOD's idea that they all would stubbornly fight the Israelites so he could put them under the holy curse without mercy. That way he could destroy them just as GOD had commanded Moses.

21-22 Joshua came out at that time also to root out the Anakim from the hills, from Hebron, from Debir, from Anab, from the mountains of Judah, from the mountains of Israel. Joshua carried out the holy curse on them and their cities. No Anakim were left in the land of the People of Israel, except in Gaza, Gath, and Ashdod–there were a few left there.

23 Joshua took the whole region. He did everything that GOD had told Moses. Then he parceled it out as an inheritance to Israel according to their tribes.

And Israel had rest from war.

The Defeated Kings

12 1 These are the kings that the People of Israel defeated and whose land they took on the east of the Jordan, from the Arnon Gorge to Mount Hermon, with the whole eastern side of the Arabah Valley.

2-3 Sihon king of the Amorites, who reigned from Heshbon: His rule extended from Aroer, which sits at the edge of the Arnon Gorge, from the middle of the gorge and over half of Gilead to the Gorge of the Jabbok River, which is the border of the Ammonites. His rule included the eastern Arabah Valley from the Sea of Kinnereth to the Arabah Sea (the Salt Sea), eastward toward Beth Jeshimoth and southward to the slopes of Pisgah.

4-5 And Og king of Bashan, one of the last of the Rephaim who reigned from Ashtaroth and Edrei: His rule extended from Mount Hermon and Salecah over the whole of Bashan to the border of the Geshurites and the Maacathites (the other half of Gilead) to the border of Sihon king of Heshbon.

들을 물리쳤다. 하나님의 종 모세는 이 땅을 르우벤 지파, 갓 지파, 므낫세 반쪽 지파에게 유산으로 나누어 주었다.

6 Moses the servant of GOD and the People of Israel defeated them. And Moses the servant of GOD gave this land as an inheritance to the Reubenites, the Gadites, and half of the tribe of Manasseh.

7-24 여호수아와 이스라엘 백성이 요단 강 서쪽 레바논 골짜기의 바알갓에서부터 남쪽으로 세일에 우뚝 솟은 할락 산까지의 땅에서 물리친 왕들은 이러하다. 여호수아는 이 땅을 이스라엘 지파들에게 구획별로 나누어 주어 그들의 소유가 되게 했다. 그 땅은 산지, 서쪽의 작은 언덕, 아라바 골짜기, 비탈, 광야, 네겝 사막의 땅(헷 사람, 아모리 사람, 가나안 사람, 브리스 사람, 히위 사람, 여부스 사람이 살던 땅)이었다. 그 왕들은 다음과 같다.

7-24 And these are the kings of the land that Joshua and the People of Israel defeated in the country west of the Jordan, from Baal Gad in the Valley of Lebanon south to Mount Halak, which towers over Seir. Joshua gave this land to the tribes of Israel as a possession, according to their divisions: lands in the mountains, the western foothills, and the Arabah Valley, on the slopes, and in the wilderness and the Negev desert (lands on which Hittites, Amorites and Canaanites, Perizzites, Hivites, and Jebusites had lived). The kings were:

여리고 왕	The king of Jericho	one
(베델 근처) 아이 왕	The king of Ai (near Bethel)	one
예루살렘 왕	The king of Jerusalem	one
헤브론 왕	The king of Hebron	one
야르뭇 왕	The king of Jarmuth	one
라기스 왕	The king of Lachish	one
에글론 왕	The king of Eglon	one
게셀 왕	The king of Gezer	one
드빌 왕	The king of Debir	one
게델 왕	The king of Geder	one
호르마 왕	The king of Hormah	one
아랏 왕	The king of Arad	one
립나 왕	The king of Libnah	one
아둘람 왕	The king of Adullam	one
막게다 왕	The king of Makkedah	one
베델 왕	The king of Bethel	one
답부아 왕	The king of Tappuah	one
헤벨 왕	The king of Hepher	one
아벡 왕	The king of Aphek	one
랏사론 왕	The king of Lasharon	one
마돈 왕	The king of Madon	one
하솔 왕	The king of Hazor	one
시므론므론 왕	The king of Shimron Meron	one
악삽 왕	The king of Acshaph	one
다아낙 왕	The king of Taanach	one
므깃도 왕	The king of Megiddo	one
게데스 왕	The king of Kedesh	one
갈멜의 욕느암 왕	The king of Jokneam in Carmel	one

도르(나봇도르) 왕
길갈의 고임 왕
디르사 왕.

왕의 수는 모두 서른한 명이었다.

유산으로 받은 땅

13 [1-6] 여호수아가 나이가 들자, 하나님께서 그에게 말씀하셨다. "네가 강건하게 오래 살았으나, 아직 차지해야 할 땅이 많이 남아 있다. 남은 땅은 이러하다.
블레셋 사람과 그술 사람의 모든 지역
이집트 동쪽 시홀 강에서부터 가나안 사람의 땅인 북쪽 에그론 경계까지의 땅(가사, 아스돗, 아스글론, 가드, 에그론에는 블레셋의 다섯 군주가 있었다), 그리고 남쪽 아위 사람의 땅
(시돈 사람에게 속한) 아라에서부터 아모리 사람의 경계인 아벡에 이르는 가나안 사람의 모든 땅
그발 사람의 땅
헤르몬 산 아래 바알갓에서부터 하맛 입구에 이르는 동쪽 레바논 전역
레바논에서부터 미스르봇마임에 이르는 산지에 사는 모든 사람
시돈 모든 사람.

[6-7] 내가 직접 그들을 이스라엘 백성 앞에서 쫓아낼 것이다. 너는 내가 지시한 대로, 이 땅을 이스라엘에게 유산으로 나누어 주기만 하면 된다. 너는 지금 이 땅을 아홉 지파와 므낫세 반쪽 지파에게 유산으로 나누어 주어라."

요단 강 동쪽의 땅

[8] 므낫세 지파의 다른 반쪽은 르우벤 지파, 갓 지파와 함께 이미 요단 강 건너편 동쪽 땅을 모세에게 유산으로 받았다. 하나님의 종 모세가 그 땅을 그들에게 주었다.
[9-13] 그 땅은 아르논 협곡 끝에 있는 아로엘과 골짜기 가운데 있는 성읍에서 시작하여, 디본까지 뻗은 메드바 고원 전역과 헤스본에서 다스리던 아모리 왕 시혼의 모든 성읍을 지나 암몬 사람의 경계까지 이르렀다. 또한 길르앗과 그술 사람과 마아갓 사람의 땅, 헤르몬 산 전역, 살르가까지 뻗은 바산 전 지역, 곧 아스다롯과 에드레이에서 다스리던 바산 왕 옥의 온

The king of Dor (Naphoth Dor)	one
The king of Goyim in Gilgal	one
The king of Tirzah	one

A total of thirty-one kings.

The Receiving of the Land

13 [1-6] When Joshua had reached a venerable age, GOD said to him, "You've had a good, long life, but there is a lot of land still to be taken. This is the land that remains:
all the districts of the Philistines and Geshurites;
the land from the Shihor River east of Egypt to the border of Ekron up north, Canaanite country (there were five Philistine tyrants—in Gaza, in Ashdod, in Ashkelon, in Gath, in Ekron); also the Avvim from the south;
all the Canaanite land from Arah (belonging to the Sidonians) to Aphek at the Amorite border;
the country of the Gebalites;
all Lebanon eastward from Baal Gad in the shadow of Mount Hermon to the Entrance of Hamath;
all who live in the mountains, from Lebanon to Misrephoth Maim;
all the Sidonians.

[6-7] "I myself will drive them out before the People of Israel. All you have to do is allot this land to Israel as an inheritance, as I have instructed you. Do it now: Allot this land as an inheritance to the nine tribes and the half-tribe of Manasseh."

Land East of the Jordan

[8] The other half-tribe of Manasseh, with the Reubenites and Gadites, had been given their inheritance by Moses on the other side of the Jordan eastward. Moses the servant of GOD gave it to them.
[9-13] This land extended from Aroer at the edge of the Arnon Gorge and the city in the middle of the valley, taking in the entire tableland of Medeba as far as Dibon, and all the towns of Sihon king of the Amorites, who ruled from Heshbon, and out to the border of the Ammonites. It also included Gilead, the country of the people of Geshur and Maacah, all of Mount Hermon, and all Bashan as

나라가 그 땅에 포함되었다. 옥은 르바 사람의 마지막 생존자 가운데 하나였다. 모세는 그들을 물리치고 땅을 차지했다. 이스라엘 백성이 그술 사람과 마아갓 사람을 쫓아내지 못했기 때문에, 그들이 오늘까지 이스라엘 가운데 살고 있다.

14 레위 지파만은 유산을 받지 않았다. 하나님께서 말씀하신 대로, 하나님 이스라엘의 하나님께 드리는 불살라 바치는 제물이 그들의 유산이기 때문이다.

르우벤 지파가 받은 땅

15-22 르우벤 지파에게 모세가 가문별로 나눠 준 땅은 이러하다.

아르논 협곡 끝에 있는 아로엘에서부터 골짜기 가운데 있는 성읍까지의 땅과 메드바 주변의 고원지대

헤스본과 그 고원에 있는 모든 성읍(디본, 바못바알, 벳바알므온, 야하스, 그데못, 메바앗, 기랴다임, 십마, 골짜기 산에 있는 세렛사할, 벳브올, 비스가 기슭, 벳여시못)

고원지대에 있는 모든 성과 헤스본에서 다스리던 아모리 왕 시혼의 온 나라. 모세는 시혼뿐 아니라 그 땅에 살던 미디안의 귀족들 곧 에위, 레겜, 수르, 훌, 레바를 죽였는데, 그들은 모두 시혼의 꼭두각시였다. (전쟁중에 죽은 이들 외에, 브올의 아들인 점술가 발람도 이스라엘 백성에게 죽임을 당했다.)

23 르우벤 지파의 경계는 요단 강가였다. 이것이 르우벤 지파가 가문에 따라 유산으로 받은 마을과 성읍들이다.

갓 지파가 받은 땅

24-27 갓 지파에게 모세가 가문별로 나눠 준 땅은 이러하다.

야스엘 지역, 길르앗의 모든 성읍, 랍바 앞 아로엘에 이르는 암몬 사람의 땅 절반

헤스본에서 라맛미스바와 브도님까지, 마하나임에서 드빌 지역에 이르는 땅

골짜기에 있는 벳하람과 벳니므라와 숙곳과 사본, 헤스본 왕 시혼의 나라의 남은 땅(북쪽 긴네렛 바다의 끝에 이르는 요단 강 동쪽).

28 이것이 갓 지파가 가문에 따라 유산으로 받

far as Salecah–the whole kingdom of Og in Bashan, who reigned in Ashtaroth and Edrei. He was one of the last survivors of the Rephaim. Moses had defeated them and taken their land. The People of Israel never did drive out the Geshurites and the Maacathites–they're still there, living in Israel.

14 Levi was the only tribe that did not receive an inheritance. The Fire-Gift-Offerings to GOD, the God of Israel, are their inheritance, just as he told them.

Reuben

15-22 To the tribe of Reuben, clan by clan, Moses gave: the land from Aroer at the edge of the Arnon Gorge and the town in the middle of the valley, including the tableland around Medeba;

Heshbon on the tableland with all its towns (Dibon, Bamoth Baal, Beth Baal Meon, Jahaz, Kedemoth, Mephaath, Kiriathaim, Sibmah, Zereth Shahar on Valley Mountain, Beth Peor, the slopes of Pisgah, Beth Jeshimoth);

and all the cities of the tableland, the whole kingdom of Sihon king of the Amorites, who ruled at Heshbon, whom Moses put to death along with the princes of Midian: Evi, Rekem, Zur, Hur, and Reba, who lived in that country, all puppets of Sihon. (In addition to those killed in battle, Balaam son of Beor, the soothsayer, was put to death by the People of Israel.)

23 The boundary for the Reubenites was the bank of the Jordan River. This was the inheritance of the Reubenites, their villages and cities, according to their clans.

Gad

24-27 To the tribe of Gad, clan by clan, Moses gave: the territory of Jazer and all the towns of Gilead and half the Ammonite country as far as Aroer near Rabbah;

the land from Heshbon to Ramath Mizpah and Betonim, and from Mahanaim to the region of Debir;

in the valley: Beth Haram, Beth Nimrah, Succoth, and Zaphon, with the rest of the kingdom of Sihon king of Heshbon (the east side of the Jordan, north to the end of the Sea of Kinnereth).

28 This was the inheritance of the Gadites, their

은 성읍과 마을들이다.

므낫세 반쪽 지파가 받은 땅

29-31 므낫세 반쪽 지파에게 모세가 가문별로 나눠 준 땅은 이러하다.
마하나임에서 뻗어 있는 땅
바산 왕 옥의 온 나라 영토인 바산 전역, 바산에 있는 야일의 정착지 전부인 예순 개의 성읍
길르앗의 절반과 바산 왕 옥의 도성인 아스다롯과 에드레이는 므낫세의 아들 마길의 후손(곧 마길 자손의 반쪽)에게 가문별로 돌아갔다.

32-33 이것이 모세가 여리고 동쪽 요단 강 건너편 모압 평지에 있을 때 유산으로 나눠 준 땅이다. 그러나 모세는 레위 지파에게는 유산을 주지 않았다. 하나님께서 말씀하신 대로, 하나님 이스라엘의 하나님이 그들의 유산이기 때문이다.

요단 강 서쪽의 땅

14 1-2 이스라엘 백성이 가나안 땅에서 받은 유산은 다음과 같이 분배되었다. 제사장 엘르아살과 눈의 아들 여호수아와 가문의 우두머리들이 분배하는 일을 맡았는데, 하나님께서 모세에게 명령하신 대로, 제비를 뽑아 아홉 지파와 반쪽 지파에게 각각의 유산을 나누어 주었다.

3-4 모세가 이미 요단 강 동쪽에서 두 지파와 반쪽 지파에게 유산을 주었지만, 레위 지파에게는 다른 지파들에게 한 것처럼 유산을 나누어 주지 않았다. 요셉 자손이 므낫세와 에브라임 두 지파가 되었기 때문이다. 그러나 그들에게도 거주할 성읍들과 양과 소를 먹일 목초지는 주었다.

5 이스라엘 백성은 하나님께서 모세에게 명령하신 그대로, 그 땅을 나누었다.

갈렙이 헤브론을 유산으로 받다

6-12 유다 자손이 길갈에 있는 여호수아에게 나아왔다. 그니스 사람 여분네의 아들 갈렙이 말했다. "전에 하나님께서 가데스바네아에서 하나님의 사람 모세에게 그대와 나에 대해서 한 말을 그대도 기억할 것입니다. 하나님의 종 모세가 이 땅을 정탐하라고 가데스바네아에서 나를 보낼 때 내 나이 마흔이었습니다. 그때 나는

cities and villages, clan by clan.

Half-Tribe of Manasseh

29-31 To the half-tribe of Manasseh, clan by clan, Moses gave:
the land stretching out from Mahanaim;
all of Bashan, which is the entire kingdom of Og king of Bashan, and all the settlements of Jair in Bashan—sixty towns in all.
Half of Gilead with Ashtaroth and Edrei, the royal cities of Og in Bashan, belong to the descendants of Makir, a son of Manasseh (in other words, the half-tribe of the children of Makir) for their clans.

32-33 This is the inheritance that Moses gave out when he was on the plains of Moab across the Jordan east of Jericho. But Moses gave no inheritance to the tribe of Levi. GOD, the God of Israel, is their inheritance, just as he told them.

Land West of the Jordan

14 1-2 Here are the inheritance allotments that the People of Israel received in the land of Canaan. Eleazar the priest, Joshua son of Nun, and the heads of the family clans made the allotments. Each inheritance was assigned by lot to the nine and a half tribes, just as GOD had commanded Moses.

3-4 Moses had given the two and a half tribes their inheritance east of the Jordan, but hadn't given an inheritance to the Levites, as he had to the others. Because the sons of Joseph had become two tribes, Manasseh and Ephraim, they gave no allotment to the Levites; but they did give them cities to live in with pasture rights for their flocks and herds.

5 The People of Israel followed through exactly as GOD had commanded Moses. They apportioned the land.

Caleb

6-12 The people of Judah came to Joshua at Gilgal. Caleb son of Jephunneh the Kenizzite spoke: "You'll remember what GOD said to Moses the man of God concerning you and me back at Kadesh Barnea. I was forty years old when Moses the servant of GOD sent me from Kadesh Barnea to spy out the land.

돌아와서 정직하고 정확하게 보고했습니다. 나와 함께 갔던 동료들은 백성을 낙담케 했으나, 나는 한 발도 물러서지 않고 하나님 나의 하나님과 온전히 함께했습니다. 바로 그날 모세는 엄숙히 약속하며 '네가 발로 밟은 땅은 네 유산이 될 것이다. 영원히 너와 네 자손의 유산이 될 것이다. 네가 온전히 하나님을 위해 살았기 때문이다' 하고 말했습니다. 이제 보십시오. 하나님께서는 약속하신 대로, 오늘까지 나를 살게 하셨습니다. 하나님께서 모세에게 그 말씀을 하신 지 어느새 마흔다섯 해가 지났습니다. 이스라엘이 광야를 방황한 세월입니다. 그리고 지금 나는 여든다섯의 나이로 여기 있습니다! 지금도 나는 모세가 정탐 보내던 날과 마찬가지로 힘이 넘치고, 전쟁에 들고 나는 기력 또한 여느 때 못지않습니다. 그러니 하나님께서 내게 약속하신 대로 이 산지를 내게 주십시오. 그대도 직접 보고를 받아서 아는 것처럼, 그곳에는 아낙 자손이 있고 요새화된 큰 성읍들이 있습니다. 그러나 하나님께서 나와 함께하시면, 하나님께서 말씀하신 대로 내가 그들을 쫓아내겠습니다."

13-14 여호수아가 갈렙을 축복했다. 그는 여분네의 아들 갈렙에게 헤브론을 유산으로 주었다. 헤브론은 오늘까지 그니스 사람 여분네의 아들 갈렙의 소유로 되어 있다. 그가 하나님 이스라엘의 하나님께 온전히 자신을 드렸기 때문이다.

15 헤브론의 옛 이름은 기럇아르바였는데, 아낙 사람 가운데서 가장 위대한 인물인 아르바의 이름을 딴 것이다.

그 땅이 전쟁에서 벗어나 쉼을 얻었다.

유다 지파가 받은 땅

15 1 유다 자손이 가문별로 제비 뽑아 받은 땅은, 남쪽으로 에돔 경계까지이며 남쪽 끝 신 광야에까지 이른다.

2-4 남쪽 경계는 소금 바다 끝 혀 모양의 남단에서 시작하여 전갈 고개에서 남쪽으로 내려가 신을 돌아 가데스바네아 바로 남쪽에 이르고, 헤스론을 지나 앗달로 올라가다가 구부러져 갈가에 이른다. 거기서 다시 아스몬까지 이어지다 이집트 시내로 나아가 바다에서 끝난다. 이것이 남쪽 경계다.

5-11 동쪽 경계는 위로 요단 강이 끝나는 지점에

And I brought back an honest and accurate report. My companions who went with me discouraged the people, but I stuck to my guns, totally with GOD, my God. That was the day that Moses solemnly promised, 'The land on which your feet have walked will be your inheritance, you and your children's, forever. Yes, you have lived totally for GOD.' Now look at me: GOD has kept me alive, as he promised. It is now forty-five years since GOD spoke this word to Moses, years in which Israel wandered in the wilderness. And here I am today, eighty-five years old! I'm as strong as I was the day Moses sent me out. I'm as strong as ever in battle, whether coming or going. So give me this hill country that GOD promised me. You yourself heard the report, that the Anakim were there with their great fortress cities. If GOD goes with me, I will drive them out, just as GOD said."

13-14 Joshua blessed him. He gave Hebron to Caleb son of Jephunneh as an inheritance. Hebron belongs to Caleb son of Jephunneh the Kenizzite still today, because he gave himself totally to GOD, the God of Israel.

15 The name of Hebron used to be Kiriath Arba, named after Arba, the greatest man among the Anakim.

And the land had rest from war.

Judah

15 1 The lot for the people of Judah, their clans, extended south to the border of Edom, to the wilderness of Zin in the extreme south.

2-4 The southern border ran from the tip of the Salt Sea south of The Tongue; it ran southward from Scorpions Pass, went around Zin and just south of Kadesh Barnea; then it ran past Hezron, ascended to Addar, and curved around to Karka; from there it passed along to Azmon, came out at the Brook of Egypt, ending at the Sea. This is the southern boundary.

5-11 The eastern boundary: the Salt Sea up to the mouth of the Jordan.

The northern boundary started at the shallows of the Sea at the mouth of the Jordan, went up to Beth Hoglah and around to the north of Beth Arabah and

이르는 소금 바다다.
북쪽 경계는 요단 강이 끝나는 소금 바다 여울 목에서 시작하여 벳호글라로 올라가서 벳아라바 북쪽으로 돌아 르우벤 자손 보한의 돌에 이른다. 그 경계는 다시 괴로움의 골짜기에서 드빌로 올라간 후에 북쪽으로 방향을 틀어 골짜기 남쪽 붉은 고갯길 맞은편에 있는 길갈에 이르고, 엔세메스 물을 따라가다 엔로겔에서 끝난다. 거기서 다시 여부스 등성이 (곧 예루살렘) 남쪽 비탈을 따라 난 벤힌놈 골짜기를 따라가다가 서쪽으로 르바임 골짜기 북단인 힌놈 골짜기 맞은편에 있는 산꼭대기로 올라간다. 다시 경계는 산꼭대기에서 돌아 넵도아 샘물 근원에 이르고 골짜기를 따라 에브론 산으로 나와서 바알라(곧 기럇여아림) 쪽으로 돌다가, 바알라 서쪽에서 다시 세일 산으로 돌아 구부러져 여아림 산(곧 그살론)의 북쪽 어깨에 이르고, 벳세메스로 내려가 딤나로 건너간다. 거기서 다시 북쪽으로 에그론 등성이까지 가서 식그론 쪽으로 돌아 바알라 산까지 계속 이어지다가 얍느엘로 나와서 바다에서 끝난다.
12 서쪽 경계는 큰 바다 해안이다.
이것이 유다 자손이 가문별로 받은 땅의 사방 경계다.

13 여호수아는 하나님께서 명령하신 대로 유다 자손의 유산 가운데서 한 부분을 여분네의 아들 갈렙에게 주었다. 그는 갈렙에게 기럇아르바, 곧 헤브론을 주었다. 아르바는 아낙 사람의 조상이다.
14-15 갈렙은 헤브론에서 세 명의 아낙 사람 곧 세새, 아히만, 달매를 몰아냈는데, 그들은 모두 아낙의 후손이다. 그는 거기서 위로 진격하여 드빌 사람들을 쳤다. 드빌의 옛 이름은 기럇세벨이다.
16-17 갈렙은 "누구든지 기럇세벨을 공격하여 점령하는 사람에게는, 내 딸 악사를 아내로 주겠다"고 말했다. 갈렙의 동생 그나스의 아들 옷니엘이 그곳을 점령했다. 그래서 갈렙은 자기 딸 악사를 그에게 아내로 주었다.

18-19 악사가 도착해서 옷니엘을 시켜
자기 아버지에게 밭을 청하게 했다.
악사가 나귀에서 내리자 갈렙이 물었다.
"무엇을 원하느냐?"

to the Stone of Bohan son of Reuben. The border then ascended to Debir from Trouble Valley and turned north toward Gilgal, which lies opposite Red Pass, just south of the gorge. The border then followed the Waters of En Shemesh and ended at En Rogel. The border followed the Valley of Ben Hinnom along the southern slope of the Jebusite ridge (that is, Jerusalem). It ascended to the top of the mountain opposite Hinnom Valley on the west, at the northern end of Rephaim Valley; the border then took a turn at the top of the mountain to the spring, the Waters of Nephtoah, and followed the valley out to Mount Ephron, turned toward Baalah (that is, Kiriath Jearim), took another turn west of Baalah to Mount Seir, curved around to the northern shoulder of Mount Jearim (that is, Kesalon), descended to Beth Shemesh, and crossed to Timnah. The border then went north to the ridge of Ekron, turned toward Shikkeron, passed along to Mount Baalah, and came out at Jabneel. The border ended at the Sea.
12 The western border: the coastline of the Great Sea.
This is the boundary around the people of Judah for their clans.

13 Joshua gave Caleb son of Jephunneh a section among the people of Judah, according to GOD's command. He gave him Kiriath Arba, that is, Hebron. Arba was the ancestor of Anak.
14-15 Caleb drove out three Anakim from Hebron: Sheshai, Ahiman, and Talmai, all descendants of Anak. He marched up from there against the people of Debir. Debir used to be called Kiriath Sepher.
16-17 Caleb said, "Whoever attacks Kiriath Sepher and takes it, I'll give my daughter Acsah to him as his wife." Othniel son of Kenaz, Caleb's brother, took it; so Caleb gave him his daughter Acsah as his wife.

18-19 When she arrived she got him
to ask for farmland from her father.
As she dismounted from her donkey
Caleb asked her, "What would you like?"

악사가 대답했다. "제게 결혼 예물을 주십시오.
아버지께서 제게 사막의 땅을 주셨으니,
이제 샘물도 주십시오!"
그래서 갈렙은 윗샘과 아랫샘을 딸에게 주었다.

❦

20-32 유다 자손의 지파가 가문별로 받은 유산은 이러하다.
네겝에 있는 유다 지파의 남쪽 성읍들은 에돔 경계에 인접해 있었다.

갑스엘, 에델, 야굴
기나, 디모나, 아다다
게데스, 하솔, 잇난
십, 델렘, 브알룻
하솔하닷다, 그리옷헤스론(곧 하솔)
아맘, 세마, 몰라다
하살갓다, 헤스몬, 벳벨렛
하살수알, 브엘세바, 비스요댜
바알라, 이임, 에셈
엘돌랏, 그실, 호르마
시글락, 맛만나, 산산나
르바옷, 실힘, 아인, 림몬 등
모두 스물아홉 성읍과 그 주변 마을들이다.

33-47 세벨라(서쪽 작은 언덕)에는
에스다올, 소라, 아스나
사노아, 엔간님, 답부아, 에남
야르뭇, 아둘람, 소고, 아세가
사아라임, 아디다임, 그데라(또는 그데로다임) 등
열네 성읍과 그 주변 마을들
스난, 하다사, 믹달갓
딜르안, 미스바, 욕드엘
라기스, 보스갓, 에글론
갑본, 라맘, 기들리스
그데롯, 벳다곤, 나아마, 막게다 등
열여섯 성읍과 그 주변 마을들
립나, 에델, 아산
입다, 아스나, 느십
그일라, 악십, 마레사 등
아홉 성읍과 그 주변 마을들
에그론과 그 성읍과 주변 마을들

She said, "Give me a marriage gift.
You've given me desert land;
Now give me pools of water!"
And he gave her the upper and the lower pools.

❦

20-32 This is the inheritance of the tribe of the people of Judah, clan by clan.
The southern towns of the tribe of Judah in the Negev were near the boundary of Edom:

Kabzeel, Eder, Jagur,
Kinah, Dimonah, Adadah,
Kedesh, Hazor, Ithnan,
Ziph, Telem, Bealoth,
Hazor Hadattah, Kerioth Hezron (that is, Hazor),
Amam, Shema, Moladah,
Hazar Gaddah, Heshmon, Beth Pelet,
Hazar Shual, Beersheba, Biziothiah,
Baalah, Iim, Ezem,
Eltolad, Kesil, Hormah,
Ziklag, Madmannah, Sansannah,
Lebaoth, Shilhim, Ain, and Rimmon—
a total of twenty-nine towns and their villages.

33-47 In the Shephelah (the western foothills) there were:
Eshtaol, Zorah, Ashnah,
Zanoah, En Gannim, Tappuah, Enam,
Jarmuth, Adullam, Socoh, Azekah,
Shaaraim, Adithaim, and Gederah (or Gederothaim)—
fourteen towns and their villages.
Zenan, Hadashah, Migdal Gad,
Dilean, Mizpah, Joktheel,
Lachish, Bozkath, Eglon,
Cabbon, Lahmas, Kitlish,
Gederoth, Beth Dagon, Naamah, and Makkedah—
sixteen towns and their villages.
Libnah, Ether, Ashan,
Iphtah, Ashnah, Nezib,
Keilah, Aczib, and Mareshah—
nine towns and their villages.
Ekron with its towns and villages;
From Ekron, west to the sea, all that bordered

에그론에서 서쪽으로 바다까지 아스돗과 경
계한 모든 곳과 그 주변 마을들
아스돗과 그 성읍과 주변 마을들
이집트 시내에 이르기까지 가사와 그 성읍과
주변 마을들이다.
서쪽 경계는 큰 바다다.

48-60 산지에는
사밀, 얏딜, 소고
단나, 기럇산나(곧 드빌)
아납, 에스드모, 아님
고센, 홀론, 길로 등
열한 성읍과 그 주변 마을들
아랍, 두마, 에산
야님, 벳답부아, 아베가
훔다, 기럇아르바(곧 헤브론), 시올 등
아홉 성읍과 그 주변 마을들
마온, 갈멜, 십, 윳다
이스르엘, 욕드암, 사노아
가인, 기브아, 딤나 등
열 성읍과 그 주변 마을들
할훌, 벳술, 그돌
마아랏, 벳아놋, 엘드곤 등
여섯 성읍과 그 주변 마을들
기럇바알(곧 기럇여아림), 랍바 등
두 성읍과 그 주변 마을들이다.

61-62 광야에는
벳아라바, 밋딘, 스가가
닙산, 소금 성읍, 엔게디 등
여섯 성읍과 그 주변 마을들이다.

63 유다 자손은 예루살렘에 살고 있던 여부스
사람을 쫓아내지 못했다. 여부스 사람은 그대
로 남아서, 유다 자손과 함께 살았다. 오늘까지
도 그들은 거기 예루살렘에 살고 있다.

요셉 지파가 받은 땅

16 1-3 요셉 자손이 제비 뽑아 받은 땅
은, 여리고 근처 요단 강에서 시작하
여 여리고 샘 동쪽을 지나 북쪽으로 사막 산지
를 통과해 베델에 이르고, 다시 베델(곧 루스)
에서 아다롯에 있는 아렉 사람의 영토에 이른
다. 거기서 다시 서쪽으로 내려가 야블렛 사람
의 영토와 아래쪽 벳호론 지역과 게셀에 이르

Ashdod with its villages;
Ashdod with its towns and villages;
Gaza with its towns and villages all the way to the
Brook of Egypt.
The Great Sea is the western border.

48-60 In the hill country:
Shamir, Jattir, Socoh,
Dannah, Kiriath Sannah (that is, Debir),
Anab, Eshtemoh, Anim,
Goshen, Holon, and Giloh—
eleven towns and their villages.
Arab, Dumah, Eshan,
Janim, Beth Tappuah, Aphekah,
Humtah, Kiriath Arba (that is, Hebron), and Zior—
nine towns and their villages.
Maon, Carmel, Ziph, Juttah,
Jezreel, Jokdeam, Zanoah,
Kain, Gibeah, and Timnah—
ten towns and their villages.
Halhul, Beth Zur, Gedor,
Maarath, Beth Anoth, and Eltekon—
six towns and their villages.
Kiriath Baal (that is, Kiriath Jearim) and Rabbah—
two towns and their villages.

61-62 In the wilderness:
Beth Arabah, Middin, Secacah,
Nibshan, the City of Salt, and En Gedi—
six towns and their villages.

63 The people of Judah couldn't get rid of the
Jebusites who lived in Jerusalem. The Jebusites
stayed put, living alongside the people of Judah.
They are still living there in Jerusalem.

Joseph

16 1-3 The lot for the people of Joseph went
from the Jordan near Jericho, east of
the spring of Jericho, north through the desert
mountains to Bethel. It went on from Bethel (that
is, Luz) to the territory of the Arkites in Ataroth.
It then descended westward to the territory of the
Japhletites to the region of Lower Beth Horon and
on to Gezer, ending at the Sea.

러 바다에서 끝난다.
4 이것이 요셉 자손, 곧 므낫세와 에브라임이 유산으로 받은 지역이다.

5-9 에브라임이 가문별로 받은 땅은 이러하다. 그들이 유산으로 받은 땅의 경계는, 동쪽으로 아다롯앗달에서 위쪽 벳호론으로 이어져 서쪽으로 바다에 이른다. 그리고 북쪽 믹므다에서 동쪽으로 돌아 다아낫실로에 이르고 계속 동쪽으로 가서 야노아까지 이어진다. 경계는 다시 야노아에서 아다롯과 나아라로 내려가고 여리고를 만나 요단 강으로 나온다. 답부아에서 경계는 서쪽으로 가나 시내에 이르러 바다에서 끝난다. 이것이 에브라임 지파가 가문별로 받은 유산이며, 므낫세의 유산 중에는 에브라임의 몫으로 구별된 모든 성읍과 그 주변 마을들도 포함된다.
10 그러나 그들은 게셀에 살고 있던 가나안 사람을 쫓아내지 않았다. 가나안 사람은 오늘까지 에브라임 자손 가운데 살면서 강제노역을 하고 있다.

17 1-2 요셉의 맏아들 므낫세 자손이 제비 뽑아 받은 땅은 이러하다. (므낫세의 맏아들이요 길르앗의 아버지인 마길은 뛰어난 용사였으므로 길르앗과 바산을 이미 받았다.) 그래서 나머지 제비 뽑은 땅은 나머지 므낫세 자손과 그 가문들, 곧 아비에셀, 헬렉, 아스리엘, 세겜, 헤벨, 스미다 가문들에게 돌아갔다. 이들은 요셉의 아들 므낫세의 남자 후손으로, 각기 가문을 이룬 이들이다.
3-4 므낫세의 아들 마길은 길르앗을 낳고 길르앗은 헤벨을 낳고 헤벨은 슬로브핫을 낳았는데, 슬로브핫에게는 아들이 없고 딸만 있었다. 그 딸들의 이름은 말라, 노아, 호글라, 밀가, 디르사다. 그들이 제사장 엘르아살과 눈의 아들 여호수아와 지도자들을 찾아가 말했다. "하나님께서 모세에게 명령하시기를, 우리의 남자 친척들과 함께 우리에게도 유산을 주라고 하셨습니다." 여호수아는 하나님께서 명령하신 대로, 그들의 아버지의 형제들과 함께 그들에게 유산을 주었다.
5-6 므낫세의 딸들이 아들들과 함께 유산을 받

4 This is the region from which the people of Joseph—Manasseh and Ephraim—got their inheritance.

5-9 Ephraim's territory by clans:
The boundary of their inheritance went from Ataroth Addar in the east to Upper Beth Horon and then west to the Sea. From Micmethath on the north it turned eastward to Taanath Shiloh and passed along, still eastward, to Janoah. The border then descended from Janoah to Ataroth and Naarah; it touched Jericho and came out at the Jordan. From Tappuah the border went westward to the Brook Kanah and ended at the Sea. This was the inheritance of the tribe of Ephraim by clans, including the cities set aside for Ephraim within the inheritance of Manasseh—all those towns and their villages.
10 But they didn't get rid of the Canaanites who were living in Gezer. Canaanites are still living among the people of Ephraim, but they are made to do forced labor.

17 1-2 This is the lot that fell to the people of Manasseh, Joseph's firstborn. (Gilead and Bashan had already been given to Makir, Manasseh's firstborn and father of Gilead, because he was an outstanding fighter.) So the lot that follows went to the rest of the people of Manasseh and their clans, the clans of Abiezer, Helek, Asriel, Shechem, Hepher, and Shemida. These are the male descendants of Manasseh son of Joseph by their clans.
3-4 Zelophehad son of Hepher, the son of Gilead, the son of Makir, the son of Manasseh, had no sons, only daughters. Their names were Mahlah, Noah, Hoglah, Milcah, and Tirzah. They went to Eleazar the priest, Joshua son of Nun, and the leaders and said, "GOD commanded Moses to give us an inheritance among our kinsmen." And Joshua did it; he gave them, as GOD commanded, an inheritance amid their father's brothers.
5-6 Manasseh's lot came to ten portions, in addition to the land of Gilead and Bashan on the other side of the Jordan, because Manasseh's daughters got an

않으므로, 므낫세의 유산은 요단 강 건너편의 길르앗과 바산 땅 외에도 열 몫이 되었다. 길르앗 땅은 나머지 므낫세 자손의 몫이 되었다.

7-10 므낫세의 경계는 아셀에서 시작하여 세겜 맞은편의 믹므닷에 이르고, 거기서 남쪽으로 내려가 엔답부아 주민이 사는 곳에 이른다. (답부아 땅은 므낫세의 소유지만 므낫세 경계에 있는 답부아는 에브라임 지파의 소유다.) 경계는 계속 남쪽으로 이어져 가나 시내에 이른다. (그곳 성읍들은 므낫세의 성읍들 가운데 있지만 에브라임의 소유다.) 므낫세의 경계는 시내 북쪽으로 뻗어 바다에서 끝난다. 남쪽 땅은 에브라임의 소유고, 북쪽 땅은 므낫세의 소유며, 서쪽 경계는 바다다. 그 땅은 북쪽으로는 아셀, 동쪽으로는 잇사갈과 맞닿아 있다.

11 잇사갈과 아셀 안에도 므낫세의 소유가 있었는데, 벳산과 이블르암 그리고 도르와 엔돌과 다아낙과 므깃도 백성과 그들의 마을들이다. 그 목록에서 세 번째는 나봇이다.

12-13 므낫세 자손은 그 성읍들을 끝내 점령하지 못했다. 가나안 사람이 꼼짝도 하지 않았기 때문이다. 나중에 이스라엘이 더 강해지자 그들은 가나안 사람에게 강제노역을 시켰다. 그러나 그들을 쫓아내지는 않았다.

14 요셉 자손이 여호수아에게 말했다. "어찌하여 우리에게 한 몫만 주셨습니까? 우리는 수가 많고 점점 더 불어나고 있습니다. 하나님께서 우리에게 넘치도록 복을 주셨기 때문입니다."

15 여호수아가 대답했다. "여러분의 수가 아주 많아져서 에브라임 산지가 너무 좁다고 하니, 브리스 사람과 르바임 사람의 땅인 삼림지대로 올라가서 그곳을 여러분의 힘으로 개간하십시오."

16 그러자 요셉 자손이 말했다. "산지만으로는 우리에게 부족합니다. 게다가 아래 평지에 사는 가나안 사람은, 벳산과 그 주변 마을 사람들이든 이스르엘 골짜기에 사는 사람들이든 다 철제 전차를 가지고 있습니다."

17-18 여호수아가 요셉 지파에게(에브라임과 므낫세에게) 말했다. "그렇습니다. 여러분은 수가 많고 아주 강해서 한 몫으로는 부족합니다. 그러니 그 산지까지 차지하십시오. 지금은 나무밖에 없는 땅이지만, 여러분이 그 땅을 개간하

inheritance along with his sons. The land of Gilead belonged to the rest of the people of Manasseh.

7-10 The boundary of Manasseh went from Asher all the way to Micmethath, just opposite Shechem, then ran southward to the people living at En Tappuah. (The land of Tappuah belonged to Manasseh, but Tappuah itself on the border of Manasseh belonged to the Ephraimites.) The boundary continued south to the Brook Kanah. (The cities there belonged to Ephraim although they lay among the cities of Manasseh.) The boundary of Manasseh ran north of the brook and ended at the Sea. The land to the south belonged to Ephraim; the land to the north to Manasseh, with the Sea as their western border; they meet Asher on the north and Issachar on the east.

11 Within Issachar and Asher, Manasseh also held Beth Shan, Ibleam, and the people of Dor, Endor, Taanach, and Megiddo, together with their villages, and the third in the list is Naphoth.

12-13 The people of Manasseh never were able to take over these towns—the Canaanites wouldn't budge. But later, when the Israelites got stronger, they put the Canaanites to forced labor. But they never did get rid of them.

14 The people of Joseph spoke to Joshua: "Why did you give us just one allotment, one solitary share? There are a lot of us, and growing—GOD has extravagantly blessed us."

15 Joshua responded, "Since there are so many of you, and you find the hill country of Ephraim too confining, climb into the forest and clear ground there for yourselves in the land of the Perizzites and the Rephaim."

16 But the people of Joseph said, "There's not enough hill country for us; and the Canaanites who live down in the plain, both those in Beth Shan and its villages and in the Valley of Jezreel, have iron chariots."

17-18 Joshua said to the family of Joseph (to Ephraim and Manasseh): "Yes, there are a lot of you, and you are very strong. One lot is not enough for you. You also get the hill country. It's nothing but trees now, but you will clear the land and make it your own from one end to the other. The powerful Canaanites,

여 이 끝에서 저 끝까지 여러분의 것으로 삼으면 됩니다. 가나안 사람이 강하고 철제 전차까지 가지고 있다 하더라도, 여러분을 당해 내지는 못할 것입니다."

나머지 땅의 분할

18 1-2 그 후에 이스라엘 백성 온 회중이 실로에 모여서, 그곳에 회막을 세웠다.
그들이 그 땅을 점령했지만 아직 이스라엘 가운데 일곱 지파가 유산을 받지 못했다.
3-5 여호수아가 이스라엘 백성에게 말했다. "여러분이 언제까지 수수방관하며 하나님 여러분 조상의 하나님께서 여러분에게 주신 땅을 차지하는 일을 미루고 있겠습니까? 각 지파에서 세 사람씩 뽑으십시오. 내가 그들에게 일을 맡기겠습니다. 그들은 땅을 살피고 각 지파에게 돌아갈 유산을 지도로 그려서 내게 보고할 것입니다. 그들이 땅을 일곱 부분으로 나눌 것입니다. 유다는 남쪽 자신들의 영토에 머물고 요셉 자손은 북쪽 자신들의 자리를 지킬 것입니다.
6 여러분은 일곱 부분을 표시한 측량 지도를 책임지고 준비해서 내게 가져오십시오. 그러면 내가 여러분을 위해 여기 우리 하나님 앞에서 제비를 뽑겠습니다.
7 그러나 레위 지파만은 여러분 가운데서 유산을 받지 못합니다. 하나님의 제사장직이 그들의 유산이기 때문입니다. 그리고 갓, 르우벤, 므낫세 반쪽 지파는 요단 강 동쪽에서 하나님의 종 모세가 그들에게 준 유산을 이미 받았습니다."
8 그 사람들이 길을 떠났다. 땅을 살피러 가는 그들에게 여호수아가 이렇게 당부했다. "가서 땅을 살피고 지도를 그려서 돌아오시오. 그러면 내가 여기 실로에서 여러분을 위해 하나님 앞에서 제비를 뽑을 것이오."
9 그들은 길을 떠났다. 그 땅을 두루 다니며 성읍별로 두루마리에 지도를 그렸다. 그리고 실로의 진에 있는 여호수아에게 보고했다.
10 여호수아는 실로에서 그들을 위해 하나님 앞에서 제비를 뽑았다. 그리고 지파에 따라 이스라엘 백성에게 땅을 나누어 주었다.

베냐민 지파가 받은 땅

11 첫 번째로 베냐민 지파와 그 가문의 몫을 정

even with their iron chariots, won't stand a chance against you."

The Shiloh Survey

18 1-2 Then the entire congregation of the People of Israel got together at Shiloh. They put up the Tent of Meeting.
The land was under their control but there were still seven Israelite tribes who had yet to receive their inheritance.
3-5 Joshua addressed the People of Israel: "How long are you going to sit around on your hands, putting off taking possession of the land that GOD, the God of your ancestors, has given you? Pick three men from each tribe so I can commission them. They will survey and map the land, showing the inheritance due each tribe, and report back to me. They will divide it into seven parts. Judah will stay in its territory in the south and the people of Joseph will keep to their place in the north.
6 "You are responsible for preparing a survey map showing seven portions. Then bring it to me so that I can cast lots for you here in the presence of our GOD.
7 "Only the Levites get no portion among you because the priesthood of GOD is their inheritance. And Gad, Reuben, and the half-tribe of Manasseh already have their inheritance on the east side of the Jordan, given to them by Moses the servant of GOD."
8 So the men set out. As they went out to survey the land, Joshua charged them: "Go. Survey the land and map it. Then come back to me and I will cast lots for you here at Shiloh in the presence of GOD."
9 So off the men went. They covered the ground and mapped the country by towns in a scroll. Then they reported back to Joshua at the camp at Shiloh.
10 Joshua cast the lots for them at Shiloh in the presence of GOD. That's where Joshua divided up the land to the People of Israel, according to their tribal divisions.

Benjamin

11 The first lot turned up for the tribe of Benjamin with its clans. The border of the allotment went between the peoples of Judah and Joseph.
12-13 The northern border began at the Jordan, then

하기 위해 제비를 뽑았다. 그들이 받은 땅의 경계는 유다 자손과 요셉 자손 사이였다.

12-13 북쪽 경계는 요단 강에서 시작하여 여리고 북쪽 등성이로 해서 서쪽 산지로 계속 올라가다가 벳아웬 광야에 이르렀다. 그 경계는 거기서 돌아서 루스를 지나 루스 남쪽 등성이(곧 베델)에 이르고, 아다롯앗달에서 산을 따라 내려가 아래 벳호론 남쪽에 닿았다.

14 거기서 경계는 서쪽으로 돌아 산에서 남쪽으로 꺾여 벳호론 남쪽에 이르고, 유다 자손의 성읍인 기럇바알(곧 기럇여아림)에서 끝났다. 이것이 서쪽 경계다.

15-19 남쪽 경계는 서쪽의 기럇여아림 끝에서 시작하여 넵도아 샘물 근원에 이르기까지 서쪽으로 이어진다. 거기서 (르바임 골짜기 북쪽과 맞닿아 있는) 벤힌놈 골짜기 맞은편 산기슭으로 내려가고, 여부스 등성이 남쪽의 힌놈 골짜기로 내려가서 엔로겔까지 이어졌다. 거기서 다시 북쪽으로 구부러져 붉은 고갯길(아둠밈) 맞은편 엔세메스와 글릴롯에 이르고, 르우벤의 아들 보한의 돌까지 내려가서 계속 벳아라바 북쪽으로 가다가 아라바로 가파르게 내려간다. 그리고 북쪽으로 벳호글라 비탈을 따라가다가 요단 강 남쪽 끝인 소금 바다의 북쪽 만(灣)으로 나왔다. 이것이 남쪽 경계다.

20 동쪽 경계는 요단 강으로 이루어졌다.

이것이 베냐민 자손이 가문별로 받은 유산이며, 그 사방 경계가 이와 같았다.

21-28 베냐민 지파가 가문별로 받은 성읍들은 이러하다.

여리고, 벳호글라, 에멕그시스
벳아라바, 스마라임, 베델
아윔, 바라, 오브라
그발암모니, 오브니, 게바 등
열두 성읍과 그 주변 마을들
기브온, 라마, 브에롯
미스바, 그비라, 모사
레겜, 이르브엘, 다랄라
셀라, 엘렙, 여부스 사람의 성읍(곧 예루살렘), 기브아, 기럇여아림 등
열네 성읍과 그 주변 마을들이다.

이것이 베냐민 자손이 가문별로 받은 유산이다.

went up to the ridge north of Jericho, ascending west into the hill country into the wilderness of Beth Aven. From there the border went around to Luz, to its southern ridge (that is, Bethel), and then down from Ataroth Addar to the mountain to the south of Lower Beth Horon.

14 There the border took a turn on the west side and swung south from the mountain to the south of Beth Horon and ended at Kiriath Baal (that is, Kiriath Jearim), a town of the people of Judah. This was the west side.

15-19 The southern border began at the edge of Kiriath Jearim on the west, then ran west until it reached the spring, the Waters of Nephtoah. It then descended to the foot of the mountain opposite the Valley of Ben Hinnom (which flanks the Valley of Rephaim to the north), descended to the Hinnom Valley, just south of the Jebusite ridge, and went on to En Rogel. From there it curved north to En Shemesh and Geliloth, opposite the Red Pass (Adummim), down to the Stone of Bohan the son of Reuben, continued toward the north flank of Beth Arabah, then plunged to the Arabah. It then followed the slope of Beth Hoglah north and came out at the northern bay of the Salt Sea—the south end of the Jordan. This was the southern border.

20 The east border was formed by the Jordan.

This was the inheritance of the people of Benjamin for their clans, marked by these borders on all sides.

21-28 The cities of the tribe of Benjamin, clan by clan, were:

Jericho, Beth Hoglah, Emek Keziz,
Beth Arabah, Zemaraim, Bethel,
Avvim, Parah, Ophrah,
Kephar Ammoni, Ophni, and Geba—
twelve towns with their villages.
Gibeon, Ramah, Beeroth,
Mizpah, Kephirah, Mozah,
Rekem, Irpeel, Taralah,
Zelah, Haeleph, the Jebusite city (that is, Jerusalem),
Gibeah, and Kiriath Jearim—
fourteen cities with their villages.

This was the inheritance for Benjamin, according to its clans.

시므온 지파가 받은 땅

19 1-8 두 번째로 시므온과 그 가문의 몫을 정하기 위해 제비를 뽑았다. 그들이 유산으로 받은 땅은 유다의 영토 안에 있었다. 그들이 유산으로 받은 땅은 이러하다.

브엘세바(또는 세바), 몰라다
하살수알, 발라, 에셈
엘돌랏, 브둘, 호르마
시글락, 벳말가봇, 하살수사
벳르바옷, 사루헨 등
열세 성읍과 그 주변 마을들
아인, 림몬, 에델, 아산 등
네 성읍과 그 주변 마을들 그리고 네겝의 라마, 곧 바알랏브엘에 이르기까지 그 성읍들 주변에 있는 모든 마을들이다.

8-9 이것이 시므온 지파가 가문별로 받은 유산이다. 유다의 몫이 필요 이상으로 컸으므로, 그것을 시므온 지파와 나누었다. 이렇게 시므온 자손은 유다의 몫 안에서 자신들의 몫을 얻었다.

스불론 지파가 받은 땅

10-15 세 번째로 스불론의 몫을 정하기 위해 가문별로 제비를 뽑았다.
그들이 유산으로 받은 땅의 경계는 사릿까지 이르렀다. 서쪽으로는 마랄라에 이르러 답베셋과 만나고 거기서 욕느암 맞은편 시내에 닿았다. 사릿의 반대 방향인 동쪽의 경계는, 해 뜨는 곳을 따라 기슬롯다볼의 경계를 지나고 다브랏을 지나 야비아까지 이르렀다. 경계는 계속해서 동쪽으로 가드헤벨과 엣가신까지 갔다가 림몬에서 나와 네아 쪽으로 돌았고, 거기서 북쪽으로 돌아 한나돈에 이르러 입다엘 골짜기로 빠졌다. 갓닷, 나할랄, 시므론, 이달라, 베들레헴 등 열두 성읍과 그 주변 마을들이 여기에 포함되었다.

16 이것이 스불론 자손이 가문별 유산으로 받은 성읍과 그 주변 마을들이다.

잇사갈 지파가 받은 땅

17-21 네 번째로 잇사갈의 몫을 정하기 위해 가문별로 제비를 뽑았다. 그들의 영토는 이러하다.

Simeon

19 1-8 The second lot went to Simeon for its clans. Their inheritance was within the territory of Judah. In their inheritance they had:

Beersheba (or Sheba), Moladah,
Hazar Shual, Balah, Ezem,
Eltolad, Bethul, Hormah,
Ziklag, Beth Marcaboth, Hazar Susah,
Beth Lebaoth, and Sharuhen–
thirteen towns and their villages.
Ain, Rimmon, Ether, and Ashan–
four towns and their villages–plus all the villages around these towns as far as Baalath Beer, the Ramah of the Negev.

8-9 This is the inheritance of the tribe of Simeon according to its clans. The inheritance of Simeon came out of the share of Judah, because Judah's portion turned out to be more than they needed. That's how the people of Simeon came to get their lot from within Judah's portion.

Zebulun

10-15 The third lot went to Zebulun, clan by clan:
The border of their inheritance went all the way to Sarid. It ran west to Maralah, met Dabbesheth, and then went to the brook opposite Jokneam. In the other direction from Sarid, the border ran east; it followed the sunrise to the border of Kisloth Tabor, on to Daberath and up to Japhia. It continued east to Gath Hepher and Eth Kazin, came out at Rimmon, and turned toward Neah. There the border went around on the north to Hannathon and ran out into the Valley of Iphtah El. It included Kattath, Nahalal, Shimron, Idalah, and Bethlehem–twelve cities with their villages.

16 This is the inheritance of the people of Zebulun for their clans–these towns and their villages.

Issachar

17-21 The fourth lot went to Issachar, clan by clan. Their territory included:

이스르엘, 그술롯, 수넴
하바라임, 시온, 아나하랏
랍빗, 기시온, 에베스
레멧, 언간님, 엔핫다, 벳바세스.

22 그 경계는 다볼, 사하수마, 벳세메스에 닿았고 요단 강에서 끝났다. 모두 열여섯 성읍과 그 주변 마을들이다.
23 이것이 잇사갈 지파가 가문별 유산으로 받은 성읍과 그 주변 마을들이다.

아셀 지파가 받은 땅

24 다섯 번째로 아셀 지파의 몫을 정하기 위해 가문별로 제비를 뽑았다.
25-30 그들의 영토에는 헬갓, 할리, 베텐, 악삽, 알람멜렉, 아맛, 미살이 들어갔다. 서쪽 경계는 갈멜과 시홀림낫에 닿았고, 거기서 동쪽 벳다곤 방향으로 돌아 스불론과 입다엘 골짜기에 닿았으며, 가불을 왼쪽에 끼고 북쪽으로 올라가 벳에멕과 느이엘에 이르렀다. 경계는 계속해서 에브론, 르홉, 함몬, 가나를 지나 큰 시돈에까지 이르렀다. 거기서 라마 쪽으로 되돌아 요새화된 성읍인 두로까지 뻗었다가 호사 쪽으로 돌아서 악십, 움마, 아벡, 르홉 지역의 바다로 나왔다. 모두 스물두 성읍과 그 주변 마을들이다.

31 이것이 아셀 지파가 가문별 유산으로 받은 성읍과 그 주변 마을들이다.

납달리 지파가 받은 땅

32 여섯 번째로 납달리와 그 가문의 몫을 정하기 위해 제비를 뽑았다.
33 그들의 경계는 헬렙과 사아난님의 상수리나무에서 시작하여 아다미네겝과 얍느엘을 지나 락굼에 이르고 요단 강에서 끝났다.
34 경계는 아스놋다볼에서 서쪽으로 돌아가 훅곡으로 나왔으며, 남쪽으로 스불론, 서쪽으로 아셀, 동쪽으로 요단 강과 만났다.
요새화된 성읍들은 이러하다.

35-38 싯딤, 세르, 함맛, 락갓, 긴네렛
아다마, 라마, 하솔
게데스, 에드레이, 엔하솔
이론, 믹다렐, 호렘, 벳아낫, 벳세메스 등

Jezreel, Kesulloth, Shunem,
Hapharaim, Shion, Anaharath,
Rabbith, Kishion, Ebez,
Remeth, En Gannim, En Haddah, and Beth Pazzez.

22 The boundary touched Tabor, Shahazumah, and Beth Shemesh and ended at the Jordan–sixteen towns and their villages.
23 These towns with their villages were the inheritance of the tribe of Issachar, clan by clan.

Asher

24 The fifth lot went to the tribe of Asher, clan by clan:
25-30 Their territory included Helkath, Hali, Beten, Acshaph, Allammelech, Amad, and Mishal. The western border touched Carmel and Shihor Libnath, then turned east toward Beth Dagon, touched Zebulun and the Valley of Iphtah El, and went north to Beth Emek and Neiel, skirting Cabul on the left. It went on to Abdon, Rehob, Hammon, and Kanah, all the way to Greater Sidon. The border circled back toward Ramah, extended to the fort city of Tyre, turned toward Hosah, and came out at the Sea in the region of Aczib, Ummah, Aphek, and Rehob–twenty-two towns and their villages.

31 These towns and villages were the inheritance of the tribe of Asher, clan by clan.

Naphtali

32 The sixth lot came to Naphtali and its clans.
33 Their border ran from Heleph, from the oak at Zaanannim, passing Adami Nekeb and Jabneel to Lakkum and ending at the Jordan.
34 The border returned on the west at Aznoth Tabor and came out at Hukkok, meeting Zebulun on the south, Asher on the west, and the Jordan on the east.
The fort cities were:

35-38 Ziddim, Zer, Hammath, Rakkath, Kinnereth,
Adamah, Ramah, Hazor,
Kedesh, Edrei, En Hazor,
Iron, Migdal El, Horem, Beth Anath, and Beth

열아홉 성읍과 그 주변 마을들이다.

39 이것이 납달리 지파가 가문별 유산으로 받은 성읍과 그 주변 마을들이다.

단 지파가 받은 땅

40-46 일곱 번째로 단의 몫을 정하기 위해 제비를 뽑았다. 그들이 유산으로 받은 영토는 이러하다.

소라, 에스다올, 이르세메스
사알랍빈, 아얄론, 이들라
엘론, 딤나, 에그론
엘드게, 깁브돈, 바알랏
여훗, 브네브락, 가드림몬
메얄곤, 락곤, 욥바 맞은편 지역.

47 그러나 단 자손은 서쪽 사람(아모리 사람)을 쫓아내지 못했다. 서쪽 사람이 그들을 다시 산지로 몰아넣고 평지로 나오지 못하게 했기 때문에 그들이 지낼 공간이 좁았다. 그래서 단 자손은 진격해 올라가 레셈을 쳤다. 그들은 레셈을 취하여 그 주민들을 죽이고 그곳에 정착했다. 그리고 자신들의 조상 단의 이름을 따라 레셈을 단이라고 불렀다.

48 이것이 단 지파가 가문별 유산으로 받은 성읍과 그 주변 마을들이다.

49-50 이스라엘 백성은 땅을 유산으로 나누어 주고 그 경계를 정하는 일을 마쳤다. 그 후에 그들은 눈의 아들 여호수아에게 자신들의 유산 일부를 주었다. 그들은 하나님의 말씀에 순종하여, 그가 요구한 성읍인 에브라임 산지의 딤낫세라를 그에게 주었다. 여호수아는 성읍을 재건하고 그곳에 정착했다.

51 이것이 제사장 엘르아살과 눈의 아들 여호수아와 조상 때부터 이어져 온 지도자들이 실로의 회막 문 하나님 앞에서 이스라엘 지파들에게 제비 뽑아 나누어 준 유산이다. 그들은 땅을 분배하는 일을 마쳤다.

도피성

20 1-3 그때 하나님께서 여호수아에게 말씀하셨다. "이스라엘 백성에게 말

Shemesh—
nineteen towns and their villages.

39 This is the inheritance of the tribe of Naphtali, the cities and their villages, clan by clan.

Dan

40-46 The seventh lot fell to Dan. The territory of their inheritance included:

Zorah, Eshtaol, Ir Shemesh,
Shaalabbin, Aijalon, Ithlah,
Elon, Timnah, Ekron,
Eltekeh, Gibbethon, Baalath,
Jehud, Bene Berak, Gath Rimmon,
Me Jarkon, and Rakkon, with the region facing Joppa.

47 But the people of Dan failed to get rid of the Westerners (Amorites), who pushed them back into the hills. The Westerners kept them out of the plain and they didn't have enough room. So the people of Dan marched up and attacked Leshem. They took it, killed the inhabitants, and settled in. They renamed it Leshem Dan after the name of Dan their ancestor.

48 This is the inheritance of the tribe of Dan, according to its clans, these towns with their villages.

49-50 They completed the dividing of the land as inheritance and the setting of its boundaries. The People of Israel then gave an inheritance among them to Joshua son of Nun. In obedience to GOD's word, they gave him the city which he had requested, Timnath Serah in the hill country of Ephraim. He rebuilt the city and settled there.

51 These are the inheritances which Eleazar the priest and Joshua son of Nun and the ancestral leaders assigned by lot to the tribes of Israel at Shiloh in the presence of GOD at the entrance of the Tent of Meeting. They completed the dividing of the land.

Asylum-Cities

20 1-3 Then GOD spoke to Joshua: "Tell the People of Israel: Designate the asylum-cit-

하여라. 내가 모세를 통해 너희에게 지시한 대로 도피성을 지정하여, 누구든지 실수로—뜻하지 않게—사람을 죽인 자가 피의 보복자를 피하여 안전한 피난처인 그곳으로 피신할 수 있게 하여라.

4 피할 곳을 찾아 이 성읍들 가운데 한 곳으로 피하려는 사람은, 성문 입구에 서서 성읍의 지도자들에게 자신이 저지른 일을 털어놓아야 한다. 그러면 지도자들은 그를 성읍 안으로 받아들이고 그에게 살 곳을 주어 더불어 살 수 있게 해야 한다.

5-6 피의 보복자가 그를 뒤쫓아 와도 그를 내주어서는 안된다. 그는 사람을 죽일 의도가 없었고 악감정을 품은 적이 없기 때문이다. 그는 회중 앞에서 재판을 받을 때까지, 그리고 현재의 대제사장이 죽을 때까지 그 성읍에 머물러 지낸 뒤에야 자기가 도망쳐 나온 자기 고향 집으로 돌아갈 수 있다."

7 그들은 납달리 산지에 있는 갈릴리의 게데스와 에브라임 산지에 있는 세겜과 유다 산지에 있는 기럇아르바(곧 헤브론)를 구별하여 지정했다.

8-9 여리고 동쪽 요단 강 건너편에서는 르우벤 지파 중에서 사막 고원에 있는 베셀, 갓 지파 중에서 길르앗의 라못, 므낫세 지파 중에서 바산의 골란을 지정했다. 이것은 이스라엘 백성과 그들과 함께 사는 외국인을 위해 지정된 성읍들로, 누구든지 뜻하지 않게 사람을 죽인 사람이 그곳으로 도망하여, 회중 앞에서 공정한 재판을 받기도 전에 피의 보복자의 손에 죽지 않게 하기 위해서였다.

레위 지파의 성읍

21 1-2 레위 지파의 지도자들이 제사장 엘르아살과 눈의 아들 여호수아와 이스라엘 백성의 다른 지파 지도자들을 찾아왔다. 이것은 가나안 땅 실로에서 있었던 일이다. 그들이 말했다. "하나님께서 모세를 통해 명령하시기를, 우리가 머물러 살 성읍들과 우리 가축들을 먹일 목초지의 사용 권한을 우리에게 주라고 하셨습니다."

3 이스라엘 백성은 하나님께서 명령하신 대로, 자신들이 받은 유산 중에서 다음의 성읍과 목초지를 레위 지파에게 주었다.

4-5 고핫 가문의 몫을 결정할 제비는 이렇게 뽑

ies, as I instructed you through Moses, so that anyone who kills a person accidentally—that is, unintentionally—may flee there as a safe place of asylum from the avenger of blood.

4 "A person shall escape for refuge to one of these cities, stand at the entrance to the city gate, and lay out his case before the city's leaders. The leaders must then take him into the city among them and give him a place to live with them.

5-6 "If the avenger of blood chases after him, they must not give him up—he didn't intend to kill the person; there was no history of ill-feeling. He may stay in that city until he has stood trial before the congregation and until the death of the current high priest. Then he may go back to his own home in his hometown from which he fled."

7 They set apart Kedesh in Galilee in the hills of Naphtali, Shechem in the hills of Ephraim, and Kiriath Arba (that is, Hebron) in the hills of Judah.

8-9 On the other side of the Jordan, east of Jericho, they designated Bezer on the desert plateau from the tribe of Reuben, Ramoth in Gilead from the tribe of Gad, and Golan in Bashan from the tribe of Manasseh. These were the designated cities for the People of Israel and any resident foreigner living among them, so that anyone who killed someone unintentionally could flee there and not die by the hand of the avenger of blood without a fair trial before the congregation.

Cities for the Levites

21 1-2 The ancestral heads of the Levites came to Eleazar the priest and Joshua son of Nun and to the heads of the other tribes of the People of Israel. This took place at Shiloh in the land of Canaan. They said, "God commanded through Moses that you give us cities to live in with access to pastures for our cattle."

3 So the People of Israel, out of their own inheritance, gave the Levites, just as GOD commanded, the following cities and pastures:

4-5 The lot came out for the families of the Kohathites this way: Levites descended from Aaron the priest received by lot thirteen cities out of the tribes of Judah, Simeon, and Benjamin. The rest

았다. 레위 지파 중에서 제사장 아론의 자손에
게는 유다, 시므온, 베냐민 지파로부터 제비를
뽑아 열세 성읍이 돌아갔다. 나머지 고핫 자손
에게는 에브라임, 단, 므낫세 반쪽 지파의 가문
들로부터 제비를 뽑아 열 성읍이 돌아갔다.
6 게르손 자손에게는 잇사갈, 아셀, 납달리, 바
산의 므낫세 반쪽 지파 가문들로부터 제비를
뽑아 열세 성읍이 돌아갔다.
7 므라리 자손에게는 르우벤, 갓, 스불론 지파
로부터 열두 성읍이 돌아갔다.
8 이렇게 이스라엘 백성은 하나님께서 모세를
통해 명령하신 대로, 제비를 뽑아 이 성읍들과
목초지를 레위인에게 주었다.

9-10 그들이 유다, 시므온, 베냐민 지파로부터
받아 나누어 준 성읍들을 하나씩 살펴보면 이
러하다(레위의 고핫 가문에서 난 아론의 자손
이 첫 번째로 제비 뽑혔으므로, 이 성읍들이 그
들의 차지가 되었다).
11-12 유다 산지의 기럇아르바(아르바는 아낙의
조상이다), 곧 헤브론과 그 주변 목초지를 얻
게 되었다. 그러나 이전에 여분네의 아들 갈렙
에게 준 성읍의 밭과 넓은 땅은 그의 소유로 남
았다.
13-16 유다와 시므온 지파는 제사장 아론의 자손
에게, (유죄 판결을 받지 않은 살인자들을 위한
도피성인) 헤브론과 립나, 얏딜, 에스드모아,
홀론, 드빌, 아인, 윳다, 벳세메스 아홉 성읍과
거기에 딸린 모든 목초지를 주었다.
17-18 베냐민 지파에서는 기브온, 게바, 아나돗,
알몬 네 성읍과 거기에 딸린 목초지를 주었다.
19 이렇게 모두 열세 성읍과 거기에 딸린 목초
지가 아론의 자손 제사장들에게 돌아갔다.

20-22 레위 지파의 나머지 고핫 가문에게는 에
브라임 지파에게서 제비를 뽑아 받은 성읍들을
나누어 주었다. 유죄 판결을 받지 않은 살인자
를 위한 도피성인 에브라임 산지의 세겜과 게
셀, 깁사임, 벳호론 네 성읍과 거기에 딸린 목
초지였다.
23-24 단 지파에서는 엘드게, 깁브돈, 아얄론,
가드림몬 네 성읍과 거기에 딸린 목초지를 주
었다.
25 므낫세 반쪽 지파에서는 다아낙, 가드림몬
두 성읍과 거기에 딸린 목초지를 주었다.

of the Kohathites received by lot ten cities from
the families of the tribes of Ephraim, Dan, and the
half-tribe of Manasseh.
6 The Gershonites received by lot thirteen cities
from the families of the tribes of Issachar, Asher,
Naphtali, and the half-tribe of Manasseh in Bashan.
7 The families of the Merarites received twelve
towns from the tribes of Reuben, Gad, and Zebulun.
8 So the People of Israel gave these cities with their
pastures to the Levites just as GOD had ordered
through Moses, that is, by lot.

Cities for the Descendants of Aaron

9-10 They assigned from the tribes of Judah, Simeon,
and Benjamin the following towns, here named
individually (these were for the descendants of
Aaron who were from the families of the Kohathite
branch of Levi because the first lot fell to them):
11-12 Kiriath Arba (Arba was the ancestor of Anak),
that is, Hebron, in the hills of Judah, with access to
the pastures around it. The fields of the city and its
open lands they had already given to Caleb son of
Jephunneh as his possession.
13-16 To the descendants of Aaron the priest they
gave Hebron (the asylum-city for the unconvicted
killers), Libnah, Jattir, Eshtemoa, Holon, Debir, Ain,
Juttah, and Beth Shemesh, all with their accompa-
nying pastures—nine towns from these two tribes.
17-18 And from the tribe of Benjamin: Gibeon, Geba,
Anathoth, and Almon, together with their pastures—
four towns.
19 The total for the cities and pastures for the priests
descended from Aaron came to thirteen.

20-22 The rest of the Kohathite families from the tribe
of Levi were assigned their cities by lot from the
tribe of Ephraim: Shechem (the asylum-city for the
unconvicted killer) in the hills of Ephraim, Gezer,
Kibzaim, and Beth Horon, with their pastures—four
towns.
23-24 From the tribe of Dan they received Eltekeh,
Gibbethon, Aijalon, and Gath Rimmon, all with
their pastures—four towns.
25 And from the half-tribe of Manasseh they received
Taanach and Gath Rimmon with their pastures—

26 이렇게 모두 열 성읍과 거기에 딸린 목초지가 나머지 고핫 가문에게 돌아갔다.

27 레위 지파의 게르손 가문에게는 므낫세 반쪽 지파에서 유죄 판결을 받지 않은 살인자를 위한 도피성인 바산의 골란과 브에스드라 두 성읍과 거기에 딸린 목초지를 주었다.
28-29 잇사갈 지파에서는 기시온, 다브랏, 야르뭇, 언간님 네 성읍과 거기에 딸린 목초지를 주었다.
30-31 아셀 지파에서는 미살, 압돈, 헬갓, 르홉 네 성읍과 거기에 딸린 목초지를 주었다.
32 납달리 지파에서는 유죄 판결을 받지 않은 살인자를 위한 도피성인 갈릴리의 게데스와 함못돌, 가르단 세 성읍과 거기에 딸린 목초지를 주었다.
33 이렇게 모두 열세 성읍과 거기에 딸린 목초지가 게르손 자손과 그 가문에게 돌아갔다.

34-35 나머지 레위 지파인 므라리 가문에게는 스불론 지파에서 욕느암, 가르다, 딤나, 나할랄 네 성읍과 거기에 딸린 목초지를 주었다.
36-37 르우벤 지파에서는 베셀, 야하스, 그데못, 므바앗 네 성읍과 거기에 딸린 목초지를 주었다.
38-39 갓 지파에서는 유죄 판결을 받지 않은 살인자를 위한 도피성인 길르앗의 라못과 마하나임, 헤스본, 야스엘 모두 네 성읍과 거기에 딸린 목초지를 주었다.
40 이렇게 그들은 이 모든 성읍, 곧 열두 성읍을 나머지 레위 지파인 므라리 자손에게 제비를 뽑아 나누어 주었다.

41-42 레위 지파는 이스라엘 백성의 영토 안의 마흔여덟 성읍과 거기에 딸린 목초지를 갖게 되었다. 이들 각 성읍은 목초지로 둘러싸여 있었다. 받은 모든 성읍이 그러했다.

43-44 이와 같이 하나님께서는 그들의 조상에게 주시기로 엄숙히 맹세하신 모든 땅을 이스라엘에게 주셨다. 그들은 그 땅을 차지하여 거기에 자리 잡고 살았다. 하나님께서는 그들의 조상에게 엄숙히 맹세하신 대로, 사방에 쉼을 주셨다. 그들의 원수들 가운데 어느 누구도 그들에게 맞서지 못했다. 하나님께서 모든 원수를 그

two towns.
26 All told, ten cities with their pastures went to the remaining Kohathite families.

27 The Gershonite families of the tribe of Levi were given from the half-tribe of Manasseh: Golan in Bashan (an asylum-city for the unconvicted killer), and Be Eshtarah, with their pastures—two cities.
28-29 And from the tribe of Issachar: Kishion, Daberath, Jarmuth, and En Gannim, with their pastures—four towns.
30-31 From the tribe of Asher: Mishal, Abdon, Helkath, and Rehob, with their pastures—four towns.
32 From the tribe of Naphtali: Kedesh in Galilee (an asylum-city for the unconvicted killer), Hammoth Dor, and Kartan, with their pastures—three towns.
33 For the Gershonites and their families: thirteen towns with their pastures.

34-35 The Merari families, the remaining Levites, were given from the tribe of Zebulun: Jokneam, Kartah, Dimnah, and Nahalal, with their pastures—four cities.
36-37 From the tribe of Reuben: Bezer, Jahaz, Kedemoth, and Mephaath, with their pastures—four towns.
38-39 From the tribe of Gad: Ramoth in Gilead (an asylum-city for the unconvicted killer), Mahanaim, Heshbon, and Jazer, with their pastures—a total of four towns.
40 All these towns were assigned by lot to the Merarites, the remaining Levites—twelve towns.

41-42 The Levites held forty-eight towns with their accompanying pastures within the territory of the People of Israel. Each of these towns had pastures surrounding it—this was the case for all these towns.

43-44 And so GOD gave Israel the entire land that he had solemnly vowed to give to their ancestors. They took possession of it and made themselves at home in it. And GOD gave them rest on all sides, as he had also solemnly vowed to their ancestors. Not a single one of their enemies was able to stand up to them—

들에게 넘겨주셨기 때문이다.

45 하나님께서 이스라엘 집에 주신 모든 선한 말씀 가운데 단 한 마디도 이루어지지 않은 것이 없었다. 모든 것이 그대로 되었다.

22

1-5 그때에 여호수아가 르우벤 지파, 갓 지파, 므낫세 반쪽 지파를 불러모아 말했다. "여러분은 하나님의 종 모세가 여러분에게 명령한 일을 모두 행했고, 내가 여러분에게 명령한 일도 순종하는 마음으로 모두 행했습니다. 그동안 여러분은 여러분의 형제들을 버리지 않았고, 하나님 여러분의 하나님께서 여러분에게 맡기신 일을 감당했습니다. 이제 하나님 여러분의 하나님께서 약속하신 대로 여러분의 형제들에게 쉼을 주셨으니, 여러분은 하나님의 종 모세가 요단 강 건너편에서 여러분에게 유산으로 준 여러분의 땅, 여러분의 집으로 돌아가도 좋습니다. 다만, 하나님의 종 모세가 여러분에게 맡긴 계명과 계시를 주의하여 지키십시오. 하나님 여러분의 하나님을 사랑하고, 그분의 모든 길로 행하고, 그분의 명령을 지키고, 그분을 마음에 품고, 여러분 안에 있는 모든 것과 여러분이 가지고 있는 모든 것으로 그분을 섬기십시오."

6-7 여호수아는 그들을 축복하고 떠나보냈다. 그들은 집으로 돌아갔다. (므낫세 반쪽 지파에게는 이미 바산에서 모세가 그들의 몫을 나누어 주었다. 나머지 반쪽 지파에게는 여호수아가 요단 강 서쪽에서 그들의 형제들과 함께 땅을 나누어 주었다.)

7-8 여호수아는 그들을 집으로 보내며 축복했다. "집으로 돌아가십시오. 여러분은 부자가 되어, 많은 가축 떼와 금과 은과 동과 철과 산더미 같은 옷을 가지고 집으로 갑니다. 여러분이 원수들에게서 빼앗은 이 모든 전리품을 여러분의 친구와 가족들과 함께 나누어 가지십시오!"

9 르우벤 지파와 갓 지파와 므낫세 반쪽 지파는 가나안 땅 실로에서 이스라엘 백성을 떠나, 하나님께서 모세를 통해 주신 명령대로 그들이 차지한 땅 길르앗으로 돌아갔다.

10 그들은 가나안 땅과 맞닿은 요단 강가 글릴롯에 이르렀다. 거기서 르우벤 지파와 갓 지파

GOD handed over all their enemies to them.

45 Not one word failed from all the good words GOD spoke to the house of Israel. Everything came out right.

22

1-5 Then Joshua called together the Reubenites, Gadites, and the half-tribe of Manasseh. He said: "You have carried out everything Moses the servant of GOD commanded you, and you have obediently done everything I have commanded you. All this time and right down to this very day you have not abandoned your brothers; you've shouldered the task laid on you by GOD, your God. And now GOD, your God, has given rest to your brothers just as he promised them. You're now free to go back to your homes, the country of your inheritance that Moses the servant of GOD gave you on the other side of the Jordan. Only this: Be vigilant in keeping the Commandment and The Revelation that Moses the servant of GOD laid on you: Love GOD, your God, walk in all his ways, do what he's commanded, embrace him, serve him with everything you are and have."

6-7 Then Joshua blessed them and sent them on their way. They went home. (To the half-tribe of Manasseh, Moses had assigned a share in Bashan. To the other half, Joshua assigned land with their brothers west of the Jordan.)

7-8 When Joshua sent them off to their homes, he blessed them. He said: "Go home. You're going home rich—great herds of cattle, silver and gold, bronze and iron, huge piles of clothing. Share the wealth with your friends and families—all this plunder from your enemies!"

9 The Reubenites, Gadites, and the half-tribe of Manasseh left the People of Israel at Shiloh in the land of Canaan to return to Gilead, the land of their possession, which they had taken under the command of Moses as ordered by GOD.

10 They arrived at Geliloth on the Jordan (touching on Canaanite land). There the Reubenites, Gadites, and the half-tribe of Manasseh built an altar on the

와 므낫세 반쪽 지파는 제단을 쌓았다. 아주 큰 제단이었다!

11 이스라엘 백성이 그 소식을 들었다. "이게 무슨 일인가? 르우벤 지파와 갓 지파와 므낫세 반쪽 지파가 이스라엘 백성 맞은편의 요단 강가 글릴롯에서 가나안 땅 쪽을 향해 제단을 쌓았다!"

12-14 이스라엘 백성이 이 말을 듣고, 온 회중이 그들과 전쟁을 하러 가려고 실로에 모였다. 그들은 제사장 엘르아살의 아들 비느하스를 르우벤 지파와 갓 지파와 므낫세 반쪽 지파에게(곧 길르앗 땅으로) 보냈다. 각 지파에서 한 사람씩 보낸 지도자 열 명도 함께 갔는데, 그들은 각각 조상 대대로 내려온 집안의 우두머리이자 이스라엘 각 군대의 대표였다.

15-18 그들은 르우벤 지파와 갓 지파와 므낫세 반쪽 지파에게 가서 말했다. "하나님의 온 회중이 알고 싶어 합니다. 여러분은 어찌하여 이스라엘의 하나님께 죄를 지은 것입니까? 하나님을 등지고 여러분의 제단을 따로 쌓은 것은 드러내 놓고 하나님을 거역하는 행위입니다. 브올의 범죄가 우리에게 부족했습니까? 하나님의 회중에게 닥친 재앙의 여파를 우리가 여태 안고 살고 있고, 오늘까지도 그 죄에서 벗어나지 못했습니다! 여러분이 한 일을 보십시오. 하나님께 등을 돌렸습니다! 오늘 여러분이 하나님을 거역했으니, 내일 그분께서 우리 모두에게, 이스라엘 온 회중에게 진노를 발하실 것입니다.

19-20 여러분 소유의 땅이 충분히 거룩하지 못하여 어딘가 더럽다고 생각되거든, 하나님의 성막이 세워진 하나님의 소유지로 건너와 거기서 여러분의 땅을 취하십시오. 그러나 하나님을 거역하는 일만은 안됩니다. 또한 우리 하나님의 제단 외에 여러분의 제단을 따로 쌓아 우리를 거역해서도 안됩니다. 세라의 아들 아간이 거룩한 저주를 어겼을 때 이스라엘 온 회중 위에 진노가 임하지 않았습니까? 그 죄로 인해 죽은 사람이 아간 혼자가 아니었습니다."

21-22 르우벤 지파와 갓 지파와 므낫세 반쪽 지파가 이스라엘 지파들의 지도자들에게 대답했다.

하나님은 모든 신 중의 신이십니다.
하나님은 모든 신 중의 신이십니다!

22-23 "이 일이 그분을 거역하는 반역인지 아닌지는 하나님께서 아시며, 그분이 이스라엘에게도

banks of the Jordan—a huge altar!

11 The People of Israel heard of it: "What's this? The Reubenites, Gadites, and the half-tribe of Manasseh have built an altar facing the land of Canaan at Geliloth on the Jordan, across from the People of Israel!"

12-14 When the People of Israel heard this, the entire congregation mustered at Shiloh to go to war against them. They sent Phinehas son of Eleazar the priest to the Reubenites, Gadites, and the half-tribe of Manasseh (that is, to the land of Gilead). Accompanying him were ten chiefs, one chief for each of the ten tribes, each the head of his ancestral family. They represented the military divisions of Israel.

15-18 They went to the Reubenites, Gadites, and the half-tribe of Manasseh and spoke to them: "The entire congregation of GOD wants to know: What is this violation against the God of Israel that you have committed, turning your back on GOD and building your own altar—a blatant act of rebellion against GOD? Wasn't the crime of Peor enough for us? Why, to this day we aren't rid of it, still living with the fallout of the plague on the congregation of GOD! Look at you—turning your back on GOD! If you rebel against GOD today, tomorrow he'll vent his anger on all of us, the entire congregation of Israel.

19-20 "If you think the land of your possession isn't holy enough but somehow contaminated, come back over to GOD's possession, where GOD's Dwelling is set up, and take your land there, but don't rebel against GOD. And don't rebel against us by building your own altar apart from the Altar of our GOD. When Achan son of Zerah violated the holy curse, didn't anger fall on the whole congregation of Israel? He wasn't the only one to die for his sin."

21-22 The Reubenites, Gadites, and the half-tribe of Manasseh replied to the heads of the tribes of Israel:

The God of Gods is GOD,
The God of Gods is GOD!

22-23 "He knows and he'll let Israel know if this

그 사실을 알게 하실 것입니다. 만일 이것이 반역이라면 우리를 살려 두지 마십시오. 만일 우리가 하나님을 거역하여 따로 제단을 쌓고 그 단 위에 번제물이나 곡식 제물이나 희생의 화목 제물을 바치려 한 것이라면, 하나님께서 친히 판단하실 것입니다.

24-25 하지만 그렇지 않습니다. 우리는 걱정이 되어서 제단을 쌓았습니다. 언젠가 여러분의 자손이 우리 자손에게 '당신들은 하나님 이스라엘의 하나님과 상관이 없습니다! 하나님께서 우리와 당신들 사이에 요단 강을 경계로 삼으셨으니, 당신들 르우벤 지파와 갓 지파는 하나님과 아무런 관계가 없습니다' 하고 말할까 봐 염려했던 것입니다. 그렇게 되면 여러분의 자손이 우리 자손에게 하나님을 예배하지 못하게 할지도 모르지 않습니까.

26 그래서 우리가 의논했습니다. '뭔가 방법을 강구하자. 제단을 쌓자. 그러나 번제물이나 희생 제물을 바치기 위한 것은 아니다' 하고 말입니다.

27 우리는 우리와 여러분과 우리 뒤에 올 자손 사이의 증거물로 이 제단을 쌓았습니다. 우리가 하나님의 거룩한 성막에서 번제물과 희생 제물과 화목 제물로 하나님을 예배하는 그 제단을 가리키는 증거물로 말입니다.

이렇게 하면, 앞으로 여러분의 자손이 우리 자손에게 '당신들은 하나님과 아무런 관계가 없습니다' 하고 말하지 못할 것입니다.

28 우리가 말한 대로, 앞으로 누구든지 우리나 우리 자손을 얕잡아 말한다면, 우리는 '우리 조상들이 하나님의 제단을 본떠서 만든 이 제단을 보시오. 이것은 번제물이나 희생 제물을 바치기 위한 것이 아니라, 우리와 당신들을 이어 주는 증거물일 뿐입니다' 하고 말할 것입니다.

29 우리는 하나님을 거역하거나 배반하려는 생각이 전혀 없습니다. 우리 하나님의 거룩한 성막 앞에 있는 하나님의 제단에 맞서기 위해 번제물이나 곡식 제물을 위한 제단을 따로 쌓을 생각은 꿈에도 없습니다."

30 제사장 비느하스와 그와 함께한 회중의 모든 지도자들 곧 이스라엘 각 군대의 우두머리들은, 르우벤 지파와 갓 지파와 므낫세 반쪽 지파가 하는 말을 듣고 만족해 했다.

31 엘르아살의 아들 제사장 비느하스가 르우벤 자손과 갓 자손과 므낫세 자손에게 말했다. "여러분이 이 일로 하나님께 반역하지 않았으니,

is a rebellious betrayal of GOD. And if it is, don't bother saving us. If we built ourselves an altar in rebellion against GOD, if we did it to present on it Whole-Burnt-Offerings or Grain-Offerings or to enact there sacrificial Peace-Offerings, let GOD decide.

24-25 "But that's not it. We did it because we cared. We were anxious lest someday your children should say to our children, 'You're not connected with GOD, the God of Israel! GOD made the Jordan a boundary between us and you. You Reubenites and Gadites have no part in GOD.' And then your children might cause our children to quit worshiping GOD.

26 "So we said to ourselves, 'Let's do something. Let's build an altar—but not for Whole-Burnt-Offerings, not for sacrifices.'

27 "We built this altar as a witness between us and you and our children coming after us, a witness to the Altar where we worship GOD in his Sacred Dwelling with our Whole-Burnt-Offerings and our sacrifices and our Peace-Offerings.

"This way, your children won't be able to say to our children in the future, 'You have no part in GOD.'

28 "We said to ourselves, 'If anyone speaks disparagingly to us or to our children in the future, we'll say: Look at this model of GOD's Altar which our ancestors made. It's not for Whole-Burnt-Offerings, not for sacrifices. It's a witness connecting us with you.'

29 "Rebelling against or turning our backs on GOD is the last thing on our minds right now. We never dreamed of building an altar for Whole-Burnt-Offerings or Grain-Offerings to rival the Altar of our GOD in front of his Sacred Dwelling."

30 Phinehas the priest, all the heads of the congregation, and the heads of the military divisions of Israel who were also with him heard what the Reubenites, Gadites, and the half-tribe of Manasseh had to say. They were satisfied.

31 Priest Phinehas son of Eleazar said to Reuben, Gad, and Manasseh, "Now we're convinced that GOD is present with us since you haven't been disloyal to GOD in this matter. You saved the People of Israel from GOD's discipline."

이제 우리는 하나님께서 우리와 함께 계심을 확신합
니다. 여러분은 이스라엘 백성을 하나님의 징계에서
구한 것입니다."
32-33 그 후에 엘르아살의 아들 제사장 비느하스와 지
도자들은 (길르앗에 있는) 르우벤 지파와 갓 지파와
므낫세 반쪽 지파를 떠나서, 가나안 땅 이스라엘 백성
에게 돌아와 모든 것을 자세히 보고했다. 이스라엘 백
성은 그 보고를 듣고 기뻐하며 하나님을 찬양했다. 르
우벤 지파와 갓 지파가 살고 있는 땅을 공격하여 멸하
자는 말이 다시는 나오지 않았다.
34 르우벤 자손과 갓 자손은 그 제단에 이런 이름을 붙
였다.

우리 사이의 증거물.
하나님 한분만이 하나님이시다.

여호수아의 마지막 당부

23 1-2 하나님께서 주변의 모든 원수들을 물리
치시고 이스라엘에게 쉼을 주신 후에, 오랜
세월이 흘러서 여호수아도 우러를 만한 노인이 되었
다. 여호수아는 온 이스라엘, 곧 장로와 지도자와 재
판관과 관리들을 모두 불러 모아 말했다.
2-3 "이제 나는 늙었고, 살 만큼 살았습니다. 여러분은
하나님께서 여러분을 위해 이 모든 나라에 행하신 일
을 보았습니다. 그분은 하나님 여러분의 하나님이시
기에 그렇게 하셨습니다. 여러분을 위해 싸우신 것입
니다.
4-5 보십시오. 요단 강에서부터 서쪽 큰 바다까지 남아
있는 이 나라들을 이미 정복한 나라들과 함께 내가 여
러분 지파들의 유산으로 제비 뽑아 나누어 주었습니
다. 하나님 여러분의 하나님께서는 그들이 하나도 남
지 않을 때까지 그들을 여러분 앞에서 쫓아내실 것이
고, 여러분은 하나님 여러분의 하나님께서 약속하신
대로 그들의 땅을 차지하게 될 것입니다.
6-8 이제 여러분은 변함없이 강하고 흔들리지 마십시
오. 모세의 계시의 책에 기록된 모든 것을 순종하는
마음으로 행하십시오. 작은 것 하나라도 빠뜨리지 마
십시오. 아직 주변에 남아 있는 나라들과 섞이는 일이
없게 하십시오. 그 신들의 이름을 입에 올리거나 그
이름으로 맹세하지도 마십시오. 절대로 그 신들을 예
배하거나 그것들에게 기도해서는 안됩니다. 지금까지
여러분이 해온 것처럼, 하나님 여러분의 하나님만을
꼭 붙드십시오.
9-10 하나님께서 여러분 앞에서 크고 강한 나라들을 쫓
아내셨습니다. 지금까지 아무도 여러분에게 능히 맞

32-33 Then Priest Phinehas son of Eleazar left
the Reubenites, Gadites, and the half-tribe
of Manasseh (from Gilead) and, with the
chiefs, returned to the land of Canaan to the
People of Israel and gave a full report. They
were pleased with the report. The People of
Israel blessed God—there was no more talk of
attacking and destroying the land in which the
Reubenites and Gadites were living.
34 Reuben and Gad named the altar:

A Witness Between Us.
GOD Alone Is GOD.

Joshua's Charge

23 1-2 A long time later, after GOD
had given Israel rest from all their
surrounding enemies, and Joshua was a
venerable old man, Joshua called all Israel
together—elders, chiefs, judges, and officers.
Then he spoke to them:
2-3 "I'm an old man. I've lived a long time.
You have seen everything that GOD has done
to these nations because of you. He did it
because he's GOD, your God. He fought for
you.
4-5 "Stay alert: I have assigned to you by lot
these nations that remain as an inheritance to
your tribes—these in addition to the nations
I have already cut down—from the Jordan
to the Great Sea in the west. GOD, your God,
will drive them out of your path until there's
nothing left of them and you'll take over their
land just as GOD, your God, promised you.
6-8 "Now, stay strong and steady. Obediently
do everything written in the *Book of The
Revelation of Moses*—don't miss a detail.
Don't get mixed up with the nations that
are still around. Don't so much as speak the
names of their gods or swear by them. And by
all means don't worship or pray to them. Hold
tight to GOD, your God, just as you've done up
to now.
9-10 "GOD has driven out superpower nations
before you. And up to now, no one has been

설 수 없었습니다. 생각해 보십시오. 여러분 가운데 한 사람이 혼자서 천 명을 쫓아낸 것입니다! 그것은 하나님께서 **하나님** 여러분의 하나님이시기 때문입니다. 약속하신 대로, 그분께서 여러분을 위해 싸우셨기 때문입니다.

11-13 이제 여러분은 깨어서 정신을 바짝 차리십시오. **하나님** 여러분의 하나님을 사랑하십시오. 만일 여러분이 빗나가서 아직 여러분 가운데 남아 있는 이 민족들과 어울리면(그들과 결혼하고 다른 거래관계를 맺으면), **하나님** 여러분의 하나님께서 여러분을 위해 이 민족들을 몰아내지 않으실 것이라는 사실을 분명히 아십시오. 그들은 여러분에게 괴로움이 될 것입니다. 여러분 등에 내리치는 채찍이 되며, 여러분 눈을 파고드는 모래알이 될 것입니다. 결국 **하나님** 여러분의 하나님께서 여러분에게 주신 이 좋은 땅에서 쫓겨날 자는, 바로 여러분이 되고 말 것입니다.

14 보다시피, 이제 나는 모든 사람이 가는 길로 가야 합니다. **하나님** 여러분의 하나님께서 여러분에게 약속하신 모든 선한 일이, 작은 것 하나까지도 다 이루어진 것을 여러분은 온 마음을 다해 알아야 합니다. 모든 것이 그대로 되었습니다. 어느 한 말씀도 이루어지지 않은 것이 없습니다.

15-16 그러나 **하나님** 여러분의 하나님께서는, 약속하신 모든 좋은 일을 확실하게 이루신 것같이, 또한 모든 나쁜 일도 일어나게 하십니다. 여러분에게 주신 이 좋은 땅에서 여러분 가운데 아무도 남지 않게 하실 수도 있습니다. 여러분이 **하나님** 여러분의 하나님께서 명령하신 그분의 언약의 길을 떠나 다른 신들을 섬기고 예배하면, **하나님**의 진노가 여러분을 향해 타오를 것입니다. 그러면 순식간에 여러분은 하나도 남지 않게 되고, 그분께서 주신 이 좋은 땅에는, 여러분이 머물던 흔적까지도 모두 사라지게 될 것입니다."

세겜에서 언약을 맺다

24

1-2 여호수아가 이스라엘의 모든 지파를 세겜에 모이게 하고, 장로와 지도자와 재판관과 관리들을 불렀다. 그들이 하나님 앞에 나오자, 여호수아가 온 백성에게 말했다.

2-6 "**하나님** 이스라엘의 하나님께서 이같이 말씀하십니다. '먼 옛날에 너희 조상, 곧 데라와 그의 아들 아브라함과 나홀은 유프라테스 강 동쪽에 살면서 다른 신들을 예배했다. 그러나 내가 너희 조상 아브라함을 강 건너편에서 이끌어 내어, 그를 가나안 땅 전역을 누비게 했고 그의 후손이 많아지게 했다. 내가 그에게 이삭을 주었고, 또 이삭에게는 야곱과 에서를 주었다.

able to stand up to you. Think of it—one of you, single-handedly, putting a thousand on the run! Because GOD is GOD, your God. Because he fights for you, just as he promised you.

11-13 "Now, vigilantly guard your souls: Love GOD, your God. Because if you wander off and start taking up with these remaining nations still among you (intermarry, say, and have other dealings with them), know for certain that GOD, your God, will not get rid of these nations for you. They'll be nothing but trouble to you—horsewhips on your backs and sand in your eyes—until you're the ones who will be driven out of this good land that GOD, your God, has given you.

14 "As you can see, I'm about to go the way we all end up going. Know this with all your heart, with everything in you, that not one detail has failed of all the good things GOD, your God, promised you. It has all happened. Nothing's left undone—not so much as a word.

15-16 "But just as sure as everything good that GOD, your God, has promised has come true, so also GOD will bring to pass every bad thing until there's nothing left of you in this good land that GOD has given you. If you leave the path of the Covenant of GOD, your God, that he commanded you, go off and serve and worship other gods, GOD's anger will blaze out against you. In no time at all there'll be nothing left of you, no sign that you've ever been in this good land he gave you."

The Covenant at Shechem

24

1-2 Joshua called together all the tribes of Israel at Shechem. He called in the elders, chiefs, judges, and officers. They presented themselves before God. Then Joshua addressed all the people:

2-6 "This is what GOD, the God of Israel, says: A long time ago your ancestors, Terah and his sons Abraham and Nahor, lived to the east of the River Euphrates. They worshiped other gods. I took your ancestor Abraham from the

에서는 내가 세일 산지에 살게 했으나, 야곱과 그의 아들들은 이집트로 가게 했다. 나는 모세와 아론을 보내어 여러 재앙으로 이집트를 쳐서, 너희를 거기서 인도해 냈다. 너희 조상을 이집트에서 이끌어 낸 것이다. 너희는 바다에 이르렀고, 이집트 사람들은 전차와 기병을 거느리고 홍해 물가까지 맹렬히 추격해 왔다!

7-10 그때 너희 조상은 나 하나님에게 도와 달라고 부르짖었다. 나는 너희와 이집트 사람들 사이에 구름을 두었고, 바닷물을 그들에게 풀어 놓아 그들을 삼켜 버렸다.

너희는 내가 이집트에 행한 모든 일을 너희 눈으로 직접 보았다. 그 후에 너희는 오랫동안 광야에서 지냈다. 내가 너희를 요단 강 동쪽에 사는 아모리 사람의 땅으로 인도하자, 그들이 너희와 싸웠다. 그러나 내가 너희를 위해 싸웠고 너희는 그들의 땅을 차지했다. 내가 너희를 위해 그들을 멸망시켰다. 그때 십볼의 아들 발락이 나타났다. 그는 모압 왕이었다. 그는 이스라엘과 싸울 작정으로 브올의 아들 발람을 불러다가 너희를 저주하게 하려고 했다. 그러나 나는 발람의 말에 귀를 기울이지 않았고, 오히려 그는 몇 번씩이나 너희를 축복했다! 내가 너희를 그에게서 구한 것이다.

11 그 후에 너희는 요단 강을 건너 여리고로 왔다. 여리고 지도자들뿐 아니라 아모리 사람, 브리스 사람, 가나안 사람, 헷 사람, 기르가스 사람, 히위 사람, 여부스 사람이 힘을 합쳐 너희를 공격했으나, 내가 그들을 너희에게 넘겨주었다.

12 내가 너희 앞서 말벌을 보내어, 아모리 사람의 두 왕을 몰아냈다. 너희가 할 일을 대신해 주었다. 너희는 아무것도 할 필요가 없었다. 손가락 하나 움직일 필요가 없었다.

13 너희가 수고하지 않은 땅, 너희가 짓지 않은 성읍들을 내가 너희에게 넘겨주었다. 그래서 지금 이렇게 이 성읍들에 살면서, 너희가 심지 않은 포도원과 올리브 과수원에서 난 열매를 먹고 있는 것이다.'

14 그러니, 이제 하나님을 경외하십시오. 온 마음과 뜻을 다해 그분을 예배하십시오. 여러분의 조상들이 유프라테스 강 건너편과 이집트에서 숭배하던 신들을 없애 버리십시오. 여러분은 하나님을 예배하십시오.

15 여러분 생각에 하나님을 예배하는 것이 좋지 않다면, 여러분이 대신 섬길 신을 선택하십시오. 오늘 선택하십시오. 여러분의 조상들이 강 건너편 땅

far side of The River. I led him all over the land of Canaan and multiplied his descendants. I gave him Isaac. Then I gave Isaac Jacob and Esau. I let Esau have the mountains of Seir as home, but Jacob and his sons ended up in Egypt. I sent Moses and Aaron. I hit Egypt hard with plagues and then led you out of there. I brought your ancestors out of Egypt. You came to the sea, the Egyptians in hot pursuit with chariots and cavalry, to the very edge of the Red Sea!

7-10 "Then they cried out for help to GOD. He put a cloud between you and the Egyptians and then let the sea loose on them. It drowned them.

"You watched the whole thing with your own eyes, what I did to Egypt. And then you lived in the wilderness for a long time. I brought you to the country of the Amorites, who lived east of the Jordan, and they fought you. But I fought for you and you took their land. I destroyed them for you. Then Balak son of Zippor made his appearance. He was the king of Moab. He got ready to fight Israel by sending for Balaam son of Beor to come and curse you. But I wouldn't listen to Balaam—he ended up blessing you over and over! I saved you from him.

11 "You then crossed the Jordan and came to Jericho. The Jericho leaders ganged up on you as well as the Amorites, Perizzites, Canaanites, Hittites, Girgashites, Hivites, and Jebusites, but I turned them over to you.

12 "I sent the Hornet ahead of you. It drove out the two Amorite kings—did your work for you. You didn't have to do a thing, not so much as raise a finger.

13 "I handed you a land for which you did not work, towns you did not build. And here you are now living in them and eating from vineyards and olive groves you did not plant.

14 "So now: Fear GOD. Worship him in total commitment. Get rid of the gods your ancestors worshiped on the far side of The River (the Euphrates) and in Egypt. You, worship GOD.

15 "If you decide that it's a bad thing to worship GOD, then choose a god you'd rather serve—and do it today. Choose one of the gods your

에서 예배하던 신들 가운데 하나를 택하든지, 아니
면 여러분이 지금 살고 있는 땅 아모리 사람의 신
들 가운데 하나를 택하십시오. 그러나 나와 내 가
족은 **하나님**을 예배할 것입니다."
16 백성이 대답했다. "우리는 **하나님**을 버리지 않
겠습니다! 우리는 절대로 **하나님**을 버리고 다른 신
들을 예배하지 않겠습니다.
17-18 **하나님**이 우리 하나님이십니다! 그분께서 우
리 조상을 이집트의 종살이에서 이끌어 내셨습니
다. 그분은 그 모든 위대한 기적을 우리가 보는 앞
에서 행하셨습니다. 우리가 수없이 많은 길을 지나
고 여러 나라를 통과하는 동안, 그분은 한순간도
우리에게서 눈을 떼지 않으셨습니다. 바로 우리를
위해 그분은 모든 민족, 곧 이 땅에 살던 아모리 사
람과 모든 사람을 쫓아내셨습니다.
우리도 함께하겠습니다. 우리도 **하나님**을 예배하
겠습니다. 그분만이 우리의 하나님이십니다."
19-20 여호수아가 백성에게 말했다. "아닙니다. 여러
분은 **하나님**을 예배하지 못할 것입니다. 그분은 거
룩하신 하나님이며 질투하시는 하나님이십니다. 그
분은 여러분이 돌아다니며 죄짓는 것을 참지 않으
실 것입니다. 여러분이 **하나님**을 떠나 다른 나라의
신들을 예배하면, 그분이 곧바로 돌이켜서 여러분
을 크게 벌하실 것입니다. 여러분에게 그 모든 선을
베푸셨지만, 결국 여러분을 끝장내실 것입니다!"
21 그러자 백성이 여호수아에게 말했다. "아닙니다!
우리가 **하나님**을 예배하겠습니다!"
22 여호수아가 백성에게 말했다. "여러분이 **하나님**
을 선택하고 그분을 예배하기로 한 것에 대해 여러
분 자신이 증인입니다."
그들이 말했다. "우리가 증인입니다."
23 여호수아가 말했다. "이제 여러분이 가지고 있는
모든 이방 신들을 없애 버리십시오. **하나님** 이스라
엘의 하나님께 온 마음을 드리십시오."
24 백성이 여호수아에게 대답했다. "우리가 **하나님**
을 예배하겠습니다. 그분이 말씀하시는 대로 행하
겠습니다."

25-26 그날 여호수아가 그곳 세겜에서 백성을 위해
언약을 맺고, 공식적으로 그것을 자세히 기록했다.
여호수아는 모든 지침과 규정을 하나님의 계시의
책에 자세히 적었다. 그리고 큰 돌을 가져다가 **하**
나님의 성소 곁에 있는 상수리나무 아래에 세웠다.
27 여호수아가 온 백성에게 말했다. "이 돌이 우리

ancestors worshiped from the country beyond
The River, or one of the gods of the Amorites, on
whose land you're now living. As for me and my
family, we'll worship GOD."
16 The people answered, "We'd never forsake
GOD! Never! We'd never leave GOD to worship
other gods.
17-18 "GOD is our God! He brought up our ances-
tors from Egypt and from slave conditions. He
did all those great signs while we watched. He
has kept his eye on us all along the roads we've
traveled and among the nations we've passed
through. Just for us he drove out all the nations,
Amorites and all, who lived in the land.
"Count us in: We too are going to worship GOD.
He's our God."

19-20 Then Joshua told the people: "You can't do
it; you're not able to worship GOD. He is a holy
God. He is a jealous God. He won't put up with
your fooling around and sinning. When you
leave GOD and take up the worship of foreign
gods, he'll turn right around and come down on
you hard. He'll put an end to you—and after all
the good he has done for you!"
21 But the people told Joshua: "No! No! We
worship GOD!"
22 And so Joshua addressed the people: "You
are witnesses against yourselves that you have
chosen GOD for yourselves—to worship him."
And they said, "We are witnesses."
23 Joshua said, "Now get rid of all the foreign
gods you have with you. Say an unqualified Yes
to GOD, the God of Israel."
24 The people answered Joshua, "We will
worship GOD. What he says, we'll do."

25-26 Joshua completed a Covenant for the people
that day there at Shechem. He made it official,
spelling it out in detail. Joshua wrote out all the
directions and regulations into the Book of The
Revelation of God. Then he took a large stone
and set it up under the oak that was in the holy
place of GOD.
27 Joshua spoke to all the people: "This stone

의 증거입니다. 하나님께서 우리에게 하신 모든
말씀을 이 돌이 들었습니다. 여러분이 하나님을
배반하지 못하도록, 이 돌이 여러분에게 번치 않
는 증거가 될 것입니다."
28 그 후에 여호수아는 백성을 각자 유산으로 받은
땅으로 돌려보냈다.

29-30 이 모든 일이 있은 후에, 하나님의 종 눈의 아
들 여호수아가 백열 살의 나이로 죽었다. 사람들
은 그가 유산으로 받은 땅인 가아스 산 북쪽 에브
라임 산지의 딤낫세라에 그를 묻었다.
31 하나님께서 이스라엘을 위해 행하신 모든 일을
직접 겪은 여호수아와 그보다 나중까지 산 장로
들이 살아 있는 동안에, 이스라엘은 하나님을 섬
겼다.
32 이스라엘 백성은 이집트에서 가지고 나온 요셉
의 유골을 세겜, 곧 야곱이 (세겜의 아버지인) 하
몰의 아들들에게서 산 땅에 묻었다. 야곱이 은화
백 개를 주고 산 그 땅은 요셉 가문의 유산이 되
었다.
33 아론의 아들 엘르아살도 죽었다. 사람들은 그를
그의 아들 비느하스가 유산으로 받은 에브라임 산
지의 기브아에 묻었다.

is a witness against us. It has heard every word that GOD has said to us. It is a standing witness against you lest you cheat on your God."
28 Then Joshua dismissed the people, each to his own place of inheritance.

29-30 After all this, Joshua son of Nun, the servant
of GOD, died. He was 110 years old. They buried him in the land of his inheritance at Timnath Serah in the mountains of Ephraim, north of Mount Gaash.
31 Israel served GOD through the lifetime of
Joshua and of the elders who outlived him, who had themselves experienced all that God had done for Israel.
32 Joseph's bones, which the People of Israel
had brought from Egypt, they buried in Shechem in the plot of ground that Jacob had purchased from the sons of Hamor (who was the father of Shechem). He paid a hundred silver coins for it. It belongs to the inheritance of the family of Joseph.
33 Eleazar son of Aaron died. They buried him at
Gibeah, which had been allotted to his son Phinehas in the mountains of Ephraim.

사사기 | 머리말

섹스와 폭력, 강간과 학살, 잔인무도와 권모술수. 하나같이 구원 이야기를 전개하는 데 적합한 소재로 보이지 않는다. 하나님과 구원, 진정한 삶과 사랑 같은 성경의 중심 주제를 염두에 두고 성경을 펴는 독자들은, 응당 성경에서 우리 모두에게 모범이 될 만한 선하고 고귀하며 존경스러운 지도자들의 모습을 보게 되기를 기대한다. 그렇기에, 사사기의 각 장마다 홍수처럼 쏟아져 나오는 적나라한 폭력행위들은 가히 충격적이지 않을 수 없다. "이스라엘 백성이 **하나님** 보시기에 악을 행했다"(삿 2:11, 3:12, 4:1, 6:1, 10:6, 13:1)는 문장이 여러 장에 걸쳐 반복해서 나온다.

사사기가 그 흠 많고 불량한 지도자들을 부정적인 본보기로 제시하고 그런 형편없는 삶에 따르는 섬뜩한 벌을 지옥불 운운하며 묘사하는 이야기였다면, 그다지 우리 비위에 거슬리지 않았을 것이다. 그런데 이 이야기는 전혀 그런 식이 아니다. 화자(話者)는 심드렁한 어조로 이야기를 펼쳐 가는데, 마치 하나님께서 이런 식으로 말씀하시는 것 같다. "좋다. 그게 너희가 내놓을 수 있는 최선이라면, 나는 그런 너희의 모습을 있는 그대로 사용해 내 구원 이야기를 전개시켜 가겠다." 이들은 그 이야기 속에서 자리를 찾아가면서 어느 정도의 명예를 부여받기까지 한다. 분명, 이 이야기는 그들을 비난의 대상이나 조롱거리로 다루지 않는다.

그렇다. 하나님이 하시는 선한 일에 반드시 선한 사람이 필요한 것은 아니다. 그분은 우리가 도덕적·영적으로 어떤 상태에 있든 우리를 사용해 일하실 수 있고, 또 그렇게 일하신다. 때로는 그분의 가장 선한 일을 이루는 데 가장 부적합해 보이는 자들을 사용하시기도 한다. 그런 지도자들(사사들)까지도 영광스러운 결론을 향해 달려가는 이야기의 의미 있는 일부로 포함시키는 하나님이시라면, 분명 우리 같은 사람들, 구제불능인 것처럼 보이는 우리의 친구와 이웃도 그렇게 사용하실 수 있을 것이다.

사사기에 두 번(17:6과 21:25) 등장하는 인상적인 반복구가 있다. "그때에는 이스라엘에 왕이 없었다. 사람들은 무엇이든 자기 마음에 원하는 대로

Sex and violence, rape and massacre, brutality and deceit do not seem to be congenial materials for use in developing a story of salvation. Given the Bible's subject matter—God and salvation, living well and loving deeply—We quite naturally expect to find in its pages leaders for us who are good, noble, honorable men and women showing us the way. So it is always something of a shock to enter the pages of the book of Judges and find ourselves immersed in nearly unrelieved mayhem. Over and over we read, "The People of Israel did evil in GOD's sight"(Judges 2:11; 3:12; 4:1; 6:1; 10:6; 13:1).

It might not gravel our sensibilities so much if these flawed and reprobate leaders were held up as negative moral examples, with lurid, hellfire descriptions of the punishing consequences of living such bad lives. But the story is not told quite that way. There is a kind of matter-of-fact indifference in the tone of the narration, almost as if God is saying, "Well, if this is all you're going to give me to work with, I'll use *these* men and women, just as they are, and get on with working out the story of salvation." These people are even given a measure of dignity as they find their place in the story; they are most certainly not employed for the sake of vilification or lampoon.

God, it turns out, does not require good people in order to do good work. He can and does work with us in whatever moral and spiritual condition he finds us. God, we are learning, does some of his best work using the most unlikely people. If God found a way to significantly include these leaders ("judges") in what we know is on its way to becoming a glorious conclusion, he can certainly use us along with our sometimes impossible friends and neighbors.

Twice in Judges (17:6 and 21:25) there is the telling refrain: "At that time there was no king in

행했다." 그러나 사사기를 읽는 우리는, 사실 이스라엘에 왕이 있었음을 안다. 바로, 하나님께서 왕이셨다. 지상의 왕이 없던, 그래서 도덕적·정치적으로 무정부 상태였던 그 시절에도 주권자 하나님이 계셨고, 그분이 다스리시는 나라가 엄연한 현실로 존재했다.

Israel. People did whatever they felt like doing." But we readers know that there *was* a king in Israel: *God* was king. And so, while the lack of an earthly king accounts for the moral and political anarchy, the presence of the sovereign God, however obscurely realized, means that the reality of the kingdom is never in doubt.

사사기

1 [1] 여호수아가 죽은 후에, 이스라엘 백성이 하나님께 여쭈었다. "어느 지파가 앞장서 올라가서 가나안 사람과 싸워야 하겠습니까?"

[2] 하나님께서 말씀하셨다. "유다 지파가 올라가거라. 내가 그 땅을 그들의 손에 넘겨주었다."

[3] 유다 지파 사람들이 형제인 시므온 지파 사람들에게 제안했다. "우리와 함께 우리 땅에 올라가서 가나안 사람과 싸우자. 그러면 우리도 너희와 함께 너희 땅에 가겠다." 그리하여 시므온 지파가 유다 지파와 함께 갔다.

[4] 유다 지파가 올라가자, 하나님께서 가나안 사람과 브리스 사람을 그들의 손에 넘겨주셨다. 그들은 베섹에서 열 개의 부대를 물리쳤다!

[5-7] 그곳 베섹에서 그들은 아도니(나의 주)베섹을 쫓아가 그와 싸웠다. 그리고 가나안 사람과 브리스 사람을 쳐부수었다. 그들이 도망치는 아도니베섹을 뒤쫓아가서 사로잡아, 그의 엄지손가락과 엄지발가락을 잘라 버렸다. 아도니베섹은 "내가 전에 일흔 명의 왕들의 엄지손가락과 엄지발가락을 자르고 나서 내 식탁 밑을 기어 다니며 부스러기를 주워 먹게 했는데, 내가 그들에게 한 대로 하나님께서 내게 갚으시는구나" 하고 말했다.
유다 지파 사람들이 그를 예루살렘으로 끌고 가니, 그가 거기서 죽었다.

[8-10] 유다 백성이 예루살렘을 공격해 함락시키고, 칼로 그 성을 정복하고 불살랐다. 그 후에 그들은 산지와 네겝, 작은 언덕으로 내려가서, 거기 살고 있는 가나안 사람과 싸웠다. 유다는 헤브론(헤브론은 전에 기럇아르바라고 불리던 곳이다)에 사는

JUDGES

1 [1] A time came after the death of Joshua when the People of Israel asked GOD, "Who will take the lead in going up against the Canaanites to fight them?"

[2] And GOD said, "Judah will go. I've given the land to him."

[3] The men of Judah said to those of their brother Simeon, "Go up with us to our territory and we'll fight the Canaanites. Then we'll go with you to your territory." And Simeon went with them.

[4] So Judah went up. GOD gave them the Canaanites and the Perizzites. They defeated them at Bezek—ten military units!

[5-7] They caught up with My-Master-Bezek there and fought him. They smashed the Canaanites and the Perizzites. My-Master-Bezek ran, but they gave chase and caught him. They cut off his thumbs and big toes. My-Master-Bezek said, "Seventy kings with their thumbs and big toes cut off used to crawl under my table, scavenging. Now God has done to me what I did to them."
They brought him to Jerusalem and he died there.

[8-10] The people of Judah attacked and captured Jerusalem, subduing the city by sword and then sending it up in flames. After that they had gone down to fight the Canaanites who were living in the hill country, the Negev, and the foothills. Judah had gone on to the Canaanites who lived

가나안 사람에게까지 가서 세새, 아히만, 달매
를 굴복시켰다.
11-12 거기서 그들은 진격하여 드빌 주민을 쳤다
(드빌은 전에 기럇세벨이라고 불리던 곳이다).
갈렙은 "누구든지 기럇세벨을 공격하여 점령하
는 사람에게는 내 딸 악사를 아내로 주겠다"고
말했다.
13 갈렙의 동생 그나스의 아들 옷니엘이 그곳을
점령했다. 그래서 갈렙은 자기 딸 악사를 그에
게 아내로 주었다.

14-15 악사가 도착해서 옷니엘을 시켜
자기 아버지에게 밭을 청하게 했다.
악사가 나귀에서 내리자 갈렙이 물었다.
"무엇을 원하느냐?"
악사가 대답했다. "제게 결혼 예물을 주십시오.
아버지께서 제게 사막의 땅을 주셨으니,
이제 샘물도 주십시오!"
그래서 갈렙은 윗샘과 아랫샘을 딸에게 주었다.

16 모세의 친척인 겐 사람 호밥의 자손이 유다
자손과 함께 종려나무 성읍으로부터 올라가 아
랏 내리막에 있는 유다 광야로 가서, 아말렉 사
람과 함께 그곳에 정착했다.
17 유다 자손은 친족인 시므온 지파 사람들과 함
께 가서 스밧에 사는 가나안 사람을 쳤다. 그들
은 거룩한 저주를 행하고 그 성읍을 저주받은 성
읍이라고 불렀다.
18-19 그러나 유다 자손은 가사, 아스글론, 에그
론과 거기에 딸린 영토를 점령하지 않았다. 하
나님께서 분명히 유다 자손과 함께 계셨으므로
그들은 산지를 점령할 수 있었다. 그러나 평지
에 사는 사람들에게 철제 전차가 있었기 때문에
그들을 쫓아내지 못했다.
20 유다 자손은 모세가 지시한 대로 갈렙에게 헤
브론을 주었다. 갈렙은 아낙의 세 아들을 쫓아
냈다.
21 그러나 베냐민 자손은 예루살렘에 사는 여부
스 사람을 쫓아내지 못했다. 베냐민 자손과 여
부스 사람은 오늘까지 예루살렘에서 어깨를 맞
대고 살고 있다.

22-26 요셉의 집안 역시 베델을 치러 올라갔다.

in Hebron (Hebron used to be called Kiriath Arba)
and brought Sheshai, Ahiman, and Talmai to their
knees.
11-12 From there they had marched against the
population of Debir (Debir used to be called Kiriath
Sepher). Caleb had said, "Whoever attacks Kiriath
Sepher and takes it, I'll give my daughter Acsah to
him as his wife."
13 Othniel son of Kenaz, Caleb's brother, took it, so
Caleb gave him his daughter Acsah as his wife.

14-15 When she arrived she got him
to ask for farmland from her father.
As she dismounted from her donkey
Caleb asked her, "What would you like?"
She said, "Give me a marriage gift.
You've given me desert land;
Now give me pools of water!"
And he gave her the upper and the lower pools.

16 The people of Hobab the Kenite, Moses' relative,
went up with the people of Judah from the City of
Palms to the wilderness of Judah at the descent of
Arad. They settled down there with the Amalekites.
17 The people of Judah went with their kin the
Simeonites and struck the Canaanites who lived
in Zephath. They carried out the holy curse and
named the city Curse-town.
18-19 But Judah didn't manage to capture Gaza,
Ashkelon, and Ekron with their territories. GOD
was certainly with Judah in that they took over the
hill country. But they couldn't oust the people on
the plain because they had iron chariots.
20 They gave Hebron to Caleb, as Moses had direct-
ed. Caleb drove out the three sons of Anak.
21 But the people of Benjamin couldn't get rid of
the Jebusites living in Jerusalem. Benjaminites and
Jebusites live side by side in Jerusalem to this day.

22-26 The house of Joseph went up to attack Bethel.
GOD was with them. Joseph sent out spies to look
the place over. Bethel used to be known as Luz. The
spies saw a man leaving the city and said to him,

하나님께서 그들과 함께하셨다. 요셉 집안이 정탐꾼들을 보내어 그곳을 정탐하게 했다. 베델은 루스라는 이름으로 알려져 있었다. 정탐꾼들이 때마침 그 성읍에서 나오는 사람을 보고 말했다. "성읍으로 들어가는 길을 우리에게 일러 주시오. 우리가 당신을 선대하겠소." 그 사람은 정탐꾼들에게 들어가는 길을 일러 주었다. 정탐꾼들은 그 사람과 그의 일가족만 빼고 성읍 안에 있는 모든 사람을 죽였다. 그 사람은 헷 사람의 땅으로 가서 그곳에 성읍을 세웠다. 그는 그곳을 루스라고 불렀는데, 오늘까지 그 이름으로 남아 있다.

27-28 그러나 므낫세 지파는 벳산, 다아낙, 도르, 이블르암, 므깃도와 거기에 딸린 영토에 사는 주민을 끝내 쫓아내지 않았다. 가나안 사람이 완강히 버티며 꿈쩍도 하지 않았다. 이스라엘이 더 강해졌을 때에도 가나안 사람에게 강제노역을 시켰을 뿐 그들을 몰아내지는 않았다.

29 에브라임 지파도 게셀에 사는 가나안 사람을 쫓아내지 못했다. 가나안 사람은 완강히 버티며 그곳에서 그들과 함께 살았다.

30 스불론 지파도 기드론과 나할롤의 가나안 사람을 쫓아내지 못했다. 그들은 계속해서 그곳에 살면서 강제노역을 해야 했다.

31-32 아셀 지파도 악고, 시돈, 알랍, 악십, 헬바, 아벡, 르홉 사람을 쫓아내지 못했다. 아셀 지파는 가나안 사람을 몰아낼 수 없었으므로 그들과 함께 정착했다.

33 납달리 지파도 크게 다르지 않았다. 그들은 벳세메스와 벳아낫 사람을 쫓아내지 못하고 그들 가운데로 이주하여 그들과 함께 살았다. 납달리 지파도 그들에게 강제노역을 시켰다.

34-35 아모리 사람은 단 자손을 산지로 몰아넣고 평지에 내려오지 못하게 했다. 아모리 사람은 꿋꿋하게 헤레스 산, 아얄론, 사알빔에 계속 살았다. 그러나 요셉의 집안이 더 강성해지자 그들은 강제노역을 해야 했다.

36 아모리 사람의 경계는 전갈 고갯길과 셀라에서부터 그 위에까지 이르렀다.

2

1-2 하나님의 천사가 길갈에서 보김으로 올라와서 말했다. "내가 너희를 이집트에서 이끌어 내어 너희 조상에게 약속한 땅으로

"Show us a way into the city and we'll treat you well." The man showed them a way in. They killed everyone in the city but the man and his family. The man went to Hittite country and built a city. He named it Luz; that's its name to this day.

27-28 But Manasseh never managed to drive out Beth Shan, Taanach, Dor, Ibleam, and Megiddo with their territories. The Canaanites dug in their heels and wouldn't budge. When Israel became stronger they put the Canaanites to forced labor, but they never got rid of them.

29 Neither did Ephraim drive out the Canaanites who lived in Gezer. The Canaanites stuck it out and lived there with them.

30 Nor did Zebulun drive out the Canaanites in Kitron or Nahalol. They kept living there, but they were put to forced labor.

31-32 Nor did Asher drive out the people of Acco, Sidon, Ahlab, Aczib, Helbah, Aphek, and Rehob. Asher went ahead and settled down with the Canaanites since they could not get rid of them.

33 Naphtali fared no better. They couldn't drive out the people of Beth Shemesh or Beth Anath so they just moved in and lived with them. They did, though, put them to forced labor.

34-35 The Amorites pushed the people of Dan up into the hills and wouldn't let them down on the plains. The Amorites stubbornly continued to live in Mount Heres, Aijalon, and Shaalbim. But when the house of Joseph got the upper hand, they were put to forced labor.

36 The Amorite border extended from Scorpions' Pass and Sela upward.

2

1-2 GOD's angel went up from Gilgal to Bokim and said, "I brought you out of Egypt; I led you to the land that I promised to your fathers; and I said, I'll never break my covenant with you—never! And you're never to make a covenant with the people who live in this land. Tear down their altars! But you haven't obeyed me! What's this that you're doing?

3 "So now I'm telling you that I won't drive them

인도했다. 내가 너희에게 말하기를 '나는 너희와 맺은 내 언약을 절대로 어기지 않을 것이다. 그러니 너희는 이 땅에 사는 사람들과 절대로 언약을 맺어서는 안된다. 그들의 제단들을 허물어라!' 하고 말했다. 그러나 너희는 내 말에 순종하지 않았다! 어찌 이럴 수 있느냐?

3 이제 내가 너희에게 말한다. 나는 그들을 너희 앞에서 쫓아내지 않을 것이다. 그들이 너희를 걸려 넘어지게 하고 그들의 신들은 너희에게 덫이 될 것이다."

4-5 하나님의 천사가 이스라엘 온 백성에게 이 말을 하자, 그들이 큰소리로 울었다! 그들은 그곳을 보김(우는 사람들)이라고 불렀다. 그리고 거기서 하나님께 제사를 드렸다.

6-9 여호수아가 이스라엘 백성을 해산시킨 뒤에, 그들은 각각 자신들이 유산으로 받은 땅으로 가서 그 땅을 차지했다. 여호수아가 살아 있는 동안 그리고 그가 죽은 후에도, 하나님께서 이스라엘을 위해 행하신 모든 크신 일을 직접 경험한 지도자들이 살아 있는 동안에는 백성이 하나님을 잘 섬겼다. 그 후에 하나님의 종 눈의 아들 여호수아가 백열 살의 나이로 죽었다. 그들은 그가 유산으로 받은 땅인 가아스 산 북쪽 에브라임 산지의 딤낫헤레스에 그를 묻었다.

10 마침내 그 세대가 모두 죽어 땅에 묻혔다. 그 후에 하나님을 알지 못하고 그분께서 이스라엘을 위해 행하신 일도 전혀 모르는 새로운 세대가 일어났다.

11-15 이스라엘 백성이 하나님 보시기에 악을 행했다. 그들은 바알 신들을 섬겼고, 자신들을 이집트에서 인도하여 내신 하나님 그들 조상의 하나님을 버렸다. 그들은 다른 신들, 주변 민족들이 섬기는 신들과 어울렸고, 실제로 그 신들을 섬겼다! 바알 신과 아스다롯 여신을 섬기는 것 때문에 그들이 하나님을 얼마나 노하시게 했는지 모른다! 하나님께서는 이스라엘에게 불같이 진노하셨다. 그래서 그들을 약탈자들의 손에 넘겨 약탈당하게 하셨고, 사방의 적들에게 헐값에 팔아넘기셨다. 그들은 적들 앞에서 무력했다. 그들이 문밖으로 나갈 때마다 하나님께서 그들과 함께하셨지만, *그것은* 하나님께서 말씀하시고 또 맹세하신 대로, 그들을 벌하시기 위해서였다. 그들의 상황이 몹시 위태했다.

16-17 그러나 하나님께서는 사사들을 일으키셔서 그들을 약탈자의 손에서 구해 내셨다. 그런데도 그들은

out before you. They'll trip you up and their gods will become a trap."

4-5 When GOD's angel had spoken these words to all the People of Israel, they cried out—oh! how they wept! They named the place Bokim (Weepers). And there they sacrificed to GOD.

6-9 After Joshua had dismissed them, the People of Israel went off to claim their allotted territories and take possession of the land. The people worshiped GOD throughout the lifetime of Joshua and the time of the leaders who survived him, leaders who had been in on all of GOD's great work that he had done for Israel. Then Joshua son of Nun, the servant of GOD, died. He was 110 years old. They buried him in his allotted inheritance at Timnath Heres in the hills of Ephraim north of Mount Gaash.

10 Eventually that entire generation died and was buried. Then another generation grew up that didn't know anything of GOD or the work he had done for Israel.

11-15 The People of Israel did evil in GOD's sight: they served Baal-gods; they deserted GOD, the God of their parents who had led them out of Egypt; they took up with other gods, gods of the peoples around them. They actually worshiped them! And oh, how they angered GOD as they worshiped god Baal and goddess Astarte! GOD's anger was hot against Israel: He handed them off to plunderers who stripped them; he sold them cheap to enemies on all sides. They were helpless before their enemies. Every time they walked out the door GOD was with them—but for evil, just as GOD had said, just as he had sworn he would do. They were in a bad way.

16-17 But then GOD raised up judges who saved them from their plunderers. But they wouldn't listen to their judges; they prostituted themselves to other gods—worshiped them! They lost no time leaving the road walked by their parents, the road of obedience to GOD's

사사들의 말을 좀처럼 들으려 하지 않았다. 그들은 음란하게도 자신들을 다른 신들에게 팔아 버렸다. 다른 신들을 예배한 것이다! 그들은 조상들이 **하나님**의 명령에 순종하며 걸어온 길을 순식간에 떠나갔다. 그 길과 아예 관계를 끊어 버렸다.

18-19 **하나님**께서 그들을 위해 사사를 세우실 때면, 하나님께서는 그 사사와 함께하셨다. 그 사사가 살아 있는 동안에는 원수들의 압제에서 이스라엘 백성을 구해 주셨다. 자신들을 괴롭히고 짓밟는 자들 때문에 신음하는 그들의 소리를 들으시고, **하나님**께서 그들을 불쌍히 여기셨던 것이다. 그러나 사사가 죽고 나면 백성은 곧바로 옛날 방식으로 돌아가—조상보다 더 악하게!—다른 신들을 좇고 섬기고 예배했다. 고집 센 노새처럼, 그들은 악한 행실을 놓으려 하지 않았다.

20-22 이스라엘을 향해 **하나님**의 진노가 불타올랐다. 그분께서 말씀하셨다. "이 백성이 내가 그들의 조상에게 명령한 내 언약을 버리고 내 말을 듣지 않았으니, 나 또한 여호수아가 죽은 후에 남아 있는 민족들을 단 한 사람도 쫓아내지 않을 것이다. 내가 그들을 통해 이스라엘을 시험하고, 이스라엘의 조상들처럼 그 자손들이 **하나님**의 길로 걸어가는지 지켜볼 것이다."

23 그래서 **하나님**께서는 그 민족들을 남겨 두셨다. 그분은 그들을 쫓아내지 않으셨고, 여호수아가 그들을 몰아내게 하지도 않으셨다.

3 1-4 가나안 전쟁을 경험하지 않은 이스라엘 백성을 시험하기 위해 **하나님**께서 그곳에 남겨 두신 민족들은 이러하다. 그분은 전쟁을 겪지 않은 이스라엘 자손들을 훈련시키기 위해 그렇게 하셨다. 블레셋의 다섯 군주, 가나안 사람 전부, 시돈 사람, 바알헤르몬 산에서부터 하맛 고갯길까지 레바논 산에 사는 히위 사람을 남겨 두셨다. 그것은 모세를 통해 조상들에게 주신 **하나님**의 명령에 이스라엘이 순종하는지 시험하여 알아보기 위해서였다.

5-6 그러나 이스라엘 백성은 가나안 사람, 헷 사람, 아모리 사람, 브리스 사람, 히위 사람, 여부스 사람과 함께 어울려 살았다. 이스라엘은 그들의 딸과 결혼했고 그들의 아들을 사위로 삼았다. 그리고 그들의 신들을 섬겼다.

사사 옷니엘

7-8 이스라엘 백성이 **하나님** 보시기에 악을 행했다.

commands. They refused to have anything to do with it.

18-19 When GOD was setting up judges for them, he would be right there with the judge: He would save them from their enemies' oppression as long as the judge was alive, for GOD was moved to compassion when he heard their groaning because of those who afflicted and beat them. But when the judge died, the people went right back to their old ways—but even worse than their parents!—running after other gods, serving and worshiping them. Stubborn as mules, they didn't drop a single evil practice.

20-22 And GOD's anger blazed against Israel. He said, "Because these people have thrown out my covenant that I commanded their parents and haven't listened to me, I'm not driving out one more person from the nations that Joshua left behind when he died. I'll use them to test Israel and see whether they stay on GOD's road and walk down it as their parents did."

23 That's why GOD let those nations remain. He didn't drive them out or let Joshua get rid of them.

3 1-4 These are the nations that GOD left there, using them to test the Israelites who had no experience in the Canaanite wars. He did it to train the descendants of Israel, the ones who had no battle experience, in the art of war. He left the five Philistine tyrants, all the Canaanites, the Sidonians, and the Hivites living on Mount Lebanon from Mount Baal Hermon to Hamath's Pass. They were there to test Israel and see whether they would obey GOD's commands that were given to their parents through Moses.

5-6 But the People of Israel made themselves at home among the Canaanites, Hittites, Amorites, Perizzites, Hivites, and Jebusites. They married their daughters and gave their own daughters to their sons in marriage. And they worshiped their gods.

그들은 자신들의 하나님을 잊어버리고 바알 신
들과 아세라 여신들을 섬겼다. 이스라엘을 향
한 하나님의 진노가 뜨겁게 불타올랐다. 그분
은 그들을 아람나하라임 왕 구산리사다임에게
팔아넘기셨다. 이스라엘 백성은 팔 년 동안 구
산리사다임의 종으로 지냈다.
9-10 이스라엘 백성이 하나님께 부르짖자 하나
님께서 그들을 구할 구원자를 일으키셨다. 그
는 갈렙의 조카요 갈렙의 동생 그나스의 아들
인 옷니엘이었다. 하나님의 영이 그에게 임하
시니 그가 이스라엘을 다시 불러 모았다. 그가
전쟁에 나가자 하나님께서 아람나하라임 왕 구
산리사다임을 그의 손에 넘겨주셨다. 옷니엘은
그를 간단히 처치할 수 있었다.
11 그 땅이 사십 년 동안 평온했다. 그 후에 그
나스의 아들 옷니엘이 죽었다.

사사 에훗

12-14 그러나 이스라엘 백성은 또다시 하나님 보
시기에 악을 행했다. 그래서 하나님께서는 모
압 왕 에글론을 강하게 만드셔서 이스라엘을
대적하게 하셨다. 그들이 하나님 보시기에 악
을 행했기 때문이다. 에글론은 암몬 사람과 아
말렉 사람을 소집하여 이스라엘을 치고 종려나
무 성읍을 차지했다. 이스라엘 백성은 십사 년
동안 에글론의 종으로 지냈다.
15-19 이스라엘 백성이 하나님께 부르짖으니 하
나님께서 그들을 위해 구원자를 일으키셨다.
그는 베냐민 지파 게라의 아들 에훗으로, 왼손
잡이였다. 이스라엘 백성은 에훗 편으로 모압
왕 에글론에게 조공을 보냈다. 에훗은 양날 단
검을 만들어 오른쪽 허벅지에 차고 옷으로 가
린 뒤, 모압 왕 에글론에게 가서 조공을 바쳤
다. 에글론은 몹시 뚱뚱했다. 조공을 다 바친
뒤에 에훗은 조공을 메고 온 사람들과 함께 길
을 떠났다. 그는 길갈 근처 돌 우상이 있는 곳
까지 갔다가 다시 돌아와서 말했다. "왕이시여,
은밀히 드릴 말씀이 있습니다."
왕이 신하들에게 "물러가라"고 하자, 그들이 다
물러갔다.
20-24 에훗이 왕에게 다가섰을 때 왕은 서늘한
다락방에 혼자 있었다. 에훗이 "왕께 전할 하나
님의 말씀이 있습니다" 하고 말하자, 에글론이
왕좌에서 일어났다. 에훗은 왼손을 뻗어 오른
쪽 허벅지에서 칼을 뽑아 왕의 불룩한 배를 찔

Othniel

7-8 The People of Israel did evil in GOD's sight. They
forgot their GOD and worshiped the Baal gods and
Asherah goddesses. GOD's hot anger blazed against
Israel. He sold them off to Cushan-Rishathaim king
of Aram Naharaim. The People of Israel were in
servitude to Cushan-Rishathaim for eight years.
9-10 The People of Israel cried out to GOD and
GOD raised up a savior who rescued them: Caleb's
nephew Othniel, son of his younger brother Kenaz.
The Spirit of GOD came on him and he rallied Israel.
He went out to war and GOD gave him Cushan-
Rishathaim king of Aram Naharaim. Othniel made
short work of him.
11 The land was quiet for forty years. Then Othniel
son of Kenaz died.

Ehud

12-14 But the People of Israel went back to doing evil
in GOD's sight. So GOD made Eglon king of Moab a
power against Israel because they did evil in GOD's
sight. He recruited the Ammonites and Amalekites
and went out and struck Israel. They took the City
of Palms. The People of Israel were in servitude to
Eglon fourteen years.
15-19 The People of Israel cried out to GOD and GOD
raised up for them a savior, Ehud son of Gera, a
Benjaminite. He was left-handed. The People of
Israel sent tribute by him to Eglon king of Moab.
Ehud made himself a short two-edged sword and
strapped it on his right thigh under his clothes. He
presented the tribute to Eglon king of Moab. Eglon
was grossly fat. After Ehud finished presenting the
tribute, he went a little way with the men who had
carried it. But when he got as far as the stone images
near Gilgal, he went back and said, "I have a private
message for you, O King."
The king told his servants, "Leave." They all left.
20-24 Ehud approached him—the king was now quite
alone in his cool rooftop room—and said, "I have
a word of God for you." Eglon stood up from his
throne. Ehud reached with his left hand and took his
sword from his right thigh and plunged it into the
king's big belly. Not only the blade but the hilt went
in. The fat closed in over it so he couldn't pull it out.

렀다. 그러자 칼날뿐 아니라 칼자루까지 배에 깊이 박혔다. 기름기가 칼에 엉겨서 칼을 뽑을 수 없었다. 에훗은 현관으로 몰래 빠져나와 다락방 문을 닫아 잠그고 도망쳤다.

신하들이 와서 보니, 뜻밖에도 다락방 문이 잠겨 있었다. 그들은 "왕이 화장실에서 용변을 보시는가" 하고 생각했다.

25 그들은 기다리다가 걱정이 되었다. 그 잠긴 문에서 아무도 나오지 않았기 때문이다. 결국 그들이 열쇠를 가져다가 문을 열어 보니, 그곳에 왕이 죽은 채로 바닥에 쓰러져 있었다!

26-27 그들이 어찌할 바를 몰라 우두커니 서 있는 동안, 에훗은 한참 달아나 있었다. 그는 돌 우상이 있는 곳을 지나서 스이라로 도망쳤다. 그곳에 이른 그는, 에브라임 산에서 나팔을 불었다. 이스라엘 백성이 산지에서 내려와 그와 합류했다. 에훗은 그들의 선두에 섰다.

28 그가 말했다. "나를 따르시오. 하나님께서 여러분의 원수 모압을 여러분의 손에 넘겨주셨소." 그들은 에훗을 따라 내려가 요단 강 여울목을 확보하고 모압 사람과 대치했다. 그들은 아무도 강을 건너지 못하게 했다.

29-30 그때 그들이 죽인 모압 사람이 열 개 부대쯤 되었는데, 다들 몸집이 크고 건장했지만 한 사람도 도망치지 못했다. 그날 모압이 굴복하여 이스라엘의 손 아래 들어왔다.

그 땅이 팔십 년 동안 평온했다.

사사 삼갈

31 아낫의 아들 삼갈이 에훗의 뒤를 이었다. 그는 소 모는 막대기로 혼자서 블레셋 사람 육백 명을 죽였다. 그도 이스라엘을 구원했다.

사사 드보라

4 1-3 이스라엘 백성이 하나님 보시기에 끊임없이 악을 행했다. 그래서 하나님께서는 에훗이 죽은 뒤에 하솔에서 다스리던 가나안 왕 야빈에게 그들을 팔아 버리셨다. 그의 군대 사령관은 하로셋학고임에 사는 시스라였다. 그가 구백 대의 철제 전차로 이십 년 동안 이스라엘 백성을 잔혹하게 압제했으므로 이스라엘 백성이 하나님께 부르짖었다.

4-5 랍비돗의 아내 드보라는 예언자요, 당시에 이스라엘을 다스리던 사사였다. 드보라가 에브라임 산지의 라마와 베델 사이에 있는 드보라

Ehud slipped out by way of the porch and shut and locked the doors of the rooftop room behind him. Then he was gone.

When the servants came, they saw with surprise that the doors to the rooftop room were locked. They said, "He's probably relieving himself in the restroom."

25 They waited. And then they worried—no one was coming out of those locked doors. Finally, they got a key and unlocked them. There was their master, fallen on the floor, dead!

26-27 While they were standing around wondering what to do, Ehud was long gone. He got past the stone images and escaped to Seirah. When he got there, he sounded the trumpet on Mount Ephraim. The People of Israel came down from the hills and joined him. He took his place at their head.

28 He said, "Follow me, for GOD has given your enemies—yes, Moab!—to you." They went down after him and secured the fords of the Jordan against the Moabites. They let no one cross over.

29-30 At that time, they struck down about ten companies of Moabites, all of them well-fed and robust. Not one escaped. That day Moab was subdued under the hand of Israel.

The land was quiet for eighty years.

Shamgar

31 Shamgar son of Anath came after Ehud. Using a cattle prod, he killed six hundred Philistines single-handed. He too saved Israel.

Deborah

4 1-3 The People of Israel kept right on doing evil in GOD's sight. With Ehud dead, GOD sold them off to Jabin king of Canaan who ruled from Hazor. Sisera, who lived in Harosheth Haggoyim, was the commander of his army. The People of Israel cried out to GOD because he had cruelly oppressed them with his nine hundred iron chariots for twenty years.

4-5 Deborah was a prophet, the wife of Lappidoth. She was judge over Israel at that time. She held court under Deborah's Palm between Ramah and Bethel in the hills of Ephraim. The People of Israel

의 종려나무 아래서 재판을 열면, 이스라엘 백성
이 그녀에게 가서 재판을 받곤 했다.
6-7 드보라가 납달리의 게데스로 사람을 보내어 아
비노암의 아들 바락을 불러다 그에게 말했다. "하
나님 이스라엘의 하나님께서 그대에게 분명히 명
령하십니다. '다볼 산으로 가서 전투를 준비하여
라. 납달리 자손과 스불론 자손 중에서 군사 열 개
부대를 이끌고 가거라. 내가 야빈의 군지도자 시
스라를 그의 모든 전차와 군대와 함께 기손 강가
로 끌어들이겠다. 내가 반드시 너를 도와 전투에
서 이기게 하겠다.'"
8 바락이 말했다. "당신이 나와 함께 가면 나도 가
겠습니다. 그러나 당신이 나와 함께 가지 않으면
나도 가지 않겠습니다."
9-10 드보라가 말했다. "물론 나도 그대와 함께 갈
것입니다. 하지만 그런 자세로는 이 일에서 그대
가 영광을 얻지 못할 것입니다. 하나님께서는 한
여인의 손을 빌어 시스라를 처치하실 것입니다."
드보라는 준비를 마치고 바락과 함께 게데스로 갔
다. 바락이 스불론과 납달리를 게데스로 불러 모
으니, 군사 열 개 부대가 그를 따랐다. 드보라도
그와 함께 있었다.
11-13 모세의 장인 호밥의 자손 가운데 겐 사람 헤
벨이 일찍이 동족인 겐 사람들과 갈라져, 그 즈음
게데스 부근의 사아난님 상수리나무 옆에 살고 있
었다. 사람들이 시스라에게 아비노암의 아들 바락
이 다볼 산으로 올라갔다고 전해 주었다. 시스라
는 곧바로 모든 전차—철제 전차 구백 대!—와 하
로셋학고임에 주둔하고 있던 모든 군대를 기손 강
가로 소집했다.
14 드보라가 바락에게 말했다. "돌진하십시오! 바
로 오늘 하나님께서 그대에게 시스라를 쳐부수도
록 승리를 주셨습니다. 하나님께서 그대보다 앞서
진격하고 계십니다."
바락은 열 개 부대를 이끌고 다볼 산 비탈로 돌진
해 내려갔다.
15-16 하나님께서 바락 앞에서 시스라를—그의 모
든 전차와 모든 군대!—쳐부수셨다. 시스라는 전
차에서 뛰어내려 도망쳤다. 바락은 하로셋학고임
까지 전차와 군대를 추격했다. 시스라의 모든 군
대가 죽임을 당하고 한 사람도 남지 않았다.
17-18 한편, 시스라는 필사적으로 도망쳐 겐 사람
헤벨의 아내 야엘의 장막으로 갔다. 하솔 왕 야빈
과 겐 사람 헤벨은 서로 사이가 좋았다. 야엘이 나
와서 시스라를 맞으며 말했다. "들어오세요, 장군

went to her in matters of justice.
6-7 She sent for Barak son of Abinoam from
Kedesh in Naphtali and said to him, "It has
become clear that GOD, the God of Israel,
commands you: Go to Mount Tabor and prepare
for battle. Take ten companies of soldiers from
Naphtali and Zebulun. I'll take care of getting
Sisera, the leader of Jabin's army, to the Kishon
River with all his chariots and troops. And I'll
make sure you win the battle."
8 Barak said, "If you go with me, I'll go. But if you
don't go with me, I won't go."
9-10 She said, "Of course I'll go with you. But
understand that with an attitude like that, there'll
be no glory in it for you. GOD will use a woman's
hand to take care of Sisera."
Deborah got ready and went with Barak to
Kedesh. Barak called Zebulun and Naphtali
together at Kedesh. Ten companies of men
followed him. And Deborah was with him.
11-13 It happened that Heber the Kenite had
parted company with the other Kenites, the
descendants of Hobab, Moses' in-law. He was
now living at Zaanannim Oak near Kedesh. They
told Sisera that Barak son of Abinoam had gone
up to Mount Tabor. Sisera immediately called up
all his chariots to the Kishon River—nine hundred
iron chariots!—along with all his troops who were
with him at Harosheth Haggoyim.
14 Deborah said to Barak, "Charge! This very day
GOD has given you victory over Sisera. Isn't GOD
marching before you?"
Barak charged down the slopes of Mount Tabor,
his ten companies following him.
15-16 GOD routed Sisera—all those chariots, all
those troops!—before Barak. Sisera jumped out
of his chariot and ran. Barak chased the chariots
and troops all the way to Harosheth Haggoyim.
Sisera's entire fighting force was killed—not one
man left.
17-18 Meanwhile Sisera, running for his life,
headed for the tent of Jael, wife of Heber the
Kenite. Jabin king of Hazor and Heber the Kenite
were on good terms with one another. Jael
stepped out to meet Sisera and said, "Come in,

님. 저와 함께 이곳에 머무세요. 두려워하실 것 없습니다."
그래서 시스라는 야엘의 장막으로 들어갔다. 야엘은 그에게 담요를 덮어 주었다.
19 시스라가 야엘에게 말했다. "물 좀 주시오. 목이 마르군."
야엘은 우유가 든 병을 열어 그에게 마시게 하고는, 다시 담요로 그를 덮어 주었다.
20 시스라가 말했다. "장막 문에 서 있으시오. 혹시 누군가 와서 안에 누가 있는지 묻거든, 아무도 없다고 하시오."
21 시스라가 지쳐서 곤히 잠든 사이에, 헤벨의 아내 야엘이 장막 말뚝과 망치를 들고 살금살금 다가가, 그의 관자놀이에 대고 장막 말뚝을 박았다. 말뚝이 땅에 꽂히도록 박히니, 시스라가 경련을 일으키며 죽었다.
22 시스라를 쫓던 바락이 도착했다. 야엘이 나가서 그를 맞이했다. 야엘은 "어서 오십시오. 당신이 찾는 사람을 제가 보여드리겠습니다" 하고 말했다. 그가 야엘과 함께 가 보니, 시스라는 관자놀이에 말뚝이 박혀 몸을 뻗은 채 죽어 있었다.
23-24 그날 하나님은 이스라엘 백성 앞에서 가나안 왕 야빈을 굴복시키셨다. 이스라엘 백성이 가나안 왕 야빈을 더 세게 몰아붙여, 결국 그에게 아무것도 남지 않게 되었다.

5

1 그날 드보라와 아비노암의 아들 바락이 이 노래를 불렀다.

2 그들이 이스라엘에서 머리를 풀어 내려
바람에 마구 흩날리게 했다.
백성이 기꺼이 나섰으니
하나님을 찬양하여라!

3 왕들아, 들어라! 통치자들아, 들어라!
내가 하나님께 노래하리라.
하나님 이스라엘의 하나님께
아름다운 음악을 울려라.

4-5 하나님, 주께서 세일을 떠나
에돔 들판을 가로질러 진군하실 때
땅이 떨었고, 아, 하늘이 비를 쏟았으며
구름이 강을 이루었습니다.
하나님 시내 산의 하나님 앞에서

sir. Stay here with me. Don't be afraid."
So he went with her into her tent. She covered him with a blanket.
19 He said to her, "Please, a little water. I'm thirsty."
She opened a bottle of milk, gave him a drink, and then covered him up again.
20 He then said, "Stand at the tent flap. If anyone comes by and asks you, 'Is there anyone here?' tell him, 'No, not a soul.'"
21 Then while he was fast asleep from exhaustion, Jael wife of Heber took a tent peg and hammer, tiptoed toward him, and drove the tent peg through his temple and all the way into the ground. He convulsed and died.
22 Barak arrived in pursuit of Sisera. Jael went out to greet him. She said, "Come, I'll show you the man you're looking for." He went with her and there he was—Sisera, stretched out, dead, with a tent peg through his temple.
23-24 On that day God subdued Jabin king of Canaan before the People of Israel. The People of Israel pressed harder and harder on Jabin king of Canaan until there was nothing left of him.

5

1 That day Deborah and Barak son of Abinoam sang this song:

2 When they let down their hair in Israel,
they let it blow wild in the wind.
The people volunteered with abandon,
bless GOD!

3 Hear O kings! Listen O princes!
To GOD, yes to GOD, I'll sing,
Make music to GOD,
to the God of Israel.

4-5 GOD, when you left Seir,
marched across the fields of Edom,
Earth quaked, yes, the skies poured rain,
oh, the clouds made rivers.
Mountains leapt before GOD, the Sinai God,
before GOD, the God of Israel.

하나님 이스라엘의 하나님 앞에서 산들이 뛰었습니다.

6-8 아낫의 아들 삼갈의 때와
야엘의 때에
큰길의 인적이 끊기고
행인들은 뒷길로 다녔다.
전사들은 뚱뚱하고 엉성하여
투지가 하나도 없었다.
그때 당신, 드보라가 일어났다.
당신, 이스라엘의 어머니가 일어났다.
하나님께서 새 지도자들을 택하시니
그들이 성문에서 싸웠다.
이스라엘의 마흔 개 부대 가운데
방패 하나 창 하나 보이지 않았다.

9 이스라엘아, 기운을 내어라.
백성과 함께 기꺼이 나와서 하나님을 찬양하여라!

10-11 편하게 담요 위에 앉아서
귀한 나귀를 타고 가는 너희들아,
길을 가는 너희들아,
깊이 생각하고 주의를 기울여라!
성읍 우물가에 모여서
그들의 노랫소리를 들어라.
하나님의 승리, 곧 이스라엘에 이루신
승리의 이야기를 노래하는 소리를 들어라.

그때 하나님의 백성이
성문으로 내려갔다.

12 깨어라, 깨어라, 드보라야!
깨어라, 깨어서 노래를 불러라!
일어나라, 바락아!
포로들을 데려가라, 아비노암의 아들아!

13-18 그때 남은 자들이 내려가 용감한 자들을 맞이했다.
하나님의 백성이 강한 자들과 합류했다.
에브라임의 지휘관들이 골짜기로 왔고
너희 뒤로는 베냐민이 너희 군대와 함께 왔다.
마길에서 지휘관들이 진군해 내려왔고

6-8 In the time of Shamgar son of Anath,
and in the time of Jael,
Public roads were abandoned,
travelers went by backroads.
Warriors became fat and sloppy,
no fight left in them.
Then you, Deborah, rose up;
you got up, a mother in Israel.
God chose new leaders,
who then fought at the gates.
And not a shield or spear to be seen
among the forty companies of Israel.

9 Lift your hearts high, O Israel,
with abandon, volunteering yourselves with the people—bless GOD!

10-11 You who ride on prize donkeys
comfortably mounted on blankets
And you who walk down the roads,
ponder, attend!
Gather at the town well
and listen to them sing,
Chanting the tale of God's victories,
his victories accomplished in Israel.

Then the people of GOD
went down to the city gates.

12 Wake up, wake up, Deborah!
Wake up, wake up, sing a song!
On your feet, Barak!
Take your prisoners, son of Abinoam!

13-18 Then the remnant went down to greet the brave ones.
The people of GOD joined the mighty ones.
The captains from Ephraim came to the valley,
behind you, Benjamin, with your troops.
Captains marched down from Makir,
from Zebulun high-ranking leaders came down.
Issachar's princes rallied to Deborah,

스불론에서 고위급 지도자들이 내려왔다.
잇사갈의 지도자들이 드보라에게 모였고
잇사갈은 바락과 함께 굳게 서서
전쟁터에서 그를 지원했다.
그러나 르우벤 군대는 앞뒤 계산하느라 바빴다.
모닥불 가의 모든 입씨름은 어찌 된 일인가?
산만하여 생각이 딴 데 있고
르우벤 군대는 마음을 정할 수 없었다.
어찌하여 길르앗은 요단 강 건너에서 몸을 사렸고
단은 어째서 배를 타고 나갔던가?
해변의 아셀은 일정한 거리를 두고
자기 항구에서 안전히 머물렀다.
그러나 스불론은 목숨을 걸었고 죽음을 무릅썼다.
납달리도 고원의 싸움터에서 그러했다.

19-23 왕들이 와서 싸웠으니
가나안 왕들이 싸웠다.
그들이 다아낙에서, 므깃도 시내에서 싸웠으나
은과 전리품을 얻지 못했다.
하늘의 별들도 함께 싸웠으니
그 다니는 길에서 시스라와 싸웠다.
기손의 급류가 그들을 휩쓸었다.
급류, 기손의 급류가 그들을 쳤다.
너는 강한 자의 목을 밟을 것이다!
그때 말발굽소리가 울리니
우르르 돌진하는 군마들이었다.
하나님의 천사가 이르기를 "메로스를 저주하여라.
그 백성을 저주하고 또 저주하여라.
그들이 하나님께서 필요로 하실 때 오지 않았고
용감한 전사들과 하나님 편에 모이지 않았기 때문이다."

24-27 모든 여인 중에 가장 복된 사람은
겐 사람 헤벨의 아내 야엘이니
여인들 중에 가장 복되도다.
시스라가 물을 달라 할 때
야엘은 우유를 내오되
멋들어진 대접에
크림을 담아서 주었다.
그녀는 왼손에 장막 말뚝을 들고
오른손으로 망치를 잡았다.
망치를 내리쳐 시스라의 머리를 깨고
관자놀이에 구멍을 뚫었다.
그는 그녀의 발아래 고꾸라졌다. 쓰러져 뻗었다.

Issachar stood fast with Barak,
backing him up on the field of battle.
But in Reuben's divisions there was much second-guessing.
Why all those campfire discussions?
Diverted and distracted,
Reuben's divisions couldn't make up their minds.
Gilead played it safe across the Jordan,
and Dan, why did he go off sailing?
Asher kept his distance on the seacoast,
safe and secure in his harbors.
But Zebulun risked life and limb, defied death,
as did Naphtali on the battle heights.

19-23 The kings came, they fought,
the kings of Canaan fought.
At Taanach they fought, at Megiddo's brook,
but they took no silver, no plunder.
The stars in the sky joined the fight,
from their courses they fought against Sisera.
The torrent Kishon swept them away,
the torrent attacked them, the torrent Kishon.
Oh, you'll stomp on the necks of the strong!
Then the hoofs of the horses pounded,
charging, stampeding stallions.
"Curse Meroz," says GOD's angel.
"Curse, double curse, its people,
Because they didn't come when GOD needed them,
didn't rally to GOD's side with valiant fighters."

24-27 Most blessed of all women is Jael,
wife of Heber the Kenite,
most blessed of homemaking women.
He asked for water,
she brought milk;
In a handsome bowl,
she offered cream.
She grabbed a tent peg in her left hand,
with her right hand she seized a hammer.
She hammered Sisera, she smashed his head,
she drove a hole through his temple.
He slumped at her feet. He fell. He sprawled.

그녀의 발아래 고꾸라져, 쓰러졌다.
고꾸라지고, 쓰러져 죽었다.

28-30 시스라의 어머니가 창가에서 기다렸다.
지치고 불안한 마음으로 두루 살폈다.
"그의 전차가 왜 이리 더딘가?
덜컹이는 전차소리가 왜 아직 들리지 않는가?"
가장 지혜로운 시녀가 침착한 말로
대답하여 안심시키기를,
"그들이 약탈하느라,
전리품을 나누느라 바쁘지 않을까요?
각 사람마다
처녀 하나씩 어쩌면 둘씩 차지하고,
시스라는 화사한 비단 웃옷,
멋진 고급 비단 웃옷을 걸치고 있겠지요!
또 울긋불긋한 목도리로, 어쩌면 목도리 두 개로
약탈자들의 목을 치장하겠지요."

31 하나님의 원수들은 이처럼 모두 망하게 하시고
하나님을 사랑하는 자들은 구름 없는 해 같게 하십시오.

그 땅이 사십 년 동안 평온했다.

사사 기드온

6 1-6 이스라엘 백성이 또다시 하나님 보시기
에 악을 행했다. 그래서 하나님께서는 그들
을 칠 년 동안 미디안의 지배 아래 두셨다. 미디안이
이스라엘을 압제하니, 이스라엘 백성은 미디안 때문
에 산속에 은신처로 동굴과 요새를 마련했다. 이스라
엘이 곡식을 심어 놓으면, 미디안과 아말렉 같은 동
쪽 사람들이 침략하여 이스라엘의 밭에 진을 치고는,
멀리 가사에 이르기까지 작물을 망쳐 놓았다. 그들은
이스라엘이 먹고살 것을 하나도 남겨 두지 않았고,
양이나 소나 나귀 한 마리도 남겨 두지 않았다. 마치
메뚜기 떼가 쳐들어오듯이, 그들은 자기네 소 떼와
장막을 가지고 들어와 그 땅을 차지해 버렸다. 게다
가 그들의 낙타는 수를 헤아릴 수조차 없었다! 그들
은 *진격해 들어와서 그 땅을* 폐허로 만들었다. 미디
안 때문에 가난해질 대로 가난해진 이스라엘 백성은,
하나님께 도와 달라고 부르짖었다.
7-10 한번은 이스라엘 백성이 미디안 때문에 하나님
께 부르짖었더니, 하나님께서 그들에게 한 예언자를

He slumped at her feet. He fell.
Slumped. Fallen. Dead.

28-30 Sisera's mother waited at the window,
a weary, anxious watch.
"What's keeping his chariot?
What delays his chariot's rumble?"
The wisest of her ladies-in-waiting answers
with calm, reassuring words,
"Don't you think they're busy at plunder,
dividing up the loot?
A girl, maybe two girls,
for each man,
And for Sisera a bright silk shirt,
a prize, fancy silk shirt!
And a colorful scarf—make it two scarves—
to grace the neck of the plunderer."

31 Thus may all GOD enemies perish,
while his lovers be like the unclouded sun.

The land was quiet for forty years.

Gideon

6 1-6 Yet again the People of Israel went
back to doing evil in GOD's sight. GOD
put them under the domination of Midian
for seven years. Midian overpowered Israel.
Because of Midian, the People of Israel made
for themselves hideouts in the mountains—
caves and forts. When Israel planted its crops,
Midian and Amalek, the easterners, would
invade them, camp in their fields, and destroy
their crops all the way down to Gaza. They left
nothing for them to live on, neither sheep nor
ox nor donkey. Bringing their cattle and tents,
they came in and took over, like an invasion of
locusts. And their camels—past counting! They
marched in and devastated the country. The
People of Israel, reduced to grinding poverty
by Midian, cried out to GOD for help.
7-10 One time when the People of Israel had
cried out to GOD because of Midian, GOD sent

보내셔서 이런 말씀을 주셨다. "하나님 이스라엘의 하나님의 말씀이다.

내가 너희를 이집트에서 구해 내고
종살이에서 해방시켰다.
나는 너희를 이집트의 폭정에서 구하고
또 모든 압제자의 손에서 구해 냈다.
내가 그들을 너희 앞에서 쫓아내고
그들의 땅을 너희에게 주었다.

나는 너희에게 '나는 하나님 너희 하나님이다. 너희가 살고 있는 땅 아모리 사람의 신들을 조금도 두려워하지 마라' 하고 말했다. 그러나 너희는 내 말을 듣지 않았다."

11-12 하루는 하나님의 천사가 와서, 아비에셀 사람 요아스에게 속한 오브라의 상수리나무 아래에 앉았다. 요아스의 아들 기드온이 미디안 사람의 눈에 띄지 않도록 포도주 틀에서 밀을 타작하고 있었다. 하나님의 천사가 그에게 나타나서 말했다. "강한 용사여, 하나님께서 너와 함께 계신다!"

13 기드온이 대답했다. "저와 함께 계신다고요? 하나님께서 우리와 함께 계신다면 어째서 우리에게 이 모든 일이 일어났습니까? 우리 부모와 조상들이 '하나님께서 우리를 이집트에서 구해 내지 않으셨느냐?' 며 우리에게 말하던 그 모든 기적은 다 어디로 갔습니까? 이제 하나님은 우리와 아무 상관이 없는 분이십니다. 우리를 이렇게 미디안의 손에 넘긴 것도 그 분이십니다."

14 그러자 하나님께서 그를 돌아보며 말씀하셨다. "너는 가서, 네게 있는 그 힘으로 이스라엘을 미디안에게서 구원하여라. 내가 너를 보내지 않았느냐?"

15 기드온이 그분께 아뢰었다. "주님, 제가 말입니까? 제가 무엇으로 이스라엘을 구원할 수 있겠습니까? 저를 보십시오. 저희 집안은 므낫세 중에서 가장 약하고, 저는 형제들 중에서도 가장 보잘것없는 자입니다."

16 하나님께서 그에게 말씀하셨다. "내가 너와 함께 할 것이다. 나를 믿어라. 네가 마치 한 사람을 물리치듯이 미디안을 물리칠 것이다."

17-18 기드온이 말했다. "그 말씀이 진심이라면 제 부탁을 들어주십시오. 말씀하신 것을 뒷받침할 표징을 제게 주십시오. 제가 돌아와 예물을 드릴 때까지 떠나지 마십시오."

하나님께서 말씀하셨다. "네가 돌아올 때까지 기다리겠다."

them a prophet with this message: "GOD, the God of Israel, says,

I delivered you from Egypt,
I freed you from a life of slavery;
I rescued you from Egypt's brutality
and then from every oppressor;
I pushed them out of your way
and gave you their land.

"And I said to you, 'I am GOD, your God. Don't for a minute be afraid of the gods of the Amorites in whose land you are living.' But you didn't listen to me."

11-12 One day the angel of GOD came and sat down under the oak in Ophrah that belonged to Joash the Abiezrite, whose son Gideon was threshing wheat in the winepress, out of sight of the Midianites. The angel of GOD appeared to him and said, "GOD is with you, O mighty warrior!"

13 Gideon replied, "With *me*, my master? If GOD is with us, why has all this happened to us? Where are all the miracle-wonders our parents and grandparents told us about, telling us, 'Didn't GOD deliver us from Egypt?' The fact is, GOD has nothing to do with us–he has turned us over to Midian."

14 But GOD faced him directly: "Go in this strength that is yours. Save Israel from Midian. Haven't I just sent you?"

15 Gideon said to him, "*Me*, my master? How and with what could I ever save Israel? Look at me. My clan's the weakest in Manasseh and I'm the runt of the litter."

16 GOD said to him, "I'll be with you. Believe me, you'll defeat Midian as one man."

17-18 Gideon said, "If you're serious about this, do me a favor: Give me a sign to back up what you're telling me. Don't leave until I come back and bring you my gift."

He said, "I'll wait till you get back."

19 Gideon went and prepared a young goat and a huge amount of unraised bread (he used over half a bushel of flour!). He put the meat in a

19 기드온은 가서 염소 새끼 한 마리와 누룩을 넣
지 않은 빵을 많이 준비했다(밀가루를 20리터도
더 썼다!) 그는 거룩한 식사로 바구니에 고기를 담
고 냄비에 국을 담아 상수리나무 그늘 아래로 다
시 갔다.
20 하나님의 천사가 그에게 말했다. "고기와 누룩
을 넣지 않은 빵을 가져다가 저 바위 위에 놓고 그
위에 국을 부어라." 기드온이 그대로 했다.
21-22 하나님의 천사가 들고 있던 지팡이 끝을 내밀
어 고기와 빵에 댔다. 그러자 바위에서 불이 나와
고기와 빵을 살라 버렸고, 그 사이에 하나님의 천
사는 온데간데없이 사라졌다. 그제야 기드온은 그
가 하나님의 천사인 것을 알았다!
기드온이 말했다. "어쩌면 좋습니까! 주 하나님!
제가 하나님의 천사를 대면하여 보았습니다!"
23 그러자 하나님께서 그를 안심시키셨다. "안심하
여라. 두려워하지 마라. 너는 죽지 않을 것이다."
24 기드온은 그곳에 하나님께 제단을 쌓고 그 제단
을 '하나님의 평화'라고 불렀다. 아비에셀의 오브
라에 있는 그 제단은 오늘까지 그렇게 불린다.
25-26 그날 밤에 이런 일이 있었다. 하나님께서 기
드온에게 말씀하셨다. "네 아버지의 집에서 칠 년
된 가장 좋은 수소, 최상품 수소를 끌고 오너라.
네 아버지 집의 바알 제단을 허물고 그 옆에 있는,
다산을 비는 아세라 목상을 찍어 버려라. 그리고
이 언덕 꼭대기에 하나님 너의 하나님께 제단을
쌓아라. 최상품 수소를 끌고 와서 번제로 드리되,
네가 찍어 낸 아세라 목상을 장작으로 써라."
27 기드온은 자기 종들 가운데서 열 명을 골라
하나님께서 명령하신 대로 행했다. 그러나 가족
과 이웃이 두려워 그 일을 드러내지 않고 밤중에
했다.
28 이른 아침, 마을 사람들은 바알의 제단이 헐려
있고, 그 옆의 아세라 목상이 찍혀 있으며, 새로
쌓은 제단 위에 최상품 수소가 불타고 있는 것을
보고 깜짝 놀랐다.
29 "누구 짓이지?" 그들은 여기저기 물어보았다.
묻고 또 물어 마침내 답을 찾았다. "요아스의 아들
기드온의 짓이다."
30 성읍 사람들은 요아스를 다그쳤다. "당신의 아
들을 내놓으시오! 그는 죽어 마땅하오! 그가 바알
의 제단을 허물고 아세라 목상을 찍어 버렸소!"
31 그러나 요아스는 자신을 떠미는 무리와 당당히
맞섰다. "당신들이 바알을 위해 바알의 싸움을 하
려는 거요? 당신들이 바알을 구원하겠다는 거요?

basket and the broth in a pot and took them back
under the shade of the oak tree for a sacred meal.
20 The angel of God said to him, "Take the meat
and unraised bread, place them on that rock, and
pour the broth on them." Gideon did it.
21-22 The angel of GOD stretched out the tip of the
stick he was holding and touched the meat and
the bread. Fire broke out of the rock and burned
up the meat and bread while the angel of God
slipped away out of sight. And Gideon knew it
was the angel of God!
Gideon said, "Oh no! Master, GOD! I have seen
the angel of God face-to-face!"
23 But GOD reassured him, "Easy now. Don't
panic. You won't die."
24 Then Gideon built an altar there to GOD and
named it "GOD's Peace." It's still called that at
Ophrah of Abiezer.
25-26 That night this happened. GOD said to him,
"Take your father's best seven-year-old bull, the
prime one. Tear down your father's Baal altar and
chop down the Asherah fertility pole beside it.
Then build an altar to GOD, your God, on the top
of this hill. Take the prime bull and present it as
a Whole-Burnt-Offering, using firewood from the
Asherah pole that you cut down."
27 Gideon selected ten men from his servants and
did exactly what GOD had told him. But because
of his family and the people in the neighborhood,
he was afraid to do it openly, so he did it that
night.
28 Early in the morning, the people in town
were shocked to find Baal's altar torn down, the
Asherah pole beside it chopped down, and the
prime bull burning away on the altar that had
been built.
29 They kept asking, "Who did this?"
Questions and more questions, and then the
answer: "Gideon son of Joash did it."
30 The men of the town demanded of Joash: "Bring
out your son! He must die! Why, he tore down the
Baal altar and chopped down the Asherah tree!"
31 But Joash stood up to the crowd pressing in
on him, "Are you going to fight Baal's battles for
him? Are you going to save him? Anyone who

누구든지 바알 편에 서는 사람은 내일 아침까지 죽고 말 것이오. 바알이 정말 신이라면, 그가 스스로 싸우고 자기 제단도 스스로 지키게 두시오."

32 그날 사람들은 기드온에게 여룹바알이라는 별명을 붙여 주었다. 그가 바알의 제단을 허문 뒤에 "바알의 싸움은 바알 스스로 하게 두라"고 말했기 때문이다.

33-35 미디안 사람과 아말렉 사람(동쪽 사람들)이 모두 모여 강을 건너와서, 이스르엘 골짜기에 진을 쳤다. 하나님의 영이 기드온 위에 임하셨다. 그가 숫양 뿔나팔을 불자 아비에셀 사람들이 나와서 즉시 그를 따랐다. 기드온은 므낫세 전역으로 전령들을 급파하여 그들을 전쟁에 소집했고, 아셀과 스불론과 납달리에도 전령들을 보내니 그들이 모두 왔다.

36-37 기드온이 하나님께 아뢰었다. "참으로 주께서 말씀하신 대로 저를 사용하여 이스라엘을 구원하실 것이라면, 보십시오. 제가 양털 한 뭉치를 타작마당에 놓아두겠습니다. 이슬이 양털에만 내리고 마당은 말라 있으면, 주께서 말씀하신 대로 저를 사용하여 이스라엘을 구원하실 줄로 알겠습니다."

38 정말 기드온의 말대로 되었다. 이튿날 아침 일찍 기드온이 일어나서 양털을 짜 보니, 대접에 물이 가득할 정도로 축축하게 젖어 있었다.

39 기드온이 다시 하나님께 아뢰었다. "제게 노하지 마십시오. 하나만 더 아뢰겠습니다. 양털로 한 번만 더 시험해 보고 싶습니다. 이번에는 양털만 말라 있고, 땅은 이슬로 흠뻑 젖게 해주십시오."

40 그 밤에 하나님께서 그대로 해주셨다. 양털만 말라 있고 땅은 이슬로 젖어 있었다.

7 1 여룹바알(기드온)이 이튿날 아침 일찍 일어나니, 그의 모든 군대가 그와 함께했다. 그들은 하롯 샘 옆에 진을 쳤다. 미디안의 진은 그들의 북쪽 모레 언덕 부근의 평지에 있었다.

2-3 하나님께서 기드온에게 말씀하셨다. "너와 함께한 군대가 너무 많다. 이대로는 내가 미디안을 그들 손에 넘겨줄 수 없다. 그들이 '내 힘으로 해냈다'고 하며 공로를 독차지하고 나를 잊어버릴 것이 뻔하다. 너는 '두렵거나 조금이라도 주저하는 마음이 있으면, 누구든지 지금 길르앗 산을 떠나

takes Baal's side will be dead by morning. If Baal is a god in fact, let him fight his own battles and defend his own altar."

32 They nicknamed Gideon that day Jerub-Baal because after he had torn down the Baal altar, he had said, "Let Baal fight his own battles."

33-35 All the Midianites and Amalekites (the easterners) got together, crossed the river, and made camp in the Valley of Jezreel. GOD's Spirit came over Gideon. He blew his ram's horn trumpet and the Abiezrites came out, ready to follow him. He dispatched messengers all through Manasseh, calling them to the battle; also to Asher, Zebulun, and Naphtali. They all came.

36-37 Gideon said to God, "If this is right, if you are using me to save Israel as you've said, then look: I'm placing a fleece of wool on the threshing floor. If dew is on the fleece only, but the floor is dry, then I know that you will use me to save Israel, as you said."

38 That's what happened. When he got up early the next morning, he wrung out the fleece—enough dew to fill a bowl with water!

39 Then Gideon said to God, "Don't be impatient with me, but let me say one more thing. I want to try another time with the fleece. But this time let the fleece stay dry, while the dew drenches the ground."

40 God made it happen that very night. Only the fleece was dry while the ground was wet with dew.

7 1 Jerub-Baal (Gideon) got up early the next morning, all his troops right there with him. They set up camp at Harod's Spring. The camp of Midian was in the plain, north of them near the Hill of Moreh.

2-3 GOD said to Gideon, "You have too large an army with you. I can't turn Midian over to them like this—they'll take all the credit, saying, 'I did it all myself,' and forget about me. Make a public announcement: 'Anyone afraid, anyone who has

집으로 돌아가도 좋다'고 공포하여라." 그들 가운데 스물두 개 부대가 집으로 돌아가고 열 개 부대만 남았다.
4-5 하나님께서 기드온에게 말씀하셨다. "아직도 너무 많다. 그들을 데리고 개울로 내려가거라. 내가 거기서 최종 선발을 하겠다. 내가 '이 사람은 너와 함께 간다'고 말하면, 그가 너와 함께 갈 것이다. 내가 '이 사람은 너와 함께 가지 않는다'고 말하면, 그는 너와 함께 가지 않을 것이다." 그래서 기드온은 군대를 이끌고 개울로 내려갔다.
5-6 하나님께서 기드온에게 말씀하셨다. "개가 핥듯이 혀로 물을 핥는 사람은 한쪽에 두고, 무릎을 꿇고서 얼굴을 물에 대고 마시는 사람은 다른 쪽에 두어라." 손으로 물을 떠서 혀로 핥아 먹은 사람의 수는 삼백 명이었고, 나머지는 다 무릎을 꿇고 마셨다.
7 하나님께서 기드온에게 말씀하셨다. "개울에서 물을 핥아 먹은 이 삼백 명을 사용하여 내가 너희를 구원하고 미디안을 너희 손에 넘겨주겠다. 나머지는 다 집으로 돌아가도 좋다."
8 기드온은 식량과 나팔을 모두 넘겨받은 뒤에 이스라엘 백성을 집으로 돌려보냈다. 그는 삼백 명과 함께 위치를 정했다. 미디안 진은 그 아래 골짜기에 펼쳐져 있었다.
9-12 그날 밤 하나님께서 기드온에게 말씀하셨다. "일어나서 적진으로 내려가거라. 내가 그들을 네 손에 넘겨주었다. 선뜻 내려가지 못하겠거든, 네 무기를 드는 자 부라와 함께 가거라. 가서 그들이 하는 말을 들으면, 네가 담대해지고 자신감이 생길 것이다." 기드온과 그의 무기를 드는 자 부라는 보초병들이 배치되어 있는 곳 가까이로 내려갔다. 미디안과 아말렉, 곧 동쪽 사람들이 메뚜기 떼처럼 평지에 널려 있었다. 게다가 그들의 낙타는 바닷가의 모래알처럼 헤아릴 수 없을 만큼 많았다!
13 기드온이 도착하자 마침 어떤 사람이 친구에게 자신의 꿈 이야기를 하는 것이 들렸다. "내가 이런 꿈을 꾸었네. 보리빵 한 덩이가 미디안 진으로 굴러 들어왔는데, 그것이 장막까지 이르러 세게 치는 바람에 장막이 무너졌다네. 장막이 쓰러지고 말았어!"
14 그의 친구가 말했다. "이것은 이스라엘 사람 요아스의 아들 기드온의 칼이 틀림없어! 하나님께서 미디안의 진을 몽땅 그의 손에 넘기신 것이네!"

any qualms at all, may leave Mount Gilead now and go home.'" Twenty-two companies headed for home. Ten companies were left.
4-5 GOD said to Gideon: "There are still too many. Take them down to the stream and I'll make a final cut. When I say, 'This one goes with you,' he'll go. When I say, 'This one doesn't go,' he won't go." So Gideon took the troops down to the stream.
5-6 GOD said to Gideon: "Everyone who laps with his tongue, the way a dog laps, set on one side. And everyone who kneels to drink, drinking with his face to the water, set to the other side." Three hundred lapped with their tongues from their cupped hands. All the rest knelt to drink.
7 GOD said to Gideon: "I'll use the three hundred men who lapped at the stream to save you and give Midian into your hands. All the rest may go home."
8 After Gideon took all their provisions and trumpets, he sent all the Israelites home. He took up his position with the three hundred. The camp of Midian stretched out below him in the valley.
9-12 That night, GOD told Gideon: "Get up and go down to the camp. I've given it to you. If you have any doubts about going down, go down with Purah your armor bearer; when you hear what they're saying, you'll be bold and confident." He and his armor bearer Purah went down near the place where sentries were posted. Midian and Amalek, all the easterners, were spread out on the plain like a swarm of locusts. And their camels! Past counting, like grains of sand on the seashore!
13 Gideon arrived just in time to hear a man tell his friend a dream. He said, "I had this dream: A loaf of barley bread tumbled into the Midianite camp. It came to the tent and hit it so hard it collapsed. The tent fell!"
14 His friend said, "This has to be the sword of Gideon son of Joash, the Israelite! God has turned Midian—the whole camp!—over to him."
15 When Gideon heard the telling of the dream and its interpretation, he went to his knees before God in prayer. Then he went back to the Israelite camp and said, "Get up and get going! GOD has just given us the Midianite army!"

15 꿈 이야기와 그 해석을 들은 기드온은 하나님 앞에 무릎을 꿇고 기도했다. 그리고 이스라엘 진으로 돌아가서 말했다. "일어나, 출발하라! 하나님께서 미디안 군대를 우리 손에 넘겨주셨다!"

16-18 기드온은 삼백 명을 세 개 부대로 나누었다. 각 사람에게 나팔과 빈 항아리를 주었는데, 항아리 안에는 횃불이 들어 있었다. 그가 말했다. "나를 잘 보고 내가 하는 대로 하여라. 내가 적진에 이르거든, 나를 따라 하여라. 나와 함께한 자들과 내가 나팔을 불면, 너희도 진 사방에서 나팔을 불고 '하나님을 위하여, 기드온을 위하여!'라고 외쳐라."

19-22 기드온과 그와 함께한 백 명의 군사는 보초병들이 배치된 직후 심야 경계가 시작될 때 적진에 이르렀다. 그들은 나팔을 불었고, 그와 동시에 들고 있던 항아리를 깨부수었다. 세 개 부대가 일제히 나팔을 불며 항아리를 깨뜨렸다. 그들은 왼손에는 횃불을, 오른손에는 나팔을 들고 외쳤다. "하나님을 위한 칼, 기드온을 위한 칼이다!" 그들은 진을 빙 둘러서 각자 자리를 잡았다. 미디안 온 진이 발칵 뒤집혔다. 그들은 소리를 지르며 달아났다. 삼백 명이 나팔을 불자, 하나님께서 진 전역에 걸쳐 미디안 군사의 칼마다 자기네 동료를 향하게 하셨다. 그들은 벳싯다로, 스레라 쪽으로, 답밧 근처의 아벨므홀라 경계까지 필사적으로 도망쳤다.

23 이스라엘 백성이 납달리와 아셀, 므낫세 전역에서 모여들었다. 미디안이 달아나고 있었기 때문이다.

24 기드온은 에브라임 산지 전역으로 전령들을 보내어 "내려와서 미디안을 쳐라! 벳바라에서 요단 강 여울목을 장악하여라" 하고 독려했다.

25 그래서 에브라임 사람들이 모두 모여 벳바라에서 요단 강 여울목을 장악했다. 그들은 미디안의 두 지휘관 오렙(까마귀)과 스엡(늑대)도 사로잡았다. 그들은 까마귀 바위에서 오렙을 죽이고, 늑대 포도주 틀에서 스엡을 죽였다. 그리고 계속해서 미디안을 추격했다. 그들은 오렙과 스엡의 머리를 요단 강 건너편에 있는 기드온에게 가져왔다.

8

1 그때 에브라임 사람들이 기드온에게 말했다. "당신이 미디안과 싸우러 나갈 때에 어찌하여 우리를 부르지 않고 이 일에서 제외시켰소?" 그들은 잔뜩 화가 난 상태였다.

16-18 He divided the three hundred men into three companies. He gave each man a trumpet and an empty jar, with a torch in the jar. He said, "Watch me and do what I do. When I get to the edge of the camp, do exactly what I do. When I and those with me blow the trumpets, you also, all around the camp, blow your trumpets and shout, 'For GOD and for Gideon!'"

19-22 Gideon and his hundred men got to the edge of the camp at the beginning of the middle watch, just after the sentries had been posted. They blew the trumpets, at the same time smashing the jars they carried. All three companies blew the trumpets and broke the jars. They held the torches in their left hands and the trumpets in their right hands, ready to blow, and shouted, "A sword for GOD and for Gideon!" They were stationed all around the camp, each man at his post. The whole Midianite camp jumped to its feet. They yelled and fled. When the three hundred blew the trumpets, GOD aimed each Midianite's sword against his companion, all over the camp. They ran for their lives—to Beth Shittah, toward Zererah, to the border of Abel Meholah near Tabbath.

23 Israelites rallied from Naphtali, from Asher, and from all over Manasseh. They had Midian on the run.

24 Gideon then sent messengers through all the hill country of Ephraim, urging them, "Come down against Midian! Capture the fords of the Jordan at Beth Barah."

25 So all the men of Ephraim rallied and captured the fords of the Jordan at Beth Barah. They also captured the two Midianite commanders Oreb (Raven) and Zeeb (Wolf). They killed Oreb at Raven Rock; Zeeb they killed at Wolf Winepress. And they pressed the pursuit of Midian. They brought the heads of Oreb and Zeeb to Gideon across the Jordan.

8

1 Then the Ephraimites said to Gideon, "Why did you leave us out of this, not calling us when you went to fight Midian?" They were indignant and let him know it.

2-3 그러자 기드온이 대답했다. "내가 한 일이 여러분이 한 일과 비교가 되겠습니까? 에브라임이 주워 모은 이삭이 아비에셀이 수확한 포도보다 낫지 않습니까. 하나님께서 미디안의 지휘관 오렙과 스엡을 여러분 손에 넘겨주셨습니다. 그러니 내가 한 일이 여러분이 한 일에 비교나 되겠습니까?" 그 말을 듣고 나서야, 그들의 마음이 진정되었다.

4-5 기드온과 그와 함께한 삼백 명이 요단 강에 이르러 강을 건넜다. 그들은 기진맥진했지만 계속 적들을 추격했다. 기드온이 숙곳 사람들에게 부탁했다. "나와 함께한 군대가 지쳤으니, 그들에게 빵을 좀 주십시오. 나는 미디안의 두 왕 세바와 살문나를 바짝 뒤쫓고 있는 중입니다."

6 그러자 숙곳 지도자들이 말했다. "당신은 부질없는 짓을 하고 있소. 당신의 헛수고를 우리가 어째서 도와야 한단 말이오?"

7 기드온이 말했다. "그렇다면 어쩔 수 없소. 하지만 하나님께서 세바와 살문나를 내게 넘겨주실 때, 내가 사막의 가시와 엉겅퀴로 당신들의 맨살을 매질하고 채찍질할 것이오."

8-9 기드온은 거기서 브누엘로 올라가 똑같이 사정해 보았지만, 브누엘 사람들도 숙곳 사람들처럼 그의 부탁을 거절했다. 기드온은 그들에게 말했다. "내가 무사히 돌아올 때에 이 망루를 허물어 버리고 말 것이오."

10 세바와 살문나는 약 열다섯 개 부대의 병력과 함께 갈골에 있었는데, 동쪽 사람들의 남은 병력은 그것이 전부였다. 그들은 이미 군사 백이십 개 부대를 잃었다.

11-12 기드온이 노바와 욕브하 동쪽의 대상로를 따라 올라가서, 무방비 상태의 진을 공격했다. 세바와 살문나가 도망쳤지만 기드온이 추격하여 미디안의 두 왕을 사로잡았다. 온 진이 공포에 휩싸였다.

13-15 요아스의 아들 기드온은 헤레스 고갯길을 지나 전투에서 돌아오다가, 숙곳의 한 젊은이를 사로잡아 몇 가지를 물었다. 젊은이는 숙곳의 관리와 지도자 일흔일곱 명의 명단을 적어 주었다. 기드온은 숙곳 사람들에게 가서 말했다. "당신들이 나더러 부질없는 일이라며 절대로 사로잡지 못할 것이라고 했던 세바와 살문나가 여기 있소. 당신들은 내 지친 부하들에게 빵 한 조각도 주지 않았

2-3 But Gideon replied, "What have I done compared to you? Why, even the gleanings of Ephraim are superior to the vintage of Abiezer. God gave you Midian's commanders, Oreb and Zeeb. What have I done compared with you?" When they heard this, they calmed down and cooled off.

4-5 Gideon and his three hundred arrived at the Jordan and crossed over. They were bone-tired but still pressing the pursuit. He asked the men of Succoth, "Please, give me some loaves of bread for my troops I have with me. They're worn out, and I'm hot on the trail of Zebah and Zalmunna, the Midianite kings."

6 But the leaders in Succoth said, "You're on a wild goose chase; why should we help you on a fool's errand?"

7 Gideon said, "If you say so. But when GOD gives me Zebah and Zalmunna, I'll give you a thrashing, whip your bare flesh with desert thorns and thistles!"

8-9 He went from there to Peniel and made the same request. The men of Peniel, like the men of Succoth, also refused. Gideon told them, "When I return safe and sound, I'll demolish this tower."

10 Zebah and Zalmunna were in Karkor with an army of about fifteen companies, all that was left of the fighting force of the easterners—they had lost 120 companies of soldiers.

11-12 Gideon went up the caravan trail east of Nobah and Jogbehah, found and attacked the undefended camp. Zebah and Zalmunna fled, but he chased and captured the two kings of Midian. The whole camp had panicked.

13-15 Gideon son of Joash returned from the battle by way of the Heres Pass. He captured a young man from Succoth and asked some questions. The young man wrote down the names of the officials and leaders of Succoth, seventy-seven men. Then Gideon went to the men of Succoth and said, "Here are the wild geese, Zebah and Zalmunna, you said I'd never catch. You wouldn't

소. 당신들은 헛수고를 하고 있다며 우리를 조롱했소."

16-17 이어서 기드온은 숙곳의 지도자 일흔일곱 명을 붙잡고 사막의 가시와 엉겅퀴로 그들을 매질했다. 또 그는 브누엘의 망루를 허물고 그 성읍 사람들을 죽였다.

18 그 후에 기드온이 세바와 살문나에게 말했다. "너희가 다볼에서 죽인 사람들에 대해 말해 보아라."

그들이 말했다. "꼭 당신 같은 사람들이었소. 하나같이 다 왕자처럼 보였소."

19 기드온이 말했다. "그들은 내 형제, 곧 내 어머니의 아들들이다. 하나님께서 살아 계심을 두고 맹세하는데, 만일 너희가 그들을 살려 주었다면 나도 너희를 살려 주었을 것이다."

20 그러고 나서 그는 자기 맏아들 여델에게 "일어나 이들을 죽여라" 하고 명령했다. 그러나 여델은 칼을 뽑지 못했다. 아직 어려서 두려웠던 것이다.

21 세바와 살문나가 말했다. "당신이 대장부라면 직접 하시오!" 그러자 기드온이 다가가 세바와 살문나를 죽였다. 그는 그들이 타던 낙타 목에 걸린 초승달 모양의 장신구를 떼어 가졌다.

22 이스라엘 백성이 말했다. "당신과 당신의 아들과 당신의 손자가 우리를 다스려 주길 원합니다. 당신이 미디안의 폭정에서 우리를 구원했습니다."

23 기드온이 말했다. "나는 절대로 여러분을 다스리지 않을 것입니다. 내 아들도 마찬가지입니다. 하나님께서 여러분을 통치하실 것입니다."

24 이어서 기드온이 말했다. "다만 한 가지 청이 있습니다. 여러분 각자가 전리품으로 취한 귀걸이를 하나씩 내게 주십시오." 이스마엘 사람은 금귀걸이를 찼으므로, 그들의 주머니마다 귀걸이가 가득했다.

25-26 그들이 말했다. "물론입니다. 모두 당신 것입니다!"

그들은 담요를 펴 놓고 각자 전리품으로 취한 귀걸이를 그 위에 던졌다. 기드온이 요청한 금귀걸이는 무게가 모두 20킬로그램 정도 되었다. 그 밖에도 초승달 모양의 장신구, 늘어뜨린 장식, 미디안 왕들이 입던 자주색 옷, 낙타들 목에 둘렀던 장식품들이 있었다.

27 기드온은 그 금으로 신성한 에봇을 만들어 자기 고향 오브라에 전시해 두었다. 그러자 온 이스라

give so much as a scrap of bread to my worn-out men; you taunted us, saying that we were on a fool's errand."

16-17 Then he took the seventy-seven leaders of Succoth and thrashed them with desert thorns and thistles. And he demolished the tower of Peniel and killed the men of the city.

18 He then addressed Zebah and Zalmunna: "Tell me about the men you killed at Tabor."

"They were men much like you," they said, "each one like a king's son."

19 Gideon said, "They were my brothers, my mother's sons. As GOD lives, if you had let them live, I would let you live."

20 Then he spoke to Jether, his firstborn: "Get up and kill them." But he couldn't do it, couldn't draw his sword. He was afraid—he was still just a boy.

21 Zebah and Zalmunna said, "Do it yourself—if you're man enough!" And Gideon did it. He stepped up and killed Zebah and Zalmunna. Then he took the crescents that hung on the necks of their camels.

22 The Israelites said, "Rule over us, you and your son and your grandson. You have saved us from Midian's tyranny."

23 Gideon said, "I most certainly will not rule over you, nor will my son. GOD will reign over you."

24 Then Gideon said, "But I do have one request. Give me, each of you, an earring that you took as plunder." Ishmaelites wore gold earrings, and the men all had their pockets full of them.

25-26 They said, "Of course. They're yours!" They spread out a blanket and each man threw his plundered earrings on it. The gold earrings that Gideon had asked for weighed about forty-three pounds—and that didn't include the crescents and pendants, the purple robes worn by the Midianite kings, and the ornaments hung around the necks of their camels.

27 Gideon made the gold into a sacred ephod and put it on display in his hometown, Ophrah. All Israel prostituted itself there. Gideon and his family, too, were seduced by it.

엘이 거기서 그것을 음란하게 섬겼고, 그 일은 기드온과 그의 집안에도 덫이 되었다.

28 이스라엘 백성이 미디안의 폭정을 꺾은 후로는, 그들에게서 더 이상 아무 말도 들려오지 않았다. 기드온이 다스리는 동안 그 땅이 사십 년 동안 평온했다.

29-31 요아스의 아들 여룹바알은 고향으로 돌아가 자기 집에서 살았다. 기드온에게는 아들 일흔 명이 있었다. 모두 그가 낳은 아들이었다. 그에게 아내가 많았던 것이다! 세겜에 있는 그의 첩도 아들을 낳았는데, 기드온은 그의 이름을 아비멜렉이라고 했다.

32 요아스의 아들 기드온은 수를 다 누리고 죽었다. 그는 아비에셀 사람의 땅 오브라에 있는 자기 아버지 요아스의 무덤에 묻혔다.

아비멜렉

33-35 기드온의 몸이 무덤 속에서 채 식기도 전에, 이스라엘 백성이 그 길에서 벗어나 바알을 음란하게 섬겼다. 그들은 바알브릿을 자신들의 신으로 섬겼다. 이스라엘 백성은 그들을 속박하던 모든 적에게서 그들을 구원하신 하나님 그들의 하나님을 깨끗이 잊어버렸다. 그들은 또 여룹바알(기드온)의 집안에도 신의를 지키지 않았고, 그가 이스라엘을 위해 행한 모든 선한 일을 기리지도 않았다.

9 1-2 여룹바알의 아들 아비멜렉이 세겜의 외삼촌들과 외가의 친척들에게 가서 말했다. "세겜의 모든 높은 사람에게 이렇게 물어보십시오. '여룹바알의 아들 일흔 명 모두가 여러분을 다스리는 것과 한 사람이 다스리는 것 중에 어느 쪽이 나을 것 같습니까? 내가 여러분의 혈육임을 기억하십시오.'"

3 그의 외가 친척들이 세겜의 지도자들에게 그 제안을 전했다. 그들은 아비멜렉을 받들고 싶어졌다. "그는 결국 우리와 한 핏줄이기 때문이오" 하고 그들이 말했다.

*4-5 그들은 바알브릿 신전에서 은화 일흔 개를 꺼*내어 아비멜렉에게 주었다. 그는 그 돈으로 건달패를 군사로 고용해 자기를 따르게 했다. 그는 오브라에 있는 아버지의 집에 가서 자기의 배다른 형제들, 곧 여룹바알의 아들 일흔 명을 죽였다! 그것도

28 Midian's tyranny was broken by the Israelites; nothing more was heard from them. The land was quiet for forty years in Gideon's time.

29-31 Jerub-Baal son of Joash went home and lived in his house. Gideon had seventy sons. He fathered them all—he had a lot of wives! His concubine, the one at Shechem, also bore him a son. He named him Abimelech.

32 Gideon son of Joash died at a good old age. He was buried in the tomb of his father Joash at Ophrah of the Abiezrites.

Abimelech

33-35 Gideon was hardly cool in the tomb when the People of Israel had gotten off track and were prostituting themselves to Baal—they made Baal-of-the-Covenant their god. The People of Israel forgot all about GOD, their God, who had saved them from all their enemies who had hemmed them in. And they didn't keep faith with the family of Jerub-Baal (Gideon), honoring all the good he had done for Israel.

9 1-2 Abimelech son of Jerub-Baal went to Shechem to his uncles and all his mother's relatives and said to them, "Ask all the leading men of Shechem, 'What do you think is best, that seventy men rule you—all those sons of Jerub-Baal—or that one man rule? You'll remember that I am your own flesh and blood.'"

3 His mother's relatives reported the proposal to the leaders of Shechem. They were inclined to take Abimelech. "Because," they said, "he is, after all, one of us."

4-5 They gave him seventy silver pieces from the shrine of Baal-of-the-Covenant. With the money he hired some reckless riffraff soldiers and they followed along after him. He went to his father's house in Ophrah and killed his half brothers, the sons of Jerub-Baal—seventy men! And on one stone! The youngest, Jotham son of Jerub-Baal, managed to hide, the only survivor.

한 바위 위에서 죽였다! 여룹바알의 막내아들 요담만 용케 숨어서 살아남았다.

6 그 후에 세겜과 벳밀로의 모든 지도자가 세겜에 있는 돌기둥 옆의 상수리나무에 모여 아비멜렉을 왕으로 추대했다.

7-9 요담이 그 일을 다 듣고 그리심 산 꼭대기에 올라가 소리 높여 외쳤다.

"세겜의 지도자들이여, 내 말을 들으십시오.
그러면 하나님께서 여러분의 말을 들으실 것입니다!
하루는 나무들이 기름을 부어
자기들의 왕을 세우기로 했습니다.
그들은 올리브나무에게 말했습니다.
'네가 우리를 다스려라.'
그러나 올리브나무는 그들에게 말했습니다.
'내가 어찌 신과 사람들을 영화롭게 하는
이 기름 내는 귀한 일을 버리고
나무들 위에서 이래라저래라 하겠느냐?'

10-11 그러자 나무들이 무화과나무에게 말했습니다.
'네가 와서 우리를 다스려라.'
그러나 무화과나무는 그들에게 말했습니다.
'내가 어찌 군침 도는
단 과실을 내는 귀한 일을 버리고
나무들 위에서 이래라저래라 하겠느냐?'

12-13 그러자 나무들이 포도나무에게 갔습니다.
'네가 와서 우리를 다스려라.'
그러나 포도나무는 그들에게 말했습니다.
'내가 어찌 신과 사람들을 기쁘게 하는
포도주를 내는 귀한 일을 버리고
나무들 위에서 이래라저래라 하겠느냐?'

14-15 그러자 모든 나무들이 풀덤불에게 갔습니다.
'네가 와서 우리를 다스려라.'
그러나 풀덤불은 나무들에게 말했습니다.
'진정으로 나를 너희 왕으로 삼고자 한다면
와서 내 그늘 아래로 피하여라.
그렇지 않으면 풀덤불에서 불이 뿜어져 나와
레바논의 백향목들을 사를 것이다!'

16-20 이제 들으십시오. 여러분이 아비멜렉을 왕으로 세운 것이 옳고 훌륭한 일이라고 생각합니까?

6 Then all the leaders of Shechem and Beth Millo gathered at the Oak by the Standing Stone at Shechem and crowned Abimelech king.

7-9 When this was all told to Jotham, he climbed to the top of Mount Gerizim, raised his voice, and shouted:

Listen to me, leaders of Shechem.
And let God listen to you!
The trees set out one day
to anoint a king for themselves.
They said to Olive Tree,
"Rule over us."
But Olive Tree told them,
"Am I no longer good for making oil
That gives glory to gods and men,
and to be demoted to waving over trees?"

10-11 The trees then said to Fig Tree,
"You come and rule over us."
But Fig Tree said to them,
"Am I no longer good for making sweets,
My mouthwatering sweet fruits,
and to be demoted to waving over trees?"

12-13 The trees then said to Vine,
"You come and rule over us."
But Vine said to them,
"Am I no longer good for making wine,
Wine that cheers gods and men,
and to be demoted to waving over trees?"

14-15 All the trees then said to Tumbleweed,
"You come and reign over us."
But Tumbleweed said to the trees:
"If you're serious about making me your king,
Come and find shelter in my shade.
But if not, let fire shoot from Tumbleweed
and burn down the cedars of Lebanon!"

16-20 "Now listen: Do you think you did a right and honorable thing when you made Abimelech king? Do you think you treated Jerub-Baal and his family well, did for him what he deserved?

여러분이 여룹바알과 그 집안을 선대하고 그에게 마땅한 대우를 했다고 봅니까? 나의 아버지는 목숨을 걸고 여러분을 위해 싸워 미디안의 폭정에서 여러분을 구했습니다. 그런데 여러분은 바로 지금 그를 배신했습니다. 여러분은 그의 아들 일흔 명을 한 바위 위에서 학살했습니다! 그의 여종이 낳은 아들 아비멜렉이 여러분의 친척이라는 이유로 그를 세겜의 지도자들 위에 왕으로 세웠습니다. 여러분이 오늘 여룹바알을 이렇게 대한 것이 정당한 처사라고 생각한다면, 여러분은 아비멜렉을 즐거워하고 아비멜렉은 여러분을 즐거워할 것입니다. 그러나 그렇지 않다면, 아비멜렉에게서 불이 나와 세겜과 벳밀로의 지도자들을 사를 것입니다. 또 세겜과 벳밀로의 지도자들에게서 불이 나와 아비멜렉을 사를 것입니다."

21 요담은 목숨을 구하기 위해 도망쳤다. 그는 자기 형제 아비멜렉이 두려워, 브엘로 가서 그곳에 정착했다.

22-24 아비멜렉은 삼 년 동안 이스라엘을 다스렸다. 그때에 하나님께서 아비멜렉과 세겜 지도자들 사이에 불화를 일으키시니, 세겜 지도자들이 아비멜렉을 배신했다. 폭력은 부메랑이 되어 돌아왔다. 여룹바알의 아들 일흔 명을 살해한 잔인한 폭력이, 이제 아비멜렉과 그 폭력을 지지했던 세겜 지도자들 사이에 횡행했다.

25 세겜 지도자들은 아비멜렉에게 해를 끼치려고 산꼭대기마다 사람들을 매복시켜 길을 가는 사람들에게 강도짓을 하게 했다. 그 소식이 아비멜렉에게 들어갔다.

26-27 그때에 에벳의 아들 가알이 친척들과 함께 세겜으로 이주했다. 세겜 지도자들은 그를 의지했다. 하루는 그들이 밭에 나가 포도원에서 포도를 거두어다 포도주 틀에 넣고 밟았다. 그러고는 자기네 신의 신전에서 잔치를 베풀며 먹고 마셨다. 그러다 그들은 아비멜렉을 헐뜯기 시작했다.

28-29 에벳의 아들 가알이 말했다. "아비멜렉이 *누구입니까? 또 우리 세겜 사람들이 왜 그의 지*시를 받아야 합니까? 그는 여룹바알의 아들이 아닙니까? 그리고 이곳의 통치자는 그의 심복 스불이 아닙니까? 우리는 하몰의 자손으로 세겜의 귀하신 이름을 받은 사람들입니다. 어째서

My father fought for you, risked his own life, and rescued you from Midian's tyranny, and you have, just now, betrayed him. You massacred his sons—seventy men on a single stone! You made Abimelech, the son by his maidservant, king over Shechem's leaders because he's your relative. If you think that this is an honest day's work, this way you have treated Jerub-Baal today, then enjoy Abimelech and let him enjoy you. But if not, let fire break from Abimelech and burn up the leaders of Shechem and Beth Millo. And let fire break from the leaders of Shechem and Beth Millo and burn up Abimelech."

21 And Jotham fled. He ran for his life. He went to Beer and settled down there, because he was afraid of his brother Abimelech.

22-24 Abimelech ruled over Israel for three years. Then God brought bad blood between Abimelech and Shechem's leaders, who now worked treacherously behind his back. Violence boomeranged: The murderous violence that killed the seventy brothers, the sons of Jerub-Baal, was now loose among Abimelech and Shechem's leaders, who had supported the violence.

25 To undermine Abimelech, Shechem's leaders put men in ambush on the mountain passes who robbed travelers on those roads. And Abimelech was told.

26-27 At that time Gaal son of Ebed arrived with his relatives and moved into Shechem. The leaders of Shechem trusted him. One day they went out into the fields, gathered grapes in the vineyards, and trod them in the winepress. Then they held a celebration in their god's temple, a feast, eating and drinking. And then they started putting down Abimelech.

28-29 Gaal son of Ebed said, "Who is this Abimelech? And who are we Shechemites to take orders from him? Isn't he the son of Jerub-Baal, and isn't this his henchman Zebul? We belong to the race of Hamor and bear the noble name of Shechem. Why should we be toadies of Abimelech? If I were in charge of this people, the first thing I'd do is get

우리가 아비멜렉의 비위나 맞추어야 한단 말입니까? 내가 이 백성의 책임자라면 우선 아비멜렉부터 없앨 겁니다! 그에게 '네 실력을 보여 봐라. 여기서 누가 높은지 한번 겨뤄 보자!' 하고 말할 겁니다."

30-33 그 성읍의 통치자인 스불은 에벳의 아들 가알이 하는 말을 듣고 화가 났다. 그는 몰래 아비멜렉에게 전령을 보내어 이렇게 알렸다. "에벳의 아들 가알과 그의 친척들이 세겜에 와서 당신에게 맞서 분란을 일으키고 있습니다. 그러니 이렇게 하십시오. 오늘 밤 당신의 군대를 이끌고 와서 밭에 매복하고 기다리십시오. 아침에 해가 밝는 대로 행동을 개시하여 성읍으로 돌격해 오십시오. 가알과 그의 군대가 당신에게 나아갈 테니, 뒷일은 알아서 하시면 됩니다."

34-36 아비멜렉과 그의 군대 네 개 부대가 그 밤에 올라가서 세겜에 접근하여 매복하고 기다렸다. 에벳의 아들 가알이 일어나 성문에 서 있었다. 아비멜렉과 그의 군대가 매복했던 곳에서 떠나자, 가알이 그 모습을 보고 스불에게 말했다. "저것 좀 보시오. 산꼭대기에서 사람들이 내려오고 있소!"

스불이 말했다. "산 그림자가 사람들처럼 보이는 것이겠지요." 가알은 연신 중얼거렸다.

37 가알이 다시 말했다. "답불에레스(세상의 중심)에서 내려오는 저 군대를 보시오. 한 부대는 신탁의 상수리나무에서 곧장 다가오고 있소."

38 스불이 말했다. "큰소리치던 당신의 입은 지금 어디 있소? '아비멜렉이 누군데 우리가 그의 지시를 받아야 하느냐' 하고 당신이 말하지 않았소? 저기 당신이 비웃던 아비멜렉이 그의 군대와 함께 있소. 기회가 왔으니, 한번 싸워 보시오!"

39-40 가알은 세겜 지도자들의 지지를 받고 나가 아비멜렉과 싸움을 벌였다. 그러나 아비멜렉이 그를 추격하자, 가알은 도망쳐 버렸다. 부상을 입고 쓰러진 사람들이 성문 앞까지 늘어졌다.

41 아비멜렉은 아루마에 야전 지휘 본부를 설치하고, 스불은 가알과 그의 친척들이 세겜에 들어오지 못하게 했다.

42-45 이튿날 세겜 백성이 들로 나갔는데, 아비멜렉이 그 소식을 들었다. 그는 군대를 이끌고 나가서 세 개 부대로 나눈 다음 들에 매복시킨 뒤

rid of Abimelech! I'd say, 'Show me your stuff, Abimelech—let's see who's boss here!'"

30-33 Zebul, governor of the city, heard what Gaal son of Ebed was saying and got angry. Secretly he sent messengers to Abimelech with the message, "Gaal son of Ebed and his relatives have come to Shechem and are stirring up trouble against you. Here's what you do: Tonight bring your troops and wait in ambush in the field. In the morning, as soon as the sun breaks, get moving and charge the city. Gaal and his troops will come out to you, and you'll know what to do next."

34-36 Abimelech and his troops, four companies of them, went up that night and waited in ambush approaching Shechem. Gaal son of Ebed had gotten up and was standing in the city gate. Abimelech and his troops left their cover. When Gaal saw them he said to Zebul, "Look at that, people coming down from the tops of the mountains!"

Zebul said, "That's nothing but mountain shadows; they just look like men." Gaal kept chattering away.

37 Then he said again, "Look at the troops coming down off Tabbur-erez (the Navel of the World)—and one company coming straight from the Oracle Oak."

38 Zebul said, "Where is that big mouth of yours now? You who said, 'And who is Abimelech that we should take orders from him?' Well, there he is with the troops you ridiculed. Here's your chance. Fight away!"

39-40 Gaal went out, backed by the leaders of Shechem, and did battle with Abimelech. Abimelech chased him, and Gaal turned tail and ran. Many fell wounded, right up to the city gate.

41 Abimelech set up his field headquarters at Arumah while Zebul kept Gaal and his relatives out of Shechem.

42-45 The next day the people went out to the fields. This was reported to Abimelech. He took his troops, divided them into three companies, and placed them in ambush in the fields. When he saw that the people were well out in the open, he sprang up and attacked them. Abimelech and the company

에, 백성이 탁 트인 곳으로 나서는 것을 보고 일제히 일어나 그들을 쳤다. 아비멜렉과 그와 함께한 부대는 앞으로 돌격하여 성문 입구를 장악했고, 다른 두 개 부대는 들판에 있는 사람들을 쫓아가 죽였다. 아비멜렉은 그날 온종일 성읍에서 싸웠다. 그는 성읍을 점령하고 성읍 안에 있는 사람들을 모두 죽였다. 그는 성읍을 무너뜨리고 그 위에 소금을 뿌렸다.

46-49 세겜 망대와 관계된 지도자들이 그 소식을 듣고는 요새화된 엘브릿 신전으로 들어갔다. 세겜 망대의 무리가 함께 모여 있다는 말이 아비멜렉에게 전해졌다. 그와 그의 군대는 살몬 산(캄캄한 산)에 올라갔다. 아비멜렉은 도끼를 들어 장작 한 더미를 패고는 그것을 어깨에 멨다. 그러고는 그의 군대에게 말했다. "너희도 내가 한 것처럼 하여라. 서둘러라!" 그래서 그의 부하들도 각자 한 더미씩 장작을 팼다. 그들은 아비멜렉을 따라 장작더미를 망대 방벽에 기대어 쌓고 건물 전체에 불을 질렀다. 세겜 망대 안에 있던 사람들이 다 죽었는데, 죽은 남녀가 모두 천 명쯤 되었다.

50-54 그 후에 아비멜렉은 데베스로 갔다. 그는 데베스에 진을 치고 그곳을 점령했다. 성읍 한가운데에 튼튼한 망대가 서 있었다. 성읍의 모든 남녀가 성읍 지도자들과 함께 그곳으로 피해 문을 잠그고 망대 꼭대기로 올라갔다. 아비멜렉은 망대까지 다가가서 공격했다. 그가 망대에 불을 놓으려고 망루 문으로 다가간 바로 그때, 어떤 여인이 맷돌 위짝을 그의 머리 위로 떨어뜨려 그의 두개골을 부서뜨렸다. 그는 자기의 무기를 들고 다니는 젊은 병사를 다급히 불러 "사람들이 나를 두고 '여자한테 죽은 자'라고 말하지 못하도록 네 칼을 뽑아서 나를 죽여라" 하고 말했다. 그 젊은 병사가 아비멜렉을 칼로 찌르니, 그가 죽었다.

55 이스라엘 백성은 아비멜렉이 죽은 것을 보고 집으로 돌아갔다.

56-57 하나님께서는 아비멜렉이 형제 일흔 명을 *죽여서 자기 아버지에게 저지른 악을 갚으셨*다. 또 세겜 사람들이 저지른 모든 악을 여룹바알의 아들 요담의 저주대로 그들의 머리 위에 내리셨다.

with him charged ahead and took control of the entrance to the city gate; the other two companies chased down those who were in the open fields and killed them. Abimelech fought at the city all that day. He captured the city and massacred everyone in it. He leveled the city to the ground, then sowed it with salt.

46-49 When the leaders connected with Shechem's Tower heard this, they went into the fortified God-of-the-Covenant temple. This was reported to Abimelech that the Shechem's Tower bunch were gathered together. He and his troops climbed Mount Zalmon (Dark Mountain). Abimelech took his ax and chopped a bundle of firewood, picked it up, and put it on his shoulder. He said to his troops, "Do what you've seen me do, and quickly." So each of his men cut his own bundle. They followed Abimelech, piled their bundles against the Tower fortifications, and set the whole structure on fire. Everyone in Shechem's Tower died, about a thousand men and women.

50-54 Abimelech went on to Thebez. He camped at Thebez and captured it. The Tower-of-Strength stood in the middle of the city; all the men and women of the city along with the city's leaders had fled there and locked themselves in. They were up on the tower roof. Abimelech got as far as the tower and assaulted it. He came up to the tower door to set it on fire. Just then some woman dropped an upper millstone on his head and crushed his skull. He called urgently to his young armor bearer and said, "Draw your sword and kill me so they can't say of me, 'A woman killed him.'" His armor bearer drove in his sword, and Abimelech died.

55 When the Israelites saw that Abimelech was dead, they went home.

56-57 God avenged the evil Abimelech had done to his father, murdering his seventy brothers. And God brought down on the heads of the men of Shechem all the evil that they had done, the curse of Jotham son of Jerub-Baal.

사사 돌라

10 [1-2] 아비멜렉의 뒤를 이어 도도의 손자요 부아의 아들인 돌라가 일어났다. 돌라는 위기에 잘 대처하여 이스라엘을 구원했다. 그는 잇사갈 사람으로, 에브라임 산지 사밀에 살면서 이십삼 년 동안 이스라엘의 사사로 있었다. 그는 죽어서 사밀에 묻혔다.

사사 야일

[3-5] 돌라 다음으로, 길르앗 사람 야일이 지도자가 되었다. 야일은 이십이 년 동안 이스라엘의 사사로 있었다. 그에게 아들 서른 명이 있었는데, 그들은 나귀 서른 마리를 타면서 길르앗에 성읍 서른 개를 두었다. 그 성읍들은 오늘까지 야일의 마을이라고 불린다. 야일은 죽어서 가몬에 묻혔다.

[6-8] 그 후에 이스라엘 백성이 또다시 하나님 보시기에 악을 행했다. 그들은 바알 신들과 아스다롯 여신들 곧 아람과 시돈과 모압의 신들, 암몬 사람과 블레셋 사람의 신들을 섬겼다. 그들은 금세 하나님을 버리고 떠나 버렸다. 더 이상 그분을 섬기지 않았다. 그러므로 하나님께서 불 같은 진노를 터뜨리셔서, 이스라엘을 블레셋 사람과 암몬 사람에게 넘기셨다. 그들은 그해부터 이스라엘 백성을 무참히 괴롭히고 학대했다. 그들은 요단 강 동쪽 길르앗 아모리 사람 땅에 사는 이스라엘 온 백성을 십팔 년 동안 지배했다.

[9] 그러다가 암몬 사람이 요단 강을 건너서 유다와 베냐민과 에브라임에까지 쳐들어왔다. 이스라엘은 위태로운 지경에 이르렀다!

[10] 이스라엘 백성은 하나님께 도와 달라고 부르짖었다. "저희가 하나님께 죄를 지었습니다! 저희가 하나님을 떠나 바알 신들을 섬겼습니다!"

[11-14] 하나님께서 이스라엘 백성에게 대답하셨다. "이집트, 아모리, 암몬, 블레셋, 시돈 사람이—아말렉과 미디안까지!—너희를 압제할 때에 너희가 내게 도와 달라고 부르짖어서, 내가 그들 손에서 너희를 구원했다. 그런데도 너희는 나를 떠나 반역하고 다른 신들을 섬겼다. 이제 나는 더 이상 너희를 구원하지 않겠다. 어디, 너희가 택한 그 신들에게 도와 달라고 부르짖어 보아라! 그 신들의 도움으로 너희가 처한 곤경에서 벗어나 보아라!"

Tola

10 [1-2] Tola son of Puah, the son of Dodo, was next after Abimelech. He rose to the occasion to save Israel. He was a man of Issachar. He lived in Shamir in the hill country of Ephraim. He judged Israel for twenty-three years and then died and was buried at Shamir.

Jair

[3-5] After him, Jair the Gileadite stepped into leadership. He judged Israel for twenty-two years. He had thirty sons who rode on thirty donkeys and had thirty towns in Gilead. The towns are still called Jair's Villages. Jair died and was buried in Kamon.

[6-8] And then the People of Israel went back to doing evil in GOD's sight. They worshiped the Baal gods and Ashtoreth goddesses: gods of Aram, Sidon, and Moab; gods of the Ammonites and the Philistines. They just walked off and left GOD, quit worshiping him. And GOD exploded in hot anger at Israel and sold them off to the Philistines and Ammonites, who, beginning that year, bullied and battered the People of Israel mercilessly. For eighteen years they had them under their thumb, all the People of Israel who lived east of the Jordan in the Amorite country of Gilead.

[9] Then the Ammonites crossed the Jordan to go to war also against Judah, Benjamin, and Ephraim. Israel was in a bad way!

[10] The People of Israel cried out to GOD for help: "We've sinned against you! We left our God and worshiped the Baal gods!"

[11-14] GOD answered the People of Israel: "When the Egyptians, Amorites, Ammonites, Philistines, Sidonians—even Amalek and Midian!—oppressed you and you cried out to me for help, I saved you from them. And now you've gone off and betrayed me, worshiping other gods. I'm not saving you anymore. Go ahead! Cry out for help to the gods you've chosen—let them get you out of the mess you're in!"

[15] The People of Israel said to GOD: "We've sinned. Do to us whatever you think best, but please, get us

15 그러자 이스라엘 백성이 하나님께 아뢰었다. "저
희가 죄를 지었습니다. 무엇이든 주님 보시기에 좋을
대로 행하십시오. 하지만 부디 저희를 여기서 벗어나
게 해주십시오!"
16 그러고 나서 그들은 이방 신들을 깨끗이 제거해
버리고 하나님만 섬겼다. 하나님께서는 이스라엘의
괴로움을 마음에 두셨다.

사사 입다

17-18 암몬 사람이 전쟁을 준비하고 길르앗에 진을 치
자, 이스라엘 백성도 대항하기 위해 미스바에 진을
쳤다. 길르앗의 지도자들이 말했다. "누가 우리를 위
해 일어나서 암몬 사람을 치겠는가? 우리가 그를 길
르앗 모든 사람의 통치자로 삼을 것이다!"

11 1-3 길르앗 사람 입다는 강인한 용사였다.
그는 창녀의 아들이었고, 아버지는 길르
앗이었다. 한편 길르앗의 본처가 그의 다른 아들들을
낳았는데, 그 아들들이 자라서 입다를 쫓아내며 그에
게 말했다. "너는 다른 여자의 아들이니 우리 집안의
유산을 하나도 받지 못할 것이다." 그래서 입다는 형
제들을 피해 돕이라고 하는 땅에 가서 살았는데, 건
달들이 그에게 붙어 함께 어울려 다녔다.
4-6 얼마 후에, 암몬 사람이 이스라엘에 싸움을 걸어
왔다. 그들이 전쟁을 일으키자, 길르앗 장로들은 입
다를 데려오기 위해 돕 땅으로 갔다. 그들이 입다에
게 말했다. "와서 우리의 지휘관이 되어 주시오. 그러
면 우리가 암몬 사람을 칠 수 있을 것이오."
7 그러자 입다가 길르앗의 장로들에게 말했다. "하지
만 당신들은 나를 미워하지 않습니까? 당신들은 나
를 집안에서 쫓아냈습니다. 그런데 어찌 이제 와서
나를 찾아온 것입니까? 당신들이 곤경에 빠져서 그
런 게 아닙니까? 그렇지 않습니까?"
8 길르앗의 장로들이 대답했다. "그렇소. 당신과 함
께 가서 암몬 사람과 싸우려고, 우리가 여기 왔소. 당
신이 우리 모두, 길르앗 모든 사람의 통치자가 될 것
이오."
9 입다가 길르앗의 장로들에게 말했다. "그러니까 당
신들이 나를 고향으로 데리고 가서 암몬 사람과 싸울
때에, 하나님께서 그들을 내 손에 넘겨주시면 내가
당신들의 통치자가 된다는 말입니까?"
10-11 그들이 말했다. "하나님께서 우리 사이의 증인
이시오. 무엇이든 당신이 말하는 대로 우리가 행하겠
소." 입다는 길르앗의 장로들과 함께 갔다. 백성은 그

out of this!"
16 Then they cleaned house of the foreign
gods and worshiped only GOD. And GOD took
Israel's troubles to heart.

Jephthah

17-18 The Ammonites prepared for war, setting
camp in Gilead. The People of Israel set their
rival camp in Mizpah. The leaders in Gilead
said, "Who will stand up for us against the
Ammonites? We'll make him head over every-
one in Gilead!"

11 1-3 Jephthah the Gileadite was one
tough warrior. He was the son of a
whore, but Gilead was his father. Meanwhile
Gilead's legal wife had given him other sons,
and when they grew up, his wife's sons threw
Jephthah out. They told him: "You're not
getting any of our family inheritance—you're
the son of another woman." So Jephthah fled
from his brothers and went to live in the land
of Tob. Some riffraff joined him and went
around with him.
4-6 Some time passed. And then the Ammonites
started fighting Israel. With the Ammonites
at war with them, the elders of Gilead went to
get Jephthah from the land of Tob. They said
to Jephthah: "Come. Be our general and we'll
fight the Ammonites."
7 But Jephthah said to the elders of Gilead: "But
you hate me. You kicked me out of my family
home. So why are you coming to me now?
Because you are in trouble. Right?"
8 The elders of Gilead replied, "That's it exactly.
We've come to you to get you to go with us and
fight the Ammonites. You'll be the head of all
of us, all the Gileadites."
9 Jephthah addressed the elders of Gilead,
"So if you bring me back home to fight the
Ammonites and GOD gives them to me, I'll be
your head—is that right?"
10-11 They said, "GOD is witness between us;
whatever you say, we'll do." Jephthah went

를 그들의 통치자와 지휘관으로 삼았다. 입다는 자신 이 한 말을 미스바에서 하나님 앞에 아뢰었다.

12 그 후에 입다가 암몬 사람의 왕에게 전령을 보내 메시지를 전했다. "내 땅에 들어와 시비를 거니, 이 무슨 짓입니까?"

13 암몬 사람의 왕이 입다의 전령에게 말했다. "이스라엘이 이집트에서 올라올 때 아르논 강에서부터 멀리 얍복 강과 요단 강에 이르는 내 땅을 빼앗았기 때문이오. 순순히 내 땅을 내놓으시오. 그러면 돌아가겠소."

14-27 입다가 암몬 사람의 왕에게 다시 전령을 보내 메시지를 전했다. "입다의 말입니다. '이스라엘은 모압 땅과 암몬 땅을 빼앗지 않았습니다. 이집트에서 올라올 때 이스라엘은 사막을 가로질러 홍해까지 갔고, 가데스에 이르렀습니다. 거기서 에돔 왕에게 전령을 보내어 "부디 우리를 당신의 땅으로 지나가게 해주십시오" 하고 말했지만, 에돔 왕은 그 요청을 들어주지 않았습니다. 이스라엘은 모압 왕에게도 승낙을 구했으나, 그도 지나가게 해주지 않았습니다. 이스라엘은 가데스에서 발이 묶였습니다. 그래서 이스라엘은 사막을 가로지르고 에돔 땅과 모압 땅을 돌아서 왔습니다. 이스라엘은 모압 땅 동쪽으로 나와 아르논 맞은편에 진을 쳤습니다. 아르논은 모압의 경계여서, 모압 영토에는 한 발짝도 들어가지 않았습니다. 그 후에 이스라엘은 수도 헤스본에 있는 아모리 왕 시혼에게 전령을 보내어, "우리 땅으로 가는 길에 부디 당신의 땅을 지나가게 해주십시오" 하고 부탁했습니다. 그러나 이스라엘을 믿지 못한 시혼은 자기네 땅을 통과하도록 허락하지 않았고, 오히려 온 군대를 모아 야하스에 진을 치고 이스라엘과 싸웠습니다. 그러나 하나님 이스라엘의 하나님께서 시혼과 그의 온 군대를 이스라엘의 손에 넘겨주셨습니다. 이스라엘은 그들을 물리치고, 아르논에서 얍복 강까지 그리고 사막에서 요단 강까지 아모리의 모든 땅을 차지했습니다. 하나님 이스라엘의 하나님께서 이스라엘을 위해 아모리 사람을 몰아내셨습니다. 그런데 당신이 누구이기에 그것을 빼앗으려고 합니까? 어째서 당신의 신 그모스가 주는 것으로 만족하지 못합니까? 당신이 그것으로 만족한다면 우리도 하나님 우리 하나님께서 주시는 것으로 만족할 것입니다. 당신이 모압 왕 십볼의 아들 발락보다 잘될 것 같습니까? 이스라엘에 대항하던 그에게 과연 성과가 있었습니까? 그가 감히 전쟁을 벌였습니까? 지금까지 이스라엘이 헤스본과 그 주변 마을들, 아로엘과 그 주변 마을

along with the elders of Gilead. The people made him their top man and general. And Jephthah repeated what he had said before GOD at Mizpah.

12 Then Jephthah sent messengers to the king of the Ammonites with a message: "What's going on here that you have come into my country picking a fight?"

13 The king of the Ammonites told Jephthah's messengers: "Because Israel took my land when they came up out of Egypt—from the Arnon all the way to the Jabbok and to the Jordan. Give it back peaceably and I'll go."

14-27 Jephthah again sent messengers to the king of the Ammonites with the message: "Jephthah's word: Israel took no Moabite land and no Ammonite land. When they came up from Egypt, Israel went through the desert as far as the Red Sea, arriving at Kadesh. There Israel sent messengers to the king of Edom saying, 'Let us pass through your land, please.' But the king of Edom wouldn't let them. Israel also requested permission from the king of Moab, but he wouldn't let them cross either. They were stopped in their tracks at Kadesh. So they traveled across the desert and circled around the lands of Edom and Moab. They came out east of the land of Moab and set camp on the other side of the Arnon—they didn't set foot in Moabite territory, for Arnon was the Moabite border. Israel then sent messengers to Sihon king of the Amorites at Heshbon the capital. Israel asked, 'Let us pass, please, through your land on the way to our country.' But Sihon didn't trust Israel to cut across his land; he got his entire army together, set up camp at Jahaz, and fought Israel. But GOD, the God of Israel, gave Sihon and all his troops to Israel. Israel defeated them. Israel took all the Amorite land, all Amorite land from Arnon to the Jabbok and from the desert to the Jordan. It was GOD, the God of Israel, who pushed out the Amorites in favor of Israel; so who do you think you are to try to take it over? Why don't

들, 아르논을 따라 난 주변 모든 마을에서 살아
온 세월이 어언 삼백 년인데, 당신은 왜 여태까
지 그곳들을 빼앗으려 하지 않았습니까? 내가
당신한테 잘못한 것이 없는데도 당신이 나한테
이렇게 싸움을 거는 것은 악한 일입니다. 재판
장이신 하나님께서 오늘 이스라엘 백성과 암몬
백성 사이에서 판단하실 것입니다.'"
28 그러나 암몬 사람의 왕은 입다가 전한 말을
들으려 하지 않았다.

29-31 하나님의 영이 입다에게 임하셨다. 입다가
길르앗과 므낫세를 가로지르고 길르앗의 미스
바를 지나, 거기서 암몬 사람에게 접근했다. 입
다가 하나님 앞에 서원했다. "주께서 제게 확실
한 승리를 주셔서 암몬 사람을 이기게 하시면,
제가 무사히 돌아올 때에 제 집 문에서 저를 맞
으러 나오는 것을 하나님께 드리겠습니다. 그
것이 무엇이 되었든 상관없습니다. 그것을 희
생 번제로 바치겠습니다."
32-33 입다가 나가서 암몬 사람과 싸웠다. 하나
님께서 암몬 사람을 그의 손에 넘겨주셨다. 입
다가 아로엘에서부터 민닛 주변 지역 그리고
멀리 아벨그라밈까지, 스무 개 성읍을 쳐서 크
게 이겼다! 그야말로 진멸이었다! 암몬 사람은
이스라엘 백성에게 항복했다.
34-35 입다가 미스바에 있는 집으로 돌아오자,
그의 딸이 집에서 달려나와 탬버린을 들고 춤
추며 그의 귀향을 환영했다! 그녀는 입다의 외
동딸이었다. 그녀 말고는 그에게 아들도 없고
딸도 없었다. 입다는 그를 맞으러 누가 나왔는
지 알고서, 자기 옷을 찢으며 말했다. "아, 사
랑하는 내 딸아, 내 처지가 비참하게 되었구나.
내 마음이 갈기갈기 찢어진다. 내가 하나님께
서원했으니 이제 와서 되돌릴 수도 없구나!"
36 딸이 말했다. "사랑하는 아버지, 하나님께
서원하셨으면, 아버지가 서원하신 대로 행하십
시오. 하나님께서는 그분의 일을 행하심으로
원수 암몬에게서 아버지를 구원하지 않으셨습
니까!"
37 딸이 아버지에게 말했다. "하지만 제게 한 가
지만 허락해 주십시오. 저는 영영 결혼하지 못
할 테니 제게 두 달만 주셔서, 친한 친구들과
함께 산속으로 들어가 처녀로 죽는 제 처지를
슬퍼하게 해주십시오."
38-39 "그래, 그렇게 하거라." 입다는 두 달 동안

you just be satisfied with what your god Chemosh gives you and we'll settle for what GOD, our God, gives us? Do you think you're going to come off better than Balak son of Zippor, the king of Moab? Did he get anywhere in opposing Israel? Did he risk war? All this time—it's been three hundred years now!—that Israel has lived in Heshbon and its villages, in Aroer and its villages, and in all the towns along the Arnon, why didn't you try to snatch them away then? No, I haven't wronged you. But this is an evil thing that you are doing to me by starting a fight. Today GOD the Judge will decide between the People of Israel and the people of Ammon."
28 But the king of the Ammonites refused to listen to a word that Jephthah had sent him.

29-31 GOD's Spirit came upon Jephthah. He went across Gilead and Manasseh, went through Mizpah of Gilead, and from there approached the Ammonites. Jephthah made a vow before GOD: "If you give me a clear victory over the Ammonites, then I'll give to GOD whatever comes out of the door of my house to meet me when I return in one piece from among the Ammonites—I'll offer it up in a sacrificial burnt offering."
32-33 Then Jephthah was off to fight the Ammonites. And GOD gave them to him. He beat them soundly, all the way from Aroer to the area around Minnith as far as Abel Keramim—twenty cities! A massacre! Ammonites brought to their knees by the People of Israel.
34-35 Jephthah came home to Mizpah. His daughter ran from the house to welcome him home—dancing to tambourines! She was his only child. He had no son or daughter except her. When he realized who it was, he ripped his clothes, saying, "Ah, dearest daughter—I'm dirt. I'm despicable. My heart is torn to shreds. I made a vow to GOD and I can't take it back!"
36 She said, "Dear father, if you made a vow to GOD, do to me what you vowed; GOD did his part and saved you from your Ammonite enemies."
37 And then she said to her father, "But let this one thing be done for me. Give me two months to

말미를 주어 딸을 떠나보냈다. 딸은 친한 친구들과 함께 산속으로 들어가서 자기가 영영 결혼하지 못하고 처녀로 죽는 것을 슬퍼했다. 두 달이 지나 딸은 아버지에게 돌아왔다. 그는 자신이 서원한 대로 딸에게 행했다. 그 딸은 한 번도 남자와 잠자리를 같이한 적이 없었다.
39-40 이후 이스라엘에는 해마다 나흘 동안 이스라엘의 젊은 여자들이 나가서 길르앗 사람 입다의 딸을 애도하는 풍습이 생겼다.

12

1 에브라임 사람들이 군대를 소집하여 사본으로 건너와서 입다에게 말했다. "당신은 암몬 사람과 싸우러 가면서 어찌하여 우리에게 함께 가자고 하지 않았소? 우리가 당신과 당신의 집을 불살라 버리겠소."
2-3 입다가 말했다. "나와 내 백성은 암몬 사람과 협상하느라 정신이 없었습니다. 게다가 여러분께 도움을 청했지만 여러분이 나를 무시했습니다. 여러분이 오지 않아 나는 혼자 목숨 걸고 암몬 사람과 맞서 싸웠습니다. 하나님께서 그들을 내게 넘겨주셨습니다! 그런데 여러분은 어찌하여 오늘 여기에 나타났습니까? 나와 싸우고 싶어 안달이 난 겁니까?"
4 입다는 자신의 길르앗 군대를 모아 에브라임과 싸웠다. 길르앗 사람들은 에브라임을 맹렬히 공격했다. 그들은 "길르앗 사람은 혼혈아에 지나지 않으며 에브라임과 므낫세에게 버림받은 자들이다"라는 말을 들어 왔다.
5-6 길르앗은 에브라임으로 건너가는 요단 강 여울목을 장악했다. 도망치는 에브라임 사람이 강을 건너가겠다고 하면, 길르앗 사람들은 "에브라임 사람이냐?" 하고 물었다. 그가 "아니다"라고 하면 그들은 "쉬볼렛이라고 말해 보라"고 했다. 하지만 에브라임 사람은 언제나 "시볼렛"이라고 하여 제대로 발음하지 못했다. 그러면 그들은 그를 잡아다가 거기 요단 강 여울목에서 죽였다. 그 일로 에브라임의 마흔두 개 부대가 죽임을 당했다.
7 입다는 육 년 동안 이스라엘의 사사로 있었다. 길르앗 사람 입다는 죽어서 그의 성읍 길르앗의 미스바에 묻혔다.

사사 입산

8-9 입다의 뒤를 이어 베들레헴의 입산이 이스

wander through the hills and lament my virginity since I will never marry, I and my dear friends."
38-39 "Oh yes, go," he said. He sent her off for two months. She and her dear girlfriends went among the hills, lamenting that she would never marry. At the end of the two months, she came back to her father. He fulfilled the vow with her that he had made. She had never slept with a man.
39-40 It became a custom in Israel that for four days every year the young women of Israel went out to mourn for the daughter of Jephthah the Gileadite.

12

1 The men of Ephraim mustered their troops, crossed to Zaphon, and said to Jephthah, "Why did you go out to fight the Ammonites without letting us go with you? We're going to burn your house down on you!"
2-3 Jephthah said, "I and my people had our hands full negotiating with the Ammonites. And I did call to you for help but you ignored me. When I saw that you weren't coming, I took my life in my hands and confronted the Ammonites myself. And GOD gave them to me! So why did you show up here today? Are you spoiling for a fight with me?"
4 So Jephthah got his Gilead troops together and fought Ephraim. And the men of Gilead hit them hard because they were saying, "Gileadites are nothing but half breeds and rejects from Ephraim and Manasseh."
5-6 Gilead captured the fords of the Jordan at the crossing to Ephraim. If an Ephraimite fugitive said, "Let me cross," the men of Gilead would ask, "Are you an Ephraimite?" and he would say, "No." And they would say, "Say, 'Shibboleth.'" But he would always say, "Sibboleth"—he couldn't say it right. Then they would grab him and kill him there at the fords of the Jordan. Forty-two Ephraimite divisions were killed on that occasion.
7 Jephthah judged Israel six years. Jephthah the Gileadite died and was buried in his city, Mizpah of Gilead.

Ibzan

8-9 After him, Ibzan of Bethlehem judged Israel.

라엘의 사사가 되었다. 그는 아들과 딸이 각각 서른 명씩 있었는데, 딸들을 다른 가문으로 시집보냈고 며느리들도 다른 가문에서 얻었다.
10 그는 칠 년 동안 이스라엘의 사사로 있었다. 입산은 죽어서 베들레헴에 묻혔다.

사사 엘론

11-12 입산 후에 스불론 사람 엘론이 이스라엘의 사사가 되어, 십 년 동안 다스렸다. 스불론 사람 엘론은 죽어서 스불론 땅 아얄론에 묻혔다.

사사 압돈

13-15 엘론 후에, 비라돈 사람 힐렐의 아들 압돈이 이스라엘의 사사가 되었다. 그는 아들 서른 명과 손자 마흔 명이 있었는데, 그들은 나귀 일흔 마리를 탔다. 그는 팔 년 동안 이스라엘의 사사로 있었다. 비라돈 사람 힐렐의 아들 압돈은 죽어서 아말렉 사람의 산지에 있는 에브라임 땅 비라돈에 묻혔다.

사사 삼손

13

1 그 후에 이스라엘 백성이 또다시 하나님 보시기에 악을 행했다. 하나님께서 사십 년 동안 그들을 블레셋 사람의 지배를 받게 하셨다.
2-5 그때 소라 땅에 단 지파 출신의 마노아라는 사람이 있었다. 그의 아내는 임신하지 못하여 자녀가 없었다. 하나님의 천사가 그녀에게 나타나 말했다. "네가 임신하지 못하여 자녀가 없다는 것을 내가 안다. 그러나 이제 네가 임신하여 아들을 낳을 것이다. 그러니 아주 조심해야 한다. 포도주나 맥주를 마시지 말고, 부정한 것은 어떤 것도 먹지 마라. 실제로, 너는 이제 바로 임신하여 아들을 품게 될 것이다. 그의 머리에 면도칼을 대서는 안된다. 그 아이는 태어나는 순간부터 하나님의 나실인이 될 것이다. 그가 블레셋의 압제에서 이스라엘을 구원하는 일을 시작할 것이다."
6-7 여인은 남편에게 가서 말했다. "하나님의 사람이 내게 왔는데, 두려우면서도 영광이 감도는 것이, 꼭 하나님의 천사 같았어요! 미처 그분이 어디서 왔는지 묻지 못했는데, 그분도 내게 이름을 말해 주지 않았어요. 하지만 그분이 이런 말을 했어요. '네가 임신하여 아들을 낳을 것이다. 포도주나 맥주를 마시지 말고, 부정한 것은 어떤 것도 먹지 마라. 그 아이는 태어나는 순간부터 죽는 날까지

He had thirty sons and thirty daughters. He gave his daughters in marriage outside his clan and brought in thirty daughters-in-law from the outside for his sons.
10 He judged Israel seven years. Ibzan died and was buried in Bethlehem.

Elon

11-12 After him, Elon the Zebulunite judged Israel. He judged Israel ten years. Elon the Zebulunite died and was buried at Aijalon in the land of Zebulun.

Abdon

13-15 After him, Abdon son of Hillel the Pirathonite judged Israel. He had forty sons and thirty grandsons who rode on seventy donkeys. He judged Israel eight years. Abdon son of Hillel the Pirathonite died and was buried at Pirathon in the land of Ephraim in the Amalekite hill country.

Samson

13

1 And then the People of Israel were back at it again, doing what was evil in GOD's sight. GOD put them under the domination of the Philistines for forty years.
2-5 At that time there was a man named Manoah from Zorah from the tribe of Dan. His wife was barren and childless. The angel of God appeared to her and told her, "I know that you are barren and childless, but you're going to become pregnant and bear a son. But take much care: Drink no wine or beer; eat nothing ritually unclean. You are, in fact, pregnant right now, carrying a son. No razor will touch his head—the boy will be God's Nazirite from the moment of his birth. He will launch the deliverance from Philistine oppression."
6-7 The woman went to her husband and said, "A man of God came to me. He looked like the angel of God—terror laced with glory! I didn't ask him where he was from and he didn't tell me his name, but he told me, 'You're pregnant. You're going to give birth to a son. Don't drink any wine or beer and eat nothing ritually unclean. The boy

하나님의 나실인이 될 것이다.'"

8 마노아가 하나님께 기도했다. "주님, 우리에게 보내신 하나님의 사람을 다시 보내 주셔서, 앞으로 태어날 이 아이를 어떻게 길러야 할지 우리에게 가르쳐 주십시오."

9-10 하나님께서 마노아의 말을 들으셨다. 하나님의 천사가 그 여인에게 다시 왔다. 여인은 밭에 앉아 있었고 남편 마노아는 그곳에 함께 있지 않았다. 그녀가 벌떡 일어나 남편에게 달려가서 말했다. "다시 왔어요! 그날 내게 왔던 그분 말이에요!"

11 마노아가 일어나 아내를 따라 그 사람에게 갔다. 그리고 그에게 말했다. "당신이 제 아내에게 말씀한 그분이십니까?"

그가 말했다. "그렇다."

12 마노아가 말했다. "그렇군요. 당신이 말씀한 대로 이루어질 때에, 이 아이에 대해 또 이 아이가 할 일에 대해 우리에게 해줄 말씀이 무엇입니까?"

13-14 하나님의 천사가 마노아에게 말했다. "내가 여인에게 일러 준 모든 말을 명심하여라. 포도나무에서 난 것은 아무것도 먹지 마라. 포도주나 맥주를 마시지 말고, 부정한 음식은 어떤 것도 먹지 마라. 그녀는 내가 명령한 것을 모두 지켜야 한다."

15 마노아가 하나님의 천사에게 말했다. "조금만 더 우리와 함께 계십시오. 당신을 위해 새끼 염소 한 마리를 잡아 올리겠습니다."

16 하나님의 천사가 마노아에게 말했다. "좀 더 머무를 수야 있겠지만, 너의 음식을 먹지는 않을 것이다. 그러나 하나님을 위해서 번제물을 준비하여 바치고 싶거든 어서 바쳐라!" 마노아는 자기가 하나님의 천사에게 말하고 있는 줄은 꿈에도 몰랐다.

17 그래서 마노아가 하나님의 천사에게 물었다. "당신의 이름이 무엇입니까? 당신의 말씀이 이루어질 때에, 우리가 당신을 높이고 싶습니다."

18 하나님의 천사가 말했다. "어찌하여 내 이름을 묻느냐? 너무 놀라워서, 네가 이해하지 못할 것이다."

19-21 마노아는 새끼 염소 한 마리와 곡식 제물을 가져다가, 놀라운 일을 행하시는 하나님께 바위 제단 위에서 제물로 바쳤다. 제단에서 하늘로 불꽃이 솟아오르면서 하나님의 천사도 제단 불꽃을 타고 올라갔다. 마노아와 그의 아내는 그것을 보고 바닥에 얼굴을 대고 엎드렸다. 이후 그들은 다시는 하나님의 천사를 보지 못했다.

will be God's Nazirite from the moment of birth to the day of his death.'"

8 Manoah prayed to GOD: "Master, let the man of God you sent come to us again and teach us how to raise this boy who is to be born."

9-10 God listened to Manoah. God's angel came again to the woman. She was sitting in the field; her husband Manoah wasn't there with her. She jumped to her feet and ran and told her husband: "He's back! The man who came to me that day!"

11 Manoah got up and, following his wife, came to the man. He said to him, "Are you the man who spoke to my wife?"

He said, "I am."

12 Manoah said, "So. When what you say comes true, what do you have to tell us about this boy and his work?"

13-14 The angel of God said to Manoah, "Keep in mind everything I told the woman. Eat nothing that comes from the vine: Drink no wine or beer; eat no ritually unclean foods. She's to observe everything I commanded her."

15 Manoah said to the angel of God, "Please, stay with us a little longer; we'll prepare a meal for you–a young goat."

16 GOD's angel said to Manoah, "Even if I stay, I won't eat your food. But if you want to prepare a Whole-Burnt-Offering for GOD, go ahead–offer it!" Manoah had no idea that he was talking to the angel of God.

17 Then Manoah asked the angel of God, "What's your name? When your words come true, we'd like to honor you."

18 The angel of GOD said, "What's this? You ask for my name? You wouldn't understand–it's sheer wonder."

19-21 So Manoah took the kid and the Grain-Offering and sacrificed them on a rock altar to GOD who works wonders. As the flames leapt up from the altar to heaven, GOD's angel also ascended in the altar flames. When Manoah and his wife saw this, they fell facedown to the ground. Manoah and his wife never saw the angel of GOD again.

21-22 Only then did Manoah realize that this was GOD's angel. He said to his wife, "We're as good

21-22 그제야 마노아는 그가 하나님의 천사인 것을 깨달았다. 그가 아내에게 말했다. "이제 우리는 죽은 목숨이오! 하나님을 보았으니 말이오!"
23 그러자 그의 아내가 말했다. "하나님께서 우리를 죽이실 작정이셨으면 번제물과 곡식 제물을 받지 않으셨을 테고, 아이가 태어나리라고 이 모든 것을 계시해 주지도 않으셨을 겁니다."
24-25 여인이 아들을 낳자, 그들이 그의 이름을 삼손이라고 지었다. 아이가 자랄 때에 하나님께서 그에게 복을 주셨다. 그가 소라와 에스다올 사이에 있는 단 지파의 진에 머물 때에 하나님의 영이 그 안에서 역사하기 시작하셨다.

14

1-2 삼손이 딤나로 내려갔다. 그곳 딤나에 그의 눈을 끄는 여자가 있었는데, 블레셋 처녀였다. 그가 돌아와 아버지와 어머니에게 말했다. "딤나에서 여자를 보았는데, 블레셋 처녀입니다. 그 여자를 아내로 얻어 주십시오."
3 그러자 그의 부모가 말했다. "우리 백성이 사는 이 근방 처녀들 가운데는 여자가 없더냐? 꼭 할례받지 않은 블레셋 사람에게서 아내를 얻어야 되겠느냐?"
그러나 삼손은 아버지에게 말했다. "그 여자를 얻어 주십시오. 그 여자야말로 제가 원하는 사람, 제 짝입니다."
4 (삼손의 아버지와 어머니는 이 일 배후에 하나님이 계신 것과, 그분이 이 일을 블레셋 사람을 치실 계기로 삼고자 하시는 것을 몰랐다. 당시에는 블레셋 사람이 이스라엘을 지배하고 있었다.)
5-6 삼손은 아버지와 어머니와 함께 딤나로 내려갔다. 그가 딤나의 포도원에 이르렀을 때, 어린 사자가 으르렁거리며 그에게 덤벼들었다. 하나님의 영이 삼손에게 강하게 임하셔서, 그는 염소 새끼를 찢듯이 맨손으로 사자를 잡아 찢었다. 그러나 그는 자신이 한 일을 부모에게 말하지 않았다.
7 삼손은 그 길로 내려가 그 여자와 이야기를 나누었다. 그의 눈에는 그 여자가 바로 자기 짝으로 보였다.
8-9 며칠 후에 다시 여자를 데리러 가면서, 그는 그 *사자가 어떻게 되었는지* 보려고 길을 돌아서 갔다. 그런데 신기한 일이 벌어지고 있었다. 사자의 주검에 벌 떼가 우글거리고 그 안에 꿀이 있었던 것이다! 그는 손으로 꿀을 떠 가지고 길을 가면서 그 꿀을 먹었다. 그는 꿀 얼마를 아버지와 어머니

as dead! We've looked on God!"
23 But his wife said, "If GOD were planning to kill us, he wouldn't have accepted our Whole-Burnt-Offering and Grain-Offering, or revealed all these things to us—given us this birth announcement."
24-25 The woman gave birth to a son. They named him Samson. The boy grew and GOD blessed him. The Spirit of GOD began working in him while he was staying at a Danite camp between Zorah and Eshtaol.

14

1-2 Samson went down to Timnah. There in Timnah a woman caught his eye, a Philistine girl. He came back and told his father and mother, "I saw a woman in Timnah, a Philistine girl; get her for me as my wife."
3 His parents said to him, "Isn't there a woman among the girls in the neighborhood of our people? Do you have to go get a wife from the uncircumcised Philistines?"
But Samson said to his father, "Get her for me. She's the one I want—she's the right one."
4 (His father and mother had no idea that GOD was behind this, that he was arranging an opportunity against the Philistines. At the time the Philistines lorded it over Israel.)
5-6 Samson went down to Timnah with his father and mother. When he got to the vineyards of Timnah, a young lion came at him, roaring. The Spirit of GOD came on him powerfully and he ripped it open barehanded, like tearing a young goat. But he didn't tell his parents what he had done.
7 Then he went on down and spoke to the woman. In Samson's eyes, she was the one.
8-9 Some days later when he came back to get her, he made a little detour to look at what was left of the lion. And there a wonder: a swarm of bees in the lion's carcass—and honey! He scooped it up in his hands and kept going, eating as he went. He rejoined his father and mother and gave some to them and they ate. But he didn't tell them that he had scooped out the honey from the lion's

에게도 가져다주어 먹게 했다. 그러나 그 꿀을 사자의 주검에서 떠왔다는 말은 하지 않았다.

10-11 그의 아버지가 내려가 그 여자와 결혼 일정을 잡는 동안, 삼손은 거기서 잔치를 벌였다. 당시에 젊은 남자들은 그렇게 했다. 블레셋 사람들은 삼손을 경계하여, 서른 명을 구해다가 그의 친구로 삼고 함께 어울리게 했다.

12-13 삼손이 그들에게 말했다. "내가 당신들에게 수수께끼를 하나 내겠소. 잔치가 계속되는 칠 일 동안 당신들이 답을 알아맞히면 내가 당신들에게 베옷 서른 벌과 좋은 겉옷 서른 벌을 주겠소. 그러나 알아맞히지 못하면 당신들이 나에게 베옷 서른 벌과 좋은 겉옷 서른 벌을 주어야 하오."

13-14 그들이 말했다. "좋소. 어디 한번 들어 봅시다." 그래서 삼손이 수수께끼를 내놓았다.

먹는 자에게서 먹을 것이 나오고
힘센 자에게서 단 것이 나왔다.

14-15 그러나 그들은 알아맞히지 못했다. 사흘이 지나도록 그들은 여전히 쩔쩔매고 있었다. 나흘째 되는 날에 그들은 삼손의 신부에게 말했다. "당신 남편에게서 답을 캐내시오. 그렇지 않으면 우리가 당신과 당신 아버지의 집을 불살라 버리겠소. 우리를 빈털터리로 만들려고 여기로 초대한 거요?"

16 그래서 삼손의 신부는 눈물을 흘리며 삼손에게 말했다. "당신은 나를 미워하고 사랑하지 않아요. 우리 민족에게 수수께끼를 내놓고는 나한테 답을 말해 주지도 않잖아요."

그가 말했다. "내 부모한테도 말하지 않았는데 어떻게 그대에게 말할 수 있겠소?"

17 그러나 그녀는 잔치하는 칠 일 내내 울음을 그치지 않았다. 그녀의 괴롭힘에 지친 삼손은 결국 칠 일째 되던 날에 그녀에게 답을 말해 버렸다. 그러자 그녀는 가서 자기 민족에게 그 답을 알려 주었다.

18 칠 일째 되던 날 해 지기 전에 성읍 사람들이 그에게 와서 말했다.

꿀보다 단 것이 무엇이며
사자보다 힘센 것이 무엇이겠소?

그러자 삼손이 말했다.

당신들이 내 여자에게서 캐내지 않았다면

carcass.

10-11 His father went on down to make arrangements with the woman, while Samson prepared a feast there. That's what the young men did in those days. Because the people were wary of him, they arranged for thirty friends to mingle with him.

12-13 Samson said to them: "Let me put a riddle to you. If you can figure it out during the seven days of the feast, I'll give you thirty linen garments and thirty changes of fine clothing. But if you can't figure it out then you'll give me thirty linen garments and thirty changes of fine clothing."

13-14 They said, "Put your riddle. Let's hear it." So he said,

From the eater came something to eat,
From the strong came something sweet.

14-15 They couldn't figure it out. After three days they were still stumped. On the fourth day they said to Samson's bride, "Worm the answer out of your husband or we'll burn you and your father's household. Have you invited us here to bankrupt us?"

16 So Samson's bride turned on the tears, saying to him, "You hate me. You don't love me. You've told a riddle to my people but you won't even tell me the answer."

He said, "I haven't told my own parents—why would I tell you?"

17 But she turned on the tears all the seven days of the feast. On the seventh day, worn out by her nagging, he told her. Then she went and told it to her people.

18 The men of the town came to him on the seventh day, just before sunset and said,

What is sweeter than honey?
What is stronger than a lion?

And Samson said,

If you hadn't plowed with my heifer, You wouldn't have found out my riddle.

내 수수께끼를 알아맞히지 못했을 것이오.

19-20 그때 하나님의 영이 삼손에게 강하게 임하셨다. 그는 아스글론에 내려가서 그곳 사람 서른 명을 죽이고 그들의 옷을 벗겨 수수께끼를 푼 사람들에게 주었다. 그는 화가 머리끝까지 나서 성큼성큼 걸어 나가 자기 아버지 집으로 가 버렸다. 삼손의 신부는 그의 결혼식에서 신랑 들러리를 섰던 사람의 아내가 되었다.

15 1-2 얼마 후 밀을 추수할 때에 삼손은 새끼 염소 한 마리를 가지고 자기 신부를 찾아갔다. 그가 말했다. "내 아내를 보아야겠소. 아내의 침실을 알려 주시오."
그러나 여자의 아버지가 그를 들이려고 하지 않았다. 그가 말했다. "나는 지금쯤이면 자네가 내 딸을 지독히 미워하리라 생각해서, 그 아이를 신랑 들러리로 온 사람에게 주었네. 하지만 그 밑의 여동생이 더 예쁘니, 그 애를 아내로 맞으면 어떻겠는가?"
3 삼손이 말했다. "더는 못 참겠소. 이번에는 내가 블레셋 사람들을 처부수어도 내 잘못이 아니오."
4-5 삼손은 나가서 여우 삼백 마리를 잡았다. 그리고 한 쌍씩 꼬리를 서로 묶고, 꼬리 사이에 횃불을 달았다. 그러고는 여우를 블레셋 사람의 무르익은 곡식밭에 풀어 놓았다. 모든 것이 불타 버렸다. 베어 놓은 곡식단과 아직 베지 않은 곡식, 포도원과 올리브 과수원까지 불타 버렸다.
6 블레셋 사람들이 말했다. "이게 누구의 짓이냐?"
그들은 "딤나 사람의 사위 삼손이, 그의 장인이 신부를 빼앗아 신랑 들러리에게 준 것을 알고 이렇게 했다"는 말을 들었다.
블레셋 사람들이 올라가서 그 여자와 아버지를 둘 다 불살라 죽였다.
7 그러자 삼손이 말했다. "너희가 이런 식이라면, 맹세코 나도 너희에게 똑같이 되갚아 주겠다. 그러기 전에는 가만있지 않을 것이다!"
8 그 말이 끝나자마자, 삼손은 닥치는 대로 그들을 마구 찢어 죽였다. 엄청난 살육이었다. 그 후에 그는 에담 바위의 동굴로 내려가 그곳에 머물렀다.

9-10 블레셋 사람이 나와서 유다에 진을 치고 레히(턱뼈)를 공격하려고 했다. 유다 사람들이 "무엇 때문에 우리를 치러 올라온 것이오?" 하고 묻자, 그들은 "우

19-20 Then the Spirit of GOD came powerfully on him. He went down to Ashkelon and killed thirty of their men, stripped them, and gave their clothing to those who had solved the riddle. Stalking out, smoking with anger, he went home to his father's house. Samson's bride became the wife of the best man at his wedding.

15 1-2 Later on—it was during the wheat harvest—Samson visited his bride, bringing a young goat. He said, "Let me see my wife—show me her bedroom."
But her father wouldn't let him in. He said, "I concluded that by now you hated her with a passion, so I gave her to your best man. But her little sister is even more beautiful. Why not take her instead?"
3 Samson said, "That does it. This time when I wreak havoc on the Philistines, I'm blameless."
4-5 Samson then went out and caught three hundred jackals. He lashed the jackals' tails together in pairs and tied a torch between each pair of tails. He then set fire to the torches and let them loose in the Philistine fields of ripe grain. Everything burned, both stacked and standing grain, vineyards and olive orchards—everything.
6 The Philistines said, "Who did this?"
They were told, "Samson, son-in-law of the Timnite who took his bride and gave her to his best man."
The Philistines went up and burned both her and her father to death.
7 Samson then said, "If this is the way you're going to act, I swear I'll get even with you. And I'm not quitting till the job's done!"
8 With that he tore into them, ripping them limb from limb—a huge slaughter. Then he went down and stayed in a cave at Etam Rock.

9-10 The Philistines set out and made camp in Judah, preparing to attack Lehi (Jawbone).

리는 삼손을 잡으러 왔소. 삼손이 우리에게 행한 대
로 우리도 되갚아 주려고 그를 쫓고 있는 것이오" 하
고 말했다.
11 유다 사람 세 개 부대가 에담 바위 동굴로 내려가
삼손에게 말했다. "블레셋 사람이 이미 우리를 괴롭
히고 우리 위에 군림하고 있는 것을 당신도 잘 알지
않소? 그런데도 당신이 사태를 더 악화시키고 있으
니 어찌 된 일이오?"
그가 말했다. "앙갚음을 한 것이오. 그들이 내게 한
대로 내가 되갚아 준 것뿐이오."
12 그들이 말했다. "어쨌든 우리는 당신을 묶어 블레
셋 사람에게 넘겨주려고 여기로 내려왔소."
삼손이 말했다. "나를 해치지 않겠다고만 약속하
시오."
13 그들이 말했다. "약속하오. 우리는 그저 당신을 묶
어 그들에게 넘겨줄 뿐 당신을 죽일 생각은 전혀 없
소. 우리를 믿으시오." 곧이어 그들은 새 밧줄로 그를
묶어 바위에서 이끌고 올라갔다.
14-16 삼손이 레히에 다다르자, 블레셋 사람이 승리의
함성을 지르며 그를 맞이했다. 그때 하나님의 영이
큰 능력으로 그에게 임하셨다. 그의 팔뚝 위의 밧줄
이 마치 삼이 불에 타듯 떨어져 나가고, 그의 손에서
끈이 벗겨졌다. 삼손은 마침 거기에 죽은 지 얼마 안
된 나귀의 턱뼈가 있는 것을 보고는, 손을 뻗어 집어
들고 그것으로 블레셋 사람들을 모조리 죽였다. 그러
고 나서 말했다.

나귀의 턱뼈로
그들을 나귀 더미로 만들어 버렸다.
나귀의 턱뼈로
부대를 모조리 다 죽여 버렸다.

17 이렇게 외치고 나서 삼손은 턱뼈를 던져 버렸다.
그는 그곳을 라맛레히(턱뼈 언덕)라고 불렀다.
18-19 삼손은 갑자기 목이 몹시 말랐다. 그는 하나님
께 부르짖었다. "주께서 주님의 종에게 이 큰 승리를
주셨습니다. 그런데 이제 저를 목말라 죽게 하셔서
저 할례 받지 못한 자들의 손에 넘기시렵니까?" 그러
자 하나님께서 레히의 오목한 바위를 터뜨리셨다. 그
곳에서 물이 솟아 나와 삼손은 그 물을 마시고 기운
을 되찾았다. 그가 다시 살아났다! 그래서 그곳을 엔
학고레(부르짖는 자의 샘)라고 불렀다. 그 샘은 오늘
까지 레히에 그대로 있다.
20 삼손은 블레셋 사람이 다스리던 시대에 이십 년
동안 이스라엘의 사사로 있었다.

When the men of Judah asked, "Why have you
come up against us?" they said, "We're out to
get Samson. We're going after Samson to do to
him what he did to us."
11 Three companies of men from Judah went
down to the cave at Etam Rock and said to
Samson, "Don't you realize that the Philistines
already bully and lord it over us? So what's
going on with you, making things even worse?"
He said, "It was tit for tat. I only did to them
what they did to me."
12 They said, "Well, we've come down here to
tie you up and turn you over to the Philistines."
Samson said, "Just promise not to hurt me."
13 "We promise," they said. "We will tie you up
and surrender you to them but, believe us, we
won't kill you." They proceeded to tie him with
new ropes and led him up from the Rock.
14-16 As he approached Lehi, the Philistines
came to meet him, shouting in triumph. And
then the Spirit of GOD came on him with great
power. The ropes on his arms fell apart like flax
on fire; the thongs slipped off his hands. He
spotted a fresh donkey jawbone, reached down
and grabbed it, and with it killed the whole
company. And Samson said,

With a donkey's jawbone
I made heaps of donkeys of them.
With a donkey's jawbone
I killed an entire company.

17 When he finished speaking, he threw away
the jawbone. He named that place Ramath
Lehi (Jawbone Hill).
18-19 Now he was suddenly very thirsty. He
called out to GOD, "You have given your
servant this great victory. Are you going to
abandon me to die of thirst and fall into the
hands of the uncircumcised?" So God split
open the rock basin in Lehi; water gushed out
and Samson drank. His spirit revived—he was
alive again! That's why it's called En Hakkore
(Caller's Spring). It's still there at Lehi today.
20 Samson judged Israel for twenty years in the

days of the Philistines.

16

[1-2] 삼손이 가사로 가서 한 창녀를 보고, 그녀에게 갔다. "삼손이 여기 있다"는 소식이 퍼졌다. 사람들이 그곳을 에워싸고 "동틀 무렵 그를 없애 버리자" 작정하고는 몰래 숨어들었다. 밤새 쥐 죽은 듯 조용히 성문에서 그를 기다렸다.

[3] 삼손은 밤늦게까지 그 여자와 함께 자다가 일어나서, 성문 양쪽 문짝과 두 기둥과 빗장까지 통째로 떼어 내어 어깨에 메고는, 헤브론 맞은편 언덕 꼭대기로 가져가 버렸다.

[4-5] 얼마 후에 삼손이 소렉(포도) 골짜기에 사는 한 여자와 사랑에 빠졌다. 여자의 이름은 들릴라였다. 블레셋 군주들이 그녀에게 접근하여 말했다. "그를 꾀어서, 그 엄청난 힘이 어디서 나오며 어떻게 하면 우리가 그를 결박해 꺾을 수 있는지 알아내거라. 그러면 우리가 각각 네게 은 백 세겔씩을 주겠다."

[6] 들릴라가 삼손에게 물었다. "당신의 엄청난 힘이 어디서 나오는지 그 비밀을 말해 주세요. 어떻게 하면 당신을 꼼짝 못하게 할 수 있는지 내게 말해 주세요."

[7] 삼손이 그녀에게 말했다. "짐승의 마르지 않은 새 힘줄로 만든 활시위 일곱 줄로 나를 묶으면, 나도 여느 사람처럼 약해질 것이오."

[8-9] 블레셋 군주들이 마르지 않은 활시위 일곱 줄을 가져다주자, 그녀는 그것으로 삼손을 묶었다. 사람들은 그녀의 방에 숨어 기다렸다. 그때 여자가 "삼손, 블레셋 사람들이 당신을 잡으러 왔어요!" 하고 말했다. 그러자 삼손은 마치 실을 끊듯이 묶은 줄을 끊어 버렸다. 그 힘의 근원은 여전히 비밀로 남았다.

[10] 들릴라가 말했다. "이봐요, 삼손. 당신은 나를 놀렸군요. 거짓말을 하고 있어요. 자, 어떻게 하면 당신을 묶을 수 있는지 말해 주세요."

[11] 삼손이 그녀에게 말했다. "한 번도 사용한 적 없는 새 밧줄로 나를 꽁꽁 묶으면, 나도 여느 사람처럼 힘이 없어질 것이오."

[12] 그래서 들릴라는 새 밧줄을 구해서 그를 묶었다. 그러고는 "삼손, 블레셋 사람들이 당신을 잡으러 왔어요!" 하고 소리쳤다. 그 사람들은 옆방에 숨어 있었다. 그는 팔뚝의 밧줄을 실을 끊듯이

16

[1-2] Samson went to Gaza and saw a prostitute. He went to her. The news got around: "Samson's here." They gathered around in hiding, waiting all night for him at the city gate, quiet as mice, thinking, "At sunrise we'll kill him."

[3] Samson was in bed with the woman until midnight. Then he got up, seized the doors of the city gate and the two gateposts, bolts and all, hefted them on his shoulder, and carried them to the top of the hill that faces Hebron.

[4-5] Some time later he fell in love with a woman in the Valley of Sorek (Grapes). Her name was Delilah. The Philistine tyrants approached her and said, "Seduce him. Discover what's behind his great strength and how we can tie him up and humble him. Each man's company will give you a hundred shekels of silver."

[6] So Delilah said to Samson, "Tell me, dear, the secret of your great strength, and how you can be tied up and humbled."

[7] Samson told her, "If they were to tie me up with seven bowstrings–the kind made from fresh animal tendons, not dried out–then I would become weak, just like anyone else."

[8-9] The Philistine tyrants brought her seven bowstrings, not dried out, and she tied him up with them. The men were waiting in ambush in her room. Then she said, "The Philistines are on you, Samson!" He snapped the cords as though they were mere threads. The secret of his strength was still a secret.

[10] Delilah said, "Come now, Samson–you're playing with me, making up stories. Be serious; tell me how you can be tied up."

[11] He told her, "If you were to tie me up tight with new ropes, ropes never used for work, then I would be helpless, just like anybody else."

[12] So Delilah got some new ropes and tied him up. She said, "The Philistines are on you, Samson!" The men were hidden in the next room. He snapped the

끊어 버렸다.
13-14 들릴라가 삼손에게 말했다. "당신은 아직도 거짓말로 나를 놀리고 있어요. 어떻게 하면 당신을 묶을 수 있는지 말해 주세요."
삼손이 그녀에게 말했다. "일곱 가닥으로 땋은 내 머리털을 베틀로 천에 짜 넣고 팽팽히 잡아당기면, 나도 여느 다른 인간처럼 힘이 없어질 것이오."
들릴라는 그를 곤히 잠들게 하고는, 일곱 가닥으로 땋은 그의 머리털을 잡고서 베틀로 천에 짜 넣은 뒤에 팽팽히 잡아당겼다. 그러고는 "삼손, 블레셋 사람들이 당신을 잡으러 왔어요!" 하고 말했다. 그러자 삼손이 잠에서 깨어 베틀과 천을 함께 뜯어냈다!
15 들릴라가 말했다. "당신은 나를 믿지도 않으면서 어떻게 사랑한다고 말할 수 있어요? 당신이 그 큰 힘의 비밀은 내게 말해 주지 않으면서, 고양이가 쥐한테 하듯이 나를 가지고 논 게 벌써 세 번째예요."
16-17 들릴라는 날마다 끈질기게 졸라 대며 그를 괴롭혔다. 마침내 질려 버린 삼손은 더 이상 견딜 수 없게 되었다. 그래서 속을 털어놓고 말았다.
삼손이 그녀에게 말했다. "나는 머리에 한 번도 면도칼을 댄 적이 없소. 나는 잉태되는 순간부터 하나님의 나실인이었소. 내 머리털을 밀면 나는 힘이 빠지고 무력해져서 여느 인간과 다를 바 없게 될 것이오."
18 들릴라는 그가 자신에게 비밀을 털어놓은 것을 알고는, 블레셋 군주들에게 사람을 보내어 말했다. "빨리 오십시오. 이번에는 그가 사실대로 말했습니다." 그러자 블레셋 군주들이 뇌물로 줄 돈을 가지고 왔다.
19 들릴라는 삼손이 그녀의 무릎을 베고 잠들게 한 뒤에, 사람을 불러 일곱 가닥으로 땋은 그의 머리털을 자르게 했다. 그러자 곧바로 그의 힘이 약해지더니, 몸에서 모든 힘이 빠져나갔다.
20 그녀가 말했다. "삼손, 블레셋 사람들이 당신을 잡으러 왔어요!" 삼손은 잠에서 깨어 "이번에도 내가 나가 힘을 쓰리라" 하고 생각했지만, 하나님께서 그를 떠나신 것을 깨닫지 못했다.
21-22 블레셋 사람들이 그를 잡아서 두 눈을 뽑고, 가사로 끌고 내려갔다. 그들은 삼손에게 쇠고랑을 채워 감옥에서 맷돌 가는 일을 시켰다. 그러나 그의 잘린 머리털은 다시 자라기 시작했다.
23-24 블레셋 군주들이 함께 모여 그들의 신 다곤에

ropes from his arms like threads.
13-14 Delilah said to Samson, "You're still playing games with me, teasing me with lies. Tell me how you can be tied up."
He said to her, "If you wove the seven braids of my hair into the fabric on the loom and drew it tight, then I would be as helpless as any other mortal."
When she had him fast asleep, Delilah took the seven braids of his hair and wove them into the fabric on the loom and drew it tight. Then she said, "The Philistines are on you, Samson!" He woke from his sleep and ripped loose from both the loom and fabric!
15 She said, "How can you say 'I love you' when you won't even trust me? Three times now you've toyed with me, like a cat with a mouse, refusing to tell me the secret of your great strength."
16-17 She kept at it day after day, nagging and tormenting him. Finally, he was fed up—he couldn't take another minute of it. He spilled it.
He told her, "A razor has never touched my head. I've been God's Nazirite from conception. If I were shaved, my strength would leave me; I would be as helpless as any other mortal."
18 When Delilah realized that he had told her his secret, she sent for the Philistine tyrants, telling them, "Come quickly—this time he's told me the truth." They came, bringing the bribe money.
19 When she got him to sleep, his head on her lap, she motioned to a man to cut off the seven braids of his hair. Immediately he began to grow weak. His strength drained from him.
20 Then she said, "The Philistines are on you, Samson!" He woke up, thinking, "I'll go out, like always, and shake free." He didn't realize that GOD had abandoned him.
21-22 The Philistines grabbed him, gouged out his eyes, and took him down to Gaza. They shackled him in irons and put him to the work of grinding in the prison. But his hair, though cut off, began to grow again.
23-24 The Philistine tyrants got together to offer a great sacrifice to their god Dagon. They celebrated, saying,

게 큰 제사를 드렸다. 그들은 즐거워하며 말했다.

우리의 신이
원수 삼손을 넘겨주셨다!

이를 본 백성도 함께 자기네 신을 찬양했다.

우리의 신이
원수를 넘겨주셨다.
우리 땅을 유린하고 우리 가운데
시체를 높이 쌓은 자를 넘겨주셨다.

25-27 그렇게 흥이 무르익을 무렵, 누군가가 말했
다. "삼손을 데려와라! 어디 실력 한번 보자!" 그
들이 감옥에서 삼손을 데려왔고 그가 그들 앞에
서 재주를 부렸다.
그들은 삼손을 두 기둥 사이에 세웠다. 삼손은 자기 길잡이 노릇을 하는 젊은이에게 말했다. "신전을 떠받치고 있는 기둥을 만질 수 있게 나를 데려다 다오. 내가 기둥에 좀 기대야겠다." 신전 안은 블레셋의 모든 군주를 비롯해 사람들로 가득 차 있었다. 관람석에서 삼손을 구경하는 사람들이 적어도 삼천 명은 되었다.

28 그때 삼손이 하나님께 부르짖었다.

주 하나님!
저를 다시 한번 헤아려 주십시오.
부디 한 번만 더 제게 힘을 주십시오.

하나님!
제 두 눈을 뽑은 블레셋 놈들에게
단번에 원수를 갚게 해주십시오!

29-30 그런 다음 삼손은 건물을 떠받치고 있는
중앙의 두 기둥에 이르러, 하나는 오른손으로
다른 하나는 왼손으로 밀기 시작했다. 삼손이
"나를 블레셋 사람들과 함께 죽게 해주십시오"
하고 부르짖으며 있는 힘을 다해 두 기둥을 밀
어 내니, 신전 안에 있던 군주들과 온 백성 위로
그 건물이 무너져 내렸다. 삼손이 죽으면서 죽
인 사람이, 그가 살았을 때 죽인 사람보다 더 많
았다.

31 삼손의 형제들과 친척이 내려가 그의 시신을

Our god has given us
Samson our enemy!

And when the people saw him, they joined in, cheering their god,

Our god has given
Our enemy to us,
The one who ravaged our country,
Piling high the corpses among us.

25-27 Then this: Everyone was feeling high and
someone said, "Get Samson! Let him show us his
stuff!" They got Samson from the prison and he put
on a show for them.
They had him standing between the pillars. Samson said to the young man who was acting as his guide, "Put me where I can touch the pillars that hold up the temple so I can rest against them." The building was packed with men and women, including all the Philistine tyrants. And there were at least three thousand in the stands watching Samson's performance.

28 And Samson cried out to GOD:

Master, GOD!
Oh, please, look on me again,
Oh, please, give strength yet once more.

God!
With one avenging blow let me be avenged
On the Philistines for my two eyes!

29-30 Then Samson reached out to the two central
pillars that held up the building and pushed against
them, one with his right arm, the other with his left.
Saying, "Let me die with the Philistines," Samson
pushed hard with all his might. The building
crashed on the tyrants and all the people in it. He
killed more people in his death than he had killed
in his life.

31 His brothers and all his relatives went down to
get his body. They carried him back and buried him

거두었다. 그들은 시신을 메고 돌아와 소라와 에스다올 사이에 있는 그의 아버지 마노아의 무덤에 묻었다.
삼손은 이십 년 동안 이스라엘의 사사로 있었다.

미가

17 1-2 에브라임 산지에 미가라는 사람이 있었다. 그가 자기 어머니에게 말했다. "어머니가 잃어버린 은화 1,100개를 기억하시지요? 어머니가 그 일로 저주하실 때 제가 옆에서 들었습니다. 그런데 그 돈이 제게 있습니다. 제가 훔친 것입니다. 하지만 이제 어머니에게 다시 가져왔습니다."
그의 어머니가 말했다. "내 아들아, 하나님께서 네게 복 주시기를 원한다!"
3-4 미가가 어머니에게 은화 1,100개를 돌려주자, 그의 어머니가 말했다. "이 돈은 내 아들로 하여금 신상을 만들게 하려고 내가 하나님께 온전히 바쳤던 것이다." 그녀가 은화 200개를 가져다가 조각하는 사람에게 주었더니, 그가 그것을 주조하여 신상을 만들었다.
5 이 사람 미가에게는 개인 예배실이 있었다. 그는 에봇과 드라빔 우상을 만들고, 아들 가운데 한 명을 자기 집의 제사장으로 세웠다.
6 그때에는 이스라엘에 왕이 없었다. 사람들은 무엇이든 자기 마음에 원하는 대로 행했다.

7-8 한편, 유다 땅 베들레헴에 유다 집안 출신의 한 젊은이가 있었다. 그는 레위인이었으나 그곳에서는 나그네였다. 그는 출셋길을 찾아 유다 땅 베들레헴 성읍을 떠났다. 그는 에브라임 산지까지 와서 미가의 집에 이르렀다.
9 미가가 그에게 물었다. "당신은 어디서 오는 길이오?"
그가 말했다. "나는 유다 땅 베들레헴에 사는 레위인입니다. 정착할 곳을 찾아 떠도는 중입니다."
10 미가가 말했다. "나와 함께 여기 머물면서, 내 어른이 되어 주고 제사장이 되어 주시오. 내가 매년 은화 열 개를 주고 필요한 옷과 식사를 제공하겠소."
11-12 레위인이 그 제안을 좋게 여겨 미가의 집에 살기로 했다. 젊은이는 그 집에 잘 적응하여 한 가족처럼 되었다. 미가는 그 젊은 레위인을 자기 집의 제사장으로 삼았다. 이 모두가 미가의

in the tomb of Manoah his father, between Zorah and Eshtaol.
He judged Israel for twenty years.

Micah

17 1-2 There was a man from the hill country of Ephraim named Micah. He said to his mother, "Remember that 1,100 pieces of silver that were taken from you? I overheard you when you pronounced your curse. Well, I have the money; I stole it. But now I've brought it back to you."
His mother said, "GOD bless you, my son!"
3-4 As he returned the 1,100 silver pieces to his mother, she said, "I had totally consecrated this money to GOD for my son to make a statue, a cast god." Then she took 200 pieces of the silver and gave it to a sculptor and he cast them into the form of a god.
5 This man, Micah, had a private chapel. He had made an ephod and some teraphim-idols and had ordained one of his sons to be his priest.
6 In those days there was no king in Israel. People did whatever they felt like doing.

7-8 Meanwhile there was a young man from Bethlehem in Judah and from a family of Judah. He was a Levite but was a stranger there. He left that town, Bethlehem in Judah, seeking his fortune. He got as far as the hill country of Ephraim and showed up at Micah's house.
9 Micah asked him, "So where are you from?"
He said, "I'm a Levite from Bethlehem in Judah. I'm on the road, looking for a place to settle down."
10 Micah said, "Stay here with me. Be my father and priest. I'll pay you ten pieces of silver a year, whatever clothes you need, and your meals."
11-12 The Levite agreed and moved in with Micah. The young man fit right in and became one of the family. Micah appointed the young Levite as his priest. This all took place in Micah's home.
13 Micah said, "Now I know that GOD will make things go well for me—why, I've got a Levite for a priest!"

집에서 일어난 일이다.
[13] 미가가 말했다. "레위인을 제사장으로 두었으니, 이제 하나님께서 내가 하는 일마다 틀림없이 잘되게 해주실 것이다."

18

[1] 그때에는 이스라엘에 왕이 없었다. 당시는 단 지파가 정착할 곳을 찾는 중이기도 했다. 그들은 아직 이스라엘 지파 중에서 자신들의 땅을 차지하지 못했다.
[2-3] 단 지파는 소라와 에스다올에서 건장한 용사 다섯 명을 보내어 땅을 살펴보고, 그곳에 그들 가문에 적합한 곳이 있는지 알아보게 했다. 그들이 말했다. "가서 땅을 살펴보고 오시오."
그들은 에브라임 산지로 들어가 미가의 집에까지 이르렀다. 그곳에 진을 치고 밤을 지냈다. 미가의 집에 가까이 갔을 때, 그들은 젊은 레위인의 목소리를 알아들었다. 그들이 소리 나는 쪽으로 가서 그에게 말했다. "도대체 당신이 어떻게 여기까지 왔습니까? 어찌 된 일입니까? 여기서 무엇을 하고 있습니까?"
[4] 그가 말했다. "어쩌다 보니 그렇게 되었습니다. 미가가 저를 고용하여 자기 집의 제사장으로 삼았습니다."
[5] 그들이 말했다. "그거 잘됐군요. 우리를 위해서 하나님께 물어봐 주십시오. 우리의 사명이 과연 성공하겠는지 말입니다."
[6] 제사장이 말했다. "안심하고 가십시오. 하나님께서 여러분이 가는 길을 보살펴 주실 것입니다."
[7] 다섯 사람은 그곳을 떠나 북쪽 라이스로 향했다. 그들이 보니 그곳 사람들은 시돈 사람의 보호 아래 안전하게, 평온하고 태평하게 살고 있었다. 아주 좋은 시절을 보내고 있었다. 하지만 그 백성은 서쪽의 시돈 사람과 멀리 떨어져 살고 있었고, 동쪽으로는 아람 사람과 아무 조약도 맺지 않고 있었다.
[8] 다섯 사람이 소라와 에스다올로 돌아오자, 그들의 형제들이 물었다. "그곳 사정이 어떻소?"
[9-10] 그들이 말했다. "어서 가서 그들을 칩시다! 우리가 그 땅을 살펴보았는데, 정말 좋은 땅입니다. *팔짱만 끼고 앉아 있을 셈입니까? 꾸물거리*지 말고 쳐들어가서 정복합시다! 여러분도 가 보면 알겠지만, 그들은 너무 태평스러운 나머지 방심하고 있습니다. 드넓게 펼쳐진 땅, 여러분이 찾던 모든 것이 다 있는 땅을 하나님께서 여러분에

18

[1] In those days there was no king in Israel. But also in those days, the tribe of Dan was looking for a place to settle down. They hadn't yet occupied their plot among the tribes of Israel.
[2-3] The Danites sent out five robust warriors from Zorah and Eshtaol to look over the land and see what was out there suitable for their families. They said, "Go and explore the land."
They went into the hill country of Ephraim and got as far as the house of Micah. They camped there for the night. As they neared Micah's house, they recognized the voice of the young Levite. They went over and said to him, "How on earth did you get here? What's going on? What are you doing here?"
[4] He said, "One thing led to another: Micah hired me and I'm now his priest."
[5] They said, "Oh, good–inquire of God for us. Find out whether our mission will be a success."
[6] The priest said, "Go assured. GOD's looking out for you all the way."
[7] The five men left and headed north to Laish. They saw that the people there were living in safety under the umbrella of the Sidonians, quiet and unsuspecting. They had everything going for them. But the people lived a long way from the Sidonians to the west and had no treaty with the Arameans to the east.
[8] When they got back to Zorah and Eshtaol, their brothers asked, "So, how did you find things?"
[9-10] They said, "Let's go for it! Let's attack. We've seen the land and it is excellent. Are you going to just sit on your hands? Don't dawdle! Invade and conquer! When you get there, you'll find they're sitting ducks, totally unsuspecting. Wide open land–God is handing it over to you, everything you could ever ask for."

[11-13] So six hundred Danite men set out from Zorah and Eshtaol, armed to the teeth. Along the way they made camp at Kiriath Jearim in Judah. That is why the place is still today called Dan's Camp–

게 넘겨주실 것입니다."

11-13 단 지파 사람 육백 명이 완전무장하고 소라와 에스다올을 떠났다. 가는 길에 그들은 유다 땅 기럇여아림에 진을 쳤다. 그래서 그곳이 오늘까지 단의 진이라고 불리는데, 기럇여아림 바로 서쪽이었다. 거기서 그들은 에브라임 산지로 진행하여 미가의 집에 이르렀다.

14 전에 라이스 땅을 정탐했던 다섯 사람이 동료들에게 말했다. "이 집 안에 에봇과 드라빔 우상과 주조해 만든 신상이 있다는 것을 알고 있소? 어떻게 생각하시오? 그걸 어떻게 해보지 않겠소?"

15-18 그래서 그들은 길에서 벗어나, 미가의 집안에 있는 젊은 레위인의 집으로 가서 그에게 안부를 물었다. 중무장한 단 지파 사람 육백 명이 문 입구를 지키고 있는 동안, 그 땅을 살펴보러 갔던 정탐꾼 다섯 명이 안으로 들어가 새긴 우상과 에봇과 드라빔 우상과 신상을 챙겼다. 제사장은 육백 명의 무장한 군인들과 함께 문 입구에 서 있었다. 다섯 사람이 미가의 집에 들어가서 새긴 우상과 에봇과 드라빔 우상과 신상을 가져가려고 하자, 제사장이 그들에게 말했다. "지금 뭐하는 겁니까?"

19 그들이 그에게 말했다. "쉿! 아무 소리 마시오. 우리와 함께 갑시다. 우리의 어른과 제사장이 되어 주시오. 한 사람의 제사장이 되는 것과 이스라엘의 한 지파와 그 가문 전체의 제사장이 되는 것 중에 어느 쪽이 더 중요한 일이겠소?"

20 제사장은 기회를 붙잡았다. 그는 에봇과 드라빔 우상과 새긴 우상을 가지고서 군인 무리에 합류했다.

21-23 그들은 발길을 돌려 아이들과 소 떼와 소유물을 앞세우고 길을 떠났다. 그들이 미가의 집을 떠나 한참을 간 뒤에야 미가와 그 이웃들이 모였다. 그들은 곧 단 지파 사람들을 따라잡았다. 그들이 단 지파 사람들에게 소리쳤다. 단 지파 사람들이 돌아서서 말했다. "무슨 일로 이리 시끄러운 거요?"

24 미가가 말했다. "당신들이 내가 만든 내 신을 가져가고, 내 제사장도 데려가지 않았소! 내게 남은 게 뭐가 있소? 그러면서 지금 '대체 무슨 일이냐?'고 말하는 것이오?"

25 그러자 단 지파 사람들이 대답했다. "우리한테 소리지르지 마시오. 사납고 성질 급한 이 사람들을 공연히 자극했다가는 당신들을 칠지도 모르오.

it's just west of Kiriath Jearim. From there they proceeded into the hill country of Ephraim and came to Micah's house.

14 The five men who earlier had explored the country of Laish told their companions, "Did you know there's an ephod, teraphim-idols, and a cast god-sculpture in these buildings? What do you think? Do you want to do something about it?"

15-18 So they turned off the road there, went to the house of the young Levite at Micah's place and asked how things had been with him. The six hundred Danites, all well-armed, stood guard at the entrance to the gate while the five scouts who had gone to explore the land went in and took the carved idol, the ephod, the teraphim-idols, and the god-sculpture. The priest was standing at the gate entrance with the six hundred armed men. When the five went into Micah's house and took the carved idol, the ephod, the teraphim-idols, and the sculpted god, the priest said to them, "What do you think you're doing?"

19 They said to him, "Hush! Don't make a sound. Come with us. Be our father and priest. Which is more important, that you be a priest to one man or that you become priest to a whole tribe and clan in Israel?"

20 The priest jumped at the chance. He took the ephod, the teraphim-idols, and the idol and fell in with the troops.

21-23 They turned away and set out, putting the children, the cattle, and the gear in the lead. They were well on their way from Micah's house before Micah and his neighbors got organized. But they soon overtook the Danites. They shouted at them. The Danites turned around and said, "So what's all the noise about?"

24 Micah said, "You took my god, the one I made, and you took my priest. And you marched off! What do I have left? How can you now say, 'What's the matter?'"

25 But the Danites answered, "Don't yell at us; you just might provoke some fierce, hot-tempered men to attack you, and you'll end up an army of dead men."

26 The Danites went on their way. Micah saw that

그렇게 되면 당신들은 떼죽음을 당하게 될 거요."
26 단 지파 사람들은 계속해서 길을 갔다. 미가는
그들의 무력 앞에 승산이 없음을 알고, 집으로 발
길을 돌렸다.

27 단 지파 사람들은 미가가 만든 물건들과 함께
그의 제사장을 데리고 라이스, 곧 평온하고 태평
한 사람들이 사는 성읍에 도착했다. 그들은 그곳
사람들을 모두 죽이고 성읍을 불태워 버렸다.
28-29 주변에 라이스를 도와주는 자가 아무도 없
었다. 그들은 시돈에서 멀리 떨어져 있었고 아람
사람과도 아무 조약을 맺지 않은 터였다. 라이스
는 벧르홉 골짜기에 있었다. 단 지파는 성읍을 재
건하고 이스라엘의 아들인 자기네 조상의 이름을
따라 그곳을 단이라고 고쳐 불렀다. 그 성읍의 본
래 이름은 라이스였다.
30-31 단 지파는 자신들을 위해 훔쳐 온 신상을 세
웠다. 훗날 그 땅을 빼앗길 때까지 모세의 손자요
게르솜의 아들인 요나단과 그의 후손이 단 지파
의 제사장이 되었다. 실로에 하나님의 성소가 있
는 동안, 줄곧 그들은 미가가 만든 신상을 자신들
을 위해 그곳에 모셔 두었다.

한 레위인과 그의 첩

19
1-4 그때는 이스라엘에 왕이 없던 시절
이었다. 에브라임 산지의 산골에 나그
네로 살고 있던 한 레위인이 유다 땅 베들레헴에
서 한 여자를 첩으로 들였다. 그런데 그 여자는
그와 다투고 나가 유다 땅 베들레헴에 있는 친정
아버지 집으로 돌아가서, 그곳에서 넉 달을 머물
렀다. 남편은 그녀를 찾아가 마음을 돌려 보기로
했다. 그는 종 하나와 나귀 두 마리를 데리고 갔
다. 그가 여자의 아버지 집에 이르자, 여자의 아
버지가 그를 보고 반기며 편하게 대해 주었다. 여
자의 아버지인 그의 장인이 그에게 좀 머물다 가
라고 강권하여, 그는 사흘을 함께 머물면서 즐겁
게 먹고 마시고 잤다.

5-6 나흘째 되는 날, 그들이 새벽같이 일어나 떠
날 채비를 하는데 여자의 아버지가 사위에게 말
했다. "아침을 든든히 먹고 기운을 차린 다음에
가게나." 그래서 그들은 자리에 앉아서 함께 아침
식사를 했다.
6-7 여자의 아버지가 그에게 말했다. "이보게, 더
있다 가게나. 오늘 밤도 여기 있으면서 즐겁게 보
내게." 그 사람은 가려고 일어났지만 장인이 붙잡

he didn't stand a chance against their arms. He
turned back and went home.

27 So they took the things that Micah had made,
along with his priest, and they arrived at Laish,
that city of quiet and unsuspecting people. They
massacred the people and burned down the city.
28-29 There was no one around to help. They were
a long way from Sidon and had no treaty with the
Arameans. Laish was in the valley of Beth Rehob.
When they rebuilt the city they renamed it Dan
after their ancestor who was a son of Israel, but its
original name was Laish.
30-31 The Danites set up the god-figure for
themselves. Jonathan son of Gershom, the son of
Moses, and his descendants were priests to the
tribe of Dan down to the time of the land's captiv-
ity. All during the time that there was a sanctuary
of God in Shiloh, they kept for their private use the
god-figure that Micah had made.

The Levite

19
1-4 It was an era when there was no king
in Israel. A Levite, living as a stranger in
the backwoods hill country of Ephraim, got himself
a concubine, a woman from Bethlehem in Judah.
But she quarreled with him and left, returning
to her father's house in Bethlehem in Judah. She
was there four months. Then her husband decided
to go after her and try to win her back. He had a
servant and a pair of donkeys with him. When he
arrived at her father's house, the girl's father saw
him, welcomed him, and made him feel at home.
His father-in-law, the girl's father, pressed him to
stay. He stayed with him three days; they feasted
and drank and slept.

5-6 On the fourth day, they got up at the crack of
dawn and got ready to go. But the girl's father
said to his son-in-law, "Strengthen yourself with a
hearty breakfast and then you can go." So they sat
down and ate breakfast together.
6-7 The girl's father said to the man, "Come now,
be my guest. Stay the night—make it a holiday."
The man got up to go, but his father-in-law kept
after him, so he ended up spending another night.

는 바람에 결국 하룻밤을 더 지내게 되었다.
8-9 닷새째 되는 날에도 그는 일찍 일어나서 떠나
려고 했지만, 여자의 아버지가 "아침밥을 좀 먹어
야지" 하고 권했다. 그들이 우물쭈물하다가 함께
먹고 마시는 사이 어느새 하루가 지나갔다. 하지
만 그 사람과 그의 첩은 끝내 떠나려고 했다. 그
러자 여자의 아버지인 그의 장인이 말했다. "이보
게, 날이 거의 저물었네. 여기서 밤을 지내는 게
어떤가? 해가 얼마 남지 않았으니, 하룻밤 더 머
물면서 즐겁게 보내게. 내일 일찍 출발하면 되지
않겠나."
10-11 그러나 그 사람은 하룻밤 더 머물 마음이 없
었다. 그는 여장을 챙겨 길을 나섰고, 안장을 지
운 나귀 두 마리와 첩과 종과 함께 여부스(예루살
렘)에 이르렀다. 여부스에 이르자 날이 거의 저
물었다. 종이 주인에게 말했다. "늦었으니, 여기
여부스 사람의 성읍에 들어가서 밤을 지내야겠
습니다."
12-13 그러나 주인이 말했다. "우리는 이방인들의
성읍에는 들어가지 않는다. 기브아까지 마저 가
자." 그는 종에게 지시했다. "계속 가자꾸나. 기
브아나 라마에서 밤을 지내야겠다."
14-15 그들은 계속해서 갔다. 그들이 걸음을 재촉
하고 있는데, 베냐민 지파에 속한 기브아 근처에
서 마침내 해가 졌다. 그들은 기브아에서 밤을 보
내려고 거기서 발길을 멈추었다.
15-17 레위인이 가서 성읍 광장에 앉아 있었으나,
그들을 맞아들여 묵게 하는 사람이 아무도 없었
다. 그때 저녁 늦게 한 노인이 하루 일을 마치고
밭에서 돌아왔다. 그는 에브라임 산지 출신이었
는데, 기브아에서 잠시 살고 있었다. 그곳 주민은
모두가 베냐민 사람이었다. 노인이 눈을 들어 성
읍 광장에 있는 여행자를 보고 말했다. "어디로
가는 길이오? 어디서 오셨소?"
18-19 레위인이 말했다. "우리는 지나가는 나그네
입니다. 베들레헴을 떠나 에브라임 산지의 외진
곳으로 가는 길이지요. 저는 그곳 사람입니다. 유
다 땅 베들레헴에 갔다가 집으로 돌아가는 길인
데, 우리를 맞아들여 묵게 하는 사람이 없군요.
우리가 폐를 끼치지는 않을 겁니다. 우리에게는
나귀에게 먹일 여물과 짚이 있고, 이 여자와 젊은
이와 제가 먹을 빵과 포도주도 있습니다. 더 필요
한 것은 없습니다."
20-21 노인이 말했다. "걱정 마시오. 내가 당신들
을 돌봐 주리다. 성읍 광장에서 밤을 보낼 수야

8-9 On the fifth day, he was again up early, ready
to go. The girl's father said, "You need some
breakfast." They went back and forth, and the day
slipped on as they ate and drank together. But
the man and his concubine were finally ready to
go. Then his father-in-law, the girl's father, said,
"Look, the day's almost gone—why not stay the
night? There's very little daylight left; stay another
night and enjoy yourself. Tomorrow you can get
an early start and set off for your own place."
10-11 But this time the man wasn't willing to spend
another night. He got things ready, left, and
went as far as Jebus (Jerusalem) with his pair of
saddled donkeys, his concubine, and his servant.
At Jebus, though, the day was nearly gone. The
servant said to his master, "It's late; let's go into
this Jebusite city and spend the night."
12-13 But his master said, "We're not going into
any city of foreigners. We'll go on to Gibeah."
He directed his servant, "Keep going. Let's go on
ahead. We'll spend the night either at Gibeah or
Ramah."
14-15 So they kept going. As they pressed on, the
sun finally left them in the vicinity of Gibeah,
which belongs to Benjamin. They left the road
there to spend the night at Gibeah.
15-17 The Levite went and sat down in the town
square, but no one invited them in to spend the
night. Then, late in the evening, an old man came
in from his day's work in the fields. He was from
the hill country of Ephraim and lived temporarily
in Gibeah where all the local citizens were Benja-
minites. When the old man looked up and saw the
traveler in the town square, he said, "Where are
you going? And where are you from?"
18-19 The Levite said, "We're just passing through.
We're coming from Bethlehem on our way to a
remote spot in the hills of Ephraim. I come from
there. I've just made a trip to Bethlehem in Judah
and I'm on my way back home, but no one has
invited us in for the night. We wouldn't be any
trouble: We have food and straw for the donkeys,
and bread and wine for the woman, the young
man, and me—we don't need anything."
20-21 The old man said, "It's going to be all right; I'll

없지 않겠소." 그는 그들을 자기 집으로 들이고 는 나귀에게 먹이를 주었다. 그들은 씻고 나서 잘 차려진 음식을 먹었다.
22 그들이 쉬면서 즐거운 시간을 보내고 있는데, 성읍 사람들이 그 집을 에워싸고 문을 두드리기 시작했다. 모두 그 근방의 불량배들이었다. 그들은 집주인인 노인에게 소리를 질렀다. "당신 집에 온 사람을 내놓으시오. 우리가 그 사람과 관계를 해야겠소."
23-24 노인이 밖으로 나가서 그들에게 말했다. "형제들, 이러지 마시오! 이 사람은 내게 온 손님이니, 그에게 음란한 짓을 하지 마시오. 제발 악한 짓을 저지르지 마시오. 보시오, 여기 처녀인 내 딸과 이 사람의 첩을 내가 당신들에게 내놓을 테니, 꼭 그래야겠다면 이들을 욕보이시오. 그러나 이 사람한테는 극악무도한 짓을 하지 마시오."
25-26 그러나 무리는 그의 말을 들으려 하지 않았다. 결국 레위인은 자기 첩을 문밖으로 떠밀어 그들에게 내주었다. 그들은 밤새도록 여자를 욕보였다. 새벽 무렵에야 그들은 여자를 놓아주었다. 여자는 돌아와서 자기 주인이 자고 있는 집 문 앞에 쓰러졌다. 해가 떴는데도 여자는 그 자리에 있었다.
27 아침이 되었다. 여자의 주인이 일어나서 길을 가려고 문을 열었다. 거기에 그의 첩이 두 손을 문지방에 걸친 채 문 앞에 쓰러져 있었다.
28 그가 "일어나시오. 갑시다"라고 말했지만 대답이 없었다.
29-30 그는 여자를 나귀에 싣고 집으로 향했다. 집에 와서 그는 칼로 자기 첩의 팔다리를 잘라 열두 토막을 냈다. 그는 토막 낸 것을 이스라엘 땅 전역에 보냈다. 그리고 사람들을 보내면서 이렇게 일러 주었다. "이스라엘 모든 사람에게 말하시오. '이스라엘 자손이 이집트 땅에서 올라온 이래로 지금까지 이런 일이 한 번이라도 있었습니까? 이 일을 깊이 생각하고 논의해 주십시오! 무슨 조치든 취해 주십시오!'"

20

1-2 *그러자 이스라엘 온 백성이 쏟아져 나왔다.* 회중이 미스바에서 하나님 앞에 모였다. 단에서 브엘세바에 이르기까지 한 사람도 빠짐없이 모였다! 이스라엘 모든 지파를 대표하는 백성의 지도자들이 하나님 백

take care of you. You aren't going to spend the night in the town square." He took them home and fed the donkeys. They washed up and sat down to a good meal.
22 They were relaxed and enjoying themselves when the men of the city, a gang of local hell-raisers all, surrounded the house and started pounding on the door. They yelled for the owner of the house, the old man, "Bring out the man who came to your house. We want to have sex with him."
23-24 He went out and told them, "No, brothers! Don't be obscene—this man is my guest. Don't commit this outrage. Look, my virgin daughter and his concubine are here. I'll bring them out for you. Abuse them if you must, but don't do anything so senselessly vile to this man."
25-26 But the men wouldn't listen to him. Finally, the Levite pushed his concubine out the door to them. They raped her repeatedly all night long. Just before dawn they let her go. The woman came back and fell at the door of the house where her master was sleeping. When the sun rose, there she was.
27 It was morning. Her master got up and opened the door to continue his journey. There she was, his concubine, crumpled in a heap at the door, her hands on the threshold.
28 "Get up," he said. "Let's get going." There was no answer.
29-30 He lifted her onto his donkey and set out for home. When he got home he took a knife and dismembered his concubine—cut her into twelve pieces. He sent her, piece by piece, throughout the country of Israel. And he ordered the men he sent out, "Say to every man in Israel: 'Has such a thing as this ever happened from the time the Israelites came up from the land of Egypt until now? Think about it! Talk it over. Do something!'"

20

1-2 Then all the People of Israel came out. The congregation met in the presence of GOD at Mizpah. They were all there, from Dan to Beersheba, as one person! The leaders of all the people, representing all the tribes of Israel, took their places in the gathering of God's people. There

성의 모임에 참석했다. 칼을 찬 보병부대가 사
백 개였다.
3 한편, 베냐민 지파는 이스라엘 백성이 미스바
에 모였다는 소식을 전해 들었다.
이스라엘 백성이 말했다. "이제 말해 보시오.
이 극악무도한 일이 어떻게 벌어진 겁니까?"
4-7 살해당한 여자의 남편인 그 레위인이 대답
했다. "내가 첩과 함께 하룻밤 묵어가려고 베냐
민 지파의 성읍인 기브아에 갔습니다. 그날 밤
기브아 사람들이 내 뒤를 쫓아와 내가 묵고 있
던 집을 에워싸고 나를 죽이려 했습니다. 그들
이 내 첩을 집단으로 욕보였고, 그 여자가 죽었
습니다. 그래서 나는 그 여자의 주검을 가져와
서 토막 내어, 이스라엘이 유산으로 받은 땅 곳
곳에 한 토막씩—열두 토막을!—보냈습니다.
이 악독한 범죄가 이스라엘에서 일어났습니다!
그러니 이스라엘 자손 여러분, 마음을 정하십
시오. 뭔가 대책을 세워 주십시오!"
8-11 그러자 온 백성이 일제히 일어났다. "우리
가운데 누구도 집에 가지 않을 것입니다. 단 한
사람도 집으로 돌아가지 않을 것입니다. 우리
는 기브아를 이렇게 처리할 생각입니다. 우선
제비를 뽑아 기브아로 진격합니다. 이스라엘
모든 지파에서 백 명당 열 명을(천 명당 백 명,
만 명당 천 명을) 뽑아 군 식량을 나르게 할 것
입니다. 기브아에 도착하면 군대는 이스라엘에
서 벌어진 이 극악무도한 만행을 응징할 것입
니다." 이스라엘 모든 사람이 똘똘 뭉쳐서 그
성읍을 치려고 모였다.
12-13 이스라엘 지파들이 베냐민 온 지파에 전령
을 보내 말했다. "당신들의 땅에서 벌어진 극악
무도한 이 일이 어찌 된 것이오? 기브아의 그
불량배들을 지금 당장 내놓으시오. 우리가 그
들을 죽여 이스라엘에서 악을 불살라 없앨 것
이오."
13-16 그러나 베냐민 지파는 그렇게 할 마음이
없었다. 그들은 자신들의 형제인 이스라엘 백
성의 말을 듣지 않았다. 오히려 그들은 이스라
엘과 전쟁을 벌이려고 자신들의 모든 성읍에서
군사를 일으켜 기브아에 집결시켰다. 순식간
에 각 성읍에서 칼을 찬 보병 스물여섯 개 부대
를 모았다. 또한 기브아에서 최고의 용사 칠백
명을 뽑았다. 그 밖에도 양손을 다 쓰는 명사수
칠백 명이 있었는데, 이들이 물맷돌을 던지면
머리카락 하나 놓치는 법이 없었다.

were four hundred divisions of sword-wielding
infantry.
3 Meanwhile the Benjaminites got wind that the
Israelites were meeting at Mizpah.
The People of Israel said, "Now tell us. How did this
outrageous evil happen?"
4-7 The Levite, the husband of the murdered woman,
spoke: "My concubine and I came to spend the
night at Gibeah, a Benjaminite town. That night the
men of Gibeah came after me. They surrounded the
house, intending to kill me. They gang-raped my
concubine and she died. So I took my concubine,
cut up her body, and sent her piece by piece—twelve
pieces!—to every part of Israel's inheritance. This
vile and outrageous crime was committed *in Israel*!
So, Israelites, make up your minds. Decide on some
action!"
8-11 All the people were at once and as one person
on their feet. "None of us will go home; not a single
one of us will go to his own house. Here's our plan
for dealing with Gibeah: We'll march against it by
drawing lots. We'll take ten of every hundred men
from all the tribes of Israel (a hundred of every
thousand, and a thousand of every ten thousand) to
carry food for the army. When the troops arrive at
Gibeah they will settle accounts for this outrageous
and vile evil that was done in Israel." So all the
men in Israel were gathered against the city, totally
united.
12-13 The Israelite tribes sent messengers throughout
the tribe of Benjamin saying, "What's the meaning
of this outrage that took place among you? Surren-
der the men right here and now, these hell-raisers
of Gibeah. We'll put them to death and burn the evil
out of Israel."
13-16 But they wouldn't do it. The Benjaminites
refused to listen to their brothers, the People of
Israel. Instead they raised an army from all their
cities and rallied at Gibeah to go to war against
the People of Israel. In no time at all they had
recruited from their cities twenty-six divisions of
sword-wielding infantry. From Gibeah they got
seven hundred hand-picked fighters, the best. There
were another seven hundred supermarksmen who
were ambidextrous—they could sling a stone at a

17 이스라엘 사람들은 베냐민 지파를 빼고도 칼을 찬 용사 사백 개 부대를 동원했다.

18 그들이 길을 떠나 베델로 가서 하나님께 여쭈었다. 이스라엘 백성이 말했다. "우리 가운데 누가 먼저 가서 베냐민 지파와 싸워야 하겠습니까?"
하나님께서 말씀하셨다. "유다가 먼저 가거라."

19-21 이튿날 아침 이스라엘 백성이 일어나 기브아 앞에 진을 쳤다. 이스라엘 군이 베냐민과 싸우기 위해 진군하여 위치를 정하고 막 기브아를 치려는 순간에, 기브아에서 베냐민 지파 사람들이 쏟아져 나와 이스라엘의 스물두 개 부대를 그 자리에서 전멸시켰다.
22-23 이스라엘 백성이 성소로 돌아와 저녁때까지 하나님 앞에서 울었다. 그들이 하나님께 다시 여쭈었다. "우리가 다시 가서 우리 형제 베냐민 지파와 싸워야 하겠습니까?"
하나님께서 말씀하셨다. "그렇다. 싸워라."
24-25 군대는 기운을 냈다. 이스라엘 사람들은 첫날 배치받았던 위치로 다시 갔다.
둘째 날에 이스라엘 백성이 다시 베냐민을 치기 위해 진격했다. 둘째 날에도 베냐민 지파 사람들이 성읍에서 나와 칼솜씨가 뛰어난 이스라엘의 열여덟 개 부대를 전멸시켰다.
26 이스라엘 백성, 곧 온 군대가 베델에 돌아와 하나님 앞에 앉아서 울었다. 그날 그들은 저녁때까지 금식했다. 그리고 하나님 앞에 번제와 화목제를 드렸다.
27-28 그러고 나서 그들은 하나님께 다시 여쭈었다. 그때에 하나님의 언약궤가 베델에 있었고, 아론의 손자요 엘르아살의 아들인 비느하스가 제사장으로 섬기며 그곳에 함께 있었다. 그들이 여쭈었다. "우리가 또 진격하여 우리 형제인 베냐민 지파와 싸워야겠습니까? 아니면 여기서 끝내야겠습니까?"
그러자 하나님께서 말씀하셨다. "싸워라. 내일 내가 너희에게 승리를 줄 것이다."
29-31 이번에 이스라엘은 기브아 주위에 군사를 매복시켰다. 사흘째 되는 날에도 이스라엘이 나가서 베냐민 앞, 전과 똑같은 곳에 자리를 잡았다. 베냐민 지파 사람들이 나와서 군대와 맞서며 성읍 밖으로 밀고 나갔다. 베냐민 지파는

hair and not miss.
17 The men of Israel, excluding Benjamin, mobilized four hundred divisions of sword-wielding fighting men.

18 They set out and went to Bethel to inquire of God. The People of Israel said, "Who of us shall be first to go into battle with the Benjaminites?"
GOD said, "Judah goes first."

19-21 The People of Israel got up the next morning and camped before Gibeah. The army of Israel marched out against Benjamin and took up their positions, ready to attack Gibeah. But the Benjaminites poured out of Gibeah and devastated twenty-two Israelite divisions on the ground.
22-23 The Israelites went back to the sanctuary and wept before GOD until evening. They again inquired of GOD, "Shall we again go into battle against the Benjaminites, our brothers?"
GOD said, "Yes. Attack."
24-25 The army took heart. The men of Israel took up the positions they had deployed on the first day.
On the second day, the Israelites again advanced against Benjamin. This time as the Benjaminites came out of the city, on this second day, they devastated another eighteen Israelite divisions, all swordsmen.
26 All the People of Israel, the whole army, were back at Bethel, weeping, sitting there in the presence of GOD. That day they fasted until evening. They sacrificed Whole-Burnt-Offerings and Peace-Offerings before GOD.
27-28 And they again inquired of GOD. The Chest of God's Covenant was there at that time with Phinehas son of Eleazar, the son of Aaron, as the ministering priest. They asked, "Shall we again march into battle against the Benjaminites, our brothers? Or should we call it quits?"
And GOD said, "Attack. Tomorrow I'll give you victory."
29-31 This time Israel placed men in ambush all around Gibeah. On the third day when Israel set out, they took up the same positions before the Benjaminites as before. When the Benjaminites

전처럼 이스라엘 병력을 쓰러뜨리기 시작했다. 들판에서, 베델과 기브아로 가는 길에서 서른 명 정도가 쓰러졌다.

32 베냐민 지파 사람은 "우리가 전처럼 그들을 파리 잡듯이 죽이고 있다!" 하고 떠벌리기 시작했다.

33 그러나 이스라엘 백성에게는 전략이 있었다. "우리가 후퇴하여 그들을 성읍에서 큰길로 끌어내자." 그래서 이스라엘 사람 모두가 더 멀리 바알다말까지 나갔다. 그때 이스라엘 복병이 기브아 서쪽 지역에서 쏟아져 나왔다.

34-36 이스라엘 전체에서 뽑힌 열 개의 정예부대가 드디어 기브아에 이르렀다. 맹렬한 피의 전투였다! 베냐민 지파는 자신들이 패하여 무너질 줄은 꿈에도 생각하지 못했다. 하나님께서 이스라엘 앞에서 그들을 패하게 하셨다. 이스라엘 백성은 그날 베냐민의 스물다섯 개 부대를 전멸시켰다. 25,100명이 죽었는데, 모두 칼솜씨가 뛰어난 자들이었다. 베냐민 지파는 자신들이 패한 것을 알았다.

이스라엘 사람들은 기브아에 매복시켜 둔 복병을 믿고, 베냐민 앞에서 후퇴하는 척했던 것이다.

37-40 매복해 있던 군사들이 뛰어 나와서 기브아를 재빨리 해치우고, 성읍 곳곳으로 퍼져 나가 성읍 주민을 모두 죽였다. 전략상 매복부대의 주력이 성읍에서 연기로 신호를 올리면, 이스라엘 사람들이 돌아서서 공격하기로 되어 있었다. 그즈음 이미 이스라엘 사람 서른 명 정도를 죽인 베냐민은 자신들이 곧 이길 줄 알고 "저들이 처음 전투 때처럼 달아난다!"고 소리쳤다. 그때 성읍에서 거대한 연기기둥 신호가 올라갔다. 베냐민 지파가 뒤돌아보니, 온 성읍이 연기에 휩싸여 있었다.

41-43 이스라엘 사람들이 돌아서서 공격하자 베냐민 사람들이 무너져 내렸다. 자신들이 덫에 걸린 것을 알아차렸던 것이다. 이스라엘 백성과 마주한 그들은 광야 길로 도망치려 했으나, 이미 사방이 전쟁터였다. 이스라엘 사람들이 성읍에서 쏟아져 나와 그들을 닥치는 대로 죽이고, 뒤를 바짝 따라붙어 기브아 동쪽까지 추격했다.

44 베냐민 지파에서 열여덟 개 부대가 전멸했는

came out to meet the army, they moved out from the city. Benjaminites began to cut down some of the troops just as they had before. About thirty men fell in the field and on the roads to Bethel and Gibeah.

32 The Benjaminites started bragging, "We're dropping them like flies, just as before!"

33 But the Israelites strategized: "Now let's retreat and pull them out of the city onto the main roads." So every Israelite moved farther out to Baal Tamar; at the same time the Israelite ambush rushed from its place west of Gibeah.

34-36 Ten crack divisions from all over Israel now arrived at Gibeah—intense, bloody fighting! The Benjaminites had no idea that they were about to go down in defeat—GOD routed them before Israel. The Israelites decimated twenty-five divisions of Benjamin that day—25,100 killed. They were all swordsmen. The Benjaminites saw that they were beaten.

The men of Israel acted like they were retreating before Benjamin, knowing that they could depend on the ambush they had prepared for Gibeah.

37-40 The ambush erupted and made quick work of Gibeah. The ambush spread out and massacred the city. The strategy for the main body of the ambush was that they send up a smoke signal from the city. Then the men of Israel would turn in battle. When that happened, Benjamin had killed about thirty Israelites and thought they were on their way to victory, yelling out, "They're on the run, just as in the first battle!" But then the signal went up from the city—a huge column of smoke. When the Benjaminites looked back, there it was, the whole city going up in smoke.

41-43 By the time the men of Israel had turned back on them, the men of Benjamin fell apart—they could see that they were trapped. Confronted by the Israelites, they tried to get away down the wilderness road, but by now the battle was everywhere. The men of Israel poured out of the towns, killing them right and left, hot on their trail, picking them off east of Gibeah.

44 Eighteen divisions of Benjaminites were wiped

데, 모두 최고의 전사들이었다.
45 다섯 개 부대는 뒤돌아 광야, 곧 림몬 바위로
피하려 했으나, 이스라엘 백성이 길에서 그들
을 모두 잡아 죽였다.
이스라엘 백성은 계속 몰아붙여서 두 개 부대
를 더 무찔렀다.
46 죽은 베냐민 사람은 모두 보병 스물다섯 개
부대에 이르렀는데, 하나같이 칼솜씨가 최고인
자들이었다.
47 달아난 육백 명은 광야의 림몬 바위까지 가
서 거기서 넉 달 동안 버텼다.
48 이스라엘 사람들이 돌아와 베냐민 지파의 남
은 자들, 곧 각 성읍에 있는 사람과 짐승을 모
두 죽이고 모든 성읍을 불태웠다.

21

1 미스바에서 이스라엘 사람들은 "우
리 가운데 누구도 베냐민 사람한테
딸을 시집보내지 않겠다"고 맹세했었다.
2-3 이제 베델로 돌아온 백성은 저녁때까지 하
나님 앞에 앉아 있었다. 그들은 소리 내어 울었
다. 온통 울음 바다였다. 그들이 말했다. "하나
님 이스라엘의 하나님, 이 일이 어찌 된 것입니
까? 오늘 우리에게서 이스라엘 한 지파가 송두
리째 없어지다니, 어찌 된 일입니까?"
4 이튿날 이른 아침에, 백성은 서둘러 제단을
쌓고 번제와 화목제를 드렸다.
5 이스라엘 백성이 말했다. "우리가 하나님 앞
에 모일 때 이스라엘 모든 지파 가운데서 나타
나지 않은 자가 누구요?" 이것은 미스바에 올라
와 하나님 앞에 모이지 않은 자는 누구든지 반
드시 죽이기로 그들 모두가 거룩하게 맹세했기
때문이다.

6-7 이스라엘 백성은 자신들의 형제 베냐민에
대해 안쓰러운 마음이 들었다. 그들이 말했다.
"오늘 한 지파가 이스라엘에서 끊어졌소. 남아
있는 자들에게 우리가 어떻게 아내를 얻어 줄
수 있겠소? 우리가 딸들을 그들에게 시집보내
지 않겠다고 하나님의 이름으로 맹세했으니 말
이오."
8-9 그래서 그들은 "이스라엘 지파 가운데 미스
바에 올라와 하나님 앞에 모이지 않은 자가 누
구요?" 하고 말했다.

out, all their best fighters.
45 Five divisions turned to escape to the wilderness,
to Rimmon Rock, but the Israelites caught and
slaughtered them on roads.
Keeping the pressure on, the Israelites brought
down two more divisions.
46 The total of the Benjaminites killed that day
came to twenty-five divisions of infantry, their best
swordsmen.
47 Six hundred men got away. They made it to
Rimmon Rock in the wilderness and held out there
for four months.
48 The men of Israel came back and killed all the
Benjaminites who were left, all the men and animals
they found in every town, and then torched the
towns, sending them up in flames.

Wives

21

1 Back at Mizpah the men of Israel had
taken an oath: "No man among us will give
his daughter to a Benjaminite in marriage."
2-3 Now, back in Bethel, the people sat in the
presence of God until evening. They cried loudly;
there was widespread lamentation. They said, "Why,
O GOD, God of Israel, has this happened? Why do
we find ourselves today missing one whole tribe
from Israel?"
4 Early the next morning, the people got busy and
built an altar. They sacrificed Whole-Burnt-Offer-
ings and Peace-Offerings.
5 Then the Israelites said, "Who from all the tribes of
Israel didn't show up as we gathered in the presence
of GOD?" For they had all taken a sacred oath that
anyone who had not gathered in the presence of
GOD at Mizpah had to be put to death.

6-7 But the People of Israel were feeling sorry for
Benjamin, their brothers. They said, "Today, one
tribe is cut off from Israel. How can we get wives for
those who are left? We have sworn by GOD not to
give any of our daughters to them in marriage."
8-9 They said, "Which one of the tribes of Israel
didn't gather before God at Mizpah?"
It turned out that no one had come to the gathering

알아보니, 야베스의 길르앗에서는 아무도 모임에 오지 않은 것으로 드러났다. 인원을 점검할 때 백성 가운데 야베스의 길르앗 사람은 단 한 명도 없었다.

10-11 그래서 회중은 우수한 군사들로 구성된 열두 개 부대를 그곳으로 보내며 이렇게 명령했다. "야베스의 길르앗 사람은 여자들과 아이들까지 모조리 죽여라. 다만 다음의 명령을 따르라. 곧 모든 남자와, 남자와 잠자리를 한 모든 여자는 반드시 죽이되, 처녀만은 살려 두어라." 그들은 명령대로 행했다.

12 그들은 야베스의 길르앗에 사는 사람들 가운데서 처녀 사백 명을 얻었다. 모두가 남자와 잠자리를 한 적이 없는 여자들이었다. 그들은 그 여자들을 가나안 땅에 있는 실로의 진으로 데려왔다.

13-14 그때 회중은 림몬 바위에 있는 베냐민 사람들에게 전갈을 보내어 평화를 제의했다. 그러자 베냐민 사람들이 왔다. 회중은 야베스의 길르앗에서 살려 둔 여자들을 베냐민 사람들에게 주었다. 그래도 모든 남자에게 아내를 구해 주기에는 부족했다.

15 백성은 베냐민 지파를 보며 마음 아파했다. **하나님**께서 베냐민 지파를 없애셔서, 이스라엘에서 한 지파가 비게 되었기 때문이다.

16-18 회중의 장로들이 말했다. "베냐민 여자들이 다 죽임을 당했으니, 어떻게 하면 나머지 남자들에게 아내를 얻어 줄 수 있겠소? 어떻게 하면 베냐민의 살아남은 자들이 유산을 물려받게 할 수 있겠소? 어떻게 하면 한 지파 전체가 진멸되는 것을 막을 수 있겠소? 그렇다고 우리의 딸들을 그들에게 아내로 줄 수도 없지 않소." (알다시피, 이스라엘 백성은 "누구든지 베냐민 지파에게 아내를 주는 자는 저주를 받을 것이다" 하고 맹세했기 때문이다.)

19 그래서 그들이 말했다. "해마다 실로에서 **하나님**의 축제가 열립니다. 그곳은 베델 북쪽, 곧 베델에서 세겜으로 올라가는 큰길 동쪽이며 르보나에서 약간 남쪽입니다."

20-22 그들은 베냐민 사람들에게 말했다. "가서 포도원에 숨어 있으시오. 잘 보고 있다가 실로의 처녀들이 나와서 춤추는 것이 보이거든, 포도원에서 뛰어나와 실로의 처녀들을 하나씩 잡

from Jabesh Gilead. When they took a roll call of the people, not a single person from Jabesh Gilead was there.

10-11 So the congregation sent twelve divisions of their top men there with the command, "Kill everyone of Jabesh Gilead, including women and children. These are your instructions: Every man and woman who has had sexual intercourse you must kill. But keep the virgins alive." And that's what they did.

12 And they found four hundred virgins among those who lived in Jabesh Gilead; they had never had sexual intercourse with a man. And they brought them to the camp at Shiloh, which is in the land of Canaan.

13-14 Then the congregation sent word to the Benjaminites who were at the Rimmon Rock and offered them peace. And Benjamin came. They gave them the women they had let live at Jabesh Gilead. But even then, there weren't enough for all the men.

15 The people felt bad for Benjamin; GOD had left out Benjamin—the missing piece from the Israelite tribes.

16-18 The elders of the congregation said, "How can we get wives for the rest of the men, since all the Benjaminite women have been killed? How can we keep the inheritance alive for the Benjaminite survivors? How can we prevent an entire tribe from extinction? We certainly can't give our own daughters to them as wives." (Remember, the Israelites had taken the oath: "Cursed is anyone who provides a wife to Benjamin.")

19 Then they said, "There is that festival of GOD held every year in Shiloh. It's north of Bethel, just east of the main road that goes up from Bethel to Shechem and a little south of Lebonah."

20-22 So they told the Benjaminites, "Go and hide in the vineyards. Stay alert—when you see the Shiloh girls come out to dance the dances, run out of the vineyards, grab one of the Shiloh girls for your wife, and then hightail it back to the country of Benjamin. When their fathers or brothers come to lay charges against us, we'll tell them, 'We did them a favor.

아 아내로 삼고 서둘러 베냐민 땅으로 돌아가시오.
그들의 아버지나 형제가 와서 우리에게 따지면 우리
가 이렇게 말하겠소. '우리가 그들에게 은혜를 베푼
것이오. 우리가 그들에게 아내를 얻어 주려고 전쟁을
일으켜 사람을 죽인 것도 아니지 않소? 게다가 당신
들은 동의하고 딸을 준 게 아니니 문제될 것이 없소.
그러나 계속해서 이 일을 문제 삼으면, 화를 자초하
는 꼴이 될 거요.'"
23 그래서 베냐민 사람들은 그 말대로 행했다. 그들
은 춤추고 있는 처녀들 가운데서 자신들의 수만큼을
붙잡아 아내로 삼고, 그곳을 빠져나와 그들이 유산으
로 받은 땅으로 돌아갔다. 그곳에서 성읍들을 재건하
고 정착했다.
24 거기서 이스라엘 백성은 흩어져 각각의 지파와 가
문에게로, 저마다 유산으로 받은 땅으로 돌아갔다.
25 그때에는 이스라엘에 왕이 없었다. 사람들은 무엇
이든 자기 마음에 원하는 대로 행했다.

After all we didn't go to war and kill to get
wives for men. And it wasn't as if you were in
on it by giving consent. But if you keep this up,
you will incur blame.'"
23 And that's what the Benjaminites did: They
carried off girls from the dance, wives enough
for their number, got away, and went home to
their inheritance. They rebuilt their towns and
settled down.
24 From there the People of Israel dispersed,
each man heading back to his own tribe and
clan, each to his own plot of land.
25 At that time there was no king in Israel.
People did whatever they felt like doing.

룻기 | 머리말

이 세상 속에서 일하고 계시는 하나님에 대해 말하는 크고 광대한 이야기를 성경에서 읽노라면, 우리 대부분은 깊은 인상을 받게 된다. 말씀으로 세상을 창조하시는 하나님, 위대한 조상들을 통해 믿음의 삶의 기초를 놓으시는 하나님, 참혹한 종살이 가운데 있던 백성을 해방시키셔서 자유롭게 순종하는 사랑의 삶으로 이끄시는 하나님, 하나님 앞에서 기쁘게 책임을 다하는 지도자를 일으키시고, 그러한 삶에 따르기 마련인 고난의 여로에 안내자가 되게 하시는 하나님에 대한 이야기들 말이다.

우리는 실로 깊은 인상을 받는다. 그러나 그 이야기가 너무 인상 깊어, 때로 소외감을 느끼기도 한다. 전혀 인상적일 것 없는 아주 평범한 우리로서는, 그런 이야기들이 그저 별세계의 이야기로 들리는 것이다. 우리는 스스로에게 실격 판정을 내린다. 죄 때문이든, 고집 때문이든, 다른 어떤 우발적 요소 때문이든, 어쨌든 나 자신은 그런 이야기들에 맞지 않는다고 생각한다. 왠지 나는 '신앙이 부족하고' 따라서 자신은 그런 거대한 이야기들과 어울리지 않는다고 결론 내리는 것이다.

그런데 성경을 한 장 한 장 넘기다가, 어느 외딴 마을에 사는 두 과부와 한 농부의 이 작은 이야기를 만나게 된다.

이방인 룻은 모태신앙인이 아니었고, 선천적으로 신앙에 끌렸던 사람도 아니었다. 우리 많은 사람들처럼 말이다. 그러나 그녀는 자신도 모르게 구원 이야기 속으로 끌려 들어가게 되고, 거기서 요란스럽지 않고 도드라지지 않지만 이야기의 완결을 위해 없어서는 안 될 배역을 맡게 된다.

성경은 하나님께서 창조하시고 구원하시고 축복하시는 방식들로 짜인 거대한 융단이다. 시내 산에서 절정에 달하는 줄거리에 등장하는 큰 이름들(아브라함, 이삭, 야곱, 요셉, 모세), 또 그 후속 이야기에 등장하는 큰 이름들(여호수아, 사무엘, 다윗, 솔로몬)을 보면, 보통 사람들은 누구라도 기가 죽을 수밖에 없다. "거기는 나 같은 사람이 감히 올라가 배역을 맡을 수 있는 무대가 아니다." 그러나 과부이자 가난한 이방인이었던 룻의 이야기는, 사실이 그렇지 않음을 보여준다. 보잘것없는 이방인이었던 룻, 그러나 그녀의 삶은 우리 가

As we read the broad, comprehensive biblical story of God at work in the world, most of us are entirely impressed: God speaking creation into being, God laying the foundations of the life of faith through great and definitive fathers and mothers, God saving a people out of a brutal slave existence and then forming them into lives of free and obedient love, God raising up leaders who direct and guide through the tangle of difficulties always involved in living joyfully and responsively before God.

Very impressive. So impressive, in fact, that many of us, while remaining impressed, feel left out. Our unimpressive, very ordinary lives make us feel like outsiders to such a star-studded cast. We disqualify ourselves. Guilt or willfulness or accident makes a loophole and we assume that what is true for everyone else is not true for us. We conclude that we are, somehow, "just not religious" and thus unfit to participate in the big story.

And then we turn a page and come on this small story of two widows and a farmer in their out-of-the-way village.

The outsider Ruth was not born into the faith and felt no natural part of it—like many of us. But she came to find herself gathered into the story and given a quiet and obscure part that proved critical to the way everything turned out.

Scripture is a vast tapestry of God's creating, saving, and blessing ways in this world. The great names in the plot that climaxes at Sinai (Abraham, Isaac, Jacob, Joseph, Moses) and the great names in the sequel (Joshua, Samuel, David, Solomon) can be intimidating to ordinary, random individuals: "Surely there is no way that I can have any significant part on such a stage." But the story of the widowed,

운데서 일하고 계신 하나님 이야기의 완성을 위해 없어서는 안될 부분이었다. 짐짓 대수롭지 않다는 듯 던지는 그 마지막 구절이야말로 룻기가 우리에게 날리는 결정적 한 방이다. 보아스는 룻과 결혼했고 그녀는 오벳을 낳았는데, "오벳은 이새의 아버지였고, 다윗의 할아버지였다"(룻 4:17).

다윗이다! 의지할 데 없는 무명의 한 '이방인' 과부 여인이 다름 아닌 다윗의 증조모요 예수님의 조상이었다는 이 절묘한 이야기. 그래서 룻기는 대수롭지 않은 평범한 인물도 하나님 이야기의 완결을 위해 결코 빠질 수 없는 등장인물이라는 사실을 우리에게 각인시켜 준다. 우리 한 사람 한 사람이 모두 하나님 앞에서 그처럼 중요하며, 우리에게 맡겨진 일 또한 소중한 것이다.

impoverished, alien Ruth is proof to the contrary. She is the inconsequential outsider whose life turns out to be essential for telling the complete story of God's ways among us. The unassuming ending carries the punch line: Boaz married Ruth, she had a son Obed, "Obed was the father of Jesse, and Jesse the father of David"(Ruth 4:17).

David! In its artful telling of this "outsider" widow, uprooted and obscure, who turns out to be the great-grandmother of David and the ancestor of Jesus, the book of Ruth makes it possible for each of us to understand ourselves, however ordinary or "out of it," as irreplaceable in the full telling of God's story. We count—every last one of us—and what we do counts.

룻기

RUTH

1 [1-2] 옛적 사사들이 이스라엘을 이끌던 시절, 그 땅에 기근이 들었다. 유다 땅 베들레헴의 한 사람이 아내와 두 아들을 데리고 고향을 떠나 모압 땅에 가서 살았다. 그 사람의 이름은 엘리멜렉이고 아내의 이름은 나오미며, 아들들의 이름은 말론과 기룐이었다. 모두 유다 땅 베들레헴의 에브랏 사람이었다. 그들은 모두 모압 땅으로 가서 그곳에 정착했다.

[3-5] 그러다가 엘리멜렉이 죽고 나오미와 두 아들만 남았다. 아들들은 모압 여인들을 아내로 맞이했는데, 첫째의 이름은 오르바고, 둘째는 룻이었다. 그들은 그 후로 십 년 동안 그곳 모압 땅에 살았다. 그 후에 두 형제 말론과 기룐도 죽었다. 이제 젊은 아들들도 없고 남편도 없이 이 여인만 남았다.

[6-7] 하루는 나오미가 마음을 추스르고, 두 며느리와 함께 모압 땅을 떠나 고향으로 가기로 결심했다. 그녀는 **하나님**께서 기꺼이 그분의 백성을 찾아오셔서 그들에게 양식을 주셨다는 말을 들었다. 그래서 자기가 살던 곳을 떠나 유다 땅으로 돌아가는 여정에 올랐다. 두 며느리도 함께했다.

[8-9] 한참을 가다가, 나오미가 두 며느리에게 말했다. "돌아가거라. 집으로 가서 너희 어머니와 함께 살아라. 너희가 죽은 남편과 나를 대한 것처럼 **하나님**께서 너희를 너그러이 대해 주시기를 빈다. **하나님**께서 너희에게 각각 새 가정과 새 남편을 주시기를 빈다!" 그녀가 그들에게 입을 맞추자 그들은 소리 내어 울었다.

1 [1-2] Once upon a time—it was back in the days when judges led Israel—there was a famine in the land. A man from Bethlehem in Judah left home to live in the country of Moab, he and his wife and his two sons. The man's name was Elimelech; his wife's name was Naomi; his sons were named Mahlon and Kilion—all Ephrathites from Bethlehem in Judah. They all went to the country of Moab and settled there.

[3-5] Elimelech died and Naomi was left, she and her two sons. The sons took Moabite wives; the name of the first was Orpah, the second Ruth. They lived there in Moab for the next ten years. But then the two brothers, Mahlon and Kilion, died. Now the woman was left without either her young men or her husband.

[6-7] One day she got herself together, she and her two daughters-in-law, to leave the country of Moab and set out for home; she had heard that GOD had been pleased to visit his people and give them food. And so she started out from the place she had been living, she and her two daughters-in-law with her, on the road back to the land of Judah.

[8-9] After a short while on the road, Naomi told her two daughters-in-law, "Go back. Go home and live with your mothers. And may GOD treat you as graciously as you treated your deceased husbands and me. May GOD give each of you a new home and a new husband!" She kissed them and they cried openly.

10 그들이 말했다. "아닙니다. 우리도 어머니와 함께
어머니의 백성에게로 돌아가겠습니다."
11-13 그러나 나오미는 단호했다. "내 사랑하는 딸들
아, 돌아가거라. 너희가 어째서 나와 함께 가려고 하
느냐? 내가 아직 태중에 너희 남편이 될 아들들을
가질 수 있다고 보느냐? 사랑하는 딸들아, 돌아가거
라. 부디 너희 길로 가거라! 나는 너무 늙어서 남편
을 얻을 수 없다. 내가 '아직 희망이 있다!' 말하고 당
장 오늘 밤에 남자를 얻어 아들을 잉태한다고 한들,
그들이 자랄 때까지 너희가 잠자코 기다릴 수 있겠
느냐? 너희가 다시 결혼할 그때까지 언제고 기다릴
셈이냐? 아니다. 사랑하는 딸들아, 이것은 내가 감
당하기에 너무 힘든 일이다. 하나님께서 나를 세게
치셨구나."
14 다시 그들은 소리 내어 울었다. 오르바는 시어머
니에게 입 맞추고 작별했으나, 룻은 나오미를 부둥켜
안고 놓지 않았다.
15 나오미가 말했다. "봐라, 네 동서는 자기 백성과
그 신들과 함께 살려고 집으로 돌아갔다. 너도 함께
가거라."
16-17 그러자 룻이 대답했다. "제게 어머니를 떠나라,
집으로 돌아가라 하지 마십시오. 어머니가 가시는 곳
으로 저도 가고, 어머니가 사시는 곳에서 저도 살겠
습니다. 어머니의 백성이 저의 백성이고, 어머니의
하나님이 저의 하나님입니다. 어머니가 죽으시는 곳
에서 저도 죽어, 거기 묻히겠습니다. 그러니 하나님,
죽음조차도 우리 사이를 갈라놓지 못하도록 저를 도
와주십시오!"
18-19 나오미는 룻이 자기와 함께 가기로 마음을 단단
히 굳힌 것을 보고, 더 이상 말리지 않았다. 그래서
두 사람은 함께 베들레헴으로 갔다.
그들이 베들레헴에 이르자 온 성읍이 술렁이기 시작
했다. "이 사람이 정말 우리가 아는 나오미인가? 그
세월을 다 보내고 돌아왔구나!"
20-21 나오미가 말했다. "나를 나오미라고 부르지 말
고 '쓴맛'이라고 부르십시오. 강하신 분께서 나를 쓰
라리게 치셨습니다. 내가 여기를 떠날 때는 살림이
넉넉했지만, 하나님께서 나를 다시 데려오실 때는 몸
에 걸친 이 옷가지밖에 남기신 게 없습니다. 그대들
은 어찌하여 나를 나오미라고 부릅니까? 하나님께서
는 절대 그렇게 부르지 않으십니다. 강하신 분이 나
를 불행하게 하셨습니다."
22 이렇게 하여 나오미는, 이방인 룻과 함께 모압 땅
에서 돌아왔다. 그들이 베들레헴에 도착한 때는 보리
추수가 시작될 무렵이었다.

10 They said, "No, we're going on with you to
your people."
11-13 But Naomi was firm: "Go back, my dear
daughters. Why would you come with me?
Do you suppose I still have sons in my womb
who can become your future husbands? Go
back, dear daughters—on your way, please!
I'm too old to get a husband. Why, even if I
said, 'There's still hope!' and this very night got
a man and had sons, can you imagine being
satisfied to wait until they were grown? Would
you wait that long to get married again? No,
dear daughters; this is a bitter pill for me to
swallow—more bitter for me than for you. GOD
has dealt me a hard blow."
14 Again they cried openly. Orpah kissed her
mother-in-law good-bye; but Ruth embraced
her and held on.
15 Naomi said, "Look, your sister-in-law is
going back home to live with her own people
and gods; go with her."
16-17 But Ruth said, "Don't force me to leave
you; don't make me go home. Where you go, I
go; and where you live, I'll live. Your people are
my people, your God is my god; where you die,
I'll die, and that's where I'll be buried, so help
me GOD—not even death itself is going to come
between us!"
18-19 When Naomi saw that Ruth had her heart
set on going with her, she gave in. And so the
two of them traveled on together to Bethlehem.
When they arrived in Bethlehem the whole
town was soon buzzing: "Is this really our
Naomi? And after all this time!"
20-21 But she said, "Don't call me Naomi; call
me Bitter. The Strong One has dealt me a
bitter blow. I left here full of life, and GOD
has brought me back with nothing but the
clothes on my back. Why would you call me
Naomi? God certainly doesn't. The Strong
One ruined me."
22 And so Naomi was back, and Ruth the
foreigner with her, back from the country of
Moab. They arrived in Bethlehem at the begin-
ning of the barley harvest.

2

1 마침 나오미에게 남편 쪽으로 친척이 하나 있었는데, 엘리멜렉 집안과 관계된 유력하고 부유한 사람이었다. 그의 이름은 보아스였다.
2 하루는 모압 여인 룻이 나오미에게 말했다. "일을 해야겠습니다. 나가서 추수하는 사람 중에 누군가가 저를 친절히 대해 주면, 그 사람을 뒤따라가며 곡식 단 사이에서 이삭을 줍겠습니다."
나오미가 말했다. "그렇게 해라, 사랑하는 딸아."
3-4 그리하여 룻은 밭으로 나가, 추수하는 사람들 뒤를 따라가며 이삭을 줍기 시작했다. 마침내 룻은 자신의 시아버지인 엘리멜렉의 친척, 보아스 소유의 밭에 이르렀다. 얼마 후에 보아스가 베들레헴에서 왔다. 그는 추수하는 일꾼들에게 "하나님께서 자네들과 함께하시기를 비네!" 하고 인사했다. 그들도 "하나님께서 주인님에게 복 주시기를 빕니다!" 하고 응답했다.
5 보아스가 농장 일꾼들을 맡은 젊은 종에게 물었다. "저 젊은 여인은 누구인가? 어디서 온 사람인가?"
6-7 그 종이 말했다. "모압 땅에서 나오미와 함께 온 모압 여인입니다. 저 여인이 '추수하는 사람들 뒤를 따라가며 곡식 단 사이에서 이삭을 줍게 해주십시오' 하고 승낙을 구했습니다. 이른 아침부터 지금까지, 잠시도 쉬지 않고 여태 일하고 있습니다."
8-9 그러자 보아스가 룻에게 말했다. "내 딸이여, 들으시오. 이제부터는 다른 밭으로 이삭을 주우러 가지 말고 여기 이 밭에 있으시오. 내 밭에서 일하는 젊은 여인들 곁에 있으면서, 그들이 어디서 추수하는지 잘 보고 그들을 따라가시오. 아무것도 걱정할 것 없소. 내가 내 종들에게 그대를 괴롭히지 말라고 지시해 두었소. 목마르거든 가서 종들이 길어 온 물통에서 얼마든지 물을 마시도록 하시오."
10 룻은 무릎을 꿇고 얼굴을 땅에 대며 절했다. "어찌하여 저를 따로 지명하여 이렇게 친절히 대해 주시는지요? 저는 한낱 이방 여자에 불과합니다."
11-12 보아스가 룻에게 대답했다. "그대에 관한 이야기를 내가 다 들었소. 그대의 시아버지가 돌아가신 뒤로 그대가 시어머니를 어떻게 대했으며, 또 어떻게 그대의 부모와 그대가 태어난 땅을 떠나 낯선 사람들 틈에 살려고 왔는지도 들었소. 그대가 한 일에 대해 하나님께서 갚아 주실 것이오. 그대가 하나님의 날개 아래 보호를 받고자 왔으니, 그분께서 그대에게 후히 갚아 주실 것이오."
13 룻이 말했다. "어르신, 저는 이런 은혜와 자비를 받을 자격이 없습니다. 당신은 제 마음에 감동을 주셨고, 저를 한 가족처럼 대해 주셨습니다. 제가 이곳

2

1 It so happened that Naomi had a relative by marriage, a man prominent and rich, connected with Elimelech's family. His name was Boaz.
2 One day Ruth, the Moabite foreigner, said to Naomi, "I'm going to work; I'm going out to glean among the sheaves, following after some harvester who will treat me kindly."
Naomi said, "Go ahead, dear daughter."
3-4 And so she set out. She went and started gleaning in a field, following in the wake of the harvesters. Eventually she ended up in the part of the field owned by Boaz, her father-in-law Elimelech's relative. A little later Boaz came out from Bethlehem, greeting his harvesters, "GOD be with you!" They replied, "And GOD bless you!"
5 Boaz asked his young servant who was foreman over the farm hands, "Who is this young woman? Where did she come from?"
6-7 The foreman said, "Why, that's the Moabite girl, the one who came with Naomi from the country of Moab. She asked permission. 'Let me glean,' she said, 'and gather among the sheaves following after your harvesters.' She's been at it steady ever since, from early morning until now, without so much as a break."
8-9 Then Boaz spoke to Ruth: "Listen, my daughter. From now on don't go to any other field to glean—stay right here in this one. And stay close to my young women. Watch where they are harvesting and follow them. And don't worry about a thing; I've given orders to my servants not to harass you. When you get thirsty, feel free to go and drink from the water buckets that the servants have filled."
10 She dropped to her knees, then bowed her face to the ground. "How does this happen that you should pick me out and treat me so kindly—*me*, a foreigner?"
11-12 Boaz answered her, "I've heard all about you—heard about the way you treated your mother-in-law after the death of her husband, and how you left your father and mother and the land of your birth and have come to live

사람이 아닌데도 말입니다!"
14 점심시간이 되어 쉴 때에 보아스가 룻에게 말했다. "이쪽으로 와서 빵을 좀 드시오. 포도주에 찍어서 드시오."
룻은 추수하는 사람들 틈에 끼었다. 보아스가 볶은 곡식을 룻에게 건네주니, 룻이 배불리 먹고도 음식이 남았다.
15-16 룻이 일어나서 다시 일하러 가자, 보아스가 종들에게 말했다. "저 여인이 바닥에 곡식이 많이 남아 있는 데서 줍게 해주게. 너그러이 대해서, 아예 실한 것들을 좀 뽑아서 저 여인이 줍도록 흘려 두게. 특별히 배려해 주게나."
17-18 룻은 저녁때까지 밭에서 이삭을 주웠다. 모은 이삭에서 낟알을 떨고 보니, 보릿자루가 거의 가득 찰 정도였다! 룻은 주운 이삭을 모아 성읍으로 돌아가서, 그날 일의 결과를 시어머니에게 보였다. 그리고 점심때 먹고 남은 음식도 드렸다.
19 나오미가 룻에게 물었다. "오늘 누구의 밭에서 이삭을 주웠느냐? 너를 이렇게 잘 돌보아 준 사람이 누구이든, 하나님께서 복 주시기를 빈다!"
룻이 시어머니에게 말했다. "오늘 제가 일한 밭의 주인 말인가요? 그의 이름은 보아스입니다."
20 나오미가 며느리에게 말했다. "하나님께서 그 사람에게 복 주시기를 빈다! 하나님께서 아직까지 우리를 버리지 않으셨구나! 그분께서는 좋을 때만 아니라 궂을 때도 여전히 우리를 사랑하시는구나!"
나오미는 말을 이었다. "그 사람은 언약에 따라 우리를 구제할 사람 가운데 하나다. 우리의 가까운 친척이다!"
21 모압 여인 룻이 말했다. "들어 보십시오. 그가 또 저에게 '내 밭의 추수가 끝날 때까지 내 일꾼들과 함께 있으라'고 했습니다."
22 나오미가 룻에게 말했다. "잘됐구나, 사랑하는 딸아! 그렇게 하려무나! 그의 밭에서 일하는 젊은 여인들과 같이 다니면 안전할 것이다. 모르는 사람의 밭에서 욕을 당할까 걱정했는데, *이제 안심이구나.*"
23 그래서 룻은 시어머니의 말대로 했다. 보아스 밭의 젊은 여인들에게 바짝 붙어서, 보리 추수와 밀 추수가 끝날 때까지 날마다 그 밭에서 이삭을 주웠다. 그러면서 룻은 계속해서 시어

among a bunch of total strangers. GOD reward you well for what you've done—and with a generous bonus besides from GOD, to whom you've come seeking protection under his wings."
13 She said, "Oh sir, such grace, such kindness—I don't deserve it. You've touched my heart, treated me like one of your own. And I don't even belong here!"
14 At the lunch break, Boaz said to her, "Come over here; eat some bread. Dip it in the wine."
So she joined the harvesters. Boaz passed the roasted grain to her. She ate her fill and even had some left over.
15-16 When she got up to go back to work, Boaz ordered his servants: "Let her glean where there's still plenty of grain on the ground—make it easy for her. Better yet, pull some of the good stuff out and leave it for her to glean. Give her special treatment."
17-18 Ruth gleaned in the field until evening. When she threshed out what she had gathered, she ended up with nearly a full sack of barley! She gathered up her gleanings, went back to town, and showed her mother-in-law the results of her day's work; she also gave her the leftovers from her lunch.
19 Naomi asked her, "So where did you glean today? Whose field? GOD bless whoever it was who took such good care of you!"
Ruth told her mother-in-law, "The man with whom I worked today? His name is Boaz."
20 Naomi said to her daughter-in-law, "Why, GOD bless that man! GOD hasn't quite walked out on us after all! He still loves us, in bad times as well as good!"
Naomi went on, "That man, Ruth, is one of our circle of covenant redeemers, a close relative of ours!"
21 Ruth the Moabitess said, "Well, listen to this: He also told me, 'Stick with my workers until my harvesting is finished.'"
22 Naomi said to Ruth, "That's wonderful, dear daughter! Do that! You'll be safe in the company of his young women; no danger now of being raped in some stranger's field."
23 So Ruth did it—she stuck close to Boaz's young women, gleaning in the fields daily until both the

머니와 함께 살았다.

3 1-2 하루는 시어머니 나오미가 룻에게 말했다. "내 사랑하는 딸아, 이제 네가 행복하게 살 수 있도록 너에게 좋은 가정을 찾아 주어야겠다. 게다가 네가 여태 함께 일했던 그 젊은 여인들의 주인인 보아스는 우리의 가까운 친척이 아니더냐? 우리가 행동을 취할 때가 온 것 같다. 오늘 밤은 보아스가 타작마당에서 보리를 거두어들이는 밤이다.

3-4 목욕을 하고 향수도 좀 바르거라. 옷을 잘 차려입고 타작마당으로 가거라. 그러나 잔치가 한창 무르익어 그가 배불리 먹고 마실 때까지는 네가 왔다는 사실을 그에게 알려서는 안된다. 그가 자려고 자리를 뜨는 게 보이거든 너는 그가 눕는 곳을 잘 보아 두었다가 그리로 가서, 너를 배우자로 삼아도 좋다는 것을 알도록 그의 발치에 누워라. 기다리고 있으면, 그가 네가 해야 할 일을 일러 줄 것이다."

5 룻이 말했다. "어머니께서 말씀하시니, 그 말씀대로 하겠습니다."

6 룻은 타작마당으로 내려가 시어머니의 계획대로 했다.

7 보아스는 배불리 먹고 마시며 즐거운 시간을 보냈다. 그는 기분이 아주 좋았다. 그러다가 잠을 자려고 빠져나와 보릿단 끝으로 가서 누웠다. 룻도 조용히 그를 따라가 누웠는데, 그것은 자신이 그의 배우자가 되어도 좋다는 표시였다.

8 한밤중에 보아스가 깜짝 놀라 일어났다. 놀랍게도, 그의 발치에서 한 여인이 자고 있었던 것이다!

9 그가 말했다. "누구요?"

룻이 말했다. "저는 당신의 종 룻입니다. 저를 당신의 날개 아래 보호해 주십시오. 아시는 것처럼 당신은 저의 가까운 친척으로, 언약에 따라 저를 구제할 이들 가운데 한 분입니다. 저와 결혼할 권리가 당신에게 있습니다."

10-13 보아스가 말했다. "하나님께서 그대에게 복 주시기를 비오. 내 사랑하는 그대여! 참으로 놀라운 사랑의 표현이구려! 또한 그대 정도라면 주변의 젊은 사람들 가운데서 누구나 고를 수 있었는데도 그렇게 하지 않았구려. 사랑하는 그대여, 이제 아무것도 걱정하지 마시오. 그

barley and wheat harvesting were finished. And she continued living with her mother-in-law.

3 1-2 One day her mother-in-law Naomi said to Ruth, "My dear daughter, isn't it about time I arranged a good home for you so you can have a happy life? And isn't Boaz our close relative, the one with whose young women you've been working? Maybe it's time to make our move. Tonight is the night of Boaz's barley harvest at the threshing floor.

3-4 "Take a bath. Put on some perfume. Get all dressed up and go to the threshing floor. But don't let him know you're there until the party is well under way and he's had plenty of food and drink. When you see him slipping off to sleep, watch where he lies down and then go there. Lie at his feet to let him know that you are available to him for marriage. Then wait and see what he says. He'll tell you what to do."

5 Ruth said, "If you say so, I'll do it, just as you've told me."

6 She went down to the threshing floor and put her mother-in-law's plan into action.

7 Boaz had a good time, eating and drinking his fill—he felt great. Then he went off to get some sleep, lying down at the end of a stack of barley. Ruth quietly followed; she lay down to signal her availability for marriage.

8 In the middle of the night the man was suddenly startled and sat up. Surprise! This woman asleep at his feet!

9 He said, "And who are you?"

She said, "I am Ruth, your maiden; take me under your protecting wing. You're my close relative, you know, in the circle of covenant redeemers—you do have the right to marry me."

10-13 He said, "GOD bless you, my dear daughter! What a splendid expression of love! And when you could have had your pick of any of the young men around. And now, my dear daughter, don't you worry about a thing; I'll do all you could want or ask. Everybody in town knows what a courageous woman you are—a real prize! You're right, I am a close relative to you, but there is one even closer

대가 원하거나 청하는 일이라면, 내가 무엇이든 하겠소. 그대가 얼마나 용기 있는 여인이며 귀한 보배인지 온 성읍 사람들이 다 알고 있소! 그대 말대로 나는 그대의 가까운 친척이 맞지만, 나보다 더 가까운 친척이 한 사람 있소. 그러니 날이 샐 때까지 여기 있으시오. 내일 아침에 그가 언약에 따라 구제할 수 있는 가장 가까운 친척으로서 관습상 자기 권리와 책임을 다하고자 한다면, 그에게 기회가 돌아갈 것이오. 그러나 그가 관심이 없다면, 하나님께서 살아 계심을 두고 맹세하는데, 내가 당신을 거두겠소. 이제 아침이 올 때까지 눈 좀 붙이도록 하시오."

14 룻은 새벽까지 그의 발치에서 자다가 사람들 눈에 띄지 않도록 아직 어두울 때에 일어났다. 그러자 보아스도 "룻이 타작마당에 왔었다는 것을 아무도 알아서는 안된다"고 혼잣말을 했다.

15 보아스가 말했다. "그대의 어깨에 걸친 옷을 가져와서 펴 보시오."

룻이 옷을 펴자, 보아스는 보리 여섯 되를 가득 부어 룻의 어깨에 지워 주었다. 룻은 곧 성읍으로 돌아갔다.

16-17 룻이 시어머니에게 돌아오자, 나오미가 물었다. "그래 어찌 되었느냐, 사랑하는 딸아?"

룻은 그 사람이 자기한테 한 일을 시어머니에게 다 말하고 나서 이렇게 덧붙였다. "그가 내게 이 보리 여섯 되를 주었습니다! '그대가 시어머니에게 빈손으로 갈 수야 없지 않소!' 하면서 말입니다."

18 나오미가 말했다. "내 사랑하는 딸아, 이제 이 일의 결과가 드러날 때까지 편히 앉아서 쉬어라. 그는 빈말을 할 사람이 아니다. 내 말을 잘 들어라. 그가 오늘 중으로 모든 일을 매듭지을 것이다."

4

1 보아스는 곧바로 광장으로 가서 자리를 잡았다.

잠시 후 '더 가까운 친척', 곧 앞서 보아스가 말했던 그 사람이 지나갔다.

보아스가 말했다. "여보시오, 잠시 이리로 와서 좀 앉으시오." 그가 와서 앉았다.

2 보아스가 성읍 장로들 가운데 열 명을 함께 불러 모아 놓고 말했다. "여기 우리와 함께 앉아 주십시오. 우리가 처리해야 할 일이 있습니다." 그들이 와서 앉았다.

3-4 보아스가 친척에게 말했다. "우리 친척 엘리멜렉에게 속한 토지를 얼마 전에 모압 땅에서 돌아

than I am. So stay the rest of the night. In the morning, if he wants to exercise his customary rights and responsibilities as the closest covenant redeemer, he'll have his chance; but if he isn't interested, as GOD lives, I'll do it. Now go back to sleep until morning."

14 Ruth slept at his feet until dawn, but she got up while it was still dark and wouldn't be recognized. Then Boaz said to himself, "No one must know that Ruth came to the threshing floor."

15 So Boaz said, "Bring the shawl you're wearing and spread it out."

She spread it out and he poured it full of barley, six measures, and put it on her shoulders. Then she went back to town.

16-17 When she came to her mother-in-law, Naomi asked, "And how did things go, my dear daughter?"

Ruth told her everything that the man had done for her, adding, "And he gave me all this barley besides—six quarts! He told me, 'You can't go back empty-handed to your mother-in-law!'"

18 Naomi said, "Sit back and relax, my dear daughter, until we find out how things turn out; that man isn't going to fool around. Mark my words, he's going to get everything wrapped up today."

4

1 Boaz went straight to the public square and took his place there.

Before long the "closer relative," the one mentioned earlier by Boaz, strolled by.

"Step aside, old friend," said Boaz. "Take a seat." The man sat down.

2 Boaz then gathered ten of the town elders together and said, "Sit down here with us; we've got some business to take care of." And they sat down.

3-4 Boaz then said to his relative, "The piece of property that belonged to our relative Elimelech is being sold by his widow Naomi, who has just returned from the country of Moab. I thought you ought to know about it. Buy it back if you want it—you can make it official in the presence

온 그의 과부 나오미가 팔고자 하오. 그대도 알아
야 된다는 생각이 들었소. 원한다면 그대가 그 땅
을 되사시오. 여기 앉아 있는 사람들과 성읍 장로
들 앞에서 공식적으로 처리하면 될 것이오. 우선적
으로 구제할 권리가 그대에게 있소. 그대가 원하지
않으면 내게 말하시오. 그러면 내가 알아서 하겠
소. 순서상 그대가 먼저고, 나는 그 다음이오."
그러자 그가 "내가 사겠소" 하고 말했다.
5 이에 보아스가 덧붙였다. "그대도 알다시피, 그
대가 나오미한테서 그 밭을 살 때는 우리 죽은 친
척의 과부인 모압 사람 룻도 함께 취해야 하고, 구
제하는 자로서 그 여인과의 사이에 자녀를 낳아 그
집의 유산을 물려받게도 해야 하오."
6 그러자 그 친척이 말했다. "아, 그건 못하겠소. 자
칫하면 내 집의 유산이 위태로워질 테니 말이오.
그냥 그대가 사시오. 나는 못하겠으니, 내 권리를
그대한테 넘기겠소."

7 옛적 이스라엘에서 사람들이 재산과 유산 문제에
관한 공식 업무를 처리할 때는, 자기 신발을 벗어
상대방에게 주곤 했다. 이스라엘에서 이것은 인감
도장이나 개인서명과 같은 것이었다.
8 그래서 보아스의 '구제하는 친척'도 "그냥 그대가
사시오" 하고 말한 뒤에, 자기 신발을 벗어 주는 것
으로 계약에 서명했다.
9-10 그러자 보아스가 그날 성읍 광장에 있던 장로
들과 모든 백성에게 말했다. "내가 엘리멜렉과 기
룐과 말론에게 속한 모든 것을 나오미한테서 산 것
에 대해 오늘 여러분이 증인입니다. 여기에는 말
론의 과부인 이방 여인 룻에 대한 책임도 포함됩니
다. 나는 그 여인을 내 아내로 맞아 죽은 자의 이름
을 그의 유산과 함께 잇겠습니다. 죽은 자의 기억
과 명성이 이 집에서나 그의 고향에서 사라지지 않
도록 할 것입니다. 바로 오늘, 이 모든 일에 여러분
이 증인입니다."
11-12 그날 성읍 광장에 있던 모든 백성이 장로들과
뜻을 같이하여 말했다. "예, 우리가 증인입니다. 하
나님께서 당신의 집에 들어오는 이 여인을 이스라
엘 집안을 세운 두 여인, 곧 라헬과 레아 같게 하시
기를 빕니다. 하나님께서 당신을 에브랏에서 기둥
이 되고 베들레헴에서 유명해지게 하시기를 빕니
다! 하나님께서 이 젊은 여인을 통해 당신에게 자
녀들을 주셔서, 당신의 집이 다말과 유다 사이에
태어난 아들 베레스의 집과 같게 되기를 빕니다."

of those sitting here and before the town elders.
You have first redeemer rights. If you don't want
it, tell me so I'll know where I stand. You're first
in line to do this and I'm next after you."
He said, "I'll buy it."
5 Then Boaz added, "You realize, don't you, that
when you buy the field from Naomi, you also
get Ruth the Moabite, the widow of our dead
relative, along with the redeemer responsibility
to have children with her to carry on the family
inheritance."
6 Then the relative said, "Oh, I can't do that—
I'd jeopardize my own family's inheritance. You
go ahead and buy it—you can have my rights—I
can't do it."

7 In the olden times in Israel, this is how they
handled official business regarding matters of
property and inheritance: a man would take off
his shoe and give it to the other person. This was
the same as an official seal or personal signature
in Israel.
8 So when Boaz's "redeemer" relative said, "Go
ahead and buy it," he signed the deal by pulling
off his shoe.
9-10 Boaz then addressed the elders and all the
people in the town square that day: "You are
witnesses today that I have bought from Naomi
everything that belonged to Elimelech and
Kilion and Mahlon, including responsibility for
Ruth the foreigner, the widow of Mahlon—I'll
take her as my wife and keep the name of the
deceased alive along with his inheritance. The
memory and reputation of the deceased is not
going to disappear out of this family or from his
hometown. To all this you are witnesses this very
day."
11-12 All the people in the town square that day,
backing up the elders, said, "Yes, we are witness-
es. May GOD make this woman who is coming
into your household like Rachel and Leah, the
two women who built the family of Israel. May
GOD make you a pillar in Ephrathah and famous
in Bethlehem! With the children GOD gives you

from this young woman, may your family rival the family of Perez, the son Tamar bore to Judah."

13 보아스는 룻과 결혼했고, 룻은 그의 아내가 되었다. 보아스가 룻과 잠자리를 같이했다. 그러자 하나님의 은혜로운 선물로 룻이 임신하여 아들을 낳았다.

14-15 성읍 여인들이 나오미에게 말했다. "하나님을 찬양합니다! 그분께서 그대를, 생명을 이어 갈 가족이 없는 상태로 내버려 두지 않으셨습니다. 이 아이가 자라서 이스라엘에서 유명해지기를 빕니다! 이 아이가 그대를 다시 젊어지게 하고, 노년의 그대를 돌볼 것입니다! 이 아이의 어머니이자 그대를 이토록 사랑하는 이 며느리는, 그대에게 일곱 아들보다 귀합니다!"

16 나오미는 아기를 받아 품에 안았다. 꼭 껴안고, 다정히 속삭이며, 지극정성으로 돌보았다.

17 여인들은 그 아이를 '나오미의 아기'라고 부르기 시작했다! 그러나 그의 진짜 이름은 오벳이었다. 오벳은 이새의 아버지였고, 다윗의 할아버지였다.

18-22 베레스의 족보는 이러하다.

베레스는 헤스론을 낳고
헤스론은 람을 낳고
람은 암미나답을 낳고
암미나답은 나손을 낳고
나손은 살몬을 낳고
살몬은 보아스를 낳고
보아스는 오벳을 낳고
오벳은 이새를 낳고
이새는 다윗을 낳았다.

13 Boaz married Ruth. She became his wife. Boaz slept with her. By GOD's gracious gift she conceived and had a son.

14-15 The town women said to Naomi, "Blessed be GOD! He didn't leave you without family to carry on your life. May this baby grow up to be famous in Israel! He'll make you young again! He'll take care of you in old age. And this daughter-in-law who has brought him into the world and loves you so much, why, she's worth more to you than seven sons!"

16 Naomi took the baby and held him in her arms, cuddling him, cooing over him, waiting on him hand and foot.

17 The neighborhood women started calling him "Naomi's baby boy!" But his real name was Obed. Obed was the father of Jesse, and Jesse the father of David.

18-22 This is the family tree of Perez:

Perez had Hezron,
Hezron had Ram,
Ram had Amminadab,
Amminadab had Nahshon,
Nahshon had Salmon,
Salmon had Boaz,
Boaz had Obed,
Obed had Jesse,
and Jesse had David.

이 두 권 분량의 이야기 사무엘상하는 네 인물이 뼈대를 이룬다. 바로 한나, 사무엘, 사울 그리고 다윗이다. 이 이야기는 연대로 따지면 주전 1000년 어간의 일들인데, 이를 중심으로 천여 년 전에는(주전 1800년경) 이스라엘의 조상 아브라함이 부르심을 받았고, 천 년 후에는 예수 그리스도가 탄생하게 된다.

자기중심적인 우리의 인생경험은 하나님을 믿고 따른다는 것의 의미를 이해하고 경험하기에는 너무도 좁다. 이 사실을 깨닫는 순간, 이 네 인물이 보여주는 삶의 전형이 우리에게 더없이 소중하게 다가온다. 왜냐하면 이들은 그야말로 너른 삶을 살았기 때문이다. 그들의 삶이 널찍했던 것은 광대하신 하나님 안에 거했기 때문이다. 그들의 삶은 단순한 문화적 조건이나 심리적 구조의 산물로 설명할 수 없다. 그들에게는 하나님이 바로 삶의 터전이었다.

무엇보다 먼저 기억해야 할 것은, 이 이야기는 갤러리에 전시된 조각상처럼 일정한 거리를 두고 감상하며 찬탄하게 되는 모범적인 이야기가 아니라는 점이다. 그런 이야기는 도저히 그처럼 영광스럽거나 비극적인 삶을 우리가 살 수 없다는 생각을 다져 줄 뿐이다. 여기 이 이야기는 다르다. 이는 우리를 있는 그대로의 삶 속으로, 인생의 진상 속으로 깊이 들어가게 하는 이야기다. 이 이야기를 기도하며 읽어 내려가다 보면 서서히, 그러나 분명히 얻게 되는 바가 있다. 바로, 인생의 참 의미는 무엇보다 하나님과의 관계 속에 있다는 깨달음이다. 이 네 인물의 이야기들은 삶의 당위가 아니라 삶의 실제를 보여준다. 하나님께서 어떻게 우리의 일상과 있는 그대로의 현실을 재료로 삼아 우리 안에서, 또 세상 안에서 당신의 구원의 일을 해나가시는지 보여준다.

그렇다고 해서 이 이야기가 하나님의 이야기를 잔뜩 늘어놓은 것은 아니다. 여기에는 놀라우리만치 하나님에 대한 명시적 언급이 드물다. 여러 페이지에 걸쳐 하나님의 이름이 전혀 등장하지 않을 때도 있다. 그러나 펼쳐지는 이야기를 따라가다 보

Four lives dominate the two-volume narrative, First and Second Samuel: Hannah, Samuel, Saul, and David. Chronologically, the stories are clustered around the year 1000 B.C., the millennial midpoint between the call of Abraham, the father of Israel, nearly a thousand years earlier (about 1800 B.C.) and the birth of Jesus, the Christ, a thousand years later.

These four lives become seminal for us at the moment we realize that our ego-bound experience is too small a context in which to understand and experience what it means to believe in God and follow his ways. For these are large lives—large because they live in the largeness of God. Not one of them can be accounted for in terms of cultural conditions or psychological dynamics; God is the country in which they live.

Most of us need to be reminded that these stories are not exemplary in the sense that we stand back and admire them, like statues in a gallery, knowing all the while that we will never be able to live either that gloriously or tragically ourselves. Rather they are immersions into the actual business of living itself: this is what it means to be human. Reading and praying our way through these pages, we get it; gradually but most emphatically we recognize that what it means to be a woman, a man, mostly has to do with God. These four stories do not show us how we should live but how in fact we do live, authenticating the reality of our daily experience as the stuff that God uses to work out his purposes of salvation in us and in the world.

The stories do not do this by talking about God, for there is surprisingly little explicit God talk here—whole pages sometimes without the name of God appearing. But as the narrative develops we realize that God is the commanding and

면, 각각의 사건에 줄거리와 결을 부여해 주고 있는 것이 다름 아니라, 그 사건 하나하나에 음으로 양으로 함께하시는 하나님의 현존이라는 사실을 깨닫게 된다. 서로 맞물려 돌아가는 이 이야기들은 우리 자신을 고스란히 '인간'으로 보도록, 다시 말해 감정과 생각과 상황 따위로 다 설명될 수 없는 존재임을 깨닫도록 우리의 인식을 훈련시킨다. 생물학적인 삶 이상의 삶을 찾는다면, 우리는 하나님과 관계해야 한다. 다른 길은 없다.

한나, 사무엘, 사울, 다윗의 삶에 비추어 자신의 삶을 '읽는' 법을 배울 때, 우리 모습을 긍정하고 자유를 누리는 반가운 결과가 따라온다. 하나님과 동행하는 사람으로 인정받고 받아들여지기 위해 미리 짜여 있는 도덕적·정신적·종교적 틀에 억지로 자신을 끼워 맞출 필요가 없다는 사실을 알게 된다. 우리는 있는 모습 그대로 받아들여지며, 그분의 이야기 안에서 각자의 자리를 부여받는다. 이는 결국 그분의 이야기이기 때문이다. 우리의 인생 이야기를 이끌어 가는 이는 우리 자신이 아니라 바로 하나님이시기 때문이다. 이러한 인식은 한나와 다윗의 기도에서도 드러난다.

한나는 다음과 같이 기도한다.

무엇이, 그 누가 하나님처럼 거룩할까.
우리 하나님처럼 높고 굳센 산이 있을까.
감히 뻐기지 마라.
잘났다고 떠들 생각 하지 마라!
하나님께서 사정을 다 아시며
그분께서 사태를 다 간파하고 계시니.

하나님께서 죽음을 내리시며 또 생명을 내리신다.
무덤까지 끌어내리시며, 또다시 일으키신다.
하나님께서 가난을 주시며 또 부를 주신다.
그분께서 낮추시며 또 높이신다.……
땅의 기초를 놓으신 분이 바로 하나님이시기 때문이다.
그분께서 반석 같은 토대 위에 당신의 일을 펼치셨다.
당신께 충실한 벗들은 그 걸음걸음을 지켜 주시지만,
악인들은 캄캄한 곳을 걷다가 넘어지게 놔두신다.
인생살이가 기력에 달린 것이 아니니!
(삼상 2:2, 6-9)

또한 다윗은 다음과 같이 기도한다.

하나님은 내가 발 디딜 반석
내가 거하는 성채,

accompanying presence that provides both plot and texture to every sentence. This cluster of interlocking stories trains us in perceptions of ourselves, our sheer and irreducible humanity, that cannot be reduced to personal feelings or ideas or circumstances. If we want a life other than mere biology, we must deal with God. There is no alternate way.

One of many welcome consequences in learning to "read" our lives in the lives of Hannah, Samuel, Saul, and David is a sense of affirmation and freedom: we don't have to fit into prefabricated moral or mental or religious boxes before we are admitted into the company of God—we are taken seriously just as we are and given a place in his story, for it is, after all, his story; none of us is the leading character in the story of our life. Hannah and David understood this, as evidenced by their prayers.

Hannah prayed:

Nothing and no one is holy like GOD,
no rock mountain like our God.
Don't dare talk pretentiously—
not a word of boasting, ever!
For GOD knows what's going on.
He takes the measure of everything that happens...

GOD brings death and GOD brings life,
brings down to the grave and raises up.
GOD brings poverty and GOD brings wealth;
he lowers, he also lifts up...
For the very structures of earth are GOD's;
he has laid out his operations on a firm foundation.
He protectively cares for his faithful friends, step by step,
but leaves the wicked to stumble in the dark.
No one makes it in this life by sheer muscle!
(1 Samuel 2:2, 6-9)

David prayed:

GOD bedrock under my feet,

나를 구해 주시는 기사.
나, 높은 바위산 내 하나님께
죽기 살기로 달려가
그 병풍바위 뒤에 숨고
그 든든한 바위 속에 몸을 감춘다.
내 산꼭대기 피난처이신 그분께서
나를 무자비한 자들의 손에서 구해 주신다.

존귀한 찬송을 하나님께 부르며
나, 안전과 구원을 누린다.

조각난 내 삶을 다 맡겨 드렸더니,
하나님께서 온전하게 만들어 주셨다.
(삼하 22:2-4, 21)

사무엘 역시 그것을 분명히 인식하고, 다음과 같이 사울을 깨우치기 위해 노력한다.

하나님께서 원하시는 것이
보여주기 위한 공허한 제사 의식이겠습니까?
그분께서 원하시는 것은 그분의 말씀을 잘 듣는 것입니다!
중요한 것은 듣는 것이지,
거창한 종교 공연을 무대에 올리는 것이 아닙니다.
하나님의 명령을 행하지 않는 것은
이교에 빠져 놀아나는 것보다 훨씬 더 악한 일입니다.
하나님 앞에서 스스로 우쭐대는 것은
죽은 조상과 내통하는 것보다 훨씬 더 악한 일입니다.
왕께서 하나님의 명령을 거절했으니
그분께서도 왕의 왕권을 거절하실 것입니다.
(삼상 15:22-23)

성경은 우리에게 어떤 도덕규범을 제시하며 "여기에 맞게 살라"거나, 어떤 교리 체계를 제시하며 "여기에 맞추어 사고하라, 그러면 구원받을 것이다" 하고 말하지 않는다. 성경은 그저 우리에게 한 이야기를 들려주며 이렇게 초대할 뿐이다. "이 안으로 들어오라. 이 이야기 속으로 들어와 살아라. 이것이 인간의 삶이다. 한 인간으로 성숙해 간다는 것은 바로 이런 것이다." 성경의 계시를 무엇인가를 얻어 낼 목적으로, 혹은 단조로운 삶을 다채롭게 할 목적으로 '이용'하는 것은 일종의 폭력이다. 그런 태도는 일종의 '장식용' 영성을 낳는다. 하나님을 장식물이나 보강재로 취급하는 것이다. 사무엘서 이야기는 이를 허용하지 않는다. 이 이야기를 읽고 읽는 바에 따라 살아가다 보면, 우리 이야기 속

the castle in which I live,
my rescuing knight.
My God – the high crag
where I run for dear life,
hiding behind the boulders,
safe in the granite hideout;
My mountaintop refuge,
he saves me from ruthless men.

I sing to GOD the Praise-Lofty,
and find myself safe and saved...

GOD made my life complete
when I placed all the pieces before him.
(2 Samuel 22:1-4, 21)

Samuel clearly understood it, too, and tried to enlighten Saul. He said,

Do you think all GOD wants are sacrifices –
empty rituals just for show?
He wants you to listen to him!
Plain listening is the thing,
not staging a lavish religious production.
Not doing what GOD tells you
is far worse than fooling around in the occult.
Getting self-important around GOD
is far worse than making deals with your dead ancestors.
Because you said No to GOD's command,
he says No to your kingship.
(1 Samuel 15:22-23)

The biblical way is not so much to present us with a moral code and tell us "Live up to this"; nor is it to set out a system of doctrine and say, "Think like this and you will live well." The biblical way is to tell a story and invite us, "Live into this. This is what it looks like to be human; this is what is involved in entering and maturing as human beings." We do violence to the biblical revelation when we "use" it for what we can get out of it or what we think will provide color and spice to our otherwise bland lives. That results in a kind of "boutique spirituality" – God as decoration, God

에 하나님이 계신 것이 아니라 하나님의 이야기 속에 우리 이야기가 들어 있음을 깨닫게 된다. 우리의 이야기들을 한데 아우르는 거대한 맥락과 플롯으로서의 하나님을 발견하게 된다.

이러한 읽기는 당연히 기도와 함께 진행될 수밖에 없다. 하나님께 귀 기울이고 하나님께 응답하는 읽기 말이다. 무엇보다도 이 이야기는 한나의 기도(삼상 2장)로 시작하여 다윗의 기도(삼하 22-23장)로 끝나는, 기도로 짜여 있는 책이기 때문이다.

as enhancement. The Samuel narrative will not allow that. In the reading, as we submit our lives to what we read, we find that we are not being led to see God in our stories but to see our stories in God's. God is the larger context and plot in which our stories find themselves.

Such reading will necessarily be a prayerful reading—God-listening, God-answering reading. The story, after all, is framed by prayer: Hannah's prayer at the beginning (1 Samuel 2), and David's near the end (2 Samuel 22-23).

사무엘상

하나님께 마음을 쏟아 놓는 한나

1 [1-2] 라마다임에 한 사람이 살고 있었다. 그는 에브라임 산지의 숩이라 하는 오래된 가문의 후손으로, 이름은 엘가나였다(그는 아버지 여호람, 할아버지 엘리후, 증조부 도후를 통해 에브라임 숩 가문의 혈통을 이어받았다). 그에게 두 아내가 있었는데, 첫째는 한나였고 둘째는 브닌나였다. 브닌나에게는 자녀가 있었으나 한나에게는 없었다.

[3-7] 이 사람은 해마다 자기가 사는 성읍에서 실로로 올라가 만군의 하나님께 예배하고 제사를 드렸다. 엘리와 그의 두 아들 홉니와 비느하스가 그곳에서 하나님의 제사장으로 섬기고 있었다. 엘가나는 제사를 드릴 때마다 아내 브닌나와 그녀의 모든 자녀에게 제사 음식을 한 몫씩 나누어 주었는데, 한나에게는 언제나 특별히 더 후한 몫을 주었다. 그것은 그가 한나를 지극히 사랑했기 때문이며, 또한 하나님께서 한나에게 자녀를 주지 않으셨기 때문이다. 그러나 한나의 경쟁 상대인 브닌나는 한나를 모질게 조롱하고 아픈 곳을 건드려, 하나님께서 그녀에게 자녀를 주지 않으신 것을 계속 의식하게 했다. 그런 일이 해마다 되풀이되었다. 하나님의 성소에 갈 때마다 한나는 으레 모욕당할 줄을 알았다. 한나는 끝내 눈물을 흘리며 아무것도 먹지 않았다.

[8] 남편 엘가나가 말했다. "한나여, 왜 울기만 하고 아무것도 먹지 않는 거요? 어찌하여 그토록 마음이 상한 거요? 내가 당신에게 열 아들보다도 낫지 않소?"

[9-11] 한나는 음식을 먹고 기운을 차린 뒤에, 조용히 그곳을 빠져나와 성소에 들어갔다. 제사장

1 SAMUEL

Hannah Pours Out Her Heart to GOD

1 [1-2] There once was a man who lived in Ramathaim. He was descended from the old Zuph family in the Ephraim hills. His name was Elkanah. (He was connected with the Zuphs from Ephraim through his father Jeroham, his grandfather Elihu, and his great-grandfather Tohu.) He had two wives. The first was Hannah; the second was Peninnah. Peninnah had children; Hannah did not.

[3-7] Every year this man went from his hometown up to Shiloh to worship and offer a sacrifice to GOD-of-the-Angel-Armies. Eli and his two sons, Hophni and Phinehas, served as the priests of GOD there. When Elkanah sacrificed, he passed helpings from the sacrificial meal around to his wife Peninnah and all her children, but he always gave an especially generous helping to Hannah because he loved her so much, and because GOD had not given her children. But her rival wife taunted her cruelly, rubbing it in and never letting her forget that GOD had not given her children. This went on year after year. Every time she went to the sanctuary of GOD she could expect to be taunted. Hannah was reduced to tears and had no appetite.

[8] Her husband Elkanah said, "Oh, Hannah, why are you crying? Why aren't you eating? And why are you so upset? Am I not of more worth to you than ten sons?"

[9-11] So Hannah ate. Then she pulled herself together, slipped away quietly, and entered the sanctuary.

엘리가 하나님의 성전 입구의 늘 앉는 자리에 앉아서 직무를 보고 있었다. 슬픔에 잠긴 한나는, 괴로운 마음에 하나님께 기도하며 울고 또 울었다. 한나가 서원하며 아뢰었다.

만군의 하나님,
저의 괴로움을 깊이 살피시는 하나님,
저를 외면치 마시고 저를 위해 일하셔서
저에게 아들을 주시면,
제가 그 아이를 아끼지 않고 온전히 주님께 바치겠습니다.
거룩한 순종의 삶을 살도록 그 아이를 구별해 드리겠습니다.

12-14 한나가 하나님 앞에서 계속 기도하는 동안, 엘리는 그녀를 유심히 보고 있었다. 한나가 마음속으로 기도하고 있었으므로, 입술만 움직일 뿐 소리는 들리지 않았다. 엘리는 한나가 술에 취했다고 단정하고 그녀에게 다가가 말했다. "술에 취했구먼! 언제까지 이러고 있을 셈이요? 정신 차리시오!"

15-16 한나가 말했다. "그렇지 않습니다, 제사장님! 술을 마신 것이 아니라 제 처지가 너무 슬퍼서 그렇습니다. 술이라곤 한 방울도 입에 대지 않았습니다. 그저 제 마음을 하나님께 쏟아 놓았을 뿐입니다. 저를 나쁜 여자로 여기지 마십시오. 너무나 불행하고 고통스러워 이제껏 이러고 있었습니다."

17 엘리가 대답했다. "평안히 가시오. 이스라엘의 하나님께서 그대가 구한 것을 들어주실 것이오."

18 "저를 좋게 여기셔서, 저를 위해 기도해 주십시오!" 한나는 그렇게 말하고 돌아가서 환한 얼굴로 음식을 먹었다.

19 엘가나 일행은 동트기 전에 일어나 하나님을 예배하고, 라마에 있는 집으로 돌아갔다. 엘가나가 아내 한나와 잠자리를 같이하니, 하나님께서 한나의 간구를 들어주시기 위해 필요한 일들을 시작하셨다.

사무엘을 하나님께 바치다

20 그해가 지나기 전에, 한나가 임신하여 아들을 낳았다. 한나는 *"내가 하나님께 이 아들을 구했다"*는 뜻으로, 아이의 이름을 사무엘이라고 했다.

21-22 이듬해에 엘가나가 하나님을 예배하여 제사를 드리고 자신의 서원을 지키려고 가족을 데리고 실로로 갈 때, 한나는 함께 가지 않았다. 한나는

The priest Eli was on duty at the entrance to GOD's Temple in the customary seat. Crushed in soul, Hannah prayed to GOD and cried and cried—inconsolably. Then she made a vow:

Oh, GOD-of-the-Angel-Armies,
If you'll take a good, hard look at my pain,
If you'll quit neglecting me and go into action for me
By giving me a son,
I'll give him completely, unreservedly to you.
I'll set him apart for a life of holy discipline.

12-14 It so happened that as she continued in prayer before GOD, Eli was watching her closely. Hannah was praying in her heart, silently. Her lips moved, but no sound was heard. Eli jumped to the conclusion that she was drunk. He approached her and said, "You're drunk! How long do you plan to keep this up? Sober up, woman!"

15-16 Hannah said, "Oh no, sir—please! I'm a woman hard used. I haven't been drinking. Not a drop of wine or beer. The only thing I've been pouring out is my heart, pouring it out to GOD. Don't for a minute think I'm a bad woman. It's because I'm so desperately unhappy and in such pain that I've stayed here so long."

17 Eli answered her, "Go in peace. And may the God of Israel give you what you have asked of him."

18 "Think well of me—and pray for me!" she said, and went her way. Then she ate heartily, her face radiant.

19 Up before dawn, they worshiped GOD and returned home to Ramah. Elkanah slept with Hannah his wife, and GOD began making the necessary arrangements in response to what she had asked.

Dedicating the Child to GOD

20 Before the year was out, Hannah had conceived and given birth to a son. She named him Samuel, explaining, "I asked GOD for him."

21-22 When Elkanah next took his family on their

남편에게 말했다. "아이가 젖을 떼고 나면, 내가 직접 아이를 데리고 가서 하나님 앞에 바치겠습니다. 아이가 그곳에 평생 머물게 하겠습니다."

23-24 엘가나가 아내에게 말했다. "당신 생각대로 하시오. 아이가 젖을 뗄 때까지 집에 있으시오! 하나님께서 시작하신 일을 그분께서 이루시기를 진심으로 바라오!"

한나는 아이가 젖을 뗄 때까지 집에 있으면서 아이를 길렀다. 그 후 그녀는 아이를 데리고 실로로 가면서, 제사 음식 재료로 가장 좋은 소 한 마리와 밀가루와 포도주를 풍성하게 마련하여 가져갔다. 그러나 홀로 떼어 놓기에는 아이가 너무 어렸다!

25-28 그들은 먼저 소를 잡은 다음, 아이를 엘리에게 데려갔다. 한나가 말했다. "제사장님, 제가 제사장님 앞 바로 이 자리에 서서 하나님께 기도하던 그 여자라면 믿으시겠습니까? 제가 이 아이를 구하며 기도했는데, 하나님께서 제가 간구한 것을 이루어 주셨습니다. 이제 이 아이를 하나님께 바치겠습니다. 이 아이는 평생 하나님의 사람으로 살아갈 것입니다."

그런 다음에, 그들은 거기서 하나님을 예배했다.

2

1 한나가 기도했다.

나, 하나님 소식에 가슴이 터질 듯합니다!
하늘을 나는 듯합니다.
나의 원수들, 이제 내게 웃음거리일 뿐.
나는 나의 구원을 노래하며 춤추렵니다.

2-5 무엇이, 그 누가 하나님처럼 거룩할까.
우리 하나님처럼 높고 굳센 산이 있을까.
감히 뻐기지 마라.
잘났다고 떠들 생각 하지 마라!
하나님께서 사정을 다 아시며
그분께서 사태를 다 간파하고 계시니.
강자들의 무기는 다 바수어지나
약자들에게는 새 힘이 부어진다.
잘 먹고 잘 살던 자들은 길거리에 나앉아 찬밥을 구걸하나
배고팠던 이들은 상다리가 휘어져라 푸짐한 밥상을 받는다.
아이 못 낳던 여인의 집이 아이들로 바글바글하고
자식 많던 여인 곁에는 지금 아무도 없다.

annual trip to Shiloh to worship GOD, offering sacrifices and keeping his vow, Hannah didn't go. She told her husband, "After the child is weaned, I'll bring him myself and present him before GOD—and that's where he'll stay, for good."

23-24 Elkanah said to his wife, "Do what you think is best. Stay home until you have weaned him. Yes! Let GOD complete what he has begun!"

So she did. She stayed home and nursed her son until she had weaned him. Then she took him up to Shiloh, bringing also the makings of a generous sacrificial meal—a prize bull, flour, and wine. The child was so young to be sent off!

25-26 They first butchered the bull, then brought the child to Eli. Hannah said, "Excuse me, sir. Would you believe that I'm the very woman who was standing before you at this very spot, praying to GOD? I prayed for this child, and GOD gave me what I asked for. And now I have dedicated him to GOD. He's dedicated to GOD for life."

Then and there, they worshiped GOD.

2

1 Hannah prayed:

I'm bursting with GOD-news!
  I'm walking on air.
I'm laughing at my rivals.
  I'm dancing my salvation.

2-5 Nothing and no one is holy like GOD,
  no rock mountain like our God.
Don't dare talk pretentiously—
  not a word of boasting, ever!
For GOD knows what's going on.
  He takes the measure of everything that happens.
The weapons of the strong are smashed to pieces,
  while the weak are infused with fresh strength.
The well-fed are out begging in the streets for crusts,
  while the hungry are getting second helpings.
The barren woman has a houseful of children,
  while the mother of many is bereft.

6-10 하나님께서 죽음을 내리시며 또 생명을 내리
신다.
무덤까지 끌어내리시며, 또다시 일으키신다.
하나님께서 가난을 주시며 또 부를 주신다.
그분께서 낮추시며 또 높이신다.
그분께서 궁핍한 이들을 다시 일으켜 세우신다.
지친 인생들에게 새 희망을 주시고
인생의 품위와 존엄을 회복시켜 주시며
그들을 빛나는 자리에 앉히신다!
땅의 기초를 놓으신 분이 바로 하나님이시기 때
문이다.
그분께서 반석 같은 토대 위에 당신의 일을 펼치
셨다.
당신께 충실한 벗들은 그 걸음걸음을 지켜 주시
지만,
악인들은 캄캄한 곳을 걷다가 넘어지게 놔두
신다.
인생살이가 기력에 달린 것이 아니니!
하나님의 원수들은 벼락을 맞고 결딴나리라.
그을린 파편들이 산을 이루리라.
하나님께서 온 땅의 만사를 바로잡아 주시리라.
당신의 왕에게 힘을 주시며,
당신의 기름부음 받은 이를 세상의 꼭대기에 우
뚝 세우시리라!

11 엘가나는 라마에 있는 집으로 돌아갔다. 아이는
남아 제사장 엘리의 곁에서 하나님을 섬겼다.

하나님을 섬기는 사무엘

12-17 엘리의 아들들은 행실이 나빴다. 그들은 하나님을 몰랐고, 백성 앞에서 제사장이 지켜야 할 관례 같은 것에는 관심도 없었다. 보통은 어떤 사람이 제물을 바치면, 제사장의 종이 와서 고기를 삶고 있는 솥 안에 세 살 갈고리를 넣어 무엇이든 갈고리에 걸려 나오는 것을 제사장의 몫으로 가져갔다. 그런데 엘리의 아들들이 하나님께 제사를 드리러 실로에 오는 이스라엘 모든 사람을 대하는 방식은 달랐다. 사람들이 하나님께 지방을 태워 드리기도 전에, 제사장의 종이 끼어들어 "그 고기 얼마를 제사장님이 구워 먹게 내놓으시오. 제사장께서는 삶은 고기보다 덜 익힌 고기를 좋아하오" 하고 말했다. 제사 드리던 사람이 "먼저 하나님 몫의 지방부터 태우고 나서 당신 마음대로 가져가시오" 하면, 종은 "아니오, 지금 내놓으시오. 당신이 내놓지 않으면 내가 빼앗겠소" 하고 요구했다. 이 젊은 종들은 하나님 앞에서

6-10 GOD brings death and GOD brings life,
brings down to the grave and raises up.
GOD brings poverty and GOD brings wealth;
he lowers, he also lifts up.
He puts poor people on their feet again;
he rekindles burned-out lives with fresh hope,
Restoring dignity and respect to their lives—
a place in the sun!
For the very structures of earth are GOD's;
he has laid out his operations on a firm foundation.
He protectively cares for his faithful friends, step by step,
but leaves the wicked to stumble in the dark.
No one makes it in this life by sheer muscle!
GOD's enemies will be blasted out of the sky,
crashed in a heap and burned.
GOD will set things right all over the earth,
he'll give strength to his king,
he'll set his anointed on top of the world!

11 Elkanah went home to Ramah. The boy stayed and served GOD in the company of Eli the priest.

Samuel Serves GOD

12-17 Eli's own sons were a bad lot. They didn't know GOD and could not have cared less about the customs of priests among the people. Ordinarily, when someone offered a sacrifice, the priest's servant was supposed to come up and, while the meat was boiling, stab a three-pronged fork into the cooking pot. The priest then got whatever came up on the fork. But this is how Eli's sons treated all the Israelites who came to Shiloh to offer sacrifices to GOD. Before they had even burned the fat to GOD, the priest's servant would interrupt whoever was sacrificing and say, "Hand over some of that meat for the priest to roast. He doesn't like boiled meat; he likes his rare." If the man objected, "First let the fat be burned—God's portion!—then take all you want," the servant would demand, "No, I want it now. If you won't give it, I'll take

무서운 죄를 짓고 있었다! 하나님께 드리는 거룩한 제물을 더럽힌 것이다.

18-20 이 모든 일이 일어나는 중에도, 사무엘은 모시로 만든 제사장 옷을 입고 하나님을 섬겼다. 해마다 그의 어머니는 남편과 함께 제사를 드리러 올 때마다 아이의 몸에 맞게 작은 겉옷을 지어서 가져왔다. 엘리는 엘가나와 그의 아내에게 "이 아이를 하나님께 바쳤으니, 하나님께서 두 분 사이에 이 아이를 대신할 자녀를 주시기를 바랍니다" 하고 복을 빌어 주었고, 부부는 이렇게 축복을 받고서 집으로 돌아가곤 했다.

21 하나님께서 특별한 은혜를 베풀어 주셔서, 한나는 아들 셋과 딸 둘을 더 낳았다! 어린 사무엘은 성소에 있으면서 하나님과 함께 자라갔다.

엘리가 심히 근심하다

22-25 엘리는 나이가 아주 많이 들었다. 그는 자기 아들들이 백성을 갈취하고 또 성소에서 돕는 여자들과 동침하고 있다는 소문을 들었다. 엘리는 아들들을 꾸짖었다. "이것이 도대체 어찌된 일이냐? 너희가 어찌하여 이런 일들을 벌이고 있느냐? 너희의 부패하고 악한 행실에 대한 이야기가 좀체 끊이지 않는구나. 내 아들들아, 이것은 옳지 않다! 내가 듣는 이 끔찍한 소문이 하나님의 백성 사이로 퍼져 나가고 있다! 너희가 사람에게 죄를 지으면 하나님의 도우심을 받을 수 있지만, 하나님께 죄를 지으면 누가 너희를 도울 수 있겠느냐?"

25-26 하지만 이미 불순종이 몸에 밴 아들들은 아버지의 말을 조금도 귀담아듣지 않았다. 하나님께서는 더는 참지 못하시고 그들을 죽이기로 결정하셨다! 그러나 어린 사무엘은 자라면서 하나님의 복과 사람들의 사랑을 듬뿍 받았다.

27-30 거룩한 사람이 엘리에게 와서 말했다. "이것은 하나님의 메시지입니다. '너희 조상이 이집트에서 바로의 종으로 있을 때 내가 그들에게 나를 분명히 나타냈다. 내가 이스라엘의 모든 지파 가운데서 너희 집안을 나의 제사장으로 선택하여, 제단에서 섬기고 향을 피우고 내 앞에서 제사장 옷을 입게 했다. 내가 네 조상의 집안에 이스라엘의 모든 희생 제물을 맡겼다. 그런데 어찌하여 너는 예배를 위해 명령한 희생 제물을 한낱 전리품처럼 취급하느냐? 어찌하여 나보다 네 아들들을 더 위하고 그들이 이 제물로 살을 찌우고 나를 무시하도록 내버려두느냐? 그러므로—이것은 하나님의 말씀이다. 이스라엘의 하나님께서 말씀하신다—전에 내가 너와 네 조상 집

it." It was a horrible sin these young servants were committing—and right in the presence of GOD!—desecrating the holy offerings to GOD.

18-20 In the midst of all this, Samuel, a boy dressed in a priestly linen tunic, served GOD. Additionally, every year his mother would make him a little robe cut to his size and bring it to him when she and her husband came for the annual sacrifice. Eli would bless Elkanah and his wife, saying, "GOD give you children to replace this child you have dedicated to GOD." Then they would go home.

21 GOD was most especially kind to Hannah. She had three more sons and two daughters! The boy Samuel stayed at the sanctuary and grew up with GOD.

A Hard Life with Many Tears

22-25 By this time Eli was very old. He kept getting reports on how his sons were ripping off the people and sleeping with the women who helped out at the sanctuary. Eli took them to task: "What's going on here? Why are you doing these things? I hear story after story of your corrupt and evil carrying on. Oh, my sons, this is not right! These are terrible reports I'm getting, stories spreading right and left among GOD's people! If you sin against another person, there's help—God's help. But if you sin against GOD, who is around to help?"

25-26 But they were far gone in disobedience and refused to listen to a thing their father said. So GOD, who was fed up with them, decreed their death. But the boy Samuel was very much alive, growing up, blessed by GOD and popular with the people.

27-30 A holy man came to Eli and said: "This is GOD's message: I revealed myself openly to your ancestors when they were Pharaoh's slaves in Egypt. Out of all the tribes of Israel, I chose your family to be my priests: to preside at the Altar, to burn incense, to wear the priestly robes in my presence. I put your ancestral family in charge of all the sacrificial offerings of Israel. So why do you now treat as mere loot these

안이 영원히 내 제사장이 되리라고 했으나, 이제는—명심하여라, 하나님의 말씀이다!—더 이상 그러지 않을 것이다.

나는 나를 귀히 여기는 자를 귀히 여기고
나를 우습게 여기는 자를 수치스럽게 할 것이다.

31-36 경고를 잘 들어라. 머지않아 내가 네 집안뿐 아니라 네 후손의 집안까지 다 없애 버릴 것이다. 네 집안에서 노년까지 살 자가 아무도 없을 것이다! 너는 내가 이스라엘에 행하는 선한 일들을 보겠으나, 그것을 보고서 울 것이다. 네 집안에서 살아남아 그것을 누릴 자가 아무도 없을 것이기 때문이다. 내가 한 사람을 남겨 두어 나의 제단에서 섬기게 하겠으나, 눈물로 얼룩진 고단한 삶이 될 것이다. 네 집안 사람들은 모두 자기 수를 다 누리지 못하고 죽을 것이다. 네 두 아들 홉니와 비느하스에게 벌어질 일이 그 증거가 될 텐데, 그 둘은 한날에 죽을 것이다. 그 후에 내가 나를 위해 참된 제사장을 세울 것이다. 그는 내가 원하는 일을 하고 내가 원하는 사람이 될 것이다. 나는 그의 지위를 견고히 할 것이고, 그는 맡은 일을 기꺼이 감당하여 내 기름부음 받은 자를 섬길 것이다. 네 집안의 살아남은 자들이 그에게 와서 "입에 풀칠할 정도면 괜찮으니 제사장 일을 하게 해주십시오" 하며 구걸하게 될 것이다.'"

어린 사무엘을 부르시는 하나님

3 1-3 어린 사무엘은 엘리의 지도를 받으며 하나님을 섬기고 있었다. 그때는 하나님의 계시가 아주 드물거나 거의 나타나지 않던 때였다. 어느 날 밤 엘리는 곤히 잠들었다(그는 시력이 아주 나빠서 거의 앞을 보지 못했다). 이른 새벽 날이 밝기 전 성소에 등불이 켜져 있을 때에, 사무엘은 하나님의 궤가 있는 하나님의 성전에서 자고 있었다.

4-5 그때 하나님께서 "사무엘아, 사무엘아!" 하고 부르셨다.

사무엘이 대답했다. "예, 제가 여기 있습니다." *그는 엘리에게 달려가 말했다.* "부르셨는지요? 제가 여기 있습니다."

엘리가 말했다. "나는 너를 부르지 않았다. 돌아가서 자거라." 사무엘은 돌아와 자리에 누웠다.

6-7 하나님께서 다시 "사무엘아, 사무엘아!" 하고

very sacrificial offerings that I commanded for my worship? Why do you treat your sons better than me, turning them loose to get fat on these offerings, and ignoring me? Therefore—this is GOD's word, the God of Israel speaking—I once said that you and your ancestral family would be my priests indefinitely, but now—GOD's word, remember!—there is no way this can continue.

I honor those who honor me;
those who scorn me I demean.

31-36 "Be well warned: It won't be long before I wipe out both your family and your future family. No one in your family will make it to old age! You'll see good things that I'm doing in Israel, but you'll see it and weep, for no one in your family will live to enjoy it. I will leave one person to serve at my Altar, but it will be a hard life, with many tears. Everyone else in your family will die before their time. What happens to your two sons, Hophni and Phinehas, will be the proof: Both will die the same day. Then I'll establish for myself a true priest. He'll do what I want him to do, be what I want him to be. I'll make his position secure and he'll do his work freely in the service of my anointed one. Survivors from your family will come to him begging for handouts, saying, 'Please, give me some priest work, just enough to put some food on the table.'"

"Speak, GOD. I'm Ready to Listen"

3 1-3 The boy Samuel was serving GOD under Eli's direction. This was at a time when the revelation of GOD was rarely heard or seen. One night Eli was sound asleep (his eyesight was very bad—he could hardly see). It was well before dawn; the sanctuary lamp was still burning. Samuel was still in bed in the Temple of GOD, where the Chest of God rested.

4-5 Then GOD called out, "Samuel, Samuel!"

Samuel answered, "Yes? I'm here." Then he ran to Eli saying, "I heard you call. Here I am."

Eli said, "I didn't call you. Go back to bed." And so he did.

부르셨다.
사무엘이 일어나 엘리에게 갔다. "부르셨는지요?
제가 여기 있습니다."
다시 엘리가 말했다. "아들아, 나는 너를 부르지
않았다. 돌아가서 자거라." (이 모든 일은 사무엘
이 하나님을 직접 알기 전에 있었던 일이다. 하나
님의 계시가 그에게 직접 임하기 전이었다.)
8-9 하나님께서 다시 "사무엘아!" 하고 세 번째로
부르셨다! 이번에도 사무엘은 일어나 엘리에게
갔다. "부르셨는지요? 제가 여기 있습니다."
그제야 엘리는 하나님께서 그 아이를 부르고 계
심을 깨닫고, 사무엘에게 이렇게 지시했다. "돌
아가서 누워라. 그 음성이 다시 들리거든 '말씀하
십시오, 하나님. 주님의 종이 들을 준비가 되었
습니다' 하고 아뢰어라." 사무엘은 잠자리로 돌아
갔다.
10 그 후에 하나님이 오셔서, 사무엘 앞에서 조금
전과 같이 "사무엘아, 사무엘아!" 하고 부르셨다.
사무엘이 대답했다. "말씀하십시오. 주님의 종이
들을 준비가 되었습니다."
11-14 하나님께서 사무엘에게 말씀하셨다. "잘 들
어라. 내가 모든 사람을 흔들어 깨워 주목하게 할
일을 지금 이스라엘에 행하려고 한다. 내가 엘리
에게 경고했던 모든 일을 하나도 빠짐없이 그의
집안에 행할 때가 왔다. 때가 되었으니 내가 그에
게 알릴 것이다. 내가 그의 집안에 영원히 심판을
내릴 것이다. 그는 자기 아들들이 하나님의 이름
과 하나님의 처소를 더럽히고 있는 것을 알면서
도, 그들을 막기 위해서 어떤 일도 하지 않았다.
내가 엘리 집안에 내리는 선고는 이것이다. 엘리
집안의 죄악은 제사나 제물로 절대 씻지 못할 것
이다."
15 사무엘은 아침까지 잠자리에 머물러 있다가
일찍 일어나, 성소의 문을 열고 직무를 보러 갔
다. 그러나 사무엘은 자신이 보고 들은 환상을 엘
리에게 알리는 것이 두려웠다.
16 엘리가 사무엘을 불렀다. "내 아들, 사무엘아!"
사무엘이 달려왔다. "예, 부르셨습니까?"
17 "그분께서 무슨 말씀을 하셨느냐? 나에게 모
두 말하여라. 하나님께서 네 재판장이시니, 한 마
디도 감추거나 얼버무려서는 안된다! 그분께서
네게 하신 모든 말씀을 다 듣고 싶구나."
18 사무엘은 그에게 하나도 숨기지 않고, 그대로
말했다.
엘리가 말했다. "그분은 하나님이시다. 무엇이든 그

6-7 GOD called again, "Samuel, Samuel!"
Samuel got up and went to Eli, "I heard you call.
Here I am."
Again Eli said, "Son, I didn't call you. Go back to
bed." (This all happened before Samuel knew GOD
for himself. It was before the revelation of GOD
had been given to him personally.)
8-9 GOD called again, "Samuel!"—the third time!
Yet again Samuel got up and went to Eli, "Yes? I
heard you call me. Here I am."
That's when it dawned on Eli that GOD was calling
the boy. So Eli directed Samuel, "Go back and lie
down. If the voice calls again, say, 'Speak, GOD. I'm
your servant, ready to listen.'" Samuel returned to
his bed.
10 Then GOD came and stood before him exactly as
before, calling out, "Samuel! Samuel!"
Samuel answered, "Speak. I'm your servant, ready
to listen."
11-14 GOD said to Samuel, "Listen carefully. I'm
getting ready to do something in Israel that is
going to shake everyone up and get their attention.
The time has come for me to bring down on Eli's
family everything I warned him of, every last
word of it. I'm letting him know that the time's
up. I'm bringing judgment on his family for good.
He knew what was going on, that his sons were
desecrating God's name and God's place, and he
did nothing to stop them. This is my sentence on
the family of Eli: The evil of Eli's family can never
be wiped out by sacrifice or offering."
15 Samuel stayed in bed until morning, then rose
early and went about his duties, opening the doors
of the sanctuary, but he dreaded having to tell the
vision to Eli.
16 But then Eli summoned Samuel: "Samuel, my
son!"
Samuel came running: "Yes? What can I do for
you?"
17 "What did he say? Tell it to me, all of it. Don't
suppress or soften one word, as God is your judge!
I want it all, word for word as he said it to you."
18 So Samuel told him, word for word. He held
back nothing.
Eli said, "He is GOD. Let him do whatever he

분께서 가장 좋다고 여기시는 대로 행하실 것이다."

19-21 사무엘이 자라는 동안 하나님이 그와 함께 계셔서, 사무엘의 예언이 하나도 땅에 떨어지지 않았다. 북쪽으로 단에서부터 남쪽으로 브엘세바까지, 이스라엘의 모든 사람이 사무엘이 하나님의 참 예언자임을 알게 되었다. 하나님께서는 계속하여 실로에 나타나셨고, 거기서 말씀을 통해 사무엘에게 자신을 계시하셨다.

하나님의 언약궤를 빼앗기다

4 1-3 사무엘이 하는 모든 말이 온 이스라엘에 전해졌다. 이스라엘은 블레셋 사람과 싸우러 나갔다. 이스라엘은 에벤에셀에 진을 치고 블레셋 사람은 아벡에 진을 쳤다. 블레셋 사람이 전투대형으로 진격하여 이스라엘을 치자, 이스라엘은 크게 패하여 군사 사천 명 정도가 들판에서 죽었다. 군대가 진으로 돌아오자, 이스라엘의 장로들이 말했다. "하나님께서 오늘 우리를 블레셋 사람에게 패하게 하신 까닭이 무엇이겠습니까? 실로에 가서 하나님의 언약궤를 가져옵시다. 언약궤가 우리와 함께 가면 우리를 적의 손에서 구해 줄 것입니다."
4 그래서 군대가 실로에 전갈을 보냈다. 사람들이 그룹 사이에 앉아 계신 만군의 하나님의 언약궤를 가져왔다. 하나님의 언약궤를 가져올 때에, 엘리의 두 아들 홉니와 비느하스도 함께 왔다.
5-6 하나님의 언약궤가 진에 들어오자, 모두가 환호성을 질렀다. 그 함성은 땅을 뒤흔드는 천둥소리 같았다. 블레셋 사람은 환호하는 소리를 듣고 무슨 일인지 궁금했다. "도대체 히브리 사람들이 왜 저리 함성을 내지르지?"
6-9 그러다가 그들은 하나님의 궤가 히브리 진에 들어온 것을 알았다. 블레셋 사람은 두려웠다. "이스라엘의 진에 그들의 신이 들어갔다! 여태까지 이런 일은 한 번도 없었다. 이제 우리는 끝장이다! 이 강력한 신의 손에서 누가 우리를 구원할 수 있겠는가? 이 신은 저 광야에서 온갖 재앙으로 이집트 사람들을 친 바로 그 신이다. 블레셋 사람아, 일어나라! 용기를 내어라! 히브리 사람들*이 우리의 종이 되었던 것처럼 이제 우리가* 그들의 종이 되게 생겼다. 너희의 근성을 보여주어라! 목숨을 걸고 싸워라!"
10-11 그들은 죽을 각오로 싸웠다! 결국 큰 승리를 거두었다. 그들이 이스라엘을 무참히 쳐부수었고

thinks best."

19-21 Samuel grew up. GOD was with him, and Samuel's prophetic record was flawless. Everyone in Israel, from Dan in the north to Beersheba in the south, recognized that Samuel was the real thing—a true prophet of GOD. GOD continued to show up at Shiloh, revealed through his word to Samuel at Shiloh.

The Chest of GOD Is Taken

4 1-3 Whatever Samuel said was broadcast all through Israel. Israel went to war against the Philistines. Israel set up camp at Ebenezer, the Philistines at Aphek. The Philistines marched out to meet Israel, the fighting spread, and Israel was badly beaten—about four thousand soldiers left dead on the field. When the troops returned to camp, Israel's elders said, "Why has GOD given us such a beating today by the Philistines? Let's go to Shiloh and get the Chest of GOD's Covenant. It will accompany us and save us from the grip of our enemies."
4 So the army sent orders to Shiloh. They brought the Chest of the Covenant of GOD, the GOD-of-the-Angel-Armies, the Cherubim-Enthroned-GOD. Eli's two sons, Hophni and Phinehas, accompanied the Chest of the Covenant of God.
5-6 When the Chest of the Covenant of GOD was brought into camp, everyone gave a huge cheer. The shouts were like thunderclaps shaking the very ground. The Philistines heard the shouting and wondered what on earth was going on: "What's all this shouting among the Hebrews?"
6-9 Then they learned that the Chest of GOD had entered the Hebrew camp. The Philistines panicked: "Their gods have come to their camp! Nothing like this has ever happened before. We're done for! Who can save us from the clutches of these supergods? These are the same gods who hit the Egyptians with all kinds of plagues out in the wilderness. On your feet, Philistines! Courage! We're about to become slaves to the Hebrews, just as they have been slaves to us. Show what you're made of! Fight for your lives!"

이스라엘은 필사적으로 도망쳤다. 이스라엘 군사 삼만 명이 죽었다. 그것으로도 모자라, 하나님의 궤마저 빼앗기고 엘리의 두 아들 홉니와 비느하스도 죽었다.

이스라엘에서 영광이 떠나다

12-16 곧바로 베냐민 사람 하나가 전쟁터에서 빠져나와 실로에 이르렀다. 웃옷은 찢어지고 얼굴은 흙투성이가 된 채로 그가 성읍에 들어섰다. 엘리는 하나님의 궤가 몹시 걱정이 되어서 길 옆 의자에 앉아 꼼짝 않고 있었다. 그 사람이 곧장 성읍으로 달려와 슬픈 소식을 전하자, 모두가 슬피 울며 크게 두려워했다. 엘리가 울부짖는 소리를 듣고 물었다. "어찌 이리 소란스러운가?" 그 사람이 급히 다가와서 보고했다. 엘리는 그때 아흔여덟이었고 앞을 보지 못했다. 그 사람이 엘리에게 말했다. "제가 방금 전쟁터에서 왔는데, 겨우 목숨을 건졌습니다."
엘리가 말했다. "그래 내 아들아, 어떻게 되었느냐?"
17 그 사람이 대답했다. "이스라엘이 블레셋 사람 앞에서 뿔뿔이 흩어졌습니다. 엄청난 피해를 입은 참패입니다. 제사장님의 아들 홉니와 비느하스도 전사했고, 하나님의 궤도 빼앗겼습니다."
18 '하나님의 궤'라는 말을 듣는 순간, 엘리는 앉아 있던 문 옆의 의자에서 뒤로 넘어졌다. 노인인 데다 아주 뚱뚱했던 엘리는, 넘어지면서 목이 부러져 죽었다. 그는 사십 년 동안 이스라엘을 이끌었다.
19-20 엘리의 며느리인 비느하스의 임신한 아내가 곧 해산하려던 참이었다. 하나님의 궤를 빼앗기고 시아버지와 남편마저 죽었다는 말을 들은 뒤에, 그녀는 아이를 낳기 위해 무릎을 구부린 채 심한 진통에 들어갔다. 산모가 죽어 가는데, 산파가 "두려워하지 마세요. 아들을 낳았습니다!" 하고 말했다. 그러나 산모는 그 말에 아무 반응도 보이지 않았다.
21-22 하나님의 궤를 빼앗기고 시아버지와 남편이 죽었으므로, 그녀는 "하나님의 궤를 빼앗겼으니 이스라엘에서 하나님의 영광이 떠났다" 하며 아이의 이름을 이가봇(영광이 사라졌다)이라고 했다.

블레셋 사람에게 빼앗긴 하나님의 궤

5 1-2 하나님의 궤를 빼앗은 블레셋 사람은 그 궤를 에벤에셀에서 아스돗으로 옮긴

10-11 And did they ever fight! It turned into a rout. They thrashed Israel so mercilessly that the Israelite soldiers ran for their lives, leaving behind an incredible thirty thousand dead. As if that wasn't bad enough, the Chest of God was taken and the two sons of Eli—Hophni and Phinehas—were killed.

Glory Is Exiled from Israel

12-16 Immediately, a Benjaminite raced from the front lines back to Shiloh. Shirt torn and face smeared with dirt, he entered the town. Eli was sitting on his stool beside the road keeping vigil, for he was extremely worried about the Chest of God. When the man ran straight into town to tell the bad news, everyone wept. They were appalled. Eli heard the loud wailing and asked, "Why this uproar?" The messenger hurried over and reported. Eli was ninety-eight years old then, and blind. The man said to Eli, "I've just come from the front, barely escaping with my life."
"And so, my son," said Eli, "what happened?"
17 The messenger answered, "Israel scattered before the Philistines. The defeat was catastrophic, with enormous losses. Your sons Hophni and Phinehas died, and the Chest of God was taken."
18 At the words, "Chest of God," Eli fell backward off his stool where he sat next to the gate. Eli was an old man, and very fat. When he fell, he broke his neck and died. He had led Israel forty years.
19-20 His daughter-in-law, the wife of Phinehas, was pregnant and ready to deliver. When she heard that the Chest of God had been taken and that both her father-in-law and her husband were dead, she went to her knees to give birth, going into hard labor. As she was about to die, her midwife said, "Don't be afraid. You've given birth to a son!" But she gave no sign that she had heard.
21-22 The Chest of God gone, father-in-law dead, husband dead, she named the boy Ichabod (Glory's-Gone), saying, "Glory is exiled from Israel since the Chest of God was taken."

Threatened with Mass Death

5 1-2 Once the Philistines had seized the Chest of God, they took it from Ebenezer to

다음, 다곤 신전 안으로 가지고 들어가 다곤 상 옆에 나란히 놓았다.

3-5 이튿날 아침 아스돗 주민들이 일어났다가, 다곤이 하나님의 궤 앞에 얼굴을 처박고 바닥에 쓰러져 있는 것을 보고 깜짝 놀랐다. 그들은 다곤을 일으켜 다시 제자리에 두었다. 그 이튿날 아침에 그들이 일어나자마자 가 보니, 다곤이 다시 하나님의 궤 앞에 얼굴을 처박고 바닥에 쓰러져 있었다. 다곤의 머리와 두 팔은 부러져 입구에 널브러져 있었고, 몸통만 남아 있었다. (그래서 다곤의 제사장과 아스돗에 있는 다곤 신전을 방문하는 사람들은 지금도 문지방을 밟지 않는다.)

6 하나님께서 아스돗 주민들을 엄히 다루셨다. 종양으로 그들을 쳐서 그 지역을 황폐하게 만드셨다. 성읍과 그 주변 지역도 마찬가지였다. 또한 그들 사이에 쥐를 풀어 놓으셨다. 쥐들이 그곳에 있는 배들에서 뛰쳐나와 온 성읍에 우글거렸다! 모든 사람이 두려움에 휩싸였다.

7-8 아스돗의 지도자들이 그 광경을 보고 결정을 내렸다. "이스라엘 신의 궤를 떠나 보내야 합니다. 이 물건은 우리가 감당할 수 없고 우리의 신 다곤도 감당할 수 없습니다." 그들은 블레셋 지도자들을 모두 불러 놓고 물었다. "어떻게 하면 우리가 이스라엘 신의 궤를 치울 수 있겠소?" 지도자들의 뜻이 일치했다. "그 궤를 가드로 옮기시오." 그래서 그들은 이스라엘 하나님의 궤를 가드로 옮겼다.

9 그러나 하나님의 궤를 가드로 옮기자마자, 하나님께서 그 성읍도 무섭게 내리치셨다. 성읍 전체가 큰 혼란에 빠졌다! 하나님께서 종양으로 그들을 치신 것이다. 어른 아이 할 것 없이 성읍 모든 사람에게 종양이 생겼다.

10-12 그래서 그들은 하나님의 궤를 에그론으로 보냈다. 그러나 궤가 성읍으로 들어오려고 하자, 그곳 백성이 소리쳐 항의했다. "이스라엘 하나님의 궤를 이리로 가져오다니, 우리를 다 죽일 셈이요!" 그들은 블레셋의 지도자들을 불러 모아 이렇게 요구했다. "이스라엘 하나님의 궤를 여기서 가지고 나가서, 왔던 곳으로 돌려보내시오. 이러다 우리 모두 죽겠소!" 하나님의 궤가 나타나자 모두가 심한 두려움에 사로잡혔다. 그러나 하나님께서는 이미 그곳을 무섭게 내리치셨다. 죽지 않은 사람은 종양으로 치셨다. 온 성읍이 내지르는 고통과 비탄의 부르짖음이 하늘에 사무쳤다.

Ashdod, brought it into the shrine of Dagon, and placed it alongside the idol of Dagon.

3-5 Next morning when the citizens of Ashdod got up, they were shocked to find Dagon toppled from his place, flat on his face before the Chest of GOD. They picked him up and put him back where he belonged. First thing the next morning they found him again, toppled and flat on his face before the Chest of GOD. Dagon's head and arms were broken off, strewn across the entrance. Only his torso was in one piece. (That's why even today, the priests of Dagon and visitors to the Dagon shrine in Ashdod avoid stepping on the threshold.)

6 GOD was hard on the citizens of Ashdod. He devastated them by hitting them with tumors. This happened in both the town and the surrounding neighborhoods. He let loose rats among them. Jumping from ships there, rats swarmed all over the city! And everyone was deathly afraid.

7-8 When the leaders of Ashdod saw what was going on, they decided, "The chest of the god of Israel has got to go. We can't handle this, and neither can our god Dagon." They called together all the Philistine leaders and put it to them: "How can we get rid of the chest of the god of Israel?" The leaders agreed: "Move it to Gath." So they moved the Chest of the God of Israel to Gath.

9 But as soon as they moved it there, GOD came down hard on that city, too. It was mass hysteria! He hit them with tumors. Tumors broke out on everyone in town, young and old.

10-12 So they sent the Chest of God on to Ekron, but as the Chest was being brought into town, the people shouted in protest, "You'll kill us all by bringing in this Chest of the God of Israel!" They called the Philistine leaders together and demanded, "Get it out of here, this Chest of the God of Israel. Send it back where it came from. We're threatened with mass death!" For everyone was scared to death when the Chest of God showed up. God was already coming down very hard on the place. Those who didn't die were hit with tumors. All over the city cries of pain and lament filled the air.

하나님의 궤가 돌아오다

6 1-2 하나님의 궤가 블레셋 사람 가운데 있은 지 일곱 달이 되자, 블레셋의 지도자들이 종교전문가와 제사장과 초자연 현상의 전문가들을 한데 불러서 의견을 구했다. "어떻게 해야 사태를 더 이상 악화시키지 않고 이 하나님의 궤를 치워 버릴 수 있겠소? 방법을 말해 보시오!"
3 그들이 말했다. "이스라엘의 하나님의 궤를 돌려보내려면, 그들에게 그냥 던져 주기만 하면 되는 것이 아니라 보상을 해야 합니다. 그러면 여러분의 병이 나을 것입니다. 여러분이 다시 깨끗해지고 나면, 여러분을 향한 하나님의 태도도 누그러지실 것입니다. 어찌 그러지 않으시겠습니까?"
4-6 "정확하게 무엇이면 충분한 보상이 되겠소?"
그들이 대답했다. "블레셋 지도자들의 수에 맞추어 금종양 다섯 개와 금쥐 다섯 개로 하십시오. 지도자와 백성 할 것 없이 모두가 똑같이 재앙을 당했으니, 이 땅을 휩쓸고 있는 종양과 쥐 모양을 만들고 그것들을 제물로 바쳐 이스라엘의 하나님께 영광을 돌리십시오. 그러면 혹시 그분의 마음이 누그러져 여러분과 여러분의 신들과 여러분의 땅을 향한 노여움이 가라앉을지 모릅니다. 이집트 사람과 바로처럼 고집을 부릴 까닭이 무엇입니까? 하나님께서는 그들을 향해 공격을 멈추지 않다가, 결국 그들이 그분의 백성을 내보내고 나서야 누그러지셨습니다.
7-9 그러니 이렇게 하십시오. 새 수레와 멍에를 메어 본 적이 없는 암소 두 마리를 가져다가, 암소들은 수레에 메우고 그 송아지들은 우리로 돌려보내십시오. 하나님의 궤를 수레에 싣고, 여러분이 보상으로 드리는 금종양과 금쥐를 자루에 잘 담아 궤 옆에 두십시오. 그런 다음 수레를 떠나보내고 잘 지켜보십시오. 만일 궤가 왔던 길을 되짚어 곧장 벳세메스 길로 향하면, 이 재앙은 신의 심판임이 분명합니다. 그렇지 않으면, 이 일은 하나님과 아무 상관 없이 그저 우연히 일어난 일이라고 생각하면 됩니다."
10-12 블레셋 지도자들은 그 제안대로 했다. 암소 두 마리를 수레에 메우고, 그 송아지들은 우리에 두고 하나님의 궤를 금쥐와 금종양이 든 자루와 함께 수레에 실었다. 암소들은 울음소리를 내며 궤가 왔던 길을 되짚어 곧장 벳세메스 길로 갔는데, 오른쪽으로나 왼쪽으로 조금도 벗어나지 않았다. 블레셋의 지도자들은 벳세메스 경계까지 수레를 따라갔다.

Gold Tumors and Rats

6 1-2 After the Chest of GOD had been among the Philistine people for seven months, the Philistine leaders called together their religious professionals, the priests, and experts on the supernatural for consultation: "How can we get rid of this Chest of GOD, get it off our hands without making things worse? Tell us!"
3 They said, "If you're going to send the Chest of the God of Israel back, don't just dump it on them. Pay compensation. Then you will be healed. After you're in the clear again, God will let up on you. Why wouldn't he?"
4-6 "And what exactly would make for adequate compensation?"
"Five gold tumors and five gold rats," they said, "to match the number of Philistine leaders. Since all of you—leaders and people—suffered the same plague, make replicas of the tumors and rats that are devastating the country and present them as an offering to the glory of the God of Israel. Then maybe he'll ease up and not be so hard on you and your gods, and on your country. Why be stubborn like the Egyptians and Pharaoh? God didn't quit pounding on them until they let the people go. Only then did he let up.
7-9 "So here's what you do: Take a brand-new oxcart and two cows that have never been in harness. Hitch the cows to the oxcart and send their calves back to the barn. Put the Chest of GOD on the cart. Secure the gold replicas of the tumors and rats that you are offering as compensation in a sack and set them next to the Chest. Then send it off. But keep your eyes on it. If it heads straight back home to where it came from, toward Beth Shemesh, it is clear that this catastrophe is a divine judgment, but if not, we'll know that God had nothing to do with it—it was just an accident."
10-12 So that's what they did: They hitched two cows to the cart, put their calves in the barn, and placed the Chest of GOD and the sack of gold rats and tumors on the cart. The cows headed straight for home, down the road to Beth Shemesh, straying neither right nor left, mooing all the way. The Philistine leaders followed them to the outskirts of

13-15 그때에 벳세메스 사람들이 골짜기에서 밀을 추수하고 있었다. 눈을 들어 궤를 본 그들은 뛸 듯이 기뻐하며 달려 나와 맞았다. 수레는 벳세메스 사람 여호수아의 밭에 들어서서 그곳에 있는 큰 바위 곁에 멈추었다. 추수하던 사람들이 수레를 조각조각 뜯어내 장작으로 쓰고 암소들을 잡아 하나님께 번제물로 바쳤다. 레위 사람들은 하나님의 궤와 금제물이 든 자루를 맡아서 그 바위 위에 올려놓았다. 그날 벳세메스 사람들 모두가 제사를 드리며 진심으로 하나님을 예배했다.

16 블레셋의 다섯 지도자는 이것을 모두 확인하고 나서, 그날로 에그론으로 돌아갔다.

17-18 블레셋 사람은 아스돗, 가사, 아스글론, 가드, 에그론 성읍들을 위한 보상으로 금종양 다섯 개를 바쳤다. 금쥐 다섯 개는 다섯 지도자가 통치하는 크고 작은 블레셋 성읍의 수에 맞춘 것이었다. 그들이 하나님의 궤를 올려놓았던 큰 바위는 지금도 그곳 벳세메스에 있는 여호수아의 밭에 기념물로 남아 있다.

19-20 호기심에 못 이겨 무례히 하나님의 궤를 들여다본 벳세메스 사람 중에 얼마를 하나님께서 치시니, 일흔 명이 죽었다. 하나님께서 엄하게 치시자 온 성읍이 휘청이며 슬픔에 빠져 물었다. "누가 능히 하나님, 이 거룩하신 하나님 앞에 설 수 있겠는가? 누구를 데려다 이 궤를 다른 곳으로 가져가게 할 수 있을까?"

21 그들은 기럇여아림에 전령을 보내 말했다. "블레셋 사람이 하나님의 궤를 돌려보냈습니다. 내려와서 가져가십시오."

사무엘이 이스라엘을 다스리다

7 1 기럇여아림 사람들은 그대로 행했다. 그들이 와서 하나님의 궤를 받아 산 위에 있는 아비나답의 집으로 옮겼다. 거기서 아비나답의 아들 엘리아살을 구별하여 세우고, 하나님의 궤를 책임지게 했다.

2 궤가 기럇여아림에 정착하고 이십 년이라는 긴 세월이 흘렀다. 온 이스라엘에 하나님을 경외하는 마음이 널리 퍼져 나갔다.

3 그 후에 사무엘이 이스라엘 백성에게 말했다. "여러분이 진심으로 하나님께 돌아오려거든, 집을 깨끗이 정리하십시오. 이방 신들과 다산의 여신들을 없애고, 하나님께 기초를 단단히

Beth Shemesh.

13-15 The people of Beth Shemesh were harvesting wheat in the valley. They looked up and saw the Chest. Jubilant, they ran to meet it. The cart came into the field of Joshua, a Beth Shemeshite, and stopped there beside a huge boulder. The harvesters tore the cart to pieces, then chopped up the wood and sacrificed the cows as a burnt offering to GOD. The Levites took charge of the Chest of GOD and the sack containing the gold offerings, placing them on the boulder. Offering the sacrifices, everyone in Beth Shemesh worshiped GOD most heartily that day.

16 When the five Philistine leaders saw what they came to see, they returned the same day to Ekron.

17-18 The five gold replicas of the tumors were offered by the Philistines in compensation for the cities of Ashdod, Gaza, Ashkelon, Gath, and Ekron. The five gold rats matched the number of Philistine towns, both large and small, ruled by the five leaders. The big boulder on which they placed the Chest of GOD is still there in the field of Joshua of Beth Shemesh, a landmark.

If You Are Serious About Coming Back to GOD

19-20 God struck some of the men of Beth Shemesh who, out of curiosity, irreverently peeked into the Chest of GOD. Seventy died. The whole town was in mourning, reeling under the hard blow from GOD, and questioning, "Who can stand before GOD, this holy God? And who can we get to take this Chest off our hands?"

21 They sent emissaries to Kiriath Jearim, saying, "The Philistines have returned the Chest of GOD. Come down and get it."

7 1 And they did. The men of Kiriath Jearim came and got the Chest of GOD and delivered it to the house of Abinadab on the hill. They ordained his son, Eleazar, to take responsibility for the Chest of GOD.

2 From the time that the Chest came to rest in Kiriath Jearim, a long time passed—twenty years it was—and throughout Israel there was a widespread, fearful movement toward GOD.

두고 오직 그분만 섬기십시오. 그러면 그분께
서 여러분을 블레셋의 압제에서 구원하실 것입
니다."
4 그들은 그대로 행했다. 바알과 아스다롯 신상
을 없애고, 오직 하나님만 바라보며 그분만을
섬겼다.
5 그 후에 사무엘이 말했다. "모든 사람을 미스
바로 모이게 하십시오. 내가 여러분을 위해 기
도하겠습니다."
6 그래서 모든 사람이 미스바에 모였다. 그들은
정결하게 하는 의식으로 우물에서 물을 길어다
가 하나님 앞에 부어 드렸다. 그리고 하루 종일
금식하며 "우리가 하나님께 죄를 지었습니다"
하고 기도했다.
이렇게 사무엘은 그곳 미스바에서 거룩한 전쟁
에 대비해 이스라엘 백성을 준비시켰다.
7 이스라엘이 미스바에 모였다는 소식이 블레
셋 사람에게 전해지자, 블레셋 지도자들이 그
들을 치려고 나왔다. 이스라엘은 그 소식을 듣
고 두려워했다. 블레셋 사람이 다시 행동을 개
시했기 때문이다!
8 그들은 사무엘에게 간청했다. "온 힘을 다해
기도해 주십시오! 마음을 놓아서는 안됩니다!
하나님 우리 하나님께서 블레셋 사람의 압제에
서 우리를 구원하시도록 기도해 주십시오."
9 사무엘은 아직 젖을 떼지 않은 어린양 한 마
리를 가져다가 하나님께 온전한 번제물로 바치
고, 이스라엘을 위해 하나님께 간절히 기도했
다. 그러자 하나님께서 응답하셨다.
10-12 사무엘이 제사를 드리고 있을 때에, 블레
셋 사람이 이스라엘과 싸우려고 가까이 다가왔
다. 바로 그때 하나님께서 천둥을 내리치시니,
블레셋 머리 위로 천둥소리가 크게 울렸다. 그
들이 겁에 질려 허둥지둥 도망쳤다. 대혼란이
었다! 이스라엘은 미스바에서 쏟아져 나와 블
레셋 사람을 추격하여, 벳갈 너머에 있는 지점
에 이를 때까지 그들을 닥치는 대로 죽였다. 사
무엘은 돌 하나를 가져다가 미스바와 센 사이
에 곧게 세웠다. 그는 "하나님께서 이곳에서 우
리를 도우셨다는 표시다"라고 하면서, 그 돌의
이름을 '에벤에셀'(도움의 돌)이라고 했다.
13-14 호되게 당한 블레셋 사람이 다시는 경계를
넘어오지 않았다. 사무엘이 살아 있는 동안에
하나님께서 블레셋을 엄히 다루셨다. 이스라엘

3 Then Samuel addressed the house of Israel: "If
you are truly serious about coming back to GOD,
clean house. Get rid of the foreign gods and fertil-
ity goddesses, ground yourselves firmly in GOD,
worship him and him alone, and he'll save you from
Philistine oppression."
4 They did it. They got rid of the gods and goddess-
es, the images of Baal and Ashtoreth, and gave their
exclusive attention and service to GOD.
5 Next Samuel said, "Get everybody together at
Mizpah and I'll pray for you."
6 So everyone assembled at Mizpah. They drew
water from the wells and poured it out before GOD
in a ritual of cleansing. They fasted all day and
prayed, "We have sinned against GOD."
So Samuel prepared the Israelites for holy war there
at Mizpah.

The Place Where GOD Helped Us

7 When the Philistines heard that Israel was meeting
at Mizpah, the Philistine leaders went on the offen-
sive. Israel got the report and became frightened—
Philistines on the move again!
8 They pleaded with Samuel, "Pray with all your
might! And don't let up! Pray to GOD, our God, that
he'll save us from the boot of the Philistines."
9 Samuel took a young lamb not yet weaned and
offered it whole as a Whole-Burnt-Offering to GOD.
He prayed fervently to GOD, interceding for Israel.
And GOD answered.
10-12 While Samuel was offering the sacrifice, the
Philistines came within range to fight Israel. Just
then GOD thundered, a huge thunderclap explod-
ing among the Philistines. They panicked—mass
confusion!—and ran helter-skelter from Israel.
Israel poured out of Mizpah and gave chase, killing
Philistines right and left, to a point just beyond Beth
Car. Samuel took a single rock and set it upright
between Mizpah and Shen. He named it "Ebenezer"
(Rock of Help), saying, "This marks the place where
GOD helped us."
13-14 The Philistines learned their lesson and stayed
home—no more border crossings. GOD was hard
on the Philistines all through Samuel's lifetime. All
the cities from Ekron to Gath that the Philistines

은 전에 블레셋 사람이 빼앗아 간 성읍, 곧 에그론에서 가드까지의 모든 성읍을 되찾았다. 그 주변 지역들도 블레셋의 지배에서 해방시켰다. 이스라엘과 아모리 사람 사이에도 평화가 임했다.

15-17 사무엘은 살아 있는 동안 이스라엘에 든든한 지도력을 발휘했다. 그는 해마다 베델에서 길갈과 미스바로 순회하며 이스라엘을 돌아보았다. 그러나 항상 자기 거처인 라마로 돌아와 그곳에서 이스라엘을 다스렸다. 그는 거기서 하나님께 제단을 쌓았다.

하나님의 왕되심을 거부하는 이스라엘

8 1-3 사무엘이 나이가 많이 들자, 자기 아들들을 이스라엘의 사사로 세웠다. 맏아들의 이름은 요엘이고 둘째의 이름은 아비야였다. 그들은 직무를 맡아 브엘세바에서 일했다. 그러나 사무엘의 아들들은 그와 같지 않았다. 자기 욕심을 채우려고 뇌물을 받았고, 재판에서 부정을 일삼았다.

4-5 그들에게 진절머리가 난 이스라엘의 모든 장로가, 라마로 가서 사무엘에게 따졌다. 그들은 이런 주장을 내세웠다. "보십시오. 당신은 이제 늙었고 당신의 아들들은 당신을 따르지 않고 있습니다. 우리가 원하는 바는 이것입니다. 다른 모든 나라처럼 우리에게도 우리를 다스릴 왕을 세워 주십시오."

6 사무엘은 "우리를 다스릴 왕을 주십시오!"라는 그들의 요구를 듣고 마음이 상했다. 얼마나 괘씸한 생각인가! 사무엘은 하나님께 기도했다.

7-9 하나님께서 사무엘에게 대답하셨다. "그들이 요구하는 것을 들어주어라. 그들은 지금 너를 버린 것이 아니라 그들의 왕인 나를 버렸다. 내가 그들을 이집트에서 이끌어 낸 날부터 오늘까지, 그들은 늘 이런 식으로 행동하며 나를 버리고 다른 신들을 좇았다. 이제 네게도 똑같이 하는 것이니, 그들 뜻대로 하게 두어라. 다만, 그들이 당하게 될 일들을 경고해 주어라. 왕이 다스리는 방식과 그들이 왕에게 당하게 될 일들을 말해 주어라."

10-18 그래서 사무엘은 그들에게 말했다. 왕을 달라고 요청하는 백성에게 하나님의 경고를 전했다. "여러분이 말하는 왕이 다스리는 방식은 이렇습니다. 그는 여러분의 아들들을 데려가 전차병과 기병, 보병 등의 군사로 삼고 대대와 중대로 편성할 것입니다. 어떤 이들에게는 왕의 농장에서 강제노역을 시켜 밭을 갈고 추수하게 하고, 어떤 이들에게는 전쟁 무기나 왕의 호사스러운 전차를 만들게

had taken from Israel were restored. Israel also freed the surrounding countryside from Philistine control. And there was peace between Israel and the Amorites.

15-17 Samuel gave solid leadership to Israel his entire life. Every year he went on a circuit from Bethel to Gilgal to Mizpah. He gave leadership to Israel in each of these places. But always he would return to Ramah, where he lived, and preside from there. That is where he built an altar to GOD.

Rejecting GOD as the King

8 1-3 When Samuel got to be an old man, he set his sons up as judges in Israel. His firstborn son was named Joel, the name of his second, Abijah. They were assigned duty in Beersheba. But his sons didn't take after him; they were out for what they could get for themselves, taking bribes, corrupting justice.

4-5 Fed up, all the elders of Israel got together and confronted Samuel at Ramah. They presented their case: "Look, you're an old man, and your sons aren't following in your footsteps. Here's what we want you to do: Appoint a king to rule us, just like everybody else."

6 When Samuel heard their demand—"Give us a king to rule us!"—he was crushed. How awful! Samuel prayed to GOD.

7-9 GOD answered Samuel, "Go ahead and do what they're asking. They are not rejecting you. They've rejected me as their King. From the day I brought them out of Egypt until this very day they've been behaving like this, leaving me for other gods. And now they're doing it to you. So let them have their own way. But warn them of what they're in for. Tell them the way kings operate, just what they're likely to get from a king."

10-18 So Samuel told them, delivered GOD's warning to the people who were asking him to give them a king. He said, "This is the way the kind of king you're talking about operates. He'll take your sons and make soldiers of them—chariotry, cavalry, infantry, regimented in battalions and squadrons. He'll put some to forced labor on

할 것입니다. 여러분의 딸들을 데려가서 미용사와 종업원과 요리사로 부릴 것입니다. 그는 여러분의 가장 좋은 밭과 포도원과 과수원을 빼앗아 왕의 가까운 친구들에게 넘겨줄 것입니다. 왕의 수많은 관료들을 유지하기 위해 여러분의 작물과 포도에 세금을 매길 것입니다. 여러분이 소유한 가장 뛰어난 일꾼과 가장 건강한 짐승들을 데려다가 자기 일에 쓸 것입니다. 여러분의 양 떼에 세금을 부과하여 결국 여러분을 종이나 다름없이 부릴 것입니다. 여러분이 그토록 원했던 왕 때문에, 절박하게 부르짖을 날이 올 것입니다. 그러나 그때 하나님의 응답을 기대하지는 마십시오."

19-20 그러나 백성은 사무엘의 말을 들으려 하지 않았다. "아닙니다!" 그들은 말했다. "우리도 우리를 다스릴 왕이 있어야겠습니다! 그러면 우리도 다른 모든 나라처럼 될 것입니다. 왕이 우리를 다스리고 지도하며 우리를 위해 싸워 줄 것입니다."

21-22 사무엘은 그들의 말을 받아서 하나님께 그대로 아뢰었다. 하나님께서 사무엘에게 말씀하셨다. "그들의 말을 들어주어라. 그들에게 왕을 세워 주어라."

그 후에 사무엘은 이스라엘 사람들을 흩어 보냈다. "집으로 돌아가십시오. 각자 자기 성읍으로 돌아가십시오."

사울이 사무엘을 만나다

9 1-2 베냐민 지파에 기스라는 사람이 있었다. 그는 유력한 베냐민 사람으로 아비엘의 아들이었다. 아비엘은 스롤의 아들이고, 스롤은 고랏의 아들, 고랏은 아비아의 아들이다. 기스에게 사울이라는 아들이 있었는데, 아주 잘생긴 젊은이였다. 그보다 준수한 사람은 없었다. 그는 말 그대로 남들보다 머리 하나만큼 키가 더 컸다!

3-4 기스가 나귀 몇 마리를 잃어버렸다. 그는 아들에게 말했다. "사울아, 종 하나를 데리고 가서 나귀를 찾아보아라." 사울은 종을 데리고 나귀를 찾으러 갔다. 그들은 살리사 땅 주변의 에브라임 산지로 갔지만 나귀를 찾지 못했다. 이어서 사알림 땅을 살펴보았지만 헛수고였다. 다음에는 야빈 땅으로 갔으나, 역시 아무것도 얻지 못했다.

5 그들이 숩 땅에 이르렀을 때, 사울이 옆에 있던 젊은 종에게 말했다. "이만하면 됐으니 돌아가자. 아버지께서 나귀보다 우리 걱정을 하시겠다."

6 종이 대답했다. "서두르지 마십시오. 이 성읍에

his farms, plowing and harvesting, and others to making either weapons of war or chariots in which he can ride in luxury. He'll put your daughters to work as beauticians and waitresses and cooks. He'll conscript your best fields, vineyards, and orchards and hand them over to his special friends. He'll tax your harvests and vintage to support his extensive bureaucracy. Your prize workers and best animals he'll take for his own use. He'll lay a tax on your flocks and you'll end up no better than slaves. The day will come when you will cry in desperation because of this king you so much want for yourselves. But don't expect GOD to answer."

19-20 But the people wouldn't listen to Samuel. "No!" they said. "We will have a king to rule us! Then we'll be just like all the other nations. Our king will rule us and lead us and fight our battles."

21-22 Samuel took in what they said and rehearsed it with GOD. GOD told Samuel, "Do what they say. Make them a king."

Then Samuel dismissed the men of Israel: "Go home, each of you to your own city."

Saul—Head and Shoulders Above the Crowd

9 1-2 There was a man from the tribe of Benjamin named Kish. He was the son of Abiel, grandson of Zeror, great-grandson of Becorath, great-great-grandson of Aphiah—a Benjaminite of stalwart character. He had a son, Saul, a most handsome young man. There was none finer—he literally stood head and shoulders above the crowd!

3-4 Some of Kish's donkeys got lost. Kish said to his son, "Saul, take one of the servants with you and go look for the donkeys." Saul took one of the servants and went to find the donkeys. They went into the hill country of Ephraim around Shalisha, but didn't find them. Then they went over to Shaalim—no luck. Then to Jabin, and still nothing.

5 When they got to Zuph, Saul said to the young man with him, "Enough of this. Let's go back. Soon my father is going to forget about the donkeys and start worrying about us."

거룩한 사람이 있는데, 근방에서 영향력이 큰 분입니다. 그가 하는 말은 언제나 들어맞는다고 합니다. 우리가 어디로 가야 할지 어쩌면 그가 알려 줄지도 모르겠습니다."
7 사울이 말했다. "그를 찾아가면, 선물로 무엇을 드린단 말이냐? 자루에 빵도 다 떨어져 거룩한 사람에게 드릴 것이 아무것도 없구나. 우리가 가진 것이 더 있느냐?"
8-9 종이 말했다. "보십시오. 마침 저에게 은화가 있습니다! 제가 이것을 거룩한 사람에게 드리겠습니다. 그러면 그가 우리에게 어떻게 해야 할지 일러 줄 것입니다!" (옛날 이스라엘에서는 무슨 일이 있어서 하나님의 말씀을 구하려는 사람은 "선견자를 찾아가자!" 하고 말하곤 했다. 우리가 지금 '예언자'라고 부르는 사람을 그때는 '선견자'라고 불렀다.)
10 "좋다. 가자." 사울이 말했다. 그들은 거룩한 사람이 사는 성읍으로 떠났다.
11 성읍으로 들어가는 언덕을 오르다가, 두 사람은 물 길러 나오는 처녀들을 만나 그들에게 물었다. "여기가 선견자가 사는 곳입니까?"
12-13 처녀들이 대답했다. "맞습니다. 조금만 가면 됩니다. 서두르세요. 백성이 산당에 제사를 준비해 놓아서 오늘 그분이 오셨습니다. 곧바로 성읍으로 들어가면, 그분이 산당으로 식사하러 올라가시기 전에 만날 수 있을 겁니다. 백성은 그분이 도착하시기 전에는 먹지 않습니다. 그분이 제물을 축복하셔야 모두가 먹을 수 있습니다. 그러니 어서 가세요. 틀림없이 만날 수 있을 겁니다!"
14 그들이 계속 올라가 성읍으로 들어가니, 거기에 사무엘이 있었다! 그는 산당으로 가느라 곧장 그들 쪽으로 오고 있었다!
15-16 그 전날 하나님께서는 사무엘에게 이렇게 말씀하셨다. "내일 이맘때, 내가 베냐민 땅에서 한 사람을 보내 너를 만나게 할 것이다. 너는 그에게 기름을 부어 내 백성 이스라엘의 지도자로 삼아라. 그가 내 백성을 블레셋의 압제에서 해방시킬 것이다. 나는 그들의 어려운 처지를 다 알고 있다. 도와 달라고 부르짖는 그들의 소리를 내가 들었다."
17 사무엘이 사울을 보는 순간, 하나님께서 말씀하셨다. "이 사람이 내가 네게 말한 바로 그다. 이 사람이 내 백성을 다스릴 것이다."
18 사울이 길가에서 사무엘에게 다가가 말했다. "실례지만, 선견자가 어디 사는지 아시는지요?"

6 He replied, "Not so fast. There's a holy man in this town. He carries a lot of weight around here. What he says is always right on the mark. Maybe he can tell us where to go."
7 Saul said, "If we go, what do we have to give him? There's no more bread in our sacks. We've nothing to bring as a gift to the holy man. Do we have anything else?"
8-9 The servant spoke up, "Look, I just happen to have this silver coin! I'll give it to the holy man and he'll tell us how to proceed!" (In former times in Israel, a person who wanted to seek God's word on a matter would say, "Let's visit the Seer," because the one we now call "the Prophet" used to be called "the Seer.")
10 "Good," said Saul, "let's go." And they set off for the town where the holy man lived.
11 As they were climbing up the hill into the town, they met some girls who were coming out to draw water. They said to them, "Is this where the Seer lives?"
12-13 They answered, "It sure is—just ahead. Hurry up. He's come today because the people have prepared a sacrifice at the shrine. As soon as you enter the town, you can catch him before he goes up to the shrine to eat. The people won't eat until he arrives, for he has to bless the sacrifice. Only then can everyone eat. So get going. You're sure to find him!"
14 They continued their climb and entered the city. And then there he was—Samuel!—coming straight toward them on his way to the shrine!
15-16 The very day before, GOD had confided in Samuel, "This time tomorrow, I'm sending a man from the land of Benjamin to meet you. You're to anoint him as prince over my people Israel. He will free my people from Philistine oppression. Yes, I know all about their hard circumstances. I've heard their cries for help."
17 The moment Samuel laid eyes on Saul, GOD said, "He's the one, the man I told you about. This is the one who will keep my people in check."
18 Saul came up to Samuel in the street and said, "Pardon me, but can you tell me where the Seer lives?"

19-20 사무엘이 대답했다. "내가 바로 선견자입니다. 산당으로 가서 나와 함께 식사합시다. 그대가 물어보려는 것은 내일 아침에 다 말하겠습니다. 그러고 나서 당신들을 보내드리겠습니다. 그대가 지난 사흘 동안 찾아다닌 나귀들은 이미 찾았으니 걱정하지 마십시오. 지금 이 순간에, 이스라엘의 장래가 그대 손안에 있습니다."

21 사울이 대답했다. "저는 이스라엘에서 가장 작은 지파인 베냐민 사람이며, 그 지파 중에서도 가장 보잘것없는 가문 출신입니다. 어찌하여 제게 이렇게 말씀하십니까?"

22-23 사무엘은 사울과 그의 종을 데리고 산당의 식당으로 들어가 그들을 상석에 앉혔다. 그곳에 모인 손님이 서른 명 정도 되었다. 사무엘이 요리사에게 지시했다. "내가 자네에게 보관해 두라고 했던 가장 좋은 고기를 가져오게."

24 요리사가 고기를 가져와 사울 앞에 성대히 차려 놓으며 말했다. "이 음식은 바로 당신을 위해 따로 준비해 두었던 것입니다. 드십시오! 오늘 여러 손님들을 대접하고자 특별히 준비했습니다." 사울은 사무엘과 함께 음식을 들었다. 그로서는 잊지 못할 날이었다!

25 그 후에 그들은 산당에서 성읍으로 내려갔다. 시원한 산들바람이 부는 사무엘의 집 옥상에 사울의 잠자리가 마련되어 있었다.

26 그들은 동틀 무렵에 일어났다. 사무엘이 옥상에 있는 사울을 불렀다. "일어나시지요. 내가 배웅하겠습니다." 사울이 일어나자 두 사람은 곧 길을 나섰다.

27 성읍 경계에 이르렀을 때 사무엘이 사울에게 말했다. "종에게 앞서 가라고 하십시오. 그리고 잠시 나와 함께 계시지요. 그대에게 전할 하나님의 말씀이 있습니다."

사무엘이 사울에게 기름을 붓다

10 1-2 사무엘이 기름병을 들어 사울의 머리에 붓고, 그에게 입을 맞추었다. 사무엘이 말했다. "이것이 무슨 뜻인지 알겠습니까? 하나님께서 그대에게 기름을 부으셔서 그분의 백성을 다스릴 지도자로 삼으셨습니다.

하나님께서 그대에게 기름을 부으셔서 그분의 기업을 다스릴 지도자로 삼으신 것이, 이제 곧 표징으로 확증될 것입니다. 그대가 오늘 길을 떠나 그대의 고향 땅 베냐민에 이를 즈음, 라헬의 묘 근처에서 두 사람을 만나게 될 것입니다. 그들은

19-20 "I'm the Seer," said Samuel. "Accompany me to the shrine and eat with me. In the morning I'll tell you all about what's on your mind, and send you on your way. And by the way, your lost donkeys—the ones you've been hunting for the last three days—have been found, so don't worry about them. At this moment, Israel's future is in your hands."

21 Saul answered, "But I'm only a Benjaminite, from the smallest of Israel's tribes, and from the most insignificant clan in the tribe at that. Why are you talking to me like this?"

22-23 Samuel took Saul and his servant and led them into the dining hall at the shrine and seated them at the head of the table. There were about thirty guests. Then Samuel directed the chef, "Bring the choice cut I pointed out to you, the one I told you to reserve."

24 The chef brought it and placed it before Saul with a flourish, saying, "This meal was kept aside just for you. Eat! It was especially prepared for this time and occasion with these guests."
Saul ate with Samuel—a memorable day!

25 Afterward they went down from the shrine into the city. A bed was prepared for Saul on the breeze-cooled roof of Samuel's house.

26 They woke at the break of day. Samuel called to Saul on the roof, "Get up and I'll send you off." Saul got up and the two of them went out in the street.

27 As they approached the outskirts of town, Samuel said to Saul, "Tell your servant to go on ahead of us. You stay with me for a bit. I have a word of God to give you."

"You'll Be a New Person"

10 1-2 Then Samuel took a flask of oil, poured it on Saul's head, and kissed him. He said, "Do you see what this means? GOD has anointed you prince over his people.
"This sign will confirm GOD's anointing of you as prince over his inheritance: After you leave me today, as you get closer to your home country of Benjamin, you'll meet two men near Rachel's Tomb. They'll say, 'The donkeys you went to look

'당신이 찾으러 간 나귀들은 이미 찾았지만, 당신 아버지가 당신 걱정으로 노심초사하고 있다!' 고 말할 것입니다.

3-4 거기서 좀 더 가다 보면 다볼의 상수리나무에 이를 텐데, 거기서 하나님을 예배하러 베델로 올라가는 세 사람을 만나게 될 것입니다. 한 사람은 염소 새끼 세 마리를 끌고, 다른 한 사람은 빵 세 자루를, 나머지 한 사람은 포도주 한 병을 들고 있을 것입니다. 그들이 '안녕하시오?' 하면서 그대에게 빵 두 덩이를 주거든, 그것을 받으십시오.

5-6 그 후에 그대는 블레셋 수비대가 있는 하나님의 기브아에 닿을 것입니다. 성읍에 가까이 이를 즈음에, 하프와 탬버린과 피리와 북을 연주하며 산당에서 내려오는 예언자 무리와 마주칠 것입니다. 그들은 예언을 하고 있을 텐데, 그대도 모르는 사이에 하나님의 영이 임하셔서, 그들과 함께 그대도 예언하게 될 것입니다. 그대는 변화되어 새사람이 될 것입니다!

7 이 표징들이 모두 이루어지거든, 자신이 준비된 줄 알기 바랍니다. 그대에게 무슨 일이 주어지든지, 그 일을 행하십시오. 하나님께서 그대와 함께하십니다!

8 이제 길갈로 내려가십시오. 나도 곧 따라갈 것입니다. 내가 내려가서 그대와 함께 번제와 화목제를 드려 예배할 것입니다. 칠 일을 기다리십시오. 그러면 내가 가서 그대가 다음에 할 일을 알려 주겠습니다."

9 사울은 발걸음을 돌려 사무엘을 떠났다. 그 순간 하나님께서 그를 변화시켜 새사람이 되게 하셨다! 앞서 말한 표징들도 그날 모두 이루어졌다.

10-12 사울 일행이 기브아에 이르렀을 때, 그들 앞에 예언자들이 있었다! 사울이 미처 깨닫기도 전에 하나님의 영이 임하셔서, 사울도 그들과 함께 예언을 하게 되었다. 전에 사울을 알던 사람들은 그가 예언자들과 함께 예언하는 모습을 보고 크게 놀랐다. "이게 어찌 된 일인가? 기스의 아들에게 무슨 일이 일어났는가? 도대체 사울이 어쩌다 예언자가 되었단 말인가?" 한 사람이 큰소리로 말했다. "이 일을 시작한 사람이 누구냐? 이 사람들은 도대체 어디서 왔는가?" 그렇게 해서 "사울이 예언자 중에 있다니! 누가 짐작이나 했으랴!" 하는 속담이 생겼다.

for are found. Your father has forgotten about the donkeys and is worried about you, wringing his hands—quite beside himself!'

3-4 "Leaving there, you'll arrive at the Oak of Tabor. There you'll meet three men going up to worship God at Bethel. One will be carrying three young goats, another carrying three sacks of bread, and the third a jug of wine. They'll say, 'Hello, how are you?' and offer you two loaves of bread, which you will accept.

5-6 "Next, you'll come to Gibeah of God, where there's a Philistine garrison. As you approach the town, you'll run into a bunch of prophets coming down from the shrine, playing harps and tambourines, flutes and drums. And they'll be prophesying. Before you know it, the Spirit of GOD will come on you and you'll be prophesying right along with them. And you'll be transformed. You'll be a new person!

7 "When these confirming signs are accomplished, you'll know that you're ready: Whatever job you're given to do, do it. God is with you!

8 "Now, go down to Gilgal and I will follow. I'll come down and join you in worship by sacrificing burnt offerings and peace offerings. Wait seven days. Then I'll come and tell you what to do next."

9 Saul turned and left Samuel. At that very moment God transformed him—made him a new person! And all the confirming signs took place the same day.

Saul Among the Prophets

10-12 When Saul and his party got to Gibeah, there were the prophets, right in front of them! Before he knew it, the Spirit of God came on Saul and he was prophesying right along with them. When those who had previously known Saul saw him prophesying with the prophets, they were totally surprised. "What's going on here? What's come over the son of Kish? How on earth did Saul get to be a prophet?" One man spoke up and said, "Who started this? Where did these people ever come from?" That's how the saying got started, "Saul among the prophets! Who would have guessed?!"

13-14 When Saul was done prophesying, he returned

13-14 사울은 예언을 마치고 집으로 돌아갔다. 그
의 삼촌이 그와 그의 종에게 물었다. "너희 둘은
지금까지 어디에 있었느냐?"
"나귀들을 찾으러 갔었습니다. 여기저기 다 찾
아보았지만, 찾지 못했습니다. 그러다가 사무엘
을 만났습니다!"
15 사울의 삼촌이 말했다. "그래, 사무엘이 너희
에게 무슨 말씀을 하시더냐?"
16 사울이 말했다. "나귀를 이미 찾았으니 걱정
하지 말라고 하셨습니다." 그러나 사울은 사무
엘이 말한 왕의 일에 대해서는 삼촌에게 아무 말
도 하지 않았다.

우리는 왕을 원합니다!

17-18 사무엘은 백성을 미스바로 불러 하나님 앞
에 모이게 했다. 그는 이스라엘 자손에게 말했
다. "이것은 하나님께서 친히 여러분에게 주시
는 말씀입니다.
18-19 '내가 이스라엘을 이집트에서 이끌어냈다.
내가 이집트의 압제에서뿐 아니라 너희를 괴롭
히고 너희 삶을 괴롭게 하는 모든 나라에서 너희
를 구해 냈다. 그런데 이제 너희는 너희 하나님,
너희를 온갖 괴로움에서 번번이 건져 준 그 하나
님과 아무 상관 없이 살려고 한다.
이제 너희는 "아닙니다! 우리는 왕을 원합니다.
우리에게 왕을 주십시오!" 하고 말한다.
그것이 너희가 원하는 것이라면 얻게 해주겠다!
이제 너희는 지파와 가문별로 예를 갖추어 하나
님 앞에 나오너라.'"
20-21 사무엘이 이스라엘의 모든 지파를 줄지어
나오게 하니 베냐민 지파가 뽑혔다. 베냐민 지
파를 가문별로 줄지어 나오게 하니 마드리 가문
이 뽑혔다. 마드리 가문을 줄지어 나오게 하니
기스의 아들 사울의 이름이 뽑혔다. 그들이 사
울을 찾으러 갔지만, 그는 어느 곳에도 보이지
않았다.
22 사무엘이 하나님께 다시 여쭈었다. "그가 이
근처에 있습니까?"
하나님께서 말씀하셨다. "그렇다. 바로 저기 짐
더미 사이에 숨어 있다."
23 사람들이 달려가서 그를 데려왔다. 그가 사람
들 앞에 섰는데, 키가 다른 사람들보다 머리 하
나만큼이나 더 컸다.
24 이윽고 사무엘이 백성에게 말했다. "하나님께
서 택하신 사람을 잘 보십시오. 최고입니다! 온

home. His uncle asked him and his servant, "So
where have you two been all this time?"
"Out looking for the donkeys. We looked and
looked and couldn't find them. And then we found
Samuel!"
15 "So," said Saul's uncle, "what did Samuel tell
you?"
16 Saul said, "He told us not to worry—the donkeys
had been found." But Saul didn't breathe a word
to his uncle of what Samuel said about the king
business.

"We Want a King!"

17-18 Samuel called the people to assemble before
GOD at Mizpah. He addressed the children of
Israel, "This is GOD's personal message to you:
18-19 "I brought Israel up out of Egypt. I delivered
you from Egyptian oppression—yes, from all the
bullying governments that made your life miser-
able. And now you want nothing to do with your
God, the very God who has a history of getting you
out of troubles of all sorts.
"And now you say, 'No! We want a king; give us a
king!'
"Well, if that's what you want, that's what you'll get!
Present yourselves formally before GOD, ranked in
tribes and families."
20-21 After Samuel got all the tribes of Israel lined
up, the Benjamin tribe was picked. Then he lined
up the Benjamin tribe in family groups, and the
family of Matri was picked. The family of Matri
took its place in the lineup, and the name Saul, son
of Kish, was picked. But when they went looking
for him, he was nowhere to be found.
22 Samuel went back to GOD: "Is he anywhere
around?"
GOD said, "Yes, he's right over there—hidden in
that pile of baggage."
23 They ran and got him. He took his place before
everyone, standing tall—head and shoulders above
them.
24 Samuel then addressed the people, "Take a good
look at whom GOD has chosen: the best! No one
like him in the whole country!"
Then a great shout went up from the people: "Long

나라에 이만한 사람이 없습니다!"
그러자 백성이 크게 함성을 질렀다. "우리 왕 만세!"
25 사무엘은 왕국에 관한 여러 규정과 법규를 백성에게 가르치고, 그것을 책에 모두 기록하여 하나님 앞에 두었다. 그러고 나서 모든 사람을 집으로 돌려보냈다.
26-27 사울도 기브아에 있는 집으로 돌아갔다. 하나님께서 마음에 감동을 주셔서 사울과 함께한 진실하고 용감한 사람들도 그를 따라갔다. 그러나 불량배들은 자리를 뜨면서 투덜거렸다. "구원할 자라고? 웃기지 마라!" 그들은 사울을 업신여겨 축하하려 들지 않았다. 하지만 사울은 그들에게 신경 쓰지 않았다.

왕으로 추대되는 사울

암몬 사람의 왕 나하스가 갓 지파와 르우벤 지파를 잔인하게 대했다. 그들의 오른쪽 눈을 뽑고, 이스라엘을 도우려는 자는 누구든 위협했다. 요단강 동쪽에 사는 이스라엘 백성 가운데 나하스에게 오른쪽 눈을 뽑히지 않은 사람은 거의 없었다. 다만 칠천 명이 암몬 사람을 피해 야베스에서 안전하게 지내고 있었다.

11 1 그래서 나하스는 그들을 쫓아가 야베스 길르앗과 전쟁을 벌이려고 했다. 야베스 사람들이 나하스에게 간청했다. "우리와 조약을 맺어 주십시오. 그러면 우리가 당신을 섬기겠습니다."
2 나하스가 말했다. "너희와 조약을 맺기는 하겠다만 한 가지 조건이 있다. 너희의 오른쪽 눈을 모두 뽑아야 한다! 나는 이스라엘의 모든 남녀를 욕보이고 나서야 조약을 맺을 것이다!"
3 야베스의 성읍 지도자들이 말했다. "우리에게 이스라엘 전역에 전령들을 보낼 시간을 주십시오. 칠 일이면 될 겁니다. 우리를 도우러 나타나는 자가 아무도 없으면, 그때 당신의 조건을 받아들이겠습니다."
4-5 전령들이 사울이 살고 있는 기브아로 가서 백성에게 사정을 알렸다. 백성이 큰소리로 울기 시작할 때, 사울이 나타났다. 그는 소를 몰고 밭에서 돌아오던 길이었다.
사울이 물었다. "무슨 일입니까? 왜 다들 울고 있습니까?"
그러자 백성이 야베스에서 온 메시지를 전했다.

live the king!"
25 Samuel went on to instruct the people in the rules and regulations involved in a kingdom, wrote it all down in a book, and placed it before GOD. Then Samuel sent everyone home.
26-27 Saul also went home to Gibeah, and with him some true and brave men whom GOD moved to join him. But the riffraff went off muttering, "Deliverer? Don't make me laugh!" They held him in contempt and refused to congratulate him. But Saul paid them no mind.

Saul Is Crowned King

Nahash, king of the Ammonites, was brutalizing the tribes of Gad and Reuben, gouging out their right eyes and intimidating anyone who would come to Israel's help. There were very few Israelites living on the east side of the Jordan River who had not had their right eyes gouged out by Nahash. But seven thousand men had escaped from the Ammonites and were now living safely in Jabesh.

11 1 So Nahash went after them and prepared to go to war against Jabesh Gilead. The men of Jabesh petitioned Nahash: "Make a treaty with us and we'll serve you."
2 Nahash said, "I'll make a treaty with you on one condition: that every right eye among you be gouged out! I'll humiliate every last man and woman in Israel before I'm done!"
3 The town leaders of Jabesh said, "Give us time to send messengers around Israel—seven days should do it. If no one shows up to help us, we'll accept your terms."
4-5 The messengers came to Saul's place at Gibeah and told the people what was going on. As the people broke out in loud wails, Saul showed up. He was coming back from the field with his oxen.
Saul asked, "What happened? Why is everyone crying?"
And they repeated the message that had come from Jabesh.
6-7 The Spirit of God came on Saul when he heard

6-7 그 소식을 들을 때 하나님의 영이 사울에게 임하셔서 그 안에 분노가 차올랐다. 그는 소의 멍에를 붙잡고 그 자리에서 소를 잡았다. 그리고 전령들을 온 이스라엘에 보내 피 묻은 소의 토막들을 돌리며 이렇게 전하게 했다. "누구든지 사울과 사무엘을 따라 함께하지 않으면 여러분의 소도 이렇게 되고 말 것이오!"

7-8 하나님의 두려움이 백성을 사로잡아 너 나 할 것 없이 모두 나왔고, 지체하는 자가 하나도 없었다. 사울은 베섹에서 백성을 이끌었는데, 이스라엘 사람이 300,000명, 유다 사람이 30,000명이었다.

9-11 사울은 전령들에게 지시했다. "야베스 길르앗 사람들에게 가서 '우리가 도우러 가고 있으니, 내일 한낮이면 도착할 것이다' 하고 전하여라." 전령들은 곧바로 떠나서 사울의 메시지를 전했다. 의기양양해진 야베스 길르앗 백성은 나하스에게 메시지를 전했다. "내일 우리가 항복하겠습니다. 당신이 말한 조건대로 우리를 대해도 좋습니다." 이튿날 동트기 한참 전에, 사울은 전략상 군대를 세 부대로 나누었다. 날이 밝자마자 그들은 적진으로 쳐들어가 한낮이 될 때까지 암몬 사람을 죽였다. 살아남은 사람들은 필사적으로 달아나, 사방으로 뿔뿔이 흩어졌다.

12 그러자 백성이 사무엘에게 와서 말했다. "'사울은 우리를 다스릴 적임자가 못된다'고 말하던 자들이 어디 있습니까? 넘겨주십시오. 우리가 그들을 죽여야겠습니다!"

13-14 그러자 사울이 말했다. "오늘은 아무도 처형하지 않을 것입니다. 오늘은 하나님께서 이스라엘을 구원하신 날입니다! 길갈로 가서, 왕위를 다시 새롭게 합시다."

15 백성이 모두 무리 지어 길갈로 가서, 하나님 앞에서 사울을 왕으로 세웠다. 그들은 거기서 화목제를 드리며 하나님을 예배했다. 사울과 온 이스라엘이 크게 기뻐했다.

사무엘의 고별사

12 1-3 사무엘이 온 이스라엘에게 말했다. "나는 여러분이 내게 한 말을 한 마디도 빠짐없이 잘 듣고, 여러분에게 왕을 주었습니다. 자, 보십시오. 여러분의 왕이 여러분 가운데서 여러분을 이끌고 있습니다! 그러나 이제 나를 보십시오. 나는 늙어서 머리가 희어졌고 내 아들들도 아직 여기 있습니다. 나는 어릴 적부터 오늘까지

the report and he flew into a rage. He grabbed the yoke of oxen and butchered them on the spot. He sent the messengers throughout Israel distributing the bloody pieces with this message: "Anyone who refuses to join up with Saul and Samuel, let this be the fate of his oxen!"

7-8 The terror of GOD seized the people, and they came out, one and all, not a laggard among them. Saul took command of the people at Bezek. There were 300,000 men from Israel, another 30,000 from Judah.

9-11 Saul instructed the messengers, "Tell this to the folk in Jabesh Gilead: 'Help is on the way. Expect it by noon tomorrow.'" The messengers set straight off and delivered their message. Elated, the people of Jabesh Gilead sent word to Nahash: "Tomorrow we'll give ourselves up. You can deal with us on your terms." Long before dawn the next day, Saul had strategically placed his army in three groups. At first light they broke into the enemy camp and slaughtered Ammonites until noon. Those who were left ran for their lives, scattering every which way.

12 The people came to Samuel then and said, "Where are those men who said, 'Saul is not fit to rule over us'? Hand them over. We'll kill them!"

13-14 But Saul said, "Nobody is going to be executed this day. This is the day GOD saved Israel! Come, let's go to Gilgal and there reconsecrate the kingship."

15 They all trooped out to Gilgal. Before GOD, they crowned Saul king at Gilgal. And there they worshiped, sacrificing peace offerings. Saul and all Israel celebrated magnificently.

"Don't Chase After Ghost-Gods"

12 1-3 Samuel addressed all Israel: "I've listened to everything you've said to me, listened carefully to every word, and I've given you a king. See for yourself: Your king among you, leading you! But now look at me: I'm old and gray, and my sons are still here. I've led you faithfully from my youth until this very day. Look at me! Do you have any complaints to bring

여러분을 신실하게 이끌었습니다. 나를 보십시오! 여러분이 하나님과 그분의 기름부음 받은 자 앞에서 나에 대해 고소할 것이 하나라도 있습니까? 내가 수소나 나귀 한 마리라도 훔친 적이 있습니까? 여러분을 이용하거나 착취한 적이 있습니까? 뇌물을 받거나 법을 우습게 여긴 적이 있습니까? 그런 일이 있다면 나를 고소하십시오. 그러면 내가 배상하겠습니다."

4 "아닙니다." 그들이 말했다. "그런 적 없습니다. 당신은 그 비슷한 어떤 일도 행하지 않았습니다. 우리를 억압한 적도 없고, 사사로운 욕심을 채운 적도 없습니다."

5 "그렇다면 됐습니다." 사무엘이 말했다. "여러분은 내게서 어떤 잘못이나 불만도 찾지 못했습니다. 하나님께서 이 일의 증인이시며, 그분의 기름부음 받은 이가 이 일의 증인입니다."

6-8 그러자 백성이 말했다. "그분이 증인이십니다."

사무엘이 말을 이었다. "모세와 아론을 여러분의 지도자로 삼으시고 여러분의 조상을 이집트에서 이끌어 내신 분이 바로 하나님이십니다. 이제 그분 앞에서 여러분의 태도를 결정하십시오. 지금까지 하나님께서 여러분과 여러분의 조상에게 행하신 모든 의로운 일들에 비추어, 내가 여러분의 문제를 하나님 앞에서 검토하겠습니다. 야곱의 아들들이 이집트에 들어갔을 때 이집트 사람이 그들을 핍박해 괴롭게 했고, 그래서 그들이 하나님께 구원해 달라고 부르짖었습니다. 하나님께서는 모세와 아론을 보내 주셨고, 그들이 여러분의 조상을 이집트에서 인도하여 여기 이곳에 정착하게 하셨습니다.

9 그러나 그들은 금방 자신들의 하나님을 잊어버렸고, 하나님께서는 그들을 하솔의 군사령관 시스라에게, 그 후에는 블레셋 치하의 혹독한 삶에, 또 그 후에는 모압 왕에게 파셨습니다. 그들은 목숨을 걸고 싸워야 했습니다.

10 그러다가 그들은 하나님께 구원해 달라고 부르짖었습니다. 그들은 '우리가 죄를 지었습니다! 우리가 하나님을 버리고 떠나서 가나안 다산의 신들과 여신들을 섬겼습니다. 제발 우리를 원수들의 만행에서 건져 주십시오. 그러면 우리가 주님만 섬기겠습니다' 하고 고백했습니다.

11 그러자 하나님께서는 여룹바알(기드온)과 베단(바락)과 입다와 사무엘을 보내셨습니다. 그분은 원수들에게 에워싸인 혹독한 삶에서 여러분을 구원하셨고, 여러분은 평안히 살 수 있었습니다.

12 하지만 여러분은 암몬 사람의 왕 나하스가 여러분을 공격하려는 것을 보고 내게 이렇게 말했습니다. '더 이상 이렇게 살기는 싫습니다. 우리는 우리를 이끌어

before GOD and his anointed? Have I ever stolen so much as an ox or a donkey? Have I ever taken advantage of you or exploited you? Have I ever taken a bribe or played fast and loose with the law? Bring your complaint and I'll make it right."

4 "Oh no," they said, "never. You've never done any of that—never abused us, never lined your own pockets."

5 "That settles it then," said Samuel. "GOD is witness, and his anointed is witness that you find nothing against me—no faults, no complaints."

6-8 And the people said, "He is witness."

Samuel continued, "This is the GOD who made Moses and Aaron your leaders and brought your ancestors out of Egypt. Take your stand before him now as I review your case before GOD in the light of all the righteous ways in which GOD has worked with you and your ancestors. When Jacob's sons entered Egypt, the Egyptians made life hard for them and they cried for help to GOD. GOD sent Moses and Aaron, who led your ancestors out of Egypt and settled them here in this place.

9 "They soon forgot their GOD, so he sold them off to Sisera, commander of Hazor's army, later to a hard life under the Philistines, and still later to the king of Moab. They had to fight for their lives.

10 "Then they cried for help to GOD. They confessed, 'We've sinned! We've gone off and left GOD and worshiped the fertility gods and goddesses of Canaan. Oh, deliver us from the brutalities of our enemies and we'll worship you alone.'

11 "So GOD sent Jerub-Baal (Gideon), Bedan (Barak), Jephthah, and Samuel. He saved you from that hard life surrounded by enemies, and you lived in peace.

12 "But when you saw Nahash, king of the Ammonites, preparing to attack you, you said to me, 'No more of this. We want a king to lead us.' And GOD was already your king!

13-15 "So here's the king you wanted, the king

줄 왕을 원합니다.' 하나님께서 이미 여러분의 왕이신 데도 말입니다!

13-15 이제 여러분이 원하던 왕, 여러분이 구하던 왕이 여기 있습니다. 하나님께서 여러분 마음대로 하게 하셔서, 왕을 주셨습니다. 여러분이 하나님을 경외한다면, 그분을 섬기고 순종하며 그분의 말씀을 거역하지 마십시오. 여러분과 여러분의 왕이 하나님을 따르면 아무 문제가 없을 것입니다. 하나님께서 반드시 여러분을 구원하실 것입니다. 그러나 여러분이 그분께 순종하지 않고 그분의 말씀을 거역하면, 왕이 있든 없든, 여러분의 처지는 여러분의 조상보다 나을 게 하나도 없을 것입니다.

16-17 주목하십시오! 하나님께서 지금 여러분 앞에서 행하시려는 이 기적을 잘 보십시오! 여러분도 알다시피, 지금은 여름이고 우기가 끝났습니다. 그러나 내가 하나님께 기도하면, 그분께서 천둥과 비를 보내실 것입니다. 이것은 여러분이 왕을 구함으로써 하나님께 저지른 큰 악을 일깨워 주는 표징이 될 것입니다."

18 사무엘이 하나님께 기도하자, 하나님께서 그날 천둥과 비를 보내셨다. 백성은 잔뜩 겁에 질려 하나님과 사무엘을 두려워했다.

19 그때 온 백성이 사무엘에게 간청했다. "당신의 종인 우리를 위해 당신의 하나님께 기도해 주십시오. 우리가 죽지 않도록 기도해 주십시오! 우리가 지은 다른 모든 죄 위에, 왕을 구하는 죄를 하나 더 쌓았습니다!"

20-22 사무엘이 그들에게 말했다. "두려워하지 마십시오. 여러분이 매우 악한 일을 저지른 것은 사실입니다. 그럴지라도 하나님께 등을 돌리지 마십시오. 마음을 다해 그분을 예배하고 섬기십시오! 헛된 신들을 좇지 마십시오! 그것들은 아무것도 아닙니다. 그것들은 여러분을 도울 수 없습니다. 헛된 신들일 뿐입니다! 하나님께서는 순전히 자신의 어떠하심 때문에라도, 그분의 백성을 버리거나 떠나지 않으실 것입니다. 하나님께서는 여러분을 그분의 소유된 백성으로 삼으신 것을 기뻐하셨습니다.

23-25 나 또한 여러분을 버리거나 떠나지 않을 것입니다. 내가 그렇게 한다면, 그것은 하나님 앞에서 죄를 짓는 일이 될 것입니다! 나는 바로 여기 내 자리에 남아서 여러분을 위해 기도하고, 여러분에게 선하고 올바른 삶의 길을 가르칠 것입니다. 다만 여러분에게 당부합니다. 하나님을 경외하고, 온 마음을 다해 정직하게 그분을 섬기십시오. 여러분은 그분이 지금까지 여러분 가운데서 얼마나 큰일을 행하셨는지 보았습니다! 주의하십시오. 여러분이 악하게 살면, 여러분과 여러분의 왕은 버림받을 것입니다."

you asked for. GOD has let you have your own way, given you a king. If you fear GOD, worship and obey him, and don't rebel against what he tells you. If both you and your king follow GOD, no problem. GOD will be sure to save you. But if you don't obey him and rebel against what he tells you, king or no king, you will fare no better than your fathers.

16-17 "Pay attention! Watch this wonder that GOD is going to perform before you now! It's summer, as you well know, and the rainy season is over. But I'm going to pray to GOD. He'll send thunder and rain, a sign to convince you of the great wrong you have done to GOD by asking for a king."

18 Samuel prayed to GOD, and GOD sent thunder and rain that same day. The people were greatly afraid and in awe of GOD and of Samuel.

19 Then all the people begged Samuel, "Pray to your GOD for us, your servants. Pray that we won't die! On top of all our other sins, we've piled on one more–asking for a king!"

20-22 Samuel said to them, "Don't be fearful. It's true that you have done something very wrong. All the same, don't turn your back on GOD. Worship and serve him heart and soul! Don't chase after ghost-gods. There's nothing to them. They can't help you. They're nothing but ghost-gods! GOD, simply because of who he is, is not going to walk off and leave his people. GOD took delight in making you into his very own people.

23-25 "And neither will I walk off and leave you. That would be a sin against GOD! I'm staying right here at my post praying for you and teaching you the good and right way to live. But I beg of you, fear GOD and worship him honestly and heartily. You've seen how greatly he has worked among you! Be warned: If you live badly, both you and your king will be thrown out."

사울이 블레셋과 싸우다

13 1 사울이 처음 왕이 되었을 때 그는 젊은이였다. 그는 여러 해 동안 이스라엘의 왕으로 다스렸다.

2 사울은 사람들을 징집하여 세 개 부대를 만들었다. 두 개 부대는 믹마스와 베델 산지에 보내 자기 휘하에 두었고, 다른 부대는 베냐민 땅 기브아에 보내 요나단 아래 두었으며, 나머지 사람들은 집으로 돌려보냈다.

3-4 요나단이 게바(기브아)에 주둔한 블레셋 수비대장을 공격하여 죽였다. 블레셋 사람이 그 소식을 듣고 "히브리 사람이 반란을 일으켰다!" 하며 경계경보를 울렸다. 사울은 온 땅에 경계나팔을 불도록 명령을 내렸다. "사울이 블레셋 수비대장을 죽여 첫 피를 흘렸다! 블레셋 사람이 자극을 받아 잔뜩 화가 났다!"는 소문이 온 이스라엘에 퍼졌다. 군대가 소집되어, 길갈에 있는 사울에게 나아왔다.

5 블레셋 사람은 이스라엘과 싸우려고 병력을 집결시켰다. 전차가 세 개 부대, 기병이 여섯 개 부대였고, 보병은 바닷가의 모래알처럼 많았다. 그들은 산으로 올라가 벳아웬 동쪽 믹마스에 진을 쳤다.

6-7 이스라엘 백성은 자신들이 수적으로 훨씬 열세이며 큰 곤경에 처했음을 깨닫고, 달아나 숨었다. 굴이나 구덩이, 골짜기, 수풀, 웅덩이 등 장소를 가리지 않고 숨었다. 그들은 요단 강 건너편으로 후퇴하여 갓과 길르앗 땅으로 도망치는 피난민 신세가 되었다. 그러나 사울은 길갈에서 한 발짝도 물러서지 않았다. 아직 그와 함께한 군사들도 몹시 두려워하며 떨었다.

8 사울은 사무엘이 정해 준 기한인 칠 일을 기다렸다. 그러나 사무엘은 길갈에 나타나지 않았고, 군사들은 여기저기서 빠져나가기 시작했다.

9-10 참다 못한 사울은 직접 나섰다. "번제물과 화목 제물을 가져오너라!" 그는 직접 번제를 드렸다. 그렇게 제사를 드리자마자 사무엘이 나타났다! 사울이 그를 맞이했다.

11-12 그러자 사무엘이 말했다. "도대체 무엇을 하고 있는 겁니까?"

사울이 대답했다. "내 밑의 군대는 줄어들고 있는데 제사장께서는 온다고 한 때에 오시지 않고, 블레셋 사람은 믹마스에서 만반의 태세를 갖추고 있으니, '블레셋 사람이 나를 치러 곧 길갈로 올라올 텐데, 나는 아직 하나님께 도움을 구하지도

"GOD Is Out Looking for Your Replacement"

13 1 Saul was a young man when he began as king. He was king over Israel for many years.

2 Saul conscripted enough men for three companies of soldiers. He kept two companies under his command at Micmash and in the Bethel hills. The other company was under Jonathan at Gibeah in Benjamin. He sent the rest of the men home.

3-4 Jonathan attacked and killed the Philistine governor stationed at Geba (Gibeah). When the Philistines heard the news, they raised the alarm: "The Hebrews are in revolt!" Saul ordered the reveille trumpets blown throughout the land. The word went out all over Israel, "Saul has killed the Philistine governor—drawn first blood! The Philistines are stirred up and mad as hornets!" Summoned, the army came to Saul at Gilgal.

5 The Philistines rallied their forces to fight Israel: three companies of chariots, six companies of cavalry, and so many infantry they looked like sand on the seashore. They went up into the hills and set up camp at Micmash, east of Beth Aven.

6-7 When the Israelites saw that they were way outnumbered and in deep trouble, they ran for cover, hiding in caves and pits, ravines and brambles and cisterns—wherever. They retreated across the Jordan River, refugees fleeing to the country of Gad and Gilead. But Saul held his ground in Gilgal, his soldiers still with him but scared to death.

8 He waited seven days, the time set by Samuel. Samuel failed to show up at Gilgal, and the soldiers were slipping away, right and left.

9-10 So Saul took charge: "Bring me the burnt offering and the peace offerings!" He went ahead and sacrificed the burnt offering. No sooner had he done it than Samuel showed up! Saul greeted him.

11-12 Samuel said, "What on earth are you doing?"

Saul answered, "When I saw I was losing my army from under me, and that you hadn't come when you said you would, and that the Philistines were poised at Micmash, I said, 'The Philistines are about to come down on me in Gilgal, and I haven't yet come before GOD asking for his help.' So I took things into

못했구나' 하는 생각이 들어 직접 나서서 번제를 드린 것입니다."

13-14 "어리석은 일을 저지르셨습니다." 사무엘이 말했다. "왕이 왕의 하나님께서 명령하신 약속을 지켰다면, 지금쯤 하나님께서 이스라엘을 다스릴 왕의 왕권을 영원토록 견고하게 다지셨을 것입니다. 그러나 왕권은 이미 산산이 부서져 버렸습니다. 이제 하나님께서는 왕을 대신할 자를 찾고 계십니다. 이번에는 그분께서 직접 택하실 것입니다. 원하는 사람을 찾으시면, 그분께서 친히 그를 지도자로 세우실 것입니다. 이 모두가 왕이 하나님과의 약속을 어겼기 때문입니다!"

15 말을 마치고, 사무엘은 일어나 길갈을 떠났다. 그때까지 남아 있던 군대는 사울을 따라 싸우러 나갔다. 그들은 산으로 들어가 길갈에서 베냐민 땅 기브아로 향했다. 사울이 자기 곁에 남아 있는 군사들을 살피고 세어 보니, 육백 명밖에 되지 않았다!

요나단이 블레셋을 습격하다

16-18 사울과 그의 아들 요나단과 남은 군사들은 베냐민 땅 게바(기브아)에 진을 쳤다. 블레셋 사람은 믹마스에 진을 쳤다. 블레셋 진에서는 세 개의 기습부대를 수시로 내보냈다. 한 부대는 수알 땅 쪽으로 가는 오브라 길을 맡았고, 다른 부대는 벳호론 길을 맡았고, 또 다른 부대는 하이에나 골짜기 가장자리에 둘러 있는 경계 길을 맡았다.

19-22 당시 이스라엘에는 대장장이가 한 명도 없었다. "히브리 사람이 칼과 창을 만들게 해서는 안된다"며 블레셋 사람이 확실하게 수를 써 놓았기 때문이다. 이스라엘 사람이 쟁깃날, 곡괭이, 도끼, 낫 같은 농기구를 갈거나 손질하려면 블레셋 사람에게 내려가야만 했다. 블레셋 사람은 쟁깃날과 곡괭이에는 은화 한 개, 나머지에는 은화 반 개씩을 받았다. 그래서 믹마스 전투가 벌어졌을 때, 이스라엘에는 사울과 그의 아들 요나단 외에는 칼이나 창을 가진 사람이 없었다. 그들 두 사람만 무장한 상태였다.

23 블레셋의 정찰대가 믹마스 고갯길에 자리를 잡고 주둔했다.

14

1-3 그날 늦게, 사울의 아들 요나단이 자기의 무기를 드는 병사에게 말했다. "길 건너편 블레셋의 수비 정찰대가 있는 곳으로

my own hands, and sacrificed the burnt offering."

13-14 "That was a fool thing to do," Samuel said to Saul. "If you had kept the appointment that your GOD commanded, by now GOD would have set a firm and lasting foundation under your kingly rule over Israel. As it is, your kingly rule is already falling to pieces. GOD is out looking for your replacement right now. This time he'll do the choosing. When he finds him, he'll appoint him leader of his people. And all because you didn't keep your appointment with GOD!"

15 At that, Samuel got up and left Gilgal. What army there was left followed Saul into battle. They went into the hills from Gilgal toward Gibeah in Benjamin. Saul looked over and assessed the soldiers still with him—a mere six hundred!

Jonathan and His Armor Bearer

16-18 Saul, his son Jonathan, and the soldiers who had remained made camp at Geba (Gibeah) of Benjamin. The Philistines were camped at Micmash. Three squads of raiding parties were regularly sent out from the Philistine camp. One squadron was assigned to the Ophrah road going toward Shual country; another was assigned to the Beth Horon road; the third took the border road that rimmed the Valley of Hyenas.

19-22 There wasn't a blacksmith to be found anywhere in Israel. The Philistines made sure of that—"Lest those Hebrews start making swords and spears." That meant that the Israelites had to go down among the Philistines to keep their farm tools—plowshares and mattocks, axes and sickles—sharp and in good repair. They charged a silver coin for the plowshares and mattocks, and half that for the rest. So when the battle of Micmash was joined, there wasn't a sword or spear to be found anywhere in Israel—except for Saul and his son Jonathan; they were both well-armed.

23 A patrol of Philistines took up a position at Micmash Pass.

14

1-3 Later that day, Jonathan, Saul's son, said to his armor bearer, "Come on, let's

건너가자." 그러나 그는 자기 아버지에게 그 사실을 알리지 않았다. 한편, 사울은 게바(기브아) 성읍 가장자리에 있는 타작마당의 석류나무 아래서 쉬고 있었다. 육백 명 정도 되는 군사가 그와 함께 있었는데, 제사장의 에봇을 입은 아히야도 함께 있었다(아히야는 실로에서 하나님의 제사장이었던 엘리의 손자요 비느하스의 아들인 이가봇의 형제 아히둡의 아들이었다). 거기 있던 사람들은 요나단이 나간 사실을 전혀 몰랐다.

4-5 요나단이 블레셋 수비대 쪽으로 건너가기 위해 접어든 길은 양쪽으로 깎아지른 암벽이 드러나 있었다. 양쪽 벼랑의 이름은 보세스와 세네였다. 북쪽 벼랑은 믹마스와, 남쪽 벼랑은 게바(기브아)와 마주하고 있었다.

6 요나단이 자기의 무기를 드는 병사에게 말했다. "자 어서, 이 할례 받지 못한 이방인들에게 건너가자. 하나님께서 우리를 위해 일하실 것이다. 하나님께서 큰 군대를 통해서만 구원하시는 것은 아니다. 하나님께서 구원하시기로 뜻을 정하시면, 아무도 그분을 막을 수 없다."

7 그의 무기를 드는 병사가 말했다. "알겠습니다. 무엇이든 원하시는 대로 행하십시오. 무엇을 하시든 당신과 함께하겠습니다."

8-10 요나단이 말했다. "이렇게 하자. 일단 길을 건너가서, 저쪽 사람들에게 우리의 모습을 보이자. 만일 그들이 '멈춰라! 너희를 검문할 때까지 꼼짝하지 마라!'고 하면, 우리는 올라가지 않고 여기 있을 것이다. 그러나 저들이 '어서 올라오라'고 하면, 하나님께서 그들을 우리 손에 넘겨주신 것으로 알고 바로 올라갈 것이다. 그것이 우리에게 표징이 될 것이다."

11 두 사람은 블레셋 수비대의 눈에 잘 띄는 곳으로 나아갔다. 블레셋 사람들이 소리쳤다. "저기를 봐라! 히브리 사람들이 구덩이에서 기어 나온다!"

12 그러더니 요나단과 그의 무기를 드는 병사를 향해 외쳤다. "어서 이리 올라오너라! 우리가 본때를 보여주마!"

13 요나단은 자기의 무기를 드는 병사에게 외쳤다. "올라가자! 나를 따라오너라! 하나님께서 저들을 이스라엘의 손에 넘겨주셨다!" 요나단은 손과 발로 기어올라 갔고, 그의 무기를 드는 병사는 그 뒤를 바짝 따랐다. 블레셋 사람들이 달려들자 요나단은 그들을 때려눕혔고, 그의 무기를 드는 병사가 바로 뒤에서 돌로 그들의 머리를 세게 쳐

go over to the Philistine garrison patrol on the other side of the pass." But he didn't tell his father. Meanwhile, Saul was taking it easy under the pomegranate tree at the threshing floor on the edge of town at Geba (Gibeah). There were about six hundred men with him. Ahijah, wearing the priestly Ephod, was also there. (Ahijah was the son of Ahitub, brother of Ichabod, son of Phinehas, who was the son of Eli the priest of GOD at Shiloh.) No one there knew that Jonathan had gone off.

4-5 The pass that Jonathan was planning to cross over to the Philistine garrison was flanked on either side by sharp rock outcroppings, cliffs named Bozez and Seneh. The cliff to the north faced Micmash; the cliff to the south faced Geba (Gibeah).

6 Jonathan said to his armor bearer, "Come on now, let's go across to these uncircumcised pagans. Maybe GOD will work for us. There's no rule that says GOD can only deliver by using a big army. No one can stop GOD from saving when he sets his mind to it."

7 His armor bearer said, "Go ahead. Do what you think best. I'm with you all the way."

8-10 Jonathan said, "Here's what we'll do. We'll cross over the pass and let the men see we're there. If they say, 'Halt! Don't move until we check you out,' we'll stay put and not go up. But if they say, 'Come on up,' we'll go right up—and we'll know GOD has given them to us. That will be our sign."

11 So they did it, the two of them. They stepped into the open where they could be seen by the Philistine garrison. The Philistines shouted out, "Look at that! The Hebrews are crawling out of their holes!"

12 Then they yelled down to Jonathan and his armor bearer, "Come on up here! We've got a thing or two to show you!"

13 Jonathan shouted to his armor bearer, "Up! Follow me! GOD has turned them over to Israel!" Jonathan scrambled up on all fours, his armor bearer right on his heels. When the Philistines came running up to them, he knocked them flat, his armor bearer right behind finishing them off, bashing their heads in with stones.

서 마무리했다.
14-15 이 첫 전투에서 요나단과 그의 무기를 드는 병사는 적군을 스무 명 정도 죽였다. 그러자 양쪽 진영과 들판에 큰 소동이 벌어져, 수비대와 기습 부대 군사들이 두려워 떨며 크게 동요했고 땅까지 흔들렸다. 전에 없던 엄청난 공포였다!

블레셋 사람들이 서로를 죽이다

16-18 베냐민 땅 게바(기브아) 후위에 배치되어 있던 사울의 초병들이 적진을 휩쓸고 있는 혼란과 소동을 목격했다. 사울이 명령했다. "정렬하고 점호를 실시하여, 누가 여기 있고 누가 없는지 확인하여라." 그들이 점호를 해보니, 요나단과 그의 무기를 드는 병사가 없는 것으로 밝혀졌다.
18-19 사울이 아히야에게 명령했다. "제사장의 에봇을 가져오시오. 하나님께서 이 일에 대해 무슨 말씀을 하시는지 알아봅시다." (당시에는 아히야가 에봇을 맡고 있었다.) 사울이 제사장과 대화하는 동안 블레셋 진영의 소동은 점점 더 커지고 있었다. 그러자 사울은 이야기를 중단하며 아히야에게 "에봇을 치우시오" 하고 말했다.
20-23 사울은 즉시 군대를 불러 모아 싸움터로 나갔다. 적진에 이르러 보니 완전히 난장판이었다. 블레셋 사람들이 칼을 마구 휘두르며 자기들끼리 서로 죽이고 있었다. 일찍이 블레셋 진영에 투항했던 히브리 사람들이 다시 돌아왔다. 이제 그들은 사울과 요나단의 지휘를 따르며 이스라엘과 함께 있고자 했다. 에브라임 산지에 숨어 있던 이스라엘 백성도 블레셋 사람이 필사적으로 달아나고 있다는 소식을 듣고 모두 나와서 추격에 합류했다. 그날 하나님께서 이스라엘을 구원하셨다! 굉장한 날이었다!
싸움은 벳아웬까지 번졌다. 이제 온 군대가—만 명의 강한 군사가!—사울의 뒤에 있었고, 싸움은 에브라임 산지 전역의 모든 성읍으로 퍼져 나갔다.
24 그날 사울은 참으로 어리석은 일을 저질렀다. "저녁 전, 곧 내가 적들에게 복수하기 전에 무엇이든 먹는 사람은 저주를 받을 것이다!"라고 군사들에게 말한 것이다. 군사들은 하루 종일 아무것도 먹지 못했다.
25-27 들판 곳곳에 벌집이 있었지만, 그 꿀을 맛보려고 손가락을 대는 자가 아무도 없었다. 다들 저주를 받을까 두려워했던 것이다. 그러나 자기 아버지의 맹세를 듣지 못한 요나단은 막대기 끝으로

14-15 In this first bloody encounter, Jonathan and his armor bearer killed about twenty men. That set off a terrific upheaval in both camp and field, the soldiers in the garrison and the raiding squad badly shaken up, the ground itself shuddering—panic like you've never seen before!

Straight to the Battle

16-18 Saul's sentries posted back at Geba (Gibeah) in Benjamin saw the confusion and turmoil raging in the camp. Saul commanded, "Line up and take the roll. See who's here and who's missing." When they called the roll, Jonathan and his armor bearer turned up missing.
18-19 Saul ordered Ahijah, "Bring the priestly Ephod. Let's see what GOD has to say here." (Ahijah was responsible for the Ephod in those days.) While Saul was in conversation with the priest, the upheaval in the Philistine camp became greater and louder. Then Saul interrupted Ahijah: "Put the Ephod away."
20-23 Saul immediately called his army together and they went straight to the battle. When they got there they found total confusion—Philistines swinging their swords wildly, killing each other. Hebrews who had earlier defected to the Philistine camp came back. They now wanted to be with Israel under Saul and Jonathan. Not only that, but when all the Israelites who had been hiding out in the backwoods of Ephraim heard that the Philistines were running for their lives, they came out and joined the chase. GOD saved Israel! What a day!
The fighting moved on to Beth Aven. The whole army was behind Saul now—ten thousand strong!—with the fighting scattering into all the towns throughout the hills of Ephraim.
24 Saul did something really foolish that day. He addressed the army: "A curse on the man who eats anything before evening, before I've wreaked vengeance on my enemies!" None of them ate a thing all day.
25-27 There were honeycombs here and there in the fields. But no one so much as put his finger in the honey to taste it, for the soldiers to a man feared

꿀을 조금 찍어 먹었다. 그러자 기운이 나고 눈이 밝아지면서 새 힘이 솟았다.
28 한 군사가 그에게 말했다. "왕께서 '저녁 전에 무엇이든 먹는 사람은 저주를 받을 것이다!' 하고 군 전체를 상대로 엄숙히 맹세하셨습니다. 그래서 군사들이 맥없이 늘어져 있습니다!"
29-30 요나단이 말했다. "아버지께서 이 나라를 위태롭게 만드셨구나. 꿀을 조금만 먹었는데도 이렇듯 빨리 기운이 나지 않았는가! 군사들이 적에게서 빼앗은 것을 뭐라도 먹었더라면 사정이 훨씬 나았을 것을. 그들을 더 크게 쳐부술 수 있었을 텐데!"
31-32 그날 그들은 믹마스에서 멀리 아얄론에 이르기까지 블레셋 사람을 추격해 죽였으나, 군사들은 완전히 기진맥진하고 말았다. 그때부터 그들은 전리품을 취하기 시작했다. 양이든 소든 송아지든, 눈에 띄는 대로 마구 붙잡아 그 자리에서 잡았다. 그리고 그 고기와 피와 내장까지 닥치는 대로 먹었다.
33-34 누군가 사울에게 말했다. "어떻게 좀 해보십시오! 군사들이 하나님께 죄를 짓고 있습니다. 고기를 피째 먹고 있습니다!"
사울이 말했다. "너희가 은혜를 원수로 갚고 있구나! 당장 큰 돌 하나를 이리로 굴려 오너라!" 그가 말을 이었다. "군사들 사이로 다니며 알려라. '너희 소와 양들을 이곳으로 가져와 제대로 잡아라. 그러고 나서 고기를 마음껏 즐겁게 먹어도 좋다. 하지만 고기를 피째 먹어 하나님께 죄를 지어서는 안된다.'"
군사들은 그 말대로 행했다. 그날 밤 그들은 차례로 자기 짐승을 가져와 그곳에서 잡았다.
35 이것이 사울이 하나님께 제단을 쌓게 된 배경이다. 그것은 그가 하나님께 처음으로 쌓은 제단이었다.

사울이 하나님께 기도하다

36 사울이 말했다. "오늘 밤 블레셋 사람을 쫓아가자! 밤새도록 약탈하고 전리품을 취할 수 있을 것이다. 블레셋 사람을 단 한 놈도 살려 두어서는 안된다!"
"좋습니다. 그렇게 하겠습니다!" 군사들이 말했다.
그러나 제사장이 그들을 만류했다. "이 일에 대해 하나님께서 어떻게 생각하시는지 알아봐야 합니다."
37 그래서 사울은 하나님께 기도했다. "제가 블

the curse. But Jonathan hadn't heard his father put the army under oath. He stuck the tip of his staff into some honey and ate it. Refreshed, his eyes lit up with renewed vigor.
28 A soldier spoke up, "Your father has put the army under solemn oath, saying, 'A curse on the man who eats anything before evening!' No wonder the soldiers are drooping!"
29-30 Jonathan said, "My father has imperiled the country. Just look how quickly my energy has returned since I ate a little of this honey! It would have been a lot better, believe me, if the soldiers had eaten their fill of whatever they took from the enemy. Who knows how much worse we could have whipped them!"
31-32 They killed Philistines that day all the way from Micmash to Aijalon, but the soldiers ended up totally exhausted. Then they started plundering. They grabbed anything in sight—sheep, cattle, calves—and butchered it where they found it. Then they glutted themselves—meat, blood, the works.
33-34 Saul was told, "Do something! The soldiers are sinning against GOD. They're eating meat with the blood still in it!"
Saul said, "You're biting the hand that feeds you! Roll a big rock over here—now!" He continued, "Disperse among the troops and tell them, 'Bring your oxen and sheep to me and butcher them properly here. Then you can feast to your heart's content. Please don't sin against GOD by eating meat with the blood still in it.'"
And so they did. That night each soldier, one after another, led his animal there to be butchered.
35 That's the story behind Saul's building an altar to GOD. It's the first altar to GOD that he built.

Find Out What GOD Thinks

36 Saul said, "Let's go after the Philistines tonight! We can spend the night looting and plundering. We won't leave a single live Philistine!"
"Sounds good to us," said the troops. "Let's do it!"
But the priest slowed them down: "Let's find out what God thinks about this."
37 So Saul prayed to God, "Shall I go after the Philistines? Will you put them in Israel's hand?" God

레셋 사람을 쫓아가도 되겠습니까? 하나님께서
그들을 이스라엘의 손에 넘겨주시겠습니까?"
하나님께서는 그 일에 대해 사울에게 응답하지
않으셨다.
38-39 그러자 사울이 말했다. "모든 군지휘관들
은 앞으로 나오시오. 오늘 누군가 죄를 범했소.
그 죄가 무엇이며 누가 범했는지 찾아낼 것이
오! 하나님 이스라엘의 구원자 하나님께서 살
아 계심을 두고 맹세하는데, 죄를 지은 자가 있
으면, 설령 내 아들 요나단으로 밝혀진다 해도
그는 죽을 것이오!"
입을 떼는 자가 아무도 없었다.
40 사울이 이스라엘 군대에게 말했다. "저쪽에
정렬하여 서시오. 나와 내 아들 요나단은 이쪽
에 서겠소."
군대가 "좋습니다. 왕의 말씀대로 하겠습니다"
하고 말하자,
41 사울은 하나님께 기도했다. "이스라엘의 하
나님, 어째서 오늘 제게 응답하지 않으셨습니
까? 진실을 보여주십시오. 하나님, 저나 요나단
에게 죄가 있다면 우림 표시를 주시고, 이스라
엘 군대에 죄가 있다면 둠밈 표시를 주십시오."
그러자 우림 표시가 나와 사울과 요나단에게
죄가 있음을 알렸다. 이로써 군대는 혐의를 벗
게 되었다.
42 사울이 말했다. "나와 요나단이 제비를 뽑겠
소. 하나님께서 지적하시는 자는 죽임을 당할
것이오!"
군사들이 반대했다. "안됩니다. 이 일은 옳지
않습니다. 그만 멈추십시오!" 그러나 사울은 계
속 밀어붙였다. 그들이 우림과 둠밈으로 제비
를 뽑자, 요나단이 걸렸다.
43 사울이 요나단을 추궁했다. "무슨 짓을 한 것
이냐? 당장 말하여라!"
요나단이 말했다. "들고 있던 막대기로 꿀을 조
금 찍어 먹었습니다. 그것이 전부입니다. 그것
때문에 제가 죽어야 합니까?"
44 사울이 말했다. "그렇다. 너는 반드시 죽을
것이다. 나도 어쩔 수 없다. 하나님을 거스를
수는 없지 않느냐?"
45 군사들이 자리에서 일어났다. "요나단이 죽
다니요? 절대로 안됩니다! 그는 오늘 이스라엘
을 위해 혁혁한 구원의 승리를 이루어 냈습니
다. 하나님께서 살아 계심을 두고 맹세하는데,
그의 머리털 하나도 해를 당하지 않을 것입니

didn't answer him on that occasion.
38-39 Saul then said, "All army officers, step forward.
Some sin has been committed this day. We're going
to find out what it is and who did it! As GOD lives,
Israel's Savior God, whoever sinned will die, even if
it should turn out to be Jonathan, my son!"
Nobody said a word.
40 Saul said to the Israelites, "You line up over on
that side, and I and Jonathan my son will stand on
this side."
The army agreed, "Fine. Whatever you say."
41 Then Saul prayed to GOD, "O God of Israel, why
haven't you answered me today? Show me the truth.
If the sin is in me or Jonathan, then, O GOD, give
the sign Urim. But if the sin is in the army of Israel,
give the sign Thummim."
The Urim sign turned up and pointed to Saul and
Jonathan. That cleared the army.
42 Next Saul said, "Cast the lots between me and
Jonathan—and death to the one GOD points to!"
The soldiers protested, "No—this is not right. Stop
this!" But Saul pushed on anyway. They cast the lots,
Urim and Thummim, and the lot fell to Jonathan.
43 Saul confronted Jonathan. "What did you do?
Tell me!"
Jonathan said, "I licked a bit of honey off the tip of
the staff I was carrying. That's it—and for that I'm to
die?"
44 Saul said, "Yes. Jonathan most certainly will
die. It's out of my hands—I can't go against God,
can I?"
45 The soldiers rose up: "Jonathan—die? Never!
He's just carried out this stunning salvation victory
for Israel. As surely as GOD lives, not a hair on his
head is going to be harmed. Why, he's been working
hand-in-hand with God all day!" The soldiers
rescued Jonathan and he didn't die.
46 Saul pulled back from chasing the Philistines, and
the Philistines went home.
47-48 Saul extended his rule, capturing neighboring
kingdoms. He fought enemies on every front—
Moab, Ammon, Edom, the king of Zobah, the
Philistines. Wherever he turned, he came up with a
victory. He became invincible! He smashed Amalek,
freeing Israel from the savagery and looting.

다. 온종일 하나님과 함께 싸운 사람이 아닙니까!" 군사들이 요나단을 구하여 그는 죽음을 면했다.
46 사울은 블레셋 사람을 추격하는 것을 그만두었고, 블레셋 사람은 자기 땅으로 돌아갔다.
47-48 사울은 주변 왕국들을 점령하여 통치 영역을 넓혔다. 그는 모압, 암몬, 에돔, 소바 왕, 블레셋 사람 등 사방의 모든 원수와 맞붙어 싸웠는데, 어디로 가든지 승리를 거두었다. 그를 이길 자가 없었다! 그는 아말렉을 쳤고, 이스라엘은 그들의 만행과 약탈에서 벗어났다.

49-51 사울의 아들들은 요나단, 리스위, 말기수아였고, 딸들은 맏딸 메랍과 작은딸 미갈이었다. 사울의 아내는 아히마아스의 딸 아히노암이었다. 넬의 아들 아브넬은 사울의 군사령관이었다(넬은 사울의 삼촌이었다). 사울의 아버지 기스와 아브넬의 아버지 넬은 아비엘의 아들들이었다.
52 사울은 살아 있는 동안 블레셋 사람과 격렬하고 무자비한 전쟁을 벌였다. 그는 힘세고 용감한 자들을 눈에 띄는 대로 징집했다.

아말렉과의 전쟁

15 1-2 사무엘이 사울에게 말했다. "하나님께서 나를 보내시고 왕께 기름을 부어, 그분의 백성 이스라엘을 다스릴 왕으로 삼게 하셨습니다. 이제 하나님께서 하시는 말씀을 다시 들으십시오. 만군의 하나님께서 말씀하십니다.
2-3 '이스라엘이 이집트에서 올라올 때 아말렉이 매복해 있다가 이스라엘을 기습했으니, 이제 내가 그들에게 원수를 갚겠다. 너는 이렇게 하여라. 아말렉과 전쟁을 벌이고 아말렉과 관계된 모든 것을 거룩한 저주 아래 두어라. 예외는 없다! 남자와 여자, 어린아이와 아기, 소와 양, 낙타와 나귀까지 모조리 진멸해야 한다.'"
4-5 사울은 들라임에 군대를 소집하고, 이스라엘에서 군사 이백 개 부대와 유다에서 따로 열 개 부대를 뽑아 출정 준비를 했다. 사울은 아말렉 성을 향해 진군하여 계곡에 매복했다.
6 사울은 겐 사람에게 전갈을 보냈다. "나올 수 있을 때 거기서 나오시오. 지금 당장 성읍에서 대피하시오. 그렇지 않으면 당신들도 아말렉 사람과 함께 당할 것이오. 이스라엘 백성이 이집트에서 올라올 때 당신들이 친절을 베풀었기 때문에 이렇게 경고하는 것이오."
겐 사람은 그의 경고대로 그곳에서 대피했다.
7-9 그러자 사울은 계곡에서부터 멀리 이집트 경계 근

49-51 Saul's sons were Jonathan, Ishvi, and Malki-Shua. His daughters were Merab, the firstborn, and Michal, the younger. Saul's wife was Ahinoam, daughter of Ahimaaz. Abner son of Ner was commander of Saul's army (Ner was Saul's uncle). Kish, Saul's father, and Ner, Abner's father, were the sons of Abiel.
52 All through Saul's life there was war, bitter and relentless, with the Philistines. Saul conscripted every strong and brave man he laid eyes on.

15 1-2 Samuel said to Saul, "GOD sent me to anoint you king over his people, Israel. Now, listen again to what GOD says. This is the GOD-of-the-Angel-Armies speaking:
2-3 "'I'm about to get even with Amalek for ambushing Israel when Israel came up out of Egypt. Here's what you are to do: Go to war against Amalek. Put everything connected with Amalek under a holy ban. And no exceptions! This is to be total destruction–men and women, children and infants, cattle and sheep, camels and donkeys–the works.'"
4-5 Saul called the army together at Telaim and prepared them to go to war–two hundred companies of infantry from Israel and another ten companies from Judah. Saul marched to Amalek City and hid in the canyon.
6 Then Saul got word to the Kenites: "Get out of here while you can. Evacuate the city right now or you'll get lumped in with the Amalekites. I'm warning you because you showed real kindness to the Israelites when they came up out of Egypt."
And they did. The Kenites evacuated the place.
7-9 Then Saul went after Amalek, from the canyon all the way to Shur near the Egyptian border. He captured Agag, king of Amalek, alive. Everyone else was killed under the terms of the holy ban. Saul and the army made an exception for Agag, and for the choice sheep and cattle. They didn't include them under the terms of the holy ban. But all the rest, which

처에 있는 수르에 이르기까지 아말렉을 추격했다. 그는 아말렉 왕 아각을 생포했다. 다른 모든 사람은 거룩한 저주의 규정대로 죽였다. 그러나 사울과 그의 군대는 아각을 비롯해 가장 좋은 양과 소는 살려 두었다. 그것들에는 거룩한 저주의 규정을 적용하지 않았다. 그 외 아무도 필요로 하지 않는 것은 모두 거룩한 저주의 규정대로 죽였다.

10-11 그러자 하나님께서 사무엘에게 말씀하셨다. "사울을 왕으로 삼은 것이 후회스럽구나. 그가 내게서 등을 돌리고 내가 말한 대로 행하지 않는다."

11-12 사무엘은 그 말을 듣고 화가 났다. 그는 분노와 실망 속에서 밤새도록 기도했다. 그가 사울을 만나 잘못을 지적하려고 아침 일찍 일어났을 때 이런 보고가 들어왔다. "왕께서는 이미 떠나셨습니다. 갈멜에서 왕을 기념하는 승전비를 세운 다음 길갈로 가셨습니다."

사울의 불순종

사무엘이 그를 따라잡았을 때는 사울이 이미 제사를 마친 뒤였다. 그는 아말렉의 전리품을 가지고 하나님께 번제를 드렸다.

13 사무엘이 다가오자, 사울이 큰소리로 말했다. "당신에게 하나님의 복이 임하시기를 빕니다! 내가 하나님의 계획을 충실히 이행했습니다!"

14 사무엘이 말했다. "그러면 내 귀에 들리는 이 양과 소의 울음소리는 무엇입니까?"

15 "아말렉의 전리품 가운데 몇 가지일 뿐입니다." 사울이 말했다. "군사들이 가장 좋은 소와 양 일부를 하나님께 제물로 바치려고 남겨 두었습니다. 그러나 그 밖의 것은 다 거룩한 저주 아래 진멸했습니다."

16 "그만하십시오!" 사무엘이 가로막았다. "하나님께서 어젯밤 내게 하신 말씀을 들어 보십시오."

사울이 말했다. "어서 말씀하십시오."

17-19 사무엘이 말했다. "처음 이 길에 들어설 때 당신은 보잘것없는 사람이었습니다. 왕께서도 그것을 알고 있었습니다. 그때 하나님께서 당신을 이스라엘 가운데 가장 높이 두셔서 왕으로 삼으셨습니다. 그러다 하나님께서 그분을 위해 한 가지 일을 하도록 당신을 보내며 명령하시기를, '가서 저 죄인들, 아말렉 사람을 거룩한 저주 아래 두어라. 그들과 끝까지 싸워 완전히 없애 버려라' 하고 말씀하셨습니다. 그런데 어찌하여 왕께서는 하나님께 순종하지 않았습니까? 하나님께서 당신을 항상 지켜보시는데, 어찌하여 이 모든 전리품을 챙기고 버젓이 악을 저질렀습니까?"

20-21 사울은 자신을 변호했다. "무슨 말씀입니까? 나

nobody wanted anyway, they destroyed as decreed by the holy ban.

10-11 Then GOD spoke to Samuel: "I'm sorry I ever made Saul king. He's turned his back on me. He refuses to do what I tell him."

11-12 Samuel was angry when he heard this. He prayed his anger and disappointment all through the night. He got up early in the morning to confront Saul but was told, "Saul's gone. He went to Carmel to set up a victory monument in his own honor, and then was headed for Gilgal."

By the time Samuel caught up with him, Saul had just finished an act of worship, having used Amalekite plunder for the burnt offerings sacrificed to GOD.

13 As Samuel came close, Saul called out, "GOD's blessings on you! I accomplished GOD's plan to the letter!"

14 Samuel said, "So what's this I'm hearing–this bleating of sheep, this mooing of cattle?"

15 "Only some Amalekite loot," said Saul. "The soldiers saved back a few of the choice cattle and sheep to offer up in sacrifice to GOD. But everything else we destroyed under the holy ban."

16 "Enough!" interrupted Samuel. "Let me tell you what GOD told me last night."

Saul said, "Go ahead. Tell me."

17-19 And Samuel told him. "When you started out in this, you were nothing–and you knew it. Then GOD put you at the head of Israel–made you king over Israel. Then GOD sent you off to do a job for him, ordering you, 'Go and put those sinners, the Amalekites, under a holy ban. Go to war against them until you have totally wiped them out.' So why did you not obey GOD? Why did you grab all this loot? Why, with GOD's eyes on you all the time, did you brazenly carry out this evil?"

20-21 Saul defended himself. "What are you talking about? I did obey GOD. I did the job GOD set for me. I brought in King Agag and destroyed the Amalekites under the terms of the holy ban. So the soldiers saved back a few

는 하나님께 순종했습니다. 하나님께서 시키신 일을 행했습니다. 나는 아각 왕을 잡아 왔고 아말렉 사람을 거룩한 저주의 규정대로 진멸했습니다. 군사들이 길갈에서 하나님께 제사를 드리려고 가장 좋은 양과 소 일부를 남겨 두었기로 그것이 뭐가 잘못이란 말입니까?"

22-23 그러자 사무엘이 말했다.

하나님께서 원하시는 것이
보여주기 위한 공허한 제사 의식이겠습니까?
그분께서 원하시는 것은 그분의 말씀을 잘 듣는 것입니다!
중요한 것은 듣는 것이지,
거창한 종교 공연을 무대에 올리는 것이 아닙니다.
하나님의 명령을 행하지 않는 것은
이교에 빠져 놀아나는 것보다 훨씬 더 악한 일입니다.
하나님 앞에서 스스로 우쭐대는 것은
죽은 조상과 내통하는 것보다 훨씬 더 악한 일입니다.
왕께서 하나님의 명령을 거절했으니
그분께서도 왕의 왕권을 거절하실 것입니다.

24-25 사울이 마침내 잘못을 시인하며 고백했다. "내가 죄를 지었습니다. 내가 하나님의 말씀과 당신의 지시를 무시했습니다. 백성을 기쁘게 하는 일에 더 마음을 두었습니다. 그들이 원하는 대로 했습니다. 부디 나의 죄를 용서해 주십시오! 내 손을 잡고 제단으로 인도하여서, 다시 하나님께 예배할 수 있게 해 주십시오!"

26 그러나 사무엘은 거절했다. "아닙니다. 나는 이 일에서 왕과 함께 갈 수 없습니다. 왕께서는 하나님의 명령을 저버렸습니다. 이제 하나님께서는 당신을 버리셨습니다. 당신은 이스라엘의 왕이 될 수 없습니다."

27-29 사무엘이 떠나려고 돌아서는데, 사울이 그의 옷자락을 잡는 바람에 옷 한쪽이 찢어졌다. 사무엘이 말했다. "하나님께서 바로 지금, 왕께 주셨던 이 나라를 찢어 내셔서 왕의 이웃에게, 왕보다 나은 사람에게 넘겨주셨습니다. 이스라엘의 영광의 하나님은 속이지도 않으시고 오락가락하지도 않으십니다. 그분은 마음에 있는 것을 말씀하시며, 그분의 말씀은 모두 진심입니다."

30 사울이 다시 만류했다. "내가 죄를 지었습니다. 나를 버리지 마십시오! 지도자들과 백성 앞에서 나를 지지해 주십시오. 내가 돌아가서 하나님을 예배할 테니, 나와 함께 가 주십시오."

31 사무엘은 그의 요청대로 그와 함께 돌아갔다. 사

choice sheep and cattle from the holy ban for sacrifice to GOD at Gilgal—what's wrong with that?"

22-23 Then Samuel said,

Do you think all GOD wants are sacrifices—
empty rituals just for show?
He wants you to listen to him!
Plain listening is the thing,
not staging a lavish religious production.
Not doing what GOD tells you
is far worse than fooling around in the occult.
Getting self-important around GOD
is far worse than making deals with your dead ancestors.
Because you said No to GOD's command,
he says No to your kingship.

24-25 Saul gave in and confessed, "I've sinned. I've trampled roughshod over GOD's Word and your instructions. I cared more about pleasing the people. I let them tell me what to do. Oh, absolve me of my sin! Take my hand and lead me to the altar so I can worship GOD!"

26 But Samuel refused: "No, I can't come alongside you in this. You rejected GOD's command. Now GOD has rejected you as king over Israel."

27-29 As Samuel turned to leave, Saul grabbed at his priestly robe and a piece tore off. Samuel said, "GOD has just now torn the kingdom from you, and handed it over to your neighbor, a better man than you are. Israel's God-of-Glory doesn't deceive and he doesn't dither. He says what he means and means what he says."

30 Saul tried again, "I have sinned. But don't abandon me! Support me with your presence before the leaders and the people. Come alongside me as I go back to worship GOD."

31 Samuel did. He went back with him. And Saul went to his knees before GOD and worshiped.

32 Then Samuel said, "Present King Agag of

울은 하나님 앞에 무릎을 꿇고 예배했다.
32 사무엘이 말했다. "아말렉 왕 아각을 내 앞에 데려
오십시오." 아각은 죽는 편이 낫겠다고 중얼거리며
끌려 나왔다.
33 사무엘이 말했다. "네 칼로 인해 많은 여인들이 자
녀를 잃은 것처럼, 네 어미도 그 여인들과 같이 자녀
를 잃게 될 것이다!" 사무엘은 그곳 길갈, 하나님 앞
에서 아각을 칼로 베었다.
34-35 사무엘은 바로 라마로 떠났고 사울은 기브아의
집으로 돌아갔다. 그 후로 사무엘은 다시는 사울을
상대하지 않았다. 그러나 사울의 일로 오랫동안 깊이
슬퍼했다. 하나님께서는 사울을 왕으로 삼으신 것을
후회하셨다.

하나님은 중심을 보신다

16 1 하나님께서 사무엘에게 말씀하셨다. "네
가 언제까지 사울 때문에 침울하게 있을
참이냐? 너도 알다시피, 나는 그를 버렸다. 그는 더
이상 이스라엘의 왕이 아니다. 너는 거룩하게 구별하
는 기름을 병에 담아라. 내가 너를 베들레헴의 이새
에게 보내겠다. 그의 아들 가운데서 원하는 왕을 찾
았다."
2-3 "그렇게 할 수 없습니다." 사무엘이 말했다. "사울
이 이 소식을 들으면 저를 죽일 것입니다."
하나님께서 말씀하셨다. "암송아지 한 마리를 끌고
그곳으로 가서, '내가 이 암송아지를 제물로 바치고
여러분을 인도하여 하나님께 예배를 드리러 왔습니
다' 하고 알려라. 그 자리에 이새도 반드시 초대해야
한다. 그 다음에 할 일은 그때 가서 알려 주겠다. 네
가 기름을 부어야 할 사람을 내가 알려 줄 것이다."
4 사무엘은 하나님께서 지시하신 대로 행했다. 그가
베들레헴에 도착하자 성읍의 장로들이 그를 맞으러
나왔다. 그들은 불안한 기색이 역력했다. "무슨 잘못
된 일이라도 있습니까?"
5 "없습니다. 나는 이 암송아지를 제물로 바치고 여
러분을 인도하여 하나님께 예배를 드리러 왔습니다.
모두 자신을 살펴 정결하게 하고 나와 함께 예배를
드립시다." 그는 이새와 그의 아들들도 정결하게 한
뒤 예배에 참석하라고 불렀다.
6 이새의 아들들이 도착했을 때 사무엘은 엘리압을
보고 생각했다. "이 사람이 하나님께 기름부음을 받
을 자구나!"
7 그러나 하나님께서 사무엘에게 말씀하셨다. "외모
가 다가 아니다. 그의 외모와 키에 감동하지 마라.

Amalek to me." Agag came, dragging his feet,
muttering that he'd be better off dead.
33 Samuel said, "Just as your sword made
many a woman childless, so your mother will
be childless among those women!" And Samuel
cut Agag down in the presence of GOD right
there in Gilgal.
34-35 Samuel left immediately for Ramah
and Saul went home to Gibeah. Samuel had
nothing to do with Saul from then on, though
he grieved long and deeply over him. But GOD
was sorry he had ever made Saul king in the
first place.

GOD Looks into the Heart

16 1 GOD addressed Samuel: "So, how
long are you going to mope over Saul?
You know I've rejected him as king over Israel.
Fill your flask with anointing oil and get going.
I'm sending you to Jesse of Bethlehem. I've
spotted the very king I want among his sons."
2-3 "I can't do that," said Samuel. "Saul will
hear about it and kill me."
GOD said, "Take a heifer with you and
announce, 'I've come to lead you in worship of
GOD, with this heifer as a sacrifice.' Make sure
Jesse gets invited. I'll let you know what to do
next. I'll point out the one you are to anoint."
4 Samuel did what GOD told him. When he
arrived at Bethlehem, the town fathers greeted
him, but apprehensively. "Is there something
wrong?"
5 "Nothing's wrong. I've come to sacrifice this
heifer and lead you in the worship of GOD.
Prepare yourselves, be consecrated, and join
me in worship." He made sure Jesse and
his sons were also consecrated and called to
worship.
6 When they arrived, Samuel took one look at
Eliab and thought, "Here he is! GOD's anointed!"
7 But GOD told Samuel, "Looks aren't every-
thing. Don't be impressed with his looks and
stature. I've already eliminated him. GOD
judges persons differently than humans do.
Men and women look at the face; GOD looks

나는 이미 그를 제외시켰다. 나 하나님은 사람을 판단할 때 사람들이 하는 것처럼 하지 않는다. 사람은 얼굴을 보지만, 나 하나님은 그 중심을 본다."

8 이새가 아비나답을 불러 사무엘에게 보였다. 사무엘이 말했다. "이 사람도 하나님께서 택하신 자가 아닙니다."

9 다음으로 이새는 삼마를 보였다. 사무엘이 말했다. "이 사람도 아닙니다."

10 이새는 아들 일곱 명을 모두 사무엘에게 보였다. 사무엘은 이새에게 있는 그대로 말했다. "하나님께서 이들 가운데 누구도 선택하지 않으셨습니다."

11 그러더니 이새에게 다시 물었다. "이들이 전부입니까? 아들이 더 없습니까?"

"작은 녀석이 하나 있기는 합니다만, 밖에서 양을 치고 있습니다."

사무엘이 이새에게 명했다. "가서 그 아이를 데려오십시오. 그가 오기 전에는 우리가 이 자리를 뜨지 않겠습니다."

12 이새는 사람을 보내 그를 데려오게 했다. 그가 안으로 들어왔는데, 눈이 밝게 빛나고 준수하여, 무척 건강해 보였다.

하나님께서 말씀하셨다. "일어나서, 그에게 기름을 부어라! 바로 이 사람이다."

13 그의 형들이 둘러서서 지켜보는 가운데, 사무엘은 기름이 담긴 병을 들어 그에게 부었다. 하나님의 영이 급한 바람처럼 다윗 안에 들어가, 그가 살아 있는 동안 큰 능력을 부어 주셨다.

사무엘은 그곳을 떠나 라마에 있는 집으로 돌아갔다.

14 그 순간에 사울에게서 하나님의 영이 떠나고, 하나님께서 보내신 어두운 기운이 그를 덮쳤다. 그는 두려웠다.

15-16 사울의 참모들이 말했다. "하나님께로부터 온 이 지독한 우울증이 왕의 삶을 비참하게 만들고 있습니다. 왕이시여, 하프를 탈 줄 아는 사람을 찾아 왕을 돕게 하십시오. 하나님께서 보내신 어둡고 우울한 기운이 찾아올 때 그가 음악을 연주하면 왕의 기분이 좋아질 것입니다."

17 사울이 신하들에게 말했다. "하프를 탈 줄 아는 사람을 찾아서 내게 데려오시오."

18 *젊은 신하들 가운데 하나가* 말했다. "제가 아는 사람이 있습니다. 제가 직접 보았는데, 베들레헴에 사는 이새의 아들로 음악에 재주가 뛰어납니다. 또한 용감하고 이제 성년이 되어서 말도 잘하고 준수한 데다, 하나님께서 그와 함께 계십니다."

into the heart."

8 Jesse then called up Abinadab and presented him to Samuel. Samuel said, "This man isn't GOD's choice either."

9 Next Jesse presented Shammah. Samuel said, "No, this man isn't either."

10 Jesse presented his seven sons to Samuel. Samuel was blunt with Jesse, "GOD hasn't chosen any of these."

11 Then he asked Jesse, "Is this it? Are there no more sons?"

"Well, yes, there's the runt. But he's out tending the sheep."

Samuel ordered Jesse, "Go get him. We're not moving from this spot until he's here."

12 Jesse sent for him. He was brought in, the very picture of health–bright-eyed, good-looking.

GOD said, "Up on your feet! Anoint him! This is the one."

13 Samuel took his flask of oil and anointed him, with his brothers standing around watching. The Spirit of GOD entered David like a rush of wind, God vitally empowering him for the rest of his life.

Samuel left and went home to Ramah.

David—An Excellent Musician

14 At that very moment the Spirit of GOD left Saul and in its place a black mood sent by GOD settled on him. He was terrified.

15-16 Saul's advisors said, "This awful tormenting depression from God is making your life miserable. O Master, let us help. Let us look for someone who can play the harp. When the black mood from God moves in, he'll play his music and you'll feel better."

17 Saul told his servants, "Go ahead. Find me someone who can play well and bring him to me."

18 One of the young men spoke up, "I know someone. I've seen him myself: the son of Jesse of Bethlehem, an excellent musician. He's also courageous, of age, well-spoken, and good-looking. And GOD is with him."

19 So Saul sent messengers to Jesse requesting,

19 사울은 이새에게 전령을 보내어 청했다. "그대의 아들 다윗, 양을 치는 그 아들을 내게 보내 주시오."
20-21 이새는 나귀 한 마리에 빵 두어 덩이와 포도주 한 병과 새끼 염소 한 마리를 실어서, 아들 다윗을 사울에게 보냈다. 다윗은 사울에게 가서 그 앞에 섰다. 사울은 첫눈에 그가 마음에 들어 자신의 오른팔로 삼았다.
22 사울은 이새에게 답변을 보냈다. "고맙소. 다윗은 이곳에 머물 것이오. 그는 내가 찾던 사람이오. 그에게 깊은 감동을 받았소."
23 그 후로 하나님께로부터 온 우울증이 사울을 괴롭힐 때마다 다윗이 하프를 꺼내 연주했다. 그러면 사울은 진정되었고, 어둡고 우울한 기운이 걷히면서 기분이 좋아졌다.

골리앗이 이스라엘에 도전하다

17 1-3 블레셋 사람이 전투를 벌이려고 군대를 소집했다. 그들은 유다 땅 소고에 군대를 배치하고, 소고와 아세가 사이에 있는 에베스담밈에 진을 쳤다. 사울과 이스라엘 백성은 상수리나무 골짜기에 진을 치고 부대를 배치하여 블레셋 사람과 맞서 싸울 준비를 했다. 블레셋 사람은 한쪽 산 위에 있고 이스라엘 백성은 반대쪽 산 위에 있는데, 그 사이에 골짜기가 있었다.
4-7 블레셋 진영에서 키가 거의 3미터나 되는 거인 하나가 넓게 트인 곳으로 걸어 나왔다. 그는 가드 사람 골리앗이었다. 머리에 청동투구를 쓰고 갑옷을 입었는데, 갑옷의 무게만 57킬로그램이나 되었다! 그는 또 청동각반을 차고 청동칼을 들고 있었다. 그의 창은 울타리의 가로장만큼 굵었고 창날의 무게만 해도 7킬로그램에 달했다. 그의 앞에서는 방패를 드는 자가 걸어 나왔다.
8-10 골리앗이 그 자리에 서서 이스라엘 군대를 향해 소리질렀다. "너희 군대를 굳이 다 동원할 필요가 있겠느냐? 블레셋은 나 하나로 충분하다. 너희는 다 사울에게 충성하는 자들이니, 너희 가운데서 가장 뛰어난 용사를 골라 나와 대결하게 하여라. 만일 그 자가 나를 쳐죽이면, 블레셋 사람이 다 너희 종이 될 것이다. 그러나 내가 이겨서 그 자를 쳐죽이면, 너희가 다 우리 종이 되어 우리를 섬겨야 한다. 내가 오늘 도전장을 던지니 어서 사람을 내보내라. 어디 한번 끝장을 보자!"
11 사울과 그의 군대는 블레셋 사람의 소리를 듣고 겁에 질려 크게 낙심했다.

"Send your son David to me, the one who tends the sheep."
20-21 Jesse took a donkey, loaded it with a couple of loaves of bread, a flask of wine, and a young goat, and sent his son David with it to Saul. David came to Saul and stood before him. Saul liked him immediately and made him his right-hand man.
22 Saul sent word back to Jesse: "Thank you. David will stay here. He's just the one I was looking for. I'm very impressed by him."
23 After that, whenever the bad depression from God tormented Saul, David got out his harp and played. That would calm Saul down, and he would feel better as the moodiness lifted.

Goliath

17 1-3 The Philistines drew up their troops for battle. They deployed them at Socoh in Judah, and set up camp between Socoh and Azekah at Ephes Dammim. Saul and the Israelites came together, camped at Oak Valley, and spread out their troops in battle readiness for the Philistines. The Philistines were on one hill, the Israelites on the opposing hill, with the valley between them.
4-7 A giant nearly ten feet tall stepped out from the Philistine line into the open, Goliath from Gath. He had a bronze helmet on his head and was dressed in armor–126 pounds of it! He wore bronze shin guards and carried a bronze sword. His spear was like a fence rail–the spear tip alone weighed over fifteen pounds. His shield bearer walked ahead of him.
8-10 Goliath stood there and called out to the Israelite troops, "Why bother using your whole army? Am I not Philistine enough for you? And you're all committed to Saul, aren't you? So pick your best fighter and pit him against me. If he gets the upper hand and kills me, the Philistines will all become your slaves. But if I get the upper hand and kill him, you'll all become our slaves and serve us. I challenge the troops of Israel this day. Give me a man. Let us fight it out together!"
11 When Saul and his troops heard the Philistine's

12-15 바로 그때 다윗이 등장한다. 그는 유대 베들레헴 에브랏 사람 이새의 아들이었다. 여덟 아들을 둔 이새는 나이가 너무 많아 사울의 군대에 들어갈 수 없었다. 이새의 아들들 가운데 위로부터 세 아들이 사울을 따라 전쟁에 나갔다. 그 세 아들의 이름은 맏아들 엘리압과 둘째 아비나답, 셋째 삼마였다. 다윗은 막내아들이었다. 그의 큰형 셋이 사울과 함께 전쟁에 나가 있는 동안, 다윗은 사울의 시중을 들기도 하고 베들레헴에서 아버지의 양을 치기도 하면서 양쪽을 왔다갔다 했다.

16 골리앗은 사십 일 동안 날마다 아침저녁으로 그 자리에 나와 소리쳤다.

17-19 하루는 이새가 아들 다윗에게 말했다. "굵게 빻은 밀 한 포대와 빵 열 덩이를 가지고 진에 있는 네 형들에게 서둘러 가거라. 그리고 치즈 열 덩이를 챙겨 그들의 부대장에게 가져다주어라. 네 형들이 잘 지내고 있는지 살펴보고, 사울 왕과 네 형들 그리고 지금 상수리나무 골짜기에서 블레셋 사람과 전쟁중인 이스라엘 백성이 어떻게 하고 있는지 내게 알려 다오."

20-23 다윗은 이른 새벽에 일어나 양 치는 일을 다른 사람에게 맡긴 다음, 이새가 지시한 대로 음식을 가지고 길을 떠났다. 그가 진에 도착하자 마침 군대가 전투 개시를 알리는 함성을 지르며 전투대형으로 자리를 잡고 있었다. 이스라엘과 블레셋은 서로 마주보고 진을 펼쳤다. 다윗은 가져온 음식 보따리를 감시병에게 맡기고, 군대가 배치된 곳으로 달려가 형들과 인사를 나눴다. 그들이 함께 이야기하는 사이, 블레셋의 선봉장인 가드 사람 골리앗이 블레셋 사람의 진에서 나와 전처럼 싸움을 걸었다. 다윗도 그가 하는 말을 들었다.

24-25 이스라엘 백성은 그 거인을 보는 순간 하나같이 겁을 내며 뒤로 물러났다. 군사들 사이에 이런 말이 오갔다. "이런 일을 본 적이 있는가? 드러내 놓고 이스라엘에 싸움을 걸어 오다니 말이야. 저 거인을 죽이는 사람은 원하는 모든 것을 얻을 수 있을 거야. 왕께서 큰 상을 내릴 뿐 아니라, 딸을 신부로 주고 온 집안이 거저 먹고 살게 해준다더군."

다윗이 골리앗을 이기다

26 다윗이 곁에 선 사람들과 이야기하다가 이렇게 물었다. "저 블레셋 사람을 죽여 이스라엘의

challenge, they were terrified and lost all hope.

12-15 Enter David. He was the son of Jesse the Ephrathite from Bethlehem in Judah. Jesse, the father of eight sons, was himself too old to join Saul's army. Jesse's three oldest sons had followed Saul to war. The names of the three sons who had joined up with Saul were Eliab, the firstborn; next, Abinadab; and third, Shammah. David was the youngest son. While his three oldest brothers went to war with Saul, David went back and forth from attending to Saul to tending his father's sheep in Bethlehem.

16 Each morning and evening for forty days, Goliath took his stand and made his speech.

17-19 One day, Jesse told David his son, "Take this sack of cracked wheat and these ten loaves of bread and run them down to your brothers in the camp. And take these ten wedges of cheese to the captain of their division. Check in on your brothers to see whether they are getting along all right, and let me know how they're doing–Saul and your brothers, and all the Israelites in their war with the Philistines in the Oak Valley."

20-23 David was up at the crack of dawn and, having arranged for someone to tend his flock, took the food and was on his way just as Jesse had directed him. He arrived at the camp just as the army was moving into battle formation, shouting the war cry. Israel and the Philistines moved into position, facing each other, battle-ready. David left his bundles of food in the care of a sentry, ran to the troops who were deployed, and greeted his brothers. While they were talking together, the Philistine champion, Goliath of Gath, stepped out from the front lines of the Philistines, and gave his usual challenge. David heard him.

24-25 The Israelites, to a man, fell back the moment they saw the giant–totally frightened. The talk among the troops was, "Have you ever seen anything like this, this man openly and defiantly challenging Israel? The man who kills the giant will have it made. The king will give him a huge reward, offer his daughter as a bride, and give his entire family a free ride."

더럽혀진 명예를 회복하는 사람에게는 어떤 보상이 따릅니까? 블레셋의 할례 받지 못한 저 자가 누군데 감히 살아 계신 하나님의 군대를 조롱한단 말입니까?"

27 군사들은 블레셋 사람을 죽이는 사람에게 왕이 무엇을 약속했는지 그에게 말해 주었다.

28 다윗의 형 엘리압은 다윗이 사람들과 친근하게 이야기 나누는 것을 듣고 성을 냈다. "여기서 무엇을 하는 것이냐! 뼈만 앙상하게 남은 양 떼를 치는 네 일에나 신경 쓰지 않고서? 네가 무슨 짓을 하려는지 다 안다. 피비린내 나는 전투가 잘 보이는 곳에 자리를 잡고서, 구경하려고 내려온 게 아니냐!"

29-30 "무엇 때문에 그러십니까? 저는 그저 물어본 것뿐입니다." 다윗이 대답했다. 그는 형을 의식하지 않고 다른 사람에게 가서 똑같이 물었다. 대답은 전과 같았다.

31 다윗이 하는 말을 누군가 듣고 사울에게 보고했다. 사울은 사람을 보내 그를 불렀다.

32 다윗이 말했다. "왕이시여, 희망을 버리지 마십시오. 제가 가서 저 블레셋 사람과 싸우겠습니다."

33 사울이 다윗에게 대답했다. "너는 저 블레셋 사람과 싸울 수 없다. 너는 너무 어리고 경험이 없다. 그는 네가 태어나기 전부터 싸움판에서 잔뼈가 굵은 자다."

34-37 다윗이 말했다. "저는 그동안 목자로서 아버지의 양을 돌봐 왔습니다. 사자나 곰이 양 떼에게 접근해 새끼 양을 채어 갈 때면, 쫓아가서 그 짐승을 때려눕히고 새끼 양을 구했습니다. 그 짐승이 저한테 덤비면, 목덜미를 잡아 목을 비틀어 죽이곤 했습니다. 사자든 곰이든 다를 바 없었습니다. 살아 계신 하나님의 군대를 조롱하는 저 블레셋 사람에게도 제가 똑같이 할 것입니다. 사자의 이빨과 곰의 발톱에서 저를 구해 내신 하나님께서 저 블레셋 사람에게서도 구해 내실 것입니다."

사울이 말했다. "가거라. 하나님께서 너를 도우시기를 빈다!"

38-39 사울은 다윗에게 군인처럼 갑옷을 입혔다. 자신의 청동투구를 그의 머리에 씌우고 자신의 칼을 갑옷 위에 채워 주었다. 다윗이 걸어 보았지만 한 발짝도 움직일 수가 없었다.

다윗이 사울에게 말했다. "이렇게 다 갖춰 입고는 움직이기 어렵습니다. 저는 이런 복장이 익

Five Smooth Stones

26 David, who was talking to the men standing around him, asked, "What's in it for the man who kills that Philistine and gets rid of this ugly blot on Israel's honor? Who does he think he is, anyway, this uncircumcised Philistine, taunting the armies of God-Alive?"

27 They told him what everyone was saying about what the king would do for the man who killed the Philistine.

28 Eliab, his older brother, heard David fraternizing with the men and lost his temper: "What are you doing here! Why aren't you minding your own business, tending that scrawny flock of sheep? I know what you're up to. You've come down here to see the sights, hoping for a ringside seat at a bloody battle!"

29-30 "What is it with you?" replied David. "All I did was ask a question." Ignoring his brother, he turned to someone else, asked the same question, and got the same answer as before.

31 The things David was saying were picked up and reported to Saul. Saul sent for him.

32 "Master," said David, "don't give up hope. I'm ready to go and fight this Philistine."

33 Saul answered David, "You can't go and fight this Philistine. You're too young and inexperienced—and he's been at this fighting business since before you were born."

34-37 David said, "I've been a shepherd, tending sheep for my father. Whenever a lion or bear came and took a lamb from the flock, I'd go after it, knock it down, and rescue the lamb. If it turned on me, I'd grab it by the throat, wring its neck, and kill it. Lion or bear, it made no difference—I killed it. And I'll do the same to this Philistine pig who is taunting the troops of God-Alive. GOD, who delivered me from the teeth of the lion and the claws of the bear, will deliver me from this Philistine."

Saul said, "Go. And GOD help you!"

38-39 Then Saul outfitted David as a soldier in armor. He put his bronze helmet on his head and belted his sword on him over the armor. David tried to walk but he could hardly budge.

David told Saul, "I can't even move with all this stuff on me. I'm not used to this." And he took it all off.

숙하지 않습니다." 그러고는 그것들을 다 벗어 버렸다.
40 그런 다음 다윗은 목자의 지팡이를 들고, 시냇가에서 매끄러운 돌 다섯 개를 골라 목자의 배낭 주머니에 넣은 다음, 손에 물매를 들고 골리앗에게 다가갔다.
41-42 그 블레셋 사람은 방패를 드는 자를 앞세우고 이리저리 왔다갔다 하다가 다윗을 보았다. 그는 다윗을 한번 훑어보고, 코웃음을 쳤다. 뺨이 붉고 솜털이 보송보송한 한낱 애송이로 본 것이다.
43 그 자는 다윗을 비웃었다. "막대기를 들고 나한테 오다니, 내가 개냐?" 그러고는 자기 신들의 이름으로 다윗을 저주했다.
44 "이리 오너라." 블레셋 사람이 말했다. "내가 너를 이 들판에서 죽여 독수리 밥이 되게 해주마. 들쥐들의 별미로 만들어 주겠다."
45-47 다윗이 대답했다. "너는 칼과 창과 도끼를 가지고 내게 오지만, 나는 네가 비웃고 저주하는 만군의 **하나님**, 이스라엘 군대의 하나님의 이름으로 나아간다. 바로 오늘 **하나님**께서 너를 내 손에 넘겨주실 것이다. 내가 너를 죽이고 네 머리를 베어서, 네 시체와 네 블레셋 동료들의 주검을 까마귀와 늑대들의 먹이로 던져 줄 것이다. 이스라엘에 참으로 놀라우신 하나님이 계심을 온 땅이 알게 될 것이다. **하나님**께서는 칼이나 창으로 구원하는 분이 아니심을 여기 모인 모든 사람이 깨닫게 될 것이다. 전투는 **하나님**께 속한 것이니, 그분께서 너희를 우리 손에 손쉽게 넘겨주실 것이다."
48-49 블레셋 사람은 그 말에 자극을 받아 다윗 쪽으로 걸음을 뗐다. 다윗은 전열에서 벗어나 블레셋 사람 쪽으로 달려갔다. 그는 배낭 주머니에서 돌을 꺼내 물매로 힘껏 던졌다. 돌이 날아가 블레셋 사람의 이마를 세게 맞혔다. 그리고 그대로 깊이 박혀 버렸다. 블레셋 사람이 땅바닥에 얼굴을 박고 맥없이 쓰러졌다.
50 그렇게 해서 다윗은 물매와 돌 하나로 블레셋 사람을 이겼다. 그를 쳐서 죽인 것이다. 그에게 칼은 필요 없었다!
51 다윗은 블레셋 사람에게로 달려가 그를 밟고 선 뒤, 거인의 칼집에서 칼을 뽑아 그의 목을 베었다. *그것으로 끝이었다. 블레셋 사람은* 자기들의 위대한 장수가 한순간에 죽는 광경을 보고, 뿔뿔이 흩어져 필사적으로 도망쳤다.
52-54 이스라엘과 유다 사람들이 일어나 소리쳤다! 그들은 멀리 가드 경계와 에그론 성문까지 블레셋

40 Then David took his shepherd's staff, selected five smooth stones from the brook, and put them in the pocket of his shepherd's pack, and with his sling in his hand approached Goliath.
41-42 As the Philistine paced back and forth, his shield bearer in front of him, he noticed David. He took one look down on him and sneered—a mere youngster, apple-cheeked and peach-fuzzed.
43 The Philistine ridiculed David. "Am I a dog that you come after me with a stick?" And he cursed him by his gods.
44 "Come on," said the Philistine. "I'll make roadkill of you for the buzzards. I'll turn you into a tasty morsel for the field mice."
45-47 David answered, "You come at me with sword and spear and battle-ax. I come at you in the name of GOD-of-the-Angel-Armies, the God of Israel's troops, whom you curse and mock. This very day GOD is handing you over to me. I'm about to kill you, cut off your head, and serve up your body and the bodies of your Philistine buddies to the crows and coyotes. The whole earth will know that there's an extraordinary God in Israel. And everyone gathered here will learn that GOD doesn't save by means of sword or spear. The battle belongs to GOD—he's handing you to us on a platter!"
48-49 That roused the Philistine, and he started toward David. David took off from the front line, running toward the Philistine. David reached into his pocket for a stone, slung it, and hit the Philistine hard in the forehead, embedding the stone deeply. The Philistine crashed, facedown in the dirt.
50 That's how David beat the Philistine—with a sling and a stone. He hit him and killed him. No sword for David!
51 Then David ran up to the Philistine and stood over him, pulled the giant's sword from its sheath, and finished the job by cutting off his head. When the Philistines saw that their great champion was dead, they scattered, running for their lives.
52-54 The men of Israel and Judah were up on their feet, shouting! They chased the Philistines all the way to the outskirts of Gath and the gates

사람을 추격했다. 사아라임 길을 따라서 가드와 에그론에 이르기까지 부상당한 블레셋 사람이 곳곳에 널브러졌다. 이스라엘 백성은 추격을 마치고 돌아와 블레셋의 진을 약탈했다. 다윗은 그 블레셋 사람의 머리를 취하여 예루살렘으로 가져갔다. 그러나 거인의 무기는 자신의 장막 안에 두었다.

of Ekron. Wounded Philistines were strewn along the Shaaraim road all the way to Gath and Ekron. After chasing the Philistines, the Israelites came back and looted their camp. David took the Philistine's head and brought it to Jerusalem. But the giant's weapons he placed in his own tent.

55 사울은 다윗이 나가 블레셋 사람에게 맞서는 것을 보고 군사령관 아브넬에게 말했다. "저 젊은이는 어느 가문 사람이오?"
아브넬이 말했다. "왕이시여, 황공하오나 저도 아는 바가 없습니다."
56 왕이 말했다. "그렇다면 저 젊은이의 집안에 대해 알아보시오."
57 다윗이 블레셋 사람을 죽이고 돌아오자마자, 아브넬이 곧장 그를 사울 앞으로 데려갔다. 블레셋 사람의 머리가 그때까지 그의 손에 들려 있었다.
58 사울이 그에게 물었다. "젊은이, 자네는 누구의 아들인가?"
다윗이 말했다. "저는 베들레헴에 사는 주인님의 종 이새의 아들입니다."

55 When Saul saw David go out to meet the Philistine, he said to Abner, commander of the army, "Tell me about this young man's family."
Abner said, "For the life of me, O King, I don't know."
56 The king said, "Well, find out the lineage of this raw youth."
57 As soon as David came back from killing the Philistine, Abner brought him, the Philistine's head still in his hand, straight to Saul.
58 Saul asked him, "Young man, whose son are you?"
"I'm the son of your servant Jesse," said David, "the one who lives in Bethlehem."

요나단과 다윗

18 1 다윗이 사울에게 보고하는 모습을 본 요나단은 그에게 깊은 인상을 받았다. 두 사람은 곧 끈끈한 우정을 나누는 사이가 되었다. 요나단은 다윗에게 마음을 다했고, 그 이후로 다윗의 첫째가는 조력자이자 친구가 되었다.
2 사울은 그날 다윗을 집안 식구로 받아들이고, 다시 아버지의 집으로 돌아가지 못하게 했다.
3-4 요나단은 다윗을 깊이 아끼는 마음에서 그와 언약을 맺었다. 그리고 언약의 증표로 격식을 갖춘 선물을 주었다. 왕자의 겉옷과 갑옷, 칼, 활, 허리띠 등의 무기였다.
5 다윗은 사울이 무슨 일을 맡기든지 그 일을 아주 잘 해냈다. 다윗이 일을 너무나 잘하자 사울은 그에게 군대의 작전권까지 맡겼다. 일반 백성뿐 아니라 사울의 신하들까지도 모두 다윗의 지도력을 인정하고 칭찬했다.

Jonathan and David—Soul Friends

18 1 By the time David had finished reporting to Saul, Jonathan was deeply impressed with David—an immediate bond was forged between them. He became totally committed to David. From that point on he would be David's number-one advocate and friend.
2 Saul received David into his own household that day, no more to return to the home of his father.
3-4 Jonathan, out of his deep love for David, made a covenant with him. He formalized it with solemn gifts: his own royal robe and weapons—armor, sword, bow, and belt.
5 Whatever Saul gave David to do, he did it—and did it well. So well that Saul put him in charge of his military operations. Everybody, both the people in general and Saul's servants, approved of and admired David's leadership.

6-9 다윗이 블레셋 사람을 죽이고 나서 무리가 집으로 돌아올 때, 이스라엘 모든 마을에서 여인들이 쏟아져 나와 노래하고 춤추면서, 탬버린과 흥겨운 노래와 비파로 사울 왕을 환영했다. 여인들

David—The Name on Everyone's Lips

6-9 As they returned home, after David had killed the Philistine, the women poured out of all the

은 흥에 겨워 즐겁게 노래했다.

사울은 수천 명을 죽이고
다윗은 수만 명을 죽인다!

그 말에 사울은 몹시 화가 났다. 사울은 그것을 자신을 무시하는 말로 받아들였다. 그는 "백성이 다윗에게는 '수만 명'의 공을 돌리면서, 내게는 '수천 명'의 공만 돌리니, 자칫하다가는 그에게 이 나라를 빼앗기겠구나!" 하고 말했다. 그때부터 사울은 다윗을 경계했다.

10-11 이튿날, 하나님께서 보내신 어둡고 우울한 기운이 사울을 괴롭혔다. 사울은 거의 제정신이 아닌 상태로 떠들어 댔다. 다윗은 으레 하던 대로 하프를 연주했다. 사울의 손에 창이 들려 있었는데, 그가 갑자기 "다윗을 벽에 박아 버리겠다" 생각하고는 그에게 창을 던졌다. 다윗이 몸을 피하여 창은 빗나갔다. 그런 일이 두 번이나 있었다.

12-16 사울은 다윗이 두려워졌다. 하나님께서 사울을 떠나 다윗과 함께 계시는 것이 너무나 분명했다. 그래서 사울은 다윗을 군지휘관으로 임명해 자기 눈에 띄지 않는 곳으로 보내 버렸다. 다윗은 자주 전쟁에 나갔다. 그가 하는 일마다 다 잘되었다. 참으로 하나님께서 그와 함께 계셨다. 다윗이 번번이 성공하는 것을 보고, 사울은 더욱 두려워졌다. 그의 눈에는 임박한 재앙의 조짐이 훤히 보였다. 그러나 이스라엘과 유다의 모든 사람은 다윗을 사랑했다. 그들은 그가 하는 일을 즐겁게 지켜보았다.

17 하루는 사울이 다윗에게 말했다. "내 맏딸 메랍을 자네에게 아내로 주고 싶네. 나를 위해 용감하고 담대하게 하나님의 싸움을 싸워 주게!" 사울은 "블레셋 사람이 나 대신에 다윗을 죽일 것이다. 굳이 내 손으로 그를 칠 필요가 없다"는 생각을 품고 있었다.

18 다윗이 당황하여 대답했다. "진심이십니까? 저는 보잘것없는 집안 출신입니다! 제가 어떻게 왕의 사위가 될 수 있겠습니까."

19 결혼식 날이 정해져 메랍과 다윗이 결혼할 날이 다가오자, 사울은 약속을 어기고 메랍을 므홀랏 사람 아드리엘과 결혼시켰다.

20-21 한편, 사울의 딸 미갈이 다윗을 사랑하고 있었다. 이것을 전해 들은 사울은 마침 잘됐다

villages of Israel singing and dancing, welcoming King Saul with tambourines, festive songs, and lutes. In playful frolic the women sang,

Saul kills by the thousand,
David by the ten thousand!

This made Saul angry—very angry. He took it as a personal insult. He said, "They credit David with 'ten thousands' and me with only 'thousands.' Before you know it they'll be giving him the kingdom!" From that moment on, Saul kept his eye on David.

10-11 The next day an ugly mood was sent by God to afflict Saul, who became quite beside himself, raving. David played his harp, as he usually did at such times. Saul had a spear in his hand. Suddenly Saul threw the spear, thinking, "I'll nail David to the wall." David ducked, and the spear missed. This happened twice.

12-16 Now Saul feared David. It was clear that GOD was with David and had left Saul. So, Saul got David out of his sight by making him an officer in the army. David was in combat frequently. Everything David did turned out well. Yes, GOD was with him. As Saul saw David becoming more successful, he himself grew more fearful. He could see the handwriting on the wall. But everyone else in Israel and Judah loved David. They loved watching him in action.

17 One day Saul said to David, "Here is Merab, my eldest daughter. I want to give her to you as your wife. Be brave and bold for my sake. Fight GOD's battles!" But all the time Saul was thinking, "The Philistines will kill him for me. I won't have to lift a hand against him."

18 David, embarrassed, answered, "Do you really mean that? I'm from a family of nobodies! I can't be son-in-law to the king."

19 The wedding day was set, but as the time neared for Merab and David to be married, Saul reneged and married his daughter off to Adriel the Meholathite.

20-21 Meanwhile, Saul's daughter Michal was in love with David. When Saul was told of this, he rubbed

는 듯 음흉한 미소를 지었다. "두 번째 기회다. 미갈을 미끼로 해서, 블레셋 사람이 그를 쉽게 처치할 수 있는 곳으로 내보내야겠다." 사울은 다시 다윗에게 "내 사위가 되어 주게" 하고 말했다.

22 사울이 신하들에게 지시했다. "다윗을 따로 불러 '왕께서 그대를 아주 좋아하고 왕궁 안의 모든 사람도 그대를 사랑하니, 어서 왕의 사위가 되시오!' 하고 말해 주시오."

23 왕의 신하들이 다윗에게 그대로 전했으나, 다윗은 망설였다. "무슨 말씀입니까? 그렇게는 못합니다. 나는 보잘것없는 사람이라 드릴 게 아무것도 없습니다."

24-25 신하들이 다윗의 반응을 보고하자, 사울은 그들을 시켜 다윗에게 이렇게 말하게 했다. "왕께서는 그대에게 돈을 바라지 않으시오. 다만 그대가 가서 블레셋 사람 백 명을 죽이고 왕을 대신해서 복수했다는 증거를 가져오기를 바라신다오. 왕의 원수들에게 원수를 갚으시오." (사울은 다윗이 전투중에 죽기를 바랐다.)

26-27 이 말을 듣고서 다윗은 기뻤다. 왕의 사위가 될 자격을 얻기 위해 자기가 할 수 있는 일이 생겼기 때문이다! 그는 지체하지 않고 곧바로 나갔다. 다윗은 부하들과 함께 블레셋 사람 백 명을 죽이고 자루에 증거를 담아 와 왕 앞에서 그 수를 세었다. 사명을 완수한 것이다! 사울은 딸 미갈을 다윗과 결혼시켰다.

28-29 하나님께서 다윗과 함께 계신다는 것과 미갈이 그를 얼마나 사랑하는지 알면 알수록, 다윗을 향한 사울의 두려움은 더 커져 갔고 결국에는 증오로 굳어졌다. 사울은 다윗을 증오했다.

30 블레셋 장군들이 싸우러 나올 때마다 다윗이 나서서 그들과 맞섰다. 그는 싸움에서 승리했고 사울의 부하들 가운데서 단연 돋보였다. 다윗의 이름이 모든 사람의 입에 오르내렸다.

19 1-3 사울은 아들 요나단과 자기 신하들을 불러 다윗을 죽이라고 지시했다. 그러나 요나단은 다윗을 아꼈으므로, 그를 찾아가 조심하라고 일러 주었다. "아버지께서 자네를 죽일 방법을 찾고 있네. 그러니 이렇게 하게. 내일 아침에 들판에 나가 숨게. 자네가 숨어 있는 곳 부근으로 내가 아버지를 모시고 나가겠네. 그리고 아버지에게 자네 이야기

his hands in anticipation. "Ah, a second chance. I'll use Michal as bait to get David out where the Philistines will make short work of him." So again he said to David, "You're going to be my son-in-law."

22 Saul ordered his servants, "Get David off by himself and tell him, 'The king is very taken with you, and everyone at court loves you. Go ahead, become the king's son-in-law!'"

23 The king's servants told all this to David, but David held back. "What are you thinking of? I can't do that. I'm a nobody; I have nothing to offer."

24-25 When the servants reported David's response to Saul, he told them to tell David this: "The king isn't expecting any money from you; only this: Go kill a hundred Philistines and bring evidence of your vengeance on the king's behalf. Avenge the king on his enemies." (Saul expected David to be killed in action.)

26-27 On receiving this message, David was pleased. There was something he could do for the king that would qualify him to be his son-in-law! He lost no time but went right out, he and his men, killed the hundred Philistines, brought their evidence back in a sack, and counted it out before the king–mission completed! Saul gave Michal his daughter to David in marriage.

28-29 As Saul more and more realized that GOD was with David, and how much his own daughter, Michal, loved him, his fear of David increased and settled into hate. Saul hated David.

30 Whenever the Philistine warlords came out to battle, David was there to meet them–and beat them, upstaging Saul's men. David's name was on everyone's lips.

The Black Mood of Saul

19 1-3 Saul called his son Jonathan together with his servants and ordered them to kill David. But because Jonathan treasured David, he went and warned him: "My father is looking for a way to kill you. Here's what you are to do. Tomorrow morning, hide and stay hidden. I'll go out with my father into the field where you are hiding. I'll talk about you with my father and we'll see what he says. Then I'll report back to you."

를 할 테니, 그분이 뭐라고 말씀하시는지 들어 보세. 그 후에 내가 해결책을 일러 주겠네."

4-5 요나단은 아버지 앞에서 다윗 이야기를 꺼내며 그에 대해 좋게 말했다. "부디 다윗을 해치지 마십시오. 그가 아버지께 잘못한 일이 없지 않습니까? 지금까지 그가 행한 좋은 일들을 봐 주십시오! 그는 목숨을 걸고 블레셋 사람을 죽였습니다. 그날 하나님께서 이스라엘에 얼마나 큰 승리를 주셨습니까! 아버지도 그 자리에 계셨습니다. 아버지도 보시고서 일어나 다른 모든 사람과 함께 손뼉을 치며 기뻐하셨습니다. 그런데 어째서 아무 이유도 없이 다윗을 죽여, 무고한 사람에게 죄를 범할 생각을 하십니까?"

6 사울이 요나단의 말을 듣고 말했다. "네 말이 옳다. 하나님께서 살아 계심을 두고 맹세하는데, 다윗은 살 것이다. 죽임을 당하지 않을 것이다."

7 요나단이 사람을 보내 다윗을 불러서 그 말을 모두 전했다. 그리고 다윗을 다시 사울에게 데려갔다. 모든 것이 전과 같아졌다.

8 다시 전쟁이 나자, 다윗이 나가서 블레셋 사람과 싸웠다. 그는 블레셋을 쳐서 크게 이겼고, 그들은 필사적으로 도망쳤다.

9-10 그런데 하나님께서 보내신 어둡고 우울한 기운이 사울을 덮쳐 그를 사로잡았다. 그때 사울은 손에 창을 들고 왕궁에 앉아 있었고, 다윗은 음악을 연주하고 있었다. 갑자기 사울이 다윗에게 창을 꽂으려 했으나 다윗이 피했다. 창은 벽에 박혔고 다윗은 도망쳤다. 밤에 일어난 일이었다.

11-14 사울은 다윗의 집으로 사람들을 보내어, 그의 집을 잘 감시하고 있다가 날이 밝는 대로 그를 죽이라고 시켰다. 그러나 다윗의 아내 미갈이 그에게 사태를 알렸다. "서두르세요. 이 밤에 몸을 피하지 않으면 내일 아침 죽게 됩니다!" 미갈은 창문으로 다윗을 내보냈고, 다윗은 무사히 도망쳤다. 그런 다음 미갈은 가짜 신상을 가져다가 침대에 뉘어 놓고는, 그 머리에 염소털 가발을 씌우고 이불을 덮었다. 사울의 부하들이 다윗을 잡으러 오자, 미갈이 말했다. "그이는 지금 아파서 누워 있어요."

15-16 사울이 부하들을 다시 보내며 지시했다. "침상째로 그를 데려오거라. 내가 직접 그를 죽이겠다." 부하들이 방에 들어가 보니, 침대에는 염소털 가발을 쓴 가짜 신상밖에 없었다!

17 사울은 미갈에게 불같이 화를 냈다. "네가 어찌 이처럼 나를 속일 수가 있느냐? 네가 내 원수와 한

4-5 Jonathan brought up David with his father, speaking well of him. "Please," he said to his father, "don't attack David. He hasn't wronged you, has he? And just look at all the good he has done! He put his life on the line when he killed the Philistine. What a great victory GOD gave Israel that day! You were there. You saw it and were on your feet applauding with everyone else. So why would you even think of sinning against an innocent person, killing David for no reason whatever?"

6 Saul listened to Jonathan and said, "You're right. As GOD lives, David lives. He will not be killed."

7 Jonathan sent for David and reported to him everything that was said. Then he brought David back to Saul and everything was as it was before.

8 War broke out again and David went out to fight Philistines. He beat them badly, and they ran for their lives.

9-10 But then a black mood from God settled over Saul and took control of him. He was sitting at home, his spear in his hand, while David was playing music. Suddenly, Saul tried to skewer David with his spear, but David ducked. The spear stuck in the wall and David got away. It was night.

11-14 Saul sent men to David's house to stake it out and then, first thing in the morning, to kill him. But Michal, David's wife, told him what was going on. "Quickly now—make your escape tonight. If not, you'll be dead by morning!" She let him out of a window, and he made his escape. Then Michal took a dummy god and put it in the bed, placed a wig of goat's hair on its head, and threw a quilt over it. When Saul's men arrived to get David, she said, "He's sick in bed."

15-16 Saul sent his men back, ordering them, "Bring him, bed and all, so I can kill him." When the men entered the room, all they found in the bed was the dummy god with its goat-hair wig!

17 Saul stormed at Michal: "How could you play tricks on me like this? You sided with my enemy, and now he's gotten away!"

편이 되는 바람에 그 자가 도망쳤다!"
18 미갈이 말했다. "그가 저를 위협했습니다. '내가 빠져나갈 수 있게 돕지 않으면 너를 죽이겠다'고 협박했습니다."
다윗은 무사히 도망쳐 라마에 있는 사무엘에게 가서, 그동안 사울이 자기에게 한 일을 모두 말했다. 그와 사무엘은 나욧으로 물러나 숨어 지냈다.
19-20 "다윗이 라마의 나욧에 있다"는 소식이 사울의 귀에 들어갔다. 그는 다윗을 잡으려고 곧바로 부하들을 보냈다. 그들이 보니, 한 무리의 예언자들이 사무엘의 인도 아래 예언을 하고 있었다. 그런데 갑자기 하나님의 영이 사울의 부하들에게도 임하여, 그들이 예언자들과 함께 큰소리로 마구 고함을 질렀다!
21 그 소식을 보고받은 사울은 부하들을 더 보냈다. 그러자 그들도 곧 예언을 하게 되었다. 사울은 세 번째로 부하들을 보냈는데, 그들도 분별없이 고함을 질러댔다!
22 참다 못해 사울이 직접 라마로 갔다. 그는 세구에 있는 큰 우물에 이르러 물었다. "사무엘과 다윗이 어디 있느냐?"
지나가던 사람이 말했다. "저기 라마의 나욧에 있습니다."
23-24 사울이 라마의 나욧으로 향하자, 하나님의 영이 그에게도 임했다. 나욧에 이르기까지 그는 넋을 잃고 중얼거렸다! 옷을 벗고 그곳에 누워 하루 동안 밤낮으로 사무엘 앞에서 뜻 모를 말을 늘어놓았다. 사람들은 "사울이 예언자가 되다니! 누가 짐작이나 했겠는가?" 하며 오늘까지도 그 일을 이야기한다.

하나님의 언약으로 맺어진 우정

20 1 다윗이 라마의 나욧에서 빠져나와 요나단에게 갔다. "이제 어찌하면 좋겠나? 내가 자네 아버지에게 무슨 잘못을 저질렀다고 그분이 이렇게까지 나를 죽이려 하시는가?"
2 "자네를 죽이시다니, 그런 일은 없을 것이네." 요나단이 말했다. "자네는 잘못한 것이 없네. 그리고 자네는 죽지 않을 걸세. 절대로 죽지 않을 거야! 아버지는 모든 일을 나에게 말씀하신다네. 큰일이든 작은 일이든, 나에게 알리지 않고는 아무 일도 하지 않으시네. 이 일이라고 해서 나 모르게 하시겠는가? 있을 수 없는 일이네."
3 다윗이 말했다. "자네 아버지는 우리가 절친한 친구 사이라는 것을 알고 계시네. 그래서 '요나단이

18 Michal said, "He threatened me. He said, 'Help me out of here or I'll kill you.'"
David made good his escape and went to Samuel at Ramah and told him everything Saul had done to him. Then he and Samuel withdrew to the privacy of Naioth.
19-20 Saul was told, "David's at Naioth in Ramah." He immediately sent his men to capture him. They saw a band of prophets prophesying with Samuel presiding over them. Before they knew it, the Spirit of God was on them, too, and they were ranting and raving right along with the prophets!
21 That was reported back to Saul, and he dispatched more men. They, too, were soon prophesying. So Saul tried a third time—a third set of men—and they ended up mindlessly raving as well!
22 Fed up, Saul went to Ramah himself. He came to the big cistern at Secu and inquired, "Where are Samuel and David?"
A bystander said, "Over at Naioth in Ramah."
23-24 As he headed out for Naioth in Ramah, the Spirit of God was on him, too. All the way to Naioth he was caught up in a babbling trance! He ripped off his clothes and lay there rambling gibberish before Samuel for a day and a night, stretched out naked. People are still talking about it: "Saul among the prophets! Who would have guessed?"

A Covenant Friendship in GOD's Name

20 1 David got out of Naioth in Ramah alive and went to Jonathan. "What do I do now? What wrong have I inflicted on your father that makes him so determined to kill me?"
2 "Nothing," said Jonathan. "You've done nothing wrong. And you're not going to die. Really, you're not! My father tells me everything. He does nothing, whether big or little, without confiding in me. So why would he do this behind my back? It can't be."
3 But David said, "Your father knows that we are the best of friends. So he says to himself, 'Jonathan must know nothing of this. If he does,

이 일을 알아서는 안된다. 알았다가는 다윗 편을 들 것이다' 하고 생각하셨을 것이네. 하나님께서 살아 계심과 지금 자네가 내 앞에 살아 있음을 두고 맹세하는데, 틀림없이 자네 아버지는 나를 죽이기로 작정하셨네."

4 요나단이 말했다. "자네 마음에 있는 것을 말해 보게. 무엇이든 들어주겠네."

5-8 다윗이 말했다. "내일은 초하루네. 내가 왕과 함께 저녁식사를 하도록 예정되어 있는 날이지. 나는 식사에 참석하지 않고 셋째 날 저녁까지 들판에 숨어 있겠네. 자네 아버지가 나를 찾으시거든, '다윗이 연례 모임이 있다며 고향 베들레헴에 가서 가족과 함께 예배를 드릴 수 있겠는지 묻더군요' 하고 말씀드려 주게. 자네 아버지가 '좋다!'고 하시면, 나는 무사할 것이네. 하지만 화를 내신다면 그분이 나를 죽이기로 마음먹은 것을 자네가 확실히 알게 될 것이네. 부디 마지막까지 내게 충실해 주게. 자네는 나와 하나님의 언약을 맺은 사이 아닌가! 내게 잘못이 있다면, 자네가 직접 나를 죽이게. 나를 자네 아버지에게 넘길 까닭이 없지 않은가?"

9 "안될 말이네!" 요나단이 소리를 높였다. "나는 절대로 그러지 않을 것이네! 아버지가 자네를 죽이려고 결심했다는 기미가 조금이라도 보이면 바로 자네에게 알리겠네."

10 다윗이 물었다. "자네 아버지가 호되게 꾸짖으시면, 누구를 보내어 나에게 알리겠는가?"

11-17 요나단이 말했다. "밖으로 나가지. 들판으로 가세." 둘이 들판에 있을 때 요나단이 말했다. "하나님 이스라엘의 하나님께서 내 증인이시네. 내일 이맘때에 자네에 대한 아버지의 마음이 어떤지 알아내겠네. 그리고 그것을 자네에게 알려 주겠네. 내가 만일 자네를 배반한다면, 하나님께서 내게 천벌을 내리실 걸세! 내 아버지가 여전히 자네를 죽이실 생각이라면, 자네에게 알려 이곳에서 무사히 벗어나게 하겠네. 하나님께서 내 아버지와 함께하셨던 것처럼 자네와 함께하시기를 바라네! 만일 내가 이 일이 끝날 때까지 살아 있다면, 계속해서 내 언약의 친구가 되어 주게. 내가 죽는다면, 언약의 우정으로 내 가족을 영원히 지켜 주게나. 하나님께서 마침내 이 땅에서 자네의 원수들을 없애실 때, 나에 대한 의리를 지켜 주게!" 요나단은 다윗을 향한 사랑과 우정을 다시 한번 맹세했다. 그는 다윗을 자기 목숨보다 더 아꼈다!

18-23 요나단이 자신의 계획을 내놓았다. "내일은 초하루니, 자네가 저녁식사에 나타나지 않으면 다들

he'll side with David.' But it's true—as sure as GOD lives, and as sure as you're alive before me right now—he's determined to kill me."

4 Jonathan said, "Tell me what you have in mind. I'll do anything for you."

5-8 David said, "Tomorrow marks the New Moon. I'm scheduled to eat dinner with the king. Instead, I'll go hide in the field until the evening of the third. If your father misses me, say, 'David asked if he could run down to Bethlehem, his hometown, for an anniversary reunion, and worship with his family.' If he says, 'Good!' then I'm safe. But if he gets angry, you'll know for sure that he's made up his mind to kill me. Oh, stick with me in this. You've entered into a covenant of GOD with me, remember! If I'm in the wrong, go ahead and kill me yourself. Why bother giving me up to your father?"

9 "Never!" exclaimed Jonathan. "I'd never do that! If I get the slightest hint that my father is fixated on killing you, I'll tell you."

10 David asked, "And whom will you get to tell me if your father comes back with a harsh answer?"

11-17 "Come outside," said Jonathan. "Let's go to the field." When the two of them were out in the field, Jonathan said, "As GOD, the God of Israel, is my witness, by this time tomorrow I'll get it out of my father how he feels about you. Then I'll let you know what I learn. May GOD do his worst to me if I let you down! If my father still intends to kill you, I'll tell you and get you out of here in one piece. And GOD be with you as he's been with my father! If I make it through this alive, continue to be my covenant friend. And if I die, keep the covenant friendship with my family—forever. And when GOD finally rids the earth of David's enemies, stay loyal to Jonathan!" Jonathan repeated his pledge of love and friendship for David. He loved David more than his own soul!

18-23 Jonathan then laid out his plan: "Tomorrow is the New Moon, and you'll be missed when you don't show up for dinner. On the third day, when they've quit expecting you, come to the

자네를 찾을 것이네. 사흘째가 되어 그들이 자네를
더 이상 찾지 않으면, 자네는 전에 숨었던 곳으로 가
서 그 큰 바위 옆에서 기다리게. 내가 바위 쪽으로
화살을 세 번 쏘겠네. 그런 다음 종을 보내면서 '가
서 화살을 찾으라'고 할 텐데, 내가 종에게 '화살이
이쪽에 있으니, 가져오라!'고 외치면, 자네가 무사히
돌아와도 좋다는 신호로 알게. 하나님께서 살아 계
심을 두고 맹세하는데, 두려워할 것 하나도 없네! 그
러나 내가 '화살이 더 멀리 나갔다!'고 외치면, 서둘
러 도망치게. 하나님께서 자네가 여기서 벗어나기
를 원하시는 것이네! 지금까지 우리가 의논한 모든
것에 대해 하나님께서 마지막까지 우리와 함께하심
을 잊지 말게!"
24-26 다윗은 들판에 숨었다. 초하루 절기가 되자 왕이
식사를 하려고 식탁에 앉았다. 그는 늘 앉던 대로 벽
쪽 자리에 앉았고 요나단은 식탁 맞은편에, 아브넬은
사울 옆에 앉았다. 그러나 다윗의 자리는 비어 있었
다. 그날 사울은 그것에 대해 아무 말도 하지 않았다.
"그에게 뭔가 부정한 일이 생긴 거겠지. 아마 부정해
져서 거룩한 식사를 못하는 거겠지" 하고 생각했다.
27 그러나 초하루 다음 날인 명절 이틀째에도 다윗
의 자리는 비어 있었다. 사울이 아들 요나단에게 물
었다. "이새의 아들은 어디 있느냐? 어제도 오늘도
우리와 함께 먹지 않는구나."
28-29 요나단이 말했다. "다윗이 제게 베들레헴에 가
게 해달라고 특별히 부탁했습니다. '고향의 가족 모
임에 참석할 수 있게 해주십시오. 저의 형들이 제게
당부했습니다. 괜찮으시다면, 가서 형들을 보게 해
주십시오' 하더군요. 그래서 이 자리에 참석하지 못
한 겁니다."
30-31 사울은 요나단에게 불같이 화를 냈다. "이 더러
운 계집의 자식아! 네가 이새의 아들과 한통속이 되
어, 너와 네 어미 둘 다를 욕되게 하고 있는 것을 내
가 모르는 줄 아느냐? 이새의 아들이 이 땅을 활보
하고 다니는 한, 이 나라에서 너의 장래는 보장할 수
없다. 어서 가서 그를 잡아 이리로 끌고 오너라. 이
순간부터 그놈은 죽은 목숨이나 다름없다!"
32 요나단이 아버지에게 대들었다. "죽은 목숨이라
니요? 다윗이 무엇을 잘못했다고 그러십니까?"
33 사울은 창을 던져 그를 죽이려고 했다. 이로써 요
나단은 아버지가 다윗을 죽이려 한다는 것을 확실히
알았다.
34 요나단은 잔뜩 화가 나서 식사 자리에서 뛰쳐나
갔고, 하루 종일 아무것도 먹지 않았다. 다윗 생각
에 마음이 아팠고, 아버지에게 당한 모욕 때문에 속

place where you hid before, and wait beside
that big boulder. I'll shoot three arrows in the
direction of the boulder. Then I'll send off my
servant, 'Go find the arrows.' If I yell after the
servant, 'The arrows are on this side! Retrieve
them!' that's the signal that you can return
safely—as GOD lives, not a thing to fear! But
if I yell, 'The arrows are farther out!' then run
for it—GOD wants you out of here! Regarding
all the things we've discussed, remember that
GOD's in on this with us to the very end!"
24-26 David hid in the field. On the holiday of the
New Moon, the king came to the table to eat. He
sat where he always sat, the place against the
wall, with Jonathan across the table and Abner
at Saul's side. But David's seat was empty.
Saul didn't mention it at the time, thinking,
"Something's happened that's made him
unclean. That's it—he's probably unclean for the
holy meal."
27 But the day after the New Moon, day two of
the holiday, David's seat was still empty. Saul
asked Jonathan his son, "So where's that son of
Jesse? He hasn't eaten with us either yesterday
or today."
28-29 Jonathan said, "David asked my special
permission to go to Bethlehem. He said, 'Give
me leave to attend a family reunion back home.
My brothers have ordered me to be there. If
it seems all right to you, let me go and see my
brothers.' That's why he's not here at the king's
table."
30-31 Saul exploded in anger at Jonathan: "You
son of a slut! Don't you think I know that you're
in cahoots with the son of Jesse, disgracing both
you and your mother? For as long as the son of
Jesse is walking around free on this earth, your
future in this kingdom is at risk. Now go get
him. Bring him here. From this moment, he's as
good as dead!"
32 Jonathan stood up to his father. "Why dead?
What's he done?"
33 Saul threw his spear at him to kill him. That
convinced Jonathan that his father was fixated
on killing David.

이 상했다.
35-39 이튿날 아침, 요나단은 다윗과 약속한 대로 어린 종을 데리고 들판으로 갔다. 그가 종에게 말했다. "달려가서 내가 쏘는 화살을 가져오너라." 어린 종이 달려가자, 요나단은 그 종보다 한참 앞쪽으로 화살을 쏘았다. 어린 종이 화살이 날아간 곳에 이르자, 요나단은 "화살이 더 멀리 나가지 않았느냐?"고 외쳤다. 그러면서 "어서! 서둘러라! 거기 그냥 서 있지 말고!" 하고 외쳤다. 요나단의 어린 종은 화살을 주워 주인에게 가져왔다. 그러나 그 어린 종은 무슨 일인지 전혀 몰랐다. 오직 요나단과 다윗만이 그 일을 알았다.
40-41 요나단은 화살집과 활을 어린 종에게 주어 성읍으로 돌려보냈다. 종이 가고 나자, 다윗은 숨어 있던 바위 옆에서 일어섰다가 얼굴을 땅에 대고 엎드렸다. 그렇게 그는 세 번을 절했다! 그러고 나서 그들은 친구와 친구로 서로 입을 맞추고 울었는데, 다윗이 더 서럽게 울었다.
42 요나단이 말했다. "평안히 가게! '하나님께서 나와 자네 사이에, 내 자녀와 자네 자녀 사이에 영원한 보증이 되실 것이네!' 우리 둘은 하나님의 이름으로 우정을 맹세하지 않았나."

다윗이 사울을 피하여 도망치다

21 1 다윗은 길을 떠나고 요나단은 성읍으로 돌아갔다.
다윗은 놉에 있는 제사장 아히멜렉에게 갔다. 아히멜렉이 나가서 다윗을 맞으며 크게 놀랐다. "일행도 없이 혼자 오다니 대체 무슨 일입니까?"
2-3 다윗은 제사장 아히멜렉에게 대답했다. "왕이 내게 임무를 맡겨 보내시면서 '이것은 중요한 비밀이니, 아무에게도 알리지 말라'고 엄명을 내리셨습니다. 내 부하들과 정해진 장소에서 만나기로 했습니다. 이곳에 먹을 것이 좀 있습니까? 빵 다섯 덩이 정도 구할 수 있는지요? 무엇이든 있는 대로 주십시오!"
4 제사장이 말했다. "보통 빵은 없고 거룩한 빵만 있습니다. 그대의 부하들이 며칠 사이에 여자와 잠자리한 적이 없다면, 가져가도 좋습니다."
5 다윗이 말했다. "우리 가운데 누구도 여자를 가까이하지 않았습니다. 나는 임무를 수행할 때면, 부하들이 여자와 잠자리를 하지 못하게 합니다. 보통 임무를 맡을 때도 그렇게 하는데,

34 Jonathan stormed from the table, furiously angry, and ate nothing the rest of the day, upset for David and smarting under the humiliation from his father.
35-39 In the morning, Jonathan went to the field for the appointment with David. He had his young servant with him. He told the servant, "Run and get the arrows I'm about to shoot." The boy started running and Jonathan shot an arrow way beyond him. As the boy came to the area where the arrow had been shot, Jonathan yelled out, "Isn't the arrow farther out?" He yelled again, "Hurry! Quickly! Don't just stand there!" Jonathan's servant then picked up the arrow and brought it to his master. The boy, of course, knew nothing of what was going on. Only Jonathan and David knew.
40-41 Jonathan gave his quiver and bow to the boy and sent him back to town. After the servant was gone, David got up from his hiding place beside the boulder, then fell on his face to the ground—three times prostrating himself! And then they kissed one another and wept, friend over friend, David weeping especially hard.
42 Jonathan said, "Go in peace! The two of us have vowed friendship in GOD's name, saying, 'GOD will be the bond between me and you, and between my children and your children forever!'"

David Pretends to Go Crazy

21 1 David went on his way and Jonathan returned to town.
David went to Nob, to Ahimelech the Priest. Ahimelech was alarmed as he went out to greet David: "What are you doing here all by yourself—and not a soul with you?"
2-3 David answered Ahimelech the Priest, "The king sent me on a mission and gave strict orders: 'This is top secret—not a word of this to a soul.' I've arranged to meet up with my men in a certain place. Now, what's there here to eat? Do you have five loaves of bread? Give me whatever you can scrounge up!"
4 "I don't have any regular bread on hand," said the priest. "I only have holy bread. If your men have not slept with women recently, it's yours."
5 David said, "None of us has touched a woman. I always do it this way when I'm on a mission: My

이번 거룩한 임무에는 말할 것도 없지요."
6 그래서 제사장은 거룩한 빵을 내주었다. 그것
은 새 빵을 차려 놓으면서 하나님 앞에서 물려
낸 임재의 빵이었는데, 그에게 있는 음식이 그
것뿐이었기 때문이다.
7 사울의 신하 가운데 한 사람이 그날 서원을
지키려고 그곳에 있었는데, 그는 에돔 사람 도
엑으로 사울의 목자 가운데 우두머리였다.
8 다윗이 아히멜렉에게 물었다. "이곳에 혹시
창이나 칼이 있습니까? 왕의 명령이 너무 급해
서 서둘러 떠나느라 무기를 챙길 겨를이 없었
습니다."
9 제사장이 말했다. "그대가 상수리나무 골짜기
에서 죽인 블레셋 사람 골리앗의 칼이 여기 있
습니다! 천에 싸서 에봇 뒤에 두었습니다. 갖고
싶으면 가져가십시오. 그것 말고 다른 무기는
없습니다."
10-11 다윗이 말했다. "그만한 칼이 어디 또 있겠
습니까! 그것을 저에게 주십시오!"
그 말을 마지막으로 다윗은 그곳을 급히 빠져
나와 사울을 피해 필사적으로 도망쳤다. 그는
가드 왕 아기스에게 갔다. 아기스의 신하들이
그를 보고 말했다. "이 자는 그 유명한 다윗이
아닙니까? 사람들이 춤추면서 노래했던 그 사
람 말입니다.

사울은 수천 명을 죽이고
다윗은 수만 명을 죽인다!"

12-15 다윗은 자신의 정체가 들통 난 것을 알고
당황했다. 그는 가드 왕 아기스에게 최악의 일
을 당할까 두려웠다. 그래서 그들이 보는 앞에
서 미친 척하며 머리를 성문에 찧고 나서, 입에
거품을 물고 수염에 침을 흘렸다. 아기스가 그
모습을 보고 신하들에게 말했다. "미친 자인 줄
보면 모르느냐? 너희가 어째서 이 자를 이곳에
들였느냐? 내가 참고 견뎌야 할 미친 자들이
부족해서 하나를 더 데려왔느냐? 이 자를 당장
내쫓아라!"

사울이 하나님의 제사장들을 죽이다

22 1-2 다윗은 도망쳐 아둘람 굴로 피했
다. 그의 형들을 비롯해서 그의 집
안과 관계된 사람들이 그가 그곳에 있다는 소
식을 듣고 내려와 합류했다. 뿐만 아니라 인생

men abstain from sex. Even when it is an ordinary
mission we do that—how much more on this holy
mission."
6 So the priest gave them the holy bread. It was the
only bread he had, Bread of the Presence that had
been removed from GOD's presence and replaced by
fresh bread at the same time.
7 One of Saul's officials was present that day keeping
a religious vow. His name was Doeg the Edomite.
He was chief of Saul's shepherds.
8 David asked Ahimelech, "Do you have a spear
or sword of any kind around here? I didn't have a
chance to grab my weapons. The king's mission was
urgent and I left in a hurry."
9 The priest said, "The sword of Goliath, the Philis-
tine you killed at Oak Valley—that's here! It's behind
the Ephod wrapped in a cloth. If you want it, take it.
There's nothing else here."
10-11 "Oh," said David, "there's no sword like that!
Give it to me!"
And at that, David shot out of there, running for
his life from Saul. He went to Achish, king of Gath.
When the servants of Achish saw him, they said,
"Can this be David, the famous David? Is this the
one they sing of at their dances?

Saul kills by the thousand,
David by the ten thousand!"

12-15 When David realized that he had been recog-
nized, he panicked, fearing the worst from Achish,
king of Gath. So right there, while they were looking
at him, he pretended to go crazy, pounding his
head on the city gate and foaming at the mouth,
spit dripping from his beard. Achish took one look
at him and said to his servants, "Can't you see he's
crazy? Why did you let him in here? Don't you think
I have enough crazy people to put up with as it is
without adding another? Get him out of here!"

Saul Murders the Priests of GOD

22 1-2 So David got away and escaped to the
Cave of Adullam. When his brothers and
others associated with his family heard where he
was, they came down and joined him. Not only

의 낙오자들—온갖 실패한 사람과 부랑자와 부적응자들—도 모두 그의 곁으로 모여들었다. 다윗은 그들의 지도자가 되었는데, 모두 사백 명쯤 되었다.

3-4 그 후에 다윗은 모압 땅 미스바로 갔다. 그는 모압 왕에게 간청했다. "저를 향한 하나님의 계획이 무엇인지를 제가 알게 될 때까지, 제 아버지와 어머니가 피할 곳을 허락해 주십시오." 다윗은 부모를 모압 왕에게 맡겼다. 다윗이 숨어 지내는 동안 그의 부모는 그곳에 머물렀다.

5 예언자 갓이 다윗에게 말했다. "굴로 돌아가지 말고 유다로 가십시오." 다윗은 그가 말한 대로 헤렛 숲으로 갔다.

6-8 사울이 다윗과 그 부하들의 행방에 대해 전해 들었다. 그때 그는 기브아 산 위에 있는 큰 상수리나무 아래서 손에 창을 들고 앉아, 신하들에게 둘러싸인 채로 회의를 열고 있었다. 그가 말했다. "이 베냐민 사람들아, 잘 들어라! 행여 이새의 아들에게 너희의 미래를 의탁할 생각은 아예 하지도 마라! 그가 너희에게 가장 좋은 땅을 내주고 너희 모두를 요직에 앉혀 줄 것 같으냐? 생각을 고쳐먹어라. 지금 너희는 작당하여 내 등 뒤에서 숙덕거리고 있다. 내 아들이 이새의 아들과 내통하고 있는데도, 그것을 내게 고하는 자가 하나도 없다. 내 아들이 그 반역자를 편들고 있는데도, 신경 써서 그것을 내게 고하는 자가 너희 중에 하나도 없다!"

9-10 그때 사울의 신하들과 함께 서 있던 에돔 사람 도엑이 말했다. "제가 놉에서 이새의 아들과 아히둡의 아들 아히멜렉이 만나는 것을 보았습니다. 아히멜렉이 그와 함께 기도하며 하나님의 인도하심을 구하고, 그에게 먹을 것을 주고, 블레셋 사람 골리앗의 칼을 주는 것을 제가 보았습니다."

11 사울이 사람을 보내 아히둡의 아들 제사장 아히멜렉과 놉에 있는 그의 집안 제사장들을 모두 불러들였다. 그들 모두가 왕 앞에 나왔다.

12 사울이 말했다. "아히둡의 아들아, 내 말을 들어라!"

"예, 왕이시여." 그가 말했다.

13 "너는 어찌하여 이새의 아들과 한패가 되어 나를 대적했느냐? 어찌하여 그에게 빵과 칼을 주고, 그와 함께 기도하여 하나님의 인도하심을 구하고, 그를 반역자로 세워 나를 해치게 했느냐?"

14-15 아히멜렉이 왕에게 대답했다. "왕의 수하에 왕의 사위이자 경호대 대장인 다윗만큼 충실한 신

that, but all who were down on their luck came around—losers and vagrants and misfits of all sorts. David became their leader. There were about four hundred in all.

3-4 Then David went to Mizpah in Moab. He petitioned the king of Moab, "Grant asylum to my father and mother until I find out what God has planned for me." David left his parents in the care of the king of Moab. They stayed there all through the time David was hiding out.

5 The prophet Gad told David, "Don't go back to the cave. Go to Judah." David did what he told him. He went to the forest of Hereth.

6-8 Saul got word of the whereabouts of David and his men. He was sitting under the big oak on the hill at Gibeah at the time, spear in hand, holding court surrounded by his officials. He said, "Listen here, you Benjaminites! Don't think for a minute that you have any future with the son of Jesse! Do you think he's going to hand over choice land, give you all influential jobs? Think again. Here you are, conspiring against me, whispering behind my back—not one of you is man enough to tell me that my own son is making deals with the son of Jesse, not one of you who cares enough to tell me that my son has taken the side of this, this...outlaw!"

9-10 Then Doeg the Edomite, who was standing with Saul's officials, spoke up: "I saw the son of Jesse meet with Ahimelech son of Ahitub, in Nob. I saw Ahimelech pray with him for GOD's guidance, give him food, and arm him with the sword of Goliath the Philistine."

11 Saul sent for the priest Ahimelech son of Ahitub, along with the whole family of priests at Nob. They all came to the king.

12 Saul said, "You listen to me, son of Ahitub!"

"Certainly, master," he said.

13 "Why have you ganged up against me with the son of Jesse, giving him bread and a sword, even praying with him for GOD's guidance, setting him up as an outlaw, out to get me?"

14-15 Ahimelech answered the king, "There's not an official in your administration as true to you as

하가 없고, 그보다 훌륭한 사람도 없습니다. 제가 그와 함께 기도하여 하나님의 인도하심을 구한 것이, 그때가 처음입니까? 아닙니다! 저나 저의 집안에 어떤 죄도 씌우지 마십시오. '반역자'라 하시는 말씀이 무슨 뜻인지 도무지 모르겠습니다."
16 왕이 말했다. "아히멜렉아, 너는 죽어 마땅하다! 너와 네 집안 사람 모두 죽을 것이다!"
17 왕이 심복들에게 명령했다. "하나님의 제사장들을 에워싸고 모두 죽여라! 저들은 다윗과 한편이다. 저들은 다윗이 나를 피하여 달아나는 줄 알면서도 내게 알리지 않았다." 그러나 그들은 제사장들을 죽이려 하지 않았다. 하나님의 제사장들에게 손을 대고 싶지 않았던 것이다.
18-19 그러자 왕이 도엑에게 말했다. "네가 제사장들을 죽여 버려라!" 에돔 사람 도엑이 앞장서서 거룩한 옷을 입은 제사장 여든다섯 명을 쳐서 죽였다. 이어서 사울은 제사장들의 성읍인 놉에까지 학살의 손길을 뻗었다. 남자와 여자, 어린아이와 아기, 소와 나귀와 양 할 것 없이 모조리 죽였다.
20-21 아히둡의 손자요 아히멜렉의 아들인 아비아달만이 겨우 몸을 피해 달아났다. 그는 도망쳐 다윗에게 가서 그와 한편이 되었다. 아비아달은 사울이 하나님의 제사장들을 살해한 일을 다윗에게 전했다.
22-23 다윗이 아비아달에게 말했다. "그럴 줄 알았소. 내가 그날 거기서 에돔 사람을 보았는데, 그가 사울에게 말할 줄 알았소. 그대 아버지 집안의 사람들이 몰살당한 것은 내 탓이오. 여기서 나와 함께 있으시오. 두려워하지 마시오. 그대를 죽이려는 자는 내 목숨을 노리는 자이기도 하니, 내 곁에 있으시오. 내가 그대를 지켜 주겠소."

다윗이 광야에서 숨어 지내다

23 1-2 블레셋 사람이 그일라를 습격하여 곡물을 약탈하고 있다는 보고가 다윗에게 들어갔다. 다윗은 하나님께 기도했다. "제가 이 블레셋 사람을 추격해 응징해도 되겠습니까?" 하나님께서 말씀하셨다. "가거라. 블레셋 사람을 공격하여 그일라를 구하여라."
3 그러나 다윗의 부하들이 말했다. "우리는 여기 유다에서도 목숨을 잃을까 두려워하며 살고 있습니다. 그런데 어떻게 블레셋 사람이 득실대는 그일라로 갈 생각을 하십니까?"
4 그래서 다윗은 다시 하나님께 나아가 기도했다. 하나님께서 말씀하셨다. "가거라. 그일라로 가거

David, your own son-in-law and captain of your bodyguard. None more honorable either. Do you think that was the first time I prayed with him for God's guidance? Hardly! But don't accuse me of any wrongdoing, me or my family. I have no idea what you're trying to get at with this 'outlaw' talk."
16 The king said, "Death, Ahimelech! You're going to die—you and everyone in your family!"
17 The king ordered his henchmen, "Surround and kill the priests of GOD! They're hand in glove with David. They knew he was running away from me and didn't tell me." But the king's men wouldn't do it. They refused to lay a hand on the priests of GOD.
18-19 Then the king told Doeg, "You do it—massacre the priests!" Doeg the Edomite led the attack and slaughtered the priests, the eighty-five men who wore the sacred robes. He then carried the massacre into Nob, the city of priests, killing man and woman, child and baby, ox, donkey, and sheep—the works.
20-21 Only one son of Ahimelech son of Ahitub escaped: Abiathar. He got away and joined up with David. Abiathar reported to David that Saul had murdered the priests of GOD.
22-23 David said to Abiathar, "I knew it—that day I saw Doeg the Edomite there, I knew he'd tell Saul. I'm to blame for the death of everyone in your father's family. Stay here with me. Don't be afraid. The one out to kill you is out to kill me, too. Stick with me. I'll protect you."

Living in Desert Hideouts

23 1-2 It was reported to David that the Philistines were raiding Keilah and looting the grain. David went in prayer to GOD: "Should I go after these Philistines and teach them a lesson?"
GOD said, "Go. Attack the Philistines and save Keilah."
3 But David's men said, "We live in fear of our lives right here in Judah. How can you think of going to Keilah in the thick of the Philistines?"
4 So David went back to GOD in prayer. GOD said, "Get going. Head for Keilah. I'm placing the

라. 내가 블레셋 사람을 네 손에 넘겨주겠다."

5-6 다윗과 그의 부하들은 그일라로 가서 블레셋 사람과 싸웠다. 그들은 블레셋 사람의 가축을 사방으로 흩어 놓았고 그들을 크게 물리쳐 그일라 백성을 구했다. 다윗에게 피해 있던 아비아달도 에봇을 가지고 나와 그일라 공격에 가세했다.

7-8 다윗이 그일라로 갔다는 말을 듣고 사울은 생각했다. "잘됐다! 하나님께서 그를 통째로 내게 넘겨주시는구나! 사방이 성벽으로 막힌 성 안에서 문까지 잠겼으니, 그는 이제 독 안에 든 쥐다!" 사울은 다윗과 그의 부하들을 포위하려고 군대를 소집하여 그일라로 향했다.

9-11 다윗은 자기를 멸하려는 사울의 전략을 전해 듣고 제사장 아비아달에게 "에봇을 가져오시오" 하고 일렀다. 그리고 하나님께 기도했다. "이스라엘의 하나님, 방금 사울이 저를 잡으려고 그일라로 와서 이 성을 쳐부수려 한다는 소식을 들었습니다. 그일라 성읍의 원로들이 저를 그의 손에 넘겨주겠습니까? 정말 사울이 내려와 제가 들은 내용대로 실행하겠습니까? 하나님 이스라엘의 하나님, 제게 알려 주십시오!"

하나님께서 대답하셨다. "그가 내려올 것이다."

12 "그럼 그일라의 지도자들이 저와 제 부하들을 사울의 손에 넘겨주겠습니까?"

하나님께서 말씀하셨다. "그들이 너를 넘겨줄 것이다."

13 그래서 다윗과 그의 부하들은 그곳을 빠져나왔다. 그들의 수는 육백 명 정도 되었다. 그들은 그일라를 떠나 이동했다. 이곳저곳을 다니며 계속해서 이동했다.

사울은 다윗이 그일라에서 피했다는 말을 듣고 기습 계획을 취소했다.

14-15 다윗은 사막의 은신처와 변경의 십 광야 산지에 계속 머물렀다. 사울은 날마다 그를 찾아다녔으나, 하나님께서 다윗을 그의 손에 넘겨주지 않으셨다. 사울이 다윗의 목숨을 노리고 뒤쫓기로 작정한 것이 분명해지자, 다윗은 사울의 손이 미치지 않는 곳, 십 광야의 호레스에 숨었다.

16-18 사울의 아들 요나단이 호레스로 다윗을 찾아와서, 하나님 안에서 그를 위로하며 말했다. "절망하지 말게. 내 아버지 사울은 자네에게 해를 입힐 수 없네. 자네는 이스라엘의 왕이 될 것이고, 나는 자네 곁에서 도울 것이네. 내 아버지도

Philistines in your hands."

5-6 David and his men went to Keilah and fought the Philistines. He scattered their cattle, beat them decisively, and saved the people of Keilah. After Abiathar took refuge with David, he joined David in the raid on Keilah, bringing the Ephod with him.

7-8 Saul learned that David had gone to Keilah and thought immediately, "Good! God has handed him to me on a platter! He's in a walled city with locked gates, trapped!" Saul mustered his troops for battle and set out for Keilah to lay siege to David and his men.

9-11 But David got wind of Saul's strategy to destroy him and said to Abiathar the priest, "Get the Ephod." Then David prayed to GOD: "God of Israel, I've just heard that Saul plans to come to Keilah and destroy the city because of me. Will the city fathers of Keilah turn me over to him? Will Saul come down and do what I've heard? O GOD, God of Israel, tell me!"

GOD replied, "He's coming down."

12 "And will the head men of Keilah turn me and my men over to Saul?"

And GOD said, "They'll turn you over."

13 So David and his men got out of there. There were about six hundred of them. They left Keilah and kept moving, going here, there, wherever—always on the move.

When Saul was told that David had escaped from Keilah, he called off the raid.

14-15 David continued to live in desert hideouts and the backcountry wilderness hills of Ziph. Saul was out looking for him day after day, but God never turned David over to him. David kept out of the way in the wilderness of Ziph, secluded at Horesh, since it was plain that Saul was determined to hunt him down.

16-18 Jonathan, Saul's son, visited David at Horesh and encouraged him in God. He said, "Don't despair. My father, Saul, can't lay a hand on you. You will be Israel's king and I'll be right at your side to help. And my father knows it." Then the

그것을 알고 있다네." 그리하여 두 사람은 하나님 앞에서 언약을 맺었다. 다윗은 호레스에 남고 요나단은 집으로 돌아갔다.

19-20 십 사람 가운데 몇 명이 기브아로 사울을 찾아와서 말했다. "다윗이 우리 지역 근처의 호레스 굴과 계곡에 숨어 있는 사실을 알고 계십니까? 지금 그는 여시몬 남쪽에 있는 하길라 산에 있습니다. 그러니 언제든 왕께서 내려오실 준비가 되면 말씀해 주십시오. 그를 왕의 손에 넘겨드리는 것을 우리의 영광으로 알겠습니다."

21-23 사울이 말했다. "그대들이 이처럼 나를 생각해 주니 하나님께서 그대들에게 복 주시기를 비오! 이제 돌아가서 모든 것을 살펴 두시오. 그의 일과를 파악하고, 그가 어디로 다니며 누구와 함께 있는지 동태를 관찰하시오. 그는 아주 약삭빠르오. 그가 숨은 곳들을 모두 정탐한 다음, 나곤으로 나를 찾아오시오. 그때 내가 당신들과 함께 가겠소. 유다의 어느 지역이든 그를 찾기만 하면 내가 당장 달려갈 것이오!"

24-27 그래서 십 사람들은 사울을 위한 정찰에 착수했다.

그때에 다윗과 그의 부하들은 여시몬 남쪽 사막인 마온 광야에 있었는데, 사울과 그의 부하들이 도착하여 수색을 시작했다. 다윗은 그 소식을 듣고 남쪽 바위산으로 피해 마온 광야에서 야영했다. 그가 어디 있는지 전해 들은 사울은 그를 쫓아 마온 광야로 왔다. 사울은 산 이편에 있고, 다윗과 그의 부하들은 산 저편에 있었다. 사울과 그의 부하들이 포위망을 좁히며 다가오자, 다윗과 그의 부하들은 후퇴하여 달아났다. 그런데 그때 전령이 사울에게 와서 말했다. "서둘러 돌아가셔야 겠습니다! 블레셋 사람이 공격을 개시했습니다!"

28-29 사울은 다윗 쫓는 일을 중단하고 블레셋 사람과 싸우기 위해 돌아갔다. 그렇게 해서 그곳의 이름을 '구사일생'이라고 부르게 되었다. 다윗은 그곳을 떠나 엔게디 굴과 협곡에서 머물렀다.

다윗이 사울을 살려 주다

24

1-4 블레셋 사람과 싸우다 돌아온 사울은 "다윗이 지금 엔게디 광야에 있다"는 보고를 들었다. 사울은 온 이스라엘에서 선발한 최정예군으로 세 개 부대를 꾸려, 들염소 바위 지역으로 다윗과 그의 부하들을 찾아 떠났다. 가다가 길가에 있는 양 우리에 이르렀는데, 마침 그

two of them made a covenant before GOD. David stayed at Horesh and Jonathan went home.

19-20 Some Ziphites went to Saul at Gibeah and said, "Did you know that David is hiding out near us in the caves and canyons of Horesh? Right now he's at Hakilah Hill just south of Jeshimon. So whenever you're ready to come down, we'd count it an honor to hand him over to the king."

21-23 Saul said, "GOD bless you for thinking about me! Now go back and check everything out. Learn his routines. Observe his movements—where he goes, who he's with. He's very shrewd, you know. Scout out all his hiding places. Then meet me at Nacon and I'll go with you. If he is anywhere to be found in all the thousands of Judah, I'll track him down!"

24-27 So the Ziphites set out on their reconnaissance for Saul.

Meanwhile, David and his men were in the wilderness of Maon, in the desert south of Jeshimon. Saul and his men arrived and began their search. When David heard of it, he went south to Rock Mountain, camping out in the wilderness of Maon. Saul heard where he was and set off for the wilderness of Maon in pursuit. Saul was on one side of the mountain, David and his men on the other. David was in full retreat, running, with Saul and his men closing in, about to get him. Just then a messenger came to Saul and said, "Hurry! Come back! The Philistines have just attacked the country!"

28-29 So Saul called off his pursuit of David and went back to deal with the Philistines. That's how that place got the name Narrow Escape. David left there and camped out in the caves and canyons of En Gedi.

"I'm No Rebel"

24

1-4 When Saul came back after dealing with the Philistines, he was told, "David is now in the wilderness of En Gedi." Saul took three companies—the best he could find in all Israel—and set out in search of David and his men in the region of Wild Goat Rocks. He came to some

곳에 굴이 있어 사울이 들어가 용변을 보았다. 다윗과 그의 부하들은 그 굴 안쪽 깊숙한 곳에 숨어 있었다. 다윗의 부하들이 낮은 목소리로 다윗에게 말했다. "믿어지십니까? '내가 네 원수를 네 손에 넘겨주겠다. 무엇이든 네 마음대로 행하여라' 하신 **하나님**의 말씀이 바로 오늘을 두고 하신 말씀입니다." 다윗은 소리 없이 기어가, 사울의 겉옷자락을 몰래 베었다.

5-7 그는 곧 죄책감이 들어 부하들에게 말했다. "내가 **하나님**의 기름부음 받은 내 주인에게 이 일을 한 것과, 손가락 하나라도 들어 그를 치는 것은 **하나님**께서 금하시는 일이다. 그는 **하나님**의 기름부음 받은 자다!" 다윗은 이런 말로 자기 부하들이 사울에게 덤벼들지 못하게 막았다. 사울은 일어나 굴에서 나가, 가던 길을 계속해서 갔다.

8-13 잠시 후에 다윗이 굴 입구에 서서 사울을 불렀다. "내 주인인 왕이시여!" 사울이 뒤돌아보았다. 다윗은 무릎을 꿇고 공손히 절했다. 그리고 큰소리로 말했다. "왕께서는 어째서 '다윗이 왕을 해치려 한다'는 사람들의 말을 들으십니까? 오늘 **하나님**께서 왕을 내 손에 넘겨주셨음을, 지금 왕의 눈으로 보고 계십니다. 부하들은 내가 왕을 죽이기를 바랐으나, 나는 그렇게 하지 않았습니다. 나는 그들에게, **하나님**의 기름부음을 받은 내 주인을 내 손으로 치지 않겠다고 말했습니다. 내 아버지여, 이것을 보십시오. 내가 베어 낸 왕의 옷자락입니다. 나는 왕을 베어 죽일 수도 있었지만, 그렇게 하지 않았습니다. 여기 증거를 보십시오! 나는 왕을 대적하지 않습니다. 나는 반역자도 아닙니다. 지금까지 한 번도 왕께 죄를 지은 적이 없습니다. 그런데도 왕께서는 나를 죽이려고 쫓아다니십니다. 우리 중에 누가 옳은지 판단해 보십시오. **하나님**께서 내 원수를 갚아 주실지라도, 그것은 그분의 일이지 나의 계획이 아닙니다. 옛말에 '악한 자에게서 악한 행동이 나온다'고 했습니다. 내 손으로 절대 왕을 해치지 않을 테니 안심하십시오.

14-15 이스라엘의 왕이 도대체 무엇을 하고 계신 것입니까? 누구를 쫓고 계십니까? 죽은 개요 벼룩 아닙니까? **하나님**께서 우리의 재판장이십니다. 누가 옳은지 그분께서 판단하실 것입니다. 그분께서 지금 굽어보시고 당장 판단해 주시면 좋겠습니다. 그래서 나를 왕에게서 해방시켜 주시면 좋겠습니다!"

16-21 다윗이 말을 마치자, 사울은 "이것이 정녕 내 아들 다윗의 목소리냐?" 하면서 눈물을 흘리며 크게 울었다. 그리고 말을 이었다. "너는 옳은데, 나

sheep pens along the road. There was a cave there and Saul went in to relieve himself. David and his men were huddled far back in the same cave. David's men whispered to him, "Can you believe it? This is the day GOD was talking about when he said, 'I'll put your enemy in your hands. You can do whatever you want with him.'" Quiet as a cat, David crept up and cut off a piece of Saul's royal robe.

5-7 Immediately, he felt guilty. He said to his men, "GOD forbid that I should have done this to my master, GOD's anointed, that I should so much as raise a finger against him. He's GOD's anointed!" David held his men in check with these words and wouldn't let them pounce on Saul. Saul got up, left the cave, and went on down the road.

8-13 Then David stood at the mouth of the cave and called to Saul, "My master! My king!" Saul looked back. David fell to his knees and bowed in reverence. He called out, "Why do you listen to those who say 'David is out to get you'? This very day with your very own eyes you have seen that just now in the cave GOD put you in my hands. My men wanted me to kill you, but I wouldn't do it. I told them that I won't lift a finger against my master—he's GOD's anointed. Oh, my father, look at this, look at this piece that I cut from your robe. I could have cut you—killed you!—but I didn't. Look at the evidence! I'm not against you. I'm no rebel. I haven't sinned against you, and yet you're hunting me down to kill me. Let's decide which of us is in the right. GOD may avenge me, but it is in his hands, not mine. An old proverb says, 'Evil deeds come from evil people.' So be assured that my hand won't touch you.

14-15 "What does the king of Israel think he's doing? Who do you think you're chasing? A dead dog? A flea? GOD is our judge. He'll decide who is right. Oh, that he would look down right now, decide right now—and set me free of you!"

16-21 When David had finished saying all this, Saul said, "Can this be the voice of my son David?" and he wept in loud sobs. "You're the

는 그렇지 않구나. 너는 내게 많은 선을 베풀었는데, 나는 네게 악을 쏟아부었다. 이번에도 너는 나를 너그러이 대했다. 하나님께서 나를 네 손에 넘겨주셨는데도 나를 죽이지 않았다. 왜 그랬겠느냐? 제 원수를 만난 사람이 그를 축복하며 그냥 보내겠느냐? 하나님께서 네가 오늘 내게 한 일을 보시고 네게 복에 복을 더하시기를 빈다! 네가 왕이 되어 다스릴 것을 이제 나는 의심치 않는다. 이스라엘 나라는 이미 네 손안에 있다! 이제 너는 내 집안 사람들을 다 죽이거나 명부에서 내 이름을 없애지 않겠다고 하나님의 이름으로 약속해 다오."

22 다윗이 사울에게 약속했다. 그러자 사울은 집으로 돌아갔고, 다윗과 그의 부하들은 광야에 있는 그들의 피난처로 올라갔다.

25 1 사무엘이 죽었다. 온 백성이 장례식에 와서 그의 죽음을 슬퍼했다. 그는 고향 라마에 묻혔다. 한편, 다윗은 다시 이동하여 이번에는 마온 광야로 갔다.

다윗과 아비가일

2-3 마온에 어떤 사람이 있었는데, 그는 갈멜 땅에서 자기 일을 하고 있었다. 그는 아주 부자여서 그에게 양이 삼천 마리, 염소가 천 마리가 있었다. 마침 갈멜에 양털을 깎는 철이 돌아왔다. 그는 갈렙 사람으로, 이름은 나발(바보)이고 아내의 이름은 아비가일이었다. 여인은 똑똑하고 아름다웠으나 남편은 잔인하고 야비했다.

4-8 변경에 있던 다윗은, 나발이 양털을 깎는다는 말을 듣고 젊은이 열 명을 보내며 지시했다. "갈멜로 가서 나발을 찾아가거라. 내 이름으로 그에게 이렇게 문안하여라. '평안을 빕니다! 당신에게 생명과 평안이 있기를 바랍니다. 당신의 집안에도 평안, 이곳에 있는 모든 이에게도 평안이 임하길 빕니다! 양털을 깎는 철이라고 들었습니다. 드리고 싶은 말씀은 이것입니다. 당신의 목자들이 우리 근처에서 야영할 때 우리는 그들을 해치지 않았습니다. 우리와 함께 갈멜에 있는 동안에도 그들은 잃은 것이 없습니다. 당신의 젊은 목자들에게 물어보면, 그들이 말해 줄 것입니다. 나는 당신이 내 부하들에게 아량을 베풀어 잔치 음식을 좀 나누어 주었으면 합니다! 무엇이든 내키는 대로 당신의 종들과 당신의 아들인 나 다윗에게 베풀어 주십시오.'"

9-11 다윗의 젊은이들이 나발에게 가서 그의 메시지

one in the right, not me," he continued. "You've heaped good on me; I've dumped evil on you. And now you've done it again—treated me generously. GOD put me in your hands and you didn't kill me. Why? When a man meets his enemy, does he send him down the road with a blessing? May GOD give you a bonus of blessings for what you've done for me today! I know now beyond doubt that you will rule as king. The kingdom of Israel is already in your grasp! Now promise me under GOD that you will not kill off my family or wipe my name off the books."

22 David promised Saul. Then Saul went home and David and his men went up to their wilderness refuge.

To Fight GOD's Battles

25 1 Samuel died. The whole country came to his funeral. Everyone grieved over his death, and he was buried in his hometown of Ramah. Meanwhile, David moved again, this time to the wilderness of Maon.

2-3 There was a certain man in Maon who carried on his business in the region of Carmel. He was very prosperous—three thousand sheep and a thousand goats, and it was sheep-shearing time in Carmel. The man's name was Nabal (Fool), a Calebite, and his wife's name was Abigail. The woman was intelligent and good-looking, the man brutish and mean.

4-8 David, out in the backcountry, heard that Nabal was shearing his sheep and sent ten of his young men off with these instructions: "Go to Carmel and approach Nabal. Greet him in my name, 'Peace! Life and peace to you. Peace to your household, peace to everyone here! I heard that it's sheep-shearing time. Here's the point: When your shepherds were camped near us we didn't take advantage of them. They didn't lose a thing all the time they were with us in Carmel. Ask your young men—they'll tell you. What I'm asking is that you be generous with my men—share the feast! Give whatever your heart tells you to your servants and to me, David your son.'"

를 그대로 전했다. 나발은 그들에게 호통을 쳤다. "다윗이 누구냐? 도대체 이새의 아들이란 자가 누구냐? 요즘 이 땅에는 도망친 종들이 수두룩하다. 내가 한 번도 본 적 없는 자들에게 좋은 빵과 포도주와 양털 깎는 자들에게 주려고 잡은 신선한 고기를 줄 것 같으냐? 어디서 굴러 왔는지도 모르는 자들에게 말이냐?"

12-13 다윗의 부하들이 거기서 나와 다윗에게 돌아가서 나발의 말을 전했다. 다윗이 "너희 모두 칼을 차라!" 하고 명령하니, 그들 모두가 칼을 찼다. 다윗과 그의 부하 사백 명이 길을 떠났고, 이백 명은 뒤에 남아 진을 지켰다.

14-17 그 사이, 젊은 목자들 가운데 한 명이 나발의 아내 아비가일에게 그 일을 알렸다. "다윗이 변방에서 전령들을 보내 주인께 예를 표했으나 주인님은 호통을 치며 그들을 모욕했습니다. 하지만 그들은 우리를 아주 잘 대해 주었습니다. 우리가 들판에 있는 동안 우리 소유를 하나도 빼앗지 않았고 우리를 해치지도 않았습니다. 우리가 밖에서 양을 치는 동안에는 우리 주위에서 밤낮으로 지켜 주었습니다. 주인님과 우리 모두 이제 곧 큰 피해를 입게 되었으니 서둘러 방법을 찾으십시오. 주인께는 아무 말도 할 수 없습니다. 그분은 꽉 막힌 데다 정말 잔인하기까지 합니다!"

18-19 아비가일은 서둘러 행동을 취했다. 그녀는 빵 이백 덩이, 포도주 두 가죽부대, 요리할 수 있게 다듬어 준비한 양 다섯 마리, 볶은 곡식 35리터, 건포도 백 뭉치, 무화과 이백 뭉치를 가져다가 모두 나귀에 실었다. 그리고 젊은 종들에게 말했다. "먼저 가서 길을 터놓아라. 내가 곧 뒤따라가겠다." 그러나 남편 나발에게는 알리지 않았다.

20-22 아비가일이 나귀를 타고 골짜기로 내려가고 있는데, 마침 다윗과 그의 부하들이 맞은편에서 내려오고 있었다. 그들은 그 길에서 마주쳤다. 다윗이 막 이렇게 말하고 난 뒤였다. "광야에서 그 자의 모든 소유를 지켜 주어 재산을 하나도 잃지 않게 한 것이 모두 헛된 일이었다. 결국 그가 내게 모욕으로 갚지 않는가. 모욕도 이런 모욕이 없다! 내가 내일 아침까지 나발과 그의 못된 무리 가운데 한 사람이라도 살려 둔다면, 하나님께 어떤 벌이라도 받겠다!"

23-25 아비가일은 다윗을 보자마자, 나귀에서 내려 그의 발 앞에 무릎을 꿇고 얼굴을 땅에 대고 엎드려 경의를 표했다. "내 주인이시여, 모두가 제 잘못입니다! 제가 말씀드리는 것을 허락해 주시고,

9-11 David's young men went and delivered his message word for word to Nabal. Nabal tore into them, "Who is this David? Who is this son of Jesse? The country is full of runaway servants these days. Do you think I'm going to take good bread and wine and meat freshly butchered for my sheepshearers and give it to men I've never laid eyes on? Who knows where they've come from?"

12-13 David's men got out of there and went back and told David what he had said. David said, "Strap on your swords!" They all strapped on their swords, David and his men, and set out, four hundred of them. Two hundred stayed behind to guard the camp.

14-17 Meanwhile, one of the young shepherds told Abigail, Nabal's wife, what had happened: "David sent messengers from the backcountry to salute our master, but he tore into them with insults. Yet these men treated us very well. They took nothing from us and didn't take advantage of us all the time we were in the fields. They formed a wall around us, protecting us day and night all the time we were out tending the sheep. Do something quickly because big trouble is ahead for our master and all of us. Nobody can talk to him. He's impossible—a real brute!"

18-19 Abigail flew into action. She took two hundred loaves of bread, two skins of wine, five sheep dressed out and ready for cooking, a bushel of roasted grain, a hundred raisin cakes, and two hundred fig cakes, and she had it all loaded on some donkeys. Then she said to her young servants, "Go ahead and pave the way for me. I'm right behind you." But she said nothing to her husband Nabal.

20-22 As she was riding her donkey, descending into a ravine, David and his men were descending from the other end, so they met there on the road. David had just said, "That sure was a waste, guarding everything this man had out in the wild so that nothing he had was lost—and now he rewards me with insults. A real slap in the face! May God do his worst to me if Nabal and every cur in his misbegotten brood aren't dead meat by

제 말에 귀를 기울여 주십시오. 그 잔인한 사람 나발이 한 일에 마음 쓰지 마십시오. 그는 자기 이름처럼 행동하는 사람입니다. 나발은 바보라는 뜻입니다. 그에게서는 미련함이 흘러나옵니다.

25-27 주인께서 보내신 젊은이들이 왔을 때, 제가 그 자리에 없어 그들을 보지 못했습니다. 주인이시여, 하나님께서 살아 계심과 당신이 살아 계심을 두고 맹세합니다. 이제 하나님께서 보복 살인을 하지 못하도록 당신을 막으신 것입니다. 당신의 원수들, 곧 내 주인님을 해치려는 모든 자는 나발처럼 되기를 원합니다! 이제 당신의 여종이 주인께 가져온 선물을 받으시고, 주인님의 뒤를 따르는 젊은이들에게 나누어 주십시오.

28-29 저의 무례함을 용서하십시오! 하지만 하나님께서는 내 주인님 안에서 일하시고, 견고하고 확실한 통치를 세우고 계십니다. 내 주인님은 하나님의 싸움을 싸우고 계십니다! 주인께서 사시는 날 동안에는 어떤 악도 주인께 달라붙지 못할 것입니다.

누가 당신의 길을 막고
당신을 그 길에서 밀어내려 한다면,
이것을 아십시오. 하나님이 높이시는 당신의 생명은
하나님이 지키시는 생명 주머니에 꼭 싸여 있다는 것을.
그러나 당신 원수들의 생명은
물매로 돌을 던지듯 내던져질 것입니다.

30-31 하나님께서 내 주인께 약속하신 모든 선을 이루시고 주인님을 이스라엘의 통치자로 세우실 때에, 내 주인님의 마음속에는 보복 살인으로 인한 무거운 죄책감은 없을 것입니다. 하나님께서 내 주인님을 위해 일이 잘되게 하시거든, 저를 기억해 주십시오."

32-34 그러자 다윗이 말했다. "하나님 이스라엘의 하나님이여, 찬양받으소서. 하나님께서 그대를 보내어 나를 맞이하게 하셨소! 그대의 분별력에 복이 임하기를 빕니다! 나를 막아 살인하지 못하게 하고, 또 이렇게 앞장서서 나를 찾아와 준 그대를 축복하오. 하마터면 큰일 날 뻔했소! 그대를 해치지 못하게 나를 막으신 하나님 이스라엘의 하나님의 살아 계심을 두고 맹세하오. 그대가 이렇게 급히 와서 나를 막지 않았다면, 아침에 나발에게 남은 것은 시체뿐이었을 것이오."

morning!"
23-25 As soon as Abigail saw David, she got off her donkey and fell on her knees at his feet, her face to the ground in homage, saying, "My master, let me take the blame! Let me speak to you. Listen to what I have to say. Don't dwell on what that brute Nabal did. He acts out the meaning of his name: Nabal, Fool. Foolishness oozes from him.

25-27 "I wasn't there when the young men my master sent arrived. I didn't see them. And now, my master, as GOD lives and as you live, GOD has kept you from this avenging murder—and may your enemies, all who seek my master's harm, end up like Nabal! Now take this gift that I, your servant girl, have brought to my master, and give it to the young men who follow in the steps of my master.

28-29 "Forgive my presumption! But GOD is at work in my master, developing a rule solid and dependable. My master fights GOD's battles! As long as you live no evil will stick to you.

If anyone stands in your way,
if anyone tries to get you out of the way,
Know this: Your God-honored life is tightly bound
in the bundle of God-protected life;
But the lives of your enemies will be hurled aside
as a stone is thrown from a sling.

30-31 "When GOD completes all the goodness he has promised my master and sets you up as prince over Israel, my master will not have this dead weight in his heart, the guilt of an avenging murder. And when GOD has worked things for good for my master, remember me."

32-34 And David said, "Blessed be GOD, the God of Israel. He sent you to meet me! And blessed be your good sense! Bless you for keeping me from murder and taking charge of looking out for me. A close call! As GOD lives, the God of Israel who kept me from hurting you, if you had not come as quickly as you did, stopping me in my tracks, by morning there would have been nothing left of

35 다윗은 그녀가 가져온 선물을 받고 말했다. "평안히 집으로 돌아가시오. 그대의 말을 잘 알아들었으니, 그대가 요청한 대로 행할 것이오."

36-38 아비가일이 집에 돌아가서 보니, 나발은 큰 잔치를 베풀고 있었다. 그는 잔뜩 흥이 난 데다가 흠뻑 취해 있었다. 그녀는 날이 밝을 때까지 자기가 한 일을 그에게 일절 말하지 않았다. 아침이 되어 나발이 술이 깨자, 그녀는 그 사이에 있었던 일을 모두 알렸다. 그러자 나발은 곧바로 심장발작을 일으켜 혼수상태에 빠졌고, 열흘 후에 하나님께서 그를 죽게 하셨다.

39-40 다윗은 나발이 죽었다는 소식을 듣고 말했다. "나발의 모욕 앞에서 내 편이 되어 주시고 나의 악한 행위를 막으셔서, 나발의 악이 그에게 되돌아가게 하신 하나님을 찬양합니다."

그 후에 다윗은 아비가일에게 사람을 보내, 그녀를 아내로 삼고 싶다는 뜻을 전했다. 다윗의 부하들이 갈멜로 아비가일을 찾아가서 말했다. "다윗 어른께서 당신을 아내로 삼고자 하여 모셔 오라고 우리를 보냈습니다."

41 아비가일은 일어나 얼굴을 땅에 대고 절하며 말했다. "나는 당신의 종이니 당신이 원하는 일이면 무엇이든 기꺼이 하겠습니다. 내 주인님을 따르는 종들의 발이라도 씻기겠습니다!"

42 아비가일은 머뭇거리지 않았다. 그녀는 나귀를 타고 자기를 시중드는 여종 다섯을 데리고 다윗의 부하들과 함께 다윗에게 가서 그의 아내가 되었다.

43-44 다윗은 이스르엘의 아히노암과도 결혼했다. 두 여인 모두 다윗의 아내였다. 사울은 다윗의 아내 미갈을 갈림 사람 라이스의 아들 발디(발디엘)에게 시집보냈다.

26 1-3 십 사람 몇 명이 기브아로 사울을 찾아와서 말했다. "다윗이 여시몬 맞은편에 있는 하길라 산에 숨어 있는 것을 아십니까?" 사울은 즉시 일어나 최정예 부하 삼천 명을 이끌고, 그 황량한 사막에 있는 다윗을 잡으려고 십 광야로 떠났다. 그는 여시몬 맞은편에 있는 하길라 산길 옆에 진을 쳤다.

3-5 *아직까지 변경에 머물던 다윗은* 사울이 자기를 뒤쫓아 온 것을 알았다. 다윗은 정탐꾼들을 보내어 그가 있는 정확한 위치를 알아냈다. 그 후에 사울이 진을 친 곳으로 가서, 사울과 그의 군사령관인 넬의 아들 아브넬이 머물고 있는 것을 직접 보았

Nabal but dead meat."

35 Then David accepted the gift she brought him and said, "Return home in peace. I've heard what you've said and I'll do what you've asked."

36-38 When Abigail got home she found Nabal presiding over a huge banquet. He was in high spirits—and very, very drunk. So she didn't tell him anything of what she'd done until morning. But in the morning, after Nabal had sobered up, she told him the whole story. Right then and there he had a heart attack and fell into a coma. About ten days later GOD finished him off and he died.

39-40 When David heard that Nabal was dead he said, "Blessed be GOD who has stood up for me against Nabal's insults, kept me from an evil act, and let Nabal's evil boomerang back on him."

Then David sent for Abigail to tell her that he wanted her for his wife. David's servants went to Abigail at Carmel with the message, "David sent us to bring you to marry him."

41 She got up, and then bowed down, face to the ground, saying, "I'm your servant, ready to do anything you want. I'll even wash the feet of my master's servants!"

42 Abigail didn't linger. She got on her donkey and, with her five maids in attendance, went with the messengers to David and became his wife.

43-44 David also married Ahinoam of Jezreel. Both women were his wives. Saul had married off David's wife Michal to Palti (Paltiel) son of Laish, who was from Gallim.

Obsessed with a Single Flea

26 1-3 Some Ziphites came to Saul at Gibeah and said, "Did you know that David is hiding out on the Hakilah Hill just opposite Jeshimon?" Saul was on his feet in a minute and on his way to the wilderness of Ziph, taking three thousand of his best men, the pick of the crop, to hunt for David in that wild desert. He camped just off the road at the Hakilah Hill, opposite Jeshimon.

3-5 David, still out in the backcountry, knew Saul

다. 사울은 군대에 둘러싸여 진 안에 안전하게 있었다.
6 다윗은 앞장서며 헷 사람 아히멜렉과 스루야의 아들 요압의 동생인 아비새에게 말했다. "누가 나와 함께 사울의 진에 들어가겠소?"
아비새가 낮은 목소리로 말했다. "제가 가겠습니다."
7 다윗과 아비새가 밤중에 적진에 들어가 보니, 사울이 진 한가운데서 몸을 뻗고 누워 잠들어 있었다. 사울의 머리맡에 그의 창이 꽂혀 있고, 아브넬과 군사들은 그의 주위에서 곤히 자고 있었다.
8 아비새가 말했다. "드디어 때가 왔습니다! 하나님께서 장군의 원수를 장군께 넘겨주셨습니다. 제가 저 창으로 그를 찔러 땅에 박겠습니다. 한 번만 내리꽂으면 됩니다. 두 번도 필요 없습니다!"
9 그러나 다윗은 아비새에게 말했다. "그를 해치지 마라! 하나님의 기름부음 받은 자에게 해를 입히고 무사할 사람이 누가 있겠느냐?"
10-11 다윗이 말을 이었다. "하나님께서 살아 계심을 두고 맹세하는데, 그분이 그를 치시든지, 때가 되어 그가 집에서 죽든지, 아니면 전투에서 전사할 것이다. 그러나 내 손으로 하나님의 기름부음 받은 자를 치는 것은 하나님께서 금하시는 일이다. 그의 머리맡에 있는 창과 물병을 가지고 여기서 나가자."
12 다윗은 사울의 머리맡에 있던 창과 물병을 가지고 몰래 빠져나왔다. 보는 사람도, 알아챈 사람도, 잠에서 깬 사람도 없었다! 그 일이 벌어지는 동안 그들은 모두 자고 있었다. 하나님께서 보내신 깊은 잠이 이불처럼 그들을 덮었다.
13-14 다윗이 맞은편 산으로 건너가 멀찍이 산꼭대기에 섰다. 안전거리를 두고서 그는 건너편의 군대와 넬의 아들 아브넬에게 외쳤다. "아브넬아! 내가 얼마나 기다려야 네가 깨서 내게 대답하겠느냐?"
아브넬이 말했다. "너는 누구냐?"
15-16 "너는 그곳의 책임자가 아니냐?" 다윗이 말했다. "어찌하여 네 본분을 다하지 않고 있느냐? 군사 하나가 네 주인인 왕을 죽이러 갔는데도, 어찌하여 네 주인인 왕을 지키는 보초가 없었느냐? 무엄하다! 하나님께서 살아 계심을 두고 맹세하는데, 너와 경호대는 목숨을 잃어 마땅하다. 나에게 있는 것을 보아라. 왕의 머리맡에 있던 왕의 창과 물병이다!"
17-20 사울이 다윗의 목소리를 알아듣고 말했다. "내 아들 다윗아, 이것이 네 목소리냐?"

had come after him. He sent scouts to determine his precise location. Then David set out and came to the place where Saul had set up camp and saw for himself where Saul and Abner, son of Ner, his general, were staying. Saul was safely inside the camp, encircled by the army.
6 Taking charge, David spoke to Ahimelech the Hittite and to Abishai son of Zeruiah, Joab's brother: "Who will go down with me and enter Saul's camp?"
Abishai whispered, "I'll go with you."
7 So David and Abishai entered the encampment by night, and there he was—Saul, stretched out asleep at the center of the camp, his spear stuck in the ground near his head, with Abner and the troops sound asleep on all sides.
8 Abishai said, "This is the moment! God has put your enemy in your grasp. Let me nail him to the ground with his spear. One hit will do it, believe me; I won't need a second!"
9 But David said to Abishai, "Don't you dare hurt him! Who could lay a hand on GOD's anointed and even think of getting away with it?"
10-11 He went on, "As GOD lives, either GOD will strike him, or his time will come and he'll die in bed, or he'll fall in battle, but GOD forbid that I should lay a finger on GOD's anointed. Now, grab the spear at his head and the water jug and let's get out of here."
12 David took the spear and water jug that were right beside Saul's head, and they slipped away. Not a soul saw. Not a soul knew. No one woke up! They all slept through the whole thing. A blanket of deep sleep from GOD had fallen on them.
13-14 Then David went across to the opposite hill and stood far away on the top of the mountain. With this safe distance between them, he shouted across to the army and Abner son of Ner, "Hey, Abner! How long do I have to wait for you to wake up and answer me?"
Abner said, "Who's calling?"
15-16 "Aren't you in charge there?" said David. "Why aren't you minding the store? Why weren't you standing guard over your master the king, when a soldier came to kill the king your master?

다윗이 말했다. "내 주인인 왕이시여, 그렇습니다. 왕께서는 어찌하여 내 목숨을 노리고 쫓으십니까? 내가 무슨 잘못을 했습니까? 무슨 죄를 저질렀습니까? 내 주인인 왕이시여, 왕의 종이 드리는 말에 귀를 기울여 주십시오. 만일 하나님께서 왕의 마음을 움직여 나를 치게 하셨다면, 나는 기쁘게 내 목숨을 제물로 바칠 것입니다. 그러나 인간이 벌인 일이라면, 그들은 하나님 앞에서 쫓겨날 것입니다! 그들은 하나님께서 유산으로 주신 땅 가운데 내가 받을 정당한 자리에서 나를 쫓아내면서 '여기서 나가라! 가서 다른 신하고 잘해 보아라!' 하고 비웃어 댔습니다. 하지만 왕께서는 나를 그렇게 쉽게 없애지 못할 것입니다. 왕께서는 내가 살아 있을 때든 죽은 다음에든, 하나님과 나 사이를 갈라놓지 못할 것입니다. 말도 안되는 일입니다! 이스라엘의 왕이 벼룩 한 마리에 집착하시다니요! 메추라기에 지나지 않는 나를 잡기 위해 이렇게 산에까지 쫓아오시다니요!"

21 사울이 고백했다. "내가 죄를 지었구나! 내 사랑하는 아들 다윗아, 돌아오거라! 다시는 너를 해치지 않겠다. 오늘 너는 나를 귀히 여겨 내 목숨을 지켜 주었다. 내가 어리석었다. 바보처럼 못나게 굴었구나."

22-24 다윗이 대답했다. "여기, 내가 무엇을 가지고 있는지 보이십니까? 왕의 창입니다. 왕의 신하들 가운데 한 사람을 보내어 가져가게 하십시오. 정의와 신의에 따라 우리 각 사람에 대한 처분을 내리실 분은 하나님이십니다. 오늘 하나님께서 왕의 목숨을 내 손에 넘기셨지만, 나는 하나님의 기름부음 받은 자를 내 손으로 칠 생각이 없었습니다. 오늘 내가 왕의 목숨을 귀하게 여겼듯이 하나님께서 내 목숨을 귀하게 여기셔서, 모든 어려움에서 나를 건져 주시기를 바랍니다."

25 사울이 다윗에게 말했다. "사랑하는 아들 다윗아, 너를 축복한다! 네가 해야 할 일을 하거라! 참으로 네가 하는 모든 일에서 성공하기를 빈다!" 그 후에 다윗은 자기 길로 가고, 사울은 왕궁으로 돌아갔다.

Bad form! As GOD lives, your life should be forfeit, you and the entire bodyguard. Look what I have—the king's spear and water jug that were right beside his head!"

17-20 By now, Saul had recognized David's voice and said, "Is that you, my son David?"

David said, "Yes, it's me, O King, my master. Why are you after me, hunting me down? What have I done? What crime have I committed? Oh, my master, my king, listen to this from your servant: If GOD has stirred you up against me, then I gladly offer my life as a sacrifice. But if it's men who have done it, let them be banished from GOD's presence! They've expelled me from my rightful place in GOD's heritage, sneering, 'Out of here! Go get a job with some other god!' But you're not getting rid of me that easily; you'll not separate me from GOD in life or death. The absurdity! The king of Israel obsessed with a single flea! Hunting me down—a mere partridge—out in the hills!"

21 Saul confessed, "I've sinned! Oh, come back, my dear son David! I won't hurt you anymore. You've honored me this day, treating my life as most precious. And I've acted the fool—a moral dunce, a real clown."

22-24 David answered, "See what I have here? The king's spear. Let one of your servants come and get it. It's GOD's business to decide what to do with each of us in regard to what's right and who's loyal. GOD put your life in my hands today, but I wasn't willing to lift a finger against GOD's anointed. Just as I honored your life today, may GOD honor my life and rescue me from all trouble."

25 Saul said to David, "Bless you, dear son David! Yes, do what you have to do! And, yes, succeed in all you attempt!"

Then David went on his way, and Saul went home.

27

1 다윗은 속으로 생각했다. "조만간에 사울이 나를 잡으러 올 것이다. 내가 할 수 있는 최선은 블레셋 땅으로 피하는 것이다. 그러면 사울은 가망 없다고 생각하며 이스라엘 구석구석에서 나를 쫓는 일을 포기할 것이다. 그렇게

27

1 David thought to himself, "Sooner or later, Saul's going to get me. The best thing I can do is escape to Philistine country. Saul will count me a lost cause and quit hunting me

해야 그의 손아귀에서 아주 벗어나게 될 것이다."

2-4 다윗은 부하 육백 명과 함께 가드 왕 마옥의 아들 아기스에게로 내려갔다. 그들은 가드로 이주하여 아기스와 함께 그곳에 정착했다. 각자 자기 가족을 데리고 갔다. 다윗도 두 아내 이스르엘 사람 아히노암과 나발의 아내였던 갈멜 사람 아비가일을 데리고 갔다. 사울은 다윗이 가드로 도망했다는 말을 듣고 추적을 멈추었다.

5 그 후에 다윗이 아기스에게 말했다. "왕께서 괜찮으시다면, 지방의 마을들 가운데 하나를 내게 주십시오. 왕의 종에 불과한 내가 왕이 계신 성읍에 자리를 차지하고 있는 것이 옳지 않은 듯합니다."

6-7 그러자 아기스는 그에게 시글락을 주었다. (그렇게 해서 시글락은 지금처럼 유다의 성읍이 되었다). 다윗은 일 년 넉 달 동안 블레셋 땅에서 살았다.

8-9 다윗과 그의 부하들은 이따금씩 그술 사람, 기르스 사람, 아말렉 사람을 습격했는데, 이들은 오래전부터 수르에서 이집트에 이르는 지역에 거주하고 있었다. 다윗은 한 지역을 공격할 때 남녀 할 것 없이 아무도 살려 두지 않았으나, 양과 소, 나귀, 낙타, 옷 등 나머지 것은 모두 전리품으로 취했다. 그러고 나서 그가 아기스에게 돌아오면,

10-11 아기스는 "오늘은 어디를 습격했소?" 하고 묻곤 했다.

그러면 다윗은 "유다 땅 네겝입니다"라든지 "여라무엘 사람의 네겝입니다", "겐 사람의 네겝입니다" 하고 대답했다. 행여 누구라도 가드에 나타나 다윗이 실제로 무슨 일을 했는지 보고할까 싶어, 그는 단 한 사람도 살려 두지 않았다. 블레셋 땅에 사는 동안 다윗은 늘 그런 식으로 일을 처리했다.

12 아기스는 다윗을 온전히 신임하게 되었다. 아기스는 "그가 이토록 자기 백성에게 미움받을 행동을 했으니 영원히 내 진에 머물 것이다" 하고 생각했다.

28

1 그 즈음에 블레셋 사람이 이스라엘과 싸우려고 군대를 소집했다. 아기스가 다윗에게 말했다. "알고 계시오. 그대와 그대의 부하들도 나의 군대와 함께 진격할 것이오."

2 그러자 다윗이 말했다. "좋습니다! 이제 내가 무엇을 할 수 있는지 직접 보시게 될 것입니다."

down in every nook and cranny of Israel. I'll be out of his reach for good."

2-4 So David left; he and his six hundred men went to Achish son of Maoch, king of Gath. They moved in and settled down in Gath, with Achish. Each man brought his household; David brought his two wives, Ahinoam of Jezreel and Abigail, widow of Nabal of Carmel. When Saul was told that David had escaped to Gath, he called off the hunt.

5 Then David said to Achish, "If it's agreeable to you, assign me a place in one of the rural villages. It doesn't seem right that I, your mere servant, should be taking up space in the royal city."

6-7 So Achish assigned him Ziklag. (This is how Ziklag got to be what it is now, a city of the kings of Judah.) David lived in Philistine country a year and four months.

8-9 From time to time David and his men raided the Geshurites, the Girzites, and the Amalekites—these people were longtime inhabitants of the land stretching toward Shur and on to Egypt. When David raided an area he left no one alive, neither man nor woman, but took everything else: sheep, cattle, donkeys, camels, clothing—the works. Then he'd return to Achish.

10-11 Achish would ask, "And whom did you raid today?"

David would tell him, "Oh, the Negev of Judah," or "The Negev of Jerahmeel," or "The Negev of the Kenites." He never left a single person alive lest one show up in Gath and report what David had really been doing. This is the way David operated all the time he lived in Philistine country.

12 Achish came to trust David completely. He thought, "He's made himself so repugnant to his people that he'll be in my camp forever."

28

1 During this time the Philistines mustered their troops to make war on Israel. Achish said to David, "You can count on this: You're marching with my troops, you and your men."

"잘됐소!" 아기스가 말했다. "내가 그대를 평생 내 경호원으로 삼겠소."

사울의 기도에 응답하지 않으신 하나님

3 사무엘이 이미 죽어서, 온 이스라엘이 그의 죽음을 슬퍼하며 그를 고향 라마에 묻은 뒤였다. 사울은 혼백을 불러내는 자들을 오래전에 깨끗이 없애 버렸다.

4-5 블레셋 사람이 군대를 소집하여 수넴에 진을 쳤다. 사울은 온 이스라엘을 모아 길보아에 진을 쳤다. 그러나 블레셋 군대를 본 사울은 몹시 두려워 떨었다.

6 사울이 하나님께 기도했지만, 하나님은 꿈이나 표징이나 예언자로도 응답하지 않으셨다.

7 그래서 사울은 신하들에게 지시했다. "내가 조언을 구할 수 있도록 혼백을 불러낼 줄 아는 사람을 찾아내라."

신하들이 말했다. "엔돌에 무당이 한 사람 있습니다."

8 사울은 다른 옷을 입고 변장한 다음, 신하 둘을 데리고 야음을 틈타 그 여인에게 가서 말했다. "나를 위해 혼백에게 조언을 구해 주시오. 내가 이름을 대는 사람을 불러내 주시오."

9 여인이 말했다. "그만하십시오! 사울 왕이 이 땅에서 무당들을 깨끗이 없애 버린 것을 당신도 알지 않습니까. 그런데 어째서 나를 함정에 빠뜨려 목숨을 잃게 하려 하십니까?"

10 사울이 엄숙하게 대답했다. "하나님께서 살아 계심을 두고 맹세하는데, 이 일로 그대가 피해를 입는 일은 없을 것이오."

11 여인이 말했다. "그럼 내가 누구를 불러내리이까?"

"사무엘이오. 사무엘을 불러 주시오."

12 사무엘이 보이자 여인이 큰소리로 사울에게 외쳤다. "왜 나를 속이셨습니까? 당신은 사울 왕이 아니십니까!"

13 왕이 여인에게 말했다. "두려워할 것 없다. 네게 무엇이 보이느냐?"

"땅속에서 한 혼백이 올라오는 것이 보입니다."

14 "그가 어떻게 생겼느냐?" 사울이 물었다.

"제사장 같은 옷차림을 한 노인입니다."

사울은 그가 사무엘임을 알았다. 그는 엎드려 땅에 얼굴을 대고 절했다.

15 사무엘이 사울에게 말했다. "어찌하여 나를 불러내 번거롭게 합니까?"

2 And David said, "Good! Now you'll see for yourself what I can do!"

"Great!" said Achish. "I'm making you my personal bodyguard—for life!"

Saul Prayed, but GOD Didn't Answer

3 Samuel was now dead. All Israel had mourned his death and buried him in Ramah, his hometown. Saul had long since cleaned out all those who held séances with the dead.

4-5 The Philistines had mustered their troops and camped at Shunem. Saul had assembled all Israel and camped at Gilboa. But when Saul saw the Philistine troops, he shook in his boots, scared to death.

6 Saul prayed to GOD, but GOD didn't answer—neither by dream nor by sign nor by prophet.

7 So Saul ordered his officials, "Find me someone who can call up spirits so I may go and seek counsel from those spirits."

His servants said, "There's a witch at Endor."

8 Saul disguised himself by putting on different clothes. Then, taking two men with him, he went under the cover of night to the woman and said, "I want you to consult a ghost for me. Call up the person I name."

9 The woman said, "Just hold on now! You know what Saul did, how he swept the country clean of mediums. Why are you trying to trap me and get me killed?"

10 Saul swore solemnly, "As GOD lives, you won't get in any trouble for this."

11 The woman said, "So whom do you want me to bring up?"

"Samuel. Bring me Samuel."

12 When the woman saw Samuel, she cried out loudly to Saul, "Why did you lie to me? You're Saul!"

13 The king told her, "You have nothing to fear...but what do you see?"

"I see a spirit ascending from the underground."

14 "And what does he look like?" Saul asked.

"An old man ascending, robed like a priest."

Saul knew it was Samuel. He fell down, face to the ground, and worshiped.

사울이 말했다. "내가 심각한 곤경에 빠져서 그렇습니다. 블레셋 사람이 쳐들어오고 있는데 하나님께서 나를 버리셨습니다. 그분은 더 이상 예언자로도 꿈으로도 내게 응답하지 않으십니다. 그래서 내가 어찌해야 할지 알려 달라고 당신을 불러낸 것입니다."

16-19 사무엘이 말했다. "왜 나에게 묻습니까? 하나님께서 이미 당신에게 등을 돌리셔서 당신 이웃의 편이 되셨습니다. 하나님께서는 나를 통해 당신에게 말씀하신 대로 행하셨습니다. 당신 손에서 나라를 찢어내 당신의 이웃에게 주셨습니다. 하나님께서 오늘 이 일을 하신 이유는, 당신이 아말렉에서 하나님께 불순종하여 그분의 맹렬한 심판을 실행하지 않았기 때문입니다. 하나님께서는 이스라엘마저도 당신과 함께 블레셋 사람의 손에 넘겨주실 것입니다. 내일 당신과 당신의 아들들은 나와 함께 있을 것입니다. 참으로 하나님께서 이스라엘 군대를 블레셋 사람의 손에 넘겨주실 것입니다."

20-22 사울은 사무엘의 말이 너무도 두려워, 나무가 넘어지듯 바닥으로 쓰러졌다. 그는 그날 하루 종일 아무것도 먹지 못해 기운이 하나도 없었다. 여인은 그가 심한 충격을 받은 것을 알고 이렇게 말했다. "제 말을 들으십시오. 저는 제 목숨을 내놓으면서까지 왕께서 요구하신 대로 했고 왕의 지시에 충실히 따랐습니다. 이제 왕께서 제 말대로 해주실 차례입니다. 제가 음식을 좀 드릴 테니 드십시오. 기운을 차려야 길을 떠나실 수 있습니다."

23-25 사울은 "아무것도 먹지 않겠다"며 거절했다. 그러나 신하들과 여인이 간곡히 권하자, 그들의 간청에 못 이겨 바닥에서 일어나 침상에 앉았다. 여인은 재빨리 움직였다. 그녀는 집에서 키운 송아지를 잡고 밀가루를 가져다 반죽하여 누룩을 넣지 않은 빵을 구웠다. 그러고는 그 모든 음식을 사울과 그의 신하들에게 대접했다. 그들은 충분히 먹고 나서 식탁에서 일어나 그날 밤에 길을 떠났다.

29

1-2 블레셋 사람은 모든 군대를 아벡에 집결시켰다. 이스라엘은 이미 이스르엘에 있는 샘에 진을 치고 있었다. 블레셋의 장군은 연대와 사단 단위로 진군했고, 다윗과 그의 부하들은 아기스와 함께 맨 뒤에서 따라

15 Samuel said to Saul, "Why have you disturbed me by calling me up?"

"Because I'm in deep trouble," said Saul. "The Philistines are making war against me and God has deserted me—he doesn't answer me any more, either by prophet or by dream. And so I'm calling on you to tell me what to do."

16-19 "Why ask me?" said Samuel. "GOD has turned away from you and is now on the side of your neighbor. GOD has done exactly what he told you through me—ripped the kingdom right out of your hands and given it to your neighbor. It's because you did not obey GOD, refused to carry out his seething judgment on Amalek, that GOD does to you what he is doing today. Worse yet, GOD is turning Israel, along with you, over to the Philistines. Tomorrow you and your sons will be with me. And, yes, indeed, GOD is giving Israel's army up to the Philistines."

20-22 Saul dropped to the ground, felled like a tree, terrified by Samuel's words. There wasn't an ounce of strength left in him—he'd eaten nothing all day and all night. The woman, realizing that he was in deep shock, said to him, "Listen to me. I did what you asked me to do, put my life in your hands in doing it, carried out your instructions to the letter. It's your turn to do what I tell you: Let me give you some food. Eat it. It will give you strength so you can get on your way."

23-25 He refused. "I'm not eating anything."

But when his servants joined the woman in urging him, he gave in to their pleas, picked himself up off the ground, and sat on the bed. The woman moved swiftly. She butchered a grain-fed calf she had, and took some flour, kneaded it, and baked some flat bread. Then she served it all up for Saul and his servants. After dining handsomely, they got up from the table and were on their way that same night.

29

1-2 The Philistines mustered all their troops at Aphek. Meanwhile Israel had made camp at the spring at Jezreel. As the Philistine warlords marched forward by regiments and

갔다.
3 블레셋의 지휘관들이 말했다. "이 히브리 사람들이 무엇 때문에 이곳에 와 있는 겁니까?" 아기스가 지휘관들에게 대답했다. "한때 이스라엘 왕 사울의 신하였던 다윗을 모르시오? 그는 오랫동안 나와 함께 지냈소. 나는 그가 사울에게서 망명한 날부터 지금까지, 수상쩍거나 못마땅한 점을 하나도 보지 못했소."
4-5 블레셋의 지휘관들은 아기스에게 화를 내며 말했다. "이 사람을 돌려보내십시오. 가서 제 일이나 충실히 보게 하십시오. 그는 우리와 함께 전쟁에 나가지 못합니다. 전투중에 저쪽 편으로 돌아설 겁니다! 다시 돌아가서 제 주인의 마음을 얻기에 우리의 등을 찌르는 것보다 더 좋은 기회가 어디 있겠습니까! 이 사람은 히브리 사람들이 잔치 자리에서 이렇게 노래하며 칭송하는 그 다윗이 아닙니까?

사울은 수천 명을 죽이고
다윗은 수만 명을 죽인다!"

6-7 할 수 없이 아기스는 다윗에게 사람을 보내어 이렇게 말했다. "하나님께서 살아 계심을 두고 맹세하는데, 그대는 지금까지 믿음직한 협력자였소. 나와 함께 일하면서 모든 면에서 탁월했고 그대가 처신한 방식도 나무랄 데가 없었소. 그러나 장군들은 그렇게 보지 않는구려. 그러니 그대는 이제 평안히 떠나는 것이 좋겠소. 블레셋 장군들의 심기를 건드려서 좋을 게 없소."
8 "내가 무엇을 잘못했는지요?" 다윗이 말했다. "내가 왕과 동맹한 날부터 지금까지 단 하나라도 불편하게 해드린 일이 있었습니까? 왜 내가 내 주인이신 왕의 적들과 싸울 수 없습니까?"
9-10 "내 생각도 같소." 아기스가 말했다. "그대는 좋은 사람이오. 내가 아는 한 그대는 하나님의 천사요! 그러나 블레셋 지휘관들은 '그는 우리와 함께 전쟁에 나갈 수 없다'며 강경하게 나오고 있소. 그러니 그대는 함께 온 부하들을 데리고 일찍 떠나시오. 날이 밝는 대로 바로 이동하시오."
11 다윗과 그의 부하들은 일찍 일어나, 동틀 무렵에 블레셋 땅으로 돌아갔다. 블레셋 사람은 이스르엘로 계속 진군했다.

divisions, David and his men were bringing up the rear with Achish.
3 The Philistine officers said, "What business do these Hebrews have being here?" Achish answered the officers, "Don't you recognize David, ex-servant of King Saul of Israel? He's been with me a long time. I've found nothing to be suspicious of, nothing to complain about, from the day he defected from Saul until now."
4-5 Angry with Achish, the Philistine officers said, "Send this man back to where he came from. Let him stick to his normal duties. He's not going into battle with us. He'd switch sides in the middle of the fight! What better chance to get back in favor with his master than by stabbing us in the back! Isn't this the same David they celebrate at their parties, singing,

Saul kills by the thousand,
David by the ten thousand!"

6-7 So Achish had to send for David and tell him, "As GOD lives, you've been a trusty ally—excellent in all the ways you have worked with me, beyond reproach in the ways you have conducted yourself. But the warlords don't see it that way. So it's best that you leave peacefully, now. It's not worth it, displeasing the Philistine warlords."
8 "But what have I done?" said David. "Have you had a single cause for complaint from the day I joined up with you until now? Why can't I fight against the enemies of my master the king?"
9-10 "I agree," said Achish. "You're a good man—as far as I'm concerned, God's angel! But the Philistine officers were emphatic: 'He's not to go with us into battle.' So get an early start, you and the men who came with you. As soon as you have light enough to travel, go."
11 David rose early, he and his men, and by daybreak they were on their way back to Philistine country. The Philistines went on to Jezreel.

다윗의 힘은 하나님께 있었다

30 1-3 사흘 후, 다윗과 그의 부하들이 시글락으로 돌아왔을 때에는, 아말렉 사람이 이미 네겝과 시글락을 친 뒤였다. 그들은 시글락을 쑥대밭으로 만들어 놓고 불살랐다. 또한 나이와 상관없이 모든 여자를 잡아서 소 떼처럼 끌고 갔다. 다윗과 그의 부하들이 마을에 들어섰을 때는 이미 온 마을이 잿더미가 되었고, 그들의 아내와 자녀들이 모두 포로로 잡혀간 뒤였다.

4-6 다윗과 그의 부하들은 큰소리로 울부짖었다. 기진맥진할 때까지 울고 또 울었다. 다윗의 두 아내 이스르엘 사람 아히노암과 나발의 아내였던 갈멜 사람 아비가일도 다른 사람들과 함께 포로로 잡혀갔다. 그러나 다윗의 곤경은 그것으로 끝나지 않았다. 가족을 잃고 원통한 나머지, 다윗을 돌로 치자는 말이 사람들 사이에서 나왔던 것이다.

6-7 다윗은 자기가 믿는 하나님을 의지하여 힘을 냈다. 그는 아히멜렉의 아들인 제사장 아비아달에게 명령했다. "에봇을 내게 가져오시오. 하나님께 여쭈어 보겠습니다." 아비아달은 에봇을 가져와 다윗에게 주었다.

8 다윗이 하나님께 기도했다. "제가 이 침략자들을 쫓아가야 하겠습니까? 제가 그들을 따라잡을 수 있겠습니까?"

하나님께서 응답해 주셨다. "그들을 쫓아가거라! 네가 그들을 따라잡을 것이다! 참으로 네가 모두를 구해 낼 것이다!"

9-10 다윗은 부하 육백 명을 데리고 갔다. 그들이 브솔 시내에 도착했는데, 거기서 일부 낙오자가 생겼다. 다윗과 부하 사백 명은 계속 추격했지만, 이백 명은 너무 지쳐서 브솔 시내를 건너지 못하고 그곳에 남았다.

11-12 계속 추격해 간 이들이 들판에서 우연히 한 이집트 사람을 만나 다윗에게 데려왔다. 그들이 빵을 주자 그가 먹고 물도 마셨다. 그들은 그에게 무화과빵 한 조각과 건포도빵 두 덩이를 주었다. 그는 사흘 밤낮을 아무것도 먹지도 마시지도 못했는데, 그제야 서서히 생기를 되찾았다!

13-14 다윗이 그에게 말했다. "너는 누구에게 속한 자냐? 어디서 왔느냐?"

"저는 이집트 사람으로, 아말렉 사람의 종입니다." 그가 말했다. "사흘 전에 제가 병이 들자, 주인이 저를 버리고 가 버렸습니다. 우리는 그렛 사람의 네겝과 유다의 네겝과 갈렙의 네겝을 침략했습니다. 그리고 시글락을 불태웠습니다."

David's Strength Was in His GOD

30 1-3 Three days later, David and his men arrived back in Ziklag. Amalekites had raided the Negev and Ziklag. They tore Ziklag to pieces and then burned it down. They captured all the women, young and old. They didn't kill anyone, but drove them like a herd of cattle. By the time David and his men entered the village, it had been burned to the ground, and their wives, sons, and daughters all taken prisoner.

4-6 David and his men burst out in loud wails—wept and wept until they were exhausted with weeping. David's two wives, Ahinoam of Jezreel and Abigail widow of Nabal of Carmel, had been taken prisoner along with the rest. And suddenly David was in even worse trouble. There was talk among the men, bitter over the loss of their families, of stoning him.

6-7 David strengthened himself with trust in his GOD. He ordered Abiathar the priest, son of Ahimelech, "Bring me the Ephod so I can consult God." Abiathar brought it to David.

8 Then David prayed to GOD, "Shall I go after these raiders? Can I catch them?"

The answer came, "Go after them! Yes, you'll catch them! Yes, you'll make the rescue!"

9-10 David went, he and the six hundred men with him. They arrived at the Brook Besor, where some of them dropped out. David and four hundred men kept up the pursuit, but two hundred of them were too fatigued to cross the Brook Besor, and stayed there.

11-12 Some who went on came across an Egyptian in a field and took him to David. They gave him bread and he ate. And he drank some water. They gave him a piece of fig cake and a couple of raisin muffins. Life began to revive in him. He hadn't eaten or drunk a thing for three days and nights!

13-14 David said to him, "Who do you belong to? Where are you from?"

"I'm an Egyptian slave of an Amalekite," he said. "My master walked off and left me when I got sick—that was three days ago. We had raided the Negev of the Kerethites, of Judah, and of Caleb. Ziklag we burned."

15 다윗이 그에게 물었다. "네가 우리를 침략자들에게 데려다 줄 수 있겠느냐?"
그가 말했다. "저를 죽이거나 옛 주인에게 넘기지 않겠다고 하나님의 이름으로 약속해 주십시오. 그러면 제가 당신을 침략자들이 있는 곳으로 곧장 안내하겠습니다."
16 그는 다윗을 인도하여 아말렉 사람에게 갔다. 그들은 사방에 흩어져서 먹고 마시며, 블레셋과 유다에서 약탈한 온갖 전리품을 즐기고 있었다.
17-20 다윗이 그들을 덮쳐 동트기 전부터 그 이튿날 저녁까지 싸우니, 그들 가운데 낙타를 타고 도주한 젊은 사람 사백 명을 빼고는 아무도 살아남지 못했다. 다윗은 아말렉 사람에게 빼앗겼던 모든 것을 되찾았고, 두 아내도 구해 냈다! 젊은 사람이나 늙은 사람, 아들과 딸, 약탈품을 통틀어 잃어버린 것이 하나도 없었다. 다윗은 모두 다 되찾았다. 그가 양 떼와 소 떼를 앞세우고 진군하자, 모두가 "다윗의 전리품이다!" 하고 소리쳤다.
21 얼마 후 다윗은, 너무 지쳐 자기를 따르지 못하고 낙오했던 이백 명이 있는 브솔 시내에 이르렀다. 그들이 나와서 다윗과 그의 무리를 환영했고, 다윗은 그들 가까이 다가가 "성공이다!" 하고 외쳤다.
22 그런데 다윗과 함께 출전했던 사람들 가운데 비열한 무리가 다윗을 제지하고 나섰다. "저들은 구출 작전에 기여한 게 없으니, 우리가 되찾은 전리품을 나눌 수 없소. 아내와 자녀들을 데려가는 것으로 끝이오. 처자식이나 데려가게 하시오!"
23-25 그러자 다윗이 그 언쟁을 중지시키면서 말했다. "형제 여러분, 가족끼리 이러는 법은 없습니다! 하나님께서 우리에게 주신 것을 가지고 이렇게 처신해서는 안됩니다! 하나님께서는 우리를 안전하게 지켜 주셨고 우리를 공격했던 침략자들을 우리 손에 넘겨주셨습니다. 그러니 말도 안되는 소리 따위는 집어치웁시다. 남아서 보급품을 지킨 자나 나가서 싸운 자나 몫은 똑같습니다. 똑같이 나눌 것입니다. 나누되 똑같이 나누십시오!" 그날 이후로 다윗은 그것을 이스라엘의 규정으로 삼았고, 오늘까지 그대로 지켜지고 있다.

26-31 시글락에 돌아온 다윗은 전리품의 일부를 이웃인 유다 장로들에게 보내면서 이런 전갈도 함께 보냈다. "하나님의 원수들에게서 빼앗은 전리품 중 일부를 선물로 보냅니다!" 그는 그것을 베델, 라못네겝, 얏딜, 아로엘, 십못, 에스드모

15 David asked him, "Can you take us to the raiders?"
"Promise me by God," he said, "that you won't kill me or turn me over to my old master, and I'll take you straight to the raiders."
16 He led David to them. They were scattered all over the place, eating and drinking, gorging themselves on all the loot they had plundered from Philistia and Judah.
17-20 David pounced. He fought them from before sunrise until evening of the next day. None got away except for four hundred of the younger men who escaped by riding off on camels. David rescued everything the Amalekites had taken. And he rescued his two wives! Nothing and no one was missing—young or old, son or daughter, plunder or whatever. David recovered the whole lot. He herded the sheep and cattle before them, and they all shouted, "David's plunder!"
21 Then David came to the two hundred who had been too tired to continue with him and had dropped out at the Brook Besor. They came out to welcome David and his band. As he came near he called out, "Success!"
22 But all the mean-spirited men who had marched with David, the rabble element, objected: "They didn't help in the rescue, they don't get any of the plunder we recovered. Each man can have his wife and children, but that's it. Take them and go!"
23-25 "Families don't do this sort of thing! Oh no, my brothers!" said David as he broke up the argument. "You can't act this way with what GOD gave us! God kept us safe. He handed over the raiders who attacked us. Who would ever listen to this kind of talk? The share of the one who stays with the gear is the share of the one who fights—equal shares. Share and share alike!" From that day on, David made that the rule in Israel—and it still is.

26-31 On returning to Ziklag, David sent portions of the plunder to the elders of Judah, his neighbors, with a note saying, "A gift from the plunder of GOD's enemies!" He sent them to the elders in Bethel, Ramoth Negev, Jattir, Aroer, Siphmoth,

아, 라갈, 여라므엘 사람의 성읍들과 겐 사람의 성읍들과 호르마, 보라산, 아닥, 헤브론 등지의 장로들에게 보냈고, 부하들과 함께 드나들던 다른 많은 지역에도 보냈다.

Eshtemoa, Racal, Jerahmeelite cities, Kenite cities, Hormah, Bor Ashan, Athach, and Hebron, along with a number of other places David and his men went to from time to time.

사울과 요나단이 전사하다

31 1-2 블레셋 사람이 이스라엘과 전쟁을 벌였다. 이스라엘 사람들이 전면 후퇴하다가, 길보아 산에서 부상을 입고 여기저기 쓰러졌다. 블레셋 사람은 사울과 그의 아들들을 추격하여, 요나단과 그의 형제 아비나답과 말기수아를 죽였다.

3-4 사울 주변에서 싸움이 맹렬했다. 활 쏘는 자들이 바짝 따라붙어 그에게 중상을 입혔다. 사울은 자신의 무기를 드는 자에게 말했다. "네 칼을 뽑아서 나를 죽여라. 저 이교도들이 와서 나를 죽이며 조롱하지 못하게 하여라."

4-6 그러나 사울의 무기를 드는 자는 몹시 두려운 나머지 찌르려고 하지 않았다. 그러자 사울은 직접 칼을 뽑아 그 위로 엎어졌다. 사울이 죽은 것을 보고는 무기를 드는 자도 자기 칼 위에 엎어져 함께 죽었다. 이렇게 사울과 그의 세 아들과 그의 무기를 드는 자, 그와 가장 가까웠던 자들이 그날 함께 죽었다.

7 맞은편 골짜기와 요단 강 건너편에 있던 이스라엘 사람은, 아군이 후퇴하는 것과 사울과 그의 아들들이 죽은 것을 보고 성읍들을 떠나 필사적으로 도망쳤다. 블레셋 사람이 들어와 그곳들을 차지했다.

8-10 이튿날, 블레셋 사람이 죽은 자들을 약탈하러 왔다가 길보아 산에 쓰러져 있는 사울과 그의 세 아들의 시신을 보았다. 그들은 사울의 머리를 베고 갑옷을 벗겼다. 그리고 우상들의 산당을 포함한 온 블레셋 땅에 그 기쁜 소식을 전했다. 그들은 사울의 갑옷을 아스다롯 산당에 전시하고 그의 주검은 벳산 성벽에 못 박았다.

11-13 야베스 길르앗 사람들은 블레셋 사람이 사울에게 한 일을 전해 들었다. 용사들이 바로 나서서, 밤새도록 달려 벳산 성벽에서 사울과 그의 세 아들의 주검을 거두고 야베스로 가져와 화장했다. 그리고 야베스의 에셀 나무 아래 그 뼈를 묻고 칠 일 동안 금식하며 애도했다.

Saul and Jonathan, Dead on the Mountain

31 1-2 The Philistines made war on Israel. The men of Israel were in full retreat from the Philistines, falling left and right, wounded on Mount Gilboa. The Philistines caught up with Saul and his sons. They killed Jonathan, Abinadab, and Malki-Shua, Saul's sons.

3-4 The battle was hot and heavy around Saul. The archers got his range and wounded him badly. Saul said to his weapon bearer, "Draw your sword and put me out of my misery, lest these pagan pigs come and make a game out of killing me."

4-6 But his weapon bearer wouldn't do it. He was terrified. So Saul took the sword himself and fell on it. When the weapon bearer saw that Saul was dead, he too fell on his sword and died with him. So Saul, his three sons, and his weapon bearer—the men closest to him—died together that day.

7 When the Israelites in the valley opposite and those on the other side of the Jordan saw that their army was in full retreat and that Saul and his sons were dead, they left their cities and ran for their lives. The Philistines moved in and occupied the sites.

8-10 The next day, when the Philistines came to rob the dead, they found Saul and his three sons dead on Mount Gilboa. They cut off Saul's head and stripped off his armor. Then they spread the good news all through Philistine country in the shrines of their idols and among the people. They displayed his armor in the shrine of the Ashtoreth. They nailed his corpse to the wall at Beth Shan.

11-13 The people of Jabesh Gilead heard what the Philistines had done to Saul. Their valiant men sprang into action. They traveled all night, took the corpses of Saul and his three sons from the wall at Beth Shan, and carried them back to Jabesh and burned off the flesh. They then buried the bones under the tamarisk tree in Jabesh and fasted in mourning for seven days.

아, 라갈, 여라므엘 사람의 성읍들과 겐 사람의 성읍들과 호르마, 보라산, 아닥, 헤브론 등지의 장로들에게 보냈고, 부하들과 함께 드나들던 다른 많은 지역에도 보냈다.

사울과 요나단이 전사하다

31 1-2 블레셋 사람이 이스라엘과 전쟁을 벌였다. 이스라엘 사람들이 전면 후퇴하다가, 길보아 산에서 부상을 입고 여기저기 쓰러졌다. 블레셋 사람은 사울과 그의 아들들을 추격하여, 요나단과 그의 형제 아비나답과 말기수아를 죽였다.

3 사울 주변에서 싸움이 맹렬했다. 활 쏘는 자들이 바짝 따라붙어 그에게 중상을 입혔다. 사울은 자신의 무기를 드는 자에게 말했다. "네 칼을 뽑아서 나를 죽여라. 저 이교도들이 와서 나를 죽이며 조롱하지 못하게 하여라."

4-6 그러나 사울의 무기를 드는 자는 몹시 두려운 나머지 죽이려고 하지 않았다. 그러자 사울은 직접 칼을 뽑아 그 위로 엎어졌다. 사울이 죽은 것을 보고는 무기를 드는 자도 자기 칼 위에 엎어져 함께 죽었다. 이렇게 사울과 그의 세 아들과 그의 무기를 드는 자, 그와 가장 가까웠던 자들이 그날 함께 죽었다.

7 맞은편 골짜기와 요단 강 건너편에 있던 이스라엘 사람은 이스라엘 군대가 후퇴하는 것과 사울과 그의 아들들이 죽은 것을 보고 성읍들을 떠나 필사적으로 도망쳤다. 블레셋 사람이 들어와 그곳들을 차지했다.

8-10 이튿날, 블레셋 사람이 죽은 자들을 약탈하러 왔다가 길보아 산에 쓰러져 있는 사울과 그의 세 아들의 시신을 보았다. 그들은 사울의 머리를 베고 갑옷을 벗겼다. 그리고 우상들의 신당을 포함한 온 블레셋 땅에 그 기쁜 소식을 전했다. 그들은 사울의 갑옷을 아스다롯 신당에 전시하고 그의 주검은 벳산 성벽에 못 박았다.

11-13 야베스 길르앗 사람들은 블레셋 사람이 사울에게 한 일을 전해 들었다. 용사들이 바로 나서서, 밤새도록 달려 벳산 성벽에서 사울과 그의 세 아들의 주검을 거두고 야베스로 가져와 화장했다. 그리고 야베스의 에셀나무 아래 뼈를 묻고 칠 일 동안 금식하며 애도했다.

Eshtemoa, Racal, Jerahmeelite cities, Kenite cities, Hormah, Bor Ashan, Athach, and Hebron, along with a number of other places David and his men went to from time to time.

Saul and Jonathan, Dead on the Mountain

31 1-2 The Philistines made war on Israel. The men of Israel were in full retreat from the Philistines, falling left and right, wounded on Mount Gilboa. The Philistines caught up with Saul and his sons. They killed Jonathan, Abinadab, and Malki-Shua, Saul's sons.

3 The battle was hot and heavy around Saul. The archers got his range and wounded him badly. Saul said to his weapon bearer, "Draw your sword and put me out of my misery, lest these pagan pigs come and make a game out of killing me."

4-6 But his weapon bearer wouldn't do it. He was terrified. So Saul took the sword himself and fell on it. When the weapon bearer saw that Saul was dead, he too fell on his sword and died with him. So Saul, his three sons, and his weapon bearer—the men closest to him—died together that day.

7 When the Israelites in the valley opposite and those on the other side of the Jordan saw that their army was in full retreat and that Saul and his sons were dead, they left their cities and ran for their lives. The Philistines moved in and occupied the sites.

8-10 The next day, when the Philistines came to rob the dead, they found Saul and his three sons dead on Mount Gilboa. They cut off Saul's head and stripped off his armor. Then they spread the good news all through Philistine country in the shrines of their idols and among the people. They displayed his armor in the shrine of the Ashtoreth. They nailed his corpse to the wall at Beth Shan.

11-13 The people of Jabesh Gilead heard what the Philistines had done to Saul. Their valiant men sprang into action. They traveled all night, *took the corpses of Saul and his three sons from* the wall at Beth Shan, and carried them back to Jabesh and burned off the flesh. They then buried the bones under the tamarisk tree in Jabesh and fasted in mourning for seven days.

사무엘하

2 SAMUEL

1

1-2 사울이 죽고 나서 얼마 후에, 다윗은 아말렉 사람을 정벌하고 시글락으로 돌아왔다. 사흘 후에 사울의 진에서 온 어떤 사람이 예고도 없이 나타났다.
2-3 흐트러진 옷차림에 애도중인 것이 분명해 보이는 그는, 다윗 앞에 정중히 무릎을 꿇었다. 다윗이 물었다. "무슨 일로 왔느냐?"
그가 대답했다. "저는 이스라엘 진에서 도망쳐 나오는 길입니다."
4 다윗이 말했다. "그래, 무슨 일이 있었느냐? 어떤 소식을 가지고 왔느냐?"
그가 말했다. "이스라엘 사람들이 죽은 수많은 동료들을 뒤로한 채 전쟁터에서 달아났습니다. 사울 왕과 그의 아들 요나단도 전사했습니다."
5 다윗이 그 젊은 군사에게 자세히 물었다. "사울 왕과 요나단이 전사한 것이 확실하냐? 네가 어떻게 아느냐?"
6-8 "제가 길보아 산을 지나다가 우연히 사울 왕과 마주쳤습니다. 그는 중상을 입은 채 자기 창에 기대어 있었는데, 적의 전차와 기병들이 바짝 추격해 오고 있었습니다. 그가 뒤돌아보다가 제가 있는 것을 알고는 저를 불렀습니다. '예, 말씀하십시오' 하고 말하자, 그가 저에게 누구인지 묻기에 아말렉 사람이라고 했습니다.
9 그는 '이리 와서 이 고통에서 나를 건져 다오. 내 목숨이 아직 붙어 있지만, 이미 죽은 것이나 다름 없다' 하고 말했습니다.
10 그래서 저는 그의 부탁대로 했습니다. 그가 오래 살지 못할 것을 알았습니다. 왕의 머리띠와 팔찌를 벗겨서 주인님께 가져왔습니다. 여기 있습니다."

1

1-2 Shortly after Saul died, David returned to Ziklag from his rout of the Amalekites. Three days later a man showed up unannounced from Saul's army camp.
2-3 Disheveled and obviously in mourning, he fell to his knees in respect before David. David asked, "What brings you here?"
He answered, "I've just escaped from the camp of Israel."
4 "So what happened?" said David. "What's the news?"
He said, "The Israelites have fled the battlefield, leaving a lot of their dead comrades behind. And Saul and his son Jonathan are dead."
5 David pressed the young soldier for details: "How do you know for sure that Saul and Jonathan are dead?"
6-8 "I just happened by Mount Gilboa and came on Saul, badly wounded and leaning on his spear, with enemy chariots and horsemen bearing down hard on him. He looked behind him, saw me, and called me to him. 'Yes sir,' I said, 'at your service.' He asked me who I was, and I told him, 'I'm an Amalekite.'"
9 "Come here," he said, "and put me out of my misery. I'm nearly dead already, but my life hangs on."
10 "So I did what he asked—I killed him. I knew he wouldn't last much longer anyway. I removed his royal headband and bracelet, and have brought them to my master. Here they are."

[11-12] 다윗은 몹시 슬퍼하며 자기 옷을 잡아 찢었다. 그와 함께 있던 사람들도 모두 그와 같이 했다. 그들은 그날 남은 시간 동안 울고 금식하면서 사울과 그의 아들 요나단이 죽은 것과, 하나님의 군대와 이스라엘 민족이 패전의 희생자가 된 것을 슬퍼했다.

[13] 그런 다음 다윗은 소식을 가져온 젊은 군사에게 말했다. "도대체 너는 누구냐?"

"저는 이민 집안 출신으로 아말렉 사람입니다."

[14-15] 다윗이 말했다. "네가 감히 하나님의 기름부음 받은 왕을 죽였단 말이냐?" 다윗은 곧바로 자기 군사 가운데 한 사람에게 "그를 쳐죽여라!" 하고 명령했다. 그러자 군사가 그를 쳐죽였다.

[16] 다윗이 그에게 말했다. "너는 죽음을 자청했다. 하나님의 기름부음 받은 왕을 죽였다는 네 말이 곧 사형선고가 되었다."

[17-18] 다윗이 애가를 불러 사울과 그의 아들 요나단을 애도하고, 유다의 모든 사람에게도 그 노래를 외워 부르게 했다. 이 노래는 야살의 책에도 기록되어 있다.

[19-21] 이스라엘의 영양들이 산에서 죽임당하고
강한 용사들이 쓰러지고 쓰러졌다!
이 일을 가드 성에 알리지 말고
아스글론 거리에도 퍼뜨리지 마라.
천박한 블레셋 여자들에게
술자리의 이야깃거리를 또 하나 던져 주지 마라!
길보아의 산들아, 너희 위로 다시는 이슬과 비가 내리지 않고
샘과 우물에도 물 한 방울 남지 않을 것이다.
거기서 용사들의 방패가 진흙탕에 끌렸고
사울의 방패가 녹슨 채 버려졌으니.

[22] 요나단의 활은 대담무쌍하여
큰 적일수록 더욱 무참히 쓰러뜨렸고
사울의 칼은 두려움을 몰라서
한번 칼집을 떠나면 그 무엇도 막을 수 없었다.

[23] 사랑스럽고 아름다운 사울과 요나단이여!
살아서도 함께더니 죽을 때도 함께구나.
그대들은 내려 꽂히는 독수리보다 빠르고
용맹한 사자보다 강했다.

[24-25] 이스라엘의 여인들아, 사울을 위해 울어라.
그가 너희를 최고의 무명과 비단으로 입혔고

[11-12] In lament, David ripped his clothes to ribbons. All the men with him did the same. They wept and fasted the rest of the day, grieving the death of Saul and his son Jonathan, and also the army of GOD and the nation Israel, victims in a failed battle.

[13] Then David spoke to the young soldier who had brought the report: "Who are you, anyway?"

"I'm from an immigrant family—an Amalekite."

[14-15] "Do you mean to say," said David, "that you weren't afraid to up and kill GOD's anointed king?" Right then he ordered one of his soldiers, "Strike him dead!" The soldier struck him, and he died.

[16] "You asked for it," David told him. "You sealed your death sentence when you said you killed GOD's anointed king."

[17-18] Then David sang this lament over Saul and his son Jonathan, and gave orders that everyone in Judah learn it by heart. Yes, it's even inscribed in The Book of Jashar.

[19-21] Oh, oh, Gazelles of Israel, struck down on your hills,
the mighty warriors—fallen, fallen!
Don't announce it in the city of Gath,
don't post the news in the streets of Ashkelon.
Don't give those coarse Philistine girls
one more excuse for a drunken party!
No more dew or rain for you, hills of Gilboa,
and not a drop from springs and wells,
For there the warriors' shields were dragged through the mud,
Saul's shield left there to rot.

[22] Jonathan's bow was bold—
the bigger they were the harder they fell.
Saul's sword was fearless—
once out of the scabbard, nothing could stop it.

[23] Saul and Jonathan—beloved, beautiful!
Together in life, together in death.
Swifter than plummeting eagles,
stronger than proud lions.

[24-25] Women of Israel, weep for Saul.

아낌없이 치장해 주었다.
강한 용사들이 싸움의 한복판에서
쓰러지고 쓰러졌다!
요나단이 산에서 죽임을 당했다!

26 내 사랑하는 형제 요나단이여,
그대의 죽음에 내 마음은 무너져 내리오.
기적과도 같은 그대의 우정은
내가 지금껏 알았던, 앞으로 알게 될
그 무엇보다도 더한 사랑이었소.

27 강한 용사들이 쓰러지고 쓰러졌다.
무기들이 산산이 부서졌다.

다윗이 유다의 왕이 되다

2

1 이 모든 일이 있고 나서, 다윗이 기도
하며 하나님께 여쭈었다. "제가 유다의
한 성읍으로 이주해도 되겠습니까?"
하나님께서 말씀하셨다. "그렇다. 이주하여라."
"어느 성읍으로 가야겠습니까?"
"헤브론으로 가거라."
2-3 그래서 다윗은 두 아내 이스르엘 사람 아히
노암과 갈멜 사람 나발의 아내였던 아비가일을
데리고 헤브론으로 이주했다. 다윗의 부하들도
자기 가족을 데리고 그와 함께 가서, 헤브론과
그 주변에 자리를 잡았다.
4-7 유다 주민들이 헤브론으로 와서 다윗을 유
다 지파의 왕으로 삼았다.

길르앗 야베스 사람들이 사울을 안장해 주었다는 보고가 다윗에게 들어갔다. 다윗은 길르앗 야베스 사람들에게 전령을 보내어 이렇게 전했다. "여러분이 주인인 사울 왕을 높여 장례를 치러 주었으니, 하나님께서 여러분에게 복 주시기를 빕니다. 하나님께서 여러분을 높이시고 진실하게 대해 주시기를 빕니다. 나도 그와 같이 하여 여러분의 너그럽고 선한 행위에 보답하겠습니다. 여러분은 뜻을 굳게 하고 마땅히 해야 할 바를 행하십시오. 여러분의 주인인 사울은 죽었고, 유다 주민들은 나를 그들의 왕으로 삼았습니다."

8-11 한편, 사울의 군사령관인 넬의 아들 아브넬
이 사울의 아들 이스보셋을 마하나임으로 데리

He dressed you in finest cottons and silks,
spared no expense in making you elegant.
The mighty warriors—fallen, fallen
in the middle of the fight!
Jonathan—struck down on your hills!

26 O my dear brother Jonathan,
I'm crushed by your death.
Your friendship was a miracle-wonder,
love far exceeding anything I've known—
or ever hope to know.

27 The mighty warriors—fallen, fallen.
And the arms of war broken to bits.

2

1 After all this, David prayed. He asked GOD,
"Shall I move to one of the cities of Judah?"
GOD said, "Yes, move."
"And to which city?"
"To Hebron."
2-3 So David moved to Hebron, along with his two
wives, Ahinoam of Jezreel and Abigail the widow
of Nabal of Carmel. David's men, along with their
families, also went with him and made their home
in and around Hebron.
4-7 The citizens of Judah came to Hebron, and then
and there made David king over the clans of Judah.

A report was brought to David that the men of Jabesh Gilead had given Saul a decent burial. David sent messengers to the men of Jabesh Gilead: "GOD bless you for this—for honoring your master, Saul, with a funeral. GOD honor you and be true to you—and I'll do the same, matching your generous act of goodness. Strengthen your resolve and do what must be done. Your master, Saul, is dead. The citizens of Judah have made me their king."

8-11 In the meantime, Abner son of Ner, commander
of Saul's army, had taken Saul's son Ish-Bosheth
to Mahanaim and made him king over Gilead, over
Asher, over Jezreel, over Ephraim, over Benjamin—
king, as it turns out, over all Israel. Ish-Bosheth

고 가서 그를 길르앗, 아셀, 이스르엘, 에브라임, 베냐민의 왕으로 삼았다. 그를 온 이스라엘의 왕으로 삼은 것이다. 당시 이스보셋은 마흔 살이었다. 그는 고작 이 년 동안 왕위에 있었다. 그러나 유다 백성은 다윗을 지지했고, 다윗은 헤브론에서 칠 년 반 동안 유다 백성을 다스렸다.

12-13 하루는 넬의 아들 아브넬이 사울의 아들 이스보셋의 군사들과 함께 마하나임을 떠나 기브온으로 향했다. 스루야의 아들 요압도 다윗의 군사들과 이동 중이었다. 두 무리가 기브온 연못가에서 만났는데, 아브넬의 무리는 한편에 있었고 요압의 무리는 맞은편에 있었다.

14 아브넬이 요압에게 싸움을 걸었다. "너희 쪽 최고의 군사들을 내세워 보아라. 실력이나 한번 겨뤄 보자."

요압이 말했다. "좋다! 겨뤄 보자!"

15-16 그들이 싸우려고 늘어섰는데, 사울의 아들 이스보셋 쪽에서는 베냐민 사람 열두 명이 나왔고 다윗 쪽에서는 군사 열두 명이 나왔다. 그들이 각각 상대방의 머리를 잡고 서로 단도로 찌르자, 모두가 쓰러져 한꺼번에 죽었다. 그래서 그곳을 '살육의 벌판'이라 불렀는데, 그곳은 기브온에 있다.

17-19 싸움이 온종일 이어지면서 점점 더 치열해졌다. 아브넬과 이스라엘 사람들이 다윗의 부하들에게 사정없이 패했다. 스루야의 세 아들인 요압과 아비새와 아사헬도 그 자리에 있었다. 드넓은 평원의 영양처럼 빠른 아사헬이 아브넬 뒤에 바짝 붙어 그를 쫓았다.

20 아브넬이 돌아보며 말했다. "아사헬, 너냐?"

"그렇다." 그가 말했다.

21 아브넬이 말했다. "나를 뒤쫓지 마라. 네가 이길 만한 사람을 골라서 그의 전리품으로 만족해라!" 그러나 아사헬은 그만두지 않았다.

22 아브넬이 다시 말했다. "돌아가거라. 계속 쫓아오면 너를 죽일 수밖에 없다. 내가 네 형 요압의 얼굴을 어떻게 보겠느냐?"

23-25 아사헬이 계속 따라오자, 아브넬은 무딘 창끝으로 그의 배를 찔렀는데, 얼마나 세게 찔렀던지 창이 등을 뚫고 나왔다. 아사헬은 그 자리에서 쓰러져 죽었다. 아사헬이 쓰러져 죽은 곳에 이른 사람마다 멈추어서 멍하니 바라보았다. 아사헬이 죽었다! 그러나 요압과 아비새는 계속해서 아브넬을 추격했다. 해가 질 무렵, 그들은 기브온 변경으로 가는 길가의 기아 맞은편 암마 산에 이르

Saul's son, was forty years old when he was made king over Israel. He lasted only two years. But the people of Judah stuck with David. David ruled the people of Judah from Hebron for seven and a half years.

12-13 One day Abner son of Ner set out from Mahanaim with the soldiers of Ish-Bosheth son of Saul, headed for Gibeon. Joab son of Zeruiah, with David's soldiers, also set out. They met at the Pool of Gibeon, Abner's group on one side, Joab's on the other.

14 Abner challenged Joab, "Put up your best fighters. Let's see them do their stuff."

Joab said, "Good! Let them go at it!"

15-16 So they lined up for the fight, twelve Benjaminites from the side of Ish-Bosheth son of Saul, and twelve soldiers from David's side. The men from each side grabbed their opponents' heads and stabbed them with their daggers. They all fell dead—the whole bunch together. So, they called the place Slaughter Park. It's right there at Gibeon.

17-19 The fighting went from bad to worse throughout the day. Abner and the men of Israel were beaten to a pulp by David's men. The three sons of Zeruiah were present: Joab, Abishai, and Asahel. Asahel, as fast as a wild antelope on the open plain, chased Abner, staying hard on his heels.

20 Abner turned and said, "Is that you, Asahel?"

"It surely is," he said.

21 Abner said, "Let up on me. Pick on someone you have a chance of beating and be content with those spoils!" But Asahel wouldn't let up.

22 Abner tried again, "Turn back. Don't force me to kill you. How would I face your brother Joab?"

23-25 When he refused to quit, Abner struck him in the belly with the blunt end of his spear so hard that it came out his back. Asahel fell to the ground and died at once. Everyone who arrived at the spot where Asahel fell and died stood and gaped—Asahel dead! But Joab and Abishai kept up the chase after Abner. As the sun began to set, they came to the hill of Ammah that faced Giah on the road to the backcountry of Gibeon. The Benjaminites had taken their stand with Abner there,

렀다. 베냐민 사람들이 그 산 위 요충지에 자리를 잡고 아브넬과 함께 서 있었다.
26 아브넬이 요압에게 소리쳐 말했다. "우리가 다 망할 때까지 계속해서 서로 죽여야겠느냐? 그렇게 해서 남는 것이 무엇이냐, 참극밖에 더 있겠느냐? 얼마나 기다려야, 네 부하들에게 형제들을 쫓지 말라고 명령하겠느냐?"
27-28 요압이 말했다. "하나님께서 살아 계심을 두고 맹세하는데, 네가 말하지 않았으면 아침까지 계속 추격했을 것이다!" 그러고서 요압이 숫양 뿔나팔을 불자, 유다의 온 군대가 그 자리에 멈추어 섰다. 그들은 더 이상 이스라엘을 쫓지 않고 싸움을 멈췄다.
29 아브넬과 그의 군사들은 밤새도록 행군하여 아라바 골짜기에 이르렀고, 요단 강을 건너 오전 내내 행군한 끝에 마하나임에 도착했다.
30-32 요압이 아브넬을 쫓다가 돌아와서 부대의 인원을 점검하니, (아사헬을 제외하고도) 다윗의 부하 가운데 열아홉 명이 없었다. 다윗의 부하들이 죽인 아브넬의 부하는 모두 360명이었는데, 죽은 자들은 모두 베냐민 사람이었다. 다윗의 부하들은 아사헬의 주검을 거두어 베들레헴의 가족 묘지에 묻었다. 그런 다음 밤새도록 행군하여 동틀 무렵 헤브론에 도착했다.

3 사울의 집안과 다윗의 집안 사이에 전쟁이 끊이지 않았다. 전쟁이 길어질수록 다윗은 점점 강해졌고, 사울의 집안은 점점 약해졌다.

2-5 다윗이 헤브론 시절에 낳은 아들들은 이러하다.
이스르엘 사람 아히노암이 낳은 맏아들 암논
갈멜 사람 나발의 아내였던 아비가일이 낳은 둘째 아들 길르압
그술 왕 달매의 딸 마아가가 낳은 셋째 아들 압살롬
학깃이 낳은 넷째 아들 아도니야
아비달이 낳은 다섯째 아들 스바댜
에글라가 낳은 여섯째 아들 이드르암.
다윗은 이 여섯 아들을 헤브론에서 낳았다.

6-7 아브넬은 사울의 집안과 다윗의 집안 사이에

deployed strategically on a hill.
26 Abner called out to Joab, "Are we going to keep killing each other till doomsday? Don't you know that nothing but bitterness will come from this? How long before you call off your men from chasing their brothers?"
27-28 "As God lives," said Joab, "if you hadn't spoken up, we'd have kept up the chase until morning!" Then he blew the ram's horn trumpet and the whole army of Judah stopped in its tracks. They quit chasing Israel and called off the fighting.
29 Abner and his soldiers marched all that night up the Arabah Valley. They crossed the Jordan and, after a long morning's march, arrived at Mahanaim.
30-32 After Joab returned from chasing Abner, he took a head count of the army. Nineteen of David's men (besides Asahel) were missing. David's men had cut down 360 of Abner's men, all Benjamites—all dead. They brought Asahel and buried him in the family tomb in Bethlehem. Joab and his men then marched all night, arriving in Hebron as the dawn broke.

3 1 The war between the house of Saul and the house of David dragged on and on. The longer it went on the stronger David became, with the house of Saul getting weaker.

2-5 During the Hebron years, sons were born to David:
Amnon, born of Ahinoam of Jezreel—the firstborn;
Kileab, born of Abigail of Carmel, Nabal's widow—his second;
Absalom, born of Maacah, daughter of Talmai, king of Geshur—the third;
Adonijah, born of Haggith—the fourth;
Shephatiah, born of Abital—the fifth;
Ithream, born of Eglah—the sixth.
These six sons of David were born in Hebron.

6-7 Abner took advantage of the continuing war

계속되는 싸움을 이용해 자신의 권력을 키웠다. 사울에게 후궁이 있었는데, 아야의 딸 리스바였다. 하루는 이스보셋이 아브넬에게 따졌다. "그대가 어찌하여 내 아버지의 후궁과 동침하였소?"

8-10 아브넬은 이스보셋에게 화를 냈다. "나를 개 취급하는 겁니까! 내가 왕의 아버지 사울의 집안과 그의 온 가문과 친구들에게 끝까지 충실한 대가가 고작 이겁니까? 다윗에게 잡혀갈 게 뻔한 왕을 내가 직접 구해 줬는데, 왕께서는 내가 한 여자와 잔 것을 문제 삼으시는 겁니까! 하나님께서 다윗에게 약속하신 일이 이루어지도록 내가 도울 것입니다. 이 나라를 사울의 집안에서 옮겨, 다윗이 단에서 브엘세바까지 이스라엘과 유다 온 땅을 통치하는 자가 되게 만들겠다, 이 말입니다. 그렇지 않으면 하나님께서 내게 어떤 벌이라도 내리시길 바랍니다."

11 이스보셋은 아브넬의 격분이 두려워 더 이상 한 마디도 하지 못했다.

12 아브넬은 곧바로 다윗에게 전령을 보냈다. "저와 협상하시지요. 이스라엘 온 땅이 왕께 넘어가도록 돕겠습니다."

13 다윗이 말했다. "좋소. 협상이 성립되었소. 다만, 한 가지 조건이 있소. 나를 만나러 올 때 사울의 딸 미갈을 데려오시오. 그렇지 않으면 그대는 여기서 환영받지 못할 것이오."

14 이어서 다윗은 사울의 아들 이스보셋에게 전령을 보냈다. "내가 블레셋 사람의 포피 백 개를 주고 아내로 얻은 미갈을 내게 돌려주시오."

15-16 이스보셋은 라이스의 아들 발디엘과 결혼하여 살고 있던 미갈을 데려오도록 명령했다. 발디엘은 계속 울면서 바후림까지 그녀를 따라왔다. 거기서 아브넬이 그에게 "집으로 돌아가라"고 하자, 그가 집으로 돌아갔다.

17-18 아브넬이 이스라엘의 장로들을 모아 놓고 말했다. "어제까지만 해도 여러분은 다윗을 왕으로 삼을 길을 찾고 있었습니다. 그러니 이제 그리 하시오! 하나님께서 이미 '내가 내 종 다윗의 손을 통해 내 백성 이스라엘을 블레셋과 다른 모든 원수의 압제에서 구원할 것이다' 하고 허락하셨습니다."

19 아브넬은 베냐민 지파를 따로 불러 그들과 이야기했다. 그리고 나서 다윗과 밀담을 나누기 위해 헤브론으로 갔다. 그는 온 이스라엘이, 특히 베냐민 지파가 계획한 일을 모두 다윗에게 말할

between the house of Saul and the house of David to gain power for himself. Saul had had a concubine, Rizpah, the daughter of Aiah. One day Ish-Bosheth confronted Abner: "What business do you have sleeping with my father's concubine?"

8-10 Abner lost his temper with Ish-Bosheth, "Treat me like a dog, will you! Is this the thanks I get for sticking by the house of your father, Saul, and all his family and friends? I personally saved you from certain capture by David, and you make an issue out of my going to bed with a woman! What GOD promised David, I'll help accomplish—transfer the kingdom from the house of Saul and make David ruler over the whole country, both Israel and Judah, from Dan to Beersheba. If not, may God do his worst to me."

11 Ish-Bosheth, cowed by Abner's outburst, couldn't say another word.

12 Abner went ahead and sent personal messengers to David: "Make a deal with me and I'll help bring the whole country of Israel over to you."

13 "Great," said David. "It's a deal. But only on one condition: You're not welcome here unless you bring Michal, Saul's daughter, with you when you come to meet me."

14 David then sent messengers to Ish-Bosheth son of Saul: "Give me back Michal, whom I won as my wife at the cost of a hundred Philistine foreskins."

15-16 Ish-Bosheth ordered that she be taken from her husband Paltiel son of Laish. But Paltiel followed her, weeping all the way, to Bahurim. There Abner told him, "Go home." And he went home.

17-18 Abner got the elders of Israel together and said, "Only yesterday, it seems, you were looking for a way to make David your king. So do it—now! For GOD has given the go-ahead on David: 'By my servant David's hand, I'll save my people Israel from the oppression of the Philistines and all their other enemies.'"

19 Abner took the Benjaminites aside and spoke to them. Then he went to Hebron for a private talk with David, telling him everything that Israel in general and Benjamin in particular were planning

참이었다.
20 아브넬과 그의 부하 스무 명이 헤브론에서 다윗을 만나니, 다윗은 그들을 위해 연회를 베풀었다.
21 연회 후에 아브넬이 말했다. "저는 준비가 되었습니다. 이제 가서 내 주인이신 왕을 위해 이스라엘의 모든 사람을 모으겠습니다. 그들이 왕과 조약을 맺고, 왕의 뜻대로 다스릴 권한을 왕께 드릴 것입니다." 아브넬은 다윗의 축복을 받으며 헤브론을 떠났다.

22-23 잠시 후에, 요압이 이끄는 다윗의 부하들이 현장 임무를 마치고 돌아왔다. 아브넬은 조금 전 다윗의 축복을 받고 떠난 터라, 헤브론에 있지 않았다. 요압과 그의 기습부대는 넬의 아들 아브넬이 다윗과 함께 그곳에 있다가 다윗의 축복을 받고 떠났다는 이야기를 들었다.
24-25 요압은 곧바로 왕에게 갔다. "무슨 일을 하신 것입니까? 아브넬이 나타났는데 그를 무사히 보내 주시다니요? 왕도 넬의 아들 아브넬을 잘 아시지 않습니까. 이것은 친선 방문이 아닙니다. 그 자가 여기 온 목적은 왕을 정탐하여 왕의 출입을 파악하고 왕의 의중을 살피려는 것입니다."
26-27 요압은 그곳에서 나와 행동을 취했다. 그는 전령들을 보내 아브넬을 뒤쫓게 했고, 그들은 시라 우물가에서 그를 따라잡아 다시 헤브론으로 데려왔다. 다윗은 이 일을 전혀 몰랐다. 아브넬이 헤브론에 돌아오자, 요압은 은밀히 할 말이 있다며 그를 성문 한구석으로 데려갔다. 거기서 요압은 자기 동생 아사헬을 죽인 것에 대한 복수로, 아브넬의 배를 찔러 무참히 살해했다.
28-30 나중에 다윗이 그 소식을 듣고 말했다. "넬의 아들 아브넬이 살해된 일에 대해 나와 내 나라는 하나님 앞에서 아무런 죄가 없다. 요압과 그의 온 집안이 이 피흘린 죄의 저주 아래 있게 될 것이다. 그들은 영원히 장애와 병과 폭력과 기근의 피해자가 될 것이다." (요압과 그의 동생 아비새가 아브넬을 살해한 것은, 그가 기브온 전투에서 그들의 동생 아사헬을 죽였기 때문이다.)
31-32 다윗은 요압과 자기 밑에 있는 모든 부하에게 명령했다. "너희의 옷을 잡아 찢고 상복을 입어라! 아브넬의 장례 행렬에 앞장서 가며 큰소리로 슬퍼하여라." 다윗 왕은 관을 따라갔다. 그들은 아브넬을 헤브론에 묻었다. 아브넬의 무덤 곁에서 우는 왕의 소리가 어찌나 크고 구슬프던지,

to do.
20 When Abner and the twenty men who were with him met with David in Hebron, David laid out a feast for them.
21 Abner then said, "I'm ready. Let me go now to rally everyone in Israel for my master, the king. They'll make a treaty with you, authorizing you to rule them however you see fit." Abner was sent off with David's blessing.

22-23 Soon after that, David's men, led by Joab, came back from a field assignment. Abner was no longer in Hebron with David, having just been dismissed with David's blessing. As Joab and his raiding party arrived, they were told that Abner the son of Ner had been there with David and had been sent off with David's blessing.
24-25 Joab went straight to the king: "What's this you've done? Abner shows up, and you let him walk away scot-free? You know Abner son of Ner better than that. This was no friendly visit. He was here to spy on you, figure out your comings and goings, find out what you're up to."
26-27 Joab left David and went into action. He sent messengers after Abner; they caught up with him at the well at Sirah and brought him back. David knew nothing of all this. When Abner got back to Hebron, Joab steered him aside at the gate for a personal word with him. There he stabbed him in the belly, killed him in cold blood for the murder of his brother Asahel.
28-30 Later on, when David heard what happened, he said, "Before GOD I and my kingdom are totally innocent of this murder of Abner son of Ner. Joab and his entire family will always be under the curse of this bloodguilt. May they forever be victims of crippling diseases, violence, and famine." (Joab and his brother, Abishai, murdered Abner because he had killed their brother Asahel at the battle of Gibeon.)
31-32 David ordered Joab and all the men under him, "Rip your cloaks into rags! Wear mourning clothes! Lead Abner's funeral procession with loud lament!" King David followed the coffin. They buried Abner in Hebron. The king's voice was loud

모든 백성이 따라 울었다.
33-34 다윗 왕은 아브넬을 위해 애가를 불렀다.

이럴 수 있는가? 아브넬이 이름 없는 부랑아처 럼 죽다니?
그대는 마음대로 다니고 행하는 자유인이었으나
골목 싸움의 희생물이 되었구나.

그러자 온 백성이 울었고, 울음소리는 점점 더 커졌다!
35-37 온 백성이 다윗에게 다가와서, 어두워지기 전에 무언가를 먹도록 권했다. 그러나 다윗은 엄숙히 맹세했다. "해가 지기 전에는 어떤 음식도 먹지 않겠소. 그러니 하나님, 저를 도와주십시오!" 장례식에 참석한 모든 사람이 그 모습을 보고 좋게 여겼다. 백성은 왕이 하는 일이면 무엇이든 박수를 보냈다. 왕이 넬의 아들 아브넬의 죽음과 아무 상관이 없다는 것을, 그날 온 이스라엘을 비롯한 모든 사람이 분명히 알게 되었다.
38-39 왕이 신하들에게 말했다. "그대들도 보았듯이, 오늘 이스라엘의 지도자이자 큰 용사가 더러운 살인의 희생물이 되어 죽었소. 내 비록 기름부음을 받은 왕이지만, 힘이 없어 이 일에 전혀 손을 쓰지 못했소. 이 스루야의 아들들이 나보다 강하오. 하나님, 범죄한 자에게 그가 행한 대로 갚아 주십시오!"

이스보셋이 살해되다

4 [1] 아브넬이 헤브론에서 죽었다는 말을 듣고, 사울의 아들 이스보셋은 마음이 무너져 내렸다. 온 나라가 흔들렸다.
2-3 이스보셋에게는 기습부대를 맡은 두 사람의 군지휘관이 있었는데, 한 사람의 이름은 바아나고 다른 사람의 이름은 레갑이었다. 그들은 베냐민 지파 브에롯 사람인 림몬의 아들들이었다. (브에롯 사람은 깃다임으로 도망한 이후로 베냐민 지파에 속했고, 오늘까지 외국인으로 그곳에 살고 있다.)
4 사울의 아들 요나단에게는 두 다리를 저는 아들이 하나 있었다. 사울과 요나단의 사망 소식이 이스르엘에 전해졌을 때, 그는 다섯 살이었다. 유모가 그를 안고 서둘러 도망가다 넘어지는 바람에 다리를 절게 되었다. 그의 이름은 므비보셋이었다.

in lament as he wept at the side of Abner's grave. All the people wept, too.
33-34 Then the king sang this tribute to Abner:

Can this be? Abner dead like a nameless bum?
You were a free man, free to go and do as you wished—
Yet you fell as a victim in a street brawl.

And all the people wept—a crescendo of crying!
35-37 They all came then to David, trying to get him to eat something before dark. But David solemnly swore, "I'll not so much as taste a piece of bread, or anything else for that matter, before sunset, so help me God!" Everyone at the funeral took notice—and liked what they saw. In fact everything the king did was applauded by the people. It was clear to everyone that day, including all Israel, that the king had nothing to do with the death of Abner son of Ner.
38-39 The king spoke to his servants: "You realize, don't you, that today a prince and hero fell victim of foul play in Israel? And I, though anointed king, was helpless to do anything about it. These sons of Zeruiah are too much for me. GOD, requite the criminal for his crime!"

The Murder of Ish-Bosheth

4 [1] Saul's son, Ish-Bosheth, heard that Abner had died in Hebron. His heart sank. The whole country was shaken.
2-3 Ish-Bosheth had two men who were captains of raiding bands—one was named Baanah, the other Recab. They were sons of Rimmon the Beerothite, a Benjaminite. (The people of Beeroth had been assigned to Benjamin ever since they escaped to Gittaim. They still live there as resident aliens.)
4 It so happened that Saul's son, Jonathan, had a son who was maimed in both feet. When he was five years old, the report on Saul and Jonathan came from Jezreel. His nurse picked him up and ran, but in her hurry to get away she fell, and the boy was maimed. His name was Mephibosheth.
5-7 One day Baanah and Recab, the two sons of Rimmon, headed out for the house of Ish-Bosheth.

5-7 하루는 림몬의 두 아들 바아나와 레갑이 이스보셋의 궁으로 향했다. 그들은 하루 중 가장 더울 때 도착했는데, 그때 이스보셋은 낮잠을 자고 있었다. 그들은 공무가 있는 척 꾸며 궁 안으로 들어갔다. 마침 침실을 지키던 여종은 잠들어 있었다. 레갑과 바아나는 그 옆을 몰래 지나 이스보셋의 방으로 들어갔는데, 그는 침대에서 잠들어 있었다. 그들은 그를 죽인 다음 머리를 베어 전리품으로 들고 나왔다. 그리고 아라바 골짜기 사이로 난 길을 따라 밤새도록 걸어서 이동했다.

8 그들은 헤브론으로 가서 이스보셋의 머리를 다윗에게 바치고 이렇게 말했다. "여기 왕의 원수인 사울의 아들 이스보셋의 머리가 있습니다. 그가 왕을 죽이려고 애썼지만, **하나님**께서 내 주인이신 왕의 원수를 갚아 주셨습니다. 바로 오늘 사울과 그의 자손에게 복수하신 것입니다!"

9-11 다윗은 브에롯 사람 림몬의 아들들인 레갑과 바아나 형제에게 대답했다. "지금까지 온갖 역경에서 나를 건져 주신 **하나님**께서 참으로 살아 계심을 두고 맹세한다. 전에 시글락에서 한 전령이 내가 좋아할 것이라 생각하고 '기쁜 소식입니다! 사울이 전사했습니다!'라고 말했을 때 나는 그를 붙들어 그 자리에서 죽였다. 그것이 그가 전한 기쁜 소식의 결과였다! 그리고 지금 너희가 나타났다. 너희는 자기 집에서 자고 있는 죄 없는 사람을 무참히 죽인 악한 자들이다! 내가 살인을 저지른 너희를 이 땅에서 없애지 않을 줄로 생각하느냐!"

12 다윗은 군사들에게 명령을 내렸다. 군사들은 두 사람을 죽여 손발을 자르고 그 주검을 헤브론 연못가에 매달았다. 이스보셋의 머리는 거두어 헤브론에 있는 아브넬의 무덤에 묻었다.

다윗이 온 이스라엘의 왕이 되다

5

1-2 얼마 후 이스라엘 온 지파가 헤브론의 다윗에게 나아와 말했다. "보십시오. 우리는 왕의 혈육입니다! 과거에 사울이 왕이었을 때도, 나라를 실제로 움직인 사람은 왕이셨습니다. 그때 이미 **하나님**께서는 왕에게 '너는 내 백성 이스라엘의 목자가 되고 지도자가 될 것이다' 하고 말씀하셨습니다."

3 이스라엘의 모든 지도자가 헤브론에서 다윗 왕을 만났고, 다윗은 **하나님** 앞에 나아가 그들과 언약을 맺었다. 이어 그들은 다윗에게 기름을 부어 이스라엘의 왕으로 삼았다.

They arrived at the hottest time of the day, just as he was taking his afternoon nap. They entered the house on a ruse, pretending official business. The maid guarding the bedroom had fallen asleep, so Recab and Baanah slipped by her and entered the room where Ish-Bosheth was asleep on his bed. They killed him and then cut off his head, carrying it off as a trophy. They traveled all night long, taking the route through the Arabah Valley.

8 They presented the head of Ish-Bosheth to David at Hebron, telling the king, "Here's the head of Ish-Bosheth, Saul's son, your enemy. He was out to kill you, but GOD has given vengeance to my master, the king—vengeance this very day on Saul and his children!"

9-11 David answered the brothers Recab and Baanah, sons of Rimmon the Beerothite, "As surely as GOD lives—the One who got me out of every trouble I've ever been in—when the messenger told me, 'Good news! Saul is dead!' supposing I'd be delighted, I arrested him and killed him on the spot in Ziklag. That's what he got for his so-called good news! And now you show up—evil men who killed an innocent man in cold blood, a man asleep in his own house! Don't think I won't find you guilty of murder and rid the country of you!"

12 David then issued orders to his soldiers. They killed the two—chopped off their hands and feet, and hung the corpses at the pool in Hebron. But Ish-Bosheth's head they took and buried in Abner's tomb in Hebron.

5

1-2 Before long all the tribes of Israel approached David in Hebron and said, "Look at us—your own flesh and blood! In time past when Saul was our king, you were the one who really ran the country. Even then GOD said to you, 'You will shepherd my people Israel and you'll be the prince.'"

3 All the leaders of Israel met with King David at Hebron, and the king made a treaty with them in the presence of GOD. And so they anointed David king over Israel.

4-5 다윗은 서른 살에 왕위에 올라, 사십 년 동안 다스렸다. 헤브론에서 칠 년 반 동안 유다를 다스렸고, 예루살렘에서 삼십삼 년 동안 온 이스라엘과 유다를 다스렸다.

6 다윗과 그의 부하들이 예루살렘으로 곧장 진군하여 그 땅에 살고 있던 여부스 사람을 치려고 하자, 그들이 말했다. "집으로 돌아가거라! 너 따위는 눈먼 자나 다리 저는 자라도 물리칠 수 있겠다. 너는 여기 들어올 수 없다!" 그들은 다윗이 뚫고 들어오지 못할 것이라고 확신했다.

7-8 그러나 다윗은 앞으로 돌진하여 시온 성채를 점령했다. 그 후로 그곳은 다윗 성으로 알려졌다. 그날 다윗은 "여부스 사람을 이기려면 급수 시설을 공략해야 하고, 다윗이 미워하는 다리 저는 자와 눈먼 자도 반드시 쳐야 한다"고 말했다. (그 일이 얼마나 그의 신경을 거슬렀던지, "다리 저는 자와 눈먼 자는 왕궁에 출입할 수 없다"는 말까지 생겨났다.)

9-10 다윗은 그 요새 성읍에 살면서 그곳 이름을 '다윗 성'이라 하고, 바깥쪽 보루에서부터 안쪽으로 성을 쌓았다. 만군의 하나님께서 그와 함께 계셨으므로, 다윗은 더 넓은 품과 더 큰 걸음으로 나아갔다.

11-12 그 즈음에 두로 왕 히람이 다윗에게 사절단과 함께 백향목 재목을 보냈다. 그는 또 목수와 석공들을 보내어 다윗의 왕궁을 짓게 했다. 다윗은 그 일을, 하나님께서 자신을 이스라엘의 왕으로 인정하시고 그분의 백성 이스라엘을 위해 그의 왕권을 세상에 널리 알리셨다는 표시로 받아들였다.

13-16 헤브론을 떠난 뒤로 다윗은 예루살렘에서 첩과 아내를 더 맞아들였고, 아들과 딸들을 더 낳았다. 그가 예루살렘에서 낳은 자녀들의 이름은 이러하다.

삼무아
소밥
나단
솔로몬
입할
엘리수아
네벡
야비아

4-5 David was thirty years old when he became king, and ruled for forty years. In Hebron he ruled Judah for seven and a half years. In Jerusalem he ruled all Israel and Judah for thirty-three years.

6 David and his men immediately set out for Jerusalem to take on the Jebusites, who lived in that country. But they said, "You might as well go home! Even the blind and the lame could keep you out. You can't get in here!" They had convinced themselves that David couldn't break through.

7-8 But David went right ahead and captured the fortress of Zion, known ever since as the City of David. That day David said, "To get the best of these Jebusites, one must target the water system, not to mention this so-called lame and blind bunch that David hates." (In fact, he was so sick and tired of it, people coined the expression, "No lame and blind allowed in the palace.")

9-10 David made the fortress city his home and named it "City of David." He developed the city from the outside terraces inward. David proceeded with a longer stride, a larger embrace since the GOD-of-the-Angel-Armies was with him.

11-12 It was at this time that Hiram, king of Tyre, sent messengers to David, along with timbers of cedar. He also sent carpenters and masons to build a house for David. David took this as a sign that GOD had confirmed him as king of Israel, giving his kingship world prominence for the sake of Israel, his people.

13-16 David took on more concubines and wives from Jerusalem after he left Hebron. And more sons and daughters were born to him. These are the names of those born to him in Jerusalem:

Shammua,
Shobab,
Nathan,
Solomon,
Ibhar,
Elishua,
Nepheg,
Japhia,

엘리사마
엘리아다
엘리벨렛.

17-18 다윗이 온 이스라엘의 왕이 되었다는 말을 듣고 블레셋 사람이 그를 잡으러 왔다. 다윗은 그 소식을 듣고 요새로 내려갔다. 블레셋 사람이 이미 도착하여 르바임 골짜기에 병력을 주둔시켰다.
19 그때 다윗이 하나님께 기도했다. "제가 올라가서 블레셋 사람과 싸워도 되겠습니까? 주께서 도우셔서 그들을 물리치게 해주시겠습니까?"
20-21 하나님께서 대답하셨다. "올라가거라. 나를 믿어라. 내가 너를 도와 그들을 물리치게 하겠다." 다윗은 곧장 바알브라심으로 가서 그들을 철저히 쳐부수었다. 그러고 나서 다윗은 "콸콸 솟구치는 물처럼 하나님께서 내 적들을 쓸어버리셨다" 말하고 그곳을 바알브라심(솟구치시는 주님)이라고 불렀다. 블레셋 사람이 후퇴하면서 그들의 온갖 우상을 버려두고 갔으므로, 다윗과 그의 군사들이 그 우상들을 치워 버렸다.

22-23 나중에 똑같은 일이 일어났다. 블레셋 사람이 다시 올라와서 르바임 골짜기에 병력을 배치시켰다. 이번에도 다윗은 하나님께 기도했다.
23-24 하나님께서 말씀하셨다. "너는 정면에서 공격하지 말고, 그들 뒤로 돌아가 신성하게 여기는 나무숲에 매복했다가 습격하여라. 나무들 사이로 발소리가 들리면, 나와서 칠 준비를 하여라. 그것이 나 하나님이 너보다 앞서 가서 블레셋 진을 쳐부순다는 신호다."
25 다윗은 하나님께서 명령하신 대로 행했다. 그는 기브온에서 게셀에 이르기까지 블레셋 사람을 정벌했다.

하나님의 궤를 예루살렘으로 옮기다

6 1-2 다윗이 이스라엘의 정예군 서른 개 부대를 소집했다. 그는 하나님의 궤를 되찾아 오기 위해 군사들과 함께 바알라로 향했다. 그 궤는 한 쌍의 천사 위에 앉아 계신 만군의 하나님의 이름으로 불리는 궤였다.
3-7 그들은 산 위에 있는 아비나답의 집으로 가서 하나님의 궤를 새 수레에 싣고 내려왔다. 아비나답의 아들들인 웃사와 아히오가 하나님의 궤를 실은 새 수레를 몰았는데, 아히오가 앞장

Elishama,
Eliada,
Eliphelet.

17-18 When the Philistines got word that David had been made king over all Israel, they came on the hunt for him. David heard of it and went down to the stronghold. When the Philistines arrived, they deployed their forces in Raphaim Valley.
19 Then David prayed to GOD: "Shall I go up and fight the Philistines? Will you help me beat them?"
20-21 "Go up," GOD replied. "Count on me. I'll help you beat them."
David then went straight to Baal Perazim, and smashed them to pieces. Afterward David said, "GOD exploded on my enemies like a gush of water." That's why David named the place Baal Perazim (The-Master-Who-Explodes). The retreating Philistines dumped their idols, and David and his soldiers took them away.

22-23 Later there was a repeat performance. The Philistines came up again and deployed their troops in the Rephaim Valley. David again prayed to GOD.
23-24 This time GOD said, "Don't attack them head-on. Instead, circle around behind them and ambush them from the grove of sacred trees. When you hear the sound of shuffling in the trees, get ready to move out. It's a signal that GOD is going ahead of you to smash the Philistine camp."
25 David did exactly what GOD told him. He routed the Philistines all the way from Gibeon to Gezer.

6 1-2 David mustered the pick of the troops of Israel—thirty divisions of them. Together with his soldiers, David headed for Baalah to recover the Chest of God, which was called by the Name GOD-of-the-Angel-Armies, who was enthroned over the pair of angels on the Chest.
3-7 They placed the Chest of God on a brand-new oxcart and removed it from Abinadab's house on the hill. Uzzah and Ahio, Abinadab's sons, were driving the new cart loaded with the Chest of God,

서고 웃사는 궤 옆에서 따라갔다. 다윗과 이스라엘 온 무리는 행진하면서 목청껏 노래를 불렀고 만돌린, 하프, 탬버린, 캐스터네츠, 심벌즈를 연주했다. 그들이 나곤의 타작마당에 이르렀을 때 소들이 비틀거리자, 웃사가 손을 내밀어 하나님의 궤를 잡았다. 하나님께서 불같이 진노하셔서 웃사를 치셨다. 이는 그가 궤를 더럽혔기 때문이다. 웃사는 거기, 바로 궤 옆에서 죽었다.

8-11 하나님께서 웃사에게 진노를 발하시자 다윗은 화를 냈다. 그래서 그곳은 오늘까지 베레스웃사(웃사에 대해 폭발하심)라고 불린다. 그날 다윗은 하나님이 두려워 "이 궤는 함부로 손댈 수 없다. 이래서야 어떻게 이 궤를 다시 다윗 성으로 옮길 수 있겠는가?" 하고 말했다. 그는 하나님의 궤를 한 발짝도 더 옮기려 하지 않았다. 대신 그는, 궤를 길에서 조금 떨어진 곳에 있는 가드 사람 오벳에돔의 집으로 옮겼다. 하나님의 궤는 가드 사람 오벳에돔의 집에 석 달 동안 머물렀다. 하나님께서 오벳에돔과 그의 온 집안에 복을 주셨다.

12-16 하나님께서 하나님의 궤 때문에 오벳에돔과 그의 온 집안에 복을 주셨다는 소식이 다윗 왕에게 들어갔다. "그 복을 내가 받아야겠다"고 생각한 다윗은, 가서 하나님의 궤를 오벳에돔의 집에서 다윗 성으로 가지고 올라왔다. 궤를 옮기는 내내 가장 좋은 소를 제물로 바치며 성대한 축제를 벌였다. 다윗은 제사장의 세마포를 입고 하나님 앞에서 주저 없이 춤을 추었다. 온 나라가 그와 함께 함성과 나팔소리를 울리며 하나님의 궤를 따라갔다. 그러나 하나님의 궤가 다윗 성으로 들어올 때 사울의 딸 미갈이 창밖을 내다보다가, 하나님 앞에서 춤추며 뛰노는 다윗 왕을 보고서 마음속으로 그를 업신여겼다.

17-19 그들이 하나님의 궤를 가지고 들어와서 궤를 두려고 쳐 놓은 장막 한가운데 놓자, 다윗은 그 자리에서 번제와 화목제를 드려 예배했다. 번제와 화목제를 마친 다윗은 만군의 하나님의 이름으로 백성을 축복하고, 남녀 할 것 없이 그곳에 모인 모든 사람에게 빵 한 덩이와 대추과자 하나와 건포도과자 하나씩을 나누어 주었다. 그 후에 백성이 모두 집으로 돌아갔다.

20-22 다윗이 그의 가족을 축복하기 위해 왕궁으

Ahio in the lead and Uzzah alongside the Chest. David and the whole company of Israel were in the parade, singing at the top of their lungs and playing mandolins, harps, tambourines, castanets, and cymbals. When they came to the threshing floor of Nacon, the oxen stumbled, so Uzzah reached out and grabbed the Chest of God. GOD blazed in anger against Uzzah and struck him hard because he had profaned the Chest. Uzzah died on the spot, right alongside the Chest.

8-11 Then David got angry because of GOD's deadly outburst against Uzzah. That place is still called Perez Uzzah (The-Explosion-Against-Uzzah). David became fearful of GOD that day and said, "This Chest is too hot to handle. How can I ever get it back to the City of David?" He refused to take the Chest of GOD a step farther. Instead, David removed it off the road and to the house of Obed-Edom the Gittite. The Chest of GOD stayed at the house of Obed-Edom the Gittite for three months. And GOD prospered Obed-Edom and his entire household.

12-16 It was reported to King David that GOD had prospered Obed-Edom and his entire household because of the Chest of God. So David thought, "I'll get that blessing for myself," and went and brought up the Chest of God from the house of Obed-Edom to the City of David, celebrating extravagantly all the way, with frequent sacrifices of choice bulls. David, ceremonially dressed in priest's linen, danced with great abandon before GOD. The whole country was with him as he accompanied the Chest of GOD with shouts and trumpet blasts. But as the Chest of GOD came into the City of David, Michal, Saul's daughter, happened to be looking out a window. When she saw King David leaping and dancing before GOD, her heart filled with scorn.

17-19 They brought the Chest of GOD and set it in the middle of the tent pavilion that David had pitched for it. Then and there David worshiped, offering burnt offerings and peace offerings. When David had completed the sacrifices of burnt and peace offerings, he blessed the people in the name of GOD-of-the-Angel-Armies and handed out to each person in the crowd, men and women alike, a loaf of

로 돌아가니, 사울의 딸 미갈이 그를 맞으러 나오면서 말했다. "왕께서는 오늘 거리의 저속한 춤꾼처럼 여종들이 보는 앞에서 몸을 드러내며 참으로 훌륭하게 위엄을 떨치시더군요!" 다윗이 미갈에게 대답했다. "나는 하나님 앞에서 마음껏 춤을 출 것이오! 그분이 나를 택하셔서, 당신의 아버지와 당신의 남은 집안 위에 두시고 하나님의 백성 이스라엘의 통치자로 삼으셨소. 하나님의 영광을 위해서라면 나는 이보다도 더 격하게 춤을 출 것이오. 설령 내가 바보처럼 보여도 좋소. 하지만 당신이 그렇게 걱정하는 이 여종들 사이에서, 나는 한없는 존경을 받을 것이오."

23 그 후 사울의 딸 미갈은 평생 자식을 낳지 못했다.

하나님께서 다윗과 맺으신 언약

7 1-2 하나님께서 모든 원수들로부터 왕을 지켜 주셨으므로, 머지않아 그가 안정을 찾았다. 그러던 어느 날, 다윗 왕이 예언자 나단에게 말했다. "보십시오. 나는 여기 호화로운 백향목 왕궁에서 편히 살고 있는데, 하나님의 궤는 허술한 장막 안에 있습니다."

3 나단이 왕에게 말했다. "무엇이든 왕의 마음에 좋은 대로 행하십시오. 하나님께서 왕과 함께 계십니다."

4-7 그러나 그날 밤 하나님의 말씀이 나단에게 임했다. "너는 가서 내 종 다윗에게 전하여라. '이 일에 대한 하나님의 말씀이다. 내가 살 집을 네가 짓겠다는 말이냐? 이스라엘 자손을 이집트에서 이끌어 내던 날부터 지금까지, 나는 한 번도 집에서 산 적이 없다. 언제나 장막에 거하며 옮겨 다녔다. 내가 이스라엘과 함께 다니면서, 목자로 지명한 지도자들 중 누구에게 "어찌하여 내게 백향목 집을 지어 주지 않느냐?"고 물은 적이 있느냐?'

8-11 그러니 너는 내 종 다윗에게 이렇게 말하여라. '만군의 하나님이 네게 주는 말씀이다. 내가 양의 뒤를 따라다니던 너를 목장에서 데려다가 내 백성 이스라엘의 지도자로 삼았다. 네가 어디로 가든지 내가 너와 함께 있었고, 네 앞의 모든 적을 물리쳤다. 이제 나는 네 이름을 높여서 땅의 위대한 이름들과 어깨를 겨루게 할 것이다. 그리고 내 백성 이스라엘을 위해 한 곳을 따로 떼어 그들을 그곳에 심고, 각자 자기 집을

bread, a date cake, and a raisin cake. Then everyone went home.

20-22 David returned home to bless his family. Michal, Saul's daughter, came out to greet him: "How wonderfully the king has distinguished himself today—exposing himself to the eyes of the servants' maids like some burlesque street dancer!" David replied to Michal, "In GOD's presence I'll dance all I want! He chose me over your father and the rest of our family and made me prince over GOD's people, over Israel. Oh yes, I'll dance to GOD's glory—more recklessly even than this. And as far as I'm concerned...I'll gladly look like a fool...but among these maids you're so worried about, I'll be honored no end."

23 Michal, Saul's daughter, was barren the rest of her life.

GOD's Covenant with David

7 1-2 Before long, the king made himself at home and GOD gave him peace from all his enemies. Then one day King David said to Nathan the prophet, "Look at this: Here I am, comfortable in a luxurious house of cedar, and the Chest of God sits in a plain tent."

3 Nathan told the king, "Whatever is on your heart, go and do it. GOD is with you."

4-7 But that night, the word of GOD came to Nathan saying, "Go and tell my servant David: This is GOD's word on the matter: You're going to build a 'house' for me to live in? Why, I haven't lived in a 'house' from the time I brought the children of Israel up from Egypt till now. All that time I've moved about with nothing but a tent. And in all my travels with Israel, did I ever say to any of the leaders I commanded to shepherd Israel, 'Why haven't you built me a house of cedar?'

8-11 "So here is what you are to tell my servant David: The GOD-of-the-Angel-Armies has this word for you: I took you from the pasture, tagging along after sheep, and made you prince over my people Israel. I was with you everywhere you went and mowed your enemies down before you. Now I'm making you famous, to be ranked with the great names on earth. And I'm going to set aside a place for my people

갖게 하여 더 이상 떠돌지 않게 할 것이다. 또한
내 백성 이스라엘 위에 사사들을 두던 시절과는
달리, 악한 자들이 너희를 괴롭히지 못하게 할 것
이다. 마침내, 너의 모든 적을 막아 평화를 누리
게 할 것이다.
11-16 나 **하나님**이 네게 말한다. 나 **하나님**이 친히
네게 집을 지어 주겠다! 네 일생이 다하여 조상과
함께 묻힐 때에, 내가 네 자식, 네 몸에서 난 혈육
을 일으켜 네 뒤를 잇게 하고 그의 통치를 견고히
세울 것이다. 그가 나를 높여 집을 지을 것이며,
나는 그 나라의 통치를 영원히 보장할 것이다. 나
는 그에게 아버지가 되고 그는 내게 아들이 될 것
이다. 그가 잘못을 저지르면 내가 평소 하던 것
처럼, 인생의 함정과 장애물로 그를 징계할 것이
다. 그러나 앞선 왕 사울에게 그러했던 것처럼 내
자비로운 사랑을 거두는 일은 없을 것이다. 그에
게서는 절대로 내 사랑을 거두지 않을 것이다. 네
집안과 네 나라가 영원히 안전할 것이다. 내가 거
기서 눈을 떼지 않을 것이다! 네 왕좌는 바위처럼
언제나 든든히 그 자리에 있을 것이다.'"
17 나단은 환상 중에 보고 들은 모든 것을 다윗에
게 빠짐없이 이야기했다.

18-21 다윗 왕이 들어가서, **하나님** 앞에서 기도했
다. "내 주 **하나님**, 제가 누구이며 저의 집안이
무엇이기에 주께서 저를 이 자리에 이르게 하셨
습니까? 그러나 앞으로 있을 일에 비하면 이것은
아무것도 아닙니다. 내 주 **하나님**, 주께서는 제
집안의 먼 앞날에 대해서 말씀하시며 장래 일을
엿보게 해주셨습니다! 이 모든 것 앞에서 감히 제
가 무슨 말을 할 수 있겠습니까? 주 **하나님**, 주께
서는 제 실상을 아십니다. 주께서 이 모든 일을
행하신 것은, 저의 어떠함 때문이 아니라 주의
어떠하심 때문입니다. 바로 주님의 마음에서 비
롯된 것입니다! 주께서 그것을 제게 알려 주셨습
니다.
22-24 주 **하나님**, 주님은 참으로 위대하십니다! 주
님 같은 분이 없습니다. 주님과 같은 하나님이 없
습니다. 주님 외에는 하나님이 없습니다. 우리 귀
로 들은 그 어떤 이야기도 주님과 비할 수 없습
니다. 누가 이 땅에 하나뿐인 나라, 주의 백성 이
스라엘과 같겠습니까? 하나님께서 친히 나서서
당신을 위해 그들을 구해 내셨습니다(그 일로 주
의 이름을 널리 알리셨습니다). 그들을 이집트에
서 구원하여 내심으로 여러 민족과 그 신들을 사

Israel and plant them there so they'll have their own home and not be knocked around any more. Nor will evil men afflict you as they always have, even during the days I set judges over my people Israel. Finally, I'm going to give you peace from all your enemies.
11-16 "Furthermore, GOD has this message for you: GOD himself will build you a house! When your life is complete and you're buried with your ancestors, then I'll raise up your child, your own flesh and blood, to succeed you, and I'll firmly establish his rule. He will build a house to honor me, and I will guarantee his kingdom's rule permanently. I'll be a father to him, and he'll be a son to me. When he does wrong, I'll discipline him in the usual ways, the pitfalls and obstacles of this mortal life. But I'll never remove my gracious love from him, as I removed it from Saul, who preceded you and whom I most certainly did remove. Your family and your kingdom are permanently secured. I'm keeping my eye on them! And your royal throne will always be there, rock solid."
17 Nathan gave David a complete and accurate account of everything he heard and saw in the vision.

18-21 King David went in, took his place before GOD, and prayed: "Who am I, my Master GOD, and what is my family, that you have brought me to this place in life? But that's nothing compared to what's coming, for you've also spoken of my family far into the future, given me a glimpse into tomorrow, my Master GOD! What can I possibly say in the face of all this? You know me, Master GOD, just as I am. You've done all this not because of who I am but because of who you are—out of your very heart!—but you've let me in on it.
22-24 "This is what makes you so great, Master GOD! There is none like you, no God but you, nothing to compare with what we've heard with our own ears. And who is like your people, like Israel, a nation unique in the earth, whom God set out to redeem for himself (and became most famous for it), performing great and fearsome acts, throwing out nations and their gods left and right as you

방으로 내쫓으시며 크고 두려운 일을 행하셨습니다. 주께서 자신을 위해 한 백성—주님 소유의 이스라엘!—을 영원한 주의 백성으로 세우셨습니다. 그리고 주 **하나님**께서 그들의 하나님이 되셨습니다.

25-27 위대하신 **하나님**, 저와 제 집안에 주신 이 말씀을 영원히 보장해 주십시오! 약속하신 대로 이루어 주십시오! 그러면 주의 명성이 영원히 높아져 사람들이 '만군의 **하나님**이 이스라엘의 하나님이시다!' 하고 외칠 것입니다. 그리고 주의 종 다윗의 집은, 보살펴 주시는 주의 임재 안에 확실하고 견고하게 남을 것입니다. 만군의 **하나님**이요 이스라엘의 하나님이신 주께서 '내가 네게 집을 지어 주겠다'고 밝히 말씀하시니, 제가 용기를 내어 주께 이 기도를 감히 드립니다.

28-29 주 **하나님**, 주께서는 신실하신 하나님이시고, 언제나 분명하게 말씀하십니다. 이 놀라운 일을 제게 말씀해 주셨으니, 부디 한 가지만 더 구합니다. 저의 집안에 복을 내리시고 언제나 주의 눈을 떼지 마십시오. 주 **하나님**, 주께서 그렇게 하시겠다고 이미 말씀하셨습니다! 오, 주님의 복이 저의 집안에 영영히 있게 해주십시오!"

8

1 그 후, 다윗은 블레셋 사람을 크게 쳐서 굴복시키고 그 지역을 지배했다.

2 그는 또 모압과 싸워 그들을 물리쳤다. 그는 무작위로 그들 가운데 삼분의 이를 택해 처형하고, 나머지 삼분의 일은 살려 주었다. 이후 모압 사람은 다윗의 통치를 받으며 조공을 바쳐야 했다.

3-4 다음으로 유프라테스 강 유역의 통치권을 회복하러 가는 길에 다윗은 소바 왕 르홉의 아들 하닷에셀을 물리쳤다. 다윗은 그에게서 전차 천 대와 기병 칠천 명, 보병 이만 명을 빼앗았다. 그는 전차를 끄는 말 백 마리만 남기고, 나머지 모든 말의 뒷발 힘줄을 끊었다.

5-6 다마스쿠스의 아람 사람이 소바 왕 하닷에셀을 도우러 오자, 다윗은 그들 이만이천 명을 모두 죽였다. 그는 아람-다마스쿠스에 꼭두각시 정부를 세웠다. 아람 사람은 다윗의 종이 되어 조공을 바쳐야 했다. 다윗이 어디로 진군하든지 **하나님**께서 그에게 승리를 주셨다.

7-8 다윗은 하닷에셀의 신하들이 가지고 있던 금 방패를 전리품으로 취하여 예루살렘으로 가져왔다. 또 하닷에셀의 성읍인 데바와 베로대에서 청

saved your people from Egypt? You established for yourself a people—your very own Israel!—your people permanently. And you, GOD, became their God.

25-27 "So now, great GOD, this word that you have spoken to me and my family, guarantee it permanently! Do exactly what you've promised! Then your reputation will flourish always as people exclaim, 'The GOD-of-the-Angel-Armies is God over Israel!' And the house of your servant David will remain sure and solid in your watchful presence. For you, GOD-of-the-Angel-Armies, Israel's God, told me plainly, 'I will build you a house.' That's how I was able to find the courage to pray this prayer to you.

28-29 "And now, Master GOD, being the God you are, speaking sure words as you do, and having just said this wonderful thing to me, please, just one more thing: Bless my family; keep your eye on them always. You've already as much as said that you would, Master GOD! Oh, may your blessing be on my family permanently!"

8

1 In the days that followed, David struck hard at the Philistines—brought them to their knees and took control of the countryside.

2 He also fought and defeated Moab. He chose two-thirds of them randomly and executed them. The other third he spared. So the Moabites fell under David's rule and were forced to bring tribute.

3-4 On his way to restore his sovereignty at the River Euphrates, David next defeated Hadadezer son of Rehob the king of Zobah. He captured from him a thousand chariots, seven thousand cavalry, and twenty thousand infantry. He hamstrung all the chariot horses, but saved back a hundred.

5-6 When the Arameans from Damascus came to the aid of Hadadezer king of Zobah, David killed twenty-two thousand of them. David set up a puppet government in Aram-Damascus. The Arameans became subjects of David and were forced to bring tribute. GOD gave victory to David wherever he marched.

동을 아주 많이 빼앗았다.
9-12 다윗이 하닷에셀의 군대를 모두 쳐부수었다는 소식을 하맛 왕 도이가 들었다. 그는 아들 요람을 다윗 왕에게 보내어 안부를 묻고 하닷에셀 군대와 싸워 이긴 것을 축하했다. 도이와 하닷에셀은 오랜 원수관계였기 때문이다. 요람은 다윗에게 은과 금과 청동을 선물로 가져왔다. 다윗 왕은 그것을 아람, 모압, 암몬 사람, 블레셋 사람, 아말렉 등 정복한 모든 나라에서 가져온 은금, 그리고 소바 왕 르홉의 아들 하닷에셀에게서 빼앗은 전리품과 함께 거룩하게 구별했다.
13-14 다윗은 아람 사람을 물리치고 돌아와 승전비를 세웠다.
스루야의 아들 아비새는 소금 골짜기에서 에돔 사람과 싸워 그들 만팔천 명을 죽였다. 다윗이 에돔에도 꼭두각시 정부를 세우니, 에돔 사람이 다윗의 지배를 받았다.
다윗이 어디로 진군하든지 하나님께서 그에게 승리를 주셨다.

15 이렇게 해서 다윗은 온 이스라엘을 다스렸다. 무슨 일을 하든지 누구를 대하든지, 그의 다스림은 공명정대했다.
16 스루야의 아들 요압은 군사령관이었다.
아힐룻의 아들 여호사밧은 기록관이었다.
17 아히둡의 아들 사독과 아비아달의 아들 아히멜렉은 제사장이었다.
스라야는 서기관이었다.
18 여호야다의 아들 브나야는 그렛 사람과 블렛 사람을 지휘했다.
그리고 다윗의 아들들은 제사장 일을 보았다.

다윗과 므비보셋

9
1 하루는 다윗이 물었다. "사울의 집안에 살아남은 사람이 없느냐? 만일 있다면, 내가 요나단을 생각해서 그에게 친절을 베풀고 싶구나."
2 마침 시바라는 사울 집안의 종이 있었다. 사람들이 그를 다윗 앞으로 불러오자, 왕이 물었다. "네가 시바냐?"
"예, 그렇습니다." 그가 대답했다.
3 왕이 물었다. "사울의 집안에 살아남은 사람이 없느냐? 내가 그에게 하나님의 친절을 베풀고 싶구나."

7-8 David plundered the gold shields that belonged to the servants of Hadadezer and brought them to Jerusalem. He also looted a great quantity of bronze from Tebah and Berothai, cities of Hadadezer.
9-12 Toi, king of Hamath, heard that David had struck down the entire army of Hadadezer. So he sent his son Joram to King David to greet and congratulate him for fighting and defeating them, for Toi and Hadadezer were old enemies. He brought with him gifts of silver, gold, and bronze. King David consecrated these along with the silver and gold from all the nations he had conquered—from Aram, Moab, the Ammonites, the Philistines, and from Amalek, along with the plunder from Hadadezer son of Rehob king of Zobah.
13-14 David built a victory monument on his return from defeating the Arameans.
Abishai son of Zeruiah fought and defeated the Edomites in the Salt Valley. Eighteen thousand of them were killed. David set up a puppet government in Edom, and the Edomites became subjects under David.
GOD gave David victory wherever he marched.

15 Thus David ruled over all of Israel. He ruled well—fair and even-handed in all his duties and relationships.
16 Joab son of Zeruiah was head of the army;
Jehoshaphat son of Ahilud was clerk;
17 Zadok son of Ahitub and Ahimelech son of Abiathar were priests;
Seraiah was secretary;
18 Benaiah son of Jehoiada was over the Kerethites and Pelethites;
And David's sons were priests.

An Open Table for Mephibosheth

9
1 One day David asked, "Is there anyone left of Saul's family? If so, I'd like to show him some kindness in honor of Jonathan."
2 It happened that a servant from Saul's household named Ziba was there. They called him into David's presence. The king asked him, "Are you Ziba?"
"Yes sir," he replied.
3 The king asked, "Is there anyone left from the

시바가 왕에게 말했다. "요나단의 아들이 있는데, 두 다리를 모두 접니다."
4 "그가 어디 있느냐?"
"로드발에 있는 암미엘의 아들 마길의 집에 살고 있습니다."
5 다윗 왕은 한시도 지체하지 않고 사람을 보내어 로드발에 있는 암미엘의 아들 마길의 집에서 그를 데려왔다.
6 사울의 손자요 요나단의 아들인 므비보셋이 다윗 앞에 와서 엎드려 절하고 자신을 낮추며 예를 갖추었다.
다윗이 그의 이름을 불렀다. "그대가 므비보셋인가?"
"예, 왕이시여."
7 "두려워하지 마라." 다윗이 말했다. "내가 네 아버지 요나단을 기억하여 뭔가 특별한 일을 네게 해주고 싶구나. 우선 네 할아버지 사울의 재산을 모두 너에게 돌려주겠다. 그뿐 아니라 이제부터 너는 항상 내 식탁에서 나와 함께 먹을 것이다."
8 므비보셋은 다윗을 똑바로 보지도 못한 채 발을 끌며 더듬더듬 말했다. "제가 누구라고 왕께서 길 잃은 개와 같은 제게 관심을 두십니까?"
9-10 다윗은 곧바로 사울의 오른팔인 시바를 불러 말했다. "사울과 그 집안에 속한 모든 것을 내가 네 주인의 손자에게 넘겨주었다. 너와 네 아들들과 네 종들은 그의 토지에서 일하고 농작물을 거둬들여 네 주인의 손자를 위한 양식을 마련하여라. 네 주인의 손자 므비보셋은 이제부터 늘 내 식탁에서 먹을 것이다." 시바에게는 열다섯 명의 아들과 스무 명의 종이 있었다.
11-12 시바가 대답했다. "내 주인이신 왕께서 이 종에게 명령하신 모든 것을 그대로 받들겠습니다."
므비보셋은 왕족의 한 사람처럼 다윗의 식탁에서 먹었다. 므비보셋에게는 미가라는 어린 아들이 하나 있었다. 시바 집안에 속한 모든 사람은 이제 므비보셋의 종이 되었다.
13 므비보셋은 예루살렘에 살면서 항상 왕의 식탁에서 먹었다. 그는 두 다리를 모두 절었다.

다윗이 암몬과 싸우다

10 1-2 시간이 흘러, 암몬 사람의 왕이 죽고 그의 아들 하눈이 뒤를 이어

family of Saul to whom I can show some godly kindness?"
Ziba told the king, "Yes, there is Jonathan's son, lame in both feet."
4 "Where is he?"
"He's living at the home of Makir son of Ammiel in Lo Debar."
5 King David didn't lose a minute. He sent and got him from the home of Makir son of Ammiel in Lo Debar.
6 When Mephibosheth son of Jonathan (who was the son of Saul), came before David, he bowed deeply, abasing himself, honoring David.
David spoke his name: "Mephibosheth."
"Yes sir?"
7 "Don't be frightened," said David. "I'd like to do something special for you in memory of your father Jonathan. To begin with, I'm returning to you all the properties of your grandfather Saul. Furthermore, from now on you'll take all your meals at my table."
8 Shuffling and stammering, not looking him in the eye, Mephibosheth said, "Who am I that you pay attention to a stray dog like me?"
9-10 David then called in Ziba, Saul's right-hand man, and told him, "Everything that belonged to Saul and his family, I've handed over to your master's grandson. You and your sons and your servants will work his land and bring in the produce, provisions for your master's grandson. Mephibosheth himself, your master's grandson, from now on will take all his meals at my table." Ziba had fifteen sons and twenty servants.
11-12 "All that my master the king has ordered his servant," answered Ziba, "your servant will surely do." And Mephibosheth ate at David's table, just like one of the royal family. Mephibosheth also had a small son named Mica. All who were part of Ziba's household were now the servants of Mephibosheth.
13 Mephibosheth lived in Jerusalem, taking all his meals at the king's table. He was lame in both feet.

10 1-2 Sometime after this, the king of the Ammonites died and Hanun, his son, succeeded him as king. David said, "I'd like to show

왕이 되었다. 이에 다윗은 "나하스의 아들 하눈에게 친절을 베풀고 싶구나. 그의 아버지가 내게 한 것처럼 나도 그를 잘 대해 주고 싶다" 고 하면서, 하눈의 아버지 일을 위로하기 위해 조문단을 보냈다.

2-3 그러나 다윗의 신하들이 암몬 사람의 땅에 이르자, 암몬 사람의 지도자들이 자신들의 대표인 하눈에게 경고했다. "왕께서는 다윗이 왕의 아버지를 공경해서 이렇게 조문단을 보낸 줄 아십니까? 그가 왕께 조문단을 보낸 것은 이 성을 정탐하여 살펴보기 위함이 아니겠습니까?"

4 그래서 하눈은 다윗의 신하들을 잡아 그들의 수염 절반을 깎고, 옷을 엉덩이 절반 높이까지 자른 다음 돌려보냈다.

5 이 모든 일이 다윗에게 전해졌다. 그들이 심한 모욕을 당했으므로, 다윗은 사람을 보내어 그들을 맞이하게 했다. 왕은 "그대들의 수염이 자랄 때까지 여리고에 있다가 그 후에 돌아오시오" 하고 말했다.

6 암몬 사람은 자신들이 다윗의 미움을 사게 된 줄을 깨닫고 벧르홉과 소바에서 아람 보병 이만 명, 마아가 왕에게서 천 명, 돕에서 만이천 명을 고용했다.

7 이 소식을 들은 다윗은 그의 가장 강한 용사들을 요압에게 맡겨 출정시켰다.

8-12 암몬 사람이 나와서 성문 앞에 전투대형으로 진을 쳤고, 소바와 르홉에서 온 아람 사람과 돕 사람과 마아가 사람은 바깥 넓은 들판에 전열을 갖추었다. 요압은 싸워야 할 전선이 앞뒤로 있는 것을 보고, 이스라엘의 정예군 중에서 다시 최정예군을 뽑아 아람 사람과 맞서게 배치했다. 나머지 군대는 그의 동생 아비새의 지휘 아래 두어 암몬 사람과 맞서게 배치했다. 그가 말했다. "아람 사람이 나보다 힘이 세면, 네가 와서 나를 도와라. 암몬 사람이 너보다 힘이 세면 내가 가서 너를 돕겠다. 용기를 내어라! 우리는 우리 백성과 우리 하나님의 성읍을 위해 온 힘을 다해 싸울 것이다. 무엇이든 필요하다면 하나님께서 친히 행하실 것이다!"

13-14 *그런데 요압과 그의 군사들이 아람 사람*과 싸우려고 쳐들어가자, 그들이 모두 후퇴하여 도망쳤다. 아람 사람이 목숨을 건지기 위해 도망치는 것을 본 암몬 사람도, 아비새를 피해 도망쳐 성 안으로 들어갔다.

some kindness to Hanun, the son of Nahash—treat him as well and as kindly as his father treated me." So David sent Hanun condolences regarding his father.

2-3 But when David's servants got to the land of the Ammonites, the Ammonite leaders warned Hanun, their head delegate, "Do you for a minute suppose that David is honoring your father by sending you comforters? Don't you think it's because he wants to snoop around the city and size it up that David has sent his emissaries to you?"

4 So Hanun seized David's men, shaved off half their beards, cut off their robes halfway up their buttocks, and sent them packing.

5 When all this was reported to David, he sent someone to meet them, for they were seriously humiliated. The king told them, "Stay in Jericho until your beards grow out. Only then come back."

6 When it dawned on the Ammonites that as far as David was concerned they stunk to high heaven, they hired Aramean soldiers from Beth-Rehob and Zobah—twenty thousand infantry—and a thousand men from the king of Maacah, and twelve thousand men from Tob.

7 When David heard of this, he dispatched Joab with his strongest fighters in full force.

8-12 The Ammonites marched out and arranged themselves in battle formation at the city gate. The Arameans of Zobah and Rehob and the men of Tob and Maacah took up a position out in the open fields. When Joab saw that he had two fronts to fight, before and behind, he took his pick of the best of Israel and deployed them to confront the Arameans. The rest of the army he put under the command of Abishai, his brother, and deployed them to confront the Ammonites. Then he said, "If the Arameans are too much for me, you help me. And if the Ammonites prove too much for you, I'll come and help you. Courage! We'll fight with might and main for our people and for the cities of our God. And GOD will do whatever he sees needs doing!"

13-14 But when Joab and his soldiers moved in to fight the Arameans, they ran off in full retreat. Then the Ammonites, seeing the Arameans run for dear life, took to their heels from Abishai and went into the

그러자 요압은 암몬 사람과의 싸움을 멈추고 예루살렘으로 돌아왔다.

15-17 아람 사람은 이스라엘에게 처참히 패한 것을 알고, 사태를 수습하고 나서 전열을 재정비했다. 하닷에셀은 사람을 보내 요단 강 건너편에 있는 아람 사람을 불렀다. 그들은 헬람으로 왔고, 하닷에셀의 군사령관 소박의 지휘 아래 움직였다. 이 모든 일이 다윗에게 보고되었다.

17-19 다윗은 이스라엘 군대를 소집하여 요단 강을 건너 헬람으로 진군했다. 아람 사람은 다윗과 맞설 태세로 전투대형을 취했고, 이내 전투가 시작되었다. 그러나 그들은 이번에도 이스라엘 앞에서 흩어져 도망쳤다. 다윗은 전차병 칠백 명과 기병 사만 명을 죽였다. 또한 군사령관 소박에게 치명상을 입혀, 결국 소박은 전쟁터에서 죽었다. 하닷에셀을 섬기던 모든 왕이 자신들의 패배를 인정하고, 이스라엘과 화친하여 이스라엘을 섬겼다. 아람 사람은 이스라엘이 두려워 다시는 암몬 사람을 돕지 않았다.

다윗의 범죄

11 [1] 다음 해 암몬 사람이 침략해 오는 시기가 다시 돌아오자, 다윗은 그들을 아주 멸하려고 요압과 이스라엘의 용사들을 모두 출정시켰다. 그들은 랍바를 포위 공격했다. 그러나 다윗은 예루살렘에 남아 있었다.

2-5 어느 느지막한 오후, 다윗이 낮잠을 자고 일어나 왕궁 옥상을 거닐고 있었다. 시야가 트인 옥상에서 보니 한 여인이 목욕을 하고 있는 모습이 눈에 들어왔다. 여인은 눈부시게 아름다웠다. 다윗이 사람을 보내 그 여인에 대해 알아보게 했더니, 그가 “이 사람은 엘리암의 딸이자 헷 사람 우리아의 아내인 밧세바입니다”라고 보고했다. 다윗은 부하들을 보내 여인을 데려오게 했다. 밧세바가 도착하자 다윗은 그 여인과 동침했다(이 일은 그녀의 월경 이후 ‘정결예식’ 기간 중에 일어났다). 밧세바가 자기 집으로 돌아갔다. 얼마 후에 여인은 자기가 임신한 것을 알았다.

나중에 그 여인은 “제가 임신했습니다” 하고 다윗에게 말을 전했다.

6 그러자 다윗은 요압에게 연락을 취했다. “헷 사람 우리아를 내게 보내시오.” 요압이 우리아

city.

So Joab left off fighting the Ammonites and returned to Jerusalem.

15-17 When the Arameans saw how badly they'd been beaten by Israel, they picked up the pieces and regrouped. Hadadezer sent for the Arameans who were across the River. They came to Helam. Shobach, commander of Hadadezer's army, led them. All this was reported to David.

17-19 So David mustered Israel, crossed the Jordan, and came to Helam. The Arameans went into battle formation, ready for David, and the fight was on. But the Arameans again scattered before Israel. David killed seven hundred chariot drivers and forty thousand cavalry. And he mortally wounded Shobach, the army commander, who died on the battlefield. When all the kings who were vassals of Hadadezer saw that they had been routed by Israel, they made peace and became Israel's vassals. The Arameans were afraid to help the Ammonites ever again.

David's Sin and Sorrow

11 [1] When that time of year came around again, the anniversary of the Ammonite aggression, David dispatched Joab and his fighting men of Israel in full force to destroy the Ammonites for good. They laid siege to Rabbah, but David stayed in Jerusalem.

2-5 One late afternoon, David got up from taking his nap and was strolling on the roof of the palace. From his vantage point on the roof he saw a woman bathing. The woman was stunningly beautiful. David sent to ask about her, and was told, “Isn't this Bathsheba, daughter of Eliam and wife of Uriah the Hittite?” David sent his agents to get her. After she arrived, he went to bed with her. (This occurred during the time of “purification” following her period.) Then she returned home. Before long she realized she was pregnant.

Later she sent word to David: “I'm pregnant.”

6 David then got in touch with Joab: “Send Uriah the Hittite to me.” Joab sent him.

7-8 When he arrived, David asked him for news from the front—how things were going with Joab and

를 보냈다.
7-8 우리아가 도착하자, 다윗은 요압과 군대와 전쟁 상황이 어떠한지 전선의 소식을 물었다. 그러고 나서 우리아에게 "집에 가서 목욕을 하고 하룻밤 푹 쉬어라" 하고 말했다.
8-9 우리아가 왕궁을 나가자, 왕의 정보원이 그의 뒤를 따라갔다. 그러나 우리아는 집으로 가지 않았다. 그날 밤 그는 왕의 신하들과 함께 왕궁 입구에서 잤다.
10 다윗은 우리아가 집에 가지 않았다는 말을 들었다. 그는 우리아에게 물었다. "너는 고단한 여정에서 이제 막 돌아오지 않았느냐? 그런데 왜 집에 가지 않았느냐?"
11 우리아가 다윗에게 대답했다. "궤가 이스라엘과 유다의 군사들과 함께 바깥 장막 안에 있고, 저의 주인인 요압과 부하들이 바깥 들판에서 고생하고 있습니다. 그런데 제가 어떻게 집에 가서 먹고 마시고 아내와 즐길 수 있겠습니까? 도저히 그럴 수는 없습니다!"
12-13 다윗이 말했다. "알겠다. 좋을 대로 하여라. 오늘은 여기 있어라. 내일 내가 너를 보내겠다." 그래서 우리아는 그날 예루살렘에 머물렀다.
이튿날 다윗은 그를 초대하여 함께 먹고 마셔 그를 취하게 했다. 그러나 우리아는 그날 저녁에도 나가서 자기 주인의 부하들과 함께 잤다. 그는 집으로 가지 않았다.
14-15 이튿날 아침에 다윗은 요압에게 편지를 써서 우리아 편에 보냈다. 그는 편지에 이렇게 썼다. "우리아를 싸움이 가장 맹렬한 최전선에 두시오. 그를 적에게 노출된 상태로 두고 후퇴하여, 절대 살아남지 못하게 하시오."
16-17 요압은 적의 성을 포위하고 있다가 우리아를 맹렬한 적의 군사들이 있는 지점으로 보냈다. 성을 방어하던 자들이 나와서 요압과 싸우니, 다윗의 군사 몇이 목숨을 잃었고 헷 사람 우리아도 죽었다.
18-21 요압은 다윗에게 상세한 전황 보고를 보냈다. 그는 전령에게 이렇게 지시했다. "왕께 전황 보고를 자세히 올린 뒤에 왕께서 화를 내시면, '왕의 신하 헷 사람 우리아도 죽었습니다' 하고 아뢰어라."
22-24 요압의 전령은 예루살렘에 이르러 왕에게 상세하게 보고했다. "적의 군대가 우리보다 더 강했습니다. 그들이 넓은 들판 쪽으로 진격해 오기에 우리는 그들을 성문으로 밀어붙였습니다. 그런데

the troops and with the fighting. Then he said to Uriah, "Go home. Have a refreshing bath and a good night's rest."
8-9 After Uriah left the palace, an informant of the king was sent after him. But Uriah didn't go home. He slept that night at the palace entrance, along with the king's servants.
10 David was told that Uriah had not gone home. He asked Uriah, "Didn't you just come off a hard trip? So why didn't you go home?"
11 Uriah replied to David, "The Chest is out there with the fighting men of Israel and Judah—in tents. My master Joab and his servants are roughing it out in the fields. So, how can I go home and eat and drink and enjoy my wife? On your life, I'll not do it!"
12-13 "All right," said David, "have it your way. Stay for the day and I'll send you back tomorrow." So Uriah stayed in Jerusalem the rest of the day.
The next day David invited him to eat and drink with him, and David got him drunk. But in the evening Uriah again went out and slept with his master's servants. He didn't go home.
14-15 In the morning David wrote a letter to Joab and sent it with Uriah. In the letter he wrote, "Put Uriah in the front lines where the fighting is the fiercest. Then pull back and leave him exposed so that he's sure to be killed."
16-17 So Joab, holding the city under siege, put Uriah in a place where he knew there were fierce enemy fighters. When the city's defenders came out to fight Joab, some of David's soldiers were killed, including Uriah the Hittite.
18-21 Joab sent David a full report on the battle. He instructed the messenger, "After you have given to the king a detailed report on the battle, if he flares in anger, say, 'And by the way, your servant Uriah the Hittite is dead.'"
22-24 Joab's messenger arrived in Jerusalem and gave the king a full report. He said, "The enemy was too much for us. They advanced on us in the open field, and we pushed them back to the city gate. But then arrows came hot and heavy on us from the city wall, and eighteen of the king's soldiers died."

성벽 위에서 우리 쪽으로 화살이 맹렬히 날아오는 과정에서 왕의 군사 열여덟 명이 죽었습니다."

25 전령이 전황 보고를 마치자, 다윗은 요압에게 화가 났다. 그는 전령에게 분통을 터뜨렸다. "너희가 어찌하여 성에 그렇게 가까이 다가갔느냐? 성벽 위에서 공격이 있을 줄 몰랐느냐? 여룹베셋의 아들 아비멜렉이 어떻게 죽었는지 너희가 잊었느냐? 데벳스의 성벽 위에서 맷돌을 떨어뜨려 그를 바스러뜨린 것이 한 여인이 아니었더냐? 그런데도 너희가 어찌하여 성벽에 바짝 다가갔느냐!"

요압의 전령이 말했다. "왕의 신하 헷 사람 우리아도 죽었습니다."

그러자 다윗은 전령에게 말했다. "알았다. 요압에게 이렇게 전하고 격려해 주어라. '그대는 이 일로 고민하지 마시오. 전쟁에서는 이 사람이 죽기도 하고 저 사람이 죽기도 하는 법이니, 누가 다음 차례인지 알 수 없소. 더욱 맹렬히 공격해서 그 성을 함락시키시오.'"

26-27 우리아의 아내는 남편이 죽었다는 소식을 듣고 그를 위해 슬피 울었다. 애도 기간이 끝나자, 다윗은 사람을 보내 그녀를 왕궁으로 데려오게 했다. 그녀는 다윗의 아내가 되어 그의 아들을 낳았다.

나단의 책망과 다윗의 회개

12 27-3 그러나 하나님께서는 다윗이 한 일을 조금도 기뻐하지 않으셨다. 하나님께서 다윗에게 나단을 보내셨다. 나단이 그에게 말했다. "한 성읍에 두 사람이 있었는데, 한 사람은 부유하고 다른 사람은 가난했습니다. 부자는 양 떼와 소 떼가 아주 많았으나, 가난한 사람은 자기가 사서 기른 새끼 암양 한 마리밖에 없었습니다. 그 양은 그와 그의 자녀들과 함께 한가족처럼 자랐습니다. 양은 그의 접시에서 먹고 그의 잔에서 마시며 그의 침대에서 잤습니다. 그에게는 딸과 같은 존재였습니다.

4 하루는 한 나그네가 부자의 집에 찾아왔습니다. 그런데 부자는 자기 소 떼나 양 떼 중에서 짐승을 잡아 손님의 식사를 차리고 싶지 않았습니다. 너무나 인색한 사람이었던 그는 가난한 사람의 암양을 빼앗아 식사를 차려 손님 앞에 내놓았습니다."

5-6 다윗은 크게 화를 내며 나단에게 말했다. "하나님께서 참으로 살아 계심을 두고 맹세하는데, 그런 일을 한 사람은 마땅히 죽어야 할 것입니다! 죄를 짓고 인색하게 굴었으니 그 양을 네 배로 갚아야 합니다!"

25 When the messenger completed his report of the battle, David got angry at Joab. He vented it on the messenger: "Why did you get so close to the city? Didn't you know you'd be attacked from the wall? Didn't you remember how Abimelech son of Jerub-Besheth got killed? Wasn't it a woman who dropped a millstone on him from the wall and crushed him at Thebez? Why did you go close to the wall!"

"By the way," said Joab's messenger, "your servant Uriah the Hittite is dead."

Then David told the messenger, "Oh. I see. Tell Joab, 'Don't trouble yourself over this. War kills—sometimes one, sometimes another—you never know who's next. Redouble your assault on the city and destroy it.' Encourage Joab."

26-27 When Uriah's wife heard that her husband was dead, she grieved for her husband. When the time of mourning was over, David sent someone to bring her to his house. She became his wife and bore him a son.

12 27-3 But GOD was not at all pleased with what David had done, and sent Nathan to David. Nathan said to him, "There were two men in the same city—one rich, the other poor. The rich man had huge flocks of sheep, herds of cattle. The poor man had nothing but one little female lamb, which he had bought and raised. It grew up with him and his children as a member of the family. It ate off his plate and drank from his cup and slept on his bed. It was like a daughter to him.

4 "One day a traveler dropped in on the rich man. He was too stingy to take an animal from his own herds or flocks to make a meal for his visitor, so he took the poor man's lamb and prepared a meal to set before his guest."

5-6 David exploded in anger. "As surely as GOD lives," he said to Nathan, "the man who did this ought to be lynched! He must repay for the lamb four times over for his crime and his stinginess!"

7-12 "You're the man!" said Nathan. "And here's what GOD, the God of Israel, has to say to you: I

7-12 "왕이 바로 그 사람입니다!" 나단이 말했다. "하나님 이스라엘의 하나님께서 왕에게 말씀하십니다. '내가 너를 이스라엘의 왕으로 삼았다. 내가 너를 사울의 손아귀에서 벗어나게 했다. 내가 네게 네 주인의 딸과 아내들을 주어 소유하고 품게 했다. 내가 네게 이스라엘과 유다도 주었다. 그것으로 부족했다면, 내가 기꺼이 더 주었을 것이다. 그런데 네가 어찌하여 하나님의 말씀을 업신여기고 이 큰 악을 행하였느냐? 너는 헷 사람 우리아를 죽이고 그의 아내를 빼앗아 네 아내로 삼았다. 더구나 너는 그를 암몬 사람의 칼로 죽였다! 네가 이렇게 하나님을 업신여기고 헷 사람 우리아의 아내를 빼앗았으니, 이제 살인과 살육이 두고두고 네 집안을 괴롭힐 것이다. 나 하나님이 하는 말을 명심하여라! 내가 바로 네 집안의 일로 너를 괴롭게 할 것이다. 네가 보는 앞에서 네 아내들을 빼앗아 너와 가까운 사람에게 주겠고, 그는 공공연하게 그들과 잠자리를 같이할 것이다. 너는 은밀하게 했지만, 나는 온 나라가 지켜보는 가운데 이 일을 행할 것이다!'"

13-14 그러자 다윗이 나단에게 고백했다. "내가 하나님께 죄를 지었습니다."

나단이 단언했다. "예, 그러나 이것이 최종 선고는 아닙니다. 하나님께서 왕의 죄를 용서하십니다. 왕께서는 이번 일로 죽지 않을 것입니다. 그러나 왕이 낳은 아들은 하나님을 모독한 왕의 행동 때문에 죽을 것입니다."

15-18 나단이 집으로 돌아간 뒤에, 하나님께서 우리아의 아내가 다윗에게 낳아 준 아이를 앓게 하셔서, 아이가 병이 들었다. 다윗은 어린 아들을 위해 하나님께 간절히 기도했다. 그는 금식하면서 밖에 나가지도 않은 채 잠도 바닥에서 잤다. 집안의 어른들이 와서 바닥에 앉은 그를 일으키려 했으나, 그는 꿈쩍도 하지 않았다. 또한 그들은 그에게 아무것도 먹일 수 없었다. 칠 일째 되던 날에 아이가 죽었다. 다윗의 신하들은 "이제 우리가 어찌하면 좋겠소? 아이가 살아 있을 때도 왕은 우리 말을 한 마디도 들으려 하지 않으셨는데, 이제 아이가 죽었으니 그 말을 전하면 왕이 어찌하시겠소" 하고 말했다.

19 *다윗은 신하들이 자기 등 뒤에서 수군거리는 것을 보고 아이가 죽은 것을 알아차렸다.*

그가 신하들에게 물었다. "아이가 죽었소?"

그들이 대답했다. "그렇습니다."

20 다윗은 바닥에서 일어나 얼굴을 씻고 머리를 빗

made you king over Israel. I freed you from the fist of Saul. I gave you your master's daughter and other wives to have and to hold. I gave you both Israel and Judah. And if that hadn't been enough, I'd have gladly thrown in much more. So why have you treated the word of GOD with brazen contempt, doing this great evil? You murdered Uriah the Hittite, then took his wife as your wife. Worse, you killed him with an Ammonite sword! And now, because you treated God with such contempt and took Uriah the Hittite's wife as your wife, killing and murder will continually plague your family. This is GOD speaking, remember! I'll make trouble for you out of your own family. I'll take your wives from right out in front of you. I'll give them to some neighbor, and he'll go to bed with them openly. You did your deed in secret; I'm doing mine with the whole country watching!"

13-14 Then David confessed to Nathan, "I've sinned against GOD."

Nathan pronounced, "Yes, but that's not the last word. GOD forgives your sin. You won't die for it. But because of your blasphemous behavior, the son born to you will die."

15-18 After Nathan went home, GOD afflicted the child that Uriah's wife bore to David, and he came down sick. David prayed desperately to God for the little boy. He fasted, wouldn't go out, and slept on the floor. The elders in his family came in and tried to get him off the floor, but he wouldn't budge. Nor could they get him to eat anything. On the seventh day the child died. David's servants were afraid to tell him. They said, "What do we do now? While the child was living he wouldn't listen to a word we said. Now, with the child dead, if we speak to him there's no telling what he'll do."

19 David noticed that the servants were whispering behind his back, and realized that the boy must have died.

He asked the servants, "Is the boy dead?"

"Yes," they answered. "He's dead."

20 David got up from the floor, washed his face and combed his hair, put on a fresh change of clothes, then went into the sanctuary and worshiped. Then he came home and asked for

고 옷을 새로 갈아입은 뒤에 성전에 들어가서 예배했다. 그리고 왕궁에 와서 먹을 것을 차리게 했다. 그들이 음식을 차려 놓자 그가 먹었다.
21 신하들이 그에게 물었다. "어찌 된 일입니까? 아이가 살아 있을 동안에는 금식하고 울며 밤을 지새우시다가, 아이가 죽고 난 지금은 일어나셔서 드시니 말입니다."
22-23 다윗이 말했다. "아이가 살아 있을 동안에는 하나님께서 내게 자비를 베푸셔서 아이가 살게 될까 하여 금식하며 울었소. 하지만 이제 아이가 죽었으니 무엇 때문에 금식을 하겠소? 내가 아이를 다시 데려올 수 있겠소? 내가 그 아이에게 갈 수는 있어도, 아이가 내게 올 수는 없소."
24-25 다윗은 가서 아내 밧세바를 위로했다. 그녀와 잠자리를 같이하니, 그녀가 아들을 임신했다. 아이가 태어나자 그 이름을 솔로몬이라고 했다. 하나님께서 그를 특별히 사랑하셔서 예언자 나단을 통해 말씀을 주셨는데, 하나님께서 그의 이름을 여디디야(하나님의 사랑받는 자)라고 하기 원하신다는 말씀이었다.

26-30 랍바에서 암몬 사람과 전쟁중이던 요압은 암몬 왕의 도성을 점령했다. 그는 다윗에게 전령을 보내 말했다. "제가 랍바에서 싸워, 방금 성의 급수 시설을 점령했습니다. 왕께서는 급히 남은 군대를 소집하여 이 성에 진을 치고 직접 마무리하십시오. 그렇지 않으면 제가 성을 점령하여 왕 대신 모든 공로를 취하게 될 것입니다." 그래서 다윗은 군대를 모아 랍바로 가서 싸우고 그곳을 점령했다. 다윗이 암몬 왕의 머리에서 왕관을 벗겼는데, 금관에 보석이 박혀 있어 아주 무거웠다. 다윗이 그 관을 들어 머리에 썼다. 그들은 그 성을 약탈하여 엄청난 양의 전리품을 가져왔다.
31 다윗은 그곳 백성을 성에서 다 내보내고 종처럼 톱질과 곡괭이질, 도끼질과 벽돌을 굽는 일을 시켰다. 그는 암몬 사람의 모든 성읍에서 그와 같이 행했다. 그러고 나서 다윗과 군대는 예루살렘으로 돌아왔다.

암논과 다말

13 1-4 그 후에 이런 일이 있었다. 다윗의 아들 압살롬에게는 아주 매력적인 누이가 있었다. 그녀의 이름은 다말이었다. 다윗의 다른 아들인 암논이 다말을 사랑했다. 암논은 상

something to eat. They set it before him and he ate.
21 His servants asked him, "What's going on with you? While the child was alive you fasted and wept and stayed up all night. Now that he's dead, you get up and eat."
22-23 "While the child was alive," he said, "I fasted and wept, thinking GOD might have mercy on me and the child would live. But now that he's dead, why fast? Can I bring him back now? I can go to him, but he can't come to me."
24-25 David went and comforted his wife Bathsheba. And when he slept with her, they conceived a son. When he was born they named him Solomon. GOD had a special love for him and sent word by Nathan the prophet that GOD wanted him named Jedidiah (God's Beloved).

26-30 Joab, at war in Rabbah against the Ammonites, captured the royal city. He sent messengers to David saying, "I'm fighting at Rabbah, and I've just captured the city's water supply. Hurry and get the rest of the troops together and set up camp here at the city and complete the capture yourself. Otherwise, I'll capture it and get all the credit instead of you." So David marshaled all the troops, went to Rabbah, and fought and captured it. He took the crown from their king's head—very heavy with gold, and with a precious stone in it. It ended up on David's head. And they plundered the city, carrying off a great quantity of loot.
31 David emptied the city of its people and put them to slave labor using saws, picks, and axes, and making bricks. He did this to all the Ammonite cities. Then David and the whole army returned to Jerusalem.

13 1-4 Some time later, this happened: Absalom, David's son, had a sister who was very attractive. Her name was Tamar. Amnon, also David's son, was in love with her. Amnon was obsessed with his sister Tamar to

사병이 날 정도로 누이 다말에게 빠져 있었다. 다말이 처녀였으므로, 암논은 그녀를 자기 손에 넣을 방법을 찾을 수 없었다. 암논에게 요나답이라는 친한 친구가 있었는데, 그는 다윗의 형 시므아의 아들이었다. 요나답은 남달리 세상 물정에 밝았다. 그가 암논에게 말했다. "왕자께서 어찌 날마다 이렇게 침울해 계십니까? 무엇 때문에 속을 태우고 계신지 나에게 말씀해 보십시오."

암논이 말했다. "내 동생 압살롬의 누이인 다말 때문이라네. 내가 다말을 사랑한다네."

5 요나답이 말했다. "이렇게 하시면 됩니다. 자리에 누워서 병이 난 척하십시오. 왕께서 왕자님을 보러 오시거든 '제 누이 다말이 와서 제 앞에서 저녁을 차리고, 제게 먹이도록 해주십시오' 하고 말씀드리십시오."

6 그리하여 암논은 자리에 드러누워 앓는 척했다. 왕이 보러 오자 암논은 "청이 있습니다. 제 누이 다말이 와서 제 앞에서 영양가 있는 음식을 빚어, 제게 먹이도록 해주십시오" 하고 말했다.

7 다윗은 마침 집에 있던 다말에게 말을 전했다. "네 오라비 암논의 집으로 가서 그에게 식사를 차려 주거라."

8-9 다말이 오라버니 암논의 집으로 갔다. 다말은 그가 침상에서 지켜보는 가운데 밀가루를 반죽하여 음식을 빚어 구웠다. 다말이 그릇을 가져다가 암논 앞에 내놓았지만, 암논은 먹으려 하지 않았다.

9-11 암논이 "사람들을 집 밖으로 다 내보내라" 하고 말했다. 모두 나가자 그가 다말에게 말했다. "음식을 내 방으로 가져오너라. 거기서 우리끼리 먹자꾸나." 다말은 직접 준비한 영양가 있는 음식을 들고 방 안의 오라버니에게 갔다. 다말이 먹여 주려고 하자, 암논이 다말을 붙잡고 말했다. "누이야, 나와 함께 자자!"

12-13 "안됩니다, 오라버니!" 다말이 말했다. "나에게 욕을 보이지 마십시오! 이런 일은 이스라엘에서 있을 수 없는 일입니다! 이 끔찍한 짓을 하지 마세요! 그렇게 되면 내가 어떻게 낯을 들고 다닐 수 있겠습니까? 오라버니도 길거리로 쫓겨나 망신을 당하게 될 거예요. 제발! 왕께 말씀드리세요. 그러면 나와 결혼하게 해주실 겁니다."

14 그러나 암논은 들으려 하지 않았다. 그는 다말보다 훨씬 힘이 셌으므로 억지로 그녀를 욕보였다.

the point of making himself sick over her. She was a virgin, so he couldn't see how he could get his hands on her. Amnon had a good friend, Jonadab, the son of David's brother Shimeah. Jonadab was exceptionally streetwise. He said to Amnon, "Why are you moping around like this, day after day—you, the son of the king! Tell me what's eating at you."

"In a word, Tamar," said Amnon. "My brother Absalom's sister. I'm in love with her."

5 "Here's what you do," said Jonadab. "Go to bed and pretend you're sick. When your father comes to visit you, say, 'Have my sister Tamar come and prepare some supper for me here where I can watch her and she can feed me.'"

6 So Amnon took to his bed and acted sick. When the king came to visit, Amnon said, "Would you do me a favor? Have my sister Tamar come and make some nourishing dumplings here where I can watch her and be fed by her."

7 David sent word to Tamar who was home at the time: "Go to the house of your brother Amnon and prepare a meal for him."

8-9 So Tamar went to her brother Amnon's house. She took dough, kneaded it, formed it into dumplings, and cooked them while he watched from his bed. But when she took the cooking pot and served him, he wouldn't eat.

9-11 Amnon said, "Clear everyone out of the house," and they all cleared out. Then he said to Tamar, "Bring the food into my bedroom, where we can eat in privacy." She took the nourishing dumplings she had prepared and brought them to her brother Amnon in his bedroom. But when she got ready to feed him, he grabbed her and said, "Come to bed with me, sister!"

12-13 "No, brother!" she said, "Don't hurt me! This kind of thing isn't done in Israel! Don't do this terrible thing! Where could I ever show my face? And you—you'll be out on the street in disgrace. Oh, please! Speak to the king—he'll let you marry me."

14 But he wouldn't listen. Being much stronger than she, he raped her.

15 No sooner had Amnon raped her than he hated her—an immense hatred. The hatred that he felt for her was greater than the love he'd had for her. "Get

15 그녀를 욕보이자마자, 암논은 그녀가 몹시도
미워졌다. 이제 그녀를 미워하는 마음이 그녀를
사랑했던 마음보다 훨씬 더 강했다. 암논이 말
했다. "당장 일어나, 꺼져 버려!"
16-18 "이러면 안됩니다, 오라버니." 다말이 말했
다. "제발! 이것은 오라버니가 방금 나에게 행한
것보다 더 못된 짓입니다!"
암논은 다말의 말을 들으려 하지 않았다. 그는
시종을 불렀다. "이 여자를 내 앞에서 내쫓고 문
을 걸어 잠가라!" 시종은 그녀를 내쫓고 문을 걸
어 잠갔다.
18-19 다말은 소매가 긴 웃옷을 입고 있었다(결혼
하지 않은 공주들은 사춘기에 들어서면서부터
그렇게 했다). 다말은 자기 머리에 재를 뿌리고
소매가 긴 웃옷을 찢고 두 손으로 머리를 감싸
쥔 채 흐느껴 울면서 나갔다.
20 다말의 오라버니 압살롬이 그녀에게 말했다.
"네 오라버니 암논이 너를 가지고 놀았느냐? 내
사랑하는 누이야, 집안 문제니 일단 조용히 있
자. 어쨌든 그도 네 오라버니 아니냐. 이 일로 너
무 힘들어하지 마라." 다말은 괴롭고 쓸쓸하게
오라버니 압살롬의 집에서 살았다.
21-22 다윗 왕은 이 모든 이야기를 듣고 격분했으
나 암논을 징계하지 않았다. 그가 맏아들이었으
므로 다윗은 그를 아꼈다. 압살롬은 누이 다말
을 욕보인 암논을 미워하여, 그와 말도 하지 않
고 지냈다. 좋은 말이든 나쁜 말이든 한 마디도
하지 않았다.
23-24 그로부터 이 년이 지났다. 하루는 압살롬이
에브라임 근처의 바알하솔에서 양털을 깎는 잔
치를 벌이고 왕의 아들들을 모두 초대했다. 그
는 왕에게도 찾아가서 초대했다. "보십시오. 제
가 양털을 깎는 잔치를 벌이는데 오셨으면 좋겠
습니다. 신하들도 데리고 오십시오."
25 그러나 왕은 말했다. "아니다, 아들아. 이번에
온 집안이 가지 않겠다. 우리가 네게 짐만 될 것
이다." 압살롬이 강권했으나, 다윗은 뜻을 바꾸
지 않았다. 대신 압살롬을 축복해 주었다.
26-27 그러자 압살롬은 "왕께서 오시지 않으면 형
암논이라도 오게 해주십시오" 하고 말했다.
왕이 말했다. "그가 그 자리에 가야 할 까닭이
무엇이냐?" 하지만 압살롬이 하도 고집해서, 왕
은 뜻을 굽히고 암논과 왕의 나머지 모든 아들을
보냈다.
28 압살롬은 왕에게 어울리는 연회를 준비했다.

up," he said, "and get out!"
16-18 "Oh no, brother," she said. "Please! This is an
even worse evil than what you just did to me!"
But he wouldn't listen to her. He called for his
valet. "Get rid of this woman. Get her out of my
sight! And lock the door after her." The valet threw
her out and locked the door behind her.
18-19 She was wearing a long-sleeved gown. (That's
how virgin princesses used to dress from early
adolescence on.) Tamar poured ashes on her head,
then she ripped the long-sleeved gown, held her
head in her hands, and walked away, sobbing as
she went.
20 Her brother Absalom said to her, "Has your
brother Amnon had his way with you? Now, my
dear sister, let's keep it quiet–a family matter. He
is, after all, your brother. Don't take this so hard."
Tamar lived in her brother Absalom's home, bitter
and desolate.
21-22 King David heard the whole story and was
enraged, but he didn't discipline Amnon. David
doted on him because he was his firstborn.
Absalom quit speaking to Amnon–not a word,
whether good or bad–because he hated him for
violating his sister Tamar.
23-24 Two years went by. One day Absalom threw a
sheep-shearing party in Baal Hazor in the vicinity
of Ephraim and invited all the king's sons. He also
went to the king and invited him. "Look, I'm throw-
ing a sheep-shearing party. Come, and bring your
servants."
25 But the king said, "No, son–not this time, and
not the whole household. We'd just be a burden to
you." Absalom pushed, but David wouldn't budge.
But he did give him his blessing.
26-27 Then Absalom said, "Well, if you won't come,
at least let my brother Amnon come."
"And why," said the king, "should he go with you?"
But Absalom was so insistent that he gave in and
let Amnon and all the rest of the king's sons go.
28 Absalom prepared a banquet fit for a king. Then
he instructed his servants, "Look sharp, now. When
Amnon is well into the sauce and feeling no pain,
and I give the order 'Strike Amnon,' kill him. And
don't be afraid–I'm the one giving the command.

그리고 부하들에게 지시했다. "잘 들어라. 암논이 술을 마시고 잔뜩 취했을 때 내가 '암논을 치라'는 명령을 내릴 것이다. 그러면 너희는 그를 죽여라. 내가 내리는 명령이니 두려워할 것 없다. 용기를 내어라! 너희는 할 수 있다!"

29-31 압살롬의 부하들은 주인이 지시한 대로 암논을 죽였다. 그러자 왕의 아들들은 정신없이 그 자리를 빠져나가 노새에 올라타고 달아났다. 그들이 달아나고 있는 동안에, "압살롬이 방금 왕의 아들들을 하나도 남김없이 다 죽였다!"는 소식이 왕에게 들어갔다. 왕은 일어나서 옷을 갈기갈기 잡아 찢고 바닥에 엎드렸다. 주변에 서 있던 모든 신하도 그와 같이 했다.

32-33 그때 왕의 형 시므아의 아들 요나답이 나섰다. "왕의 젊은 아들들이 다 죽은 것으로 생각하지 마십시오. 암논 한 사람만 죽었습니다. 이런 일이 벌어진 것은 암논이 압살롬의 누이 다말을 욕보인 일로 압살롬이 분개했기 때문입니다. 그러니 왕께서는 아들들이 다 죽은 것으로 생각하여 사태를 악화시키시면 안됩니다. 오직 암논만 죽었습니다."

34 그 사이에 압살롬이 도망쳐 버렸다.

그때 근무중이던 초병이 눈을 들어 보니, 산자락을 따라 호로나임에서 오는 길에 먼지 구름이 일었다. 초병이 와서 왕에게 아뢰었다. "한 무리의 사람들이 산모퉁이를 돌아 호로나임 길로 오고 있습니다."

35-37 그러자 요나답이 왕에게 소리쳤다. "보십시오! 제가 말씀드린 대로 왕의 아들들이 오고 있습니다!" 그가 말을 마치자마자 왕의 아들들이 큰소리로 울며 들이닥쳤다! 왕과 모든 신하도 함께 눈물을 흘리며 큰소리로 울었다. 다윗은 암논의 죽음을 오래도록 슬퍼했다.

37-39 도망친 압살롬은 그술 왕 암미훌의 아들 달매에게 갔다. 그는 삼 년을 그곳에 머물렀다. 마침내 왕은 압살롬을 벌하려던 생각을 포기했다. 체념하고 암논의 죽음을 받아들였던 것이다.

14

1-3 스루야의 아들 요압은, 왕이 속으로는 압살롬을 걱정하고 있다는 것을 알았다. 그래서 드고아로 사람을 보내어 그곳에 사는 한 지혜로운 여인을 불러 지시했다. "너는 상중인 척하여, 검은 옷을 입고 머리를 빗지 말고, 사

Courage! You can do it!"

29-31 Absalom's servants did to Amnon exactly what their master ordered. All the king's sons got out as fast as they could, jumped on their mules, and rode off. While they were still on the road, a rumor came to the king: "Absalom just killed all the king's sons—not one is left!" The king stood up, ripped his clothes to shreds, and threw himself on the floor. All his servants who were standing around at the time did the same.

32-33 Just then, Jonadab, his brother Shimeah's son, stepped up. "My master must not think that all the young men, the king's sons, are dead. Only Amnon is dead. This happened because of Absalom's outrage since the day that Amnon violated his sister Tamar. So my master, the king, mustn't make things worse than they are, thinking that all your sons are dead. Only Amnon is dead."

34 Absalom fled.

Just then the sentry on duty looked up and saw a cloud of dust on the road from Horonaim alongside the mountain. He came and told the king, "I've just seen a bunch of men on the Horonaim road, coming around the mountain."

35-37 Then Jonadab exclaimed to the king, "See! It's the king's sons coming, just as I said!" He had no sooner said the words than the king's sons burst in—loud laments and weeping! The king joined in, along with all the servants—loud weeping, many tears. David mourned the death of his son a long time.

37-39 When Absalom fled, he went to Talmai son of Ammihud, king of Geshur. He was there three years. The king finally gave up trying to get back at Absalom. He had come to terms with Amnon's death.

14

1-3 Joab son of Zeruiah knew that the king, deep down, still cared for Absalom. So he sent to Tekoa for a wise woman who lived there and instructed her, "Pretend you are in mourning. Dress in black and don't comb your

량하는 사람을 보내고 오랫동안 슬퍼한 사람처럼 보이도록 하여라. 그 다음에 왕께 가서 이렇게 아뢰어라." 그러고 나서 요압은 그 여인이 할 말을 정확히 일러 주었다.
4 드고아 여인은 왕에게 가서 그 앞에 엎드려 절하고 경의를 표하며 말했다. "왕이시여, 도와주십시오!"
5-7 왕이 말했다. "어떻게 도와주면 되겠느냐?"
여인이 말했다. "저는 과부입니다. 남편은 죽고 두 아들만 남았습니다. 그 둘이 들판에서 싸움이 붙었는데, 끼어들어 말려 줄 사람이 주위에 아무도 없었습니다. 그래서 하나가 다른 하나를 쳐서 죽였습니다. 그러자 온 집안이 제게 달려들어 '살인자를 내놓아라. 그가 형제를 죽였으니 우리가 그 목숨 값으로 그를 죽이겠다!'고 요구했습니다. 그들은 상속자를 없애 제게 남은 생명의 작은 불씨마저 꺼뜨리려고 합니다. 그렇게 되면 이 땅에 제 남편의 흔적은 아무것도, 그야말로 이름조차도 남지 않게 됩니다.
15-17 그래서 이 모든 일로 감히 내 주인이신 왕께 나왔습니다. 그들이 제 삶을 비참하게 만드니, 저는 두렵습니다. 저는 마음속으로 이렇게 생각했습니다. '왕께 가야겠다. 왕이시라면 무슨 방법이 있으실 것이다! 왕께서 이 사정을 들으시면, 나와 내 아들과 하나님의 유산을 모조리 없애 버리려는 사람들의 횡포에서 나를 구해 주실 것이다!' 또한 이 종은 일찍이 '왕께서는 선악을 분별하시는 데 있어 하나님의 천사와 같은 분이시니, 이 일에 최종 판결을 내려 주실 것이다' 하고 생각했습니다. 하나님께서 왕과 함께하시기를 빕니다!"
8 왕이 말했다. "내가 이 일을 처리해 줄 테니, 집으로 가 있거라."
9 드고아 여인이 말했다. "무슨 일이 일어나든지 그 책임은 모두 제가 지겠습니다. 저는 왕과 왕의 명예에 누를 끼치고 싶지 않습니다."
10 왕이 말을 이었다. "지금까지 너를 괴롭히던 그 사람을 데려오너라. 더 이상 너를 괴롭게 하지 못하도록 내가 조치할 것이다."
11 여인이 말했다. "왕께서는 하나님의 이름으로 말씀하셔서, 자기 멋대로 정의를 실행하겠다는 이 자가 제 아들을 죽이는 것은 물론이요 그 어떤 것도 하지 못하게 해주십시오."
왕이 말했다. "하나님께서 참으로 살아 계심을 두고 맹세한다. 네 아들의 머리카락 하나도 잃지 않을 것이다."

hair, so you'll look like you've been grieving over a dead loved one for a long time. Then go to the king and tell him this..." Joab then told her exactly what to say.
4 The woman of Tekoa went to the king, bowed deeply before him in homage, and said, "O King, help!"
5-7 He said, "How can I help?"
"I'm a widow," she said. "My husband is dead. I had two sons. The two of them got into a fight out in the field and there was no one around to step between them. The one struck the other and killed him. Then the whole family ganged up against me and demanded, 'Hand over this murderer so we can kill him for the life of the brother he murdered!' They want to wipe out the heir and snuff out the one spark of life left to me. And then there would be nothing left of my husband—not so much as a name—on the face of the earth.
15-17 "So now I've dared come to the king, my master, about all this. They're making my life miserable, and I'm afraid. I said to myself, 'I'll go to the king. Maybe he'll do something! When the king hears what's going on, he'll step in and rescue me from the abuse of the man who would get rid of me and my son and God's inheritance—the works!' As your handmaid, I decided ahead of time, 'The word of my master, the king, will be the last word in this, for my master is like an angel of God in discerning good and evil.' GOD be with you!"
8 The king said, "Go home, and I'll take care of this for you."
9 "I'll take all responsibility for what happens," the woman of Tekoa said. "I don't want to compromise the king and his reputation."
10 "Bring the man who has been harassing you," the king continued. "I'll see to it that he doesn't bother you anymore."
11 "Let the king invoke the name of GOD," said the woman, "so this self-styled vigilante won't ruin everything, to say nothing of killing my son."
"As surely as GOD lives," he said, "not so much as a hair of your son's head will be lost."

12 그러자 여인이 물었다. "내 주인이신 왕께 한 가
지만 더 아뢰어도 되겠습니까?"
왕이 말했다. "말해 보아라."
13-14 여인이 말했다. "그렇다면 어찌하여 왕께서
는 하나님의 백성에게 바로 그 같은 일을 행하셨
습니까? 왕께서는 내쫓긴 아들을 집에 데려오지
않으시니, 방금 내리신 판결대로라면 자신에게 유
죄를 선고하신 셈입니다. 우리는 모두 언젠가는
죽습니다. 한번 땅에 쏟은 물은 다시 담을 수 없습
니다. 하지만 하나님께서는 생명을 빼앗지 않으십
니다. 그분은 기어이 방법을 내셔서 쫓겨난 자라
도 돌아오게 하십니다."
18 그러자 왕이 말했다. "내가 네게 하나 묻겠다.
진실하게 대답하여라."
여인이 말했다. "예, 내 주인이신 왕께서는 말씀하
십시오."
19-20 왕이 말했다. "이 일에 요압이 개입되었느냐?"
"내 주인인 왕이시여, 왕 앞에서는 오른쪽으로든
왼쪽으로든 피할 자가 하나도 없습니다! 그렇습니
다. 저에게 이 일을 시키고 이 모든 말을 일러 준
사람은 주인님의 신하 요압입니다. 요압은 이 모
든 일을 되돌리고 싶어 그렇게 한 것입니다. 그러
나 왕께서는 하나님의 천사처럼 지혜로우시니, 이
땅에서 일어난 일들을 어떻게 처리해야 할지 다
아실 것입니다."
21 왕이 요압에게 말했다. "좋소. 그대 뜻대로 하
겠소. 가서 어린 압살롬을 데려오시오."
22 요압은 공손히 엎드려 절하며 왕을 축복했다.
"왕께서 이 종의 권고를 받아 주시니, 제가 여전히
왕의 은총과 신임을 얻고 있음을 알겠습니다."
23-24 요압은 일어나 그술로 가서 압살롬을 예루살
렘으로 데려왔다. 왕이 말했다. "그가 자기 집으로
돌아가도 좋으나, 나를 대면하여 볼 수는 없다."
그래서 압살롬은 집으로 돌아갔다. 왕을 보는 일
은 허락되지 않았다.
25-27 압살롬은 준수한 외모로 인해 온 이스라엘에
서 사람들의 입에 수없이 오르내렸다! 그는 머리
끝에서 발끝까지 흠이 하나도 없었다! 머리숱이
아주 많아서 봄이면 늘 짧게 깎았는데, 머리를 깎
고 나면 머리털의 무게가 1킬로그램이 넘었다! 압
살롬은 아들 셋과 딸 하나를 낳았다. 딸은 이름이
다말인데, 아름다웠다.
28-31 압살롬은 이 년 동안 예루살렘에 살았으나,
한 번도 왕을 대면하여 보지 못했다. 그는 요압에
게 사람을 보내어 왕을 보게 해달라고 요청했지

12 Then she asked, "May I say one more thing to
my master, the king?"
He said, "Go ahead."
13-14 "Why, then," the woman said, "have you
done this very thing against God's people? In his
verdict, the king convicts himself by not bringing
home his exiled son. We all die sometime. Water
spilled on the ground can't be gathered up again.
But God does not take away life. He works out
ways to get the exile back."
18 The king then said, "I'm going to ask you
something. Answer me truthfully."
"Certainly," she said. "Let my master, the king,
speak."
19-20 The king said, "Is the hand of Joab mixed up
in this?"
"On your life, my master king, a body can't veer
an inch right or left and get by with it in the royal
presence! Yes, it was your servant Joab who put
me up to this, and put these very words in my
mouth. It was because he wanted to turn things
around that your servant Joab did this. But my
master is as wise as God's angels in knowing how
to handle things on this earth."
21 The king spoke to Joab. "All right, I'll do it. Go
and bring the young man Absalom back."
22 Joab bowed deeply in reverence and blessed
the king. "I'm reassured to know that I'm still in
your good graces and have your confidence, since
the king is taking the counsel of his servant."
23-24 Joab got up, went to Geshur, and brought
Absalom to Jerusalem. The king said, "He may
return to his house, but he is not to see me
face-to-face." So Absalom returned home, but
was not permitted to see the king.
25-27 This Absalom! There wasn't a man in all
Israel talked about so much for his handsome
good looks—and not a blemish on him from
head to toe! When he cut his hair—he always
cut it short in the spring because it had grown
so heavy—the weight of the hair from his head
was over two pounds! Three sons were born
to Absalom, and one daughter. Her name was
Tamar—and she was a beauty.
28-31 Absalom lived in Jerusalem for two years,

만, 요압은 미동도 하지 않았다. 그가 다시 사람을 보냈으나, 요압의 태도는 마찬가지였다. 그래서 압살롬은 종들에게 말했다. "잘 들어라. 요압의 밭과 내 밭이 서로 붙어 있는데, 그가 거기에 보리 농사를 지어 놓았다. 가서 그 밭에 불을 놓아라." 그래서 압살롬의 종들이 그 밭에 불을 놓았다. 그제야 요압이 움직였다. 그가 압살롬의 집에 와서 말했다. "어찌하여 종들을 시켜 내 밭에 불을 놓았습니까?"

32 압살롬이 대답했다. "들으시오. 나는 당신에게 사람을 보내 이렇게 말했소. '빨리 와 주시오. 내가 당신을 왕께 보내 "제가 그술에서 돌아온 것이 무슨 소용이 있습니까? 차라리 계속 거기 있는 편이 더 나았겠습니다!" 하고 여쭙고 싶소. 내가 왕을 뵐 수 있게 해주시오. 왕이 보시기에 내게 죄가 있다면 나를 죽이셔도 좋소.'"

33 요압은 왕에게 가서 사정을 아뢰었다. 압살롬은 그제야 부름을 받았다. 그는 왕 앞에 나아가 공손히 엎드려 절했다. 왕은 압살롬에게 입을 맞추었다.

and not once did he see the king face-to-face. He sent for Joab to get him in to see the king, but Joab still wouldn't budge. He tried a second time and Joab still wouldn't. So he told his servants, "Listen. Joab's field adjoins mine, and he has a crop of barley in it. Go set fire to it." So Absalom's servants set fire to the field. That got him moving—Joab came to Absalom at home and said, "Why did your servants set my field on fire?"

32 Absalom answered him, "Listen, I sent for you saying, 'Come, and soon. I want to send you to the king to ask, "What's the point of my coming back from Geshur? I'd be better off still there!" Let me see the king face-to-face. If he finds me guilty, then he can put me to death.'"

33 Joab went to the king and told him what was going on. Absalom was then summoned—he came and bowed deeply in reverence before him. And the king kissed Absalom.

압살롬이 반란을 일으키다

15

1-2 세월이 흘렀다. 압살롬은 말이 끄는 전차를 즐겨 탔는데, 쉰 명의 부하가 그 앞에서 달렸다. 그는 아침마다 일찍 성문 앞 길가에 자리를 잡았다. 누가 왕의 판결을 받기 위해 송사를 가지고 나타나면, 압살롬은 그를 불러서 "어디 출신이오?" 하고 물었다.

그러면 "종은 이스라엘의 어느 지파 출신입니다"라는 대답이 돌아왔다.

3-6 이에 압살롬은 "보시오. 당신의 주장이 옳지만 왕께서는 당신의 말을 들어주지 않으실 것이오" 하고 말했다. 또한 그는 "왜 아무도 나를 이 땅의 재판관으로 삼지 않는지 모르겠소. 누구든지 소송할 것을 내게 가져오면, 아주 공정하게 처리해 줄 텐데 말이오" 하고 말했다. 누가 그에게 특별히 예를 갖출 때마다, 압살롬은 그를 일으켜 세우며 대등한 사람처럼 대하여 그가 중요하다는 느낌을 심어 주었다. 압살롬은 왕에게 볼일이 있어 오는 모든 사람을 그렇게 대했고, 결국 모든 이스라엘 사람의 마음을 사로잡았다.

7-8 그렇게 사 년이 지난 후에, 압살롬이 왕에게 말했다. "헤브론에 가서 제가 하나님께 드렸던 서원을 갚게 해주십시오. 이 종이 아람의 그술에 살 때, 하나님께서 저를 예루살렘으로 돌아가게 해주시면 평생 동안 그분을 섬기겠다고 서원했습니다."

15

1-2 As time went on, Absalom took to riding in a horse-drawn chariot, with fifty men running in front of him. Early each morning he would take up his post beside the road at the city gate. When anyone showed up with a case to bring to the king for a decision, Absalom would call him over and say, "Where do you hail from?"

And the answer would come, "Your servant is from one of the tribes of Israel."

3-6 Then Absalom would say, "Look, you've got a strong case; but the king isn't going to listen to you." Then he'd say, "Why doesn't someone make me a judge for this country? Anybody with a case could bring it to me and I'd settle things fair and square." Whenever someone would treat him with special honor, he'd shrug it off and treat him like an equal, making him feel important. Absalom did this to everyone who came to do business with the king and stole the hearts of everyone in Israel.

7-8 After four years of this, Absalom spoke to the king, "Let me go to Hebron to pay a vow that I made to GOD. Your servant made a vow when I was

9 왕이 그에게 말했다. "내가 축복하니 가거라." 압살롬은 일어나 헤브론으로 떠났다.

10-12 그 후에 압살롬은 이스라엘의 모든 지파에 첩자들을 보내 메시지를 전했다. "숫양 뿔나팔 소리가 들리거든 그것을 신호로 알고 '압살롬이 헤브론에서 왕이 되었다!' 하고 외쳐라." 예루살렘에서 이백 명이 압살롬과 함께 떠났다. 그들은 압살롬의 음모에 대해서는 전혀 모른 채 소집되어, 별다른 생각 없이 그곳으로 갔다. 압살롬은 제사를 드리면서 다윗의 보좌관인 길로 사람 아히도벨을 끌어들일 수 있었다. 그는 사람을 보내어 아히도벨을 그의 고향 길로에서 오게 했다. 음모는 점점 탄탄해졌고, 압살롬의 지지 세력은 불어났다.

13 누군가가 다윗에게 와서 보고했다. "백성의 마음이 모두 압살롬에게 기울었습니다!"

14 "일어나 이곳을 떠나자!" 다윗이 예루살렘에 함께 있던 신하들에게 소리쳤다. "필사적으로 달아나야 한다. 그렇지 않으면 우리 중 누구도 압살롬을 피하지 못할 것이다! 서둘러라. 그가 곧 성을 완전히 무너뜨리고 우리를 모조리 죽일 것이다!"

15 왕의 신하들이 말했다. "무엇이든 우리 주인이신 왕께서 말씀하시는 대로 따르겠습니다. 우리는 끝까지 왕과 함께하겠습니다!"

16-18 왕과 그의 온 집안은 걸어서 피난을 떠났다. 왕은 후궁 열 명을 뒤에 남겨 왕궁을 돌보게 했다. 그렇게 그들이 길을 떠나 한 걸음 한 걸음 가다가 마지막 궁에서 잠시 멈추었다. 그때 온 군대가 왕 앞으로 지나갔다. 모든 그렛 사람과 모든 블렛 사람, 그리고 가드에서 왕과 함께 행군해 온 가드 사람 육백 명이 왕 앞으로 지나갔다.

19-20 왕이 가드 사람 잇대에게 큰소리로 말했다. "여기서 무엇을 하고 있는 거요? 압살롬에게 돌아가시오. 그대는 이곳에서 나그네고 고국에서 뿌리를 잃은 지 얼마 되지 않았소. 그대가 겨우 얼마 전 이곳에 왔는데, 내가 어떻게 그대에게 떠돌이 생활을 감당하면서 우리 쪽에 명운을 걸라고 할 수 있겠소? 돌아가시오. 그대의 집안 사람도 모두 데리고 가시오. 하나님의 은혜와 진리가, 그대와 함께하기를 빌겠소!"

21 잇대가 대답했다. "하나님께서 살아 계심과 내 *주인이신 왕께서 살아 계심을 두고* 맹세합니다. 내 주인께서 계신 그곳이, 죽든지 살든지 제가 있는 곳이 될 것입니다."

22 "알겠소. 앞장서시오." 다윗이 말했다. 그래서 가드 사람 잇대와 그의 모든 부하와 그와 함께한

living in Geshur in Aram saying, 'If GOD will bring me back to Jerusalem, I'll serve him with my life.'"

9 The king said, "Go with my blessing." And he got up and set off for Hebron.

10-12 Then Absalom sent undercover agents to all the tribes of Israel with the message, "When you hear the blast of the ram's horn trumpet, that's your signal: Shout, 'Absalom is king in Hebron!'" Two hundred men went with Absalom from Jerusalem. But they had been called together knowing nothing of the plot and made the trip innocently. While Absalom was offering sacrifices, he managed also to involve Ahithophel the Gilonite, David's advisor, calling him away from his hometown of Giloh. The conspiracy grew powerful and Absalom's supporters multiplied.

13 Someone came to David with the report, "The whole country has taken up with Absalom!"

14 "Up and out of here!" called David to all his servants who were with him in Jerusalem. "We've got to run for our lives or none of us will escape Absalom! Hurry, he's about to pull the city down around our ears and slaughter us all!"

15 The king's servants said, "Whatever our master, the king, says, we'll do; we're with you all the way!"

16-18 So the king and his entire household escaped on foot. The king left ten concubines behind to tend to the palace. And so they left, step by step by step, and then paused at the last house as the whole army passed by him—all the Kerethites, all the Pelethites, and the six hundred Gittites who had marched with him from Gath, went past.

19-20 The king called out to Ittai the Gittite, "What are you doing here? Go back with King Absalom. You're a stranger here and freshly uprooted from your own country. You arrived only yesterday, and am I going to let you take your chances with us as I live on the road like a gypsy? Go back, and take your family with you. And God's grace and truth go with you!"

21 But Ittai answered, "As GOD lives and my master the king lives, where my master is, that's where I'll be—whether it means life or death."

22 "All right," said David, "go ahead." And they went on, Ittai the Gittite with all his men and all

모든 자녀가 앞서 갔다.
23-24 그들이 지나갈 때, 온 나라가 크게 슬퍼하며
울었다. 왕이 기드론 시내를 건너자, 군대는 광야
길로 향했다. 그곳에 사독이 있었고 하나님의 언
약궤를 멘 레위인도 함께 있었다. 그들은 하나님
의 궤를 내려놓았다. 아비아달도 그 곁에 서서 그
들이 모두 성을 빠져나갈 때까지 기다렸다.
25-26 그때 왕이 사독에게 명령했다. "궤를 가지고
성으로 돌아가시오. 만일 내가 다시 하나님의 선
하신 은혜를 입으면, 그분께서 나를 데려오셔서
궤가 있던 곳을 다시 보게 하실 것입니다. 그러나
그분께서 '내가 너를 기뻐하지 않는다'고 말씀하시
면, 그때는 무엇이든 그분의 뜻대로 내게 행하셔
도 좋습니다."
27-30 왕이 또 제사장 사독에게 지시했다. "나에게
계획이 있습니다. 그대의 아들 아히마아스와 아비
아달의 아들 요나단을 데리고 성으로 평안히 돌아
가시오. 그대들이 내게 근황을 전해 올 때까지, 나
는 요단 강 건너편 광야의 한 지점에서 기다리겠
습니다." 그래서 사독과 아비아달은 하나님의 궤
를 가지고 예루살렘으로 돌아가 궤를 그 자리에
두었고, 다윗은 머리를 가리고 울면서 맨발로 올
리브 산을 올라갔다. 온 군대도 그와 함께 머리를
가리고 울면서 올라갔다.
31 다윗은 "아히도벨이 압살롬과 함께 음모를 꾸민
자들과 한패가 되었다"는 말을 들었다. 다윗은 "하
나님, 아히도벨의 조언이 어리석은 것이 되게 해
주십시오" 하고 기도했다.
32-36 다윗이 하나님을 예배하는 산꼭대기에 가까
이 왔을 때, 아렉 사람 후새가 옷이 갈기갈기 찢기
고 머리에 흙을 뒤집어 쓴 채로 그곳에서 다윗을
기다리고 있었다. 다윗이 말했다. "그대가 나와 함
께 가면 짐만 될 뿐이오. 성으로 돌아가서 압살롬
에게 '왕이시여, 내가 기꺼이 왕의 종이 되겠습니
다. 내가 전에는 당신 아버지의 신하였으나, 이제
는 왕의 신하입니다' 하고 말하시오. 그렇게 하면
그대는 그곳에서 나를 위해 아히도벨의 조언을 어
지럽힐 수 있을 것이오. 제사장 사독과 아비아달
이 이미 그곳에 있소. 그대가 왕궁에서 얻는 모든
정보를 그들에게 알려 주시오. 그들의 두 아들 곧
사독의 아들 아히마아스와 아비아달의 아들 요나
단도 거기에 함께 있으니, 무엇이든 그대가 얻는
것을 그들 편에 보내면 되오."
37 다윗의 친구 후새가 성에 도착할 즈음 압살롬도
예루살렘으로 들어오고 있었다.

the children he had with him.
23-24 The whole country was weeping in loud
lament as all the people passed by. As the king
crossed the Brook Kidron, the army headed for
the road to the wilderness. Zadok was also there,
the Levites with him, carrying GOD's Chest of
the Covenant. They set the Chest of God down,
Abiathar standing by, until all the people had
evacuated the city.
25-26 Then the king ordered Zadok, "Take the
Chest back to the city. If I get back in GOD's good
graces, he'll bring me back and show me where
the Chest has been set down. But if he says, 'I'm
not pleased with you'—well, he can then do with
me whatever he pleases."
27-30 The king directed Zadok the priest, "Here's
the plan: Return to the city peacefully, with
Ahimaaz your son and Jonathan, Abiathar's
son, with you. I'll wait at a spot in the wilderness
across the river, until I get word from you telling
us what's up." So Zadok and Abiathar took the
Chest of God back to Jerusalem and placed it
there, while David went up the Mount of Olives
weeping, head covered but barefooted, and the
whole army was with him, heads covered and
weeping as they ascended.
31 David was told, "Ahithophel has joined the
conspirators with Absalom." He prayed, "Oh,
GOD—turn Ahithophel's counsel to foolishness."
32-36 As David approached the top of the hill where
God was worshiped, Hushai the Arkite, clothes
ripped to shreds and dirt on his head, was there
waiting for him. David said, "If you come with me,
you'll be just one more piece of luggage. Go back to
the city and say to Absalom, 'I'm ready to be your
servant, O King; I used to be your father's servant,
now I'm your servant.' Do that and you'll be able to
confuse Ahithophel's counsel for me. The priests
Zadok and Abiathar are already there; whatever
information you pick up in the palace, tell them.
Their two sons—Zadok's son Ahimaaz and
Abiathar's son Jonathan—are there with them—
anything you pick up can be sent to me by them."
37 Hushai, David's friend, arrived at the same
time Absalom was entering Jerusalem.

16 [1] 다윗이 산마루를 지난 지 얼마 안되어 므비보셋의 종인 시바가 짐을 가득 실은 짐승 한 떼를 이끌고 왕을 맞이했다. 안장을 지운 짐승 등에는 빵 백 덩이, 건포도과자 백 개, 신선한 과일 백 광주리, 포도주 한 가죽부대가 실려 있었다.
[2] 왕이 시바에게 말했다. "이것이 다 무엇이냐?"
시바가 말했다. "나귀들은 왕의 가족들이 타고, 빵과 포도주는 신하들이 먹도록 가져왔습니다. 포도주는 광야에서 피로에 지친 사람들에게 도움이 될 것입니다."
[3] 왕이 말했다. "그런데 네 주인의 손자는 어디 있느냐?"
시바가 말했다. "그는 예루살렘에 남았습니다. 그는 '지금이야말로 이스라엘이 내 할아버지의 나라를 내게 돌려줄 때다' 하고 말했습니다."
[4] 왕이 말했다. "므비보셋에게 속한 모든 것이 이제 네 것이다."
시바가 말했다. "무슨 말로 감사를 드려야 할지 모르겠습니다. 내 주인인 왕이시여, 저는 영원히 왕께 은혜를 입은 자입니다. 언제나 저를 이렇게 너그러이 살펴 주시기를 바랍니다!"
[5-8] 왕이 바후림에 이르자, 사울 집안의 친척 한 사람이 나타났다. 그는 게라의 아들로, 이름은 시므이였다. 그는 따라오면서 큰소리로 다윗과 그의 신하와 군사들에게 욕을 퍼붓고 마구 돌을 던졌다. 그는 저주하며 이렇게 소리쳤다. "이 학살자야, 잔인한 자야, 꺼져 버려라. 사라져 버려라! 네가 사울 집안에 온갖 비열한 짓을 행하고 그의 나라를 빼앗은 것을 하나님께서 이렇게 벌하시는구나. 하나님께서 이 나라를 네 아들 압살롬의 손에 넘겨주셨다. 네 꼴을 보아라. 망했구나! 꼴좋다. 이 딱한 노인네야!"
[9] 스루야의 아들 아비새가 말했다. "저 천한 개가 내 주인이신 왕을 이렇게 모욕하도록 놔둘 수 없습니다. 제가 건너가서 목을 베겠습니다!"
[10] 그러나 왕이 말했다. "너희 스루야의 아들들은 어째서 걸핏하면 끼어들고 나서는 것이냐? 그가 저주를 하는 까닭은 하나님께서 '다윗을 저주하라'고 하셨기 때문이다. 그러니 누가 감히 그를 나무라겠느냐?"
[11-12] 다윗은 아비새와 나머지 신하들에게 말했다. "그뿐 아니라 내 아들, 내 혈육이 지금 나를 죽이려 하고 있소. 거기에 비하면 저 베냐민 사람이 하는 일은 아무것도 아니오. 그에게 마음 쓰지

16 [1] Shortly after David passed the crest of the hill, Mephibosheth's steward Ziba met him with a string of pack animals, saddled and loaded with a hundred loaves of bread, a hundred raisin cakes, a hundred baskets of fresh fruit, and a skin of wine.
[2] The king said to Ziba, "What's all this?"
"The donkeys," said Ziba, "are for the king's household to ride, the bread and fruit are for the servants to eat, and the wine is for drinking, especially for those overcome by fatigue in the wilderness."
[3] The king said, "And where is your master's grandson?"
"He stayed in Jerusalem," said Ziba. "He said, 'This is the day Israel is going to restore my grandfather's kingdom to me.'"
[4] "Everything that belonged to Mephibosheth," said the king, "is now yours."
Ziba said, "How can I ever thank you? I'll be forever in your debt, my master and king; may you always look on me with such kindness!"
[5-8] When the king got to Bahurim, a man appeared who had connections with Saul's family. His name was Shimei son of Gera. As he followed along he shouted insults and threw rocks right and left at David and his company, servants and soldiers alike. To the accompaniment of curses he shouted, "Get lost, get lost, you butcher, you hellhound! GOD has paid you back for all your dirty work in the family of Saul and for stealing his kingdom. GOD has given the kingdom to your son Absalom. Look at you now–ruined! And good riddance, you pathetic old man!"
[9] Abishai son of Zeruiah said, "This mangy dog can't insult my master the king this way–let me go over and cut off his head!"
[10] But the king said, "Why are you sons of Zeruiah always interfering and getting in the way? If he's cursing, it's because GOD told him, 'Curse David.' So who dares raise questions?"
[11-12] "Besides," continued David to Abishai and the rest of his servants, "my own son, my flesh and bone, is right now trying to kill me; compared to that this Benjaminite is small potatoes. Don't

마시오. 저주하게 놔두시오. 그는 내게 하나님의 말씀을 전하고 있는 것이오. 혹시 하나님께서 오늘 내가 처한 곤경을 보시고 이 저주를 좋은 일로 바꾸어 주실지 누가 알겠소."

13 다윗과 그의 부하들이 계속해서 길을 가는 동안, 시므이는 산등성이를 나란히 따라오면서 저주하고 돌을 던지며 흙먼지를 일으켰다.

14 다윗과 그의 일행이 요단 강에 이르렀을 즈음, 그들은 지칠 대로 지쳐 있었다. 거기서 쉬면서 그들은 기운을 되찾았다.

15 그 즈음 압살롬과 그의 부하들은 예루살렘에 있었다.

아히도벨도 그들과 함께 있었다.

16 그때에 다윗의 친구인 아렉 사람 후새가 압살롬에게 와서 인사했다. "압살롬 왕 만세! 압살롬 왕 만세!"

17 압살롬이 후새에게 말했다. "그대가 친한 친구에게 표하는 우정의 방식이 이것이오? 그대는 왜 친구인 다윗과 함께 가지 않았소?"

18-19 후새가 말했다. "하나님과 이 백성과 이스라엘이 택한 분과 함께 있고 싶어서 그랬습니다. 나는 왕과 함께 남고 싶습니다. 이제 압살롬 왕 외에 누구를 섬길 수 있겠습니까? 전에 왕의 아버지를 섬긴 것처럼, 이제 기꺼이 왕을 섬기겠습니다."

20 그러자 압살롬이 아히도벨에게 말했다. "의견을 말해 보시오. 우리가 다음에 할 일은 무엇이오?"

21-22 아히도벨이 압살롬에게 말했다. "가서 왕의 아버지의 후궁들, 그가 왕궁을 돌보라고 남겨 둔 후궁들과 잠자리를 같이하십시오. 왕께서 아버지를 공개적으로 욕되게 했다는 소식을 모두가 듣게 될 테니, 왕 편에 선 사람들의 사기가 높아질 것입니다." 그래서 압살롬은 사람들이 볼 수 있도록 옥상 위에 천막을 치고 그 안에 들어가 아버지의 후궁들과 잠자리를 같이했다.

23 당시 아히도벨의 조언은 마치 하나님께서 친히 하시는 말씀처럼 여겨졌다. 다윗도 그렇게 생각했고 압살롬도 마찬가지였다.

17

1-3 아히도벨이 압살롬에게 제안했다. "제가 만이천 명을 선발하여 오늘 밤 다윗을 쫓아가겠습니다. 그가 기진맥진해 있을

bother with him; let him curse; he's preaching GOD's word to me. And who knows, maybe GOD will see the trouble I'm in today and exchange the curses for something good."

13 David and his men went on down the road, while Shimei followed along on the ridge of the hill alongside, cursing, throwing stones down on them, and kicking up dirt.

14 By the time they reached the Jordan River, David and all the men of the company were exhausted. There they rested and were revived.

15 By this time Absalom and all his men were in Jerusalem.

And Ahithophel was with them.

16 Soon after, Hushai the Arkite, David's friend, came and greeted Absalom, "Long live the king! Long live the king!"

17 Absalom said to Hushai, "Is this the way you show devotion to your good friend? Why didn't you go with your friend David?"

18-19 "Because," said Hushai, "I want to be with the person that GOD and this people and all Israel have chosen. And I want to stay with him. Besides, who is there to serve other than the son? Just as I served your father, I'm now ready to serve you."

20 Then Absalom spoke to Ahithophel, "Are you ready to give counsel? What do we do next?"

21-22 Ahithophel told Absalom, "Go and sleep with your father's concubines, the ones he left to tend to the palace. Everyone will hear that you have openly disgraced your father, and the morale of everyone on your side will be strengthened." So Absalom pitched a tent up on the roof in public view, and went in and slept with his father's concubines.

23 The counsel that Ahithophel gave in those days was treated as if God himself had spoken. That was the reputation of Ahithophel's counsel to David; it was the same with Absalom.

17

1-3 Next Ahithophel advised Absalom, "Let me handpick twelve thousand men and go after David tonight. I'll come on him when he's

때 불시에 그를 덮치겠습니다. 그러면 모든 군대가 도망칠 텐데, 저는 다윗만 죽이겠습니다. 그러고 나서 신부를 신랑에게 되돌려 주듯 군대를 왕께 되돌려 드리겠습니다! 왕께서 찾는 사람은 어차피 한 명이 아닙니까. 그러면 모든 사람이 평안하게 될 것입니다!"

4 압살롬은 그것을 탁월한 전략이라 여겼고, 이스라엘의 모든 장로도 동의했다.

5 하지만 압살롬은 "아렉 사람 후새를 불러들여라. 그의 말도 들어 보자" 하고 말했다.

6 후새가 오자 압살롬이 그에게 물었다. "아히도벨이 이렇게 조언했소. 우리가 그 말대로 해도 되겠소? 그대 생각은 어떻소?"

7-10 후새가 말했다. "이번에는 적절치 않은 것 같습니다. 왕께서도 알다시피, 왕의 아버지와 그의 부하들은 용맹스러운 데다 새끼를 빼앗긴 곰처럼 잔뜩 화가 나 있습니다. 그뿐 아니라 백전노장인 왕의 아버지는 이 같은 상황에서 잠을 자다가 붙잡힐 사람이 아닙니다. 지금 우리가 말하고 있는 동안에도 그는 분명 동굴이나 다른 곳에 숨어 있을 것입니다. 그가 매복해 있다가 왕의 부하들을 덮치면 '압살롬의 군대가 죽임을 당했다!'는 말이 금세 퍼질 것입니다. 왕의 부하들이 용감하여 사자의 심장을 가졌다 해도, 그런 소식을 들으면 이내 무너지고 말 것입니다. 왕의 아버지의 싸움 실력이 대단하고 그와 함께한 부하들 또한 그러하다는 것을 온 이스라엘이 잘 알고 있습니다.

11-13 저의 조언은 이렇습니다. 단에서 브엘세바까지 온 나라에서 바닷가의 모래알처럼 많은 군대를 소집하여 왕께서 그들을 직접 이끄십시오. 다윗이 어디에 있든지 우리가 그를 찾아내어, 이슬이 땅에 내리는 것처럼 그를 습격할 것입니다. 그러면 한 사람도 살아남지 못할 것입니다. 그가 어떤 성 안에 숨어 있다면, 군대 전체가 밧줄을 가지고 가서 그 성을 계곡으로 끌어내리면 됩니다. 그러면 그곳에는 돌멩이 하나 남지 않을 것입니다!"

14 압살롬과 그의 일행은 아렉 사람 후새의 조언이 아히도벨의 조언보다 낫다는 데 뜻을 같이했다. (하나님께서 아히도벨의 조언을 믿지 못하게 만들어 압살롬을 망하게 하시기로 작정하셨던 것이다.)

15-16 그 후에 후새는 제사장 사독과 아비아달에게 말했다. "아히도벨이 압살롬과 이스라엘 장로들에게 이러저러하게 조언했는데, 나는 그들에게

bone tired and take him by complete surprise. The whole army will run off and I'll kill only David. Then I'll bring the army back to you—a bride brought back to her husband! You're only after one man, after all. Then everyone will be together in peace!"

4 Absalom thought it was an excellent strategy, and all the elders of Israel agreed.

5 But then Absalom said, "Call in Hushai the Arkite—let's hear what he has to say."

6 So Hushai came and Absalom put it to him, "This is what Ahithophel advised. Should we do it? What do you say?"

7-10 Hushai said, "The counsel that Ahithophel has given in this instance is not good. You know your father and his men, brave and bitterly angry—like a bear robbed of her cubs. And your father is an experienced fighter; you can be sure he won't be caught napping at a time like this. Even while we're talking, he's probably holed up in some cave or other. If he jumps your men from ambush, word will soon get back, 'A slaughter of Absalom's army!' Even if your men are valiant with hearts of lions, they'll fall apart at such news, for everyone in Israel knows the kind of fighting stuff your father's made of, and also the men with him.

11-13 "Here's what I'd advise: Muster the whole country, from Dan to Beersheba, an army like the sand of the sea, and you personally lead them. We'll smoke him out wherever he is, fall on him like dew falls on the earth, and, believe me, there won't be a single survivor. If he hides out in a city, then the whole army will bring ropes to that city and pull it down and into a gully—not so much as a pebble left of it!"

14 Absalom and all his company agreed that the counsel of Hushai the Arkite was better than the counsel of Ahithophel. (GOD had determined to discredit the counsel of Ahithophel so as to bring ruin on Absalom.)

15-16 Then Hushai told the priests Zadok and Abiathar, "Ahithophel advised Absalom and the elders of Israel thus and thus, and I advised them thus and thus. Now send this message as quickly as possible to David: 'Don't spend the night on this

이러저러하게 조언했습니다. 이제 최대한 빨리 다윗 왕께 이 메시지를 전하십시오. '강 이편에서 밤을 보내지 말고 즉시 강을 건너십시오. 그렇지 않으면 왕과 왕과 함께한 모든 사람이 산 채로 삼켜질 것입니다.'"

17-20 요나단과 아히마아스는 엔로겔에서 배회하며 기다렸다. 한 여종이 와서 그들에게 메시지를 전하면 그들이 다윗 왕에게 가서 알리기로 되어 있었다. 자칫 성 안에 들어가다가 눈에 띄면 위험했기 때문이다. 그러나 한 군사가 그들을 보고 압살롬에게 알렸다. 그래서 그 두 사람은 재빨리 그곳을 나와 바후림에 있는 어떤 사람의 집으로 갔다. 그 집 마당에 우물이 있어 그들은 그 속으로 기어 들어갔다. 그 집의 안주인이 담요를 가져다 우물을 덮고 그 위에 곡식을 널어, 누구도 이상한 점을 눈치채지 못하게 했다. 얼마 안 되어 압살롬의 부하들이 그 집에 와서 그녀에게 물었다. "아히마아스와 요나단을 보았소?"

그 여인이 대답했다. "강 쪽으로 갔습니다."

부하들은 결국 그들을 찾지 못하고 예루살렘으로 돌아갔다.

21 위험이 사라지자, 아히마아스와 요나단은 우물에서 기어올라 와, 그 길로 다윗 왕에게 가서 보고했다. "일어나서 빨리 강을 건너십시오. 아히도벨이 왕께 불리한 조언을 했습니다!"

22 다윗과 그의 군대가 바로 일어나 이동하여 요단 강을 건넜다. 동틀 무렵에는 요단 강을 건너지 못한 사람이 하나도 없었다.

23 아히도벨은 자신의 조언이 채택되지 않았음을 알고 나귀에 안장을 지워 고향으로 떠났다. 그는 유언을 작성하고 집을 정리한 뒤에, 목매달아 죽었다. 그는 가족 묘지에 묻혔다.

24-26 다윗이 마하나임에 도착할 무렵, 압살롬은 이스라엘의 모든 군대와 함께 요단 강을 건넜다. 압살롬은 요압을 대신하여 아마사를 군사령관으로 삼았다. (아마사는 이드라라는 사람의 아들인데, 이드라는 요압의 어머니 스루야의 여동생인 나하스의 딸 아비갈과 결혼한 이스마엘 사람이다.) 이스라엘과 압살롬은 길르앗에 진을 쳤다.

27-29 다윗이 마하나임에 이르자, 암몬의 랍바 출신 나하스의 아들 소비가 찾아왔고 로드발에서 암미엘의 아들 마길, 로글림 출신 길르앗 사람 바르실래가 찾아왔다. 그들이 침상과 이불을 가져왔고 밀과 보리, 밀가루, 볶은 곡식, 콩과 팥, 꿀,

side of the river; cross immediately or the king and everyone with him will be swallowed up alive.'"

17-20 Jonathan and Ahimaaz were waiting around at En Rogel. A servant girl would come and give them messages and then they would go and tell King David, for it wasn't safe to be seen coming into the city. But a soldier spotted them and told Absalom, so the two of them got out of there fast and went to a man's house in Bahurim. He had a well in his yard and they climbed into it. The wife took a rug and covered the well, then spread grain on it so no one would notice anything out of the ordinary. Shortly, Absalom's servants came to the woman's house and asked her, "Have you seen Ahimaaz and Jonathan?"

The woman said, "They were headed toward the river."

They looked but didn't find them, and then went back to Jerusalem.

21 When the coast was clear, Ahimaaz and Jonathan climbed out of the well and went on to make their report to King David, "Get up and cross the river quickly; Ahithophel has given counsel against you!"

22 David and his whole army were soon up and moving and crossed the Jordan. As morning broke there was not a single person who had not made it across the Jordan.

23 When Ahithophel realized that his counsel was not followed, he saddled his donkey and left for his hometown. After making out his will and putting his house in order, he hanged himself and died. He was buried in the family tomb.

24-26 About the time David arrived at Mahanaim, Absalom crossed the Jordan, and the whole army of Israel with him. Absalom had made Amasa head of the army, replacing Joab. (Amasa was the son of a man named Ithra, an Ishmaelite who had married Abigail, daughter of Nahash and sister of Zeruiah, the mother of Joab.) Israel and Absalom set camp in Gilead.

27-29 When David arrived at Mahanaim, Shobi son of Nahash from Ammonite Rabbah, and Makir son of Ammiel from Lo Debar, and Barzillai the

소 떼와 양 떼에서 난 버터와 치즈가 가득 들어 있는 사발과 단지도 가져왔다. 그들은 그 모든 것을 다윗과 그의 군대에게 선물하면서 "군대가 광야에 있으니 얼마나 배고프고 피곤하며 목마르겠습니까" 하고 말했다.

Gileadite from Rogelim brought beds and blankets, bowls and jugs filled with wheat, barley, flour, roasted grain, beans and lentils, honey, and curds and cheese from the flocks and herds. They presented all this to David and his army to eat, "because," they said, "the army must be starved and exhausted and thirsty out in this wilderness."

압살롬의 죽음

18
1-2 다윗은 병력을 조직하여, 천부장과 백부장을 임명했다. 또 군대를 셋으로 나누어 삼분의 일은 요압 밑에, 삼분의 일은 스루야의 아들이요 요압의 동생인 아비새 밑에, 나머지 삼분의 일은 가드 사람 잇대 밑에 배치시켰다.
그러고 나서 왕은 "나도 그대들과 함께 진군하겠소" 하고 공표했다.
3 그들이 말했다. "아닙니다. 왕께서 우리와 함께 진군하시면 안됩니다. 우리가 어쩔 수 없이 후퇴해도 적은 신경 쓰지 않을 것입니다. 우리 가운데 절반이 죽어도 역시 마찬가지일 것입니다. 하지만 왕은 우리 만 명만큼의 가치가 있는 분입니다. 왕께서는 이 성 안에 계시면서 우리를 도우시는 편이 더 좋겠습니다."
4 왕이 말했다. "그렇다면 그대들 생각에 따르겠소." 그래서 그는 성문 옆에 남고, 온 군대는 백 명씩 천 명씩 진군해 나갔다.
5 그때 왕이 요압과 아비새와 잇대에게 명령했다. "나를 생각해서 어린 압살롬을 너그러이 대해 주시오." 왕이 압살롬에 대해 세 지휘관에게 내린 명령을 온 군대가 들었다.
6-8 군대는 출전하여 이스라엘과 맞섰다. 전투는 에브라임 숲에서 벌어졌다. 그날 거기서 이스라엘 군이 다윗의 부하들에게 참패했는데, 사상자가 이만 명에 이르는 엄청난 살육이었다! 그날 사방에서 허둥대며 싸우느라 칼에 죽은 사람보다 숲에서 죽은 사람이 더 많았다!
9-10 압살롬이 다윗의 부하들과 마주쳤다. 압살롬이 노새를 타고 그들 앞에 나섰을 때, 노새가 큰 상수리나무 가지 아래로 내달렸다. 압살롬의 머리가 상수리나무에 걸려 몸이 공중에 매달리고, 노새는 그 밑으로 빠져나갔다. 한 군사가 그것을 보고 요압에게 보고했다. "압살롬이 상수리나무에 매달려 있는 것을 방금 보았습니다."
11 요압은 그 소식을 알린 사람에게 말했다. "네가 그를 보았으면서, 왜 그 자리에서 죽이지 않

18
1-2 David organized his forces. He appointed captains of thousands and captains of hundreds. Then David deployed his troops, a third under Joab, a third under Abishai son of Zeruiah, Joab's brother, and a third under Ittai the Gittite.
The king then announced, "I'm marching with you."
3 They said, "No, you mustn't march with us. If we're forced to retreat, the enemy won't give it a second thought. And if half of us die, they won't do so either. But you are worth ten thousand of us. It will be better for us if you stay in the city and help from there."
4 "If you say so," said the king. "I'll do what you think is best." And so he stood beside the city gate as the whole army marched out by hundreds and by thousands.
5 Then the king ordered Joab and Abishai and Ittai, "Deal gently for my sake with the young man Absalom." The whole army heard what the king commanded the three captains regarding Absalom.
6-8 The army took the field to meet Israel. It turned out that the battle was joined in the Forest of Ephraim. The army of Israel was beaten badly there that day by David's men, a terrific slaughter—twenty thousand men! There was fighting helter-skelter all over the place—the forest claimed more lives that day than the sword!
9-10 Absalom ran into David's men, but was out in front of them riding his mule, when the mule ran under the branches of a huge oak tree. Absalom's head was caught in the oak and he was left dangling between heaven and earth, the mule running right out from under him. A solitary soldier saw him and reported it to Joab, "I just saw Absalom hanging from an oak tree!"
11 Joab said to the man who told him, "If you saw

았느냐? 그랬다면 너는 은화 열 개와 고급 허리띠를 상으로 받았을 것이다."

12-13 그러자 그 사람이 요압에게 말했다. "은화 천 개를 얻을 수 있다 해도, 저는 왕의 아들에게 해를 입히지 않을 것입니다. 왕께서 장군과 아비새 장군과 잇대 장군에게 '나를 생각해서 어린 압살롬을 지켜 주시오' 하고 말씀하시는 것을 우리 모두가 들었습니다. 왕께는 아무것도 숨길 수 없으니 자칫하면 제 목숨이 날아갈 것입니다. 장군께서 그 자리에 계셨어도 지켜보기만 하셨을 것입니다!"

14-15 요압이 말했다. "너와 허비할 시간이 없다." 그러더니 그는 칼 세 자루를 쥐고, 아직 나무에 산 채로 매달려 있는 압살롬의 심장을 찔렀다. 그러자 요압의 무기를 드는 자 열 명이 압살롬을 에워싸고 그를 마구 찔러 죽였다.

16-17 요압은 숫양 뿔나팔을 불어 군대의 이스라엘 추격을 중지시켰다. 그들은 압살롬의 주검을 들어다가 숲 속의 큰 구덩이에 던지고 그 위에 거대한 돌무더기를 쌓았다.

그동안 이스라엘 군대는 모두 도망하여 각자 집으로 돌아갔다.

18 압살롬은 살아 있을 때 자기를 위해 왕의 골짜기에 기둥을 하나 세우고 "내 이름을 이을 아들이 없다"고 말했다. 그는 그 기둥에 자신의 이름을 새겼다. 오늘까지도 그 기둥은 '압살롬 기념비'라고 불린다.

19-20 사독의 아들 아히마아스가 말했다. "제가 왕께 달려가 하나님께서 왕을 적들의 손에서 구하셨다는 이 기쁜 소식을 전하겠습니다." 그러나 요압이 말렸다. "오늘 기쁜 소식을 전할 사람은 네가 아니다. 다른 날은 어떨지 몰라도 오늘 이 소식은 '기쁜 소식'이 아니다." (왕의 아들이 죽었기 때문이다.)

21 그러더니 요압은 한 구스 사람에게 명령했다. "네가 가서 본 것을 왕께 아뢰어라."

구스 사람이 "예, 장군님" 하고 달려갔다.

22 사독의 아들 아히마아스가 끈질기게 요압에게 청했다. "무슨 문제가 있겠습니까? 저도 구스 사람을 따라가게 해주십시오."

요압이 말했다. "왜 이리도 달려가지 못해서 안달이냐? 이 일은 잘했다는 소리를 들을 일이 아니다."

23 "괜찮습니다. 가게 해주십시오."

him, why didn't you kill him then and there? I'd have rewarded you with ten pieces of silver and a fancy belt."

12-13 The man told Joab, "Even if I'd had a chance at a thousand pieces of silver, I wouldn't have laid a hand on the king's son. We all heard the king command you and Abishai and Ittai, 'For my sake, protect the young man Absalom.' Why, I'd be risking my life, for nothing is hidden from the king. And you would have just stood there!"

14-15 Joab said, "I can't waste my time with you." He then grabbed three knives and stabbed Absalom in the heart while he was still alive in the tree; by then Absalom was surrounded by ten of Joab's armor bearers; they hacked away at him and killed him.

16-17 Joab then blew the ram's horn trumpet, calling off the army in its pursuit of Israel. They took Absalom, dumped him into a huge pit in the forest, and piled an immense mound of rocks over him.

Meanwhile the whole army of Israel was in flight, each man making his own way home.

18 While alive, Absalom had erected for himself a pillar in the Valley of the King, "because," he said, "I have no son to carry on my name." He inscribed the pillar with his own name. To this day it is called "The Absalom Memorial."

19-20 Ahimaaz, Zadok's son, said, "Let me run to the king and bring him the good news that GOD has delivered him from his enemies." But Joab said, "You're not the one to deliver the good news today; some other day, maybe, but it's not 'good news' today." (This was because the king's son was dead.)

21 Then Joab ordered a Cushite, "You go. Tell the king what you've seen."

"Yes sir," said the Cushite, and ran off.

22 Ahimaaz son of Zadok kept at it, begging Joab, "What does it matter? Let me run, too, following the Cushite."

Joab said, "Why all this 'Run, run'? You'll get no thanks for it, I can tell you."

23 "I don't care; let me run."

"Okay," said Joab, "run." So Ahimaaz ran, taking the lower valley road, and passed the Cushite.

24-25 David was sitting between the two gates. The

"좋다. 가거라." 요압이 말했다. 그래서 아히마아스는 아래 골짜기 길로 달려가 구스 사람을 앞질렀다.
24-25 다윗은 두 문 사이에 앉아 있었다. 초병이 문 위의 성벽에 올라가 사방을 둘러보고 있는데, 달려오는 사람 하나가 보였다. 초병은 아래를 향해 왕에게 외쳤다. 왕이 말했다. "혼자라면 틀림없이 기쁜 소식이다!"
25-26 달려오던 사람이 가까워질 즈음에 초병은 또 다른 사람이 달려오는 것을 보고 문 쪽에 대고 외쳤다. "또 다른 사람이 달려오고 있습니다."
그러자 왕이 말했다. "이것도 틀림없이 기쁜 소식이다."
27 그때 초병이 말했다. "첫 번째 사람을 보니, 뛰는 것이 사독의 아들 아히마아스 같습니다."
왕이 말했다. "그는 좋은 사람이다. 반드시 기쁜 소식을 가져올 것이다."
28 그때 아히마아스가 큰소리로 왕에게 말했다. "평안하시기를 빕니다!" 그는 얼굴을 땅에 대고 왕 앞에 엎드려 절했다. "왕의 하나님을 찬양합니다. 내 주인이신 왕께 반역한 자들을 그분께서 왕의 손에 넘겨주셨습니다."
29 왕이 물었다. "그런데 어린 압살롬은 괜찮으냐?"
아히마아스가 말했다. "요압이 저를 보낼 때 제가 큰 소동을 보았으나, 무슨 일인지는 모르겠습니다."
30 왕이 말했다. "비켜나 옆에 서 있거라." 그는 비켜났다.
31 그때 구스 사람이 도착하여 말했다. "내 주인인 왕이시여, 기쁜 소식입니다! 오늘 하나님께서 왕에게 반역한 모든 자를 제압하고 왕에게 승리를 안겨주셨습니다!"
32 왕이 말했다. "그런데 어린 압살롬은 괜찮으냐?"
그러자 구스 사람이 대답했다. "내 주인이신 왕의 모든 원수와 왕을 대적하여 일어나는 모든 악한 자가 그 젊은이처럼 되기를 원합니다."

33 이 말을 듣고 충격을 받은 왕은 마음이 찢어질 듯 아파서, 문 위의 방으로 올라가 슬피 울었다. 그는 울면서 이렇게 부르짖었다.

내 아들 압살롬아, 내 사랑하는 아들 압살롬아!
차라리 너 대신 내가 죽을 것을, 어찌해서 너란 말이냐.
압살롬아, 내 사랑하는 아들아!

sentry had gone up to the top of the gate on the wall and looked around. He saw a solitary runner. The sentry called down and told the king. The king said, "If he's alone, it must be good news!"
25-26 As the runner came closer, the sentry saw another runner and called down to the gate, "Another runner all by himself."
And the king said, "This also must be good news."
27 Then the sentry said, "I can see the first man now; he runs like Ahimaaz son of Zadok."
"He's a good man," said the king. "He's bringing good news for sure."
28 Then Ahimaaz called out and said to the king, "Peace!" Then he bowed deeply before the king, his face to the ground. "Blessed be your GOD; he has handed over the men who rebelled against my master the king."
29 The king asked, "But is the young man Absalom all right?"
Ahimaaz said, "I saw a huge ruckus just as Joab was sending me off, but I don't know what it was about."
30 The king said, "Step aside and stand over there." So he stepped aside.
31 Then the Cushite arrived and said, "Good news, my master and king! GOD has given victory today over all those who rebelled against you!"
32 "But," said the king, "is the young man Absalom all right?"
And the Cushite replied, "Would that all of the enemies of my master the king and all who maliciously rose against you end up like that young man."

33 The king was stunned. Heartbroken, he went up to the room over the gate and wept. As he wept he cried out,

O my son Absalom, my dear, dear son Absalom!
Why not me rather than you, my death and not yours,
O Absalom, my dear, dear son!

다윗이 압살롬의 죽음을 슬퍼하다

19 1-4 요압은 다윗이 압살롬 때문에 울며 슬퍼하고 있다는 말을 들었다. "왕께서 아들 때문에 슬퍼하고 계시다"는 말이 군사들 사이에 두루 퍼지면서 승리의 날이 애도의 날로 바뀌었다. 그날 군사들은 뿔뿔이 흩어져 성으로 돌아왔는데, 사기가 꺾이고 기가 죽어 있었다. 그런데도 왕은 얼굴을 두 손에 묻고 큰소리로 슬퍼했다.

내 아들 압살롬아,
압살롬, 내 사랑하는 아들아!

5-7 요압이 은밀히 왕을 나무랐다. "왕의 아들딸과 아내와 첩들의 목숨은 물론이요 왕의 목숨까지 구한 충성스런 신하들을 이렇게 맥 빠지게 하시다니, 정말 해도 너무하십니다. 왕을 미워하는 사람은 사랑하시고 왕을 사랑하는 사람은 미워하시니, 이게 어찌 된 일입니까? 지금 왕의 행동은 지휘관과 군사들이 왕께 아무 의미가 없다는 메시지를 전해 주고 있습니다. 압살롬이 살아 있고 우리가 다 죽었으면 기쁘셨겠습니까? 정신 차리십시오. 밖으로 나가 왕의 신하들에게 용기를 북돋아 주십시오! 하나님께 맹세하는데, 왕께서 그들에게 가지 않으시면 그들이 왕을 떠나 버릴 것입니다. 해가 질 무렵에는 단 한 명의 군사도 이곳에 남아 있지 않을 것입니다. 그렇게 되면 지금까지와는 비교할 수 없는 최악의 사태가 벌어지게 될 것입니다."
8 그러자 왕이 밖으로 나가 성문에 자리했다. 곧 모두가 알아보고 말했다. "보아라! 왕이 우리를 보러 나오셨다." 그의 모든 군대가 나와 왕 앞에 모습을 보였다. 그러나 이스라엘 사람들은 이미 전쟁터에서 도망쳐 각자 집으로 돌아갔다.
9-10 한편, 이스라엘 백성이 지도자들에게 불평했다. "원수들의 손에서 우리를 여러 번 구하고 블레셋 사람의 손에서 우리를 구한 분은 왕이 아니십니까? 그 왕이 지금 압살롬 때문에 이 나라를 떠나셨습니다. 그리고 우리가 왕으로 삼았던 압살롬은 전쟁터에서 죽었습니다. 여러분은 무엇을 기다리고 있습니까? 어찌하여 왕을 다시 모셔 오지 않습니까?"
11-13 다윗이 그 말을 듣고 두 제사장 사독과 아비아달에게 말을 전했다. "유다 장로들에게 이렇게 물으십시오. '여러분은 어째서 왕을 궁으로 다시 모셔 오는 일을 주저합니까? 여러분은 내 형제들입니다! 내 혈육입니다! 그런데 어째서 왕을 궁으로 다시

David's Grief for Absalom

19 1-4 Joab was told that David was weeping and lamenting over Absalom. The day's victory turned into a day of mourning as word passed through the army, "David is grieving over his son." The army straggled back to the city that day demoralized, dragging their tails. And the king held his face in his hands and lamented loudly,

O my son Absalom,
Absalom my dear, dear son!

5-7 But in private Joab rebuked the king: "Now you've done it—knocked the wind out of your loyal servants who have just saved your life, to say nothing of the lives of your sons and daughters, wives and concubines. What is this—loving those who hate you and hating those who love you? Your actions give a clear message: officers and soldiers mean nothing to you. You know that if Absalom were alive right now, we'd all be dead—would that make you happy? Get hold of yourself; get out there and put some heart into your servants! I swear to GOD that if you don't go to them they'll desert; not a soldier will be left here by nightfall. And that will be the worst thing that has happened yet."
8 So the king came out and took his place at the city gate. Soon everyone knew: "Oh, look! The king has come out to receive us." And his whole army came and presented itself to the king. But the Israelites had fled the field of battle and gone home.
9-10 Meanwhile, the whole populace was now complaining to its leaders, "Wasn't it the king who saved us time and again from our enemies, and rescued us from the Philistines? And now he has had to flee the country on account of Absalom. And now this Absalom whom we made king is dead in battle. So what are you waiting for? Why don't you bring the king back?"
11-13 When David heard what was being said, he sent word to Zadok and Abiathar, the priests, "Ask the elders of Judah, 'Why are you so

모셔 오는 일을 맨 마지막에 하려고 합니까?' 아마사에게도 이렇게 전하십시오. '그대도 내 혈육이오. 하나님께서 내 증인이시거니와, 내가 그대를 요압을 대신하여 군사령관으로 삼겠소.'"

14 다윗은 모든 유다 사람의 마음을 사로잡았다. 그들은 왕에게 사람을 보내어 한마음 한뜻으로 말했다. "왕과 왕의 모든 신하는 돌아오십시오."

15-18 그래서 왕은 돌아왔다. 그가 요단 강에 이르렀을 때, 유다 사람들이 왕을 환영하고 호위해서 요단 강을 건너기 위해 길갈에 와 있었다. 바후림 출신의 베냐민 사람 게라의 아들 시므이도 급히 내려와 유다 사람과 합세했고, 베냐민 사람 천 명과 함께 왕을 맞았다. 사울의 종 시바도 아들 열다섯 명과 종 스무 명을 데리고 요단 강을 건너와 왕을 맞았고, 왕과 함께한 측근들이 강을 건너는 일을 도와 힘닿는 대로 왕을 편히 모셨다.

18-20 게라의 아들 시므이는 요단 강을 건너자마자 왕 앞에 엎드려 절하고 경의를 표하며 말했다. "내 주인이시여, 저를 나쁘게 생각하지 마십시오! 제 주인이신 왕께서 예루살렘을 떠나시던 날 제가 무책임하게 벌인 일을 눈감아 주시고, 그 일로 저를 나쁘게 보지 말아 주십시오. 제가 지은 죄를 잘 압니다. 하지만 지금 저를 보십시오. 요셉의 모든 지파 중에서 가장 먼저 내려와 내 주인이신 왕을 다시 영접합니다!"

21 스루야의 아들 아비새가 끼어들었다. "더는 못 듣겠습니다! 우리가 이 자를 당장 죽여야 하지 않겠습니까? 이 자는 하나님의 기름부음 받은 왕을 저주한 자입니다!"

22 그러나 다윗이 말했다. "너희 스루야의 아들들은 어찌하여 이토록 고집스럽게 싸우기를 좋아하느냐? 내가 다시 이스라엘의 왕이 되었으니, 오늘은 아무도 죽이지 않을 것이다!"

23 그러고 나서 왕은 시므이를 보며 "너는 죽지 않을 것이다" 하고 그에게 약속해 주었다.

24-25 사울의 손자 므비보셋이 예루살렘에서 도착하여 왕을 맞았다. 왕이 떠나던 날부터 무사히 돌아온 날까지, 그는 머리도 빗지 않고 수염도 다듬지 않고 옷도 빨아 입지 않았다. 왕이 말했다. "므비보셋, 너는 어찌하여 나와 함께 가지 않았느냐?"

26-28 그가 말했다. "내 주인인 왕이시여, 제 종이 저를 배반했습니다. 왕께서 아시는 것처럼, 저는 다리가 성치 못하므로 나귀를 타고 왕과 함

laggard in bringing the king back home? You're my brothers! You're my own flesh and blood! So why are you the last ones to bring the king back home?' And tell Amasa, 'You, too, are my flesh and blood. As God is my witness, I'm making you the permanent commander of the army in place of Joab.'"

14 He captured the hearts of everyone in Judah. They were unanimous in sending for the king: "Come back, you and all your servants."

15-18 So the king returned. He arrived at the Jordan just as Judah reached Gilgal on their way to welcome the king and escort him across the Jordan. Even Shimei son of Gera, the Benjaminite from Bahurim, hurried down to join the men of Judah so he could welcome the king, a thousand Benjaminites with him. And Ziba, Saul's steward, with his fifteen sons and twenty servants, waded across the Jordan to meet the king and brought his entourage across, doing whatever they could to make the king comfortable.

18-20 Shimei son of Gera bowed deeply in homage to the king as soon as he was across the Jordan and said, "Don't think badly of me, my master! Overlook my irresponsible outburst on the day my master the king left Jerusalem—don't hold it against me! I know I sinned, but look at me now—the first of all the tribe of Joseph to come down and welcome back my master the king!"

21 Abishai son of Zeruiah interrupted, "Enough of this! Shouldn't we kill him outright? Why, he cursed GOD's anointed!"

22 But David said, "What is it with you sons of Zeruiah? Why do you insist on being so contentious? Nobody is going to be killed today. I am again king over Israel!"

23 Then the king turned to Shimei, "You're not going to die." And the king gave him his word.

24-25 Next Mephibosheth grandson of Saul arrived from Jerusalem to welcome the king. He hadn't combed his hair or trimmed his beard or washed his clothes from the day the king left until the day he returned safe and sound. The king said, "And why didn't you come with me, Mephibosheth?"

26-28 "My master the king," he said, "my servant betrayed me. I told him to saddle my donkey so I

께 가려고 종에게 나귀에 안장을 지우라고 했습니다. 그런데 그가 저에 대해서 왕께 거짓을 고했습니다. 내 주인이신 왕께서는 하나님의 천사와 같으셔서, 무엇이 옳은지 아시고 그 옳은 일을 행하시는 분입니다. 제 아버지 집 사람들은 모두 죽을 운명이 아니었습니까? 그런데 왕께서 저를 받아 주시고 왕의 식탁에서 먹게 해주셨습니다. 제가 그 이상 무엇을 더 바라거나 구할 수 있겠습니까?"

29 왕이 말했다. "됐다. 더 말하지 마라. 내 결정은 이러하다. 너는 시바와 재산을 나누어 가져라."

30 므비보셋이 말했다. "재산은 다 시바에게 주십시오! 다만 제가 걱정하는 것은 내 주인이신 왕께서 무사히 왕궁으로 돌아오시는 것뿐이었습니다!"

31-32 길르앗 사람 바르실래가 로글림에서 내려와, 왕과 함께 요단 강을 건너며 왕을 배웅했다. 바르실래는 나이가 여든 살로 매우 늙었다! 그는 큰 부자였으므로 왕이 마하나임에 있는 동안 왕에게 필요한 것들을 공급했다.

33 왕이 바르실래에게 말했다. "나와 함께 예루살렘으로 갑시다. 내 그대를 보살펴 드리리다."

34-37 그러나 바르실래는 그 제안을 사양했다. "제가 왕과 함께 예루살렘에 간다 한들 얼마나 더 살겠습니까? 제 나이가 여든이니 이제는 누구에게도 그다지 쓸모가 없습니다. 음식 맛도 모르고 풍악소리도 듣지 못합니다. 그런데 어쩌자고 내 주인이신 왕께 짐을 얹어 드리겠습니까? 저는 그저 왕과 함께 요단 강을 건너고 싶을 뿐입니다. 대단한 일은 아니지요. 저는 돌아가 제 고향에서 죽어 부모와 함께 묻힐 것입니다. 하지만 여기 제 종 김함이 있으니, 저 대신 그를 데려가 주십시오. 그를 잘 대해 주십시오!"

38 왕이 말했다. "알겠소. 김함이 나와 함께 갈 것이오. 그에게 잘 대해 주리다! 그 밖에도 그대가 생각하는 것이 있으면, 그것도 해드리겠소."

39-40 군대가 요단 강을 건넜으나 왕은 중간에 남았다. 왕은 바르실래에게 입을 맞추며 축복했고, 그는 집으로 돌아갔다. 그러고 나서 왕은 김함과 함께 길갈로 건너갔다.

40-41 유다의 온 군대와 이스라엘 군대의 절반이 왕과 함께 행진했다. 이스라엘 사람들이 왕에게 와서 말했다. "어찌하여 우리의 형제인 유다 사람들이 나서서 왕이 마치 자신들의 소유라도 되는 것처럼, 왕과 그 가족과 측근들을 호위하여

could ride it and go with the king, for, as you know, I am lame. And then he lied to you about me. But my master the king has been like one of God's angels: he knew what was right and did it. Wasn't everyone in my father's house doomed? But you took me in and gave me a place at your table. What more could I ever expect or ask?"

29 "That's enough," said the king. "Say no more. Here's my decision: You and Ziba divide the property between you."

30 Mephibosheth said, "Oh, let him have it all! All I care about is that my master the king is home safe and sound!"

31-32 Barzillai the Gileadite had come down from Rogelim. He crossed the Jordan with the king to give him a good send-off. Barzillai was a very old man—eighty years old! He had supplied the king's needs all the while he was in Mahanaim since he was very wealthy.

33 "Join me in Jerusalem," the king said to Barzillai. "Let me take care of you."

34-37 But Barzillai declined the offer, "How long do you think I'd live if I went with the king to Jerusalem? I'm eighty years old and not much good anymore to anyone. Can't taste food; can't hear music. So why add to the burdens of my master the king? I'll just go a little way across the Jordan with the king. But why would the king need to make a great thing of that? Let me go back and die in my hometown and be buried with my father and mother. But my servant Kimham here; let him go with you in my place. But treat him well!"

38 The king said, "That's settled; Kimham goes with me. And I will treat him well! If you think of anything else, I'll do that for you, too."

39-40 The army crossed the Jordan but the king stayed. The king kissed and blessed Barzillai, who then returned home. Then the king, Kimham with him, crossed over at Gilgal.

40-41 The whole army of Judah and half the army of Israel processed with the king. The men of Israel came to the king and said, "Why have our brothers, the men of Judah, taken over as if they owned the king, escorting the king and his family and close associates across the Jordan?"

요단 강을 건넜습니까?"
42 유다 사람들이 반박했다. "왕이 우리의 친척이어서 그랬소! 그게 어쨌다고 소란을 피우는 것이오? 그 일로 우리가 특별대우를 받은 것이 있소? 당신들 보기에도 없지 않소?"
43 이스라엘 사람들이 되받았다. "당신들은 한 몫뿐이지만 우리는 왕에게 열 몫을 요구할 수 있소. 그뿐 아니라 우리가 맏아들이오. 그런데 어찌하여 우리가 조연을 맡아야 하는 것이오? 왕을 다시 모셔오자는 것도 우리가 먼저 생각해 냈소."
그러나 유다 사람들의 태도가 이스라엘 사람들보다 더 강경했다.

20 1 그때에 베냐민 사람 비그리의 아들 세바라는 건달 하나가 숫양 뿔나팔을 불며 큰소리로 외쳤다.

우리는 다윗과 아무 상관이 없으며,
이새의 아들에게는 우리의 미래가 없다!
이스라엘아, 여기서 나가자. 각자 자기 장막으로 돌아가자!

2-3 그래서 이스라엘 사람들은 모두 다윗을 버리고 비그리의 아들 세바를 따라갔다. 그러나 유다 사람들은 요단 강에서 예루살렘에 이르기까지 왕의 곁에 남아서 충성을 다했다. 예루살렘 궁에 도착한 다윗 왕은, 왕궁을 지키도록 남겨 두었던 후궁 열 명을 데려다 격리시키고 그들을 감시하게 했다. 그들에게 필요한 것은 주었지만 그들을 찾아가지는 않았다. 그들은 죽는 날까지 죄수처럼 갇혀서 평생을 생과부로 지냈다.
4-10 왕이 아마사에게 명령했다. "나를 위해 사흘 안에 유다 사람들을 소집하고 그대도 함께 오시오." 아마사가 왕의 명령을 수행하러 나갔으나, 복귀가 늦어졌다. 그래서 다윗은 아비새에게 말했다. "비그리의 아들 세바는 압살롬보다 더 큰 해를 우리에게 끼칠 것이오. 그가 우리의 손이 닿지 못하는 요새 성읍으로 숨기 전에, 나의 부하들을 데리고 가서 그를 추적하시오." 그래서 요압의 부하들과 그렛 사람과 블렛 사람 등 모든 정예군이 아비새의 지휘 아래 비그리의 아들 세바를 추적하러 예루살렘을 떠났다. 그들이 기브온 바위 근처에 이르렀을 때, 마침 아마사가 그들 쪽으로 다가왔다. 요압은 군복을 입고 칼이 든 칼집을 허리에 차고 있었는

42 The men of Judah retorted, "Because the king is related to us, that's why! But why make a scene? You don't see us getting treated special because of it, do you?"
43 The men of Israel shot back, "We have ten shares in the king to your one. Besides we're the firstborn—so why are we having to play second fiddle? It was our idea to bring him back."
But the men of Judah took a harder line than the men of Israel.

20 1 Just then a good-for-nothing named Sheba son of Bicri the Benjaminite blew a blast on the ram's horn trumpet, calling out,

We've got nothing to do with David,
there's no fusture for us with the son of Jesse!
Let's get out of here, Israel—head for your tents!

2-3 So all the men of Israel deserted David and followed Sheba son of Bicri. But the men of Judah stayed committed, sticking with their king all the way from the Jordan to Jerusalem. When David arrived home in Jerusalem, the king took the ten concubines he had left to watch the palace and placed them in seclusion, under guard. He provided for their needs but didn't visit them. They were virtual prisoners until they died, widows as long as they lived.
4-10 The king ordered Amasa, "Muster the men of Judah for me in three days; then report in." Amasa went to carry out his orders, but he was late reporting back. So David told Abishai, "Sheba son of Bicri is going to hurt us even worse than Absalom did. Take your master's servants and hunt him down before he gets holed up in some fortress city where we can't get to him." So under Abishai's command, all the best men—Joab's men and the Kerethites and Pelethites—left Jerusalem to hunt down Sheba son of Bicri. They were near the boulder at Gibeon when Amasa came their way. Joab was wearing a tunic with a sheathed sword strapped on his waist, but the

데, 칼이 빠져나와 땅에 떨어졌다. 요압은 아마사에게 "잘 있었는가, 형제여?" 하고 인사한 뒤에, 그에게 입을 맞추려는 체하며 오른손으로 아마사의 수염을 잡았다. 아마사는 요압의 다른 손에 칼이 있는 것을 보지 못했다. 요압이 아마사의 배를 찌르자 창자가 땅에 쏟아졌다. 다시 찌를 필요도 없이 그가 죽었다. 그러고 나서 요압과 그의 동생 아비새는 계속해서 비그리의 아들 세바를 쫓아갔다.

11-14 요압의 군사 가운데 하나가 아마사의 주검 위에 버티고 서서 외쳤다. "누구든지 요압의 편에서 다윗을 지지하는 자는 요압을 따르라!" 하고 소리를 질렀다. 아마사가 피가 흥건히 고인 채 길 한복판에 누워 있었으므로, 요압은 군대가 걸음을 멈추고 쳐다보지 못하도록 아마사의 주검을 밭으로 치워 놓고 담요로 덮었다. 그가 길에서 시체를 치우자마자, 군사들은 다시 요압을 따라 비그리의 아들 세바를 추적했다. 세바는 이스라엘의 모든 지파를 두루 다니다가 아벨벳마아가까지 갔다. 비그리 집안 사람들이 모두 모여 그를 따라 성으로 들어갔다.

15 요압의 군대가 도착하여 아벨벳마아가에서 세바를 포위했다. 그들은 성을 마주보고 공격용 보루를 쌓았다. 성벽을 무너뜨릴 작정이었다.

16-17 그러나 한 영리한 여인이 성에서 큰소리로 외쳤다. "모두들 들어 보십시오! 내가 할 말이 있으니, 요압 장군께 이리 가까이 오시라고 전해 주십시오." 요압이 다가오자 여인이 말했다. "요압 장군이십니까?"

그가 말했다. "그렇소."

여인이 말했다. "그렇다면 내 말을 잘 들어 보십시오."

그가 말했다. "듣고 있소."

18-19 "이 지방의 옛말에 답을 원하거든 아벨로 가서 해결하라고 했습니다. 이곳에 사는 우리는 평화롭고 믿을 수 있는 사람들입니다. 그런데 장군께서 와서 이스라엘의 어머니 같은 성읍을 허물려고 하십니다. 어찌하여 하나님께서 주신 유산을 망치려 하십니까?"

20-21 요압이 항변했다. "정말로 나를 완전히 오해하고 있소. 나는 누구를 해치거나 무엇을 부수려고 여기 온 것이 아니오! 에브라임 산지 출신의 한 사람, 비그리의 아들 세바라는 사람이 다윗 왕에게 반란을 일으켰소. 그 사람만 넘겨주면 우리는 이곳을 떠나겠소."

여인이 요압에게 말했다. "좋습니다. 성벽에서 그

sword slipped out and fell to the ground. Joab greeted Amasa, "How are you, brother?" and took Amasa's beard in his right hand as if to kiss him. Amasa didn't notice the sword in Joab's other hand. Joab stuck him in the belly and his guts spilled to the ground. A second blow wasn't needed; he was dead. Then Joab and his brother Abishai continued to chase Sheba son of Bicri.

11-14 One of Joab's soldiers took up his post over the body and called out, "Everyone who sides with Joab and supports David, follow Joab!" Amasa was lying in a pool of blood in the middle of the road; the man realized that the whole army was going to stop and take a look, so he pulled Amasa's corpse off the road into the field and threw a blanket over him so it wouldn't collect spectators. As soon as he'd gotten him off the road, the traffic flowed normally, following Joab in the chase after Sheba son of Bicri. Sheba passed through all the tribes of Israel as far as Abel Beth Maacah; all the Bicrites clustered and followed him into the city.

15 Joab's army arrived and laid siege to Sheba in Abel Beth Maacah. They built a siege-ramp up against the city's fortification. The plan was to knock down the wall.

16-17 But a shrewd woman called out from the city, "Listen, everybody! Please tell Joab to come close so I can talk to him." When he had come, the woman said, "Are you Joab?"

He said, "I am."

"Then," she said, "listen to what I have to say."

He said, "I'm listening."

18-19 "There's an old saying in these parts: 'If it's answers you want, come to Abel and get it straight.' We're a peaceful people here, and reliable. And here you are, trying to tear down one of Israel's mother cities. Why would you want to mess with GOD's legacy like that?"

20-21 Joab protested, "Believe me, you've got me all wrong. I'm not here to hurt anyone or destroy anything–not on your life! But a man from the hill country of Ephraim, Sheba son of Bicri by name, revolted against King David; hand him over, him only, and we'll get out of here."

의 머리를 장군께 던지겠습니다."
22 여인이 성 안의 사람들에게 자신의 전략을 설명하자 사람들은 그 말대로 했다. 그들은 비그리의 아들 세바의 목을 베어 요압에게 던졌다. 요압이 숫양 뿔나팔을 부니 군사들이 모두 집으로 돌아갔다. 요압은 왕이 있는 예루살렘으로 돌아갔다.

23-26 요압은 다시 이스라엘 온 군대의 사령관이 되었다. 여호야다의 아들 브나야는 그렛 사람과 블렛 사람을 관할했고, 아도니람은 노역자들을 감독했다. 아힐룻의 아들 여호사밧은 기록관, 스와는 서기관, 사독과 아비아달은 제사장, 야일 사람 이라는 다윗의 제사장이 되었다.

기근과 전쟁

21 1 다윗의 시대에 기근이 들었다. 기근은 해를 거듭하며 삼 년이나 이어졌다. 다윗이 하나님께 나아가 그 원인을 여쭈었다. 하나님께서 말씀하셨다. "사울이 기브온 사람을 함부로 죽이던 때부터 사울과 그의 집안이 손에 묻힌 피 때문이다."
2 그래서 왕은 기브온 사람을 불러 모아 물었다. (기브온 사람은 본래 이스라엘 자손이 아니라 아모리 사람 가운데 살아남은 자들로서, 이스라엘과 맺은 조약에 따라 보호를 받고 있었다. 그런데 이스라엘과 유다의 명예에 광적으로 집착하던 사울이 그들을 모두 죽여 없애려고 했다.)
3 다윗이 기브온 사람에게 말했다. "내가 당신들에게 무엇을 해주면 좋겠소? 내가 무엇으로 보상해야 당신들이 하나님께서 유산으로 주신 이 땅과 백성을 축복할 수 있겠소?"
4 기브온 사람이 대답했다. "우리는 사울과 그 집안의 돈을 바라지 않습니다. 이스라엘 사람 아무나 죽이는 것도 우리가 원하는 바가 아닙니다."
그러나 다윗은 집요하게 물었다. "내가 당신들에게 해주어야 할 일이 무엇이란 말이오?"
5-6 그러자 그들이 왕에게 말했다. "우리를 없애려 했고 이스라엘에서 아예 씨를 말리려 했던 사람이 있었습니다. 그 사람의 자손 가운데 남자 일곱 명을 우리에게 넘겨주시면, 우리가 그들을 하나님 앞에서 처형하되, 사울이 살던 기브아, 곧 거룩한 산에서 그들의 목을 매어 달겠습니다."
그러자 다윗이 동의했다. "내가 그들을 당신들에게 넘겨주겠소."

The woman told Joab, "Sounds good. His head will be tossed to you from the wall."
22 The woman presented her strategy to the whole city and they did it: They cut off the head of Sheba son of Bicri and tossed it down to Joab. He then blew a blast on the ram's horn trumpet and the soldiers all went home. Joab returned to the king in Jerusalem.

23-26 Joab was again commander of the whole army of Israel. Benaiah son of Jehoiada was over the Kerethites and Pelethites; Adoniram over the work crews; Jehoshaphat son of Ahilud was clerk; Sheva was historian; Zadok and Abiathar were priests; Ira the Jairite was David's chaplain.

Famine and War

21 1 There was a famine in David's time. It went on year after year after year—three years. David went to GOD seeking the reason.
GOD said, "This is because there is blood on Saul and his house, from the time he massacred the Gibeonites."
2 So the king called the Gibeonites together for consultation. (The Gibeonites were not part of Israel; they were what was left of the Amorites, and protected by a treaty with Israel. But Saul, a fanatic for the honor of Israel and Judah, tried to kill them off.)
3 David addressed the Gibeonites: "What can I do for you? How can I compensate you so that you will bless GOD's legacy of land and people?"
4 The Gibeonites replied, "We don't want any money from Saul and his family. And it's not up to us to put anyone in Israel to death."
But David persisted: "What are you saying I should do for you?"
5-6 Then they told the king, "The man who tried to get rid of us, who schemed to wipe us off the map of Israel—well, let seven of his sons be handed over to us to be executed—hanged before GOD at Gibeah of Saul, the holy mountain."
And David agreed, "I'll hand them over to you."
7-9 The king spared Mephibosheth son of Jonathan, the son of Saul, because of the promise David and

7-9 왕은 하나님 앞에서 요나단과 했던 약속 때문에 사울의 손자요 요나단의 아들인 므비보셋은 살려 두었다. 대신에 아야의 딸 리스바가 낳은 사울의 두 아들인 알모니와 므비보셋, 사울의 딸 메랍이 므홀랏 사람 바르실래의 아들인 아드리엘과의 사이에서 낳은 다섯 아들을 뽑았다. 왕이 그들을 기브온 사람에게 넘겨주자 기브온 사람이 그들을 산 위 하나님 앞에서 목을 매어 다니, 일곱이 모두 함께 죽었다. 그들이 처형된 때는 추수가 막 시작될 무렵, 보리 수확에 들어갈 때였다.

10 아야의 딸 리스바는 굵은 베를 가져다가 자신을 위해 바위 위에 펼쳐 놓고, 추수가 시작될 때부터 호우가 쏟아질 때까지 낮에는 주검에 새가 앉지 못하게 하고 밤에는 들짐승이 범하지 못하게 했다.

11-14 다윗은 아야의 딸이요 사울의 첩인 리스바가 한 이 일을 전해 듣고, 야베스 길르앗 지도자들에게 가서 사울과 그의 아들 요나단의 유해를 찾아왔다(전에 블레셋 사람이 길보아에서 사울과 요나단을 죽인 뒤에 벳산 성읍 광장에 매달았는데, 야베스 길르앗 지도자들이 거기서 그들의 주검을 거두어 왔다). 다윗은 두 사람의 유해를 가져와 얼마 전 사람들이 목 매어 달아 죽인 일곱 사람의 주검과 함께 두었다. 그리고 그 주검들을 베냐민 땅으로 다시 옮겨 사울의 아버지 기스의 묘지에 잘 묻어 주었다.

백성은 왕의 명령대로 다 행했다. 이로써 문제가 해결되어, 그때부터 하나님께서 그 땅을 위한 이스라엘의 기도에 응답하셨다.

15-17 블레셋 사람과 이스라엘 사이에 다시 전쟁이 벌어지자, 다윗과 그의 부하들이 내려가 싸웠다. 다윗은 몹시 지쳐 있었다. 라파 자손의 용사 이스비브놉이 무게가 4킬로그램에 가까운 창을 들고 새 갑옷을 입고 나와 자기가 다윗을 죽이겠다고 큰소리쳤다. 그러자 스루야의 아들 아비새가 가서, 다윗을 구하고 그 블레셋 사람을 쳐죽였다.

다윗의 부하들은 그에게 맹세하며 말했다. "왕께서는 더 이상 전선에 나오지 마십시오! 이스라엘의 등불이 꺼져서는 안됩니다!"

18 그 후에 곱에서 다시 블레셋 사람과 작은 충돌이 있었다. 그때 후사 사람 십브개가 삽을 죽였는데, 삽도 라파 자손의 또 다른 용사였다.

19 곱에서 블레셋 사람과 또다시 전투할 때, 베들

Jonathan had spoken before GOD. But the king selected Armoni and Mephibosheth, the two sons that Rizpah daughter of Aiah had borne to Saul, plus the five sons that Saul's daughter Merab had borne to Adriel son of Barzillai the Meholathite. He turned them over to the Gibeonites who hanged them on the mountain before GOD—all seven died together. Harvest was just getting underway, the beginning of the barley harvest, when they were executed.

10 Rizpah daughter of Aiah took rough burlap and spread it out for herself on a rock from the beginning of the harvest until the heavy rains started. She kept the birds away from the bodies by day and the wild animals by night.

11-14 David was told what she had done, this Rizpah daughter of Aiah and concubine of Saul. He then went and got the remains of Saul and Jonathan his son from the leaders at Jabesh Gilead (who had rescued them from the town square at Beth Shan where the Philistines had hung them after striking them down at Gilboa). He gathered up their remains and brought them together with the dead bodies of the seven who had just been hanged. The bodies were taken back to the land of Benjamin and given a decent burial in the tomb of Kish, Saul's father.

They did everything the king ordered to be done. That cleared things up: from then on God responded to Israel's prayers for the land.

15-17 War broke out again between the Philistines and Israel. David and his men went down to fight. David became exhausted. Ishbi-Benob, a warrior descended from Rapha, with a spear weighing nearly eight pounds and outfitted in brand-new armor, announced that he'd kill David. But Abishai son of Zeruiah came to the rescue, struck the Philistine, and killed him.

Then David's men swore to him, "No more fighting on the front-lines for you! Don't snuff out the lamp of Israel!"

18 Later there was another skirmish with the Philistines at Gob. That time Sibbecai the Hushathite killed Saph, another of the warriors descended

레헴의 베 짜는 사람인 야르의 아들 엘하난이 가드 사람 골리앗을 죽였는데, 골리앗의 창은 깃대만큼이나 컸다.
20-21 또 가드에서 싸움이 벌어졌을 때는 손가락과 발가락이 여섯 개씩 모두 스물네 개인 거인이 나왔다! 그도 라파 자손이었다. 그가 이스라엘을 모욕하자, 다윗의 형 시므아의 아들 요나단이 그를 죽였다.
22 이 네 사람은 가드 출신의 라파 자손으로, 모두 다윗과 그의 군사들에게 목숨을 잃었다.

다윗의 승전가

22

1 하나님께서 다윗을 모든 원수와 사울에게서 구해 주셨을 때에, 다윗은 이 노랫말로 하나님께 기도했다.

2-3 하나님은 내가 발 디딜 반석
내가 거하는 성채,
나를 구해 주시는 기사.
나, 높은 바위산 내 하나님께
죽기 살기로 달려가
그 병풍바위 뒤에 숨고
그 든든한 바위 속에 몸을 감춘다.
내 산꼭대기 피난처이신 그분께서
나를 무자비한 자들의 손에서 구해 주신다.

4 존귀한 찬송을 하나님께 부르며
나, 안전과 구원을 누린다.

5-6 죽음의 물결이 밀어닥치고
마귀의 물살이 나를 덮쳤다.
지옥 끈에 꽁꽁 묶이고
죽음의 덫에 갇혀 출구가 모조리 막혔다.

7 이리도 험악한 세상! 나는 하나님께 외쳤다.
나의 하나님을 소리쳐 불렀다.
그랬더니 하나님께서 그분의 왕궁에서 들으셨다.
내 부르짖음을 들으시고 나를 당신 앞에 불러 주셨다.
나를 독대해 주셨다!

8-16 땅이 진동하고 요동치며
하늘이 나뭇잎처럼 흔들렸다.
사시나무 떨듯 떨었다.

from Rapha.
19 At yet another battle with the Philistines at Gob, Elhanan son of Jaar, the weaver of Bethlehem, killed Goliath the Gittite whose spear was as big as a flagpole.
20-21 Still another fight broke out in Gath. There was a giant there with six fingers on his hands and six toes on his feet—twenty-four fingers and toes! He was another of those descended from Rapha. He insulted Israel, and Jonathan son of Shimeah, David's brother, killed him.
22 These four were descended from Rapha in Gath. And they all were killed by David and his soldiers.

22

1 David prayed to GOD the words of this song after GOD saved him from all his enemies and from Saul.

2-3 GOD is bedrock under my feet,
the castle in which I live,
my rescuing knight.
My God—the high crag
where I run for dear life,
hiding behind the boulders,
safe in the granite hideout;
My mountaintop refuge,
he saves me from ruthless men.

4 I sing to GOD the Praise-Lofty,
and find myself safe and saved.

5-6 The waves of death crashed over me,
devil waters rushed over me.
Hell's ropes cinched me tight;
death traps barred every exit.

7 A hostile world! I called to GOD,
to my God I cried out.
From his palace he heard me call;
my cry brought me right into his presence—
a private audience!

8-16 Earth wobbled and lurched;

그분께서 격노하셨기 때문이다.
코로 씩씩 연기를 내뿜으시고
입으로 불을 내뿜으셨다.
불 혀들이 널름거렸다.
하늘을 말아 내리고
땅을 밟으시니
땅 밑으로 심연이 패였다.
날개 돋친 생물을 타고,
바람날개를 타고 날아오르셨다.
먹구름을
외투로 두르셨다.
그러나 혜성처럼 거대한 불빛이 나타났다.
구름을 비집고 나오는 그분의 광채였다.
하나님께서 하늘에서 천둥소리를 내셨다.
높으신 하나님께서 고함을 지르셨다.
하나님께서 활을 쏘셨다. 일대 아수라장이 되었다!
번개를 내리꽂으셨다. 다들 혼비백산 달아났다!
하나님께서 노호하시며
폭풍 분노를 터뜨리시자,
대양의 숨은 원천이 드러나고
대지의 심부가 훤히 드러났다.

17-20 그러나 그분께서 나를 붙잡아 주셨다.
하늘에서 바다까지 손을 뻗어 끌어올려 주셨다.
그 증오의 바다에서, 원수가 일으킨 혼돈으로부터,
내가 빠져든 그 공허로부터.
쓰러진 나를 그들이 걷어찼지만,
하나님께서 내 곁을 지켜 주셨다.
그분께서 나를 탁 트인 들판에 세워 주셨다.
나, 구원받아 거기 섰다. 놀라운 사랑이여!

21-25 조각난 내 삶을 다 맡겨 드렸더니,
하나님께서 온전하게 만들어 주셨다.
내 행위를 깨끗이 하자,
새 출발을 허락해 주셨다.
진정, 나는 하나님의 도(道)에 늘 정신을 바짝 차렸고,
하나님을 예사롭게 여기지 않았다.
매일 나는 그분이 일하시는 방식을 유심히 살피며
하나도 놓치지 않으려 애쓴다.
다시 시작하는 마음으로
한 걸음 한 걸음 신중히 내딛는다.
내 마음을 열어 보여드리니
하나님께서 내 인생 이야기를 다시 써 주셨다.

the very heavens shook like leaves,
Quaked like aspen leaves
because of his rage.
His nostrils flared, billowing smoke;
his mouth spit fire.
Tongues of fire darted in and out;
he lowered the sky.
He stepped down;
under his feet an abyss opened up.
He rode a winged creature,
swift on wind-wings.
He wrapped himself
in a trenchcoat of black rain-cloud darkness.
But his cloud-brightness burst through,
a grand comet of fireworks.
Then GOD thundered out of heaven;
the High God gave a great shout.
God shot his arrows—pandemonium!
He hurled his lightnings—a rout!
The secret sources of ocean were exposed,
the hidden depths of earth lay uncovered
The moment GOD roared in protest,
let loose his hurricane anger.

17-20 But me he caught—reached all the way
from sky to sea; he pulled me out
Of that ocean of hate, that enemy chaos,
the void in which I was drowning.
They hit me when I was down,
but GOD stuck by me.
He stood me up on a wide-open field;
I stood there saved—surprised to be loved!

21-25 GOD made my life complete
when I placed all the pieces before him.
When I cleaned up my act,
he gave me a fresh start.
Indeed, I've kept alert to GOD's ways;
I haven't taken God for granted.
Every day I review the ways he works,
I try not to miss a trick.
I feel put back together,
and I'm watching my step.
GOD rewrote the text of my life
when I opened the book of my heart to his eyes.

26-28 주께서는 주를 붙드는 이들을 붙드시며,
주께 진실한 이들을 진실히 대하십니다.
주께서는 선한 이들을 선대하시며,
악한 이들은 짓궂게 괴롭히십니다.
주께서는 밟히는 이들의 편을 들어주시며,
콧대 높은 이들의 콧대를 꺾어 버리십니다.

29-31 하나님, 길에 돌연 주의 빛이 차오릅니다.
하나님께서 어둠을 몰아내 주십니다.
나, 날강도 떼를 박살내고
높디높은 담장도 뛰어넘습니다.
하나님은 얼마나 놀라우신가! 그분의 길은
쭉 뻗은 평탄대로.
하나님께서 가라 하시는 길은 모두 검증된 길.
그분은 누구든 달아나
몸을 숨길 수 있는 은신처.

32-46 하나님 같은 신이 있느냐?
우리의 반석이신 그분 같은 신이?
내 손에 무기를 쥐어 주시고
똑바로 겨누게 하시는 하나님 같은 신이?
나, 사슴처럼 뛰며,
산 정상에 올랐다.
그분이 내게 싸우는 법을 가르쳐 주셨다.
나, 청동활도 당길 수 있다!
주께서 내게 구원을 갑옷처럼 입혀 주십니다.
주께서 내 어깨를 두드려 주시자, 나는 거인이 된 듯한 기분입니다.
주께서 내가 선 땅을 든든하게 하시니,
내가 확고히 서서 흔들리지 않습니다.
내가 원수들을 뒤쫓아가, 그들을 붙잡았습니다.
그들이 기진하기까지 절대 놓지 않았습니다.
그들에게 강타를 먹이고, 그들을 아주 쓰러뜨렸습니다.
그런 다음 그들을 깔아뭉갰습니다.
주께서 나를 무장시켜 이 싸움을 하게 하셨습니다.
주께서 그 거만한 자들을 박살내셨습니다.
나의 원수들, 주님 앞에서 꽁무니를 빼고
나를 증오하던 그들, 내가 쓸어버렸습니다.
그들이 "형님!" 하고 외쳐 댔지만,
그들의 형님은 코빼기도 비치지 않았습니다.
하나님께도 소리를 질러 댔지만,
아무 대답도 듣지 못했습니다.
내가 그들을 가루로 만들어 바람에 날려 보냈습니다.

26-28 You stick by people who stick with you,
you're straight with people who're straight with you,
You're good to good people,
you shrewdly work around the bad ones.
You take the side of the down-and-out,
but the stuck-up you take down a peg.

29-31 Suddenly, GOD, your light floods my path,
GOD drives out the darkness.
I smash the bands of marauders,
I vault the high fences.
What a God! His road
stretches straight and smooth.
Every GOD-direction is road-tested.
Everyone who runs toward him
Makes it.

32-46 Is there any god like GOD?
Are we not at bedrock?
Is not this the God who armed me well,
then aimed me in the right direction?
Now I run like a deer;
I'm king of the mountain.
He shows me how to fight;
I can bend a bronze bow!
You protect me with salvation-armor;
you touch me and I feel ten feet tall.
You cleared the ground under me
so my footing was firm.
When I chased my enemies I caught them;
I didn't let go till they were dead men.
I nailed them; they were down for good;
then I walked all over them.
You armed me well for this fight;
you smashed the upstarts.
You made my enemies turn tail,
and I wiped out the haters.
They cried "uncle"
but Uncle didn't come;
They yelled for GOD
and got no for an answer.
I ground them to dust; they gusted in the wind.
I threw them out, like garbage in the gutter.

도랑에 오물 버리듯 그들을 내던졌습니다.
주께서 티격태격하는 백성에게서 나를 구하시고
뭇 민족의 지도자로 세워 주셨습니다.
내가 들어 보지도 못한 민족이 나를 섬겼습니다.
내 소문을 듣자마자 그들이 내게 항복해 왔습니다.
은신처에서 두 손 들고 떨며 나왔습니다.

47-51 하나님, 만세! 나의 반석,
나의 큰 구원이신 하나님께 찬양을!
그분께서 나를 위해 모든 일을 바로잡으시고
말대꾸하는 자들의 말문을 막아 버리셨다.
원수의 분노에서 나를 구해 주셨다.
주께서 나를 거만한 자들의 손아귀에서 빼내 주시고
깡패들에게서 구해 주셨다.
그러므로 내가 세상 뭇 백성이 보는 앞에서
주 하나님께 감사를 드립니다.
주님의 이름에 운을 달아
노래를 부릅니다.
하나님이 세우신 왕이 승리를 얻고
하나님이 택하신 이가 사랑을 받음이여,
다윗과 그 자손에게, 영원토록,
언제까지나.

23

1 이것은 다윗이 남긴 마지막 말이다.

이새의 아들의 소리다.
하나님께서 정상에 올리신 자,
야곱의 하나님께서 왕으로 세우신 자,
이스라엘에서 가장 이름난 노래꾼의 소리다!

2-7 하나님의 영이 나를 통해 말씀하셨다.
그분의 말씀이 내 혀를 움직여 나타나셨다.
이스라엘의 하나님이신 분께서 내게 말씀하셨다.
이스라엘의 반석이요 산이신 분께서 말씀하셨다.
"선정을 베풀며
하나님을 경외하는 통치자는
구름 한 점 없는 새벽하늘
서광 같고,
맑은 빗물 머금고 반짝이는
푸른 들판 같다."
나의 통치가 그러했다.
하나님께서 나와 굳은 언약을 맺으시고
분명히 설명해 주셨으며,

You rescued me from a squabbling people;
you made me a leader of nations.
People I'd never heard of served me;
the moment they got wind of me they submitted.
They gave up; they came trembling from their hideouts.

47-51 Live, GOD! Blessing to my Rock,
my towering Salvation-God!
This God set things right for me
and shut up the people who talked back.
He rescued me from enemy anger.
You pulled me from the grip of upstarts,
You saved me from the bullies.
That's why I'm thanking you, GOD,
all over the world.
That's why I'm singing songs
that rhyme your name.
God's king takes the trophy;
God's chosen is beloved.
I mean David and all his children—
always.

23

1 These are David's last words:

The voice of the son of Jesse,
the voice of the man God took to the top,
Whom the God of Jacob made king,
and Israel's most popular singer!

2-7 GOD's Spirit spoke through me,
his words took shape on my tongue.
The God of Israel spoke to me,
Israel's Rock-Mountain said,
"Whoever governs fairly and well,
who rules in the Fear-of-God,
Is like first light at daybreak
without a cloud in the sky,
Like green grass carpeting earth,
glistening under fresh rain."
And this is just how my regime has been,
for God guaranteed his covenant with me,
Spelled it out plainly

약속하신 말씀을 다 지켜 주셨기 때문이다.
나를 온전히 구원해 주시고,
내 소원을 남김없이 이루어 주셨다.
그러나 마귀의 심복들은
뽑힌 가시 더미 같다.
손대지 말고,
갈퀴나 괭이로 저만치 치워라.
그것들, 불에 타 장관을 이루리라!

❦

8 다윗이 거느린 용사들의 이름은 이러하다.
다그몬 사람 요셉밧세벳은 세 용사의 우두머리였다. 그는 창만 가지고 팔백 명과 맞붙어 하루만에 그들을 모두 죽였다.
9-10 아호아 사람 도도의 아들 엘르아살은 세 용사 가운데 두 번째였다. 그가 다윗과 함께 있을 때, 블레셋 사람이 바스담밈에서 그들을 조롱했다. 블레셋 사람이 전투태세를 갖추자, 이스라엘은 후퇴했다. 그러나 엘르아살은 버티고 서서 지칠 줄 모르고 블레셋 사람을 닥치는 대로 죽였다. 그는 절대로 칼을 놓지 않았다! 그날 하나님께서 큰 승리를 주셨다. 그 후에 군대가 다시 엘르아살에게 돌아왔으나 남은 일이라고는 뒤처리하는 것뿐이었다.
11-12 하랄 사람 아게의 아들 삼마는 세 용사 가운데 셋째였다. 블레셋 사람이 싸우려고 레히에 모였는데, 그곳에 팥을 가득 심은 밭이 있었다. 이스라엘이 블레셋 사람 앞에서 도망쳤으나, 삼마는 밭 한가운데 버티고 서서 블레셋 사람을 막아 냈고, 그들과 싸워 크게 이겼다. 하나님께서 또 한 번 큰 승리를 주셨다!
13-17 하루는 추수철에 이 세 용사가 삼십 인과 헤어져 아둘람 굴에 있는 다윗에게 합류했다. 블레셋 사람 한 무리가 이미 르바임 골짜기에 진을 치고 있었다. 다윗이 굴 속에 숨어 있는 동안 블레셋 사람은 베들레헴에 본부를 두고 있었다. 다윗이 갑자기 "베들레헴 성문 곁에 있는 우물물이 몹시 마시고 싶구나!" 하고 말했다. 그러자 세 용사가 블레셋 전선을 뚫고 들어가, 베들레헴 성문 곁에 있는 우물물을 길어서 다윗에게 가져왔다. 그러나 다윗은 그 물을 마시지 않고 하나님께 부어 드리며 말했다. "하나님, 저는 이 물을 마실 수 없습니다! 이것은 그저 물이 아니라 저들의 생명의 피입니다. 저들이 목숨을 걸고 가져온 것입니다!" 그는 끝내

and kept every promised word—
My entire salvation,
my every desire.
But the devil's henchmen are like thorns
culled and piled as trash;
Better not try to touch them;
keep your distance with a rake or hoe.
They'll make a glorious bonfire!

❦

8 This is the listing of David's top men.
Josheb-Basshebeth, the Tahkemonite. He was chief of the Three. He once put his spear to work against eight hundred—killed them all in a day.
9-10 Eleazar son of Dodai the Ahohite was the next of the elite Three. He was with David when the Philistines poked fun at them at Pas Dammim. When the Philistines drew up for battle, Israel retreated. But Eleazar stood his ground and killed Philistines right and left until he was exhausted—but he never let go of his sword! A big win for GOD that day. The army then rejoined Eleazar, but all there was left to do was the cleanup.
11-12 Shammah son of Agee the Hararite was the third of the Three. The Philistines had mustered for battle at Lehi, where there was a field full of lentils. Israel fled before the Philistines, but Shammah took his stand at the center of the field, successfully defended it, and routed the Philistines. Another great victory for GOD!
13-17 One day during harvest, the Three parted from the Thirty and joined David at the Cave of Adullam. A squad of Philistines had set up camp in the Valley of Rephaim. While David was holed up in the Cave, the Philistines had their base camp in Bethlehem. David had a sudden craving and said, "Would I ever like a drink of water from the well at the gate of Bethlehem!" So the Three penetrated the Philistine lines, drew water from the well at the gate of Bethlehem, and brought it back to David. But David wouldn't drink it; he poured it out as an offering to GOD, saying, "There is no way, GOD, that I'll drink this! This isn't mere water, it's their life-blood—they risked their very lives to bring it!" So David refused to drink it.

물을 마시지 않았다.
세 용사가 바로 이러한 일을 했다.
18-19 스루야의 아들이요 요압의 동생인 아비새는 삼십 인의 우두머리였다. 그는 창으로 삼백 명을 죽인 공을 인정받았지만, 세 용사와 같은 수준에 들지는 못했다. 그는 삼십 인 가운데서 가장 훌륭했고 그들의 우두머리였지만, 세 용사만큼은 못했다.

20-21 갑스엘 출신 여호야다의 아들 브나야는 많은 공적을 세운 기운 센 사람이었다. 그가 모압에서 새끼 사자 두 마리를 죽였고, 눈 오는 날 구덩이에 내려가 사자를 죽였다. 또 그는 실력이 대단한 이집트 사람을 죽였다. 브나야는 창으로 무장한 그 이집트 사람과 막대기 하나로 맞붙었는데, 그 사람의 손에서 창을 빼앗아 그 창으로 그를 죽였다.
22-23 여호야다의 아들 브나야는 이런 일들로 유명했으나, 그 또한 세 용사와 어깨를 나란히 하지는 못했다. 삼십 인 사이에서 크게 존경을 받았지만, 세 용사만큼은 못했다. 다윗은 그에게 자신의 경호 책임을 맡겼다.

삼십 인

24-39 '삼십 인'은 이러하다.

요압의 동생 아사헬
베들레헴 사람 도도의 아들 엘하난
하롯 사람 삼마
하롯 사람 엘리가
발디 사람 헬레스
드고아 사람 익게스의 아들 이라
아나돗 사람 아비에셀
후사 사람 십브개
아호아 사람 살몬
느도바 사람 마하래
느도바 사람 바아나의 아들 헬렛
베냐민 자손으로 기브아 사람 리배의 아들 잇대
비라돈 사람 브나야
가아스 황무지 출신 힛대
아르바 사람 아비알본
바르훔 사람 아스마웻
사알본 사람 엘리아바
기손 사람 야센

This is the sort of thing that the Three did.
18-19 Abishai brother of Joab and son of Zeruiah was the head of the Thirty. He once got credit for killing three hundred with his spear, but he was never named in the same breath as the Three. He was the most respected of the Thirty and was their captain, but never got included among the Three.

20-21 Benaiah son of Jehoiada from Kabzeel was a vigorous man who accomplished a great deal. He once killed two lion cubs in Moab. Another time, on a snowy day, he climbed down into a pit and killed a lion. Another time he killed a formidable Egyptian. The Egyptian was armed with a spear and Benaiah went against him with nothing but a walking stick; he seized the spear from his grip and killed him with his own spear.
22-23 These are the things that Benaiah son of Jehoiada is famous for. But neither did he ever get ranked with the Three. He was held in greatest respect among the Thirty, but he never got included with the Three. David put him in charge of his bodyguard.

The Thirty

24-39 "The Thirty" consisted of:

Asahel brother of Joab;
Elhanan son of Dodo of Bethlehem;
Shammah the Harodite;
Elika the Harodite;
Helez the Paltite;
Ira son of Ikkesh the Tekoite;
Abiezer the Anathothite;
Sibbecai the Hushathite;
Zalmon the Ahohite;
Maharai the Netophathite;
Heled son of Baanah the Netophathite;
Ithai son of Ribai from Gibeah of the Benjamites;
Benaiah the Pirathonite;
Hiddai from the badlands of Gaash;
Abi-Albon the Arbathite;
Azmaveth the Barhumite;
Eliahba the Shaalbonite;

하랄 사람 삼마의 아들 요나단
우르 사람 사랄의 아들 아히암
마아가 사람 아하스배의 아들 엘리벨렛
길로 사람 아히도벨의 아들 엘리암
갈멜 사람 헤스래
아랍 사람 바아래
하그리 사람의 군사령관 나단의 아들 이갈
암몬 사람 셀렉
스루야의 아들 요압의 무기를 드는 자 브에롯 사람 나하래
이델 사람 이라
이델 사람 가렙
헷 사람 우리아.

이렇게 모두 서른일곱 명이다.

다윗의 인구조사

24

1-2 다시 이스라엘을 향해 하나님의 진노가 불타올랐다. 그분은 "가서 이스라엘과 유다의 인구를 조사하여라"는 말씀으로 다윗을 시험하셨다. 그래서 다윗은 요압과 자기 밑의 군지휘관들에게 명령을 내렸다. "단에서 브엘세바까지 이스라엘의 모든 지파를 두루 다니며 인구를 조사하시오. 내가 그 수를 알고 싶소."
3 그러나 요압이 왕을 만류했다. "왕의 하나님께서 내 주인이신 왕의 눈앞에서 백성이 백 배나 늘어나게 하시기를 빕니다. 그런데 왕께서는 도대체 왜 이 일을 하시려는 것입니까?"
4-9 그러나 왕이 고집을 꺾지 않았으므로, 요압과 군지휘관들은 이스라엘의 인구를 조사하기 위해 왕 앞에서 물러났다. 그들은 요단 강을 건너 야셀 근처 갓 지파의 계곡에 있는 성읍과 아로엘에서 시작하여, 길르앗을 거쳐 헤르몬을 지나 단까지 갔다가 시돈으로 돌아섰다. 그리고 두로 요새와 히위 사람과 가나안 사람의 성읍들을 지나 브엘세바의 유다 네겝에 이르렀다. 그들은 온 땅을 두루 다니다가 아홉 달 이십 일 만에 예루살렘으로 다시 돌아왔다. 요압이 왕에게 내놓은 인구조사 결과는 건장한 군사가 이스라엘에 800,000명, 유다에 500,000명이었다.
10 *그러나 인구조사를 마친 뒤에, 다윗은 죄책감*에 사로잡혔다. 그가 하나님을 신뢰하는 대신에 백성의 수를 의지했기 때문이다. 그래서 다윗은 하나님께 기도했다. "이 일로 제가 큰 죄를 지었습니다. 그러나 하나님, 제가 지은 죄를 용서해

Jashen the Gizonite;
Jonathan son of Shammah the Hararite;
Ahiam son of Sharar the Urite;
Eliphelet son of Ahasbai the Maacathite;
Eliam son of Ahithophel the Gilonite;
Hezro the Carmelite;
Paarai the Arbite;
Igal son of Nathan, commander of the army of Hagrites;
Zelek the Ammonite;
Naharai the Beerothite, weapon bearer of Joab son of Zeruiah;
Ira the Ithrite;
Gareb the Ithrite;
Uriah the Hittite.

Thirty-seven, all told.

24

1-2 Once again GOD's anger blazed out against Israel. He tested David by telling him, "Go and take a census of Israel and Judah." So David gave orders to Joab and the army officers under him, "Canvass all the tribes of Israel, from Dan to Beersheba, and get a count of the population. I want to know the number."
3 But Joab resisted the king: "May your GOD multiply people by the hundreds right before the eyes of my master the king, but why on earth would you do a thing like this?"
4-9 Nevertheless, the king insisted, and so Joab and the army officers left the king to take a census of Israel. They crossed the Jordan and began with Aroer and the town in the canyon of the Gadites near Jazer, proceeded through Gilead, passed Hermon, then on to Dan, but detoured Sidon. They covered Fort Tyre and all the Hivite and Canaanite cities, and finally reached the Negev of Judah at Beersheba. They canvassed the whole country and after nine months and twenty days arrived back in Jerusalem. Joab gave the results of the census to the king: 800,000 able-bodied fighting men in Israel; in Judah 500,000.
10 But when it was all done, David was overwhelmed with guilt because he had counted

주십시오. 제가 참으로 어리석었습니다."
11-12 다윗이 이튿날 아침에 일어났을 때, 다윗의
영적 조언자인 예언자 갓에게 이미 하나님의 말
씀이 임했다. "가서 다윗에게 이 메시지를 전하여
라. '나 하나님이 말한다. 내가 너에게 할 수 있는
일이 세 가지 있다. 세 가지 가운데 하나를 택하
여라. 그러면 내가 그대로 행할 것이다.'"
13 갓이 가서 메시지를 전했다. "이 땅에 삼 년 동
안 기근이 드는 것이 좋겠습니까? 아니면, 왕이
원수들에게 쫓겨 석 달 동안 도망 다니시는 것이
좋겠습니까? 아니면, 나라에 사흘 동안 전염병이
도는 것이 좋겠습니까? 생각해 보시고 마음을 정
하십시오. 저를 보내신 분께 어떻게 아뢰면 되겠
습니까?"
14 다윗이 갓에게 말했다. "모두 끔찍한 일입니
다! 하지만 사람의 손에 넘겨지기보다는 차라리
자비가 많으신 하나님께 벌을 받겠습니다."
15-16 그래서 하나님께서 아침부터 저녁까지 전염
병을 풀어 놓으셨다. 단에서 브엘세바까지 칠만
명이 죽었다. 그러나 천사가 예루살렘 위로 손을
뻗어 그곳을 멸망시키려 할 때, 하나님께서 그 재
앙의 고통을 아시고 사람들 사이로 죽음을 퍼뜨
리는 천사에게 말씀하셨다. "이제 됐다! 그만 물
러나거라!"
그때 하나님의 천사는 여부스 사람 아라우나의
타작마당에 이르러 있었다. 다윗이 눈을 들어 보
니, 천사가 땅과 하늘 사이를 돌며 칼을 뽑아 들
고 예루살렘을 치려고 했다. 다윗과 장로들이 엎
드려 기도하며 굵은 베로 몸을 덮었다.
17 천사가 백성을 멸하려는 것을 보고, 다윗이 기
도했다. "죄를 지은 것은 저입니다! 목자인 제가
죄인입니다. 이 양들이 무슨 잘못이 있습니까?
그들이 아니라, 저와 제 집안을 벌해 주십시오."
18-19 그날 갓이 다윗에게 와서 말했다. "여부스
사람 아라우나의 타작마당으로 가서 제단을 쌓으
십시오." 다윗은 갓이 전해 준 대로, 하나님께서
명령하신 것을 행했다.
20-21 아라우나가 눈을 들어 보니, 다윗과 그의 부
하들이 자기 쪽으로 오고 있었다. 그는 그들을 맞
이하고 왕에게 예를 갖추어 엎드려 절하며 말했
다. "내 주인이신 왕께서 무슨 일로 저를 보러 오
셨습니까?"
다윗이 말했다. "그대의 타작마당을 사서 이곳에
하나님께 제단을 쌓고, 이 재앙을 끝내려고 하오."
22-23 아라우나가 말했다. "내 주인이신 왕께서 원

the people, replacing trust with statistics. And
David prayed to GOD, "I have sinned badly in what
I have just done. But now GOD forgive my guilt—I've
been really stupid."
11-12 When David got up the next morning, the
word of GOD had already come to Gad the prophet,
David's spiritual advisor, "Go and give David this
message: 'GOD has spoken thus: There are three
things I can do to you; choose one out of the three
and I'll see that it's done.'"
13 Gad came to deliver the message: "Do you want
three years of famine in the land, or three months
of running from your enemies while they chase you
down, or three days of an epidemic on the country?
Think it over and make up your mind. What shall I
tell the one who sent me?"
14 David told Gad, "They're all terrible! But I'd
rather be punished by GOD, whose mercy is great,
than fall into human hands."
15-16 So GOD let loose an epidemic from morning until
suppertime. From Dan to Beersheba seventy thousand
people died. But when the angel reached out over
Jerusalem to destroy it, GOD felt the pain of the terror
and told the angel who was spreading death among
the people, "Enough's enough! Pull back!"
The angel of GOD had just reached the threshing
floor of Araunah the Jebusite. David looked up
and saw the angel hovering between earth and
sky, sword drawn and about to strike Jerusalem.
David and the elders bowed in prayer and covered
themselves with rough burlap.
17 When David saw the angel about to destroy the
people, he prayed, "Please! I'm the one who sinned;
I, the shepherd, did the wrong. But these sheep,
what did they do wrong? Punish me and my family,
not them."
18-19 That same day Gad came to David and said,
"Go and build an altar on the threshing floor of
Araunah the Jebusite." David did what Gad told
him, what GOD commanded.
20-21 Araunah looked up and saw David and his
men coming his way; he met them, bowing deeply,
honoring the king and saying, "Why has my master
the king come to see me?"
"To buy your threshing floor," said David, "so I can

하시는 대로 무엇이든 가져다가 희생 제물로 바치십시오. 보십시오. 여기 번제에 쓸 소와 땔감으로 쓸 타작기구와 소의 멍에가 있습니다. 제가 이 모든 것을 왕께 드립니다! 하나님 왕의 하나님께서 왕을 위해 일하시기를 빕니다."

24-25 그러나 왕이 아라우나에게 말했다. "아니오. 내가 제값을 치르고 사겠소. 하나님 내 하나님께 희생 없는 제사를 드릴 수 없소." 그래서 다윗은 은 오십 세겔을 주고 타작마당과 소를 샀다. 그는 그곳에서 하나님께 제단을 쌓고 번제와 화목제를 드렸다. 하나님께서 그 기도에 마음이 움직이셨고, 그로써 재앙이 그쳤다.

build an altar to GOD here and put an end to this disaster."

22-23 "Oh," said Araunah, "let my master the king take and sacrifice whatever he wants. Look, here's an ox for the burnt offering and threshing paddles and ox-yokes for fuel–Araunah gives it all to the king! And may GOD, your God, act in your favor."

24-25 But the king said to Araunah, "No. I've got to buy it from you for a good price; I'm not going to offer GOD, my God, sacrifices that are no sacrifice." So David bought the threshing floor and the ox, paying out fifty shekels of silver. He built an altar to GOD there and sacrificed burnt offerings and peace offerings. God was moved by the prayers and that was the end of the disaster.

열왕기상하 | 머리말

하나님의 주권을 인정하고 사는 것은 신앙인들의 일상에서 가장 어려운 일 가운데 하나다. 그러나 우리는 피해 갈 수 없다. 참으로 하나님께서 주권자이시다. 하나님께서 통치하신다. 그분은 우리 각자의 개인적 문제뿐 아니라 온 우주를 다스리신다. 우리가 예배 드리는 시간이나 장소에서만이 아니라, 사무실, 정당, 공장, 대학, 병원, 심지어 술집과 록 콘서트장에서도 그렇다. 엉뚱하고 터무니없는 개념처럼 보일지 모르지만, 성경에서 이보다 더 자주 강조되고 있는 것도 없다.

하지만 우리의 일상 경험은 하나님의 통치를 그다지 확증해 주지 않는다. 현실은 온갖 비인격적 세력과 오만한 자아들이 최고 권력자가 되겠다고 각축전을 벌이는 전쟁터 같다. 하나님과 무관해 보이는 세력과 의지들에 의해 늘 이리저리 휘둘리고 두들겨 맞는 것이 우리 대부분의 일상 경험이다. 그러나 어느 시대든, 깨어 있는 정신의 소유자들은 하나님께서 지금도 여전히 주권적으로 통치하고 계신다는 증언을 멈추지 않았다. 예수님을 가리키는 가장 오랜 호칭 가운데 하나는 '왕'이다.

그렇다면, 하나님의 주권적 통치를 알지 못하거나 거부하는 이 세상에서 우리가 하나님께서 알려주신 그분의 주권을 인정하고 받들어 믿고 순종하며 살아갈 수 있는 방도는 무엇일까?

무엇보다 필요한 것은 하나님을 예배하는 자세다. 이런 자세는 순종하는 마음으로 성경을 읽을 때 생겨난다. 성경 읽기를 통해 우리의 사고와 행동은 학교 교과과정이나 언론보도의 내용이 아니라, 하나님의 실재 안에서 움직이게 된다. 이렇게 예배하듯이 마음을 다해 말씀에 귀를 기울이는 과정에서, 열왕기서는 하나님의 주권적 통치 아래 살아가는 이들이 어떤 희망을 가질 수 있는지에 관한 필수자료를 제공한다.

우리 조상인 히브리 왕들의 이야기는 앞서 사무엘서에서 시작되었다. 그 이야기가 분명히 전해 주는 것처럼, 히브리 사람들이 왕을 갖는 것은 하나님의 생각이 아니었다. 그들이 고집을 피워 하나님께서 허락해 주신 것뿐이었다. 그렇다고 해도 하나

Sovereignty, *God's* sovereignty, is one of the most difficult things for people of faith to live out in everyday routines. But we have no choice: God is Sovereign. God rules. Not only in our personal affairs but in the cosmos. Not only in our times and places of worship but in office buildings, political affairs, factories, universities, hospitals—yes, even behind the scenes in saloons and rock concerts. It's a wild and extravagant notion, to be sure. But nothing in our Scriptures is attested to more frequently or emphatically.

Yet not much in our daily experience confirms it. Impersonal forces and arrogant egos compete for the last word in power. Most of us are knocked around much of the time by forces and wills that give no hint of God. Still, generation after generation, men and women of sound mind continue to give sober witness to God's sovereign rule. One of the enduring titles given to Jesus is "King."

So how do we manage to live believingly and obediently in and under this revealed sovereignty in a world that is mostly either ignorant or defiant of it?

Worship shaped by an obedient reading of Scripture is basic. We submit to having our imaginations and behaviors conditioned by the reality of God rather than by what is handed out in school curricula and media reporting. In the course of this worshipful listening, the books of Kings turn out to provide essential data on what we can expect as we live under God's sovereign rule.

The story of our ancestors, the Hebrew kings, began in the books of Samuel. This story makes it clear that it was not God's idea that the Hebrews have a king, but since they insisted, he let them have their way. But God never abdicated his sovereignty to any of the Hebrew kings; the idea was that they would represent his sovereignty, not that he would delegate *his* sovereignty to them.

님은 그 어떤 히브리 왕에게도 그분의 주권을 넘겨주신 바가 없다. 그분의 취지는 그 왕들을 통해 당신의 주권을 나타내는 일이었다.

그러나 이러한 취지는 제대로 살아나지 못했다. 오백 년에 걸쳐 사십 명이 넘는 왕들이 나타났지만, 내세울 만한 성과는 그다지 많지 않았다. 빛나는 황금기라 불리는 시대—다윗과 히스기야와 요시야 시대—조차도 실은 그다지 빛나지 않았다. 인간이 제아무리 좋은 의도와 재능을 가졌다 해도, 하나님의 통치를 구현하는 일에는 턱없이 부족한 존재였다. 이러한 시각에 입각해 이 실패의 역사를 가차 없이 폭로한 책이 바로 열왕기서다. 오백 년 역사를 들추어 "왕을 갖게 해달라"고 하나님께 떼썼던 히브리 사람들의 요구가 얼마나 어리석은 것이었는지를 밝혀 낸 혹독한 증명서인 것이다.

그러나 수세기에 걸쳐 이 책을 읽어 온 독자들이 깨달은 바가 있다. 바로 그 왕들이 일으킨 말할 수 없는 혼란의 와중에서도 하나님께서는 쉼 없이 그분의 목적을 이루어 오셨고, 그 일에 그들을 사용하셨다는 사실이다. 그렇다. 하나님께서는 그저 그들을 폐기처분하거나 배제해 버리지 않으신다. 그분은 그들을 사용하신다. 그들이 원하든 원하지 않든, 알든 모르든, 그들은 이미 그분의 주권적 통치의 일부다. 히스기야도 그것을 어느 정도 이해하고 있었다. 그는 앗시리아로부터 구원해 주시기를 구하며 다음과 같이 기도한다.

위엄으로 그룹 보좌에 앉으신
하나님 이스라엘의 하나님,
주님은 세상 모든 나라를 다스리시는
한분 하나님이시며
하늘을 지으시고
땅을 지은 분이십니다.
하나님, 귀를 열어 들으시고
눈을 떠서 보십시오.……
주님만이 하나님 오직 한분 하나님이심을
세상 모든 나라로 알게 하십시오(왕하 19:15-16, 19).

하나님께서는 고발과 계시, 심판과 구원을 통해 당신의 목적을 이루신다. 이루어 내고야 마신다. 하나님께서는 앗시리아 왕을 두고 다음과 같이 말씀하셨다. "이 모든 일 뒤에 내가 있다는 생각을 너는 한 번도 해본 적이 없느냐? 아주 먼 옛날 내가 계획을 세웠고 이제 그것을 실행에 옮겼다"(왕하 19:25). 하나님의 통치란 바깥에서 부과되는 무엇이 아니다. 하나님은 우리에게 공의와 진리와 정의를 강제하지 않으신다. 그분의 통치는 안쪽에서부터 내밀하게, 그러나 끈기 있고 확고

But it never worked very well. After five hundred years and something over forty kings, there was not much to show for it. Even the bright spots—David and Hezekiah and Josiah—were not *very* bright. Human beings, no matter how well intentioned or gifted, don't seem to be able to represent God's rule anywhere close to satisfactory. The books of Kings, in that light, are a relentless exposition of failure—a relentless five-hundred-year documentation proving that the Hebrew demand of God to "have a king" was about the worst thing they could have asked for.

But through the centuries, readers of this text have commonly realized something else: In the midst of the incredible mess these kings are making of God's purposes, God continues to work his purposes and *uses them* in the work—doesn't discard them, doesn't detour around them; he uses them. They are part of his sovereign rule, whether they want to be or not, whether they know it or not.

GOD, God of Israel, seated
in majesty on the cherubim-throne.
You are the one and only God,
sovereign over all kingdoms on earth,
Maker of heaven,
maker of earth.
Open your ears, GOD, and listen,
open your eyes and look...
Make all the kingdoms on earth know
that you are GOD, the one and only God.
(2 Kings 19:15-16, 19)

God's purposes *are* worked out in confrontation and revelation, in judgment and salvation, but they are worked out. Addressing the Assyrians, he said, "Did it never occur to you that I'm behind all this? Long, long ago I drew up the plans, and now I've gone into action"(2 Kings 19:25). God's rule is not imposed in the sense that he forces each man and woman into absolute conformity to justice and truth and righteousness. The rule is worked from within, much of the time invisible and unnoticed, but always patiently

하게 움직여, 마침내 현실을 전복시키고야 마는 실체다. 열왕기서는 아무리 부적합하고 비협조적인 사람들의 무리 안에서도 하나님의 주권은 결국 행사되고야 만다는 사실을 탁월하게 증언해 준다.

열왕기서를 읽는 유익은 실로 엄청나다. 무엇보다 하나님의 통치는 힘 있고 경건한 사람들을 통해 효과적으로 구현된다고 생각했던 억측이 무너지면서, 그분의 주권을 한층 깊이 이해하고 경험하게 된다. 온갖 유토피아적 계획이나 망상들의 현혹에서 벗어나게 된다. 그에 따라, 아무리 문제 많고 죄 많은 지도자들(왕들)이 우리 사회와 교회를 농단하고 있다 하더라도, 그것 때문에 하나님의 통치가 무효화될 수는 없으며, 그 어떤 현실과 상황 속에서도 여전히 (은밀히) 행사되는 하나님의 주권을 마음껏 기뻐하고 즐거워할 수 있다는 사실을 깨닫게 된다.

and resolutely *there*. The books of Kings provide a premier witness to the sovereignty of God carried out among some of the most unlikely and uncooperative people who have ever lived.

The benefit of reading these books is enormous. To begin with, our understanding and experience of God's sovereignty develops counter to all power-based and piety-based assumptions regarding God's effective rule. We quit spinning our wheels on utopian projects and dreams. Following that, we begin to realize that if God's sovereignty is never canceled out by the so deeply sin-flawed leaders ("kings") in both our culture and our church, we can quite cheerfully exult in God's sovereignty as it is being exercised (though often silently and hiddenly) in all the circumstantial details of the actual present.

열왕기상

1

1-4 다윗 왕이 늙었다. 그도 세월을 당해 낼 수는 없었다. 이불을 몇 겹씩 덮어도 따뜻하지 않았다. 그래서 신하들이 왕에게 말했다. "우리가 주인이신 왕을 위해 젊은 처녀를 하나 구하여 왕 옆에서 시중들게 하겠습니다. 그 처녀와 함께 잠자리에 들면 왕께서 기력을 회복하실 것입니다." 그들은 이스라엘에서 가장 매혹적인 처녀를 물색하다가 수넴 사람 아비삭을 찾아 왕에게 데려왔다. 그 처녀는 눈부시게 아름다웠다. 그녀가 왕 옆에 머물며 시중을 들었으나, 왕은 그녀와 관계를 갖지 않았다.

5-6 그때에 학깃의 아들 아도니야가 우쭐대며 말했다. "내가 다음 왕이다!" 그는 전차와 기병과 호위대 쉰 명을 앞세우고 다니며 세상의 주목을 끌었다. 그의 아버지는 그를 완전히 버릇없는 아이로 길렀고, 한 번도 꾸짖지 않았다. 게다가, 그는 아주 잘생겼고 서열상 압살롬 다음이었다.

7-8 아도니야가 스루야의 아들 요압과 제사장 아비아달과 모의를 했는데, 그들이 그의 편에 서서 힘을 보탰다. 그러나 제사장 사독과 여호야다의 아들 브나야와 예언자 나단과 시므이와 레이와 다윗의 개인 경호대는 아도니야를 지지하지 않았다.

9-10 그 후에 아도니야가 로겔 샘 근처에 있는 소헬렛 바위 옆에서 대관식을 거행하고 양과 소, 살진 송아지를 제물로 바쳤다. 그는 자기의 형제들 곧 왕자들과 지위가 높고 영향력 있는 유다 사람을 모두 초청했으나, 예언자 나단과 브나야와 왕의 경호대와 동생 솔로몬은 초청하

1 KINGS

David

1

1-4 King David grew old. The years had caught up with him. Even though they piled blankets on him, he couldn't keep warm. So his servants said to him, "We're going to get a young virgin for our master the king to be at his side and look after him; she'll get in bed with you and arouse our master the king." So they searched the country of Israel for the most ravishing girl they could find; they found Abishag the Shunammite and brought her to the king. The girl was stunningly beautiful; she stayed at his side and looked after the king, but the king did not have sex with her.

5-6 At this time Adonijah, whose mother was Haggith, puffed himself up saying, "I'm the next king!" He made quite a splash, with chariots and riders and fifty men to run ahead of him. His father had spoiled him rotten as a child, never once reprimanding him. Besides that, he was very good-looking and the next in line after Absalom.

7-8 Adonijah talked with Joab son of Zeruiah and with Abiathar the priest, and they threw their weight on his side. But neither the priest Zadok, nor Benaiah son of Jehoiada, nor Nathan the prophet, nor Shimei and Rei, nor David's personal bodyguards supported Adonijah.

9-10 Next Adonijah held a coronation feast, sacrificing sheep, cattle, and grain-fed heifers at the Stone of Zoheleth near the Rogel Spring. He invited all his brothers, the king's sons, and everyone in Judah who had position and influence—but he did

지 않았다.

솔로몬이 왕이 되다

11-14 나단이 솔로몬의 어머니 밧세바에게 가서 물었다. "학깃의 아들 아도니야가 왕이 되었는데, 우리 주인이신 다윗 왕은 전혀 모르고 계신 것을 아십니까? 서두르십시오. 당신과 솔로몬의 목숨을 구할 수 있는 길을 제가 알려 드리겠습니다. 당장 다윗 왕께 가서 이렇게 말씀하십시오. '내 주인인 왕이시여, 왕께서는 제게 "그대의 아들 솔로몬이 내 뒤를 이어 왕이 되어 내 왕위에 앉을 것이오" 하고 약속하지 않으셨습니까? 그런데 어찌하여 지금 아도니야가 왕이 되었습니까?' 당신이 거기서 왕과 말씀을 나누고 계시면, 제가 들어가서 이야기하시는 것을 돕겠습니다."

15-16 밧세바는 곧바로 왕궁 침실로 왕을 뵈러 갔다. 왕은 아주 늙어서 아비삭이 옆에서 시중들고 있었다! 밧세바가 엎드려 절하며 왕에게 예를 갖추자, 왕이 말했다. "무엇을 원하시오?"

17-21 밧세바가 말했다. "내 주인인 왕이시여, 왕께서 하나님의 이름으로 제게 약속하시기를 '그대의 아들 솔로몬이 내 뒤를 이어 왕이 되어 내 왕위에 앉을 것이오' 하셨습니다. 그런데 지금 벌어진 일을 보십시오. 아도니야가 왕이 되었는데, 내 주인이신 왕은 알지도 못하십니다! 그가 왕의 모든 아들과 제사장 아비아달과 군사령관 요압을 초청하고, 소와 살진 송아지와 양을 잡아 성대한 대관식을 거행했습니다. 그러나 왕의 종 솔로몬은 초청받지 못했습니다. 내 주인인 왕이시여, 이스라엘의 모든 눈이 왕께서 어떻게 하시는지 보려고—누가 내 주인이신 왕의 뒤를 이어 왕위에 앉나 보려고—왕께 향해 있습니다. 왕께서 가만히 계시면, 왕을 여의게 되는 순간에 제 아들 솔로몬과 저는 죽은 목숨이나 다름없을 것입니다."

22-23 밧세바가 왕에게 이 모든 말을 하고 있을 때에 예언자 나단이 들어왔다. 그러자 신하들이 "예언자 나단이 왔습니다" 하고 알렸다. 그는 왕 앞에 나아가 얼굴을 땅에 대고 엎드려 절하며 예를 갖추었다.

24-27 "내 주인인 왕이시여." 나단이 말문을 열었다. *"왕께서 '아도니야가 내 뒤를 이어 왕이 되어 내 왕위에 앉을 것이다' 하셨습니까?* 지금 그 일이 벌어지고 있어서 드리는 말씀입니다. 그가 왕의 모든 아들과 군지휘관들과 제사장 아비아달을 초청하고, 소와 살진 송아지와 양을 잡아 성대한 대관식

not invite the prophet Nathan, Benaiah, the bodyguards, or his brother Solomon.

11-14 Nathan went to Bathsheba, Solomon's mother, "Did you know that Adonijah, Haggith's son, has taken over as king, and our master David doesn't know a thing about it? Quickly now, let me tell you how you can save both your own life and Solomon's. Go immediately to King David. Speak up: 'Didn't you, my master the king, promise me, "Your son Solomon will be king after me and sit on my throne"? So why is Adonijah now king?' While you're there talking with the king, I'll come in and corroborate your story."

15-16 Bathsheba went at once to the king in his palace bedroom. He was so old! Abishag was at his side making him comfortable. As Bathsheba bowed low, honoring the king, he said, "What do you want?"

17-21 "My master," she said, "you promised me in GOD's name, 'Your son Solomon will be king after me and sit on my throne.' And now look what's happened—Adonijah has taken over as king, and my master the king doesn't even know it! He has thrown a huge coronation feast—cattle and grain-fed heifers and sheep—inviting all the king's sons, the priest Abiathar, and Joab head of the army. But your servant Solomon was *not* invited. My master the king, every eye in Israel is watching you to see what you'll do—to see who will sit on the throne of my master the king after him. If you fail to act, the moment you're buried my son Solomon and I are as good as dead."

22-23 Abruptly, while she was telling the king all this, Nathan the prophet came in and was announced: "Nathan the prophet is here." He came before the king, honoring him by bowing deeply, his face touching the ground.

24-27 "My master the king," Nathan began, "did you say, 'Adonijah shall be king after me and sit on my throne'? Because that's what's happening. He's thrown a huge coronation feast—cattle, grain-fed heifers, sheep—inviting all the king's sons, the army officers, and Abiathar the priest. They're having a grand time, eating and drinking

을 거행했습니다. 그들은 먹고 마시고 '아도니야 왕 만세!'를 외치며 아주 유쾌한 시간을 보내고 있습니다. 그러나 저는 초청받지 못했고, 제사장 사독과 여호야다의 아들 브나야와 왕의 종 솔로몬도 마찬가지입니다. 혹시 내 주인이신 왕께서, 누구에게 왕위를 물려주실지 종들에게 알리지 않고 은밀하게 이 일을 행하셨습니까?"
28 다윗 왕이 "밧세바를 다시 안으로 들이시오" 하고 명령하자, 밧세바가 들어와 왕 앞에 섰다.
29-30 왕은 엄숙히 약속했다. "나를 온갖 고난에서 건지신 하나님께서 살아 계심을 두고 맹세하오. 나는 하나님 이스라엘의 하나님의 이름으로 약속한 대로 행할 것이오. 그대의 아들 솔로몬이 내 뒤를 이어 왕이 되고 나를 대신해 왕위에 앉을 것이오. 오늘 당장 그렇게 하리다."
31 밧세바는 얼굴을 땅에 대고 엎드려 절했다. 그리고 공손히 왕 앞에 무릎 꿇고 앉아서 말했다. "내 주인인 다윗 왕이시여, 만수무강하십시오!"
32 다윗 왕이 말했다. "사독 제사장과 예언자 나단과 여호야다의 아들 브나야를 들게 하라." 그들이 왕 앞에 나아왔다.
33-35 그러자 왕이 명령했다. "내 신하들을 모으고 내가 타는 왕실 노새에 내 아들 솔로몬을 태워, 기혼까지 행진해 가시오. 거기 이르거든 제사장 사독과 예언자 나단이 솔로몬에게 기름을 부어 그를 이스라엘의 왕으로 삼으시오. 그런 다음 숫양 뿔나팔을 불며 '솔로몬 왕 만세!'를 외치고, 그를 수행해 오시오. 그가 궁에 들어가서 왕좌에 앉고 내 뒤를 이어 왕위를 계승할 것이오. 내가 그를 이스라엘과 유다의 통치자로 지명했소."
36-37 여호야다의 아들 브나야가 왕을 지지했다. "옳습니다! 하나님 내 주인이신 왕의 하나님께서 그렇게 하시기를 원합니다! 지금까지 하나님께서 내 주인이신 왕과 함께 계신 것처럼 솔로몬과도 함께 계시고, 그의 통치를 내 주인이신 다윗 왕의 통치보다 더 크게 하시기를 원합니다!"
38-40 그리하여 제사장 사독과 예언자 나단과 여호야다의 아들 브나야와 왕의 경호대(그렛 사람과 블렛 사람)가 내려가서 솔로몬을 다윗 왕의 노새에 태우고 함께 기혼으로 행진해 갔다. 제사장 사독은 성소에서 기름 한 병을 가져다가 솔로몬에게 부었다. 그들은 숫양 뿔나팔을 불고 한목소리로 "솔로몬 왕 만세!"를 외쳤다. 모든 백성이 함께 축하하며 연주하고 노래하자, 그 소리가 온 땅을 울렸다.
41 아도니야와 그를 수행한 손님들이 대관식을 마

and shouting, 'Long live King Adonijah!' But I wasn't invited, nor was the priest Zadok, nor Benaiah son of Jehoiada, nor your servant Solomon. Is this something that my master the king has done behind our backs, not telling your servants who you intended to be king after you?"
28 King David took action: "Get Bathsheba back in here." She entered and stood before the king.
29-30 The king solemnly promised, "As GOD lives, the God who delivered me from every kind of trouble, I'll do exactly what I promised in GOD's name, the God of Israel: Your son Solomon will be king after me and take my place on the throne. And I'll make sure it happens this very day."
31 Bathsheba bowed low, her face to the ground. Kneeling in reverence before the king she said, "Oh, may my master, King David, live forever!"
32 King David said, "Call Zadok the priest, Nathan the prophet, and Benaiah son of Jehoiada." They came to the king.
33-35 Then he ordered, "Gather my servants, then mount my son Solomon on my royal mule and lead him in procession down to Gihon. When you get there, Zadok the priest and Nathan the prophet will anoint him king over Israel. Then blow the ram's horn trumpet and shout, 'Long live King Solomon!' You will then accompany him as he enters and takes his place on my throne, succeeding me as king. I have named him ruler over Israel and Judah."
36-37 Benaiah son of Jehoiada backed the king: "Yes! And may GOD, the God of my master the king, confirm it! Just as GOD has been with my master the king, may he also be with Solomon and make his rule even greater than that of my master King David!"
38-40 Then Zadok the priest, Nathan the prophet, Benaiah son of Jehoiada, and the king's personal bodyguard (the Kerethites and Pelethites) went down, mounted Solomon on King David's mule, and paraded with him to Gihon. Zadok the priest brought a flask of oil from the sanctuary and anointed Solomon. They blew the ram's horn trumpet and everyone shouted, "Long live King

칠 즈음에 그 소리를 들었다. 요압이 숫양 뿔나팔 소리를 듣고 말했다. "대체 무슨 일이냐? 왜 이리 소란스러운 것이냐?"

42 그의 말이 끝나기도 전에, 제사장 아비아달의 아들 요나단이 갑자기 나타났다. 아도니야가 말했다. "어서 오게! 그대처럼 용감하고 착한 사람이라면 틀림없이 기쁜 소식을 가져왔겠지."

43-48 요나단이 대답했다. "아닙니다! 우리 주인이신 다윗 왕께서 조금 전에 솔로몬을 왕으로 삼으셨습니다! 또 왕께서 그의 주변에 제사장 사독과 예언자 나단과 여호야다의 아들 브나야, 그렛 사람과 블렛 사람을 두었고, 그들은 솔로몬을 왕의 노새에 태웠습니다. 제사장 사독과 예언자 나단이 기혼에서 그에게 기름을 부어 왕으로 삼았고, 지금 행렬이 노래하며 이쪽으로 오고 있는데, 아주 대단합니다! 성 안이 온통 진동하고 있습니다! 여러분께서 들으신 소리가 바로 그것입니다. 중요한 것은 솔로몬이 왕위에 앉았다는 사실입니다! 그뿐만이 아닙니다. 왕의 신하들이 와서 우리 주인이신 다윗 왕을 이렇게 축복했습니다. '하나님께서 솔로몬의 이름을 왕의 이름보다 더 존귀하게 하시고, 그의 통치를 왕의 통치보다 더 크게 하시기를 원합니다!' 왕은 죽음을 맞이할 침상에서 하나님을 예배하며, '내 왕위를 계승할 자를 주셨고 내가 살아서 그것을 보았다! 하나님 이스라엘의 하나님을 찬양합니다!' 하고 기도했습니다."

49-50 아도니야의 손님들이 크게 놀라, 거기서 나와 사방으로 흩어졌다. 그러나 아도니야는 솔로몬에게 목숨을 잃을까 두려워 성소로 도망가서 제단 뿔을 붙잡았다.

51 사람들이 솔로몬에게 말했다. "아도니야가 솔로몬 왕을 두려워하여 성소에 들어가 제단 뿔을 잡고 '솔로몬 왕이 나를 죽이지 않겠다고 약속하지 않는 한 여기서 나가지 않겠다'고 말하고 있습니다."

52-53 그러자 솔로몬이 말했다. "그가 충신으로 밝혀지면 머리털 하나도 상하지 않겠지만, 그에게 악이 있다면 죽을 것이다." 솔로몬이 그를 불러들이자 사람들이 그를 제단에서 데려왔다. 아도니야가 와서 절하며 왕에게 예를 갖추었다. 솔로몬은 "집으로 가라"며 그를 돌려보냈다.

Solomon!" Everyone joined the fanfare, the band playing and the people singing, the very earth reverberating to the sound.

41 Adonijah and his retinue of guests were just finishing their "coronation" feast when they heard it. When Joab heard the blast of the ram's horn trumpet he said, "What's going on here? What's all this uproar?"

42 Suddenly, in the midst of the questioning, Jonathan son of Abiathar the priest, showed up. Adonijah said, "Welcome! A brave and good man like you must have good news."

43-48 But Jonathan answered, "Hardly! Our master King David has just made Solomon king! And the king has surrounded him with Zadok the priest, Nathan the prophet, Benaiah son of Jehoiada, with the Kerethites and Pelethites; and they've mounted Solomon on the royal mule. Zadok the priest and Nathan the prophet have anointed him king at Gihon and the parade is headed up this way singing–a great fanfare! The city is rocking! That's what you're hearing. Here's the crowning touch–Solomon is seated on the throne of the kingdom! And that's not all: The king's servants have come to give their blessing to our master King David saying, 'God make Solomon's name even more honored than yours, and make his rule greater than yours!' On his deathbed the king worshiped God and prayed, 'Blessed be GOD, Israel's God, who has provided a successor to my throne, and I've lived to see it!'"

49-50 Panicked, Adonijah's guests got out of there, scattering every which way. But Adonijah himself, afraid for his life because of Solomon, fled to the sanctuary and grabbed the horns of the Altar.

51 Solomon was told, "Adonijah, fearful of King Solomon, has taken sanctuary and seized the horns of the Altar and is saying, 'I'm not leaving until King Solomon promises that he won't kill me.'"

52-53 Solomon then said, "If he proves to be a man of honor, not a hair of his head will be hurt; but if there is evil in him, he'll die." Solomon summoned him and they brought him from the Altar. Adonijah came and bowed down, honoring the king. Solomon dismissed him, "Go home."

다윗이 솔로몬에게 한 당부

2
1-4 다윗은 죽을 날이 가까워지자, 아들 솔로몬에게 당부했다. "나는 곧 세상 모든 사람이 가는 길로 가겠지만, 너는 굳세어서 네가 어떤 사람인지 보여주어야 한다! 하나님께서 명령하시는 대로 행하고, 그분이 네게 보이시는 길로 걸어가거라. 인생의 지도(地圖)를 철저히 따르고 표지판을 잘 살펴보아라. 이는 하나님께서 모세에게 계시하신 것이다. 이것을 잘 따르면 네가 어디 가서 무엇을 하든지 잘될 것이다. 하나님께서는 내게 주신 약속, 곧 '네 자손이 그 걸음을 잘 살피고 마음을 다해 내게 진실하면, 네게서 이스라엘의 왕위를 이을 자가 항상 있을 것이다' 하신 말씀을 반드시 이루실 것이다.

5-6 그리고 스루야의 아들 요압이 이스라엘의 두 군사령관 넬의 아들 아브넬과 예델의 아들 아마사에게 한 일을 잊지 마라. 그는 평화로울 때에 전시인 것처럼 행동하여 그들을 무참히 살해했고, 그 핏자국이 아직까지 남아 있다. 네 생각에 좋을 대로 행하되, 결코 그를 그냥 두지 말고 반드시 대가를 치르게 하여라.

7 그러나 길르앗 사람 바르실래의 아들들에게는 너그러이 환대를 베풀어라. 내가 네 형 압살롬을 피해 생명을 구하고자 달아났을 때 그들이 나를 선대해 주었다.

8-9 너는 또 바후림 출신 베냐민 사람 게라의 아들 시므이를 처리해야 한다. 그는 내가 마하나임으로 갈 때 아주 독하게 나를 저주했다. 나중에 그가 요단 강에서 나를 다시 맞았을 때, 나는 하나님의 이름으로 그에게 '나는 너를 죽이지 않겠다'고 약속했다. 그렇다고 해서 아무 일도 없었던 것처럼 그를 대해서는 안된다. 너는 지혜로우니, 이 일을 어떻게 처리해야 하는지 알 것이다. 네가 잘 알아서, 그가 죽기 전에 대가를 치르게 하여라."

10-12 그 후 다윗은 조상에게 돌아갔다. 그는 다윗 성에 묻혔다. 다윗은 사십 년 동안 이스라엘을 다스렸는데, 헤브론에서 칠 년, 예루살렘에서 삼십삼 년을 다스렸다. 솔로몬은 아버지 다윗의 왕위를 이어 나라를 견고히 세웠다.

2
1-4 When David's time to die approached, he charged his son Solomon, saying, "I'm about to go the way of all the earth, but you—be strong; show what you're made of! Do what GOD tells you. Walk in the paths he shows you: Follow the life-map absolutely, keep an eye out for the signposts, his course for life set out in the revelation to Moses; then you'll get on well in whatever you do and wherever you go. Then GOD will confirm what he promised me when he said, 'If your sons watch their step, staying true to me heart and soul, you'll always have a successor on Israel's throne.'

5-6 "And don't forget what Joab son of Zeruiah did to the two commanders of Israel's army, to Abner son of Ner and to Amasa son of Jether. He murdered them in cold blood, acting in peacetime as if he were at war, and has been stained with that blood ever since. Do what you think best with him, but by no means let him get off scot-free—make him pay.

7 "But be generous to the sons of Barzillai the Gileadite—extend every hospitality to them; that's the way they treated me when I was running for my life from Absalom your brother.

8-9 "You also will have to deal with Shimei son of Gera the Benjaminite from Bahurim, the one who cursed me so viciously when I was on my way to Mahanaim. Later, when he welcomed me back at the Jordan, I promised him under GOD, 'I won't put you to death.' But neither should you treat him as if nothing ever happened. You're wise, you know how to handle these things. You'll know what to do to make him pay before he dies."

10-12 Then David joined his ancestors. He was buried in the City of David. David ruled Israel for forty years—seven years in Hebron and another thirty-three in Jerusalem. Solomon took over on the throne of his father David; he had a firm grip on the kingdom.

Solomon

13-14 Adonijah son of Haggith came to Bathsheba, Solomon's mother. She said, "Do you come in

아도니야의 죽음

13-14 학깃의 아들 아도니야가 솔로몬의 어머니 밧세바를 찾아왔다. 밧세바가 물었다. "평화로운 일로 왔는가?"

그가 말했다. "평화로운 일입니다." 그리고 말을 이었다. "드릴 말씀이 있습니다."

밧세바가 말했다. "어서 말해 보게."

15-16 "아시는 것처럼, 이 나라가 바로 제 손안에 있었고 모두들 제가 왕이 될 줄로 알았습니다. 그러나 일이 어긋나서 나라가 동생에게 돌아갔으니, 그것은 하나님께서 하신 일입니다. 그래서 이제 제가 한 가지 요청을 드리니, 거절하지 말아 주십시오."

밧세바가 말했다. "어서 말해 보게."

17 "어머니의 청이라면 마다하지 않을 테니, 솔로몬 왕에게 청하여 수넴 사람 아비삭을 제 아내로 삼게 해주십시오."

18 밧세바가 말했다. "알았네. 내가 왕께 말하겠네."

19 밧세바는 아도니야의 청을 전하려고 솔로몬 왕에게 갔다. 왕은 일어나 어머니를 맞이하여 공손히 절한 뒤에 다시 왕좌에 앉았다. 그가 어머니의 자리를 마련하자, 밧세바가 그의 오른쪽에 앉았다.

20 밧세바가 말했다. "내가 왕께 작은 청이 하나 있으니, 거절하지 마십시오."

그러자 솔로몬 왕이 대답했다. "어머니, 어서 말씀하십시오. 거절하지 않겠습니다."

21 밧세바가 말했다. "수넴 사람 아비삭을 왕의 형 아도니야에게 아내로 주십시오."

22 솔로몬 왕이 어머니에게 대답했다. "수넴 사람 아비삭을 아도니야에게 주라니요. 어찌 그런 부탁을 하십니까? 그는 나의 형이고 제사장 아비아달과 스루야의 아들 요압이 그의 편이니, 차라리 온 나라를 그에게 고스란히 바치라고 하지 그러십니까!"

23-24 그러더니 솔로몬 왕은 하나님의 이름으로 맹세했다. "아도니야가 이번 일로 죽지 않으면 하나님께서 내게 천벌을 내리심이 마땅합니다! 하나님, 곧 나를 내 아버지 다윗의 왕위에 견고히 세우시고 약속대로 나라를 내게 맡기신 하나님께서 참으로 살아 계심을 두고 맹세합니다. 아도니야는 이 일로 오늘 당장 죽을 것입니다!"

25 솔로몬 왕이 여호야다의 아들 브나야를 보내니, 그가 아도니야를 쳐죽였다.

peace?"

He said, "In peace." And then, "May I say something to you?"

"Go ahead," she said, "speak."

15-16 "You know that I had the kingdom right in my hands and everyone expected me to be king, and then the whole thing backfired and the kingdom landed in my brother's lap—GOD's doing. So now I have one request to ask of you; please don't refuse me."

"Go ahead, ask," she said.

17 "Ask King Solomon—he won't turn *you* down—to give me Abishag the Shunammite as my wife."

18 "Certainly," said Bathsheba. "I'll speak to the king for you."

19 Bathsheba went to King Solomon to present Adonijah's request. The king got up and welcomed her, bowing respectfully, and returned to his throne. Then he had a throne put in place for his mother, and she sat at his right hand.

20 She said, "I have a small favor to ask of you. Don't refuse me."

The king replied, "Go ahead, Mother; of course I won't refuse you."

21 She said, "Give Abishag the Shunammite to your brother Adonijah as his wife."

22 King Solomon answered his mother, "What kind of favor is this, asking that Abishag the Shunammite be given to Adonijah? Why don't you just ask me to hand over the whole kingdom to him on a platter since he is my older brother and has Abiathar the priest and Joab son of Zeruiah on his side!"

23-24 Then King Solomon swore under GOD, "May God do his worst to me if Adonijah doesn't pay for this with his life! As surely as GOD lives, the God who has set me firmly on the throne of my father David and has put me in charge of the kingdom just as he promised, Adonijah will die for this—today!"

25 King Solomon dispatched Benaiah son of Jehoiada; he struck Adonijah and he died.

26 The king then told Abiathar the priest, "You're exiled to your place in Anathoth. You deserve death but I'm not going to kill you—for now anyway—because you were in charge of the Chest of our

26 왕은 또 제사장 아비아달에게 말했다. "그대의 고향 아나돗으로 돌아가시오. 그대도 죽어 마땅하지만, 그대가 내 아버지 다윗과 함께 있을 때 우리의 통치자 하나님의 궤를 맡았고, 또 내 아버지와 함께 모든 힘든 시기를 겪었으니 지금은 그대를 죽이지 않겠소."

27 솔로몬은 아비아달의 제사장직을 박탈했다. 이로써 하나님께서 실로에서 엘리 가문에 대해 하신 말씀이 이루어졌다.

28-29 이 소식이 요압에게 전해지자, (압살롬 사건 때는 충성을 지켰지만) 아도니야와 공모했던 요압은 하나님의 성소로 피하여 제단 뿔을 붙잡고 필사적으로 매달렸다. 요압이 하나님의 성소로 피하여 제단을 붙잡고 있다는 말이 솔로몬에게 전해졌다. 솔로몬은 즉시 여호야다의 아들 브나야를 보내며 "그를 죽이라"고 명령했다.

30 브나야는 하나님의 성소로 가서 말했다. "왕의 명령이니, 나오시오."

요압이 말했다. "싫소. 나는 여기서 죽겠소."

브나야가 왕에게 돌아가서 보고했다. "요압이 거기서 죽겠다 합니다."

31-33 왕이 말했다. "그렇다면 어서 가서 그의 말대로 하여라. 그를 죽여서 땅에 묻어라. 나와 내 아버지 가문은 요압이 저지른 무분별한 살인죄와 무관함을 보여라. 하나님께서 그 잔혹한 살인을 요압의 머리에 갚으실 것이다. 그가 죽인 두 사람은 그보다 훨씬 나은 이들이었다. 그는 이스라엘 군사령관 넬의 아들 아브넬과 유다 군사령관 예델의 아들 아마사를 내 아버지 몰래 잔인하게 살해했다. 그들을 죽인 책임은 영원히 요압과 그 자손에게 있을 것이다. 그러나 다윗과 그의 자손과 집안과 나라에는 하나님의 평화가 임할 것이다."

34-35 그래서 여호야다의 아들 브나야가 돌아가서 요압을 쳐죽였다. 요압은 광야에 있는 그의 집안의 땅에 묻혔다. 왕은 요압을 대신해 여호야다의 아들 브나야를 군책임자로 세우고 아비아달의 자리에 제사장 사독을 임명했다.

36-37 그 후에 왕이 시므이를 불러들여 그에게 말했다. "예루살렘에 집을 짓고 거기서 살되, 절대로 그 지역을 떠나서는 안되오. 기드론 시내를 건너는 날에는 당신은 죽은 목숨이나 다름없소. 그때는 당신 스스로 사형선고를 내리는 꼴이 될 것이오."

38 시므이가 왕에게 대답했다. "감사합니다! 종

ruling GOD in the company of David my father, and because you shared all the hard times with my father."

27 Solomon stripped Abiathar of his priesthood, fulfilling GOD's word at Shiloh regarding the family of Eli.

28-29 When this news reached Joab, this Joab who had conspired with Adonijah (although he had remained loyal in the Absalom affair), he took refuge in the sanctuary of GOD, seizing the horns of the Altar and holding on for dear life. King Solomon was told that Joab had escaped to the sanctuary of GOD and was clinging to the Altar; he immediately sent Benaiah son of Jehoiada with orders, "Kill him."

30 Benaiah went to the sanctuary of GOD and said, "King's orders: Come out."

He said, "No – I'll die right here."

Benaiah went back to the king and reported, "This was Joab's answer."

31-33 The king said, "Go ahead then, do what he says: Kill him and bury him. Absolve me and my father's family of the guilt from Joab's senseless murders. GOD is avenging those bloody murders on Joab's head. Two men he murdered, men better by far than he ever was: Behind my father's back he brutally murdered Abner son of Ner, commander of Israel's army, and Amasa son of Jether, commander of Judah's army. Responsibility for their murders is forever fixed on Joab and his descendants; but for David and his descendants, his family and kingdom, the final verdict is GOD's peace."

34-35 So Benaiah son of Jehoiada went back, struck Joab, and killed him. He was buried in his family plot out in the desert. The king appointed Benaiah son of Jehoiada over the army in place of Joab, and replaced Abiathar with Zadok the priest.

36-37 The king next called in Shimei and told him, "Build yourself a house in Jerusalem and live there, but you are not to leave the area. If you so much as cross the Brook Kidron, you're as good as dead – you will have decreed your own death sentence."

38 Shimei answered the king, "Oh, thank you! Your servant will do exactly as my master the king says."

은 내 주인이신 왕의 말씀대로 하겠습니다." 시므
이는 오랫동안 예루살렘에서 살았다.
39-40 그로부터 삼 년이 지날 무렵, 시므이의 종
두 명이 가드 왕 마아가의 아들 아기스에게 도망
쳤다. 사람들이 시므이에게 "당신의 종들이 가드
에 있다"고 알려 주었다. 시므이는 곧바로 나귀에
안장을 지우고 종들을 찾아 가드의 아기스를 찾
아갔다. 그리고 자기 종들을 데리고 돌아왔다.
41 솔로몬에게 보고가 들어갔다. "시므이가 예루
살렘을 떠나 가드에 갔다가 지금 돌아왔습니다."
42-43 솔로몬은 시므이를 불러 말했다. "내가 당
신에게 이 지역을 떠나지 않겠다고 하나님 이름
으로 약속하게 하고, 또 단단히 경고하지 않았
소? 떠나면 당신 스스로 사형선고를 내리는 것
과 같다고 하지 않았소? 당신도 '감사합니다. 왕
의 말씀대로 하겠습니다' 하지 않았소? 그런데
어찌하여 신성한 약속을 어기고 이 지역을 벗어
난 거요?"
44-45 왕은 계속해서 시므이에게 말했다. "당신이
내 아버지 다윗에게 저지른 모든 악을 당신은 마
음속 깊이 알고 있소. 이제 하나님께서 그 악을
당신에게 갚으실 것이오. 하지만 나 솔로몬 왕은
복을 받고, 다윗의 통치는 하나님 아래서 영원히
견고할 것이오."
46 그러고 나서 왕이 여호야다의 아들 브나야에
게 명령하자, 그가 나가서 시므이를 쳐죽였다.
이제 나라는 솔로몬의 손안에 확실하게 들어
왔다.

솔로몬이 지혜를 구하다

3 1-3 솔로몬은 이집트 왕 바로와 결혼 조약
을 맺었다. 그는 바로의 딸과 결혼하고,
왕궁과 하나님의 성전과 예루살렘 성벽을 완공할
때까지 그녀를 다윗 성에 머무르게 했다. 당시까
지 하나님의 이름을 위해 지어진 성전이 없었으
므로, 백성은 지역 산당에서 예배를 드렸다. 솔로
몬은 하나님을 사랑했고 아버지 다윗처럼 하나님
을 높이며 살았으나, 그 역시 지역 산당에서 예배
하며 제사를 드리고 향을 피웠다.
4-5 *왕은 지역 산당들 가운데 가장* 유명한 산당
이 있는 기브온으로 예배를 드리러 갔다. 왕은
그곳 제단 위에 번제물 천 마리를 바쳤다. 그날
밤 기브온에서, 하나님께서 솔로몬의 꿈에 나타
나셨다. "내가 너에게 무엇을 주기 원하느냐?

Shimei lived in Jerusalem a long time.
39-40 But it so happened that three years later,
two of Shimei's slaves ran away to Achish son
of Maacah, king of Gath. Shimei was told, "Your
slaves are in Gath." Shimei sprang into action,
saddled his donkey, and went to Achish in Gath
looking for his slaves. And then he came back,
bringing his slaves.
41 Solomon was told, "Shimei left Jerusalem for
Gath, and now he's back."
42-43 Solomon then called for Shimei and said,
"Didn't I make you promise me under GOD, and
give you a good warning besides, that you would
not leave this area? That if you left you would have
decreed your own death sentence? And didn't you
say, 'Oh, thank you—I'll do exactly as you say'? So
why didn't you keep your sacred promise and do
what I ordered?"
44-45 Then the king told Shimei, "Deep in your
heart you know all the evil that you did to my
father David; GOD will now avenge that evil on
you. But King Solomon will be blessed and the rule
of David will be a sure thing under GOD forever."
46 The king then gave orders to Benaiah son of
Jehoiada; he went out and struck Shimei dead.
The kingdom was now securely in Solomon's
grasp.

3 1-3 Solomon arranged a marriage contract
with Pharaoh, king of Egypt. He married
Pharaoh's daughter and brought her to the City of
David until he had completed building his royal
palace and GOD's Temple and the wall around
Jerusalem. Meanwhile, the people were worship-
ing at local shrines because at that time no temple
had yet been built to the Name of GOD. Solomon
loved GOD and continued to live in the God-hon-
oring ways of David his father, except that he also
worshiped at the local shrines, offering sacrifices
and burning incense.
4-5 The king went to Gibeon, the most prestigious
of the local shrines, to worship. He sacrificed a
thousand Whole-Burnt-Offerings on that altar.
That night, there in Gibeon, GOD appeared to

구하여라."
6 솔로몬이 대답했다. "주께서는 제 아버지 다윗에게 더할 나위 없이 너그러운 사랑을 베푸셨습니다. 그는 주의 임재하심 안에서 신실하게 살았고, 그의 판단은 정의롭고 그의 마음은 올곧았습니다. 또 주께서 크고 너그러운 사랑을 변함없이 베푸셔서—바로 오늘!—그의 왕위에 앉을 아들을 주셨습니다.
7-8 그래서 제가 여기 있습니다. 하나님 나의 하나님, 주께서 주의 종인 저를 제 아버지 다윗을 대신하여 이 나라를 통치할 자로 삼으셨습니다. 저는 이 일을 감당하기에 너무 어리고 아직 어린 아이에 불과합니다! 아는 것도 없고 일의 자세한 내용도 잘 모릅니다. 그런 제가 이렇게 주께서 택하신 백성, 너무 많아 셀 수도 없는 큰 백성 가운데 있습니다.
9 제가 원하는 것은 이것입니다. 하나님의 음성을 듣는 마음을 주셔서 주의 백성을 잘 인도하고 선악을 분별하게 해주십시오. 주님의 영화로운 백성을 어느 누가 자기 힘으로 다스릴 수 있겠습니까?"
10-14 주 하나님께서 솔로몬의 대답을 기뻐하셨다. 하나님께서 그에게 말씀하셨다. "네가 오래 사는 것이나 부나 원수의 멸망을 구하지 않고, 다만 백성을 잘 지도하고 통치할 능력을 구했으니, 네가 구한 대로 내가 네게 줄 것이다. 내가 네게 지혜롭고 성숙한 마음을 줄 것이니, 너와 같은 사람은 이전에도 없었고 앞으로도 없을 것이다. 또한 네가 구하지 않은 부와 영광도 줄 것이니, 너만큼 누리는 왕은 어디에도 없을 것이다. 네가 네 아버지 다윗처럼 인생의 지도와 내가 세운 표지판을 잘 살피며 바른 길에서 벗어나지 않으면, 네게 장수의 복도 줄 것이다."
15 솔로몬이 잠에서 깨었다. 엄청난 꿈이었다! 그는 예루살렘으로 돌아와 하나님의 언약궤 앞에 서서 번제와 화목제로 예배 드리고, 모든 신하를 위해 잔치를 베풀었다.
16-21 그때에, 두 창녀가 왕 앞에 나타났다. 한 여자가 말했다. "내 주인님, 이 여자와 저는 한집에 삽니다. 우리가 함께 살던 중에 제가 아이를 낳았습니다. 그리고 제가 출산한 지 사흘 후에 이 여자도 아이를 낳았습니다. 그때는 우리 둘뿐이었습니다. 집 안에 우리 둘 말고는 아무도 없었습니다. 그런데 하루는 이 여자가 잠결에 아이 위로 구르는 바람에 그 아들이 죽고 말았습니다. 이 여

Solomon in a dream: God said, "What can I give you? Ask."
6 Solomon said, "You were extravagantly generous in love with David my father, and he lived faithfully in your presence, his relationships were just and his heart right. And you have persisted in this great and generous love by giving him–and this very day!–a son to sit on his throne.
7-8 "And now here I am: GOD, my God, you have made me, your servant, ruler of the kingdom in place of David my father. I'm too young for this, a mere child! I don't know the ropes, hardly know the 'ins' and 'outs' of this job. And here I am, set down in the middle of the people you've chosen, a great people–far too many to ever count.
9 "Here's what I want: Give me a God-listening heart so I can lead your people well, discerning the difference between good and evil. For who on their own is capable of leading your glorious people?"
10-14 God, the Master, was delighted with Solomon's response. And God said to him, "Because you have asked for this and haven't grasped after a long life, or riches, or the doom of your enemies, but you have asked for the ability to lead and govern well, I'll give you what you've asked for–I'm giving you a wise and mature heart. There's never been one like you before; and there'll be no one after. As a bonus, I'm giving you both the wealth and glory you didn't ask for–there's not a king anywhere who will come up to your mark. And if you stay on course, keeping your eye on the life-map and the God-signs as your father David did, I'll also give you a long life."
15 Solomon woke up–what a dream! He returned to Jerusalem, took his place before the Chest of the Covenant of God, and worshiped by sacrificing Whole-Burnt-Offerings and Peace-Offerings. Then he laid out a banquet for everyone in his service.
16-21 The very next thing, two prostitutes showed up before the king. The one woman said, "My master, this woman and I live in the same house. While we were living together, I had a baby. Three days after I gave birth, this woman also had a baby. We were alone–there wasn't anyone else in the house except for the two of us. The infant son

자는 한밤중에 일어나 제 아들을 데려다가—저는 그때 곤히 잠들어 있었습니다!—자기 품에 두고, 죽은 자기 아들은 제 품에 두었습니다. 제가 아침에 아이에게 젖을 주려고 일어나 보니 아이가 죽어 있지 뭡니까! 그러나 아이를 본 순간, 저는 그 아이가 제 아이가 아닌 것을 금세 알았습니다."

22 "그렇지 않아!" 다른 여자가 말했다. "살아 있는 아이는 내 아이고, 죽은 아이가 네 아이야."

첫 번째 여자가 다시 반박했다. "천만에! 죽은 아이가 네 아들이고, 살아 있는 아이는 내 아들이야."

왕 앞에서 그들은 서로 다투었다.

23 왕이 말했다. "한 여자는 '살아 있는 아이가 내 아들이고 네 아들은 죽었다' 하고, 또 한 여자는 '아니다. 죽은 아이는 네 아들이고 살아 있는 아이가 내 아들이다' 하니 이 일을 어찌한단 말인가?"

24 잠시 후에 왕이 말했다. "칼을 가져오너라." 사람들이 왕에게 칼을 가져왔다.

25 왕이 말했다. "살아 있는 아이를 둘로 갈라서 반은 이 여자에게 주고, 반은 저 여자에게 주어라."

26 살아 있는 아이의 진짜 어머니는 아들 생각에 감정이 북받쳐서 말했다. "안됩니다, 주인님! 아이를 산 채로 저 여자에게 주십시오. 아이를 죽이지 마십시오!"

그러나 다른 여자가 말했다. "아이가 내 것이 될 수 없다면 네 것도 될 수 없지. 차라리 갈라 버리자!"

27 왕이 판결을 내렸다. "살아 있는 아이를 먼저 말한 여자에게 내주어라. 아무도 이 아이를 죽이지 못한다. 저 여자가 진짜 어머니다."

28 이 소문이 사방으로 퍼져 나가, 이스라엘 모든 사람이 왕의 판결을 들었다. 그들은 왕의 정확한 재판이 하나님의 지혜에서 온 것임을 알고 왕을 두려워했다.

4

1-2 솔로몬 왕의 이스라엘 통치는 시작이 좋았다.

그의 정부 지도자들은 이러하다.

2-6 사독의 아들 아사랴—제사장
시사의 아들들 엘리호렙과 아히야—서기관
아힐룻의 아들 여호사밧—사관
여호야다의 아들 브나야—군사령관

of this woman died one night when she rolled over on him in her sleep. She got up in the middle of the night and took my son—I was sound asleep, mind you!—and put him at her breast and put her dead son at my breast. When I got up in the morning to nurse my son, here was this dead baby! But when I looked at him in the morning light, I saw immediately that he wasn't my baby."

22 "Not so!" said the other woman. "The living one's mine; the dead one's yours."

The first woman countered, "No! Your son's the dead one; mine's the living one."

They went back and forth this way in front of the king.

23 The king said, "What are we to do? This woman says, 'The living son is mine and the dead one is yours,' and this woman says, 'No, the dead one's yours and the living one's mine.'"

24 After a moment the king said, "Bring me a sword." They brought the sword to the king.

25 Then he said, "Cut the living baby in two—give half to one and half to the other."

26 The real mother of the living baby was overcome with emotion for her son and said, "Oh no, master! Give her the whole baby alive; don't kill him!"

But the other one said, "If I can't have him, you can't have him—cut away!"

27 The king gave his decision: "Give the living baby to the first woman. Nobody is going to kill this baby. She is the real mother."

28 The word got around—everyone in Israel heard of the king's judgment. They were all in awe of the king, realizing that it was God's wisdom that enabled him to judge truly.

4

1-2 King Solomon was off to a good start ruling Israel.

These were the leaders in his government:

2-6 Azariah son of Zadok—the priest;
Elihoreph and Ahijah, sons of Shisha—secretaries;
Jehoshaphat son of Ahilud—historian;
Benaiah son of Jehoiada—commander of the army;
Zadok and Abiathar—priests;

사독과 아비아달—제사장
나단의 아들 아사랴—지방 관리들의 총책임자
나단의 아들 사붓—제사장이자 왕의 친구
아히살—왕궁 관리인
압다의 아들 아도니람—강제노역 책임자.

7-19 솔로몬은 이스라엘 전역에 지방 관리 열두 명을 두었다. 그들은 왕과 그 행정부의 식량을 조달하는 책임을 맡았는데, 각 사람이 매년 한 달씩 맡아서 식량을 공급했다. 그들의 이름은 이러하다.
벤훌이 에브라임 산지를,
벤데겔이 마가스, 사알빔, 벳세메스, 엘론벳하난을,
벤헤셋이 소고와 헤벨 전역을 포함한 아룹봇을,
벤아비나답(그는 솔로몬의 딸 다밧과 결혼했다)이 나봇돌을,
아힐룻의 아들 바아나가 다아낙, 므깃도, 이스르엘 아래, 사르단 옆의 벳산 전역, 벳산에서부터 아벨므홀라를 지나 욕느암까지 이르는 지역을 맡았고,
벤게벨이 길르앗 라못을 맡았는데, 길르앗에 있는 므낫세의 아들 야일의 모든 마을, 바산의 아르곱 지역 안에 있는 성벽과 청동 박힌 성문을 갖춘 큰 성읍 예순 개가 여기에 포함되었다.
잇도의 아들 아히나답이 마하나임을,
아히마아스(그는 솔로몬의 딸 바스맛과 결혼했다)가 납달리를,
후새의 아들 바아나가 아셀과 아롯을,
바루아의 아들 여호사밧이 잇사갈을,
엘라의 아들 시므이가 베냐민을 맡았고,
우리의 아들 게벨이 길르앗 땅 곧 아모리 왕 시혼과 바산 왕 옥의 땅을 맡았는데, 그가 전 지역을 맡아 관리했다.

솔로몬의 영화

20-21 유다와 이스라엘의 인구가 바닷가의 모래알처럼 많아졌다! 그들에게 필요한 모든 것이 채워졌고, 그들은 먹고 마시며 행복하게 지냈다. 솔로몬은 동쪽으로 유프라테스 강에서부터 서쪽으로 블레셋 사람의 땅과 이집트 국경에 이르기까지 모든 나라를 다스렸다. 그 나라들은 솔로몬이 살아 있는 동안 조공을 바쳐 그를 섬겼다.
22-23 솔로몬 왕실의 하루 식량은 이러했다.
고운 밀가루 6.6킬로리터

Azariah son of Nathan – in charge of the regional managers;
Zabud son of Nathan – priest and friend to the king;
Ahishar – manager of the palace;
Adoniram son of Abda – manager of the slave labor.

7-19 Solomon had twelve regional managers distributed throughout Israel. They were responsible for supplying provisions for the king and his administration. Each was in charge of bringing supplies for one month of the year. These are the names:
Ben-Hur in the Ephraim hills;
Ben-Deker in Makaz, Shaalbim, Beth Shemesh, and Elon Bethhanan;
Ben-Hesed in Arubboth – this included Socoh and all of Hepher;
Ben-Abinadab in Naphoth Dor (he was married to Solomon's daughter Taphath);
Baana son of Ahilud in Taanach and Megiddo, all of Beth Shan next to Zarethan below Jezreel, and from Beth Shan to Abel Meholah over to Jokmeam;
Ben-Geber in Ramoth Gilead – this included the villages of Jair son of Manasseh in Gilead and the region of Argob in Bashan with its sixty large walled cities with bronze-studded gates;
Ahinadab son of Iddo in Mahanaim;
Ahimaaz in Naphtali (he was married to Solomon's daughter Basemath);
Baana son of Hushai in Asher and Aloth;
Jehoshaphat son of Paruah in Issachar;
Shimei son of Ela in Benjamin;
Geber son of Uri in Gilead – this was the country of Sihon king of the Amorites and also of Og king of Bashan; he managed the whole district by himself.

Solomon's Prosperity

20-21 Judah and Israel were densely populated – like sand on an ocean beach! All their needs were met; they ate and drank and were happy. Solomon was sovereign over all the kingdoms from the River Euphrates in the east to the country of the Philistines in the west, all the way to the border of Egypt. They brought tribute and were vassals of Solomon all his life.

굵은 밀가루 13.2킬로리터
살진 소 10마리
방목한 소 20마리
양 100마리
그 밖에 사슴, 영양, 수노루, 살진 가금류 등 이었다.

24-25 솔로몬은 딥사에서 가사까지 유프라테스 강 서편의 모든 나라와 왕들을 다스렸다. 어느 곳을 가든지 평화로웠다. 솔로몬이 살아 있는 동안, 북쪽으로 단에서부터 남쪽으로 브엘세바에 이르기까지 이스라엘과 유다의 모든 사람이 평화를 누리며 만족스럽게 살았다.

26-28 솔로몬에게는 전차를 끄는 말을 두는 마구간이 사만 칸, 기병이 만이천 명이 있었다. 지방 관리들은 각 사람이 맡은 달마다 솔로몬 왕과 왕의 식탁에 앉는 모든 사람의 식량을 언제나 풍성히 공급했다. 또 그들은 말에게 먹일 보리와 짚도 할당된 분량만큼 정해진 장소로 가져왔다.

29-34 하나님께서 솔로몬에게 지혜를 주시고, 가장 깊은 식견과 가장 넓은 마음을 주셨다. 그의 능력을 넘어서는 사람도 없었고, 그가 다루지 못할 일도 없었다. 솔로몬의 지혜는 칭송이 자자한 동양 현자들의 지혜를 능가했고, 유명한 이집트의 지혜보다도 뛰어났다. 그는 누구보다도 지혜로웠다. 예스라 사람 에단보다 지혜롭고, 마홀의 아들 헤만과 갈골과 다르다보다 지혜로웠으므로, 그의 명성이 주변 모든 나라에 자자했다. 삼천 가지의 잠언을 말했고, 천다섯 편에 이르는 노래를 지었다. 그는 레바논에서 자라는 커다란 백향목에서부터 담장 틈바구니에서 자라는 우슬초에 이르기까지 모든 식물에 대해 해박했고, 짐승과 조류와 파충류와 어류에 대해서도 훤히 알았다. 그의 명성을 듣고서 온 땅의 왕들이 사람을 보냈는데, 그들이 솔로몬의 지혜를 들으러 각처에서 몰려왔다.

5 1-4 두로의 히람 왕은 솔로몬이 다윗을 이어 왕위에 올랐다는 말을 듣고 그에게 사신들을 보냈다. 히람은 일생 동안 다윗을 좋아했었다. 솔로몬은 이렇게 답했다.

22-23 One day's food supply for Solomon's household was:
185 bushels of fine flour
375 bushels of meal
10 grain-fed cattle
20 range cattle
100 sheep
and miscellaneous deer, gazelles, roebucks, and choice fowl.

24-25 Solomon was sovereign over everything, countries and kings, west of the River Euphrates from Tiphsah to Gaza. Peace reigned everywhere. Throughout Solomon's life, everyone in Israel and Judah lived safe and sound, all of them from Dan in the north to Beersheba in the south—content with what they had.

26-28 Solomon had forty thousand stalls for chariot horses and twelve thousand horsemen. The district managers, each according to his assigned month, delivered food supplies for King Solomon and all who sat at the king's table; there was always plenty. They also brought to the designated place their assigned quota of barley and straw for the horses.

29-34 God gave Solomon wisdom—the deepest of understanding and the largest of hearts. There was nothing beyond him, nothing he couldn't handle. Solomon's wisdom outclassed the vaunted wisdom of wise men of the East, outshone the famous wisdom of Egypt. He was wiser than anyone—wiser than Ethan the Ezrahite, wiser than Heman, wiser than Calcol and Darda the sons of Mahol. He became famous among all the surrounding nations. He created 3,000 proverbs; his songs added up to 1,005. He knew all about plants, from the huge cedar that grows in Lebanon to the tiny hyssop that grows in the cracks of a wall. He understood everything about animals and birds, reptiles and fish. Sent by kings from all over the earth who had heard of his reputation, people came from far and near to listen to the wisdom of Solomon.

International Fame

5 1-4 Hiram king of Tyre sent ambassadors to Solomon when he heard that he had been crowned king in David's place. Hiram had loved David his whole life. Solomon responded, saying, "You know

"왕께서도 아시는 것처럼, 내 아버지 다윗은 하나님께서 전쟁을 모두 끝내실 때까지 사방에서 전쟁을 치러야 했기에 하나님을 높이는 성전을 지을 수 없었습니다. 그러나 이제 하나님께서 사방에 평화를 주셔서, 아무도 우리를 대적하는 자가 없고 우리와 다투는 자도 없습니다.
5-6 그래서 이제 내가 하고 싶은 일이 있습니다. 하나님께서 내 아버지 다윗에게 주신 약속, 곧 '내가 너를 이어 왕이 되게 할 네 아들이 나를 높이는 집을 지을 것이다' 하신 약속에 따라 하나님 나의 하나님을 높이는 성전을 지으려고 합니다. 왕께서 도우실 일이 있는데, 명령을 내려 레바논 숲의 백향목을 베어 주십시오. 내 벌목꾼들이 왕의 일꾼들과 함께 일할 것이고, 왕의 일꾼들에게는 왕께서 정하시는 대로 품삯을 줄 것입니다. 왕이나 나나 다 아는 바와 같이, 우리 중에는 시돈 사람만큼 벌목에 능한 자가 없습니다."
7 솔로몬의 메시지를 들은 히람은 기뻐 외쳤다. "다윗에게 이런 지혜로운 아들을 주셔서 번성하는 백성을 다스리게 하신 하나님을 찬양합니다!"
8-9 히람은 솔로몬에게 이런 메시지를 보냈다. "백향목과 잣나무를 보내 달라는 왕의 요청을 받았습니다. 왕의 소원이 곧 내 명령이니, 이미 시행된 것이나 마찬가지입니다. 내 벌목꾼들이 레바논 숲에서 바다까지 재목을 운반하고, 통나무 뗏목으로 엮어 왕께서 정하신 곳까지 물에 띄워 운송한 다음, 왕께서 가져가실 수 있도록 다시 풀어 놓을 것입니다. 왕께서는 인부들이 먹을 음식만 제공해 주시면 됩니다."
10-12 이렇게 히람은 백향목과 잣나무 재목을 솔로몬이 원하는 만큼 공급했다. 솔로몬은 히람에게 밀 4,400킬로리터, 깨끗한 올리브기름 440킬로리터를 주었고, 해마다 그렇게 했다. 하나님께서는 친히 약속하신 대로, 솔로몬에게 지혜를 주셨다. 히람과 솔로몬 사이의 굳건한 평화는 조약으로 공식화되었다.

13-18 솔로몬 왕은 이스라엘 전역에서 노역자 삼만 명을 징발했다. 그는 그들을 한 달에 만 명씩 교대로 레바논 숲으로 보내, 한 달은 레바논에서 일하게 하고 두 달은 본국에 있게

that David my father was not able to build a temple in honor of GOD because of the wars he had to fight on all sides, until GOD finally put them down. But now GOD has provided peace all around—no one against us, nothing at odds with us.
5-6 "Now here is what I want to do: Build a temple in honor of GOD, *my* God, following the promise that GOD gave to David my father, namely, 'Your son whom I will provide to succeed you as king, he will build a house in my honor.' And here is how you can help: Give orders for cedars to be cut from the Lebanon forest; my loggers will work alongside yours and I'll pay your men whatever wage you set. We both know that there is no one like you Sidonians for cutting timber."
7 When Hiram got Solomon's message, he was delighted, exclaiming, "Blessed be GOD for giving David such a wise son to rule this flourishing people!"
8-9 Then he sent this message to Solomon: "I received your request for the cedars and cypresses. It's as good as done—your wish is my command. My lumberjacks will haul the timbers from the Lebanon forest to the sea, assemble them into log rafts, float them to the place you set, then have them disassembled for you to haul away. All I want from you is that you feed my crew."
10-12 In this way Hiram supplied all the cedar and cypress timber that Solomon wanted. In his turn, Solomon gave Hiram 125,000 bushels of wheat and 115,000 gallons of virgin olive oil. He did this every year. And GOD, for his part, gave Solomon wisdom, just as he had promised. The healthy peace between Hiram and Solomon was formalized by a treaty.

The Temple Work Begins

13-18 King Solomon raised a workforce of thirty thousand men from all over Israel. He sent them in shifts of ten thousand each month to the Lebanon forest; they would work a month in Lebanon and then be at home two months. Adoniram was in charge of the work crew. Solomon also had seventy thousand unskilled workers and another eighty thousand stonecutters up in the hills—plus thirty-three hundred foremen managing the project and supervising the work crews. Following the king's orders, they quarried huge blocks of the best stone—dressed stone for the

했다. 아도니람이 인부들을 관할했다. 솔로몬에게는 숙련되지 않은 일꾼 칠만 명과 산에서 채석하는 일꾼 팔만 명이 있었다. 그 밖에 삼천삼백 명의 공사감독이 전체 과정을 관리하고 인부들을 감독했다. 그들은 왕의 명령에 따라 가장 크고 좋은 돌을 캐냈고 성전 기초로 쓸 수 있게 다듬었다. 솔로몬과 히람의 일꾼들은 그발 사람들의 도움을 받아 성전 건축에 쓸 목재와 석재를 자르고 준비했다.

솔로몬이 성전을 짓다

6 1-6 이스라엘 백성이 이집트에서 나온 지 사백팔십 년, 솔로몬이 이스라엘의 왕이 된 지 사 년째 되던 해 시브월 곧 둘째 달에, 솔로몬이 하나님의 성전을 짓기 시작했다. 솔로몬 왕이 하나님께 지어 드린 성전은 길이 27미터, 너비 9미터, 높이 13.5미터였다. 성전 앞에 있는 현관 폭은 성전 너비와 같이 9미터였고, 앞쪽으로 뻗어 나간 길이는 4.5미터였다. 성전 안에는 턱이 깊고 좁은 창들을 냈다. 또 바깥벽 사방에 보조 건물을 짓고, 그 안에 더 작은 방들을 냈는데, 그 너비가 1층은 2.25미터, 2층은 2.7미터, 3층은 3.15미터였다. 성전 바깥벽을 따라 턱을 내어 버팀벽 들보를 떠받치게 했다.

7 성전 건물에 쓰이는 돌은 모두 채석장에서 다듬었으므로 건축 현장은 경건하고 조용했다. 망치나 정, 그 밖에 쇠 연장 소리가 전혀 들리지 않았다.

8-10 1층 입구는 성전 남쪽 끝에 있었고, 2층과 3층으로 계단이 나 있었다. 솔로몬은 백향목 서까래와 널빤지로 성전 천장을 덮어 성전 건축을 마무리했다. 바깥벽을 따라 지은 보조 건물은 백향목 들보로 성전과 연결되어 있었고, 그 안의 방들은 높이가 2.25미터였다.

11-13 하나님의 말씀이 솔로몬에게 임했다. "네가 짓고 있는 이 성전에 관해 알아야 할 중요한 것이 있다. 네가 내 교훈을 잘 따르고 순종하여서 내가 정해 준 대로 살고 내 명령대로 행하면, 내가 네 아버지 다윗에게 한 약속을 네게서 이룰 것이다. 내가 친히 이스라엘 백성 가운데 거할 것이며, 내 백성 이스라엘을 버리지 않을 것이다."

14-18 솔로몬이 성전 건축을 마쳤다. 성전의 안쪽 벽에는 바닥부터 천장까지 백향목 널빤

foundation of The Temple. Solomon and Hiram's construction workers, assisted by the men of Gebal, cut and prepared the timber and stone for building The Temple.

6 1-6 Four hundred and eighty years after the Israelites came out of Egypt, in the fourth year of Solomon's rule over Israel, in the month of Ziv, the second month, Solomon started building The Temple of GOD. The Temple that King Solomon built to GOD was ninety feet long, thirty feet wide, and forty-five feet high. There was a porch across the thirty-foot width of The Temple that extended out fifteen feet. Within The Temple he made narrow, deep-silled windows. Against the outside walls he built a supporting structure in which there were smaller rooms: The lower floor was seven and a half feet wide, the middle floor nine feet, and the third floor ten and a half feet. He had projecting ledges built into the outside Temple walls to support the buttressing beams.

7 The stone blocks for the building of The Temple were all dressed at the quarry so that the building site itself was reverently quiet—no noise from hammers and chisels and other iron tools.

8-10 The entrance to the ground floor was at the south end of The Temple; stairs led to the second floor and then to the third. Solomon built and completed The Temple, finishing it off with roof beams and planks of cedar. The supporting structure along the outside walls was attached to The Temple with cedar beams and the rooms in it were seven and a half feet tall.

11-13 The word of GOD came to Solomon saying, "About this Temple you are building—what's important is that you *live* the way I've set out for you and *do* what I tell you, following my instructions carefully and obediently. Then I'll complete in you the promise I made to David your father. I'll personally take up my residence among the Israelites—I won't desert my people Israel."

14-18 Solomon built and completed The Temple. He paneled the interior walls from floor to ceiling with cedar planks; for flooring he used cypress. The thirty feet at the rear of The Temple he made into an Inner Sanctuary, cedar planks from floor to ceiling—the

지로 덮고, 성전 바닥에는 잣나무를 썼다. 성전 뒤쪽 9미터 지점에 바닥부터 천장까지 백향목 널빤지를 대어 성전의 내실, 곧 지성소를 만들었다. 앞쪽의 외실은 길이가 18미터였다. 성전 내부 전체에 입힌 백향목에는 과일과 꽃 모양을 새겼다. 전체가 백향목이어서 석재는 전혀 눈에 띄지 않았다.

19-22 성전 안 내실은 하나님의 언약궤를 두기 위해 마련했는데, 길이, 너비, 높이 모두 9미터인 정육면체 모양으로 전부 금을 입혔다. 백향목으로 된 제단에도 금을 입혔다. 어디를 보든지 순금이었다. 금을 입힌 내실 앞에는 금사슬을 드리우고, 벽과 천장과 바닥과 제단까지 모든 곳에 금을 입혔다. 눈이 부셨다!

23-28 솔로몬은 또 올리브나무로 그룹 둘을 만들었는데, 거대한 천사의 형상이었다. 각각의 높이가 4.5미터였고 그룹의 펼친 날개도 4.5미터였다(크기와 모양이 둘 다 똑같았다). 그는 날개를 펼친 두 그룹을 내실에 두었다. 날개 길이를 합하면 방 너비와 같아서, 한 그룹의 날개는 한쪽 벽에 닿고 다른 그룹의 날개는 반대쪽 벽에 닿고 가운데에서 두 날개가 서로 맞닿았다. 그 그룹에도 금을 입혔다.

29-30 그는 또 내실과 외실 양쪽 모든 벽에 그룹과 종려나무와 활짝 핀 꽃 모양을 새겨 넣었다. 그리고 내실과 외실 양쪽 바닥 전체에 금을 입혔다.

31-32 내실 입구에는 올리브나무로 문을 만들어 달았는데, 상인방과 문기둥은 오각형이었다. 문에도 그룹과 종려나무와 꽃 모양을 새기고 그 위에 금박을 입혔다.

33-35 비슷하게, 외실 입구의 문기둥도 올리브나무로 만들었는데, 이 문기둥은 사각형이었다. 문은 잣나무로 만들었는데, 두 짝으로 나누어 각각의 문이 따로 여닫히게 했다. 그 문에도 그룹과 종려나무와 꽃 모양을 새기고 얇게 두들겨 편 금박을 입혔다.

36 안뜰은 다듬은 돌을 세 층으로 쌓아 두르고, 맨 위에 대패로 깎은 백향목 판자를 한 층 얹었다.

37-38 넷째 해 시브월에 하나님의 성전 기초를 놓았고, 열한째 해 불월(여덟째 달)에 마지막 세부사항까지 설계대로 완공되었다. 솔로몬이 성전을 건축하는 데 칠 년이 걸렸다.

Holy of Holies. The Main Sanctuary area in front was sixty feet long. The entire interior of The Temple was cedar, with carvings of fruits and flowers. All cedar—none of the stone was exposed.

19-22 The Inner Sanctuary within The Temple was for housing the Chest of the Covenant of God. This Inner Sanctuary was a cube, thirty feet each way, all plated with gold. The Altar of cedar was also gold-plated. Everywhere you looked there was pure gold: gold chains strung in front of the gold-plated Inner Sanctuary—gold everywhere—walls, ceiling, floor, and Altar. Dazzling!

23-28 Then he made two cherubim, gigantic angel-like figures, from olive-wood. Each was fifteen feet tall. The outstretched wings of the cherubim (they were identical in size and shape) measured another fifteen feet. He placed the two cherubim, their wings spread, in the Inner Sanctuary. The combined wingspread stretched the width of the room, the wing of one cherub touched one wall, the wing of the other the other wall, and the wings touched in the middle. The cherubim were gold-plated.

29-30 He then carved engravings of cherubim, palm trees, and flower blossoms on all the walls of both the Inner and the Main Sanctuary. And all the floors of both inner and outer rooms were gold-plated.

31-32 He constructed doors of olivewood for the entrance to the Inner Sanctuary; the lintel and doorposts were five-sided. The doors were also carved with cherubim, palm trees, and flowers, and then covered with gold leaf.

33-35 Similarly, he built the entrance to the Main Sanctuary using olivewood for the doorposts but these doorposts were four-sided. The doors were of cypress, split into two panels, each panel swinging separately. These also were carved with cherubim, palm trees, and flowers, and plated with finely hammered gold leaf.

36 He built the inner court with three courses of dressed stones topped with a course of planed cedar timbers.

37-38 The foundation for GOD's Temple was laid in the fourth year in the month of Ziv. It was completed in the eleventh year in the month of Bul (the eighth month) down to the last detail, just as planned. It took Solomon seven years to build it.

솔로몬의 왕궁

7 [1-5] 솔로몬이 자신의 왕궁을 지어 완공하기까지 다시 십삼 년이 걸렸다. 그는 레바논 숲 궁전을 지었는데, 그 길이는 45미터, 너비는 22.5미터, 높이는 13.5미터였다. 백향목 기둥들을 네 줄로 세우고 그 위에 한 줄에 열다섯 개씩 마흔다섯 개의 백향목 들보를 얹었으며, 지붕도 백향목으로 덮었다. 양쪽 벽 높은 곳에는 창문을 세 개씩 냈다. 모든 문은 네모 모양으로 서로 마주 보게 배치했다.
[6] 그는 기둥을 세워 주랑을 만들었는데, 길이가 22.5미터, 너비가 13.5미터였다. 주랑 앞쪽에 현관이 있고, 그 위에 넓은 차양을 쳤다.
[7] 사법 문제를 판결하는 법정인 법원도 짓고, 그 바닥을 백향목으로 깔았다.
[8] 법원 뒤쪽에는 비슷한 설계로 자신이 거주할 궁을 지었다. 솔로몬은 또 아내로 맞이한 바로의 딸을 위해 똑같은 궁을 하나 더 지었다.
[9-12] 비용은 조금도 아끼지 않았다. 기초부터 지붕까지 안과 밖의 모든 것을, 정확히 잘라서 다듬은 고급 석재로 지었다. 기초를 놓을 때에도 최고급의 큰 돌을 썼는데, 그 크기가 3.6미터에서 4.5미터에 이르렀다. 기초 위에 놓은 돌도 가장 좋은 돌을 써서 규격대로 모양을 맞추고 백향목으로 장식했다. 안뜰을 두른 담은 하나님의 성전 현관에 있는 것과 똑같이 돌을 세 층으로 쌓고 맨 위에 백향목 판자를 얹었다.

[13-14] 솔로몬 왕은 두로에 사람을 보내어 히람(왕이 아니라 다른 히람)을 데려왔다. 히람의 어머니는 납달리 지파의 과부였고, 아버지는 두로 사람으로 청동을 다루는 장인이었다. 히람은 진정한 예술가여서, 청동으로 못하는 일이 없었다. 그가 솔로몬 왕에게 와서 모든 청동 작업을 했다.
[15-22] 우선 그는 청동으로 두 기둥을 주조했는데, 각각 높이가 8.1미터, 둘레가 5.4미터였다. 다음에 기둥 위에 얹을 청동기둥머리 둘을 주조했는데, 각각 높이가 2.25미터에 맨 위는 활짝 핀 백합꽃 모양이었다. 각 기둥머리에는 꼰 사슬 일곱 개와 겹줄의 석류 이백 개씩을 정교한 세공물로 꾸며 웅장하게 장식했다. 그는 성전 입구 현관에 두 기둥을 세우고, 남쪽

7 [1-5] It took Solomon another thirteen years to finish building his own palace complex. He built the Palace of the Forest of Lebanon a hundred and fifty feet long, seventy-five feet wide, and forty-five feet high. There were four rows of cedar columns supporting forty-five cedar beams, fifteen in each row, and then roofed with cedar. Windows in groupings of three were set high in the walls on either side. All the doors were rectangular and arranged symmetrically.
[6] He built a colonnaded courtyard seventy-five feet long and forty-five wide. It had a roofed porch at the front with ample eaves.
[7] He built a court room, the Hall of Justice, where he would decide judicial matters, and paneled it with cedar.
[8] He built his personal residence behind the Hall on a similar plan. Solomon also built another one just like it for Pharaoh's daughter, whom he had married.
[9-12] No expense was spared—everything here, inside and out, from foundation to roof was constructed using high-quality stone, accurately cut and shaped and polished. The foundation stones were huge, ranging in size from twelve to fifteen feet, and of the very best quality. The finest stone was used above the foundation, shaped to size and trimmed with cedar. The courtyard was enclosed with a wall made of three layers of stone and topped with cedar timbers, just like the one in the porch of The Temple of GOD.

[13-14] King Solomon sent to Tyre and asked Hiram (not the king; another Hiram) to come. Hiram's mother was a widow from the tribe of Naphtali. His father was a Tyrian and a master worker in bronze. Hiram was a real artist—he could do anything with bronze. He came to King Solomon and did all the bronze work.
[15-22] First he cast two pillars in bronze, each twenty-seven feet tall and eighteen feet in circumference. He then cast two capitals in bronze to set on the pillars; each capital was seven and a half feet high and flared at the top in the shape of a lily. Each capital was dressed with an elaborate filigree of seven braided chains and a double row of two hundred

기둥은 안전(야긴)이라 하고 북쪽 기둥은 안정(보아스)이라 했다. 기둥머리는 백합꽃 모양이었다.

22-24 기둥을 마치고 나서 히람은 바다를 만들었다. 바다는 금속을 주조해 만든 거대한 둥근 대야로, 지름 4.5미터, 높이 2.25미터, 둘레 13.5미터였다. 가장자리 아래에 두 줄로 호리병 모양의 장식용 박을 둘렀는데, 45센티미터마다 열 개씩이었다. 이 박은 바다와 함께 한 덩어리로 주조해 만들었다.

25-26 열두 마리 황소가 바다를 떠받치고 있는데, 세 마리는 북쪽을 향하고 세 마리는 서쪽을 향하고 세 마리는 남쪽을 향하고 세 마리는 동쪽을 향했다. 황소는 얼굴을 바깥쪽으로 향하고 뒤쪽 몸으로 바다를 떠받쳤다. 바다의 두께는 8센티미터였고, 가장자리는 잔이나 백합꽃처럼 벌어져 있었다. 그 용량은 44킬로리터 정도 되었다.

27-33 히람은 또 청동으로 세면대 열 개를 만들었다. 길이와 너비가 각각 1.8미터, 높이는 1.35미터였다. 세면대는 이렇게 만들었다. 곧게 세운 기둥에 판을 붙이고 판과 기둥에 사자, 황소, 그룹을 그렸다. 비스듬한 화환 무늬가 위아래로 사자와 황소와 맞닿았다. 각 세면대 밑에는 청동축이 달린 네 개의 청동바퀴를 달았다. 곧게 세운 기둥은 장식용 부조 세공과 함께 주조했다. 각 세면대에는 조각한 원형 지지물 위에 깊이 45센티미터의 대야가 있고, 그 밑에 가로 세로 67.5센티미터의 받침대가 있었다. 세면대 자체는 정사각형이었다. 대 밑에 축을 붙이고 그 축에 바퀴를 달았다. 바퀴는 지름이 67.5센티미터로 전차 바퀴처럼 생겼다. 그 축과 테두리와 살과 통은 모두 금속을 주조해 만들었다.

34-37 세면대의 네 귀퉁이에는 손잡이가 있었는데, 손잡이는 세면대와 함께 한 덩어리로 주조했다. 세면대 맨 위에는 약 22.5센티미터 정도 깊이의 테두리가 둥글게 둘려 있었다. 곧게 세운 기둥과 손잡이는 세면대와 함께 한 덩어리로 주조했다. 세면대의 모든 표면에는 그룹, 사자, 종려나무를 새기고 그 둘레에 화환 모양을 새겼다. 세면대들은 모두 같은 틀에 주조하여 모양이 똑같았다.

38-40 그는 또 청동으로 대야 열 개를 만들었는

pomegranates, setting the pillars off magnificently. He set the pillars up in the entrance porch to The Temple; the pillar to the south he named Security (Jachin) and the pillar to the north Stability (Boaz). The capitals were in the shape of lilies.

22-24 When the pillars were finished, Hiram's next project was to make the Sea—an immense round basin of cast metal fifteen feet in diameter, seven and a half feet tall, and forty-five feet in circumference. Just under the rim there were two bands of decorative gourds, ten gourds to each foot and a half. The gourds were cast in one piece with the Sea.

25-26 The Sea was set on twelve bulls, three facing north, three facing west, three facing south, and three facing east; the bulls faced outward supporting the Sea on their hindquarters. The Sea was three inches thick and flared at the rim like a cup, or like a lily. It held about 11,500 gallons.

27-33 Hiram also made ten washstands of bronze. Each was six feet square and four and a half feet tall. They were made like this: Panels were fastened to the uprights. Lions, bulls, and cherubim were represented on the panels and uprights. Beveled wreath-work bordered the lions and bulls above and below. Each stand was mounted on four bronze wheels with bronze axles. The uprights were cast with decorative relief work. Each stand held a basin on a circular engraved support a foot and a half deep set on a pedestal two and a quarter feet square. The washstand itself was square. The axles were attached under the stand and the wheels fixed to them. The wheels were twenty-seven inches in diameter; they were designed like chariot wheels. Everything—axles, rims, spokes, and hubs—was of cast metal.

34-37 There was a handle at the four corners of each washstand, the handles cast in one piece with the stand. At the top of the washstand there was a ring about nine inches deep. The uprights and handles were cast with the stand. Everything and every available surface was engraved with cherubim, lions, and palm trees, bordered by arabesques. The washstands were identical, all cast in the same mold.

38-40 He also made ten bronze washbasins, each six feet in diameter with a capacity of 230 gallons, one

데, 각각 지름 1.8미터에 용량 880리터로, 열 개의 세면대 위에 각각 대야 하나씩이었다. 세면대 다섯 개는 성전 남쪽에, 다섯 개는 북쪽에 배치했다. 바다는 성전 남동쪽 모퉁이에 놓았다. 히람은 또 들통, 부삽, 대접 등 여러 기구를 만들었다.

40-45 히람은 솔로몬 왕을 위해 시작한 하나님의 성전 짓는 일을 모두 마쳤다.

기둥 둘
기둥 꼭대기에 얹은 기둥머리 둘
기둥머리의 장식용 세공물 둘
두 세공물에 달린 석류 모양 사백 개(각 세공물마다 겹줄의 석류)
세면대 열 개와 거기에 딸린 대야
바다 하나
바다 밑의 황소 열두 마리
그 밖의 들통, 부삽, 대접.

45-47 히람이 하나님의 성전을 위해 솔로몬 왕에게 만들어 준 이 모든 기구는 광택이 나는 청동으로 만든 것이었다. 왕은 숙곳과 사르단 사이에 있는 요단 평지의 주물 공장에서 진흙에 부어 주조하는 방법으로 그것들을 만들었다. 이 기구들은 수가 너무 많아서 무게를 달지 않았다! 청동이 얼마나 쓰였는지 아무도 모른다.

48-50 솔로몬은 또 하나님의 성전에서 쓸 가구와 부속물도 만들었다.

금제단
임재의 빵을 차려 놓는 금상
내실 앞 오른쪽과 왼쪽에 각각 다섯 개씩 두는 나뭇가지 모양의 순금촛대
금꽃, 등잔, 부젓가락
순금접시, 심지 자르는 가위, 피 뿌리는 대접, 국자, 향로들
내실 곧 지성소 문과 외실 문에 다는 금돌쩌귀들.

51 이렇게 해서 솔로몬 왕은 하나님의 성전과 관련된 모든 일을 끝마쳤다. 그는 아버지 다윗이 거룩하게 구별해 두었던 물건, 곧 은과 금과 기구들을 가져다가 하나님의 성전 보물

basin for each of the ten washstands. He arranged five stands on the south side of The Temple and five on the north. The Sea was placed at the southeast corner of The Temple. Hiram then fashioned the various utensils: buckets and shovels and bowls.

40-45 Hiram completed all the work he set out to do for King Solomon on The Temple of GOD:

two pillars;
two capitals on top of the pillars;
two decorative filigrees for the capitals;
four hundred pomegranates for the two filigrees (a double row of pomegranates for each filigree);
ten washstands each with its washbasin;
one Sea;
twelve bulls under the Sea;
miscellaneous buckets, shovels, and bowls.

45-47 All these artifacts that Hiram made for King Solomon for The Temple of GOD were of burnished bronze. He cast them in clay in a foundry on the Jordan plain between Succoth and Zarethan. These artifacts were never weighed – there were far too many! Nobody has any idea how much bronze was used.

48-50 Solomon was also responsible for all the furniture and accessories in The Temple of GOD:

the gold Altar;
the gold Table that held the Bread of the Presence;
the pure gold candelabras, five to the right and five to the left in front of the Inner Sanctuary;
the gold flowers, lamps, and tongs;
the pure gold dishes, wick trimmers, sprinkling bowls, ladles, and censers;
the gold sockets for the doors of the Inner Sanctuary, the Holy of Holies, used also for the doors of the Main Sanctuary.

51 That completed all the work King Solomon did on The Temple of GOD. He then brought in the items consecrated by his father David, the silver and the gold and the artifacts. He placed them all in the

보관소에 두었다.

언약궤를 성전으로 옮기다

8 1-2 이 모든 일의 마무리로, 솔로몬 왕
은 시온, 곧 다윗 성에서 하나님의 언
약궤를 가져오려고 이스라엘의 지도자들, 곧
모든 지파의 대표들과 각 가문의 족장들을
불러 모았다. 에다님월 곧 일곱째 달에, 온
이스라엘이 큰 가을 절기로 솔로몬 왕 앞에
모였다.
3-5 이스라엘의 모든 지도자가 참석한 자리에
서 제사장들이 하나님의 궤를 메고, 궤와 회
막과 회막에 딸린 모든 거룩한 그릇을 옮겼
다. 솔로몬 왕과 이스라엘 온 회중은 궤 앞에
서 예배하며 셀 수 없이 많은 양과 소로 제사
를 드렸다. 그 수가 너무 많아 자세히 기록할
수 없었다.
6-9 곧이어 제사장들은 하나님의 언약궤를 제
자리, 곧 성전 내실의 지성소 안 그룹들의 날
개 아래에 가져다 놓았다. 그룹들의 펼친 날
개가 궤와 그 채를 덮었다. 채는 아주 길어서
내실 입구에서 그 끝이 보였는데, 멀리서는
보이지 않았다. 그 채는 오늘까지 그곳에 있
다. 궤 안에는 호렙에서 모세가 넣어 둔 두 돌
판 외에는 아무것도 없었다. 호렙은 하나님께
서 이스라엘을 이집트에서 이끌어 내신 뒤에
그들과 언약을 맺으신 곳이다.

10-11 제사장들이 성소에서 나오자, 하나님의
성전에 구름이 가득 찼다. 구름 때문에 제사
장들이 직무를 수행할 수 없었다. 성전이 하
나님의 영광으로 가득했기 때문이다!

12-13 그때 솔로몬이 말했다.

하나님께서는
아무도 볼 수 없는
어둠 속에 계시겠다고 말씀하셨습니다.
하나님, 주의 보이지 않는 영원한 임재의
표시로
제가 이 훌륭한 성전을 지었습니다.

14 왕은 회중 쪽으로 돌아서서 그들을 축복했다.
15-16 "내 아버지 다윗에게 친히 말씀하신 하
나님 이스라엘의 하나님을 찬양합니다. 그분

treasury of GOD's Temple.

8 1-2 Bringing all this to a climax, K
called in the leaders of Israel, all t olomon
the tribes and the family patriarchs, to bri s of
Chest of the Covenant of GOD from Zion, th e
David. And they came, all Israel before King So
in the month of Ethanim, the seventh month, fo
great autumn festival.
3-5 With all Israel's leaders present, the priests too
up the Chest of GOD and carried up the Chest and
the Tent of Meeting and all the holy vessels that went
with the Tent. King Solomon and the entire congre-
gation of Israel were there at the Chest worshiping
and sacrificing huge numbers of sheep and cattle–so
many that no one could keep track.
6-9 Then the priests brought the Chest of the Covenant
of GOD to its place in the Inner Sanctuary, the Holy
of Holies, under the wings of the cherubim. The
outspread wings of the cherubim stretched over
the Chest and its poles. The poles were so long that
their ends could be seen from the entrance to the
Inner Sanctuary, but were not noticeable farther out.
They're still there today. There was nothing in the
Chest but the two stone tablets that Moses had placed
in it at Horeb where GOD made a covenant with Israel
after bringing them up from Egypt.

The Temple Finished, Dedicated, Filled

10-11 When the priests left the Holy Place, a cloud filled
The Temple of GOD. The priests couldn't carry out
their priestly duties because of the cloud–the glory of
GOD filled The Temple of GOD!

12-13 Then Solomon spoke:

GOD has told us that he lives in the dark
where no one can see him;
I've built this splendid Temple, O God,
to mark your invisible presence forever.

14 The king then turned to face the congregation and
blessed them:
15-16 "Blessed be GOD, the God of Israel, who spoke

께서 '내 백성 이스라엘을 이집트에서 이끌어 낸 날부터 오늘까지, 나는 내 이름을 둘 성전을 지으려고 지파 가운데 한 성읍을 따로 떼어 놓지 않았다. 다만 다윗을 택하여 내 백성 이스라엘을 다스리게 했다'고 하신 말씀을 이제 지키셨습니다.

내 아버지 다윗은 **하나님** 이스라엘의 하나님의 이름을 높이는 성전을 짓고자 했습니다. 그러나 **하나님**께서는 '네가 나를 높이는 성전을 짓기 원하니, 좋은 일이고 더없이 칭찬할 만한 일이다! 그러나 그 일을 할 사람은 네가 아니다. 네 아들이 내 이름을 높이는 성전을 지을 것이다' 하고 말씀하셨습니다.

20-21 **하나님**께서는 말씀하신 대로 행하셨습니다. 그래서 내가 **하나님**의 약속대로, 내 아버지 다윗의 뒤를 이어 이스라엘을 다스려 온 것입니다. 이제 나는 **하나님** 이스라엘의 하나님을 높여 드리는 성전을 지었고, 그분께서 우리 조상을 이집트 땅에서 인도하여 내실 때 그들과 맺으신 언약을 넣은 궤를 둘 자리를 마련했습니다."

솔로몬의 기도

22-25 솔로몬은 이스라엘 온 회중이 지켜보는 가운데, 제단 앞에 자리를 잡고 하늘을 향해 두 팔을 들고 기도했다.

> **하나님** 이스라엘의 하나님, 위로 하늘이나 아래로 땅 그 어디에도 주와 같은 신이 없습니다. 주의 종들이 주의 길을 따르며 성실하게 살아갈 때, 주께서는 그들과 맺은 언약을 확실히 지키시며 그들을 아낌없이 사랑해 주십니다. 주께서는 제 아버지 다윗에게 주신 말씀, 주께서 친히 주신 말씀을 지키셨습니다. 작은 것까지 모두 약속하신 대로 행하셨습니다. 그 증거가 오늘 우리 앞에 있습니다!
>
> **하나님** 이스라엘의 하나님, 계속 그렇게 해 주십시오! 제 아버지 다윗에게 하신 약속, 곧 "네 자손이 주의하여 네가 내 앞에서 행한 것처럼 순종하여 살면, 네 자손이 항상 이스라엘의 왕위에 앉아 나를 대신해 다스릴 것이다"라고 하신 그 약속을 계속해서 지켜 주십시오.
>
> 26 이스라엘의 하나님, 이 모든 것이 이루어지게 해주십시오.
> 확실하게 증명해 주십시오!

personally to my father David. Now he has kept the promise he made when he said, 'From the day I brought my people Israel from Egypt, I haven't set apart one city among the tribes of Israel to build a Temple to fix my Name there. But I did choose David to rule my people Israel.'

17-19 "My father David had it in his heart to build a Temple honoring the Name of GOD, the God of Israel. But GOD told him 'It was good that you wanted to build a Temple in my honor—most commendable! But you are not the one to do it—your son will build it to honor my Name.'

20-21 "GOD has done what he said he would do: I have succeeded David my father and ruled over Israel just as GOD promised; and now I've built a Temple to honor GOD, the God of Israel, and I've secured a place for the Chest that holds the covenant of GOD, the covenant that he made with our ancestors when he brought them up from the land of Egypt."

22-25 Before the entire congregation of Israel, Solomon took a position before the Altar, spread his hands out before heaven, and prayed,

> O GOD, God of Israel, there is no God like you in the skies above or on the earth below who unswervingly keeps covenant with his servants and relentlessly loves them as they sincerely live in obedience to your way. You kept your word to David my father, your personal word. You did exactly what you promised—every detail. The proof is before us today!
>
> Keep it up, GOD, O God of Israel! Continue to keep the promises you made to David my father when you said, "You'll always have a descendant to represent my rule on Israel's throne, on the condition that your sons are as careful to live obediently in my presence as you have."
>
> 26 O God of Israel, let this *all happen*;
> confirm and establish it!

27-32 Can it be that God will actually move into

27-32 하나님께서 참으로 우리가 사는 곳에 오셔서 거하시겠습니까? 우주조차도 주께서 편히 숨 쉴 만큼 넓지 못한데, 제가 지은 이 성전이야 더 말할 것도 없습니다. 그러할지라도 담대히 구합니다. 하나님 나의 하나님, 제가 드리는 중보기도와 간구에 귀를 기울여 주십시오. 지금 주 앞에 아뢰는 저의 뜨겁고 진실한 기도를 들어주십시오. 주께서 말씀하시기를 "내 이름이 거기서 높임을 받을 것이다"라고 하신 이곳, 이 성전을 밤낮으로 지켜보시고, 제가 이곳에서 드리는 기도를 들어주십시오.

주께서는 주님 계신 곳 하늘에서 들으시고
들으실 때 용서해 주십시오.

이웃에게 해를 끼친 사람이 잘못을 바로잡기로 약속하고 이 성전 안에 있는 주님의 제단 앞에 나와 그 약속을 그대로 아뢰면, 주께서는 하늘에서 들으시고 합당하게 행해 주십시오. 주님의 종들을 판결하셔서 가해자는 그 대가를 치르게 하시고 피해자는 모든 혐의를 벗도록 해주십시오.

33-34 주님의 백성 이스라엘이 주께 죄를 지어 적에게 패할 때라도 주께 돌이켜 이 성전에서 간절하고 진실한 기도로 주님의 통치를 인정하면,

주께서는 주님 계신 곳 하늘에서 들으시고
주님의 백성 이스라엘의 죄를 용서하시며
주께서 그들 조상에게 주신 땅으로 돌아오게
해주십시오.

35-36 주님의 백성이 주께 죄를 지어서 하늘이 마르고 비가 오지 않을 때, 주께 벌을 받은 그들이 이곳에서 기도하며 주님의 통치를 인정하고 그 죄를 멈추면,

주께서는 주님 계신 곳 하늘에서 들으시고
주님의 종, 주님의 백성 이스라엘의 죄를 용
서해 주십시오.

그들과 다시 시작해 주십시오. 그들을 가르쳐 바르게 살게 하시고, 주님의 백성에게 유산으로 주신 이 땅에 비를 내려 주십시오.

37-40 기근이나 재해, 흉작이나 질병, 메뚜기 떼나 병충해 같은 재앙이 닥치거나 원수가 요새로

our neighborhood? Why, the cosmos itself isn't large enough to give you breathing room, let alone this Temple I've built. Even so, I'm bold to ask: Pay attention to these my prayers, both intercessory and personal, O GOD, my God. Listen to my prayers, energetic and devout, that I'm setting before you right now. Keep your eyes open to this Temple night and day, this place of which you said, "My Name will be honored there," and listen to the prayers that I pray at this place.

Listen from your home in heaven
and when you hear, forgive.

When someone hurts a neighbor and promises to make things right, and then comes and repeats the promise before your Altar in this Temple, listen from heaven and act accordingly: Judge your servants, making the offender pay for his offense and setting the offended free of any charges.

33-34 When your people Israel are beaten by an enemy because they've sinned against you, but then turn to you and acknowledge your rule in prayers desperate and devout in this Temple,

Listen from your home in heaven,
forgive the sin of your people Israel,
return them to the land you gave their ancestors.

35-36 When the skies shrivel up and there is no rain because your people have sinned against you, but then they pray at this place, acknowledging your rule and quitting their sins because you have scourged them,

Listen from your home in heaven,
forgive the sins of your servants, your people
Israel.

Then start over with them: Train them to live right and well; send rain on the land you gave your people as an inheritance.

37-40 When disasters strike, famine or catastro-

쳐들어와 온갖 재난이 닥칠 때, 주님의 백성 이스라엘 가운데 누구라도 재앙이 일어났음을 깨닫고 이 성전을 향해 손과 팔을 들어 도움을 구하는 기도를 드리면,

주께서는 주님 계신 곳 하늘에서 들어주십시오.

우리를 용서하시고 판단해 주십시오. 주께서는 각 사람의 마음을 아시니(오직 주님만이 사람의 속마음을 아십니다!) 각 사람에게 합당하게 갚아 주십시오. 그리하면 주께서 우리 조상에게 주신 이 땅에서 사는 동안, 그들이 주님을 경외하고 믿고 순종하게 될 것입니다.

41-43 주님의 백성 이스라엘에 속하지 않지만 주님의 명성을 듣고 먼 나라에서 온 외국인들도 기억해 주십시오. 그들은 분명 주님의 큰 명성을 듣고 기적을 행하시는 주님의 능력에 이끌려 이 성전에 나와 기도할 것입니다.

주께서는 주님 계신 곳 하늘에서 들어주십시오.

그 외국인들이 드리는 기도에 응답해 주십시오. 그러면 주님이 누구이며 어떤 분이신지 온 세상 사람들이 알게 될 것이고, 주님의 백성 이스라엘처럼 주님을 경외하고 순종하며 살게 될 것입니다. 또한 그들은 주께서 제가 지은 이곳을 친히 성전으로 여기신다는 것을 알게 될 것입니다.

44-51 주님의 백성이 주님의 때에 주님이 보내시는 곳으로 가서 적과 싸울 때에, 주님이 택하신 이 성읍과 제가 주님의 이름을 위해 지은 이 성전을 향해 기도하면,

주께서는 그들이 기도하고 구하는 것을 하늘에서 들으시고
그들의 형편에 맞게 행하여 주십시오.

그들이 주께 죄를 지어—죄가 없는 사람은 아무도 없으니 그들도 분명히 죄를 지을 것입니다!—주의 진노를 사서 원수의 손에 넘겨져 멀든 가깝든 원수의 나라에 포로로 잡혀갈지라도, 그 나라에서 회개하고 포로생활 중에 마음을 돌이켜 "우리가 죄를 지었습니다. 잘

phe, crop failure or disease, locust or beetle, or when an enemy attacks their defenses—calamity of any sort—any prayer that's prayed from anyone at all among your people Israel, hearts penetrated by the disaster, hands and arms thrown out to this Temple for help,

Listen from your home in heaven.

Forgive and go to work on us. Give what each deserves, for you know each life from the inside (you're the only one with such "inside knowledge"!) so that they'll live before you in lifelong reverent and believing obedience on this land you gave our ancestors.

41-43 And don't forget the foreigner who is not a member of your people Israel but has come from a far country because of your reputation. People *are* going to be attracted here by your great reputation, your wonder-working power, who come to pray at this Temple.

Listen from your home in heaven.

Honor the prayers of the foreigner so that people all over the world will know who you are and what you're like and will live in reverent obedience before you, just as your own people Israel do; so they'll know that you personally make this Temple that I've built what it is.

44-51 When your people go to war against their enemies at the time and place you send them and they pray to God toward the city you chose and this Temple I've built to honor your Name,

Listen from heaven to what they pray and ask for,
and do what's right for them.

When they sin against you—and they certainly will; there's no one without sin!—and in anger you turn them over to the enemy and they are taken captive to the enemy's land, whether far or near, but repent in the country of their captivity and pray with changed hearts in their exile, "We've sinned; we've done wrong; we've been

못을 저질렀습니다. 사악한 짓을 행했습니다" 라고 고백하면, 또한 원수의 땅에서 마음을 다해 주께로 돌이키며 주님이 그들 조상에게 주신 고향 땅과 주님이 택하신 이 성읍과 제가 주님의 이름을 위해 지은 이 성전을 향해 기도하면,

주께서는 그들의 간절하고 진실한 기도를
주님 계신 곳 하늘에서 들으시고
그들에게 가장 좋은 것을 행하여 주십시오.

주께 죄를 지은 주님의 백성을 용서해 주십시오. 그들의 반역을 용서하시고, 그들을 포로로 잡은 자들의 마음을 움직이셔서 그들을 불쌍히 여기게 해주십시오. 그들은 철을 녹이는 용광로 같은 이집트 한복판에서 주님이 구해 내신 주님의 백성이요 주님의 귀한 유산입니다!

52-53 주님의 종인 저의 간구와 주님의 사랑하시는 백성 이스라엘의 간곡한 기도에 늘 귀를 기울여 주십시오. 그들이 주께 부르짖을 때마다 들어주십시오! 하나님, 주님의 강력한 주권으로 우리 조상을 이집트에서 구해 내실 때 주님의 종 모세를 통해 선포하신 것처럼, 주께서 이 땅의 모든 민족 가운데 그들을 친히 택하셔서 주님의 백성이 되게 하셨습니다.

54-55 이 모든 담대하고 뜨거운 기도를 하나님께 드린 뒤에, 솔로몬은 무릎 꿇고 있던 하나님의 제단 앞에서 일어나 하늘을 향해 손을 뻗었다. 그렇게 선 채로 소리 높여 이스라엘 온 회중을 축복했다.

56-58 "친히 말씀하신 대로, 당신의 백성 이스라엘에게 평화를 주신 하나님을 찬양합니다. 그분이 모세를 통해 하신 모든 선하고 놀라운 말씀이 단 한 마디의 예외 없이 모두 이루어졌습니다. 하나님 바로 우리 하나님께서 우리 조상과 함께 계셨던 것처럼 우리와 계속해서 함께 계시기를 바랍니다. 그분께서 절대로 우리를 포기하거나 떠나지 않으시기를 바랍니다. 우리가 늘 그분께 집중하고 헌신하게 하셔서, 그분이 예비하신 인생길을 따라갈 때에 표지판을 주의 깊게 살피며, 그분이 우리 조상에게 정해 주신 걸음걸이와 장단에 따라 걷게 하시기를 바랍니다.

most wicked," and turn back to you heart and soul in the land of the enemy who conquered them, and pray to you toward their homeland, the land you gave their ancestors, toward the city you chose, and this Temple I have built to the honor of your Name,

Listen from your home in heaven
to their prayers desperate and devout
and do what is best for them.

Forgive your people who have sinned against you; forgive their gross rebellions and move their captors to treat them with compassion. They are, after all, your people and your precious inheritance whom you rescued from the heart of that iron-smelting furnace, Egypt!

52-53 O be alert and attentive to the needy prayers of me, your servant, and your dear people Israel; listen every time they cry out to you! You handpicked them from all the peoples on earth to be your very own people, as you announced through your servant Moses when you, O GOD, in your masterful rule, delivered our ancestors from Egypt.

54-55 Having finished praying to GOD—all these bold and passionate prayers—Solomon stood up before GOD's Altar where he had been kneeling all this time, his arms stretched upward to heaven. Standing, he blessed the whole congregation of Israel, blessing them at the top of his lungs:

56-58 "Blessed be GOD, who has given peace to his people Israel just as he said he'd do. Not one of all those good and wonderful words that he spoke through Moses has misfired. May GOD, our very own God, continue to be with us just as he was with our ancestors—may he never give up and walk out on us. May he keep us centered and devoted to him, following the life path he has cleared, watching the signposts, walking at the pace and rhythms he laid down for our ancestors.

59-61 "And let these words that I've prayed in the

59-61 그리고 내가 하나님 앞에서 기도로 아뢴 이 말씀이 밤낮으로 그분 앞에 있어서, 그분이 내 형편에 맞게 행하시고 날마다 그분의 백성 이스라엘에게 공의를 보장해 주시기를 바랍니다. 그러면 이 땅의 모든 사람이 하나님께서 참 신이시며 다른 신이 없음을 알게 될 것입니다. 그러니 여러분도 하나님 우리 하나님께 전적으로 순종하며 살아야 합니다. 그분이 예비해 주신 인생길을 따라가고 그분께서 오늘 분명히 밝혀 주신 모든 것에 주의하여, 깨어서 살아야 합니다."

presence of GOD be always right there before him, day and night, so that he'll do what is right for me, to guarantee justice for his people Israel day after day after day. Then all the people on earth will know GOD is the true God; there is no other God. And *you*, your lives must be totally obedient to GOD, our personal God, following the life path he has cleared, alert and attentive to everything he has made plain this day."

성전 봉헌

62-63 그 후에 왕과 온 이스라엘이 하나님께 제사를 드리며 예배했다. 솔로몬은 소 22,000마리, 양 120,000마리를 하나님께 제물로 바치며 화목제를 드렸다. 이렇게 왕과 온 이스라엘이 하나님의 성전을 봉헌했다.

64 그날 왕은 하나님의 성전 앞뜰 한가운데를 거룩한 장소로 구별하고, 거기서 번제물과 곡식 제물, 화목 제물의 지방을 바쳤다. 청동제단은 너무 작아서 이 모든 제물을 다 바칠 수 없었기 때문이다.

65-66 이렇게 솔로몬은 큰 가을 절기를 지켰고, 온 백성이 그와 함께했다. 북동쪽 끝(하맛 입구)에서부터 남서쪽 끝(이집트 시내)에 이르는 지역에 사는 백성이 모여, 큰 회중을 이루었다. 그들은 칠 일을 계획하여 축제를 시작했다가 칠 일을 더 늘려 꼬박 이 주 동안 축제를 벌였다! 그 후에야 솔로몬이 백성을 돌려보냈다. 그들은 왕을 축복하고 집으로 돌아갔다. 하나님께서 그분의 종 다윗과 그분의 백성 이스라엘에게 베푸신 모든 선한 일들로 인해 그들 마음에 감사가 흘러넘쳤다.

62-63 The king and all Israel with him then worshiped, offering sacrifices to GOD. Solomon offered Peace-Offerings, sacrificing to GOD 22,000 cattle, a hundred and 120,000 sheep. This is how the king and all Israel dedicated The Temple of GOD.

64 That same day, the king set apart the central area of the Courtyard in front of GOD's Temple for sacred use and there sacrificed the Whole-Burnt-Offerings, Grain-Offerings, and fat from the Peace-Offerings—the bronze Altar was too small to handle all these offerings.

65-66 This is how Solomon kept the great autumn feast, and all Israel with him, people there all the way from the far northeast (the Entrance to Hamath) to the far southwest (the Brook of Egypt)—a huge congregation. They started out celebrating for seven days—and then did it another seven days! Two solid weeks of celebration! Then he dismissed them. They blessed the king and went home, exuberant with heartfelt gratitude for all the good GOD had done for his servant David and for his people Israel.

9

1-2 솔로몬이 하나님의 성전과 그의 왕궁을 건축하는 일, 곧 마음먹었던 모든 일을 마친 뒤에, 하나님께서 전에 기브온에서 나타나셨던 것처럼 솔로몬에게 다시 나타나셨다.

3-5 하나님께서 그에게 말씀하셨다. "내가 네 기도와 뜨거운 간구를 모두 들었다. 네가 지은 이 성전을 내가 거룩하게 했다. 이제 내 이름이 그 위에 영원히 새겨졌으니, 내 눈이 그 위에, 내 마음이 그 안에 언제나 머물 것이다. 네가 네 아버지 다윗처럼 순전한 마음으로 내 앞에서 행하고

9

1-2 After Solomon had completed building The Temple of GOD and his own palace, all the projects he had set his heart on doing, GOD appeared to Solomon again, just as he had appeared to him at Gibeon.

3-5 And GOD said to him, "I've listened to and received all your prayers, your ever-so-passionate prayers. I've sanctified this Temple that you have built: My Name is stamped on it forever; my eyes are on it and my heart in it always. As for you, if

내가 정해 준 삶을 따라 살며 내 가르침과 판단에 주의하여 순종하면, 이스라엘을 다스리는 너의 왕권이 든든한 기초 위에 서게 될 것이다. 네 아버지 다윗에게 보증했던 것처럼 네게도 이것을 보증하겠다. '이스라엘의 왕위에서 네 자손이 항상 끊이지 않을 것이다.'

6-9 그러나 너와 네 자손이 내게 반역하고 내 가르침과 판단을 무시하며 이방 신들과 어울리면서 그것들을 섬기고 예배하면, 그때에는 이 보증이 무효가 될 것이다. 나는 이스라엘을 멸하고 내 이름을 높이도록 거룩하게 구별한 이 성전에서 등을 돌릴 것이다. 그러면 이스라엘은 세상 민족들 사이에서 흉한 농담거리가 되고 말 것이다. 지금은 이렇게 훌륭한 이 성전도 비웃음거리가 되고 말 것이다. 지나가는 사람들이 고개를 저으며 '이게 어찌 된 일인가? 어쩌다가 이렇게 망해 버렸는가?' 하고 물을 것이다. 그러면 그들은 이런 답을 듣게 될 것이다. '한때 여기 살던 민족은 그들의 하나님, 곧 그들 조상을 이집트에서 구해 낸 하나님께 반역했다. 그들은 이방 신들과 어울리며 그것들을 예배하고 섬겼다. 그래서 하나님께서 이렇게 폐허로 만들어 버리신 것이다.'"

10-12 솔로몬은 이십 년 만에 두 건물, 곧 하나님의 성전과 자신의 왕궁을 지은 뒤에, 두로 왕 히람에게 갈릴리 땅에 있는 마을 스무 개를 선물로 주었다. 이것은 히람이 솔로몬이 원하는 대로 백향목과 잣나무와 금을 준 것에 대한 보답이었다. 그러나 두로에서 와서 솔로몬이 준 마을들을 둘러본 히람은 선물이 마음에 들지 않았다.

13-14 히람이 말했다. "친구여! 오지의 산골 마을 스무 개라니, 이것이 무슨 보답이오?" 사람들은 지금도 그곳을 쓸모없는 오지 마을이라고 부른다. 히람이 4.5톤가량의 금에 대한 답례로 솔로몬에게서 받은 것은 그것이 전부였다!

솔로몬의 나머지 업적

15 솔로몬 왕이 노역을 동원해 하나님의 성전과 자기 왕궁, 방어시설(밀로), 예루살렘 성벽, 하솔과 므깃도와 게셀에 요새화된 성읍을 건축한 공사 기록은 이러하다.

16-17 전에 이집트 왕 바로가 올라와서 게셀을 점령하여 불사르고 그곳에 살던 가나안 사람을 다

you live in my presence as your father David lived, pure in heart and action, living the life I've set out for you, attentively obedient to my guidance and judgments, then I'll back your kingly rule over Israel, make it a sure thing on a solid foundation. The same guarantee I gave David your father I'm giving you: 'You can count on always having a descendant on Israel's throne.'

6-9 "But if you or your sons betray me, ignoring my guidance and judgments, taking up with alien gods by serving and worshiping them, then the guarantee is off: I'll wipe Israel right off the map and repudiate this Temple I've just sanctified to honor my Name. And Israel will become nothing but a bad joke among the peoples of the world. And this Temple, splendid as it now is, will become an object of contempt; visitors will shake their heads, saying, 'Whatever happened here? What's the story behind these ruins?' Then they'll be told, 'The people who used to live here betrayed their GOD, the very God who rescued their ancestors from Egypt; they took up with alien gods, worshiping and serving them. That's what's behind this GOD-visited devastation.'"

10-12 At the end of twenty years, having built the two buildings, The Temple of GOD and his personal palace, Solomon rewarded Hiram king of Tyre with a gift of twenty villages in the district of Galilee. Hiram had provided him with all the cedar and cypress and gold that he had wanted. But when Hiram left Tyre to look over the villages that Solomon had given him, he didn't like what he saw.

13-14 He said, "What kind of reward is this, my friend? Twenty backwoods hick towns!" People still refer to them that way. This is all Hiram got from Solomon in exchange for four and a half tons of gold!

15 This is the work record of the labor force that King Solomon raised to build The Temple of GOD, his palace, the defense complex (the Millo), the Jerusalem wall, and the fortified cities of Hazor, Megiddo, and Gezer.

16-17 Pharaoh king of Egypt had come up and

죽였다. 그는 그 도시를 솔로몬의 아내가 된 자기 딸에게 결혼 선물로 주었다. 그래서 솔로몬이 게셀을 재건했다.

17-19 솔로몬은 또 아랫 벳호론과 바알랏, 사막의 다말, 곡식을 저장해 둘 변방의 성읍, 전차와 말을 둘 성읍들을 건축했다. 예루살렘이든 레바논이든 자기 마음에 드는 곳이면 어디에나 대대적인 건축 공사를 벌였다.

20-23 솔로몬은 그 땅 원주민(이스라엘 자손이 아닌 아모리 사람, 헷 사람, 브리스 사람, 히위 사람, 여부스 사람) 가운데서 살아남은 무리, 곧 거룩한 전쟁에서 살아남은 자들을 강제노역 부대로 편성했는데, 이 정책은 오늘까지 시행되고 있다. 그러나 이스라엘 사람은 그런 대우를 받지 않았다. 그들은 솔로몬의 군대와 행정부에서 정부 지도자, 전차와 전차병 지휘관으로 일했다. 또한 그들은 솔로몬의 건축 공사를 책임지는 관리가 되었는데, 모두 550명이 노역자들을 감독했다.

24 바로의 딸이 정식으로 다윗 성에서 올라와 그녀를 위해 특별히 지은 궁에 들어가 살았다. 그 후에 솔로몬은 방어시설(밀로)을 지었다.

25 매년 세 번씩 솔로몬은 하나님의 제단에서 예배하며 번제와 화목제를 드리고 하나님 앞에 향을 피웠다. 그는 성전과 관련해서 필요한 것이 있으면 무엇이든 아끼지 않았고, 인색함이 없었다.

26-28 그는 배도 만들었다! 에돔 땅 홍해 해변의 엘랏 근처에 있는 에시온게벨에서 배를 만들었다. 히람은 바다를 잘 아는 뱃사람들을 보내, 솔로몬 사람들의 항해를 돕게 했다. 그들은 오빌로 출항한 뒤 금 16톤을 가지고 돌아와, 솔로몬 왕에게 바쳤다.

스바 여왕의 방문

10 1-5 스바 여왕이 솔로몬에 대한 소문과 그것이 하나님의 이름과 관련이 있다는 말을 듣고, 어려운 질문으로 그의 명성을 시험해 보기 위해 솔로몬을 찾아왔다. 그녀는 향료와 어마어마한 양의 금과 값진 보석을 낙타에 싣고, 당당하고 호화롭게 예루살렘에 입성했다. 그녀는 솔로몬에게 나아와 평소 관심 있던 온갖 주제를 논하며 자신의 생각을 모두 이야기했다. 솔로몬은 그녀가 내놓은 모든 주제에 답했고, 어떤 질문에도 말문

captured Gezer, torched it, and killed all the Canaanites who lived there. He gave it as a wedding present to his daughter, Solomon's wife. So Solomon rebuilt Gezer.

17-19 He also built Lower Beth Horon, Baalath, and Tamar in the desert, back-country storehouse villages, and villages for chariots and horses. Solomon built widely and extravagantly in Jerusalem, in Lebanon, and wherever he fancied.

20-23 The remnants from the original inhabitants of the land (Amorites, Hittites, Perizzites, Hivites, and Jebusites–all non-Israelites), survivors of the holy wars, were rounded up by Solomon for his gangs of slave labor, a policy still in effect. But true Israelites were not treated this way; they were used in his army and administration–government leaders and commanders of his chariots and charioteers. They were also the project managers responsible for Solomon's building operations–550 of them in charge of the workforce.

24 It was after Pharaoh's daughter ceremonially ascended from the City of David and took up residence in the house built especially for her that Solomon built the defense complex (the Millo).

25 Three times a year Solomon worshiped at the Altar of GOD, sacrificing Whole-Burnt-Offerings and Peace-Offerings, and burning incense in the presence of GOD. Everything that had to do with The Temple he did generously and well; he didn't skimp.

26-28 And ships! King Solomon also built ships at Ezion Geber, located near Elath in Edom on the Red Sea. Hiram sent seaworthy sailors to assist Solomon's men with the fleet. They embarked for Ophir, brought back sixteen tons of gold, and presented it to King Solomon.

The Queen of Sheba Visits

10 1-5 The queen of Sheba heard about Solomon and his connection with the Name of GOD. She came to put his reputation to the test by asking tough questions. She made a grand and showy entrance into Jerusalem–camels loaded with spices, a huge amount of gold, and precious gems. She came to Solomon and talked about all the things that she

이 막히지 않았다. 솔로몬의 지혜를 직접 경험한 스바 여왕은 그가 지은 왕궁, 잘 차려 놓은 식사, 멋있게 줄지어 선 왕궁 관리들, 단정하게 차려입은 시종들, 호화로운 수정, 그리고 하나님의 성전에 오르는 계단에서 아낌없이 번제를 드리는 정성스런 예배를 보며 그 모든 것에 감탄했다.

6-9 그녀가 왕에게 말했다. "모두 사실이었군요! 왕의 업적과 지혜에 대한 명성이 내 나라에까지 들려왔는데, 이제 모두 확인했습니다. 내가 직접 보지 않았으면 믿지 못했을 것입니다. 사람들의 말이 과장이 아니었군요! 왕의 지혜와 기품은 내가 상상한 것보다 훨씬 뛰어납니다. 왕 밑에서 일하는 사람들은 날마다 왕 곁에서 지혜로운 말을 직접 들으니 얼마나 복됩니까! 당신을 총애하셔서 왕으로 삼으신 하나님 당신의 하나님을 찬양합니다. 그분이 당신을 왕으로 삼아 공의로 질서를 유지하게 하시고 소중한 백성을 보살피게 하신 것은, 이스라엘을 향한 그분의 사랑에서 비롯된 것임이 분명합니다."

10 그런 다음 그녀는 4.5톤가량의 금과 수많은 향료와 값비싼 보석을 왕에게 주었다. 스바 여왕이 솔로몬 왕을 위해 향료를 가져온 이후로, 그처럼 많은 향료가 배로 들어온 일은 다시 없었다.

11-12 히람의 배들은 오빌에서 금을 수입해 오면서 엄청난 양의 향기로운 백단목과 값비싼 보석도 함께 가져왔다. 왕은 백단목으로 하나님의 성전과 왕궁에 들일 세련된 가구를 제작하고 음악인들을 위해 하프와 수금을 만들었다. 그만한 백단목을 들여온 경우는 이후로 없었다.

13 솔로몬 왕은 스바 여왕이 원하는 것을 모두 주었다. 이미 후하게 준 것 외에도 그녀가 구하는 것은 무엇이든 다 주었다. 그녀는 흡족해 하며 신하들을 이끌고 자기 나라로 돌아갔다.

cared about, emptying her heart to him. Solomon answered everything she put to him—nothing stumped him. When the queen of Sheba experienced for herself Solomon's wisdom and saw with her own eyes the palace he had built, the meals that were served, the impressive array of court officials and sharply dressed waiters, the lavish crystal, and the elaborate worship extravagant with Whole-Burnt-Offerings at the steps leading up to The Temple of GOD, it took her breath away.

6-9 She said to the king, "It's all true! Your reputation for accomplishment and wisdom that reached all the way to my country is confirmed. I wouldn't have believed it if I hadn't seen it for myself; they didn't exaggerate! Such wisdom and elegance—far more than I could ever have imagined. Lucky the men and women who work for you, getting to be around you every day and hear your wise words firsthand! And blessed be GOD, your God, who took such a liking to you and made you king. Clearly, GOD's love for Israel is behind this, making you king to keep a just order and nurture a God-pleasing people."

10 She then gave the king four and a half tons of gold, and also sack after sack of spices and expensive gems. There hasn't been a cargo of spices like that since that shipload the queen of Sheba brought to King Solomon.

11-12 The ships of Hiram also imported gold from Ophir along with tremendous loads of fragrant sandalwood and expensive gems. The king used the sandalwood for fine cabinetry in The Temple of GOD and the palace complex, and for making harps and dulcimers for the musicians. Nothing like that shipment of sandalwood has been seen since.

13 King Solomon for his part gave the queen of Sheba all her heart's desire—everything she asked for, on top of what he had already so generously given her. Satisfied, she returned home with her train of servants.

14-15 솔로몬은 매년 조공으로 금 25톤을 받았다. 이것은 상인과 여러 왕과 지방 장관들과의 무역에서 나오는 세금과 수익 외의 수입이었다.

16-17 솔로몬 왕은 얇게 두들겨 편 금으로 사

14-15 Solomon received twenty-five tons of gold in tribute annually. This was above and beyond the taxes and profit on trade with merchants and assorted kings and governors.

16-17 King Solomon crafted two hundred body-length

람 키만한 방패 이백 개—방패 하나에 금 3.4킬로그램씩 들어갔다—와 그 절반 크기의 작은 방패 삼백 개를 만들었다. 그는 그 방패들을 레바논 숲 궁전에 두었다.

18-20 왕은 상아로 큰 보좌를 만들고, 눈에 잘 띄도록 겉에 금을 입혔다. 보좌 아래에는 여섯 개의 층계가 있었고, 보좌 뒤쪽은 아치모양이었다. 양쪽 팔걸이 옆으로 사자상을 두었는데, 여섯 층계의 양쪽 끝에도 각각 사자상이 하나씩 서 있었다. 주변 어느 나라에도 그와 같은 보좌는 없었다.

21 솔로몬 왕의 잔과 컵은 금으로 만들었고, 레바논 숲 궁전의 식기도 모두 순금으로 만들었다. 은으로 만든 것은 하나도 없었다. 솔로몬 시대에 은은 흔하고 값싼 것이었다.

22 왕은 원양 선박을 바다에 두어 히람의 배와 함께 있게 했다. 삼 년에 한 번씩 그 배가 금과 은, 상아, 원숭이, 공작을 실어 날랐다.

23-25 솔로몬 왕은 지상의 그 어떤 왕보다 지혜롭고 부유했다. 그는 모든 왕보다 뛰어났다. 온 세상 사람들이 하나님께서 솔로몬에게 주신 지혜를 배우려고 찾아왔다. 오는 사람마다 금은 기물, 고급 예복과 의복, 최신 무기, 외국산 향료, 말과 노새 같은 선물을 가져왔다. 방문객들의 행렬이 매년 줄을 이었다.

26-29 솔로몬은 전차와 말을 모았다. 그가 모은 전차가 천사백 대, 말이 만이천 마리였다! 그는 그 말들을 예루살렘뿐 아니라 전차가 주둔해 있는 특별 성읍들에도 두었다. 그의 시대에는 은이 돌처럼 흔했고, 백향목도 낮은 산지의 무화과나무만큼이나 흔했다. 왕이 타는 말은 이집트와 실리시아에서 들여왔는데, 특별히 왕의 중개인들이 매입했다. 이집트에서 들여온 전차는 은 6.8킬로그램, 말은 은 1.7킬로그램에 거래되었다. 솔로몬은 헷과 아람 왕실을 상대로 말 무역을 벌여 호황을 누렸다.

솔로몬이 하나님을 저버리다

11 *1-5 솔로몬 왕은 여자에 집착했다.* 바로의 딸은 그가 사랑한 많은 이방 여인들—모압, 암몬, 에돔, 시돈, 헷 여인들—가운데 첫 여자에 불과했다. 하나님께서 이스라엘에게 "너희는 그들과 결혼해

shields of hammered gold—seven and a half pounds of gold to each shield—and three hundred smaller shields about half that size. He stored the shields in the House of the Forest of Lebanon.

18-20 The king built a massive throne of ivory accented with a veneer of gold. The throne had six steps leading up to it, its back shaped like an arch. The armrests on each side were flanked by lions. Lions, twelve of them, were placed at either end of the six steps. There was no throne like it in any of the surrounding kingdoms.

21 King Solomon's chalices and tankards were made of gold and all the dinnerware and serving utensils in the House of the Forest of Lebanon were pure gold—nothing was made of silver; silver was considered common and cheap.

22 The king had a fleet of ocean-going ships at sea with Hiram's ships. Every three years the fleet would bring in a cargo of gold, silver, and ivory, and apes and peacocks.

23-25 King Solomon was wiser and richer than all the kings of the earth—he surpassed them all. People came from all over the world to be with Solomon and drink in the wisdom God had given him. And everyone who came brought gifts—artifacts of gold and silver, fashionable robes and gowns, the latest in weapons, exotic spices, and horses and mules—parades of visitors, year after year.

26-29 Solomon collected chariots and horses: fourteen hundred chariots and twelve thousand horses! He stabled them in the special chariot cities as well as in Jerusalem. The king made silver as common as rocks and cedar as common as the fig trees in the lowland hills. His horses were brought in from Egypt and Cilicia, specially acquired by the king's agents. Chariots from Egypt went for fifteen pounds of silver and a horse for about three and three-quarter pounds of silver. Solomon carried on a brisk horse-trading business with the Hittite and Aramean royal houses.

11 1-5 King Solomon was obsessed with women. Pharaoh's daughter was only the first of the many foreign women he loved—Moabite, Ammonite, Edomite, Sidonian, and Hittite. He took them from the surrounding pagan nations of which GOD had clearly

서는 안된다. 그들이 너희를 꾀어 그들의 신들을 섬기게 할 것이다"라고 분명히 경고하셨지만, 그는 주변 이방 나라들에서 여인들을 취했다. 솔로몬은 자신의 마음을 빼앗은 그 여인들을 포기하지 않았다. 그는 칠백 명의 왕비와 삼백 명의 후궁, 모두 합해 천 명의 아내를 두었다! 과연 여인들이 그를 꾀어 하나님에게서 멀어지게 했다. 솔로몬이 늙자 아내들은 자기들의 이방 신들로 그를 꾀었고, 결국 그는 하나님을 저버리게 되었다. 그는 아버지 다윗과 달리 **하나님**께 끝까지 신실하지 못했다. 솔로몬은 시돈의 창녀 여신 아스다롯과 암몬의 혐오스러운 신 몰렉을 가까이했다.

6-8 솔로몬은 공공연히 **하나님**을 거역하면서, 아버지 다윗이 걸어간 길을 따르지 않았다. 더 나아가 그는 예루살렘 동쪽 산에 모압의 혐오스러운 신 그모스와 암몬의 혐오스러운 신 몰렉을 섬기는 산당들을 지었다. 그는 자신의 모든 이방 아내들을 위해 그와 같은 산당을 지었다. 그들이 바친 제사의 연기와 냄새가 그 땅을 더럽혔다.

9-10 솔로몬이 이스라엘의 **하나님**을 버렸으므로 **하나님**께서 그에게 진노하셨다. 하나님께서는 두 번이나 그에게 나타나셔서 다른 신들을 가까이하지 말라고 분명히 명령하셨지만, 솔로몬은 **하나님**의 명령에 순종하지 않았다.

11-13 **하나님**께서 솔로몬에게 말씀하셨다. "네가 이런 식으로 믿음을 저버리고 내 명령대로 행할 뜻을 보이지 않으니, 내가 네게서 나라를 빼앗아 다른 사람에게 넘겨줄 것이다. 다만 네 아버지 다윗을 생각해서 네 생전에는 그리하지 않겠다. 하지만 네 아들이 대가를 치를 것이니, 내가 그의 손에서 나라를 빼앗을 것이다. 그러나 내 종 다윗과 내가 택한 성 예루살렘을 생각하여, 다 빼앗지는 않고 한 지파를 남겨 둘 것이다."

14-20 **하나님**께서 에돔 왕의 후손 하닷을 일으키셔서 솔로몬을 대적하게 하셨다. 예전에 다윗이 에돔을 멸할 때, 군사령관 요압이 죽은 사람들을 묻으러 갔다가 에돔의 남자들을 모두 쳐죽인 일이 있었다. 요압과 그 군대는 그곳에 여섯 달 동안 머물면서 에돔의 모든 남자를 철저하게 죽였다. 당시 소년

warned Israel, "You must not marry them; they'll seduce you into infatuations with their gods." Solomon fell in love with them anyway, refusing to give them up. He had seven hundred royal wives and three hundred concubines—a thousand women in all! And they did seduce him away from God. As Solomon grew older, his wives beguiled him with their alien gods and he became unfaithful—he didn't stay true to his GOD as his father David had done. Solomon took up with Ashtoreth, the whore goddess of the Sidonians, and Molech, the horrible god of the Ammonites.

6-8 Solomon openly defied GOD; he did not follow in his father David's footsteps. He went on to build a sacred shrine to Chemosh, the horrible god of Moab, and to Molech, the horrible god of the Ammonites, on a hill just east of Jerusalem. He built similar shrines for all his foreign wives, who then polluted the countryside with the smoke and stench of their sacrifices.

9-10 GOD was furious with Solomon for abandoning the GOD of Israel, the God who had twice appeared to him and had so clearly commanded him not to fool around with other gods. Solomon faithlessly disobeyed GOD's orders.

11-13 GOD said to Solomon, "Since this is the way it is with you, that you have no intention of keeping faith with me and doing what I have commanded, I'm going to rip the kingdom from you and hand it over to someone else. But out of respect for your father David I won't do it in your lifetime. It's your son who will pay—I'll rip it right out of his grasp. Even then I won't take it all; I'll leave him one tribe in honor of my servant David and out of respect for my chosen city Jerusalem."

14-20 GOD incited Hadad, a descendant of the king of Edom, into hostile actions against Solomon. Years earlier, when David devastated Edom, Joab, commander of the army, on his way to bury the dead, massacred all the men of Edom. Joab and his army stayed there for six months, making sure they had killed every man in Edom. Hadad, just a boy at the time, had escaped with some of the Edomites who had worked for his father. Their escape route took them through Midian to Paran. They picked up some men in Paran and went on to Egypt and to Pharaoh king of Egypt, who gave Hadad a house, food, and even land.

이었던 하닷은, 자기 아버지 밑에서 일하던 에돔 사람 몇몇과 함께 피신했다. 피난길에 오른 그들은 미디안을 지나 바란으로 갔고, 거기서 사람을 좀 더 모아 이집트로 가서 이집트 왕 바로를 만났다. 바로는 하닷에게 집과 양식은 물론 땅까지 내주었다. 바로는 그를 아주 좋아해서 자기 아내 다브네스 왕비의 동생을 아내로 주었다. 그녀는 하닷과 결혼하여 그누밧이라는 아들을 낳고 왕족처럼 길렀다. 그누밧은 바로의 자녀와 함께 궁에서 자랐다.

21 이집트에 살던 하닷은 다윗과 군사령관 요압이 죽었다는 소식을 듣고 바로에게 가서 말했다. "왕의 축복 속에 저를 보내 주십시오. 제 나라로 돌아가고 싶습니다."

22 "이유가 무엇이오?" 바로가 말했다. "어찌하여 이곳을 떠나려 하오? 그대 마음에 거슬리는 것이 있소?"

하닷이 말했다. "모든 것이 좋습니다. 하지만 고향 땅으로 가고 싶습니다. 저를 보내 주십시오!"

솔로몬의 적들이 일어나다

23-25 그 후에 하나님께서 다른 적을 일으키셔서 솔로몬을 대적하게 하셨다. 그는 엘리아다의 아들 르손으로, 일찍이 자기 주인 소바 왕 하닷에셀에게서 도망친 사람이었다. 다윗이 아람 사람을 죽인 뒤에, 르손은 무법자들을 모아 그들의 지도자가 되었다. 나중에 그들은 다마스쿠스에 정착했는데, 거기서 르손은 결국 왕이 되었다. 하닷처럼 르손도 솔로몬이 살아 있는 동안 이스라엘을 괴롭혔다. 그는 아람을 다스리는 왕이었고 이스라엘을 미워했다.

26 그러다가 결정적인 사건이 터졌다. 느밧의 아들 여로보암이 왕에게 반역한 것이다. 그는 스레다 출신의 에브라임 사람으로, 그의 어머니는 스루아라는 과부다. 그는 솔로몬 밑에서 왕을 섬기던 사람이었다.

27-28 그가 반역한 이유는 이러하다. 전에 솔로몬은 외곽 방어시설(밀로)을 짓고, 아버지 다윗 때부터 파손되어 있던 요새들을 복구했다. 그 건축 기간 중에 여로보암은 강하고 실력 있는 자로 돋보였다. 솔로몬은 젊은 그가 일을 잘하는 것을 보고 요셉 지파의 노역자 전부를 그의 손에 맡겼다.

29-30 하루는 여로보암이 예루살렘에서 나와 길을 가다가, 실로의 예언자 아히야를 만났다. 그는 새

Pharaoh liked him so well that he gave him the sister of his wife, Queen Tahpenes, in marriage. She bore Hadad a son named Genubath who was raised like one of the royal family. Genubath grew up in the palace with Pharaoh's children.

21 While living in Egypt, Hadad heard that both David and Joab, commander of the army, were dead. He approached Pharaoh and said, "Send me off with your blessing–I want to return to my country."

22 "But why?" said Pharaoh. "Why would you want to leave here? Hasn't everything been to your liking?"

"Everything has been just fine," said Hadad, "but I want to go home–give me a good send-off!"

23-25 Then God incited another adversary against Solomon, Rezon son of Eliada, who had deserted from his master, Hadadezer king of Zobah. After David's slaughter of the Arameans, Rezon collected a band of outlaws and became their leader. They later settled in Damascus, where Rezon eventually took over as king. Like Hadad, Rezon was a thorn in Israel's side all of Solomon's life. He was king over Aram, and he hated Israel.

Adversaries Arise

26 And then, the last straw: Jeroboam son of Nebat rebelled against the king. He was an Ephraimite from Zeredah, his mother a widow named Zeruah. He served in Solomon's administration.

27-28 This is why he rebelled. Solomon had built the outer defense system (the Millo) and had restored the fortifications that were in disrepair from the time of his father David. Jeroboam stood out during the construction as strong and able. When Solomon observed what a good worker he was, he put the young man in charge of the entire workforce of the tribe of Joseph.

29-30 One day Jeroboam was walking down the road out of Jerusalem. Ahijah the prophet of Shiloh, wearing a brand-new cloak, met him. The two of them were alone on that remote stretch of road. Ahijah took off the new cloak that he was wearing

옷을 입고 있었는데, 외딴 길목에 그 두 사람밖에 없었다. 아히야는 자기가 입고 있던 새 옷을 벗어 열두 조각으로 찢었다.

31-33 그러고는 여로보암에게 말했다. "이 중에서 열 조각을 가지십시오. 이스라엘의 하나님께서 이렇게 명령하십니다. '내가 하려는 일을 보아라. 내가 솔로몬의 손에서 나라를 빼앗아 너에게 열 지파를 넘겨줄 것이다. 내 종 다윗과 내가 특별히 택한 성 예루살렘을 생각하여, 솔로몬에게 한 지파는 남겨 둘 것이다. 이렇게 하는 이유는, 그가 나를 버리고 가서 시돈의 여신 아스다롯과 모압의 신 그모스와 암몬의 신 몰렉을 섬겼기 때문이다. 그는 내가 일러 준 대로 살지 않았고 내가 원하는 일을 행하지 않았으며, 그의 아버지 다윗과 달리 내 지시에 따르지도 명령에 순종하지도 않았다.

34-36 그러나 나는 그에게서 나라를 모두 빼앗지는 않을 것이다. 다윗은 내가 택한 자요 내 지시와 명령에 순종했으니, 내 종 다윗을 보아 내가 솔로몬이 살아 있는 동안에는 그와 함께할 것이다. 그러나 그 후에는 그의 아들의 손에서 나라를 빼앗아 너에게 열 지파를 넘겨줄 것이다. 한 지파는 그의 아들에게 남겨 주어, 내가 내 이름을 기념하기 위해 택한 성 예루살렘에 내 종 다윗에게 한 약속의 증거를 보존할 것이다.

37-39 그러나 내가 너를 내 손안에 두었다. 너는 마음껏 다스려라! 네가 이스라엘의 왕이 될 것이다. 네가 나의 말에 귀를 기울이고, 내가 보여주는 길을 따라 살고, 내 종 다윗이 한 것처럼 내 지시에 따르고 명령에 순종하여 나를 기쁘게 하면, 어떠한 일이 있어도 내가 너와 함께 있을 것이다. 다윗에게 한 것같이 너에게도 견고한 나라를 지어 줄 것이다. 이스라엘이 네 것이 될 것이다! 내가 다윗의 자손에게 고통과 괴로움을 내리겠지만, 그 시련이 영원히 계속되지는 않을 것이다.'"

40 솔로몬이 여로보암을 암살하라고 명령하자, 여로보암은 이집트 왕 시삭에게로 도망가서 숨었다. 그는 솔로몬이 죽을 때까지 거기서 망명생활을 했다.

41-43 솔로몬의 나머지 생애와 통치, 그가 행한 모든 일과 지혜는 '솔로몬 연대기'에서 읽을 수 있다. 솔로몬은 예루살렘에서 사십 년 동안 온 이스라엘을 다스렸다. 그는 죽어서 아버지 다윗의 성에 묻혔다. 그의 아들 르호보암이 뒤를 이어 왕이 되었다.

and ripped it into twelve pieces.

31-33 Then he said to Jeroboam, "Take ten of these pieces for yourself; this is by order of the GOD of Israel: See what I'm doing–I'm ripping the kingdom out of Solomon's hands and giving you ten of the tribes. In honor of my servant David and out of respect for Jerusalem, the city I especially chose, he will get one tribe. And here's the reason: He faithlessly abandoned me and went off worshiping Ashtoreth goddess of the Sidonians, Chemosh god of the Moabites, and Molech god of the Ammonites. He hasn't lived the way I have shown him, hasn't done what I have wanted, and hasn't followed directions or obeyed orders as his father David did.

34-36 "Still, I won't take the whole kingdom away from him. I'll stick with him through his lifetime because of my servant David whom I chose and who did follow my directions and obey my orders. But after that I'll remove the kingdom from his son's control and give you ten tribes. I'll leave one tribe to his son, to maintain a witness to my servant David in Jerusalem, the city I chose as a memorial to my Name.

37-39 "But I have taken you in hand. Rule to your heart's content! You are to be the king of Israel. If you listen to what I tell you and live the way I show you and do what pleases me, following directions and obeying orders as my servant David did, I'll stick with you no matter what. I'll build you a kingdom as solid as the one I built for David. Israel will be yours! I am bringing pain and trouble on David's descendants, but the trials won't last forever."

40 Solomon ordered the assassination of Jeroboam, but he got away to Egypt and found asylum there with King Shishak. He remained in exile there until Solomon died.

41-43 The rest of Solomon's life and rule, his work and his wisdom, you can read for yourself in *The Chronicles of Solomon*. Solomon ruled in Jerusalem over all Israel for forty years. He died and was buried in the City of David his father. His son Rehoboam was the next king.

북쪽 지파들의 반항

12 1-2 르호보암은 세겜으로 갔다. 온 이스라엘이 그를 왕으로 세우려고 그곳에 모여 있었다. 당시 솔로몬을 피해 이집트에 숨어 있던 여로보암은, 솔로몬이 죽었다는 소식을 듣고 돌아왔다.

3-4 르호보암이 여로보암과 온 백성을 소집했다. 그들이 르호보암에게 말했다. "왕의 아버지께서 등골이 휘도록 우리에게 일을 시켜 삶이 아주 고달팠습니다. 이제 좀 쉬게 해주시고 우리의 짐을 가볍게 해주시면, 우리가 기꺼이 왕을 섬기겠습니다."

5 르호보암이 말했다. "생각할 시간이 필요하니 사흘 후에 다시 오시오."

6 르호보암 왕은 그의 아버지가 살아 있을 때 조언을 구했던 원로들과 의논했다. "그대들의 생각은 어떠하오? 내가 백성에게 뭐라고 답하면 좋겠소?"

7 그들이 말했다. "왕께서는 이 백성의 종이 되셔서 그들의 필요를 잘 헤아리고 긍휼을 베푸시며 원만히 일을 해결해 나가십시오. 그러면 결국 백성이 왕을 위해 무슨 일이든 할 것입니다."

8-9 그러나 그는 원로들의 조언을 물리치고, 그와 함께 자라서 지금은 왕의 비위만 맞추려 드는 젊은 신하들에게 물었다. "그대들 생각은 어떻소? '왕의 아버지처럼 혹독하게 하지 말고 좀 쉬게 해주십시오. 우리의 짐을 가볍게 해주십시오' 하고 말하는 이 백성에게 내가 뭐라고 해야 되겠소?"

10-11 왕과 함께 자란 철없는 젊은이들이 말했다. "'왕의 아버지께서 우리에게 너무 심하게 하셨으니, 짐을 가볍게 해주십시오' 하고 불평하는 이 백성에게 이렇게 말씀하십시오. '내 새끼손가락이 내 아버지의 허리보다 굵다. 내 아버지의 다스림이 고달팠다고 여긴다면, 너희는 아직 고달픔의 맛을 제대로 보지 못한 것이다. 내 아버지는 너희를 채찍으로 때렸지만, 나는 너희가 피투성이가 될 때까지 사슬로 칠 것이다!'"

12-14 르호보암이 백성을 향해 "생각할 시간이 필요하니 사흘 후에 다시 오시오" 하고 지시한 대로, 사흘 후에 여로보암과 백성이 나타났다. 왕의 *대답은 가혹하고 거칠었다. 그는 원로들의 조언*을 무시하고 젊은이들의 제안을 따랐다. "내 아버지의 다스림이 고달팠다고 여긴다면, 너희는 아직 고달픔의 맛을 제대로 보지 못한 것이다. 내 아버지는 너희를 채찍으로 때렸지만, 나는 너희

Rehoboam

12 1-2 Rehoboam traveled to Shechem where all Israel had gathered to inaugurate him as king. Jeroboam had been in Egypt, where he had taken asylum from King Solomon; when he got the report of Solomon's death he had come back.

3-4 Rehoboam assembled Jeroboam and all the people. They said to Rehoboam, "Your father made life hard for us–worked our fingers to the bone. Give us a break; lighten up on us and we'll willingly serve you."

5 "Give me three days to think it over, then come back," Rehoboam said.

6 King Rehoboam talked it over with the elders who had advised his father when he was alive: "What's your counsel? How do you suggest that I answer the people?"

7 They said, "If you will be a servant to this people, be considerate of their needs and respond with compassion, work things out with them, they'll end up doing anything for you."

8-9 But he rejected the counsel of the elders and asked the young men he'd grown up with who were now currying his favor, "What do you think? What should I say to these people who are saying, 'Give us a break from your father's harsh ways–lighten up on us'?"

10-11 The young turks he'd grown up with said, "These people who complain, 'Your father was too hard on us; lighten up'–well, tell them this: 'My little finger is thicker than my father's waist. If you think life under my father was hard, you haven't seen the half of it. My father thrashed you with whips; I'll beat you bloody with chains!'"

12-14 Three days later Jeroboam and the people showed up, just as Rehoboam had directed when he said, "Give me three days to think it over, then come back." The king's answer was harsh and rude. He spurned the counsel of the elders and went with the advice of the younger set, "If you think life under my father was hard, you haven't seen the half of it. My father thrashed you with whips; I'll beat you bloody with chains!"

15 Rehoboam turned a deaf ear to the people. GOD was behind all this, confirming the message that

가 피투성이가 될 때까지 사슬로 칠 것이다!'"
15 르호보암은 백성의 말에 귀를 막았다. 하나님
께서 이 모든 일의 배후에 계셨고, 이로써 실로
사람 아히야를 통해 느밧의 아들 여로보암에게
주신 메시지를 확증하셨다.
16-17 온 이스라엘은 왕이 그들의 말을 한 마디도
듣지 않은 것을 알고, 왕에게 맞서서 말했다.

꺼져 버려라, 다윗!
이새의 아들아, 우리는 이제 너한테 질렸다!
이스라엘아, 어서 여기서 떠나자!
다윗, 이제 더 이상 우리 일에 참견하지 마라.

그런 다음, 백성이 떠나갔다. 그러나 르호보암
은 유다 성읍들에 사는 사람들을 계속 다스렸다.

18-19 그 후에 르호보암 왕이 노역 책임자인 아
도니람을 보내자, 이스라엘 백성이 모여서 그를
돌로 쳐죽였다. 르호보암 왕은 재빨리 전차에
뛰어올라 예루살렘으로 도망쳤다. 그때부터 오
늘까지 이스라엘은 다윗 왕조에 계속 대항했다.

이스라엘 왕 여로보암

20 여로보암이 돌아왔다는 말이 나돌자, 백성이
모여 그를 불러 온 이스라엘의 왕으로 삼았다.
오직 유다 지파만이 다윗 왕가에 남았다.
21 예루살렘으로 돌아온 르호보암은 유다와 베냐
민 지파 사람들을 소집하고 정예군 180,000명
을 동원했다. 그는 이스라엘과 전쟁을 벌여 솔로
몬의 아들 르호보암의 나라를 되찾으려고 했다.
22-24 그때 하나님의 말씀이 하나님의 사람 스마
야에게 임했다. "솔로몬의 아들 유다 왕 르호보
암과 유다와 베냐민의 모든 사람과 그 밖에 남은
자들에게 전하여라. '이것은 하나님의 말씀이다.
너희는 진군하지 마라. 너희 형제 이스라엘 자
손과 싸우지 마라. 너희는 한 사람도 남김없이
다 집으로 돌아가거라. 이 모든 것이 나의 뜻이
다.'" 그들은 하나님께서 말씀하신 대로 집으로
돌아갔다.

여로보암이 하나님에게서 돌아서다

25 여로보암은 에브라임 산지에 있는 세겜에 성
을 짓고, 그곳을 본거지로 삼았다. 그는 브누엘
에도 성을 지었다.

he had given to Jeroboam son of Nebat through
Ahijah of Shiloh.
16-17 When all Israel realized that the king hadn't
listened to a word they'd said, they stood up to him
and said,

Get lost, David!
We've had it with you, son of Jesse!
Let's get out of here, Israel, and fast!
From now on, David, mind your own business.

And with that, they left. But Rehoboam continued
to rule those who lived in the towns of Judah.

18-19 When King Rehoboam next sent out Adoniram,
head of the workforce, the Israelites ganged up
on him, pelted him with stones, and killed him.
King Rehoboam jumped in his chariot and fled to
Jerusalem as fast as he could. Israel has been in
rebellion against the Davidic regime ever since.

Jeroboam of Israel

20 When the word was out that Jeroboam was back
and available, the assembled people invited him
and inaugurated him king over all Israel. The only
tribe left to the Davidic dynasty was Judah.
21 When Rehoboam got back to Jerusalem, he
called up the men of Judah and the tribe of
Benjamin, a 180,000 of their best soldiers, to go
to war against Israel and recover the kingdom for
Rehoboam son of Solomon.
22-24 At this time the word of God came to
Shemaiah, a man of God: "Tell this to Rehoboam
son of Solomon king of Judah, along with everyone
in Judah and Benjamin and anyone else who is
around: This is GOD's word: Don't march out; don't
fight against your brothers the Israelites; go back
home, every last one of you; *I'm* in charge here."
And they did it; they did what GOD said and went
home.

25 Jeroboam made a fort at Shechem in the hills of
Ephraim, and made that his headquarters. He also

26-27 그러나 여로보암은 이런 생각이 들었다. "머지않아 나라가 다시 다윗 밑으로 통일될 것이다. 이 백성이 예루살렘에 있는 하나님의 성전에서 다시 예배 드리기 시작하면, 그 즉시 유다 왕 르호보암을 자신들의 통치자로 생각할 것이다. 그렇게 되면 그들은 나를 죽이고 르호보암 왕에게 돌아갈 것이다."

28-30 그래서 왕은 계획을 꾸몄다. 그는 금송아지 두 개를 만들고 이렇게 공포했다. "예루살렘에 가서 예배를 드리려니 여러분의 고생이 너무 큽니다. 이것을 보십시오. 여러분을 이집트에서 이끌어 낸 신입니다!" 그는 송아지 하나는 베델에 두고, 다른 하나는 단에 두었다. 이것은 너무도 명백한 죄였다. 사람들이 단까지 가서 송아지를 숭배했다!

31-33 일은 거기서 끝나지 않았다. 여로보암은 사방에 금지된 산당들을 짓고, 제사장직에 적합한 사람이든 아니든 상관없이 아무나 닥치는 대로 제사장으로 세웠다. 또한 그는 유다의 절기를 대신할 거룩한 신년 절기를 새로 만들어 여덟째 달 십오일에 지키게 했고, 직접 베델 제단에서 예배하며 자신이 그곳에 세워 둔 송아지 앞에 제물을 바쳤다. 그는 자신이 지은 지역 산당들의 제사장들을 베델의 제사장으로 세웠다. 이것은 유다의 절기에 맞서기 위해 그가 생각해 낸 것이었다. 여로보암은 이스라엘만을 위한 이 절기를 능숙하게 치러 냈고, 제단 예배도 자신이 직접 인도했다.

13

1-3 그 후에 이런 일이 있었다. 여로보암이 제단에서 제사를 드리려는데, 유다에서 하나님의 명령을 받고 온 거룩한 사람이 제단을 향해 선포했다(이것은 하나님의 명령이었다). "제단아, 제단아! 하나님의 메시지다! '다윗 집안에 요시야라는 아들이 태어날 것이다. 그가 네 위에 제사 드리고 있는 산당 제사장들을 네 위에서 제물로 바칠 것이다! 사람의 뼈가 네 위에서 불타오를 것이다!'" 동시에 그는 표징을 공포했다. "이것은 하나님께서 주시는 증거다. 제단이 산산조각으로 갈라져 거룩한 제물이 땅에 쏟아질 것이다."

4-5 왕은 거룩한 사람이 베델 제단을 향해 외치는 메시지를 듣고, 그를 잡으려고 팔을 뻗으며 소리쳤다. "저 자를 잡아라!" 그러자 왕의 팔이

built a fort at Penuel.

26-27 But then Jeroboam thought, "It won't be long before the kingdom is reunited under David. As soon as these people resume worship at The Temple of GOD in Jerusalem, they'll start thinking of Rehoboam king of Judah as their ruler. They'll then kill me and go back to King Rehoboam."

28-30 So the king came up with a plan: He made two golden calves. Then he announced, "It's too much trouble for you to go to Jerusalem to worship. Look at these–the gods who brought you out of Egypt!" He put one calf in Bethel; the other he placed in Dan. This was blatant sin. Think of it–people traveling all the way to Dan to worship a calf!

31-33 And that wasn't the end of it. Jeroboam built forbidden shrines all over the place and recruited priests from wherever he could find them, regardless of whether they were fit for the job or not. To top it off, he created a holy New Year festival to be held on the fifteenth day of the eighth month to replace the one in Judah, complete with worship offered on the Altar at Bethel and sacrificing before the calves he had set up there. He staffed Bethel with priests from the local shrines he had made. This was strictly his own idea to compete with the feast in Judah; and he carried it off with flair, a festival exclusively for Israel, Jeroboam himself leading the worship at the Altar.

13

1-3 And then this happened: Just as Jeroboam was at the Altar, about to make an offering, a holy man came from Judah by GOD's command and preached (these were GOD's orders) to the Altar: "Altar, Altar! GOD's message! 'A son will be born into David's family named Josiah. The priests from the shrines who are making offerings on you, he will sacrifice–on you! Human bones burned on you!'" At the same time he announced a sign: "This is the proof GOD gives–the Altar will split into pieces and the holy offerings spill into the dirt."

4-5 When the king heard the message the holy man preached against the Altar at Bethel, he reached out to grab him, yelling, "Arrest him!" But his arm

마비되어 쓸 수 없게 되었다. 동시에 제단이 갈라지면서 거룩한 제물이 모두 땅에 쏟아졌다. 거룩한 사람이 하나님의 명령을 받아 공포했던 표징이 그대로 이루어졌다.
6 왕은 거룩한 사람에게 간청했다. "도와주시오! 당신의 하나님께 기도하여 내 팔을 낫게 해 주시오." 거룩한 사람이 그를 위해 기도하자 왕의 팔이 나아 새것처럼 되었다!
7 그러자 왕은 거룩한 사람을 초대했다. "나와 함께 식사합시다. 당신에게 줄 선물이 있소."
8-10 거룩한 사람이 왕에게 말했다. "왕께서 내게 아무리 큰돈을 준다고 해도, 나는 이곳에서 왕과 함께 앉아 식사하지 않을 것입니다. 나는 하나님의 명령을 받아 이곳에 왔습니다. 그분께서 명령하시기를, '빵 한 조각도 먹지 말고, 물 한 모금도 마시지 말고, 네가 왔던 길로 돌아가지도 말라'고 하셨습니다." 그러고서 그는 베델로 올 때 걸어왔던 길이 아닌 다른 길로 떠났다.
11 베델에 한 늙은 예언자가 살고 있었다. 그의 아들들이 와서 그날 거룩한 사람이 베델에서 한 일을 아버지에게 이야기하며, 거기서 일어난 모든 일과 거룩한 사람이 왕에게 한 말을 전했다.
12 아버지가 말했다. "그 사람이 어느 쪽으로 갔느냐?" 아들들은 유다에서 온 거룩한 사람이 간 길을 가리켜 보였다.
13-14 그가 아들들에게 말했다. "내 나귀에 안장을 얹어 다오." 그들이 안장을 얹자, 그는 나귀를 타고 거룩한 사람을 쫓아갔다. 그는 상수리나무 아래 앉아 있는 거룩한 사람을 만났다. 노인이 그에게 물었다. "당신이 유다에서 온 거룩한 사람이오?"
"그렇습니다." 그가 대답했다.
15 "나와 같이 우리 집으로 가서 식사합시다."
16-17 "죄송하지만 그럴 수 없습니다." 거룩한 사람이 말했다. "나는 어르신과 함께 돌아갈 수도 없고 이 땅에서 어르신과 함께 먹을 수도 없습니다. 하나님께서 내게 엄히 명령하시기를, '빵 한 조각도 먹지 말고, 물 한 모금도 마시지 말고, 네가 왔던 길로 돌아가지도 말라'고 하셨습니다."
18-19 그러자 노인이 말했다. "나도 당신처럼 예언자요. 천사가 내게 와서 '그 사람을 네 집으로 데리고 가서 식사를 잘 차려 주어라!' 하고 하나님의 메시지를 전해 주었소." 하지만 노인은 거

was paralyzed and hung useless. At the same time the Altar broke apart and the holy offerings all spilled into the dirt–the very sign the holy man had announced by GOD's command.
6 The king pleaded with the holy man, "Help me! Pray to your GOD for the healing of my arm." The holy man prayed for him and the king's arm was healed–as good as new!
7 Then the king invited the holy man, "Join me for a meal; I have a gift for you."
8-10 The holy man told the king, "Not on your life! You couldn't pay me enough to get me to sit down with you at a meal in this place. I'm here under GOD's orders, and he commanded, 'Don't eat a crumb, don't drink a drop, and don't go back the way you came.'" Then he left by a different road than the one on which he had walked to Bethel.
11 There was an old prophet who lived in Bethel. His sons came and told him the story of what the holy man had done that day in Bethel, told him everything that had happened and what the holy man had said to the king.
12 Their father said, "Which way did he go?" His sons pointed out the road that the holy man from Judah had taken.
13-14 He told his sons, "Saddle my donkey." When they had saddled it, he got on and rode after the holy man. He found him sitting under an oak tree. He asked him, "Are you the holy man who came from Judah?"
"Yes, I am," he said.
15 "Well, come home with me and have a meal."
16-17 "Sorry, I can't do that," the holy man said. "I can neither go back with you nor eat with you in this country. I'm under strict orders from GOD: 'Don't eat a crumb; don't drink a drop; and don't come back the way you came.'"
18-19 But he said, "I am also a prophet, just like you. And an angel came to me with a message from GOD: 'Bring him home with you, and give him a good meal!'" But the man was lying. So the holy man went home with him and they had a meal together.
20-22 There they were, sitting at the table together, when the word of GOD came to the prophet who had brought him back. He confronted the holy man who

짓말을 하고 있었다. 거룩한 사람은 그와 함께 집으로 가서 식사를 했다.

20-22 그들이 함께 식탁에 앉아 있는데, 거룩한 사람을 데려온 예언자에게 하나님의 말씀이 임했다. 그는 유다에서 온 거룩한 사람의 잘못을 지적했다. "당신에게 주는 하나님의 말씀이오. '너는 하나님의 명령에 불순종했고, 네 하나님의 엄한 명령을 지키지 않았다. 너는 하나님이 빵 한 조각도 먹지 말고, 물 한 모금도 마시지 말라고 한 바로 그곳에 앉아 음식을 배불리 먹었다. 그러니 너는 길에서 죽을 것이고 네 조상의 묘에 묻히지 못할 것이다.'"

23-25 식사가 끝나자, 그를 데려온 예언자가 그를 위해 자기 나귀에 안장을 얹어 주었다. 길을 떠나가는데, 사자가 나타나 그를 죽였다. 그의 시체가 길 위에 널브러졌고 한쪽에는 사자가 다른 한쪽에는 나귀가 서 있었다. 길 가던 사람들이 길에 널브러진 주검과 그 곁을 지키고 선 사자를 보았다. 그들은 늙은 예언자가 살고 있는 마을로 가서 자기들이 본 것을 말했다.

26 그를 곁길로 가게 만든 예언자가 그 말을 듣고 말했다. "그는 하나님의 엄한 명령에 불순종한 거룩한 사람이다. 하나님께서 그에게 말씀하신 대로, 그를 사자에게 넘겨주셔서 사자가 그를 찢어 죽이게 하신 것이다."

27-30 예언자는 아들들에게 말했다. "내 나귀에 안장을 얹어 다오." 그들이 안장을 얹자, 그는 곧 나귀를 타고 가서 길 위에 쓰러져 있는 주검과 그 옆에 서 있는 사자와 나귀를 찾아냈다. 사자는 주검에도 나귀에도 입을 대지 않았다. 늙은 예언자는 거룩한 사람의 주검을 나귀에 싣고 자기 성읍으로 돌아와 안장해 주었다. 그는 그 주검을 자기 무덤에 묻고 나서 애도하며 말했다. "형제여, 슬픈 날입니다!"

31-32 장례식을 마치고 나서 예언자는 아들들에게 말했다. "내가 죽거든 거룩한 사람을 묻은 그 무덤에 묻어 다오. 내 뼈와 그의 뼈가 나란히 있게 해다오. 그가 하나님의 명령을 받아서 베델에 있는 제단과 사마리아 성읍들에 있는 모든 음란한 종교 산당들을 향해 전한 메시지가 그대로 이루어질 것이다."

여로보암의 악한 죄

33-34 이 일이 있고 나서도 여로보암은 계속 악을 행하여, 금지된 산당의 제사장들을 마구잡이로 세웠다. 누구든지 원하기만 하면 한 지역 산당의 제사장이 될 수 있었다. 이것이 여로보암이 지은 가장 뿌리 깊은 죄였다. 그를 망하게 한 것도 그 죄였다.

had come from Judah: "GOD's word to you: You disobeyed GOD's command; you didn't keep the strict orders your GOD gave you; you came back and sat down to a good meal in the very place GOD told you, 'Don't eat a crumb; don't drink a drop.' For that you're going to die far from home and not be buried in your ancestral tomb."

23-25 When the meal was over, the prophet who had brought him back saddled his donkey for him. Down the road a way, a lion met him and killed him. His corpse lay crumpled on the road, the lion on one side and the donkey on the other. Some passersby saw the corpse in a heap on the road, with the lion standing guard beside it. They went to the village where the old prophet lived and told what they had seen.

26 When the prophet who had gotten him off track heard it, he said, "It's the holy man who disobeyed GOD's strict orders. GOD turned him over to the lion who knocked him around and killed him, just as GOD had told him."

27-30 The prophet told his sons, "Saddle my donkey." They did it. He rode out and found the corpse in a heap in the road, with the lion and the donkey standing there. The lion hadn't bothered either the corpse or the donkey. The old prophet loaded the corpse of the holy man on his donkey and returned it to his own town to give it a decent burial. He placed the body in his own tomb. The people mourned, saying, "A sad day, brother!"

31-32 After the funeral, the prophet said to his sons, "When I die, bury me in the same tomb where the holy man is buried, my bones alongside his bones. The message that he preached by GOD's command against the Altar at Bethel and against all the sex-and-religion shrines in the towns of Samaria will come true."

33-34 After this happened, Jeroboam kept right on doing evil, recruiting priests for the forbidden shrines indiscriminately—anyone who wanted to could be a priest at one of the local shrines. This was the root sin of Jeroboam's government. And it was this that ruined him.

14 1-3 그 즈음에 여로보암의 아들 아비야가 병이 들었다. 여로보암이 아내에게 말했다. "이렇게 합시다. 아무도 당신을 알아보지 못하게 변장을 하고 실로로 가시오. 내게 이 백성의 왕이 될 것이라고 말했던 예언자 아히야가 거기 살고 있소. 빵 열 덩어리와 과자와 꿀 한 병을 가져가시오. 그를 찾아가면 우리 아들이 어찌될 것인지 말해 줄 것이오."

4-5 여로보암의 아내는 그의 말대로 했다. 그녀는 곧장 실로로 가서 아히야의 집에 이르렀다. 아히야는 이제 나이 들고 눈이 멀었으나, 하나님께서 이미 그에게 경고하셨다. "여로보암의 아내가 병든 아들의 일로 네 의견을 들으려고 오는 중이다. 너는 그녀에게 이렇게 말하여라."

5-9 그녀가 변장한 차림으로 들어왔다. 아히야는 그녀가 문간에 들어서는 소리를 듣고 말했다. "여로보암의 아내여, 어서 오십시오! 그런데 어찌하여 변장을 하셨습니까? 내가 흉한 소식을 전해야겠습니다. 내가 하나님 이스라엘의 하나님께 직접 받은 이 메시지를 여로보암에게 전하십시오. '내가 미천한 너를 일으켜 내 백성 이스라엘의 지도자로 세웠다. 내가 다윗 집안의 손에서 나라를 빼앗아 너에게 주었건만, 너는 내 종 다윗처럼 살지 않았다. 다윗은 내 명령대로 행하고 일편단심으로 살면서 나를 기쁘게 했다. 그러나 너는 이방 신들, 거짓 신들을 만들어 그 누구보다 악한 일을 행했다! 나를 거부하고 내게 등을 돌려, 나를 불같이 진노하게 만들었다.

10-11 나는 이 일을 그냥 넘어가지 않을 것이다. 여로보암 집안에 재앙을 내려 그 집안의 모든 남자를, 종이나 자유인이나 가리지 않고 이스라엘에서 다 죽일 것이다. 그들은 쓰레기에 지나지 않게 되었으니 내가 깨끗이 없애 버릴 것이다. 성읍 안에서 죽는 자들은 떠돌이 개들의 먹이가 되고, 들판에서 죽는 자들은 썩은 고기를 먹는 까마귀들의 밥이 될 것이다. 하나님의 말씀이다!'

12-13 이것이 전부입니다. 집으로 돌아가십시오. 당신이 성읍에 발을 들여놓는 순간, 당신의 아들이 죽을 것입니다. 모든 사람이 장례식에 와서 그의 죽음을 애도할 것입니다. 여로보암의 가문에서 제대로 장사될 사람은 그 하나뿐입니다. 하나님 이스라엘의 하나님께서 좋게 말씀하실 사람도 그 하나뿐입니다.

14-16 그 후에 하나님께서 이스라엘에 한 왕을 세우

14 1-3 At about this time Jeroboam's son Abijah came down sick. Jeroboam said to his wife, "Do something. Disguise yourself so no one will know you are the queen and go to Shiloh. Ahijah the prophet lives there, the same Ahijah who told me I'd be king over this people. Take along ten loaves of bread, some sweet rolls, and a jug of honey. Make a visit to him and he'll tell you what's going on with our boy."

4-5 Jeroboam's wife did as she was told; she went straight to Shiloh and to Ahijah's house. Ahijah was an old man at this time, and blind, but GOD had warned Ahijah, "Jeroboam's wife is on her way to consult with you regarding her sick son; tell her this and this and this."

5-9 When she came in she was disguised. Ahijah heard her come through the door and said, "Welcome, wife of Jeroboam! But why the deception? I've got bad news for you. Go and deliver this message I received firsthand from GOD, the God of Israel, to Jeroboam: I raised you up from obscurity and made you the leader of my people Israel. I ripped the kingdom from the hands of David's family and gave it to you, but you weren't at all like my servant David who did what I told him and lived from his undivided heart, pleasing me. Instead you've set a new record in works of evil by making alien gods—tin gods! Pushing me aside and turning your back—you've made me mighty angry.

10-11 "And I'll not put up with it: I'm bringing doom on the household of Jeroboam, killing the lot of them right down to the last male wretch in Israel, whether slave or free. They've become nothing but garbage and I'm getting rid of them. The ones who die in the city will be eaten by stray dogs; the ones who die out in the country will be eaten by carrion crows. GOD's decree!

12-13 "And that's it. Go on home—the minute you step foot in town, the boy will die. Everyone will come to his burial, mourning his death. He is the only one in Jeroboam's family who will get a decent burial; he's the only one for whom GOD,

실 텐데, 그가 여로보암의 가문을 완전히 없애 버릴 것입니다. 여로보암의 운명의 날입니다! 폭풍이 갈대를 후려치듯이 하나님께서 이스라엘을 세게 치실 것이고, 그들의 유업인 이 좋은 땅에서 뿌리째 뽑아 사방으로 흩으실 것입니다. 왜 그러시겠습니까? 그들이 아세라의 음란한 종교 산당들을 만들어 하나님을 노엽게 했기 때문입니다. 이스라엘을 죄의 늪으로 끌어들인 여로보암의 죄 때문에 그분이 이스라엘을 붙들고 있던 손을 떼어 버리실 것입니다."

17-18 여로보암의 아내는 그곳을 떠나 디르사에 있는 집으로 돌아갔다. 그녀가 문간에 들어서는 순간, 아들이 죽었다. 그들은 그를 장사 지냈고 모든 사람이 그의 죽음을 애도했다. 하나님께서 그분의 종인 예언자 아히야를 통해 말씀하신 그대로 되었다.

19-20 여로보암의 나머지 생애, 그가 치른 전쟁과 그가 통치한 방식은 '이스라엘 왕 연대기'에 기록되어 있다. 그는 이십이 년 동안 다스렸고, 죽어서 자기 조상과 함께 묻혔다. 그의 아들 나답이 뒤를 이어 왕이 되었다.

유다 왕 르호보암

21-24 솔로몬의 아들 르호보암은 유다의 왕이었다. 그는 마흔한 살에 왕위에 올라, 하나님께서 그분의 이름을 예배하도록 이스라엘 모든 지파 가운데서 택하신 성 예루살렘에서 십칠 년 동안 다스렸다. 르호보암의 어머니는 암몬 사람 나아마다. 유다는 하나님 앞에서 공공연하게 악을 행했고 그분을 몹시 노엽게 했다. 그들은 조상보다 더 큰 죄를 저질렀다. 아세라의 음란한 종교 산당을 짓고 산 위나 나무 밑이나 눈 닿는 모든 곳마다 신성하게 여기는 돌을 세웠다. 뿐만 아니라 신전에 남창들까지 두어 나라를 더럽힐 대로 더럽혔다. 이 모든 것은 하나님께서 이스라엘을 그 땅에 들어오게 하실 때 제거하신 것들이었다.

25-28 르호보암 왕이 다스린 지 오 년째 되던 해에, 이집트 왕 시삭이 예루살렘으로 쳐들어왔다. 그는 하나님의 성전과 왕궁의 보물을 약탈하고 솔로몬이 만든 금방패까지 몽땅 다 가져갔다. 르호보암 왕은 금방패 대신 청동방패를 만들어 왕궁 경비대를 무장시켰다. 왕이 하나님의 성전에 갈 때마다 경비대가 방패를 들

the God of Israel, has a good word to say.

14-16 "Then GOD will appoint a king over Israel who will wipe out Jeroboam's family, wipe them right off the map—doomsday for Jeroboam! He will hit Israel hard, as a storm slaps reeds about; he'll pull them up by the roots from this good land of their inheritance, weeding them out, and then scatter them to the four winds. And why? Because they made GOD so angry with Asherah sex-and-religion shrines. He'll wash his hands of Israel because of Jeroboam's sins, which have led Israel into a life of sin."

17-18 Jeroboam's wife left and went home to Tirzah. The moment she stepped through the door, the boy died. They buried him and everyone mourned his death, just as God had said through his servant the prophet Ahijah.

19-20 The rest of Jeroboam's life, the wars he fought and the way he ruled, is written in *The Chronicles of the Kings of Israel*. He ruled for twenty-two years. He died and was buried with his ancestors. Nadab his son was king after him.

21-24 Rehoboam son of Solomon was king in Judah. He was forty-one years old when he took the throne and was king for seventeen years in Jerusalem, the city GOD selected from all the tribes of Israel for the worship of his Name. Rehoboam's mother was Naamah, an Ammonite. Judah was openly wicked before GOD, making him very angry. They set new records in sin, surpassing anything their ancestors had done. They built Asherah sex-and-religion shrines and set up sacred stones all over the place—on hills, under trees, wherever you looked. Worse, they had male sacred prostitutes, polluting the country outrageously—all the stuff that GOD had gotten rid of when he brought Israel into the land.

25-28 In the fifth year of King Rehoboam's rule, Shishak king of Egypt made war against Jerusalem. He plundered The Temple of GOD and the royal palace of their treasures, cleaned them out—even the gold shields that Solomon had made. King Rehoboam replaced them with bronze shields and outfitted the royal palace guards with them. Whenever the king went to GOD's Temple, the guards carried the shields

고 갔다가 다시 경비대실에 가져다 놓곤 했다.

29-31 르호보암의 나머지 생애와 그의 언행은 '유다 왕 연대기'에 모두 기록되어 있다. 르호보암과 여로보암 사이에는 전쟁이 끊이지 않았다. 르호보암은 죽어서 자기 조상과 함께 다윗 성에 묻혔다. 그의 어머니는 암몬 사람 나아마다. 그의 아들 아비야가 뒤를 이어 왕이 되었다.

유다 왕 아비야

15 1-6 느밧의 아들 여로보암 왕 십팔 년에, 아비야가 유다 왕위에 올랐다. 그는 예루살렘에서 삼 년 동안 다스렸다. 그의 어머니는 압살롬의 딸 마아가다. 그는 자기 아버지처럼 계속해서 죄를 지었다. 증조할아버지 다윗과 달리 하나님께 신실하지 못했다. 그럼에도 하나님께서는 다윗을 생각하여 자비를 베푸시고 그에게 한 등불, 곧 그의 뒤를 이어 예루살렘을 안전하게 지킬 아들을 주셨다. 다윗이 평생 하나님 앞에서 본이 되는 삶을 살았고, (헷 사람 우리아 사건 말고는) 하나님의 명백한 지시를 의도적으로 거역하고 자기 뜻대로 행하지 않았기 때문이다. 그러나 아비야와 여로보암 사이에는 전쟁이 끊이지 않았다.

7-8 아비야의 나머지 생애와 그가 행한 모든 일은 '유다 왕 연대기'에 기록되어 있는데, 여로보암과의 전쟁이 주를 이룬다. 아비야는 죽어서 자기 조상과 함께 다윗 성에 묻혔다. 그의 아들 아사가 뒤를 이어 왕이 되었다.

유다 왕 아사

9-10 이스라엘의 여로보암 왕 이십년에, 아사가 유다의 왕이 되었다. 그는 예루살렘에서 사십일 년 동안 다스렸다. 그의 할머니는 마아가다.

11-15 *아사는 조상 다윗의 행실을 되살려,* 하나님 앞에서 바르게 행했다. 신전의 남창들을 없애고 선왕들이 만든 우상들을 모두 내다 버리는 등 온 나라를 깨끗이 했다. 아사는 그 무엇이나 그 누구도 봐주지 않았다. 그의 할머니 마아가가 창녀 여신 아세라를 위해 지독하게 음란한 기념물을 만들게 하자, 그녀를 대비의 자리에서 폐위시켰다. 아사는 그 기념물을 허물어 기드론 골짜기에서 불태워 버렸다.

but always returned them to the guardroom.

29-31 The rest of Rehoboam's life, what he said and did, is all written in *The Chronicles of the Kings of Judah*. There was war between Rehoboam and Jeroboam the whole time. Rehoboam died and was buried with his ancestors in the City of David. His mother was Naamah, an Ammonite. His son Abijah ruled after him.

Abijah of Judah

15 1-6 In the eighteenth year of the rule of Jeroboam son of Nebat, Abijah took over the throne of Judah. He ruled in Jerusalem three years. His mother was Maacah daughter of Absalom. He continued to sin just like his father before him. He was not truehearted to GOD as his great-grandfather David had been. But despite that, out of respect for David, his GOD graciously gave him a lamp, a son to follow him and keep Jerusalem secure. For David had lived an exemplary life before GOD all his days, not going off on his own in willful defiance of GOD's clear directions (except for that time with Uriah the Hittite). But war continued between Abijah and Jeroboam the whole time.

7-8 The rest of Abijah's life, everything he did, is written in *The Chronicles of the Kings of Judah*. But the war with Jeroboam was the dominant theme. Abijah died and was buried with his ancestors in the City of David. His son Asa was king after him.

Asa of Judah

9-10 In the twentieth year of Jeroboam king of Israel, Asa began his rule over Judah. He ruled for forty-one years in Jerusalem. His grandmother's name was Maacah.

11-15 Asa conducted himself well before GOD, reviving the ways of his ancestor David. He cleaned house: He got rid of the sacred prostitutes and threw out all the idols his predecessors had made. Asa spared nothing and no one; he went so far as to remove Queen Maacah from her position because she had built a shockingly obscene memorial to the whore goddess Asherah. Asa tore it down and burned it up in the Kidron Valley. Unfortunately, he didn't get rid of the local sex-and-religion shrines. But he was

아쉽게도 지역의 음란한 종교 산당들은 그대로 두었지만, 그는 선한 뜻과 바른 마음으로 하나님께 집중했다. 그는 자신과 아버지가 거룩하게 구별하여 바친 모든 금은 그릇과 기구를 성전에 두었다.

16-17 그러나 아사가 다스리는 동안, 아사와 이스라엘 왕 바아사 사이에는 전쟁이 끊이지 않았다. 이스라엘 왕 바아사는 라마에 요새를 짓고 이스라엘과 유다 사이의 국경을 폐쇄하여 아무도 유다에 드나들지 못하게 함으로써 전쟁을 시작했다.

18-19 아사는 하나님의 성전과 왕궁의 보물 보관소에 남아 있던 은과 금을 다 꺼내어, 다마스쿠스에서 다스리던 아람 왕 헤시온의 손자요 다브림몬의 아들인 벤하닷에게 보내며 메시지를 전했다. "나의 아버지와 당신의 아버지가 조약을 맺은 것처럼 우리도 조약을 맺읍시다. 내가 이 은금 예물로 성의를 표하니, 부디 이스라엘 왕 바아사와 맺은 조약을 깨뜨려 그가 더 이상 나와 싸우지 못하게 해주십시오."

20-21 벤하닷은 아사 왕과 뜻을 같이하여 이스라엘 성읍들로 군대를 보냈다. 그는 이욘과 단과 아벨벳마아가와 납달리를 포함한 긴네렛 전역을 공격했다. 이 보고를 받은 바아사는 라마에 요새를 짓던 일을 멈추고 디르사로 돌아갔다.

22 그러자 아사 왕은 모든 유다 사람에게—한 명도 예외 없이—명령하여 바아사가 라마 요새를 건축할 때 쓰던 목재와 석재를 실어오게 했고, 그것으로 베냐민 땅 게바와 미스바에 요새를 건축했다.

23-24 아사의 생애에 대한 자세한 기록, 그가 행한 모든 훌륭한 일과 건축한 요새들은 '유다 왕 연대기'에 남아 있다. 노년에 그는 팔다리의 심한 염증으로 고생했다. 그 후에 아사는 죽어서 자기 조상과 함께 다윗 성에 묻혔다. 그의 아들 여호사밧이 뒤를 이어 왕이 되었다.

이스라엘 왕 나답

25-26 유다의 아사 왕 이년에, 여로보암의 아들 나답이 이스라엘의 왕이 되었다. 그는 이 년 동안 이스라엘을 다스렸다. 그는 하나님 앞에서 공공연하게 악을 행했고, 자기뿐 아니라 이스라엘도 죄를 짓게 한 자기 아버지의 뒤를 따랐다.

27-28 나답과 이스라엘 백성이 블레셋 성읍 깁브돈을 치는 동안, 잇사갈 지파 아히야의 아들 바

well-intentioned—his heart was in the right place, in tune with GOD. All the gold and silver vessels and artifacts that he and his father had consecrated for holy use he installed in The Temple.

16-17 But through much of his reign there was war between Asa and Baasha king of Israel. Baasha king of Israel started it by building a fort at Ramah and closing the border between Israel and Judah so no one could enter or leave Judah.

18-19 Asa took all the silver and gold that was left in the treasuries of The Temple of GOD and the royal palace, gave it to his servants, and sent them to Ben-Hadad son of Tabrimmon, the son of Hezion king of Aram, who was ruling in Damascus, with this message: "Let's make a treaty like the one between our fathers. I'm showing my good faith with this gift of silver and gold. Break your deal with Baasha king of Israel so he'll quit fighting against me."

20-21 Ben-Hadad went along with King Asa and sent out his troops against the towns of Israel. He attacked Ijon, Dan, Abel Beth Maacah, and the entire region of Kinnereth, including Naphtali. When Baasha got the report he quit fortifying Ramah and pulled back to Tirzah.

22 Then King Asa issued orders to everyone in Judah—no exemptions—to haul away the logs and stones Baasha had used in the fortification of Ramah and use them to fortify Geba in Benjamin and Mizpah.

23-24 A full account of Asa's life, all the great things he did and the fortifications he constructed, is written in *The Chronicles of the Kings of Judah*. In his old age he developed severe gout. Then Asa died and was buried with his ancestors in the City of David. His son Jehoshaphat became king after him.

Nadab of Israel

25-26 Nadab son of Jeroboam became king over Israel in the second year of Asa's rule in Judah. He was king of Israel two years. He was openly evil before GOD—he followed in the footsteps of his father who both sinned and made Israel sin.

27-28 Baasha son of Ahijah of the tribe of Issachar ganged up on him and attacked him at the Philis-

아사가 무리를 모아 그를 공격했다. 바아사는 유다의 아사 왕 삼년에 나답을 죽이고 이스라엘의 다음 왕이 되었다.
29-30 왕이 되자마자 바아사는 여로보암 가문을 모두 죽였다. 여로보암의 이름을 가진 자 가운데 살아남은 사람은 하나도 없었다. 바아사는 그들을 완전히 없애 버렸는데, 하나님의 종 실로 사람 아히야가 예언한 대로 되었다. 그것은 여로보암이 지은 죄에 대한 대가이자, 그가 이스라엘로 죄를 짓게 하여 이스라엘의 하나님을 몹시 노하게 한 벌이었다.
31-32 나답의 나머지 생애, 그가 행한 모든 일은 '이스라엘 왕 연대기'에 기록되어 있다. 아사와 이스라엘 왕 바아사 사이에는 전쟁이 끊이지 않았다.

이스라엘 왕 바아사

33-34 유다의 아사 왕 삼년에, 아히야의 아들 바아사가 온 이스라엘의 왕이 되어, 디르사에서 이십사 년 동안 다스렸다. 그는 하나님 앞에서 공공연히 악을 행했고, 자기뿐 아니라 이스라엘도 죄를 짓게 한 여로보암의 뒤를 따랐다.

16 1-4 바아사를 향한 하나님의 말씀이 하나니의 아들 예후에게 임했다. "내가 아무것도 아닌 너, 보잘것없는 너를 들어 내 백성 이스라엘의 지도자로 세웠건만, 너는 여로보암이 걸어간 길을 그대로 밟아 내 백성 이스라엘로 하여금 죄를 짓게 하고 그로 인해 나를 진노하게 했다. 이제 내가 바아사와 그 정권을 불태워 버리겠다. 느밧의 아들 여로보암과 같은 운명을 맞게 하겠다. 바아사의 백성 가운데 성읍 안에서 죽는 자들은 쓰레기나 뒤지는 개들의 먹이가 될 것이고, 들판에서 죽는 자들은 썩은 고기를 먹는 까마귀들의 밥이 될 것이다."
5-6 *바아사의 나머지 생애*, 그 정권에 관한 기록은 '이스라엘 왕 연대기'에 남아 있다. 바아사는 죽어서 자기 조상과 함께 디르사에 묻혔다. 그의 아들 엘라가 뒤를 이어 왕이 되었다.
7 이것이 바아사에게 일어난 일이다. 하나니의 아들 예언자 예후를 통해 하나님의 말씀이 그와 그 정권에 임한 것은, 그의 삶이 하나님 앞에서 공공연하게 악을 행했고 하나님을 몹시 노하게 했기 때문이다. 하나님께서 여로보암을

tine town of Gibbethon while Nadab and the Israelites were doing battle there. Baasha killed Nadab in the third year of Asa king of Judah and became Israel's next king.
29-30 As soon as he was king he killed everyone in Jeroboam's family. There wasn't a living soul left to the name of Jeroboam; Baasha wiped them out totally, just as GOD's servant Ahijah of Shiloh had prophesied—punishment for Jeroboam's sins and for making Israel sin, for making the GOD of Israel thoroughly angry.
31-32 The rest of Nadab's life, everything else he did, is written in *The Chronicles of the Kings of Israel*. There was continuous war between Asa and Baasha king of Israel.

Baasha of Israel

33-34 In the third year of Asa king of Judah, Baasha son of Ahijah became king in Tirzah over all Israel. He ruled twenty-four years. He was openly evil before GOD, walking in the footsteps of Jeroboam, who both sinned and made Israel sin.

16 1-4 The word of GOD came to Jehu son of Hanani with this message for Baasha: "I took you from nothing—a complete nobody—and set you up as the leader of my people Israel, but you plodded along in the rut of Jeroboam, making my people Israel sin and making me seethe over their sin. And now the consequences—I will burn Baasha and his regime to cinders, the identical fate of Jeroboam son of Nebat. Baasha's people who die in the city will be eaten by scavenger dogs; carrion crows will eat the ones who die in the country."
5-6 The rest of Baasha's life, the record of his regime, is written in The Chronicles of the Kings of *Israel*. Baasha died and was buried with his ancestors in Tirzah. His son Elah was king after him.
7 That's the way it was with Baasha: Through the prophet Jehu son of Hanani, GOD's word came to him and his regime because of his life of open evil before GOD and his making GOD so angry—a chip off the block of Jeroboam, even though GOD had destroyed him.

망하게 하셨는데도, 바아사는 여로보암을 그대로 따랐다.

이스라엘 왕 엘라

8-10 유다의 아사 왕 이십육년에, 바아사의 아들 엘라가 이스라엘의 왕이 되어 디르사에서 이 년 동안 다스렸다. 하루는 그가 왕궁 관리인 아르사의 집에서 취하도록 술을 마시고 있는데, 그의 전차 병력 절반을 통솔하는 지휘관 시므리가 엘라에 반역하여 음모를 꾸몄다. 시므리는 몰래 들어가 엘라를 때려눕혀 죽였다. 유다의 아사 왕 이십칠년에 일어난 일이다. 시므리가 이어서 왕이 되었다.

11-13 시므리는 왕이 되자마자 바아사와 관련된 모든 자를 죽였다. 떠돌이 개들을 처리하듯, 친척이나 친구 가리지 않고 모조리 없앴다. 예언자 예후가 전한 **하나님**의 말씀대로, 시므리는 바아사 가문을 완전히 없애 버렸다. 이것은 바아사와 그의 아들 엘라가 지은 죄의 대가였는데, 자신들뿐 아니라 이스라엘까지 죄로 끌어들이고 미련한 우상들로 이스라엘의 **하나님**을 노하게 한 대가였다.

14 엘라의 나머지 생애, 그의 언행은 '이스라엘 왕 연대기'에 기록되어 있다.

이스라엘 왕 시므리

15-19 유다의 아사 왕 이십칠년에, 시므리는 디르사에서 칠 일 동안 다스렸다. 그때 이스라엘 군대는 블레셋의 성읍인 깁브돈 근처에서 훈련중이었다. "시므리가 왕에 맞서 음모를 꾸며 왕을 죽였다"는 보고를 접한 이스라엘 군대는 바로 그곳 진에서 군사령관 오므리를 왕으로 세웠다. 오므리와 군대는 곧바로 깁브돈을 떠나 디르사를 공격했다. 시므리는 자신이 포위되어 죽은 목숨이나 다름없게 된 것을 알고, 왕궁 성채에 들어가 불을 지르고 죽었다. 그의 죄에 걸맞은 죽음이었다. 그는 **하나님** 보시기에 지극히 악하게 살았고, 여로보암의 뒤를 따라 죄를 지었을 뿐 아니라 이스라엘까지 죄로 끌어들였다.

20 시므리의 나머지 생애, 그의 악명 높은 반역과 음모는 *'이스라엘 왕 연대기'*에 모두 기록되어 있다.

이스라엘 왕 오므리

21-22 그 후에 이스라엘 백성은 두 패로 갈라져,

Elah of Israel

8-10 In the twenty-sixth year of Asa king of Judah, Elah son of Baasha began his rule. He was king in Tirzah only two years. One day when he was at the house of Arza the palace manager, drinking himself drunk, Zimri, captain of half his chariot-force, conspired against him. Zimri slipped in, knocked Elah to the ground, and killed him. This happened in the twenty-seventh year of Asa king of Judah. Zimri then became the king.

11-13 Zimri had no sooner become king than he killed everyone connected with Baasha, got rid of them all like so many stray dogs–relatives and friends alike. Zimri totally wiped out the family of Baasha, just as GOD's word delivered by the prophet Jehu had said–wages for the sins of Baasha and his son Elah; not only for their sins but for dragging Israel into their sins and making the GOD of Israel angry with their stupid idols.

14 The rest of Elah's life, what he said and did, is written in *The Chronicles of the Kings of Israel*.

Zimri of Israel

15-19 Zimri was king in Tirzah for all of seven days during the twenty-seventh year of the reign of Asa king of Judah. The Israelite army was on maneuvers near the Philistine town of Gibbethon at the time. When they got the report, "Zimri has conspired against the king and killed him," right there in the camp they made Omri, commander of the army, king. Omri and the army immediately left Gibbethon and attacked Tirzah. When Zimri saw that he was surrounded and as good as dead, he entered the palace citadel, set the place on fire, and died. It was a fit end for his sins, for living a flagrantly evil life before GOD, walking in the footsteps of Jeroboam, sinning and then dragging Israel into his sins.

20 As for the rest of Zimri's life, along with his infamous conspiracy, it's all written in *The Chronicles of the Kings of Israel*.

Omri of Israel

21-22 After that the people of Israel were split right down the middle: Half favored Tibni son of Ginath

절반은 기낫의 아들 디브니를 왕으로 지지했고 절반은 오므리를 원했다. 결국 오므리 편이 디브니 편보다 강하여, 디브니는 죽고 오므리가 왕이 되었다.

23-24 유다의 아사 왕 삼십일년에 오므리가 이스라엘의 왕이 되어 십이 년 동안 다스렸는데, 처음 육 년은 디르사에서 다스렸다. 그러다가 그는 은 68킬로그램을 주고 세멜에게서 사마리아 산을 샀다. 그는 그 산을 개발하여 도성을 지었는데, 원래 주인 세멜의 이름을 따서 사마리아라고 불렀다.

25-26 그러나 하나님의 일에 관해서는 악하게 살았는데, 이전의 누구보다도 악했다. 그는 느밧의 아들 여로보암의 뒤를 따랐다. 자기뿐 아니라 이스라엘까지 죄로 끌어들여 하나님을 진노케 했는데, 그야말로 이성과 감정이 모두 마비된 인생이었다!

27-28 오므리의 나머지 생애와 행적은 '이스라엘 왕 연대기'에 기록되어 있다. 오므리는 죽어서 사마리아에 묻혔다. 그의 아들 아합이 뒤를 이어 왕이 되었다.

이스라엘 왕 아합

29-33 유다의 아사 왕 삼십팔년에, 오므리의 아들 아합이 이스라엘의 왕이 되어 사마리아에서 이십이 년 동안 다스렸다. 오므리의 아들 아합은 이전의 어떤 왕보다도 더 공공연하게 하나님 앞에서 악한 일을 저질렀다! 그는 악행의 일인자였다! 느밧의 아들 여로보암의 죄를 반복하는 정도에서 멈추지 않았다. 그는 시돈 왕 엣바알의 딸 이세벨과 결혼했으며, 더 나아가 바알 신을 섬기고 예배했다. 사마리아에 바알을 위한 신전을 짓고 그 안에 바알의 제단을 두었다. 또한 창녀 여신 아세라의 산당까지 지었다. 그를 향한 하나님의 진노는 이스라엘의 선왕들을 모두 합한 것보다도 더 컸다.

34 *베델 사람 히엘이 여리고 성을 다시 쌓았다가* 끔찍한 대가를 치른 일도 아합이 다스릴 때 일어났다. 그는 성의 기초를 놓으면서 맏아들 아비람을 제물로 바쳤고, 성문을 세울 때는 막내아들 스굽을 제물로 바쳤다. 이로써 눈의 아들 여호수아의 예언이 정확히 이루어졌다.

as king, and half wanted Omri. Eventually the Omri side proved stronger than the Tibni side. Tibni ended up dead and Omri king.

23-24 Omri took over as king of Israel in the thirty-first year of the reign of Asa king of Judah. He ruled for twelve years, the first six in Tirzah. He then bought the hill Samaria from Shemer for 150 pounds of silver. He developed the hill and named the city that he built Samaria, after its original owner Shemer.

25-26 But as far as GOD was concerned, Omri lived an evil life—set new records in evil. He walked in the footsteps of Jeroboam son of Nebat, who not only sinned but dragged Israel into his sins, making GOD angry—such an empty-headed, empty-hearted life!

27-28 The rest of Omri's life, the mark he made on his times, is written in *The Chronicles of the Kings of Israel*. Omri died and was buried in Samaria. His son Ahab was the next king after him.

Ahab of Israel

29-33 Ahab son of Omri became king of Israel in the thirty-eighth year of Asa king of Judah. Ahab son of Omri was king over Israel for twenty-two years. He ruled from Samaria. Ahab son of Omri did even more open evil before GOD than anyone yet—a new champion in evil! It wasn't enough for him to copy the sins of Jeroboam son of Nebat; no, he went all out, first by marrying Jezebel daughter of Ethbaal king of the Sidonians, and then by serving and worshiping the god Baal. He built a temple for Baal in Samaria, and then furnished it with an altar for Baal. Worse, he went on and built a shrine to the sacred whore Asherah. He made the GOD of Israel angrier than all the previous kings of Israel put together.

34 It was under Ahab's rule that Hiel of Bethel refortified Jericho, but at a terrible cost: He ritually sacrificed his firstborn son Abiram at the laying of the foundation, and his youngest son Segub at the setting up of the gates. This is exactly what Joshua son of Nun said would happen.

엘리야와 사르밧 과부

17 [1]그 후에 이런 일이 있었다. 길르앗에 살고 있던 디셉 사람 엘리야가 아합에게 맞섰다. "내가 순종하며 섬기는 하나님 이스라엘의 하나님께서 살아 계심을 두고 맹세합니다. 앞으로 여러 해 동안 심한 가뭄이 들 것입니다. 내가 다시 말할 때까지 이슬 한 점, 비 한 방울도 내리지 않을 것입니다."

[2-4] 그때 하나님께서 엘리야에게 말씀하셨다. "어서 이곳을 떠나 동쪽으로 가서 요단 강 건너편 그릿 골짜기에 숨어 있어라. 너는 맑은 시냇물을 마시면 된다. 내가 까마귀들에게 명령하여 너를 먹이겠다."

[5-6] 엘리야는 하나님의 명령에 순종했다. 그는 가서 요단 강 건너편 그릿 계곡에 머물렀다. 아니나 다를까, 까마귀들이 그에게 아침식사와 저녁식사를 모두 가져왔고, 그는 그 시냇물을 마셨다.

[7-9] 마침내 가뭄으로 시내가 바짝 말랐다. 그러자 하나님께서 그에게 말씀하셨다. "일어나 시돈 땅 사르밧으로 가서 그곳에 머물러라. 내가 그곳의 한 과부에게 지시하여 너를 먹이겠다."

[10-11] 그는 일어나 사르밧으로 갔다. 그가 마을 입구에 이르렀을 때 땔감을 줍고 있는 한 과부를 만났다. 그가 여인에게 물었다. "목이 마른데, 내게 물 한 그릇만 가져다주겠소?" 여자가 물을 가지러 가는데 그가 큰소리로 말했다. "기왕이면 먹을 것도 좀 가져다줄 수 있겠소?"

[12] 여인이 말했다. "당신의 하나님께서 참으로 살아 계심을 두고 맹세하는데, 내게는 한 조각의 빵도 없습니다. 통에 밀가루 한 움큼과 병에 기름이 조금 남아 있을 뿐입니다. 보시는 것처럼, 나는 내 아들과 먹을 마지막 식사를 준비하기 위해 땔감을 주워 모으던 중이었습니다. 그 음식을 먹고 나서 우리는 죽을 작정입니다."

[13-14] 엘리야가 여인에게 말했다. "아무것도 걱정하지 마시오. 어서 가서 방금 말한 대로 하시오. 그러나 먼저 나를 위해 작은 빵을 만들어 이리 가져다주시오. 그러고 나서 남은 것으로 그대와 아들을 위해 음식을 만드시오. 이스라엘의 하나님께서 *'나 하나님이 이 땅에 비를 내려 가뭄을* 끝낼 때까지, 그 밀가루 통이 바닥나지 않고 기름병이 마르지 않을 것이다' 하고 말씀하셨소."

[15-16] 여인은 곧바로 가서 엘리야가 시킨 대로 했다. 그랬더니 과연 그의 말대로 되었다. 여인과

17 [1]And then this happened: Elijah the Tishbite, from among the settlers of Gilead, confronted Ahab: "As surely as GOD lives, the God of Israel before whom I stand in obedient service, the next years are going to see a total drought–not a drop of dew or rain unless I say otherwise."

[2-4] GOD then told Elijah, "Get out of here, and fast. Head east and hide out at the Kerith Ravine on the other side of the Jordan River. You can drink fresh water from the brook; I've ordered the ravens to feed you."

[5-6] Elijah obeyed GOD's orders. He went and camped in the Kerith canyon on the other side of the Jordan. And sure enough, ravens brought him his meals, both breakfast and supper, and he drank from the brook.

[7-9] Eventually the brook dried up because of the drought. Then GOD spoke to him: "Get up and go to Zarephath in Sidon and live there. I've instructed a woman who lives there, a widow, to feed you."

[10-11] So he got up and went to Zarephath. As he came to the entrance of the village he met a woman, a widow, gathering firewood. He asked her, "Please, would you bring me a little water in a jug? I need a drink." As she went to get it, he called out, "And while you're at it, would you bring me something to eat?"

[12] She said, "I swear, as surely as your GOD lives, I don't have so much as a biscuit. I have a handful of flour in a jar and a little oil in a bottle; you found me scratching together just enough firewood to make a last meal for my son and me. After we eat it, we'll die."

[13-14] Elijah said to her, "Don't worry about a thing. Go ahead and do what you've said. But first make a small biscuit for me and bring it back here. Then go ahead and make a meal from what's left for you and your son. This is the word of the GOD of Israel: 'The jar of flour will not run out and the bottle of oil will not become empty before GOD sends rain on the land and ends this drought.'"

[15-16] And she went right off and did it, did just as Elijah asked. And it turned out as he said–daily food for her and her family. The jar of meal didn't

그 가족에게 날마다 먹을 양식이 생긴 것이다.
밀가루 통은 바닥나지 않았고 기름병은 마르지
않았다. 하나님의 약속이 엘리야가 전한 그대로
이루어졌다!
17 그 후에 여인의 아들이 병이 들었다. 아이의
병세는 갈수록 더 나빠져, 결국 숨을 거두고 말
았다.
18 여인이 엘리야에게 말했다. "당신 같은 거룩
한 사람이 무엇 때문에 이곳에 나타나서 내 죄를
드러내고 내 아들까지 죽게 하십니까?"
19-20 엘리야가 말했다. "아들을 이리 주시오."
여인의 품에서 아이를 받은 그는, 자기가 머물
고 있던 다락방으로 아이를 안고 올라가서 침대
에 뉘었다. 그리고 기도했다. "하나님 나의 하나
님, 저에게 자기 집을 열어서 맞아 준 이 과부에
게 어찌하여 이처럼 비참한 일을 허락하셨습니
까? 어찌하여 그 아들을 죽이셨습니까?"
21-23 그는 아이의 몸 위에 세 번 자신의 몸을 펴
고 엎드려 힘을 다해 기도했다. "하나님 나의 하
나님, 이 아이의 숨이 다시 돌아오게 해주십시
오!" 하나님께서 엘리야의 기도를 들으시고 아
이의 숨이 다시 돌아오게 하셨다. 아이가 살아
난 것이다! 엘리야는 아이를 안고 다락방에서 아
래층으로 내려와 그 어머니에게 건네주면서 말
했다. "보시오. 당신 아들이 살아났습니다!"
24 여인이 엘리야에게 말했다. "이제야 당신이
거룩한 사람인 것을 알겠습니다. 당신의 말씀은
참된 하나님의 말씀입니다!"

엘리야와 바알 예언자들

18 1-2 많은 시간이 흘러, 하나님의 말씀
이 엘리야에게 임했다. 가뭄은 삼 년
째로 접어들고 있었다. 메시지는 이러했다. "가
서, 아합을 만나거라. 내가 이 땅에 비를 내리겠
다." 엘리야는 아합을 만나러 떠났다. 그때는 사
마리아에 가뭄이 가장 심할 때였다.
3-4 아합이 왕궁을 관할하는 오바댜를 불렀다.
오바댜는 하나님을 경외하는 경건한 사람이었
다. 일찍이 이세벨이 하나님의 예언자들을 다
죽여 없애려고 할 때, 오바댜는 예언자 백 명을
쉰 명씩 굴 속에 숨기고 음식과 물을 공급했다.
5-6 아합이 오바댜에게 명령했다. "이 땅을 두루
다니며 모든 샘과 개울을 살펴보시오. 우리의
말과 노새를 살릴 풀이 있나 봅시다." 그래서 그
들은 그 땅을 둘로 나누어 아합은 한쪽 길로, 오

run out and the bottle of oil didn't become empty:
GOD's promise fulfilled to the letter, exactly as
Elijah had delivered it!
17 Later on the woman's son became sick. The
sickness took a turn for the worse—and then he
stopped breathing.
18 The woman said to Elijah, "Why did you ever
show up here in the first place—a holy man barging
in, exposing my sins, and killing my son?"
19-20 Elijah said, "Hand me your son."
He then took him from her bosom, carried him
up to the loft where he was staying, and laid him
on his bed. Then he prayed, "O GOD, my God, why
have you brought this terrible thing on this widow
who has opened her home to me? Why have you
killed her son?"
21-23 Three times he stretched himself out full-length
on the boy, praying with all his might, "GOD, my
God, put breath back into this boy's body!" GOD
listened to Elijah's prayer and put breath back into
his body—he was alive! Elijah picked the boy up,
carried him downstairs from the loft, and gave him
to his mother. "Here's your son," said Elijah, "alive!"
24 The woman said to Elijah, "I see it all now—you
are a holy man. When you speak, GOD speaks—a
true word!"

18 1-2 A long time passed. Then GOD's word
came to Elijah. The drought was now in its
third year. The message: "Go and present yourself
to Ahab; I'm about to make it rain on the country."
Elijah set out to present himself to Ahab. The
drought in Samaria at the time was most severe.
3-4 Ahab called for Obadiah, who was in charge
of the palace. Obadiah feared GOD—he was very
devout. Earlier, when Jezebel had tried to kill off
all the prophets of GOD, Obadiah had hidden away
a hundred of them in two caves, fifty in a cave, and
then supplied them with food and water.
5-6 Ahab ordered Obadiah, "Go through the
country; locate every spring and every stream. Let's
see if we can find enough grass to keep our horses
and mules from dying." So they divided the country
between them for the search—Ahab went one way,

바다는 다른 쪽 길로 나섰다.
7 오바댜가 길을 가는데 갑자기 엘리야가 나타났
다! 오바댜가 무릎을 꿇고 공손히 절하며 큰소리로
말했다. "참으로 내 주인 엘리야이십니까?"
8 엘리야가 대답했다. "그렇소. 내가 엘리야요. 이
제 가서 그대의 주인에게 '내가 엘리야를 보았습니
다' 하고 말하시오."
9-14 오바댜가 말했다. "내가 무슨 잘못을 했기에 이
러십니까? 아합이 나를 죽일 것입니다. 당신의 하
나님께서 살아 계심을 두고 맹세하는데, 내 주인이
당신을 찾으려고 사람을 보내지 않은 땅과 나라가
없습니다. 그들이 말하기를 '샅샅이 찾아보았지만
찾을 수 없었습니다' 하면, 내 주인은 당신을 찾지
못했다는 맹세를 그 땅과 나라로부터 받아 냈습니
다. 그런데 이제 당신은 내게 '가서 그대의 주인에
게 엘리야를 찾았다고 말하시오'라고 하십니다. 내
가 길을 떠나자마자, 하나님의 영이 당신을 아무도
모르는 곳으로 데려가실 것입니다. 내가 아합에게
보고할 때쯤이면 당신은 이곳에 없을 텐데, 그러면
아합은 나를 죽일 것입니다. 나는 어려서부터 경건
하게 하나님을 섬겨 왔습니다! 이세벨이 하나님의
예언자들을 죽이려 할 때 내가 어떻게 했는지 듣지
못하셨습니까? 나는 목숨을 걸고 그들 백 명을 쉰
명씩 나누어 굴에 숨기고 어떻게든 음식과 물을 공
급해 주었습니다. 그런데 이제 당신이 내게 말씀하
기를, 내 주인에게 '엘리야를 찾았습니다' 하고 말
하여 주의를 끌라고 하십니다. 내 주인은 틀림없이
나를 죽일 것입니다."
15 엘리야가 말했다. "내가 섬기는 만군의 하나님께
서 살아 계심을 두고 맹세하는데, 오늘은 내가 아
합을 대면하여 만날 것이오."
16 그래서 오바댜는 곧장 아합에게 가서 말했고, 아
합은 엘리야를 만나러 나갔다.
17-19 아합은 엘리야를 보자마자 말을 건넸다. "그대
가 우리를 괴롭히는 늙은이로군!"
엘리야가 말했다. "내가 이스라엘을 괴롭히는 것이
아닙니다. 이스라엘을 괴롭히는 사람은 바로 왕과
왕의 정부입니다. 왕께서는 하나님의 규례와 명령
을 버리고 지역 신들인 바알들을 좇았습니다. 왕께
청할 일이 있습니다. 이스라엘의 모든 사람을 갈멜
산에 모아 주십시오. 이세벨이 특별히 아끼는 지역
신, 곧 바알의 예언자 사백오십 명과 창녀 여신 아
세라의 예언자 사백 명도 반드시 그곳에 오게 해주
십시오."
20 그래서 아합은 이스라엘의 모든 사람, 특히 바알

Obadiah the other.
7 Obadiah went his way and suddenly there he
was – Elijah! Obadiah fell on his knees, bowing
in reverence, and exclaimed, "Is it really you –
my master Elijah?"
8 "Yes," said Elijah, "the real me. Now go and tell
your boss, 'I've seen Elijah.'"
9-14 Obadiah said, "But what have I done to
deserve this? Ahab will kill me. As surely as
your GOD lives, there isn't a country or kingdom
where my master hasn't sent out search parties
looking for you. And if they said, 'We can't find
him; we've looked high and low,' he would make
that country or kingdom swear that you were
not to be found. And now you're telling me, 'Go
and tell your master Elijah's found!' The minute
I leave you the Spirit of GOD will whisk you away
to who knows where. Then when I report to
Ahab, you'll have disappeared and Ahab will kill
me. And I've served GOD devoutly since I was
a boy! Hasn't anyone told you what I did when
Jezebel was out to kill the prophets of GOD, how
I risked my life by hiding a hundred of them,
fifty to a cave, and made sure they got food
and water? And now you're telling me to draw
attention to myself by announcing to my master,
'Elijah's been found.' Why, he'll kill me for sure."
15 Elijah said, "As surely as GOD-of-the-Angel-
Armies lives, and before whom I take my stand,
I'll meet with your master face-to-face this very
day."
16 So Obadiah went straight to Ahab and told
him. And Ahab went out to meet Elijah.
17-19 The moment Ahab saw Elijah he said, "So
it's you, old troublemaker!"
"It's not I who has caused trouble in Israel," said
Elijah, "but you and your government – you've
dumped GOD's ways and commands and run off
after the local gods, the Baals. Here's what I want
you to do: Assemble everyone in Israel at Mount
Carmel. And make sure that the special pets of
Jezebel, the four hundred and fifty prophets of
the local gods, the Baals, and the four hundred
prophets of the whore goddess Asherah, are
there."

과 아세라의 예언자들을 갈멜 산으로 불러 모았다.
21 엘리야가 백성에게 소리쳤다. "여러분은 언제까지 팔짱만 끼고 있을 셈입니까? 하나님이 참 하나님이면 그분을 따르고, 바알이 참 하나님이면 그를 따르십시오. 이제 여러분의 마음을 정하십시오!" 백성은 한 마디도 하지 않았다. 아무도 움직이지 않았다.
22-24 그러자 엘리야가 말했다. "이스라엘에 남은 하나님의 예언자는 나 하나뿐이고, 바알의 예언자는 사백오십 명이나 됩니다. 바알의 예언자들을 보내어 소 두 마리를 가져오게 하십시오. 그중 한 마리를 택하여 잡아서 제단 장작 위에 벌여 놓되 불은 붙이지 마십시오. 나는 나머지 소를 가져다가 각을 떠서 나무 위에 얹어 놓겠습니다. 그리고 역시 불은 붙이지 않겠습니다. 그 다음에 여러분은 여러분의 신들에게 기도하십시오. 나는 하나님께 기도하겠습니다. 불로 응답하는 신이 참 하나님으로 밝혀질 것입니다."
온 백성이 동의했다. "좋은 생각입니다. 그렇게 합시다!"
25 엘리야가 바알의 예언자들에게 말했다. "당신들의 수가 많으니 먼저 하시오. 당신들의 소를 골라서 준비하시오. 그리고 당신들 신에게 기도하되 불은 붙이지 마시오."
26 그들은 가져온 소를 제단에 차려 놓고 바알에게 기도했다. 오전 내내 "바알이여, 우리에게 응답해 주십시오!" 하고 기도했다. 그러나 아무 일도 일어나지 않았다. 속삭이는 바람소리조차 없었다. 다급해진 그들은 자신들이 만든 제단 위에서 쿵쿵 뛰며 발을 굴렀다.
27-28 정오에 이르러, 엘리야가 그들을 놀리며 조롱하기 시작했다. "더 크게 불러 보시오. 바알도 명색이 신이 아니오. 어쩌면 어디 다른 곳에서 묵상중이거나 다른 일을 보고 있거나 휴가중일지도 모르지 않소. 혹 늦잠을 자고 있다면 어서 깨워야 할 것 아니오?" 그들은 점점 더 큰소리로 기도하며 그들이 흔히 하는 의식에 따라 예리한 칼로 제 몸에 상처를 냈고, 마침내 온몸이 피투성이가 되었다.
29 정오가 한참 지나도록 그러기를 계속했다. 그들은 뭔가 해보려고 자신들이 알고 있는 모든 종교적 수단과 방법을 다 써 보았지만 아무 일도 일어나지 않았다. 가느다란 소리, 희미한 반응조차 없었다.
30-35 그때 엘리야가 백성에게 말했다. "그만하면 됐소. 이제 내 차례요. 제단을 빙 둘러 모이시오." 그들이 모이자, 그는 무너진 제단을 다시 쌓아 올렸

20 So Ahab summoned everyone in Israel, particularly the prophets, to Mount Carmel.
21 Elijah challenged the people: "How long are you going to sit on the fence? If GOD is the real God, follow him; if it's Baal, follow him. Make up your minds!"
Nobody said a word; nobody made a move.
22-24 Then Elijah said, "I'm the only prophet of GOD left in Israel; and there are 450 prophets of Baal. Let the Baal prophets bring up two oxen; let them pick one, butcher it, and lay it out on an altar on firewood–but don't ignite it. I'll take the other ox, cut it up, and lay it on the wood. But neither will I light the fire. Then you pray to your gods and I'll pray to GOD. The god who answers with fire will prove to be, in fact, God."
All the people agreed: "A good plan–do it!"
25 Elijah told the Baal prophets, "Choose your ox and prepare it. You go first, you're the majority. Then pray to your god, but don't light the fire."
26 So they took the ox he had given them, prepared it for the altar, then prayed to Baal. They prayed all morning long, "O Baal, answer us!" But nothing happened–not so much as a whisper of breeze. Desperate, they jumped and stomped on the altar they had made.
27-28 By noon, Elijah had started making fun of them, taunting, "Call a little louder–he is a god, after all. Maybe he's off meditating somewhere or other, or maybe he's gotten involved in a project, or maybe he's on vacation. You don't suppose he's overslept, do you, and needs to be waked up?" They prayed louder and louder, cutting themselves with swords and knives–a ritual common to them–until they were covered with blood.
29 This went on until well past noon. They used every religious trick and strategy they knew to make something happen on the altar, but nothing happened–not so much as a whisper, not a flicker of response.
30-35 Then Elijah told the people, "Enough of that–it's my turn. Gather around." And they gathered. He then put the altar back together for by now it was in ruins. Elijah took twelve

다. 엘리야는 하나님께서 전에 "이제부터 네 이름은 이스라엘이다" 하신 야곱의 각 지파별로 하나씩 돌 열두 개를 가져왔다. 그리고 그 돌들로 하나님을 높이는 제단을 쌓았다. 이어서 그는 제단 둘레에 넓은 도랑을 팠다. 제단 위에 장작을 펴고 각을 뜬 소를 그 위에 얹어 놓은 뒤 말했다. "들통 네 개에 물을 담아 와서 소와 장작 위에 흠뻑 부으시오." 곧이어 그가 "그렇게 한 번 더 부으시오" 하니, 그들은 그대로 했다. 그가 "다시 한번 더 부으시오" 하니, 그들은 세 번째로 그렇게 했다. 제단은 흠뻑 젖었고 도랑에는 물이 흘러넘쳤다.

36-37 제물을 바칠 때가 되자, 예언자 엘리야가 나아와 기도했다. "하나님, 아브라함과 이삭과 이스라엘의 하나님, 주께서 이스라엘의 하나님이시고 저는 주의 종이며, 제가 지금 하고 있는 이 일이 주님의 명령에 따른 것임을, 지금 이 순간 알려 주십시오. 하나님, 제게 응답해 주십시오. 제게 응답하셔서, 주는 참 하나님이시며 이들에게 다시 회개할 기회를 주고 계시다는 것을 알려 주십시오."

38 그러자 그 즉시 하나님의 불이 내려와 제물과 장작, 돌, 흙을 다 태우고 도랑의 물까지 다 말려 버렸다.

39 온 백성이 그 일을 보고 얼굴을 땅에 대고 엎드렸다. 그들은 두려움에 사로잡혀 하나님께 절하며 외쳤다. "하나님은 참 하나님이시다! 하나님만이 참 하나님이시다!"

40 엘리야가 그들에게 말했다. "바알의 예언자들을 잡으시오! 한 사람도 도망가게 해서는 안됩니다!"

백성이 그들을 잡았다. 엘리야가 그들을 기손 시내로 끌고 내려가게 하니, 백성이 그 무리를 모두 죽였다.

41 엘리야가 아합에게 말했다. "일어나십시오! 먹고 마시고 기뻐하십시오! 곧 비가 올 것입니다. 비가 오는 소리가 들립니다."

42-43 아합은 그의 말대로 일어나 먹고 마셨다. 그 사이, 엘리야는 갈멜 산 꼭대기에 올라가서 얼굴을 무릎 사이에 묻고 엎드려 기도했다. 그러다가 그의 젊은 종에게 말했다. "어서 일어나 바다 쪽을 살펴보아라."

종이 가서 보고, 돌아와서 그에게 보고했다. "아무것도 보이지 않습니다."

"계속 살펴보아라. 필요하다면 일곱 번이라도 가보아라." 엘리야가 말했다.

44 아니나 다를까, 일곱 번째에 종이 말했다. "구

stones, one for each of the tribes of Jacob, the same Jacob to whom GOD had said, "From now on your name is Israel." He built the stones into the altar in honor of GOD. Then Elijah dug a fairly wide trench around the altar. He laid firewood on the altar, cut up the ox, put it on the wood, and said, "Fill four buckets with water and drench both the ox and the firewood." Then he said, "Do it again," and they did it. Then he said, "Do it a third time," and they did it a third time. The altar was drenched and the trench was filled with water.

36-37 When it was time for the sacrifice to be offered, Elijah the prophet came up and prayed, "O GOD, God of Abraham, Isaac, and Israel, make it known right now that you are God in Israel, that I am your servant, and that I'm doing what I'm doing under your orders. Answer me, GOD; O answer me and reveal to this people that you are GOD, the true God, and that you are giving these people another chance at repentance."

38 Immediately the fire of GOD fell and burned up the offering, the wood, the stones, the dirt, and even the water in the trench.

39 All the people saw it happen and fell on their faces in awed worship, exclaiming, "GOD is the true God! GOD is the true God!"

40 Elijah told them, "Grab the Baal prophets! Don't let one get away!"

They grabbed them. Elijah had them taken down to the Brook Kishon and they massacred the lot.

41 Elijah said to Ahab, "Up on your feet! Eat and drink—celebrate! Rain is on the way; I hear it coming."

42-43 Ahab did it: got up and ate and drank. Meanwhile, Elijah climbed to the top of Carmel, bowed deeply in prayer, his face between his knees. Then he said to his young servant, "On your feet now! Look toward the sea."

He went, looked, and reported back, "I don't see a thing."

"Keep looking," said Elijah, "seven times if necessary."

44 And sure enough, the seventh time he said, "Oh yes, a cloud! But very small, no bigger than

름이 보입니다! 하지만 아주 작습니다. 겨우 사람 손만한 구름이 바다에서 일어나고 있습니다."
"그렇다면 왕께 서둘러 가서, '비가 와서 길이 막히기 전에 안장을 지우고 산을 내려가십시오' 하고 말하여라."
45-46 순식간에 바람이 일고 구름이 몰려와 하늘이 캄캄해지더니, 곧 비가 억수같이 쏟아졌다. 아합은 전차를 타고 이스르엘로 서둘러 달렸다. 그리고 하나님께서 엘리야에게 엄청난 능력을 주셨다. 엘리야는 겉옷을 말아 올려 허리에 묶고서, 이스르엘에 도착할 때까지 아합의 전차 앞에서 달렸다.

19 1-2 아합은 엘리야가 한 일을, 예언자들이 살육당한 일까지 모두 이세벨에게 알렸다. 이세벨은 즉시 엘리야에게 전령을 보내 위협했다. "신들이 이번 일로 너를 응징하고 나도 네게 되갚아 주겠다! 내일 이맘때까지 너도 그 예언자들의 하나처럼 반드시 죽을 것이다."
3-5 사태가 심각하게 돌아가는 것을 보고, 엘리야는 유다 남쪽 끝 브엘세바로 필사적으로 달아났다. 그는 젊은 종을 그곳에 남겨 두고 사막으로 하룻길을 더 들어갔다. 외그루 로뎀나무에 이르러, 그는 그 그늘 아래 쓰러졌다. 모든 것을 끝내고 싶은 마음밖에 없었다. 그저 죽고 싶은 마음뿐이었다. "하나님, 이만하면 됐습니다! 저를 죽여 주십시오. 저는 제 조상들과 함께 무덤에 들어갈 준비가 되었습니다!" 그는 기진맥진하여, 외그루 로뎀나무 아래서 잠이 들었다.
갑자기 천사가 그를 흔들어 깨우며 말했다. "일어나서 먹어라!"
6 그가 둘러보니, 놀랍게도 바로 머리맡에 숯불에 구운 빵 한 덩이와 물 한 병이 있었다. 그는 식사를 한 뒤에 다시 잠이 들었다.
7 하나님의 천사가 다시 와서, 그를 흔들어 깨우며 말했다. "일어나 좀 더 먹어라. 갈 길이 멀다."
8-9 그는 일어나서, 실컷 먹고 마신 후에 길을 떠났다. 그는 음식을 먹고 힘을 얻어, 하나님의 산 호렙까지 밤낮으로 사십 일을 걸었다. 그는 그곳에 이르러, 어느 굴 속으로 들어가 잠이 들었다.
그때 하나님의 말씀이 그에게 임했다. "엘리야야, 여기서 무엇을 하고 있느냐?"
10 엘리야가 말했다. "저는 마음을 다해 만군의 하나님을 섬겨 왔습니다. 그러나 이스라엘 백성은 주님의 언약을 버린 채, 예배 처소를 부수고 주님

someone's hand, rising out of the sea."
"Quickly then, on your way. Tell Ahab, 'Saddle up and get down from the mountain before the rain stops you.'"
45-46 Things happened fast. The sky grew black with wind-driven clouds, and then a huge cloudburst of rain, with Ahab hightailing it in his chariot for Jezreel. And GOD strengthened Elijah mightily. Pulling up his robe and tying it around his waist, Elijah ran in front of Ahab's chariot until they reached Jezreel.

Revenge from Jezebel

19 1-2 Ahab reported to Jezebel everything that Elijah had done, including the massacre of the prophets. Jezebel immediately sent a messenger to Elijah with her threat: "The gods will get you for this and I'll get even with you! By this time tomorrow you'll be as dead as any one of those prophets."
3-5 When Elijah saw how things were, he ran for dear life to Beersheba, far in the south of Judah. He left his young servant there and then went on into the desert another day's journey. He came to a lone broom bush and collapsed in its shade, wanting in the worst way to be done with it all—to just die: "Enough of this, GOD! Take my life—I'm ready to join my ancestors in the grave!" Exhausted, he fell asleep under the lone broom bush.
Suddenly an angel shook him awake and said, "Get up and eat!"
6 He looked around and, to his surprise, right by his head were a loaf of bread baked on some coals and a jug of water. He ate the meal and went back to sleep.
7 The angel of GOD came back, shook him awake again, and said, "Get up and eat some more—you've got a long journey ahead of you."
8-9 He got up, ate and drank his fill, and set out. Nourished by that meal, he walked forty days and nights, all the way to the mountain of God, to Horeb. When he got there, he crawled into a cave and went to sleep.
Then the word of GOD came to him: "So Elijah,

의 예언자들을 죽였습니다. 저만 홀로 남았는
데, 이제 그들이 저마저 죽이려고 합니다."
11-12 그러자 하나님의 말씀이 다시 들려왔다.
"나 하나님이 지나갈 것이니, 너는 가서, 산 위
에서, 하나님 앞에 주의하여 서 있어라."
거센 폭풍이 산들을 가르고 바위들을 부수었으
나, 하나님은 그 바람 속에 계시지 않았다. 바
람이 지나가고 지진이 일었으나, 하나님은 그
지진 속에 계시지 않았다. 지진이 지나가고 불
이 일었으나, 하나님은 그 불 속에 계시지 않았
다. 불이 지나간 뒤에, 부드럽고 고요한 속삭임
이 들려왔다.
13-14 고요한 음성을 들은 엘리야는, 큰 겉옷으
로 얼굴을 덮고 굴 입구로 가서 섰다. 고요한 음
성이 물었다. "엘리야야, 말해 보아라. 네가 여
기서 무엇을 하고 있느냐?" 엘리야가 다시 말했
다. "저는 마음을 다해 하나님 만군의 하나님을
섬겨 왔습니다. 그러나 이스라엘 백성은 주님의
언약을 버린 채, 주님의 예배 처소를 부수고, 주
님의 예언자들을 죽였습니다. 저만 홀로 남았는
데, 이제 그들이 저마저 죽이려고 합니다."
15-18 하나님께서 말씀하셨다. "사막을 지나 네가
온 길로 돌아가서 다마스쿠스로 가거라. 거기
에 이르거든 하사엘에게 기름을 부어 아람 왕으
로 세워라. 그리고 님시의 아들 예후에게 기름
을 부어 이스라엘 왕으로 세워라. 마지막으로,
아벨므홀라 출신 사밧의 아들 엘리사에게 기름
을 부어 네 뒤를 이을 예언자가 되게 하여라. 누
구든지 하사엘에게 죽음을 면하는 자는 예후에
게 죽을 것이고, 예후에게 죽음을 면하는 자는
엘리사에게 죽을 것이다. 그러나 나는 칠천 명
을 남겨 놓을 텐데, 그들은 바알 신에게 무릎 꿇
지 않고 그 신상에 입 맞추지 않은 자들이다."

엘리야가 엘리사를 부르다

19 바로 그곳을 떠난 엘리야는 밭에서 사밧의 아
들 엘리사를 만났다. 거기에는 멍에를 메고 밭
을 가는 소 열두 쌍이 있었는데, 엘리사는 열두
번째 쌍을 맡고 있었다. 엘리야가 엘리사 곁으
로 다가가 자신의 겉옷을 그에게 던져 주었다.
20 그러자 엘리사는 소를 버려두고 엘리야에게
달려가 말했다. "부탁입니다! 제 아버지와 어머
니께 작별 인사를 하게 해주십시오. 그 후에 당
신을 따르겠습니다."
"그렇게 하여라." 엘리야가 말했다. "하지만 방

what are you doing here?"
10 "I've been working my heart out for the GOD-of-
the-Angel-Armies," said Elijah. "The people of
Israel have abandoned your covenant, destroyed
the places of worship, and murdered your proph-
ets. I'm the only one left, and now they're trying to
kill me."
11-12 Then he was told, "Go, stand on the mountain
at attention before GOD. GOD will pass by."
A hurricane wind ripped through the mountains
and shattered the rocks before GOD, but GOD
wasn't to be found in the wind; after the wind an
earthquake, but GOD wasn't in the earthquake; and
after the earthquake fire, but GOD wasn't in the
fire; and after the fire a gentle and quiet whisper.
13-14 When Elijah heard the quiet voice, he muffled
his face with his great cloak, went to the mouth
of the cave, and stood there. A quiet voice asked,
"So Elijah, now tell me, what are you doing here?"
Elijah said it again, "I've been working my heart out
for GOD, the GOD-of-the-Angel-Armies, because
the people of Israel have abandoned your covenant,
destroyed your places of worship, and murdered
your prophets. I'm the only one left, and now
they're trying to kill me."
15-18 GOD said, "Go back the way you came through
the desert to Damascus. When you get there anoint
Hazael; make him king over Aram. Then anoint
Jehu son of Nimshi; make him king over Israel.
Finally, anoint Elisha son of Shaphat from Abel
Meholah to succeed you as prophet. Anyone who
escapes death by Hazael will be killed by Jehu; and
anyone who escapes death by Jehu will be killed by
Elisha. Meanwhile, I'm preserving for myself seven
thousand souls: the knees that haven't bowed to
the god Baal, the mouths that haven't kissed his
image."
19 Elijah went straight out and found Elisha son of
Shaphat in a field where there were twelve pairs of
yoked oxen at work plowing; Elisha was in charge
of the twelfth pair. Elijah went up to him and threw
his cloak over him.
20 Elisha deserted the oxen, ran after Elijah, and
said, "Please! Let me kiss my father and mother
good-bye–then I'll follow you."

금 내가 네게 한 일을 잊지 마라."
21 엘리사가 떠났다. 그는 자기 소 한 쌍을 끌고 가서 잡고, 쟁기와 기구로 불을 피워 고기를 삶았다. 이별할 가족을 위해 정성껏 준비한 식사였다. 그 후에 엘리사는 엘리야를 따라가서, 그의 오른팔이 되었다.

20

1-3 그 즈음에 아람 왕 벤하닷이 그의 군대를 소집했다. 그는 추가로 지방 영주 서른두 명을 보강했는데, 모두 말과 전차를 갖추고 있었다. 그는 군대를 이끌고 나가, 당장이라도 전쟁을 벌일 태세로 사마리아를 포위했다. 그리고 성 안으로 사절을 보내어 이스라엘 왕 아합 앞에 조건을 제시했다. "그대의 은과 금, 그대의 아내와 아들들 중에서 뛰어난 자들을 나 벤하닷의 것으로 삼는다."
4 이스라엘 왕은 조건을 받아들였다. "고매하신 왕이시여, 말씀하신 대로 저와 제게 있는 모든 것이 왕의 것입니다."
5-6 그런데 사절이 다시 와서 말을 전했다. "다시 생각해 보니, 내가 다 갖고 싶구나. 네 은과 금 그리고 네 아내와 아들들 전부를 말이다. 모두 다 내게 넘겨라. 네게 하루의 시간을 주겠다. 그 이후에 내 신하들이 가서 네 왕궁과 네 관리들의 집을 뒤져, 그들 마음에 드는 것은 무엇이든 가져갈 것이다."
7 이스라엘 왕은 지파의 모든 원로들과 회의를 열었다. 그가 말했다. "어찌 이럴 수 있단 말인가! 그는 시비를 걸고 있소. 내 아내와 자식들을 전부 달라니, 나를 빈털터리로 만들려는 속셈이오. 내가 이미 값을 두둑이 치르기로 했는데도 말이오!"
8 백성의 지지를 받고 있는 원로들이 말했다. "그의 말에 굴할 것이 전혀 없습니다. 한 치도 양보하지 마십시오."
9 그래서 이스라엘 왕은 벤하닷에게 사절을 보냈다. "내 고매하신 주인에게 이렇게 전하여라. '왕께서 처음 요구한 조건에는 내가 합의했으나, 이번 경우에는 그럴 생각이 전혀 없습니다!'"
사절이 돌아가서 그대로 보고했다.
10 그러자 벤하닷이 다시 응수했다. "사마리아에 잔해 더미 외에 남는 게 있다면, 신들이 내게 천벌을 내리고 또 그보다 중한 벌을 내리실 것이다."
11 이스라엘 왕이 되받아쳤다. "잘 생각해 보십

"Go ahead," said Elijah, "but, mind you, don't forget what I've just done to you."
21 So Elisha left; he took his yoke of oxen and butchered them. He made a fire with the plow and tackle and then boiled the meat–a true farewell meal for the family. Then he left and followed Elijah, becoming his right-hand man.

20

1-3 At about this same time Ben-Hadad king of Aram mustered his troops. He recruited in addition thirty-two local sheiks, all outfitted with horses and chariots. He set out in force and surrounded Samaria, ready to make war. He sent an envoy into the city to set his terms before Ahab king of Israel: "Ben-Hadad lays claim to your silver and gold, and to the pick of your wives and sons."
4 The king of Israel accepted the terms: "As you say, distinguished lord; I and everything I have is yours."
5-6 But then the envoy returned a second time, saying, "On second thought, I want it all–your silver and gold and *all* your wives and sons. Hand them over–the whole works. I'll give you twenty-four hours; then my servants will arrive to search your palace and the houses of your officials and loot them; anything that strikes their fancy, they'll take."
7 The king of Israel called a meeting of all his tribal elders. He said, "Look at this–outrageous! He's just looking for trouble. He means to clean me out, demanding all my women and children. And after I already agreed to pay him off handsomely!"
8 The elders, backed by the people, said, "Don't cave in to him. Don't give an inch."
9 So he sent an envoy to Ben-Hadad, "Tell my distinguished lord, 'I agreed to the terms you delivered the first time, but this I can't do–this I *won't* do!'"
The envoy went back and delivered the answer.
10 Ben-Hadad shot back his response: "May the gods do their worst to me, and then worse again, if there'll be anything left of Samaria but rubble."
11 The king of Israel countered, "Think about it–

시오. 싸움이란 시작하기는 쉬워도 끝내기는 어려운 법입니다."

12 이 전갈을 들을 때에 벤하닷은 야전 막사에서 영주들과 거한 술판을 벌이고 있었다. 취중에 그가 심복들에게 지시했다. "그들을 쫓아가라!" 그래서 그들은 성을 공격했다.

13 바로 그때, 한 예언자가 홀로 이스라엘 왕 아합을 찾아와 말했다. "하나님의 말씀입니다. '너는 이 무리를 잘 보았느냐? 자, 다시 보아라. 내가 오늘 그들을 네게 넘겨주겠다. 그러면 너는 내가 하나님인 것을 한 치의 의심도 없이 분명히 알게 될 것이다.'"

14 아합이 말했다. "정말이십니까? 그렇다면 이 일을 해낼 자가 누구입니까?"

하나님께서 말씀하셨다. "지방 지도자들의 젊은 특전대원들이다."

아합이 말했다. "그럼 누가 공격을 진두지휘합니까?"

하나님께서 말씀하셨다. "바로 너다."

15 아합은 지방 지도자들의 특전대를 훑어보았다. 수가 232명이었다. 또 투입 가능한 병력을 세어 보니 7,000명이었다.

16-17 정오가 되자, 그들은 벤하닷을 찾아 성을 나섰다. 벤하닷은 연합군 영주 서른두 명과 함께 야전 막사에서 술을 마시느라 정신이 없었다. 지방 지도자들의 특전대가 진두에 나섰다.

벤하닷에게 보고가 들어왔다. "사마리아에서 군사들이 오고 있습니다."

18 벤하닷이 말했다. "그들이 화친하러 오거든 인질로 생포하여라. 싸우러 왔더라도 똑같이 인질로 생포하여라."

19-20 특전대가 성읍 바깥으로 달려 나가자, 전군이 그 뒤를 따랐다. 그들은 육탄전을 벌여 벤하닷의 군대에 큰 타격을 입혔다. 아람 사람들은 들판으로 흩어졌고 이스라엘은 그 뒤를 바짝 추격했다. 아람 왕 벤하닷도 기병들과 함께 말을 타고 도망쳤다.

21 이스라엘 왕은 말이나 전차 할 것 없이 모두 격파했다. 아람의 참패였다.

22 얼마 후에 그 예언자가 이스라엘 왕에게 와서 말했다. "이제 방심하면 안됩니다. 군대를 증강하고 전투력을 점검하여 잘 대비하십시오. 한 해가 지나기 전에 아람 왕이 다시 쳐들어올 것입니다."

23-25 한편 아람 왕의 참모들이 말했다. "그들의

it's easier to start a fight than end one."

12 It happened that when Ben-Hadad heard this retort he was into some heavy drinking, boozing it up with the sheiks in their field shelters. Drunkenly, he ordered his henchmen, "Go after them!" And they attacked the city.

13 Just then a lone prophet approached Ahab king of Israel and said, "GOD's word: Have you taken a good look at this mob? Well, look again–I'm turning it over to you this very day. And you'll know, beyond the shadow of a doubt, that I am GOD."

14 Ahab said, "Really? And who is going to make this happen?"

GOD said, "The young commandos of the regional chiefs."

"And who," said Ahab, "will strike the first blow?"

GOD said, "You."

15 Ahab looked over the commandos of the regional chiefs; he counted 232. Then he assessed the available troops–7,000.

16-17 At noon they set out after Ben-Hadad who, with his allies, the thirty-two sheiks, was busy at serious drinking in the field shelters. The commandos of the regional chiefs made up the vanguard.

A report was brought to Ben-Hadad: "Men are on their way from Samaria."

18 He said, "If they've come in peace, take them alive as hostages; if they've come to fight, the same–take them alive as hostages."

19-20 The commandos poured out of the city with the full army behind them. They hit hard in hand-to-hand combat. The Arameans scattered from the field, with Israel hard on their heels. But Ben-Hadad king of Aram got away on horseback, along with his cavalry.

21 The king of Israel cut down both horses and chariots–an enormous defeat for Aram.

22 Sometime later the prophet came to the king of Israel and said, "On the alert now–build up your army, assess your capabilities, and see what has to be done. Before the year is out, the king of Aram will be back in force."

23-25 Meanwhile the advisors to the king of Aram said, "Their god is a god of the mountains–we don't stand a chance against them there. So let's engage

신은 산의 신입니다. 산에서는 우리에게 승산이 없습니다. 그러니 평지에서 붙어야 합니다. 평지라면 우리가 유리합니다. 전략은 이렇습니다. 각 영주를 지도자 자리에서 빼고 노련한 지휘관으로 대체하십시오. 그리고 지난번에 탈주한 군대 규모에 맞먹는 전투부대를 징집하되, 말은 말대로 전차는 전차대로 보충하십시오. 그런 다음 평지에서 싸우면, 틀림없이 우리가 그들을 이길 것입니다."

왕은 그 말을 좋게 여겨 그들의 조언대로 했다.

26-27 새해가 되자 벤하닷은 아람 군대를 다시 집결시켰고, 이스라엘과 전쟁을 벌이려고 아벡으로 올라갔다. 이스라엘 군대도 싸울 준비를 하고 출정하여 아람 군대와 마주쳤다. 그들은 아람 앞에서 두 진으로 전투대형을 이루었는데, 마치 두 염소 떼 같았다. 평지는 아람 사람들로 들끓고 있었다.

28 바로 그때, 거룩한 사람이 이스라엘 왕에게 다가와 말했다. "이것은 하나님의 말씀입니다. '아람 사람이 말하기를 "하나님은 산의 신이지 골짜기의 신은 아니다"라고 했으니, 내가 이 큰 무리의 군대를 네게 넘겨주겠다. 그러면 너는 내가 하나님인 것을 알게 될 것이다.'"

29-30 양쪽 군대는 칠 일 동안 대치 상태로 있었다. 칠 일째 되던 날에 전투가 벌어졌다. 이스라엘 사람들은 하루 만에 아람 보병 100,000명을 죽였다. 나머지 군대는 필사적으로 달아나 아벡 성으로 돌아갔으나, 생존자 27,000명 위로 성벽이 무너졌다.

30-31 벤하닷은 성 안으로 피하여 골방에 숨었다. 그러자 참모들이 그에게 말했다. "우리가 듣기로 이스라엘 왕들은 신사적이라고 합니다. 그러니 우리가 낡은 삼베 자루를 걸친 뒤 휴전의 백기를 들고 이스라엘 왕 앞에 나가면 어떻겠습니까? 혹시 그가 왕을 살려 줄지도 모르지 않습니까."

32 그래서 그들은 그렇게 했다. 그들은 낡은 삼베 자루를 걸치고 백기를 들고 이스라엘 왕에게 가서 말했다. "왕의 종 벤하닷이 '부디 나를 살려 주십시오' 하고 말했습니다."

아합이 말했다. "그가 아직 살아 있다는 말이냐? 살아 있다면, 그는 나의 형제다."

33 그들은 그것을 좋은 징조로 여기고 모든 일이 다 잘되리라고 결론지었다. "벤하닷은 두말할 것 없이 당신의 형제입니다."

them on the plain where we'll have the advantage. Here's the strategy: Remove each sheik from his place of leadership and replace him with a seasoned officer. Then recruit a fighting force equivalent in size to the army that deserted earlier—horse for horse, chariot for chariot. And we'll fight them on the plain—we're sure to prove stronger than they are."

It sounded good to the king; he did what they advised.

26-27 As the new year approached, Ben-Hadad rallied Aram and they went up to Aphek to make war on Israel. The Israelite army prepared to fight and took the field to meet Aram. They moved into battle formation before Aram in two camps, like two flocks of goats. The plain was seething with Arameans.

28 Just then a holy man approached the king of Israel saying, "This is GOD's word: Because Aram said, 'GOD is a god of the mountains and not a god of the valleys,' I'll hand over this huge mob of an army to you. Then you'll know that I am GOD."

29-30 The two armies were poised in a standoff for seven days. On the seventh day fighting broke out. The Israelites killed 100,000 of the Aramean infantry in one day. The rest of the army ran for their lives back to the city, Aphek, only to have the city wall fall on 27,000 of the survivors.

30-31 Ben-Hadad escaped into the city and hid in a closet. Then his advisors told him, "Look, we've heard that the kings of Israel play by the rules; let's dress in old gunnysacks, carry a white flag of truce, and present ourselves to the king of Israel on the chance that he'll let you live."

32 So that's what they did. They dressed in old gunnysacks and carried a white flag, and came to the king of Israel saying, "Your servant Ben-Hadad said, 'Please let me live.'"

Ahab said, "You mean to tell me that he's still alive? If he's alive, he's my brother."

33 The men took this as a good sign and concluded that everything was going to be all right: "Ben-Hadad is most certainly your brother!"

The king said, "Go and get him." They went and brought him back by chariot.

왕이 말했다. "가서 그를 데려오너라." 그들은 가서
전차로 벤하닷을 데려왔다.
34 아합이 말했다. "나는 내 아버지가 당신 아버지에
게서 빼앗은 성읍들을 돌려줄 용의가 있소. 또 내 아
버지가 사마리아에 한 것처럼 다마스쿠스에 당신 본
부를 두어도 좋소. 내가 당신을 호위하여 고국으로
보내 드리겠소." 그러고서 그는 벤하닷과 언약을 맺
고 그를 전송했다.
35 예언자들 가운데 한 사람이 옆에 있는 사람에게
말했다. "하나님의 명령이니, 그분을 위해 나를 쳐서
상처를 입게 하여라." 그러나 그 사람은 때리려고 하
지 않았다.
36 그 예언자는 그에게 말했다. "네가 하나님의 명령
에 순종하지 않았으니, 이 자리를 떠나자마자 사자가
너를 공격할 것이다." 그 사람이 그 자리를 떠나기가
무섭게, 사자가 나타나서 그를 공격했다.
37 그 예언자는 또 다른 사람을 찾아 "나를 쳐서 상처
를 입게 하라"고 말했다. 그 사람은 그대로 했다. 피
가 나도록 그의 얼굴을 세게 쳤다.
38-40 그러자 예언자는 자기 눈에 붕대를 감고 길가에
자리를 잡은 뒤, 왕을 기다렸다. 얼마 후 왕이 그곳
을 지나가자, 예언자는 왕에게 큰소리로 외쳤다. "왕
의 종인 제가 한창 치열한 전투중에 있는데, 어떤 사
람이 나타나 포로 하나를 저에게 맡기며 말했습니다.
'목숨을 걸고 이 사람을 감시하여라. 그가 없어지기
라도 하면 네가 큰 대가를 치를 것이다.' 하지만 제가
바쁘게 이것저것을 하다 보니 그가 없어지고 말았습
니다."
이스라엘 왕이 말했다. "방금 너 스스로 네 판결을 내
렸다."
41 그러자, 그 예언자가 눈에 감은 붕대를 풀었다. 그
제야 왕은 그가 누구인지 알아보았다. 그는 예언자들
가운데 하나였다!
42 그 예언자가 왕에게 말했다. "하나님의 말씀입니
다. '하나님께 형벌을 선고받은 사람을 네가 놓아주
었으니, 이제 네 목숨이 그의 목숨을, 네 백성이 그의
백성을 대신할 것이다.'"
43 이스라엘 왕은 언짢아하며 왕궁으로 돌아갔다. 그
는 아주 침울한 기분으로 사마리아에 도착했다.

나봇의 포도원

21 1-2 설상가상으로, 그 후에 이런 일이 있었
다. 이스르엘 사람 나봇이 이스르엘에 포
도원을 가지고 있었는데, 그 포도원은 사마리아 왕
아합의 왕궁과 붙어 있었다. 하루는 아합이 나봇에게

34 Ahab said, "I am prepared to return the cities
that my father took from your father. And you
can set up your headquarters in Damascus just
as my father did in Samaria; I'll send you home
under safe conduct." Then he made a covenant
with him and sent him off.
35 A man who was one of the prophets said to a
bystander, "Hit me; wound me. Do it for GOD's
sake—it's his command. Hit me; wound me."
But the man wouldn't do it.
36 So he told him, "Because you wouldn't obey
GOD's orders, as soon as you leave me a lion will
attack you." No sooner had the man left his side
than a lion met him and attacked.
37 He then found another man and said, "Hit
me; wound me." That man did it—hit him hard
in the face, drawing blood.
38-40 Then the prophet went and took a position
along the road, with a bandage over his eyes,
waiting for the king. It wasn't long before the
king happened by. The man cried out to the
king, "Your servant was in the thick of the
battle when a man showed up and turned
over a prisoner to me, saying, 'Guard this man
with your life; if he turns up missing you'll pay
dearly.' But I got busy doing one thing after
another and the next time I looked he was
gone."
The king of Israel said, "You've just pronounced
your own verdict."
41 At that, the man ripped the bandage off his
eyes and the king recognized who he was—one
of the prophets!
42 The man said to the king, "GOD's word:
Because you let a man go who was under
sentence by GOD, it's now your life for his, your
people for his."
43 The king of Israel went home in a sulk. He
arrived in Samaria in a very bad mood.

21 1-2 And then, to top it off, came
this: Naboth the Jezreelite owned a
vineyard in Jezreel that bordered the palace of
Ahab king of Samaria. One day Ahab spoke to

말했다. "내가 텃밭으로 쓰려고 하니 그대의 포도원을 내게 넘기시오. 포도원이 궁 바로 옆에 있어 아주 편할 것이오. 대신 내가 그대에게 훨씬 좋은 포도원을 주겠소. 그대가 원한다면 그 값을 돈으로 치를 수도 있소."

3-4 그러나 나봇이 아합에게 말했다. "절대로 안됩니다! 오 하나님, 저를 도우소서. 이것은 집안의 농지이니 절대로 팔 수 없습니다!" 아합은 마음이 몹시 상한 채 왕궁으로 돌아갔다. 이스르엘 사람 나봇이 "내 집안의 유산을 절대로 왕께 넘기지 않겠습니다"라고 한 말에 기분이 몹시 상했던 것이다. 그는 자리에 누워 얼굴을 베개에 묻고는 먹지도 않았다.

5 그의 아내 이세벨이 와서 물었다. "무슨 일인가요? 무엇 때문에 이렇게 언짢아서 먹지도 않으십니까?"

6 왕이 말했다. "이스르엘 사람 나봇 때문에 그러오. 내가 그에게 '그대의 포도원을 내게 넘기시오. 내가 그 값을 돈으로 치르거나, 원한다면 다른 포도원을 대신 주겠소' 하고 말했소. 그랬더니 그가 '나는 절대로 내 포도원을 팔지 않겠습니다' 하지 않겠소."

7 이세벨이 말했다. "이게 이스라엘 왕이 할 행동입니까? 당신이 대장이시잖아요. 일어나세요! 음식을 드시고 기운을 내세요! 이 일은 내가 알아서 하겠어요. 내가 왕께 이스르엘 사람 나봇의 포도원을 갖다 바치겠어요."

8-10 그녀는 아합의 서명으로 편지를 쓰고 그의 직인을 찍어, 나봇이 살고 있는 성읍의 원로와 지도자들에게 보냈다. 편지의 내용은 다음과 같았다. "금식일을 선포하고 나봇을 상석에 앉히시오. 그리고 그 맞은편에 앞잡이 둘을 앉히시오. 그들이 모든 사람 앞에서 '나봇! 너는 하나님과 왕을 모독했다!' 말하게 하고, 그를 끌어내어 돌로 쳐죽이시오."

11-14 그 성읍에 살고 있는 원로와 지도자들은 이세벨이 편지에 쓴 지시에 따라 그대로 행했다. 그들은 금식일을 선포하고 나봇을 상석에 앉혔다. 그리고 앞잡이 둘을 데리고 들어와 나봇 맞은편에 앉혔다. 두 잡배는 모든 사람 앞에서 그를 고소했다. "이 자가 하나님과 왕을 모독했다!" 무리가 그를 길바닥에 내던지고 잔인하게 돌로 쳐서 죽였다.

15 이세벨은 나봇이 돌에 맞아 죽었다는 말을 듣고 아합에게 말했다. "아합 왕이시여, 어서 가서 이스르엘 사람 나봇의 포도원, 그가 당신에게 팔지 않겠다던 그 포도원을 차지하세요. 나봇은 이제 없습니다. 그는 죽었습니다."

16 아합은 그 이야기를 듣자마자, 이스르엘 사람 나

Naboth, saying, "Give me your vineyard so I can use it as a kitchen garden; it's right next to my house—so convenient. In exchange I'll give you a far better vineyard, or if you'd prefer I'll pay you money for it."

3-4 But Naboth told Ahab, "Not on your life! So help me GOD, I'd never sell the family farm to you!" Ahab went home in a black mood, sulking over Naboth the Jezreelite's words, "I'll never turn over my family inheritance to you." He went to bed, stuffed his face in his pillow, and refused to eat.

5 Jezebel his wife came to him. She said, "What's going on? Why are you so out of sorts and refusing to eat?"

6 He told her, "Because I spoke to Naboth the Jezreelite. I said, 'Give me your vineyard—I'll pay you for it or, if you'd rather, I'll give you another vineyard in exchange.' And he said, 'I'll never give you my vineyard.'"

7 Jezebel said, "Is this any way for a king of Israel to act? Aren't you the boss? On your feet! Eat! Cheer up! I'll take care of this; I'll get the vineyard of this Naboth the Jezreelite for you."

8-10 She wrote letters over Ahab's signature, stamped them with his official seal, and sent them to the elders in Naboth's city and to the civic leaders. She wrote "Call for a fast day and put Naboth at the head table. Then seat a couple of stool pigeons across from him who, in front of everybody will say, 'You! You blasphemed God and the king!' Then they'll throw him out and stone him to death."

11-14 And they did it. The men of the city—the elders and civic leaders—followed Jezebel's instructions that she wrote in the letters sent to them. They called for a fast day and seated Naboth at the head table. Then they brought in two stool pigeons and seated them opposite Naboth. In front of everybody the two degenerates accused him, "He blasphemed God and the king!" The company threw him out in the street, stoned him mercilessly, and he died.

15 When Jezebel got word that Naboth had been stoned to death, she told Ahab, "Go for it,

봇의 포도원으로 가서 그것을 자기 소유로 삼았다.

17-19 그때 하나님께서 개입하셔서 디셉 사람 엘리야에게 말씀하셨다. "일어나라. 내려가서 이스라엘 왕 사마리아의 아합을 만나거라. 나봇의 포도원에 가면 그가 있을 것이다. 그가 포도원을 차지하려고 그곳으로 내려갔다. 그에게 이렇게 말하여라. '하나님의 말씀이다. 이게 무슨 짓이냐? 처음에는 사람을 죽이더니, 이제는 도둑질까지 하였느냐?' 또 그에게 말하여라. '하나님의 판결이다. 개들이 나봇의 피를 핥아 먹은 바로 그 자리에서 네 피를 핥아 먹을 것이다. 그렇다. 네 피다.'"

20-22 아합이 엘리야에게 말했다. "이 원수야! 그래, 네가 또 나를 찾아왔구나!"

"그렇습니다. 이렇게 또 찾아왔습니다." 엘리야가 말했다. "왕께서 하나님을 거역하고 악을 일삼고 있기에 이렇게 왔습니다. '내가 반드시 네게 파멸을 내려 네 자손을 완전히 묵사발로 만들고, 아합의 이름과 조금이라도 연관된 한심하고 비열한 남자들을 모조리 죽일 것이다. 내가 느밧의 아들 여로보암과 아히야의 아들 바아사에게 닥친 것과 똑같은 운명을 네게 내릴 것이다. 네가 이스라엘로 죄를 짓게 하여 나를 이렇듯 진노하게 만들었다.'

23-24 이세벨에 관해서는 하나님께서 이렇게 말씀하셨습니다. '온 이스르엘의 개들이 이세벨의 살점을 서로 먹으려고 다툴 것이다. 누구든지 아합 가운데 속한 자는, 성읍 안에서 죽으면 떠돌이 개들에게 먹힐 것이고, 들판의 시체들은 썩은 고기를 먹는 까마귀의 밥이 될 것이다.'"

25-26 아내 이세벨에게 떠밀려 하나님을 공공연히 거역한 아합은, 대대적으로 악을 일삼았고 이전의 누구보다도 악했다. 그는 하나님께서 일찍이 이스라엘 영토에서 쫓아낸 아모리 사람을 본받아 우상을 섬기며 극악한 음란에 빠졌다.

27 엘리야의 말을 들은 아합은 자기 옷을 갈기갈기 찢고, 회개의 굵은 베옷을 입고 금식했다. 그는 잠잘 때도 굵은 베옷을 입었다. 그리고 생쥐처럼 소리 없이 가만가만 다녔다.

28-29 그러자 하나님께서 디셉 사람 엘리야에게 말씀하셨다. "아합이 회개하여 공손해진 것이 보이느냐? 그가 회개했으므로, 그의 생전에는 파멸을 내리지 않겠다. 그러나 아합의 아들이

Ahab—take the vineyard of Naboth the Jezreelite for your own, the vineyard he refused to sell you. Naboth is no more; Naboth is dead."

16 The minute Ahab heard that Naboth was dead, he set out for the vineyard of Naboth the Jezreelite and claimed it for his own.

17-19 Then GOD stepped in and spoke to Elijah the Tishbite, "On your feet; go down and confront Ahab of Samaria, king of Israel. You'll find him in the vineyard of Naboth; he's gone there to claim it as his own. Say this to him: 'GOD's word: What's going on here? First murder, then theft?' Then tell him, 'GOD's verdict: The very spot where the dogs lapped up Naboth's blood, they'll lap up your blood—that's right, *your* blood.'"

20-22 Ahab answered Elijah, "My enemy! So, you've run me down!"

"Yes, I've found you out," said Elijah. "And because you've bought into the business of evil, defying GOD. 'I will most certainly bring doom upon you, make mincemeat of your descendants, kill off every sorry male wretch who's even remotely connected with the name Ahab. And I'll bring down on you the same fate that fell on Jeroboam son of Nebat and Baasha son of Ahijah—you've made me *that* angry by making Israel sin.'"

23-24 As for Jezebel, God said, "Dogs will fight over the flesh of Jezebel all over Jezreel. Anyone tainted by Ahab who dies in the city will be eaten by stray dogs; corpses in the country will be eaten by carrion crows."

25-26 Ahab, pushed by his wife Jezebel and in open defiance of GOD, set an all-time record in making big business of evil. He indulged in outrageous obscenities in the world of idols, copying the Amorites whom GOD had earlier kicked out of Israelite territory.

27 When Ahab heard what Elijah had to say, he ripped his clothes to shreds, dressed in penitential rough burlap, and fasted. He even slept in coarse burlap pajamas. He tiptoed around, quiet as a mouse.

28-29 Then GOD spoke to Elijah the Tishbite: "Do you see how penitently submissive Ahab has become to me? Because of his repentance I'll not bring the doom during his lifetime; Ahab's son, though, will

그 일을 당할 것이다."

아합에 대한 하나님의 경고

22 1-3 그들은 삼 년 동안 평화를 누렸다. 아람과 이스라엘 사이에 싸움이 없었다. 삼 년째 되던 해에 유다의 여호사밧 왕이 이스라엘 왕을 찾아갔다. 이스라엘 왕이 자기 신하들에게 말했다. "길르앗에 있는 라못은 우리 땅인데도 아람 왕에게서 그 땅을 빼앗지 않고 그저 바라만 보고 있는 것을 경들은 알고 있소?"

4-5 그리고 그는 고개를 돌려 여호사밧에게 말했다. "나와 함께 길르앗 라못을 치러 가시겠습니까?"

여호사밧이 말했다. "물론입니다. 나는 끝까지 왕의 편입니다. 내 군대는 왕의 군대고 내 말들도 왕의 것입니다." 그가 말을 이었다. "하지만 무슨 일이든 시작하기 전에 하나님의 인도하심을 구해야 합니다."

6 이스라엘 왕은 예언자 사백여 명을 모아 놓고 이렇게 물었다. "내가 길르앗 라못을 공격하는 것이 좋겠소? 아니면 이대로 가만히 있는 것이 좋겠소?"

그들이 말했다. "공격하십시오. 하나님께서 길르앗 라못을 왕에게 넘겨주실 것입니다."

7 그러나 여호사밧은 머뭇거렸다. "이 근처에 우리가 의견을 들을 만한 하나님의 예언자가 또 있습니까?"

8 이스라엘 왕이 여호사밧에게 말했다. "사실 한 사람이 있기는 합니다. 이믈라의 아들 미가야라는 자인데, 나는 그를 싫어합니다. 그는 내게 좋은 말을 전한 적이 한 번도 없고, 오직 파멸만을 예언합니다."

여호사밧이 말했다. "왕께서는 예언자에 대해 그런 식으로 말씀하시면 안됩니다."

9 그러자 이스라엘 왕은 한 신하에게 명령했다. "당장 이믈라의 아들 미가야를 데려오너라!"

10-12 그 사이, 이스라엘 왕과 여호사밧은 화려한 왕복 차림으로 사마리아 성문 앞에 마련된 왕좌에 앉아 있었다. 모든 예언자들이 그들을 위해 공연이라도 하듯 예언을 펼쳤다. 그나아나의 아들 시드기야는 철로 뿔까지 한 쌍 만들어 그것을 휘두르며 외쳤다. "하나님의 말씀입니다! 왕께서 이 뿔들로 아람을 들이받아 아람에는 결국 아무것도 남지 않게 될 것입니다!"

get it."

22 1-3 They enjoyed three years of peace–no fighting between Aram and Israel. In the third year, Jehoshaphat king of Judah had a meeting with the king of Israel. Israel's king remarked to his aides, "Do you realize that Ramoth Gilead belongs to us, and we're sitting around on our hands instead of taking it back from the king of Aram?"

4-5 He turned to Jehoshaphat and said, "Will you join me in fighting for Ramoth Gilead?"

Jehoshaphat said, "You bet. I'm with you all the way–my troops are your troops, my horses are your horses." He then continued, "But before you do anything, ask GOD for guidance."

6 The king of Israel got the prophets together–all four hundred of them–and put the question to them: "Should I attack Ramoth Gilead? Or should I hold back?"

"Go for it," they said. "GOD will hand it over to the king."

7 But Jehoshaphat dragged his heels: "Is there still another prophet of GOD around here we can consult?"

8 The king of Israel told Jehoshaphat, "As a matter of fact, there is still one such man. But I hate him. He never preaches anything good to me, only doom, doom, doom–Micaiah son of Imlah."

"The king shouldn't talk about a prophet like that," said Jehoshaphat.

9 So the king of Israel ordered one of his men, "On the double! Get Micaiah son of Imlah."

10-12 Meanwhile, the king of Israel and Jehoshaphat were seated on their thrones, dressed in their royal robes, resplendent in front of the Samaria city gates. All the prophets were staging a prophecy-performance for their benefit. Zedekiah son of Kenaanah had even made a set of iron horns, and brandishing them called out, "GOD's word! With these horns you'll gore Aram until there's nothing left of him!" All the prophets chimed in, "Yes! Go for Ramoth Gilead! An easy victory! GOD's gift to the king!"

13 The messenger who went to get Micaiah said, "The prophets have all said Yes to the king. Make it

모든 예언자가 맞장구를 쳤다. "맞습니다! 길르앗 라못을 치십시오. 쉽게 이길 것입니다! 왕께 주시는 하나님의 선물입니다!"
13 미가야를 데리러 간 신하가 말했다. "예언자들이 하나같이 왕의 승리를 예언했습니다. 만장일치가 되도록 당신도 찬성표를 던지시오!"
14 그러나 미가야는 말했다. "하나님께서 참으로 살아 계심을 두고 맹세하는데, 나는 하나님께서 말씀하시는 것만을 말할 것이오."
15 미가야가 왕 앞에 나아오자 왕이 물었다. "미가야여, 우리가 길르앗 라못을 공격하는 것이 좋겠소, 아니면 가만히 있는 것이 좋겠소?"
미가야가 말했다. "공격하십시오. 쉽게 이길 것입니다. 왕께 주시는 하나님의 선물입니다."
16 왕이 말했다. "잠깐, 나에게 진실만을 말하라고 그대에게 몇 번이나 맹세를 시켜야 하겠소?"
17 미가야가 말했다. "정 그러시다면, 좋습니다.

나는 온 이스라엘이 목자 없는 양처럼
산에 흩어져 있는 것을 보았습니다.
그때 하나님께서 말씀하셨습니다. '이 불쌍한 백성에게
어찌해야 할지 일러 주는 자가 없구나.
그들을 집으로 돌려보내
각자 생업에 충실하게 하여라.'"

18 그러자 이스라엘 왕이 여호사밧을 보며 말했다. "보십시오! 내가 뭐라고 했습니까? 이 자는 내게 하나님의 좋은 말씀은 전하지 않고, 오직 파멸만을 전할 뿐입니다."
19-23 미가야가 말을 이었다. "아직 끝나지 않았습니다. 하나님의 말씀을 들으십시오.

나는 하나님께서 왕좌에 앉아 계시고
하늘의 모든 군대가
그분의 오른쪽과 왼쪽에
늘어서 있는 것을 보았습니다.
하나님께서 말씀하셨습니다. '우리가 어찌하면 아합을 꾀어
길르앗 라못을 공격하게 할 수 있겠느냐?'
그러자 누구는 이렇게 말하고
누구는 저렇게 말했습니다.
그때 한 천사가 담대히 나서서
하나님 앞에 서서 말했습니다.
'제가 그를 꾀어내겠습니다.'
'그래 어떻게 꾀어내려느냐?' 하나님께서 말씀하셨

unanimous—vote Yes!"
14 But Micaiah said, "As surely as GOD lives, what GOD says, I'll say."
15 With Micaiah before him, the king asked him, "So Micaiah—do we attack Ramoth Gilead, or do we hold back?"
"Go ahead," he said. "An easy victory. GOD's gift to the king."
16 "Not so fast," said the king. "How many times have I made you promise under oath to tell me the truth and nothing but the truth?"
17 "All right," said Micaiah, "since you insist.

I saw all of Israel scattered over the hills,
sheep with no shepherd.
Then God spoke: 'These poor people
have no one to tell them what to do.
Let them go home and do
the best they can for themselves.'"

18 Then the king of Israel turned to Jehoshaphat, "See! What did I tell you? He never has a good word for me from GOD, only doom."
19-23 Micaiah kept on: "I'm not done yet; listen to GOD's word:

I saw GOD enthroned,
and all the angel armies of heaven
Standing at attention
ranged on his right and his left.
And GOD said, 'How can we seduce Ahab
into attacking Ramoth Gilead?'
Some said this,
and some said that.
Then a bold angel stepped out,
stood before GOD, and said,
'I'll seduce him.'
'And how will you do it?' said GOD.
'Easy,' said the angel,
'I'll get all the prophets to lie.'
'That should do it,' said GOD.
'On your way—seduce him!'

습니다.
'쉽습니다.' 그 천사가 말했습니다.
'모든 예언자들을 시켜 거짓말을 하게 하겠습니다.'
'그러면 되겠구나.' 하나님께서 말씀하셨습니다.
'어서 가서 그를 꾀어라!'

그래서 그대로 되었습니다. 하나님께서 왕의 꼭두각시 예언자들의 입에 꾀는 거짓말을 가득 채우셨습니다. 하나님께서 왕의 파멸을 선고하셨습니다."

24 바로 그때, 그나아나의 아들 시드기야가 다가와 미가야의 얼굴을 치며 말했다. "언제부터 하나님의 영이 나를 떠나 너와 함께하셨더냐?"

25 미가야가 말했다. "네가 곧 알게 될 것이다. 미친 듯이 숨을 곳을 찾지만 모든 것이 부질없음을 네가 깨닫게 될 것이다."

26-27 이스라엘 왕은 더 듣고 싶지 않았다. "미가야를 데려가거라! 그를 성읍 재판관 아몬과 왕자 요아스에게 넘기고 이렇게 전하여라. '왕의 명령이다! 그를 감옥에 가두고, 내가 무사히 돌아올 때까지 죽지 않을 만큼만 빵과 물을 먹여라.'"

28 미가야가 말했다. "왕께서 무사히 돌아오신다면 나는 하나님의 예언자가 아닙니다."
그리고 덧붙였다. "백성들이여, 일이 이루어지거든 이 말을 어디서 들었는지 잊지 마십시오!"

아합의 죽음

29-30 이스라엘 왕과 유다 왕 여호사밧은 길르앗 라못을 공격했다. 이스라엘 왕이 여호사밧에게 말했다. "나는 변장하고 전쟁터에 들어갈 테니, 왕은 내 왕복을 입으십시오." 이스라엘 왕은 변장하고 전쟁터에 들어갔다.

31 한편 아람 왕은 자신의 전차 지휘관 서른두 명에게 명령했다. "다른 자들은 신경 쓰지 말고, 오직 이스라엘 왕만 쫓아라."

32-33 전차 지휘관들은 여호사밧을 보고 "저기 있다! 이스라엘 왕이다!" 하며 쫓아갔다. 여호사밧이 소리를 지르자, 전차 지휘관들은 그가 이스라엘 왕이 아니고 엉뚱한 사람이라는 것을 알아차렸다. 그들은 그를 놓아주었다.

34 바로 그때, 누군가가 무심코 쏜 화살이 이스라엘 왕의 갑옷 이음새 사이에 꽂혔다. 왕이 전차병에게 말했다. "방향을 돌려라! 내가 부상을 입었으니, 여기서 빠져나가자."

35-37 싸움은 온종일 치열하게 계속되었다. 왕은 전차 안에 기대어 앉은 채로 싸움을 지켜볼 수밖에 없었다. 그는 그날 저녁에 죽었다. 그의 상처에서 흐른 피가 전

"And that's what has happened. GOD filled the mouths of your puppet prophets with seductive lies. GOD has pronounced your doom."

24 Just then Zedekiah son of Kenaanah came up and punched Micaiah in the nose, saying, "Since when did the Spirit of GOD leave me and take up with you?"

25 Micaiah said, "You'll know soon enough; you'll know it when you're frantically and futilely looking for a place to hide."

26-27 The king of Israel had heard enough: "Get Micaiah out of here! Turn him over to Amon the city magistrate and to Joash the king's son with this message, 'King's orders: Lock him up in jail; keep him on bread and water until I'm back in one piece.'"

28 Micaiah said, "If you ever get back in one piece, I'm no prophet of GOD."
He added, "When it happens, O people, remember where you heard it!"

29-30 The king of Israel and Jehoshaphat king of Judah attacked Ramoth Gilead. The king of Israel said to Jehoshaphat, "Wear my kingly robe; I'm going into battle disguised." So the king of Israel entered the battle in disguise.

31 Meanwhile, the king of Aram had ordered his chariot commanders (there were thirty-two of them): "Don't bother with anyone, whether small or great; go after the king of Israel and him only."

32-33 When the chariot commanders saw Jehoshaphat they said, "There he is! The king of Israel!" and took after him. Jehoshaphat yelled out, and the chariot commanders realized they had the wrong man–it wasn't the king of Israel after all. They let him go.

34 Just then someone, without aiming, shot an arrow randomly into the crowd and hit the king of Israel in the chink of his armor. The king told his charioteer, "Turn back! Get me out of here–I'm wounded."

35-37 All day the fighting continued, hot and

차 안에 가득 고였다. 해질 무렵에 군사들 사이에 명령이 울려 퍼졌다. "진을 버리고 집으로 돌아가라! 왕이 운명하셨다!"

37-38 사람들은 왕을 사마리아로 데려가 그곳에 묻었다. 그들은 그곳 성읍의 창녀들이 목욕하는 사마리아 연못에서 왕의 전차를 씻었는데, 하나님께서 말씀하신 대로 개들이 피를 핥아 먹었다.

39-40 아합의 나머지 생애, 그가 행한 모든 일과 그가 지은 상아 궁전, 그가 세운 성읍, 그가 구축한 방어체제에 관한 기록은 '이스라엘 왕 연대기'에 모두 남아 있다. 그는 가족 묘지에 묻혔고 그의 아들 아하시야가 뒤를 이어 왕이 되었다.

유다 왕 여호사밧

41-44 이스라엘의 아합 왕 사년에, 아사의 아들 여호사밧이 유다의 왕이 되었다. 그는 왕이 되었을 때 서른다섯 살이었고, 예루살렘에서 이십오 년 동안 다스렸다. 그의 어머니는 실히의 딸 아수바다. 여호사밧은 아버지 아사가 걸어간 길에서 멈춰 서거나 벗어나지 않고, 그의 삶으로 하나님을 기쁘게 해드렸다. 그러나 지역의 음란한 종교 산당들은 없애지 않았으므로, 백성이 계속해서 이 산당들을 찾아가 기도하고 예배했다. 여호사밧은 이스라엘 왕과 줄곧 사이가 좋았다.

45-46 여호사밧의 나머지 생애, 그의 업적과 전투에 관한 기록은 '유다 왕 연대기'에 모두 남아 있다. 그는 아버지 아사 시대 때부터 남아 있던 신전 남창들을 없앴다.

47 그의 재위 기간 동안에는 에돔에 왕이 없었고 위임 통치가 이루어졌다.

48-49 여호사밧은 오빌에서 금을 수입해 오려고 원양 선박을 지었다. 그러나 에시온게벨에서 배들이 난파하는 바람에 항해가 무산되었다. 그 시기에 아합의 아들 아하시야가 공동 해운 사업을 제의했으나, 여호사밧은 그와 협력하지 않았다.

50 그 후에 여호사밧은 죽어서 자기 조상 다윗 성의 가족 묘지에 묻혔다. 그의 아들 여호람이 뒤를 이어 왕이 되었다.

이스라엘 왕 아하시야

51-53 유다의 여호사밧 왕 십칠년에, 아합

heavy. Propped up in his chariot, the king watched from the sidelines. He died that evening. Blood from his wound pooled in the chariot. As the sun went down, shouts reverberated through the ranks, "Abandon camp! Head for home! The king is dead!"

37-38 The king was brought to Samaria and there they buried him. They washed down the chariot at the pool of Samaria where the town whores bathed, and the dogs lapped up the blood, just as GOD's word had said.

39-40 The rest of Ahab's life—everything he did, the ivory palace he built, the towns he founded, and the defense system he built up—is all written up in *The Chronicles of the Kings of Israel*. He was buried in the family cemetery and his son Ahaziah was the next king.

Jehoshaphat of Judah

41-44 Jehoshaphat son of Asa became king of Judah in the fourth year of Ahab king of Israel. Jehoshaphat was thirty-five years old when he became king and he ruled for twenty-five years in Jerusalem. His mother was Azubah daughter of Shilhi. He continued the kind of life characteristic of his father Asa—no detours, no dead ends—pleasing GOD with his life. But he failed to get rid of the neighborhood sex-and-religion shrines. People continued to pray and worship at these idolatrous shrines. And he kept on good terms with the king of Israel.

45-46 The rest of Jehoshaphat's life, his achievements and his battles, is all written in *The Chronicles of the Kings of Judah*. Also, he got rid of the sacred prostitutes left over from the days of his father Asa.

47 Edom was kingless during his reign; a deputy was in charge.

48-49 Jehoshaphat built ocean-going ships to sail to Ophir for gold. But they never made it; they shipwrecked at Ezion Geber. During that time Ahaziah son of Ahab proposed a joint shipping venture, but Jehoshaphat wouldn't go in with him.

50 Then Jehoshaphat died and was buried in the family cemetery in the City of David his ancestor. Jehoram his son was the next king.

Ahaziah of Israel

51-53 Ahaziah son of Ahab became king over Israel in

의 아들 아하시야가 사마리아에서 이스라엘의 왕이 되었다. 그는 이 년 동안 이스라엘을 다스렸다. **하나님** 보시기에 그는 아버지와 어머니의 못된 삶을 본받아 악하게 살았고, 이스라엘을 죄로 이끈 느밧의 아들 여로보암의 전철을 밟았다. 그는 바알 산당에서 예배하여 **하나님** 이스라엘의 하나님을 크게 진노케 했다. 차이가 있다면, 그는 자기 아버지보다 더 악했다는 것이다.

Samaria in the seventeenth year of Jehoshaphat king of Judah. He ruled Israel for two years. As far as GOD was concerned, he lived an evil life, reproducing the bad life of his father and mother, repeating the pattern set down by Jeroboam son of Nebat, who led Israel into a life of sin. Worshiping at the Baal shrines, he made GOD, the God of Israel, angry, oh, so angry. If anything, he was worse than his father.

열왕기하

1 [1] 아합이 죽은 뒤에, 모압이 이스라엘에
반역했다.
2 하루는 아하시야가 사마리아에 있는 왕궁 옥
상의 발코니 난간에서 떨어져 부상을 입었다. 그
는 에그론의 신 바알세붑에게 전령들을 보내어
"내가 이 사고에서 회복되겠습니까?" 하고 묻게
했다.
3-4 하나님의 천사가 디셉 사람 엘리야에게 말했
다. "일어나거라! 나가서 사마리아 왕이 보낸 사
람들을 만나 이렇게 전하여라. '이스라엘에 하나
님이 없어서 네가 에그론의 신 바알세붑에게 물
으러 달려가느냐?' 왕이 피하려던 하나님의 메시
지가 여기 있다. '너는 지금 누운 그 침상에서 내
려오지 못할 것이다. 너는 이미 죽은 목숨이나 다
름없다.'" 엘리야는 메시지를 전하고 사라졌다.
5 전령들이 돌아오자 왕이 말했다. "어찌하여 이
렇게 금방 돌아왔느냐? 어찌 된 일이냐?"
6 그들이 왕에게 말했다. "도중에 어떤 사람을 만
났는데, 그가 우리에게 이렇게 말했습니다. '그대
들을 보낸 왕에게 돌아가 하나님의 메시지를 전
하시오.' 그러면서 하는 말이 '이스라엘에 하나님
이 없어서 네가 에그론의 신 바알세붑에게 물으
러 달려가느냐? 그럴 것 없다. 너는 지금 누운 그
침상에서 내려오지 못할 것이다. 너는 이미 죽은
목숨이나 다름없다'고 했습니다."
7 왕이 말했다. "너희에게 그 말을 한 사람에 대
해 자세히 말해 보아라. 그가 어떻게 생겼더냐?"
8 그들이 말했다. "털이 텁수룩하고 가죽 허리띠
를 맸습니다."
왕이 말했다. "디셉 사람 엘리야가 틀림없다."
9 왕은 군지휘관 한 명과 부하 쉰 명을 엘리야에

2 KINGS

1 [1] After Ahab died, Moab rebelled against
Israel.
2 One day Ahaziah fell through the balcony
railing on the rooftop of his house in Samaria and
was injured. He sent messengers off to consult
Baal-Zebub, the god of Ekron, "Am I going to
recover from this accident?"
3-4 GOD's angel spoke to Elijah the Tishbite: "Up
on your feet! Go out and meet the messengers of
the king of Samaria with this word, 'Is it because
there's no God in Israel that you're running off
to consult Baal-Zebub god of Ekron?' Here's a
message from the GOD you've tried to bypass:
'You're not going to get out of that bed you're in—
you're as good as dead already.'" Elijah delivered
the message and was gone.
5 The messengers went back. The king said, "So
why are you back so soon—what's going on?"
6 They told him, "A man met us and said, 'Turn
around and go back to the king who sent you;
tell him, GOD's message: Is it because there's no
God in Israel that you're running off to consult
Baal-Zebub god of Ekron? You needn't bother.
You're not going to get out of that bed you're in—
you're as good as dead already.'"
7 The king said, "Tell me more about this man who
met you and said these things to you. What was he
like?"
8 "Shaggy," they said, "and wearing a leather belt."
He said, "That has to be Elijah the Tishbite!"
9 The king sent a captain with fifty men to Elijah.

게 보냈다. 그때에 엘리야는 산꼭대기에 앉아 있었다. 군지휘관이 말했다. "거룩한 사람이여! 왕의 명령이니 내려오시오!"
10 엘리야가 쉰 명의 부하를 둔 군지휘관에게 대답했다. "내가 참으로 거룩한 사람이라면, 번개가 너와 네 부하 쉰 명을 칠 것이다." 그러자 마른 하늘에서 번개가 내리쳐 군지휘관과 그의 부하 쉰 명을 태워 버렸다.
11 왕은 또 다른 군지휘관과 부하 쉰 명을 보냈다. "거룩한 사람이여! 왕의 명령이니 지금 당장 내려오시오!"
12 엘리야가 대답했다. "내가 참으로 거룩한 사람이라면, 번개가 너와 네 부하 쉰 명을 칠 것이다." 곧바로 하나님의 번개가 내리쳐 군지휘관과 그의 부하 쉰 명을 태워 버렸다.
13-14 그러자 왕은 세 번째 군지휘관과 그의 부하 쉰 명을 보냈다. 세 번째로 군지휘관이 부하 쉰 명과 함께 엘리야에게 다가갔다. 그 세 번째 군지휘관은 무릎을 꿇고 애원했다. "거룩한 사람이여, 제 목숨과 이 쉰 명의 목숨을 생각해 주십시오! 벌써 두 번씩이나 마른 하늘에서 번개가 내리쳐 군지휘관들과 그들의 부하 각 쉰 명을 태워 버렸습니다. 부디 제 목숨을 생각해 주십시오!"
15 하나님의 천사가 엘리야에게 말했다. "가거라. 두려워하지 마라." 엘리야가 일어나, 그와 함께 왕에게 갔다.
16 엘리야가 왕에게 말했다. "하나님의 말씀입니다. '너는 이스라엘에 네가 기도할 하나님이 없다는 듯이 에그론의 신 바알세붑에게 전령들을 보내 묻게 했으니, 절대로 그 침상에서 살아 내려오지 못할 것이다. 너는 이미 죽은 목숨이나 다름없다.'"
17 과연 엘리야가 전한 하나님의 말씀대로 그가 죽었다.
아하시야는 아들이 없었으므로, 그의 동생 요람이 뒤를 이어 왕이 되었다. 때는 유다 왕 여호사밧의 아들 여호람 이년이었다.
18 아하시야의 나머지 생애는 '이스라엘 왕 연대기'에 기록되어 있다.

엘리야가 하늘로 올라가다

2 1-2 하나님께서 엘리야를 회오리바람에 실어 하늘로 데려가시기 직전의 일이다. 엘리야와 엘리사가 길갈을 벗어나 걸어가고 있었다. 엘리야가 엘리사에게 말했다. "너는 여기 남아 있

Meanwhile Elijah was sitting, big as life, on top of a hill. The captain said, "O Holy Man! King's orders: Come down!"
10 Elijah answered the captain of the fifty, "If it's true that I'm a 'holy man,' lightning strike you and your fifty men!" Out of the blue lightning struck and incinerated the captain and his fifty.
11 The king sent another captain with his fifty men, "O Holy Man! King's orders: Come down. And right now!"
12 Elijah answered, "If it's true that I'm a 'holy man,' lightning strike you and your fifty men!" Immediately a divine lightning bolt struck and incinerated the captain and his fifty.
13-14 The king then sent a third captain with his fifty men. For a third time, a captain with his fifty approached Elijah. This one fell on his knees in supplication: "O Holy Man, have respect for my life and the souls of these fifty men! Twice now lightning from out of the blue has struck and incinerated captains with their fifty men; please, I beg you, respect my life!"
15 The angel of GOD told Elijah, "Go ahead; and don't be afraid." Elijah got up and went down with him to the king.
16 Elijah told him, "GOD's word: Because you sent messengers to consult Baal-Zebub the god of Ekron, as if there were no God in Israel to whom you could pray, you'll never get out of that bed alive—already you're as good as dead."
17 And he died, exactly as GOD's word spoken by Elijah had said.
Because Ahaziah had no son, his brother Joram became the next king. The succession took place in the second year of the reign of Jehoram son of Jehoshaphat king of Judah.
18 The rest of Ahaziah's life is recorded in *The Chronicles of the Kings of Israel*.

2 1-2 Just before GOD took Elijah to heaven in a whirlwind, Elijah and Elisha were on a walk out of Gilgal. Elijah said to Elisha, "Stay here. GOD has sent me on an errand to Bethel." Elisha said, "Not on your life! I'm not letting you

거라. 하나님께서 나를 베델로 보내셨다."
엘리사가 말했다. "그럴 수 없습니다! 저는 스승님을 절대 떠나지 않겠습니다!" 그래서 그들은 함께 베델로 갔다.
3 베델의 예언자 수련생들이 엘리사를 만나 말했다. "하나님께서 오늘 당신의 스승을 데려가실 텐데, 알고 계십니까?"
"그렇소." 엘리사가 말했다. "나도 알고 있으니, 조용히 하시오."
4 엘리야가 엘리사에게 말했다. "너는 여기 남아 있거라. 하나님께서 나를 여리고로 보내셨다."
엘리사가 말했다. "그럴 수 없습니다! 저는 스승님을 절대 떠나지 않겠습니다!" 그래서 그들은 함께 여리고로 갔다.
5 여리고의 예언자 수련생들이 엘리사에게 와서 말했다. "하나님께서 오늘 당신의 스승을 데려가실 텐데, 알고 계십니까?"
"그렇소." 그가 말했다. "나도 알고 있으니, 조용히 하시오."
6 엘리야가 엘리사에게 말했다. "너는 여기 남아 있거라. 하나님께서 나를 요단으로 보내셨다."
엘리사가 말했다. "그럴 수 없습니다! 저는 스승님을 절대 떠나지 않겠습니다!" 그래서 두 사람은 함께 길을 떠났다.
7 그들 두 사람이 요단 강가에 섰을 때, 따라온 예언자 수련생 쉰 명이 멀찍이 모여 있었다.
8 엘리야가 겉옷을 벗어 말아 들고 그것으로 강물을 치니, 물이 갈라져 두 사람은 마른 땅을 밟으며 강을 건넜다.
9 건너편에 이르러 엘리야가 엘리사에게 말했다. "주께서 나를 데려가시기 전에, 네가 내게 바라는 것이 있느냐? 무엇이든 구하여라."
엘리사가 말했다. "저는 스승님을 따라 살기 원합니다. 저도 스승님처럼 거룩한 사람이 되고 싶습니다."
10 "어려운 부탁을 하는구나!" 엘리야가 말했다. "하지만 나를 데려가시는 것을 네가 지켜보고 있으면, 네가 구한 것을 받게 될 것이다. 반드시 지켜보아야 한다."
11-14 실제로 그렇게 되었다. 그들이 함께 이야기하며 걷고 있는데, 갑자기 불전차와 불말이 두 사람 사이에 끼어들더니, 엘리야만 회오리바람에 싣고 하늘로 올라갔다. 엘리사가 그 모든 것을 보고 소리쳤다. "나의 아버지, 나의 아버지! 이스라엘의 전차와 기병이시여!" 더 이상 아무것도 보이지 않자, 엘리사는 자기 옷을 잡고 찢었다. 그러고는 엘

out of my sight!" So they both went to Bethel.
3 The guild of prophets at Bethel met Elisha and said, "Did you know that GOD is going to take your master away from you today?"
"Yes," he said, "I know it. But keep it quiet."
4 Then Elijah said to Elisha, "Stay here. GOD has sent me on an errand to Jericho."
Elisha said, "Not on your life! I'm not letting you out of my sight!" So they both went to Jericho.
5 The guild of prophets at Jericho came to Elisha and said, "Did you know that GOD is going to take your master away from you today?"
"Yes," he said, "I know it. But keep it quiet."
6 Then Elijah said to Elisha, "Stay here. GOD has sent me on an errand to the Jordan."
Elisha said, "Not on your life! I'm not letting you out of my sight!" And so the two of them went their way together.
7 Meanwhile, fifty men from the guild of prophets gathered some distance away while the two of them stood at the Jordan.
8 Elijah took his cloak, rolled it up, and hit the water with it. The river divided and the two men walked through on dry land.
9 When they reached the other side, Elijah said to Elisha, "What can I do for you before I'm taken from you? Ask anything."
Elisha said, "Your life repeated in my life. I want to be a holy man just like you."
10 "That's a hard one!" said Elijah. "But if you're watching when I'm taken from you, you'll get what you've asked for. But only if you're watching."
11-14 And so it happened. They were walking along and talking. Suddenly a chariot and horses of fire came between them and Elijah went up in a whirlwind to heaven. Elisha saw it all and shouted, "My father, my father! You—the chariot and cavalry of Israel!" When he could no longer see anything, he grabbed his robe and ripped it to pieces. Then he picked up Elijah's cloak that had fallen from him, returned to the shore of the Jordan, and stood there. He took Elijah's cloak—all that was left of Elijah!—and hit the river with it, saying, "Now where is the GOD of Elijah? Where is he?"

리야가 떨어뜨린 겉옷을 집어 들고 요단 강가로 돌아
와 그곳에 섰다. 그는 엘리야의 겉옷—엘리야가 남
긴 것은 그것뿐이었다!—을 들고 강물을 치며 말했
다. "엘리야의 하나님, 어디 계십니까?"
그가 강물을 치자, 물이 갈라져 엘리사는 걸어서 강
을 건넜다.
15 여리고에서 온 예언자 수련생들은 자신들이 서 있
던 곳에서 그 모든 광경을 보았다. 그들은 "엘리야의
영이 엘리사 안에 살아 있다!"고 말하면서 예를 갖춰
그를 맞이했다.
16 이어서 그들이 말했다. "우리에게 무슨 일이든 시
키십시오. 여기 믿을 만한 사람 쉰 명이 있습니다. 그
들을 보내어 선생님의 스승을 찾게 하십시오. 하나님
의 영이 그를 어떤 산으로 쓸어 가셨거나 먼 골짜기
에 떨어뜨리셨을지 모릅니다."
엘리사가 말했다. "아니다. 보내지 마라."
17 그런데도 그들이 성가시게 간청하자 결국 그는 뜻
을 굽혔다. "그렇다면 사람들을 보내 찾아보아라."
그들이 쉰 명을 보내어 사흘 동안이나 샅샅이 살폈으
나, 아무것도 찾지 못했다.
18 마침내 그들이 여리고에 있는 엘리사에게 돌아왔
다. 그가 그들에게 말했다. "그것 보아라. 내가 말하
지 않았느냐?"

19 하루는 그 성읍 사람들이 엘리사에게 말했다. "선
생님께서도 아시는 것처럼, 우리 성읍은 위치가 아주
좋습니다. 그러나 물이 더러워서 아무것도 자라지 못
합니다."
20 그가 말했다. "새 대접에 소금을 조금 넣어 내게
가져오십시오." 그러자 그들이 그 말대로 했다.
21-22 엘리사는 샘으로 가서 그 안에 소금을 뿌리고 이
렇게 선포했다. "하나님의 말씀입니다. '내가 이 물을
깨끗하게 했다. 다시는 이 물이 너희를 죽이거나 너희
땅을 오염시키지 못할 것이다.'" 엘리사의 말대로 물
은 깨끗하게 되었고, 오늘까지도 그대로 남아 있다.

23 또 한번은 엘리사가 베델로 가고 있는데, 어린아
이들이 성읍에서 나와 "어이, 대머리 늙은이야! 저리
꺼져라, 대머리야!" 하며 그를 조롱했다.
24 엘리사가 돌아서서 그들을 보고는, 하나님의 이름
으로 저주했다. 그때 곰 두 마리가 수풀에서 튀어나
와, 마흔두 명의 아이들을 모두 덮쳐 갈기갈기 찢어
놓았다!
25 엘리사는 계속해서 갈멜 산으로 갔다가, 거기서
다시 사마리아로 돌아왔다.

When he struck the water, the river divided
and Elisha walked through.
15 The guild of prophets from Jericho saw the
whole thing from where they were standing.
They said, "The spirit of Elijah lives in Elisha!"
They welcomed and honored him.
16 They then said, "We're at your service. We
have fifty reliable men here; let's send them out
to look for your master. Maybe GOD's spirit has
swept him off to some mountain or dropped
him into a remote ravine."
Elisha said, "No. Don't send them."
17 But they pestered him until he caved in: "Go
ahead then. Send them."
So they sent the fifty men off. For three days
they looked, searching high and low. Nothing.
18 Finally, they returned to Elisha in Jericho.
He told them, "So there—didn't I tell you?"

19 One day the men of the city said to Elisha,
"You can see for yourself, master, how well our
city is located. But the water is polluted and
nothing grows."
20 He said, "Bring me a brand-new bowl and
put some salt in it." They brought it to him.
21-22 He then went to the spring, sprinkled the
salt into it, and proclaimed, "GOD's word: I've
healed this water. It will no longer kill you or
poison your land." And sure enough, the water
was healed—and remains so to this day, just as
Elisha said.

23 Another time, Elisha was on his way to
Bethel and some little kids came out from
the town and taunted him, "What's up, old
baldhead! Out of our way, skinhead!"
24 Elisha turned, took one look at them, and
cursed them in the name of GOD. Two bears
charged out of the underbrush and knocked
them about, ripping them limb from limb—
forty-two children in all!
25 Elisha went on to Mount Carmel, and then
returned to Samaria.

이스라엘 왕 요람

3 [1-3] 유다의 여호사밧 왕 십팔년에, 아합의 아들 요람이 사마리아에서 이스라엘의 왕이 되어 십이 년 동안 다스렸다. 그는 하나님 보시기에 악한 왕이었으나, 자기 아버지와 어머니만큼 악하지는 않았다. 그가 자기 아버지가 만든 가증한 바알 석상을 부순 것은 잘한 일이었지만, 느밧의 아들 여로보암의 죄악된 행위들, 그토록 오랫동안 이스라엘을 타락하게 만든 행위들을 고수했고, 그것을 떨쳐 버리지 못했다.

4-7 모압 왕 메사는 양을 치는 사람이었다. 그는 어린 양 100,000마리와 숫양 100,000마리를 이스라엘 왕에게 바쳐야 했다. 아합이 죽자, 모압 왕은 이스라엘 왕에게 반기를 들었다. 그래서 요람 왕은 사마리아에서 나와 전쟁 준비를 했다. 먼저 그는 유다의 여호사밧 왕에게 메시지를 보냈다. "모압 왕이 나에게 반기를 들었습니다. 나와 함께 가서 그와 싸우겠습니까?"

7-8 여호사밧이 말했다. "끝까지 당신과 함께하겠습니다. 내 군대가 곧 당신의 군대고 내 말이 곧 당신의 말입니다. 어느 길로 가면 좋겠습니까?"

"에돔 황무지를 지나서 가는 것이 좋겠습니다."

9 그리하여 이스라엘 왕과 유다 왕과 에돔 왕이 길을 떠났는데, 그만 길을 돌아서 가게 되었다. 칠 일이 지나자 군대와 짐승이 마실 물이 떨어졌다.

10 이스라엘 왕이 말했다. "큰일이다! 하나님께서 우리 세 왕을 여기까지 데려오셔서 모압의 손에 넘기려 하시는구나."

11 그러자 여호사밧이 물었다. "혹시 주위에 하나님의 예언자가 있습니까? 하나님의 뜻을 알아보게 말입니다."

이스라엘 왕의 신하들 가운데 한 사람이 말했다. "가까운 곳에 사밧의 아들 엘리사가 있습니다. 그는 엘리야의 오른팔이었습니다."

12 여호사밧이 말했다. "좋습니다! 그는 우리가 믿을 수 있는 사람입니다!" 그래서 그들 세 사람—이스라엘 왕, 여호사밧, 에돔 왕—은 엘리사를 찾아가서 만났다.

13 엘리사가 이스라엘 왕에게 말했다. "무슨 일로 내게 오셨습니까? 왕의 아버지와 어머니의 꼭두각시 예언자들에게 가서 물으십시오."

이스라엘 왕이 말했다. "그런 말씀 마십시오! 하나님께서 우리 세 왕을 곤경에 빠뜨려 모압의 손에 넘기려 하십니다."

14-15 엘리사가 말했다. "내가 늘 섬기는 만군의 하나

Joram of Israel

3 [1-3] Joram son of Ahab began his rule over Israel in Samaria in the eighteenth year of Jehoshaphat king of Judah. He was king for twelve years. In GOD's sight he was a bad king. But he wasn't as bad as his father and mother—to his credit he destroyed the obscene Baal stone that his father had made. But he hung on to the sinful practices of Jeroboam son of Nebat, the ones that had corrupted Israel for so long. He wasn't about to give them up.

4-7 King Mesha of Moab raised sheep. He was forced to give the king of Israel 100,000 lambs and another 100,000 rams. When Ahab died, the king of Moab rebelled against the king of Israel. So King Joram set out from Samaria and prepared Israel for war. His first move was to send a message to Jehoshaphat king of Judah: "The king of Moab has rebelled against me. Would you join me and fight him?"

7-8 "I'm with you all the way," said Jehoshaphat. "My troops are your troops, my horses are your horses. Which route shall we take?"

"Through the badlands of Edom."

9 The king of Israel, the king of Judah, and the king of Edom started out on what proved to be a looping detour. After seven days they had run out of water for both army and animals.

10 The king of Israel said, "Bad news! GOD has gotten us three kings out here to dump us into the hand of Moab."

11 But Jehoshaphat said, "Isn't there a prophet of GOD anywhere around through whom we can consult GOD?"

One of the servants of the king of Israel said, "Elisha son of Shaphat is around somewhere—the one who was Elijah's right-hand man."

12 Jehoshaphat said, "Good! A man we can trust!" So the three of them—the king of Israel, Jehoshaphat, and the king of Edom—went to meet him.

13 Elisha addressed the king of Israel, "What do you and I have in common? Go consult the puppet-prophets of your father and mother."

"Never!" said the king of Israel. "It's GOD who

님께서 살아 계심을 두고 맹세합니다. 유다 왕 여호사밧을 존중하는 마음이 없었다면, 나는 왕을 쳐다보지도 않았을 것입니다. 하지만 여호사밧 왕을 생각하지 않을 수 없으니, 내게 악기를 타는 사람을 불러 주십시오." (악기를 타는 사람이 연주하자 하나님의 능력이 엘리사에게 임했다.)

16-19 엘리사가 말했다. "하나님께서 말씀하시기를, '이 골짜기 곳곳에 도랑을 파라'고 하십니다. 그러면 이렇게 될 것입니다. '너희가 바람소리도 듣지 못하고 비도 보지 못하겠으나, 이 골짜기에 물이 가득 차서 너희 군대와 짐승이 마음껏 마시게 될 것이다.' 이 일이 하나님께는 쉬운 일입니다. 그분께서는 또한 모압을 왕들의 손에 넘기실 것입니다. 왕들께서는 그 땅을 황폐하게 만들고, 그 땅의 요새를 무너뜨리고, 주요 마을을 짓밟고, 과수원을 허물고, 샘을 막고, 밭을 돌밭으로 만들 것입니다."

20 아침이 되어 아침 제사를 드릴 때에, 물이 서쪽 에돔에서 쏟아져 들어와 순식간에 홍수처럼 골짜기를 가득 메웠다.

21-22 모압의 모든 사람은 이스라엘의 왕들이 싸우러 올라왔다는 소식을 들었다. 그래서 칼을 쓸 줄 아는 사람을 모두 소집해 국경에 자리를 잡았다. 그들이 아침 일찍 일어나 준비하고 있는데, 해가 물 위로 떠올랐다. 모압 사람이 선 곳에서 보니, 햇빛에 반사된 물이 피처럼 붉게 보였다.

23 그들이 말했다. "피다! 저 피를 보아라! 왕들이 서로 싸워 죽인 것이 분명하다! 모압 사람들아, 약탈하러 가자!"

24-25 모압이 이스라엘 진에 들어오자, 이스라엘 사람이 일어나 모압 사람을 닥치는 대로 죽였다. 모압 사람은 필사적으로 도망쳤고, 이스라엘 사람은 거침없이 추격해 그들을 죽였다. 그들은 성읍을 짓밟고, 밭을 돌밭으로 만들고, 샘을 막고, 과수원을 허물었다. 수도인 길하레셋만 무사했으나, 그것도 오래가지 않았다. 그들은 수도마저 포위하고 돌을 마구 던져 공격했다.

26-27 *모압 왕은 자기가 지는 싸움을 하고 있음을 알고는, 칼 쓰는 사람 칠백 명을 데리고 에돔 왕이 있는 쪽으로 돌파해 가려 했다. 그러나 뜻대로 되지 않자, 그는 자기를 이어 왕이 될 맏아들을 잡아 성벽 위에서 제물로 바쳤다. 그*

has gotten us into this fix, dumping all three of us kings into the hand of Moab."

14-15 Elisha said, "As GOD-of-the-Angel-Armies lives, and before whom I stand ready to serve, if it weren't for the respect I have for Jehoshaphat king of Judah, I wouldn't give you the time of day. But considering–bring me a minstrel." (When a minstrel played, the power of GOD came on Elisha.)

16-19 He then said, "GOD's word: Dig ditches all over this valley. Here's what will happen–you won't hear the wind, you won't see the rain, but this valley is going to fill up with water and your army and your animals will drink their fill. This is easy for GOD to do; he will also hand over Moab to you. You will ravage the country: Knock out its fortifications, level the key villages, clear-cut the orchards, clog the springs, and litter the cultivated fields with stones."

20 In the morning–it was at the hour of morning sacrifice–the water had arrived, water pouring in from the west, from Edom, a flash flood filling the valley with water.

21-22 By this time everyone in Moab had heard that the kings had come up to make war against them. Everyone who was able to handle a sword was called into service and took a stand at the border. They were up and ready early in the morning when the sun rose over the water. From where the Moabites stood, the water reflecting the sun looked red, like blood.

23 "Blood! Look at the blood!" they said. "The kings must have fought each other–a bloody massacre! Go for the loot, Moab!"

24-25 When Moab entered the camp of Israel, the Israelites were up on their feet killing Moabites right and left, the Moabites running for their lives, Israelites relentless in pursuit–a slaughter. They leveled the towns, littered the cultivated fields with rocks, clogged the springs, and clear-cut the orchards. Only the capital, Kir Hareseth, was left intact, and that not for long; it too was surrounded and attacked with thrown and flung rocks.

26-27 When the king of Moab realized that he was fighting a losing battle, he took seven hundred swordsmen to hack a corridor past the king of Edom, but they didn't make it. Then he took his son, his firstborn who would succeed him as king, and

일은 이스라엘에 격한 분노를 불러일으켰다. 이스라엘은 물러나 자기 나라로 돌아갔다.

4 1 하루는 예언자 수련생들 가운데 한 사람의 아내가 엘리사에게 부르짖었다. "선생님의 종인 제 남편이 죽었습니다. 선생님도 잘 아시는 것처럼, 남편은 하나님께 헌신된 아주 선한 사람이었습니다. 그런데 남편에게 돈을 꾸어 준 자가 저의 두 아이를 종으로 잡아가겠다고 지금 오고 있습니다."

2 엘리사가 말했다. "내가 어찌하면 그대를 도울 수 있을지 말해 보시오. 집 안에 무엇이 남아 있소?"

여인이 말했다. "기름 조금 말고는 아무것도 없습니다."

3-4 엘리사가 말했다. "그러면 이렇게 하시오. 길을 다니면서 모든 이웃에게 빈 그릇과 대접을 빌려 오시오. 몇 개만 아니라 얻을 수 있는 만큼 많이 빌려 오시오. 그런 다음 아들들과 함께 집으로 들어가 문을 닫고, 그릇마다 기름을 부어 가득 차는 대로 옆으로 밀어 놓으시오."

5-6 여인은 그의 말대로 아들들과 함께 집 안으로 들어가 문을 닫고, 아들들이 그릇을 가져오는 대로 기름을 채웠다. 모든 그릇과 대접에 기름이 다 차자, 여인이 한 아들에게 말했다. "다른 통을 가져오너라."

아들이 말했다. "그게 다입니다. 그릇이 더 없습니다."

그러자 기름이 그쳤다.

7 여인은 하나님의 사람에게 가서 그 이야기를 전했다. 하나님의 사람이 말했다. "가서 기름을 팔아 빚을 갚고, 남은 것은 그대와 아들들의 생활비로 쓰도록 하시오."

엘리사와 수넴 여인

8 하루는 엘리사가 수넴을 지나가는데, 그 성읍의 어느 귀부인이 그를 초대하여 식사를 대접했다. 그래서 엘리사는 그 지역을 지날 때마다 그 집에 들러서 식사를 하게 되었다.

9-10 그 여인이 남편에게 말했다. "우리 집에 항상 들르는 이 사람은 분명히 하나님의 거룩한 사람입니다. 그러니 위층에 작은 방을 하나 더 내고 침대와 책상, 의자와 등잔을 갖추어, 그가 이곳을 지날 때마다 우리 집에 묵게 하면 어떨

sacrificed him on the city wall. That set off furious anger against Israel. Israel pulled back and returned home.

4 1 One day the wife of a man from the guild of prophets called out to Elisha, "Your servant my husband is dead. You well know what a good man he was, devoted to GOD. And now the man to whom he was in debt is on his way to collect by taking my two children as slaves."

2 Elisha said, "I wonder how I can be of help. Tell me, what do you have in your house?"

"Nothing," she said. "Well, I do have a little oil."

3-4 "Here's what you do," said Elisha. "Go up and down the street and borrow jugs and bowls from all your neighbors. And not just a few—all you can get. Then come home and lock the door behind you, you and your sons. Pour oil into each container; when each is full, set it aside."

5-6 She did what he said. She locked the door behind her and her sons; as they brought the containers to her, she filled them. When all the jugs and bowls were full, she said to one of her sons, "Another jug, please." He said, "That's it. There are no more jugs." Then the oil stopped.

7 She went and told the story to the man of God. He said, "Go sell the oil and make good on your debts. Live, both you and your sons, on what's left."

8 One day Elisha passed through Shunem. A leading lady of the town talked him into stopping for a meal. And then it became his custom: Whenever he passed through, he stopped by for a meal.

9-10 "I'm certain," said the woman to her husband, "that this man who stops by with us all the time is a holy man of God. Why don't we add on a small room upstairs and furnish it with a bed and desk, chair and lamp, so that when he comes by he can stay with us?"

11 And so it happened that the next time Elisha came by he went to the room and lay down for a nap.

12 Then he said to his servant Gehazi, "Tell the Shunammite woman I want to see her." He called

까요?"
11 그래서 다음부터 그곳을 지날 때 엘리사는 그 방에 가서 잠시 누워 쉬게 되었다.
12 그는 자기 종 게하시에게 말했다. "수넴 여인에게 내가 좀 보잔다고 전하여라." 그러자 그 여인이 엘리사에게 왔다.
13 엘리사는 게하시를 통해 말했다. "그대는 도리에 넘치도록 우리를 잘 돌보아 주었소. 그대에게 무언가를 해주고 싶은데, 혹 왕이나 군사령관에게 부탁할 만한 청이 있으시오?"
여인이 대답했다. "아무것도 없습니다. 저는 집에서 평안하고 만족스럽게 살고 있습니다."
14 엘리사가 게하시와 의논했다. "우리가 이 여인에게 해줄 수 있는 일이 분명 있을 텐데, 무엇을 해주면 좋겠느냐?"
게하시가 말했다. "이 여인에게는 아들이 없습니다. 그리고 남편은 나이가 들었습니다."
15 "여인을 불러다오." 엘리사가 말했다. 게하시가 여인을 부르자, 여인이 열린 문 앞에 섰다.
16 엘리사가 여인에게 말했다. "내년 이맘때 그대는 사내아이에게 젖을 먹이고 있을 것이오."
여인이 대답했다. "내 거룩한 주인이시여, 그런 허황된 말로 저를 놀리지 마십시오!"
17 그러나 그 여인은 임신했고, 엘리사의 말대로 일 년 후에 아들을 낳았다.
18-19 그 아이가 자라났다. 하루는 아이가 추수꾼들과 함께 일하고 있는 아버지에게 가서 아프다고 호소했다. "아이고 머리야, 아이고 머리야!"
아버지가 종에게 명령했다. "아이를 어머니에게 데려가거라."
20 종은 아이를 안고 어머니에게 데려갔다. 아이는 어머니의 무릎에 정오까지 누워 있다가 죽었다.
21 여인이 아이를 데리고 올라가 하나님의 사람의 침대 위에 눕히고, 아이를 혼자 둔 채 문을 닫고 나왔다.
22 그러고 나서 여인은 남편을 불렀다. "종 하나와 나귀 한 마리를 내주세요. 급히 그 거룩한 사람에게 다녀와야겠습니다."
23 "오늘 꼭 가야겠소? 오늘은 초하루나 안식일 같은 거룩한 날이 아니지 않소."
여인이 말했다. "묻지 마세요. 지금 당장 가야 합니다. 저를 믿어 주세요."
24-25 여인이 가서 나귀에 안장을 얹고 종에게 말했다. "앞장서거라. 최대한 빨리 가자. 네가 너무 빠르면 내가 말하겠다." 여인은 길을 떠나서 갈멜 산에 있

her and she came to him.
13 Through Gehazi Elisha said, "You've gone far beyond the call of duty in taking care of us; what can we do for you? Do you have a request we can bring to the king or to the commander of the army?"
She replied, "Nothing. I'm secure and satisfied in my family."
14 Elisha conferred with Gehazi: "There's got to be something we can do for her. But what?"
Gehazi said, "Well, she has no son, and her husband is an old man."
15 "Call her in," said Elisha. He called her and she stood at the open door.
16 Elisha said to her, "This time next year you're going to be nursing an infant son."
"O my master, O Holy Man," she said, "don't play games with me, teasing me with such fantasies!"
17 The woman conceived. A year later, just as Elisha had said, she had a son.
18-19 The child grew up. One day he went to his father, who was working with the harvest hands, complaining, "My head, my head!"
His father ordered a servant, "Carry him to his mother."
20 The servant took him in his arms and carried him to his mother. He lay on her lap until noon and died.
21 She took him up and laid him on the bed of the man of God, shut him in alone, and left.
22 She then called her husband, "Get me a servant and a donkey so I can go to the Holy Man; I'll be back as soon as I can."
23 "But why today? This isn't a holy day—it's neither New Moon nor Sabbath."
She said, "Don't ask questions; I need to go right now. Trust me."
24-25 She went ahead and saddled the donkey, ordering her servant, "Take the lead—and go as fast as you can; I'll tell you if you're going too fast." And so off she went. She came to the Holy Man at Mount Carmel.
25-26 The Holy Man, spotting her while she was still a long way off, said to his servant Gehazi, "Look out there; why, it's the Shunammite

는 거룩한 사람에게 이르렀다.
25-26 거룩한 사람은 멀리서 여인이 오는 것을 보고 종 게하시에게 말했다. "저기를 보아라. 수넴 여인이다! 빨리 가서 '무슨 문제라도 있습니까? 괜찮습니까? 남편과 아이는 별일 없습니까?' 하고 물어보아라."
게하시가 가서 묻자, 여인이 대답했다. "별일 없소."
27 그러나 여인은 산에 있는 거룩한 사람에게 이르자, 그 발밑에 엎드려 그를 꼭 붙들었다.
게하시가 여인을 떼어 내려 했으나, 거룩한 사람이 말했다. "그냥 두어라. 괴로워하는 모습이 보이지 않느냐? 하지만 하나님께서 내게 그 이유를 알려 주지 않으시니 나도 모르겠구나."
28 그때 여인이 입을 열었다. "주인님, 제가 언제 아들을 달라고 했습니까? 헛된 희망으로 저를 놀리지 말라고 말씀드리지 않았던가요?"
29 그러자 엘리사가 게하시에게 명령했다. "잠시도 지체하지 말고 내 지팡이를 들고 최대한 빨리 달려가거라. 도중에 누구를 만나더라도 인사를 해서는 안된다. 누가 너에게 인사를 하더라도 대꾸하지 마라. 도착하거든, 내 지팡이를 아이의 얼굴 위에 놓아라."
30 아이의 어머니가 말했다. "하나님께서 살아 계심과 당신이 살아 계심을 두고 맹세하는데, 당신이 나를 두고 갈 수는 없습니다." 그래서 게하시는 여인을 앞장서게 하고 그 뒤를 따랐다.
31 게하시가 먼저 도착하여 아이의 얼굴에 지팡이를 놓았다. 하지만 아무 소리도 없었다. 생명의 조짐이 보이지 않았다. 게하시가 다시 돌아가 엘리사에게 말했다. "아이가 깨어나지 않습니다."
32-35 엘리사가 집에 들어가 보니 아이가 죽은 채로 침대에 누워 있었다. 그는 방 안에 들어가 문을 잠그고—방에는 그 둘만 있었다—하나님께 기도했다. 그는 아이가 누운 침대에 올라가 입과 입, 눈과 눈, 손과 손을 맞대어 자기 몸으로 아이를 덮었다. 그가 그렇게 아이 위에 엎드리자 아이 몸이 따뜻해졌다. 엘리사는 일어나 방 안을 왔다갔다 했다. 그러다가 다시 가서 아이 위에 엎드렸다. 그러자 아이가 재채기를 시작하더니—재채기를 일곱 번 했다!—눈을 떴다.
36 그는 게하시를 불러 말했다. "수넴 여인을 안으로 들여라!" 그가 부르자 여인이 들어왔다.
엘리사가 말했다. "그대의 아들을 안으시오!"
37 여인은 깊이 존경하는 마음으로 얼굴을 땅에 대고 엘리사의 발 앞에 엎드렸다. 그러고는 아들을 안고 밖으로 나갔다.

woman! Quickly now. Ask her, 'Is something wrong? Are you all right? Your husband? Your child?'"
She said, "Everything's fine."
27 But when she reached the Holy Man at the mountain, she threw herself at his feet and held tightly to him.
Gehazi came up to pull her away, but the Holy Man said, "Leave her alone—can't you see that she's in distress? But GOD hasn't let me in on why; I'm completely in the dark."
28 Then she spoke up: "Did I ask for a son, master? Didn't I tell you, 'Don't tease me with false hopes'?"
29 He ordered Gehazi, "Don't lose a minute—grab my staff and run as fast as you can. If you meet anyone, don't even take time to greet him, and if anyone greets you, don't even answer. Lay my staff across the boy's face."
30 The boy's mother said, "As sure as GOD lives and you live, you're not leaving me behind." And so Gehazi let her take the lead, and followed behind.
31 But Gehazi arrived first and laid the staff across the boy's face. But there was no sound—no sign of life. Gehazi went back to meet Elisha and said, "The boy hasn't stirred."
32-35 Elisha entered the house and found the boy stretched out on the bed dead. He went into the room and locked the door—just the two of them in the room—and prayed to GOD. He then got into bed with the boy and covered him with his body, mouth on mouth, eyes on eyes, hands on hands. As he was stretched out over him like that, the boy's body became warm. Elisha got up and paced back and forth in the room. Then he went back and stretched himself upon the boy again. The boy started sneezing—seven times he sneezed!—and opened his eyes.
36 He called Gehazi and said, "Get the Shunammite woman in here!" He called her and she came in.
Elisha said, "Embrace your son!"
37 She fell at Elisha's feet, face to the ground in

38 엘리사가 다시 길갈로 내려갔다. 그곳에 기근이 들었다. 그가 예언자 수련생들에게 조언하던 중에 자기 종에게 말했다. "불 위에 큰 솥을 걸고 예언자들이 먹을 국을 끓여라."
39-40 한 사람이 나물을 구하러 들에 나갔다. 그는 우연히 들포도덩굴을 보고 거기에 달린 박들을 따서 마대자루에 가득 담았다. 그는 그것을 가져와 썰어서 국에 넣었으나, 그것이 어떤 식물인지는 아무도 몰랐다. 드디어 국을 사람들에게 대접하여 먹게 했다. 그들이 먹기 시작하더니 잠시 후에 소리쳤다. "하나님의 사람이여, 솥 안에 죽음이 있습니다! 솥 안에 죽음이 있습니다!" 아무도 그 국을 먹을 수 없었다.
엘리사가 명령했다. "밀가루를 좀 가져오너라." 그러더니 그것을 솥 안에 뿌렸다.
41 엘리사가 말했다. "이제 사람들에게 나누어 주어라." 그들은 국을 먹었고 아무 이상도 없었다. 국은 아무 문제 없었다!
42 하루는 어떤 사람이 바알살리사에서 도착했다. 그는 이른 추수에서 난 갓 구운 빵 스무 덩이와 과수원에서 딴 사과 몇 개를 하나님의 사람에게 가져왔다.
엘리사가 말했다. "사람들에게 돌려서 먹게 하여라."
43 그의 종이 말했다. "백 명이나 되는 사람에게 말입니까? 어림도 없습니다!"
엘리사가 말했다. "가서 그대로 하여라. 하나님께서 충분하다고 말씀하신다."
44 정말로 충분했다. 그는 자기가 가진 음식을 돌렸다. 사람들이 충분히 먹고도 음식이 남았다.

나아만이 고침을 받다

5 1-3 나아만은 아람 왕의 군사령관으로, 그의 주인에게 중요한 사람이었다. 하나님께서 그를 통해 아람에게 승리를 주셨으므로, 왕은 그를 더할 나위 없이 귀히 여겼다. 그는 참으로 훌륭한 사람이었는데, 다만 심한 피부병을 앓고 있었다. 전에 아람이 이스라엘을 원정 기습할 때 한 어린 소녀를 붙잡아 왔는데, *그 소녀는 나아만의 아내의 종이* 되었다. 하루는 소녀가 여주인에게 말했다. "주인께서 사마리아의 예언자를 만나시면, 피부병을 고치실 수 있을 텐데요."
4 나아만은 곧바로 자기 주인에게 가서 이스라

reverent awe. Then she embraced her son and went out with him.

38 Elisha went back down to Gilgal. There was a famine there. While he was consulting with the guild of prophets, he told his servant, "Put a large pot on the fire and cook up some stew for the prophets."
39-40 One of the men went out into the field to get some herbs; he came across a wild vine and picked gourds from it, filling his gunnysack. He brought them back, sliced them up, and put them in the stew, even though no one knew what kind of plant it was. The stew was then served up for the men to eat. They started to eat, and then exclaimed, "Death in the pot, O man of God! Death in the pot!" Nobody could eat it.
Elisha ordered, "Get me some meal." Then he sprinkled it into the stew pot.
41 "Now serve it up to the men," he said. They ate it, and it was just fine—nothing wrong with *that* stew!
42 One day a man arrived from Baal Shalishah. He brought the man of God twenty loaves of fresh-baked bread from the early harvest, along with a few apples from the orchard.
Elisha said, "Pass it around to the people to eat."
43 His servant said, "For a hundred men? There's not nearly enough!"
Elisha said, "Just go ahead and do it. GOD says there's plenty."
44 And sure enough, there was. He passed around what he had—they not only ate, but had leftovers.

5 1-3 Naaman was general of the army under the king of Aram. He was important to his master, who held him in the highest esteem because it was by him that GOD had given victory to Aram: a truly great man, but afflicted with a grievous skin disease. It so happened that Aram, on one of its raiding expeditions against Israel, captured a young girl who became a maid to Naaman's wife. One day she said to her mistress, "Oh, if only my master could meet the prophet of Samaria, he would be healed of his skin disease."
4 Naaman went straight to his master and reported

엘 소녀가 한 말을 보고했다.
5 아람 왕이 말했다. "그렇다면 가시오. 내가 이스라엘 왕에게 소개 편지를 보내리다." 그래서 그는 은 340킬로그램, 금 68킬로그램, 옷 열 벌을 가지고 떠났다.
6 나아만은 이스라엘 왕에게 편지를 전했다. 편지에는 이렇게 쓰여 있었다. "왕께서 이 편지를 받으면 아시겠지만, 내가 개인적인 일로 신하 나아만을 왕께 보냈습니다. 그의 피부병을 고쳐 주시기 바랍니다."
7 이스라엘 왕은 편지를 읽고 근심에 사로잡혀 옷을 잡아 찢었다. 그가 말했다. "나에게 이 사람의 병을 고쳐 주라니, 내가 사람을 죽이거나 살릴 능력이 있는 신이라도 된다는 말인가? 이것은 아람 왕이 시비를 걸려는 수작이다!"
8 이스라엘 왕이 너무 괴로워서 옷을 잡아 찢었다는 말을 하나님의 사람 엘리사가 들었다. 그는 왕에게 전갈을 보냈다. "어찌하여 옷을 찢을 정도로 근심하고 계십니까? 그 사람을 내게 보내십시오. 그가 이스라엘에 예언자가 있다는 것을 알게 될 것입니다."
9 그리하여 나아만은 거창하게 자기 소유의 말과 전차를 거느리고 와서 엘리사의 집 문 앞에 섰다.
10 엘리사가 종을 보내 그를 맞이하면서 메시지를 전했다. "요단 강에 가서 일곱 번 몸을 담그십시오. 그러면 살갗이 나아서 새 살처럼 될 것입니다."
11-12 나아만은 화가 치밀어 발길을 돌리며 말했다. "적어도 엘리사가 직접 나와서 나를 맞이하고, 하나님의 이름을 부르며 상처 위에 손을 얹어 병을 없앨 줄 알았다. 다마스쿠스의 아바나 강과 바르발 강이 이스라엘의 강보다 훨씬 깨끗한데, 거기서 목욕하면 안된단 말인가? 그러면 몸이라도 깨끗해질 것 아닌가!" 그는 노발대발하며 떠나가 버렸다.
13 그러나 그의 부하들이 따라와서 말했다. "장군님, 예언자가 어렵고 거창한 일을 주문했어도 그대로 따르지 않았겠습니까? 그저 씻기만 하면 된다는데, 그 간단한 일을 못할 이유가 무엇입니까?"
14 그래서 그는 거룩한 사람의 명령대로 요단 강에 내려가서 일곱 번 몸을 담갔다. 그러자 그의 피부가 어린아이처럼 깨끗해졌다.
15 나아만은 수행원을 데리고 거룩한 사람에게

what the girl from Israel had said.
5 "Well then, go," said the king of Aram. "And I'll send a letter of introduction to the king of Israel." So he went off, taking with him about 750 pounds of silver, 150 pounds of gold, and ten sets of clothes.
6 Naaman delivered the letter to the king of Israel. The letter read, "When you get this letter, you'll know that I've personally sent my servant Naaman to you; heal him of his skin disease."
7 When the king of Israel read the letter, he was terribly upset, ripping his robe to pieces. He said, "Am I a god with the power to bring death or life that I get orders to heal this man from his disease? What's going on here? That king's trying to pick a fight, that's what!"
8 Elisha the man of God heard what had happened, that the king of Israel was so distressed that he'd ripped his robe to shreds. He sent word to the king, "Why are you so upset, ripping your robe like this? Send him to me so he'll learn that there's a prophet in Israel."
9 So Naaman with his horses and chariots arrived in style and stopped at Elisha's door.
10 Elisha sent out a servant to meet him with this message: "Go to the River Jordan and immerse yourself seven times. Your skin will be healed and you'll be as good as new."
11-12 Naaman lost his temper. He turned on his heel saying, "I thought he'd personally come out and meet me, call on the name of GOD, wave his hand over the diseased spot, and get rid of the disease. The Damascus rivers, Abana and Pharpar, are cleaner by far than any of the rivers in Israel. Why not bathe in them? I'd at least get clean." He stomped off, mad as a hornet.
13 But his servants caught up with him and said, "Father, if the prophet had asked you to do something hard and heroic, wouldn't you have done it? So why not this simple 'wash and be clean'?"
14 So he did it. He went down and immersed himself in the Jordan seven times, following the orders of the Holy Man. His skin was healed; it was like the skin of a little baby. He was as good as new.
15 He then went back to the Holy Man, he and his entourage, stood before him, and said, "I now know

돌아가 그 앞에 서서 말했다. "나는 이제야 이스라엘의 하나님 외에는 세상 어디에도 하나님이 계시지 않다는 것을 알게 되었습니다. 너무나 감사하여 선물을 드리고자 합니다."

16 엘리사가 대답했다. "하나님 곧 내가 섬기는 하나님께서 살아 계심을 두고 맹세하는데, 나는 당신에게서 아무것도 받지 않겠습니다." 나아만은 선물로 무엇이든 주려고 했지만, 엘리사는 받지 않았다.

17-18 나아만이 말했다. "아무것도 받지 않으시겠다면, 내가 당신에게 부탁드릴 것이 있습니다. 내게 나귀 한 떼에 실을 수 있을 만큼의 흙을 주십시오. 이제 내가 다시는 하나님 외에 다른 신에게 예배하지 않겠습니다. 다만 한 가지 일만큼은 하나님의 용서를 구합니다. 내가 모시는 주인이 내 팔에 기대어서 림몬 산당에 들어가 예배하면 나도 그분과 함께 거기서 림몬을 예배해야 할 텐데, 그 일만큼은 하나님께서 나를 용서해 주시도록 기도해 주십시오."

19-21 엘리사가 말했다. "다 잘될 것이니 평안히 가십시오."

나아만이 떠난 지 오래되지 않았을 때, 거룩한 사람 엘리사의 종 게하시가 혼자 중얼거렸다. "내 주인께서는 감사의 표시 하나 받지 않고 아람 사람 나아만을 그냥 돌려보냈구나. 하나님이 살아 계심을 두고 맹세하는데, 내가 그를 좇아가서 무엇이든 얻어 와야겠다!" 게하시는 나아만을 좇아갔다. 나아만은 게하시가 자기를 좇아오는 것을 보고 전차에서 뛰어내려 그를 맞이했다. "무슨 문제라도 있소?"

22 "문제가 아니라 일이 좀 생겼습니다. 제 주인께서 저를 보내어 '방금 에브라임 산지에서 두 청년이 나타났는데, 그들은 예언자 수련생의 형제들입니다. 은 34킬로그램과 옷 두 벌을 선물로 주어 그들에게 부족한 것을 채워 주십시오' 하고 전하라고 말씀했습니다."

23 나아만이 말했다. "물론이오. 68킬로그램은 어떻소?" 나아만이 우겨서 은을 두 자루에 넣어 묶고 그에게 옷 두 벌을 주었다. 그리고 선물을 나르도록 두 명의 종까지 붙여 주었다.

24 언덕에 있는 요새에 이르자, 게하시는 종들에게서 선물을 받아 안에 보관해 두고 종들을 돌려보냈다.

25 그가 돌아와 주인 앞에 섰다. 엘리사가 말했다. "게하시야, 지금까지 무엇을 하다 왔느냐?"

beyond a shadow of a doubt that there is no God anywhere on earth other than the God of Israel. In gratitude let me give you a gift."

16 "As GOD lives," Elisha replied, "the God whom I serve, I'll take nothing from you." Naaman tried his best to get him to take something, but he wouldn't do it.

17-18 "If you won't take anything," said Naaman, "let me ask you for something: Give me a load of dirt, as much as a team of donkeys can carry, because I'm never again going to worship any god other than GOD. But there's one thing for which I need GOD's pardon: When my master, leaning on my arm, enters the shrine of Rimmon and worships there, and I'm with him there, worshiping Rimmon, may you see to it that GOD forgive me for this."

19-21 Elisha said, "Everything will be all right. Go in peace."

But he hadn't gone far when Gehazi, servant to Elisha the Holy Man, said to himself, "My master has let this Aramean Naaman slip through his fingers without so much as a thank-you. By the living GOD, I'm going after him to get something or other from him!" And Gehazi took off after Naaman.

Naaman saw him running after him and jumped down from his chariot to greet him, "Is something wrong?"

22 "Nothing's wrong, but something's come up. My master sent me to tell you: 'Two young men just showed up from the hill country of Ephraim, brothers from the guild of the prophets. Supply their needs with a gift of 75 pounds of silver and a couple of sets of clothes.'"

23 Naaman said, "Of course, how about a 150 pounds?" Naaman insisted. He tied up the money in two sacks and gave him the two sets of clothes; he even gave him two servants to carry the gifts back with him.

24 When they got to the fort on the hill, Gehazi took the gifts from the servants, stored them inside, then sent the servants back.

25 He returned and stood before his master. Elisha said, "So what have you been up to, Gehazi?"

"아무 일도 아닙니다." 그가 말했다.
26-27 엘리사가 말했다. "그 사람이 전차에서 내려 너를 맞이할 때 내가 영으로 너와 함께 있던 것을 몰랐느냐? 말해 보아라. 지금이 네 자신을 돌보고 선물로 네 주머니를 채울 때냐? 이제 나아만의 피부병이 너와 네 집안에 옮아서, 영영 낫지 않을 것이다."
게하시가 물러나오니, 피부병으로 그의 살갗이 벗겨져 눈처럼 하얗게 되었다.

6

1-2 하루는 예언자 수련생들이 엘리사에게 와서 말했다. "우리가 선생님을 모시고 살고 있는 이곳은, 보시는 것처럼 거동조차 어려울 정도로 비좁습니다. 허락해 주시면, 우리가 요단으로 내려가 각각 통나무를 구해다 더 넓은 집을 짓겠습니다."
엘리사가 말했다. "그렇게 하여라."
3 그러자 그들 중 한 사람이 말했다. "선생님도 우리와 함께 가 주십시오!"
엘리사가 말했다. "좋다."
4-5 엘리사는 그들과 함께 갔다. 그들은 요단에 이르러 나무를 베기 시작했다. 그들 중 한 사람이 나무를 넘어뜨리는데, 그만 도끼머리가 떨어져 강 속에 빠져 버렸다.
그가 외쳤다. "큰일났습니다, 주인님! 이것은 빌려 온 도끼입니다!"
6 거룩한 사람이 물었다. "어디에 빠뜨렸느냐?"
그 사람이 엘리사에게 자리를 일러 주었다.
엘리사가 나뭇가지를 꺾어 그 지점으로 던지자, 도끼머리가 떠올랐다.
7 엘리사가 "저것을 집어라" 하고 말하니, 그 사람이 손을 내밀어 도끼를 건져 냈다.

아람 군대를 물리치다

8 한번은 아람 왕이 이스라엘과 전쟁중일 때, 신하들과 의논한 뒤에 "내가 이러이러한 곳에 복병을 두고자 한다"고 말했다.
9 그러자 거룩한 사람이 이스라엘 왕에게 메시지를 보냈다. "그곳을 지날 때 조심하십시오. 아람 사람이 그곳에 매복해 있습니다."
10 이 말을 듣고 이스라엘 왕은 거룩한 사람이 경고한 곳에 대해 지시를 내렸다.
이와 같은 일이 한두 번이 아니었다.
11 아람 왕은 몹시 화가 나서 신하들을 불러모아

"Nothing much," he said.
26-27 Elisha said, "Didn't you know I was with you in spirit when that man stepped down from his chariot to greet you? Tell me, is this a time to look after yourself, lining your pockets with gifts? Naaman's skin disease will now infect you and your family, with no relief in sight."
Gehazi walked away, his skin flaky and white like snow.

6

1-2 One day the guild of prophets came to Elisha and said, "You can see that this place where we're living under your leadership is getting cramped–we have no elbow room. Give us permission to go down to the Jordan where each of us will get a log. We'll build a roomier place."
Elisha said, "Go ahead."
3 One of them then said, "Please! Come along with us!"
He said, "Certainly."
4-5 He went with them. They came to the Jordan and started chopping down trees. As one of them was felling a timber, his axhead flew off and sank in the river.
"Oh no, master!" he cried out. "And it was borrowed!"
6 The Holy Man said, "Where did it sink?"
The man showed him the place.
He cut off a branch and tossed it at the spot. The axhead floated up.
7 "Grab it," he said. The man reached out and took it.
8 One time when the king of Aram was at war with Israel, after consulting with his officers, he said, "At such and such a place I want an ambush set."
9 The Holy Man sent a message to the king of Israel: "Watch out when you're passing this place, because Aram has set an ambush there."
10 So the king of Israel sent word concerning the place of which the Holy Man had warned him.
This kind of thing happened all the time.

놓고 말했다. "이스라엘 왕에게 정보를 흘리는 자가
누구인지 말하여라! 도대체 우리 가운데 적과 내통하
는 자가 누구냐?"
12 그의 신하들 중 한 사람이 말했다. "내 주인인 왕
이시여, 우리 가운데는 그런 자가 없습니다. 그것은
이스라엘의 예언자 엘리사의 짓입니다. 그가 왕의 모
든 말을, 심지어 침실에서 속삭이는 귓속말까지도 다
이스라엘 왕에게 알려 주고 있습니다."
13 왕이 말했다. "가서 그 자가 있는 곳을 알아내라.
내가 사람을 보내 그를 잡고야 말겠다."
그러자 "그가 도단에 있습니다" 하는 보고가 들어
왔다.
14 왕이 말과 전차를 보냈는데, 엄청난 전투병력이었
다. 그들이 밤중에 가서 그 성읍을 포위했다.
15 이른 아침에 거룩한 사람의 종이 일어나 밖으로
나가 보니, 말과 전차가 성읍을 포위하고 있었다! 종
이 소리를 질렀다. "주인님! 이제 우리는 어찌해야 합
니까?"
16 엘리사가 말했다. "걱정하지 마라. 우리 편이 그들
보다 많다."
17 그는 기도했다. "하나님, 그의 눈을 열어서 보게
해주십시오."
청년의 눈이 열리자 그의 눈에 뭔가가 보였다. 놀랍
게도, 온 산기슭에 불전차와 불말이 가득하여 엘리사
를 둘러싸고 있었다!
18 아람 사람이 공격하자 엘리사가 하나님께 기도했
다. "저들의 눈을 멀게 해주십시오!" 엘리사의 말대로
하나님께서 그들의 눈을 멀게 하셨다.
19 그러자 엘리사가 그들에게 큰소리로 말했다. "그
길이 아니다! 이 성읍이 아니다! 나를 따라오너라.
너희가 찾는 사람에게로 내가 너희를 인도하겠다."
그러고 나서 엘리사는 그들을 사마리아로 인도했
다.
20 그들이 성읍에 들어갈 때 엘리사가 기도했다. "하
나님, 저들의 눈을 열어 여기가 어딘지 보게 해주십
시오." 하나님께서 그들의 눈을 열어 주셨다. 그들이
둘러보니, 비로소 자기들이 사마리아에 갇혔다는 사
실을 알게 되었다!
21 이스라엘 왕이 그들을 보고 엘리사에게 말했
다. "아버지여, 내가 이 무리를 쳐서 죽여도 되겠
습니까?"
22 엘리사가 말했다. "절대로 안됩니다! 왕께서는 그
들을 붙잡는 일에 손 하나 까딱하지 않으셨는데, 이
제 그들을 죽이려고 하십니까? 안될 말입니다. 그
들을 위해 잔치를 베풀고 주인에게로 돌려보내십

11 The king of Aram was furious over all this. He
called his officers together and said, "Tell me,
who is leaking information to the king of Israel?
Who is the spy in our ranks?"
12 But one of his men said, "No, my master, dear
king. It's not any of us. It's Elisha the prophet in
Israel. He tells the king of Israel everything you
say, even what you whisper in your bedroom."
13 The king said, "Go and find out where he is. I'll
send someone and capture him."
The report came back, "He's in Dothan."
14 Then he dispatched horses and chariots, an
impressive fighting force. They came by night
and surrounded the city.
15 Early in the morning a servant of the Holy
Man got up and went out. Surprise! Horses and
chariots surrounding the city! The young man
exclaimed, "Oh, master! What shall we do?"
16 He said, "Don't worry about it – there are
more on our side than on their side."
17 Then Elisha prayed, "O GOD, open his eyes
and let him see."
The eyes of the young man were opened and
he saw. A wonder! The whole mountainside
full of horses and chariots of fire surrounding
Elisha!
18 When the Arameans attacked, Elisha prayed
to GOD, "Strike these people blind!" And GOD
struck them blind, just as Elisha said.
19 Then Elisha called out to them, "Not that
way! Not this city! Follow me and I'll lead you
to the man you're looking for." And he led them
into Samaria.
20 As they entered the city, Elisha prayed, "O
GOD, open their eyes so they can see where
they are." GOD opened their eyes. They looked
around – they were trapped in Samaria!
21 When the king of Israel saw them, he said to
Elisha, "Father, shall I massacre the lot?"
22 "Not on your life!" said Elisha. "You didn't lift
a hand to capture them, and now you're going
to kill them? No sir, make a feast for them and
send them back to their master."
23 So he prepared a huge feast for them. After
they ate and drank their fill he dismissed them.

시오."
23 그래서 왕은 그들을 위해 큰 잔치를 준비했다. 그들을 실컷 먹이고 마시게 한 뒤에 해산시켰다. 그러자 그들은 고향에 있는 주인에게로 돌아갔다. 이후 다시는 아람의 기습부대가 이스라엘을 괴롭히지 않았다.

24-25 얼마 후에 이런 일이 있었다. 아람 왕 벤하닷이 군대를 정비하고 사마리아 포위에 나섰다. 그로 인해 극심한 기근이 발생했다. 음식 값이 천문학적으로 치솟아 나귀 머리 하나에 팔십 세겔, 야채 한 대접에 오 세겔이었다!
26 하루는 이스라엘 왕이 성벽 위를 걷고 있을 때 한 여인이 소리쳤다. "왕이시여, 도와주십시오!"
27 왕이 대답했다. "하나님께서 너희를 돕지 않으시는데, 내가 무슨 수로 도울 수 있겠느냐? 곡물 창고 일을 돕겠느냐, 아니면 농장 일을 돕겠느냐?"
28-29 그러면서 왕이 말했다. "네 사연이나 들어보자."
여인이 말했다. "이 여자가 저한테 와서 하는 말이 '네 아들을 내놓아라. 오늘은 네 아들을 저녁식사로 먹고 내일은 내 아들을 먹자'고 했습니다. 그래서 제 아들을 삶아서 같이 먹었습니다. 이튿날 제가 이 여자에게 '이제 네 차례다. 저녁식사로 먹게 네 아들을 데려오라'고 했더니, 이 여자가 자기 아들을 감추어 버렸습니다."
30-31 왕은 그 여인의 사연을 듣고 옷을 찢었다. 그가 성벽 위를 걸을 때, 모든 사람이 맨살 위에 거친 삼베를 입고 있는 그의 모습을 보았다. 왕이 큰소리로 말했다. "사밧의 아들 엘리사의 머리가 오늘이 다 가도록 그 어깨 위에 붙어 있으면, 하나님께서 내게 천벌을 내리시고 또 내리시기를 바란다."
32 엘리사는 집에 앉아 있었고 원로들도 그와 함께 있었다. 왕이 이미 사형 집행인을 보냈으나, 그가 도착하기 전에 엘리사가 원로들에게 말했다. "이 살인자가 내 머리를 베려고 방금 사람을 보낸 것을 아십니까? 사형 집행인이 도착하면 문을 닫아 잠그십시오. 그를 뒤따라오는 그 주인의 발자국 소리가 벌써 저렇게 들리지 않습니까?"
33 엘리사가 지시를 내리는 동안, 왕이 나타나서 비난했다. "이 재앙은 하나님이 직접 내린 것이다! 다음은 또 무엇이냐? 이제 하나님이라면 지긋지긋하다!"

Then they returned home to their master. The raiding bands of Aram didn't bother Israel anymore.

24-25 At a later time, this: Ben-Hadad king of Aram pulled together his troops and launched a siege on Samaria. This brought on a terrible famine, so bad that food prices soared astronomically. Eighty shekels for a donkey's head! Five shekels for a bowl of field greens!
26 One day the king of Israel was walking along the city wall. A woman cried out, "Help! Your majesty!"
27 He answered, "If GOD won't help you, where on earth can *I* go for help? To the granary? To the dairy?"
28-29 The king continued, "Tell me your story."
She said, "This woman came to me and said, 'Give up your son and we'll have him for today's supper; tomorrow we'll eat my son.' So we cooked my son and ate him. The next day I told her, 'Your turn–bring your son so we can have him for supper.' But she had hidden her son away."
30-31 When the king heard the woman's story he ripped apart his robe. Since he was walking on the city wall, everyone saw that next to his skin he was wearing coarse burlap. And he called out, "God do his worst to me–and more–if Elisha son of Shaphat still has a head on his shoulders at this day's end."
32 Elisha was sitting at home, the elders sitting with him. The king had already dispatched an executioner, but before the man arrived Elisha spoke to the elders: "Do you know that this murderer has just now sent a man to take off my head? Look, when the executioner arrives, shut the door and lock it. Don't I even now hear the footsteps of his master behind him?"
33 While he was giving his instructions, the king showed up, accusing, "This trouble is directly from GOD! And what's next? I'm fed up with GOD!"

7 [1] 엘리사가 말했다. "들으십시오! 하나님의 말씀입니다! 기근은 끝났습니다. 내일 이맘때면 양식이 풍부해져 곡식 가루 한 움큼에 한 세겔, 곡물 두 움큼에 한 세겔이 될 것입니다. 성문 앞 장터가 활기를 되찾을 것입니다."

[2] 왕을 부축하고 있던 수행원이 거룩한 사람에게 말했다. "지금 우리에게 그 말을 믿으라는 겁니까? 하늘 문이 열려 양식이 쏟아지기라도 한다는 말입니까?"

엘리사가 말했다. "당신이 두 눈으로 보게 될 것이오. 하지만 당신은 한 입도 먹지 못할 것이오."

[3-4] 나병환자 네 사람이 성문 밖에 앉아 있다가 서로 말했다. "우리가 이 죽음의 문턱에 앉아서 무엇을 하고 있는 거지? 우리는 기근에 찌든 성안에 들어가도 죽고 여기 있어도 죽는다. 그러니 아람 사람의 진에 들어가서 그들에게 자비를 구해 보자. 그들이 받아 주면 우리는 사는 것이고, 죽이면 죽는 것이다. 어차피 잃을 게 없지 않은가."

[5-8] 그래서 그들은 해가 진 뒤에 자리에서 일어나 아람 사람의 진으로 갔다. 진 입구에 이른 그들은 깜짝 놀랐다! 진에 사람이 하나도 없었다! 주께서 이미 아람 군대에게 말과 막강한 군대의 진군소리를 듣게 하셨던 것이다. 군인들은 "이스라엘 왕이 우리를 공격하려고 헷 사람의 왕들과 이집트 왕들을 고용했다!"고 서로 말하면서, 겁에 질려 천막과 말과 나귀를 포함한 진 전체를 그대로 버려둔 채 어둠 속으로 죽기 살기로 달아났다. 필사적으로 도망쳤다. 네 명의 나병환자는 진 안의 한 장막 안으로 들어갔다. 그들은 우선 실컷 먹고 마셨다. 그러고 나서 은과 금과 옷을 가지고 나와 숨겨 두고는, 다른 장막에도 들어가 물건들을 약탈하고 다시 그것을 숨겨 두었다.

[9] 이윽고 그들이 서로 말했다. "우리가 이러고 있으면 안되지! 오늘은 기쁜 소식이 있는 날인데 우리만 즐기고 있지 않은가! 빈둥대며 아침까지 기다린다면, 우리는 잡혀서 벌을 받을 것이다. 가자! 가서 이 소식을 왕궁에 알리자!"

[10] 그래서 그들은 성문 앞으로 가서 큰소리로 외쳐 상황을 알렸다. "우리가 아람 사람의 진에 갔더니, 그곳이 버려져 있었습니다! 사람 하나 없고 소리 하나 들리지 않았습니다! 말과 나귀는 묶인 채로 버려져 있고, 장막도 그대로 버려져 있었습니다."

7 [1] Elisha said, "Listen! GOD's word! The famine's over. This time tomorrow food will be plentiful–a handful of meal for a shekel; two handfuls of grain for a shekel. The market at the city gate will be buzzing."

[2] The attendant on whom the king leaned for support said to the Holy Man, "You expect us to believe that? Trapdoors opening in the sky and food tumbling out?"

"You'll watch it with your own eyes," he said, "but *you* will not eat so much as a mouthful!"

[3-4] It happened that four lepers were sitting just outside the city gate. They said to one another, "What are we doing sitting here at death's door? If we enter the famine-struck city we'll die; if we stay here we'll die. So let's take our chances in the camp of Aram and throw ourselves on their mercy. If they receive us we'll live, if they kill us we'll die. We've got nothing to lose."

[5-8] So after the sun went down they got up and went to the camp of Aram. When they got to the edge of the camp, surprise! Not a man in the camp! The Master had made the army of Aram hear the sound of horses and a mighty army on the march. They told one another, "The king of Israel hired the kings of the Hittites and the kings of Egypt to attack us!" Panicked, they ran for their lives through the darkness, abandoning tents, horses, donkeys–the whole camp just as it was–running for dear life. These four lepers entered the camp and went into a tent. First they ate and drank. Then they grabbed silver, gold, and clothing, and went off and hid it. They came back, entered another tent, and looted it, again hiding their plunder.

[9] Finally they said to one another, "We shouldn't be doing this! This is a day of good news and we're making it into a private party! If we wait around until morning we'll get caught and punished. Come on! Let's go tell the news to the king's palace!"

[10] So they went and called out at the city gate, telling what had happened: "We went to the camp of Aram and, surprise!–the place was deserted. Not a soul, not a sound! Horses and donkeys left tethered and tents abandoned just as they were."

[11-12] The gatekeepers got the word to the royal

11-12 성 문지기들은 왕궁에 그 전말을 알렸다. 왕은 한밤중에 일어나 신하들에게 말했다. "아람이 한 일을 그대들에게 말하겠소. 그들은 우리가 굶주리고 있다는 것을 알고 있소. 그래서 '저들이 성 밖으로 나오면 생포하고 성을 취하겠다'는 생각으로 진을 떠나 들판에 숨은 것이오."

13 보좌관 하나가 대답했다. "몇 사람을 보내어 성 안에 남아 있는 말 다섯 마리를 가져오게 하십시오. 무슨 일을 당한다 한들, 온 성에 닥칠 일만 하겠습니까? 사람들을 보내서 어찌 된 일인지 알아보게 하십시오."

14 그들은 전차 둘과 말들을 가져왔다. 왕은 그들을 아람 군대 뒤로 보내면서 지시했다. "그들을 정탐하여 무슨 일인지 알아보아라."

15 그들은 요단 강까지 아람 사람의 흔적을 따라갔다. 아람 사람이 겁에 질려 도망치느라 버린 옷이며 장비가 온 길에 흩어져 있었다. 정찰대가 돌아와 왕에게 보고했다.

16 그때부터 백성은 아람 사람의 진을 약탈했다. 하룻밤 사이에 양식 값이 뚝 떨어져 곡식 가루 한 움큼이나 곡물 두 움큼이 한 세겔에 불과했다. 하나님의 말씀이 그대로 다 이루어졌다!

17 왕은 자신을 부축하던 수행원에게 명령하여 성문을 관리하게 했다. 그런데 폭도로 변한 백성이 성문으로 쏟아져 나오다 그를 밟아 죽였다. 왕이 거룩한 사람을 찾아왔을 때 그가 했던 말 그대로였다.

18-20 그때 거룩한 사람이 왕에게 이렇게 말했었다. "내일 이맘때면 사마리아 성문에서 곡식 가루 한 움큼에 한 세겔, 곡물 두 움큼에 한 세겔이 될 것입니다." 그러자 그 수행원이 빈정대며 "지금 우리에게 그 말을 믿으라는 겁니까? 하늘 문이 열려 양식이 쏟아지기라도 한다는 말입니까?"라고 대답했고, 다시 거룩한 사람이 "당신이 두 눈으로 보게 될 것이오. 하지만 당신은 한 입도 먹지 못할 것이오" 하고 말했다. 그 말이 그대로 이루어져, 결국 그는 백성에게 짓밟혀 죽고 말았다.

8

1-3 전에 엘리사가 죽은 아이를 살린 일이 있었는데, 그 아이의 어머니에게 이렇게 말했었다. "그대는 가족을 데리고 이곳을 떠나 다른 곳으로 가서 사시오. 하나님께서 이 땅에 기근을 명령하셨으니 기근이 칠 년 동안 계

palace, giving them the whole story. Roused in the middle of the night, the king told his servants, "Let me tell you what Aram has done. They knew that we were starving, so they left camp and have hid in the field, thinking, 'When they come out of the city, we'll capture them alive and take the city.'"

13 One of his advisors answered, "Let some men go and take five of the horses left behind. The worst that can happen is no worse than what could happen to the whole city. Let's send them and find out what's happened."

14 They took two chariots with horses. The king sent them after the army of Aram with the orders, "Scout them out; find out what happened."

15 They went after them all the way to the Jordan. The whole way was strewn with clothes and equipment that Aram had dumped in their panicked flight. The scouts came back and reported to the king.

16 The people then looted the camp of Aram. Food prices dropped overnight–a handful of meal for a shekel; two handfuls of grain for a shekel–GOD's word to the letter!

17 The king ordered his attendant, the one he leaned on for support, to be in charge of the city gate. The people, turned into a mob, poured through the gate, trampling him to death. It was exactly what the Holy Man had said when the king had come to see him.

18-20 Every word of the Holy Man to the king–"A handful of meal for a shekel, two handfuls of grain for a shekel this time tomorrow in the gate of Samaria," with the attendant's sarcastic reply to the Holy Man, "You expect us to believe that? Trapdoors opening in the sky and food tumbling out?" followed by the response, "You'll watch it with your own eyes, but you won't eat so much as a mouthful"–proved true. The final stroke came when the people trampled the man to death at the city gate.

8

1-3 Years before, Elisha had told the woman whose son he had brought to life, "Leave here and go, you and your family, and live someplace

속될 것이오." 여인은 거룩한 사람의 말대로 그곳
을 떠났다. 그녀와 가족은 칠 년 동안 블레셋 땅
에서 외국인으로 살았다. 그러다가 칠 년이 다 되
어서 고향으로 돌아왔다. 여인은 곧바로 왕에게
로 가서 자기 집과 밭을 돌려달라고 청했다.
4-5 왕은 거룩한 사람의 종인 게하시와 이야기를
나누던 중이었다. "엘리사가 행했다는 큰일들을
내게 말해 보아라." 그래서 게하시가 죽은 자를
살린 일을 왕에게 이야기하고 있는데, 바로 그때
엘리사가 살린 아이의 어머니가 나타나 자기 집
과 농지를 돌려달라고 청한 것이다.
게하시가 말했다. "내 주인인 왕이시여, 이 여인
이 바로 그 여인입니다! 그리고 이 아이가 엘리사
가 살린 그 아들입니다!"
6 왕이 그 일을 자세히 알고 싶어 했기 때문에, 여
인은 그 이야기를 왕에게 들려주었다. 왕은 한 관
리에게 명령하여 그 여인을 돌보게 하고 이렇게
말했다. "이 여인의 재산을 모두 돌려주고, 여인
이 떠난 때부터 지금까지 그 농지에서 거둔 모든
수익도 함께 돌려주어라."

7 엘리사는 다마스쿠스로 갔다. 그때 아람 왕 벤
하닷이 병들어 있었는데, "거룩한 사람이 성읍에
와 있습니다" 하는 말이 그에게 전해졌다.
8 왕이 하사엘에게 명령했다. "선물을 가지고 가
서 거룩한 사람을 만나시오. 그를 통해 '제가 이
병에서 낫겠습니까?' 하고 하나님께 여쭈어 보게
하시오."
9 하사엘이 가서 엘리사를 만났다. 그는 자기가
알고 있는 다마스쿠스의 모든 고급 물품을 가져
갔는데, 낙타 사십 마리에 실을 만큼의 양이었다!
그가 도착해서 엘리사 앞에 서서 말했다. "당신의
아들 아람 왕 벤하닷이 나를 여기로 보내어, '제
가 이 병에서 낫겠습니까?' 하고 당신에게 물어보
라고 했습니다."
10-11 엘리사가 대답했다. "가서 '왕께서는 살게
될 테니 걱정하지 마십시오' 하고 전하시오. 하지
만 하나님께서 내게 보여주셨는데, 사실 그는 죽
을 운명이오." 그러더니 엘리사는 하사엘을 뚫어
져라 쳐다보며 그의 마음을 읽었다. 하사엘은 속
내를 들킨 것 같아 고개를 떨구었다. 그때 거룩한
사람이 눈물을 흘렸다.
12 하사엘이 말했다. "내 주인께서 어찌하여 우십
니까?"
엘리사가 말했다. "그대가 장차 이스라엘 자손에

else. GOD has ordered a famine in the land; it will last for seven years." The woman did what the Holy Man told her and left. She and her family lived as aliens in the country of Philistia for seven years. Then, when the seven years were up, the woman and her family came back. She went directly to the king and asked for her home and farm.
4-5 The king was talking with Gehazi, servant to
the Holy Man, saying, "Tell me some stories of the great things Elisha did." It so happened that as he was telling the king the story of the dead person brought back to life, the woman whose son was brought to life showed up asking for her home and farm.
Gehazi said, "My master the king, this is the woman! And this is her son whom Elisha brought back to life!"
6 The king wanted to know all about it, and so she
told him the story. The king assigned an officer to take care of her, saying, "Make sure she gets everything back that's hers, plus all profits from the farm from the time she left until now."

7 Elisha traveled to Damascus. Ben-Hadad, king of
Aram, was sick at the time. He was told, "The Holy Man is in town."
8 The king ordered Hazael, "Take a gift with you
and go meet the Holy Man. Ask GOD through him, 'Am I going to recover from this sickness?'"
9 Hazael went and met with Elisha. He brought
with him every choice thing he could think of from Damascus – forty camel-loads of items! When he arrived he stood before Elisha and said, "Your son Ben-Hadad, king of Aram, sent me here to ask you, 'Am I going to recover from this sickness?'"
10-11 Elisha answered, "Go and tell him, 'Don't
worry; you'll live.' The fact is, though – GOD showed me – that he's doomed to die." Elisha then stared hard at Hazael, reading his heart. Hazael felt exposed and dropped his eyes. Then the Holy Man wept.
12 Hazael said, "Why does my master weep?"
"Because," said Elisha, "I know what you're going to do to the children of Israel:

게 무슨 일을 행할지 내가 알기 때문이오.

그들의 성을 불태우고
젊은이들을 살해하고
아기들을 메어치고
임신부들의 배를 가를 것이오."

13 하사엘이 말했다. "개보다도 나을 것이 없는 제가 어찌 그런 끔찍한 일을 저지른다는 말입니까?"

엘리사가 말했다. "그대가 아람 왕이 될 것을 하나님께서 내게 보이셨소."

14 하사엘은 엘리사를 떠나 자기 주인에게 돌아갔다. 왕은 "엘리사가 뭐라 했소?" 하고 물었다.

"그가 '왕께서는 살게 될 테니 걱정하지 마십시오' 하고 말했습니다."

15 그러나 그 이튿날, 누군가가 무거운 이불에 물을 흠뻑 적셔서 왕의 얼굴을 덮어 질식시켜 죽였다.

그리고 하사엘이 왕이 되었다.

유다 왕 여호람

16-19 이스라엘 왕 아합의 아들 요람 오년에, 유다 왕 여호사밧의 아들 여호람이 왕이 되었다. 그는 서른두 살에 왕위에 올라 예루살렘에서 팔 년 동안 다스렸다. 그는 이스라엘 왕들의 삶을 따랐고, 아합 집안과 결혼하여 그 가문의 죄를 이어 갔다. 그는 하나님 보시기에 악했다. 그러나 하나님께서는 그분의 종 다윗을 생각하여 유다를 선뜻 멸하지 않으셨다. 다윗의 자손을 통해 등불이 계속 타오르게 하겠다고 약속하셨기 때문이다.

20-21 여호람이 다스리는 동안, 에돔이 유다의 통치에 반기를 들고 자신들의 왕을 세웠다. 그래서 여호람은 전차부대를 거느리고 사일로 갔다.

에돔에게 포위되었지만, 여호람은 한밤중에 전차병들과 함께 전선을 뚫고 나가서 에돔에 큰 타격을 입혔다. 그러나 보병들은 그를 버리고 도망쳤다.

22 에돔은 오늘까지도 계속해서 유다에 반역하고 있다. 작은 성읍인 립나도 그때 반역했다.

23-24 여호람의 나머지 생애와 시대, 그의 통치에 대한 기록은 '유다 왕 연대기'에 남아 있다. 여호람은 죽어서 다윗 성의 가족 묘지에 묻혔다. 그의 아들 아하시야가 뒤를 이어 왕이 되었다.

burn down their forts,
murder their youth,
smash their babies,
rip open their pregnant women."

13 Hazael said, "Am I a mongrel dog that I'd do such a horrible thing?"

"GOD showed me," said Elisha, "that you'll be king of Aram."

14 Hazael left Elisha and returned to his master, who asked, "So, what did Elisha tell you?"

"He told me, 'Don't worry; you'll live.'"

15 But the very next day, someone took a heavy quilt, soaked it in water, covered the king's face, and suffocated him.

Now Hazael was king.

Jehoram of Judah

16-19 In the fifth year of the reign of Joram son of Ahab king of Israel, Jehoram son of Jehoshaphat king of Judah became king. He was thirty-two years old when he began his rule, and was king for eight years in Jerusalem. He copied the way of life of the kings of Israel, marrying into the Ahab family and continuing the Ahab line of sin–from GOD's point of view, an evil man living an evil life. But despite that, because of his servant David, GOD was not ready to destroy Judah. He had, after all, promised to keep a lamp burning through David's descendants.

20-21 During Jehoram's reign, Edom revolted against Judah's rule and set up their own king. Jehoram responded by taking his army of chariots to Zair.

Edom surrounded him, but in the middle of the night he and his charioteers broke through the lines and hit Edom hard. But his infantry deserted him.

22 Edom continues in revolt against Judah right up to the present. Even little Libnah revolted at that time.

23-24 The rest of the life and times of Jehoram, the record of his rule, is written in *The Chronicles of the Kings of Judah*. Jehoram died and was buried in the family grave in the City of David. His son Ahaziah succeeded him as king.

유다 왕 아하시야

25-27 이스라엘 왕 아합의 아들 요람 십이년에, 유다 왕 여호람의 아들 아하시야가 유다의 왕이 되어 다스리기 시작했다. 아하시야는 스물두 살에 왕위에 올라 예루살렘에서 일 년밖에 통치하지 못했다. 그의 어머니는 이스라엘 왕 오므리의 손녀 아달랴다. 그는 아합 가문이 행한 대로 살고 다스렸으며, 하나님 보시기에 악한 죄의 길을 이어 갔다. 결혼이나 죄짓는 것으로도 아합 가문과 한통속이었다.

28-29 그는 이스라엘 왕 아합의 아들 요람과 연합하여 길르앗 라못에서 아람 왕 하사엘과 전쟁을 벌였다. 활 쏘는 자들이 요람에게 부상을 입혔다. 요람은 하사엘과 싸우다 입은 부상을 치료하기 위해 이스르엘로 물러났다. 유다 왕 여호람의 아들 아하시야는 병상에 있는 아합의 아들 요람을 문병하러 이스르엘로 갔다.

이스라엘 왕 예후

9 1-3 하루는 예언자 엘리사가 한 예언자 수련생에게 명령했다. "너는 기름 한 병을 준비하여 길르앗 라못으로 가서, 님시의 손자요 여호사밧의 아들인 예후를 찾아라. 그를 찾거든 동료들로부터 불러내어 뒷방으로 데리고 들어가, 기름병을 꺼내 그의 머리에 붓고 '하나님의 말씀이다. 내가 네게 기름을 부어 이스라엘의 왕으로 삼는다' 하고 말하여라. 그러고 나서 문을 열고 속히 거기서 도망쳐라. 잠시도 지체해서는 안된다."

4-5 그 젊은 예언자가 길르앗 라못으로 갔다. 그가 도착해 보니 군지휘관들이 모두 둘러 앉아 있었다. 그가 말했다. "장군님, 드릴 말씀이 있습니다."

예후가 말했다. "우리 가운데 누구를 말하는 것이오?"

"바로 장군님입니다."

6-10 예후가 일어나 건물 안으로 들어가자, 젊은 예언자가 그의 머리에 기름을 붓고 말했다. "하나님 이스라엘의 하나님의 말씀이다. 내가 너에게 기름을 부어 하나님의 백성 이스라엘의 왕으로 삼았다. 너의 임무는 너의 주인인 아합 가문을 치는 것이다. 내가 나의 종 예언자들이 죽임당한 일—이세벨이 하나님의 모든 예언자를 죽인 일—을 되갚아 줄 것이다. 아합 가문은 모조리 망할 것이다. 그 딱한 무리를 내가 모두 없애 버릴

Ahaziah of Judah

25-27 In the twelfth year of the reign of Joram son of Ahab king of Israel, Ahaziah son of Jehoram king of Judah began his reign. Ahaziah was twenty-two years old when he became king; he ruled only a year in Jerusalem. His mother was Athaliah, granddaughter of Omri king of Israel. He lived and ruled just like the Ahab family had done, continuing the same evil-in-GOD's-sight line of sin, related by both marriage and sin to the Ahab clan.

28-29 He joined Joram son of Ahab king of Israel in a war against Hazael king of Aram at Ramoth Gilead. The archers wounded Joram. Joram pulled back to Jezreel to convalesce from the injuries he had received in the fight with Hazael. Ahaziah son of Jehoram king of Judah paid a visit to Joram son of Ahab on his sickbed in Jezreel.

Jehu of Israel

9 1-3 One day Elisha the prophet ordered a member of the guild of prophets, "Get yourself ready, take a flask of oil, and go to Ramoth Gilead. Look for Jehu son of Jehoshaphat son of Nimshi. When you find him, get him away from his companions and take him to a back room. Take your flask of oil and pour it over his head and say, 'GOD's word: I anoint you king over Israel.' Then open the door and get out of there as fast as you can. Don't wait around."

4-5 The young prophet went to Ramoth Gilead. On arrival he found the army officers all sitting around. He said, "I have a matter of business with you, officer."

Jehu said, "Which one of us?"

"With you, officer."

6-10 He got up and went inside the building. The young prophet poured the oil on his head and said, "GOD's word, the God of Israel: I've anointed you to be king over the people of GOD, over Israel. Your assignment is to attack the regime of Ahab your master. I am avenging the massacre of my servants the prophets—yes, the Jezebel-massacre of all the prophets of GOD. The entire line of Ahab is doomed. I'm wiping out the entire bunch of that sad lot. I'll see to it that the family of Ahab experi-

것이다. 내가 반드시 아합 가문도 느밧의 아들 여로보암 가문, 아히야의 아들 바아사 가문과 똑같은 운명을 맞게 할 것이다. 이세벨은 죽어서 이스르엘 넓은 들판에 있는 개들에게 먹힐 것이요, 땅에 묻히지도 못할 것이다!" 그러고 나서 그는 문을 열고 급히 도망쳤다.

11 예후가 자기 주인의 지휘관들에게로 다시 나가자 그들이 물었다. "별일 없소? 그 미친 녀석이 그대에게 뭘 원하는 거요?"

그가 말했다. "그런 부류의 인간들이 하는 말은 그대들도 잘 알지 않소."

12 "어물쩍 넘어갈 생각 마시오!" 그들이 말했다. "무슨 일인지 우리에게 말해 보시오."

예후가 말했다. "그가 내게 이러저러하게 말하더니, 진정 '하나님의 말씀이다. 내가 네게 기름을 부어 이스라엘의 왕으로 삼는다!' 하더군요."

13 그러자 그들이 즉각 움직였다. 각 사람이 자기 옷을 집어서 계단 꼭대기에 쌓아 임시 보좌를 만들고, 나팔을 불며 "예후가 왕이시다!" 하고 선포했다.

14-15 그리하여 님시의 손자요 여호사밧의 아들인 예후가 요람에게 반역하는 모의가 본격적으로 시작되었다.

한편, 요람과 그의 온 군대는 아람 왕 하사엘에 맞서 길르앗 라못을 방어하고 있었다. 그때 요람은 아람 왕 하사엘과의 전투에서 입은 부상을 치료하기 위해 이스르엘로 물러나 있었다.

예후가 말했다. "그대들이 정말 나를 왕으로 삼기 원한다면, 누구도 이 성에서 몰래 빠져나가 이스르엘에 이 소식을 알리지 못하게 하시오."

16 그런 다음 예후는 전차를 타고 요람이 침상에 누워 요양중인 이스르엘로 갔다. 마침 유다의 아하시야 왕이 요람을 문병하러 내려와 있었다.

17 이스르엘 망대에서 근무중이던 초병이 예후 일행이 오는 것을 보고 말했다. "한 무리의 사람들이 보입니다."

요람이 말했다. "말 탄 병사를 보내 그들을 맞고, 무슨 일이 있는지 묻게 하여라."

18 말 탄 병사가 나가서 예후를 맞이하며 말했다. "무슨 일이 있는지 왕께서 알고자 하십니다."

예후가 말했다. "무슨 일이 있든 말든, 그게 너와 무슨 상관이냐? 내 뒤로 물러나거라."

초병이 말했다. "그들에게 간 병사가 돌아오지 않습니다."

19 그러자 왕은 두 번째로 말 탄 병사를 보냈다.

ences the same fate as the family of Jeroboam son of Nebat and the family of Baasha son of Ahijah. As for Jezebel, the dogs will eat her carcass in the open fields of Jezreel. No burial for her!" Then he opened the door and made a run for it.

11 Jehu went back out to his master's officers. They asked, "Is everything all right? What did that crazy fool want with you?"

He said, "You know that kind of man—all talk."

12 "That's a lie!" they said. "Tell us what's going on."

He said, "He told me this and this and this—in effect, 'GOD's word: I anoint you king of Israel!'"

13 They sprang into action. Each man grabbed his robe; they piled them at the top of the steps for a makeshift throne. Then they blew the trumpet and declared, "Jehu is king!"

14-15 That ignited the conspiracy of Jehu son of Jehoshaphat son of Nimshi against Joram.

Meanwhile, Joram and the entire army were defending Ramoth Gilead against Hazael king of Aram. Except that Joram had pulled back to Jezreel to convalesce from the injuries he got from the Arameans in the battle with Hazael king of Aram.

Jehu said, "If you really want me as king, don't let anyone sneak out of the city and blab the news in Jezreel."

16 Then Jehu mounted a chariot and rode to Jezreel, where Joram was in bed, resting. King Ahaziah of Judah had come down to visit Joram.

17 A sentry standing duty on the watchtower in Jezreel saw the company of Jehu arrive. He said, "I see a band of men."

Joram said, "Get a horseman and send him out to meet them and inquire, 'Is anything wrong?'"

18 The horseman rode out to meet Jehu and said, "The king wants to know if there's anything wrong."

Jehu said, "What's it to you whether things are right or wrong? Fall in behind me."

The sentry said, "The messenger reached them, but he's not returning."

19 The king then sent a second horseman. When he reached them he said, "The king wants to know

병사가 예후에게 이르러 말했다. "무슨 잘못된 일이라도 있는지 왕께서 알고자 하십니다."
예후가 말했다. "잘못된 일이든 아니든, 그게 너와 무슨 상관이냐? 내 뒤로 물러나거라."
20 초병이 말했다. "그들에게 간 병사가 또 돌아오지 않습니다. 그런데 미친 듯이 전차를 모는 모습이 꼭 님시의 아들 예후 같습니다!"
21 요람이 명령했다. "내 전차를 준비시켜라!" 그들은 그의 전차에 말을 맸다. 이스라엘 왕 요람과 유다 왕 아하시야가 각자 자기 전차를 타고 예후를 만나러 나갔다. 그들은 이스르엘 사람 나봇의 땅에서 마주쳤다.
22 요람이 예후를 보고 큰소리로 말했다. "좋은 날이요, 예후!"
예후가 대답했다. "좋기는 뭐가 좋다는 말이오? 당신 어머니 이세벨의 음란한 창녀 짓과 주술이 나라를 더럽히고 있는데, 어찌 좋은 일이 있을 수 있겠소?"
23 요람이 전차를 돌려 도망치면서 아하시야에게 외쳤다. "아하시야, 함정이오!"
24 예후가 활을 당겨 화살을 쏘자, 화살이 요람의 양 어깨뼈 사이에 맞아 심장을 관통했다. 요람은 전차 안에 쓰러졌다.
25-26 예후가 부관 빗갈에게 명령했다. "어서 그를 이스르엘 사람 나봇의 밭에 던져라. 너와 내가 그의 아버지 아합 뒤에서 전차를 몰던 때를 기억하느냐? 그때 하나님께서 그에게 이렇게 될 운명을 선고하셨다. '내가 어제 살해당한 나봇과 그 아들들의 피를 분명히 보았으니, 네가 정확히 이 땅 위에서 그 값을 치를 것이다. 하나님의 말씀이다!' 그러니 그를 들어다 이 밭에 던져 버려라. 하나님의 말씀이 다 그대로 이루어졌다!"
27 유다 왕 아하시야는 사태를 파악하고 벳하간 쪽 길로 도망쳤다. 예후는 그를 추격하며 외쳤다. "저 자도 잡아라!" 이블르암 근처 구르로 올라가는 언덕에서 예후의 군대가 전차 안에 있는 아하시야를 찔러 부상을 입혔다. 그는 므깃도까지 갔으나, 거기서 죽었다.
28 그의 측근들이 예루살렘까지 전차를 몰고 가서 다윗 성의 가족 묘지에 그를 묻었다.

29 아합의 아들 요람 왕 십일년에, 아하시야가 유다의 왕이 되었다.

if there's anything wrong."
Jehu said, "What's it to you whether things are right or wrong? Fall in behind me."
20 The sentry said, "The messenger reached them, but he's not returning. The driving is like the driving of Jehu son of Nimshi–crazy!"
21 Joram ordered, "Get my chariot ready!" They hitched up his chariot. Joram king of Israel and Ahaziah king of Judah, each in his own chariot, drove out to meet Jehu. They met in the field of Naboth of Jezreel.
22 When Joram saw Jehu he called out, "Good day, Jehu!"
Jehu answered, "What's good about it? How can there be anything good about it as long as the promiscuous whoring and sorceries of your mother Jezebel pollute the country?"
23 Joram wheeled his chariot around and fled, yelling to Ahaziah, "It's a trap, Ahaziah!"
24 Jehu pulled on his bow and released an arrow; it hit Joram between the shoulder blades and went right through his heart. He slumped to his knees in his chariot.
25-26 Jehu ordered Bidkar, his lieutenant, "Quick–throw him into the field of Naboth of Jezreel. Remember when you and I were driving our chariots behind Ahab his father? That's when GOD pronounced this doom upon him: 'As surely as I saw the blood of murdered Naboth and his sons yesterday, you'll pay for it on this exact piece of ground. GOD's word!' So take him and throw him out in the field. GOD's instructions carried out to the letter!"
27 Ahaziah king of Judah saw what was going on and made his escape on the road toward Beth Haggan. Jehu chased him, yelling out, "Get him, too!" Jehu's troops shot and wounded him in his chariot on the hill up to Gur, near Ibleam. He was able to make it as far as Megiddo; there he died.
28 His aides drove on to Jerusalem. They buried him in the family plot in the City of David.

29 In the eleventh year of the reign of Joram son of Ahab, Ahaziah had become king of Judah.

이세벨의 최후

30-31 예후가 이스르엘에 도착했다는 말을 들은
이세벨은, 눈화장을 하고 머리를 만져 단장한 뒤
에 유혹하는 모습으로 창가에 서 있었다. 예후가
성문에 들어서자, 그녀는 아래를 내려다보며 외
쳤다. "무참하게 왕을 죽인 '시므리' 같은 놈아, 그
래 어떠냐?"
32 예후가 창을 올려다보며 외쳤다. "그 위에 내
편이 될 사람이 있느냐?" 왕궁 내시 두세 명이 내
다보았다.
33 예후가 "그 여자를 아래로 던져라!" 하고 명령
하니, 그들이 이세벨을 들어 창밖으로 던졌다. 그
녀의 피가 벽과 말에 튀었고, 예후는 자기가 탄
말의 말발굽으로 그녀를 짓밟았다.
34 그런 다음 예후는 안으로 들어가 점심을 먹었
다. 점심을 먹으면서 그가 명령했다. "저 저주받
은 여자를 거두어서 안장해 주어라. 그래도 왕의
딸이 아니더냐."
35-36 그들이 그녀를 묻으러 나갔으나, 두개골과
손발 외에는 남은 것이 없었다. 그들이 돌아와서
예후에게 말하니, 그가 말했다. "하나님의 말씀,
곧 디셉 사람 엘리야가 전한 말씀이다.

이스르엘 밭에서
개들이 이세벨을 먹을 것이다.
37 이세벨의 몸은 이스르엘 땅에서
개의 배설물처럼 될 것이다.
옛 친구와 연인들이
'이것이 정말 이세벨이 맞는가?' 하고 말할 것
이다."

아합의 자손이 살해되다

10 1-2 아합의 아들 일흔 명이 아직 사마
리아에 살고 있었다. 예후는 사마리아
에 있는 이스르엘 관리와 성읍 원로와 아합의 아
들들을 맡고 있는 자들 앞으로 편지를 써서 보냈
다. 편지 내용은 이러했다.

2-3 이 편지는 정당한 경고요. 그대들은 주인의
자녀들과 전차와 말과 요새와 무기를 책임지고
있소. 주인의 아들들 가운데서 가장 훌륭하고
유능한 사람을 뽑아 왕위에 앉히시오. 그리고
주인의 지위를 위해 싸울 준비를 하시오.

4 그들은 편지를 읽고 완전히 겁에 질려서 말했

30-31 When Jezebel heard that Jehu had arrived in
Jezreel, she made herself up–put on eyeshadow
and arranged her hair–and posed seductively at
the window. When Jehu came through the city
gate, she called down, "So, how are things, 'Zimri,'
you dashing king-killer?"
32 Jehu looked up at the window and called, "Is
there anybody up there on my side?" Two or three
palace eunuchs looked out.
33 He ordered, "Throw her down!" They threw
her out the window. Her blood spattered the wall
and the horses, and Jehu trampled her under his
horse's hooves.
34 Then Jehu went inside and ate his lunch. During
lunch he gave orders, "Take care of that damned
woman; give her a decent burial–she is, after all, a
king's daughter."
35-36 They went out to bury her, but there was
nothing left of her but skull, feet, and hands. They
came back and told Jehu. He said, "It's GOD's word,
the word spoken by Elijah the Tishbite:

In the field of Jezreel,
dogs will eat Jezebel;
37 The body of Jezebel will be like
dog-droppings on the ground in Jezreel.
Old friends and lovers will say,
'I wonder, is *this* Jezebel?'"

10 1-2 Ahab had seventy sons still living in
Samaria. Jehu wrote letters addressed to
the officers of Jezreel, the city elders, and those in
charge of Ahab's sons, and posted them to Samaria.
The letters read:

2-3 This letter is fair warning. You're in charge
of your master's children, chariots, horses,
fortifications, and weapons. Pick the best and
most capable of your master's sons and put him
on the throne. Prepare to fight for your master's
position.

4 They were absolutely terrified at the letter. They
said, "Two kings have already been wiped out by

다. "그가 이미 두 왕을 제거했는데, 우리에게 무슨 희망이 있겠는가?"

5 그래서 그들은 왕궁 관리와 성읍 시장, 원로, 후견인들을 예후에게 보내며 메시지를 전했다. "우리는 당신의 종이니, 당신이 뭐라고 말씀하시든 그대로 행하겠습니다. 우리는 이쪽에서 누구도 왕으로 삼지 않겠습니다. 당신이 책임자입니다. 당신 생각에 좋은 대로 하십시오."

6-7 그러자 예후가 두 번째 편지를 썼다.

그대들이 내 편이고 기꺼이 내 명령에 따르겠다면, 이렇게 하시오. 주인의 아들들의 목을 베어 내일 이맘때까지 그 머리를 이스르엘에 있는 내게 가져오시오.

왕자들은 일흔 명이었다. 성읍 지도자들이 그들을 돌보고 있었다. 그들은 편지를 받고 나서, 왕자들을 잡아 일흔 명을 모두 죽였다. 그런 다음 그 머리를 광주리에 담아 이스르엘에 있는 예후에게 보냈다.

8 전령이 예후에게 보고했다. "그들이 왕자들의 머리를 가져왔습니다."

그가 말했다. "그 머리들을 두 무더기로 나누어 아침까지 성문 앞에 쌓아 두어라."

9-10 아침에 예후가 백성 앞에 나가 공식적으로 말했다. "여러분이 오늘 하나님께서 펼치시는 의로운 일에 참여하고 있다는 것을 알겠습니까? 그렇습니다. 내 주인에게 반역하여 음모를 꾸미고 그를 암살한 사람이 나입니다. 하지만 여기 쌓인 머리들은 누가 한 일이겠습니까? 분명히 아십시오. 하나님께서 아합 가문의 심판에 대해 하신 말씀이 한 글자도 취소되지 않았다는 것을 지금 여러분의 눈으로 똑똑히 보고 있습니다. 하나님께서는 엘리야를 통해 말씀하신 일을 그대로 행하셨습니다."

11 그런 다음 예후는 아합 가문과 조금이라도 관계가 있는 이스르엘 사람을 전부 죽였다. 또 아합 가문의 지도자와 친구와 제사장들을 모조리 없애 버렸다.

12-13 그 일을 마치자, 예후는 자리를 털고 일어나 사마리아로 떠났다. 가는 길에 목자들의 벳에켓(묶는 집)에서 유다 왕 아하시야의 친척 몇 사람을 만났다.

예후가 말했다. "여러분은 누구시오?"

him; what hope do we have?"

5 So they sent the warden of the palace, the mayor of the city, the elders, and the guardians to Jehu with this message: "We are your servants. Whatever you say, we'll do. We're not making anyone king here. You're in charge–do what you think best."

6-7 Then Jehu wrote a second letter:

If you are on my side and are willing to follow my orders, here's what you do: Decapitate the sons of your master and bring the heads to me by this time tomorrow in Jezreel.

The king's sons numbered seventy. The leaders of the city had taken responsibility for them. When they got the letter, they took the king's sons and killed all seventy. Then they put the heads in baskets and sent them to Jehu in Jezreel.

8 A messenger reported to Jehu: "They've delivered the heads of the king's sons."

He said, "Stack them in two piles at the city gate until morning."

9-10 In the morning Jehu came out, stood before the people, and addressed them formally: "Do you realize that this very day you are participants in GOD's righteous workings? True, I am the one who conspired against my master and assassinated him. But who, do you suppose, is responsible for this pile of skulls? Know this for certain: Not a single syllable that GOD spoke in judgment on the family of Ahab is canceled; you're seeing it with your own eyes–GOD doing what, through Elijah, he said he'd do."

11 Then Jehu proceeded to kill everyone who had anything to do with Ahab's family in Jezreel–leaders, friends, priests. He wiped out the entire lot.

12-13 That done, he brushed himself off and set out for Samaria. Along the way, at Beth Eked (Binding House) of the Shepherds, he met up with some relatives of Ahaziah king of Judah.

Jehu said, "Who are you?"

They said, "We're relatives of Ahaziah and we've come down to a reunion of the royal family."

그들이 말했다. "우리는 아하시야의 친척인데, 왕실 가족모임을 하러 내려왔습니다."
14 "이들을 잡아라!" 예후가 명령했다. 부하들이 그들을 잡아 벳에켓 우물가에서 죽였다. 모두 마흔두 명이었는데, 그들 중 살아남은 자는 아무도 없었다.
15 예후가 거기서 계속 가다가 레갑 사람 여호나답과 마주쳤다. 여호나답은 예후를 만나러 오던 길이었다. 예후가 그에게 인사하며 말했다. "우리가 한편이며 이 일에 한마음이오?"
여호나답이 말했다. "그렇습니다. 믿어 주십시오."
예후가 말했다. "그렇다면 그대의 손을 내미시오."
그들은 악수로 뜻이 같음을 확인했고, 여호나답은 예후가 탄 전차에 올라섰다.
16 예후가 말했다. "나와 함께 가서, 하나님을 위한 내 열심이 어느 정도인지 보시오." 그들은 함께 전차를 타고 나아갔다.
17 사마리아에 도착하자, 예후는 그곳에 남아 있던 아합과 조금이라도 관계 있는 사람들을 모두 죽였다. 하나님께서 엘리야에게 말씀하신 대로 수많은 사람들이 죽었다.
18-19 그 후에 예후는 온 백성을 모아 놓고 말했다.

"아합은 바알을 대단찮게 섬겼으나
예후는 확실하게 섬길 것입니다.

바알의 모든 예언자, 바알을 섬긴 모든 사람과 모든 제사장을 이곳에 모아 주십시오. 내가 바알께 큰 제사를 드리려고 하니, 한 사람도 빠뜨리지 말고 모두 모아 주셔야 합니다. 나타나지 않는 자는 살아남지 못할 것입니다."(물론 예후는 거짓말을 하고 있었다. 그는 바알을 섬기는 자들을 모두 죽일 작정이었다.)
20 예후가 명령했다. "바알을 위해 거룩한 집회를 준비하여라." 그러자 집회가 준비되고 날짜가 공포되었다.
21 이어 예후가 이스라엘 모든 사람을 불러 모으자, 나라 안에 있던 바알을 섬기는 자들이 한 명도 빠짐없이 무리를 지어 왔다. 그들이 와서 바알 신전을 가득 채웠다.
22 예후가 예복을 관리하는 사람에게 지시했다. "바알의 모든 종에게 예복을 주어라." 예복을 관리하는 사람이 그들의 예복을 내왔다.
23-24 예후와 레갑 사람 여호나답이 드디어 바알 신전에 들어가서 말했다. "다시 한번 확인하여 이

14 "Grab them!" ordered Jehu. They were taken and then massacred at the well of Beth Eked. Forty-two of them – no survivors.
15 He went on from there and came upon Jehonadab the Recabite who was on his way to meet him. Greeting him, he said, "Are we together and of one mind in this?"
Jehonadab said, "We are – count on me."
"Then give me your hand," said Jehu.
They shook hands on it and Jehonadab stepped up into the chariot with Jehu.
16 "Come along with me," said Jehu, "and witness my zeal for GOD." Together they proceeded in the chariot.
17 When they arrived in Samaria, Jehu massacred everyone left in Samaria who was in any way connected with Ahab – a mass execution, just as GOD had told Elijah.
18-19 Next, Jehu got all the people together and addressed them:

Ahab served Baal small-time;
Jehu will serve him big-time.

"Get all the prophets of Baal here – everyone who served him, all his priests. Get everyone here; don't leave anyone out. I have a great sacrifice to offer Baal. If you don't show up, you won't live to tell about it." (Jehu was lying, of course. He planned to destroy all the worshipers of Baal.)
20 Jehu ordered, "Make preparation for a holy convocation for Baal." They did and posted the date.
21 Jehu then summoned everyone in Israel. They came in droves – every worshiper of Baal in the country. Nobody stayed home. They came and packed the temple of Baal to capacity.
22 Jehu directed the keeper of the wardrobe, "Get robes for all the servants of Baal." He brought out their robes.
23-24 Jehu and Jehonadab the Recabite now entered the temple of Baal and said, "Double-check and make sure that there are no worshipers of GOD in here; only Baal-worshipers are allowed." Then they launched the worship, making the sacrifices and

곳에 하나님을 예배하는 자가 한 사람도 없게 하십시오. 바알 예배자만 들어올 수 있습니다." 그들은 제물과 번제를 바쳐 예배를 시작했다.
한편, 예후는 바깥에 여든 명을 배치하고 이렇게 명령했다. "단 한 사람도 도망치게 해서는 안된다. 도망치게 했다가는 자기 목숨으로 대가를 치러야 할 것이다."
25-27 제사 의식을 마친 뒤에, 예후는 지휘관과 호위병들에게 신호를 보냈다. "안으로 들어가서, 한 사람도 살려 두지 말고 모조리 죽여라!"
피비린내 나는 살육이 시작되었다. 지휘관과 호위병들은 시체들을 밖으로 내던지며 바알 산당의 내실로 들어가는 길을 만들었다. 그들은 바알 신전에서 남근 모양의 석상을 끌어내 깨부수었다. 바알의 제단들을 때려 부수고 바알 신전을 허물었다. 그 후로 그곳은 공중화장실이 되었다.
28 그렇게 해서 예후는 이스라엘에서 바알을 완전히 몰아냈다.
29 그 모든 일에도 불구하고, 예후는 느밧의 아들 여로보암의 죄, 곧 이스라엘을 죄악된 삶으로 끌어들인 죄에서는 돌아서지 않았다. 베델과 단의 금송아지들을 남겨 두었던 것이다.
30 하나님께서 예후를 칭찬하셨다. "너는, 내가 보기에 일을 가장 잘 처리했다. 아합 가문에 대해 내가 명령한 대로 행했다. 그 상으로 네 자손이 사 대에 걸쳐 이스라엘의 왕위를 차지할 것이다."
31 그러나 그 후로 예후는 주의하여 하나님의 길로 가지 않았고, 한마음으로 이스라엘의 하나님을 높이지도 않았다. 그는 이스라엘을 죄악된 삶으로 끌어들인 느밧의 아들 여로보암의 죄에서 돌아서지 않았다.

32-33 이때부터 하나님께서 이스라엘을 줄어들게 하셨다. 하사엘이 요단 강 동쪽에서 이스라엘의 국경을 침략해 왔다. 그는 아르논 시냇가 근처의 아로엘에서부터 길르앗, 갓, 르우벤, 므낫세의 영토 전역, 곧 길르앗과 바산 전체를 공격했다.
34-36 예후의 나머지 생애와 시대, 그의 업적과 명성은 '이스라엘 왕 연대기'에 기록되어 있다. 예후는 죽어서 사마리아의 가족 묘지에 묻혔다. 그의 아들 여호아하스가 뒤를 이어 왕이 되었다. 예후는 사마리아에서 이십팔 년 동안 이스라엘을 다스렸다.

burnt offerings.
Meanwhile, Jehu had stationed eighty men outside with orders: "Don't let a single person escape; if you do, it's your life for his life."
25-27 When Jehu had finished with the sacrificial solemnities, he signaled to the officers and guards, "Enter and kill! No survivors!"
And the bloody slaughter began. The officers and guards threw the corpses outside and cleared the way to enter the inner shrine of Baal. They hauled out the sacred phallic stone from the temple of Baal and pulverized it. They smashed the Baal altars and tore down the Baal temple. It's been a public toilet ever since.
28 And that's the story of Jehu's wasting of Baal in Israel.
29 But for all that, Jehu didn't turn back from the sins of Jeroboam son of Nebat, the sins that had dragged Israel into a life of sin – the golden calves in Bethel and Dan stayed.
30 GOD commended Jehu: "You did well to do what I saw was best. You did what I ordered against the family of Ahab. As reward, your sons will occupy the throne of Israel for four generations."
31 Even then, though, Jehu wasn't careful to walk in GOD's ways and honor the God of Israel from an undivided heart. He didn't turn back from the sins of Jeroboam son of Nebat, who led Israel into a life of sin.

32-33 It was about this time that GOD began to shrink Israel. Hazael hacked away at the borders of Israel from the Jordan to the east – all the territory of Gilead, Gad, Reuben, and Manasseh from Aroer near the Brook Arnon. In effect, all Gilead and Bashan.
34-36 The rest of the life and times of Jehu, his accomplishments and fame, are written in *The Chronicles of the Kings of Israel*. Jehu died and was buried in the family plot in Samaria. His son Jehoahaz was the next king. Jehu ruled Israel from Samaria for twenty-eight years.

유다 여왕 아달랴

11 1-3 아하시야의 어머니 아달랴는 아들이 죽은 것을 보고는, 정권을 잡았다. 그녀는 먼저 왕족을 모두 죽이기 시작했다. 그러나 여호람 왕의 딸이요 아하시야의 누이인 여호세바가 죽을 운명에 처한 왕자들 중에서 아하시야의 아들 요아스를 몰래 빼냈다. 그녀가 아달랴를 피해 요아스와 그 유모를 은밀한 곳에 숨겨서, 요아스는 죽음을 면할 수 있었다. 요아스는 여호세바와 함께 육 년 동안 하나님의 성전에서 숨어 지냈다. 아달랴는 그가 살아 있는 줄 모른 채 나라를 다스렸다.

4 칠 년째 되던 해에, 여호야다가 사람을 보내 경호대 지휘관과 왕궁 호위대 지휘관들을 불렀다. 그들은 하나님의 성전에서 여호세바를 만났다. 여호야다는 그들과 언약을 맺고 비밀을 엄수할 것을 맹세하게 한 뒤, 어린 왕자를 보여주었다.

5-8 그리고 그들에게 명령했다. "여러분은 이렇게 하십시오. 여러분 가운데 안식일에 당번이어서 왕궁을 지키는 자들과 안식일에 비번이어서 하나님의 성전을 지키는 자들은 호위병 교대 시간에 무장한 채로 합세하여 어린 왕을 둘러싸십시오. 여러분의 대열을 뚫고 지나가려는 자는 누구를 막론하고 죽여야 합니다. 왕이 출입하실 때에는 언제 어디서나 왕 옆을 지켜야 합니다."

9-11 군지휘관들은 제사장 여호야다의 지시에 따랐다. 각자 안식일에 당번인 부하들과 비번인 부하들을 데리고 제사장 여호야다에게로 왔다. 제사장은 하나님의 성전에 보관되어 있던 다윗 왕의 창과 방패로 지휘관들을 무장시켰다. 무장한 호위병들은 왕을 보호하기 위해 성전 한쪽 끝에서 반대쪽 끝까지 저마다 맡은 자리로 가서 제단과 성전을 에워쌌다.

12 그때 제사장이 왕자를 데리고 나와 그에게 왕관을 씌우고, 하나님의 언약이 담긴 두루마리를 준 뒤에 그를 왕으로 세웠다. 그에게 기름을 붓자, 모두가 손뼉을 치며 "요아스 왕 만세!"를 외쳤다.

13-14 아달랴가 호위병들과 백성의 함성을 듣고 하나님의 성전에 모여 있는 무리에게로 갔다. 그녀는 왕이 보좌 옆에서 양옆에 군지휘관과 전령의 호위를 받으며 서 있는 모습을 보고 깜짝 놀랐다. 모두 나팔을 불며 크게 기뻐했다. 아달랴는 당황하여 옷을 찢으며 "반역이다! 반역이다!" 하고 소리쳤다.

Athaliah of Judah

11 1-3 Athaliah was the mother of Ahaziah. When she saw that her son was dead, she took over. She began by massacring the entire royal family. But Jehosheba, daughter of King Joram and sister of Ahaziah, took Ahaziah's son Joash and kidnapped him from among the king's sons slated for slaughter. She hid him and his nurse in a private room away from Athaliah. He didn't get killed. He was there with her, hidden away for six years in The Temple of GOD. Athaliah, oblivious to his existence, ruled the country.

4 In the seventh year Jehoiada sent for the captains of the bodyguards and the Palace Security Force. They met him in The Temple of GOD. He made a covenant with them, swore them to secrecy, and only then showed them the young prince.

5-8 Then he commanded them, "These are your instructions: Those of you who come on duty on the Sabbath and guard the palace, and those of you who go off duty on the Sabbath and guard The Temple of GOD, are to join forces at the time of the changing of the guard and form a ring around the young king, weapons at the ready. Kill anyone who tries to break through your ranks. Your job is to stay with the king at all times and places, coming and going."

9-11 The captains obeyed the orders of Jehoiada the priest. Each took his men, those who came on duty on the Sabbath and those who went off duty on the Sabbath, and presented them to Jehoiada the priest. The priest armed the officers with spears and shields originally belonging to King David, stored in The Temple of GOD. Well-armed, the guards took up their assigned positions for protecting the king, from one end of The Temple to the other, surrounding both Altar and Temple.

12 Then the priest brought the prince into view, crowned him, handed him the scroll of God's covenant, and made him king. As they anointed him, everyone applauded and shouted, "Long live the king!"

13-14 Athaliah heard the shouting of guards and people and came to the crowd gathered at The Temple of GOD. Astonished, she saw the king

15-16 제사장 여호야다가 군지휘관들에게 명령했다. "저 여자를 밖으로 끌어내시오. 저 여자를 따르는 자는 모두 쳐죽이시오!" (제사장은 "하나님의 성전 안에서는 그녀를 죽이지 말라"고 일러두었다.) 그래서 그들은 그녀를 끌어내어 왕궁 마구간 앞에서 죽였다.

17 여호야다는 하나님과 왕과 백성 사이에 언약을 맺었다. 그들은 이제 하나님의 백성이었다. 왕과 백성 사이에도 따로 언약을 맺었다.

18-20 백성은 바알 신전으로 몰려가 그 신전을 허물고, 제단과 우상들을 산산이 깨뜨려 부수었다. 제사장 맛단을 제단 앞에서 죽였다.

그런 다음 여호야다는 하나님의 성전에 경비병들을 배치했다. 그는 경호대 지휘관과 왕궁 호위대 지휘관, 그리고 백성과 함께 왕을 호위하여 하나님의 성전에서 내려와 호위대 문을 지나서 왕궁으로 들어갔다. 왕이 왕좌에 앉자 모두가 기뻐했다. 무리가 아달랴를 왕의 검으로 죽인 이후, 그 도성은 안전하고 평온한 곳이 되었다.

21 요아스가 왕이 되었을 때 그의 나이 일곱 살이었다.

유다 왕 요아스

12

1 예후 칠년에, 요아스가 왕이 되어 예루살렘에서 사십 년 동안 다스렸다. 그의 어머니는 브엘세바 출신 시비아(영양)다.

2-3 제사장 여호야다의 가르침을 받은 요아스는 살아 있는 동안 하나님을 기쁘게 해드렸다. (그럼에도 다산 산당들은 제거하지 않아서, 백성이 여전히 그곳을 찾아 제사를 지내고 향을 피웠다.)

4-5 요아스가 제사장들에게 지시했다. "하나님의 성전에 들어오는 거룩한 헌금, 곧 의무적으로 바치는 헌금과 자원하여 바치는 헌금을 잘 계산하여, 성전 안에 파손된 곳이 *있거든 그것으로 보수하시오."*

6 그러나 요아스가 왕이 된 지 이십삼 년이 지나도록 제사장들은 아무 일도 하지 않았다. 성전은 전에 없이 황폐해졌다.

7 요아스 왕이 제사장 여호야다와 다른 제사

standing beside the throne, flanked by the captains and heralds, with everybody beside themselves with joy, trumpets blaring. Athaliah ripped her robes in dismay and shouted, "Treason! Treason!"

15-16 Jehoiada the priest ordered the military officers, "Drag her outside and kill anyone who tries to follow her!" (The priest had said, "Don't kill her inside The Temple of GOD.") So they dragged her out to the palace's horse corral; there they killed her.

17 Jehoiada now made a covenant between GOD and the king and the people: They were GOD's people. Another covenant was made between the king and the people.

18-20 The people poured into the temple of Baal and tore it down, smashing altar and images to smithereens. They killed Mattan the priest in front of the altar.

Jehoiada then stationed sentries in The Temple of GOD. He arranged for the officers of the bodyguard and the palace security, along with the people themselves, to escort the king down from The Temple of GOD through the Gate of the Guards and into the palace. There he sat on the royal throne. Everybody celebrated the event. And the city was safe and undisturbed–they had killed Athaliah with the royal sword.

21 Joash was seven years old when he became king.

Joash of Judah

12

1 In the seventh year of Jehu, Joash began his kingly rule. He was king for forty years in Jerusalem. His mother's name was Gazelle. She was from Beersheba.

2-3 Taught and trained by Jehoiada the priest, Joash did what pleased GOD for as long as he lived. (Even so, he didn't get rid of the sacred fertility shrines–people still frequented them, sacrificing and burning incense.)

4-5 Joash instructed the priests: "Take the money that is brought into The Temple of GOD for holy offerings–both mandatory offerings and freewill offerings–and, keeping a careful accounting, use them to renovate The Temple wherever it has fallen into disrepair."

6 But by the twenty-third year of Joash's rule, the priests hadn't done one thing–The Temple was as dilapidated as ever.

7 King Joash called Jehoiada the priest and the company of priests and said, "Why haven't you renovated this

장들을 불러 놓고 말했다. "어찌하여 초라하기 짝이 없는 이 성전을 아직까지 보수하지 않고 있소? 성전 보수를 위해 돈을 거두는 일을 이제 금지하겠소. 이제부터는 들어오는 돈을 모두 넘기도록 하시오."

8 제사장들은 더 이상 돈을 거두거나 성전을 보수하는 일에 관여하지 않기로 했다.

9-16 그러자 여호야다는 궤 하나를 가져다가 뚜껑에 구멍을 뚫어 **하나님**의 성전 정문 오른쪽에 두었다. 문을 지키는 제사장들은 **하나님**의 성전에 가져오는 모든 헌금을 그 궤에 넣었다. 궤 안에 돈이 가득 차면, 왕의 서기관과 대제사장이 궤를 비우고 헌금을 계산하곤 했다. 그들은 계산한 돈을 성전 사업 관리자들에게 주었고, 그들은 그것을 다시 목수, 건축 일꾼, 석수, 석공, 그리고 **하나님**의 성전 수리와 보수에 쓸 재목과 다듬은 돌을 구입하는 사람들에게 지불했다. 성전 보수에 관계된 모든 비용을 댄 것이다. 그러나 **하나님**의 성전에 들어오는 돈을 예전용 추가물품(은잔, 초의 심지를 자르는 도구, 나팔, 각종 금은 그릇 등)을 구입하는 데는 사용하지 않았다. 장인들에게 주어 **하나님**의 성전 보수에만 쓰게 했다. 또한 이 사업에 쓰는 돈을 취급하는 사람들에 대해 확인할 필요가 없었는데, 그것은 그들이 정직한 사람들이었기 때문이다. 보상 제물과 속죄 제물로 지정된 헌물은 건물 사업에 들어가지 않고 바로 제사장들에게 갔다.

17-18 이즈음 아람 왕 하사엘이 용감히 나아가 가드를 공격하여 그곳을 점령했다. 그는 내친김에 예루살렘도 치기로 했다. 이에 대한 대책으로 유다 왕 요아스는 모든 신성한 기념물—조상인 유다 왕 여호사밧과 여호람과 아하시야가 거룩한 용도로 바친 예물, 자기 자신이 받았던 거룩한 기념물, 성전과 왕궁 창고들에 있는 모든 금까지—을 모아다가 아람 왕 하사엘에게 보냈다. 하사엘은 만족하여 자기 길로 갔고 예루살렘을 공격하지 않았다.

19-21 요아스의 나머지 생애와 시대, 그가 행한 모든 일은 '유다 왕 연대기'에 기록되어 있다. 말년에 그의 신하들이 모의하여, 외곽 요새 성벽의 진입로를 거닐고 있는 요아스를 암살했다. 암살자들은 시므앗의 아들 요사

sorry-looking Temple? You are forbidden to take any more money for Temple repairs–from now on, hand over everything you get."

8 The priests agreed not to take any more money or to be involved in The Temple renovation.

9-16 Then Jehoiada took a single chest and bored a hole in the lid and placed it to the right of the main entrance into The Temple of GOD. All the offerings that were brought to The Temple of GOD were placed in the chest by the priests who guarded the entrance. When they saw that a large sum of money had accumulated in the chest, the king's secretary and the chief priest would empty the chest and count the offerings. They would give the money accounted for to the managers of The Temple project; they in turn would pay the carpenters, construction workers, masons, stoneworkers, and the buyers of timber and quarried stone for the repair and renovation of The Temple of GOD–any expenses connected with fixing up The Temple. But none of the money brought into The Temple of GOD was used for liturgical "extras" (silver chalices, candle snuffers, trumpets, various gold and silver vessels, etc.). It was given to the workmen to pay for their repairing GOD's Temple. And no one even had to check on the men who handled the money given for the project–they were honest men. Offerings designated for Compensation Offerings and Absolution Offerings didn't go into the building project–those went directly to the priests.

17-18 Around this time Hazael king of Aram ventured out and attacked Gath, and he captured it. Then he decided to try for Jerusalem. Joash king of Judah countered by gathering up all the sacred memorials–gifts dedicated for holy use by his ancestors, the kings of Judah, Jehoshaphat, Jehoram, and Ahaziah, along with the holy memorials he himself had received, plus all the gold that he could find in the temple and palace storerooms–and sent it to Hazael king of Aram. Appeased, Hazael went on his way and didn't bother Jerusalem.

19-21 The rest of the life and times of Joash and all that he did are written in *The Chronicles of the Kings of Judah*. At the last his palace staff formed a conspiracy and assassinated Joash as he was strolling along the ramp of the fortified outside city wall. Jozabad son of Shimeath and Jehozabad son of Shomer were the

갈과 소멜의 아들 여호사바드였다. 요아스는 그렇게 죽어서 다윗 성의 가족 묘지에 묻혔다. 그의 아들 아마샤가 뒤를 이어 왕이 되었다.

이스라엘 왕 여호아하스

13 1-3 유다 왕 아하시야의 아들 요아스 이십삼년에, 예후의 아들 여호아하스가 사마리아에서 이스라엘의 왕이 되어 십칠 년 동안 다스렸다. 그는 이스라엘을 죄악된 삶으로 끌어들인 느밧의 아들 여로보암의 길을 그대로 밟았다. 왼쪽으로나 오른쪽으로 치우치는 법도 없이, 하나님 앞에서 한결같이 악하게 살았다. 하나님께서 크게 노하셔서, 이스라엘을 아람 왕 하사엘과 하사엘의 아들 벤하닷의 손에 넘기셨다. 그들의 지배는 오랫동안 계속되었다.

4-6 여호아하스는 하나님의 진노가 누그러지기를 기도했고, 하나님께서 그 기도를 들으셨다. 아람 왕의 압제 아래서 이스라엘이 얼마나 비참해졌는지 그분께서 아셨다. 그래서 하나님께서는 구원자를 보내셔서, 아람의 압제에서 그들을 이끌어 내게 하셨다. 이스라엘 자손은 다시 고향에서 평화롭게 살 수 있게 되었다. 하지만 달라진 것은 없었다. 그들은 자신들의 삶을 고치지 않았고, 이제는 이스라엘의 특징이 되어 버린 여로보암의 죄에서 돌아서지 않았다. 사마리아에 여전히 성행하고 있던 아세라의 음란한 종교 산당이 그중 하나였다.

7 하사엘의 압제를 겪고 난 여호아하스의 군대에는 기병 쉰 명과 전차 열 대와 보병 만 명밖에 남지 않았다. 나머지는 아람 왕에 의해 초토화되어 남은 것이라고는 쭉정이뿐이었다.

8-9 여호아하스의 나머지 생애와 시대, 그의 업적에 대한 기록은 '이스라엘 왕 연대기'에 남아 있다. 여호아하스는 죽어서 자기 조상과 함께 사마리아에 묻혔다. 그의 아들 여호아스가 뒤를 이어 왕이 되었다.

이스라엘 왕 여호아스

10-11 유다의 요아스 왕 삼십칠년에, 여호아하스의 아들 여호아스가 사마리아에서 이스라엘의 *왕이 되어 십육 년 동안 다스렸다.* 그는 하나님 앞에서 악하게 살았다. 그는 이스라엘을 죄악된 삶으로 끌어들인 느밧의 아들 여로보암의 죄에서 한 걸음도 벗어나지 않았다. 그와 똑같은 길을 그대로 걸었다.

assassins. And so Joash died and was buried in the family plot in the City of David. His son Amaziah was king after him.

Jehoahaz of Israel

13 1-3 In the twenty-third year of Joash son of Ahaziah king of Judah, Jehoahaz son of Jehu became king of Israel in Samaria—a rule of seventeen years. He lived an evil life before GOD, walking step for step in the tracks of Jeroboam son of Nebat who led Israel into a life of sin, swerving neither left or right. Exasperated, GOD was furious with Israel and turned them over to Hazael king of Aram and Ben-Hadad son of Hazael. This domination went on for a long time.

4-6 Then Jehoahaz prayed for a softening of GOD's anger, and GOD listened. He realized how wretched Israel had become under the brutalities of the king of Aram. So GOD provided a savior for Israel who brought them out from under Aram's oppression. The children of Israel were again able to live at peace in their own homes. But it didn't make any difference: They didn't change their lives, didn't turn away from the Jeroboam-sins that now characterized Israel, including the sex-and-religion shrines of Asherah still flourishing in Samaria.

7 Nothing was left of Jehoahaz's army after Hazael's oppression except for fifty cavalry, ten chariots, and ten thousand infantry. The king of Aram had decimated the rest, leaving behind him mostly chaff.

8-9 The rest of the life and times of Jehoahaz, the record of his accomplishments, are written in *The Chronicles of the Kings of Israel*. Jehoahaz died and was buried with his ancestors in Samaria. His son Jehoash succeeded him as king.

Jehoash of Israel

10-11 In the thirty-seventh year of Joash king of Judah, Jehoash son of Jehoahaz became king of Israel in Samaria—a reign of sixteen years. In GOD's eyes he lived an evil life. He didn't deviate one bit from the sins of Jeroboam son of Nebat, who led Israel into a life of sin. He plodded along in the same tracks, step after step.

12-13 여호아스의 나머지 생애와 시대, 그의 업적과 유다 왕 아마샤와의 전쟁에 대한 기록은 '이스라엘 왕 연대기'에 남아 있다. 여호아스는 죽어서 자기 조상에게 돌아갔다. 여로보암이 그의 왕위를 이어받았다. 여호아스는 사마리아 왕실 묘지에 묻혔다.

14 엘리사가 병이 들었다. 곧 죽게 될 병이었다. 이스라엘 왕 여호아스가 그에게 문병을 갔다. 그는 엘리사를 보더니 흐느껴 울며 외쳤다. "내 아버지여, 내 아버지여, 이스라엘의 전차와 기병이시여!"

15 엘리사가 그에게 말했다. "가서 활과 화살을 가져오십시오." 왕은 활과 화살을 가져왔다.

16 그러자 엘리사가 왕에게 말했다. "손으로 활을 잡으십시오." 왕이 손으로 활을 잡자, 엘리사가 왕의 손 위에 자기 손을 얹었다.

17 엘리사가 말했다. "이제 동쪽 창문을 여십시오." 왕이 창문을 열었다.

그러자 엘리사가 말했다. "쏘십시오!" 왕이 활을 쏘았다.

엘리사가 큰소리로 말했다. "하나님의 구원의 화살입니다! 아람에게서 구하시는 화살입니다! 아람이 하나도 남지 않을 때까지 왕께서 아람과 싸울 것입니다."

18 엘리사가 말했다. "이번에는 다른 화살을 드십시오." 그는 화살을 들었다.

그러자 엘리사가 이스라엘 왕에게 말했다. "바닥을 치십시오."

왕이 바닥을 세 번 치고 그쳤다.

19 거룩한 사람은 왕에게 화를 냈다. "어찌하여 바닥을 대여섯 번 치지 않았습니까? 그랬더라면 아람이 끝장날 때까지 왕께서 아람을 쳐부수었을 것입니다. 그러나 이제 왕은 그를 세 번밖에 물리치지 못할 것입니다."

20-21 그런 다음 엘리사가 죽으니, 사람들이 그를 묻었다.

얼마 후에 모압 부족의 도적떼가, 종종 그랬듯이 그 땅을 침략했다. 하루는 사람들이 어떤 사람의 주검을 묻다가 그 도적떼를 보게 되었다. 그들은 주검을 엘리사의 무덤 속에 던지고 달아났다. 그런데 그 주검이 엘리사의 뼈에 닿자, 그 사람이 살아나 일어서서 두 발로 걸어 나왔다.

12-13 The rest of the life and times of Jehoash, the record of his accomplishments and his war against Amaziah king of Judah, are written in *The Chronicles of the Kings of Israel*. Jehoash died and joined his ancestors. Jeroboam took over his throne. Jehoash was buried in Samaria in the royal cemetery.

14 Elisha came down sick. It was the sickness of which he would soon die. Jehoash king of Israel paid him a visit. When he saw him he wept openly, crying, "My father, my father! Chariot and horsemen of Israel!"

15 Elisha told him, "Go and get a bow and some arrows." The king brought him the bow and arrows.

16 Then he told the king, "Put your hand on the bow." He put his hand on the bow. Then Elisha put his hand over the hand of the king.

17 Elisha said, "Now open the east window." He opened it.

Then he said, "Shoot!" And he shot.

"The arrow of GOD's salvation!" exclaimed Elisha. "The arrow of deliverance from Aram! You will do battle against Aram until there's nothing left of it."

18 "Now pick up the other arrows," said Elisha. He picked them up.

Then he said to the king of Israel, "Strike the ground."

The king struck the ground three times and then quit.

19 The Holy Man became angry with him: "Why didn't you hit the ground five or six times? Then you would beat Aram until he was finished. As it is, you'll defeat him three times only."

20-21 Then Elisha died and they buried him.

Some time later, raiding bands of Moabites, as they often did, invaded the country. One day, some men were burying a man and spotted the raiders. They threw the man into Elisha's tomb and got away. When the body touched Elisha's bones, the man came alive, stood up, and walked out on his own two feet.

22-24 아람 왕 하사엘은 여호아하스가 다스리는 동안 계속해서 이스라엘을 괴롭히며 못살게 굴었다. 그러나 하나님께서 이스라엘에게 은혜를 베푸시고 그들을 불쌍히 여기셨다. 그분은 아브라함과 이삭과 야곱과 맺은 언약을 기억하셔서 그들과 함께하셨다. 그분은 그들을 포기하지 않으셨고, 오늘까지도 그들을 버리지 않으셨다. 아람 왕 하사엘이 죽고, 그의 아들 벤하닷이 뒤를 이어 왕이 되었다.

25 여호아하스의 아들 여호아스가 상황을 역전시켜, 전에 자기 아버지 여호아하스가 하사엘의 아들 벤하닷에게 빼앗겼던 성읍들을 되찾았다. 여호아스는 세 번 전쟁에 나갔고, 그때마다 그를 물리쳐 이스라엘의 성읍들을 되찾았다.

유다 왕 아마샤

14 1-2 이스라엘 왕 여호아하스의 아들 여호아스 이년에, 요아스의 아들 아마샤가 유다의 왕이 되었다. 그는 스물다섯 살에 왕위에 올라 예루살렘에서 이십구 년 동안 다스렸다. 그의 어머니는 예루살렘 출신 여호앗단이다.

3-4 아마샤는 하나님께서 원하시는 모습으로 살며 옳은 일을 행했으나, 조상 다윗의 수준에는 미치지 못했다. 그 대신 그는 자기 아버지 요아스와 아주 비슷하게 살았다. 지역의 음란한 종교 산당들은 여전히 문을 열었고 백성이 자주 그곳을 찾아갔다.

5-6 아마샤는 왕권을 확고히 장악하게 되자, 그의 아버지 요아스를 암살한 왕궁 경비대들을 처형했다. 하지만 암살자들의 자녀는 죽이지 않았는데, 모세에게 계시된 말씀에 기록된 명령—자녀의 죄 때문에 부모를, 부모의 죄 때문에 자녀를 처형하지 말라고 하신 하나님의 명령—에 순종했기 때문이다. 이는 각자가 자기 죄값을 직접 치르게 한 것이다.

7 아마샤는 소금 골짜기에서 에돔을 물리치고 만 명을 죽였다. 다른 전투에서 그는 '바위'를 점령하여 그 이름을 욕드엘이라 했는데, 오늘까지 그 이름으로 불린다.

8 하루는 아마샤가 이스라엘 왕 예후의 손자

22-24 Hazael king of Aram badgered and bedeviled Israel all through the reign of Jehoahaz. But GOD was gracious and showed mercy to them. He stuck with them out of respect for his covenant with Abraham, Isaac, and Jacob. He never gave up on them, never even considered discarding them, even to this day. Hazael king of Aram died. His son Ben-Hadad was the next king.

25 Jehoash son of Jehoahaz turned things around and took back the cities that Ben-Hadad son of Hazael had taken from his father Jehoahaz. Jehoash went to war three times and defeated him each time, recapturing the cities of Israel.

Amaziah of Judah

14 1-2 In the second year of Jehoash son of Jehoahaz king of Israel, Amaziah son of Joash became king of Judah. He was twenty-five years old when he became king and he reigned for twenty-nine years in Jerusalem. His mother's name was Jehoaddin. She was from Jerusalem.

3-4 He lived the way GOD wanted and did the right thing. But he didn't come up to the standards of his ancestor David; instead he lived pretty much as his father Joash had; the local sex-and-religion shrines continued to stay in business with people frequenting them.

5-6 When he had the affairs of the kingdom well in hand, he executed the palace guard that had assassinated his father the king. But he didn't kill the sons of the assassins. He was obedient to what GOD commanded, written in the Word revealed to Moses, that parents shouldn't be executed for their children's sins, nor children for those of their parents. We each pay personally for our sins.

7 Amaziah roundly defeated Edom in the Valley of Salt to the tune of ten thousand dead. In another battle he took The Rock and renamed it Joktheel, the name it still bears.

8 One day Amaziah sent envoys to Jehoash son of Jehoahaz, the son of Jehu, king of Israel, challenging him to a fight: "Come and meet with me—dare

요 여호아하스의 아들인 여호아스에게 사절을 보내 싸움을 걸었다. "와서 나와 한번 겨루어 보겠는가? 어디, 한판 붙어 보자!"

9-10 이스라엘 왕 여호아스는 유다 왕 아마샤에게 회답했다. "하루는 레바논의 엉겅퀴가 레바논의 백향목에게 '네 딸을 내 아들한테 시집보내라' 하고 전갈을 보냈다. 그런데 레바논의 들짐승이 지나가다 엉겅퀴를 밟아 뭉개 버렸다. 네가 전투에서 에돔을 물리쳤다는 이유로 스스로 대단한 줄 아는 모양인데, 으스대는 건 괜찮다만 집에 가만히 있는 편이 좋을 것이다. 욕심을 부리다 일을 그르칠 까닭이 무엇이냐? 네 자신과 유다의 멸망을 자초할 이유가 무엇이냔 말이다!"

11 그러나 아마샤는 그 말을 듣지 않았다. 그래서 이스라엘 왕 여호아스는 마지못해 유다 왕 아마샤와의 전투에 응했다. 그들은 유다의 한 성읍 벧세메스에서 마주쳤다.

12 유다는 이스라엘에 완전히 패했고, 유다의 군사들은 모두 집으로 도망쳤다.

13-14 이스라엘 왕 여호아스는 아하시야의 손자요 요아스의 아들인 유다 왕 아마샤를 벧세메스에서 붙잡았다. 그는 거기서 그치지 않고 예루살렘까지 공격했다. 예루살렘 성벽을 에브라임 문에서 모퉁이 문까지 180미터 정도 허물고, 왕궁과 하나님의 성전에서 금, 은, 비품 등 가져갈 만한 것은 닥치는 대로 약탈했다. 거기다 인질들까지 사로잡아 사마리아로 돌아갔다.

15-16 여호아스의 나머지 생애와 시대, 그의 중요한 업적과 유다 왕 아마샤와의 싸움은 '이스라엘 왕 연대기'에 모두 기록되어 있다. 여호아스는 죽어서 사마리아에 있는 이스라엘 왕들의 묘지에 묻혔다. 그의 아들 여로보암이 뒤를 이어 왕이 되었다.

17-18 유다 왕 요아스의 아들 아마샤는 이스라엘 왕 여호아하스의 아들 여호아스가 죽은 뒤로도 십오 년 동안 왕으로 다스렸다. 아마샤의 나머지 생애와 시대는 '유다 왕 연대기'에 기록되어 있다.

19-20 결국 사람들이 예루살렘에서 아마샤에게 반역하는 음모를 꾸몄다. 그는 라기스로 도망쳤다. 그러나 사람들이 라기스까지 쫓아가서 그를 죽였다. 그들은 아마샤를 말에 싣고 돌아와, 예루살렘에 있는 다윗 성에 그의 조상과 함

you. Let's have it out face-to-face!"

9-10 Jehoash king of Israel replied to Amaziah king of Judah, "One day a thistle in Lebanon sent word to a cedar in Lebanon, 'Give your daughter to my son in marriage.' But then a wild animal of Lebanon passed by and stepped on the thistle, crushing it. Just because you've defeated Edom in battle, you now think you're a big shot. Go ahead and be proud, but stay home. Why press your luck? Why bring defeat on yourself and Judah?"

11 Amaziah wouldn't take No for an answer. So Jehoash king of Israel gave in and agreed to a battle between him and Amaziah king of Judah. They met at Beth Shemesh, a town of Judah.

12 Judah was thoroughly beaten by Israel—all their soldiers ran home in defeat.

13-14 Jehoash king of Israel captured Amaziah king of Judah, the son of Joash, the son of Ahaziah, at Beth Shemesh. But Jehoash didn't stop there; he went on to attack Jerusalem. He demolished the wall of Jerusalem all the way from the Ephraim Gate to the Corner Gate—a stretch of about six hundred feet. He looted the gold, silver, and furnishings—anything he found that was worth taking—from both the palace and The Temple of GOD. And, for good measure, he took hostages. Then he returned to Samaria.

15-16 The rest of the life and times of Jehoash, his significant accomplishments and the fight with Amaziah king of Judah, are all written in *The Chronicles of the Kings of Israel*. Jehoash died and was buried in Samaria in the cemetery of the kings of Israel. His son Jeroboam became the next king.

17-18 Amaziah son of Joash king of Judah continued as king fifteen years after the death of Jehoash son of Jehoahaz king of Israel. The rest of the life and times of Amaziah is written in *The Chronicles of the Kings of Judah*.

19-20 At the last they cooked up a plot against Amaziah in Jerusalem and he had to flee to Lachish. But they tracked him down in Lachish and killed him there. They brought him back on horseback and buried him in Jerusalem, with his ancestors in the City of David.

21-22 Azariah—he was only sixteen years old at the

께 물었다.

21-22 유다 백성은 만장일치로 당시 열여섯 살밖에 되지 않았던 아사랴를 택하여 그의 아버지 아마샤의 뒤를 이어 왕이 되게 했다. 아버지가 죽은 뒤에, 아사랴는 엘랏을 재건하여 유다에 귀속시켰다.

이스라엘 왕 여로보암 2세

23-25 유다의 요아스 왕의 아들 아마샤 십오년에, 여호아스의 아들 여로보암이 사마리아에서 이스라엘의 왕이 되어 사십일 년 동안 다스렸다. 하나님 보시기에 그는 이스라엘을 죄악된 삶으로 끌어들인 느밧의 아들 여로보암의 모든 죄에서 한 걸음도 벗어나지 않고 악하게 살았다. 그러나 그는 이스라엘 국경을 북쪽 끝의 르보하맛까지 그리고 남쪽의 사해까지 회복했다. 이것은 하나님 이스라엘의 하나님께서 가드헤벨 출신의 예언자, 곧 그분의 종 아밋대의 아들 요나를 통해 선언하신 대로 이루어진 것이다.

26-27 하나님께서는 이스라엘의 괴로움을, 그 쓰라린 시련을 다 아셨다. 종이든 일반 백성이든 예외가 없었고, 구원의 희망은 어느 곳에도 보이지 않았다. 하지만 하나님께서는 아직 이스라엘의 이름을 역사에서 지우실 마음이 없으셨다. 그래서 여호아스의 아들 여로보암을 사용하여 그들을 구원하셨다.

28-29 여로보암의 나머지 생애와 시대, 그의 승전과 유다에 속했던 다마스쿠스와 하맛을 되찾은 일, 이 모두가 '이스라엘 왕 연대기'에 기록되어 있다. 여로보암은 죽어서 자기 조상과 함께 왕실 묘지에 묻혔다. 그의 아들 스가랴가 뒤를 이어 왕이 되었다.

유다 왕 아사랴(웃시야)

15 1-5 이스라엘의 여로보암 왕 이십칠 년에, 아마샤의 아들 아사랴가 유다의 왕이 되었다. 그는 열여섯 살에 왕위에 올라, 예루살렘에서 오십이 년 동안 다스렸다. 그의 어머니는 예루살렘 출신 여골리야다. 그는 아버지 아마샤를 본받아 하나님 보시기에 바르게 행했다. 그러나 그 또한 지역의 음란한 종교 산당들은 없애지 못했다. 그곳은 여전히 백성에게 인기가 좋았다. 하나님께서 왕에

time—was the unanimous choice of the people of Judah to succeed his father Amaziah as king. Following his father's death, he rebuilt and restored Elath to Judah.

Jeroboam II of Israel

23-25 In the fifteenth year of Amaziah son of Joash king of Judah, Jeroboam son of Jehoash became king of Israel in Samaria. He ruled for forty-one years. As far as GOD was concerned he lived an evil life, never deviating an inch from all the sin of Jeroboam son of Nebat, who led Israel into a life of sin. But he did restore the borders of Israel to Lebo Hamath in the far north and to the Dead Sea in the south, matching what GOD, the God of Israel, had pronounced through his servant Jonah son of Amittai, the prophet from Gath Hepher.

26-27 GOD was fully aware of the trouble in Israel, its bitterly hard times. No one was exempt, whether slave or citizen, and no hope of help anywhere was in sight. But GOD wasn't yet ready to blot out the name of Israel from history, so he used Jeroboam son of Jehoash to save them.

28-29 The rest of the life and times of Jeroboam, his victories in battle and how he recovered for Israel both Damascus and Hamath which had belonged to Judah, these are all written in *The Chronicles of the Kings of Israel*. Jeroboam died and was buried with his ancestors in the royal cemetery. His son Zechariah became the next king.

Azariah (Uzziah) of Judah

15 1-5 In the twenty-seventh year of Jeroboam king of Israel, Azariah son of Amaziah became king in Judah. He was sixteen years old when he began his rule and he was king for fifty-two years in Jerusalem. His mother's name was Jecoliah. She was from Jerusalem. He did well in the eyes of GOD, following in the footsteps of his father Amaziah. But he also failed to get rid of the local sex-and-religion shrines; they continued to be popular with the people. GOD afflicted the king with a bad skin disease until the day of his death. He lived in the palace but no longer acted as king; his son

게 악성 피부병이 걸리게 하셔서, 죽는 날까지 그를 괴롭게 하셨다. 그는 왕궁에 살았지만 더 이상 왕노릇을 할 수 없었다. 그의 아들 요담이 정부를 지휘하며 나라를 다스렸다.
6-7 아사랴의 나머지 생애와 시대, 그가 이룬 모든 일은 '유다 왕 연대기'에 기록되어 있다. 아사랴는 죽어서 자기 조상과 함께 다윗 성에 묻혔다. 그의 아들 요담이 뒤를 이어 왕이 되었다.

이스라엘 왕 스가랴

8-9 유다의 아사랴 왕 삼십팔년에, 여로보암의 아들 스가랴가 사마리아에서 이스라엘의 왕이 되어 여섯 달 동안 다스렸다. 그는 자기 조상과 다름없이 하나님 앞에서 악하게 살았다. 그는 이스라엘을 죄악된 삶으로 끌어들인 느밧의 아들 여로보암의 길을 이어 갔다.
10 야베스의 아들 살룸이 반역 음모를 꾸며, 사람들이 보는 앞에서 그를 죽이고 왕이 되었다.
11-12 스가랴의 나머지 생애와 시대는 '이스라엘 왕 연대기'에 분명히 기록되어 있다. 이로써 하나님께서 예후에게 주신 "네 자손이 사 대에 걸쳐 이스라엘의 왕위에 앉을 것이다"라고 하신 말씀이 이루어졌다. 스가랴가 사 대째였다.

이스라엘 왕 살룸

13 유다의 아사랴 왕 삼십구년에, 야베스의 아들 살룸이 이스라엘의 왕이 되었다. 그는 사마리아에서 겨우 한 달 동안 왕으로 있었다.
14 가디의 아들 므나헴이 디르사에서 사마리아로 올라와, 야베스의 아들 살룸을 공격하여 죽이고 왕이 되었다.
15 살룸의 나머지 생애와 시대, 그가 꾸민 음모 이야기는 '이스라엘 왕 연대기'에 기록되어 있다.

이스라엘 왕 므나헴

16 디르사에 기반을 둔 므나헴은 왕권을 잡자마자 딥사를 쳐부수고, 그 성읍뿐 아니라 근교까지 전부 파괴했다. 이는 그들이 두 팔 벌려 그를 환영하지 않았기 때문이다. 그는 잔인하게도 모든 임신부의 배를 갈랐다.
17-18 유다의 아사랴 왕 삼십구년에, 가디의 아들 므나헴이 이스라엘의 왕이 되어 사마리아에서 십 년 동안 다스렸다. 하나님 보시기에

Jotham ran the government and ruled the country.
6-7 The rest of the life and times of Azariah, everything he accomplished, is written in *The Chronicles of the Kings of Judah*. Azariah died and was buried with his ancestors in the City of David. Jotham his son was king after him.

Zechariah of Israel

8-9 In the thirty-eighth year of Azariah king of Judah, Zechariah son of Jeroboam became king over Israel in Samaria. He lasted only six months. He lived a bad life before GOD, no different from his ancestors. He continued in the line of Jeroboam son of Nebat who led Israel into a life of sin.
10 Shallum son of Jabesh conspired against him, assassinated him in public view, and took over as king.
11-12 The rest of the life and times of Zechariah is written plainly in *The Chronicles of the Kings of Israel*. That completed the word of GOD that was given to Jehu, namely, "For four generations your sons will sit on the throne of Israel." Zechariah was the fourth.

Shallum of Israel

13 Shallum son of Jabesh became king in the thirty-ninth year of Azariah king of Judah. He was king in Samaria for only a month.
14 Menahem son of Gadi came up from Tirzah to Samaria. He attacked Shallum son of Jabesh and killed him. He then became king.
15 The rest of the life and times of Shallum and the account of the conspiracy are written in *The Chronicles of the Kings of Israel*.

Menahem of Israel

16 Using Tirzah as his base, Menahem opened his reign by smashing Tiphsah, devastating both the town and its suburbs because they didn't welcome him with open arms. He savagely ripped open all the pregnant women.
17-18 In the thirty-ninth year of Azariah king of Judah, Menahem son of Gadi became king over Israel. He ruled from Samaria for ten years. As far as GOD was concerned he lived an evil life. Sin for sin, he repeat-

그는 악하게 살았다. 그는 이스라엘을 죄악된 삶으로 끌어들인 느밧의 아들 여로보암의 죄를 하나씩 그대로 되풀이했다.

19-20 그때 앗시리아 왕 디글랏빌레셀 3세가 나타나 그 땅을 공격했다. 그러나 므나헴은 그와 거래를 했다. 37톤가량의 은을 넘겨주고 그의 지지를 얻어 낸 것이다. 므나헴은 돈을 조달하기 위해 이스라엘의 모든 지주로 하여금 앗시리아 왕에게 50세겔씩 바치게 했다. 앗시리아 왕은 그것에 만족하여 그 땅을 떠났다.

21-22 므나헴의 나머지 생애와 시대, 그가 행한 모든 일은 '이스라엘 왕 연대기'에 기록되어 있다. 므나헴은 죽어서 자기 조상에게 돌아갔다. 그의 아들 브가히야가 뒤를 이어 왕이 되었다.

이스라엘 왕 브가히야

23-24 유다의 아사랴 왕 오십년에, 므나헴의 아들 브가히야가 이스라엘의 왕이 되어 사마리아에서 이 년 동안 다스렸다. 하나님 보시기에 그는 악하게 살았다. 그는 이스라엘을 죄악된 삶으로 끌어들인 느밧의 아들 여로보암의 오래된 죄의 길에서 떠나지 않았다.

25 그러다가 그의 군보좌관인 르말랴의 아들 베가가 반역 음모를 꾸며, 사마리아에 있는 왕궁 막사에서 그를 무참히 죽이고 아르곱과 아리에도 죽였다. 갓 지파 사람 쉰 명이 그의 음모에 가담했다. 그는 왕을 죽이고 그 뒤를 이어 왕이 되었다.

26 브가히야의 나머지 생애와 시대, 그가 행한 모든 일은 '이스라엘 왕 연대기'에 기록되어 있다.

이스라엘 왕 베가

27-28 유다의 아사랴 왕 오십이년에, 르말랴의 아들 베가가 사마리아에서 이스라엘의 왕이 되어 이십 년 동안 다스렸다. 하나님 보시기에 그는 악하게 살았다. 그는 이스라엘을 죄악된 삶으로 끌어들인 느밧의 아들 여로보암이 닦아 놓은 길에서 조금도 벗어나지 않았다.

29 이스라엘의 베가 왕이 다스리는 동안, 앗시리아 왕 디글랏빌레셀 3세가 그 땅을 침략했다. 그는 이욘, 아벨벳마아가, 야노아, 게데스, 하솔, 길르앗, 갈릴리와 납달리 온 땅을 점령하고 모든 사람을 포로로 잡아 앗시리아로 끌

ed the sins of Jeroboam son of Nebat, who led Israel into a life of sin.

19-20 Then Tiglath-Pileser III king of Assyria showed up and attacked the country. But Menahem made a deal with him: He bought his support by handing over about thirty-seven tons of silver. He raised the money by making every landowner in Israel pay fifty shekels to the king of Assyria. That satisfied the king of Assyria, and he left the country.

21-22 The rest of the life and times of Menahem, everything he did, is written in *The Chronicles of the Kings of Israel*. Menahem died and joined his ancestors. His son Pekahiah became the next king.

Pekahiah of Israel

23-24 In the fiftieth year of Azariah king of Judah, Pekahiah son of Menahem became king of Israel. He ruled in Samaria for two years. In GOD's eyes he lived an evil life. He stuck to the old sin tracks of Jeroboam son of Nebat, who led Israel into a life of sin.

25 And then his military aide Pekah son of Remaliah conspired against him–killed him in cold blood while he was in his private quarters in the royal palace in Samaria. He also killed Argob and Arieh. Fifty Gadites were in on the conspiracy with him. After the murder he became the next king.

26 The rest of the life and times of Pekahiah, everything he did, is written in *The Chronicles of the Kings of Israel*.

Pekah of Israel

27-28 In the fifty-second year of Azariah king of Judah, Pekah son of Remaliah became king of Israel in Samaria. He ruled for twenty years. In GOD's view he lived an evil life; he didn't deviate so much as a hair's breadth from the path laid down by Jeroboam son of Nebat, who led Israel into a life of sin.

29 During the reign of Pekah king of Israel, Tiglath-Pileser III king of Assyria invaded the country. He captured Ijon, Abel Beth Maacah, Janoah, Kedesh, Hazor, Gilead, Galilee–the whole country of Naphtali–and took everyone captive to Assyria.

30 But then Hoshea son of Elah mounted a conspir-

고 갔다.

30 그때 엘라의 아들 호세아가 르말랴의 아들 베가를 상대로 반역 음모를 꾸몄다. 그는 베가를 암살하고 왕이 되었다. 웃시야의 아들 요담 이십년에 일어난 일이다.

31 베가의 나머지 생애와 시대, 그가 행한 모든 일은 '이스라엘 왕 연대기'에 기록되어 있다.

유다 왕 요담

32-35 이스라엘의 르말랴 왕의 아들 베가 이년에, 웃시야의 아들 요담이 유다의 왕이 되었다. 그는 스물다섯 살에 왕위에 올라 예루살렘에서 십육 년 동안 다스렸다. 그의 어머니는 사독의 딸 여루사다. 그는 아버지 웃시야를 본받아 하나님 보시기에 바르게 행했다. 그러나 백성이 지역의 음란한 종교 산당들을 오가는 일에는 간섭하지 않아서, 백성이 계속해서 그 곳을 드나들었다. 하나님의 성전에 있는 높은 문은 그가 건축한 것이다.

36-38 요담의 나머지 생애와 시대, 그가 행한 일에 대한 기록은 '유다 왕 연대기'에 남아 있다. 바로 이때부터 하나님께서 아람 왕 르신과 르말랴의 아들 베가를 보내어 유다를 공격하게 하셨다. 요담은 죽어서 자기 조상에게 돌아갔다. 사람들이 그를 다윗 성의 가족 묘지에 묻었다. 그의 아들 아하스가 뒤를 이어 왕이 되었다.

유다 왕 아하스

16 1-4 르말랴의 아들 베가 십칠년에, 요담의 아들 아하스가 유다의 왕이 되었다. 아하스는 스무 살에 왕위에 올라 예루살렘에서 십육 년 동안 다스렸다. 그는 하나님 보시기에 바르게 행하지 못했고, 조상 다윗을 전혀 본받지 않았다. 오히려 그는 이스라엘 왕들의 길을 따랐다. 심지어는 "자기 아들을 불 가운데로 지나게 하는" 극악무도한 행위까지 일삼았다. 그는 참으로 가증한 행위를 하나님께서 일찍이 그 땅에서 쫓아내신 이방인들에게서 배웠다. 또한 사방 곳곳에서 성행하는 지역의 음란한 종교 산당들의 활동에도 참여했다.

5 그때 아람 왕 르신과 이스라엘 왕 르말랴의 아들 베가가 연합하여 아하스가 있는 예루살렘을 공격하고 그 성을 포위했으나, 정복하지

acy against Pekah son of Remaliah. He assassinated him and took over as king. This was in the twentieth year of Jotham son of Uzziah.

31 The rest of the life and times of Pekah, everything he did, is written in *The Chronicles of the Kings of Israel*.

Jotham of Judah

32-35 In the second year of Pekah son of Remaliah king of Israel, Jotham son of Uzziah became king in Judah. He was twenty-five years old when he became king and reigned sixteen years in Jerusalem. His mother's name was Jerusha daughter of Zadok. He acted well in GOD's eyes, following in the steps of his father Uzziah. But he didn't interfere with the traffic to the neighborhood sex-and-religion shrines; they continued, as popular as ever. The construction of the High Gate to The Temple of GOD was his work.

36-38 The rest of the life and times of Jotham, the record of his work, is written in *The Chronicles of the Kings of Judah*. It was during these years that GOD began sending Rezin king of Aram and Pekah son of Remaliah to attack Judah. Jotham died and joined his ancestors. They buried him in the family cemetery in the City of David. His son Ahaz was the next king.

Ahaz of Judah

16 1-4 In the seventeenth year of Pekah son of Remaliah, Ahaz son of Jotham became king of Judah. Ahaz was twenty years old when he became king and he ruled for sixteen years in Jerusalem. He didn't behave in the eyes of his GOD; he wasn't at all like his ancestor David. Instead he followed in the track of the kings of Israel. He even indulged in the outrageous practice of "passing his son through the fire"—a truly abominable act he picked up from the pagans GOD had earlier thrown out of the country. He also participated in the activities of the neighborhood sex-and-religion shrines that flourished all over the place.

5 Then Rezin king of Aram and Pekah son of Remaliah king of Israel ganged up against Jerusalem, throwing a siege around the city, but they couldn't make further headway against Ahaz.

는 못했다.
6 비슷한 시기에 에돔 왕은 다른 곳을 침략하여 엘랏 포구를 되찾고 유다 사람들을 쫓아냈다. 에돔 사람은 엘랏을 점령한 이후 오늘까지 그곳에 살고 있다.
7-8 아하스는 앗시리아 왕 디글랏빌레셀에게 사절을 보내어 이런 메시지를 전했다. "나는 왕의 신하요 왕의 아들입니다. 오셔서 나를 아람 왕과 이스라엘 왕의 무자비한 침략에서 구해 주십시오. 그들이 지금 나를 공격하고 있습니다." 아하스는 왕궁과 하나님의 성전 보물 보관소에서 금과 은을 강제로 꺼내어 앗시리아 왕에게 뇌물로 보냈다.
9 앗시리아 왕은 이에 응하여 다마스쿠스를 공격하고 점령했다. 그는 사람들을 포로로 사로잡아 니느웨로 이주시켰다. 그리고 르신을 죽였다.
10-11 아하스 왕은 앗시리아 왕 디글랏빌레셀을 만나러 다마스쿠스로 갔다. 그는 다마스쿠스에 있는 제단을 보고 큰 감동을 받았다. 그는 그 제단의 도면과 청사진 일체를 제사장 우리야에게 보냈다. 제사장 우리야는 아하스 왕이 다마스쿠스에서 보내 온 규격대로 제단을 만들었다. 왕이 다마스쿠스에서 돌아오기 전에 우리야는 제단을 모두 완성했다.
12-14 왕은 제단을 보고 경건한 마음으로 다가가, 각종 제물을 갖추고 예배를 준비했다. 연기 자욱한 번제물, 곡식 제물, 부어 드리는 제물, 화목 제물로 뿌리는 피 등 빠진 것이 없었다. 그러나 그는 하나님의 임재의 증표인 옛 청동제단을 가운데 자리에서 옮겨, 자신이 세운 새 제단 옆으로 밀어 두었다.
15 아하스 왕은 제사장 우리야에게 명령했다. "이제부터는 아침의 번제물, 저녁의 곡식 제물, 왕의 번제물과 곡식 제물, 백성의 번제물과 곡식 제물과 부어 드리는 제물까지 모든 제물을 새 제단, 큰 제단에서 바치시오. 번제물과 희생 제물의 모든 피를 이 제단에 뿌리시오. 옛 청동제단은 내가 개인*적으로 쓸 것이오."*
16 제사장 우리야는 아하스의 명령을 그대로 따랐다.
17-18 아하스 왕은 성전 가구에서 청동을 모두 압수했다. 성전 비품에서 청동을 벗기

6 At about this same time and on another front, the king of Edom recovered the port of Elath and expelled the men of Judah. The Edomites occupied Elath and have been there ever since.
7-8 Ahaz sent envoys to Tiglath-Pileser king of Assyria with this message: "I'm your servant and your son. Come and save me from the heavy-handed invasion of the king of Aram and the king of Israel. They're attacking me right now." Then Ahaz robbed the treasuries of the palace and The Temple of GOD of their gold and silver and sent them to the king of Assyria as a bribe.
9 The king of Assyria responded to him. He attacked and captured Damascus. He deported the people to Nineveh as exiles. Rezin he killed.
10-11 King Ahaz went to meet Tiglath-Pileser king of Assyria in Damascus. The altar in Damascus made a great impression on him. He sent back to Uriah the priest a drawing and set of blueprints of the altar. Uriah the priest built the altar to the specifications that King Ahaz had sent from Damascus. By the time the king returned from Damascus, Uriah had completed the altar.
12-14 The minute the king saw the altar he approached it with reverence and arranged a service of worship with a full course of offerings: Whole-Burnt-Offerings with billows of smoke, Grain-Offerings, libations of Drink-Offerings, the sprinkling of blood from the Peace-Offerings – the works. But the old bronze Altar that signaled the presence of GOD he displaced from its central place and pushed it off to the side of his new altar.
15 Then King Ahaz ordered Uriah the priest: "From now on offer all the sacrifices on the new altar, the great altar: morning Whole-Burnt-Offerings, evening Grain-Offerings, the king's Whole-Burnt-Offerings and Grain-Offerings, the people's Whole-Burnt-Offerings and Grain-Offerings, and also their Drink-Offerings. Splash all the blood from the burnt offerings and sacrifices against this altar. The old bronze Altar will be for my personal use.
16 The priest Uriah followed King Ahaz's orders to the letter.
17-18 Then King Ahaz proceeded to plunder The Temple furniture of all its bronze. He stripped the bronze from The Temple furnishings, even salvaged the four bronze

고, 커다란 대야 곧 바다를 떠받치고 있는 네 마리 청동황소까지 훔치고, 바다는 예법을 무시한 채 돌바닥 위에 놓았다. 마지막으로, 그는 성전 안에 있는 물건 중에서 앗시리아 왕의 비위에 거슬릴 만한 것들을 모두 치웠다.

19-20 아하스의 나머지 생애와 시대는 '유다 왕 연대기'에 기록되어 있다. 아하스는 죽어서 자기 조상과 함께 다윗 성에 묻혔다. 그의 아들 히스기야가 뒤를 이어 왕이 되었다.

이스라엘 왕 호세아

17 1-2 유다의 아하스 왕 십이년에, 엘라의 아들 호세아가 이스라엘의 왕이 되어 사마리아에서 구 년 동안 다스렸다. 하나님 보시기에 그는 악하게 살았으나 선왕들만큼 악하지는 않았다.

3-5 그때 앗시리아 왕 살만에셀이 공격해 왔다. 호세아는 이미 앗시리아 왕의 꼭두각시로, 정기적으로 그에게 조공을 바치고 있었다. 살만에셀은 호세아가 몰래 이집트 왕 소와 손잡고 반역을 꾸미고 있다는 것을 알게 되었다. 더구나 호세아는 앗시리아에 보내야 할 연례 조공의 기한을 한참 넘기고 있었다. 그래서 앗시리아 왕은 그를 잡아 감옥에 가두고, 온 나라를 침략해 왔다. 그는 사마리아를 포위 공격했는데, 공격이 삼 년간 계속되었다.

6 호세아 구년에, 앗시리아 왕이 사마리아를 점령하고 백성을 포로로 잡아 앗시리아로 끌고 갔다. 그는 그들을 할라, 하볼 강가의 고산, 메대 사람들의 여러 성읍으로 이주시켰다.

7-12 그들이 포로로 끌려간 것은 죄 때문이었다. 이스라엘 자손은 자신들을 이집트와 바로 왕의 가혹한 압제에서 구해 낸 하나님 그들의 하나님께 죄를 지었다. 그들은 다른 신들과 친해졌고, 하나님께서 쫓아내신 이방 나라들의 생활방식에 빠져들었으며, 왕들이 하는 대로 무엇이든 따라 했다. 그들은 남몰래 하나님을 거스르는 온갖 일들을 행했고, 파렴치하게도 어디든 자리만 있으면 공공연히 음란한 종교 산당들을 지었다. 그들은 거의 모든 교차로에 음란한 종교 상징물을 세웠다. 어디를 둘러보아도 그들이 이방 신들

oxen that supported the huge basin, The Sea, and set The Sea unceremoniously on the stone pavement. Finally, he removed any distinctive features from within The Temple that were offensive to the king of Assyria.

19-20 The rest of the life and times of Ahaz is written in *The Chronicles of the Kings of Judah*. Ahaz died and was buried with his ancestors in the City of David. His son Hezekiah became the next king.

Hoshea of Israel

17 1-2 In the twelfth year of Ahaz king of Judah, Hoshea son of Elah became king of Israel. He ruled in Samaria for nine years. As far as GOD was concerned, he lived a bad life, but not nearly as bad as the kings who had preceded him.

3-5 Then Shalmaneser king of Assyria attacked. Hoshea was already a puppet of the Assyrian king and regularly sent him tribute, but Shalmaneser discovered that Hoshea had been operating traitorously behind his back–having worked out a deal with King So of Egypt. And, adding insult to injury, Hoshea was way behind on his annual payments of tribute to Assyria. So the king of Assyria arrested him and threw him in prison, then proceeded to invade the entire country. He attacked Samaria and threw up a siege against it. The siege lasted three years.

6 In the ninth year of Hoshea's reign the king of Assyria captured Samaria and took the people into exile in Assyria. He relocated them in Halah, in Gozan along the Habor River, and in the towns of the Medes.

7-12 The exile came about because of sin: The children of Israel sinned against GOD, their God, who had delivered them from Egypt and the brutal oppression of Pharaoh king of Egypt. They took up with other gods, fell in with the ways of life of the pagan nations GOD had chased off, and went along with whatever their kings did. They did all kinds of things on the sly, things offensive to their GOD, then openly and shamelessly built local sex-and-religion shrines at every available site. They set up their sex-and-religion symbols at practically every crossroads. Everywhere you looked there was smoke from their pagan offerings to the deities–the identical offerings that had gotten the pagan nations off into exile. They had accumulated a

에게 바치는 제사의 연기가 피어올랐다. 전에 이방 나라들을 포로 신세로 전락하게 만든 바로 그 제사였다. 그들은 온갖 악한 짓을 저질렀다. "절대 그러지 말라!"는 하나님의 명령이 있었음에도 마른 나무를 깎거나 흙을 빚어 만든 신들을 고집스레 숭배했고, 결국 하나님께서는 더 이상 그들을 참아 낼 수 없으셨다.

13 그동안 하나님께서 수없이 많은 거룩한 예언자와 선견자들을 보내, 이스라엘과 유다에 맞서 몇 번이나 분명히 말씀하셨다. "너희는 악한 생활방식에서 돌아서라. 내가 명령하는 대로 행하여라. 내가 너희 조상에게 명령했고, 그 뒤로도 내 종 예언자들을 통해 누누이 일깨워 준 그 계시대로 행하여라."

14-15 그러나 그들은 듣지 않았다. 어떻게 그럴 수 있을까 싶을 만큼, 그들은 고집불통인 그들의 조상보다 더한 고집을 부렸다. 그들은 하나님의 지침, 곧 그분이 그들의 조상과 맺으신 엄숙하고 거룩한 언약을 거듭 일깨워 주는 경고를 업신여겼다. 주변의 이방 민족들처럼 "아무것도 아닌" 삶을 살았고 "아무것도 아닌 자들"이 되었다. 그들은 "하지 말라!"는 하나님의 경고를 받을 만큼 받았으나, 그것을 무시했다.

16-17 그들은 하나님 그들의 하나님께서 하신 모든 말씀을 버리고, 하나님 대신 수송아지 형상의 두 신상과 창녀 여신 아세라를 위한 남근 목상을 섬겼다. 그들은 우주의 하늘 신과 여신을 숭배하고, 바알의 음란한 종교 산당들에 자주 드나들었다. 급기야는 자신들의 자녀를 불살라 제물로 바치는 지경에까지 이르렀다! 그들은 마법과 주술에 빠져들었다. 한마디로 그들은 온갖 악한 일로 스스로를 더럽혔다. 결국 하나님께서는 더 이상 참을 수가 없으셨다.

18-20 하나님께서 매우 진노하셔서 그들을 없애 버리고 그 땅에서 영원히 몰아내시니, 오직 유다 지파만 남았다. (사실 유다도 크게 나을 것은 없었다. 유다도 하나님의 명령을 지키지 않았고, 이스라엘이 택한 것과 똑같은 생활방식에 빠져들었다.) 하나님께서 이스라엘과 관계된 자들을 모두 버리셨고, 그들의 삶을 괴롭게 하셨으며, *침략자들에게 착취당하도록 내버려 두셨다.* 그리고 마침내 그들을 눈앞에서 쫓아내셨다.

21-23 전에 하나님께서 이스라엘을 다윗 가문에서 찢어 내실 때에 그들은 느밧의 아들 여로보암을 왕으로 삼았고, 여로보암은 이스라엘을 타

long list of evil actions and GOD was fed up, fed up with their persistent worship of gods carved out of deadwood or shaped out of clay, even though GOD had plainly said, "Don't do this—ever!"

13 GOD had taken a stand against Israel and Judah, speaking clearly through countless holy prophets and seers time and time again, "Turn away from your evil way of life. Do what I tell you and have been telling you in The Revelation I gave your ancestors and of which I've kept reminding you ever since through my servants the prophets."

14-15 But they wouldn't listen. If anything, they were even more bullheaded than their stubborn ancestors, if that's possible. They were contemptuous of his instructions, the solemn and holy covenant he had made with their ancestors, and of his repeated reminders and warnings. They lived a "nothing" life and became "nothings"—just like the pagan peoples all around them. They were well-warned: GOD said, "Don't!" but they did it anyway.

16-17 They threw out everything GOD, their God, had told them, and replaced him with two statue-gods shaped like bull-calves and then a phallic pole for the whore goddess Asherah. They worshiped cosmic forces—sky gods and goddesses—and frequented the sex-and-religion shrines of Baal. They even sank so low as to offer their own sons and daughters as sacrificial burnt offerings! They indulged in all the black arts of magic and sorcery. In short, they prostituted themselves to every kind of evil available to them. And GOD had had enough.

18-20 GOD was so thoroughly angry that he got rid of them, got them out of the country for good until only one tribe was left—Judah. (Judah, actually, wasn't much better, for Judah also failed to keep GOD's commands, falling into the same way of life that Israel had adopted.) GOD rejected everyone connected with Israel, made life hard for them, and permitted anyone with a mind to exploit them to do so. And then this final No as he threw them out of his sight.

21-23 Back at the time that God ripped Israel out of their place in the family of David, they had made Jeroboam son of Nebat king. Jeroboam debauched Israel—turned them away from serving GOD and

락하게 만들었다. 하나님을 섬기지 못하게 내몰고, 총체적인 죄악으로 끌어들였다. 이스라엘 자손은 조금도 저항하지 않고 여로보암의 모든 죄를 그대로 따라 했다. 결국 하나님께서는 이스라엘을 거절하시고 그들에게서 등을 돌리셨다. 그분께서는 그분의 종인 예언자들의 설교를 통해 그들에게 타당한 경고와 함께 충분한 시간을 주셨으나, 결국에는 이스라엘을 앗시리아에 포로로 보내셨다. 그래서 그들은 오늘까지 그곳에 있다.

24-25 앗시리아 왕은 포로로 잡혀간 이스라엘 백성을 대신하여 바빌론, 구다, 아와, 하맛, 스발와임에서 사람들을 데려다가 사마리아 성읍들에 이주시켰다. 그들은 그곳이 자기 소유인 것처럼 이주해 들어와서 정착했다. 앗시리아 사람들이 처음 들어올 때, 그들에게 하나님은 또 하나의 신에 지나지 않았다. 그들은 그분을 높이지도 않고 예배하지도 않았다. 그래서 하나님께서는 그들 사이로 사자들을 보내셔서 사람들을 물어 죽이게 하셨다.

26 그러자 이 일이 앗시리아 왕에게 전해졌다. "왕께서 사마리아의 성읍으로 데려온 사람들은 이 땅의 신이 그들에게 무엇을 바라는지 모릅니다. 그래서 그 신이 사자들을 보내어 사람들을 닥치는 대로 물어 죽이게 한 것입니다. 이 땅의 신이 그들에게 무엇을 바라는지 아무도 모르기 때문입니다."

27 앗시리아 왕이 명령했다. "그 지역에서 포로로 끌려온 제사장 몇 사람을 돌려보내라. 그들이 돌아가 거기 살면서, 그 땅의 신이 그들에게 무엇을 바라는지 가르치게 하여라."

28 사마리아에서 포로로 잡혀 와 있던 제사장들 가운데 한 사람이 돌아가 베델로 이주했다. 그는 그들에게 하나님을 높이고 예배하는 법을 가르쳤다.

29-31 하지만 앗시리아가 이주시킨 각 민족은 그들의 신들을 만들어, 사마리아 사람들이 남기고 간 지역의 음란한 종교 산당들 안에 세웠다. 각 민족마다 입맛에 맞는 지역 신이 있었다.

바빌론 사람은 숙곳브놋
구다 사람은 네르갈
하맛 사람은 아시마
아와 사람은 닙하스와 다르닥

led them into a life of total sin. The children of Israel went along with all the sins that Jeroboam did, never murmured so much as a word of protest. In the end, GOD spoke a final No to Israel and turned his back on them. He had given them fair warning, and plenty of time, through the preaching of all his servants the prophets. Then he exiled Israel from her land to Assyria. And that's where they are now.

24-25 The king of Assyria brought in people from Babylon, Cuthah, Avva, Hamath, and Sepharvaim, and relocated them in the towns of Samaria, replacing the exiled Israelites. They moved in as if they owned the place and made themselves at home. When the Assyrians first moved in, GOD was just another god to them; they neither honored nor worshiped him. Then GOD sent lions among them and people were mauled and killed.

26 This message was then sent back to the king of Assyria: "The people you brought in to occupy the towns of Samaria don't know what's expected of them from the god of the land, and now he's sent lions and they're killing people right and left because nobody knows what the god of the land expects of them."

27 The king of Assyria ordered, "Send back some priests who were taken into exile from there. They can go back and live there and instruct the people in what the god of the land expects of them."

28 One of the priests who had been exiled from Samaria came back and moved into Bethel. He taught them how to honor and worship GOD.

29-31 But each people that Assyria had settled went ahead anyway making its own gods and setting them up in the neighborhood sex-and-religion shrines that the citizens of Samaria had left behind–a local custom-made god for each people:

for Babylon, Succoth Benoth;
for Cuthah, Nergal;
for Hamath, Ashima;
for Avva, Nibhaz and Tartak;
for Sepharvaim, Adrammelech and Anammelech
(people burned their children in sacrificial offer-

스발와임 사람은 아드람멜렉과 아남멜렉(그들은 자녀를 불살라서 이 신들에게 희생 제물로 바쳤다!)

32-33 그들은 **하나님**을 높이고 예배했으나, **하나님**만 섬기지는 않았다. 또 자격과 상관없이 온갖 사람들을 제사장으로 임명하여, 지역에 있는 다산의 산당들에서 갖가지 의식을 거행하게 했다. 그들은 **하나님**을 높이고 예배했으나, 그들이 살다 온 지역의 옛 신들을 섬기는 일도 버리지 않았다.

34-39 그들은 오늘까지도 옛 관습을 따르고 있다. 향수를 불러일으키는 옛 신이면 무엇이든 예배한다. 그들은 **하나님**을 진정으로 예배하지 않는다. 어떻게 행동하고 무엇을 믿어야 할지에 대해서 그분이 하시는 말씀, 그분이 이스라엘로 이름 지어 주신 야곱의 자손에게 계시해 주신 말씀을 진지하게 여기지 않는다. **하나님**은 그분의 백성과 언약을 맺으시며 이렇게 명령하셨다. "다른 신들을 높이지 마라. 그들을 예배하지 말고 그들을 섬기지 말며, 그들에게 제사 지내지 마라. **하나님** 곧 큰 능력으로 너희를 친히 이집트에서 구해 내신 그 하나님을 예배하여라. 그분을 공경하고 경외하여라. 그분을 예배하여라. 그분께 제사를 드려라. 오직 그분께만! 무엇을 믿고 어떻게 행동해야 할지 그분이 가르치신 것, 너희를 위해 기록해 두신 모든 것을 너희가 사는 날 동안 행하여라. 너희는 어떤 경우에도 다른 신들을 예배해서는 안 된다! 그분이 너희와 맺으신 언약에서 너희가 지켜야 할 것을 잊지 마라. 다른 신들을 예배하지 마라! **하나님**, 오직 **하나님**만 예배하여라. 너희를 원수의 압제에서 구원하실 이는 바로 그분이시다."

40-41 그러나 그들은 전혀 신경 쓰지 않았다. 그들은 늘 하던 대로, 겉으로는 **하나님**을 예배하면서, 동시에 자신들의 지역 신들을 섬겼다. 그들의 자녀들도 조상이 한 일을 오늘까지 그대로 따르고 있다.

유다 왕 히스기야

18 1-4 이스라엘의 엘라 왕의 아들 호세아 삼년에, 아하스의 아들 히스기야 *가 유다의 왕이 되었다.* 그는 스물다섯 살에 왕위에 올라 예루살렘에서 이십구 년 동안 다스렸다. 그의 어머니는 스가랴의 딸 아비야다. **하나님** 보시기에 그는 선한 왕이었다. 그는 조상 다윗을 그대로 본받았다. 지역에 있는 다산의

ings to these gods!).

32-33 They honored and worshiped GOD, but not exclusively–they also appointed all sorts of priests, regardless of qualification, to conduct a variety of rites at the local fertility shrines. They honored and worshiped GOD, but they also kept up their devotions to the old gods of the places they had come from.

34-39 And they're still doing it, still worshiping any old god that has nostalgic appeal to them. They don't really worship GOD–they don't take seriously what he says regarding how to behave and what to believe, what he revealed to the children of Jacob whom he named Israel. GOD made a covenant with his people and ordered them, "Don't honor other gods: Don't worship them, don't serve them, don't offer sacrifices to them. Worship GOD, the God who delivered you from Egypt in great and personal power. Reverence and fear him. Worship him. Sacrifice to him. And only him! All the things he had written down for you, directing you in what to believe and how to behave–well, do them for as long as you live. And whatever you do, *don't worship other gods!* And the covenant he made with you, don't forget your part in that. *And don't worship other gods!* Worship GOD, and GOD only–he's the one who will save you from enemy oppression."

40-41 But they didn't pay any attention. They kept doing what they'd always done. As it turned out, all the time these people were putting on a front of worshiping GOD, they were at the same time involved with their local idols. And they're still doing it. Like father, like son.

Hezekiah of Judah

18 1-4 In the third year of Hoshea son of Elah king of Israel, Hezekiah son of Ahaz began his rule over Judah. He was twenty-five years old when he became king and he ruled for twenty-nine years in Jerusalem. His mother's name was Abijah daughter of Zechariah. In GOD's opinion he was a good king; he kept to the standards of his ancestor David. He got rid of the local fertility

산당들을 없애고, 남근 석상들을 깨부수고, 음란한 여신 아세라의 목상을 베었다. 결정적으로 그는 모세가 만들었던 옛 청동뱀을 가루로 만들었다. 당시 이스라엘 백성 사이에는 그 뱀에게 제사하는 풍습이 있었다. 그들은 그것을 느후스단(옛 뱀)이라는 이름으로 부르며 고상하게 여기기까지 했다.

5-6 히스기야는 이스라엘의 하나님을 온전히 신뢰했다. 그와 같은 왕은 전에도 없었고 후에도 없었다. 그는 하나님을 꼭 붙들고—잡은 손을 절대 놓지 않고—그분이 모세에게 명령하신 모든 말씀에 그대로 순종했다. 하나님께서는 그를 저버리지 않으시고 그가 행하는 모든 일에 함께하셨다.

7-8 그는 앗시리아 왕에게 반기를 들었다. 더 이상 그를 섬기지 않기로 결단했다. 그는 또 전초기지와 요새 성읍에 있던 블레셋 사람을 가사와 그 국경까지 쫓아냈다.

9-11 히스기야 사년, 이스라엘 왕 엘라의 아들 호세아 칠년에, 앗시리아 왕 살만에셀이 사마리아를 공격했다. 그는 그곳을 포위하여 삼 년 만에 점령했다. 이때는 히스기야 육년, 곧 호세아 구년이었다. 앗시리아 왕은 이스라엘 사람을 포로로 잡아 할라, 하볼 강가의 고산, 메대 사람의 여러 성읍으로 이주시켰다.

12 이 모든 일은 그들이 하나님의 음성을 듣지 않고, 경솔하게 그분의 언약을 멸시했기 때문에 일어났다. 그들은 하나님의 종 모세가 명령한 것을 한 마디도 듣지 않았고 행하지도 않았다.

13-14 히스기야 왕 십사년에, 앗시리아 왕 산헤립이 유다 외곽의 요새 성읍을 공격하여 모두 점령했다. 히스기야 왕은 라기스 본부에 있는 앗시리아 왕에게 메시지를 보냈다. "내가 잘못했습니다. 군대를 후퇴시켜 주십시오. 당신이 정하시는 대로 조공을 바치겠습니다."

14-16 앗시리아 왕은 유다의 히스기야 왕에게 은 11톤과 금 1톤을 조공으로 요구했다. 히스기야는 하나님의 성전과 왕궁 보물 보관소에 있던 은을 모두 넘겼다. 히스기야는 하나님의 성전 문과 자기가 금을 입혔던 문기둥까지 뜯어서 앗시리아 왕에게 주었다.

17 그러자 앗시리아 왕은 군 최고지휘관 세 사람(다르단, 랍사리스, 랍사게)에게 막강한 병력을 주어서 라기스에서부터 히스기야 왕이 있는 예루살렘으로 보냈다. 예루살렘에 도착한 그들은 빨래터

shrines, smashed the phallic stone monuments, and cut down the sex-and-religion Asherah groves. As a final stroke he pulverized the ancient bronze serpent that Moses had made; at that time the Israelites had taken up the practice of sacrificing to it—they had even dignified it with a name, Nehushtan (The Old Serpent).

5-6 Hezekiah put his whole trust in the GOD of Israel. There was no king quite like him, either before or after. He held fast to GOD—never loosened his grip—and obeyed to the letter everything GOD had commanded Moses. And GOD, for his part, held fast to him through all his adventures.

7-8 He revolted against the king of Assyria; he refused to serve him one more day. And he drove back the Philistines, whether in sentry outposts or fortress cities, all the way to Gaza and its borders.

9-11 In the fourth year of Hezekiah and the seventh year of Hoshea son of Elah king of Israel, Shalmaneser king of Assyria attacked Samaria. He threw a siege around it and after three years captured it. It was in the sixth year of Hezekiah and the ninth year of Hoshea that Samaria fell to Assyria. The king of Assyria took Israel into exile and relocated them in Halah, in Gozan on the Habor River, and in towns of the Medes.

12 All this happened because they wouldn't listen to the voice of their GOD and treated his covenant with careless contempt. They refused either to listen or do a word of what Moses, the servant of GOD, commanded.

13-14 In the fourteenth year of King Hezekiah, Sennacherib king of Assyria attacked all the outlying fortress cities of Judah and captured them. King Hezekiah sent a message to the king of Assyria at his headquarters in Lachish: "I've done wrong; I admit it. Pull back your army; I'll pay whatever tribute you set."

14-16 The king of Assyria demanded tribute from Hezekiah king of Judah—eleven tons of silver and a ton of gold. Hezekiah turned over all the silver he could find in The Temple of GOD and in the palace treasuries. Hezekiah even took down the doors of The Temple of GOD and the doorposts that he had overlaid with gold and gave them to the king of

로 가는 길에 있는 '윗저수지' 수로에 멈추었다.

18 그들이 큰소리로 왕을 부르자, 왕궁을 책임지고 있는 힐기야의 아들 엘리아김과 왕의 서기관 셉나, 궁중 사관 아삽의 아들 요아가 그들을 맞으러 나갔다.

19-22 셋째 지휘관인 랍사게가 앗시리아 왕의 대변인 역할을 했다. 그가 말했다. "히스기야에게 전하여라. 위대한 왕이신 앗시리아 왕의 메시지다. '너는 지금 거짓의 세계, 종교적 환상의 세계에 살고 있다. 고작 말 몇 마디로 군사 전략과 병력을 대신할 수 있다고 보느냐? 이제 네가 내게 반역했으니 누구의 도움을 바랄 수 있겠느냐? 너는 이집트가 도와줄 줄로 알았겠지만, 이집트는 종이호랑이에 지나지 않아서 바람 한번 불면 쓰러진다. 이집트 왕 바로는 속 빈 강정이다. 아니면 너희가 "우리는 하나님을 의지한다"고 말하겠느냐? 하지만 히스기야, 너는 사람들이 하나님께 갈 수 있는 길을 이미 없애 버렸다. 유다와 예루살렘의 모든 사람에게 "너희는 예루살렘 제단에서만 예배해야 한다"고 명령하면서, 지역에 있는 하나님의 산당을 모두 없애지 않았느냐?'

23-24 그러니 이치에 맞게 생각해 보아라. 내 주인 앗시리아 왕과 겨루어 보는 건 어떠냐. 네가 말 타는 사람들을 내놓을 수 있다면, 내가 네게 말 이천 마리를 주겠다. 내놓을 수 없다고? 그러면서 어떻게 내 주인의 군대중에서 신병 하나라도 칠 수 있겠느냐? 너는 언제까지 그 공상을 붙들고 있을 셈이냐? 언제까지 이집트 전차와 말들에 의존할 셈이냐?

25 너는 내가 하나님의 허락 없이 이 땅을 멸하러 왔다고 생각하느냐? 사실은 하나님께서 내게 '이 땅을 공격하여 멸하라!'고 분명히 명령하셨다."

26 힐기야의 아들 엘리아김과 셉나와 요아가 랍사게에게 말했다. "우리가 아람 말을 알아들으니, 제발 아람 말로 말씀하십시오. 히브리 말로 말씀하지 말아 주십시오. 성벽 위에 가득 모인 사람들이 당신의 말을 듣겠습니다."

27 그러자 랍사게가 말했다. "이것은 너희의 주인과 *너희에게만 전하는 사적인 전갈이 아니다*. 들릴 만한 거리에 있는 사람이면 누구나 들어야 할 공적인 메시지다. 어차피 그들과도 관계된 일이 아니냐. 네가 항복하지 않으면, 그들도 너희와 함께 자기 똥을 먹고 자기 오줌을 마

Assyria.

17 So the king of Assyria sent his top three military chiefs (the Tartan, the Rabsaris, and the Rabshakeh) from Lachish with a strong military force to King Hezekiah in Jerusalem. When they arrived at Jerusalem, they stopped at the aqueduct of the Upper Pool on the road to the laundry commons.

18 They called loudly for the king. Eliakim son of Hilkiah who was in charge of the palace, Shebna the royal secretary, and Joah son of Asaph the court historian went out to meet them.

19-22 The third officer, the Rabshakeh, was spokesman. He said, "Tell Hezekiah: A message from The Great King, the king of Assyria: You're living in a world of make-believe, of pious fantasy. Do you think that mere words are any substitute for military strategy and troops? Now that you've revolted against me, who can you expect to help you? You thought Egypt would, but Egypt's nothing but a paper tiger–one puff of wind and she collapses; Pharaoh king of Egypt is nothing but bluff and bluster. Or are you going to tell me, 'We rely on GOD'? But Hezekiah has just eliminated most of the people's access to God by getting rid of all the local God-shrines, ordering everyone in Judah and Jerusalem, 'You must worship at the Jerusalem altar only.'

23-24 "So be reasonable. Make a deal with my master, the king of Assyria. I'll give you two thousand horses if you think you can provide riders for them. You can't do it? Well, then, how do you think you're going to turn back even one raw buck private from my master's troops? How long are you going to hold on to that figment of your imagination, these hoped-for Egyptian chariots and horses?

25 "Do you think I've come up here to destroy this country without the express approval of GOD? The fact is that GOD expressly ordered me, 'Attack and destroy this country!'"

26 Eliakim son of Hilkiah and Shebna and Joah said to the Rabshakeh, "Please, speak to us in the Aramaic language. We understand Aramaic. Don't speak in Hebrew–everyone crowded on the city wall can hear you."

27 But the Rabshakeh said, "We weren't sent with

시게 될 것이다."

28-32 그러더니 그는 앞으로 나아와 모두에게 들릴 만큼 크게 히브리 말로 말했다. "위대한 왕이신 앗시리아 왕의 말씀을 잘 들어라. '히스기야에게 속지 마라. 그는 너희를 구원할 수 없다. 히스기야가 "하나님께서 우리를 구원하실 것입니다. 이 성은 절대로 앗시리아 왕의 손에 넘어가지 않을 것입니다" 하며 하나님을 신뢰하자고 말하지 못하게 하여라. 히스기야의 말에 귀를 기울이지 마라. 그는 자기가 무슨 말을 하는지도 모른다.' 앗시리아 왕의 말씀을 들어라. '내 통치를 받아들여 행복한 삶을 살아라. 내가 너희 모두에게 각자의 토지와 밭과 우물을 보장하겠다! 내가 너희를 지금보다 훨씬 기름진 땅, 곡식과 포도주와 빵과 포도원과 올리브 과수원과 꿀의 땅으로 데려다 주겠다. 인생은 한 번뿐이다. 그러니 제대로 사는 것처럼 살아 보아라!

32-35 절대 히스기야의 말을 듣지 마라. "하나님께서 우리를 구원하실 것입니다" 하는 그의 거짓말에 귀를 기울이지 마라. 앗시리아 왕의 손에서 한 사람이라도 자기 백성을 구해 낸 신이 있었느냐? 하맛과 아르밧의 신들은 어디 있느냐? 스발와임, 헤나, 아와의 신들은 어디 있느냐? 그리고 사마리아, 그들의 신들이 그들을 구원했느냐? 어디서든 나 앗시리아 왕의 손에서 한 사람이라도 구원한 신의 이름을 너희가 댈 수 있느냐? 그런데 어찌하여 너희는 하나님이 내 손에서 예루살렘을 구원할 수 있다고 생각하느냐?'"

36 백성은 침묵했다. 왕이 이미 "누구도 말하지 마시오. 한 마디도 하지 마시오!" 하고 명령했기 때문에 아무도 입을 열지 않았다.

37 왕궁 관리 힐기야의 아들 엘리아김과 왕의 서기관 셉나와 궁중 사관 아삽의 아들 요아가 히스기야에게 돌아갔다. 그들은 절망하여 옷을 찢었다. 그리고 랍사게의 말을 히스기야에게 보고했다.

19 1-3 이 말을 모두 들은 히스기야도 옷을 찢고 굵은 베옷을 입었다. 그리고 하나님의 성전으로 들어갔다. 그는 왕궁을 책임지고 있는 엘리아김과 서기관 셉나와 원로 제사장들을 아모스의 아들 예언자 이사야에게

a private message to your master and you; this is public—a message to everyone within earshot. After all, they're involved in this as well as you; if you don't come to terms, they'll be eating their own turds and drinking their own pee right along with you."

28-32 Then he stepped forward and spoke in Hebrew loud enough for everyone to hear, "Listen carefully to the words of The Great King, the king of Assyria: Don't let Hezekiah fool you; he can't save you. And don't let Hezekiah give you that line about trusting in GOD, telling you, 'GOD will save us—this city will never be abandoned to the king of Assyria.' Don't listen to Hezekiah—he doesn't know what he's talking about. Listen to the king of Assyria—deal with me and live the good life; I'll guarantee everyone your own plot of ground—a garden and a well! I'll take you to a land sweeter by far than this one, a land of grain and wine, bread and vineyards, olive orchards and honey. You only live once—so live, really live!

32-35 "No. Don't listen to Hezekiah. Don't listen to his lies, telling you 'GOD will save us.' Has there ever been a god anywhere who delivered anyone from the king of Assyria? Where are the gods of Hamath and Arpad? Where are the gods of Sepharvaim, Hena, and Ivvah? And Samaria—did their gods save them? Can you name a god who saved anyone anywhere from me, the king of Assyria? So what makes you think that GOD can save Jerusalem from me?"

36 The people were silent. No one spoke a word for the king had ordered, "Don't anyone say a word—not one word!"

37 Then Eliakim son of Hilkiah, the palace administrator, and Shebna the royal secretary, and Joah son of Asaph the court historian went back to Hezekiah. They had ripped their robes in despair; they reported to Hezekiah the speech of the Rabshakeh.

19 1-3 When Hezekiah heard it all, he too ripped his robes apart and dressed himself in rough burlap. Then he went into The Temple of GOD. He sent Eliakim, who was in charge of the palace, Shebna the secretary, and the senior priests,

보냈는데, 그들도 모두 굵은 베옷을 입었다. 그들이 이사야에게 말했다. "히스기야 왕의 메시지입니다. '오늘은 참담한 날, 비참한 날, 심판의 날입니다!

아이를 낳을 때가 되었으나
출산할 힘이 없습니다.

4 하나님 당신의 하나님께서 랍사게의 신성모독 발언을 들으셨을 것입니다. 그의 주인인 앗시리아 왕이 그를 보내어, 살아 계신 하나님을 모욕하게 했습니다. 하나님 당신의 하나님께서 그런 말을 한 그를 그냥 두지 않으실 것입니다. 당신은 남은 이 백성을 위해 기도해 주십시오.'"
5 이것이 히스기야 왕의 신하들이 이사야에게 전한 메시지였다.
6-7 이사야가 그들에게 대답했다. "당신들의 주인에게 이렇게 전하십시오. 하나님의 말씀입니다. '너는 앗시리아 왕의 아첨쟁이 심부름꾼들에게서 들은 그 무엄한 신성모독 발언을 조금도 두려워하지 마라. 내가 그의 자신감을 앗아 갈 것이다. 그는 한 소문을 듣고 겁에 질려서 자기 나라로 돌아갈 것이다. 돌아간 뒤에는 내가 반드시 그를 죽게 할 것이다.'"
8-13 랍사게가 돌아가서 보니, 앗시리아 왕이 이미 라기스에서 진을 거두고 가서 립나와 싸우고 있었다. 그때에 산헤립은 구스 왕 디르하가가 자기와 싸우러 오고 있다는 소식을 들었다. 그래서 그는 유다의 히스기야 왕에게 또 다른 사신을 보내어 이런 메시지를 전하게 했다. "네가 그토록 소중히 여기는 그 신이 '예루살렘은 절대로 앗시리아 왕에게 무너지지 않는다'고 말하더라도 속지 마라. 새빨간 거짓말이다. 앗시리아 왕들의 업적은 너도 아는 바다. 여러 나라들이 줄줄이 짓밟혀 폐허가 되었다. 그런데 어째서 너희만은 예외일 것이라고 생각하느냐? 내 조상들에게 망하여 폐허가 된 나라들을 잘 살펴보아라. 그들의 신들이 그들에게 조금이라도 도움이 되었느냐? 고산, 하란, 레셉, 들라살의 에덴 민족을 보아라. 이미 폐허가 되었다. 하맛 왕, 아르밧 왕, 스발와임과 *헤나와 이와의 왕들에게 무엇이 남았느냐?* 오직 뼈뿐이다."
14-15 히스기야가 사신에게서 편지를 받아 읽었다. 그는 하나님의 성전으로 가서 편지를 하나님 앞에 펼쳐 놓았다. 그리고 기도했다. 참으로 간절

all of them dressed in rough burlap, to the prophet Isaiah son of Amoz. They said to him, "A message from Hezekiah: 'This is a black day, a terrible day–doomsday!

Babies poised to be born,
No strength to birth them.

4 "'Maybe GOD, your God, has been listening to the blasphemous speech of the Rabshakeh who was sent by the king of Assyria, his master, to humiliate the living God; maybe GOD, your God, won't let him get by with such talk; and you, maybe you will lift up prayers for what's left of these people.'"
5 That's the message King Hezekiah's servants delivered to Isaiah.
6-7 Isaiah answered them, "Tell your master, 'GOD's word: Don't be at all concerned about what you've heard from the king of Assyria's bootlicking errand boys–these outrageous blasphemies. Here's what I'm going to do: Afflict him with self-doubt. He's going to hear a rumor and, frightened for his life, retreat to his own country. Once there, I'll see to it that he gets killed.'"
8-13 The Rabshakeh left and found that the king of Assyria had pulled up stakes from Lachish and was now fighting against Libnah. Then Sennacherib heard that Tirhakah king of Cush was on his way to fight against him. So he sent another envoy with orders to deliver this message to Hezekiah king of Judah: "Don't let that god that you think so much of keep stringing you along with the line, 'Jerusalem will never fall to the king of Assyria.' That's a barefaced lie. You know the track record of the kings of Assyria–country after country laid waste, devastated. And what makes you think you'll be an exception? Take a good look at these wasted nations, destroyed by my ancestors; did their gods do them any good? Look at Gozan, Haran, Rezeph, the people of Eden at Tel Assar. Ruins. And what's left of the king of Hamath, the king of Arpad, the king of Sepharvaim, of Hena, of Ivvah? Bones."
14-15 Hezekiah took the letter from the envoy and read it. He went to The Temple of GOD and spread

히 기도했다!

위엄으로 그룹 보좌에 앉으신
하나님 이스라엘의 하나님,
주님은 세상 모든 나라를 다스리시는
한분 하나님이시며
하늘을 지으시고
땅을 지은 분이십니다.
16 하나님, 귀를 열어 들으시고
눈을 떠서 보십시오.
살아 계신 하나님을 뻔뻔스레 모욕하는,
산헤립이 보낸 이 편지를 보십시오!
17 하나님, 과연 그의 말대로 앗시리아 왕들은
여러 땅과 나라를 폐허로 만들었습니다.
18 그들은 나무와 돌을 가지고 손으로 만든 그곳 신들로
신도 아닌 것들로, 큰 모닥불을 피웠습니다.
19 그러나 하나님 우리 하나님, 이제
건방진 앗시리아의 무력에서 우리를 구원해 주십시오.
주님만이 하나님 오직 한분 하나님이심을
세상 모든 나라로 알게 하십시오.

20-21 얼마 후에 아모스의 아들 이사야가 히스기야에게 말을 전했다.

하나님의 말씀입니다. "네가 앗시리아 왕 산헤립의 일로 내게 기도했다. 내가 네 기도를 들었다. 산헤립에 대한 나의 응답은 이러하다.

처녀 딸 시온이
너를 잔뜩 멸시한다.
딸 예루살렘이 보기에
너는 찌끼에 지나지 않는다.
22 네가 누구를 모욕했느냐?
네가 누구를 욕했느냐?
네가 누구 앞에서 으스댔느냐?
바로, 이스라엘의 거룩한 이다!
23 너는 네 심부름꾼들을 보내어
주를 모욕했다.
너는 자랑했다. '나는 전차부대로
가장 높은 산들,
눈 덮인 레바논 고산들에 올랐다!
그곳의 거대한 백향목들을 베고
수려한 소나무들을 베어 넘어뜨렸다.

it out before GOD. And Hezekiah prayed—oh, how he prayed!

GOD, God of Israel, seated
in majesty on the cherubim-throne.
You are the one and only God,
sovereign over all kingdoms on earth,
Maker of heaven,
maker of earth.
16 Open your ears, GOD, and listen,
open your eyes and look.
Look at this letter Sennacherib has sent,
a brazen insult to the living God!
17 The facts are true, O GOD: The kings of Assyria
have laid waste countries and kingdoms.
18 Huge bonfires they made of their gods, their
no-gods hand-made from wood and stone.
19 But now O GOD, *our* God,
save us from raw Assyrian power;
Make all the kingdoms on earth know
that you are GOD, the one and only God.

20-21 It wasn't long before Isaiah son of Amoz sent word to Hezekiah:

GOD's word: You've prayed to me regarding Sennacherib king of Assyria; I've heard your prayer. This is my response to him:

The Virgin Daughter of Zion
holds you in utter contempt;
Daughter Jerusalem
thinks you're nothing but scum.
22 Who do you think it is you've insulted?
Who do you think you've been bad-mouthing?
Before whom do you suppose you've been strutting?
The Holy One of Israel, that's who!
23 You dispatched your errand boys
to humiliate the Master.
You bragged, "With my army of chariots
I've climbed the highest mountains,
snow-peaked alpine Lebanon mountains!
I've cut down its giant cedars,
chopped down its prize pine trees.

온 세상을 돌아다니며
절경의 깊은 숲에 가 보았다.
24 나는 먼 곳에 우물을 파서
다른 나라의 물을 마셨다.
이집트의 강들을
맨발로 첨벙첨벙 걸었다.'

25 이 모든 일 뒤에 내가 있다는 생각을
너는 한 번도 해본 적이 없느냐?
아주 먼 옛날 내가 계획을 세웠고
이제 그것을 실행에 옮겼다.
내가 너를 심판 날의 무기로 사용하여
교만한 성읍들을 잔해 더미로 만들었고,
26 그곳 백성을 낙담하게 하고
절망하게 하고, 무기력하게 만들었다.
그들은 잡초처럼 쓸모없고 풀처럼 약하며
바람에 날리는 겨처럼 힘을 잃었다.
27 나는 네가 언제 앉고, 언제 오며,
언제 가는지를 다 안다.
네가 나에게 화내며 대든 일도
하나하나 유심히 보았다.
28 너의 그 성미 때문에,
신성을 모독한 몹쓸 성미 때문에
이제 내가 네 코에 갈고리를 꿰고
네 입에 재갈을 물려서
네가 왔던 곳으로
되돌려 보낼 것이다.

29 그리고 히스기야야, 이것은 네게 주는 확실한 표징이다.

올해는 네가 수확하고 남은 것을 먹고, 내년에는
되는 대로 구걸하거나 빌리거나 훔쳐서 먹을 것이다.
그러나 내후년에는 네가 씨를 뿌려 수확할 것이며
포도원을 가꾸어 포도를 먹을 것이다.
30 유다 가문의 남은 자들이 다시금
뿌리를 내리고 열매를 맺을 것이다.
31 남은 자들이 예루살렘에서,
살아남은 자들이 시온 산에서 올 것이다.
하나님의 열심이
이 일을 이룰 것이다."

32 요컨대, 하나님께서 앗시리아 왕에 대해 하신

I've traveled the world,
visited the finest forest retreats.
24 I've dug wells in faraway places
and drunk their exotic waters;
I've waded and splashed barefoot
in the rivers of Egypt."

25 Did it never occur to you
that I'm behind all this?
Long, long ago I drew up the plans,
and now I've gone into action,
Using you as a doomsday weapon,
reducing proud cities to piles of rubble,
26 Leaving their people dispirited,
slumped shoulders, limp souls.
Useless as weeds, fragile as grass,
insubstantial as wind-blown chaff.
27 I know when you sit down, when you come
and when you go;
And, yes, I've marked every one
of your temper tantrums against me.
28 It's because of your temper,
your blasphemous foul temper,
That I'm putting my hook in your nose
and my bit in your mouth
And turning you back
to where you came from.

29 And this, Hezekiah, will be for you the confirming sign:

This year you'll eat the gleanings, next year
whatever you can beg, borrow, or steal;
But the third year you'll sow and harvest,
plant vineyards and eat grapes.
30 A remnant of the family of Judah yet again
will sink down roots and raise up fruit.
31 The remnant will come from Jerusalem,
the survivors from Mount Zion.
The Zeal of GOD
will make it happen.

32 To sum up, this is what GOD says regarding the king of Assyria:

말씀은 이러합니다.

그는 이 성에 들어오지 못하고
이리로 화살 하나도 쏘지 못할 것이다.
방패를 휘두르지 못하고
포위 공격을 시작조차 못할 것이다.
33 그는 자기가 왔던 길, 본국으로 돌아갈 것이다.
이 성에는 들어오지 못한다. 하나님의 말씀이다!
34 내가 나를 위해, 다윗을 위해
이 성을 보호하고 이 성을 구원할 것이다.

35 그리하여 그날 밤 하나님의 천사가 와서 앗시리아 사람 185,000명을 죽였다. 이튿날 아침에 예루살렘 백성이 일어나 보니, 온 진이 주검 천지였다!
36-37 앗시리아 왕 산헤립은 거기서 재빨리 빠져나와 곧장 본국의 니느웨로 가서 그곳에 머물렀다. 하루는 그가 자기의 신 니스록의 신전에서 예배하고 있는데, 그의 아들 아드람멜렉과 사레셀이 그를 죽이고 아라랏 땅으로 도망쳤다. 그의 아들 에살핫돈이 뒤를 이어 왕이 되었다.

20

1 얼마 후에 히스기야가 죽을병이 들었다. 아모스의 아들 예언자 이사야가 그에게 문병을 와서 말했다. "일들을 정리하십시오. 왕께서는 곧 돌아가실 것입니다. 살 날이 얼마 남지 않았습니다."

2-3 히스기야가 이사야에게서 고개를 돌려 하나님을 향해 기도했다.

하나님, 제가 누구이며 어떻게 살아왔는지 기억해 주십시오!
제가 주님 앞에서 정직했고
제 마음이 한결같이 진실했습니다.
주님을 기쁘게 해드리고, 주님께 인정받는 삶을 살았습니다.

그러고 나서 히스기야의 눈에서 눈물이 흘러내렸다. 그가 슬피 울었다.

4-6 이사야가 그곳을 떠나서 안뜰을 지나기 전에 하나님의 말씀이 그를 잡아 세웠다. "돌아가서 내 백성의 지도자인 히스기야에게 말하여라. '히스기야야, 하나님의 말씀이다! 네 조상 다윗의 하나님에게

He won't enter this city,
nor shoot so much as a single arrow there;
Won't brandish a shield,
won't even begin to set siege;
33 He'll go home by the same road he came;
he won't enter this city. GOD's word!
34 I'll shield this city, I'll save this city,
for my sake and for David's sake.

35 And it so happened that that very night an angel of GOD came and massacred 185,000 Assyrians. When the people of Jerusalem got up next morning, there it was—a whole camp of corpses!
36-37 Sennacherib king of Assyria got out of there fast, headed straight home for Nineveh, and stayed put. One day when he was worshiping in the temple of his god Nisroch, his sons Adrammelech and Sharezer murdered him and then escaped to the land of Ararat. His son Esarhaddon became the next king.

20

1 Some time later Hezekiah became deathly sick. The prophet Isaiah son of Amoz paid him a visit and said, "Put your affairs in order; you're about to die—you haven't long to live."

2-3 Hezekiah turned from Isaiah and faced GOD, praying:

Remember, O GOD, who I am, what I've done!
I've lived an honest life before you,
My heart's been true and steady,
I've lived to please you; lived for your approval.

And then the tears flowed. Hezekiah wept.

4-6 Isaiah, leaving, was not halfway across the courtyard when the word of GOD stopped him: "Go back and tell Hezekiah, prince of my people, 'GOD's word, Hezekiah! From the God of your ancestor David: I've listened to your prayer and I've observed your tears. I'm going to heal you. In three days you will walk on your own legs into

서 온 말씀이다. 내가 네 기도를 듣고 네 눈물을 보
았다. 내가 너를 낫게 할 것이다. 사흘 후에는 네가
네 발로 걸어 하나님의 성전에 들어갈 것이다. 내
가 방금 네 수명에 십오 년을 더했다. 나를 위해,
내 종 다윗을 위해 내가 너를 앗시리아 왕의 손에
서 구원하고, 이 성을 내 방패로 보호할 것이다.'"
7 이사야가 말했다. "무화과 반죽을 가져오십
시오."
사람들이 반죽을 준비하여 종기에 바르자, 히스기
야는 점차 회복되었다.
8 히스기야가 이사야에게 말했다. "이것이 무화
과 반죽 때문이 아니라 하나님께서 하신 일이라
는 것을 내가 어떻게 알겠습니까? 하나님께서 나
를 낫게 하셔서, 사흘 후에는 내 발로 걸어 하나
님의 성전에 들어가게 된다는 확실한 표징이 무
엇입니까?"
9 이사야가 말했다. "하나님께서 그 말씀대로 행하
시리라는 표징은 이것입니다. 해시계의 그림자가
십 도 앞으로 가면 좋겠습니까, 십 도 뒤로 가면
좋겠습니까? 선택하십시오."
10 히스기야가 말했다. "해시계의 그림자가 십 도
앞으로 가는 것은 쉬울 테니, 십 도 뒤로 가게 해
주십시오."
11 이사야가 하나님께 부르짖어 기도하자, 아하스
의 해시계 그림자가 십 도 뒤로 물러났다.

12-13 그 일이 있고 나서 얼마 후에, 왕이 병들었다
는 소식을 들은 바빌론 왕 발라단의 아들 므로닥
발라단이 쾌유를 비는 편지와 선물을 히스기야에
게 보내왔다. 히스기야는 기뻐서 사신들에게 은과
금과 향료와 향기로운 기름과 무기 등 자신의 값
진 물건이 보관되어 있는 곳을 직접 안내하며 구
경시켜 주었다. 왕궁과 나라 안의 모든 것을 빠짐
없이 그들에게 보여주었다.
14 그때 예언자 이사야가 나타났다. "이 사람들은
여기서 무엇을 하고 있는 것입니까? 이들이 어디
서 왔으며, 무엇 때문에 온 것입니까?"
히스기야가 말했다. "그들은 멀리 바빌론에서 왔
습니다."
15 "이들이 왕궁에서 무엇을 보았습니까?"
"모든 것을 보았습니다." 히스기야가 말했다. "내
가 그들에게 보여주지 않은 것이 하나도 없습니
다. 왕궁 일주를 시켜 주었습니다."
16-18 그러자 이사야가 히스기야에게 말했다. "이
일에 대해 하나님께서 하시는 말씀을 들으십시오.

The Temple of GOD. I've just added fifteen years
to your life; I'm saving you from the king of Assyr-
ia, and I'm covering this city with my shield–for
my sake and my servant David's sake.'"
7 Isaiah then said, "Prepare a plaster of figs."
They prepared the plaster, applied it to the boil,
and Hezekiah was on his way to recovery.
8 Hezekiah said to Isaiah, "How do I know wheth-
er this is of GOD and not just the fig plaster? What
confirming sign is there that GOD is healing me
and that in three days I'll walk into The Temple of
GOD on my own legs?"
9 "This will be your sign from GOD," said Isaiah,
"that GOD is doing what he said he'd do: Do you
want the shadow to advance ten degrees on the
sundial or go back ten degrees? You choose."
10 Hezekiah said, "It would be easy to make the
sun's shadow advance ten degrees. Make it go
back ten degrees."
11 So Isaiah called out in prayer to GOD, and the
shadow went back ten degrees on Ahaz's sundial.

12-13 Shortly after this, Merodach-Baladan, the
son of Baladan king of Babylon, having heard that
the king was sick, sent a get-well card and a gift to
Hezekiah. Hezekiah was pleased and showed the
messengers around the place–silver, gold, spices,
aromatic oils, his stockpile of weapons–a guided
tour of all his prized possessions. There wasn't
a thing in his palace or kingdom that Hezekiah
didn't show them.
14 And then Isaiah the prophet showed up: "And
just what were these men doing here? Where did
they come from and why?"
Hezekiah said, "They came from far away–from
Babylon."
15 "And what did they see in your palace?"
"Everything," said Hezekiah. "There isn't
anything I didn't show them–I gave them the
grand tour."
16-18 Then Isaiah spoke to Hezekiah, "Listen
to what GOD has to say about this: The day is
coming when everything you own and every-
thing your ancestors have passed down to you,
right down to the last cup and saucer, will be

'네 모든 소유물과 네 조상들이 네게 물려 준 모든 것이, 받침접시 딸린 마지막 잔 하나까지 이곳에서 몽땅 치워질 날이 올 것이다. 모두 약탈당해 바빌론으로 옮겨질 것이다. 나 하나님의 말이다! 그뿐 아니라 네 아들들, 네가 낳은 아들들의 자손이 결국에는 바빌론 왕궁의 내시가 될 것이다.'"

19 히스기야가 이사야에게 말했다. "하나님께서 그렇게 말씀하시면, 그것은 분명 지당한 말씀일 것입니다." 그러나 그는 속으로 "내 평생에는 그런 일이 일어나지 않을 테니, 내가 사는 동안에는 평안과 안전을 누릴 것이다" 하고 생각했다.

20-21 히스기야의 나머지 생애와 시대, 그가 벌인 사업, 특히 윗저수지를 공사하여 성 안으로 물을 끌어들인 일은 '유다 왕 연대기'에 기록되어 있다. 히스기야는 죽어서 자기 조상과 함께 묻혔다. 그의 아들 므낫세가 뒤를 이어 왕이 되었다.

유다 왕 므낫세

21 1-6 므낫세는 왕이 되었을 때 열두 살이었다. 그는 예루살렘에서 오십오 년 동안 다스렸다. 그의 어머니는 헵시바다. 하나님 보시기에 그는 나쁜 왕, 악한 왕이었다. 그는 하나님께서 이스라엘 자손을 위해 이방 민족들을 쫓아내시던 때에, 그 땅에서 사라졌던 모든 도덕적 부패와 영적 타락을 다시 들여놓기 시작했다. 아버지 히스기야가 허물어 버린 모든 음란한 종교 산당들을 다시 지었고, 이스라엘 왕 아하스가 했던 것과 같이 음란한 신 바알과 아세라를 위해 제단과 남근 목상을 세웠다. 그는 또 일월성신을 숭배하여 별자리의 지시에 따랐다. 그는 하나님께서 정하신 대로("내가 예루살렘에 내 이름을 두겠다") 오직 하나님의 이름만 예배하도록 드려진 예루살렘 성전 안에까지 이러한 이방 제단들을 세웠다. 그는 일월성신을 위한 산당들을 지어 하나님의 성전 양쪽 안뜰에 두었다. 자기 아들을 희생 제물로 불살라 바쳤고, 악한 마술과 점술을 행했다. 그는 지하의 혼백을 불러내 궁금한 것들을 묻기도 했다. 그에게 악이 넘쳐났다. 하나님 보시기에, 악으로 일관된 생애였다. 하나님께서 진노하셨다.

7-8 결정적으로 그는 음란한 여신 아세라 목상을 하나님의 성전 안에 두었는데, 이것은 하나님께서 다윗과 솔로몬에게 주신 다음의 말씀을 명백히, 보란 듯이 범한 일이었다. "내가 이스라엘 모든 지파 가운데서 택한 이 성전과 이 예루살렘 성에 내

cleaned out of here–plundered and packed off to Babylon. GOD's word! Worse yet, your sons, the progeny of sons you've begotten, will end up as eunuchs in the palace of the king of Babylon."

19 Hezekiah said to Isaiah, "If GOD says it, it must be good." But he was thinking to himself, "It won't happen during my lifetime–I'll enjoy peace and security as long as I live."

20-21 The rest of the life and times of Hezekiah, along with his projects, especially the way he engineered the Upper Pool and brought water into the city, are written in *The Chronicles of the Kings of Judah*. Hezekiah died and was buried with his ancestors. His son Manasseh became the next king.

Manasseh of Judah

21 1-6 Manasseh was twelve years old when he became king. He ruled for fifty-five years in Jerusalem. His mother's name was Hephzibah. In GOD's judgment he was a bad king–an evil king. He reintroduced all the moral rot and spiritual corruption that had been scoured from the country when GOD dispossessed the pagan nations in favor of the children of Israel. He rebuilt all the sex-and-religion shrines that his father Hezekiah had torn down, and he built altars and phallic images for the sex god Baal and sex goddess Asherah, exactly what Ahaz king of Israel had done. He worshiped the cosmic powers, taking orders from the constellations. He even built these pagan altars in The Temple of GOD, the very Jerusalem Temple dedicated exclusively by GOD's decree ("in Jerusalem I place my Name") to GOD's Name. And he built shrines to the cosmic powers and placed them in both courtyards of The Temple of GOD. He burned his own son in a sacrificial offering. He practiced black magic and fortunetelling. He held séances and consulted spirits from the underworld. Much evil–in GOD's judgment, a career in evil. And GOD was angry.

7-8 As a last straw he placed the carved image of the sex goddess Asherah in The Temple of

이름을 영원히 두겠다. 내가 다시는 내 백성 이스라엘로 하여금 내가 그들의 조상에게 준 이 땅을 떠나서 방황하지 않게 할 것이다. 그러나 조건이 있다. 그들이 내 종 모세가 전해 준 지침에 따라 내가 명령한 모든 것을 지켜야 한다."

9 그러나 백성은 이 말씀을 따르지 않았다. 므낫세는 그들을 그 길에서 벗어나게 했고, 일찍이 하나님께서 멸망시키신 이방 민족들의 악행을 넘어서는 악한 행위로 그들을 이끌었다.

10-12 하나님께서는 더 이상 참을 수 없어 그분의 종 예언자들을 통해 말씀을 보내셨다. "유다 왕 므낫세가 이런 극악무도한 죄를 짓고 그 앞에 있던 아모리 사람의 죄를 넘어서는 더 큰 악을 범하여 유다를 더러운 우상들이 판치는 죄인의 나라로 전락시켰으니, 이제 나 하나님이 너희를 심판하겠다. 나 이스라엘의 하나님이 예루살렘과 유다에 큰 재앙을 내릴 것이다. 사람들이 듣고도 믿어지지 않아 고개를 저으며 '도저히 믿지 못하겠다!'고 할 정도로 처참한 재앙이 될 것이다.

13-15 내가 사마리아가 맞은 운명을 예루살렘에도 내릴 것이니, 곧 아합을 향한 심판이 재현될 것이다. 너희가 그릇을 씻고 엎어서 말리듯이, 내가 예루살렘을 깨끗이 씻어 버릴 것이다. 내 유산으로 남은 그들을 없애고, 그 원수들의 손에 떨구어 버릴 것이다. 원수들이 닥치는 대로 그들을 약탈할 것이다. 그들의 조상이 이집트를 떠나던 날부터 지금까지, 그들은 내게 괴로움만 주었다. 그들이 나를 한계까지 몰아붙였으니, 나는 더 이상 그들의 악을 참지 않을 것이다."

16 므낫세에 대한 최종 평가는 그가 무차별적인 살인자라는 것이었다. 그는 백성을 죄로 끌어들였을 뿐 아니라, 무죄한 자들의 피로 예루살렘을 물들였다. 하나님 보시기에 그는 유다를 죄인의 나라로 만들었다.

17-18 므낫세의 나머지 생애와 시대, 그가 행한 모든 일과 어리석은 죄의 기록이 '유다 왕 연대기'에 남아 있다. 므낫세는 죽어서 자기 조상에게 돌아갔다. 그는 왕궁 동산, 곧 웃사의 동산에 묻혔다. 그의 아들 아몬이 뒤를 이어 왕이 되었다.

GOD, a flagrant and provocative violation of GOD's well-known statement to both David and Solomon, "In this Temple and in this city Jerusalem, my choice out of all the tribes of Israel, I place my Name–exclusively and forever. Never again will I let my people Israel wander off from this land I gave to their ancestors. But here's the condition: They must keep everything I've commanded in the instructions my servant Moses passed on to them."

9 But the people didn't listen. Manasseh led them off the beaten path into practices of evil even exceeding the evil of the pagan nations that GOD had earlier destroyed.

10-12 GOD, thoroughly fed up, sent word through his servants the prophets: "Because Manasseh king of Judah has committed these outrageous sins, eclipsing the sin-performance of the Amorites before him, setting new records in evil, using foul idols to debase Judah into a nation of sinners, this is my judgment, GOD's verdict: I, the God of Israel, will visit catastrophe on Jerusalem and Judah, a doom so terrible that when people hear of it they'll shake their heads in disbelief, saying, 'I can't believe it!'

13-15 "I'll visit the fate of Samaria on Jerusalem, a rerun of Ahab's doom. I'll wipe out Jerusalem as you would wipe out a dish, wiping it out and turning it over to dry. I'll get rid of what's left of my inheritance, dumping them on their enemies. If their enemies can salvage anything from them, they're welcome to it. They've been nothing but trouble to me from the day their ancestors left Egypt until now. They pushed me to my limit; I won't put up with their evil any longer."

16 The final word on Manasseh was that he was an indiscriminate murderer. He drenched Jerusalem with the innocent blood of his victims. That's on top of all the sins in which he involved his people. As far as GOD was concerned, he'd turned them into a nation of sinners.

17-18 The rest of the life and times of Manasseh, everything he did and his sorry record of sin, is written in *The Chronicles of the Kings of Judah*. Manasseh died and joined his ancestors. He was buried in the palace garden, the Garden of Uzza. His son Amon became the next king.

유다 왕 아몬

19-22 아몬은 왕이 되었을 때 스물두 살이었다. 그는 예루살렘에서 이 년 동안 다스렸다. 그의 어머니는 욧바 출신 하루스의 딸 므술레멧이다. 하나님 보시기에 그는 그의 아버지 므낫세처럼 악하게 살았다. 그는 아버지의 뒤를 따라, 아버지가 섬겼던 더러운 우상들을 섬기고 숭배했다. 그는 조상의 하나님을 완전히 버렸고, 하나님의 방식대로 살지 않았다.

23-24 결국 아몬의 신하들이 반역하여 왕궁에서 그를 암살했다. 그러나 백성이 아몬 왕에게 반역한 세력을 죽이고 아몬의 아들 요시야를 왕으로 삼았다.

25-26 아몬의 나머지 생애와 시대는 '유다 왕 연대기'에 기록되어 있다. 사람들은 아몬을 웃사의 동산에 있는 그의 묘지에 묻었다. 그의 아들 요시야가 뒤를 이어 왕이 되었다.

유다 왕 요시야

22 1-2 요시야는 왕이 되었을 때 여덟 살이었다. 그는 예루살렘에서 삼십일 년 동안 다스렸다. 그의 어머니는 보스갓 출신 아다야의 딸 여디다다. 그는 하나님이 원하시는 모습으로 살았다. 그의 조상 다윗이 밝히 보여준 길을 똑바로 따라갔고, 왼쪽으로나 오른쪽으로나 한 걸음도 벗어나지 않았다.

3-7 요시야 왕 십팔년 어느 날에, 왕은 므술람의 손자요 아살리야의 아들인 왕의 서기관 사반을 하나님의 성전으로 보내며 지시했다. "대제사장 힐기야에게 가서 백성이 하나님의 성전에 가져온 헌금, 곧 성전 문지기들이 백성에게서 거둔 돈을 계산하게 하시오. 그 돈을 하나님의 성전 공사를 관리하는 감독관들에게 넘겨주어, 하나님의 성전을 보수하는 일꾼들인 모든 목수와 건축자와 석수들에게 지불하게 하시오. 또한 그들에게 성전 보수에 필요한 목재와 석재를 구입할 권한을 주시오. 그들은 모두 정직하니, 그들에게 돈을 줄 때는 영수증을 받지 않아도 될 것이오."

8 대제사장 힐기야가 왕의 서기관 사반에게 소식을 전했다. "내가 방금 하나님의 길을 일러 주는 하나님의 계시의 책을 발견했습

Amon of Judah

19-22 Amon was twenty-two years old when he became king. He was king for two years in Jerusalem. His mother's name was Meshullemeth, the daughter of Haruz. She was from Jotbah. In GOD's opinion he lived an evil life, just like his father Manasseh. He followed in the footsteps of his father, serving and worshiping the same foul gods his father had served. He totally deserted the GOD of his ancestors; he did not live GOD's way.

23-24 Amon's servants revolted and assassinated him, killing the king right in his own palace. But the people, in their turn, killed the conspirators against King Amon and then crowned Josiah, Amon's son, as king.

25-26 The rest of the life and times of Amon is written in *The Chronicles of the Kings of Judah*. They buried Amon in his burial plot in the Garden of Uzza. His son Josiah became the next king.

Josiah of Judah

22 1-2 Josiah was eight years old when he became king. He ruled for thirty-one years in Jerusalem. His mother's name was Jedidah daughter of Adaiah; she was from Bozkath. He lived the way GOD wanted. He kept straight on the path blazed by his ancestor David, not one step to either left or right.

3-7 One day in the eighteenth year of his kingship, King Josiah sent the royal secretary Shaphan son of Azaliah, the son of Meshullam, to The Temple of GOD with instructions: "Go to Hilkiah the high priest and have him count the money that has been brought to The Temple of GOD that the doormen have collected from the people. Have them turn it over to the foremen who are managing the work on The Temple of GOD so they can pay the workers who are repairing GOD's Temple, all the carpenters, construction workers, and masons. Also, authorize them to buy the lumber and dressed stone for The Temple repairs. You don't need to get a receipt for the money you give them—they're all honest men."

8 The high priest Hilkiah reported to Shaphan the royal secretary, "I've just found the Book of GOD's Revelation, instructing us in GOD's ways. I found it in The Temple!" He gave it to Shaphan and Shaphan read it.

니다. 성전에서 찾았습니다!" 그가 그 책을 사반에게 주자 사반이 받아 읽어 보았다.

9 그러고 나서 사반은 왕에게 돌아와 그동안의 일을 보고했다. "왕의 신하들이 성전을 위해 거둔 돈을 자루에 담아, 성전 일꾼들에게 지불하도록 감독관들에게 주었습니다."

10 왕의 서기관 사반은 또 왕에게 말했다. "제사장 힐기야가 저에게 책을 하나 주었습니다." 사반은 그 책을 왕에게 읽어 주었다.

11-13 왕은 그 책, 곧 하나님의 계시에 기록된 내용을 듣고, 크게 놀라며 자기 옷을 찢었다. 왕은 제사장 힐기야와 사반의 아들 아히감, 미가야의 아들 악볼, 서기관 사반, 왕의 개인 보좌관 아사야를 불러 그들 모두에게 명령했다. "가서 나와 이 백성과 온 유다를 위해 하나님께 기도하시오! 방금 발견한 이 책에 기록된 내용에 우리가 어떻게 반응해야 하는지 알아보시오! 하나님의 진노가 우리를 향해 불같이 타오르고 있는 것이 분명하오. 우리 조상은 이 책에 기록된 말씀에 조금도 순종하지 않았고, 하나님께서 주신 지침을 하나도 따르지 않았소."

14-17 제사장 힐기야와 아히감, 악볼, 사반, 아사야는 곧바로 여예언자 훌다를 찾아갔다. 훌다는 할하스의 손자요 디과의 아들이요 왕궁 예복을 맡은 살룸의 아내로, 예루살렘 둘째 구역에 살고 있었다. 그 다섯 사람이 찾아가 그녀의 의견을 구했다. 훌다는 그들에게 이렇게 답했다. "하나님 이스라엘의 하나님의 말씀입니다. '너희를 이곳으로 보낸 사람에게 전하여라. "내가 이곳과 이 백성에게 심판의 재앙을 내릴 것이다. 유다 왕이 읽은 그 책에 기록된 모든 말씀이 그대로 이루어질 것이다. 그들이 나를 버리고 다른 신들을 가까이했고, 신상을 만들고 팔아 나를 더없이 노하게 했기 때문이다. 내 진노가 이곳을 향해 뜨겁게 타오르고 있으니, 아무도 그 불을 끌 수 없을 것이다."'

18-20 또 유다 왕이 하나님의 인도하심을 구했으니 왕께 전하십시오. 왕이 책에서 읽은 내용에 대한 하나님의 말씀입니다. '내가 이곳과 이 백성에게 심판의 재앙을 내리겠다고 한 말을 네*가 진심으로 받아들이고 겸손하게 회개하며,* 크게 놀라 옷을 찢고 내 앞에서 울었으니, 내가 너를 진심으로 대하겠다. 하나님의 말씀이다. 내가 너를 돌볼 것이다. 너는 평안히 죽어서 묻힐 것이다. 내가 이곳에 내릴 재앙을 너는 보지

9 Then Shaphan the royal secretary came back to the king and gave him an account of what had gone on: "Your servants have bagged up the money that has been collected for The Temple; they have given it to the foremen to pay The Temple workers."

10 Then Shaphan the royal secretary told the king, "Hilkiah the priest gave me a book." Shaphan proceeded to read it to the king.

11-13 When the king heard what was written in the book, God's Revelation, he ripped his robes in dismay. And then he called for Hilkiah the priest, Ahikam son of Shaphan, Acbor son of Micaiah, Shaphan the royal secretary, and Asaiah the king's personal aide. He ordered them all: "Go and pray to GOD for me and for this people—for all Judah! Find out what we must do in response to what is written in this book that has just been found! GOD's anger must be burning furiously against us—our ancestors haven't obeyed a thing written in this book, followed none of the instructions directed to us."

14-17 Hilkiah the priest, Ahikam, Acbor, Shaphan, and Asaiah went straight to Huldah the prophetess. She was the wife of Shallum son of Tikvah, the son of Harhas, who was in charge of the palace wardrobe. She lived in Jerusalem in the Second Quarter. The five men consulted with her. In response to them she said, "GOD's word, the God of Israel: Tell the man who sent you here that I'm on my way to bring the doom of judgment on this place and this people. Every word written in the book read by the king of Judah will happen. And why? Because they've deserted me and taken up with other gods, made me thoroughly angry by setting up their god-making businesses. My anger is raging white-hot against this place and nobody is going to put it out.

18-20 "And also tell the king of Judah, since he sent you to ask GOD for direction; tell him this, GOD's comment on what he read in the book: 'Because you took seriously the doom of judgment I spoke against this place and people, and because you responded in humble repentance, tearing your robe in dismay and weeping before me, I'm taking you seriously. GOD's word: I'll take care of you. You'll have a quiet death and be buried in peace. You won't be around to see

못할 것이다.'"
그들이 훌다의 메시지를 가지고 왕에게 돌아 갔다.

23

1-3 왕은 곧바로 행동에 나서, 유다와 예루살렘의 모든 장로를 소집했다. 그런 다음, 모든 백성—유명인부터 무명인에 이르기까지 모든 제사장과 예언자와 백성—을 거느리고 하나님의 성전으로 나아왔다. 하나님의 성전에서 발견된 언약책에 기록된 내용을 모든 사람 앞에서 큰소리로 낭독했다. 왕은 그의 자리에 서서 그들 모두가 하나님 앞에 엄숙히 맹세하게 했다. 믿음과 순종으로 하나님을 따르고, 무엇을 믿고 행해야 할지 그분이 지시하신 대로 온 마음을 다해 따르며, 그 책에 기록된 모든 언약을 지키게 한 것이다. 백성이 서서 한마음으로 동의했다. 그들은 만장일치로 다짐했다.

4-9 이어서 왕은 대제사장 힐기야와 부제사장, 성전 문지기들에게 성전을 깨끗이 정화하도록 명령했다. 바알과 아세라와 일월성신을 숭배하기 위해 만든 모든 것을 하나님의 성전에서 없애게 했다. 왕은 그것들을 예루살렘 바깥 기드론 들판에서 불사르고 그 재를 베델에 버리게 했다. 그는 유다 각 성읍과 예루살렘 인근 지역의 음란한 종교 산당들을 감독하도록 유다 왕들이 고용한 이방 제사장들을 내쫓았다. 바알과 해와 달과 별 등 모든 일월성신을 숭배하며 하루 종일 풍기는 더러운 악취를, 그 땅에서 단번에 깨끗이 제거했다. 그는 하나님의 성전에 있던 음란한 아세라 목상을 예루살렘 바깥 기드론 골짜기로 가져다가 불사른 다음, 그 재를 갈아서 묘지에 뿌렸다. 또한 하나님의 성전에 있던 신전 남창들의 방을 허물었다. 그곳은 여인들이 아세라를 위해 천을 짜던 공간이기도 했다. 왕은 유다 전역의 성읍에서 이방 제사장들을 모두 쫓아냈고, 나라 이쪽 끝에서 저쪽 끝까지, 곧 게바에서 브엘세바까지 그들이 관리하던 음란한 종교 산당들을 모두 부수었다. 그는 성읍의 지도자 여호수아가 성문 왼쪽에 개인 전용으로 지은 음란한 종교 산당도 부수었다. 이러한 음란한 종교의 제사장들이 성전의 제단을 더럽힌 것은 아니었지만, 타락한 제사장 전체 조직의 일부를 이루고 있었으므로 그

the doom that I'm going to bring upon this place.'"
The men took her message back to the king.

23

1-3 The king acted immediately, assembling all the elders of Judah and Jerusalem. Then the king proceeded to The Temple of GOD, bringing everyone in his train—priests and prophets and people ranging from the famous to the unknown. Then he read out publicly everything written in the Book of the Covenant that was found in The Temple of GOD. The king stood by the pillar and before GOD solemnly committed them all to the covenant: to follow GOD believingly and obediently; to follow his instructions, heart and soul, on what to believe and do; to put into practice the entire covenant, all that was written in the book. The people stood in affirmation; their commitment was unanimous.

4-9 Then the king ordered Hilkiah the high priest, his associate priest, and The Temple sentries to clean house—to get rid of everything in The Temple of GOD that had been made for worshiping Baal and Asherah and the cosmic powers. He had them burned outside Jerusalem in the fields of Kidron and then disposed of the ashes in Bethel. He fired the pagan priests whom the kings of Judah had hired to supervise the local sex-and-religion shrines in the towns of Judah and neighborhoods of Jerusalem. In a stroke he swept the country clean of the polluting stench of the round-the-clock worship of Baal, sun and moon, stars—all the so-called cosmic powers. He took the obscene phallic Asherah pole from The Temple of GOD to the Valley of Kidron outside Jerusalem, burned it up, then ground up the ashes and scattered them in the cemetery. He tore out the rooms of the male sacred prostitutes that had been set up in The Temple of GOD; women also used these rooms for weavings for Asherah. He swept the outlying towns of Judah clean of priests and smashed the sex-and-religion shrines where they worked their trade from one end of the country to the other—all the way from Geba to Beersheba. He smashed the sex-and-religion shrine that had been set up just to the left of the city gate for the private use of Joshua, the city mayor. Even though these

들을 내쫓았던 것이다.
10-11 또한 요시야는 도벳, 곧 자녀들을 제물로 불 속에 불살라 바치기 위해 벤힌놈 골짜기에 세운 가마 철판을 부수었다. 더 이상 누구도 아들이나 딸을 몰렉 신에게 불살라 바칠 수 없게 했다. 그는 유다 왕들이 태양신을 기리기 위해 성전 입구에 세워 놓은 말 동상들을 끌어내렸다. 그것들은 관리 나단멜렉의 집무실 옆 안뜰에 있었다. 그는 태양 전차들을 불살라 쓰레기로 만들어 버렸다.
12-15 왕은 모든 제단, 곧 아하스의 산당 옥상에 세운 제단, 유다 왕들이 만든 갖가지 제단, 성전 안뜰에 어지럽게 널린 므낫세의 제단들을 산산이 부숴 조각냈다. 그 모두를 부순 뒤에 파편은 가루로 만들어, 그 재를 기드론 골짜기에 뿌렸다. 왕은 또 예루살렘 동쪽, 가증한 산 남쪽 비탈에 우후죽순처럼 생겨난 음란한 종교 산당들을 깨끗이 제거했다. 이 산당들은 이스라엘 왕 솔로몬이 시돈의 음란한 여신 아스다롯과 모압 사람의 음란한 신 그모스와 암몬 사람의 타락한 신 밀곰을 위해 지은 것들이었다. 요시야 왕은 제단들을 부수고, 남근 모양의 아세라 목상을 찍어 내고, 그곳에 오래된 뼈들을 뿌렸다. 또한 느밧의 아들 여로보암—이스라엘을 죄악된 삶으로 끌어들인 바로 그 여로보암—이 세웠던 베델 산당의 제단을 제거했다. 제단을 부수고 산당을 불살라 잿더미로 만든 다음, 아세라 목상을 불태웠다.
16 현장을 둘러보던 요시야 왕이 산허리에 있는 무덤들을 보았다. 그는 그 무덤들을 파헤쳐 뼈를 꺼낸 다음, 무너진 제단들 위에서 불태워 그 악한 제단들을 더럽히라고 명령했다. 이로써 옛날 여로보암이 거룩한 집회로 제단 옆에 섰을 때 거룩한 사람이 전한 하나님의 말씀이 이루어졌다.
17 그러고 나서 왕이 물었다. "저 비석은 누구의 것이오?"
성읍 사람들이 말했다. "왕께서 방금 이루신 베델 제단에 대한 말씀을 전한 거룩한 사람의 무덤입니다."
18 요시야가 말했다. "그의 뼈는 건드리지 마라." 그래서 사람들은 그의 뼈와 사마리아에서 온 예언자의 뼈는 손대지 않고 그대로 두었다.

sex-and-religion priests did not defile the Altar in The Temple itself, they were part of the general priestly corruption and had to go.
10-11 Then Josiah demolished the Topheth, the iron furnace griddle set up in the Valley of Ben Hinnom for sacrificing children in the fire. No longer could anyone burn son or daughter to the god Molech. He hauled off the horse statues honoring the sun god that the kings of Judah had set up near the entrance to The Temple. They were in the courtyard next to the office of Nathan-Melech, the warden. He burned up the sun-chariots as so much rubbish.
12-15 The king smashed all the altars to smithereens—the altar on the roof shrine of Ahaz, the various altars the kings of Judah had made, the altars of Manasseh that littered the courtyard of The Temple—he smashed them all, pulverized the fragments, and scattered their dust in the Valley of Kidron. The king proceeded to make a clean sweep of all the sex-and-religion shrines that had proliferated east of Jerusalem on the south slope of Abomination Hill, the ones Solomon king of Israel had built to the obscene Sidonian sex goddess Ashtoreth, to Chemosh the dirty-old-god of the Moabites, and to Milcom the depraved god of the Ammonites. He tore apart the altars, chopped down the phallic Asherah-poles, and scattered old bones over the sites. Next, he took care of the altar at the shrine in Bethel that Jeroboam son of Nebat had built—the same Jeroboam who had led Israel into a life of sin. He tore apart the altar, burned down the shrine leaving it in ashes, and then lit fire to the phallic Asherah-pole.
16 As Josiah looked over the scene, he noticed the tombs on the hillside. He ordered the bones removed from the tombs and had them cremated on the ruined altars, desacralizing the evil altars. This was a fulfillment of the word of GOD spoken by the Holy Man years before when Jeroboam had stood by the altar at the sacred convocation.
17 Then the king said, "And *that* memorial stone—whose is that?"
The men from the city said, "That's the grave of the Holy Man who spoke the message against the altar at Bethel that you have just fulfilled."
18 Josiah said, "Don't trouble his bones." So they left

19-20 그러나 요시야는 거기서 멈추지 않았다. 그는 이스라엘 왕들이 지어 하나님을 그토록 진노케 한 지역의 음란한 종교 산당들이 있는 사마리아의 모든 성읍을 두루 다녔다. 그는 베델에서 한 것과 똑같이 산당들을 허물어 폐허로 만들었다. 희생 제사를 바치던 모든 제사장들을 죽이고 그들의 제단 위에서 불태워, 그 제단들을 부정하게 만들었다. 그러고 나서 요시야는 예루살렘으로 돌아왔다.

21 왕이 백성에게 명령했다. "이 언약책에 지시된 대로, 하나님 여러분의 하나님 앞에서 유월절을 경축하십시오."

22-23 유월절을 지키는 일은 명령이었으나, 사사들이 이스라엘을 다스리던 시대 이후로 지켜진 적이 없었다. 이스라엘과 유다의 어떤 왕도 유월절을 지키지 않았다. 요시야 왕 십팔년에 이르러, 비로소 예루살렘에서 하나님 앞에서 유월절을 기쁘게 지키게 되었다.

24 요시야는 그 땅을 깨끗이 정리하여 영매와 주술사, 토착 신과 조각상들, 곧 유다와 예루살렘 어디서나 볼 수 있었던 더럽고 음란한 유물과 엄청난 양의 우상들을 모두 치웠다. 요시야는 제사장 힐기야가 하나님의 성전에서 발견한 책에 기록된 하나님의 계시의 말씀에 순종하여 그렇게 행한 것이다.

25 요시야에 견줄 왕은 없었다. 그는 회개하고 온전히 하나님께 순종했다. 그처럼 마음과 뜻과 힘을 다해 하나님을 사랑하고, 모세가 계시를 받아 기록한 지침들을 그대로 따른 왕은 그 전에도 없었고 그 후에도 없었다. 요시야 같은 왕은 세상에 다시 없었다.

26-27 요시야가 그렇게 행했음에도 불구하고, 하나님의 불타는 진노는 식지 않았다. 므낫세로 인해 불붙은 격한 진노가 걷잡을 수 없이 타올랐다. 하나님께서는 변함없이 심판을 선고하셨다. "내가 이스라엘을 없애 버린 것과 똑같이 내 앞에서 유다를 없애 버릴 것이다. 내가 택한 이 성 예루살렘과, 내가 '내 이름이 여기 있다'고 말한 이 성전에서까지 등을 돌릴 것이다."

28-30 요시야의 나머지 생애와 시대는 '유다 왕 연대기'에 기록되어 있다. 요시야는 이집트 왕 바로 느고가 앗시리아 왕과 손을 잡으려고 유프라테스 강으로 진군해 나오던 때에 죽었

his bones undisturbed, along with the bones of the prophet from Samaria.

19-20 But Josiah hadn't finished. He now moved through all the towns of Samaria where the kings of Israel had built neighborhood sex-and-religion shrines, shrines that had so angered GOD. He tore the shrines down and left them in ruins—just as at Bethel. He killed all the priests who had conducted the sacrifices and cremated them on their own altars, thus desacralizing the altars. Only then did Josiah return to Jerusalem.

21 The king now commanded the people, "Celebrate the Passover to GOD, your God, exactly as directed in this Book of the Covenant."

22-23 This commanded Passover had not been celebrated since the days that the judges judged Israel—none of the kings of Israel and Judah had celebrated it. But in the eighteenth year of the rule of King Josiah this very Passover was celebrated to GOD in Jerusalem.

24 Josiah scrubbed the place clean and trashed spirit-mediums, sorcerers, domestic gods, and carved figures—all the vast accumulation of foul and obscene relics and images on display everywhere you looked in Judah and Jerusalem. Josiah did this in obedience to the words of GOD's Revelation written in the book that Hilkiah the priest found in The Temple of GOD.

25 There was no king to compare with Josiah—neither before nor after—a king who turned in total and repentant obedience to GOD, heart and mind and strength, following the instructions revealed to and written by Moses. The world would never again see a king like Josiah.

26-27 But despite Josiah, GOD's hot anger did not cool; the raging anger ignited by Manasseh burned unchecked. And GOD, not swerving in his judgment, gave sentence: "I'll remove Judah from my presence in the same way I removed Israel. I'll turn my back on this city, Jerusalem, that I chose, and even from this Temple of which I said, 'My Name lives here.'"

28-30 The rest of the life and times of Josiah is written in *The Chronicles of the Kings of Judah*. Josiah's death came about when Pharaoh Neco king of Egypt marched out to join forces with the king of Assyria at the Euphrates River. When King Josiah intercepted

다. 요시야 왕이 므깃도 평원에서 느고를 가로막자, 느고가 그를 죽였다. 요시야의 신하들이 그의 시신을 전차에 싣고 예루살렘으로 옮겨 와서, 그의 무덤에 묻었다. 백성의 지지를 받은 요시야의 아들 여호아하스가 기름부음을 받고 아버지의 뒤를 이어 왕이 되었다.

유다 왕 여호아하스

31 여호아하스는 왕이 되었을 때 스물세 살이었다. 그는 예루살렘에서 석 달 동안 다스렸다. 그의 어머니는 립나 출신 예레미야의 딸 하무달이다.

32 하나님 보시기에 그는 조상의 악한 행실로 되돌아간 악한 왕이었다.

33-34 바로 느고가 하맛 땅 리블라에서 여호아하스를 사로잡고 감금하여 예루살렘에서 다스리지 못하게 했다. 그는 유다에게 은 4톤가량과 금 34킬로그램을 조공으로 바칠 것을 요구했다. 그러고 나서 바로 느고는 요시야의 아들 엘리아김을 요시야의 후계자로 삼고 그 이름을 여호야김으로 고쳤다. 여호아하스는 이집트로 끌려가 그곳에서 죽었다.

35 한편 여호야김은 말 잘 듣는 꼭두각시가 되어 바로가 요구한 은과 금을 충실히 바쳤다. 그는 백성을 착취하고 모두에게 세금을 부과해서 돈을 모았다.

유다 왕 여호야김

36-37 여호야김은 왕이 되었을 때 스물다섯 살이었다. 그는 예루살렘에서 십일 년 동안 다스렸다. 그의 어머니는 루마 출신 브다야의 딸 스비다다. 하나님 보시기에 그는 조상의 악한 행실을 이어받은 악한 왕이었다.

24

1 여호야김이 다스릴 때에 바빌론 왕 느부갓네살이 그 땅을 침략해 왔다. 여호야김은 그의 꼭두각시 노릇을 하다가, 더는 참을 수 없어 삼 년 만에 반기를 들었다.

2-4 하나님께서는 바빌론, 아람, 모압, 암몬의 기습부대를 연이어 그에게 보내셨다. 그분의 전략은 유다를 멸망시키는 것이었다. 하나님께서는 일찍부터 그분의 종들 곧 예언자들의 설교를 통해 이 일을 말씀하셨고, 마침내 그

him at the Plain of Megiddo, Neco killed him. Josiah's servants took his body in a chariot, returned him to Jerusalem, and buried him in his own tomb. By popular choice Jehoahaz son of Josiah was anointed and succeeded his father as king.

Jehoahaz of Judah

31 Jehoahaz was twenty-three years old when he began to rule. He was king in Jerusalem for a mere three months. His mother's name was Hamutal daughter of Jeremiah. She came from Libnah.

32 In GOD's opinion, he was an evil king, reverting to the evil ways of his ancestors.

33-34 Pharaoh Neco captured Jehoahaz at Riblah in the country of Hamath and put him in chains, preventing him from ruling in Jerusalem. He demanded that Judah pay tribute of nearly four tons of silver and seventy-five pounds of gold. Then Pharaoh Neco made Eliakim son of Josiah the successor to Josiah, but changed his name to Jehoiakim. Jehoahaz was carted off to Egypt and eventually died there.

35 Meanwhile Jehoiakim, like a good puppet, dutifully paid out the silver and gold demanded by Pharaoh. He scraped up the money by gouging the people, making everyone pay an assessed tax.

Jehoiakim of Judah

36-37 Jehoiakim was twenty-five years old when he began to rule; he was king for eleven years in Jerusalem. His mother's name was Zebidah daughter of Pedaiah. She had come from Rumah. In GOD's opinion he was an evil king, picking up on the evil ways of his ancestors.

24

1 It was during his reign that Nebuchadnezzar king of Babylon invaded the country. Jehoiakim became his puppet. But after three years he had had enough and revolted.

2-4 GOD dispatched a succession of raiding bands against him: Babylonian, Aramean, Moabite, and Ammonite. The strategy was to destroy Judah. Through the preaching of his servants and prophets, GOD had said he would do this, and now he was doing it. None of this was by chance–it was GOD's

일을 행하셨다. 이것은 결코 우연이 아니라 하나님의 심판이었다. 므낫세—예루살렘 거리마다 피해자들의 무고한 피가 넘쳐나게 한 살인자 므낫세 왕—의 극악무도한 죄 때문에 그분은 유다에게 등을 돌리셨다. 하나님께서는 그러한 범죄를 간과할 수 없으셨다.

5-6 여호야김의 나머지 생애와 시대는 '유다 왕 연대기'에 기록되어 있다. 여호야김은 죽어서 자기 조상과 함께 묻혔다. 그의 아들 여호야긴이 뒤를 이어 왕이 되었다.

7 이제 이집트의 위협은 끝나서, 더는 이집트 왕이 유다를 침략해 오지 않았다. 이즈음에 바빌론 왕이 이집트 시내와 유프라테스 강 사이의 모든 땅, 전에 이집트 왕이 다스리던 땅을 점령했기 때문이다.

유다 왕 여호야긴

8-9 여호야긴은 왕이 되었을 때 열여덟 살이었다. 예루살렘에서 그의 통치는 석 달밖에 가지 못했다. 그의 어머니는 예루살렘 출신 엘나단의 딸 느후스다다. 하나님 보시기에 그는 자기 아버지와 조금도 다를 바 없는 악한 왕이었다.

10-12 그때에 바빌론 왕 느부갓네살의 지휘관들이 예루살렘을 공격하여 성을 포위했다. 지휘관들이 성을 포위하고 있는 동안, 바빌론 왕 느부갓네살이 직접 성을 찾아왔다. 그러자 유다의 여호야긴 왕은 그의 어머니와 지휘관과 보좌관과 정부 지도자들과 함께 항복했다.

12-14 느부갓네살 재위 팔년에, 여호야긴은 바빌론 왕에게 포로로 잡혔다. 느부갓네살은 하나님의 성전과 왕궁의 보물 보관소들을 비우고, 이스라엘 왕 솔로몬이 하나님의 성전을 위해 만들었던 모든 금 기구들을 약탈했다. 이것은 전혀 놀랄 일이 아니었다. 하나님께서 이미 그렇게 될 것을 말씀하셨기 때문이다. 그런 다음 느부갓네살은 예루살렘의 모든 사람, 곧 지도자와 군인, 장인과 기술자를 강제 이주시켰다. 그는 그들을 포로로 끌고 갔는데, 그 수가 만 명에 달했다! 그가 남겨 둔 이들은 가난한 사람들뿐이었다.

15-16 느부갓네살은 여호야긴을 포로로 사로잡아 바빌론으로 끌고 갔다. 왕의 어머니와 그의 아내들, 고관들, 사회 지도자들, 그 밖에

judgment as he turned his back on Judah because of the enormity of the sins of Manasseh—Manasseh, the killer-king, who made the Jerusalem streets flow with the innocent blood of his victims. GOD wasn't about to overlook such crimes.

5-6 The rest of the life and times of Jehoiakim is written in *The Chronicles of the Kings of Judah*. Jehoiakim died and was buried with his ancestors. His son Jehoiachin became the next king.

7 The threat from Egypt was now over—no more invasions by the king of Egypt—for by this time the king of Babylon had captured all the land between the Brook of Egypt and the Euphrates River, land formerly controlled by the king of Egypt.

Jehoiachin of Judah

8-9 Jehoiachin was eighteen years old when he became king. His rule in Jerusalem lasted only three months. His mother's name was Nehushta daughter of Elnathan; she was from Jerusalem. In GOD's opinion he also was an evil king, no different from his father.

10-12 The next thing to happen was that the officers of Nebuchadnezzar king of Babylon attacked Jerusalem and put it under siege. While his officers were laying siege to the city, Nebuchadnezzar king of Babylon paid a personal visit. And Jehoiachin king of Judah, along with his mother, officers, advisors, and government leaders, surrendered.

12-14 In the eighth year of his reign Jehoiachin was taken prisoner by the king of Babylon. Nebuchadnezzar emptied the treasuries of both The Temple of GOD and the royal palace and confiscated all the gold furnishings that Solomon king of Israel had made for The Temple of GOD. This should have been no surprise—GOD had said it would happen. And then he emptied Jerusalem of people—all its leaders and soldiers, all its craftsmen and artisans. He took them into exile, something like ten thousand of them! The only ones he left were the very poor.

15-16 He took Jehoiachin into exile to Babylon. With him he took the king's mother, his wives, his chief officers, the community leaders, anyone who was anybody—in round numbers, seven thousand soldiers plus another thousand or so craftsmen and artisans,

주요 인물들도 모두 그와 함께 끌고 갔다. 군
인 칠천 명에 장인과 기술자의 수가 천 명 정
도 되었다.
17 그 후 바빌론 왕은 여호야긴의 삼촌 맛다
니야를 꼭두각시 왕으로 세우고, 그 이름을
시드기야로 고쳤다.

유다 왕 시드기야

18 시드기야는 왕이 되었을 때 스물한 살이었
다. 그는 예루살렘에서 십일 년 동안 다스렸
다. 그의 어머니는 립나 출신 예레미야의 딸
하무달이다.
19 하나님 보시기에 시드기야 역시 악한 왕,
여호야김을 그대로 베껴 놓은 자에 지나지 않
았다.
20 예루살렘과 유다가 맞게 된 이 모든 파멸
의 근원에는 하나님의 진노가 있었다. 하나님
께서는 심판의 행위로 그들에게 등을 돌리셨
다. 그 후에 시드기야가 바빌론 왕에게 반역
했다.

25 1-7 반역은 시드기야 구년 열째 달
에 시작되었다. 느부갓네살은 곧
바로 모든 군대를 이끌고 예루살렘으로 향했
다. 그는 진을 치고 성 둘레에 토성을 쌓아 성
을 봉쇄했다. 성은 열아홉 달 동안 (시드기야
십일년까지) 포위되어 있었다. 시드기야 십일
년 넷째 달, 곧 그달 구일에는 기근이 너무 심
하여 빵 부스러기 하나 남지 않았다. 그러다
가 돌파구가 열렸다. 밤중에 야음을 틈타 모
든 군대가 성벽 통로(왕의 동산 위쪽에 있는
두 성벽 사이의 문)로 도망친 것이다. 그들은
성을 에워싸고 있던 바빌론 군사들의 전선을
몰래 뚫고 나가 아라바 골짜기 길을 지나 요
단 강으로 향했다. 그러나 바빌론 군사들이
곧 왕을 추격하여 여리고 평원에서 그를 따라
잡았다. 시드기야의 군대는 이미 흩어져 도망
친 뒤였다. 바빌론 군사들이 시드기야를 사
로잡아 리블라에 있는 바빌론 왕에게 끌고 가
자, 왕은 그 자리에서 그를 재판하고 선고를
내렸다. 시드기야의 아들들은 그의 눈앞에서
처형되었다. 아들들의 즉결 처형을 마지막으
로, 그는 더 이상 앞을 볼 수 없었다. 바빌론
군사들이 그의 눈을 멀게 했기 때문이다. 그

all herded off into exile in Babylon.
17 Then the king of Babylon made Jehoiachin's uncle,
Mattaniah, his puppet king, but changed his name to
Zedekiah.

Zedekiah of Judah

18 Zedekiah was twenty-one years old when he started
out as king. He was king in Jerusalem for eleven
years. His mother's name was Hamutal the daughter
of Jeremiah. Her hometown was Libnah.
19 As far as GOD was concerned Zedekiah was just one
more evil king, a carbon copy of Jehoiakim.
20 The source of all this doom to Jerusalem and Judah
was GOD's anger—GOD turned his back on them as an
act of judgment. And then Zedekiah revolted against
the king of Babylon.

25 1-7 The revolt dates from the ninth year and
tenth month of Zedekiah's reign. Nebuchad-
nezzar set out for Jerusalem immediately with a
full army. He set up camp and sealed off the city by
building siege mounds around it. The city was under
siege for nineteen months (until the eleventh year of
Zedekiah). By the fourth month of Zedekiah's eleventh
year, on the ninth day of the month, the famine
was so bad that there wasn't so much as a crumb of
bread for anyone. Then there was a breakthrough.
At night, under cover of darkness, the entire army
escaped through an opening in the wall (it was the
gate between the two walls above the King's Garden).
They slipped through the lines of the Babylonians
who surrounded the city and headed for the Jordan
on the Arabah Valley road. But the Babylonians were
in pursuit of the king and they caught up with him in
the Plains of Jericho. By then Zedekiah's army had
deserted and was scattered. The Babylonians took
Zedekiah prisoner and marched him off to the king of
Babylon at Riblah, then tried and sentenced him on
the spot. Zedekiah's sons were executed right before
his eyes; the summary murder of his sons was the
last thing he saw, for they then blinded him. Securely
handcuffed, he was hauled off to Babylon.
8-12 In the nineteenth year of Nebuchadnezzar king
of Babylon, on the seventh day of the fifth month,

는 사슬에 단단히 묶여 바빌론으로 끌려갔다.
8-12 바빌론 왕 느부갓네살 십구년 다섯째 달 칠일에, 바빌론 왕의 수석 부관인 느부사라단이 예루살렘에 도착했다. 그는 하나님의 성전과 왕궁과 성까지 모두 불태워 없앴다. 그리고 자기가 데려온 바빌론 군대를 투입하여 성벽을 허물었다. 마지막으로, 전에 바빌론 왕에게 투항했던 사람들을 포함해서 예루살렘 성에 남아 있던 사람들을 모두 포로로 잡아갔다. 그는 가난한 농부 일부를 남겨서 포도원과 밭을 관리하게 했다.

13-15 바빌론 사람들은 하나님의 성전 안에 있는 청동기둥과 청동세면대와 커다란 청동대야(바다)를 깨뜨려 바빌론으로 가져갔다. 또 성전 예배에 쓰이는 예배용 청동기구들과 금과 은으로 만든 향로와 뿌리는 대접들도 가져갔다. 왕의 부관은 귀금속 조각이라면 하나도 빠뜨리지 않고 눈에 띄는 대로 다 가져갔다.

16-17 솔로몬이 하나님의 성전을 위해 만든 두 기둥과 바다와 모든 세면대에서 뜯은 청동의 양은 어마어마해서 무게를 달 수조차 없었다! 각 기둥의 높이가 8.1미터인데다, 청동세공물과 장식용 과일로 꾸민 기둥머리만도 1.35 미터였다.

18-21 왕의 부관은 특별한 포로들을 많이 데려갔다. 대제사장 스라야, 부제사장 스바냐, 성전 관리 세 명, 남아 있던 군 최고지휘관, 왕의 고문 다섯 명, 회계, 군 최고 모병지휘관, 백성 가운데서 지위가 높은 사람 예순 명이었다. 왕의 부관 느부사라단은 그들을 모두 리블라에 있는 바빌론 왕에게 끌고 갔다. 바빌론 왕은 그곳 하맛 땅 리블라에서 그들 무리를 처참하게 죽였다.
유다는 자기 땅을 잃고 포로로 끌려갔다.

22-23 남겨진 백성에 관해서는 이러하다. 바빌론 왕 느부갓네살은 사반의 손자요 아히감의 아들인 그달리야를 그들의 총독으로 임명했다. 백성 가운데 퇴역한 군지휘관들은 바빌론 왕이 그달리야를 총독으로 임명했다는 말을 듣고 미스바에 있는 그를 찾아갔다. 그들 가운데는 느다니야의 아들 이스마엘, 가레아의 아들 요하난, 느도바 부족 단후멧의 아들 스라야, 마아가 사람의 아들 야아사니야, 그리고 그들을 좇는 무리도 있었다.

Nebuzaradan, the king of Babylon's chief deputy, arrived in Jerusalem. He burned The Temple of GOD to the ground, went on to the royal palace, and then finished off the city–burned the whole place down. He put the Babylonian troops he had with him to work knocking down the city walls. Finally, he rounded up everyone left in the city, including those who had earlier deserted to the king of Babylon, and took them off into exile. He left a few poor dirt farmers behind to tend the vineyards and what was left of the fields.

13-15 The Babylonians broke up the bronze pillars, the bronze washstands, and the huge bronze basin (the Sea) that were in The Temple of GOD and hauled the bronze off to Babylon. They also took the various bronze-crafted liturgical accessories used in the services of Temple worship, as well as the gold and silver censers and sprinkling bowls. The king's deputy didn't miss a thing–he took every scrap of precious metal he could find.

16-17 The amount of bronze they got from the two pillars, the Sea, and all the washstands that Solomon had made for The Temple of GOD was enormous–they couldn't weigh it all! Each pillar stood twenty-seven feet high, plus another four and a half feet for an ornate capital of bronze filigree and decorative fruit.

18-21 The king's deputy took a number of special prisoners: Seraiah the chief priest, Zephaniah the associate priest, three wardens, the chief remaining army officer, five of the king's counselors, the accountant, the chief recruiting officer for the army, and sixty men of standing from among the people. Nebuzaradan the king's deputy marched them all off to the king of Babylon at Riblah. And there at Riblah, in the land of Hamath, the king of Babylon killed the lot of them in cold blood.
Judah went into exile, orphaned from her land.

22-23 Regarding the common people who were left behind in Judah, this: Nebuchadnezzar king of Babylon appointed Gedaliah son of Ahikam, the son of Shaphan, as their governor. When veteran army officers among the people heard that the king of Babylon had appointed Gedaliah, they came to

24 그달리야는 지휘관과 부하들을 안심시키며
이렇게 약속했다. "바빌론 관리들을 두려워하
지 마시오. 여러분의 농지와 가정으로 돌아가
살면서 바빌론 왕을 섬기시오. 그러면 모든 일
이 다 잘될 것이오."
25 얼마 후에—일곱째 달이었다—엘리사마의
손자요 느다니야의 아들인 이스마엘이(그는 왕
족이었다) 부하 열 명을 데리고 가서 그달리야
와 유대인 반역자들과 미스바에 와 있던 바빌
론 관리들을 죽였다. 피의 살육이었다.
26 그러나 그 후에, 바빌론 사람들에게 당할
일이 두려워, 높은 사람 낮은 사람 할 것 없이
지도자와 백성이 모두 이집트로 피신했다.
27-30 유다의 여호야긴 왕이 포로로 있은 지 삼
십칠 년째 되던 해에, 에윌므로닥이 바빌론 왕
이 되어 여호야긴을 감옥에서 풀어 주었다. 석
방은 열두째 달 이십칠일에 있었다. 왕은 그에
게 극진한 호의를 베풀어, 바빌론에 억류되었
던 다른 어떤 포로들보다 그를 높이 대우했다.
여호야긴은 죄수복을 벗었고 남은 여생 동안
왕과 함께 식사를 했다. 왕은 그가 편히 살도록
필요한 것들을 모두 마련해 주었다.

Gedaliah at Mizpah. Among them were Ishmael son of Nethaniah, Johanan son of Kareah, Seraiah son of Tanhumeth the Netophathite, Jaazaniah the son of the Maacathite, and some of their followers.

24 Gedaliah assured the officers and their men, giving them his word, "Don't be afraid of the Babylonian officials. Go back to your farms and families and respect the king of Babylon. Trust me, everything is going to be all right."

25 Some time later—it was in the seventh month—
Ishmael son of Nethaniah, the son of Elishama (he had royal blood in him), came back with ten men and killed Gedaliah, the traitor Jews, and the Babylonian officials who were stationed at Mizpah—a bloody massacre.

26 But then, afraid of what the Babylonians would do, they all took off for Egypt, leaders and people, small and great.

27-30 When Jehoiachin king of Judah had been in exile for thirty-seven years, Evil-Merodach became king in Babylon and let Jehoiachin out of prison. This release took place on the twenty-seventh day of the twelfth month. The king treated him most courteously and gave him preferential treatment beyond anything experienced by the other political prisoners held in Babylon. Jehoiachin took off his prison garb and for the rest of his life ate his meals in company with the king. The king provided everything he needed to live comfortably.

역대상하 | 머리말

같은 이야기라도 이야기하는 방식은 여러 가지로 달라질 수 있다. 이스라엘 왕들의 이야기는 먼저 사무엘서와 열왕기에 등장했다. 그로부터 백여 년 후, 같은 이야기를 다른 목소리, 다른 관점에서 이야기한 책이 바로 역대기다. 앞의 내용 중 얼마가 빠지고 상당한 양의 내용이 추가되었지만, 누구라도 같은 이야기임을 쉽게 알 수 있다. 그러나 과거 권위 있는 저술들(창세기부터 열왕기까지)의 시대 이래로, 이스라엘의 운명은 상당한 변화를 겪었다. 이제 하나님의 백성은 그들을 하나님의 백성이 되게 한 가치를 상실할 위험에 처해 있다. 돌이켜 보면, 그들의 역사는 강대국들의 끊임없는 침략으로 점철되어 왔다. 앗시리아와 이집트, 바빌론과 페르시아가 잇달아 출현하여 세상을 좌지우지했다. 이제도 이스라엘 백성의 운명은 외세에 저당 잡힌 상황이고, 내부적으로도 잡다한 종교 문제에 발목이 잡혀 있다. 그들은 과연 이대로 멸절되고 말 것인가?

이때 한 저자(아마 에스라일 것이다)가 팔을 걷고 나서서, 이미 익숙해진 오래된 이야기를 새로운 시각으로 다시 들려준다. 그의 임무는 이스라엘이 하나님의 백성임을 다시금 확신하게 만들고 하나님을 향한 순종을 이끌어 내는 일이었다. 놀랍게도—당대의 정치적·문화적 조건들을 볼 때, 거의 있을 수 없는 일이었다—이 사람은 동족의 외면을 받으면서도 이스라엘의 핵심 정체성은 다윗 전통에 입각한 예배 공동체에 있다고 끈질기게 주장했다. 그는 이 일을 이제 우리가 읽게 될 이 책을 쓰는 것으로 완수했다. 그 덕분에, 이스라엘은 고대 근동의 폭력과 섹스와 종교의 잡탕 속에 섞여 사라지는 비극을 모면할 수 있었다.

이 이야기는 이름으로 시작한다. 어마어마한 이름, 이름의 목록, 몇 장씩 이어지는 개개의 이름이 등장한다. 이름 없이는 이야기를 풀어 나갈 수 없고, 이 이름들의 바다에 잠길 때 우리는 개인적이고 유일하고 인격적인 고유의 영적 차원에 눈뜨게 된다. 성경의 다른 책(창세기, 민수기,

There is always more than one way to tell a story. The story of Israel's kings is first narrated in the books of Samuel and Kings. Here is another telling of the same story, a hundred or so years later, by another voice and from another perspective: Chronicles. Some of the earlier narrative is omitted and there are substantial additions but it is recognizably the same story. But Israel's fortunes have changed considerably since the earlier authoritative writing (Genesis through Kings); God's people are in danger of losing touch with what made them God's people in the first place. In retrospect, from the low point in their history in which they now find themselves, it looks very much like a succession of world powers; Assyria and Egypt, Babylon and Persia, have been calling all the shots. The People of Israel are swamped by alien influences; they are also, it seems, mired in internal religious pettiness; will they be obliterated?

A new writer (it may have been Ezra) took it in hand to tell the old and by now familiar story but with a new slant. His task was to recover and restore Israel's confidence and obedience as God's people. Remarkably—and improbably, considering the political and cultural conditions of the time—this writer insisted, with very little "hometown" support, on the core identity of Israel as a worshiping people in the Davidic tradition. And he did it all by writing the book you are about to read. Israel did not finally disappear into the ancient Near East melting pot of violence and sex and religion.

Names launch this story, hundreds and hundreds of names, lists of names, page after page of names, *personal* names. There is no true storytelling without names, and this immersion in names calls attention to the individual, the unique, the personal, which is inherent in all spirituality. Name lists (genealogies) occur in other places in Scripture (Genesis, Numbers, Matthew, Luke) but none as extravagantly copious

마태복음, 누가복음)들에도 이름의 목록(족보)이 등장하지만, 이렇게까지 차고 넘치지는 않는다. 거룩한 역사는 비인격적인 힘이나 추상적인 개념으로 만들어지는 게 아니다. 그것은 이름들로 짜여 만들어진다. 저마다 독특한 개개인들로 말이다. 역대기는 종교의 탈인격화를 막아 주는 강력한 방어물이다.

역대기는 또 인간의 삶에서 바른 예배가 차지하는 핵심적 위치를 증언하는 책이다. 역대기 서술의 중추는 예배다. 예배 장소(예루살렘 성전), 예배 사역자들(제사장과 레위인들), 예배 음악(성악과 기악), 그리고 예배의 장인(匠人)이자 예배의 충실한 수호자인 다윗 왕의 역할에 대한 이야기가 이 책의 중심을 이룬다. 전 생애에 걸쳐 하나님을 찬양했던 다윗은, 죽기 얼마 전 백성의 넉넉한 마음에 감동하여 하나님께 찬양을 드린다.

다윗은 온 회중 앞에서 하나님을 찬양했다.

우리 조상 이스라엘의 하나님,
옛적부터 영원까지 찬양받으소서.
오 하나님, 위대하심과 능력,
영광과 승리와 위엄과 영화가 모두 주의 것입니다.
그렇습니다! 하늘과 땅의 모든 것, 모든 나라가 주의 것입니다!
주께서 친히 모든 것 위에 높아지셨습니다.
부귀와 영광이 주께로부터 나오며
주께서 모든 것을 다스리십니다.
그 손안의 힘과 능력으로
모든 것을 세우시고 강하게 하십니다.
오 하나님, 우리 하나님, 이제 우리가 주께 감사하며
주의 영화로운 이름을 찬송합니다.
(대상 29:10-13)

시간이 흘러, 다윗의 아들 솔로몬이 성전 건축을 마친 뒤에,

그는 온 회중이 보는 앞에서 무릎을 꿇은 채 하늘을 향해 두 팔을 들고 기도했다.

하나님 이스라엘의 하나님, 위로 하늘이나 아래로 땅 그 어디에도 주와 같은 신이 없습니다. 주의 종들이 주의 길을 따르며 성실하게 살아

as here. Holy history is not constructed from impersonal forces or abstract ideas; it is woven from names—persons, each one unique. Chronicles erects a solid defense against depersonalized religion.

And Chronicles provides a witness to the essential and primary place of accurate worship in human life. The narrative backbone of Chronicles is worship—the place of worship (the Jerusalem Temple), the ministers of worship (the priests and Levites), the musical components of worship (both vocal and instrumental), and the authoritative role of King David, the master of worship, who maintains faithfulness and integrity in worship. Shortly before his death, doing as he had done throughout his life and in response to the generosity of the people,

David blessed GOD in full view of the entire congregation:

Blessed are you, GOD of Israel, our father
from of old and forever.
To you, O God, belong the greatness and the might,
the glory, the victory, the majesty, the splendor;
Yes! Everything in heaven, everything on earth;
the kingdom all yours! You've raised yourself high over all.
Riches and glory come from you,
you're ruler over all;
You hold strength and power in the palm of your hand
to build up and strengthen all.
And here we are, O God, our God, giving thanks to you,
praising your splendid Name.
(1 Chronicles 29:10-13)

Some time later, after David's son Solomon finished building The Temple,

he knelt in full view of the whole congregation, stretched his hands to heaven, and prayed:

GOD, O God of Israel, there is no God like you in the skies above or on the earth below, who unswervingly keeps covenant with his servants

갈 때, 주께서는 그들과 맺은 언약을 확실히 지키시며 그들을 변함없이 사랑해 주십니다. 주께서는 제 아버지 다윗에게 주신 말씀, 곧 주의 약속을 지키셨습니다. 작은 것까지 모두 약속하신 대로 행하셨습니다. 그 증거가 오늘 우리 앞에 있습니다!
하나님께서 참으로 우리가 사는 곳에 오셔서 거하시겠습니까? 우주조차도 주께서 편히 숨 쉴 만큼 넓지 못한데, 제가 지은 이 성전이야 더 말할 것도 없습니다. 그러할지라도 담대히 구합니다. 하나님 나의 하나님, 제가 드리는 중보기도와 간구에 귀를 기울여 주십시오. 지금 주 앞에 아뢰는 이 뜨겁고 진실한 기도를 들어주십시오. 주께서 주의 이름으로 존귀하게 하겠다고 약속하신 이곳, 이 성전을 밤낮으로 지켜보시고, 제가 이곳에서 드리는 기도를 들어주십시오. 또 주님의 백성 이스라엘이 이곳에서 기도할 때 그들의 말에 귀 기울여 주십시오.
(대하 6:13-15, 18-21)

and unfailingly loves them while they sincerely live in obedience to your way. You kept your word to David my father, your promise. You did exactly what you promised—very detail. The proof is before us today!...
Can it be that God will actually move into our neighborhood? Why, the cosmos itself isn't large enough to give you breathing room, let alone this Temple I've built. Even so, I'm bold to ask: Pay attention to these my prayers, both intercessory and personal, O GOD, my God. Listen to my prayers, energetic and devout, that I'm setting before you right now. Keep your eyes open to this Temple day and night, this place you promised to dignify with your Name. And listen to the prayers that I pray in this place. And listen to your people Israel when they pray at this place.
(2 Chronicles 6:13-15, 18-21)

이스라엘의 이러한 과거 이야기가 말해 주는바, 하나님의 백성인 우리의 정체성을 기르고 지키는 데 있어서 무엇보다 선행되어야 할 것은 예배다. 정치나 경제나 가정이나 예술이 아니다. 또한 예배를 준비하고 드리는 일에 있어서 그때그때의 기분이나 운에 맡겨도 좋을 만큼 사소하게 여겨도 될 것은 아무것도 없다. 예배당 건축, 예배위원 세우는 일, 예배 음악, 신학에 있어서도 그렇다.

전에는 하나님의 백성인 이스라엘의 정체성과 생존을 위협하는 요소가 외부의 적대 세력들—이집트, 가나안, 블레셋, 아말렉 같은—이라고 보았다. 그러나 정말 중요한 것이 무엇인지를 따져 묻는 이 책에 따르면, 이스라엘에게 무엇보다 중요한 것은 올바르고 충실한 예배다. 하나님의 백성은 근본적으로 정치 공동체도, 군사 공동체도, 경제 공동체도 아니다. 하나님의 백성은 예배로 모인 거룩한 회중이다. (모세에 뿌리를 둔) 다윗 전통의 예배를 잃어버리는 것은 곧 거룩한 백성의 와해를 의미한다. 주변 문화의 대중적 세속 예배에 미혹되어 거기 빠져드는 일 역시 거룩한 백성의 멸절로 이어진다.

이 책을 읽다가 이 책의 이름 목록에서 자기 이름을 발견하게 될 독자는 많지 않을 것이다. 또 여기에 묘사된 성전과 건축학적으로 유사한 예배당을 가진 지역교회 회중도 많지 않을 것이다. 레위

In the way this story of Israel's past is told, nothing takes precedence over worship in nurturing and protecting our identity as a people of God—not politics, not economics, not family life, not art. And nothing in the preparation for and conduct of worship is too small to be left to whim or chance—nothing in architecture, personnel, music, or theology.

Earlier threats to Israel's identity and survival as a people of God frequently came in the form of hostile outsiders—Egyptians, Canaanites, Philistines, Amalekites, and others; but in this assessment of what matters, right and faithful worship turns out to be what counts most of all. The people of God are not primarily a political entity or a military force or an economic power; they are a holy congregation diligent in worship. To lose touch with the Davidic (and Moses-based) life of worship is to disintegrate as a holy people. To be seduced by the popular pagan worship of the surrounding culture is to be obliterated as a holy people.

Not many readers of this text will find their names in the lists of names in this book. Few worshiping congregations will recognize architec-

족속 가운데서 찬양대원과 예배위원을 모집하고 임명할 수 있는 교회들 역시 많지 않을 것이다. 그렇다면 남는 것은 무엇인가?

예배가 남는다. 그리고 이름들이 남는다. 예수 그리스도를 통해 자신을 계시하시는 하나님께서 규정하고 채우시는 바른 예배와, 하나님의 백성인 거룩한 예배 회중을 이루는 개개인의 이름들 말이다. 그동안 그리스도인들은 신앙과 실천의 제반 문제의 중심부에 해당하는 인격적 차원에서 늘 깨어 있기 위해, 또 구속받은 삶을 온전하게 살아 내는 근본 토대는 바로 예배라는 인식을 늘 새롭게 다지기 위해, 역대기를 읽고 기도해 왔다.

tural continuities between The Temple and their local church sanctuaries. Not many communities have access to a pool of Levites from which to recruit choirs and appoint leaders of worship. So, what's left?

Well, worship is left – and names. Accurate worship, defined and fed by the God who reveals himself in Jesus Christ. And personal names that add up to a people of God, a holy congregation. Christians have characteristically read and prayed themselves into Chronicles in order to stay alert to the irreducibly personal in all matters of faith and practice, and to maintain a critical awareness that the worship of God is the indispensable foundation for living whole and redeemed lives.

역대상

이스라엘의 족보: 줄기

1 1-4 아담
셋
에노스
게난
마할랄렐
야렛
에녹
므두셀라
라멕
노아
셈, 함, 야벳.

야벳의 가지

5 야벳은 고멜, 마곡, 마대, 야완, 두발, 메섹, 디라스를 낳았다.
6 고멜은 아스그나스, 디밧, 도갈마를 낳았다.
7 야완은 엘리사, 다시스, 깃딤, 로다님을 낳았다.

함의 가지

8 함은 구스, 미스라임, 붓, 가나안을 낳았다.
9 구스는 쓰바, 하윌라, 삽다, 라아마, 삽드가를 낳았다.
라아마는 스바, 드단을 낳았다.
10 구스는 이 땅의 위대한 첫 영웅 니므롯을 낳았다.
11-12 미스라임은 루드인, 아남인, 르합인, 납두인, 바드루스인, 가슬루인, 갑돌인의 조상이며, 블레셋 사람은 갑돌인의 후손이다.
13-16 가나안은 (맏아들) 시돈과 헷을 낳았고, 그에게서 여부스 사람, 아모리 사람, 기르가스 사

1 CHRONICLES

Israel's Family Tree: The Trunk

1 1-4 Adam
Seth
Enosh
Kenan
Mahalalel
Jared
Enoch
Methuselah
Lamech
Noah
Shem, Ham, and Japheth.

The Japheth Branch

5 Japheth had Gomer, Magog, Madai, Javan, Tubal, Meshech, and Tiras.
6 Gomer had Ashkenaz, Riphath, and Togarmah.
7 Javan had Elisha, Tarshish, Kittim, and Rodanim.

The Ham Branch

8 Ham had Cush, Mizraim, Put, and Canaan.
9 Cush had Seba, Havilah, Sabta, Raamah, and Sabteca.
Raamah had Sheba and Dedan.
10 Cush had Nimrod, the first great hero on earth.
11-12 Mizraim was ancestor to the Ludim, the Anamim, the Lehabim, the Naphtuhim, the Pathrusim, the Casluhim, and the Caphtorim from whom the Philistines descended.
13-16 Canaan had Sidon (his firstborn) and Heth, and was ancestor to the Jebusites, the Amorites, the

람, 히위 사람, 알가 사람, 신 사람, 아르왓 사람, 스말 사람, 하맛 사람이 나왔다.

셈의 가지

17 셈은 엘람, 앗수르, 아르박삿, 룻, 아람, 우스, 훌, 게델, 메섹을 낳았다.

18-19 아르박삿은 셀라를 낳고, 셀라는 에벨을 낳았다. 에벨은 두 아들을 낳았는데, 하나는 그의 시대에 땅이 나뉘어졌다고 해서 벨렉(분열)이라 했고 그의 동생은 욕단이다.

20-23 욕단은 알모닷, 셀렙, 하살마웻, 예라, 하도람, 우살, 디글라, 에발, 아비마엘, 스바, 오빌, 하윌라, 요밥을 낳았다. 이들은 모두 욕단의 아들이다.

24-28 세 개의 큰 가지를 요약하면 셈, 아르박삿, 셀라, 에벨, 벨렉, 르우, 스룩, 나홀, 데라, 아브람(아브라함)이다. 아브라함은 이삭, 이스마엘을 낳았다.

아브라함 가문

29-31 아브라함의 족보는 다음 계열을 따라 퍼져 나갔다. 이스마엘은 (맏아들) 느바욧, 게달, 앗브엘, 밉삼, 미스마, 두마, 맛사, 하닷, 데마, 여둘, 나비스, 게드마를 낳았다. 이들은 이스마엘의 가지다.

32-33 아브라함의 첩 그두라는 시므란, 욕산, 므단, 미디안, 이스박, 수아를 낳았다. 그 후에 욕산은 스바, 드단을 낳았다. 또 미디안은 에바, 에벨, 하녹, 아비다, 엘다아를 낳았다. 이들은 그두라의 가지를 이루었다.

34-37 아브라함은 이삭을 낳고, 이삭은 에서와 이스라엘(야곱)을 낳았다. 에서는 엘리바스, 르우엘, 여우스, 얄람, 고라를 낳았다. 엘리바스는 데만, 오말, 스보, 가담, 그나스, 딤나, 아말렉을 낳았다. 또 르우엘은 나핫, 세라, 삼마, 밋사를 낳았다.

38-42 그 후에 세일은 로단, 소발, 시브온, 아나, 디숀, 에셀, 디산을 낳았다. 로단은 호리, 호맘을 낳았다. 딤나는 로단의 누이였다. 소발은 알랸, 마나핫, 에발, 스보, 오남을 낳았다. 시브온은 아야, 아나를 낳았다. 아나는 디숀을 낳았다. 디숀은 헴단, 에스반, 이드란, 그란을 낳았다. 에셀은 빌한, 사아완, 아간을 낳았다. 디산은 우스, 아란을 낳았다.

Girgashites, the Hivites, the Arkites, the Sinites, the Arvadites, the Zemarites, and the Hamathites.

The Shem Branch

17 Shem had Elam, Asshur, Arphaxad, Lud, Aram, Uz, Hul, Gether, and Meshech.

18-19 Arphaxad had Shelah and Shelah had Eber. Eber had two sons: Peleg (Division) because in his time the earth was divided up; his brother was Joktan.

20-23 Joktan had Almodad, Sheleph, Hazarmaveth, Jerah, Hadoram, Uzal, Diklah, Ebal, Abimael, Sheba, Ophir, Havilah, and Jobab—all sons of Joktan.

24-28 The three main branches in summary: Shem, Arphaxad, Shelah, Eber, Peleg, Reu, Serug, Nahor, Terah, and Abram (Abraham). And Abraham had Isaac and Ishmael.

The Family of Abraham

29-31 Abraham's family tree developed along these lines: Ishmael had Nebaioth (his firstborn), then Kedar, Adbeel, Mibsam, Mishma, Dumah, Massa, Hadad, Tema, Jetur, Naphish, and Kedemah—the Ishmael branch.

32-33 Keturah, Abraham's concubine, gave birth to Zimran, Jokshan, Medan, Midian, Ishbak, and Shuah. Then Jokshan had Sheba and Dedan. And Midian had Ephah, Epher, Hanoch, Abida, and Eldaah. These made up the Keturah branch.

34-37 Abraham had Isaac, and Isaac had Esau and Israel (Jacob). Esau had Eliphaz, Reuel, Jeush, Jalam, and Korah. Eliphaz had Teman, Omar, Zepho, Gatam, Kenaz, Timna, and Amalek. And Reuel had Nahath, Zerah, Shammah, and Mizzah.

38-42 Seir then had Lotan, Shobal, Zibeon, Anah, Dishon, Ezer, and Dishan. Lotan had Hori and Homam. Timna was Lotan's sister. Shobal had Alian, Manahath, Ebal, Shepho, and Onam. Zibeon had Aiah and Anah. Anah had Dishon. Dishon had Hemdan, Eshban, Ithran, and Keran. Ezer had Bilhan, Zaavan, and Akan. And Dishan had Uz and Aran.

에돔 땅을 다스린 왕들

43-51 이스라엘에 왕이 있기 전에 에돔 땅을 다스린 왕들의 이름은 이러하다.
브올의 아들 벨라. 그의 성읍은 딘하바다.
벨라가 죽자, 보스라 출신 세라의 아들 요밥이 왕이 되었다.
요밥이 죽자, 데만 지방 사람 후삼이 왕이 되었다.
후삼이 죽자, 모압 땅에서 미디안을 물리친 브닷의 아들 하닷이 왕이 되었다. 그의 성읍은 아윗이다.
하닷이 죽자, 마스레가 출신 사믈라가 왕이 되었다.
사믈라가 죽자, 강가의 르호봇 출신 사울이 왕이 되었다.
사울이 죽자, 악볼의 아들 바알하난이 왕이 되었다.
바알하난이 죽자, 하닷이 왕이 되었다. 그의 성읍은 바이고, 그의 아내는 메사합의 손녀요 마드렛의 딸 므헤다벨이다.
마지막으로 하닷이 죽었다.
51-54 그 후에 이어진 에돔의 족장은 딤나 족장, 알랴 족장, 여뎃 족장, 오홀리바마 족장, 엘라 족장, 비논 족장, 그나스 족장, 데만 족장, 밉살 족장, 막디엘 족장, 이람 족장이다. 이들은 에돔의 족장들이다.

이스라엘(야곱) 가문

2 1-2 이스라엘(야곱)의 아들들은 르우벤, 시므온, 레위, 유다, 잇사갈, 스불론, 단, 요셉, 베냐민, 납달리, 갓, 아셀이다.
3-9 유다는 에르, 오난, 셀라를 낳았다. 그들의 어머니는 가나안 사람 밧수아다. 유다의 맏아들 에르는 하나님 앞에서 아주 악하여, 하나님께서 그를 죽이셨다. 유다는 또 자기 며느리 다말에게서 베레스, 세라를 낳았다. 유다의 아들은 이렇게 모두 다섯이다. 베레스는 헤스론, 하물을 낳았다. 세라는 시므리, 에단, 헤만, 갈골, 다라 이렇게 다섯 아들을 낳았다. 갈미는 아갈을 낳았는데, 그가 거룩한 금지명령을 어겨 이스라엘이 심판을 받았다. 에단의 아들은 아사랴다. 또 헤스론은 여라므엘, 람, 글루배를 낳았다.
10-17 람은 암미나답을 낳고, 암미나답은 유다 집안의 탁월한 지도자 나손을 낳았다. 나손은 살마를 낳고, 살마는 보아스를 낳았다. 보아스는 오벳

The Edomite King List

43-51 A list of the kings who ruled in the country of Edom before Israel had a king:
Bela son of Beor; his city was Dinhabah.
Bela died; Jobab son of Zerah from Bozrah was the next king.
Jobab died; Husham from the country of the Temanites was the next king.
Husham died; Hadad son of Bedad, who defeated Midian in the country of Moab, was the next king; his city was Avith.
Hadad died; Samlah from Masrekah was the next king.
Samlah died; Shaul from Rehoboth-by-the-River was the next king.
Shaul died; Baal-Hanan son of Acbor was the next king.
Baal-Hanan died; Hadad was the next king; his city was Pau and his wife was Mehetabel daughter of Matred, the daughter of Me-Zahab.
Last of all Hadad died.
51-54 The chieftains of Edom after that were Chief Timna, Chief Alvah, Chief Jetheth, Chief Oholibamah, Chief Elah, Chief Pinon, Chief Kenaz, Chief Teman, Chief Mibzar, Chief Magdiel, and Chief Iram. These were the chieftains of Edom.

The Family of Israel (Jacob)

2 1-2 Israel's (that is, Jacob's) sons: Reuben, Simeon, Levi, Judah, Issachar, Zebulun, Dan, Joseph, Benjamin, Naphtali, Gad, and Asher.
3-9 Judah had Er, Onan, and Shelah; their mother was Bathshua the Canaanite. Er, Judah's firstborn, was so bad before GOD that GOD killed him. Judah also had Perez and Zerah by his daughter-in-law Tamar—a total of five sons. Perez had Hezron and Hamul; Zerah had Zimri, Ethan, Heman, Calcol, and Darda—five sons. Carmi had Achar, who brought doom on Israel when he violated a holy ban. Ethan's son was Azariah. And Hezron had Jerahmeel, Ram, and Chelubai.
10-17 Ram had Amminadab and Amminadab had Nahshon, a prominent leader in the Judah family. Nahshon had Salmon and Salmon had Boaz. Boaz had Obed and Obed had Jesse. Jesse's firstborn was

을 낳고, 오벳은 이새를 낳았다. 이새의 맏아들은 엘리압이고 그 아래로 아비나답, 시므아, 느다넬, 랏대, 오셈 그리고 마지막이 다윗이다. 다윗은 일곱째였다. 여자 형제로는 스루야, 아비가일이 있었다. 스루야는 아비새, 요압, 아사헬 이렇게 세 아들을 낳았다. 아비가일은 아마사의 어머니였다 (아마사의 아버지는 이스마엘 사람 예델이었다).

Eliab, followed by Abinadab, Shimea, Nethanel, Raddai, Ozem, and finally David; David was the seventh. Their sisters were Zeruiah and Abigail. Zeruiah gave birth to three sons: Abishai, Joab, and Asahel; Abigail was the mother of Amasa (the father was Jether the Ishmaelite).

갈렙 가문

18-24 헤스론의 아들 갈렙은 아내 아수바와 여리옷에게서 자녀를 낳았다. 아수바의 아들들은 예셀, 소밥, 아르돈이다. 아수바가 죽은 뒤에 갈렙은 에브랏과 결혼했고 에브랏은 훌을 낳았다. 훌은 우리를 낳고, 우리는 브살렐을 낳았다. 그리고 얼마 후에 헤스론은 길르앗의 아버지 마길의 딸과 결혼했다. 결혼할 당시 그는 예순 살이었다. 새 아내는 스굽을 낳았다. 그 후 스굽은 야일을 낳았는데, 야일은 길르앗 땅 스물세 개의 성읍을 소유했다. 그술과 아람이 야일과 그낫의 유목 마을들과 거기에 딸린 정착지 예순 개의 성읍을 점령했다. 이 모두가 길르앗의 아버지 마길의 것이었다. 헤스론이 죽은 뒤에 갈렙은 아버지 헤스론의 아내 에브라다와 결혼했다. 그 후 그녀는 드고아의 아버지인 아스훌을 낳았다.

The Family of Caleb

18-24 Caleb son of Hezron had children by his wife Azubah and also by Jerioth. Azubah's sons were Jesher, Shobab, and Ardon. After Azubah died, Caleb married Ephrath, who gave birth to Hur. Hur had Uri and Uri had Bezalel. Some time later Hezron married the daughter of Makir the father of Gilead; he was sixty years old when he married her; she gave birth to Segub. Then Segub had Jair who owned twenty-three cities in the land of Gilead. Geshur and Aram captured the nomadic villages of Jair and Kenath and their satellite settlements–sixty towns. These all belonged to Makir the father of Gilead. After the death of Hezron, Caleb married Ephrathah the wife of his father Hezron; she then gave birth to Ashhur the father of Tekoa.

여라므엘 가문

25-26 헤스론의 맏아들 여라므엘의 아들들은 이러하다. 람이 그의 맏아들이고 그 아래로 브나, 오렌, 오셈, 아히야가 있다. 여라므엘에게는 아다라라는 또 다른 아내가 있었는데, 그녀는 오남을 낳았다.

27 여라므엘의 맏아들 람의 아들들은 마아스, 야민, 에겔이다.

28-29 오남의 아들들은 삼매, 야다다.
삼매의 아들들은 나답, 아비술이다. 아비술의 아내는 아비하일이며, 그녀는 아반, 몰릿을 낳았다.

30 나답은 셀렛, 압바임을 낳았다. 셀렛은 아들을 낳지 못하고 죽었다.

31 압바임은 이시를 낳고, 이시는 세산을 낳고, 세산은 알래를 낳았다.

32 삼매의 동생 야다는 예델, 요나단을 낳았다. 예델은 아들을 낳지 못하고 죽었다.

33 요나단은 벨렛, 사사를 낳았다.
이것이 여라므엘 자손의 족보다.

The Family of Jerahmeel

25-26 The sons of Jerahmeel, Hezron's firstborn: Ram his firstborn, followed by Bunah, Oren, Ozem, and Ahijah. Jerahmeel had another wife whose name was Atarah; she gave birth to Onam.

27 The sons of Ram, Jerahmeel's firstborn: Maaz, Jamin, and Eker.

28-29 The sons of Onam: Shammai and Jada.
The sons of Shammai: Nadab and Abishur. Abishur's wife was Abihail; she gave birth to Ahban and Molid.

30 Nadab had Seled and Appaim. Seled died leaving no sons.

31 Appaim had Ishi; Ishi had Sheshan; and Sheshan had Ahlai.

32 Jada, Shammai's brother, had Jether and Jonathan. Jether died leaving no sons.

33 Jonathan had Peleth and Zaza.
This is the family tree of the sons of Jerahmeel.

34-41 세산은 아들이 없고 딸들만 있었다. 그러나 세산에게는 야르하라는 이집트인 종이 있었다. 세산은 딸을 야르하와 결혼시켰고 그녀는 앗대를 낳았다. 앗대는 나단을 낳고, 나단은 사밧을 낳고, 사밧은 에블랄을 낳고, 에블랄은 오벳을 낳고, 오벳은 예후를 낳고, 예후는 아사랴를 낳고, 아사랴는 헬레스를 낳고, 헬레스는 엘르아사를 낳고, 엘르아사는 시스매를 낳고, 시스매는 살룸을 낳고, 살룸은 여가먀를 낳고, 여가먀는 엘리사마를 낳았다.

42 여라므엘의 동생 갈렙이 첫아들을 낳았는데, 이름은 메사다. 메사는 십을 낳았고, 십의 아들은 헤브론의 아버지인 마레사다.
43-44 헤브론의 아들들은 고라, 답부아, 레겜, 세마다. 세마는 요르그암의 아버지 라함을 낳고, 레겜은 삼매를 낳았다.
45 삼매의 아들은 마온이며, 마온은 벳술의 아버지다.
46 갈렙의 첩 에바는 하란, 모사, 가세스를 낳고, 하란은 가세스를 낳았다.
47 야대의 아들들은 레겜, 요담, 게산, 벨렛, 에바, 사압이다.
48-50 갈렙의 다른 첩 마아가는 세벨, 디르하나를 낳았다. 그녀는 또 맛만나의 아버지 사압과, 막베나와 기브아의 아버지 스와를 낳았다. 갈렙의 딸은 악사다. 이들은 갈렙의 가지를 이루었다.
50-51 에브라다의 맏아들 훌의 아들들은 기럇여아림을 낳은 소발, 베들레헴을 낳은 살마, 그리고 벳가델의 아버지 하렙이다.
52-53 기럇여아림의 아버지 소발의 가문에는 하로에, 마나핫 인구의 절반, 기럇여아림 가문들, 이델 사람, 붓 사람, 수맛 사람, 미스라 사람이 있다. 소라 사람과 에스다올 사람도 이 가문에서 나왔다.
54-55 살마의 자손은 베들레헴, 느도바 사람, 아다롯벳요압, 마나핫 사람의 절반, 소라 사람, 야베스에 살던 소베림 가문—디랏 사람, 시므앗 사람, 수갓 사람—이다. 이들은 레갑 가문의 조상 함맛에게서 나온 겐 사람을 이루었다.

34-41 Sheshan had no sons, only daughters. But Sheshan had an Egyptian servant, Jarha. Sheshan married his daughter to Jarha and she gave birth to Attai. Attai had Nathan, Nathan had Zabad, Zabad had Ephlal, Ephlal had Obed, Obed had Jehu, Jehu had Azariah, Azariah had Helez, Helez had Eleasah, Eleasah had Sismai, Sismai had Shallum, Shallum had Jekamiah, and Jekamiah had Elishama.

42 Jerahmeel's brother Caleb had a son, his firstborn, named Mesha; Mesha had Ziph; Ziph's son was Mareshah the father of Hebron.
43-44 The sons of Hebron: Korah, Tappuah, Rekem, and Shema. Shema had Raham the father of Jorkeam; Rekem had Shammai.
45 Shammai's son was Maon and Maon was the father of Beth Zur.
46 Caleb's concubine Ephah gave birth to Haran, Moza, and Gazez; Haran had Gazez.
47 The sons of Jahdai: Regem, Jotham, Geshan, Pelet, Ephah, and Shaaph.
48-50 Another concubine of Caleb, Maacah, gave birth to Sheber and Tirhanah. She also bore Shaaph the father of Madmannah and Sheva the father of Macbenah and Gibea. Caleb's daughter was Acsah. These made up the Caleb branch of the family tree.
50-51 The sons of Hur, Ephrathah's firstborn: Shobal who had Kiriath Jearim, Salma who had Bethlehem, and Hareph father of Beth Gader.
52-53 The family of Shobal, father of Kiriath Jearim: Haroeh, half of the population of Manahath, the families of Kiriath Jearim, the Ithrites, the Puthites, the Shumathites, and the Mishraites. The Zorathites and Eshtaolites also came from this line.
54-55 The sons of Salma: Bethlehem, the Netophathites, Atroth Beth Joab, half of the Manahathites, the Zorites, and the families of Sopherim who lived at Jabez—the Tirathites, the Shimeathites, and the Sucathites. They made up the Kenites who came from Hammath the father of the house of Recab.

다윗 가문

3 1-3 다윗이 헤브론에 살 때에 낳은 아들들은 이러하다.
이스르엘 사람 아히노암이 낳은 맏아들 암논
갈멜 사람 아비가일이 낳은 둘째 아들 다니엘
그술 왕 달매의 딸 마아가가 낳은 셋째 아들 압살롬
학깃이 낳은 넷째 아들 아도니야
아비달이 낳은 다섯째 아들 스바댜
다윗의 아내 에글라가 낳은 여섯째 아들 이드르암.
4-9 다윗은 헤브론에 있을 때 이 여섯 아들을 낳았다. 그는 거기서 칠 년 반 동안 왕으로 다스렸다.
이어서 다윗은 예루살렘에서 삼십삼 년 동안 왕으로 다스렸다. 그가 예루살렘에서 낳은 아들들은 이러하다. 첫째가 시므아고 그 아래로 소밥, 나단, 솔로몬이다. 암미엘의 딸 밧세바가 이 네 아들의 어머니다. 그 외에도, 입할, 엘리수아, 엘리벨렛, 노가, 네벡, 야비아, 엘리사마, 엘랴다, 엘리벨렛 이렇게 아홉 아들이 더 있다. 이들 외에 이들의 누이 다말이 있다. 또 다윗의 첩들이 낳은 아들들도 있다.
10-14 그 다음 대에서 솔로몬은 르호보암을 낳고, 르호보암은 아비야를 낳고, 아비야는 아사를 낳고, 아사는 여호사밧을 낳고, 여호사밧은 요람을 낳고, 요람은 아하시야를 낳고, 아하시야는 요아스를 낳고, 요아스는 아마샤를 낳고, 아마샤는 아사랴를 낳고, 아사랴는 요담을 낳고, 요담은 아하스를 낳고, 아하스는 히스기야를 낳고, 히스기야는 므낫세를 낳고, 므낫세는 아몬을 낳고, 아몬은 요시야를 낳았다.
15 요시야의 맏아들은 요하난이고 그 아래로 여호야김, 시드기야, 마지막이 살룸이다.
16 여호야김의 아들들은 여고냐(여호야긴), 시드기야다.
17-18 여고냐가 바빌론에 포로로 있을 때 낳은 아들들은 스알디엘, 말기람, 브다야, 세낫살, 여가먀, 호사마, 느다뱌다.
19-20 브다야는 스룹바벨과 시므이를 낳고, 스룹바벨은 므술람과 하나냐를 낳았다. 슬로밋은 그들의 누이다. 그 외에도 하수바, 오헬, 베레갸, 하사댜, *유삽헤셋 이렇게 다섯이 더 있다.*
21 하나냐의 아들들은 블라댜, 여사야다. 또한 르바야의 아들들, 아르난의 아들들, 오바댜의 아들들, 스가냐의 아들들도 있다.
22 스가냐는 스마야를 낳고, 스마야는 다시 핫두스,

The Family of David

3 1-3 These are the sons that David had while he lived at Hebron:
His firstborn was Amnon by Ahinoam of Jezreel;
second, Daniel by Abigail of Carmel;
third, Absalom born of Maacah, daughter of Talmai king of Geshur;
fourth, Adonijah born of Haggith;
fifth, Shephatiah born of Abital;
sixth, Ithream born of his wife Eglah.
4-9 He had these six sons while he was in Hebron; he was king there for seven years and six months.
He went on to be king in Jerusalem for another thirty-three years. These are the sons he had in Jerusalem: first Shammua, then Shobab, Nathan, and Solomon. Bathsheba daughter of Ammiel was the mother of these four. And then there were another nine sons: Ibhar, Elishua, Eliphelet, Nogah, Nepheg, Japhia, Elishama, Eliada, Eliphelet – David's sons, plus Tamar their sister. There were other sons by his concubines.
10-14 In the next generation Solomon had Rehoboam, who had Abijah, who had Asa, who had Jehoshaphat, who had Jehoram, who had Ahaziah, who had Joash, who had Amaziah, who had Azariah, who had Jotham, who had Ahaz, who had Hezekiah, who had Manasseh, who had Amon, who had Josiah.
15 Josiah's firstborn was Johanan, followed by Jehoiakim, then Zedekiah, and finally Shallum.
16 Jehoiakim's sons were Jeconiah (Jehoiachin) and Zedekiah.
17-18 The sons of Jeconiah born while he was captive in Babylon: Shealtiel, Malkiram, Pedaiah, Shenazzar, Jekamiah, Hoshama, and Nedabiah.
19-20 Pedaiah had Zerubbabel and Shimei; Zerubbabel had Meshullam and Hananiah. Shelomith was their sister. And then five more – Hashubah, Ohel, Berekiah, Hasadiah, and Jushab-Hesed.
21 Hananiah's sons were Pelatiah and Jeshaiah. There were also sons of Rephaiah, sons of Arnan, sons of Obadiah, and sons of Shecaniah.
22 Shecaniah had Shemaiah who in his turn had

이갈, 바리야, 느아랴, 사밧을 낳아 모두 여섯 아들을 두었다.
23 느아랴는 엘료에내, 히스기야, 아스리감 이렇게 세 아들을 낳았다.
24 엘료에내는 호다위야, 엘리아십, 블라야, 악굽, 요하난, 들라야, 아나니 이렇게 일곱 아들을 낳았다.

그 밖의 유다 가문

4 1-2 유다의 아들들은 베레스, 헤스론, 갈미, 훌, 소발이다. 소발의 아들 르아야는 야핫을 낳고, 야핫은 아후매와 라핫을 낳았다. 이들은 소라 사람의 가문을 이루었다.
3-4 에담의 아들들은 이스르엘, 이스마, 잇바스다. 그들의 누이 이름은 하술렐보니다. 브누엘은 그돌을 낳고, 에셀은 후사를 낳았다. 이들은 에브라다의 맏아들이요 베들레헴의 아버지인 훌의 자손이다.
5-8 드고아의 아버지 아스훌에게는 헬라와 나아라라는 두 아내가 있었다. 나아라는 아훗삼, 헤벨, 데므니, 하아하스다리를 낳았다. 이들은 나아라의 자녀들이다. 헬라의 아들들은 세렛, 소할, 에드난, 고스다. 고스는 아눕과 소베바를 낳고, 하룸의 아들 아하헬의 가문을 낳았다.

9-10 야베스는 형제들 가운데서 가장 존경받는 사람이었다. 일찍이 그의 어머니는 "출산이 이토록 고통스럽다니! 내가 큰 고통 중에 그를 낳았다!" 하며 아이의 이름을 야베스(아, 고통!)라고 지었다. 야베스는 이스라엘의 하나님께 기도했다. "제게 복을 주십시오. 제게 복을 주십시오! 제게 넓은 땅, 넓은 지경을 주십시오. 주께서 친히 보호하셔서, 악이 저를 해치지 못하게 해주십시오." 하나님께서는 그가 구한 대로 이루어 주셨다.

11-12 수하의 형 글룹은 므힐을 낳고, 므힐은 에스돈을 낳고, 에스돈은 벳라바, 바세아, 드힌나를 낳았는데, 드힌나는 이르나하스(대장장이들의 성읍)를 세웠다. 이들이 레가 사람이다.
13 그나스의 아들들은 옷니엘, 스라야다.
옷니엘의 아들들은 하닷, 므오노대다.
14 므오노대는 오브라를 낳고, 스라야는 게하라심(장인들의 거주지)을 세운 요압을 낳았다.

Hattush, Igal, Bariah, Neariah, and Shaphat—six of them.
23 Neariah had three sons: Elioenai, Hizkiah, and Azrikam.
24 And Elioenai had seven sons: Hodaviah, Eliashib, Pelaiah, Akkub, Johanan, Delaiah, and Anani.

An Appendix to the Family of Judah

4 1-2 Sons of Judah: Perez, Hezron, Carmi, Hur, and Shobal. Reaiah, Shobal's son, had Jahath; and Jahath had Ahumai and Lahad. These made up the families of the Zorathites.
3-4 Sons of Etam: Jezreel, Ishma, and Idbash. Their sister was named Hazzelelponi. Penuel had Gedor and Ezer had Hushah. These were the sons of Hur, firstborn son of Ephrathah, who was the father of Bethlehem.
5-8 Ashhur the father of Tekoa had two wives, Helah and Naarah. Naarah gave birth to Ahuzzam, Hepher, Temeni, and Haahashtari—Naarah's children. Helah's sons were Zereth, Zohar, Ethnan, and Koz, who had Anub, Hazzobebah, and the families of Aharhel son of Harum.

9-10 Jabez was a better man than his brothers, a man of honor. His mother had named him Jabez (Oh, the pain!), saying, "A painful birth! I bore him in great pain!" Jabez prayed to the God of Israel: "Bless me, O bless me! Give me land, large tracts of land. And provide your personal protection—don't let evil hurt me." God gave him what he asked.

11-12 Kelub, Shuhah's brother, had Mehir; Mehir had Eshton; Eshton had Beth Rapha, Paseah, and Tehinnah, who founded Ir Nahash (City of Smiths). These were known as the men of Recah.
13 The sons of Kenaz: Othniel and Seraiah.
The sons of Othniel: Hathath and Meonothai.
14 Meonothai had Ophrah; Seraiah had Joab, the founder of Ge Harashim (Colony of Artisans).

15 여분네의 아들인 갈렙의 아들들은 이루, 엘라, 나암이다.
엘라의 아들은 그나스다.
16 여할렐렐의 아들들은 십, 시바, 디리아, 아사렐이다.
17-18 에스라의 아들들은 예델, 메렛, 에벨, 얄론이다. 메렛의 아내들 중 한 사람인 바로의 딸 비디아는 미리암, 삼매, 그리고 에스드모아의 아버지인 이스바를 낳았다. 또 유다 지파인 그의 다른 아내는 그돌의 아버지 예렛, 소고의 아버지 헤벨, 사노아의 아버지 여구디엘을 낳았다.
19 호디야의 아내, 곧 나함의 누이의 아들들은 가미 사람 그일라의 아버지와 마아가 사람 에스드모아다.
20 시몬의 아들들은 암논, 린나, 벤하난, 딜론이다.
이시의 아들들은 소헷, 벤소헷이다.
21-23 유다의 아들인 셀라의 자손은 레가의 아버지 에르, 마레사의 아버지 라아다, 벳아스베아에 살던 세마포 일꾼들 집안, 요김, 고세바 사람들, 요아스, 그리고 모압과 야수비레헴에서 다스린 사람이다. (이 기록들은 아주 오랜 전승에서 온 것이다.) 그들은 느다임과 그데라에 살던 도공들인데, 왕을 섬기면서 일한 주재 도공들이었다.

시므온 가문

24-25 시므온의 족보는 이러하다. 그의 아들들은 느무엘, 야민, 야립, 세라, 사울이다. 사울은 살룸을 낳고, 살룸은 밉삼을 낳고, 밉삼은 미스마를 낳았다.
26 미스마의 아들 함무엘은 삭굴을 낳고, 삭굴은 시므이를 낳았다.
27-33 시므이는 아들 열여섯 명과 딸 여섯 명을 두었으나, 그의 형제들은 그만큼 자녀를 낳지 못했고 유다처럼 큰 집안을 이루지 못했다. 그들이 살던 곳은 브엘세바, 몰라다, 하살수알, 빌하, 에셈, 돌랏, 브두엘, 호르마, 시글락, 벳말가봇, 하살수심, 벳비리, 사아라임으로, 다윗이 왕위에 오를 때까지 이 성읍들에서 살았다. 인근의 다른 정착지로는 에담, 아인, 림몬, 도겐, 아산 다섯 성읍과 바알랏까지 이르는 이 성읍들 주변에 있는 모든 마을이었다. 이곳이 그들의 정착지였다. 이 내용은 족보에 잘 기록되어 있다.
34-40 메소밥, 야믈렉, 아마시야의 아들 요사, 요엘, 예후가 있는데, 예후는 요시비야의 아들이고,

15 The sons of Caleb son of Jephunneh: Iru, Elah, and Naam.
The son of Elah: Kenaz.
16 The sons of Jehallelel: Ziph, Ziphah, Tiria, and Asarel.
17-18 The sons of Ezrah: Jether, Mered, Epher, and Jalon. One of Mered's wives, Pharaoh's daughter Bithiah, gave birth to Miriam, Shammai, and Ishbah the father of Eshtemoa. His Judean wife gave birth to Jered father of Gedor, Heber father of Soco, and Jekuthiel father of Zanoah.
19 The sons of Hodiah's wife, Naham's sister: the father of Keilah the Garmite, and Eshtemoa the Maacathite.
20 The sons of Shimon: Amnon, Rinnah, Ben-Hanan, and Tilon.
The sons of Ishi: Zoheth and Ben-Zoheth.
21-23 The sons of Shelah son of Judah: Er the father of Lecah, Laadah the father of Mareshah and the family of linen workers at Beth Ashbea, Jokim, the men of Cozeba, and Joash and Saraph, who ruled in Moab and Jashubi Lehem. (These records are from very old traditions.) They were the potters who lived at Netaim and Gederah, resident potters who worked for the king.

The Family of Simeon

24-25 The Simeon family tree: Nemuel, Jamin, Jarib, Zerah, and Shaul; Shaul had Shallum, Shallum had Mibsam, and Mibsam had Mishma.
26 The sons of Mishma: Hammuel had Zaccur and Zaccur had Shimei.
27-33 Shimei had sixteen sons and six daughters, but his brothers were not nearly as prolific and never became a large family like Judah. They lived in Beersheba, Moladah, Hazar Shual, Bilhah, Ezem, Tolad, Bethuel, Hormah, Ziklag, Beth Marcaboth, Hazar Susim, Beth Biri, and Shaaraim. They lived in these towns until David became king. Other settlements in the vicinity were the five towns of Etam, Ain, Rimmon, Token, and Ashan, and all the villages around these towns as far as Baalath. These were their settlements. And they kept good family records.
34-40 Meshobab; Jamlech; Joshah the son of

요시비야는 스라야의 아들, 스라야는 아시엘의 아들이다. 또 엘료에내, 야아고바, 여소하야, 아사야, 아디엘, 여시미엘, 브나야, 시사가 있는데, 시사는 시비의 아들이고, 시비는 알론의 아들, 알론은 여다야의 아들, 여다야는 시므리의 아들, 시므리는 스마야의 아들이다. 이들은 모두 자기 가문의 지도자들이다. 이들은 크게 번성하고 수가 많아져서, 양 떼를 칠 목장을 찾아 골짜기 동편의 그돌(그랄)까지 가야 했다. 이들은 초목이 무성한 목초지를 찾아냈다. 충분히 넓고 평온하고 한적한 곳이었다.

40-43 전에는 함 사람 중 일부가 그곳에 살았다. 그러나 이 족보에 기록된 사람들이 유다 왕 히스기야 시대에 이곳으로 와서, 함 사람을 공격하여 그들의 장막과 집들을 부수었다. 오늘 보는 것처럼, 함 사람은 하나도 살아남지 못했다. 그들은 풍성한 목초지가 있는 것을 보고 이주하여 그곳을 차지했다. 이들 시므온 사람 가운데 오백 명이 계속해서 세일 산지를 습격했는데, 이시의 아들들인 블라댜, 느아랴, 르바야, 웃시엘이 그 무리를 이끌었다. 그들은 피신하여 살아남은 아말렉 사람들을 모두 죽였다. 그리고 오늘까지 그곳에 살고 있다.

르우벤 가문

5

1-2 이스라엘의 맏아들 르우벤의 가문은 이러하다. 르우벤은 이스라엘의 맏아들이었으나 그가 아버지의 첩과 잠자리를 같이하는 부정한 행위를 저질러서, 맏아들의 권리가 이스라엘의 아들 요셉의 아들들에게 넘어갔다. 그는 족보에서 맏아들의 자리를 잃었다. 유다가 형제들 중 가장 강하고 그의 가문에서 다윗왕이 나왔지만, 맏아들의 권리는 요셉에게 있었다.

3 이스라엘의 맏아들 르우벤의 아들들은 하녹, 발루, 헤스론, 갈미다.

4-6 요엘의 자손은 이러하다. 요엘의 아들은 스마야고, 그 아들은 곡, 그 아들은 시므이, 그 아들은 미가, 그 아들은 르아야, 그 아들은 바알, 그 아들은 브에라다. 브에라는 르우벤 지파의 지도자였는데, 앗시리아 왕 디글랏빌레셀에게 포로로 잡혀갔다.

7-10 브에라의 형제들은 가문별로 족보에 올랐다. 첫째는 여이엘이고, 그 다음은 스가랴, 그 다음은 벨라인데, 벨라는 아사스의 아들이고, 아사스는 세마의 아들, 세마는 요엘의 아들이다. 요엘은 아

Amaziah; Joel; Jehu the son of Joshibiah, the son of Seraiah, the son of Asiel; Elioenai; Jaakobah; Jeshohaiah; Asaiah; Adiel; Jesimiel; Benaiah; and Ziza the son of Shiphi, the son of Allon, the son of Jedaiah, the son of Shimri, the son of Shemaiah—all these were the leaders in their families. They prospered and increased in numbers so that they had to go as far as Gedor (Gerar) to the east of the valley looking for pasture for their flocks. And they found it—lush pasture, lots of elbow room, peaceful and quiet.

40-43 Some Hamites had lived there in former times. But the men in these family trees came when Hezekiah was king of Judah and attacked the Hamites, tearing down their tents and houses. There was nothing left of them, as you can see today. Then they moved in and took over because of the great pastureland. Five hundred of these Simeonites went on and invaded the hill country of Seir, led by Pelatiah, Neariah, Rephaiah, and Uzziel, the sons of Ishi. They killed all the escaped Amalekites who were still around. And they still live there.

The Family of Reuben

5

1-2 The family of Reuben the firstborn of Israel: Though Reuben was Israel's firstborn, after he slept with his father's concubine, a defiling act, his rights as the firstborn were passed on to the sons of Joseph son of Israel. He lost his "firstborn" place in the family tree. And even though Judah became the strongest of his brothers and King David eventually came from that family, the firstborn rights stayed with Joseph.

3 The sons of Reuben, firstborn of Israel: Hanoch, Pallu, Hezron, and Carmi.

4-6 The descendants of Joel: Shemaiah his son, Gog his son, Shimei his son, Micah his son, Reaiah his son, Baal his son, and Beerah his son, whom Tiglath-Pileser king of Assyria took into exile. Beerah was the prince of the Reubenites.

7-10 Beerah's brothers are listed in the family tree by families: first Jeiel, followed by Zechariah: then Bela son of Azaz, the son of Shema, the son of Joel. Joel lived in the area from Aroer to Nebo

로엘에서 느보와 바알므온에 이르는 지역에 살았다. 그의 가문은 멀리 유프라테스 강에서부터 사막 끝까지 걸쳐 있는 땅에 거주했다. 그들의 가축 떼가 점점 많아져서 길르앗에 차고 넘쳤기 때문이다. 사울이 다스리던 시대에 그들은 하갈 사람과 싸워 이겼고, 길르앗 동쪽 변방에 있던 하갈 사람의 장막들을 빼앗아 거기서 살았다.

11-12 르우벤 가문의 이웃인 바산의 갓 가문은 살르가까지 이르는 지역에 살았다. 요엘은 족장이고, 사밤은 부족장이며, 야내는 바산의 재판관이었다.

13-15 그들의 형제는 가문별로 미가엘, 므술람, 세바, 요래, 야간, 시아, 에벨 이렇게 모두 일곱이었다. 이들은 아비하일의 자손인데, 아비하일은 후리의 아들이고, 후리는 야로아의 아들, 야로아는 길르앗의 아들, 길르앗은 미가엘의 아들, 미가엘은 여시새의 아들, 여시새는 야도의 아들, 야도는 부스의 아들이다. 아히가 그들의 족장이었는데, 아히는 압디엘의 아들이고, 압디엘은 구니의 아들이다.

16 갓 가문은 주변 마을들을 포함해 샤론 목초지까지 뻗어 나간 길르앗과 바산에서 살았다.

17 그들 모두 유다 왕 요담과 이스라엘 왕 여로보암이 다스리던 시대에 공식 족보에 올랐다.

18-22 르우벤과 갓과 므낫세 반쪽 지파 가문들에는 군사훈련을 받은 용사 44,760명이 있었는데, 신체가 건장하고 방패와 칼과 활을 다루는 솜씨가 좋았다. 그들은 하갈 사람, 여두르, 나비스, 노답과 싸웠다. 그들이 싸울 때 하나님께서 도우셨다. 그들이 전쟁중에 하나님께 부르짖었으므로, 하나님께서 하갈 사람과 이들의 모든 연합군을 그들 손에 넘겨주셨다. 그들이 하나님을 신뢰했으므로 하나님께서 그들의 기도에 응답하셨다. 그들은 하갈 사람의 가축 떼와 양 떼, 곧 낙타 50,000마리, 양 250,000마리, 나귀 2,000마리를 전리품으로 취했다. 포로 100,000명도 사로잡았다. 그 전투는 하나님의 전투였으므로 많은 사람들이 죽었다. *이 가문들은 포로로 잡혀갈 때까지 그 땅에서 살았다.*

23-26 므낫세 반쪽 지파는 인구가 많았다. 그들은

and Baal Meon. His family occupied the land up to the edge of the desert that goes all the way to the Euphrates River, since their growing herds of livestock spilled out of Gilead. During Saul's reign they fought and defeated the Hagrites; they then took over their tents and lived in them on the eastern frontier of Gilead.

11-12 The family of Gad were their neighbors in Bashan, as far as Salecah: Joel was the chief, Shapham the second-in-command, and then Janai, the judge in Bashan.

13-15 Their brothers, by families, were Michael, Meshullam, Sheba, Jorai, Jacan, Zia, and Eber—seven in all. These were the sons of Abihail son of Huri, the son of Jaroah, the son of Gilead, the son of Michael, the son of Jeshishai, the son of Jahdo, the son of Buz. Ahi son of Abdiel, the son of Guni, was head of their family.

16 The family of Gad lived in Gilead and Bashan, including the outlying villages and extending as far as the pastures of Sharon.

17 They were all written into the official family tree during the reigns of Jotham king of Judah and Jeroboam king of Israel.

18-22 The families of Reuben, Gad, and the half-tribe of Manasseh had 44,760 men trained for war—physically fit and skilled in handling shield, sword, and bow. They fought against the Hagrites, Jetur, Naphish, and Nodab. God helped them as they fought. God handed the Hagrites and all their allies over to them, because they cried out to him during the battle. God answered their prayers because they trusted him. They plundered the Hagrite herds and flocks: 50,000 camels, 250,000 sheep, and 2,000 donkeys. They also captured 100,000 people. Many were killed, because the battle was God's. They lived in that country until the exile.

23-26 The half-tribe of Manasseh had a large

바산에서 바알헤르몬까지, 곧 스닐(헤르몬 산)에
이르는 땅에 거주했다. 그들의 족장은 에벨, 이시,
엘리엘, 아스리엘, 예레미야, 호다위야, 야디엘이
었다. 그들은 용감한 군인들로, 각 가문의 유명한
족장이었다. 그러나 그들은 조상의 하나님께 충실
하지 못했다. 그들은 자신들이 도착하기 전에 하
나님께서 쫓아내신 그 땅 백성의 경건치 못한 신
들을 가까이했다. 그래서 이스라엘의 하나님께서
는 앗시리아 왕 불(디글랏빌레셀)의 마음을 움직
이셔서, 르우벤, 갓, 므낫세 반쪽 지파 가문들을
포로로 잡아가게 하셨다. 불은 그들을 할라, 하볼,
하라, 고산 강으로 이주시켰다. 그 후로 오늘까지
그들은 그곳에서 살고 있다.

레위 가문

6 1-14 레위의 아들들은 게르손, 고핫, 므라
리다. 고핫의 아들들은 아므람, 이스할,
헤브론, 웃시엘이다. 아므람의 자녀는 아론, 모
세, 미리암이다. 아론의 아들들은 나답, 아비후,
엘르아살, 이다말이다. 엘르아살은 비느하스를
낳고, 비느하스는 아비수아를 낳고, 아비수아는
북기를 낳고, 북기는 웃시를 낳고, 웃시는 스라
히야를 낳고, 스라히야는 므라욧을 낳고, 므라
욧은 아마랴를 낳고, 아마랴는 아히둡을 낳고,
아히둡은 사독을 낳고, 사독은 아히마아스를 낳
고, 아히마아스는 아사랴를 낳고, 아사랴는 요
하난을 낳고, 요하난은 아사랴를 낳았다(그는
솔로몬이 예루살렘에 지은 성전에서 제사장으
로 섬겼다). 아사랴는 아마랴를 낳고, 아마랴는
아히둡을 낳고, 아히둡은 사독을 낳고, 사독은
살룸을 낳고, 살룸은 힐기야를 낳고, 힐기야는
아사랴를 낳고, 아사랴는 스라야를 낳고, 스라
야는 여호사닥을 낳았다.
15 하나님께서 느부갓네살을 일으켜 유다와 예루
살렘 백성을 포로로 잡아가게 하실 때에 여호사닥
도 붙잡혀 갔다.

16-30 레위의 아들들은 게르손, 고핫, 므라리다. 게
르손의 아들들의 이름은 립니, 시므이다. 고핫의
아들들은 아므람, 이스할, 헤브론, 웃시엘이다. 므
라리의 아들들은 말리, 무시다. 레위의 가문은 이
러하다. 게르손의 아들은 립니고, 그 아들은 야핫,
그 아들은 심마, 그 아들은 요아, 그 아들은 잇도,
그 아들은 세라, 그 아들은 여아드래다. 고핫의 아

population. They occupied the land from
Bashan to Baal Hermon, that is, to Senir (Mount
Hermon). The heads of their families were Epher,
Ishi, Eliel, Azriel, Jeremiah, Hodaviah, and
Jahdiel–brave warriors, famous, and heads of
their families. But they were not faithful to the
God of their ancestors. They took up with the
ungodly gods of the peoples of the land whom
God had gotten rid of before they arrived. So the
God of Israel stirred up the spirit of Pul king of
Assyria (Tiglath-Pileser king of Assyria) to take
the families of Reuben, Gad, and the half-tribe of
Manasseh into exile. He deported them to Halah,
Habor, Hara, and the river of Gozan. They've
been there ever since.

The Family of Levi

6 1-14 The sons of Levi were Gershon,
Kohath, and Merari. The sons of were
Kohath Amram, Izhar, Hebron, and Uzziel. The
children of Amram were Aaron, Moses, and
Miriam. The sons of Aaron were Nadab, Abihu,
Eleazar, and Ithamar. Eleazar had Phinehas,
Phinehas had Abishua, Abishua had Bukki,
Bukki had Uzzi, Uzzi had Zerahiah, Zerahiah had
Meraioth, Meraioth had Amariah, Amariah had
Ahitub, Ahitub had Zadok, Zadok had Ahimaaz,
Ahimaaz had Azariah, Azariah had Johanan, and
Johanan had Azariah (who served as priest in
the temple Solomon built in Jerusalem). Azariah
had Amariah, Amariah had Ahitub, Ahitub had
Zadok, Zadok had Shallum, Shallum had Hilkiah,
Hilkiah had Azariah, Azariah had Seraiah, and
Seraiah had Jehozadak.
15 Jehozadak went off to exile when GOD used
Nebuchadnezzar to take Judah and Jerusalem
into exile.

16-30 The sons of Levi were Gershon, Kohath,
and Merari. These are the names of the sons of
Gershon: Libni and Shimei. The sons of Kohath
were Amram, Izhar, Hebron, and Uzziel. The
sons of Merari were Mahli and Mushi. These are
the Levitical clans according to families: the sons

들은 암미나답이고, 그 아들은 고라, 그 아들은 앗실, 그 아들은 엘가나, 그 아들은 에비아삽, 그 아들은 앗실, 그 아들은 다핫, 그 아들은 우리엘, 그 아들은 웃시야, 그 아들은 사울이다. 엘가나의 아들들은 아마새와 아히못이고, 그 아들은 엘가나, 그 아들은 소배, 그 아들은 나핫, 그 아들은 엘리압, 그 아들은 여로함, 그 아들은 엘가나다. 사무엘의 아들들은 맏아들 요엘, 둘째 아비야다. 므라리의 아들은 말리고, 그 아들은 립니, 그 아들은 시므이, 그 아들은 웃사, 그 아들은 시므아, 그 아들은 학기야, 그 아들은 아사야다.

다윗의 예배 인도자들

31-32 다윗이 언약궤를 하나님의 집에 모신 뒤에 그곳에서 찬양을 인도할 사람들을 임명했는데, 그들은 솔로몬이 예루살렘에 하나님의 성전을 지을 때까지 예배 처소인 회막에서 찬양하는 일을 맡았다. 그들은 주어진 지침에 따라 직무를 수행했다.

33-38 예배를 준비하고 지도하는 일로 섬긴 사람과 그 자손은 이러하다. 고핫 사람의 집안에서 헤만이 찬양대 지휘자로 섬겼는데, 그는 요엘의 아들이고, 요엘은 사무엘의 아들, 사무엘은 엘가나의 아들, 엘가나는 여로함의 아들, 여로함은 엘리엘의 아들, 엘리엘은 도아의 아들, 도아는 숩의 아들, 숩은 엘가나의 아들, 엘가나는 마핫의 아들, 마핫은 아마새의 아들, 아마새는 엘가나의 아들, 엘가나는 요엘의 아들, 요엘은 아사랴의 아들, 아사랴는 스바냐의 아들, 스바냐는 다핫의 아들, 다핫은 앗실의 아들, 앗실은 에비아삽의 아들, 에비아삽은 고라의 아들, 고라는 이스할의 아들, 이스할은 고핫의 아들, 고핫은 레위의 아들, 레위는 이스라엘의 아들이다.

39-43 헤만의 동료 아삽은 그의 오른편에 섰다. 아삽은 베레갸의 아들이고, 베레갸는 시므아의 아들, 시므아는 미가엘의 아들, 미가엘은 바아세야의 아들, 바아세야는 말기야의 아들, 말기야는 에드니의 아들, 에드니는 세라의 아들, 세라는 아다야의 아들, 아다야는 에단의 아들, 에단은 심마의 아들, 심마는 시므이의 아들, 시므이는 야핫의 아들, 야핫은 게르손의 아들, 게르손은 레위의 아들이다.

44-47 그의 왼편에 선 동료들, 곧 므라리의 자손 가운데 에단이 있었다. 에단은 기시의 아들이고, 기시는 압디의 아들, 압디는 말룩의 아들, 말룩은

of Gershon were Libni his son, Jehath his son, Zimmah his son, Joah his son, Iddo his son, Zerah his son, and Jeatherai his son. The sons of Kohath were Amminadab his son, Korah his son, Assir his son, Elkanah his son, Ebiasaph his son, Assir his son, Tahath his son, Uriel his son, Uzziah his son, and Shaul his son. The sons of Elkanah were Amasai and Ahimoth, Elkanah his son, Zophai his son, Nahath his son, Eliab his son, Jeroham his son, and Elkanah his son. The sons of Samuel were Joel his firstborn son and Abijah his second. The sons of Merari were Mahli, Libni his son, Shimei his son, Uzzah his son, Shimea his son, Haggiah his son, and Asaiah his son.

David's Worship Leaders

31-32 These are the persons David appointed to lead the singing in the house of GOD after the Chest was placed there. They were the ministers of music in the place of worship, which was the Tent of Meeting until Solomon built The Temple of GOD in Jerusalem. As they carried out their work, they followed the instructions given to them.

33-38 These are the persons, together with their sons, who served by preparing for and directing worship: from the family of the Kohathites was Heman the choirmaster, the son of Joel, the son of Samuel, the son of Elkanah, the son of Jeroham, the son of Eliel, the son of Toah, the son of Zuph, the son of Elkanah, the son of Mahath, the son of Amasai, the son of Elkanah, the son of Joel, the son of Azariah, the son of Zephaniah, the son of Tahath, the son of Assir, the son of Ebiasaph, the son of Korah, the son of Izhar, the son of Kohath, the son of Levi, the son of Israel.

39-43 Heman's associate Asaph stood at his right hand. Asaph was the son of Berekiah, the son of Shimea, the son of Michael, the son of Baaseiah, the son of Malkijah, the son of Ethni, the son of Zerah, the son of Adaiah, the son of Ethan, the son of Zimmah, the son of Shimei, the son of Jahath, the son of Gershon, the son of Levi.

44-47 Of the sons of Merari, the associates who stood at his left hand, was Ethan the son of Kishi, the son of Abdi, the son of Malluch, the

하사뱌의 아들, 하사뱌는 아마시야의 아들, 아마시야는 힐기야의 아들, 힐기야는 암시의 아들, 암시는 바니의 아들, 바니는 세멜의 아들, 세멜은 말리의 아들, 말리는 무시의 아들, 무시는 므라리의 아들, 므라리는 레위의 아들이다.

48 나머지 레위인들은 예배 처소, 곧 하나님의 집에서 필요한 다른 모든 일을 맡았다.

49 아론과 그의 자손은 번제단과 분향단에 제물을 바쳤고, 지성소의 모든 일을 맡았다. 그들은 하나님의 종 모세가 내린 지침에 따라 이스라엘을 위해 속죄했다.

50-53 아론의 자손은 이러하다. 그의 아들은 엘르아살이고, 그 아들은 비느하스, 그 아들은 아비수아, 그 아들은 북기, 그 아들은 웃시, 그 아들은 스라히야, 그 아들은 므라욧, 그 아들은 아마랴, 그 아들은 아히둡, 그 아들은 사독, 그 아들은 아히마아스다.

제사장의 성읍들

54-81 제사장 가문에 분배된 거주지는 이러하다. 고핫 가문의 아론 자손이 첫 번째로 제비를 뽑았다. 그들은 유다 땅 헤브론과 그 주변의 모든 목초지를 받았다. 여분네의 아들 갈렙은 그 성읍 주변의 들판과 마을들을 얻었다. 아론 자손은 또 헤브론, 립나, 얏딜, 에스드모아, 힐렌, 드빌, 아산, 벳세메스 등의 도피성과 그 주변의 목초지를 받았다. 그리고 베냐민 지파에게서 게바, 알레멧, 아나돗과 그 주변의 목초지를 받았다. 그 고핫 가문에게는 모두 열세 개의 성읍이 분배되었다. 나머지 고핫 자손은 므낫세 반쪽 지파의 땅에서 열 개의 성읍을 제비 뽑아 나누어 받았다. 게르손 자손은 잇사갈, 아셀, 납달리, 바산에 있는 므낫세 지파의 땅에서 가문별로 열세 개의 성읍을 받았다. 므라리 자손에게는 르우벤, 갓, 스불론 지파의 땅에서 제비를 뽑아 가문별로 열두 개 성읍이 분배되었다. 이스라엘 자손은 레위 지파에게 그 성읍들과 그 주변 목초지를 함께 주었다. 그들은 유다, 시므온, 베냐민 지파의 땅에 있는 성읍들도 제비를 뽑아 분배했다. 일부 고핫 가문들은 에브라임 지파의 땅에 있는 성읍들을 받았는데, 곧 에브라임 산지의 세겜, 게셀, 욕므암, 벳호론, 아얄론, 가드림몬 등의 도피성과 거기에 딸린 목초지였다. 나머지 고핫 자손은 므낫세 반쪽 지파의 땅

son of Hashabiah, the son of Amaziah, the son of Hilkiah, the son of Amzi, the son of Bani, the son of Shemer, the son of Mahli, the son of Mushi, the son of Merari, the son of Levi.

48 The rest of the Levites were assigned to all the other work in the place of worship, the house of God.

49 Aaron and his sons offered the sacrifices on the Altar of Burnt Offering and the Altar of Incense; they were in charge of all the work surrounding the Holy of Holies. They made atonement for Israel following the instructions commanded by Moses, servant of God.

50-53 These are the sons of Aaron: Eleazar his son, Phinehas his son, Abishua his son, Bukki his son, Uzzi his son, Zerahiah his son, Meraioth his son, Amariah his son, Ahitub his son, Zadok his son, and Ahimaaz his son.

The Priestly Cities

54-81 And these are the places where the priestly families were assigned to live. The first assignment went by lot to the sons of Aaron of the Kohathite family; they were given Hebron in the land of Judah and all the neighboring pastures. Caleb the son of Jephunneh got the fields and villages around the city. The family of Aaron was also given the cities of refuge, with pastures included: Hebron, Libnah, Jattir, Eshtemoa, Hilen, Debir, Ashan, and Beth Shemesh. They were also given Geba from the tribe of Benjamin, Alemeth, and Anathoth, all with pastures included. In all, thirteen cities were distributed among the Kohathite families. The rest of the Kohathites were given another ten cities, distributed by lot from the half-tribe of Manasseh. The sons of Gershon were given, family by family, thirteen cities from the tribes of Issachar, Asher, Naphtali, and Manasseh in Bashan. The sons of Merari, family by family, were assigned by lot twelve cities from the tribes of Reuben, Gad, and Zebulun. The sons of Israel gave the Levites both the cities and their pastures. They also distributed by lot cities from

에서 아넬과 빌르암을 받았고 거기에 딸린 목초지도 함께 받았다. 게르손 자손은 므낫세 반쪽 지파의 땅에서 바산의 골란과 아스다롯을, 잇사갈 지파의 땅에서 게데스와 다브랏과 라못과 아넴을, 아셀 지파의 땅에서 마살과 압돈과 후곡과 르홉을, 납달리 지파의 땅에서 갈릴리의 게데스와 함몬과 기랴다임을 받았다. 나머지 므라리 자손은 스불론 지파의 땅에서 림모노와 다볼을, 요단 강 동쪽 르우벤 지파의 땅에서 사막의 베셀과 야사와 그데못과 메바앗을, 갓 지파의 땅에서 길르앗의 라못과 마하나임과 헤스본과 야셀을 받았다. 이 모든 성읍에는 목초지가 딸려 있었다.

잇사갈 가문

7 [1-5] 잇사갈의 아들들은 돌라, 부아, 야숩, 시므론 이렇게 넷이었다. 돌라의 아들들은 웃시, 르바야, 여리엘, 야매, 입삼, 스므엘로, 각자 자기 가문의 족장이었다. 다윗이 통치하던 시대에 돌라 집안은 그 혈통의 용사가 22,600명이었다. 웃시의 아들은 이스라히야고, 이스라히야의 아들들은 미가엘, 오바댜, 요엘, 잇시야인데, 이 다섯 자손이 모두 족장이었다. 그들은 다른 형제들보다 아내와 아들들이 더 많았으므로 그 혈통의 용사가 36,000명이었다. 잇사갈의 가문에서 87,000명의 용사가 나왔으며, 그들 모두가 족보에 올랐다.

베냐민 가문

6-12 베냐민은 벨라, 베겔, 여디아엘 이렇게 세 아들을 두었다. 벨라는 에스본, 우시, 웃시엘, 여리못, 이리까지 다섯 아들을 두었는데, 이들은 모두 용사들로 각 가문의 족장이었다. 그들의 족보에 이름이 오른 사람은 22,034명이었다. 베겔의 아들들은 스미라, 요아스, 엘리에셀, 엘료에내, 오므리, 여레못, 아비야, 아나돗, 알레멧이다. 이 족장들을 통해서 20,200명의 용사가 족보에 올랐다. 여디아엘의 아들은 빌한이고, 빌한의 아들들은 여우스, *베냐민*, *에훗*, *그나아나*, 세단, 다시스, 아히사할이다. 이들은 모두 여디아엘의 자손으로 각 가문의 족장이었다. 전쟁에 나갈 준비가 된 용사는 17,200명이었다. 숩빔과 훕빔은 일의 아들이고, 후심은 아헬 가문 출신

the tribes of Judah, Simeon, and Benjamin. Some of the Kohath families were given their cities from the tribe of Ephraim, cities of refuge: Shechem in the hill country of Ephraim, Gezer, Jokmeam, Beth Horon, Aijalon, and Gath Rimmon—all with their pastures. The rest of the sons of Kohath were given Aner and Bileam with their pastures from the half-tribe of Manasseh. The sons of Gershon were given, family by family, from the half-tribe of Manasseh, Golan in Bashan and Ashtaroth; from the tribe of Issachar, Kedesh, Daberath, Ramoth, and Anem; from the tribe of Asher, Mashal, Abdon, Hukok, and Rehob; from the tribe of Naphtali, Kedesh in Galilee, Hammon, and Kiriathaim. The rest of the sons of Merari got Rimmono and Tabor from the tribe of Zebulun; Bezer in the desert, Jahzah, Kedemoth, and Mephaath from the tribe of Reuben to the east of the Jordan; and Ramoth in Gilead, Mahanaim, Heshbon, and Jazer from the tribe of Gad. Pastures were included in all these towns.

The Family of Issachar

7 [1-5] The sons of Issachar were Tola, Puah, Jashub, and Shimron—four sons. The sons of Tola were Uzzi, Rephaiah, Jeriel, Jahmai, Ibsam, and Samuel—the chiefs of their families. During David's reign, the Tola family counted 22,600 warriors in their lineage. The son of Uzzi was Izrahiah; the sons of Izrahiah were Michael, Obadiah, Joel, and Isshiah—five sons and all of them chiefs. They counted 36,000 warriors in their lineage because they had more wives and sons than their brothers. The extended families of Issachar accounted for 87,000 warriors—all of them listed in the family tree.

The Family of Benjamin

6-12 Benjamin had three sons: Bela, Beker, and Jediael. Bela had five: Ezbon, Uzzi, Uzziel, Jerimoth, and Iri, all of them chiefs and warriors. They counted 22,034 names in their family tree. Beker's sons were Zemirah, Joash, Eliezer, Elioenai, Omri, Jeremoth, Abijah, Anathoth, and Alemeth. Through these chiefs their family tree listed 20,200 warriors. Jediael's son was Bilhan and the sons of Bilhan were Jeush, Benjamin, Ehud, Kenaanah, Zethan, Tarshish, and

이다.

납달리 가문

13 납달리의 아들들은 야시엘, 구니, 예셀, 살룸이다. 이들은 할아버지의 첩 빌하 쪽으로 모계 족보에 올랐다.

므낫세 가문

14-19 므낫세의 아들들은 아람 사람인 첩에게서 낳은 아스리엘과, 길르앗의 아버지 마길이다. 마길은 훕빔과 숩빔의 누이인 마아가를 아내로 맞았다. 므낫세의 또 다른 아들의 이름은 슬로브핫인데, 그에게는 딸들밖에 없었다. 마길의 아내 마아가는 아들을 낳고 그의 이름을 베레스라고 지었다. 그의 동생 이름은 세레스고, 세레스의 아들들은 울람과 라겜이다. 울람의 아들은 브단이다. 이들은 길르앗의 자손인데, 길르앗은 마길의 아들이고, 마길은 므낫세의 아들이다. 그의 누이 함몰레겟은 이스홋, 아비에셀, 말라를 낳았다. 스미다의 아들들은 아히안, 세겜, 릭히, 아니암이다.

에브라임 가문

20-24 에브라임의 아들은 수델라고, 그 아들은 베렛, 그 아들은 다핫, 그 아들은 엘르아다, 그 아들은 다핫, 그 아들은 사밧, 그 아들은 수델라, 그리고 가드 원주민의 습격으로 죽은 소도둑 에셀과 엘르앗이다. 그들의 아버지 에브라임이 오랫동안 슬퍼했으므로 가족들이 와서 그를 위로했다. 그 후에 그가 다시 아내와 잠자리를 같이하자, 그녀가 임신하여 아들을 낳았다. 그는 집안에 닥쳤던 불운을 생각하여 아이 이름을 브리아(불운)라고 지었다. 그의 딸은 세에라다. 그녀는 아랫 벳호론과 윗 벳호론, 우센세에라를 세웠다.

25-29 에브라임의 아들들은 레바, 레셉이다. 레셉의 아들은 델라고, 그 아들은 다한, 그 아들은 라단, 그 아들은 암미훗, 그 아들은 엘리사마, 그 아들은 눈, 그 아들은 여호수아다. 그들은 베델과 그 주변의 땅, 곧 동쪽으로 나아란에서 서쪽으로 게셀과 그 주변 마을들까지와 세겜과 그 주변 마을들에 거주했고, 아야와 그 주변 마을들까지 관할했다. 므낫세와의 경계를 따라 벳산, 다아낙, 므깃도, 돌이 주변 마을들과 함께 뻗어 있었다. 이스라엘의

Ahishahar – all sons of Jediael and family chiefs; they counted 17,200 combat-ready warriors. Shuppim and Huppim were the sons of Ir; Hushim were from the family of Aher.

The Family of Naphtali

13 The sons of Naphtali were Jahziel, Guni, Jezer, and Shallum; they are listed under the maternal line of Bilhah, their grandfather's concubine.

The Family of Manasseh

14-19 Manasseh's sons, born of his Aramean concubine, were Asriel and Makir the father of Gilead. Makir got his wife from the Huppites and Shuppites. His sister's name was Maacah. Another son, Zelophehad, had only daughters. Makir's wife Maacah bore a son whom she named Peresh; his brother's name was Sheresh and his sons were Ulam and Rakem. Ulam's son was Bedan. This accounts for the sons of Gilead son of Makir, the son of Manasseh. His sister Hammoleketh gave birth to Ishdod, Abiezer, and Mahlah. The sons of Shemida were Ahian, Shechem, Likhi, and Aniam.

The Family of Ephraim

20-24 The sons of Ephraim were Shuthelah, Bered his son, Tahath his son, Eleadah his son, Tahath his son, Zabad his son, Shuthelah his son, and Ezer and Elead, cattle-rustlers, killed on one of their raids by the natives of Gath. Their father Ephraim grieved a long time and his family gathered to give him comfort. Then he slept with his wife again. She conceived and produced a son. He named him Beriah (Unlucky), because of the bad luck that had come to his family. His daughter was Sheerah. She built Lower and Upper Beth Horon and Uzzen Sheerah.

25-29 Rephah was Ephraim's son and also Resheph; Telah was his son, Tahan his son, Ladan his son, Ammihud his son, Elishama his son, Nun his son, and Joshua his son. They occupied Bethel and the neighboring country from Naaran on the east to Gezer and its villages on the west, along with Shechem and its villages, and extending as far as Ayyah and its villages. Stretched along the borders of Manasseh were Beth Shan, Taanach, Megiddo, and Dor, together with their satellite villages. The families descended from Joseph

아들 요셉의 가문은 이 모든 곳에 흩어져 살았다.

아셀 가문

30-32 아셀의 아들들은 임나, 이스와, 이스위, 브리아고, 그들의 누이는 세라다. 브리아의 아들들은 헤벨과 말기엘이고, 말기엘은 비르사잇을 낳았다. 헤벨은 야블렛, 소멜, 호담, 그리고 그들의 누이 수아를 낳았다.

33-40 야블렛은 바삭, 빔할, 아스왓을 낳았다. 야블렛의 동생 소멜은 로가, 호바, 아람을 낳았다. 소멜의 동생 헬렘은 소바, 임나, 셀레스, 아말을 낳았다. 소바는 수아, 하르네벨, 수알, 베리, 이므라, 베셀, 홋, 사마, 실사, 이드란, 브에라를 낳았다. 예델은 여분네, 비스바, 아라를 낳았다. 울라는 아라, 한니엘, 리시아를 낳았다. 이들은 아셀 자손으로, 모두 책임감 있고 성품이 뛰어났으며 전쟁에 용감한 자요 훌륭한 지도자들이었다. 전쟁에 나갈 준비가 된 사람 26,000명이 족보에 올랐다.

베냐민 가문

8 1-5 베냐민의 맏아들은 벨라고, 그 아래로 아스벨, 아하라, 노하, 라바 이렇게 모두 다섯 아들을 두었다. 벨라의 아들들은 앗달, 게라, 아비훗, 아비수아, 나아만, 아호아, 게라, 스부반, 후람이다.

6-7 게바에 살다가 마나핫으로 잡혀간 에훗 가문은 나아만, 아히야, 게라인데, 이들이 잡혀갈 때 게라가 인도했다. 게라는 웃사, 아히훗을 낳았다.

8-12 사하라임은 모압 땅에서 두 아내 후심, 바아라를 내보낸 뒤에 자녀를 낳았다. 그는 새 아내 호데스에게서 요밥, 시비야, 메사, 말감, 여우스, 사갸, 미르마를 낳았다. 이들은 족장이 되었다. 이전 아내 후심에게서는 아비둡, 엘바알을 낳았다. 엘바알의 아들들은 에벨, 미삼, 세멧인데, 세멧은 오노와 롯과 거기에 딸린 모든 마을을 세웠다.

13-28 브리아와 세마는 아얄론에 살던 가문의 족장이었다. 그들은 가드 주민을 쫓아냈다. 그들의 형제는 사삭, 여레못이다. 브리아의 아들들은 스바댜, 아랏, 에델, 미가엘, 이스바, 요하다. 엘바알의 아들들은 스바댜, 므술람, 히스기, 헤벨, 이스므래, 이슬리아, 요밥이다. 시므이의 아들들은 야김, 시그리, 삽디, 엘리에내, 실르대, 엘리엘, 아다야, 브라야, 시므랏이다. 사삭의 아들들은 이

son of Israel lived in all these places.

The Family of Asher

30-32 The sons of Asher were Imnah, Ishvah, Ishvi, and Beriah; Serah was their sister. The sons of Beriah were Heber and Malkiel, who had Birzaith. Heber had Japhlet, Shomer, Hotham, and Shua their sister.

33-40 Japhlet had Pasach, Bimhal, and Ashvath. His brother Shomer had Rohgah, Hubbah, and Aram. His brother Helem had Zophah, Imna, Shelesh, and Amal. Zophah had Suah, Harnepher, Shual, Beri, Imrah, Bezer, Hod, Shamma, Shilshah, Ithran, and Beera. Jether had Jephunneh, Pispah, and Ara. Ulla had Arah, Hanniel, and Rizia. These were Asher's sons, all of them responsible, excellent in character, and brave in battle–good leaders. They listed 26,000 combat-ready men in their family tree.

The Family of Benjamin (Continued)

8 1-5 Benjamin's firstborn son was Bela, followed by Ashbel, Aharah, Nohah, and Rapha–five in all. Bela's sons were Addar, Gera, Abihud, Abishua, Naaman, Ahoah, Gera, Shephuphan, and Huram.

6-7 These are the families of Ehud that lived in Geba and were exiled to Manahath: Naaman, Ahijah, and Gera, who led them to exile and had Uzza and Ahihud.

8-12 In the land of Moab, Shaharaim had children after he divorced his wives Hushim and Baara. From his new wife Hodesh he had Jobab, Zibia, Mesha, Malcam, Jeuz, Sakia, and Mirmah–sons who became heads of families. From his earlier wife Hushim he had Abitub and Elpaal. Elpaal's sons were Eber, Misham, and Shemed, who built Ono and Lod with all their villages.

13-28 Beriah and Shema were family chiefs who lived at Aijalon. They drove out the citizens of Gath. Their brothers were Shashak and Jeremoth. The sons of Beriah were Zebadiah, Arad, Eder, Michael, Ishpah, and Joha. The sons of Elpaal were Zebadiah, Meshullam, Hizki, Heber, Ishmerai, Izliah, and Jobab. The sons of Shimei

스반, 에벨, 엘리엘, 압돈, 시그리, 하난, 하나냐, 엘람, 안도디야, 이브드야, 브누엘이다. 여로함의 아들들은 삼스래, 스하랴, 아달랴, 야아레시야, 엘리야, 시그리다. 이들은 각 가문의 족장이 되었고 족보에 올랐다. 이들은 예루살렘에서 살았다.

29-32 기브온의 아버지 여이엘은 기브온에서 살았다. 그의 아내 이름은 마아가다. 그의 맏아들은 압돈이고 그 아래로 술, 기스, 바알, 나답, 그돌, 아히오, 세겔, 미글롯이 있다. 미글롯은 시므아를 낳았다. 이들은 예루살렘에서 친족과 한동네에 살았다.

33-40 넬은 기스를 낳고, 기스는 사울을 낳고, 사울은 요나단과 말기수아와 아비나답과 에스바알을 낳았다. 요나단은 므립바알을 낳고, 므립바알은 미가를 낳았다. 미가의 아들들은 비돈, 멜렉, 다레아, 아하스다. 아하스는 여호앗다를 낳고, 여호앗다는 알레멧, 아스마웻, 시므리를 낳았다. 시므리는 모사를 낳고, 모사는 비느아를 낳았다. 비느아의 아들은 라바고, 그 아들은 엘르아사, 그 아들은 아셀이다. 아셀은 여섯 아들을 두었는데, 그들의 이름은 아스리감, 보그루, 이스마엘, 스아랴, 오바댜, 하난이다. 그의 동생 에섹은, 맏아들 울람과 그 아래로 여우스와 엘리벨렛을 두었다. 울람의 아들들은 활을 잘 쏘는 자로 알려진 용사들이었다. 그들은 아들과 손자들을 아주 많이 두어 적어도 150명은 되었다. 그들 모두 베냐민의 족보에 올랐다.

9

1 이것은 이스라엘 전체의 완성된 족보로, 그들이 불신앙과 불순종으로 바빌론에 포로로 잡혀간 때에 '이스라엘과 유다 왕 연대기'에 기록되었다.

포로 공동체의 귀환

2 포로로 살다가 자신들의 고향과 성읍으로 처음 귀환한 이스라엘 사람은 제사장과 레위인과 성전 봉사자들이었다.

3-6 유다, 베냐민, 에브라임, 므낫세 가문에서 예루살렘으로 돌아온 사람은 이러하다. 유다의 아들 베레스의 자손 중에 우대라는 사람이 있었는데, 그는 암미훗의 아들이고, 암미훗은 오므리의 아들, 오므리는 이므리의 아들, 이므리는 바니의 아들이다. 실로 사람들 중에는 맏아들 아사야와 그의 아들들, 세라 가문에서는 여우엘이 돌아왔

were Jakim, Zicri, Zabdi, Elienai, Zillethai, Eliel, Adaiah, Beraiah, and Shimrath. The sons of Shashak were Ishpan, Eber, Eliel, Abdon, Zicri, Hanan, Hananiah, Elam, Anthothijah, Iphdeiah, and Penuel. The sons of Jeroham were Shamsherai, Shehariah, Athaliah, Jaareshiah, Elijah, and Zicri. These were the chiefs of the families as listed in their family tree. They lived in Jerusalem.

29-32 Jeiel the father of Gibeon lived in Gibeon. His wife's name was Maacah. Abdon was his firstborn son, followed by Zur, Kish, Baal, Nadab, Gedor, Ahio, Zeker, and Mikloth. Mikloth had Shimeah. They lived in the neighborhood of their extended families in Jerusalem.

33-40 Ner had Kish, Kish had Saul, and Saul had Jonathan, Malki-Shua, Abinadab, and Esh-Baal. Jonathan had Merib-Baal, and Merib-Baal had Micah. Micah's sons were Pithon, Melech, Tarea, and Ahaz. Ahaz had Jehoaddah and Jehoaddah had Alemeth, Azmaveth, and Zimri. Zimri had Moza and Moza had Binea. Raphah was his son, Eleasah his son, and Azel his son. Azel had six sons named Azrikam, Bokeru, Ishmael, Sheariah, Obadiah, and Hanan. His brother Eshek's sons were Ulam his firstborn, followed by Jeush and Eliphelet. Ulam's sons were warriors well known as archers. They had lots of sons and grandsons—at least 150. These were all in Benjamin's family tree.

9

1 This is the complete family tree for all Israel, recorded in the *Royal Annals of the Kings of Israel and Judah* at the time they were exiled to Babylon because of their unbelieving and disobedient lives.

The Back-from-Exile Community in Jerusalem

2 The first Israelites to return from exile to their homes and cities were the priests, the Levites, and the temple support staff.

3-6 Returning to Jerusalem from the families of Judah, Benjamin, Ephraim, and Manasseh were the following: Uthai son of Ammihud, the son of Omri, the son of Imri, the son of Bani, from the line of

다. 유다 가문에서 모두 690명이 돌아왔다.
7-9 베냐민 가문에서는 살루, 이브느야, 엘라, 므술람이 돌아왔다. 살루는 므술람의 아들이고, 므술람은 호다위아의 아들, 호다위아는 핫스누아의 아들이다. 이브느야는 여로함의 아들이다. 엘라는 웃시의 아들이고, 웃시는 미그리의 아들이다. 므술람은 스바댜의 아들이고, 스바댜는 르우엘의 아들, 르우엘은 이브니야의 아들이다. 베냐민 가문에서 모두 956명이 돌아왔다. 이들은 모두 각 가문의 족장이다.
10-13 제사장 가운데서는 여다야, 여호야립, 야긴, 하나님의 성전 관리를 맡은 아사랴, 아다야, 마아새가 돌아왔다. 아사랴는 힐기야의 아들이고, 힐기야는 므술람의 아들, 므술람은 사독의 아들, 사독은 므라욧의 아들, 므라욧은 아히둡의 아들이다. 아다야는 여로함의 아들이고, 여로함은 바스훌의 아들, 바스훌은 말기야의 아들이다. 마아새는 아디엘의 아들이고, 아디엘은 야세라의 아들, 야세라는 므술람의 아들, 므술람은 므실레밋의 아들, 므실레밋은 임멜의 아들이다. 제사장들은 모두 족장으로 1,760명이었으며, 하나님을 예배하는 일에 능숙하고 노련한 종들이었다.
14-16 레위인 가운데서는 스마야, 박박갈과 헤레스와 갈랄, 맛다냐, 오바댜, 그리고 느도바 사람의 마을에 살던 베레갸가 돌아왔다. 므라리 자손인 스마야는 핫숩의 아들이고, 핫숩은 아스리감의 아들, 아스리감은 하사뱌의 아들이다. 맛다냐는 미가의 아들이고, 미가는 시그리의 아들, 시그리는 아삽의 아들이다. 오바댜는 스마야의 아들이고, 스마야는 갈랄의 아들, 갈랄은 여두둔의 아들이다. 베레갸는 아사의 아들이고, 아사는 엘가나의 아들이다.
17-18 문지기는 살룸, 악굽, 달몬, 아히만과 그들의 형제들이었다. 그 우두머리는 살룸인데, 그때까지 동쪽에 있는 왕의 문의 문지기였다. 그들은 레위 가문의 진에서도 문지기로 일했다.
19-25 살룸은 고라 가문에 속한 형제들과 함께 성막 문지기로 예배를 섬겼는데, 그는 고레의 아들이고, 고레는 에비아삽의 아들, 에비아삽은 고라의 아들이다. 그들의 조상도 하나님의 진 입구를 지키는 사람들이었다. 예전에는 엘르아살의 아들 비느하스가 문지기들을 책임졌는데, 하나님께서 그와 함께하셨다! 이후 므셀레먀의 아들 스가랴가 회막 입구에서 문지기를

Perez son of Judah; from the Shilonites were Asaiah the firstborn and his sons; from the family of Zerah there was Jeuel. There were 690 in the Judah group.
7-9 From the family of Benjamin were Sallu son of Meshullam, the son of Hodaviah, the son of Hassenuah, and Ibneiah son of Jeroham, and Elah son of Uzzi, the son of Micri, and Meshullam son of Shephatiah, the son of Reuel, the son of Ibnijah. There were 956 in the Benjamin group. All these named were heads of families.
10-13 From the company of priests there were Jedaiah; Jehoiarib; Jakin; Azariah son of Hilkiah, the son of Meshullam, the son of Zadok, the son of Meraioth, the son of Ahitub, who was in charge of taking care of the house of God; Adaiah son of Jeroham, the son of Pashhur, the son of Malkijah; also Maasai son of Adiel, the son of Jahzerah, the son of Meshullam, the son of Meshillemith, the son of Immer. The priests, all of them heads of families, numbered 1,760, skilled and seasoned servants in the work of worshiping God.
14-16 From the Levites were Shemaiah son of Hasshub, the son of Azrikam, the son of Hashabiah, a Merarite; then Bakbakkar, Heresh, Galal, Mattaniah son of Mica, the son of Zicri, the son of Asaph; also Obadiah son of Shemaiah, the son of Galal, the son of Jeduthun; and finally Berekiah son of Asa, the son of Elkanah, who lived in the villages of the Netophathites.
17-18 The security guards were Shallum, Akkub, Talmon, Ahiman, and their brothers. Shallum was the chief and up to now the security guard at the King's Gate on the east. They also served as security guards at the camps of Levite families.
19-25 Shallum son of Kore, the son of Ebiasaph, the son of Korah, along with his brothers in the Korahite family, were in charge of the services of worship as doorkeepers of the Tent, as their ancestors had guarded the entrance to the camp of God. In the early days, Phinehas son of Eleazar was in charge of the security guards–God be with him! Now Zechariah son of Meshelemiah was the security guard at the entrance of the Tent of Meeting. The number of those who had been chosen to be security guards was 212–they were officially registered

맡았다. 문지기로 뽑힌 사람의 수는 212명으로, 그들 모두 각자가 속한 진에 정식으로 등록되었다. 다윗과 선견자 사무엘이 그들을 직접 뽑아 이 일을 맡겼다. 그들과 그들 자손은 하나님의 성전, 곧 예배 처소의 문을 지키는 책임을 영구히 맡았다. 동서남북 네 입구에 기간 문지기들이 배치되었고, 각 마을에 있는 그들의 형제들이 매주 그들과 교대하도록 되어 있었다. 네 명의 기간 문지기들이 책임지고 밤낮으로 순찰을 돌았다.

26-32 레위인인 그들은 하나님의 성전에 있는 모든 비품과 귀중품의 안전을 책임졌다. 그들은 밤새도록 근무를 섰고, 열쇠를 맡아 가지고 있으면서 아침마다 문을 열었다. 그들 중 몇 사람은 성전 예배에 쓰는 기구를 맡아, 그것을 들이거나 내올 때에 그 수를 세었다. 다른 몇 사람은 밀가루, 포도주, 기름, 향, 향료 등 성소 안의 물자를 맡았다. 제사장 가운데서 몇 사람은 기름을 섞어 향유를 만드는 일을 맡았다. 고라 자손 살룸의 맏아들인 맛디댜는 예배에 쓸 빵을 굽는 책임을 맡았다. 고핫 자손의 몇몇 형제는 안식일마다 상에 차릴 빵을 준비하는 일을 맡았다.

33-34 그리고 음악을 맡은 사람들이 있었는데, 모두 레위 지파의 족장들이었다. 성전 안에 그들의 숙소가 있었고, 밤낮으로 근무했으므로 다른 일은 면제되었다. 그들은 족보에 기록된 레위인 족장들이었다. 그들은 예루살렘에서 살았다.

35-38 기브온의 아버지 여이엘은 기브온에 살았고, 그의 아내는 마아가다. 그의 맏아들은 압돈이고 그 아래로 술, 기스, 바알, 넬, 나답, 그돌, 아히오, 스가랴, 미글롯이 있다. 미글롯은 시므암을 낳았다. 이들은 예루살렘에서 친족과 한 동네에 살았다.

39-44 넬은 기스를 낳고, 기스는 사울을 낳고, 사울은 요나단과 말기수아와 아비나답과 에스바알을 낳았다. 요나단의 아들은 므립바알이고, 므립바알은 미가를 낳았다. 미가의 아들들은 비돈, 멜렉, 다레아다. 아하스는 야라를 낳고, 야라는 알레멧과 아스마웻과 시므리를 낳았다. 시므리는 모사를 낳고, 모사는 비느아를 낳았다. 비느아의 아들은 르바야고, 그 아들은 엘르아사, 그 아들은 아셀이다. 아셀은 여섯 아들을

in their own camps. David and Samuel the seer handpicked them for their dependability. They and their sons had the permanent responsibility for guarding the gates of God's house, the house of worship; the main security guards were posted at the four entrances, east, west, north, and south; their brothers in the villages were scheduled to give them relief weekly—the four main security guards were responsible for round-the-clock surveillance.

26-32 Being Levites, they were responsible for the security of all supplies and valuables in the house of God. They kept watch all through the night and had the key to open the doors each morning. Some were in charge of the articles used in The Temple worship—they counted them both when they brought them in and when they took them out. Others were in charge of supplies in the sanctuary—flour, wine, oil, incense, and spices. And some of the priests were assigned to mixing the oils for the perfume. The Levite Mattithiah, the firstborn son of Shallum the Korahite, was responsible for baking the bread for the services of worship. Some of the brothers, sons of the Kohathites, were assigned to preparing the bread set out on the table each Sabbath.

33-34 And then there were the musicians, all heads of Levite families. They had permanent living quarters in The Temple; because they were on twenty-four-hour duty, they were exempt from all other duties. These were the heads of Levite families as designated in their family tree. They lived in Jerusalem.

The Family of Saul

35-38 Jeiel the father of Gibeon lived at Gibeon; his wife was Maacah. His firstborn son was Abdon, followed by Zur, Kish, Baal, Ner, Nadab, Gedor, Ahio, Zechariah, and Mikloth. Mikloth had Shimeam. They lived in the same neighborhood as their relatives in Jerusalem.

39-44 Ner had Kish, Kish had Saul, Saul had Jonathan, Malki-Shua, Abinadab, and Esh-Baal. Merib-Baal was the son of Jonathan and Merib-Baal had Micah. Micah's sons were Pithon, Melech, and Tahrea. Ahaz had Jarah, Jarah had Alemeth, Azmaveth, and Zimri; Zimri had Moza, Moza had

두었다. 아스리감, 보그루, 이스마엘, 스아랴, 오바댜, 하난이 아셀의 아들들이다.

사울 왕의 죽음

10

1-5 블레셋 사람이 이스라엘과 전쟁을 벌였다. 이스라엘 사람이 필사적으로 도망치다가, 길보아 산에서 살육당하여 쓰러졌다. 블레셋 사람은 사울과 그의 아들들에게 집중하여, 요나단과 그의 형제 아비나답과 말기수아를 죽였다. 전투는 사울을 궁지로 몰아갔다. 활 쏘는 자들이 그를 찾아내어 그에게 중상을 입혔다. 사울은 자신의 무기를 드는 자에게 말했다. "저 이교도들이 와서 내 몸을 조롱하기 전에, 네 칼을 뽑아서 나를 죽여라." 그러나 사울의 무기를 드는 자는 몹시 두려운 나머지 찌르려고 하지 않았다. 그러자 사울은 자신의 칼을 뽑아 스스로 목숨을 끊었다. 사울이 죽자, 그의 무기를 드는 자도 공포에 질려 스스로 목숨을 끊었다.

6-7 이렇게 사울과 그의 세 아들이 모두 한날에 죽었다. 골짜기에 있던 온 이스라엘 사람은, 군사들이 도망친 것과 사울과 그의 아들들이 죽은 것을 보고 성읍들을 버리고 도망쳤다. 블레셋 사람이 들어와 그곳들을 차지했다.

8-10 이튿날, 블레셋 사람이 죽은 자들을 약탈하러 왔다가 길보아 산에 쓰러져 있는 사울과 그의 세 아들의 시신을 보았다. 그들은 사울의 머리를 베고 갑옷을 벗겨서 블레셋 전역에 전시하고, 그들이 섬기는 우상과 백성에게 승리의 소식을 알렸다. 그러고 나서 사울의 갑옷을 그들의 신전에 전시하고 그의 머리는 다곤 신전 안에 전리품으로 두었다.

11-12 야베스 길르앗 사람들은 블레셋 사람이 사울에게 한 일을 전해 들었다. 용사들이 모두 나서서 사울과 그의 아들들의 주검을 되찾아 야베스로 가져왔다. 그들은 예를 갖추어 야베스에 있는 상수리나무 아래 사울과 그 아들들을 묻고 칠 일 동안 애도했다.

13-14 사울이 죽은 것은 하나님께 불순종했기 때문이었다. 그는 하나님의 말씀에 순종하지 않았다. 기도하기보다는 무당을 찾아가 앞으로 있을 *일을 알고자 점을 쳤다. 그가 하나님께 나아가* 도움을 구하지 않았기 때문에, 하나님께서는 그를 죽이시고 이새의 아들 다윗에게 나라를 넘겨주셨다.

Binea, Rephaiah was his son, Eleasah was his son, and Azel was his son. Azel had six sons: Azrikam, Bokeru, Ishmael, Sheariah, Obadiah, and Hanan–the sons of Azel.

10

1-5 The Philistines went to war against Israel; the Israelites ran for their lives from the Philistines but fell, slaughtered on Mount Gilboa. The Philistines zeroed in on Saul and his sons and killed his sons Jonathan, Abinadab, and Malki-Shua. The battle went hard against Saul–the archers found him and wounded him. Saul said to his armor bearer, "Draw your sword and finish me off before these pagan pigs get to me and make a sport of my body." But his armor bearer, restrained by both reverence and fear, wouldn't do it. So Saul took his own sword and killed himself. The armor bearer, panicked because Saul was dead, then killed himself.

6-7 So Saul and his three sons–all four the same day–died. When all the Israelites in the valley saw that the army had fled and that Saul and his sons were dead, they abandoned their cities and ran off; the Philistines came and moved in.

8-10 The next day the Philistines came to plunder the dead bodies and found Saul and his sons dead on Mount Gilboa. They stripped Saul, removed his head and his armor, and put them on exhibit throughout Philistia, reporting the victory news to their idols and the people. Then they put Saul's armor on display in the temple of their gods and placed his skull as a trophy in the temple of their god Dagon.

11-12 The people of Jabesh Gilead heard what the Philistines had done to Saul. All of their fighting men went into action–retrieved the bodies of Saul and his sons and brought them to Jabesh, gave them a dignified burial under the oak at Jabesh, and mourned their deaths for seven days.

13-14 Saul died in disobedience, disobedient to GOD. He didn't obey GOD's words. Instead of praying, he went to a witch to seek guidance. Because he didn't go to GOD for help, GOD took his life and turned the kingdom over to David son of Jesse.

다윗이 온 이스라엘의 왕이 되다

11 1-3 그 후에 온 이스라엘이 헤브론의 다윗 앞에 모여서 말했다. "보십시오. 우리는 왕의 혈육입니다! 과거에 사울이 왕이었을 때도, 왕께서 이스라엘의 참지도자였습니다. 하나님께서는 왕에게 '너는 내 백성 이스라엘의 목자가 되고 내 백성 이스라엘의 통치자가 될 것이다' 하고 말씀하셨습니다." 이스라엘의 모든 장로가 헤브론으로 왕을 찾아오자, 다윗은 헤브론에서 하나님 앞에 나아가 그들과 언약을 맺었다. 이어서 그들은 하나님께서 사무엘을 통해 명령하신 대로, 다윗에게 기름을 부어 이스라엘의 왕으로 삼았다.

4-6 다윗과 온 이스라엘이 예루살렘(여부스 사람이 살던 옛 여부스)으로 갔다. 여부스 주민이 다윗에게 "너는 여기 들어올 수 없다" 하고 말했다. 그러나 다윗은 그 성을 쳐서 시온 성채, 곧 다윗 성을 점령했다. 다윗은 "가장 먼저 여부스 사람을 죽이는 자가 군사령관이 될 것이다" 하고 말했는데, 스루야의 아들 요압이 맨 처음으로 그들을 죽여서 사령관이 되었다.

7-9 다윗이 그 요새 성읍에 거주했으므로, 그곳을 '다윗 성'이라고 불렀다. 다윗은 바깥 성채(밀로)와 외벽을 쌓아 그 성을 요새화했다. 요압은 성문을 재건했다. 다윗의 걸음은 더 커지고 그의 품은 더 넓어졌다. 참으로 만군의 하나님께서 그와 함께 계셨다!

다윗의 용사들

10-11 다윗이 거느린 용사들의 우두머리는 이러하다. 이들은 다윗이 왕위에 오를 때 그와 손을 맞잡고, 온 이스라엘과 더불어 하나님께서 이스라엘에 대해 말씀하신 대로, 그가 왕이 되도록 도왔다. 다윗이 거느린 용사들의 이름은 이러하다. 학모니의 아들 야소브암은 삼십 인의 우두머리였다. 그는 혼자서 삼백 명을 죽였는데, 단 한 번의 접전으로 그들을 모두 죽였다.

12-14 다음은 아호아 사람 도도의 아들 엘르아살로, 최고 세 용사 가운데 하나였다. 그가 다윗과 함께 바스담밈에 있을 때, 블레셋 사람이 싸우려고 그곳에 군대를 소집했다. 그 부근에 보리밭이 있었는데, 처음에 블레셋 사람을 피하여 도망치던 이스라엘 군대가 그 보리밭에 버티고 서자 전세는 역전되었다! 하나님의 도우심으로 그들은 블레셋 사람을 쳐죽였다. 큰 승리를 거두었다.

King David

11 1-3 Then all Israel assembled before David at Hebron. "Look at us," they said. "We're your very flesh and blood. In the past, yes, even while Saul was king, you were the real leader of Israel. GOD told you, 'You will shepherd my people Israel; you are to be the ruler of my people Israel.'" When all the elders of Israel came to the king at Hebron, David made a covenant with them in the presence of GOD at Hebron. Then they anointed David king over Israel exactly as GOD had commanded through Samuel.

4-6 David and all Israel went to Jerusalem (it was the old Jebus, where the Jebusites lived). The citizens of Jebus told David, "No trespassing—you can't come here." David came on anyway and captured the fortress of Zion, the City of David. David had said, "The first person to kill a Jebusite will be commander-in-chief." Joab son of Zeruiah was the first; and he became the chief.

7-9 David took up residence in the fortress city; that's how it got its name, "City of David." David fortified the city all the way around, both the outer bulwarks (the Millo) and the outside wall. Joab rebuilt the city gates. David's stride became longer, his embrace larger—yes, GOD-of-the-Angel-Armies was with him!

David's Mighty Men

10-11 These are the chiefs of David's Mighty Men, the ones who linked arms with him as he took up his kingship, with all Israel joining in, helping him become king in just the way GOD had spoken regarding Israel. The list of David's Mighty Men: Jashobeam son of Hacmoni was chief of the Thirty. Singlehandedly he killed three hundred men, killed them all in one skirmish.

12-14 Next was Eleazar son of Dodai the Ahohite, one of the Big Three of the Mighty Men. He was with David at Pas Dammim, where the Philistines had mustered their troops for battle. It was an area where there was a field of barley. The army started to flee from the Philistines and then took its stand right in that field—and turned the tide! They slaughtered the Philistines, GOD helping

15-19 블레셋 사람의 부대가 르바임 골짜기에 진 치고 있는 동안, 삼십 인 중 최고 세 용사가 바윗길을 내려가 아둘람 굴에 있는 다윗에게로 갔다. 그때에 다윗은 굴 속에 숨어 있었고, 블레셋 사람은 베들레헴에서 전투 준비를 하고 있었다. 다윗이 갑자기 목이 말랐다. "베들레헴 성문 곁에 있는 우물물을 마실 수만 있다면, 무엇을 주어도 아깝지 않으련만!" 그러자 세 용사가 블레셋 진을 뚫고 들어가, 베들레헴 성문 곁에 있는 우물물을 길어 어깨에 메고 다윗에게 가져왔다. 그러나 다윗은 그 물을 마시지 않았다! 그는 그것을 하나님께 거룩한 제물로 부어 드리며 말했다. "이 물을 마시느니 차라리 하나님의 저주를 받겠습니다! 이것은 저들이 목숨을 걸고 가져온 것이니, 이 물을 마시는 것은 저들의 생명의 피를 마시는 것과 같습니다." 그는 끝내 물을 마시지 않았다. 용사들 중에 최고 세 용사가 바로 이러한 일을 했다.

20-21 요압의 동생 아비새는 삼십 인의 우두머리였다. 그는 혼자서 삼백 명과 싸워 그들을 죽였지만, 세 용사에는 들지 못했다. 그는 삼십 인에게 크게 존경을 받아 그들의 우두머리가 되었지만, 세 용사에는 미치지 못했다.

22-25 여호야다의 아들 브나야는 갑스엘 출신의 용사로 많은 공을 세워 명예를 얻었다. 그는 유명한 모압 사람 두 명을 죽였고, 눈 오는 날 구덩이에 내려가 사자를 죽였으며, 키가 2미터 30센티미터나 되는 이집트 사람을 죽였다. 그 이집트 사람은 배의 활대 같은 창을 가지고 있었으나, 브나야가 막대기 하나로 그를 쳐서 손에서 창을 빼앗고 그 창으로 그를 죽였다. 이것이 여호야다의 아들 브나야가 한 일이다. 그러나 그는 세 용사에는 들지 못했다. 삼십 인 사이에서 크게 존경을 받았지만, 세 용사에는 미치지 못했다. 다윗은 그에게 자신의 개인 경호 책임을 맡겼다.

26-47 군대의 용사들은 이러하다. 요압의 동생 아사헬, 베들레헴 사람 도도의 아들 엘하난, 하롤 사람 삼못, 블론 사람 헬레스, 드고아 사람 익게스의 아들 이라, 아나돗 사람 아비에셀, 후사 사람 십브개, 아호아 사람 일래, 느도바 사람 마하래, 느도바 사람 바아나의 아들 헬렛, 베냐민 자손으로 기브아 사람 리배의 아들 이대, 비라돈 사람 브나야, 가아스 골짜기에 사는 후래, 아르바 사람 아비엘, 바하룸 사

them—a huge victory.

15-19 The Big Three from the Thirty made a rocky descent to David at the Cave of Adullam while a company of Philistines was camped in the Valley of Rephaim. David was holed up in the Cave while the Philistines were prepared for battle at Bethlehem. David had a sudden craving: "What I wouldn't give for a drink of water from the well in Bethlehem, the one at the gate!" The Three penetrated the Philistine camp, drew water from the well at the Bethlehem gate, shouldered it, and brought it to David. And then David wouldn't drink it! He poured it out as a sacred offering to GOD, saying, "I'd rather be damned by God than drink this! It would be like drinking the lifeblood of these men—they risked their lives to bring it." So he refused to drink it. These are the kinds of things that the Big Three of the Mighty Men did.

20-21 Abishai brother of Joab was the chief of the Thirty. Singlehandedly he fought three hundred men, and killed the lot, but he never made it into the circle of the Three. He was highly honored by the Thirty—he was their chief—still, he didn't measure up to the Three.

22-25 Benaiah son of Jehoiada was a Mighty Man from Kabzeel with many exploits to his credit: he killed two famous Moabites; he climbed down into a pit and killed a lion on a snowy day; and he killed an Egyptian, a giant seven and a half feet tall. The Egyptian had a spear like a ship's boom but Benaiah went at him with a mere club, tore the spear from the Egyptian's hand, and killed him with it. These are some of the things Benaiah son of Jehoiada did. But he was never included with the Three. He was highly honored among the Thirty, but didn't measure up to the Three. David put him in charge of his personal bodyguard.

26-47 The Mighty Men of the military were Asahel brother of Joab, Elhanan son of Dodo of Bethlehem, Shammoth the Harorite, Helez the Pelonite, Ira son of Ikkesh the Tekoite, Abiezer the Anathothite, Sibbecai the Hushathite, Ilai the Ahohite, Maharai the Netophathite, Heled son of Baanah the Netophathite, Ithai son of Ribai from Gibeah of the Benjaminite, Benaiah the Pirathonite, Hurai from the ravines of Gaash, Abiel the Arbathite, Azmaveth

람 아스마웻, 사알본 사람 엘리아바, 기손 사람 하셈의 아들들, 하랄 사람 사게의 아들 요나단, 하란 사람 사갈의 아들 아히암, 울의 아들 엘리발, 므게랏 사람 헤벨, 블론 사람 아히야, 갈멜 사람 헤스로, 에스배의 아들 나아래, 나단의 동생 요엘, 하그리의 아들 밉할, 암몬 사람 셀렉, 스루야의 아들 요압의 무기를 드는 자 브에롯 사람 나하래, 이델 사람 이라, 이델 사람 가렙, 헷 사람 우리아, 알래의 아들 사밧, 르우벤 자손 시사의 아들로 삼십 인의 르우벤 자손 우두머리인 아디나, 마아가의 아들 하난, 미텐 사람 요사밧, 아스드랏 사람 웃시야, 아로엘 사람 호담의 아들들 사마와 여이엘, 시므리의 아들 여디아엘, 그의 동생 디스 사람 요하, 마하위 사람 엘리엘, 엘나암의 아들들 여리배와 요사위야, 모압 사람 이드마, 엘리엘, 오벳, 므소바 사람 야아시엘이다.

12

1-2 다윗이 기스의 아들 사울에게 쫓겨 다닐 때에, 시글락에서 다윗에게 합류한 사람들이 있었다. 그들은 용사, 곧 훌륭한 군인들이었다. 활로 무장한 그들은 양손으로 물맷돌을 던질 줄 알았고 화살을 잘 쏘았다. 그들은 사울이 속한 베냐민 지파 사람들이었다.

3-7 첫째는 아히에셀이고, 그 아래로 기브아 사람 스마아의 아들 요아스, 아스마웻의 아들들 여시엘과 벨렛과 브라가, 아나돗 사람 예후, 삼십 인 중에 하나요 삼십 인의 지도자인 기브온 사람 이스마야, 예레미야, 야하시엘, 요하난, 그데라 사람 요사밧, 엘루새, 여리못, 브아랴, 스마랴, 하룹 사람 스바댜, 엘가나, 잇시야, 아사렐, 요에셀, 야소브암, 고핫 사람들, 그돌 사람 여로함의 아들들인 요엘라와 스바댜다.

8-15 갓 사람들 가운데 다윗을 찾아 광야의 요새로 탈주해 온 사람들이 있었다. 그들은 방패와 창을 다룰 줄 아는 노련하고 열정적인 용사였다. 그들의 모습은 사자처럼 사나웠고, 산을 가로질러 달리는 영양처럼 민첩했다. 첫째는 에셀이고, 그 아래로 오바댜, 엘리압, 미스만나, 예레미야, 앗대, 엘리엘, 요하난, 엘사밧, 예레미야, 막반내 이렇게 모두 열한 명이다. 이들 갓 사람들은 그야말로 군계일학이었다.

the Baharumite, Eliahba the Shaalbonite, the sons of Hashem the Gizonite, Jonathan son of Shagee the Hararite, Ahiam son of Sacar the Haranite, Eliphal son of Ur, Hepher the Mekerathite, Ahijah the Pelonite, Hezro the Carmelite, Naarai son of Ezbai, Joel brother of Nathan, Mibhar son of Hagri, Zelek the Ammonite, Naharai the Berothite, the armor bearer of Joab son of Zeruiah, Ira the Ithrite, Gareb the Ithrite, Uriah the Hittite, Zabad son of Ahlai, Adina son of Shiza the Reubenite, the Reubenite chief of the Thirty, Hanan son of Maacah, Joshaphat the Mithnite, Uzzia the Ashterathite, Shama and Jeiel the sons of Hotham the Aroerite, Jediael son of Shimri, Joha the Tizite his brother, Eliel the Mahavite, Jeribai and Joshaviah the sons of Elnaam, Ithmah the Moabite, Eliel, Obed, and Jaasiel the Mezobaite.

12

1-2 These are the men who joined David in Ziklag; it was during the time he was banished by Saul the son of Kish; they were among the Mighty Men, good fighters. They were armed with bows and could sling stones and shoot arrows either right or left-handed. They hailed from Saul's tribe, Benjamin.

3-7 The first was Ahiezer; then Joash son of Shemaah the Gibeathite; Jeziel and Pelet the sons of Azmaveth; Beracah; Jehu the Anathothite; Ishmaiah the Gibeonite, a Mighty Man among the Thirty, a leader of the Thirty; Jeremiah; Jahaziel; Johanan; Jozabad the Gederathite; Eluzai; Jerimoth; Bealiah; Shemariah; Shephatiah the Haruphite; Elkanah; Isshiah; Azarel; Joezer; Jashobeam; the Korahites; and Joelah and Zebadiah, the sons of Jeroham from Gedor.

8-15 There were some Gadites there who had defected to David at his wilderness fortress; they were seasoned and eager fighters who knew how to handle shield and spear. They were wild in appearance, like lions, but as agile as gazelles racing across the hills. Ezer was the first, then Obadiah, Eliab, Mishmannah, Jeremiah, Attai, Eliel, Johanan, Elzabad, Jeremiah, and Macbannai—eleven of them. These Gadites were the cream of the crop—any one of them was worth

각 사람이 백 명의 몫을 했고, 그들 중 최고는 천 명의 몫을 했다. 그들은 물이 범람하는 첫째 달에 요단 강을 건너, 저지대에 사는 사람들을 동서로 피하게 했다.

16-17 또 광야의 요새로 다윗을 찾아와 합류한 베냐민 지파와 유다 지파 사람들도 있었다. 다윗은 그들을 맞으러 나가 이렇게 말했다. "여러분이 나를 돕고자 평화로이 왔다면 얼마든지 이 무리와 함께해도 좋습니다. 그러나 무죄한 나를 적에게 팔아넘기려 왔다면, 우리 조상의 하나님께서 꿰뚫어 보시고 여러분에게 심판을 내리실 것입니다."

18 바로 그때, 삼십 인의 우두머리인 아마새가 하나님의 영에 감동을 받아 말했다.

다윗이여, 우리는 당신 편입니다.
이새의 아들이여, 우리를 당신께 맡깁니다.
당신은 평안할 것입니다. 참으로 평안할 것입니다.
누구든 당신을 돕는 자마다 모두 평안할 것입니다.
당신의 하나님께서 당신을 도우셨고 지금도 도우시기 때문입니다.

그래서 다윗은 그들을 받아들여 습격대 우두머리들 밑으로 배치했다.

19 다윗이 블레셋 사람과 함께 출정하여 사울과 전쟁하려 할 때에, 일부 므낫세 지파 사람들도 탈주하여 다윗에게 왔다. 실제로 그들은 싸우지 못했는데, 블레셋의 지도자들이 의논 끝에 "우리 목숨을 저들에게 맡길 수 없다. 저들은 원래 주인인 사울에게 우리를 팔아넘길 것이다" 하며 그들을 돌려보냈기 때문이다.

20-22 시글락의 다윗에게로 탈주해 온 므낫세 지파 사람들은 아드나, 요사밧, 여디아엘, 미가엘, 요사밧, 엘리후, 실르대다. 이들은 모두 므낫세 가문의 지도자들이었다. 그들은 다윗을 도와 사막의 도적떼를 급습했다. 그들 모두 건장한 용사들이요 다윗의 습격대를 훌륭하게 이끌었다. 사람들이 날마다 돕겠다고 찾아와서, 다윗의 무리는 금세 하나님의 군대와 같이 크게 되었다!

23-37 하나님의 말씀대로 사울의 나라를 넘기려고 북쪽에서 헤브론에 있는 다윗을 찾아온 노련

a hundred lesser men, and the best of them were worth a thousand. They were the ones who crossed the Jordan when it was at flood stage in the first month, and put everyone in the lowlands to flight, both east and west.

16-17 There were also men from the tribes of Benjamin and Judah who joined David in his wilderness fortress. When David went out to meet them, this is what he said: "If you have come in peace and to help me, you are most welcome to join this company; but if you have come to betray me to my enemies, innocent as I am, the God of our ancestors will see through you and bring judgment on you."

18 Just then Amasai chief of the Thirty, moved by God's Spirit, said,

We're on your side, O David,
We're committed, O son of Jesse;
All is well, yes, all is well with you,
And all's well with whoever helps you.
Yes, for your God has helped and does help you.

So David took them on and assigned them a place under the chiefs of the raiders.

19 Some from the tribe of Manasseh also defected to David when he started out with the Philistines to go to war against Saul. In the end, they didn't actually fight because the Philistine leaders, after talking it over, sent them home, saying, "We can't trust them with our lives–they'll betray us to their master Saul."

20-22 The men from Manasseh who defected to David at Ziklag were Adnah, Jozabad, Jediael, Michael, Jozabad, Elihu, and Zillethai, all leaders among the families of Manasseh. They helped David in his raids against the desert bandits; they were all stalwart fighters and good leaders among his raiders. Hardly a day went by without men showing up to help–it wasn't long before his band seemed as large as God's own army!

23-37 Here are the statistics on the battle-seasoned warriors who came down from the north to David

한 용사들의 수는 이러하다. 유다에서는 방패와 창으로 무장한 자 6,800명, 시므온에서는 건장한 용사 7,100명, 레위에서는 3,700명을 거느리고 온 아론 가문의 지도자 여호야다와 가문의 지도자 22명과 함께 온 젊고 건장한 사독을 포함해 4,600명, 베냐민 곧 사울의 집안에서는 그때까지 사울을 지키던 이들 3,000명이 왔다. 에브라임에서는 용맹한 용사이자 고향에서 유명세를 떨치던 20,800명, 므낫세 반쪽 지파에서는 다윗을 왕으로 추대하기 위해 선출된 자 18,000명, 잇사갈에서는 시대와 이스라엘의 본분을 아는 지도자 200명과 그들의 가문 사람들, 스불론에서는 충성심이 강하고 잘 무장된 베테랑 용사 50,000명, 납달리에서는 중무장한 37,000명과 그들을 인솔한 지휘관 1,000명, 단에서는 전투 준비를 마친 자 28,600명, 아셀에서는 전투 준비를 마친 베테랑 군사 40,000명, 요단 동쪽에서는 중무장한 르우벤과 갓과 므낫세 반쪽 지파 사람 120,000명이 왔다.

38-40 이 모든 군사들이 싸울 준비를 갖추고 헤브론으로 다윗을 찾아왔다. 그들은 다윗을 온 이스라엘의 왕으로 삼기로 뜻을 굳혔고, 모두가 한마음이 되어 있었다. 이스라엘의 다른 모든 사람들도 같은 마음이었다. "다윗을 왕으로 삼자!" 그들은 사흘 동안 다윗과 함께 있으면서 각자의 가문에서 준비한 음식과 마실 것으로 풍성한 잔치를 벌였다. 멀리 북쪽의 잇사갈, 스불론, 납달리에서도 나귀와 낙타와 노새와 소에 잔치 음식을 싣고 사람들이 도착했다. 그들이 밀가루, 무화과빵, 건포도빵, 포도주, 기름, 소, 양을 가져오니, 이스라엘에 기쁨이 넘쳤다!

다윗이 하나님의 궤를 옮기다

13

1-14 다윗은 모든 지도자, 곧 천부장과 백부장과 함께 의논했다. 그러고 나서 이스라엘 온 회중 앞에서 말했다. "여러분이 옳게 여기고 그것이 하나님의 뜻이라면, 이스라엘 전역에 있는 우리의 친족과 그들의 친족, 각자의 성읍과 주변 목초지에 사는 제사장과 레위인들까지 모두 초청하여 한자리에 모이게 합시다. 그런 다음, 사울의 시대 동안 보이지 않아 마음에서 멀어진 우리 하나님의 궤를 다시 가져옵시다." 이스라엘 온 회중이 그것을 옳게 여기고 동의했다. 그래서 다윗은 기럇여아림에 있는 하나님의 궤를 가져오기 위해, 남서쪽으로는 이집

at Hebron to hand over Saul's kingdom, in accord with GOD's word: from Judah, carrying shield and spear, 6,800 battle-ready; from Simeon, 7,100 stalwart fighters; from Levi, 4,600, which included Jehoiada leader of the family of Aaron, bringing 3,700 men and the young and stalwart Zadok with twenty-two leaders from his family; from Benjamin, Saul's family, 3,000, most of whom had stuck it out with Saul until now; from Ephraim, 20,800, fierce fighters and famous in their hometowns; from the half-tribe of Manasseh, 18,000 elected to come and make David king; from Issachar, men who understood both the times and Israel's duties, 200 leaders with their families; from Zebulun, 50,000 well-equipped veteran warriors, unswervingly loyal; from Naphtali, 1,000 chiefs leading 37,000 men heavily armed; from Dan, 28,600 battle-ready men; from Asher, 40,000 veterans, battle-ready; and from East of Jordan, men from Reuben, Gad, and the half-tribe of Manasseh, heavily armed, 120,000.

38-40 All these soldiers came to David at Hebron, ready to fight if necessary; they were both united and determined to make David king over all Israel. And everyone else in Israel was of the same mind—"Make David king!" They were with David for three days of feasting celebration, with food and drink supplied by their families. Neighbors ranging from as far north as Issachar, Zebulun, and Naphtali arrived with donkeys, camels, mules, and oxen loaded down with food for the party: flour, fig cakes, raisin cakes, wine, oil, cattle, and sheep—joy in Israel!

David Goes to Get the Chest of GOD

13

1-14 David consulted with all of his leaders, the commanders of thousands and of hundreds. Then David addressed the entire assembly of Israel, "If it seems right to you, and it is GOD's will, let's invite all our relatives wherever they are throughout Israel, along with their relatives, including their priests and Levites from their cities and surrounding pastures, to join us. And let's bring the Chest of our God back—the Chest that was out of sight, out of mind during the days of Saul." The entire assembly of Israel agreed—everybody agreed

트의 호루스 연못에서부터 북동쪽으로 하맛 고갯길에 이르기까지 온 이스라엘을 불러 모았다. 이어서 다윗과 온 이스라엘은 하나님의 궤를 다시 가져오려고 유다의 바알라(기럇여아림)로 갔다. 그 궤는 '하나님의 그룹 보좌'이며, 거기서 하나님의 이름을 불렀다. 그들은 아비나답의 집으로 가서 하나님의 궤를 새 수레에 싣고 옮겨 왔는데, 웃사와 아히오가 그 일을 맡았다. 다윗과 온 이스라엘은 하나님의 궤와 함께 행렬을 이루어, 온갖 악기를 든 악대와 함께 노래하고 춤추며 마음껏 예배했다. 그들이 기돈의 타작마당에 이르렀을 때, 소들이 비틀거려 궤가 떨어지려고 하자 웃사가 손을 내밀어 궤를 잡았다. 웃사가 궤를 잡은 일로 하나님께서 진노를 발하셔서 그를 죽이셨다. 그는 하나님 앞에서 죽었다. 하나님께서 웃사에게 진노를 발하시자 다윗은 성질을 부리며 화를 냈다. 그래서 그곳은 오늘까지 베레스웃사(웃사에 대해 폭발하심)라고 불린다. 그날 다윗은 하나님이 두려워 "이래서야 어떻게 하나님의 궤를 모시고 계속해서 갈 수 있겠는가?" 하고 말했다. 그래서 다윗은 다윗 성으로 궤를 옮기지 않고, 가드 사람 오벳에돔의 집에 보관했다. 하나님의 궤는 오벳에돔의 집에 석 달 동안 머물렀다. 하나님께서 오벳에돔의 집과 그의 주변 모든 것에 복을 주셨다.

14 1-7 두로 왕 히람이 다윗에게 사절단과 함께 백향목 재목과 석공과 목수들을 보내어 그의 왕궁을 짓게 했다. 다윗은 하나님께서 자신을 이스라엘의 왕으로 인정해 주셨음을 분명히 깨달았다. 하나님께서 그분의 백성 이스라엘을 위해 그 나라의 명성을 높여 주셨기 때문이다. 다윗은 예루살렘에서 아내를 더 맞아들였고 자녀를 더 낳았다. 그가 예루살렘에서 낳은 자녀들은 삼무아, 소밥, 나단, 솔로몬, 입할, 엘리수아, 엘벨렛, 노가, 네벡, 야비아, 엘리사마, 브엘랴다, 엘리벨렛이다.

8-9 다윗이 통일 이스라엘의 왕이 되었다는 소식을 듣고 블레셋 사람이 그를 잡으러 몰려왔다. 보고를 들은 다윗은 그들과 맞서 싸우기 위해 나갔다. 블레셋 사람은 중간에 르바임 골짜

that it was the right thing to do. So David gathered all Israel together, from Egypt's Pond of Horus in the southwest to the Pass of Hamath in the northeast, to go and get the Chest of God from Kiriath Jearim. Then David and all Israel went to Baalah (Kiriath Jearim) in Judah to bring back the Chest of God, the "Cherubim-Throne-of-GOD," where GOD's Name is invoked. They moved the Chest of God on a brand-new cart from the house of Abinadab with Uzzah and Ahio in charge. In procession with the Chest of God, David and all Israel worshiped exuberantly in song and dance, with a marching band of all kinds of instruments. When they were at the threshing floor of Kidon, the oxen stumbled and Uzzah grabbed the Chest to keep it from falling off. GOD erupted in anger against Uzzah and killed him because he grabbed the Chest. He died on the spot—in the presence of God. David lost his temper, angry because GOD exploded against Uzzah; the place is still called Perez Uzzah (Exploded Uzzah). David was terrified of God that day; he said, "How can I possibly continue this parade with the Chest of God?" So David called off the parade of the Chest to the City of David; instead he stored it in the house of Obed-Edom the Gittite. The Chest of God was in storage in the house of Obed-Edom for three months. GOD blessed the family of Obed-Edom and everything around him.

David Builds

14 1-7 King Hiram of Tyre sent an envoy to David, along with cedar lumber, masons, and carpenters to build him a royal palace. Then David knew for sure that GOD had confirmed him as king over Israel, because of the rising reputation that GOD was giving his kingdom for the benefit of his people Israel. David married more wives and had more children in Jerusalem. His children born in Jerusalem were Shammua, Shobab, Nathan, Solomon, Ibhar, Elishua, Elpelet, Nogah, Nepheg, Japhia, Elishama, Beeliada, and Eliphelet.

8-9 The minute the Philistines heard that David had been made king over a united Israel, they went

기에 이르러 그곳을 약탈했다.
10 다윗이 하나님께 기도했다. "지금 블레셋 사
람을 공격해도 되겠습니까? 주께서 저에게 승
리를 주시겠습니까?"
하나님께서 대답하셨다. "공격하여라. 내가 너
에게 승리를 주겠다."
11-12 다윗은 바알브라심에서 공격하여 그들을
철저히 쳐부수었다. 그러고 나서 이렇게 말했
다. "콸콸 솟구치는 물처럼 하나님께서 내 적들
을 쓸어버리셨다." 이후 사람들은 그곳을 바알
브라심(바알에게 솟구치심)이라고 불렀다. 블레
셋 사람은 그들의 신상들을 버려두고 도망쳤고,
다윗은 그것들을 불태워 버리라고 명령했다.
13-15 그 후에 블레셋 사람이 또다시 쳐들어와
골짜기를 약탈했다. 다윗이 또 하나님께 기도
했다. 하나님께서 대답하셨다. "이번에는 정면
에서 공격하지 말고, 그들 뒤로 돌아가 뽕나무
숲에서 덮쳐라. 뽕나무 숲 꼭대기에서 발소리
가 들리면, 그때 공격하여라. 나 하나님이 너보
다 두 걸음 앞서 가서 블레셋 사람을 쳐부술 것
이다."
16 다윗은 하나님께서 명령하신 대로 하여, 기
브온에서 게셀에 이르기까지 블레셋 사람을 쳐
서 무찔렀다.
17 다윗의 명성이 곧 사방으로 퍼졌고, 하나님
께서는 그분을 모르는 나라들 안에 하나님에
대한 두려움을 심으셨다.

15

1-2 다윗은 다윗 성에 자신의 집을 지
은 뒤에 하나님의 궤를 둘 자리를 마
련하고 장막을 쳤다. 그런 다음 이렇게 명령했
다. "레위인들 외에는 누구도 하나님의 궤를 나
를 수 없다. 하나님께서 그들을 선택하셔서, 오
직 그들만이 하나님의 궤를 나르게 하셨고 장
막 안에 머무르면서 예배를 섬기게 하셨다."
3-10 다윗은 특별히 준비해 둔 곳으로 하나님의
궤를 옮겨 오려고 이스라엘 모든 백성을 예루
살렘에 불러 모았다. 다윗은 아론 집안과 레위
인들도 불러들였다. 고핫 가문에서 족장 우리
엘과 그의 친족 120명, 므라리 가문에서 족장
아사야와 그의 친족 220명, 게르손 가문에서
족장 요엘과 그의 친족 130명, 엘리사반 가문
에서 족장 스마야와 그의 친족 200명, 헤브론
가문에서 족장 엘리엘과 그의 친족 80명, 웃시

out in force to capture David. When David got the
report, he marched out to confront them. On their
way, the Philistines stopped off to plunder the
Valley of Rephaim.
10 David prayed to God: "Is this the right time to
attack the Philistines? Will you give me the victory?"
GOD answered, "Attack; I'll give you the victory."
11-12 David attacked at Baal Perazim and slaughtered
them. David said, "God exploded my enemies, as
water explodes from a burst pipe." That's how the
place got its name, Baal Perazim (Baal-Explosion).
The Philistines left their gods behind and David
ordered that they be burned up.
13-15 And then the Philistines were back at it again,
plundering in the valley. David again prayed to God.
God answered, "This time don't attack head-on;
circle around and come at them out of the balsam
grove. When you hear a sound like shuffling feet
in the tops of the balsams, attack; God will be two
steps ahead of you, slaughtering the Philistines."
16 David did exactly as God commanded, slaughter-
ing Philistines all the way from Gibeon to Gezer.
17 David was soon famous all over the place, far and
near; and GOD put the fear of God into the godless
nations.

David Worships

15

1-2 After David built houses for himself in
the City of David, he cleared a place for
the Chest and pitched a tent for it. Then David gave
orders: "No one carries the Chest of God except the
Levites; GOD designated them and them only to
carry the Chest of GOD and be available full time for
service in the work of worship."
3-10 David then called everyone in Israel to assemble
in Jerusalem to bring up the Chest of GOD to its
specially prepared place. David also called in the
family of Aaron and the Levites. From the family of
Kohath, Uriel the head with 120 relatives; from the
family of Merari, Asaiah the head with 220 relatives;
from the family of Gershon, Joel the head with 130
relatives; from the family of Elizaphan, Shemaiah
the head with 200 relatives; from the family of
Hebron, Eliel the head with 80 relatives; from the
family of Uzziel, Amminadab the head with 112

엘 가문에서 족장 암미나답과 그의 친족 112명 이 왔다.

11-13 그러고 나서 다윗은 제사장 사독과 아비아달, 레위인 우리엘, 아사야, 요엘, 스마야, 엘리엘, 암미나답을 불러 그들에게 말했다. "여러분은 레위 가문의 책임자들입니다. 이제 여러분과 여러분의 친족들은 자신을 정결하게 하고 이스라엘의 하나님의 궤를 내가 따로 마련해 둔 곳으로 옮겨 오십시오. 지난번에 이 일을 할 때는 여러분 레위인들이 궤를 메지 않았습니다. 우리가 규정대로 제대로 준비하지 않았기 때문에 하나님께서 진노하신 것입니다."

14-15 그러자 제사장과 레위인들은 이스라엘의 하나님의 궤를 옮겨 오기 위해 자신들을 정결하게 했다. 레위인들은 하나님의 지시에 따라 모세가 명령한 대로, 하나님의 궤에 채를 꿰워 어깨에 메고 손으로 만지지 않도록 주의했다.

16 다윗은 레위인 족장들에게 지시하여 그들의 친족들을 찬양대로 세우고, 잘 구비된 악대의 연주에 맞추어 노래할 때에 흥겨운 소리가 하늘 가득 울리게 했다.

17-18 레위인들은 요엘의 아들 헤만과 그의 친족인 베레갸의 아들 아삽을, 므라리 가문에서는 구사야의 아들 에단을 찬양대로 임명했다. 그들 외에 두 번째 서열도 그들의 형제 스가랴, 야아시엘, 스미라못, 여히엘, 운니, 엘리압, 브나야, 마아세야, 맛디디야, 엘리블레후, 믹네야, 문지기 오벳에돔, 여이엘을 임명했다.

19-22 찬양대와 악대 대원들은 이러하다. 헤만, 아삽, 에단은 청동심벌즈를 쳤다. 스가랴, 아시엘, 스미라못, 여히엘, 운니, 엘리압, 마아세야, 브나야는 수금으로 멜로디를 연주했다. 맛디디야, 엘리블레후, 믹네야, 오벳에돔, 여이엘, 아사시야는 하프로 화음을 넣었다. 음악을 책임진 레위인 그나냐는 타고난 음악가요 지휘자였다.

23-24 베레갸와 엘가나는 궤를 나르는 자였다. 제사장 스바냐, 요사밧, 느다넬, 아미새, 스가랴, 브나야, 엘리에셀은 하나님의 궤 앞에서 나팔을 불었다. 오벳에돔과 여히야도 궤를 나르는 자였다.

언약궤를 예루살렘으로 옮기다

25-28 마침내 그들이 모든 준비를 마쳤다. 다윗과 이스라엘의 장로와 천부장들은 오벳에돔의

relatives.

11-13 Then David called in Zadok and Abiathar the priests, and Uriel, Asaiah, Joel, Shemaiah, Eliel, and Amminadab the Levites. He said, "You are responsible for the Levitical families; now consecrate yourselves, both you and your relatives, and bring up the Chest of the GOD of Israel to the place I have set aside for it. The first time we did this, you Levites did not carry it properly, and GOD exploded in anger at us because we didn't make proper preparation and follow instructions."

14-15 So the priests and Levites consecrated themselves to bring up the Chest of the GOD of Israel. The Levites carried the Chest of God exactly as Moses, instructed by GOD, commanded—carried it with poles on their shoulders, careful not to touch it with their hands.

16 David ordered the heads of the Levites to assign their relatives to sing in the choir, accompanied by a well-equipped marching band, and fill the air with joyful sound.

17-18 The Levites assigned Heman son of Joel, and from his family, Asaph son of Berekiah, then Ethan son of Kushaiah from the family of Merari, and after them in the second rank their brothers Zechariah, Jaaziel, Shemiramoth, Jehiel, Unni, Eliab, Benaiah, Maaseiah, Mattithiah, Eliphelehu, Mikneiah, Obed-Edom, and Jeiel as security guards.

19-22 The members of the choir and marching band were: Heman, Asaph, and Ethan with bronze cymbals; Zechariah, Aziel, Shemiramoth, Jehiel, Unni, Eliab, Maaseiah, and Benaiah with lyres carrying the melody; Mattithiah, Eliphelehu, Mikneiah, Obed-Edom, Jeiel, and Azaziah with harps filling in the harmony; Kenaniah, the Levite in charge of music, a very gifted musician, was music director.

23-24 Berekiah and Elkanah were porters for the Chest. The priests Shebaniah, Joshaphat, Nethanel, Amasai, Zechariah, Benaiah, and Eliezer blew the trumpets before the Chest of God. Obed-Edom and Jehiah were also porters for the Chest.

25-28 Now they were ready. David, the elders of Israel, and the commanders of thousands started out to get the Chest of the Covenant of GOD and

집으로 가서 하나님의 언약궤를 가지고 올라왔다. 그들은 기쁜 마음으로 길을 갔다. 하나님께서 레위인들을 도우셔서, 하나님의 언약궤를 나르는 그들에게 힘을 주셨다. 그들은 멈추어 서서 소 일곱 마리와 숫양 일곱 마리를 제물로 바쳐 예배했다. 다윗과 궤를 나르는 레위인과 찬양대와 악대와 음악을 지휘하는 그나냐를 포함한 모든 사람이 고운 세마포 옷을 입었다. 다윗은 (에봇이라고 하는) 세마포로 만든 겉옷까지 입었다. 온 이스라엘이 행진하며 나아갔고, 온갖 관악기와 타악기와 현악기를 연주하면서 소리치고 환호하며 하나님의 언약궤를 옮겼다.

29 하나님의 언약궤가 다윗 성으로 들어올 때에, 사울의 딸 미갈이 창가에서 그 광경을 보았다. 다윗 왕이 기뻐 어쩔 줄 모르며 춤추는 모습을 보고서, 그녀는 마음속으로 다윗을 업신여겼다.

16 1-3 그들은 하나님의 궤를 가져다가 다윗이 따로 쳐 놓은 장막 한가운데 두고, 하나님께 번제와 화목제를 드려 예배했다. 두 가지 제물을 바치고 예배를 마친 다윗은 하나님의 이름으로 백성을 축복하고, 남녀 할 것 없이 그곳에 모인 모든 사람에게 빵 한 덩이와 구운 고기 한 점과 건포도과자 하나씩을 돌렸다.

4-6 또한 다윗은 레위인에게 하나님의 궤 앞에서 예배를 인도하는 일을 맡겨 이스라엘의 하나님께 중보하고 감사하며 찬양하게 했다. 그 일의 책임자는 아삽이었고, 그 아래로 악기를 연주하는 스가랴, 여이엘, 스미라못, 여히엘, 맛디디야, 엘리압, 브나야, 오벳에돔, 여이엘이 있었다. 아삽은 타악기를 맡았다. 제사장 브나야와 야하시엘은 매일 정해진 시간에 하나님의 언약궤 앞에서 나팔을 불었다.

7 그날 다윗은 하나님께 드리는 찬양예배를 처음 시작하면서, 아삽과 그의 동료가 예배를 인도하게 했다.

8-19 하나님께 감사하여라! 그분의 이름을 소리쳐 불러라!
온 세상에 그분이 어떤 분이신지, 어떤 일을 하셨는지 알려라!
그분께 노래하여라! 그분을 위해 연주하여라!

bring it up from the house of Obed-Edom. And they went rejoicing. Because God helped the Levites, strengthening them as they carried the Chest of the Covenant of GOD, they paused to worship by sacrificing seven bulls and seven rams. They were all dressed in elegant linen—David, the Levites carrying the Chest, the choir and band, and Kenaniah who was directing the music. David also wore a linen prayer shawl (called an ephod). On they came, all Israel on parade bringing up the Chest of the Covenant of GOD, shouting and cheering, playing every kind of brass and percussion and string instrument.

29 When the Chest of the Covenant of GOD entered the City of David, Michal, Saul's daughter, was watching from a window. When she saw King David dancing ecstatically she was filled with contempt.

16 1-3 They brought the Chest of God and placed it right in the center of the tent that David had pitched for it; then they worshiped by presenting burnt offerings and peace offerings to God. When David had completed the offerings of worship, he blessed the people in the name of GOD. Then he passed around to every one there, men and women alike, a loaf of bread, a slice of barbecue, and a raisin cake.

4-6 Then David assigned some of the Levites to the Chest of GOD to lead worship—to intercede, give thanks, and praise the GOD of Israel. Asaph was in charge; under him were Zechariah, Jeiel, Shemiramoth, Jehiel, Mattithiah, Eliab, Benaiah, Obed-Edom, and Jeiel, who played the musical instruments. Asaph was on percussion. The priests Benaiah and Jahaziel blew the trumpets before the Chest of the Covenant of God at set times through the day.

7 That was the day that David inaugurated regular worship of praise to GOD, led by Asaph and his company.

8-19 Thank GOD! Call out his Name!
Tell the whole world who he is and what he's done!

그분께서 행하신 모든 놀라운 일을 방방곡곡에 전
 파하여라!
하나님을 찾는 이들아,
그분의 거룩한 이름을 한껏 즐겨라. 환호성을 올
 려라!
하나님과 그분의 능력을 배우고
 밤낮으로 그분의 임재를 구하여라.
그분께서 행하신 놀라운 일들,
 그분 입에서 나온 기적과 심판을 기억하여라.
그분의 종 이스라엘의 자손들아!
그분께서 가장 아끼시는 야곱의 자녀들아!
그분은 하나님 곧 우리 하나님이시다.
 그분의 심판과 판결은 어디든 미친다.
그분께서는 약속하신 바를 지키신다.
명령하신 그 언약,
아브라함과 맺으신 그 언약,
 이삭에게 맹세하신 그 언약을 수천 대까지 지키신다.
 그 언약을 야곱에게 대문짝만하게 적어 주셨다.
 이스라엘과 이 영원한 언약을 맺으셨다.
"내가 너희에게 가나안 땅을 주노라.
 유산으로 주노라.
 별 볼 일 없는 너희,
 한 줌 나그네에 불과한 너희에게."

20-22 그들은 이곳저곳을 방황했고,
이 나라 저 나라로 옮겨 다녔다.
그러나 그분께서는 누구도 그들을 괴롭히지 못하게
 하셨고,
그들 편이 되어 폭군들에 맞서 주셨다.
"감히 내가 기름부은 이들을 건드리지 마라.
 내 예언자들에게 손대지 마라."

23-27 만민들아, 만물들아, 하나님께 노래하여라!
그분의 구원 소식을 날마다 전파하여라!
이방 민족들 가운데 그분의 영광을 선포하여라.
그분께서 행하신 놀라운 일들을 모든 종족과 종교
가운데 널리 알려라.
 하나님께서 위대하시니! 찬양받으시기에 합당하
시니!
어떤 신이 그분 영광에 이를 수 있으랴.
세상 신들 다 헛것이요 헛소리일 뿐이나
하나님은 우주를 지은 분이시다!
영광과 위엄이 그분에게서 흘러나오고,
능력과 기쁨이 그분 계신 곳에 가득하다.

Sing to him! Play songs for him!
 Broadcast all his wonders!
Revel in his holy Name,
 GOD-seekers, be jubilant!
Study GOD and his strength,
 seek his presence day and night;
Remember all the wonders he performed,
 the miracles and judgments that came out of his mouth.
Seed of Israel his servant!
 Children of Jacob, his first choice!
He is GOD, *our* God;
 wherever you go you come on his judgments and decisions.
He keeps his commitments across thousands of generations, the covenant he commanded,
The same one he made with Abraham,
 the very one he swore to Isaac;
He posted it in big block letters to Jacob,
 this eternal covenant with Israel:
"I give you the land of Canaan,
 this is your inheritance;
Even though you're not much to look at,
 a few straggling strangers."

20-22 They wandered from country to country,
 camped out in one kingdom after another;
But he didn't let anyone push them around,
 he stood up for them against bully-kings:
"Don't you dare touch my anointed ones,
 don't lay a hand on my prophets."

23-27 Sing to GOD, everyone and everything!
 Get out his salvation news every day!
Publish his glory among the godless nations,
 his wonders to all races and religions.
And why? Because GOD is great—well worth praising!
 No god or goddess comes close in honor.
All the popular gods are stuff and nonsense,
 but GOD made the cosmos!
Splendor and majesty flow out of him,
 strength and joy fill his place.

28-29 Shout Bravo! to GOD, families of the

28-29 만방의 민족들아, 하나님께 환호성을 올려라!
그분의 경이로운 영광에! 그분의 경이로운 능력에!
그분의 높으신 이름에 환호성을 올려라!
예물을 높이 들고 그분 앞에 나아가라!
그분의 거룩하심을 옷 입고 그분 앞에 서라!

30-33 하나님은 엄위로운 분이시다. 경외할 분이시다.
세상을 제자리에 두어 요동하지 않게 하는 분이시다.
그러니 하늘에 명령하여 "기뻐하여라" 하고, 땅에 명령하여 "환호하여라" 하며,
민족들 가운데 소식을 전하여라. "하나님께서 통치하신다!"
바다와 거기 가득한 생명들에게 명령하여 "함성을 올려라" 하고,
들과 거기 모든 생물에게 명령하여 "환호성을 올려라" 하여라.
그러면 숲의 모든 나무도, 하나님 앞에서 즐거워하는 모든 것과 함께
손뼉 치며 외칠 것이다.
그분께서 오고 계신다! 모든 것을 바로잡으러 오고 계신다!

34-36 하나님께 감사하여라. 그분은 선하시며
그분의 사랑은 끝이 없으시다.
너희는 말하여라. "구원자 하나님, 저희를 구해 주십시오.
저희 모두를 모아, 이 이방 나라들에서 건져 주십시오.
그리하여 저희로 주의 거룩한 이름에 감사드리며
주를 찬양하는 삶을 누릴 수 있게 해주십시오."
하나님, 이스라엘의 하나님,
영원부터 영원까지 찬양받으시기를 원합니다.

그러자 모든 이들이 말했다. "그렇습니다! 아멘!", "하나님을 찬양하여라!"

37-42 다윗은 아삽과 그의 동료들을 하나님의 언약궤 앞에 머물게 하고 예배 일을 맡겼다. 그들은 하루 종일 그곳에 머물면서 예배에 필요한 일을 담당했다. 다윗은 또 오벳에돔과 그의 친족 예순여덟 명을 임명하여 그들을 돕게 했다. 여두둔의 아들 오벳에돔과 호사는 문지기 일을 맡았다. 제사장 사독과 그의 집안 제사장들에게는 기브온의 거룩한 언덕에 있는 하나님의 회막을 맡겨 날마다 아침저녁으로 예배를 드리게 하

peoples,
in awe of the Glory, in awe of the Strength: Bravo!
Shout Bravo! to his famous Name,
lift high an offering and enter his presence!
Stand resplendent in his robes of holiness!

30-33 God is serious business, take him seriously;
he's put the earth in place and it's not moving.
So let Heaven rejoice, let Earth be jubilant,
and pass the word among the nations, "GOD reigns!"
Let Ocean, all teeming with life, bellow,
let Field and all its creatures shake the rafters;
Then the trees in the forest will add their applause
to all who are pleased and present before GOD
—he's on his way to set things right!

34-36 Give thanks to GOD—he is good
and his love never quits.
Say, "Save us, Savior God,
round us up and get us out of these godless places,
So we can give thanks to your holy Name,
and bask in your life of praise."
Blessed be GOD, the God of Israel,
from everlasting to everlasting.

Then everybody said, "Yes! Amen!" and "Praise GOD!"

37-42 David left Asaph and his coworkers with the Chest of the Covenant of GOD and in charge of the work of worship; they were responsible for the needs of worship around the clock. He also assigned Obed-Edom and his sixty-eight relatives to help them. Obed-Edom son of Jeduthun and Hosah were in charge of the security guards. The priest Zadok and his family of priests were assigned

고, 이스라엘의 규범인 하나님의 율법에 기록된 대로 번제단 위에서 번제를 드리게 했다. 그들과 함께 헤만과 여두둔과 그 밖에 따로 임명된 자들의 직무 내역서에는 이렇게 적혀 있었다. "하나님께 감사하여라. 그분의 사랑은 끝이 없으시다." 헤만과 여두둔은 거룩한 노래를 연주할 나팔과 심벌즈와 그 밖의 악기들을 구비해 두었다. 여두둔의 아들들은 문지기를 맡았다.

43 직무 배치가 완료되자, 백성은 모두 집으로 돌아갔다. 다윗도 그의 가족을 축복하기 위해 왕궁으로 돌아갔다.

다윗에 대한 하나님의 약속

17 1 왕은 안정을 찾은 뒤에, 예언자 나단에게 말했다. "보십시오. 나는 여기 호화로운 백향목 궁에서 편히 살고 있는데 하나님의 언약궤는 허술한 장막 안에 있습니다."

2 나단이 왕에게 말했다. "무엇이든 왕의 마음에 좋은 대로 행하십시오. 하나님께서 왕과 함께 계십니다."

3-6 그러나 그날 밤 하나님의 말씀이 나단에게 임했다. "너는 가서 내 종 다윗에게 전하여라. '이 일에 대한 하나님의 말씀이다. 너는 내가 살 집을 짓지 못할 것이다. 이스라엘 자손을 이집트에서 이끌어 내던 날부터 지금까지, 나는 한 번도 집에서 산 적이 없다. 장막과 임시 거처를 옮겨 다니며 지냈다. 내가 이스라엘과 함께 다니면서 목자로 지명한 지도자들 중 누구에게 "어찌하여 내게 백향목 집을 지어 주지 않느냐?"고 물은 적이 있느냐?'

7-10 그러니 너는 내 종 다윗에게 이렇게 말하여라. '만군의 하나님이 네게 주는 말씀이다. 내가 양의 뒤를 따라다니던 너를 목장에서 데려다가 내 백성 이스라엘의 지도자로 삼았다. 네가 어디로 가든지 내가 너와 함께 있었고, 네 앞의 모든 적을 물리쳤다. 이제 나는 네 이름을 높여서 땅의 위대한 이름들과 어깨를 겨루게 할 것이다. 그리고 내 백성 이스라엘을 위해 한 곳을 따로 떼어 그들을 그곳에 심고, 각자 자기 집을 갖게 하여 더 이상 떠돌지 않게 할 것이다. 또한 내 백성 이스라엘 위에 사사들을 두던 시절과는 달리, 악한 나라들이 그들을 괴롭히지 못하게 할 것이다. 마침내, 너

to the Tent of GOD at the sacred mound at Gibeon to make sure that the services of morning and evening worship were conducted daily, complete with Whole-Burnt-Offerings offered on the Altar of Burnt Offering, as ordered in the Law of GOD, which was the norm for Israel. With them were Heman, Jeduthun, and others specifically named, with the job description: "Give thanks to GOD, for his love never quits!" Heman and Jeduthun were also well equipped with trumpets, cymbals, and other instruments for accompanying sacred songs. The sons of Jeduthun formed the security guard.

43 Arrangements completed, the people all left for home. And David went home to bless his family.

David Submits and Prays

17 1 After the king had made himself at home, he said to Nathan the prophet, "Look at this: Here I am comfortable in a luxurious palace of cedar and the Chest of the Covenant of GOD sits under a tent."

2 Nathan told David, "Whatever is on your heart, go and do it; God is with you."

3-6 But that night, the word of God came to Nathan, saying, "Go and tell my servant David, This is GOD's word on the matter: You will not build me a 'house' to live in. Why, I haven't lived in a 'house' from the time I brought up the children of Israel from Egypt till now; I've gone from one tent and makeshift shelter to another. In all my travels with all Israel, did I ever say to any of the leaders I commanded to shepherd Israel, 'Why haven't you built me a house of cedar?'

7-10 "So here is what you are to tell my servant David: The GOD-of-the-Angel-Armies has this word for you: I took you from the pasture, tagging after sheep, and made you prince over my people Israel. I was with you everywhere you went and mowed your enemies down before you; and now I'm about to make you famous, ranked with the great names on earth. I'm going to set aside a place for my people Israel and plant them there so they'll have their own home and not be knocked around anymore; nor will evil nations afflict them as they always have, even during the days I set judges over my people Israel. And

의 모든 적을 네 앞에 무릎 꿇게 할 것이다.
10-14 이제 네게 말한다. 나 하나님이 친히 네 게 집을 지어 주겠다! 네 일생이 다하여 조상과 함께 묻힐 때에, 내가 네 자식, 네 몸에서 난 혈육을 일으켜 네 뒤를 잇게 하고 그의 통치를 견고히 세울 것이다. 그가 나를 높여 집을 지을 것이며, 나는 그 나라의 통치를 영원히 보장할 것이다. 나는 그에게 아버지가 되고 그는 내게 아들이 될 것이다. 앞선 왕에게서는 내 자비로운 사랑을 거두었으나, 그에게서는 절대로 내 사랑을 거두지 않을 것이다. 내가 그를 내 집과 내 나라 위에 영원히 세울 것이다. 그의 왕좌는 바위처럼 언제나 든든히 그 자리에 있을 것이다."
15 나단은 환상 중에 보고 들은 모든 것을 다윗에게 빠짐없이 전했다.
16-27 다윗 왕이 들어가서, 하나님 앞에서 기도했다.

내 주 하나님, 제가 누구이며 저의 집안이 무엇이기에 주께서 저를 이 자리에 이르게 하셨습니까? 그러나 앞으로 있을 일에 비하면 이것은 아무것도 아닙니다. 주 하나님, 주께서는 제 집안의 먼 앞날에 대해서 말씀하시며 장래 일을 엿보게 해주시고, 저를 대단한 사람처럼 봐 주셨습니다! 제 실상이 어떤지 아시면서도 주의 종을 높여 주시니 이 다윗이 무슨 할 말이 있겠습니까? 하나님, 주께서 그 선하신 마음으로 저를 취하셔서 이 큰일을 행하게 하시고 주의 크신 일을 나타내게 하셨습니다. 주님 같은 분이 없습니다. 주님과 같은 하나님이 없습니다. 주님 외에는 하나님이 없습니다. 우리 귀로 들은 그 어떤 이야기도 주님과 비할 수 없습니다. 누가 이 땅에 하나뿐인 나라, 주의 백성 이스라엘과 같겠습니까? 하나님께서 친히 나서서 그들을 구해 내시고 그분의 백성 삼으셨습니다(그 일로 주의 이름을 널리 알리셨습니다). 그들을 이집트에서 구원하여 내심으로 여러 민족과 그 신들을 사방으로 내쫓으시며 크고 두려운 일을 행하셨습니다. 주께서 자신을 위해 한 백성—주님 소유의 이스라엘!—을 영원히 주의 백성으로 세우셨습니다. 그리고 주 하나님께서 그들의 하나님이 되셨습니다.

finally, I'm going to conquer all your enemies.
10-14 "And now I'm telling you this: GOD himself will build *you* a house! When your life is complete and you're buried with your ancestors, then I'll raise up your child to succeed you, a child from your own body, and I'll firmly establish his rule. *He* will build a house to honor me, and I will guarantee his kingdom's rule forever. I'll be a father to him, and he'll be a son to me. I will never remove my gracious love from him as I did from the one who preceded you. I will set him over my house and my kingdom forever; his throne will always be there, rock solid."
15 Nathan gave David a complete and accurate report of everything he heard and saw in the vision.
16-27 King David went in, took his place before GOD, and prayed:

Who am I, my Master GOD, and what is my family, that you have brought me to this place in life? But that's nothing compared to what's coming, for you've also spoken of my family far into the future, given me a glimpse into tomorrow and looked on me, Master GOD, as a Somebody. What's left for David to say to this–to your honoring your servant, even though you know me, just as I am? O GOD, out of the goodness of your heart, you've taken your servant to do this great thing and put your great work on display. There's none like you, GOD, no *God* but you, nothing to compare with what we've heard with our own ears. And who is like your people, like Israel, a nation unique on earth, whom God set out to redeem as his own people (and became most famous for it), performing great and fearsome acts, throwing out nations and their gods left and right as you saved your people from Egypt? You established for yourself a people–your very own Israel!–your people forever. And you, GOD, became their God.
So now, great GOD, this word that you have spoken to me and my family, guarantee it forever! Do exactly what you've promised! Then your reputation will be confirmed and flourish always as people exclaim, "The GOD-of-the-Angel-Armies, the God over Israel, is Israel's God!" And the house of your servant David will remain rock solid under

위대하신 하나님, 저와 제 집안에 주신 이 말씀을 영원히 보장해 주십시오! 약속하신 대로 이루어 주십시오! 그러면 주의 명성이 굳건해지고 영원히 높아져 사람들이 '만군의 하나님, 이스라엘을 다스리시는 하나님이 이스라엘의 하나님이시다!' 하고 외칠 것입니다. 그리고 주의 종 다윗의 집은, 보살펴 주시는 주의 임재 안에 바위처럼 굳건히 남을 것입니다. 주 나의 하나님께서 '내가 네게 집을 지어 주겠다'고 제게 밝히 말씀하시니, 제가 용기를 내어 주께 이 기도를 감히 드립니다. 하나님, 신실하신 주께서 이 모든 놀라운 말씀을 친히 제게 해주셨습니다. 저의 집안에 복을 내려 주셔서, 늘 주의 임재 안에 머물게 해 주십시오. 하나님, 주께서 복을 내리시니, 참으로 복되고 복됩니다. 영원히 복됩니다!

다윗의 승전 기록

18 [1] 그 후 다윗은 블레셋 사람을 크게 쳐서 굴복시키고, 가드를 점령하여 그 주변 지역을 지배했다.

[2] 그는 또 모압과 싸워 그들을 물리쳤다. 모압 사람은 다윗의 통치를 받으며 정기적으로 조공을 바쳤다.

[3-4] 다음으로 유프라테스 강 유역의 통치권을 회복하러 가는 길에 다윗은 소바 왕 하닷에셀을 (멀리 하맛까지) 물리쳤다. 다윗은 그에게서 전차 천 대와 기병 칠천 명, 보병 이만 명을 빼앗았다. 그는 전차를 끄는 말 백 마리만 남기고, 나머지 모든 말의 뒷발 힘줄을 끊었다.

[5-6] 다마스쿠스의 아람 사람이 소바 왕 하닷에셀을 도우러 오자, 다윗은 그들 이만이천 명을 모두 죽였다. 그는 아람-다마스쿠스에 꼭두각시 정부를 세웠다. 아람 사람은 다윗의 종이 되어 조공을 바쳐야 했다. 다윗이 어디로 진군하든지 하나님께서 그에게 승리를 주셨다.

[7-8] 다윗은 하닷에셀의 신하들이 가지고 있던 금방패를 전리품으로 취하여 예루살렘으로 가져왔다. 또 하닷에셀의 성읍인 데바와 군에서 청동을 아주 많이 빼앗았는데, 나중에 솔로몬이 그것으로 커다란 청동바다와 기둥과 성전 안의 청동기구들을 만들었다.

[9-11] 다윗이 소바 왕 하닷에셀의 군대를 모두 쳐부수었다는 소식을 하맛 왕 도우가 들었다. 그는 아들 하도람을 다윗 왕에게 보내어 안부를 묻고 하닷에셀과 싸워 이긴 것을 축하했다. 도우와 하닷에셀

your watchful presence. You, my God, have told me plainly, "I will build you a house." That's how I was able to find the courage to pray this prayer to you. GOD, being the God you are, you have spoken all these wonderful words to me. As if that weren't enough, you've blessed my family so that it will continue in your presence always. Because you have blessed it, GOD, it's *really* blessed—blessed for good!

David Fights

18 [1] In the days that followed, David struck hard at the Philistines, bringing them to their knees, captured Gath, and took control of the surrounding countryside.

[2] He also fought and defeated Moab. The Moabites came under David's rule and paid regular tribute.

[3-4] On his way to restore his sovereignty at the Euphrates River, David defeated Hadadezer king of Zobah (over toward Hamath). David captured a thousand chariots, seven thousand cavalry, and twenty thousand infantry from him. He hamstrung all the chariot horses, but saved back a hundred.

[5-6] When the Arameans from Damascus came to the aid of Hadadezer king of Zobah, David killed twenty-two thousand of them. David set up a puppet government in Aram-Damascus. The Arameans became subjects of David and were forced to bring tribute. GOD gave victory to David wherever he marched.

[7-8] David plundered the gold shields that belonged to the servants of Hadadezer and brought them to Jerusalem. He also looted Tebah and Cun, cities of Hadadezer, of a huge quantity of bronze that Solomon later used to make the Great Bronze Sea, the Pillars, and bronze equipment in The Temple.

[9-11] Tou king of Hamath heard that David had struck down the entire army of Hadadezer king of Zobah. He sent his son Hadoram to King David to greet and congratulate him for fighting and defeating Hadadezer. Tou and Hadadezer

은 오랜 원수관계였기 때문이다. 하도람은 다윗에게 은과 금과 청동으로 된 각종 물건을 가져왔다. 다윗 왕은 이 물건을 에돔, 모압, 암몬 사람, 블레셋 사람, 아말렉 등 다른 나라에서 빼앗은 은금과 함께 거룩하게 구별했다.

12-13 스루야의 아들 아비새는 소금 골짜기에서 에돔 사람과 싸워 그들 만팔천 명을 물리쳤다. 다윗이 에돔에 꼭두각시 정부를 세우니, 에돔 사람이 다윗의 지배를 받았다.
다윗이 어디로 진군하든지 하나님께서 그에게 승리를 주셨다.

14-17 이렇게 해서 다윗은 온 이스라엘을 다스렸다. 무슨 일을 하든지 누구를 대하든지, 그의 다스림은 공명정대했다.
스루야의 아들 요압은 군사령관이었다.
아힐룻의 아들 여호사밧은 공문서를 맡은 기록관이었다.
아히둡의 아들 사독과 아비아달의 아들 아히멜렉은 제사장이었다.
사워사는 서기관이었다.
여호야다의 아들 브나야는 특수부대인 그렛 사람과 블렛 사람을 지휘했다.
그리고 다윗의 아들들은 왕을 모시는 측근들로 높은 자리에 앉았다.

19

1-2 시간이 흘러, 암몬 사람의 왕 나하스가 죽고 그의 아들이 뒤를 이어 왕이 되었다. 이에 다윗은 "나하스의 아들 하눈에게 친절을 베풀고 싶구나. 그의 아버지가 내게 한 것처럼 나도 그를 잘 대해 주고 싶다"고 하면서, 부친상을 당한 그에게 조문단을 보냈다.

2-3 그러나 다윗의 신하들이 암몬 사람의 땅에 이르러 하눈을 찾아가 조문하자, 암몬 사람의 지도자들이 하눈에게 경고했다. "왕께서는 다윗이 왕의 아버지를 공경해서 이렇게 조문단을 보낸 줄 아십니까? 그가 이들을 보낸 것은 이 성을 정탐하여 결국 빼앗기 위한 것임을 모르시겠습니까?"

4 그래서 하눈은 다윗의 신하들을 잡아 그들의 수염을 깎고, 옷을 엉덩이 절반 높이까지 자른 다음 돌려보냈다.

5 이 모든 일이 다윗에게 전해졌다. 그들이 심한 모욕을 당했으므로, 다윗은 사람을 보내어 그들을 맞

were old enemies. Hadoram brought David various things made of silver, gold, and bronze. King David consecrated these things along with the silver and gold that he had plundered from other nations: Edom, Moab, the Ammonites, the Philistines, and Amalek.

12-13 Abishai son of Zeruiah fought and defeated the Edomites in the Valley of Salt—eighteen thousand of them. He set up a puppet government in Edom and the Edomites became subjects under David.
GOD gave David victory wherever he marched.

14-17 Thus David ruled over all of Israel. He ruled well, fair and evenhanded in all his duties and relationships.
Joab son of Zeruiah was head of the army;
Jehoshaphat son of Ahilud was in charge of public records;
Zadok son of Ahitub and Abimelech son of Abiathar were priests;
Shavsha was secretary;
Benaiah son of Jehoiada was over the special forces, the Kerethites and Pelethites;
And David's sons held high positions, close to the king.

19

1-2 Some time after this Nahash king of the Ammonites died and his son succeeded him as king. David said, "I'd like to show some kindness to Hanun son of Nahash—treat him as well and as kindly as his father treated me." So David sent condolences about his father's death.

2-3 But when David's servants arrived in Ammonite country and came to Hanun to bring condolences, the Ammonite leaders warned Hanun, "Do you for a minute suppose that David is honoring your father by sending you comforters? Don't you know that he's sent these men to snoop around the city and size it up so that he can capture it?"

4 So Hanun seized David's men, shaved them

이하게 했다. 왕은 "그대들의 수염이 자랄 때까지 여리고에 있다가 그 후에 돌아오시오" 하고 말했다.

6-7 암몬 사람은 자신들이 다윗의 미움을 사게 된 줄을 깨닫고 은 천 달란트(37.5톤!)를 들여 나하라임, 마아가, 소바의 아람 사람에게서 전차 삼만이천 대와 기병을 고용했다. 또 마아가 왕과 그의 군대도 고용했는데, 그들이 와서 메드바에 진을 쳤다. 암몬 사람도 그들의 여러 성읍에서 모여들어 전투 준비를 했다.

8 이 소식을 들은 다윗은 그의 가장 강한 용사들을 요압에게 맡겨 출정시켰다.

9-13 암몬 사람이 나와서 성문 앞에 전투대형으로 섰다. 연합군으로 온 왕들은 넓은 들판에 전열을 갖추었다. 요압은 싸워야 할 전선이 앞뒤로 있는 것을 보고, 이스라엘의 정예군 중에서 다시 최정예군을 뽑아 아람 사람과 맞서게 배치했다. 나머지 군대는 그의 동생 아비새의 지휘 아래 두어 암몬 사람을 상대하게 했다. 그가 말했다. "아람 사람이 나보다 힘이 세면, 네가 와서 나를 도와라. 암몬 사람이 너보다 힘이 세면 내가 가서 너를 돕겠다. 용기를 내어라! 우리는 우리 백성과 우리 하나님의 성읍을 위해 온 힘을 다해 싸울 것이다. 무엇이든 필요하다면 하나님께서 친히 행하실 것이다!"

14-15 그런데 요압과 그의 군사들이 아람 사람과 싸우려고 쳐들어가자, 그들이 모두 후퇴하여 도망쳤다. 아람 사람이 목숨을 건지기 위해 도망치는 것을 본 암몬 사람도, 아비새를 피해 도망쳐 성 안으로 들어갔다. 그러자 요압은 철수하여 예루살렘으로 돌아왔다.

16 아람 사람은 이스라엘에게 처참히 패한 것을 알고, 사태를 수습하고 나서 전열을 재정비했다. 그들은 사람을 보내 요단 강 건너편에 있는 아람 사람을 불렀다. 하닷에셀의 군사령관 소박이 그들을 지휘했다.

17-19 이 모든 일을 보고받은 다윗은, 그는 온 이스라엘 군대를 소집하고 요단 강을 건너 진군하여 전투태세를 갖췄다. 아람 사람은 다윗과 맞설 태세로 전투대형을 취했고, 이내 전투가 시작되었다. 그러나 그들은 이번에도 이스라엘 앞에서 흩어져 도망쳤다. 다

clean, cut off their robes half way up their buttocks, and sent them packing.

5 When this was all reported to David, he sent someone to meet them, for they were seriously humiliated. The king told them, "Stay in Jericho until your beards grow out; only then come back."

6-7 When it dawned on the Ammonites that as far as David was concerned, they stank to high heaven, they hired, at a cost of a thousand talents of silver (thirty-seven and a half tons!), chariots and horsemen from the Arameans of Naharaim, Maacah, and Zobah—thirty-two thousand chariots and drivers; plus the king of Maacah with his troops who came and set up camp at Medeba; the Ammonites, too, were mobilized from their cities and got ready for battle.

8 When David heard this, he dispatched Joab with his strongest fighters in full force.

9-13 The Ammonites marched out and spread out in battle formation at the city gate; the kings who had come as allies took up a position in the open fields. When Joab saw that he had two fronts to fight, before and behind, he took his pick of the best of Israel and deployed them to confront the Arameans. The rest of the army he put under the command of Abishai, his brother, and deployed them to deal with the Ammonites. Then he said, "If the Arameans are too much for me, you help me; and if the Ammonites prove too much for you, I'll come and help you. Courage! We'll fight might and main for our people and for the cities of our God. And GOD will do whatever he sees needs doing!"

14-15 But when Joab and his soldiers moved in to fight the Arameans, they ran off in full retreat. Then the Ammonites, seeing the Arameans run for dear life, took to their heels and ran from Abishai into the city. So Joab withdrew from the Ammonites and returned to Jerusalem.

16 When the Arameans saw how badly they'd been beaten by Israel, they picked up the pieces and regrouped; they sent for the Arameans who were across the river; Shophach, commander of Hadadezer's army, led them.

17-19 When all this was reported to David, he mustered all Israel, crossed the Jordan, advanced, and prepared to fight. The Arameans went into battle formation,

윗은 전차병 칠천 명과 보병 사만 명을 죽였다. 군사령관 소박도 죽였다. 하닷에셀을 섬기던 모든 왕이 자신들의 패배를 인정하고, 다윗과 화친하여 그를 섬겼다. 아람 사람은 이스라엘이 두려워 다시는 암몬 사람을 돕지 않았다.

20 1-3 그해 봄, 왕들이 전쟁에 나가는 때가 되자 요압이 군대를 이끌고 나가 암몬 사람을 무찌르고 랍바를 포위했다. 한편, 다윗은 예루살렘에 남아 있었다. 요압은 랍바를 크게 쳐서 폐허로 만들었다. 다윗이 암몬 왕의 머리에서 왕관을 벗겼는데, 그 무게만도 금 한 달란트가 나갔고 보석도 박혀 있었다. 다윗이 그 관을 들어 머리에 썼다. 그는 그 성에서 엄청난 양의 전리품을 가져왔고 그 백성에게 톱질과 곡괭이질과 도끼질 등의 강제노역을 시켰다. 그는 모든 암몬 사람에게 그와 같이 행했다. 그러고 나서 다윗과 그의 군대는 예루살렘으로 돌아왔다.

4-8 그 후에 게셀에서 블레셋 사람과 전쟁이 벌어졌다. 후사 사람 십브개가 거인족 십배를 죽인 것이 이때였다. 블레셋 사람은 굴욕적으로 패배했다. 블레셋 사람과의 또 다른 전쟁에서, 야일의 아들 엘하난이 가드 사람 골리앗의 동생 라흐미를 죽였는데, 그의 창은 배의 활대만큼이나 컸다. 또 가드에서 전쟁이 벌어졌을 때는 손가락과 발가락이 여섯 개씩 모두 스물네 개가 달린 거인이 나왔다. 그도 거인족의 자손이었다. 그가 이스라엘을 조롱하자, 다윗의 형 시므아의 아들 요나단이 그를 죽였다. 이들은 모두 거인족의 자손으로, 다윗과 그의 부하들에게 목숨을 잃었다.

다윗의 인구조사

21 1-2 사탄이 등장하여 다윗을 꾀어 이스라엘의 인구를 조사하게 했다. 다윗은 요압과 자기 밑의 군사령관에게 명령을 내렸다. "단에서 브엘세바까지 이스라엘의 모든 지파를 두루 다니며 인구를 조사하시오. 내가 그 수를 알고 싶소."

3 요압이 만류했다. "하나님께서 그분의 백

ready for David, and the fight was on. But the Arameans again scattered before Israel. David killed seven thousand chariot drivers and forty thousand infantry. He also killed Shophach, the army commander. When all the kings who were vassals of Hadadezer saw that they had been routed by Israel, they made peace with David and served him. The Arameans were afraid to help the Ammonites ever again.

20 1-3 That spring, the time when kings usually go off to war, Joab led the army out and ravaged the Ammonites. He then set siege to Rabbah. David meanwhile was back in Jerusalem. Joab hit Rabbah hard and left it in ruins. David took the crown off the head of their king. Its weight was found to be a talent of gold and set with a precious stone. It was placed on David's head. He hauled great quantities of loot from the city and put the people to hard labor with saws and picks and axes. This is what he did to all the Ammonites. Then David and his army returned to Jerusalem.

4-8 Later war broke out with the Philistines at Gezer. That was the time Sibbecai the Hushathite killed Sippai of the clan of giants. The Philistines had to eat crow. In another war with the Philistines, Elhanan son of Jair killed Lahmi, the brother of Goliath the Gittite whose spear was like a ship's boom. And then there was the war at Gath that featured a hulking giant who had twenty-four fingers and toes, six on each hand and foot—yet another from the clan of giants. When he mocked Israel, Jonathan son of Shimea, David's brother, killed him. These came from the clan of giants and were killed by David and his men.

David, Satan, and Araunah

21 1-2 Now Satan entered the scene and seduced David into taking a census of Israel. David gave orders to Joab and the army officers under him, "Canvass all the tribes of Israel, from Dan to Beersheba, and get a count of the population. I want to know the number."

3 Joab resisted: "May GOD multiply his people by hundreds! Don't they all belong to my master the king? But why on earth would you do a thing like this—why

성을 백 배나 늘어나게 하시기를 빕니다! 그들은 모두 내 주인이신 왕의 백성이 아닙니까? 그런데 왕께서는 도대체 왜 이 일을 하시려는 것입니까? 어찌하여 이스라엘과 하나님과의 관계를 어렵게 만들려고 하십니까?"

4-7 그러나 다윗은 뜻을 굽히지 않았고, 요압은 가서 명령대로 행했다. 그는 그 땅을 두루 다닌 다음 예루살렘으로 돌아와 인구조사 결과를 보고했다. 군사가 1,100,000명이었고, 그 가운데 유다가 470,000명을 차지했다. 요압은 왕의 명령이 몹시 못마땅하여, 항의의 뜻으로 레위와 베냐민의 인구는 조사하지 않았다. 하나님께서 이 모든 일로 노하시고 이스라엘을 벌하셨다.

8 그러자 다윗이 기도했다. "이 일로 제가 큰 죄를 지었습니다. 하나님을 신뢰하는 대신에 통계수치를 의지했습니다. 제가 지은 죄를 용서하여 주십시오. 제가 참으로 어리석었습니다."

9-10 하나님께서 다윗의 목자인 갓을 통해 대답하셨다. "가서 다윗에게 이 메시지를 전하여라. '나 하나님이 말한다. 너는 세 가지 벌 중에서 하나를 택하여라. 나머지는 내가 알아서 하겠다.'"

11-12 갓이 다윗에게 메시지를 전했다. "삼 년 동안 기근이 드는 것이 좋겠습니까? 아니면, 왕이 원수들에게 쫓겨 석 달 동안 도망 다니시는 것이 좋겠습니까? 아니면, 사흘 동안 하나님의 칼—하나님의 천사가 이 땅에 풀어 놓을 전염병—을 받는 것이 좋겠습니까? 생각해 보시고 마음을 정하십시오. 저를 보내신 분께 어떻게 아뢰면 되겠습니까?"

13 다윗이 갓에게 말했다. "모두 끔찍한 일입니다! 하지만 사람의 손에 넘겨지기보다는 차라리 자비가 많으신 하나님께 벌을 받겠습니다."

14-15 그래서 하나님께서 이스라엘에 전염병을 풀어 놓으셨고, 이스라엘 백성 칠만 명이 죽었다. 곧이어 하나님께서 예루살렘을 멸망시키려고 천사를 보내셨다. 그러나 멸망이 시작되려는 것을 보시고, 하나님께서는 그들을 불쌍히 여겨 뜻을 바꾸시고, 죽음의 천사에게 명령하셨다. "이제 됐다! 그만 물러나거라!"

15-16 그때 하나님의 천사는 여부스 사람 아라우나의 타작마당에 이르러 있었다. 다윗이 눈을 들어 보니, 천사가 땅과 하늘 사이를 돌며 칼을 뽑아 들고 예루살렘을 치려고 했다. 다윗과 장로들이 엎드려 기도하며 굵은 베로 몸을 덮었다.

17 다윗이 기도했다. "죄를 지은 것은 저입니다!

risk getting Israel into trouble with God?"

4-7 But David wouldn't take no for an answer, so Joab went off and did it—canvassed the country and then came back to Jerusalem and reported the results of the census: There were 1,100,000 fighting men; of that total, Judah accounted for 470,000. Joab, disgusted by the command—it, in fact, turned his stomach!—protested by leaving Levi and Benjamin out of the census-taking. And God, offended by the whole thing, punished Israel.

8 Then David prayed, "I have sinned badly in what I have just done, substituting statistics for trust; forgive my sin—I've been really stupid."

9-10 GOD answered by speaking to Gad, David's pastor: "Go and give David this message: 'GOD's word: You have your choice of three punishments; choose one and I'll do the rest.'"

11-12 Gad delivered the message to David: "Do you want three years of famine, three months of running from your enemies while they chase you down, or three days of the sword of GOD—an epidemic unleashed on the country by an angel of GOD? Think it over and make up your mind. What shall I tell the One who sent me?"

13 David told Gad, "They're all terrible! But I'd rather be punished by GOD whose mercy is great, than fall into human hands."

14-15 So GOD unleashed an epidemic in Israel—seventy thousand Israelites died. God then sent the angel to Jerusalem but when he saw the destruction about to begin, he compassionately changed his mind and ordered the death angel, "Enough's enough! Pull back!"

15-16 The angel of GOD had just reached the threshing floor of Araunah the Jebusite. David looked up and saw the angel hovering between earth and sky, sword drawn and about to strike Jerusalem. David and the elders bowed in prayer and covered themselves with rough burlap.

17 David prayed, "Please! I'm the one who sinned; I'm the one at fault. But these sheep, what did they do wrong? Punish me, not them, me and my family; don't take it out on them."

18-19 The angel of GOD ordered Gad to tell David to go and build an altar to GOD on the threshing floor

제가 죄인입니다. 이 양들이 무슨 잘못을 했습니까? 그들이 아니라 저를, 저와 제 집안을 벌해 주십시오. 그들에게 벌을 내리지 말아 주십시오."

18-19 하나님의 천사가 갓에게 명령했다. 다윗에게 말하기를, 여부스 사람 아라우나의 타작마당으로 가서 하나님께 제단을 쌓으라고 했다. 다윗은 하나님의 명령에 순종하여 갓이 전해 준 대로 행했다.

20-21 그때 아라우나는 타작을 멈추고 천사를 지켜보고 있었다. 그의 네 아들은 천사를 피하여 숨었다. 다윗이 아라우나에게 다가갔다. 다윗을 본 아라우나는 타작마당에서 나와 그 앞에 엎드려 절하며 왕에게 예를 갖추었다.

22 다윗이 아라우나에게 말했다. "이 타작마당을 내게 주어 하나님께 제단을 쌓을 수 있게 해주시오. 제값을 받고 내게 파시오. 그러면 우리가 이 재앙을 끝낼 수 있을 것이오."

23 아라우나가 말했다. "내 주인이신 왕이여, 그냥 가져가셔서, 왕께서 원하시는 대로 사용하십시오! 보십시오. 여기 소는 번제물로, 타작기구는 땔감으로, 밀은 곡식 제물로 쓰십시오. 이 모두가 왕의 것입니다!"

24-27 다윗이 아라우나에게 대답했다. "아니오. 내가 제값을 치르고 사겠소. 하나님께 희생 없는 제사를 드릴 수 없소." 그래서 다윗은 금 육백 세겔을 주고 아라우나에게서 그 땅을 샀다. 그는 그곳에서 하나님께 제단을 쌓고 번제와 화목제를 드렸다. 그가 하나님께 부르짖자 하나님께서 번제단에 번개를 쳐서 응답하셨다. 하나님께서 천사에게 명령하여 칼을 칼집에 꽂게 하셨다.

28 이것은 다윗이 여부스 사람 아라우나의 타작마당에서 제사를 드리고 하나님께서 그에게 응답하시는 것을 보았을 때 벌어진 일이다.

29-1 그 당시, 모세가 광야에서 지은 성막과 번제단이 기브온 예배 처소에 세워져 있었는데, 다윗은 천사의 칼이 두려워 더 이상 그곳으로 가서 하나님께 기도할 수 없었다. 그래서 그는 이렇게 선포했다. "이제부터 이곳은 하나님을 예배하는 곳이며, 이스라엘의 번제단이다."

다윗이 솔로몬에게 성전 건축을 당부하다

22

2-4 다윗이 명령하여 그 땅에 사는 모든 외국인을 한곳에 모이게 했다. 그는 그

of Araunah the Jebusite. David did what Gad told him in obedience to GOD's command.

20-21 Meanwhile Araunah had quit threshing the wheat and was watching the angel; his four sons took cover and hid. David came up to Araunah. When Araunah saw David, he left the threshing floor and bowed deeply before David, honoring the king.

22 David said to Araunah, "Give me the site of the threshing floor so I can build an altar to GOD. Charge me the market price; we're going to put an end to this disaster."

23 "O Master, my king," said Araunah, "just take it; do whatever you want with it! Look, here's an ox for the burnt offering and threshing paddles for the fuel and wheat for the meal offering—it's all yours!"

24-27 David replied to Araunah, "No. I'm *buying* it from you, and at the full market price. I'm not going to offer GOD sacrifices that are no sacrifice." So David bought the place from Araunah for six hundred shekels of gold. He built an altar to GOD there and sacrificed Whole-Burnt-Offerings and Peace-Offerings. He called out to GOD and GOD answered by striking the altar of Whole-Burnt-Offering with lightning. Then GOD told the angel to put his sword back into its scabbard.

28 And that's the story of what happened when David saw that GOD answered him on the threshing floor of Araunah the Jebusite at the time he offered the sacrifice.

29-1 At this time the Tabernacle that Moses had constructed in the desert, and with it the Altar of Burnt Offering, were set up at the worship center at Gibeon. But David, terrified by the angel's sword, wouldn't go there to pray to God anymore. So David declared, "From now on, *this* is the site for the worship of GOD; *this* is the place for Israel's Altar of Burnt Offering."

David Charges Solomon to Build The Temple

22

2-4 David ordered all the resident aliens in the land to come together; he sent

들을 채석장으로 보내어 하나님의 성전을 지을 돌을 다듬게 했다. 또 입구의 문에 쓸 못과, 꺾쇠를 만들 엄청난 양의 철과, 무게를 달 수 없을 정도로 많은 청동과, 셀 수 없이 많은 백향목 재목을 준비했다(시돈 사람과 두로 사람이 다윗에게 엄청난 양의 백향목 재목을 보내온 것이다).

5-6 다윗은 생각했다. "내 아들 솔로몬이 이 일을 미리 계획하기에는 너무 어리고, 하나님을 위해 지을 성전은 모든 나라에 소문이 날 만큼 더없이 장대해야 하니, 내가 건축 자재를 준비해야겠다." 그래서 다윗은 죽기 전까지 엄청난 양의 건축 자재를 준비했다. 그 후에 그는 아들 솔로몬을 불러 이스라엘의 하나님을 위해 성전을 지을 것을 명령했다.

7-10 다윗이 솔로몬에게 말했다. "나는 성전을 지어 내 하나님을 높이고 싶은 마음이 간절했다. 그러나 하나님께서 나를 막으시며 말씀하셨다. '너는 너무 많은 사람을 죽였고 너무 많은 전쟁을 치렀다. 성전을 지어 나를 높일 사람은 네가 아니다. 지금까지 너 때문에 너무나 많은 사람이 죽고 피를 흘렸다. 그러나 네가 한 아들을 낳을 것인데, 그는 유순하고 온화한 사람이 될 것이며, 내가 그의 적들을 사방으로 잠잠하게 할 것이다. 평화를 뜻하는 솔로몬이라는 이름 그대로, 그가 다스리는 동안 내가 평화와 안식을 선사할 것이다. 그가 바로 나를 높여 성전을 지을 사람이다. 그는 내 귀한 양자가 되고 나는 그의 아버지가 될 것이다. 나는 반드시 이스라엘을 다스리는 그의 권세가 영원히 이어지게 할 것이다.'

11-16 그러니 아들아, 하나님께서 너와 함께하시기를 빈다. 하나님께서 네게 맡기신 일이니, 네 하나님을 위해 성전을 짓는 너를 형통케 해주시기를 빈다. 또한 하나님께서 네게 분별력과 이해력을 주셔서, 네가 하나님의 계시대로 경건하게 순종하며 이스라엘을 다스리게 되기를 빈다. 하나님께서 이스라엘을 위해 모세에게 명령하신 것들을 행하고 그 지침을 따르면, 네가 형통할 것이다. 용기를 내어라! 담대하게 나서거라! 겁내지 말고 망설이지도 마라. 보아라, 내가 하나님의 성전에 쓸 자재를 힘써 비축해 두었다. *금 십만 달란트(3,775톤), 은 백만 달란트* (37,750톤), 너무 많아 무게를 잴 수 없을 정도의 청동과 철, 그리고 많은 양의 목재와 석재가 있다. 네가 얼마든지 더 보태도 좋다. 또 석수, 석공, 목수, 금은과 청동과 철을 다루는 장인들

them to the stone quarries to cut dressed stone to build The Temple of God. He also stockpiled a huge quantity of iron for nails and bracings for the doors of the gates, more bronze than could be weighed, and cedar logs past counting (the Sidonians and Tyrians shipped in huge loads of cedar logs for David).

5-6 David was thinking, "My son Solomon is too young to plan ahead for this. But the sanctuary that is to be built for GOD has to be the greatest, the talk of all the nations; so I'll get the construction materials together." That's why David prepared this huge stockpile of building materials before he died. Then he called in Solomon his son and commanded him to build a sanctuary for the GOD of Israel.

7-10 David said to Solomon, "I wanted in the worst way to build a sanctuary to honor my GOD. But GOD prevented me, saying, 'You've killed too many people, fought too many wars. You are not the one to honor me by building a sanctuary—you've been responsible for too much killing, too much bloodshed. But you are going to have a son and he will be a quiet and peaceful man, and I will calm his enemies down on all sides. His very name will speak peace—that is, Solomon, which means Peace—and I'll give peace and rest under his rule. He will be the one to build a sanctuary in my honor. He'll be my royal adopted son and I'll be his father; and I'll make sure that the authority of his kingdom over Israel lasts forever.'

11-16 "So now, son, GOD be with you. GOD-speed as you build the sanctuary for your GOD, the job God has given you. And may GOD also give you discernment and understanding when he puts you in charge of Israel so that you will rule in reverent obedience under GOD's Revelation. That's what will make you successful, following the directions and doing the things that GOD commanded Moses for Israel. Courage! Take charge! Don't be timid; don't hold back. Look at this—I've gone to a lot of trouble to stockpile materials for the sanctuary of GOD: a hundred thousand talents (3,775 tons) of gold, a million talents (37,750 tons) of silver, tons of bronze and iron—too much to weigh—and all this timber and stone. And you're free to add more. And

도 준비되어 있고 그 숫자도 아주 많다. 다 준비되었으니 일을 시작하도록 하여라! 하나님께서 형통케 해주시기를 빈다!"

17-19 다윗은 이스라엘의 모든 지도자에게 명령하여 그의 아들 솔로몬을 돕게 했다. "여러분의 하나님께서 여러분과 함께하셔서, 주변 모든 사람과 평화롭게 지내게 하시지 않았습니까? 이곳에서 내 역할은 적들을 물리치고 이 땅을 하나님과 그분의 백성에게 굴복시키는 일이었습니다. 여러분의 몫은 여러분의 마음과 뜻을 온전히 드려 여러분의 하나님께 기도하는 일입니다. 그러니 이제 움직이십시오. 하나님께 거룩한 예배 처소를 지어 드리십시오! 그리고 하나님을 높이기 위한 성전 안에 하나님의 언약궤와 예배를 위한 모든 거룩한 기구를 들여 놓으십시오."

23 1 다윗이 나이가 들어 늙었을 때에, 아들 솔로몬을 이스라엘의 왕으로 세웠다.

2-5 동시에 그는 이스라엘의 모든 지도자와 제사장과 레위인들을 한데 모았다. 서른 살 이상 된 레위인을 세어 보니 모두 삼만팔천 명이었다. 다윗은 그들을 직무에 따라 나누었다. "이만사천 명은 성전에서 예배를 담당하고, 육천 명은 관리와 재판관이고, 사천 명은 문지기며, 사천 명은 찬양대에서 봉사하면서 내가 찬양을 위해 마련한 악기들로 하나님을 찬양할 것이다."

6 이어서 다윗은 레위의 아들들인 게르손, 고핫, 므라리의 이름을 따라 여러 그룹으로 레위인들을 나누었다.

7-11 게르손 자손은 라단, 시므이다. 라단의 세 아들은 여히엘, 세담, 요엘이다. 시므이의 세 아들은 슬로못, 하시엘, 하란으로, 모두 라단 가문의 족장이었다. 시므이의 네 아들은 야핫, 시나, 여우스, 브리아다. 야핫이 첫째고 그 다음은 시사다. 여우스와 브리아는 아들이 많지 않아서 한 직무를 맡은 한 가문으로 계수되었다.

12-14 고핫의 네 아들은 아므람, 이스할, 헤브론, 웃시엘이다. 아므람의 아들들은 아론, 모세다. 아론은 특별히 위임받아 지성소에서 일했는데, 하나님 앞에 향을 피우고 항상 하나님을 섬기며 그분의 이름을 찬양했다. 이것은 아론과 그의 아들들에게 대대로 내려진 직무였다. 모세와 그의 아들들은 레위 지파에 포함되었다.

workers both plentiful and prepared: stonecutters, masons, carpenters, artisans in gold and silver, bronze and iron. You're all set–get to work! And GOD-speed!"

17-19 David gave orders to all of Israel's leaders to help his son Solomon, saying, "Isn't it obvious that your GOD is present with you; that he has given you peaceful relations with everyone around? My part in this was to put down the enemies, subdue the land to GOD and his people; your part is to give yourselves, heart and soul, to praying to your GOD. So get moving–build the sacred house of worship to GOD! Then bring the Chest of the Covenant of GOD and all the holy furnishings for the worship of God into the sanctuary built in honor of GOD."

Preparations for Worship

23 1 When David got to be an old man, he made his son Solomon king over Israel.

2-5 At the same time he brought together all the leaders of Israel, the priests, and the Levites. The Levites thirty years and older were counted; the total was thirty-eight thousand. David sorted them into work groups: "Twenty-four thousand are in charge of administering worship in the sanctuary; six thousand are officials and judges; four thousand are security guards; and four thousand are to serve in the orchestra, praising GOD with instruments that I have provided for praise."

6 David then divided the Levites into groupings named after the sons of Levi: Gershon, Kohath, and Merari.

7-11 The Gershonites: Ladan and Shimei. The three sons of Ladan: Jehiel, Zetham, and Joel. The three sons of Shimei: Shelomoth, Haziel, and Haran, all heads of the families of Ladan. The four sons of Shimei: Jahath, Ziza, Jeush, and Beriah. Jahath came first, followed by Ziza. Jeush and Beriah did not have many sons so they were counted as one family with one task.

12-14 The four sons of Kohath: Amram, Izhar, Hebron, and Uzziel. The sons of Amram: Aaron and Moses. Aaron was especially ordained to work in the Holy of Holies, to burn incense before GOD, to serve God and bless his Name always. This was

15-17 모세의 아들들은 게르솜, 엘리에셀이다. 수바엘은 게르솜의 맏아들이다. 르하뱌는 엘리에셀의 맏아들이자 외아들이다. 엘리에셀은 다른 아들이 없었으나, 르하뱌는 아들이 많았다.

18-23 슬로밋은 이스할의 맏아들이다. 헤브론은 네 아들을 두었는데, 여리야, 아마랴, 야하시엘, 여가므암이다. 웃시엘은 미가와 잇시야 두 아들을 두었다. 므라리의 아들들은 마흘리, 무시다. 마흘리의 아들들은 엘르아살, 기스다. 엘르아살은 아들 없이 딸들만 두고 죽었다. 그의 딸들은 사촌인 기스의 아들들과 결혼했다. 무시는 마흘리, 에델, 여리못 이렇게 세 아들을 두었다.

24 이들은 스무 살 이상 된 레위 자손으로 가문과 족장에 따라 구분되었고, 하나님의 성전 예배에서 맡은 직무에 따라 그룹별로 명단에 올랐다.

25-27 다윗이 말했다. "이제 이스라엘의 하나님께서 그분의 백성에게 안식을 주시고 예루살렘을 그분의 영원한 집으로 삼으셨으니, 레위인은 더 이상 성막이나 예배를 섬기는 데 필요한 기구들을 옮길 필요가 없다." 다윗의 이 유언은 스무 살 이상 된 레위인에게만 해당되었다.

28-31 이때부터 레위인들은 아론 자손을 도와 하나님의 집에서 예배의 일을 섬겼다. 안뜰과 골방을 관리하고, 예배용 기구와 도구를 청결히 유지하고, 그 밖에 예배를 섬기는 데 필요한 모든 일을 처리하며, 상에 차릴 빵과 곡식 제물의 밀가루와 누룩을 넣지 않은 과자를 준비하는 일, 곧 굽고 반죽하고 양을 재고 무게를 다는 모든 일을 맡았다. 또한 그들은 아침 기도와 저녁기도에 참석해 하나님께 감사와 찬양을 드리고, 안식일과 초하루와 모든 절기에 하나님께 번제를 드리는 의식에 참석해야 했다. 그들은 맡은 일과 필요에 따라 정해진 시간에 하나님을 섬겼다.

32 이렇게 레위인은 거룩한 예배 사역에서 아론 자손과 동역하며, 예배 장소와 시간과 순서 등 예배와 관련된 모든 책임을 맡았다.

a permanent appointment for Aaron and his sons. Moses and his sons were counted in the tribe of Levi.

15-17 The sons of Moses: Gershom and Eliezer. Shubael was the first son of Gershom. Rehabiah was the first and only son of Eliezer; but though Eliezer had no other sons, Rehabiah had many sons.

18-23 Shelomith was the first son of Izhar. Hebron had four sons: Jeriah, Amariah, Jahaziel, and Jekameam. Uzziel had two sons: Micah and Isshiah. The sons of Merari: Mahli and Mushi. The sons of Mahli: Eleazar and Kish. Eleazar died without any sons, only daughters. Their cousins, the sons of Kish, married the daughters. Mushi had three sons: Mahli, Eder, and Jerimoth.

24 These are the sons of Levi twenty years and older, divided up according to families and heads of families and listed in the work groups that took care of the worship in the sanctuary of GOD.

25-27 David said, "Now that the GOD of Israel has given rest to his people and made Jerusalem his permanent home, the Levites no longer have to carry the Tabernacle and all the furniture required for the work of worship." These last words of David referred only to Levites twenty years old and above.

28-31 From now on the assigned work of the Levites was to assist Aaron's sons in the work of worship in GOD's house: maintain courtyards and closets, keep the furniture and utensils of worship clean, take care of any extra work needed in the work of worship, and provide bread for the table and flour for the Meal Offerings and the unraised wafers—all baking and mixing, all measuring and weighing. Also they were to be present for morning prayers, thanking and praising GOD, for evening prayers, and at the service of Whole-Burnt-Offerings to GOD on Sabbath, at New Moons, and at all festivals. They were on regular duty to serve GOD according to their assignment and the required number.

32 In short, the Levites, with the sons of Aaron as their companions in the ministry of holy worship, were responsible for everything that had to do with worship: the place and times and ordering of worship.

제사장의 직무

24 [1-5] 아론 가문은 다음과 같이 나뉘었다. 아론의 아들들은 나답, 아비후, 엘르아살, 이다말이다. 나답과 아비후는 아들을 남기지 않고 아버지보다 먼저 죽었다. 그래서 엘르아살과 이다말이 제사장 직분을 맡았다. 다윗은 엘르아살 가문의 사독과 이다말 가문의 아히멜렉을 책임자로 세워 두 가문이 맡겨진 직무를 나누어 수행하게 했다. 지도자가 될 만한 사람이 이다말 가문보다 엘르아살 가문에 더 많았으므로, 그 수를 고려하여 나누었다. 엘르아살 가문에서 족장 지도자 열여섯 명, 이다말 가문에서 족장 지도자 여덟 명이었다. 성전에서 하나님의 일을 맡을 지도자들이 모두 엘르아살 가문과 이다말 가문에 있었으므로, 그들은 양쪽 가문을 똑같이 대하여 제비를 뽑아 지도자들을 임명했다.

[6] 레위인 느다넬의 아들 서기관 스마야가 왕과 관리들, 제사장 사독과 아비아달의 아들 아히멜렉, 제사장과 레위인 가문의 지도자들 앞에서 그들의 이름을 기록했다. 그들은 엘르아살 가문에서 한 집, 이다말 가문에서 한 집씩 교대로 제비를 뽑았다.

[7-18] 첫째로 제비 뽑힌 사람은 여호야립
둘째는 여다야
셋째는 하림
넷째는 스오림
다섯째는 말기야
여섯째는 미야민
일곱째는 학고스
여덟째는 아비야
아홉째는 예수아
열째는 스가냐
열한째는 엘리아십
열두째는 야김
열셋째는 훕바
열넷째는 예세브압
열다섯째는 빌가
열여섯째는 임멜
열일곱째는 헤실
열여덟째는 합비세스
열아홉째는 브다히야
스무째는 여헤스겔
스물한째는 야긴

24 [1-5] The family of Aaron was grouped as follows: Aaron's sons were Nadab, Abihu, Eleazar, and Ithamar. Nadab and Abihu died before their father and left no sons. So Eleazar and Ithamar filled the office of priest. David assigned Zadok from the family of Eleazar and Ahimelech from the family of Ithamar and assigned them to separate divisions for carrying out their appointed ministries. It turned out that there were more leaders in Eleazar's family than in Ithamar's and so they divided them proportionately: sixteen clan leaders from Eleazar's family and eight clan leaders from Ithamar's family. They assigned the leaders by lot, treating both families alike, for there were officials of the sanctuary and officials of God among both the Eleazar and Ithamar families.

[6] The secretary Shemaiah son of Nethanel, a Levite, wrote down their names in the presence of the king, the officials, Zadok the priest, Ahimelech son of Abiathar, and the leaders of the priestly and Levitical families. They took turns: One family was selected from Eleazar and then one from Ithamar.

[7-18] The first lot fell to Jehoiarib,
the second to Jedaiah,
the third to Harim,
the fourth to Seorim,
the fifth to Malkijah,
the sixth to Mijamin,
the seventh to Hakkoz,
the eighth to Abijah,
the ninth to Jeshua,
the tenth to Shecaniah,
the eleventh to Eliashib,
the twelfth to Jakim,
the thirteenth to Huppah,
the fourteenth to Jeshebeab,
the fifteenth to Bilgah,
the sixteenth to Immer,
the seventeenth to Hezir,
the eighteenth to Happizzez,
the nineteenth to Pethahiah,
the twentieth to Jehezkel,
the twenty-first to Jakin,
the twenty-second to Gamul,

스물두째는 가물
스물셋째는 들라야
스물넷째는 마아시야다.

19 그들은 정해진 순서대로 하나님의 성전에 들어가 섬기되, 하나님 이스라엘의 하나님께서 그들의 조상 아론에게 명령하신 그대로 아론이 정한 규례에 따라 행했다.
20 나머지 레위인은 이러하다.
아므람의 아들들 중에서 수바엘, 수바엘의 아들들 중에서 예드야.
21 르하뱌의 아들들 중에서는 잇시야가 첫째였다.
22 이스할 자손 중에서 슬로못, 슬로못의 아들들 중에서 야핫.
23 헤브론의 아들들은 첫째 여리야, 둘째 아마랴, 셋째 야하시엘, 넷째 여가므암이다.
24-25 웃시엘의 아들 미가, 미가의 아들들 중에서 사밀. 또한 미가의 동생 잇시야, 잇시야의 아들들 중에서 스가랴.
26-27 므라리의 아들들인 마흘리와 무시, 또 야아시야의 아들 브노. 므라리의 자손인 야아시야의 가문에서 브노, 소함, 삭굴, 이브리.
28 마흘리 가문에서는 엘르아살인데, 그는 아들이 없었다.
29 기스 가문에서는 기스의 아들 여라므엘이다.
30-31 무시의 아들들 중에서는 마흘리, 에델, 여리못이다.

이들은 가문에 따라 기록된 레위인이다. 그들도 친족인 아론 자손처럼, 다윗 왕과 사독과 아히멜렉과 제사장과 레위인 가문의 지도자들 앞에서 제비를 뽑았다. 맏형의 가문과 막내 동생의 가문이 모두 같은 대우를 받았다.

음악으로 예배를 섬긴 사람들

25

1-7 그 후에 다윗과 예배 인도자들은 아삽, 헤만, 여두둔 가문에서 특별히 설교와 음악으로 섬길 사람들을 뽑았다. 그 이름과 맡은 일의 목록은 이러하다. 아*삽 가문에서는 삭굴, 요셉, 느다냐, 아사렐라*다. 아삽이 이들을 감독했는데, 그는 왕의 명령에 따라 하나님의 말씀을 대언하는 자였다. 여두둔 가문에서는 그달리야, 스리, 여사야, 시므이, 하사뱌, 맛디디야 이렇게 여섯 아들

the twenty-third to Delaiah,
and the twenty-fourth to Maaziah.

19 They served in this appointed order when they entered The Temple of GOD, following the procedures laid down by their ancestor Aaron as GOD, the God of Israel, had commanded him.
20 The rest of the Levites are as follows:
From the sons of Amram: Shubael; from the sons of Shubael: Jehdeiah.
21 Concerning Rehabiah: from his sons, Isshiah was the first.
22 From the Izharites: Shelomoth; from the sons of Shelomoth: Jahath.
23 The sons of Hebron: Jeriah the first, Amariah the second, Jahaziel the third, and Jekameam the fourth.
24-25 The son of Uzziel: Micah, and from the sons of Micah: Shamir. The brother of Micah was Isshiah, and from the sons of Isshiah: Zechariah.
26-27 The sons of Merari: Mahli and Mushi. The son of Jaaziah: Beno. The sons of Merari from Jaaziah: Beno, Shoham, Zaccur, and Ibri.
28 From Mahli: Eleazar, who had no sons.
29 From Kish: Jerahmeel, the son of Kish.
30-31 And from the sons of Mushi: Mahli, Eder, and Jerimoth.

These were the Levites by their families. They also cast lots, the same as their kindred the sons of Aaron had done, in the presence of David the king, Zadok, Ahimelech, and the leaders of the priestly and Levitical families. The families of the oldest and youngest brothers were treated the same.

The Musicians for Worship

25

1-7 Next David and the worship leaders selected some from the family of Asaph, Heman, and Jeduthun for special service in preaching and music. Here is the roster of names and assignments: From the family of Asaph: Zaccur, Joseph, Nethaniah, and Asarelah; they were supervised by Asaph, who spoke for GOD backed up by the king's authority. From the family of Jeduthun there were six sons: Gedaliah, Zeri, Jeshaiah, Shimei, Hashabiah, and Mattithiah; they were supervised by their father

이다. 그들의 아버지 여두둔이 이들을 감독했는데, 그는 설교도 하고 수금으로 직접 연주도 하며 하나님께 드리는 감사의 찬양을 인도했다. 헤만 가문에서는 북기야, 맛다냐, 웃시엘, 수바엘, 여리못, 하나냐, 하나니, 엘리아다, 깃달디, 로맘디에셀, 요스브가사, 말로디, 호딜, 마하시옷이다. 이들은 왕의 선견자 헤만의 아들들이다. 이들은 아버지가 임명받은 거룩한 일을 잘 수행하도록 지원하고 보조했다. 하나님은 헤만에게 열네 명의 아들과 세 명의 딸을 주셨다. 아버지의 감독 아래 이들은 하나님의 성전 예배에서 찬양을 인도하고 연주하는 일을 맡았다(아삽, 여두둔, 헤만은 직접 왕의 명령을 받았다). 이들은 거룩한 음악에 능숙한 명인들로, 모두 288명이었다.

8 이들은 제비를 뽑아 누가 무슨 일을 할지를 정했다. 나이가 많든 적든, 스승이든 제자든, 어느 누구에게도 특혜나 우위를 주지 않았다.

9-31 아삽의 가문에서 첫째로 제비 뽑힌 이름은 요셉과 그 아들과 형제 열두 명이고, 둘째는 그달리야와 그 아들과 형제 열두 명, 셋째는 삭굴과 그 아들과 형제 열두 명, 넷째는 이스리와 그 아들과 형제 열두 명, 다섯째는 느다냐와 그 아들과 형제 열두 명, 여섯째는 북기야와 그 아들과 형제 열두 명, 일곱째는 여사렐라와 그 아들과 형제 열두 명, 여덟째는 여사야와 그 아들과 형제 열두 명, 아홉째는 맛다냐와 그 아들과 형제 열두 명, 열째는 시므이와 그 아들과 형제 열두 명, 열한째는 아사렐과 그 아들과 형제 열두 명, 열두째는 하사뱌와 그 아들과 형제 열두 명, 열셋째는 수바엘과 그 아들과 형제 열두 명, 열넷째는 맛디디야와 그 아들과 형제 열두 명, 열다섯째는 여리못과 그 아들과 형제 열두 명, 열여섯째는 하나냐와 그 아들과 형제 열두 명, 열일곱째는 요스브가사와 그 아들과 형제 열두 명, 열여덟째는 하나니와 그 아들과 형제 열두 명, 열아홉째는 말로디와 그 아들과 형제 열두 명, 스무째는 엘리아다와 그 아들과 형제 열두 명, 스물한째는 호딜과 그 아들과 형제 열두 명, 스물두째는 깃달디와 그 아들과 형제 열두 명, 스물셋째는 마하시옷과 그 아들과 형제 열두 명, 스물넷째는 로맘디에셀과 그 아들과 형제 열두 명이었다.

Jeduthun, who preached and accompanied himself with the zither—he was responsible for leading the thanks and praise to GOD. From the family of Heman: Bukkiah, Mattaniah, Uzziel, Shubael, Jerimoth, Hananiah, Hanani, Eliathah, Giddalti, Romamti-Ezer, Joshbekashah, Mallothi, Hothir, and Mahazioth. These were the sons of Heman the king's seer; they supported and assisted him in his divinely appointed work. God gave Heman fourteen sons and three daughters. Under their father's supervision they were in charge of leading the singing and providing musical accompaniment in the work of worship in the sanctuary of God (Asaph, Jeduthun, and Heman took their orders directly from the king). They were well-trained in the sacred music, all of them masters. There were 288 of them.

8 They drew names at random to see who would do what. Nobody, whether young or old, teacher or student, was given preference or advantage over another.

9-31 The first name from Asaph's family was Joseph and his twelve sons and brothers; second, Gedaliah and his twelve sons and brothers; third, Zaccur and his twelve sons and brothers; fourth, Izri and his twelve sons and brothers; fifth, Nethaniah and his twelve sons and brothers; sixth, Bukkiah and his twelve sons and brothers; seventh, Jesarelah and his twelve sons and brothers; eighth, Jeshaiah and his twelve sons and brothers; ninth, Mattaniah and his twelve sons and brothers; tenth, Shimei and his twelve sons and brothers; eleventh, Azarel and his twelve sons and brothers; twelfth, Hashabiah and his twelve sons and brothers; thirteenth, Shubael and his twelve sons and brothers; fourteenth, Mattithiah and his twelve sons and brothers; fifteenth, Jerimoth and his twelve sons and brothers; sixteenth, Hananiah and his twelve sons and brothers; seventeenth, Joshbekashah and his twelve sons and brothers; eighteenth, Hanani and his twelve sons and brothers; nineteenth, Mallothi and his twelve sons and brothers; twentieth, Eliathah and his twelve sons and brothers; twenty-first, Hothir and his twelve sons and brothers; twenty-second, Giddalti and his twelve sons and brothers; twenty-third, Mahazioth and his twelve sons and brothers; twenty-fourth, Romamti-Ezer and his twelve sons and brothers.

성전 문지기

26 [1-11] 문지기들은 고라 가문 출신이었다. (아삽 자손 중 하나인) 고레의 아들 므셀레마와 므셀레먀의 맏아들 스가랴, 그 아래로 여디야엘, 스바댜, 야드니엘, 엘람, 여호하난, 엘여호에내 이렇게 일곱 아들이 있었다. 오벳에돔의 아들로는 맏아들 스마야, 그 아래로 여호사밧, 요아, 사갈, 느다넬, 암미엘, 잇사갈, 브울래대가 있었다. 하나님께서 그에게 여덟 아들의 복을 주셨다. 그의 아들인 스마야의 아들들인 오드니, 르바엘, 오벳, 엘사밧은 가문의 탁월한 지도자가 되었고, 그의 친족 엘리후와 스마갸 또한 출중했다. 이들 모두 오벳에돔의 자손으로 탁월하고 유능했으며, 그 수는 예순두 명이었다. 므셀레먀의 아들과 친족 열여덟 명도 훌륭했다. 므라리의 자손인 호사의 아들들은 시므리(그는 맏아들이 아니었지만 아버지가 그를 맏아들로 삼았다), 그 다음은 힐기야, 그 뒤로는 드발리야, 스가랴였다. 호사 가문은 모두 열세 명이었다.

[12-16] 조상의 전통을 이어받은 이들 문지기들은 지도자들의 감독 아래 하나님의 성전 치안을 책임졌다. 이들은 각 가문의 지명도와 관계없이 똑같이 제비를 뽑아 각자 맡을 구역을 배정받았다. 셀레먀는 동문에 배정되었고, 참모이자 통찰력 있는 그의 아들 스가랴는 북문을 제비 뽑았다. 오벳에돔은 남문을 제비 뽑았고, 그의 아들들은 창고 근무를 제비 뽑았다. 숩빔과 호사는 서문과 큰길가에 있는 살래겟 문에 배치되었다.

[16-18] 문지기들은 나란히 서서 지켰다. 동문에는 하루에 레위인 여섯 명, 북문과 남문에는 하루에 네 명, 창고에는 한 번에 두 명이 배치되었다. 출입이 자유로운 서쪽 뜰에는 길에 네 명, 뜰에 두 명이 배치되었다.

[19] 이들은 고라 자손과 므라리 자손의 문지기들이다.

재무: 회계와 장부정리

[20-22] 하나님의 성전 재무는 다른 레위인들이 맡았다. (모두 게르손 자손인) 라단 가문에서는 여히엘리와 그의 아들들, 곧 스담과 그의 동생 요엘이 있었다. 이들은 하나님의 성전 재정을 감독했다.

The Security Guards

26 [1-11] The teams of security guards were from the family of Korah: Meshelemiah son of Kore (one of the sons of Asaph). Meshelemiah's sons were Zechariah, the firstborn, followed by Jediael, Zebadiah, Jathniel, Elam, Jehohanan, and Eliehoenai–seven sons. Obed-Edom's sons were Shemaiah, the firstborn, followed by Jehozabad, Joah, Sacar, Nethanel, Ammiel, Issachar, and Peullethai–God blessed him with eight sons. His son Shemaiah had sons who provided outstanding leadership in the family: Othni, Rephael, Obed, and Elzabad; his relatives Elihu and Semakiah were also exceptional. These all came from the line of Obed-Edom–all of them outstanding and strong. There were sixty-two of them. Meshelemiah had eighteen sons and relatives who were outstanding. The sons of Hosah the Merarite were Shimri (he was not the firstborn but his father made him first), then Hilkiah, followed by Tabaliah and Zechariah. Hosah accounted for thirteen.

[12-16] These teams of security guards, supervised by their leaders, kept order in The Temple of GOD, keeping up the traditions of their ancestors. They were all assigned to their posts by the same method regardless of the prominence of their families–each picked his gate assignment from a hat. Shelemiah was assigned to the East Gate; his son Zechariah, a shrewd counselor, got the North Gate. Obed-Edom got the South Gate; and his sons pulled duty at the storehouse. Shuppim and Hosah were posted to the West Gate and the Shalleketh Gate on the high road.

[16-18] The guards stood shoulder to shoulder: six Levites per day on the east, four per day on the north and on the south, and two at a time at the storehouse. At the open court to the west, four guards were posted on the road and two at the court.

[19] These are the teams of security guards from the sons of Korah and Merari.

Financial Affairs: Accountants and Bookkeepers

[20-22] Other Levites were put in charge of the financial affairs of The Temple of God. From the family of Ladan (all Gershonites) came Jehieli, and the sons of Jehieli, Zetham and his brother Joel. They supervised the finances of the sanctuary of GOD.

23-28 아므람 자손, 이스할 자손, 헤브론 자손, 웃시엘 자손에서는 모세의 아들인 게르솜 자손 수바엘이 최고 재무책임자로 일했다. 수바엘의 형제인 엘리에셀의 친족으로는 엘리에셀의 아들 르하뱌, 그 아들 여사야, 그 아들 요람, 그 아들 시그리, 그 아들 슬로밋이 있다. 슬로밋과 그의 친족은 다윗 왕과 각 가문의 우두머리와 여러 군지휘관들이 구별해 바친 귀중품을 맡았다. 이들은 전에 전쟁에서 얻은 전리품을 하나님을 예배하는 일에 바쳤다. 아울러 선견자 사무엘과 기스의 아들 사울과 넬의 아들 아브넬과 스루야의 아들 요압이 바친 모든 것, 그들이 그때까지 바친 모든 헌물을 슬로밋과 그 집안이 관리했다.

29-30 이스할 자손의 가문에서는, 예배와 성전 직무 외의 일들을 책임지는 관리와 재판관으로 그나냐와 그의 아들들이 임명되었다. 헤브론 자손의 가문에서는 하사뱌와 그의 친족—자격을 갖춘 1,700명—이 요단강 서쪽 영토를 관할하는 일과 하나님을 예배하는 일에 관련된 모든 행정을 책임졌다.

31-32 헤브론 자손의 족보에 따르면, 여리야가 그들의 우두머리였다. 다윗 왕은 재위 사십년(곧 마지막 해)이 되던 해에 헤브론의 족보를 살펴, 길르앗의 야스엘에서 탁월한 사람들을 찾아냈다. 여리야와 그의 친족 2,700명이었다. 다윗 왕은 그들에게 요단강 동쪽 영토—르우벤 지파, 갓 지파, 므낫세 반쪽 지파—를 관할하는 일과 하나님을 예배하는 일에 관련된 모든 행정을 맡겼다.

군대 조직

27

1 이스라엘 자손 가운데서 각 지파의 족장과 군지휘관과 군과 관련된 모든 일로 왕을 섬긴 관리들의 이름은 이러하다. 그들은 한 달씩 번갈아 가며 일 년 열두 달 동안 임무를 수행했다. 각 부대는 24,000명으로 구성되었다.

2-3 첫째 달에 복무할 부대는 삽디엘의 아들 야소브암이 맡아 24,000명을 거느렸다. 그는 베레스의 자손으로 첫째 달 동안 모든 군지휘관을 이끌었다.

4 둘째 달에 복무할 부대는 아호아 사람 도대가 맡아 24,000명을 거느렸다. 미글롯이

23-28 From the Amramites, the Izharites, the Hebronites, and the Uzzielites: Shubael, descended from Gershom the son of Moses, was the chief financial officer. His relatives through Eliezer: his son Rehabiah, his son Jeshaiah, his son Joram, his son Zicri, and his son Shelomith. Shelomith and his relatives were in charge of valuables consecrated by David the king, family heads, and various generals and commanders from the army. They dedicated the plunder that they had gotten in war to the work of the worship of GOD. In addition, everything that had been dedicated by Samuel the seer, Saul son of Kish, Abner son of Ner, and Joab son of Zeruiah—anything that had been dedicated, ever, was the responsibility of Shelomith and his family.

29-30 From the family of the Izharites, Kenaniah and sons were appointed as officials and judges responsible for affairs outside the work of worship and sanctuary. From the family of the Hebronites, Hashabiah and his relatives—1,700 well-qualified men—were responsible for administration of matters related to the worship of GOD and the king's work in the territory west of the Jordan.

31-32 According to the family tree of the Hebronites, Jeriah held pride of place. In the fortieth year of David's reign (his last), the Hebron family tree was researched and outstanding men were found at Jazer in Gilead, namely, Jeriah and 2,700 men of his extended family: David the king made them responsible for administration of matters related to the worship of God and the work of the king in the territory east of the Jordan—the Reubenites, the Gadites, and the half-tribe of Manasseh.

Military Organization

27

1 Here is the listing of the sons of Israel by family heads, commanders and captains, and other officers who served the king in everything military. Army divisions were on duty a month at a time for the twelve months of the year. Each division comprised 24,000 men.

2-3 First division, first month: Jashobeam son of Zabdiel was in charge with 24,000 men. He came from the line of Perez. He was over all the army officers during the first month.

부대의 지도자였다.
5-6 셋째 달에 복무할 부대의 지휘관은 제사장 여호야다의 아들 브나야로 24,000명을 거느렸다. 이 사람이 바로 삼십 인 중의 용장이자 우두머리인 브나야였다. 그의 아들 암미사밧이 부대를 맡았다.
7 넷째 달에 복무할 부대의 지휘관은 요압의 동생 아사헬로 그의 아들 스바댜가 그의 뒤를 이어 24,000명을 거느렸다.
8 다섯째 달에 복무할 부대의 지휘관은 이스라 사람 삼훗으로 24,000명을 거느렸다.
9 여섯째 달에 복무할 부대의 지휘관은 드고아 사람 익게스의 아들 이라로 24,000명을 거느렸다.
10 일곱째 달에 복무할 부대의 지휘관은 에브라임 자손인 발론 사람 헬레스로 24,000명을 거느렸다.
11 여덟째 달에 복무할 부대의 지휘관은 세라 자손인 후사 사람 십브개로 24,000명을 거느렸다.
12 아홉째 달에 복무할 부대의 지휘관은 베냐민 자손인 아나돗 사람 아비에셀로 24,000명을 거느렸다.
13 열째 달에 복무할 부대의 지휘관은 세라 자손인 느도바 사람 마하래로 24,000명을 거느렸다.
14 열한째 달에 복무할 부대의 지휘관은 에브라임 자손인 비라돈 사람 브나야로 24,000명을 거느렸다.
15 열두째 달에 복무할 부대의 지휘관은 옷니엘 가문인 느도바 사람 헬대로 24,000명을 거느렸다.

각 지파의 행정관

16-22 각 지파의 행정 업무를 맡은 행정관들은 이러하다.
르우벤 지파에는 시그리의 아들 엘리에셀
시므온 지파에는 마아가의 아들 스바댜
레위 지파에는 그무엘의 아들 하사뱌
아론 지파에는 사독
유다 지파에는 다윗의 형 엘리후
잇사갈 지파에는 미가엘의 아들 오므리
스불론 지파에는 오바댜의 아들 이스마야
납달리 지파에는 아스리엘의 아들 여리못
에브라임 지파에는 아사시야의 아들 호세아
므낫세 반쪽 지파에는 브다야의 아들 요엘
길르앗의 므낫세 반쪽 지파에는 스가랴의 아들 잇도

4 The division for the second month: Dodai the Ahohite was in charge: 24,000 men; Mikloth was the leader of his division.
5-6 Commander for the third month: Benaiah son of Jehoiada the priest with 24,000 men. This was the same Benaiah who was a Mighty Man among the Thirty and their chief. His son Ammizabad was in charge of the division.
7 Fourth division for the fourth month: Asahel brother of Joab; his son Zebadiah succeeded him: 24,000 men.
8 Fifth division, fifth month: commander Shamhuth the Izrahite: 24,000 men.
9 Sixth division, sixth month: Ira son of Ikkesh the Tekoite: 24,000 men.
10 Seventh division, seventh month: Helez the Pelonite, an Ephraimite: 24,000 men.
11 Eighth division, eighth month: Sibbecai the Hushathite, a Zerahite: 24,000 men.
12 Ninth division, ninth month: Abiezer the Anathothite, a Benjaminite: 24,000 men.
13 Tenth division, tenth month: Maharai the Netophathite, a Zerahite: 24,000 men.
14 Eleventh division, eleventh month: Benaiah the Pirathomite, an Ephraimite: 24,000 men.
15 Twelfth division, twelfth month: Heldai the Netophathite from the family of Othniel: 24,000 men.

Tribal Administrators

16-22 Administrators of the affairs of the tribes:
for Reuben: Eliezer son of Zicri;
for Simeon: Shephatiah son of Maacah;
for Levi: Hashabiah son of Kemuel;
for Aaron: Zadok;
for Judah: Elihu, David's brother;
for Issachar: Omri son of Michael;
for Zebulun: Ishmaiah son of Obadiah;
for Naphtali: Jerimoth son of Azriel;
for Ephraim: Hoshea son of Azaziah;
for one half-tribe of Manasseh: Joel son of Pedaiah;
for the half-tribe of Manasseh in Gilead: Iddo son of Zechariah;
for Benjamin: Jaasiel son of Abner;
for Dan: Azarel son of Jeroham.
These are the administrative officers assigned to

베냐민 지파에는 아브넬의 아들 야아시엘
단 지파에는 여로함의 아들 아사렐.
이들은 이스라엘 각 지파에 임명된 행정관들이다.

23-24 다윗은 스무 살 미만의 사람들 수는 세지 않았는데, 그것은 하나님께서 전에 하늘의 별처럼 많은 인구를 이스라엘에 주시기로 약속하셨기 때문이다. 스루야의 아들 요압이 인구조사를 시작했으나, 그 일로 하나님께서 이스라엘에 진노를 발하셔서 끝마치지 못했다. 그래서 결국 그 숫자는 다윗 왕의 실록에 기록되지 못했다.

왕실 재산 관리자

25 아디엘의 아들 아스마웻은 왕의 창고 시설을 감독했다. 웃시야의 아들 요나단은 외곽 지역의 창고를 책임졌다.
26 글룹의 아들 에스리는 농장의 농부들을 관리했다.
27 라마 사람 시므이는 포도원을 맡고, 스밤 사람 삽디는 포도주 통에 담을 포도를 맡았다.
28 게델 사람 바알하난은 서쪽 산지의 올리브나무와 뽕나무를 맡고, 요아스는 올리브기름을 맡았다.
29 샤론 사람 시드래는 샤론에서 풀을 뜯는 소 떼를 맡고, 아들래의 아들 사밧은 골짜기의 소 떼를 맡았다.
30-31 이스마엘 사람 오빌은 낙타를 맡고, 메로놋 사람 예드야는 나귀를 맡았으며, 하갈 사람 야시스는 양 떼를 맡았다.
이들은 다윗 왕의 재산 관리를 책임진 사람들이다.

다윗의 참모들

32 다윗의 숙부이자 지혜롭고 박식한 참모인 요나단과 학모니의 아들 여히엘은, 왕자들을 양육하는 책임을 맡았다.
33-34 아히도벨은 왕의 참모였고, 아렉 사람 후새는 왕의 친구였다. 나중에 브나야의 아들 여호야다와 아비아달이 아히도벨의 뒤를 이었다.
요압은 왕의 군사령관이었다.

다윗의 고별 연설

28 1 다윗은 이스라엘의 모든 지도자—각 지파의 행정관, 여러 정부 부처의 책임자, 군지휘관, 왕과 왕자들 소유의 재산과

the tribes of Israel.

23-24 David didn't keep a count of men under the age of twenty, because GOD had promised to give Israel a population as numerous as the stars in the sky. Joab son of Zeruiah started out counting the men, but he never finished. God's anger broke out on Israel because of the counting. As it turned out, the numbers were never entered into the court records of King David.

Supply Officers

25 The king's storage facilities were supervised by Azmaveth son of Adiel. Jonathan son of Uzziah was responsible for the warehouses in the outlying areas.
26 Ezri son of Kelub was in charge of the field workers on the farms.
27 Shimei the Ramathite was in charge of the vineyards and Zabdi the Shiphmite was in charge of grapes for the wine vats.
28 Baal-Hanan the Gederite was in charge of the olive and sycamore-fig trees in the western hills, and Joash was in charge of the olive oil.
29 Shitrai the Sharonite was in charge of herds grazing in Sharon and Shaphat son of Adlai was in charge of herds in the valley.
30-31 Obil the Ismaelite was in charge of the camels, Jehdeiah the Meronothite was in charge of the donkeys, and Jaziz the Hagrite was in charge of the flocks.
These were the ones responsible for taking care of King David's property.

David's Counselors

32 Jonathan, David's uncle, a wise and literate counselor, and Jehiel son of Hacmoni, were responsible for rearing the king's sons.
33-34 Ahithophel was the king's counselor; Hushai the Arkite was the king's friend. Ahithophel was later replaced by Jehoiada son of Benaiah and by Abiathar. Joab was commander of the king's army.

David's Valedictory Address

28 1 David called together all the leaders of Israel—tribal administrators, heads of various governmental operations, military

가축을 맡은 관리인 등 나랏일을 맡은 모든 사람—를 불러 모았다.

2-7 다윗 왕이 일어나서 이렇게 말했다. "나의 백성들이여, 내 말을 들으십시오. 나는 **하나님**의 언약궤, 곧 하나님의 발 받침대를 영구히 둘 성전을 짓기를 간절히 원했습니다. 그래서 모든 준비를 다 마쳤으나 하나님께서 말씀하셨습니다. '너는 나를 높일 집을 지을 수 없다. 너는 너무 많이 싸웠고 너무 많은 사람을 죽였다.' **하나님**께서는 내 집안에서 나를 택하시고 영원히 이스라엘의 왕이 되게 하셨습니다. 먼저 그분은 유다 지파를 지도자로 택하셨고, 그런 다음 내 집안을, 마지막으로 내 아버지의 아들들 중에서 나를 택하셔서 즐거이 온 이스라엘의 왕으로 삼으셨습니다. 그 다음에 내 모든 아들 중에서—**하나님**께서 내게 아들을 많이 주셨습니다!—솔로몬을 택하시고 **하나님**께서 통치하시는 이스라엘의 왕위에 앉히셨습니다. 그리고 이렇게 말씀하셨습니다. '네 아들 솔로몬이 내 집과 내 뜰을 지을 것이다. 내가 그를 택하여 내 귀한 양자로 삼았으니 나는 그에게 아버지가 될 것이다. 그가 계속해서 한결같은 마음으로 내 명령을 행하고 지금처럼 내 결정들을 힘써 지키면, 나는 그의 나라가 영원히 지속되게 할 것이다.'

8 이제 여러분은 온 이스라엘이 지켜보고 하나님께서 들으시는 이 공적인 장소에서, **하나님**의 백성으로 **하나님**의 계명을 마지막 하나까지 살피고 순종하십시오. 그러면 이 좋은 땅에서 삶을 마음껏 누리고 이 땅을 여러분의 자손에게 흠 없이 물려주어, 그들에게 복된 미래를 보증할 수 있을 것입니다.

9-10 그리고 나의 아들 솔로몬아, 너는 네 아버지의 하나님을 바로 알고 온 마음과 뜻을 다해 그분을 섬겨라. **하나님**께서는 마음을 살피시고 그 모든 중심을 꿰뚫어 보신다. 네가 그분을 구하하면, 반드시 너를 만나 주실 것이다. 그러나 네가 그분을 버리면, 그분도 너를 영원히 떠나실 것이다. 이제 잘 들어라! **하나님**께서 너를 택하셔서 그분의 거룩한 집을 짓게 하셨다. 용기를 내고 마음을 굳게 먹어라! 그것을 시행하여라!"

11-19 그러고 나서 다윗은 성전의 현관과 창고와 집회소와 속죄 제물을 바칠 장소의 설계도를 아들 솔로몬에게 건네주었다. 하나님의 영이

commanders and captains, stewards in charge of the property and livestock belonging to the king and his sons—everyone who held responsible positions in the kingdom.

2-7 King David stood tall and spoke: "Listen to me, my people: I fully intended to build a permanent structure for the Chest of the Covenant of GOD, God's footstool. But when I got ready to build it, God said to me, 'You may not build a house to honor me—you've done too much fighting—killed too many people.' GOD chose me out of my family to be king over Israel forever. First he chose Judah as the lead tribe, then he narrowed it down to my family, and finally he picked me from my father's sons, pleased to make me the king over all Israel. And then from all my sons—and GOD gave me many!—he chose my son Solomon to sit on the throne of GOD's rule over Israel. He went on to say, 'Your son Solomon will build my house and my courts: I have chosen him to be my royal adopted son; and I will be to him a father. I will guarantee that his kingdom will last if he continues to be as strong-minded in doing what I command and carrying out my decisions as he is doing now.'

8 "And now, in this public place, all Israel looking on and God listening in, as GOD's people, obey and study every last one of the commandments of your GOD so that you can make the most of living in this good land and pass it on intact to your children, insuring a good future.

9-10 "And you, Solomon my son, get to know well your father's God; serve him with a whole heart and eager mind, for GOD examines every heart and sees through every motive. If you seek him, he'll make sure you find him, but if you abandon him, he'll leave you for good. Look sharp now! GOD has chosen *you* to build his holy house. Be brave, determined! And do it!"

11-19 Then David presented his son Solomon with the plans for The Temple complex: porch, storerooms, meeting rooms, and the place for atoning sacrifice. He turned over the plans for everything that God's Spirit had brought to his mind: the design of the courtyards, the arrangements of rooms, and the closets for storing all the holy things. He gave him

머릿속에 떠오르게 하신 모든 것, 곧 안뜰의 구도와 주위 모든 방의 배치, 모든 거룩한 물건을 보관할 창고의 설계도도 넘겨주었다. 또한 레위인과 제사장들을 조직하여 하나님의 집에서 예배를 인도하고 주관하게 할 계획과 함께, 예배에 사용하는 기구들을 관리할 계획을 그에게 알려 주었다. 금은 등잔대와 등잔, 거룩하게 구별된 빵을 차릴 상, 금갈고리와 대접과 병, 분향단 등 예배에 사용할 각 기구에 금과 은이 얼마나 필요한지에 대해서도 구체적으로 일러 주었다. 그는 또 하나님의 언약궤—그룹 보좌—위로 날개를 펼친 그룹들을 조각할 도면도 주었다. 다윗은 "하나님께서 내게 주신 전체 청사진이 여기 있다" 하고 말했다.

20-21 다윗은 계속해서 솔로몬에게 말했다. "담대하게 일을 해나가거라! 걱정하거나 낙심하지 마라. 하나님 나의 하나님께서 이 일에 너와 함께 계신다. 그분은 곤경에 처한 너를 두고 떠나지 않으실 것이다. 네가 하나님께 예배 드릴 수 있도록 마지막 세부 사항이 완성되기까지 네 곁에 함께 계실 것이다. 모든 제사장과 레위인들이 도울 준비를 마쳤고, 숙련된 기술자와 장인들도 일할 준비가 되어 있다. 지도자와 백성도 모두 준비되었다. 이제 명령만 하여라."

성전 건축에 쓸 예물

29 1-5 다윗 왕이 회중에게 말했다. "하나님께서 내 아들 솔로몬을 택하셔서 이 일을 행하게 하셨습니다. 그러나 그는 어리고 경험이 없으며, 이것은 너무도 큰일입니다. 이 성전은 그저 사람들이 만나는 장소가 아니라 하나님께서 우리를 만나 주시는 집입니다. 나는 내 하나님을 위해 이 집을 짓고자 최선을 다해 모든 것을 준비했습니다. 금과 은, 청동, 철, 재목, 각양각색의 보석과 건축용 석재 등 필요한 모든 자재를 산더미처럼 준비해 두었습니다. 더욱이 내 마음이 이 일을 간절히 원하므로, 내게 있는 금과 은도 내 하나님을 위한 예배 처소를 짓는 데 바치겠습니다. 오빌에서 난 최상품 금 3,000달란트(약 113톤)와 은 7,000달란트(214톤)입니다. 이것으로 성전 벽을 입히고, 기술자와 장인들이 각종 금과 은으로 작업하는 데 쓸 것입니다.

이제 여러분은 어떻습니까? 여러분 가운데 자원하여 기꺼이 나와 함께 바칠 사람이 있습

his plan for organizing the Levites and priests in their work of leading and ordering worship in the house of God, and for caring for the liturgical furnishings. He provided exact specifications for how much gold and silver was needed for each article used in the services of worship: the gold and silver Lampstands and lamps, the gold tables for consecrated bread, the silver tables, the gold forks, the bowls and the jars, and the Incense Altar. And he gave him the plan for sculpting the cherubs with their wings outstretched over the Chest of the Covenant of GOD—the cherubim throne. "Here are the blueprints for the whole project as GOD gave me to understand it," David said.

20-21 David continued to address Solomon: "Take charge! Take heart! Don't be anxious or get discouraged. GOD, my God, is with you in this; he won't walk off and leave you in the lurch. He's at your side until every last detail is completed for conducting the worship of GOD. You have all the priests and Levites standing ready to pitch in, and skillful craftsmen and artisans of every kind ready to go to work. Both leaders and people are ready. Just say the word."

They Get Ready to Build

29 1-5 Then David the king addressed the congregation: "My son Solomon was singled out and chosen by God to do this. But he's young and untested and the work is huge—this is not just a place for people to meet each other, but a house for GOD to meet us. I've done my best to get everything together for building this house for my God, all the materials necessary: gold, silver, bronze, iron, lumber, precious and varicolored stones, and building stones—vast stockpiles. Furthermore, because my heart is in this, in addition to and beyond what I have gathered, I'm turning over my personal fortune of gold and silver for making this place of worship for my God: 3,000 talents (about 113 tons) of gold—all from Ophir, the best—and 7,000 talents (214 tons) of silver for covering the walls of the buildings, and for the gold and silver work by craftsmen and artisans.

"And now, how about you? Who among you is ready

니까?"
6-8 그러자 각 가문의 족장과 이스라엘 각 지파의 지도자와 군지휘관과 왕의 사무를 맡은 관리자들이 자원하여 기꺼이 바쳤다. 그들은 금 5,000달란트(188톤)와 금 10,000다릭(83.9킬로그램), 은 10,000달란트(377톤), 청동 18,000달란트(679톤), 철 100,000달란트(3,775톤)를 바쳤다. 보석을 가진 사람은 게르손 사람 여히엘의 관리 아래 하나님의 성전 보물 보관소로 가져다 바쳤다.
9 백성은 그들이 바친 모든 것으로 기뻐하며 환호했다! 모두가 자원해서, 아낌없이 바친 물건이었다! 다윗 왕도 크게 기뻐했다.
10-13 다윗은 온 회중 앞에서 하나님을 찬양했다.

우리 조상 이스라엘의 하나님,
옛적부터 영원까지 찬양받으소서.
오 하나님, 위대하심과 능력,
영광과 승리와 위엄과 영화가 모두 주의 것입니다.
그렇습니다! 하늘과 땅의 모든 것, 모든 나라가 주의 것입니다!
주께서 친히 모든 것 위에 높아지셨습니다.
부귀와 영광이 주께로부터 나오며
주께서 모든 것을 다스리십니다.
그 손안의 힘과 능력으로
모든 것을 세우시고 강하게 하십니다.
오 하나님, 우리 하나님, 이제 우리가 주께 감사하며
주의 영화로운 이름을 찬송합니다.

14-19 "제가 누구이며 이 백성이 누구이기에, 우리가 감히 주께 그 무엇을 바칠 수 있겠습니까? 모든 것이 주께로부터 옵니다. 다만 우리는 주의 넉넉하신 손에서 받은 것을 돌려드릴 뿐입니다. 주님 보시기에 우리는, 우리 조상들처럼 집 없고 힘없는 방랑자에 불과하며, 우리의 삶은 그림자와 같이 보잘것없습니다. 하나님 우리 하나님, 이 모든 자재—주님의 거룩하신 이름을 높이고 예배 드릴 처소를 짓기 위한 물건들—는 다 주께로부터 왔습니다! 처음부터 다 주님의 것이었습니다! 사랑하는 하나님, 주께서는 겉모습에 전혀 관심이 없으시고 우리 자신, 우리의 참된 마음을 원하시는 것을 잘 압니

and willing to join in the giving?"
6-8 Ready and willing, the heads of families, leaders of the tribes of Israel, commanders and captains in the army, stewards of the king's affairs, stepped forward and gave willingly. They gave 5,000 talents (188 tons) and 10,000 darics (185 pounds) of gold, 10,000 talents of silver (377 tons), 18,000 talents of bronze (679 tons), and 100,000 talents (3,775 tons) of iron. Anyone who had precious jewels put them in the treasury for the building of The Temple of GOD in the custody of Jehiel the Gershonite.
9 And the people were full of a sense of celebration—all that giving! And all given willingly, freely! King David was exuberant.
10-13 David blessed GOD in full view of the entire congregation:

Blessed are you, GOD of Israel, our father
from of old and forever.
To you, O GOD, belong the greatness and the might,
the glory, the victory, the majesty, the splendor;
Yes! Everything in heaven, everything on earth;
the kingdom all yours! You've raised yourself high over all.
Riches and glory come from you,
you're ruler over all;
You hold strength and power in the palm of your hand
to build up and strengthen all.
And here we are, O God, our God, giving thanks to you,
praising your splendid Name.

14-19 "But me—who am I, and who are these my people, that we should presume to be giving something to you? Everything comes from you; all we're doing is giving back what we've been given from your generous hand. As far as you're concerned, we're homeless, shiftless wanderers like our ancestors, our lives mere shadows, hardly anything to us. GOD, our God, all these materials—these piles of stuff for building a house of worship for you, honoring your Holy Name—it all came from you! It was all yours in the first place! I know, dear

다. 그래서 제가 마음으로부터 정직하고 기쁘게 바쳤습니다. 이 백성도 똑같이 자원하여 아낌없이 바치는 것을 보십시오. 얼마나 기쁜 일입니까! **하나님** 우리 조상 아브라함과 이삭과 이스라엘의 하나님, 아낌없이 드리는 이 마음이 이 백성 안에 영원히 살아 있게 하시고, 이들의 마음이 주께만 머물게 하십시오. 제 아들 솔로몬에게 흐트러짐 없는 굳건한 마음을 주셔서, 주님의 명령에 순종하고 주님의 지침과 권고대로 살아가게 하시며, 제가 준비한 성전 건축을 완수하게 해주십시오."

20 그러고 나서 다윗은 회중에게 말했다. "**하나님** 여러분의 하나님을 찬양하십시오!" 그러자 그들은 **하나님** 그들 조상의 하나님을 찬양하고, **하나님**과 왕 앞에서 경건하게 예배했다.

21-22 이튿날 그들은 희생 제물로 바칠 짐승을 잡았다. 수소 천 마리, 숫양 천 마리, 양 천 마리, 부어 드리는 제물 등 많은 제물을 준비하여 하나님께 바쳤다. 그들은 기쁨에 넘쳐 온종일 잔치를 벌이며 **하나님** 앞에서 먹고 마셨다.

22-25 그 후에 그들은 솔로몬의 대관식을 다시 거행했는데, **하나님** 앞에서 다윗의 아들에게 기름을 부어 그들의 지도자로 삼고, 사독에게 기름을 부어 제사장으로 세웠다. 솔로몬은 아버지 다윗의 뒤를 이어 **하나님**께서 허락하신 왕위에 앉아 왕이 되었다. 그가 하는 모든 일이 잘되었으므로, 온 이스라엘이 그에게 순종했다. 다윗 왕의 모든 아들을 포함한 백성의 지도자들이 솔로몬을 그들의 왕으로 인정하고 충성을 맹세했다. 솔로몬에게 쏟아진 대중의 갈채는 절정에 달했다. 모든 것이 **하나님**께서 행하신 일이었다. **하나님**께서는 과거 이스라엘의 어떤 왕도 누리지 못한 지위와 명예를 그에게 주셨다.

26-30 이새의 아들 다윗은 온 이스라엘의 왕이 되어 사십 년 동안 다스렸다. 그는 헤브론에서 칠 년, 예루살렘에서 삼십삼 년을 다스렸다. 그는 부와 영광과 장수를 누리다가 수를 다하고 죽었다. 다윗 왕의 역사는 선견자 사무엘, 예언자 나단, 선견자 갓의 연대기에 처음부터 끝까지 다 기록되어 있다. 그의 통치와 업적, 그와 이스라엘과 주변 나라들이 겪은 당대의 역사가 그 안에 상세히 기록되어 있다.

God, that you care nothing for the surface—you want *us*, our true selves—and so I have given from the heart, honestly and happily. And now see all these people doing the same, giving freely, willingly—what a joy! O GOD, God of our fathers Abraham, Isaac, and Israel, keep this generous spirit alive forever in these people always, keep their hearts set firmly in you. And give my son Solomon an uncluttered and focused heart so that he can obey what you command, live by your directions and counsel, and carry through with building The Temple for which I have provided."

20 David then addressed the congregation: "Bless GOD, your God!" And they did it, blessed GOD, the God of their ancestors, and worshiped reverently in the presence of GOD and the king.

21-22 The very next day they butchered the sacrificial animals and offered in the worship of Israel to GOD a thousand bulls, a thousand rams, a thousand sheep, and in addition drink offerings and many other sacrifices. They feasted all day, eating and drinking before GOD, exuberant with joy.

22-25 Then they ceremonially reenacted Solomon's coronation, anointing David's son before GOD as their leader, and Zadok as priest. Solomon sat on the throne of GOD as king in place of David his father. And everything went well; all Israel obeyed him. All the leaders of the people, including all the sons of King David, accepted Solomon as their king and promised their loyalty. Solomon rode high on a crest of popular acclaim—it was all GOD's doing. GOD gave him position and honor beyond any king in Israel before him.

26-30 David son of Jesse ruled over all Israel. He was king for forty years. He ruled from Hebron seven years and from Jerusalem thirty-three. He died at a ripe old age, full of days, wealth, and glory. His son Solomon ruled after him. The history of David the king, from start to finish, is written in the chronicles of Samuel the seer, Nathan the prophet, and Gad the seer, including a full account of his rule, his exploits, and the times through which he and Israel and the surrounding kingdoms passed.

역대하

솔로몬이 지혜를 구하다

1 [1-6] 다윗의 아들 솔로몬은 왕위를 튼튼히 굳혔다. 하나님께서 그와 함께 계시며 그에게 큰 도움을 베풀어 주셨다. 솔로몬은 온 이스라엘, 곧 군지휘관과 재판관과 모든 지도자와 족장을 불러서, 그들과 함께 기브온의 예배 처소로 갔다. 하나님의 종 모세가 광야에서 만든 하나님의 회막이 바로 그곳에 있었다. 그러나 하나님의 궤는 예루살렘에 있었다. 전에 다윗이 궤를 둘 특별한 곳을 마련하여 장막을 치고, 기럇여아림에서 그 궤를 예루살렘으로 옮겨 두었기 때문이다. 그러나 훌의 손자요 우리의 아들인 브살렐이 만든 청동제단은 기브온에 있는 하나님의 성막 앞에 있었다. 솔로몬과 회중은 그곳에 모여 기도했다. 솔로몬은 회막 앞 청동제단에서 하나님을 예배했다. 그는 그 제단 위에 번제물 천 마리를 바쳤다.

[7] 그날 밤 하나님께서 솔로몬에게 나타나 말씀하셨다. "나에게 무엇을 원하느냐? 구하여라."

[8-10] 솔로몬이 대답했다. "주께서는 제 아버지 다윗에게 더할 나위 없이 너그러우셨고, 이제 그를 대신하여 저를 왕으로 삼으셨습니다. 하나님, 주께서 제 아버지에게 하신 말씀을 확증해 주십시오. 주께서 이 백성을 다스리는 엄청난 일을 제게 맡기셨으니, 제가 이 백성 사이를 오갈 때에 저에게 지혜와 지식을 주십시오. 주님의 영화로운 백성을 어느 누가 자기 힘으로 다스릴 수 있겠습니까?"

[11-12] 하나님께서 솔로몬에게 대답하셨다. "그것이 네 마음의 소원이로구나. 너는 부나 재물이나 명예나 원수의 멸망을 구하지 않았고, 오

2 CHRONICLES

King Solomon

1 [1-6] Solomon son of David took a firm grip on the reins of his kingdom. GOD was with him and gave him much help. Solomon addressed all Israel—the commanders and captains, the judges, every leader, and all the heads of families. Then Solomon and the entire company went to the worship center at Gibeon—that's where the Tent of Meeting of God was, the one that Moses the servant of GOD had made in the wilderness. The Chest of God, though, was in Jerusalem—David had brought it up from Kiriath Jearim, prepared a special place for it, and pitched a tent for it. But the Bronze Altar that Bezalel son of Uri, the son of Hur, had made was in Gibeon, in its place before the Tabernacle of GOD; and that is where Solomon and the congregation gathered to pray. Solomon worshiped GOD at the Bronze Altar in front of the Tent of Meeting; he sacrificed a thousand Whole-Burnt-Offerings on it.

[7] That night God appeared to Solomon. God said, "What do you want from me? Ask."

[8-10] Solomon answered, "You were extravagantly generous with David my father, and now you have made me king in his place. Establish, GOD, the words you spoke to my father, for you've given me a staggering task, ruling this mob of people. Yes, give me wisdom and knowledge as I come and go among this people—for who on his own is capable of leading these, your glorious people?"

[11-12] God answered Solomon, "This is what has come out of your heart: You didn't grasp for money,

래 살기를 구하지도 않았다. 내가 너를 내 백성의 왕으로 삼았더니, 너는 그들을 잘 통치할 수 있도록 지혜와 지식을 구했다. 그러므로 나는 네가 구한 대로 지혜와 지식을 네게 줄 것이다. 또한 나머지도 네게 덤으로 줄 것이다. 네 앞의 어떤 왕도 누린 적 없고 네 뒤의 어떤 왕도 누리지 못할 부와 재물과 명예를 줄 것이다."

13 그 후에 솔로몬은 기브온의 예배 처소와 회막을 떠나 예루살렘으로 갔다. 그는 이스라엘의 왕으로 다스리기 시작했다.

14-17 솔로몬은 전차와 말을 모았다. 그가 모은 전차가 천사백 대, 말이 만이천 마리였다! 그는 그 말들을 예루살렘뿐 아니라 전차가 주둔해 있는 특별 성읍들에도 두었다. 왕 덕분에 은과 금이 돌처럼 흔했고, 백향목도 낮은 산지의 무화과나무만큼이나 흔했다. 왕이 타는 말은 이집트와 실리시아에서 들여왔는데, 특별히 왕의 중개인들이 매입했다. 이집트에서 들여온 전차는 은 6.8킬로그램, 말은 은 1.7킬로그램에 거래되었다. 솔로몬은 헷과 아람 왕실을 상대로 말 무역업을 벌여 호황을 누렸다.

2 1 솔로몬은 하나님을 높이는 예배 처소와 자신을 위한 왕궁을 건축하도록 명령했다.

2 그는 막일꾼 칠만 명, 산에서 채석할 일꾼 팔만 명, 노역 책임자 삼천육백 명을 임명했다.

3-4 이어서 솔로몬은 두로의 히람 왕에게 메시지를 보냈다. "왕께서 왕궁 건축을 위해 내 아버지 다윗에게 보냈던 것과 같은 백향목 재목을 내게 보내 주십시오. 나는 하나님을 높이는 예배 처소를 지으려고 합니다. 그곳은 향기로운 향을 피우고, 거룩한 빵을 차리고, 아침과 저녁 예배 때 번제를 드리며, 안식일과 초하루와 거룩한 날에 예배를 드릴 거룩한 곳입니다. 이것은 이스라엘이 반드시 지켜야 하는 예배입니다.

5-10 우리 하나님은 다른 어떤 신보다 뛰어난 하나님이시니, 내가 지으려는 성전도 가장 뛰어나야 합니다. 하지만 누가 능히 그런 건물을 지을 수 있겠습니까? 하늘이라도, 온 우주라도 그분을 담을 수 없습니다! 하물며, 내가 감히 누구라고 하나님께 합당한 집을 지어 드릴 수 있겠습니까? 나는 그저 그분께 향을 피우는 일이나 할 수 있을 뿐입니다! 왕의 도움이 필요합니다.

wealth, fame, and the doom of your enemies; you didn't even ask for a long life. You asked for wisdom and knowledge so you could govern well my people over whom I've made you king. Because of this, you get what you asked for–wisdom and knowledge. And I'm presenting you the rest as a bonus–money, wealth, and fame beyond anything the kings before or after you had or will have."

13 Then Solomon left the worship center at Gibeon and the Tent of Meeting and went to Jerusalem. He set to work as king of Israel.

14-17 Solomon collected chariots and horses: fourteen hundred chariots and twelve thousand horses! He stabled them in the special chariot-cities as well as in Jerusalem. The king made silver and gold as common as rocks, and cedar as common as the fig trees in the lowland hills. His horses were brought in from Egypt and Cilicia, specially acquired by the king's agents. Chariots from Egypt went for fifteen pounds of silver and a horse for about three and three-quarters of a pound of silver. Solomon carried on a brisk horse-trading business with the Hittite and Aramean royal houses.

The Temple Construction Begins

2 1 Solomon gave orders to begin construction on the house of worship in honor of GOD and a palace for himself.

2 Solomon assigned seventy thousand common laborers, eighty thousand to work the quarries in the mountains, and thirty-six hundred foremen to manage the workforce.

3-4 Then Solomon sent this message to King Hiram of Tyre: "Send me cedar logs, the same kind you sent David my father for building his palace. I'm about to build a house of worship in honor of GOD, a holy place for burning perfumed incense, for setting out holy bread, for making Whole-Burnt-Offerings at morning and evening worship, and for Sabbath, New Moon, and Holy Day services of worship–the acts of worship required of Israel.

5-10 "The house I am building has to be the best, for our God is the best, far better than competing gods. But who is capable of building such a structure? Why, the skies–the entire cosmos!–can't begin

금, 은, 청동, 철을 다룰 줄 알고, 자주색과 홍색과 청색 천을 짤 줄 알며, 조각도 할 줄 아는 장인 한 명을 내게 보내 주십시오. 내 아버지가 준비해 둔 유다와 예루살렘의 숙련된 장인들을 그가 감독할 것입니다. 또 레바논의 백향목, 잣나무, 백단목 재목을 보내 주십시오. 레바논 숲에서 경험을 쌓은 벌목꾼들이 왕께 많이 있음을 내가 잘 알고 있습니다. 나도 일꾼들을 보내어 왕의 인부들과 함께 재목을 베게 하겠습니다. 눈부시게 아름다운 건물, 당당하게 내보일 성전을 지으려면 재목이 많이 필요합니다! 나무를 베고 운반할 왕의 인부들에게 필요한 양식은 내가 모두 대겠습니다. 밀 4,400킬로리터, 포도주 440킬로리터, 올리브기름 440킬로리터를 인부들에게 주겠습니다."

11 두로 왕 히람이 솔로몬에게 답신을 썼다. "하나님께서 그분의 백성을 사랑하시는 것이 분명합니다. 당신을 그들의 왕으로 삼으셨으니 말입니다!"

12-14 그는 계속해서 이렇게 썼다. "하늘과 땅을 지으신 하나님, 다윗 왕에게 이처럼 지혜롭고 총명하고 통찰력 있는 아들을 주셔서 하나님의 성전과 그의 왕궁을 짓게 하신 이스라엘의 하나님을 찬양합니다. 내가 건축 일을 속속들이 아는 전문가 후람아비를 왕께 보냈습니다. 그는 지금 그곳으로 향하고 있습니다. 그의 어머니는 단 사람이고 아버지는 두로 사람입니다. 그는 금, 은, 청동, 철, 돌, 나무를 다룰 줄 알고, 자주색과 청색 천과 홍색 직물을 짤 줄 아는 사람입니다. 그는 또한 전문 조각가이며, 왕의 장인과 건축가들뿐 아니라 왕의 아버지요 내 주인이신 다윗의 장인과 건축가들과도 함께 문양을 만들어 낼 만한 유능한 사람입니다.

15-16 내 작업 인부들을 위해 왕께서 약속하신 밀, 보리, 올리브기름, 포도주를 보내 주십시오. 우리가 왕께 필요한 재목을 레바논 숲에서 베어 욥바까지 뗏목으로 나르겠습니다. 재목을 예루살렘으로 운반하는 일은 그쪽에서 해야 할 것입니다."

17-18 솔로몬은 전에 아버지가 했던 것과 같은 방법으로, 이스라엘에 살고 있는 모든 외국인의 인구를 조사했다. 그 수가 모두 153,600명이었다. 그는 그 가운데 70,000명은 막일꾼으로, 80,000명은 산에서 채석하는 일꾼으로, 그리고 3,600명은 노역 책임자로 임명했다.

to contain him. And me, who am I to think I can build a house adequate for God–burning incense to him is about all I'm good for! I need your help: Send me a master artisan in gold, silver, bronze, iron, textiles of purple, crimson, and violet, and who knows the craft of engraving; he will supervise the trained craftsmen in Judah and Jerusalem that my father provided. Also send cedar, cypress, and algum logs from Lebanon; I know you have lumberjacks experienced in the Lebanon forests. I'll send workers to join your crews to cut plenty of timber–I'm going to need a lot, for this house I'm building is going to be absolutely stunning–a showcase temple! I'll provide all the food necessary for your crew of lumberjacks and loggers: 130,000 bushels of wheat, 120,000 gallons of wine, and 120,000 gallons of olive oil."

11 Hiram king of Tyre wrote Solomon in reply: "It's plain that GOD loves his people–he made you king over them!"

12-14 He wrote on, "Blessed be the GOD of Israel, who made heaven and earth, and who gave King David a son so wise, so knowledgeable and shrewd, to build a temple for GOD and a palace for himself. I've sent you Huram-Abi–he's already on his way–he knows the construction business inside and out. His mother is from Dan and his father from Tyre. He knows how to work in gold, silver, bronze, iron, stone, and wood, in purple, violet, linen, and crimson textiles; he is also an expert engraver and competent to work out designs with your artists and architects, and those of my master David, your father.

15-16 "Go ahead and send the wheat, barley, olive oil, and wine you promised for my work crews. We'll log the trees you need from the Lebanon forests and raft them down to Joppa. You'll have to get the timber up to Jerusalem yourself."

17-18 Solomon then took a census of all the foreigners living in Israel, using the same census-taking method employed by his father. They numbered 153,600. He assigned 70,000 of them as common laborers, 80,000 to work the quarries in the mountains, and 3,600 as foremen to manage the work crews.

성전 건축을 시작하다

3 [1-4] 솔로몬은 예루살렘의 모리아 산, 곧 하나님께서 그의 아버지 다윗에게 나타나셨던 곳에 하나님의 성전을 짓기 시작했다. 정확한 위치는 여부스 사람 아라우나의 타작마당이었는데, 다윗이 미리 정해 둔 곳이었다. 성전을 짓기 시작한 때는, 솔로몬이 왕위에 오른 지 사 년째 되는 해 둘째 달 이일이었다. 솔로몬이 정한 하나님의 성전 규모는 길이 27미터, 너비 9미터였다. 앞쪽 현관의 폭은 건물 너비와 같이 9미터였고 높이도 9미터였다.

[4-7] 성전 내부에는 금을 입혔다. 또 본당에 잣나무 널판지를 대고 순금을 입힌 뒤 그 위에 종려나무와 사슬 문양을 새겼다. 그리고 보석과 바르와임에서 난 금으로 건물을 장식했다. 들보, 문지방, 벽, 문 등 모든 것에 금박을 입혔다. 벽에는 그룹을 새겼다.

[8-9] 그는 또 지성소를 지었는데, 길이, 너비, 높이가 모두 9미터인 정육면체가 되게 만들었다. 그리고 금 600달란트(22톤가량)를 입혔다. 금못의 무게는 50세겔(0.6킬로그램가량)이었다. 다락방에도 금을 입혔다.

[10-13] 그는 지성소에 놓을 거대한 천사 형상의 그룹 조각상 둘을 만들어 금을 입혔다. 나란히 선 두 그룹의 날개 길이를 합하면(각 날개는 2.25미터) 벽에서 벽까지 9미터에 달했다. 그룹은 본당 쪽을 향하여 똑바로 서 있었다.

[14] 또 청색과 자주색과 홍색 천으로 휘장을 만들고, 그 안에 그룹 문양을 수놓았다.

[15-17] 그리고 따로 세울 거대한 기둥 두 개를 만들었는데, 각각 높이가 15.75미터에 기둥머리만 2.25미터였다. 각 기둥의 꼭대기는 정교한 사슬 세공으로 목걸이처럼 장식했고, 그 사슬들에는 석류 모양 백 개를 달았다. 두 기둥은 성전 앞에 세웠는데, 하나는 오른쪽에 다른 하나는 왼쪽에 세웠다. 오른쪽 기둥은 야긴(안전)이라 하고 왼쪽 기둥은 보아스(안정)라 했다.

성전 기구들

4 [1] 솔로몬은 길이 9미터, 너비 9미터, 높이 3미터의 청동제단을 만들었다.

[2-5] 그 다음 바다를 만들었다. 바다는 금속을 주조해 만든 거대한 둥근 대야로, 지름 4.5미

3 [1-4] So Solomon broke ground, launched construction of the house of GOD in Jerusalem on Mount Moriah, the place where GOD had appeared to his father David. The precise site, the threshing floor of Araunah the Jebusite, had been designated by David. He broke ground on the second day in the second month of the fourth year of his rule. These are the dimensions that Solomon set for the construction of the house of God: ninety feet long and thirty feet wide. The porch in front stretched the width of the building, that is, thirty feet; and it was thirty feet high.

[4-7] The interior was gold-plated. He paneled the main hall with cypress and veneered it with fine gold engraved with palm tree and chain designs. He decorated the building with precious stones and gold from Parvaim. Everything was coated with gold veneer: rafters, doorframes, walls, and doors. Cherubim were engraved on the walls.

[8-9] He made the Holy of Holies a cube, thirty feet wide, long, and high. It was veneered with six hundred talents (something over twenty-two tons) of gold. The gold nails weighed fifty shekels (a little over a pound). The upper rooms were also veneered in gold.

[10-13] He made two sculptures of cherubim, gigantic angel-like figures, for the Holy of Holies, both veneered with gold. The combined wingspread of the side-by-side cherubim (each wing measuring seven and a half feet) stretched from wall to wall, thirty feet. They stood erect facing the main hall.

[14] He fashioned the curtain of violet, purple, and crimson fabric and worked a cherub design into it.

[15-17] He made two huge free-standing pillars, each fifty-two feet tall, their capitals extending another seven and a half feet. The top of each pillar was set off with an elaborate filigree of chains, like necklaces, from which hung a hundred pomegranates. He placed the pillars in front of The Temple, one on the right, and the other on the left. The right pillar he named Jakin (Security) and the left pillar he named Boaz (Stability).

Temple Furnishings

4 [1] He made the Bronze Altar thirty feet long, thirty feet wide, and ten feet high.

[2-5] He made a Sea—an immense round basin of cast

터, 높이 2.25미터, 둘레 13.5미터였다. 가장자리 아래에 평행하게 두 줄로 황소처럼 생긴 형상을 둘렀는데, 45센티미터마다 열 마리씩이었다. 그 형상은 바다와 함께 한 덩어리로 주조해 만들었다. 열두 마리 황소가 바다를 떠받치고 있는데, 세 마리는 북쪽을 향하고 세 마리는 서쪽을 향하고 세 마리는 남쪽을 향하고 세 마리는 동쪽을 향했다. 황소는 모두 얼굴을 바깥쪽으로 향하고 뒤쪽 몸으로 바다를 떠받쳤다. 바다의 두께는 8센티미터였고, 가장자리는 잔이나 백합꽃처럼 벌어져 있었다. 그 용량은 66킬로리터 정도 되었다.

6 또 대야 열 개를 만들어 다섯 개는 오른쪽에 두고 다섯 개는 왼쪽에 두었는데, 이는 번제를 드릴 때 쓰는 기물들을 씻는 데 사용했다. 제사장들은 바다에서 몸을 씻었다.

7 솔로몬은 정해진 문양대로 등잔대 열 개를 만들어, 다섯 개는 오른쪽에 두고 다섯 개는 왼쪽에 두었다.

8 또 상 열 개를 만들어, 다섯 개는 오른쪽에 두고 다섯 개는 왼쪽에 두었다. 금대접도 백 개를 만들었다.

9 그는 또 특별히 제사장을 위해 뜰을 만들고, 이어서 큰 뜰과 뜰로 통하는 문을 만들었다. 문에는 청동을 입혔다.

10 바다는 성전 오른편 남동쪽 모퉁이에 두었다.

11-16 들통, 부삽, 대접도 만들었다.

이렇게 해서 일이 마무리되었다. 후람은 솔로몬 왕에게 약속한 일을 모두 마쳤다.

기둥 둘
기둥 꼭대기에 얹은 대접 모양의 기둥머리 둘
기둥머리의 장식용 세공물 둘
두 세공물에 달린 석류 모양 사백 개(각 세공물마다 겹줄의 석류)
세면대 열 개와 거기에 딸린 대야
바다 하나와 그 밑의 황소 열두 마리
그 밖의 들통, 고기 갈고리, 부삽, 대접.

16-18 후람아비가 하나님의 성전을 위해 솔로몬 왕에게 만들어 준 이 모든 기구는 광택이 나는 청동으로 만든 것이었다. 왕은 숙곳과 사르단 사이에 있는 요단 평지의 주물 공장에서 진흙에 부어 주조하는 방법으로 그것들을 만들게 했다. 이 기구들은 수가 너무 많아서

metal fifteen feet in diameter, seven and a half feet high, and forty-five feet in circumference. Just under the rim, there were two parallel bands of something like bulls, ten to each foot and a half. The figures were cast in one piece with the Sea. The Sea was set on twelve bulls, three facing north, three facing west, three facing south, and three facing east. All the bulls faced outward and supported the Sea on their hindquarters. The Sea was three inches thick and flared at the rim like a cup, or a lily. It held about 18,000 gallons.

6 He made ten Washbasins, five set on the right and five on the left, for rinsing the things used for the Whole-Burnt-Offerings. The priests washed themselves in the Sea.

7 He made ten gold Lampstands, following the specified pattern, and placed five on the right and five on the left.

8 He made ten tables and set five on the right and five on the left. He also made a hundred gold bowls.

9 He built a Courtyard especially for the priests and then the great court and doors for the court. The doors were covered with bronze.

10 He placed the Sea on the right side of The Temple at the southeast corner.

11-16 He also made ash buckets, shovels, and bowls.

And that about wrapped it up: Huram completed the work he had contracted to do for King Solomon:

two pillars;
two bowl-shaped capitals for the tops of the pillars;
two decorative filigrees for the capitals;
four hundred pomegranates for the filigrees (a double row of pomegranates for each filigree);
ten washstands with their basins;
one Sea and the twelve bulls under it;
miscellaneous buckets, forks, shovels, and bowls.

16-18 All these artifacts that Huram-Abi made for King Solomon for The Temple of GOD were made of burnished bronze. The king had them cast in clay in a foundry on the Jordan plain between Succoth and Zarethan. These artifacts were never weighed–there were far too many! Nobody has any idea how much bronze was used.

무게를 달지 않았다! 청동이 얼마나 쓰였는지 아무도 모른다.

19-22 솔로몬은 또 하나님의 성전에서 쓸 가구와 부속물도 만들었다.

금제단
임재의 빵을 차려 놓는 상
성소 내실, 곧 지성소 앞에 켜 놓을 순금 등잔대와 거기에 딸린 등잔들
금꽃, 등잔, 부젓가락(모두 순금)
금으로 만든 심지 자르는 가위, 대접, 국자, 향로들
금을 입힌 성전 문, 지성소 문, 본당 문.

5 1 이렇게 해서 솔로몬 왕은 하나님의 성전과 관련된 모든 일을 끝마쳤다. 그는 아버지 다윗이 바친 거룩한 예물, 곧 은과 금과 기구들을 가져다가 하나님의 성전 보물 보관소에 두었다.

언약궤를 성전으로 옮기다

2-3 이 모든 일의 가장 중요한 순서로, 솔로몬은 하나님의 언약궤를 시온에서 옮겨 성전 안에 모시기 위해 모든 지도자, 곧 모든 지파의 대표와 각 가문의 족장들을 예루살렘으로 불러 모았다. 일곱째 달 절기, 곧 초막절에 이스라엘의 모든 사람이 왕 앞에 모였다.

4-6 이스라엘의 모든 지도자가 모이자, 레위인들이 궤를 멨다. 그들은 궤와 회막과 예배에 쓰는 회막 안의 모든 거룩한 물건을 옮겼다. 레위인 제사장들이 그것들을 옮겼다. 솔로몬 왕과 이스라엘 온 회중은 궤 앞에서 예배하며 셀 수 없이 많은 양과 소로 제사를 드렸다. 그 수가 너무 많아 자세히 기록할 수 없었다.

7-10 제사장들은 하나님의 언약궤를 제자리, 곧 성전 내실의 지성소 안 그룹들의 날개 아래에 가져다 놓았다. 그룹들의 펼친 날개가 궤와 그 채를 덮었다. 채 끝은 아주 길어서 내실 입구에서 밖으로 튀어나왔는데, 멀리서는 보이지 않았다. 그 채는 오늘까지 그곳에 있다. 궤 안에는 호렙에서 모세가 넣어 둔 두 돌판 외에는 아무것도 없었다. 호렙은 하나님께서 이스라엘을 이집트에서 이끌어 내신 뒤에

19-22 Solomon was also responsible for the furniture and accessories in The Temple of God:

the gold Altar;
the tables that held the Bread of the Presence;
the Lampstands of pure gold with their lamps, to be lighted
before the Inner Sanctuary, the Holy of Holies;
the gold flowers, lamps, and tongs (all solid gold);
the gold wick trimmers, bowls, ladles, and censers;
the gold doors of The Temple, doors to the Holy of Holies, and the doors to the main sanctuary.

5 1 That completed the work King Solomon did on The Temple of GOD. He then brought in the holy offerings of his father David, the silver and the gold and the artifacts. He placed them all in the treasury of God's Temple.

Installing the Chest

2-3 Bringing all this to a climax, Solomon got all the leaders together in Jerusalem—all the chiefs of tribes and the family patriarchs—to move the Chest of the Covenant of GOD from Zion and install it in The Temple. All the men of Israel assembled before the king on the feast day of the seventh month, the Feast of Booths.

4-6 When all the leaders of Israel were ready, the Levites took up the Chest. They carried the Chest, the Tent of Meeting, and all the sacred things in the Tent used in worship. The priests, all Levites, carried them. King Solomon and the entire congregation of Israel were there before the Chest, worshiping and sacrificing huge numbers of sheep and cattle—so many that no one could keep track.

7-10 The priests brought the Chest of the Covenant of GOD to its place in the Inner Sanctuary, the Holy of Holies, under the wings of the cherubim. The outspread wings of the cherubim formed a canopy over the Chest and its poles. The ends of the poles were so long that they stuck out from the entrance of the Inner Sanctuary, but were not noticeable further out—they're still there today. There was nothing in the Chest itself but the two stone tablets that Moses

그들과 언약을 맺으신 곳이다.

11-13 제사장들이 성소에서 나왔다. 그곳에 들어간 제사장은 서열이나 직무와 관계없이 모두 거룩하게 구별되었다. 음악을 맡은 레위인 아삽과 헤만과 여두둔과 그들의 가족도 모두 예배 예복을 입고 함께 자리했다. 찬양대와 악기 연주자들은 제단 동쪽에 모여 섰고, 제사장 120명이 그 옆에서 나팔을 불었다. 찬양대의 노랫소리와 나팔소리가 하나가 되어 하나님께 찬양과 감사를 드렸다. 악기 연주자들과 찬양대가 완벽한 조화를 이루어 노래와 연주로 하나님을 찬양했다.

하나님은 선하시다!
그분의 신실한 사랑은 영원하시다!

13-14 그러자 하나님의 성전에 구름이 가득 찼다. 성전에 가득한 구름—하나님의 영광!—때문에 제사장들이 직무를 수행할 수 없었다.

솔로몬의 기도와 성전 봉헌

6 1-2 그때 솔로몬이 말했다.

하나님께서는 구름 속에 거하겠다고 말씀하셨지만
제가 더없이 훌륭한 성전을 지었으니,
이곳은 주께서 영원히 사실 곳입니다.

3 왕은 모여 있는 회중 쪽으로 돌아서서 그들을 축복했다.

4-6 "내 아버지 다윗에게 친히 말씀하신 하나님 이스라엘의 하나님을 찬양합니다. 그분께서 '내 백성 이스라엘을 이집트에서 이끌어 낸 날부터 오늘까지, 나는 내 이름을 높이는 성전을 지으려고 이스라엘 지파들 가운데서 한 성읍을 따로 떼어 구별하지 않았고, 지도자가 될 한 사람을 택하지도 않았다. 그러나 이제 내가 성읍과 사람 모두를 택했으니, 곧 내 이름을 높일 예루살렘과 내 백성 이스라엘을 다스릴 다윗이다'라고 하신 말씀을 이제 행하셨습니다.

7-9 내 아버지 다윗은 하나님 이스라엘의 하나님의 이름을 높이는 성전을 간절히 짓기 원했으나, 하나님께서는 '네가 나를 높이는 성전을 짓기 원하니, 좋은 일이고 더없이 칭찬

had placed in it at Horeb where GOD made a covenant with Israel after bringing them up from Egypt.

11-13 The priests then left the Holy Place. All the priests there were consecrated, regardless of rank or assignment; and all the Levites who were musicians were there—Asaph, Heman, Jeduthun, and their families, dressed in their worship robes; the choir and orchestra assembled on the east side of the Altar and were joined by 120 priests blowing trumpets. The choir and trumpets made one voice of praise and thanks to GOD—orchestra and choir in perfect harmony singing and playing praise to GOD:

Yes! God is good!
His loyal love goes on forever!

13-14 Then a billowing cloud filled The Temple of GOD. The priests couldn't even carry out their duties because of the cloud—the glory of GOD!—that filled The Temple of God.

Solomon's Dedication and Prayer

6 1-2 Then Solomon said,

GOD said he would dwell in a cloud,
But I've built a temple most splendid,
A place for you to live in forever.

3 The king then turned to face the congregation that had come together and blessed them:

4-6 "Blessed be GOD, the God of Israel, who spoke personally to my father David. Now he has done what he promised when he said, 'From the day I brought my people Israel up from Egypt, I haven't set apart one city among the tribes of Israel in which to build a temple to honor my Name, or chosen one person to be the leader. But now I have chosen both a city and a person: Jerusalem for honoring my Name and David to lead my people Israel.'

7-9 "My father David very much wanted to build a temple honoring the Name of GOD, the God of Israel, but GOD told him, 'It was good that you wanted to build a temple in my honor—most commendable! But you are not the one to do it. Your son, who will carry on your dynasty, will build it for my Name.'

할 만한 일이다! 그러나 그 일을 할 사람은 네가 아니다. 네 왕조를 이을 네 아들이 내 이름을 위해 성전을 지을 것이다' 하고 말씀하셨습니다.

10-11 이제 여러분은 그 약속이 성취된 것을 보고 있습니다. 하나님께서는 말씀하신 대로 행하셨습니다. 내가 내 아버지 다윗의 뒤를 이어 지금 이스라엘을 다스리고 있습니다. 또 나는 하나님 이스라엘의 하나님을 높여 드리는 성전을 지었고, 하나님의 언약, 곧 그분께서 이스라엘 백성과 맺으신 언약을 넣은 궤를 둘 자리를 마련했습니다."

12-16 솔로몬은 이스라엘 온 회중이 지켜보는 가운데, 하나님의 제단 앞에 자리를 잡고 두 팔을 들어 폈다. 그는 가로와 세로 각각 2.25미터에 높이 1.35미터인 청동연단을 만들어 뜰 안에 두었는데, 바로 그 연단에 올라 온 회중이 보는 앞에서 무릎을 꿇은 채 하늘을 향해 두 팔을 들고 기도했다.

하나님 이스라엘의 하나님, 위로 하늘이나 아래로 땅 그 어디에도 주와 같은 신이 없습니다. 주의 종들이 주의 길을 따르며 성실하게 살아갈 때, 주께서는 그들과 맺은 언약을 확실히 지키시며 그들을 변함없이 사랑해 주십니다. 주께서는 제 아버지 다윗에게 주신 말씀, 곧 주의 약속을 지키셨습니다. 작은 것까지 모두 약속하신 대로 행하셨습니다. 그 증거가 오늘 우리 앞에 있습니다!

하나님 이스라엘의 하나님, 계속 그렇게 해주십시오! 제 아버지 다윗에게 하신 약속, 곧 "네 자손이 주의하여 네가 내 앞에서 행한 것처럼 순종하여 살면, 네 자손이 항상 이스라엘의 왕위에 앉아 나를 대신해 다스릴 것이다"라고 하신 그 약속을 계속해서 지켜 주십시오.

17 하나님 이스라엘의 하나님, 이 모든 것이 이루어지게 해주십시오.
확실하게 증명해 주십시오!

18-21 하나님께서 참으로 우리가 사는 곳에 오셔서 거하시겠습니까? 우주조차도 주께서 편히 숨 쉴 만큼 넓지 못한데, 제가 지은 이 성전이야 더 말할 것도 없습니다. 그러할지라도 담대히 구합니다. 하나님 나의 하나님, 제가 드리는 중보기도와 간구에 귀를 기울여 주십시오. 지금 주 앞에 아뢰는 이 뜨겁고 진실한 기도를 들어주십시오. 주께서 주의 이름으로 존귀하게 하겠

10-11 "And now you see the promise completed. GOD has done what he said he would do; I have succeeded David my father and now rule Israel; and I have built a temple to honor GOD, the God of Israel, and have secured a place for the Chest that holds the Covenant of GOD, the covenant he made with the people of Israel."

12-16 Before the entire congregation of Israel, Solomon took his position at the Altar of GOD and stretched out his hands. Solomon had made a bronze dais seven and a half feet square and four and a half feet high and placed it inside the court; that's where he now stood. Then he knelt in full view of the whole congregation, stretched his hands to heaven, and prayed:

GOD, O God of Israel, there is no God like you in the skies above or on the earth below, who unswervingly keeps covenant with his servants and unfailingly loves them while they sincerely live in obedience to your way. You kept your word to David my father, your promise. You did exactly what you promised—every detail. The proof is before us today!

Keep it up, GOD, O God of Israel! Continue to keep the promises you made to David my father when you said, "You'll always have a descendant to represent my rule on Israel's throne, on the one condition that your sons are as careful to live obediently in my presence as you have."

17 O GOD, God of Israel, let this all happen—
confirm and establish it!

18-21 Can it be that God will actually move into our neighborhood? Why, the cosmos itself isn't large enough to give you breathing room, let alone this Temple I've built. Even so, I'm bold to ask: Pay attention to these my prayers, both intercessory and personal, O GOD, my God. Listen to my prayers, energetic and devout, that I'm setting before you right now. Keep your eyes open to this Temple day and night, this place you promised to dignify with your Name. And listen to the prayers that I pray in this

다고 약속하신 이곳, 이 성전을 밤낮으로 지켜 보시고, 제가 이곳에서 드리는 기도를 들어주십시오. 또 주님의 백성 이스라엘이 이곳에서 기도할 때 그들의 말에 귀 기울여 주십시오.

주께서는 주님 계신 곳 하늘에서 들으시고
들으실 때 용서해 주십시오.

22 이웃에게 해를 끼친 사람이 잘못을 바로잡기로 약속하고 이 성전 안에 있는 주님의 제단 앞에 나와 그 약속을 아뢰면,

23 주께서는 하늘에서 들으시고 행하시되
주님의 종들을 판결하셔서 가해자는 그 대가를
치르게 하시고
피해자는 모든 혐의를 벗도록
무죄를 선고해 주십시오.

24-25 주님의 백성 이스라엘이 주께 죄를 지어 적에게 패할 때라도 주께 돌이켜 이 성전에서 간절하고 진실한 기도로 주님의 통치를 인정하면,

주께서는 주님 계신 곳 하늘에서 들으시고
주님의 백성 이스라엘의 죄를 용서하시며
주께서 그들과 그들 조상에게 주신 땅으로 돌아
오게 해주십시오.

26-27 주님의 백성이 주께 죄를 지어서 하늘이 마르고 비가 오지 않을 때, 주께 벌을 받은 그들이 이곳에서 기도하며 주님의 통치를 인정하고 그 죄를 멈추면,

주께서는 주님 계신 곳 하늘에서 들으시고
주님의 종, 주님의 백성 이스라엘의 죄를 용서
해 주십시오.
그들과 다시 시작해 주십시오.
그들을 가르쳐 바르게 살게 하시고
주님의 백성에게 유산으로 주신 이 땅에
비를 내려 주십시오.

28-31 기근이나 재해, 흉작이나 질병, 메뚜기 떼나 병충해 같은 재앙이 닥치거나 원수가 요새로 쳐들어와 온갖 재난이 닥칠 때, 주님의 백성 이스라엘 가운데 누구라도 재앙이 일어났음을 깨

place. And listen to your people Israel when they pray at this place.

Listen from your home in heaven
and when you hear, forgive.

22 When someone hurts a neighbor and promises to make things right, and then comes and repeats the promise before your Altar in this Temple,

23 Listen from heaven and act;
judge your servants, making the offender pay for the offense
And set the offended free,
dismissing all charges.

24-25 When your people Israel are beaten by an enemy because they've sinned against you, but then turn to you and acknowledge your rule in prayers desperate and devout in this Temple,

Listen from your home in heaven;
forgive the sin of your people Israel,
return them to the land you gave to them and their ancestors.

26-27 When the skies shrivel up and there is no rain because your people have sinned against you, but then they pray at this place, acknowledging your rule and quit their sins because you have scourged them,

Listen from your home in heaven,
forgive the sins of your servants, your people Israel.
Then start over with them;
train them to live right and well;
Send rain on the land
you gave as inheritance to your people.

28-31 When disasters strike, famine or catastrophe, crop failure or disease, locust or beetle, or when an enemy attacks their defenses—calamity of any sort—any prayer that's prayed

닫고 이 성전을 향해 손과 팔을 들어 도움을 구하는 기도를 드리면,

주께서는 주님 계신 곳 하늘에서 들으시고
우리를 용서하시며 우리에게 보상해 주십시오.
주께서는 각 사람의 마음을 아시니
(오직 주님만이 사람의 속마음을 아십니다!)
각 사람이 살아온 대로, 처한 형편에 따라 보상해 주십시오.
그리하면 주께서 우리 조상에게 주신 이 땅에서 사는 동안, 그들이
주님을 경외하고 믿고 순종하게 될 것입니다.

32 주님의 백성 이스라엘에 속하지 않지만 주님의 명성을 듣고 먼 나라에서 온 외국인들도 기억해 주십시오. 그들은 분명 주님의 큰 명성을 듣고 기적을 행하시는 주님의 능력에 이끌려 이 성전에 나와 기도할 것입니다.

33 주께서는 주님 계신 곳 하늘에서 들으시고
그 외국인들이 드리는 기도에 응답해 주십시오.
그러면 주님이 누구시며 어떤 분이신지
온 세상 사람들이 알게 될 것이고,
주님의 백성 이스라엘처럼
주님을 경외하고 순종하며 살게 될 것입니다.
또한 그들은 주께서 제가 지은 이곳을 친히
성전으로 여기신다는 것을 알게 될 것입니다.

34-35 주님의 백성이 주님의 때에 주님이 보내시는 곳으로 가서 적과 싸울 때에, 주님이 택하신 이 성읍과 제가 주님의 이름을 위해 지은 이 성전을 향해 기도하면,

주께서는 그들이 기도하고 구하는 것을 하늘에서 들으시고
그들의 형편에 맞게 행하여 주십시오.

36-39 그들이 주께 죄를 지어—죄가 없는 사람은 아무도 없으니 그들도 분명히 죄를 지을 것입니다!—주의 진노를 사서 원수의 손에 넘겨져 멀든 가깝든 원수의 나라에 포로로 잡혀갈지라도, 그 나라에서 회개하고 포로생활 중에 마음을 돌이켜 "우리가 죄를 지었습니다. 잘못

from anyone at all among your people Israel,
their hearts penetrated by disaster, hands and
arms thrown out for help to this Temple,

Listen from your home in heaven, forgive and reward us:
reward each life and circumstance,
For you know each life from the inside,
(you're the only one with such inside knowledge!),
So they'll live before you in lifelong reverence and believing
obedience on this land you gave our ancestors.

32 And don't forget the foreigner who is not a member of your people Israel but has come from a far country because of your reputation—people are going to be attracted here by your great reputation, your wonderworking power—and who come to pray to this Temple.

33 Listen from your home in heaven
and honor the prayers of the foreigner,
So that people all over the world
will know who you are and what you're like,
And live in reverent obedience before you,
just as your own people Israel do,
So they'll know that you personally
make this Temple that I've built what it is.

34-35 When your people go to war against their enemies at the time and place you send them and they pray to GOD toward the city you chose and The Temple I've built to honor your Name,

Listen from heaven to what they pray and ask for
and do what is right for them.

36-39 When they sin against you—and they certainly will; there's no one without sin!—and in anger you turn them over to the enemy and they are taken captive to the enemy's land, whether far or near, but repent in the country of their captivity and pray with changed hearts in their exile, "We've sinned; we've done wrong; we've

을 저질렀습니다. 사악한 짓을 행했습니다"라 고 고백하면, 또한 원수의 땅에서 마음을 다해 주께로 돌이키며 주님이 그들 조상에게 주신 고향 땅과 주님이 택하신 이 성읍과 제가 주님의 이름을 위해 지은 이 성전을 향해 기도하면,

주께서는 그들의 간절하고 진실한 기도를
주님 계신 곳 하늘에서 들으시고
그들에게 가장 좋은 것을 행하여 주십시오.
주께 죄를 지은 주님의 백성을 용서해 주십시오.

40 사랑하는 하나님, 이곳에서 드리는 모든 기도에 늘 귀 기울여 주십시오.

41-42 하나님, 일어나셔서 주님의 능력의 언약궤와 함께
주님의 평온한 새 안식처에 들어가 주십시오.
주님의 제사장들에게 구원의 옷을 입히시고
주님의 거룩한 백성이 주님의 선하심을 찬양하게 해주십시오.
하나님, 주님의 기름부음 받은 이들을 버리지 마시고
주님의 종 다윗에게 약속하신 사랑을 잊지 말아 주십시오.

7 1-3 솔로몬이 기도를 마치자 하늘에서 번갯불이 일어 번제물과 제물 위에 내리쳤고, 하나님의 영광이 성전에 가득 찼다. 그 영광이 성전에 가득 차서 제사장들이 성전 안에 들어갈 수 없었다. 하나님께서 성전을 가득 채우셨으므로 제사장들이 들어설 수 없었다! 하늘에서 불이 내리고 하나님의 영광이 성전에 가득한 것을 보고, 온 이스라엘이 무릎 꿇고 엎드려 예배하며 하나님께 감사를 드렸다.

하나님은 선하시다!
그분의 사랑은 끝이 없으시다!

4-6 그 후에 왕과 온 이스라엘이 하나님께 제사를 드리며 예배했다. 솔로몬 왕은 성전 봉헌식에서 소 22,000마리, 양 120,000마리를 제물로 바쳤다. 제사장들은 맡은 일에 따라 모두 제자리에 섰고, 다윗이 하나님을 높이는 사랑의 찬송을 노래하고 연주하도록 준비한 레위인 찬양대와 악기

been most wicked," and turn back to you heart and soul in the land of the enemy who conquered them, and pray to you toward their homeland, the land you gave their ancestors, toward the city you chose, and this Temple I have built to the honor of your Name,

Listen from your home in heaven
to their prayers desperate and devout;
Do what is best for them.
Forgive your people who have sinned against you.

40 And now, dear God, be alert and attentive to prayer, all prayer, offered in this place.

41-42 Up, GOD, enjoy your new place of quiet repose,
you and your mighty covenant Chest;
Dress your priests up in salvation clothes,
let your holy people celebrate goodness.
And don't, GOD, back out on your anointed ones,
keep in mind the love promised to David your servant.

The Temple Dedication

7 1-3 When Solomon finished praying, a bolt of lightning out of heaven struck the Whole-Burnt-Offering and sacrifices and the Glory of GOD filled The Temple. The Glory was so dense that the priests couldn't get in—GOD so filled The Temple that there was no room for the priests! When all Israel saw the fire fall from heaven and the Glory of GOD fill The Temple, they fell on their knees, bowed their heads, and worshiped, thanking GOD:

Yes! God is good!
His love never quits!

4-6 Then the king and all Israel worshiped, offering sacrifices to GOD. King Solomon worshiped by sacrificing 22,000 cattle and 120,000 sheep at the dedication of The Temple. The priests were all on duty; the choir and orchestra of Levites that David

연주자들도 모두 함께 있었다. 맞은편 뜰에서는 제사장들이 나팔을 불었다. 이스라엘 백성은 모두 서 있었다.

7-10 솔로몬은 하나님의 성전 앞 뜰 한가운데를 거룩한 장소로 구별하고, 거기서 번제물과 곡식 제물, 화목 제물의 지방을 바쳤다. 청동제단은 너무 작아서 이 모든 제물을 다 바칠 수 없었기 때문이다. 이렇게 솔로몬은 큰 가을 절기인 초막절을 지켰다. 북동쪽 끝(하맛 입구)에서부터 남서쪽 끝(이집트 시내)에 이르는 지역에 사는 백성이 칠 일 동안 모여, 큰 회중을 이루었다. 그들은 칠 일을 계획하여 축제를 시작했다가 칠 일을 더 늘렸는데, 한 주는 제단 봉헌을 위해, 다음 한 주는 절기를 지키기 위해서였다. 축제는 꼬박 이 주 동안 계속되었다! 일곱째 달 이십삼일에 솔로몬은 회중을 돌려보냈다. 그들은 하나님께서 다윗과 솔로몬과 그분의 백성 이스라엘에게 베푸신 모든 선한 일을 기뻐하며 돌아갔다.

11 솔로몬은 하나님의 성전과 왕궁을 건축하는 일, 곧 그가 마음먹었던 모든 일을 마쳤다. 모든 것이 성공적으로 끝났고 만족스러웠다!

12-18 밤에 하나님께서 솔로몬에게 나타나 말씀하셨다. "내가 네 기도를 듣고 이곳을 제사드리는 성전이요 예배하는 집으로 택했다. 내가 하늘에서 비를 내리지 않거나 메뚜기 떼를 동원해 작물을 먹어 치우게 하거나 전염병을 보낼 때에, 하나님의 백성이라 불리는 내 백성이 스스로를 낮추고 기도하며 내 임재를 구하고 악한 삶을 버리면, 내가 항상 너희 곁에 있을 것이다. 내가 하늘에서 듣고 그들의 죄를 용서하며 그들의 땅을 회복시켜 줄 것이다. 이제부터 나는 이곳에서 드리는 기도에 밤낮 귀를 기울일 것이다. 나는 네가 지은 이 성전을 택하여 거룩하게 했다. 이제 내 이름이 그 위에 영원히 새겨졌으니, 내 눈이 그 위에, 내 마음이 그 안에 언제나 머물 것이다. 네가 네 아버지 다윗처럼 순전한 마음으로 내 앞에서 행하고 내가 정해 준 삶을 따라 살며 *내 가르침과 판단에 주의하여 순종하면*, 이스라엘을 다스리는 너의 왕권이 든든한 기초 위에 서게 될 것이다. 네 아버지 다윗에게 언약으로 보증했던 것처럼 네게도 이것을 보증하겠다. '이스라엘의 왕위에서 네 자손이 항상

had provided for singing and playing anthems to the praise and love of GOD were all there; across the courtyard the priests blew trumpets. All Israelites were on their feet.

7-10 Solomon set apart the central area of the courtyard in front of GOD's Temple for sacred use and there sacrificed the Whole-Burnt-Offerings, Grain-Offerings, and fat from the Peace-Offerings–the Bronze Altar was too small to handle all these offerings. This is how Solomon kept the great autumn Feast of Booths. For seven days there were people there all the way from the far northeast (the Entrance to Hamath) to the far southwest (the Brook of Egypt)–a huge congregation. They started out celebrating for seven days, and then did it for another seven days, a week for dedicating the Altar and another for the Feast itself–two solid weeks of celebration! On the twenty-third day of the seventh month Solomon dismissed his congregation. They left rejoicing, exuberant over all the good GOD had done for David and Solomon and his people Israel.

GOD's Confirmation

11 Solomon completed building The Temple of GOD and the royal palace–the projects he had set his heart on doing. Everything was done–success! Satisfaction!

12-18 GOD appeared to Solomon that very night and said, "I accept your prayer; yes, I have chosen this place as a temple for sacrifice, a house of worship. If I ever shut off the supply of rain from the skies or order the locusts to eat the crops or send a plague on my people, and my people, my God-defined people, respond by humbling themselves, praying, seeking my presence, and turning their backs on their wicked lives, I'll be there ready for you: I'll listen from heaven, forgive their sins, and restore their land to health. From now on I'm alert day and night to the prayers offered at this place. Believe me, I've chosen and sanctified this Temple that you have built: My Name is stamped on it forever; my eyes are on it and my heart in it always. As for you, if you live in my presence as your father David lived, pure in heart and action, living the life I've set out for you, attentively obedient to my guidance and judgments, then I'll back your kingly rule over Israel–make it a sure thing on a

끊이지 않을 것이다.'
19-22 그러나 너와 네 자손이 내게 반역하고
내 가르침과 판단을 무시하며 이방 신들과 어울리면서 그것들을 섬기고 예배하면, 그때에는 이 보증이 무효가 될 것이다. 나는 이스라엘을 멸하고 내 이름을 높이도록 거룩하게 구별한 이 성전에서 등을 돌릴 것이다. 그러면 이스라엘은 세상 민족들 사이에서 흉한 농담거리가 되고 말 것이다. 지금은 이렇게 훌륭한 이 성전도 비웃음거리가 되고 말 것이다. 지나가는 사람들이 고개를 저으며 '이게 어찌된 일인가? 어쩌다가 이렇게 망해 버렸는가?' 하고 물을 것이다. 그러면 그들은 이런 답을 듣게 될 것이다. '한때 여기 살던 민족은 그들의 하나님, 곧 그들 조상을 이집트에서 구해낸 하나님께 반역했다. 그들은 이방 신들과 어울리며 그것들을 예배하고 섬겼다. 그래서 하나님께서 이렇게 폐허로 만들어 버리신 것이다.'"

솔로몬의 업적

8 1-6 솔로몬은 이십 년 만에 놀랄 만한 업적을 이루었다. 그가 한 일은 이러하다.

하나님의 성전과 자신의 왕궁을 지었다.
히람에게서 얻은 성읍들을 재건하고 그곳에 이스라엘 백성을 이주시켰다.
하맛소바로 진군하여 그곳을 점령했다.
광야의 다드몰과 하맛에 건축했던 곡식을 쌓아 두는 모든 성읍을 요새화했다.
요새 성읍인 윗 벳호론과 아랫 벳호론을 건축하고 성벽, 문, 빗장을 완비했다.
바알랏과 곡식을 쌓아 두는 성읍들과
말과 전차를 둘 성읍들을 건축했다.

솔로몬은 한번 마음이 동하면 가리지 않고 건축을 시작했다. 예루살렘이든 레바논이든 자기 마음에 드는 곳이면 어디에나 대대적인 건축 공사를 벌였다.
7-10 솔로몬은 그 땅 원주민(이스라엘 자손이
아닌 헷 사람, 아모리 사람, 브리스 사람, 히위 사람, 여부스 사람) 가운데서 살아남은 무리, 곧 거룩한 전쟁에서 살아남은 자들을 강제노역 부대로 편성했는데, 이 정책은 오늘까

sure foundation. The same covenant guarantee I gave to David your father I'm giving to you, namely, 'You can count on always having a descendant on Israel's throne.'
19-22 "But if you or your sons betray me, ignoring my
guidance and judgments, taking up with alien gods by serving and worshiping them, then the guarantee is off: I'll wipe Israel right off the map and repudiate this Temple I've just sanctified to honor my Name. And Israel will be nothing but a bad joke among the peoples of the world. And this Temple, splendid as it now is, will become an object of contempt; tourists will shake their heads, saying, 'What happened here? What's the story behind these ruins?' Then they'll be told, 'The people who used to live here betrayed their GOD, the very God who rescued their ancestors from Egypt; they took up with alien gods, worshiping and serving them. That's what's behind this God-visited devastation.'"

More on Solomon

8 1-6 At the end of twenty years, Solomon had quite a list of accomplishments. He had:

built The Temple of GOD and his own palace;
rebuilt the cities that Hiram had given him and colonized them with Israelites;
marched on Hamath Zobah and took it;
fortified Tadmor in the desert and all the store-cities he had founded in Hamath;
built the fortress cities Upper Beth Horon and Lower Beth Horon, complete with walls, gates, and bars;
built Baalath and store-cities;
built chariot-cities for his horses.

Solomon built impulsively and extravagantly—whenever a whim took him. And in Jerusalem, in Lebanon—wherever he fancied.
7-10 The remnants from the original inhabitants of
the land (Hittites, Amorites, Perizzites, Hivites, Jebusites—all non-Israelites), survivors of the holy wars, were rounded up by Solomon for his gangs of slave labor. The policy is in effect today. But true Israelites were not treated this way; they were used in

지 시행되고 있다. 그러나 이스라엘 사람은 그런 대우를 받지 않았다. 그들은 솔로몬의 군대와 행정부에서 정부 지도자, 전차와 전차병 지휘관으로 일했다. 또한 그들은 솔로몬의 건축 공사를 책임지는 관리가 되었는데, 모두 250명이 노역자들을 감독했다.

11 솔로몬은 바로의 딸을 다윗 성에서 데려와 특별히 그녀를 위해 지은 집에서 살게 했다. 그는 말했다. "하나님의 궤가 있는 곳은 거룩하니, 내 아내를 이스라엘 왕 다윗의 집에서 살게 할 수 없다."

12-13 그 후에 솔로몬은 그가 성전 현관 앞에 세운 하나님의 제단에서 하나님께 번제를 드렸다. 그는 모세가 정해 둔 정기 예배 일정에 따라 안식일과 초하루, 그리고 삼대 절기인 무교절(유월절)과 칠칠절(오순절)과 초막절을 지켰다.

14-15 또 아버지 다윗이 정한 규례대로 제사장들을 세워 예배 직무를 수행하게 했다. 그리고 레위인들을 임명하여 하나님의 찬양대를 이끌고 매일 예배를 드릴 때 제사장들을 돕게 했다. 그는 또 문지기들을 임명하여 각 문을 지키게 했다. 이것은 하나님의 사람 다윗이 명령한 일이었다. 제사장과 레위인과 재정 관리자들은 왕이 내린 지시에 따라 국고를 비롯해 세세한 부분까지 그대로—고치지 않고—지켰다.

16 하나님의 성전 착공에서 준공까지, 솔로몬이 마음먹었던 모든 일이 마침내 완성되었다.

17-18 그 후 솔로몬은 에돔 땅 해변의 에시온게벨과 엘랏으로 갔다. 히람이 그에게 배 여러 척과 숙련된 뱃사람들을 보냈다. 그들은 솔로몬의 사람들과 함께 (동아프리카의) 오빌로 항해해서 금 15톤을 실어다가 솔로몬 왕에게 바쳤다.

9

1-4 스바 여왕이 솔로몬의 명성을 듣고는, 어려운 질문으로 그의 명성을 시험해 보기 위해 예루살렘으로 찾아왔다. 그녀는 수행원을 잔뜩 거느리고 향료와 많은 금과 값진 보석을 낙타에 싣고, 호화롭게 예루살렘에 입성했다. 그녀는 평소 관심 있던 온갖 주제를 논하며 자신의 생각을 솔로몬에게 모두 이야기했다. 솔로몬은 그녀가 내놓은 모든 주제에 답했고, 어떤 질문에도 말문이 막히지 않았

his army and administration—government leaders and commanders of his chariots and charioteers. They were also the project managers responsible for Solomon's building operations—250 in all in charge of the workforce.

11 Solomon brought Pharaoh's daughter from the City of David to a house built especially for her, "Because," he said, "my wife cannot live in the house of David king of Israel, for the areas in which the Chest of GOD has entered are sacred."

12-13 Then Solomon offered Whole-Burnt-Offerings to GOD on the Altar of GOD that he had built in front of The Temple porch. He kept to the regular schedule of worship set down by Moses: Sabbaths, New Moons, and the three annual feasts of Unraised Bread (Passover), Weeks (Pentecost), and Booths.

14-15 He followed the practice of his father David in setting up groups of priests carrying out the work of worship, with the Levites assigned to lead the sacred music for praising God and to assist the priests in the daily worship; he assigned security guards to be on duty at each gate—that's what David the man of God had ordered. The king's directions to the priests and Levites and financial stewards were kept right down to the fine print—no innovations—including the treasuries.

16 All that Solomon set out to do, from the groundbreaking of The Temple of GOD to its finish, was now complete.

17-18 Then Solomon went to Ezion Geber and Elath on the coast of Edom. Hiram sent him ships and with them veteran sailors. Joined by Solomon's men they sailed to Ophir (in east Africa), loaded on fifteen tons of gold, and brought it back to King Solomon.

9

1-4 The queen of Sheba heard of Solomon's reputation and came to Jerusalem to put his reputation to the test, asking all the tough questions. She made a showy entrance—an impressive retinue of attendants and camels loaded with perfume and much gold and precious stones. She emptied her heart to Solomon, talking over everything she cared about. And Solomon answered everything she put to him—nothing stumped him. When the queen of

다. 솔로몬의 지혜를 직접 경험한 스바 여왕은 그가 지은 왕궁, 잘 차려 놓은 식사, 멋있게 줄지어 선 왕궁 관리들, 단정하게 차려입은 시종들, 술잔을 맡은 관리들, 그리고 하나님의 성전에서 아낌없이 번제를 드리는 정성스런 예배를 보며 그 모든 것에 감탄했다.

5-8 그녀가 왕에게 말했다. "모두 사실이었군요! 왕의 업적과 지혜에 대한 명성이 내 나라에까지 들려왔는데, 이제 모두 확인했습니다. 내가 직접 보지 않았으면 믿지 못했을 것입니다. 사람들의 말이 과장이 아니었군요! 왕의 지혜와 기품은 내가 상상한 것보다 훨씬 뛰어납니다. 왕 밑에서 일하는 사람들은 날마다 왕 곁에서 지혜로운 말을 직접 들으니 얼마나 복됩니까! 당신을 총애하셔서 왕으로 삼으신 당신의 하나님을 찬양합니다. 그분이 당신을 왕으로 삼아 공의로 질서를 유지하게 하시고 소중한 백성을 보살피게 하신 것은, 이스라엘을 향한 그분의 사랑에서 비롯된 것임이 분명합니다."

9-11 그런 다음 그녀는 4.5톤가량의 금과 수많은 향료와 값비싼 보석을 왕에게 주었다. 스바 여왕이 솔로몬 왕을 위해 향료를 가져온 이후로, 그처럼 많은 향료가 배로 들어온 일은 다시 없었다. 히람의 배들은 오빌에서 금을 수입해 오면서 향기로운 백단목과 값비싼 보석도 함께 가져왔다. 왕은 백단목으로 하나님의 성전과 왕궁에 들일 세련된 가구를 제작하고 음악인들을 위해 하프와 수금을 만들었다. 그만한 백단목을 들여온 경우는 이후로 없었다.

12 솔로몬 왕은 스바 여왕이 원하는 것을 모두 주었다. 구하는 것은 무엇이든 다 주었다. 가져온 것보다 더 많이 가져가게 된 그녀는, 흡족해 하며 신하들을 이끌고 자기 나라로 돌아갔다.

13-14 솔로몬은 매년 금 25톤을 받았다. 이것은 상인과 무역업자들과의 무역에서 나오는 세금과 수익 외의 수입이었다. 아라비아의 모든 왕과 크고 작은 지방 장관들도 솔로몬에게 은과 금을 바쳤다.

15-16 솔로몬 왕은 얇게 두들겨 편 금으로 사람 키만한 방패 이백 개—방패 하나에 금 6.8킬로그램씩 들어갔다—와 그 절반 크기의 작은

Sheba experienced for herself Solomon's wisdom and saw with her own eyes the palace he had built, the meals that were served, the impressive array of court officials, the sharply dressed waiters, the cupbearers, and then the elaborate worship extravagant with Whole-Burnt-Offerings at The Temple of GOD, it all took her breath away.

5-8 She said to the king, "It's all true! Your reputation for accomplishment and wisdom that reached all the way to my country is confirmed. I wouldn't have believed it if I hadn't seen it for myself; they didn't exaggerate! Such wisdom and elegance—far more than I could ever have imagined. Lucky the men and women who work for you, getting to be around you every day and hear your wise words firsthand! And blessed be your GOD who has taken such a liking to you, making you king. Clearly, GOD's love for Israel is behind this, making you king to keep a just order and nurture a God-pleasing people."

9-11 She then gave the king four and a half tons of gold and sack after sack of spices and precious stones. There hasn't been a cargo of spices like the shipload the queen of Sheba brought to King Solomon. The ships of Hiram also imported gold from Ophir along with fragrant sandalwood and expensive gems. The king used the sandalwood for fine cabinetry in The Temple of GOD and the royal palace, and for making harps and dulcimers for the musicians. Nothing like that shipment of sandalwood has been seen since.

12 King Solomon, for his part, gave the queen of Sheba all her heart's desire—everything she asked for. She took away more than she brought. Satisfied, she returned home with her train of servants.

13-14 Solomon received twenty-five tons of gold annually. This was above and beyond the taxes and profit on trade with merchants and traders. All kings of Arabia and various and assorted governors also brought silver and gold to Solomon.

15-16 King Solomon crafted two hundred body-length shields of hammered gold—about fifteen pounds of gold to each shield—and about three hundred small shields about half that size. He stored the shields in the House of the Forest of Lebanon.

방패 삼백 개를 만들었다. 그는 그 방패들을 레바논 숲 궁전에 두었다.

17-19 왕은 상아로 큰 보좌를 만들고 겉에 금을 입혔다. 보좌 아래에는 여섯 개의 층계가 있고, 층계와 연결된 보좌의 받침대는 금으로 만들었다. 양쪽 팔걸이 옆으로 사자상을 두었는데, 여섯 층계의 양쪽 끝에도 각각 사자상이 하나씩 서 있었다. 주변 어느 나라에도 그와 같은 보좌는 없었다.

20 솔로몬 왕의 잔과 컵은 금으로 만들었고, 레바논 숲 궁전의 식기도 모두 순금으로 만들었다. 은으로 만든 것은 하나도 없었다. 솔로몬 시대에 은은 흔하고 값싼 것이었다.

21 왕의 배들은 히람의 뱃사람들을 태우고 삼 년에 한 번씩 다시스를 오가며 금과 은, 상아, 원숭이, 공작을 싣고 돌아왔다.

22-24 솔로몬 왕은 지상의 그 어떤 왕보다 부유하고 지혜로웠다. 그는 모든 왕보다 뛰어났다. 온 세상 왕들이 하나님께서 솔로몬에게 주신 지혜를 얻으려고 찾아왔다. 오는 사람마다 금은 기구, 고급 예복과 의복, 최신 무기, 외국산 향료, 말과 노새 같은 선물을 가져왔다. 방문객들의 행렬이 매년 줄을 이었다.

25-28 솔로몬은 말과 전차를 모았다. 말과 전차를 두는 마구간이 사천 칸 있었고, 전차가 주둔해 있는 성읍과 예루살렘의 병영에 기병 만 이천 명이 있었다. 그는 동쪽으로 유프라테스 강에서부터 블레셋 땅 전역과 서쪽으로 이집트 경계에 이르는 지역의 모든 왕을 다스렸다. 그의 시대에는 은이 돌처럼 흔했고 백향목도 낮은 산지의 무화과나무만큼이나 흔했다. 그는 이집트와 그 밖의 나라들을 상대로 말 무역업을 벌여 호황을 누렸다.

29-31 솔로몬의 나머지 생애와 통치는 예언자 나단의 역사책, 실로 사람 아히야의 예언서, 느밧의 아들 여로보암에 관한 선견자 잇도의 묵시록에서 처음부터 끝까지 읽을 수 있다. 솔로몬은 예루살렘에서 사십 년 동안 온 이스라엘을 다스렸다. 그는 죽어서 아버지 다윗의 성에 묻혔다. 그의 아들 르호보암이 뒤를 이어 왕이 되었다.

17-19 The king made a massive throne of ivory with a veneer of gold. The throne had six steps leading up to it with an attached footstool of gold. The armrests on each side were flanked by lions. Lions, twelve of them, were placed at either end of the six steps. There was no throne like it in any other kingdom.

20 King Solomon's chalices and tankards were made of gold, and all the dinnerware and serving utensils in the House of the Forest of Lebanon were pure gold. Nothing was made of silver; silver was considered common and cheap in the time of Solomon.

21 The king's ships, manned by Hiram's sailors, made a round trip to Tarshish every three years, returning with a cargo of gold, silver, and ivory, apes and peacocks.

22-24 King Solomon was richer and wiser than all the kings of the earth—he surpassed them all. Kings came from all over the world to be with Solomon and get in on the wisdom God had given him. Everyone who came brought gifts—artifacts of gold and silver, fashionable robes and gowns, the latest in weapons, exotic spices, horses, and mules—parades of visitors, year after year.

25-28 Solomon collected horses and chariots. He had four thousand stalls for horses and chariots, and twelve thousand horsemen in barracks in the chariot-cities and in Jerusalem. He ruled over all the kings from the River Euphrates in the east, throughout the Philistine country, and as far west as the border of Egypt. The king made silver as common as rocks and cedar as common as the fig trees in the lowland hills. He carried on a brisk horse-trading business with Egypt and other places.

29-31 The rest of Solomon's life and rule, from start to finish, one can read in the records of Nathan the prophet, the prophecy of Ahijah of Shiloh, and in the visions of Iddo the seer concerning Jeroboam son of Nebat. Solomon ruled in Jerusalem over all Israel for forty years. Solomon died and was buried in the City of David his father. His son Rehoboam was the next king.

북쪽 지파들의 반란

10 1-2 르호보암은 세겜으로 갔다. 온 이스라엘이 그를 왕으로 세우려고 그곳에 모여 있었다. 당시 솔로몬을 피해 이집트에 숨어 있던 여로보암은, 솔로몬이 죽었다는 소식을 듣고 돌아왔다.

3-4 이스라엘이 불러낸 여로보암과 온 이스라엘 사람이 르호보암에게 가서 말했다. "왕의 아버지께서 등골이 휘도록 우리에게 일을 시켜 삶이 아주 고달팠습니다. 이제 좀 쉬게 해주시고 우리의 짐을 가볍게 해주시면, 우리가 기꺼이 왕을 섬기겠습니다."

5 르호보암이 말했다. "생각할 시간이 필요하니 사흘 후에 다시 오시오." 그래서 백성은 돌아갔다.

6 르호보암 왕은 그의 아버지가 살아 있을 때 조언을 구했던 원로들과 의논했다. "그대들의 생각은 어떠하오? 내가 백성에게 뭐라고 답하면 좋겠소?"

7 그들이 말했다. "왕께서는 이 백성의 종이 되셔서 그들의 필요를 잘 헤아리고 긍휼을 베푸시며 원만히 일을 해결해 나가십시오. 그러면 결국 백성이 왕을 위해 무슨 일이든지 할 것입니다."

8-9 그러나 그는 원로들의 조언을 물리치고, 그와 함께 자라서 지금은 왕의 비위만 맞추려 드는 젊은 신하들에게 물었다. "그대들 생각은 어떻소? '왕의 아버지처럼 혹독하게 하지 말고 좀 쉬게 해주십시오. 우리의 짐을 가볍게 해주십시오' 하고 말하는 이 백성에게 내가 뭐라고 해야 되겠소?"

10-11 왕과 함께 자란 철없는 젊은이들이 말했다. "'왕의 아버지께서 우리에게 너무 심하게 하셨으니, 짐을 가볍게 해주십시오' 하고 불평하는 이 백성에게 이렇게 말씀하십시오. '내 새끼손가락이 내 아버지의 허리보다 굵다. 내 *아버지의 다스림이 고달팠다고* 여긴다면, 너희는 아직 고달픔의 맛을 제대로 보지 못한 것이다. 내 아버지는 너희를 채찍으로 때렸지만, 나는 너희가 피투성이가 될 때까지 사슬로 칠 것이다!'"

12-14 르호보암이 백성을 향해 "생각할 시간이 필요하니 사흘 후에 다시 오시오" 하고 지시한 대로, 사흘 후에 여로보암과 백성이 나타났다. 왕의 대답은 가혹하고 거칠었다. 그는 원로들

King Rehoboam

10 1-2 Rehoboam traveled to Shechem where all Israel had gathered to inaugurate him as king. Jeroboam was then in Egypt, where he had taken asylum from King Solomon; when he got the report of Solomon's death, he came back.

3-4 Summoned by Israel, Jeroboam and all Israel went to Rehoboam and said, "Your father made life hard for us—worked our fingers to the bone. Give us a break; lighten up on us and we'll willingly serve you."

5 "Give me," said Rehoboam, "three days to think it over; then come back." So the people left.

6 King Rehoboam talked it over with the elders who had advised his father when he was alive: "What's your counsel? How do you suggest that I answer the people?"

7 They said, "If you will be a servant to this people, be considerate of their needs and respond with compassion, work things out with them, they'll end up doing anything for you."

8-9 But he rejected the counsel of the elders and asked the young men he'd grown up with who were now currying his favor, "What do you think? What should I say to these people who are saying, 'Give us a break from your father's harsh ways—lighten up on us'?"

10-11 The young turks he'd grown up with said, "These people who complain, 'Your father was too hard on us; lighten up'—well, tell them this: 'My little finger is thicker than my father's waist. If you think life under my father was hard, you haven't seen the half of it. My father thrashed you with whips; I'll beat you bloody with chains!'"

12-14 Three days later Jeroboam and the people showed up, just as Rehoboam had directed when he said, "Give me three days to think it over; then come back." The king's answer was harsh and rude. He spurned the counsel of the elders and went with the advice of the younger set: "If you think life under my father was hard, you haven't seen the half of it: my father thrashed you with whips; I'll beat you bloody with chains!"

15 Rehoboam turned a deaf ear to the people. God was behind all this, confirming the message that he had given to Jeroboam son of Nebat through Ahijah

의 조언을 무시하고 젊은이들의 제안을 따랐다. "내 아버지의 다스림이 고달팠다고 여긴다면, 너희는 아직 고달픔의 맛을 제대로 보지 못한 것이다. 내 아버지는 너희를 채찍으로 때렸지만, 나는 너희가 피투성이가 될 때까지 사슬로 칠 것이다!"

15 르호보암은 백성의 말에 귀를 막았다. 하나님께서 이 모든 일의 배후에 계셨고, 이로써 실로 사람 아히야를 통해 느밧의 아들 여로보암에게 주신 메시지를 확증하셨다.

16-17 온 이스라엘은 왕이 그들의 말을 한 마디도 듣지 않은 것을 알고, 왕에게 맞서서 말했다.

꺼져 버려라, 다윗!
이새의 아들아, 우리는 이제 너한테 질렸다!
이스라엘아, 어서 여기서 떠나자!
다윗, 이제 더 이상 우리 일에 참견하지 마라.

그런 다음, 백성이 떠나갔다. 그러나 르호보암은 유다 성읍들에 사는 사람들을 계속 다스렸다.

18-19 그 후에 르호보암 왕이 노역 책임자인 아도니람을 보내자, 이스라엘 백성이 모여서 그를 돌로 쳐죽였다. 르호보암 왕은 재빨리 전차에 뛰어올라 예루살렘으로 피했다. 그때부터 오늘까지 이스라엘은 다윗 왕조에 계속 대항했다.

11

1 예루살렘으로 돌아온 르호보암은 유다와 베냐민 지파 사람들을 소집하고 정예군 180,000명을 동원했다. 그는 이스라엘과 전쟁을 벌여 나라를 되찾으려고 했다.

2-4 그때 하나님의 말씀이 거룩한 사람 스마야에게 임했다. "솔로몬의 아들 유다 왕 르호보암과 유다와 베냐민의 모든 이스라엘 백성에게 전하여라. '이것은 하나님의 말씀이다. 너희는 진군하지 마라. 너희 형제 이스라엘 자손과 싸우지 마라. 너희는 한 사람도 남김없이 다 집으로 돌아가거라. 이 모든 것이 나의 뜻이다.'" 그들은 하나님께서 말씀하신 대로 집으로 돌아갔다.

5-12 르호보암은 계속해서 예루살렘에 살면서 유다 곳곳에 방어체제를 구축했다. 베들레헴, 에담, *드고아, 벳술, 소고, 아둘람, 가드, 마레사,* 십, 아도라임, 라기스, 아세가, 소라, 아얄론, 헤브론이 그가 유다와 베냐민을 보호하기 위해 세운 방어선이었다. 그는 요새 성읍을 강화하고, 지휘관들을 임명하며, 비상식량과 올리브기름과 포도주를

of Shiloh.

16-17 When all Israel realized that the king hadn't listened to a word they'd said, they stood up to him and said,

Get lost, David!
We've had it with you, son of Jesse!
Let's get out of here, Israel, and fast!
From now on, David, mind your own business.

And with that they left. Rehoboam continued to rule only those who lived in the towns of Judah.

18-19 When King Rehoboam next sent out Adoniram, head of the workforce, the Israelites ganged up on him, pelted him with stones, and killed him. King Rehoboam jumped in his chariot and escaped to Jerusalem as fast as he could. Israel has been in rebellion against the Davidic dynasty ever since.

11

1 When Rehoboam got back to Jerusalem he called up the men of the tribes of Judah and Benjamin, 180,000 of their best soldiers, to go to war against Israel and recover the kingdom.

2-4 At the same time the word of GOD came to Shemaiah, a holy man, "Tell this to Rehoboam son of Solomon, king of Judah, along with all the Israelites in Judah and Benjamin, This is GOD's word: Don't march out; don't fight against your brothers the Israelites. Go back home, every last one of you; *I'm* in charge here." And they did it; they did what GOD said and went home.

5-12 Rehoboam continued to live in Jerusalem but built up a defense system for Judah all around: in Bethlehem, Etam, Tekoa, Beth Zur, Soco, Adullam, Gath, Mareshah, Ziph, Adoraim, Lachish, Azekah, Zorah, Aijalon, and Hebron–a line of defense protecting Judah and Benjamin. He beefed up the fortifications, appointed commanders, and put in supplies of food, olive oil, and wine. He installed arms–large shields and spears–in all the forts, making them very strong. So Judah and Benjamin were secure for the time.

13-17 The priests and Levites from all over

비축했다. 그는 모든 성읍에 큰 방패와 창들을 갖추어 두고, 성읍의 방비를 크게 강화했다. 그래서 유다와 베냐민은 한동안 안전했다.

13-17 이스라엘 전역에서 제사장과 레위인들이 르호보암에게 왔다. 레위인들이 자기 목초지와 재산을 버리고 유다와 예루살렘으로 이주한 것은, 여로보암과 그의 아들들이 그들에게서 **하나님**의 제사장직을 박탈하고 제사장을 따로 세워, 여러 예배 처소에서 그가 만든 숫염소와 송아지 우상을 섬기게 했기 때문이다. 이스라엘의 모든 지파 가운데서 이스라엘의 **하나님**을 찾기로 결심한 모든 사람은, 제사장과 레위인들과 함께 예루살렘으로 이주하여 그곳에서 그들 조상의 **하나님**께 제사를 드려 예배했다. 이것이 유다 나라에 엄청난 힘이 되었다. 그들은 삼 년 동안 솔로몬의 아들 르호보암 곁을 지키면서, 다윗과 솔로몬의 길을 충실히 따랐다.

18-21 르호보암은 다윗의 아들 여리못과 이새의 아들 엘리압의 딸 아비하일 사이에서 태어난 마할랏과 결혼했다. 마할랏은 여우스, 스마랴, 사함을 낳았다. 그 후에 르호보암은 압살롬의 딸 마아가와 결혼했는데, 마아가는 아비야, 앗대, 시사, 슬로밋을 낳았다. 마아가는 르호보암이 가장 사랑한 아내였다. 그는 다른 아내나 첩들(그는 아내 열여덟 명과 첩 예순 명을 두었는데, 그들이 아들 스물여덟 명과 딸 예순 명을 낳았다!)보다 그녀를 더 사랑했다.

22-23 르호보암은 마아가의 아들 아비야를 맏아들, 곧 형제들의 지도자로 삼았다. 그를 다음 왕으로 삼을 생각이었다. 그는 지혜롭게 아들들을 유다와 베냐민의 방어체제를 이루는 모든 요새 성읍에 배치했다. 그리고 풍부한 양식과 많은 아내를 주어 그들을 행복하게 해주었다.

Israel came and made themselves available to Rehoboam. The Levites left their pastures and properties and moved to Judah and Jerusalem because Jeroboam and his sons had dismissed them from the priesthood of GOD and replaced them with his own priests to preside over the worship centers at which he had installed goat and calf demon-idols. Everyone from all the tribes of Israel who determined to seek the GOD of Israel migrated with the priests and Levites to Jerusalem to worship there, sacrificing to the GOD of their ancestors. That gave a tremendous boost to the kingdom of Judah. They stuck with Rehoboam son of Solomon for three years, loyal to the ways of David and Solomon for this period.

18-21 Rehoboam married Mahalath daughter of Jerimoth, David's son, and Abihail daughter of Eliab, Jesse's son. Mahalath bore him Jeush, Shemariah, and Zaham. Then he married Maacah, Absalom's daughter, and she bore him Abijah, Attai, Ziza, and Shelomith. Maacah was Rehoboam's favorite wife; he loved her more than all his other wives and concubines put together (and he had a lot–eighteen wives and sixty concubines who produced twenty-eight sons and sixty daughters!).

22-23 Rehoboam designated Abijah son of Maacah as the "first son" and leader of the brothers–he intended to make him the next king. He was shrewd in deploying his sons in all the fortress cities that made up his defense system in Judah and Benjamin; he kept them happy with much food and many wives.

12

1 르호보암이 나라를 안정시켜 다시 세력이 강해지자, 그와 온 이스라엘은 사실상 **하나님**과 그분의 길을 버렸다.

2-4 그와 그의 백성이 **하나님**께 신실하지 않았으므로, 르호보암 오년에 이집트 왕 시삭이 예루살렘으로 쳐들어왔다. 그는 전차 천이백 대와 기병 육만 명, 리비아와 숩과 에티오피아 사람들로 구성된 이집트 군대를 거느리고 왔다. 그들은 유다

12

1 By the time Rehoboam had secured his kingdom and was strong again, he, and all Israel with him, had virtually abandoned GOD and his ways.

2-4 In Rehoboam's fifth year, because he and the people were unfaithful to GOD, Shishak king of Egypt invaded as far as Jerusalem. He came with twelve hundred chariots and sixty thousand

의 요새 성읍들을 빼앗고 예루살렘까지 진
격해 왔다.
5 그때 예언자 스마야가 시삭을 피해 예루살
렘으로 후퇴한 유다 지도자들과 함께 르호
보암에게 가서 말했다. "하나님께서 말씀하
십니다. '네가 나를 버렸으니, 이제 나도 너
를 버려 시삭에게 넘기겠다.'"
6 이스라엘의 지도자들과 왕이 회개하며 말
했다. "하나님께서 옳으십니다."
7-8 하나님께서 그들이 겸손히 회개하는 모
습을 보셨다. 그러자 하나님의 말씀이 스마
야에게 임했다. "그들이 겸손히 뉘우치니,
내가 그들을 멸하지 않겠다. 그들을 너그럽
게 봐줄 것이다. 시삭을 통해 예루살렘에 나
의 진노를 드러내지 않을 것이다. 그러나 나
는 그들을 시삭의 신하로 만들 것이다. 그들
은 나를 섬기는 것과 세상의 왕을 섬기는 것
이 어떻게 다른지 알게 될 것이다."
9 그때 이집트 왕 시삭이 예루살렘을 공격했
다. 그는 하나님의 성전과 왕궁의 보물 보관
소에서 무엇이든 손에 잡히는 대로 약탈하
고, 솔로몬이 만든 금방패까지 가져갔다.
10-11 르호보암 왕은 금방패 대신 청동방패를
만들어 왕궁 입구를 지키는 경비대에게 주
었다. 왕이 하나님의 성전에 갈 때 경비대가
방패를 들고 왕을 수행했다가, 일이 끝나면
경비대실에 다시 가져다 놓았다.
12 르호보암이 회개했으므로, 하나님께서 진
노를 거두셨고 그를 완전히 멸하지 않으셨
다. 유다에 선한 일도 벌어지고 있었으니 상
황이 암담하지만은 않았다.
13-14 르호보암 왕은 예루살렘에서 자신의 통
치체제를 개편하고 왕권을 다시 굳게 세웠
다. 르호보암은 왕위에 오를 때 마흔한 살이
었다. 그는 이스라엘의 모든 지파 가운데서
하나님께서 친히 임재하시는 특별한 처소
로 택하신 예루살렘 성에서 십칠 년 동안 다
스렸다. 그의 어머니는 암몬 사람 나아마다.
그러나 르호보암에 대한 최종 평가는 그가
악한 왕이라는 것이었다. 그에게 하나님은
중요하지 않았다. 하나님께 관심이 없었을
뿐 아니라 그분을 마음으로 찾지도 않았다.
15-16 르호보암의 역사는 예언자 스마야와 선
견자 잇도의 회고록에 처음부터 끝까지 족보
와 함께 기록되어 있다. 르호보암과 여로보암

cavalry, and soldiers from all over—the Egyptian army
included Libyans, Sukkites, and Ethiopians. They took
the fortress cities of Judah and advanced as far as
Jerusalem itself.
5 Then the prophet Shemaiah, accompanied by the
leaders of Judah who had retreated to Jerusalem
before Shishak, came to Rehoboam and said, "GOD's
word: You abandoned me; now I abandon you to
Shishak."
6 The leaders of Israel and the king were repentant and
said, "GOD is right."
7-8 When GOD saw that they were humbly repentant,
the word of GOD came to Shemaiah: "Because they
are humble, I'll not destroy them—I'll give them
a break; I won't use Shishak to express my wrath
against Jerusalem. What I will do, though, is make
them Shishak's subjects—they'll learn the difference
between serving me and serving human kings."
9 Then Shishak king of Egypt attacked Jerusalem. He
plundered the treasury of The Temple of GOD and the
treasury of the royal palace—he took everything he
could lay his hands on. He even took the gold shields
that Solomon had made.
10-11 King Rehoboam replaced the gold shields with
bronze shields and gave them to the guards who were
posted at the entrance to the royal palace. Whenever
the king went to GOD's Temple, the guards went with
him carrying the shields, but they always returned
them to the guardroom.
12 Because Rehoboam was repentant, GOD's anger was
blunted, so he wasn't totally destroyed. The picture
wasn't entirely bleak—there were some good things
going on in Judah.
13-14 King Rehoboam regrouped and reestablished his
rule in Jerusalem. He was forty-one years old when he
became king and continued as king for seventeen years
in Jerusalem, the city GOD chose out of all the tribes of
Israel as the special presence of his Name. His mother
was Naamah from Ammon. But the final verdict on
Rehoboam was that he was a bad king—GOD was
not important to him; his heart neither cared for nor
sought after GOD.
15-16 The history of Rehoboam, from start to finish, is
written in the memoirs of Shemaiah the prophet and
Iddo the seer that contain the family trees. There was

사이에는 전쟁이 끊이지 않았다. 르호보암은 죽어서 자기 조상과 함께 다윗 성에 묻혔다. 그의 아들 아비야가 뒤를 이어 왕이 되었다.

유다 왕 아비야

13 1-2 여로보암 왕 십팔년에, 아비야가 유다 왕위에 올랐다. 그는 예루살렘에서 삼 년 동안 다스렸다. 그의 어머니는 기브아 사람 우리엘의 딸 마아가다.

2-3 아비야와 여로보암 사이에 전쟁이 벌어졌다. 아비야는 정예군 400,000명을 이끌고 싸움에 나섰고, 여로보암 또한 정예군 800,000명으로 맞섰다.

4-7 아비야가 에브라임 산지 스마라임 산의 잘 보이는 곳에 서서 말했다. "여로보암과 온 이스라엘은 들어라! 하나님 이스라엘의 유일하신 하나님께서 다윗과 그 후손을 이스라엘의 영원한 통치자로 세우시고, 하나님의 나라는 하나님의 왕이 다스린다고 '소금 언약'으로 확증하신 것을 너희가 알지 못하느냐? 그런데 어떻게 되었느냐? 솔로몬의 종 느밧의 아들 여로보암이 자기 주인에게 반역했다. 온갖 불량배들이 그와 함께 작당하니, 솔로몬의 후계자 르호보암이 당해 내지 못했다. 르호보암은 어찌할 바를 몰랐다. 게다가 그는 겁이 많아서 그들과 맞서지 못했다.

8-9 너희는 그 약점을 이용하여 다윗의 후손에게 위임된 하나님의 통치에 주제넘게 맞서고 있다. 큰 군대를 거느리고, 거기다 여로보암이 너희에게 신으로 만들어 준 금송아지 우상들 때문에 너희가 아주 대단한 줄 아는구나! 하지만 지금까지 너희가 한 일을 보아라. 너희는 아론 자손인 하나님의 제사장과 레위인들을 쫓아 내고 이방인들처럼 너희 멋대로 제사장을 세웠다. 누구든지 돈을 충분히 들고 가서 값만 치르면 제사장이 될 수 있다! 하나님 아닌 거짓 우상들의 제사장 말이다!

10-11 하지만 유다의 남은 우리는 하나님께 머물러 있다. 우리는 그분을 최신 우상으로 바꾸지 않았다. 확실히 검증된 아론의 제사장들이 우리를 하나님께로 인도하고, 또 레위인들이 우리의 예배를 인도하여 날마다 아침과 저녁 기도 때 하나님께 번제와 향기로운 향을 드리고, 깨끗한 상에 갓 구운 거룩한 빵을 차려 내며, 밤마다 금등잔대에 불

war between Rehoboam and Jeroboam the whole time. Rehoboam died and was buried with his ancestors in the City of David. His son Abijah ruled after him.

King Abijah

13 1-2 In the eighteenth year of the rule of King Jeroboam, Abijah took over the throne of Judah. He ruled in Jerusalem three years. His mother was Maacah daughter of Uriel of Gibeah.

2-3 War broke out between Abijah and Jeroboam. Abijah started out with 400,000 of his best soldiers; Jeroboam countered with 800,000 of his best.

4-7 Abijah took a prominent position on Mount Zemaraim in the hill country of Ephraim and gave this speech: "Listen, Jeroboam and all Israel! Don't you realize that GOD, the one and only God of Israel, established David and his sons as the permanent rulers of Israel, ratified by a 'covenant of salt'—GOD's kingdom ruled by GOD's king? And what happened? Jeroboam, the son of Solomon's slave Nebat, rebelled against his master. All the riffraff joined his cause and were too much for Rehoboam, Solomon's true heir. Rehoboam didn't know his way around—besides he was a real wimp; he couldn't stand up against them.

8-9 "Taking advantage of that weakness, you are asserting yourself against the very rule of GOD that is delegated to David's descendants—you think you are so big with your huge army backed up by the golden-calf idols that Jeroboam made for you as gods! But just look at what you've done—you threw out the priests of GOD, the sons of Aaron, and the Levites, and made priests to suit yourselves, priests just like the pagans have. Anyone who shows up with enough money to pay for it can be a priest! A priest of No-God!

10-11 "But for the rest of us in Judah, we're sticking with GOD. We have not traded him in for the latest model—we're keeping the tried-and-true priests of Aaron to lead us to GOD and the Levites to lead us in worship by sacrificing Whole-Burnt-Offerings and aromatic incense to GOD at the daily morning and evening prayers, setting out fresh holy bread on a clean table, and lighting the lamps on the golden Lampstand every night. We continue doing what GOD told us to in the way he told us to do it; but you have rid yourselves of him.

을 밝히고 있다. 우리는 하나님께서 명령하신 일을 그분이 말씀하신 방식대로 지키고 있다. 그러나 너희는 그분을 버렸다.

12 너희 눈에는 보이지 않느냐? 하나님께서 우리 편이시며 우리의 지도자이시다. 그분의 제사장들은 나팔을 들고 전투 신호를 보낼 태세가 되어 있다. 이스라엘 백성아, 하나님 너희 조상의 하나님과 싸우지 마라. 너희는 절대 이 전투에서 이기지 못한다."

13-18 아비야가 말하는 동안, 여로보암은 사람들을 뒤로 보내서 그들을 기습하게 했다. 유다 앞에는 여로보암, 뒤에는 복병이 있었다. 뒤를 돌아본 유다는 자기들이 앞뒤로 공격받고 있음을 알았다. 그들은 하나님께 간절히 기도했다. 제사장들은 나팔을 불고 유다 군사들은 크게 부르짖었다. 그때 하나님께서 아비야와 유다 앞에서 여로보암과 온 이스라엘을 치셨다. 이스라엘 군은 유다 군 앞에서 흩어졌다. 하나님께서 유다에게 승리를 주셨다. 아비야와 그의 병력은 이스라엘을 크게 무찔렀다. 그날 이스라엘 정예군 500,000명이 죽었다. 이스라엘 군은 처참하게 무너졌다. 아주 치욕스러운 패배였다. 유다 군이 힘들이지 않고 이긴 것은 그들이 하나님 그들 조상의 하나님을 신뢰했기 때문이다.

19-21 아비야는 승리의 여세를 몰아 여로보암을 추격하여 베델, 여사나, 에브론 성읍과 그 주변 마을들을 빼앗았다. 여로보암은 아비야가 살아 있는 동안 이 패배에서 끝내 빠져나오지 못했다. 이후에 하나님께서 그를 치시니 그가 죽었다. 반면에 아비야는 번성했다. 그는 열네 명의 아내와 결혼하여 아들 스물둘, 딸 열여섯의 한 가문을 이루었다.

22 아비야의 나머지 역사, 곧 그의 언행은 예언자 잇도가 쓴 연구서에 기록되어 있다.

유다 왕 아사

14 1 아비야는 죽어서 자기 조상과 함께 다윗 성에 묻혔다. 그의 아들 아사가 뒤를 이어 왕이 되었다.

아사가 다스리던 십 년 동안 그 땅은 평화로웠다.

2-6 아사는 선한 왕이었다. 그는 하나님 보시기에 *바르게 행했다. 그는 이방 제단과 산당들을 없애*고, 신성하게 여기는 돌기둥들을 부수고, 음란한 종교의 목상들(아세림)을 베었다. 그는 또 유다 백성에게 명령하여 삶의 중심을 하나님 그들 조상의 하나님께 두고, 율법대로 행하며 계명에 따

12 "Can't you see the obvious? God is on our side; he's our leader. And his priests with trumpets are all ready to blow the signal to battle. O Israel—don't fight against GOD, the God of your ancestors. You will not win this battle."

13-18 While Abijah was speaking, Jeroboam had sent men around to take them by surprise from the rear: Jeroboam in front of Judah and the ambush behind. When Judah looked back, they saw they were attacked front and back. They prayed desperately to GOD, the priests blew their trumpets, and the soldiers of Judah shouted their battle cry. At the battle cry, God routed Jeroboam and all Israel before Abijah and Judah. The army of Israel scattered before Judah; God gave them the victory. Abijah and his troops slaughtered them—500,000 of Israel's best fighters were killed that day. The army of Israel fell flat on its face—a humiliating defeat. The army of Judah won hands down because they trusted GOD, the God of their ancestors.

19-21 Abijah followed up his victory by pursuing Jeroboam, taking the towns of Bethel, Jeshanah, and Ephron with their surrounding villages. Jeroboam never did recover from his defeat while Abijah lived. Later on GOD struck him down and he died. Meanwhile Abijah flourished; he married fourteen wives and ended up with a family of twenty-two sons and sixteen daughters.

22 The rest of the history of Abijah, what he did and said, is written in the study written by Iddo the prophet.

King Asa

14 1 Abijah died and was buried with his ancestors in the City of David. His son Asa became the next king.

For ten years into Asa's reign the country was at peace.

2-6 Asa was a good king. He did things right in GOD's eyes. He cleaned house: got rid of the pagan altars and shrines, smashed the sacred stone pillars, and chopped down the sex-and-religion groves (Asherim). He told Judah to center their lives in GOD, the God of their fathers, to do what

르도록 했다. 그가 유다 성읍들에서 모든 이방 산
당과 제단들을 없앴으므로 나라가 평화로웠다.
그 땅이 평온하고 전쟁이 없어서 아사는 튼튼한
방어체제를 구축할 수 있었다. 하나님께서 평화
를 지켜 주셨다.
7 아사는 백성에게 말했다. "우리에게 기회가 있
고 이 땅이 평온할 때 든든한 방어체제를 구축하
여 성벽, 망대, 문, 빗장으로 성읍들을 요새화합
시다. 이 땅이 이처럼 평화로운 것은 우리가 하나
님을 찾았기 때문입니다. 그분이 우리를 모든 고
난으로부터 지켜 주셨습니다." 그래서 그들은 성
읍을 튼튼히 하고 번영을 누렸다.
8 아사의 군대에는 방패와 창으로 무장한 유다 사
람 300,000명과, 방패를 들고 활을 쏘는 베냐민
사람 280,000명이 있었다. 그들 모두 용감한 군
사들이었다.
9-11 에티오피아 사람 세라가 아사와 전쟁을 벌이
려고 백만 군대와 전차 삼백 대를 이끌고 마레사
까지 쳐들어왔다. 아사는 그에 맞서, 마레사 근처
스바다 골짜기에서 싸울 준비를 했다. 거기서 아
사가 하나님께 기도했다. "하나님, 주께서는 한
번 돕기로 작정하시면 적군의 많고 적음이 문제
되지 않고 그들의 세력에도 눌리지 않으십니다.
오 하나님, 우리를 도와주십시오. 우리는 주님과
주님의 성품을 신뢰하기에 이 큰 군대에 맞서 싸
우러 나왔습니다. 한낱 인간들이 주께 대적하지
못하게 해주십시오!"
12-15 하나님께서 에티오피아 사람을 아사와 유다
앞에서 물리치셨다. 에티오피아 사람은 필사적으
로 도망쳤다. 아사와 그의 용사들이 그랄까지 그
들을 쫓아갔다. 죽은 자가 얼마나 많았던지 에티
오피아 사람은 전의를 완전히 상실했다. 하나님
과 그분의 군대 앞에서 어마어마한 살육이 벌어
졌다. 유다는 많은 전리품들을 실어 날랐다. 그들
은 그랄 주변의 모든 성읍을 폐허로 만들고 그 땅
을 약탈했다. 그곳 사람들이 안절부절못한 채 하
나님에 대한 두려움으로 벌벌 떨었다. 또 유다는
가축 지키는 자들을 공격하여 많은 양과 낙타를
빼앗아서 예루살렘으로 돌아왔다.

15 1-6 그때 오벳의 아들 아사랴가 하나님
의 영에 감동하니, 그가 나가서 아사를
맞이했다. "아사 왕이시여, 잘 들으십시오. 유다
와 베냐민도 들으시오. 여러분이 하나님과 함께

the law said, and to follow the commandments.
Because he got rid of all the pagan shrines and
altars in the cities of Judah, his kingdom was at
peace. Because the land was quiet and there was
no war, he was able to build up a good defense
system in Judah. GOD kept the peace.
7 Asa said to his people, "While we have the
chance and the land is quiet, let's build a solid
defense system, fortifying our cities with walls,
towers, gates, and bars. We have this peaceful
land because we sought GOD; he has given us
rest from all troubles." So they built and enjoyed
prosperity.
8 Asa had an army of 300,000 Judeans, equipped
with shields and spears, and another 280,000
Benjaminites who were shield bearers and
archers. They were all courageous warriors.
9-11 Zerah the Ethiopian went to war against Asa
with an army of a million plus three hundred
chariots and got as far as Mareshah. Asa met him
there and prepared to fight from the Valley of
Zephathah near Mareshah. Then Asa prayed to
GOD, "O GOD, you aren't impressed by numbers
or intimidated by a show of force once you
decide to help: Help us, O GOD; we have come
out to meet this huge army because we trust in
you and who you are. Don't let mere mortals
stand against you!"
12-15 GOD defeated the Ethiopians before Asa and
Judah; the Ethiopians ran for their lives. Asa and
his men chased them as far as Gerar; so many of
the Ethiopians were killed that there was no fight
left in them—a massacre before GOD and his
troops; Judah carted off loads of plunder. They
devastated all the towns around Gerar whose
people were helpless, paralyzed by the fear of
GOD, and looted the country. They also attacked
herdsmen and brought back a lot of sheep and
camels to Jerusalem.

15 1-6 Then Azariah son of Obed, moved
by the Spirit of God, went out to meet
Asa. He said, "Listen carefully, Asa, and listen
Judah and Benjamin: GOD will stick with you as

있는 한 하나님께서도 여러분과 함께 계실 것입니다. 여러분이 그분을 찾으면 그분이 만나 주실 것입니다. 그러나 여러분이 그분을 버리면 그분도 여러분을 버리실 것입니다. 오랫동안 이스라엘은 참 하나님을 모시지 않았고 제사장이나 스승이나 계시의 책의 도움도 받지 않았습니다. 그러나 고난이 찾아와 상황이 어려워지자, 그들이 하나님 이스라엘의 하나님을 찾았습니다. 그러자 하나님께서 그들을 만나 주셨습니다. 그때는 먹고 먹히는 살벌한 세상이었고, 먼저 차지하는 자가 주인이 되는 때였습니다. 어느 땅을 막론하고 다음 날 무슨 일이 벌어질지 아무도 몰랐습니다. 나라가 나라를 치고 성읍이 성읍을 쳤습니다. 하나님께서 그들에게 온갖 고난을 풀어 놓으셨습니다.

7 그러나 여러분은 다릅니다. 힘을 내십시오. 용기를 내십시오. 주께서 곧 갚아 주실 것입니다!"

8-9 아사는 오벳의 아들 아사랴의 예언을 듣고 마음을 가다듬은 다음, 소매를 걷어붙이고 일을 시작했다. 그는 유다와 베냐민 온 땅과 그가 빼앗은 에브라임 산지 성읍들에서 음란하고 더러운 종교 산당들을 깨끗이 없애 버렸다. 성전 현관 앞에 있는 하나님의 제단도 정비했다. 이어서 그는 온 유다와 베냐민을 불러 모았는데, 그곳에 살던 에브라임, 므낫세, 시므온 사람들도 포함되었다(하나님께서 아사 편에 계시는 것을 보고, 많은 이스라엘 사람들이 고향을 떠나 아사에게 합류했다).

10-15 아사 왕 십오년 셋째 달에, 그들이 모두 예루살렘에 도착하여 큰 집회를 열었다. 그들은 이전의 전리품들 중에서 황소 칠백 마리와 양 칠천 마리를 제물로 바쳐 예배했다. 그들은 전심으로 하나님 그들 조상의 하나님만 찾기로 언약을 맺었다. 또 하나님 이스라엘의 하나님을 찾지 않는 자는 남녀노소를 막론하고 누구든지 죽이기로 했다. 그들은 그 자리에서 한 약속을 하나님 앞에서 큰소리로 외쳤다. 즐거운 함성과 함께 나팔과 숫양 뿔 부는 소리가 울려 퍼졌다. 온 백성이 그 언약을 기뻐하며 마음을 다해 맹세했다. 그들은 가장 좋은 것을 기대하며 하나님을 찾았고, 그분은 기다리셨다는 듯 그들에게 오셨다. 하나님께서 안팎으로 평화를 주셨다. 더없이 평화로운 나라가 되었다!

16-19 아사는 나라를 깨끗이 정화하면서, 음란

long as you stick with him. If you look for him he will let himself be found; but if you leave him he'll leave you. For a long time Israel didn't have the real God, nor did they have the help of priest or teacher or book. But when they were in trouble and got serious, and decided to seek GOD, the God of Israel, GOD let himself be found. At that time it was a dog-eat-dog world; life was constantly up for grabs – no one, regardless of country, knew what the next day might bring. Nation battered nation, city pummeled city. God let loose every kind of trouble among them.

7 "But it's different with you: Be strong. Take heart. Payday is coming!"

8-9 Asa heard the prophecy of Azariah son of Obed, took a deep breath, then rolled up his sleeves, and went to work: He cleaned out the obscene and polluting sacred shrines from the whole country of Judah and Benjamin and from the towns he had taken in the hill country of Ephraim. He spruced up the Altar of GOD that was in front of The Temple porch. Then he called an assembly for all Judah and Benjamin, including those from Ephraim, Manasseh, and Simeon who were living there at the time (for many from Israel had left their homes and joined forces with Asa when they saw that GOD was on his side).

10-15 They all arrived in Jerusalem in the third month of the fifteenth year of Asa's reign for a great assembly of worship. From their earlier plunder they offered sacrifices of seven hundred oxen and seven thousand sheep for the worship. Then they bound themselves in a covenant to seek GOD, the God of their fathers, wholeheartedly, holding nothing back. And they agreed that anyone who refused to seek GOD, the God of Israel, should be killed, no matter who it was, young or old, man or woman. They shouted out their promise to GOD, a joyful sound accompanied with blasts from trumpets and rams' horns. The whole country felt good about the covenant promise – they had given their promise joyfully from the heart. Anticipating the best, they had sought God – and he showed up, ready to be found. GOD gave them peace within and without – a most peaceable kingdom!

16-19 In his cleanup of the country, Asa went so far as to remove his mother, Queen Maacah, from her

한 여신 아세라 목상을 만든 어머니 마아가를 대비의 자리에서 폐위시켰다. 아사는 그 목상을 허물어 부수고 기드론 골짜기에서 불태워 버렸다. 아쉽게도 지역의 음란한 종교 산당들은 그대로 두었지만, 그는 선한 뜻과 바른 마음으로 하나님께 집중했다. 그는 자신과 그의 아버지가 거룩하게 구별하여 바친 모든 금은 그릇과 기구를 하나님의 성전에 두었다. 이후 아사 왕 삼십오년까지 전쟁이 없었다.

16 [1] 그러나 아사 왕 삼십육년에, 이스라엘 왕 바아사가 쳐들어왔다. 그는 라마에 요새를 짓고 이스라엘과 유다 사이의 국경을 폐쇄하여 유다 왕 아사가 드나들지 못하게 함으로써 전쟁을 시작했다.

2-3 아사는 하나님의 성전과 왕궁의 보물 보관소에 있던 은과 금을 다 꺼내어, 다마스쿠스에 있던 아람 왕 벤하닷에게 보내며 메시지를 전했다. "나의 아버지와 당신의 아버지가 조약을 맺은 것처럼 우리도 조약을 맺읍시다. 내가 이 은금 예물로 성의를 표하니, 부디 이스라엘 왕 바아사와 맺은 조약을 깨뜨려 그가 더 이상 나와 싸우지 못하게 해주십시오."

4-5 벤하닷은 아사 왕과 뜻을 같이하여 이스라엘 성읍들로 군대를 보냈다. 그들은 이욘과 단과 아벨마임과 곡식을 쌓아 두는 납달리의 모든 성읍을 약탈했다. 이 보고를 받은 바아사는 라마에 요새를 짓던 일을 멈추었다.

6 그러자 아사 왕은 유다 백성에게 명령하여 바아사가 라마 요새를 건축할 때 쓰던 목재와 석재를 실어 오게 했고, 그것으로 게바와 미스바에 요새를 건축했다.

7-9 그 일 후에 선견자 하나니가 유다 왕 아사에게 와서 말했다. "왕께서 아람 왕에게 도움을 구하고 하나님께 도움을 구하지 않으셨으니, 이제 왕께서는 아람 왕의 군대에 맞서 승리할 기회를 잃어버렸습니다. 에티오피아와 리비아 사람이 왕을 완전히 압도하는 전차와 기병의 우세한 병력으로 왕을 치러 오지 않았습니까? 하지만 왕께서 하나님께 도움을 구함으로 그분이 왕께 승리를 주셨습니다. 하나님께서는 항상 깨어 있어서 그분을 온전히 의지하는 사람들을 찾으십니다. 하나님의 도움을 받을 수 있는데도 왕께서는 어리석게 인간의

throne because she had built a shockingly obscene image of the sex goddess Asherah. Asa tore it down, smashed it, and burned it up in the Kidron Valley. Unfortunately he didn't get rid of the local sex-and-religion shrines. But he was well-intentioned—his heart was in the right place, loyal to GOD. All the gold and silver vessels and artifacts that he and his father had consecrated for holy use he installed in The Temple of God. There wasn't a trace of war up to the thirty-fifth year of Asa's reign.

16 [1] But in the thirty-sixth year of Asa's reign, Baasha king of Israel attacked. He started it by building a fort at Ramah and closing the border between Israel and Judah to keep Asa king of Judah from leaving or entering.

2-3 Asa took silver and gold from the treasuries of The Temple of GOD and the royal palace and sent it to Ben-Hadad, king of Aram who lived in Damascus, with this message: "Let's make a treaty like the one between our fathers. I'm showing my good faith with this gift of silver and gold. Break your deal with Baasha king of Israel so he'll quit fighting against me."

4-5 Ben-Hadad went along with King Asa and sent his troops against the towns of Israel. They sacked Ijon, Dan, Abel Maim, and all the store-cities of Naphtali. When Baasha got the report, he quit fortifying Ramah.

6 Then King Asa issued orders to his people in Judah to haul away the logs and stones Baasha had used in the fortification of Ramah and used them himself to fortify Geba and Mizpah.

7-9 Just after that, Hanani the seer came to Asa king of Judah and said, "Because you went for help to the king of Aram and didn't ask GOD for help, you've lost a victory over the army of the king of Aram. Didn't the Ethiopians and Libyans come against you with superior forces, completely outclassing you with their chariots and cavalry? But you asked GOD for help and he gave you the victory. GOD is always on the alert, constantly on the lookout for people who are totally committed to him. You were foolish to go for human help when you could have had God's

도움을 구했습니다. 이제 왕께서 곤경에 처하게 되었으니, 앞으로는 이 땅에 전쟁이 끊이지 않을 것입니다."

10 아사는 그 말에 몹시 화가 나서, 하나니를 감옥에 가두어 버렸다. 그때에 그는 백성을 학대하기도 했다.

11-14 아사에 대한 기록은 '유다 왕 연대기'에 남아 있다. 아사는 왕이 된 지 삼십구 년이 되던 해에 발에 균이 감염되어 중병이 들었다. 그는 하나님께 도움을 구하지 않고 대신에 의사들을 찾았다. 그러다 왕이 된 지 사십일 년이 되던 해에 죽었다. 사람들은 그를 그 자신을 위해 다윗 성에 마련해 둔 웅장한 무덤에 묻었다. 그들은 향기로운 기름과 향료가 가득한 지하실에 그를 안장하고, 큰 모닥불을 피워 그를 기념했다.

유다 왕 여호사밧

17 1-6 아사의 아들 여호사밧이 뒤를 이어 왕이 되었다. 그는 먼저 이스라엘의 침략에 대비한 방어체제부터 정비했다. 유다의 모든 요새 성읍에 군대를 두고, 유다 전역과 그의 아버지 아사가 점령한 에브라임 성읍들에 수비대를 배치했다. 여호사밧이 그의 아버지 아사가 처음에 걸었던 길을 따랐으므로, 하나님께서 그의 편에 계셨다. 그는 한창 성행하던 바알 종교에 관심을 두지 않았다. 그는 그의 아버지의 하나님을 구하고 따랐으며 그분께 순종했다. 그는 이스라엘과 같지 않았다. 그러므로 하나님께서 그의 통치 아래 나라를 안전히 지켜 주셨고, 그가 나라를 완전히 장악하게 하셨다. 유다의 모든 사람이 감사의 표시로 예물을 가져왔고, 여호사밧은 큰 부귀영화를 누렸다. 그는 일편단심으로 하나님을 따랐고, 지역의 음란한 종교 산당들을 없애 버렸다.

7-9 그는 왕이 된 지 삼 년째 되는 해에, 자신의 관리들인 벤하일, 오바댜, 스가랴, 느다넬, 미가야—하나같이 탁월한 인재였다—에게 가르치는 임무를 맡겨서 유다 각 성읍들로 보냈다. 레위인들—스마야, 느다냐, 스바댜, 아사헬, 스미라못, 여호나단, 아도니야, 도비야, 도바도니야—도 함께 보냈는데, 제사장 엘리사마와 여호람도 그 일행 중에 있었다. 그들은 유다 성읍들을 돌면서 하나님의 계시의 책으로 백성을 가르쳤다.

help. Now you're in trouble—one round of war after another."

10 At that, Asa lost his temper. Angry, he put Hanani in the stocks. At the same time Asa started abusing some of the people.

11-14 A full account of Asa is written in *The Chronicles of the Kings of Judah*. In the thirty-ninth year of his reign Asa came down with a severe case of foot infection. He didn't ask GOD for help, but went instead to the doctors. Then Asa died; he died in the forty-first year of his reign. They buried him in a mausoleum that he had built for himself in the City of David. They laid him in a crypt full of aromatic oils and spices. Then they had a huge bonfire in his memory.

Jehoshaphat of Judah

17 1-6 Asa's son Jehoshaphat was the next king; he started out by working on his defense system against Israel. He put troops in all the fortress cities of Judah and deployed garrisons throughout Judah and in the towns of Ephraim that his father Asa had captured. GOD was on Jehoshaphat's side because he stuck to the ways of his father Asa's early years. He didn't fool around with the popular Baal religion—he was a seeker and follower of the God of his father and was obedient to him; he wasn't like Israel. And GOD secured the kingdom under his rule, gave him a firm grip on it. And everyone in Judah showed their appreciation by bringing gifts. Jehoshaphat ended up very rich and much honored. He was single-minded in following GOD; and he got rid of the local sex-and-religion shrines.

7-9 In the third year of his reign he sent his officials—excellent men, every one of them—Ben-Hail, Obadiah, Zechariah, Nethanel, and Micaiah on a teaching mission to the cities of Judah. They were accompanied by Levites—Shemaiah, Nethaniah, Zebadiah, Asahel, Shemiramoth, Jehonathan, Adonijah, Tobijah, and Tob-Adonijah; the priests Elishama and Jehoram were also in the company. They made a circuit of the towns of Judah, teaching the people and using the Book of The Revelation of GOD as their text.

10-12 유다 주변에 있는 모든 나라는 하나님이 두려워, 감히 여호사밧에게 전쟁을 걸지 못했다. 일부 블레셋 사람들은 여호사밧에게 많은 예물과 은을 가져왔고, 사막의 베두인 사람들은 가축 떼, 곧 숫양 7,700마리와 염소 7,700마리를 가져왔다. 그리하여 여호사밧은 날로 더 강해졌고, 곡식을 쌓아 두는 성읍과 요새들을 더 많이 세웠다. 유다의 번성기였다!

13-19 또 여호사밧은 탁월한 전사들을 예루살렘에 주둔시켰다. 유다 군지휘관들을 가문별로 구분하면, 사령관 아드나가 군사 30만, 부사령관 여호하난이 28만, 부사령관이자 하나님을 위해 자원한 시그리의 아들 아마시야가 20만의 군사를 거느렸다. 군지휘관 엘리아다는 활과 방패로 완전무장한 베냐민 가문과 군사 20만의 대표였고, 그의 부지휘관 여호사밧은 군사 18만을 거느렸다. 이들은 왕의 직속 명령을 받았다. 이 밖에도 왕은 온 유다에 흩어져 있는 요새 성읍들에도 병력을 배치했다.

18 1-3 여호사밧은 이렇게 큰 부귀영화를 누리면서도 이스라엘의 아합과 정략결혼을 했다. 얼마 후 그는 사마리아로 가서 아합을 만났다. 아합은 그의 방문을 기념하여 잔치를 베풀었다. 양고기와 소고기를 원없이 먹을 수 있는 성대한 바비큐 파티였다. 그러나 아합에게는 속셈이 있었다. 길르앗 라못을 공격하는 일에 여호사밧이 지원해 주기를 바랐던 것이다. 마침내 아합은 속내를 털어놓았다. "나와 함께 길르앗 라못을 치러 가시겠습니까?" 여호사밧이 말했다. "물론입니다. 나는 끝까지 왕의 편입니다. 나와 내 군대를 믿어도 좋습니다."

4 여호사밧이 말했다. "하지만 무슨 일이든 시작하기 전에 하나님의 인도하심을 구해야 합니다."

5 이스라엘 왕은 예언자 사백 명을 모아 놓고 이렇게 물었다. "내가 길르앗 라못을 공격하는 것이 좋겠소? 아니면 이대로 가만히 있는 것이 좋겠소?"

그들이 말했다. "공격하십시오. 하나님께서 길르앗 라못을 왕에게 넘겨주실 것입니다."

6 그러나 여호사밧은 머뭇거렸다. "이 근처에 우리가 의견을 들을 만한 하나님의 예언자가 또 있습니까? 다른 의견을 들어 봅시다."

10-12 There was a strong sense of the fear of GOD in all the kingdoms around Judah—they didn't dare go to war against Jehoshaphat. Some Philistines even brought gifts and a load of silver to Jehoshaphat, and the desert bedouin brought flocks—7,700 rams and 7,700 goats. So Jehoshaphat became stronger by the day, and constructed more and more forts and store-cities—an age of prosperity for Judah!

13-19 He also had excellent fighting men stationed in Jerusalem. The captains of the military units of Judah, classified according to families, were: Captain Adnah with 300,000 soldiers; his associate Captain Jehohanan with 280,000; his associate Amasiah son of Zicri, a volunteer for GOD, with 200,000. Officer Eliada represented Benjamin with 200,000 fully equipped with bow and shield; and his associate was Jehozabad with 180,000 armed and ready for battle. These were under the direct command of the king; in addition there were the troops assigned to the fortress cities spread all over Judah.

18 1-3 But even though Jehoshaphat was very rich and much honored, he made a marriage alliance with Ahab of Israel. Some time later he paid a visit to Ahab at Samaria. Ahab celebrated his visit with a feast—a huge barbecue with all the lamb and beef you could eat. But Ahab had a hidden agenda; he wanted Jehoshaphat's support in attacking Ramoth Gilead. Then Ahab brought it into the open: "Will you join me in attacking Ramoth Gilead?" Jehoshaphat said, "You bet. I'm with you all the way; you can count on me and my troops."

4 Then Jehoshaphat said, "But before you do anything, ask GOD for guidance."

5 The king of Israel got the prophets together—all four hundred of them—and put the question to them: "Should I attack Ramoth Gilead or should I hold back?"

"Go for it," they said. "God will hand it over to the king."

6 But Jehoshaphat dragged his feet, "Is there another prophet of GOD around here we can consult? Let's get a second opinion."

7 The king of Israel told Jehoshaphat, "As a matter

7 이스라엘 왕이 여호사밧에게 말했다. "사실 한 사
람이 있기는 합니다. 이믈라의 아들 미가야라는 자인
데, 나는 그를 싫어합니다. 그는 내게 좋은 말을 전한
적이 한 번도 없고, 오직 파멸만을 예언합니다."
여호사밧이 말했다. "왕께서는 예언자에 대해 그런
식으로 말씀하시면 안됩니다."
8 그러자 이스라엘 왕은 한 신하에게 명령했다. "당
장 이믈라의 아들 미가야를 데려오너라!"
9-11 그 사이, 이스라엘 왕과 여호사밧은 화려한 왕복
차림으로 사마리아 성문 앞에 마련된 왕좌에 앉아 있
었다. 모든 예언자들이 그들을 위해 공연이라도 하
듯 예언을 펼쳤다. 그나아나의 아들 시드기야는 철로
뿔까지 한 쌍 만들어 그것을 휘두르며 외쳤다. "하나
님의 말씀입니다! 왕께서 이 뿔들로 아람을 들이받아
아람에는 결국 아무것도 남지 않게 될 것입니다!" 모
든 예언자가 맞장구를 쳤다. "맞습니다! 길르앗 라못
을 치십시오. 쉽게 이길 것입니다! 왕께 주시는 하나
님의 선물입니다!"
12 미가야를 데리러 간 신하가 그에게 말했다. "예언
자들이 하나같이 왕의 승리를 예언했습니다. 만장일
치가 되도록 당신도 찬성표를 던지시오!"
13 그러나 미가야는 말했다. "하나님께서 참으로 살
아 계심을 두고 맹세하는데, 나는 하나님께서 말씀하
시는 것만을 말할 것이오."
14 미가야가 왕 앞에 나아오자 왕이 물었다. "미가야
여, 우리가 길르앗 라못을 공격하는 것이 좋겠소, 아
니면 가만히 있는 것이 좋겠소?"
미가야가 말했다. "공격하십시오. 쉽게 이길 것입니
다. 왕께 주시는 하나님의 선물입니다."
15 왕이 말했다. "잠깐, 나에게 진실만을 말하라고 그
대에게 몇 번이나 맹세를 시켜야 하겠소?"
16 미가야가 말했다. "정 그러시다면, 좋습니다.

나는 온 이스라엘이 목자 없는 양처럼
산에 흩어져 있는 것을 보았습니다.
그때 하나님께서 말씀하셨습니다. '이 불쌍한 백성
에게
어찌해야 할지 일러 주는 자가 없구나.
그들을 집으로 돌려보내
각자 생업에 충실하게 하여라.'"

17 그러자 이스라엘 왕이 여호사밧을 보며 말했다.
"보십시오! 내가 뭐라고 했습니까? 이 자는 내게 하
나님의 좋은 말씀은 전하지 않고, 오직 파멸만 전할
뿐입니다."

of fact, there is another. But I hate him. He
never preaches anything good to me, only
doom, doom, doom–Micaiah son of Imlah."
"The king shouldn't talk about a prophet like
that!" said Jehoshaphat.
8 So the king of Israel ordered one of his men,
"Quickly, get Micaiah son of Imlah."
9-11 Meanwhile, the king of Israel and
Jehoshaphat were seated on their thrones,
dressed in their royal robes, resplendent in
front of the Samaria city gates. All the prophets
were staging a prophecy-performance for their
benefit. Zedekiah son of Kenaanah had even
made a set of iron horns, and brandishing
them, called out, "GOD's word! With these
horns you'll gore Aram until there's nothing
left of them!" All the prophets chimed in, "Yes!
Go for Ramoth Gilead! An easy victory! GOD's
gift to the king!"
12 The messenger who went to get Micaiah told
him, "The prophets have all said Yes to the
king. Make it unanimous–vote Yes!"
13 But Micaiah said, "As sure as GOD lives,
what God says, I'll say."
14 With Micaiah before him, the king asked
him, "So, Micaiah–do we attack Ramoth
Gilead? Or do we hold back?"
"Go ahead," he said, "an easy victory! God's gift
to the king."
15 "Not so fast," said the king. "How many
times have I made you promise under oath to
tell me the truth and nothing but the truth?"
16 "All right," said Micaiah, "since you insist...

I saw all of Israel scattered over the hills,
sheep with no shepherd.
Then GOD spoke, 'These poor people
have no one to tell them what to do.
Let them go home and do
the best they can for themselves.'"

17 The king of Israel turned to Jehoshaphat,
"See! What did I tell you? He never has a good
word for me from GOD, only doom."
18-21 Micaiah kept on, "I'm not done yet; listen

18-21 미가야가 말을 이었다. "아직 끝나지 않았습니
다. 하나님의 말씀을 들으십시오.

나는 하나님께서 왕좌에 앉아 계시고
하늘의 모든 군대가
그분의 오른쪽과 왼쪽에
늘어서 있는 것을 보았습니다.
하나님께서 말씀하셨습니다. '우리가 어찌하면 아
합을 꾀어
길르앗 라못을 공격하게 할 수 있겠느냐?'
그러자 누구는 이렇게 말하고
누구는 저렇게 말했습니다.
그때 한 천사가 담대히 나서서
하나님 앞에 서서 말했습니다.
'제가 그를 꾀어내겠습니다.'
'그래 어떻게 꾀어내려느냐?' 하나님께서 말씀하
셨습니다.
'쉽습니다.' 그 천사가 말했습니다.
'모든 예언자를 시켜 거짓말을 하게 하겠습니다.'
'그러면 되겠구나.' 하나님께서 말씀하셨습니다.
'어서 가서 그를 꾀어라!'

22 그래서 그대로 되었습니다. 하나님께서 왕의 꼭두
각시 예언자들의 입에 꾀는 거짓말을 가득 채우셨습
니다. 하나님께서 왕의 파멸을 선고하셨습니다."
23 바로 그때, 그나아나의 아들 시드기야가 다가와
미가야의 얼굴을 치며 말했다. "언제부터 하나님의
영이 나를 떠나 너와 함께하셨더냐?"
24 미가야가 말했다. "네가 곧 알게 될 것이다. 미친
듯이 숨을 곳을 찾지만 모든 것이 부질없음을 네가
깨닫게 될 것이다."
25-26 이스라엘 왕은 더 듣고 싶지 않았다. "미가야를
데려가거라! 그를 성읍 재판관 아몬과 왕자 요아스에
게 넘기고 이렇게 전하여라. '왕의 명령이다! 그를 감
옥에 가두고, 내가 무사히 돌아올 때까지 죽지 않을
만큼만 빵과 물을 먹여라.'"
27 미가야가 말했다.

왕께서 무사히 돌아오신다면
나는 하나님의 예언자가 아닙니다.

그리고 덧붙였다.

백성들이여, 일이 이루어지거든
이 말을 어디서 들었는지 잊지 마십시오!

to GOD's word:

I saw GOD enthroned,
and all the Angel Armies of heaven
standing at attention,
ranged on his right and his left.
And GOD said, "How can we seduce Ahab
into attacking Ramoth Gilead?"
Some said this,
and some said that.
Then a bold angel stepped out,
stood before GOD, and said,
"I'll seduce him."
"And how will you do it?" said GOD.
"Easy," said the angel,
"I'll get all the prophets to lie."
"That should do it," said GOD;
"On your way–seduce him!"

22 "And that's what has happened. GOD filled
the mouths of your puppet prophets with
seductive lies. GOD has pronounced your
doom."
23 Just then Zedekiah son of Kenaanah came
up and slapped Micaiah in the face, saying,
"Since when did the Spirit of GOD leave me and
take up with you?"
24 Micaiah said, "You'll know soon enough;
you'll know it when you're frantically and
futilely looking for a place to hide."
25-26 The king of Israel had heard enough: "Get
Micaiah out of here! Turn him over to Amon
the city magistrate and to Joash the king's son
with this message: 'King's orders! Lock him up
in jail; keep him on bread and water until I'm
back in one piece.'"
27 Micaiah said,

If you ever get back in one piece,
I'm no prophet of GOD.

He added,

When it happens, O people,
remember where you heard it!

28-29 이스라엘 왕과 유다 왕 여호사밧이 나가서 길르앗 라못을 공격했다. 이스라엘 왕이 여호사밧에게 말했다. "나는 변장하고 전쟁터에 들어갈 테니, 왕은 내 왕복을 입으십시오." 이스라엘 왕은 변장하고 전쟁터에 들어갔다.
30 한편 아람 왕은 자신의 전차 지휘관 서른두 명에게 명령했다. "다른 자들은 신경 쓰지 말고, 오직 이스라엘 왕만 쫓아라."
31-32 전차 지휘관들은 여호사밧을 보고 "저기 있다! 이스라엘 왕이다!" 하며 쫓아갔다. 여호사밧이 소리를 지르자, 전차 지휘관들은 그가 이스라엘 왕이 아니고 엉뚱한 사람이라는 것을 알아차렸다. 하나님께서 개입하셔서 그를 놓아주게 하셨다.
33 바로 그때, 누군가가 무심코 쏜 화살이 이스라엘 왕의 갑옷 이음새 사이에 꽂혔다. 왕이 전차병에게 말했다. "방향을 돌려라! 내가 부상을 입었으니, 여기서 빠져나가자."
34 싸움은 온종일 치열하게 계속되었다. 왕은 전차 안에 기대어 앉은 채 싸움을 지켜볼 수밖에 없었다. 그는 그날 저녁에 죽었다.

19 1-3 그러나 유다 왕 여호사밧은 무사히 궁으로 돌아왔다. 하나니의 아들 선견자 예후가 여호사밧 앞에 나아가 말했다. "하나님을 미워하는 자들의 비위를 맞추며 악을 거드시다니요! 그것은 왕이 할 일이 아닙니다. 이 일로 인해 하나님께서 왕에게 진노하셨습니다. 그러나 왕께서 악한 일만 한 것은 아닙니다. 왕께서는 더럽고 음란한 종교 산당들을 깨끗이 제거하셨습니다. 또한 일편단심으로 하나님을 찾으셨습니다."

여호사밧의 개혁

4 여호사밧은 예루살렘에 거주하면서 남쪽 브엘세바에서 북쪽 에브라임 산에 이르기까지 백성이 사는 곳을 정기적으로 방문했으며, 그들에게 하나님 그들 조상의 하나님께 돌아올 것을 촉구했다.
5-7 그는 공들여 그 땅 각 요새 성읍에 재판관들을 임명하여 세우고, 그들에게 이렇게 당부했다. "그대들의 일은 매우 중대하니, 신중을 기하시오. 그대들은 그저 사람들 사이에서 재판하는 것이 아니오. 그대들이 하는 재판은 하나님의 재판이오. 그러니 하나님을 두려워하는 마음으로 임하시오. 하나님께서는 부정직과 불공정과 뇌물을

28-29 So the king of Israel and Jehoshaphat king of Judah went ahead and attacked Ramoth Gilead. The king of Israel said to Jehoshaphat, "Wear my kingly robe; I'm going into battle disguised." So the king of Israel entered the battle in disguise.
30 Meanwhile, the king of Aram had ordered his chariot commanders (there were thirty-two of them), "Don't bother with anyone whether small or great; go after the king of Israel and him only."
31-32 When the chariot commanders saw Jehoshaphat, they said, "There he is! The king of Israel!" and took after him. Jehoshaphat yelled out, and the chariot commanders realized they had the wrong man–it wasn't the king of Israel after all. God intervened and they let him go.
33 Just then someone, without aiming, shot an arrow into the crowd and hit the king of Israel in the chink of his armor. The king told his charioteer, "Turn back! Get me out of here–I'm wounded."
34 All day the fighting continued, hot and heavy. Propped up in his chariot, the king watched from the sidelines. He died that evening.

19 1-3 But Jehoshaphat king of Judah got home safe and sound. Jehu, son of Hanani the seer, confronted King Jehoshaphat: "You have no business helping evil, cozying up to GOD-haters. Because you did this, GOD is good and angry with you. But you're not all bad–you made a clean sweep of the polluting sex-and-religion shrines; and you were single-minded in seeking God."
4 Jehoshaphat kept his residence in Jerusalem but made a regular round of visits among the people, from Beersheba in the south to Mount Ephraim in the north, urging them to return to GOD, the God of their ancestors.
5-7 And he was diligent in appointing judges in the land–each of the fortress cities had its judge. He charged the judges: "This is serious work; do it carefully. You are not merely judging between men and women; these are GOD's judgments that you are passing on. Live in the fear of GOD–be most careful, for GOD hates dishonesty, partiality,

싫어하시니, 각별히 조심하시오."

8-10 여호사밧은 또 레위인과 제사장과 각 가문의 지도자들 중에서 사람을 뽑아 예루살렘에 보내어 예배와 관련된 일, 지방의 분쟁 조정과 관련된 일들을 판결하게 했다. 왕은 그들에게 이렇게 당부했다. "하나님을 두려워하는 마음으로 일하시오. 그대들이 맡은 직무를 믿음직하고 정직하게 감당해야 하오. 성읍 주민과 관련된 사건을 맡게 되거든, 살인처럼 큰 문제이든 법 해석의 문제처럼 작은 것이든 상관없이, 그들이 하나님을 상대하고 있음을 그대들이 책임지고 알려야 하오. 그 점을 그들에게 분명히 말해 주시오. 그렇지 않으면 그대들이나 그들 모두가 하나님의 진노를 사게 될 것이오. 그대들이 일을 제대로 수행하지 않으면, 그대들 역시 그들처럼 유죄 판결을 받게 될 것이오.

11 대제사장 아마랴는 하나님께 드리는 예배와 관련된 모든 사건을 맡고 있으며, 유다 지파 지도자 이스마엘의 아들 스바댜는 그 외의 일반 백성에 관한 사건을 전담하고 있소. 레위인들은 법정의 질서를 유지할 것이오. 담대히, 힘써 행하시오. 하나님께서 최선을 다하는 그대들과 함께하시기를 바라오."

20 1-2 얼마 후에 모압 사람과 암몬 사람이 마온 사람과 결탁하여 여호사밧에게 싸움을 걸어왔다. "엄청난 군대가 왕과 싸우려고 사해 너머에서 쳐들어오고 있습니다. 지체할 시간이 없습니다. 그들이 벌써 하사손다말, 곧 엔게디 오아시스에 이르렀습니다"라는 정보가 여호사밧에게 전해졌다.

3-4 두려움에 사로잡힌 여호사밧이 기도했다. 그는 하나님께 나아가 도움을 구하고 온 나라에 금식령을 내렸다. 유다는 한마음으로 하나님의 도우심을 구했다. 유다 온 성읍에서 백성이 나아와 하나님께 기도했다.

5-9 그때 여호사밧이 하나님의 성전의 새 안뜰 앞쪽, 유다와 예루살렘 회중 앞에 자리하고 하나님께 아뢰었다. "하나님 우리 조상의 하나님, 주께서는 위로 하늘의 하나님이시요 아래로 온 나라의 통치자가 아니십니까? 모든 권세와 능력이 주님의 손안에 있으니 누구도 주님을 당해 낼 수 없습니다! 주께서는 이 땅 원주민들을 내보내시고 주의 백성 이스라엘을 들이셨으며, 이 땅을 주님의 백성 이스라엘, 곧 주님의 친구 아브라함의 후

and bribery."

8-10 In Jerusalem Jehoshaphat also appointed Levites, priests, and family heads to decide on matters that had to do with worship and mediating local differences. He charged them: "Do your work in the fear of GOD; be dependable and honest in your duties. When a case comes before you involving any of your fellow citizens, whether it seems large (like murder) or small (like matters of interpretation of the law), you are responsible for warning them that they are dealing with GOD. Make that explicit, otherwise both you and they are going to be dealing with GOD's wrath. Do your work well or you'll end up being as guilty as they are.

11 "Amariah the chief priest is in charge of all cases regarding the worship of GOD; Zebadiah son of Ishmael, the leader of the tribe of Judah, is in charge of all civil cases; the Levites will keep order in the courts. Be bold and diligent. And GOD be with you as you do your best."

20 1-2 Some time later the Moabites and Ammonites, accompanied by Meunites, joined forces to make war on Jehoshaphat. Jehoshaphat received this intelligence report: "A huge force is on its way from beyond the Dead Sea to fight you. There's no time to waste—they're already at Hazazon Tamar, the oasis of En Gedi."

3-4 Shaken, Jehoshaphat prayed. He went to GOD for help and ordered a nationwide fast. The country of Judah united in seeking GOD's help—they came from all the cities of Judah to pray to GOD.

5-9 Then Jehoshaphat took a position before the assembled people of Judah and Jerusalem at The Temple of GOD in front of the new courtyard and said, "O GOD, God of our ancestors, are you not God in heaven above and ruler of all kingdoms below? You hold all power and might in your fist—no one stands a chance against you! And didn't you make the natives of this land leave as you brought your people Israel in, turning it over permanently to your people Israel, the descen-

손에게 영원히 넘기지 않으셨습니까? 우리는 그동
안 이곳에 살면서, 주님을 높이는 거룩한 예배 처
소를 짓고 이렇게 아뢰었습니다. '최악의 사태가 벌
어질 때—전쟁이든 홍수든 질병이든 기근이든—
우리가 이 성전 앞에 나아와(우리는 주께서 친히
이곳에 임재하심을 압니다!) 고통과 환난 가운데
부르짖어 기도하면, 주께서 들으시고 승리를 주실
줄 믿습니다.'
10-12 그런데 지금 그런 상황이 벌어졌습니다. 암몬
사람과 모압 사람과 세일 산 사람들이 나타났습니
다. 우리가 처음 이곳에 이르렀을 때, 주께서는 이
스라엘이 그들을 건드리지 못하게 하셨습니다. 우
리는 그들을 돌아서 갔고 해를 입히지 않았습니다.
그런데 이제 그들이 주께서 우리에게 주신 이 땅에
서 우리를 쫓아내려 합니다. 사랑하는 하나님, 주
께서 그들을 처치해 주지 않으시겠습니까? 우리를
공격하려는 저 야만의 무리 앞에서 우리는 무력합
니다. 우리가 어찌할 바를 모르고 주님만 바라보고
있습니다."
13 온 유다 사람이 거기 있었다. 어린아이와 아내와
자녀들 할 것 없이 모두가 **하나님** 앞에서 그분께
집중하고 있었다.
14-17 그때 **하나님**의 영에 감동을 받은 야하시엘이
회중 가운데서 말했다(야하시엘은 아삽 가문의 레
위인 스가랴의 아들이고, 스가랴는 브나야의 아들,
브나야는 여이엘의 아들, 여이엘은 맛다냐의 아들
이다). "모두 잘 들으십시오. 성읍에서 온 여러분,
예루살렘에 사는 여러분, 그리고 여호사밧 왕이시
여, **하나님**의 말씀입니다. '두려워하지 마라. 너희
는 저 야만의 무리에 조금도 마음 쓸 필요 없다. 이
것은 너희의 전쟁이 아니라 하나님의 전쟁이다. 내
일 너희가 그들을 쫓아 내려가면, 그들이 이미 시
스 비탈을 올라오고 있을 것이다. 여루엘 광야 근
처 골짜기 끝에서 너희가 그들과 마주칠 것이다.
이 싸움에서 너희는 손 하나 까닥할 필요 없다. 유
다와 예루살렘아, 그저 굳건히 서서, **하나님**이 너
희를 어떻게 구원하는지 지켜보아라. 두려워하지
마라. 흔들리지 마라. 내일 담대히 진군해 나가거
라. **하나님**이 너희와 함께할 것이다.'"
18-19 그러자 여호사밧이 무릎을 꿇어 얼굴을 땅에
대고 엎드렸다. 온 유다와 예루살렘도 그와 똑같
이 **하나님** 앞에 엎드려 예배했다. 레위인들(고핫
자손과 고라 자손 모두)은 일어서서 **하나님** 이스라
엘의 하나님을 찬양했다. 그들은 목청껏 소리 높
여 찬양했다!

dants of Abraham your friend? They have lived
here and built a holy house of worship to honor
you, saying, 'When the worst happens–whether
war or flood or disease or famine–and we take
our place before this Temple (we know you are
personally present in this place!) and pray out
our pain and trouble, we know that you will
listen and give victory.'
10-12 "And now it's happened: men from Ammon,
Moab, and Mount Seir have shown up. You
didn't let Israel touch them when we got here at
first–we detoured around them and didn't lay a
hand on them. And now they've come to kick us
out of the country you gave us. O dear God, won't
you take care of them? We're helpless before this
vandal horde ready to attack us. We don't know
what to do; we're looking to you."
13 Everyone in Judah was there–little children,
wives, sons–all present and attentive to GOD.
14-17 Then Jahaziel was moved by the Spirit of
GOD to speak from the midst of the congrega-
tion. (Jahaziel was the son of Zechariah, the son
of Benaiah, the son of Jeiel, the son of Mattaniah
the Levite of the Asaph clan.) He said, "Attention
everyone–all of you from out of town, all you
from Jerusalem, and you King Jehoshaphat–
GOD's word: Don't be afraid; don't pay any
mind to this vandal horde. This is God's war,
not yours. Tomorrow you'll go after them; see,
they're already on their way up the slopes of Ziz;
you'll meet them at the end of the ravine near
the wilderness of Jeruel. You won't have to lift
a hand in this battle; just stand firm, Judah and
Jerusalem, and watch GOD's saving work for you
take shape. Don't be afraid, don't waver. March
out boldly tomorrow–GOD is with you."
18-19 Then Jehoshaphat knelt down, bowing with
his face to the ground. All Judah and Jerusalem
did the same, worshiping GOD. The Levites (both
Kohathites and Korahites) stood to their feet to
praise GOD, the God of Israel; they praised at the
top of their lungs!
20 They were up early in the morning, ready to
march into the wilderness of Tekoa. As they were
leaving, Jehoshaphat stood up and said, "Listen

20 유다는 아침 일찍 일어나 드고아 광야로 진격할 준비를 마쳤다. 그들이 떠날 때 여호사밧이 일어서서 말했다. "유다와 예루살렘이여, 내가 하는 말을 들으시오! 하나님 여러분의 하나님을 굳건히 믿어야 합니다. 그러면 여러분의 목숨도 굳건할 것입니다! 여러분의 예언자들을 믿으십시오. 그러면 여러분이 승리할 것입니다!"

21 여호사밧은 백성과 의논하여 하나님을 위한 찬양대를 임명했다. 그들은 거룩한 예복을 입고 군대 앞에 서서 행진하며 노래했다.

하나님께 감사하여라.
그분의 사랑은 끝이 없으시다.

22-23 그들이 외치며 찬송하기 시작하자, 하나님께서 유다를 치러 온 암몬, 모압, 세일 산 사람들을 칠 복병을 두셔서, 그들을 모두 처리하셨다. 먼저 암몬과 모압 사람들이 잘못 알고 세일 산 사람들을 쳐서 죽였다. 그 다음에는 그들이 더 큰 혼란에 빠져서, 서로를 공격하여 결국에는 다 죽고 말았다.

24 유다 사람들이 등성이 위로 올라가 광야의 야만인 무리를 찾아보니, 시체들로 가득한 살육의 현장이 펼쳐져 있었다. 생존자가 아무도 없었다.

25-26 여호사밧과 그의 백성이 전리품을 챙기려고 가 보니, 한번에 다 챙길 수 없을 정도로 장비, 의복, 귀중품들이 많이 있었다. 그것들을 모두 실어 나르는 데 사흘이나 걸렸다! 나흘째 되던 날에 그들은 찬양(브라가)의 골짜기에 모여 하나님을 찬양했다(그래서 찬양의 골짜기라는 이름이 붙었다).

27-28 여호사밧은 유다와 예루살렘의 모든 사람을 이끌고 예루살렘으로 돌아왔다. 흥겨운 행렬이었다. 하나님께서 그들을 적들에게서 구해 내시고 큰 기쁨을 주셨다! 그들은 모든 악기를 연주하며 예루살렘에 들어가 하나님의 성전에 이르렀다.

29-30 하나님께서 이스라엘의 적들과 싸우셨다는 소문이 주변 나라에 퍼지자, 하나님을 두려워하는 마음이 그들을 사로잡았다. 여호사밧은 이후로 그들에 관한 소식을 듣지 못했다. 여호사밧이 통치하는 동안 평화가 임했다.

31-33 여호사밧의 유다 통치는 다음과 같이 요약된다. 그는 왕이 되었을 때 서른다섯 살이었고, 예루살렘에서 이십오 년 동안 다스렸다. 그의 어머니는 실히의 딸 아수바다. 여호사밧은 아버지 아사가 걸어간 길에서 멈춰 서거나 벗어나지 않고, 그의 삶

Judah and Jerusalem! Listen to what I have to say! Believe firmly in GOD, your God, and your lives will be firm! Believe in your prophets and you'll come out on top!"

21 After talking it over with the people, Jehoshaphat appointed a choir for GOD; dressed in holy robes, they were to march ahead of the troops, singing,

Give thanks to God,
His love never quits.

22-23 As soon as they started shouting and praising, GOD set ambushes against the men of Ammon, Moab, and Mount Seir as they were attacking Judah, and they all ended up dead. The Ammonites and Moabites mistakenly attacked those from Mount Seir and massacred them. Then, further confused, they went at each other, and all ended up killed.

24 As Judah came up over the rise, looking into the wilderness for the horde of barbarians, they looked on a killing field of dead bodies—not a living soul among them.

25-26 When Jehoshaphat and his people came to carry off the plunder they found more loot than they could carry off—equipment, clothing, valuables. It took three days to cart it away! On the fourth day they came together at the Valley of Blessing (Beracah) and blessed GOD (that's how it got the name, Valley of Blessing).

27-28 Jehoshaphat then led all the men of Judah and Jerusalem back to Jerusalem—an exuberant parade. GOD had given them joyful relief from their enemies! They entered Jerusalem and came to The Temple of GOD with all the instruments of the band playing.

29-30 When the surrounding kingdoms got word that GOD had fought Israel's enemies, the fear of God descended on them. Jehoshaphat heard no more from them; as long as Jehoshaphat reigned, peace reigned.

31-33 That about sums up Jehoshaphat's reign over Judah. He was thirty-five years old when he became king and ruled as king in Jerusalem for

으로 하나님을 기쁘게 해드렸다. 그러나 지역의 음란한 종교 산당들은 없애지 않았으므로, 백성이 계속해서 이 산당들을 찾아가 기도하고 예배했다.
34 여호사밧의 나머지 생애는 '이스라엘 왕 연대기'에 들어 있는 하나니의 아들 예후의 회고록에 처음부터 끝까지 기록되어 있다.
35-37 여호사밧은 늘그막에 이스라엘 왕 아하시야와 무역 협정을 맺었는데, 이는 아주 잘못된 일이었다. 여호사밧은 다시스와 거래하기 위해 아하시야의 동업자가 되어 에시온게벨에서 원양 선박들을 지었다. 그러자 마레사 사람 도다와후의 아들 엘리에셀이 여호사밧의 위험한 시도를 나무랐다. "왕이 아하시야와 손을 잡았으므로, 하나님께서 왕의 일을 무산시키셨습니다." 선박들은 난파되어 완전히 부서졌고, 여호사밧은 그 무역 협정에서 아무런 성과도 얻지 못했다.

21 1 여호사밧은 죽어서 다윗 성의 가족 묘지에 묻혔다. 그의 아들 여호람이 뒤를 이어 왕이 되었다.

유다 왕 여호람

2-4 여호람의 형제들은 아사랴, 여히엘, 스가랴, 아사랴후, 미가엘, 스바댜다. 이들은 유다 왕 여호사밧의 아들들이다. 이들의 아버지는 아들들에게 은과 금과 다른 귀중품에 더하여 유다의 요새 성읍들까지 아낌없이 선물로 주었다. 하지만 왕권은 맏아들인 여호람에게 물려주었다. 그러나 여호람은 아버지의 나라를 물려받아 왕위를 굳건하게 하고 나서, 몇몇 관리와 자기 형제들을 모두 죽였다.
5-7 여호람은 왕이 되었을 때 서른두 살이었고, 예루살렘에서 팔 년 동안 다스렸다. 그는 이스라엘 왕들을 본받았고 아합 왕조와 결혼했다. 하나님께서는 그를 악한 왕으로 여기셨다. 그러나 다윗과의 언약을 생각하여 다윗 자손을 선뜻 멸하지 않으셨다. 다윗과 그의 *자손을 위해 등불이 계속 타오르게 하겠다고* 약속하셨기 때문이다.
8-9 여호람이 다스리는 동안, 에돔이 유다의 통치에 반기를 들고 자신들의 왕을 세웠다. 그래서 여호람은 지휘관과 전차들을 거느리

twenty-five years. His mother was Azubah daughter of Shilhi. He continued the kind of life characteristic of his father Asa – no detours, no dead-ends – pleasing GOD with his life. But he failed to get rid of the neighborhood sex-and-religion shrines – people continued to pray and worship at these idolatrous god shops.
34 The rest of Jehoshaphat's life, from start to finish, is written in the memoirs of Jehu son of Hanani, which are included in the *Royal Annals of Israel's Kings*.
35-37 Late in life Jehoshaphat formed a trading syndicate with Ahaziah king of Israel – which was very wrong of him to do. He went in as partner with him to build ocean-going ships at Ezion Geber to trade with Tarshish. Eliezer son of Dodavahu of Mareshah preached against Jehoshaphat's venture: "Because you joined forces with Ahaziah, GOD has shipwrecked your work." The ships were smashed and nothing ever came of the trade partnership.

21 1 Jehoshaphat died and was buried in the family cemetery in the City of David. Jehoram his son was the next king.

King Jehoram

2-4 Jehoram's brothers were Azariah, Jehiel, Zechariah, Azariahu, Michael, and Shephatiah – the sons of Jehoshaphat king of Judah. Their father had lavished them with gifts – silver, gold, and other valuables, plus the fortress cities in Judah. But Jehoram was his firstborn son and he gave him the kingdom of Judah. But when Jehoram had taken over his father's kingdom and had secured his position, he killed all his brothers along with some of the government officials.
5-7 Jehoram was thirty-two years old when he became king and ruled in Jerusalem for eight years. He imitated Israel's kings and married into the Ahab dynasty. GOD considered him an evil man. But despite that, because of his covenant with David, GOD was not yet ready to destroy the descendants of David; he had, after all, promised to keep a light burning for David and his sons.
8-9 During Jehoram's reign, Edom revolted from

고 출정했다. 에돔에게 포위되었지만, 여호람은 한밤중에 전차병들과 함께 전선을 뚫고 나가서 에돔에 큰 타격을 입혔다.

10-11 에돔은 오늘까지도 계속해서 유다에 반역하고 있다. 작은 성읍인 립나도 그때 반역했다. 여호람이 **하나님** 자기 조상의 하나님을 버렸으므로, 하나님께서도 그를 버리신 것이다. 심지어 그는 유다 산지에 이방 종교 산당들을 짓기까지 했다. 그는 뻔뻔스럽게도 예루살렘이 하나님을 떠나게 했고, 온 나라를 미혹되게 이끌었다.

12-15 하루는 예언자 엘리야가 그에게 다음과 같은 편지를 보냈다. "**하나님** 왕의 조상 다윗의 하나님의 메시지입니다. '네가 유다 왕들, 곧 네 아버지 여호사밧과 할아버지 아사의 길을 따르지 않고 북쪽 이스라엘 왕들의 길로 빠져, 유다와 예루살렘이 하나님을 떠나게 하고 아합과 그 무리가 걸었던 배교의 길을 한 걸음씩 따라갔으니—너는 네 친형제들까지 죽였으니 오히려 그들보다 못한 자다!—**하나님**이 네 백성, 네 아내, 네 아들, 네 모든 소유를 끔찍한 재앙으로 칠 것이다. 그리고 너는 창자에 고통스럽고 수치스런 중병이 들 것이다.'"

16-20 재앙은 침략으로 시작되었다. **하나님**께서 블레셋 사람과 에티오피아 근처에 사는 아랍 사람을 일으켜 여호람을 공격하게 하셨다. 그들은 유다 국경을 넘어 쳐들어와 유다를 약탈했다. 왕의 아내와 아들들까지, 왕궁에 있는 모든 것을 약탈했다. 남은 사람이라고는 막내아들 아하시야뿐이었다. 이 일이 있은 뒤에, 여호람의 창자에 끔찍한 중병이 들었다. 이 년쯤 후에 그는 대변마저 가리지 못하게 되었고, 결국 고통 가운데 몸부림치며 죽었다. 백성은 그를 높이지 않았고, 왕이 죽을 때 큰 모닥불을 피우는 관례마저 따르지 않았다. 여호람은 왕이 되었을 때 서른두 살이었고, 예루살렘에서 팔 년 동안 통치했다. 그가 죽었을 때는 아무도 눈물을 흘리지 않았다—오히려 그가 죽어 속이 다 시원했다!—사람들은 그를 다윗 성에 묻었으나, 왕실 묘지에 안장하지는 않았다.

Judah's rule and set up their own king. Jehoram responded by setting out with his officers and chariots. Edom surrounded him, but in the middle of the night he and his charioteers broke through the lines and hit Edom hard.

10-11 Edom continues in revolt against Judah right up to the present. Even little Libnah revolted at that time. The evidence accumulated: Since Jehoram had abandoned GOD, the God of his ancestors, God was abandoning him. He even went so far as to build pagan sacred shrines in the mountains of Judah. He brazenly led Jerusalem away from God, seducing the whole country.

12-15 One day he got a letter from Elijah the prophet. It read, "From GOD, the God of your ancestor David—a message: Because you have not kept to the ways of Jehoshaphat your father and Asa your grandfather, kings of Judah, but have taken up with the ways of the kings of Israel in the north, leading Judah and Jerusalem away from God, going step by step down the apostate path of Ahab and his crew—why, you even killed your own brothers, all of them better men than you!—GOD is going to afflict your people, your wives, your sons, and everything you have with a terrible plague. And you are going to come down with a terrible disease of the colon, painful and humiliating."

16-20 The trouble started with an invasion. GOD incited the Philistines and the Arabs who lived near the Ethiopians to attack Jehoram. They came to the borders of Judah, forced their way in, and plundered the place—robbing the royal palace of everything in it including his wives and sons. One son, his youngest, Ahaziah, was left behind. The terrible and fatal disease in his colon followed. After about two years he was totally incontinent and died writhing in pain. His people didn't honor him by lighting a great bonfire, as was customary with his ancestors. He was thirty-two years old when he became king and reigned for eight years in Jerusalem. There were no tears shed when he died—it was good riddance!—and they buried him in the City of David, but not in the royal cemetery.

유다 왕 아하시야

22 [1-6] 예루살렘 백성이 여호람의 막내 아들 아하시야를 왕으로 삼았다. 그 위의 아들들은 전에 아랍 사람과 함께 유다 진영에 쳐들어왔던 사막의 습격대에게 모두 학살당했다. 그렇게 해서 유다 왕 여호람의 아들 아하시야가 왕이 되었다. 아하시야는 스물두 살에 왕위에 올라 예루살렘에서 일 년밖에 통치하지 못했다. 그의 어머니는 오므리의 손녀 아달랴다. 아달랴가 그를 악한 길로 이끌어, 그는 아합 가문이 행한 대로 살고 다스렸으며, 하나님 보시기에 악한 길을 이어 갔다. 결혼이나 죄짓는 것으로도 아합 가문과 한통속이었다. 아버지가 죽은 뒤에 그는 아합의 죄를 배우고 또 배우다가 결국 파멸을 맞이했다. 그는 아합 가문 사람들이 가르친 대로 행하여, 이스라엘 왕 아합의 아들 요람과 함께 길르앗 라못에서 아람 왕 하사엘과 전쟁을 벌였다. 아람 사람에게 부상을 입은 요람은, 전쟁중에 라마에서 입은 부상을 치료하기 위해 이스르엘로 물러났다. 유다 왕 여호람의 아들 아하시야는 병상에 있는 아합의 아들 요람을 문병하러 이스르엘로 갔다.

[7-9] 문병을 간 아하시야에게는 하나님의 심판이 기다리고 있었다. 이스르엘에 도착한 그는 요람과 함께 님시의 아들 예후와 마주쳤다. 하나님께서는 이미 예후에게 아합 왕조를 멸망시킬 권한을 주셨다. 아합 왕조를 멸하기 시작한 예후는, 아하시야 위문단의 일부인 유다의 군지휘관들과 아하시야의 조카들을 우연히 만난 자리에서 그들을 죽였다. 그는 또 수색대를 보내 아하시야를 찾게 했다. 수색대가 사마리아에 숨어 있던 아하시야를 찾아내 예후에게로 끌고 오자, 예후가 그를 죽였다. 그러나 그들은 그의 시체를 그곳에 버려두지 않았다. 하나님을 전심으로 찾았던 그의 할아버지 여호사밧을 존중하여 정성껏 장례를 치러 주었다. 아하시야 가문에는 나라를 다스릴 만한 사람이 하나도 남아 있지 않았다.

유다 여왕 아달랴

[10-12] 아하시야의 어머니 아달랴는 아들이 죽은 것을 보고는, 정권을 잡았다. 그녀는 먼저 왕족을 모두 죽이기 시작했다. 그러나 여호람 왕의 딸 여호세바가 죽을 운명에 처한 왕자들

King Ahaziah

22 [1-6] The people of Jerusalem made Ahaziah, Jehoram's youngest son, king. Raiders from the desert, who had come with the Arabs against the settlement, had killed all the older sons. That's how Ahaziah son of Jehoram king of Judah became king. Ahaziah was twenty-two years old when he became king, but reigned only one year in Jerusalem. His mother was Athaliah, granddaughter of Omri. He lived and ruled just like the Ahab family had done, his mother training him in evil ways. GOD also considered him evil, related by both marriage and sin to the Ahab clan. After the death of his father, he attended the sin school of Ahab, and graduated with a degree in doom. He did what they taught him, went with Joram son of Ahab king of Israel in the war against Hazael king of Aram at Ramoth Gilead. Joram, wounded by the Arameans, retreated to Jezreel to recover from the wounds he received in Ramah in his war with Hazael king of Aram. Ahaziah son of Jehoram king of Judah paid a visit to Joram son of Ahab on his sickbed at Jezreel.

[7-9] The fate of Ahaziah when he went to visit was God's judgment on him. When Ahaziah arrived at Jezreel, he and Joram met with Jehu son of Nimshi, whom GOD had already authorized to destroy the dynasty of Ahab. Jehu, already at work, executing doom on the dynasty of Ahab, came upon the captains of Judah and Ahaziah's nephews, part of the Ahaziah delegation, and killed them outright. Then he sent out a search party looking for Ahaziah himself. They found him hiding out in Samaria and hauled him back to Jehu. And Jehu killed him. They didn't, though, just leave his body there. Out of respect for his grandfather Jehoshaphat, famous as a sincere seeker after GOD, they gave him a decent burial. But there was no one left in Ahaziah's family capable of ruling the kingdom.

Queen Athaliah

[10-12] When Ahaziah's mother Athaliah saw that her son was dead, she took over. She began by massacring the entire royal family. Jehosheba, daughter of King Jehoram, took Ahaziah's son Joash, and kidnapped him from among the king's sons slated

중에서 아하시야의 아들 요아스를 몰래 빼냈다. 그녀는 아달랴를 피해 요아스와 그 유모를 은밀한 곳에 숨겼다. 이렇게 해서 여호람 왕의 딸이자 아하시야의 누이인 여호세바는—그녀는 제사장 여호야다의 아내이기도 했다—잔인무도한 아달랴 여왕의 손에서 요아스를 구해 냈다. 요아스는 여호세바와 함께 육 년 동안 하나님의 성전에서 숨어 지냈다. 아달랴는 그가 살아 있는 줄 모른 채 나라를 다스렸다.

23 1-3 칠 년째 되던 해에, 제사장 여호야다는 행동에 나서기로 결심하고, 몇몇 영향력 있는 군지휘관들과 함께 작전을 짰다. 그는 여로함의 아들 아사랴, 여호하난의 아들 이스마엘, 오벳의 아들 아사랴, 아다야의 아들 마아세야, 시그리의 아들 엘리사밧을 조력자로 선택했다. 그들은 유다 전역으로 흩어져, 모든 성읍에서 각 가문의 족장과 레위인들을 불러들였다. 그들은 예루살렘에 모였다. 하나님의 성전 안에서 회합을 열고, 그곳에서 그들은 언약을 맺었다.

3-7 제사장 여호야다는 그들에게 어린 왕자를 보이며 이렇게 말했다. "여기 왕의 아들이 있습니다. 하나님께서 다윗의 자손을 두고 약속하신 대로 그가 다스려야 합니다. 여러분은 이제 이렇게 하십시오. 안식일에 당번인 제사장과 레위인들 가운데 삼분의 일은 문지기로 배치하고, 삼분의 일은 왕궁을 지키고, 나머지 삼분의 일은 기초 문을 지키십시오. 백성은 모두 하나님의 성전 안뜰에 모일 것입니다. 제사장과 지정된 레위인들 외에는 아무도 하나님의 성전에 들어갈 수 없습니다. 그들은 거룩하게 구별되었으니 들어가도 되지만, 일반 백성은 맡은 일을 해야 합니다. 레위인들은 무장한 채로 어린 왕을 둘러싸십시오. 여러분의 대열을 뚫고 지나가려는 자는 누구를 막론하고 죽여야 합니다. 왕이 출입하실 때에는 언제 어디서나 왕 옆을 지켜야 합니다."

8-10 모든 레위인과 지휘관들은 제사장 여호야다의 지시에 따랐다. 각자 안식일에 당번인 부하들과 비번인 부하들을 통솔했다. 제사장 여호야다가 안식일에 비번인 사람들마저 집으로 돌려보내지 않았기 때문이다. 이어서 제사장은 다윗 왕이 준비해 하나님의 성전에 보관해

for slaughter. She hid him and his nurse in a private room away from Athaliah. So Jehosheba, daughter of King Jehoram and Ahaziah's sister—she was also the wife of Jehoiada the priest—saved Joash from the murderous Queen Athaliah. He was there with her, hidden away for six years in The Temple of God. Athaliah, oblivious to his existence, ruled the country.

23 1-3 In the seventh year the priest Jehoiada decided to make his move and worked out a strategy with certain influential officers in the army. He picked Azariah son of Jeroham, Ishmael son of Jehohanan, Azariah son of Obed, Maaseiah son of Adaiah, and Elishaphat son of Zicri as his associates. They dispersed throughout Judah and called in the Levites from all the towns in Judah along with the heads of families. They met in Jerusalem. The gathering met in The Temple of God. They made a covenant there in The Temple.

3-7 The priest Jehoiada showed them the young prince and addressed them: "Here he is—the son of the king. He is going to rule just as GOD promised regarding the sons of David. Now this is what you must do: A third of you priests and Levites who come on duty on the Sabbath are to be posted as security guards at the gates; another third will guard the palace; and the other third will guard the foundation gate. All the people will gather in the courtyards of The Temple of GOD. No one may enter The Temple of GOD except the priests and designated Levites—they are permitted in because they've been consecrated, but all the people must do the work assigned them. The Levites are to form a ring around the young king, weapons at the ready. Kill anyone who tries to break through your ranks. Your job is to stay with the king at all times and places, coming and going."

8-10 All the Levites and officers obeyed the orders of Jehoiada the priest. Each took charge of his men, both those who came on duty on the Sabbath and those who went off duty on the Sabbath, for Jehoiada the priest hadn't exempted any of them from duty. Then the priest armed the officers with spears and the large and small shields originally belonging to

두었던 창과 크고 작은 방패로 지휘관들을 무장시켰다. 무장한 호위병들은 왕을 보호하기 위해 성전 한쪽 끝에서 반대쪽 끝까지 저마다 맡은 자리로 가서 제단과 성전을 에워쌌다.
11 그때 제사장이 왕자를 데리고 나와 그에게 왕관을 씌우고, 하나님의 언약이 담긴 두루마리를 준 뒤에 그를 왕으로 삼았다. 여호야다와 그의 아들들이 그에게 기름을 붓자, 사람들이 "요아스 왕 만세!"를 외쳤다.
12-13 아달랴가 이 모든 소동과 사람들이 돌아다니는 소리와 왕을 칭송하는 함성을 듣고, 무슨 일인가 보려고 성전으로 갔다. 그녀는 어린 왕이 성전 입구에서 양옆에 군지휘관과 전령들의 호위를 받으며 서 있는 모습을 보고 깜짝 놀랐다. 모두 나팔을 불며 크게 기뻐했다. 찬양대와 악기 연주자들이 찬송을 인도했다. 아달랴는 당황하여 옷을 찢으며 "반역이다! 반역이다!" 하고 소리쳤다.
14-15 제사장 여호야다가 군지휘관들에게 명령했다. "저 여자를 밖으로 끌어내시오. 저 여자를 따르는 자는 모두 쳐죽이시오!" (제사장은 "하나님의 성전 안에서는 그녀를 죽이지 말라" 고 일러두었다.) 그래서 그들은 그녀를 끌어내어 왕궁 마구간 앞에서 죽였다.
16 여호야다는 자신과 왕과 백성 사이에 언약을 맺었다. 그들은 이제 하나님의 특별한 백성이 되기로 맹세했다.
17 백성은 바알 신전으로 몰려가 그 신전을 허물고, 제단과 우상들을 산산이 깨뜨려 부수었다. 바알의 제사장 맛단을 제단 앞에서 죽였다.
18-21 여호야다는 다윗이 처음에 지시한 대로, 하나님의 성전 관리를 제사장과 레위인들에게 맡겼다. 그들은 모세의 계시에 나와 있는 대로 하나님께 번제를 드리되, 다윗이 지시한 찬양과 노래와 함께 드려야 했다. 그는 또 하나님의 성전 문마다 문지기를 배치하여, 준비되지 않은 자는 아무도 들어가지 못하게 했다. 그러고 나서 모인 모든 사람—군지휘관과 귀족과 지방 행정관과 모든 백성—과 함께 왕을 호위했다. 그들은 하나님의 성전에서 내려와 윗문을 지나서 왕을 왕좌에 앉혔다. 모두가 이를 기뻐했다. 아달랴의 죽음으로 공포 정치가 사라지자, 도성은 안전하고 평온한 곳이 되었다.

King David that were stored in The Temple of God. Well-armed, the guards took up their assigned positions for protecting the king, from one end of The Temple to the other, surrounding both Altar and Temple.
11 Then the priest brought the prince into view, crowned him, handed him the scroll of God's covenant, and made him king. As Jehoiada and his sons anointed him they shouted, "Long live the king!"
12-13 Athaliah, hearing all the commotion, the people running around and praising the king, came to The Temple to see what was going on. Astonished, she saw the young king standing at the entrance flanked by the captains and heralds, with everybody beside themselves with joy, trumpets blaring, the choir and orchestra leading the praise. Athaliah ripped her robes in dismay and shouted, "Treason! Treason!"
14-15 Jehoiada the priest ordered the military officers, "Drag her outside—and kill anyone who tries to follow her!" (The priest had said, "Don't kill her inside The Temple of GOD.") So they dragged her out to the palace's horse corral and there they killed her.
16 Jehoiada now made a covenant between himself and the king and the people: they were to be GOD's special people.
17 The people poured into the temple of Baal and tore it down, smashing altar and images to smithereens. They killed Mattan the priest of Baal in front of the altar.
18-21 Jehoiada turned the care of GOD's Temple over to the priests and Levites, the way David had directed originally. They were to offer the Whole-Burnt-Offerings of GOD as set out in The Revelation of Moses, and with praise and song as directed by David. He also assigned security guards at the gates of GOD's Temple so that no one who was unprepared could enter. Then he got everyone together—officers, nobles, governors, and the people themselves—and escorted the king down from The Temple of GOD, through the Upper Gate, and placed him on the royal throne. Everybody celebrated the event. And the city was safe and undisturbed—Athaliah had been killed; no more Athaliah terror.

유다 왕 요아스

24 1 요아스는 왕이 되었을 때 일곱 살이었다. 그는 예루살렘에서 사십 년 동안 다스렸다. 그의 어머니는 브엘세바 출신 시비아(영양)다.

2-3 제사장 여호야다의 가르침을 받은 요아스는 여호야다가 살아 있는 동안 하나님을 기쁘게 해드렸다. 여호야다가 그에게 두 아내를 골라 주어, 그는 아들딸을 두고 한 가문을 이루었다.

4-6 그 후에 요아스는 하나님의 성전을 새롭게 단장하기로 결심했다. 그는 제사장과 레위인들을 모아 놓고 말했다. "해마다 유다 성읍들을 두루 다니며 하나님의 성전을 보수할 돈을 백성에게서 거두시오. 여러분이 책임지고 이 일을 수행해야 하오." 그러나 레위인들은 꾸물거리며 아무 일도 하지 않았다.

7 그러자 왕은 대제사장 여호야다를 불러들여 말했다. "그대는 어찌하여 레위인들로 하여금 하나님과 회중의 종 모세가, 예배 처소의 유지를 위해 정한 세금을 유다와 예루살렘에서 거둬들이게 하지 않았소? 보다시피 상황이 아주 심각하오. 악한 아달랴 여왕과 그 아들들이 하나님의 성전을 파괴하고 그 안에 있는 거룩한 기물들을 모두 가져다가 바알을 숭배하는 데 사용했소."

8-9 레위인들은 왕의 지시에 따라, 궤 하나를 만들어 하나님의 성전 입구에 두었다. 그리고 온 유다와 예루살렘에 공포하여 세금을 내도록 했다. "이스라엘이 광야에 있을 때 하나님의 종 모세가 정한 세금을 바치시오."

10 백성과 지도자들이 즐거운 마음으로 돈을 가져오자 마침내 궤가 가득 찼다.

11-14 레위인들은 왕궁의 감사를 받기 위해 궤를 가져왔는데, 그들이 궤가 가득 찬 것을 보여주면 그때마다 왕의 서기관과 대제사장의 관리가 궤를 비우고 제자리에 도로 가져다 놓았다. 그들은 날마다 그렇게 하여 많은 돈을 모았다. 왕과 여호야다는 돈을 성전 사업 관리자들에게 주었고, 그들은 그것을 다시 하나님의 성전 보수 작업을 하는 석수와 목수들에게 지불했다. 일꾼들이 꾸준히 일에 매진하여 마침내 성전이 복원되었다. 하나님의 집이 새것처럼 되었다! 작업을 마친 뒤에 그들은 남은 돈을 왕과 여호야다에게 돌려주었고, 왕과 여

King Joash

24 1 Joash was seven years old when he became king; he was king for forty years in Jerusalem. His mother's name was Gazelle (Zibiah). She was from Beersheba.

2-3 Taught and trained by Jehoiada the priest, Joash did what pleased GOD throughout Jehoiada's lifetime. Jehoiada picked out two wives for him; he had a family of both sons and daughters.

4-6 The time came when Joash determined to renovate The Temple of GOD. He got the priests and Levites together and said, "Circulate through the towns of Judah every year and collect money from the people to repair The Temple of your God. You are in charge of carrying this out." But the Levites dragged their feet and didn't do anything.

7 Then the king called in Jehoiada the chief priest and said, "Why haven't you made the Levites bring in from Judah and Jerusalem the tax Moses, servant of GOD and the congregation, set for the upkeep of the place of worship? You can see how bad things are—wicked Queen Athaliah and her sons let The Temple of God go to ruin and took all its sacred artifacts for use in Baal worship."

8-9 Following the king's orders, they made a chest and placed it at the entrance to The Temple of GOD. Then they sent out a tax notice throughout Judah and Jerusalem: "Pay the tax that Moses the servant of GOD set when Israel was in the wilderness."

10 The people and their leaders were glad to do it and cheerfully brought their money until the chest was full.

11-14 Whenever the Levites brought the chest in for a royal audit and found it to be full, the king's secretary and the official of the chief priest would empty the chest and put it back in its place. Day after day they did this and collected a lot of money. The king and Jehoiada gave the money to the managers of The Temple project; they in turn paid the masons and carpenters for the repair work on The Temple of GOD. The construction workers kept at their jobs steadily until the restoration was complete—the house of GOD as good as new! When they had finished the work, they returned the surplus money to the king and Jehoiada, who used the money for

호야다는 그 돈으로 성전 예배에 쓸 거룩한 그릇들, 곧 매일 드리는 예배와 번제에 쓸 그릇과 대접과 기타 금은 기구들을 만들었다.

14-16 여호야다의 평생 동안, 하나님의 성전에서 번제가 정기적으로 드려졌다. 그는 백서른 살까지 살다 죽었다! 그가 남달리 이스라엘과 하나님과 하나님의 성전을 섬기는 삶을 살았으므로, 사람들은 그를 왕실 묘지에 묻었다.

17-19 여호야다가 죽자 모든 것이 무너졌다. 유다 지도자들이 왕에게 나아가 그를 부추기자, 왕은 그들과 함께 행동하기 시작했다. 상황은 갈수록 악화되었다. 그들은 하나님의 성전을 버리고 음란한 여신들을 섬기는 이교에 빠져들었다. 이 죄 때문에 진노의 기운이 온 유다와 이스라엘을 덮었다. 하나님께서는 그들을 바로잡으려고 예언자들을 보내셨다. 하지만 심판을 경고하는 그들의 말을 아무도 귀담아듣지 않았다.

20 그러자 하나님의 영이 제사장 여호야다의 아들 스가랴를 감동시켜 분명히 말하게 하셨다. "하나님의 말씀이다. 너희가 어찌하여 하나님의 계명을 거역하고 떠나느냐? 절대 그렇게 살아서는 안된다! 너희가 하나님을 버리면, 그분도 너희를 버리실 것이다."

21-22 그러나 사람들은 스가랴를 해칠 음모를 꾸몄고, 왕과 공모하여—실제로 그가 명령을 내렸다!—바로 하나님의 성전 뜰에서 돌로 쳐 그를 살해했다. 요아스 왕은 자기를 왕으로 세워 준 충성된 제사장 여호야다의 은혜를 그렇게 갚았다. 그는 여호야다의 아들을 살해했다. 스가랴는 죽으면서 이렇게 말했다. "보십시오, 하나님! 저들로 하여금 이 일의 대가를 치르게 해주십시오!"

23-24 이듬해에 아람 군대가 요아스를 공격했다. 그들은 유다와 예루살렘을 침략하여 지도자들을 닥치는 대로 죽이고, 모든 전리품을 다마스쿠스의 왕에게 실어 갔다. 아람 군대는 보잘것없었지만, 하나님께서는 그들을 사용하셔서 요아스의 대군을 쓸어버리셨다. 유다 백성이 하나님 그들 조상의 하나님을 버렸기 때문에 받은 벌이었다. 아람 사람들은 요아스를 심판하시는 하*나님의 도구였다.*

25-27 아람 군대는 요아스에게 중상을 입히고 물러갔는데, 결국 그는 신하들의 손에 죽었다. 요아스가 제사장 여호야다의 아들을 살해한 것을 복수하려는 왕궁과 성전 사람들의 음모였다. 그

making sacred vessels for Temple worship, vessels for the daily worship, for the Whole-Burnt-Offerings, bowls, and other gold and silver liturgical artifacts.

14-16 Whole-Burnt-Offerings were made regularly in The Temple of GOD throughout Jehoiada's lifetime. He died at a ripe old age—130 years old! They buried him in the royal cemetery because he had such a distinguished life of service to Israel and God and God's Temple.

17-19 But after the death of Jehoiada things fell apart. The leaders of Judah made a formal presentation to the king and he went along with them. Things went from bad to worse; they deserted The Temple of GOD and took up with the cult of sex goddesses. An angry cloud hovered over Judah and Jerusalem because of this sin. GOD sent prophets to straighten them out, warning of judgment. But nobody paid attention.

20 Then the Spirit of God moved Zechariah son of Jehoiada the priest to speak up: "God's word: Why have you deliberately walked away from GOD's commandments? You can't live this way! If you walk out on GOD, he'll walk out on you."

21-22 But they worked out a plot against Zechariah, and with the complicity of the king—he actually gave the order!—they murdered him, pelting him with rocks, right in the court of The Temple of GOD. That's the thanks King Joash showed the loyal Jehoiada, the priest who had made him king. He murdered Jehoiada's son. Zechariah's last words were, "Look, GOD! Make them pay for this!"

23-24 A year or so later Aramean troops attacked Joash. They invaded Judah and Jerusalem, massacred the leaders, and shipped all their plunder back to the king in Damascus. The Aramean army was quite small, but GOD used them to wipe out Joash's large army—their punishment for deserting GOD, the God of their ancestors. Arameans implemented God's judgment against Joash.

25-27 They left Joash badly wounded and his own servants finished him off—it was a palace conspiracy, avenging the murder of the son of Jehoiada the priest. They killed him in his bed. Afterward they buried him in the City of David, but he was not

들은 요아스를 왕의 침대에서 죽였다. 나중에 그들이 그를 다윗 성에 묻었으나, 왕실 묘지의 무덤에 안장하는 영예는 베풀지 않았다. 공모자는 암몬 출신 시므앗의 아들 사밧과 모압 출신 시므릿의 아들 여호사밧이었다. 요아스의 아들들의 이야기, 요아스가 전해 들은 많은 말씀들, 그가 하나님의 성전을 보수한 기사는 왕조실록 주석에 기록되어 있다.

요아스의 아들 아마샤가 뒤를 이어 왕이 되었다.

유다 왕 아마샤

25 1-4 아마샤는 왕이 되었을 때 스물다섯 살이었고, 예루살렘에서 이십구 년 동안 다스렸다. 그의 어머니는 예루살렘 출신 여호앗단이다. 그는 하나님 앞에서 바르게 살았고 대부분 옳은 일을 행했으나, 하나님께 온 마음을 드리지는 않았다. 아마샤는 왕권을 확고히 장악하게 되자, 그의 아버지 요아스를 암살한 왕궁 경비대들을 처형했다. 하지만 암살자들의 자녀는 죽이지 않았는데, 모세에게 계시된 말씀에 나오는 명령—자녀의 죄 때문에 부모를, 부모의 죄 때문에 자녀를 처형하지 말라고 하신 하나님의 명령—을 유념했기 때문이다. 이는 각자가 자기 죄값을 직접 치르게 한 것이다.

5-6 아마샤는 유다 지파를 정비하고 유다와 베냐민 지파를 가문과 부대별로 나누었다. 스무 살 이상 된 남자들을 명부에 등록하니, 군에 복무할 수 있는 사람이 300,000명이었다. 또 그는 은 약 4.5톤을 들여 북쪽 이스라엘에서 군사 100,000명을 고용했다.

7-8 그러자 거룩한 사람이 나타나 말했다. "왕이시여, 안됩니다. 북쪽 이스라엘 군사들을 왕의 군대에 넣지 마십시오. 하나님께서는 그들 편이 아니시며 에브라임 자손 누구와도 함께하지 않으십니다. 홀로 힘써 싸우십시오. 오직 하나님만이 왕의 일을 돕거나 막으실 수 있습니다."

9 아마샤가 거룩한 사람에게 물었다. "하지만 그들을 고용하려고 이미 지불한 수톤의 은은 어떻게 하면 좋겠소?"

거룩한 사람이 대답했다. "그것보다 하나님의 도움이 왕께 훨씬 더 가치 있습니다."

10 그래서 아마샤는 고용한 북쪽 군사들을 해임하고 집으로 돌려보냈다. 일자리를 잃은 그들은 잔뜩 화가 나서 집으로 돌아갔다.

honored with a grave in the royal cemetery. The temple conspirators were Zabad, whose mother was Shimeath from Ammon, and Jehozabad, whose mother was Shimrith from Moab. The story of his sons, the many sermons preached to Joash, and the account of his repairs on The Temple of God can be found contained in the commentary on the royal history.

Amaziah, Joash's son, was the next king.

King Amaziah

25 1-4 Amaziah was twenty-five years old when he became king and reigned twenty-nine years in Jerusalem. His mother was Jehoaddin from Jerusalem. He lived well before GOD, doing the right thing for the most part. But he wasn't wholeheartedly devoted to God. When he had the affairs of the kingdom well in hand, he executed the palace guard who had assassinated his father the king. But he didn't kill the sons of the assassins—he was mindful of what GOD commanded in The Revelation of Moses, that parents shouldn't be executed for their childrens' sins, nor children for their parents'. We each pay personally for our sins.

5-6 Amaziah organized Judah and sorted out Judah and Benjamin by families and by military units. Men twenty years and older had to register—they ended up with 300,000 judged capable of military service. In addition he hired 100,000 soldiers from Israel in the north at a cost of about four and a half tons of silver.

7-8 A holy man showed up and said, "No, O King—don't let those northern Israelite soldiers into your army; GOD is not on their side, nor with any of the Ephraimites. Instead, you go by yourself and be strong. God and God only has the power to help or hurt your cause."

9 But Amaziah said to the holy man, "But what about all this money—these tons of silver I have already paid out to hire these men?"

"GOD's help is worth far more to you than that," said the holy man.

10 So Amaziah fired the soldiers he had hired from the north and sent them home. They were very angry at losing their jobs and went home seething.

11-12 아마샤는 사태를 낙관했다. 그는 군대를 이끌고 소금 골짜기로 가서 세일 사람들 만 명을 죽였다. 또 다른 만 명을 포로로 잡아 바위 꼭대기로 끌고 가서, 그들을 벼랑에서 떨어뜨렸다. 포로들은 모두 돌 위로 떨어져 몸이 산산이 부서진 채 죽었다.
13 그러나 아마샤가 되돌려 보낸 북쪽 군사들이 약탈할 기회를 잃은 데 분노하여, 사마리아부터 벳호론까지 온 유다 성읍들을 미친 듯이 돌아다니며, 백성 삼천 명을 죽이고 많은 전리품을 빼앗아 갔다.
14-15 에돔 사람을 멸하고 돌아오는 길에, 아마샤는 세일 사람의 신상을 가져와 자신의 신으로 세우고 그것들을 숭배하며 향을 피웠다. 그 일로 하나님께서 크게 진노하셨다. 하나님께서 보내신 한 예언자가 불같이 맹렬한 하나님의 진노를 이렇게 표현했다. "이게 어찌 된 일입니까? 그 신들은 왕에게서 자기 백성을 구하지도 못했는데, 어찌 왕께서는 그 열등한 신들, 왕보다 약한 신들에게 기도한단 말입니까?"
16 아마샤가 그의 말을 가로막았다. "내가 언제 네게 의견을 구했더냐? 닥쳐라! 그렇지 않으면 없애 버리겠다!"
예언자가 말을 그쳤지만, 마지막으로 한 마디 덧붙였다. "단언하건대, 왕께서 제 말을 듣지 않고 이렇게 하시는 것을 보니, 하나님께서 왕을 내치기로 작정하신 모양입니다."

17 하루는 아마샤가 이스라엘 왕 예후의 손자요 여호아하스의 아들인 여호아스에게 사절을 보내 싸움을 걸었다. "와서 나와 한번 겨루어 보겠는가? 어디, 한판 붙어 보자!"
18-19 이스라엘 왕 여호아스는 유다 왕 아마샤에게 회답했다. "하루는 레바논의 엉겅퀴가 레바논의 백향목에게 '네 딸을 내 아들한테 시집보내라' 하고 전갈을 보냈다. 그런데 레바논의 들짐승이 지나가다 엉겅퀴를 밟아 뭉개 버렸다. 네가 전투에서 에돔을 물리쳤다는 이유로 스스로 대단한 줄 아는 모양인데, 으스대는 건 괜찮다만 *집에 가만히 있는 편이* 좋을 것이다. 욕심을 부리다 일을 그르칠 까닭이 무엇이냐? 네 자신과 유다에 멸망을 자초할 이유가 무엇이냔 말이다!"
20-22 그러나 아마샤는 그 말을 듣지 않았다. 그

11-12 But Amaziah was optimistic. He led his troops into the Valley of Salt and killed ten thousand men of Seir. They took another ten thousand as prisoners, led them to the top of the Rock, and pushed them off a cliff. They all died in the fall, smashed on the rocks.
13 But the troops Amaziah had dismissed from his army, angry over their lost opportunity for plunder, rampaged through the towns of Judah all the way from Samaria to Beth Horon, killing three thousand people and taking much plunder.
14-15 On his return from the destruction of the Edomites, Amaziah brought back the gods of the men of Seir and installed them as his own gods, worshiping them and burning incense to them. *That* ignited GOD's anger; a fiery blast of GOD's wrath put into words by a God-sent prophet: "What is this? Why on earth would you pray to inferior gods who couldn't so much as help their own people from you–gods weaker than Amaziah?"
16 Amaziah interrupted him, "Did I ask for your opinion? Shut up or get thrown out!"
The prophet quit speaking, but not before he got in one last word: "I have it on good authority: God has made up his mind to throw *you* out because of what you've done, and because you wouldn't listen to me."

17 One day Amaziah sent envoys to Jehoash son of Jehoahaz, the son of Jehu, king of Israel, challenging him to a fight: "Come and meet with me, I dare you. Let's have it out face-to-face!"
18-19 Jehoash king of Israel replied to Amaziah king of Judah, "One day a thistle in Lebanon sent word to a cedar in Lebanon, 'Give your daughter to my son in marriage.' But then a wild animal of Lebanon passed by and stepped on the thistle, crushing it. Just because you've defeated Edom in battle, you now think you're a big shot. Go ahead and be proud, but stay home. Why press your luck? Why bring defeat on yourself and Judah?"
20-22 Amaziah wouldn't take no for an answer–God had already decided to let Jehoash defeat him because he had defected to the gods of Edom. So Jehoash king of Israel came on ahead and confront-

가 에돔 신들에게로 돌아섰기 때문에, 하나님께서는 여호아스를 들어 그를 치기로 작정하셨다. 이스라엘 왕 여호아스가 먼저 쳐들어가서 유다 왕 아마샤에게 맞섰다. 그들은 유다의 한 성읍 벳세메스에서 마주쳤다. 유다는 이스라엘에 완전히 패했고, 유다의 군사들은 뿔뿔이 흩어져 집으로 돌아갔다.

23-24 이스라엘 왕 여호아스는 아하시야의 손자요 요아스의 아들인 유다 왕 아마샤를 벳세메스에서 붙잡았다. 그는 거기서 그치지 않고 예루살렘까지 공격했다. 예루살렘 성벽을 에브라임 문에서 모퉁이 문까지 약 180미터 정도 허물고, 왕궁과 하나님의 성전에서 금, 은, 비품 등 가져갈 만한 것은 닥치는 대로 약탈했다. 거기다 인질들까지 사로잡아 사마리아로 돌아갔다.

25-26 유다 왕 요아스의 아들 아마샤는, 이스라엘 왕 여호아하스의 아들 여호아스가 죽은 뒤로도 십오 년 동안 왕으로 다스렸다. 아마샤의 나머지 생애와 시대는 '유다와 이스라엘 왕 연대기'에 처음부터 끝까지 기록되어 있다.

27-28 아마샤의 말년, 곧 그가 하나님에게서 등을 돌린 뒤에, 사람들이 예루살렘에서 아마샤에게 반역하는 음모를 꾸몄다. 그는 라기스로 도망쳤다. 그러나 사람들이 라기스까지 쫓아가서 그를 죽였다. 그들은 아마샤를 말에 싣고 돌아와, 예루살렘에 있는 다윗 성에 그의 조상과 함께 묻었다.

유다 왕 웃시야

26 1-2 유다 백성은 열여섯 살밖에 되지 않은 웃시야를 데려다가 그의 아버지 아마샤를 대신하여 왕으로 삼았다. 아버지가 죽어 묻힌 뒤에, 웃시야는 가장 먼저 엘랏을 재건하여 유다에 귀속시켰다.

3-5 웃시야는 왕이 되었을 때 열여섯 살이었고, 예루살렘에서 오십이 년 동안 다스렸다. 그의 어머니는 예루살렘 출신 여골리야다. 그는 아버지 아마샤를 본받아 하나님 보시기에 바르게 행했다. 그는 하나님을 신실하게 찾았다. 그의 목자이자 스승인 스가랴에게 가르침을 잘 받아, 하나님 앞에 순종하며 경건하게 살았다. 스가랴가 살아 있는 동안 웃시야는 경건한 삶을 살았다. 하나님께서 그에게 복을 주셨다.

6-8 웃시야는 위험을 무릅쓰고 블레셋 사람과 싸워 요새 성읍인 가드, 야브네, 아스돗을 뚫고

ed Amaziah king of Judah. They met at Beth Shemesh, a town of Judah. Judah was thoroughly beaten by Israel—all the soldiers straggled home in defeat.

23-24 Jehoash king of Israel captured Amaziah king of Judah, the son of Joash, the son of Ahaziah, at Beth Shemesh. But Jehoash didn't stop at that; he went on to attack Jerusalem. He demolished the Wall of Jerusalem all the way from the Ephraim Gate to the Corner Gate—a stretch of about six hundred feet. He looted the gold, silver, and furnishings—anything he found that was worth taking—from both the palace and The Temple of God—and, for good measure, he took hostages. Then he returned to Samaria.

25-26 Amaziah son of Joash king of Judah continued as king fifteen years after the death of Jehoash son of Jehoahaz king of Israel. The rest of the life and times of Amaziah from start to finish is written in the *Royal Annals of the Kings of Judah and Israel*.

27-28 During those last days, after Amaziah had defected from GOD, they cooked up a plot against Amaziah in Jerusalem, and he had to flee to Lachish. But they tracked him down in Lachish and killed him there. They brought him back on horseback and buried him in Jerusalem with his ancestors in the City of David.

King Uzziah

26 1-2 The people of Judah then took Uzziah, who was only sixteen years old, and made him king in place of his father Amaziah. The first thing he did after his father was dead and buried was to recover Elath for Judah and rebuild it.

3-5 Uzziah was sixteen years old when he became king and reigned for fifty-two years in Jerusalem. His mother was Jecoliah from Jerusalem. He behaved well in the eyes of GOD, following in the footsteps of his father Amaziah. He was a loyal seeker of God. He was well trained by his pastor and teacher Zechariah to live in reverent obedience before God, and for as long as Zechariah lived, Uzziah lived a godly life. And God prospered him.

6-8 He ventured out and fought the Philistines, breaking into the fortress cities of Gath, Jabneh, and Ashdod. He also built settlements around Ashdod

쳐들어갔다. 그는 또 아스돗과 기타 블레셋 지역에 성읍들을 세웠다. 하나님께서는 블레셋 사람, 구르바알의 아랍 사람, 마온 사람과의 여러 전쟁에서 웃시야를 도우셨다. 암몬 사람도 그에게 조공을 바쳤다. 웃시야의 명성은 멀리 이집트에까지 퍼졌다. 그는 아주 막강해졌다.

9-10 웃시야는 예루살렘의 성 모퉁이 문과 골짜기 문, 성벽 모퉁이에 방어 망대를 세웠다. 지방에도 망대들을 세우고 물웅덩이를 팠다. 그는 아래 구릉지대와 바깥 평지에 소 떼를 길렀고, 산지와 들판에 농부와 포도나무 가꾸는 사람들도 두었다. 그는 이것저것 기르기를 좋아했다.

11-15 웃시야에게는 언제라도 싸울 수 있게 잘 준비된 막강한 군대가 있었다. 그의 군대는 서기관 여이엘, 야전 사령관 마아세야, 작전 참모 하나냐의 지휘 아래 중대별로 조직되었다. 군사들을 관할하는 가문 지도자들의 명단이 2,600명에 달했다. 그들 밑으로 307,000명 규모의 증원부대가 있고, 그중 500명이 상시경계에 임했다. 모든 공격에 대비한 왕의 막강한 방어전략이었다. 웃시야는 방패, 창, 투구, 갑옷, 활, 물맷돌로 군사들을 철저히 무장시켰다. 또 예루살렘 망대와 모퉁이마다 최신기술의 군 장비를 설치하여, 그것으로 화살을 쏘고 돌을 던지게 했다. 이 모든 일로 그의 명성이 사방으로 퍼졌다. 모든 것이 그의 뜻대로 되는 듯했다.

16-18 그러나 웃시야의 힘과 성공은 그를 자만에 빠뜨렸다. 그는 거만하고 교만해져 마침내 넘어지고 말았다. 어느 날 웃시야는 하나님을 업신여기고 하나님의 성전이 제 소유인 양 그 안에 들어가서, 향 제단에 직접 향을 피웠다. 제사장 아사랴가 그를 말렸고 하나님의 용감한 제사장 팔십 명도 만류했다. 그들은 웃시야를 가로막고 말했다. "웃시야 왕이시여, 이러시면 안됩니다. 이것은 있을 수 없는 일입니다. 거룩하게 구별된 아론 자손의 제사장들만이 향을 피울 수 있습니다. 하나님의 성전에서 나가십시오. 이는 옳지 않으며 부끄러운 일입니다!"

19-21 그러나 손에 향로를 들고 이미 분향을 시작한 웃시야는, 화를 내며 제사장들을 물리쳤다. 그는 제정신이 아니었다. 그들이 서로 분노의 말을 쏟아내며 말다툼하고 있는 중에, 웃시야 왕의 이마에 피부병이 생겼다. 그것을 보자마자, 대제사장 아사랴와 다른 제사장들이 재

and other Philistine areas. God helped him in his wars with the Philistines, the Arabs in Gur Baal, and the Meunites. The Ammonites also paid tribute. Uzziah became famous, his reputation extending all the way to Egypt. He became quite powerful.

9-10 Uzziah constructed defense towers in Jerusalem at the Corner Gate, the Valley Gate, and at the corner of the wall. He also built towers and dug cisterns out in the country. He had herds of cattle down in the foothills and out on the plains, had farmers and vinedressers at work in the hills and fields–he loved growing things.

11-15 On the military side, Uzziah had a well-prepared army ready to fight. They were organized by companies under the direction of Jeiel the secretary, Maaseiah the field captain, and Hananiah of the general staff. The roster of family leaders over the fighting men accounted for 2,600. Under them were reinforcement troops numbering 307,000, with 500 of them on constant alert–a strong royal defense against any attack. Uzziah had them well-armed with shields, spears, helmets, armor, bows, and slingshots. He also installed the latest in military technology on the towers and corners of Jerusalem for shooting arrows and hurling stones. He became well known for all this–a famous king. Everything seemed to go his way.

16-18 But then the strength and success went to his head. Arrogant and proud, he fell. One day, contemptuous of GOD, he walked into The Temple of GOD like he owned it and took over, burning incense on the Incense Altar. The priest Azariah, backed up by eighty brave priests of GOD, tried to prevent him. They confronted Uzziah: "You must not, you *cannot* do this, Uzziah–only the Aaronite priests, especially consecrated for the work, are permitted to burn incense. Get out of God's Temple; you are unfaithful and a disgrace!"

19-21 But Uzziah, censer in hand, was already in the middle of doing it and angrily rebuffed the priests. He lost his temper; angry words were exchanged–and then, even as they quarreled, a skin disease appeared on his forehead. As soon as they saw it, the chief priest Azariah and the other priests got him out of there as fast as they could. He hurried

빨리 그를 성전에서 내보냈다. 그가 급히 나갔다. 하나님께서 자기에게 병을 주셨음을 웃시야도 알았다. 웃시야는 죽을 때까지 피부병을 앓았고 격리된 채 여생을 보냈다. 그는 하나님의 성전에 발을 들여놓을 수 없었다. 왕궁을 관리하던 그의 아들 요담이 왕위를 이어받았다.

22-23 웃시야의 나머지 역사는 아모스의 아들인 예언자 이사야가 처음부터 끝까지 기록했다. 웃시야가 죽자, 사람들은 그를 왕실 묘지 옆의 밭에 그의 조상과 함께 묻었다. 피부병 때문에 그는 왕실 묘지에 묻힐 수 없었다. 그의 아들 요담이 뒤를 이어 왕이 되었다.

유다 왕 요담

27 1-2 요담은 왕이 되었을 때 스물다섯 살이었고, 예루살렘에서 십육 년 동안 다스렸다. 그의 어머니는 사독의 딸 여루사다. 그는 아버지 웃시야를 본받아 하나님 보시기에 선한 삶을 살았다. 다만 아버지와 달리 그는 하나님의 성전을 모독하지 않았다. 그러나 백성은 무섭게 타락해 갔다.

3-6 요담은 하나님의 성전 윗문을 건축하고 오벨 성벽도 크게 연장했다. 유다 고지대에 성읍을 세우고 아래 숲 속에 성채와 망대를 지었다. 그는 암몬 사람의 왕과 싸워 이겼다. 그해 암몬 사람은 은 3.25톤, 밀 약 2,200킬로리터, 보리 2,200킬로리터를 바쳤다. 그들은 그 다음 두 해에도 똑같이 바쳤다. 요담의 능력은 하나님께 순종하려는 단호하고 한결같은 삶에서 나왔다.

7-9 요담이 치른 여러 전쟁과 그의 업적을 비롯한 나머지 역사는 '이스라엘과 유다 왕 연대기'에 모두 기록되어 있다. 그는 왕이 되었을 때 스물다섯 살이었고, 예루살렘에서 십육 년 동안 다스렸다. 요담은 죽어서 다윗 성에 묻혔다. 그의 아들 아하스가 뒤를 이어 왕이 되었다.

유다 왕 아하스

28 1-4 아하스는 왕이 되었을 때 스무 살이었고, 예루살렘에서 십육 년 동안 다스렸다. 그는 하나님 보시기에 바르게 살지 못했고, 조상 다윗을 전혀 본받지 않았다. 오히려 그는 북쪽 이스라엘의 길을 따랐고, 이방 바알 신들을 숭배하기 위해 금속 신상을 부어 만들기까지 했다. 그는 벤힌놈 골짜기에서 금지

out—he knew that GOD then and there had given him the disease. Uzziah had his skin disease for the rest of his life and had to live in quarantine; he was not permitted to set foot in The Temple of GOD. His son Jotham, who managed the royal palace, took over the government of the country.

22-23 The rest of the history of Uzziah, from start to finish, was written by the prophet Isaiah son of Amoz. When Uzziah died, they buried him with his ancestors in a field next to the royal cemetery. His skin disease disqualified him from burial in the royal cemetery. His son Jotham became the next king.

King Jotham

27 1-2 Jotham was twenty-five years old when he became king; he reigned sixteen years at Jerusalem. His mother was Jerusha the daughter of Zadok. In GOD's eyes he lived a good life, following the path marked out by his father Uzziah. Unlike his father, though, he didn't desecrate The Temple of GOD. But the people pushed right on in their lives of corruption.

3-6 Jotham constructed the Upper Gate of The Temple of GOD, considerably extended the Wall of the Ophel, and built cities in the high country of Judah and forts and towers down in the forests. He fought and beat the king of the Ammonites—that year the Ammonites turned over three and a quarter tons of silver and about 65,000 bushels of wheat, and another 65,000 bushels of barley. They repeated this for the next two years. Jotham's strength was rooted in his steady and determined life of obedience to GOD.

7-9 The rest of the history of Jotham, including his wars and achievements, are all written in the *Royal Annals of the Kings of Israel and Judah*. He was twenty-five years old when he became king; he reigned for sixteen years at Jerusalem. Jotham died and was buried in the City of David. His son Ahaz became the next king.

King Ahaz

28 1-4 Ahaz was twenty years old when he became king and reigned sixteen years in Jerusalem. He didn't live right in the eyes of GOD;

된 향을 피우는 일에 가담했고, "자기 아들들을 불 가운데로 지나게 하는" 극악무도한 행위를 일삼았다. 그는 참으로 가증한 일들을 하나님께서 일찍이 그 땅에서 쫓아내신 이방인들에게서 배웠다. 또 곳곳에서 성행하는 지역의 음란한 종교 산당들의 활동에도 가담했다.

5-8 **하나님**께서는 그 모든 일을 더 이상 참으실 수 없어, 아하스를 아람 왕 손에 넘기셨다. 아람 왕이 그를 치고 수많은 포로를 다마스쿠스로 데려갔다. 또 하나님께서 그를 이스라엘에 맡기신 결과 끔찍한 살육이 벌어졌다. 르말랴의 아들 베가는 하루에 120,000명을 죽였는데, 모두 최고의 용사들이었다. 이 모든 일이 일어난 것은, 유다가 **하나님** 그들 조상의 하나님을 버렸기 때문이다. 뿐만 아니라 에브라임의 영웅 시그리는 왕의 아들 마아세야, 왕궁 관리인 아스리감, 왕의 다음 서열인 엘가나를 죽였다. 그것이 끝이 아니었다. 이스라엘 사람들은 사마리아로 엄청난 양의 전리품을 실어 갔을 뿐만 아니라, 남자와 여자와 아이들 200,000명을 사로잡아 갔다.

9-11 **하나님**의 예언자 오뎃이 그 가까이에 있었다. 그는 사마리아로 들어가는 군대를 맞으며 말했다. "그 자리에 멈추어 들으시오! **하나님** 당신들 조상의 하나님께서 유다에 진노하셔서, 당신들을 사용해 그들을 벌하신 것은 사실이오. 하지만 당신들은 주제넘게 나서서, 부당하고 불합리한 분노를 쏟아내며 유다와 예루살렘에서 온 형제들을 종으로 삼으려고 하고 있소. 이것이 당신들의 **하나님**께 끔찍한 죄를 짓는 일인지 모르겠소? 이제 주의하여 행동해야 하오. 정확히 내가 이르는 대로 하시오. 이 포로들을 마지막 한 사람까지 다 돌려보내시오. 그렇게 하지 않으면, 당신들은 **하나님**의 진노가 어떻게 나타나는지 똑똑히 보게 될 것이오."

12-13 몇몇 에브라임 지도자들—요하난의 아들 아사랴, 무실레못의 아들 베레갸, 살룸의 아들 여히스기야, 하들래의 아들 아마사—이 귀환하는 군대를 막아서며 말했다. "포로들을 이곳으로 들이지 마시오! 우리는 이미 **하나님**께 죄를 지었소. 그런데 지금 당신들은 우리의 죄와 허물을 더 심각하게 만들려 하고 있소. 이대로도 우리는 죄가 너무 많아서, 하나님의 진노가 언제 폭발할지 모르는 상황이오."

14-15 그러자 군사들은 포로와 전리품을 모두 지

he wasn't at all like his ancestor David. Instead he followed in the track of Israel in the north, even casting metal figurines for worshiping the pagan Baal gods. He participated in the outlawed burning of incense in the Valley of Ben Hinnom and—incredibly!—indulged in the outrageous practice of "passing his sons through the fire," a truly abominable thing he picked up from the pagans GOD had earlier thrown out of the country. He also joined in the activities of the neighborhood sex-and-religion shrines that flourished all over the place.

5-8 GOD, fed up, handed him over to the king of Aram, who beat him badly and took many prisoners to Damascus. God also let the king of Israel loose on him and that resulted in a terrible slaughter: Pekah son of Remaliah killed 120,000 in one day, all of them first-class soldiers, and all because they had deserted GOD, the God of their ancestors. Furthermore, Zicri, an Ephraimite hero, killed the king's son Maaseiah, Azrikam the palace steward, and Elkanah, second in command to the king. And that wasn't the end of it—the Israelites captured 200,000 men, women, and children, besides huge cartloads of plunder that they took to Samaria.

9-11 GOD's prophet Oded was in the neighborhood. He met the army when it entered Samaria and said, "Stop right where you are and listen! GOD, the God of your ancestors, was angry with Judah and used you to punish them; but you took things into your own hands and used *your* anger, uncalled for and irrational, to turn your brothers and sisters from Judah and Jerusalem into slaves. Don't you see that this is a terrible sin against your GOD? Careful now; do exactly what I say—return these captives, every last one of them. If you don't, you'll find out how real anger, GOD's anger, works."

12-13 Some of their Ephraimite leaders—Azariah son of Jehohanan, Berekiah son of Meshillemoth, Jehizkiah son of Shallum, and Amasa son of Hadlai—stood up against the returning army and said, "Don't bring the captives here! We've already sinned against GOD; and now you are about to compound our sin and guilt. We're guilty enough as it is, enough to set off an explosion of divine anger."

14-15 So the soldiers turned over both the captives

도자와 백성에게 넘겼다. 그들 중에 지명된 사람들이 포로들을 모아 놓고, 벌거벗은 사람에게는 전리품 가운데서 옷을 찾아 입혀 주었다. 맨발인 사람에게는 신을 신겨 주고, 모두에게 먹을 것도 충분히 주었다. 또 부상자들은 응급치료를 해주고, 약한 사람들은 나귀에 태워 야자수 성읍 여리고로 데려가서, 가족들에게 돌려보냈다. 그러고 나서 그들은 사마리아로 돌아갔다.

16-21 그 즈음에 아하스 왕은 앗시리아 왕에게 사람을 보내어 직접 도움을 구했다. 에돔 사람이 다시 쳐들어와서 유다에 엄청난 타격을 입히고 많은 사람들을 포로로 잡아갔기 때문이다. 엎친 데 덮친 격으로, 블레셋 사람이 서쪽 구릉지대와 남쪽 광야의 성읍들을 습격하여 벳세메스, 아얄론, 그데롯과 소고, 딤나, 김소와 그 주변 마을들까지 점령하여 그곳에 들어와 살았다. 교만한 아하스 왕은 마치 하나님의 도움이 없어도 된다는 듯 행세하여, 타락을 전염병처럼 퍼지게 했다. 하나님께서는 유다를 낮추셔서 도움을 구하러 다니는 처지가 되게 하셨다. 그러나 앗시리아 왕 디글랏빌레셀은 그를 도울 마음이 전혀 없었다. 오히려 아하스를 공격하고 괴롭혀 그에게 굴욕만 안겨 주었다. 다급해진 아하스는, 하나님의 성전과 왕궁과 생각나는 곳을 샅샅이 털어 긁어모은 것들을 앗시리아 왕에게 주었다. 그러나 그 대가로 그가 얻은 것은 하나도 없었다. 손톱만큼의 도움도 받지 못했다.

22-25 상황이 이러한데도 아하스 왕은 깨닫지 못했다. 사방에서 공격을 받고 있는데도 계속해서 하나님을 대적했다! 그는 다마스쿠스의 신들에게 제물을 바쳤다. 막 다마스쿠스에 패한 그는 "내가 다마스쿠스를 도운 신들을 섬기면 그 신들도 나를 도와주겠지" 하고 생각했다. 그러나 상황은 더 악화될 뿐이었다. 아하스의 삶이 먼저 망가지더니, 결국 나라 전체가 폐허가 되고 말았다. 아하스는 하나님의 성전에서 쓸 만한 귀중품들을 모조리 꺼내고는 성전 문들에 판자를 쳐서 막아 버렸고, 예루살렘 곳곳에 자기가 드나들 이방 산당들을 세웠다. 예루살렘뿐 아니라 유다 온 지역에도 산당들을 짓고, 시장에 나와 있는 신이라는 신은 모조리 숭배했다. 하나님께서 크게 진노하셨다!

26-27 악명 높은 아하스의 나머지 생애와 그가

and the plunder to the leaders and the people. Personally designated men gathered the captives together, dressed the ones who were naked using clothing from the stores of plunder, put shoes on their feet, gave them all a square meal, provided first aid to the injured, put the weak ones on donkeys, and then escorted them to Jericho, the City of Palms, restoring them to their families. Then they went back to Samaria.

16-21 At about that time King Ahaz sent to the king of Assyria asking for personal help. The Edomites had come back and given Judah a bad beating, taking off a bunch of captives. Adding insult to injury the Philistines raided the cities in the foothills to the west and the southern desert and captured Beth Shemesh, Aijalon, and Gederoth, along with Soco, Timnah, and Gimzo, with their surrounding villages, and moved in, making themselves at home. Arrogant King Ahaz, acting as if he could do without God's help, had unleashed an epidemic of depravity. Judah, brought to its knees by GOD, was now reduced to begging for a handout. But the king of Assyria, Tiglath-Pileser, wouldn't help–he came instead and humiliated Ahaz even more by attacking and bullying him. Desperate, Ahaz ransacked The Temple of GOD, the royal palace, and every other place he could think of, scraping together everything he could, and gave it to the king of Assyria–and got nothing in return, not a bit of help.

22-25 But King Ahaz didn't learn his lesson–at the very time that everyone was turning against him, he continued to be against GOD! He offered sacrifices to the gods of Damascus. He had just been defeated by Damascus; he thought, "If I worship the gods who helped Damascus, those gods just might help me, too." But things only went from bad to worse: first Ahaz in ruins and then the country. He cleaned out The Temple of God of everything useful and valuable, boarded up the doors of The Temple, and then went out and set up pagan shrines for his own use all over Jerusalem. And not only in Jerusalem, but all over Judah–neighborhood shrines for worshiping any and every god on sale. And was GOD ever angry!

26-27 The rest of Ahaz's infamous life, all that he did

행한 모든 일이 '유다와 이스라엘 왕 연대기'에 처음부터 끝까지 기록되어 있다. 아하스가 죽자, 사람들은 그를 예루살렘에 묻었다. 그러나 그는 왕들의 묘지에 안장되는 영예는 누리지 못했다. 그의 아들 히스기야가 뒤를 이어 왕이 되었다.

유다 왕 히스기야

29 1-2 히스기야는 왕이 되었을 때 스물다섯 살이었다. 그는 예루살렘에서 이십구 년 동안 다스렸다. 그의 어머니는 스가랴의 딸 아비야다. 하나님 보시기에 그는 선한 왕이었다. 그는 조상 다윗을 그대로 본받았다.

3-9 왕이 되던 첫해 첫째 달에, 히스기야는 하나님의 성전 문들을 먼저 보수한 뒤에 그 문을 백성에게 활짝 열었다. 그는 또 제사장과 레위인들을 동쪽 뜰에 모아 놓고 이렇게 말했다. "레위인들이여, 들으시오! 그대들은 스스로를 정결하게 하고 하나님의 성전을 성결하게 하시오. 더럽혀질 대로 더럽혀진 이곳을 깨끗이 청소하시오. 우리 조상들은 잘못된 길로 갔고 하나님 앞에 악하게 살았소. 그들은 하나님을 버리고, 하나님을 만나는 곳인 이 집을 등지고 떠났소. 문마다 판자를 쳐서 막고, 등불을 끄고, 거룩한 성전에서 이스라엘의 하나님께 드리는 예배를 모두 없애 버렸소. 그 때문에 하나님의 진노가 활활 타올라 그분께서 그들을 재앙의 본보기, 교훈을 주는 경계의 표본으로 삼으셨소. 이것을 보고 들으시오! 우리 조상들이 죽임을 당한 것도, 우리 아내와 아들딸들이 포로로 잡혀가 종이 된 것도 이 때문이오.

10-11 나는 이스라엘의 하나님과 언약을 맺고 역사의 방향을 바꾸기로 결심했소. 하나님께서 더 이상 우리에게 진노하시지 않도록 말이오. 레위 자손들이여, 이 일에 꾸물거리지 마시오! 하나님께서 그대들을 택하시고 그분 앞에 서서 예배를 드리고 인도하는 일로 섬기게 하셨소. *이것이 그대들의 평생의 직무요. 이 일을 잘 완수하시오.*"

12-17 레위인들이 일어서니, 고핫 자손 중에 아마새의 아들 마핫과 아사랴의 아들 요엘, 므라리 자손 중에 압디의 아들 기스와 여할렐렐의 아들 아사랴, 게르손 자손 중에 심마

from start to finish, is written in the *Royal Annals of the Kings of Judah and Israel*. When Ahaz died, they buried him in Jerusalem, but he was not honored with a burial in the cemetery of the kings. His son Hezekiah was the next king.

King Hezekiah

29 1-2 Hezekiah became king when he was twenty-five years old and was king in Jerusalem for twenty-nine years. His mother was Abijah daughter of Zechariah. In GOD's opinion he was a good king; he kept to the standards of his ancestor David.

3-9 In the first month of the first year of his reign, Hezekiah, having first repaired the doors of The Temple of GOD, threw them open to the public. He assembled the priests and Levites in the court on the east side and said, "Levites, listen! Consecrate yourselves and consecrate The Temple of GOD—give this much-defiled place a good housecleaning. Our ancestors went wrong and lived badly before GOD—they discarded him, turned away from this house where we meet with GOD, and walked off. They boarded up the doors, turned out the lights, and canceled all the acts of worship of the GOD of Israel in the holy Temple. And because of that, GOD's anger flared up and he turned those people into a public exhibit of disaster, a moral history lesson—look and read! This is why our ancestors were killed, and this is why our wives and sons and daughters were taken prisoner and made slaves.

10-11 "I have decided to make a covenant with the GOD of Israel and turn history around so that GOD will no longer be angry with us. Children, don't drag your feet in this! GOD has chosen you to take your place before him to serve in conducting and leading worship—*this* is your life work; make sure you do it and do it well."

12-17 The Levites stood at attention: Mahath son of Amasai and Joel son of Azariah from the Kohathites; Kish son of Abdi and Azariah son of Jehallelel from the Merarites; Joah son of Zimmah and Eden son of Joah from the Gershonites; Shimri and Jeiel sons of Elizaphan; Zechariah and Mattaniah sons of Asaph; Jehiel and Shimei of the family of Heman; Shemaiah and Uzziel of the family of Jeduthun. They presented themselves and their brothers, consecrated

의 아들 요아와 요아의 아들 에덴, 엘리사반 자손 중에 시므리와 여우엘, 아삽 자손 중에 스가랴와 맛다냐, 헤만 가문 중에 여후엘과 시므이, 여두둔 가문 중에 스마야와 웃시엘이 나왔다. 그들은 형제들과 함께 나와서 스스로를 정결하게 하고, 왕이 지시한 대로—하나님께서 지시하신 대로!—하나님의 성전 정화 작업에 착수했다. 제사장들은 안에서부터 시작해서 밖으로 작업해 나갔다. 성전 안에 쌓여 있는 더러운 잡동사니—거룩한 곳에 있어서는 안될 이방 종교의 쓰레기들—를 치우고, 레위인들이 그것을 기드론 골짜기로 가져갔다. 그들은 첫째 달 초하루에 성전 정화를 시작하여, 여덟째 날에는 바깥 현관까지 작업했다. 성전을 깨끗이 하고 성결하게 하는 데만 팔 일이 걸렸고, 성전 보조물까지 마치는 데 또 팔 일이 걸렸다.

18-19 그러고 나서 그들은 히스기야 왕에게 보고했다. "번제단과 임재의 빵을 차려 놓는 상과 거기에 딸린 기구들까지 포함하여 하나님의 성전 전체를 깨끗이 했습니다. 또 아하스 왕이 악한 정치를 하면서 치워 둔 그릇들도 모두 깨끗이 닦고 성결하게 했습니다. 보십시오. 우리가 그것들을 원래대로 복구하여 하나님의 제단 앞에 모두 가져다 놓았습니다."

20-24 그러자 히스기야 왕은 일을 시작했다. 그는 성읍 지도자들을 모두 불러 모아, 하나님의 성전으로 나아왔다. 그들은 왕실과 성소와 유다 전체의 죄를 속죄 받으려고 황소 일곱 마리, 숫양 일곱 마리, 어린양 일곱 마리, 숫염소 일곱 마리를 속죄 제물로 가져왔다. 히스기야는 아론의 자손 제사장들에게 지시하여 그것들을 하나님의 제단에 제물로 바치게 했다. 제사장들은 황소들을 잡아 그 피를 제단 위에 뿌리고, 이어 숫양과 어린양들도 똑같이 했다. 마지막으로 그들이 염소들을 데려오자, 왕과 회중이 그 위에 손을 얹었다. 제사장들은 염소들을 잡고 그 피를 제단에 속죄 제물로 드려, 온 이스라엘의 죄를 속죄했다. 온 이스라엘을 위해 번제와 속죄제를 드리라는 왕의 명령이 있었기 때문이다.

25-26 왕은 레위인들에게 명령하여 다윗, 왕의 선견자 갓, 예언자 나단의 지침에 따라

themselves, and set to work cleaning up The Temple of GOD as the king had directed—as GOD directed! The priests started from the inside and worked out; they emptied the place of the accumulation of defiling junk—pagan rubbish that had no business in that holy place—and the Levites hauled it off to the Kidron Valley. They began the Temple cleaning on the first day of the first month and by the eighth day they had worked their way out to the porch—eight days it took them to clean and consecrate The Temple itself, and in eight more days they had finished with the entire Temple complex.

18-19 Then they reported to Hezekiah the king, "We have cleaned up the entire Temple of GOD, including the Altar of Whole-Burnt-Offering and the Table of the Bread of the Presence with their furnishings. We have also cleaned up and consecrated all the vessels which King Ahaz had gotten rid of during his misrule. Take a look; we have repaired them. They're all there in front of the Altar of GOD."

20-24 Then Hezekiah the king went to work: He got all the leaders of the city together and marched to The Temple of GOD. They brought with them seven bulls, seven rams, seven lambs, and seven he-goats to sacrifice as an Absolution-Offering for the royal family, for the Sanctuary, and for Judah as a whole; he directed the Aaronite priests to sacrifice them on the Altar of GOD. The priests butchered the bulls and then took the blood and sprinkled it on the Altar, and then the same with the rams and lambs. Finally they brought the goats up; the king and congregation laid their hands upon them. The priests butchered them and made an Absolution-Offering with their blood at the Altar to atone for the sin of all Israel—the king had ordered that the Whole-Burnt-Offering and the Absolution-Offering be for all Israel.

25-26 The king ordered the Levites to take their places in The Temple of GOD with their musical instruments—cymbals, harps, zithers—following the original instructions of David, Gad the king's seer, and Nathan the prophet; this was GOD's command conveyed by his prophets. The Levites formed the orchestra of David, while the priests took up the trumpets.

27-30 Then Hezekiah gave the signal to begin: The Whole-Burnt-Offering was offered on the Altar; at

악기—심벌즈, 하프, 수금—를 들고 하나님의 성전에 자리하게 했다. 이것은 하나님의 예언자들이 전한 하나님의 명령이었다. 레위인들은 다윗의 악기를 들고, 제사장들은 나팔을 들었다.

27-30 그때 히스기야가 시작 신호를 보냈다. 제단에서는 번제가 드려지고, 나팔과 다윗의 악기 연주에 맞추어 거룩한 찬양대가 찬양을 부르는 가운데 온 회중이 예배를 드렸다. 번제를 드리는 내내 찬양대원들은 노래를 부르고 나팔을 든 사람들은 나팔을 불었다. 제사를 마치자, 왕과 거기에 모인 모든 사람이 바닥에 무릎을 꿇고 엎드려 예배했다. 이어 히스기야 왕과 지도자들은 레위인들을 시켜, 다윗과 선견자 아삽이 지은 가사로 하나님을 찬양하는 찬송을 불러 순서를 마치게 했다. 그들은 무릎을 꿇은 채 기쁘고 경건한 마음으로 찬양을 부르며 예배했다.

31-35 그러자 히스기야가 이렇게 답했다. "봉헌이 끝났습니다. 여러분은 하나님 앞에서 정결해졌습니다. 이제 준비가 되었으니, 앞으로 나아와 여러분이 준비한 제물과 감사 제물을 하나님의 성전으로 가져오십시오."

그들이 나아왔다. 모든 회중이 제물과 감사 제물을 가져왔고, 어떤 사람은 자원하는 마음이 넘쳐흘러 번제물까지 가져왔다. 그 넉넉한 마음은 황소 칠십 마리, 숫양 백 마리, 어린양 이백 마리로 표현되었다. 모두가 하나님께 번제물로 바치기 위한 것이었다! 그날 제물로 거룩하게 구별된 짐승의 수는 황소가 육백 마리, 양이 삼천 마리에 이르렀다. 번제물을 잡을 자격이 되는 제사장들이 모자라 그들의 형제 레위인들까지 거들었고, 그동안 다른 제사장들은 그 일을 위해 스스로를 정결하게 했다. 사실 레위인들이 제사장들보다 더 책임감 있게 자신들의 정결을 지켰다. 성전에는 많은 양의 번제물 외에도, 화목 제물로 쓸 양질의 고기와, 번제와 함께 전제에 드릴 술도 풍성하게 있었다. 하나님의 성전에서 드리는 예배는 다시 굳건히 자리 잡게 되었다!

36 히스기야와 회중은 이를 경축했다. 하나님께서 백성의 삶에 든든한 기초를 다져 주셨기 때문이다. 그것도 아주 신속히!

30

1-5 그 후에 히스기야는 이스라엘과 유다의 모든 사람을 초청하고, 에브라임과 므낫세에 직접 편지를 보내어, 예루살렘에 있

the same time the sacred choir began singing, backed up by the trumpets and the David orchestra while the entire congregation worshiped. The singers sang and the trumpeters played all during the sacrifice of the Whole-Burnt-Offering. When the offering of the sacrifice was completed, the king and everyone there knelt to the ground and worshiped. Then Hezekiah the king and the leaders told the Levites to finish things off with anthems of praise to GOD using lyrics by David and Asaph the seer. They sang their praises with joy and reverence, kneeling in worship.

31-35 Hezekiah then made this response: "The dedication is complete—you're consecrated to GOD. Now you're ready: Come forward and bring your sacrifices and Thank-Offerings to The Temple of GOD."

And come they did. Everyone in the congregation brought sacrifices and Thank-Offerings and some, overflowing with generosity, even brought Whole-Burnt-Offerings, a generosity expressed in seventy bulls, a hundred rams, and two hundred lambs—all for Whole-Burnt-Offerings for GOD! The total number of animals consecrated for sacrifice that day amounted to six hundred bulls and three thousand sheep. They ran out of priests qualified to slaughter all the Whole-Burnt-Offerings so their brother Levites stepped in and helped out while other priests consecrated themselves for the work. It turned out that the Levites had been more responsible in making sure they were properly consecrated than the priests had been. Besides the overflow of Whole-Burnt-Offerings there were also choice pieces for the Peace-Offerings and lavish libations that went with the Whole-Burnt-Offerings. The worship in The Temple of GOD was on a firm footing again!

36 Hezekiah and the congregation celebrated: God had established a firm foundation for the lives of the people—and so quickly!

30

1-5 Then Hezekiah invited all of Israel and Judah, with personal letters to Ephraim and Manasseh, to come to The Temple of GOD in

는 하나님의 성전으로 와서 이스라엘 하나님의 유월절을 기념하여 지키도록 했다. 왕이 그의 관리 및 예루살렘 회중과 의논하여 둘째 달에 유월절을 지키기로 한 것이다. 그들이 이처럼 유월절을 제때에 지킬 수 없었던 것은, 준비된 제사장들이 부족했고 백성이 예루살렘에 모일 시간도 없었기 때문이다. 상황이 그러하므로 왕과 백성이 변경된 날짜를 승인하고, 나라 이 끝에서 저 끝, 곧 남쪽 브엘세바에서 북쪽 단에 이르기까지 초청장을 보냈다. "예루살렘으로 와서, 이스라엘 하나님의 유월절을 지키십시오." 백성 가운데 어느 누구도 전에 유월절을 제대로 지켜 본 적이 없었다.

6-9 왕이 명령을 내리자, 전령들이 이스라엘과 유다 전역에 왕과 지도자들의 초청장을 전달했다. 초청장의 내용은 이러하다. "이스라엘 사람들이여! **하나님** 곧 아브라함과 이삭과 이스라엘의 하나님께 돌아오라. 그러면 그분께서도 앗시리아 왕들의 강탈 가운데서 살아남은 너희에게 돌아오실 것이다. **하나님** 너희의 하나님께 등을 돌린 조상들의 죄를 답습하지 말라. 그 죄 때문에 하나님께서 그들을 망하게 하셨다. 그 잔해가 사방에 널려 있지 않느냐. 너희 조상들처럼 고집부리지 말고 **하나님**께서 내미신 손을 붙들라. 거룩한 예배를 드리는 그분의 성전, 영원히 거룩하게 하신 그곳으로 오라. **하나님** 너희 하나님을 섬겨라. 그러면 더 이상 그분의 불같은 진노가 임하지 않을 것이다. 너희가 **하나님**께로 돌아오면, 너희 친족과 자녀들을 포로로 잡아간 자들이 그들을 불쌍히 여겨 이 땅으로 돌려보낼 것이다. 너희 **하나님**은 은혜롭고 자비로우시니 너희를 냉대하지 않으실 것이다. 돌아오라. 그러면 그분께서 두 팔 벌려 너희를 반겨 주실 것이다."

10-12 전령들이 떠나서 에브라임과 므낫세 땅의 각 성읍을 두루 거쳐 북쪽 스불론까지 이르렀다. 백성은 그들을 조롱하고 비웃었다. 하지만 모두가 그런 것은 아니었다. 아셀, 므낫세, 스불론 일부 사람들은 겸손히 초청을 수락하여 예루살렘으로 왔다. 유다의 상황은 그보다 나았다. 하나님께서 유다 가운데 강력하게 역사하셔서, 왕과 관리들이 보낸 명령, 곧 **하나님** 말씀에 따른 명령에 모두가 응하게 하셨다.

13-17 유월절(때로 무교절이라고도 함)을 지키는 둘째 달이 되자, 어마어마한 백성의 무리가 모여들었다. 먼저 그들은 예루살렘에 있는 이방 제단

Jerusalem to celebrate the Passover to Israel's God. The king and his officials and the congregation in Jerusalem had decided to celebrate Passover in the second month. They hadn't been able to celebrate it at the regular time because not enough of the priests were yet personally prepared and the people hadn't had time to gather in Jerusalem. Under these circumstances, the revised date was approved by both king and people and they sent out the invitation from one end of the country to the other, from Beersheba in the south to Dan in the north: "Come and celebrate the Passover to Israel's God in Jerusalem." No one living had ever celebrated it properly.

6-9 The king gave the orders, and the couriers delivered the invitations from the king and his leaders throughout Israel and Judah. The invitation read: "O Israelites! Come back to GOD, the God of Abraham, Isaac, and Israel, so that he can return to you who have survived the predations of the kings of Assyria. Don't repeat the sins of your ancestors who turned their backs on GOD, the God of their ancestors who then brought them to ruin—you can see the ruins all around you. Don't be pigheaded as your ancestors were. Clasp GOD's outstretched hand. Come to his Temple of holy worship, consecrated for all time. Serve GOD, *your* God. You'll no longer be in danger of his hot anger. If you come back to GOD, your captive relatives and children will be treated compassionately and allowed to come home. Your GOD is gracious and kind and won't snub you—come back and he'll welcome you with open arms."

10-12 So the couriers set out, going from city to city through the country of Ephraim and Manasseh, as far north as Zebulun. But the people poked fun at them, treated them as a joke. But not all; some from Asher, Manasseh, and Zebulun weren't too proud to accept the invitation and come to Jerusalem. It was better in Judah—God worked powerfully among them to make it unanimous, responding to the orders sent out by the king and his officials, orders backed up by the word of GOD.

13-17 It turned out that there was a tremendous crowd of people when the time came in the

들을 모두 없애고, 그 잔해를 가져다가 기드론 골짜기에 던졌다. 둘째 달 십사일에는 유월절 어린양을 잡았다. 미처 준비하지 못한 제사장과 레위인들은 자신들의 게으름이 부끄러워, 스스로를 정결하게 한 뒤 번제물을 하나님의 성전으로 가져왔다. 준비를 마치자, 그들은 거룩한 사람 모세의 계시에 따라 지정된 자리에 섰다. 제사장들은 레위인들에게서 피를 받아 뿌렸다. 회중 가운데 아주 많은 사람들이 정결예식을 치르지 않아 자격을 얻지 못했다. 그래서 그들이 하나님 앞에서 정결해질 수 있도록 레위인들이 유월절 어린양들을 잡고 정결예식을 치렀다.

18-19 회중 가운데는 에브라임, 므낫세, 잇사갈, 스불론 사람들이 많았는데, 그들은 정결예식을 치르지 않아 유월절 식사를 하지 못했다. 히스기야는 그들을 위해 다음과 같이 기도했다. "모든 것이 선하신 하나님, 우리 조상의 하나님을 진심으로 구하는 모든 사람을 용서해 주십시오. 특별히 성전 출입의 규정에 부합되지 않는 이들을 용서해 주십시오."

20 하나님께서 히스기야의 기도에 응답하셔서, 백성을 용서해 주셨다.

21-22 예루살렘에 있는 모든 이스라엘 백성은 칠 일 동안 유월절(무교절)을 지키며 한없이 즐거워했다. 레위인과 제사장들은 날마다 하나님을 찬양했다. 타악기와 관악기의 찬양소리가 하늘 가득 울려 퍼졌다. 히스기야는, 백성을 탁월하게 인도하여 하나님을 예배하게 한 레위인들을 칭찬했다.

22-23 절기와 축제—칠 일 동안 드린 영광스러운 예배와 제사, 하나님 그들 조상의 하나님께 드린 찬양—가 끝나 상을 닦고 바닥을 쓸고 난 회중은 절기를 칠 일 더 연장하기로 결정했다! 그들은 처음 시작할 때처럼 기쁨에 넘쳐 절기를 이어 갔다.

24-26 유다 왕 히스기야는 회중의 예배를 위해 황소 천 마리, 양 칠천 마리를 주었고, 관리들이 따로 황소 천 마리와 양 만 마리를 더 주었다. 자격을 얻고 잘 준비된 정결해진 제사장들도 더 많아졌다. 유다 온 회중—제사장과 레위인, 이스라엘에서 온 회중, 이스라엘과 유다에 사는 외국인들—이 모두 즐겁게 절기에 참여했다. 예루살렘은 온통 기

second month to celebrate the Passover (sometimes called the Feast of Unraised Bread). First they went to work and got rid of all the pagan altars that were in Jerusalem—hauled them off and dumped them in the Kidron Valley. Then, on the fourteenth day of the second month, they slaughtered the Passover lambs. The priests and Levites weren't ready; but now, embarrassed in their laziness, they consecrated themselves and brought Whole-Burnt-Offerings to The Temple of GOD. Ready now, they stood at their posts as designated by The Revelation of Moses the holy man; the priests sprinkled the blood the Levites handed to them. Because so many in the congregation had not properly prepared themselves by consecration and so were not qualified, the Levites took charge of the slaughter of the Passover lambs so that they would be properly consecrated to GOD.

18-19 There were a lot of people, especially those from Ephraim, Manasseh, Issachar, and Zebulun, who did not eat the Passover meal because they had not prepared themselves adequately. Hezekiah prayed for these as follows: "May GOD who is all good, pardon and forgive everyone who sincerely desires GOD, the God of our ancestors. Even—especially!—these who do not meet the literal conditions stated for access to The Temple."

20 GOD responded to Hezekiah's prayer and healed the people.

21-22 All the Israelites present in Jerusalem celebrated the Passover (Feast of Unraised Bread) for seven days, celebrated exuberantly. The Levites and priests praised GOD day after day, filling the air with praise sounds of percussion and brass. Hezekiah commended the Levites for the superb way in which they had led the people in the worship of GOD.

22-23 When the feast and festival—that glorious seven days of worship, the making of offerings, and the praising of GOD, the God of their ancestors—were over, the tables cleared and the floors swept, they all decided to keep going for another seven days! So they just kept on celebrating, and as joyfully as they began.

24-26 Hezekiah king of Judah gave one thousand bulls and seven thousand sheep for the congregation's worship; the officials gave an additional one thousand bulls and ten thousand sheep. And there turned out

뿜으로 가득 찼다. 이스라엘 왕 다윗의 아들 솔로몬이 성전을 건축하여 봉헌한 이래, 예루살렘에 이와 같은 일이 없었다.
27 제사장과 레위인들이 일어나 마지막으로 백성을 축복했다. 그들의 기도소리가 하나님이 계신 거룩한 곳 하늘에까지 올라가, 그분께서 들으셨다.

히스기야의 종교개혁

31 1 유월절을 지킨 뒤에, 이스라엘 사람들은 모두 유다 성읍으로 가서 남근 모양의 석상들을 산산이 부수고, 그들이 신성하게 여기는 아세라 목상들을 베어 내고, 지역의 음란한 종교 산당과 지역 신상들을 허물었다. 그들은 유다, 베냐민, 에브라임, 므낫세를 다 돌고 나서야 멈추었다. 그들은 모두 집으로 돌아가서 일상생활에 복귀했다.
2 히스기야는 제사장과 레위인들을 그룹별로 조직하여 각각 일을 맡기고, 직무 내역서를 나누어 주어 예배 직무를 수행하게 했다. 그들은 각종 제사를 드리고 언제 어디서 하나님을 예배하든지 늘 감사와 찬양을 드렸다.
3 히스기야는 아침과 저녁 예배, 안식일, 초하루 절기, 하나님의 계시에 정해진 특별한 예배일을 위해 자기 소유를 번제물로 쓰게 했다.
4 그는 또 제사장과 레위인들이 근심 걱정 없이 하나님의 계시에 전적으로 헌신할 수 있도록, 예루살렘에 사는 백성이 책임지고 그들을 돌보게 했다.
5-7 히스기야가 명령을 내리자, 이스라엘 백성은 수확한 곡식, 새 포도주, 기름, 꿀 등 그해에 재배한 모든 것의 첫 열매를 넉넉하게 가져왔다. 백성은 아끼지 않고 모든 것의 십일조를 바쳤다. 그들은 또 소와 양, 하나님께 드려진 다른 모든 소유의 십일조도 가져왔다. 이렇게 가져온 것들을 구분하여 차곡차곡 쌓았다. 그들은 셋째 달에 이 일을 시작하여 일곱째 달에야 끝마쳤다.
8-9 히스기야와 지도자들이 와서 쌓여 있는 예물의 규모를 보고는, 하나님을 찬양하고 하나님의 백성 이스라엘을 칭찬했다. 히스기야는 어떻게 그 많은 예물들을 쌓을 수 있

to be plenty of consecrated priests – qualified and well-prepared. The whole congregation of Judah, the priests and Levites, the congregation that came in from Israel, and the resident aliens from both Israel and Judah, were all in on the joyous celebration. Jerusalem was bursting with joy – nothing like this had taken place in Jerusalem since Solomon son of David king of Israel had built and dedicated The Temple.
27 The priests and Levites had the last word: they stood and blessed the people. And God listened, listened as the ascending sound of their prayers entered his holy heaven.

31 1 After the Passover celebration, they all took off for the cities of Judah and smashed the phallic stone monuments, chopped down the sacred Asherah groves, and demolished the neighborhood sex-and-religion shrines and local god shops. They didn't stop until they had been all through Judah, Benjamin, Ephraim, and Manasseh. Then they all went back home and resumed their everyday lives.
2 Hezekiah organized the groups of priests and Levites for their respective tasks, handing out job descriptions for conducting the services of worship: making the various offerings, and making sure that thanks and praise took place wherever and whenever GOD was worshiped.
3 He also designated his personal contribution for the Whole-Burnt-Offerings for the morning and evening worship, for Sabbaths, for New Moon festivals, and for the special worship days set down in The Revelation of GOD.
4 In addition, he asked the people who lived in Jerusalem to be responsible for providing for the priests and Levites so they, without distraction or concern, could give themselves totally to The Revelation of GOD.
5-7 As soon as Hezekiah's orders had gone out, the Israelites responded generously: firstfruits of the grain harvest, new wine, oil, honey – everything they grew. They didn't hold back, turning over a tithe of everything. They also brought in a tithe of their cattle, sheep, and anything else they owned that had been dedicated to GOD. Everything was sorted and piled in

었는지 제사장과 레위인들에게 물었다.
10 사독 가문의 대제사장 아사랴가 대답했다. "백성이 하나님의 성전에 예물을 쏟아 놓기 시작하면서, 우리 모두가 충분히 먹고도 이렇게 양식이 남았습니다. 하나님께서 그분의 백성에게 복을 주셨습니다. 그 증거를 보십시오!"
11-18 히스기야는 하나님의 성전에 창고를 짓도록 명령했다. 창고가 마련되자, 제사장들은 모든 예물, 곧 십일조와 거룩한 헌물들을 들여놓았다. 그들은 레위인 고나냐를 책임자로, 그의 동생 시므이를 부책임자로 정했다. 고나냐와 시므이는 여히엘, 아사시야, 나핫, 아사헬, 여리못, 요사밧, 엘리엘, 이스마갸, 마핫, 브나야를 관리자로 세워, 히스기야 왕과 하나님의 성전 대제사장 아사랴의 명령을 수행하게 했다. 동문 문지기인 레위인 임나의 아들 고레는 하나님께 드리는 자원 제물을 관리하고, 그 제물과 거룩한 헌물을 나누어 주었다. 제사장들이 사는 바깥 성읍들에서는 에덴, 미냐민, 예수아, 스마야, 아마랴, 스가냐가 그 일을 성실하게 도왔다. 그들은 그날그날 하나님의 성전에 들어가 그룹별(그들의 일은 그룹별로 모두 조직되어 있었다)로 정해진 일을 하는 동료들(서른 살 이상 된 모든 남자)에게 몫을 공평하게 나누어 주었다. 공식적으로 명부에 오른 제사장은 가문별로, 스무 살 이상 된 레위인들은 직무별로 각 그룹을 구성했다. 공식 족보에는 어린아이와 아내와 아들과 딸들을 비롯한 전체 회중이 다 들어 있었다. 그들은 열과 성을 다해 예배를 섬기며 예물을 바쳤다. 모두가 참여하는 전적인 헌신이었다.
19 제사장 성읍들에 딸린 목초지에 사는 아론의 자손 제사장들은 평판이 좋은 사람들을 세워, 모든 제사장—레위인의 공식 족보에 오른 모든 사람—에게 정기적으로 먹을 몫을 나누어 주게 했다.
20-21 히스기야는 이 일을 유다 전역에서 지속적으로 시행했다. 그는 단연 최고의 왕이었다. 그는 하나님 앞에서 선하고 의로우며 진실했다. 하나님의 성전에서 예배를 드리는 일이든, 하나님의 율법과 계명을 지키는 일이든, 그 모든 일을 기도하고 예배하는 마

mounds. They started doing this in the third month and didn't finish until the seventh month.
8-9 When Hezekiah and his leaders came and saw the extent of the mounds of gifts, they praised GOD and commended God's people Israel. Hezekiah then consulted the priests and Levites on how to handle the abundance of offerings.
10 Azariah, chief priest of the family of Zadok, answered, "From the moment of this huge outpouring of gifts to The Temple of GOD, there has been plenty to eat for everyone with food left over. GOD has blessed his people—just look at the evidence!"
11-18 Hezekiah then ordered storerooms to be prepared in The Temple of GOD. When they were ready, they brought in all the offerings of tithes and sacred gifts. They put Conaniah the Levite in charge with his brother Shimei as assistant. Jehiel, Azaziah, Nahath, Asahel, Jerimoth, Jozabad, Eliel, Ismakiah, Mahath, and Benaiah were project managers under the direction of Conaniah and Shimei, carrying out the orders of King Hezekiah and Azariah the chief priest of The Temple of God. Kore son of Imnah the Levite, security guard of the East Gate, was in charge of the Freewill-Offerings of God and responsible for distributing the offerings and sacred gifts. Faithful support out in the priestly cities was provided by Eden, Miniamin, Jeshua, Shemaiah, Amariah, and Shecaniah. They were even-handed in their distributions to their coworkers (all males thirty years and older) in each of their respective divisions as they entered The Temple of GOD each day to do their assigned work (their work was all organized by divisions). The divisions comprised officially registered priests by family and Levites twenty years and older by job description. The official family tree included everyone in the entire congregation—their small children, wives, sons, and daughters. The ardent dedication they showed in bringing themselves and their gifts to worship was total—no one was left out.
19 The Aaronites, the priests who lived out on the pastures that belonged to the priest-cities, had reputable men on hand to distribute regular rations to every priest—everyone listed in the official family tree of the Levites.
20-21 Hezekiah carried out this work and kept it up

음으로 행했다. 그래서 그는 하는 일마다 형통했다.

everywhere in Judah. He was the very best–good, right, and true before his GOD. Everything he took up, whether it had to do with worship in God's Temple or the carrying out of God's Law and Commandments, he did well in a spirit of prayerful worship. He was a great success.

32

1 히스기야 왕이 이처럼 본이 되는 행적을 남긴 이후, 앗시리아 왕 산헤립이 유다를 공격했다. 그는 요새화된 성읍들을 포위하고, 그것을 빼앗을 작정이었다.

2-4 예루살렘을 빼앗는 것이 산헤립의 전략임을 알고, 히스기야는 보좌관과 군지도자들과 의논하여 성 밖의 물 공급을 모두 끊기로 했다. 그들은 그 방책을 좋게 여겼다. 많은 사람들이 몰려 나가 샘을 막고 수로를 허물었다. 그들이 말했다. "앗시리아 왕들이 쳐들어와서 이 물을 얻게 할 수는 없지 않은가?"

5-6 히스기야는 또 성벽의 파손된 부분을 모두 보수하고, 그 위에 방어 망대를 쌓고 외곽으로 방벽을 쌓았다. 그리고 옛 다윗 성의 방어시설(밀로)을 보강했다. 그는 창과 방패 등 병기도 많이 만들었다. 또한 군지휘관들을 임명하여 백성을 책임지게 하고, 그들 모두를 성문 앞 광장에 불러 모았다.

6-8 히스기야는 그곳에 모인 백성 앞에서 말했다. "힘을 내십시오! 용기를 내야 합니다! 앗시리아 왕과 그의 군대에 겁먹지 마십시오. 우리 편이 그들 편보다 많습니다. 그는 한낱 인간 무리를 가졌을 뿐이지만, 우리에게는 우리를 도우시고 우리를 위해 싸우시는 하나님이 계십니다!" 히스기야의 말에 백성이 힘을 얻어 사기가 충천했다.

9-15 몇 킬로미터 떨어진 라기스에 진 치고 있던 산헤립이 예루살렘으로 전령들을 보내어 히스기야 왕과 유다 백성에게 이렇게 말했다. "앗시리아 왕 산헤립이 선포한다. 너희 어리석은 백성아, 너희가 요새라고 부르는 그 예루살렘 안에서 안전할 것 같으냐? 너희는 독 안에 든 쥐다. 히스기야가 너희를 구해 줄 것 같으냐? 어리석게 굴지 마라. 히스기야는 그동안 너희에게 거짓말만 늘어놓았다. '하나님께서 우리를 앗시리아 왕의 손에서 구원하실 것이다'라는 말은 거짓이다. 너희는 결국 모두 죽고 말 것이다. 지역의 산

32

1 And then, after this exemplary track record, this: Sennacherib king of Assyria came and attacked Judah. He put the fortified cities under siege, determined to take them.

2-4 When Hezekiah realized that Sennacherib's strategy was to take Jerusalem, he talked to his advisors and military leaders about eliminating all the water supplies outside the city; they thought it was a good idea. There was a great turnout of people to plug the springs and tear down the aqueduct. They said, "Why should the kings of Assyria march in and be furnished with running water?"

5-6 Hezekiah also went to work repairing every part of the city wall that was damaged, built defensive towers on it, built another wall of defense further out, and reinforced the defensive rampart (the Millo) of the old City of David. He also built up a large store of armaments–spears and shields. He then appointed military officers to be responsible for the people and got them all together at the public square in front of the city gate.

6-8 Hezekiah rallied the people, saying, "Be strong! Take courage! Don't be intimidated by the king of Assyria and his troops–there are more on our side than on their side. He only has a bunch of mere men; we have our GOD to help us and fight for us!" Morale surged. Hezekiah's words put steel in their spines.

9-15 Later on, Sennacherib, who had set up camp a few miles away at Lachish, sent messengers to Jerusalem, addressing Judah through Hezekiah: "A proclamation of Sennacherib king of Assyria: You poor people–do you think you're safe in that so-called fortress of Jerusalem? You're sitting ducks. Do you think Hezekiah will save you? Don't be stupid–Hezekiah has fed you a pack of lies. When he says, 'GOD will save us from the power of the king of Assyria,' he's lying–

당들을 모두 없애고 '참된 예배 처소는 한 곳뿐이다'라고 한 자가 히스기야 아니더냐? 나와 내 조상들이 이 주변 모든 나라에게 어떻게 했는지 너희는 알지 못하느냐? 내게 맞설 만큼 강력한 신이 어디 하나라도 있었더냐? 나와 내 조상들이 파괴한 모든 나라 중에, 내게 맞서 손가락 하나라도 까딱했던 신의 이름을 너희가 하나라도 댈 수 있느냐? 그런데 어째서 너희 신은 다를 거라고 생각하느냐? 히스기야에게 속지 마라. 그런 뻔뻔스런 거짓말을 늘어놓는 그를 그냥 두지 마라. 그를 믿지도 마라. 지금까지 어느 땅, 어느 나라의 신도 나와 내 조상들에 맞서는 데 조금도 도움이 되지 못했다. 하물며 너희 신이 이길 확률은 얼마나 되겠느냐?"

16 산헤립의 부하들은 거리낌 없이 자신의 생각을 쏟아 놓으며 하나님과 그분의 종 히스기야를 비방했다.

17 또한 산헤립은 편지를 보내 이스라엘의 하나님을 모욕했다. "어느 나라의 신들도 제 백성을 돕지 못했다. 그들은 무기력했다. 히스기야의 신이라고 해서 나을 것이 없다. 오히려 더 못할 것이다."

18-19 산헤립의 부하들은 예루살렘 성벽까지 와서, 성벽 위에 서 있는 백성에게 히브리 말로 소리쳤다. 그들에게 겁을 주어 사기를 잃고 항복하게 만들려고 한 것이다. 그들은 인간이 만든 다른 민족의 신들에게 하듯이 예루살렘의 하나님을 업신여겼다.

20-21 이에 대해 히스기야 왕은 아모스의 아들 예언자 이사야와 함께 기도하며 하늘을 향해 부르짖었다. 하나님께서 응답으로 천사를 보내셔서, 앗시리아 진의 모든 용사와 지휘관들을 다 쓸어버리셨다. 망신을 당한 산헤립은 기가 죽어서 고국으로 돌아갈 수밖에 없었다. 그가 자기 신의 신전에 들어갔을 때, 그의 친아들들이 그를 죽였다.

22-23 하나님께서는 이렇게 히스기야와 예루살렘 주민들을 앗시리아 왕 산헤립과 다른 모든 자에게서 구원하셨다. 그분은 계속해서 그들을 보살펴 주셨다. 사람들은 하나님을 예배할 예물과 유다 왕 히스기야에게 줄 값비싼 선물들을 가지고 예루살렘에 몰려들었다. 주변 모든 나라들이 깊이 감동했고, 히스기야는 널리 명성을 얻었다.

you're all going to end up dead. Wasn't it Hezekiah who cleared out all the neighborhood worship shrines and told you, 'There is only one legitimate place to worship'? Do you have any idea what I and my ancestors have done to all the countries around here? Has there been a single god anywhere strong enough to stand up against me? Can you name one god among all the nations that either I or my ancestors have ravaged that so much as lifted a finger against me? So what makes you think you'll make out any better with your god? Don't let Hezekiah fool you; don't let him get by with his barefaced lies; don't trust him. No god of any country or kingdom ever has been one bit of help against me or my ancestors–what kind of odds does that give your god?"

16 The messengers felt free to throw in their personal comments, putting down both GOD and God's servant Hezekiah.

17 Sennacherib continued to send letters insulting the GOD of Israel: "The gods of the nations were powerless to help their people; the god of Hezekiah is no better, probably worse."

18-19 The messengers would come up to the wall of Jerusalem and shout up to the people standing on the wall, shouting their propaganda in Hebrew, trying to scare them into demoralized submission. They contemptuously lumped the God of Jerusalem in with the handmade gods of other peoples.

20-21 King Hezekiah, joined by the prophet Isaiah son of Amoz, responded by praying, calling up to heaven. GOD answered by sending an angel who wiped out everyone in the Assyrian camp, both warriors and officers. Sennacherib was forced to return home in disgrace, tail between his legs. When he went into the temple of his god, his own sons killed him.

22-23 GOD saved Hezekiah and the citizens of Jerusalem from Sennacherib king of Assyria and everyone else. And he continued to take good care of them. People streamed into Jerusalem bringing offerings for the worship of GOD and expensive presents to Hezekiah king of Judah. All the surrounding nations were impressed–Hezekiah's stock soared.

24 얼마 후에 히스기야가 죽을병이 들었다. 그는 하나님께 기도했고 확실한 표징을 받았다.

25-26 그러나 히스기야는 그 표징에 감사할 줄 모르고 교만해졌다. 그것이 하나님을 진노케 하여 유다와 예루살렘에 하나님의 진노가 가득 찼다. 그러나 히스기야가 자신의 교만을 회개하고 예루살렘도 그와 함께했으므로, 히스기야가 살아 있는 동안에는 하나님께서 진노를 거두셨다.

27-31 히스기야는 큰 부귀영화를 누렸다. 그는 모든 금과 은과 보석과 향료와 방패와 귀중품을 보관할 장소와, 곡식과 새 포도주와 올리브기름을 저장해 둘 곳간, 여러 품종의 소들을 둘 외양간, 양 떼를 둘 우리를 지었다. 그는 자신을 위해 성읍들을 짓고, 양 떼와 소 떼 보유량도 크게 늘렸다. 하나님은 그를 큰 부자가 되게 해주셨다. 기혼 샘 위쪽 물줄기의 방향을 틀어서 다윗 성 서쪽으로 돌린 것도 히스기야였다. 그가 손대는 일마다 다 잘되었다. 그러나 바빌론 통치자들이 그전에 있었던 하나님의 기적에 대해 알아보려고 사절단을 보냈을 때, 하나님은 히스기야가 어떻게 하는지 보려고 그를 내버려 두셨다. 그의 마음을 시험하고자 하신 것이다.

32-33 히스기야의 나머지 역사와 충성된 생애는 '유다와 이스라엘 왕 연대기'에 나오는 아모스의 아들 예언자 이사야의 묵시록에 기록되어 있다. 히스기야가 죽자 사람들은 그를 다윗 왕 묘지의 위쪽에 묻었다. 유다와 예루살렘의 모든 사람이 장례식에 참석한 가운데, 그는 아주 영예롭게 장사되었다.
그의 아들 므낫세가 뒤를 이어 왕이 되었다.

유다 왕 므낫세

33 1-6 므낫세는 왕이 되었을 때 열두 살이었다. 그는 예루살렘에서 오십오 년 동안 다스렸다. 하나님 보시기에 그는 나쁜 왕, 악한 왕이었다. 그는 하나님께서 이스라엘 자손을 위해 이방 민족들을 쫓아내시던 때에, 그 땅에서 사라졌던 모든 도덕적 부패와 영적 타락을 다시 들여놓기 시작했다. 아버지 히

24 Some time later Hezekiah became deathly sick. He prayed to GOD and was given a reassuring sign.

25-26 But the sign, instead of making Hezekiah grateful, made him arrogant. This made GOD angry, and his anger spilled over on Judah and Jerusalem. But then Hezekiah, and Jerusalem with him, repented of his arrogance, and GOD withdrew his anger while Hezekiah lived.

27-31 Hezekiah ended up very wealthy and much honored. He built treasuries for all his silver, gold, precious stones, spices, shields, and valuables, barns for the grain, new wine, and olive oil, stalls for his various breeds of cattle, and pens for his flocks. He founded royal cities for himself and built up huge stocks of sheep and cattle. God saw to it that he was extravagantly rich. Hezekiah was also responsible for diverting the upper outlet of the Gihon spring and rerouting the water to the west side of the City of David. Hezekiah succeeded in everything he did. But when the rulers of Babylon sent emissaries to find out about the sign from God that had taken place earlier, God left him on his own to see what he would do; he wanted to test his heart.

32-33 The rest of the history of Hezekiah and his life of loyal service, you can read for yourself—it's written in the vision of the prophet Isaiah son of Amoz in the *Royal Annals of the Kings of Judah and Israel*. When Hezekiah died, they buried him in the upper part of the King David cemetery. Everyone in Judah and Jerusalem came to the funeral. He was buried in great honor.
Manasseh his son was the next king.

King Manasseh

33 1-6 Manasseh was twelve years old when he became king. He ruled for fifty-five years in Jerusalem. In GOD's opinion he was a bad king—an evil king. He reintroduced all the moral rot and spiritual corruption that had been scoured from the country when GOD dispossessed the pagan nations in favor of the children of Israel. He rebuilt

스기야가 허물어 버린 음란한 종교 산당들을 다시 지었고, 음란한 신 바알과 아세라를 위해 제단과 남근 목상을 세웠다. 그는 또 일월성신을 숭배하여 별자리의 지시에 따랐다. 그는 일월성신을 위한 산당들을 짓고, 하나님께서 정하신 대로("내가 예루살렘에 내 이름을 두겠다") 오직 **하나님**의 이름만 예배하도록 드려진 예루살렘 성전의 두 뜰에 그것들을 두었다. 벤힌놈 골짜기에서 자기 아들들을 희생 제물로 불살라 바쳤고, 악한 마술과 점술을 행했다. 그는 지하의 혼백을 불러내 궁금한 것들을 묻기도 했다. 그에게 악이 넘쳐났다. **하나님** 보시기에, 악으로 일관된 생애였다. **하나님**께서 진노하셨다.

7-8 결정적으로 그는 음란한 여신 아세라 목상을 하나님의 성전 안에 두었는데, 이것은 하나님께서 다윗과 솔로몬에게 명령하신 다음의 말씀을 명백히, 보란 듯이 범한 일이었다. "내가 이스라엘 모든 지파 가운데서 택한 이 성전과 이 예루살렘 성에 내 이름을 영원히 두겠다." 그분은 이렇게 약속하셨다. "내가 다시는 내 백성 이스라엘로 하여금 내가 그들의 조상에게 준 이 땅을 떠나서 방황하지 않게 할 것이다. 그러나 조건이 있다. 그들이 내 종 모세가 전해 준 지침에 따라 내가 명령한 모든 것을 지켜야 한다."

9-10 그러나 므낫세는 유다와 예루살렘 주민들을 그 길에서 벗어나게 했고, 일찍이 **하나님**께서 멸망시키신 이방 민족들의 악행을 넘어서는 악한 행위로 그들을 이끌었다. **하나님**께서 이 일로 므낫세와 그의 백성에게 말씀하셨지만, 그들은 **하나님**을 무시했다.

11-13 그러자 **하나님**께서는 앗시리아 왕의 군 지도자들을 시켜 므낫세를 뒤쫓게 하셨다. 그들은 그의 코에 갈고리를 꿰고 발에는 족쇄를 채워 바빌론으로 끌고 갔다. 곤경에 처하자, 므낫세는 무릎 꿇고 기도하며 하나님께 도우심을 구했다. 그는 그의 조상의 하나님 앞에서 철저히 회개했다. **하나님**께서 마음이 움직이셔서 그의 기도를 들어주시고, 그를 다시 예루*살렘으로 데려와 왕이 되게 하셨다. 그제야* 므낫세는 **하나님**께서 모든 것을 다스리심을 확실하게 깨달았다.

14-17 그 후 므낫세는 기혼 샘 서쪽 골짜기에 다윗 성의 바깥쪽 방벽을 재건했다. 방벽은 물고

the sex-and-religion shrines that his father Hezekiah had torn down, he built altars and phallic images for the sex god Baal and the sex goddess Asherah and worshiped the cosmic powers, taking orders from the constellations. He built shrines to the cosmic powers and placed them in both courtyards of The Temple of GOD, the very Jerusalem Temple dedicated exclusively by GOD's decree to GOD's Name ("in Jerusalem I place my Name"). He burned his own sons in a sacrificial rite in the Valley of Ben Hinnom. He practiced witchcraft and fortunetelling. He held séances and consulted spirits from the underworld. Much evil—in GOD's view a career in evil. And GOD was angry.

7-8 As a last straw he placed a carved image of the sex goddess Asherah that he had commissioned in The Temple of God, a flagrant and provocative violation of God's well-known command to both David and Solomon, "In this Temple and in this city Jerusalem, my choice out of all the tribes of Israel, I place my Name—exclusively and forever." He had promised, "Never again will I let my people Israel wander off from this land I've given to their ancestors. But on this condition, that they keep everything I've commanded in the instructions my servant Moses passed on to them."

9-10 But Manasseh led Judah and the citizens of Jerusalem off the beaten path into practices of evil exceeding even the evil of the pagan nations that GOD had earlier destroyed. When GOD spoke to Manasseh and his people about this, they ignored him.

11-13 Then GOD directed the leaders of the troops of the king of Assyria to come after Manasseh. They put a hook in his nose, shackles on his feet, and took him off to Babylon. Now that he was in trouble, he went to his knees in prayer asking for help—total repentance before the God of his ancestors. As he prayed, GOD was touched; GOD listened and brought him back to Jerusalem as king. That convinced Manasseh that GOD was in control.

14-17 After that Manasseh rebuilt the outside defensive wall of the City of David to the west of the Gihon spring in the valley. It went from the Fish Gate and around the hill of Ophel. He also increased its height.

기 문에서 시작하여 오벨 산을 돌아 나갔다. 그는 방벽도 더 높이 쌓았다. 유다 모든 요새 성읍에 군지휘관들을 주둔시켜 방어체제를 강화했다. 그는 또 대대적인 성전 정화를 실시하여, 이방 우상과 여신상을 제거했다. 또한 성전이 있는 산 위와 예루살렘 전역에 세워 놓은 모든 이교의 제단을 가져다가 성 바깥에 버렸다. 그는 하나님의 제단을 다시 사용할 수 있게 보수하고, 예배를 회복하여 화목제와 감사제를 드렸다. 그는 백성에게 "하나님 이스라엘의 하나님을 섬기고 예배하라"고 명령했다. 그러나 백성은 그의 말을 진지하게 받아들이지 않았다. 그들은 '하나님'이라는 이름은 사용했지만, 계속해서 지역의 옛 이방 산당들을 다니며 전과 똑같이 행했다.

18-19 므낫세의 나머지 역사, 그가 하나님께 드린 기도, 예언자들이 하나님 이스라엘의 하나님의 권세로 직접 전한 말씀들은 '이스라엘 왕 연대기'에 모두 기록되어 있다. 그의 기도와 그 기도에 하나님의 마음이 움직이신 일, 그의 모든 죄와 허물들, 그가 이방 산당을 지은 장소들, 음란한 여신 아세라를 세운 곳들, 그가 회심 전에 숭배한 우상들, 이 모두가 예언자들의 역사책에 기록되어 있다.

20 므낫세가 죽자, 사람들은 그를 왕궁 동산에 묻었다. 그의 아들 아몬이 뒤를 이어 왕이 되었다.

유다 왕 아몬

21-23 아몬은 왕이 되었을 때 스물두 살이었다. 그는 예루살렘에서 이 년 동안 다스렸다. 하나님 보시기에 그는 아버지 므낫세처럼 악하게 살았다. 그러나 므낫세와 달리, 그는 끝내 하나님께 회개하지 않았다. 끝까지 여러 악한 행위를 일삼았다.

24-25 결국 아몬의 신하들이 반역하여 왕궁에서 그를 암살했다. 그러나 백성이 아몬 왕의 암살자들을 죽이고 아몬의 아들 요시야를 왕으로 삼았다.

유다 왕 요시야

34 1-2 요시야는 왕이 되었을 때 여덟 살이었다. 그는 예루살렘에서 삼십일 년 동안 다스렸다. 그는 하나님 앞에서 바르게 행했다. 그의 조상 다윗이 밝히 보여준

He tightened up the defense system by posting army captains in all the fortress cities of Judah. He also did a good spring cleaning on The Temple, carting out the pagan idols and the goddess statue. He took all the altars he had set up on The Temple hill and throughout Jerusalem and dumped them outside the city. He put the Altar of GOD back in working order and restored worship, sacrificing Peace-Offerings and Thank-Offerings. He issued orders to the people: "You shall serve and worship GOD, the God of Israel." But the people didn't take him seriously—they used the name "GOD" but kept on going to the old pagan neighborhood shrines and doing the same old things.

18-19 The rest of the history of Manasseh—his prayer to his God, and the sermons the prophets personally delivered by authority of GOD, the God of Israel—this is all written in *The Chronicles of the Kings of Israel*. His prayer and how God was touched by his prayer, a list of all his sins and the things he did wrong, the actual places where he built the pagan shrines, the installation of the sex-goddess Asherah sites, and the idolatrous images that he worshiped previous to his conversion—this is all described in the records of the prophets.

20 When Manasseh died, they buried him in the palace garden. His son Amon was the next king.

King Amon

21-23 Amon was twenty-two years old when he became king. He was king for two years in Jerusalem. In GOD's opinion he lived an evil life, just like his father Manasseh, but he never did repent to GOD as Manasseh repented. He just kept at it, going from one thing to another.

24-25 In the end Amon's servants revolted and assassinated him—killed the king right in his own palace. The citizens in their turn then killed the king's assassins. The citizens then crowned Josiah, Amon's son, as king.

King Josiah

34 1-2 Josiah was eight years old when he became king. He ruled for thirty-one years in Jerusalem. He behaved well before GOD. He kept straight on the path blazed by his ancestor David, not

길을 똑바로 따라갔고, 왼쪽으로나 오른쪽으로나 한 걸음도 벗어나지 않았다.

3-7 요시야는 왕이 된 지 팔 년째 되던 해에—아직 겨우 십대였다—자기 조상 다윗의 하나님을 찾기 시작했다. 사 년 후 재위 십이년이 되던 해에는, 지역의 음란한 종교 산당과 신성하게 여기는 아세라 목상들을 제거하고, 조각한 것이든 부어 만든 것이든 상관없이, 그 우상들은 유다에서 모조리 없앴다. 그는 바알 산당들을 부수고, 제단들을 허물고, 그 파편과 재를 거기서 예배하던 자들의 무덤 위에 뿌렸다. 또한 그 제사장들의 뼈를 그들이 살아 있을 때 사용하던 바로 그 제단 위에서 불태웠다. 그는 그 땅, 유다와 예루살렘을 안팎으로 깨끗이 정화했다. 정화 작업은 밖으로 므낫세, 에브라임, 시므온 성읍과 그 주변 마을들, 그리고 북쪽 납달리에까지 이르렀다. 이스라엘 전역에서 그는 제단과 아세라 목상들을 부수고, 그 우상들을 빻아 가루로 만들고, 지역의 산당들을 찍어 장작감으로 만들었다. 이스라엘이 원래의 모습을 되찾자, 그는 예루살렘으로 돌아왔다.

계시의 책을 발견하다

8-13 요시야 왕 십팔년 어느 날에, 왕은 그 땅과 성전 정화를 마치고, 아살랴의 아들 사반과 성읍 책임자 마아세야와 요아하스의 아들 사관 요아를 보내어 하나님의 성전을 새롭게 단장하게 했다. 먼저 그들은 므낫세와 에브라임과 나머지 이스라엘, 그리고 유다와 베냐민과 예루살렘 주민들에게서 레위인 문지기들이 거둔 헌금을 모두 대제사장 힐기야에게 넘겼다. 힐기야는 그 돈을 다시 하나님의 성전 공사를 관리하는 감독관들의 손에 넘겼고, 그들은 다시 그것을 하나님의 성전을 보수하는 일꾼들인 목수와 건축자와 석수들에게 전했다. 일꾼들은 그 돈으로 목재와 석재를 구입하여, 그동안 유다 왕들이 완전히 허물었던 성전 기초를 다시 세웠다. 일꾼들은 정직하고 부지런했다. 그들을 감독하고 공사를 관리하는 사람은 모두 레위인이었는데, 므라리 자손 중에 야핫과 오바댜, 고핫 자손 중에 스가랴와 무술람이 있었다. 레위인들—모두 숙련된 음악인이었다—은 막일꾼들을 관할하고, 이 일 저 일을 살피며 노역자들을 감독했다. 또

one step to the left or right.

3-7 When he had been king for eight years—he was still only a teenager—he began to seek the God of David his ancestor. Four years later, the twelfth year of his reign, he set out to cleanse the neighborhood of sex-and-religion shrines, and get rid of the sacred Asherah groves and the god and goddess figurines, whether carved or cast, from Judah. He wrecked the Baal shrines, tore down the altars connected with them, and scattered the debris and ashes over the graves of those who had worshiped at them. He burned the bones of the priests on the same altars they had used when alive. He scrubbed the place clean, Judah and Jerusalem, clean inside and out. The cleanup campaign ranged outward to the cities of Manasseh, Ephraim, Simeon, and the surrounding neighborhoods—as far north as Naphtali. Throughout Israel he demolished the altars and Asherah groves, pulverized the god and goddess figures, chopped up the neighborhood shrines into firewood. With Israel once more intact, he returned to Jerusalem.

8-13 One day in the eighteenth year of his kingship, with the cleanup of country and Temple complete, King Josiah sent Shaphan son of Azaliah, Maaseiah the mayor of the city, and Joah son of Joahaz the historian to renovate The Temple of GOD. First they turned over to Hilkiah the high priest all the money collected by the Levitical security guards from Manasseh and Ephraim and the rest of Israel, and from Judah and Benjamin and the citizens of Jerusalem. It was then put into the hands of the foremen managing the work on The Temple of GOD who then passed it on to the workers repairing GOD's Temple—the carpenters, construction workers, and masons—so they could buy the lumber and dressed stone for rebuilding the foundations the kings of Judah had allowed to fall to pieces. The workmen were honest and diligent. Their foremen were Jahath and Obadiah, the Merarite Levites, and Zechariah and Meshullam from the Kohathites—these managed the project. The Levites—they were all skilled musicians—were in charge of the common laborers and supervised the workers as they went from job to job. The Levites also served as accountants, managers, and security guards.

레위인들은 회계, 관리, 문지기로 섬겼다.

14-17 대제사장 힐기야는 하나님의 성전을 위해 바친 돈을 접수하고 분배하던 중에, 모세의 계시의 책 사본을 발견했다. 그는 왕의 서기관 사반에게 소식을 전했다. "내가 방금 하나님의 길을 일러 주는 하나님의 계시의 책을 발견했습니다. 성전에서 찾았습니다!" 그가 그 책을 사반에게 주자, 사반은 그것을 다시 왕에게 가지고 가서 이렇게 보고했다. "왕께서 명령하신 일을 다 마쳤습니다. 하나님의 성전에서 거둔 돈을 모두 가져다 관리자와 일꾼들에게 주었습니다."

18 사반은 또 왕에게 말했다. "제사장 힐기야가 저에게 책을 하나 주었습니다." 사반은 그 책을 왕에게 읽어 주었다.

19-21 왕은 그 책, 곧 하나님의 계시에 기록된 내용을 듣고, 크게 놀라며 자기 옷을 찢었다. 왕은 힐기야와 사반의 아들 아히감, 미가의 아들 압돈, 서기관 사반, 왕의 개인 보좌관 아사야를 불러 그들 모두에게 명령했다. "가서 나와 이스라엘과 유다에 남아 있는 백성을 위해 하나님께 기도하시오! 방금 발견한 이 책에 기록된 내용에 우리가 어떻게 반응해야 하는지 알아보시오! 하나님의 진노가 우리를 향해 불같이 타오르고 있는 것이 분명하오. 우리 조상은 이 하나님의 책에 기록된 말씀에 조금도 순종하지 않았고, 하나님께서 주신 지침을 하나도 따르지 않았소."

22-25 힐기야와 왕에게 뽑힌 사람들은 곧바로 여예언자 훌다를 찾아갔다. 훌다는 하스라의 손자요 독핫의 아들이요 왕궁 예복을 맡은 살룸의 아내로, 예루살렘 둘째 구역에 살고 있었다. 그들이 찾아가 그녀의 의견을 구했다. 훌다는 그들에게 이렇게 답했다. "하나님 이스라엘의 하나님의 말씀입니다. '너희를 이곳으로 보낸 사람에게 전하여라. "내가 이곳과 이 백성에게 심판의 재앙을 내릴 것이다. 유다 왕이 읽은 그 책에 기록된 모든 말씀이 그대로 이루어질 것이다. 그들이 나를 버리고 다른 신들을 가까이했고, 신상을 만들고 팔아 나를 더없이 노하게 했기 때문이다. 내 진노가 이곳을 향해 뜨겁게 타오르고 있으니, 아무도 그 불을 끌 수 없을 것이다."'

26-28 또 유다 왕이 하나님의 인도하심을 구했으니 왕께 전하십시오. 왕이 책에서 읽은 내

14-17 While the money that had been given for The Temple of GOD was being received and dispersed, Hilkiah the high priest found a copy of The Revelation of Moses. He reported to Shaphan the royal secretary, "I've just found the Book of GOD's Revelation, instructing us in GOD's way—found it in The Temple!" He gave it to Shaphan, who then gave it to the king. And along with the book, he gave this report: "The job is complete—everything you ordered done is done. They took all the money that was collected in The Temple of GOD and handed it over to the managers and workers."

18 And then Shaphan told the king, "Hilkiah the priest gave me a book." Shaphan proceeded to read it out to the king.

19-21 When the king heard what was written in the book, GOD's Revelation, he ripped his robes in dismay. And then he called for Hilkiah, Ahikam son of Shaphan, Abdon son of Micah, Shaphan the royal secretary, and Asaiah the king's personal aide. He ordered them all: "Go and pray to GOD for me and what's left of Israel and Judah. Find out what we must do in response to what is written in this book that has just been found! GOD's anger must be burning furiously against us—our ancestors haven't obeyed a thing written in this book of GOD, followed none of the instructions directed to us."

22-25 Hilkiah and those picked by the king went straight to Huldah the prophetess. She was the wife of Shallum son of Tokhath, the son of Hasrah, who was in charge of the palace wardrobe. She lived in Jerusalem in the Second Quarter. The men consulted with her. In response to them she said, "GOD's word, the God of Israel: Tell the man who sent you here, 'GOD has spoken, I'm on my way to bring the doom of judgment on this place and this people. Every word written in the book read by the king of Judah will happen. And why? Because they've deserted me and taken up with other gods; they've made me thoroughly angry by setting up their god-making businesses. My anger is raging white-hot against this place and nobody is going to put it out.'

26-28 "And also tell the king of Judah, since he sent you to ask GOD for direction, GOD's comment on what he read in the book: 'Because you took seriously the

용에 대한 하나님의 말씀입니다. '내가 이곳과 이 백성에게 심판의 재앙을 내리겠다고 한 말을 네가 진심으로 받아들이고 겸손하게 회개하며, 크게 놀라 옷을 찢고 내 앞에서 울었으니, 내가 너를 진심으로 대하겠다. 하나님의 말씀이다. 내가 너를 돌볼 것이다. 너는 평안히 죽어서 묻힐 것이다. 내가 이곳에 내릴 재앙을 너는 보지 못할 것이다.'"

그들이 훌다의 메시지를 가지고 왕에게 돌아갔다.

29-31 왕은 곧바로 행동에 나서, 유다와 예루살렘의 모든 장로를 소집한 다음, 모든 백성—가장 작은 자부터 가장 큰 자에 이르기까지 모든 제사장과 예언자와 백성—을 거느리고 하나님의 성전으로 나아왔다. 그리고 하나님의 성전에서 발견된 언약책에 기록된 내용을 모든 사람 앞에서 큰소리로 낭독했다. 왕은 그의 자리에 서서 하나님 앞에 엄숙히 맹세했다. 믿음과 순종으로 하나님을 따르고, 무엇을 믿고 행해야 할지 그분이 지시하신 대로 온 마음을 다해 따르며, 그 책에 기록된 모든 언약대로 살기로 굳게 맹세한 것이다.

32 그러고 나서 그는 모든 예루살렘과 베냐민 사람이 언약에 참여하게 했다. 그러자 그들은 왕의 명령을 따라 하나님 그들 조상의 하나님과의 언약을 온전히 지키기로 했다.

33 요시야는 이스라엘 땅에 두루 퍼져 있던 더러운 것들을 완전히 제거하고, 모든 사람이 새롭게 시작하여 그들의 하나님을 섬기고 예배하게 했다. 요시야가 살아 있는 동안, 백성은 곧고 좁은 길을 지키며, 하나님 그들 조상의 하나님께 순종했다.

35

1-4 요시야는 예루살렘에서 하나님께 유월절을 지켰다. 사람들은 첫째 달 십사일에 유월절 어린양을 잡았다. 그는 제사장들에게 상세한 지침을 주었고, 그들을 격려하여 하나님의 성전에서 예배를 인도하게 했다. 그는 또 이스라엘 백성에게 예배와 관련된 제반 사항을 가르치고 지도하는 일을 맡은 레위인들(*이 일을 위해 거룩하게 구별된 자들이었다*)에게 이렇게 말했다. "거룩한 궤를 이스라엘 왕 다윗의 아들 솔로몬이 지은 성전 안에 두시오. 당신들은 더 이상 그것을 어깨에 메고 다닐 필요가 없소! 하나님과 하나님의 백성 이스라엘을 섬기시오.

doom of judgment I spoke against this place and people, and because you responded in humble repentance, tearing your robe in dismay and weeping before me, I'm taking you seriously. GOD's word. I'll take care of you; you'll have a quiet death and be buried in peace. You won't be around to see the doom that I'm going to bring upon this place and people.'"

The men took her message back to the king.

29-31 The king acted immediately, assembling all the elders of Judah and Jerusalem, and then proceeding to The Temple of GOD bringing everyone in his train–priests and prophets and people ranging from the least to the greatest. Then he read out publicly everything written in the Book of the Covenant that was found in The Temple of GOD. The king stood by his pillar and before GOD solemnly committed himself to the covenant: to follow GOD believingly and obediently; to follow his instructions, heart and soul, on what to believe and do; to confirm with his life the entire covenant, all that was written in the book.

32 Then he made everyone in Jerusalem and Benjamin commit themselves. And they did it. They committed themselves to the covenant of God, the God of their ancestors.

33 Josiah did a thorough job of cleaning up the pollution that had spread throughout Israelite territory and got everyone started fresh again, serving and worshiping their GOD. All through Josiah's life the people kept to the straight and narrow, obediently following GOD, the God of their ancestors.

35

1-4 Josiah celebrated the Passover to GOD in Jerusalem. They killed the Passover lambs on the fourteenth day of the first month. He gave the priests detailed instructions and encouraged them in the work of leading worship in The Temple of GOD. He also told the Levites who were in charge of teaching and guiding Israel in all matters of worship (they were especially consecrated for this), "Place the sacred Chest in The Temple that Solomon son of David, the king of Israel, built.

당신 자신들을 가문별로 조직하고, 이스라엘 왕 다윗과 그 아들 솔로몬이 남긴 지침에 따라 각자 책임을 다하시오.
5-6 성소에 나가서 각자 자리를 잡되, 당신들의 동족인 일반 백성의 각 가문을 레위인 한 조가 맡아야 합니다. 당신들이 할 일은 유월절 어린 양을 잡는 것입니다. 당신들 자신을 정결하게 하고 어린양을 준비하여, 모든 사람이 하나님께서 모세를 통해 명령하신 대로 유월절을 지킬 수 있게 해야 하오."
7-9 요시야 왕이 자기 소유의 양과 어린양과 염소 삼만 마리, 황소 삼천 마리를 내놓음으로써, 유월절을 지키는 데 필요한 모든 것이 마련되었다. 그의 관리들도 제사장과 레위인을 비롯한 백성을 위해 나섰는데, 하나님의 성전 지도자들인 힐기야, 스가랴, 여히엘은 어린양 이천육백 마리, 황소 삼백 마리를 유월절 제물로 제사장들에게 내놓았다. 고나냐와 그의 동생 스마야와 느다넬은 레위인 지도자인 하사뱌, 여이엘, 요사밧과 함께, 어린양 오천 마리와 황소 오백 마리를 유월절 제물로 레위인들에게 내놓았다.
10-13 예배 준비가 모두 끝났다. 제사장들은 각자 자기 위치에 서고 레위인들도 왕의 지시대로 각자 맡은 자리로 갔다. 그들은 유월절 어린양을 잡았다. 제사장들이 어린양의 피를 뿌리는 동안, 레위인들은 가죽을 벗겼다. 이어서 그들은 번제물을 따로 챙겨 백성에게 가문별로 나누어 주어, 각 가문이 모세의 책에 나온 지침에 따라 하나님께 바칠 수 있게 했다. 소도 같은 방법으로 했다. 그들은 지침대로 유월절 어린양을 굽고, 거룩하게 구별된 제물들을 솥과 가마와 냄비에 삶아서 신속히 백성에게 대접했다.
14 백성이 거룩한 식사를 마친 다음, 레위인들은 자기들도 먹고 아론의 자손 제사장들에게도 대접했다. 제사장들은 밤늦게까지 제단에서 제사를 드리느라 몹시 분주했다.
15 아삽 찬양대들은 다윗, 아삽, 헤만, 왕의 선견자 여두둔의 지침에 따라 각자의 자리에 섰다. 각 문을 지키는 문지기들이 맡은 자리를 떠날 수 없었으므로, 레위인들은 그들에게도 음식을 대접했다.
16-19 그날 하나님을 예배하는 모든 일이 아무 문제없이 진행되었다. 그들은 유월절을 지키며 하나님의 제단에 번제를 드렸다. 모든 절차가 요시야의 명령대로 이루어졌다. 이스라엘 백성은

You don't have to carry it around on your shoulders any longer! Serve GOD and God's people Israel. Organize yourselves by families for your respective responsibilities, following the instructions left by David king of Israel and Solomon his son.
5-6 "Take your place in the sanctuary–a team of Levites for every grouping of your fellow citizens, the laity. Your job is to kill the Passover lambs, then consecrate yourselves and prepare the lambs so that everyone will be able to keep the Passover exactly as GOD commanded through Moses."
7-9 Josiah personally donated thirty thousand sheep, lambs, and goats and three thousand bulls–everything needed for the Passover celebration was there. His officials also pitched in on behalf of the people, including the priests and the Levites. Hilkiah, Zechariah, and Jehiel, leaders in The Temple of God, gave twenty-six hundred lambs and three hundred bulls to the priests for the Passover offerings. Conaniah, his brothers Shemaiah and Nethanel, along with the Levitical chiefs Hashabiah, Jeiel, and Jozabad, donated five thousand lambs and five hundred bulls to the Levites for the Passover offerings.
10-13 Preparations were complete for the service of worship; the priests took up their positions and the Levites were at their posts as instructed by the king. They killed the Passover lambs, and while the priests sprinkled the blood from the lambs, the Levites skinned them out. Then they set aside the Whole-Burnt-Offering for presentation to the family groupings of the people so that each group could offer it to GOD following the instructions in the Book of Moses. They did the same with the cattle. They roasted the Passover lamb according to the instructions and boiled the consecrated offerings in pots and kettles and pans and promptly served the people.
14 After the people had eaten the holy meal, the Levites served themselves and the Aaronite priests–the priests were busy late into the night making the offerings at the Altar.
15 The Asaph singers were all in their places following the instructions of David, Asaph, Heman, and Jeduthun the king's seer. The security guards were

무교절로도 알려진 유월절을 칠 일 동안 지켰다. 예언자 사무엘 시대 이후로 이처럼 유월절이 지켜진 적은 없었다. 어떤 왕도 유월절을 지키지 않았다. 그러나 요시야와 제사장과 레위인과, 그 주에 거기 모인 온 유다와 이스라엘 그리고 예루살렘 주민들은 유월절을 지켰다. 이렇게 유월절을 지킨 것은, 요시야 왕이 다스린 지 십팔 년이 되던 해의 일이었다.

[20] 요시야가 성전 개혁을 마치고 나서 얼마 후, 이집트의 느고 왕이 전쟁을 하려고 유프라테스 강가의 갈그미스를 향해 진군했다. 요시야는 그와 싸우러 나갔다.
[21] 느고는 요시야에게 전령을 보내 말했다. "유다 왕이여, 우리가 서로에게 무슨 반감이 있겠소? 나는 당신과 싸우러 온 게 아니라 지금 전쟁중인 나라를 치러 왔소. 하나님께서 내게 서두르라 명령하셨으니 내 앞을 가로막지 마시오. 공연히 나섰다가는 하나님만 방해하게 될 뿐이오. 하나님이 이번 일에는 내 편이시니 당신을 멸하실 것이오."
[22-23] 그러나 싸우고 싶어 못 견딘 요시야는 느고의 말을 전혀 듣지 않았다(사실 느고에게 말씀하신 분은 하나님이셨다). 그들이 므깃도 평원에서 마주쳤을 때 요시야 왕은 변장을 하고 있었지만, 적의 활 쏘는 자들이 그에게 화살을 쏘아 맞추었다.
왕이 부하들에게 말했다. "나를 여기서 데리고 나가라. 내가 중상을 입었다."
[24-25] 부하들은 그를 전차에서 끌어내 구급 전차에 뉘어 예루살렘으로 데려왔다. 그는 거기서 죽어 가족 묘지에 묻혔다. 유다와 예루살렘 모든 사람이 요시야의 장례식에 참석했고, 예레미야는 그를 위해 애가를 지었다. 오늘까지도 이스라엘 찬양대가 부르는 그 노래는 애가집에 기록되어 있다.
[26-1] 요시야의 나머지 역사, 하나님의 계시에 기록된 대로 살았던 그의 모범적이고 경건한 삶은 '이스라엘과 유다 왕 연대기'에 처음부터 끝까지 기록되어 있다. 백성의 지지를 받은 요시야의 아들 여호아하스가 아버지의 뒤를 이어 예루살렘에서 왕이 되었다.

on duty at each gate—the Levites also served them because they couldn't leave their posts.
[16-19] Everything went without a hitch in the worship of GOD that day as they celebrated the Passover and the offering of the Whole-Burnt-Offering on the Altar of GOD. It went just as Josiah had ordered. The Israelites celebrated the Passover, also known as the Feast of Unraised Bread, for seven days. The Passover hadn't been celebrated like this since the days of Samuel the prophet. None of the kings had done it. But Josiah, the priests, the Levites, all Judah and Israel who were there that week, plus the citizens of Jerusalem—*they* did it. In the eighteenth year of the rule of King Josiah, this Passover was celebrated.

[20] Some time later, after Josiah's reformation of The Temple, Neco king of Egypt marched out toward Carchemish on the Euphrates River on his way to war. Josiah went out to fight him.
[21] Neco sent messengers to Josiah saying, "What do we have against each other, O King of Judah? I haven't come to fight against you but against the country with whom I'm at war. God commanded me to hurry, so don't get in my way; you'll only interfere with God, who is on my side in this, and he'll destroy you."
[22-23] But Josiah was spoiling for a fight and wouldn't listen to a thing Neco said (in actuality it was God who said it). Though King Josiah disguised himself when they met on the plain of Megiddo, archers shot him anyway.
The king said to his servants, "Get me out of here—I'm badly wounded."
[24-25] So his servants took him out of his chariot and laid him down in an ambulance chariot and drove him back to Jerusalem. He died there and was buried in the family cemetery. Everybody in Judah and Jerusalem attended the funeral. Jeremiah composed an anthem of lament for Josiah. The anthem is still sung by the choirs of Israel to this day. The anthem is written in the Laments.
[26-1] The rest of the history of Josiah, his exemplary and devout life, conformed to The Revelation of GOD. The whole story, from start to finish, is written in the *Royal Annals of the Kings of Israel and Judah*. By popular

유다 왕 여호아하스

36 2-3 여호아하스는 왕이 되었을 때 스물세 살이었다. 그는 예루살렘에서 석 달 동안 다스렸다. 이집트 왕이 그를 왕위에서 물러나게 하고, 강제로 은 4톤가량과 금 34킬로그램을 바치게 했다.

유다 왕 여호야김

4 이어서 이집트 왕 느고는 여호아하스의 형제 엘리아김을 유다와 예루살렘의 왕으로 삼고, 그 이름을 여호야김으로 고쳤다. 그 후 여호아하스를 사로잡아 이집트로 돌아갔다.
5 여호야김은 왕이 되었을 때 스물다섯 살이었다. 그는 예루살렘에서 십일 년 동안 다스렸다. 하나님 보시기에 그는 악한 왕이었다.
6-7 바빌론 왕 느부갓네살이 전쟁을 일으켜 그를 청동사슬로 결박하고, 바빌론에 포로로 잡아갔다. 느부갓네살은 하나님의 성전 기구들도 가져가 바빌론의 자기 왕궁에 두었다.
8 여호야김의 나머지 역사, 그가 저지른 악한 신성모독과 그 결과로 당한 일은 '이스라엘과 유다 왕 연대기'에 모두 기록되어 있다. 그의 아들 여호야긴이 뒤를 이어 왕이 되었다.

유다 왕 여호야긴

9-10 여호야긴은 왕이 되었을 때 열여덟 살이었다. 그러나 그는 예루살렘에서 석 달 열흘밖에 다스리지 못했다. 하나님 보시기에 그는 악한 왕이었다. 그해 봄에 느부갓네살 왕이 하나님의 성전에 남아 있는 귀중품들과 함께 여호야긴을 바빌론으로 사로잡아 오도록 명령했다. 그 후 느부갓네살은 여호야긴의 삼촌 시드기야를 유다와 예루살렘의 꼭두각시 왕으로 세웠다.

유다 왕 시드기야

11-13 시드기야는 왕이 되었을 때 스물한 살이었다. 그는 예루살렘에서 십일 년 동안 다스렸다. 하나님 보시기에 시드기야 역시 악한 왕에 지나지 않았다. 예언자 예레미야가 그에게 하나님의 말씀을 전했을 때, 그는 조금도 뉘우치지 않았다. 오히려 느부갓네살 왕에게 반역하여 재난을 더 키웠다. 느부갓네살 왕은 일찍이 그에게 하나님의

choice, Jehoahaz son of Josiah was made king at Jerusalem, succeeding his father.

King Jehoahaz

36 2-3 Jehoahaz was twenty-three years old when he began to rule. He was king in Jerusalem for a mere three months. The king of Egypt dethroned him and forced the country to pay him nearly four tons of silver and seventy-five pounds of gold.

King Jehoiakim

4 Neco king of Egypt then made Eliakim, Jehoahaz's brother, king of Judah and Jerusalem, but changed his name to Jehoiakim; then he took Jehoahaz back with him to Egypt.
5 Jehoiakim was twenty-five years old when he began to rule; he was king for eleven years in Jerusalem. In GOD's opinion he was an evil king.
6-7 Nebuchadnezzar king of Babylon made war against him, and bound him in bronze chains, intending to take him prisoner to Babylon. Nebuchadnezzar also took things from The Temple of GOD to Babylon and put them in his royal palace.
8 The rest of the history of Jehoiakim, the outrageous sacrilege he committed and what happened to him as a consequence, is all written in the *Royal Annals of the Kings of Israel and Judah*.
Jehoiachin his son became the next king.

King Jehoiachin

9-10 Jehoiachin was eighteen years old when he became king. But he ruled for only three months and ten days in Jerusalem. In GOD's opinion he was an evil king. In the spring King Nebuchadnezzar ordered him brought to Babylon along with the valuables remaining in The Temple of GOD. Then he made his uncle Zedekiah a puppet king over Judah and Jerusalem.

King Zedekiah

11-13 Zedekiah was twenty-one years old when he started out as king. He was king in Jerusalem for eleven years. As far as GOD was concerned, he was just one more evil king; there wasn't a trace of contrition in him when the prophet Jeremiah preached GOD's word to him. Then he compounded his troubles by

이름으로 충성을 맹세하게 했다. 그러나 시드기야는 자신의 완고한 방식을 고집했다. 하나님 생각은 안중에도 없었고, 회개할 마음도 전혀 없었다.

14 그의 악한 사고방식은 지도자와 제사장들에게로 퍼졌고, 백성에게도 스며들었다. 악이 전염병처럼 퍼져 이방인들의 가증한 일들이 되풀이되었다. 이제 겨우 성결해진 예루살렘의 하나님의 성전이 다시 더럽혀지고 말았다.

15-17 하나님 그들 조상의 하나님께서는 거듭 경고의 말씀을 보내셨다. 백성과 성전을 긍휼히 여기시는 마음에서, 그분은 그들에게 최대한 기회를 주기 원하셨다. 그러나 그들은 들으려고 하지 않았다. 그들은 하나님의 전령들을 조롱하고, 말씀 자체를 멸시했으며, 예언자들을 바보 취급했다. 하나님의 진노가 거세어져, 마침내 상황은 돌이킬 수 없게 되었다. 하나님께서 바빌론 왕 느부갓네살을 불러들이셨고, 그는 와서 닥치는 대로 쳐죽였다. 그것도 성전 안에서 그렇게 했다. 인정사정없는 살육이었다. 젊은 남자와 처녀와 노약자를 가리지 않았다.

18-20 나아가 그는, 성전의 귀중품을 모조리 약탈하여 바빌론으로 가져갔다. 하나님의 성전 안에 있는 보물 보관소와 왕과 관리들의 보물 보관소를 모두 비우고 약탈해 갔다. 재물과 함께 사람들도 모두 바빌론으로 끌고 갔다. 그는 하나님의 성전을 불사르고, 예루살렘 성벽을 허물며, 모든 건물에 불을 질렀다. 그 안에 있던 각종 귀중품들이 모두 불에 타고 말았다. 생존자는 너 나 할 것 없이 바빌론에 포로로 잡혀가서 느부갓네살과 그 집안의 종이 되었다. 포로와 종의 생활은 페르시아 왕국이 세워질 때까지 계속되었다.

21 이것은 예레미야가 전한 하나님의 메시지 그대로 이루어진 것이다. 황폐한 땅은 긴 시간 안식에 들어갔다. 그동안 지켜지지 않았던 모든 안식일을 채우는 칠십 년 동안의 안식이었다.

페르시아 왕 고레스의 귀국 명령

22-23 페르시아 왕 고레스 일년에, 하나님께서는 *예레미야를 통해 주신 메시지를 이루시려고,* 페르시아 왕 고레스의 마음을 움직여 온 나라에 공포하게 하셨다. 그 내용은 이러하다. "페르시아 왕 고레스가 선포한다. 하나님 하늘의 하나님께서 내게 지상의 모든 나라를 주셨다.

rebelling against King Nebuchadnezzar, who earlier had made him swear in God's name that he would be loyal. He became set in his own stubborn ways–he never gave GOD a thought; repentance never entered his mind.

14 The evil mindset spread to the leaders and priests and filtered down to the people–it kicked off an epidemic of evil, repeating the abominations of the pagans and polluting The Temple of GOD so recently consecrated in Jerusalem.

15-17 GOD, the God of their ancestors, repeatedly sent warning messages to them. Out of compassion for both his people and his Temple he wanted to give them every chance possible. But they wouldn't listen; they poked fun at God's messengers, despised the message itself, and in general treated the prophets like idiots. GOD became more and more angry until there was no turning back–GOD called in Nebuchadnezzar king of Babylon, who came and killed indiscriminately–and right in The Temple itself; it was a ruthless massacre: young men and virgins, the elderly and weak–they were all the same to him.

18-20 And then he plundered The Temple of everything valuable, cleaned it out completely; he emptied the treasuries of The Temple of God, the treasuries of the king and his officials, and hauled it all, people and possessions, off to Babylon. He burned The Temple of God to the ground, knocked down the wall of Jerusalem, and set fire to all the buildings–everything valuable was burned up. Any survivor was taken prisoner into exile in Babylon and made a slave to Nebuchadnezzar and his family. The exile and slavery lasted until the kingdom of Persia took over.

21 This is exactly the message of GOD that Jeremiah had preached: the desolate land put to an extended sabbath rest, a seventy-year Sabbath rest making up for all the unkept Sabbaths.

King Cyrus

22-23 In the first year of Cyrus king of Persia–this fulfilled the message of GOD preached by Jeremiah–GOD moved Cyrus king of Persia to make an official announcement throughout his kingdom; he

또 내게 명령하여, 유다에 있는 예루살렘에 그 분을 예배할 성전을 짓게 하셨다. 하나님의 백성에 속한 사람들은 모두 돌아가라. 너희 하나님께서 너희와 함께하시기를 빈다! 자, 이제 나아가거라!"

wrote it out as follows: "From Cyrus king of Persia a proclamation: GOD, the God of the heavens, has given me all the kingdoms of the earth. He has also assigned me to build him a Temple of worship at Jerusalem in Judah. All who belong to GOD's people are urged to return—and may your GOD be with you! Move forward!"

에스라 | 머리말

역사는 이스라엘 백성에게 모질었고, 그들은 쇠락의 길로 접어들었다. 초강대국 바빌론 군대가 쳐들어와 그들의 성읍과 성전을 초토화시켰고, 그들을 포로로 끌고 갔다. 그로부터 128년이 지난 후, 예루살렘으로 돌아온 소수의 유대인들은 허물어진 것들을 다시 일으켜 세우기 위해 안간힘을 썼다. 그러나 그러한 노력은 아무런 성과가 없었고, 그들의 형편은 금방이라도 무너져 내릴 듯 위태로웠다. 바로 그때, 에스라가 등장한다.

이는 외양만 다를 뿐 어느 시대 어느 곳에서나 되풀이되는 익숙한 패턴의 이야기다. 이스라엘의 경우는 그 패턴의 극단적인 사례라 할 수 있다. 이스라엘과 메시아를 통해 자신을 계시하시는 하나님 안에서 정체성을 찾는 사람의 길은 순탄치 않다. 과거에도 그랬고, 앞으로도 그럴 것이다. 때로는 적대세력의 공격이, 때로는 교묘한 유혹이 끊임없이 그들의 정체성을 위협한다. 하나님의 백성은 노골적인 공격 또는 교활한 유혹을 받으며 역사 속에서 숱한 멸절의 위기를 겪었다. 우리는 그러한 위험에서 벗어나 본 적이 없다.

이스라엘은 에스라 덕분에 그 위험을 극복할 수 있었다. 그런데 하나님께서는 에스라가 그 일을 혼자 하도록 내버려 두지 않으셨다. 하나님께서는, 그분의 섭리로 에스라와 같은 일을 하고 있던 느헤미야라는 인물을 통해 에스라의 구원 사역을 실질적이고 결정적으로 도우셨다. (에스라 이야기의 중요한 세부사항은, 이 책에 이어지는 느헤미야의 회고록에 기록되어 있다.) 그로 인해 하나님 백성의 정체성이 회복되고 보존된 것이다. 에스라는 예배와 성경으로 이 일을 해냈다. 먼저 그는 사람들을 이끌어 하나님을 예배하게 했다. 예배는 사람이 할 수 있는 가장 전인적이고 포괄적인 행위이며, 예배 가운데 하나님의 선물인 우리의 정체성이 우리 안에 깊이 새겨지기 때문이다. 결국, 백성을 대표하는 한 사람이 에스라에게 다음과 같은 고백을 하기에 이른다. "지금 당장 우리 하나님과 언약을 맺고……계시에 명시되어 있으니 그대로 시행하겠습니다. 에스라여, 이제 일어나십시오. 우리가 뒤를 따를 테니 앞장

History had not treated the People of Israel well and they were in decline. A superpower military machine, Babylon, had battered them and then, leaving their city and temple a mound of rubble, hauled them off into exile. Now, 128 years later, a few Jews back in Jerusalem had been trying to put the pieces back together decade after weary decade. But it was not going well at all. They were hanging on by their fingernails. And then Ezra arrived.

This is an extreme case of a familiar story, repeated with variations in most centuries and in most places in the world. Men and women who find their basic identity in God, as God reveals himself in Israel and Messiah, don't find an easy time of it. They never have. They never will. Their identity is under constant challenge and threat—sometimes by hostile assault, at other times by subtle and smiling seductions. Whether by assault or seduction, the People of God have come perilously close to obliteration several times. We are never out of danger.

Because of Ezra, Israel made it through. God didn't leave Ezra to do this single-handedly; he gave him substantial and critical help in the rescue operation in the person of Nehemiah, whose work providentially converged with his. (Important details of the Ezra story are in the memoirs of Nehemiah, the book that follows this one.) The People-of-God identity was recovered and preserved. Ezra used Worship and Text to do it. Ezra engaged them in the worship of God, the most all-absorbing, comprehensive act in which men and women can engage. This is how our God-formed identities become most deeply embedded in us. A spokeman for the people encouraged Ezra: "Let's make a covenant right now our God...It's what The Revelation says, so let's do it. Now get up, Ezra. Take charge—we're behind you. Don't

서십시오. 물러나지 마십시오."(스 10:3-4). 또 한 에스라는 그들이 성경 말씀을 잘 듣고 거기에 순종하도록 인도했다. 무엇보다 하나님의 계시를 듣고 따를 때에야 비로소 우리 가운데 계시는 하나님께 지속적으로 주목하고 순종할 수 있기 때문이다.

에스라는 뚜렷한 족적을 남겼다. 예배와 성경은 이후 하나님 백성의 정체성을 회복하고 유지하게 하는 근간이 되었다.

back down"(Ezra 10:3-4). And Ezra led them into an obedient listening to the text of Scripture. Listening and following God's revelation are the primary ways in which we keep attentively obedient to the living presence of God among us.

Ezra made his mark: Worship and Text continue to be foundational for recovering and maintaining identity as the People of God.

에스라

페르시아 왕 고레스: 하나님의 성전을 지어라!

1 1-4 페르시아 왕 고레스 일년에, 하나님께서는 예레미야를 통해 주신 메시지를 이루시려고, 페르시아 왕 고레스를 일으켜 온 나라에 공포하게 하셨다. 그 내용은 이러하다.

페르시아 왕 고레스가 선포한다. 하나님 하늘의 하나님께서 내게 지상의 모든 나라를 주셨다. 또 내게 명령하여, 유다에 있는 예루살렘에 그분을 예배할 성전을 짓게 하셨다. 너희 가운데 그분의 백성에 속한 자들이 누구냐? 하나님께서 너희와 함께하시기를 빈다! 유다에 있는 예루살렘으로 돌아가, 하나님 이스라엘의 하나님, 예루살렘의 하나님의 성전을 지어라. 남아 있는 백성이 있거든, 거주지에 상관없이 예루살렘에 건축할 하나님의 성전에 바칠 은, 금, 연장, 짐 싣는 동물과 함께 자원 예물도 주어서 보내도록 하여라.

5-6 유다와 베냐민 가문의 우두머리와 제사장과 레위인들, 곧 하나님께서 일으키신 모든 사람이 하나님의 성전을 짓기 위해 예루살렘으로 함께 떠났다. 그들의 이웃은 저마다 은, 금, 연장, 짐 싣는 동물, 값비싼 선물에 더하여 자원 예물로 그들을 열심히 도왔다.

7-10 아울러 고레스 왕은 전에 느부갓네살이 예루살렘에 있는 하나님의 성전에서 가져와 자기 신들의 신전에 두었던 그릇과 도구들을 모두 그들에게 넘겨주었다. 페르시아 왕 고레스

EZRA

Cyrus King of Persia: "Build The Temple of GOD!"

1 1-4 In the first year of Cyrus king of Persia—this fulfilled the Message of GOD preached by Jeremiah—GOD prodded Cyrus king of Persia to make an official announcement throughout his kingdom. He wrote it out as follows:

From Cyrus king of Persia, a Proclamation: GOD, the God of the heavens, has given me all the kingdoms of the earth. He has also assigned me to build him a Temple of worship in Jerusalem, Judah. Who among you belongs to his people? God be with you! Go to Jerusalem which is in Judah and build The Temple of GOD, the God of Israel, Jerusalem's God. Those who stay behind, wherever they happen to live, will support them with silver, gold, tools, and pack animals, along with Freewill-Offerings for The Temple of God in Jerusalem.

5-6 The heads of the families of Judah and Benjamin, along with the priests and Levites—everyone, in fact, God prodded—set out to build The Temple of GOD in Jerusalem. Their neighbors rallied behind them enthusiastically with silver, gold, tools, pack animals, expensive gifts, and, over and above these, Freewill-Offerings.

7-10 Also, King Cyrus turned over to them all the vessels and utensils from The Temple of GOD that Nebuchadnezzar had hauled from Jerusalem and put in the temple of his gods. Cyrus king of Persia put

는 그 일을 재무관 미드르닷에게 맡겼다. 미드르닷은 유다 지도자 세스바살에게 물품을 모두 넘겼는데, 그 목록은 이러하다.

금접시 30개
은접시 1,000개
은냄비 29개
금대접 30개
버금가는 은대접 410개
그 밖의 그릇 1,000개.

11 모두 합하여 금그릇과 은그릇이 5,400개였다. 세스바살은 포로로 잡혀 바빌론에 있던 이들을 예루살렘으로 데리고 오면서 이 그릇들을 모두 가지고 왔다.

Mithredath the treasurer in charge of the transfer; he provided a full inventory for Sheshbazzar the prince of Judah, including the following:

30 gold dishes
1,000 silver dishes
29 silver pans
30 gold bowls
410 duplicate silver bowls
1,000 miscellaneous items.

11 All told, there were 5,400 gold and silver articles that Sheshbazzar took with him when he brought the exiles back from Babylon to Jerusalem.

2 1-58 바빌론 왕 느부갓네살에게 사로잡혀 포로생활하던 사람들 가운데 많은 이들이 고향 땅인 예루살렘과 유다로 돌아왔는데, 스룹바벨, 예수아, 느헤미야, 스라야, 르엘라야, 모르드개, 빌산, 미스발, 비그왜, 르훔, 바아나와 함께 왔다.

돌아온 이스라엘 백성의 출신 가문별 숫자는 이러하다.

바로스 자손 2,172명
스바댜 자손 372명
아라 자손 775명
바핫모압(예수아와 요압의 자손) 자손 2,812명
엘람 자손 1,254명
삿두 자손 945명
삭개 자손 760명
바니 자손 642명
브배 자손 623명
아스갓 자손 1,222명
아도니감 자손 666명
비그왜 자손 2,056명
아딘 자손 454명
아델(히스기야의 자손) 자손 98명
베새 자손 323명
요라 자손 112명
하숨 자손 223명
깁발 자손 95명.

2 1-58 These are the people from the province who now returned from the captivity, exiles whom Nebuchadnezzar king of Babylon had carried off captive. They returned to Jerusalem and Judah, each to his hometown. They came in company with Zerubbabel, Jeshua, Nehemiah, Seraiah, Reelaiah, Mordecai, Bilshan, Mispar, Bigvai, Rehum, and Baanah.

The numbers of the returning Israelites by families of origin were as follows:

Parosh, 2,172
Shephatiah, 372
Arah, 775
Pahath-Moab (sons of Jeshua and Joab), 2,812
Elam, 1,254
Zattu, 945
Zaccai, 760
Bani, 642
Bebai, 623
Azgad, 1,222
Adonikam, 666
Bigvai, 2,056
Adin, 454
Ater (sons of Hezekiah), 98
Bezai, 323
Jorah, 112
Hashum, 223
Gibbar, 95.

출신 지역별로 파악된 이스라엘 백성은 이러하다.

베들레헴 사람 123명
느도바 사람 56명
아나돗 사람 128명
아스마웻 사람 42명
기랴여아림과 그비라와 브에롯 사람 743명
라마와 게바 사람 621명
믹마스 사람 122명
베델과 아이 사람 223명
느보 사람 52명
막비스 사람 156명
엘람(다른 엘람) 사람 1,254명
하림 사람 320명
로드와 하딧과 오노 사람 725명
여리고 사람 345명
스나아 사람 3,630명.

제사장 가문은 이러하다.

여다야(예수아의 자손) 자손 973명
임멜 자손 1,052명
바스훌 자손 1,247명
하림 자손 1,017명.

레위 가문은 이러하다.

예수아와 갓미엘(호다위야의 자손) 자손 74명.

노래하는 사람은 이러하다.

아삽 자손 128명.

문지기 가문은 이러하다.

살룸 자손과 아델 자손과 달문 자손과 악굽 자손과 하디다 자손과 소배 자손이 모두 139명.

성전 봉사자 가문은 이러하다.

시하 자손과 하수바 자손과 답바옷 자손
게로스 자손과 시아하 자손과 바돈 자손
르바나 자손과 하가바 자손과 악굽 자손
하갑 자손과 살매 자손과 하난 자손
깃델 자손과 가할 자손과 르아야 자손
르신 자손과 느고다 자손과 갓삼 자손
웃사 자손과 바세아 자손과 베새 자손
아스나 자손과 므우님 자손과 느부심 자손
박북 자손과 하그바 자손과 할훌 자손
바슬룻 자손과 므히다 자손과 하르사 자손
바르고스 자손과 시스라 자손과 데마 자손
느시야 자손과 하디바 자손.

솔로몬의 신하들 가문은 이러하다.

소대 자손과 하소베렛 자손과 브루다 자손
야알라 자손과 다르곤 자손과 깃델 자손

Israelites identified by place of origin were as follows:

Bethlehem, 123
Netophah, 56
Anathoth, 128
Azmaveth, 42
Kiriath Jearim, Kephirah, and Beeroth, 743
Ramah and Geba, 621
Micmash, 122
Bethel and Ai, 223
Nebo, 52
Magbish, 156
Elam (the other one), 1,254
Harim, 320
Lod, Hadid, and Ono, 725
Jericho, 345
Senaah, 3,630.

Priestly families:

Jedaiah (sons of Jeshua), 973
Immer, 1,052
Pashhur, 1,247
Harim, 1,017.

Levitical families:

Jeshua and Kadmiel (sons of Hodaviah), 74.

Singers:

Asaph's family line, 128.

Security guard families:

Shallum, Ater, Talmon, Akkub, Hatita, and Shobai, 139.

Families of temple support staff:

Ziha, Hasupha, Tabbaoth,
Keros, Siaha, Padon,
Lebanah, Hagabah, Akkub,
Hagab, Shalmai, Hanan,
Giddel, Gahar, Reaiah,
Rezin, Nekoda, Gazzam,
Uzza, Paseah, Besai,
Asnah, Meunim, Nephussim,
Bakbuk, Hakupha, Harhur,
Bazluth, Mehida, Harsha,
Barkos, Sisera, Temah,
Neziah, and Hatipha.

Families of Solomon's servants:

Sotai, Hassophereth, Peruda,
Jaala, Darkon, Giddel,

스바댜 자손과 핫딜 자손과 보게렛하스바임 자손과 아미 자손.
성전 봉사자와 솔로몬의 신하들은 모두 392명이다.

59-60 델멜라, 델하르사, 그룹, 앗돈, 임멜에서 온 사람들도 있었는데, 이들은 조상이 밝혀지지 않아 이스라엘 백성인지 아닌지 알 수 없었다.

61 이들은 들라야 자손과 도비야 자손과 느고다 자손인데, 모두 652명이다.
제사장 가문 중에도 그런 사람들이 있었다.
이들은 호바야 자손과 학고스 자손과 바르실래 자손인데, 바르실래는 길르앗 사람 바르실래 가문의 딸과 결혼하여 그 이름을 취했다.

62-63 이들은 족보를 최대한 뒤졌지만 자신들의 이름을 찾지 못했고, 부정하게 여겨져 제사장직에서 제외되었다. 총독은 제사장이 우림과 둠밈을 가지고 그들의 신분을 판정할 때까지 거룩한 음식을 먹지 말라고 그들에게 명령했다.
64-67 회중의 수는 모두 42,360명이었다. 7,337명에 달하는 남녀 종은 그 수에 포함되지 않았다. 또 노래하는 사람이 남녀 200명이었고, 말 736마리, 노새 245마리, 낙타 435마리, 나귀가 6,720마리였다.

68-69 예루살렘에 있는 하나님의 성전에 도착하자, 각 가문의 우두머리 가운데 일부가 그 부지에 하나님의 성전을 재건하고자 자원 예물을 바쳤다. 그들은 힘닿는 대로 금 500킬로그램, 은 3톤, 제사장 예복 100벌을 건축 기금으로 바쳤다.
70 제사장과 레위인과 일부 백성은 예루살렘에 살았고, 노래하는 사람과 문지기와 성전 봉사자들은 저마다 고향에 터를 잡았다. 모든 이스라엘 백성이 살 곳을 찾았다.

성전 기초를 놓다

3 1-2 이스라엘 백성은 각자 성읍에 자리를 잡은 지 일곱째 달이 되었을 때에 일제히 예루살렘에 모였다. 요사닥의 아들 예수

Shephatiah, Hattil, Pokereth-Hazzebaim, and Ami.
Temple support staff and Solomon's servants added up to 392.

59-60 These are those who came from Tel Melah, Tel Harsha, Kerub, Addon, and Immer. They weren't able to prove their ancestry, whether they were true Israelites or not:

61 Delaiah, Tobiah, and Nekoda, 652 in all.
Likewise with these priestly families:
Hobaiah, Hakkoz, and Barzillai, who had married a daughter of Barzillai the Gileadite and took that name.

62-63 They had thoroughly searched for their family records but couldn't find them. And so they were barred from priestly work as ritually unclean. The governor ruled that they could not eat from the holy food until a priest could determine their status with the Urim and Thummim.
64-67 The total count for the congregation was 42,360. That did not include the male and female slaves, which numbered 7,337. There were also 200 male and female singers, and they had 736 horses, 245 mules, 435 camels, and 6,720 donkeys.

68-69 Some of the heads of families, on arriving at The Temple of GOD in Jerusalem, made Freewill-Offerings toward the rebuilding of The Temple of God on its site. They gave to the building fund as they were able, about 1,100 pounds of gold, about three tons of silver, and 100 priestly robes.
70 The priests, Levites, and some of the people lived in Jerusalem. The singers, security guards, and temple support staff found places in their hometowns. All the Israelites found a place to live.

The Building Begun: "The Foundation of the Temple Was Laid"

3 1-2 When the seventh month came and the Israelites had settled into their towns, the people assembled together in Jerusalem. Jeshua

아와 그의 형제 제사장들은 스알디엘의 아들 스룹바벨 및 그의 친족과 함께 하나님의 사람 모세의 계시에 기록된 대로 이스라엘의 하나님께 번제를 드리려고 제단을 만들었다.

3-5 그들은 이스라엘 백성이 아닌 이웃들이 어떻게 나올지 두려웠지만, 우선 일을 추진하여 옛 성전 기초 위에 제단을 세우고 아침저녁으로 그 위에 번제를 드렸다. 또 규정대로 초막절을 지키고, 매일의 규례대로 번제도 날마다 드렸다. 안식일과 초하루와 하나님의 거룩한 절기마다 번제를 드리고 하나님께 자원 예물도 바쳤다.

6 하나님의 성전 기초는 아직 놓지 않았지만, 그들은 일곱째 달 첫째 날부터 하나님께 번제를 드리기 시작했다.

7 그들은 돈을 주고 석공과 목수들을 고용했다. 또 페르시아 왕 고레스가 허가한 대로, 시돈 사람과 두로 사람에게 먹고 마실 것과 기름을 주고, 그들이 레바논에서 욥바까지 바닷길로 보낸 백향목 재목을 받았다.

8-9 예루살렘에 있는 하나님의 성전에 도착한 지 이 년 하고도 둘째 달에, 스알디엘의 아들 스룹바벨과 요사닥의 아들 예수아는 그들의 형제 제사장과 레위인과, 사로잡혀 갔다가 예루살렘에 돌아온 다른 모든 사람과 함께 성전 건축을 시작했다. 그들은 스무 살 이상 된 레위인들을 지명하여 하나님의 성전 재건을 감독하게 했다. 예수아와 그 일가족은 갓미엘, 빈누이, 호다위야, 헤나닷의 대가족과 한마음 한뜻이 되어—곧 모든 레위인들이—하나님의 성전 작업 일꾼들을 감독했다.

10-11 일꾼들이 하나님의 성전 기초를 놓자 예복을 입은 제사장들은 나팔을 들고, 아삽 자손 레위인들은 심벌즈를 들고, 이스라엘 왕 다윗의 전통에 따라 하나님을 찬양했다. 그들은 서로 번갈아 노래하며 하나님께 찬양과 감사를 드렸다.

> 진실로, 하나님은 선하십니다!
> 그렇습니다. 이스라엘에 대한 그분의 사랑은
> 끝이 없습니다!

11-13 하나님의 성전 기초를 놓고 나서, 온 백성이 큰소리로 환호하며 하나님을 찬양했다. 많

son of Jozadak and his brother priests, along with Zerubbabel, the son of Shealtiel, and his relatives, went to work and built the Altar of the God of Israel to offer Whole-Burnt-Offerings on it as written in The Revelation of Moses the man of God.

3-5 Even though they were afraid of what their non-Israelite neighbors might do, they went ahead anyway and set up the Altar on its foundations and offered Whole-Burnt-Offerings on it morning and evening. They also celebrated the Festival of Booths as prescribed and the daily Whole-Burnt-Offerings set for each day. And they presented the regular Whole-Burnt-Offerings for Sabbaths, New Moons, and GOD's Holy Festivals, as well as Freewill-Offerings for GOD.

6 They began offering Whole-Burnt-Offerings to GOD from the very first day of the seventh month, even though The Temple of GOD's foundation had not yet been laid.

7 They gave money to hire masons and carpenters. They gave food, drink, and oil to the Sidonians and Tyrians in exchange for the cedar lumber they had brought by sea from Lebanon to Joppa, a shipment authorized by Cyrus the king of Persia.

8-9 In the second month of the second year after their arrival at The Temple of God in Jerusalem, Zerubbabel son of Shealtiel, and Jeshua son of Jozadak, in company with their brother priests and Levites and everyone else who had come back to Jerusalem from captivity, got started. They appointed the Levites twenty years of age and older to direct the rebuilding of The Temple of GOD. Jeshua and his family joined Kadmiel, Binnui, and Hodaviah, along with the extended family of Henadad – all Levites – to direct the work crew on The Temple of God.

10-11 When the workers laid the foundation of The Temple of GOD, the priests in their robes stood up with trumpets, and the Levites, sons of Asaph, with cymbals, to praise GOD in the tradition of David king of Israel. They sang antiphonally praise and thanksgiving to GOD:

> Yes! GOD is good!
> Oh yes – he'll never quit loving Israel!

은 사람들이 즐거워할 때에, 첫 성전을 보았던 나이 많은 제사장과 레위인과 가문의 우두머리들은 기뻐서 소리내어 울었다. 함성과 울음소리를 분간할 수 없었다. 그들의 목소리가 사방으로 멀리까지 울려 퍼졌다.

성전 건축을 방해하는 사람들

4 1-2 포로들이 이스라엘 하나님의 성전을 건축하고 있다는 소식을 유다와 베냐민의 옛 원수들이 들었다. 그들은 스룹바벨과 각 가문의 우두머리들에게 와서 말했다. "우리도 당신들의 건축을 돕겠소. 우리도 당신들과 똑같이 당신들의 하나님을 예배하고 있소. 앗시리아 왕 에살핫돈이 이곳으로 우리를 데려온 뒤로 줄곧 그분께 제사를 드렸소."

3 스룹바벨과 예수아와 이스라엘 각 가문의 우두머리들이 그들에게 말했다. "그럴 수 없소. 우리 하나님의 성전을 건축하는 일은 당신들이 생각하는 성전 건축과는 차원이 다른 일이오. 이스라엘 하나님을 위해 성전을 짓는 것은 오로지 우리가 할 일이오. 페르시아 왕 고레스가 이 일을 위해 명령한 사람들은 바로 우리요."

4-5 그러자 그 사람들은 유다 백성의 사기를 떨어뜨리고 성전 건축을 방해하기 시작했다. 백성의 의지를 꺾기 위해 심지어 선전요원들까지 고용했다. 그들은 페르시아 왕 고레스의 재위 기간뿐 아니라 페르시아 왕 다리오가 다스리던 때까지 약 십오 년 동안 그러기를 계속했다.

6 아하수에로가 왕위에 오르자, 그들은 유다와 예루살렘에 사는 사람들을 고발하는 편지를 썼다.

7 그 후 아닥사스다 왕 때에도 비슬람, 미드르닷, 다브엘과 그들의 동료들이 페르시아 왕 아닥사스다에게 예루살렘 일로 편지를 썼다. 편지는 아람어로 쓴 뒤 번역했다. (다음은 아람어로 된 것이다.)

8-16 사령관 르훔과 서기관 심새는 아닥사스다 왕에게 다음과 같이 예루살렘을 고발하는 편지를 썼다.

사령관 르훔과 서기관 심새가 다른 동료들과 뜻을 합하여 아룁니다. 저희 동료들은 재판관과 관리들로서, 트리폴리스와 페르

11-13 All the people boomed out hurrahs, praising GOD as the foundation of The Temple of GOD was laid. As many were noisily shouting with joy, many of the older priests, Levites, and family heads who had seen the first Temple, when they saw the foundations of this Temple laid, wept loudly for joy. People couldn't distinguish the shouting from the weeping. The sound of their voices reverberated for miles around.

The Building Stopped: Cease Rebuilding in That City

4 1-2 Old enemies of Judah and Benjamin heard that the exiles were building The Temple of the GOD of Israel. They came to Zerubbabel and the family heads and said, "We'll help you build. We worship your God the same as you. We've been offering sacrifices to him since Esarhaddon king of Assyria brought us here."

3 Zerubbabel, Jeshua, and the rest of the family heads of Israel said to them, "Nothing doing. Building The Temple of our God is not the same thing to you as to us. We alone will build for the GOD of Israel. We're the ones King Cyrus of Persia commanded to do it."

4-5 So these people started beating down the morale of the people of Judah, harassing them as they built. They even hired propagandists to sap their resolve. They kept this up for about fifteen years, throughout the lifetime of Cyrus king of Persia and on into the reign of Darius king of Persia.

6 In fact, in the reign of Xerxes, at the beginning of his reign, they wrote an accusation against those living in Judah and Jerusalem.

7 Again later, in the time of Artaxerxes, Bishlam, Mithredath, Tabeel, and their associates wrote regarding the Jerusalem business to Artaxerxes king of Persia. The letter was written in Aramaic and translated. (What follows is written in Aramaic.)

8-16 Rehum the commanding officer and Shimshai the secretary wrote a letter against Jerusalem to Artaxerxes the king as follows:

From: Rehum the commanding officer and Shimshai the secretary, backed by the rest of their associates, the judges and officials over the people from Tripolis, Persia, Erech, and Babylon, Elamites of Susa, and all the others whom the great and

시아와 아렉과 바빌론에서 온 사람과 수사의 엘람 사람과 그 밖에 위대하고 존귀하신 오스납발께서 사마리아 성과 유프라테스 건너편 땅에 이주 정착시킨 모든 사람을 관할하고 있습니다.

(이것은 그들이 왕에게 보낸 편지의 사본이다.)

유프라테스 건너편 땅에서 종들이 아닥사스다 왕께 아뢥니다.

왕께서 다스리시는 곳에서 살다가 저희가 사는 이곳 예루살렘에 도착한 유대인들이, 반역을 일삼던 악한 성읍을 다시 세우기 시작했음을 왕께 아뢥니다. 그들은 기초를 다지고 성벽을 쌓아 올리는 공사로 분주합니다. 일단 이 성읍이 재건되고 성벽이 완공되면, 그들은 조공이나 조세나 세금을 더 이상 한 푼도 내지 않을 것입니다. 왕께서는 이 사실을 아셔야 합니다. 분명 왕의 국고에 손해를 끼칠 것입니다. 왕의 충복인 저희는 왕께서 모욕당하시는 것을 가만히 보고만 있을 수 없어 이렇게 전합니다. 선왕들의 궁중 실록을 살펴보면 아시겠지만, 이 성읍은 반역을 일삼던 성읍이요 여러 왕들과 지역에 눈엣가시였으며, 소요와 반역의 역사적 중심지입니다. 이 성읍이 망한 것도 그 때문입니다. 이 성읍이 재건되고 성벽이 복원되면, 유프라테스 건너편 땅에는 왕의 소유가 결국 아무것도 남지 않을 것임을 알려드립니다.

17-22 왕은 사령관 르훔과 서기관 심새 그리고 사마리아와 유프라테스 건너편 땅에 사는 그들의 동료들에게 답신을 보냈다.

너희의 평안을 빈다. 너희가 보낸 편지를 번역하여 내 앞에서 읽게 했다. 실록을 살펴보니, 과연 그 성읍은 여러 차례 왕들에게 반역한 것으로 드러났다. 그곳에서 반역은 흔한 일이다. 알아보니, 그 땅에도 과거에 강한 왕들이 제법 있어 유프라테스 건너편을 지배하며 조세와 조공과 세금을 거두었다. 그러니, 그들에게 명령을 내려 공사를 즉시 중단하게 하여라. 내 명령이 없는 한 그 성읍의 재건에 손도 대지 못하게 하

honorable Ashurbanipal deported and settled in the city of Samaria and other places in the land across the Euphrates.

(This is the copy of the letter they sent to him.)

To: King Artaxerxes from your servants from the land across the Euphrates.

We are here to inform the king that the Jews who came from you to us have arrived in Jerusalem and have set about rebuilding that rebellious and evil city. They are busy at work finishing the walls and rebuilding the foundations. The king needs to know that once that city is rebuilt and the wall completed they will no longer pay a penny of tribute, tax, or duty. The royal treasury will feel the loss. We're loyal to the king and cannot sit idly by while our king is being insulted—that's why we are passing this information on. We suggest that you look into the court records of your ancestors; you'll learn from those books that that city is a rebellious city, a thorn in the side to kings and provinces, a historic center of unrest and revolt. That's why the city was wiped out. We are letting the king know that if that city gets rebuilt and its walls restored, you'll end up with nothing in your province beyond the Euphrates.

17-22 The king sent his reply to Rehum the commanding officer, Shimshai the secretary, and the rest of their associates who lived in Samaria and other places beyond the Euphrates.

Peace be with you. The letter that you sent has been translated and read to me. I gave orders to search the records, and sure enough it turns out that this city has revolted against kings time and again—rebellion is an old story there. I find that they've had their share of strong kings who have taken over beyond the Euphrates and exacted taxes, tribute, and duty. So do this: Order these men to stop work immediately—not a lick of rebuilding in that city unless I order it. Act quickly and firmly; they've done enough damage to kings!

23 The letter of King Artaxerxes was read to Rehum

여라. 신속하고 단호하게 행동하여라. 그들이 입힌 해는 과거로 족하다!

23 르훔과 서기관 심새와 그들의 동료들은 아닥사스다 왕의 편지를 받아 읽었다. 그들은 한시도 지체하지 않고 예루살렘의 유대인들에게 달려가 공사를 중지시켰다.
24 이렇게 해서 예루살렘에 있는 하나님의 성전 공사가 중단되었다. 페르시아 왕 다리오 이년까지 그 상태로 있었다.

하나님의 성전을 재건하다

5 1-2 한편, 예언자 학개와 잇도의 아들 예언자 스가랴는 이스라엘을 다스리시는 하나님의 권위로 유다와 예루살렘의 유대인들에게 설교하기 시작했다. 스알디엘의 아들 스룹바벨과 요사닥의 아들 예수아는 예루살렘에 하나님의 성전을 재건하기 시작했다. 하나님의 예언자들이 바로 옆에서 그들을 도왔다.
3-4 당시 유프라테스 건너편 땅 총독은 닷드내였다. 닷드내와 스달보스내와 그들의 동료들이 이스라엘 백성에게 와서 말했다. "누가 당신들에게 이 성전을 다시 짓고 복원하여 사용하라는 허가를 내렸소?" 사람들은 그들에게 성전 건축 공사 책임자들의 이름을 말해 주었다.
5 그러나 하나님께서 유다의 지도자들에게서 눈길을 떼지 않으셨으므로, 보고서가 다리오에게 갔다가 공식 답변이 돌아오기까지 공사는 중단되지 않았다.

6-7 유프라테스 건너편 땅 총독 닷드내와 스달보스내와 그 땅을 관리하는 동료들이 다리오 왕에게 편지를 보냈다. 편지의 내용은 이러하다.

다리오 왕께 아룁니다. 평안하시기를 빕니다!

8 저희가 유다 지방에서 큰 돌들로 재건되고 있는, 크신 하나님의 성전에 갔던 일을 왕께 보고하고자 합니다. 그들은 지금 성벽에 재목을 끼워 맞추고 있습니다. 공사는 활기차고 빈틈없이 잘 진행되고 있습니다.
9-10 저희는 지도자들에게 "누가 당신들에게 이 성전을 다시 짓고 복원하여 사용하라는 허가를 내렸소?" 하고 물었습니다. 또 건축 공사를 주도하는 자들을 파악하여 왕께 전하고자

and Shimshai the secretary and their associates. They lost no time. They went to the Jews in Jerusalem and made them quit work.
24 That put a stop to the work on The Temple of God in Jerusalem. Nothing more was done until the second year of the reign of Darius king of Persia.

The Building Resumed: "Help the Leaders in the Rebuilding"

5 1-2 Meanwhile the prophets Haggai and Zechariah son of Iddo were preaching to the Jews in Judah and Jerusalem in the authority of the God of Israel who ruled them. And so Zerubbabel son of Shealtiel and Jeshua son of Jozadak started again, rebuilding The Temple of God in Jerusalem. The prophets of God were right there helping them.
3-4 Tattenai was governor of the land beyond the Euphrates at this time. Tattenai, Shethar-Bozenai, and their associates came to the Israelites and asked, "Who issued you a permit to rebuild this Temple and restore it to use?" Then we told them the names of the men responsible for this construction work.
5 But God had his eye on the leaders of the Jews, and the work wasn't stopped until a report could reach Darius and an official reply be returned.

6-7 Tattenai, governor of the land beyond the Euphrates, and Shethar-Bozenai and his associates—the officials of that land—sent a letter to Darius the king. This is what they wrote to him:

To Darius the king. Peace and blessing!

8 We want to report to the king that we went to the province of Judah, to The Temple of the great God that is being rebuilt with large stones. Timbers are being fitted into the walls; the work is going on with great energy and in good time.
9-10 We asked the leaders, "Who issued you the permit to rebuild this Temple and restore it to use?" We also asked for their names so we could pass them on to you and have a record of the men at the head of the construction work.

그들의 이름을 물었습니다.

11-12 그들은 저희에게 이렇게 대답했습니다. "우리는 하늘과 땅을 주관하시는 하나님의 종들입니다. 우리는 오래전에 지어졌던 성전을 다시 짓는 중입니다. 사실 이 성전은 이스라엘의 어떤 큰 왕께서 완공했던 것입니다. 그러나 우리 조상들이 하늘의 하나님을 진노케 하여 하나님께서 그들을 갈대아 사람 바빌론 왕 느부갓네살에게 넘기셨고, 그 왕은 이 성전을 무너뜨리고 백성을 사로잡아 바빌론으로 끌고 갔습니다.

13-16 하지만 고레스 왕께서 바빌론 왕이 되시던 첫해에, 이 하나님의 성전을 다시 지으라는 건축 허가를 내리셨습니다. 그뿐 아니라, 전에 느부갓네살 왕이 옮겨다 바빌론 신전에 두었던 하나님의 성전의 금은 그릇들도 돌려주셨습니다. 고레스 왕께서는 그것들을 바빌론 신전에서 꺼내어 왕이 총독으로 임명한 세스바살에게 넘기셨습니다. 왕께서는 그에게 '이 그릇들을 가져다 예루살렘 성전 안에 두고, 그 본래 터에 하나님의 성전을 다시 세우라'고 하셨습니다. 세스바살은 그대로 행했습니다. 그는 예루살렘에 하나님의 성전 기초를 놓았습니다. 그 후로 지금까지 공사를 진행하고 있지만 아직 끝내지 못했습니다."

17 그러니, 괜찮으시다면 왕께서 바빌론 왕궁 문서실의 기록을 살펴보시고, 고레스 왕께서 예루살렘에 하나님의 성전 재건을 승인하는 공식 건축 허가를 내리신 것이 과연 사실인지 확인해 보시는 것이 좋겠습니다. 그 후에, 이 일을 어떻게 하면 좋을지 왕께서 판결을 내려주시기 바랍니다.

6 1-3 그래서 다리오 왕은 바빌론 문서실의 기록을 살펴보도록 명령했다. 마침내 메대 지방의 엑바타나 요새에서 두루마리 하나가 나왔는데, 거기에 이렇게 기록되어 있었다.

회람

고레스 왕 일년에, 왕께서 예루살렘에 있는 하나님의 성전에 관하여 다음과 같은 공식 칙령을 내리시다.

11-12 This is what they told us: "We are servants of the God of the heavens and the earth. We are rebuilding The Temple that was built a long time ago. A great king of Israel built it, the entire structure. But our ancestors made the God of the heavens really angry and he turned them over to Nebuchadnezzar, king of Babylon, the Chaldean, who knocked this Temple down and took the people to Babylon in exile.

13-16 "But when Cyrus became king of Babylon, in his first year he issued a building permit to rebuild this Temple of God. He also gave back the gold and silver vessels of The Temple of God that Nebuchadnezzar had carted off and put in the Babylon temple. Cyrus the king removed them from the temple of Babylon and turned them over to Sheshbazzar, the man he had appointed governor. He told him, 'Take these vessels and place them in The Temple of Jerusalem and rebuild The Temple of God on its original site.' And Sheshbazzar did it. He laid the foundation of The Temple of God in Jerusalem. It has been under construction ever since but it is not yet finished."

17 So now, if it please the king, look up the records in the royal archives in Babylon and see if it is indeed a fact that Cyrus the king issued an official building permit authorizing the rebuilding of The Temple of God in Jerusalem. And then send the king's ruling on this matter to us.

6 1-3 So King Darius ordered a search through the records in the archives in Babylon. Eventually a scroll was turned up in the fortress of Ecbatana over in the province of Media, with this writing on it:

Memorandum

In his first year as king, Cyrus issued an official decree regarding The Temple of God in Jerusalem, as follows:

3-5 The Temple where sacrifices are offered is to

[3-5] 제물을 바치는 곳인 그 성전을 새 기초 위에 다시 세우도록 한다. 높이 27미터, 너비 27미터로 하여 큰 돌들로 세 층을 쌓고 맨 위에 목재를 한 층 얹되, 그 비용은 왕실 금고에서 지불하도록 하라. 전에 느부갓네살이 하나님의 성전에서 바빌론으로 가져온 금그릇과 은그릇은 예루살렘 성전으로 돌려보내되, 각각 하나님의 성전 안 본래 있던 자리에 두도록 하라.

다리오 왕의 명령

[6-7] 이제 유프라테스 건너편 땅 총독 닷드내와 스달보스내와 동료 관리와 그 땅 모든 관리들은 들어라. 너희는 그들의 성전 짓는 일을 막지 마라. 유대인 총독과 지도자들을 방해하지 말고 하나님의 성전을 건축하여 다시 세울 수 있게 하여라.

[8-10] 이에 나는, 하나님의 성전을 재건하는 유대인 지도자들을 너희가 어떻게 도와야 할지에 관하여 공식 명령을 내린다.

첫째, 모든 건축 비용은 왕실 금고에서, 곧 유프라테스 건너편 땅에서 들어오는 세금으로 충당하되, 지체하지 말고 제때에 지불하도록 하여라.

둘째, 그들의 예배에 필요한 것이면 무엇이든 주어라. 곧 하늘의 하나님께 번제 드리는 데 쓸 수송아지, 숫양, 어린양, 그리고 예루살렘 제사장들이 요구한 밀, 소금, 포도주, 기름을 지체 없이 날마다 공급하여, 그들이 하늘의 하나님께 제사를 드리고 왕과 왕자들의 생명을 위하여 기도하게 하여라.

[11-12] 내가 공식 칙령을 내리노니, 누구든지 이 명령을 어기는 자는 그의 집에서 들보를 빼내어 거기에 매달고, 그의 집을 두엄자리로 삼도록 하여라. 또 누구든지 이 칙령을 무시하고 예루살렘에 있는 하나님의 성전을 허물면, 그곳에 자기 이름을 두신 하나님이 그 나라의 왕이나 백성을 멸하실 것이다.

나 다리오가 내리는 공식 칙령이니, 신속 정확하게 시행하도록 하여라.

[13] 유프라테스 건너편 땅 총독 닷드내와 스달보스내와 그들의 동료들은 다리오의 칙령에 기록된 대로 신속 정확하게 시행했다.

be rebuilt on new foundations. It is to be ninety feet high and ninety feet wide with three courses of large stones topped with one course of timber. The cost is to be paid from the royal bank. The gold and silver vessels from The Temple of God that Nebuchadnezzar carried to Babylon are to be returned to The Temple at Jerusalem, each to its proper place; place them in The Temple of God.

[6-7] Now listen, Tattenai governor of the land beyond the Euphrates, Shethar-Bozenai, associates, and all officials of that land: Stay out of their way. Leave the governor and leaders of the Jews alone so they can work on that Temple of God as they rebuild it.

[8-10] I hereby give official orders on how you are to help the leaders of the Jews in the rebuilding of that Temple of God:

1. All construction costs are to be paid to these men from the royal bank out of the taxes coming in from the land beyond the Euphrates. And pay them on time, without delays.

2. Whatever is required for their worship—young bulls, rams, and lambs for Whole-Burnt-Offerings to the God-of-Heaven; and whatever wheat, salt, wine, and anointing oil the priests of Jerusalem request—is to be given to them daily without delay so that they may make sacrifices to the God-of-Heaven and pray for the life of the king and his sons.

[11-12] I've issued an official decree that anyone who violates this order is to be impaled on a timber torn out of his own house, and the house itself made a manure pit. And may the God who put his Name on that place wipe out any king or people who dares to defy this decree and destroy The Temple of God at Jerusalem.

I, Darius, have issued an official decree. Carry it out precisely and promptly.

[13] Tattenai governor of the land across the Euphrates, Shethar-Bozenai, and their associates did it: They carried out the decree of Darius precisely and promptly.

성전 봉헌식을 거행하다

14-15 그리하여 유대인의 지도자들은 성전 건축을 계속했다. 공사는 예언자 학개와 잇도의 아들 예언자 스가랴의 설교에 힘입어 순조롭게 진행되었다. 그들은 이스라엘 하나님의 명령과 페르시아 왕 고레스와 다리오와 아닥사스다의 허가에 따라 성전 재건을 마쳤다. 성전은 다리오 왕 육년 아달월 삼일에 완공되었다.

16-18 그러고 나서 이스라엘 백성은 축하행사를 벌였다. 제사장과 레위인과 사로잡혀 갔다가 돌아온 사람들이 하나같이 기뻐하며 하나님의 성전 봉헌식을 거행했다. 그들은 황소 백 마리, 숫양 이백 마리, 어린양 사백 마리를 제물로 바쳤다. 또 온 이스라엘을 위한 속죄 제물로 숫염소 열두 마리를 바쳤는데, 이스라엘 열두 지파에 각각 한 마리씩이었다. 그들은 제사장을 분과별로, 레위인을 무리별로 배치하여 예루살렘에서 하나님을 섬기게 했는데, 모두 모세의 책에 기록된 그대로였다.

19 바빌론에 사로잡혀 갔다가 돌아온 사람들은 첫째 달 십사일에 유월절을 지켰다.
20 모든 제사장과 레위인은 정결예식을 치렀다. 누구도 예외가 없었다. 그 의식으로 그들 모두 깨끗해졌다. 레위인들은 사로잡혀 갔다가 돌아온 사람과 형제 제사장과 자신들을 위해 유월절 양을 잡았다.
21-22 그러고 나서, 사로잡혀 갔다가 돌아온 이스라엘 백성이 유월절 음식을 먹었다. 다른 민족의 더러운 것들을 떠나서 그들과 합류하여 하나님 이스라엘의 하나님을 찾게 된 모든 사람도 함께했다. 그들은 크게 기뻐하며 칠 일 동안 무교절을 지켰다. 하나님께서 앗시리아 왕의 마음을 바꾸시고 하나님 이스라엘의 하나님의 성전을 다시 짓는 일을 지원하게 하셨으므로, 그들은 말할 수 없이 기뻤다.

에스라의 등장

7 1-5 이 모든 일이 있은 뒤에, 에스라가 등장한다. 때는 페르시아 왕 아닥사스다가 다스리던 시절이었다. 에스라는 대제사장 아론의 십육대손이요 엘르아살의 십오대손이요 비느하스의 십사대손이요 아비수아의 십삼대손이

The Building Completed: "Exuberantly Celebrated the Dedication"

14-15 So the leaders of the Jews continued to build; the work went well under the preaching of the prophets Haggai and Zechariah son of Iddo. They completed the rebuilding under orders of the God of Israel and authorization by Cyrus, Darius, and Artaxerxes, kings of Persia. The Temple was completed on the third day of the month Adar in the sixth year of the reign of King Darius.

16-18 And then the Israelites celebrated—priests, Levites, every last exile, exuberantly celebrated the dedication of The Temple of God. At the dedication of this Temple of God they sacrificed a hundred bulls, two hundred rams, and four hundred lambs—and, as an Absolution-Offering for all Israel, twelve he-goats, one for each of the twelve tribes of Israel. They placed the priests in their divisions and the Levites in their places for the service of God at Jerusalem—all as written out in the Book of Moses.

19 On the fourteenth day of the first month, the exiles celebrated the Passover.
20 All the priests and Levites had purified themselves—all, no exceptions. They were all ritually clean. The Levites slaughtered the Passover lamb for the exiles, their brother priests, and themselves.
21-22 Then the Israelites who had returned from exile, along with everyone who had removed themselves from the defilements of the nations to join them and seek GOD, the God of Israel, ate the Passover. With great joy they celebrated the Feast of Unraised Bread for seven days. GOD had plunged them into a sea of joy; he had changed the mind of the king of Assyria to back them in rebuilding The Temple of God, the God of Israel.

Ezra Arrives

7 1-5 After all this, Ezra. It was during the reign of Artaxerxes king of Persia. Ezra was the son of Seraiah, son of Azariah, son of Hilkiah, son of Shallum, son of Zadok, son of Ahitub, son

요 북기의 십이대손이요 웃시엘의 십일대손이요 스라히야의 십대손이요 므라욧의 구대손이요 아사랴의 팔대손이요 아마랴의 칠대손이요 아히둡의 육대손이요 사독의 오대손이요 살룸의 현손이요 힐기야의 증손이요 아사랴의 손자요 스라야의 아들이었다.

6-7 에스라가 바빌론에서 돌아왔는데, 그는 이스라엘의 하나님께서 주신 모세의 계시에 통달한 학자였다. 하나님의 손이 에스라 위에 머물렀으므로, 왕은 그가 요청하는 것은 무엇이든 다 주었다. 일부 이스라엘 백성, 곧 제사장과 레위인과 노래하는 사람과 성전 문지기와 성전 일꾼들이 그와 함께 예루살렘으로 왔다. 아닥사스다 왕 칠년의 일이었다.

8-10 그들이 예루살렘에 도착한 시기는 왕이 다스린 지 칠 년이 되던 해 다섯째 달이었다. 에스라는 예정대로 첫째 달 첫째 날에 바빌론을 떠났고, 하나님의 은혜로우신 인도에 힘입어 다섯째 달 첫째 날에 예루살렘에 도착했다. 에스라는 하나님의 계시를 연구하고, 거기에 순종하여 살며, 이스라엘 사람들에게 그 진리와 규례를 가르치는 일에 헌신했다.

11 다음은 아닥사스다 왕이 제사장이자 학자이며 이스라엘을 향한 하나님의 진리와 규례의 전문가인 에스라에게 보낸 편지다.

12-20 왕 중의 왕 아닥사스다는 하늘의 하나님의 가르침에 밝은 학자이자 제사장인 에스라에게 이른다.

평안을 빌며, 칙령을 내린다. 제사장과 레위인들을 포함하여 내 나라에 살고 있는 이스라엘 백성 중에서 예루살렘으로 가기 원하는 사람은 누구나 그대와 함께 가도 좋다. 나와 내 일곱 보좌관이 그대를 보내니, 그대는 그대의 하나님의 가르침에 비추어 유다와 예루살렘의 상황이 어떠한지 조사하여라. 또한 그대에게 권한을 주니, 나와 내 보좌관들이 예루살렘에 거하시는 이스라엘의 하나님께 드리는 은과 금을 *가져가라*. 아울러 백성과 제사장들이 바친 예물과 예루살렘의 하나님 성전을 위해 바빌론 전역에서 넉넉하게 바친 예물들이 있으니, 그 은과 금도 모두 가져가라. 그 돈으로 황소, 숫양, 어린양, 곡식 제물

of Amariah, son of Azariah, son of Meraioth, son of Zerahiah, son of Uzzi, son of Bukki, son of Abishua, son of Phinehas, son of Eleazar, son of Aaron the high priest.

6-7 That's Ezra. He arrived from Babylon, a scholar well-practiced in the Revelation of Moses that the GOD of Israel had given. Because GOD's hand was on Ezra, the king gave him everything he asked for. Some of the Israelites—priests, Levites, singers, temple security guards, and temple slaves—went with him to Jerusalem. It was in the seventh year of Artaxerxes the king.

8-10 They arrived at Jerusalem in the fifth month of the seventh year of the king's reign. Ezra had scheduled their departure from Babylon on the first day of the first month; they arrived in Jerusalem on the first day of the fifth month under the generous guidance of his God. Ezra had committed himself to studying the Revelation of GOD, to living it, and to teaching Israel to live its truths and ways.

11 What follows is the letter that King Artaxerxes gave Ezra, priest and scholar, expert in matters involving the truths and ways of GOD concerning Israel:

12-20 Artaxerxes, King of Kings, to Ezra the priest, a scholar of the Teaching of the God-of-Heaven.

Peace. I hereby decree that any of the people of Israel living in my kingdom who want to go to Jerusalem, including their priests and Levites, may go with you. You are being sent by the king and his seven advisors to carry out an investigation of Judah and Jerusalem in relation to the Teaching of your God that you are carrying with you. You are also authorized to take the silver and gold that the king and his advisors are giving for the God of Israel, whose residence is in Jerusalem, along with all the silver and gold that has been collected from the generously donated offerings all over Babylon, including that from the people and the priests, for The Temple of their God in Jerusalem. Use this money carefully to buy bulls, rams, lambs, and the ingredients for

과 부어 드리는 제물을 사서 예루살렘에 있
는 그대의 하나님의 성전 제단에 바쳐라. 남
는 은과 금은 그대가 섬기는 하나님의 뜻에
맞게 그대와 그대 형제들이 판단하여 자유롭
게 쓰면 된다. 그대에게 준 그릇들은 예루살
렘의 하나님께 바쳐 성전 예배에 쓰게 하여
라. 그 밖에 무엇이든 하나님의 성전에 필요
한 것이 있거든, 왕실 금고에서 충당하도록
하여라.

21-23 나 아닥사스다 왕은 유프라테스 건너편
땅의 모든 재무관들에게 이미 공식 명령을
내린다. 하늘의 하나님의 가르침에 밝은 학
자이자 제사장인 에스라가 무엇을 구하든 최
대한으로 주되, 은 3.75톤, 밀 22킬로리터,
포도주와 올리브기름 각각 2.2킬로리터까지
주도록 하여라. 소금은 제한 없이 주어라. 하
늘의 하나님께서 그분의 성전을 위해 요구하
시는 것이면 무엇이든 주저 없이 바쳐야 한
다. 나와 내 자손이 그분의 진노를 초래할 까
닭이 무엇이냐?

24 또한 제사장, 레위인, 노래하는 사람, 성전
문지기, 성전 일꾼, 그 밖에 하나님의 성전과
관계된 일꾼에게는 그 누구도 조공이나 조세
나 세금을 부과할 수 없음을 밝힌다.

25 내가 그대 에스라에게 위임하니, 그대 손
에 있는 하나님의 지혜를 펼쳐 행정관과 재
판관들을 임명하고 그대의 하나님의 가르침
대로 사는 유프라테스 건너편 땅의 모든 백
성 사이에서 재판을 맡아 보게 하여라. 그 가
르침을 모르는 사람들은 그대들이 가르쳐라.

26 누구든지 그대의 하나님의 가르침과 왕
의 명령에 순종하지 않는 자는 즉시 재판하
여 사형, 유배, 벌금, 투옥 등으로 엄히 다
스려라.

27-28 왕에게 예루살렘에 있는 하나님의 성전
을 영화롭게 할 마음을 주신 하나님 우리 조상
의 하나님을 찬양하여라! 그분은 왕과 모든 보
좌관과 영향력 있는 관리들이 진정 나를 좋아
하고 지원하게 만드셨다. 하나님께서 내 편이
시고 나는 떠날 채비를 마쳤다. 그리하여 나와
함께 갈 이스라엘 지도자들도 모두 조직했다.

Grain-Offerings and Drink-Offerings and then
offer them on the Altar of The Temple of your
God in Jerusalem. You are free to use whatever is
left over from the silver and gold for what you and
your brothers decide is in keeping with the will
of your God. Deliver to the God of Jerusalem the
vessels given to you for the services of worship in
The Temple of your God. Whatever else you need
for The Temple of your God you may pay for out
of the royal bank.

21-23 I, Artaxerxes the king, have formally autho-
rized and ordered all the treasurers of the land
across the Euphrates to give Ezra the priest, schol-
ar of the Teaching of the God-of-Heaven, the full
amount of whatever he asks for up to 100 talents
of silver, 650 bushels of wheat, and 607 gallons
each of wine and olive oil. There is no limit on
the salt. Everything the God-of-Heaven requires
for The Temple of God must be given without
hesitation. Why would the king and his sons risk
stirring up his wrath?

24 Also, let it be clear that no one is permitted to
impose tribute, tax, or duty on any priest, Levite,
singer, temple security guard, temple servant, or
any other worker connected with The Temple of
God.

25 I authorize you, Ezra, exercising the wisdom
of God that you have in your hands, to appoint
magistrates and judges so they can administer
justice among all the people of the land across the
Euphrates who live by the Teaching of your God.
Anyone who does not know the Teaching, you
teach them.

26 Anyone who does not obey the Teaching of your
God and the king must be tried and sentenced at
once—death, banishment, a fine, prison, whatever.

Ezra: "I Was Ready to Go"

27-28 Blessed be GOD, the God-of-Our-Fathers, who
put it in the mind of the king to beautify The Temple
of GOD in Jerusalem! Not only that, he caused the
king and all his advisors and influential officials
actually to like me and back me. My God was on my
side and I was ready to go. And I organized all the
leaders of Israel to go with me.

에스라와 함께 돌아온 백성들

8 1-14 아닥사스다 왕이 다스릴 때에 바빌론에서 나와 함께 떠나기로 하고 등록한 사람과 각 가문의 우두머리들은 이러하다.

비느하스 가문에서 게르솜
이다말 가문에서 다니엘
다윗 가문에서 핫두스
스가냐 가문
바로스 가문에서 스가랴와 그와 함께 지원한 남자 150명
바핫모압 가문에서 스라히야의 아들 엘여호에내와 그와 함께 지원한 남자 200명
삿두 가문에서 야하시엘의 아들 스가냐와 그와 함께 지원한 남자 300명
아딘 가문에서 요나단의 아들 에벳과 그와 함께 지원한 남자 50명
엘람 가문에서 아달리야의 아들 여사야와 그와 함께 지원한 남자 70명
스바댜 가문에서 미가엘의 아들 스바댜와 그와 함께 지원한 남자 80명
요압 가문에서 여히엘의 아들 오바댜와 그와 함께 지원한 남자 218명
바니 가문에서 요시뱌의 아들 슬로밋과 그와 함께 지원한 남자 160명
베배 가문에서 베배의 아들 스가랴와 그와 함께 지원한 남자 28명
아스갓 가문에서 학가단의 아들 요하난과 그와 함께 지원한 남자 110명
아도니감 가문에서 (남은 자들 모두의) 이름은 엘리벨렛과 여우엘과 스마야와 그와 함께 지원한 남자 60명
비그왜 가문에서 우대와 삭굴과 그와 함께 지원한 남자 70명.

15-17 나는 아하와로 흐르는 운하에 그들을 불러 모았다. 사흘 동안 거기에 머물면서 그들을 조사해 보니, 모두 일반 백성과 제사장들이고 레위인은 하나도 없었다. 그래서 나는 사람을 보내어 지도자인 엘리에셀, 아리엘, 스마야, 엘라단, 야립, 엘라단, 나단, 스가랴, 므술람과 교사인 요야립, 엘라단을 불러왔다. 그리고 그들을 가시뱌 지방의 지도자 잇도에게 보내며, 그와 그의 친족들에게 전할 말을 일러 주었다. "우리에게 하나님의 성전에서 섬길 사람을 보내 주시오."

8 1-14 These are the family heads and those who signed up to go up with me from Babylon in the reign of Artaxerxes the king:

From the family of Phinehas: Gershom
Family of Ithamar: Daniel
Family of David: Hattush
Family of Shecaniah
Family of Parosh: Zechariah, and with him 150 men signed up
Family of Pahath-Moab: Eliehoenai son of Zerahiah, and 200 men
Family of Zattu: Shecaniah son of Jahaziel, and 300 men
Family of Adin: Ebed son of Jonathan, and 50 men
Family of Elam: Jeshaiah son of Athaliah, and 70 men
Family of Shephatiah: Zebadiah son of Michael, and 80 men
Family of Joab: Obadiah son of Jehiel, and 218 men
Family of Bani: Shelomith son of Josiphiah, and 160 men
Family of Bebai: Zechariah son of Bebai, and 28 men
Family of Azgad: Johanan son of Hakkatan, and 110 men
Family of Adonikam (bringing up the rear): their names were Eliphelet, Jeuel, Shemaiah, and 60 men
Family of Bigvai: Uthai and Zaccur, and 70 men.

15-17 I gathered them together at the canal that runs to Ahava. We camped there three days. I looked them over and found that they were all laymen and priests but no Levites. So I sent for the leaders Eliezer, Ariel, Shemaiah, Elnathan, Jarib, Elnathan, Nathan, Zechariah, and Meshullam, and for the teachers Joiarib and Elnathan. I then sent them to Iddo, who is head of the town of Casiphia, and told them what to say to Iddo and his relatives who lived there in Casiphia: "Send us ministers for The Temple of God."

18-20 Well, the generous hand of our God was on us,

18-20 우리 하나님의 너그러우신 손이 우리를 도우셨고, 그들은 이스라엘의 손자요 레위의 아들인 말리 가문 출신의 지혜로운 사람 하나를 데려왔다. 그의 이름은 세레뱌였다. 그는 아들과 형제들까지 모두 18명을 데려왔다. 지도자들은 또 하사뱌와 므라리 가문의 여사야를 데려왔는데, 형제와 아들들까지 모두 20명이었다. 성전 일꾼 220명도 따라왔다. 그들은 다윗과 대신들이 레위인들의 일을 돕도록 임명했던 성전 일꾼들의 후손들이었다. 그들의 이름이 모두 등록되었다.

21-22 나는 그곳 아하와 운하 옆에서 금식을 선포했다. 우리 하나님 앞에서 자신을 낮추고, 앞으로 펼쳐질 여정에서 우리 모든 인원과 소유물을 지혜롭게 인도해 주시기를 구하는 금식이었다. 나는 왕에게 도적떼들의 공격에 대비해 우리를 보호해 줄 경호 기병대를 청하기가 부끄러웠다. 떠나오기 직전에 왕에게 한 말이 있었기 때문이다. "우리 하나님은 그분을 구하는 모든 사람을 사랑으로 보살펴 주시지만, 그분을 떠나는 자에게는 질색하며 등을 돌리십니다."

23 그래서 우리는 이런 문제들을 가지고 금식하며 기도했다. 그러자 하나님께서는 우리의 기도를 들어주셨다.

24-27 그러고 나서 나는 지도자급 제사장 열둘을 뽑았다. 세레뱌와 하사뱌와 그들의 형제 열 명이었다. 나는 왕과 보좌관들과 온 이스라엘 백성이 우리 하나님의 성전을 위해 바친 은, 금, 그릇, 예물의 무게를 달아 그들에게 주었다.

은 25톤
금 3.75톤 가치의 은접시 100개
무게 8.4킬로그램의 금대접 20개
금값에 맞먹는 선홍색 구리그릇 2개.

28-29 나는 그들에게 말했다. "그대들은 하나님 앞에서 거룩하며 이 그릇들도 거룩하오. 여기에 있는 은과 금은 사람들이 그대들의 조상의 하나님께 바친 자원 예물이오. 예루살렘에 있는 우리 하나님의 성전에서 담당 제사장과 레위인과 각 가문의 우두머리들에게 무게를 달아 넘길 때까지, 이것들을 목숨 걸고 잘 보살피시오."

30 제사장과 레위인들은 무게를 달아 받은 것들을 모두 맡아서, 우리 하나님의 성전 예루살렘에 가지고 갈 채비를 갖추었다.

and they brought back to us a wise man from the family of Mahli son of Levi, the son of Israel. His name was Sherebiah. With sons and brothers they numbered eighteen. They also brought Hashabiah and Jeshaiah of the family of Merari, with brothers and their sons, another twenty. And then there were 220 temple servants, descendants of the temple servants that David and the princes had assigned to help the Levites in their work. They were all signed up by name.

21-22 I proclaimed a fast there beside the Ahava Canal, a fast to humble ourselves before our God and pray for wise guidance for our journey—all our people and possessions. I was embarrassed to ask the king for a cavalry bodyguard to protect us from bandits on the road. We had just told the king, "Our God lovingly looks after all those who seek him, but turns away in disgust from those who leave him."

23 So we fasted and prayed about these concerns. And he listened.

24-27 Then I picked twelve of the leading priests—Sherebiah and Hashabiah with ten of their brothers. I weighed out for them the silver, the gold, the vessels, and the offerings for The Temple of our God that the king, his advisors, and all the Israelites had given:

25 tons of silver
100 vessels of silver valued at three and three-quarter tons of gold
20 gold bowls weighing eighteen and a half pounds
2 vessels of bright red copper, as valuable as gold.

28-29 I said to them, "You are holy to GOD and these vessels are holy. The silver and gold are Freewill-Offerings to the GOD of your ancestors. Guard them with your lives until you're able to weigh them out in a secure place in The Temple of our God for the priests and Levites and family heads who are in charge in Jerusalem."

30 The priests and Levites took charge of all that had been weighed out to them, and prepared to deliver it to Jerusalem to The Temple of our God.

31 우리는 첫째 달 십이일에 아하와 운하를 떠나 예루살렘으로 향하는 길에 올랐다. 하나님께서 가는 길 내내 우리와 함께하시며 도적떼와 노상강도들로부터 안전하게 지켜 주셨다.

32-34 우리는 예루살렘에 도착하여 거기서 사흘 동안 기다렸다. 나흘째 되는 날에, 하나님의 성전에서 은과 금과 그릇들의 무게를 달아 제사장 우리아의 아들 므레못에게 넘겼다. 비느하스의 아들 엘르아살이 그와 함께 있었고, 레위인 예수아의 아들 요사밧과 빈누이의 아들 노아댜도 있었다. 그들은 모든 기물의 수를 세고 무게를 달아 총계를 기록했다.

35 포로로 사로잡혀 갔다가 이제서야 돌아온 사람들은, 도착하여 이스라엘의 하나님께 번제를 드렸다.

온 이스라엘을 나타내는 황소 12마리
숫양 96마리
어린양 77마리
속죄 제물로 숫염소 12마리.

이것들을 모두 번제물로 하나님께 바쳤다.

36 그들은 또 유프라테스 건너편 땅을 관할하는 지방 행정관들에게 왕의 명령을 전했다. 그러자 그들도 돌아온 백성과 하나님의 성전을 지원했다.

에스라의 회개 기도

9 1-2 이 모든 일을 마친 뒤에, 지도자들이 내게 와서 말했다. "이스라엘 백성이 제사장과 레위인들까지 포함하여 주변의 이웃 민족인 가나안 사람, 헷 사람, 브리스 사람, 여부스 사람, 암몬 사람, 모압 사람, 이집트 사람, 아모리 사람과의 관계를 끊지 않고 그들의 저속한 음행을 그대로 따라 하고 있습니다. 자기 딸을 그들에게 시집보내고 그들의 딸을 며느리로 맞았습니다. 거룩한 자손이 이들 이방 민족과 뒤섞이고 있습니다. 게다가 우리 지도자들이 이 반역에 앞장서고 있습니다."

3 이 모든 말을 들은 나는 어이가 없어, 속옷과 겉옷을 찢고 머리털과 수염을 뜯으며 바닥에 주저앉았다.

4-6 그러나 포로생활에서 돌아온 사람들의 반역에 대해 하나님께서 하신 말씀을 두려워하는

31 We left the Ahava Canal on the twelfth day of the first month to travel to Jerusalem. God was with us all the way and kept us safe from bandits and highwaymen.

32-34 We arrived in Jerusalem and waited there three days. On the fourth day the silver and gold and vessels were weighed out in The Temple of our God into the hands of Meremoth son of Uriah, the priest. Eleazar son of Phinehas was there with him, also the Levites Jozabad son of Jeshua and Noadiah son of Binnui. Everything was counted and weighed and the totals recorded.

35 When they arrived, the exiles, now returned from captivity, offered Whole-Burnt-Offerings to the God of Israel:

12 bulls, representing all Israel
96 rams
77 lambs
12 he-goats as an Absolution-Offering.

All of this was sacrificed as a Whole-Burnt-Offering to GOD.

36 They also delivered the king's orders to the king's provincial administration assigned to the land beyond the Euphrates. They, in turn, gave their support to the people and The Temple of God.

Ezra Prays: "Look at Us...Guilty Before You"

9 1-2 After all this was done, the leaders came to me and said, "The People of Israel, priests and Levites included, have not kept themselves separate from the neighboring people around here with all their vulgar obscenities—Canaanites, Hittites, Perizzites, Jebusites, Ammonites, Moabites, Egyptians, Amorites. They have given some of their daughters in marriage to them and have taken some of their daughters for marriage to their sons. The holy seed is now all mixed in with these other peoples. And our leaders have led the way in this betrayal."

3 When I heard all this, I ripped my clothes and my cape; I pulled hair from my head and out of my beard; I slumped to the ground, appalled.

사람들도 많았다. 그들은, 넋을 잃고 앉아 저녁 제사를 기다리고 있는 내 주변에 모여들었다. 저녁제사 때 나는 망연자실하게 있다가 일어났다. 찢겨진 속옷과 겉옷을 입은 채 무릎을 꿇고서, 하나님 내 하나님께 손을 들고 기도했다.

6-7 "사랑하는 나의 하나님, 한없이 부끄러워 감히 주께 얼굴을 들 수가 없습니다. 오 나의 하나님, 우리의 악은 앞을 내다볼 수 없을 만큼 높이 쌓였고, 우리의 죄는 하늘에 닿았습니다. 조상의 때부터 지금까지 우리는 죄의 수렁에 처박혀 있습니다. 우리의 죄 때문에 우리 자신과 우리 왕과 제사장들이 다른 나라 왕들에게 넘겨져 살상과 포로생활과 약탈과 공개적인 수치를 당했으니, 주께서 지금 보시는 바와 같습니다.

8-9 이제 잠시나마 하나님 우리 하나님께서 만신창이가 된 우리 무리를 들어 당신의 거룩한 곳에 든든히 발을 딛게 하신 것은, 우리 눈을 밝게 하시고 혹독한 형벌을 감내하는 우리의 짐을 덜어 주시기 위해서입니다. 우리가 종의 신분이었으나 하나님께서 우리를 종살이하도록 내버려 두지 않으셨습니다. 오히려 페르시아 왕들의 총애를 받게 하셔서, 우리 하나님의 성전을 짓고 폐허가 된 성전을 복구하며 유다와 예루살렘에 방벽을 쌓을 마음을 우리에게 주셨습니다.

10-12 그러므로 하나님, 이 모든 일을 겪은 우리가 감히 무어라 말할 수 있겠습니까? 주의 명령, 곧 주의 종 예언자들을 통해 주신 명령을 우리가 내팽개쳤으니 말입니다. 그들은 우리에게 이렇게 말했습니다. '너희가 차지하려는 땅은 더럽혀진 땅, 그곳 백성의 음란하고 저속한 행위로 더럽혀진 땅이다. 그들은 그 땅을 이쪽 끝에서 저쪽 끝까지 도덕적 부패로 가득 채웠다. 분명히 말하지만, 너희 딸을 그들의 아들에게 시집보내지 말고 너희 아들을 그들의 딸과 결혼시키지 마라. 그들의 호감을 사려고 하지 마라. 그들을 달래서 너희를 좋게 여기게 하지도 마라. 그래야 너희가 많은 부를 일구고 재산을 쌓아 너희 자손에게 물려줄 수 있다.'

13-15 그런데 우리는 악한 습성과 쌓인 죄 때문에 이미 당한 모든 일로도 모자라, 여전히 똑같은 일을 반복하고 있습니다. 사랑하는 하나님, 주께서는 우리가 마땅히 당해야 할 심판보다 훨씬 적게 벌하시고 목숨까지 건져 주셨는데,

4-6 Many were in fear and trembling because of what God was saying about the betrayal by the exiles. They gathered around me as I sat there in despair, waiting for the evening sacrifice. At the evening sacrifice I picked myself up from my utter devastation, and in my ripped clothes and cape fell to my knees and stretched out my hands to GOD, my God. And I prayed:

6-7 "My dear God, I'm so totally ashamed, I can't bear to face you. O my God—our iniquities are piled up so high that we can't see out; our guilt touches the skies. We've been stuck in a muck of guilt since the time of our ancestors until right now; we and our kings and priests, because of our sins, have been turned over to foreign kings, to killing, to captivity, to looting, and to public shame—just as you see us now.

8-9 "Now for a brief time GOD, our God, has allowed us, this battered band, to get a firm foothold in his holy place so that our God may brighten our eyes and lighten our burdens as we serve out this hard sentence. We were slaves; yet even as slaves, our God didn't abandon us. He has put us in the good graces of the kings of Persia and given us the heart to build The Temple of our God, restore its ruins, and construct a defensive wall in Judah and Jerusalem.

10-12 "And now, our God, after all this what can we say for ourselves? For we have thrown your commands to the wind, the commands you gave us through your servants the prophets. They told us, 'The land you're taking over is a polluted land, polluted with the obscene vulgarities of the people who live there; they've filled it with their moral rot from one end to the other. Whatever you do, don't give your daughters in marriage to their sons nor marry your sons to their daughters. Don't cultivate their good opinion; don't make over them and get them to like you so you can make a lot of money and build up a tidy estate to hand down to your children.'

13-15 "And now this, on top of all we've already suffered because of our evil ways and accumulated guilt, even though you, dear God, punished us far less than we deserved and even went ahead and gave

우리는 또 이렇게 범죄합니다. 음행을 일삼는 백성과 섞이고 그들과 결혼하여 주의 계명을 어기고 있습니다! 주께서는 우리에게 노하셔서 우리를 완전히 멸하려 하십니까? 탈출구도 남겨 두지 않으시렵니까? 주님은 이스라엘의 의로운 하나님이시고, 지금 우리는 겨우 목숨을 건진 한 줌의 무리일 뿐입니다. 여기 숨을 데 없이 서 있는 우리를 보십시오. 주 앞에서 우리는 죄인입니다. 우리 가운데 누구도 살아남을 수 없습니다."

10 [1] 에스라는 하나님의 성전 앞에 엎드려 울었다. 그가 기도하며 죄를 자백하고 있는데, 많은 수의 이스라엘 남자와 여자와 아이들이 그 주변에 모여들었다. 그들 모두가 가슴이 찢어질 듯 큰소리로 슬피 울었다.

2-3 엘람 가문 여히엘의 아들 스가냐가 대표로 에스라에게 말했다. "우리가 주변 민족의 외국인 여자들과 결혼하여 우리 하나님께 죄를 지었습니다. 그러나 다 끝난 것은 아닙니다. 아직도 이스라엘에 희망이 있습니다. 지금 당장 우리 하나님과 언약을 맺고, 모든 외국인 아내와 그 자녀들을 내보내도록 하겠습니다. 당신의 말대로, 하나님의 계명을 존중하는 사람들의 가르침대로 따르겠습니다. 계시에 명시되어 있으니 그대로 시행하겠습니다.

4 에스라여, 이제 일어나십시오. 우리가 뒤를 따를 테니 앞장서십시오. 물러나지 마십시오."

5 그러자 에스라가 일어나 지도자급 제사장과 레위인과 온 이스라엘로 하여금 스가냐의 제안대로 엄숙히 맹세하게 하니, 그들이 그대로 맹세했다.

6 그러고 나서 에스라는 하나님의 성전 앞 광장을 떠나 엘리아십의 아들 여호하난의 집으로 갔다. 그는 그곳에 있으면서 음식은 물론이고 물조차 입에 대지 않고 금식하면서, 포로로 잡혀갔다가 돌아온 사람들의 반역을 줄곧 슬퍼했다.

7-8 그 후, 사로잡혀 갔다가 돌아온 사람들은 모두 예루살렘에 모이라는 명령이 유다와 예루살렘 전역에 전달되었다. 사흘 안에 오지 않는 사람에 대해서는 지도자와 장로들의 결정으로 전 재산을 몰수하고 백성의 공동체에서 쫓아내기로 했다.

9 유다와 베냐민 모든 사람이 사흘 안에 예루살렘에 모였다. 아홉째 달 이십일이었다. 그들은 하

us this present escape. Yet here we are, at it again, breaking your commandments by intermarrying with the people who practice all these obscenities! Are you angry to the point of wiping us out completely, without even a few stragglers, with no way out at all? You are the righteous GOD of Israel. We are, right now, a small band of escapees. Look at us, openly standing here, guilty before you. No one can last long like this."

Ezra Takes Charge

10 [1] Ezra wept, prostrate in front of The Temple of God. As he prayed and confessed, a huge number of the men, women, and children of Israel gathered around him. All the people were now weeping as if their hearts would break.

2-3 Shecaniah son of Jehiel of the family of Elam, acting as spokesman, said to Ezra: "We betrayed our God by marrying foreign wives from the people around here. But all is not lost; there is still hope for Israel. Let's make a covenant right now with our God, agreeing to get rid of all these wives and their children, just as my master and those who honor God's commandment are saying. It's what The Revelation says, so let's do it.

4 "Now get up, Ezra. Take charge—we're behind you. Don't back down."

5 So Ezra stood up and had the leaders of the priests, the Levites, and all Israel solemnly swear to do what Shecaniah proposed. And they did it.

6 Then Ezra left the plaza in front of The Temple of God and went to the home of Jehohanan son of Eliashib where he stayed, still fasting from food and drink, continuing his mourning over the betrayal by the exiles.

7-8 A notice was then sent throughout Judah and Jerusalem ordering all the exiles to meet in Jerusalem. Anyone who failed to show up in three days, in compliance with the ruling of the leaders and elders, would have all his possessions confiscated and be thrown out of the congregation of the returned exiles.

나님의 성전 앞 광장에 모두 앉았다. 눈앞에 닥친
일도 엄청난데 억수 같은 비까지 쏟아져, 그들은
불안에 떨며 안절부절못했다.
10-11 제사장 에스라가 일어나 말했다. "여러분은
신의를 저버리고, 외국인 여자들과 결혼했습니
다. 이스라엘에 죄를 쌓았습니다. 이제 하나님 여
러분 조상의 하나님께 죄를 자백하고, 그분이 원
하시는 대로 행하십시오. 이 땅 백성들, 그리고
외국인 아내와의 관계를 끊으십시오."
12 온 회중이 큰소리로 대답했다. "예, 말씀하신
대로 하겠습니다!"
13-14 그들이 또 말했다. "하지만 보십시오. 여기
모인 사람들이 얼마나 많은지 보이십니까? 게다
가 지금은 우기입니다. 일이 끝날 때까지 이렇게
흠뻑 젖은 채로 바깥에 서 있을 수는 없습니다.
아무래도 시일이 걸릴 것입니다! 이 죄에 깊이 관
여된 사람들이 많습니다. 온 회중을 위해 지도자
들이 나서는 것이 좋겠습니다. 성읍에 살면서 외
국인 여자와 결혼한 모든 사람은 각기 정해진 시
간에 오되, 각 성읍 장로와 재판관들도 함께 오
게 하십시오. 이 일로 인한 하나님의 진노가 가
라앉을 때까지 이 일을 확실하게 처리해야 할 것
입니다."
15-17 아사헬의 아들 요나단과 디과의 아들 야스
야만이 이 의견에 반대했고, 그들에게 동조한 사
람은 므술람과 레위인 삽브대뿐이었다. 그래서
포로로 사로잡혀 갔다가 돌아온 사람들은 그 방
안대로 추진했다. 제사장 에스라는 각 가문의 우
두머리를 지목하여 뽑았다. 그들은 열째 달 첫째
날에 모여 외국인 여자와 결혼한 남자를 처리하
는 일을 시작하여, 이듬해 첫째 달 첫째 날에 모
두 끝마쳤다.

18-19 제사장 가문 중에서 외국인 여자와 결혼한
것으로 밝혀진 사람들은 이러하다.
요사닥의 아들 예수아와 그 형제들의 집안 가문
에서는 마아세야, 엘리에셀, 야립, 그달랴. 그들
은 모두 아내와 이혼하기로 약속하고 악수로 보
증했다. 또 지은 죄가 있으므로 속죄 제물로 양
떼에서 숫양 한 마리를 가져왔다.
20 임멜 가문에서 하나니, 스바댜.
21 하림 가문에서 마아세야, 엘리야, 스마야, 여
히엘, 웃시야.
22 바스훌 가문에서 엘료에내, 마아세야, 이스마

9 All the men of Judah and Benjamin met in
Jerusalem within the three days. It was the twenti-
eth day of the ninth month. They all sat down in
the plaza in front of The Temple of God. Because
of the business before them, and aggravated by the
buckets of rain coming down on them, they were
restless, uneasy, and anxious.
10-11 Ezra the priest stood up and spoke: "You've
broken trust. You've married foreign wives. You've
piled guilt on Israel. Now make your confession
to GOD, the God of your ancestors, and do what
he wants you to do: Separate yourselves from the
people of the land and from your foreign wives."
12 The whole congregation responded with a shout,
"Yes, we'll do it–just the way you said it!"
13-14 They also said, "But look, do you see how many
people there are out here? And it's the rainy season;
you can't expect us to stand out here soaking wet
until this is done–why, it will take days! A lot of us
are deeply involved in this transgression. Let our
leaders act on behalf of the whole congregation.
Have everybody who lives in cities and who has
married a foreign wife come at an appointed time,
accompanied by the elders and judges of each city.
We'll keep at this until the hot anger of our God
over this thing is turned away."
15-17 Only Jonathan son of Asahel and Jahzeiah
son of Tikvah, supported by Meshullam and
Shabbethai the Levite, opposed this. So the exiles
went ahead with the plan. Ezra the priest picked
men who were family heads, each one by name.
They sat down together on the first day of the tenth
month to pursue the matter. By the first day of the
first month they had finished dealing with every
man who had married a foreign wife.

18-19 Among the families of priests, the following
were found to have married foreign wives:
The family of Jeshua son of Jozadak and his
brothers: Maaseiah, Eliezer, Jarib, and Gedaliah.
They all promised to divorce their wives and sealed
it with a handshake. For their guilt they brought a
ram from the flock as a Compensation-Offering.
20 The family of Immer: Hanani and Zebadiah.

엘, 느다넬, 요사밧, 엘라사.
23 레위인들 중에서 요사밧, 시므이, 글리다라
고도 하는 글라야, 브다히야, 유다, 엘리에셀.
24 노래하는 사람들 중에서 엘리아십.
성전 문지기들 중에서 살룸, 델렘, 우리.
25 기타 이스라엘 백성의
바로스 가문에서 라마, 잇시야, 말기야, 미야
민, 엘르아살, 말기야, 브나야.
26 엘람 가문에서 맛다냐, 스가랴, 여히엘, 압
디, 여레못, 엘리야.
27 삿두 가문에서 엘료에내, 엘리아십, 맛다
냐, 여레못, 사밧, 아시사.
28 베배 가문에서 여호하난, 하나냐, 삽배, 아
들래.
29 바니 가문에서 므슐람, 말룩, 아다야, 야숩,
스알, 여레못.
30 바핫모압 가문에서 앗나, 글랄, 브나야, 마
아세야, 맛다냐, 브살렐, 빈누이, 므낫세.
31-32 하림 가문에서 엘리에셀, 잇시야, 말기
야, 스마야, 시므온, 베냐민, 말룩, 스마랴.
33 하숨 가문에서 맛드내, 맛닷다, 사밧, 엘리
벨렛, 여레매, 므낫세, 시므이.
34-37 바니 가문에서 마아대, 아므람, 우엘, 브
나야, 베드야, 글루히, 와냐, 므레못, 엘랴십,
맛다냐, 맛드내, 야아수.
38-42 빈누이 가문에서 시므이, 셀레먀, 나단,
아다야, 막나드배, 사새, 사래, 아사렐, 셀레
먀, 스마랴, 살룸, 아마랴, 요셉.
43 느보 가문에서 여이엘, 맛디디아, 사밧, 스
비내, 잇도, 요엘, 브나야.
44 이들은 모두 외국인 여자와 결혼했고, 일부
는 그 사이에서 자녀도 낳았다.

21 The family of Harim: Maaseiah, Elijah, Shemaiah,
Jehiel, and Uzziah.
22 The family of Pashhur: Elioenai, Maaseiah, Ishmael,
Nethanel, Jozabad, and Elasah.
23 From the Levites: Jozabad, Shimei, Kelaiah – that
is, Kelita – Pethahiah, Judah, and Eliezer.
24 From the singers: Eliashib.
From the temple security guards: Shallum, Telem, and
Uri.
25 And from the other Israelites:
The family of Parosh: Ramiah, Izziah, Malkijah,
Mijamin, Eleazar, Malkijah, and Benaiah.
26 The family of Elam: Mattaniah, Zechariah, Jehiel,
Abdi, Jeremoth, and Elijah.
27 The family of Zattu: Elioenai, Eliashib, Mattaniah,
Jeremoth, Zabad, and Aziza.
28 The family of Bebai: Jehohanan, Hananiah, Zabbai,
and Athlai.
29 The family of Bani: Meshullam, Malluch, Adaiah,
Jashub, Sheal, and Jeremoth.
30 The family of Pahath-Moab: Adna, Kelal,
Benaiah, Maaseiah, Mattaniah, Bezalel, Binnui, and
Manasseh.
31-32 The family of Harim: Eliezer, Ishijah, Malkijah,
Shemaiah, Shimeon, Benjamin, Malluch, and
Shemariah.
33 The family of Hashum: Mattenai, Mattattah,
Zabad, Eliphelet, Jeremai, Manasseh, and Shimei.
34-37 The family of Bani: Maadai, Amram, Uel,
Benaiah, Bedeiah, Keluhi, Vaniah, Meremoth,
Eliashib, Mattaniah, Mattenai, and Jaasu.
38-42 The family of Binnui: Shimei, Shelemiah,
Nathan, Adaiah, Macnadebai, Shashai, Sharai,
Azarel, Shelemiah, Shemariah, Shallum, Amariah,
and Joseph.
43 The family of Nebo: Jeiel, Mattithiah, Zabad,
Zebina, Jaddai, Joel, and Benaiah.
44 All these had married foreign wives and some had
also had children by them.

느헤미야 | 머리말

삶을 '성'과 '속'으로 나누어 그 둘을 분리시키는 일은 온전하고 충만한 삶, 의미와 목적을 갖춘 일관된 삶, 하나님의 영광을 위한 삶을 살려는 모든 시도를 손상시킨다. 때로는 치명적인 손상을 입히기도 한다. 그럼에도, 우리 가운데 그런 식의 이분법적 태도가 만연되어 있다. 자신과 주변 세상을 두 영역으로 나누어 분리시키는 습관을 사람들은 대체 어디서 배운 것일까? 분명, 성경으로부터는 아니다. 거룩한 성경은 처음부터 끝까지 그러한 분리를 완강히 거부한다.

그러한 분리가 일으키는 해악이 가장 잘 드러나는 곳은 바로 우리의 일상이다. 흔히 우리는 목사나 사제나 선교사가 하는 일은 '성스러운' 일이고, 변호사나 농부나 엔지니어가 하는 일은 '세속적인' 일이라 여긴다. 이것은 아주 틀린 말이다. 모든 일은 본질에 있어 다 거룩하다. 성경 이야기에 등장하는 이들을 보면, 정원사, 목자, 군인, 정치가, 목수, 천막 제작자, 주부, 어부 등 다양하다.

느헤미야도 그들 가운데 하나였다. 그는 타국 왕에게 고용되어 정부 일을 하는 관료였는데, 그의 회고록인 이 책이 말해 주듯, 후에 예루살렘 성벽을 재건하는 일을 맡게 된다. 학자이자 선생인 에스라가 그의 일을 도왔다. 에스라는 성경을 가지고 일했고, 느헤미야는 돌과 회반죽을 가지고 일했다. 이 두 사람의 이야기는 서로 엮이면서 하나의 거룩한 일을 이루었다. 실제로 느헤미야 6:16에서는, 심지어 "주변 모든 나라가……이 일의 배후에 하나님이 계신 것을 알게 되었다"고 말한다. 두 일 가운데 어느 하나가 다른 하나보다 더 거룩하거나 덜 중요하지 않았다. 느헤미야에게는 에스라가 꼭 있어야 했고, 에스라에게는 느헤미야가 꼭 있어야 했다. 하나님의 백성에게는 두 사람의 일이 모두 필요했다. 우리에게도 그렇다.

Separating life into distinct categories of "sacred" and "secular" damages, sometimes irreparably, any attempt to live a whole and satisfying life, a coherent life with meaning and purpose, a life lived to the glory of God. Nevertheless, the practice is widespread. But where did all these people come up with the habit of separating themselves and the world around them into these two camps? It surely wasn't from the Bible. The Holy Scriptures, from beginning to end, strenuously resist such a separation.

The damage to life is most obvious when the separation is applied to daily work. It is common for us to refer to the work of pastors, priests, and missionaries as "sacred," and that of lawyers, farmers, and engineers as "secular." It is also wrong. Work, by its very nature, is holy. The biblical story is dominated by people who have jobs in gardening, shepherding, the military, politics, carpentry, tent making, homemaking, fishing, and more.

Nehemiah is one of these. He started out as a government worker in the employ of a foreign king. Then he became—and this is the work he tells us of in these memoirs—a building contractor, called in to rebuild the walls of Jerusalem. His coworker Ezra was a scholar and teacher, working with the Scriptures. Nehemiah worked with stones and mortar. The stories of the two men are interwoven in a seamless fabric of vocational holiness. In fact, Nehemiah 6:16 says even "the surrounding nations...knew that God was behind this work." Neither job was more or less important or holy than the other. Nehemiah needed Ezra; Ezra needed Nehemiah. God's people needed the work of both of them. We still do.

Separating life into distinct categories of "sacred" and "secular" damages—sometimes irreparably—any attempt to live a whole and satisfying life, a coherent life with meaning and purpose, a life lived to the glory of God. Nevertheless, the practice is widespread. But where did all these people come up with the habit of separating themselves and the world around them into these two camps? It surely wasn't from the Bible. The Holy Scriptures, from beginning to end, strenuously resist such a separation.

The damage to life is most obvious when this separation is applied to daily work. It's common for us to refer to the work of pastors, priests, and missionaries as "sacred," and that of lawyers, farmers, and engineers as "secular." It's also wrong. Work in its very nature is holy. The biblical story is populated with people who have jobs in gardening, shepherding, the military, politics, carpentry, tentmaking, homemaking, fishing, and more.

Nehemiah is one of these. He started out as a government worker in the employ of a foreign king. Then he became—and this is the work he tells us of in these memoirs—a building contractor, called in to rebuild the walls of Jerusalem. His coworker Ezra was a scholar and teacher, working with the Scriptures. Nehemiah worked with stones and mortar. The stories of the two men are interwoven in a seamless fabric of vocational holiness. In fact, Nehemiah tells us even "the surrounding nations... knew that God was behind this work." Neither job was more or less important or holy than the other. Nehemiah needed Ezra; Ezra needed Nehemiah. God's people needed the work of both of them. We still do.

느헤미야

느헤미야가 예루살렘을 위해 기도하다

1

1-2 하가랴의 아들 느헤미야의 회고록이다.
때는 이십년 기슬르월이었다. 당시 나는 수사 궁전에 있었다. 그때 막 내 형제인 하나니가 동포 유대인 몇과 함께 유다에서 왔다. 나는 그들에게, 사로잡혀 오지 않고 유다에 남아 있는 유대인들의 상황이 어떠한지, 예루살렘의 형편은 어떠한지 물어보았다.

3 그들의 대답은 이러했다. "그 지방에 남아 있는 사람들은 사정이 그리 좋지 못합니다. 그야말로 형편없지요. 예루살렘 성벽은 허물어진 채로 있고, 성문들도 불에 탄 채 그대로 있습니다."

4 이 말을 듣고서, 나는 주저앉아 슬피 울었다. 슬픔에 잠긴 채 며칠 동안 금식하며 하늘의 하나님 앞에 기도했다.

5-6 "하나님 하늘의 하나님, 주님의 언약에 충실하시며 주님을 사랑하고 주님의 명령에 순종하는 이들에게 신실하신 크고 엄위로우신 하나님, 저를 보시고 제 말을 들어주십시오. 주님의 종, 곧 이스라엘 백성을 위해 밤낮으로 중보기도하며 이스라엘 백성의 죄를 자백하는 이 종의 기도에 귀를 기울여 주십시오. 주께 범죄한 자들 가운데는 저와 제 조상도 있습니다.

7-9 우리는 주님을 하찮게 대했습니다. 주께서 하라고 하시는 대로 하지 않았고 주님의 명령을 따르지 않았으며, 주님의 종 모세에게 주신 결정들을 존중하지도 않았습니다. 그럴지라도, 주님의 종 모세에게 하신 말씀을 기억하여 주십시오. '너희가 나를 반역하면 내가 너희를 사방으로 흩을 것이다. 그러나 너희가 내게 돌아와서 내 말대로

NEHEMIAH

1

1-2 The memoirs of Nehemiah son of Hacaliah.
It was the month of Kislev in the twentieth year. At the time I was in the palace complex at Susa. Hanani, one of my brothers, had just arrived from Judah with some fellow Jews. I asked them about the conditions among the Jews there who had survived the exile, and about Jerusalem.

3 They told me, "The exile survivors who are left there in the province are in bad shape. Conditions are appalling. The wall of Jerusalem is still rubble; the city gates are still cinders."

4 When I heard this, I sat down and wept. I mourned for days, fasting and praying before the God-of-Heaven.

5-6 I said, "GOD, God-of-Heaven, the great and awesome God, loyal to his covenant and faithful to those who love him and obey his commands: Look at me, listen to me. Pay attention to this prayer of your servant that I'm praying day and night in intercession for your servants, the People of Israel, confessing the sins of the People of Israel. And I'm including myself, I and my ancestors, among those who have sinned against you.

7-9 "We've treated you like dirt: We haven't done what you told us, haven't followed your commands, and haven't respected the decisions you gave to Moses your servant. All the same, remember the warning you posted to your servant Moses: 'If you betray me, I'll scatter you to the

행하면, 그 흩어진 사람들이 어디에 가 있든 내가 그들을 다 모아서 내 이름을 나타내려고 택한 곳에 돌려놓을 것이다.'
10-11 여기 그들이 있습니다. 그들은 주님의 종이며 크신 능력의 주께서 극적으로 구해 내신 주님의 백성입니다. 주님, 제 말을 들어주십시오. 주님의 종의 기도를, 주님을 경외하기를 기뻐하는 모든 종의 말을 들으시고, 저로 하여금 형통케 하셔서, 오늘 제가 왕에게 원하는 바를 얻게 해 주십시오."
그때에 나는 왕의 술잔을 맡아보고 있었다.

four winds, but if you come back to me and do what I tell you, I'll gather up all these scattered peoples from wherever they ended up and put them back in the place I chose to mark with my Name.'
10-11 "Well, there they are—your servants, your people whom you so powerfully and impressively redeemed. O Master, listen to me, listen to your servant's prayer—and yes, to all your servants who delight in honoring you—and make me successful today so that I get what I want from the king."
I was cupbearer to the king.

2 1-2 아닥사스다 왕 이십년 니산월이었다. 술을 올릴 시간이 되어, 나는 술을 가지고 들어가 왕께 따라 드렸다. 그때까지 왕 앞에서 어두운 모습을 보인 적이 없었으므로, 왕께서 내게 물으셨다. "어째서 얼굴이 어두운 것이냐? 어디 아픈 것 같지는 않은데, 무슨 우울한 일이라도 있느냐?"
2-3 그 말에 나는 몸 둘 바를 몰라, "왕께서 만수무강하시기를 빕니다! 제 조상이 묻힌 성읍이 폐허가 되고 성문들이 모두 잿더미로 변했다고 하니, 어찌 우울하지 않겠습니까?" 하고 아뢰었다.
4-5 그러자 왕께서 내게 물으셨다. "그러면 네가 바라는 것이 무엇이냐?"
나는 속으로 하늘의 하나님께 기도하며 말씀드렸다. "왕께서 저를 좋게 여기신다면, 저를 유다로 보내셔서, 제 조상이 묻힌 성읍을 다시 세우게 해주십시오."
6 그때 왕비도 곁에 앉아 있었는데, 왕께서 말씀하셨다. "공사가 얼마나 걸리겠으며, 네가 언제쯤 돌아올 수 있겠느냐?"
내가 기한을 정해 말씀드리자, 왕께서는 나의 청을 승낙하셨다.
7-8 나는 또 이렇게 말씀드렸다. "괜찮으시다면, 유프라테스 건너편 총독들에게 유다까지 이어질 제 여행을 승인하는 편지를 내려 주시기 바랍니다. 또 왕의 삼림 관리인 아삽에게 명령을 내리셔서, 성전 옆에 있는 성채와 성벽과 제가 살 집의 들보로 쓸 재목을 공급하게 해주시기 바랍니다."
8-9 내 하나님의 너그러우신 손이 나를 도우셔서, 왕께서 나의 청을 들어주셨다. 나는 (유프라테스) 강 건너편 총독들을 만나 왕의 편지를 보

2 1-2 It was the month of Nisan in the twentieth year of Artaxerxes the king. At the hour for serving wine I brought it in and gave it to the king. I had never been hangdog in his presence before, so he asked me, "Why the long face? You're not sick are you? Or are you depressed?"
2-3 That made me all the more agitated. I said, "Long live the king! And why shouldn't I be depressed when the city, the city where all my family is buried, is in ruins and the city gates have been reduced to cinders?"
4-5 The king then asked me, "So what do you want?"
Praying under my breath to the God-of-Heaven, I said, "If it please the king, and if the king thinks well of me, send me to Judah, to the city where my family is buried, so that I can rebuild it."
6 The king, with the queen sitting alongside him, said, "How long will your work take and when would you expect to return?"
I gave him a time, and the king gave his approval to send me.
7-8 Then I said, "If it please the king, provide me with letters to the governors across the Euphrates that authorize my travel through to Judah; and also an order to Asaph, keeper of the king's forest, to supply me with timber for the beams of The Temple fortress, the wall of the city, and the house where I'll be living."
8-9 The generous hand of my God was with me in this and the king gave them to me. When I met the governors across The River (the Euphrates) I showed them the king's letters. The king even sent

여주었다. 왕께서는 호위 기병대까지 함께 보내 주셨다.

10 호론 사람 산발랏과 암몬 사람 관리 도비야는 이 소식을 듣고 몹시 못마땅해 했다. 이스라엘 백성의 이익을 위해 누가 온다는 것이 그들로서는 언짢은 일이었다.

along a cavalry escort.

10 When Sanballat the Horonite and Tobiah the Ammonite official heard about this, they were very upset, angry that anyone would come to look after the interests of the People of Israel.

오라, 예루살렘 성벽을 건축하자

11-12 그렇게 해서 나는 예루살렘에 도착했다. 거기서 사흘을 머문 후, 나는 한밤중에 일어나 밖으로 나섰다. 측근 몇 사람이 나와 함께했다. 하나님께서 예루살렘을 위해 내 마음속에 두신 일을 나는 아무에게도 말하지 않았다. 우리에게 짐승이라고는 내가 탄 것밖에 없었다.

13-16 나는 야음을 틈타 골짜기 문을 나서서 용의 샘을 지나 거름 문에 이르는 예루살렘 성벽을 둘러보았다. 성벽은 허물어지고 성문들은 불탄 채 버려져 있었다. 거기서 샘 문으로 건너가 왕의 연못에 이르자 내가 타고 있던 나귀가 지나갈 공간이 없었다. 그래서 나는 골짜기를 타고 올라가며 어둠 속에서 성벽을 계속 살핀 뒤에 골짜기 문을 통해 되돌아왔다. 지방 관리들은 내가 어디로 갔는지, 무슨 일을 했는지 전혀 몰랐다. 유대인이나 제사장이나 귀족이나 지방 관리나, 직책을 가진 그 누구에게도 내가 한 마디도 하지 않았기 때문이다.

17-18 성벽을 돌아보고 난 뒤에야 나는 그들에게 말했다. "현실을 똑바로 보십시오. 우리는 지금 어려운 고비에 처해 있습니다. 예루살렘은 폐허가 되었고 성문들은 불타 버렸습니다. 어서 예루살렘 성벽을 쌓아서, 다시는 이런 수모를 받으며 살지 말아야 합니다." 나는 하나님께서 어떻게 나를 지지하시며 왕이 어떻게 나를 후원하고 있는지 그들에게 말했다.

그러자 그들이 대답했다. "같은 생각입니다. 어서 시작해야겠습니다." 그들은 당장이라도 나설 듯이 소매를 걷어붙였다.

19 호론 사람 산발랏과 암몬 사람 관리 도비야와 아랍 사람 게셈이 이 소식을 듣고 우리를 비웃으며 조롱했다. "하! 당신들이 도대체 뭘 하겠다는 거요? 감히 왕을 배반하겠다는 거요?"

20 내가 되받아쳤다. "하늘의 하나님께서 반드시 우리를 도와 성공하게 하실 것이오. 우리는 그분의 종이니, 열심히 일하여 성벽을 재건할 것이오. 쓸데없는 간섭은 마시오. 당신들은 이 일

"Come—Let's Build the Wall of Jerusalem"

11-12 And so I arrived in Jerusalem. After I had been there three days, I got up in the middle of the night, I and a few men who were with me. I hadn't told anyone what my God had put in my heart to do for Jerusalem. The only animal with us was the one I was riding.

13-16 Under cover of night I went past the Valley Gate toward the Dragon's Fountain to the Dung Gate looking over the walls of Jerusalem, which had been broken through and whose gates had been burned up. I then crossed to the Fountain Gate and headed for the King's Pool but there wasn't enough room for the donkey I was riding to get through. So I went up the valley in the dark continuing my inspection of the wall. I came back in through the Valley Gate. The local officials had no idea where I'd gone or what I was doing—I hadn't breathed a word to the Jews, priests, nobles, local officials, or anyone else who would be working on the job.

17-18 Then I gave them my report: "Face it: we're in a bad way here. Jerusalem is a wreck; its gates are burned up. Come—let's build the wall of Jerusalem and not live with this disgrace any longer." I told them how God was supporting me and how the king was backing me up.

They said, "We're with you. Let's get started." They rolled up their sleeves, ready for the good work.

19 When Sanballat the Horonite, Tobiah the Ammonite official, and Geshem the Arab heard about it, they laughed at us, mocking, "Ha! What do you think you're doing? Do you think you can cross the king?"

20 I shot back, "The God-of-Heaven will make sure we succeed. We're his servants and we're going to work, rebuilding. You can keep your nose out of it. You get no say in this—Jerusalem's none of your business!"

에 발언권이 없을뿐더러, 예루살렘과도 아무 상관이 없소!"

3

1-2 대제사장 엘리아십과 동료 제사장들이 함께 일어나 밖으로 나섰다. 그들은 양 문에서부터 시작했다. 그것을 보수하여 문짝을 달고 일백 망대와 하나넬 망대에까지 성벽을 쌓았다. 여리고 사람들이 그들과 나란히 작업했고, 그들 옆에서는 이므리의 아들 삭굴이 작업했다.

3-5 물고기 문은 하스나아 형제들이 세웠다. 그들은 그것을 보수하여 문짝을 달고 자물쇠와 빗장을 만들어 달았다. 그 옆에서는 학고스의 손자요 우리아의 아들인 므레못이 작업했다. 그 옆은 므세사벨의 손자요 베레갸의 아들인 므술람이 작업했다. 그 옆은 바아나의 아들인 사독이 작업했다. 그 옆은 드고아 사람들이 작업했다(다만, 귀족들은 예외였다. 그들은 자기들 공사 책임자와 함께 일하려 하지 않았고, 그런 일로 손을 더럽히는 것을 거절했다).

6-8 여사나 문은 바세아의 아들 요야다와 브소드야의 아들 므술람이 맡았다. 그들은 그것을 보수하여 문짝을 달고 자물쇠와 빗장을 만들어 달았다. 기브온 사람 믈라댜와 메로놋 사람 야돈 그리고 유프라테스 건너편 총독의 관할 아래 있는 기브온과 미스바 사람들이 그들과 나란히 작업했다. 할해야의 아들 금세공업자 웃시엘이 그 옆에서 작업했고, 그 옆은 향수를 만드는 하나냐가 작업했다. 그들은 넓은 벽에 이르기까지 예루살렘 성벽을 다시 세웠다.

9-10 다음 구간은 예루살렘 반쪽 구역의 책임자이자 후르의 아들인 르바야가 작업했다. 그 옆으로 하루맙의 아들 여다야가 자기 집 앞의 성벽을 다시 세웠다. 하삽느야의 아들 핫두스가 그 옆에서 작업했다.

11-12 하림의 아들 말기야와 바핫모압의 아들 핫숩은 풀무 망대가 포함된 다른 구간을 보수했다. 그 옆에서 작업한 사람은 예루살렘 나머지 반쪽 구역의 책임자이자 할로헤스의 아들인 살룸과 그의 딸들이었다.

13 골짜기 문은 사노아 마을 사람들과 하눈이 맡았다. 그들은 그것을 보수하여 문들을 달고 자물쇠와 빗장을 만들어 달았다. 그들은 계속해서 거름 문에 이르기까지 성벽 450미터를 보

3

1-2 The high priest Eliashib and his fellow priests were up and at it: They went to work on the Sheep Gate; they repaired it and hung its doors, continuing on as far as the Tower of the Hundred and the Tower of Hananel. The men of Jericho worked alongside them; and next to them, Zaccur son of Imri.

3-5 The Fish Gate was built by the Hassenaah brothers; they repaired it, hung its doors, and installed its bolts and bars. Meremoth son of Uriah, the son of Hakkoz, worked; next to him Meshullam son of Berekiah, the son of Meshezabel; next to him Zadok son of Baana; and next to him the Tekoites (except for their nobles, who wouldn't work with their master and refused to get their hands dirty with such work).

6-8 The Jeshanah Gate was rebuilt by Joiada son of Paseah and Meshullam son of Besodeiah; they repaired it, hung its doors, and installed its bolts and bars. Melatiah the Gibeonite, Jadon the Meronothite, and the men of Gibeon and Mizpah, which was under the rule of the governor from across the Euphrates, worked alongside them. Uzziel son of Harhaiah of the goldsmiths' guild worked next to him, and next to him Hananiah, one of the perfumers. They rebuilt the wall of Jerusalem as far as the Broad Wall.

9-10 The next section was worked on by Rephaiah son of Hur, mayor of a half-district of Jerusalem. Next to him Jedaiah son of Harumaph rebuilt the front of his house; Hattush son of Hashabneiah worked next to him.

11-12 Malkijah son of Harim and Hasshub son of Pahath-Moab rebuilt another section that included the Tower of Furnaces. Working next to him was Shallum son of Hallohesh, mayor of the other half-district of Jerusalem, along with his daughters.

13 The Valley Gate was rebuilt by Hanun and villagers of Zanoah; they repaired it, hung its doors, and installed its bolts and bars. They went on to repair 1,500 feet of the wall, as far as the Dung Gate.

14 The Dung Gate itself was rebuilt by Malkijah son of Recab, the mayor of the district of Beth

수했다.

14 거름 문 자체는 벳학게렘 구역의 책임자이자 레갑의 아들인 말기야가 맡았다. 그는 그것을 보수하여 문짝을 달고 자물쇠와 빗장을 만들어 달았다.

15 샘 문은 미스바 구역의 책임자이자 골호세의 아들인 살룬이 맡았다. 그는 그것을 보수하여 지붕을 얹고 문짝을 달고 자물쇠와 빗장을 만들어 달았다. 그는 또 다윗 성에서 내려가는 계단에 이르기까지, 왕의 동산에 있는 실로암 연못의 벽을 다시 세웠다.

16 그 다음은 벳술 반쪽 구역의 책임자이자 아스북의 아들인 느헤미야가 맡았다. 그는 다윗의 묘 바로 앞에서 연못과 영웅들의 집에 이르기까지 작업했다.

17-18 그 다음 이어지는 부분은 레위인들이 바니의 아들 르훔 밑에서 작업했다. 그들 옆에서는 그일라 반쪽 구역의 책임자인 하사뱌가 자기 구역을 맡아 다시 세웠다. 그 옆으로 그일라 나머지 반쪽 구역의 책임자이자 헤나닷의 아들인 빈누이가 그 레위인들의 형제들과 함께 작업을 이어 갔다.

19-23 무기고 언덕배기 앞에서부터 모퉁이까지의 구간은 미스바 구역의 책임자이자 예수아의 아들인 에셀이 다시 세웠다. 모퉁이부터 대제사장 엘리아십의 집 문까지는 삽배의 아들 바룩이 맡았다. 학고스의 손자요 우리야의 아들인 므레못은 엘리아십의 집 문에서부터 엘리아십의 집 맨 끝까지 맡았다. 거기서부터는 그 주변의 제사장들이 작업을 이어 갔다. 베냐민과 핫숩은 집 앞의 성벽을 작업했고, 아나냐의 손자요 마아세야의 아들인 아사랴는 집 옆쪽의 성벽을 작업했다.

24-27 아사랴의 집에서부터 구석 모퉁이까지의 구간은 헤나닷의 아들 빈누이가 다시 세웠다. 우새의 아들 발랄은 모퉁이와 망대 맞은편을 작업했는데, 망대는 수비대 뜰 근처의 위 왕궁에서 튀어나와 있었다. 그 옆으로 바로스의 아들 브다야와 오벨 언덕에 사는 성전 봉사자들이 동쪽 수문과 튀어나온 망대 맞은편 지점까지 작업했다. 튀어나온 큰 망대에서부터 오벨 성벽까지의 구간은 드고아 사람들이 맡았다.

28-30 말 문 위로는 제사장들이 작업했는데, 각 제사장이 자기 집 앞의 성벽을 보수했다. 그들 다음으로 임멜의 아들 사독이 자기 집 앞의 성

Hakkerem; he repaired it, hung its doors, and installed its bolts and bars.

15 The Fountain Gate was rebuilt by Shallun son of Col-Hozeh, mayor of the Mizpah district; he repaired it, roofed it, hung its doors, and installed its bolts and bars. He also rebuilt the wall of the Pool of Siloam at the King's Garden as far as the steps that go down from the City of David.

16 After him came Nehemiah son of Azbuk, mayor of half the district of Beth Zur. He worked from just in front of the Tomb of David as far as the Pool and the House of Heroes.

17-18 Levites under Rehum son of Bani were next in line. Alongside them, Hashabiah, mayor of half the district of Keilah, represented his district in the rebuilding. Next to him their brothers continued the rebuilding under Binnui son of Henadad, mayor of the other half-district of Keilah.

19-23 The section from in front of the Ascent to the Armory as far as the Angle was rebuilt by Ezer son of Jeshua, the mayor of Mizpah. From the Angle to the door of the house of Eliashib the high priest was done by Baruch son of Zabbai. Meremoth son of Uriah, the son of Hakkoz, took it from the door of Eliashib's house to the end of Eliashib's house. Priests from the neighborhood went on from there. Benjamin and Hasshub worked on the wall in front of their house, and Azariah son of Maaseiah, the son of Ananiah, did the work alongside his house.

24-27 The section from the house of Azariah to the Angle at the Corner was rebuilt by Binnui son of Henadad. Palal son of Uzai worked opposite the Angle and the tower that projects from the Upper Palace of the king near the Court of the Guard. Next to him Pedaiah son of Parosh and The Temple support staff who lived on the hill of Ophel worked up to the point opposite the Water Gate eastward and the projecting tower. The men of Tekoa did the section from the great projecting tower as far as the wall of Ophel.

28-30 Above the Horse Gate the priests worked, each priest repairing the wall in front of his own house. After them Zadok son of Immer rebuilt in front of his house and after him Shemaiah son of Shecaniah, the keeper of the East Gate; then Hananiah son of

벽을 다시 세웠고, 그 다음은 동문 문지기 스가냐의 아들 스마야가 다시 세웠다. 그 다음은 셀레먀의 아들 하나냐와 살랍의 여섯째 아들 하눈이 다시 세웠다. 그 다음으로 베레갸의 아들 므술람이 자기 헛간 앞의 성벽을 재건했다.

31-32 금세공업자 말기야는 성전 봉사자와 상인들의 집에까지, 그리고 검사 문과 모퉁이 다락까지의 성벽을 보수했다. 모퉁이 다락과 양 문 사이는 금세공업자와 상인들이 보수했다.

4

1-2 산발랏은 우리가 성벽을 다시 쌓아 올리고 있다는 말을 듣고 노발대발하며 유대인들을 비방했다. 그는 사마리아인 측근들과 군대 앞에서 거침없이 말했다. "이 비천한 유대인들이 지금 무엇을 하는 거냐? 하룻밤 사이에 모든 것을 정상으로 되돌릴 수 있다고 생각하는 건가? 생각만 하면 건축자재가 나온다더냐?"

3 옆에 있던 암몬 사람 도비야도 합세했다. "그러게 말이오! 도대체 무엇을 쌓겠다는 거지? 여우 한 마리만 올라가도 무게를 이기지 못하고 산산이 무너져 버릴 텐데."

4-5 느헤미야는 기도했다. "사랑하는 하나님, 우리의 기도를 들어주십시오. 우리가 이토록 멸시당하고 있습니다. 제발, 저들의 조롱이 저들 머리 위로 되돌아가게 해주십시오. 저들의 원수들이 저들을 붙잡아서, 다시는 돌아올 수 없는 땅에 전리품으로 끌고 가게 해주십시오. 저들의 죄악을 용서하지 마시고, 저들의 죄를 없애지 마십시오. 저들이 건축자들을 모욕했습니다!"

6 우리는 성벽을 보수하고 쌓는 일에 속도를 냈다. 백성이 마음을 다해 일하여 성벽 전체가 금세 하나로 이어졌고, 높이도 목표치의 절반에 이르렀다.

7-9 산발랏과 도비야와 아랍 사람과 암몬 사람과 아스돗 사람들은, 예루살렘 성벽 보수가 아주 순조롭게 진행되고 있으며 성벽의 끊어진 곳들이 메워지고 있다는 소식을 듣고 몹시 화를 냈다. 그들은 *예루살렘과 싸워 최대한 분란을 일으키기로* 머리를 맞대고 결의했다. 우리는 하나님께 기도하면서 맞섰고, 하루 종일 보초를 세워 그들의 공격에 대비했다.

10 그러나 머지않아 유다에 이런 말이 나돌았다.

Shelemiah and Hanun, the sixth son of Zalaph; then Meshullam son of Berekiah rebuilt the wall in front of his storage shed.

31-32 Malkijah the goldsmith repaired the wall as far as the house of The Temple support staff and merchants, up to the Inspection Gate, and the Upper Room at the Corner. The goldsmiths and the merchants made the repairs between the Upper Room at the Corner and the Sheep Gate.

"I Stationed Armed Guards"

4

1-2 When Sanballat heard that we were rebuilding the wall he exploded in anger, vilifying the Jews. In the company of his Samaritan cronies and military he let loose: "What are these miserable Jews doing? Do they think they can get everything back to normal overnight? Make building stones out of make-believe?"

3 At his side, Tobiah the Ammonite jumped in and said, "That's right! What do they think they're building? Why, if a fox climbed that wall, it would fall to pieces under his weight."

4-5 Nehemiah prayed, "Oh listen to us, dear God. We're so despised: Boomerang their ridicule on their heads; have their enemies cart them off as war trophies to a land of no return; don't forgive their iniquity, don't wipe away their sin—they've insulted the builders!"

6 We kept at it, repairing and rebuilding the wall. The whole wall was soon joined together and halfway to its intended height because the people had a heart for the work.

7-9 When Sanballat, Tobiah, the Arabs, the Ammonites, and the Ashdodites heard that the repairs of the walls of Jerusalem were going so well—that the breaks in the wall were being fixed—they were absolutely furious. They put their heads together and decided to fight against Jerusalem and create as much trouble as they could. We countered with prayer to our God and set a round-the-clock guard against them.

10 But soon word was going around in Judah,

건축하는 자들은 지쳤는데
쓰레기 더미만 쌓여 간다.
우리도 어쩔 수 없다.
이 성벽을 쌓을 수 없다.

11-12 그러는 동안 우리의 원수들은 다음과 같이 떠들고 다녔다. "저들은 누가 자신들을 공격했는지도 모르겠지. 쥐도 새도 모르게 우리가 쳐들어가 저들을 닥치는 대로 죽이자. 그러면 공사가 중단되겠지!" 그들과 이웃하여 사는 유대인들이 계속 소식을 전해 왔다. "그들이 우리를 포위했습니다. 이제 곧 공격할 것입니다!" 우리는 이 말을 적어도 열 번은 들었다.
13-14 그래서 나는 성벽의 가장 취약한 곳에 무장 보초를 세우고, 칼과 창과 활을 든 사람을 가문별로 배치했다. 나는 상황을 살핀 뒤에 일어나서 귀족과 관리와 다른 사람들에게 말했다. "그들을 두려워하지 말고, 크고 두려우신 주님을 기억하십시오. 그리고 여러분의 형제와 자녀와 아내와 집을 위해 싸우십시오."
15-18 원수들은 우리가 그들의 계략을 모두 알고 있다는 것도, 하나님께서 그 계략을 무산시키셨다는 것도 깨닫게 되었다. 우리는 다시 성벽으로 돌아가 작업에 임했다. 그때부터 우리 젊은이들 가운데 반은 일을 하고, 나머지 반은 창과 방패와 활을 들고 갑옷 차림으로 보초를 섰다. 관리들은 성벽 재건 공사를 하는 모든 유다 백성의 후방을 지켜 주었다. 일반 일꾼들은 한 손에는 연장을, 다른 한 손에는 창을 들었다. 성벽을 쌓는 사람들은 허리에 칼을 차고 일했다. 나는 제때 경보를 울리기 위해 나팔수를 곁에 두었다.
19-20 나는 귀족과 관리와 다른 사람들에게 말했다. "공사가 워낙 커서 우리가 서로 성벽을 따라 흩어져 있습니다. 나팔소리가 들리거든 소리 나는 곳으로 달려와 합류하십시오. 하나님께서 우리를 위해 싸우실 것입니다."
21 우리는 동틀 때부터 별이 뜰 때까지 일했고, 우리 가운데 반은 창을 들고 일했다.
22 나는 또 백성에게 이렇게 지시했다. "밤에는 각 사람이 조수들과 함께 예루살렘 안에 머무르며 보초를 서고, 낮에는 일을 하십시오."
23 나와 내 형제와 내 일꾼과 나를 지원하는 보초를 비롯한 우리 모두는 옷을 입은 채 잠자리에 들었고, 물을 뜨러 갈 때도 손에서 창을 놓지 않았다.

The builders are pooped,
the rubbish piles up;
We're in over our heads,
we can't build this wall.

11-12 And all this time our enemies were saying, "They won't know what hit them. Before they know it we'll be at their throats, killing them right and left. *That* will put a stop to the work!" The Jews who were their neighbors kept reporting, "They have us surrounded; they're going to attack!" If we heard it once, we heard it ten times.
13-14 So I stationed armed guards at the most vulnerable places of the wall and assigned people by families with their swords, lances, and bows. After looking things over I stood up and spoke to the nobles, officials, and everyone else: "Don't be afraid of them. Put your minds on the Master, great and awesome, and then fight for your brothers, your sons, your daughters, your wives, and your homes."
15-18 Our enemies learned that we knew all about their plan and that God had frustrated it. And we went back to the wall and went to work. From then on half of my young men worked while the other half stood guard with lances, shields, bows, and mail armor. Military officers served as backup for everyone in Judah who was at work rebuilding the wall. The common laborers held a tool in one hand and a spear in the other. Each of the builders had a sword strapped to his side as he worked. I kept the trumpeter at my side to sound the alert.
19-20 Then I spoke to the nobles and officials and everyone else: "There's a lot of work going on and we are spread out all along the wall, separated from each other. When you hear the trumpet call, join us there; our God will fight for us."
21 And so we kept working, from first light until the stars came out, half of us holding lances.
22 I also instructed the people, "Each person and his helper is to stay inside Jerusalem–guards by night and workmen by day."
23 We all slept in our clothes–I, my brothers, my workmen, and the guards backing me up. And each one kept his spear in his hand, even when getting water.

5 [1-2] 여자들을 포함한 모든 백성이 동포 유대인들에게 거세게 항의했다. 어떤 사람들은 이렇게 말했다. "우리는 가족이 많으니, 살아남으려면 양식이 필요합니다."
[3] 다른 사람들은 이렇게 외쳤다. "입에 풀칠이라도 할 만큼 곡식을 얻으려면 우리 밭과 포도원, 집을 저당 잡혀야 합니다."
[4-5] 또 다른 사람들은 이렇게 말했다. "왕에게 세금을 내려면 우리 밭과 포도원을 저당 잡히고 돈을 빌려야 합니다. 보다시피, 우리는 유대인 형제들과 똑같은 살과 피를 가지고 있으며, 우리 자녀들도 그들의 자녀들과 다를 바 없습니다. 그런데도 우리는 이제 자녀들까지 종으로 팔아야 할 처지가 되었습니다! 우리 딸들 가운데는 이미 팔려간 경우도 있는데, 우리 밭과 포도원이 다른 사람 소유이니 어쩔 도리가 없습니다."
[6-7] 그들의 항의와 불만을 들은 나는 정말 화가 났다. 그 내용을 신중히 생각한 끝에, 나는 귀족과 관리들을 불러 꾸짖었다. "당신들은 형제를 갈취하고 있소."
[7-8] 이어서 나는 큰 회의를 소집하여 그 문제를 다루었다. "우리는 외국인에게 종으로 팔릴 수밖에 없는 유대인 형제들을 애써 값을 치르고 찾아왔소. 그런데 이제 당신들이 빚을 빌미로 그 형제들을 다시 종으로 팔고 있소! 우리더러 그들을 다시 사오라는 말입니까?"
그들은 아무 말이 없었다. 무슨 말을 할 수 있겠는가.
[9] "이것은 정말 악한 짓이오. 당신들에게는 하나님을 경외하는 마음이 조금도 남아 있지 않은 겁니까? 주변 나라와 우리의 원수들이 우리를 어떻게 생각할지 신경도 안 쓴단 말입니까?
[10-11] 나와 내 형제와 내 밑에서 일하는 사람들도 백성에게 돈을 빌려 주고 있소. 이제 이자로 그들을 갈취하는 일은 당장 그만두어야 하오. 저당 잡은 백성의 밭과 포도원과 올리브 과수원과 집을 당장 돌려주시오. 그리고 그들에게 돈과 곡식과 새 포도주와 올리브기름을 꾸어 주고 받는 이자도 탕감해 주시오."
[12-13] 그들이 말했다. "모두 돌려주겠습니다. 그들에게 더 이상 요구하지 않겠습니다. 말씀하신 대로 다 하겠습니다."
나는 제사장들을 불러 놓고 그들이 한 말을 지키도록 서약하게 했다. 그리고 내 주머니를 뒤집어 털면서 말했다. "누구든지 이 약속을 지키지 않는

The "Great Protest"

5 [1-2] A great protest was mounted by the people, including the wives, against their fellow Jews. Some said, "We have big families, and we need food just to survive."
[3] Others said, "We're having to mortgage our fields and vineyards and homes to get enough grain to keep from starving."
[4-5] And others said, "We're having to borrow money to pay the royal tax on our fields and vineyards. Look: We're the same flesh and blood as our brothers here; our children are just as good as theirs. Yet here we are having to sell our children off as slaves—some of our daughters have already been sold—and we can't do anything about it because our fields and vineyards are owned by somebody else."
[6-7] I got really angry when I heard their protest and complaints. After thinking it over, I called the nobles and officials on the carpet. I said, "Each one of you is gouging his brother."
[7-8] Then I called a big meeting to deal with them. I told them, "We did everything we could to buy back our Jewish brothers who had to sell themselves as slaves to foreigners. And now you're selling these same brothers back into debt slavery! Does that mean that we have to buy them back again?"
They said nothing. What could they say?
[9] "What you're doing is wrong. Is there no fear of God left in you? Don't you care what the nations around here, our enemies, think of you?
[10-11] "I and my brothers and the people working for me have also loaned them money. But this gouging them with interest has to stop. Give them back their foreclosed fields, vineyards, olive groves, and homes right now. And forgive your claims on their money, grain, new wine, and olive oil."
[12-13] They said, "We'll give it all back. We won't make any more demands on them. We'll do everything you say."
Then I called the priests together and made them promise to keep their word. Then I emptied my pockets, turning them inside out, and said, "So may God empty the pockets and house of everyone

자는 하나님께서 그의 주머니와 집도 이렇게 뒤집어 털어 버리실 것이오."
모두가 전심으로 "예, 우리가 그렇게 하겠습니다!" 하며 하나님을 찬양했다. 그리고 그들은 그 약속을 지켰다.

who doesn't keep this promise–turned inside out and emptied."
Everyone gave a wholehearted "Yes, we'll do it!" and praised GOD. And the people did what they promised.

나의 하나님, 제게 은혜를 베풀어 주십시오

14-16 나는 아닥사스다 왕 이십년에 유다 땅 총독으로 임명받아 아닥사스다 왕 삼십이년까지 십이 년 동안 총독으로 있었지만, 나와 내 형제들은 총독으로서 받아야 할 녹을 받지 않았다. 내 전임 총독들은 양식과 포도주를 사기 위해 하루에 은 40세겔(약 0.5킬로그램)씩을 백성에게서 거두어들여 그들을 착취했고, 그 아랫사람들도 무자비하게 백성을 괴롭혔다. 그러나 나는 하나님을 두려워했으므로 그런 일을 절대 하지 않았다. 그보다 내가 한 일은 성벽을 쌓는 일이었다. 내 모든 부하들도 성벽을 쌓는 데 몰두했다. 우리는 사리사욕을 채우고 있을 시간이 없었다.

17-18 나는 내 식탁에서 유대인과 관리들 150명을 먹였고 그 외에 주변 나라에서 오는 사람들도 있었으므로, 날마다 황소 한 마리, 기름진 양 여섯 마리, 닭 여러 마리를 준비했다. 열흘에 한 번씩은 많은 양의 포도주도 마련해야 했다. 그런데도 나는 총독이 받아야 할 녹을 받지 않았다. 백성의 삶이 이미 몹시도 힘겨웠기 때문이다.

19 나의 하나님, 제가 이 백성을 위해 행한 모든 일을 기억하시고
제게 은혜를 베풀어 주십시오.

"Remember in My Favor, O My God"

14-16 From the time King Artaxerxes appointed me as their governor in the land of Judah–from the twentieth to the thirty-second year of his reign, twelve years–neither I nor my brothers used the governor's food allowance. Governors who had preceded me had oppressed the people by taxing them forty shekels of silver (about a pound) a day for food and wine while their underlings bullied the people unmercifully. But out of fear of God I did none of that. I had work to do; I worked on this wall. All my men were on the job to do the work. We didn't have time to line our own pockets.

17-18 I fed 150 Jews and officials at my table in addition to those who showed up from the surrounding nations. One ox, six choice sheep, and some chickens were prepared for me daily, and every ten days a large supply of wine was delivered. Even so, I didn't use the food allowance provided for the governor–the people had it hard enough as it was.

19 Remember in my favor, O my God,
Everything I've done for these people.

하나님, 제게 힘을 주십시오

6 1-2 내가 성벽을 다 쌓아 올려 더 이상 성벽에 끊어진 곳이 없게 되었다는 말이 산발랏과 도비야, 아랍 사람 게셈을 비롯한 우리 원수들의 귀에까지 들어갔다. 아직 성문의 문짝은 달지 않은 상태였는데, 산발랏과 게셈이 내게 전갈을 보내왔다. "오노 골짜기 그비림으로 오시오. 거기서 좀 봅시다."

2-3 나는 그들이 나를 해치려고 수작을 부리는 것을 알고, 심부름꾼을 돌려보내며 다음과 같이 전했다. "나는 지금 큰 공사를 하고 있어 내려갈 수 없소. 어찌 이 일을 중단하고 당신들을 보러 간단 말이오?"

4 그들은 네 번씩이나 같은 전갈을 보내왔고, 그

"I'm Doing a Great Work: I Can't Come Down"

6 1-2 When Sanballat, Tobiah, Geshem the Arab, and the rest of our enemies heard that I had rebuilt the wall and that there were no more breaks in it–even though I hadn't yet installed the gates–Sanballat and Geshem sent this message: "Come and meet with us at Kephirim in the valley of Ono."

2-3 I knew they were scheming to hurt me so I sent messengers back with this: "I'm doing a great work; I can't come down. Why should the work come to a standstill just so I can come down to see you?"

4 Four times they sent this message and four times

때마다 나도 같은 답변을 했다.
5-6 다섯 번째에도 산발랏은 같은 내용의 편지를 봉하지 않은 채, 같은 심부름꾼을 시켜 보내왔다.
6-7 "당신과 유대인들이 반역을 꾀하고 있다는 소문이 여러 민족들 사이에 돌고 있고, 게셈도 그것이 사실이라고 말했소. 당신들이 성벽을 쌓는 것도 그러한 이유에서라고 말이오. 당신이 왕이 되려고 하고 있으며, '유다에 왕이 있다!'고 예루살렘에 공포하기 위해 예언자들까지 세웠다는 말을 들었소. 이제 이 일은 모두 왕의 귀에 들어가게 될 것이오. 그러니 우리가 함께 앉아 대화할 필요가 있지 않겠소?"
8 나는 심부름꾼을 돌려보내며 다음과 같이 전했다. "당신의 말은 사실무근이오. 모두 당신이 꾸며낸 것이오."
9 그들은 우리를 위협하여 성전 건축을 그만두게 하려고 했다. "저들은 포기할 것이며, 절대 공사를 끝마치지 못할 것이다." 이것이 그들의 생각이었다.
나는 기도했다. "하나님, 제게 힘을 주십시오."

10 그 후에 나는 므헤다벨의 손자요 들라야의 아들인 스마야를 그의 집에서 은밀히 만났다. 그가 말했다.

우리, 하나님의 집,
성전 안에서 만납시다.
그들이 당신을 죽이러 올 거요.
밤중에 반드시 죽이러 올 테니
성전 안에 들어가 문을 잠급시다.

11 나는 이렇게 대답했다. "나더러 도망쳐 숨으란 말입니까? 나 같은 사람이 어찌 성전에 숨는단 말입니까? 그럴 수 없습니다."
12-13 나는 그가 하나님께서 보내신 사람이 아니라는 것을 알아차렸다. 그가 내게 말한 예언이란 것도 도비야와 산발랏의 작품이었다. 그들이 스마야를 매수한 것이다. 그렇게 해서 내게 *겁을 주고—나를 꾀어—일반인의 몸으로 성전*을 더럽히는 죄를 짓게 하여, 그동안의 좋은 평판을 떨어뜨리고 나를 마음껏 헐뜯으려는 속셈이었다.
14 "나의 하나님, 이 모든 악을 저지른 도비야

I gave them my answer.
5-6 The fifth time—same messenger, same message—Sanballat sent an unsealed letter with this message:
6-7 "The word is out among the nations—and Geshem says it's true—that you and the Jews are planning to rebel. That's why you are rebuilding the wall. The word is that you want to be king and that you have appointed prophets to announce in Jerusalem, 'There's a king in Judah!' The king is going to be told all this—don't you think we should sit down and have a talk?"
8 I sent him back this: "There's nothing to what you're saying. You've made it all up."
9 They were trying to intimidate us into quitting. They thought, "They'll give up; they'll never finish it." I prayed, "Give me strength."

10 Then I met secretly with Shemaiah son of Delaiah, the son of Mehetabel, at his house. He said:

Let's meet at the house of God,
inside The Temple;
Let's find safety behind locked doors
because they're coming to kill you,
Yes, coming by night to kill you.

11 I said, "Why would a man like me run for cover? And why would a man like me use The Temple as a hideout? I won't do it."
12-13 I sensed that God hadn't sent this man. The so-called prophecy he spoke to me was the work of Tobiah and Sanballat; they had hired him. He had been hired to scare me off—trick me—a layman, into desecrating The Temple and ruining my good reputation so they could accuse me.
14 "O my God, don't let Tobiah and Sanballat get by with all the mischief they've done. And the same goes for the prophetess Noadiah and the other prophets who have been trying to undermine my confidence."

15-16 The wall was finished on the twenty-fifth day of Elul. It had taken fifty-two days. When all our

와 산발랏을 내버려 두지 마십시오. 내 확신을
꺾으려 한 여예언자 노아댜와 다른 예언자들도
그냥 내버려 두지 마십시오."

15-16 성벽은 오십이 일 만인 엘룰월 이십오일
에 완공되었다. 우리의 모든 원수들이 이 소식
을 들었고, 주변 모든 나라가 이 일을 직접 보
았다. 그제야 원수들의 기가 완전히 꺾였다. 이
일의 배후에 하나님이 계신 것을 알게 되었기
때문이다.
17-19 그 기간 내내 유다 귀족들과 도비야 사이
에 편지가 오갔다. 그는 아라의 아들 스가냐의
사위인 데다, 그의 아들 여호하난도 베레갸의
아들 므술람의 딸과 결혼한 터라 많은 유대 귀
족들과 친분이 있었다. 그들은 그가 행한 좋은
일들을 내 앞에서 떠벌였고, 반대로 내가 한 말
들을 그에게 일일이 보고했다. 그러면 도비야
는 나를 위협하는 편지를 보내곤 했다.

마침내 성벽이 재건되다

7 1-2 성벽이 재건되어 나는 성문의 문짝
들을 달았고, 문지기와 노래하는 사람
과 레위인들을 임명했다. 그 후에 내 동생 하나
니와 성채 지휘관 하나냐에게 예루살렘을 지키
는 임무를 맡게 했다. 하나냐는 정직한 사람이
요 누구보다도 하나님을 경외했기 때문이다.
3 나는 그들에게 이렇게 명령했다. "해가 높이
뜰 때까지 예루살렘 성문들을 열지 마시오. 그
리고 문지기들이 임무를 마치기 전에 성문들
을 닫고 빗장을 지르도록 하시오. 문지기는 예
루살렘 주민 중에서 임명하고, 각자 자기 집 앞
초소에 배치하시오."
4 성은 크고 넓었으나 인구가 얼마 되지 않았
고, 완성된 집들도 거의 없었다.
5 하나님께서는 귀족과 관리와 일반 백성을 모
아 그 수를 등록하게 하셨다. 나는 바빌론에서
일차로 돌아온 사람들의 족보 기록을 얻었는
데, 그 내용은 이러하다.

6-60 바빌론 왕 느부갓네살에게 사로잡혀 포
로생활하던 사람들 가운데 많은 이들이 고향
땅인 예루살렘과 유다로 돌아왔는데, 스룹바
벨, 예수아, 느헤미야, 아사랴, 라아먀, 나하
마니, 모르드개, 빌산, 미스베렛, 비그왜, 느

enemies heard the news and all the surrounding
nations saw it, our enemies totally lost their nerve.
They knew that God was behind this work.
17-19 All during this time letters were going back and
forth constantly between the nobles of Judah and
Tobiah. Many of the nobles had ties to him because
he was son-in-law to Shecaniah son of Arah and
his son Jehohanan had married the daughter of
Meshullam son of Berekiah. They kept telling me
all the good things he did and then would report
back to him anything I would say. And then Tobiah
would send letters to intimidate me.

The Wall Rebuilt: Names and Numbers

7 1-2 After the wall was rebuilt and I had
installed the doors, and the security guards,
the singers, and the Levites were appointed, I
put my brother Hanani, along with Hananiah
the captain of the citadel, in charge of Jerusalem
because he was an honest man and feared God more
than most men.
3 I gave them this order: "Don't open the gates of
Jerusalem until the sun is up. And shut and bar the
gates while the guards are still on duty. Appoint the
guards from the citizens of Jerusalem and assign
them to posts in front of their own homes."
4 The city was large and spacious with only a few
people in it and the houses not yet rebuilt.
5 God put it in my heart to gather the nobles, the
officials, and the people in general to be registered. I
found the genealogical record of those who were in
the first return from exile. This is the record I found:

6-60 These are the people of the province who
returned from the captivity of the Exile, the ones
Nebuchadnezzar king of Babylon had carried off
captive; they came back to Jerusalem and Judah,
each going to his own town. They came back in
the company of Zerubbabel, Jeshua, Nehemiah,
Azariah, Raamiah, Nahamani, Mordecai, Bilshan,
Mispereth, Bigvai, Nehum, and Baanah.
The numbers of the men of the People of Israel
by families of origin:
Parosh, 2,172

훔, 바아나와 함께 왔다.
이스라엘 남자들의 출신 가문별 숫자는 이러하다.
바로스 자손 2,172명
스바댜 자손 372명
아라 자손 652명
바핫모압(예수아와 요압의 자손) 자손 2,818명
엘람 자손 1,254명
삿두 자손 845명
삭개 자손 760명
빈누이 자손 648명
브배 자손 628명
아스갓 자손 2,322명
아도니감 자손 667명
비그왜 자손 2,067명
아딘 자손 655명
아델(히스기야의 자손) 자손 98명
하숨 자손 328명
베새 자손 324명
하립 자손 112명
기브온 자손 95명.
출신 지역별로 파악된 이스라엘 백성은 이러하다.
베들레헴과 느도바 사람 188명
아나돗 사람 128명
벳아스마웻 사람 42명
기럇여아림과 그비라와 브에롯 사람 743명
라마와 게바 사람 621명
믹마스 사람 122명
베델과 아이 사람 123명
느보(다른 느보) 사람 52명
엘람(다른 엘람) 사람 1,254명
하림 사람 320명
여리고 사람 345명
로드와 하딧과 오노 사람 721명
스나아 사람 3,930명.
제사장 가문은 이러하다.
여다야(예수아의 자손) 자손 973명
임멜 자손 1,052명
바스훌 자손 1,247명
하림 자손 1,017명.
레위 가문은 이러하다.
예수아(갓미엘과 호드야의 자손) 자손 74명.
노래하는 사람은 이러하다.
아삽 자손 148명.
문지기 가문은 이러하다.
살룸 자손과 아델 자손과 달문 자손과 악굽 자손과

Shephatiah, 372
Arah, 652
Pahath-Moab (sons of Jeshua and Joab), 2,818
Elam, 1,254
Zattu, 845
Zaccai, 760
Binnui, 648
Bebai, 628
Azgad, 2,322
Adonikam, 667
Bigvai, 2,067
Adin, 655
Ater (sons of Hezekiah), 98
Hashum, 328
Bezai, 324
Hariph, 112
Gibeon, 95.
Israelites identified by place of origin:
Bethlehem and Netophah, 188
Anathoth, 128
Beth Azmaveth, 42
Kiriath Jearim, Kephirah, and Beeroth, 743
Ramah and Geba, 621
Micmash, 122
Bethel and Ai, 123
Nebo (the other one), 52
Elam (the other one), 1,254
Harim, 320
Jericho, 345
Lod, Hadid, and Ono, 721
Senaah, 3,930.
Priestly families:
Jedaiah (sons of Jeshua), 973
Immer, 1,052
Pashhur, 1,247
Harim, 1,017.
Levitical families:
Jeshua (sons of Kadmiel and of Hodaviah), 74.
Singers:
Asaph's family line, 148.
Security guard families:
Shallum, Ater, Talmon, Akkub, Hatita, and

하디다 자손과 소배 자손이 모두 138명.
성전 봉사자 가문은 이러하다.
시하 자손과 하수바 자손과 답바옷 자손
게로스 자손과 시아 자손과 바돈 자손
르바나 자손과 하가바 자손과 살매 자손
하난 자손과 깃델 자손과 가할 자손
르아야 자손과 르신 자손과 느고다 자손
갓삼 자손과 웃사 자손과 바세아 자손
베새 자손과 므우님 자손과 느비스심 자손
박북 자손과 하그바 자손과 할훌 자손
바슬룻 자손과 므히다 자손과 하르사 자손
바르고스 자손과 시스라 자손과 데마 자손
느시야 자손과 하디바 자손.
솔로몬의 신하들 가문은 이러하다.
소대 자손과 소베렛 자손과 브리다 자손
야알라 자손과 다르곤 자손과 깃델 자손
스바댜 자손과 핫딜 자손과 보게렛하스바임 자손과 아몬 자손.
성전 봉사자와 솔로몬의 신하들은 모두 392명이다.

61-63 델멜라, 델하르사, 그룹, 앗돈, 임멜에서 온 사람들도 있었는데, 이들은 조상이 밝혀지지 않아 이스라엘 백성인지 아닌지 알 수 없었다.

이들은 들라야 자손과 도비야 자손과 느고다 자손인데, 모두 642명이다.
제사장 가문 중에도 그런 사람들이 있었다.
이들은 호바야 자손과 학고스 자손과 바르실래 자손인데, 바르실래는 길르앗 사람 바르실래 가문의 딸과 결혼하여 그 이름을 취했다.

64-65 이들은 족보를 샅샅이 뒤졌지만 자신들의 이름을 찾지 못했고, 부정하게 여겨져 제사장직에서 제외되었다. 총독은 제사장이 우림과 둠밈을 가지고 그들의 신분을 판정할 때까지 거룩한 음식을 먹지 말라고 그들에게 명령했다.

66-69 회중의 수는 모두 42,360명이었다. 7,337명에 달하는 남녀 종은 그 수에 포함되지 않았다. 또 노래하는 사람이 남녀 245명이었고, 말 736마리, 노새 245마리, 낙타 435마리, 나귀가 6,720마리였다.

70-72 각 가문의 우두머리들 가운데 일부는 성벽 건축을 위해 자원하여 예물을 바쳤다. 총독도 금 1,000드라크마(약 8.6킬로그램), 대접 50개, 제사장 예복 530벌을 건축 기금으로 바쳤다. 각 가문의 우두머리

Shobai, 138.
Families of support staff:
Ziha, Hasupha, Tabbaoth,
Keros, Sia, Padon,
Lebana, Hagaba, Shalmai,
Hanan, Giddel, Gahar,
Reaiah, Rezin, Nekoda,
Gazzam, Uzza, Paseah,
Besai, Meunim, Nephussim,
Bakbuk, Hakupha, Harhur,
Bazluth, Mehida, Harsha,
Barkos, Sisera, Temah,
Neziah, and Hatipha.
Families of Solomon's servants:
Sotai, Sophereth, Perida,
Jaala, Darkon, Giddel,
Shephatiah, Hattil, Pokereth-Hazzebaim, and Amon.
The Temple support staff and Solomon's servants added up to 392.

61-63 These are those who came from Tel Melah, Tel Harsha, Kerub, Addon, and Immer. They weren't able to prove their ancestry, whether they were true Israelites or not:

The sons of Delaiah, Tobiah, and Nekoda, 642.
Likewise with these priestly families:
The sons of Hobaiah, Hakkoz, and Barzillai, who had married a daughter of Barzillai the Gileadite and took that name.

64-65 They looked high and low for their family records but couldn't find them. And so they were barred from priestly work as ritually unclean. The governor ruled that they could not eat from the holy food until a priest could determine their status by using the Urim and Thummim.

66-69 The total count for the congregation was 42,360. That did not include the male and female slaves who numbered 7,337. There were also 245 male and female singers. And there were 736 horses, 245 mules, 435 camels, and

들 가운데 일부가 성벽 재건을 위해 기금으
로 바친 것은 금 20,000드라크마, 은 2,200
마네(약 1.3톤)였다. 나머지 백성이 기부한
것은 모두 금 20,000드라크마(약 170킬로
그램), 은 2,000마네, 제사장 예복 67벌이
었다.
73 제사장과 레위인과 문지기와 노래하는 사
람과 성전 봉사자와 일부 다른 지역에서 온
사람과 나머지 이스라엘 백성은 저마다 고
향에 살 곳을 찾았다.

백성에게 계시의 책을 낭독하다

8 1 일곱째 달 즈음이 되자, 이스라엘
백성이 모두 성읍에 정착했다. 그
때 모든 백성이 수문 앞 성읍 광장에 모였
다. 그들은 에스라에게 청하여, 하나님께서
이스라엘에게 명령하신 모세의 계시의 책을
가져오게 했다.
2-3 그래서 에스라는 회중 앞에 계시의 책을
가져왔는데, 그 자리에는 남녀 할 것 없이
알아들을 만한 사람은 모두 나와 있었다. 때
는 일곱째 달 첫째 날이었다. 남자든 여자든
알아들을 만한 사람이 모두 듣는 가운데, 에
스라가 수문 앞 성읍 광장 쪽을 향해 새벽부
터 정오까지 계시의 책을 낭독했다. 모든 백
성이 그의 책 읽는 소리에 귀를 기울였다.
4 학자 에스라는 특별히 만든 나무 연단 위
에 섰다. 그의 오른쪽에는 맛디댜, 스마, 아
나야, 우리야, 힐기야, 마아세야가 섰고, 왼
쪽에는 브다야, 미사엘, 말기야, 하숨, 하스
밧다나, 스가랴, 므술람이 섰다.
5-6 에스라는 책을 폈다. 모든 시선이 그에
게 집중되었고(그는 높은 연단 위에 서 있었
다), 그가 책을 펴자 모두 자리에서 일어났
다. 에스라는 하나님 크신 하나님을 찬양했
고, 모든 백성은 손을 높이 들고 "그렇습니
다! 그렇습니다!" 하며 화답했다. 이어서 그
들은 무릎 꿇은 채 얼굴을 땅에 대고 하나님
을 예배했다.
7-8 레위인인 예수아, 바니, 세레뱌, 야민, 악
굽, 사브대, 호디야, 마아세야, 그리다, 아사
랴, 요사밧, 하난, 블라야가 계시를 설명하
는 동안, 백성은 서서 그것을 귀 기울여 들
었다. 그들은 백성이 알아들을 수 있도록 하
나님의 계시의 책을 통역하고, 낭독한 내용

6,720 donkeys.
70-72 Some of the heads of families made voluntary
offerings for the work. The governor made a gift to the
treasury of 1,000 drachmas of gold (about nineteen
pounds), 50 bowls, and 530 garments for the priests.
Some of the heads of the families made gifts to the
treasury for the work; it came to 20,000 drachmas of
gold and 2,200 minas of silver (about one and a third
tons). Gifts from the rest of the people totaled 20,000
drachmas of gold (about 375 pounds), 2,000 minas of
silver, and 67 garments for the priests.
73 The priests, Levites, security guards, singers, and
Temple support staff, along with some others, and the
rest of the People of Israel, all found a place to live in
their own towns.

Ezra and The Revelation

8 1 By the time the seventh month arrived, the
People of Israel were settled in their towns.
Then all the people gathered as one person in the town
square in front of the Water Gate and asked the schol-
ar Ezra to bring the Book of The Revelation of Moses
that GOD had commanded for Israel.
2-3 So Ezra the priest brought The Revelation to the
congregation, which was made up of both men and
women–everyone capable of understanding. It was
the first day of the seventh month. He read it facing
the town square at the Water Gate from early dawn
until noon in the hearing of the men and women, all
who could understand it. And all the people listened–
they were all ears–to the Book of The Revelation.
4 The scholar Ezra stood on a wooden platform
constructed for the occasion. He was flanked on the
right by Mattithiah, Shema, Anaiah, Uriah, Hilkiah,
and Maaseiah, and on the left by Pedaiah, Mishael,
Malkijah, Hashum, Hashbaddanah, Zechariah, and
Meshullam.
5-6 Ezra opened the book. Every eye was on him (he
was standing on the raised platform) and as he opened
the book everyone stood. Then Ezra praised GOD,
the great God, and all the people responded, "Oh
Yes! Yes!" with hands raised high. And then they fell
to their knees in worship of GOD, their faces to the
ground.
7-8 Jeshua, Bani, Sherebiah, Jamin, Akkub, Shabbethai,

을 설명했다.
9 총독 느헤미야와, 제사장이자 학자인 에
스라와 백성을 가르치는 레위인들이 백성에
게 말했다. "오늘은 하나님 여러분의 하나님
의 거룩한 날입니다. 울지도 슬퍼하지도 마
십시오." 그들이 이렇게 말한 것은 온 백성
이 계시의 말씀을 들으며 울고 있었기 때문
이다.
10 느헤미야는 말을 이었다. "집에 가서 명절
음식과 음료를 준비하여 잔치를 벌이십시
오. 그리고 아무것도 가진 것이 없는 이들에
게 음식을 나눠 주십시오. 이날은 하나님께
거룩한 날이니, 슬퍼하지 마십시오. 하나님
을 기뻐하는 것이 여러분의 힘입니다!"
11 레위인들이 백성을 진정시켰다. "이제 진
정하십시오. 이날은 거룩한 날이니, 근심하
지 마십시오."
12 백성은 돌아가서 잔치를 벌이고, 가난한
사람들과 함께 먹고 마시며 크게 즐거워했
다. 그제야 그들은 계시의 내용을 깨닫고,
그 낭독한 내용을 이해했던 것이다.

13-15 이튿날에, 백성을 대표한 각 가문의 우두머리와 제사장과 레위인들이 계시의 말씀을 더 깊이 깨닫고자 학자 에스라 주위에 모여들었다. 그들은 계시의 기록을 보다가 하나님께서 모세를 통해 이스라엘 백성에게 일곱째 달 절기 동안 초막에서 지내라고 명령하신 대목을 발견했다. 그래서 그들은 그 명령을 공포하고 모든 성읍과 예루살렘에 게시했다. "기록된 대로 산으로 가서 올리브 가지, 솔가지, 향나무 가지, 야자수 가지, 기타 잎이 많은 가지를 모아다 초막을 짓도록 하십시오."

16-17 그러자 백성은 나가서 나뭇가지를 구해다가 지붕 위, 뜰, 하나님의 성전 뜰, 수문 광장, 에브라임 문 광장에 초막을 지었다. 바빌론 포로생활에서 돌아온 모든 회중이 초막을 짓고 그 안에서 지냈다. 이스라엘 백성은 눈의 아들 여호수아 때부터 그날까지 이처럼 축제를 즐긴 적이 없었다. 굉장한 날이었다!

Hodiah, Maaseiah, Kelita, Azariah, Jozabad, Hanan,
and Pelaiah, all Levites, explained The Revelation
while people stood, listening respectfully. They trans-
lated the Book of The Revelation of God so the people
could understand it and then explained the reading.
9 Nehemiah the governor, along with Ezra the priest
and scholar and the Levites who were teaching the
people, said to all the people, "This day is holy to GOD,
your God. Don't weep and carry on." They said this
because all the people were weeping as they heard the
words of The Revelation.
10 He continued, "Go home and prepare a feast,
holiday food and drink; and share it with those who
don't have anything: This day is holy to God. Don't feel
bad. The joy of GOD is your strength!"
11 The Levites calmed the people, "Quiet now. This is a
holy day. Don't be upset."
12 So the people went off to feast, eating and drinking
and including the poor in a great celebration. Now
they got it; they understood the reading that had been
given to them.

13-15 On the second day of the month the family heads of all the people, the priests, and the Levites gathered around Ezra the scholar to get a deeper understanding of the words of The Revelation. They found written in The Revelation that GOD commanded through Moses that the People of Israel are to live in booths during the festival of the seventh month. So they published this decree and had it posted in all their cities and in Jerusalem: "Go into the hills and collect olive branches, pine branches, myrtle branches, palm branches, and any other leafy branches to make booths, as it is written."

16-17 So the people went out, brought in branches, and made themselves booths on their roofs, courtyards, the courtyards of The Temple of God, the Water Gate plaza, and the Ephraim Gate plaza. The entire congregation that had come back from exile made booths and lived in them. The People of Israel hadn't done this from the time of Joshua son of Nun until that very day—a terrific day! Great joy!

18 에스라는 첫날부터 마지막 날까지 날마다
하나님의 계시의 책을 낭독했다. 그들은 칠
일 동안 절기를 지켰다. 그리고 팔 일째 되
는 날에, 그들은 명령에 따라 엄숙한 집회를
열었다.

백성이 죄를 자백하다

9 1-3 이어 그달 이십사일에, 이스라엘
백성은 함께 모여서 금식하며 회개
의 표시로 베옷을 입고 얼굴에 재를 묻혔다.
그들은 외국인과의 관계를 모두 끊고, 일어
나 자신의 죄와 조상들의 잘못을 자백했다.
그렇게 자리에 선 채로 반나절 동안 하나님
그들 하나님의 계시의 책을 낭독했다. 또 반
나절 동안은 죄를 자백하며 하나님을 예배
했다.

4-5 여러 레위인—예수아, 바니, 갓미엘, 스
바냐, 분니, 세레뱌, 바니, 그나니—이 연단
에 서서 하나님 그들의 하나님께 큰소리로
부르짖었다. 레위인인 예수아, 갓미엘, 바
니, 하삽느야, 세레뱌, 호디야, 스바냐, 브다
히야가 외쳤다. "일어나, 하나님 우리 하나
님을 영원토록 찬양합시다!"

5-6 그 무엇으로도 기릴 수 없는
주의 영화로우신 이름을 찬양합니다!
오직 주님만이 홀로 하나님이십니다.
주께서는 하늘과 하늘의 하늘과
모든 천사를 지으셨습니다.
땅과 그 위의 모든 것,
바다와 그 속의 모든 것을
주께서 살게 하시니,
하늘의 천사들이 주를 경배합니다!

7-8 주께서 곧 하나님이시니,
아브람을 택하셔서
갈대아 우르에서 이끌어 내시고
그 이름을 아브라함으로 고친 분이십니다.
주께 한결같은 그 마음의 진실함을 보시고
주께서 그와 언약을 맺으셨습니다.
가나안 사람, 헷 사람, 아모리 사람,
브리스 사람, 여부스 사람, 기르가스 사람의
땅을 그에게,
그의 후손에게 주시겠다는 언약.
의로우신 주께서는

18 Ezra read from the Book of The Revelation of God
each day, from the first to the last day—they celebrated
the feast for seven days. On the eighth day they held a
solemn assembly in accordance with the decree.

9 1-3 Then on the twenty-fourth day of this
month, the People of Israel gathered for a fast,
wearing burlap and faces smudged with dirt as signs of
repentance. The Israelites broke off all relations with
foreigners, stood up, and confessed their sins and the
iniquities of their parents. While they stood there in
their places, they read from the Book of The Revelation
of GOD, their God, for a quarter of the day. For another
quarter of the day they confessed and worshiped their
GOD.

4-5 A group of Levites—Jeshua, Bani, Kadmiel,
Shebaniah, Bunni, Sherebiah, Bani, and Kenani—
stood on the platform and cried out to GOD, their God,
in a loud voice. The Levites Jeshua, Kadmiel, Bani,
Hashabneiah, Sherebiah, Hodiah, Shebaniah, and
Pethahiah said, "On your feet! Bless GOD, your God,
for ever and ever!"

5-6 Blessed be your glorious name,
exalted above all blessing and praise!
You're the one,
GOD, you alone;
You made the heavens,
the heavens of heavens, and all angels;
The earth and everything on it,
the seas and everything in them;
You keep them all alive;
heaven's angels worship you!

7-8 You're the one, GOD, *the* God
who chose Abram
And brought him from Ur of the Chaldees
and changed his name to Abraham.
You found his heart to be steady and true to you
and signed a covenant with him,
A covenant to give him the land of the Canaanites,
the Hittites, and the Amorites,
The Perizzites, Jebusites, and Girgashites,
—to give it to his descendants.

그 약속을 지키셨습니다.

9-15 주께서는 이집트에서 우리 조상의 고통을 보셨습니다.
홍해에서 그들의 부르짖음을 들으셨습니다.
이적과 기적으로 바로와 그 신하들,
그 땅 백성을 놀라게 하셨습니다.
주의 백성을 괴롭히는 그들의 교만을 아셨고
오늘까지 이어지는 명성을 친히 얻으셨습니다.
주께서는 우리 조상 앞에서 바다를 가르시고
그들이 발에 물 한 방울 묻히지 않고 건너게 하셨습니다.
주께서 그 추격자들을 깊은 곳에 던지시자
그들이 풍랑 이는 바다에 돌처럼 가라앉았습니다.
낮에는 구름기둥으로
밤에는 불기둥으로 인도하시고
그들이 이동할 길을
주께서 보이셨습니다.
시내 산에 친히 내려오셔서
하늘에서 그들에게 말씀하셨습니다.
올바르게 사는 길의 지침,
참된 가르침, 온전한 계명과 명령을 주셨습니다.
주께서는 주의 거룩한 안식일을
그들에게 새롭게 알려 주셨습니다.
주의 종 모세를 통해
명령과 계명과 지침을 주셨습니다.
그들이 배고플 때 하늘에서 빵을 내리시고
목마를 때 바위에서 물을 내보내셨으며,
주기로 약속하신 땅에 들어가
그것을 취하라고 그들에게 명령하셨습니다.

16-19 그러나 우리 조상은 교만했습니다.
고집스레 주의 명령에 순종하지 않았습니다.
그들은 귀 기울이지 않았고, 주께서 그들을 위해
행하신 기적들을 기억하지 않았습니다.
그들은 완고해져, 종으로 살던 이집트로
다시 돌아갈 생각까지 했습니다.
주께서는 용서하시는 하나님,
은혜로우시고 긍휼이 많으시며
오래 참으시고 사랑이 넘치시는 분,
그래서 그들을 버리지 않으셨습니다.

And you kept your word
because you are righteous.

9-15 You saw the anguish of our parents in Egypt.
You heard their cries at the Red Sea;
You amazed Pharaoh, his servants, and the people of his land
with wonders and miracle-signs.
You knew their bullying arrogance against your people;
you made a name for yourself that lasts to this day.
You split the sea before them;
they crossed through and never got their feet wet;
You pitched their pursuers into the deep;
they sank like a rock in the storm-tossed sea.
By day you led them with a Pillar of Cloud,
and by night with a Pillar of Fire
To show them the way
they were to travel.
You came down onto Mount Sinai,
you spoke to them out of heaven;
You gave them instructions on how to live well,
true teaching, sound rules and commands;
You introduced them
to your Holy Sabbath;
Through your servant Moses you decreed
commands, rules, and instruction.
You gave bread from heaven for their hunger,
you sent water from the rock for their thirst.
You told them to enter and take the land,
which you promised to give them.

16-19 But they, our ancestors, were arrogant;
bullheaded, they wouldn't obey your commands.
They turned a deaf ear, they refused
to remember the miracles you had done for them;
They turned stubborn, got it into their heads
to return to their Egyptian slavery.
And you, a forgiving God,
gracious and compassionate,
Incredibly patient, with tons of love—
you didn't dump them.
Yes, even when they cast a sculpted calf
and said, "This is your god
Who brought you out of Egypt,"

그들이 송아지 상을 만들어
"이것이 너희를 이집트에서 이끌어 낸
너희 신이다" 하고 외치며
계속해서 반역할 때도
주께서는 크신 긍휼을 베푸셔서
그들을 사막에 버린 채 떠나지 않으셨습니다.
구름기둥이 그들을 떠나지 않고
날마다 갈 길을 보여주었으며,
밤이면 불기둥도
그들이 가야 할 길을 보여주었습니다.

20-23 그들에게 주의 선하신 영을 주셔서
지혜롭게 살게 하셨습니다.
주의 만나를 아끼신 적 없고,
마실 물도 풍성히 주셨습니다.
사막에서 사십 년 동안 주께서 친히 돌보셨으므로
그들에게는 부족함이 없었습니다.
옷은 해어지지 않았고
발은 한 번도 부르트지 않았습니다.
주께서 그들에게 나라와 민족들을 넘겨주시고
넉넉한 영토를 갖게 하셨습니다.
그들은 헤스본 왕 시혼의 땅과
바산 왕 옥의 땅을 차지했습니다.
주께서는 밤하늘의 뭇별처럼
그들의 자손이 많아지게 하셨습니다.
그리고 그들을
조상에게 약속하신 땅으로 인도해
마침내 그곳을 차지하게 하셨습니다.

24-25 그곳에 들어간 그들이
그 땅에 정착했습니다.
주께서는 거기 살던 가나안 사람들을
그들 앞에 무릎 꿇게 하셨습니다.
그 땅과 왕과 민족들을 주셔서
그들의 뜻대로 처리하게 하셨습니다.
그들은 강한 성읍과 비옥한 밭을 취하고
잘 갖추어진 집과
물웅덩이, 포도원, 올리브 과수원,
무성하고 광활한 과수원을 차지했습니다.
그들은 그 땅의 기름진 것을 마음껏 먹고 배불렀으며,
주께서 풍성하게 베푸신 복을 한껏 누렸습니다.

26-31 그러다 그들은 주께 불순종하고 반역했습니다.

and continued from bad to worse,
You in your amazing compassion
didn't walk off and leave them in the desert.
The Pillar of Cloud didn't leave them;
daily it continued to show them their route;
The Pillar of Fire did the same by night,
showed them the right way to go.

20-23 You gave them your good Spirit
to teach them to live wisely.
You never stinted with your manna,
gave them plenty of water to drink.
You supported them forty years in that desert;
they had everything they needed;
Their clothes didn't wear out
and their feet never blistered.
You gave them kingdoms and peoples,
establishing generous boundaries.
They took over the country of Sihon king of Heshbon
and the country of Og king of Bashan.
You multiplied children for them,
rivaling the stars in the night skies,
And you brought them into the land
that you promised their ancestors
they would get and own.

24-25 Well, they entered all right,
they took it and settled in.
The Canaanites who lived there
you brought to their knees before them.
You turned over their land, kings, and peoples
to do with as they pleased.
They took strong cities and fertile fields,
they took over well-furnished houses,
Cisterns, vineyards, olive groves,
and lush, extensive orchards.
And they ate, grew fat on the fat of the land;
they reveled in your bountiful goodness.

26-31 But then they mutinied, rebelled against you,
threw out your laws and killed your prophets,
The very prophets who tried to get them back
on your side—

주의 율법을 버리고 주의 예언자들,
그들을 주의 곁으로 되돌리려 한 바로 그 예언자들을 죽였습니다.
시간이 갈수록 그들의 사정은 더 나빠졌습니다.
결국 주께서 그들을 원수들에게 넘기셔서
그들의 삶을 고달프게 만드셨습니다.
그러나 그들이 고통 중에 부르짖어 도움을 구하면
주께서는 하늘에서 그 소리를 들으셨습니다.
그리고 주의 다함없는 긍휼을 베푸시고
그들에게 구원자를 보내 주셨습니다.
구원자들은 원수들의 잔인한 압제에서
그들을 구했습니다.
그러나 다시 편안하게 살 만하면
그들이 이전 삶으로 다시 돌아갔고, 오히려 더 악해졌습니다.
주께서 돌이켜 그들을 다시 운명에 맡기시니
원수들이 곧바로 들이닥쳤습니다.
그들은 다시 주께 부르짖었고, 주께서는 다시 크신 긍휼로
그들을 도우셨습니다.
이런 일이 수없이 되풀이되었습니다.
주께서 당신의 계시를 따르라고 경고하셨지만
그들의 반응은 막무가내였습니다.
그들은 주의 명령을 업신여기고
주의 계명, 곧 삶의 지침이 될 바로 그 말씀을 무시했습니다!
그들은 이를 악물고 대들며,
주께 등을 돌린 채 듣지 않았습니다.
주께서는 긴긴 세월 그들을 참으시며
주의 예언자들을 통해 주의 영으로 경고하셨습니다.
그래도 그들이 듣지 않자,
마침내 주께서는 그들을 이방 나라에게 넘기셨습니다.
그럼에도 주의 크신 긍휼 때문에
그들을 완전히 끝장내지는 않으셨습니다.
그들을 아주 버리고 떠나지 않으셨으니,
과연 주께서는 은혜와 긍휼의 하나님이십니다.

32-37 우리 크신 하나님,
언약과 사랑에 충실하시며 엄위하고 두려우신 하나님,
우리에게 닥친 환난, 앗시리아 왕들이 쳐들어온 때부터 지금까지
우리 왕과 대신과 제사장과 예언자와 우리 조

and then things went from bad to worse.
You turned them over to their enemies,
who made life rough for them.
But when they called out for help in their troubles
you listened from heaven;
And in keeping with your bottomless compassion
you gave them saviors:
Saviors who saved them
from the cruel abuse of their enemies.
But as soon as they had it easy again
they were right back at it—more evil.
So you turned away and left them again to their fate,
to the enemies who came right back.
They cried out to you again; in your great compassion
you heard and helped them again.
This went on over and over and over.
You warned them to return to your Revelation,
they responded with haughty arrogance:
They flouted your commands, spurned your rules
—the very words by which men and women live!
They set their jaws in defiance,
they turned their backs on you and didn't listen.
You put up with them year after year
and warned them by your spirit through your prophets;
But when they refused to listen
you abandoned them to foreigners.
Still, because of your great compassion,
you didn't make a total end to them.
You didn't walk out and leave them for good;
yes, you *are* a God of grace and compassion.

32-37 And now, our God, the great God,
God majestic and terrible, loyal in covenant and love,
Don't treat lightly the trouble that has come to us,
to our kings and princes, our priests and prophets,

상들,
그리고 주의 모든 백성에게 닥친 이 환난을
가볍게 여기지 마십시오.
우리에게 닥친 이 모든 일은
주의 탓이 아닙니다.
주께서는 모든 일을 의롭게 행하셨고
우리는 모든 일을 악하게 행했습니다.
우리의 왕과 대신과 제사장과 조상들 가운데
주의 계시를 따른 자가 아무도 없습니다.
그들은 주의 명령을 무시했고
주께서 주신 경고를 애써 거부했습니다.
그들의 나라에서
주의 너그러움과 선하심을 누리고
주께서 펼쳐 두신
광대하고 비옥한 땅에 살면서도
그들은 주를 섬기지 않았고
악한 행실을 버리지도 않았습니다.
그래서 오늘 우리는 다시 종이 되었습니다.
주께서 배불리 먹고 행복한 삶을 누리라고
우리 조상에게 주신 땅에서 말입니다.
이제 우리를 보십시오. 이 땅에서 우리는 종과
다를 바 없습니다.
우리의 죄 때문에 이 땅의 풍작은
주께서 우리 위에 두신 왕들에게 돌아갑니다.
그들은 우리가 자기 소유인 양 행세하며
우리의 가축도 마음대로 합니다.
우리의 고통이 말할 수 없이 심합니다.

38 "이 모든 일을 돌이켜 보면서, 이제 우리는 언약을 굳게 세우고 문서로 작성하여 우리 대신과 레위인과 제사장들의 서명을 받아 봉인합니다."

10 1-8 봉인한 문서에 서명한 사람들은 이러하다.
하가랴의 아들인 총독 느헤미야
시드기야, 스라야, 아사랴, 예레미야
바스훌, 아마랴, 말기야
핫두스, 스바냐, 말룩
하림, 므레못, 오바댜
다니엘, 긴느돈, 바룩
므술람, 아비야, 미야민
마아시야, 빌개, 스마야.
이들은 제사장들이다.

Our ancestors, and all your people from the time
of the Assyrian kings right down to today.
You are not to blame
for all that has come down on us;
You did everything right,
we did everything wrong.
None of our kings, princes, priests, or ancestors
followed your Revelation;
They ignored your commands,
dismissed the warnings you gave them.
Even when they had their own kingdom
and were enjoying your generous goodness,
Living in that spacious and fertile land
that you spread out before them,
They didn't serve you
or turn their backs on the practice of evil.
And here we are, slaves again today;
and here's the land you gave our ancestors
So they could eat well and enjoy a good life,
and now look at us—no better than slaves on this land.
Its wonderful crops go to the kings
you put over us because of our sins;
They act like they own our bodies
and do whatever they like with our cattle.
We're in deep trouble.

38 "Because of all this we are drawing up a binding pledge, a sealed document signed by our princes, our Levites, and our priests."

10 1-8 The sealed document bore these signatures:
Nehemiah the governor, son of Hacaliah,
Zedekiah, Seraiah, Azariah, Jeremiah,
Pashhur, Amariah, Malkijah,
Hattush, Shebaniah, Malluch,
Harim, Meremoth, Obadiah,
Daniel, Ginnethon, Baruch,
Meshullam, Abijah, Mijamin,
Maaziah, Bilgai, and Shemaiah.
These were the priests.

9-13 The Levites:

9-13 레위인 가운데서는,
아사냐의 아들 예수아, 헤나닷 자손인 빈누이,
갓미엘
그리고 그들의 친척인
스바냐, 호디야, 그리다, 블라야, 하난
미가, 르홉, 하사뱌
삭굴, 세레뱌, 스바냐
호디야, 바니, 브니누.

14-27 백성의 지도자 가운데서는,
바로스, 바핫모압, 엘람, 삿두, 바니
분니, 아스갓, 베배
아도니야, 비그왜, 아딘
아텔, 히스기야, 앗술
호디야, 하숨, 베새
하립, 아나돗, 노배
막비아스, 므술람, 헤실
므세사벨, 사독, 얏두아
블라댜, 하난, 아나야
호세아, 하나냐, 핫숩
할르헤스, 빌하, 소벡
르훔, 하삽나, 마아세야
아히야, 하난, 아난
말룩, 하림, 바아나.

28-30 나머지 백성과 제사장과 레위인과 문지기와 노래하는 사람과 성전 봉사자, 그리고 하나님의 계시를 지키려고 외국인과 관계를 끊은 모든 사람과 그 아내와 아들딸들과 알아들을 만한 나이가 된 모든 사람이, 귀족 친척과 더불어 하나님의 종 모세를 통해 주신 하나님의 계시를 따르고, 우리 주 하나님의 모든 계명과 결정과 기준을 지키고 이행하기로 굳게 맹세했다. 그 내용은 이러하다.

우리는 딸들을 외국인에게 시집보내거나 아들들을 그들의 딸과 결혼시키지 않는다.
31 외국인들이 물건이나 곡식을 팔러 오더라도, 안식일이나 다른 모든 거룩한 날에는 그들과 교역하지 않는다.
우리는 칠 년마다 땅을 묵히고 모든 빚을 탕감해 준다.
32-33 우리는 매년 삼분의 일 세겔(약 4그램)의 세금을 바쳐 하나님의 성전에 드릴 다음의 제물을 마련한다.

Jeshua son of Azaniah, Binnui of the sons of
Henadad, Kadmiel,
and their kinsmen: Shebaniah, Hodiah, Kelita,
Pelaiah, Hanan,
Mica, Rehob, Hashabiah,
Zaccur, Sherebiah, Shebaniah,
Hodiah, Bani, and Beninu.

14-27 The heads of the people:
Parosh, Pahath-Moab, Elam, Zattu, Bani,
Bunni, Azgad, Bebai,
Adonijah, Bigvai, Adin,
Ater, Hezekiah, Azzur,
Hodiah, Hashum, Bezai,
Hariph, Anathoth, Nebai,
Magpiash, Meshullam, Hezir,
Meshezabel, Zadok, Jaddua,
Pelatiah, Hanan, Anaiah,
Hoshea, Hananiah, Hasshub,
Hallohesh, Pilha, Shobek,
Rehum, Hashabnah, Maaseiah,
Ahiah, Hanan, Anan,
Malluch, Harim, and Baanah.

28-30 The rest of the people, priests, Levites, security guards, singers, Temple staff, and all who separated themselves from the foreign neighbors to keep The Revelation of God, together with their wives, sons, daughters–everyone old enough to understand–all joined their noble kinsmen in a binding oath to follow The Revelation of God given through Moses the servant of God, to keep and carry out all the commandments of GOD our Master, all his decisions and standards. Thus:

We will not marry our daughters to our foreign neighbors nor let our sons marry their daughters.
31 When the foreign neighbors bring goods or grain to sell on the Sabbath we won't trade with them–not on the Sabbath or any other holy day.
Every seventh year we will leave the land fallow and cancel all debts.
32-33 We accept the responsibility for paying an annual tax of one-third of a shekel (about an eighth ounce) for providing The Temple of our

상에 차려 놓는 빵
정기적인 곡식 제물
정기적인 번제물
안식일, 초하루, 지정된 절기에 쓸 제물
봉헌 제물
이스라엘을 속죄하는 속죄 제물
우리 하나님의 성전 유지비.

34 우리 제사장과 레위인과 백성은 계시에 정해진 연간 일정에 따라 각 가문이 하나님의 제단에 필요한 장작을 공급할 수 있도록 제비를 뽑아 순서를 정한다.

35-36 우리는 하나님의 성전에서 섬기는 제사장들을 위해 작물과 과수원의 첫 수확과 맏아들과 가축과 소 떼와 양 떼의 처음 난 것을 해마다 하나님의 성전에 가져가되, 계시의 책에 정해진 대로 한다.

37-39 우리는 곡식, 예물, 모든 나무열매, 포도주, 기름을 최상품으로 준비하고 제사장들에게 가져가 하나님의 성전 창고에 둔다.

우리가 일하는 성읍들에서 십일조를 거두는 일을 위해 레위인들이 세워졌으므로, 밭의 십일조를 레위인들에게 가져간다. 십일조를 거두는 레위인들을 아론 자손의 제사장들이 감독하며, 레위인들은 받은 십일조의 십분의 일을 우리 하나님의 성전 창고로 가져간다. 이스라엘 백성과 레위인들은 곡식과 포도주와 기름을 가져가되, 성전 그릇을 보관하는 장소이자 성전을 섬기는 제사장과 문지기와 찬양대원들이 모이는 곳인 창고로 가져간다.

우리는 우리 하나님의 성전을 아무렇게나 내버려 두지 않는다.

11 1-2 백성의 지도자들은 이미 예루살렘에 살고 있었으므로, 나머지 백성이 제비를 뽑아 열 명 중 하나는 거룩한 성 예루살렘으로 이사하고 나머지 아홉은 자기 성읍에 자리를 잡았다. 예루살렘에 살기로 자진하여 나서는 사람들에게는 백성이 박수를 보내주었다.

3-4 *예루살렘에 거주한 지방의 지도자들은 이러하다*(일부 이스라엘 백성, 제사장, 레위인, 성전 봉사자, 솔로몬의 종들의 자손은 유다 여러 성읍에 있는 각자의 소유지에서 살았고, 유다와 베냐민 가문 중 일부가 예루살렘에 살았다).

God with
bread for the Table
regular Grain-Offerings
regular Whole-Burnt-Offerings
offerings for the Sabbaths, New Moons, and appointed feasts
Dedication-Offerings
Absolution-Offerings to atone for Israel
maintenance of The Temple of our God.

34 We—priests, Levites, and the people—have cast lots to see when each of our families will bring wood for burning on the Altar of our God, following the yearly schedule set down in The Revelation.

35-36 We take responsibility for delivering annually to The Temple of God the firstfruits of our crops and our orchards, our firstborn sons and cattle, and the firstborn from our herds and flocks for the priests who serve in The Temple of our God—just as it is set down in The Revelation.

37-39 We will bring the best of our grain, of our contributions, of the fruit of every tree, of wine, and of oil to the priests in the storerooms of The Temple of our God.

We will bring the tithes from our fields to the Levites, since the Levites are appointed to collect the tithes in the towns where we work. We'll see to it that a priest descended from Aaron will supervise the Levites as they collect the tithes and make sure that they take a tenth of the tithes to the treasury in The Temple of our God. We'll see to it that the People of Israel and Levites bring the grain, wine, and oil to the storage rooms where the vessels of the Sanctuary are kept and where the priests who serve, the security guards, and the choir meet.

We will not neglect The Temple of our God.

11 1-2 The leaders of the people were already living in Jerusalem, so the rest of the people drew lots to get one out of ten to move to Jerusalem, the holy city, while the other nine remained in their towns. The people applauded those who voluntarily offered to live in Jerusalem.

4-6 유다 가문에서는,

베레스 가문 계열에서 아다야가 있는데, 아다야는 웃시야의 아들이고, 웃시야는 스가랴의 아들, 스가랴는 아마랴의 아들, 아마랴는 스바댜의 아들, 스바댜는 마할랄렐의 아들이다. 또 마아세야가 있는데, 마아세야는 바룩의 아들이고, 바룩은 골호세의 아들, 골호세는 하사야의 아들, 하사야는 아다야의 아들, 아다야는 요야립의 아들, 요야립은 스가랴의 아들, 스가랴는 실로 사람의 아들이다. 예루살렘에 자리 잡은 베레스 자손의 수는 용맹한 사람 468명이었다.

7-9 베냐민 가문에서는,

살루와 그의 형제 갑배와 살래가 있다. 살루는 므술람의 아들이고, 므술람은 요엣의 아들, 요엣은 브다야의 아들, 브다야는 골라야의 아들, 골라야는 마아세야의 아들, 마아세야는 이디엘의 아들, 이디엘은 여사야의 아들이다. 그를 따르는 장정은 모두 928명이었다. 시그리의 아들 요엘이 그들의 우두머리였고, 핫스누아의 아들 유다는 그 성을 관할하는 부책임자였다.

10-14 제사장 가운데서는,

요야립의 아들 여다야와 야긴과, 하나님의 성전 감독인 스라야가 있다. 스라야는 힐기야의 아들이고, 힐기야는 므술람의 아들, 므술람은 사독의 아들, 사독은 므라욧의 아들, 므라욧은 아히둡의 아들이다. 성전 일을 책임진 그들의 동료는 모두 822명이었다. 또 아다야가 있는데, 아다야는 여로함의 아들이고, 여로함은 블라야의 아들, 블라야는 암시의 아들, 암시는 스가랴의 아들, 스가랴는 바스훌의 아들, 바스훌은 말기야의 아들이다. 그의 동료이자 각 가문의 우두머리는 모두 242명이었다. 또 아맛새가 있는데, 아맛새는 아사렐의 아들이고, 아사렐은 아흐새의 아들, 아흐새는 므실레못의 아들, 므실레못은 임멜의 아들이다. 그의 용맹한 동료는 모두 128명이었다. 이들의 지도자는 하그돌림의 아들 삽디엘이었다.

15-18 레위인 가운데서는,

스마야, 하나님의 성전 바깥일을 맡은 두 레위인 지도자 삽브대와 요사밧, 감사와 기도를 인도하는 책임자인 맛다냐, 그의 동료 중 부책임자인 박부갸, 압다가 있다. 스마야는 핫숩의 아들이고, 핫숩은 아스리감의 아들, 아스리감은 하사뱌의 아들, 하사뱌는 분니의 아들이다. 맛다냐는 미가의 아들이고, 미가는 삽디의 아들,

3-4 These are the leaders in the province who resided in Jerusalem (some Israelites, priests, Levites, Temple staff, and descendants of Solomon's slaves lived in the towns of Judah on their own property in various towns; others from both Judah and Benjamin lived in Jerusalem):

4-6 From the family of Judah:

Athaiah son of Uzziah, the son of Zechariah, the son of Amariah, the son of Shephatiah, the son of Mahalalel, from the family line of Perez; Maaseiah son of Baruch, the son of Col-Hozeh, the son of Hazaiah, the son of Adaiah, the son of Joiarib, the son of Zechariah, the son of the Shilonite. The descendants of Perez who lived in Jerusalem numbered 468 valiant men.

7-9 From the family of Benjamin:

Sallu son of Meshullam, the son of Joed, the son of Pedaiah, the son of Kolaiah, the son of Maaseiah, the son of Ithiel, the son of Jeshaiah, and his brothers Gabbai and Sallai: 928 men. Joel son of Zicri was their chief and Judah son of Hassenuah was second in command over the city.

10-14 From the priests:

Jedaiah son of Joiarib; Jakin; Seraiah son of Hilkiah, the son of Meshullam, the son of Zadok, the son of Meraioth, the son of Ahitub, supervisor of The Temple of God, along with their associates responsible for work in The Temple: 822 men. Also Adaiah son of Jeroham, the son of Pelaliah, the son of Amzi, the son of Zechariah, the son of Pashhur, the son of Malkijah, and his associates who were heads of families: 242 men; Amashsai son of Azarel, the son of Ahzai, the son of Meshillemoth, the son of Immer, and his associates, all valiant men: 128 men. Their commander was Zabdiel son of Haggedolim.

15-18 From the Levites:

Shemaiah son of Hasshub, the son of Azrikam, the son of Hashabiah, the son of Bunni; Shabbethai and Jozabad, two of the leaders of the Levites who were in charge of the outside work of The Temple of God; Mattaniah son of Mica, the son of Zabdi, the son of Asaph, the director who led in thanksgiving and prayer; Bakbukiah, second among his associates; and Abda son of Shammua, the son of Galal, the son of Jeduthun. The Levites in the holy city totaled 284.

삽디는 아삽의 아들이다. 압다는 삼무아의 아들이
고, 삼무아는 갈랄의 아들, 갈랄은 여두둔의 아들이
다. 거룩한 성의 레위인은 모두 284명이었다.
19 문지기 가운데서는,
악굽과 달몬 그리고 성문을 지키는 그들의 동료가
모두 172명이었다.

20 나머지 이스라엘 백성과 제사장과 레위인들은 유
다 각 성읍의 자기 집안 소유지에서 살았다.
21 성전 봉사자들은 오벨 언덕에 살았다. 시하와 기
스바가 그들을 지휘했다.
22-23 예루살렘의 레위인들을 관할하는 최고 책임자
는 웃시였다. 웃시는 바니의 아들이고, 바니는 하사
뱌의 아들, 하사뱌는 맛다냐의 아들, 맛다냐는 미가
의 아들이다. 웃시는 하나님의 성전에서 예배를 인
도하는 노래하는 사람들, 곧 아삽 자손이었다. 노래
하는 사람들은 왕의 명령을 받았는데, 왕이 그들의
하루 일과를 정했다.
24 유다의 아들 세라 자손 가운데 므세사벨의 아
들 브다히야가 왕궁에서 백성과 관련된 일을 처리
했다.

25-30 일부 유다 사람들은 자기 농지 부근의 다음 마
을에서 살았다.
기럇아르바(헤브론)와 그 외곽
디본과 그 외곽
여갑스엘과 그 외곽
예수아
몰라다
벳벨렛
하살수알
브엘세바와 그 외곽
시글락
므고나와 그 외곽
에느림몬
소라
야르뭇
사노아
아둘람과 거기에 딸린 마을들
라기스와 거기에 딸린 들판
아세가와 그 외곽.
이들은 브엘세바에서 힌놈 골짜기에 걸쳐 살았다.
31-36 게바 출신 베냐민 사람들이 자리 잡은 곳은 이
러하다.
믹마스

19 From the security guards:
Akkub, Talmon, and their associates who kept
watch over the gates: 172 men.

20 The rest of the Israelites, priests, and Levites
were in all the towns of Judah, each on his own
family property.
21 The Temple staff lived on the hill Ophel. Ziha
and Gishpa were responsible for them.
22-23 The chief officer over the Levites in
Jerusalem was Uzzi son of Bani, the son of
Hashabiah, the son of Mattaniah, the son of
Mica. Uzzi was one of Asaph's descendants,
singers who led worship in The Temple of God.
The singers got their orders from the king, who
drew up their daily schedule.
24 Pethahiah son of Meshezabel, a descendant
of Zerah son of Judah, represented the people's
concerns at the royal court.

25-30 Some of the Judeans lived in the villages
near their farms:
Kiriath Arba (Hebron) and suburbs
Dibon and suburbs
Jekabzeel and suburbs
Jeshua
Moladah
Beth Pelet
Hazar Shual
Beersheba and suburbs
Ziklag
Meconah and suburbs
En Rimmon
Zorah
Jarmuth
Zanoah
Adullam and their towns
Lachish and its fields
Azekah and suburbs.
They were living all the way from Beersheba to
the Valley of Hinnom.
31-36 The Benjaminites from Geba lived in:
Micmash
Aijah
Bethel and its suburbs

아야
베델과 그 외곽
아나돗
놉과 아나냐
하솔
라마와 깃다임
하딧, 스보임, 느발랏
로드와 오노 그리고 장인들의 골짜기.
유다의 일부 레위인들도 베냐민 지역을 할당받았다.

12 1-7 스알디엘의 아들 스룹바벨과 예수아와 함께 올라온 제사장과 레위인들은 이러하다.
스라야, 예레미야, 에스라
아마랴, 말룩, 핫두스
스가냐, 르훔, 므레못
잇도, 긴느돈, 아비야
미야민, 모아댜, 빌가
스마야, 요야립, 여다야
살루, 아목, 힐기야, 여다야.
이들은 예수아 때의 제사장 지도자들이다.
8-9 또 레위인들은,
예수아, 빈누이, 갓미엘, 세레뱌, 유다.
맛다냐는 그의 형제들과 함께 찬양을 맡았고, 그들의 형제인 박부갸와 운니가 그들 맞은편에 서서 예배를 섬겼다.

10-11 예수아는 요야김을 낳고
요야김은 엘리아십을 낳고
엘리아십은 요야다를 낳고
요야다는 요나단을 낳고
요나단은 얏두아를 낳았다.

12-21 다음은 요야김 때의 제사장 가문의 우두머리들이다.
스라야 가문에 므라야
예레미야 가문에 하나냐
에스라 가문에 므술람
아마랴 가문에 여호하난
말룩 가문에 요나단
스가냐 가문에 요셉
하림 가문에 아드나
므레못 가문에 헬개

Anathoth
Nob and Ananiah
Hazor
Ramah and Gittaim
Hadid, Zeboim, and Neballat
Lod and Ono and the Valley of the Craftsmen.
Also some of the Levitical groups of Judah were assigned to Benjamin.

12 1-7 These are the priests and Levites who came up with Zerubbabel son of Shealtiel and with Jeshua:
Seraiah, Jeremiah, Ezra,
Amariah, Malluch, Hattush,
Shecaniah, Rehum, Meremoth,
Iddo, Ginnethon, Abijah,
Mijamin, Moadiah, Bilgah,
Shemaiah, Joiarib, Jedaiah,
Sallu, Amok, Hilkiah, and Jedaiah.
These were the leaders of the priests during the time of Jeshua.
8-9 And the Levites:
Jeshua, Binnui, Kadmiel, Sherebiah, Judah;
Mattaniah, with his brothers, was in charge of songs of praise, and their brothers Bakbukiah and Unni stood opposite them in the services of worship.

10-11 Jeshua fathered Joiakim,
Joiakim fathered Eliashib,
Eliashib fathered Joiada,
Joiada fathered Jonathan,
and Jonathan fathered Jaddua.

12-21 During the time of Joiakim, these were the heads of the priestly families:
of the family of Seraiah, Meraiah;
of Jeremiah, Hananiah;
of Ezra, Meshullam;
of Amariah, Jehohanan;
of Malluch, Jonathan;
of Shecaniah, Joseph;
of Harim, Adna;

잇도 가문에 스가랴
긴느돈 가문에 므술람
아비야 가문에 시그리
미냐민과 모아댜 가문에 빌대
빌가 가문에 삼무아
스마야 가문에 여호나단
요야립 가문에 맛드내
여다야 가문에 웃시
살루 가문에 갈래
아목 가문에 에벨
힐기야 가문에 하사뱌
여다야 가문에 느다넬.

22 레위인들은 엘리아십과 요야다와 요하난과 얏두아 때에 가문의 우두머리로 등록되었다. 제사장들은 페르시아 왕 다리오 때에 등록되었다.

23-24 레위인 가문의 우두머리들은 엘리아십의 아들 요하난 때까지 역대기에 등록되었다. 그들의 이름은 이러하다.
하사뱌
세레뱌
갓미엘의 아들 예수아.
그들의 형제들은 하나님의 사람 다윗이 지시한 대로 그들 맞은편에 서서, 양쪽이 서로 화답하며 찬양과 감사를 드렸다.

25-26 문지기에는 다음 사람들이 포함되었다.
맛다냐
박부갸
오바댜
므술람
달몬
악굽.
이들은 각 성문의 창고를 지켰다. 이들은 요사닥의 손자요 예수아의 아들인 요야김 때, 곧 총독 느헤미야와 제사장이자 학자인 에스라 때에 활동했다.

성벽을 봉헌하다

27-29 성벽을 봉헌할 때가 되자 사람들은 예루살렘의 곳곳에서 레위인들을 불러들여 감사 찬송, 노래, 심벌즈, 하프, 비파 등으로 봉헌식을 성대히 거행하게 했다. 노래하는 사람들이 예루살렘 주변 일대와 느도바 사람의 마을, 벳길갈, 게바와 아스마웻 농지 등

of Meremoth, Helkai;
of Iddo, Zechariah;
of Ginnethon, Meshullam;
of Abijah, Zicri;
of Miniamin and Moadiah, Piltai;
of Bilgah, Shammua;
of Shemaiah, Jehonathan;
of Joiarib, Mattenai;
of Jedaiah, Uzzi;
of Sallu, Kallai;
of Amok, Eber;
of Hilkiah, Hashabiah;
and of Jedaiah, Nethanel.

22 During the time of Eliashib, Joiada, Johanan, and Jaddua, the Levites were registered as heads of families. During the reign of Darius the Persian, the priests were registered.

23-24 The Levites who were heads of families were registered in the Book of the Chronicles until the time of Johanan son of Eliashib. These were:
Hashabiah,
Sherebiah,
and Jeshua son of Kadmiel.
Their brothers stood opposite them to give praise and thanksgiving, one side responding to the other, as had been directed by David the man of God.

25-26 The security guards included:
Mattaniah,
Bakbukiah,
Obadiah,
Meshullam,
Talmon,
and Akkub.
They guarded the storerooms at the gates. They lived during the time of Joiakim son of Jeshua, the son of Jozadak, the time of Nehemiah the governor and of Ezra the priest and scholar.

Dedication of the Wall

27-29 When it came time for the dedication of the wall, they tracked down and brought in the Levites from all their homes in Jerusalem to carry out the dedication exuberantly: thanksgiving hymns, songs,

에서 모여들었다. 이들은 예루살렘 주변에 마을을 세워 살고 있었다.

30 제사장과 레위인들은 정결예식으로 스스로를 깨끗게 했다. 이어서 백성과 성문과 성벽에 대해서도 정결예식을 치렀다.

31-36 나는 유다 지도자들을 성벽 위로 올라서게 하고, 큰 찬양대 두 무리를 세웠다. 한 무리는 성벽 위에서 오른쪽으로 거름 문을 향하여 행진했다. 하사야와 유다 지도자 절반이 그들을 따랐는데, 아사랴, 에스라, 므술람, 유다, 베냐민, 스마야, 예레미야도 그 무리 안에 있었다. 일부 젊은 제사장들은 나팔을 들었다. 그 뒤로 스가랴와 그의 형제들 스마야, 아사렐, 밀랄래, 길랄래, 마애, 느다넬, 유다, 하나니가 하나님의 사람 다윗의 악기들을 연주하며 행진했다. 스가랴는 요나단의 아들이고, 요나단은 스마야의 아들, 스마야는 맛다냐의 아들, 맛다냐는 미가야의 아들, 미가야는 삭굴의 아들, 삭굴은 아삽의 아들이다. 학자 에스라가 그들을 이끌었다.

37 그들은 샘 문에서 똑바로 행진하여, 다윗의 집 위쪽 성벽 층계로 해서 다윗 성 계단을 올라 동쪽 수문까지 갔다.

38-39 다른 찬양대 무리는 왼쪽으로 행진했다. 나는 백성 절반과 함께 성벽 위에서 그들을 따라갔다. 풀무 망대에서 넓은 벽, 에브라임 문, 여사나 문, 물고기 문, 하나넬 망대와 일백 망대, 양 문을 지나 감옥 문에서 멈추었다.

40-42 이어서 두 찬양대는 하나님의 성전 안에 자리를 잡았다. 나도 관리들 절반과 함께 자리를 잡았고, 제사장 엘리아김, 마아세야, 미냐민, 미가야, 엘료에내, 스가랴, 하나냐가 나팔을 들었다. 성전 안에는 마아세야, 스마야, 엘르아살, 웃시, 여호하난, 말기야, 엘람, 에셀도 있었다. 예스라히야의 지휘 아래 노래하는 사람들의 소리로 서까래가 들썩일 정도였다.

43 하나님께서 큰 기쁨으로 충만케 하시니, 그날 그들은 큰 제사를 드리며 마음껏 즐거워했다. 여자와 아이들까지도 모두 즐겁게 목소리를 높이니, 그 소리가 예루살렘 멀리까지 퍼져 나갔다.

cymbals, harps, and lutes. The singers assembled from all around Jerusalem, from the villages of the Netophathites, from Beth Gilgal, from the farms at Geba and Azmaveth – the singers had built villages for themselves all around Jerusalem.

30 The priests and Levites ceremonially purified themselves; then they did the same for the people, the gates, and the wall.

31-36 I had the leaders of Judah come up on the wall, and I appointed two large choirs. One proceeded on the wall to the right toward the Dung Gate. Hashaiah and half the leaders of Judah followed them, including Azariah, Ezra, Meshullam, Judah, Benjamin, Shemaiah, and Jeremiah. Some of the young priests had trumpets. Next, playing the musical instruments of David the man of God, came Zechariah son of Jonathan, the son of Shemaiah, the son of Mattaniah, the son of Micaiah, the son of Zaccur, the son of Asaph, and his brothers Shemaiah, Azarel, Milalai, Gilalai, Maai, Nethanel, Judah, and Hanani. Ezra the scholar led them.

37 At the Fountain Gate they went straight ahead, up the steps of the City of David using the wall stairway above the house of David to the Water Gate on the east.

38-39 The other choir proceeded to the left. I and half of the people followed them on the wall from the Tower of Furnaces to the Broad Wall, over the Ephraim Gate, the Jeshanah Gate, the Fish Gate, the Tower of Hananel, and the Tower of the Hundred as far as the Sheep Gate, stopping at the Prison Gate.

40-42 The two choirs then took their places in The Temple of God. I was there with half of the officials, along with the priests Eliakim, Maaseiah, Miniamin, Micaiah, Elioenai, Zechariah, and Hananiah with their trumpets. Also Maaseiah, Shemaiah, Eleazar, Uzzi, Jehohanan, Malkijah, Elam, and Ezer. The singers, directed by Jezrahiah, made the rafters ring.

43 That day they offered great sacrifices, an exuberant celebration because God had filled them with great joy. The women and children raised their happy voices with all the rest. Jerusalem's jubilation was heard far and wide.

[44-46] 같은 날, 그들은 제물과 첫 열매와 십일조를 보관할 창고를 맡을 사람들을 세웠다. 그들은 계시의 책에 명시된 제사장과 레위인들의 몫을 각 성읍에 딸린 농지에서 들여오게 했다. 유다 사람들은 제사장과 레위인들의 섬김을 감사히 여겼다. 그들은 노래하는 사람과 문지기들과 더불어 모든 일을 능숙하게 해냈는데, 하나님을 예배하고 정결예식을 거행하는 그들의 모습은 다윗과 그 아들 솔로몬이라도 대견하게 여겼을 것이다. 옛날 다윗과 아삽의 시절에도 찬양대 지휘자들이 있어서 노래로 하나님께 찬양과 감사를 드렸다.
[47] 스룹바벨과 느헤미야 때에, 온 이스라엘은 노래하는 사람과 문지기들에게 날마다 쓸 것을 주었다. 그들은 또 레위인들에게 할당된 몫을 떼어 놓았고, 레위인들도 아론 자손에게 똑같이 했다.

느헤미야의 개혁

13

[1-3] 그날, 백성이 듣는 가운데 모세의 책이 낭독되었다. 거기 기록된 내용을 보니, 암몬 사람이나 모압 사람은 하나님의 회중에 들지 못하게 되어 있었다. 일찍이 그들은 먹을 것과 마실 것으로 이스라엘 백성을 환영하지 않았기 때문이다. 그들은 이스라엘을 저주하여 방해하려고 발람을 고용하기까지 했으나, 하나님께서 그 저주를 복으로 바꾸셨다. 계시의 낭독을 들은 백성은 이스라엘에서 모든 외국인을 몰아냈다.

[4-5] 이 일이 있기 얼마 전에, 제사장 엘리아십이 하나님의 성전 창고를 책임지고 있었다. 그는 도비야와 가까운 사이여서 큰 창고 하나를 그에게 내주었는데, 그 창고는 곡식 제물, 향, 예배용 그릇, 레위인과 노래하는 사람과 문지기들에게 줄 곡식과 포도주, 기름의 십일조, 제사장들을 위한 제물 등을 보관해 두던 곳이었다.
[6-9] 이 일이 있을 때에 나는 예루살렘에 없었다. 바빌론 왕 아닥사스다 삼십이년에, 나는 왕께 돌아가 거기서 머물렀다. 나중에 왕의 승낙을 구하고 다시 돌아왔다. 나는 예루살렘

[44-46] That same day men were appointed to be responsible for the storerooms for the offerings, the first-fruits, and the tithes. They saw to it that the portion directed by The Revelation for the priests and Levites was brought in from the farms connected to the towns. Judah was so appreciative of the priests and Levites and their service; they, along with the singers and security guards, had done everything so well, conducted the worship of their God and the ritual of ceremonial cleansing in a way that would have made David and his son Solomon proud. That's the way it was done in the olden days, the days of David and Asaph, when they had choir directors for singing songs of praise and thanksgiving to God.
[47] During the time of Zerubbabel and Nehemiah, all Israel contributed the daily allowances for the singers and security guards. They also set aside what was dedicated to the Levites, and the Levites did the same for the Aaronites.

13

[1-3] Also on that same day there was a reading from the Book of Moses in the hearing of the people. It was found written there that no Ammonite or Moabite was permitted to enter the congregation of God, because they hadn't welcomed the People of Israel with food and drink; they even hired Balaam to work against them by cursing them, but our God turned the curse into a blessing. When they heard the reading of The Revelation, they excluded all foreigners from Israel.

[4-5] Some time before this, Eliashib the priest had been put in charge of the storerooms of The Temple of God. He was close to Tobiah and had made available to him a large storeroom that had been used to store Grain-Offerings, incense, worship vessels, and the tithes of grain, wine, and oil for the Levites, singers, and security guards, and the offerings for the priests.
[6-9] When this was going on I wasn't there in Jerusalem; in the thirty-second year of Artaxerxes king of Babylon, I had traveled back to the king.

에 도착해서야 엘리아십이 하나님의 성전 뜰에 있는 방을 도비야에게 내어준 악한 일을 알게 되었다. 나는 화를 참을 수 없어 그 방에 있던 모든 것, 곧 도비야의 물건을 길 바깥으로 내던졌다. 그리고 그 방을 깨끗하게 치우도록 명령했다. 그러고 나서야 하나님의 성전 예배용 그릇을 곡식 제물과 향과 함께 다시 그 방에 들여다 놓게 했다.

10-13 또한 나는 레위인들이 정기적으로 배당되는 양식을 받지 못하고 있음을 알게 되었다. 그래서 예배를 인도하던 레위인과 노래하는 사람들이 모두 성전을 떠나 각자의 농지로 돌아가게 되었다. 나는 관리들을 꾸짖었다. "하나님의 성전이 왜 버려졌소?" 나는 모든 사람을 다시 불러들여 각자의 자리에 배치했다. 그러자 온 유다 사람이 곡식과 포도주와 기름의 십일조를 다시 창고에 들여다 놓았다. 나는 제사장 셀레먀, 서기관 사독, 레위인 브다야에게 창고의 책임을 맡겼다. 그리고 맛다냐의 손자요 삭굴의 아들인 하난을 그들의 오른팔로 삼았다. 이들은 정직하고 근면하기로 정평이 난 사람들이었다. 그들이 책임지고 자기 형제들에게 돌아갈 몫을 골고루 나누어 주었다.

14 나의 하나님, 이 일로 저를 기억해 주십시오. 제가 하나님의 성전과 예배를 위해 헌신적으로 행한 이 일을 잊지 마십시오.

15-16 유다에 돌아와 있던 그 시기에, 나는 백성이 안식일에 포도주 틀을 밟고 곡식 자루를 들이며, 나귀에 짐을 싣는 것을 보았다. 그들은 안식일에 장사하기 위해 포도주와 포도와 무화과와 각종 물건을 가져왔다. 그래서 나는 안식일에는 먹을 것을 팔면 안된다고 분명하게 경고했다. 예루살렘에 사는 두로 사람들이 생선 등을 가져와서, 안식일에 *그것도 예루살렘에서* 유다 사람들에게 팔고 있었다.

17-18 나는 유다 지도자들을 꾸짖었다. "이게 무슨 일이오? 어찌하여 이런 악을 들여와서 안식일을 더럽히는 거요! 당신들의 조상도 꼭 이같이 하지 않았소? 하나님께서 그 때문에 우리와 이 성에 이 모든 불행을 내리신 것이 아니오? 그런데 당신들은 거기에다 기름을 끼얹고 있소. 안식일을 더럽혀 예루살렘에 진

But later I asked for his permission to leave again. I arrived in Jerusalem and learned of the wrong that Eliashib had done in turning over to him a room in the courts of The Temple of God. I was angry, really angry, and threw everything in the room out into the street, all of Tobiah's stuff. Then I ordered that they ceremonially cleanse the room. Only then did I put back the worship vessels of The Temple of God, along with the Grain-Offerings and the incense.

10-13 And then I learned that the Levites hadn't been given their regular food allotments. So the Levites and singers who led the services of worship had all left and gone back to their farms. I called the officials on the carpet, "Why has The Temple of God been abandoned?" I got everyone back again and put them back on their jobs so that all Judah was again bringing in the tithe of grain, wine, and oil to the storerooms. I put Shelemiah the priest, Zadok the scribe, and a Levite named Pedaiah in charge of the storerooms. I made Hanan son of Zaccur, the son of Mattaniah, their right-hand man. These men had a reputation for honesty and hard work. They were responsible for distributing the rations to their brothers.

14 Remember me, O my God, for this. Don't ever forget the devoted work I have done for The Temple of God and its worship.

15-16 During those days, while back in Judah, I also noticed that people treaded wine presses, brought in sacks of grain, and loaded up their donkeys on the Sabbath. They brought wine, grapes, figs, and all kinds of stuff to sell on the Sabbath. So I spoke up and warned them about selling food on that day. Tyrians living there brought in fish and whatever else, selling it to Judeans—*in Jerusalem*, mind you!—on the Sabbath.

17-18 I confronted the leaders of Judah: "What's going on here? This evil! Profaning the Sabbath! Isn't this exactly what your ancestors did? And because of it didn't God bring down on us and this city all this misery? And here you are adding to it—accumulating more wrath on Jerusalem by profaning the Sabbath."

19 As the gates of Jerusalem were darkened by the shadows of the approaching Sabbath, I ordered

노를 쌓고 있단 말이오."
19 안식일이 다가오면서 예루살렘 성문들에 그림자가 드리우면, 나는 성문들을 닫고 안식일이 끝날 때까지 열지 말라고 명령했다. 그리고 내 종 몇을 성문마다 세워, 안식일에 팔 물건들을 들이지 못하게 했다.
20-21 각종 물건을 파는 상인들이 한두 번 성문 밖에서 잠을 잤다. 나는 그들을 엄히 꾸짖었다. "여러분은 여기 성벽 밑에서 잠잘 권한이 없소. 내 눈에 다시 띄었다가는 큰일을 당하게 될 줄 아시오." 그것으로 문제가 해결되었다. 그들이 다시는 안식일에 나타나지 않았다.
22 나는 또 레위인들에게 지시하여 스스로를 정결하게 하고, 성문마다 보초를 서서 안식일을 거룩하게 지키게 했다.

나의 하나님, 제가 한 이 일도 기억해 주십시오. 주의 크고 한결같은 사랑을 따라 저를 자비로 대해 주십시오.

23-27 그 무렵에, 나는 아스돗과 암몬과 모압 여자들과 결혼한 유대인들을 보았다. 그 사이에서 태어난 자녀들 가운데 절반은 유다 말을 할 줄 몰랐다. 그들이 아는 것이라고는 아스돗 말이나 다른 지방의 언어뿐이었다. 그래서 나는 그 남자들을 꾸짖어 크게 나무랐다. 그 가운데 몇 명을 때리고 머리털을 잡아당기기까지 했다. 그런 다음 나는 그들을 불러 하나님께 맹세하게 했다. "당신들의 딸을 외국인의 아들에게 시집보내지 말고, 그들의 딸을 당신들의 아들과 결혼시키지 마시오. 당신들 자신도 그들과 결혼하지 마시오! 이스라엘 왕 솔로몬이 바로 이런 여자들 때문에 죄를 짓지 않았소? 비록 그와 같은 왕이 없었고 하나님께서 그를 사랑하셔서 온 이스라엘의 왕으로 삼으셨지만, 그는 외국 여자들 때문에 파멸하고 말았소. 외국인 아내와 결혼하여 이렇듯 큰 악을 저지르고 하나님을 거역하는데, 이것을 어찌 순종이라 할 수 있겠소?"
28 대제사장 엘리아십의 손자요 요야다의 아들인 하나는 호론 사람 산발랏의 사위였다. 나는 그를 내 앞에서 쫓아냈다.

29 나의 하나님, 저들을 잊지 마십시오. 저들은 제사장직을 더럽히고 제사장과 레위인들의 언약을 저버렸습니다.

the doors shut and not to be opened until the Sabbath was over. I placed some of my servants at the gates to make sure that nothing to be sold would get in on the Sabbath day.
20-21 Traders and dealers in various goods camped outside the gates once or twice. But I took them to task. I said, "You have no business camping out here by the wall. If I find you here again, I'll use force to drive you off." And that did it; they didn't come back on the Sabbath.
22 Then I directed the Levites to ceremonially cleanse themselves and take over as guards at the gates to keep the sanctity of the Sabbath day.

Remember me also for this, my God. Treat me with mercy according to your great and steadfast love.

23-27 Also in those days I saw Jews who had married women from Ashdod, Ammon, and Moab. Half the children couldn't even speak the language of Judah; all they knew was the language of Ashdod or some other tongue. So I took those men to task, gave them a piece of my mind, even slapped some of them and jerked them by the hair. I made them swear to God: "Don't marry your daughters to their sons; and don't let their daughters marry your sons—and don't you yourselves marry them! Didn't Solomon the king of Israel sin because of women just like these? Even though there was no king quite like him, and God loved him and made him king over all Israel, foreign women were his downfall. Do you call this obedience—engaging in this extensive evil, showing yourselves faithless to God by marrying foreign wives?"
28 One of the sons of Joiada, the son of Eliashib the high priest, was a son-in-law of Sanballat the Horonite; I drove him out of my presence.

29 Remember them, O my God, how they defiled the priesthood and the covenant of the priests and Levites.

30-31 나는 외국인의 모든 부정한 것으로부터 그들을 깨끗게 했다. 나는 제사장과 레위인들이 할 일의 순서를 정하여, 각자 맡은 일을 하게 했다. 또 때를 정해 주어, 제단에서 쓸 장작을 규칙적으로 공급하고 첫 열매를 바치도록 했다.

나의 하나님, 저를 기억하시고 복을 내려 주십시오.

30-31 All in all I cleansed them from everything foreign. I organized the orders of service for the priests and Levites so that each man knew his job. I arranged for a regular supply of altar wood at the appointed times and for the firstfruits.

Remember me, O my God, for good.

알다가도 모를 일이지만, 어떤 자들은 하나님이나 하나님의 사람들을 인식하기만 해도 최악의 악한 으로 돌변한다. 모든 선과 복과 기쁨의 원천이신 하나님이 때로 어떤 자들에게는 상상을 초월하는 잔인무도한 악행의 구실이 되는 것이다.

인류의 역사는, 살아 계신 하나님을 전하거나 대변한다는 이유만으로 수많은 사람들이 죽임을 당한 일들로 점철되어 있다. 마치 하나님을 예배하는 이들을 죽이면 하나님이 제거되기라도 할 것처럼 말이다. 우리가 막 지나온 세기는 '신'을 죽이려는 그러한 시도들이 광기로 치달은 시간이었다. 그러나 하나님께서는 지금도 살아 계시며 우리 가운데 임재하신다.

에스더서는 하나님과 하나님의 백성을 향해 공공연히 혹은 암암리에 가해지는 이러한 폭력을 보여주는 창문이다. 이 창문을 통해 우리는 이 책의 사건에만 국한되지 않는 광범위한 시각을 얻게 되는데, 그 사건의 내용은 이러하다. 주전 5세기, 대제국 페르시아에서 포로로 살고 있던 유대인들을 모두 학살하려는 흉악한 음모가 있었다. 줄거리를 이끄는 인물은 셋이다. 먼저, 이야기 속에서 통상 '그 유대인'으로 등장하는 모르드개인데, 사건의 뼈대 역할을 하는 그는 견실하고 신실하며 지각 있고 경건한 인물이다. 이런 그와 극명한 대립을 보이는 인물로, 대학살 음모의 주모자인 오만한 악인 하만이 있다. 또 부모를 잃고 난 뒤 사촌 오라버니 모르드개의 집에서 자란 매혹적인 여인 에스더가 있는데, 그녀는 후미진 후궁의 처소를 나와 담대하게 주인공으로 나선다.

이 이야기에서는 하나님을 대변하는 백성이 한 사람도 죽임을 당하지 않는다. 극적인 반전을 통해 대학살 음모는 결국 무산되고 만다.

> 아하수에로 왕은 왕비 에스더와 유대인 모르드개에게 말했다. "하만이 유대인을 공격했으므로, 내가 그의 재산을 에스더에게 주고 그를 교수대에 매달게 했소. 그러니 이제 그대들의 판단대로 유대인들을 위해 무엇이든 글로 쓰도록 하

It seems odd that the awareness of God, or even of the people of God, brings out the worst in some people. God, the source of all goodness and blessing and joy, at times becomes the occasion for nearly unimaginable acts of cruelty, atrocity, and evil.

There is a long history of killing men and women simply because they are perceived as reminders or representatives of the living God, as if killing people who worship God gets rid of God himself. We've recently completed a century marked by an extraordinary frenzy of such "god" killings. To no one's surprise, God is still alive and present.

The book of Esther opens a window on this world of violence directed, whether openly or covertly, against God and God's people. The perspective it provides transcends the occasion that provoked it, a nasty scheme to massacre all the exiled Jews who lived in the vast expanse of fifth-century B.C. Persia. Three characters shape the plot. Mordecai, identified simply as "the Jew," anchors the story. He is solid, faithful, sane, godly. His goodness is more than matched by the evil and arrogant vanity of Haman, who masterminds the planned massacre. Mordecai's young, orphaned, and ravishing cousin, Esther, whom he has raised, emerges from the shadows of the royal harem to take on the title role.

It turns out that no God-representing men and women get killed in this story—in a dramatic turnaround, the plot fails.

> King Xerxes said to Queen Esther and Mordecai the Jew: "I've given Haman's estate to Esther and he's been hanged on the gallows because he attacked the Jews. So go ahead now and write whatever you decide on behalf of the Jews."...
> The king's order authorized the jew in every ciry to arm and defend themselves to the death, killing anyone who threatened them or their

> 시오."……왕이 명령한 내용은, 모든 성읍의 유대인들이 무장하여 스스로를 지키고, 그들과 그들의 아내와 자녀들을 위협하는 사람은 누구든 죽이며……누구도 그들을 당해 낼 수 없었다. 두려워서 모두들 겁쟁이가 되었다(에 8:7-8, 11; 9:2).

그러나 이 이야기 전후로 수없이 많은 사람들이 죽임을 당했거니와, 앞으로도 그럴 것이다. 거의 모든 시대, 모든 사회마다 하만 같은 자들이 나타나서 하나님의 증거나 증인들을 모조리 없애려 들었다. 그러나 에스더서는 "하나님의 백성은 멸절되지 않는다" 고 끊임없이 분명하고 확실하게 말하고 있다. 그들을 아무리 많이 잡아다 죽인다 해도, 온 땅에 흩어져 있는 하나님의 백성—하나님을 경외하며, 하나님을 섬기며, 하나님을 예배하는—의 공동체를 멸절시킬 수는 없다. 어느 누구도, 그 어떤 세력도 불가능하다. 지금도 분명하고 확실하게 그렇게 말할 수 있다.

> women and children.
> ...Not one man was able to stand up against them—fear made cowards of them all(Esther 8:7-8, 11; 9:2).

But millions before and after Esther have been and, no doubt, will continue to be killed. There is hardly a culture or century that doesn't eventually find a Haman determined to rid the world of evidence and reminders of God. Meanwhile, Esther continues to speak the final and definitive word: You can't eliminate God's people. No matter how many of them you kill, you can't get rid of the communities of God-honoring, God-serving, God-worshiping people scattered all over the earth. This is still the final and definitive word.

에스더

1 [1-3] 이것은 아하수에로 왕 때에 있었던 일이다. 아하수에로는 인도에서 에티오피아에 이르기까지 모두 127개 지방을 다스린 왕이다. 아하수에로 왕은 수사 궁전 왕좌에서 다스렸다. 다스린 지 삼 년째 되던 해에, 그는 모든 관리와 대신들을 위해 연회를 베풀었다. 페르시아와 메대의 군 고위 지휘관, 각 지방의 관원과 총독들이 그 자리에 참석했다.

[4-7] 여섯 달 동안 왕은 제국의 어마어마한 부와 눈부시게 찬란한 왕의 위엄을 과시했다. 그 행사를 마치면서, 왕은 지위의 높고 낮음을 따지지 않고 수도 수사에 살고 있는 모든 사람을 위해 일주일 동안 잔치를 베풀었다. 잔치는 왕의 여름 별궁 정원 뜰에서 열렸다. 뜰에는 흰색과 파란색의 무명 커튼을 드리웠는데, 자주색 세마포 줄로 대리석 기둥의 은 고리에 매달아 정성들여 장식했다. 화반석, 백석, 운모석, 색색의 돌을 깐 모자이크 바닥 위에는 은과 금 의자들이 놓였다. 술은 금잔에 대접했는데, 잔마다 모양이 모두 달랐다. 왕의 인심이 후한지라, 왕이 내리는 술은 흘러넘쳤다!

[8-9] 왕의 지시가 따로 있었으므로 손님들은 마시고 싶은 만큼 마셨고, 술 심부름꾼들이 옆에서 계속 잔을 채워 주었다. 한편, 왕비 와스디는 아하수에로 왕의 왕궁에서 여자들을 위해 따로 잔치를 베풀었다.

[10-11] 잔치 칠 일째 되던 날, 술에 한껏 취한 왕은 자기 종인 일곱 내시(므후만, 비스다, 하르보나, 빅다, 아박다, 세달, 가르가스)에게

ESTHER

1 [1-3] This is the story of something that happened in the time of Xerxes, the Xerxes who ruled from India to Ethiopia—127 provinces in all. King Xerxes ruled from his royal throne in the palace complex of Susa. In the third year of his reign he gave a banquet for all his officials and ministers. The military brass of Persia and Media were also there, along with the princes and governors of the provinces.

[4-7] For six months he put on exhibit the huge wealth of his empire and its stunningly beautiful royal splendors. At the conclusion of the exhibit, the king threw a weeklong party for everyone living in Susa, the capital—important and unimportant alike. The party was in the garden courtyard of the king's summer house. The courtyard was elaborately decorated with white and blue cotton curtains tied with linen and purple cords to silver rings on marble columns. Silver and gold couches were arranged on a mosaic pavement of porphyry, marble, mother-of-pearl, and colored stones. Drinks were served in gold chalices, each chalice one-of-a-kind. The royal wine flowed freely—a generous king!

[8-9] The guests could drink as much as they liked—king's orders!—with waiters at their elbows to refill the drinks. Meanwhile, Queen Vashti was throwing a separate party for women inside King Xerxes' royal palace.

[10-11] On the seventh day of the party, the king, high on the wine, ordered the seven eunuchs who were his personal servants (Mehuman, Biztha, Harbona,

명령하여, 화려한 관을 쓴 왕비 와스디를 데려오게 했다. 왕비의 미모가 뛰어났으므로, 왕은 손님과 관리들에게 왕비의 아름다움을 과시하고자 했다.

12-15 그러나 왕비 와스디는 내시들이 전한 명령을 거절하고 오지 않았다. 왕은 몹시 화가 났다. 그는 와스디의 오만함에 분노하여 법적인 문제에 밝은 측근들을 불러들였다. 전문 보좌관들의 자문을 받는 것은 왕의 관행이었다. 왕과 가장 가까운 사람들은 가르스나, 세달, 아드마다, 다시스, 메레스, 마르스나, 므무간으로, 페르시아와 메대의 최고위 일곱 대신이자 왕에게 영향력을 행사하는 최측근들이었다. 왕은 자신의 부름을 거절한 왕비 와스디를 법적으로 어떻게 처리할 수 있는지 그들에게 물었다.

16-18 왕과 대신들의 회의에서 므무간이 말했다. "와스디 왕비는 왕만 모욕한 것이 아닙니다. 아하수에로 왕께서 다스리시는 모든 지방의 지도자와 백성 할 것 없이 우리 모두를 모욕했습니다. 이제 이런 말이 나돌 것입니다. '최근에 와스디 왕비 소식 들었나? 아하수에로 왕이 왕비를 자기 앞에 나아오게 명령했는데도 왕비가 가지 않았다지 뭔가!' 여자들이 그 말을 들으면 그때부터 남편을 우습게 알 것입니다. 페르시아와 메대 관리의 아내들이 왕비의 오만함을 듣는 그날로부터 그들도 오만방자하게 될 것입니다. 자기 본분을 모르고 날뛰는 성난 여자들의 나라, 그것이 우리가 바라는 나라인지요?

19-20 그러니 왕께서 동의하신다면, 와스디 왕비를 아하수에로 왕 앞에서 영영 추방하는 왕령을 내리시고 그것을 철회하지 못하도록 페르시아와 메대의 법에 기록하십시오. 그리고 왕비의 지위는 자기 본분을 아는 여자에게 주십시오. 왕의 판결이 이 광대한 온 나라에 알려지면, 사회적 지위와 관계없이 모든 여자가 자기 남편을 마땅히 존중할 것입니다."

21-22 그의 말은 왕과 대신들의 마음에 쏙 들었다. 왕은 므무간의 건의대로 시행했다. 왕은 각 지방의 문자와 각 민족의 언어로 모든 지방에 공문을 보냈다. "남자가 자기 집을 주관해야 하며, 무엇이든 그의 말대로 해야 한다."

Bigtha, Abagtha, Zethar, and Carcas) to bring him Queen Vashti resplendent in her royal crown. He wanted to show off her beauty to the guests and officials. She was extremely good-looking.

12-15 But Queen Vashti refused to come, refused the summons delivered by the eunuchs. The king lost his temper. Seething with anger over her insolence, the king called in his counselors, all experts in legal matters. It was the king's practice to consult his expert advisors. Those closest to him were Carshena, Shethar, Admatha, Tarshish, Meres, Marsena, and Memucan, the seven highest-ranking princes of Persia and Media, the inner circle with access to the king's ear. He asked them what legal recourse they had against Queen Vashti for not obeying King Xerxes' summons delivered by the eunuchs.

16-18 Memucan spoke up in the council of the king and princes: "It's not only the king Queen Vashti has insulted, it's all of us, leaders and people alike in every last one of King Xerxes' provinces. The word's going to get out: 'Did you hear the latest about Queen Vashti? King Xerxes ordered her to be brought before him and she wouldn't do it!' When the women hear it, they'll start treating their husbands with contempt. The day the wives of the Persian and Mede officials get wind of the queen's insolence, they'll be out of control. Is that what we want, a country of angry women who don't know their place?

19-20 "So, if the king agrees, let him pronounce a royal ruling and have it recorded in the laws of the Persians and Medes so that it cannot be revoked, that Vashti is permanently banned from King Xerxes' presence. And then let the king give her royal position to a woman who knows her place. When the king's ruling becomes public knowledge throughout the kingdom, extensive as it is, every woman, regardless of her social position, will show proper respect to her husband."

21-22 The king and the princes liked this. The king did what Memucan proposed. He sent bulletins to every part of the kingdom, to each province in its own script, to each people in their own language: "Every man is master of his own house; whatever he says, goes."

2

1-4 그 후에 아하수에로 왕의 분노가 가라앉아 와스디가 행한 일과 자신이 그녀에게 내린 명령을 다시 생각하고 있을 때, 왕의 젊은 수행원들이 끼어들어 이야기를 꺼냈다. "왕을 모실 어여쁜 젊은 처녀들을 찾아보게 하십시오. 왕께서는 나라의 각 지방에 관리들을 임명하시고, 어여쁜 젊은 처녀들을 도성 수사에 있는 규방으로 데려오게 하십시오. 그곳의 책임자인 왕의 내시 헤개가 그들의 몸단장을 맡을 것입니다. 그 후에 왕께서 가장 마음에 드는 처녀를 고르셔서 와스디를 대신하여 왕비로 삼으십시오." 왕은 그 제안이 마음에 들어 그대로 받아들였다.

5-7 한편, 수사 궁전에 한 유대인이 살고 있었다. 그는 기스의 증손이요 시므이의 손자요 야일의 아들인 모르드개로, 베냐민 사람이었다. 일찍이 바빌론 왕 느부갓네살이 그의 조상을 예루살렘에서 포로로 사로잡아 유다 왕 여호야긴과 함께 끌고 왔다. 모르드개에게는 에스더라고 하는 사촌 누이동생 하닷사가 있었다. 아버지와 어머니를 여읜 후부터 그녀를 그가 길러 온 터였다. 소녀는 몸매가 아름답고 얼굴도 예뻤다. 부모가 죽은 후에 모르드개가 그녀를 딸로 삼았다.

8 왕의 명령이 공포되자, 사람들이 많은 젊은 처녀들을 수사 궁전으로 데려와 여자들을 감독하는 헤개에게 넘겼다. 에스더도 그 가운데 있었다.

9-10 헤개는 에스더가 마음에 들어 특별히 관심을 두었다. 곧바로 그는 에스더의 몸단장을 시작했다. 특별 식단을 주문하고 궁의 시녀 일곱을 붙여 주어, 그녀와 시녀들이 규방의 가장 좋은 방에서 지내게 했다. 에스더는 자신과 가문과 민족 배경에 대해 아무 말도 하지 않았다. 모르드개가 말하지 말라고 일러두었기 때문이다.

11 모르드개는 에스더가 어떻게 지내는지, 무엇을 하고 있는지 소식을 듣고자 날마다 규방 뜰 옆을 거닐었다.

12-14 처녀들은 아하수에로 왕 앞에 차례대로 나아갈 때까지, 정해진 대로 열두 달—몰약 기름으로 여섯 달, 향수와 각종 화장품으

2

1-4 Later, when King Xerxes' anger had cooled and he was having second thoughts about what Vashti had done and what he had ordered against her, the king's young attendants stepped in and got the ball rolling: "Let's begin a search for beautiful young virgins for the king. Let the king appoint officials in every province of his kingdom to bring every beautiful young virgin to the palace complex of Susa and to the harem run by Hegai, the king's eunuch who oversees the women; he will put them through their beauty treatments. Then let the girl who best pleases the king be made queen in place of Vashti."

The king liked this advice and took it.

5-7 Now there was a Jew who lived in the palace complex in Susa. His name was Mordecai the son of Jair, the son of Shimei, the son of Kish—a Benjaminite. His ancestors had been taken from Jerusalem with the exiles and carried off with King Jehoiachin of Judah by King Nebuchadnezzar of Babylon into exile. Mordecai had reared his cousin Hadassah, otherwise known as Esther, since she had no father or mother. The girl had a good figure and a beautiful face. After her parents died, Mordecai had adopted her.

8 When the king's order had been publicly posted, many young girls were brought to the palace complex of Susa and given over to Hegai who was overseer of the women. Esther was among them.

9-10 Hegai liked Esther and took a special interest in her. Right off he started her beauty treatments, ordered special food, assigned her seven personal maids from the palace, and put her and her maids in the best rooms in the harem. Esther didn't say anything about her family and racial background because Mordecai had told her not to.

11 Every day Mordecai strolled beside the court of the harem to find out how Esther was and get news of what she was doing.

12-14 Each girl's turn came to go in to King Xerxes after she had completed the twelve months of prescribed beauty treatments—six months' treatment with oil of myrrh followed by six months with perfumes and various cosmetics. When it was time for the girl to go to the king, she was given whatever she wanted to

로 여섯 달—의 몸단장 과정을 거쳤다. 왕 앞에 나아갈 때가 된 처녀에게는 무엇이든 본인이 원하는 것을 주어, 왕의 방으로 갈 때 가지고 가게 했다. 그들은 저녁때 왕의 방에 갔다가 아침에 사아스가스가 감독하는 별궁으로 돌아왔는데, 그는 후궁들을 관리하는 왕의 내시였다. 왕이 특별히 마음에 들어 하여 이름을 불러 찾지 않는 한, 그들은 다시 왕 앞에 나아가지 못했다.

15 에스더는 왕 앞에 나아갈 차례가 되자(에스더는 모르드개의 삼촌 아비하일의 딸이었으나 모르드개가 자기 딸로 삼았다) 규방을 관리하는 왕의 내시 헤개가 권한 것 말고는 아무것도 구하지 않았다. 그 모습 그대로 에스더는 보는 이들의 찬탄을 자아냈다.

16 그녀는 아하수에로 왕이 다스린 지 칠 년째 되는 해 열째 달 곧 데벳월에, 왕이 있는 왕궁으로 불려 들어갔다.

17-18 왕은 에스더를 보고 한눈에 반했다. 어떤 궁녀, 어떤 처녀보다도 그녀가 마음에 들었다. 그녀에게 완전히 매료되었다. 그는 에스더의 머리에 관을 씌우고, 와스디를 대신하여 왕비로 삼았다. 그리고 모든 귀족과 관리들을 위해 큰 연회를 베풀었다. '에스더의 연회'였다. 그는 모든 지방에 휴일을 선포하고, 왕의 선물을 후히 내렸다.

19-20 이후 처녀들이 다시 한번 소집되었는데, 모르드개가 왕의 문에서 일을 맡아보고 있었다. 그때까지 에스더는 모르드개가 말한 대로 자신의 가문 배경과 민족에 대해 입을 다물고 있었다. 에스더는 모르드개 밑에서 자라면서 그의 말에 늘 순종했고 지금도 마찬가지였다.

21-23 그날 모르드개가 왕의 문에서 일을 맡아보고 있는데, 입구를 지키는 왕의 두 내시 빅다나와 데레스가 원한을 품고 아하수에로 왕을 죽일 계략을 꾸미고 있었다. 그러나 모르드개가 그 음모를 알아채고 왕비 에스더에게 그 사실을 알렸고, 에스더는 그것을 모르드개에게서 들었다고 하면서 아하수에로 왕에게 알렸다. 조사 결과 진상이 드러나면서 두 사람은 교수형에 처해졌다. 이 모든 일이 왕의 일지에 기록되었다.

take with her when she left the harem for the king's quarters. She would go there in the evening; in the morning she would return to a second harem overseen by Shaashgaz, the king's eunuch in charge of the concubines. She never again went back to the king unless the king took a special liking to her and asked for her by name.

15 When it was Esther's turn to go to the king (Esther the daughter of Abihail the uncle of Mordecai, who had adopted her as his daughter), she asked for nothing other than what Hegai, the king's eunuch in charge of the harem, had recommended. Esther, just as she was, won the admiration of everyone who saw her.

16 She was taken to King Xerxes in the royal palace in the tenth month, the month of Tebeth, in the seventh year of the king's reign.

17-18 The king fell in love with Esther far more than with any of his other women or any of the other virgins—he was totally smitten by her. He placed a royal crown on her head and made her queen in place of Vashti. Then the king gave a great banquet for all his nobles and officials—"Esther's Banquet." He proclaimed a holiday for all the provinces and handed out gifts with royal generosity.

19-20 On one of the occasions when the virgins were being gathered together, Mordecai was sitting at the King's Gate. All this time, Esther had kept her family background and race a secret as Mordecai had ordered; Esther still did what Mordecai told her, just as when she was being raised by him.

21-23 On this day, with Mordecai sitting at the King's Gate, Bigthana and Teresh, two of the king's eunuchs who guarded the entrance, had it in for the king and were making plans to kill King Xerxes. But Mordecai learned of the plot and told Queen Esther, who then told King Xerxes, giving credit to Mordecai. When the thing was investigated and confirmed as true, the two men were hanged on a gallows. This was all written down in a logbook kept for the king's use.

3 1-2 얼마 후에, 아하수에로 왕은 아각 사람 함므다다의 아들 하만을 최고위 관직에 앉혔다. 왕의 문에서 일하는 모든 신하는 왕의 명령에 따라 하만 앞에 무릎 꿇고 절하며 그에게 예를 갖추었다.

2-4 그러나 모르드개만은 예외였다. 그는 무릎 꿇고 절하지 않았다. 왕의 문에서 일하는 신하들이 그 일로 모르드개에게 물었다. "어째서 왕의 명령을 거역하는 거요?" 그들이 날마다 타일렀으나 그는 듣지 않았다. 그래서 그들은 무슨 조치를 취해야겠다 싶어 하만에게 갔다. 모르드개는 그들에게 자신이 유대인임을 밝힌 상태였다.

5-6 하만은 모르드개가 자기 앞에 무릎 꿇고 절하지 않는 것을 보고는 화가 치밀었다. 그런데 모르드개가 유대인인 것을 알고 나자, 유대인 한 사람을 죽이는 것으로는 성이 차지 않았다. 그는 모르드개뿐 아니라 아하수에로의 나라에 있는 모든 유대인을 제거할 방도를 궁리했다.

7 아하수에로 왕 십이년 첫째 달 곧 니산월에, 하만의 주도로 유대인들을 제거할 적당한 시기를 정하기 위해 부르, 곧 제비를 뽑았다. 제비는 열두째 달 곧 아달월 십삼일로 정해졌다.

8-9 그러자 하만은 아하수에로 왕에게 말했다. "백성 가운데 잘 어울리지 않는 이상한 민족 하나가 왕의 나라 각 지방에 흩어져 있습니다. 그들의 관습과 풍속은 다른 민족들과 다릅니다. 뿐만 아니라, 그들은 왕의 법을 무시하기까지 합니다. 왕께서는 그들의 무례한 행동을 참으시면 안됩니다. 왕께서 괜찮으시다면, 그들을 모두 없애라는 명령을 내려 주시기 바랍니다. 비용은 제가 직접 대겠습니다. 이번 일의 자금으로 은 375톤을 왕실 금고에 예치하겠습니다."

10 왕은 손에 끼고 있던 인장 반지를 빼서 아각 사람 함므다다의 아들이자 유대인의 큰 원수인 하만에게 주었다.

11 왕이 말했다. "그대의 돈이니, 그 민족에게 그대가 원하는 대로 하시오."

12 첫째 달 십삼일에 왕의 서기관들이 소집되었다. 그들은 하만이 불러 주는 대로 왕의 대신과 각 지방 총독과 모든 민족의 관리들 앞으로 보내는 명령을 토씨 하나까지 모두 기록했다. 명령은 아하수에로 왕의 이름으로 각 지방의 문

3 1-2 Some time later, King Xerxes promoted Haman son of Hammedatha the Agagite, making him the highest-ranking official in the government. All the king's servants at the King's Gate used to honor him by bowing down and kneeling before Haman—that's what the king had commanded.

2-4 Except Mordecai. Mordecai wouldn't do it, wouldn't bow down and kneel. The king's servants at the King's Gate asked Mordecai about it: "Why do you cross the king's command?" Day after day they spoke to him about this but he wouldn't listen, so they went to Haman to see whether something shouldn't be done about it. Mordecai had told them that he was a Jew.

5-6 When Haman saw for himself that Mordecai didn't bow down and kneel before him, he was outraged. Meanwhile, having learned that Mordecai was a Jew, Haman hated to waste his fury on just one Jew; he looked for a way to eliminate not just Mordecai but all Jews throughout the whole kingdom of Xerxes.

7 In the first month, the month of Nisan, of the twelfth year of Xerxes, the *pur*—that is, the lot—was cast under Haman's charge to determine the propitious day and month. The lot turned up the thirteenth day of the twelfth month, which is the month of Adar.

8-9 Haman then spoke with King Xerxes: "There is an odd set of people scattered through the provinces of your kingdom who don't fit in. Their customs and ways are different from those of everybody else. Worse, they disregard the king's laws. They're an affront; the king shouldn't put up with them. If it please the king, let orders be given that they be destroyed. I'll pay for it myself. I'll deposit 375 tons of silver in the royal bank to finance the operation."

10 The king slipped his signet ring from his hand and gave it to Haman son of Hammedatha the Agagite, archenemy of the Jews.

11 "Go ahead," the king said to Haman. "It's your money—do whatever you want with those people."

12 The king's secretaries were brought in on the

자와 각 민족의 언어로 기록한 후에 왕의 인장 반지로 날인했다.

13-14 전령들 편으로 왕의 모든 지방에 공문이 발송되었다. 열두째 달 곧 아달월 십삼일 하루 동안 모든 유대인—어린이와 노인, 여자와 아기들까지—을 학살하고 그들의 재산을 약탈하라는 명령이 담긴 공문이었다. 공문 사본을 각 지방에 게시하여 모든 민족이 공개적으로 알고 그날을 준비하게 했다.

15 왕의 명령대로 전령들이 떠났다. 공문은 수사 궁전에도 게시되었다. 왕과 하만은 마음 편히 앉아 술잔을 기울였으나, 수사 성은 그 소식으로 인해 술렁거렸다.

4 1-3 이 모든 일을 알게 된 모르드개는 자기 옷을 찢어 베옷을 입고 재를 뒤집어쓴 채, 대성통곡하며 성의 거리로 나갔다. 베옷을 입은 사람은 누구도 왕의 문 안으로 들어갈 수 없었으므로, 그는 왕의 문 앞까지 와서 멈추어 섰다. 왕의 명령이 모든 지방에 게시되자 유대인들이 크게 애통해했다. 그들은 금식하면서, 슬피 울며 부르짖었다. 그들 대부분이 베옷 차림으로 재를 뒤집어쓰고 드러누웠다.

4-8 에스더의 시녀와 내시들이 이 일을 에스더에게 전하니, 왕비는 크게 충격을 받았다. 에스더가 모르드개에게 새옷을 보내 베옷을 벗도록 했지만, 그는 받으려 하지 않았다. 에스더는 왕이 그녀를 시중들도록 붙여 준 왕궁 내시 하닥을 불러, 모르드개에게 가서 무슨 일인지 전말을 알아 오게 했다. 하닥은 왕의 문 앞 성읍 광장에 있는 모르드개에게 갔다. 모르드개는 그동안 있었던 일을 그에게 모두 말했다. 그는 또 하만이 유대인 학살 자금으로 왕실 금고에 예치하기로 약속한 돈의 액수까지 정확히 말해 주었다. 모르드개는 수사에 게시된 왕의 공문 사본을 그에게 주면서, 에스더에게 돌아가 보고할 때 그것을 보이라고 말했다. 그리고 왕에게 나아가서 자기 민족을 위해 간절히 구하고 탄원하라는 당부도 전했다.

9-11 하닥이 돌아와서 모르드개의 말을 에스더에게 모두 전했다. 하닥의 이야기를 전해 들은 에스더는 다시 그를 모르드개에게 보

thirteenth day of the first month. The orders were written out word for word as Haman had addressed them to the king's satraps, the governors of every province, and the officials of every people. They were written in the script of each province and the language of each people in the name of King Xerxes and sealed with the royal signet ring.

13-14 Bulletins were sent out by couriers to all the king's provinces with orders to massacre, kill, and eliminate all the Jews—youngsters and old men, women and babies—on a single day, the thirteenth day of the twelfth month, the month Adar, and to plunder their goods. Copies of the bulletin were to be posted in each province, publicly available to all peoples, to get them ready for that day.

15 At the king's command, the couriers took off; the order was also posted in the palace complex of Susa. The king and Haman sat back and had a drink while the city of Susa reeled from the news.

4 1-3 When Mordecai learned what had been done, he ripped his clothes to shreds and put on sackcloth and ashes. Then he went out in the streets of the city crying out in loud and bitter cries. He came only as far as the King's Gate, for no one dressed in sackcloth was allowed to enter the King's Gate. As the king's order was posted in every province, there was loud lament among the Jews—fasting, weeping, wailing. And most of them stretched out on sackcloth and ashes.

4-8 Esther's maids and eunuchs came and told her. The queen was stunned. She sent fresh clothes to Mordecai so he could take off his sackcloth but he wouldn't accept them. Esther called for Hathach, one of the royal eunuchs whom the king had assigned to wait on her, and told him to go to Mordecai and get the full story of what was happening. So Hathach went to Mordecai in the town square in front of the King's Gate. Mordecai told him everything that had happened to him. He also told him the exact amount of money that Haman had promised to deposit in the royal bank to finance the massacre of the Jews. Mordecai also gave him a copy of the bulletin that had been posted in Susa ordering the massacre so he could show it to

내어 이렇게 말했다. "여기 왕 밑에서 일하는 사람과 각 지방의 백성도 다 아는 것처럼, 왕의 부름 없이 왕께 나아가는 모든 사람의 운명은 오직 죽음뿐입니다. 왕께서 금홀을 내밀 때에만 예외입니다. 그러면 그 사람은 살 수 있습니다. 내가 부름을 입어 왕 앞에 나아간 지 벌써 삼십 일이 지났습니다."

12-14 하닥이 모르드개에게 에스더의 말을 전하자, 모르드개는 다시 에스더에게 이렇게 말했다. "왕비께서 왕궁에 있다는 이유만으로 이 일에서 홀로 살아남으리라고 생각지 마십시오. 이러한 때에 왕비께서 계속 침묵하면 유대인들은 다른 데서 도움을 얻어 구원을 받겠지만, 왕비와 왕비의 집안은 멸망하고 말 것입니다. 그대가 왕비로 세워진 것이, 바로 이때를 위함인지 누가 알겠습니까?"

15-16 에스더는 모르드개에게 다시 답변을 보냈다. "어서 수사에 사는 유대인들을 모두 모으시고, 나를 위해 금식하게 하십시오. 사흘 동안 밤낮으로 먹지도 말고 마시지도 마십시오. 나와 내 시녀들도 함께 금식할 것입니다. 그렇게 해주신다면, 비록 금지된 일이지만 내가 왕께 나아가겠습니다. 그러다가 죽으면, 죽겠습니다."

17 모르드개가 떠나서 에스더가 일러 준 대로 시행했다.

5

1-3 사흘 후에 에스더는 왕비의 예복을 입고 왕의 알현실이 있는 왕궁 안뜰에 들어섰다. 그때에 왕은 입구 쪽을 향하여 왕좌에 앉아 있었다. 뜰에 서 있는 왕비 에스더의 모습이 눈에 띄자, 왕은 반가워하며 손에 들고 있던 금홀을 내밀었다. 에스더가 가까이 다가가 그 홀의 끝에 손을 대었다. 왕이 물었다. "왕비 에스더여, 그대의 소원이 무엇이오? 그대가 원한다면 내 나라의 절반이라도 주겠소."

4 에스더가 말했다. "왕께서 괜찮으시다면, 제가 왕을 위해 준비한 저녁식사에 하만과 함께 오셨으면 합니다."

5-6 왕이 말했다. "당장 하만을 부르거라. 그와 함께 왕비 에스더가 준비한 저녁을 들겠다."

Esther when he reported back with instructions to go to the king and intercede and plead with him for her people.

9-11 Hathach came back and told Esther everything Mordecai had said. Esther talked it over with Hathach and then sent him back to Mordecai with this message: "Everyone who works for the king here, and even the people out in the provinces, knows that there is a single fate for every man or woman who approaches the king without being invited: death. The one exception is if the king extends his gold scepter; then he or she may live. And it's been thirty days now since I've been invited to come to the king."

12-14 When Hathach told Mordecai what Esther had said, Mordecai sent her this message: "Don't think that just because you live in the king's house you're the one Jew who will get out of this alive. If you persist in staying silent at a time like this, help and deliverance will arrive for the Jews from someplace else; but you and your family will be wiped out. Who knows? Maybe you were made queen for just such a time as this."

15-16 Esther sent back her answer to Mordecai: "Go and get all the Jews living in Susa together. Fast for me. Don't eat or drink for three days, either day or night. I and my maids will fast with you. If you will do this, I'll go to the king, even though it's forbidden. If I die, I die."

17 Mordecai left and carried out Esther's instructions.

5

1-3 Three days later Esther dressed in her royal robes and took up a position in the inner court of the palace in front of the king's throne room. The king was on his throne facing the entrance. When he noticed Queen Esther standing in the court, he was pleased to see her; the king extended the gold scepter in his hand. Esther approached and touched the tip of the scepter. The king asked, "And what's your desire, Queen Esther? What do you want? Ask and it's yours—even if it's half my kingdom!"

4 "If it please the king," said Esther, "let the king come with Haman to a dinner I've prepared for him."

5-6 "Get Haman at once," said the king, "so we can go to dinner with Esther."

So the king and Haman joined Esther at the dinner she

그래서 왕과 하만은 에스더가 마련한 저녁식사 자리에 동석했다. 함께 술을 마시던 중에, 왕이 에스더에게 말했다. "이제, 그대가 원하는 것을 말해 보시오. 내 나라의 절반을 달라고 해도 지나치지 않으니, 말만 하시오!"
7-8 에스더가 대답했다. "제가 원하는 것은 이것입니다. 왕께서 제게 은혜를 베푸시고 제 소원과 간구대로 해주기를 기뻐하신다면, 제가 내일도 저녁식사를 차려 왕과 하만을 모시고 싶습니다. 왕께서는 하만과 함께 오시기 바랍니다. 그때는 왕께서 물으시면 바로 제 소원을 아뢰겠습니다."

9-13 그날 하만은 아주 즐거운 기분으로 궁을 나섰다. 그런데 그때 왕의 문을 지키고 앉아서 자기를 무시하고 본체만체하는 모르드개가 보였다. 하만은 화가 치밀어 올랐지만, 꾹 참고 곧바로 집으로 갔다. 그는 친구들과 아내 세레스를 불러 놓고, 자신의 엄청난 재물과 많은 자녀들, 그리고 왕이 자기를 높여 주던 일이며, 최고위직에 오른 일을 자랑하기 시작했다. 하만은 말을 이었다. "그뿐만이 아니오. 에스더 왕비가 왕을 대접하는 사적인 저녁식사에 나를 초대했지 뭐요. 우리 셋뿐이었소. 왕비는 내일 저녁식사에도 나를 초대했다오. 그런데 왕의 문에 앉아 있는 그 유대인 모르드개만 보면, 이 모든 게 하나도 즐겁지 않단 말이오."
14 그의 아내 세레스와 친구들이 말했다. "높이 23미터의 교수대를 세우십시오. 내일 아침 가장 먼저 왕께 구하여, 모르드개를 거기 매달라는 명령을 받아 내십시오. 그러고 나서 즐거이 왕과 함께 저녁식사에 가면 되지 않겠습니까."
하만은 그 말이 마음에 들었다. 그는 교수대를 세우게 했다.

6 1-2 그날 밤 왕은 잠이 오지 않아서, 매일의 사건을 기록하는 실록을 가져다가 자기 앞에서 읽도록 명령했다. 실록을 읽던 중에 우연히, 모르드개가 빅다나와 데레스의 음모를 폭로했던 일에 관한 기록이 나왔다. 그 둘은 문 입구를 지키는 왕궁 내시로, 아하수에로 왕을 암살하려고 모의했었다.
3 왕이 물었다. "이런 일을 한 모르드개에게 상을 내려 그 공을 치하했느냐?"

had arranged. As they were drinking the wine, the king said, "Now, what is it you want? Half of my kingdom isn't too much to ask! Just ask."
7-8 Esther answered, "Here's what I want. If the king favors me and is pleased to do what I desire and ask, let the king and Haman come again tomorrow to the dinner that I will fix for them. Then I'll give a straight answer to the king's question."

9-13 Haman left the palace that day happy, beaming. And then he saw Mordecai sitting at the King's Gate ignoring him, oblivious to him. Haman was furious with Mordecai. But he held himself in and went on home. He got his friends together with his wife Zeresh and started bragging about how much money he had, his many sons, all the times the king had honored him, and his promotion to the highest position in the government. "On top of all that," Haman continued, "Queen Esther invited me to a private dinner she gave for the king, just the three of us. And she's invited me to another one tomorrow. But I can't enjoy any of it when I see Mordecai the Jew sitting at the King's Gate."
14 His wife Zeresh and all his friends said, "Build a gallows seventy-five feet high. First thing in the morning speak with the king; get him to order Mordecai hanged on it. Then happily go with the king to dinner."
Haman liked that. He had the gallows built.

6 1-2 That night the king couldn't sleep. He ordered the record book, the day-by-day journal of events, to be brought and read to him. They came across the story there about the time that Mordecai had exposed the plot of Bigthana and Teresh—the two royal eunuchs who guarded the entrance and who had conspired to assassinate King Xerxes.
3 The king asked, "What great honor was given to Mordecai for this?"
"Nothing," replied the king's servants who were in attendance. "Nothing has been done for him."

시중들던 왕의 시종들이 대답했다. "그에게 해준 것이 하나도 없습니다."

4 왕이 말했다. "거기 뜰에 누구 있느냐?"

마침 하만이 자기가 세운 교수대에 모르드개를 매다는 일을 왕에게 말하려고 왕궁 바깥뜰에 들어서던 참이었다.

5 왕의 시종들이 말했다. "하만이 뜰에 대기하고 있습니다."

"안으로 들게 하여라." 왕이 말했다.

6-9 하만이 들어오자 왕이 그에게 말했다. "내가 특별히 높이고자 하는 사람이 있는데, 그에게 무엇을 해주면 좋겠소?"

하만은 속으로 생각했다. "나를 높이겠다는 말씀이로구나. 나 말고 또 누가 있겠는가?" 그래서 그는 왕에게 대답했다. "왕께서 높이기를 기뻐하시는 사람이라면 이렇게 하시는 것이 좋을 듯합니다. 왕께서 입으시는 옷과 왕께서 타시는 말을 내어 오게 하십시오. 그런 다음에 그 말의 머리에 왕의 관을 씌우고 그 옷과 말을 왕의 가장 높은 대신에게 맡기셔서, 왕께서 특별히 높이시려는 그 사람에게 입히게 하십시오. 그리고 그를 말에 태워 성읍 광장을 지나면서 '왕께서 특별히 높이고자 하시는 사람에게는 이렇게 하신다!' 하고 외치게 하십시오."

10 왕이 하만에게 말했다. "바로 가서, 그 말대로 시행하시오. 한시도 지체하지 마시오. 내 옷과 말을 가지고 왕의 문에 앉아 있는 유대인 모르드개에게 가서, 그대가 말한 그대로 하시오. 사소한 것 하나라도 빠뜨려서는 안되오."

11 그래서 하만은 왕의 옷과 말을 가지고 가서 모르드개에게 옷을 입히고 그를 이끌어 성읍 광장을 지나면서 그 앞에서 선포했다. "왕께서 특별히 높이고자 하시는 사람에게는 이렇게 하신다!"

12-13 그 후 모르드개가 왕의 문으로 돌아갔으나, 하만은 더없이 분해서 얼굴을 가리고 급히 자기 집으로 돌아갔다. 하만은 그날 있었던 일을 아내 세레스와 친구들에게 모두 말했다. 그러자 그 자리에 있던 똑똑한 친구와 아내 세레스가 말했다. "모르드개가 정말 유대인이라면 당신의 불운은 이제 시작에 불과합니다. 당신에게 승산이 없으니 이제 망한 것이나 다름없습니다."

14 그들이 아직 이야기하고 있는데 왕의 내시들이 와서, 에스더가 준비한 저녁식사 장소로 하만을 급히 데리고 갔다.

4 The king said, "Is there anybody out in the court?"

Now Haman had just come into the outer court of the king's palace to talk to the king about hanging Mordecai on the gallows he had built for him.

5 The king's servants said, "Haman is out there, waiting in the court."

"Bring him in," said the king.

6-9 When Haman entered, the king said, "What would be appropriate for the man the king especially wants to honor?"

Haman thought to himself, "He must be talking about honoring me—who else?" So he answered the king, "For the man the king delights to honor, do this: Bring a royal robe that the king has worn and a horse the king has ridden, one with a royal crown on its head. Then give the robe and the horse to one of the king's most noble princes. Have him robe the man whom the king especially wants to honor; have the prince lead him on horseback through the city square, proclaiming before him, 'This is what is done for the man whom the king especially wants to honor!'"

10 "Go and do it," the king said to Haman. "Don't waste another minute. Take the robe and horse and do what you have proposed to Mordecai the Jew who sits at the King's Gate. Don't leave out a single detail of your plan."

11 So Haman took the robe and horse; he robed Mordecai and led him through the city square, proclaiming before him, "This is what is done for the man whom the king especially wants to honor!"

12-13 Then Mordecai returned to the King's Gate, but Haman fled to his house, thoroughly mortified, hiding his face. When Haman had finished telling his wife Zeresh and all his friends everything that had happened to him, his knowledgeable friends who were there and his wife Zeresh said, "If this Mordecai is in fact a Jew, your bad luck has only begun. You don't stand a chance against him—you're as good as ruined."

14 While they were still talking, the king's eunuchs arrived and hurried Haman off to the dinner that Esther had prepared.

7 [1-2] 왕과 하만은 왕비 에스더와 함께하는 저녁식사에 참석했다. 두 번째 저녁식사에서도, 왕은 술을 마시면서 에스더에게 물었다. "왕비 에스더여, 무엇을 원하시오? 내 나라의 절반이라도 좋으니 말만 하시오. 모든 게 당신 것이오."

[3] 왕비 에스더가 대답했다. "왕이시여, 제가 왕께 은혜를 입어 왕께서 저를 기쁘게 여기신다면, 저와 제 민족을 살려 주십시오.

[4] 저와 제 민족이 팔려서, 이제 망하게 되었습니다. 살육당하여 망하게 되었습니다. 우리가 종으로만 팔렸어도 제가 감히 왕께 이런 말씀을 드리지 않을 것입니다. 우리의 근심도 왕을 성가시게 할 정도는 아니었을 것입니다."

[5] 아하수에로 왕이 크게 화를 냈다. "그런 극악무도한 짓을 꾸민 자가 누구요? 그 자가 지금 어디 있소?"

[6] 에스더가 말했다. "그 원수, 그 대적은 바로 이 악한 자 하만입니다."

순간 하만은 왕과 왕비 앞에서 공포에 질렸다.

[7-8] 왕이 크게 분노하여, 술잔을 내려놓고 자리를 박차고 일어나 왕궁 정원으로 들어갔다.

하만은 거기 서서 왕비 에스더에게 살려 달라고 애원했다. 왕이 자신을 끝장내리라는 것과 자신의 운이 다한 것을 그도 알 수 있었다. 왕이 왕궁 정원에서 연회장으로 돌아오니, 하만이 에스더가 기대 누운 침상에 엎드려 있었다. 왕이 버럭 소리를 질렀다. "이 자가 나를 지척에 두고 왕비를 겁탈하려 드는구나!"

왕의 입에서 그 말이 떨어지자, 하만의 얼굴에서 핏기가 가셨다.

[9] 왕을 시중들던 내시 가운데 하르보나가 말했다. "저쪽을 보십시오! 하만이 왕의 목숨을 구한 모르드개를 매달려고 세운 교수대입니다. 하만의 집 바로 옆에 있는데, 높이가 23미터입니다!"

왕이 말했다. "이 자를 거기에 매달아라!"

[10] 하만은 모르드개를 매달려고 직접 세운 바로 그 교수대에 자신이 매달렸다. 그제야 왕의 불같은 분노가 가라앉았다.

7 [1-2] So the king and Haman went to dinner with Queen Esther. At this second dinner, while they were drinking wine the king again asked, "Queen Esther, what would you like? Half of my kingdom! Just ask and it's yours."

[3] Queen Esther answered, "If I have found favor in your eyes, O King, and if it please the king, give me my life, and give my people their lives.

[4] "We've been sold, I and my people, to be destroyed—sold to be massacred, eliminated. If we had just been sold off into slavery, I wouldn't even have brought it up; our troubles wouldn't have been worth bothering the king over."

[5] King Xerxes exploded, "Who? Where is he? This is monstrous!"

[6] "An enemy. An adversary. This evil Haman," said Esther.

Haman was terror-stricken before the king and queen.

[7-8] The king, raging, left his wine and stalked out into the palace garden.

Haman stood there pleading with Queen Esther for his life—he could see that the king was finished with him and that he was doomed. As the king came back from the palace garden into the banquet hall, Haman was groveling at the couch on which Esther reclined. The king roared out, "Will he even molest the queen while I'm just around the corner?"

When that word left the king's mouth, all the blood drained from Haman's face.

[9] Harbona, one of the eunuchs attending the king, spoke up: "Look over there! There's the gallows that Haman had built for Mordecai, who saved the king's life. It's right next to Haman's house—seventy-five feet high!"

The king said, "Hang him on it!"

[10] So Haman was hanged on the very gallows that he had built for Mordecai. And the king's hot anger cooled.

8 1-2 그날 아하수에로 왕은 유대인의 대적 하만의 재산을 왕비 에스더에게 주었다. 에스더가 모르드개와의 관계를 설명하자, 모르드개가 왕 앞에 나아오게 되었다. 왕은 하만에게서 돌려받은 자신의 인장 반지를 빼서 모르드개에게 맡겼다. 에스더는 하만의 재산을 그가 관리하게 했다.

3-6 에스더는 또다시 왕에게 나아가, 아각 사람 하만의 악을 저지하고 유대인을 해치려고 꾸민 그의 계략을 철회해 달라고 왕의 발 앞에 엎드려 눈물로 간청했다. 왕이 에스더에게 금홀을 내밀자, 에스더가 일어나 왕 앞에 서서 말했다. "왕께서 저를 기쁘게 여기시고 이 일이 옳다고 생각하시면, 그리고 왕께서 정말 저에게 은혜를 베푸신다면, 명령을 내리셔서 아각 사람 함므다다의 아들 하만의 계략, 곧 각 지방의 모든 유대인을 몰살시키려는 계획을 승인하는 공문을 취소하여 주십시오. 제 민족이 진멸당하는 참사를 제가 어찌 눈 뜨고 볼 수 있겠으며, 제 친족이 살육당하는 것을 제가 어찌 바라보고만 있겠습니까?"

7-8 아하수에로 왕은 왕비 에스더와 유대인 모르드개에게 말했다. "하만이 유대인을 공격했으므로, 내가 그의 재산을 에스더에게 주고 그를 교수대에 매달게 했소. 그러니 이제 그대들의 판단대로 유대인들을 위해 무엇이든 글로 쓰도록 하시오. 그리고 이 인장 반지로 날인하시오." (왕의 이름으로 기록하고 그의 인장 반지로 날인한 명령은 철회할 수 없다.)

9 그래서 셋째 달 곧 시완월 이십삼일에, 왕의 서기관들이 소집되었다. 유대인들에 관한 왕의 명령이 모르드개가 불러 주는 대로 토씨 하나까지 기록되었다. 그것은 인도에서 에티오피아까지 127개 모든 지방의 대신과 총독과 관리들 앞으로 보내는 것으로, 유대인의 문자와 언어를 포함해 각 지방의 문자와 각 민족의 언어로 기록되었다.

10 모르드개는 아하수에로 왕의 이름으로 명령을 기록하고, 왕의 인장 반지로 날인했다. 그리고 말 탄 전령들 편으로 공문을 발송했는데, 그들은 왕궁 사육장에서 기른 왕의 가장 빠른 말을 탔다.

11-13 왕이 명령한 내용은, 모든 성읍의 유대인들이 무장하여 스스로를 지키고, 그들과 그들의 아내와 자녀들을 위협하는 사람은 누구든 죽이며, 원수들의 소유를 무엇이든 빼앗을 수 있게 한 것이었다. 아하수에로 왕이 다스리는 모든 지방에

8 1-2 That same day King Xerxes gave Queen Esther the estate of Haman, archenemy of the Jews. And Mordecai came before the king because Esther had explained their relationship. The king took off his signet ring, which he had taken back from Haman, and gave it to Mordecai. Esther appointed Mordecai over Haman's estate.

3-6 Then Esther again spoke to the king, falling at his feet, begging with tears to counter the evil of Haman the Agagite and revoke the plan that he had plotted against the Jews. The king extended his gold scepter to Esther. She got to her feet and stood before the king. She said, "If it please the king and he regards me with favor and thinks this is right, and if he has any affection for me at all, let an order be written that cancels the bulletins authorizing the plan of Haman son of Hammedatha the Agagite to annihilate the Jews in all the king's provinces. How can I stand to see this catastrophe wipe out my people? How can I bear to stand by and watch the massacre of my own relatives?"

7-8 King Xerxes said to Queen Esther and Mordecai the Jew: "I've given Haman's estate to Esther and he's been hanged on the gallows because he attacked the Jews. So go ahead now and write whatever you decide on behalf of the Jews; then seal it with the signet ring." (An order written in the king's name and sealed with his signet ring is irrevocable.)

9 So the king's secretaries were brought in on the twenty-third day of the third month, the month of Sivan, and the order regarding the Jews was written word for word as Mordecai dictated and was addressed to the satraps, governors, and officials of the provinces from India to Ethiopia, 127 provinces in all, to each province in its own script and each people in their own language, including the Jews in their script and language.

10 He wrote under the name of King Xerxes and sealed the order with the royal signet ring; he sent out the bulletins by couriers on horseback, riding the fastest royal steeds bred from the royal stud.

11-13 The king's order authorized the Jews in every city to arm and defend themselves to the death, killing anyone who threatened them or their

서 이 일이 허용된 날은 열두째 달 곧 아달월 십삼일이었다. 명령은 각 지방의 공공장소에 게시하여 누구나 읽게 했고, 유대인들에게는 그날을 준비하여 원수들에게 복수할 수 있도록 승인했다.

14 왕의 명령이 긴급하므로, 전령들은 왕의 말을 타고 급히 떠났다. 왕의 명령은 수사 궁전에도 게시되었다.

15-17 모르드개는 보라색과 흰색 예복, 큰 금관, 가는 모시실로 지은 자주색 겉옷 차림으로 왕 앞에서 물러 나왔다. 수사 성에 기쁨이 흘러넘쳤다. 유대인들에게 밝은 빛과 웃음이 찾아온 것이다. 즐겁고 기쁘고 자랑스러운 날이었다. 왕의 공문이 게시된 모든 성읍, 모든 지방, 각 나라 어디에서나 유대인들은 거리로 나가 축하하고 환호하며 잔치를 벌였다. 뿐만 아니라 유대인이 아닌 많은 사람들도 유대인이 되었다. 이제는 오히려 유대인이 아닌 사람들이 위험해졌다!

9

1-4 열두째 달 곧 아달월 십삼일에, 왕의 명령이 시행되었다. 유대인의 원수들이 그들을 제압하려고 했던 바로 그 날, 상황은 역전되어 유대인들을 미워하는 자들을 유대인들이 제압하게 된 것이다! 유대인들은 아하수에로 왕이 다스리는 각 지방 모든 성읍에 모여 그들의 멸망을 꾀하던 자들을 공격했다. 누구도 그들을 당해 낼 수 없었다. 두려워서 모두들 겁쟁이가 되었다. 더욱이 정부 관리와 대신과 총독을 비롯하여 왕 밑에서 일하는 모든 사람이 모르드개를 의식하고 유대인들을 도왔다. 그들은 모르드개를 두려워했다. 이제 그는 왕궁의 실세가 되었다. 모르드개의 권력이 커질수록 그의 명성도 더해 갔다.

5-9 유대인들은 칼로 원수들을 해치우고 닥치는 대로 살육하며, 자기들을 미워하는 자들에게 마음껏 복수했다. 수사 궁전에서 유대인들은 오백 명이나 되는 사람을 죽였다. 그들은 또 유대인의 대적이요 함므다다의 아들인 하만의 열 아들도 죽였다.

바산다다　　달본
아스바다　　보라다

women and children, and confiscating for themselves anything owned by their enemies. The day set for this in all King Xerxes' provinces was the thirteenth day of the twelfth month, the month of Adar. The order was posted in public places in each province so everyone could read it, authorizing the Jews to be prepared on that day to avenge themselves on their enemies.

14 The couriers, fired up by the king's order, raced off on their royal horses. At the same time, the order was posted in the palace complex of Susa.

15-17 Mordecai walked out of the king's presence wearing a royal robe of violet and white, a huge gold crown, and a purple cape of fine linen. The city of Susa exploded with joy. For Jews it was all sunshine and laughter: they celebrated, they were honored. It was that way all over the country, in every province, every city when the king's bulletin was posted: the Jews took to the streets in celebration, cheering, and feasting. Not only that, but many non-Jews became Jews—now it was dangerous *not* to be a Jew!

9

1-4 On the thirteenth day of the twelfth month, the month of Adar, the king's order came into effect. This was the very day that the enemies of the Jews had planned to overpower them, but the tables were now turned: the Jews overpowered those who hated them! The Jews had gathered in the cities throughout King Xerxes' provinces to lay hands on those who were seeking their ruin. Not one man was able to stand up against them—fear made cowards of them all. What's more, all the government officials, satraps, governors—everyone who worked for the king—actually helped the Jews because of Mordecai; they were afraid of him. Mordecai by now was a power in the palace. As Mordecai became more and more powerful, his reputation had grown in all the provinces.

5-9 So the Jews finished off all their enemies with the sword, slaughtering them right and left, and did as they pleased to those who hated them. In the palace complex of Susa the Jews massacred five hundred men. They also killed the ten sons of Haman son of Hammedatha, the archenemy of the Jews:

Parshandatha　　Dalphon

아달리야 아리다다
바마스다 아리새
아리대 왜사다

10-12 그러나 그들은 재산은 약탈하지 않았다. 그날 모든 일이 끝난 뒤에, 궁전에서 죽임당한 자들의 수가 왕에게 보고되었다. 왕이 왕비 에스더에게 말했다. "이곳 수사 궁전에서만 유대인들이 오백 명을 죽였고, 하만의 열 아들도 죽였소. 그러니 나머지 지방에서야 어떠했겠소! 그 밖에 그대가 더 원하는 것이 무엇이오? 말만 하시오. 그러면 그대 뜻대로 될 것이오. 그대의 소원이 곧 나의 명령이오."

13 왕비 에스더가 대답했다. "왕께서 괜찮으시다면, 수사의 유대인들에게 이 명령의 기한을 하루만 더 연장해 주셔서, 하만의 열 아들의 시체를 교수대에 매달아 모두가 보게 해주십시오."

14 왕은 그렇게 하라고 명령을 내렸다. 명령은 연장되었고, 하만의 열 아들의 시체는 공개적으로 매달렸다.

15 수사의 유대인들이 다시 모여들었다. 아달월 십사일에 그들은 수사에서 삼백 명을 더 죽였다. 그러나 이번에도 재산은 약탈하지 않았다.

16-19 한편, 왕이 다스리는 나머지 지방에서는 유대인들이 단결하여 스스로를 지키고 압제에서 벗어났다. 아달월 십삼일에 그들은 유대인을 미워하는 자 칠만오천 명을 죽였으나 재산은 약탈하지 않았다. 그들은 이튿날 십사일에 쉬면서, 풍성한 음식으로 잔치를 벌이며 즐거워했다. 그러나 수사에서는 유대인들이 십삼일과 십사일 이틀에 걸쳐 일을 벌였으므로, 십오일을 경축일로 삼아 잔치를 벌이면서 즐거워했다. (그래서 지방의 시골 마을에 사는 유대인들은 아달월 십사일을 기념하여 잔치를 벌이고 선물을 주고받는다.)

20-22 모르드개는 이 모든 일을 기록하고 그 사본을 지역과 관계없이 아하수에로 왕이 다스리는 모든 지방의 유대인들에게 보내어, 해마다 아달월 십사일과 십오일을, 유대

Aspatha Poratha
Adalia Aridatha
Parmashta Arisai
Aridai Vaizatha

10-12 But they took no plunder. That day, when it was all over, the number of those killed in the palace complex was given to the king. The king told Queen Esther, "In the palace complex alone here in Susa the Jews have killed five hundred men, plus Haman's ten sons. Think of the killing that must have been done in the rest of the provinces! What else do you want? Name it and it's yours. Your wish is my command."

13 "If it please the king," Queen Esther responded, "give the Jews of Susa permission to extend the terms of the order another day. And have the bodies of Haman's ten sons hanged in public display on the gallows."

14 The king commanded it: The order was extended; the bodies of Haman's ten sons were publicly hanged.

15 The Jews in Susa went at it again. On the fourteenth day of Adar they killed another three hundred men in Susa. But again they took no plunder.

16-19 Meanwhile in the rest of the king's provinces, the Jews had organized and defended themselves, freeing themselves from oppression. On the thirteenth day of the month of Adar, they killed seventy-five thousand of those who hated them but did not take any plunder. The next day, the fourteenth, they took it easy and celebrated with much food and laughter. But in Susa, since the Jews had banded together on both the thirteenth and fourteenth days, they made the fifteenth their holiday for laughing and feasting. (This accounts for why Jews living out in the country in the rural villages remember the fourteenth day of Adar for celebration, their day for parties and the exchange of gifts.)

20-22 Mordecai wrote all this down and sent copies to all the Jews in all King Xerxes' provinces, regardless of distance, calling for an annual celebration on the fourteenth and fifteenth days of Adar as the occasion when Jews got relief from their enemies, the month in which their sorrow turned to joy, mourning somersaulted into a holiday for parties and fun and laughter,

인들이 원수들에게서 해방된 기념일로 지키도록 명령했다. 그달에 그들의 슬픔이 기쁨으로 변했고, 애통이 축제와 웃음의 경축일로 바뀌어, 서로 선물을 주고받고 가난한 이들을 보살폈다.

23 그들은 명령대로 그날을 지켰다. 그때부터 시작된 것이 전통이 되어, 모르드개가 지시한 대로 계속 시행되었다.

24-26 모든 유대인의 대적인 아각 사람 함므다다의 아들 하만은, 모든 유대인을 멸할 음모를 꾸몄다. 그는 부르(제비)를 뽑아 그들을 공포에 떨게 하고 멸망시키려 했다. 그러나 왕비 에스더가 나서서 탄원하자 왕이 문서로 명령을 내렸고, 하만이 꾸민 악한 계략은 결국 하만 자신에게로 돌아갔다. 하만과 그 아들들은 교수대에 매달렸다. 그래서 이 두 날을 '제비'를 뜻하는 '부르'라는 단어를 따서 '부림'이라 부른다.

26-28 유대인들은 모르드개가 보낸 편지에 적힌 모든 말을 명심하고 자신들이 겪은 모든 일을 기념하여, 이날을 계속 지키기로 뜻을 모았다. 해마다 그 편지에 기록된 두 날을 기념하는 일은, 그들과 그 후손과 장래의 모든 개종자들에게 전통이 되었다. 이 두 날은 모든 지방과 성읍에서 모든 세대가 기억하고 지켜야 할 명절이 되었다. 이 부림의 날들은 유대인들이 절대로 소홀히 해서는 안되는 날이자, 그 후손에게도 절대 잊어서는 안되는 날이 되었다.

29-32 아비하일의 딸 왕비 에스더는 왕비의 전권으로 유대인 모르드개를 지원하여, 그가 기록한 내용을 지지하고 승인하는 두 번째 편지를 썼다. 모르드개는 아하수에로가 다스리는 나라 127개 지방 전역의 모든 유대인에게 위로와 격려의 편지를 보내어, 이 부림의 날들이 유대인 모르드개가 정한 날로 달력에 자리 잡게 했다. 이날은 그들 자신들뿐 아니라 후손도 금식하고 울며 부르짖는 날로 정해졌다. 에스더의 명령은 부림의 전통을 견고하게 해주었고, 그 내용은 책에 기록되었다.

10 1-2 아하수에로 왕은 자신의 제국 이쪽 끝에서 저쪽 끝까지 세금을 부과했다. 아하수에로 왕의 광대한 업적은, 왕이 모

the sending and receiving of presents and of giving gifts to the poor.

23 And they did it. What started then became a tradition, continuing the practice of what Mordecai had written to them.

24-26 Haman son of Hammedatha, the Agagite, the archenemy of all Jews, had schemed to destroy all Jews. He had cast the *pur* (the lot) to throw them into a panic and destroy them. But when Queen Esther intervened with the king, he gave written orders that the evil scheme that Haman had worked out should boomerang back on his own head. He and his sons were hanged on the gallows. That's why these days are called "Purim," from the word *pur* or "lot."

26-28 Therefore, because of everything written in this letter and because of all that they had been through, the Jews agreed to continue. It became a tradition for them, their children, and all future converts to remember these two days every year on the specified dates set down in the letter. These days are to be remembered and kept by every single generation, every last family, every province and city. These days of Purim must never be neglected among the Jews; the memory of them must never die out among their descendants.

29-32 Queen Esther, the daughter of Abihail, backed Mordecai the Jew, using her full queenly authority in this second Purim letter to endorse and ratify what he wrote. Calming and reassuring letters went out to all the Jews throughout the 127 provinces of Xerxes' kingdom to fix these days of Purim their assigned place on the calendar, dates set by Mordecai the Jew—what they had agreed to for themselves and their descendants regarding their fasting and mourning. Esther's word confirmed the tradition of Purim and was written in the book.

10 1-2 King Xerxes imposed taxes from one end of his empire to the other. For the rest of it, King Xerxes' extensive accomplishments, along with a detailed account of the brilliance of Mordecai,

르드개를 높여 영광스럽게 한 일에 대한 상세한 기록과 함께 '메대와 페르시아 왕 연대기'에 모두 기록되어 있다.

3 유대인 모르드개는 아하수에로 왕 다음으로 영향력 있는 위치에 올랐다. 그는 유대인들 사이에서 평판이 좋았고 크게 존경을 받았다. 그는 특히 자기 백성의 유익을 위해 열심히 일했고, 자기 민족의 평화와 번영에 마음을 다했다.

whom the king had promoted, that's all written in *The Chronicles of the Kings of Media and Persia*.

3 Mordecai the Jew ranked second in command to King Xerxes. He was popular among the Jews and greatly respected by them. He worked hard for the good of his people; he cared for the peace and prosperity of his race.

『시가서』 | 머리말

성경 안에는 인간 경험을 있는 그대로 다루는 독특한 계열의 책들이 있다. 이 책들은 인간답게 살기 위해 반드시 기억해야 할 것들을 다루고 있는데, 성경에 수록된 이러한 증언 및 작품에는 공통적으로 "지혜"라는 명칭이 따라붙는다.

여기서 말하는 "지혜"란, 별난 사상이나 교리나 조언이 아니라 일종의 마음가짐, 분명한 자세를 가리킨다. 지혜는 범위가 넓어서, 가지각색 동료 여행자들과 달갑지 않은 여행자들을 하나로 묶어 낸다. 이 신앙 여행자들이 공통의 기반에 발을 들여놓을 수 있는 이유는 지혜의 단호한 주장 때문이다. 우리가 하나님을 진지하게 섬기고 그분께 믿음으로 응답하려면, 인간 경험의 어떤 것도 빠뜨리거나 무시해서는 안된다는 것이다.

성경에서 포괄적인 줄거리와 주요 사건을 결정하는 쪽은 하나님과 그분의 길이고, 참여자로 초대받아 예우받는 쪽은 인간이다. 우리 가운데 마지막 한 사람, 우리의 일상생활과 연관된 마지막 세부사항까지 그러한 초대와 예우를 받는다. 구원 드라마에는 관람석이 없다. 무능한 선수들을 위한 "벤치"는 따로 존재하지 않는다.

사람들이 종교나 하나님께 관심을 기울이면서 자신의 직장과 가정, 공동체와 동료들에게는 무관심한 경우가 있는데, 우리 주위에서 흔히 있는 일이다. 이들은 하나님을 얻는 만큼 인간을 잃는다. 그러나 이것은 하나님께서 의도하시는 바가 아니다. 지혜는 이러한 경향을 거슬러, "영적"인 느낌이나 인상과 상관없이 모든 형식을 동원하여 인간 경험의 소중한 본질을 증언한다.

욥기, 시편, 잠언, 전도서, 아가는 성경의 지혜에 대한 중요한 증언이라고 할 수 있다. 물론 성경 전체에 지혜의 영향력이 스며들어 있기 때문에 지혜가 이 책들에 국한된다고 말할 수는 없다. 그러나 하나님께서 임재하시고 일하시는 무대인 인간 경험을 전면에 내세워 중점적으로 다룬 책은 이 몇 권뿐이다.

시편을 중앙에 놓고 그것을 중심으로 나머지

There is a distinctive strain of writing in the Bible that more or less specializes in dealing with human experience—as is. *This* is what is involved in being human, and don't you forget it. "Wisdom" is the common designation given to this aspect of biblical witness and writing.

The word in this context refers more to a kind of attitude, a distinctive stance, than to any particular ideas or doctrines or counsel. As such, Wisdom is wide-ranging, collecting under its umbrella diverse and unlikely fellow travelers. What keeps the feet of these faith-travelers on common ground is Wisdom's unrelenting insistence that nothing in human experience can be omitted or slighted if we decide to take God seriously and respond to him believingly.

God and God's ways provide the comprehensive plot and sovereign action in the Holy Scriptures, but human beings—every last man and woman of us, including every last detail involved in our daily living—are invited and honored participants in all of it. There are no spectator seats provided for the drama of salvation. There is no "bench" for incompetent players.

It is fairly common among people who get interested in religion or God to get proportionately *dis*interested in their jobs and families, their communities and their colleagues—the more of God, the less of the human. But that is not the way God intends it. Wisdom counters this tendency by giving witness to the precious nature of human experience in all its forms, whether or not it feels or appears "spiritual."

Job, Psalms, Proverbs, Ecclesiastes, and the Song of Songs serve as our primary witnesses to biblical Wisdom. It is not as if wisdom is confined to these books, for its influence is pervasive throughout Scripture. But in these books human experience as the arena in which God is present and working is placed front and center.

The comprehensiveness of these five witnesses

넷을 교차시킬 때 이 다섯 증언의 포괄성이 뚜렷해진다. 이를테면 시편 좌우에 욥기와 잠언을, 위아래에 전도서와 아가를 배열하는 것이다.

시편은 중심에 놓인 자석과 같아서, 인간 경험의 모든 조각과 차원을 하나님 앞으로 끌어당긴다. 불평("나는 스러져 소멸해 가고")과 감사("하나님께 박수갈채를!"), 의심("사랑 많기로 유명하신 주님, 그 사랑 지금 어디에 있습니까?")과 분노("오 하나님, 저들에게 응분의 벌을 내리소서!"), 고통의 절규("하루가 멀다 하고 누군가 나를 두들겨 팹니다")와 기쁨의 표출("하나님을 목청껏 찬양하여라!"), 조용한 묵상("주께서 주신 지혜를 작은 조각까지 곱씹고")과 떠들썩한 예배("하나님께 환호성을 올려라!") 등 가리지 않고 주제로 삼는다. 인간에게 흔히 나타나는 것이면 무엇이나 주제로 다룬다. 인간이 경험하는 것이면 무엇이나, 심지어 감정과 생각까지도 기도에 담고, 인간다운 본질을 유지하고 되찾을 수 있는 것이면 무엇이나 다 기도에 담는다. 그런 다음 우리네 인간성 전체에 관여하시는 하나님의 온전한 관심을 상하좌우의 두 축이 상세히 설명한다.

욥기와 잠언이 마주 보는 축은, 극도의 고난이라는 위기 경험과 우리가 직장과 가정, 돈과 섹스, 언어 사용과 감정 표현으로 이루어진 일상을 열심히 살아가며 겪는 흔한 경험을 대비하여 보여준다.

"어찌하여 하나님은 비참한 사람들에게 빛을 주시고
쓰디쓴 인생을 사는 이들을 살려 두시는가?
이들은 죽기를 무엇보다 바라건만 죽지 못하고
죽음보다 나은 것을 상상하지 못하며
죽어서 묻힐 날을
인생에서 가장 행복한 순간으로 손꼽아 기다리지 않는가?
부질없는 인생, 삶의 의미를 찾을 길을
하나님이 모두 막으셨으니, 살아서 무엇하겠는가?"(욥 3:20-23)

이것은……솔로몬의 지혜로운 말이다.
어떻게 해야 바르게 잘 살 수 있는지 가르치고
인생의 의미가 무엇이며 어디로 흘러가는지
알리려고 기록한 말이다.
이것은 옳고 정의롭고 공평한 것이 무엇인지 알리고

becomes evident when we set Psalms at the center, and then crisscross that center with the other four arranged as two sets of polarities: first Job and Proverbs, and then Ecclesiastes and the Song of Songs.

Psalms is a magnetic center, pulling every scrap and dimension of human experience into the presence of God. The Psalms are indiscriminate in their subject matter—complaint("I'm fading away to nothing") and thanks("applaud GOD!"), doubt("Where is the love you're so famous for, Lord?") and anger("O, God, give them their just deserts!"), outcries of pain("Not a day goes by but somebody beats me up") and outbursts of joy("Shout God-songs at the top of your lungs!"), quiet reflection("I ponder every morsel of wisdom from you") and boisterous worship("Bravo, GOD, bravo!"). If it's *human*, it qualifies. Any human experience, feeling, or thought can be prayed. Eventually it all *must* be prayed if it is to retain—or recover—its essential humanity. The totality of God's concern with the totality of our humanity is then elaborated by means of the two polarities.

The Job-Proverbs polarity sets the crisis experience of extreme suffering opposite the routine experience of getting along as best we can in the ordinary affairs of work and family, money and sex, the use of language and the expression of emotions.

"Why does God bother giving light to the miserable,
why bother keeping bitter people alive,
Those who want in the worst way to die, and can't,
who can't imagine anything better than death,
Who count the day of their death and burial
the happiest day of their life?
What's the point of life when it doesn't make sense,
when God blocks all the roads to meaning?"
(Job 3:20-23)

These are the wise sayings of Solomon,...
Written down so we'll know how to live well and right,
to understand what life means and where it's going;
A manual for living,
for learning what's right and just and fair;

세상의 이치를 모르는 이들을 가르치고
젊은이들이 현실을 파악하게 해줄
삶의 지침서다.
경험 많은 이들도 얻을 것이 있고
노련한 이들도 한두 가지 배울 것이 있을 것이다.
깊이 음미할 만한 새로운 지혜와
현인들의 슬기가 이 안에 있다(잠 1:1-6).

To teach the inexperienced the ropes
and give our young people a grasp on reality.
There's something here also for seasoned men and women,
still a thing or two for the experienced to learn—
Fresh wisdom to probe and penetrate,
the rhymes and reasons of wise men and women.
(Proverb 1:1-6)

신앙생활은 특별한 경험과 평범한 경험 모두와 관계가 있다. 둘 중 하나를 배제할 수도 없고, 어느 하나에 우선순위를 둘 수도 없다. 고통을 당하며 화를 내고 항변하는 욥을 보면서, 우리는 우리에게 닥칠 수 있는 최악의 상황이 하나님의 영역 안에 있음을 깨닫게 된다. 또한 우리의 관찰력과 통찰력을 예리하게 해주는 간결한 잠언들을 통해 우리 주위에서 벌어지는 일을 제대로 보면서, 평범하고 단조로운 일상 역시 하나님의 영역임을 깨닫는다.

아가와 전도서가 마주 보는 축은 황홀한 사랑 경험과 따분한 사랑 경험을 맞세운다.

The life of faith has to do with extraordinary experience; the life of faith has to do with ordinary experience. Neither cancels out the other; neither takes precedence over the other. As Job rages in pain and protest, we find that the worst that can happen to us has been staked out as God's territory. As the pithy Proverbs sharpen our observations and insights regarding what is going on all around us, we realize that all this unobtrusive, undramatic dailiness is also God's country.

The Song-Ecclesiastes polarity sets the ecstatic experience of love in tension with the boredom of the same old round.

입 맞춰 주세요. 당신의 입술로 내 입술 덮어 주세요!
그래요, 당신의 사랑은 포도주보다 달콤하고
당신이 바른 향유보다 더 향기로워요.……

나를 데려가 주세요!……
우리 축하하고 노래하며
멋진 사랑의 음악을 연주해요.
그래요! 당신의 사랑은 최상품 포도주보다 달콤하니까요(아 1:2-4).

Kiss me—full on the mouth!
Yes! For your love is better than wine,
headier than your aromatic oils....

Take me away with you!...
We'll celebrate, we'll sing,
we'll make great music.
Yes! For your love is better than vintage wine.
(Song of Songs 1:2-4)

모든 것이 따분하다. 극도로 따분하다.
아무도 그 의미를 찾지 못한다.
눈에도 따분하고
귀에도 따분하다.
이미 있던 것이 다시 있을 것이고
이미 벌어진 일이 다시 벌어질 것이다.
(전 1:8-9)

Everything's boring, utterly boring—
no one can find any meaning in it.
Boring to the eye,
boring to the ear.
What was will be again,
what happened will happen again.
(Ecclesiastes 1:8-9)

신앙생활은 우리가 꿈꾸던 그 이상의 것을 발견하는 기쁨과 관계가 있고, '이 모든 것의 목적이 무엇이지?' 하고 물으며 끊임없이 한 발 한 발 내딛는 일과도 관계가 있다. 이 역시 둘 중 하나를

The life of faith has to do with the glories of discovering far more in life than we ever dreamed of; the life of faith has to do with doggedly putting one flat foot in front of the other, wondering what the point of

배제하거나 어느 하나에 우선순위를 둘 수 없다. 우리는 아가의 가사로 노래하고 기도하는 가운데, 하나님께서 인간이 경험할 수 있는 모든 복을 우리에게 내려 주신다는 것을 깨닫게 된다. 또한 전도서의 냉소적인 구절들을 곱씹으면서 인간 경험 고유의 한계들을 깨닫고 인간 경험을 있는 그대로 평가하여 그것과 하나님을 구분하게 된다.

이 시가서의 기자들은 우리가 인간 경험 전체를 정직하게 마주하고 주의를 기울이게 한다. 하나님께서 우리 각 사람 안에 거룩한 구원의 삶을 이루기 위해 활용하시는 것은 다름 아닌 우리의 경험이기 때문이다.

it all is. Neither cancels out the other; neither takes precedence over the other. As we sing and pray the lyrics of the Song of Songs, we become convinced that God blesses the best that human experience is capable of; as we ponder the sardonic verses of Ecclesiastes, we recognize the limits inherent in all human experience, appreciate it for what it is, but learn not to confuse it with God.

In such ways, these Wisdom writers keep us honest with and attentive to the entire range of human experience that God the Spirit uses to fashion a life of holy salvation in each of us.

욥기 | 머리말

욥이 고난을 당했다. 그의 이름은 고난과 동의어로 쓰인다. 그가 물었다. "왜 그러십니까? 어째서 접니까?" 그 질문은 하나님을 향한 것이었다. 그의 질문은 끈질기고 열정적이며 호소력 있었다. 그는 침묵을 답변으로 여기지 않았고, 상투적인 말들을 답으로 받아들이지도 않았다. 하나님을 순순히 놓아 드리지 않았다.

그는 자신의 고난을 묵묵히 감내하거나 경건하게 감수하지 않았다. 다른 의견을 구하러 의사나 철학자를 찾아가지도 않았다. 그는 다만 하나님 앞에 버티고 서서 자신의 고난에 대해 강력하게 항의하고 또 항의했다.

"내가 오직 원하는 것은 한 가지 기도 응답뿐,
내 마지막 간구를 들어주시는 것.
하나님이 나를 밟아 주셨으면, 벌레처럼 짓이겨
영원히 끝장내 주셨으면.
그러면 궁지에 몰린 나머지 한계선을 넘어
거룩하신 하나님을 모독하는 일은 없을 것이고
그나마 그것으로 만족할 수 있을 텐데.
내게 무슨 힘이 있어 희망을 붙들겠는가?
무슨 미래가 있어 계속 살아가겠는가?
내 심장은 강철로 만들어진 줄 아나?
내가 무쇠인간인가?
내가 자력으로 지금 상황을 이겨 나갈 수 있을 것 같은가?
아닐세, 난 더 이상 버틸 힘이 없네!"(욥 6:8-13)

욥이 우리에게 중요한 이유는 그가 고난을 당했을 뿐 아니라, 매우 중요한 영역인 가족과 건강과 물질적인 부분에서 우리와 똑같이 고난을 받았기 때문이다. 그리고 그는 자신의 고난에 대해 집요하게 질문을 던졌고 담대하게 항의했다. 그는 자신의 질문을 가지고 "최고책임자"에게 나아갔다.

우리를 괴롭게 하는 것은 고난 자체가 아니다. "억울한" 고난이다.

Job suffered. His name is synonymous with suffering. He asked, "Why?" He asked, "Why me?" And he put his questions to God. He asked his questions persistently, passionately, and eloquently. He refused to take silence for an answer. He refused to take clichés for an answer. He refused to let God off the hook.

Job did not take his sufferings quietly or piously. He disdained going for a second opinion to outside physicians or philosophers. Job took his stance before *God*, and there he protested his suffering, protested mightily.

"All I want is an answer to one prayer,
a last request to be honored:
Let God step on me—squash me like a bug,
and be done with me for good.
I'd at least have the satisfaction
of not having blasphemed the Holy God,
before being pressed past the limits.
Where's the strength to keep my hopes up?
What future do I have to keep me going?
Do you think I have nerves of steel?
Do you think I'm made of iron?
Do you think I can pull myself up by my bootstraps?
Why, I don't even have any boots!"(Job 6:8-13)

It is not only because Job suffered that he is important to us. It is because he suffered in the same ways that we suffer—in the vital areas of family, personal health, and material things. Job is also important to us because he searchingly questioned and boldly protested his suffering. Indeed, he went "to the top" with his questions.

It is not suffering as such that troubles us. It is undeserved suffering.

다들 어릴 때 부모의 말을 듣지 않아 벌을 받은 적이 있을 것이다. 그 처벌이 우리의 잘못에 합당할 때 우리는 정당하다고 여기고 '잘못을 저지르면 벌을 받는구나' 하고 생각하게 된다.

그러나 우리는 나이가 들어 감에 따라, 우리가 저지르는 잘못의 크기와 우리가 겪는 고통의 강도가 정비례하지 않는다는 것을 깨닫고 놀라게 된다. 더 놀라운 사실은, 오히려 그와 정반대인 경우가 많다는 것이다. 옳은 일을 하고서 매를 맞기도 하고, 있는 힘껏 최선을 다하고 나서 보상을 기대하며 손을 내밀었다가 느닷없이 뒤통수를 얻어맞고 비틀거리며 쫓겨나기도 한다.

이것이 바로 우리를 당혹스럽게 하고, 더 나아가 분노하게 만드는 고난이다. 이런 고난이 욥에게 찾아와 그를 당혹스럽게 하고 분노하게 했다. 욥은 매사에 올바르게 처신했는데 어느 순간 갑자기 모든 것이 잘못되었다. 욥은 이 고난에 대해 목소리를 높여 하나님께 항의했다.

욥의 항변은 조리 있고 정곡을 찌르며 정직하다. 따라서 고난을 당해 본 사람이라면 누구나 욥의 목소리에서 자신의 고통을 들을 수 있다. 욥은 소심한 사람들이 차마 입 밖에 내지 못하는 내용들을 담대하게 말한다. 사람들의 내면에 혼란스럽게 뒤엉켜 있는 흐느낌을 시로 표현해 낸다. 많은 사람들이 속으로만 웅얼거리는 불평을 그는 하나님께 토해 낸다. 그는 좌절에 빠진 희생자이기를 거부한다.

"나는 아네, 하나님이 살아 계심을. 그분은 나를 되살려 주시는 분.
그분이 마침내 땅에 우뚝 서실 것이네.
나 비록 하나님께 호된 벌을 받았지만 그분을 뵐 것이네!
내 두 눈으로 직접 하나님을 뵐 것이야.
오, 어서 빨리 그날이 왔으면!"(욥 19:25-27)

욥이 하지 않는 행동도 주목해서 보아야 한다. 그래야 *그가* 의도하지 않은 것을 그에게서 찾는 일이 없을 것이다. 그의 아내는 하나님을 저주하고 죽으라고 했다. 하나님을 부인함으로써 고난의 문제 자체를 없애 버리라고 제안한 셈이다. 하지만 욥은 *그렇게 하지 않았다. 그렇다고 해서 그가* 고난을 해명하는 것도 아니다. 고난을 피할 수 있는 비결을 알려 주지도 않는다. 고난은 신비다. 욥은 그 신비를 존중하게 된다.

Almost all of us in our years of growing up have the experience of disobeying our parents and getting punished for it. When that discipline was connected with wrongdoing, it had a certain sense of justice to it: *When we do wrong, we get punished*.

One of the surprises as we get older, however, is that we come to see that there is no real correlation between the amount of wrong we commit and the amount of pain we experience. An even larger surprise is that very often there is something quite the opposite: We do right and get knocked down. We do the best we are capable of doing, and just as we are reaching out to receive our reward we are hit from the blind side and sent reeling.

This is the suffering that first bewilders and then outrages us. This is the kind of suffering that bewildered and outraged Job, for Job was doing everything right when suddenly everything went wrong. And it is this kind of suffering to which Job gives voice when he protests to God.

Job gives voice to his sufferings so well, so accurately and honestly, that anyone who has ever suffered—which includes every last one of us—can recognize his or her personal pain in the voice of Job. Job says boldly what some of us are too timid to say. He makes poetry out of what in many of us is only a tangle of confused whimpers. He shouts out to God what a lot of us mutter behind our sleeves. He refuses to accept the role of a defeated victim.

I know that God lives—the One who gives me back my life—
and eventually he'll take his stand on earth.
And I'll see him—even though I get skinned alive!—
see God myself, with my very own eyes.
Oh, how I long for that day!(Job 19:25-27)

It is also important to note what Job does *not* do, lest we expect something from him that he does not intend. Job does not curse God as his wife suggests he should do, getting rid of the problem by getting rid of God. But neither does Job *explain* suffering. He does not instruct us in how to live so that we can avoid suffering. Suffering is a mystery, and Job

"그분은 내가 어디에 있으며 내가 무엇을 하는지 아신다네.
그분이 아무리 철저히 나를 시험하셔도,
나는 영예롭게 그 시험에 합격할 걸세.
나는 가까이에서 그분을 따랐고 그분의 발자취를 좇았네.
한 번도 그분의 길에서 벗어나지 않았네.
나는 그분의 말씀을 모두 지켰고
그분의 조언을 따랐으며 그것을 소중히 간직했네.

그러나 그분은 절대 주권자시니 누가 그분께 따질 수 있겠는가?
원하는 일을 원하실 때 행하시는 분이 아닌가.
그분은 나에 대해 정하신 일을 빠짐없이 이루실 것이고
그 외에도 하고자 하시는 모든 일을 이루실 것이네.
그러니 그분 뵙기가 두려울 수밖에 없지 않겠는가?
생각만 해도 두려워지는구나"(욥 23:10-15).

고난에 직면하여 의문을 제기하다 고난을 존중하기에 이르는 과정에서 욥은 자신이 더 큰 신비, 곧 하나님의 신비 안에 놓여 있음을 깨닫는다. 어쩌면 고난의 가장 큰 신비는, 고난에 처한 사람이 넘치는 경이감과 사랑과 찬양을 안고 하나님 앞에 나아가 그분을 예배하게 된다는 사실일 것이다. 고난이 매번 그런 결과를 낳지는 않지만, 그런 일은 생각보다 훨씬 많다. 욥의 경우는 분명히 그렇다. 그가 빈정대는 아내에게 한 말에도 심오한 역설과 받아들이기 어려운 우울한 진리가 담겨 있다. "우리가 하나님께 좋은 날도 받았는데, 나쁜 날도 받는 게 당연하지 않소?"(욥 2:10)

그러나 욥기에는 욥만 등장하는 것이 아니다. 욥의 친구들이 있다. 아파서 병원에 입원하거나, 친구가 죽어 상심하거나, 일자리를 잃거나, 사귀던 사람과 헤어지거나, 우울증에 빠지거나, 당황하여 어쩔 줄 모르거나, 종류를 막론하고 곤경에 처하는 순간, 사람들이 다가와 우리의 문제가 무엇이고 어떻게 해야 나아질 수 있는지 설명하기 시작한다. 주검에 독수리가 모이듯 고난당하는 사람들 주위에는 해결사들이 모여든다. 처음에는 우리에게 신경 써 주는 그들이 그저 고맙고 어쩌면 그렇게 멋진 말들을 척척 내놓는지 놀라울 따름이다. 그들은 정말 아는 게 많다! 그들은 어떻게 그런 '생활의 전문가'가 되

comes to respect the mystery.

"He knows where I am and what I've done.
He can cross-examine me all he wants, and I'll pass the test with honors.
I've followed him closely, my feet in his footprints,
not once swerving from his way.
I've obeyed every word he's spoken,
and not just obeyed his advice—I've treasured it.

But he is singular and sovereign. Who can argue with him?
He does what he wants, when he wants to.
He'll complete in detail what he's decided about me,
and whatever else he determines to do.
Is it any wonder that I dread meeting him?
Whenever I think about it, I get scared all over again"(Job 23:10-15).

In the course of facing, questioning, and respecting suffering, Job finds himself in an even larger mystery—the mystery of God. Perhaps the greatest mystery in suffering is how it can bring a person into the presence of God in a state of worship, full of wonder, love, and praise. Suffering does not inevitably do that, but it does it far more often than we would expect. It certainly did that for Job. Even in his answer to his wife he speaks the language of an uncharted irony, a dark and difficult kind of truth: "We take the good days from God—why not also the bad days?"(Job 2:10)

But there is more to the book of Job than Job. There are Job's friends. The moment we find ourselves in trouble of any kind—sick in the hospital, bereaved by a friend's death, dismissed from a job or relationship, depressed or bewildered—people start showing up telling us exactly what is wrong with us and what we must do to get better. Sufferers attract fixers the way roadkills attract vultures. At first we are impressed that they bother with us and amazed at their facility with answers. They know so much! How did they get to be such experts in living?

More often than not, these people use the Word

었을까?

그런 사람들은 대개 하나님의 말씀을 자주 인용하지만 어딘가 어설프다. 그럴듯한 영적 진단과 처방을 잔뜩 내놓는데, 그것을 듣고 난 다음에는 "다 나를 걱정해서 하는 말인 것 같은데, 왜 저들의 말을 듣고 나면 기분이 나빠지는 거지?" 하는 의문이 든다.

욥기는 고난의 위엄과 하나님이 우리의 고통 가운데 함께하심을 알리는 증언인 동시에, 해명이나 "답변" 정도로 축소된 종교에 맞서 성경이 제시하는 주된 반론이다. 친구라는 사람들이 욥에게 내놓은 많은 답변이 형식적으로는 옳다. 그러나 바로 그 "형식적인" 측면 때문에 그들의 답변은 쓸모가 없어졌다. 그것은 인격적 관계가 없는 답변, 교감 없는 지성이다. 욥의 친구들은 표본병에 라벨을 붙이듯 황폐해진 욥의 인생에 답변을 붙였다. 욥은 하나님이 살아 역사하시는 현실과 동떨어진 그들의 세속화된 지혜에 몹시 화를 낸다.

"자네들 말은 이제 물릴 만큼 들었네.
그것도 위로라고 하는 건가?
그 장황한 연설은 끝도 없는가?
무슨 문제가 있기에 그렇게 계속 지껄이는가?
자네들이 내 처지라면
나도 자네들처럼 말할 수 있겠지.
끔찍한 장광설을 그러모아
지겹도록 들려줄 수 있을 걸세.
하지만 난 절대로 그렇게 하지 않을 거야. 격려하고 위로하고
안심시키는 말을 할 걸세. 복장 터지게 하는 말이 아니라!"(욥 16:1-5)

어느 시대에나 "건강, 부, 지혜"를 보장하는 생활방식을 가르쳐 주겠다고 장담하는 사람들이 있다. 그들은 지적이고 도덕적인 삶이 고난을 막아 준다고 선전한다. 그들의 관점에서 보면, 꼭 필요한 지적 · 도덕적 답변들을 제공해 줄 수 있는 그들을 곁에 둔 우리는 운이 좋은 사람들이다.

우리 앞에 나타나 이렇게 생각하고 저렇게 행동하기만 하면 만사가 잘될 것이라고 말하는 친절한 사람들의 진부한 말을 믿고 엉뚱한 길로 내달렸던 경험이 다들 한 번씩은 있을 것이다. 이런 우리를 대신해서 욥은 번민에 찬 답변을 내놓는다. 그는 하나님에 대해 속속들이 알고 있다는 투의 조언과 모든 상황을 그럴듯하게 설명해 내는

of God frequently and loosely. They are full of spiritual diagnosis and prescription. It all sounds so hopeful. But then we begin to wonder, "Why is it that for all their apparent compassion we feel worse instead of better after they've said their piece?"

The book of Job is not only a witness to the dignity of suffering and God's presence in our suffering but is also our primary biblical protest against religion that has been reduced to explanations or "answers." Many of the answers that Job's so-called friends give him are technically true. But it is the "technical" part that ruins them. They are answers without personal relationship, intellect without intimacy. The answers are slapped onto Job's ravaged life like labels on a specimen bottle. Job rages against this secularized wisdom that has lost touch with the living realities of God.

"I've had all I can take of your talk.
What a bunch of miserable comforters!
Is there no end to your windbag speeches?
What's your problem that you go on and on like this?
If you were in my shoes,
I could talk just like you.
I could put together a terrific harangue
and really let you have it.
But I'd never do that. I'd console and comfort,
make things better, not worse!"(Job 16:1-5)

In every generation there are men and women who pretend to be able to instruct us in a way of life that guarantees that we will be "healthy, wealthy, and wise." According to the propaganda of these people, anyone who lives intelligently and morally is exempt from suffering. From their point of view, it is lucky for us that they are now at hand to provide the intelligent and moral answers we need.

On behalf of all of us who have been misled by the platitudes of the nice people who show up to tell us everything is going to be just all right if we simply think such-and-such and do such-and-such, Job issues an anguished rejoinder. He rejects the kind of advice and teaching that has God all figured out, that provides glib explanations for every

가르침을 거부한다. 욥의 정직한 항변은 장황한 종교적 잡설과 긍정적 사고를 주창하는 자들의 판에 박힌 말을 반박할 최고의 답변이며, 이 사실은 지금도 유효하다.

욥은 정직하고 무죄한 사람이었지만 엄청난 고난을 당했다. 그리고 당대의 종교적 상식으로 무장한 엘리바스, 빌닷, 소발, 엘리후가 일장연설을 쏟아 내며 그를 포위했다. 욥과 친구들의 모습은 현저한 대조를 이룬다. 친구들은 상담가 역할을 자처하며 책에서 배운 교훈들을 현학적으로 논리정연하게 제시한다. 처음에 욥은 고통에 겨워 분통을 터뜨리며 큰소리로 항변하지만, 마침내 하나님이 나타나셔서 폭풍 가운데 말씀하시자 그 "회오리바람" 같은 신성 앞에서 경외감에 사로잡혀 믿음을 되찾고 입을 다문다. 진정한 믿음은 영적인 상투 문구로 축소되거나 성공담의 소재로 끝나지 않는다. 진정한 믿음은 고통의 불길과 폭풍 속에서 다듬어진다.

욥기는 일체의 답변을 거부하는 것이 아니다. 성경적 신앙에는 충분한 답변이 있다. 욥기가 거부하는 것은 세속화된 답변이다. 우리를 치기도 하고 고치기도 하시는 살아 계신 하나님, 참된 해답의 원천이신 그분의 말씀으로부터 분리되어 세속화된 답변이다. 하나님의 생각과 마음에서 끊어진 상태로는 그분에 대한 진리를 보유할 수 없는 까닭이다.

우리에게는 연민의 마음이 있어서 사람들이 고난받는 것을 보고 싶어 하지 않는다. 그래서 본능적으로 고통을 막거나 덜어 주려 한다. 이것은 분명 좋은 충동이다. 그러나 고난당하는 자들에게 진심으로 다가가고자 한다면, 욥의 친구들처럼 되지 않도록 주의해야 한다. 나에게 잘못된 부분을 바로잡거나 문제를 없애거나 상황을 "더 좋게" 만들 능력이 있다는 주제넘은 생각을 가지고 "도움"을 베풀어서는 안 된다. 고난당하는 친구들을 보면 어떻게 하면 부부관계가 나아지고, 아이들의 행실이 좋아지고, 마음과 정서가 건강해지는지 가르쳐 주고 싶어질 수도 있다. 그러나 다른 사람의 고난을 해결하려 달려들기 전에 몇 가지 명심할 것이 있다.

첫째, 우리가 제아무리 통찰력을 가졌다 해도, 친구들이 겪고 있는 문제의 본질을 온전하게 이해할 수는 없다. 둘째, 친구들이 우리의 조언을 원하지 않을 수도 있다. 셋째, 얄궂은 일이지만 사람이 하나님을 따르기로 헌신한다고 해도 고난이 줄어들지 않는다는 사실이다. 오히려 더 많은 고난을 받는다. 이

circumstance. Job's honest defiance continues to be the best defense against the clichés of positive thinkers and the prattle of religious small talk.

The honest, innocent Job is placed in a setting of immense suffering and then surrounded by the conventional religious wisdom of the day in the form of speeches by Eliphaz, Bildad, Zophar, and Elihu. The contrast is unforgettable. The counselors methodically and pedantically recite their bookish precepts to Job. At first Job rages in pain and roars out his protests, but then he becomes silent in awestruck faith before God, who speaks from out of a storm—a "whirlwind" of Deity. Real faith cannot be reduced to spiritual bromides and merchandised in success stories. It is refined in the fires and the storms of pain.

The book of Job does not reject answers as such. There is content to biblical religion. It is the *secularization* of answers that is rejected—answers severed from their Source, the living God, the Word that both batters us and heals us. We cannot have truth *about* God divorced from the mind and heart *of* God.

In our compassion, we don't like to see people suffer. And so our instincts are aimed at preventing and alleviating suffering. No doubt that is a good impulse. But if we really want to reach out to others who are suffering, we should be careful not to be like Job's friends, not to do our "helping" with the presumption that we can fix things, get rid of them, or make them "better." We may look at our suffering friends and imagine how they could have better marriages, better-behaved children, better mental and emotional health. But when we rush in to fix suffering, we need to keep in mind several things.

First, no matter how insightful we may be, we don't *really* understand the full nature of our friends' problems. Second, our friends may not *want* our advice. Third, the ironic fact of the matter is that more often than not, people do not suffer *less* when they are committed to following God, but *more*. When these people go through suffering,

들은 고난을 통해서 그 전에는 생각조차 못했을 놀라운 방법으로 삶이 변하고 깊어지며 아름답고 거룩한 사람이 된다.

그러므로 고난을 미연에 방지하겠다는 별 성과도 없는 일에 집중하지 말고, 할 수 있는 대로 고난 속으로 들어가 그 고난과 함께해야 한다. 고난의 신비 속으로 들어가 하나님을 찾아야 한다. 다시 말해, 고난받는 사람들이 안됐다는 생각을 버리고 그들을 존중하고 그들에게서 배우며, 그들이 허락하는 선에서 함께 항변하고 기도해야 한다. 동정은 근시안적이고 주제넘은 일이 될 수 있다. 고통을 나누는 일은 사람을 존중하는 일이면서 동시에 변화시키는 일이다. 욥의 고난과 기도와 예배를 바라보면, 우리가 따라가야 할 용기와 고결함의 길을 그가 열었음을 알게 된다.

❦

그러나 나 혼자만 고난받는 것 같고 하나님이 원하시는 것이 무엇인지 몰라 욥이 앞서 간 길을 뒤따르는 일이 막막하게 느껴질 때가 있다. 그런 캄캄한 순간에는 폭풍 가운데 욥에게 나타나신 하나님이 지금 우리에게도 말씀하고 계신다는 사실을 기억해야 한다. 그 하나님께서 환상으로 우리 앞에 나타나지 않으실지라도, 그분은 욥에게 설명하신 수많은 방법들을 통해 우리에게 자신을 알려 주신다. 그것은 거시세계에서 미시세계까지, 경이로운 은하계에서 우리가 당연시하는 아주 작은 것들까지 포괄한다. 그분은 우리 앞에 펼쳐진 측량할 수 없는 우주의 창조자이시며 우리 안에 있는 소우주의 창조자도 되신다.

하나님께서 사나운 폭풍의 눈에서 욥에게 대답하셨다.……

"내가 이 땅을 창조할 때 너는 어디 있었느냐?
네가 아는 것이 그렇게 많다니, 어디 말해 보아라!……

너는 아침에게 '기상' 명령을 내리고
새벽에게 '작업 개시'를 지시한 적이 있느냐?
그리하여 땅을 이불처럼 거머쥐고
바퀴벌레를 털어 내듯 악한 자들을 털어 버린 적이 있느냐?……
너는 구름의 주의를 끌어
소나기를 내리게 할 수 있느냐?
번개를 뜻대로 부리고

their lives are often transformed, deepened, marked with beauty and holiness, in remarkable ways that could never have been anticipated before the suffering.

So, instead of continuing to focus on preventing suffering—which we simply won't be very successful at anyway—perhaps we should begin entering the suffering, participating insofar as we are able—*entering* the mystery and looking around for God. In other words, we need to quit feeling sorry for people who suffer and instead look up to them, learn from them, and—if they will let us—join them in protest and prayer. Pity can be nearsighted and condescending; shared suffering can be dignifying and life-changing. As we look at Job's suffering and praying and worshiping, we see that he has already blazed a trail of courage and integrity for us to follow.

❦

But sometimes it's hard to know just how to follow Job's lead when we feel so alone in our suffering, unsure of what God wants us to do. What we must realize during those times of darkness is that the God who appeared to Job in the whirlwind is calling out to all of us. Although God may not appear to us in a vision, he makes himself known to us in all the many ways that he describes to Job—from the macro to the micro, from the wonders of the galaxies to the little things we take for granted. He is the Creator of the unfathomable universe all around us—and he is also the Creator of the universe inside of us.

"GOD answered Job from the eye of a violent storm...

Where were you when I created the earth?
Tell me, since you know so much!...

And have you ever ordered Morning, 'Get up!'
told Dawn, 'Get to work!'
So you could seize Earth like a blanket
and shake out the wicked like cockroaches?...
Can you get the attention of the clouds,

명령을 바로 수행했는지 보고하게 할 수 있느냐?"(욥 38:1, 4, 12-13, 34-35)

그래서 우리는 희망을 품는다. 그 희망은 캄캄한 고난에서 피어나는 것도, 책에 담긴 듣기 좋은 답변들이 제시하는 것도 아니다. 우리의 고난을 살피시고 우리의 고통을 함께 나누시는 하나님께로부터 오는 희망이다.

기도하고 묵상하며 욥기를 읽노라면, 인생이 생각대로 풀리지 않을 때 떠오르는 질문들을 만나게 된다. 처음에는 욥기의 대답들이 모두 진부하게만 들린다. 그러다 똑같은 질문들을 조금 다르게 다시 묻게 되고 똑같은 대답들이 조금 다르게 들린다. 이런 과정을 되풀이하면서 우리가 욥의 입을 통해 올바른 질문을 던지게 되면, 비로소 우리 고난의 가치가 드러나고 하나님의 음성과 신비에 한 발짝 더 가까워지게 된다. 우리를 보고 우리의 말을 들으면서도 우리를 이해하지 못하는 사람들의 응급처치식 조언을 욥과 함께 거부할 때, 우리는 폭풍 가운데서만 찾아오는 하나님의 계시에 마음을 열고 자신을 맡길 수 있게 된다. 하나님의 신비는 우리의 어둠과 고투를 무색하게 만든다. 그 신비를 깨달을 때, 비로소 우리는 고난이 하나님의 다스리심에 대해 따져 묻는 자리가 아니라 우리의 삶을 성찰 하는 자리임을 알게 된다. 그러고 나면 입장이 뒤바뀐다. 살아 계신 하나님이 우리에게 다가오신다. 하나님이 우리에게 말씀하신다. 그래서 우리는 우리의 고난과 인간으로서의 나약함을 통해 욥의 경험과 고백을 자신의 것으로 삼게 된다.

and commission a shower of rain?
Can you take charge of the lightning bolts
and have them report to you for orders?"
(Job 38:1, 4, 12-13, 34-35)

And so we gain hope—not from the darkness of our suffering, not from pat answers in books, but from the God who sees our suffering and shares our pain.

Reading Job prayerfully and meditatively leads us to face the questions that arise when our lives don't turn out the way we expect them to. First we hear all the stock answers. Then we ask the questions again, with variations—and hear the answers again, with variations. Over and over and over. Every time we let Job give voice to our own questions, our suffering gains in dignity and we are brought a step closer to the threshold of the voice and mystery of God. Every time we persist with Job in rejecting the quick-fix counsel of people who see us and hear us but do not understand us, we deepen our availability and openness to the revelation that comes only out of the tempest. The mystery of God eclipses the darkness and the struggle. We realize that suffering calls *our* lives into question, not God's. The tables are turned: God-Alive is present to us. God is speaking to us. And so Job's experience is confirmed and repeated once again in our suffering and our vulnerable humanity.

욥기

사탄이 욥을 시험하다

1 [1-3]우스 땅에 욥이라는 사람이 살았다. 그는 더없이 정직하고 약속을 잘 지키는 사람이었으며, 하나님께 온전히 헌신하고 악을 지극히 미워했다. 그에게는 아들 일곱, 딸 셋이 있었다. 그는 엄청난 부자여서 양이 칠천 마리, 낙타가 삼천 마리, 겨릿소가 오백 쌍, 암나귀가 오백 마리나 되었고, 종들도 어마어마하게 많아 동방에서 가장 영향력이 컸다!

4-5 그의 아들들은 돌아가면서 제 집에서 잔치를 벌였고, 그때마다 누이들도 초대해 함께 즐거운 시간을 보냈다. 잔치가 끝난 다음 날이면 욥은 으레 일찍 일어나 제 자식들 하나하나를 위해 번제를 드렸다. "어쩌면 저 아이들 중 하나가 마음속으로 하나님을 거역하는 죄를 지었을지도 모른다"고 생각했기 때문이다. 그렇게 욥은 자식들이 혹시라도 죄를 지었을까 하여, 희생 제물을 바치곤 했다.

첫 번째 시험, 자녀와 재산을 잃다

6-7 어느 날 천사들이 하나님께 보고하러 왔을 때, 고발자 사탄도 함께 왔다. 하나님께서 사탄을 지목하여 말씀하셨다. "너는 무슨 일을 하다 왔느냐?"
사탄이 하나님께 대답했다. "여기저기 다니며 지상의 사정을 둘러보았습니다."

8 하나님께서 사탄에게 말씀하셨다. "내 친구 욥을 눈여겨보았느냐? 그처럼 정직하고 약속을 잘 지키며, 하나님에게 온전히 헌신하고 악을 미워하는 사람이 없다."

9-10 사탄이 항변했다. "욥이 온전히 선한 마음으로 그러는 줄 아십니까? 이제껏 그처럼 형편이 좋

JOB

A Man Devoted to God

1 [1-3]Job was a man who lived in Uz. He was honest inside and out, a man of his word, who was totally devoted to God and hated evil with a passion. He had seven sons and three daughters. He was also very wealthy—seven thousand head of sheep, three thousand camels, five hundred teams of oxen, five hundred donkeys, and a huge staff of servants—the most influential man in all the East!

4-5 His sons used to take turns hosting parties in their homes, always inviting their three sisters to join them in their merrymaking. When the parties were over, Job would get up early in the morning and sacrifice a burnt offering for each of his children, thinking, "Maybe one of them sinned by defying God inwardly." Job made a habit of this sacrificial atonement, just in case they'd sinned.

The First Test: Family and Fortune

6-7 One day when the angels came to report to GOD, Satan, who was the Designated Accuser, came along with them. GOD singled out Satan and said, "What have you been up to?"
Satan answered GOD, "Going here and there, checking things out on earth."

8 GOD said to Satan, "Have you noticed my friend Job? There's no one quite like him—honest and true to his word, totally devoted to God and hating evil."

9-10 Satan retorted, "So do you think Job does all

은 사람이 없었습니다! 주님께서 그를 애지중지 하시고 그의 가족과 재산도 보호하시고 그가 하는 모든 일에 복을 주시니, 잘못될 수가 없지요!

11 하지만 주께서 손을 뻗어 그의 소유를 모두 빼앗으시면 어떤 일이 벌어지겠습니까? 그는 틀림없이 주님을 똑바로 쳐다보며 저주할 것입니다."

12 하나님께서 대답하셨다. "좋다. 어디, 그가 가진 모든 것을 네 뜻대로 해보아라. 다만 그의 몸은 건드리지 마라." 이에 사탄이 하나님 앞에서 물러났다.

13-15 얼마 후, 욥의 자녀들이 맏형의 집에 모여 잔치를 벌이고 있었는데, 심부름꾼 하나가 욥에게 와서 말했다. "주인님, 소가 밭을 갈고 나귀들이 근처에서 풀을 뜯고 있는데, 스바 사람들이 쳐들어와 가축들을 빼앗고 일꾼들을 죽였습니다. 저 혼자만 살아남아서 주인어른께 소식을 전합니다."

16 그가 말을 채 마치기도 전에, 다른 심부름꾼이 와서 말했다. "여러 차례 번개가 치더니 양 떼와 목동들을 바싹 태워 버렸습니다. 저 혼자만 살아남아서 주인어른께 소식을 전합니다."

17 그가 말을 채 마치기도 전에, 또 다른 심부름꾼이 와서 말했다. "갈대아 사람들이 세 방향에서 몰려와 낙타들을 빼앗고 낙타 몰이꾼들을 죽였습니다. 저 혼자만 살아남아서 주인어른께 소식을 전합니다."

18-19 그가 말을 채 마치기도 전에, 또 다른 심부름꾼이 와서 말했다. "주인어른의 자제분들이 큰 아드님 댁에서 잔치를 벌이고 있는데, 사막에서 폭풍이 불어닥쳐 그 집을 내리쳤습니다. 집이 무너져 내려 자제분들이 모두 죽었습니다. 저 혼자만 살아남아서 주인어른께 소식을 전합니다."

20 욥은 벌떡 일어나 옷을 찢고 머리털을 깎은 후에, 바닥에 엎드려 경배하며 말했다.

21 내가 어머니의 태에서 벌거벗고 나왔으니
벌거벗은 채 땅의 태로 돌아갈 것입니다.
주신 분도 하나님이시고 가져가신 분도 하나님이시니
하나님의 이름을 찬양할 뿐입니다.

22 이 모든 일을 겪으면서도 욥은 죄를 짓지 않았다. 단 한 번도 하나님을 원망하지 않았다.

that out of the sheer goodness of his heart? Why, no one ever had it so good! You pamper him like a pet, make sure nothing bad ever happens to him or his family or his possessions, bless everything he does—he can't lose!

11 "But what do you think would happen if you reached down and took away everything that is his? He'd curse you right to your face, that's what."

12 GOD replied, "We'll see. Go ahead—do what you want with all that is his. Just don't hurt *him*." Then Satan left the presence of GOD.

13-15 Sometime later, while Job's children were having one of their parties at the home of the oldest son, a messenger came to Job and said, "The oxen were plowing and the donkeys grazing in the field next to us when Sabeans attacked. They stole the animals and killed the field hands. I'm the only one to get out alive and tell you what happened."

16 While he was still talking, another messenger arrived and said, "Bolts of lightning struck the sheep and the shepherds and fried them—burned them to a crisp. I'm the only one to get out alive and tell you what happened."

17 While he was still talking, another messenger arrived and said, "Chaldeans coming from three directions raided the camels and massacred the camel drivers. I'm the only one to get out alive and tell you what happened."

18-19 While he was still talking, another messenger arrived and said, "Your children were having a party at the home of the oldest brother when a tornado swept in off the desert and struck the house. It collapsed on the young people and they died. I'm the only one to get out alive and tell you what happened."

20 Job got to his feet, ripped his robe, shaved his head, then fell to the ground and worshiped:

21 Naked I came from my mother's womb,
naked I'll return to the womb of the earth.
GOD gives, GOD takes.
God's name be ever blessed.

22 Not once through all this did Job sin; not once did he blame God.

두 번째 시험, 건강을 빼앗기다

2 1-3 어느 날 천사들이 하나님께 보고하러 왔을 때, 사탄도 하나님 앞에 나타났다. 하나님께서 사탄을 지목하여 말씀하셨다. "너는 무슨 일을 하다 왔느냐?" 사탄이 하나님께 대답했다. "여기저기 다니며 지상의 사정을 둘러보았습니다." 하나님께서 사탄에게 말씀하셨다. "내 친구 욥을 눈여겨보았느냐? 그처럼 정직하고 약속을 잘 지키며, 하나님에게 온전히 헌신하고 악을 미워하는 사람이 없다. 그는 자신의 믿음을 굳게 붙들었다! 네가 나를 부추겨 그를 무너뜨리고자 했지만 부질없는 짓이었다."

4-5 사탄이 대답했다. "자기 목숨을 구하기 위해서라면 무슨 일이든 하는 게 사람입니다. 주께서 손을 뻗어 그의 건강을 빼앗으시면 어떻게 되겠습니까? 그는 틀림없이 주님을 똑바로 쳐다보며 저주할 것입니다."

6 하나님께서 말씀하셨다. "좋다. 네 마음대로 해 보아라. 하지만 그를 죽이지는 마라."

7-8 사탄이 하나님을 떠나가 욥의 몸에 악성 종기가 돋게 했다. 욥은 머리부터 발끝까지 종기와 부스럼으로 뒤덮였다. 상처로 인해 미칠 듯 가려웠고 고름이 줄줄 흘러내렸다. 그는 질그릇 조각으로 자기 몸을 벅벅 긁고 재가 깔린 쓰레기 더미에 가서 앉았다.

9 그의 아내가 말했다. "아직도 그 잘난 고결함을 지키겠다는 거예요? 차라리 하나님을 저주하고 죽어 버려요!"

10 욥이 아내에게 말했다. "당신은 생각 없는 바보처럼 말하는구려. 우리가 하나님께 좋은 날도 받았는데, 나쁜 날도 받는 게 당연하지 않소?" 이 모든 일을 겪으면서도 욥은 죄를 짓지 않았다. 하나님을 거역하는 말을 한 마디도 하지 않았다.

욥의 세 친구

11-13 욥의 세 친구가 욥이 당한 온갖 어려움에 대한 소식을 들었다. 데만 사람 엘리바스, 수아 사람 빌닷, 나아마 사람 소발은 각자의 지역에서 출발했다. 그들은 욥 곁을 지키면서 그를 위로할 요량으로 중간에 만나 함께 욥을 찾아갔다. 욥의 모습을 처음 보았을 때 그들은 자신들의 눈을 믿을 수가 없었다. 친구의 몰골을 도저히 알아볼 수 없었기 때문이다! 그들은 탄식하며 목 놓아 울고 겉옷을 찢고 슬픔의 표시로 머리에 재를 뿌렸다. 그러고는 친구 옆에 주저앉았다. 그들은 욥의 곁에

The Second Test: Health

2 1-3 One day when the angels came to report to GOD, Satan also showed up. GOD singled out Satan, saying, "And what have you been up to?" Satan answered GOD, "Oh, going here and there, checking things out." Then GOD said to Satan, "Have you noticed my friend Job? There's no one quite like him, is there—honest and true to his word, totally devoted to God and hating evil? He still has a firm grip on his integrity! You tried to trick me into destroying him, but it didn't work."

4-5 Satan answered, "A human would do anything to save his life. But what do you think would happen if you reached down and took away his health? He'd curse you to your face, that's what."

6 GOD said, "All right. Go ahead—you can do what you like with him. But mind you, don't kill him."

7-8 Satan left GOD and struck Job with terrible sores. Job was ulcers and scabs from head to foot. They itched and oozed so badly that he took a piece of broken pottery to scrape himself, then went and sat on a trash heap, among the ashes.

9 His wife said, "Still holding on to your precious integrity, are you? Curse God and be done with it!"

10 He told her, "You're talking like an empty-headed fool. We take the good days from God—why not also the bad days?"

Not once through all this did Job sin. He said nothing against God.

Job's Three Friends

11-13 Three of Job's friends heard of all the trouble that had fallen on him. Each traveled from his own country—Eliphaz from Teman, Bildad from Shuhah, Zophar from Naamath—and went together to Job to keep him company and comfort him. When they first caught sight of him, they couldn't believe what they saw—they hardly recognized him! They cried out in lament, ripped their robes, and dumped dirt on their heads as a sign of their grief. Then they sat with him on the ground. Seven days and nights they sat there without saying a word. They could see how rotten he felt, how deeply he was suffering.

앉아 칠 일 밤낮을 한 마디도 하지 않았다. 그의 고난이 얼마나 극심한지, 그의 심정이 얼마나 처참할지 알 수 있었기 때문이다.

욥이 자신의 운명을 저주하다

3 1-2 그러다 욥이 침묵을 깨뜨렸다. 그는 목소리를 높여 자신의 운명을 저주했다.

3-10 "내가 태어난 날아, 사라져라.
내가 잉태된 그 밤아, 없어져 버려라!
우주공간의 블랙홀처럼 되어 버려라.
위에 계신 하나님이 그날을 잊어 주셨으면!
그날을 책에서 지워 버리셨으면!
내가 태어난 그날이 짙은 어둠 속에 묻히고
안개에 싸였으면!
밤이 그날을 삼켜 버렸다면!
내가 잉태된 밤 따위는 귀신이나 가져가라!
그날을 달력에서 찢어 버려라.
연감에서 삭제해 버려라.
오, 그날 밤이 아예 없어져
어떤 기쁨의 소리도 들리지 않았다면!
저주에 능한 자들이 그날을 저주하여
바다 괴물 리워야단을 풀어 버렸다면.
새벽별들이 검은 숯으로 변하고
아무리 기다려도 빛이 비추지 않고
동틀 녘의 첫 햇살도 보지 못했다면!
그러면 그날 내가 어머니의 태에서 나오지도,
이 고통 많은 세상에서 살지도 않았으련만.

11-19 어찌하여 나는 죽어서 나오지 않았으며
첫 숨이 마지막 숨이 되지 않았던가?
어찌하여 나를 안아 주는 두 팔이 있었으며
내게 젖을 물린 가슴이 있었던가?
그렇지 않았다면 지금쯤 나는 편안히 쉬고 있을 텐데.
아무 고통도 못 느끼고 영원히 잠들었을 텐데.
폐허가 된 왕실 묘지에 묻힌
왕과 정치가들과 함께 있을 텐데.
금과 은으로 장식한 번쩍이는 무덤에 묻힌
제후들과 함께 있을 텐데.
어찌하여 나는 죽은 채 태어나
빛을 보지 못한 모든 아기들과 함께 묻히지 못했던가?
그곳에서는 악인들이 더 이상 누군가를 괴롭히지 못하고

Job Cries Out
What's the Point of Life?

3 1-2 Then Job broke the silence. He spoke up and cursed his fate:

3-10 "Obliterate the day I was born.
Blank out the night I was conceived!
Let it be a black hole in space.
May God above forget it ever happened.
Erase it from the books!
May the day of my birth be buried in deep darkness,
shrouded by the fog,
swallowed by the night.
And the night of my conception—the devil take it!
Rip the date off the calendar,
delete it from the almanac.
Oh, turn that night into pure nothingness—
no sounds of pleasure from that night, ever!
May those who are good at cursing curse that day.
Unleash the sea beast, Leviathan, on it.
May its morning stars turn to black cinders,
waiting for a daylight that never comes,
never once seeing the first light of dawn.
And why? Because it released me from my mother's womb
into a life with so much trouble.

11-19 "Why didn't I die at birth,
my first breath out of the womb my last?
Why were there arms to rock me,
and breasts for me to drink from?
I could be resting in peace right now,
asleep forever, feeling no pain,
In the company of kings and statesmen
in their royal ruins,
Or with princes resplendent
in their gold and silver tombs.
Why wasn't I stillborn and buried
with all the babies who never saw light,
Where the wicked no longer trouble anyone
and bone-weary people get a long-deserved rest?
Prisoners sleep undisturbed,
never again to wake up to the bark of the

녹초가 된 사람들이 오랫동안 기다리던 휴식을 취하며
죄수들이 간수들의 고함소리에 잠깰 일 없이
편안하게 자고 있건만.
그곳에서는 큰 자와 작은 자의 구별이 없고
노예도 자유를 얻건만.

20-23 어찌하여 하나님은 비참한 사람들에게 빛을 주시고
쓰디쓴 인생을 사는 이들을 살려 두시는가?
이들은 죽기를 무엇보다 바라건만 죽지 못하고
죽음보다 나은 것을 상상하지 못하며
죽어서 묻힐 날을
인생에서 가장 행복한 순간으로 손꼽아 기다리지 않는가?
부질없는 인생, 삶의 의미를 찾을 길을
하나님이 모두 막으셨으니, 살아서 무엇하겠는가?

24-26 저녁식사로 빵 대신 신음만 삼키다
식탁을 물리고 고통을 토해 낸다.
내가 가장 두려워하던 일이 현실이 되었고
가장 무서워하던 일이 벌어졌다.
쉼이 산산조각 나고, 평안이 깨졌다.
내게 더 이상 안식은 없다. 죽음이 내 삶을 덮쳤구나."

엘리바스의 첫 번째 충고

4 1-6 그러자 데만 사람 엘리바스가 큰소리로 말했다.

"내가 자네에게 한마디 해도 되겠나?
잠자코 있기가 어려운 상황이라 그러네.
자네가 많이 하던 일일세. 자네는 적절한 말로
상황을 명확히 보게 해주고, 포기하려는 이들을
격려해 주었지.
자네의 말은 비틀거리던 이들을 일으켜 세우고
주저앉기 직전의 사람들에게 새로운 희망을 심어 주었지.
하지만 이제 자네가 곤경에 처했고 괴로워하고 있어!
큰일을 당한 충격으로 비틀거리고 있군.
하지만 지금은 자네가 경건한 삶에서 자신감을 얻어야 할 때가 아닌가.
모범적인 삶에서 희망을 찾아야 할 때가 아닌가!

7-11 잘 생각해 보게! 정말 죄 없는 사람이 쓰레기

guards.
The small and the great are equals in that place,
and slaves are free from their masters.

20-23 "Why does God bother giving light to the miserable,
why bother keeping bitter people alive,
Those who want in the worst way to die, and can't,
who can't imagine anything better than death,
Who count the day of their death and burial
the happiest day of their life?
What's the point of life when it doesn't make sense,
when God blocks all the roads to meaning?

24-26 "Instead of bread I get groans for my supper,
then leave the table and vomit my anguish.
The worst of my fears has come true,
what I've dreaded most has happened.
My repose is shattered, my peace destroyed.
No rest for me, ever—death has invaded life."

Eliphaz Speaks Out
Now *You're* the One in Trouble

4 1-6 Then Eliphaz from Teman spoke up:

"Would you mind if I said something to you?
Under the circumstances it's hard to keep quiet.
You yourself have done this plenty of times, spoken words
that clarify, encouraged those who were about to quit.
Your words have put stumbling people on their feet,
put fresh hope in people about to collapse.
But now *you're* the one in trouble—you're hurting!
You've been hit hard and you're reeling from the blow.
But shouldn't your devout life give you confidence now?
Shouldn't your exemplary life give you hope?

7-11 "Think! Has a truly innocent person ever ended up on the scrap heap?

더미에 앉는
신세가 된 적이 있던가?
진정 올곧은 사람들이 끝내 실패한 적이 있던가?
내가 본 바로는, 악을 갈고 재난을 뿌리는 사람들이
악과 재난을 거두어들이더군.
그들은 하나님의 입김 한 번이면 산산조각 나고
그분이 한바탕 노하시면 남아나지 못한다네.
백수의 왕 사자가 우렁차게 포효해도
이가 빠지면 쓸모가 없지.
이가 없어 먹이를 못 잡으니 새끼들은
뿔뿔이 흩어져 혼자 힘으로 살아가야 하지.

12-16 한마디 말이 나에게 은밀히 들려왔네.
속삭임에 불과했지만 나는 분명히 들었어.
깊이 잠들었던 어느 날 밤,
무서운 꿈속에서 들었다네.
두려움이 나를 정면으로 쳐다보았는데, 공포 그 자체였네.
무서워 죽을 지경이었어. 나는 머리부터 발끝까지 벌벌 떨었지.
한 영이 내 앞을 스르륵 지나가는데
내 머리털이 주뼛 곤두서더군.
거기 나타난 것이 무엇이었는지는 알아보지 못했네.
흐릿한 형체였는데, 그때 이런 희미한 소리가 들렸어.

17-21 '어찌 죽을 존재가 하나님보다 의로울 수 있겠느냐?
어찌 인간이 그 창조주보다 깨끗할 수 있겠느냐?
아니, 하나님은 그분의 종들도 신뢰하지 않으시고
그분의 천사들도 칭찬하지 않으시는데,
하물며 진흙으로 이루어져 나방처럼 쉬 부스러질
몸뚱이를 가진 우리야 오죽하겠느냐?
우리 몸은 오늘 있다가도 내일이면 사라져
누구도 눈여겨보지 않으니, 흔적도 없이 사라진다.
천막 말뚝을 뽑아낼 때 천막이 그대로 무너지듯,
우리도 죽을 때가 되면 살아온 세월이 무색할 만큼
미련한 존재로 스러진다.'"

5

1-7 "욥, 응답할 사람이 있겠거든 도움을 청해 보게!
거룩한 천사 중에 의지할 자가 있는가?
어리석은 자는 욱하는 성질 때문에 결국 목숨을 잃고

Do genuinely upright people ever lose out in the end?
It's my observation that those who plow evil
and sow trouble reap evil and trouble.
One breath from God and they fall apart,
one blast of his anger and there's nothing left of them.
The mighty lion, king of the beasts, roars mightily,
but when he's toothless he's useless—
No teeth, no prey—and the cubs
wander off to fend for themselves.

12-16 "A word came to me in secret—
a mere whisper of a word, but I heard it clearly.
It came in a scary dream one night,
after I had fallen into a deep, deep sleep.
Dread stared me in the face, and Terror.
I was scared to death—I shook from head to foot.
A spirit glided right in front of me—
the hair on my head stood on end.
I couldn't tell what it was that appeared there—
a blur...and then I heard a muffled voice:

17-21 "'How can mere mortals be more righteous than God?
How can humans be purer than their Creator?
Why, God doesn't even trust his own servants,
doesn't even cheer his angels,
So how much less these bodies composed of mud,
fragile as moths?
These bodies of ours are here today and gone tomorrow,
and no one even notices—gone without a trace.
When the tent stakes are ripped up, the tent collapses—
we die and are never the wiser for having lived.'"

Don't Blame Fate When Things Go Wrong

5

1-7 "Call for help, Job, if you think anyone will answer!
To which of the holy angels will you turn?
The hot temper of a fool eventually kills him,
the jealous anger of a simpleton does her in.

미련한 자는 시기와 분노 때문에 죽는다네.
내가 직접 보았지. 어리석은 자들이 잘되는가 싶더니
그들의 집이 순식간에 저주를 받더군.
그 자녀들이 바깥에 내쫓겨 학대와 착취를 받아도
도와주는 사람이 전혀 없었네.
거리의 굶주린 자들이 그들의 수확물을 약탈하고
남김없이, 모조리 가져갔어.
그들이 가진 것은 모두 탐내더군.
일이 잘 안 풀린다고 운명을 탓하지 말게.
불행은 까닭 없이 찾아오는 것이 아니니까.
인간인 탓도 있어! 인간이 불행을 타고 태어나는 것은
불티가 위로 치솟는 것처럼 자명한 일이네.

8-16 내가 자네라면 하나님께 곧장 나아가
그분의 자비에 매달리겠네.
하나님은 뜻밖의 큰일들을 행하시는 것으로 유명한 분이 아닌가.
놀라운 일들을 끝없이 행하시는 분이지.
드넓은 땅에 비를 내리시고
밭에 물을 대어 촉촉이 적시는 분이네.
그분이 몰락한 자들을 일으켜 세우시고
슬픔에 빠진 이들의 든든한 발판이 되어 주신다네.
남을 해치려는 이들의 흉계를 저지하여
그들의 음모가 하나도 성사되지 못하게 하신다네.
그분은 다 아는 체하는 자들의 모의를 잡아내어
그 복잡한 음모가 쓰레기와 함께 모두 쓸려 나가게 하시네.
그들은 순식간에 방향을 잃고 어둠 속에 처박혀
한 걸음도 앞으로 내딛지 못하네.
그러나 억눌린 자들은 하나님이
살인음모와 압제에서 구해 내시지.
이렇게 하나님이 불의를 묶고 그 입을 막으시니
가난한 이들에게 여전히 희망이 있는 것 아닌가.

17-19 하나님이 개입하여 자네를 바로잡아 주시니
얼마나 큰 복인가!
전능하신 하나님의 징계를 부디 업신여기지 말게!
하나님은 상처를 입히기도 하시지만 상처를 싸매기도 하시네.
자네를 아프게 한 손으로 치료하신다네.
재난이 줄지어 닥쳐도 그분이 자네를 건져 주시니
어떤 재앙이 와도 자네는 아무 해를 입지 않을 걸세.

I've seen it myself—seen fools putting down roots,
and then, suddenly, their houses are cursed.
Their children out in the cold, abused and exploited,
with no one to stick up for them.
Hungry people off the street plunder their harvests,
cleaning them out completely, taking thorns and all,
insatiable for everything they have.
Don't blame fate when things go wrong—
trouble doesn't come from nowhere.
It's human! Mortals are born and bred for trouble,
as certainly as sparks fly upward.

What a Blessing When God Corrects You!

8-16 "If I were in your shoes, I'd go straight to God,
I'd throw myself on the mercy of God.
After all, he's famous for great and unexpected acts;
there's no end to his surprises.
He gives rain, for instance, across the wide earth,
sends water to irrigate the fields.
He raises up the down-and-out,
gives firm footing to those sinking in grief.
He aborts the schemes of conniving crooks,
so that none of their plots come to term.
He catches the know-it-alls in their conspiracies—
all that intricate intrigue swept out with the trash!
Suddenly they're disoriented, plunged into darkness;
they can't see to put one foot in front of the other.
But the downtrodden are saved by God,
saved from the murderous plots, saved from the iron fist.
And so the poor continue to hope,
while injustice is bound and gagged.

17-19 "So, what a blessing when God steps in and corrects you!
Mind you, don't despise the discipline of Almighty God!
True, he wounds, but he also dresses the wound;
the same hand that hurts you, heals you.
From one disaster after another he delivers you;
no matter what the calamity, the evil can't touch you—

20-26 기근이 닥치면 하나님이 굶주림을 면케 하시고
전쟁이 일어나면 칼에 상하지 않게 지키실 것이네.
사악한 험담에서 보호받을 것이며
어떤 재난도 겁 없이 헤쳐 나갈 걸세.
재앙과 기근 따위는 가볍게 떨치고
들짐승 사이에서도 두려움 없이 다닐 걸세.
자네는 바위와 산들과도 사이좋게 지내고
들짐승들이 자네의 좋은 친구가 될 것이네.
자네의 거처가 안전한 곳이 될 것이고
재산은 축나지 않을 걸세.
자녀들이 장성하는 모습과
집안이 과수원의 풀처럼 쑥쑥 번창하는 모습을 보게 될 것이네.
수확 철에 황금빛으로 영근 곡식단처럼
자네는 오랜 세월을 알차게 보내고 무덤에 이를 걸세.

27 여보게, 이것은 틀림없는 사실이네. 내 명예를 걸고 하는 말이야!
이 말을 명심하면 잘못될 일이 없을 걸세."

욥의 대답

6

1-7 욥이 대답했다.

"내 고통의 무게를 달아 볼 수 있다면,
내 원통한 심정을 모두 저울 위에 올려놓을 수 있다면,
바다의 모래를 다 합친 것보다 더 무거울 텐데!
내가 우리에 갇힌 고양이처럼 절규하는 것이 이상한가?
전능하신 하나님의 화살들이 내 안에 박혔네.
독화살들이 박혀 온몸에 독이 퍼졌어!
하나님이 이 모든 일을 내 탓으로 돌리셨네.
먹을 풀이 없으면 나귀와 소가 울기 마련이니
이런 상황에서 내가 입 다물고 있기를 바라지 말게.
하나님이 내 접시에 담아 주신 것이 보이는가?
그것들 앞에서 어느 누가 제정신일 수 있겠는가!
내 안의 모든 것이 진저리를 치니
속이 다 메슥거리네.

8-13 내가 오직 원하는 것은 한 가지 기도 응답뿐,
내 마지막 간구를 들어주시는 것.
하나님이 나를 밟아 주셨으면, 벌레처럼 짓이겨
영원히 끝장내 주셨으면.

20-26 "In famine, he'll keep you from starving,
in war, from being gutted by the sword.
You'll be protected from vicious gossip
and live fearless through any catastrophe.
You'll shrug off disaster and famine,
and stroll fearlessly among wild animals.
You'll be on good terms with rocks and mountains;
wild animals will become your good friends.
You'll know that your place on earth is safe,
you'll look over your goods and find nothing amiss.
You'll see your children grow up,
your family lovely and lissome as orchard grass.
You'll arrive at your grave ripe with many good years,
like sheaves of golden grain at harvest.

27 "Yes, this is the way things are—my word of honor!
Take it to heart and you won't go wrong."

Job Replies to Eliphaz
God Has Dumped the Works on Me

6

1-7 Job answered:

"If my misery could be weighed,
if you could pile the whole bitter load on the scales,
It would be heavier than all the sand of the sea!
Is it any wonder that I'm screaming like a caged cat?
The arrows of God Almighty are in me,
poison arrows—and I'm poisoned all through!
God has dumped the whole works on me.
Donkeys bray and cows moo when they run out of pasture—
so don't expect me to keep quiet in this.
Do you see what God has dished out for me?
It's enough to turn anyone's stomach!
Everything in me is repulsed by it—
it makes me sick.

Pressed Past the Limits

8-13 "All I want is an answer to one prayer,
a last request to be honored:
Let God step on me—squash me like a bug,
and be done with me for good.

그러면 궁지에 몰린 나머지 한계선을 넘어
거룩하신 하나님을 모독하는 일은 없을 것이고
그나마 그것으로 만족할 수 있을 텐데.
내게 무슨 힘이 있어 희망을 붙들겠는가?
무슨 미래가 있어 계속 살아가겠는가?
내 심장은 강철로 만들어진 줄 아나?
내가 무쇠인간인가?
내가 자력으로 지금 상황을 이겨 나갈 수 있을 것 같은가?
아닐세. 난 더 이상 버틸 힘이 없네!

14-23 절박한 처지의 사람이 전능하신 하나님에 대한 기대를 접을 때
그의 친구들만은 곁에 있어 줘야 하는 것 아닌가?
그런데 형제처럼 여긴 내 친구들이 사막의 협곡처럼 변덕스럽군.
어떤 때는 눈과 얼음이 녹은 물을 산에서
콸콸 흘려보내다가도
한여름이 되면 햇볕에 바싹 마른 골짜기로 변하는, 딱 그 짝이야.
여행자들이 마실 물을 기대하고 힘들게 왔다가
결국 바싹 마른 협곡에 이르러 갈증으로 죽는다네.
데마의 대상들이 물을,
스바의 관광객들이 시원한 음료를 고대하며
부푼 가슴을 안고 당도했건만, 그들을 기다리는 것은 실망뿐!
그곳에 도착한 그들의 얼굴이 낙심으로 흐려지네!
그런데 내 친구라는 자네들이 바로 그 꼴이야.
전혀 다를 게 없어!
내 몰골을 한번 보더니 겁을 먹고 움츠러드는군.
내가 자네들에게 무슨 부탁을 한 것도 아니지 않은가?
돈 한 푼 달라고 하기를 했나,
날 위해 위험을 무릅써 달라고 했나.
그런데 왜 이리 말을 돌리고 발뺌하기에 급급하나?

24-27 사실대로 말해 보게. 그럼 나는 입을 다물 테니.
내가 무엇을 잘못했다는 것인지 알려 주게.
정직한 말은 누구에게도 해가 되지 않는 법인데,
경건한 체 이리 허세를 부리는 이유가 무엇인가?
자네들은 내가 잘못 살았다고 말하지만
고뇌에 찬 내 말을 헛소리로 여기는구먼.
자네들 눈에는 사람이 사람으로 안 보이는가?
친구가 수지타산을 따져야 할 품목에 불과한가?

I'd at least have the satisfaction
of not having blasphemed the Holy God,
before being pressed past the limits.
Where's the strength to keep my hopes up?
What future do I have to keep me going?
Do you think I have nerves of steel?
Do you think I'm made of iron?
Do you think I can pull myself up by my bootstraps?
Why, I don't even have any boots!

My So-Called Friends

14-23 "When desperate people give up on God Almighty,
their friends, at least, should stick with them.
But my brothers are fickle as a gulch in the desert—
one day they're gushing with water
From melting ice and snow
cascading out of the mountains,
But by midsummer they're dry,
gullies baked dry in the sun.
Travelers who spot them and go out of their way for a drink
end up in a waterless gulch and die of thirst.
Merchant caravans from Tema see them and expect water,
tourists from Sheba hope for a cool drink.
They arrive so confident—but what a disappointment!
They get there, and their faces fall!
And you, my so-called friends, are no better—
there's nothing to you!
One look at a hard scene and you shrink in fear.
It's not as though I asked you for anything—
I didn't ask you for one red cent—
Nor did I beg you to go out on a limb for me.
So why all this dodging and shuffling?

24-27 "Confront me with the truth and I'll shut up,
show me where I've gone off the track.
Honest words never hurt anyone,
but what's the point of all this pious bluster?
You pretend to tell me what's wrong with my life,
but treat my words of anguish as so much hot air.
Are people mere things to you?
Are friends just items of profit and loss?

28-30 나를 똑바로 보게!
내가 자네 면전에서 거짓말을 할 것 같은가?
잘 생각해 보게. 엉뚱한 소리 말고!
곰곰이 생각해 보게. 내가 정말 믿지 못할 위인인가?
내 말에 틀린 부분이 있는가?
내가 선악을 분간하지 못할 사람인가?"

7 1-6 "인생은 고역일세. 그렇지 않은가?
종신 중노동형이지.
나는 휴식시간을 간절히 바라는 농장 일꾼이요
삯 받을 날만 기다리는 떠돌이 품꾼 신세일세.
내게 할당된 것은 정처 없이 굽이굽이 흘러가는 인생,
목적 없는 시간들, 그리고 고통의 밤이네!
잠자리에 들면서 '일어나려면 얼마나 남았지?'부터 생각한다네.
밤이 깊도록 이리저리 뒤척이다 보면 아주 지긋지긋해!
내 몸은 구더기와 상처딱지로 온통 뒤덮였네.
내 살은 비늘처럼 딱딱해지다가 터져서 고름이 줄줄 흐른다네.
나의 나날은 뜨개바늘의 움직임보다 빠르게 지나가지만
도중에 실이 떨어져 중단되는, 미완성 인생이야!"

욥의 기도

7-10 "하나님, 내 생명이 한낱 입김에 불과한 것을 잊지 말아 주십시오!
내 눈은 더 이상 좋은 일을 보지 못할 것입니다.
주님의 눈이 더 이상 내게 미치지 않습니다.
이제는 주께서 살피셔도 내 모습이 보이지 않을 것입니다.
증발한 구름은 영원히 사라지고
무덤에 들어간 자는 되돌아오지 못합니다.
다시 와서 가족을 찾아갈 수 없고
차 한잔 하러 친구를 방문할 수도 없습니다.

11-16 그래서 나는 잠잠히 있지 않고
내 사정을 모조리 다 이야기하렵니다.
드높은 하늘에 쏟아내는 나의 항의는 거칠지만 정직합니다.
바다를 가라앉히고 폭풍을 잠재우시듯
내 입에 재갈을 물리시렵니까?
'잠 좀 자고 나면 기분이 나아지겠지.
한결 기운이 날 거야' 하고 말하면,
주께서 오셔서 악몽으로 겁을 주시고

28-30 "Look me in the eyes!
Do you think I'd lie to your face?
Think it over—no double-talk!
Think carefully—my integrity is on the line!
Can you detect anything false in what I say?
Don't you trust me to discern good from evil?"

There's Nothing to My Life

7 1-6 "Human life is a struggle, isn't it?
It's a life sentence to hard labor.
Like field hands longing for quitting time
and working stiffs with nothing to hope for but payday,
I'm given a life that meanders and goes nowhere—
months of aimlessness, nights of misery!
I go to bed and think, 'How long till I can get up?'
I toss and turn as the night drags on—and I'm fed up!
I'm covered with maggots and scabs.
My skin gets scaly and hard, then oozes with pus.
My days come and go swifter than the click of knitting needles,
and then the yarn runs out—an unfinished life!

7-10 "God, don't forget that I'm only a puff of air!
These eyes have had their last look at goodness.
And your eyes have seen the last of me;
even while you're looking, there'll be nothing left to look at.
When a cloud evaporates, it's gone for good;
those who go to the grave never come back.
They don't return to visit their families;
never again will friends drop in for coffee.

11-16 "And so I'm not keeping one bit of this quiet,
I'm laying it all out on the table;
my complaining to high heaven is bitter, but honest.
Are you going to put a muzzle on me,
the way you quiet the sea and still the storm?
If I say, 'I'm going to bed, then I'll feel better.
A little nap will lift my spirits,'

환영을 보내어 기겁을 하게 만드십니다.
이런 생활을 계속해서 견디느니
차라리 이불보 덮어쓰고 숨 막혀 죽는 편이 낫겠습니다.
더 이상 살기 싫습니다! 어느 누가 이렇게 살고 싶겠습니까?
나를 좀 내버려 두십시오! 내 인생은 아무것도 아닙니다.
한낱 연기에 불과합니다.

17-21 대체 사람이 무엇이기에 주께서 그에게 신경을 쓰시고
그에게 마음을 두십니까?
매일 아침 그를 들여다보고
그가 어떻게 하고 있는지 살피십니까?
나를 좀 내버려 두십시오, 네?
침이라도 마음 놓고 뱉게 해주실 수 없습니까?
내가 죄를 지었다 한들, 그것이 주께 무슨 해가 되겠습니까?
주님은 모든 인간을 책임지는 분이십니다.
나를 괴롭히시는 것보다 더 나은 일들이 있지 않겠습니까?
내가 무엇이라고 일을 크게 만드십니까?
그냥 내 죄를 용서하시고
새로 시작할 기회를 주시면 어떻겠습니까?
이대로 가면 나는 곧 죽을 것입니다.
주께서 샅샅이 찾으셔도, 나는 이미 없는 몸과 같습니다."

빌닷의 첫 번째 충고

8

1-7 이번에는 수아 사람 빌닷이 말했다.

"어떻게 그런 말을 계속할 수 있는가?
터무니없는 말만 시끄럽게 늘어놓고 있군.
하나님이 실수하시겠는가?
전능하신 하나님이 일을 그르치신 적이 있는가?
자네 자식들이 하나님께 죄를 지은 것이 분명하네.
그렇지 않다면 하나님이 왜 그들을 벌하셨겠나?
자네가 해야 할 일을 말해 주겠네. 더 이상 미루지 말게나.
전능하신 하나님 앞에 무릎을 꿇게.
자네 말마따나 자네가 결백하고 정직하다면
아직 늦지 않았네. 하나님이 달려오실 걸세.
모든 것을 바로잡으시고 자네의 재산을 회복시켜 주실 걸세.
지금 자네의 모습은 보잘것없지만,

You come and so scare me with nightmares
and frighten me with ghosts
That I'd rather strangle in the bedclothes
than face this kind of life any longer.
I hate this life! Who needs any more of this?
Let me alone! There's nothing to my life—it's nothing but smoke.

17-21 "What are mortals anyway, that you bother with them,
that you even give them the time of day?
That you check up on them every morning,
looking in on them to see how they're doing?
Let up on me, will you?
Can't you even let me spit in peace?
Even suppose I'd sinned—how would that hurt you?
You're responsible for every human being.
Don't you have better things to do than pick on me?
Why make a federal case out of me?
Why don't you just forgive my sins
and start me off with a clean slate?
The way things are going, I'll soon be dead.
You'll look high and low, but I won't be around."

Bildad's Response
Does God Mess Up?

8

1-7 Bildad from Shuhah was next to speak:

"How can you keep on talking like this?
You're talking nonsense, and noisy nonsense at that.
Does God mess up?
Does God Almighty ever get things backward?
It's plain that your children sinned against him—
otherwise, why would God have punished them?
Here's what you must do—and don't put it off any longer:
Get down on your knees before God Almighty.
If you're as innocent and upright as you say,

나중에는 전보다 훨씬 나아질 걸세.

8-19 우리 선조들에게 물어보게나.
그분들이 그 윗대 선조들에게 배운 내용을 살펴보게나.
우리는 갓 태어난 사람들과 같아서 배울 것이 많고
배울 날은 그리 길지 않네.
그러니 선조들에게 배우고 뭐가 뭔지 듣고
그분들이 경험을 통해 터득한 것을 전수받으면 좋지 않겠나?
흙이 없는데 소나무가 크게 자라고
물이 없는데 달콤한 토마토가 주렁주렁 열리겠는가?
잘리거나 꺾이지 않고 활짝 핀 꽃은 근사해 보이지만
흙이나 물이 없으면 풀보다 빨리 마른다네.
하나님을 잊은 모든 사람에게 그런 일이 벌어지고
그들의 모든 희망은 물거품이 되고 말지.
그들은 가느다란 실 하나에 목숨을 거는 꼴이요
거미줄에 운명을 거는 꼴이네.
살짝 건드리기만 해도 실은 끊어지고
한 번 콕 찌르기만 해도 거미줄은 망가지고 만다네.
그들은 햇빛을 받고 불쑥불쑥 솟아나 정원을 덮치는 잡초와 같네.
사방으로 뻗어 나가 꽃보다 더 크게 자라고
돌 사이에도 뿌리를 내리지.
하지만 정원사가 놈들을 뿌리째 뽑아내도
정원은 조금도 아쉬워하지 않네.
하나님을 경외하지 않는 자들은 빨리 사라질수록 좋네.
그래야 그 자리에 좋은 초목이 자랄 수 있으니 말이야.

20-22 하나님이 착한 사람을 내치실 리 없고
나쁜 사람을 도우실 리도 없네.
하나님이 자네에게 웃음을 돌려주실 걸세.
자네가 기뻐 외치는 소리로 지붕이 들썩거릴 거야.
자네 원수들은 완전히 망신을 당하고
그들이 세운 허울 좋은 집은 무너지고 말 걸세."

it's not too late—he'll come running;
he'll set everything right again, reestablish your fortunes.
Even though you're not much right now,
you'll end up better than ever.

To Hang Your Life from One Thin Thread

8-19 "Put the question to our ancestors,
study what they learned from their ancestors.
For we're newcomers at this, with a lot to learn,
and not too long to learn it.
So why not let the ancients teach you, tell you what's what,
instruct you in what they knew from experience?
Can mighty pine trees grow tall without soil?
Can luscious tomatoes flourish without water?
Blossoming flowers look great before they're cut or picked,
but without soil or water they wither more quickly than grass.
That's what happens to all who forget God—
all their hopes come to nothing.
They hang their life from one thin thread,
they hitch their fate to a spider web.
One jiggle and the thread breaks,
one jab and the web collapses.
Or they're like weeds springing up in the sunshine,
invading the garden,
Spreading everywhere, overtaking the flowers,
getting a foothold even in the rocks.
But when the gardener rips them out by the roots,
the garden doesn't miss them one bit.
The sooner the godless are gone, the better;
then good plants can grow in their place.

20-22 "There's no way that God will reject a good person,
and there is no way he'll help a bad one.
God will let you laugh again;
you'll raise the roof with shouts of joy,
With your enemies thoroughly discredited,
their house of cards collapsed."

욥의 대답

9

1-13 욥이 대답했다.

"그래서 새로운 게 뭔가? 나도 그 정도는 아네.
그러나 한낱 인간이 어찌 하나님보다 옳을 수 있겠는가?
우리가 하나님을 상대로 소송을 벌이려 한들
승산이 얼마나 되겠는가? 천에 하나도 안될 걸세.
하나님의 지혜는 너무나 깊고 하나님의 능력은 어마어마하니
누가 그분과 겨뤄서 무사할 수 있겠는가?
그분은 산들을 눈 깜짝할 사이 옮기시고
내키면 산을 뒤엎기도 하신다네.
땅을 강하게 뒤흔들어
그 기초까지 진동하게 하시지.
해에게 '비치지 마라' 하시면 그대로 되고
별들을 덮어 가리신다네.
홀로 하늘을 펼치시고
바다 물결 위를 성큼성큼 걸으시네.
북두칠성과 오리온자리,
묘성과 남방 별자리들을 만드셨네.
그분은 우리가 이해하지 못할 큰일들을 행하시고
그분의 기적은 이루 다 헤아릴 수 없어.
하나님이 내 앞으로 바로 지나가신다 해도 나는 그분을 볼 수 없네.
은밀하지만 분명히 일하시는데도 나는 눈치채지 못한다네.
하나님이 자네들 소유를 몽땅 털어 가신다 한들
누가 그분을 막을 수 있겠나?
누가 '지금 뭐하시는 겁니까?' 하고 항의할 수 있겠나?
하나님은 진노를 돌이키지 않으시니
용이 낳은 괴물들도 그분 앞에서는 꼼짝 못하네.

14-20 그러니 내가 어떻게 그분과 논쟁을 벌이며
그분의 마음을 움직일 변론을 내놓을 수 있겠는가?
내가 결백하다 해도 입증할 수 없으니
고작해야 재판관의 자비를 빌 수 있을 뿐이야.
내가 하나님을 부를 때 그분이 친히 대답하시면
그때 비로소 나는 그분이 내 말을 들으셨다고 믿겠네.
하지만 현재로서는, 하나님이 나를 여기저기 치시고

Job Continues

How Can Mere Mortals Get Right with God?

9

1-13 Job continued by saying:

"So what's new? I know all this.
The question is, 'How can mere mortals get right with God?'
If we wanted to bring our case before him,
what chance would we have? Not one in a thousand!
God's wisdom is so deep, God's power so immense,
who could take him on and come out in one piece?
He moves mountains before they know what's happened,
flips them on their heads on a whim.
He gives the earth a good shaking up,
rocks it down to its very foundations.
He tells the sun, 'Don't shine,' and it doesn't;
he pulls the blinds on the stars.
All by himself he stretches out the heavens
and strides on the waves of the sea.
He designed the Big Dipper and Orion,
the Pleiades and Alpha Centauri.
We'll never comprehend all the great things he does;
his miracle-surprises can't be counted.
Somehow, though he moves right in front of me, I don't see him;
quietly but surely he's active, and I miss it.
If he steals you blind, who can stop him?
Who's going to say, 'Hey, what are you doing?'
God doesn't hold back on his anger;
even dragon-bred monsters cringe before him.

14-20 "So how could I ever argue with him,
construct a defense that would influence God?
Even though I'm innocent I could never prove it;
I can only throw myself on the Judge's mercy.
If I called on God and he himself answered me,
then, and only then, would I believe that he'd heard me.
As it is, he knocks me about from pillar to post,
beating me up, black-and-blue, for no good reason.
He won't even let me catch my breath,
piles bitterness upon bitterness.

까닭 없이 마구 때려 멍들게 하신다네.
그분은 내게 숨 돌릴 틈도 주지 않으시고
괴로움에 괴로움만 더하시지.
힘으로 결판을 보려 하면 그분이 강하시니 승부는 뻔하네!
재판에서 정의를 가려 보려고 한들, 누가 감히 그분을 소환하겠는가?
내가 결백하다 해도, 내 입에서 나오는 모든 말이 날 유죄로 보이게 만들 거네.
내가 흠이 없다 해도, 무죄를 항변할수록 더 나쁜 놈으로 보일 거야.

21-24 나를 믿어 주게. 난 결백하네.
뭐가 어떻게 돼 가는 건지 모르겠네.
도무지 살고 싶지가 않아!
어떻게 살든 결과가 마찬가지라면, 하나님이 착한 사람과 나쁜 사람을
한꺼번에 멸하신다는 결론을 내릴 수밖에 없지 않은가.
재앙이 닥쳐 사람들이 갑자기 죽어 나가도
하나님은 무죄한 자들의 절망을 팔짱 끼고 지켜만 보신다네.
하나님은 악한 자들에게 세상을 맡기시고
옳고 그름을 분간하지 못하는 재판관들을 세우시네.
이것이 하나님 책임이 아니라면, 누구 책임이란 말인가?

25-31 시간이 얼마 안 남았고 남은 생애가 쏜살같이 달려가니
그 속도가 너무나 빨라 좋은 일을 볼 겨를이 없습니다.
그 지나가는 것이 돛을 올려 바람을 받으며 달리는 배 같고
먹잇감을 향해 내리닫는 독수리 같습니다.
'이 모든 것을 다 잊고
밝은 면만 보면서 억지웃음이라도 지어야지' 하고 말해 보지만
주께서 나를 봐주지 않으실 것이 분명하니,
이 고통은 창자 속 왕모래처럼 나를 계속 괴롭힐 것입니다.
유죄 판결이 이미 내려졌으니
항의하고 항소한들 무슨 소용이 있겠습니까?
온몸을 북북 문지르고
때가 잘 빠지는 비누로 아무리 깨끗이 씻어도
부질없을 것입니다. 주께서 나를 돼지우리에 밀어 넣으셔서,
누구도 견디지 못할 악취를 풍기게 하실 테니까요.

If it's a question of who's stronger, he wins, hands down!
If it's a question of justice, who'll serve him the subpoena?
Even though innocent, anything I say incriminates me;
blameless as I am, my defense just makes me sound worse.

If God's Not Responsible, Who Is?

21-24 "Believe me, I'm blameless.
I don't understand what's going on.
I hate my life!
Since either way it ends up the same, I can only conclude
that God destroys the good right along with the bad.
When calamity hits and brings sudden death,
he folds his arms, aloof from the despair of the innocent.
He lets the wicked take over running the world,
he installs judges who can't tell right from wrong.
If he's not responsible, who is?

25-31 "My time is short—what's left of my life races off
too fast for me to even glimpse the good.
My life is going fast, like a ship under full sail,
like an eagle plummeting to its prey.
Even if I say, 'I'll put all this behind me,
I'll look on the bright side and force a smile,'
All these troubles would still be like grit in my gut
since it's clear you're not going to let up.
The verdict has already been handed down—'Guilty!'—
so what's the use of protests or appeals?
Even if I scrub myself all over
and wash myself with the strongest soap I can find,
It wouldn't last—you'd push me into a pigpen, or worse,
so nobody could stand me for the stink.

32-35 하나님과 나는 대등하지 않으니 그분을 상대로 소송을 벌일 수 없구나.
동등한 존재로 같이 법정에 들어갈 수가 없구나.
하나님과 나 사이에 개입하여 내가 살 기회를 열어 주고
내 멱살을 틀어쥔 하나님의 손을 풀어
이 두려움에서 벗어나 다시 숨을 쉴 수 있게 해줄 중재자가 있다면 얼마나 좋을까!
그러면 목소리 높여 내 사정을 거침없이 말하련만,
지금 상황에서는 그렇게 할 도리가 없구나."

10 1"더 이상 견딜 수가 없구나. 살고 싶지 않아!
내 사정을 모두 이야기하겠다.
내 인생의 온갖 괴로움을 남김없이 털어놓겠다."

욥의 기도

2-7 욥은 이렇게 기도했다.

"드리고 싶은 말씀이 있습니다.
하나님, 내게 유죄 판결을 내리지 마십시오.
그것이 여의치 않다면 죄목이라도 알려 주십시오.
손수 지으신 이 몸은 시련과 박대로 대하시고
악한 자들의 음모에는 복을 주시다니,
이것을 어찌 주께서 말씀하시는 '선한' 일이라 할 수 있겠습니까?
주께서는 우리 인간들처럼 세상을 보지 않으십니다.
겉모습에 속는 분이 아니시지 않습니까?
주께서는 우리와 달리 마감시한에 쫓겨 일하지 않으십니다.
영원 가운데 거하시니 일을 제대로 처리하실 충분한 여유가 있으십니다.
그런데 이 무슨 일입니까? 내 허물을 파헤치시고
수치가 될 만한 것을 찾기 위해 이리도 혈안이 되셨습니까?
주께서는 내가 무죄임을 잘 아십니다.
나를 도울 자가 없다는 것도 아십니다.

8-12 주께서는 나를 질그릇처럼 손수 빚으셨는데
이제는 산산조각 내려 하십니까?
주께서 진흙으로 나를 얼마나 아름답게 빚으셨는지 잊으셨습니까?
그런데 이제 나를 진흙덩이로 돌리시렵니까?
주께서 정자와 난자를 섞으시자

32-35 "God and I are not equals; I can't bring a case against him.
We'll never enter a courtroom as peers.
How I wish we had an arbitrator
to step in and let me get on with life—
To break God's death grip on me,
to free me from this terror so I could breathe again.
Then I'd speak up and state my case boldly.
As things stand, there is no way I can do it."

To Find Some Skeleton in My Closet

10 1"I can't stand my life—I hate it!
I'm putting it all out on the table,
all the bitterness of my life—I'm holding back nothing."

2-7 Job prayed:

"Here's what I want to say:
Don't, God, bring in a verdict of guilty
without letting me know the charges you're bringing.
How does this fit into what you once called 'good'—
giving me a hard time, spurning me,
a life you shaped by your very own hands,
and then blessing the plots of the wicked?
You don't look at things the way we mortals do.
You're not taken in by appearances, are you?
Unlike us, you're not working against a deadline.
You have all eternity to work things out.
So what's this all about, anyway—this compulsion
to dig up some dirt, to find some skeleton in my closet?
You know good and well I'm not guilty.
You also know no one can help me.

8-12 "You made me like a handcrafted piece of pottery—
and now are you going to smash me to pieces?
Don't you remember how beautifully you worked my clay?

경이로운 잉태가 이루어졌고,
살갗과 뼈, 근육과 두뇌를 갖춘
나란 존재가 기적같이 생겨났습니다!
주께서는 내게 생명과 믿기지 않는 큰 사랑을 주셨습니다.
내가 숨 쉬는 것까지도 눈여겨보시고 지켜 주셨습니다.

13-17 그러나 주께서는 한 가지 사실을 알려 주지 않으셨습니다.
그것이 다가 아니라는 것,
내가 한 걸음이라도 잘못 디디면 주께서 기다렸다는 듯이 달려들어
조금도 봐주지 않으시리라는 것을 말입니다.
내가 정말 죄가 있다면 나는 끝장입니다.
그러나 죄가 없다 해도 달라질 것은 없습니다. 끝장이긴 마찬가지입니다.
뱃속이 비통함으로 가득합니다.
나는 고통의 늪에 빠졌고 고통이 턱까지 차올랐습니다.
이런 상황에서도 어떻게든 잘해 보려고, 용감하게 견디려 애써 보지만
주님은 내가 도무지 감당할 수 없는 분,
먹이를 노리는 사자처럼 조금도 사정을 봐주지 않으십니다.
주께서 내게 불리한 증인들을 새롭게 내세우십니다.
나를 향한 노여움을 키우시고
내게 슬픔과 고통을 더하십니다!

18-22 이러실 거면 왜 나를 세상에 내놓으셨습니까?
아무도 나를 보지 못했다면 좋았을 것을!
사산아로 태어나 숨 한 번 못 쉬고
그대로 땅에 묻혔다면 좋았을 것을.
이제 내가 죽을 때도 되지 않았습니까?
죽어서 묻히기 전에,
관에 들어가 땅속에 봉인되고
죽은 자들의 땅으로 영원히 추방되어
칠흑 같은 어둠 속에서 아무것도 볼 수 없게 되기 전에,
노를 멈추시고 내가 미소라도 한번 짓도록 내버려 두실 수 없습니까?"

소발의 첫 번째 충고

11 1-6 이제 나아마 사람 소발 차례가 되었다.

"말은 청산유수로군! 더 이상 듣고만 있을 수 없군.
헛소리만 늘어놓는데 내버려 둬서야 되겠나?

Will you reduce me now to a mud pie?
Oh, that marvel of conception as you stirred together
semen and ovum—
What a miracle of skin and bone,
muscle and brain!
You gave me life itself, and incredible love.
You watched and guarded every breath I took.

13-17 "But you never told me about this part.
I should have known that there was more to it—
That if I so much as missed a step, you'd notice and pounce,
wouldn't let me get by with a thing.
If I'm truly guilty, I'm doomed.
But if I'm innocent, it's no better—I'm still doomed.
My belly is full of bitterness.
I'm up to my ears in a swamp of affliction.
I try to make the best of it, try to brave it out,
but you're too much for me,
relentless, like a lion on the prowl.
You line up fresh witnesses against me.
You compound your anger
and pile on the grief and pain!

18-22 "So why did you have me born?
I wish no one had ever laid eyes on me!
I wish I'd never lived—a stillborn,
buried without ever having breathed.
Isn't it time to call it quits on my life?
Can't you let up, and let me smile just once
Before I die and am buried,
before I'm nailed into my coffin, sealed in the ground,
And banished for good to the land of the dead,
blind in the final dark?"

Zophar's Counsel
How Wisdom Looks from the Inside

11 1-6 Now it was the turn of Zophar from Naamath:

"What a flood of words! Shouldn't we put a

이보게 욥, 자네가 계속 이렇게 나오는데
우리가 잠자코 있을 거라고 생각하나?
푸념과 조롱을 계속하도록 내버려 둘 줄 알았나?
자네는 '내 생각은 건전하고
내 행동은 흠이 없다'고 주장하는군.
하나님이 자네를 따끔하게 꾸짖으시고
자네에게 진상을 알려 주시면 좋겠네!
자네에게 지혜의 내막을 보여주시면 좋겠어.
참된 지혜는 겉모습만 보아서는 알 수 없는 법이니까.
그러나 이것 하나만은 확실하네.
자네는 아직 받아야 할 벌의 절반도 못 받았다는 사실이야.

7-12 자네가 하나님의 신비를 설명할 수 있겠나?
전능하신 하나님을 도표로 나타낼 수 있겠나?
하나님은 자네가 상상도 못할 만큼 높으시고
자네가 도무지 헤아릴 수 없을 만큼 깊으시네.
지평선보다 멀리 뻗어 계시고
끝없는 대양보다 훨씬 광대하시네.
그분이 불쑥 찾아오셔서 자네를 잡아 가두시고
법정으로 끌고 가신다면 자네가 별수 있겠나?
그분은 부질없는 허세를 꿰뚫어 보시고
멀리서도 악을 찾아내시지.
아무도 그분의 눈을 가릴 수 없네!
머리가 빈 사람이 깨닫는 시간이면
노새가 말을 배울 수 있을 걸세.

13-20 그래도 자네가 하나님을 갈망하고
그분께 손을 내민다면,
자네 손에 묻은 죄를 떨어내고
집안에 악을 간직하지 않는다면,
부끄럼 없이 세상을 마주하면서
죄책감과 두려움 없이 당당하게 살아갈 수 있을 걸세.
자네는 괴롭던 일을 다 잊어버리고
오래되어 빛바랜 사진처럼 여기게 될 걸세.
자네의 세상은 햇빛으로 씻김을 받고
모든 그늘은 여명에 흩어질 걸세.
자네는 희망에 부풀어 긴장을 풀고 자신감을 되찾을 거야.
편안히 앉아 주위를 둘러보며 여유로운 마음을 갖게 될 걸세.
아무 염려 없이 마음을 터놓고 사는 자네에게
많은 이들이 찾아와 복을 빌어 달라고 구할 거야.

stop to it?
Should this kind of loose talk be permitted?
Job, do you think you can carry on like this and we'll say nothing?
That we'll let you rail and mock and not step in?
You claim, 'My doctrine is sound
and my conduct impeccable.'
How I wish God would give you a piece of his mind,
tell you what's what!
I wish he'd show you how wisdom looks from the inside,
for true wisdom is mostly 'inside.'
But you can be sure of this,
you haven't gotten half of what you deserve.

7-12 "Do you think you can explain the mystery of God?
Do you think you can diagram God Almighty?
God is far higher than you can imagine,
far deeper than you can comprehend,
Stretching farther than earth's horizons,
far wider than the endless ocean.
If he happens along, throws you in jail
then hauls you into court, can you do anything about it?
He sees through vain pretensions,
spots evil a long way off—
no one pulls the wool over *his* eyes!
Hollow men, hollow women, will wise up
about the same time mules learn to talk.

Reach Out to God

13-20 "Still, if you set your heart on God
and reach out to him,
If you scrub your hands of sin
and refuse to entertain evil in your home,
You'll be able to face the world unashamed
and keep a firm grip on life, guiltless and fearless.
You'll forget your troubles;
they'll be like old, faded photographs.
Your world will be washed in sunshine,
every shadow dispersed by dayspring.
Full of hope, you'll relax, confident again;

그러나 악인들은 이런 일을 보지 못할 거네.
그들은 기대할 만한 것이 아무것도 없이
막다른 골목으로 달려가고 있네."

욥의 대답

12 1-3 욥이 대답했다.

"자네들은 모든 전문가의 대변인인 모양이군.
자네들이 죽으면 우리에게 살아갈 방도를 일러
줄 자가 없겠어.
하지만 나에게도 머리가 있다는 걸 잊지 말게.
난 자네들의 장단에 놀아날 생각 없네.
전문가가 아니라도 그 정도는 안다네.

4-6 친구들에게 내가 조롱을 당하는구나.
'하나님과 대화하던 사람이 저 꼴이군!'
무자비하게 조롱을 당하는구나.
'저 자 좀 봐. 잘못한 게 전혀 없대!'
잘사는 사람들이 남 탓하며 손가락질하기는 쉽고
배부른 사람들이 어렵게 사는 이들을 비웃기는
쉽지.
사기꾼들이 경비가 철저한 집에서 안전하게 지
내고
하나님을 모독하는 거만한 자들이 오히려 호사
스럽게 산다네.
자신을 보호해 줄 신을 돈 주고 산 자들.

7-12 가서 짐승들의 생각을 물어보게나. 그것들
이 가르쳐 줄 걸세.
새들에게 물어보게나. 진실을 알려 줄 걸세.
땅에 귀를 갖다 대 보게. 그리고 기본을 배우게.
귀를 기울여 보게. 바다의 물고기도 제 이야기
를 들려줄 걸세.
하나님이 주권자이시라는 것과
모든 사람과 살아 숨 쉬는 모든 생물이
그분의 손안에 있다는 것을,
그 모든 것들이 알고 동의하고 있지 않은가?
이것은 누구나 아는 상식이네.
누구나 맛을 느낄 수 있는 것처럼 말일세.
노인들만 지혜를 독점한다고 생각하나?
나이가 지긋해야만 인생을 알게 될 거라 믿는가?

13-25 참 지혜와 진정한 능력은 하나님의 것,
그분께 어떻게 살아야 하는지
무엇을 위해 살아야 하는지 배울 수 있네.

you'll look around, sit back, and take it easy.
Expansive, without a care in the world,
you'll be hunted out by many for your blessing.'
But the wicked will see none of this.
They're headed down a dead-end road
with nothing to look forward to—nothing."

Job Answers Zophar
Put Your Ear to the Earth

12 1-3 Job answered:

"I'm sure you speak for all the experts,
and when you die there'll be no one left to tell us how to live.
But don't forget that I also have a brain—
I don't intend to play second fiddle to you.
It doesn't take an expert to know these things.

4-6 "I'm ridiculed by my friends:
'So that's the man who had conversations with God!'
Ridiculed without mercy:
'Look at the man who never did wrong!'
It's easy for the well-to-do to point their fingers in blame,
for the well-fixed to pour scorn on the strugglers.
Crooks reside safely in high-security houses,
insolent blasphemers live in luxury;
they've bought and paid for a god who'll protect them.

7-12 "But ask the animals what they think—let them teach you;
let the birds tell you what's going on.
Put your ear to the earth—learn the basics.
Listen—the fish in the ocean will tell you their stories.
Isn't it clear that they all know and agree
that GOD is sovereign, that he holds all things in his hand—
Every living soul, yes,
every breathing creature?
Isn't this all just common sense,
as common as the sense of taste?
Do you think the elderly have a corner on wisdom,
that you have to grow old before you understand life?

그분이 헐어 버리시면 다시는 세울 수 없고
그분이 잡아 가두시면 결코 풀려날 수 없네.
그분이 비를 막으시면 가뭄이 들고
비를 풀어 놓으시면 홍수가 진다네.
힘과 성공은 하나님의 것,
속는 자와 속이는 자 모두 그분의 통치 아래 있네.
그분은 그들이 내세우는 자격을 박탈하시고
재판관들이 어리석은 바보임을 드러내시네.
왕들의 왕복을 벗기시고
그 허리에 누더기를 두르게 하신다네.
제사장들의 예복을 벗기시고
고관들을 자리에서 물러나게 하시네.
신뢰받는 현인들이 입을 다물게 하시고
장로들의 분별력과 지혜를 거두어 가시지.
유명인사들에게 멸시를 쏟으시고
힘 있고 강한 자들의 무장을 해제하신다네.
어두운 동굴에 스포트라이트를 비추시고
칠흑 같은 어둠을 정오의 태양 아래로 끌어내시네.
나라들을 흥하게도 하시고 망하게도 하시며
세우기도 하시고 버리기도 하신다네.
세계 지도자들의 지각을 빼앗으시고
아무도 없는 곳으로 그들을 내몰아,
어둠 속에서 막막한 심정으로 더듬거리게 하시네.
술 취한 사람처럼 휘청대며 비틀거리게 하시네."

13

1-5 "그래, 그 모든 것을 내 눈으로 보았고
내 귀로 들어서 알고 있다네.
자네들이 아는 것은 나도 다 아는 것이니
내가 자네들보다 못할 것이 없네.
나는 전능하신 하나님께 내 사정을 아뢰겠네.
지긋지긋한 자네들 말고, 하나님께 직접 호소할 참이네.
자네들은 거짓말로 내 인생을 더럽히는군.
하나같이 돌팔이 의사들이야!
자네들이 입을 다물었으면 좋겠네.
자네들의 지혜를 보여줄 방법은 그것뿐일세.

6-12 이제 내 변론을 들어 보게.
내 입장을 한번 생각해 보게나.
'하나님을 섬긴답시고' 계속 거짓말을 늘어놓을 셈인가?

From God We Learn How to Live

13-25 "True wisdom and real power belong to God;
from him we learn how to live,
and also what to live for.
If he tears something down, it's down for good;
if he locks people up, they're locked up for good.
If he holds back the rain, there's a drought;
if he lets it loose, there's a flood.
Strength and success belong to God;
both deceived and deceiver must answer to him.
He strips experts of their vaunted credentials,
exposes judges as witless fools.
He divests kings of their royal garments,
then ties a rag around their waists.
He strips priests of their robes,
and fires high officials from their jobs.
He forces trusted sages to keep silence,
deprives elders of their good sense and wisdom.
He dumps contempt on famous people,
disarms the strong and mighty.
He shines a spotlight into caves of darkness,
hauls deepest darkness into the noonday sun.
He makes nations rise and then fall,
builds up some and abandons others.
He robs world leaders of their reason,
and sends them off into no-man's-land.
They grope in the dark without a clue,
lurching and staggering like drunks."

I'm Taking My Case to God

13

1-5 "Yes, I've seen all this with my own eyes,
heard and understood it with my very own ears.
Everything you know, I know,
so I'm not taking a backseat to any of you.
I'm taking my case straight to God Almighty;
I've had it with you—I'm going directly to God.
You graffiti my life with lies.
You're a bunch of pompous quacks!
I wish you'd shut your mouths—
silence is your only claim to wisdom.

6-12 "Listen now while I make my case,
consider my side of things for a change.
Or are you going to keep on lying 'to do God a service'?

'하나님을 궁지에서 빼 드린답시고' 없는 이야기를 지어낼 건가?
어째서 자네들은 늘 그분의 편을 드는가?
그분께 변호사가 필요한가?
자네들이 피고석에 앉는다면 어떻게 되겠나?
배심원단은 자네들의 거짓말에 넘어갈지 모르지만
하나님도 속아 주실까?
자네들의 증언에서 잘못된 부분을 집어내시고
당장 꾸짖으실 것이네.
그분의 위엄이 두렵지도 않나?
그분 앞에서 시답잖은 거짓말을 하는 것이 무섭지도 않은가?
자네들의 그럴듯한 이야기들은 고루한 교훈이요
티끌을 모은 것일 뿐 아무짝에도 쓸모없네.

13-19 그러니 입 좀 다물고 내가 하는 말을 들어 보게.
무슨 벌이 내려지든 내가 감당하겠네.
내가 이렇게 위험을 무릅쓰고
목숨을 걸어 가며 모험을 하는 이유가 무엇이겠나?
그분이 나를 죽이신다 해도 희망을 놓을 수 없어서라네.
나는 끝까지 결백을 주장할 걸세.
기다려 주게. 이것이 최선의 길, 구원의 길이 될 걸세!
일말의 죄책감이라도 있다면 내가 이럴 수 있을 것 같은가?
목숨을 걸고 하나님 앞에 나설 것 같은가?
내 말에 주의를 기울이고
두 귀로 잘 들어 보게.
이제 내 변론을 마쳤으니
나는 무죄로 풀려날 것을 확신하네.
나의 혐의를 입증할 사람이 있을까?
난 할 말을 다 했네. 내 변론은 여기까지네."

욥의 기도

20-27 "하나님, 나에게 두 가지 청이 있으니 제발 들어주십시오.
그러면 주께서 나를 귀히 여기심을 알겠습니다.
우선, 고통을 거두어 주십시오.
그 두려움이 내가 감당치 못할 만큼 큽니다.
그리고 하나님께서 내게 직접 말씀해 주십시오. 그러면 내가 응답하겠습니다.
아니면 내가 먼저 아뢰게 해주시고 주께서 응답해 주십시오.
나의 죄목이 몇 가지나 됩니까?
목록을 보여주십시오. 얼마나 심각합니까?
주께서는 왜 숨어 계십니까? 왜 아무 말씀이 없으십

to make up stories 'to get him off the hook'?
Why do you always take his side?
Do you think he needs a lawyer to defend himself?
How would you fare if you were in the dock?
Your lies might convince a jury—but would they convince *God*?
He'd reprimand you on the spot
if he detected a bias in your witness.
Doesn't his splendor put you in awe?
Aren't you afraid to speak cheap lies before him?
Your wise sayings are knickknack wisdom,
good for nothing but gathering dust.

13-19 "So hold your tongue while I have my say,
then I'll take whatever I have coming to me.
Why do I go out on a limb like this
and take my life in my hands?
Because even if he killed me, I'd keep on hoping.
I'd defend my innocence to the very end.
Just wait, this is going to work out for the best—my salvation!
If I were guilt-stricken do you think I'd be doing this—
laying myself on the line before God?
You'd better pay attention to what I'm telling you,
listen carefully with both ears.
Now that I've laid out my defense,
I'm sure that I'll be acquitted.
Can anyone prove charges against me?
I've said my piece. I rest my case.

Why Does God Stay Hidden and Silent?

20-27 "Please, God, I have two requests;
grant them so I'll know I count with you:
First, lay off the afflictions;
the terror is too much for me.
Second, address me directly so I can answer you,
or let me speak and then you answer me.
How many sins have been charged against me?
Show me the list—how bad is it?
Why do you stay hidden and silent?

니까?
어찌하여 나를 원수 취급 하십니까?
어찌하여 나를 낡은 깡통처럼 걷어차십니까?
어찌하여 죽은 말에 채찍질을 하십니까?
주께서는 내가 저지른 사소한 잘못들의 목록을 길게 작성하시고
내가 어린 시절 지은 죄까지 책임을 물으십니다.
두 다리를 묶어 꼼짝 못하게 하십니다.
일거수일투족을 감시하고
위험인물로 낙인을 찍으십니다.

28 부패한 물건처럼 인간도 빠르게 썩어 갑니다.
좀먹은 셔츠처럼, 곰팡이 핀 블라우스처럼."

14

1-17 "우리는 모두 같은 배를 타고 표류하는 신세,
사는 날은 너무 짧고, 괴로움은 너무 많습니다.
사막의 들꽃처럼 피었다 지니
구름의 그림자처럼 무상합니다.
어찌하여 이렇듯 보잘것없는 존재에게 시간을 들이시며
나를 법정으로 끌고 가는 수고를 하십니까?
애초부터 별 볼 일 없던 우리에게
어찌하여 특별한 것을 기대하십니까?
인간의 수명은 정해져 있습니다.
우리가 얼마나 오래 살지 주께서 이미 정해 놓으셨고
주께서 정하신 경계는 누구도 넘을 수 없습니다.
그러니 우리를 너그럽게 대해 주십시오. 좀 봐주십시오!
막일하는 노동자들도 쉬는 날이 있지 않습니까.
한 그루 나무에도 희망은 있습니다.
그것을 베어 내도 여전히 기회가 있으니
뿌리에서 다시 새싹이 돋아납니다.
그 뿌리가 오래되어 뒤틀려도,
그루터기가 오랫동안 죽은 듯 그대로 있어도,
물기를 조금이라도 받으면 소생하여
묘목처럼 움을 틔우고 자라납니다.
그런데 사람은 어떻습니까? 죽으면 살아날 희망이 없습니다.
마지막 숨을 거두면 그것으로 끝입니다.
바싹 말라 물이 있던 흔적만 남은
호수와 강처럼,
인간은 쓰러지면 다시 일어나지 못하고
다시 깨어나지 못합니다.
차라리 나를 산 채로 묻으시고

Why treat me like I'm your enemy?
Why kick me around like an old tin can?
Why beat a dead horse?
You compile a long list of mean things about me,
even hold me accountable for the sins of my youth.
You hobble me so I can't move about.
You watch every move I make,
and brand me as a dangerous character.

28 "Like something rotten, human life fast decomposes,
like a moth-eaten shirt or a mildewed blouse."

If We Die, Will We Live Again?

14

1-17 "We're all adrift in the same boat:
too few days, too many troubles.
We spring up like wildflowers in the desert and then wilt,
transient as the shadow of a cloud.
Do you occupy your time with such fragile wisps?
Why even bother hauling me into court?
There's nothing much to us to start with;
how do you expect us to amount to anything?
Mortals have a limited life span.
You've already decided how long we'll live—
you set the boundary and no one can cross it.
So why not give us a break? Ease up!
Even ditchdiggers get occasional days off.
For a tree there is always hope.
Chop it down and it still has a chance—
its roots can put out fresh sprouts.
Even if its roots are old and gnarled,
its stump long dormant,
At the first whiff of water it comes to life,
buds and grows like a sapling.
But men and women? They die and stay dead.
They breathe their last, and that's it.
Like lakes and rivers that have dried up,
parched reminders of what once was,
So mortals lie down and never get up,
never wake up again—never.
Why don't you just bury me alive,
get me out of the way until your anger cools?

주님의 진노가 식을 때까지 주님의 눈에서 벗어
나 숨어 있게 해주십시오.
그러나 나를 그 상태로 버려두지는 말아 주십시오!
날짜를 정하시고 때가 되면 나를 다시 찾아 주십시오.
우리가 죽으면 다시 살겠습니까? 나는 이것을 여
쭙고 싶습니다.
이 힘겨운 시기 내내 나는 희망을 놓지 않고
최후의 변화를 기다립니다. 부활을 고대합니다!
손수 지으신 피조물을 애타게 그리워하셔서
주께서 부르시면, 내가 응답하겠습니다!
주께서 내 모든 발걸음을 지켜보시지만
내 잘못을 추궁하지는 않으실 것입니다.
내 죄를 자루에 담아
대양 깊숙한 곳에 던져 버리실 것입니다.

18-22 그러나 산이 닳아 없어지고
바위가 부서지고
돌멩이가 매끈매끈해지고
토양이 침식하기에 이르도록
주께서는 우리의 희망을 가차 없이 짓밟으십니다.
주님은 우리가 어찌해 볼 수 없는 분,
최종 결정권은 늘 주께 있습니다.
그것이 마음에 들지 않아 우리는 싫은 기색을 하지만
주께서는 막무가내로 우리를 멀리 쫓아 보내십니다.
자녀들이 잘되어도 우리는 그것을 알지 못할 테고
그들이 잘못되어도 마음 아파할 수 없습니다.
우리가 아는 것은 우리 자신의 몸과 영혼뿐,
그것으로 한평생 아파하고 슬퍼합니다."

엘리바스의 두 번째 충고

15 1-16 데만 사람 엘리바스가 다시 말했다.

"자네가 정말 지혜로운 사람이라면, 그렇게 수다
쟁이처럼
헛된 말만 늘어놓겠는가?
한창 진지한 주장을 펼치는데 헛소리나 늘어놓고
쓸데없는 말을 지껄이겠는가?
자네 꼴 좀 보게! 자네는 종교를 하찮게 여기고
영적 대화를 공허한 험담으로 바꿔 놓고 있네.
자네가 그렇게 말하는 이유는 바로 죄 때문이네.
자네는 사기꾼이 되기로 작정했군.
자네의 말로 스스로 유죄임이 드러났지 않았
는가.
내가 한 말 때문이 아니야. 자네 스스로 자네를
정죄했어!

But don't leave me there!
Set a date when you'll see me again.
If we humans die, will we live again? That's my
question.
All through these difficult days I keep hoping,
waiting for the final change—for resurrection!
Homesick with longing for the creature you made,
you'll call—and I'll answer!
You'll watch over every step I take,
but you won't keep track of my missteps.
My sins will be stuffed in a sack
and thrown into the sea—sunk in deep ocean.

18-22 "Meanwhile, mountains wear down
and boulders break up,
Stones wear smooth
and soil erodes,
as you relentlessly grind down our hope.
You're too much for us.
As always, you get the last word.
We don't like it and our faces show it,
but you send us off anyway.
If our children do well for themselves, we never
know it;
if they do badly, we're spared the hurt.
Body and soul, that's it for us—
a lifetime of pain, a lifetime of sorrow."

Eliphaz Attacks Again
You Trivialize Religion

15 1-16 Eliphaz of Teman spoke a second
time:

"If you were truly wise, would you sound so much
like a
windbag, belching hot air?
Would you talk nonsense in the middle of a
serious argument,
babbling baloney?
Look at you! You trivialize religion,
turn spiritual conversation into empty gossip.
It's your sin that taught you to talk this way.
You chose an education in fraud.
Your own words have exposed your guilt.
It's nothing I've said—you've incriminated

이런 일을 당한 사람이 자네가 처음인가?
자네가 저 산들만큼이나 오래 살기라도 했나?
하나님이 이 모든 일을 계획하실 때 엿듣기라도 했나?
자네 혼자만 똑똑한 줄 아나?
우리는 모르고 자네만 아는 게 무엇인가?
우리에게 없는 식견을 자네가 갖추고 있는가?
백발의 노인들이 우리를 지지한다네.
자네보다 훨씬 오랫동안 세상을 경험한 분들이지.
온화하고 부드럽게 들려주시는
하나님의 약속이 자네에게는 충분치 않은가?
제 감정에 휘둘려
비난을 일삼고 분통을 터뜨리고
온 힘을 다해 하나님께 대항하며
말도 안되는 소리를 토해 내다니, 도대체 어찌 된 일인가?
한낱 인간이 하나님 앞에서 결백할 수 있는가?
여인에게서 태어난 자가 온전할 수 있을 것 같은가?
하나님은 그분의 거룩한 천사들도 신뢰하지 않으시고
하늘의 흠까지 잡아내시는데,
악을 물 마시듯 하는
냄새나고 더러운 우리 인간들이야 오죽하겠는가?

17-26 자네에게 할 말이 있으니 좀 들어 보게!
내 생각을 말해 주겠네.
이것은 내가 지혜로운 사람들에게서 배운 것이고,
지혜로운 사람들은 그것을 조상들에게서 배워 후대에 충실히 전수했지.
그 조상들이 살던 먼 옛날,
그들은 이 땅을 독차지했네.
하나님의 법규를 따르지 않고 제멋대로 사는 자들이 기대할 수 있는 것은 괴로움뿐이고,
오래 살수록 사정은 더 나빠진다네.
작은 소리에도 겁에 질리고
원하는 것을 가졌다고 생각하는 순간 재앙이 닥친다네.
그들은 삶이 점점 더 나아질 거라는 희망을 포기하게 되지.
그들의 이름은 늘 상황이 가장 안 좋게 풀리는 사람들 명단에 들어 있다네.

yourself!
Do you think you're the first person to have to deal with these things?
Have you been around as long as the hills?
Were you listening in when God planned all this?
Do you think you're the only one who knows anything?
What do you know that we don't know?
What insights do you have that we've missed?
Gray beards and white hair back us up—
old folks who've been around a lot longer than you.
Are God's promises not enough for you,
spoken so gently and tenderly?
Why do you let your emotions take over,
lashing out and spitting fire,
Pitting your whole being against God
by letting words like this come out of your mouth?
Do you think it's possible for any mere mortal to be sinless in God's sight,
for anyone born of a human mother to get it all together?
Why, God can't even trust his holy angels.
He sees the flaws in the very heavens themselves,
So how much less we humans, smelly and foul,
who lap up evil like water?

Always at Odds with God

17-26 "I've a thing or two to tell you, so listen up!
I'm letting you in on my views;
It's what wise men and women have always taught,
holding nothing back from what *they* were taught
By their parents, back in the days
when they had this land all to themselves:
Those who live by their own rules, not God's, can expect nothing but trouble,
and the longer they live, the worse it gets.
Every little sound terrifies them.
Just when they think they have it made, disaster strikes.
They despair of things ever getting better—
they're on the list of people for whom things always turn out for the worst.

다음 끼니를 어떻게 때울지 모른 채
여기저기 헤매고 다니니,
그들에게는 하루하루가 심판의 날이라네!
그들은 끝없는 공포 속에 살며
끊임없이 궁지에 몰리지.
하나님께 주먹을 휘두르고
전능하신 하나님께 정면으로 대들며
사사건건 따지고 들다가,
늘 수세에 몰리기 때문이라네.

27-35 설령 그들이 건강의 화신인 것처럼
말쑥하고 튼튼하고 혈기왕성해 보여도,
결국에는 유령도시에 살면서
개도 거들떠보지 않을 헛간과
삐걱대는 오두막에서 묵을 신세라네.
출세 한번 못 해보고
변변한 존재도 되어 보지 못하지.
그러다 죽어. 그들이 죽음을 모면할 거라고? 어림없는 소리!
그들은 하나님의 입김 한 번에 쓰러져
말라비틀어질 잡초라네.
여기에 교훈이 있네. 거짓에 투자하는 자는
거짓을 이자로 받고,
만기일 전에 투자한 것을 다 회수한단 말일세.
대단한 투자 아닌가!
그들은 익기도 전에 서리 맞아 떨어진 과일,
활짝 꽃피우기도 전에 잘린 꽃봉오리처럼 될 걸세.
하나님을 두려워하지 않는 자들은 열매를 만들지 못하는 척박한 땅과 같네.
뇌물 위에 세운 인생은 연기처럼 사라져 버리지.
그들은 죄와 동침하여 악을 낳으니,
그들의 삶은 속임수를 생산하는 자궁이라네."

욥의 대답

16

1-5 그러자 욥이 스스로를 변호했다.

"자네들 말은 이제 물릴 만큼 들었네.
그것도 위로라고 하는 건가?
그 장황한 연설은 끝도 없는가?
무슨 문제가 있기에 그렇게 계속 지껄이는가?
자네들이 내 처지라면
나도 자네들처럼 말할 수 있겠지.
끔찍한 장광설을 그러모아
지겹도록 들려줄 수 있을 걸세.
하지만 난 절대로 그렇게 하지 않을 거야. 격려하고

They wander here and there,
never knowing where the next meal is coming from—
every day is doomsday!
They live in constant terror,
always with their backs up against the wall
Because they insist on shaking their fists at God,
defying God Almighty to his face,
Always and ever at odds with God,
always on the defensive.

27-35 "Even if they're the picture of health,
trim and fit and youthful,
They'll end up living in a ghost town
sleeping in a hovel not fit for a dog,
a ramshackle shack.
They'll never get ahead,
never amount to a hill of beans.
And then death—don't think they'll escape that!
They'll end up shriveled weeds,
brought down by a puff of God's breath.
There's a lesson here: Whoever invests in lies,
gets lies for interest,
Paid in full before the due date.
Some investment!
They'll be like fruit frost-killed before it ripens,
like buds sheared off before they bloom.
The godless are fruitless—a barren crew;
a life built on bribes goes up in smoke.
They have sex with sin and give birth to evil.
Their lives are wombs for breeding deceit."

Job Defends Himself
If You Were in My Shoes

16

1-5 Then Job defended himself:

"I've had all I can take of your talk.
What a bunch of miserable comforters!
Is there no end to your windbag speeches?
What's your problem that you go on and on like this?
If you were in my shoes,
I could talk just like you.
I could put together a terrific harangue
and really let you have it.

위로하고
안심시키는 말을 할 걸세. 복장 터지게 하는 말이 아니라!

6-14 큰소리로 말해도 기분이 나아지지 않고
입을 다물고 있어도 도움이 안됩니다.
나는 완전히 꺾였습니다.
하나님, 주께서 나와 내 가족을 완전히 망하게 하셨습니다!
나를 말린 자두처럼 오그라들게 하시고
주께서 나를 대적하심을 세상에 알리셨습니다.
거울에 비친 수척한 얼굴이 나를 노려보며
주께서 나를 어찌 대하시는지 말없이 증언합니다.
주님의 진노가 나를 노리고
주님의 이가 나를 갈가리 찢으며
주님의 눈이 뚫어져라 나를 노려봅니다. 하나님이 내 원수가 되시다니!
사람들이 나를 보고 놀라 벌린 입을 다물지 못합니다.
그들은 나를 경멸하여 마구 때리고
집단으로 공격합니다.
그런데 하나님은 가만히 서 계시면서 저들이 하는 대로 내버려 두시고
악인들이 저 하고 싶은 대로 나를 함부로 대하도록 내버려 두십니다.
분수를 지키며 제 일을 감당하던 나를 하나님이 두들겨 패시고
멱살을 쥐어 내던지십니다.
주께서 나를 표적으로 삼으시고
궁수들을 모아 내게 화살을 쏘게 하십니다.
그들이 사정없이 쏜 화살이 내 몸에 잔뜩 박혔고
창자가 터져 쓰디쓴 담즙이 땅바닥에 쏟아집니다.
주께서 나에게 달려들어 맹공격을 퍼부으시고
성난 황소처럼 내게 돌진하십니다.

15-17 나는 수의를 지어 입고
흙먼지 바닥에 엎드렸습니다.
내 얼굴은 통곡으로 벌겋게 얼룩이 졌고
눈 밑에는 어두운 그림자가 보입니다.
그러나 나는 누구 한 사람 해친 적이 없고
내 기도는 진실합니다!

18-22 오 땅이여, 내가 받은 부당한 대우를 덮지 말아 다오!
내 울음소리를 가리지 말아 다오!
하늘에는 나의 진실을 아는 분이 틀림없이 계실 것

But I'd never do that. I'd console and comfort,
make things better, not worse!

6-14 "When I speak up, I feel no better;
if I say nothing, that doesn't help either.
I feel worn down.
God, you have wasted me totally—me and my family!
You've shriveled me like a dried prune,
showing the world that you're against me.
My gaunt face stares back at me from the mirror,
a mute witness to your treatment of me.
Your anger tears at me,
your teeth rip me to shreds,
your eyes burn holes in me—God, my enemy!
People take one look at me and gasp.
Contemptuous, they slap me around
and gang up against me.
And God just stands there and lets them do it,
lets wicked people do what they want with me.
I was contentedly minding my business when God beat me up.
He grabbed me by the neck and threw me around.
He set me up as his target,
then rounded up archers to shoot at me.
Merciless, they shot me full of arrows;
bitter bile poured from my gut to the ground.
He burst in on me, onslaught after onslaught,
charging me like a mad bull.

15-17 "I sewed myself a shroud and wore it like a shirt;
I lay facedown in the dirt.
Now my face is blotched red from weeping;
look at the dark shadows under my eyes,
Even though I've never hurt a soul
and my prayers are sincere!

The One Who Represents Mortals Before God

18-22 "O Earth, don't cover up the wrong done to me!
Don't muffle my cry!
There must be Someone in heaven who knows

이다.
지극히 높은 하늘에는 내 무죄를 밝혀 줄 변호사가 계실 것이다.
내가 하나님 앞에서 눈이 퉁퉁 붓도록 우는 동안,
그분은 나의 수호자, 나의 친구가 되어 주실 것이다.
이웃이 이웃의 편을 들듯,
하나님 앞에서 사람을 대변해 줄 그분께 내가 호소할 것이다.

이제 몇 해만 지나면
나는 돌아오지 못할 길을 떠날 것이다."

17

1-2 "내 마음은 부서졌고
내 수명은 다했으며,
이미 파 놓은 무덤이 나를 기다립니다.
나를 조롱하며 달려드는 저들의 모습이 보이십니까?
저들의 오만함을 내가 언제까지 참아야 합니까?

3-5 오 하나님, 나를 지지해 주시고 그것을 보증해 주십시오.
지지 의사를 문서로 작성하고 서명까지 해주십시오.
그리해 주실 분은 주님뿐이십니다!
이 사람들은 아무짝에도 쓸모가 없습니다!
주께서는 저들이 얼마나 어리석은지 보셔서 아시니
저들의 뜻이 관철되도록 내버려 두진 않으시겠지요?
친구를 배신하는 자들은
학대받는 인생을 자녀에게 물려주게 될 것입니다.
6-8 하나님, 주께서 나를 동네의 이야깃거리로 삼으시는 탓에
사람들이 내 얼굴에 침을 뱉습니다. 하도 많이 울어 내 눈이 흐려지고
몸은 살가죽과 뼈만 남았습니다.
점잖은 사람들은 내 모습을 보고 그들의 눈을 의심합니다.
선량한 이들마저 하나같이 내가 하나님을 버렸다고 주장합니다.

9 그러나 지조 있는 사람은 인생의 방향을 분명히 하고
그 길을 꿋꿋이 갑니다.
깨끗하고 정결한 손이 결국에는 힘을 얻을 것이라는 확신 때문입니다!

the truth about me,
in highest heaven, some Attorney who can clear my name–
My Champion, my Friend,
while I'm weeping my eyes out before God.
I appeal to the One who represents mortals before God
as a neighbor stands up for a neighbor.

"Only a few years are left
before I set out on the road of no return."

17

1-2 "My spirit is broken,
my days used up,
my grave dug and waiting.
See how these mockers close in on me?
How long do I have to put up with their insolence?

3-5 "O God, pledge your support for me.
Give it to me in writing, with your signature.
You're the only one who can do it!
These people are so useless!
You know firsthand how stupid they can be.
You wouldn't let them have the last word, would you?
Those who betray their own friends
leave a legacy of abuse to their children.

6-8 "God, you've made me the talk of the town–
people spit in my face;
I can hardly see from crying so much;
I'm nothing but skin and bones.
Decent people can't believe what they're seeing;
the good-hearted wake up and insist I've given up on God.

9 "But principled people hold tight, keep a firm grip on life,
sure that their clean, pure hands will get stronger and stronger!

10-16 "Maybe you'd all like to start over,
to try it again, the bunch of you.

10-16 자네들 모두 다시 시작하고,
다시 시도해 보고 싶을지 모르겠네.
나는 지금까지 자네들이 한 말에서
한 줌의 지혜도 발견하지 못했다네.
내 인생은 거의 끝났네. 내 모든 계획은 부서졌고
희망은 꺼져 버렸어.
밤이 지나고 낮이 오리라는 희망,
새벽이 밝아 올 것이라는 희망이 사라졌다네.
내가 기대할 집은 묘지뿐이고
내가 바랄 위로가 튼튼한 관뿐이라면,
가족을 다시 만날 길이 한 길 땅속으로 내려가는 것이고
거기서 만날 가족이 벌레들뿐이라면,
그런 것을 희망이라 말할 수 있겠나?
도대체 누가 그런 것에서 희망을 찾겠나?
아닐 것이네. 내가 희망과 함께 묻히는 날,
자네들은 우리 둘의 합동장례식에 참석하게 될 걸세!"

So far I haven't come across one scrap
of wisdom in anything you've said.
My life's about over. All my plans are smashed,
all my hopes are snuffed out–
My hope that night would turn into day,
my hope that dawn was about to break.
If all I have to look forward to is a home in the graveyard,
if my only hope for comfort is a well-built coffin,
If a family reunion means going six feet under,
and the only family that shows up is worms,
Do you call that hope?
Who on earth could find any hope in that?
No. If hope and I are to be buried together,
I suppose you'll all come to the double funeral!"

빌닷의 두 번째 충고

18

1-4 수아 사람 빌닷이 끼어들었다.

"정말 지루하기 짝이 없는 말장난만 하고 있군!
정신 차리게! 문제의 핵심을 봐야 하지 않나.
자네는 왜 친구들을 우둔한 짐승 취급하는가?
우리가 아무것도 모른다는 듯 깔보고 있군.
어찌 그리 흥분하는가?
세상이 자네 입맛에 맞게 다시 설계되기를 바라는가?
자네의 편의를 위해 현실이 멈추기라도 해야 하는가?

Bildad's Second Attack
Plunged from Light into Darkness

18

1-4 Bildad from Shuhah chimed in:

"How monotonous these word games are getting!
Get serious! We need to get down to business.
Why do you treat your friends like slow-witted animals?
You look down on us as if we don't know anything.
Why are you working yourself up like this?
Do you want the world redesigned to suit you?
Should reality be suspended to accommodate you?

5-21 악한 자의 빛은 꺼진다. 이것이 세상의 원리네.
그 불꽃은 사그라지고 소멸한다네.
그들의 집은 어두워지고
그곳의 등불은 모두 꺼져 버리지.
그들의 힘찬 발걸음은 약해져 비틀거리고
자기가 놓은 덫에 걸려든다네.
그들 모두
자신들의 형식주의에 얽매이고
발목이 붙잡히며
목에는 올가미가 씌워지지.
자신들이 숨겨 놓은 밧줄에 걸려 넘어지고
제 손으로 판 구덩이에 빠진다네.
사방에서 공포가 엄습하면
그들은 허둥지둥 달아난다네.

5-21 "Here's the rule: The light of the wicked is put out.
Their flame dies down and is extinguished.
Their house goes dark–
every lamp in the place goes out.
Their strong strides weaken, falter;
they stumble into their own traps.
They get all tangled up
in their own red tape,
Their feet are grabbed and caught,
their necks in a noose.
They trip on ropes they've hidden,
and fall into pits they've dug themselves.
Terrors come at them from all sides.

배고픈 무덤이 잔뜩 벼르고 있지.
저녁식사로 그들을 집어삼키고
먹음직한 요리로 차려 내서
굶주린 죽음에게 한턱 내려고 말이야.
그들은 아늑한 집에서 붙잡혀
사형수의 감방으로 곧장 끌려간다네.
그들의 목숨은 연기가 되어 올라가고
산성비가 그 잔해를 적시지.
그들의 뿌리는 썩고
그 가지는 시든다네.
그들은 다시 기억되지 못하고
묘비 없는 무덤에 이름 없이 묻힌다네.
빛에서 어둠으로 내몰리고
세상에서 내쫓긴다네.
자식 하나 두지 못한 채 빈손으로 떠나니
그들이 이 세상에 살았음을 보여줄 것이 전혀 없지.
그들의 운명을 보고 서쪽 사람들이 소스라치게 놀라고
동쪽 사람들이 기겁을 하며 이렇게 말할 걸세.
'저럴 수가! 사악한 자들에게는 저런 일이 벌어지는구나.
하나님을 모르는 자들의 말로가 저렇구나!'"

욥의 대답

19

1-6 욥이 대답했다.

"자네들은 언제까지 나를 두들겨 패며
장황한 말로 나를 공격하려는가?
자네들은 나를 거듭거듭 비난하는군.
나를 이토록 괴롭히다니, 자네들은 양심도 없나?
내가 어찌어찌해서 정도에서 벗어났다 하더라도
그게 자네들하고 무슨 상관이란 말인가?
어찌하여 부득부득 나를 깎아내리고
내 불행을 회초리 삼아 나를 때리는가?
하나님께나 그리하게. 이 모든 일의 배후에는 그 분이 계시고
나를 이 혼란 속으로 끌어들인 분도 그분이시니 말일세.

7-12 *여보게, 내가 '살인이다!' 하고 외쳐도 다들* 반응이 없고
도움을 청해도 그냥 지나쳐 버리네.
하나님이 내 길에 장애물을 두어 나를 막으시고
모든 등불을 꺼서 나를 어둠 속에 가두셨네.

They run helter-skelter.
The hungry grave is ready
to gobble them up for supper,
To lay them out for a gourmet meal,
a treat for ravenous Death.
They are snatched from their home sweet home
and marched straight to the death house.
Their lives go up in smoke;
acid rain soaks their ruins.
Their roots rot
and their branches wither.
They'll never again be remembered—
nameless in unmarked graves.
They are plunged from light into darkness,
banished from the world.
And they leave empty-handed—not one single child—
nothing to show for their life on this earth.
Westerners are aghast at their fate,
easterners are horrified:
'Oh no! So this is what happens to perverse people.
This is how the God-ignorant end up!'"

Job Answers Bildad
I Call for Help and No One Bothers

19

1-6 Job answered:

"How long are you going to keep battering away at me,
pounding me with these harangues?
Time after time after time you jump all over me.
Do you have no conscience, abusing me like this?
Even if I have, somehow or other, gotten off the track,
what business is that of yours?
Why do you insist on putting me down,
using my troubles as a stick to beat me?
Tell it to God—he's the one behind all this,
he's the one who dragged me into this mess.

7-12 "Look at me—I shout 'Murder!' and I'm ignored;
I call for help and no one bothers to stop.
God threw a barricade across my path—I'm

나의 평판을 무너뜨리고
나의 자존심을 송두리째 앗아 가셨네.
나를 갈가리 찢어 못쓰게 만드시고
희망을 뿌리째 뽑으셨네.
하나님이 내게 노하셨네. 무섭게 노하셨어!
나를 극악한 원수로 대하시네.
무기란 무기는 다 동원하여
대대적인 공격을 가하시며
사방에서 한꺼번에 나를 덮치셨네.

13-20 하나님이 가족을 내게서 멀리 떠나게 하시니
나를 아는 자들이 하나같이 나를 피한다네.
친척과 친구들이 모두 떠나가고
집안의 손님들은 나란 사람이 있었다는 사실조차 잊었네.
여종들까지 나를 거리의 부랑자 취급하며
아는 체도 하지 않는다네.
종을 불러도 대답이 없고
간청해도 나를 무시한다네.
아내마저 더 이상 내 곁에 있기 싫어하니
나는 가족에게 불쾌한 존재가 되었다네.
거리의 부랑아들도 나를 업신여기고
내가 외출이라도 하면 조롱과 야유를 퍼붓는다네.
나와 가까이 지내던 사람들이 모두 나를 지긋지긋해하고
가장 사랑하던 이들도 나를 거부한다네.
나는 뼈만 남았고
내 목숨은 위태롭기 그지없네.

21-22 오 친구들이여, 소중한 벗들이여, 나를 불쌍히 여겨 주게나.
하나님은 나를 정말 모질게 대하셨다네!
자네들마저 나를 그렇게 대해야 하겠는가?
나를 구박하는 게 지겹지도 않은가?

23-27 내 말이 책에 기록될 수 있다면,
끌로 바위에 새길 수 있다면!
그러나 나는 아네, 하나님이 살아 계심을. 그분은 나를 되살려 주시는 분.
그분이 마침내 땅에 우뚝 서실 것이네.
나 비록 하나님께 호된 벌을 받았지만 그분을 뵐 것이네!
내 두 눈으로 직접 하나님을 뵐 것이야.
오, 어서 빨리 그날이 왔으면!

stymied;
he turned out all the lights—I'm stuck in the dark.
He destroyed my reputation,
robbed me of all self-respect.
He tore me apart piece by piece—I'm ruined!
Then he yanked out hope by the roots.
He's angry with me—oh, how he's angry!
He treats me like his worst enemy.
He has launched a major campaign against me,
using every weapon he can think of,
coming at me from all sides at once.

I Know That God Lives

13-20 "God alienated my family from me;
everyone who knows me avoids me.
My relatives and friends have all left;
houseguests forget I ever existed.
The servant girls treat me like a bum off the street,
look at me like they've never seen me before.
I call my attendant and he ignores me,
ignores me even though I plead with him.
My wife can't stand to be around me anymore.
I'm repulsive to my family.
Even street urchins despise me;
when I come out, they taunt and jeer.
Everyone I've ever been close to abhors me;
my dearest loved ones reject me.
I'm nothing but a bag of bones;
my life hangs by a thread.

21-22 "Oh, friends, dear friends, take pity on me.
God has come down hard on me!
Do you have to be hard on me, too?
Don't you ever tire of abusing me?

23-27 "If only my words were written in a book—
better yet, chiseled in stone!
Still, I know that God lives—the One who gives me back my life—
and eventually he'll take his stand on earth.
And I'll see him—even though I get skinned alive!—
see God myself, with my very own eyes.
Oh, how I long for that day!

28-29 혹시 자네들이 '어찌해야 욥을 이해시킬 수 있을까?
자신의 불행이 전부 자기 탓이라는 것을 어찌 깨닫게 할 수 있을까?'
하고 생각한다면,
신경 쓰지 말고 자네들 걱정이나 하게.
자네들의 죄와 하나님의 임박한 심판이나 걱정하란 말일세.
심판이 확실히 다가오고 있으니."

소발의 두 번째 충고

20 1-3 나아마 사람 소발이 다시 말을 받았다.

"자네에게 이런 말을 듣게 되다니 믿을 수가 없군!
치가 떨리고 속이 다 울렁거리네.
어떻게 내 지성을 그렇게 모욕할 수가 있나?
자, 내 따끔하게 한마디 해주겠네!

4-11 자네는 기본도 모르나?
아담과 하와가 이 땅에 자리를 잡았던 처음부터
이어진 세상의 원리를 모르는가?
악한 자들의 좋은 시절은 오래가지 못하고
경건하지 못한 자들의 기쁨은 한순간뿐일세.
악한 자가 세계적인 명성을 얻고
누구보다 유명해져서 뻐기고 다녀도,
결국 똥 무더기 위에 처박히는 신세가 되지.
아는 사람들이 그들을 보고 역겨워하며 '저 꼴이 뭐람?' 하고 말한다네.
그들은 기억나지 않는 꿈처럼,
빛을 받으면 사라지는 어슴푸레한 환상처럼 흩어져 버리네.
한때는 모두가 아는 유명인사였을지 몰라도 이제는 별 볼 일 없어.
어디를 가도 알아보는 사람 하나 없지.
자녀들은 밑바닥에서 구걸하고
부당하게 챙긴 이득은 남김없이 토해 내야 할 걸세.
젊고 기력이 왕성한 한창때라도
결국 버티질 못한다네.

12-19 그들은 악을 별미 맛보듯 하고
혀로 이리저리 굴려 가며
그 향이 희미해질 때까지 음미한다네.
악의 맛을 제대로 아는 사람들이지!

28-29 "If you're thinking, 'How can we get through to him,
get him to see that his trouble is all his own fault?'
Forget it. Start worrying about *yourselves*.
Worry about your own sins and God's coming judgment,
for judgment is most certainly on the way."

Zophar Attacks Job—The Second Round
Savoring Evil as a Deticacy

20 1-3 Zophar from Naamath again took his turn:

"I can't believe what I'm hearing!
You've put my teeth on edge, my stomach in a knot.
How dare you insult my intelligence like this!
Well, here's a piece of my mind!

4-11 "Don't you even know the basics,
how things have been since the earliest days,
when Adam and Eve were first placed on earth?
The good times of the wicked are short-lived;
godless joy is only momentary.
The evil might become world famous,
strutting at the head of the celebrity parade,
But still end up in a pile of dung.
Acquaintances look at them with disgust and say, 'What's that?'
They fly off like a dream that can't be remembered,
like a shadowy illusion that vanishes in the light.
Though once notorious public figures, now they're nobodies,
unnoticed, whether they come or go.
Their children will go begging on skid row,
and they'll have to give back their ill-gotten gain.
Right in the prime of life,
and youthful and vigorous, they'll die.

12-19 "They savor evil as a delicacy,
roll it around on their tongues,

하지만 그러다 식중독에 걸려
복통을 호소한다네.
온갖 기름진 음식이 뱃속에서 요동을 친다네.
하나님은 그것들을 다 토해 내게 만드시지.
악을 게걸스럽게 입에 넣고 맹독을 주식으로 삼다가
그것 때문에 죽는다네.
갓 구운 빵과 치즈, 시원한 칵테일이나 음료수를 놓고
잔잔한 시냇가 옆에서 즐기는 평온한 소풍 같은 것은 그들에게 없어.
반쯤 씹다 만 음식을 뱉어 내고
애써 얻은 것을 느긋하게 누리지도 못하네.
왜 그럴까? 가난한 자들을 착취하고
남의 것을 빼앗았기 때문이네.

20-29 하나님을 부인하는 그런 자들은
자기가 가진 것과 자기 모습에 만족하지 못한다네.
탐욕에 정신없이 휘둘리기 때문이지.
그러나 닥치는 대로 약탈을 해도
결국 손에 쥐는 것은 하나도 없다네.
다 얻었다고 생각할 바로 그때 재앙이 닥쳐서
불행이 가득 담긴 접시만 받는다네.
그들은 불행으로 배를 채우고
하나님은 그들에게 진노의 맛을 보여주시지.
한동안은 그것을 씹을 수밖에 없네.
하나의 재앙을 피해 필사적으로 달아나도
또 다른 재앙이 들이닥친다네.
연달아 두들겨 맞고
죽도록 얻어맞네.
공포의 집에 갇혀서
그동안 약탈한 물건들이 허탄하게 사라지는 광경을 보게 되지.
그들의 인생은 철저한 실패야.
동전 한 닢, 땡전 한 푼 남지 않네.
하나님이 죄에 찌든 그들의 옷을 벗기시고
모두가 볼 수 있게 그 더러운 옷가지를 큰길가에 걸어 놓으실 걸세.
그들의 인생은 그야말로 실패작이어서
하나님의 진노 앞에서 남아날 것이 없다네.
자, 이것이 하나님이 악인들을 위해 마련하신 청사진이라네.
그들이 기대할 수 있는 전부지."

Prolong the flavor, a dalliance in decadence—
real gourmets of evil!
But then they get stomach cramps,
a bad case of food poisoning.
They gag on all that rich food;
God makes them vomit it up.
They gorge on evil, make a diet of that poison—
a deadly diet—and it kills them.
No quiet picnics for them beside gentle streams
with fresh-baked bread and cheese, and tall, cool drinks.
They spit out their food half-chewed,
unable to relax and enjoy anything they've worked for.
And why? Because they exploited the poor,
took what never belonged to them.

20-29 "Such God-denying people are never content
with what they have or who they are;
their greed drives them relentlessly.
They plunder everything
but they can't hold on to any of it.
Just when they think they have it all, disaster strikes;
they're served up a plate full of misery.
When they've filled their bellies with that,
God gives them a taste of his anger,
and they get to chew on that for a while.
As they run for their lives from one disaster,
they run smack into another.
They're knocked around from pillar to post,
beaten to within an inch of their lives.
They're trapped in a house of horrors,
and see their loot disappear down a black hole.
Their lives are a total loss—
not a penny to their name, not so much as a bean.
God will strip them of their sin-soaked clothes
and hang their dirty laundry out for all to see.
Life is a complete wipeout for them,
nothing surviving God's wrath.
There! That's God's blueprint for the wicked—
what they have to look forward to."

욥의 대답

21

1-3 욥이 대답했다.

"내 말을 잘 들어 보게나. 부디 좀 들어 보게.
그 정도의 호의는 베풀 수 있지 않나.
내가 말하는 동안만 참아 주게.
그러고 나서 나를 마음껏 조롱해도 좋네.

4-16 내 불평 상대는 자네들이 아니라 하나님이네.
내가 그분의 침묵을 지긋지긋해하는 것이 이상한가?
내 꼴을 좀 보게. 내게 벌어진 일이 끔찍하지 않은가?
아니! 아무 말 말게. 자네들 의견이 아쉬운 게 아니니까.
지난 일을 돌이켜 보면 또 한 번 충격을 받고
내 몸은 경련을 일으킨다네.
어찌하여 악한 자들이 그리 잘살고
장수하며 부자가 되는가?
그들은 자녀들이 성공하는 것을 보고
손주들을 보는 기쁨을 얻는다네.
그들의 집은 평화롭고 두려워할 일이 없네.
하나님의 징계의 회초리를 맞는 법도 없지.
그들의 수소는 왕성한 정력으로 씨를 퍼뜨리고
암소는 영락없이 새끼를 낳는다네.
그들은 아이들을 내보내 놀게 하고
그 아이들이 새끼 양처럼 뛰노는 것을 지켜본다네.
바이올린과 플루트로 음악을 연주하고
노래와 춤으로 즐거운 시간을 보내네.
그렇게 오래오래 풍족하게 살다가
잠자는 중에 아무 고통 없이 죽지.
그들은 하나님께 이렇게 말하네. '저리 가세요!
나는 당신이나 당신의 길에 관심 없습니다.
전능하신 하나님? 우리가 왜 당신과 어울려야 합니까?
그런다고 우리에게 무슨 이득이 있습니까?'
그들은 틀려도 크게 틀렸네. 그들은 신이 아니지 않나.
그들이 어떻게 그런 행태를 이어 갈 수 있는지, 나는 도무지 모르겠네!

17-21 악한 자들이 실패하거나
재앙을 겪거나
응분의 벌을 받는 일이 몇 번이나 있던가?
불운을 겪는 경우는 또 몇 번이나 있던가?
그리 많지 않네.
자네들은 '하나님이 그들의 후손을 치기 위해 처

Job's Response
Why Do the Wicked Have It So Good?

21

1-3 Job replied:

"Now listen to me carefully, please listen,
at least do me the favor of listening.
Put up with me while I have my say—
then you can mock me later to your heart's content.

4-16 "It's not *you* I'm complaining to—it's *God*.
Is it any wonder I'm getting fed up with his silence?
Take a good look at me. Aren't you appalled by what's happened?
No! Don't say anything. I can do without your comments.
When I look back, I go into shock,
my body is racked with spasms.
Why do the wicked have it so good,
live to a ripe old age and get rich?
They get to see their children succeed,
get to watch and enjoy their grandchildren.
Their homes are peaceful and free from fear;
they never experience God's disciplining rod.
Their bulls breed with great vigor
and their cows calve without fail.
They send their children out to play
and watch them frolic like spring lambs.
They make music with fiddles and flutes,
have good times singing and dancing.
They have a long life on easy street,
and die painlessly in their sleep.
They say to God, 'Get lost!
We've no interest in you or your ways.
Why should we have dealings with God Almighty?
What's there in it for us?'
But they're wrong, dead wrong—they're not gods.
It's beyond me how they can carry on like this!

17-21 "Still, how often does it happen that the wicked fail,
or disaster strikes,
or they get their just deserts?
How often are they blown away by bad luck?

벌을
유보하신다'고 말하겠지.
그렇다면 나는 '지금 당장 그들에게 벌을 내려
자신이 한 일을 알게 해주십시오!' 하고 구하겠네.
그들은 자신이 저지른 악의 결과를 감당하고
하나님의 진노를 온전히 느껴야 마땅하네.
안전하게 무덤 속으로 들어가 버리고 나면
가족에게 무슨 일이 벌어지든 그들이 신경이나 쓰겠는가?

22-26 그러나 하나님은 우리가 도무지 이해할 수 없는 방식으로 일하시는 분인데,
감히 어떻게 하나님께 이래라저래라 할 수 있겠나?
어떤 사람은 만사가 순탄하여
원기왕성하게
전성기를 누리다가 죽고,
또 어떤 이는 행복을 맛보지도 못한 채
가진 것 없이 비참하게 죽는다네.
하지만 묘지에 나란히 누운 두 사람을
벌레들은 분간하지 못하지.

27-33 나는 속지 않네. 자네들의 속셈을 잘 알거든.
나를 넘어뜨리려고 계획을 꾸미고 있지 않나.
자네들은 폭군의 성채가 산산조각 나고
악인의 업적이 무너진다는 순진한 주장을 하네만,
온 세상을 다녀 본 사람들의 생각을 물어본 적이 있는가?
그들의 이야기를 들어 본 적이 있는가?
악한 자들이 처벌을 면하고
악행을 저지르고도 죄값을 치르지 않았다고 하지 않던가?
그들에게 범죄의 책임을 물은 사람이 있던가?
그들이 응분의 벌을 받은 적이 있던가?
없을 걸세.
그들은 화려하고 근사한 장례식 끝에,
값비싼 무덤 속으로 우아하게 들어간다네.
그러면 다들 그가 참 훌륭한 사람이었다고 거짓말을 늘어놓지.

34 그런데 어찌 내가 자네들의 터무니없는 소리에
위로받기를 바라는가?
자네들의 위로는 거짓말투성이야."

Not very often.
You might say, 'God is saving up the punishment for their children.'
I say, 'Give it to them right now so they'll know what they've done!'
They deserve to experience the effects of their evil,
feel the full force of God's wrath firsthand.
What do they care what happens to their families
after they're safely tucked away in the grave?

Fancy Funerals with All the Trimmings

22-26 "But who are we to tell God how to run his affairs?
He's dealing with matters that are way over our heads.
Some people die in the prime of life,
with everything going for them—
fat and sassy.
Others die bitter and bereft,
never getting a taste of happiness.
They're laid out side by side in the cemetery,
where the worms can't tell one from the other.

27-33 "I'm not deceived. I know what you're up to,
the plans you're cooking up to bring me down.
Naively you claim that the castles of tyrants fall to pieces,
that the achievements of the wicked collapse.
Have you ever asked world travelers how they see it?
Have you not listened to their stories
Of evil men and women who got off scot-free,
who never had to pay for their wickedness?
Did anyone ever confront them with their crimes?
Did they ever have to face the music?
Not likely—they're given fancy funerals
with all the trimmings,
Gently lowered into expensive graves,
with everyone telling lies about how wonderful they were.

34 "So how do you expect me to get any comfort from your nonsense?
Your so-called comfort is a tissue of lies."

엘리바스의 세 번째 충고

22

1-11 데만 사람 엘리바스가 다시 말을 받았다.

"하나님을 도와드릴 만큼 힘센 사람이 있는가? 하나님께 조언할 만큼 영특한 사람이 있는가?
자네가 의롭다 한들, 전능하신 하나님이 거들떠나 보시겠는가?
자네가 완벽한 연기를 펼친다 한들, 하나님이 박수 한 번 치실 것 같은가?
자네가 결백해서
하나님이 자네를 징계하시고 자네를 힘들게 하신다고 생각하는가?
그럴 리가! 그것은 자네가 도덕적으로 너무나 문제가 많고
자네의 죄악이 끝이 없기 때문이야.
사람들이 와서 도움을 청하면
자네는 그들의 겉옷을 빼앗고 의지할 데 없는 그들을 착취했네.
배고픈 이들에게 먹을 것은커녕 부스러기 하나 건네지 않았고
목마른 이들에게 물 한 잔 주지 않았네.
그러면서도 어마어마한 재산에 둘러싸여
모든 사람의 존경을 받고 위세를 부렸지!
자네는 불쌍한 과부들을 문전박대했고
고아들을 무정하게 짓밟았네.
이제 자네가 공포에 사로잡히고, 두려움에 벌벌 떨고 있군.
갑자기 형세가 뒤바뀌었어!
칠흑 같은 어둠 속에서
물이 넘쳐 목까지 차오르는 신세가 되니 어떤가?

12-14 하나님의 다스리심을 자네도 인정하지 않나?
별들을 보게! 그분이 우주를 다스리시네.
하지만 자네는 감히 이렇게 묻는군. '하나님이 무엇을 아시겠어?
저 멀리 어둠 속에서 어떻게 심판하시겠어?
구름에 둘러싸여 하늘에서만 서성이시는데
어떻게 우리를 보시겠어?'

15-18 자네는 악한 자들이 옛날부터 줄기차게 걸던
그 길을 고집할 참인가?
그러다 그들이 어떻게 되었는가? 젊은 나이에 죽거나
갑작스러운 홍수에 휩쓸려 죽었네.
그들은 하나님께 '꺼지시지!

Eliphaz Attacks Job—The Third Round
Come to Terms with God

22

1-11 Once again Eliphaz the Temanite took up his theme:

"Are any of us strong enough to give God a hand,
or smart enough to give him advice?
So what if you were righteous—would God Almighty even notice?
Even if you gave a perfect performance, do you think he'd applaud?
Do you think it's because he cares about your purity
that he's disciplining you, putting you on the spot?
Hardly! It's because you're a first-class moral failure,
because there's no end to your sins.
When people came to you for help,
you took the shirts off their backs, exploited their helplessness.
You wouldn't so much as give a drink to the thirsty,
or food, not even a scrap, to the hungry.
And there you sat, strong and honored by everyone,
surrounded by immense wealth!
You turned poor widows away from your door;
heartless, you crushed orphans.
Now *you're* the one trapped in terror, paralyzed by fear.
Suddenly the tables have turned!
How do you like living in the dark, sightless,
up to your neck in flood waters?

12-14 "You agree, don't you, that God is in charge?
He runs the universe—just look at the stars!
Yet you dare raise questions: 'What does God know?
From that distance and darkness, how can he judge?
He roams the heavens wrapped in clouds,
so how can he see us?'

15-18 "Are you going to persist in that tired old line
that wicked men and women have always used?
Where did it get them? They died young,

전능하신 하나님 따윈 필요 없어!' 하고 말하지만,
그들이 가진 모든 것을 주신 분이 바로 하나님이시네.
그들이 어떻게 그런 행위들을 이어 갈 수 있는지,
나는 도무지 모르겠네!

19-20 착한 사람은 나쁜 자들이 망하는 것을 보며
잔치를 벌인다네.
그들은 안도하며 환성을 지르지.
'마침내 우리의 원수가 전멸하고
그들이 소유하고 추구하던 모든 것이 연기처럼 사라지는구나!'

21-25 하나님께 순복하고 그분과 화해하게.
그러면 모든 것이 좋아질 것이네.
어찌해야 할지 알려 달라고 그분께 청하고
그분의 말씀을 마음에 새기게.
전능하신 하나님께 돌아오게.
그러면 회복될 걸세.
자네 안에 있는 모든 악을 치워 버리게.
돈을 움켜쥔 손을 놓고
금칠한 사치품을 버리게.
전능하신 하나님이 자네의 보물이 되시고
자네가 상상도 못한 값진 보화가 되어 주실 것이네.

26-30 자네는 전능하신 하나님으로 인해 즐거워하고
기쁜 마음으로 그분을 담대하게 바라보게 될 걸세.
자네가 기도하면 그분이 귀 기울여 들으시고
자네가 서원한 대로 할 수 있도록 도우실 걸세.
자네가 원하는 일이 이루어질 것이고
자네 인생은 빛으로 둘러싸일 것이네.
무기력한 자들을 위해 자네가 '기운 내게! 용기를 내게!' 하면
하나님이 그들을 구해 주실 것이네.
그래, 죄 지은 자들도 죄에서 빠져나올 수 있네.
자네 삶에 임한 하나님의 은혜가 그들의 탈출 통로가 될 거야."

욥의 대답

23

1-7 욥이 대답했다.

"나는 잠잠히 있지 않겠네. 물러서지 않을 걸세.
나의 항변은 정당하네.
하나님이 나를 이렇게 대하실 수는 없어.
공정하지 않아!

flash floods sweeping them off to their doom.
They told God, 'Get lost!
What good is God Almighty to us?'
And yet it was God who gave them everything they had.
It's beyond me how they can carry on like this!

19-20 "Good people see bad people crash, and call for a celebration.
Relieved, they crow,
'At last! Our enemies—wiped out.
Everything they had and stood for is up in smoke!'

21-25 "Give in to God, come to terms with him
and everything will turn out just fine.
Let him tell you what to do;
take his words to heart.
Come back to God Almighty
and he'll rebuild your life.
Clean house of everything evil.
Relax your grip on your money
and abandon your gold-plated luxury.
God Almighty will be your treasure,
more wealth than you can imagine.

26-30 "You'll take delight in God, the Mighty One,
and look to him joyfully, boldly.
You'll pray to him and he'll listen;
he'll help you do what you've promised.
You'll decide what you want and it will happen;
your life will be bathed in light.
To those who feel low you'll say, 'Chin up! Be brave!'
and God will save them.
Yes, even the guilty will escape,
escape through God's grace in your life."

Job's Defense
I'm Completely in the Dark

23

1-7 Job replied:

"I'm not letting up—I'm standing my ground.
My complaint is legitimate.
God has no right to treat me like this—
it isn't fair!

하나님을 어디에서 찾을 수 있는지만 알면
당장 그분께 가련만.
그분을 뵙고 나의 사정을 설명하고
그분 앞에서 직접 나의 주장을 펼치련만.
그분의 생각을 정확히 파악하고
그분의 의도를 알아낼 수 있으련만.
그분이 나를 물리치시거나 힘으로 누르실 것 같은가?
아닐세. 그분은 내 말을 진지하게 들어주실 거네.
내가 올곧게 살아온 사람임을 알아보실 거네.
재판관께서 내 모든 혐의에 대해 무죄 판결을 내리실 거네.

8-9 동쪽으로 가서 찾아도 그분은 보이지 않고
서쪽으로 가도 흔적이 없구나.
북쪽으로 가 보아도 자취를 숨기셨고
남쪽에 가도 뵐 수가 없구나.

10-12 그러나 그분은 내가 어디에 있으며 내가 무엇을 하는지 아신다네.
그분이 아무리 철저히 나를 시험하셔도,
나는 영예롭게 그 시험에 합격할 걸세.
나는 가까이에서 그분을 따랐고 그분의 발자취를 좇았네.
한 번도 그분의 길에서 벗어나지 않았네.
나는 그분의 말씀을 모두 지켰고
그분의 조언을 따랐으며 그것을 소중히 간직했네.

13-17 그러나 그분은 절대 주권자시니 누가 그분께 따질 수 있겠는가?
원하는 일을 원하실 때 행하시는 분이 아닌가.
그분은 나에 대해 정하신 일을 빠짐없이 이루실 것이고
그 외에도 하고자 하시는 모든 일을 이루실 것이네.
그러니 그분 뵙기가 두려울 수밖에 없지 않겠는가?
생각만 해도 두려워지는구나.
하나님이 나를 낙심하게 하신다!
전능하신 하나님이 나를 벌벌 떨게 하신다!
나는 칠흑 같은 어둠 속에 있어,
손을 눈앞에 갖다 대도 아무것도 보이지 않는다."

24 1-12 "전능하신 분이 심판의 날을 감추시는 게 아니라면
어째서 우리에게 알려 주시지 않는가?
살인을 저지르고, 도둑질과 거짓말, 불법적인 일

If I knew where on earth to find him,
I'd go straight to him.
I'd lay my case before him face-to-face,
give him all my arguments firsthand.
I'd find out exactly what he's thinking,
discover what's going on in his head.
Do you think he'd dismiss me or bully me?
No, he'd take me seriously.
He'd see a straight-living man standing before him;
my Judge would acquit me for good of all charges.

8-9 "I travel East looking for him—I find no one;
then West, but not a trace;
I go North, but he's hidden his tracks;
then South, but not even a glimpse.

10-12 "But he knows where I am and what I've done.
He can cross-examine me all he wants, and I'll pass the test with honors.
I've followed him closely, my feet in his footprints,
not once swerving from his way.
I've obeyed every word he's spoken,
and not just obeyed his advice—I've *treasured* it.

13-17 "But he is singular and sovereign. Who can argue with him?
He does what he wants, when he wants to.
He'll complete in detail what he's decided about me,
and whatever else he determines to do.
Is it any wonder that I dread meeting him?
Whenever I think about it, I get scared all over again.
God makes my heart sink!
God Almighty gives me the shudders!
I'm completely in the dark,
I can't see my hand in front of my face."

An Illusion of Security

24 1-12 "But if Judgment Day isn't hidden from the Almighty,
why are we kept in the dark?
There are people out there getting by with

들을 밥 먹듯 하고도
무사히 넘어가는 자들이 있지 않은가?
그들은 가난한 이들을 등치고
불행한 이들을 착취하며,
의지할 데 없는 자들을 도랑에 밀어 넣고
약자들을 괴롭혀 생명의 위협을 느끼게 하네.
가난한 이들은 길 잃은 개와 고양이처럼
뒷골목에서 먹을 것을 찾아 헤매거나
부자들의 쓰레기통을 뒤지며
동냥으로 근근이 살아간다네.
집이 없는 그들은 추운 거리에서 떨며 밤을 지새우고
머리 누일 곳조차 찾지 못하네.
비바람에 몸이 젖고 얼어
임시 대피소로 모여들지.
젖먹이 아기를 둔 엄마들은 아기를 빼앗기고
가난한 이들의 어린 자녀들은 납치되어 팔려 가네.
그들은 올이 거의 다 빠진 누더기 차림으로 돌아다니고
열심히 일해도 늘 굶주리네.
등골 빠지게 일해 봤자
남는 게 없어.
사람들이 여기저기서 죽어 가며 고통에 신음하고 있네.
가엾은 이들이 도와 달라고 부르짖건만,
하나님은 아무 문제 없다는 듯 침묵만 지키시네!

13-17 기어이 빛을 피하는 자들이 있더군.
빛이 가득한 길을 피하는 자들이지.
해가 떨어지면 살인자는 자리에서 일어나
가난한 이들을 죽이고 무방비 상태의 사람들을 유린한다네.
성폭력범들은 땅거미가 지기를 기다렸다가
'이제는 아무도 우리를 알아보지 못하겠지' 생각하네.
강도들도 밤중에 제 일을 하고
낮에는 도통 모습을 드러내지 않지.
그들은 낮과 엮이기를 원하지 않아.
그런 작자들에게는 깊은 어둠이 아침이니
무시무시한 어둠을 공범으로 삼는다네.

18-25 그들은 물 위에 떠 있는 나무토막이요
아무짝에도 쓸모없는 저주받은 쓰레기와 같지.
뜨거운 여름 태양 아래 눈이 녹듯이
죄인들은 무덤 속으로 사라진다네.

murder—
stealing and lying and cheating.
They rip off the poor
and exploit the unfortunate,
Push the helpless into the ditch,
bully the weak so that they fear for their lives.
The poor, like stray dogs and cats,
scavenge for food in back alleys.
They sort through the garbage of the rich,
eke out survival on handouts.
Homeless, they shiver through cold nights on the street;
they've no place to lay their heads.
Exposed to the weather, wet and frozen,
they huddle in makeshift shelters.
Nursing mothers have their babies snatched from them;
the infants of the poor are kidnapped and sold.
They go about patched and threadbare;
even the hard workers go hungry.
No matter how backbreaking their labor,
they can never make ends meet.
People are dying right and left, groaning in torment.
The wretched cry out for help
and God does nothing, acts like nothing's wrong!

13-17 "Then there are those who avoid light at all costs,
who scorn the light-filled path.
When the sun goes down, the murderer gets up—
kills the poor and robs the defenseless.
Sexual predators can't wait for nightfall,
thinking, 'No one can see us now.'
Burglars do their work at night,
but keep well out of sight through the day.
They want nothing to do with light.
Deep darkness is morning for that bunch;
they make the terrors of darkness their companions in crime.

18-25 "They are scraps of wood floating on the water—
useless, cursed junk, good for nothing.
As surely as snow melts under the hot, summer sun,

모태도 그들을 잊고, 구더기가 그들을 맛있게 먹어 치우지.
악한 것은 오래가지 못하는 법이지.
그들은 파렴치하게도
불행한 이들을 악탈한다네.
잔뜩 뽐내며 힘자랑을 해도
빛 좋은 개살구에 불과하지. 그들은 아무것도 아니야.
자신은 안전하다고 착각할지 몰라도
하나님이 그들을 눈여겨보신다네.
잠시 성공을 거두는 듯해도
오래가지 않고 결국에는 내놓을 것이 하나도 없어지네.
철 지난 신문처럼
쓰레기를 싸는 데 쓰일 뿐이지.
나를 거짓말쟁이로 모는 것은 자네들 자유네만,
뜻대로 되지는 않을 걸세."

sinners disappear in the grave.
The womb has forgotten them, worms have relished them–
nothing that is evil lasts.
Unscrupulous,
they prey on those less fortunate.
However much they strut and flex their muscles,
there's nothing to them. They're hollow.
They may have an illusion of security,
but God has his eye on them.
They may get their brief successes,
but then it's over, nothing to show for it.
Like yesterday's newspaper,
they're used to wrap up the garbage.
You're free to try to prove me a liar,
but you won't be able to do it."

빌닷의 세 번째 충고

25

1-6 수아 사람 빌닷이 다시 욥을 비난했다.

"하나님은 주권자시요, 무시무시한 분이시네.
우주의 모든 것이 그분의 계획대로 착착 움직이지.
그분의 천군천사를 누가 다 헤아릴 수 있겠는가?
어딘들 그분의 빛이 비치지 않겠는가?
한낱 인간이 어찌 하나님께 맞설 수 있겠는가?
별 볼 일 없는 사람이 어찌 죄 없는 체할 수 있겠는가?
하나님이 보실 때는 달도 흠이 있고
별들도 완전하지 않거늘,
그에 비하면 민달팽이와 구더기에 불과한
평범한 사람들이야 더 말할 나위가 있겠는가?"

Bildad's Third Attack
Even the Stars Aren't Perfect in God's Eyes

25

1-6 Bildad the Shuhite again attacked Job:

"God is sovereign, God is fearsome–
everything in the cosmos fits and works in his plan.
Can anyone count his angel armies?
Is there any place where his light doesn't shine?
How can a mere mortal presume to stand up to God?
How can an ordinary person pretend to be guiltless?
Why, even the moon has its flaws,
even the stars aren't perfect in God's eyes,
So how much less, plain men and women–
slugs and maggots by comparison!"

욥의 대답

26

1-4 욥이 대답했다.

"힘없는 사람에게 정말이지 큰 힘이 되어 주는군!
절묘하게 때를 맞추어 도우러 왔어!
혼란에 빠진 사람에게 그런 멋진 충고를 하다니!
통찰력이 정말 기가 막히군!
도대체 이 모든 것을 어디서 배웠나?
어디서 그렇게 대단한 영감을 얻었는가 말이네.

Job's Defense
God Sets a Boundary Between Light and Darkness

26

1-4 Job answered:

"Well, you've certainly been a great help to a helpless man!
You came to the rescue just in the nick of time!
What wonderful advice you've given to a mixed-up man!
What amazing insights you've provided!
Where in the world did you learn all this?

5-14 죽어 땅에 묻힌 모든 자와
깊고 깊은 바다에 빠져 죽은 모든 이가 고통으로
몸부림치네.
하나님 앞에서는 지옥이 활짝 열리고
무덤도 파헤쳐져 훤히 드러난다네.
그분은 형체 없는 공간에 하늘을 펼치시고
텅 빈 허공에 땅을 매다시네.
뭉게구름 자루에 물을 부어 넣으시고
그 자루가 터지지 않게 하시지.
시간이 지남에 따라 달이 적절히
찼다 이울었다 하게 하시네.
대양 위에 수평선을 그으시고
빛과 어둠의 경계를 정하신다네.
하늘에서 우르릉 쾅쾅 천둥소리가 들려오는군.
들어 보게! 하나님이 언성을 높이시네!
그분은 능력으로 바다 폭풍을 잠재우시고
지혜로 바다 괴물을 길들이신다네.
입김 한 번으로 하늘을 맑게 하시고
손가락 하나로 바다뱀을 눌러 버리시네.
그러나 이것은 시작일 뿐,
그분의 통치를 알리는 속삭임에 불과하네.
하나님이 제대로 언성을 높이시면 우리가 무엇을 할 수 있겠나?"

세 친구에 대한 욥의 대답

27 1-6 욥이 소발의 대꾸를 기다리다 다시 말을 이었다.

"살아 계신 하나님! 그분이 나를 부당하게 대하셨네!
전능하신 하나님! 그분이 내 인생을 파괴하셨네!
그러나 내게 숨이 붙어 있는 한,
하나님이 내게 생명을 불어넣으시는 한,
참되지 않은 말은 한 마디도 하지 않을 걸세.
그 어떤 엉터리 죄목도 인정하지 않을 걸세.
나는 자네들이 고발하는 내용을 인정할 수 없네.
목숨을 걸고 내 결백을 주장하겠네.
나의 결백을 꽉 붙들고 놓지 않을 것이며
결코 후회하지 않겠네.

7-10 내 원수의 사악한 실체가 드러났으면!
내 대적의 유죄가 밝혀졌으면!
하나님을 모르는 자들의 목숨이 갑자기 끊어지면,
하나님이 그들의 인생을 끝장내시면, 그들에게

How did you become so inspired?

5-14 "All the buried dead are in torment,
and all who've been drowned in the deep, deep sea.
Hell is ripped open before God,
graveyards dug up and exposed.
He spreads the skies over unformed space,
hangs the earth out in empty space.
He pours water into cumulus cloud-bags
and the bags don't burst.
He makes the moon wax and wane,
putting it through its phases.
He draws the horizon out over the ocean,
sets a boundary between light and darkness.
Thunder crashes and rumbles in the skies.
Listen! It's God raising his voice!
By his power he stills sea storms,
by his wisdom he tames sea monsters.
With one breath he clears the sky,
with one finger he crushes the sea serpent.
And this is only the beginning,
a mere whisper of his rule.
Whatever would we do if he *really* raised his voice!"

No Place to Hide

27 1-6 Having waited for Zophar, Job now resumed his defense:

"God-Alive! He's denied me justice!
God Almighty! He's ruined my life!
But for as long as I draw breath,
and for as long as God breathes life into me,
I refuse to say one word that isn't true.
I refuse to confess to any charge that's false.
There is no way I'll ever agree to your accusations.
I'll not deny my integrity even if it costs me my life.
I'm holding fast to my integrity and not loosening my grip—
and, believe me, I'll never regret it.

7-10 "Let my enemy be exposed as wicked!
Let my adversary be proven guilty!
What hope do people without God have when life is cut short?

무슨 희망이 있을까?
재난이 닥칠 때,
도움을 청하는 그들의 소리를 하나님이 들으실 것 같은가?
그들이 전능하신 분께 관심을 보인 적이 있던가?
그들이 과연 기도한 적이 있던가?

11-12 나는 자네들에게 하나님의 일하심을 분명하게 보여주었네.
전능하신 하나님에 대해 어떤 것도 감추지 않았어.
증거는 바로 자네들 앞에 있네. 자네들이 직접 볼 수 있지.
그런데도 어찌 허튼소리를 계속하는가?

13-23 자네들이 했던 말을 그대로 자네들에게 돌려주겠네.

'이것이 하나님이 악한 자들을 다루시는 방식이요
악한 자들이 전능하신 하나님께 받을 몫일세.
그 자식들은 모두 비명횡사하고
식탁에 올릴 빵이 부족할 것이네.
그들은 전염병으로 죽을 것이나
과부들은 남편이 죽어도 눈물 한 방울 흘리지 않을 걸세.
그들이 제아무리 돈을 많이 벌고
최신 유행에 맞는 멋진 옷들을 사들여도,
결국에는 선한 사람들이 그 옷을 입고
착한 사람들이 그 돈을 나누어 가질 거야.
그들이 아무리 근사한 집을 지어도
그 집은 한 차례의 겨울도 버티지 못할 걸세.
부자로 잠자리에 들지만
깨어나 보면 빈털터리라네.
두려움이 홍수처럼 그들을 덮칠 것이네.
한밤중에 회오리바람이 불어 그들을 날려 보내고
폭풍이 그들을 휩쓸 것이네!
그들의 흔적은 발자국 하나 남지 않게 될 걸세.
온갖 재해가 가차 없이 그들을 뒤쫓아
달아날 곳도, 숨을 곳도 없을 것이네.
비바람에 사정없이 얻어맞고
폭풍으로 완전히 찢길 것이네.'"

28

1-11 "우리는 은을 품은 광맥이 있다는 것과

when God puts an end to life?
Do you think God will listen to their cry for help
when disaster hits?
What interest have they ever shown in the Almighty?
Have they ever been known to pray before?

11-12 "I've given you a clear account of God in action,
suppressed nothing regarding God Almighty.
The evidence is right before you. You can all see it for yourselves,
so why do you keep talking nonsense?

13-23 "I'll quote your own words back to you:

"'This is how God treats the wicked,
this is what evil people can expect from God Almighty:
Their children—all of them—will die violent deaths;
they'll never have enough bread to put on the table.
They'll be wiped out by the plague,
and none of the widows will shed a tear when they're gone.
Even if they make a lot of money
and are resplendent in the latest fashions,
It's the good who will end up wearing the clothes
and the decent who will divide up the money.
They build elaborate houses
that won't survive a single winter.
They go to bed wealthy
and wake up poor.
Terrors pour in on them like flash floods—
a tornado snatches them away in the middle of the night,
A cyclone sweeps them up—gone!
Not a trace of them left, not even a footprint.
Catastrophes relentlessly pursue them;
they run this way and that, but there's no place to hide—
Pummeled by the weather,
blown to kingdom come by the storm.'"

Where Does Wisdom Come From?

28

1-11 "We all know how silver seams the rocks,

어떤 광석에서 금을 정련해 내는지 알고 있네.
철은 땅속에서 캐내고
구리는 광석을 녹여 얻지.
광부들은 어두운 땅속을 뚫고 들어가
산의 뿌리를 더듬어 광석을 찾고,
숨 막히는 어둠 속에서 파고 또 판다네.
그들은 사람들의 자취가 없는 먼 곳에
수직 갱도를 파고
밧줄을 내려 갱도 안으로 들어가네.
지구 표면이 곡창지대라면
그 심층은 대장간이라서
광석에서 사파이어를 떼어 내고
암석에서 금을 캐내지.
독수리는 그 가치를 알지 못하고
매는 거기에 눈을 두지 않네.
들짐승들은 그것을 의식하지 못하고
사자는 그것이 거기 있는지도 모른다네.
그러나 광부들은 바위를 깨부수고
산을 뿌리째 파헤치네.
암석에 갱도를 뚫어
온갖 아름다운 보석을 찾아낸다네.
그들은 강의 근원을 발견하고
땅에 숨겨진 여러 보물을 캐낸다네.

12-19 하지만 지혜는 어디서, 도대체 어디서 찾을까?
통찰력은 어디에 숨어 있을까?
사람들은 도무지 감도 못 잡고
어디를 찾아봐야 할지 전혀 모른다네.
지구의 심층은 '여기에는 없다' 말하고
깊은 바다에서는 '그런 것은 들어 본 적도 없다'
는 소리가 메아리쳐 오네.
지혜는 순금으로도 살 수 없고
아무리 많은 은을 갖다 바쳐도 구할 수 없어.
유명한 오빌의 금으로도 살 수 없고
다이아몬드와 사파이어로도 안되네.
금이나 에메랄드는 비할 바가 못 되고
화려한 보석들도 어림없지.
진주 목걸이나 루비 팔찌 따위야 더 말할 것도 없네.
하나같이 지혜를 사는 데 필요한 계약금에도 못
미치지!
황금이나 아프리카 다이아몬드를 아무리 높이
쌓아도
지혜의 상대가 될 수 없다네.

20-22 그럼 지혜는 어디에서 오며

we've seen the stuff from which gold is refined,
We're aware of how iron is dug out of the ground
and copper is smelted from rock.
Miners penetrate the earth's darkness,
searching the roots of the mountains for ore,
digging away in the suffocating darkness.
Far from civilization, far from the traffic,
they cut a shaft,
and are lowered into it by ropes.
Earth's surface is a field for grain,
but its depths are a forge
Firing sapphires from stones
and chiseling gold from rocks.
Vultures are blind to its riches,
hawks never lay eyes on it.
Wild animals are oblivious to it,
lions don't know it's there.
Miners hammer away at the rock,
they uproot the mountains.
They tunnel through the rock
and find all kinds of beautiful gems.
They discover the origins of rivers,
and bring earth's secrets to light.

12-19 "But where, oh where, will they find Wisdom?
Where does Insight hide?
Mortals don't have a clue,
haven't the slightest idea where to look.
Earth's depths say, 'It's not here';
ocean deeps echo, 'Never heard of it.'
It can't be bought with the finest gold;
no amount of silver can get it.
Even famous Ophir gold can't buy it,
not even diamonds and sapphires.
Neither gold nor emeralds are comparable;
extravagant jewelry can't touch it.
Pearl necklaces and ruby bracelets—why bother?
None of this is even a down payment on Wisdom!
Pile gold and African diamonds as high as you will,
they can't hold a candle to Wisdom.

20-22 "So where does Wisdom come from?
And where does Insight live?
It can't be found by looking, no matter
how deep you dig, no matter how high you fly.

통찰력이 있는 곳은 어디일까?
아무리 둘러보아도
아무리 깊이 파 들어가도, 아무리 높이 날아도 찾을 수 없네.
묘지를 샅샅이 뒤지고 죽은 이들에게 물어보게.
'우리도 그것의 소문만 들어 봤소' 하고 말할 걸세.

23-28 지혜에 이르는 길은 하나님만 아시고
지혜를 찾을 수 있는 곳 역시 그분만이 아신다네.
그분은 지상의 모든 것이 어디에 있는지 아시고
하늘 아래 모든 것을 보신다네.
바람에게 명하여 불게 하시고
물의 양을 재어 나누시고
비가 어떻게 내릴지 정하시고
천둥번개가 터지게 하신 후에,
하나님은 지혜를 보셨네.
지혜를 시험하시고 만반의 준비를 갖추게 하셔서
언제든 쓰일 수 있도록 만드셨네.
그러고 나서 사람들에게 말씀하셨지. '여기 지혜가 있다!
주님을 경외하는 것이 지혜이며,
악을 멀리하는 것이 통찰력이다.'"

욥의 마지막 대답

29 1-6 욥이 답변을 계속했다.

"오, 지나간 좋은 시절,
하나님이 너무나 잘 보살펴 주시던 그때가 그립다네.
그분은 언제나 내 앞길에 등불을 비추시고
나는 그 빛에 의지해 어둠 속을 걸었지.
오, 지나간 황금 시절,
하나님과의 우정으로 내 집이 환하게 빛나던 때가 아쉽다네.
그때는 전능하신 분이 내 곁에 계시고
내 아이들도 품 안에 있었는데.
만사가 내 뜻대로 되었고
어려운 것이 없어 보였는데.

7-20 내가 중심가로 가서
친구들과 함께 광장에 앉으면,
나이가 많든 적든 간에 내게 예를 갖춰 인사하고
마을의 모든 사람이 나를 존경했었지.
내가 말하면 다들 귀를 기울이고
토씨 하나까지 새겨들었지.
나를 아는 이들은 다들 나를 좋게 말하고
어딜 가나 좋은 평판을 얻었네.

If you search through the graveyard and question the dead,
they say, 'We've only heard rumors of it.'

23-28 "God alone knows the way to Wisdom,
he knows the exact place to find it.
He knows where everything is on earth,
he sees everything under heaven.
After he commanded the winds to blow
and measured out the waters,
Arranged for the rain
and set off explosions of thunder and lightning,
He focused on Wisdom,
made sure it was all set and tested and ready.
Then he addressed the human race: 'Here it is!
Fear-of-the-Lord—that's Wisdom,
and Insight means shunning evil.'"

When God Was Still by My Side

29 1-6 Job now resumed his response:

"Oh, how I long for the good old days,
when God took such very good care of me.
He always held a lamp before me
and I walked through the dark by its light.
Oh, how I miss those golden years
when God's friendship graced my home,
When the Mighty One was still by my side
and my children were all around me,
When everything was going my way,
and nothing seemed too difficult.

7-20 "When I walked downtown
and sat with my friends in the public square,
Young and old greeted me with respect;
I was honored by everyone in town.
When I spoke, everyone listened;
they hung on my every word.
People who knew me spoke well of me;
my reputation went ahead of me.
I was known for helping people in trouble
and standing up for those who were down on their luck.
The dying blessed me,

나는 곤경에 처한 사람들을 돕고
불행한 이들의 처지를 대변했어.
죽어 가는 이들이 나를 축복하고
유족들도 나의 조문을 받고 힘을 얻었지.
나는 늘 사람들을 따뜻하게 대하고
만나는 모든 사람을 공정히 대하는 사람으로 알려졌지.
눈먼 이에게는 눈이 되어 주고
발을 저는 이에게는 발이 되어 주었네.
궁핍한 이들의 아버지였고
학대받는 외국인들의 권리를 옹호했지.
노상강도들의 목덜미를 움켜잡아
훔친 것들을 돌려주게 했어.
그래서 나는 '내가 천수를 누린 것에 감사하며
내 침상에서 편안히 죽을 수 있겠구나' 생각했지.
'물가에 깊이 뿌리내린 나무 같고
싱싱하고 이슬 머금은 나무 같은 내 인생,
죽는 그날까지 내 영혼이 영광에 싸이고
내 육신은 쇠하지 않겠구나' 여겼었지.

21-25 내가 말하면 사람들이 귀를 기울였고
기대하는 눈빛으로 내 말을 토씨 하나까지 새겨들었네.
내가 말을 마치고 나면 그들은 말없이
내 말을 곱씹었지.
그들은 나의 조언을 봄비처럼 반기며
남김없이 받아 마셨어.
내가 그들을 향해 웃어 주면 그들은 믿을 수 없어 했지.
얼굴이 환해지면서 시름을 잊어버리곤 했네.
내가 그들의 지도자로 분위기를 주도하고
모범을 보이면, 그들도 그 길을 따라 살았다네.
내가 이끄는 대로 따라왔지."

30 1-8 "그러나 이제는 아닐세. 이제 나는 저들의 비웃음거리요
나이 어린 불량배와 애송이들의 조롱거리가 되었네!
내가 그 아비들을
미숙한 하룻강아지 정도로 여겼었는데.
저들은 아비보다 못한 작자들이네. 아무짝에도 쓸모없는
길바닥의 더러운 동물이지.
그들은 굶주린 채 먹을 것을 찾아 뒷골목을 뒤지고
달을 보고 짖어 대네.
집도 없이 떠돌며
닳아 빠진 뼈다귀나 씹고 낡은 깡통이나 핥는 자들,
위험한 불량자로 찍혀

and the bereaved were cheered by my visits.
All my dealings with people were good.
I was known for being fair to everyone I met.
I was eyes to the blind
and feet to the lame,
Father to the needy,
and champion of abused aliens.
I grabbed street thieves by the scruff of the neck
and made them give back what they'd stolen.
I thought, 'I'll die peacefully in my own bed,
grateful for a long and full life,
A life deep-rooted and well-watered,
a life limber and dew-fresh,
My soul suffused with glory
and my body robust until the day I die.'

21-25 "Men and women listened when I spoke,
hung expectantly on my every word.
After I spoke, they'd be quiet,
taking it all in.
They welcomed my counsel like spring rain,
drinking it all in.
When I smiled at them, they could hardly believe it;
their faces lit up, their troubles took wing!
I was their leader, establishing the mood
and setting the pace by which they lived.
Where I led, they followed."

The Pain Never Lets Up

30 1-8 "But no longer. Now I'm the butt of their jokes—
young ruffians! whippersnappers!
Why, I considered their fathers
mere inexperienced pups.
But they are worse than dogs—good for nothing,
stray, mangy animals,
Half-starved, scavenging the back alleys,
howling at the moon;
Homeless guttersnipes
chewing on old bones and licking old tin cans;
Outcasts from the community,

마을에서 쫓겨난 자들이네.
누구에게도 환영받지 못하고
쫓겨나 버렸지.
자네들도 마을 변두리에서 나는 소리를 들을 수 있을 걸세.
그것은 쓰레기장에 모여 요란하게 짖어 대는 무리,
처참하게 쫓겨나
이름도 없이 구걸하는 무리가 내는 소리일세.

9-15 이제 나는 그들의 표적이 되어
학대와 조롱과 비웃음을 받는다네.
그들이 나를 혐오하고 욕하네.
악당 같은 놈들이 내 얼굴에 침까지 뱉는다네!
하나님이 나를 망하게 하시고 그대로 내팽개치시니,
그들이 거침없이 내게 달려들어 온갖 행패를 부린다네.
보이지 않는 곳에서 불쑥 다가와서,
다리를 걸어 나를 쓰러뜨리고 공격하네.
그들이 나를 망가뜨리기로 작정하고
내 앞에 온갖 장애물을 놓는데도
누구 하나 몸을 일으켜 나를 돕지 않아!
그들은 쇠약해진 내 몸에 폭행을 가하고
망가져 쑥대밭이 된 내 인생을 짓밟는다네.
두려움이 나를 덮쳐
내 위엄이 갈기갈기 찢기고,
구원의 희망은 연기처럼 사라졌네.

16-19 고통이 나를 붙잡고 놓아주지 않으니
이제 내 기력이 다하였네.
밤에는 뼈마디가 쑤시고
고통이 멈추지 않네.
손발이 묶이고 목에는 올가미가 걸렸어.
몸을 비틀고 몸부림치다가
진흙탕에 처박혀,
온통 진흙투성이가 되었네.

20-23 하나님, 내가 도와 달라고 소리쳐도 주께서는 가만히 계십니다.
아무 답도 주지 않으십니다!
이렇게 주님을 바라보고 서서 항의하는데도,
주께서는 빤히 바라만 보고 계십니다!
주께서 나를 이리저리 때리고 걷어차시니,
나를 괴롭히는 분이 되셨습니다.
한때 주께서 나를 높이 들어 올리셔서 의기양양했으나,
다음 순간 높은 곳에서 떨어뜨리시니 나는 산산조각

cursed as dangerous delinquents.
Nobody would put up with them;
they were driven from the neighborhood.
You could hear them out there at the edge of town,
yelping and barking, huddled in junkyards,
A gang of beggars and no-names,
thrown out on their ears.

9-15 "But now I'm the one they're after,
mistreating me, taunting and mocking.
They abhor me, they abuse me.
How dare those scoundrels—they spit in my face!
Now that God has undone me and left me in a heap,
they hold nothing back. Anything goes.
They come at me from my blind side,
trip me up, then jump on me while I'm down.
They throw every kind of obstacle in my path,
determined to ruin me—
and no one lifts a finger to help me!
They violate my broken body,
trample through the rubble of my ruined life.
Terrors assault me—
my dignity in shreds,
salvation up in smoke.

16-19 "And now my life drains out,
as suffering seizes and grips me hard.
Night gnaws at my bones;
the pain never lets up.
I am tied hand and foot, my neck in a noose.
I twist and turn.
Thrown facedown in the muck,
I'm a muddy mess, inside and out.

What Did I Do to Deserve This?

20-23 "I shout for help, God, and get nothing, no answer!
I stand to face you in protest, and you give me a blank stare!
You've turned into my tormenter—
you slap me around, knock me about.
You raised me up so I was riding high

났습니다.
이제 알겠습니다. 주께서는 나를 죽여
한 길 땅속에 두실 작정이시군요.

24-31 내가 무슨 짓을 했기에 이러십니까?
도움을 청하는 사람을 때리기라도 했습니까?
어렵게 사는 이들을 위해 내가 울지 않았습니까?
가난한 이들의 처지를 보고 아파하지 않았습니까?
그런데 이 어찌 된 일입니까?
선을 기대했건만 악이 모습을 드러내고,
빛을 바랐건만 어둠이 깔립니다.
속이 쉴 새 없이 울렁거리고 도무지 진정되지 않습니다.
날이 갈수록 더 큰 고통이 찾아옵니다.
어디를 가든 먹구름이 끼어 있습니다. 해는 보이지도 않습니다.
나는 사람들이 모여 있는 곳에 서서 항의하는 신세가 되었습니다.
이리와 함께 짖고
올빼미들과 함께 웁니다.
내 몸은 멍투성이에다
고열로 불덩이 같습니다.
내 바이올린은 구슬픈 음악만 연주하고,
내 피리에서는 애곡이 흘러나옵니다."

31 1-4 "나는 젊은 여인을 음탕하게 바라보지 않겠다고
내 자신과 단단히 약속했네.
이런 내가 하나님께 무엇을 기대해야 합당하겠나?
전능하신 하늘의 하나님께로부터 무엇을 받아야 마땅하겠나?
재앙은 악한 자들의 몫으로 따로 준비된 것이 아닌가?
잘못을 저지른 자들에게 닥쳐야 하지 않겠는가?
하나님은 내가 어떻게 사는지 지켜보시고
내 발걸음을 낱낱이 헤아리지 않으시는가?

5-8 내가 거짓과 단짝이 되어 다니거나
속임수와 어울린 적이 있는가?
내 죄를 저울에 정확히 달아 보시라고 하게.
그러면 내가 정직한 사람이라는 증거를 얻게 되실 것이네.
내가 곧고 좁은 길에서 벗어나
내 것이 아닌 것을 원했다면,
죄와 놀아난 적이 있었다면,
그냥 두지 마시고

and then dropped me, and I crashed.
I know you're determined to kill me,
to put me six feet under.

24-31 "What did I do to deserve this?
Did I ever hit anyone who was calling for help?
Haven't I wept for those who live a hard life,
been heartsick over the lot of the poor?
But where did it get me?
I expected good but evil showed up.
I looked for light but darkness fell.
My stomach's in a constant churning, never settles down.
Each day confronts me with more suffering.
I walk under a black cloud. The sun is gone.
I stand in the congregation and protest.
I howl with the jackals,
I hoot with the owls.
I'm black-and-blue all over,
burning up with fever.
My fiddle plays nothing but the blues;
my mouth harp wails laments."

What Can I Expect from God?

31 1-4 "I made a solemn pact with myself
never to undress a girl with my eyes.
So what can I expect from God?
What do I deserve from God Almighty above?
Isn't calamity reserved for the wicked?
Isn't disaster supposed to strike those who do wrong?
Isn't God looking, observing how I live?
Doesn't he mark every step I take?

5-8 "Have I walked hand in hand with falsehood,
or hung out in the company of deceit?
Weigh me on a set of honest scales
so God has proof of my integrity.
If I've strayed off the straight and narrow,
wanted things I had no right to,
messed around with sin,
Go ahead, then—
give my portion to someone who deserves it.

내 재산을 합당한 사람에게 나눠 주시라고 하게나.

9-12 내가 여인의 유혹에 넘어가
그 여인과 동침할 마음을 먹기라도 했다면,
내 아내가 가만히 보고 있지 않고
다른 남자와 동침한다 해도 나는 아무 말 못할 걸세.
그런 역겨운 죄에 대해서라면
어떤 벌이라도 달게 받겠네.
간음은 집을 송두리째 태우는 불이니,
내가 소중히 여기는 모든 것이 그 불로 인해 사라질 걸세.

13-15 아랫사람들이 내게 불만을 표출했다고 해서
내가 그들을 부당하게 대한 적이 있던가?
그랬다면 하나님 앞에서 내가 무슨 말을 할 수 있겠나?
하나님이 내 장부를 조사하실 때 감히 뭐라 말씀드리겠나?
나를 만드신 하나님이 그들도 만들지 않았나!
우리 모두 같은 재료로 만들어져, 하나님 앞에서
동등한 존재가 아닌가!

16-18 내가 가난한 이들의 어려움을 무시하고
궁핍한 이들을 외면한 적이 있던가?
그들이 쇠진할 때,
내 사정만 살피고 내 배만 채웠던가?
내 집의 문이 그들에게 항상 열려 있었고,
그들을 항상 식탁으로 맞아들이지 않았던가!

19-20 가난한 가족이 따뜻한 옷이 없어 추위에 떨도록
그냥 내버려 둔 적이 있던가?
내가 건넨 겉옷을 보고
그들이 나를 축복하지 않았던가!

21-23 내가 내 힘과 영향력을 믿고
불행한 자들을 착취한 적이 한 번이라도 있는가?
그렇다면 주저 말고 내 두 팔을 부러뜨리고
손가락을 모두 잘라 버리게!
내가 하나님을 경외하기에 이런 일들을 하지 않았네.
그랬다면 내가 어찌 그분의 얼굴을 똑바로 뵐 수 있겠나?

24-28 내가 크게 한몫 잡기를 바라고

9-12 "If I've let myself be seduced by a woman
and conspired to go to bed with her,
Fine, my wife has every right to go ahead
and sleep with anyone she wants to.
For disgusting behavior like that,
I'd deserve the worst punishment you could hand out.
Adultery is a fire that burns the house down;
I wouldn't expect anything I count dear to survive it.

13-15 "Have I ever been unfair to my employees
when they brought a complaint to me?
What, then, will I do when God confronts me?
When God examines my books, what can I say?
Didn't the same God who made me, make them?
Aren't we all made of the same stuff, equals before God?

16-18 "Have I ignored the needs of the poor,
turned my back on the indigent,
Taken care of my own needs and fed my own face
while they languished?
Wasn't my home always open to them?
Weren't they always welcome at my table?

19-20 "Have I ever left a poor family shivering in the cold
when they had no warm clothes?
Didn't the poor bless me when they saw me coming,
knowing I'd brought coats from my closet?

21-23 "If I've ever used my strength and influence
to take advantage of the unfortunate,
Go ahead, break both my arms,
cut off all my fingers!
The fear of God has kept me from these things—
how else could I ever face him?

If Only Someone Would Give Me a Hearing!

24-28 "Did I set my heart on making big money
or worship at the bank?

은행을 숭배했던가?
재산이 많다고 우쭐거리거나
부유함을 뻐기기라도 했던가?
해의 찬란함에 경외감을 느끼고
달의 아름다움에 마음을 빼앗긴 나머지,
남몰래 그것들을 숭배한 적이 있던가?
그랬다면 하나님을 배신한 것이니
어떤 벌이라도 기꺼이 받겠네.

29-30 내가 원수의 파멸을 보고 환성을 지르거나
경쟁자의 불행을 고소해한 적이 있는가?
아닐세. 나는 험담 한 마디 한 적 없고
작은 목소리로 그들을 저주한 적도 없네.

31-34 내 집에서 일한 사람들이 이렇게 말하지 않았던가?
'주인님은 우리를 잘 먹이셨습니다. 언제나 한 그릇 더 먹게 해주셨지요.'
나는 여행자가 거리에서 자도록 내버려 둔 적이 없네.
우리 집은 여행자들에게 늘 열려 있었지.
내가 사람들의 입이 무서워,
이웃의 험담이 두려워
은둔을 선택했던가?
아담처럼 죄를 숨기고
잘못을 덮으려고 문을 닫아걸었던가?
자네들도 잘 알다시피 나는 그러지 않았네.

35-37 오, 누구 내 말을 들어줄 사람 없을까!
나는 답변서를 작성하고 서명까지 마쳤네.
이제는 전능하신 분께서 대답하실 차례일세!
그분의 기소장을 보고 싶군.
내 답변서는 누구나 볼 수 있네.
그 내용을 종이에 큼지막하게 써서 동네를 돌 생각이거든.
나는 왕자부터 거지까지 모든 사람들에게
내 삶의 행적을 낱낱이 해명할 생각이네.

38-40 내가 경작하는 땅이 나를 고소하거나
밭이랑들이 혹사를 당해 눈물을 흘린다면,
나의 이익을 위해 땅을 훼손하거나
정당한 땅 주인들을 쫓아낸 적이 있다면,
그 땅에서 밀 대신 엉겅퀴가 자라고
보리 대신 잡초가 나도록 저주해도 무방하네."

Did I boast about my wealth,
show off because I was well-off?
Was I ever so awed by the sun's brilliance
and moved by the moon's beauty
That I let myself become seduced by them
and worshiped them on the sly?
If so, I would deserve the worst of punishments,
for I would be betraying God himself.

29-30 "Did I ever crow over my enemy's ruin?
Or gloat over my rival's bad luck?
No, I never said a word of detraction,
never cursed them, even under my breath.

31-34 "Didn't those who worked for me say,
'He fed us well. There were always second helpings'?
And no stranger ever had to spend a night in the street;
my doors were always open to travelers.
Did I hide my sin the way Adam did,
or conceal my guilt behind closed doors
Because I was afraid what people would say,
fearing the gossip of the neighbors so much
That I turned myself into a recluse?
You know good and well that I didn't.

35-37 "Oh, if only someone would give me a hearing!
I've signed my name to my defense—let the Almighty One answer!
I want to see my indictment in writing.
Anyone's welcome to read my defense;
I'll write it on a poster and carry it around town.
I'm prepared to account for every move I've ever made—
to anyone and everyone, prince or pauper.

38-40 "If the very ground that I farm accuses me,
if even the furrows fill with tears from my abuse,
If I've ever raped the earth for my own profit
or dispossessed its rightful owners,
Then curse it with thistles instead of wheat,
curse it with weeds instead of barley."

이로써 세 친구를 향한 욥의 말이 끝났다.

엘리후의 첫 번째 충고

32 1-5 욥의 세 친구는 침묵에 잠겼다. 할 말을 다 했는데도 욥이 자신의 잘못을 조금도 인정하지 않고 완강하게 버티니 어찌할 도리가 없었다. 이렇게 되자 엘리후는 화가 났다. (엘리후는 람 족속 출신인 부스 사람 바라겔의 아들이다.) 그는 하나님보다 자신이 의롭다고 주장하는 욥을 참을 수 없었고, 욥의 말에 변변히 대답도 못하고 그의 잘못을 입증하지 못하는 세 친구도 못마땅했다. 그들보다 나이가 어렸던 엘리후는 자신이 말할 기회를 기다리고 있었는데, 세 사람이 논증에 지친 것을 보고 참아왔던 분노를 터뜨렸다.

6-10 부스 사람 바라겔의 아들 엘리후가 말했다.

"나는 어리고
어르신들은 연로하신 데다 경험도 많습니다.
그래서 나는 지금까지 입을 다물고
논의에 끼어드는 것을 자제했습니다.
나는 줄곧 생각했습니다. '경험의 힘이 드러나겠지.
저분들은 오래 살아온 만큼 더 지혜로울 거야.'
그러나 내 생각이 틀렸음을 깨달았습니다.
지혜로운 사람에게 통찰력을 주는 것은
사람 안에 있는 하나님의 영, 곧 전능하신 분의 숨결이더군요.
전문가가 지혜를 독점하는 것은 아니며
나이가 들었다고 반드시 분별력이 있는 것도 아니더군요.
그래서 나도 소신을 밝히기로 했습니다. 잘 들어주십시오!
내 생각을 정확히 말씀드리지요.

11-14 어르신들이 말할 때 한 마디도 놓치지 않고
귀 기울여 들었습니다.
적절한 말을 찾으시는 동안
귀를 쫑긋 세웠습니다.
그런데 어르신들이 입증한 게 있습니까? 하나도 없습니다.
어르신들의 말은 욥의 마음을 전혀 움직이지 못하더군요.
'우리는 할 만큼 했다.
이제는 하나님이 욥을 정신 차리게 하실 차례다'
하고 변명하지 마십시오.

The words of Job to his three friends were finished.

Elihu Speaks

God's Spirit Makes Wisdom Possible

32 1-5 Job's three friends now fell silent. They were talked out, stymied because Job wouldn't budge an inch—wouldn't admit to an ounce of guilt. Then Elihu lost his temper. (Elihu was the son of Barakel the Buzite from the clan of Ram.) He blazed out in anger against Job for pitting his righteousness against God's. He was also angry with the three friends because they had neither come up with an answer nor proved Job wrong. Elihu had waited with Job while they spoke because they were all older than he. But when he saw that the three other men had exhausted their arguments, he exploded with pent-up anger.

6-10 This is what Elihu, son of Barakel the Buzite, said:

"I'm a young man,
and you are all old and experienced.
That's why I kept quiet
and held back from joining the discussion.
I kept thinking, 'Experience will tell.
The longer you live, the wiser you become.'
But I see I was wrong—it's God's Spirit in a person,
the breath of the Almighty One, that makes wise human insight possible.
The experts have no corner on wisdom;
getting old doesn't guarantee good sense.
So I've decided to speak up. Listen well!
I'm going to tell you exactly what I think.

11-14 "I hung on your words while you spoke,
listened carefully to your arguments.
While you searched for the right words,
I was all ears.
And now what have you proved? Nothing.
Nothing you say has even touched Job.
And don't excuse yourselves by saying, 'We've done our best.
Now it's up to God to talk sense into him.'
Job has yet to contend with me.
And rest assured, I won't be using *your*

욥은 아직 나와 논쟁하지 않았습니다만,
나는 어르신들과 같은 논리를 사용하지 않을 테
니 염려 놓으십시오.

15-22 이제 세 분께서는 달리 하실 말씀이 없습니까?
물론 없을 겁니다! 어르신들은 완전히 엉터리니
까요!
어르신들이 하던 말을 딱 멈추었으니
내가 더 이상 기다릴 이유가 없겠지요?
내 의견을 말할 준비가 되었습니다. 그렇습니다!
내가 말할 차례입니다. 때가 되었습니다!
나는 할 말이 많습니다.
당장이라도 속에서 터져 나올 것 같습니다.
땅 밑의 용암처럼 끓어오릅니다.
폭발 직전의 화산 같습니다.
속 시원히
속에 있는 말을 해야겠습니다.
돌려 말하지 않겠습니다.
진실을, 오로지 진실만을 말하겠습니다.
나는 누구에게도 아첨할 줄 모르지만,
혹시라도 그랬다가는 나를 만드신 분이 지체 없
이 나를 처단하실 것입니다!"

33

1-4 "욥이여, 내 말을 끝까지 들어주십
시오.
부디 내 말에 귀 기울여 주십시오.
심사숙고한 내용을
말하는 것입니다.
다른 숨겨진 의도가 있는 것은 아닙니다.
내 마음을 정직하게 토로하는 것입니다.
하나님의 영이 지금의 나를 만드셨고
전능하신 하나님의 호흡이 내게 생명을 주셨습니다!

5-7 할 수 있겠거든 내가 틀렸음을 입증해 보십시오.
주장을 펼쳐 보십시오. 스스로를 변호해 보십시오.
자, 나는 당신과 다를 바 없는 인간입니다.
우리 둘 다 흙으로 만들어졌습니다.
그러니 이 상황을 같이 풀어 나가 봅시다.
내가 드세게 나간다고 기가 죽지 않았으면 합니다.

8-11 당신은 이렇게 말했습니다.
내 귀로 똑똑히 들었습니다.
'나는 결백하네. 잘못한 게 없어.
믿어 주게. 나는 깨끗하네. 양심에 거리낄 게 없어.

arguments!

15-22 "Do you three have nothing else to say?
Of *course* you don't! You're total frauds!
Why should I wait any longer,
now that you're stopped dead in your tracks?
I'm ready to speak my piece. That's right!
It's my turn—and it's about time!
I've got a lot to say,
and I'm bursting to say it.
The pressure has built up, like lava beneath the
earth.
I'm a volcano ready to blow.
I *have* to speak—I have no choice.
I have to say what's on my heart,
And I'm going to say it straight—
the truth, the whole truth, and nothing but the
truth.
I was never any good at bootlicking;
my Maker would make short work of me if I
started in now!"

33

1-4 "So please, Job, hear me out,
honor me by listening to me.
What I'm about to say
has been carefully thought out.
I have no ulterior motives in this;
I'm speaking honestly from my heart.
The Spirit of God made me what I am,
the breath of God Almighty gave me life!

God Always Answers, One Way or Another

5-7 "And if you think you can prove me wrong, do
it.
Lay out your arguments. Stand up for yourself!
Look, I'm human—no better than you;
we're both made of the same kind of mud.
So let's work this through together;
don't let my aggressiveness overwhelm you.

8-11 "Here's what you said.
I heard you say it with my own ears.
You said, 'I'm pure—I've done nothing wrong.
Believe me, I'm clean—my conscience is clear.

그런데 하나님이 자꾸만 나를 괴롭히시고
나를 원수 대하듯 하신다네.
나를 감옥에 처넣으시고
끊임없이 감시하시네.'

12-14 하지만 분명히 말하겠습니다.
욥이여, 당신은 완전히 잘못 생각하고 있습니다!
하나님은 그 어떤 사람보다도 훨씬 크십니다.
그런데 어찌 감히 그분을 법정으로 불러 놓고
당신의 비난에 답하시지 않는다고 불평합니까?
하나님은 어떤 식으로든 항상 응답하십니다.
사람들이 때로 그 사실을 인식하지 못할 뿐이지요.

15-18 예를 들어, 사람이 곯아떨어지거나
곤히 잠들었을 때,
하나님은 꿈이나 밤의 환상을 통해
그의 귀를 여시고
여러 차례의 경고로 경각심을 심어 주십니다.
그가 계획하는 나쁜 일이나
무모한 선택에서 돌이켜,
때 이른 죽음을 당하거나
돌아올 수 없는 강을 건너는 일이 없도록 보호하시려는 것입니다.

19-22 그런가 하면 그가 고통을 겪게 하시거나
병상에 드러눕게 하여 관심을 유도하기도 하시는데,
그렇게 되면 그는 음식을 보기만 해도 질색을 하고
입맛을 잃어, 평소 즐겨 먹던 요리마저 싫어하게 됩니다.
살이 빠지고 비쩍 말라
앙상하게 뼈만 남습니다.
죽음의 낭떠러지에 매달려
당장이라도 숨이 끊어질 수 있음을 깨닫게 됩니다.

23-25 그러나 그때라도 천사가 나타날 수 있습니다.
수천이나 되는 수호자 중 하나가 그를 위해 올 것입니다.
보냄을 받고 찾아온 천사가 자비롭게 개입하여
'내가 그의 몸값을 받았다!'는 말로
사형선고를 취소시킬 것입니다.
그러면 사람이 무슨 일인지 깨닫기도 전에 자신의 몸이 회복되어,
건강을 되찾을 것입니다!

26-28 또 사람 자신이 무릎을 꿇고 하나님께 기도할

But God keeps picking on me;
he treats me like I'm his enemy.
He's thrown me in jail;
he keeps me under constant surveillance.'

12-14 "But let me tell you, Job, you're wrong, dead wrong!
God is far greater than any human.
So how dare you haul him into court,
and then complain that he won't answer your charges?
God always answers, one way or another,
even when people don't recognize his presence.

15-18 "In a dream, for instance, a vision at night,
when men and women are deep in sleep,
fast asleep in their beds—
God opens their ears
and impresses them with warnings
To turn them back from something bad they're planning,
from some reckless choice,
And keep them from an early grave,
from the river of no return.

19-22 "Or, God might get their attention through pain,
by throwing them on a bed of suffering,
So they can't stand the sight of food,
have no appetite for their favorite treats.
They lose weight, wasting away to nothing,
reduced to a bag of bones.
They hang on the cliff-edge of death,
knowing the next breath may be their last.

23-25 "But even then an angel could come,
a champion—there are thousands of them!—
to take up your cause,
A messenger who would mercifully intervene,
canceling the death sentence with the words:
'I've come up with the ransom!'
Before you know it, you're healed,
the very picture of health!

26-28 "Or, you may fall on your knees and pray—to

수도 있습니다.
하나님은 그것을 좋아하십니다!
사람은 하나님의 미소를 보고,
그분과의 올바른 관계가 회복되었음을 깨닫습니다. 그리고 기뻐합니다.
그는 만나는 모든 사람 앞에서 하나님을 찬양하고
이렇게 증언할 것입니다. '난 인생을 엉망으로 살았지.
정말이지 무가치한 삶이었어.
하지만 하나님이 개입하셔서, 완전히 죽은 목숨이었던 나를 구하셨어.
나, 다시 살아났어! 다시 빛을 보게 되다니!'

29-30 하나님은 이런 식으로
거듭거듭 일하십니다. 확실한 파멸에서 우리 영혼을 끌어내십니다.
그러면 우리는 빛을 보고 빛 안에서 살게 됩니다!

31-33 욥이여, 내 말에 귀를 기울이십시오.
아직 끝나지 않았으니, 말을 끊지 말고 계속 들으십시오.
그러나 혹시 내가 알아야 할 것이 있다면 말해 주십시오.
나는 당신이 누명을 벗기를 무엇보다 바라니까요.
할 말이 없다면 잠자코 들어주십시오. 내 말을 끊어 혼란스럽게 하지 마십시오.
그럼 이제부터 지혜의 기본을 가르쳐 드리겠습니다."

엘리후의 두 번째 충고

34

1-4 엘리후가 계속해서 말했다.

"훌륭하신 어르신들, 내 말을 듣고
생각하는 바를 알려 주시기 바랍니다.
여기서 벌어지고 있는 상황을 제대로 파악하려면
머리를 맞대고 상의해야 하니까요.
이 정도는 누구나 아는 상식입니다.
누구나 맛을 느낄 수 있는 것처럼 말입니다.

5-9 들으신 것처럼 욥은 이렇게 말합니다. '나는 옳다.
그런데 하나님은 내게 공정한 재판을 허락하지 않으신다.
나는 스스로를 변호하는 자리에서 거짓말쟁이라는 소리를 들었고
잘못한 것이 없는데도 처벌을 받았다.'
이보다 더 심한 말을 들어 보신 적이 있습니까?
욥의 눈에는 보이는 것이 없답니까?
나쁜 친구들과 너무 많은 시간을 보낸 걸까요?
엉뚱한 무리와 너무 오래 어울려 다닌 걸까요?

God's delight!
You'll see God's smile and celebrate,
finding yourself set right with God.
You'll sing God's praises to everyone you meet,
testifying, 'I messed up my life–
and let me tell you, it wasn't worth it.
But God stepped in and saved me from certain death.
I'm alive again! Once more I see the light!'

29-30 "This is the way God works.
Over and over again
He pulls our souls back from certain destruction
so we'll see the light–and live in the light!

31-33 "Keep listening, Job.
Don't interrupt–I'm not finished yet.
But if you think of anything I should know, tell me.
There's nothing I'd like better than to see your name cleared.
Meanwhile, keep listening. Don't distract me with interruptions.
I'm going to teach you the basics of wisdom."

Elihu's Second Speech
It's Impossible for God to Do Evil

34

1-4 Elihu continued:

"So, my fine friends–listen to me,
and see what you think of this.
Isn't it just common sense–
as common as the sense of taste–
To put our heads together
and figure out what's going on here?

5-9 "We've all heard Job say, 'I'm in the right,
but God won't give me a fair trial.
When I defend myself, I'm called a liar to my face.
I've done nothing wrong, and I get punished anyway.'
Have you ever heard anything to beat this?
Does nothing faze this man Job?
Do you think he's spent too much time in bad company,

그래서 '하나님을 기쁘게 해드리려고 애써 봐야 소용없다'는
그들의 말을 앵무새처럼 따라하게 된 걸까요?

10-15 어르신들은 이런 문제를 능숙하게 다루는 분들이니
나와 의견이 같을 것입니다.
하나님이 악을 행하실 리 없고
전능하신 분께서 잘못을 저지르실 리 없습니다.
그분은 더도 덜도 말고, 딱 우리가 행한 그대로 갚으십니다.
사람은 언제나 뿌린 대로 거둡니다.
하나님이 악한 일을 하시거나
전능하신 분이 정의를 뒤엎으실 리 없습니다.
그분은 온 땅을 다스리시는 분!
온 세상을 한 손에 쥐고 계시는 분!
그분이 호흡을 불어넣지 않으시면
남녀노소 모두 공기가 부족하여 죽고 말 것입니다.

16-20 그러니 욥이여, 잘 생각해 보십시오.
누가 봐도 분명한 사실입니다.
질서를 싫어하는 자가 질서를 유지할 수 있겠습니까?
당신은 의롭고 전능하신 하나님을 감히 비난하는 것입니까?
하나님은 언제나 진실을 말씀하시는 분,
부패한 통치자들이 악당이자 범죄자임을 폭로하시지 않습니까?
그분이 돈 많고 유명한 자들을 편드시고 가난한 이들을 무시하십니까?
모든 이들에게 똑같이 책임을 다하시는 분이 아닙니까?
불시에 죽는 사람들은 그럴 만한 죄가 있는 것 아닙니까?
사악한 통치자들이 몰락하는 것은 피할 수 없는 운명 아닙니까?
대단하다는 사람들이 쓰러져 죽을 때,
우리는 하나님이 배후에서 일하고 계시다는 것을 깨닫습니다.

21-28 하나님은 모든 사람을 살피시고
사소한 것 하나도 놓치지 않으십니다.
그분의 눈을 속이고 악을 행하는 자들을 가려 줄 만큼
캄캄한 밤이나 깊은 어둠은 존재하지 않습니다.
하나님은 그들의 범죄를 입증할 증거를 더 모으실 필요가 없습니다.

hanging out with the wrong crowd,
So that now he's parroting their line:
'It doesn't pay to try to please God'?

10-15 "You're veterans in dealing with these matters;
certainly we're of one mind on this.
It's impossible for God to do anything evil;
no way can the Mighty One do wrong.
He makes us pay for exactly what we've done—no more, no less.
Our chickens always come home to roost.
It's impossible for God to do anything wicked,
for the Mighty One to subvert justice.
He's the one who runs the earth!
He cradles the whole world in his hand!
If he decided to hold his breath,
every man, woman, and child would die for lack of air.

God Is Working Behind the Scenes

16-20 "So, Job, use your head;
this is all pretty obvious.
Can someone who hates order, keep order?
Do you dare condemn the righteous, mighty God?
Doesn't God always tell it like it is,
exposing corrupt rulers as scoundrels and criminals?
Does he play favorites with the rich and famous and slight the poor?
Isn't he equally responsible to everybody?
Don't people who deserve it die without notice?
Don't wicked rulers tumble to their doom?
When the so-called great ones are wiped out,
we know God is working behind the scenes.

21-28 "He has his eyes on every man and woman.
He doesn't miss a trick.
There is no night dark enough, no shadow deep enough,
to hide those who do evil.
God doesn't need to gather any more evidence;
their sin is an open-and-shut case.

그들의 죄는 명백한 사실이기 때문입니다.
그분은 고위인사나 유력인사들을 묻지도 않고 해임하시고
곧바로 다른 사람들로 그 자리를 채우십니다.
잘못을 저지르고 무사히 빠져나가는 사람은 없습니다. 하룻밤 만에
판결문이 서명, 봉인, 교부됩니다.
그분은 모두가 볼 수 있는 탁 트인 곳에서
악한 자들을 그 악한 행위대로 처벌하십니다.
그들은 그분을 따르지 않고
그분의 길을 더 이상 생각하지 않기 때문입니다.
그들의 배교를 알린 것은 가난한 이들의 울부짖음이었습니다.
억눌린 이들의 울부짖음을 하나님이 들으신 것입니다.

29-30 하나님이 침묵하신다 한들, 그것이 당신과 무슨 상관이 있습니까?
하나님이 얼굴을 숨기신다 한들, 어찌하겠습니까?
그러나 침묵하시든 숨으시든, 하나님은 여전히 존재하시며 다스리시기에,
하나님을 미워하는 자들이 그분의 자리를 차지하여
사람들의 삶을 망치는 일은 없을 것입니다.

31-33 그러니 그냥 하나님께 실토하지 그럽니까?
이렇게 말하십시오. '내가 죄를 지었습니다. 다시는 죄를 짓지 않겠습니다.
내가 아직 깨닫지 못한 것이 있다면 깨닫게 해주십시오.
그동안 저지른 악을 다시는 저지르지 않겠습니다.'
당신이 하나님 뜻대로 살고 싶지 않다고 해서,
하나님이 당신의 뜻대로 움직이셔야 합니까?
선택은 당신의 몫입니다. 내가 대신할 수는 없지요.
어느 쪽을 선택할 것인지 말해 보십시오.

34-37 생각이 올바른 사람들이 이구동성으로 하는 말,
내 말에 동의하는 지혜로운 사람들이 하는 말이 있습니다.
'욥은 헛똑똑이야.
터무니없는 소리만 지껄여 대지.'
욥이여, 하나님께 그렇게 못되게 말대꾸를 했으니
어디 구석으로 끌려가 호된 질책을 받아 마땅합니다.
원래 지은 죄에다가,
하나님의 징계에 저항하고
무엄하게도 하나님께 주먹을 휘두르며
전능하신 분을 여러 죄목으로 고발하는 죄를 더했기 때문입니다."

He deposes the so-called high and mighty without asking questions,
and replaces them at once with others.
Nobody gets by with anything; overnight,
judgment is signed, sealed, and delivered.
He punishes the wicked for their wickedness
out in the open where everyone can see it,
Because they quit following him,
no longer even thought about him or his ways.
Their apostasy was announced by the cry of the poor;
the cry of the afflicted got God's attention.

Because You Refuse to Live on God's Terms

29-30 "If God is silent, what's that to you?
If he turns his face away, what can you do about it?
But whether silent or hidden, he's there, ruling,
so that those who hate God won't take over
and ruin people's lives.

31-33 "So why don't you simply confess to God?
Say, 'I sinned, but I'll sin no more.
Teach me to see what I still don't see.
Whatever evil I've done, I'll do it no more.'
Just because you refuse to live on God's terms,
do you think he should start living on yours?
You choose. I can't do it for you.
Tell me what you decide.

34-37 "All right-thinking people say—
and the wise who have listened to me concur—
'Job is an ignoramus.
He talks utter nonsense.'
Job, you need to be pushed to the wall and called to account
for wickedly talking back to God the way you have.
You've compounded your original sin
by rebelling against God's discipline,
Defiantly shaking your fist at God,
piling up indictments against the Almighty One."

엘리후의 세 번째 충고

35

1-3 엘리후는 욥을 다시 공격했다.

"처음에는 '나는 하나님 앞에서 완전히 결백하다'
고 하더니
그 다음에는 '내가 죄를 짓든 안 짓든
무슨 차이가 있겠느냐'고 말하니,
이게 말이 됩니까?

4-8 자, 분명히 말씀드리지요.
당신과 세 친구분은 지금
자신이 무슨 말을 하는지 모르고 있습니다.
하늘을 보십시오. 오래도록 열심히 들여다보십시오.
하늘 높이 떠 있는 구름들이 보입니까?
당신이 죄를 짓는다 한들, 하나님께 달라질 것이
무엇이겠습니까?
당신이 아무리 큰 죄를 짓는다 한들, 그것이 하나
님께 대수겠습니까?
당신이 선하다 한들, 하나님이 거기서 무슨 득을
보시겠습니까?
그분이 당신의 업적에 의존하기라도 하신단 말입
니까?
사람이 선한지 악한지에 관심을 갖는 사람들은
가족과 친구와 이웃뿐입니다.
하나님은 사람의 행위에 의존하지 않으십니다.

9-15 사정이 어려워지면 사람들은 도움을 청하며
부르짖습니다.
이리저리 차이는 신세에서 벗어나게 해달라고 부
르짖습니다.
그러나 사정이 좋을 때는 하나님을 전혀 생각하지
않습니다.
하나님이 사람들의 마음에서 노래가 흘러나오게
하시고
온 세상을 과학교실로 삼으시며
날짐승과 들짐승을 통해 지혜를 가르치실 때도 마
찬가지입니다.
사람들은 오만하게도 하나님께 관심을 갖지 않습
니다.
그러다 곤경에 처하면 비로소 하나님을 부르지만,
*이번에는 하나님이 그들에게 관심을 보이지 않으
십니다.*
그런 기도는 순간적인 두려움을 빼면 아무 실체가 없고
전능하신 분은 그런 기도를 무시하십니다.
그러니 당신이 하나님의 응답을 기다리다 지쳤고,

Elihu's Third Speech
When God Makes Creation a Classroom

35

1-3 Elihu lit into Job again:

"Does this kind of thing make any sense?
First you say, 'I'm perfectly innocent before God.'
And then you say, 'It doesn't make a bit of difference
whether I've sinned or not.'

4-8 "Well, I'm going to show you
that you don't know what you're talking about,
neither you nor your friends.
Look up at the sky. Take a long hard look.
See those clouds towering above you?
If you sin, what difference could that make to God?
No matter how much you sin, will it matter to him?
Even if you're good, what would God get out of that?
Do you think he's dependent on your accomplishments?
The only ones who care whether you're good or bad
are your family and friends and neighbors.
God's not dependent on your behavior.

9-15 "When times get bad, people cry out for help.
They cry for relief from being kicked around,
But never give God a thought when things go well,
when God puts spontaneous songs in their hearts,
When God sets out the entire creation as a science classroom,
using birds and beasts to teach wisdom.
People are arrogantly indifferent to God—
until, of course, they're in trouble,
and then God is indifferent to them.
There's nothing behind such prayers except panic;
the Almighty pays them no mind.
So why would he notice you

하나님이 세상의 문제들을 보시고 진노하셔서
뭔가 조치를 취해 주시기를 기다리다 지쳤다고 말
한다 해서
하나님이 당신에게 눈길을 주실 것 같습니까?

16 욥이여, 터무니없는 소리만 하고 있군요.
그것도 쉴 새 없이 말입니다!"

36 1-4 엘리후는 심호흡을 하고 계속해서
말을 이어 나갔다.

"조금만 더 참고 들으십시오. 납득하게 될 것입니다.
하나님 편에서 할 말이 아직 남아 있습니다.
나는 이 모든 내용을 만물의 근원이신 분께 직접
배웠습니다.
정의에 대해 내가 아는 것은, 모두 나를 지으신 분
이 알려 주신 것입니다.
믿어 주십시오. 나는 더하지도 빼지도 않고 진리
만을 말할 것입니다.
정말입니다. 내가 속속들이 아는 내용들입니다.

5-15 하나님은 전능하시지만
무고한 사람을 힘으로 누르지 않으십니다.
악인들의 경우는 이야기가 다른데,
하나님은 그들을 본체만체하십니다.
하지만 그 피해자들의 권리는 보호하십니다.
하나님은 의인들에게서 눈을 떼지 않으시고
그들에게 아낌없는 영예를 베푸시며 끊임없이 높
여 주십니다.
상황이 좋지 않을 때,
고난과 고통이 닥칠 때,
하나님은 무엇이 어디서 잘못되었는지 알려 주십
니다.
그들의 교만이 문제의 원인임을 보여주십니다.
그들이 그분의 경고에 주목하도록 만드시고
잘못된 삶을 회개하라고 말씀하십니다.
그들이 그 말씀에 순종하고 그분을 섬기면
오래도록 풍족하게 살 것입니다.
그러나 불순종하면, 한창때 죽어
인생에 대해 조금도 알지 못하게 될 것입니다.
하나님을 모르는 성난 사람들은 불만을 토로하며
자신의 어려움에 대해 남 탓을 합니다.
성적 방종을 일삼으며 인생을 즐기다
정력을 낭비하고, 결국 한창나이에 죽고 맙니다.

just because you say you're tired of waiting to
be heard,
Or waiting for him to get good and angry
and do something about the world's problems?

16 "Job, you talk sheer nonsense—
nonstop nonsense!"

Those Who Learn from Their Suffering

36 1-4 Here Elihu took a deep breath, but
kept going:

"Stay with me a little longer. I'll convince you.
There's still more to be said on God's side.
I learned all this firsthand from the Source;
everything I know about justice I owe to my
Maker himself.
Trust me, I'm giving you undiluted truth;
believe me, I know these things inside and out.

5-15 "It's true that God is all-powerful,
but he doesn't bully innocent people.
For the wicked, though, it's a different story—
he doesn't give them the time of day,
but champions the rights of their victims.
He never takes his eyes off the righteous;
he honors them lavishly, promotes them
endlessly.
When things go badly,
when affliction and suffering descend,
God tells them where they've gone wrong,
shows them how their pride has caused their
trouble.
He forces them to heed his warning,
tells them they must repent of their bad life.
If they obey and serve him,
they'll have a good, long life on easy street.
But if they disobey, they'll be cut down in their
prime
and never know the first thing about life.
Angry people without God pile grievance upon
grievance,
always blaming others for their troubles.
Living it up in sexual excesses,
virility wasted, they die young.

그러나 고통을 통해 지혜를 배우는 사람은
하나님이 그 고통에서 건져 주십니다.

16-21 욥이여, 하나님이 절체절명의 위기에서
당신을 구해 내고자 애타게 호소하시는 모습이 보이지 않습니까?
그분은 당신을 탁 트인 안전한 곳으로 이끌어 내셔서
좋은 것들이 가득한 잔치로 초대하고 계십니다.
그런데 지금 당신은 악인들의 죄악을 답습하며
하나님 탓하는 데 정신이 팔려 있습니다!
당신의 많은 재산에 헛된 기대를 걸지 말고
뇌물을 써서 빠져나갈 수 있다고 생각하지 마십시오.
돈을 바쳐 빠져나갈 계획이었습니까?
당치도 않습니다!
사람들이 고통을 잊고 잠드는
밤이 되면, 그나마 좀 나을 거라
생각하지 마십시오.
무엇보다, 더 많은 악을 저질러 사태를 악화시키지 마십시오.
지금 당신이 고통을 겪는 이유가 바로 그것입니다!

22-25 하나님이 얼마나 강한 분이신지 알기나 합니까?
그분처럼 위대한 스승이 또 어디 있습니까?
이제까지 누가 그분께 이래라저래라 한 적 있으며,
그분을 나무라며 '그거 완전히 잘못하셨네요'라고
말한 적이 있습니까?
그러니 수많은 사람들이 노래로 기리는
그분의 놀라운 일을 찬양하십시오.
누구나 그것을 봅니다.
아무리 멀리 있어도 다 볼 수 있습니다.

26 오래오래 찬찬히 살펴보십시오. 하나님이 얼마나 위대하신지를.
무한하신 분, 우리가 상상하거나 이해할 수 있는
수준을 훌쩍 뛰어넘는 분이십니다!

27-33 하나님은 바다에서 물을 퍼다
맑게 걸러, 비구름 물통들을 가득 채우십니다.
그러면 하늘이 열리고
소나기가 퍼부어 모든 사람들을 적십니다.
이런 일이 어떻게 일어나는지,
그분이 구름을 어떻게 마련하시고 천둥 가운데서

But those who learn from their suffering,
God delivers from their suffering.

Obsessed with Putting the Blame on God

16-21 "Oh, Job, don't you see how God's wooing you
from the jaws of danger?
How he's drawing you into wide-open places—
inviting you to feast at a table laden with blessings?
And here you are laden with the guilt of the wicked,
obsessed with putting the blame on *God*!
Don't let your great riches mislead you;
don't think you can bribe your way out of this.
Did you plan to buy your way out of this?
Not on your life!
And don't think that night,
when people sleep off their troubles,
will bring you any relief.
Above all, don't make things worse with more evil—
that's what's behind your suffering as it is!

22-25 "Do you have any idea how powerful God is?
Have you ever heard of a teacher like him?
Has anyone ever had to tell him what to do,
or correct him, saying, 'You did that all wrong!'?
Remember, then, to praise his workmanship,
which is so often celebrated in song.
Everybody sees it;
nobody is too far away to see it.

No One Can Escape from God

26 "Take a long, hard look. See how great he is—infinite,
greater than anything you could ever imagine
or figure out!

27-33 "He pulls water up out of the sea,
distills it, and fills up his rain-cloud cisterns.
Then the skies open up
and pour out soaking showers on everyone.
Does anyone have the slightest idea how this happens?

어떻게 말씀하시는지, 조금이라도 아는 사람이 있습니까?
번개를 보십시오. 하늘을 가득 채우고
깊고 어두운 바닷속을 비추는, 그분의 빛의 향연입니다!
이것들은 하나님의 주권과 관대하심,
애정어린 보살핌을 상징합니다.
그분은 표적을 정확히 겨냥하여
빛의 화살을 쏘십니다.
지극히 높으신 하나님이 악에 노하여
천둥소리로 호통을 치십니다."

37 1-13 "그 소리가 들릴 때마다, 내 심장이 멎습니다.
정신이 아득하여 숨조차 쉴 수 없습니다.
들어 보십시오! 그분의 천둥소리,
우르릉 쾅쾅 우렛소리로 말씀하시는 그분의 음성을 들어 보십시오.
그분이 지평선 이쪽 끝에서 저쪽 끝까지 번개를 보내시면
북극에서 남극까지 온 세상이 환해집니다.
뒤이어 천둥소리 가운데 그분의 음성이 메아리치니,
강력하고도 장엄합니다.
그분은 온갖 방식으로 거침없이 능력을 드러내십니다.
그 음성을 못 알아들을 자 없으니
천둥소리로 울리는 그분의 말씀 놀라울 따름이고
그분의 위업을 이해할 길이 없습니다.
그분은 눈에게 '땅을 덮어라!' 명하시고
비에게 '온 지역을 적셔라!' 명령하십니다.
누구도 비바람을 피할 수 없습니다.
누구도 하나님을 피해 달아날 수 없습니다.
눈보라가 으르렁거리며 북쪽에서 불어오고
얼음비로 땅이 꽁꽁 얼면,
들짐승도 피할 곳을 찾아
제 보금자리로 기어들어 갑니다.
하나님의 입김으로 얼음이 만들어지고
하나님의 입김으로 호수와 강이 얼어붙습니다.
하나님이 구름을 빗물로 채우시고
구름에서 사방으로 번개를 보내십니다.
하나님은 구름의 역량을 이리저리 시험하시고
그분의 말씀이 온 세계에서 이루어지도록 명하십니다.
징계나 은혜, 아낌없는 사랑을 베풀려 하실 때,

How he arranges the clouds, how he speaks in thunder?
Just look at that lightning, his sky-filling light show
illumining the dark depths of the sea!
These are the symbols of his sovereignty,
his generosity, his loving care.
He hurls arrows of light,
taking sure and accurate aim.
The High God roars in the thunder,
angry against evil."

37 1-13 "Whenever this happens, my heart stops—
I'm stunned, I can't catch my breath.
Listen to it! Listen to his thunder,
the rolling, rumbling thunder of his voice.
He lets loose his lightnings from horizon to horizon,
lighting up the earth from pole to pole.
In their wake, the thunder echoes his voice,
powerful and majestic.
He lets out all the stops, he holds nothing back.
No one can mistake that voice—
His word thundering so wondrously,
his mighty acts staggering our understanding.
He orders the snow, 'Blanket the earth!'
and the rain, 'Soak the whole countryside!'
No one can escape the weather—it's *there*.
And no one can escape from God.
Wild animals take shelter,
crawling into their dens,
When blizzards roar out of the north
and freezing rain crusts the land.
It's God's breath that forms the ice,
it's God's breath that turns lakes and rivers solid.
And yes, it's God who fills clouds with rainwater
and hurls lightning from them every which way.
He puts them through their paces—first this way, then that—
commands them to do what he says all over the world.
Whether for discipline or grace or extravagant

하나님은 구름에게 일을 맡기시고 그 일이 반드시 성취되게 하십니다.

14-18 욥이여, 듣고 있습니까? 이 모든 것을 주목해 본 적 있습니까?
그 자리에 가만히 서서 하나님의 기적들을 되새겨 보십시오!
하나님이 이 모든 일을 어떻게 하시는지,
캄캄한 폭풍 속에서 어떻게 번쩍이는 번개를 만드시는지,
뭉게구름을 어떻게 쌓아 올리시는지 아십니까?
완전한 지성을 가지신 분의 이 모든 기적이 어떻게 가능한지 아십니까?
찌는 듯 더운 날이면
고작해야 부채질이나 하는 게 전부인 당신이,
뜨거운 양철지붕 같은 하늘에
영향을 미칠 수 있다는 생각을 어떻게 할 수 있습니까?

19-22 당신이 그토록 똑똑하다면, 하나님께 어떻게 말씀드릴지 가르쳐 주십시오.
우리는 아는 게 없어서 그 방법을 도무지 모르겠습니다.
내가 하나님께 대들 만큼 우둔한 줄 압니까?
그것은 화를 자초하는 짓이 아니겠습니까?
정신이 온전히 박힌 사람이라면 구름 한 점 없이 화창한 날에
해를 똑바로 쳐다보지는 않을 것입니다.
북쪽 산에서 찬란한 금이 나오듯,
위엄에 찬 아름다움은 하나님께로부터 흘러나옵니다.

23-24 전능하신 하나님! 우리 손이 닿지 않는 곳에 계신 분!
권능과 정의가 더없이 뛰어나신 분!
그분이 사람을 불공평하게 대하신다니, 생각도 못할 일입니다.
그러니 모두 깊은 경외심으로 그분께 절하십시오!
당신이 지혜롭다면 틀림없이 그분을 경배하게 될 것입니다."

하나님께서 욥에게 대답하시다

38 1 마침내 하나님께서 사나운 폭풍의 눈에서 욥에게 대답하셨다.

2-11 "어찌하여 너는 문제를 혼란스럽게 만드느냐?
어찌하여 너는 잘 알지도 못하는 말을 하느냐?
정신 차려라, 욥!

love,
he makes sure they make their mark.

A Terrible Beauty Streams from God

14-18 "Job, are you listening? Have you noticed all this?
Stop in your tracks! Take in God's miracle-wonders!
Do you have any idea how God does it all,
how he makes bright lightning from dark storms,
How he piles up the cumulus clouds–
all these miracle-wonders of a perfect Mind?
Why, you don't even know how to keep cool
on a sweltering hot day,
So how could you even dream
of making a dent in that hot-tin-roof sky?

19-22 "If you're so smart, give us a lesson in how to address God.
We're in the dark and can't figure it out.
Do you think I'm dumb enough to challenge God?
Wouldn't that just be asking for trouble?
No one in his right mind stares straight at the sun
on a clear and cloudless day.
As gold comes from the northern mountains,
so a terrible beauty streams from God.

23-24 "Mighty God! Far beyond our reach!
Unsurpassable in power and justice!
It's unthinkable that he'd treat anyone unfairly.
So bow to him in deep reverence, one and all!
If you're wise, you'll most certainly worship him."

GOD Confronts Job
Have You Gotten to the Bottom of Things?

38 1 And now, finally, GOD answered Job from the eye of a violent storm. He said:

2-11 "Why do you confuse the issue?
Why do you talk without knowing what you're talking about?

일어서거라! 똑바로 서라!
몇 가지 물어볼 테니
제대로 대답하여라.
내가 이 땅을 창조할 때 너는 어디 있었느냐?
네가 아는 것이 그렇게 많다니, 어디 말해 보아라!
누가 땅의 크기를 정하였느냐? 네가 모를 리가 없겠
지!
누가 그것을 설계하고 치수를 정했느냐?
새벽별들이 일제히 노래하고
모든 천사들이 소리 높여 찬양할 때,
땅의 기초는 어떻게 놓였으며
그 주춧돌은 누가 놓았느냐?
아기가 태를 열고 나오듯 바닷물이 터져 나올 때,
누가 그것을 감독하였느냐?
바로 나다! 내가 그것을 부드러운 구름으로 싸고
밤에는 어둠의 이불로 안전하게 덮어 주었다.
그 다음에 바다의 활동 구역을 정해 줄 울타리,
빠져나가지 못할 튼튼한 울타리를 만들고 바다에게
이렇게 말했다.
'여기에 머물러라. 여기가 네가 있을 곳이다.
너는 이 안에서만 사납게 날뛸 수 있다.'

12-15 너는 아침에게 '기상' 명령을 내리고
새벽에게 '작업 개시'를 지시한 적이 있느냐?
그리하여 땅을 이불처럼 거머쥐고
바퀴벌레를 털어 내듯 악한 자들을 털어 버린 적이
있느냐?
해가 만물에 빛을 비추어
모든 빛깔과 형체가 드러나면,
악한 자들을 덮고 있던 어둠이 일제히 벗겨지고
그들의 악행이 훤히 드러난다!

16-18 너는 세상의 바닥을 본 적이 있느냐?
깊은 대양의 미로 같은 동굴들을 답사해 보았느냐?
죽음을 알기나 하느냐?
죽음의 깊은 신비를 푸는 실마리가 네게 하나라도 있
느냐?
이 세상이 얼마나 드넓은지 아느냐?
짐작하는 바라도 있다면 어디 말해 보아라.

19-21 너는 빛이 어디에서 오며
어둠이 어디에 사는지 아느냐?
그것들이 길을 잃으면
손을 잡고 집에 데려다줄 수 있느냐?
물론 너는 알고 있을 것이다.

Pull yourself together, Job!
Up on your feet! Stand tall!
I have some questions for you,
and I want some straight answers.
Where were you when I created the earth?
Tell me, since you know so much!
Who decided on its size? Certainly you'll know that!
Who came up with the blueprints and measurements?
How was its foundation poured,
and who set the cornerstone,
While the morning stars sang in chorus
and all the angels shouted praise?
And who took charge of the ocean
when it gushed forth like a baby from the womb?
That was me! I wrapped it in soft clouds,
and tucked it in safely at night.
Then I made a playpen for it,
a strong playpen so it couldn't run loose,
And said, 'Stay here, this is your place.
Your wild tantrums are confined to this place.'

12-15 "And have you ever ordered Morning, 'Get up!'
told Dawn, 'Get to work!'
So you could seize Earth like a blanket
and shake out the wicked like cockroaches?
As the sun brings everything to light,
brings out all the colors and shapes,
The cover of darkness is snatched from the wicked—
they're caught in the very act!

16-18 "Have you ever gotten to the true bottom of things,
explored the labyrinthine caves of deep ocean?
Do you know the first thing about death?
Do you have one clue regarding death's dark mysteries?
And do you have any idea how large this earth is?
Speak up if you have even the beginning of an answer.

19-21 "Do you know where Light comes from

어릴 때부터 그것들과 같은 동네에서 자라
평생 알고 지낸 사이가 아니냐!

22-30 너는 눈이 만들어지는 곳에 가 보았느냐?
우박이 비축된 저장고를 본 적이 있느냐?
환난과 전투와 전쟁 때를 대비해
내가 우박과 눈을 준비해 놓은 무기고 말이다.
번개가 발사되는 곳,
바람이 시작되는 곳을 찾을 수 있느냐?
너는 누가 폭우를 위해
협곡들을 깎았다고 생각하느냐?
누가 천둥번개를 동반한 폭풍우가
지나갈 길을 내어
사람의 발길이 닿지 않는 들판과
사람의 눈길이 닿지 않는 사막에 물을 대고
쓸모없는 황무지를 흠뻑 적셔
들꽃과 풀로 뒤덮이게 하겠느냐?
비와 이슬의 아버지가 누구이며
얼음과 서리의 어머니가 누구라고 생각하느냐?
이런 놀라운 기상현상들이 저절로 일어난다는
생각 따위는 잠시라도 하지 않을 줄 믿는다만,
어떠냐?

31-33 너는 아름다운 북두칠성의 눈길을 사로
잡을 수 있으며,
거대한 사냥꾼 오리온자리의 추적을 따돌릴
수 있느냐?
금성을 불러내어 네 길을 비추게 하고
큰곰자리와 작은곰자리 별들을 함께 불러내어
뛰놀게 할 수 있느냐?
너는 하늘의 별자리들을 조금이라도 아느냐?
그것들이 지상의 일에 어떤 영향을 미치는지
아느냐?

34-35 너는 구름의 주의를 끌어
소나기를 내리게 할 수 있느냐?
번개를 뜻대로 부리고
명령을 바로 수행했는지 보고하게 할 수 있느냐?

36-38 누가 날씨 분별하는 지혜를 따오기에게
주었으며,
폭풍을 감지하는 능력을 수탉에게 주었느냐?
땅이 바싹 말라 쩍쩍 갈라지고
땅바닥이 벽돌처럼 단단히 구워질 때,
구름을 헤아리고

and where Darkness lives
So you can take them by the hand
and lead them home when they get lost?
Why, of *course* you know that.
You've known them all your life,
grown up in the same neighborhood with them!

22-30 "Have you ever traveled to where snow is made,
seen the vault where hail is stockpiled,
The arsenals of hail and snow that I keep in readiness
for times of trouble and battle and war?
Can you find your way to where lightning is launched,
or to the place from which the wind blows?
Who do you suppose carves canyons
for the downpours of rain, and charts
the route of thunderstorms
That bring water to unvisited fields,
deserts no one ever lays eyes on,
Drenching the useless wastelands
so they're carpeted with wildflowers and grass?
And who do you think is the father of rain and dew,
the mother of ice and frost?
You don't for a minute imagine
these marvels of weather just happen, do you?

31-33 "Can you catch the eye of the beautiful Pleiades sisters,
or distract Orion from his hunt?
Can you get Venus to look your way,
or get the Great Bear and her cubs to come out and play?
Do you know the first thing about the sky's constellations
and how they affect things on Earth?

34-35 "Can you get the attention of the clouds,
and commission a shower of rain?
Can you take charge of the lightning bolts
and have them report to you for orders?

What Do You Have to Say for Yourself?

36-38 "Who do you think gave weather-wisdom to the ibis,
and storm-savvy to the rooster?
Does anyone know enough to number all the clouds

하늘의 빗물통을 기울여 비를 내리게 할 만큼
지혜로운 자가 있느냐?

39-41 너는 암사자에게 먹이를 사냥해,
보금자리에 웅크리고 있거나
주린 배를 안고 기다리는
새끼들에게 가져다주도록 가르칠 수 있느냐?
까마귀 새끼들이 먹을 것이 없어 날개를 퍼덕
거리며
하나님께 부르짖을 때,
누가 그 어미들에게 먹이를 마련해 주느냐?"

39

1-4 "너는 산에 사는 염소가 새끼를
치는 달을 아느냐?
암사슴이 새끼 배는 것을 본 적이 있느냐?
암사슴이 새끼를 배고 얼마나 지내는지 아느냐?
몇 달 만에 만삭이 되어
몸을 구부려 새끼를 낳는지 아느냐?
그 어린 것들은 잘 자라 금세 독립하고
어미 곁을 떠나 다시는 돌아오지 않는다.

5-8 누가 들나귀를 풀어 주었느냐?
누가 우리의 문을 열어 녀석을 보내 주었느냐?
나는 녀석이 거닐 만한 광야와
뒹굴 만한 평지, 탁 트인 벌판을 마련해 주었다.
들나귀는 도성에서 마구를 찬 채 괴로움을 겪
는 제 사촌들을 비웃고,
몰이꾼들의 고함을 듣는 일 없이
언덕을 누비며 마음껏 풀을 뜯고
푸성귀를 닥치는 대로 뜯어 먹는다.

9-12 들소가 너를 고분고분 섬기겠느냐?
자진해서 네 외양간에서 밤을 지내겠느냐?
녀석에게 네 쟁기를 매어
네 밭을 갈게 할 수 있느냐?
힘이 세다고 네가 들소를 신뢰할 수 있으며
놈에게 함부로 일을 맡길 수 있느냐?
들소가 네 말에 따라 움직일 거라고는
너도 기대하지 않을 것이다.

13-18 타조의 날갯짓은 부질없고
녀석의 깃털은 아름답지만 아무 쓸데가 없다!
타조는 딱딱한 땅바닥에 알을 낳고
비바람을 맞도록 흙먼지 속에 버려둔다.

or tip over the rain barrels of heaven
When the earth is cracked and dry,
the ground baked hard as a brick?

39-41 "Can you teach the lioness to stalk her prey
and satisfy the appetite of her cubs
As they crouch in their den,
waiting hungrily in their cave?
And who sets out food for the ravens
when their young cry to God,
fluttering about because they have no food?"

39

1-4 "Do you know the month when mountain
goats give birth?
Have you ever watched a doe bear her fawn?
Do you know how many months she is pregnant?
Do you know the season of her delivery,
when she crouches down and drops her offspring?
Her young ones flourish and are soon on their own;
they leave and don't come back.

5-8 "Who do you think set the wild donkey free,
opened the corral gates and let him go?
I gave him the whole wilderness to roam in,
the rolling plains and wide-open places.
He laughs at his city cousins, who are harnessed and
harried.
He's oblivious to the cries of teamsters.
He grazes freely through the hills,
nibbling anything that's green.

9-12 "Will the wild buffalo condescend to serve you,
volunteer to spend the night in your barn?
Can you imagine hitching your plow to a buffalo
and getting him to till your fields?
He's hugely strong, yes, but could you trust him,
would you dare turn the job over to him?
You wouldn't for a minute depend on him, would you,
to do what you said when you said it?

13-18 "The ostrich flaps her wings futilely—
all those beautiful feathers, but useless!
She lays her eggs on the hard ground,
leaves them there in the dirt, exposed to the weather,

그 알들이 밟혀 금이 가든지
들짐승들이 짓밟든지 신경 쓰지 않는다.
새끼가 나와도 제 새끼가 아닌 양 소홀히 다룬다.
타조는 어떤 것에도 개의치 않는다.
분명히 말하지만, 내가 타조를 영특하게 창조하지 않았고
분별력을 나누어 주지도 않았기 때문이다.
그러나 타조가 내달릴 때를 보아라. 어찌나 잘 달리는지
말과 기수를 우습게 여기며 크게 앞지른다.

19-25 말에게 힘을 주고
번쩍이는 갈기로 꾸며 준 장본인이 너더냐?
의기양양하게 달리며 대단한 콧김으로
간담을 서늘하게 하는 말을 네가 창조했느냐?
기운이 넘치는 말은 당장 달려가고 싶어 힘차게 땅을 박차다가
싸움터로 돌진한다.
위험을 두려워하지 않고
칼 앞에서도 물러서지 않는다.
화살통이 철커덕거리고
창이 쨍그랑거려도 요동하지 않는다.
흥분하여 몸을 부르르 떨다가 나팔이 울리면
전속력으로 질주한다.
나팔소리를 들으며 힘차게 히힝 하고 운다.
저 멀리서도 짜릿한 전투 냄새를 맡고
천둥처럼 우르르 울리는 전장의 함성을 듣는다.

26-30 매가 열상승기류를 타고 손쉽게 솟아오르며
날 수 있는 것은, 네가 가르쳤기 때문이냐?
네가 독수리의 비행을 명령하고
녀석에게 높은 곳에 둥지를 틀도록 가르쳤느냐?
그래서 높다란 낭떠러지에서도 잘 지내고
뾰족하고 울퉁불퉁한 바위 위에서도 다치는 법이 없는 것이냐?
독수리는 그곳에서 먹이를 찾고
아주 멀리 떨어져 있는 먹이도 찾아낸다.
길에서 죽은 짐승의 사체가 있는 곳이면 독수리가 주위를 맴돌고
그 새끼들이 죽은 짐승의 고기를 게걸스레 먹는다."

40

1-2 하나님께서 욥에게 직접 따져 물으셨다.

Not caring that they might get stepped on and cracked
or trampled by some wild animal.
She's negligent with her young, as if they weren't even hers.
She cares nothing about anything.
She wasn't created very smart, that's for sure,
wasn't given her share of good sense.
But when she runs, oh, how she runs,
laughing, leaving horse and rider in the dust.

19-25 "Are you the one who gave the horse his prowess
and adorned him with a shimmering mane?
Did you create him to prance proudly
and strike terror with his royal snorts?
He paws the ground fiercely, eager and spirited,
then charges into the fray.
He laughs at danger, fearless,
doesn't shy away from the sword.
The banging and clanging
of quiver and lance don't faze him.
He quivers with excitement, and at the trumpet blast
races off at a gallop.
At the sound of the trumpet he neighs mightily,
smelling the excitement of battle from a long way off,
catching the rolling thunder of the war cries.

26-30 "Was it through your know-how that the hawk learned to fly,
soaring effortlessly on thermal updrafts?
Did you command the eagle's flight,
and teach her to build her nest in the heights,
Perfectly at home on the high cliff face,
invulnerable on pinnacle and crag?
From her perch she searches for prey,
spies it at a great distance.
Her young gorge themselves on carrion;
wherever there's a roadkill, you'll see her circling."

40

1-2 GOD then confronted Job directly:

"이제 너는 어떤 말로 자신을 변호할 것이냐?
전능한 나를 법정으로 끌고 가서 고소할 참이냐?"

"Now what do you have to say for yourself?
Are you going to haul me, the Mighty One, into court and press charges?"

욥의 대답

3-5 욥이 대답했다.

"너무나 놀라워 말이 나오지 않습니다. 말문이 막혔습니다.
입을 열지 말았어야 했습니다!
말을 많이 했습니다. 지나치게 많이 했습니다.
이제 입을 다물고 귀를 열겠습니다."

6-7 하나님께서 다시 폭풍의 눈에서 욥에게 말씀하셨다.

"몇 가지 더 물어볼 테니,
똑바로 대답하여라.

8-14 무엄하게도 내가 잘못하고 있다고 말하는 것이냐?
네가 성자가 되겠다고 나를 죄인 취급하느냐?
네가 나와 같은 팔을 지녔느냐?
나처럼 천둥 속에서 소리칠 수 있느냐?
어디 한번 기량을 뽐내 보아라.
어떤 능력이 있는지, 무엇을 할 수 있는지 보자꾸나.
분노를 터뜨려 보아라.
오만한 자들을 표적으로 삼아 쓰러뜨려 보아라.
또한 그들을 굴복시켜 보아라.
악한 자들을 꼼짝 못하게 한 뒤 묵사발을 만들어 보아라!
거대한 묘지에 그들을 파묻어,
표석 없는 무덤 속 이름 모를 시체들이 되게 만들어 보아라.
그러면 내 도움 없이도 스스로 구원할 힘이 네게 있다고 인정하고,
나는 기꺼이 뒤로 물러나 너에게 내 일을 맡길 것이다!

15-24 육지 괴물 베헤못을 보아라. 너처럼 내가 그놈도 만들었다.
소처럼 풀을 뜯고 온순하지만,
그 허리의 힘과
배의 억센 근육을 보아라.
꼬리를 흔들면 백향목이 휘둘리는 것 같고
육중한 다리는 너도밤나무 같다.

Job Answers GOD

I'm Ready to Shut Up and Listen

3-5 Job answered:

"I'm speechless, in awe—words fail me.
I should never have opened my mouth!
I've talked too much, way too much.
I'm ready to shut up and listen."

GOD's Second Set of Questions

I Want Straight Answers

6-7 GOD addressed Job next from the eye of the storm, and this is what he said:

"I have some more questions for you,
and I want straight answers.

8-14 "Do you presume to tell me what I'm doing wrong?
Are you calling me a sinner so you can be a saint?
Do you have an arm like my arm?
Can you shout in thunder the way I can?
Go ahead, show your stuff.
Let's see what you're made of, what you can do.
Unleash your outrage.
Target the arrogant and lay them flat.
Target the arrogant and bring them to their knees.
Stop the wicked in their tracks—make mincemeat of them!
Dig a mass grave and dump them in it—
faceless corpses in an unmarked grave.
I'll gladly step aside and hand things over to you—
you can surely save yourself with no help from me!

15-24 "Look at the land beast, Behemoth. I created him as well as you.
Grazing on grass, docile as a cow—
Just look at the strength of his back,
the powerful muscles of his belly.
His tail sways like a cedar in the wind;
his huge legs are like beech trees.

골격은 강철로 만들어졌고
온몸의 뼈가 강철처럼 단단하다.
내가 만든 피조물 가운데 으뜸이지만
지금도 나는 그놈을 어린양처럼 여기저기 끌고 다닌다!
산에 덮인 풀들이 다 놈의 먹이고
들쥐는 놈의 그늘 아래서 뛰논다.
오후에는 나무 그늘 아래서 낮잠을 자고
갈대 습지에서 몸을 식힌다.
버드나무 사이로 부는 바람을 맞으며
나무 그늘 아래에 느긋하게 몸을 누인다.
강물이 흘러넘쳐도 꿈쩍 않고
요단 강이 세차게 흘러도 아랑곳없이 태연하다.
녀석을 애완동물로 키우고 싶은 마음은 없을 것이다.
집에서 기를 수도 없을 테니!"

41 1-11 "바다 괴물 리워야단을 낚싯대로 낚을 수 있겠느냐?
통발로 그놈을 잡을 수 있겠느냐?
올가미 밧줄과
닻으로 놈을 잡을 수 있겠느냐?
놈이 네게 살려 달라고 간청하겠으며
현란한 말로 네 비위를 맞추겠느냐?
네 밑에서 평생 심부름을 하며 너를 섬기게 해달라고
부탁하겠느냐?
그것을 애완용 금붕어처럼 노리개로 삼고
동네 아이들의 마스코트로 삼을 수 있느냐?
놈을 시장에 내놓고
손님들과 가격 흥정을 할 수 있겠느냐?
놈에게 화살을 퍼부어 바늘이 잔뜩 꽂힌 바늘꽂이처럼 만들 수 있겠으며,
그 거대한 머리에 작살을 쑤셔 박을 수 있겠느냐?
놈에게 손이라도 얹었다가는
무용담을 이야기하기는커녕 목숨도 부지하지 못할 것이다.
그런 엄청난 놈을 상대로 무슨 승산이 있겠느냐?
놈을 한번 보기만 해도 고꾸라지고 말 것이다!
노려보는 그놈의 얼굴을 보는 것만으로도 기가 꺾인다면,
내게는 어떻게 맞서겠다는 것이냐?
내게 덤볐다가 어느 누가 무사하겠느냐?
이 모든 것이 다 내 것이다. 내가 이 우주를 다스린다!

His skeleton is made of steel,
every bone in his body hard as steel.
Most magnificent of all my creatures,
but I still lead him around like a lamb!
The grass-covered hills serve him meals,
while field mice frolic in his shadow.
He takes afternoon naps under shade trees,
cools himself in the reedy swamps,
Lazily cool in the leafy shadows
as the breeze moves through the willows.
And when the river rages he doesn't budge,
stolid and unperturbed even when the Jordan goes wild.
But you'd never want him for a pet—
you'd never be able to housebreak him!"

I Run This Universe

41 1-11 "Or can you pull in the sea beast, Leviathan, with a fly rod
and stuff him in your creel?
Can you lasso him with a rope,
or snag him with an anchor?
Will he beg you over and over for mercy,
or flatter you with flowery speech?
Will he apply for a job with you
to run errands and serve you the rest of your life?
Will you play with him as if he were a pet goldfish?
Will you make him the mascot of the neighborhood children?
Will you put him on display in the market
and have shoppers haggle over the price?
Could you shoot him full of arrows like a pin cushion,
or drive harpoons into his huge head?
If you so much as lay a hand on him,
you won't live to tell the story.
What hope would you have with such a creature?
Why, one look at him would do you in!
If you can't hold your own against his glowering visage,
how, then, do you expect to stand up to *me*?
Who could confront me and get by with it?
I'm *in charge* of all this—I *run* this universe!

12-17 "But I've more to say about Leviathan, the

12-17 바다 괴물 리워야단에 대해 할 말이 더 있다.
그 어마어마한 체구, 그 빼어난 모습 말이다.
누가 그 단단한 가죽을 뚫으며
그 턱에 재갈을 물릴 수 있겠느냐?
흉포한 이빨들이 줄줄이 늘어서 있는데
누가 감히 그 턱을 열려고 하겠느냐?
놈의 자랑거리는 최강의 가죽이다.
그 무엇도 그것에 흠을 낼 수 없다.
놈이 자랑하는 가죽을 그 무엇도 뚫을 수 없고
어떤 무기나 비바람도 그것을 파고들 수 없다.
가죽 중에서 가장 두껍고 질겨,
결코 뚫리지 않는다!

18-34 놈이 콧김을 뿜으면 온 세상이 불로 환해지고
눈을 뜨면 동이 튼다.
그 입에서는 혜성들이 쏟아져 나오고
불꽃들이 부채꼴로 갈라져 나온다.
펄펄 끓는 가마에서 증기가 나오듯
놈의 콧구멍에서 연기가 뿜어져 나온다.
입김을 내뿜으면 화염이 이글거리고
그 아가리에서 불길이 흘러나온다.
그 몸은 온통 근육질, 단단하고 빈틈이 없다.
놈과 마주치는 것은 죽음과 짝을 이뤄 춤을 추는 꼴.
얼마나 건장하고 유연한지
온몸에 약점 하나 없다.
속속들이 강하고
바위처럼 단단해, 도무지 상처를 입지 않는다.
놈이 몸을 일으키면 천사들도 숨을 곳을 찾아 달아나고
거센 바람을 일으키며 휘두르는 놈의 꼬리를 피해 움츠러든다.
창과 작살도 그 가죽에 상처를 내지 못하고
꼴사납게 튕겨 나온다.
그 앞에서는 철봉도 지푸라기에 불과하다.
청동 무기는 말할 것도 없다.
화살이 날아와도 눈 하나 깜짝 않고
날아드는 총알은 빗방울 정도에 불과하다.
도끼를 불쏘시개 나뭇조각 정도로 취급하고
날아오는 작살을 우습게 여긴다.
장갑판을 댄 듯 튼튼한 놈의 배는 거침이 없고
바지선처럼 막강하여 저지할 수 없다.
심해를 휘저어 끓는 물처럼 만들고
달걀로 거품을 만들듯 바다를 젓는다.
한번 지나가면 빛나는 자취가 죽 이어지니,
대양에 회색 수염이 돋아난 듯 보일 것이다!

sea beast,
his enormous bulk, his beautiful shape.
Who would even dream of piercing that tough skin
or putting those jaws into bit and bridle?
And who would dare knock at the door of his mouth
filled with row upon row of fierce teeth?
His pride is invincible;
nothing can make a dent in that pride.
Nothing can get through that proud skin—
impervious to weapons and weather,
The thickest and toughest of hides,
impenetrable!

18-34 "He snorts and the world lights up with fire,
he blinks and the dawn breaks.
Comets pour out of his mouth,
fireworks arc and branch.
Smoke erupts from his nostrils
like steam from a boiling pot.
He blows and fires blaze;
flames of fire stream from his mouth.
All muscle he is—sheer and seamless muscle.
To meet him is to dance with death.
Sinewy and lithe,
there's not a soft spot in his entire body—
As tough inside as out,
rock-hard, invulnerable.
Even angels run for cover when he surfaces,
cowering before his tail-thrashing turbulence.
Javelins bounce harmlessly off his hide,
harpoons ricochet wildly.
Iron bars are so much straw to him,
bronze weapons beneath notice.
Arrows don't even make him blink;
bullets make no more impression than raindrops.
A battle ax is nothing but a splinter of kindling;
he treats a brandished harpoon as a joke.
His belly is armor-plated, inexorable—
unstoppable as a barge.
He roils deep ocean the way you'd boil water,
he whips the sea like you'd whip an egg into batter.
With a luminous trail stretching out behind him,
you might think Ocean had grown a gray beard!
There's nothing on this earth quite like him,

이 세상에 그와 같은 것이 없으니
녀석은 두려움을 전혀 모른다!
높은 자들과 강한 자들을 다 낮추어 보니
대양의 왕, 심해의 제왕이다!"

욥의 회개

42 1-6 욥이 하나님께 대답했다.

"확실히 알겠습니다. 주께서는 무슨 일이든 하실 수 있고
누구도, 그 무엇도 주님의 계획을 망칠 수 없습니다.
주께서 '누가 이렇게 물을 흐리고,
아무것도 모르면서 상황을 혼란스럽게 만들며,
나의 의도를 지레짐작하느냐?' 하고 물으셨습니다.
자백합니다. 내가 그랬습니다. 내 능력 밖의 일에 대해 함부로 지껄였고,
내 머리로는 도무지 이해할 수 없는 경이로운 일들을 놓고 떠들어 댔습니다.
주께서는 '귀 기울여 들어라. 내가 말하겠다.
내가 몇 가지 물어볼 테니 네가 대답을 하여라' 하셨습니다.
인정합니다. 전에는 내가 주님에 대한 소문만 들었으나
이제는 내 눈과 내 귀로 직접 보고 들었습니다!
잘못했습니다. 용서해 주십시오.
다시는 그렇게 하지 않겠습니다. 맹세합니다!
다시는 전해 들은 말의 껍질, 소문의 부스러기에
의존해 살지 않겠습니다."

하나님께서 욥을 회복시키시다

7-8 하나님께서 욥에게 말씀을 마치신 후에 데만 사람 엘리바스에게 말씀하셨다. "나는 너와 네 두 친구에게 질렸다. 넌더리가 난다! 너희는 내 앞에서 정직하지도 않았고 나에 대해 정직하게 말하지도 않았다. 너희는 내 친구 욥과 달랐다. 너희가 해야 할 일이 있다. 수소 일곱 마리와 숫양 일곱 마리를 가지고 내 친구 욥에게 가거라. 그리고 너희 자신을 위해 번제를 드려라. 내 친구 욥이 너희를 위해 기도해 줄 것이고, 나는 그의 기도를 들을 것이다. 너희는 나에 대해 허튼소리를 했고 욥과 달리 내게 정직하지 않았으나, 욥의 기도를 봐서 나는 너희 잘못대로 갚지 않을 것이다."
9 데만 사람 엘리바스, 수아 사람 빌닷, 나아마 사람 소발은 하나님께서 명령하신 대로 행했다. 하나님께서 욥의 기도를 들어주셨다.

not an ounce of fear in *that* creature!
He surveys all the high and mighty—
king of the ocean, king of the deep!"

Job Worships GOD
I Babbled On About Things Far Beyond Me

42 1-6 Job answered GOD:

"I'm convinced: You can do anything and everything.
Nothing and no one can upset your plans.
You asked, 'Who is this muddying the water,
ignorantly confusing the issue, second-guessing my purposes?'
I admit it. I was the one. I babbled on about things far beyond me,
made small talk about wonders way over my head.
You told me, 'Listen, and let me do the talking.
Let me ask the questions. *You* give the answers.'
I admit I once lived by rumors of you;
now I have it all firsthand—from my own eyes and ears!
I'm sorry—forgive me. I'll never do that again, I promise!
I'll never again live on crusts of hearsay, crumbs of rumor."

GOD Restores Job
I Will Accept His Prayer

7-8 After GOD had finished addressing Job, he turned to Eliphaz the Temanite and said, "I've had it with you and your two friends. I'm fed up! You haven't been honest either with me or about me—not the way my friend Job has. So here's what you must do. Take seven bulls and seven rams, and go to my friend Job. Sacrifice a burnt offering on your own behalf. My friend Job will pray for you, and I will accept his prayer. He will ask me not to treat you as you deserve for talking nonsense about me, and for not being honest with me, as he has."
9 They did it. Eliphaz the Temanite, Bildad the Shuhite, and Zophar the Naamathite did what GOD commanded. And GOD accepted Job's prayer.
10-11 After Job had interceded for his friends, GOD

10-11 욥이 친구들을 위해 중보기도를 드린 이후에 하나님께서 그의 재산을 회복시켜 주셨는데, 전보다 갑절로 돌려주셨다! 그의 형제와 자매, 친구들이 모두 그의 집으로 와서 축하해 주었다. 그들은 지난 일에 대해 참으로 안타깝게 생각한다고 말하면서, 하나님께서 허락하신 온갖 괴로움을 생각하며 그를 위로했다. 다들 집들이 선물을 푸짐하게 가져왔다.

12-15 이후 하나님께서 욥에게 그 이전보다 더 많은 복을 내리셨다. 그는 양 만 사천 마리, 낙타 육천 마리, 겨릿소 천 쌍, 나귀 천 마리를 소유하게 되었다. 아들 일곱과 딸 셋도 얻었다. 그는 첫째 딸을 비둘기, 둘째 딸을 계피, 셋째 딸을 검은 눈이라고 불렀다. 그 지역에는 욥의 딸들만큼 아리따운 여자가 없었다. 욥은 딸들을 아들들과 동등하게 대우했고, 유산도 똑같이 나눠 주었다.

16-17 욥은 백사십 년을 더 살면서 자손을 사 대까지 보았다! 나이가 많이 든 그는, 천수를 누리고 죽었다.

restored his fortune—and then doubled it! All his brothers and sisters and friends came to his house and celebrated. They told him how sorry they were, and consoled him for all the trouble GOD had brought him. Each of them brought generous housewarming gifts.

12-15 GOD blessed Job's later life even more than his earlier life. He ended up with fourteen thousand sheep, six thousand camels, one thousand teams of oxen, and one thousand donkeys. He also had seven sons and three daughters. He named the first daughter Dove, the second, Cinnamon, and the third, Darkeyes. There was not a woman in that country as beautiful as Job's daughters. Their father treated them as equals with their brothers, providing the same inheritance.

16-17 Job lived on another 140 years, living to see his children and grandchildren—four generations of them! Then he died—an old man, a full life.

오랜 세월 수많은 그리스도인들이 시편을 통해 기도하는 법을 배웠다. 그리스도인들은 그보다 몇 세기 전부터 기도하고 예배해 온 유대인들에게서 이 기도책을 물려받았다. 이 책에 담긴 언어를 우리 것으로 삼을 때, 우리에게 말씀하시는 하나님께 합당하게 응답할 수 있다.

평생 목회자로 일하다 보니 시편을 '지금 우리가 쓰는 말'로 풀어내고 싶은 마음을 갖게 되었다. 목사는 무엇보다도 사람들에게 기도를 가르쳐야 할 사람이다. 그들이 모든 경험을 가지고 기도의 자리로 나가 정직하고 철저하게 하나님께 아뢰도록 도와야 할 사람이다. 그 일은 생각처럼 쉽지 않았다. 시작은 쉽다. 기도의 욕구는 우리의 존재 중심에 깊이 내재해 있는 터라 사실 무슨 일이든지 기도의 계기가 될 수 있기 때문이다. "도와주세요"와 "감사합니다"가 가장 기본적인 기도다. 그러나 정직함과 철저함은 그렇게 쉽사리 생기지 않는다.

말씀으로 세계를 창조하신 거룩하신 하나님과 대화한다고 생각하면 곤혹감이 드는 것이 당연하다. 어색하고 거북하게 느껴진다. "나처럼 못된 인간이 무슨 기도야. 행실을 바로잡아 괜찮은 사람이 될 때까지 기다려야지" 하는 마음을 갖게 된다. 때로는 어휘가 부족하다는 핑계를 대기도 한다. "몇 달만 시간을 주세요. 아니 몇 년만! 하나님과의 거룩한 만남에 어울리는 세련된 기도를 할 수 있게 훈련받고 싶습니다. 그러면 더듬거리거나 불편한 느낌이 드는 일이 없을 거예요."

나는 이런 고충을 털어놓는 사람들의 손에 시편을 쥐어 주며 말한다. "집에 가서 이대로 기도하십시오. 지금 기도에 대해 잘못 생각하고 있는 것 같습니다. 이 시편에 나온 대로 기도하다 보면 잘못된 생각이 없어지고 진짜 기도가 무엇인지 알게 될 겁니다." 내 말대로 한 이들은 대개 놀랍다는 반응을 보였다. 그들은 성경에 그런 내용이 있을 줄 몰랐다고 말했다. 그러면 나는 그들의 놀라움에 놀라움을 표시한다. "시편이 고상한 사람들의 기도일 거라고 생각했습니까? 시편 기자들의

Most Christians for most of the Christian centuries have learned to pray by praying the Psalms. The Hebrews, with several centuries of a head start on us in matters of prayer and worship, provided us with this prayer book that gives us a language adequate for responding to the God who speaks to us.

The stimulus to paraphrase the Psalms into a contemporary idiom comes from my lifetime of work as a pastor. As a pastor I was charged with, among other things, teaching people to pray, helping them to give voice to the entire experience of being human, and to do it both honestly and thoroughly. I found that it was not as easy as I expected. Getting started is easy enough. The impulse to pray is deep within us, at the very center of our created being, and so practically anything will do to get us started. "Help" and "Thanks!" are our basic prayers. But honesty and thoroughness don't come quite as spontaneously.

Faced with the prospect of conversation with a holy God who speaks worlds into being, it is not surprising that we have trouble. We feel awkward and out of place: "I'm not good enough for this. I'll wait until I clean up my act and prove that I am a decent person." Or we excuse ourselves on the grounds that our vocabulary is inadequate: "Give me a few months—or years!—to practice prayers that are polished enough for such a sacred meeting. Then I won't feel so stuttery and ill at ease."

My usual response when presented with these difficulties is to put the Psalms in a person's hand and say, "Go home and pray these. You've got wrong ideas about prayer; the praying you find in these Psalms will dispel the wrong ideas and introduce you to the real thing." A common response of those who do what I ask is surprise—they don't expect this kind of thing in the Bible. And then I express surprise at their surprise: "Did you think these would be the prayers of *nice* people? Did you think the psalmists' language would

언어가 세련되고 예의 바를 거라고 생각했습니까?"

기도에 대해 배우지 못한 상태에서는 선한 사람들이 잘해 나가고 있을 때 하는 행위로 기도를 오해하기 쉽다. 그러나 기도는 그런 것이 아니다. 경험이 없는 상태에서는 "기도용" 언어가 따로 있을 거라고 생각하고 그 언어를 익혀야만 하나님이 우리의 기도를 진지하게 들어주실 거라고 지레짐작한다. 하지만 그런 언어는 존재하지 않는다. 기도는 고급언어가 아니라 초급언어로 드려진다. 우리의 언어는 기도라는 수단을 통해 하나님에 대한 정직하고 참되고 인격적인 반응을 담아내게 된다. 우리는 기도를 통해 삶의 모든 것을 하나님께 내어놓는다. 다윗은 다음과 같이 기록했다.

하나님, 내 삶을 샅샅이 살피시고
모든 사실을 직접 알아보소서.
나는 주님 앞에 활짝 펼쳐진 책이니,
멀리서도 주께서는 내 생각을 다 아십니다.……

오 하나님, 내 삶을 샅샅이 살피시고
나에 대해 모든 것을 캐 보소서.
나를 심문하고 시험하셔서
내가 어떤 사람인지 분명히 파악하소서.
내가 잘못한 일이 있는지 직접 살피시고
나를 영원한 생명의 길로 인도하소서.
(시 139:1, 23-24)

그러나 목사인 나의 격려로 시편을 읽고도 여전히 기도를 잘 모르겠다는 사람들이 종종 있다. 영어로 번역된 시편은 매끄럽고 세련된 데다가 두운과 각운까지 맞춰져 있다. 문학적으로는 비할 데 없이 뛰어나다. 그러나 시편이 분노와 찬양과 탄식의 순간에 하나님을 갈망하는 사람들의 육성이 담긴 기도라는 사실을 생각할 때, 이런 번역에는 중요한 것이 빠져 있음을 알 수 있다. 문법적으로는 정확하다. 번역의 기초가 되는 학식은 깊고 탁월하다. 하지만 기도로 보자면 썩 흡족하지 않다. 히브리인들의 시편은 순박하면서도 거칠다. 고상하지 않다. 우아한 언어로 표현되는 교양인의 기도가 아니다.

그래서 나는 목회현장에서 만나는 이들에게 기도하는 법을 가르치면서 시편을 현대 영어의 운율과 표현으로 풀어 쓰기 시작했다. 나는 너무나 폭넓고 힘이 넘치는 시편의 기도를 가장 잘 다가오는 언어로 생생하게 접하게 해주고 싶었다. 다윗을 포함한 시

be polished and polite?"

Untutored, we tend to think that prayer is what good people do when they are doing their best. It is not. Inexperienced, we suppose that there must be an "insider" language that must be acquired before God takes us seriously in our prayer. There is not. Prayer is elemental, not advanced, language. It is the means by which our language becomes honest, true, and personal in response to God. It is the means by which we get everything in our lives out in the open before God. David wrote,

GOD, investigate my life;
get all the facts firsthand.
I'm an open book to you;
even from a distance, you know what I'm thinking...

Investigate my life, O God,
find out everything about me;
Cross-examine and test me,
get a clear picture of what I'm about;
See for yourself whether I've done anything wrong–
then guide me on the road to eternal life.
(Psalm 139:1, 23-24)

But even with the Psalms in their hands and my pastoral encouragement, people often tell me that they still don't get it. In English translation, the Psalms often sound smooth and polished, sonorous with Elizabethan rhythms and diction. As literature, they are beyond compare. But as *prayer*, as the utterances of men and women passionate for God in moments of anger and praise and lament, these translations miss something. *Grammatically*, they are accurate. The scholarship undergirding the translations is superb and devout. But as *prayers* they are not quite right. The Psalms in Hebrew are earthy and rough. They are not genteel. They are not the prayers of nice people, couched in cultured language.

And so in my pastoral work of teaching people to pray, I started paraphrasing the Psalms into the rhythms and idiom of contemporary English.

편 기자들이 처음 시편을 썼을 때 사용했던 언어의 느낌을 전달하고 싶었다.

나는 이 작업을 앞으로도 계속하고 싶다. 더없이 정직하고 꼼꼼하고 철저하게 기도할 때, 역시 시편으로 기도하셨던 예수 그리스도 안에서 우리가 온전하고 참된 인간이 될 수 있을 것이라 확신하기 때문이다.

I wanted to provide men and women access to the immense range and the terrific energies of prayer in the kind of language that is most immediate to them, which also happens to be the language in which these psalm prayers were first expressed and written by David and his successors.

I continue to want to do that, convinced that only as we develop raw honesty and detailed thoroughness in our praying do we become whole, truly human in Jesus Christ, who also prayed the Psalms.

시편

1 [1] 그대, 하나님께서 좋아하실 수밖에!
죄악 소굴에 들락거리길 하나,
망할 길에 얼씬거리길 하나,
배웠다고 입만 살았길 하나.

2-3 오직 하나님 말씀에 사로잡혀
밤낮 성경말씀 곱씹는 그대!
에덴에 다시 심긴 나무,
달마다 신선한 과실 맺고
잎사귀 하나 지는 일 없이,
늘 꽃 만발한 나무라네.

4-5 악인들의 처지는 얼마나 다른가.
바람에 날리는 먼지 같은 그들,
입이 열 개라도 할 말 없는 죄인들이라
떳떳한 이들 사이에 끼지 못하네.

6 그대의 길은 하나님께서 지도해 주시나,
악인들의 종착지는 구렁텅이일 뿐.

2 1-6 뭇 나라들아, 웬 소란이냐?
뭇 민족들아, 웬 흉계냐?
땅의 두목들이 권력투쟁을 벌이고
선동가와 대표자들이 모여 정상회담을 여는구나.
하나님을 부정하며 메시아께 대드는 그들,
"하나님에게서 벗어나자!
메시아에게서 풀려나자!" 소리친다.
하늘 보좌에 앉으신 하나님께서 웃음을 터뜨리신다.
주제넘게 구는 그들을 가소로워하시다가,
마침내 대로하신다.

PSALMS

1 [1] How well God must like you—
you don't hang out at Sin Saloon,
you don't slink along Dead-End Road,
you don't go to Smart-Mouth College.

2-3 Instead you thrill to GOD's Word,
you chew on Scripture day and night.
You're a tree replanted in Eden,
bearing fresh fruit every month,
Never dropping a leaf,
always in blossom.

4-5 You're not at all like the wicked,
who are mere windblown dust—
Without defense in court,
unfit company for innocent people.

6 GOD charts the road you take.
The road *they* take is Skid Row.

2 1-6 Why the big noise, nations?
Why the mean plots, peoples?
Earth-leaders push for position,
Demagogues and delegates meet for summit talks,
The God-deniers, the Messiah-defiers:
"Let's get free of God!
Cast loose from Messiah!"
Heaven-throned God breaks out laughing.
At first he's amused at their presumption;
Then he gets good and angry.

불같이 노를 터뜨리시며, 그들을 얼어붙게 만드신다.
"네 이놈들! 시온에 엄연히 왕이 있거늘!
거룩한 산 정상에서 그의 대관식 잔치가 열리고 있거늘!"

7-9 하나님께서 이어 뭐라고 말씀하셨는지 알려 주마.
그분께서 말씀하셨다. "너는 내 아들,
오늘은 네 생일이다.
원하는 것이 있느냐? 말만 하여라.
나라들을 선물로 주랴? 대륙들을 상으로 주랴?
너는 그것들을 마음대로 갖고 놀다가,
내일 쓰레기통에 던져도 좋다."

10-12 그러니 왕들아, 이 역당들아, 머리가 있으면 생각을 하여라.
건방 떠는 통치자들아, 교훈을 새겨라.
하나님을 흠모하며 그분께 경배하여라.
두려워 떨며 찬양하여라. 메시아께 입 맞추어라!
네 목숨이 경각에 달렸다.
그분의 노가 터지기 일보 직전이다.
그러나 하나님께 필사적으로 달아나는 이들은 결코 후회하지 않을 터!

다윗의 시. 다윗이 아들 압살롬을 피해 달아났을 때

3 1-2 하나님! 보십시오! 저 셀 수 없이 많은 적들을!
적들이 벌 떼처럼 일어나
폭도처럼 나를 에워싸고 조롱을 퍼붓습니다.
"하! 하나님이 저 자를 도와주신다고?"

3-4 그러나 하나님, 주님은 나의 사방에 방패를 두르시고
내 발을 받쳐 주시고, 내 머리를 들어 주십니다.
내가 온 힘 다해 하나님께 외치면,
그 거룩한 산에서 천둥소리로 응답해 주십니다.

5-6 이 몸, 두 다리 쭉 뻗고 누워
한숨 푹 자고 일어납니다. 푹 쉬었다가 씩씩하게 일어나,
벌 떼처럼 달려드는 적들을
두려움 없이 맞습니다.

7 일어나소서, 하나님! 나의 하나님, 도와주소서!
저들의 얼굴을 후려갈기소서.
이쪽저쪽 귀싸대기를 올리소서.
주먹으로 아구창을 날리소서!

Furiously, he shuts them up:
"Don't you know there's a King in Zion? A coronation banquet
Is spread for him on the holy summit."

7-9 Let me tell you what GOD said next.
He said, "You're my son,
And today is your birthday.
What do you want? Name it:
Nations as a present? continents as a prize?
You can command them all to dance for you,
Or throw them out with tomorrow's trash."

10-12 So, rebel-kings, use your heads;
Upstart-judges, learn your lesson:
Worship GOD in adoring embrace,
Celebrate in trembling awe. Kiss Messiah!
Your very lives are in danger, you know;
His anger is about to explode,
But if you make a run for God—you won't regret it!

A David Psalm, When He Escaped for His Life from Absalom, His Son

3 1-2 GOD! Look! Enemies past counting!
Enemies sprouting like mushrooms,
Mobs of them all around me, roaring their mockery:
"Hah! No help for *him* from God!"

3-4 But you, GOD, shield me on all sides;
You ground my feet, you lift my head high;
With all my might I shout up to GOD,
His answers thunder from the holy mountain.

5-6 I stretch myself out. I sleep.
Then I'm up again—rested, tall and steady,
Fearless before the enemy mobs
Coming at me from all sides.

7 Up, GOD! My God, help me!
Slap their faces,
First this cheek, then the other,
Your fist hard in their teeth!

8 참된 도움은 오직 하나님께로부터 옵니다.
주님의 복으로 주님 백성을 휘감아 주십니다!

다윗의 시

4 1 내가 부를 때 응답하소서. 하나님, 내 편이 되어 주소서!
내가 궁지에 몰렸을 때, 주님은 나를 구해 주셨습니다.
지금 다시 곤경에 처했으니, 은혜를 베푸시고
내 기도를 들어주소서!

2 너희 어중이떠중이들아, 너희의 비웃는 소리 내 얼마나 더 참아 주랴?
대체 언제까지 거짓에 빠져 살려느냐?
언제까지 망상에 취해 살려느냐?

3 자, 보아라.
하나님께서 누구를 택하셨는지를!
내가 부르는 즉시 그분은 내 음성을 들으신다.

4-5 불평하려거든 해라. 다만 빈정대지는 마라.
입을 다물고, 네 마음의 소리에 귀 기울여라.
하나님의 법정에 호소하고 그분의 평결을 기다려라.

6-7 왜 다들 더 많이 갖지 못해 안달일까? 맨날 "더! 더!"
"더 많이! 더 많이!"
그러나 내게는 하나님이 있어 차고 넘칩니다.
평범한 하루 내가 누리는 이 기쁨이
날마다 흥청거리는 저들이 얻는 것보다 더 큽니다.

7-8 내가 하루 일을 끝내고 단잠에 드는 것은
하나님께서 내 삶을 회복시켜 주시기 때문입니다.

다윗의 시

5 1-3 하나님, 들어주소서! 부디 귀 기울여 주소서!
신음하고 울부짖으며,
두서없이 쏟아내는 나의 말을 알아들으시겠는지요?
왕이신 하나님, 주님의 도움이 필요합니다.
아침마다 주님,
내 기도 들으시겠지요.
아침마다 나,
주님의 제단에
깨진 내 삶의 조각들 펼쳐 놓고
불이 내려오기를 기다립니다.

4-6 주님은 악과 상종하지 않으시며,

8 Real help comes from GOD.
Your blessing clothes your people!

A David Psalm

4 1 When I call, give me answers. God, take my side!
Once, in a tight place, you gave me room;
Now I'm in trouble again: grace me! hear me!

2 You rabble—how long do I put up with your scorn?
How long will you lust after lies?
How long will you live crazed by illusion?

3 Look at this: look
Who got picked by *GOD*!
He listens the split second I call to him.

4-5 Complain if you must, but don't lash out.
Keep your mouth shut, and let your heart do the talking.
Build your case before God and wait for his verdict.

6-7 Why is everyone hungry for *more*? "More, more," they say.
"More, more."
I have God's more-than-enough,
More joy in one ordinary day

7-8 Than they get in all their shopping sprees.
At day's end I'm ready for sound sleep,
For you, GOD, have put my life back together.

A David Psalm

5 1-3 Listen, GOD! Please, pay attention!
Can you make sense of these ramblings,
my groans and cries?
King-God, I need your help.
Every morning
you'll hear me at it again.
Every morning
I lay out the pieces of my life
on your altar
and watch for fire to descend.

악을 주님의 집에 들이시는 법이 없습니다.
허풍 떠는 자들을 바닥에 고꾸라뜨리시고
이간질하는 자들을 보시면 고개를 절레절레 흔드십니다.
하나님께서는 거짓말하는 자들을 파멸시키시고
피에 주린 자들, 진실을 구부러뜨리는 자들을 역겨워하십니다.

7-8 그런데 나를 이렇게 맞아 주시다니요!
믿기지 않습니다.
이 몸, 주님의 집에 들어와 있습니다.
주님의 내실 성소에 엎드려
적진을 무사히 뚫고 나갈 방도를 일러 주시기를
기다리고 있습니다.

9-10 저들의 말은 하나같이 지뢰입니다.
그 폐는 독가스를 뿜어 댑니다.
저들의 목구멍은 쩍 벌어진 무덤,
그 혀는 기름칠한 듯 매끄럽습니다.
하나님, 저들의 죄를 물으소서!
지혜롭다는 저들, 그 지혜 때문에 망하게 하소서.
저들을 내치소서! 주님을 내친 자들입니다.

11-12 그러나 주께 피해 달아나는 우리는
주께서 두 팔 벌려 맞아 주소서.
밤샘 잔치가 벌어지게 하소서!
우리 잔치를 호위해 주소서.
하나님은 주님을 찾는 이들을 환영하시고
기쁨으로 단장해 주시는 분으로 이름 높습니다.

4-6 You don't socialize with Wicked,
or invite Evil over as your houseguest.
Hot-Air-Boaster collapses in front of you;
you shake your head over Mischief-Maker.
GOD destroys Lie-Speaker;
Blood-Thirsty and Truth-Bender disgust you.

7-8 And here I am, your invited guest—
it's incredible!
I enter your house; here I am,
prostrate in your inner sanctum,
Waiting for directions
to get me safely through enemy lines.

9-10 Every word they speak is a land mine;
their lungs breathe out poison gas.
Their throats are gaping graves,
their tongues slick as mudslides.
Pile on the guilt, God!
Let their so-called wisdom wreck them.
Kick them out! They've had their chance.

11-12 But you'll welcome us with open arms
when we run for cover to you.
Let the party last all night!
Stand guard over our celebration.
You are famous, GOD, for welcoming God-seekers,
for decking us out in delight.

다윗의 시

6

1-2 하나님, 이제 나를 그만 혼내소서.
부디 그만 벌하소서.
주님의 그 보살핌 몹시도 그리우니,
이제 나를 다정히 맞아 주소서.

2-3 뼈와 영혼까지 두들겨 맞아
얼룩덜룩 멍든 내 모습 보이지 않으십니까?
하나님, 언제까지
보고만 있으시렵니까?

4-5 하나님, 이제 나서서 이 싸움을 끝장내 주소서.
나를 조금이라도 아끼신다면, 이 궁지에서 건져 주소서.
내가 죽어, 주께 좋을 게 뭐겠습니까?
무덤에 묻혀서는 주님의 찬양대에서 노래할 수 없습

A David Psalm

6

1-2 Please, GOD, no more yelling,
no more trips to the woodshed.
Treat me nice for a change;
I'm so starved for affection.

2-3 Can't you see I'm black-and-blue,
beat up badly in bones and soul?
GOD, how long will it take
for you to let up?

4-5 Break in, GOD, and break up this fight;
if you love me at all, get me out of here.
I'm no good to you dead, am I?
I can't sing in your choir if I'm buried in

니다!

6-7 나는 지쳤습니다. 너무나 지쳤습니다.
사십 일 밤낮을, 침대가
내 눈물 홍수 위를 떠다녔습니다.
매트리스가 눈물에 흠뻑 젖어 눅눅해졌고
내 눈은 검게 움푹 파였습니다.
눈이 멀다시피 하여, 더듬거리며 다닙니다.

8-9 썩 꺼져라, 마귀의 졸개들아.
마침내 하나님께서 내 흐느끼는 소리 들으셨다.
내 간구를 모두 들으시고
내 기도에 응답해 주셨다.

10 겁쟁이들, 원수들이 물러간다.
굴욕을 당하고는 꽁무니를 빼는구나.

다윗의 시

7 1-2 하나님! 하나님! 추격이 극심하여
죽을힘 다해 주께 피합니다.
저들에게 붙잡히면, 나는 끝장입니다.
사자처럼 사나운 적에게 갈기갈기 찢겨
숲으로 끌려가게 될 것입니다.
찾는 이, 기억해 주는 사람 없이 버려지고 말 것입니다.

3-5 하나님, 저들 말대로
내가 친구를 배신하고
원수들에게 바가지를 씌웠다면,
정말로 내 손이 그렇게 더럽다면,
저들이 나를 붙잡아 깔아뭉개게 하시고
나를 진흙탕에 처박게 하소서.

6-8 하나님, 일어나소서.
광포한 원수들에게 주님의 거룩한 분노를 쏟아내
소서.
하나님, 깨어나소서. 나를 고소한 자들이
법정을 가득 메웠습니다. 지금은 판결을 내리실 때입
니다.
재판석에 좌정하시고 주님의 법봉을 두드려
나에 대한 거짓고소를 기각하여 주소서.
나는 준비되었습니다.
주께서 "무죄" 판결을 내리시리라 자신합니다.

9-11 하나님, 악인들의 악을 끝장내시고
우리에게 주님의 명령을 공표하소서.

some tomb!

6-7 I'm tired of all this—so tired. My bed
has been floating forty days and nights
On the flood of my tears.
My mattress is soaked, soggy with tears.
The sockets of my eyes are black holes;
nearly blind, I squint and grope.

8-9 Get out of here, you Devil's crew:
at last GOD has heard my sobs.
My requests have all been granted,
my prayers are answered.

10 Cowards, my enemies disappear.
Disgraced, they turn tail and run.

A David Psalm

7 1-2 GOD! God! I am running to you for
dear life;
the chase is wild.
If they catch me, I'm finished:
ripped to shreds by foes fierce as lions,
dragged into the forest and left
unlooked for, unremembered.

3-5 GOD, if I've done what they say—
betrayed my friends,
ripped off my enemies—
If my hands are really that dirty,
let them get me, walk all over me,
leave me flat on my face in the dirt.

6-8 Stand up, GOD; pit your holy fury
against my furious enemies.
Wake up, God. My accusers have packed
the courtroom; it's judgment time.
Take your place on the bench, reach for your gavel,
throw out the false charges against me.
I'm ready, confident in your verdict:
"Innocent."

9-11 Close the book on Evil, GOD,
but publish your mandate for us.
You get us ready for life:

주님은 우리 인생을 단련시키시는 분,
우리의 약한 곳을 살펴 헤아리시고
우리의 거친 곳을 깎아 다듬으시는 분.
주께서 바로잡으시고 붙들어 주시니
이제 내가 강건하고 안전합니다.
존귀하신 하나님은 매사를 올바르게 행하시는 분.
그러나 언제라도 노여움을 터뜨릴 수 있는 분.

11-13 아무도 빠져나가지 못한다.
하나님께서 이미 행동에 돌입하셨다.
숫돌에 칼을 가시고
활을 메워 시위에 화살을 얹으시며,
손에는 흉기를 드셨다.
화살마다 불이 붙어 이글거린다.

14 보라, 저 사람을!
죄와 간통하여
악을 잉태했구나.
오, 보라! 아기를 낳았는데
거짓을 낳았구나!

15-16 날마다 삽질하며
저 곧게 뻗은 외길 밑에
함정을 파고 은폐하는 저 자가 보이느냐?
돌아가 다시 살펴보아라. 거기에 거꾸로 처박힌 채
바람결에 흔들리는 두 다리가 보이리라.
남에게 끼친 해악은 맞불이 되어 돌아오고
남에게 가한 폭력은 부메랑이 되어 돌아온다.

17 나, 모든 일을 바로잡으시는 하나님께 감사하리라.
지극히 높으신 하나님의 명성을 노래하리라.

다윗의 시

8

1 하나님, 찬란히 빛나는 주님,
주님의 이름은 이제 모르는 사람이 없습니다.

2 주님을 높이며 젖먹이들이 옹알이로 합창하고
막 걷기 시작한 어린아이들이 목청껏 노래하니,
원수의 말소리 묻혀 버리고
무신론자의 지껄임도 잠잠합니다.

3-4 주님의 거대한 하늘, 캄캄하고 광대한 하늘을 우
러러봅니다.
손수 만드신 하늘 보석,
제자리에 박아 넣으신 달과 별들을.

you probe for our soft spots,
you knock off our rough edges.
And I'm feeling so fit, so safe:
made right, kept right.
God in solemn honor does things right,
but his nerves are sandpapered raw.

11-13 Nobody gets by with anything.
God is already in action—
Sword honed on his whetstone,
bow strung, arrow on the string,
Lethal weapons in hand,
each arrow a flaming missile.

14 Look at that guy!
He had sex with sin,
he's pregnant with evil.
Oh, look! He's having
the baby—a Lie-Baby!

15-16 See that man shoveling day after day,
digging, then concealing, his man-trap
down that lonely stretch of road?
Go back and look again—you'll see him in it headfirst,
legs waving in the breeze.
That's what happens:
mischief backfires;
violence boomerangs.

17 I'm thanking God, who makes things right.
I'm singing the fame of heaven-high GOD.

A David Psalm

8

1 GOD, brilliant Lord,
yours is a household name.

2 Nursing infants gurgle choruses about you;
toddlers shout the songs
That drown out enemy talk,
and silence atheist babble.

3-4 I look up at your macro-skies, dark and enormous,
your handmade sky-jewelry,

그리고 한없이 작은 내 모습에 깜짝 놀랍니다.
우리가 무엇이기에 이토록 걱정하시고
우리 인생길이 무엇이기에 이토록 살뜰히 살피십니까?

5-8 하지만 우리는 신들보다 조금 못한 자들.
주님은 에덴의 새벽빛으로 빛나는 우리에게
손수 지으신 세상을 맡기시고
창조의 임무를 되새기게 하셨습니다.
양 떼와 소 떼,
들짐승들,
날아다니는 새들과 헤엄치는 물고기,
깊은 바다에서 노래하는 고래들을 다스리게 하셨습니다.

9 하나님, 찬란히 빛나는 주님,
주님의 이름이 온 세상에 메아리칩니다.

다윗의 시

9

1-2 하나님, 온 마음을 다해 감사하며
주께서 행하신 놀라운 일들을 책에 기록합니다.
내가 기쁨에 겨워 휘파람 불고, 즐거워 펄쩍펄쩍 뜁니다.
지극히 높으신 하나님, 주님을 노래합니다.

3-4 내 원수들이 꽁무니를 빼던 그날,
저들은 주님 앞에 비틀거리며 고꾸라졌습니다.
주께서 모든 일을 바로잡으셨고
내가 필요로 할 때, 곁에 계시며 변호해 주셨습니다.

5-6 주님은 사악한 민족들에게 호루라기 불어 경고하시는 분.
비열한 반칙을 저지른 선수들을 퇴장시키시고
곧바로 명단에서 그들의 이름을 삭제하시는 분.
원수들이 퇴장당해 사라지고
그들의 명성은 놀림거리가 되었으며,
그들의 이름이 명예의 전당에서 지워졌습니다.

7-8 하나님께서는 중심을 잡으시고,
세상의 혼란을 살피시며 바로잡으시는 분.
땅에 사는 우리에게 무엇이 알맞은지 정하시고
각 사람에게 합당한 상을 주시는 분.

9-10 하나님은 학대받는 이들을 위한 은신처.
곤경에 처할 때 찾아갈 피난처.
도착하는 순간, 마음이 놓이고

Moon and stars mounted in their settings.
Then I look at my micro-self and wonder,
Why do you bother with us?
Why take a second look our way?

5-8 Yet we've so narrowly missed being gods,
bright with Eden's dawn light.
You put us in charge of your handcrafted world,
repeated to us your Genesis-charge,
Made us lords of sheep and cattle,
even animals out in the wild,
Birds flying and fish swimming,
whales singing in the ocean deeps.

9 GOD, brilliant Lord,
your name echoes around the world.

A David Psalm

9

1-2 I'm thanking you, GOD, from a full heart,
I'm writing the book on your wonders.
I'm whistling, laughing, and jumping for joy;
I'm singing your song, High God.

3-4 The day my enemies turned tail and ran,
they stumbled on you and fell on their faces.
You took over and set everything right;
when I needed you, you were there, taking charge.

5-6 You blow the whistle on godless nations;
you throw dirty players out of the game,
wipe their names right off the roster.
Enemies disappear from the sidelines,
their reputation trashed,
their names erased from the halls of fame.

7-8 GOD holds the high center,
he sees and sets the world's mess right.
He decides what is right for us earthlings,
gives people their just deserts.

9-10 GOD's a safe-house for the battered,
a sanctuary during bad times.
The moment you arrive, you relax;

언제든 문 두드려도 미안한 마음 들지 않는 곳.

11-12 시온에 거하시는 하나님을 노래하고
만나는 모든 이에게 그분 이야기 들려주어라.
살인자의 뒤를 쫓으시되
우리에게서 눈을 떼지 않으시고,
흐느낌과 신음소리 하나 놓치지 않으시는 그분 이야기를.

13-14 하나님, 내게 친절을 베풀어 주소서.
오래도록 이 몸, 이리저리 치이며 살아왔습니다.
죽음의 문턱에서 나를 이끌어 주셨으니,
내가 찬양의 노래를 짓겠습니다.
대로변과 번화가에서
거리 집회를 열겠습니다.
내가 찬양을 이끌 때
구원의 노래 사방에 울려 퍼질 것입니다.

15-16 저 악한 나라들,
자기들이 놓은 덫에 걸리고
자기들이 친 그물에
발이 엉켰구나.
저들, 아무 말도 못하니
하나님의 일하심, 이토록 유명하구나.
악인들이 스스로 만든 교활한 기계장치에
손이 잘렸구나.

17-20 악인들이 손에 쥔 것은
지옥행 편도 승차권.
가난한 이들, 더 이상 이름 없는 자로 살지 않고
비천한 이들, 더 이상 수치를 당하지 않으리라.
하나님, 일어나소서!
악인들의 헛된 교만이 넌더리 나지 않으신지요?
저 허세를 까발려 주소서!
하나님, 저들을 떨게 하소서!
저들이 얼마나 어리석은지 드러내 보이소서.

10 1-2 하나님, 어찌하여 나를 외면하십니까?
주님이 필요한데 어디 계십니까?
악인들이 큰소리치며
가난한 이들을 맹렬히 뒤쫓고 있으니,
하나님, 저들의 다리를 걸어
자기들이 꾸민 흉계에 빠지게 하소서.

you're never sorry you knocked.

11-12 Sing your songs to Zion-dwelling GOD,
tell his stories to everyone you meet:
How he tracks down killers
yet keeps his eye on us,
registers every whimper and moan.

13-14 Be kind to me, GOD;
I've been kicked around long enough.
Once you've pulled me back
from the gates of death,
I'll write the book on Hallelujahs;
on the corner of Main and First
I'll hold a street meeting;
I'll be the song leader; we'll fill the air
with salvation songs.

15-16 They're trapped, those godless countries,
in the very snares they set,
Their feet all tangled
in the net they spread.
They have no excuse;
the way God works is well-known.
The cunning machinery made by the wicked
has maimed their own hands.

17-20 The wicked bought a one-way
ticket to hell.
No longer will the poor be nameless—
no more humiliation for the humble.
Up, GOD! Aren't you fed up with their empty strutting?
Expose these grand pretensions!
Shake them up, GOD!
Show them how silly they look.

10 1-2 GOD, are you avoiding me?
Where are you when I need you?
Full of hot air, the wicked
are hot on the trail of the poor.
Trip them up, tangle them up
in their fine-tuned plots.

3-4 악인들은 빈말을 떠벌리고
사기꾼 입에서는 구린내가 진동합니다.
저들, 하늘을 찌를 듯 콧대가 높아
하나님을 무시합니다.
벽마다 휘갈겨 쓴 낙서가 보입니다.
"잡을 테면 잡아 보라지!" "하나님은 죽었어."

5-6 저들은 주님의 생각에 전혀 개의치 않고,
방해가 된다 싶으면 바로 주님을 외면합니다.
"우리는 잘못되지 않아. 올해는 운이 좋거든!" 하면서
자기들이 근사하게 산다고 생각합니다.

7-8 저들의 입에는 저주가 가득하고
저들의 혀는 살모사처럼 독을 내뱉습니다.
선량한 사람들 뒤에 숨어 있다가
만만한 이들을 덮칩니다.

9 운 나쁜 이를 눈여겨 두었다가
사냥꾼처럼 은밀한 곳에서 기다립니다.
그러다 그 가련한 사람이 가까이서 헤매기라도 하면
뒤에서 그의 등을 찌릅니다.

10-11 불행한 이는 걷어채어 땅바닥에 쓰러지고
운 나쁜 그는 잔인하게 난도질당합니다.
그는 하나님이 자기를 버리셨다고 생각합니다.
자신의 곤경에는 관심이 없다고 여깁니다.

12-13 하나님, 일어나실 때입니다. 서두르소서.
가련한 이들이 하나님께 버림받았다고 생각합니다.
악인들은 하나님을 업신여기고도
어찌하여 무사한지,
저리도 기고만장한데
어찌하여 문책을 당하지 않는지
그들이 의아해합니다.

14 그러나 주님은 이 모든 상황을 아십니다.
그들이 당하는 업신여김과 학대를 잘 아십니다.
언젠가는 가련한 저들이,
주님 주시는 복을 분명히 받게 될 것입니다.
주께서 저들의 기대를 저버리지 않으실 테니,
그들이 영원한 고아로 남지 않을 것입니다.

15-16 악인들의 오른팔을 꺾으시고
악질들의 왼팔을 부러뜨리소서.
범죄의 낌새까지

3-4 The wicked are windbags,
the swindlers have foul breath.
The wicked snub GOD,
their noses stuck high in the air.
Their graffiti are scrawled on the walls:
"Catch us if you can!" "God is dead."

5-6 They care nothing for what you think;
if you get in their way, they blow you off.
They live (they think) a charmed life:
"We can't go wrong. This is our lucky year!"

7-8 They carry a mouthful of hexes,
their tongues spit venom like adders.
They hide behind ordinary people,
then pounce on their victims.

9 They mark the luckless,
then wait like a hunter in a blind;
When the poor wretch wanders too close,
they stab him in the back.

10-11 The hapless fool is kicked to the ground,
the unlucky victim is brutally axed.
He thinks God has dumped him,
he's sure that God is indifferent to his plight.

12-13 Time to get up, GOD–get moving.
The luckless think they're Godforsaken.
They wonder why the wicked scorn God
and get away with it,
Why the wicked are so cocksure
they'll never come up for audit.

14 But you know all about it–
the contempt, the abuse.
I dare to believe that the luckless
will get lucky someday in you.
You won't let them down:
orphans won't be orphans forever.

15-16 Break the wicked right arms,
break all the evil left arms.
Search and destroy
every sign of crime.

모두 찾아 없애 주소서.
그러면 하나님의 은혜와 명령이 승리하고
사악한 자들은 패할 것입니다.

17-18 주께서 가련한 이들의 말에 귀를 기울여 주시니,
저들의 희미한 맥박이 약동하고
절망에 빠진 이들의 심장이 붉은 피를 뿜어 올립니다.
고아들이 부모를 얻고
노숙자들이 집을 얻습니다.
공포정치가 끝나고
폭군들의 지배도 막을 내립니다.

다윗의 시

11 1-3 나, 죽을힘 다해
하나님의 품으로 피해 왔거늘,
이제 와 달아날 이유가 무엇이겠는가?
그런데도 너희는 말하는구나.

"산으로 달아나라.
악인들이 활을 당기고,
악당들이 화살을 겨눈다.
하나님께 정직한 모든 이들을
어둠 속에서 쏘려 한다.
나라의 기초가 무너졌는데
선한 사람인들 살 가망이 있겠는가?"

4-6 그러나 하나님은 산으로 거처를 옮기지 않으셨다.
그분의 거룩한 주소도 바뀌지 않았다.
그분은 여느 때처럼 변함없이 다스리시고
모든 것을 눈여겨보시며,
눈도 깜빡하지 않으신다.
제멋대로 구는 아담의 후손을
안팎으로 살피시되, 하나도 놓치지 않으신다.
선인과 악인을 똑같이 시험하시고
부정행위에 격분하신다.
하나님의 시험에서 떨어진 자는 밖으로 내쫓겨,
쏟아지는 불덩이를 맞게 되리라.
수통에 가득한 사막 열풍을 마시게 되리라.

7 모든 일을 바로잡는 것이야말로 하나님이 하시는 일.
주님은 올바른 기준 정하기를 기뻐하시고
우리를 바로 서게 하시는 분,
우리가 떳떳하면, 그분의 얼굴 마주하게 되리라.

GOD's grace and order wins;
godlessness loses.

17-18 The victim's faint pulse picks up;
the hearts of the hopeless pump red blood
as you put your ear to their lips.
Orphans get parents,
the homeless get homes.
The reign of terror is over,
the rule of the gang lords is ended.

A David Psalm

11 1-3 I've already run for dear life
straight to the arms of GOD.
So why would I run away now
when you say,

"Run to the mountains; the evil
bows are bent, the wicked arrows
Aimed to shoot under cover of darkness
at every heart open to God.
The bottom's dropped out of the country;
good people don't have a chance"?

4-6 But GOD hasn't moved to the mountains;
his holy address hasn't changed.
He's in charge, as always, his eyes
taking everything in, his eyelids
Unblinking, examining Adam's unruly brood
inside and out, not missing a thing.
He tests the good and the bad alike;
if anyone cheats, God's outraged.
Fail the test and you're out,
out in a hail of firestones,
Drinking from a canteen
filled with hot desert wind.

7 GOD's business is putting things right;
he loves getting the lines straight,
Setting us straight. Once we're standing tall,
we can look him straight in the eye.

다윗의 시

12 1-2 하나님, 서두르소서. 주님의 손길이 절실합니다!
마지막 남은 의인마저 쓰러지고
의지했던 친구들도 떠나고 없습니다.
거짓말이 모국어가 된 듯
번지르르한 입술에서 거짓말이 흘러나옵니다.
한 입으로 두말을 해댑니다.

3-4 저들 얼굴에서 입술을 베어 버리소서!
나불대는 저 입에서 혀를 뽑아 버리소서!
"우리가 말로 구워삶지 못할 자 누구랴?
세 치 혀로 하지 못할 일이 무엇이랴?" 하며 떠드는 소리,
더는 못 듣겠습니다.

5 가난한 이들의 오두막과
집 없는 이들이 신음하는 캄캄한 골목길을 향해, 하나님이 말씀하신다.
"내가 더는 못 참겠다. 이제 가서,
저 가련한 이들의 가슴속 응어리를 풀어 주리라."

6-8 하나님의 말씀은 순전한 말씀,
도가니 불로
일곱 번 정련한 은과 같구나.
하늘에서처럼 땅에서도 순전하도다.
하나님, 저들의 거짓말에서 우리를 지켜 주소서.
거짓말로 우리를 사냥하는 저 악한 자들,
거짓말로 이름을 떨치는 저 악인들에게서
우리를 지켜 주소서.

다윗의 시

13 1-2 하나님, 그만하면 충분합니다.
너무 오래도록 나를 못 본 체하시고
주님의 뒷모습만 보여주셨습니다.
무겁고 쓰라린 고통,
겪을 만큼 겪었습니다.
오만한 원수들의 조롱,
받을 만큼 받았습니다.

3-4 하나님, 나의 하나님, 나를 눈여겨봐 주소서.
원수에게 당하지 않고
넘어져도 비웃음당하지 않도록
나, 두 눈 똑바로 뜨고 살고 싶습니다.

5-6 주님 품에 달려든 이 몸,

A David Psalm

12 1-2 Quick, GOD, I need your helping hand!
The last decent person just went down,
All the friends I depended on gone.
Everyone talks in lie language;
Lies slide off their oily lips.
They doubletalk with forked tongues.

3-4 Slice their lips off their faces! Pull
The braggart tongues from their mouths!
I'm tired of hearing, "We can talk anyone into anything!
Our lips manage the world."

5 Into the hovels of the poor,
Into the dark streets where the homeless groan, God speaks:
"I've had enough; I'm on my way
To heal the ache in the heart of the wretched."

6-8 God's words are pure words,
Pure silver words refined seven times
In the fires of his word-kiln,
Pure on earth as well as in heaven.
GOD, keep us safe from their lies,
From the wicked who stalk us with lies,
From the wicked who collect honors
For their wonderful lies.

A David Psalm

13 1-2 Long enough, GOD—
you've ignored me long enough.
I've looked at the back of your head
long enough. Long enough
I've carried this ton of trouble,
lived with a stomach full of pain.
Long enough my arrogant enemies
have looked down their noses at me.

3-4 Take a good look at me, GOD, my God;
I want to look life in the eye,
So no enemy can get the best of me
or laugh when I fall on my face.

주님의 구원을 기뻐합니다.
기도 응답을 넘치도록 받았으니
이제 목이 터져라 노래 부릅니다.

다윗의 시

14 1 비루하고 거만한 인간들,
"하나님은 없다"고 허튼소리 하는구나.
저들의 말은 독가스,
공기를 오염시키고
강과 하늘을 더럽힌다.
그저 엉겅퀴나 키워 낼 뿐.

2 하나님께서 하늘에서 고개를 내미시고
아래를 둘러보신다.
혹 우둔하지 않은 자가 있나 찾아보신다.
누구 하나 하나님을 바라는 사람,
하나님을 위해 준비된 사람이 있나 하고.

3 그러나 허탕만 치실 뿐,
단 한 사람도 찾지 못하신다.
다들 쓸모없는 자, 어중이떠중이들뿐.
돌아가며 양의 탈을 쓰고 목자 행세나 하니
열이면 열, 백이면 백
모두 제멋대로 가는구나.

4 저 사기꾼들,
정말 머리가 빈 것이냐?
패스트푸드 먹어 치우듯 내 백성을 집어삼키고도
너무 바빠서 기도하지 못한다니,
그러고도 무사하리라
생각한단 말이냐?

5-6 밤이 오고 있다. 악몽이 그들에게 닥치리니
하나님은 희생자들의 편이시기 때문이다.
가난한 이들의 꿈에
재를 뿌릴 수 있을 줄 알았더냐?
아서라. 하나님은
그들의 꿈을 이루어 주시는 분이다.

7 이스라엘을 구원할 이 누구인가?
그렇다. 하나님이 계신다. 하나님은 우리 삶을 반전
시키는 분.
신세가 역전된 야곱이 기뻐 뛰놀고,
신세가 역전된 이스라엘이 웃으며 노래하는구나.

5-6 I've thrown myself headlong into your arms—
I'm celebrating your rescue.
I'm singing at the top of my lungs,
I'm so full of answered prayers.

A David Psalm

14 1 Bilious and bloated, they gas,
"God is gone."
Their words are poison gas,
fouling the air; they poison
Rivers and skies;
thistles are their cash crop.

2 GOD sticks his head out of heaven.
He looks around.
He's looking for someone not stupid—
one man, even, God-expectant,
just one God-ready woman.

3 He comes up empty. A string
of zeros. Useless, unshepherded
Sheep, taking turns pretending
to be Shepherd.
The ninety and nine
follow their fellow.

4 Don't they know anything,
all these impostors?
Don't they know
they can't get away with this—
Treating people like a fast-food meal
over which they're too busy to pray?

5-6 Night is coming for them, and nightmares,
for God takes the side of victims.
Do you think you can mess
with the dreams of the poor?
You can't, for God
makes their dreams come true.

7 Is there anyone around to save Israel?
Yes. God is around; GOD turns life around.
Turned-around Jacob skips rope,
turned-around Israel sings laughter.

다윗의 시

15

1 하나님, 당신 계신 곳에 초대받아
함께 저녁식사를 할 자 누구입니까?
어떻게 해야 우리가 주님의 방문객 명단에 오를 수 있습니까?

2 "똑바로 걷고
바르게 행동하며
진실을 말하여라.

3-4 친구에게 해를 끼치지 말고
이웃을 탓하지 말며
비열한 자들을 경멸하여라.

5 손해가 나더라도 약속을 지키고
정직하게 살며
뇌물을 받지 마라.

이렇게 살면
주님 눈 밖에 나는 일
결코 없으리라."

다윗의 노래

16

1-2 하나님, 나를 지켜 주소서.
죽을힘 다해 주께 피합니다.
하나님께 구합니다. "나의 주님이 되어 주소서!"
하나님 없이는 모든 것이 헛됩니다.

3 하나님께서 택하시고 도처에 두신 이들,
나에게는 더없이 훌륭한 친구들입니다!

4 신(神)을 사러 가지 마라.
신들은 사고파는 물건이 아니다.
나, 신의 이름을 결코 상품 대하듯
하지 않으리라.

5-6 하나님, 나는 처음부터 주님만을 택했습니다.
그런데 이제 보니, 주께서 나를 택하신 것이었습니다!
주께서 내게 집과 마당을 주셨고
나를 주님의 상속자로 삼아 주셨습니다!

7-8 깨어 있을 때 하나님께서 주신 지혜로운 조언,
잠잘 때도 내 마음 굳게 붙듭니다.
나, 밤낮 하나님을 붙들겠습니다.
귀한 것 주시는 주님을 절대 떠나지 않겠습니다.

A David Psalm

15

1 GOD, who gets invited
to dinner at your place?
How do we get on your guest list?

2 "Walk straight,
act right,
tell the truth.

3-4 "Don't hurt your friend,
don't blame your neighbor;
despise the despicable.

5 "Keep your word even when it costs you,
make an honest living,
never take a bribe.

"You'll never get
blacklisted
if you live like this."

A David Song

16

1-2 Keep me safe, O God,
I've run for dear life to you.
I say to GOD, "Be my Lord!"
Without you, nothing makes sense.

3 And these God-chosen lives all around—
what splendid friends they make!

4 Don't just go shopping for a god.
Gods are not for sale.
I swear I'll never treat god-names
like brand-names.

5-6 My choice is you, GOD, first and only.
And now I find I'm *your* choice!
You set me up with a house and yard.
And then you made me your heir!

7-8 The wise counsel GOD gives when I'm awake
is confirmed by my sleeping heart.
Day and night I'll stick with GOD;
I've got a good thing going and I'm not letting go.

9-10 내 마음은 행복하고
나의 삶은 안팎으로 확고합니다.
주께서 내 지옥행 승차권을 취소해 주셨으니
이제 나 그리로 갈 일 없습니다!

11 주님은 나의 발을 생명 길에 두셨고
그 길은 온통 주님 얼굴빛으로 환히 빛납니다.
주께서 내 손을 잡으신 그날 이후로,
나, 바른 길에 서 있습니다.

다윗의 기도

17 1-2 하나님, 내 사정을 말씀드리니 귀 기울여 주소서.
거짓 없는 나의 기도, 주께 올려 드립니다.
주께서도 아시는 일이니
나의 무죄함을 세상에 알려 주소서.

3 나의 안과 밖을 샅샅이 살피시고
한밤중에도 들이닥쳐 나를 심문하소서.
나의 말이 틀림없음을,
조금도 거짓이 없음을 아시게 될 것입니다.

4-5 나는 세상 사람들처럼
내 마음대로 하지 않고
주님 뜻대로,
주님 말씀대로 살려고 애씁니다.
주님의 발자국 따라
한 걸음 한 걸음
내딛으려 합니다.
나는 포기할 줄을 모릅니다.

6-7 하나님, 응답을 확신하기에, 내가 주님을 부릅니다.
그러니 응답하소서! 귀 기울여 주소서!
담벼락마다 은혜라는 글자로 채워 주시고
두려워 떠는 이들,
주위의 무뢰배들을 피해 주께 달려오는
주님의 자녀들을 품어 주소서.

8-9 내게서 눈을 떼지 말아 주소서.
나를 노리는 악인들,
지긋지긋하게 몰려오는 저 원수들이 못 보게
나를 주님의 시원한 날개깃 아래 숨겨 주소서.

10-14 저들의 마음은 쇠못처럼 강고하고
저들의 입에서는 허풍이 뿜어져 나옵니다.

9-10 I'm happy from the inside out,
and from the outside in, I'm firmly formed.
You canceled my ticket to hell—
that's not my destination!

11 Now you've got my feet on the life path,
all radiant from the shining of your face.
Ever since you took my hand,
I'm on the right way.

A David Prayer

17 1-2 Listen while I build my case, GOD,
the most honest prayer you'll ever hear.
Show the world I'm innocent—
in your heart you know I am.

3 Go ahead, examine me from inside out,
surprise me in the middle of the night—
You'll find I'm just what I say I am.
My words don't run loose.

4-5 I'm not trying to get my way
in the world's way.
I'm trying to get *your* way,
your Word's way.
I'm staying on your trail;
I'm putting one foot
In front of the other.
I'm not giving up.

6-7 I call to you, God, because I'm sure of an answer.
So—answer! bend your ear! listen sharp!
Paint grace-graffiti on the fences;
take in your frightened children who
Are running from the neighborhood bullies
straight to you.

8-9 Keep your eye on me;
hide me under your cool wing feathers
From the wicked who are out to get me,
from mortal enemies closing in.

10-14 Their hearts are hard as nails,
their mouths blast hot air.

저들이 나를 쫓아와 뒤꿈치를 잡아채고
넘어뜨리려 합니다.
사자처럼 갈기갈기 찢으려 하고
젊은 사자처럼 독기를 품고 나를 덮치려 합니다.
하나님, 일어나소서! 저들의 턱수염을 뽑고, 뼈를 부러뜨리소서!
주님의 칼을 들어 저들의 발톱에서 나를 빼내 주소서.
하나님, 오늘 너머의 일을 생각지 않는 저 작자들,
저 무지막지한 자들을 맨손으로 꺾으소서.

저들이 기근 때나 먹는 험한 음식을 먹고
부황 들린 모습을 내 눈으로 보고 싶습니다.
저들은 씨 뿌려 거둔 풀뿌리로
차마 못 먹을 빵을 만들 겁니다.
첫 번째 것은 자신들이 먹고, 두 번째 것은 자식들에게 주고
껍데기는 어린아이들에게 주어 씹게 하겠지요.

15 그러나 나는 주님의 그 얼굴을
마주하여 볼 것입니다. 잠자리에서 일어날 때마다
주님 모습 그대로 뵙고,
지상에서 천국 맛보며 살 것입니다.

다윗이 모든 원수와 사울에게서 건짐을 받고 하나님께 바친 노래

18

1-2 주님은 나를 강하게 하시는 하나님,
내가 주님을 사랑합니다.
하나님은 내가 발 디딜 반석,
내가 거하는 성채,
나를 구해 주시는 기사.
나, 높은 바위산 내 하나님께
죽기 살기로 달려가
그 병풍바위 뒤에 숨고
그 든든한 바위 속에 몸을 감춘다.

3 존귀한 찬송을 하나님께 부르며
나, 안전과 구원을 누린다.

4-5 사형집행인의 올가미가 내 목을 단단히 죄고
마귀의 물살이 나를 덮쳤다.
지옥 끈에 꽁꽁 묶이고
죽음의 덫에 갇혀 출구가 모조리 막혔다.

6 이리도 험악한 세상! 나는 하나님께 외쳤다.
도와 달라고 부르짖었다.
그랬더니 하나님께서 그분의 왕궁에서 들으셨다.

They are after me, nipping my heels,
determined to bring me down,
Lions ready to rip me apart,
young lions poised to pounce.
Up, GOD: beard them! break them!
By your sword, free me from their clutches;
Barehanded, GOD, break these mortals,
these flat-earth people who can't think
beyond today.

I'd like to see their bellies
swollen with famine food,
The weeds they've sown
harvested and baked into famine bread,
With second helpings for their children
and crusts for their babies to chew on.

15 And me? I plan on looking
you full in the face. When I get up,
I'll see your full stature
and live heaven on earth.

A David Song, Which He Sang to GOD After Being Saved from All His Enemies and from Saul

18

1-2 I love you, GOD—
you make me strong.
GOD is bedrock under my feet,
the castle in which I live,
my rescuing knight.
My God—the high crag
where I run for dear life,
hiding behind the boulders,
safe in the granite hideout.

3 I sing to GOD, the Praise-Lofty,
and find myself safe and saved.

4-5 The hangman's noose was tight at my throat;
devil waters rushed over me.
Hell's ropes cinched me tight;
death traps barred every exit.

6 A hostile world! I call to GOD,
I cry to God to help me.
From his palace he hears my call;

내 부르짖음을 들으시고 나를 당신 앞에 불러 주셨다.
나를 독대해 주셨다!

7-15 땅이 진동하고 요동치며
거대한 산들이 나뭇잎처럼 흔들렸다.
사시나무 떨듯 떨었다.
그분께서 격노하셨기 때문이다.
코로 씩씩 연기를 내뿜으시고
입으로 불을 내뿜으셨다.
불 혀들이 널름거렸다.
하늘을 말아 내리고
땅을 밟으시니
땅 밑으로 심연이 패였다.
날개 돋친 생물을 타고,
바람날개를 타고 날아오르셨다.
먹구름을
외투로 두르셨다.
그러나 그분의 광채가 구름을 비집고 나와
우박과 불덩이를 쏟아 냈다.
하나님께서 하늘에서 천둥소리를 내셨다.
높으신 하나님께서 고함을 치셨다.
하나님이 활을 쏘셨다. 일대 아수라장이 되었다!
번개를 내리꽂으셨다. 다들 혼비백산 달아났다!
하나님께서 노호하시며
폭풍 분노를 터뜨리시자,
대양의 숨은 원천이 드러나고
대지의 심부가 훤히 드러났다.

16-19 그러나 그분께서 나를 붙잡아 주셨다.
하늘에서 바다까지 손을 뻗어 끌어올려 주셨다.
그 증오의 바다, 원수가 일으킨 혼돈에서부터,
내가 빠져든 그 공허로부터.
쓰러진 나를 그들이 걷어찼으나,
하나님께서 내 곁을 지켜 주셨다.
그분께서 나를 탁 트인 들판에 세워 주셨다.
나, 구원받아 거기 섰다. 놀라운 사랑이여!

20-24 조각난 내 삶을 다 맡겨 드렸더니,
하나님께서 온전하게 만들어 주셨다.
내 행실을 바로잡았더니
새 출발을 허락해 주셨다.
나 이제 하나님의 도(道)에 늘 정신을 바짝 차리고,
하나님을 예사롭게 여기지 않으리라.
매일 그분이 일하시는 방식을 유심히 살피며

my cry brings me right into his presence—
a private audience!

7-15 Earth wobbles and lurches;
huge mountains shake like leaves,
Quake like aspen leaves
because of his rage.
His nostrils flare, bellowing smoke;
his mouth spits fire.
Tongues of fire dart in and out;
he lowers the sky.
He steps down;
under his feet an abyss opens up.
He's riding a winged creature,
swift on wind-wings.
Now he's wrapped himself
in a trenchcoat of black-cloud darkness.
But his cloud-brightness bursts through,
spraying hailstones and fireballs.
Then GOD thundered out of heaven;
the High God gave a great shout,
spraying hailstones and fireballs.
God shoots his arrows—pandemonium!
He hurls his lightnings—a rout!
The secret sources of ocean are exposed,
the hidden depths of earth lie uncovered
The moment you roar in protest,
let loose your hurricane anger.

16-19 But me he caught—reached all the way
from sky to sea; he pulled me out
Of that ocean of hate, that enemy chaos,
the void in which I was drowning.
They hit me when I was down,
but GOD stuck by me.
He stood me up on a wide-open field;
I stood there saved—surprised to be loved!

20-24 GOD made my life complete
when I placed all the pieces before him.
When I got my act together,
he gave me a fresh start.
Now I'm alert to GOD's ways;
I don't take God for granted.
Every day I review the ways he works;

하나도 놓치지 않으려 애쓰리라.
다시 시작하는 마음으로
한 걸음 한 걸음 신중히 내딛는다.
내 마음을 열어 보여드리니
하나님께서 내 인생 이야기를 다시 써 주셨다.

I try not to miss a trick.
I feel put back together,
and I'm watching my step.
GOD rewrote the text of my life
when I opened the book of my heart to his eyes.

25-27 선한 이들은 주님의 선하심을 맛보고
온전한 이들은 주님의 온전하심을 맛보고
진실한 자들은 주님의 진실하심을 맛보지만,
악한 자들은 주님을 헤아리지 못할 것입니다.
주께서는 밟히는 이들의 편을 들어주시며,
콧대 높은 이들의 콧대를 꺾어 버리십니다.

25-27 The good people taste your goodness,
The whole people taste your health,
The true people taste your truth,
The bad ones can't figure you out.
You take the side of the down-and-out,
But the stuck-up you take down a peg.

28-29 하나님, 주께서 내 인생을 환히 비추시니
내가 하나님의 영광으로 밝게 빛납니다!
나, 날강도 떼를 박살내고
높디높은 담장도 뛰어넘습니다.

28-29 Suddenly, GOD, you floodlight my life;
I'm blazing with glory, God's glory!
I smash the bands of marauders,
I vault the highest fences.

30 하나님은 얼마나 놀라우신가! 그분의 길은
쭉 뻗은 평탄대로.
하나님께서 가라 하시는 길은 모두 검증된 길.
그분은 누구든 달아나
몸을 숨길 수 있는 은신처.

30 What a God! His road
stretches straight and smooth.
Every GOD-direction is road-tested.
Everyone who runs toward him
Makes it.

31-42 하나님 같은 신이 있느냐?
우리의 반석이신 그분 같은 신이?
내 손에 무기를 쥐어 주시고
똑바로 겨누게 하시는 하나님 같은 신이?
나, 사슴처럼 뛰며,
산 정상에 올랐다.
그분이 내게 싸우는 법을 가르쳐 주셨다.
나, 청동활도 당길 수 있다!
주님은 내게 구원을 갑옷처럼 입혀 주십니다.
굳센 팔로 나를 붙드시고
부드러운 손길로 나를 어루만지십니다.
주께서 내가 선 땅을 든든하게 하시니,
내가 확고히 서서 흔들리지 않습니다.
내가 원수들을 뒤쫓아가, 그들을 붙잡았습니다.
그들이 기진하기까지 절대 놓지 않았습니다.
그들에게 강타를 먹이고, 그들을 아주 쓰러뜨렸습니다.
그런 다음 그들을 깔아뭉갰습니다.
주께서 나를 무장시켜 이 싸움을 하게 하셨습니다.
주께서 그 거만한 자들을 박살내셨습니다.
나의 원수들, 주님 앞에서 꽁무니를 빼고

31-42 Is there any god like GOD?
Are we not at bedrock?
Is not this the God who armed me,
then aimed me in the right direction?
Now I run like a deer;
I'm king of the mountain.
He shows me how to fight;
I can bend a bronze bow!
You protect me with salvation-armor;
you hold me up with a firm hand,
caress me with your gentle ways.
You cleared the ground under me
so my footing was firm.
When I chased my enemies I caught them;
I didn't let go till they were dead men.
I nailed them; they were down for good;
then I walked all over them.
You armed me well for this fight,
you smashed the upstarts.
You made my enemies turn tail,
and I wiped out the haters.

나를 증오하던 그들, 내가 쓸어버렸습니다.
그들이 "형님!" 하고 외쳐 댔지만,
그들의 형님은 코빼기도 비치지 않았습니다.
하나님께도 소리를 질러 댔지만,
아무 대답도 듣지 못했습니다.
내가 그들을 가루로 만들어 바람에 날려 보냈습니다.
도랑에 오물 버리듯 그들을 내던졌습니다.

43-45 주께서 티격태격 다투는 백성에게서 나를 구하시고
뭇 민족의 지도자로 세워 주셨습니다.
내가 들어 보지도 못한 민족이 나를 섬겼습니다.
내 소문을 듣자마자 그들이 내 말에 귀를 기울였습니다.
이방인들이 항복하고 은신처에서
기어 나와 꿇어 엎드렸습니다.

46-48 하나님, 만세! 복 주시는 나의 반석,
나의 해방자 하나님, 출중하시도다!
그분께서 나를 위해 모든 일을 바로잡으시고
말대꾸하는 자들의 입을 막아 버리셨다.
원수의 분노에서 나를 구해 주셨다.
주께서 나를 거만한 자들의 손아귀에서 빼내 주시고
깡패들에게서 구해 주셨다.

49-50 그러므로 내가 세상 뭇 백성이 보는 앞에서
주 하나님께 감사를 드립니다.
주님의 이름에 운을 달아
노래를 부릅니다.
하나님이 세우신 왕이 승리를 얻고
하나님이 택하신 이가 사랑을 받음이여,
다윗과 그 자손에게, 영원토록,
언제까지나.

다윗의 시

19

1-2 하나님의 영광, 하늘을 순회하고
하나님의 솜씨, 수평선을 가로지르며 펼쳐
진다.
낮이 아침마다 수업을 열고
밤이 저녁마다 강연을 베푼다.

3-4 그들의 말 들리지 않고
그들의 목소리 녹음되지 않으나,
그 침묵은 온 땅을 채우고
소리 없는 진리 어디에나 울려 퍼진다.

4-5 하나님께서 해를 위해

They cried "uncle"
but Uncle didn't come;
They yelled for GOD
and got no for an answer.
I ground them to dust; they gusted in the wind.
I threw them out, like garbage in the gutter.

43-45 You rescued me from a squabbling people;
you made me a leader of nations.
People I'd never heard of served me;
the moment they got wind of me they listened.
The foreign devils gave up; they came
on their bellies, crawling from their hideouts.

46-48 Live, GOD! Blessings from my Rock,
my free and freeing God, towering!
This God set things right for me
and shut up the people who talked back.
He rescued me from enemy anger,
he pulled me from the grip of upstarts,
He saved me from the bullies.

49-50 That's why I'm thanking you, GOD,
all over the world.
That's why I'm singing songs
that rhyme your name.
God's king takes the trophy;
God's chosen is beloved.
I mean David and all his children—
always.

A David Psalm

19

1-2 God's glory is on tour in the skies,
God-craft on exhibit across the horizon.
Madame Day holds classes every morning,
Professor Night lectures each evening.

3-4 Their words aren't heard,
their voices aren't recorded,
But their silence fills the earth:
unspoken truth is spoken everywhere.

4-5 God makes a huge dome

거대한 둥근 지붕을 만드셨으니, 그 지붕은 초대형!
아침 해는 신방에서 달려 나온
새신랑.
동틀 무렵의 해는
결승선을 향해 질주하는 달리기 선수.

6 동틀 녘부터 해질 녘까지,
하나님의 말씀도 그렇게 하늘을 누빈다.
얼음을 녹이고, 사막을 달구며,
마음을 어루만져 믿음을 갖게 한다.

7-9 하나님의 계시는 온전하여
우리 삶을 회복시키고,
하나님의 이정표는 확실하여
바른 길을 알려 준다.
하나님의 인생지도는 정확하여
기쁨에 이르는 길을 보여주고,
하나님의 지시는 분명하여
알아보기 쉽다.
하나님의 명성은
순금같이 변함없고,
하나님의 결정은 정확하여
한 치의 오차도 없다.

10 하나님의 말씀은 다이아몬드보다
에메랄드 두른 다이아몬드보다 나으니,
너는 봄철 딸기보다 더 말씀을 좋아하게 되리라.
붉게 잘 익은 딸기보다 더.

11-14 그뿐이 아니니, 하나님의 말씀은 위험을 경고하고
감춰진 보물이 있는 곳도 알려 준다.
하나님의 말씀이 아니면 우리가 어떻게 길을 찾고,
우리의 어리석음을 어떻게 분별할 수 있겠는가?
하나님, 우리의 지난 잘못을 깨끗게 해주소서.
하루를 새롭게 시작하게 하소서!
어리석은 죄에 빠지지 않게 하시고
내가 주님을 대신할 수 있다고 생각하지 않게 하소서.
그제야 내가 햇빛에 깨끗이 씻겨
죄의 얼룩 말끔히 지운 상태로 하루를 시작할 수 있습니다.
이것이 내 입에 담은 말,
내가 곱씹고 기도하는 것입니다.
오, 나의 제단 반석이신 하나님,
내 기도, 아침 제단에 바치오니
받아 주소서.

for the sun—a superdome!
The morning sun's a new husband
leaping from his honeymoon bed,
The daybreaking sun an athlete
racing to the tape.

6 That's how God's Word vaults across the skies
from sunrise to sunset,
Melting ice, scorching deserts,
warming hearts to faith.

7-9 The revelation of GOD is whole
and pulls our lives together.
The signposts of GOD are clear
and point out the right road.
The life-maps of GOD are right,
showing the way to joy.
The directions of GOD are plain
and easy on the eyes.
GOD's reputation is twenty-four-carat gold,
with a lifetime guarantee.
The decisions of GOD are accurate
down to the nth degree.

10 God's Word is better than a diamond,
better than a diamond set between emeralds.
You'll like it better than strawberries in spring,
better than red, ripe strawberries.

11-14 There's more: God's Word warns us of danger
and directs us to hidden treasure.
Otherwise how will we find our way?
Or know when we play the fool?
Clean the slate, God, so we can start the day fresh!
Keep me from stupid sins,
from thinking I can take over your work;
Then I can start this day sun-washed,
scrubbed clean of the grime of sin.
These are the words in my mouth;
these are what I chew on and pray.
Accept them when I place them
on the morning altar,
O God, my Altar-Rock,

나의 제단-제사장이신 하나님.

다윗의 시

20 1-4 왕이 큰 어려움을 당할 때
하나님께서 왕에게 응답해 주시기를.
야곱의 하나님의 이름이 왕을 안전하게 지키시고
거룩한 산에서 원군을 보내 주시며,
시온에서 새 보급품을 보내 주시기를.
왕의 예물에 감탄하시고
왕의 제물을 기쁘게 받으시기를.
왕이 소망하는 것을 허락하시고
왕의 계획들을 이루어 주시기를.

5 왕이 승리할 때, 우리, 지붕이 들썩이도록 함성 지르며
깃발 들고 행렬을 이끌리라.
왕의 모든 소원이 이루어지기를!

6 그렇게 되리라. 도움이 오고
응답이 가까워져
모든 일이 잘되리라.

7-8 전차를 반짝반짝 윤내는 이들,
군마를 손질하는 저들이 보이는가?
그러나 우리는 우리 하나님을 위해 화환을 만든다.
전차는 녹슬고
군마는 절름거리다 멈춰 서지만,
우리는 두 발로 서서 당당히 나서리라.

9 하나님, 왕에게 승리를 주소서.
우리가 부르짖는 날, 응답하여 주소서.

다윗의 시

21 1-7 하나님, 주님의 힘은 곧 왕의 힘입니다.
주님의 도움받은 왕이 호산나를 외칩니다.
주께서는 왕이 원하는 것을 들어주시고
물리치지 않으셨습니다.
왕의 품에 한가득 선물을 안기시고
그를 성대하게 맞아 주셨습니다.
왕이 원한 행복한 삶을 허락하시고
장수의 복까지 얹어 주셨습니다.
왕을 뭉게구름처럼 높여 빛나게 하시고
그에게 오색찬란한 옷을 입히셨습니다.
주께서 왕에게 복에 복을 더하시고
환한 얼굴빛으로 기쁨을 선사하십니다.

God, Priest-of-My-Altar.

A David Psalm

20 1-4 GOD answer you on the day you crash,
The name God-of-Jacob put you out of harm's reach,
Send reinforcements from Holy Hill,
Dispatch from Zion fresh supplies,
Exclaim over your offerings,
Celebrate your sacrifices,
Give you what your heart desires,
Accomplish your plans.

5 When you win, we plan to raise the roof
and lead the parade with our banners.
May all your wishes come true!

6 That clinches it—help's coming,
an answer's on the way,
everything's going to work out.

7-8 See those people polishing their chariots,
and those others grooming their horses?
But we're making garlands for GOD our God.
The chariots will rust,
those horses pull up lame—
and we'll be on our feet, standing tall.

9 Make the king a winner, GOD;
the day we call, give us your answer.

A David Psalm

21 1-7 Your strength, GOD, is the king's strength.
Helped, he's hollering Hosannas.
You gave him exactly what he wanted;
you didn't hold back.
You filled his arms with gifts;
you gave him a right royal welcome.
He wanted a good life; you gave it to him,
and then made it a *long* life as a bonus.
You lifted him high and bright as a cumulus cloud,
then dressed him in rainbow colors.
You pile blessings on him;

그러니 왕이 하나님을 사랑하고
가장 좋은 분을 떠나지 않을밖에요.

8-12 주께서 한 손에는 원수들,
다른 손에는 미워하는 자들을 움켜쥐시고
용광로 앞에서 광채를 발하시니
저들이 잔뜩 몸을 움츠립니다.
이제 용광로가 저들을 송두리째 삼키고
불이 그들을 산 채로 잡아먹습니다!
주님은 저들의 후손을 땅에서 쓸어버리시고
세상을 새롭게 하십니다.
저들이 꾸민 온갖 흉계와 음모는
모조리 불발로 끝났습니다.
주께서 저들을 쫓아내셨으니
저들은 주님의 얼굴을 보지 못할 것입니다.

13 하나님, 모든 사람이 알아보도록 주님의 능력 떨치소서.
우리는 밖으로 나가 이 기쁜 소식을 노래하겠습니다!

다윗의 시

22

1-2 하나님, 하나님, 나의 하나님!
어찌하여 나를 이토록 외딴 곳에 버려두십니까?
고통으로 몸을 웅크린 채
종일토록 하나님께 부르짖건만
응답이 없습니다. 한 마디도.
나, 밤새 하나님께 부르짖으며 몸을 뒤척입니다.

3-5 그런데 하나님! 주께서는 이스라엘의 찬양에 몸을 맡긴 채
내 곤경을 남의 일처럼 여기십니까?
주께서 우리 조상들과 함께하셨음을 잘 압니다.
그들이 주께 도움을 구했고, 주님은 응답하셨습니다.
그들은 주님을 신뢰하며 행복하게 살았습니다.

6-8 그러나 나는 하찮은 몸,
밟혀 으스러지는 지렁이.
모두가 나를 놀립니다.
내 모습에 얼굴을 찌푸리고 고개를 가로젓습니다.
"하나님이 저 자를 어떻게 하는지 보자.
하나님이 저 자를 그리 좋아한다니, 어떻게 도우시나 보자!"

9-11 주님은 내가 태어나던 날 나를 받아 주신 분,

you make him glad when you smile.
Is it any wonder the king loves GOD?
that he's sticking with the Best?

8-12 With a fistful of enemies in one hand
and a fistful of haters in the other,
You radiate with such brilliance
that they cringe as before a furnace.
Now the furnace swallows them whole,
the fire eats them alive!
You purge the earth of their progeny,
you wipe the slate clean.
All their evil schemes, the plots they cook up,
have fizzled—every one.
You sent them packing;
they couldn't face you.

13 Show your strength, GOD, so no one can miss it.
We are out singing the good news!

A David Psalm

22

1-2 God, God... my God!
Why did you dump me
miles from nowhere?
Doubled up with pain, I call to God
all the day long. No answer. Nothing.
I keep at it all night, tossing and turning.

3-5 And you! Are you indifferent, above it all,
leaning back on the cushions of Israel's praise?
We know you were there for our parents:
they cried for your help and you gave it;
they trusted and lived a good life.

6-8 And here I am, a nothing—an earthworm,
something to step on, to squash.
Everyone pokes fun at me;
they make faces at me, they shake their heads:
"Let's see how GOD handles this one;
since God likes him so much, let *him* help him!"

9-11 And to think you were midwife at my birth,
setting me at my mother's breasts!

어머니의 젖가슴에 나를 안겨 주신 분!
모태에서 나온 나를 품에 안으신 그때부터 지금까지
줄곧 나의 하나님이셨던 분.
그런데 이제 주께서 나를 멀리 떠나셨고
고난이 바로 옆집으로 이사를 왔습니다.
도움의 손길, 더없이 간절합니다.

12-13 황소 떼가 내게 달려듭니다.
미친 듯이 날뛰며 몰려옵니다.
이동하는 물소 떼처럼
뿔을 바싹 낮추고 콧김을 내뿜습니다.

14-15 나는 걷어채어 엎질러진 물동이,
내 몸의 뼈마디가 모두 어그러졌습니다.
내 마음은 속에서 녹아내린
한 방울 밀랍.
나는 해골처럼 바싹 말랐고
혀는 거뭇하게 부어올랐습니다.
저들이 땅에 묻으려고
나를 때려눕혔습니다.

16-18 이제는 들개 무리가 달려들고
폭력배들이 떼 지어 공격합니다.
내 손발을 옴짝달싹 못하게 묶어
우리에 가둡니다.
앙상한 몸으로 우리에 갇힌 나를
지나가는 사람마다 쳐다봅니다.
그들이 내 지갑과 겉옷을 빼앗고
내 옷을 차지하려고 주사위를 던집니다.

19-21 하나님, 지체치 마시고 나를 구해 주소서!
어서 나를 도와주소서!
저들이 내 목을 치지 못하게 하소서.
저 잡종개들이 나를 삼키지 못하게 하소서.
주께서 속히 오시지 않으면
나는 가망이 없습니다. 황소들에게 받히고
사자들의 먹이가 되고 말 것입니다.

22-24 벗들이 예배하러 모일 때, 나 이렇게 말하겠습니다.
주님을 찬양하며 힘주어 말하겠습니다.
너희 하나님을 예배하는 이들아, 할렐루야를 외쳐라.
너희 야곱의 아들들아, 그분께 영광을 돌려라.
너희 이스라엘의 딸들아, 그분을 찬양하여라.
너희가 학대당할 때
그분은 한 번도 너희를 저버리거나

When I left the womb you cradled me;
since the moment of birth you've been my God.
Then you moved far away
and trouble moved in next door.
I need a neighbor.

12-13 Herds of bulls come at me,
the raging bulls stampede,
Horns lowered, nostrils flaring,
like a herd of buffalo on the move.

14-15 I'm a bucket kicked over and spilled,
every joint in my body has been pulled apart.
My heart is a blob
of melted wax in my gut.
I'm dry as a bone,
my tongue black and swollen.
They have laid me out for burial
in the dirt.

16-18 Now packs of wild dogs come at me;
thugs gang up on me.
They pin me down hand and foot,
and lock me in a cage—a bag
Of bones in a cage, stared at
by every passerby.
They take my wallet and the shirt off my back,
and then throw dice for my clothes.

19-21 You, GOD—don't put off my rescue!
Hurry and help me!
Don't let them cut my throat;
don't let those mongrels devour me.
If you don't show up soon,
I'm done for—gored by the bulls,
meat for the lions.

22-24 Here's the story I'll tell my friends when
they come to worship,
and punctuate it with Hallelujahs:
Shout Hallelujah, you God-worshipers;
give glory, you sons of Jacob;
adore him, you daughters of Israel.
He has never let you down,
never looked the other way

외면하신 적이 없다.
다른 일 보느라 자리를 뜨지 않으셨다.
바로 그 자리에 계셨고, 귀 기울여 들으셨다.

25-26 이 큰 예배 모임에서
찬양의 기쁨을 알았습니다.
내가 서원했던 일을 바로 이 자리,
하나님을 예배하는 이들 앞에서 이행하겠습니다.
부랑자들이 하나님의 식탁에 앉아
배불리 먹는다.
하나님을 찾는 모든 이들이
여기서 그분을 찬양한다.
"마음껏 즐겨라, 머리부터 발끝까지.
절대 멈추지 마라!"

27-28 온 땅에서
사람들이 제정신을 차리고
황급히 하나님께 돌아온다.
오랫동안 보지 못한 가문들이
그분 앞에 나와 엎드린다.
하나님께서 권좌에 앉으셨다.
이제부터는 그분께서 결정권을 쥐신다.

29 힘 있는 자들이 그분 앞에 나와
경배한다!
가난하고 힘없는 이들도 모두 나와
경배한다!
어중이떠중이들도 덩달아
경배한다!

30-31 우리 자녀와 그 후손들이
이 예배에 참여하리니,
주님의 말씀이 대대로
전해지리라.
잉태 전의 아기들도
하나님은 말씀하신 대로 행하신다는
복된 소식 듣게 되리라.

다윗의 시

23 1-3 하나님은 나의 목자!
내게 부족한 것이 없습니다.
주께서 나를 푸른 풀밭에 누이시고
잔잔한 물가를 찾아 목을 축이게 하십니다.
말씀하신 대로,
나를 잠시 쉬게 하신 후

when you were being kicked around.
He has never wandered off to do his own thing;
he has been right there, listening.

25-26 Here in this great gathering for worship
I have discovered this praise-life.
And I'll do what I promised right here
in front of the God-worshipers.
Down-and-outers sit at GOD's table
and eat their fill.
Everyone on the hunt for God
is here, praising him.
"Live it up, from head to toe.
Don't ever quit!"

27-28 From the four corners of the earth
people are coming to their senses,
are running back to GOD.
Long-lost families
are falling on their faces before him.
GOD has taken charge;
from now on he has the last word.

29 All the power-mongers are before him
—worshiping!
All the poor and powerless, too
—worshiping!
Along with those who never got it together
—worshiping!

30-31 Our children and their children
will get in on this
As the word is passed along
from parent to child.
Babies not yet conceived
will hear the good news—
that God does what he says.

A David Psalm

23 1-3 GOD, my shepherd!
I don't need a thing.
You have bedded me down in lush meadows,
you find me quiet pools to drink from.
True to your word,
you let me catch my breath

바른 길로 인도하십니다.

4 내가 죽음의 골짜기를
지날지라도
두려울 것이 없으니,
주께서 나와 함께 걸으시기 때문입니다.
주님의 믿음직한 지팡이를 보니
내 마음 든든합니다.

5 주께서 내 원수들이 보는 앞에서
내게 성대한 만찬을 차려 주시고
축 처진 내 고개를 세워 주시니
내 잔에 복이 넘칩니다.

6 내 사는 동안 날마다
주님의 아름다움과 사랑이 나를 따르리니,
나, 하나님의 집으로 돌아가
평생토록 그곳에서 살겠습니다.

다윗의 시

24

1-2 땅과 그 안에 있는 모든 것이 하나님의 것,
세상과 거기 사는 모든 사람도 하나님의 것.
그분께서 대양 위에 땅을 세우시고
강 위에 세상을 펼치셨다.

3-4 누가 하나님의 산에 오를 수 있는가?
누가 그 거룩한 북벽에 오를 수 있는가?
오직 손이 깨끗한 이,
오직 마음이 깨끗한 이,
속이지 않는 남자들,
호리지 않는 여자들이다.

5-6 하나님께서는 그들 편이시니
하나님의 도우심으로 그들이 성공하리라.
야곱아, 이것이 하나님을 구하는 이들,
하나님을 찾는 이들에게 일어나는 일이다.

7 일어나라, 너 잠든 도성이여!
일어나라, 너희 잠든 백성들아!
영광의 왕께서 들어가신다.

8 영광의 왕이 누구신가?
무장하고
전투태세를 갖춘 하나님이시다.

and send me in the right direction.

4 Even when the way goes through
Death Valley,
I'm not afraid
when you walk at my side.
Your trusty shepherd's crook
makes me feel secure.

5 You serve me a six-course dinner
right in front of my enemies.
You revive my drooping head;
my cup brims with blessing.

6 Your beauty and love chase after me
every day of my life.
I'm back home in the house of GOD
for the rest of my life.

A David Psalm

24

1-2 GOD claims Earth and everything in it,
GOD claims World and all who live on it.
He built it on Ocean foundations,
laid it out on River girders.

3-4 Who can climb Mount GOD?
Who can scale the holy north-face?
Only the clean-handed,
only the pure-hearted;
Men who won't cheat,
women who won't seduce.

5-6 GOD is at their side;
with GOD's help they make it.
This, Jacob, is what happens
to God-seekers, God-questers.

7 Wake up, you sleepyhead city!
Wake up, you sleepyhead people!
King-Glory is ready to enter.

8 Who is this King-Glory?
GOD, armed
and battle-ready.

9 일어나라, 너 잠든 도성이여!
일어나라, 너희 잠든 백성들아!
영광의 왕께서 들어가신다.

10 영광의 왕이 누구신가?
만군의 하나님이시다.
그분이 영광의 왕이시다.

9 Wake up, you sleepyhead city!
Wake up, you sleepyhead people!
King-Glory is ready to enter.

10 Who is this King-Glory?
GOD-of-the-Angel-Armies:
he is King-Glory.

다윗의 시

25 1-2 하나님, 내 머리를 높이 듭니다.
하나님, 주님을 의지하오니
비열한 자가 나를 뒤쫓지 못하게 하소서.

3 주님과 운명을 같이하기로 했으니
나를 부끄럽게 하지 않으시겠지요?
원수가 나를 이기지 못하게 하시겠지요?

주님을 위해 위험을 무릅쓴 우리를
부끄럽게 하지 마소서.
수치를 당해야 할 쪽은 배신자들입니다.

4 하나님, 주께서 어떻게 일하시는지 보여주시고
주님의 길을 내게 가르쳐 주소서.

5 내 손을 잡으시고
진리의 길로 이끌어 주소서.
주께서는 나의 구원자 아니십니까?

6 하나님, 주님의 긍휼과 사랑을 이정표로 삼으시고
옛적의 경계표들을 다시 세우소서!

7 내 젊은 시절의 방탕한 생활은 잊으시고
내게 주님 사랑의 흔적 남기소서.
하나님, 나를 위해 가장 좋은 일만 계획하소서!

8 하나님은 공정하고 바르시니,
엇나간 자들을 바로잡아
바른 길로 인도하신다.

9 하나님은 따돌림 받는 이들에게 손을 내미시고
그들을 한 걸음 한 걸음 이끄신다.

10 이제부터 너희가 걷는 길은 모두
하나님께 이르는 길이 되리니,
언약의 표지판을 따르고

A David Psalm

25 1-2 My head is high, GOD, held high;
I'm looking to you, GOD;
No hangdog skulking for me.

3 I've thrown in my lot with you;
You won't embarrass me, will you?
Or let my enemies get the best of me?

Don't embarrass any of us
Who went out on a limb for you.
It's the traitors who should be humiliated.

4 Show me how you work, GOD;
School me in your ways.

5 Take me by the hand;
Lead me down the path of truth.
You are my Savior, aren't you?

6 Mark the milestones of your mercy and love, GOD;
Rebuild the ancient landmarks!

7 Forget that I sowed wild oats;
Mark me with your sign of love.
Plan only the best for me, GOD!

8 GOD is fair and just;
He corrects the misdirected,
Sends them in the right direction.

9 He gives the rejects his hand,
And leads them step-by-step.

10 From now on every road you travel
Will take you to GOD.
Follow the Covenant signs;

노선도를 잘 살펴라.

11 하나님, 주님의 명성을 위해서라도
나의 죄악된 삶을 용서해 주소서.
이 몸, 참으로 악하게 살았습니다.

12 하나님을 경외하는 이들을 무엇에 비교할까?
그들은 바로, 하나님의 과녁을 겨냥한 화살.

13 그들은 목 좋은 곳에 자리 잡고
그 자손은 비옥한 농장을 물려받는다.

14 하나님의 호의는 그분을 경외하는 이들의 것.
하나님은 그들에게 속마음을 털어놓으신다.

15 나, 하나님에게서 눈을 떼지 않으니
내 발이 걸려 넘어지는 일 없으리라.

16 하나님, 나를 보시고 도우소서!
곤경에 처한 이 몸, 의지할 곳 없습니다.

17 내 심장과 콩팥이 내 속에서 서로 싸우니
이 내전을 중지시켜 주소서.

18 중노동에 허덕이는 내 인생을 살피시고
죄에 눌린 무거운 마음 없애 주소서.

19 얼마나 많은 자들이
나를 미워하는지 보이십니까?
내게 앙심을 품은 저들이 보이십니까?

20 나를 지켜보시고 곤경에서 건지소서.
주께로 도망치니, 나를 못 본 체하지 마소서.

21 주님의 솜씨 전부 발휘하셔서 나를 다듬어 주소서.
완성된 내 모습 어떨지 몹시도 궁금합니다.

22 하나님, 주님의 백성을 너그럽게 보시고
꼬리에 꼬리를 무는 이 불행에서 벗어나게 하소서.

다윗의 시

26

1 하나님, 내 무고함을 밝혀 주소서.
이 몸, 정직을 신조로 삼고 살아왔습니다.
하나님, 주께 내 운명을 걸었고

Read the charted directions.

11 Keep up your reputation, GOD;
Forgive my bad life;
It's been a very bad life.

12 My question: What are God-worshipers like?
Your answer: Arrows aimed at God's bull's-eye.

13 They settle down in a promising place;
Their kids inherit a prosperous farm.

14 God-friendship is for God-worshipers;
They are the ones he confides in.

15 If I keep my eyes on GOD,
I won't trip over my own feet.

16 Look at me and help me!
I'm all alone and in big trouble.

17 My heart and kidneys are fighting each other;
Call a truce to this civil war.

18 Take a hard look at my life of hard labor,
Then lift this ton of sin.

19 Do you see how many people
Have it in for me?
How viciously they hate me?

20 Keep watch over me and keep me out of trouble;
Don't let me down when I run to you.

21 Use all your skill to put me together;
I wait to see your finished product.

22 GOD, give your people a break
From this run of bad luck.

A David Psalm

26

1 Clear my name, GOD;
I've kept an honest shop.
I've thrown in my lot with you, GOD, and

그 마음, 지금도 변함이 없습니다.

2 하나님, 머리부터 발끝까지 나를 살피시고
샅샅이 시험해 보소서.
내게 흠잡을 곳 있는지 안팎으로
확인해 보소서.

3 이 몸, 주님의 사랑
한시도 잊은 적 없고,
주님과 보조를 맞춰 걸으며
한 박자도 놓친 적 없습니다.

4-5 사기꾼들과 어울리지 않고
조폭들과도 사귀지 않습니다.
불량배 무리를 미워하고
겉과 속이 다른 자들을 상대하지 않습니다.

6-7 하나님, 가장 깨끗한 비누로 내 손을 씻고
다른 이들과 손잡고 빙 둘러서서
주님의 제단을 돌며 춤을 춥니다.
하나님의 노래 목청껏 부르며
하나님의 이야기를 전합니다.

8-10 하나님, 주님의 집이 주님의 영광으로 빛나기에
이 몸, 주님과 함께 사는 것이 참으로 좋습니다.
봄맞이 대청소를 할 때가 되었으니
나를 사기꾼, 악당들과 함께 쓸어 내지 마시고,
더러운 속임수 가방을 둘러멘 남자들,
뇌물 가득한 지갑 든 여자들만 쓸어버리소서.

11-12 내가 주님 앞에서 떳떳한 것 아시니,
이제 주께서 나를 떳떳이 대해 주소서.
하나님, 내가 주께 부끄럽지 않으니,
기회 있을 때마다 내가 주님을 찬양하겠습니다.

다윗의 시

27 1 하나님은 빛, 공간, 열정.
하나님은 바로 그런 분!
그분이 내 편이시니, 나 두렵지 않다.
그 누구도, 그 무엇도 겁나지 않다.

2 말 탄 야만족이 달려들어
나를 산 채로 집어삼키려 해도,
그 악당과 불량배들
꼴사납게 고꾸라지리라.

I'm not budging.

2 Examine me, GOD, from head to foot,
order your battery of tests.
Make sure I'm fit
inside and out

3 So I never lose
sight of your love,
But keep in step with you,
never missing a beat.

4-5 I don't hang out with tricksters,
I don't pal around with thugs;
I hate that pack of gangsters,
I don't deal with double-dealers.

6-7 I scrub my hands with purest soap,
then join hands with the others in the great circle,
dancing around your altar, GOD,
Singing God-songs at the top of my lungs,
telling God-stories.

8-10 GOD, I love living with you;
your house glows with your glory.
When it's time for spring cleaning,
don't sweep me out with the quacks and crooks,
Men with bags of dirty tricks,
women with purses stuffed with bribe-money.

11-12 You know I've been aboveboard with you;
now be aboveboard with me.
I'm on the level with you, GOD;
I bless you every chance I get.

A David Psalm

27 1 Light, space, zest—
that's GOD!
So, with him on my side I'm fearless,
afraid of no one and nothing.

2 When vandal hordes ride down
ready to eat me alive,
Those bullies and toughs
fall flat on their faces.

3 사방으로 포위당해도
나 아기처럼 고요하며,
큰 혼란이 일어도
나 침착하고 냉정하리라.

4 하나님께 구하는 것은
오직 한 가지.
내 평생
그분의 집에서 그분과 함께 살며,
그분의 아름다우심 묵상하고
그분의 발치에서 전심으로 배우는 것.

5 떠들썩한 세상 한가운데서
고요하고 안전한 곳은, 오직 주님의 집뿐.
시끌벅적한 도로에서 멀찌감치 물러선
완벽한 은신처.

6 나를 끌어내리려는 모든 자들 위로
하나님께서 내 머리와 어깨를 들어 올리시리니,
나, 그분의 처소로 나아가
지붕이 들썩이도록 찬양하리라!
나, 하나님의 노래를 부르며
하나님께 드릴 음악을 연주하리라.

7-9 하나님, 들으소서. 내가 목청껏 부르짖습니다.
"나를 보아 주소서! 내게 응답하소서!"
내 마음이 "하나님을 찾으라" 하고 속삭이면,
내 온몸이 "지금 그분을 찾고 있다!" 하고 대답합니다.
그러니 내게서 숨지 마소서!

9-10 주님은 줄곧 내게 힘이 되어 주셨으니
이제 와서 나를 못 본 체하지 마소서.
주님은 줄곧 나를 위해 문을 열어 놓으셨으니
나를 쫓아내지도, 버리지도 마소서.
내 아버지와 어머니는 나를 버리고 떠났지만
하나님께서는 나를 맞아들이셨습니다.

11-12 하나님, 주님의 큰길을 내게 가르쳐 주시고
불빛 환한 길을 따라 나를 인도하소서.
주께서 누구 편이신지 내 원수들에게 보여주소서.
나를 개들에게 던지지 마소서.
저들은 나를 잡으려고
쉴 새 없이 으름장 놓는 거짓말쟁이들입니다.

3 When besieged,
I'm calm as a baby.
When all hell breaks loose,
I'm collected and cool.

4 I'm asking GOD for one thing,
only one thing:
To live with him in his house
my whole life long.
I'll contemplate his beauty;
I'll study at his feet.

5 That's the only quiet, secure place
in a noisy world,
The perfect getaway,
far from the buzz of traffic.

6 God holds me head and shoulders
above all who try to pull me down.
I'm headed for his place to offer anthems
that will raise the roof!
Already I'm singing God-songs;
I'm making music to GOD.

7-9 Listen, GOD, I'm calling at the top of my lungs:
"Be good to me! Answer me!"
When my heart whispered, "Seek God,"
my whole being replied,
"I'm seeking him!"
Don't hide from me now!

9-10 You've always been right there for me;
don't turn your back on me now.
Don't throw me out, don't abandon me;
you've always kept the door open.
My father and mother walked out and left me,
but GOD took me in.

11-12 Point me down your highway, GOD;
direct me along a well-lighted street;
show my enemies whose side you're on.
Don't throw me to the dogs,
those liars who are out to get me,
filling the air with their threats.

13-14 내가 풍요의 땅에서
하나님의 선하심을 보게 될 것을 확신합니다.
하나님 곁에 머물러라!
용기를 내어라. 포기하지 마라.
거듭 말하노니,
하나님 곁에 머물러라.

다윗의 시

28 1 하나님, 내가 주께 부르짖을 때
못 들은 체하지 마소서.
주께 얻는 것이
귀를 먹먹하게 하는 침묵뿐이라면,
차라리 블랙홀 속으로 빠져드는 편이
낫겠습니다.

2 내게 필요한 것을 주께 알리며
도움을 구합니다.
주님의 은밀한 성소를 향해
내 두 손을 듭니다.

3-4 나를 저 악한 자들과 함께
한 감방에 밀어 넣지 마소서.
보란 듯이 악을 저지르는 자들과
같이 가두지 마소서.
저들은 그럴싸하게 '평화'를 말하지만
은밀하게 악마를 위해 일합니다.

저들이 행한 그대로,
저들이 저지른 악 그대로 되갚으소서.
저들이 악마의 일터에서 보낸
기나긴 시간만큼 되갚으시고,
거기에 두둑한 보너스까지 얹어 주소서.

5 하나님께서 어찌 일하시는지
무엇을 꾀하시는지 알지 못하는 저들,
하나님께서 저들을 산산이 부수시고
폐허로 만들어 버리실 것입니다.

6-7 하나님을 찬양하여라.
주께서 내 기도를 들어주셨다.
주께서 내 편이심을 증명해 주셨으니,
나는 주님과 운명을 같이할 것이다.

나, 이제 기뻐 뛰고
소리 높여 감사하며 그분을 찬양하리라.

13-14 I'm sure now I'll see God's goodness
in the exuberant earth.
Stay with GOD!
Take heart. Don't quit.
I'll say it again:
Stay with GOD.

A David Psalm

28 1 Don't turn a deaf ear
when I call you, GOD.
If all I get from you is
deafening silence,
I'd be better off
in the Black Hole.

2 I'm letting you know what I need,
calling out for help
And lifting my arms
toward your inner sanctum.

3-4 Don't shove me into
the same jail cell with those crooks,
With those who are
full-time employees of evil.
They talk a good line of "peace,"
then moonlight for the Devil.

Pay them back for what they've done,
for how bad they've been.
Pay them back for their long hours
in the Devil's workshop;
Then cap it with a huge bonus.

5 Because they have no idea how God works
or what he is up to,
God will smash them to smithereens
and walk away from the ruins.

6-7 Blessed be GOD—
he heard me praying.
He proved he's on my side;
I've thrown my lot in with him.

Now I'm jumping for joy,
and shouting and singing my thanks to him.

8-9 하나님은 자기 백성에게 최고의 힘,
택하신 지도자에게 드넓은 은신처가 되십니다.
주님의 백성을 구원하시고,
주님 소유된 자들에게 복을 내리소서.
그들을 보살피시고
선한 목자와 같이 그들을 이끌어 주소서.

다윗의 시

29 1-2 만세, 하나님 만세!
신들과 천사들이 환호성을 올린다.
두려운 마음으로 하나님의 영광을 마주하고
떨리는 마음으로 하나님의 능력을 목도하여라.
주의하여 서 있거라!
가장 좋은 옷을 차려 입고 그분께 예를 갖추어라!

3 하나님께서 천둥소리 내시며 물 위를 질주하신다.
찬란한 그분 목소리, 광채를 발하는 그 얼굴.
하나님께서 큰물을 가로질러 오신다.

4 하나님의 우렛소리는 북소리 같고
하나님의 천둥소리는 교향악 같다.

5 하나님의 우렛소리가 백향목을 박살낸다.
하나님께서 북쪽의 백향목을 쓰러뜨리신다.

6 산맥들이 봄철 망아지처럼 뛰놀고
산마루들이 야생 새끼염소처럼 날뛴다.

7-8 하나님의 우렛소리에 불꽃이 튀긴다.
하나님의 천둥소리에 광야가 흔들린다.
그분께서 가데스 광야를 뒤흔드신다.

9 하나님의 우렛소리에 참나무들이 춤춘다.
억수 같은 비가 가지들을 벌거숭이로 만든다.
온몸을 뒤흔드는 격렬한 저 춤.
모두가 무릎 꿇고 외친다. "영광!"

10 큰물 위에 하나님의 보좌 있으니
거기서 그분의 능력 흘러나오고,
그분께서 세상을 다스리신다.

11 하나님께서 자기 백성을 강하게 하신다.
하나님께서 자기 백성에게 평화를 주신다.

8-9 GOD is all strength for his people,
ample refuge for his chosen leader;
Save your people
and bless your heritage.
Care for them;
carry them like a good shepherd.

A David Psalm

29 1-2 Bravo, GOD, bravo!
Gods and all angels shout, "Encore!"
In awe before the glory,
in awe before God's visible power.
Stand at attention!
Dress your best to honor him!

3 GOD thunders across the waters,
Brilliant, his voice and his face, streaming brightness—
GOD, across the flood waters.

4 GOD's thunder tympanic,
GOD's thunder symphonic.

5 GOD's thunder smashes cedars,
GOD topples the northern cedars.

6 The mountain ranges skip like spring colts,
The high ridges jump like wild kid goats.

7-8 GOD's thunder spits fire.
GOD thunders, the wilderness quakes;
He makes the desert of Kadesh shake.

9 GOD's thunder sets the oak trees dancing
A wild dance, whirling; the pelting rain strips their branches.
We fall to our knees—we call out, "Glory!"

10 Above the floodwaters is GOD's throne
from which his power flows,
from which he rules the world.

11 GOD makes his people strong.
GOD gives his people peace.

다윗의 시

30

1 하나님, 나는 오직 주님만 신뢰합니다.
주님은 나를 궁지에서 건져 내셔서,
원수들의 조롱거리가 되지 않게 하셨습니다.

2-3 하나님, 나의 하나님, 내가 도와 달라고 외칠 때
주께서 나를 회복시켜 주셨습니다.
하나님, 주께서 이 몸을 무덤에서 끌어내셨고,
내가 더없이 막막한 신세가 되었을 때
다시 살 기회를 주셨습니다.

4-5 너희 모든 성도들아! 마음을 다해 하나님을 찬양하여라!
그분의 얼굴을 바라며 감사하여라!
이따금 그분께서 노하실지라도,
평생 변함없는 것은 오직 그분의 사랑뿐.
밤에 하염없이 울다가도
낮이 되면 환히 웃게 되리라.

6-7 모든 일이 순조로울 때 나, 이렇게 외쳤습니다.
"나는 확실히 성공했어.
나는 하나님의 총애를 받는 사람이야.
하나님이 나를 산의 왕이 되게 해주셨어."
그러자 주께서 고개를 돌리셨고
나는 산산이 무너지고 말았습니다.

8-10 하나님, 내가 주님을 큰소리로 부르며,
내 사정을 주님 앞에 다 털어놓았습니다.
"내가 죽어 나를 내다 파신들,
묘지에 장을 열고 나를 경매로 넘기신들,
주께 무슨 이득이 되겠습니까?
내가 한 줌 먼지가 되어 사라지면,
주님 기리는 나의 노래와 이야기를
아무도 거들떠보지 않을 것입니다.
그러니 들으소서! 이 몸을 돌아보소서!
나를 도우셔서 이 곤경에서 건져 내소서!"

11-12 주께서 내 하소연을 들으시고
내 격한 탄식을 소용돌이 춤으로 바꾸셨습니다.
내 검은 상장(喪章)을 떼어 내시고
들꽃으로 나를 꾸며 주셨습니다.
내 안에 노래가 차올라, 가슴이 터질 것만 같습니다.
도저히 잠잠할 수 없습니다.
하나님, 나의 하나님,
감사한 이 마음, 어찌 다 전할지 모르겠습니다.

A David Psalm

30

1 I give you all the credit, GOD—
you got me out of that mess,
you didn't let my foes gloat.

2-3 GOD, my God, I yelled for help
and you put me together.
GOD, you pulled me out of the grave,
gave me another chance at life
when I was down-and-out.

4-5 All you saints! Sing your hearts out to GOD!
Thank him to his face!
He gets angry once in a while, but across
a lifetime there is only love.
The nights of crying your eyes out
give way to days of laughter.

6-7 When things were going great
I crowed, "I've got it made.
I'm GOD's favorite.
He made me king of the mountain."
Then you looked the other way
and I fell to pieces.

8-10 I called out to you, GOD;
I laid my case before you:
"Can you sell me for a profit when I'm dead?
auction me off at a cemetery yard sale?
When I'm 'dust to dust' my songs
and stories of you won't sell.
So listen! and be kind!
Help me out of this!"

11-12 You did it: you changed wild lament
into whirling dance;
You ripped off my black mourning band
and decked me with wildflowers.
I'm about to burst with song;
I can't keep quiet about you.
GOD, my God,
I can't thank you enough.

다윗의 시

31

[1-2] 하나님, 내가 주께 도망칩니다.
죽을힘 다해 주께로 달아납니다.
나를 못 본 체하지 마소서!
이번만은 내 말을 진지하게 들어주소서!
내 눈높이로 내려오셔서 들어주소서!
부디 지체하지 마소서!
주님의 견고한 동굴은 나의 은신처,
주님의 높다란 절벽 요새는 나의 피난처입니다.

[3-5] 주님은 내가 숨어드는 동굴,
내가 기어오르는 절벽.
나의 든든한 인도자,
나의 진정한 길 안내자가 되어 주소서.
숨겨진 덫에서 나를 빼내소서.
주께로 숨어들고 싶습니다.
내 목숨을 주님 손에 맡겼습니다.
주께서는 나를 떨어뜨리지도,
버리지도 않으시겠지요.

[6-13] 내가 이 어리석은 종교 놀음을 미워하고
하나님, 오직 주님만 신뢰합니다.
내가 주님 사랑의 울타리 안에서 겅중겅중 뛰며 노래하니,
주께서 내 아픔 보시고
나를 괴롭히던 자들을 무장 해제시키셨습니다.
주님은 저들의 손아귀에 나를 두지 않으시고
나에게 숨 돌릴 여유를 주셨습니다.
하나님, 나를 친절히 대해 주소서.
내가 다시 깊고 깊은 곤경에 빠졌습니다.
하염없이 눈물이 나고
마음은 텅 비었습니다.
내 목숨은 신음으로 새어 나가고
내 세월은 한숨으로 다해 갑니다.
근심으로 녹초가 되었고
뼈는 가루로 변했습니다.
원수들은 나를 괴물 보듯 하고
이웃들에게는 조롱거리가 되었습니다.
친구들도 내 몰골에 놀라
보고도 못 본 척 멀찍이 돌아갑니다.
저들은 나를 기억에서 지우고 싶어 합니다.
무덤 속 시체마냥 나를 잊고,
쓰레기통 안 깨진 접시마냥 나를 버리려 합니다.
길거리에서 수군대는 소리를 듣고 있으면
정신이 나가 칼이라도 휘두를 것 같습니다!

A David Psalm

31

[1-2] I run to you, GOD; I run for dear life.
Don't let me down!
Take me seriously this time!
Get down on my level and listen,
and please—no procrastination!
Your granite cave a hiding place,
your high cliff aerie a place of safety.

[3-5] You're my cave to hide in,
my cliff to climb.
Be my safe leader,
be my true mountain guide.
Free me from hidden traps;
I want to hide in you.
I've put my life in your hands.
You won't drop me,
you'll never let me down.

[6-13] I hate all this silly religion,
but you, GOD, I trust.
I'm leaping and singing in the circle of your love;
you saw my pain,
you disarmed my tormentors,
You didn't leave me in their clutches
but gave me room to breathe.
Be kind to me, GOD—
I'm in deep, deep trouble again.
I've cried my eyes out;
I feel hollow inside.
My life leaks away, groan by groan;
my years fade out in sighs.
My troubles have worn me out,
turned my bones to powder.
To my enemies I'm a monster;
I'm ridiculed by the neighbors.
My friends are horrified;
they cross the street to avoid me.
They want to blot me from memory,
forget me like a corpse in a grave,
discard me like a broken dish in the trash.
The street-talk gossip has me
"criminally insane"!

저들은 문을 꽉꽉 닫아걸고는
나를 영원히 파멸시킬 음모를 꾸밉니다.

14-18 절박한 심정으로 주께 의지합니다.
주님은 나의 하나님이십니다!
내 모든 순간순간을 주님 손에 맡기니
나를 죽이려는 자들에게서 나를 지켜 주소서.
주님의 종의 마음을 미소로 녹여 주시고
나를 아끼시니 구원해 주소서.
주께 여러 번 기별을 드렸으니
찾아오셔서 나를 안심시켜 주소서.
악인들이나 난처하게, 허탕 치게 하셔서
저들이 머리를 설레설레 저으며
지옥으로 떠내려가게 하소서.
주님을 따르는 나를 조롱과 야유로 놀려 대는
시끄러운 거짓말쟁이들,
저들의 입을 틀어막아 주소서.

19-22 주님을 섬기는 이들을 위해
주께서 준비하신 어마어마한 복 더미,
고약한 세상을 피해
주께로 도망치는 이들을 기다리고 있군요.
주께서는 그들을 안전하게 감추시고
적대자의 손길이 미치지 못하게 하십니다.
조롱하는 저 번드르르한 얼굴들을 퇴짜 놓으시고
지독한 험담을 잠잠케 하십니다.
하나님을 찬양하여라!
그분의 사랑은 세상 최고의 불가사의.
포위 공격에 갇힌 이 몸, 더럭 겁이 나 이렇게 말했습니다.
"내가 주님 눈 밖에 났구나."
그러나 주님은 내 목소리를 들으시고
내 말에 귀 기울여 주셨습니다.

23 너희 모든 성도들아, 하나님을 사랑하여라.
하나님께서는 그분을 가까이하는 모든 사람을 보살피시나,
거만하여 자기 힘으로 하려는 자들에게는
고스란히 갚으신다.

24 용기를 내어라. 굳세어라. 포기하지 마라.
이제 곧 오시리니, 하나님을 바라라.

Behind locked doors they plot
how to ruin me for good.

14-18 Desperate, I throw myself on you:
you are my God!
Hour by hour I place my days in your hand,
safe from the hands out to get me.
Warm me, your servant, with a smile;
save me because you love me.
Don't embarrass me by not showing up;
I've given you plenty of notice.
Embarrass the wicked, stand them up,
leave them stupidly shaking their heads
as they drift down to hell.
Gag those loudmouthed liars
who heckle me, your follower,
with jeers and catcalls.

19-22 What a stack of blessing you have piled up
for those who worship you,
Ready and waiting for all who run to you
to escape an unkind world.
You hide them safely away
from the opposition.
As you slam the door on those oily, mocking faces,
you silence the poisonous gossip.
Blessed GOD!
His love is the wonder of the world.
Trapped by a siege, I panicked.
"Out of sight, out of mind," I said.
But you heard me say it,
you heard and listened.

23 Love GOD, all you saints;
GOD takes care of all who stay close to him,
But he pays back in full
those arrogant enough to go it alone.

24 Be brave. Be strong. Don't give up.
Expect GOD to get here soon.

다윗의 시

32 1 스스로 행운아로 여겨라. 그대, 얼마
나 복된 사람인지.
잘못을 말끔히 씻고
새 출발하는 그대.

2 스스로 행운아로 여겨라.
하나님께서 흠잡으실 구석 전혀 없고
하나님께 아무것도 숨길 것 없는 그대.

3 내 속에 꼭꼭 담아 두려고 했더니,
내 뼈는 가루로 변하고
내 말은 종일토록 신음이 되었습니다.

4 나를 짓누르는 중압감 그치지 않으니
내 생명의 진액이 다 말라 버렸습니다.

5 마침내 내 모든 것 주께 고백했습니다.
"하나님께 내 잘못 모조리 털어놓겠습니다."

갑자기 나를 짓누르던 압박이 사라지고,
죄책감이 날아갑니다.
내 죄가 사라졌습니다.

6 그러므로 우리가 너나없이 기도하는 이것은
너무나 합당한 일입니다.
대혼란이 일어나고 댐이 터질지라도,
높은 곳에 있는 우리는 해를 입지 않을 것입니다.

7 하나님은 내가 은신하는 섬.
위험이 해안에 이르지 못하게 하시고
호산나의 화환을 내 목에 걸어 주십니다.

8 너희에게 유익한 조언을 몇 마디 하겠다.
너희 얼굴을 똑바로 쳐다보고
있는 그대로 말하겠다.

9 "말이나 노새처럼 고집을 부리지 마라.
그것들은 재갈과 고삐를 채워야만
제 길로 간다."

10 하나님을 무시하는 자는 언제나 곤경에 처하
지만,
하나님을 인정하는 사람은 인생의 굽이굽이마다
주님의 사랑을 깨닫는다.

A David Psalm

32 1 Count yourself lucky, how happy you
must be—
you get a fresh start,
your slate's wiped clean.

2 Count yourself lucky—
GOD holds nothing against you
and you're holding nothing back from him.

3 When I kept it all inside,
my bones turned to powder,
my words became daylong groans.

4 The pressure never let up;
all the juices of my life dried up.

5 Then I let it all out;
I said, "I'll make a clean breast of my failures to
GOD."

Suddenly the pressure was gone—
my guilt dissolved,
my sin disappeared.

6 These things add up. Every one of us needs to
pray;
when all hell breaks loose and the dam bursts
we'll be on high ground, untouched.

7 GOD's my island hideaway,
keeps danger far from the shore,
throws garlands of hosannas around my neck.

8 Let me give you some good advice;
I'm looking you in the eye
and giving it to you straight:

9 "Don't be ornery like a horse or mule
that needs bit and bridle
to stay on track."

10 God-defiers are always in trouble;
GOD-affirmers find themselves loved
every time they turn around.

11 하나님을 찬양하여라.
다 함께 노래하여라!
마음이 정직한 너희여, 목청껏 환호하여라!

33

1-3 선한 너희여, 하나님을 기뻐하여라!
바르게 사는 이들의 찬양만큼 아름다운 것 없도다.
기타 반주로 주님을 찬양하여라!
그랜드피아노로 찬양곡을 연주하여라!
새 노래로 주님을 기리고
트럼펫으로 팡파르를 울려라.

4-5 하나님 말씀은 속속들이 믿을 수 있고
그분께서 지으신 것 무엇 하나 흠이 없다.
하나님이 기뻐하시는 것은,
모든 것 제자리를 찾고
그분의 세계가 다림줄처럼 바르게 움직이는 것.
하나님의 인자하심이
온 땅을 흠뻑 적신다.

6-7 하나님께서 명령하시자, 하늘이 생겨나고
나직이 속삭이시자, 불쑥 별들이 나타났다.
그분께서 바다를 자기 항아리에 퍼 담으시고
대양을 나무통 안에 부으셨다.

8-9 땅의 피조물들아, 하나님께 절하여라.
세상의 거민들아, 무릎을 꿇어라!
그분께서 말씀하시자,
말씀하신 그 순간에 세상이 생겨났다.

10-12 하나님께서 바벨의 허세를 제압하시고
세상의 집권 계획을 수포로 돌리신다.
세상을 위한 하나님의 계획은 굳게 서고
그분의 모든 설계는 무너지지 않는다.
하나님과 동행하며 하나님을 위하는 나라는 복이 있다.
그분께서 상속자로 삼으신 백성은 복이 있다.

13-15 하나님께서 하늘 높은 곳에서 둘러보시며
아담의 모든 자손을 바라보신다.
앉아 계신 그 자리에서
땅에 사는 우리 모두를 굽어보신다.
그분께서 각 사람을 지으셨으니
이제, 우리가 하는 모든 일을 지켜보신다.

11 Celebrate GOD.
Sing together—everyone!
All you honest hearts, raise the roof!

33

1-3 Good people, cheer GOD!
Right-living people sound best when praising.
Use guitars to reinforce your Hallelujahs!
Play his praise on a grand piano!
Invent your own new song to him;
give him a trumpet fanfare.

4-5 For GOD's Word is solid to the core;
everything he makes is sound inside and out.
He loves it when everything fits,
when his world is in plumb-line true.
Earth is drenched
in GOD's affectionate satisfaction.

6-7 The skies were made by GOD's command;
he breathed the word and the stars popped out.
He scooped Sea into his jug,
put Ocean in his keg.

8-9 Earth-creatures, bow before GOD;
world-dwellers—down on your knees!
Here's why: he spoke and there it was,
in place the moment he said so.

10-12 GOD takes the wind out of Babel pretense,
he shoots down the world's power-schemes.
GOD's plan for the world stands up,
all his designs are made to last.
Blessed is the country with GOD for God;
blessed are the people he's put in his will.

13-15 From high in the skies GOD looks around,
he sees all Adam's brood.
From where he sits
he overlooks all us earth-dwellers.
He has shaped each person in turn;
now he watches everything we do.

16-17 No king succeeds with a big army alone,

16-17 큰 군대가 있다고 왕이 성공하는 것은 아니며,
큰 힘이 있다고 용사가 승리하는 것도 아니다.
말(馬)의 힘이 답은 아니며,
완력만으로 구원을 얻는 사람도 없다.

18-19 하나님의 눈은 그분을 귀히 여기는 이들,
그분의 사랑을 구하고 찾는 이들에게 머문다.
그들이 역경에 처할 때 당장 구하러 오시며,
어려울 때 그들의 몸과 영혼을 모두 돌보아 주신다.

20-22 우리가 하나님을 의지하니,
그분은 우리가 필요로 하는 전부.
그 거룩하신 이름, 우리 소유 삼았으니
우리 마음 기쁨이 넘치네.
하나님, 우리가 주님을 의지합니다.
주님의 전부로, 우리를 사랑해 주소서.

다윗의 시. 다윗이 아비멜렉을 속이고 떠나갈 때

34

1 나, 순간마다 하나님을 찬양하리라.
숨이 턱에 차도록 주님을 찬양하리라.

2 내가 늘 하나님과 함께 살고 숨 쉬니,
지금 곤경에 처한 너희여, 이 말을 듣고 기뻐하여라.

3 나와 함께 이 소식을 널리 전하고
주님의 말씀 함께 외치자.

4 하나님께서 저만치 달려 나와 나를 맞아 주시고
불안과 두려움에서 나를 구해 주셨다.

5 그분을 우러러보아라, 너의 그 밝고 따스한 미소로.
네 감정을 그분께 숨기지 마라.

6 내가 절망에서 부르짖을 때
하나님께서 나를 궁지에서 빼내 주셨다.

7 우리가 기도할 때
하나님의 천사가 우리를 둘러 진 치고 보호한다.

8 너희 입을 벌려 맛보고, 너희 눈을 활짝 떠서 보아라.
하나님이 얼마나 좋은 분이신지.
그분께 피하는 너희는 복이 있다.

9 가장 귀한 것을 바라거든 하나님을 예배하여라.

no warrior wins by brute strength.
Horsepower is not the answer;
no one gets by on muscle alone.

18-19 Watch this: God's eye is on those who respect him,
the ones who are looking for his love.
He's ready to come to their rescue in bad times;
in lean times he keeps body and soul together.

20-22 We're depending on GOD;
he's everything we need.
What's more, our hearts brim with joy
since we've taken for our own his holy name.
Love us, GOD, with all you've got—
that's what we're depending on.

A David Psalm, When He Outwitted Abimelech and Got Away

34

1 I bless GOD every chance I get;
my lungs expand with his praise.

2 I live and breathe GOD;
if things aren't going well, hear this and be happy:

3 Join me in spreading the news;
together let's get the word out.

4 GOD met me more than halfway,
he freed me from my anxious fears.

5 Look at him; give him your warmest smile.
Never hide your feelings from him.

6 When I was desperate, I called out,
and GOD got me out of a tight spot.

7 GOD's angel sets up a circle
of protection around us while we pray.

8 Open your mouth and taste, open your eyes and see—
how good GOD is.
Blessed are you who run to him.

예배할 때 그분의 온갖 선하심에 이르는 문이 열
린다.

10 굶주린 젊은 사자들은 먹이를 찾아 헤매지만,
하나님을 찾는 이들은 하나님으로 배부르리라.

11 아이들아, 와서 귀 기울여 들어라.
너희에게 하나님 예배하는 법을 가르쳐 주리라.

12 인생을 즐겁게 살기를 바라는 자 누구냐?
날마다 좋은 일이 끊이지 않기를 바라느냐?

13 네 혀를 지켜 불경죄를 피하고
네 입으로 거짓말이 새 나가지 않게 하여라.

14 죄를 버리고 선한 일을 행하여라.
평화를 꼭 붙들어 떠나지 않게 하여라!

15 하나님께서는 자기 벗들에게 눈을 떼지 않으시고
그분의 귀는 온갖 탄식과 신음을 놓치지 않는다.

16 하나님께서 반역자들을 참지 않으시고
무리 중에서 그들을 도려내시리라.

17 도움을 구하며 부르짖는 이 있느냐?
하나님께서 귀 기울여 들으시고 구하시리라.

18 너의 마음이 상할 때 하나님이 거기 계시고,
네가 낙심할 때 그분이 도우셔서 숨 쉬게 하시
리라.

19 주님의 백성들이 자주 곤경에 처할지라도
하나님께서는 그들과 늘 함께하신다.

20 그분은 네 모든 뼈를 지켜 주시는 경호원이시니,
손가락 하나 부러지지 않는다.

21 악인은 자신을 서서히 죽이는 자니,
선한 이들을 미워하며 인생을 소모하는 까닭이다.

22 하나님께서 노예의 몸값을 치러 자유를 주시니,
그분께 피하는 이는 누구도 손해를 입지 않는다.

9 Worship GOD if you want the best;
worship opens doors to all his goodness.

10 Young lions on the prowl get hungry,
but GOD-seekers are full of God.

11 Come, children, listen closely;
I'll give you a lesson in GOD worship.

12 Who out there has a lust for life?
Can't wait each day to come upon beauty?

13 Guard your tongue from profanity,
and no more lying through your teeth.

14 Turn your back on sin; do something good.
Embrace peace—don't let it get away!

15 GOD keeps an eye on his friends,
his ears pick up every moan and groan.

16 GOD won't put up with rebels;
he'll cull them from the pack.

17 Is anyone crying for help? GOD is listening,
ready to rescue you.

18 If your heart is broken, you'll find GOD right
there;
if you're kicked in the gut, he'll help you catch
your breath.

19 Disciples so often get into trouble;
still, GOD is there every time.

20 He's your bodyguard, shielding every bone;
not even a finger gets broken.

21 The wicked commit slow suicide;
they waste their lives hating the good.

22 GOD pays for each slave's freedom;
no one who runs to him loses out.

다윗의 시

35

1-3 하나님, 나를 괴롭히는 자들을 가만 두지 마소서.
저 불한당들의 얼굴을 정통으로 갈겨 주소서.
무기든, 무엇이든 움켜잡으시고
나를 위해 일어나소서!
나를 노리고 달려드는 자들에게
창을 겨누어 던질 채비를 하소서.
"내가 너를 구하겠다" 말씀하시고
나를 안심시켜 주소서.

4-8 내 등을 찌르려는 저 무뢰배들,
미련한 자로 낙인찍히게 하소서.
나를 무너뜨리려는
모든 자들의 음모를 꺾으소서.
풀무질하는 천사를 붙이셔서,
저들을 강풍에 날리는 재처럼 흩으소서.
미행하는 천사를 붙이셔서,
저들의 길이 칠흑처럼 어둡고 질척거리게 하소서.
저들은 억지를 부려 가며 나를 잡으려 덫을 놓고,
나를 막으려고 까닭 없이 도랑을 팠습니다.
몰래 숨었다가 저들을 치소서.
저들이 놓은 덫에 저들이 걸리게 하시고
저들이 꾸민 참사에 저들이 당하게 하소서.

9-10 그러나 나는 거침없이 다니며,
하나님의 위대하신 일들 마음껏 알리게 하소서.
내 몸의 모든 뼈가 기쁨으로 들썩이며 노래하게 하소서.
"하나님, 주님과 같은 분 없습니다.
주께서는 주저앉은 자들을 일으키시고
기댈 데 없는 이들을 불한당에게서 보호해 주십니다!"

11-12 악의를 품은 고소인들이 느닷없이 나타나,
나를 괴롭히려고 달려듭니다.
나는 자비를 베풀었으나 그들이 고통으로 되갚으니,
내 영혼이 텅 빈 듯 허탈합니다.

13-14 저들이 아플 때 내가 검은 옷을 입고,
금식하며 기도했습니다.
납덩이처럼 무거운 마음으로 저들을 위해 기도하면서
가장 친한 벗, 나의 형제를 잃은 듯 안타까워했습니다.
침통한 마음에 어깨를 축 늘어뜨리고,
어머니 없는 아이처럼 넋 놓고 이리저리 서성였습

A David Psalm

35

1-3 Harass these hecklers, GOD,
punch these bullies in the nose.
Grab a weapon, anything at hand;
stand up for me!
Get ready to throw the spear, aim the javelin,
at the people who are out to get me.
Reassure me; let me hear you say,
"I'll save you."

4-8 When those thugs try to knife me in the back,
make them look foolish.
Frustrate all those
who are plotting my downfall.
Make them like cinders in a high wind,
with GOD's angel working the bellows.
Make their road lightless and mud-slick,
with GOD's angel on their tails.
Out of sheer cussedness they set a trap to catch me;
for no good reason they dug a ditch to stop me.
Surprise them with your ambush—
catch them in the very trap they set,
the disaster they planned for me.

9-10 But let me run loose and free,
celebrating GOD's great work,
Every bone in my body laughing, singing, "GOD,
there's no one like you.
You put the down-and-out on their feet
and protect the unprotected from bullies!"

11-12 Hostile accusers appear out of nowhere,
they stand up and badger me.
They pay me back misery for mercy,
leaving my soul empty.

13-14 When they were sick, I dressed in black;
instead of eating, I prayed.
My prayers were like lead in my gut,
like I'd lost my best friend, my brother.
I paced, distraught as a motherless child,
hunched and heavyhearted.

15-16 But when I was down
they threw a party!

니다.

15-16 그러나 정작 내가 쓰러졌을 때,
저들은 잔치를 벌였습니다!
동네의 이름 없는 어중이떠중이들이 몰려와
나를 모욕했습니다.
성소를 더럽히는 야만인들처럼
내 이름을 더럽혔습니다.

17-18 하나님, 언제까지 내버려 두시렵니까?
내 모든 것이 사자 밥으로 던져지고 있으니,
저들의 야만 행위에서 나를 구하소서.
모두가 모여 예배드릴 때
내가 주님의 신실하심을 찬양하겠습니다.
수많은 사람들이 모여들 때
할렐루야를 외치겠습니다.

19-21 저 거짓말쟁이들, 저 원수들이
나를 제물 삼아 잔치를 열지 못하게 하소서.
까닭 없이 나를 미워하는 자들이
서로 눈짓하거나 곁눈질로 바라보지 못하게 하소서.
저 패거리에게는 선한 것이 없고,
남의 일에 간섭 없이 자기 일에 몰두하는 이들을
어떻게 헐뜯을까 궁리하며 시간을 허비합니다.
저들은 입을 벌려 이죽거리며 조롱합니다.
"하하, 무사히 넘어갈 줄 알았지?
넌 우리에게 딱 걸렸어!"

22 하나님, 저들의 소행이 보이지 않습니까?
저들이 무사히 빠져나가게 내버려 두지는 않으시겠지요?
아무 조치 없이, 그냥 넘어가실 생각은 아니시겠지요?

23-26 제발 일어나소서, 깨어나소서! 내 사정을 살펴 주소서.
나의 하나님, 나의 주님, 내 목숨이 걸려 있습니다.
하나님 나의 하나님, 주님 뜻대로 하시되,
저들이 나를 제물 삼아 즐거워하는 일만은 막아 주소서.
"하하, 우리가 바라던 대로 됐어."
"우리가 그를 씹어서 뱉어 버렸지."
저들이 마음속으로 이렇게 말하지 못하게 하소서.
나를 제물 삼아 즐기려는 저들,
오히려 웃음거리가 되게 하소서.
거들먹거리며 힘을 과시하는

All the nameless riffraff of the town came
chanting insults about me.
Like barbarians desecrating a shrine,
they destroyed my reputation.

17-18 GOD, how long are you going
to stand there doing nothing?
Save me from their brutalities;
everything I've got is being thrown to the lions.
I will give you full credit
when everyone gathers for worship;
When the people turn out in force
I will say my Hallelujahs.

19-21 Don't let these liars, my enemies,
have a party at my expense,
Those who hate me for no reason,
winking and rolling their eyes.
No good is going to come
from that crowd;
They spend all their time cooking up gossip
against those who mind their own business.
They open their mouths
in ugly grins,
Mocking, "Ha-ha, ha-ha, thought you'd get away with it?
We've caught you hands down!"

22 Don't you see what they're doing, GOD?
You're not going to let them
Get by with it, are you? Not going to walk off
without doing something, are you?

23-26 Please get up—wake up! Tend to my case.
My God, my Lord—my life is on the line.
Do what you think is right, GOD, my God,
but don't make me pay for their good time.
Don't let them say to themselves,
"Ha-ha, we got what we wanted."
Don't let them say,
"We've chewed him up and spit him out."
Let those who are being hilarious
at my expense
Be made to look ridiculous.
Make them wear donkey's ears;

저들에게 당나귀 귀를 다시고,
당나귀 꼬리를 붙이소서!

27-28 그러나 내가 잘되기를 바라는 이들,
결국에는 그들이 기뻐 환호하며
이렇게 외치게 하소서. 끊임없이 외치게 하소서!
"하나님은 위대하시다. 그분의 종에게는
모든 것이 협력하여 선을 이루리라."
나도 주님의 위대하심과 선하심을 세상에 알리고,
날마다, 종일토록 할렐루야를 외치겠습니다.

다윗의 시

36 1-4 하나님께 반역하는 자, 선동에 귀 기울이며
온통 죄 지을 건수 찾아 귀를 바짝 세운다.
하나님을 두려워하지 않고
그분 앞에서 거드럭거릴 뿐,
스스로에게 발림소리 하며
자신의 악을
아무도 모를 거라 믿는다.
그의 입에서 나오는 말은
더러운 개숫물.
그가 온당한 일을
한 적이 있던가.
잠자리에 들 때마다
또 다른 흉계를 꾸민다.
그가 길거리에서 제멋대로 설치면,
누구도 안심할 수 없다.
그는 불장난을 하면서도
누가 화상을 입든 개의치 않는다.

5-6 하나님의 사랑 드높고,
그분의 성실하심 끝이 없다.
그분의 목적 원대하고,
그분의 평결 드넓다.
광대하시되
작은 것 하나 놓치지 않으시니,
사람도, 생쥐 한 마리조차도
그분께는 소외되는 법 없다.

7-9 오 하나님, 주님의 사랑이 어찌 그리 보배로운지요!
우리가 주님 날개 아래로 피하여
손수 베푸신 잔치음식을 배불리 먹느라 정신이 없건만,
주께서는 우리 잔에 에덴의 광천수를 가득 부어 주십니다.

Pin them with the donkey's tail,
who made themselves so high and mighty!

27-28 But those who want
the best for me,
Let them have the last word—a glad shout!—
and say, over and over and over,
"GOD is great—everything works
together for good for his servant."
I'll tell the world how great and good you are,
I'll shout Hallelujah all day, every day.

A David Psalm

36 1-4 The God-rebel tunes in to sedition—
all ears, eager to sin.
He has no regard for God,
he stands insolent before him.
He has smooth-talked himself
into believing
That his evil
will never be noticed.
Words gutter from his mouth,
dishwater dirty.
Can't remember when he
did anything decent.
Every time he goes to bed,
he fathers another evil plot.
When he's loose on the streets,
nobody's safe.
He plays with fire
and doesn't care who gets burned.

5-6 God's love is meteoric,
his loyalty astronomic,
His purpose titanic,
his verdicts oceanic.
Yet in his largeness
nothing gets lost;
Not a man, not a mouse,
slips through the cracks.

7-9 How exquisite your love, O God!
How eager we are to run under your wings,
To eat our fill at the banquet you spread
as you fill our tankards with Eden spring water.

주님은 폭포수 같은 빛의 원천,
우리 눈을 뜨게 하여 빛을 보게 하시는 분.

10-12 주님의 벗들을 끊임없이 사랑하시고
주님을 기뻐하는 이들 안에서 주님의 일을 행하소서.
불한당들이 나를 괴롭히지 못하게 하시고
소인배들이 나를 비난하지 못하게 하소서.
졸부처럼 거만한 자들이 쓰러져
진흙탕에 완전히 고꾸라지게 하소서.

다윗의 시

37 1-2 출세를 자랑하는 자들에 신경 쓰지 말고
악인의 성공을 부러워하지 마라.
머지않아 저들은 베인 풀처럼 오그라들고
잘린 꽃처럼 시들어 버릴 것이다.

3-4 하나님께 보험을 들고 선한 일을 하며,
마음을 가라앉히고 네 본분을 지켜라.
하나님과 사귐을 지속하여
가장 복된 것을 누려라.

5-6 하나님께 모두 털어놓고, 아무것도 숨기지 마라.
꼭 필요한 일이면 그분께서 이루어 주시리라.
네가 올바르게 살아왔음을 대낮에 증언해 주시고,
정오에 확인도장을 찍어 주시리라.

7 하나님 앞에 고요히 머물고
그분 앞에서 기도하여라.
출세의 사다리를 오르는 자들,
남을 밀치며 정상에 오르는 자들 때문에 괴로워하지 마라.

8-9 노여움을 제어하고, 분노를 버려라.
진정하여라. 화내 봤자 사태를 악화시킬 뿐.
얼마 못 가 사기꾼들은 파산하고,
하나님께 투자한 이들이 곧 그 가게를 차지하리라.

10-11 악인은 눈 깜짝할 사이에 결딴나리니,
한때 이름 날리던 사업장에는 아무것도 남지 않으리라!
겸손한 이들이 그리로 들어가 넘겨받고,
엄청난 횡재를 만끽하리라.

12-13 나쁜 자들은 착한 이들이 싫어
그들을 해코지하는 데 골몰하지만,

You're a fountain of cascading light,
and you open our eyes to light.

10-12 Keep on loving your friends;
do your work in welcoming hearts.
Don't let the bullies kick me around,
the moral midgets slap me down.
Send the upstarts sprawling
flat on their faces in the mud.

A David Psalm

37 1-2 Don't bother your head with braggarts
or wish you could succeed like the wicked.
In no time they'll shrivel like grass clippings
and wilt like cut flowers in the sun.

3-4 Get insurance with GOD and do a good deed,
settle down and stick to your last.
Keep company with GOD,
get in on the best.

5-6 Open up before GOD, keep nothing back;
he'll do whatever needs to be done:
He'll validate your life in the clear light of day
and stamp you with approval at high noon.

7 Quiet down before GOD,
be prayerful before him.
Don't bother with those who climb the ladder,
who elbow their way to the top.

8-9 Bridle your anger, trash your wrath,
cool your pipes—it only makes things worse.
Before long the crooks will be bankrupt;
GOD-investors will soon own the store.

10-11 Before you know it, the wicked will have had it;
you'll stare at his once famous place and—nothing!
Down-to-earth people will move in and take over,
relishing a huge bonanza.

12-13 Bad guys have it in for the good guys,

하나님은 조금도 신경 쓰지 않으신다.
그분께 그들은 싱거운 농담거리에 불과하다.

14-15 불량배들이 칼을 휘두르고
허세 부리며 활을 당기는구나.
순진한 이들을 괴롭히고,
개와 산책하는 선량한 사람을 강탈하려 드는구나.
저들, 바나나 껍질에 미끄러져 그대로 거꾸러지니
연극 속의 우스꽝스런 악역 꼴이다.

16-17 때로는 많은 것이 적고, 적은 것이 많은 법.
의인 한 사람이 악인 쉰 명보다 낫다.
악인은 도덕적으로 구제불능이지만,
의인은 하나님께서 붙드시기 때문이다.

18-19 하나님은 선량한 이들을 기억하시니,
그들이 하는 일을 쉬 잊지 않으신다.
그들은 불경기에도 고개 숙이지 않고
냉장고가 텅 비어도 배부르리라.

20 하나님을 얕보는 자들은 결딴나리라.
하나님의 원수들은 끝장나리라.
수확철의 포도원처럼 털리고
연기처럼 아무도 모르게 사라지리라.

21-22 악인은 꾸기만 하고 갚지 않으나,
의인은 베풀고 또 베푼다.
후히 베푸는 이는 마지막에 모든 것을 얻고,
인색한 자는 도중에 다 빼앗긴다.

23-24 신실한 사람은 하나님과 보조를 맞추며 걷는다.
하나님께서 그 길을 환히 비추시니, 그는 행복하다.
그는 넘어져도 오래 주저앉지 않으니,
하나님께서 그의 손을 잡아 주시기 때문이다.

25-26 한때 젊었다가 이제 백발이 되었지만,
나는 여태까지 신자가 버림받거나
그 자녀가 길거리를 떠도는 것을 보지 못했다.
그는 날마다 베풀고 꾸어 주며
자손들은 그의 자랑이 된다.

27-28 악을 버리고
선한 일에 힘쓰되, 꾸준히 그리하여라.
하나님은 선한 일을 사랑하시고

obsessed with doing them in.
But GOD isn't losing any sleep; to him
they're a joke with no punch line.

14-15 Bullies brandish their swords,
pull back on their bows with a flourish.
They're out to beat up on the harmless,
or mug that nice man out walking his dog.
A banana peel lands them flat on their faces—
slapstick figures in a moral circus.

16-17 Less is more and more is less.
One righteous will outclass fifty wicked,
For the wicked are moral weaklings
but the righteous are GOD-strong.

18-19 GOD keeps track of the decent folk;
what they do won't soon be forgotten.
In hard times, they'll hold their heads high;
when the shelves are bare, they'll be full.

20 God-despisers have had it;
GOD's enemies are finished—
Stripped bare like vineyards at harvest time,
vanished like smoke in thin air.

21-22 Wicked borrows and never returns;
Righteous gives and gives.
Generous gets it all in the end;
Stingy is cut off at the pass.

23-24 Stalwart walks in step with GOD;
his path blazed by GOD, he's happy.
If he stumbles, he's not down for long;
GOD has a grip on his hand.

25-26 I once was young, now I'm a graybeard—
not once have I seen an abandoned believer,
or his kids out roaming the streets.
Every day he's out giving and lending,
his children making him proud.

27-28 Turn your back on evil,
work for the good and don't quit.
GOD loves this kind of thing,

자기 벗들을 외면하지 않으신다.

28-29 이와 같이 살아라. 그러면 성공할 것이다.
그러나 악한 자들은 버림을 받으리라.
선한 이들은 좋은 땅에 심기고
튼튼히 뿌리를 내린다.

30-31 개가 뼈다귀를 핥고 또 핥듯, 의인은 지혜를 곱씹고
아름다운 덕을 음미한다.
피를 돌리듯, 그의 심장은 하나님 말씀을 온몸에 돌게 하고
그의 발걸음은 고양이처럼 흔들림이 없다.

32-33 악인은 의인을 엿보며
그를 죽이려 하지만,
하나님께서 경계를 늦추지 않고 의인을 지켜보시니,
악인은 의인의 머리카락 한 올 해치지 못하리라.

34 하나님을 간절히 기다려라.
그 길을 떠나지 마라.
그분께서 뭇사람이 보는 앞에서 네게 자리를 주시리니,
악인이 자리를 잃는 것을, 너는 보게 되리라.

35-36 나는 악인들이 두꺼비처럼 거만하게 뽐내며
허튼소리 하는 것을 보았다.
그러나 다음 순간, 그들의 모습은 온데간데없었다.
구멍 난 풍선, 바람 빠져 늘어진 거죽만 보일 뿐이다.

37-38 온전한 사람을 잘 들여다보고
올곧은 삶을 눈여겨보아라.
힘써 온전함을 이루는 것에
장래가 있다.
고집쟁이는 조만간 버림을 받고
거만한 자들은 막다른 길에 이르리라.

39-40 드넓고 자유로운 삶은 하나님이 주시는 것.
하나님께서 그 삶을 보호하시고 안전히 지키신다.
하나님의 도우심으로 우리가 악에서 해방되었으니,
그분께 피하면, 친히 우리를 구원하신다.

다윗의 시

38

1-2 하나님, 숨 한번 크게 쉬시고, 마음 가라앉히소서.
주님, 회초리를 성급히 들지 마소서.

never turns away from his friends.

28-29 Live this way and you've got it made,
but bad eggs will be tossed out.
The good get planted on good land
and put down healthy roots.

30-31 Righteous chews on wisdom like a dog on a bone,
rolls virtue around on his tongue.
His heart pumps God's Word like blood through his veins;
his feet are as sure as a cat's.

32-33 Wicked sets a watch for Righteous,
he's out for the kill.
GOD, alert, is also on watch—
Wicked won't hurt a hair of his head.

34 Wait passionately for GOD,
don't leave the path.
He'll give you your place in the sun
while you watch the wicked lose it.

35-36 I saw Wicked bloated like a toad,
croaking pretentious nonsense.
The next time I looked there was nothing—
a punctured bladder, vapid and limp.

37-38 Keep your eye on the healthy soul,
scrutinize the straight life;
There's a future
in strenuous wholeness.
But the willful will soon be discarded;
insolent souls are on a dead-end street.

39-40 The spacious, free life is from GOD,
it's also protected and safe.
GOD-strengthened, we're delivered from evil—
when we run to him, he saves us.

A David Psalm

38

1-2 Take a deep breath, GOD; calm down—
don't be so hasty with your punishing rod.

화살처럼 날카로운 주님의 질책이 내 마음 할퀴고,
주께 얻어맞은 엉덩이가 몹시도 쓰라립니다.

3-4 지난 몇 달 사이 주님의 책망으로
내 얼굴 반쪽이 되었습니다.
내 죄 때문에
뼈는 바싹 마른 잔가지처럼 부스러지기 직전이고,
내 악행이 나를 뒤덮어
무거운 죄책감이 쌀포대처럼 어깨를 짓누릅니다.

5-8 내가 잘못 살았으므로
몸의 상처에서 악취가 나고 구더기까지 우글거립니다.
나, 꼴사납게 엎드러져
아침부터 밤까지 나로 인해 슬퍼합니다.
내 속에 있는 모든 장기가 불타는 듯하고
몸은 만신창이가 되었습니다.
기진하여 결딴난 신세,
내 삶은 신음만 토해 냅니다.

9-16 주님, 내 간절한 바람은 속이 훤히 보이고,
나의 신음은 주께서 다 아는 흔한 이야기입니다.
나는 완전히 지쳐서
금방이라도 심장이 멎을 것만 같습니다.
백내장으로 하나님과 선한 이들을 알아보지 못하니,
오랜 벗들이 나를 전염병 대하듯 피합니다.
내 친척들은 나를 찾지 않고
이웃들은 뒤에서 나를 헐뜯습니다.
경쟁자들이 내게 누명을 씌우고
나의 파멸을 간절히 바랍니다.
그러나 나는 귀머거리, 벙어리 신세,
귀도 닫히고 입마저 닫혔습니다.
그들의 말 한 마디 듣지 못하고
대꾸도 못합니다.
하나님, 내가 하는 일이라고는 그저 주님을 기다리는 것,
나의 주, 나의 하나님을 기다리는 것뿐이니, 응답해 주소서!
간절히 기도합니다. 저들이 나를 비웃지 못하게 하소서.
내가 비틀거릴 때 저들이 으스대며 활보하지 못하게 하소서.

17-20 내가 미칠 지경이 되고,
타는 듯한 고통이 내 속에서 나를 짓누릅니다.
내 잘못을 털어놓을 각오가 되어 있으니,
죄짓고도 의기양양해하는 일은 더 이상 없을 것입니다.
원수들은 기세등등하게 팔을 걷어붙였고,
폭력배들은 내 목을 노립니다.
내가 선을 베풀어도, 하나님을 싫어하는 자들은 악으

Your sharp-pointed arrows of rebuke draw blood;
my backside smarts from your caning.

3-4 I've lost twenty pounds in two months
because of your accusation.
My bones are brittle as dry sticks
because of my sin.
I'm swamped by my bad behavior,
collapsed under gunnysacks of guilt.

5-8 The cuts in my flesh stink and grow maggots
because I've lived so badly.
And now I'm flat on my face
feeling sorry for myself morning to night.
All my insides are on fire,
my body is a wreck.
I'm on my last legs; I've had it—
my life is a vomit of groans.

9-16 Lord, my longings are sitting in plain sight,
my groans an old story to you.
My heart's about to break;
I'm a burned-out case.
Cataracts blind me to God and good;
old friends avoid me like the plague.
My cousins never visit,
my neighbors stab me in the back.
My competitors blacken my name,
devoutly they pray for my ruin.
But I'm deaf and mute to it all,
ears shut, mouth shut.
I don't hear a word they say,
don't speak a word in response.
What I do, GOD, is wait for you,
wait for my Lord, my God—you will answer!
I wait and pray so they won't laugh me off,
won't smugly strut off when I stumble.

17-20 I'm on the edge of losing it—
the pain in my gut keeps burning.
I'm ready to tell my story of failure,
I'm no longer smug in my sin.
My enemies are alive and in action,
a lynch mob after my neck.

로 되갚습니다.
저들은 하나님을 사랑하는 사람을 보면 참지 못합니다.

21-22 **하나님**, 나를 버리지 마소서.
하나님, 나를 하염없이 기다리게 하지 마소서.
내 인생에 넓고 탁 트인 공간이 필요하니,
어서 나를 도우소서.

다윗의 시

39 1-3 나, 굳게 다짐했다. 발걸음 조심하고 혀를 조심하여,
곤경에 처하는 일이 없게 하리라.
악인과 한 방에 있을 때는
입을 다물리라.
"아무 말 하지 말자" 다짐하며 잠자코 있었다.
그러나 침묵이 길어질수록
심사가 뒤틀리고,
속에서 화가 치밀었다.
생각하면 할수록 울화가 치밀어 올라
기어이 털어놓고야 말았다.

4-6 "**하나님**, 무슨 일인지 알려 주소서.
나의 살 날이 얼마나 남았는지 알려 주소서.
죽을 날이 언제인지 알려 주소서!
주께서 내 수명을 짧게 하셨으니,
내 목숨 줄, 건질 것 없을 만큼 짧습니다.
아! 우리는 한낱 입김.
아! 우리는 모닥불 속 그림자.
아! 우리는 허공으로 내뱉는 침.
기껏 모아 놓고는 그대로 두고 갈 뿐입니다.

7-11 주님, 이제 내가 사는 날 동안 할 일이 무엇이겠습니까?
내가 할 일은 그저 희망을 품는 것뿐입니다.
내게 씌워진 반역자의 굴레를 주께서 벗기시고
바보들의 경멸에서 나를 건져 주소서.
주님, 이 모든 일의 배후에 주님이 계시니
나는 더 이상 말하지 않고 입을 다물겠습니다.
그러나 얼마나 오래 버틸 수 있을지 모르겠습니다.
주께서 우리 죄를 씻기시려고
우리를 불 가운데 세우실 때,
우리가 애지중지하던 우상들이 연기처럼 사라집니다.
우리 역시 한낱 연기가 아니고 무엇이겠습니까?

12-13 아, **하나님**, 내 기도를 들으소서.
내 울부짖음에 귀를 열어 주소서.

I give out good and get back evil
from God-haters who can't stand a God-lover.

21-22 Don't dump me, GOD;
my God, don't stand me up.
Hurry and help me;
I want some wide-open space in my life!

A David Psalm

39 1-3 I'm determined to watch steps and tongue
so they won't land me in trouble.
I decided to hold my tongue
as long as Wicked is in the room.
"Mum's the word," I said, and kept quiet.
But the longer I kept silence
The worse it got—
my insides got hotter and hotter.
My thoughts boiled over;
I spilled my guts.

4-6 "Tell me, what's going on, GOD?
How long do I have to live?
Give me the bad news!
You've kept me on pretty short rations;
my life is string too short to be saved.
Oh! we're all puffs of air.
Oh! we're all shadows in a campfire.
Oh! we're just spit in the wind.
We make our pile, and then we leave it.

7-11 "What am I doing in the meantime, Lord?
Hoping, that's what I'm doing—hoping
You'll save me from a rebel life,
save me from the contempt of dunces.
I'll say no more, I'll shut my mouth,
since you, Lord, are behind all this.
But I can't take it much longer.
When you put us through the fire
to purge us from our sin,
our dearest idols go up in smoke.
Are we also nothing but smoke?

12-13 "Ah, GOD, listen to my prayer, my
cry—open your ears.

흐르는 내 눈물 보시고
싸늘히 대하지 마소서.
나는 한낱 나그네일 뿐, 내 길을 알지 못합니다.
온 가족과 함께 그저 떠돌 뿐입니다.
너무 늦기 전에, 내가 이 세상 떠나기 전에
숨 돌릴 틈 주시고, 내 사정을 살펴 주소서."

Don't be callous;
just look at these tears of mine.
I'm a stranger here. I don't know my way—
a migrant like my whole family.
Give me a break, cut me some slack
before it's too late and I'm out of here."

다윗의 시

40 1-3 나, 하나님을 기다리고 또 기다렸더니,
마침내 굽어보시고, 내 부르짖음 들어주셨다.
나를 시궁창에서 들어 올리시고
진흙탕에서 끌어내셨다.
단단한 반석 위에 나를 세우시고
미끄러지지 않게 하셨다.
주께서 새로운 노래,
우리 하나님께 드릴 찬양을 가르쳐 주셨다.
이를 보고 점점 더 많은 사람들이
그 신비 속으로 들어가,
하나님께 자신을 맡긴다.

4-5 하나님께 자기를 내어 드리는 그대,
세상 사람들의 "확실한 것"을 등지고
세상 사람들이 숭배하는 것을 무시하는 그대는 복이 있다.
세상은 하나님의 기적과
하나님의 생각으로 가득 쌓인 곳.
그 무엇도, 그 누구도
주께 견줄 수 없습니다!
주님에 대해 내가 아는 것을 말하려 해도
금세 말문이 막히고 마니,
지극히 크신 주님을
숫자나 말로는 다 담아낼 수 없습니다.

6 주님을 위해 일하고 주께 그 무엇을 드리려 해도
주께서는 그런 것 바라지 않으십니다.
종교적인 모습, 경건한 모양새,
주께서는 그런 것도 요구하지 않으십니다.
다만, 내가 들을 수 있도록
내 귀를 열어 주셨습니다.

7-8 *그래서 내가 대답했습니다.* "내가 왔습니다.
주께서 나에 대해 쓰신 기록을 읽고서,
나를 위해 베푸신
잔치에 왔습니다."
그때, 하나님의 말씀이 내 인생에 들어와

A David Psalm

40 1-3 I waited and waited and waited for GOD.
At last he looked; finally he listened.
He lifted me out of the ditch,
pulled me from deep mud.
He stood me up on a solid rock
to make sure I wouldn't slip.
He taught me how to sing the latest God-song,
a praise-song to our God.
More and more people are seeing this:
they enter the mystery,
abandoning themselves to GOD.

4-5 Blessed are you who give yourselves over to GOD,
turn your backs on the world's "sure thing,"
ignore what the world worships;
The world's a huge stockpile
of GOD-wonders and God-thoughts.
Nothing and no one
comes close to you!
I start talking about you, telling what I know,
and quickly run out of words.
Neither numbers nor words
account for you.

6 Doing something for you, bringing something to you—
that's not what you're after.
Being religious, acting pious—
that's not what you're asking for.
You've opened my ears
so I can listen.

7-8 So I answered, "I'm coming.
I read in your letter what you wrote about me,
And I'm coming to the party

내 존재의 일부가 되었습니다.

9-10 하나님, 나는 온 회중에게 주님을 선포하고
아무것도 숨기지 않았습니다. 주께서도 아시는 일입니다.
주님의 길을 비밀로 하지 않았고
나 혼자 간직하지도 않았습니다.
주께서 얼마나 믿을 만한 분이신지,
얼마나 철두철미한 분이신지 다 말했습니다.
주님의 사랑과 진리를 나 혼자만 알고 있지 않았습니다.
모든 내용을 다 말하여
온 회중이 알게 했습니다.

11-12 그러니 하나님, 내게 숨기지 마시고
주님의 뜨거운 마음을 감추지 마소서.
나를 온전케 하는 것은
주님의 사랑과 진리뿐입니다.
시련이 한꺼번에 덮치고
무수한 죄악이 몰려와 나를 습격하니,
내가 죄책에 사로잡혀
내 길을 제대로 볼 수 없습니다.
내 마음속 죄악이 내 머리카락보다 많고
그 죄가 어찌나 무거운지, 내 마음이 지치고 말았습니다.

13-15 하나님, 너그럽게 보시고 몸소 나서 주소서.
어서 나를 도우소서.
그러면 내 영혼을 낚아채려는 자들이
당황하여, 고개를 떨구게 될 것입니다.
재미 삼아 나를 괴롭히는 자들이
조롱과 창피를 당하고,
내가 망하기를 바라는 자들이
가차 없이 야유와 조소를 받을 것입니다.

16-17 그러나 주님을 찾아 헤매는 이들,
오, 그들은 노래하며 기뻐하게 하소서.
주님의 진면목을 아는 이들이
주님의 위대하심을 쉬지 않고 세상에 알리게 하소서.
나는 엉망진창입니다. 보잘것없고 가진 것도 없습니다.
나를 의미 있는 존재로 만들어 주소서.
주께서는 그리하실 수 있고, 그만한 능력도 가지고 계십니다.
하나님, 지체하지 마소서.

you're throwing for me."
That's when God's Word entered my life,
became part of my very being.

9-10 I've preached you to the whole congregation,
I've kept back nothing, GOD—you know that.
I didn't keep the news of your ways
a secret, didn't keep it to myself.
I told it all, how dependable you are, how thorough.
I didn't hold back pieces of love and truth
For myself alone. I told it all,
let the congregation know the whole story.

11-12 Now GOD, don't hold out on me,
don't hold back your passion.
Your love and truth
are all that keeps me together.
When troubles ganged up on me,
a mob of sins past counting,
I was so swamped by guilt
I couldn't see my way clear.
More guilt in my heart than hair on my head,
so heavy the guilt that my heart gave out.

13-15 Soften up, GOD, and intervene;
hurry and get me some help,
So those who are trying to kidnap my soul
will be embarrassed and lose face,
So anyone who gets a kick out of making me miserable
will be heckled and disgraced,
So those who pray for my ruin
will be booed and jeered without mercy.

16-17 But all who are hunting for you—
oh, let them sing and be happy.
Let those who know what you're all about
tell the world you're great and not quitting.
And me? I'm a mess. I'm nothing and have nothing:
make something of me.
You can do it; you've got what it takes—
but God, don't put it off.

다윗의 시

41 1-3 불행한 이들의 존엄을 지켜 주어라.
기분이 좋아지리라. 그것이 바로 하
나님의 일.
하나님께서 우리 모두를 보살피시고
튼튼하고 생기 있게 하신다.
원수 걱정 안 해도 되니,
이 땅에 사는 것이 복되다.
병들어 자리에 누워 있을 때에도
하나님이 우리의 간호사 되셔서,
건강을 회복하도록 돌보신다.

4-7 내가 아뢰었습니다. "하나님, 은혜를 베푸소서!
나를 다시 온전케 하소서.
내 죄가 나를 갈기갈기 찢었습니다."
원수들은 내가 고꾸라지기를 바라며,
내 죽을 날을 놓고 내기를 합니다.
누군가 나를 만나러 오면
내용 없는 뻔한 말만 늘어놓습니다.
나에 관한 험담거리를 모아서
길모퉁이 군중을 즐겁게 하는 저들입니다.
나를 미워하는 이 "친구들"이
동네방네 다니며 나를 비방하고,
위원회를 꾸려 나를 괴롭힐 계획을 꾸밉니다.

8-9 마침내 소문이 나돕니다. "저 자 좀 봐. 몹쓸
병에 걸려
다 죽어 간다지?
의사들도 포기했다지 뭐야."
허물없이 지내던 가장 가까운 벗마저,
집에서 늘 함께 식탁을 나누던 벗마저,
내 손을 물어뜯었습니다.

10 하나님, 은혜를 베푸소서. 나를 일으켜
저들에게 본때를 보이게 하소서.

11-12 원수 진영에서 승리의 함성 아직 들리지 않
으니,
분명 주께서는 내 편이십니다!
주님은 나를 속속들이 아시고 나를 붙드시는 분.
나를 주님 앞에 우뚝 세우셔서
주님의 얼굴을 바라보게 하십니다.

13 하나님, 이스라엘의 하나님은 찬양받으실 분.
언제까지나 영원히.

A David Psalm

41 1-3 Dignify those who are down on their
luck;
you'll feel good—*that's* what GOD does.
GOD looks after us all,
makes us robust with life—
Lucky to be in the land,
we're free from enemy worries.
Whenever we're sick and in bed,
GOD becomes our nurse,
nurses us back to health.

4-7 I said, "GOD, be gracious!
Put me together again—
my sins have torn me to pieces."
My enemies are wishing the worst for me;
they make bets on what day I will die.
If someone comes to see me,
he mouths empty platitudes,
All the while gathering gossip about me
to entertain the street-corner crowd.
These "friends" who hate me
whisper slanders all over town.
They form committees
to plan misery for me.

8-9 The rumor goes out, "He's got some dirty,
deadly disease. The doctors
have given up on him."
Even my best friend, the one I always told every-
thing
—he ate meals at my house all the time!—
has bitten my hand.

10 GOD, give grace, get me up on my feet.
I'll show them a thing or two.

11-12 Meanwhile, I'm sure you're on my side—
no victory shouts yet from the enemy camp!
You know me inside and out, you hold me together,
you never fail to stand me tall in your presence
so I can look you in the eye.

13 Blessed is GOD, Israel's God,
always, always, always.

그렇습니다. 정말 그렇습니다.

고라 자손의 시

42 1-3 흰 꼬리 사슴이
시냇물을 마시듯,
나, 하나님을
깊이 들이켜고 싶습니다.
내가 살아 계신 하나님을 목말라합니다.
"언제나 그런 날이 올까?
하나님 앞에 나아가 마음껏 그분을 누리게 될 그날!"
아침에도 눈물, 저녁에도 눈물,
눈물이 나의 음식이 되었습니다.
종일토록
사람들이 내 집 문을 두드리며
"네 하나님이 어디 계시냐?" 하고 비방합니다.

4 나, 인생의 호주머니를 비워 가며
거듭 되새겨 봅니다.
내가 늘 예배하러 가는 무리
맨 앞에 서 있던 일.
어서 가서 예배드리고 싶어
그들 모두를 이끌던 일.
목청껏 찬양하고 감사의 노래를 부르던 일.
너나없이 모두가 하나 되어 하나님의 축제에 참
여하던 일!

5 내 영혼아, 네가 어찌하여 낙심하느냐?
어찌하여 슬퍼하느냐?
너는 하나님을 바라보아라.
나, 이제 다시 찬송하게 되리라.
나를 웃음 짓게 하시는 분,
그분은 나의 하나님.

6-8 내 영혼이 낙심될 때,
나는 요단 강 밑바닥에서 헤르몬 산지와 미살 산
에 이르기까지
주님에 대해 아는 것을 하나하나 되짚어 봅니다.
포말을 일으키는 급류를 따라
혼돈이 혼돈을 부르며 이어지고,
부서지는 파도, 주님의 거센 파도가 우레처럼
밀려와
나를 휩쓸고 지나갑니다.
그제야 하나님께서
"너를 종일토록 사랑하리라,
밤새도록 노래 불러 주리라" 약속해 주십니다!

Yes. Yes. Yes.

A psalm of the sons of Korah

42 1-3 A white-tailed deer drinks
from the creek;
I want to drink God,
deep draughts of God.
I'm thirsty for God-alive.
I wonder, "Will I ever make it—
arrive and drink in God's presence?"
I'm on a diet of tears—
tears for breakfast, tears for supper.
All day long
people knock at my door,
Pestering,
"Where is this God of yours?"

4 These are the things I go over and over,
emptying out the pockets of my life.
I was always at the head of the worshiping crowd,
right out in front,
Leading them all,
eager to arrive and worship,
Shouting praises, singing thanksgiving—
celebrating, all of us, God's feast!

5 Why are you down in the dumps, dear soul?
Why are you crying the blues?
Fix my eyes on God—
soon I'll be praising again.
He puts a smile on my face.
He's my God.

6-8 When my soul is in the dumps, I rehearse
everything I know of you,
From Jordan depths to Hermon heights,
including Mount Mizar.
Chaos calls to chaos,
to the tune of whitewater rapids.
Your breaking surf, your thundering breakers
crash and crush me.
Then GOD promises to love me all day,
sing songs all through the night!
My life is God's prayer.

나의 삶은 하나님께 드리는 기도입니다.

9-10 나, 이따금씩 하나님께, 바위처럼 든든한 하나님께
여쭤 봅니다.
"어찌하여 나를 못 본 체하십니까?
이 몸, 원수들에게 시달리고
눈물 마를 날 없으니, 어찌 된 일입니까?"
살기등등한 저들,
나를 괴롭히는 저들이 날마다 역겨운 말투로,
"네 하나님이 어디 있느냐?" 하고 빈정댑니다.

11 내 영혼아, 네가 어찌하여 낙심하느냐?
어찌하여 슬퍼하느냐?
너는 하나님을 바라보아라.
나, 이제 다시 찬송하게 되리라.
나를 웃음 짓게 하시는 분,
그분은 나의 하나님.

43

1-2 하나님, 내 무고함을 밝혀 주소서.
무정하고 부도덕한 자들에 맞서 나를 변호
해 주소서.
이곳에서, 이 타락한 거짓말쟁이의 손에서
나를 건져 내소서.
하나님, 내가 주님을 의지했건만
어찌하여 나를 떠나셨습니까?
어찌하여 저 포악한 자들 때문에 이 몸
두 손 쥐어짠 채, 방 안을 서성거려야 합니까?

3-4 주님의 손전등과 나침반을 내게 주소서.
지도책도 주소서.
내가 거룩한 산,
주님 계신 그곳 이르는 길 찾을 수 있게 하소서.
예배당에 들어가,
나의 기쁨이신 하나님을 뵙게 하소서.
위대하신 하나님, 나의 하나님,
내가 하프를 뜯으며 감사의 노래를 부르게 하소서.

5 내 영혼아, 네가 어찌하여 낙심하느냐?
어찌하여 슬퍼하느냐?
너는 하나님을 바라보아라.
나, 이제 다시 찬송하게 되리라.
나를 웃음 짓게 하시는 분,
그분은 나의 하나님.

9-10 Sometimes I ask God, my rock-solid God,
"Why did you let me down?
Why am I walking around in tears,
harassed by enemies?"
They're out for the kill, these
tormentors with their obscenities,
Taunting day after day,
"Where is this God of yours?"

11 Why are you down in the dumps, dear soul?
Why are you crying the blues?
Fix my eyes on God—
soon I'll be praising again.
He puts a smile on my face.
He's my God.

43

1-2 Clear my name, God; stick up for me
against these loveless, immoral people.
Get me out of here, away
from these lying degenerates.
I counted on you, God.
Why did you walk out on me?
Why am I pacing the floor, wringing my hands
over these outrageous people?

3-4 Give me your lantern and compass,
give me a map,
So I can find my way to the sacred mountain,
to the place of your presence,
To enter the place of worship,
meet my exuberant God,
Sing my thanks with a harp,
magnificent God, my God.

5 Why are you down in the dumps, dear soul?
Why are you crying the blues?
Fix my eyes on God—
soon I'll be praising again.
He puts a smile on my face.
He's my God.

고라 자손의 시

44

1-3 하나님, 우리가
평생토록 들었습니다.
우리 조상들이 조상들에게서 들은 이야기를
우리에게도 들려주었습니다.
주께서 사악한 자들을
밭에서 손수 뽑으시고 그 자리에 우리를 심으신 이야기.
주께서 그들을 쫓아내시고
우리에게 새 출발을 허락하신 이야기.
이 땅은 우리가 싸워서 얻었거나
노력해서 얻은 것이 아니라, 주님의 선물입니다!
주께서 주셨습니다. 환한 얼굴로
즐거워하시며 주셨습니다.

4-8 오 하나님, 주님은 나의 왕이시니
야곱의 승리를 명하소서!
주님의 도우심으로 우리가 적들을 쓸어버리고
주님의 이름으로 저들을 산산이 짓밟아 버리겠습니다.
내가 의지하는 것은 무기가 아닙니다.
내 칼이 나를 구원하는 것도 아닙니다.
적의 손에서 우리를 구하시고,
우리를 미워하는 자들이 망신당하게 하신 분은 주님이십니다.
우리가 종일토록 활보하며 하나님을 찬양하고,
끊임없이 주님의 이름을 불러 감사를 드립니다.

9-12 그러나 지금, 주께서는 우리를 버리고 떠나셨습니다.
우리가 치욕을 당하게 하시고, 우리를 위해 싸우지도 않으셨습니다.
우리가 꽁무니를 빼고 달아나게 하시니,
우리를 미워하는 자들이 우리를 쓸어 냈습니다.
주께서 우리를 양처럼 도살업자에게 넘겨주시고
사방으로 흩으셨습니다.
주님의 백성을 이익도 남기지 않고
헐값에 팔아넘기셨습니다.

13-16 주께서는 거리의 사람들,
부랑자들이 우리를 놀리고 욕하게 하셨습니다.
사악한 자들에게 웃음거리가 되게 하시고,
어중이떠중이에게 값싼 놀림감이 되게 하셨습니다.
나는 날마다 곤경에 처하고,
수치스럽게 놀림을 당합니다.
비방과 비웃음이 사방에서 들려오고,
나를 괴롭히러 나온 자들이 거리에 가득합니다.

A Psalm of the Sons of Korah

44

1-3 We've been hearing about this, God,
all our lives.
Our fathers told us the stories
their fathers told them,
How single-handedly you weeded out the godless
from the fields and planted us,
How you sent those people packing
but gave us a fresh start.
We didn't fight for this land;
we didn't work for it–it was a gift!
You gave it, smiling as you gave it,
delighting as you gave it.

4-8 You're my King, O God–
command victories for Jacob!
With your help we'll wipe out our enemies,
in your name we'll stomp them to dust.
I don't trust in weapons;
my sword won't save me–
But it's you, you who saved us from the enemy;
you made those who hate us lose face.
All day we parade God's praise–
we thank you by name over and over.

9-12 But now you've walked off and left us,
you've disgraced us and won't fight for us.
You made us turn tail and run;
those who hate us have cleaned us out.
You delivered us as sheep to the butcher,
you scattered us to the four winds.
You sold your people at a discount–
you made nothing on the sale.

13-16 You made people on the street,
urchins, poke fun and call us names.
You made us a joke among the godless,
a cheap joke among the rabble.
Every day I'm up against it,
my nose rubbed in my shame–
Gossip and ridicule fill the air,
people out to get me crowd the street.

17-19 이 모든 일이 우리를 덮쳤습니다.
그러나 우리는 이런 대접 받을 짓을 하지 않았습니다.
우리는 주님과의 언약을 저버리지 않았고
우리 마음이 거짓되지 않았으며,
우리 발이 주님의 길에서 벗어난 적도 없습니다.
정녕 우리가 악인들의 소굴에서 고문당하고
캄캄한 어둠 속에 갇혀야겠습니까?

20-22 우리가 하나님께 기도하기를 잊었거나
돈을 주고 산 신들과 어리석게 놀아나기라도 했다면,
하나님께서 모르실 리 있겠습니까?
하나님께는 아무것도 숨길 수 없습니다.
그런데도 주님은 우리를 순교자로 만들고,
날마다 제물로 바쳐지는 양이 되게 할 작정이십니다.

23-26 일어나소서, 하나님! 온종일 주무실 작정이십니까?
깨어나소서! 우리에게 닥친 일을 모른 체하시렵니까?
어찌하여 베개에 얼굴을 묻고 계십니까?
어찌하여 우리를 아무 문제 없는 것처럼 여기십니까?
지금 우리는 땅바닥에 고꾸라진 채
적에게 목이 밟혀 꼼짝도 못합니다.
일어나셔서 우리를 구하러 오소서.
우리를 정말 사랑하신다면, 우리를 도와주소서!

고라 자손의 결혼 축가

45 내 마음의 강둑 터뜨려
아름다움과 선함을 흘려보냅니다.
그 강물 글로 바꾸고,
시로 담아내어 왕께 바칩니다.

2-4 "왕께서는 세상 그 누구보다 멋지신 분,
입술에서 나오는 말은 은혜 그 자체입니다.
하나님께서 왕에게 복을 내리셨습니다. 아주 큰 복을.
용사시여, 허리에 칼을 꽂으소서.
찬양받으소서! 합당한 영예를 받으소서!
위엄 있게 전차에 오르소서! 의기양양하게 달리소서!
진리를 옆에 태우고 달리소서!
정의롭고 온순한 이들을 위해 달리소서!

4-5 왕의 가르침은 어둠 속의 환한 빛.
왕의 날카로운 화살
원수의 심장 꿰뚫으니,

17-19 All this came down on us,
and we've done nothing to deserve it.
We never betrayed your Covenant: our hearts
were never false, our feet never left your path.
Do we deserve torture in a den of jackals?
or lockup in a black hole?

20-22 If we had forgotten to pray to our God
or made fools of ourselves with store-bought gods,
Wouldn't God have figured this out?
We can't hide things from him.
No, you decided to make us martyrs,
lambs assigned for sacrifice each day.

23-26 Get up, GOD! Are you going to sleep all day?
Wake up! Don't you care what happens to us?
Why do you bury your face in the pillow?
Why pretend things are just fine with us?
And here we are—flat on our faces in the dirt,
held down with a boot on our necks.
Get up and come to our rescue.
If you love us so much, *Help us*!

A Wedding Song of the Sons of Korah

45 1 My heart bursts its banks,
spilling beauty and goodness.
I pour it out in a poem to the king,
shaping the river into words:

2-4 "You're the handsomest of men;
every word from your lips is sheer grace,
and God has blessed you, blessed you so much.
Strap your sword to your side, warrior!
Accept praise! Accept due honor!
Ride majestically! Ride triumphantly!
Ride on the side of truth!
Ride for the righteous meek!

4-5 "Your instructions are glow-in-the-dark;
you shoot sharp arrows
Into enemy hearts; the king's

왕의 적들이 먼지 속에 맥없이 널브러집니다.

6-7 왕의 보좌는 영원무궁한
하나님의 보좌.
왕권의 홀은
올바른 삶의 척도.
왕께서 올바른 것을 사랑하시고
그릇된 것을 미워하시니,
하나님, 왕의 하나님께서
향기로운 기름을 왕의 머리에 부어 주셨습니다.
벗들을 제치고
당신을 왕으로 세워 주셨습니다.

8-9 왕의 의복은 맑은 공기 흠뻑 머금어
산바람의 향기 발하고,
편전에서 흘러나오는 실내악은
왕의 어깨를 들썩이게 만듭니다.
제왕의 딸들 왕의 궁전에서 시중들고
왕의 신부 황금빛 보석으로 단장하여 빛이 납니다.

10-12 왕후시여, 잘 들으소서. 한 마디도 놓치지 마소서.
이제 조국은 잊으시고, 고향에 연연하지 마소서.
이곳에 계십시오. 왕께서 왕후님을 간절히 원하십니다.
왕께서 그대의 주인이시니, 그분을 받드소서.
결혼 선물이 두로에서 밀려들고,
부유한 내빈들이 선물을 두 손 가득 들고 그대에게 옵니다."

13-15 (금실로 수놓아 눈부신
왕후의 웨딩드레스.
금실로 짠
왕후의 예복과 정장.
왕후가 왕 앞에 나아가고 들러리 처녀들이 그 뒤를 따른다.
기쁨과 웃음의 행렬!
성대한 입궁식이 거행된다!)

16-17 "왕이시여, 이제는 아드님들을 생각하소서.
부친과 조부에 연연하지 마소서.
왕께서는 아드님들을
온 땅의 제후로 삼게 될 것입니다.
나는 왕의 이름이 세세토록 전해지게 하겠습니다.
뭇 백성이 오래도록
왕을 이야기할 것입니다."

foes lie down in the dust, beaten.

6-7 "Your throne is God's throne,
ever and always;
The scepter of your royal rule
measures right living.
You love the right
and hate the wrong.
And that is why God, your very own God,
poured fragrant oil on your head,
Marking you out as king
from among your dear companions.

8-9 "Your ozone-drenched garments
are fragrant with mountain breeze.
Chamber music—from the throne room—
makes you want to dance.
Kings' daughters are maids in your court,
the Bride glittering with golden jewelry.

10-12 "Now listen, daughter, don't miss a word:
forget your country, put your home behind you.
Be *here*—the king is wild for you.
Since he's your lord, adore him.
Wedding gifts pour in from Tyre;
rich guests shower you with presents."

13-15 (Her wedding dress is dazzling,
lined with gold by the weavers;
All her dresses and robes
are woven with gold.
She is led to the king,
followed by her virgin companions.
A procession of joy and laughter!
a grand entrance to the king's palace!)

16-17 "Set your mind now on sons—
don't dote on father and grandfather.
You'll set your sons up as princes
all over the earth.
I'll make you famous for generations;
you'll be the talk of the town
for a long, long time."

고라 자손의 노래

46

1-3 하나님은 안전한 피난처,
우리가 어려울 때 즉시 도우시는 분.
죽음의 절벽 끝에서도 두려움 없고
폭풍과 지진 속에서도 용기 잃지 않으며,
포효하며 달려드는 대양 앞에서도
산이 흔들리는 진동 속에서도, 굳건히 맞선다.

야곱과 씨름하신 하나님이 우리를 위해 싸우시고
만군의 하나님께서 우리를 보호하신다.

4-6 강의 원천들이 기쁨의 물보라 일으키며, 하나님의 도성,
지극히 높으신 분의 성소를 시원케 한다.
하나님께서 이곳에 거하시니, 거리가 안전하다.
하나님께서 동틀 녘부터 우리를 도우시니,
사악한 민족들이 날뛰며 아우성치고, 왕들과 나라들이 으르대지만,
땅은 무엇이든 그분 말씀에 순종한다.

7 야곱과 씨름하신 하나님이 우리를 위해 싸우시고
만군의 하나님께서 우리를 보호하신다.

8-10 모두 주목하여라! 보아라, 하나님의 놀라우신 능력을!
그분께서 온 땅에 꽃과 나무를 심으시고,
세상 이 끝에서 저 끝까지 전쟁을 금하시며,
모든 무기를 무릎에 대고 꺾으신다.
"복잡한 일상에서 한 발 물러나라!
지극히 높은 너희 하나님을 사랑의 눈길로 바라보아라.
나는 정치보다 중요하고
세상 모든 것보다 귀하다."

11 야곱과 씨름하신 하나님이 우리를 위해 싸우시고
만군의 하나님께서 우리를 보호하신다.

고라 자손의 시

47

1-9 모두 박수 치며 환호성을 올려라!
하나님을 목청껏 찬양하여라!
지극히 높으신 하나님, 땅과 바다 아우르시는
놀랍기 그지없으신 분.
적들을 진압하고
민족들을 우리 발아래 굴복시키신다.
우리를 대열 맨 앞에 세우시니,
우리는 상 받는 야곱, 그분의 사랑을 받는 자들.

A Song of the Sons of Korah

46

1-3 God is a safe place to hide,
ready to help when we need him.
We stand fearless at the cliff-edge of doom,
courageous in seastorm and earthquake,
Before the rush and roar of oceans,
the tremors that shift mountains.

Jacob-wrestling God fights for us,
GOD-of-Angel-Armies protects us.

4-6 River fountains splash joy, cooling God's city,
this sacred haunt of the Most High.
God lives here, the streets are safe,
God at your service from crack of dawn.
Godless nations rant and rave, kings and kingdoms threaten,
but Earth does anything he says.

7 Jacob-wrestling God fights for us,
GOD-of-Angel-Armies protects us.

8-10 Attention, all! See the marvels of GOD!
He plants flowers and trees all over the earth,
Bans war from pole to pole,
breaks all the weapons across his knee.
"Step out of the traffic! Take a long,
loving look at me, your High God,
above politics, above everything."

11 Jacob-wrestling God fights for us,
GOD-of-Angel-Armies protects us.

A Psalm of the Sons of Korah

47

1-9 Applause, everyone. Bravo, bravissimo!
Shout God-songs at the top of your lungs!
GOD Most High is stunning,
astride land and ocean.
He crushes hostile people,
puts nations at our feet.
He set us at the head of the line,
prize-winning Jacob, his favorite.
Loud cheers as God climbs the mountain,

하나님이 산에 오르실 때 환호소리 들리고
산꼭대기에서 숫양의 뿔나팔 소리 울려 퍼진다.
하나님께 노래하여라. 크게 노래하여라!
우리 왕이신 분께 노래하여라. 찬양을 불러라!
그분은 온 땅의 주인,
하나님께 최고의 노래를 불러 드려라.
그분은 뭇 민족의 주인,
산들의 왕이시며 군주이신 분.
온 세상에서 모이는 제후들,
모두가 아브라함의 하나님의 백성들.
땅의 권력자들도 하나님의 것,
주님은 만유 위에 우뚝 솟으신 분.

a ram's horn blast at the summit.
Sing songs to God, sing out!
Sing to our King, sing praise!
He's Lord over earth,
so sing your best songs to God.
God is Lord of godless nations—
sovereign, he's King of the mountain.
Princes from all over are gathered,
people of Abraham's God.
The powers of earth are God's—
he soars over all.

고라 자손의 시

48

1-3 하나님은 위대하신 분.
그분의 도성에 찬양이 가득하다!
그분의 거룩한 산,
숨 막히도록 놀라우니, 대지의 기쁨이어라.
시온 산, 북녘에 우뚝 솟아오르니,
온 세상 왕이신 분의 도성이어라.
하나님께서 그 성채 안에 계시니
넘볼 자 없도다.

4-6 왕들이 도모하여
무리 지어 몰려왔으나,
보자마자 머리 가로젓고
뿔뿔이 도망쳤다.
해산하는 여인처럼
고통으로 몸을 바싹 구부렸구나.

7-8 주께서 거센 동풍으로
다시스의 배들을 박살내셨습니다.
우리가 그 소식 들었고, 이제 두 눈으로
똑똑히 보았습니다.
만군의 하나님이 계신 도성,
그 도성, 우리 하나님이
기초를 든든히 세우시고,
영원토록 흔들리지 않게 하셨다.

9-10 하나님, 우리가 주님의 성전에서
주님의 행동하는 사랑을 깊이 새기며 기다렸습니다.
하나님, 원근각처
주님의 이름이 불리는 곳마다
할렐루야가 연달아 터져 나옵니다.
주님 두 팔에 행동하는 선하심이 가득합니다.

A Psalm of the Sons of Korah

48

1-3 GOD majestic,
praise abounds in our God-city!
His sacred mountain,
breathtaking in its heights—earth's joy.
Zion Mountain looms in the North,
city of the world-King.
God in his citadel peaks
impregnable.

4-6 The kings got together,
they united and came.
They took one look and shook their heads,
they scattered and ran away.
They doubled up in pain
like a woman having a baby.

7-8 You smashed the ships of Tarshish
with a storm out of the East.
We heard about it, then we saw it
with our eyes—
In GOD's city of Angel Armies,
in the city our God
Set on firm foundations,
firm forever.

9-10 We pondered your love-in-action, God,
waiting in your temple:
Your name, God, evokes a train
of Hallelujahs wherever
It is spoken, near and far;
your arms are heaped with goodness-in-action.

11 시온 산아, 기뻐하여라.
유다의 딸들아, 기뻐 춤춰라!
그분께서 친히 말씀하신 대로 이루신다!

12-14 시온을 돌며 그 크기를 재어 보고
그 망대들을 세어 보아라.
그 성벽 오래도록 눈여겨보며
그 성채 끝에 올라 보아라.
그러면 다음 세대에게 하나님의 이야기
낱낱이 들려줄 수 있으리라.
마지막 때까지 영원토록 이끄시는
우리 하나님의 이야기를.

고라 자손의 시

49

1-2 새겨들어라. 다들 귀 기울여라.
땅에 사는 자들아, 이것을 놓치지 마라.
가진 자도
못 가진 자도
다 함께 들어라.

3-4 지혜를 너희 앞에 있는 그대로 펼치니
내 안에서 무르익은 삶의 깨달음이다.
내가 현자들의 말씀을 귀 기울여 들었으니
하프를 뜯으며 인생의 수수께끼를 풀어 주리라.

5-6 적의가 나를 에워싸고
불한당들이 나를 괴롭히며,
거만한 부자들이 나를 푸대접하는
어려운 상황이라 해도, 내가 어찌 두려워하랴?

7-9 참으로 인생은 스스로를 구할 수 없고,
혼자 힘으로는 곤경에서 벗어날 수 없다.
우리의 능력으로는 구원의 삯을 감당할 수 없고,
감당한다 해도 영원한 생명을 보장할 수 없다.
우리 힘으로는
블랙홀 속에 떨어질 운명에 대비할 수 없다.

10-11 누구나 볼 수 있으리라. 제아무리 똑똑하고 유능한 사람이라도
죽은 후에는 어리석고 멍청한 사람들과 똑같은 신세인 것을.
자기 이름을 따서 동네 이름을 지은 자들이라도,
결국에는 모든 재주를 뒤로 하고
그들의 새집, 관 속에 들어갈 뿐이다.
오직 그들의 영원한 주소는 공동묘지다.

11 Be glad, Zion Mountain;
Dance, Judah's daughters!
He does what he said he'd do!

12-14 Circle Zion, take her measure,
count her fortress peaks,
Gaze long at her sloping bulwark,
climb her citadel heights—
Then you can tell the next generation
detail by detail the story of God,
Our God forever,
who guides us till the end of time.

A Psalm of the Sons of Korah

49

1-2 Listen, everyone, listen—
earth-dwellers, don't miss this.
All you haves
and have-nots,
All together now: listen.

3-4 I set plainspoken wisdom before you,
my heart-seasoned understandings of life.
I fine-tuned my ear to the sayings of the wise,
I solve life's riddle with the help of a harp.

5-6 So why should I fear in bad times,
hemmed in by enemy malice,
Shoved around by bullies,
demeaned by the arrogant rich?

7-9 Really! There's no such thing as self-rescue,
pulling yourself up by your bootstraps.
The cost of rescue is beyond our means,
and even then it doesn't guarantee
Life forever, or insurance
against the Black Hole.

10-11 Anyone can see that the brightest and best die,
wiped out right along with fools and dunces.
They leave all their prowess behind,
move into their new home, The Coffin,
The cemetery their permanent address.
And to think they named counties after themselves!

12 우리는 불멸의 존재가 아니며, 오래 살지도 못한다.
개처럼 나이 들고 약해지면 죽을 뿐.

13-15 이것은 순간을 위해 사는 자들,
제 몸만 돌보는 자들에게 닥칠 운명이다.
죽음이 저들을 양 떼처럼 몰아 저승으로 보내 버리니,
그들은 무덤의 목구멍에 떨어져 사라지리라.
쇠약해지다 끝내 아무것도 남기지 못하고
묘지의 묘비로 남을 뿐이다.
그러나 나는, 하나님께서 죽음의 마수에서 구해 내시고
아래로 팔을 뻗어 잡아채신다.

16-19 그러니 누가 부자가 되어
명성과 부를 쌓아 올려도 감동하지 마라.
저들은 명성과 부를 고스란히 남겨 둘 뿐 가져가지 못한다.
마침내 정상에 이르렀다고 생각하는 순간,
사람들이 저들의 성공에 찬사를 보낼 바로 그 순간에,
저들은 가족 묘지에 들어가
다시는 햇빛을 보지 못하리라.

20 우리는 불멸의 존재가 아니며, 오래 살지도 못한다.
개처럼 나이 들고 약해지면 죽을 뿐.

아삽의 시

50 1-3 신들의 신 하나님께서 큰소리로 "땅아!" 외치며
동쪽 해를 맞이하시고,
사라지는 서쪽 해를 배웅하신다.
눈부신 시온에서
광염에 휩싸여 나타나신다.
우리 하나님께서 등장하신다.
주저하지 않고 거침없이 오신다.
번쩍이는 불꽃을 앞세우고 오신다.

4-5 그분께서 하늘과 땅을 배심원으로 부르시고
자기 백성을 법정으로 데려오신다.
"성경에 손을 얹고 나에게 충성을 맹세한
나의 성도들을 불러 모아라."

6 온 우주가 이 법정의 공평함을 증언한다.

12 We aren't immortal. We don't last long.
Like our dogs, we age and weaken. And die.

13-15 This is what happens to those who live for the moment,
who only look out for themselves:
Death herds them like sheep straight to hell;
they disappear down the gullet of the grave;
They waste away to nothing–
nothing left but a marker in a cemetery.
But me? God snatches me from the clutch of death,
he reaches down and grabs me.

16-19 So don't be impressed with those who get rich
and pile up fame and fortune.
They can't take it with them;
fame and fortune all get left behind.
Just when they think they've arrived
and folks praise them because they've made good,
They enter the family burial plot
where they'll never see sunshine again.

20 We aren't immortal. We don't last long.
Like our dogs, we age and weaken. And die.

An Asaph Psalm

50 1-3 The God of gods–it's GOD!–speaks out, shouts, "Earth!"
welcomes the sun in the east,
farewells the disappearing sun in the west.
From the dazzle of Zion,
God blazes into view.
Our God makes his entrance,
he's not shy in his coming.
Starbursts of fireworks precede him.

4-5 He summons heaven and earth as a jury,
he's taking his people to court:
"Round up my saints who swore
on the Bible their loyalty to me."

6 The whole cosmos attests to the fairness of

하나님께서 이곳의 재판장이심을.

7-15 "내 백성아, 들리느냐? 내가 말한다.
이스라엘아, 내가 너를 재판에 부친다.
하나님, 너희 하나님이
너희에게 말한다.
너희가 드리는 예배,
너희가 자주 바치는 번제를 나무라려는 게 아니다.
내 어찌 너희의 최우등 황소를 바라겠으며
너희 가축 가운데 더 많은 염소를 바라겠느냐?
숲 속의 피조물이 다 내 것이며,
모든 산의 들짐승도 다 내 것이다.
나는 멧새들의 이름을 모두 알고
날쌔게 움직이는 들쥐들도 내 친구다.
내가 배고프다 한들 너희에게 말하겠느냐?
온 우주와 거기 가득한 것이 다 내 것이다.
내가 사슴고기를 즐기고
염소의 피를 마실 것 같으냐?
나를 위해 찬양 잔치를 벌이고
지극히 높은 나 하나님에게 너희 서원 잔칫상을 내오너라.
그리고 곤경에 처했을 때 도움을 구하여라.
내가 너희를 도와줄 것이고 너희는 나를 공경하리라."

16-21 그러고는 악인들을 불러내어 말씀하신다.

"너희가 무슨 짓을 꾸미고 있느냐? 어찌하여 내 율법을 인용하며
우리가 좋은 친구라도 되는 것처럼 말하느냐?
내가 찾아가면 너희는 문도 열어 주지 않고
내 말을 쓰레기 취급한다.
너희는 도둑을 보면 동료로 삼고
간음하는 자들을 만나면 친구 중의 친구로 여긴다.
너희 입은 오물을 흘려보내고
거짓말을 진지한 예술인 듯 지어낸다.
친형제의 뒤통수를 치고
어린 여동생을 갈취한다.
너희의 이 같은 짓거리를 말없이 참아 주었더니
내가 너희와 한통속인 줄로 여기는구나.
내가 이제 너희를 꾸짖으며,
너희 악행을 훤히 보이는 곳에 드러내리라.

22-23 나를 농락하던 시간은
이제 끝났다.

this court,
that here *God* is judge.

7-15 "Are you listening, dear people? I'm getting ready to speak;
Israel, I'm about ready to bring you to trial.
This is God, your God,
speaking to you.
I don't find fault with your acts of worship,
the frequent burnt sacrifices you offer.
But why should I want your blue-ribbon bull,
or more and more goats from your herds?
Every creature in the forest is mine,
the wild animals on all the mountains.
I know every mountain bird by name;
the scampering field mice are my friends.
If I get hungry, do you think I'd tell you?
All creation and its bounty are mine.
Do you think I feast on venison?
or drink draughts of goats' blood?
Spread for me a banquet of praise,
serve High God a feast of kept promises,
And call for help when you're in trouble—
I'll help you, and you'll honor me."

16-21 Next, God calls up the wicked:

"What are you up to, quoting my laws,
talking like we are good friends?
You never answer the door when I call;
you treat my words like garbage.
If you find a thief, you make him your buddy;
adulterers are your friends of choice.
Your mouth drools filth;
lying is a serious art form with you.
You stab your own brother in the back,
rip off your little sister.
I kept a quiet patience while you did these things;
you thought I went along with your game.
I'm calling you on the carpet, *now*,
laying your wickedness out in plain sight.

22-23 "Time's up for playing fast and
loose with me.

내 판결이 코앞인데
너희를 도울 자 아무도 보이지 않는구나!
찬양하는 삶이 나를 영화롭게 한다.
너희가 그 길에 발을 들여놓으면,
내가 즉시 나의 구원을 보여주리라."

I'm ready to pass sentence,
and there's no help in sight!
It's the praising life that honors me.
As soon as you set your foot on the Way,
I'll show you my salvation."

다윗의 시. 다윗이 밧세바와 정을 통하고 예언자 나단에게 잘못을 지적당한 뒤

51

1-3 사랑이 많으신 하나님, 은혜를 베푸소서!
자비가 크신 하나님, 나의 전과를 지워 주소서.
북북 문질러 내 죄 씻어 주시고
주님의 세탁기로 내 죄악을 말끔히 제거해 주소서.
내 죄악이 나를 노려보고 있으니,
내가 얼마나 악한지 잘 압니다.

4-6 내가 주님을 모독했으며, 주께서는 내 지은 모든 죄를
속속들이 보셨습니다.
주께서 모든 사실을 훤히 알고 계시니,
나를 두고 어떤 결정을 내리시든 정당합니다.
내가 오랫동안 주님의 길에서 벗어났고
어머니 뱃속에서부터 죄 가운데 있었습니다.
주께서 구하시는 것은 마음속의 진실입니다.
내 안에 들어오셔서, 새롭고 참된 삶을 잉태해 주소서.

7-15 주님의 세탁기에 나를 담그소서. 이 몸이 깨끗해져 나오리다.
나를 비벼 빠소서. 내가 눈같이 희게 살아가리다.
흥겨운 노래에 맞추어 발을 구르게 하시고
부러졌던 뼈들이 다시 춤추게 하소서.
너무 꼼꼼히 흠을 찾지 마시고
내게 깨끗하다는 진단을 내려 주소서.
하나님, 내 안에서 새롭게 시작하시고
혼돈스러운 내 삶, 다시 창조하여 주소서.
나를 쓰레기와 함께 버리지 마시고
거룩함을 불어넣어 주소서.
이 쓸쓸한 유배생활 거두어 주시고
내 항해 길에 상쾌한 바람을 보내 주소서!
반역자들에게 주님의 길 가르치는 일을 내게 맡기셔서
길 잃은 자들이 집으로 돌아갈 수 있게 하소서.
하나님, 내 구원의 하나님, 내게 내리신 사형을 감형해 주소서.
그러면 생명 주시는 주님의 길을 찬양하겠습니다.

A David Psalm, After He Was Confronted by Nathan About the Affair with Bathsheba

51

1-3 Generous in love—God, give grace!
Huge in mercy—wipe out my bad record.
Scrub away my guilt,
soak out my sins in your laundry.
I know how bad I've been;
my sins are staring me down.

4-6 You're the One I've violated, and you've seen it all, seen the full extent of my evil.
You have all the facts before you;
whatever you decide about me is fair.
I've been out of step with you for a long time,
in the wrong since before I was born.
What you're after is truth from the inside out.
Enter me, then; conceive a new, true life.

7-15 Soak me in your laundry and I'll come out clean,
scrub me and I'll have a snow-white life.
Tune me in to foot-tapping songs,
set these once-broken bones to dancing.
Don't look too close for blemishes,
give me a clean bill of health.
God, make a fresh start in me,
shape a Genesis week from the chaos of my life.
Don't throw me out with the trash,
or fail to breathe holiness in me.
Bring me back from gray exile,
put a fresh wind in my sails!
Give me a job teaching rebels your ways
so the lost can find their way home.
Commute my death sentence, God, my salvation God,
and I'll sing anthems to your life-giving ways.
Unbutton my lips, dear God;

사랑하는 하나님, 내 입술을 열어 주소서.
내가 주님을 마음껏 찬양하겠습니다.

16-17 주께서는 시늉만 하는 것을 기뻐하지 않으시고
완벽한 연기라도 달가워하지 않으십니다.
내 자만심이 산산이 부서진 순간,
내가 하나님 경배하기를 배웠습니다.
깨어진 마음으로 사랑할 각오가 된 사람은
잠시라도 하나님 관심 밖으로 밀려나지 않습니다.

18-19 시온이 주님의 기쁨 되게 하시고
무너진 예루살렘 성벽을 보수하여 주소서.
그때에 주께서 우리의 참 경배와
크고 작은 예배를 받으시리니,
사람들이 수송아지를 잡아
주님의 제단 위에 바칠 것입니다.

다윗의 시. 에돔 사람 도엑이 사울에게 다윗이 아히멜렉의 집에 있다고 알렸을 때

52

1-4 하나님의 인자하심이 결국 승리하건만,
거물아, 네가 어찌 악을 자랑하느냐?
너는 재앙을 꾸미는구나.
면도칼처럼 날카로운 혀를 가진 너,
거짓말의 달인이로다.
너는 선보다 악을 좋아하고
검은 것을 희다고 말한다.
험담을 즐기는 너,
입정 사나운 자로구나.

5 하나님께서 네 팔다리를 찢으시고
조각 하나 남지 않게 말끔히 쓸어 내시리라.
생명의 땅에서 너를
뿌리째 뽑아 버리시리라.
6-7 선한 이들이 이를 눈여겨보고
하나님을 경배하리라. 안도하며 그를 비웃으리라.
"거물이 잘못 짚어
큰돈만 믿다,
파멸을 자초했구나."

8 그러나 나는 하나님의 집에서 자라는
푸르른 올리브나무.
그때나 지금이나
하나님의 한없는 자비를 의지할 뿐.

I'll let loose with your praise.

16-17 Going through the motions doesn't please you,
a flawless performance is nothing to you.
I learned God-worship
when my pride was shattered.
Heart-shattered lives ready for love
don't for a moment escape God's notice.

18-19 Make Zion the place you delight in,
repair Jerusalem's broken-down walls.
Then you'll get real worship from us,
acts of worship small and large,
Including all the bulls
they can heave onto your altar!

A David Psalm, When Doeg the Edomite Reported to Saul, "David's at Ahimelech's House"

52

1-4 Why do you brag of evil, "Big Man"?
God's mercy carries the day.
You scheme catastrophe;
your tongue cuts razor-sharp,
artisan in lies.
You love evil more than good,
you call black white.
You love malicious gossip,
you foul-mouth.

5 God will tear you limb from limb,
sweep you up and throw you out,
Pull you up by the roots
from the land of life.

6-7 Good people will watch and
worship. They'll laugh in relief:
"Big Man bet on the wrong horse,
trusted in big money,
made his living from catastrophe."
8 And I'm an olive tree,
growing green in God's house.
I trusted in the generous mercy
of God then and now.

9 내가 늘 주께 감사드리니
주께서 행동으로 보여주신 까닭입니다.
주님의 선하신 이름은 나의 희망,
내가 주님의 신실한 벗들과 함께
주님 곁에 머물겠습니다.

다윗의 시

53

1-2 비루하고 거만한 인간들,
"하나님은 없다"고 허튼소리 하는구나.
저들의 말은 독가스,
자신을 오염시키고
강과 하늘을 더럽힌다.
그저 엉겅퀴나 키워 낼 뿐.
하나님께서 하늘에서 고개를 내미시고
아래를 둘러보신다.
혹 우둔하지 않은 자가 있나 찾아보신다.
누구 하나 하나님을 바라는 사람,
하나님을 위해 준비된 사람이 있나 하고.

3 그러나 허탕만 치실 뿐,
단 한 사람도 찾지 못하신다.
다들 쓸모없는 자, 어중이떠중이들뿐.
돌아가며 양의 탈을 쓰고 목자 행세나 하니
열이면 열, 백이면 백
모두 제멋대로 가는구나.

4 저 사기꾼들,
정말 머리가 빈 것이냐?
패스트푸드 먹어 치우듯 내 백성을 집어삼키고도
너무 바빠서 기도하지 못한다니,
그러고도 무사하리라
생각한단 말이냐?

5 밤이 오고 있다. 악몽이 그들에게 닥치리라.
절대로 깨어나지 못할 악몽이.
하나님께서 저들을 요절내어
영원히 쫓아내시리라.

6 이스라엘을 구원할 이 누구인가?
하나님은 우리 삶을 반전시키는 분.
신세가 역전된 야곱이 기뻐 뛰놀고,
신세가 역전된 이스라엘이 웃으며 노래하는구나.

9 I thank you always
that you went into action.
And I'll stay right here,
your good name my hope,
in company with your faithful friends.

A David Psalm

53

1-2 Bilious and bloated, they gas,
"God is gone."
It's poison gas–
they foul themselves, they poison
Rivers and skies;
thistles are their cash crop.
God sticks his head out of heaven.
He looks around.
He's looking for someone not stupid–
one man, even, God-expectant,
just one God-ready woman.

3 He comes up empty. A string
of zeros. Useless, unshepherded
Sheep, taking turns pretending
to be Shepherd.
The ninety and nine
follow the one.

4 Don't they know anything,
all these impostors?
Don't they know
they can't get away with this,
Treating people like a fast-food meal
over which they're too busy to pray?

5 Night is coming for them, and nightmare–
a nightmare they'll never wake up from.
God will make hash of these squatters,
send them packing for good.

6 Is there anyone around to save Israel?
God turns life around.
Turned-around Jacob skips rope,
turned-around Israel sings laughter.

다윗의 시. 십 사람이 사울에게 다윗이 자기들 있는 곳에 숨어 있다고 알렸을 때

54 [1-2] 하나님, 주님의 이름을 위하여 나를 도우소서!
주님의 힘으로 나의 결백을 밝혀 주소서.
하나님, 귀를 기울이소서. 너무 절박합니다.
아무리 바쁘셔도 나를 외면하지 마소서.

[3] 무법자들이 내게 무작정 시비를 걸고
청부 살인자들이 나를 죽이려 합니다.
무엇도 저들을 제지하지 못하니,
저들은 하나님마저 대수롭게 여기지 않습니다.

[4-5] 오, 보아라! 하나님께서 지금 여기서 나를 도우신다!
하나님께서 내 편이 되어 주시니,
불행이 원수들에게 되돌아갑니다.
눈감아 주지 마소서! 저들을 깨끗이 없애 버리소서!

[6-7] 마음을 다해, 내가 주님을 경배합니다.
주께 감사드리니, 주님은 참으로 선하신 하나님이십니다.
주님은 온갖 곤경에서 나를 건지시고
원수들이 무너지는 것을 보게 하셨습니다.

다윗의 시

55 [1-3] 하나님, 귀를 열어 내 기도를 들어주소서.
내가 문 두드리는 소리, 못 들은 체 마소서.
가까이 오셔서 속삭이듯 응답해 주소서.
주님이 몹시도 필요합니다.
저들이 죄에 죄를 쌓고
원색적인 비방을 늘어놓으면,
비열한 목소리에 내 온몸이 떨리고
사악한 눈초리에 기가 죽습니다.

[4-8] 뱃속이 온통 뒤틀리고
죽음의 망령이 나를 짓누릅니다.
두려워 덜덜 떨며
머리부터 발끝까지 진저리를 칩니다.
스스로 묻습니다. "누가 내게 날개를 달아 줄까?
비둘기 같은 날개를."
비둘기 날개 퍼덕여 이곳을 벗어나게 하소서.
평화와 고요를 맛보게 하소서.
시골길을 걸으며
숲 속 오두막에서 쉬게 하소서.
광풍이 난무하는 이 험악한 곳에서
벗어나게 해주소서.

A David Psalm, When the Ziphites Reported to Saul, "David Is Hiding Out with Us"

54 [1-2] God, for your sake, help me!
Use your influence to clear me.
Listen, God—I'm desperate.
Don't be too busy to hear me.

[3] Outlaws are out to get me,
hit men are trying to kill me.
Nothing will stop them;
God means nothing to them.

[4-5] Oh, look! God's right here helping!
GOD's on my side,
Evil is looping back on my enemies.
Don't let up! Finish them off!

[6-7] I'm ready now to worship, so ready.
I thank you, GOD—you're so good.
You got me out of every scrape,
and I saw my enemies get it.

A David Psalm

55 [1-3] Open your ears, God, to my prayer;
don't pretend you don't hear me knocking.
Come close and whisper your answer.
I really need you.
I shudder at the mean voice,
quail before the evil eye,
As they pile on the guilt,
stockpile angry slander.

[4-8] My insides are turned inside out;
specters of death have me down.
I shake with fear,
I shudder from head to foot.
"Who will give me wings," I ask—
"wings like a dove?"
Get me out of here on dove wings;
I want some peace and quiet.
I want a walk in the country,
I want a cabin in the woods.
I'm desperate for a change
from rage and stormy weather.

9-11 주님, 호되게 꾸짖으소서. 저들의 혀를 베어 버리소서.
소름이 끼칩니다. 저들은 도성을
폭력배의 각축장으로 만들고,
뒷골목을 배회하며
낮이고 밤이고 싸움질을 해댑니다.
거리에는 쓰레기가 흘러넘치고
상인들이 환한 대낮에
바가지를 씌우며 사기 칩니다.

12-14 나를 모욕한 자가 동네 불량배였다면
차라리 내가 달게 받았을 것을.
욕설을 내뱉은 자가 낯모르는 악인이었다면
내가 신경 쓰지도 않았을 것을.
그러나 그자가 바로 너!
나와 함께 자란, 나의 가장 친한 벗이라니!
우리가 팔짱 끼고 함께 걷던 그 기나긴 시간,
하나님 이야기에 시간 가는 줄 몰랐지.

15 저 배신자들을 잡아 산 채로 지옥에 보내소서.
저들이 극심한 공포를 맛보게 하시고
저주받은 삶의 황폐함을 낱낱이 느끼게 하소서.

16-19 내가 하나님을 소리쳐 부르면
하나님께서 나를 도우시리라.
내가 깊은 한숨 내쉬면
해질 녘이나 동틀 녘에도,
한낮이라도 그분께서 들으시고 구해 주시리라.
수천 명이 늘어서 나를 대적하는
위험 속에서도
내 생명 안전하고, 아무 이상 없구나.
하나님께서 내 탄식 들으시고 판결을 내리시니
저들의 코를 납작하게 하시리라.
그러나 죄의 습관이 굳어진 저들,
하나님을 무시하는 저들, 결코 변하지 않으리.

20-21 내 가장 친한 벗이 친구들을 배신하니,
자기 말을 스스로 뒤집고 말았다.
평생 그의 말에 매료되었던 나,
그가 나를 공격할 줄은 꿈에도 몰랐다네.
음악처럼 아름답던 그의 말이
비수로 변해 내 마음을 찌르다니.

22-23 네 근심 하나님의 어깨 위에 올려놓아라.
그분께서 네 짐 지고 너를 도우시리라.

9-11 Come down hard, Lord—slit their tongues.
I'm appalled how they've split the city
Into rival gangs
prowling the alleys
Day and night spoiling for a fight,
trash piled in the streets,
Even shopkeepers gouging and cheating
in broad daylight.

12-14 This isn't the neighborhood bully
mocking me—I could take that.
This isn't a foreign devil spitting
invective—I could tune that out.
It's you! We grew up together!
You! My best friend!
Those long hours of leisure as we walked
arm in arm, God a third party to our conversation.

15 Haul my betrayers off alive to hell—let them
experience the horror, let them
feel every desolate detail of a damned life.

16-19 I call to God;
GOD will help me.
At dusk, dawn, and noon I sigh
deep sighs—he hears, he rescues.
My life is well and whole, secure
in the middle of danger
Even while thousands
are lined up against me.
God hears it all, and from his judge's bench
puts them in their place.
But, set in their ways, they won't change;
they pay him no mind.

20-21 And this, my best friend, betrayed his best friends;
his life betrayed his word.
All my life I've been charmed by his speech,
never dreaming he'd turn on me.
His words, which were music to my ears,
turned to daggers in my heart.

22-23 Pile your troubles on GOD's shoulders—

선한 이들이 쓰러져 파멸하는 것을,
그분 결코 그대로 두지 않으시리라.
하나님, 저들을
진흙탕 속에 던져 버리소서.
살인과 배신을 일삼는 저들의 수명을 절반으로
줄이소서.

나는 주님만 믿습니다.

he'll carry your load, he'll help you out.
He'll never let good people
topple into ruin.
But you, God, will throw the others
into a muddy bog,
Cut the lifespan of assassins
and traitors in half.

And I trust in you.

다윗의 시. 다윗이 가드에서 블레셋 사람들에게 붙잡혔을 때

56

1-4 하나님, 내 편이 되어 주소서. 사람들에게 이리저리 차이고
날마다 짓밟히는 이 몸입니다.
하루가 멀다 하고
누군가 나를 두들겨 팹니다.
저들이 그것을
의무로 여기는 듯합니다.
두려움이 온통 나를 엄습할 때
믿음으로 주께 나아갑니다.
내가 자랑스럽게 하나님을 찬양하니,
이제는 두려움 없이 하나님만 신뢰합니다.
한낱 죽을 수밖에 없는 자들이 나를 어찌할 수
있겠습니까?

5-6 저들은 그칠 줄 모릅니다.
내 명예를 더럽히고
함께 모여 나의 파멸을 꾀합니다.
그들이 떼를 지어
뒷골목을 몰래 드나들면서,
불시에 덮쳐
나를 없앨 기회를 엿봅니다.

7 이 악행을 저들에게 그대로 갚아 주소서!
하나님, 분노하셔서
저 민족들을 쓰러뜨리소서!

8 주께서는 아십니다.
내가 잠 못 이루고 뒤척였던 숱한 밤을.
내 모든 눈물이 주님의 장부에,
내 모든 아픔이 주님의 책에 기록되었습니다.

9 내가 고함치자
원수들이 꽁무니를 빼고 달아나는 날에,
나는 알 것입니다.
하나님께서 내 편이 되어 주신 것을.

A David Psalm, When He Was Captured by the Philistines in Gath

56

1-4 Take my side, God—I'm getting kicked around,
stomped on every day.
Not a day goes by
but somebody beats me up;
They make it their duty
to beat me up.
When I get really afraid
I come to you in trust.
I'm proud to praise God;
fearless now, I trust in God.
What can mere mortals do?

5-6 They don't let up—
they smear my reputation
and huddle to plot my collapse.
They gang up,
sneak together through the alleys
To take me by surprise,
wait their chance to get me.

7 Pay them back in evil!
Get angry, God!
Down with these people!

8 You've kept track of my every toss and turn
through the sleepless nights,
Each tear entered in your ledger,
each ache written in your book.

9 If my enemies run away,
turn tail when I yell at them,
Then I'll know
that God is on my side.

10-11 내가 자랑스럽게 하나님을 찬양하고
자랑스럽게 하나님을 찬양하니,
이제는 두려움 없이 하나님만 신뢰합니다.
한낱 죽을 수밖에 없는 자들이 나를 어찌할 수
있겠습니까?

12-13 하나님, 주께서 약속하신 것 다 지키셨으니
내가 마음을 다해 감사드립니다.
주께서 나를 죽음의 벼랑에서 끌어내시고
내 발을 파멸의 낭떠러지에서 끌어내셨으니,
나 이제 볕 드는 생명의 들판을
하나님과 함께 즐거이 거닙니다.

다윗의 시. 다윗이 사울을 피해 동굴에 숨었을 때

57

1-3 하나님, 나를 다정히 맞아 주소서. 바로 지금!
죽을힘 다해 주께 달려갑니다.
이 폭풍이 다 지나기까지
주님의 날개 아래로 내가 피합니다.
내가 지극히 높으신 하나님을 큰소리로 부르네.
나를 붙들어 주시는 하나님을.
주께서 하늘에서 명령을 내려 나를 구원하시고
내게 발길질하는 자들을 굴복시키시네.
내게 한없는 사랑을 베푸시고
말씀하신 그대로 인도하시네.

4 내가 사자 떼 한가운데 있습니다.
놈들이 사람의 살을 맛보려고 기를 씁니다.
놈들의 이빨은 창과 화살,
놈들의 혀는 날카로운 단도.

5 오 하나님, 하늘 높이 날아오르소서!
주님의 영광으로 온 땅을 덮으소서!

6 그들이 내 길에 위장 폭탄을 설치해 놓으니
나는 꼼짝없이 죽고, 결딴나는 줄 알았습니다.
나를 잡으려고 그들이 함정을 팠으나
거꾸로 그들 자신이 그 속에 빠졌습니다.

7-8 하나님, 준비가 끝났습니다.
머리부터 발끝까지 단단히 준비했습니다.
이제 선율에 맞춰 노래하렵니다.
"깨어나라, 내 영혼아!
깨어나라, 하프야, 거문고야!
깨어나라, 너 잠꾸러기 태양아!"

10-11 I'm proud to praise God,
proud to praise GOD.
Fearless now, I trust in God;
what can mere mortals do to me?

12-13 God, you did everything you promised,
and I'm thanking you with all my heart.
You pulled me from the brink of death,
my feet from the cliff-edge of doom.
Now I stroll at leisure with God
in the sunlit fields of life.

A David Psalm, When He Hid in a Cave from Saul

57

1-3 Be good to me, God—and now!
I've run to you for dear life.
I'm hiding out under your wings
until the hurricane blows over.
I call out to High God,
the God who holds me together.
He sends orders from heaven and saves me,
he humiliates those who kick me around.
God delivers generous love,
he makes good on his word.

4 I find myself in a pride of lions
who are wild for a taste of human flesh;
Their teeth are lances and arrows,
their tongues are sharp daggers.

5 Soar high in the skies, O God!
Cover the whole earth with your glory!

6 They booby-trapped my path;
I thought I was dead and done for.
They dug a mantrap to catch me,
and fell in headlong themselves.

7-8 I'm ready, God, so ready,
ready from head to toe,
Ready to sing, ready to raise a tune:
"Wake up, soul!
Wake up, harp! wake up, lute!
Wake up, you sleepyhead sun!"

9-10 I'm thanking you, GOD, out loud in the streets,

9-10 하나님, 내가 거리에서 소리 높여 주께 감사드리고
도시에서, 시골에서 주님을 찬양합니다.
주님의 사랑, 깊을수록 더 높이 이르고
모든 구름, 주님의 성실 드러내며 나부낍니다.

11 오 하나님, 하늘 높이 날아오르소서!
주님의 영광으로 온 땅을 덮으소서!

다윗의 시

58 1-2 어찌하여 나라를 이처럼 경영하느냐?
국회에 정직한 정치인이 있더냐?
너희는 막후에서 떠들썩하게 악을 꾸미고
닫힌 문 뒤에서는 악마와 거래하는구나.

3-5 악인들은 태어나자마자 잘못된 길로 간다.
모태에서 나면서부터 거짓말을 내뱉으니,
그들의 갈라진 혀에서 떨어지는 것은
독, 치명적인 방울뱀 독.
그들은 위협도 홀리는 소리도 듣지 못하니,
수십 년치 귀지가 귓속에 켜켜이 쌓인 탓이다.

6-9 하나님, 저들의 이를 박살내셔서
이빨 없는 호랑이 신세가 되게 하소서.
저들의 인생이 엎질러진 물이 되게 하시고
모래밭의 축축한 얼룩으로 남게 하소서.
저들이 짓밟힌 풀이 되게 하셔서
오가는 사람의 발길에 닳아 빠지게 하소서.
저들이 달팽이 진액처럼 녹아내리게 하시고
유산된 태아가 되어 햇빛을 보지 못하게 하소서.
하나님, 저들의 음모가 모양을 잡기 전에
쓰레기와 함께 내던져 버리소서!

10-11 의인은 악인이 벌 받는 것을 보고
친구들을 불러 모으리라.
악인의 피를 잔에 담아내어
함께 건배하리라.
다들 환호하며 말하리라. "규례를 지킬 만하구나!
상을 주시는 하나님, 세상을 지켜보시는 하나님이
과연 계시는구나!"

다윗의 시. 사울이 다윗을 죽이려고 그의 집에 감시를 붙였을 때

59 1-2 나의 하나님! 내 원수들에게서 나를 구하시고
폭도들에게서 나를 지켜 주소서.

singing your praises in town and country.
The deeper your love, the higher it goes;
every cloud is a flag to your faithfulness.

11 Soar high in the skies, O God!
Cover the whole earth with your glory!

A David Psalm

58 1-2 Is this any way to run a country?
Is there an honest politician in the house?
Behind the scenes you brew cauldrons of evil,
behind closed doors you make deals with demons.

3-5 The wicked crawl from the wrong side of the cradle;
their first words out of the womb are lies.
Poison, lethal rattlesnake poison,
drips from their forked tongues—
Deaf to threats, deaf to charm,
decades of wax built up in their ears.

6-9 God, smash their teeth to bits,
leave them toothless tigers.
Let their lives be buckets of water spilled,
all that's left, a damp stain in the sand.
Let them be trampled grass
worn smooth by the traffic.
Let them dissolve into snail slime,
be a miscarried fetus that never sees sunlight.
Before what they cook up is half-done, God,
throw it out with the garbage!

10-11 The righteous will call up their friends
when they see the wicked get their reward,
Serve up their blood in goblets
as they toast one another,
Everyone cheering, "It's worth it to play by the rules!
God's handing out trophies and tending the earth!"

A David Psalm, When Saul Set a Watch on David's House in Order to Kill Him

59 1-2 My God! Rescue me from my enemies,
defend me from these mutineers.

저들의 더러운 술수에서 나를 건지시고
저들이 보낸 청부 살인자들에게서 나를 구원하소서.

3-4 무법자들이 똘똘 뭉쳐 나를 대적하고
매복까지 하며 나를 노립니다.
하나님, 나는 이런 일에 휩싸일 짓을 하지 않았고
누구를 속이거나 학대한 일도 없습니다.
그런데 저들은 나를 가만두지 않기로 작정한 듯,
나를 뒤쫓습니다.

4-5 깨어나셔서 직접 보소서! 주께서는 하나님이십니다.
만군의 하나님, 이스라엘의 하나님이십니다!
주님의 일을 행하셔서 저 악한 자들을 제거하소서.
잔학무도한 자들이오니 봐주지 마소서.

6-7 저들은 해만 지면 돌아와서
늑대처럼 짖어 대며 성 주위를 어슬렁거립니다.
그러다 갑자기 성문 앞에 모두 모여
욕설을 내지르며 단도를 뽑아 듭니다.
자신들은 절대 잡히지 않으리라 여깁니다.

8-10 그러나 하나님, 주께서는 저들을 비웃으십니다.
사악한 민족들을 웃음거리로 여기십니다.
강하신 하나님, 내가 주님 그 모습 바라보며
늘 주님만 의지합니다.
하나님은 한결같은 사랑으로 때맞춰 나타나셔서
내 원수들이 파멸하는 꼴을 내게 보여주십니다.

11-13 하나님, 내 백성이 잊지 않도록
저들을 단번에 해치우지 마소서.
저들을 천천히 쓰러뜨리시고
아주 서서히 해체하소서.
비열하고 거만하게 내뱉은 저들의 온갖 말에
스스로 걸려들게 하소서.
중얼중얼 내뱉은 온갖 저주와
뻔뻔스런 거짓말에
스스로 걸려 넘어지게 하소서.
저들을 말끔히 해치우소서!
영원히 끝장내소서!
하나님께서 야곱을 확실히 통치하심을,
하나님께서 세상 모든 곳을 다스리심을,
온 세상이 알게 될 것입니다.

14-15 저들은 해만 지면 돌아와서

Rescue me from their dirty tricks,
save me from their hit men.

3-4 Desperadoes have ganged up on me,
they're hiding in ambush for me.
I did nothing to deserve this, GOD,
crossed no one, wronged no one.
All the same, they're after me,
determined to get me.

4-5 Wake up and see for yourself! You're GOD,
GOD-of-Angel-Armies, Israel's God!
Get on the job and take care of these pagans,
don't be soft on these hard cases.

6-7 They return when the sun goes down,
They howl like coyotes, ringing the city.
Then suddenly they're all at the gate,
Snarling invective, drawn daggers in their teeth.
They think they'll never get caught.

8-10 But you, GOD, break out laughing;
you treat the godless nations like jokes.
Strong God, I'm watching you do it,
I can always count on you.
God in dependable love shows up on time,
shows me my enemies in ruin.

11-13 Don't make quick work of them, GOD,
lest my people forget.
Bring them down in slow motion,
take them apart piece by piece.
Let all their mean-mouthed arrogance
catch up with them,
Catch them out and bring them down
—every muttered curse
—every barefaced lie.
Finish them off in fine style!
Finish them off for good!
Then all the world will see
that God rules well in Jacob,
everywhere that God's in charge.

14-15 They return when the sun goes down,

늑대처럼 짖어 대며 성 주위를 어슬렁거립니다.
뼈다귀를 찾아 헤매다
먹을 것을 주는 손까지 물어뜯습니다.

16-17 그러나 나는 주님의 용맹을 노래하고
새벽에 주님의 과분한 선물을 큰소리로 이야기하렵니다.
주님은 나에게 더없이 안전한 장소,
좋은 피난처가 되어 주셨습니다.
강하신 하나님, 내가 주님 그 모습 바라보며
늘 주님만 의지합니다.
내 든든한 사랑이신 하나님!

다윗의 시. 다윗이 아람 나하라임과 아람 소바와 싸울 당시 요압이 소금 골짜기에서 에돔 사람 일만이천 명을 죽였을 때

60

1-2 하나님! 주께서 우리를 버리고 떠나가시고
우리의 방어 시설을 걷어차 부수시고
노를 발하며 사라지셨지만,
이제 돌아오소서. 제발, 돌아오소서!

주께서 땅의 기초를 뒤흔드시니
거대한 틈이 생겼습니다.
이제 갈라진 틈을 메우소서! 그 틈으로
모든 것이 무너져 내립니다.

3-5 주께서는 주님의 백성이 파멸을 목도하게 하시고
싸구려 포도주로 괴로움을 달래게 하셨습니다.
그러고는 주님의 백성을 독려할 깃발을 꽂으시고
용기를 줄 그 깃발이 휘날리게 하셨습니다.
어서 조치를 취하소서. 지금 바로 응답하소서.
주께서 끔찍이 사랑하시는 백성이 구원을 얻게 하소서.

6-8 그때 하나님께서 거룩한 광채 속에서 말씀하셨습니다.
"내가 기쁨에 겨워
세겜을 선사하고
숙곳 골짜기를 선물로 주리라.
길르앗이 내 호주머니 속에 있고
므낫세도 그러하다.
에브라임은 나의 헬멧,
유다는 나의 망치.
모압은 세탁용 양동이,
내가 모압을 쓰러뜨려 바닥 걸레로 삼으리라.
에돔에게 침을 뱉고

They howl like coyotes, ringing the city.
They scavenge for bones,
And bite the hand that feeds them.

16-17 And me? I'm singing your prowess,
shouting at cockcrow your largesse,
For you've been a safe place for me,
a good place to hide.
Strong God, I'm watching you do it,
I can always count on you—
God, my dependable love.

A David Psalm, When He Fought Against Aram-naharaim and Aram-zobah and Joab Killed Twelve Thousand Edomites at the Valley of Salt

60

1-2 God! you walked off and left us,
kicked our defenses to bits
And stalked off angry.
Come back. Oh please, come back!

You shook earth to the foundations,
ripped open huge crevasses.
Heal the breaks! Everything's
coming apart at the seams.

3-5 You made your people look doom in the face,
then gave us cheap wine to drown our troubles.
Then you planted a flag to rally your people,
an unfurled flag to look to for courage.
Now do something quickly, answer right now,
so the one you love best is saved.

6-8 That's when God spoke in holy splendor,
"Bursting with joy,
I make a present of Shechem,
I hand out Succoth Valley as a gift.
Gilead's in my pocket,
to say nothing of Manasseh.
Ephraim's my hard hat,
Judah my hammer;
Moab's a scrub bucket,
I mop the floor with Moab,
Spit on Edom,

블레셋 전역에 불벼락을 퍼부으리라."

9-10 누가 나를 치열한 싸움터로 데려가며,
누가 에돔에 이르는 길을 알려 주겠습니까?
하나님, 주께서 우리를 버리신 것은 아니겠지요?
우리 군대와 함께 나아가기를 거절하신 것은 아니겠지요?

11-12 우리를 도우셔서 이 힘든 임무 완수하게 하소서.
사람의 도움은 아무 쓸데가 없습니다.
하나님을 힘입어 우리가 최선을 다하리니,
주께서 적군을 완전히 때려눕히실 것이다.

다윗의 시

61 1-2 하나님, 나의 부르짖음을 들으소서.
나의 기도에 귀 기울여 주소서.
멀리 있는 이 몸,
숨이 멎도록 헐떡이며
큰소리로 외칩니다. "저 높은 바위산 위로
나를 이끄소서!"

3-5 주께서는 내게 숨 쉴 공간을 주시고
모든 상황에서 벗어나 쉬게 하시며,
주님의 은신처 평생이용권을 주십니다.
주님의 손님으로 흔쾌히 초대해 주십니다.
하나님, 주님은 언제나 나를 진심으로 대하시며
주님을 알고 사랑하는 이들에게 환영받게 하십니다.

6-8 왕의 날들을 더하시고
선한 통치 기간이 오래도록 이어지게 하소서.
왕좌를 하나님의 충만한 빛 가운데 두시고
한결같은 사랑과 신실로 경계병을 삼아 주소서.
그러면 내가 시인이 되어 주님의 영광을 노래하고,
노래한 대로 날마다 살아가겠습니다.

다윗의 시

62 1-2 하나님은 오직 한분이시니,
그분 말씀하실 때까지 기다리리라.
내게 필요한 모든 것 그분에게서 오니,
어찌 기다리지 않으랴?
그분은 내 발밑의 견고한 바위
내 영혼이 숨 쉴 공간
난공불락의 성채이시니,
내가 평생토록 든든하다.

rain fireworks all over Philistia."

9-10 Who will take me to the thick of the fight?
Who'll show me the road to Edom?
You aren't giving up on us, are you, God?
refusing to go out with our troops?

11-12 Give us help for the hard task;
human help is worthless.
In God we'll do our very best;
he'll flatten the opposition for good.

A David Psalm

61 1-2 God, listen to me shout,
bend an ear to my prayer.
When I'm far from anywhere,
down to my last gasp,
I call out, "Guide me
up High Rock Mountain!"

3-5 You've always given me breathing room,
a place to get away from it all,
A lifetime pass to your safe-house,
an open invitation as your guest.
You've always taken me seriously, God,
made me welcome among those who know and love you.

6-8 Let the days of the king add up
to years and years of good rule.
Set his throne in the full light of God;
post Steady Love and Good Faith as lookouts,
And I'll be the poet who sings your glory–
and live what I sing every day.

A David Psalm

62 1-2 God, the one and only–
I'll wait as long as he says.
Everything I need comes from him,
so why not?
He's solid rock under my feet,
breathing room for my soul,
An impregnable castle:
I'm set for life.

3-4 너희는 언제까지 나에게 달려들려느냐?
언제까지 불량배들과 어울려 배회하려느냐?
너희에게 아무것도 아니요,
썩은 마루청이, 벌레 먹은 서까래 같은 나를.
산을 무너뜨리겠다는
허망한 계획을 도모하나 개미둑에 불과한 너희,
멋진 말을 늘어놓아도
축복마다 저주의 악취가 풍기는구나.

5-6 하나님은 오직 한분이시니,
그분 말씀하실 때까지 기다리리라.
내게 필요한 모든 것 그분에게서 오니,
어찌 기다리지 않으랴?
그분은 내 발밑의 견고한 바위
내 영혼이 숨 쉴 공간
난공불락의 성채이시니,
내가 평생토록 든든하다.

7-8 나의 도움과 영광 하나님 안에 있으니
하나님은 굳센 바위, 안전한 항구!
백성들아, 온전히 그분을 신뢰하여라.
그분께 너희 목숨을 걸어라.
하나님만이 너희 피난처이시다.

9 남자는 한낱 연기
여자는 한낱 신기루일 뿐.
그 둘을 합해도 아무것도 아니니
이 곱하기 영은 결국 영일 뿐.

10 뜻밖의 횡재를 하더라도
거기에 너무 마음 쓰지 마라.

11 하나님께서 딱 잘라 하신 이 말씀,
내가 얼마나 자주 들었던가?
"능력은 오직
하나님께로부터 온다."

12 주 하나님, 주께는 자애가 가득합니다!
날마다 우리가 수고한 것에 합당한 대가를 지불해 주십니다!

다윗의 시. 다윗이 유다 광야에 있을 때

63 1 하나님, 주님은 나의 하나님!
보고 또 보아도 보고 싶은 분!
하나님을 향한 허기와 목마름에 이끌려

3-4 How long will you gang up on me?
How long will you run with the bullies?
There's nothing to you, any of you—
rotten floorboards, worm-eaten rafters,
Anthills plotting to bring down mountains,
far gone in make-believe.
You talk a good line,
but every "blessing" breathes a curse.

5-6 God, the one and only—
I'll wait as long as he says.
Everything I hope for comes from him,
so why not?
He's solid rock under my feet,
breathing room for my soul,
An impregnable castle:
I'm set for life.

7-8 My help and glory are in God
—granite-strength and safe-harbor-God—
So trust him absolutely, people;
lay your lives on the line for him.
God is a safe place to be.

9 Man as such is smoke,
woman as such, a mirage.
Put them together, they're nothing;
two times nothing is nothing.

10 And a windfall, if it comes—
don't make too much of it.

11 God said this once and for all;
how many times
Have I heard it repeated?
"Strength comes
Straight from God."

12 Love to you, Lord God!
You pay a fair wage for a good day's work!

A David Psalm, When He Was out in the Judean Wilderness

63 1 God—you're my God!
I can't get enough of you!
I've worked up such hunger and thirst for God,

메마르고 삭막한 사막을 가로지릅니다.

2-4 주님의 권능과 영광을 보려고
두 눈 활짝 뜨고 예배처소에 있습니다.
마침내 주님의 너그러운 사랑 안에 살게 된 이 몸!
내 입술에 샘처럼 찬양이 넘쳐흐릅니다.
나, 숨 쉴 때마다 주님을 찬양하고
찬양의 깃발인 듯 두 팔을 주께 흔듭니다.

5-8 최상품 갈비를 마음껏 먹고 입맛을 다시니,
지금은 소리 높여 찬송할 때입니다!
한밤중에 잠 못 들 때면
지난날을 회상하며 감사의 시간을 보냅니다.
주께서 줄곧 내 편이 되어 주셨으니
나, 마음껏 뛰며 춤춥니다.
내가 주께 온 힘을 다해 매달리니,
주님은 나를 굳게 붙드시고 말뚝처럼 흔들림 없게 하십니다.

9-11 나를 잡으려 기를 쓰는 저들,
망하여 죽고 지옥에 떨어지리라.
비명횡사하여
승냥이 무리에게 사지를 찢기리라.
그러나 왕은 하나님 안에서 기뻐하고
그의 진실한 벗들은 그 기쁨 전파할 것이요,
야비한 뒷공론 일삼는 자들은
영원히 입에 재갈을 물리리라.

다윗의 시

64

1 오 하나님, 귀 기울여 들으시고 도와주소서.
운명의 날이 다가왔다는 생각에
이렇게 탄식하며 흐느낍니다.

2-6 저들이 나를 찾아내지 못하게 하소서.
나를 잡으려는 공모자들이
자신들의 혀를 무기 삼아
독설을 내뱉고,
독화살 같은 말을 쏘아 댑니다.
매복하여 있다가
누가 맞든 아랑곳하지 않고,
느닷없이 쏘아 댑니다.
저들은 운동 삼아 사악한 일을 벌여 건강을 유지하면서,
남몰래 놓은 덫의 목록을 품고 다니며

traveling across dry and weary deserts.

2-4 So here I am in the place of worship, eyes open,
drinking in your strength and glory.
In your generous love I am really living at last!
My lips brim praises like fountains.
I bless you every time I take a breath;
My arms wave like banners of praise to you.

5-8 I eat my fill of prime rib and gravy;
I smack my lips. It's time to shout praises!
If I'm sleepless at midnight,
I spend the hours in grateful reflection.
Because you've always stood up for me,
I'm free to run and play.
I hold on to you for dear life,
and you hold me steady as a post.

9-11 Those who are out to get me are marked for doom,
marked for death, bound for hell.
They'll die violent deaths;
jackals will tear them limb from limb.
But the king is glad in God;
his true friends spread the joy,
While small-minded gossips
are gagged for good.

A David Psalm

64

1 Listen and help, O God.
I'm reduced to a whine
And a whimper, obsessed
with feelings of doomsday.

2-6 Don't let them find me—
the conspirators out to get me,
Using their tongues as weapons,
flinging poison words,
poison-tipped arrow-words.
They shoot from ambush,
shoot without warning,
not caring who they hit.
They keep fit doing calisthenics
of evil purpose,
They keep lists of the traps

서로 말합니다.
"누구도 우리를 잡지 못할 거야.
이렇게 감쪽같은데 누가 눈치채겠어."
그러나 주님은 명탐정,
지하실처럼 캄캄한 마음속 비밀까지도 알아채십니다.

7-8 하나님께서 화살을 쏘시니
저들이 고통에 겨워 몸을 구부리는구나.
쓴웃음 짓는 군중들 앞에서
꼴사납게 고꾸라지는구나.

9-10 모든 사람이 보는구나.
하나님이 행하신 일이 장안의 화제가 되는구나.
선한 이들아, 기뻐하여라! 하나님께로 피하여라!
마음씨 고운 이들아, 찬양이 곧 삶이 되게 하여라.

다윗의 시

65 1-2 시온에 계신 하나님,
침묵이 주께 찬양하고
순종도 그리합니다.
주께서는 그 모든 것에 담긴 기도를 들으십니다.

2-8 우리 모두 죄를 짊어지고
머지않아 주님의 집에 이릅니다.
지은 죄 너무 무거워 감당할 수 없지만
주께서는 그것을 단번에 씻어 주십니다.
주께서 친히 택하신 이들은 복이 있습니다!
주님 거하시는 곳에 초대받은 이들은 복이 있습니다.
우리가 주님의 집, 주님 하늘 저택에 있는
좋은 것들을 한껏 기대합니다.
주님의 놀라운 구원의 일들이
주님 트로피 보관실에 전시되어 있습니다.
주께서는 땅을 길들이시고 대양에 물을 채우시며,
산을 조성하시고 언덕을 아름답게 꾸미시는 분.
폭풍과 파도의 노호와
군중의 시끄러운 소요를 가라앉히시는 분.
도처에서 사람들이 걸음을 멈추고,
두려움과 놀라움으로 바라봅니다.
새벽과 땅거미가 번갈아 소리칩니다.
"와서 예배하여라."

9-13 오, 땅에 찾아오셔서
땅에게 기쁨의 춤을 추게 하소서!
봄비로 땅을 장식하시고

they've secretly set.
They say to each other,
"No one can catch us,
no one can detect our perfect crime."
The Detective detects the mystery
in the dark of the cellar heart.

7-8 The God of the Arrow shoots!
They double up in pain,
Fall flat on their faces
in full view of the grinning crowd.

9-10 Everyone sees it. God's
work is the talk of the town.
Be glad, good people! Fly to GOD!
Good-hearted people, make praise your habit.

A David Psalm

65 1-2 Silence is praise to you,
Zion-dwelling God,
And also obedience.
You hear the prayer in it all.

2-8 We all arrive at your doorstep sooner
or later, loaded with guilt,
Our sins too much for us—
but you get rid of them once and for all.
Blessed are the chosen! Blessed the guest
at home in your place!
We expect our fill of good things
in your house, your heavenly manse.
All your salvation wonders
are on display in your trophy room.
Earth-Tamer, Ocean-Pourer,
Mountain-Maker, Hill-Dresser,
Muzzler of sea storm and wave crash,
of mobs in noisy riot—
Far and wide they'll come to a stop,
they'll stare in awe, in wonder.
Dawn and dusk take turns
calling, "Come and worship."

9-13 Oh, visit the earth,
ask her to join the dance!
Deck her out in spring showers,

생수로 하나님의 강을 채우소서.
밀밭을 황금빛으로 물들이소서.
주께서는 이 일을 위해 세상을 지으셨습니다!
비를 내려 갈아엎은 밭을 적셔 주시고
흙이 물을 넉넉히 품게 하소서.
써레질과 고무래질에
땅이 꽃을 피우고 열매 맺게 하소서.
산봉우리에 눈 왕관을 씌워 빛나게 하시고
주님의 길에 장미 꽃잎을 흩뿌리소서.
거친 풀밭 곳곳에도 뿌려 주소서.
언덕들이 춤추게 하시고
협곡진 비탈에 양 떼를 두어
골짜기와 골짜기, 아마포를 드리운 듯 꾸며 주소서.
오, 저들에게서 기쁨의 함성 터져 나오고
즐거운 노랫소리 그치지 않게 하소서!

66

1-4 다 함께 모여 하나님께 갈채를!
그분의 영광에 합당한 노래 부르고
그분께 영화로운 찬송 드려라.
하나님께 아뢰어라. "주님 같은 분, 그 어디에도
없습니다!"
원수들이 주께서 행하신 일을 보고
야단맞은 개처럼 슬그머니 도망칩니다.
온 땅이 무릎 꿇고
주님을 경배하며 노래합니다.
주님의 이름과 명성을 끊임없이 즐거워합니다.

5-6 하나님이 행하신 놀라운 일들을 잘 보아라.
너희 숨이 멎으리라.
그분께서 바다를 마른 땅으로 바꾸시고
사람들이 걸어서 그 길을 건너게 하셨으니,
어찌 찬양하지 않으랴?

7 주께서 지극히 높은 곳에서 영원히 다스리시며
모든 나라들을 굽어보신다.
반역자들, 그분께
감히 대들지 못하는구나.

8-12 오 백성들아, 우리 하나님을 찬양하여라!
온 땅에 울려 퍼지는 노래로 그분을 맞이하여라!
그분께서 우리를 생명 길에 두시지 않았느냐?
우리를 수렁에서 건져 내시지 않았느냐?
그분께서 우리를 먼저 단련하시고
은을 정련하듯 뜨거운 용광로 속을 통과하게 하

fill the God-River with living water.
Paint the wheat fields golden.
Creation was made for this!
Drench the plowed fields,
soak the dirt clods
With rainfall as harrow and rake
bring her to blossom and fruit.
Snow-crown the peaks with splendor,
scatter rose petals down your paths,
All through the wild meadows, rose petals.
Set the hills to dancing,
Dress the canyon walls with live sheep,
a drape of flax across the valleys.
Let them shout, and shout, and shout!
Oh, oh, let them sing!

66

1-4 All together now—applause for God!
Sing songs to the tune of his glory,
set glory to the rhythms of his praise.
Say of God, "We've never seen anything like him!"
When your enemies see you in action,
they slink off like scolded dogs.
The whole earth falls to its knees—
it worships you, sings to you,
can't stop enjoying your name and fame.

5-6 Take a good look at God's wonders—
they'll take your breath away.
He converted sea to dry land;
travelers crossed the river on foot.
Now isn't that cause for a song?

7 Ever sovereign in his high tower, he keeps
his eye on the godless nations.
Rebels don't dare
raise a finger against him.

8-12 Bless our God, O peoples!
Give him a thunderous welcome!
Didn't he set us on the road to life?
Didn't he keep us out of the ditch?
He trained us first,
passed us like silver through refining fires,
Brought us into hardscrabble country,

셨다.
우리를 척박한 지역에 들여보내시고
극한까지 밀어붙이셨다.
길에서 우리를 안팎으로 시험하시고
생지옥을 데리고 다니셨으며,
마침내 물 댄 이곳으로
우리를 이끄셨다.

13-15 내가 소중히 여기는 것과 선물을 가지고
주님의 집에 왔습니다.
이제 주께 약속한 대로 행하겠습니다.
내가 큰 곤경에 처하던 날,
엄숙히 맹세한 대로 행하겠습니다.
엄선한 고기를 제물로 바치고
구운 양고기의 향기도 올려 드립니다!
염소 고기를 곁들인
수소도 바칩니다!

16-20 모든 믿는 이들아, 이리로 와서 귀를 기울여라.
하나님이 내게 행하신 일들을 너희에게 들려주리라.
내 입이 그분께 큰소리로 부르짖고
내 혀에서 찬양의 노래가 흘러나왔다.
내가 죄악과 놀아났다면
주께서 듣지 않으셨으리라.
그러나 하나님은 너무도 분명히 들어주셨다.
내 기도소리 들으시고 한걸음에 달려오셨다.
찬양받으실 하나님, 주께서는 귀를 막지 않으시고,
한결같은 사랑으로 나와 함께 계셨습니다.

67

1-7 하나님, 우리에게
은혜와 복을 내리소서! 환한 얼굴빛 비추소서!
주께서 어찌 일하시는지 온 나라가 보게 하시고,
주께서 어찌 구원하시는지 모든 민족이 알게 하소서.
하나님! 사람들이 주께 감사하고 주님을 기뻐하게 하소서.
모든 민족이 주께 감사하고 주님을 기뻐하게 하소서.
주께서는 흩어져 있는 모든 자를 공명정대하게 심판하고
보살피는 분이시니,
그들이 행복해지고
그 행복 큰소리로 이야기하게 하소서.
하나님! 사람들이 주께 감사하고 주님을 기뻐하게 하소서.

pushed us to our very limit,
Road-tested us inside and out,
took us to hell and back;
Finally he brought us
to this well-watered place.

13-15 I'm bringing my prizes and presents to your house.
I'm doing what I said I'd do,
What I solemnly swore I'd do
that day when I was in so much trouble:
The choicest cuts of meat
for the sacrificial meal;
Even the fragrance
of roasted lamb is like a meal!
Or make it an ox
garnished with goat meat!

16-20 All believers, come here and listen,
let me tell you what God did for me.
I called out to him with my mouth,
my tongue shaped the sounds of music.
If I had been cozy with evil,
the Lord would never have listened.
But he most surely *did* listen,
he came on the double when he heard my prayer.
Blessed be God: he didn't turn a deaf ear,
he stayed with me, loyal in his love.

67

1-7 God, mark us with grace
and blessing! Smile!
The whole country will see how you work,
all the godless nations see how you save.
God! Let people thank and enjoy you.
Let all people thank and enjoy you.
Let all far-flung people become happy
and shout their happiness because
You judge them fair and square,
you tend the far-flung peoples.
God! Let people thank and enjoy you.
Let all people thank and enjoy you.
Earth, display your exuberance!
You mark us with blessing, O God, our God.

모든 민족이 주께 감사하고 주님을 기뻐하게 하소서.
땅아, 네 풍요로움을 드러내어라!
오 하나님, 우리 하나님, 우리에게 복을 내리소서.
오 하나님, 우리에게 복을 내리소서.
온 땅아, 주께 영광을 돌려 드려라!

다윗의 시

68 1-4 하나님과 함께 일어나라!
그분의 원수들을 해치워라!
적들아, 언덕으로 달음질쳐 보아라!
한 모금 담배연기처럼,
불 속의 한 방울 촛농처럼 사라지리라.
악인들은 하나님을 한번 보기만 해도 자취를 감추는구나.
그러나 의인들은 하나님의 일하심을 보고
웃으며 노래하리라.
기쁨에 겨워 노래하리라.
하나님께 찬송가를 불러 드려라.
온 하늘아, 큰소리로 외쳐라.
구름 타고 오시는 분을 위해 길을 깨끗게 하여라.
하나님을 기뻐하여라.
그분을 뵐 때 환호성을 올려라!

5-6 고아들의 아버지,
과부들의 보호자,
그분은 거룩한 집에 계시는 하나님.
집 없는 이들에게 집을 마련해 주시고
갇힌 이들을 자유의 문으로 인도하신다.
그러나 반역자들은 지옥에서 썩게 하시리라.

7-10 하나님, 주께서 주님의 백성을 이끌고 가실 때,
주께서 광야를 행진하실 때,
땅이 흔들리고 하늘이 식은땀을 흘렸습니다.
하나님께서 행진 중이시기 때문입니다.
행진하시는 하나님, 이스라엘의 하나님 앞에서
시내 산도 바들바들 떨었습니다.
오 하나님, 주께서 양동이로 쏟아붓듯 비를 내리시자
가시나무와 선인장 있던 곳이 오아시스로 변하고,
주님의 백성이 거기서 천막을 치고 즐거워합니다.
주께서 그들의 형편을 낫게 하시니
가난뱅이이던 그들이 부자가 되었습니다.

11-14 주께서 명령하시자
수천의 사람들이 기쁜 소식 외치네.
"왕들이 달아났다!

You mark us with blessing, O God.
Earth's four corners—honor him!

A David Psalm

68 1-4 Up with God!
Down with his enemies!
Adversaries, run for the hills!
Gone like a puff of smoke,
like a blob of wax in the fire—
one look at God and the wicked vanish.
When the righteous see God in action
they'll laugh, they'll sing,
they'll laugh and sing for joy.
Sing hymns to God;
all heaven, sing out;
clear the way for the coming of Cloud-Rider.
Enjoy GOD,
cheer when you see him!

5-6 Father of orphans,
champion of widows,
is God in his holy house.
God makes homes for the homeless,
leads prisoners to freedom,
but leaves rebels to rot in hell.

7-10 God, when you took the lead with your people,
when you marched out into the wild,
Earth shook, sky broke out in a sweat;
God was on the march.
Even Sinai trembled at the sight of God on the move,
at the sight of Israel's God.
You pour out rain in buckets, O God;
thorn and cactus become an oasis
For your people to camp in and enjoy.
You set them up in business;
they went from rags to riches.

11-14 The Lord gave the word;
thousands called out the good news:
"Kings of the armies
are on the run, on the run!"
While housewives, safe and sound back home,
divide up the plunder,

거느린 군대와 함께 도망치는구나!"
아낙네들 무사히 집에 돌아와
전리품을 나누네.
가나안의 은과 금을 나누네.
전능하신 분이 왕들을 쫓아내시던 날,
검은 산에 눈이 내렸다네.

15-16 너 거대한 산맥, 바산이여,
위대한 산맥, 용의 산맥이여!
너희가 선택받지 못해 토라져 한탄하는구나.
하나님이 한 산을 택해 그곳에서 지내기로 하셨으니,
주께서 그 산에서 영원히 다스리시리라.

17-18 하나님의 전차는 수천수만 대.
선두에 계신 주께서 전차 타시고 시내 산,
바로 그 거룩한 곳에 내려오셨다!
주께서 포로들을 거느리고 지극히 높은 곳에 오르셔서
반역자들에게서 전리품을 한 아름 받으셨습니다.
이제, 주께서 그곳에 당당히 좌정하고 계십니다.
하나님, 주권자이신 하나님!

19-23 주님을 찬양하여라.
주께서 날마다 우리를 이끄시니,
그분은 우리의 구원자, 우리의 하나님.
우리를 도우시는 하나님, 우리를 구원하시는 하나님.
주 하나님은
죽음을 속속들이 아시는 분.
주께서 원수들을 해산시키시고
그들의 두개골을 쪼개셨다.
하늘에서 행진해 나오시며 말씀하셨다.
"내가 용을 동아줄로 묶고
깊고 푸른 바다에도 재갈을 물렸다.
너는 네 원수들의 피로 발을 적시고
네 집 개들도 네 장화에 묻은 원수들의 피를 핥으리라."

24-31 보아라, 행진하시는 하나님을.
나의 하나님, 나의 왕께서
성소로 행진하신다!
맨 앞에는 가수들, 맨 뒤에는 악대가 뒤따르고
대열 중간에서 소녀들이 캐스터네츠를 연주한다.
온 찬양대가 하나님을 찬양한다.
찬양의 샘이 흐르듯, 이스라엘이 하나님을 찬양한다.
보아라. 어린 베냐민이
앞에 나와 대열을 이끌고,
귀족 복장을 한 유다 고관들,

the plunder of Canaanite silver and gold.
On that day that Shaddai scattered the kings,
snow fell on Black Mountain.

15-16 You huge mountains, Bashan mountains,
mighty mountains, dragon mountains.
All you mountains not chosen,
sulk now, and feel sorry for yourselves,
For this is the mountain God has chosen to live on;
he'll rule from this mountain forever.

17-18 The chariots of God, twice ten thousand,
and thousands more besides,
The Lord in the lead, riding down Sinai—
straight to the Holy Place!
You climbed to the High Place, captives in tow,
your arms full of booty from rebels,
And now you sit there in state,
GOD, sovereign GOD!

19-23 Blessed be the Lord—
day after day he carries us along.
He's our Savior, our God, oh yes!
He's God-for-us, he's God-who-saves-us.
Lord GOD knows all
death's ins and outs.
What's more, he made heads roll,
split the skulls of the enemy
As he marched out of heaven,
saying, "I tied up the Dragon in knots,
put a muzzle on the Deep Blue Sea."
You can wade through your enemies' blood,
and your dogs taste of your enemies from your boots.

24-31 See God on parade
to the sanctuary, my God,
my King on the march!
Singers out front, the band behind,
maidens in the middle with castanets.
The whole choir blesses God.
Like a fountain of praise, Israel blesses GOD.
Look—little Benjamin's out
front and leading
Princes of Judah in their royal robes,

스불론과 납달리 고관들이 그 뒤를 따른다.
오 하나님, 주님의 힘을 펼쳐 보이소서.
오 하나님, 지금의 우리를 있게 하신 주님의 능력을 뽐내소서.
지극히 높으신 하나님, 주님의 성전은 예루살렘,
왕들이 주께 예물을 가져옵니다.
꾸짖으소서, 저 늙은 악어 이집트와
들소 무리와 송아지들을.
탐욕스럽게 은을 바라며
다른 민족들을 짓밟고 싸우지 못해 안달하는 저들을.
이집트 무역상들이 주께 푸른색 옷감을 바치게 하시고
구스 사람들이 두 팔 벌려 하나님께 달려오게 하소서.

32-34 노래하여라, 오 세상의 왕들아!
주님을 찬양하여라!
저기, 하늘을 거니시는,
태곳적 하늘을 활보하시는 그분이 계신다.
귀 기울여 들어라. 그분께서 우레 속에서 외치신다.
우르르 쾅쾅 울리는 천둥 속에서 고함치신다.
하나님께, 이스라엘의 높으신 하나님께 "만세!"를 외쳐라.
그분의 광휘와 권능이
소나기구름처럼 거대하게 솟아오른다.

35 오 하나님, 위엄에 찬 아름다움
주님의 성소에서 흘러나옵니다.
이스라엘의 강하신 하나님!
그분께서 백성에게 힘과 능력을 주신다!
오, 주님의 백성들아, 하나님을 찬양하여라!

다윗의 시

69

1 하나님, 하나님, 나를 구원하소서!
이제는 도저히 버틸 수 없습니다.

2 아래로 내 발이 빠져들고, 위로는 거센 물결이 나를 덮칩니다.
익사하기 직전입니다.

3 도움을 구하느라 목이 쉬고
하늘 보며 하나님을 찾다가 눈까지 흐려졌습니다.

4 원수들이 내 머리카락보다 많습니다.
밀고자들과 거짓말쟁이들이 나를 해하려 듭니다.

내가 훔치지도 않았는데

princes of Zebulon, princes of Naphtali.
Parade your power, O God,
the power, O God, that made us what we are.
Your temple, High God, is Jerusalem;
kings bring gifts to you.
Rebuke that old crocodile, Egypt,
with her herd of wild bulls and calves,
Rapacious in her lust for silver,
crushing peoples, spoiling for a fight.
Let Egyptian traders bring blue cloth
and Cush come running to God, her hands outstretched.

32-34 Sing, O kings of the earth!
Sing praises to the Lord!
There he is: Sky-Rider,
striding the ancient skies.
Listen—he's calling in thunder,
rumbling, rolling thunder.
Call out "Bravo!" to God,
the High God of Israel.
His splendor and strength
rise huge as thunderheads.

35 A terrible beauty, O God,
streams from your sanctuary.
It's Israel's strong God! He gives
power and might to his people!
O you, his people—bless God!

A David Psalm

69

1 God, God, save me!
I'm in over my head,

2 Quicksand under me, swamp water over me;
I'm going down for the third time.

3 I'm hoarse from calling for help,
Bleary-eyed from searching the sky for God.

4 I've got more enemies than hairs on my head;
Sneaks and liars are out to knife me in the back.

What I never stole

물어내야 하다니요?

5 하나님, 주께서는 나의 죄를 낱낱이 아십니다.
내 인생은 주님 앞에 활짝 펼쳐진 책입니다.

6 사랑하는 주님! 만군의 하나님!
희망을 품고 주님을 바라보는 이들이
내게 일어난 일로 낙담하지 않게 하소서.

이스라엘의 하나님! 간구합니다.
주님을 찾는 이들이
나를 따르다가 막다른 곳에 이르지 않게 하소서.

7 주님 때문에 바보가 된 이 몸,
얼굴 보이기 부끄러워 숨어 다닙니다.

8 형제들은 나를 길거리의 부랑자 대하듯 하고
가족들은 나를 불청객 취급합니다.

9 내가 말로 다할 수 없을 만큼 주님을 사랑합니다.
내가 주님을 미친 듯이 사랑하기에,
저들이 주님을 싫어하는 모든 이유를 들어 나를 비난합니다.

10 내가 기도와 금식에 힘쓸 때
더 많은 경멸이 나에게 쏟아집니다.

11 내가 슬픈 표정이라도 지으면
저들은 나를 광대 취급합니다.

12 주정뱅이와 식충이들이
나를 조롱하며 축배의 노래를 부릅니다.

13 그러나 나는 그저 기도할 뿐입니다.
하나님, 내게 숨 돌릴 틈을 주소서!

하나님, 사랑으로 응답하시고
주님의 확실한 구원으로 응답하소서!

14 이 수렁에서 나를 건져 주셔서
영원히 가라앉지 않게 하소서.
원수의 손아귀에서 나를 빼내소서.
이 소용돌이가 나를 빨아들입니다.

15 늪이 내 무덤이 되게 하지 마시고, 블랙홀이

Must I now give back?

5 God, you know every sin I've committed;
My life's a wide-open book before you.

6 Don't let those who look to you in hope
Be discouraged by what happens to me,
Dear Lord! GOD of the armies!

Don't let those out looking for you
Come to a dead end by following me—
Please, dear God of Israel!

7 Because of you I look like an idiot,
I walk around ashamed to show my face.

8 My brothers shun me like a bum off the street;
My family treats me like an unwanted guest.

9 I love you more than I can say.
Because I'm madly in love with you,
They blame me for everything they dislike about you.

10 When I poured myself out in prayer and fasting,
All it got me was more contempt.

11 When I put on a sad face,
They treated me like a clown.

12 Now drunks and gluttons
Make up drinking songs about me.

13 And me? I pray.
GOD, it's time for a break!

God, answer in love!
Answer with your sure salvation!

14 Rescue me from the swamp,
Don't let me go under for good,
Pull me out of the clutch of the enemy;
This whirlpool is sucking me down.

15 Don't let the swamp be my grave, the Black Hole

나를 물어 삼키지 못하게 하소서.

16 하나님, 나를 사랑하시니, 지금 응답하소서.
주님의 크신 긍휼을 내가 똑똑히 보게 하소서.

17 외면하지 마소서. 주님의 종이 견딜 수 없습니다.
내가 곤경에 처했으니, 당장 응답하소서!

18 하나님, 가까이 오셔서, 나를 여기서 꺼내 주소서.
이 죽음의 덫에서 나를 건져 주소서.

19 저들이 나를 함부로 대하고
바보 취급하며 모욕하는 것을, 주께서 알고 계십니다.

20 내가 저들의 모욕에 기가 꺾이고
꼴사납게 엎드러져, 만신창이가 되고 말았습니다.

인자한 얼굴을 찾았지만 헛수고였고
기대어 울 어깨도 찾지 못했습니다.

21 저들은 내 수프에 독을 타고
내가 마시는 물에 식초를 끼얹었습니다.

22 저들의 만찬이 덫의 미끼가 되게 하시고,
친한 친구들이 놓은 덫에 저들이 호되게 당하게
하소서.

23 저들의 눈을 어둡게 하시고
아침부터 저녁까지 두려워 떨게 하소서.

24 주님의 불같은 분노로 저들을 치셔서
주께서 저들을 어찌 여기시는지 알게 하소서.

25 저들의 집을 다 태워 버리시고
홀로 쓸쓸히 지내게 하소서.

26 저들은 주께서 징계하신 이를 헐뜯고
하나님께 상처 입은 사람의 이야기를 지어냅니다.

27 저들의 죄에 죄를 더하여 주셔서
저들이 빠져나가지 못하게 하소서.

28 살아남은 자들의 명부에서 저들의 이름을 지
우시고
바위에 새긴 의인의 명단에 저들이 끼지 못하게

Swallow me, its jaws clenched around me.

16 Now answer me, GOD, because you love me;
Let me see your great mercy full-face.

17 Don't look the other way; your servant can't take it.
I'm in trouble. Answer right now!

18 Come close, God; get me out of here.
Rescue me from this deathtrap.

19 You know how they kick me around—
Pin on me the donkey's ears, the dunce's cap.

20 I'm broken by their taunts,
Flat on my face, reduced to a nothing.

I looked in vain for one friendly face. Not one.
I couldn't find one shoulder to cry on.

21 They put poison in my soup,
Vinegar in my drink.

22 Let their supper be bait in a trap that snaps shut;
May their best friends be trappers who'll skin them
alive.

23 Make them become blind as bats,
Give them the shakes from morning to night.

24 Let them know what you think of them,
Blast them with your red-hot anger.

25 Burn down their houses,
Leave them desolate with nobody at home.

26 They gossiped about the one you disciplined,
Made up stories about anyone wounded by God.

27 Pile on the guilt,
Don't let them off the hook.

28 Strike their names from the list of the living;
No rock-carved honor for them among the righteous.

하소서.

29 내가 다쳐서 고통 중에 있으니,
몸을 추스를 공간과 맑은 공기를 허락해 주소서.

30 내가 찬양 노래로 하나님의 이름을 외치고
감사의 기도로 주님의 위대하심을 알리게 하소서.

31 하나님은 이 일을 제단 위에 놓인 수소보다 기뻐하시고
엄선된 황소보다 더 좋아하신다.

32 마음이 가난한 이들이 보고 기뻐하네.
오, 하나님을 찾는 이들아, 용기를 내라!

33 하나님은 가난한 이들의 소리에 귀 기울이시고
가엾은 이들을 저버리지 않으신다.

34 너 하늘아, 주님을 찬양하여라. 땅아, 주님을 찬양하여라.
바다와 그 속에서 헤엄치는 모든 것들아, 주님을 찬양하여라.

35 하나님께서 시온을 도우러 오시며
유다의 파괴된 성읍들을 다시 세우신다.

생각해 보아라, 누가 그곳에 살게 될지,
누가 그 땅의 당당한 주인이 될지.

36 주님의 종들의 자손이 그 땅을 차지하고
주님의 이름을 사랑하는 이들이 그곳에서 살아가리라.

다윗의 기도

70 1-3 하나님! 서둘러 나를 구하소서!
하나님, 속히 내게 오소서!
나를 해치려고 혈안이 된 자들이
제풀에 엎드러지게 하소서.
나의 몰락을 즐기는 자들이
막다른 골목에 몰리게 하소서.
저들이 부린 술수가 고스란히 되돌아가게 하시고
혀를 차며 내뱉던 험담을 저들이 도로 듣게 하소서.

4 주님을 찾아 헤매는 이들은
노래하고 기뻐하게 하소서.
주님의 구원의 도를 사랑하는 모든 이들이
"하나님은 위대하시다!" 하고 거듭거듭 말하게 하소서.

29 I'm hurt and in pain;
Give me space for healing, and mountain air.

30 Let me shout God's name with a praising song,
Let me tell his greatness in a prayer of thanks.

31 For GOD, this is better than oxen on the altar,
Far better than blue-ribbon bulls.

32 The poor in spirit see and are glad—
Oh, you God-seekers, take heart!

33 For GOD listens to the poor,
He doesn't walk out on the wretched.

34 You heavens, praise him; praise him, earth;
Also ocean and all things that swim in it.

35 For God is out to help Zion,
Rebuilding the wrecked towns of Judah.

Guess who will live there—
The proud owners of the land?

36 No, the children of his servants will get it,
The lovers of his name will live in it.

A David Prayer

70 1-3 God! Please hurry to my rescue!
GOD, come quickly to my side!
Those who are out to get me—
let them fall all over themselves.
Those who relish my downfall—
send them down a blind alley.
Give them a taste of their own medicine,
those gossips off clucking their tongues.

4 Let those on the hunt for you
sing and celebrate.
Let all who love your saving way
say over and over, "God is mighty!"

5 But I've lost it. I'm wasted.

5 그러나 나의 마음은 꺾이고, 쇠약해졌습니다.
하나님, 속히 오소서!
어서 내게 오셔서, 나를 구하소서!
잠시도 지체하지 마소서, 하나님.

71 1-3 내가 죽을힘 다해 하나님께로 달려갑니다.
결코 후회하지 않겠습니다.
주님의 특별한 능력을 보여주소서.
나를 이 궁지에서 구하시고 우뚝 서게 하소서.
내 말에 귀 기울여 주소서.
나에게 구원을 베푸소서.
주님의 문은 언제나 열려 있다고 하셨으니,
내게 쉴 처소가 되어 주소서!
주님은 나의 구원, 나의 견고한 성채이십니다.

4-7 나의 하나님, 악인의 손아귀에서 나를 건지시고
악당과 불량배의 손에서 나를 구하소서.
고달픈 시절에도 나를 붙들어 주신 하나님,
주님은 어려서부터 나의 반석이 되어 주셨습니다.
내가 태어나던 날,
주께서 나를 요람에서 안으시던 날부터 내가 주님을
의지하였으니,
이 몸, 찬양을 그치지 않으렵니다.
많은 사람들이 나를 색안경 끼고 바라보지만
주님은 나를 의연하게 받아 주십니다.

8-11 주님의 아름다움이 날마다 차고 넘치듯
내 입에도 찬양이 차고 넘칩니다.
내가 늙어 연약해져도 쫓아내지 마시고
제 역할 못하게 되어도 퇴물 취급하지 마소서.
원수들이 내 뒤에서 수군대며
나를 칠 기회를 호시탐탐 노립니다.
"하나님도 저 자를 버리셨다.
도와줄 자 없으니, 당장 잡아 족치자" 하고 떠들어 댑
니다.

12-16 하나님, 멀찍이서 구경만 하지 마소서.
어서 오소서! 내 옆으로 달려오소서!
나를 비난하는 자들이 부끄러움을 당하고,
나를 잡으려는 자들이 바보 천치로 보이게 하소서.
내가 주님을 붙들려고 손을 뻗습니다.
날마다 찬양에 찬양을 더하겠습니다.
주님의 의로우심을 책에 기록하고
주님의 구원을 종일토록 큰소리로 전하겠습니다.

God—quickly, quickly!
Quick to my side, quick to my rescue!
GOD, don't lose a minute.

71 1-3 I run for dear life to GOD,
I'll never live to regret it.
Do what you do so well:
get me out of this mess and up on my feet.
Put your ear to the ground and listen,
give me space for salvation.
Be a guest room where I can retreat;
you said your door was always open!
You're my salvation—my vast, granite fortress.

4-7 My God, free me from the grip of Wicked,
from the clutch of Bad and Bully.
You keep me going when times are tough—
my bedrock, GOD, since my childhood.
I've hung on you from the day of my birth,
the day you took me from the cradle;
I'll never run out of praise.
Many gasp in alarm when they see me,
but you take me in stride.

8-11 Just as each day brims with your beauty,
my mouth brims with praise.
But don't turn me out to pasture when I'm old
or put me on the shelf when I can't pull my weight.
My enemies are talking behind my back,
watching for their chance to knife me.
The gossip is: "God has abandoned him.
Pounce on him now; no one will help him."

12-16 God, don't just watch from the sidelines.
Come on! Run to my side!
My accusers—make them lose face.
Those out to get me—make them look
Like idiots, while I stretch out, reaching for you,
and daily add praise to praise.
I'll write the book on your righteousness,
talk up your salvation the livelong day,
never run out of good things to write or say.

쓸거리나 말할거리가 결코 떨어지지 않을 것입니다.
내가 주 하나님의 권능으로 나아가
주님의 의로우신 일을 널리 알리겠습니다.

17-24 하나님, 주께서는 미숙한 어린 시절부터 나를 붙드시고
내가 알아야 할 모든 것을 가르치셨습니다.
이제 내가 주님의 놀라운 일들을 세상에 알리고
늙어 백발이 될 때까지 그 일을 계속하겠습니다.
하나님, 나를 버려두고 떠나지 마소서.
오 하나님, 내가
주님의 강한 오른팔을 세상에 알리고,
주님의 권능과
주님의 그 유명한 의의 길을
다음 세대에 알리겠습니다.
하나님, 주께서 이 모든 일을 행하셨으니
주님 같은 분, 또 어디에 있겠습니까?
나로 하여금 고난을 보게 하신 주님,
나를 회복시키셔서,
이제는 생명을 보게 하소서.
바닥까지 떨어진 나를 끌어올리시고
명예를 회복시켜 주소서.
나를 돌아보시고, 너그럽게 대해 주소서.
그러면 내가 거문고를 집어 들고
주님의 성실하심에 감사하는 노래를 연주하겠습니다.
하프로 주께 바치는 음악을 연주하겠습니다.
이스라엘의 거룩한 분이시여!
내가 입을 열어 주님을 노래하고
목청껏 찬양합니다.
나를 죽이려던 자들이
부끄러움에 사로잡혀 슬그머니 달아나는 동안,
나를 살려 주신 주님을 찬양할 것입니다.
온종일 주님의 의로운 길을 흥얼거릴 것입니다.

솔로몬의 시

72

1-8 오 하나님, 지혜롭게 다스리는 능력을 왕에게,
공정하게 다스리는 능력을 왕세자에게 주소서.
그가 주님의 백성을 공정하게 재판하여,
온순하고 불쌍한 이들에게 존경받는 왕이 되게 하소서.
산들이 왕의 통치를 생생하게 증언하고
언덕들이 바른 삶의 윤곽을 보이게 하소서.

I come in the power of the Lord GOD,
I post signs marking his right-of-way.

17-24 You got me when I was an unformed youth,
God, and taught me everything I know.
Now I'm telling the world your wonders;
I'll keep at it until I'm old and gray.
God, don't walk off and leave me
until I get out the news
Of your strong right arm to this world,
news of your power to the world yet to come,
Your famous and righteous
ways, O God.
God, you've done it all!
Who is quite like you?
You, who made me stare trouble in the face,
Turn me around;
Now let me look life in the face.
I've been to the bottom;
Bring me up, streaming with honors;
turn to me, be tender to me,
And I'll take up the lute and thank you
to the tune of your faithfulness, God.
I'll make music for you on a harp,
Holy One of Israel.
When I open up in song to you,
I let out lungsful of praise,
my rescued life a song.
All day long I'm chanting
about you and your righteous ways,
While those who tried to do me in
slink off looking ashamed.

A Solomon Psalm

72

1-8 Give the gift of wise rule to the king, O God,
the gift of just rule to the crown prince.
May he judge your people rightly,
be honorable to your meek and lowly.
Let the mountains give exuberant witness;
shape the hills with the contours of right living.
Please stand up for the poor,
help the children of the needy,
come down hard on the cruel tyrants.
Outlast the sun, outlive the moon—

가난한 이들을 지키시고
어려운 이들의 자녀를 도우시며
무자비한 폭군들을 엄히 꾸짖으소서.
해보다 오래 살고, 달보다 장수하여
대대로 다스리게 하소서.
베어진 풀에 내리는 비가 되시고
땅의 기운을 돋우는 소나기가 되소서.
저 달이 스러질 때까지 정의가 꽃피게 하시고
평화가 넘치게 하소서.
바다에서 바다까지
강에서 하구까지 다스리소서.

9-14 적들이 하나님 앞에 무릎 꿇고
왕의 원수들이 먼지를 핥게 될 것입니다.
멀리 있는 전설적 왕들이 경의를 표하고
부유하고 멋진 왕들이 재산을 넘길 것입니다.
모든 왕이 엎드려 절하고
모든 민족이 왕을 섬기기로 맹세할 것입니다.
그가 어려운 때에 가난한 이들을 구하고
운이 다한 빈민을 구제하기 때문입니다.
그는 빈털터리가 된 자들을 위해 마음을 쓰고
이 땅의 가련한 이들을 돕습니다.
그는 압제와 고문을 당하는 이들을 구해 냅니다.
그들이 피 흘리면, 그도 피 흘리고
그들이 죽으면, 그도 죽습니다.

15-17 오, 그가 오래오래 살게 하소서!
스바의 황금으로 꾸며 주소서.
그를 위해 드리는 기도, 끊이지 않게 하시고
아침부터 늦은 밤까지 그에게 복을 내리소서.
금빛으로 물든 곡식밭이
산봉우리까지 이르러 무성하게 하시고,
찬양, 넘쳐나는 찬양이
땅의 풀처럼 도성에서 돋아나게 하소서.
왕의 이름이 잊히지 않게 하시고
그의 명성이 햇빛처럼 빛나게 하소서.
모든 민족이 그의 복된 다스림을 받게 하시고
그들에게 복 주신 하나님을 찬양하게 하소서.

18-20 하나님 이스라엘의 하나님,
홀로 기적을 일으키시는 그분을 찬양하여라!
그분의 찬란한 영광을 영원토록 찬양하여라!
그분의 영광 온 땅에 가득하리라.
그렇습니다, 참으로 그렇습니다.

age after age after age.
Be rainfall on cut grass,
earth-refreshing rain showers.
Let righteousness burst into blossom
and peace abound until the moon fades to nothing.
Rule from sea to sea,
from the River to the Rim.

9-14 Foes will fall on their knees before God,
his enemies lick the dust.
Kings remote and legendary will pay homage,
kings rich and resplendent will turn over their wealth.
All kings will fall down and worship,
and godless nations sign up to serve him,
Because he rescues the poor at the first sign of need,
the destitute who have run out of luck.
He opens a place in his heart for the down-and-out,
he restores the wretched of the earth.
He frees them from tyranny and torture—
when they bleed, he bleeds;
when they die, he dies.

15-17 And live! Oh, let him live!
Deck him out in Sheba gold.
Offer prayers unceasing to him,
bless him from morning to night.
Fields of golden grain in the land,
cresting the mountains in wild exuberance,
Cornucopias of praise, praises
springing from the city like grass from the earth.
May he never be forgotten,
his fame shine on like sunshine.
May all godless people enter his circle of blessing
and bless the One who blessed them.

18-20 Blessed GOD, Israel's God,
the one and only wonder-working God!
Blessed always his blazing glory!
All earth brims with his glory.
Yes and Yes and Yes.

아삽의 시

73 1-5 의심할 것 없네! 하나님은 선하신 분.
착한 이들을 선대하시고, 마음씨 고운 사람도 그리하시네.
그러나 하마터면 놓치고,
그분의 선하심 보지 못할 뻔했네.
내가 엉뚱한 데 눈을 돌려
꼭대기에 있는 자들을
우러러보고
성공한 악인들을 부러워했으니.
걱정거리 전혀 없는 자들,
세상 근심거리 하나 없는 자들을.

6-10 거만하게 우쭐거리는 저들,
교묘하게 폭력을 휘두르고
제멋대로 하면서, 먹기는 원 없이 먹고
바보같이 비단 나비넥타이로 멋을 냈구나.
상처 주는 말로 조롱하고
거만하게 굴며 제멋대로 지껄이네.
큰소리 탕탕 치며
거친 말로 분위기를 어지럽히는 자들.
사람들이 저들의 말을 귀담아듣는다니, 기막힌 일 아닌가?
저들의 말을 목마른 강아지처럼 핥아 먹는다니.

11-14 대체 어떻게 된 일이야? 하나님이 점심 드시러 가셨나?
가게를 아무도 지키지 않는군.
악인들이 와서 물건을 싹쓸이하고
재산을 축적하며 성공 가도를 달리는구나.
미련하게 규칙을 지켰건만,
내가 얻은 것은 무엇이었나?
오랜 불운과
문 밖을 나설 때마다 당하는 모욕뿐.

15-20 내가 이런 생각을 받아들이고 입 밖에 냈다면,
주님의 귀한 자녀들을 배신하게 되었을지도 모릅니다.
어떻게 된 일인지 알아내려고 했으나
내가 얻은 것은 극심한 두통뿐이었습니다.
하나님의 성소에 들어가서야
비로소 전모를 파악했습니다.
주께서 저들을 미끄러운 길에 두셨고
저들은 끝내 미혹의 수렁에 처박히고 말 것임을.
눈 깜빡할 사이에 닥치는 파멸!
어둠 속의 급한 굽잇길, 그리고 악몽!

An Asaph Psalm

73 1-5 No doubt about it! God is good—
good to good people, good to the good-hearted.
But I nearly missed it,
missed seeing his goodness.
I was looking the other way,
looking up to the people
At the top,
envying the wicked who have it made,
Who have nothing to worry about,
not a care in the whole wide world.

6-10 Pretentious with arrogance,
they wear the latest fashions in violence,
Pampered and overfed,
decked out in silk bows of silliness.
They jeer, using words to kill;
they bully their way with words.
They're full of hot air,
loudmouths disturbing the peace.
People actually listen to them—can you believe it?
Like thirsty puppies, they lap up their words.

11-14 What's going on here? Is God out to lunch?
Nobody's tending the store.
The wicked get by with everything;
they have it made, piling up riches.
I've been stupid to play by the rules;
what has it gotten me?
A long run of bad luck, that's what—
a slap in the face every time I walk out the door.

15-20 If I'd have given in and talked like this,
I would have betrayed your dear children.
Still, when I tried to figure it out,
all I got was a splitting headache...
Until I entered the sanctuary of God.
Then I saw the whole picture:
The slippery road you've put them on,
with a final crash in a ditch of delusions.
In the blink of an eye, disaster!
A blind curve in the dark, and—nightmare!

꿈에서 깨어나 눈을 비비고 둘러보면 아무것도 없듯,
저들도 그렇습니다. 아무것도 아닙니다.

21-24 질투로 제정신을 잃고
속이 타고 쓰릴 때,
나는 아무것도 몰랐습니다.
그저 주님 앞에서 한 마리 우둔한 황소였습니다.
그 상태로 여전히 주님 앞에 있지만,
주께서 내 손을 잡아 주셨습니다.
주께서 나를 지혜롭고 부드럽게 이끄시고
나에게 복을 내려 주십니다.

25-28 주님은 내가 하늘에서도 원하는 전부,
땅에서도 원하는 전부이십니다!
내 피부는 처지고 내 뼈는 약해져도,
하나님은 바위처럼 든든하고 성실하십니다.
보소서! 주님을 떠난 자들이 망합니다!
주님을 버린 자들의 소식, 다시는 들리지 않을 것입니다.
그러나 나는 하나님 바로 앞에 있으니,
오, 얼마나 상쾌한지요!
주 하나님은 나의 안식처,
내가 주님의 일들을 세상에 알리겠습니다!

아삽의 시

74

1 하나님, 우리를 버리고 떠나시더니
단 한 번도 돌아보지 않으시는군요.
어찌 그러실 수 있습니까?
우리는 주님 소유의 양 떼인데,
어찌 이토록 노를 발하며 떠나 계실 수 있습니까?

2-3 주께서 오래전에 우리를 사신 것을 기억하소서.
우리는 주께서 비싼 값을 치르고 사신, 주님의 가장 소중한 지파입니다!
우리는 주께서 한때 거하시던, 주님 소유의 시온 산입니다!
어서 오셔서 이 참혹한 현장을 둘러보소서.
저들이 성소를 어떻게 파괴했는지 보소서.

4-8 주님의 백성이 예배드릴 때, 주님의 원수들이 난입하여
고래고래 소리 지르고 낙서를 휘갈겨 썼습니다.
저들이 현관에 불을 지르고
도끼를 휘둘러 성소의 성물들을 찍었습니다.
쇠망치로 문을 부수고

We wake up and rub our eyes...Nothing.
There's nothing to them. And there never was.

21-24 When I was beleaguered and bitter,
totally consumed by envy,
I was totally ignorant, a dumb ox
in your very presence.
I'm still in your presence,
but you've taken my hand.
You wisely and tenderly lead me,
and then you bless me.

25-28 You're all I want in heaven!
You're all I want on earth!
When my skin sags and my bones get brittle,
GOD is rock-firm and faithful.
Look! Those who left you are falling apart!
Deserters, they'll never be heard from again.
But I'm in the very presence of GOD—
oh, how refreshing it is!
I've made Lord GOD my home.
GOD, I'm telling the world what you do!

An Asaph Psalm

74

1 You walked off and left us, and never looked back.
God, how could you do that?
We're your very own sheep;
how can you stomp off in anger?

2-3 Refresh your memory of us—you bought us a long time ago.
Your most precious tribe—you paid a good price for us!
Your very own Mount Zion—you actually lived here once!
Come and visit the site of disaster,
see how they've wrecked the sanctuary.

4-8 While your people were at worship, your enemies barged in,
brawling and scrawling graffiti.
They set fire to the porch;
axes swinging, they chopped up the woodwork,

불쏘시개감으로 산산이 쪼갰습니다.
주님의 성소를 완전히 불태우고
예배처소를 더럽혔습니다.
"싹 다 쓸어버리자" 말하고는
모두 불태웠습니다.

9-17 하나님의 징표도 보이지 않고
주님의 이름으로 말하는 자도 없으며,
앞으로 어찌 될지 아는 이도 없습니다.
하나님, 언제까지 신성모독을 일삼는 저 야만족을 그대로 두시렵니까?
언제까지 원수들이 저주를 퍼붓고도 아무 탈 없이 살게 내버려 두시렵니까?
어찌하여 조치를 취하지 않으십니까?
언제까지 팔짱을 끼고 가만히 앉아만 계시렵니까?
하나님은 처음부터 나의 왕,
세상 한복판에서 구원을 이루시는 분이십니다.
주께서는 일거에 바다를 두 동강 내시고
탄닌이라는 용을 묵사발로 만드셨습니다.
리워야단의 머리를 베시고
고깃국을 만들어 짐승들에게 주셨습니다.
주님의 손가락으로 샘과 시내를 여시고
사나운 홍수 물을 말라붙게 하셨습니다.
낮도 주님의 것, 밤도 주님의 것,
주께서 해와 별들을 제자리에 두셨습니다.
땅을 사방으로 펼치시고
여름과 겨울도 만드셨습니다.

18-21 하나님, 주목하시고 기억해 주소서.
원수들이 주님을 조롱하고, 천치들이 주님을 모독합니다.
주님의 어린양들을 늑대에게 내동댕이치지 마소서.
우리가 참으로 많은 일을 겪었으니, 잊지 마소서.
주님의 약속을 기억하소서.
도시는 어둠 속에 잠겼고, 시골은 폭력의 도가니로 변했습니다.
희생자들을 거리에서 썩게 버려두지 마시고,
그들을 살리셔서 주님을 찬송하는 찬양대로 세우소서.

22-23 오 하나님, 일어나소서.
하나님을 위해 일어나소서!
들리십니까, 저들이 주님을 두고 쏟아내는
온갖 역겨운 말들이?
간과하지 마소서, 저들의 악의에 찬 언사를.

Beat down the doors with sledgehammers,
then split them into kindling.
They burned your holy place to the ground,
violated the place of worship.
They said to themselves, "We'll wipe them all out,"
and burned down all the places of worship.

9-17 There's not a sign or symbol of God in sight,
nor anyone to speak in his name,
no one who knows what's going on.
How long, God, will barbarians blaspheme,
enemies curse and get by with it?
Why don't you do something? How long are you going
to sit there with your hands folded in your lap?
God is my King from the very start;
he works salvation in the womb of the earth.
With one blow you split the sea in two,
you made mincemeat of the dragon Tannin.
You lopped off the heads of Leviathan,
then served them up in a stew for the animals.
With your finger you opened up springs and creeks,
and dried up the wild floodwaters.
You own the day, you own the night;
you put stars and sun in place.
You laid out the four corners of earth,
shaped the seasons of summer and winter.

18-21 Mark and remember, GOD, all the enemy
taunts, each idiot desecration.
Don't throw your lambs to the wolves;
after all we've been through, don't forget us.
Remember your promises;
the city is in darkness, the countryside violent.
Don't leave the victims to rot in the street;
make them a choir that sings your praises.

22-23 On your feet, O God—
stand up for yourself!
Do you hear what they're saying about you,
all the vile obscenities?

그칠 줄 모르는 저 요란한 독설을.

아삽의 시

75 [1] 하나님, 감사합니다. 주께 감사드립니다.
주님의 이름이 우리 입에서 떠나지 않습니다.
주께서 행하신 놀라운 일들을 이야기하고 또 이야기합니다.

2-4 주께서 말씀하십니다. "내가 회의를 열어
사태를 수습하리라.
세상이 혼란에 빠지고
어떤 최후가 닥칠지 아무도 모를 때,
내가 상황을 확실히 정리하고
모든 것이 제자리를 잡게 하리라.
잘난 체하는 자들에게는 '그만하여라' 하고
불량배들에게는 '설치지 마라' 할 것이다."

5-6 지극히 높으신 하나님께 주먹을 쳐들지 마라.
만세 반석이신 분께 목소리를 높이지 마라.
그분은 동쪽에서부터 서쪽에 이르기까지,
사막에서부터 산맥에 이르기까지, 오직 한분이신 하나님.

7-8 그분께서 다스리신다. 어떤 사람은 무릎 꿇게 하시고
어떤 사람은 일으켜 세우신다.
하나님의 손에 잔이 들려 있으니
포도주가 찰랑찰랑 넘친다.
잔을 기울여
한 방울도 남기지 않고 다 따르신다.
세상의 악인들이 그것을 모두 받아 마시고
쓰디쓴 마지막 한 방울까지 핥아야 한다!

9-10 그러나 나는 영원하신 하나님 이야기를 전하며
야곱의 하나님을 찬양하리라.
악인들의 주먹은
피투성이 나무토막,
의인들의 팔은
힘차게 뻗은 푸르른 가지 같다.

아삽의 시

76 1-3 하나님은 유다에서 유명하신 분.
이스라엘에서 그분의 이름 모르는 자 없구나.
그분께서 살렘에 집을 마련하시고
시온에 방 여러 칸짜리 거처를 정하셨네.
거기서 화살을 불쏘시개로 쓰시고

Don't tune out their malicious filth,
the brawling invective that never lets up.

An Asaph Psalm

75 [1] We thank you, God, we thank you—
your Name is our favorite word;
your mighty works are all we talk about.

2-4 You say, "I'm calling this meeting to order,
I'm ready to set things right.
When the earth goes topsy-turvy
And nobody knows which end is up,
I nail it all down,
I put everything in place again.
I say to the smart alecks, 'That's enough,'
to the bullies, 'Not so fast.'"

5-6 Don't raise your fist against High God.
Don't raise your voice against Rock of Ages.
He's the One from east to west;
from desert to mountains, he's the One.

7-8 God rules: he brings this one down to his knees,
pulls that one up on her feet.
GOD has a cup in his hand,
a bowl of wine, full to the brim.
He draws from it and pours;
it's drained to the dregs.
Earth's wicked ones drink it all,
drink it down to the last bitter drop!

9-10 And I'm telling the story of God Eternal,
singing the praises of Jacob's God.
The fists of the wicked
are bloody stumps,
The arms of the righteous
are lofty green branches.

An Asaph Psalm

76 1-3 God is well-known in Judah;
in Israel, he's a household name.
He keeps a house in Salem,
his own suite of rooms in Zion.
That's where, using arrows for kindling,

전쟁 무기들을 불사르셨네.

4-6 오, 주님은 얼마나 찬란하신지요!
저 거대한 전리품 더미보다 더욱 빛나십니다!
용사들이 약탈을 당해
무기력하게 널브러졌습니다.
이제 그들에게는 아무것도 없습니다.
으스댈 것도 으르댈 만한 것도 없습니다.
야곱의 하나님, 주님의 갑작스런 포효에
말도 기병도 숨통이 끊어졌습니다.

7-10 주님은 두렵고 무서우신 분!
그 누가 주님의 진노에 맞설 수 있겠습니까?
주께서 하늘에서 천둥소리로 심판을 알리시니
땅이 무릎 꿇고 숨을 죽입니다.
하나님이 우뚝 서서 모든 일을 바로잡으시니
이 세상의 가련한 이들이 모두 구원을 받습니다.
부글부글 끓던 분노 대신, 찬양소리 울려 퍼진다!
씩씩대던 온갖 분노 대신, 모두 나와 하나님께 화환을 바친다!

11-12 하나님께 약속한 대로 행하여라.
그분은 너희 하나님이시다.
우리의 모든 행위를 지켜보시는 분께
주변 사람들 모두 예물을 드리게 하여라.
잘못을 저지른 자 누구도 빠져나갈 수 없고
그분을 함부로 대할 자 아무도 없도다.

아삽의 시

77

1 내가 하나님께 외칩니다. 온 힘 다해 부르짖습니다.
목청껏 외치니, 그분께서 내게 귀를 기울여 주십니다.

2-6 내가 고난을 당해 주님을 찾아 나섰습니다.
내 삶은 벌어져 아물지 않는 상처.
친구들은 "모든 게 잘될 거야"라고 말하지만,
그들의 말 도무지 믿기지 않습니다.
내가 하나님을 떠올리고는, 고개를 가로젓습니다.
고개를 떨구고 맞잡은 두 손을 쥐어짭니다.
근심거리 이루 말할 수 없어
뜬눈으로 밤 지새고 한숨도 자지 못했습니다.
지난날을 돌아보고
흘러간 세월을 되새겨 봅니다.
어떻게 해야 내 삶을 추스를 수 있을지
밤새도록 거문고 타며 생각에 잠깁니다.

he made a bonfire of weapons of war.

4-6 Oh, how bright you shine!
Outshining their huge piles of loot!
The warriors were plundered
and left there impotent.
And now there's nothing to them,
nothing to show for their swagger and threats.
Your sudden roar, God of Jacob,
knocked the wind out of horse and rider.

7-10 Fierce you are, and fearsome!
Who can stand up to your rising anger?
From heaven you thunder judgment;
earth falls to her knees and holds her breath.
God stands tall and makes things right,
he saves all the wretched on earth.
Instead of smoldering rage—God-praise!
All that sputtering rage—now a garland for God!

11-12 Do for GOD what you said you'd do—
he is, after all, your God.
Let everyone in town bring offerings
to the One Who Watches our every move.
Nobody gets by with anything,
no one plays fast and loose with him.

An Asaph Psalm

77

1 I yell out to my God, I yell with all my might,
I yell at the top of my lungs. He listens.

2-6 I found myself in trouble and went looking for my Lord;
my life was an open wound that wouldn't heal.
When friends said, "Everything will turn out all right,"
I didn't believe a word they said.
I remember God—and shake my head.
I bow my head—then wring my hands.
I'm awake all night—not a wink of sleep;
I can't even say what's bothering me.
I go over the days one by one,
I ponder the years gone by.

7-10 주께서 우리를 버리고 영원히 떠나셨는가?
다시는 환한 얼굴빛 비추지 않으시려는가?
그분의 사랑, 오래되어 누더기가 되었나?
그분의 구원 약속, 더 이상 유효하지 않은가?
하나님께서 자비 베푸시는 것을 잊으셨나?
노여움으로 우리를 버리고 떠나가셨나?
내가 말했습니다. "운도 없지. 지극히 높으신 하나님은
내가 필요로 할 때면 어김없이 일을 쉬시는구나."

11-12 내가 하나님께서 행하신 일들을 한 번 더 새기고
옛적 기적들을 돌이켜 봅니다.
주께서 이루신 모든 일들을 곰곰이 묵상하고
주님의 행적들을 오랫동안 그리며 바라봅니다.

13-15 오 하나님! 주님의 길은 거룩합니다!
어떤 신도 하나님만큼 위대하지 않습니다!
주님은 모든 일을 주관하시는 하나님,
주님의 크신 능력을 모든 이에게 보여주셨습니다.
주님의 백성을 극심한 곤경에서 끌어내시고
야곱과 요셉의 자손들을 구하셨습니다.

16-19 하나님, 대양이 주께서 행하신 일을 보았습니다.
주님을 보고 두려워 떨었습니다.
깊은 바다도 무서워 죽을 지경이 되었습니다.
구름이 양동이로 퍼붓듯 비를 내리고
하늘이 천둥소리를 터뜨리며,
주님의 화살들이 이리저리 번뜩였습니다.
회오리바람에서 주님의 천둥소리 울리고
번개가 온 세상을 번쩍 밝히니,
땅이 동요하며 흔들렸습니다.
주께서 대양을 활보하시고
으르대는 대양을 질러 가셨지만
아무도 주님의 오고 가심을 보지 못했습니다.

20 주께서는 모세와 아론의 손에 몸을 숨기신 채
주님의 백성을 양 떼처럼 이끄셨습니다.

아삽의 시

78

1-4 사랑하는 친구들이여, 하나님의 진리를 들으며
내 말에 귀를 기울여라.
격언 한 조각 곱씹어
너희에게 알려 주리라, 감미로운 옛 진리를.

I strum my lute all through the night,
wondering how to get my life together.

7-10 Will the Lord walk off and leave us for good?
Will he never smile again?
Is his love worn threadbare?
Has his salvation promise burned out?
Has God forgotten his manners?
Has he angrily stalked off and left us?
"Just my luck," I said. "The High God goes out of business
just the moment I need him."

11-12 Once again I'll go over what GOD has done,
lay out on the table the ancient wonders;
I'll ponder all the things you've accomplished,
and give a long, loving look at your acts.

13-15 O God! Your way is holy!
No god is great like God!
You're the God who makes things happen;
you showed everyone what you can do–
You pulled your people out of the worst kind of trouble,
rescued the children of Jacob and Joseph.

16-19 Ocean saw you in action, God,
saw you and trembled with fear;
Deep Ocean was scared to death.
Clouds belched buckets of rain,
Sky exploded with thunder,
your arrows flashing this way and that.
From Whirlwind came your thundering voice,
Lightning exposed the world,
Earth reeled and rocked.
You strode right through Ocean,
walked straight through roaring Ocean,
but nobody saw you come or go.

20 Hidden in the hands of Moses and Aaron,
You led your people like a flock of sheep.

An Asaph Psalm

78

1-4 Listen, dear friends, to God's truth,
bend your ears to what I tell you.

이것은 우리 조상들에게서 전해 들은 이야기,
어머니 슬하에서 받은 훈계.
우리만 간직하지 않고
다음 세대에게도 전하련다.
하나님의 명성과 부,
그분께서 행하신 놀라운 일들을.

5-8 하나님께서 야곱 안에 증거를 심으시고
그분의 말씀을 이스라엘에 확고히 두셨다.
그리고 우리 조상들에게 명령하시기를,
그것을 자손들에게 가르쳐
다음 세대와 앞으로 올 모든 세대가
알게 하라고 하셨다.
그들이 진리를 배우고 이야기를 전하여
그 자손들도 하나님을 믿고,
하나님께서 행하신 일들을 잊지 않으며
그분의 계명을 지키게 하라고 명령하셨다.
완고하고 악한 그들의 조상들처럼
변덕스럽고 믿음 없는 세대,
하나님께 신실하지 못한 세대가
되지 말 것을 명하셨다.

9-16 에브라임 자손들은 빈틈없이 무장하고도
정작 전투가 시작되자 도망치고 말았다.
그들은 겁쟁이여서 하나님의 언약을 지키지 않았고
그분의 말씀 따르기를 거절했다.
그분께서 행하신 일을,
그들에게 똑똑히 보여주신 이적들을 잊어버렸다.
하나님께서는 이집트 소안 들판에서
그들의 조상들 눈앞에서 기적을 일으키셨다.
바다를 갈라 좌우에 바닷물을 쌓으시고,
그들이 걸어서 그 사이를 통과하게 하셨다.
낮에는 구름으로,
밤에는 활활 타는 횃불로 그들을 인도하셨다.
광야에서 바위를 쪼개시고
모두가 지하 샘물을 마시게 하셨다.
반석에서 시냇물 흐르게 하시고
그 물줄기 강처럼 쏟아져 나오게 하셨다.

17-20 그러나 그들은 계속해서 죄를 더 짓고
그 사막에서 지극히 높으신 하나님을 거역했다.
하나님을 제 뜻대로 움직이려 했고
특별한 사랑과 관심을 가져 달라고 떼를 썼다.
막돼먹은 아이처럼 보채며 투덜거렸다.

I'm chewing on the morsel of a proverb;
I'll let you in on the sweet old truths,
Stories we heard from our fathers,
counsel we learned at our mother's knee.
We're not keeping this to ourselves,
we're passing it along to the next generation—
GOD's fame and fortune,
the marvelous things he has done.

5-8 He planted a witness in Jacob,
set his Word firmly in Israel,
Then commanded our parents
to teach it to their children
So the next generation would know,
and all the generations to come—
Know the truth and tell the stories
so their children can trust in God,
Never forget the works of God
but keep his commands to the letter.
Heaven forbid they should be like their parents,
bullheaded and bad,
A fickle and faithless bunch
who never stayed true to God.

9-16 The Ephraimites, armed to the teeth,
ran off when the battle began.
They were cowards to God's Covenant,
refused to walk by his Word.
They forgot what he had done—
marvels he'd done right before their eyes.
He performed miracles in plain sight of their parents
in Egypt, out on the fields of Zoan.
He split the Sea and they walked right through it;
he piled the waters to the right and the left.
He led them by day with a cloud,
led them all the night long with a fiery torch.
He split rocks in the wilderness,
gave them all they could drink from underground springs;
He made creeks flow out from sheer rock,
and water pour out like a river.

17-20 All they did was sin even more,
rebel in the desert against the High God.

"어째서 하나님은 이 사막에서는 괜찮은 음식을
못 주시는 거야?
그분이 바위를 치시니 물이 흐르고
반석에서 시냇물이 폭포처럼 떨어졌지.
그런데 갓 구운 빵은 어째서 안 주시는 거지?
맛있는 고기 한 덩어리는 왜 안되는 거야?"

21-31 하나님께서 들으시고 노하셨다.
그분의 진노가 야곱을 향해 타올랐고
그 진노가 이스라엘에게 미쳤다.
그들이 하나님을 믿지 않았고
그분의 도우심을 신뢰할 마음이 없었다.
그러나 하나님께서는 구름에게 명령해
하늘 문을 여시고 그들을 도우셨다.
만나를 빗발치듯 내리셔서 그들을 먹이시고
하늘의 빵을 내리셨다.
그들은 힘센 천사들의 빵을 먹었고
그분은 그들이 배부르게 먹을 만큼 충분한 양을
보내 주셨다.
하늘에서 동풍을 풀어 놓으시고
남풍을 힘껏 보내시니,
이번에는 새들이 비처럼 떨어졌다.
육즙이 풍부한 새가 수없이 쏟아져 내렸다.
하나님께서 그것들을 진영 한가운데로 곧장 던지시니,
그들의 천막 주위로 새들이 쌓였다.
그들이 마음껏 먹고 배를 두드렸다.
하나님께서는 그들이 간절히 원하는 모든 것을 선
뜻 내주셨다.
그러나 그들의 욕심은 끝이 없었고,
그들은 점점 더 많은 것을 입에 욱여넣었다.
하나님께서 더 이상 참지 못하시고 진노를 터뜨리
셨다.
그들 가운데 가장 총명하고 뛰어난 자들을 베시고
이스라엘에서 가장 멋진 젊은이들을 쓰러뜨리셨다.

32-37 그러나 놀랍게도, 그들은 여전히 죄를 지었다.
그 모든 기적을 경험하고도 여전히 믿지 않았다!
그들의 삶은 아무 가치 없이 스러졌다.
그들이 살았던 흔적은 온데간데없고 유령도시만
남았다.
하나님께서 그들을 베어 죽이실 때에야
그들은 하나님께 달려와 도움을 구하고,
돌이켜 긍휼을 간구했다.
하나님께서 그들의 반석이심을,
지극히 높으신 하나님께서 그들의 구원자이심을

They tried to get their own way with God,
clamored for favors, for special attention.
They whined like spoiled children,
"Why can't God give us a decent meal in this desert?
Sure, he struck the rock and the water flowed,
creeks cascaded from the rock.
But how about some fresh-baked bread?
How about a nice cut of meat?"

21-31 When GOD heard that, he was furious—
his anger flared against Jacob,
he lost his temper with Israel.
It was clear they didn't believe God,
had no intention of trusting in his help.
But God helped them anyway, commanded the clouds
and gave orders that opened the gates of heaven.
He rained down showers of manna to eat,
he gave them the Bread of Heaven.
They ate the bread of the mighty angels;
he sent them all the food they could eat.
He let East Wind break loose from the skies,
gave a strong push to South Wind.
This time it was birds that rained down—
succulent birds, an abundance of birds.
He aimed them right for the center of their camp;
all round their tents there were birds.
They ate and had their fill;
he handed them everything they craved on a platter.
But their greed knew no bounds;
they stuffed their mouths with more and more.
Finally, God was fed up, his anger erupted—
he cut down their brightest and best,
he laid low Israel's finest young men.

32-37 And—can you believe it?—they kept right on sinning;
all those wonders and they still wouldn't believe!
So their lives dribbled off to nothing—
nothing to show for their lives but a ghost town.
When he cut them down, they came running for help;
they turned and pled for mercy.

증언했다.
그러나 거기에는 한마디의 진심도 담겨 있지 않았다.
그들은 내내 거짓말만 늘어놓았다.
하나님을 조금도 개의치 않았고
그분의 언약 따위는 신경도 쓰지 않았다.

38-55 그럼에도 하나님께서는 자비로우셨다!
저들을 멸하는 대신, 그 죄를 용서하셨다!
노를 참고 또 참으시며
그 진노를 억누르셨다.
하나님께서는 그들이 한낱 흙으로 지어진 존재임을,
대수로울 것 없는 자들임을 기억하셨다.
시막에서 그들은 얼마나 자주 그분을 퇴짜 놓았던가?
광야 시절에 얼마나 자주 그분의 인내심을 시험했던가?
그들은 거듭 그분을 거역했고
이스라엘의 거룩하신 하나님을 노엽게 했다.
그들은 얼마나 빨리 그분이 행하신 일을 잊었던가?
대적의 손아귀에서 그들을 구하시던 날을.
이집트에서 여러 기적을 일으키시고
소안 평원에서 이적을 행하시던 일을.
그분께서는 강과 그 지류를 피로 바꾸셔서,
이집트에 마실 물이 한 방울도 없게 하셨다.
파리 떼를 보내어 저들을 산 채로 먹게 하시고
개구리 떼를 보내어 저들을 괴롭히게 하셨다.
저들의 수확물을 벌레 떼에게 내주시고,
저들이 애써서 거둔 모든 것을 메뚜기 떼에게 넘기셨다.
우박으로 저들의 포도나무를 쓰러뜨리시고
서리로 저들의 과수원을 망가뜨리셨다.
우박으로 저들의 가축을 사정없이 때리시고
벼락으로 저들의 소 떼를 치셨다.
이글거리는 진노와
사나운 파괴의 불 바람,
질병을 옮기는 천사 전위부대를 보내셔서
그 땅을 말끔히 청소하고 주님의 길을 예비하게 하셨다.
저들의 목숨을 살려 두지 않으시고
전염병이 저들 가운데 창궐하게 하셨다.
이집트의 모든 맏아들을 쓰러뜨리시고,
함이 낳은 건강한 유아들을 죽이셨다.
그러고는 자기 백성들을 양 떼처럼 이끌어 내셨다.
광야에서 그들 무리를 안전하게 인도하셨다.
주께서 돌보시니 그들은 두려울 것 없었다.
그들의 원수들은 바다가 영원히 삼켜 버렸다.

They gave witness that God was their rock,
that High God was their redeemer,
But they didn't mean a word of it;
they lied through their teeth the whole time.
They could not have cared less about him,
wanted nothing to do with his Covenant.

38-55 And God? Compassionate!
Forgave the sin! Didn't destroy!
Over and over he reined in his anger,
restrained his considerable wrath.
He knew what they were made of;
he knew there wasn't much to them,
How often in the desert they had spurned him,
tried his patience in those wilderness years.
Time and again they pushed him to the limit,
provoked Israel's Holy God.
How quickly they forgot what he'd done,
forgot their day of rescue from the enemy,
When he did miracles in Egypt,
wonders on the plain of Zoan.
He turned the River and its streams to blood–
not a drop of water fit to drink.
He sent flies, which ate them alive,
and frogs, which bedeviled them.
He turned their harvest over to caterpillars,
everything they had worked for to the locusts.
He flattened their grapevines with hail;
a killing frost ruined their orchards.
He pounded their cattle with hail,
let thunderbolts loose on their herds.
His anger flared,
a wild firestorm of havoc,
An advance guard of disease-carrying angels
to clear the ground, preparing the way before him.
He didn't spare those people,
he let the plague rage through their lives.
He killed all the Egyptian firstborns,
lusty infants, offspring of Ham's virility.
Then he led his people out like sheep,
took his flock safely through the wilderness.
He took good care of them; they had nothing to fear.
The Sea took care of their enemies for good.

하나님께서는 야곱을 그분의 거룩한 땅으로,
그분의 소유로 삼으신 이 산으로 데려오셨다.
그들을 가로막는 자는 누구든 쫓아 버리시고
그 땅에 말뚝을 박아 유산으로 주시니,
이스라엘 온 지파가 자기 땅을 갖게 되었다.

56-64 그러나 그들은 계속해서 그분의 심기를 언짢게 하고
지극히 높으신 하나님을 거역했다.
그분께서 말씀하신 것을 하나도 이행하지 않았다.
믿기지 않지만, 그들은 조상들보다 더 악했다.
용수철처럼 배배 꼬인 배신자가 되었다.
이방인들의 난잡한 잔치를 벌여 하나님의 진노를 사고
추잡한 우상숭배로 그분의 마음을 아프게 했다.
하나님께서 그 어리석은 짓거리를 보고 노하셔서
이스라엘에 '절연'을 선언하셨다.
하나님이 떠나심으로 실로는 텅 비었고
그분께서 이스라엘과 만나시던 성소도 버려졌다.
하나님의 긍지와 기쁨이던 것을 위험에 내어주셨고
그분의 기쁨이던 백성에게 등을 돌리셨다.
노하신 하나님은 그들을 전쟁터에 내보내시고
혼자 힘으로 감당하게 하셨다.
젊은이들이 전쟁에 나가 돌아오지 않았고
젊은 아낙들의 기다림은 헛되이 끝났다.
제사장들은 몰살당하고
과부가 된 그들의 아내들은 눈물 한 방울 흘리지 못했다.

65-72 그때 주께서
깊은 잠에서 깨어난 사람처럼 갑자기 일어나셔서
술로 달아오른 전사처럼 고함치셨다.
원수들을 내리쳐 쫓아내시고
뒤돌아볼 엄두도 못 내게 고함치셨다.
그러고는 요셉의 지도자 자격을 박탈하셨다.
에브라임도 자격이 없다고 말씀하셨다.
대신 하나님께서 몹시 아끼시던 시온 산,
유다 지파를 선택하셨다.
그 안에 성소를 세우셔서 영광스럽게 하시고
땅처럼 견고하고 영원하게 하셨다.
그 다음, 자기 종 다윗을 택하시되
양 우리에서 일하던 그를 친히 뽑으셨다.
어미 양과 새끼 양을 치던 그였으나
하나님께서는 그에게 야곱을 맡기셨다.
그분의 백성 이스라엘, 가장 아끼시는 소유를 돌

He brought them into his holy land,
this mountain he claimed for his own.
He scattered everyone who got in their way;
he staked out an inheritance for them—
the tribes of Israel all had their own places.

56-64 But they kept on giving him a hard time,
rebelled against God, the High God,
refused to do anything he told them.
They were worse, if that's possible, than their parents:
traitors—crooked as a corkscrew.
Their pagan orgies provoked God's anger,
their obscene idolatries broke his heart.
When God heard their carryings-on, he was furious;
he posted a huge No over Israel.
He walked off and left Shiloh empty,
abandoned the shrine where he had met with Israel.
He let his pride and joy go to the dogs,
turned his back on the pride of his life.
He turned them loose on fields of battle;
angry, he let them fend for themselves.
Their young men went to war and never came back;
their young women waited in vain.
Their priests were massacred,
and their widows never shed a tear.

65-72 Suddenly the Lord was up on his feet
like someone roused from deep sleep,
shouting like a drunken warrior.
He hit his enemies hard, sent them running,
yelping, not daring to look back.
He disqualified Joseph as leader,
told Ephraim he didn't have what it takes,
And chose the Tribe of Judah instead,
Mount Zion, which he loves so much.
He built his sanctuary there, resplendent,
solid and lasting as the earth itself.
Then he chose David, his servant,
handpicked him from his work in the sheep pens.
One day he was caring for the ewes and their lambs,
the next day God had him shepherding Jacob,

보게 하셨다.
마음이 착한 다윗은 선한 목자가 되었고,
백성을 슬기롭게 잘 인도했다.

아삽의 시

79 1-4 하나님! 야만족이 주님의 집에 침입하여
주님의 거룩한 성전을 더럽히고,
예루살렘을 돌무더기로 만들었습니다!
저들이 주님의 종들의 주검을
새들의 먹이로 내주고,
주님의 거룩한 백성의 뼈를
들짐승들에게 내주어 물어뜯게 했습니다.
저들이 그들의 피를
양동이의 물처럼 쏟아 버렸습니다.
그들의 주검이 예루살렘 주위에 흩어져 썩고 있건만
묻어 줄 사람 아무도 없습니다.
우리는 이웃 민족들에게 한낱 농담거리요,
성벽에 휘갈겨 쓴 낙서가 되고 말았습니다.

5-7 하나님, 이런 상황을 언제까지 참아야 합니까?
우리를 영영 외면하시렵니까?
들끓는 주님의 진노는 영영 식지 않으십니까?
노를 쏟으시려거든
주님을 전혀 개의치 않는 이방인들에게,
주님과 경쟁하며 주님을 무시하는 나라들에 쏟으소서.
야곱을 파괴하고
그가 살던 곳을 부수며 약탈한 저들에게 말입니다.

8-10 우리 조상들의 죄를 우리에게 돌리지 마소서.
어서 오셔서 우리를 도우소서. 우리는 옴짝달싹할 수 없습니다.
주께서는 구원의 하나님으로 명성 높으시니, 우리를 도우소서.
주님의 이름이 걸린 일입니다.
이 곤경에서 우리를 끌어내시고, 우리 죄를 용서해 주소서.
주님의 명성대로 행하여 주소서!
믿지 않는 자들이 "너희 하나님은 어디 있느냐?
점심 드시러 가셨느냐?" 하고 비웃지 못하게 하소서.
주님의 능력을 드러내셔서, 하나님을 모르는 자들이
주님의 종들을 죽이고 무사히 넘어가지 못하게 하소서.

11-13 포로들의 신음소리를 들으시고

his people Israel, his prize possession.
His good heart made him a good shepherd;
he guided the people wisely and well.

An Asaph Psalm

79 1-4 God! Barbarians have broken into your home,
violated your holy temple,
left Jerusalem a pile of rubble!
They've served up the corpses of your servants
as carrion food for birds of prey,
Threw the bones of your holy people
out to the wild animals to gnaw on.
They dumped out their blood
like buckets of water.
All around Jerusalem, their bodies
were left to rot, unburied.
We're nothing but a joke to our neighbors,
graffiti scrawled on the city walls.

5-7 How long do we have to put up with this, GOD?
Do you have it in for us for good?
Will your smoldering rage never cool down?
If you're going to be angry, be angry
with the pagans who care nothing about you,
or your rival kingdoms who ignore you.
They're the ones who ruined Jacob,
who wrecked and looted the place where he lived.

8-10 Don't blame us for the sins of our parents.
Hurry up and help us; we're at the end of our rope.
You're famous for helping; God, give us a break.
Your reputation is on the line.
Pull us out of this mess, forgive us our sins—
do what you're famous for doing!
Don't let the heathen get by with their sneers:
"Where's your God? Is he out to lunch?"
Go public and show the godless world
that they can't kill your servants and get by with it.

11-13 Give groaning prisoners a hearing;
pardon those on death row from their doom—
you can do it!

사형수 감방에 있는 이들을 죽음에서 구하소서.
주님은 능히 하실 수 있습니다!
우리를 비웃는 이웃들에게 그 소행대로 갚으시고
저들이 주께 안겨 드린 모욕이 되돌아가, 저들을
쓰러뜨리게 하소서.
주님의 백성, 주께서 아끼고 돌보시는 우리는
주께 거듭 감사하며,
만나는 모든 사람들에게 알리겠습니다.
주님은 참으로 놀라운 분, 참으로 찬양받으시기에
합당한 분이심을!

아삽의 시

80

1-2 이스라엘의 목자시여, 귀를 기울이소서.
주님의 양 떼 요셉 자손을 모두 모으소서.
주님의 눈부신 보좌에서
광채를 비추셔서,
에브라임과 베냐민과 므낫세로 하여금
그들이 어디로 가고 있는지 보게 하소서.
침대에서 일어나소서. 충분히 주무셨습니다!
늦기 전에 서둘러 오소서.

3 하나님, 돌아오소서!
주님의 복되고 환한 얼굴빛 비춰 주소서.
그러면 우리가 구원을 받겠나이다.

4-6 하나님, 만군의 하나님,
주님의 백성이 불과 유황을 구하는데도
언제까지 휴화산처럼 연기만 뿜으시렵니까?
주께서는 눈물이 우리의 밥이 되게 하시고,
짭짤한 눈물을 양동이로 연거푸 들이켜게 하셨습
니다.
주께서 우리를 친구들에게 놀림거리로 만드시니,
원수들이 날마다 조롱합니다.

7 만군의 하나님, 돌아오소서!
주님의 복되고 환한 얼굴빛 비춰 주소서.
그러면 우리가 구원을 받겠나이다.

8-18 주께서 어린 포도나무 한 그루 이집트에서 가
지고 나오셔서
가시나무와 찔레나무를 뽑아 없애고
주님 소유의 포도원에 심으셨음을 기억하소서.
주께서 좋은 땅을 마련하시고
그 뿌리를 깊이 내리게 하시니,
포도나무가 땅을 가득 채웠습니다.

Give our jeering neighbors what they've got
coming to them;
let their God-taunts boomerang and knock
them flat.
Then we, your people, the ones you love and care
for,
will thank you over and over and over.
We'll tell everyone we meet
how wonderful you are, how praiseworthy you
are!

An Asaph Psalm

80

1-2 Listen, Shepherd, Israel's Shepherd—
get all your Joseph sheep together.
Throw beams of light
from your dazzling throne
So Ephraim, Benjamin, and Manasseh
can see where they're going.
Get out of bed—you've slept long enough!
Come on the run before it's too late.

3 God, come back!
Smile your blessing smile:
That will be our salvation.

4-6 GOD, God-of-the-Angel-Armies,
how long will you smolder like a sleeping volca-
no
while your people call for fire and brimstone?
You put us on a diet of tears,
bucket after bucket of salty tears to drink.
You make us look ridiculous to our friends;
our enemies poke fun day after day.

7 God-of-the-Angel-Armies, come back!
Smile your blessing smile:
That will be our salvation.

8-18 Remember how you brought a young vine
from Egypt,
cleared out the brambles and briers
and planted your very own vineyard?
You prepared the good earth,
you planted her roots deep;
the vineyard filled the land.

주님의 포도나무 우뚝 솟아 산들을 덮으니
거대한 백향목도 그 앞에서 난쟁이가 되었습니다.
주님의 포도나무가 서쪽으로는 바다까지
동쪽으로는 강까지 뻗어 나갔습니다.
그런데 어찌하여 주님의 포도나무를 더 이상 돌보지 않으십니까?
사람들이 제멋대로 들어와 포도를 따고
멧돼지들이 울타리를 뚫고 들어와 짓밟으며,
남은 것을 생쥐들이 야금야금 갉아 먹습니다.
만군의 하나님, 우리에게 돌아오소서!
무슨 일인지 잘 살펴보시고
이 포도나무를 돌보아 주소서.
주께서 정성껏 심으시고
어린 모종 때부터 기르신 포도나무를 보살펴 주소서.
감히 그것을 불태운 저들을 노려보고
죽음을 안기소서!
주께서 가장 아끼시던 아이의 손을 잡아 주소서.
다 자랄 때까지 친히 키우신 아이입니다.
우리가 주님을 버리지 않겠으니
우리 폐에 생기를 불어넣어, 큰소리로 주님의 이름 부르게 하소서!

19 하나님, 만군의 하나님, 돌아오소서!
주님의 복되고 환한 얼굴빛 비춰 주소서.
그러면 우리가 구원을 받겠나이다.

Your vine soared high and shaded the mountains,
even dwarfing the giant cedars.
Your vine ranged west to the Sea,
east to the River.
So why do you no longer protect your vine?
Trespassers pick its grapes at will;
Wild pigs crash through and crush it,
and the mice nibble away at what's left.
God-of-the-Angel-Armies, turn our way!
Take a good look at what's happened
and attend to this vine.
Care for what you once tenderly planted—
the vine you raised from a shoot.
And those who dared to set it on fire—
give them a look that will kill!
Then take the hand of your once-favorite child,
the child you raised to adulthood.
We will never turn our back on you;
breathe life into our lungs so we can shout your name!

19 GOD, God-of-the-Angel-Armies, come back!
Smile your blessing smile:
That will be our salvation.

아삽의 시

81

1-5 우리의 강하신 하나님께 노래를!
야곱의 하나님께 환호성을!
찬양대의 찬양과 악대의 음악으로
거문고와 하프, 트럼펫, 트롬본, 호른으로
감미로운 소리 올려 드려라.
이날은 축제의 날, 하나님의 잔칫날!
하나님께서 명하신 날,
야곱의 하나님이 엄숙하게 정하신 날.
이집트에서 행하신 일들을 잊지 않게 하시려고
요셉에게 명하여 지키게 하셨다.

가장 부드러운 속삭임 내가 들었네,
내게 말씀하시리라 상상도 못했던 분에게서.

6-7 "내가 너희 어깨에서 세상 짐을 내려 주고
중노동에 시달리던 삶에서 벗어나게 해주었다.
너희가 고통 속에서 내게 부르짖자,
그 험한 곳에서 너희를 구해 냈다.

An Asaph Psalm

81

1-5 A song to our strong God!
a shout to the God of Jacob!
Anthems from the choir, music from the band,
sweet sounds from lute and harp,
Trumpets and trombones and horns:
it's festival day, a feast to God!
A day decreed by God,
solemnly ordered by the God of Jacob.
He commanded Joseph to keep this day
so we'd never forget what he did in Egypt.

I hear this most gentle whisper from One
I never guessed would speak to me:

6-7 "I took the world off your shoulders,
freed you from a life of hard labor.
You called to me in your pain;
I got you out of a bad place.

천둥의 은신처에서 너희에게 응답하고
므리바 샘에서 너희를 시험했다.

8-10 귀담아들어라, 사랑스런 이들아. 똑똑히 알아
두어라.
오 이스라엘아, 가벼이 듣지 마라.
낯선 신들과 놀아나지 말고
최신 신들을 경배하지 마라.
나는 하나님, 너희 하나님이다.
죽음의 땅 이집트에서 너희를 구해 내고,
온갖 먹을거리로
너희 굶주린 배를 채워 준 참 하나님이다.

11-12 그러나 내 백성은 나의 말을 듣지 않았고
이스라엘은 주의하지 않았다.
그래서 내가 고삐를 풀어 주며 말했다. '가거라!
어디, 네 멋대로 해보아라!'

13-16 오 사랑스런 백성아, 이제 내 말을 들으려느냐?
이스라엘아, 내가 그려 준 지도를 따라가려느냐?
그러면 내가 너희 원수들을 순식간에 해치우고
너희 적들에게 모욕을 주리라.
하나님을 미워하는 자들이 개처럼 꽁무니를 빼니
그 소식 다시는 들리지 않게 하리라.
너희는 내가 갓 구워 낸 빵에
버터와 천연 꿀을 발라 마음껏 먹으리라."

아삽의 시

82

1 하나님께서 재판관들을 불러들여
법정 피고석에 앉히신다.

2-4 "이제 더 이상은 안된다! 너희는 너무 오랫동안
정의를 훼손했고
살인죄를 지은 악인을 놓아주었다.
이제는 의지할 곳 없는 이들을 변호하고
약자들에게 공정한 기회를 보장하여라.
너희가 할 일은 힘없는 이들을 변호하고
그들을 착취하는 자들을 기소하는 것이다."

5 멋모르는 법관들! 진실을 외면하는 재판관들!
저들은 무슨 일이 벌어지는지 전혀 모른다.
그래서 모든 것이 흔들리고
세상이 휘청대는 것이다.

6-7 "지극히 높은 나 하나님이 너희 재판관 하나하나를

I answered you from where the thunder hides,
I proved you at Meribah Fountain.

8-10 "Listen, dear ones—get this straight;
O Israel, don't take this lightly.
Don't take up with strange gods,
don't worship the latest in gods.
I'm GOD, your God, the very God
who rescued you from doom in Egypt,
Then fed you all you could eat,
filled your hungry stomachs.

11-12 "But my people didn't listen,
Israel paid no attention;
So I let go of the reins and told them, 'Run!
Do it your own way!'

13-16 "Oh, dear people, will you listen to me now?
Israel, will you follow my map?
I'll make short work of your enemies,
give your foes the back of my hand.
I'll send the GOD-haters cringing like dogs,
never to be heard from again.
You'll feast on my fresh-baked bread
spread with butter and rock-pure honey."

An Asaph Psalm

82

1 God calls the judges into his court-
room,
he puts all the judges in the dock.

2-4 "Enough! You've corrupted justice long
enough,
you've let the wicked get away with murder.
You're here to defend the defenseless,
to make sure that underdogs get a fair break;
Your job is to stand up for the powerless,
and prosecute all those who exploit them."

5 Ignorant judges! Head-in-the-sand judges!
They haven't a clue to what's going on.
And now everything's falling apart,
the world's coming unglued.

6-7 "I commissioned you judges, each one of you,

나의 대리자로 임명했다.
그러나 너희는 맡은 임무를 저버리더니
이제 지위를 빼앗기고 체포되기까지 하는구나."

8 오 하나님, 저들에게 응분의 벌을 내리소서!
온 세상이 주님의 손안에 있습니다!

아삽의 시

83 1-5 하나님, 나를 외면하지 마소서.
오 하나님, 내 말을 묵살하지 마소서.
주님의 원수들이 왁자지껄 떠들어 대고
하나님을 미워하는 자들이 흥청거립니다.
주님의 백성을 죽이려 모의하고
주님의 소중한 이들을 그 손에서 빼앗으려 음모를 꾸밉니다.
저들은 말합니다. "이 민족을 땅에서 쓸어버리고
이스라엘의 이름을 책에서 지워 버리자."
급기야 저들은 머리를 맞대고
주님을 제거할 흉계까지 꾸밉니다.

6-8 에돔과 이스마엘 사람들
모압과 하갈 사람들
그발과 암몬과 아말렉
블레셋과 두로 사람들,
거기다 앗시리아까지 합세하여
롯 일당에게 힘을 보탭니다.

9-12 주께서 미디안에게 하신 것처럼
기손 시내에서 시스라와 야빈에게 하신 것처럼, 저들을 치소서.
그들은 엔돌에서 최후를 맞이하고
정원의 거름이 되고 말았습니다.
오렙과 스엡에게 하신 것처럼 저들의 대장들을 베시고,
세바와 살문나에게 하신 것처럼 저들의 제후들을 멸하소서.
저들은 허풍을 칩니다. "다 가로채겠다.
하나님의 정원을 빼앗을 테다."

13-18 나의 하나님, 저들이라면 지긋지긋합니다!
저들을 날려 버리소서!
저들은 황무지에서 구르는 풀 뭉치,
불타 버린 땅에 남은 숯 토막일 뿐입니다.
저들을 두려워 떨게 만드시고
가쁜 숨을 내쉬며 하나님을 애타게 부르게 하소서.

deputies of the High God,
But you've betrayed your commission
and now you're stripped of your rank, busted."

8 O God, give them their just deserts!
You've got the whole world in your hands!

An Asaph Psalm

83 1-5 GOD, don't shut me out;
don't give me the silent treatment, O God.
Your enemies are out there whooping it up,
the God-haters are living it up;
They're plotting to do your people in,
conspiring to rob you of your precious ones.
"Let's wipe this nation from the face of the earth,"
they say; "scratch Israel's name off the books."
And now they're putting their heads together,
making plans to get rid of you.

6-8 Edom and the Ishmaelites,
Moab and the Hagrites,
Gebal and Ammon and Amalek,
Philistia and the Tyrians,
And now Assyria has joined up,
Giving muscle to the gang of Lot.

9-12 Do to them what you did to Midian,
to Sisera and Jabin at Kishon Brook;
They came to a bad end at Endor,
nothing but dung for the garden.
Cut down their leaders as you did Oreb and Zeeb,
their princes to nothings like Zebah and Zalmunna,
With their empty brags, "We're grabbing it all,
grabbing God's gardens for ourselves."

13-18 My God! I've had it with them!
Blow them away!
Tumbleweeds in the desert waste,
charred sticks in the burned-over ground.
Knock the breath right out of them, so they're gasping
for breath, gasping, "GOD."

저들을 진퇴유곡에 빠뜨리셔서
꼼짝없이 갇혀 있게 하소서.
그제야 저들이 알 것입니다. 주님의 이름이 하나님,
세상에 한분뿐인 지극히 높으신 하나님이심을.

고라의 시

84 1-2 만군의 하나님, 주님의 집이 어찌 그리 아름다운지요!
내가 전부터 이런 곳에 살고 싶었고,
주님의 집에 방 한 칸 마련하여
살아 계신 하나님께 기쁨의 노래 불러 드릴 날을 꿈꿔 왔습니다.

3-4 주님의 집에는 새들도 숨을 곳과 피난처를 얻습니다.
참새와 제비가 그곳에 둥지를 틀고
알을 낳아 새끼를 치며,
우리가 예배드리는 곳에서 지저귑니다.
만군의 하나님! 우리의 왕이신 하나님!
그곳에 살며 노래하는 이들은 얼마나 행복한지요!

5-7 주께서 거처로 삼으신 모든 이들은 참으로 행복합니다.
그들의 삶은 주께서 거니시는 길이 됩니다.
그들은 외딴 골짜기를 걸어도 시내를 만나고,
시원한 샘물과 빗물 가득한 물웅덩이를 발견합니다!
하나님께서 거니시는 이 길은 산을 휘돌아 오르고
마지막 모퉁이를 돌아 마침내 시온에 이릅니다!
하나님이 훤히 보이는 그곳!

8-9 만군의 하나님, 귀를 기울이소서.
오 야곱의 하나님, 귀를 열어 내 기도를 들어주소서!
우리의 방패를 보소서. 햇빛을 받아 반짝입니다.
우리의 얼굴을 보소서. 은혜로이 기름부으셔서 빛이 납니다.

10-12 주님의 집, 이 아름다운 예배처소에서 보내는 하루가
그리스 해변에서 보내는 천 날보다 낫습니다.
내가 죄의 궁궐에 손님으로 초대받느니,
차라리 내 하나님의 집 바닥을 닦겠습니다.
하나님은 햇빛으로 가득하신 주권자,
은사와 영광을 후히 베푸시는 분,
자기 길동무에게 인색하지 않은 분이십니다.
만군의 하나님이 함께하시니, 가는 길 내내 순탄합니다.

Bring them to the end of their rope,
and leave them there dangling, helpless.
Then they'll learn your name: "GOD,"
the one and only High God on earth.

A Korah Psalm

84 1-2 What a beautiful home, GOD-of-the-Angel-Armies!
I've always longed to live in a place like this,
Always dreamed of a room in your house,
where I could sing for joy to God-alive!

3-4 Birds find nooks and crannies in your house,
sparrows and swallows make nests there.
They lay their eggs and raise their young,
singing their songs in the place where we worship.
GOD-of-the-Angel-Armies! King! God!
How blessed they are to live and sing there!

5-7 And how blessed all those in whom you live,
whose lives become roads you travel;
They wind through lonesome valleys, come upon brooks,
discover cool springs and pools brimming with rain!
God-traveled, these roads curve up the mountain, and
at the last turn—Zion! God in full view!

8-9 GOD-of-the-Angel-Armies, listen:
O God of Jacob, open your ears—I'm praying!
Look at our shields, glistening in the sun,
our faces, shining with your gracious anointing.

10-12 One day spent in your house, this beautiful place of worship,
beats thousands spent on Greek island beaches.
I'd rather scrub floors in the house of my God
than be honored as a guest in the palace of sin.
All sunshine and sovereign is GOD,
generous in gifts and glory.
He doesn't scrimp with his traveling companions.
It's smooth sailing all the way with GOD-of-the-Angel-Armies.

고라의 시

85

1-3 하나님, 주께서 주님의 선한 땅에 환한 얼굴빛 비추셨습니다!
야곱에게 좋은 시절을 되돌려 주셨습니다!
주님의 백성에게서 죄의 구름 걷어 내시고
그 죄 보이지 않게 멀리 치우셨습니다.
죄로 인한 노여움 철회하시고
맹렬한 진노를 가라앉히셨습니다.

4-7 우리 구원의 하나님, 전과 같이 우리를 도우소서.
우리에게 품으신 원한을 이제 거두어 주소서.
영원토록 그러지는 않으시겠지요?
언제까지 찌푸린 얼굴로 노여워하시겠습니까?
우리를 새롭게 출발하게 하시고, 부활의 생명으로 살게 하소서.
그러면 주님의 백성이 웃으며 노래할 것입니다!
하나님, 주께서 우리를 얼마나 사랑하시는지 보여주소서!
우리에게 절실한 구원을 베풀어 주소서!

8-9 주께서 뭐라고 말씀하실지 어서 듣고 싶습니다.
하나님께서 자기 백성에게
몹시 아끼시는 거룩한 백성에게
다시는 바보처럼 살지 않게 하시려고, 행복을 선언하실 것입니다.
보이는가, 주님을 경외하는 이들에게 그분의 구원이 얼마나 가까운지?
우리 거하는 이 땅은 주님의 영광이 깃드는 곳!

10-13 사랑과 진실이 거리에서 만나고
정의로운 삶과 온전한 삶이 얼싸안고 입 맞추네!
진실이 땅에서 파릇파릇 싹트고
정의가 하늘에서 쏟아지네!
그렇다! 하나님께서 선함과 아름다움을 내리시니,
우리 땅이 넉넉함과 축복으로 응답하네.
정의로운 삶이 주님 앞을 걸어 나가며
그분 가시는 길을 깨끗게 하리라.

다윗의 시

86

1-7 하나님, 내게 귀를 기울이시고 응답하소서.
불쌍하고 딱한 인생입니다!
나를 지켜 주소서. 이 정도면 잘 살아오지 않았는지요?
주님의 종을 도우소서. 내가 주님만을 의지합니다!
주님은 나의 하나님이시니, 내게 긍휼을 베푸소서.

A Korah Psalm

85

1-3 GOD, you smiled on your good earth!
You brought good times back to Jacob!
You lifted the cloud of guilt from your people,
you put their sins far out of sight.
You took back your sin-provoked threats,
you cooled your hot, righteous anger.

4-7 Help us again, God of our help;
don't hold a grudge against us forever.
You aren't going to keep this up, are you?
scowling and angry, year after year?
Why not help us make a fresh start—a resurrection life?
Then your people will laugh and sing!
Show us how much you love us, GOD!
Give us the salvation we need!

8-9 I can't wait to hear what he'll say.
GOD's about to pronounce his people well,
The holy people he loves so much,
so they'll never again live like fools.
See how close his salvation is to those who fear him?
Our country is home base for Glory!

10-13 Love and Truth meet in the street,
Right Living and Whole Living embrace and kiss!
Truth sprouts green from the ground,
Right Living pours down from the skies!
Oh yes! GOD gives Goodness and Beauty;
our land responds with Bounty and Blessing.
Right Living strides out before him,
and clears a path for his passage.

A David Psalm

86

1-7 Bend an ear, GOD; answer me.
I'm one miserable wretch!
Keep me safe—haven't I lived a good life?
Help your servant—I'm depending on you!
You're my God; have mercy on me.
I count on you from morning to night.
Give your servant a happy life;

내가 아침부터 밤까지 주님을 의지합니다.
주님의 종에게 복된 삶을 주소서.
주님의 손에 이 몸을 맡겨 드립니다!
주님은 선하시며 기꺼이 용서하시는 분,
도움을 구하는 모든 이들에게 관대하기로 이름 높으신 분.
하나님, 내 기도에 주의를 기울이소서.
고개를 돌리셔서, 도움을 구하는 나의 부르짖음을 들어주소서.
주께서 응답해 주실 줄 확신하기에
내가 고난에 처할 때마다 주께 부르짖습니다.

8-10 오 주님, 신들 가운데 주님과 같은 신이 없고
주님의 행하신 일들과 견줄 만한 것도 없습니다.
오 주님, 주께서 지으신 모든 민족이 와서
주께 경배합니다.
주님의 아름다우심을 드러내고,
주님의 위대하심과
주께서 행하신 놀라운 일들을 자랑합니다.
하나님, 주님은 오직 한분, 주님과 같은 분 없습니다!

11-17 하나님, 나를 가르쳐 똑바로 걷게 하소서.
내가 주님의 참된 길을 따르겠습니다.
내 마음과 정신을 하나로 모아 주소서.
온전한 마음으로 즐거이 경외하며 예배하겠습니다.
사랑하는 주님, 진심으로 주께 감사드리니
주께서 행하신 일들을 내가 결코 숨긴 적이 없습니다.
주님은 언제나 나를 선대하신 분. 놀라워라, 그 사랑!
큰 어려움에서 나를 구해 내셨습니다!
하나님, 불량배들이 고개를 쳐듭니다!
불한당 무리가 나를 노립니다.
저들은 주님을 조금도 개의치 않는 자들입니다.
오 하나님, 주님은 친절하시고 다정하신 분,
좀처럼 노하지 않으시고 사랑이 무한하시며
절대 포기하지 않으시는 분.
나를 눈여겨보셔서 친절을 베푸시고
주님의 종에게 살아갈 힘을 주소서.
주님의 사랑하는 자녀를 구원해 주소서!
나를 얼마나 사랑하시는지 나타내 보여주소서.
그러면 나를 미워하는 불량배들이
멈춰 서서 벌린 입을 다물지 못할 것입니다.
주 하나님께서, 부드럽고 강하게
나를 다시 일으켜 세우시기 때문입니다.

I put myself in your hands!
You're well-known as good and forgiving,
bighearted to all who ask for help.
Pay attention, GOD, to my prayer;
bend down and listen to my cry for help.
Every time I'm in trouble I call on you,
confident that you'll answer.

8-10 There's no one quite like you among the gods, O Lord,
and nothing to compare with your works.
All the nations you made are on their way,
ready to give honor to you, O Lord,
Ready to put your beauty on display,
parading your greatness,
And the great things you do–
God, you're the one, there's no one but you!

11-17 Train me, GOD, to walk straight;
then I'll follow your true path.
Put me together, one heart and mind;
then, undivided, I'll worship in joyful fear.
From the bottom of my heart I thank you, dear Lord;
I've never kept secret what you're up to.
You've always been great toward me–what love!
You snatched me from the brink of disaster!
God, these bullies have reared their heads!
A gang of thugs is after me–
and they don't care a thing about you.
But you, O God, are both tender and kind,
not easily angered, immense in love,
and you never, never quit.
So look me in the eye and show kindness,
give your servant the strength to go on,
save your dear, dear child!
Make a show of how much you love me
so the bullies who hate me will stand there slack-jawed,
As you, GOD, gently and powerfully
put me back on my feet.

고라의 시

87 [1-3] 거룩한 산 위에 시온을 세우셨으니
오, 하나님은 참으로 그분의 집을 사랑하신다네!
야곱의 집들을 모두 합한 것보다
더욱 사랑하신다네!
오, 하나님의 도성이여!
모두가 네 이야기를 하는구나!

4 나를 잘 아는 저들의 이름을 하나하나 불러 본다.
이집트와 바빌론,
블레셋,
두로와 구스도 함께.
저들을 두고 이런 말이 떠돈다.
"이 사람은 여기서 다시 태어났다!"

5 시온을 두고는 이런 말이 나돈다.
"남자와 여자, 이 사람 저 사람 모두
그 품에서 다시 태어났다!"

6 하나님께서 저들의 이름을 명부에 기록하신다.
"이 사람, 이 사람, 그리고 이 사람이
바로 여기서 다시 태어났다."

7 노래하는 사람과 춤추는 자들도 시온을 두고 이렇게 말한다.
"나의 모든 근원이 시온 안에 있다!"

고라 자손 헤만의 기도

88 [1-9] 하나님, 내가 기대할 것은 주님뿐입니다.
내가 주님 앞에 무릎 꿇고 밤을 지새웁니다.
주님의 구원 계획에 나를 넣어 주시고,
내가 처한 곤경에 주목하소서.
어려움이라면 당할 만큼 당했고,
나 이제 저승의 문턱에 이르렀습니다.
사람들은 나를 실패자로 여기고
흔해 빠진 사고 희생자, 가망 없는 자로 분류합니다.
이미 죽은 자처럼 버림받아
주검 더미에 던져진 또 하나의 시체요,
묘비도 없이
흔적도 없이 사라질 존재일 뿐입니다.
주께서 나를 나락에 떨어뜨리시고
칠흑 같은 심연으로 밀어 넣으셨습니다.
내가 주님의 격노에 정신을 잃고,

A Korah Psalm

87 [1-3] He founded Zion on the Holy Mountain—
and oh, how GOD loves his home!
Loves it far better than all
the homes of Jacob put together!
God's hometown—oh!
everyone there is talking about you!

4 I name them off, those among whom I'm famous:
Egypt and Babylon,
also Philistia,
even Tyre, along with Cush.
Word's getting around; they point them out:
"This one was born again here!"

5 The word's getting out on Zion:
"Men and women, right and left,
get born again in her!"

6 GOD registers their names in his book:
"This one, this one, and this one—
born again, right here."

7 Singers and dancers give credit to Zion:
"All my springs are in you!"

A Korah Prayer of Heman

88 [1-9] GOD, you're my last chance of the day.
I spend the night on my knees before you.
Put me on your salvation agenda;
take notes on the trouble I'm in.
I've had my fill of trouble;
I'm camped on the edge of hell.
I'm written off as a lost cause,
one more statistic, a hopeless case.
Abandoned as already dead,
one more body in a stack of corpses,
And not so much as a gravestone—
I'm a black hole in oblivion.
You've dropped me into a bottomless pit,
sunk me in a pitch-black abyss.
I'm battered senseless by your rage,

파도처럼 밀려오는 주님의 분노에 사정없이 부서졌습니다.
친구들이 나를 미워하게 하시고
나를 끔찍한 존재로 여기게 만드셨습니다.
미로에 갇힌 이 몸 탈출구를 찾지 못한 채
고통과 좌절의 눈물로 눈까지 멀고 말았습니다.

9-12 하나님, 종일토록 주께 부르짖고, 또 부르짖습니다.
이렇게 두 손 모아 쥐고 도움을 구합니다.
죽은 자들이 살아서 주님의 기적을 보겠습니까?
유령들이 찬양대에 끼어 주님을 찬양하겠습니까?
주님의 사랑이 임한다 한들 무덤에서 무엇이 달라지겠습니까?
주님의 신실한 임재를 지옥의 통로에서 누가 알아보겠습니까?
주님의 놀라운 이적들을 어둠 속에서 누가 보겠습니까?
주님의 의로운 길을 망각의 땅에서 누가 주목하겠습니까?

13-18 하나님, 물러서지 않고 목청껏 도움을 구합니다.
내가 아침마다 기도하고 새벽마다 무릎 꿇습니다.
하나님, 어찌하여 못 들은 체하십니까?
어찌하여 그렇게 모습을 감추십니까?
어려서부터 고통을 겪고
주님 주시는 가장 심한 고통을 겪은 이 몸, 이제는 지쳤습니다.
들불 같은 주님의 노여움이 내 인생 내내 타올라,
이 몸, 시퍼렇게 멍든 채 죽어 가고 있습니다.
주께서 나를 사방에서 맹렬히 치시고
거반 죽을 때까지 재난을 퍼부으셨습니다.
사랑하는 사람과 이웃이 똑같이 나를 버리게 하셨으니,
내게 남은 벗은 오직 어둠뿐입니다.

에단의 기도

89 1-4 하나님, 주님의 사랑 내 노래가 되니,
내가 노래하렵니다!
주님의 신실하심을 모든 이들에게 영원토록 전하렵니다.
멈추지 않겠습니다, 주님의 사랑 이야기를.
주께서 우주를 어떻게 조성하시고
그 속의 모든 것을 어떻게 보증하셨는지를.
주님의 사랑은 언제나 우리 삶의 토대였고
주님의 성실하심은 세상을 덮는 지붕이었습니다.
전에 주께서도 이렇게 말씀하셨습니다.

relentlessly pounded by your waves of anger.
You turned my friends against me,
made me horrible to them.
I'm caught in a maze and can't find my way out,
blinded by tears of pain and frustration.

9-12 I call to you, GOD; all day I call.
I wring my hands, I plead for help.
Are the dead a live audience for your miracles?
Do ghosts ever join the choirs that praise you?
Does your love make any difference in a graveyard?
Is your faithful presence noticed in the corridors of hell?
Are your marvelous wonders ever seen in the dark,
your righteous ways noticed in the Land of No Memory?

13-18 I'm standing my ground, GOD, shouting for help,
at my prayers every morning, on my knees each daybreak.
Why, GOD, do you turn a deaf ear?
Why do you make yourself scarce?
For as long as I remember I've been hurting;
I've taken the worst you can hand out, and I've had it.
Your wildfire anger has blazed through my life;
I'm bleeding, black-and-blue.
You've attacked me fiercely from every side,
raining down blows till I'm nearly dead.
You made lover and neighbor alike dump me;
the only friend I have left is Darkness.

An Ethan Prayer

89 1-4 Your love, GOD, is my song, and I'll sing it!
I'm forever telling everyone how faithful you are.
I'll never quit telling the story of your love—
how you built the cosmos
and guaranteed everything in it.
Your love has always been our lives' foundation,
your fidelity has been the roof over our world.
You once said, "I joined forces with my chosen

"나는 내가 택한 지도자와 언약을 맺고
나의 종 다윗에게 맹세했다.
'네 후손은 누구나 생명을 보장받을 것이다.
네 통치권이 바위처럼 견고하여 오래도록 지속되게 할 것이다.'"

5-18 하나님! 온 우주가 주님의 이적을 찬양하게 하시고
거룩한 천사들의 찬양대가 주님의 성실을 찬송하게 하소서!
하늘과 땅, 여기저기 구석구석 살펴보소서.
하나님 같은 분이 없음이 명백히 드러납니다.
거룩한 천사들이 주님 앞에서 심히 두려워 떱니다.
하나님께서 모든 이들 위에 큰 위엄 보이며 나타나십니다.
만군의 하나님, 그 무엇에도 능하고 성실하시니
주님 같은 분, 또 어디에 있겠습니까?
주께서는 오만한 대양이 분수를 알게 하시고
사납게 날뛰는 파도를 잠잠케 하십니다.
저 늙은 마녀 이집트를 모욕하시고
손사래로 주님의 원수들을 내쫓으셨습니다.
우주도 주님의 것, 그 안의 만물도 다 주님의 것,
원자부터 대천사에 이르기까지 모두가 주님의 것입니다.
주께서 북극과 남극을 배치하시니
다볼 산과 헤르몬 산이 주께 이중창을 부릅니다.
우람찬 팔과 강철 같은 손을 지니셨으니
주님을 우습게 보는 자 하나 없습니다!
공평과 정의는 주님 통치권의 뿌리,
사랑과 진실은 그 열매.
찬양의 비밀을 알고
하나님의 찬란한 얼굴 앞에 나와 외치는 백성은 복이 있습니다.
기쁨에 겨워 온종일 춤을 추니,
주께서 누구신지, 무슨 일을 행하시는지 알고
그저 잠잠할 수 없는 까닭입니다!
주님의 그 아름다움, 우리 안에 사무칩니다.
주께서 우리를 너무나 잘 대해 주셨습니다!
마치 구름 위를 걷는 것만 같습니다!
우리의 전 존재, 우리가 가진 모든 것이 하나님의 *것입니다*.
우리의 왕이시며, 이스라엘의 거룩하신 하나님!

19-37 오래전 주께서 환상 가운데 나타나셔서,
주님이 사랑하시는 충성스러운 이들에게 말씀하셨

leader,
I pledged my word to my servant, David, saying,
'Everyone descending from you is guaranteed life;
I'll make your rule as solid and lasting as rock.'"

5-18 GOD! Let the cosmos praise your wonderful ways,
the choir of holy angels sing anthems to your faithful ways!
Search high and low, scan skies and land,
you'll find nothing and no one quite like GOD.
The holy angels are in awe before him;
he looms immense and august over everyone around him.
GOD-of-the-Angel-Armies, who is like you,
powerful and faithful from every angle?
You put the arrogant ocean in its place
and calm its waves when they turn unruly.
You gave that old hag Egypt the back of your hand,
you brushed off your enemies with a flick of your wrist.
You own the cosmos—you made everything in it,
everything from atom to archangel.
You positioned the North and South Poles;
the mountains Tabor and Hermon sing duets to you.
With your well-muscled arm and your grip of steel—
nobody trifles with you!
The Right and Justice are the roots of your rule;
Love and Truth are its fruits.
Blessed are the people who know the passwords of praise,
who shout on parade in the bright presence of GOD.
Delighted, they dance all day long; they know
who you are, what you do—they can't keep it quiet!
Your vibrant beauty has gotten inside us—
you've been so good to us! We're walking on air!
All we are and have we owe to GOD,
Holy God of Israel, our King!

습니다.
"내가 한 영웅에게 왕관을 씌웠다.
고르고 고른 최고의 사람,
나의 종 다윗을 찾아내어
그의 머리에 거룩한 기름을 부어 주었다.
내 손이 항상 그를 붙들고
힘들 때나 좋을 때나, 변함없이 그와 함께할 것이다.
어떤 원수도 그를 이기지 못하고
어떤 악당도 그를 해치지 못할 것이다.
그를 대적하는 자, 내가 제거하고
그를 미워하는 자, 내가 쫓아낼 것이다.
내가 영원토록 그와 함께하며, 길이길이 사랑할 것이다.
내가 그를 높이리니, 그가 만방에 우뚝 솟을 것이다.
내가 그의 한 손에 대양을, 다른 한 손에 강을 맡겼으니
그가 '오 나의 아버지, 나의 하나님, 내 구원의 반석이시여!' 하고 외칠 것이다.
내가 그를 구별하여 왕조를 열게 했으니
세상 그 어떤 왕보다 뛰어난 왕이 되게 할 것이다.
나의 사랑으로 영원히 그를 보호하고
엄숙히 약속한 대로 모든 것을 성실히 이행할 것이다.
그의 자손들이 이어지게 하고
그의 통치를 승인할 것이다.
그러나 그의 자손이 내 말을 따르지 않거나
내가 제시하는 길을 걷지 않으면,
나의 규례에 침을 뱉고
내가 정해 준 규정을 찢어 버리면,
내가 반역의 오물을 그들의 얼굴에 문지르며
죄값을 물을 것이다.
그러나 그들을 내치고 버리거나
그들과 의절하지는 않을 것이다.
내가 내 거룩한 약속을 철회할 것 같으냐?
한번 내뱉은 말을 무를 것 같으냐?
나는 이미 약속을 했다. 이것은 온전하고 거룩한 약속이다.
내가 다윗에게 거짓말을 하겠느냐?
그의 자손이 영원토록 이어지고
그의 통치권이 태양같이 분명할 것이니,
달의 주기처럼 믿음직하며
날씨만큼 분명하게 설 것이다."

38-51 그러나 하나님, 주께서는
친히 기름부으신 자에게 진노하셔서

19-37 A long time ago you spoke in a vision,
you spoke to your faithful beloved:
"I've crowned a hero,
I chose the best I could find;
I found David, my servant,
poured holy oil on his head,
And I'll keep my hand steadily on him,
yes, I'll stick with him through thick and thin.
No enemy will get the best of him,
no scoundrel will do him in.
I'll weed out all who oppose him,
I'll clean out all who hate him.
I'm with him for good and I'll love him forever;
I've set him on high—he's riding high!
I've put Ocean in his one hand, River in the other;
he'll call out, 'Oh, my Father—my God, my Rock of Salvation!'
Yes, I'm setting him apart as the First of the royal line,
High King over all of earth's kings.
I'll preserve him eternally in my love,
I'll faithfully do all I so solemnly promised.
I'll guarantee his family tree
and underwrite his rule.
If his children refuse to do what I tell them,
if they refuse to walk in the way I show them,
If they spit on the directions I give them
and tear up the rules I post for them—
I'll rub their faces in the dirt of their rebellion
and make them face the music.
But I'll never throw them out,
never abandon or disown them.
Do you think I'd withdraw my holy promise?
or take back words I'd already spoken?
I've given my word, my whole and holy word;
do you think I would lie to David?
His family tree is here for good,
his sovereignty as sure as the sun,
Dependable as the phases of the moon,
inescapable as weather."

38-51 But GOD, you did walk off and leave us,
you lost your temper with the one you anointed.

우리를 두고 떠나셨습니다.
주님의 종에게 하신 약속을 파기하시고
그의 왕관을 진흙 속에 처박아 짓밟으셨습니다.
그의 나라를 철저히 파괴하시고
그의 도성을 돌무더기로 만드셨습니다.
도성은 지나가는 낯선 자들의 약탈로 텅 비었고
모든 이웃의 조롱거리가 되었습니다.
주께서 그의 원수들에게 축제를 선언하시니
그들이 있는 힘을 다해 즐깁니다.
노하신 주께서 전투중에 그를 대적하셨고
그의 편이 되어 싸우기를 거부하셨습니다.
그에게서 광채를 앗아 가시고 용사인 그를 욕보이셨습니다.
왕의 명예가 땅바닥에 처박히게 하셨습니다.
그의 생애에서 최고의 시절을 빼앗으시고
그를 무능하고 몰락한 허깨비로 남게 하셨습니다.
하나님, 언제까지 우리를 버려두시렵니까?
영원히 떠나셨습니까? 두고두고 진노를 발하시렵니까?
내 슬픔을 기억하소서. 인생이 얼마나 짧은지를 기억하소서.
고작 이렇게 하시려고 사람을 지으셨습니까?
우리는 조만간 죽음을 볼 것입니다. 모두가 그러합니다.
저승에는 빠져나갈 뒷문이 없습니다.
사랑 많기로 유명하신 주님,
그 사랑 지금 어디에 있습니까?
다윗에게 하신 약속은 어찌 되었습니까?
사랑하는 주님, 주님의 종을 살펴보소서.
하나님, 나는 모든 민족의 놀림거리가 되었습니다.
주님의 원수들이 주께서 친히 기름부으신 자를 따라다니며
조롱합니다.

하나님, 영원히 찬양을 받으소서!
그렇습니다. 참으로 그렇습니다.

하나님의 사람 모세의 기도

90 1-2 하나님, 주님은 대대로 우리의 안식처이셨습니다.
오래전 산들이 생겨나기 전부터,
주께서 땅을 지으시기 전부터,
*"아주 오랜 옛적"*부터 *"주님의 나라가 임할"* 때까지,
주님은 하나님이십니다.

3-11 우리를 흙으로 돌려보내지 마소서.
"네 근원으로 돌아가라" 말씀하지 마소서.

You tore up the promise you made to your servant,
you stomped his crown in the mud.
You blasted his home to kingdom come,
reduced his city to a pile of rubble
Picked clean by wayfaring strangers,
a joke to all the neighbors.
You declared a holiday for all his enemies,
and they're celebrating for all they're worth.
Angry, you opposed him in battle,
refused to fight on his side;
You robbed him of his splendor, humiliated this warrior,
ground his kingly honor in the dirt.
You took the best years of his life
and left him an impotent, ruined husk.
How long do we put up with this, GOD?
Are you gone for good? Will you hold this grudge forever?
Remember my sorrow and how short life is.
Did you create men and women for nothing but this?
We'll see death soon enough. Everyone does.
And there's no back door out of hell.
So where is the love you're so famous for, Lord?
What happened to your promise to David?
Take a good look at your servant, dear Lord;
I'm the butt of the jokes of all nations,
The taunting jokes of your enemies, GOD,
as they dog the steps of your dear anointed.

Blessed be GOD forever and always!
Yes. Oh, yes.

A Prayer of Moses, Man of God

90 1-2 God, it seems you've been our home forever;
long before the mountains were born,
Long before you brought earth itself to birth,
from "once upon a time" to "kingdom come"—you are God.

3-11 So don't return us to mud, saying,
"Back to where you came from!"

참으소서! 주께서는 세상의 모든 시간을 쥐고 계십니다.
천 년이나 하루나 주께는 매한가지입니다.
주께는 우리가 아련한 한순간의 꿈에 불과한지요?
해 뜰 때 멋들어지게 돋아났다가
속절없이 베이고 마는 풀잎에 불과한지요?
감당할 수 없는 주님의 진노에
우리는 옴짝달싹할 수 없습니다.
주께서는 우리의 모든 죄를 놓치지 않으시고
어릴 적부터 저지른 악행을 주님의 책에 낱낱이 기록하셨습니다.
우리가 기억하는 것은 잔뜩 찌푸린 주님의 얼굴뿐입니다.
우리가 받을 대가가 그것이 전부인지요?
우리 수명은 칠십 남짓
(운이 좋으면 팔십입니다).
그렇게 살아서 내놓을 것이 무엇이겠습니까? 고통뿐입니다.
수고와 고통과 묘비 하나가 전부입니다.
누가 그러한 진노를, 주님을 두려워하는 자들에게 터뜨리시는
그 노여움을 이해할 수 있겠습니까?

12-17 오! 우리에게 제대로 사는 법을 일러 주소서!
지혜롭게 잘사는 법을 가르쳐 주소서!
하나님, 돌아오소서. 언제까지 기다려야 합니까?
이제는 주님의 종들을 온유하게 대해 주소서.
새벽에 깨어 주님의 사랑에 놀라게 하소서.
그러면 우리가 종일토록 기뻐 뛰며 춤추겠습니다.
지금까지 힘든 나날을 주신 만큼, 이제 좋은 날도 주소서.
불행이라면 평생 동안 충분히 겪었습니다.
주님의 종들에게 드러내 주소서, 주님의 능하신 모습을.
주님의 자녀들을 다스리시고 그들에게 복 주시는 모습을.
주 우리 하나님, 은혜를 베푸셔서
우리가 하는 일이 잘되게 하소서.
오, 그렇게 해주소서. 우리가 하는 일이 틀림없게 해주소서!

91

1-13 지극히 높으신 하나님 앞에 앉은 그대,
전능하신 분의 그늘 아래서 밤을 보내는 그대,
이렇게 아뢰어라. "하나님, 주님은 나의 피난처이십니다.

Patience! You've got all the time in the world—whether
a thousand years or a day, it's all the same to you.
Are we no more to you than a wispy dream,
no more than a blade of grass
That springs up gloriously with the rising sun
and is cut down without a second thought?
Your anger is far and away too much for us;
we're at the end of our rope.
You keep track of all our sins; every misdeed
since we were children is entered in your books.
All we can remember is that frown on your face.
Is that all we're ever going to get?
We live for seventy years or so
(with luck we might make it to eighty),
And what do we have to show for it? Trouble.
Toil and trouble and a marker in the graveyard.
Who can make sense of such rage,
such anger against the very ones who fear you?

12-17 Oh! Teach us to live well!
Teach us to live wisely and well!
Come back, GOD—how long do we have to wait?—
and treat your servants with kindness for a change.
Surprise us with love at daybreak;
then we'll skip and dance all the day long.
Make up for the bad times with some good times;
we've seen enough evil to last a lifetime.
Let your servants see what you're best at—
the ways you rule and bless your children.
And let the loveliness of our Lord, our God, rest on us,
confirming the work that we do.
Oh, yes. Affirm the work that we do!

91

1-13 You who sit down in the High God's presence,
spend the night in Shaddai's shadow,
Say this: "GOD, you're my refuge.
I trust in you and I'm safe!"

내가 주님을 신뢰하니 안전합니다!"
그렇다. 그분께서는 너를 함정에서 구하시고
치명적인 위험에서 지켜 주신다.
거대한 팔을 뻗어 너를 보호하신다.
그 팔 아래서 너는 더없이 안전하리라.
그분의 팔이 모든 불행을 막아 내신다.
아무것도 두려워하지 마라. 밤에 다니는 사나운 늑대,
낮에 날아드는 화살,
어둠 속을 배회하는 질병,
한낮에 일어나는 재난도.
많은 사람들이 도처에서 죽어 나가고
파리 떼처럼 우수수 떨어져도,
네게는 어떤 불행도 미치지 못하리라.
오히려 멀쩡한 상태로 먼발치에서 상황을 지켜보고
악인들이 주검으로 변해 가는 것을 바라볼 것이다.
하나님께서 너의 피난처가 되어 주시고
지극히 높으신 하나님께서 너의 안식처가 되어 주시니,
불행이 네 가까이 가지 못하고
재해가 네 집에 들이닥치지 못할 것이다.
그분이 천사들에게 명령하여
네가 어디로 가든지 지키게 하실 것이다.
네가 넘어지려고 할 때마다 그들이 잡아 줄 것이다.
그들의 임무는 너를 보호하는 것.
너는 아무 해도 입지 않고 사자와 뱀 사이를 누비며,
젊은 사자와 뱀을 걷어차 내쫓을 것이다.

14-16 하나님께서 말씀하신다. "네가 필사적으로 내게 매달리면
내가 온갖 곤경에서 너를 구해 주리라.
네가 오직 나만 알고 신뢰하면
내가 너를 지극한 사랑으로 보살피리라.
나를 불러라. 내가 응답하겠고, 네가 고난당할 때 너와 함께하며
너를 구해 내어 잔치를 베풀어 주리라.
네가 장수하여
오래도록 구원의 생수를 마시게 하리라!"

안식일에 부르는 노래

92 1-3 하나님, 주께 감사드리며 지극히 높으신 하나님을
찬송하는 일, 얼마나 아름다운지요!
새벽마다 주님의 사랑을 선포하고
거문고와 하프,

That's right—he rescues you from hidden traps,
shields you from deadly hazards.
His huge outstretched arms protect you—
under them you're perfectly safe;
his arms fend off all harm.
Fear nothing—not wild wolves in the night,
not flying arrows in the day,
Not disease that prowls through the darkness,
not disaster that erupts at high noon.
Even though others succumb all around,
drop like flies right and left,
no harm will even graze you.
You'll stand untouched, watch it all from a distance,
watch the wicked turn into corpses.
Yes, because GOD's your refuge,
the High God your very own home,
Evil can't get close to you,
harm can't get through the door.
He ordered his angels
to guard you wherever you go.
If you stumble, they'll catch you;
their job is to keep you from falling.
You'll walk unharmed among lions and snakes,
and kick young lions and serpents from the path.

14-16 "If you'll hold on to me for dear life," says GOD,
"I'll get you out of any trouble.
I'll give you the best of care
if you'll only get to know and trust me.
Call me and I'll answer, be at your side in bad times;
I'll rescue you, then throw you a party.
I'll give you a long life,
give you a long drink of salvation!"

A Sabbath Song

92 1-3 What a beautiful thing, GOD, to give thanks,
to sing an anthem to you, the High God!
To announce your love each daybreak,
sing your faithful presence all through the night,

장엄한 현악기 소리에 맞춰
주님의 성실하심을 밤새 노래합니다.

4-9 하나님, 주께서 나를 복되게 하셨으니
주께서 행하신 일을 보고 내가 기뻐 소리칩니다.
하나님, 주께서 행하신 일, 참으로 놀랍습니다!
주님의 생각은 참으로 깊습니다!
우둔한 자들은 주님의 일을 알지 못합니다.
어리석은 자들은 결코 그것을 깨닫지 못합니다.
악인들이 잡초처럼 일어나고
악한 남녀가 세상을 차지해도,
주께서 그들을 베어 넘어뜨리시고
단번에 끝장내십니다.
하나님, 주님은 지극히 높고 영원하신 분이십니다.
하나님, 주님의 원수들을 보소서!
주님의 원수들을 보소서. 모두 망했습니다!
악의 하수인들이 바람결에 모두 흩어졌습니다!

10-14 그러나 주께서는 나를 돌진하는 들소처럼 강하게 하시고
축제 행렬로 영예롭게 해주셨습니다.
나를 책잡는 자들이 쓰러지던 모습,
나를 비방하는 자들이 도망치던 모습, 지금도 눈에 선합니다.
주께서 하신 약속의 음성, 내 귀에 가득합니다.
"선한 이들은 종려나무처럼 번성하고
레바논의 백향목처럼 우뚝 솟으리라.
내가 그들을 하나님의 안뜰에 옮겨 심었으니
하나님 앞에서 크게 자라리라.
늙어서도 늘 푸르며 진액이 넘치리라."

15 이것은 하나님의 정직하심을 보여주는 확실한 증거!
그분은 나의 산, 크고 거룩한 산!

93

1-2 하나님은 위엄을 두르시고 다스리시는 왕.
하나님은 위엄을 두르시고 능력을 떨치시는 분.

세계는 굳건히 서서 흔들림이 없고
주님의 보좌는 한결같이 견고하니, 주님은 영원하신 분!

3-4 하나님, 바다에 폭풍이 일어납니다.
폭풍이 사납게 으르렁댑니다.

Accompanied by dulcimer and harp,
the full-bodied music of strings.

4-9 You made me so happy, GOD
I saw your work and I shouted for joy.
How magnificent your work, GOD!
How profound your thoughts!
Dullards never notice what you do;
fools never do get it.
When the wicked popped up like weeds
and all the evil men and women took over,
You mowed them down,
finished them off once and for all.
You, GOD, are High and Eternal.
Look at your enemies, GOD!
Look at your enemies—ruined!
Scattered to the winds, all those hirelings of evil!

10-14 But you've made me strong as a charging bison,
you've honored me with a festive parade.
The sight of my critics going down is still fresh,
the rout of my malicious detractors.
My ears are filled with the sounds of promise:
"Good people will prosper like palm trees,
Grow tall like Lebanon cedars;
transplanted to GOD's courtyard,
They'll grow tall in the presence of God,
lithe and green, virile still in old age."

15 Such witnesses to upright GOD!
My Mountain, my huge, holy Mountain!

93

1-2 GOD is King, robed and ruling,
GOD is robed and surging with strength.

And yes, the world is firm, immovable,
Your throne ever firm—you're Eternal!

3-4 Sea storms are up, GOD,
Sea storms wild and roaring,
Sea storms with thunderous breakers.

폭풍에 우레 같은 파도가 일렁입니다.

사나운 폭풍보다 강하시고
폭풍이 일으킨 파도보다 강력하신 하나님,
엄위로우신 하나님이 높은 하늘에서 다스리십니다.

5 주님의 말씀은 그대로 이루어집니다. 늘 그러했습니다.
하나님, 아름다움과 거룩함이 주님의 궁전에 법도로 자리 잡으니,
마지막 때까지 그러할 것입니다.

94

1-2 하나님, 악을 끝장내소서.
복수하시는 하나님, 주님의 진면목을 드러내소서!
세상의 심판자이신 하나님, 일어나소서.
거만한 자들을 엄벌에 처하소서.

3-4 하나님, 악인이 사람을 죽이고도 무사하다니
언제까지 이런 상황을 허락하시렵니까?
저들이 거드름 피우고 으스대며
자신들의 범행을 자랑스레 떠벌립니다!
5-7 하나님, 저들이 주님의 백성을 짓밟고
주님의 소중한 백성을 착취하고 학대합니다.
누구든지 거치적거리면 제거하고
쓸모가 없어지면 살해합니다.
저들은 말합니다. "하나님은 보지 않아.
야곱의 하나님은 점심 드시러 가셨어."
8-11 바보 천치들아, 다시 생각해 보아라.
너희는 언제 철이 들려느냐?
귀를 지으신 분께서 듣지 못하시겠느냐?
눈을 만드신 분께서 보지 못하시겠느냐?
민족들을 훈련시키는 분께서 벌하지 않으시겠느냐?
아담의 스승께서 모르실 것 같으냐?
하나님은 다 알고 계신다.
너희 어리석음을 아시고
너희 천박함도 알고 계신다.

12-15 *하나님, 주께서 가르치시는* 남자,
주께서 말씀으로 지도하시는 여자는 참으로 복됩니다.
악인을 수용할 감옥이 지어지는 동안 악이 소란을 떨어도,
저들을 평온으로 감싸 주시기 때문입니다.

Stronger than wild sea storms,
Mightier than sea-storm breakers,
Mighty GOD rules from High Heaven.

5 What you say goes—it always has.
"Beauty" and "Holy" mark your palace rule,
GOD, to the very end of time.

94

1-2 GOD, put an end to evil;
avenging God, show your colors!
Judge of the earth, take your stand;
throw the book at the arrogant.

3-4 GOD, the wicked get away with murder—
how long will you let this go on?
They brag and boast
and crow about their crimes!

5-7 They walk all over your people, GOD,
exploit and abuse your precious people.
They take out anyone who gets in their way;
if they can't use them, they kill them.
They think, "GOD isn't looking,
Jacob's God is out to lunch."

8-11 Well, think again, you idiots,
fools—how long before you get smart?
Do you think Ear-Maker doesn't hear,
Eye-Shaper doesn't see?
Do you think the trainer of nations doesn't correct,
the teacher of Adam doesn't know?
GOD knows, all right—
knows your stupidity,
sees your shallowness.

12-15 How blessed the man you train, GOD,
the woman you instruct in your Word,
Providing a circle of quiet within the clamor of evil,
while a jail is being built for the wicked.
GOD will never walk away from his people,
never desert his precious people.
Rest assured that justice is on its way

하나님께서는 주님의 백성을 떠나지 않으시고
소중한 백성을 버리지 않으실 것입니다.
안심하여라. 정의가 제 길을 가고
마음 착한 이들 모두가 그 길을 따르리니.

16-19 누가 나를 위해 악인들에게 맞섰으며,
누가 내 편이 되어 악당에게 맞섰는가?
하나님이 아니셨으면
나는 살아남지 못했으리라.
"내가 미끄러져 넘어집니다" 말하는 순간,
주 하나님의 사랑이 나를 든든히 붙들었습니다.
내가 마음이 상하여 어쩔 줄 몰라 할 때,
주께서 나를 달래시고 위로해 주셨습니다.

20-23 악한이 주님과 어울릴 수 있겠으며,
말썽꾼이 주님의 편이 되려고 하겠습니까?
저들이 몰려가 선한 이들을 습격하고
무죄한 이들의 등 뒤에서 흉계를 꾸몄지만
하나님은 나의 은신처,
나의 숲 속 산장이 되어 주셨다.
저들의 악행을 저들에게 되돌리시고
저들을 쓸어버리셨다.
우리 하나님께서 저들을 영원히 쫓아내셨다.

95

1-2 다 와서, 하나님께 큰소리로 노래 부르자.
우리를 구원하신 반석을 향해 환호성을 올려 드리자!
찬송을 부르며 그분 앞에 나아가자.
서까래가 들썩이도록 소리 높여 외치자!

3-5 하나님은 가장 높으신 분,
모든 신들보다 높으신 왕.
한 손으로는 깊은 굴과 동굴을,
다른 한 손으로는 높은 산들을 붙들고 계신 분.
그분께서 대양을 지으시고 그분의 소유 삼으셨다!
땅도 친히 조각하셨다!

6-7 다 와서, 경배드리자. 그분께 절하고
우리를 지으신 하나님 앞에 무릎 꿇자!
그분은 우리 하나님,
우리는 그분이 기르시는 백성, 그분이 먹이시는 양 떼.

7-11 모든 것 내려놓고 그분 말씀에 귀를 기울여라.
"쓰디쓴 반역의 때처럼,

and every good heart put right.

16-19 Who stood up for me against the wicked?
Who took my side against evil workers?
If GOD hadn't been there for me,
I never would have made it.
The minute I said, "I'm slipping, I'm falling,"
your love, GOD, took hold and held me fast.
When I was upset and beside myself,
you calmed me down and cheered me up.

20-23 Can Misrule have anything in common with you?
Can Troublemaker pretend to be on your side?
They ganged up on good people,
plotted behind the backs of the innocent.
But GOD became my hideout,
God was my high mountain retreat,
Then boomeranged their evil back on them:
for their evil ways he wiped them out,
our GOD cleaned them out for good.

95

1-2 Come, let's shout praises to GOD,
raise the roof for the Rock who saved us!
Let's march into his presence singing praises,
lifting the rafters with our hymns!

3-5 And why? Because GOD is the best,
High King over all the gods.
In one hand he holds deep caves and caverns,
in the other hand grasps the high mountains.
He made Ocean–he owns it!
His hands sculpted Earth!

6-7 So come, let us worship: bow before him,
on your knees before GOD, who made us!
Oh yes, he's our God,
and we're the people he pastures, the flock he feeds.

7-11 Drop everything and listen, listen as he speaks:
"Don't turn a deaf ear as in the Bitter Upris-

광야 시험의 그날처럼 못 들은 체하지 마라.
그때에 너희 조상은 나를 시험했다.
사십 년 동안 그들 가운데서 일한 나를 보고도
거듭거듭 내 인내심을 시험했다.
나는 진노했다. 더 이상 참을 수 없었다!
'저들은 단 오 분도 하나님인 나에게 마음을 둘 수 없단 말인가?
저들은 내 길로 가지 않기로 작정한 것인가?'
내가 노하여, 폭탄선언을 했다.
'저들은 목적지에 이르지 못할 것이다.
정착하여 안식하지 못할 것이다.'"

96

1-2 새 노래로 하나님께 노래하여라!
땅과 거기 사는 모든 이들아, 노래하여라!
하나님께 노래하며 예배하여라!

2-3 바다 이 끝에서 저 끝까지 그분의 승리를 큰소리로 외쳐라.
패배자들에게 전하여라, 그분의 영광을!
모든 이들에게 전하여라, 그분의 기적을!

4-5 하나님은 위대하시니, 수천 번 찬양을 받아 마땅하신 분.
지극히 아름다운 그분 앞에서 신들은 싸구려 모조품,
이방인의 신들은 너덜거리는 누더기일 뿐.

5-6 하나님께서 하늘을 지으셨으니
그분에게서 왕의 광채가 뻗어 나오고,
그 권능의 아름다움, 비할 데 없도다.

7 하나님께 환호성을 올려라!
모두 큰소리로 외쳐라!
그 아름다움, 그 권능 앞에 두려워 떨어라.

8-9 예물을 드리며 찬양하여라.
아름다우신 하나님께 몸을 굽혀라.
무릎 꿇고 모두 다 경배하여라!

10 이 소식 널리 알려라. "하나님께서 다스리신다!
세상을 든든한 기초 위에 놓으시고
모든 이들을 공명정대하게 대하신다."

11 들어라, 하늘이 전하는 이 소식을.
함께하는 땅의 소리와

ing,
As on the day of the Wilderness Test,
when your ancestors turned and put *me* to the test.
For forty years they watched me at work among them,
as over and over they tried my patience.
And I was provoked—oh, was I provoked!
'Can't they keep their minds on God for five minutes?
Do they simply refuse to walk down my road?'
Exasperated, I exploded,
'They'll never get where they're headed,
never be able to sit down and rest.'"

96

1-2 Sing GOD a brand-new song!
Earth and everyone in it, sing!
Sing to GOD—*worship* GOD!

2-3 Shout the news of his victory from sea to sea,
Take the news of his glory to the lost,
News of his wonders to one and all!

4-5 For GOD is great, and worth a thousand Hallelujahs.
His terrible beauty makes the gods look cheap;
Pagan gods are mere tatters and rags.

5-6 GOD made the heavens—
Royal splendor radiates from him,
A powerful beauty sets him apart.

7 Bravo, GOD, Bravo!
Everyone join in the great shout: Encore!
In awe before the beauty, in awe before the might.

8-9 Bring gifts and celebrate,
Bow before the beauty of GOD,
Then to your knees—everyone worship!

10 Get out the message—GOD Rules!
He put the world on a firm foundation;
He treats everyone fair and square.
11 Let's hear it from Sky,

연이어 들리는 바다의 열광적인 박수소리를.

12 광야야, 기뻐 뛰어라.
동물들아, 와서 춤추어라.
숲의 모든 나무를 찬양대로 세워라.

13 하나님이 오실 때 그분 앞에서 화려한 공연을 펼쳐라.
그분께서 오시면 세상 모든 일을 바로잡으시리라.
모든 것 바로잡으시고, 모든 이들을 공정히 대하시리라.

97

1 하나님께서 다스리신다. 큰소리로 외쳐라!
대륙들아, 섬들아, 어서 찬양하여라!

2 흰 구름과 먹구름이 그분을 둘러싸고,
공평과 정의 위에서 그분의 통치가 이루어진다.

3 불이 주님 앞에서 환히 빛나니
험준한 바위산 꼭대기에서 타오른다.

4 그분의 번개가 번쩍 세상을 비추니,
깜짝 놀란 땅이 두려워 떤다.

5 산들이 하나님을 보고는
땅의 주님 앞에서 밀초처럼 녹아내린다.

6 하늘이 선포한다, 하나님께서 모든 일을 바로잡으실 것임을.
그대로 되는 것을 모두가 보리니, 참으로 영광스럽구나!

7-8 깎아 만든 신을 섬기는 모든 자들, 후회하리라.
누더기 신들을 자랑으로 여긴 것을!

너희 모든 신들아, 무릎 꿇고 주님께 경배하여라!
시온아, 귀 기울여 듣고 마음을 다잡아라!

시온의 딸들아, 열창하여라.
하나님께서 모두 이루셨다. 모든 일을 바로잡으셨다.

9 하나님, 주께서는 온 우주의 하나님,
그 어떤 신들보다도 지극히 높으신 분이십니다.

With Earth joining in,
And a huge round of applause from Sea.

12 Let Wilderness turn cartwheels,
Animals, come dance,
Put every tree of the forest in the choir—

13 An extravaganza before GOD as he comes,
As he comes to set everything right on earth,
Set everything right, treat everyone fair.

97

1 GOD rules: *there's* something to shout over!
On the double, mainlands and islands—celebrate!

2 Bright clouds and storm clouds circle 'round him;
Right and justice anchor his rule.

3 Fire blazes out before him,
Flaming high up the craggy mountains.

4 His lightnings light up the world;
Earth, wide-eyed, trembles in fear.

5 The mountains take one look at GOD
And melt, melt like wax before earth's Lord.

6 The heavens announce that he'll set everything right,
And everyone will see it happen—glorious!

7-8 All who serve handcrafted gods will be sorry—
And they were so proud of their ragamuffin gods!

On your knees, all you gods—worship him!
And Zion, you listen and take heart!

Daughters of Zion, sing your hearts out:
GOD has done it all, has set everything right.

9 You, GOD, are High God of the cosmos,
Far, far higher than any of the gods.
10 GOD loves all who hate evil,

10 하나님께서 악을 미워하는 모든 이들을 사랑하시고
그분을 사랑하는 이들을 보호하시며,
악인의 손아귀에서 그들을 빼내 주신다.

11 하나님 백성의 영혼에는 빛의 씨앗이,
착한 마음 밭에는 기쁨의 씨앗이 뿌려진다.

12 하나님의 백성들아, 하나님을 소리 높여 찬양하여라.
우리 거룩하신 하나님께 감사드려라!

98

1 새 노래로 하나님께 노래하여라.
그분께서 수많은 기적들로 세상을 만드셨다.

소매를 걷어붙이시고
모든 일을 바로잡으셨다.

2 하나님께서 역사에 길이 남을 구원을 베푸시고
그분의 권능을 온 세상에 나타내셨다.

3 그분께서 잊지 않으시고 우리를 사랑해 주셨다.
그분이 아끼시는 이스라엘에게, 지치지 않는 사랑을
베푸셨다.

온 세상이 주목한다.
보아라, 하나님의 구원 역사를!

4 모두 다, 하나님을 소리 높여 찬양하여라!
마음껏 노래하여라! 연주에 맞춰 노래하여라!

5 관현악단을 이루어 하나님께 연주하여라.
일백 명의 합창단도 함께하여라.

6 트럼펫과 큰 트롬본도 연주하여라.
세상을 가득 채우도록, 왕이신 하나님께 찬양하여라.

7 바다와 그 속에 사는 물고기야, 박수갈채를 보내어라.
땅에 사는 모든 생물들도 참여하여라.

8 대양의 파도야, 환호성을 올려라.
산들아, 화음으로 대미를 장식하여라.

9 하나님께 찬사를 드려라. 그분께서 오신다.
세상을 바로잡으러 오신다.

And those who love him he keeps safe,
Snatches them from the grip of the wicked.

11 Light-seeds are planted in the souls of God's people,
Joy-seeds are planted in good heart-soil.

12 So, God's people, shout praise to GOD,
Give thanks to our Holy God!

98

1 Sing to GOD a brand-new song.
He's made a world of wonders!

He rolled up his sleeves,
He set things right.

2 GOD made history with salvation,
He showed the world what he could do.

3 He remembered to love us, a bonus
To his dear family, Israel—indefatigable love.

The whole earth comes to attention.
Look—God's work of salvation!

4 Shout your praises to GOD, everybody!
Let loose and sing! Strike up the band!

5 Round up an orchestra to play for GOD,
Add on a hundred-voice choir.

6 Feature trumpets and big trombones,
Fill the air with praises to King GOD.

7 Let the sea and its fish give a round of applause,
With everything living on earth joining in.

8 Let ocean breakers call out, "Encore!"
And mountains harmonize the finale—

9 A tribute to GOD when he comes,
When he comes to set the earth right.
He'll straighten out the whole world,

그분께서 온 세상을 올곧게 하시고
땅과 거기 사는 모든 이들을 바르게 하시리라.

99 1-3 하나님께서 다스리신다. 모두 깨어 있어라!
천사들 사이의 보좌에서 다스리시니, 주목하여라!
하나님이 시온에 위엄차게 나타나신다.
온갖 유명인사들 위로 영광스럽게 우뚝 서신다.
주님의 아름다우심, 놀랍고 놀랍습니다. 모든 이들이
주님을 찬양하게 하소서!
거룩하시다. 참으로 거룩하시다.

4-5 강하신 왕, 정의를 사랑하시는 분,
주께서 세상을 공명정대하게 밝히시고
야곱 안에 기초를 놓으시니,
정의와 공의의 주춧돌을 놓으셨습니다.
하나님 우리 하나님께 경의를 표하여라. 그분의 통치
에 머리를 숙여라!
거룩하시다. 참으로 거룩하시다.

6-9 모세와 아론은 그분의 제사장,
사무엘은 그분께 기도하는 이들 가운데 한 사람.
그들이 하나님께 기도하니 그분께서 응답하셨다.
구름기둥에서 말씀하셨다.
그들이 그분의 말씀을 따르고, 그분의 법도를 모두
지켰다.
그러자 하나님 우리 하나님께서 그들에게 응답하셨다.
(그러나 주님, 저들의 죄는 너그럽게 넘기지 않으셨
습니다.)
지극히 높으신 하나님, 우리 하나님을 높여 드려라.
그분의 거룩한 산에서 경배하여라.
거룩하시다. 하나님 우리 하나님은 참으로 거룩하시다.

감사의 시

100 1-2 모두 일어나 하나님께 박수갈채를!
웃음을 한 아름 안고
노래하며 그분 앞으로 나아가라.

3 너희는 알아 두어라, 주께서 하나님이심을.
우리가 그분을 만든 것이 아니요, 그분께서 우리를
지으셨다.
우리는 그분의 백성, 그분이 보살피시는 양 떼.

4 그분의 성문에 들어갈 때 잊어서는 안될 말, "감사

He'll put the world right, and everyone in it.

99 1-3 GOD rules. On your toes, everybody!
He rules from his angel throne—take notice!
GOD looms majestic in Zion,
He towers in splendor over all the big names.
Great and terrible your beauty: let everyone
praise you!
Holy. Yes, holy.

4-5 Strong King, lover of justice,
You laid things out fair and square;
You set down the foundations in Jacob,
Foundation stones of just and right ways.
Honor GOD, our God; worship his rule!
Holy. Yes, holy.

6-9 Moses and Aaron were his priests,
Samuel among those who prayed to him.
They prayed to GOD and he answered them;
He spoke from the pillar of cloud.
And they did what he said; they kept the law he
gave them.
And then GOD, our God, answered them
(But you were never soft on their sins).
Lift high GOD, our God; worship at his holy
mountain.
Holy. Yes, holy is GOD our God.

A Thanksgiving Psalm

100 1-2 On your feet now—applaud GOD!
Bring a gift of laughter,
sing yourselves into his presence.

3 Know this: GOD is God, and God, GOD.
He made us; we didn't make him.
We're his people, his well-tended sheep.

4 Enter with the password: "Thank you!"
Make yourselves at home, talking praise.
Thank him. Worship him.
5 For GOD is sheer beauty,

합니다!"
마음을 편히 하고, 찬양을 드려라.
그분께 감사드려라. 그분께 경배하여라.

5 하나님은 한없이 아름다우신 분,
넘치도록 사랑을 베푸시는 분,
언제나, 영원토록 성실하신 분.

다윗의 시

101

1-8 나의 주제가는 하나님의 사랑과 정의.
하나님, 내가 주님을 위해 그 노래를 부릅니다.
올바르게 사는 길을 따라갑니다.
주님, 얼마나 더 있어야 나타나시렵니까?
내가 최선을 다해 올바른 길을 추구하고
집에서도 그러하니, 그것이 참으로 중요하기 때문입니다.
타락한 자들과 저급한 일,
거들떠보지 않습니다.
가나안산 신들을 물리치고
더러운 것을 멀리합니다.
마음이 비뚤어진 자들과 거리를 두고,
흉계를 꾸미는 자들과 손잡지 않습니다.
이웃을 헐뜯는 험담꾼에게
재갈을 물리고,
거만한 자를
두고 보지 않습니다.
세상의 소금 같은 이들을 눈여겨보리니,
그들이야말로 내가 함께 일하고 싶은 사람들입니다.
좁지만 바른 길을 걷는 사람,
내가 가까이하고 싶은 이들입니다.
거짓말을 일삼는 자는 나와 함께하지 못하리니,
거짓말쟁이들을 내가 참지 못하기 때문입니다.
내가 모든 악인들을 가축처럼 몰아
나라 밖으로 쫓아냈습니다.
악행을 업으로 삼는 자들을
하나님의 도성에서 모조리 추방했습니다.

삶이 산산조각 난 사람이 하나님께 어려운 형편을 토로하는 기도

102

1-2 하나님, 들으소서! 내 기도를 들어주소서.
괴로워 부르짖는 소리에 귀 기울여 주소서.
주님을 간절히 필요로 할 때
나를 못 본 체하지 마소서.
귀 기울이소서! 이렇게 부르짖으니, 도와주소서!
서두르소서. 한시가 급합니다!

all-generous in love,
loyal always and ever.

A David Psalm

101

1-8 My theme song is God's love and justice,
and I'm singing it right to you, GOD.
I'm finding my way down the road of right living,
but how long before you show up?
I'm doing the very best I can,
and I'm doing it at home, where it counts.
I refuse to take a second look
at corrupting people and degrading things.
I reject made-in-Canaan gods,
stay clear of contamination.
The crooked in heart keep their distance;
I refuse to shake hands with those who plan evil.
I put a gag on the gossip
who bad-mouths his neighbor;
I can't stand
arrogance.
But I have my eye on salt-of-the-earth people—
they're the ones I want working with me;
Men and women on the straight and narrow—
these are the ones I want at my side.
But no one who traffics in lies
gets a job with me; I have no patience with liars.
I've rounded up all the wicked like cattle
and herded them right out of the country.
I purged GOD's city
of all who make a business of evil.

A Prayer of One Whose Life Is Falling to Pieces, and Who Lets God Know Just How Bad It Is

102

1-2 GOD, listen! Listen to my prayer,
listen to the pain in my cries.
Don't turn your back on me
just when I need you so desperately.
Pay attention! This is a cry for help!
And hurry—this can't wait!
3-11 I'm wasting away to nothing,

3-11 야윌 대로 야윈 이 몸,
온몸이 불덩이 같습니다.
건강할 때의 모습은 찾아볼 수 없고
불치병으로 거반 죽은 목숨이 되었습니다.
이를 악물어 턱이 아프고
뼈와 가죽만 남았습니다.
나는 사막의 말똥가리처럼
폐허의 까마귀처럼 되었습니다.
도랑에 빠진 참새처럼
잠 못 이루고 처량하게 주절거립니다.
온종일 내 원수들이 나를 비웃고
주변 사람들은 저주를 쏟아 냅니다.
저들이 가져오는 음식은 재를 섞은 볶음밥!
내가 마시는 물은 내 눈물샘에서 길어 올린 것입니다.
이 모든 것이 주님의 진노 때문이며,
주께서 나를 쓸어 담아 내던지신 까닭입니다.
나에게는 아무것도 남아 있지 않습니다.
나는 길바닥에서 쓸려 없어질 마른 잡초일 뿐.

12-17 그러나 하나님, 주께서는 여전히 통치하시고
언제나, 영원토록 다스리십니다.
주께서 보좌에서 일어나 시온을 도우시리니
긍휼히 여기실 때가 되었기 때문입니다.
오, 주님의 종들이 이 도성에 쌓인 돌무더기를 애지중지 하고
그 먼지를 보며 가슴 아파 웁니다!
이방 민족들이 자세를 바로 하고
주님의 영광을 보며 주님의 이름을 경배할 것입니다.
하나님께서 시온을 다시 세우시고
모든 영광 가운데 나타나셔서
불쌍한 이들의 기도를 들어주실 때에,
주께서는 그들의 기도를 내치지 않으실 것입니다.

18-22 다음 세대를 위해 이 일을 기록하여
아직 태어나지 않은 백성이 하나님을 찬양하게 하여라.
"하나님께서 드높은 성소에서 굽어보시고,
하늘에서 땅을 살펴보셨다.
사형수들의 신음소리를 들으시고
감방 문을 열어 주셨다."
이 이야기가 시온에 전해질 수 있게 기록하여
하나님을 찬양하는 소리가 예루살렘 거리에 울려 퍼지게 하여라.
백성과 통치자들이 그분을 섬기러 모이는 곳이면
어디서나 울려 퍼지게 하여라.

I'm burning up with fever.
I'm a ghost of my former self,
half-consumed already by terminal illness.
My jaws ache from gritting my teeth;
I'm nothing but skin and bones.
I'm like a buzzard in the desert,
a crow perched on the rubble.
Insomniac, I twitter away,
mournful as a sparrow in the gutter.
All day long my enemies taunt me,
while others just curse.
They bring in meals—casseroles of ashes!
I draw drink from a barrel of my tears.
And all because of your furious anger;
you swept me up and threw me out.
There's nothing left of me—
a withered weed, swept clean from the path.

12-17 Yet you, GOD, are sovereign still,
always and ever sovereign.
You'll get up from your throne and help Zion—
it's time for compassionate help.
Oh, how your servants love this city's rubble
and weep with compassion over its dust!
The godless nations will sit up and take notice
—see your glory, worship your name—
When GOD rebuilds Zion,
when he shows up in all his glory,
When he attends to the prayer of the wretched.
He won't dismiss their prayer.

18-22 Write this down for the next generation
so people not yet born will praise GOD:
"GOD looked out from his high holy place;
from heaven he surveyed the earth.
He listened to the groans of the doomed,
he opened the doors of their death cells."
Write it so the story can be told in Zion,
so GOD's praise will be sung in Jerusalem's streets
And wherever people gather together
along with their rulers to worship him.
23-28 GOD sovereignly brought me to my

23-28 하나님께서 강한 능력으로 나를 무릎 꿇게 하시고
한창때의 나를 꺾으셨으므로,
내가 기도드렸다. "오, 부디 나를 죽이지 마소서.
주님의 햇수는 대대로 무궁합니다!
주께서는 오래전에 땅의 기초를 놓으시고
친히 하늘을 지으셨습니다.
그것들이 다 사라지고 한 벌의 낡은 옷처럼 닳아 없어진다고 해도
주님은 변함없이 계실 것입니다.
그것들은 해어진 외투처럼 버려지겠지만
주님은 세월이 흘러도 늘 새로우십니다.
주님의 종들의 자녀는 살기 좋은 곳을 얻고
그들의 자손도 주님과 함께 편안히 살게 될 것입니다."

다윗의 시

103 1-2 내 영혼아, 하나님을 찬양하여라.
머리부터 발끝까지, 그분의 거룩하신 이름을 찬양하여라!
오 내 영혼아, 하나님을 찬양하고
그분께서 주신 복을 하나도 잊지 마라!

3-5 주께서 네 모든 죄 용서하시고
네 모든 병 고쳐 주신다.
너를 파멸에서 건지시고, 네 생명 구원하신다!
사랑과 긍휼로 네게 관을 씌워 주신다, 낙원의 화관을.
너를 친절과 영원한 아름다움으로 감싸시고
네 젊음을 새롭게 하시니, 언제나 그분 앞에서 청춘이리라.

6-18 하나님은 모든 일을 공의롭게 행하시고
피해자들을 다시 일으켜 세우신다.
그분께서 어떻게 일하시는지 모세에게 보여주시고
그분의 계획을 온 이스라엘에 알리셨다.
하나님은 한없이 자비롭고 은혜로우시며
쉽사리 노하지 않으시고 사랑이 풍성하시다.
두고두고 꾸짖지 아니하시며
노를 오래 품지 않으신다.
우리 죄를 그대로 묻지 않으시고
우리가 잘못한 대로 다 갚지 않으신다.
하늘이 땅에서 드높은 것처럼
하나님의 사랑은 그분을 경외하는 이들에게 확고하다.
해 뜨는 곳이 해 지는 곳에서 아주 먼 것처럼
우리를 우리 죄에서 멀리 떼어 놓으셨다.

knees,
he cut me down in my prime.
"Oh, don't," I prayed, "please don't let me die.
You have more years than you know what to do with!
You laid earth's foundations a long time ago,
and handcrafted the very heavens;
You'll still be around when they're long gone,
threadbare and discarded like an old suit of clothes.
You'll throw them away like a worn-out coat,
but year after year you're as good as new.
Your servants' children will have a good place to live
and their children will be at home with you."

A David Psalm

103 1-2 O my soul, bless GOD.
From head to toe, I'll bless his holy name!
O my soul, bless GOD,
don't forget a single blessing!

3-5 He forgives your sins—every one.
He heals your diseases—every one.
He redeems you from hell—saves your life!
He crowns you with love and mercy—a paradise crown.
He wraps you in goodness—beauty eternal.
He renews your youth—you're always young in his presence.

6-18 GOD makes everything come out right;
he puts victims back on their feet.
He showed Moses how he went about his work,
opened up his plans to all Israel.
GOD is sheer mercy and grace;
not easily angered, he's rich in love.
He doesn't endlessly nag and scold,
nor hold grudges forever.
He doesn't treat us as our sins deserve,
nor pay us back in full for our wrongs.
As high as heaven is over the earth,
so strong is his love to those who fear him.
And as far as sunrise is from sunset,

부모가 자식을 가엾게 여기듯
하나님께서도 그분을 경외하는 이들을 가엾게 여기신다.
우리를 속속들이 아시고
우리가 진흙으로 지어졌음을 기억하시는 분.
인생의 날수가 그리 길지 않으니,
들꽃처럼 싹터 꽃을 피워도
폭풍에 순식간에 꺾여
우리의 존재를 알릴 흔적조차 남지 않는다.
그러나 하나님의 사랑은 한결같고
그분을 경외하는 모든 이들 곁에 영원히 머무른다.
그들과 그 자손들이 하나님과 맺은 언약을 지키고
그분의 말씀 잊지 않고 따를 때
하나님께서 모든 일을 바로잡아 주신다.

19-22 하나님은 하늘에 보좌를 두시고,
우리 모두를 다스리신다. 그분은 왕이시다!
너희 천사들아, 하나님을 찬양하여라.
그분께서 부르시면 언제든지 달려가
그 말씀 듣고 신속히 실행에 옮겨라.
너희 천사 부대야, 하나님을 찬양하여라.
정신 바짝 차리고 그분의 뜻에 복종하여라.
모든 피조물들아, 어디에 있든지 하나님을 찬양하여라.
하나님께 지음받은 만물들과 모든 이들아, 그분을 찬양하여라.

오 내 영혼아, 하나님을 찬양하여라!

104

1-14 내 영혼아, 하나님을 찬양하여라!

하나님 나의 하나님, 주님은 참으로 위대하십니다!
아름답고 멋지게 차려입으시고
햇빛을 두르시니,
온 하늘을 펼쳐 주님의 천막이 되게 하셨습니다.
깊은 바다 위에 주님의 궁궐 세우시고
구름으로 병거를 만드시며 바람 날개를 타고 다니셨습니다.
바람을 심부름꾼으로 삼으시고
불과 화염을 대사로 임명하셨습니다.
확고한 기초 위에 땅을 놓으셔서
영원토록 흔들리지 않게 하셨습니다.
땅을 대양으로 덮으시고
산들을 깊은 물로 덮으셨습니다.
주께서 호령하시니 물이 달아나고

he has separated us from our sins.
As parents feel for their children,
GOD feels for those who fear him.
He knows us inside and out,
keeps in mind that we're made of mud.
Men and women don't live very long;
like wildflowers they spring up and blossom,
But a storm snuffs them out just as quickly,
leaving nothing to show they were here.
GOD's love, though, is ever and always,
eternally present to all who fear him,
Making everything right for them and their children
as they follow his Covenant ways
and remember to do whatever he said.

19-22 GOD has set his throne in heaven;
he rules over us all. He's the King!
So bless GOD, you angels,
ready and able to fly at his bidding,
quick to hear and do what he says.
Bless GOD, all you armies of angels,
alert to respond to whatever he wills.
Bless GOD, all creatures, wherever you are—
everything and everyone made by GOD.

And you, O my soul, bless GOD!

104

1-14 O my soul, bless GOD!

GOD, my God, how great you are!
beautifully, gloriously robed,
Dressed up in sunshine,
and all heaven stretched out for your tent.
You built your palace on the ocean deeps,
made a chariot out of clouds and took off on wind-wings.
You commandeered winds as messengers,
appointed fire and flame as ambassadors.
You set earth on a firm foundation
so that nothing can shake it, ever.
You blanketed earth with ocean,
covered the mountains with deep waters;
Then you roared and the water ran away—

주님의 천둥소리에 줄행랑을 쳤습니다.
주께서 지정하신 자리로
산들이 솟아오르고, 골짜기들이 벌어졌습니다.
땅과 바다 사이에 경계를 정하여
다시는 땅이 잠기지 않게 하셨습니다.
샘이 솟고 강을 이루게 하셔서
언덕과 언덕 사이로 흐르게 하셨습니다.
이제 모든 들짐승이 마음껏 마시고
야생나귀들도 갈증을 풉니다.
강기슭을 따라 새들이 둥지를 틀고
까마귀들이 우짖습니다.
주께서 하늘 수조에서 물을 끌어와 산에 대시니,
땅이 풍부한 물을 공급받습니다.
주께서 가축들을 위해 풀이 나게 하시고
밭 가는 짐승들을 위해 건초용 풀이 자라게 하십니다.

14-23 참으로 그렇습니다. 주께서는 땅에서 알곡을 내시고
포도주로 사람들을 행복하게 하십니다.
그들의 얼굴에 건강이 넘치게 하시고
풍족히 먹여 배부르게 하십니다.
하나님의 나무들이 물을 충분히 공급받으니
친히 심으신 레바논 백향목입니다.
거기에 새들이 깃듭니다.
나무 꼭대기에 둥지 튼 황새를 보십시오.
산양들이 절벽을 타고
오소리들은 바위 사이에 은신합니다.
달은 계절의 진로를 기억하고
해는 낮을 지배합니다.
어두워져 밤이 되면
숲의 온갖 생물들이 나옵니다.
젊은 사자들이 먹잇감을 찾아 으르렁대며
하나님께 저녁거리 구하다가,
해가 뜨면 제 굴로 물러가서
늘어지게 눕습니다.
그 사이 사람들은 일하러 가고
저녁까지 분주하게 몸을 움직입니다.

24-30 하나님, 참으로 멋진 세상입니다!
주님 곁에 두신 지혜로 그 모든 것을 만드시고
주님의 아름다운 것들로 땅이 가득 차게 하셨습니다.
오, 보소서. 깊고 넓은 바다에
정어리와 상어와 연어,
셀 수 없이 많은 물고기들이 헤엄쳐 다닙니다.
배들이 바다를 가르며 달리고

your thunder crash put it to flight.
Mountains pushed up, valleys spread out
in the places you assigned them.
You set boundaries between earth and sea;
never again will earth be flooded.
You started the springs and rivers,
sent them flowing among the hills.
All the wild animals now drink their fill,
wild donkeys quench their thirst.
Along the riverbanks the birds build nests,
ravens make their voices heard.
You water the mountains from your heavenly cisterns;
earth is supplied with plenty of water.
You make grass grow for the livestock,
hay for the animals that plow the ground.

14-23 Oh yes, God brings grain from the land,
wine to make people happy,
Their faces glowing with health,
a people well-fed and hearty.
GOD's trees are well-watered—
the Lebanon cedars he planted.
Birds build their nests in those trees;
look—the stork at home in the treetop.
Mountain goats climb about the cliffs;
badgers burrow among the rocks.
The moon keeps track of the seasons,
the sun is in charge of each day.
When it's dark and night takes over,
all the forest creatures come out.
The young lions roar for their prey,
clamoring to God for their supper.
When the sun comes up, they vanish,
lazily stretched out in their dens.
Meanwhile, men and women go out to work,
busy at their jobs until evening.

24-30 What a wildly wonderful world, GOD!
You made it all, with Wisdom at your side,
made earth overflow with your wonderful creations.
Oh, look—the deep, wide sea,
brimming with fish past counting,
sardines and sharks and salmon.
Ships plow those waters,

주께서 아끼시는 용 리워야단이 그 속에서 뛰어
놉니다.
모든 생물들이 제때 먹이 주시기를 바라며
주님을 바라봅니다.
주께서 오시면 그들이 모여들고
주께서 손을 펴시면 그들이 받아먹습니다.
그러다가 주께서 등을 돌리시면
그들은 금세 죽고 맙니다.
주님의 영을 거두시면 그들은 죽어
본래의 진흙 상태로 돌아갑니다.
주께서 영을 보내시면 그들의 생명이 활짝 피어
납니다.
온 땅이 만개한 생명으로 가득해집니다.

31-32 하나님의 영광, 영원히 이어지게 하소서!
친히 만드신 것, 하나님의 기쁨 되소서!
주께서 땅을 한 번 굽어보시니 지진이 일어나고
손가락으로 산을 가리키시니 화산이 분출한다.

33-35 오, 내 평생 하나님께 노래하리라.
나 사는 동안 나의 하나님을 찬양하리라!
오, 내 노래 주께서 기뻐하시기를.
하나님께 노래하는 것, 얼마나 기쁜 일인가.
그러나 죄인들은 이 땅에서 없애 주소서.
사악한 자들이 더 이상 붙어 있지 못하게 하소서.

오 내 영혼아, 하나님을 찬양하여라!

105

1-6 할렐루야!
하나님께 감사드려라! 그 이름 부르며 기도하여라!
만나는 모든 이들에게 그분이 행하신 일을 알려라!
그분 위해 노래하여라. 힘차게 찬양하여라.
그분의 기적들을 음악에 실어라!
하나님을 찾는 너희들아, 그 거룩하신 이름에
할렐루야로 경의를 표하여라. 행복하게 살아라!
눈을 열어 하나님을 찾고, 주님의 일을 주목하여라.
그분 임재의 징후들을 주시하여라.
그분께서 행하신 세상의 놀라운 일들,
많은 기적과 친히 내리신 판결들을 기억하여라.
그분의 종 아브라함의 자손들아,
오, 그분께서 택하신 야곱의 자녀들아.

7-15 그분은 바로 하나님 우리 하나님,

and Leviathan, your pet dragon, romps in them.
All the creatures look expectantly to you
to give them their meals on time.
You come, and they gather around;
you open your hand and they eat from it.
If you turned your back,
they'd die in a minute—
Take back your Spirit and they die,
revert to original mud;
Send out your Spirit and they spring to life—
the whole countryside in bloom and blossom.

31-32 The glory of GOD—let it last forever!
Let GOD enjoy his creation!
He takes one look at earth and triggers an earth-quake,
points a finger at the mountains, and volcanoes erupt.

33-35 Oh, let me sing to GOD all my life long,
sing hymns to my God as long as I live!
Oh, let my song please him;
I'm so pleased to be singing to GOD.
But clear the ground of sinners—
no more godless men and women!

O my soul, bless GOD!

105

1-6 Hallelujah!
Thank GOD! Pray to him by name!
Tell everyone you meet what he has done!
Sing him songs, belt out hymns,
translate his wonders into music!
Honor his holy name with Hallelujahs,
you who seek GOD. Live a happy life!
Keep your eyes open for GOD, watch for his works;
be alert for signs of his presence.
Remember the world of wonders he has made,
his miracles, and the verdicts he's rendered—
O seed of Abraham, his servant,
O child of Jacob, his chosen.

7-15 He's GOD, our God,

온 세상을 다스리시는 분.
친히 맺으신 언약을 잊지 않고 기억하시니,
천 대에 이르도록 한결같이 그 약속 지키신다.
그것은 아브라함과 맺으신 언약,
이삭에게 하신 맹세,
야곱에게 세우신 법도,
이스라엘과 맺으신 영원한 언약.
그 내용은 이러하다. "내가 너희에게 가나안 땅을 주
겠다.
이 산지는 내가 너희에게 물려주는 유산이다."
그들이 보잘것없는 무리
한 줌에 불과한 나그네로
이 나라에서 저 나라로 떠돌며
정처 없이 헤맬 때,
주께서 아무도 그들을 학대하지 못하게 하시고
그들에게 손대지 말라, 왕들에게 말씀하셨다.
"내가 기름부은 이들을 건드리지 말고
내 예언자들의 머리카락 한 올도 다치게 하지 마라."

16-22 이후 그분께서 땅에 기근을 불러들이시고
마지막 밀 이삭까지 꺾으셨다.
그러나 한 사람을 앞서 보내셨으니,
종으로 팔려 간 요셉이었다.
사람들이 무자비한 족쇄를 그의 발목에 채우고
쇠틀을 그의 목에 채웠다.
그러다 하나님의 말씀이 마침내 바로에게 임하고
하나님께서 약속을 확증해 주셨다.
왕을 보내어 그를 석방시키시니,
바로가 요셉을 자유의 몸이 되게 하였다.
바로는 요셉을 왕궁의 책임자로 임명하고
모든 국무를 맡겼다.
신하들을 직접 가르치게 하고
왕의 고문들을 훈련시켜 지혜를 얻게 했다.

23-42 그때에 이스라엘이 이집트로 들어가고
야곱이 함의 땅으로 이주했다.
하나님께서 그분의 백성에게 많은 아기들을 허락하시니,
이내 그들의 수가 불어나 그 대적들을 불안하게 했다.
주께서 이집트 사람들이 그분의 백성을 미워하게 하시니
그들이 하나님의 종들을 학대하고 기만했다.
그때에 주께서 자기 종 모세와
친히 택하신 아론을 보내시니,
두 사람은 저 영적 황무지에서 이적들을,
함의 땅에서 기적들을 일으켰다.
하나님께서 "어둠!" 하고 말씀하시자 세상이 어두워

in charge of the whole earth.
And he remembers, remembers his Covenant—
for a thousand generations he's been as good
as his word.
It's the Covenant he made with Abraham,
the same oath he swore to Isaac,
The very statute he established with Jacob,
the eternal Covenant with Israel,
Namely, "I give you the land.
Canaan is your hill-country inheritance."
When they didn't count for much,
a mere handful, and strangers at that,
Wandering from country to country,
drifting from pillar to post,
He permitted no one to abuse them.
He told kings to keep their hands off:
"Don't you dare lay a hand on my anointed,
don't hurt a hair on the heads of my prophets."

16-22 Then he called down a famine on the country,
he broke every last blade of wheat.
But he sent a man on ahead:
Joseph, sold as a slave.
They put cruel chains on his ankles,
an iron collar around his neck,
Until God's word came to the Pharaoh,
and GOD confirmed his promise.
God sent the king to release him.
The Pharaoh set Joseph free;
He appointed him master of his palace,
put him in charge of all his business
To personally instruct his princes
and train his advisors in wisdom.

23-42 Then Israel entered Egypt,
Jacob immigrated to the Land of Ham.
God gave his people lots of babies;
soon their numbers alarmed their foes.
He turned the Egyptians against his people;
they abused and cheated God's servants.
Then he sent his servant Moses,
and Aaron, whom he also chose.
They worked marvels in that spiritual waste-
land,
miracles in the Land of Ham.

졌고,
이집트 사람들은 아무것도 볼 수 없었다.
그분께서 그들의 물을 모두 피로 바꾸시니
그들의 물고기가 다 죽었다.
개구리 떼가 온 땅에 들끓게 하시고
왕의 침실에까지 뛰어들게 하셨다.
주께서 말씀하시자 파리 떼가 모여들었고
이가 온 땅을 덮쳤다.
비 대신 우박을 내리시고
번개로 저들의 땅을 치시니,
그들의 포도나무와 무화과나무가 모두 상하고
그들의 숲에 있는 나무들이 산산조각 났다.
말씀 한 마디로 메뚜기 떼를 불러들이시니,
수백만 마리 메뚜기 군대가 몰려와
온 나라의 풀이란 풀은 모조리 먹어 치우고
땅의 산물을 말끔히 해치웠다.
주께서 그 땅의 모든 맏아들,
그들의 첫 소생들을 치셨다.
이스라엘은 전리품을 가득 안고 그 땅을 나왔다.
주님의 지파 가운데 어느 누구도 비틀거리지 않았다.
이집트 사람들은 그들을 죽을 만치 두려워한 나머지,
그들이 떠나는 것을 기뻐했다.
하나님께서 낮에는 구름을 펼쳐 그들을 시원하게 해
주셨고
밤에는 불로 그들의 길을 밝혀 주셨다.
그들이 기도하자 메추라기를 몰아다 주시고
하늘의 빵으로 그들을 배부르게 먹이셨다.
반석을 열어서 물을 흘려보내시니,
사막에 강물이 흐르듯 생수가 쏟아졌다.
이 모두가 주께서 자신의 언약,
그분의 종 아브라함에게 하신 약속을 기억하셨기 때
문이다.

43-45 이것을 기억하여라!
주께서 그분의 백성을 이끌어 내시고 기뻐 노래하게
하셨다.
친히 택하신 백성이 심장이 터지도록 노래하며 행진
했다!
그들이 들어간 땅을 선물로 주시고
민족들의 부를 그들이 거머쥐게 하셨으니,
주께서 말씀하신 모든 것을 그들이 행하고
직접 주신 그분의 법도를 따르게 하시려는 것이었다.

할렐루야!

He spoke, "Darkness!" and it turned dark—
they couldn't see what they were doing.
He turned all their water to blood
so that all their fish died;
He made frogs swarm through the land,
even into the king's bedroom;
He gave the word and flies swarmed,
gnats filled the air.
He substituted hail for rain,
he stabbed their land with lightning;
He wasted their vines and fig trees,
smashed their groves of trees to splinters;
With a word he brought in locusts,
millions of locusts, armies of locusts;
They consumed every blade of grass in the country
and picked the ground clean of produce;
He struck down every firstborn in the land,
the first fruits of their virile powers.
He led Israel out, their arms filled with loot,
and not one among his tribes even stumbled.
Egypt was glad to have them go—
they were scared to death of them.
God spread a cloud to keep them cool through
the day
and a fire to light their way through the
night;
They prayed and he brought quail,
filled them with the bread of heaven;
He opened the rock and water poured out;
it flowed like a river through that desert—
All because he remembered his Covenant,
his promise to Abraham, his servant.

43-45 Remember this! He led his people out
singing for joy;
his chosen people marched, singing their
hearts out!
He made them a gift of the country they
entered,
helped them seize the wealth of the nations
So they could do everything he told them—
could follow his instructions to the letter.

Hallelujah!

106

1-3 할렐루야!
하나님께 감사하여라!
그분은 선하시고, 그분의 사랑 영원하다.
하나님께서 능력으로 행하신 일을 누가 다 알릴 수 있으며,
그분을 찬양하는 소리 누가 다 옮길 수 있으랴?
옳은 일을 행하는 그대는 복된 남자,
정의가 몸에 밴 그대는 복된 여자.

4-5 하나님, 주님의 백성을 기뻐하실 때 나를 기억하시고
그들을 구원하실 때 나도 구원해 주소서.
주께서 택하신 이들이 잘되는 것을 보며
나도 주님 나라의 기쁨을 함께 기뻐하기 원합니다.
주님의 자랑과 기쁨이 되는 이들의 찬양에 동참하고 싶습니다!

6-12 조상들처럼 우리도 많은 죄를 지었고
빗나갔으며, 많은 이들에게 해를 끼쳤습니다.
우리 조상들이 이집트를 떠난 후에
주님의 이적들을 당연하게 여기고
주님의 크고 놀라우신 사랑을 잊고 말았습니다.
지극히 높으신 하나님께 거역하다가
홍해를 건너지 못할 뻔했습니다.
그러나 주께서 그곳에서 그들을 구원하셨습니다.
주께서 놀라운 권능을 나타내셨다!
홍해를 꾸짖어 물이 그 자리에서 마르게 하시니,
그들이 바다를 거침없이 행진했다!
아무도 발이 젖지 않았다!
주께서 고된 노예살이에서 그들을 구원하시고
원수의 손아귀에서 그들을 풀어 주셨다.
물이 그들을 뒤쫓던 압제자들을 휩쓸어
한 사람도 살아남지 못했다.
그제야 그들은 하나님의 말씀이 참됨을 믿고
찬양의 노래를 크게 불렀다.

13-18 그러나 그들은 금세 모든 것을 잊었고
주께서 할 일을 말씀하실 때까지 기다리지 않았다.
사막에서 자기만족을 얻는 데만 마음 쓰고
줄기차게 요구하면서, 주님을 노엽게 했다.
주님은 그들이 요구하는 대로 다 주셨지만,
그들의 마음 또한 무기력하게 하셨다.
진영에서 몇 사람이 모세를 시기하고
하나님의 거룩한 제사장 아론까지 시기하던 어

106

1-3 Hallelujah!
Thank GOD! And why?
Because he's good, because his love lasts.
But who on earth can do it—
declaim GOD's mighty acts, broadcast all his praises?
You're one happy man when you do what's right,
one happy woman when you form the habit of justice.

4-5 Remember me, GOD, when you enjoy your people;
include me when you save them;
I want to see your chosen succeed,
celebrate with your celebrating nation,
join the Hallelujahs of your pride and joy!

6-12 We've sinned a lot, both we and our parents;
We've fallen short, hurt a lot of people.
After our parents left Egypt,
they took your wonders for granted,
forgot your great and wonderful love.
They were barely beyond the Red Sea
when they defied the High God
—the very place he saved them!
—the place he revealed his amazing power!
He rebuked the Red Sea so that it dried up on the spot
—he paraded them right through!
—no one so much as got wet feet!
He saved them from a life of oppression,
pried them loose from the grip of the enemy.
Then the waters flowed back on their oppressors;
there wasn't a single survivor.
Then they believed his words were true
and broke out in songs of praise.

13-18 But it wasn't long before they forgot the whole thing,
wouldn't wait to be told what to do.
They only cared about pleasing themselves in that desert,
provoked God with their insistent demands.
He gave them exactly what they asked for—
but along with it they got an empty heart.
One day in camp some grew jealous of Moses,

느 날,
땅이 입을 벌려 다단을 삼키고
아비람 일당을 묻어 버렸다.
또 거기서 불이 타올라 그 반역자 무리를
모두 살라 버렸다.

19-22 그들은 호렙에서 금속으로 송아지 형상을 부어 만들고
자기들이 만든 그 상에 경배했다.
하나님의 영광을 싸구려 조각품, 풀이나 뜯는 황소상과 바꿔 버렸다!
그들은 자신들을 구원하신 하나님을 잊어버렸다.
이집트에서 모든 일을 역전시키신 분,
함의 땅에서 연출하신 그분의 수많은 기적들,
홍해에서 펼치신 멋진 역사를.

23-27 하나님은 더 이상 참지 못하시고
그들을 제거하기로 마음먹으셨다.
친히 택하신 모세만 아니었다면 그리하셨으리라.
그러나 모세가 몸을 던져 하나님의 진노를 돌리고
그들의 전멸을 막았다.
그들은 복 받은 그 땅을 계속 거절하면서
하나님의 약속을 믿지 않았다.
자신들의 생활수준에 대해 불평하면서
하나님의 음성을 들으려 하지 않았다.
이에 크게 노하신 하나님께서 맹세하셨다.
그들을 사막에서 거꾸러지게 하고
그들의 자손을 여기저기에 흩어지게 하며,
온 땅 사방으로 쫓겨 다니게 하시겠다고.

28-31 또 그들은 바알브올과 죽이 맞아
장례 잔치에 참석하여 우상에게 바친 음식을 먹었다.
그 행위로 하나님을 진노케 하여
그들의 진영 가운데 전염병이 퍼졌다.
그때 비느하스가 일어나 그들을 행동으로 변호하자,
전염병이 그쳤다.
이 일은 비느하스의 의로 인정되었으니,
그의 후손들이 결코 잊지 않을 것이다.

32-33 그들은 므리바 샘에서 다시 하나님을 진노케 했고,
이번에는 모세까지 그들의 악행에 말려들었다.
그들이 또다시 하나님께 거역하자

also of Aaron, holy priest of GOD.
The ground opened and swallowed Dathan,
then buried Abiram's gang.
Fire flared against that rebel crew
and torched them to a cinder.

19-22 They cast in metal a bull calf at Horeb
and worshiped the statue they'd made.
They traded the Glory
for a cheap piece of sculpture–a grass-chewing bull!
They forgot God, their very own Savior,
who turned things around in Egypt,
Who created a world of wonders in the Land of Ham,
who gave that stunning performance at the Red Sea.

23-27 Fed up, God decided to get rid of them–
and except for Moses, his chosen, he would have.
But Moses stood in the gap and deflected God's anger,
prevented it from destroying them utterly.
They went on to reject the Blessed Land,
didn't believe a word of what God promised.
They found fault with the life they had
and turned a deaf ear to GOD's voice.
Exasperated, God swore
that he'd lay them low in the desert,
Scattering their children hither and yon,
strewing them all over the earth.

28-31 Then they linked up with Baal Peor,
attending funeral banquets and eating idol food.
That made God so angry
that a plague spread through their ranks;
Phinehas stood up and pled their case
and the plague was stopped.
This was counted to his credit;
his descendants will never forget it.

32-33 They angered God again at Meribah Springs;
this time Moses got mixed up in their evil;
Because they defied GOD yet again,
Moses exploded and lost his temper.

모세가 자제력을 잃고 폭발하고 만 것이다.

34-39 그들은 하나님의 명령대로
이방 문화를 없애기는커녕,
오히려 이방인들과 혼인하고
이내 그들과 똑같이 되고 말았다.
그들의 우상에 경배하다가
그 우상의 덫에 걸리고 말았다.
아들과 딸들을
악신의 제단에 제물로 바치느라,
젖먹이의 목을 따고
여자아이와 남자아이를 살해했다.
그들의 젖먹이를 가나안 신들에게 바치니
그 젖먹이의 피가 그 땅을 더럽혔다.
어찌나 고약하게 살았던지, 높은 하늘에까지 악취가
진동했다.
그들은 창녀처럼 살았다.

40-43 하나님께서 노하시니 그 노가 들불처럼 타올라
그 백성을 그저 보고 있을 수가 없으셨다.
그들을 이방인들에게 넘기시고
그들을 미워하는 자들에게 지배받게 하셨다.
원수들은 그들의 삶을 고통스럽게 했고,
그들은 학대에 시달렸다.
하나님께서 몇 번이고 그들을 구해 주셨지만, 교훈을
얻지 못한 채
결국 자신들의 죄악 때문에 무너지고 말았다.

44-46 그러나 하나님께서 그들의 곤경을 보시고
도움을 구하는 그들의 부르짖음을 들으셨다.
그들과 맺으신 언약을 기억하시고
한없는 사랑으로 그들의 손을 잡아 주셨다.
그들을 사로잡아 간 자들이 보고 깜짝 놀랄 정도로
그들에게 긍휼을 베푸셨다.

47 하나님 우리 하나님, 우리를 구원하소서!
포로로 잡혀간 우리들을 모아 다시 돌아가게 하소서.
주님의 거룩한 이름에 감사하고
주님을 찬양하는 기쁨에 참여하게 하소서!

하나님, 이스라엘의 하나님을 찬양하여라!
지금, 그리고 영원토록 찬양하여라!
오, 모든 백성은 아멘으로 화답하여라!
할렐루야!

34-39 They didn't wipe out those godless cultures
as ordered by GOD;
Instead they intermarried with the heathen,
and in time became just like them.
They worshiped their idols,
were caught in the trap of idols.
They sacrificed their sons and daughters
at the altars of demon gods.
They slit the throats of their babies,
murdered their infant girls and boys.
They offered their babies to Canaan's gods;
the blood of their babies stained the land.
Their way of life stank to high heaven;
they lived like whores.

40-43 And GOD was furious—a wildfire anger;
he couldn't stand even to look at his people.
He turned them over to the heathen
so that the people who hated them ruled
them.
Their enemies made life hard for them;
they were tyrannized under that rule.
Over and over God rescued them, but they
never learned—
until finally their sins destroyed them.

44-46 Still, when God saw the trouble they were in
and heard their cries for help,
He remembered his Covenant with them,
and, immense with love, took them by the
hand.
He poured out his mercy on them
while their captors looked on, amazed.

47 Save us, GOD, our God!
Gather us back out of exile
So we can give thanks to your holy name
and join in the glory when you are praised!

Blessed be GOD, Israel's God!
Bless now, bless always!
Oh! Let everyone say Amen!
Hallelujah!

107

1-3 오, 하나님께 감사하여라. 그분은
참으로 선하신 분!
그분의 사랑 끝이 없다.
하나님께 자유를 얻은 모든 이들아, 세상에 전하여라!
주께서 너희를 어떻게 압제에서 구해 내셨는지,
세계 곳곳에서, 사방에서, 오대양에서
너희를 어떻게 모아들이셨는지 알려라.

4-9 너희 중 일부가 여러 해 동안 사막에서 헤맸으나
살기 좋은 곳을 찾지 못했다.
굶주림에 거반 죽고 갈증에 목이 타
비틀대며 쓰러지기 직전이었다.
그때에 절박한 상태에서 하나님께 부르짖자,
그분께서 때맞춰 너희를 구해 주셨다.
너희의 발을 멋진 길에 들여놓으시고
살기 좋은 곳에 곧장 이르게 하셨다.
하나님께 감사하여라. 놀라운 사랑 베푸시고
사랑하는 자녀에게 기적 같은 자비를 베푸셨다.
바싹 마른 목구멍에 물을 흠뻑 부어 주시고,
굶주려 허기진 이들에게 먹을 것을 넉넉히 주셨다.

10-16 너희 중 일부가 어두운 감방에 갇히고
사정없이 감금된 것은,
너희가 하나님 말씀을 거역하고
지극히 높으신 하나님의 훈계를 저버린 탓이었다.
가혹한 판결에 너희 마음은 무거워지고
도와줄 사람 하나 보이지 않았다.
그때에 절박한 상태에서 하나님께 부르짖자,
그분께서 때맞춰 너희를 구해 주셨다.
어둡고 캄캄한 감방에서 너희를 끌어내셨다.
감옥문을 부수어 여시고 너희를 이끌어 내셨다.
하나님께 감사하여라. 놀라운 사랑 베푸시고
사랑하는 자녀에게 기적 같은 자비를 베푸셨다.
육중한 감옥문을 박살내시고
쇠창살을 성냥개비처럼 부러뜨리셨다!

17-22 너희 중 일부가 병에 걸린 것은 너희가 잘못 살고
너희 몸이 너희 죄의 영향을 받았기 때문이다.
너희는 음식을 보는 것마저 싫어하여
차라리 죽는 게 낫다고 여길 만큼 비참했다.
그때에 절박한 상태에서 하나님께 부르짖자,
그분께서 때맞춰 너희를 구해 주셨다.
말씀으로 너희를 고치시고

107

1-3 Oh, thank GOD—he's so good!
His love never runs out.
All of you set free by GOD, tell the world!
Tell how he freed you from oppression,
Then rounded you up from all over the place,
from the four winds, from the seven seas.

4-9 Some of you wandered for years in the desert,
looking but not finding a good place to live,
Half-starved and parched with thirst,
staggering and stumbling, on the brink of exhaustion.
Then, in your desperate condition, you called out to GOD.
He got you out in the nick of time;
He put your feet on a wonderful road
that took you straight to a good place to live.
So thank GOD for his marvelous love,
for his miracle mercy to the children he loves.
He poured great draughts of water down parched throats;
the starved and hungry got plenty to eat.

10-16 Some of you were locked in a dark cell,
cruelly confined behind bars,
Punished for defying God's Word,
for turning your back on the High God's counsel—
A hard sentence, and your hearts so heavy,
and not a soul in sight to help.
Then you called out to GOD in your desperate condition;
he got you out in the nick of time.
He led you out of your dark, dark cell,
broke open the jail and led you out.
So thank GOD for his marvelous love,
for his miracle mercy to the children he loves;
He shattered the heavy jailhouse doors,
he snapped the prison bars like matchsticks!

17-22 Some of you were sick because you'd lived a bad life,
your bodies feeling the effects of your sin;
You couldn't stand the sight of food,

죽음의 절벽에서 너희를 구해 내셨다.
하나님께 감사하여라. 놀라운 사랑 베푸시고
사랑하는 자녀에게 기적 같은 자비를 베푸셨다.
감사의 제물 드리고 그분이 행하신 일을
세상에 전하여라. 그것을 크게 노래하여라!

23-32 너희 중 일부는 큰 배를 타고 출항했다.
머나먼 항구에서 장사하려고 바다로 나갔다.
바다에서 너희는 보았다. 하나님께서 일하시는 광경을,
그분께서 얼마나 놀랍게 대양을 다루시는지를.
말씀 한 마디로 바람을 일으키시니
바다 폭풍이 일어나고 산더미 같은 파도가 치솟았다!
너희는 하늘 높이 솟아올랐다가 바다 밑바닥까지 떨어졌다.
심장이 내려앉아 말문이 막혔다.
너희는 팽이처럼 빙글빙글 돌고 술 취한 사람처럼 비틀거렸다.
정신이 하나도 없었다.
그때에 절박한 상태에서 하나님께 부르짖자,
그분께서 때맞춰 너희를 구해 주셨다.
바람을 진정시켜 작은 속삭임이 되게 하시고
큰 파도에 재갈을 물리셨다.
폭풍이 잠잠해지자 너희는 크게 기뻐했고
그분께서 너희를 항구로 안전하게 인도하셨다.
하나님께 감사하여라. 놀라운 사랑 베푸시고
사랑하는 자녀에게 기적 같은 자비를 베푸셨다.
백성이 모일 때 소리 높여 찬양하고
장로들이 모일 때 할렐루야를 외쳐라!

33-41 하나님께서 강을 황무지로
샘을 햇볕에 바짝 마른 흙밭으로 바꾸셨다.
향기로운 과수원을 소금 습지로 바꾸셨으니,
그것은 거기 사는 사람들의 악함 때문이었다.
그러다 그분께서 황무지를 맑은 저수지로,
건조한 땅을 물이 솟는 샘으로 바꾸셨다.
굶주린 이들을 데려오셔서 자리 잡게 하시니,
그들이 그곳으로 이사했다. 참으로 살기 좋은 곳이었다!
그들이 밭에 씨를 뿌리고 포도원을 일구어
풍작을 이루었다.
하나님이 복을 내리시니 그들이 크게 번성하고,
그들의 가축 떼도 주는 법이 없었다.
하나님이 제후들을 경멸하시며 내쫓으시니

so miserable you thought you'd be better off dead.
Then you called out to GOD in your desperate condition;
he got you out in the nick of time.
He spoke the word that healed you,
that pulled you back from the brink of death.
So thank GOD for his marvelous love,
for his miracle mercy to the children he loves;
Offer thanksgiving sacrifices,
tell the world what he's done—sing it out!

23-32 Some of you set sail in big ships;
you put to sea to do business in faraway ports.
Out at sea you saw GOD in action,
saw his breathtaking ways with the ocean:
With a word he called up the wind—
an ocean storm, towering waves!
You shot high in the sky, then the bottom dropped out;
your hearts were stuck in your throats.
You were spun like a top, you reeled like a drunk,
you didn't know which end was up.
Then you called out to GOD in your desperate condition;
he got you out in the nick of time.
He quieted the wind down to a whisper,
put a muzzle on all the big waves.
And you were so glad when the storm died down,
and he led you safely back to harbor.
So thank GOD for his marvelous love,
for his miracle mercy to the children he loves.
Lift high your praises when the people assemble,
shout Hallelujah when the elders meet!

33-41 GOD turned rivers into wasteland,
springs of water into sunbaked mud;
Luscious orchards became alkali flats
because of the evil of the people who lived there.
Then he changed wasteland into fresh pools of water,
arid earth into springs of water,
Brought in the hungry and settled them there;
they moved in—what a great place to live!
They sowed the fields, they planted vineyards,
they reaped a bountiful harvest.
He blessed them and they prospered greatly;
their herds of cattle never decreased.

학대와 악행과 고난이 줄어들었다.
그분께서 가난한 이들에게 안심하고 살 곳을 마련해 주시고
그 가족들을 양 떼처럼 살뜰히 보살펴 주셨다.

42-43 선한 이들이 이것을 보고 기뻐하고
악한 자들은 말문이 막혀 하던 일을 멈추었다.
너희가 참으로 지혜로우면 이 일을 되새기고
하나님의 깊은 사랑에 감사하게 되리라.

다윗의 기도

108

1-2 하나님, 준비가 끝났습니다.
머리부터 발끝까지 단단히 준비했습니다.
이제 선율에 맞춰 주님을 노래하렵니다.
"깨어나라, 내 영혼아!
깨어나라, 하프야, 거문고야!
깨어나라, 너 잠꾸러기 태양아!"

3-6 하나님, 내가 거리에서 소리 높여 주께 감사드리고
도시에서, 시골에서 주님을 찬양합니다.
주님의 사랑, 깊을수록 더 높이 이르고
모든 구름, 주님의 성실 드러내며 나부낍니다.
오 하나님, 하늘 높이 날아오르소서!
주님의 영광으로 온 땅을 덮으소서!
주께서 지극히 사랑하시는 백성을 위하여
손을 뻗어 나를 도우소서. 지금 바로 응답하소서!

7-9 그때 하나님께서 거룩한 광채 속에서 말씀하셨습니다.
"내가 기쁨에 겨워
세겜을 선사하고
숙곳 골짜기를 선물로 주리라.
길르앗이 내 호주머니 속에 있고
므낫세도 그러하다.
에브라임은 나의 헬멧,
유다는 나의 망치.
모압은 세탁용 양동이,
내가 모압을 쓰러뜨려 바닥 걸레로 삼으리라.
에돔에게 침을 뱉고
블레셋 전역에 불벼락을 퍼부으리라."

10-11 누가 나를 치열한 싸움터로 데려가며,
누가 에돔에 이르는 길을 알려 주겠습니까?

But abuse and evil and trouble declined
as he heaped scorn on princes and sent them away.
He gave the poor a safe place to live,
treated their clans like well-cared-for sheep.

42-43 Good people see this and are glad;
bad people are speechless, stopped in their tracks.
If you are really wise, you'll think this over—
it's time you appreciated GOD's deep love.

A David Prayer

108

1-2 I'm ready, God, so ready,
ready from head to toe.
Ready to sing,
ready to raise a God-song:
"Wake, soul! Wake, lute!
Wake up, you sleepyhead sun!"

3-6 I'm thanking you, GOD, out in the streets,
singing your praises in town and country.
The deeper your love, the higher it goes;
every cloud's a flag to your faithfulness.
Soar high in the skies, O God!
Cover the whole earth with your glory!
And for the sake of the one you love so much,
reach down and help me—answer me!

7-9 That's when God spoke in holy splendor:
"Brimming over with joy,
I make a present of Shechem,
I hand out Succoth Valley as a gift.
Gilead's in my pocket,
to say nothing of Manasseh.
Ephraim's my hard hat,
Judah my hammer.
Moab's a scrub bucket—
I mop the floor with Moab,
Spit on Edom,
rain fireworks all over Philistia."

10-11 Who will take me to the thick of the fight?
Who'll show me the road to Edom?
You aren't giving up on us, are you, God?
refusing to go out with our troops?

하나님, 주께서 우리를 버리신 것은 아니겠지요?
우리 군대와 함께 나아가기를 거절하신 것은 아니겠지요?

12-13 우리를 도우셔서 이 힘든 임무 완수하게 하소서.
사람의 도움은 아무 쓸데가 없습니다.
하나님을 힘입어 우리가 최선을 다하리니,
주께서 적군을 완전히 때려눕히실 것이다.

다윗의 기도

109 1-5 나의 하나님, 내 찬양의 기도를
못 들은 체 마소서.
거짓말쟁이들이 나에게 욕설을 퍼붓고
거짓된 혀로 나를 개 떼처럼 잡으려 합니다.
크게 짖어 대며 적의를 드러내고
까닭 없이 내 뒤꿈치를 뭅니다!
내가 그들을 사랑했건만 그들은 나를 비방하고
내 기도를 죄악으로 취급합니다.
그들은 나의 선을 악으로 갚고
나의 사랑을 미움으로 갚습니다.

6-20 악인을 보내셔서, 나를 고소한 법관을 고소하게 하소서.
사탄을 급파하셔서 그를 기소하게 하소서.
그가 유죄 판결을 받게 하시고
그가 드리는 기도는 모두 죄가 되게 하소서.
그의 수명을 줄이시고
그의 일자리를 다른 사람에게 주소서.
그의 자식은 고아가 되게 하시고
그의 아내는 미망인의 상복을 입게 하소서.
그 자식들이 거리에서 구걸하는 신세가 되고
제 집에서 내쫓겨 노숙하게 하소서.
은행이 재산을 차압하여 다 털어가고
모르는 자들이 독수리처럼 덮쳐 남은 것 하나 없게 하소서.
주위에 그를 도와줄 자 없게 하시고
고아가 된 자식들의 처지를 살피는 자도 없게 하소서.
그의 족보가 끊어져
아무도 그의 이름을 기억하지 못하게 하소서.
그 아비의 죄악 기념비를 세우시고
그 어미의 이름도 거기에 기록되게 하소서.
그들의 죄는 하나님 앞에 영구히 기록되지만
그들은 완전히 잊히게 하소서.
그런 대접을 받아 마땅합니다. 그가 친절을 베풀기는커녕
고통받는 이들과 상심한 이들을 죽도록 괴롭힌 까닭입

12-13 Give us help for the hard task;
human help is worthless.
In God we'll do our very best;
he'll flatten the opposition for good.

A David Prayer

109 1-5 My God, don't turn a deaf ear
to my hallelujah prayer.
Liars are pouring out invective on me;
Their lying tongues are like a pack of dogs out to get me,
barking their hate, nipping my heels—and for no reason!
I loved them and now they slander me—yes, me!—
and treat my prayer like a crime;
They return my good with evil,
they return my love with hate.

6-20 Send the Evil One to accuse my accusing judge;
dispatch Satan to prosecute him.
When he's judged, let the verdict be "Guilty,"
and when he prays, let his prayer turn to sin.
Give him a short life,
and give his job to somebody else.
Make orphans of his children,
dress his wife in widow's weeds;
Turn his children into begging street urchins,
evicted from their homes—homeless.
May the bank foreclose and wipe him out,
and strangers, like vultures, pick him clean.
May there be no one around to help him out,
no one willing to give his orphans a break.
Chop down his family tree
so that nobody even remembers his name.
But erect a memorial to the sin of his father,
and make sure his mother's name is there, too—
Their sins recorded forever before GOD,
but they themselves sunk in oblivion.
That's all he deserves since he was never once kind,
hounded the afflicted and heartbroken to their graves.

니다.
그가 저주하기를 몹시 좋아했으니
그 저주가 그에게 빗발치듯 내리게 하시고,
축복하기를 싫어했으니
축복이 그를 피해 멀리 달아나게 하소서.
그는 저주를 근사한 옷처럼 갖춰 입고,
저주를 마시고 저주에 흠뻑 젖었습니다.
그에게 저주의 옷을 선물하셔서
한 주 내내 그 옷만 걸치게 하소서!
나를 잡으려는 자들이 받을 것은 바로 이것,
하나님이 산사태처럼 쏟으시는 응분의 대가.

Since he loved cursing so much,
let curses rain down;
Since he had no taste for blessing,
let blessings flee far from him.
He dressed up in curses like a fine suit of clothes;
he drank curses, took his baths in curses.
So give him a gift—a costume of curses;
he can wear curses every day of the week!
That's what they'll get, those out to get me—
an avalanche of just deserts from GOD.

21-25 오 하나님, 나의 주님, 직접 나서 주소서.
주께서 능히 할 수 있으니, 나를 위해 기적을 일으키소서!
주님의 사랑 지극히 크시니 나를 여기서 건져 주소서!
나는 속수무책이요, 내 삶은 황폐합니다.
나는 스러져 소멸해 가고,
내 청춘도 가버려 겉늙었습니다.
굶주림으로 쇠약해져 일어설 힘도 없습니다.
내 몸은 뼈와 가죽만 남았습니다.
사람들이 내게 저속한 농담을 던집니다.
그들은 나를 보고 고개를 절레절레 흔듭니다.

21-25 Oh, GOD, my Lord, step in;
work a miracle for me—you can do it!
Get me out of here—your love is so great!—
I'm at the end of my rope, my life in ruins.
I'm fading away to nothing, passing away,
my youth gone, old before my time.
I'm weak from hunger and can hardly stand up,
my body a rack of skin and bones.
I'm a joke in poor taste to those who see me;
they take one look and shake their heads.

26-29 하나님 나의 하나님, 나를 도우소서. 부디 나를 도우소서.
주님의 놀라우신 사랑으로 나를 구원하소서.
그들이 알게 하소서. 주님의 손이 이곳에 계심을,
주 하나님께서 일하고 계심을.
그들이 제멋대로 저주하게 내버려 두시고
주님은 내게 복을 내려 주소서.
그들이 일어설 때 군중의 야유를 받게 하시고
주님의 종인 나에게는 갈채가 따르게 하소서.
나를 고발하는 자들에게 수치로 더러워진 옷을 입히소서.
낡아서 내다 버린 굴욕적인 누더기를 입히소서.

26-29 Help me, oh help me, GOD, my God,
save me through your wonderful love;
Then they'll know that your hand is in this,
that you, GOD, have been at work.
Let them curse all they want;
you do the blessing.
Let them be jeered by the crowd when they stand up,
followed by cheers for me, your servant.
Dress my accusers in clothes dirty with shame,
discarded and humiliating old ragbag clothes.

30-31 내 입에 하나님께 드리는 멋진 찬양 가득하고
내가 군중에 둘러싸여 그분께 할렐루야 노래하리라.
주께서는 늘 가련한 이들의 편이 되시고
불의한 법관에게서 목숨을 구해 주신다.

30-31 My mouth's full of great praise for GOD,
I'm singing his hallelujahs surrounded by crowds,
For he's always at hand to take the side of the needy,
to rescue a life from the unjust judge.

다윗의 기도

110

1-3 내 주께 내리신 하나님 말씀.
"내가 네 원수들을 네 발판으로 삼을 때까지
너는 여기 내 보좌 곁에 앉아 있어라."

A David Prayer

110

1-3 The word of GOD to my Lord:
"Sit alongside me here on my

시온의 하나님께서 주께 강력한 왕권을 만들어 주셨으니,
원수들이 에워싸도 이제 다스리소서, 주님!
주님의 위대한 승전 날에,
거룩한 갑옷 입고 찬란히 빛나는 주께로
주님의 백성이 기쁘게 모여들 것입니다,
상쾌한 새벽녘에 생기 가득한 청년처럼
주께 나아갈 것입니다.

4-7 하나님께서 말씀하셨으니 돌이키지 않으실 것입니다.
왕께서는 영원한 제사장, 멜기세덱 제사장.
주께서 왕의 곁에 서서
무시무시한 진노로 왕들을 짓밟으시고,
뭇 나라들을 재판하여
대대적으로 유죄 판결을 내리시며,
드넓은 땅을 가로지르며 반대 세력을 짓밟으실 것입니다.
왕을 세우시는 분께서 왕을 즉위시키시니,
참되신 왕께서 머리를 높이 들고 다스리실 것입니다.

111

1-10 할렐루야!
내 모든 것으로 하나님께 감사하리라.
선한 이들이 모이는 곳마다, 그 회중 가운데서.
하나님이 행하신 일, 참으로 위대하니
평생토록 연구하고 끝없이 즐거워하리라!
장엄하고 아름다운 그분의 솜씨,
그분의 관대하심 다함이 없다.
하나님의 기적은 그분의 기념비.
그분은 은혜의 하나님, 사랑의 하나님.
그분을 경외하는 이들에게 양식을 주시고
오래전 하신 약속 잊지 않고 지키셨다.
말씀대로 하실 수 있음을 자기 백성에게 입증하시고,
뭇 민족들을 큰 접시에 담아 선물로 주셨다!
진실과 정의는 그분의 작품.
그 모든 것 영원토록 존속하니,
시대에 뒤지거나 쇠퇴하지 않으며, 결코 녹스는 *법이 없다.*
그분께서 지으시고 행하시는 것, 모두 진실하고 참되다.
자기 백성을 위하여 몸값을 지불하시고
친히 맺으신 언약을 영원히 지키셨다.

throne
until I make your enemies a stool for your feet."
You were forged a strong scepter by GOD of Zion;
now rule, though surrounded by enemies!
Your people will freely join you, resplendent in holy armor
on the great day of your conquest,
Join you at the fresh break of day,
join you with all the vigor of youth.

4-7 GOD gave his word and he won't take it back:
you're the permanent priest, the Melchizedek priest.
The Lord stands true at your side,
crushing kings in his terrible wrath,
Bringing judgment on the nations,
handing out convictions wholesale,
crushing opposition across the wide earth.
The King-Maker put his King on the throne;
the True King rules with head held high!

111

1-10 Hallelujah!
I give thanks to GOD with everything I've got—
Wherever good people gather, and in the congregation.
GOD's works are so great, worth
A lifetime of study—endless enjoyment!
Splendor and beauty mark his craft;
His generosity never gives out.
His miracles are his memorial—
This GOD of Grace, this GOD of Love.
He gave food to those who fear him,
He remembered to keep his ancient promise.
He proved to his people that he could do what he said:
Hand them the nations on a platter—a gift!
He manufactures truth and justice;
All his products are guaranteed to last—
Never out-of-date, never obsolete, rust-proof.
All that he makes and does is honest and true:
He paid the ransom for his people,
He ordered his Covenant kept forever.
He's so personal and holy, worthy of our respect.

참으로 인격적이고 거룩하신 주님, 우리의 흠모
받으시기에 합당하신 분.
선한 삶의 시작은 하나님을 경외하는 것,
그리하면 하나님의 복을 알게 되리라.
주께 드리는 할렐루야, 영원하리라!

112

1-10 할렐루야!
하나님을 경외하고,
그분의 계명을 기뻐하며 소중히 여기는 이들은
복이 있다.
그 자녀들은 땅에서 강건하고,
올곧은 이들의 가정도 그러하니, 참으로 복이 있다!
그들의 집에는 재물이 넘쳐
아무리 베풀어도 축나지 않는다.
선한 이들에게는 어둠 뚫고 해가 떠올라
하나님의 은혜와 긍휼과 정의를 비춘다!
선한 이들은 아낌없이 베풀고 넉넉히 꾸어 주니,
넘어지거나 비틀대는 일 없고
좋은 평판이 확고하여 사라지지 않는다.
소문과 험담에도 흔들리지 않고
순종의 마음으로 하나님을 신뢰한다.
마음이 굳세어 흐트러짐 없으며
늘 즐거워하며 원수들 사이에 있어도 편안하다.
그들은 불쌍한 이들에게 아낌없이 베풀고
너그러운 나눔은 길이길이 이어진다.
그 삶이여, 영예롭고 아름답구나!
악인은 이것을 보고 노발대발하며
엄포를 늘어놓지만, 결국 말문이 막히고 만다.
악인들의 꿈은 무위로 돌아가고 헛되이 사라질
뿐이다.

113

1-3 할렐루야!
하나님을 섬기는 너희들아, 하나
님을 찬양하여라!
그분의 이름을 선포하여라, 그것이 바로 찬양이다!
하나님을 기억하여라, 그것이 바로 복이다.
오늘도 내일도 언제까지나 기억하여라.
동에서 서까지, 새벽부터 해 질 때까지,
너희 모두 찬양을 하나님께 올려 드려라!

4-9 하나님은 그 무엇이나 그 누구보다 높으시고,
하늘에 보이는 그 어떤 것보다 밝게 빛나신다.
누가 하나님, 우리 하나님과 견줄 수 있으랴?

The good life begins in the fear of GOD—
Do that and you'll know the blessing of GOD.
His Hallelujah lasts forever!

112

1-10 Hallelujah!
Blessed man, blessed woman, who
fear GOD,
Who cherish and relish his commandments,
Their children robust on the earth,
And the homes of the upright—how blessed!
Their houses brim with wealth
And a generosity that never runs dry.
Sunrise breaks through the darkness for good
people—
God's grace and mercy and justice!
The good person is generous and lends lavishly;
No shuffling or stumbling around for this one,
But a sterling and solid and lasting reputation.
Unfazed by rumor and gossip,
Heart ready, trusting in GOD,
Spirit firm, unperturbed,
Ever blessed, relaxed among enemies,
They lavish gifts on the poor—
A generosity that goes on, and on, and on.
An honored life! A beautiful life!
Someone wicked takes one look and rages,
Blusters away but ends up speechless.
There's nothing to the dreams of the wicked.
Nothing.

113

1-3 Hallelujah!
You who serve GOD, praise GOD!
Just to speak his name is praise!
Just to remember GOD is a blessing—
now and tomorrow and always.
From east to west, from dawn to dusk,
keep lifting all your praises to GOD!

4-9 GOD is higher than anything and anyone,
outshining everything you can see in the skies.
Who can compare with GOD, our God,
so majestically enthroned,
Surveying his magnificent

더없이 위엄 있게 좌정하시고
드넓은 하늘과 땅을 굽어보신다.
가련한 이를 오물 더미에서 건져 내시고
버림받아 불쌍한 이를 쓰레기 더미에서 구해 내신다.
귀빈들 사이에 그들을 앉히시고
가장 똑똑하고 뛰어난 자들 가운데 영예의 자리를
마련해 주신다.
아이 없는 부부가 부모가 되게 하시고
여러 자녀를 기르는 기쁨을 주신다.
할렐루야!

heavens and earth?
He picks up the poor from out of the dirt,
rescues the wretched who've been thrown out
with the trash,
Seats them among the honored guests,
a place of honor among the brightest and best.
He gives childless couples a family,
gives them joy as the parents of children.
Hallelujah!

114

1-8 이스라엘이 이집트를 떠날 때,
야곱의 집안이 저 야만족을 두고 떠
나올 때,
유다는 하나님께 거룩한 땅이 되고
이스라엘은 그분께서 거룩하게 다스리시는 영토가
되었다.
바다는 그들을 보고 반대쪽으로 달아나고
요단 강은 몸을 돌려 도망쳤으며,
장난기가 동한 산들이 숫양처럼 뛰놀고
언덕들도 어린양처럼 들떠 뛰었다.
바다야, 네가 달아나다니, 무슨 일이냐?
요단 강아, 네가 몸을 돌려 도망치다니, 어찌 된 일
이냐?
산들아, 너희는 어찌하여 숫양처럼 뛰놀았느냐?
언덕들아, 너희는 어찌하여 어린양처럼 들떠 뛰었
느냐?
땅이여, 두려워 떨어라! 네 주님 앞,
야곱의 하나님 앞에서!
주께서 반석을 시원한 못으로,
바위를 맑은 샘물로 바꾸셨다.

114

1-8 After Israel left Egypt,
the clan of Jacob left those
barbarians behind;
Judah became holy land for him,
Israel the place of holy rule.
Sea took one look and ran the other way;
River Jordan turned around and ran off.
The mountains turned playful and skipped like
rams,
the hills frolicked like spring lambs.
What's wrong with you, Sea, that you ran away?
and you, River Jordan, that you turned and
ran off?
And mountains, why did you skip like rams?
and you, hills, frolic like spring lambs?
Tremble, Earth! You're in the Lord's presence!
in the presence of Jacob's God.
He turned the rock into a pool of cool water,
turned flint into fresh spring water.

115

1-2 하나님, 우리를 위해서가 아
니라,
주님의 이름을 위해 주님의 영광 드러내소서.
주님의 자비로우신 사랑을 위해 그리하소서.
주님의 성실하심으로 인하여 그렇게 하소서.
이방 민족들이 "저들의 하나님이 어디에 있느냐?"
하고
말하지 못하게 하소서.

3-8 우리 하나님은 하늘에 계셔서
원하시는 일이면 무엇이든 이루신다.

115

1-2 Not for our sake, GOD, no, not
for our sake,
but for your name's sake, show your glory.
Do it on account of your merciful love,
do it on account of your faithful ways.
Do it so none of the nations can say,
"Where now, oh where is their God?"

3-8 Our God is in heaven
doing whatever he wants to do.
Their gods are metal and wood,
handmade in a basement shop:
Carved mouths that can't talk,

저들의 우상은 금속과 나무,
지하 작업장에서 손으로 만든 것.
새긴 입이라 말하지 못하고
그린 눈이라 보지 못한다.
주석 입힌 귀라 듣지 못하고
부어 만든 코라 냄새 맡지 못한다.
손은 움켜쥐지 못하고, 발은 걷거나 달리지 못하며
목구멍은 소리 내지 못한다.
이런 것을 만든 자들, 그와 똑같이 되고
그들이 의지하는 우상들과 똑같은 처지가 되었다.

9-11 그러나 너 이스라엘아, 하나님을 신뢰하여라!
그분은 너를 도우시는 분, 너를 다스리시는 분!
아론의 집안이여, 하나님을 신뢰하여라!
그분은 너희를 도우시는 분, 너희를 다스리시는 분!
하나님을 경외하는 너희여, 하나님을 신뢰하여라!
그분은 너희를 도우시는 분, 너희를 다스리시는 분!

12-16 오 하나님, 우리를 기억하셔서 복을 내려 주소서.
이스라엘 집안과 아론 집안에 복을 내려 주소서.
하나님을 경외하는 모든 이들에게 복을 내리시고
못난 자나 잘난 자 모두에게 복을 내려 주소서.
오, 하나님께서 너희 집안을 일으키시고
너희를 번성시키시며, 너희 자손의 수를 늘려 주시기를.
너희는 하나님께 복을 받으리라,
하늘과 땅을 지으신 하나님께.
하늘의 하늘은 하나님의 것,
그분께서 맡기신 땅은 우리의 것.

17-18 죽은 사람은 하나님을 찬양할 수 없고
땅에 묻힌 자는 한 마디도 말할 수 없다.
그러나 우리는 하나님을 찬양하리라.
지금도 찬양하고, 늘 찬양하리라!
할렐루야!

116

1-6 하나님께서 내 말을 들으시고
자비를 구하는 내 간구를 들어주셨으니,
내가 그분을 사랑하는도다.
주님 앞에 나아와 내 사정 털어놓을 때,
귀를 기울여 들어주셨다.
죽음이 나를 정면으로 노려보고
저승이 내 뒤를 바싹 쫓을 때,

painted eyes that can't see,
Tin ears that can't hear,
molded noses that can't smell,
Hands that can't grasp, feet that can't walk or run,
throats that never utter a sound.
Those who make them have become just like them,
have become just like the gods they trust.

9-11 But you, Israel: put your trust in GOD!
—trust your Helper! trust your Ruler!
Clan of Aaron, trust in GOD!
—trust your Helper! trust your Ruler!
You who fear GOD, trust in GOD!
—trust your Helper! trust your Ruler!

12-16 O GOD, remember us and bless us,
bless the families of Israel and Aaron.
And let GOD bless all who fear GOD—
bless the small, bless the great.
Oh, let GOD enlarge your families—
giving growth to you, growth to your children.
May you be blessed by GOD,
by GOD, who made heaven and earth.
The heaven of heavens is for GOD,
but he put us in charge of the earth.

17-18 Dead people can't praise GOD—
not a word to be heard from those buried in the ground.
But we bless GOD, oh yes—
we bless him now, we bless him always!
Hallelujah!

116

1-6 I love GOD because he listened to me,
listened as I begged for mercy.
He listened so intently
as I laid out my case before him.
Death stared me in the face,
hell was hard on my heels.
Up against it, I didn't know which way to turn;
then I called out to GOD for help:
"Please, GOD!" I cried out.

막다른 길에 이른 나, 어디로 갈지 몰라
하나님을 부르며 도움을 구했다.
"하나님, 간구합니다!
이 목숨을 구해 주소서!"
하나님은 은혜로우신 분, 모든 일을 바로잡아 주시는 분,
긍휼이 많으신 분.
의지할 데 없는 이들을 편들어 주시고
어찌할 바 모르는 나를 구원해 주셨다.

7-8 내가 속으로 말했다. "이제 마음 편히 쉬어라.
하나님께서 네게 복을 쏟아부으셨으니.
내 영혼아, 하나님이 너를 죽음에서 구하셨다.
내 눈아, 하나님이 너를 눈물에서 건지셨다.
내 발아, 하나님이 너를 넘어지지 않게 하셨다."

9-11 내가 하나님 앞에서 힘껏 걸으며
산 자들의 땅에서 살아가리라!
괴로움을 당하고
견디기 힘든 불행을 겪으면서,
인간에 대한 기대마저 무너져
"사람들은 다 거짓말쟁이에 사기꾼이다" 하면서도
나, 믿음을 굳게 지켰다.

12-19 하나님께서 내게 부어 주신 복을
무엇으로 갚을 수 있으랴?
내가 구원의 잔을 높이 들리라. 하나님을 위하여 건배!
내가 하나님의 이름으로 기도하리라.
하나님께 약속한 대로,
그분의 백성과 함께 모두 이행하리라.
그들이 죽음의 문턱에 이를 때
하나님께서 자기를 사랑하는 이들을 맞아 주신다.
오 하나님, 주님의 충직한 종이 여기 있습니다.
주께서 일하셔서
이 몸, 자유케 되었습니다!
내가 주께 감사제를 드리며
하나님의 이름으로 기도합니다.
하나님께 약속한 대로,
그분의 백성과 함께 모두 이행하리라.
예배하는 자리에서, 하나님의 집에서,
하나님의 도성, 예루살렘에서.
할렐루야!

117

1-2 모두 하나님을 찬양하여라!
모든 백성들아, 박수 치며 하나님을

"Save my life!"
GOD is gracious—it is he who makes things right,
our most compassionate God.
GOD takes the side of the helpless;
when I was at the end of my rope, he saved me.

7-8 I said to myself, "Relax and rest.
GOD has showered you with blessings.
Soul, you've been rescued from death;
Eye, you've been rescued from tears;
And you, Foot, were kept from stumbling."

9-11 I'm striding in the presence of GOD,
alive in the land of the living!
I stayed faithful, though bedeviled,
and despite a ton of bad luck,
Despite giving up on the human race,
saying, "They're all liars and cheats."

12-19 What can I give back to GOD
for the blessings he's poured out on me?
I'll lift high the cup of salvation—a toast to GOD!
I'll pray in the name of GOD;
I'll complete what I promised GOD I'd do,
and I'll do it together with his people.
When they arrive at the gates of death,
GOD welcomes those who love him.
Oh, GOD, here I am, your servant,
your faithful servant: set me free for your service!
I'm ready to offer the thanksgiving sacrifice
and pray in the name of GOD.
I'll complete what I promised GOD I'd do,
and I'll do it in company with his people,
In the place of worship, in GOD's house,
in Jerusalem, GOD's city.
Hallelujah!

117

1-2 Praise GOD, everybody!
Applaud GOD, all people!
His love has taken over our lives;
GOD's faithful ways are eternal.

찬송하여라!
그분의 사랑 우리 삶을 사로잡았으니,
하나님의 신실하심 영원하도다.
할렐루야!

118

1-4 하나님께 감사하여라. 그분은 선하시고
그분의 사랑 끝이 없다.
이스라엘아, 세상을 향해 말하여라.
"그분의 사랑 끝이 없다."
너 아론 집안아, 세상을 향해 말하여라.
"그분의 사랑 끝이 없다."
하나님을 경외하는 너희도 함께 말하여라.
"그분의 사랑 끝이 없다."

5-16 내가 고난을 당해 하나님을 불렀더니
탁 트인 곳에 계신 그분께서 응답하셨다.
하나님께서 내 편이시니 나는 두렵지 않다.
누가 감히 나를 건드리랴?
하나님께서 철통같이 보호하시니,
내가 원수들을 파리처럼 털어 버린다.
하나님께 몸을 피하는 것이
사람을 신뢰하는 것보다 훨씬 낫고,
하나님께 몸을 피하는 것이
유명인사들을 신뢰하는 것보다 훨씬 낫다.
야만족이 나를 에워쌌으나
내가 하나님의 이름으로 그들의 얼굴을 땅바닥에 처박았다.
빠져나갈 길 없이 나를 둘러쌌지만
내가 하나님의 이름으로 그들의 얼굴을 땅바닥에 처박았다.
벌 떼처럼, 대초원의 들불처럼 나를 에워쌌지만
내가 하나님의 이름으로 그들의 얼굴을 땅바닥에 처박았다.
나, 낭떠러지 끝에서 떨어질 뻔했으나
하나님께서 손을 뻗어 나를 붙들어 주셨다.
하나님은 나의 힘, 나의 노래,
나의 구원이시라.
구원받은 이들의 진영에서 울려 퍼지는
환호소리 들어라, 승리의 노래 들어라.
"하나님의 손이 전세를 역전시켰다!
승리를 거둔 하나님의 손이 공중에 번쩍 들렸다!
하나님의 손이 전세를 역전시켰다!"

Hallelujah!

118

1-4 Thank GOD because he's good,
because his love never quits.
Tell the world, Israel,
"His love never quits."
And you, clan of Aaron, tell the world,
"His love never quits."
And you who fear GOD, join in,
"His love never quits."

5-16 Pushed to the wall, I called to GOD;
from the wide open spaces, he answered.
GOD's now at my side and I'm not afraid;
who would dare lay a hand on me?
GOD's my strong champion;
I flick off my enemies like flies.
Far better to take refuge in GOD
than trust in people;
Far better to take refuge in GOD
than trust in celebrities.
Hemmed in by barbarians,
in GOD's name I rubbed their faces in the dirt;
Hemmed in and with no way out,
in GOD's name I rubbed their faces in the dirt;
Like swarming bees, like wild prairie fire, they hemmed me in;
in GOD's name I rubbed their faces in the dirt.
I was right on the cliff-edge, ready to fall,
when GOD grabbed and held me.
GOD's my strength, he's also my song,
and now he's my salvation.
Hear the shouts, hear the triumph songs
in the camp of the saved?
"The hand of GOD has turned the tide!
The hand of GOD is raised in victory!
The hand of GOD has turned the tide!"

17-20 I didn't die. I *lived*!
And now I'm telling the world what GOD did.
GOD tested me, he pushed me hard,

17-20 나는 죽지 않았다. 나는 살았다!
이제 하나님께서 행하신 일을 세상에 알리리라.
하나님께서 나를 시험하시고 거세게 몰아세우셨지만,
죽음에 넘기지는 않으셨다.
성문을 활짝 열어라, 정의의 문을!
내가 그 문으로 곧장 걸어 들어가 하나님께 감사하리라!
이 성전 문은 하나님의 것이니,
승리자들이 들어가 찬양을 드린다.

21-25 나에게 응답하신 주님, 감사합니다.
주님은 참으로 나의 구원이 되셨습니다!
석공들이 흠 있는 것으로 여겨 내버린 돌이
이제 머릿돌이 되었다!
이것은 하나님께서 행하신 일,
눈을 씻고 보아도 신기할 따름이다!
이날은 하나님께서 행하신 날,
함께 기념하고 축제를 벌이세!
지금 구원하소서, 하나님, 지금 구원하소서!
오 하나님, 자유롭고 충만한 삶을 주소서!

26-29 하나님 이름으로 들어오는 너희는 복이 있다.
우리가 하나님의 집에서 너희를 축복하노라!
하나님은 주님이시니,
우리를 빛 속에 잠기게 하셨다.
성소를 화환으로 꾸미고
형형색색의 깃발을 제단 위에 걸어라!
주님은 나의 하나님이시니, 주께 감사드립니다.
오 나의 하나님, 주님을 소리 높여 찬양합니다.
하나님께 감사하여라. 그분은 참으로 선하시고
그분의 사랑 끝이 없다!

119

1-8 정도를 벗어나지 않고
하나님이 알려 주신 길을 한결같이 걷는 사람은 복이 있다.
하나님의 지시를 따르고
최선을 다해 그분을 찾는 사람은 복이 있다.
그렇다. 이런 사람은 곁길로 새지 않고
주께서 내신 길을 똑바로 걸어간다.
하나님, 주께서는 바른 삶의 길을 정하시고
우리가 그 길을 따라 살기를 원하십니다.
오, 주께서 정해 주신 길을 따라
흔들림 없이 걸어갔더라면,
주님의 교훈에 미치지 못하여

but he didn't hand me over to Death.
Swing wide the city gates—the *righteous* gates!
I'll walk right through and thank GOD!
This Temple Gate belongs to GOD,
so the victors can enter and praise.

21-25 Thank you for responding to me;
you've truly become my salvation!
The stone the masons discarded as flawed
is now the capstone!
This is GOD's work.
We rub our eyes—we can hardly believe it!
This is the very day GOD acted—
let's celebrate and be festive!
Salvation now, GOD. Salvation now!
Oh yes, GOD—a free and full life!

26-29 Blessed are you who enter in GOD's name—
from GOD's house we bless you!
GOD is God,
he has bathed us in light.
Festoon the shrine with garlands,
hang colored banners above the altar!
You're my God, and I thank you.
O my God, I lift high your praise.
Thank GOD—he's so good.
His love never quits!

119

1-8 You're blessed when you stay on course,
walking steadily on the road revealed by GOD.
You're blessed when you follow his directions,
doing your best to find him.
That's right—you don't go off on your own;
you walk straight along the road he set.
You, GOD, prescribed the right way to live;
now you expect us to live it.
Oh, that my steps might be steady,
keeping to the course you set;
Then I'd never have any regrets

내 삶을 후회할 일은 없었을 것을.
진심으로 따끔하게 말씀해 주시고
주님의 의로운 길을 본받게 하시니 감사드립니다.
주께서 말씀하신 대로 행하겠으니
나를 버리고 떠나지 마소서.

9-16 어떻게 해야 젊은이가 깨끗하게 살 수 있습니까?
주님의 말씀의 지도를 꼼꼼히 살피고 따라가는 것입니다.
내가 일편단심 주님만 따라가리니,
주께서 세우신 길 위의 표지판을 놓치지 않게 하소서.
내 마음의 금고에 주님의 약속들을 예치해 놓았으니
내가 죄를 지어 파산하지 않기 위해서입니다.
하나님, 찬양을 받으소서.
지혜롭게 사는 길을 가르쳐 주소서.
주님의 입에서 나오는 모든 교훈을
내 입술로 되풀이하겠습니다.
내가 막대한 부를 축적하는 것보다
주께서 일러 주시는 삶의 교훈을 훨씬 더 즐거워합니다.
주께서 주신 지혜를 작은 조각까지 곱씹고
주께서 행하신 일을 주의 깊게 살핍니다.
주께서 인생에 대해 하신 말씀, 빠짐없이 음미하고
한 마디도 잊지 않겠습니다.

17-24 나를 너그럽게 대해 주소서. 내가 충실한 삶을 살며
주님의 길에서 잠시도 눈을 떼지 않겠습니다.
내 눈을 열어 주셔서
주님의 놀라운 기적을 보게 하소서.
나는 이 땅에서 나그네에 불과하니
분명한 지침을 내려 주소서.
내 영혼은 허기지고 굶주렸습니다!
영양가 높은 주님의 계명들을 갈망합니다.
자기의 지식을 자랑하면서도
주님의 말씀을 무시하는 자들을 꾸짖으소서!
그들이 나를 놀리거나 욕보이지 못하게 하소서.
내가 주님의 말씀만 주의 깊게 실천합니다.
못된 이웃들이 나를 몹시 헐뜯어도
나는 주님의 지혜로운 훈계를 가슴 깊이 되새깁니다.
그렇습니다. 주님의 인생 교훈이 내게 기쁨이 되니
내가 좋은 이웃의 말처럼 귀담아듣습니다!

in comparing my life with your counsel.
I thank you for speaking straight from your heart;
I learn the pattern of your righteous ways.
I'm going to do what you tell me to do;
don't ever walk off and leave me.

9-16 How can a young person live a clean life?
By carefully reading the map of your Word.
I'm single-minded in pursuit of you;
don't let me miss the road signs you've posted.
I've banked your promises in the vault of my heart
so I won't sin myself bankrupt.
Be blessed, GOD;
train me in your ways of wise living.
I'll transfer to my lips
all the counsel that comes from your mouth;
I delight far more in what you tell me about living
than in gathering a pile of riches.
I ponder every morsel of wisdom from you,
I attentively watch how you've done it.
I relish everything you've told me of life,
I won't forget a word of it.

17-24 Be generous with me and I'll live a full life;
not for a minute will I take my eyes off your road.
Open my eyes so I can see
what you show me of your miracle-wonders.
I'm a stranger in these parts;
give me clear directions.
My soul is starved and hungry, ravenous!–
insatiable for your nourishing commands.
And those who think they know so much,
ignoring everything you tell them–let them have it!
Don't let them mock and humiliate me;
I've been careful to do just what you said.

25-32 끔찍합니다. 이보다 더 비참할 수 있겠습니까?
나를 다시 일으켜 주소서. 주께서 약속하신 것,
기억하시는지요?
내 사정을 말씀드리자 주께서 응답해 주셨으니,
주님의 깊은 지혜로 나를 가르쳐 주소서.
그 내용을 속속들이 이해하게 도우셔서
주님의 놀라운 기적을 묵상하게 하소서.
이 서글픈 인생은 무너져 가는 헛간에 불과하니,
주님의 말씀으로 나를 다시 지어 주소서.
길 아닌 길은 막으시고,
주님의 분명한 계시로 은혜를 베풀어 주소서.
내가 목적지가 분명한 참된 길을 택하고
굽이마다, 모퉁이마다 주님의 도로 표지판을 세웁니다.
주께서 하신 모든 말씀 붙들고 하나도 놓지 않으니,
하나님, 나를 버리지 마소서!
나에게 방법을 알려 주시면
주께서 나를 위해 펼쳐 놓으신 길로 달려가겠습니다.

33-40 하나님, 내게 인생의 교훈을 가르치셔서
내가 그 길을 끝까지 따라가게 하소서.
내게 통찰력을 주셔서 주님의 말씀대로 행하게 하시고,
내 모든 삶이 오랜 순종의 길이 되게 하소서.
주님의 계명의 길로 나를 인도하소서.
쭉 뻗은 그 길을 가는 것이 참으로 좋습니다!
탐욕 가득한 보화가 아니라
지혜로운 주님의 말씀을 사랑하게 하소서.
헛된 것들에서 눈길을 돌리게 하시고
먼 순례 길을 가는 내게 힘을 주소서.
주님을 경외하는 모든 사람에게 하신 약속,
그 약속의 말씀 내게도 이루어 주소서.
나를 비난하는 자들의 거친 말들을 면하게 하소서.
그러나 주께서 하시는 말씀은 언제나 좋습니다.
내가 주님의 교훈을 얼마나 사모하는지 보소서.
주님의 의로운 길을 따라가는 내 삶을 지켜 주소서!

41-48 하나님, 주께서 약속하신 대로
주님의 사랑과 구원으로 내 삶을 빚으소서.

While bad neighbors maliciously gossip about me,
I'm absorbed in pondering your wise counsel.
Yes, your sayings on life are what give me delight;
I listen to them as to good neighbors!

25-32 I'm feeling terrible—I couldn't feel worse!
Get me on my feet again. You promised, remember?
When I told my story, you responded;
train me well in your deep wisdom.
Help me understand these things inside and out
so I can ponder your miracle-wonders.
My sad life's dilapidated, a falling-down barn;
build me up again by your Word.
Barricade the road that goes Nowhere;
grace me with your clear revelation.
I choose the true road to Somewhere,
I post your road signs at every curve and corner.
I grasp and cling to whatever you tell me;
GOD, don't let me down!
I'll run the course you lay out for me
if you'll just show me how.

33-40 GOD, teach me lessons for living
so I can stay the course.
Give me insight so I can do what you tell me—
my whole life one long, obedient response.
Guide me down the road of your commandments;
I love traveling this freeway!
Give me a bent for your words of wisdom,
and not for piling up loot.
Divert my eyes from toys and trinkets,
invigorate me on the pilgrim way.
Affirm your promises to me—
promises made to all who fear you.
Deflect the harsh words of my critics—
but what you say is always so good.
See how hungry I am for your counsel;
preserve my life through your righteous ways!

41-48 Let your love, GOD, shape my life
with salvation, exactly as you promised;

그러면 내가 주님의 말씀을 신뢰함으로
비웃음을 견딜 수 있겠습니다.
내가 주님의 계명들을 의지하니
내게서 결단코 진리를 거두지 마소서.
오, 주께서 내게 알려 주신 것, 목숨을 다해 지키겠습니다,
이제도 지키고, 앞으로도 길이길이 지키겠습니다.
탁 트인 곳을 성큼성큼 걸으며
주님의 진리와 주님의 지혜를 찾겠습니다.
그래서 내가 발견한 것을 세상에 전하며
사람들 앞에서 부끄러워하지 않고 담대히 외치겠습니다.
내가 주님의 계명을 소중히 간직합니다.
얼마나 사랑하는지, 주님의 계명에 흠뻑 빠져듭니다.

49-56 주님의 종인 내게 하신 말씀을 기억하소서.
그 말씀을 내가 죽기 살기로 붙듭니다!
고난당할 때 그 말씀이 나를 붙들고
주님의 약속이 내 원기를 회복시켜 줍니다.
거만한 자들이 나를 무참히 조롱하여도
주님의 계시에서 조금도 벗어나지 않습니다.
오래전에 경계표로 주신 주님의 말씀을 확인하니,
내가 제대로 가고 있음을 알겠습니다.
그러나 주님의 지시를 무시하는 악인들을 보면
주체할 수 없이 분노가 끓어오릅니다.
주님의 가르침에 곡조를 붙이고
이 순례 길을 걸으며 노래합니다.
오 하나님, 밤새도록 주님의 이름을 묵상하며
주님의 계시를 보화인 듯 마음에 새깁니다.
여전히 내 가는 길에 비웃음이 빗발치니
내가 주님의 말씀과 교훈대로 살기 때문입니다.

57-64 하나님, 주께서 나를 만족케 하셨으니
주님의 말씀대로 다 행하겠습니다.
진심으로 간구하니, 환한 얼굴빛 비추시고
약속하신 대로 내게 은혜를 베풀어 주소서.
주님의 길을 오랫동안 유심히 살펴보고
주께서 표시해 주신 방향으로 발길을 돌렸습니다.
내가 지체하지 않고 일어나
서둘러 주님의 명령을 따랐습니다.
악인들이 나를 에워싸 빠져나갈 길이 없었으나
나를 위해 세우신 주님의 계획을 한시도 잊지 않

Then I'll be able to stand up to mockery
because I trusted your Word.
Don't ever deprive me of truth, not ever–
your commandments are what I depend on.
Oh, I'll guard with my life what you've revealed to me,
guard it now, guard it ever;
And I'll stride freely through wide open spaces
as I look for your truth and your wisdom;
Then I'll tell the world what I find,
speak out boldly in public, unembarrassed.
I cherish your commandments–oh, how I love them!–
relishing every fragment of your counsel.

49-56 Remember what you said to me, your servant–
I hang on to these words for dear life!
These words hold me up in bad times;
yes, your promises rejuvenate me.
The insolent ridicule me without mercy,
but I don't budge from your revelation.
I watch for your ancient landmark words,
and know I'm on the right track.
But when I see the wicked ignore your directions,
I'm beside myself with anger.
I set your instructions to music
and sing them as I walk this pilgrim way.
I meditate on your name all night, GOD,
treasuring your revelation, O GOD.
Still, I walk through a rain of derision
because I live by your Word and counsel.

57-64 Because you have satisfied me, GOD, I promise
to do everything you say.
I beg you from the bottom of my heart: smile,
be gracious to me just as you promised.
When I took a long, careful look at your ways,
I got my feet back on the trail you blazed.
I was up at once, didn't drag my feet,
was quick to follow your orders.
The wicked hemmed me in–there was no way out–
but not for a minute did I forget your plan for me.
I get up in the middle of the night to thank you;

았습니다.
내가 한밤중에 일어나 주께 감사드립니다!
주님의 판단이 너무나 옳고 참되어, 아침까지 기다릴 수 없습니다!
나는 주님을 경외하는 모든 이들의 벗,
주님의 규례대로 사는 이들의 길동무입니다.
하나님, 주님의 사랑이 땅에 가득합니다!
주님의 교훈대로 살도록 나를 가르치소서.

65-72 하나님, 주님의 종을 선대해 주소서.
주님의 말씀대로 잘 보살펴 주소서.
주님의 방식을 좇아 살기로 단단히 마음먹었으니,
건전한 상식으로 나를 가르치소서.
주님의 책망을 받아들이기 전, 나 이리저리 방황했지만
이제는 주님의 말씀에 보조를 맞춥니다.
주님은 선하시며 선의 근원이시니,
그 선하심으로 나를 가르치소서.
악인들이 나를 두고 거짓말을 퍼뜨려도
나는 주님 말씀에 주의를 기울입니다.
저들의 말은 비곗덩어리처럼 역겹지만
주님의 계시는 나를 춤추게 합니다.
나의 고난이 변하여 최선의 결과를 냈으니
내가 주님의 고난 교과서로 배우게 되었기 때문입니다.
나에게는 주님의 입에서 나오는 진리가
금광에서 찾은 금맥보다 더욱 귀합니다.

73-80 주께서 두 손으로 나를 빚어 만드셨으니,
주님의 말씀을 이해하도록 내게 지혜를 불어넣으소서.
내가 주님의 말씀을 기다리고 사모하는 모습을 보고
주님을 경외하는 이들이 용기를 얻고 기뻐합니다.
하나님, 주님의 판단이 옳다는 것을 이제 알겠습니다.
무엇이 참되고 옳은지 주님의 시험을 통해 내가 배웠습니다.
오, 주께서 약속하신 대로 나를 사랑해 주소서.
바로 지금, 나를 꼭 붙들어 주소서!
나를 위로해 주소서. 그러면 내가 참으로 살겠습니다.
주님의 계시, 그 곡조에 맞춰 춤을 추겠습니다.
사기꾼의 달변이 거짓으로 드러나게 하소서.
저들이 나를 속이려 했으나

your decisions are so right, so true—I can't wait till morning!
I'm a friend and companion of all who fear you,
of those committed to living by your rules.
Your love, GOD, fills the earth!
Train me to live by your counsel.

65-72 Be good to your servant, GOD;
be as good as your Word.
Train me in good common sense;
I'm thoroughly committed to living your way.
Before I learned to answer you, I wandered all over the place,
but now I'm in step with your Word.
You are good, and the source of good;
train me in your goodness.
The godless spread lies about me,
but I focus my attention on what you are saying;
They're bland as a bucket of lard,
while I dance to the tune of your revelation.
My troubles turned out all for the best—
they forced me to learn from your textbook.
Truth from your mouth means more to me
than striking it rich in a gold mine.

73-80 With your very own hands you formed me;
now breathe your wisdom over me so I can understand you.
When they see me waiting, expecting your Word,
those who fear you will take heart and be glad.
I can see now, GOD, that your decisions are right;
your testing has taught me what's true and right.
Oh, love me—and right now!—hold me tight!
just the way you promised.
Now comfort me so I can live, really live;
your revelation is the tune I dance to.
Let the fast-talking tricksters be exposed as frauds;
they tried to sell me a bill of goods,
but I kept my mind fixed on your counsel.

나는 주님의 교훈에 마음을 고정했습니다.
주님을 경외하는 이들이 내게로 와서
주님의 지혜로운 인도하심의 증거를 보게 하소서.
내 몸과 영혼이 온전하고 거룩하게 하셔서
내가 언제나 머리를 높이 들고 걸을 수 있게 하소서.

81-88 내가 주님의 구원을 간절히 바라다 병이 들었습니다.
주님이 주시는 희망의 말씀을 기다립니다.
주님의 약속이 이루어질 징조를 찾느라 내 눈이 피곤합니다.
주님의 위로를 언제까지 기다려야 합니까?
눈에 연기가 들어왔는지, 눈이 아른거리고 눈물이 납니다.
나는 주님의 가르침에서 한시도 눈을 떼지 않습니다.
이 상황을 얼마나 더 견뎌야 합니까?
얼마나 더 참아야 나를 괴롭히는 자들을 심판하시겠습니까?
교만한 자들은 하나님과 그 길을 알지 못하면서
나를 끌어내려고 합니다.
주께서 명령하시는 것은 무엇이나 틀림없지만,
저들은 거짓말로 나를 괴롭힙니다. 도와주소서!
저들은 그칠 줄 모르고 나를 몰아붙이지만
내가 변함없이 주님의 교훈을 굳게 붙듭니다.
주님의 모든 말씀에 즉각 순종할 수 있도록
주님의 크신 사랑으로 나를 회복시켜 주소서.

89-96 하나님, 주님의 말씀은 하늘만큼 영원하고
굳건하게 그 자리를 지킵니다.
주님의 진리는 유행처럼 흘러가는 법이 없고,
해 뜰 때의 땅만큼이나 늘 새롭습니다.
주님의 말씀과 진리는 언제나 믿을 만하니
주께서 땅의 기초를 놓으신 것처럼, 그렇게 정하셨습니다.
주님의 계시가 내게 큰 기쁨이 되지 않았다면
고난이 닥쳤을 때 나는 포기하고 말았을 것입니다.
주께서 슬기로운 말씀으로 내 생명을 구하셨으니,
내가 주님의 교훈을 결코 잊지 않겠습니다.
나를 구원하소서! 나는 주님의 것입니다.
내가 두루 살피며 주님의 지혜로운 말씀을 찾습니다.
악인들이 매복한 채 나를 죽이려 하지만
내 마음은 온통 나를 위해 세우신 그 계획을 향합니다.
인간에게 속한 모든 것에는 한계가 있지만

Let those who fear you turn to me
for evidence of your wise guidance.
And let me live whole and holy, soul and body,
so I can always walk with my head held high.

81-88 I'm homesick—longing for your salvation;
I'm waiting for your word of hope.
My eyes grow heavy watching for some sign of your promise;
how long must I wait for your comfort?
There's smoke in my eyes—they burn and water,
but I keep a steady gaze on the instructions you post.
How long do I have to put up with all this?
How long till you haul my tormentors into court?
The arrogant godless try to throw me off track,
ignorant as they are of God and his ways.
Everything you command is a sure thing,
but they harass me with lies. Help!
They've pushed and pushed—they never let up—
but I haven't relaxed my grip on your counsel.
In your great love revive me
so I can alertly obey your every word.

89-96 What you say goes, GOD,
and stays, as permanent as the heavens.
Your truth never goes out of fashion;
it's as up-to-date as the earth when the sun comes up.
Your Word and truth are dependable as ever;
that's what you ordered—you set the earth going.
If your revelation hadn't delighted me so,
I would have given up when the hard times came.
But I'll never forget the advice you gave me;
you saved my life with those wise words.
Save me! I'm all yours.
I look high and low for your words of wisdom.
The wicked lie in ambush to destroy me,
but I'm only concerned with your plans for me.
I see the limits to everything human,

주님의 계명을 담기에는 저 깊고 깊은 바다도 부족합니다!

97-104 오, 내가 주님의 모든 계시를 얼마나 사랑하는지요!
온종일 그것을 귀히 여겨 되새깁니다.
주님의 계명이 나를 원수들보다 돋보이게 하니,
주님의 계명은 시대에 뒤지는 법이 없습니다.
주님의 교훈을 숙고하고 내 것으로 삼았기에
내가 스승들보다 명석해졌습니다.
주님의 말씀대로 행했을 뿐인데,
내가 연로한 현자들보다 지혜롭게 되었습니다.
내가 발밑을 조심하여 악의 도랑과 패인 곳을 피하니
평생토록 주님의 말씀을 지키기 위함입니다.
주께서 정해 주신 길에서 내가 벗어나지 않으니
참으로 좋은 길을 내게 주셨기 때문입니다.
주님의 말씀이 어찌나 귀하고 맛있는지,
산해진미가 부럽지 않습니다.
주님의 가르침으로 인생을 이해하게 되었으니,
내가 거짓선동을 미워합니다.

105-112 주님의 말씀, 나의 갈 바를 보여주고,
그 말씀, 내 어두운 길에 한 줄기 빛을 비춥니다.
이제껏 내가 주님의 의로운 규례대로 성심껏 살아왔고
앞으로도 그 삶에서 결코 돌이키지 않겠습니다.
하나님, 내 모든 것이 산산조각 났으니,
주님의 말씀으로 나를 온전히 짜 맞추어 주소서.
하나님, 주님의 순전한 말씀으로 나를 꾸미시고,
내게 주님의 거룩한 법도를 가르쳐 주소서.
세상 떠날 날이 아주 가까이 다가왔으나
나는 주님의 계시를 잊지 않습니다.
악인들이 나를 끌어내려고 기를 쓰지만
나는 주님의 길에서 한 발자국도 벗어나지 않습니다.
주님의 인생 교과서를 물려받았으니, 그것은 영원토록 내 것!
실로 멋진 선물입니다. 그것이 있어 나는 참으로 행복합니다!
주님 말씀대로 행하는 일에 내가 온 마음을 기울이니,
늘 그래 왔고 앞으로도 그러할 것입니다.

113-120 나는 겉 다르고 속 다른 자를 미워하지만

but the horizons can't contain your commands!

97-104 Oh, how I love all you've revealed;
I reverently ponder it all the day long.
Your commands give me an edge on my enemies;
they never become obsolete.
I've even become smarter than my teachers
since I've pondered and absorbed your counsel.
I've become wiser than the wise old sages
simply by doing what you tell me.
I watch my step, avoiding the ditches and ruts of evil
so I can spend all my time keeping your Word.
I never make detours from the route you laid out;
you gave me such good directions.
Your words are so choice, so tasty;
I prefer them to the best home cooking.
With your instruction, I understand life;
that's why I hate false propaganda.

105-112 By your words I can see where I'm going;
they throw a beam of light on my dark path.
I've committed myself and I'll never turn back
from living by your righteous order.
Everything's falling apart on me, GOD;
put me together again with your Word.
Festoon me with your finest sayings, GOD;
teach me your holy rules.
My life is as close as my own hands,
but I don't forget what you have revealed.
The wicked do their best to throw me off track,
but I don't swerve an inch from your course.
I inherited your book on living; it's mine forever—
what a gift! And how happy it makes me!
I concentrate on doing exactly what you say—
I always have and always will.

113-120 I hate the two-faced,
but I love your clear-cut revelation.
You're my place of quiet retreat;
I wait for your Word to renew me.

주님의 명쾌한 계시는 사랑합니다.
주님은 나의 은밀한 피난처이시니,
내가 바라는 것은, 주님의 말씀이 나를 새롭게 하는 것입니다.
악인들아, 내 인생에서 사라져라.
나는 내 하나님의 계명을 지킬 것이다.
약속하신 대로 내 편이 되어 주소서. 내가 확실히 살 것입니다.
주님, 나의 원대한 소망을 저버리지 마소서.
주님이 내 곁에 계시면 나는 아무 문제 없습니다.
주께서 정해 주신 삶에 충실하겠습니다.
주님의 가르침에서 멀어진 자들의 가면을 모조리 벗기소서.
예사로이 행하는 저들의 우상숭배가 극에 달했습니다.
주께서 세상의 악인들을 쓰레기 더미처럼 버리시니,
나는 주님의 모든 말씀을 즐거이 받듭니다.
내가 주님 앞에서 두려워 떱니다.
주님의 놀라우신 판결 앞에서 나는 할 말을 잃었습니다.

121-128 내가 정의와 공의를 지지하였으니,
나를 억압자들의 손에 넘기지 마소서.
선하신 하나님, 주님의 종을 편들어 주시고
오만한 자들이 괴롭히지 못하게 하소서.
모든 것 바로잡아 주신다는 주님 약속 기다리다 지쳐서
더 이상 눈조차 뜨지 못할 지경이 되었습니다.
주님의 인자하심에 따라 나를 대해 주시고,
주님의 인생 교과서로 나를 가르치소서.
나는 주님의 종입니다.
주님의 가르침을 알 수 있도록 나를 깨우쳐 주소서.
하나님, 저들이 주님의 계시를 어지럽혔으니,
이제 나서실 때가 되었습니다!
참된 것만 말씀하시는 하나님, 내가 주님의 계명을 금보다도
보석보다도 사랑합니다.
참된 것만 말씀하시는 하나님, 내가 주님의 모든 말씀 귀히 여기고
모든 거짓된 굽은 길을 미워합니다.

129-136 내게 주시는 주님의 말씀은 모두 기적의 말씀,
어찌 내가 따르지 않겠습니까?
주님의 말씀 활짝 펼쳐 빛을 내시고
평범한 사람들도 그 의미를 깨닫게 하소서.
무엇보다 주님의 계명을 원하기에,

Get out of my life, evildoers,
so I can keep my God's commands.
Take my side as you promised; I'll live then for sure.
Don't disappoint all my grand hopes.
Stick with me and I'll be all right;
I'll give total allegiance to your definitions of life.
Expose all who drift away from your sayings;
their casual idolatry is lethal.
You reject earth's wicked as so much rubbish;
therefore I lovingly embrace everything you say.
I shiver in awe before you;
your decisions leave me speechless with reverence.

121-128 I stood up for justice and the right;
don't leave me to the mercy of my oppressors.
Take the side of your servant, good God;
don't let the godless take advantage of me.
I can't keep my eyes open any longer, waiting for you
to keep your promise to set everything right.
Let your love dictate how you deal with me;
teach me from your textbook on life.
I'm your servant—help me understand what that means,
the inner meaning of your instructions.
It's time to act, GOD;
they've made a shambles of your revelation!
Yea-Saying God, I love what you command,
I love it better than gold and gemstones;
Yea-Saying God, I honor everything you tell me,
I despise every deceitful detour.

129-136 Every word you give me is a miracle word—
how could I help but obey?
Break open your words, let the light shine out,
let ordinary people see the meaning.
Mouth open and panting,
I wanted your commands more than anything.

내가 입을 벌리고 갈망합니다.
주님을 사모하는 이들에게 늘 하시는 것처럼
나에게 눈길을 돌리시고 그윽이 바라보소서.
주님 약속의 말씀으로 내 발걸음 굳게 세우셔서
어떤 악도 나를 이기지 못하게 하소서.
악인들의 손아귀에서 나를 구하시고
주님의 길을 따라 살게 하소서.
환한 얼굴빛 종에게 비추시고,
내게 바르게 사는 길을 가르쳐 주소서.
주님의 책에 기록된 대로 사는 자 없으니
내 눈에서 눈물이 하염없이 흘러내립니다!

Turn my way, look kindly on me,
as you always do to those who personally love you.
Steady my steps with your Word of promise
so nothing malign gets the better of me.
Rescue me from the grip of bad men and women
so I can live life your way.
Smile on me, your servant;
teach me the right way to live.
I cry rivers of tears
because nobody's living by your book!

137-144 하나님, 주님은 공의로우시고 옳은 일만 하십니다.
주님의 판단은 정곡을 찌릅니다.
주님 앞에서 언제나 신실하게 사는 법을
주님은 우리에게 제대로 가르쳐 주십니다.
내 원수들이 주님의 계명을 끊임없이 무시하니
내가 그 모습에 무너질 뻔했습니다.
주님의 약속은 숱한 시험을 통과했기에
주님의 종인 이 몸, 그것을 지극히 사랑합니다.
나는 어리고 별 볼 일 없는 사람이지만
주께서 하신 말씀만은 잊지 않습니다.
주님의 의는 영원토록 옳으며
주님의 계시는 오직 하나뿐인 진리입니다.
큰 고난이 나를 덮쳤으나
주님의 계명이 줄곧 나의 기쁨이 되었습니다.
주께서 말씀해 주신 삶의 방식은 늘 옳으니,
내가 그 길을 깨우쳐 충만하게 살도록 도우소서.

137-144 You are right and you do right, GOD;
your decisions are right on target.
You rightly instruct us in how to live
ever faithful to you.
My rivals nearly did me in,
they persistently ignored your commandments.
Your promise has been tested through and through,
and I, your servant, love it dearly.
I'm too young to be important,
but I don't forget what you tell me.
Your righteousness is eternally right,
your revelation is the only truth.
Even though troubles came down on me hard,
your commands always gave me delight.
The way you tell me to live is always right;
help me understand it so I can live to the fullest.

145-152 내가 목청껏 부르짖습니다.
"하나님, 응답하소서! 주님의 말씀대로 다 행하겠습니다."
내가 주께 외쳤습니다. "나를 구원하소서.
내가 주님의 모든 규례를 지키겠습니다."
해 돋기 전에 일어나
도움을 구하며 부르짖고, 주께서 말씀해 주시기를 기다립니다.
밤새도록 잠 못 이루고 기도하면서,
주님의 약속을 곰곰이 되새깁니다.
주님의 사랑으로 내 간구를 들어주소서.
하나님, 주님의 정의로 나를 살려 주소서.
나를 노리는 자들이 가까이 왔습니다.

145-152 I call out at the top of my lungs,
"GOD! Answer! I'll do whatever you say."
I called to you, "Save me
so I can carry out all your instructions."
I was up before sunrise,
crying for help, hoping for a word from you.
I stayed awake all night,
prayerfully pondering your promise.
In your love, listen to me;
in your justice, GOD, keep me alive.
As those out to get me come closer and closer,
they go farther and farther from the truth you reveal;

주께서 계시하신 진리에서 멀리 벗어난 자들입니다.
그러나 하나님, 주께서는 누구보다 나와 가까이 계시며
주님의 판단은 모두 진실합니다.
주께서 영원히 지속될 말씀의 증거를 세우셨으니
나는 그 증거를 전부터 알고 있었습니다.

153-160 내 고난을 살피시고 나를 도우소서.
내가 주님의 계시를 한시도 잊은 적이 없습니다.
내 편이 되셔서 나를 곤경에서 건져 주소서.
주께서 약속하신 대로, 내 삶을 회복시켜 주소서.
'구원'은 악인들에게 정체 모를 단어에 불과하니
주님의 사전에서 찾아본 적이 없기 때문입니다.
하나님, 주님의 자비는 수십억 명을 품을 만큼 무궁하니,
주님의 규례에 따라 나를 살려 주소서.
나를 대적하는 자들이 셀 수 없이 많으나
나는 주님의 가르침에서 조금도 벗어나지 않습니다.
나는 도중에 포기하는 자들을 보고 진저리 쳤습니다.
그들은 아무렇지도 않게 주님의 약속을 저버립니다!
내가 주님의 말씀을 얼마나 사랑하는지 눈여겨보시고,
주님의 사랑으로 나의 남은 날을 늘려 주소서.
주님의 말씀은 모두 진리이며,
주님의 의로운 판결은 영원합니다.

161-168 정치인들이 나를 사정없이 비방해도
내가 두려워하는 것은 주님의 말씀뿐, 흔들리지 않습니다.
돈벼락을 맞은 사람처럼
나는 주님의 말씀으로 황홀합니다.
내가 거짓말은 견딜 수 없이 미워하지만
주님의 계시는 너무나 사랑합니다.
하루에도 일곱 번씩, 하던 일을 멈추고 소리 높여 찬양하니,
주께서 모든 일을 바로잡으시기 때문입니다.
주님의 계시를 사랑하는 이들에게는 모든 것이 안성맞춤,
어둠 속에서도 넘어지는 법이 없습니다.
하나님, 내가 주님의 구원을 간절히 기다리며
주께서 말씀하신 대로 살아갑니다.
내 영혼이 주님의 가르침을 잘 간수하여 빠짐없이 지킵니다.

But you're the closest of all to me, GOD,
and all your judgments true.
I've known all along from the evidence of your words
that you meant them to last forever.

153-160 Take a good look at my trouble, and help me—
I haven't forgotten your revelation.
Take my side and get me out of this;
give me back my life, just as you promised.
"Salvation" is only gibberish to the wicked
because they've never looked it up in your dictionary.
Your mercies, GOD, run into the billions;
following your guidelines, revive me.
My antagonists are too many to count,
but I don't swerve from the directions you gave.
I took one look at the quitters and was filled with loathing;
they walked away from your promises so casually!
Take note of how I love what you tell me;
out of your life of love, prolong my life.
Your words all add up to the sum total: Truth.
Your righteous decisions are eternal.

161-168 I've been slandered unmercifully by the politicians,
but my awe at your words keeps me stable.
I'm ecstatic over what you say,
like one who strikes it rich.
I hate lies—can't stand them!—
but I love what you have revealed.
Seven times each day I stop and shout praises
for the way you keep everything running right.
For those who love what you reveal, everything fits—
no stumbling around in the dark for them.
I wait expectantly for your salvation;
GOD, I do what you tell me.
My soul guards and keeps all your instructions—
oh, how much I love them!

오, 내가 그것을 얼마나 사랑하는지요!
내가 주님의 규례를 따르고 주님의 교훈을 지키니,
내 인생은 주님 앞에 펼쳐진 한 권의 책입니다.

I follow your directions, abide by your counsel;
my life's an open book before you.

169-176 **하나님**, 나의 부르짖음이 곧장 주님 앞에 이르게 하소서.
오직 주님의 말씀에서 나오는 통찰력을 내게 주소서.
제발 나의 간구에 주목하시고
주께서 약속하신 말씀대로 나를 구해 주소서.
주께서 내게 인생의 진리를 가르치시니,
내 입술에서 찬양이 폭포처럼 흘러나옵니다!
주님의 약속이 내 목청에서 울려 나오는 것은,
주께서 주신 모든 명령이 옳기 때문입니다.
내가 주님의 교훈에 따라 살기로 했으니
손을 내미셔서 나를 굳건히 붙잡아 주소서.
하나님, 내가 주님의 구원을 애타게 기다립니다.
주님의 모습을 드러내실 때가 얼마나 좋은지요!
내 영혼 생기 있게 하셔서 주님을 찬양하게 하시고
주님의 규례로 내 영혼 강건하게 하소서.
내가 길 잃은 양처럼 헤맬 때, 나를 찾으소서!
내가 주님의 그 음성을 알아들을 것입니다.

169-176 Let my cry come right into your presence, GOD;
provide me with the insight that comes only from your Word.
Give my request your personal attention,
rescue me on the terms of your promise.
Let praise cascade off my lips;
after all, you've taught me the truth about life!
And let your promises ring from my tongue;
every order you've given is right.
Put your hand out and steady me
since I've chosen to live by your counsel.
I'm homesick, GOD, for your salvation;
I love it when you show yourself!
Invigorate my soul so I can praise you well,
use your decrees to put iron in my soul.
And should I wander off like a lost sheep—seek me!
I'll recognize the sound of your voice.

순례자의 노래

120 1-2 곤경에 처한 이 몸, 하나님께 부르짖네.
간절히 응답을 구하네.
"하나님, 구해 주소서!
만면에 미소를 띠고 입술에 침도 바르지 않은 채
거짓말을 해대는
저들에게서 나를 구하소서!"

3-4 너희, 얼굴에 철판을 깐 사기꾼들아,
앞으로 무슨 일이 닥칠지 알기나 하느냐?
날카로운 화살촉과 뜨거운 숯덩이가
너희가 받을 상이다.

5-7 메섹에 사는 내 신세
게달에 눌러앉은 지긋지긋한 내 신세,
쌈박질 좋아하는 이웃 사이에서 평생을
이리저리 부대끼며 사는구나.
나는 평화를 바라건만, 악수를 청하면
무턱대고 싸움을 걸어 오는 저들!

A Pilgrim Song

120 1-2 I'm in trouble. I cry to GOD,
desperate for an answer:
"Deliver me from the liars, GOD!
They smile so sweetly but lie through their teeth."

3-4 Do you know what's next, can you see what's coming,
all you barefaced liars?
Pointed arrows and burning coals
will be your reward.

5-7 I'm doomed to live in Meshech,
cursed with a home in Kedar,
My whole life lived camping
among quarreling neighbors.
I'm all for peace, but the minute
I tell them so, they go to war!

순례자의 노래

121

1-2 눈을 들어 산을 보네.
산이 내게 힘이 되어 줄까?
아니, 내 힘은 오직 하나님,
하늘과 땅과 산을 만드신 그분.

3-4 그분께서 너를 붙드신다.
너의 보호자인 하나님은 잠드시는 법이 없다.
결코 없다! 이스라엘의 보호자는
졸거나 주무시는 법이 없다.

5-6 하나님은 너의 보호자,
네 오른편에서 너를 지키시니,
햇빛을 막아 주시고
달빛을 가려 주신다.

7-8 하나님께서 모든 악에서 너를 지키시고
네 생명을 지키신다.
너의 떠나는 길과 돌아오는 길을 지켜 주신다.
지금도 지키시며 앞으로도 영원히 지켜 주신다.

다윗이 지은 순례자의 노래

122

1-2 사람들이 "하나님의 집으로 가세!" 할 때,
내 마음 기뻐 뛰었네.
마침내 당도했네. 아, 예루살렘,
예루살렘 성 안에 들어왔도다!

3-5 예루살렘, 견고한 성,
예배를 위해 지어진 도성!
모든 지파들이 올라오는 도시,
하나님의 지파들이 모두 올라와 예배하며
하나님의 이름에 감사드리는 곳.
이스라엘의 진면목이 나타나는 바로 이곳에
의로운 판결을 내리는 보좌가 놓였네.
저 유명한 다윗의 보좌가.

6-9 예루살렘의 평화를 위해 기도하여라!
예루살렘을 사랑하는 이들이여, 모두 흥하여라!
이 안의 벗들이여, 가까이들 지내라!
바깥의 적들이여, 저만치 물렀거라!
내 가족과 친구들을 거듭 축복하며 말하노니,
평화를 누리기를!
내 너희를 위해 최선을 다하리라.
우리 하나님의 이 집을 위하여.

A Pilgrim Song

121

1-2 I look up to the mountains;
does my strength come from mountains?
No, my strength comes from GOD,
who made heaven, and earth, and mountains.

3-4 He won't let you stumble,
your Guardian God won't fall asleep.
Not on your life! Israel's
Guardian will never doze or sleep.

5-6 GOD's your Guardian,
right at your side to protect you—
Shielding you from sunstroke,
sheltering you from moonstroke.

7-8 GOD guards you from every evil,
he guards your very life.
He guards you when you leave and when you return,
he guards you now, he guards you always.

A Pilgrim Song of David

122

1-2 When they said, "Let's go to the house of GOD,"
my heart leaped for joy.
And now we're here, O Jerusalem,
inside Jerusalem's walls!

3-5 Jerusalem, well-built city,
built as a place for worship!
The city to which the tribes ascend,
all GOD's tribes go up to worship,
To give thanks to the name of GOD—
this is what it means to be Israel.
Thrones for righteous judgment
are set there, famous David-thrones.

6-9 Pray for Jerusalem's peace!
Prosperity to all you Jerusalem-lovers!
Friendly insiders, get along!
Hostile outsiders, keep your distance!
For the sake of my family and friends,
I say it again: live in peace!
For the sake of the house of our God, GOD,
I'll do my very best for you.

순례자의 노래

123

[1-4] 하늘에 계시는 하나님, 주님을 바라봅니다.
도움을 바라며 주님을 앙망합니다.
주인의 명령을 기다리는 종처럼,
마님의 시중을 드는 하녀처럼,
우리, 한시도 눈을 떼지 않고 숨죽여 기다립니다.
주님의 자비의 말씀을 기다립니다.
하나님, 자비를 베풀어 주소서!
오랜 세월을 우리가
배부른 자들에게 죽도록 걷어차이고
잔인한 자들의 악독한 발길질을 견뎠습니다.

A Pilgrim Song

123

[1-4] I look to you, heaven-dwelling God,
look up to you for help.
Like servants, alert to their master's commands,
like a maiden attending her lady,
We're watching and waiting, holding our breath,
awaiting your word of mercy.
Mercy, GOD, mercy!
We've been kicked around long enough,
Kicked in the teeth by complacent rich men,
kicked when we're down by arrogant brutes.

다윗이 지은 순례자의 노래

124

[1-5] 이스라엘아, 한목소리로 크게 노래하자!
하나님께서 우리 편이 되어 주시지 않았다면,
하나님께서 우리 편이 되어 주시지 않았다면,
모두가 우리를 대적하던 그때,
격분한 그들에게
산 채로 먹혔으리라.
성난 홍수에 휩쓸리고
격류에 휘말렸으리라.
그 사나운 물결에
목숨을 잃고 말았으리라.

6 오, 하나님을 찬양하여라!
우리를 버리고 떠나지 않으시고,
으르렁거리는 개 떼 속의 무력한 토끼 신세로
내버려 두지 않으셨다.

7 우리, 그들의 송곳니를 피하고
그들의 올가미에서 벗어났다. 새처럼 자유를 얻었다.
그들의 손아귀에서 벗어난 우리,
비상하는 새처럼 자유롭다.

8 하나님의 강력한 이름은 우리의 도움,
하늘과 땅을 지으신 하나님이라네.

A Pilgrim Song of David

124

[1-5] If GOD hadn't been for us
—all together now, Israel, sing out!—
If GOD hadn't been for us
when everyone went against us,
We would have been swallowed alive
by their violent anger,
Swept away by the flood of rage,
drowned in the torrent;
We would have lost our lives
in the wild, raging water.

6 Oh, blessed be GOD!
He didn't go off and leave us.
He didn't abandon us defenseless,
helpless as a rabbit in a pack of snarling dogs.

7 We've flown free from their fangs,
free of their traps, free as a bird.
Their grip is broken;
we're free as a bird in flight.

8 GOD's strong name is our help,
the same GOD who made heaven and earth.

순례자의 노래

125

[1-5] 하나님을 신뢰하는 이들,
시온 산과 같다네.
결코 흔들리지 않고
언제든 기댈 수 있는 견고한 바위산.
산들이 예루살렘을 둘러싸듯,

A Pilgrim Song

125

[1-5] Those who trust in GOD
are like Zion Mountain:
Nothing can move it, a rock-solid mountain
you can always depend on.
Mountains encircle Jerusalem,

하나님께서 자기 백성을 둘러싸시네.
지금껏, 또 언제까지나.
악인의 주먹질에
의인이 제 몫을 빼앗기거나
폭력으로 내몰리는 일
결코 없으리라.
하나님, 주님의 선한 백성,
마음이 올곧은 이들을 선대해 주소서!
타락한 자들은 하나님께서 잡아들이시리라.
구제불능인 자들과 한곳에 몰아넣으시리라.
이스라엘에게 평화가 있기를!

순례자의 노래

126 1-3 꿈인가 생시인가 했지. 붙잡혀 갔던 이들을
하나님께서 다시 시온으로 데려오셨을 때.
우리, 웃음을 터뜨렸네. 노래를 불렀네.
너무 좋아 믿을 수 없어 했지.
우리는 뭇 민족들의 화젯거리였네.
"저들의 하나님, 참으로 놀랍군!"
그렇고말고, 우리 하나님은 정말 놀라우신 분.
우리는 그분의 행복한 백성.

4-6 하나님, 다시금 그렇게 해주소서!
가뭄에 찌든 우리 삶에 단비를 내려 주소서.
절망 가운데 곡식을 심은 이들,
환호성을 올리며 추수하게 하소서.
무거운 마음을 지고 떠났던 이들,
한 아름 복을 안고 웃으며 돌아오게 하소서.

솔로몬이 지은 순례자의 노래

127 1-2 하나님이 지어 올리시지 않으면
집 짓는 자들이야 기껏 판잣집이나 지을 뿐.
하나님이 성을 지켜 주시지 않으면
파수꾼이야 밤에 있으나 없으나 매한가지.
아침 일찍 일어나 밤늦게 잠자리에 들며
노심초사 뼈 빠지게 일해 봐야 모두 헛수고.
알아 두어라. 그분께서는 사랑하는 이들에게
쉼 주시길 좋아하는 분이시다.

3-5 알아 두어라. 자녀는 하나님이 주시는 최상의 선물,
태의 열매는 그분이 후히 내리시는 유산이다.
젊고 건강한 시절에 낳은 자녀는

and GOD encircles his people—
always has and always will.
The fist of the wicked
will never violate
What is due the righteous,
provoking wrongful violence.
Be good to your good people, GOD,
to those whose hearts are right!
GOD will round up the backsliders,
corral them with the incorrigibles.
Peace over Israel!

A Pilgrim Song

126 1-3 It seemed like a dream, too good to be true,
when GOD returned Zion's exiles.
We laughed, we sang,
we couldn't believe our good fortune.
We were the talk of the nations—
"GOD was wonderful to them!"
GOD *was* wonderful to us;
we are one happy people.

4-6 And now, GOD, do it again—
bring rains to our drought-stricken lives
So those who planted their crops in despair
will shout hurrahs at the harvest,
So those who went off with heavy hearts
will come home laughing, with armloads of blessing.

A Pilgrim Song of Solomon

127 1-2 If GOD doesn't build the house,
the builders only build shacks.
If GOD doesn't guard the city,
the night watchman might as well nap.
It's useless to rise early and go to bed late,
and work your worried fingers to the bone.
Don't you know he enjoys
giving rest to those he loves?

3-5 Don't you see that children are GOD's best gift?
the fruit of the womb his generous legacy?
Like a warrior's fistful of arrows

전사의 손에 들린 화살과 같다.
오, 화살통에 자녀들이 가득한 부모는
얼마나 복된지!
원수들은 너희 상대가 되지 못하고,
너희에게 초전 박살나리라.

순례자의 노래

128 1-2 하나님을 경외하는 모든 이여,
얼마나 복된가!
쭉 뻗은 그분의 대로를 걸으며 얼마나 행복한가!
수고를 다했으니 모든 것은 당연히 네 몫이다.
복을 한껏 누려라! 행복을 마음껏 즐겨라!

3-4 포도나무가 포도 열매를 맺듯 네 아내가 자녀를
낳을 것이요,
네 가정은 우거진 포도밭 같을 것이다.
식탁에 둘러앉은 네 자녀들은
올리브나무 가지 새싹처럼 푸르고 싱싱하리라.
두렵고 떨리는 마음으로 선하신 하나님 앞에 서라.
오, 복되도다, 하나님을 경외하는 이여!

5-6 예루살렘에서 행복을 누려라,
평생토록.
손자손녀를 보며 행복을 누려라.
이스라엘에게 평화가 있기를!

순례자의 노래

129 1-4 "저들은 어렸을 적부터 날 괴롭혀
왔지."
이스라엘의 말이다.
"저들은 어렸을 적부터 날 괴롭혀 왔지만,
결코 날 쓰러뜨리지는 못했지.
저들의 농부들이 내 등을 쟁기질해
긴 고랑을 파 놓았지만,
하나님께서 좌시하지 않으셨고
우리 편이 되어 주셨지.
하나님께서 저 악한 농부들의 쟁기를
산산조각내 버리셨지."

5-8 오, 시온을 미워하는 자들이 모두
바닥에 고꾸라져 설설 기게 되기를.
얄팍한 땅 위에 돋은 풀처럼
추수 전에 시들어 버리기를.
일꾼들이 수확하기 전에,
추수하는 이들이 거두어들이기 전에.

are the children of a vigorous youth.
Oh, how blessed are you parents,
with your quivers full of children!
Your enemies don't stand a chance against you;
you'll sweep them right off your doorstep.

A Pilgrim Song

128 1-2 All you who fear GOD, how bless-
ed you are!
how happily you walk on his smooth straight
road!
You worked hard and deserve all you've got coming.
Enjoy the blessing! Revel in the goodness!

3-4 Your wife will bear children as a vine bears
grapes,
your household lush as a vineyard,
The children around your table
as fresh and promising as young olive shoots.
Stand in awe of God's Yes.
Oh, how he blesses the one who fears GOD!

5-6 Enjoy the good life in Jerusalem
every day of your life.
And enjoy your grandchildren.
Peace to Israel!

A Pilgrim Song

129 1-4 "They've kicked me around ever
since I was young"
—this is how Israel tells it—
"They've kicked me around ever since I was
young,
but they never could keep me down.
Their plowmen plowed long furrows
up and down my back;
But God wouldn't put up with it,
he sticks with us.
Then GOD ripped the harnesses
of the evil plowmen to shreds."

5-8 Oh, let all those who hate Zion
grovel in humiliation;
Let them be like grass in shallow ground
that withers before the harvest,

이웃들이 "엄청난 수확이군, 축하하네!
하나님의 이름으로 축복하네!"
하며 떠들 일 없게.

순례자의 노래

130

1-2 하나님, 도와주소서. 이 몸, 바닥 모를 수렁에
빠져들고 있습니다!
주님, 도움을 구하며 부르짖으니 들어주소서!
귀를 기울이소서! 귀를 열어 들어주소서!
자비를 구하며 부르짖사오니 들어주소서.

3-4 하나님, 사람의 과오를 주께서 일일이 책망하시면
살아남을 자 누구이겠습니까?
그러나 주님은 용서가 몸에 밴 분이시니,
주께서 경배받으시는 까닭입니다.

5-6 기도로 살아온 인생, 내가 하나님께 기도드리며
그분의 말씀과 그분이 행하실 일을 기다린다네.
나의 주 하나님께만 의지한 이 몸,
아침이 올 때까지 기다리고, 앙망하네.
아침이 올 때까지 기다리고, 앙망하네.

7-8 오 이스라엘아, 하나님을 기다리고 앙망하여라.
하나님이 오시면, 사랑이 오고,
하나님이 오시면, 풍성한 구원이 임한다.
참으로 그렇다. 그분께서 이스라엘을 구속하실 것
이요,
죄에 팔려 포로 되었던 이스라엘을 다시 찾으시리라.

순례자의 노래

131

1 하나님, 나는 대장이 되려고 애쓰지 않습니다.
으뜸이 되고 싶지도 않습니다.
남의 일에 참견하지 않았고
거창하고 허황된 꿈을 꾸지도 않았습니다.

2 나는 발을 땅에 디디고
마음을 고요히 다잡으며 살았습니다.
엄마 품에 안긴 아기가 만족하듯
내 영혼 만족합니다.

3 이스라엘아, 하나님을 기다려라. 희망을 품고 기
다려라.
희망을 가져라! 언제나 희망을 품어라!

Before the farmhands can gather it in,
the harvesters get in the crop,
Before the neighbors have a chance to call out,
"Congratulations on your wonderful crop!
We bless you in GOD's name!"

A Pilgrim Song

130

1-2 Help, GOD—the bottom has fallen out of my life!
Master, hear my cry for help!
Listen hard! Open your ears!
Listen to my cries for mercy.

3-4 If you, GOD, kept records on wrongdoings,
who would stand a chance?
As it turns out, forgiveness is your habit,
and that's why you're worshiped.

5-6 I pray to GOD—my life a prayer—
and wait for what he'll say and do.
My life's on the line before God, my Lord,
waiting and watching till morning,
waiting and watching till morning.

7-8 O Israel, wait and watch for GOD—
with GOD's arrival comes love,
with GOD's arrival comes generous redemption.
No doubt about it—he'll redeem Israel,
buy back Israel from captivity to sin.

A Pilgrim Song

131

1 GOD, I'm not trying to rule the roost,
I don't want to be king of the mountain.
I haven't meddled where I have no business
or fantasized grandiose plans.

2 I've kept my feet on the ground,
I've cultivated a quiet heart.
Like a baby content in its mother's arms,
my soul is a baby content.

3 Wait, Israel, for GOD. Wait with hope.
Hope now; hope always!

순례자의 노래

132

1-5 오 하나님, 다윗을 기억하소서,
그의 노고를 기억하소서!
그가 하나님께 약속한 일을 기억하소서.
야곱의 강하신 하나님께 그가 맹세했습니다.
"나, 집에 가지 않겠습니다.
잠자리에 들지 않겠습니다.
잠도 자지 않고
쉬지도 않겠습니다.
야곱의 강하신 하나님께
집을 마련해 드리기 전까지는."

6-7 기억하소서, 우리가 그 소식을 에브라다에서 처음 접하고
야알 초원에서 자세히 듣던 날을.
우리는 소리쳤습니다. "헌당식에 참석하자!
하나님께서 그분의 발판 삼으신 곳으로 가 그분께 경배드리자!"

8-10 일어나소서, 하나님, 주님의 새 안식처에 드소서.
주님의 강력한 언약궤와 함께 드소서.
주님의 제사장들로 정의를 갖추어 입게 하시고
주님을 경배하는 이들로 이 기도를 읊게 하소서.
"주님의 종 다윗을 높여 주소서.
주께서 기름 부어 세우신 이를 외면하지 마소서."

11-18 하나님께서 다윗에게 이렇게 약속하셨다.
결코 취소하지 않으실 약속이다.
"네 아들들 가운데 하나를
네 왕좌에 앉게 해주겠다.
네 자손이 내 언약에 충실하고
내 가르침을 따르는 한,
대가 끊이지 않으리라.
네 왕좌에 앉을 아들이 언제나 있으리라.
그렇다. 나 하나님이 시온을 택했다.
내 제단을 둘 곳으로 이곳을 택했다.
언제나 여기가 내 집이 될 것이다.
내가 이곳을 택했고, 영원토록 여기 있을 것이다.
이곳을 찾는 순례자들에게 복을 소낙비처럼 쏟아부어 줄 것이며
허기져 도착하는 이들에게 밥상을 차려 줄 것이다.
내 제사장들에게 구원의 옷을 입혀 줄 것이며
거룩한 백성들로 가슴 벅차 노래 부르게 할 것이다!
오, 내가 다윗을 위해 이곳을 빛나는 곳으로 만들리라!

A Pilgrim Song

132

1-5 O GOD, remember David,
remember all his troubles!
And remember how he promised GOD,
made a vow to the Strong God of Jacob,
"I'm not going home,
and I'm not going to bed,
I'm not going to sleep,
not even take time to rest,
Until I find a home for GOD,
a house for the Strong God of Jacob."

6-7 Remember how we got the news in Ephrathah,
learned all about it at Jaar Meadows?
We shouted, "Let's go to the shrine dedication!
Let's worship at God's own footstool!"

8-10 Up, GOD, enjoy your new place of quiet repose,
you and your mighty covenant ark;
Get your priests all dressed up in justice;
prompt your worshipers to sing this prayer:
"Honor your servant David;
don't disdain your anointed one."

11-18 GOD gave David his word,
he won't back out on this promise:
"One of your sons
I will set on your throne;
If your sons stay true to my Covenant
and learn to live the way I teach them,
Their sons will continue the line—
always a son to sit on your throne.
Yes—I, GOD, chose Zion,
the place I wanted for my shrine;
This will always be my home;
this is what I want, and I'm here for good.
I'll shower blessings on the pilgrims who come here,
and give supper to those who arrive hungry;
I'll dress my priests in salvation clothes;
the holy people will sing their hearts out!
Oh, I'll make the place radiant for David!
I'll fill it with light for my anointed!

내 기름부음 받은 자를 위해 이곳을 빛으로 가득 채우리라!
그의 원수들에게는 더러운 넝마를 입히고
그의 왕관은 찬란히 빛을 발하게 하리라."

다윗이 지은 순례자의 노래

133

1-3 얼마나 멋진가, 얼마나 아름다운가,
형제자매들이 어울려 지내는 모습!
아론의 머리에 부은 값진 기름이
머리와 수염을 타고,
그의 수염을 타고,
그의 제사장 예복 깃을 타고 흘러내리는 모습 같구나.
헤르몬 산의 이슬이
시온의 비탈길을 따라 흘러내리는 모습 같구나.
그렇다. 그곳이 하나님께서 복을 내리시고
영생을 베푸시는 현장이다.

순례자의 노래

134

1-3 와서 하나님을 찬양하여라,
너희 모든 하나님의 종들아!
하나님의 집에서 밤새도록 일하는 너희 하나님의 제사장들아,
성소를 향해 손을 들고 찬양하여라.
하나님을 찬양하여라.
그리하여 하늘과 땅을 지으신 하나님,
시온의 하나님께서 너희에게 복을 주시기를!

135

1-4 할렐루야!
하나님의 이름을 찬양하여라.
하나님께서 행하신 일을 찬양하여라.
하나님의 성전에서 일하고
우리 하나님의 거룩한 뜰에서 섬기는 너희 모든 제사장들아,
하나님은 참으로 선하시니 "할렐루야!"를 외쳐라.
그분의 아름다운 이름을 찬송하여라.
하나님께서 야곱을 택하시고
이스라엘을 그분의 소중한 보물로 삼으셨다.

5-12 다른 모든 신들보다 높으신
우리 주 하나님의 위대하심을 내가 증언하노라.
그분은 언제 어디서, 어떤 방식으로든
마음에 원하시는 대로 행하신다.
날씨를 만드시고 구름과 우레를,
번개와 비를, 북풍을 만들어 내신다.

I'll dress his enemies in dirty rags,
but I'll make his crown sparkle with splendor."

A Pilgrim Song of David

133

1-3 How wonderful, how beautiful,
when brothers and sisters get along!
It's like costly anointing oil
flowing down head and beard,
Flowing down Aaron's beard,
flowing down the collar of his priestly robes.
It's like the dew on Mount Hermon
flowing down the slopes of Zion.
Yes, that's where GOD commands the blessing,
ordains eternal life.

A Pilgrim Song

134

1-3 Come, bless GOD,
all you servants of GOD!
You priests of GOD, posted to the nightwatch
in GOD's shrine,
Lift your praising hands to the Holy Place,
and bless GOD.
In turn, may GOD of Zion bless you—
GOD who made heaven and earth!

135

1-4 Hallelujah!
Praise the name of GOD,
praise the works of GOD.
All you priests on duty in GOD's temple,
serving in the sacred halls of our God,
Shout "Hallelujah!" because GOD's so good,
sing anthems to his beautiful name.
And why? Because GOD chose Jacob,
embraced Israel as a prize possession.

5-12 I, too, give witness to the greatness of GOD,
our Lord, high above all other gods.
He does just as he pleases—
however, wherever, whenever.
He makes the weather—clouds and thunder,
lightning and rain, wind pouring out of the north.

그분께서 사람에서 짐승에 이르기까지
이집트의 맏이들을 모두 치셨다.
이집트가 자세를 고쳐 주목하게 하시고
바로와 그 신하들에게 이적을 나타내 보이셨다.
그렇다. 주께서 큰 민족들을 쓰러뜨리시고
강한 왕들을 죽이셨다.
아모리 왕 시혼과 바산 왕 옥을 죽이시고
가나안의 왕들을 모조리 죽이셨다!
그런 다음 그들의 땅을 이스라엘에게 넘기셔서
그분의 백성이 좋은 땅을 선물로 받게 하셨다.

13-18 하나님, 주님의 이름은 영원하고
주께서는 결코 쇠하지 않으십니다.
하나님은 그분의 백성을 편드시고
그들의 손을 잡아 주신다.
이방 나라들의 신들은 시시한 모조품,
시장에 급히 팔려고 만든 가짜 신들.
조각한 입이어서 말하지 못하고
그린 눈이어서 보지 못하며
새긴 귀여서 듣지 못하니,
죽은 나무때기, 차디찬 금속일 뿐!
그런 신을 만들고 의지하는 자들은
그것들과 똑같이 되고 말리라.

19-21 이스라엘 가문아, 하나님을 찬양하여라!
아론 가문아, 하나님을 찬양하여라!
레위 가문아, 하나님을 찬양하여라!
하나님을 경외하는 너희들아, 하나님을 찬양하여라!
오, 예루살렘에 처음부터 거하신
시온의 하나님, 찬양을 받으소서!
할렐루야!

136

1-3 하나님께 감사하여라! 마땅히 감사드려야 할 분.
그분의 사랑 끝이 없다.
모든 신들의 하나님께 감사하여라.
그분의 사랑 끝이 없다.
모든 주인들의 주께 감사하여라.
그분의 사랑 끝이 없다.

4-22 기적을 일으키시는 하나님께 감사하여라.
그분의 사랑 끝이 없다.
능숙한 솜씨로 우주를 만드신 하나님이시니
그분의 사랑 끝이 없다.

He struck down the Egyptian firstborn,
both human and animal firstborn.
He made Egypt sit up and take notice,
confronted Pharaoh and his servants with miracles.
Yes, he struck down great nations,
he slew mighty kings–
Sihon king of the Amorites, also Og of Bashan–
every last one of the Canaanite kings!
Then he turned their land over to Israel,
a gift of good land to his people.

13-18 GOD, your name is eternal,
GOD, you'll never be out-of-date.
GOD stands up for his people,
GOD holds the hands of his people.
The gods of the godless nations are mere trinkets,
made for quick sale in the markets:
Chiseled mouths that can't talk,
painted eyes that can't see,
Carved ears that can't hear–
dead wood! cold metal!
Those who make and trust them
become like them.

19-21 Family of Israel, bless GOD!
Family of Aaron, bless GOD!
Family of Levi, bless GOD!
You who fear GOD, bless GOD!
Oh, blessed be GOD of Zion,
First Citizen of Jerusalem!
Hallelujah!

136

1-3 Thank GOD! He deserves your thanks.
His love never quits.
Thank the God of all gods,
His love never quits.
Thank the Lord of all lords.
His love never quits.

4-22 Thank the miracle-working God,
His love never quits.
The God whose skill formed the cosmos,

대양의 기초 위에 땅을 펼쳐 놓으신 하나님이시니
그분의 사랑 끝이 없다.
하늘을 빛으로 채우신 하나님이시니
그분의 사랑 끝이 없다.
해를 만드셔서 낮을 보살피게 하셨으니
그분의 사랑 끝이 없다.
달과 별들을 밤의 수호자로 삼으셨으니
그분의 사랑 끝이 없다.
이집트의 맏아들을 치신 하나님이시니
그분의 사랑 끝이 없다.
이집트의 압제에서 이스라엘을 구해 내셨으니
그분의 사랑 끝이 없다.
강한 손으로 이스라엘을 돌보셨으니
그분의 사랑 끝이 없다.
홍해를 두 쪽으로 가르셨으니
그분의 사랑 끝이 없다.
이스라엘을 이끌어 홍해 한가운데를 지나게 하셨으니
그분의 사랑 끝이 없다.
바로와 그의 군대를 바다에 처넣으셨으니
그분의 사랑 끝이 없다.
그분의 백성이 광야를 지나게 하신 하나님이시니
그분의 사랑 끝이 없다.
좌우의 큰 왕국들을 꺾으셨으니
그분의 사랑 끝이 없다.
이름난 왕들을 치셨으니
그분의 사랑 끝이 없다.
아모리 왕 시혼을 치셨으니
그분의 사랑 끝이 없다.
바산 왕 옥을 치셨으니
그분의 사랑 끝이 없다.
그들의 땅을 전리품으로 나누어 주셨으니
그분의 사랑 끝이 없다.
그 땅을 이스라엘에게 넘겨주셨으니
그분의 사랑 끝이 없다.

23-26 우리가 비천할 때 우리를 기억하신 하나님이시니
그분의 사랑 끝이 없다.
우리가 짓밟힐 때 우리를 구해 내셨으니
그분의 사랑 끝이 없다.
궁핍한 모든 이들을 제때에 보살피시니
그분의 사랑 끝이 없다.
이 모든 일을 행하신 하나님께 감사하여라!
그분의 사랑 끝이 없다!

His love never quits.
The God who laid out earth on ocean foundations,
His love never quits.
The God who filled the skies with light,
His love never quits.
The sun to watch over the day,
His love never quits.
Moon and stars as guardians of the night,
His love never quits.
The God who struck down the Egyptian firstborn,
His love never quits.
And rescued Israel from Egypt's oppression,
His love never quits.
Took Israel in hand with his powerful hand,
His love never quits.
Split the Red Sea right in half,
His love never quits.
Led Israel right through the middle,
His love never quits.
Dumped Pharaoh and his army in the sea,
His love never quits.
The God who marched his people through the desert,
His love never quits.
Smashed huge kingdoms right and left,
His love never quits.
Struck down the famous kings,
His love never quits.
Struck Sihon the Amorite king,
His love never quits.
Struck Og the Bashanite king,
His love never quits.
Then distributed their land as booty,
His love never quits.
Handed the land over to Israel.
His love never quits.

23-26 God remembered us when we were down,
His love never quits.
Rescued us from the trampling boot,
His love never quits.
Takes care of everyone in time of need.
His love never quits.
Thank God, who did it all!
His love never quits!

137

1-3 우리, 바빌론 강변 곳곳에 앉아
울고 또 울었네.
시온에서 행복하게 보낸 옛 시절을 떠올렸지.
사시나무 옆에 쌓아 두었네,
연주소리 들리지 않는 우리 하프들을.
우리를 포로로 잡은 자들이 빈정대고 조롱하며
그곳에서 노래를 청했네.
"멋진 시온 노래 한 곡 뽑아 봐라!"

4-6 아, 우리가 어찌 하나님의 노래를
이 불모지에서 부를 수 있으랴?
예루살렘아, 내가 너를 잊는다면
내 손가락이 낙엽처럼 말라비틀어지리라.
오 사랑스러운 예루살렘아,
내가 너를 기억하지 않는다면
내 너를 가장 소중한 것으로 여기지 않는다면
내 혀가 부어오르고 새까맣게 타 버리리라.

7-9 하나님, 저 에돔 족속들을 기억하시고
폐허가 된 예루살렘을 기억하소서.
그날 저들은 큰소리로 말했습니다.
"부숴 버려, 가루가 되도록 박살내 버려!"
너희 바빌론 족속들아, 파괴자들아!
너희가 우리에게 한 그대로 너희에게 되갚는 자는
누구든지 상을 받으리라.
그렇다, 너희 젖먹이들을 잡아다가
그 머리통을 바위에 메어치는 자는 상을 받으리라!

다윗의 시

138

1-3 주께 감사합니다!
내 안의 모든 것이 외칩니다. "감사합니다!"
내가 감사의 노래 부를 때 천사들이 귀 기울여 듣습니다.
주님의 거룩한 성전을 향해 무릎 꿇고 경배하며
다시 고백합니다. "감사합니다!"
주님의 사랑에 감사하고
주님의 성실하심에 감사합니다.
더없이 거룩합니다, 주님의 이름.
더없이 거룩합니다, 주님의 말씀.
내가 부르짖자 주께서 나서시고,
내 삶을 크고 힘차게 해주셨습니다.

4-6 하나님, 주께서 하시는 말씀을 듣고서

137

1-3 Alongside Babylon's rivers
we sat on the banks; we cried and cried,
remembering the good old days in Zion.
Alongside the quaking aspens
we stacked our unplayed harps;
That's where our captors demanded songs,
sarcastic and mocking:
"Sing us a happy Zion song!"

4-6 Oh, how could we ever sing GOD's song
in this wasteland?
If I ever forget you, Jerusalem,
let my fingers wither and fall off like leaves.
Let my tongue swell and turn black
if I fail to remember you,
If I fail, O dear Jerusalem,
to honor you as my greatest.

7-9 GOD, remember those Edomites,
and remember the ruin of Jerusalem,
That day they yelled out,
"Wreck it, smash it to bits!"
And you, Babylonians—ravagers!
A reward to whoever gets back at you
for all you've done to us;
Yes, a reward to the one who grabs your babies
and smashes their heads on the rocks!

A David Psalm

138

1-3 Thank you! Everything in me says
"Thank you!"
Angels listen as I sing my thanks.
I kneel in worship facing your holy temple
and say it again: "Thank you!"
Thank you for your love,
thank you for your faithfulness;
Most holy is your name,
most holy is your Word.
The moment I called out, you stepped in;
you made my life large with strength.

4-6 When they hear what you have to say, GOD,
all earth's kings will say "Thank you."
They'll sing of what you've done:

온 세상 왕들이 주께 고백할 것입니다. "감사합니다."
그들이 주께서 행하신 일들을 노래할 것입니다.
"참으로 크시다, 하나님의 영광!"
하나님은 높이 계셔도 이 낮은 아래를 굽어보시고,
멀리 계셔도 우리의 모든 일을 아시기 때문입니다.

7-8 내가 극심한 고난의 길을 걸을 때
분노와 혼란 속에 있는 나를 살려 주소서.
한 손으로는
내 원수를 치시고,
다른 손으로는 나를 구원하소서.
하나님, 내 안에서 시작하신 일을 매듭지어 주소서.
주님의 사랑 영원하니, 나를 포기하지 마소서.

"How great the glory of GOD!"
And here's why: GOD, high above, sees far below;
no matter the distance, he knows everything about us.

7-8 When I walk into the thick of trouble,
keep me alive in the angry turmoil.
With one hand
strike my foes,
With your other hand
save me.
Finish what you started in me, GOD.
Your love is eternal—don't quit on me now.

다윗의 시

139

1-6 하나님, 내 삶을 샅샅이 살피시고
모든 사실을 직접 알아보소서.
나는 주님 앞에 활짝 펼쳐진 책이니,
멀리서도 주께서는 내 생각을 다 아십니다.
주께서는 내가 떠날 때와 돌아올 때를 아시니,
내가 주님의 시야를 벗어나지 않습니다.
내가 운을 떼기도 전에
주께서는 내가 하려는 말을 모두 아십니다.
내가 뒤돌아보아도 주님은 거기 계시고
앞을 내다보아도 주께서는 거기 계십니다.
어느 곳에 가든 주께서 함께하시니, 내 마음 든든합니다.
이 모든 것이 내게는 너무나 크고 놀라워
다 헤아릴 수가 없습니다!

7-12 내가 주님의 영을 피해 어디로 가며
주님의 눈을 피해 어디로 가겠습니까?
내가 하늘로 올라가면 거기에 계시고
지하에 숨어도 거기에 주님이 계십니다!
내가 새벽 날개를 타고
머나먼 서쪽 수평선으로 날아갈지라도
주께서 금세 나를 찾아내시니,
주님은 거기서도 기다리고 계십니다!
내가 속으로 "오, 그분은 어둠 속에서도 나를 알아보시는구나!
내가 밤중에도 빛 속에 잠겨 있구나!" 고백합니다.
참으로 그렇습니다. 주께는 어둠도 어둠이 아니니,
밤과 낮, 어둠과 빛이 매한가지입니다.

13-16 오 그렇습니다. 주께서 내 속과 겉을 빚으시고

A David Psalm

139

1-6 GOD, investigate my life;
get all the facts firsthand.
I'm an open book to you;
even from a distance, you know what I'm thinking.
You know when I leave and when I get back;
I'm never out of your sight.
You know everything I'm going to say
before I start the first sentence.
I look behind me and you're there,
then up ahead and you're there, too—
your reassuring presence, coming and going.
This is too much, too wonderful—
I can't take it all in!

7-12 Is there anyplace I can go to avoid your Spirit?
to be out of your sight?
If I climb to the sky, you're there!
If I go underground, you're there!
If I flew on morning's wings
to the far western horizon,
You'd find me in a minute—
you're already there waiting!
Then I said to myself, "Oh, he even sees me in the dark!
At night I'm immersed in the light!"
It's a fact: darkness isn't dark to you;
night and day, darkness and light, they're all the same to you.

13-16 Oh yes, you shaped me first inside, then out;

모태에서 나를 지으셨습니다.
내 몸과 영혼을 경이롭게 지으신 높으신 하나님,
숨 막히도록 멋지신 주께 감사드립니다!
그 솜씨 너무 놀라워,
내가 주님을 마음 깊이 경배합니다!
주께서는 나를 속속들이 아시며
내 몸속의 뼈 마디마디까지 아십니다.
주께서는 정확히 아십니다.
내가 어떻게 지어졌는지,
아무것도 아니던 내가 어떻게 이처럼 근사한 형상으로 빚어졌는지를.
책을 펼쳐 보시듯, 주께서는 내가 잉태되고 태어나기까지
내 자라는 모습을 지켜보셨습니다.
내 생의 모든 시기가 주님 앞에 펼쳐졌습니다.
태어나 하루를 살기도 전에,
이미 내 삶의 모든 날들이 예비되어 있었습니다.

17-22 주님의 생각들, 너무나 귀하고, 너무나 뛰어납니다!
하나님, 나는 도무지 이해하지 못하겠습니다!
그 수가 바다의 모래알보다 많아서
헤아릴 엄두가 나지 않습니다.
오, 아침에 나를 일으켜 주시고, 내내 주님과 함께 살게 하소서!
하나님, 죄악을 영원히 없애 주소서!
꺼져라, 너희 살인자들아!
하나님, 주님을 얕잡아 보는 자들이
싸구려 가짜 신들에게 홀딱 반했습니다.
보소서, 하나님. 주님을 미워하는 자들을 내가 얼마나 미워하는지.
보소서, 저 사악한 교만을 내가 얼마나 역겨워하는지.
극심하게 그것을 미워합니다.
주님의 원수들이 곧 나의 원수들입니다!

23-24 오 하나님, 내 삶을 샅샅이 살피시고
나에 대해 모든 것을 캐 보소서.
나를 심문하고 시험하셔서
내가 어떤 사람인지 분명히 파악하소서.
내가 잘못한 일이 있는지 직접 살피시고
나를 영원한 생명의 길로 인도하소서.

다윗의 시

140

1-5 하나님, 악이 득세하는 이곳에서
나를 구하소서.

you formed me in my mother's womb.
I thank you, High God—you're breathtaking!
Body and soul, I am marvelously made!
I worship in adoration—what a creation!
You know me inside and out,
you know every bone in my body;
You know exactly how I was made, bit by bit,
how I was sculpted from nothing into something.
Like an open book, you watched me grow from conception to birth;
all the stages of my life were spread out before you,
The days of my life all prepared
before I'd even lived one day.

17-22 Your thoughts—how rare, how beautiful!
God, I'll never comprehend them!
I couldn't even begin to count them—
any more than I could count the sand of the sea.
Oh, let me rise in the morning and live always with you!
And please, God, do away with wickedness for good!
And you murderers—out of here!—
all the men and women who belittle you, God,
infatuated with cheap god-imitations.
See how I hate those who hate you, GOD,
see how I loathe all this godless arrogance;
I hate it with pure, unadulterated hatred.
Your enemies are my enemies!

23-24 Investigate my life, O God,
find out everything about me;
Cross-examine and test me,
get a clear picture of what I'm about;
See for yourself whether I've done anything wrong—
then guide me on the road to eternal life.

A David Psalm

140

1-5 GOD, get me out of here, away from this evil;
protect me from these vicious people.

사악한 자들에게서 나를 보호하소서.
저들은 죄로 이어지는 길만 끊임없이 생각해 내고,
전쟁놀이만 도모하며 세월을 보냅니다.
신랄한 말로 남을 미워하고 상처 입히며,
사람을 불구로 만들고 죽이는 독설을 쏟아 냅니다.
하나님, 이 악인들의 손아귀에서 나를 지키소서.
사악한 자들에게서 나를 보호하소서.
제 잘난 맛에 도취된 자들,
나를 쓰러뜨리기로 작정하고 방법을 모의합니다.
악한들이 나를 잡으려 덫을 만들고
내게 죄를 씌우려 안간힘을 씁니다.

6-8 내가 주께 기도했습니다. "**하나님**, 주는 나의 하나님이십니다!
하나님, 귀를 기울이소서! 자비를 베푸소서!
강한 구원자이신 나의 주 **하나님**,
싸움이 벌어질 때 나를 보호하소서!
하나님, 악인들이 멋대로 하지 못하게 막으소서.
저들에게 한 치의 틈도 주지 마소서!"

9-11 나를 에워싼 말썽꾼들,
저들의 독설이 저들을 삼키게 하소서.
저들 위에 지옥 불을 쌓아 올리시고
저들을 빙하의 갈라진 틈에 산 채로 묻으소서!
저 떠버리들의 말이
홀대받게 하시고,
저 무뢰한들을 악마가 쫓아가
넘어뜨리게 하소서!

12-13 나는 압니다. 주 **하나님**이 피해자의 편에 서시고
불쌍한 이들의 권리에 관심을 두고 계심을,
의인들이 주께 마음 깊이 감사하고
선인들이 주님 앞에서 안전하리라는 것을.

다윗의 시

141

1-2 **하나님**, 가까이 오소서. 어서 오소서!
주님의 귀 활짝 여셔서, 내 소리를 들어주소서!
내 기도를 주께 피어오르는 향으로 여겨 주소서.
들어 올린 두 손은 나의 저녁기도입니다.

3-7 **하나님**, 내 입에 파수꾼을 세우시고
내 입술 문에 보초를 세우소서.
악은 꿈도 꾸지 않게 하시고
생각 없이 악한 무리와 어울리지 않게 하소서.

All they do is think up new ways to be bad;
they spend their days plotting war games.
They practice the sharp rhetoric of hate and hurt,
speak venomous words that maim and kill.
GOD, keep me out of the clutch of these wicked ones,
protect me from these vicious people;
Stuffed with self-importance, they plot ways to trip me up,
determined to bring me down.
These crooks invent traps to catch me
and do their best to incriminate me.

6-8 I prayed, "GOD, you're my God!
Listen, GOD! Mercy!
GOD, my Lord, Strong Savior,
protect me when the fighting breaks out!
Don't let the wicked have their way, GOD,
don't give them an inch!"

9-11 These troublemakers all around me—
let them drown in their own verbal poison.
Let God pile hellfire on them,
let him bury them alive in crevasses!
These loudmouths—
don't let them be taken seriously;
These savages—
let the Devil hunt them down!

12-13 I know that you, GOD, are on the side of victims,
that you care for the rights of the poor.
And I know that the righteous personally thank you,
that good people are secure in your presence.

A David Psalm

141

1-2 GOD, come close. Come quickly!
Open your ears—it's my voice you're hearing!
Treat my prayer as sweet incense rising;
my raised hands are my evening prayers.

3-7 Post a guard at my mouth, GOD,
set a watch at the door of my lips.
Don't let me so much as dream of evil

못된 짓만 골라서 하는 저들이
감언이설로 나를 꾀지 못하게 하소서!
의로운 이가 나를 바로잡게 하시고
친절한 사람이 나를 꾸짖게 하소서.
죄가 내 머리에 기름붓지 못하게 하소서.
내가 저들의 악행을 고발하며 주께 힘껏 기도합니다!
오, 저들의 우두머리들이 높은 암벽에서 떠밀려
죄값을 치르게 하소서.
큰 망치에 맞아 가루가 되어 버린 바위처럼
저들의 뼈가 지옥 입구에 흩어지게 하소서.

8-10 그러나 사랑하는 주 **하나님**,
나는 오직 주님만을 바라봅니다.
죽기 살기로 주께 달려왔으니,
나를 보살펴 주소서.
저들의 흉계에서 나를 지키소서.
저들의 악한 속임수에서 나를 보호하소서.
악인들은 고꾸라지게 하시고
나는 상처 하나 없이 지나가게 하소서.

다윗이 굴에 있을 때 드린 기도

142

1-2 내가 소리 높여 **하나님**께 부르짖네.
큰소리로 **하나님**께 자비를 구하네.
그분 앞에 내 모든 억울함을 털어놓고
내 고통을 낱낱이 아뢰네.

3-7 "내가 절망에 빠져 낙심할 때
주께서는 내 심정을 아십니다.
내가 처한 위험,
내가 다니는 길에 숨겨 놓은 저들의 덫을 아십니다.
오른쪽을 살피시고 왼쪽도 살펴보소서.
무슨 일이 벌어지는지 아무도 관심이 없습니다!
곤경에 처했는데 출구도 없고,
홀로 남겨져 희망마저 잃어버렸습니다.
하나님, 내가 이렇게 부르짖습니다.
'주님은 나의 마지막 기회, 내 삶의 유일한 희망!'
오 제발, 귀를 기울이소서.
이렇게 바닥까지 떨어진 적은 없습니다.
나를 뒤쫓는 자들에게서 나를 구하소서.
나는 저들의 상대가 되지 않습니다.
이 지하 감옥에서 나를 빼내 주시고
사람들 앞에서 내가 주께 감사하게 하소서.
주님의 백성이 나를 빙 둘러쌀 때

or thoughtlessly fall into bad company.
And these people who only do wrong—
don't let them lure me with their sweet talk!
May the Just One set me straight,
may the Kind One correct me,
Don't let sin anoint my head.
I'm praying hard against their evil ways!
Oh, let their leaders be pushed off a high rock cliff;
make them face the music.
Like a rock pulverized by a maul,
let their bones be scattered at the gates of hell.

8-10 But GOD, dear Lord,
I only have eyes for you.
Since I've run for dear life to you,
take good care of me.
Protect me from their evil scheming,
from all their demonic subterfuge.
Let the wicked fall flat on their faces,
while I walk off without a scratch.

A David Prayer—When He Was in the Cave

142

1-2 I cry out loudly to GOD,
loudly I plead with GOD for mercy.
I spill out all my complaints before him,
and spell out my troubles in detail:

3-7 "As I sink in despair, my spirit ebbing away,
you know how I'm feeling,
Know the danger I'm in,
the traps hidden in my path.
Look right, look left—
there's not a soul who cares what happens!
I'm up against it, with no exit—
bereft, left alone.
I cry out, GOD, call out:
'You're my last chance, my only hope for life!'
Oh listen, please listen;
I've never been this low.
Rescue me from those who are hunting me down;
I'm no match for them.
Get me out of this dungeon
so I can thank you in public.
Your people will form a circle around me

주께서 내게 복을 소낙비처럼 쏟아부으실 것입니다!"

다윗의 시

143

1-2 하나님, 나의 기도를 들어주소서.
나의 간구에 주의를 기울이소서.
주님은 응답을 잘하시기로 이름난 분이시니, 내게 응답하소서!
내게 꼭 필요한 일을 해주소서.
그러나 주님의 법정으로 끌고 가지는 마소서.
산 자는 누구도 거기서 무죄 판결을 받을 수 없습니다.

3-6 원수가 뒤쫓아 와서,
나를 걷어차고 짓밟아 거반 죽게 되었습니다.
나를 어두운 구덩이에 던지고
시체처럼 지하 감옥에 처넣었습니다.
이 몸, 그곳에 앉아 절망할 때
내 기운이 쇠하고 내 마음은 납덩이처럼 무거웠습니다.
옛 시절을 떠올리며
주께서 행하신 모든 일을 곰곰이 되새겨 보았습니다.
사막이 비를 갈망하듯이 내가 주님을 갈망하며
주님 향해 두 손을 높이 들었습니다.

7-10 하나님, 속히 응답하소서!
어찌할 바를 모르겠습니다.
외면하지 마소서. 모른 체하지 마소서!
주께 버림받으면 나는 완전히 죽습니다.
아침마다 주님의 사랑스러운 음성으로 나를 깨워 주시면
내가 밤마다 주님을 신뢰하며 잠자리에 들겠습니다.
어느 길로 가야 할지 알려 주소서.
내가 귀를 세우고 모든 시선 주께 돌리니
하나님, 원수들로부터 나를 구원하소서.
주님만이 나의 희망이십니다!
주님은 나의 하나님이시니
주님이 기뻐하시는 삶 살도록 가르쳐 주소서.
주님의 복된 영으로 나를 이끄시고
탁 트이고 평탄한 초원으로 데려가 주소서.

11-12 하나님, 주님의 명성을 위해서라도, 나를 살려 주소서!
주님의 정의로 나를 이 고난에서 건지소서!
주님의 크신 사랑으로 내 원수들을 쳐부수소서.
나를 괴롭히는 자들을 깨끗이 쓸어버리소서.
이 몸, 주님의 종인 까닭입니다.

and you'll bring me showers of blessing!"

A David Psalm

143

1-2 Listen to this prayer of mine, GOD;
pay attention to what I'm asking.
Answer me–you're famous for your answers!
Do what's right for me.
But don't, please don't, haul me into court;
not a person alive would be acquitted there.

3-6 The enemy hunted me down;
he kicked me and stomped me within an inch of my life.
He put me in a black hole,
buried me like a corpse in that dungeon.
I sat there in despair, my spirit draining away,
my heart heavy, like lead.
I remembered the old days,
went over all you've done, pondered the ways you've worked,
Stretched out my hands to you,
as thirsty for you as a desert thirsty for rain.

7-10 Hurry with your answer, GOD!
I'm nearly at the end of my rope.
Don't turn away; don't ignore me!
That would be certain death.
If you wake me each morning with the sound of your loving voice,
I'll go to sleep each night trusting in you.
Point out the road I must travel;
I'm all ears, all eyes before you.
Save me from my enemies, GOD–
you're my only hope!
Teach me how to live to please you,
because you're my God.
Lead me by your blessed Spirit
into cleared and level pastureland.

11-12 Keep up your reputation, God–give me life!
In your justice, get me out of this trouble!
In your great love, vanquish my enemies;
make a clean sweep of those who harass me.
And why? Because I'm your servant.

다윗의 시

144

1-2 나의 산이신 하나님을 찬양하여라.
주님은 당당히 잘 싸우도록 나를 훈련
시키시는 분.
내가 딛고 선 반석,
내가 거하는 성채,
나를 구해 주시는 기사,
내가 필사적으로 피할 높은 바위산,
내 원수들을 쓰러뜨리시는 분.

3-4 하나님, 어찌하여 우리를 보살펴 주십니까?
어찌하여 우리에게 그토록 마음을 쓰십니까?
우리는 한낱 입김에 불과하고,
모닥불 속 그림자와 같습니다.

5-8 하나님, 하늘에서 내려오셔서
산 한가운데 있는 분화구에 불을 붙이소서.
주님의 번개를 사방으로 집어던지시고,
주님의 화살을 이리저리 쏘소서.
하늘에서 바다까지 손을 뻗으셔서,
증오의 바다,
저 야만족의 손아귀에서 나를 끌어내소서.
새빨간 거짓말을 내뱉는 저들,
앞에서 악수하면서도
뒤돌아서면 등을 찌릅니다.

9-10 오 하나님, 내가 새 노래를 주께 불러 드립니다.
열두 줄 기타로 연주하겠습니다.
왕을 구원하신 하나님,
주님의 종 다윗을 구해 내신 하나님께 바치는 노래입
니다.

11 원수의 칼에서 나를 구하소서.
저 야만인들의 손아귀에서 나를 꺼내 주소서.
새빨간 거짓말을 내뱉는 저들,
앞에서 악수하면서도
뒤돌아서면 등을 찌릅니다.

12-14 한창때인 우리 아들들을
무성한 상수리나무 같게 하시고,
우리 딸들은 들판에 핀 들꽃처럼
맵시 좋고 생기 있게 하소서.
창고에는 수확물이 가득 차게 하시고
들판에는 거대한 양 떼로 차게 하소서.
침략을 당하거나 포로로 끌려가는 일 없게 하시고

A David Psalm

144

1-2 Blessed be GOD, my mountain,
who trains me to fight fair and
well.
He's the bedrock on which I stand,
the castle in which I live,
my rescuing knight,
The high crag where I run for dear life,
while he lays my enemies low.

3-4 I wonder why you care, GOD—
why do you bother with us at all?
All we are is a puff of air;
we're like shadows in a campfire.

5-8 Step down out of heaven, GOD;
ignite volcanoes in the hearts of the mountains.
Hurl your lightnings in every direction;
shoot your arrows this way and that.
Reach all the way from sky to sea:
pull me out of the ocean of hate,
out of the grip of those barbarians
Who lie through their teeth,
who shake your hand
then knife you in the back.

9-10 O God, let me sing a new song to you,
let me play it on a twelve-string guitar—
A song to the God who saved the king,
the God who rescued David, his servant.

11 Rescue me from the enemy sword,
release me from the grip of those barbarians
Who lie through their teeth,
who shake your hand
then knife you in the back.

12-14 Make our sons in their prime
like sturdy oak trees,
Our daughters as shapely and bright
as fields of wildflowers.
Fill our barns with great harvest,
fill our fields with huge flocks;
Protect us from invasion and exile—
eliminate the crime in our streets.

거리에서 범죄가 사라지게 하소서.

15 이 모든 것을 누리는 백성은 복이 있다.
하나님을 자기 하나님으로 모시는 백성은 복이 있다.

다윗의 찬양

145 1 오, 왕이신 나의 하나님, 찬양으로
주님을 높여 드립니다!
영원토록 주님의 이름을 찬송합니다.

2 날마다 주님을 찬양하고
지금부터 영원까지 찬송합니다.

3 하나님은 위대하시니, 찬양을 아무리 드려도 부족하신 분.
그분의 위대하심 끝이 없다.

4 대를 이어 주께서 행하신 일을 경외하고
세대마다 주님의 위업을 전합니다.

5 모두가 주님의 아름다움과 위엄을 이야기하고
나는 주님의 기적들에 곡을 붙입니다.

6 주께서 행하신 놀라운 일들 대서특필되고
나는 주님의 위대하심 낱낱이 책에 기록합니다.

7 주님의 선하심, 그 명성이 온 나라에 자자하고
주님의 의로우심, 모든 사람 입에 오르내립니다.

8 하나님은 자비로우시고 은혜로우신 분,
노하기를 더디 하시고 사랑이 충만하신 분.

9 하나님은 누구에게나 좋으신 분,
행하시는 일마다 은혜가 넘친다.

10-11 하나님, 온 우주와 피조물들이 주께 박수갈채를 보내고
주님의 거룩한 백성이 주님을 찬양합니다.

그들이 주님 통치의 영광을 이야기하고
주님의 위엄을 선포합니다.

12 주님의 권능을 영원토록 세상에 알리고
주님의 나라의 찬란한 영광을 알립니다.

15 How blessed the people who have all this!
How blessed the people who have GOD for God!

David's Praise

145 1 I lift you high in praise, my God,
O my King!
and I'll bless your name into eternity.

2 I'll bless you every day,
and keep it up from now to eternity.

3 GOD is magnificent; he can never be praised enough.
There are no boundaries to his greatness.

4 Generation after generation stands in awe of your work;
each one tells stories of your mighty acts.

5 Your beauty and splendor have everyone talking;
I compose songs on your wonders.

6 Your marvelous doings are headline news;
I could write a book full of the details of your greatness.

7 The fame of your goodness spreads across the country;
your righteousness is on everyone's lips.

8 GOD is all mercy and grace—
not quick to anger, is rich in love.

9 GOD is good to one and all;
everything he does is suffused with grace.

10-11 Creation and creatures applaud you, GOD;
your holy people bless you.

They talk about the glories of your rule,
they exclaim over your splendor,

12 Letting the world know of your power for good,

13 주님의 나라는 영원한 나라,
주님의 통치는 중단되는 일이 없습니다.

하나님은 언제나 말씀하신 대로 행하시고
모든 일을 은혜롭게 하신다.

14 하나님은 불행한 이들을 도우시고
삶을 포기하려는 이들에게 새 출발을 허락하신다.

15 모든 눈이 앙망하며 주님을 바라볼 때
주님은 그들에게 때맞춰 먹을 것을 주십니다.

16 주님은 지극히 너그러우셔서
모든 피조물에게 아낌없이 은혜를 베푸십니다.

17 하나님이 행하시는 일은 무엇이나 옳고
그분의 모든 일은 사랑으로 이루어진다.

18 하나님은 기도하는 모든 이들에게 귀 기울이시고
기도하는 모든 이들과 진심으로 함께하신다.

19 그분을 경외하는 이들에게 가장 좋은 것 행하시고
그들이 부르짖을 때 귀 기울여 듣고 구원해 주신다.

20 하나님은 그분을 사랑하는 이들의 곁을 지키시지만,
그분을 사랑하지 않는 자들은 모두 끝장내신다.

21 내 입이 끊임없이 하나님을 찬양하니,
살아 있는 모든 것은 그분을 찬양하고
그 거룩하신 이름을 찬양하여라. 지금부터 영원까지!

146

1-2 할렐루야!
오 내 영혼아, 하나님을 찬양하여라!
내 평생 하나님을 찬양하며
내 사는 동안 내 하나님께 노래 부르리라.

3-9 너희 삶을 전문가들의 손에 맡기지 마라.
저들은 삶도 구원도 전혀 모르는 자들이다.
한낱 인간에 불과하니 알 도리가 없다.
저들이 죽으면 저들의 계획들도 함께 사라진다.
대신, 야곱의 하나님에게서 도움을 받고
하나님께 너희 소망을 두어라. 참 행복을 알게 되

the lavish splendor of your kingdom.

13 Your kingdom is a kingdom eternal;
you never get voted out of office.

GOD always does what he says,
and is gracious in everything he does.

14 GOD gives a hand to those down on their luck,
gives a fresh start to those ready to quit.

15 All eyes are on you, expectant;
you give them their meals on time.

16 Generous to a fault,
you lavish your favor on all creatures.

17 Everything GOD does is right—
the trademark on all his works is love.

18 GOD's there, listening for all who pray,
for all who pray and mean it.

19 He does what's best for those who fear him—
hears them call out, and saves them.

20 GOD sticks by all who love him,
but it's all over for those who don't.

21 My mouth is filled with GOD's praise.
Let everything living bless him,
bless his holy name from now to eternity!

146

1-2 Hallelujah!
O my soul, praise GOD!
All my life long I'll praise GOD,
singing songs to my God as long as I live.

3-9 Don't put your life in the hands of experts
who know nothing of life, of salvation life.
Mere humans don't have what it takes;
when they die, their projects die with them.
Instead, get help from the God of Jacob,
put your hope in GOD and know real blessing!

리라!
하나님께서는 하늘과 땅
바다와 그 속의 모든 물고기를 지으신 분,
말씀하신 대로 어김없이 행하시고
학대받는 이들을 변호하시며
굶주린 이들에게 먹을 것을 주시는 분,
하나님은 갇힌 이들을 풀어 주시고
눈먼 이들에게 시력을 주시며
넘어진 이들을 일으켜 세우시는 분,
하나님은 선한 이들을 사랑하시고 나그네들을 보호하시며,
고아와 과부들의 편이 되어 주시고
악인들을 간단히 처치하시는 분.

10 하나님께서 언제나 다스리신다.
시온의 하나님은 영원하신 하나님이시다!
할렐루야!

147

1 할렐루야!
우리 하나님을 찬양하는 것이 얼마나 좋은가.
그분을 찬양하는 것이 얼마나 아름답고 합당한가!

2-6 하나님은 예루살렘을 다시 세우시는 분,
이스라엘의 흩어진 포로들을 다시 모으시는 분,
마음 상한 이들을 고치시고
그들의 상처를 싸매 주시는 분,
별들을 세시고
그 하나하나에 이름을 붙이시는 분.
우리 주님은 위대하시고 그 힘이 무한하시니,
그분의 지식과 행하신 일들, 결코 헤아리지 못하리.
하나님은 넘어진 이들을 다시 일으키시고
악인들을 시궁창에 처박으신다.

7-11 하나님께 감사 찬양을 드려라.
네 악기로 그분 앞에서 연주하여라.
하늘을 구름으로 채우시고
땅을 위해 비를 마련하시며,
풀로 산을 푸르게 하시고
가축과 까마귀들에게 먹이를 주시는 분.
그분은 힘센 준마에 감동하지 않으시고
근육질을 대수롭게 여기지 않으신다.
하나님을 경외하는 이들만이 하나님의 주목을 받고
그분의 권능에 의지할 수 있다.

GOD made sky and soil,
sea and all the fish in it.
He always does what he says—
he defends the wronged,
he feeds the hungry.
GOD frees prisoners—
he gives sight to the blind,
he lifts up the fallen.
GOD loves good people, protects strangers,
takes the side of orphans and widows,
but makes short work of the wicked.

10 GOD's in charge—*always*.
Zion's God is God for good!
Hallelujah!

147

1 Hallelujah!
It's a good thing to sing praise to our God;
praise is beautiful, praise is fitting.

2-6 GOD's the one who rebuilds Jerusalem,
who regathers Israel's scattered exiles.
He heals the heartbroken
and bandages their wounds.
He counts the stars
and assigns each a name.
Our Lord is great, with limitless strength;
we'll never comprehend what he knows and does.
GOD puts the fallen on their feet again
and pushes the wicked into the ditch.

7-11 Sing to GOD a thanksgiving hymn,
play music on your instruments to God,
Who fills the sky with clouds,
preparing rain for the earth,
Then turning the mountains green with grass,
feeding both cattle and crows.
He's not impressed with horsepower;
the size of our muscles means little to him.
Those who fear GOD get GOD's attention;
they can depend on his strength.

12-18 예루살렘아, 하나님께 경배하여라!
시온아, 네 하나님을 찬양하여라!
주께서 네 성을 안전하게 지키시고
그 안에 있는 네 자녀들에게 복을 내리셨다.
네가 사는 땅에 평화를 허락하시고
네 식탁에 가장 좋은 빵을 차려 주신다.
온 땅에 약속의 말씀을 주시니
그 말씀 빠르고 확실하게 전해지는구나!
눈을 양털처럼 뿌리시고
서리를 재처럼 흩으시며
우박을 모이처럼 흩뿌리시니
그 추위를 견딜 자 누구랴?
다시 명령을 내리시니 모든 것이 녹고,
추위를 향해 입김을 내뿜으시니, 갑자기 봄이로구나!

19-20 그분은 야곱에게 같은 방식으로 말씀하시고
이스라엘에게도 합당한 말씀을 주신다.
다른 민족에게는 이같이 하신 적 없으니,
그들은 그 같은 계명들을 들어 본 적도 없다.
할렐루야!

148

1-5 할렐루야!
하늘에서 하나님을 찬양하여라.
산꼭대기에서 그분을 찬양하여라.
그분의 모든 천사들아, 주님을 찬양하여라.
그분의 모든 전사들아, 주님을 찬양하여라.
해와 달아, 주님을 찬양하여라.
새벽별들아, 주님을 찬양하여라.
드높은 하늘아, 주님을 찬양하여라.
하늘의 비구름아, 주님을 찬양하여라.
찬양하여라. 오, 하나님의 이름을 찬양하여라.
주께서 말씀하시자, 그들이 생겨났다!

6 그분께서 그들을 알맞은 자리에
영원토록 있게 하시고,
명령을 내리시자
그대로 되었다!

7-12 땅에서 하나님을 찬양하여라.
너희 바다의 용들아, 헤아릴 수 없이 깊은 대양아,
불과 우박, 눈과 얼음아,
그분의 명령에 복종하는 폭풍들아,
산과 언덕들아,
사과 과수원들과 백향목 숲들아,

12-18 Jerusalem, worship GOD!
Zion, praise your God!
He made your city secure,
he blessed your children among you.
He keeps the peace at your borders,
he puts the best bread on your tables.
He launches his promises earthward—
how swift and sure they come!
He spreads snow like a white fleece,
he scatters frost like ashes,
He broadcasts hail like birdseed—
who can survive his winter?
Then he gives the command and it all melts;
he breathes on winter—suddenly it's spring!

19-20 He speaks the same way to Jacob,
speaks words that work to Israel.
He never did this to the other nations;
they never heard such commands.
Hallelujah!

148

1-5 Hallelujah!
Praise GOD from heaven,
praise him from the mountaintops;
Praise him, all you his angels,
praise him, all you his warriors,
Praise him, sun and moon,
praise him, you morning stars;
Praise him, high heaven,
praise him, heavenly rain clouds;
Praise, oh let them praise the name of GOD—
he spoke the word, and there they were!

6 He set them in place
from all time to eternity;
He gave his orders,
and that's it!

7-12 Praise GOD from earth,
you sea dragons, you fathomless ocean deeps;
Fire and hail, snow and ice,
hurricanes obeying his orders;
Mountains and all hills,

들짐승과 가축 떼들아,
뱀과 날짐승들아,
세상의 왕들과 모든 인종들아,
지도자들과 유력자들아,
청춘남녀들아,
너희 노인과 아이들아.

13-14 하나님의 이름을 찬양하여라.
찬양 받기에 합당한 유일한 이름이시다.
그분의 광채, 하늘과 땅에 있는 그 무엇보다 빛나고,
그분께서 세우신 기념비, 곧 하나님의 백성이로다!

하나님을 사랑하는 모든 이들아, 찬양하여라!
이스라엘의 자녀들, 하나님의 가까운 친구들아!
할렐루야!

149

1-4 할렐루야!
새 노래로 하나님께 노래하여라.
그분을 사랑하는 모든 이들과 함께 그분을 찬양하여라.
이스라엘 모든 백성들아, 너희의 주권자이신 창조주를 찬양하여라.
시온의 아들딸들아, 너희 왕으로 인해 기뻐 뛰어라.
춤추며 그분의 이름을 찬양하고
밴드를 울려 음악을 연주하여라!
하나님은 자기 백성을 기뻐하시고
평범한 이들을 구원의 화환으로 꾸며 주신다!

5-9 주님을 참으로 사랑하는 이들아, 소리치며 찬양하여라.
어디에 있든지 노래 불러라.
소리 높여 하나님을 찬양하여라.
칼을 휘둘러 열정적으로 칼춤을 추어라.
이것은 하나님께 거역하는 민족들을 향한 복수의 경고,
임박한 징벌의 신호다.
저들의 왕들은 사슬에 묶여 감옥으로 끌려가고
지도자들은 영원히 감옥에 갇히며,
저들에 대한 엄정한 심판이 시행될 것이다.
그러나 하나님을 사랑하는 이들은 모두 영광의 자리에 앉으리라!
할렐루야!

apple orchards and cedar forests;
Wild beasts and herds of cattle,
snakes, and birds in flight;
Earth's kings and all races,
leaders and important people,
Robust men and women in their prime,
and yes, graybeards and little children.

13-14 Let them praise the name of GOD—
it's the only Name worth praising.
His radiance exceeds anything in earth and sky;
he's built a monument—his very own people!

Praise from all who love GOD!
Israel's children, intimate friends of GOD.
Hallelujah!

149

1-4 Hallelujah!
Sing to GOD a brand-new song,
praise him in the company of all who love him.
Let all Israel celebrate their Sovereign Creator,
Zion's children exult in their King.
Let them praise his name in dance;
strike up the band and make great music!
And why? Because GOD delights in his people,
festoons plain folk with salvation garlands!

5-9 Let true lovers break out in praise,
sing out from wherever they're sitting,
Shout the high praises of God,
brandish their swords in the wild sword-dance—
A portent of vengeance on the God-defying nations,
a signal that punishment's coming,
Their kings chained and hauled off to jail,
their leaders behind bars for good,
The judgment on them carried out to the letter
—and all who love God in the seat of honor!
Hallelujah!

150

1-6 할렐루야!
하나님의 거룩한 예배처소에서 그분을 찬양하여라.
탁 트인 하늘 아래서 그분을 찬양하여라.
권능을 떨치신 그분을 찬양하여라.
크고 위대하신 그분을 찬양하여라.
힘찬 트럼펫 소리로 그분을 찬양하여라.
부드러운 현악기로 그분을 찬양하여라.
캐스터네츠와 춤으로 그분을 찬양하여라.
작은북과 플루트로 그분을 찬양하여라.
심벌즈와 큰북으로 그분을 찬양하여라.
바이올린과 기타로 그분을 찬양하여라.
살아 숨 쉬는 모든 것들아, 하나님을 찬양하여라!
할렐루야!

150

1-6 Hallelujah!
Praise God in his holy house of worship,
praise him under the open skies;
Praise him for his acts of power,
praise him for his magnificent greatness;
Praise with a blast on the trumpet,
praise by strumming soft strings;
Praise him with castanets and dance,
praise him with banjo and flute;
Praise him with cymbals and a big bass drum,
praise him with fiddles and mandolin.
Let every living, breathing creature praise GOD!
Hallelujah!

많은 사람들은 성경에 주로 천국 가는 방법, 즉 하나님과 올바른 관계를 맺고 영혼의 구원을 받는 법이 적혀 있는 줄 안다. 물론 그런 내용도 있지만 그것이 전부는 아니다. 성경은 이 세상에서의 삶, 곧 올바르고 건전하게 사는 일에도 똑같이 관심을 갖는다. 성경의 일차적 관심사가 천국이고 이 세상은 거기 딸린 군더더기인 것이 아니다. 예수께서는 "하늘에서처럼 땅에서도 가장 선한 것을 행하소서"라고 기도할 것을 명하셨다.

"지혜"는 "하늘에서처럼 땅에서도 가장 선한 일을 행하는" 일상의 삶을 가리키는 성경적 용어다. 지혜는 우리가 어떤 상황에 처하든지 그 안에서 잘 살아가는 삶의 기술이다. 지혜는 정보나 지식과는 사실상 아무 관련이 없고, 학위도 지혜를 보증하지 못한다. 지혜가 우리에게 도덕적으로 큰 영향을 끼치는 것은 사실이지만, 우리가 도덕적 진흙탕에 빠지지 않도록 막아 주는 것이 지혜의 일차적 관심사는 아니다. 잠언 4:18-19은 "올곧게 사는 이들의 길은 환히 빛나서 그들이 오래 살수록 더 밝게 빛나지만, 못된 자들의 길은 점점 더 어두워져서 지나가다가 아무것도 보지 못해 바닥에 고꾸라진다"고 말한다.

지혜에 힘입을 때 우리는 부모를 공경하고, 자녀를 양육하고, 재정을 관리하고, 성생활을 영위하고, 일터에 나가고, 리더십을 발휘하고, 바른 말을 쓰고, 친구들을 친절하게 대하고, 건강하게 먹고 마시고, 마음을 다스려 내적 평안을 누리고, 타인들과 사이좋게 지내 평화에 보탬이 되는 일을 잘 감당할 수 있게 된다. 성경에는 이 모든 일 가운데 하나님을 어떻게 생각하고 하나님께 어떻게 반응하는가, 이것이 가장 중요하다는 주장이 담겨 있다.

온 마음으로 하나님을 신뢰하고
무슨 일이든 네 멋대로 이해하려 들지 마라.
무슨 일을 하든, 어디로 가든, 하나님의 음성에
귀 기울여라.
그분께서 네 길을 바르게 인도하실 것이다.

Many people think that what's written in the Bible has mostly to do with getting people into heaven—getting right with God, saving their eternal souls. It does have to do with that, of course, but not mostly. It is equally concerned with living on this earth—living well, living in robust sanity. In our Scriptures, heaven is not the primary concern, to which earth is a tagalong afterthought. "On earth as it is in heaven" is Jesus' prayer.

"Wisdom" is the biblical term for this on-earth-as-it-is-in-heaven everyday living. Wisdom is the art of living skillfully in whatever actual conditions we find ourselves. It has virtually nothing to do with information as such, with knowledge as such. A college degree is no certification of wisdom—nor is it primarily concerned with keeping us out of moral mud puddles, although it does have a profound moral effect upon us. According to Proverbs 4:18-19, "The ways of right-living people glow with light; the longer they live, the brighter they shine. But the road of wrongdoing gets darker and darker—travelers can't see a thing; they fall flat on their faces."

Wisdom has to do with becoming skillful in honoring our parents and raising our children, handling our money and conducting our sexual lives, going to work and exercising leadership, using words well and treating friends kindly, eating and drinking healthily, cultivating emotions within ourselves and attitudes toward others that make for peace. Threaded through all these items is the insistence that the way we think of and respond to God is the most practical thing we do.

Trust GOD from the bottom of your heart;
don't try to figure out everything on your own.
Listen for GOD's voice in everything you do,
everywhere you go;
he's the one who will keep you on track.

다 아는 체하지 마라.
하나님께로 달려가라! 악을 피해 도망쳐라!
그러면 네 몸에 건강미가 넘칠 것이고
네 뼈 마디마디가 생명력으로 약동할 것이다!
네 모든 소유로 하나님께 영광을 돌리고
첫 열매와 가장 좋은 것을 그분께 드려라.
그러면 네 창고가 가득 차고
통에 포도주가 넘쳐흐를 것이다.
친구여, 하나님의 징계를 억울하게 여기지 말고
그분의 자애로운 꾸지람을 언짢게 여기지 마라.
하나님은 사랑하는 자녀를 꾸짖으신다.
자식이 잘되기를 바라는 아버지의 마음이다.
(잠 3:5-12)

Don't assume that you know it all.
Run to GOD! Run from evil!
Your body will glow with health,
your very bones will vibrate with life!
Honor GOD with everything you own;
give him the first and the best.
Your barns will burst,
your wine vats will brim over.
But don't, dear friend, resent GOD's discipline;
don't sulk under his loving correction.
It's the child he loves that GOD corrects;
a father's delight is behind all this.
(Proverbs 3:5-12)

일상생활 속 그 어떤 문제도 하나님보다 우선할 수 없다.

잠언은 성경의 다른 어떤 책보다 이 부분에 집중하고 있다. '지금 여기'에 대한 성경의 관심은 수천 쪽에 이르는 성경 곳곳에 실린 이야기와 율법, 기도, 설교에 드러나 있다. 그 가운데 잠언은 우리가 일상에서 끊임없이 하나님께 순종할 수 있도록 도와주는 매혹적인 이미지와 경구들의 정수를 뽑아 놓은 책이다.

In matters of everyday practicality, nothing, absolutely nothing, takes precedence over God.

Proverbs concentrates on these concerns more than any other book in the Bible. Attention to the here and now is everywhere present in the stories and legislation, the prayers and the sermons, that are spread over the thousands of pages of the Bible. Proverbs distills it all into riveting images and aphorisms that keep us connected in holy obedience to the ordinary.

잠언

솔로몬의 잠언
삶의 지침서

1 1-6 이것은 이스라엘의 왕이요 다윗의 아들인
솔로몬의 지혜로운 말이다.
어떻게 해야 바르게 잘살 수 있는지 가르치고
인생의 의미가 무엇이며 어디로 흘러가는지 알리려고 기록한 말이다.
이것은 옳고 정의롭고 공평한 것이 무엇인지 알리고
세상의 이치를 모르는 이들을 가르치고
젊은이들이 현실을 파악하게 해줄
삶의 지침서다.
경험 많은 이들도 얻을 것이 있고
노련한 이들도 한두 가지 배울 것이 있을 것이다.
깊이 음미할 만한 새로운 지혜와
현인들의 슬기가 이 안에 있다.

하나님으로 시작하여라

7 하나님으로 시작하여라. 지식의 첫걸음은 하나님께 엎드리는 것이다.
어리석은 자들만이 지혜와 지식을 업신여긴다.

8-19 친구여, 아버지의 말씀에 귀를 기울여라.
어머니의 무릎에서 배운 것을 잊지 마라.
부모의 훈계를 머리에 쓴 화관처럼
손가락에 낀 반지처럼 간직하여라.
친구여, 나쁜 무리가 꾀더라도
따라가지 마라.
그들은 말하리라. "나가서 소란을 일으키자.
누구든 닥치는 대로 두들겨 패고 가진 것을 빼앗자.

PROVERBS

Wise Sayings of Solomon
A Manual for Living

1 1-6 These are the wise sayings of Solomon,
David's son, Israel's king—
Written down so we'll know how to live well and right,
to understand what life means and where it's going;
A manual for living,
for learning what's right and just and fair;
To teach the inexperienced the ropes
and give our young people a grasp on reality.
There's something here also for seasoned men and women,
still a thing or two for the experienced to learn—
Fresh wisdom to probe and penetrate,
the rhymes and reasons of wise men and women.

Start with God

7 Start with GOD—the first step in learning is bowing down to GOD;
only fools thumb their noses at such wisdom and learning.

8-19 Pay close attention, friend, to what your father tells you;
never forget what you learned at your mother's knee.
Wear their counsel like flowers in your hair,
like rings on your fingers.
Dear friend, if bad companions tempt you,

그들을 빈털터리로 만들어
죽을 날만 기다리게 하자.
빼앗은 귀중품들을 차에 한가득 싣고
집으로 가져가게 될 거다.
같이 가자. 다시없는 기회가 될 거야!
물건은 모두 똑같이 나누게 될 거다!"
친구여, 그들을 두 번 돌아보지도 말고
한순간이라도 그들의 말을 귀담아듣지 마라.
그들은 비참한 최후를 향해 질주하고
손에 넣은 모든 것을 망치려고 내달린다.
사람들이 빤히 쳐다보는 곳에서
은행을 터는 사람이 없건만,
그들이 하는 짓이 꼭 그 꼴이다.
제 무덤을 파는 격이다.
손에 잡히는 대로 다 움켜쥘 때, 바로 이런 일이 벌어진다.
가진 것이 많아질수록, 점점 더 초라한 사람이 된다.

지혜의 외침

20-21 지혜가 거리로 나가 외친다.
시내 한복판에서 연설을 한다.
도로 한가운데 자리를 잡고
혼잡한 모퉁이에서 소리친다.

22-24 "얼간이들아! 언제까지 무지의 진창에서 뒹굴려느냐?
빈정대는 자들아! 언제까지 빈정거림만 늘어놓으려느냐?
천치들아! 언제까지 배움을 거부하려느냐?
돌아서라! 내가 너희 삶을 바로잡아 주겠다.
보아라! 내 영을 너희에게 쏟아부을 준비가 되었다.
내가 아는 것을 다 알려 줄 준비가 되었다.
너희는 내가 불렀는데도 귀를 막았고
손을 내밀었는데도 본체만체했다.

25-28 너희가 내 충고를 비웃고
내 훈계를 우습게 여기니
내가 어떻게 너희 말을 진지하게 들을 수 있겠느냐?
내가 너희에게 당한 대로 갚아 주어 너희 곤경을 *농담거리로 삼으리라!*
재난이 일어나
너희 삶이 산산조각나 버리면 어찌하려느냐?
재앙이 닥쳐
돌무더기에 잿더미만 남으면 어찌하려느냐?

don't go along with them.
If they say—"Let's go out and raise some hell.
Let's beat up some old man, mug some old woman.
Let's pick them clean
and get them ready for their funerals.
We'll load up on top-quality loot.
We'll haul it home by the truckload.
Join us for the time of your life!
With us, it's share and share alike!"—
Oh, friend, don't give them a second look;
don't listen to them for a minute.
They're racing to a very bad end,
hurrying to ruin everything they lay hands on.
Nobody robs a bank
with everyone watching,
Yet that's what these people are doing—
they're doing themselves in.
When you grab all you can get, that's what happens:
the more you get, the less you are.

Lady Wisdom

20-21 Lady Wisdom goes out in the street and shouts.
At the town center she makes her speech.
In the middle of the traffic she takes her stand.
At the busiest corner she calls out:

22-24 "Simpletons! How long will you wallow in ignorance?
Cynics! How long will you feed your cynicism?
Idiots! How long will you refuse to learn?
About face! I can revise your life.
Look, I'm ready to pour out my spirit on you;
I'm ready to tell you all I know.
As it is, I've called, but you've turned a deaf ear;
I've reached out to you, but you've ignored me.

25-28 "Since you laugh at my counsel
and make a joke of my advice,
How can I take you seriously?
I'll turn the tables and joke about *your* troubles!
What if the roof falls in,
and your whole life goes to pieces?
What if catastrophe strikes and there's nothing

그때 너희는 내가 필요하여 큰소리로 나를 부를 것이다.
그러나 나는 대답하지 않을 것이다.
너희가 아무리 애타게 나를 찾아도 나를 만나지 못할 것이다.

29-33 너희가 지식을 싫어하고
하나님 경외할 줄을 모르고
내 충고를 받아들이지 않고
가르침을 주겠다는 내 제안을 모두 무시하더니
네 스스로 무덤을 팠구나. 이제 거기 누워라.
네 뜻대로 하더니, 이제 만족하느냐?
이 얼간이, 천치들아, 무슨 일이 벌어졌는지 모르겠느냐?
내 말을 무시하는 것은 죽는 길이고, 자기도취는 자살행위다.
먼저 내 말에 귀를 기울여라. 그리고 긴장을 풀어라.
그러고 나서 마음을 놓아도 좋다. 그때부터는 내가 너희를 지켜 줄 것이니."

지혜가 주는 유익

2 1-5 친구여, 내가 하는 말을 마음에 새겨라.
내 훈계를 받아들여 목숨 걸고 지켜라.
지혜의 세계에 귀를 쫑긋 세우고
분별 있게 살기로 결심하여라.
그렇다. 무엇보다 통찰력을 추구하고
그것을 얻기까지 결코 만족하지 않는다면,
금을 캐는 채굴업자와
보물찾기에 나선 탐험가처럼 그것을 찾는다면,
어느새 하나님을 경외하고
하나님 아는 지식을 얻게 될 것이다.

6-8 하나님은 지혜를 값없이 주시고
지식과 명철을 숨기시지 않는 분이시기에 그렇다.
그분은 제대로 사는 이들에게 상식의 보고가 되시고
꾸밈없고 성실한 이들의 보호자가 되어 주신다.
정직하게 사는 모든 이들을 주시하시고
그분께 충성하고 헌신하는 자들을 특별히 보살피신다.

9-15 그러면 너는 참되고 공평한 것을 가려내고
모든 좋은 길을 찾아낼 수 있을 것이다!
지혜가 네 절친한 벗이 되고
지식은 유쾌한 동행자가 될 것이다.

to show for your life but rubble and ashes?
You'll need me then. You'll call for me, but don't expect an answer.
No matter how hard you look, you won't find me.

29-33 "Because you hated Knowledge
and had nothing to do with the Fear-of-GOD,
Because you wouldn't take my advice
and brushed aside all my offers to train you,
Well, you've made your bed—now lie in it;
you wanted your own way—now, how do you like it?
Don't you see what happens, you simpletons, you idiots?
Carelessness kills; complacency is murder.
First pay attention to me, and then relax.
Now you can take it easy—you're in good hands."

Make Insight Your Priority

2 1-5 Good friend, take to heart what I'm telling you;
collect my counsels and guard them with your life.
Tune your ears to the world of Wisdom;
set your heart on a life of Understanding.
That's right—if you make Insight your priority,
and won't take no for an answer,
Searching for it like a prospector panning for gold,
like an adventurer on a treasure hunt,
Believe me, before you know it Fear-of-GOD will be yours;
you'll have come upon the Knowledge of God.

6-8 And here's why: GOD gives out Wisdom free,
is plainspoken in Knowledge and Understanding.
He's a rich mine of Common Sense for those who live well,
a personal bodyguard to the candid and sincere.
He keeps his eye on all who live honestly,
and pays special attention to his loyally committed ones.

9-15 So now you can pick out what's true and fair,
find all the good trails!

건전한 상식이 앞서 나가 위험을 찾아내고
통찰력이 너를 빈틈없이 지켜 줄 것이다.
네가 잘못된 길로 접어들지 않도록,
길을 잃어
어디가 어딘지 모르는 자들의
엉터리 길안내를 따르지 않게
지켜 줄 것이다.
저들은 놀이하듯 악을 저지르고
못된 짓을 기념해 잔치를 연다.
그들이 다니는 길은 죄다 막다른 골목,
여기저기 둘러봐야 출구 없는 미로일 뿐이다.

16-19 지혜로운 벗들이,
번드르르한 말로 유혹하는 여자에게서 너를 구해 줄 것이다.
그 여자는 여러 해 전에 결혼한 남편에 대한 신의를 저버리고
하나님 앞에서 맺은 혼인서약을 까마득히 잊은 자다.
그런 생활의 결말은 뻔하다.
걸음을 뗄 때마다 지옥에 가까워질 뿐이다.
그 여자와 어울리는 사람은 돌이키지 못하고
참된 삶으로 이어지는 길에 발을 들여놓지 못한다.

20-22 그러니 선한 이들과 어울리고
신뢰할 만한 길을 걸어라.
올곧게 행하는 사람, 정직한 이들은
이 땅에 자리 잡고 오래오래 살겠지만,
부도덕한 자들, 부정직한 자들은
목숨을 잃고 영원히 사라질 것이다.

다 아는 체하지 마라

3 1-2 친구여, 내 모든 가르침을 잊지 말고
내 계명을 마음에 새겨라.
그러면 네가 오래오래 살고
부족함 없이 잘살게 될 것이다.

3-4 사랑과 성실을 굳게 붙잡고,
그것을 네 목에 걸어라. 그 머리글자를 마음에 *새겨라.*
그러면 하나님과 사람에게서
잘산다는 평판을 얻게 될 것이다.

5-12 온 마음으로 하나님을 신뢰하고

Lady Wisdom will be your close friend,
and Brother Knowledge your pleasant companion.
Good Sense will scout ahead for danger,
Insight will keep an eye out for you.
They'll keep you from making wrong turns,
or following the bad directions
Of those who are lost themselves
and can't tell a trail from a tumbleweed,
These losers who make a game of evil
and throw parties to celebrate perversity,
Traveling paths that go nowhere,
wandering in a maze of detours and dead ends.

16-19 Wise friends will rescue you from the Temptress—
that smooth-talking Seductress
Who's faithless to the husband she married years ago,
never gave a second thought to her promises before God.
Her whole way of life is doomed;
every step she takes brings her closer to hell.
No one who joins her company ever comes back,
ever sets foot on the path to real living.

20-22 So—join the company of good men and women,
keep your feet on the tried-and-true paths.
It's the men who walk straight who will settle this land,
the women with integrity who will last here.
The corrupt will lose their lives;
the dishonest will be gone for good.

Don't Assume You Know It All

3 1-2 Good friend, don't forget all I've taught you;
take to heart my commands.
They'll help you live a long, long time,
a long life lived full and well.

3-4 Don't lose your grip on Love and Loyalty.
Tie them around your neck; carve their initials on your heart.
Earn a reputation for living well
in God's eyes and the eyes of the people.

5-12 Trust GOD from the bottom of your heart;

무슨 일이든 네 멋대로 이해하려 들지 마라.
무슨 일을 하든, 어디로 가든, 하나님의 음성에 귀 기울여라.
그분께서 네 길을 바르게 인도하실 것이다.
다 아는 체하지 마라.
하나님께로 달려가라! 악을 피해 도망쳐라!
그러면 네 몸에 건강미가 넘칠 것이고
네 뼈 마디마디가 생명력으로 약동할 것이다!
네 모든 소유로 하나님께 영광을 돌리고
첫 열매와 가장 좋은 것을 그분께 드려라.
그러면 네 창고가 가득 차고
통에 포도주가 넘쳐흐를 것이다.
친구여, 하나님의 징계를 억울하게 여기지 말고
그분의 자애로운 꾸지람을 언짢게 여기지 마라.
하나님은 사랑하는 자녀를 꾸짖으신다.
자식이 잘되기를 바라는 아버지의 마음이다.

지혜의 가치

13-18 지혜를 만나고
통찰력과 친구가 되는 사람은 복이 있다.
지혜는 은행에 저축한 돈보다 훨씬 값지고
지혜와 맺은 우정은 고액연봉보다 낫다.
지혜의 가치는 온갖 화려한 장신구보다 낫고
네가 바라는 그 어떤 것보다 귀하다.
지혜는 한 손으로 장수를 베풀고
다른 손으로 상을 준다.
지혜의 방식은 훌륭하고
지혜의 세상살이는 놀라우리만치 완전하다.
지혜는 그것을 붙잡는 이들에게 참으로 생명의 나무가 된다.
지혜를 단단히 붙들어라. 그러면 복을 받을 것이다.

19-20 하나님은 지혜로 땅을 만드셨고
통찰력을 발휘해 하늘을 들어 올리셨다.
지혜와 통찰력은 강과 샘을 언제 솟게 하고 밤하늘의 이슬을
언제 내리게 할지 적절한 때를 안다.

외면하지 마라

21-26 친구여, 명료한 사고와 건전한 상식을 목숨 걸고 지켜
잠시라도 놓치지 마라.
그러면 네 영혼이 생기를 띨 것이다.
너는 건강과 매력을 유지할 것이다.

don't try to figure out everything on your own.
Listen for GOD's voice in everything you do, everywhere you go;
he's the one who will keep you on track.
Don't assume that you know it all.
Run to GOD! Run from evil!
Your body will glow with health,
your very bones will vibrate with life!
Honor GOD with everything you own;
give him the first and the best.
Your barns will burst,
your wine vats will brim over.
But don't, dear friend, resent GOD's discipline;
don't sulk under his loving correction.
It's the child he loves that GOD corrects;
a father's delight is behind all this.

The Very Tree of Life

13-18 You're blessed when you meet Lady Wisdom,
when you make friends with Madame Insight.
She's worth far more than money in the bank;
her friendship is better than a big salary.
Her value exceeds all the trappings of wealth;
nothing you could wish for holds a candle to her.
With one hand she gives long life,
with the other she confers recognition.
Her manner is beautiful,
her life wonderfully complete.
She's the very Tree of Life to those who embrace her.
Hold her tight—and be blessed!

19-20 With Lady Wisdom, GOD formed Earth;
with Madame Insight, he raised Heaven.
They knew when to signal rivers and springs to the surface,
and dew to descend from the night skies.

Never Walk Away

21-26 Dear friend, guard Clear Thinking and Common Sense with your life;
don't for a minute lose sight of them.
They'll keep your soul alive and well,
they'll keep you fit and attractive.
You'll travel safely,
you'll neither tire nor trip.

안전하게 다닐 것이며,
지치지 않고 발이 걸려 넘어지지도 않을 것이다.
오후에 염려 없이 낮잠을 자고
밤에도 단잠을 자게 될 것이다.
경고가 날아들고 놀랄 일이 생기고
세상 멸망이 임박했다는 예언이 있어도, 두려워 할 필요가 없다.
하나님께서 네 곁에 함께하시며
너를 안전하게 지켜 주실 것이기 때문이다.

27-29 도움이 필요한 사람이 있거든 그를 외면하지 마라.
그에게는 네 손이 하나님의 손이다.
지갑에 돈이 있는데도
이웃에게 "다음에 오게" 하고 말하지 마라.
"내일 주겠네" 하고 말하지도 마라.
너를 믿고 마음 놓고 사는 이웃에게
해 끼칠 궁리를 하지 마라.

30-32 사사건건 시비조로
싸울 거리를 찾아다니지 마라.
힘으로 밀어붙이며 사는 사람이 되지 마라.
왜 불량배 노릇을 하려느냐?
너는 "왜 안되는데?" 하고 말하지만,
하나님은 심사가 뒤틀린 자들을 참지 못하신다.
그분은 올곧은 이들을 존중하신다.

33-35 하나님은 악한 자들의 집에는 저주를 내리시지만
의로운 이들의 집에는 복을 내려 주신다.
그분은 시건방진 회의론자들을 냉대하시고
형편이 어려운 사람을 곁에서 도우신다.
지혜롭게 살면 명예를 상으로 받고
어리석게 살면 수치를 상으로 받는다.

지혜와 명철을 구하여라

4 1-2 친구여, 아버지의 훈계를 잘 들어라.
자세를 바로 하고 주의해서 들어라.
그러면 살아갈 방도를 알게 될 것이다.
너희에게 유익한 교훈을
한 귀로 듣고 한 귀로 흘려버리지 마라.

3-9 내가 아버지 무릎에서 자라는 아이였을 때
어머니의 자랑거리이자 기쁨이었을 때,
아버지는 나를 앉혀 놓고 반복해서 말씀하셨다.

You'll take afternoon naps without a worry,
you'll enjoy a good night's sleep.
No need to panic over alarms or surprises,
or predictions that doomsday's just around the corner,
Because GOD will be right there with you;
he'll keep you safe and sound.

27-29 Never walk away from someone who deserves help;
your hand is *God's* hand for that person.
Don't tell your neighbor "Maybe some other time"
or "Try me tomorrow"
when the money's right there in your pocket.
Don't figure ways of taking advantage of your neighbor
when he's sitting there trusting and unsuspecting.

30-32 Don't walk around with a chip on your shoulder,
always spoiling for a fight.
Don't try to be like those who shoulder their way through life.
Why be a bully?
"Why not?" you say. Because GOD can't stand twisted souls.
It's the straightforward who get his respect.

33-35 GOD's curse blights the house of the wicked,
but he blesses the home of the righteous.
He gives proud skeptics a cold shoulder,
but if you're down on your luck, he's right there to help.
Wise living gets rewarded with honor;
stupid living gets the booby prize.

Your Life Is at Stake

4 1-2 Listen, friends, to some fatherly advice;
sit up and take notice so you'll know how to live.
I'm giving you good counsel;
don't let it go in one ear and out the other.

3-9 When I was a boy at my father's knee,
the pride and joy of my mother,
He would sit me down and drill me:

"이 가르침을 마음에 새기고 내 말대로 행하여라. 그리하면 네가 살 것이다!
모든 것을 팔아 지혜를 사거라. 명철을 찾아 나서라.
내 말을 한 마디도 잊지 말고, 거기서 한 치도 벗어나지 마라.
지혜를 외면하지 마라. 그것이 네 목숨을 지켜 줄 것이다.
지혜를 사랑하여라. 그것이 너를 돌봐 줄 것이다.
무엇보다 먼저 지혜를 얻어라!
명철을 무엇보다 귀하게 여기고 그것을 구하여라!
지혜를 껴안으라. 분명히 말하지만, 절대 후회하지 않을 것이다.
지혜를 절대 놓아 보내지 마라. 지혜 덕분에 네가 영광스럽게 살게 될 것이다.
지혜가 네 삶에 우아한 관을 씌우고
너의 하루하루를 아름답게 장식해 줄 것이다."

악한 길로 접어들지 마라

10-15 친구여, 내 훈계를 받아들여라.
그러면 네가 오래 살 것이다.
나는 지혜로 가는 길을 정확히 안내하고
올바른 길로 가는 지도를 그린다.
나는 네가 막다른 골목에 이르거나
길을 잘못 들어 시간을 허비하기를 바라지 않는다.
유익한 교훈을 놓치지 말고 꼭 붙들어라.
그대로 잘 행하여라. 네 목숨이 거기에 달렸다!
악한 길로 접어들지 말고
아예 발도 들여놓지 마라.
그 길에서 멀찍이 떨어져
비켜 가거라.

16-17 악인들은 문제를 일으키지 않으면
마음이 편치 않고,
남을 못살게 굴지 않으면
밤에 잠을 못 잔다.
사악함은 그들의 음식이고
폭력은 그들이 고르고 고른 약이다.

18-19 올곧게 사는 이들의 길은 환히 빛나서
그들이 오래 살수록 더 밝게 빛나지만,
못된 자들의 길은 점점 더 어두워져서
지나가다가 아무것도 보지 못해 바닥에 고꾸라진다.

내 메시지를 외워라

20-22 친구여, 내 말을 잘 듣고

"Take this to heart. Do what I tell you—live!
Sell everything and buy Wisdom! Forage for Understanding!
Don't forget one word! Don't deviate an inch!
Never walk away from Wisdom—she guards your life;
love her—she keeps her eye on you.
Above all and before all, do this: Get Wisdom!
Write this at the top of your list: Get Understanding!
Throw your arms around her—believe me, you won't regret it;
never let her go—she'll make your life glorious.
She'll garland your life with grace,
she'll festoon your days with beauty."

10-15 Dear friend, take my advice;
it will add years to your life.
I'm writing out clear directions to Wisdom Way,
I'm drawing a map to Righteous Road.
I don't want you ending up in blind alleys,
or wasting time making wrong turns.
Hold tight to good advice; don't relax your grip.
Guard it well—your life is at stake!
Don't take Wicked Bypass;
don't so much as set foot on that road.
Stay clear of it; give it a wide berth.
Make a detour and be on your way.

16-17 Evil people are restless
unless they're making trouble;
They can't get a good night's sleep
unless they've made life miserable for somebody.
Perversity is their food and drink,
violence their drug of choice.

18-19 The ways of right-living people glow with light;
the longer they live, the brighter they shine.
But the road of wrongdoing gets darker and darker—
travelers can't see a thing; they fall flat on their faces.

Learn It by Heart

20-22 Dear friend, listen well to my words;

내 목소리에 귀를 기울여라.
내 메시지를 항상 잘 보이는 곳에 두고
거기에 집중하여라! 힘써 외워라!
이 말을 깨닫는 사람은 참으로 제대로 살고
몸과 영혼이 건강해질 것이다.

23-27 두 눈을 부릅뜨고 네 마음을 지켜라.
마음은 생명의 근원이다.
한 입으로 두말하지 말고
경솔한 농담, 악의 없는 거짓말, 잡담을 피하여라.
똑바로 앞만 쳐다보고
온갖 엉뚱한 것들에는 눈길도 주지 마라.
조심조심 걸어라.
그러면 네 앞길이 평탄하게 펼쳐질 것이다.
오른쪽으로나 왼쪽으로나 한눈팔지 말고
악으로부터 멀리 떨어져라.

네 아내를 즐거워하여라

5

1-2 친구여, 내 지혜에 주목하고
내 생각을 명심해서 들어라.
그러면 네가 건전한 판단력을 얻고
곤경에 빠지지 않게 될 것이다.

3-6 유혹하는 여자의 입술은 너무나 달콤하고
그 나긋나긋한 말은 너무나 감미롭다.
그러나 머지않아 그 여자는 네 입속의 자갈이 될 것이다.
네 창자를 아프게 하고, 네 심장에 상처를 입힐 것이다.
그 여자는 환락의 꽃길을 따라 춤추며 죽음으로 내려가고
지옥으로 가는 그 길을 너와 함께할 것이다.
그 여자는 참된 삶을 전혀 알지 못하니
자기가 누구인지, 어디로 가는지도 모른다.

7-14 그러니 친구여, 내 말을 잘 듣고
가벼이 여기지 마라.
그런 여자를 멀리하고
그 근처에 얼씬도 하지 마라.
네 멋진 인생을 허비하지 마라.
냉혹한 자들 사이에서 귀중한 인생을 낭비하지 마라.
어찌 낯선 자들에게 속아 넘어가려 하느냐?
네 인생에 관심도 없는 자들에게 이용당하려 하느냐?

tune your ears to my voice.
Keep my message in plain view at all times.
Concentrate! Learn it by heart!
Those who discover these words live, really live;
body and soul, they're bursting with health.

23-27 Keep vigilant watch over your heart;
that's where life starts.
Don't talk out of both sides of your mouth;
avoid careless banter, white lies, and gossip.
Keep your eyes straight ahead;
ignore all sideshow distractions.
Watch your step,
and the road will stretch out smooth before you.
Look neither right nor left;
leave evil in the dust.

Nothing but Sin and Bones

5

1-2 Dear friend, pay close attention to this, my wisdom;
listen very closely to the way I see it.
Then you'll acquire a taste for good sense;
what I tell you will keep you out of trouble.

3-6 The lips of a seductive woman are oh so sweet,
her soft words are oh so smooth.
But it won't be long before she's gravel in your mouth,
a pain in your gut, a wound in your heart.
She's dancing down the primrose path to Death;
she's headed straight for Hell and taking you with her.
She hasn't a clue about Real Life,
about who she is or where she's going.

7-14 So, my friend, listen closely;
don't treat my words casually.
Keep your distance from such a woman;
absolutely stay out of her neighborhood.
You don't want to squander your wonderful life,
to waste your precious life among the hardhearted.
Why should you allow strangers to take advantage of you?
Why be exploited by those who care nothing for you?

너는 후회 가득한 인생을 마감하며
죄와 뼈만 남긴 채
이렇게 말하고 싶지 않을 것이다.
"아, 어쩌자고 내가 그분들의 말을 따르지 않았던가?
어쩌자고 절제된 삶을 거절했던가?
어쩌자고 스승의 가르침을 귀담아듣지 않고
가볍게 여겼던가?
내 인생이 망가지고 말았구나!
내놓을 만한 복된 것이 하나도 없구나!"

15-16 이런 격언을 아느냐? "네 빗물통의 물을 마시고
네 샘에서 솟아난 우물물을 길어 올려라."
맞는 말이다. 그렇지 않으면 어느 날 집에 돌아와
빈 물통과 오염된 우물을 보게 될 것이다.

17-20 네 샘물은 너 혼자만의 것이니,
낯선 자들과 나누지 마라.
맑은 물이 흐르는 네 샘을 복되게 하여라!
젊은 시절에 너와 결혼한 아내를 즐거워하여라!
천사처럼 사랑스럽고 장미처럼 아리따운 여인이니
언제까지고 아내의 육체에서 기쁨을 얻어라.
아내의 사랑을 결코 당연하게 여기지 마라!
어찌하여 아내와의 깊은 친밀함을 버리고
난잡하고 낯선 창녀에게서 싸구려 쾌락을 얻으려 하느냐?

21-23 명심하여라. 하나님은 네가 하는 일을 하나도 놓치지 않으시고
네 모든 발걸음을 아신다.
죄를 지으면 그 그림자가 너를 덮칠 것이고
너는 어둠 속에서 고꾸라질 것이다.
무절제하게 살면 죽음을 상으로 받고,
어리석은 결정을 내리면 막다른 길에 빠져 옴짝달싹 못하게 될 것이다.

6

1-5 친구여, 네가 이웃의 보증을 서거나
낯선 자와의 거래에 꼼짝없이 말려들었다면,
겉옷이라도 벗어 주겠다고 충동적으로 약속했다가
이제 바깥 추운 데서 와들와들 떠는 신세가 되었다면,
친구여, 한시도 허비하지 말고 궁지에서 벗어나라.

You don't want to end your life full of regrets,
nothing but sin and bones,
Saying, "Oh, why didn't I do what they told me?
Why did I reject a disciplined life?
Why didn't I listen to my mentors,
or take my teachers seriously?
My life is ruined!
I haven't one blessed thing to show for my life!"

Never Take Love for Granted

15-16 Do you know the saying, "Drink from your own rain barrel,
draw water from your own spring-fed well"?
It's true. Otherwise, you may one day come home
and find your barrel empty and your well polluted.

17-20 Your spring water is for you and you only,
not to be passed around among strangers.
Bless your fresh-flowing fountain!
Enjoy the wife you married as a young man!
Lovely as an angel, beautiful as a rose—
don't ever quit taking delight in her body.
Never take her love for granted!
Why would you trade enduring intimacies for cheap thrills with a whore?
for dalliance with a promiscuous stranger?

21-23 Mark well that GOD doesn't miss a move you make;
he's aware of every step you take.
The shadow of your sin will overtake you;
you'll find yourself stumbling all over yourself in the dark.
Death is the reward of an undisciplined life;
your foolish decisions trap you in a dead end.

Like a Deer from the Hunter

6

1-5 Dear friend, if you've gone into hock with your neighbor
or locked yourself into a deal with a stranger,
If you've impulsively promised the shirt off your back
and now find yourself shivering out in the cold,
Friend, don't waste a minute, get yourself out of that mess.
You're in that man's clutches!

너는 그 사람의 손아귀에 사로잡혔다!
침통한 얼굴로 찾아가 절박한 사정을 호소하여라.
허비할 시간이 없으니
지체하지 마라.
사슴이 사냥꾼의 손에서 벗어나듯 달아나라.
새가 덫을 놓는 자의 손에서 벗어나듯 날아가라!

개미에게서 배워라

6-11 게으르고 어리석은 자여, 개미를 보아라.
개미를 자세히 지켜보고 한 수 배워라.
아무도 할 일을 일러 주지 않지만,
개미는 여름내 먹이를 마련하고
추수철에 양식을 비축한다.
너는 언제까지 하는 일 없이 빈둥거리려느냐?
언제 잠자리에서 일어나려느냐?
"여기서도 자고, 저기서도 자자. 여기서도 하루 쉬고, 저기서도 하루 쉬자.
편히 앉아 느긋하게 쉬자"하면 무슨 일이 닥치는지 아느냐?
바랄 것은 단 하나, 찢어지게 가난한 생활뿐이다.
가난이 네 영원한 식객이 된다!

12-15 쓰레기 같은 인간과 악당들은
한 입으로 두말한다.
서로 눈짓을 교환하며 발을 질질 끌면서
지킬 마음도 없는 거짓 약속을 일삼는다.
그들의 사악한 마음은 끊임없이 고약한 일을 꾸미고
언제나 말썽을 일으킨다.
머지않아 그들에게 재앙이 닥치면
완전히 파멸하고 망해서 회복되지 못하리라.

하나님이 미워하시는 일곱 가지

16-19 여기 하나님이 미워하시는 여섯 가지가 있고,
그분이 몹시 싫어하시는 한 가지가 더 있다.

거만한 눈
거짓말하는 혀
죄 없는 사람을 살해하는 손
흉계를 꾸미는 마음
악한 길로 급히 달려가는 발
거짓 증언하는 증인의 입
집안에서 분쟁을 일으키는 자.

Go, put on a long face; act desperate.
Don't procrastinate—
there's no time to lose.
Run like a deer from the hunter,
fly like a bird from the trapper!

A Lesson from the Ant

6-11 You lazy fool, look at an ant.
Watch it closely; let it teach you a thing or two.
Nobody has to tell it what to do.
All summer it stores up food;
at harvest it stockpiles provisions.
So how long are you going to laze around doing nothing?
How long before you get out of bed?
A nap here, a nap there, a day off here, a day off there,
sit back, take it easy—do you know what comes next?
Just this: You can look forward to a dirt-poor life,
poverty your permanent houseguest!

Always Cooking Up Something Nasty

12-15 Riffraff and rascals
talk out of both sides of their mouths.
They wink at each other, they shuffle their feet,
they cross their fingers behind their backs.
Their perverse minds are always cooking up something nasty,
always stirring up trouble.
Catastrophe is just around the corner for them,
a total smashup, their lives ruined beyond repair.

Seven Things GOD Hates

16-19 Here are six things GOD hates,
and one more that he loathes with a passion:

eyes that are arrogant,
a tongue that lies,
hands that murder the innocent,
a heart that hatches evil plots,
feet that race down a wicked track,
a mouth that lies under oath,
a troublemaker in the family.

부도덕에 대한 경고

20-23 착한 친구여, 아버지의 유익한 훈계를 따르고
어머니의 가르침에서 벗어나지 마라.
그것을 머리에서 발끝까지 휘감고
스카프처럼 목에 둘러라.
네가 어디로 가든지 그것이 너를 안내하고
어디서 자든지 너를 지켜 주며,
잠에서 깨면 다음에 할 일을 알려 줄 것이다.
건전한 훈계는 횃불이고
유익한 가르침은 빛이다.
도덕적 훈계는 생명의 길이다.

24-35 그것이 네가 방탕한 여인들에게 빠지지 않고
유혹하는 여자의 호리는 말에 넘어가지 않게 지켜
줄 것이다.
그런 여자의 아름다움을 탐내지 말고
욕정 어린 눈길에 홀리지 마라.
빵 한 덩이로 매춘부와 한 시간을 보낼 수 있지만
방탕한 여자는 너를 산 채로 삼킬 수 있다.
무릎 위에서 불을 지피는데
바지가 타지 않을 도리가 있느냐?
활활 타는 숯불 위를 맨발로 걷는데
물집이 생기지 않을 재간이 있겠느냐?
이웃의 아내와 잠자리를 같이하는 사람의 처지가
이와 같다.
그는 대가를 치르게 될 것이다. 어떤 핑계도 통하
지 않을 것이다.
배고픔은
도둑질의 구실이 될 수 없다.
훔치다 걸리면 전 재산이 들더라도
훔친 것을 갚아야 한다.
간통은 정신 나간 짓이다.
영혼을 파괴하고 자기를 망가뜨리는 짓이다.
코피가 나고 눈은 멍들고
체면이 땅에 떨어진 네 모습을 생각해 보아라.
배신당한 남편은 질투에 사로잡혀 분노를 터뜨릴
것이다.
복수하겠다고 날뛰면서 조금도 사정을 봐주지 않
을 것이다.
무슨 말을 해도, 어떤 보상을 해도 소용이 없다.
뇌물도 설득도 통하지 않을 것이다.

유혹하는 여자에게서 벗어나라

7

1-5 친구여, 내 말을 따르고
내 신중한 가르침을 간직하여라.

Warning on Adultery

20-23 Good friend, follow your father's good advice;
don't wander off from your mother's teachings.
Wrap yourself in them from head to foot;
wear them like a scarf around your neck.
Wherever you walk, they'll guide you;
whenever you rest, they'll guard you;
when you wake up, they'll tell you what's next.
For sound advice is a beacon,
good teaching is a light,
moral discipline is a life path.

24-35 They'll protect you from wanton women,
from the seductive talk of some temptress.
Don't lustfully fantasize on her beauty,
nor be taken in by her bedroom eyes.
You can buy an hour with a whore for a loaf of bread,
but a wanton woman may well eat *you* alive.
Can you build a fire in your lap
and not burn your pants?
Can you walk barefoot on hot coals
and not get blisters?
It's the same when you have sex with your neighbor's wife:
Touch her and you'll pay for it. No excuses.
Hunger is no excuse
for a thief to steal;
When he's caught he has to pay it back,
even if he has to put his whole house in hock.
Adultery is a brainless act,
soul-destroying, self-destructive;
Expect a bloody nose, a black eye,
and a reputation ruined for good.
For jealousy detonates rage in a cheated husband;
wild for revenge, he won't make allowances.
Nothing you say or pay will make it all right;
neither bribes nor reason will satisfy him.

Dressed to Seduce

7

1-5 Dear friend, do what I tell you;
treasure my careful instructions.
Do what I say and you'll live well.
My teaching is as precious as your eyesight—
guard it!

내 말대로 행하면 잘살게 될 것이다.
내 가르침은 네 시력만큼 귀하니 잘 지켜라!
그것을 네 손바닥에 적고
심장의 두 심실에 새겨라.
누이를 대하듯 지혜에게 말을 걸고
동무를 대하듯 통찰력을 대하여라.
그것이 유혹하는 여자를 막아 주고
달콤한 말로 나긋나긋 호리는 여자에게서 벗어나
게 할 것이다.

6-12 나는 우리 집 창가에서
덧문 사이로 내다보았다.
무심한 군중 사이로
정신 나간 젊은이 하나가 보였다.
그는 그 여자가 사는 거리 모퉁이에 이르더니
그 집으로 가는 길로 접어들었다.
저녁이 깊어 땅거미가 내리고
어둠이 짙어져 밤이 되었다.
바로 그때, 한 여자가 그에게 다가왔다.
그 여자는 유혹하는 옷차림을 하고서 그를 기다
리고 있었다.
뻔뻔하고 자신만만한 그 여자는
차분하게 집에 붙어 있지 못하고 늘 돌아다녔다.
거리를 다니고 시장을 다니고
시내의 골목이란 골목을 모두 누볐다.

13-20 그 여자는 그를 부둥켜안고 입 맞추더니
대담하게 그의 팔을 붙잡고 말했다.
"잔치에 필요한 물건을 다 마련해 놓았어요.
오늘 나는 제물을 바쳤고 서원한 것을 모두 이행
했어요.
그래서 당신 얼굴이라도 볼 수 있을까 싶어
나왔는데, 여기 계셨군요!
내 침대에는 새로 산 깔끔한 요와
외국에서 들여온 화려한 이불을 깔아 놓았어요.
향수를 뿌려 놓아
좋은 향기가 가득해요.
자, 어서 가서 밤새 사랑을 나누어요.
황홀한 밤이 될 거예요!
남편은 집에 없어요. 출장을 갔거든요.
한 달 뒤에나 돌아올 거예요."

21-23 젊은이는 그 여자의 달콤한 말에 홀려 버렸다.
어느새 여자 꽁무니를 뒤쫓는데,
그 모습이 도살장으로 끌려가는 송아지 같았다.

Write it out on the back of your hands;
etch it on the chambers of your heart.
Talk to Wisdom as to a sister.
Treat Insight as your companion.
They'll be with you to fend off the Temptress—
that smooth-talking, honey-tongued Seductress.

6-12 As I stood at the window of my house
looking out through the shutters,
Watching the mindless crowd stroll by,
I spotted a young man without any sense
Arriving at the corner of the street where she
lived,
then turning up the path to her house.
It was dusk, the evening coming on,
the darkness thickening into night.
Just then, a woman met him—
she'd been lying in wait for him, dressed to
seduce him.
Brazen and brash she was,
restless and roaming, never at home,
Walking the streets, loitering in the mall,
hanging out at every corner in town.

13-20 She threw her arms around him and kissed
him,
boldly took his arm and said,
"I've got all the makings for a feast—
today I made my offerings, my vows are all paid,
So now I've come to find you,
hoping to catch sight of your face—and here you
are!
I've spread fresh, clean sheets on my bed,
colorful imported linens.
My bed is aromatic with spices
and exotic fragrances.
Come, let's make love all night,
spend the night in ecstatic lovemaking!
My husband's not home; he's away on business,
and he won't be back for a month."

21-23 Soon she has him eating out of her hand,
bewitched by her honeyed speech.
Before you know it, he's trotting behind her,
like a calf led to the butcher shop,

숨어 있던 사냥꾼의 유인에 걸려들어 화살을 맞은 수사슴이요,
하늘과 작별인사도 못한 채
무작정 그물로 날아드는 새 같았다.

24-27 친구여, 내 말을 명심하고
단단히 새겨들어라.
그런 여자와 놀아나지 마라.
그 집 근처에는 얼씬도 마라.
그 여자에게 홀려 희생된 사람이 셀 수 없이 많다.
그 여자는 가엾은 남자들을 수없이 죽였다.
그 여자는 지옥으로 가는 길 중간에 살면서,
네 몫의 수의와 관을 마련한다.

지혜가 큰소리로 외친다

8 1-11 지혜가 부르는 소리가 들리느냐?
통찰력의 외침이 들리느냐?
가장 번화한 교차로
중심가에 자리 잡고 서 있구나.
교통량이 가장 많은
도시의 광장에서 외치는구나!
"거리에 나온 너희에게,
너희 모두에게 말한다!
잘 들어라, 미련한 자들아. 건전한 상식을 배워라!
어리석은 자들아, 처신을 똑바로 하여라!
제대로 사는 법, 최상의 모습으로 사는 법을 일러 줄 테니
한 마디도 놓치지 마라.
내 입은 진실만 씹고 맛보고 즐긴다.
악의 맛은 참을 수가 없다!
내 입에는 참되고 바른 말만 있다.
왜곡되거나 비뚤어진 말은 한 마디도 없다.
마음을 열고 들으면 내 말이 참되다는 것을 알게 될 것이다.
진실을 받아들일 준비가 된 사람은 단번에 알아볼 것이다.
돈보다 나의 생생한 훈계를 택하고
벌이가 좋은 직업보다 하나님을 아는 지식을 택하여라.
지혜는 온갖 화려한 장신구보다 낫고
너희가 바라는 그 어떤 것보다 귀하다.

12-21 나는 지혜다. 분별이 나의 옆집에 살고
지식과 신중함이 같은 동네에 산다.

Like a stag lured into ambush
and then shot with an arrow,
Like a bird flying into a net
not knowing that its flying life is over.

24-27 So, friends, listen to me,
take these words of mine most seriously.
Don't fool around with a woman like that;
don't even stroll through her neighborhood.
Countless victims come under her spell;
she's the death of many a poor man.
She runs a halfway house to hell,
fits you out with a shroud and a coffin.

Lady Wisdom Calls Out

8 1-11 Do you hear Lady Wisdom calling?
Can you hear Madame Insight raising her voice?
She's taken her stand at First and Main,
at the busiest intersection.
Right in the city square
where the traffic is thickest, she shouts,
"You—I'm talking to all of you,
everyone out here on the streets!
Listen, you idiots—learn good sense!
You blockheads—shape up!
Don't miss a word of this—I'm telling you how to live well,
I'm telling you how to live at your best.
My mouth chews and savors and relishes truth—
I can't stand the taste of evil!
You'll only hear true and right words from my mouth;
not one syllable will be twisted or skewed.
You'll recognize this as true—you with open minds;
truth-ready minds will see it at once.
Prefer my life-disciplines over chasing after money,
and God-knowledge over a lucrative career.
For Wisdom is better than all the trappings of wealth;
nothing you could wish for holds a candle to her.

12-21 "I am Lady Wisdom, and I live next to Sanity;
Knowledge and Discretion live just down the

하나님을 경외하는 것은 악을 미워하는 것이다.
나는 악이 드러나는 여러 방식, 곧 교만과 오만과 거짓된 말을
지독히 싫어한다.
유익한 조언과 건전한 상식은 나의 주특기.
나는 통찰력인 동시에 그것을 실천할 수 있는 힘이다.
내 도움으로 지도자들이 다스리고
입법자들이 공정한 법을 제정한다.
내 도움으로 통치자들이 통치하고
적법한 권한을 행사한다.
나는 나를 사랑하는 자들을 사랑하며
나를 찾는 이를 만나 준다.
부와 영광이 나와 함께하고
명예와 명성이 나와 동행한다.
내가 주는 이득은 고액연봉보다 더 값지다.
내게서 얻을 수 있는 수익은 상상을 초월한다.
너희는 의의 길에서 나를 만날 수 있다. 내가 다니는 길이다.
나는 정의의 대로 한복판에서
나를 사랑하는 이들에게 생명을 나누어 준다.
두 팔에 한가득 생명을 안겨 준다!

22-31 하나님은 모든 일에 앞서
주권적으로 나를 만드셨다. 나는 하나님의 첫 작품, 근본 작품이다.
나는 오래전,
땅이 시작되기도 전에 생겨났다.
바다가 생겨나기 전, 샘과 강과 호수가 생겨나기 전에
세상에 등장했다.
산들이 조각되고 언덕들이 모양을 갖추기 전에
나는 이미 태어나 존재하고 있었다.
하나님께서 지평선을 활짝 펼치시고
토양과 날씨의 세세한 부분까지 챙기시며,
하늘을 든든히 제자리에 두시기 오래전에
내가 거기 있었다.
그분이 바다 둘레에 경계를 정하시고
광대한 하늘을 조성하시며
바다의 샘들을 만드셨을 때,
그분이 바다에 경계선을 그으시고
'진입금지' 푯말을 세우신 다음
땅의 기초를 놓으셨을 때,
나는 그분과 함께 있으면서 모든 것이 제자리를 잡게 했다.

street.
The Fear-of-GOD means hating Evil,
whose ways I hate with a passion—
pride and arrogance and crooked talk.
Good counsel and common sense are my characteristics;
I am both Insight and the Virtue to live it out.
With my help, leaders rule,
and lawmakers legislate fairly;
With my help, governors govern,
along with all in legitimate authority.
I love those who love me;
those who look for me find me.
Wealth and Glory accompany me—
also substantial Honor and a Good Name.
My benefits are worth more than a big salary, even a *very* big salary;
the returns on me exceed any imaginable bonus.
You can find me on Righteous Road—that's where I walk—
at the intersection of Justice Avenue,
Handing out life to those who love me,
filling their arms with life—armloads of life!

22-31 "GOD sovereignly made me—the first, the basic—
before he did anything else.
I was brought into being a long time ago,
well before Earth got its start.
I arrived on the scene before Ocean,
yes, even before Springs and Rivers and Lakes.
Before Mountains were sculpted and Hills took shape,
I was already there, newborn;
Long before GOD stretched out Earth's Horizons,
and tended to the minute details of Soil and Weather,
And set Sky firmly in place,
I was there.
When he mapped and gave borders to wild Ocean,
built the vast vault of Heaven,
and installed the fountains that fed Ocean,
When he drew a boundary for Sea,
posted a sign that said NO TRESPASSING,
And then staked out Earth's Foundations,
I was right there with him, making sure every-

나는 날마다 거기 있으면서 기쁨의 손뼉을 치고
그분과 함께 있는 것을 즐거워했다.
사물들, 생물들과 함께
인간 가족의 탄생을 기쁨으로 축하했다.

32-36 그러니 친구들이여, 잘 들어라.
내 길을 따르는 이들은 가장 복된 자들이다.
절제된 생활에 주목하고 지혜롭게 살아라.
네 소중한 인생을 허비하지 마라.
내 말을 듣는 이,
아침마다 깨어나 나를 맞이하는 이,
하루 일과를 시작하는 내게 정신을 바짝 차리고
반응하는 이는 복이 있다.
나를 만나는 이는 참 생명을 얻고
하나님의 기뻐하심을 얻는다.
그러나 나를 무시하는 자는 자기 영혼을 해친다.
나를 거절하면 죽음과 불장난을 하게 된다."

thing fit.
Day after day I was there, with my joyful applause,
always enjoying his company,
Delighted with the world of things and creatures,
happily celebrating the human family.

32-36 "So, my dear friends, listen carefully;
those who embrace these my ways are most blessed.
Mark a life of discipline and live wisely;
don't squander your precious life.
Blessed the man, blessed the woman, who listens to me,
awake and ready for me each morning,
alert and responsive as I start my day's work.
When you find me, you find life, real life,
to say nothing of GOD's good pleasure.
But if you wrong me, you damage your very soul;
when you reject me, you're flirting with death."

지혜가 잔치를 연다

9 1-6 지혜가 일곱 기둥을 깎아 세워
집을 짓고 가구를 들였다.
잔치 음식을 준비했다. 양고기를 굽고
포도주를 따르고 은식기와 꽃으로 식탁을 차렸다.
여종들은 물러가게 한 다음
직접 시내로 가 눈에 잘 띄는 곳에 서서
그의 목소리를 듣는 모든 사람을 초대한다.
"사는 게 혼란스럽냐? 뭐가 어떻게 돌아가는지 모르겠느냐?
나와 함께 가자. 함께 만찬을 들자!
갓 구운 빵, 구운 양고기, 고르고 고른 포도주로
근사한 식탁을 차려 놓았다.
무기력한 혼란을 떨치고 생명의 길,
의미 있는 삶의 길을 걸어가라."

Lady Wisdom Gives a Dinner Party

9 1-6 Lady Wisdom has built and furnished her home;
it's supported by seven hewn timbers.
The banquet meal is ready to be served: lamb roasted,
wine poured out, table set with silver and flowers.
Having dismissed her serving maids,
Lady Wisdom goes to town, stands in a prominent place,
and invites everyone within sound of her voice:
"Are you confused about life, don't know what's going on?
Come with me, oh come, have dinner with me!
I've prepared a wonderful spread—fresh-baked bread,
roast lamb, carefully selected wines.
Leave your impoverished confusion and *live*!
Walk up the street to a life with meaning."

7-12 오만하게 빈정대는 자를 타이르면 뺨을 맞고
못된 행동을 지적하면 정강이를 걷어차일 것이다.
그러니 비웃는 자에게 시간을 낭비하지 마라.
수고의 대가로 욕만 먹게 될 것이다.
그러나 인생을 귀하게 여기는 사람을 꾸짖는 것은 다르다.
그들은 그 보답으로 너를 사랑할 것이다.

7-12 If you reason with an arrogant cynic, you'll get slapped in the face;
confront bad behavior and get a kick in the shins.
So don't waste your time on a scoffer;
all you'll get for your pains is abuse.
But if you correct those who care about life,
that's different—they'll love you for it!

지혜로운 사람들에게만 훈계를 해라. 그들이 더 지혜로워질 것이다.
네가 아는 바를 선한 사람들에게 말해 주어라. 그들이 유익을 얻을 것이다.
삶의 진수는 하나님을 경외하는 것에서 시작된다.
인생에 대한 통찰력은 거룩하신 하나님을 아는 데서 나온다.
지혜를 통해 인생에 깊이가 더해지고
성숙한 나날이 펼쳐진다.
지혜롭게 살면 지혜가 네 삶에 스며들 것이다.
삶을 무시하면 삶 또한 너를 무시할 것이다.

매춘부도 큰소리로 외친다

13-18 이번에는 뻔뻔하고 머리가 텅 빈 경박한 여자,
매춘부가 등장하는구나.
그 여자는 시내 중심가에 있는
자기 집 문 앞에 앉아
제 길 가는 사람들에게
큰소리로 외친다.
"사는 게 혼란스러운가요? 뭐가 어떻게 돌아가는지 모르겠어요?
나와 함께 달아나요. 좋은 시간 보내게 해줄게요!
아무도 모를 거예요. 최고의 시간을 안겨 줄게요."
그러나 사람들은 모른다. 그 여자의 벽장에 해골이 가득한 것을.
그 여자를 찾아간 자들이 모두 지옥에 떨어졌다는 것을.

솔로몬의 잠언
정직한 삶은 영원히 남는다

10 1 지혜로운 아들은 아버지를 흐뭇하게 하지만
어리석은 아들은 어머니를 슬프게 한다.

2 부정하게 모은 재산은 쓸모가 없지만
정직한 삶은 영원히 남는다.

3 하나님은 정직한 사람을 굶기지 않으시고
악인의 탐욕을 물리치신다.

4 게으르면 가난해지고
부지런하면 부유해진다.

5 해가 떠 있을 때 건초를 말리는 것은 영리한 일이지만

Save your breath for the wise–they'll be wiser for it;
tell good people what you know–they'll profit from it.
Skilled living gets its start in the Fear-of-GOD,
insight into life from knowing a Holy God.
It's through me, Lady Wisdom, that your life deepens,
and the years of your life ripen.
Live wisely and wisdom will permeate your life;
mock life and life will mock you.

Madame Whore Calls Out, Too

13-18 Then there's this other woman, Madame Whore–
brazen, empty-headed, frivolous.
She sits on the front porch
of her house on Main Street,
And as people walk by minding
their own business, calls out,
"Are you confused about life, don't know what's going on?
Steal off with me, I'll show you a good time!
No one will ever know–I'll give you the time of your life."
But they don't know about all the skeletons in her closet,
that all her guests end up in hell.

The Wise Sayings of Solomon
An Honest Life Is Immortal

10 1 Wise son, glad father;
stupid son, sad mother.

2 Ill-gotten gain gets you nowhere;
an honest life is immortal.

3 GOD won't starve an honest soul,
but he frustrates the appetites of the wicked.

4 Sloth makes you poor;
diligence brings wealth.

5 Make hay while the sun shines–that's smart;
go fishing during harvest–that's stupid.

추수철에 낚시하러 가는 것은 어리석은 일이다.

6 선하고 정직하게 사는 자는 복을 부르지만
악인의 입은 독설이 가득한 어두운 동굴이다.

7 선하고 정직하게 살면 칭찬을 받고 기억되지만
사악하게 살면 썩은 내만 남는다.

8 마음이 지혜로운 이는 명령을 따르지만
머리가 텅 빈 자는 어려움을 겪는다.

9 정직하면 당당하고 근심 없이 살지만
구린 짓은 언젠가 드러나기 마련이다.

10 시선을 피하는 것은 문제가 생길 조짐이다.
마음을 열고 얼굴을 마주 보아야 평화가 찾아온다.

11 선한 사람의 입은 생명을 주는 깊은 우물이지만
악한 사람의 입은 독설이 가득한 어두운 동굴이다.

12 미움은 싸움을 일으키지만
사랑은 다툼을 덮어 준다.

13 통찰력 있는 사람의 입술에는 지혜가 있지만
시야가 좁은 사람은 따귀를 맞아야 정신을 차린다.

14 지혜로운 사람이 쌓은 지식은 참된 보물이지만
다 아는 체하는 사람의 말은 쓰레기일 뿐이다.

절제된 삶은 생명에 이르는 길이다

15 부자의 재산은 그의 견고한 성이지만
궁핍한 자의 가난은 그를 망하게 한다.

16 선한 사람은 활기 넘치는 삶을 보상으로 받지만
악한 사람에게 남는 것은 죄뿐이다.

17 절제된 삶은 생명에 이르는 길이고
책망을 무시하면 영원히 길을 잃게 된다.

18 거짓말쟁이들은 미움을 쌓고
미련한 자들은 대놓고 험담을 퍼뜨린다.

19 말이 많을수록 진실은 적어진다.
지혜로운 사람은 말을 가려서 한다.

6 Blessings accrue on a good and honest life,
but the mouth of the wicked is a dark cave of abuse.

7 A good and honest life is a blessed memorial;
a wicked life leaves a rotten stench.

8 A wise heart takes orders;
an empty head will come unglued.

9 Honesty lives confident and carefree,
but Shifty is sure to be exposed.

10 An evasive eye is a sign of trouble ahead,
but an open, face-to-face meeting results in peace.

11 The mouth of a good person is a deep, life-giving well,
but the mouth of the wicked is a dark cave of abuse.

12 Hatred starts fights,
but love pulls a quilt over the bickering.

13 You'll find wisdom on the lips of a person of insight,
but the shortsighted needs a slap in the face.

14 The wise accumulate knowledge—a true treasure;
know-it-alls talk too much—a sheer waste.

The Road to Life Is a Disciplined Life

15 The wealth of the rich is their bastion;
the poverty of the indigent is their ruin.

16 The wage of a good person is exuberant life;
an evil person ends up with nothing but sin.

17 The road to life is a disciplined life;
ignore correction and you're lost for good.

18 Liars secretly hoard hatred;
fools openly spread slander.

19 The more talk, the less truth;
the wise measure their words.

20 선한 사람의 말은 기다려서 들어 볼 만하지만
악한 사람의 지껄임은 아무 쓸모가 없다.

21 선한 사람의 말은 많은 이들에게 진수성찬이 되지만
말만 많은 사람은 허전한 마음을 주체하지 못하고 죽는다.

하나님을 경외하면 오래 산다

22 사람은 하나님의 복으로 부자가 되지만
사람이 하는 일은 하나님께 보탬이 될 수 없다.

23 머리가 빈 사람은 못된 짓이 재미있다고 생각하지만
생각이 있는 사람은 지혜를 소중히 여긴다.

24 악한 사람의 악몽은 현실이 되고
선한 사람은 바라는 것을 얻는다.

25 폭풍이 지나가면 악한 사람에게는 남는 것이 없지만
선한 사람은 반석 같은 기초 위에 굳건히 서서 꿈쩍도 하지 않는다.

26 게으른 직원은 고용주에게 골칫거리니
이에 식초 같고, 눈에 연기 같다.

27 하나님을 경외하면 오래 살지만
악하게 살면 얼마 살지 못한다.

28 선한 사람의 희망은 이루어지지만
악한 사람의 야망은 무너진다.

29 하나님은 올바로 사는 이에게 든든한 버팀목이 되시지만
비열한 행위는 두고 보지 않으신다.

30 선한 사람은 오래 살고 흔들리지 않지만
악한 사람은 오늘 살아 있어도 내일이면 사라지고 없다.

31 선한 사람의 입은 지혜가 솟아나는 맑은 샘이지만
악한 사람의 더러운 입은 고인 늪이다.

32 선한 사람의 말은 공기를 맑게 하지만

20 The speech of a good person is worth waiting for;
the blabber of the wicked is worthless.

21 The talk of a good person is rich fare for many,
but chatterboxes die of an empty heart.

Fear-of-God Expands Your Life

22 GOD's blessing makes life rich;
nothing we do can improve on God.

23 An empty-head thinks mischief is fun,
but a mindful person relishes wisdom.

24 The nightmares of the wicked come true;
what the good people desire, they get.

25 When the storm is over, there's nothing left of the wicked;
good people, firm on their rock foundation, aren't even fazed.

26 A lazy employee will give you nothing but trouble;
it's vinegar in the mouth, smoke in the eyes.

27 The Fear-of-GOD expands your life;
a wicked life is a puny life.

28 The aspirations of good people end in celebration;
the ambitions of bad people crash.

29 GOD is solid backing to a well-lived life,
but he calls into question a shabby performance.

30 Good people *last*—they can't be moved;
the wicked are here today, gone tomorrow.

31 A good person's mouth is a clear fountain of wisdom;
a foul mouth is a stagnant swamp.

32 The speech of a good person clears the air;

악한 사람의 말은 공기를 오염시킨다.

the words of the wicked pollute it.

Without Good Direction, People Lose Their Way

11 [1] 하나님은 시장에서 속이는 짓을 미워하시고
공정한 거래를 좋아하신다.

2 거만한 사람은 꼴사납게 고꾸라지지만
겸손한 사람은 굳건히 선다.

3 정직하고 청렴한 사람은 길을 잃지 않지만
사기꾼은 속임수를 쓰다가 망한다.

4 죽을 상황 앞에서는 두툼한 지폐다발도 아무 소용없지만
원칙을 지키고 살면 최악의 상황이라도 감당할 수 있다.

5 바르게 살면 앞길이 평탄하지만
악하게 살면 인생이 고단하다.

6 훌륭한 인격은 최고의 보험이지만
사기꾼은 자기의 악한 탐욕에 걸려 넘어진다.

7 악인이 죽으면 그것으로 끝이다.
희망도 사라지고 더 이상 아무것도 없다.

8 착한 사람은 큰 어려움에서 건짐을 받지만
나쁜 사람은 그리로 곧장 달려간다.

9 하나님을 저버린 사람은 함부로 혀를 놀려 이웃을 해치지만
하나님을 경외하는 사람은 상식을 발휘해 자신을 보호한다.

10 착한 사람이 잘되면 온 마을이 환호하고
나쁜 사람이 잘못되면 온 마을이 축하한다.

11 바르게 사는 사람이 축복하는 도시는 번성하지만
악담은 그곳을 금세 유령도시로 만든다.

12 냉혹한 사람은 비열한 비방을 일삼지만
분별력 있는 사람은 신중하게 입을 다문다.

13 험담하며 돌아다니는 사람에게는 비밀을 털어놓

11 [1] GOD hates cheating in the marketplace;
he loves it when business is aboveboard.

2 The stuck-up fall flat on their faces,
but down-to-earth people stand firm.

3 The integrity of the honest keeps them on track;
the deviousness of crooks brings them to ruin.

4 A thick bankroll is no help when life falls apart,
but a principled life can stand up to the worst.

5 Moral character makes for smooth traveling;
an evil life is a hard life.

6 Good character is the best insurance;
crooks get trapped in their sinful lust.

7 When the wicked die, that's it—
the story's over, end of hope.

8 A good person is saved from much trouble;
a bad person runs straight into it.

9 The loose tongue of the godless spreads destruction;
the common sense of the godly preserves them.

10 When it goes well for good people, the whole town cheers;
when it goes badly for bad people, the town celebrates.

11 When right-living people bless the city, it flourishes;
evil talk turns it into a ghost town in no time.

12 Mean-spirited slander is heartless;
quiet discretion accompanies good sense.

을 수 없지만
진실한 사람은 비밀을 누설하지 않는다.

14 제대로 이끌어 주지 않으면 사람들이 길을 잃지만
지혜로운 충고를 따를수록 성공할 확률은 높아진다.

15 모르는 사람들과 거래하면 속기 마련이지만
냉철함을 잃지 않으면 경솔한 거래를 피한다.

16 너그럽고 품위 있는 여자는 존경을 받지만
거칠고 난폭한 남자가 얻는 것은 약탈품뿐이다.

17 남을 친절히 대하면 자기도 잘되지만
남을 모질게 대하면 자기도 다친다.

18 악행의 대가는 부도수표지만
선행에는 확실한 보상이 따른다.

19 하나님께 충성하는 공동체와 한편이 되어 살든지
사악한 망상을 좇다가 죽든지, 하나를 택하여라.

20 하나님은 사기꾼들을 참지 못하시지만
진실한 이들은 너무나 좋아하신다.

21 악인들은 벌을 면치 못하고
하나님께 충성하는 사람들은 승리를 거둔다.

22 머리가 빈 여자의 아름다운 얼굴은
돼지코에 금고리 격이다.

23 선한 사람의 소원은 가장 좋은 방식으로 이루어지지만
악한 사람의 야망은 분노와 좌절로 끝난다.

24 관대한 사람의 세상은 점점 넓어지지만
인색한 사람의 세상은 갈수록 좁아진다.

25 남을 축복하는 이는 자기도 풍성히 복을 받고
남을 돕는 이는 자기도 도움을 받는다.

26 남에게 불공정한 거래를 강요하는 자에게 저주를!

13 A gadabout gossip can't be trusted with a secret,
but someone of integrity won't violate a confidence.

14 Without good direction, people lose their way;
the more wise counsel you follow, the better your chances.

15 Whoever makes deals with strangers is sure to get burned;
if you keep a cool head, you'll avoid rash bargains.

16 A woman of gentle grace gets respect,
but men of rough violence grab for loot.

A God-Shaped Life

17 When you're kind to others, you help yourself;
when you're cruel to others, you hurt yourself.

18 Bad work gets paid with a bad check;
good work gets solid pay.

19 Take your stand with God's loyal community and live,
or chase after phantoms of evil and die.

20 GOD can't stand deceivers,
but oh how he relishes integrity.

21 Count on this: The wicked won't get off scot-free,
and God's loyal people will triumph.

22 Like a gold ring in a pig's snout
is a beautiful face on an empty head.

23 The desires of good people lead straight to the best,
but wicked ambition ends in angry frustration.

24 The world of the generous gets larger and larger;
the world of the stingy gets smaller and smaller.

25 The one who blesses others is abundantly blessed;
those who help others are helped.

공정하고 정직하게 거래하는 모든 이에게 축복을!

27 선을 추구하는 이는 기쁨을 얻지만
악을 배우는 자는 불행해진다.

28 재산에 목매는 삶은 죽은 나뭇등걸과 같고
하나님 닮은 삶은 무성한 나무와 같다.

29 자기 가족을 착취하거나 학대하는 자의 손에
남는 것은 한 줌 바람뿐.
상식의 소리를 들어 보아라. 그런 삶이 얼마나
어리석은지.

30 착한 삶은 열매 맺는 나무이지만
난폭한 삶은 영혼을 파괴한다.

31 착한 사람도 간신히 관문을 통과한다면
나쁜 사람에게는 무엇이 기다리겠느냐!

배움을 사랑하면

12

1 배움을 사랑하면 그에 따라오는 훈
계도 사랑할 것이다.
책망을 거부하는 것은 어리석은 일이다!

2 선한 사람은 하나님의 기뻐하심을 누리고
흉계를 꾸미는 자들과 어울리지 않는다.

3 늪에는 단단히 발 디딜 데가 없지만
하나님께 뿌리내리면 굳건히 선다.

4 마음이 따뜻한 아내는 남편을 기운 나게 하
지만
마음이 차가운 여자는 뼛속의 암과 같다.

5 원칙에 충실한 이들의 생각은 정의에 보탬이
되지만
타락한 자들의 음모는 결국 와해된다.

6 사악한 자들의 말은 사람을 죽이지만
올바른 이들의 말은 사람을 살린다.

7 악한 사람들은 뿔뿔이 흩어져 흔적도 없게 되지만
선한 사람들은 함께 뭉친다.

8 이치에 닿게 말하는 사람은 존경을 받지만

26 Curses on those who drive a hard bargain!
Blessings on all who play fair and square!

27 The one who seeks good finds delight;
the student of evil becomes evil.

28 A life devoted to things is a dead life, a stump;
a God-shaped life is a flourishing tree.

29 Exploit or abuse your family, and end up with a
fistful of air;
common sense tells you it's a stupid way to live.

30 A good life is a fruit-bearing tree;
a violent life destroys souls.

31 If good people barely make it,
what's in store for the bad!

If You Love Learning

12

1 If you love learning, you love the disci-
pline that goes with it–
how shortsighted to refuse correction!

2 A good person basks in the delight of GOD,
and he wants nothing to do with devious schemers.

3 You can't find firm footing in a swamp,
but life rooted in God stands firm.

4 A hearty wife invigorates her husband,
but a frigid woman is cancer in the bones.

5 The thinking of principled people makes for
justice;
the plots of degenerates corrupt.

6 The words of the wicked kill;
the speech of the upright saves.

7 Wicked people fall to pieces–there's nothing to
them;
the homes of good people hold together.

8 A person who talks sense is honored;

멍청이들은 멸시를 받는다.

airheads are held in contempt.

9 평범하게 생계를 꾸리며 사는 것이
대단한 인물 행세를 하다가 굶어 죽는 것보다 낫다.

9 Better to be ordinary and work for a living
than act important and starve in the process.

10 착한 사람들은 기르는 짐승을 잘 돌보지만
나쁜 사람들은 "잘 대해 준다"며 집짐승을 발로 차고 학대한다.

10 Good people are good to their animals;
the "good-hearted" bad people kick and abuse them.

11 일터에 계속 남아 있으면 양식이 끊어지지 않지만
어리석은 자는 일시적 기분과 몽상을 좇는다.

11 The one who stays on the job has food on the table;
the witless chase whims and fancies.

12 악인들이 세운 것은 끝내 폐허가 되지만
의인들의 뿌리는 많은 생명의 열매를 맺는다.

12 What the wicked construct finally falls into ruin,
while the roots of the righteous give life, and more life.

지혜로운 사람은 충고를 받아들인다

13 나쁜 사람들은 험담으로 곤경에 처하지만
착한 사람들은 대화를 나눔으로 곤경에서 벗어난다.

14 말을 잘하면 만족을 얻고
일을 잘하면 보상이 따른다.

15 미련한 사람은 고집을 부리며 제멋대로 행동하지만
지혜로운 사람은 충고를 받아들인다.

16 어리석은 사람은 참을 줄 모르고 금세 울화통을 터뜨리지만
신중한 사람은 모욕을 당해도 가만히 떨쳐 버린다.

17 선한 사람은 진실한 증언으로 의혹을 일소하지만
거짓말쟁이는 속임수로 연막을 친다.

18 무분별한 말은 난도질로 상처를 주지만
지혜로운 사람의 말은 상처를 아물게 한다.

19 진실은 길이 남고
거짓은 오늘 있다가도 내일이면 사라진다.

20 *흉계를 꾸미는 자는 흉계 때문에* 비뚤어지고
평화를 도모하는 이는 그로 인해 기쁨을 얻는다.

21 선한 사람은 해를 입지 않지만
악한 사람에게는 재앙이 끊이지 않는다.

Wise People Take Advice

13 The gossip of bad people gets them in trouble;
the conversation of good people keeps them out of it.

14 Well-spoken words bring satisfaction;
well-done work has its own reward.

15 Fools are headstrong and do what they like;
wise people take advice.

16 Fools have short fuses and explode all too quickly;
the prudent quietly shrug off insults.

17 Truthful witness by a good person clears the air,
but liars lay down a smoke screen of deceit.

18 Rash language cuts and maims,
but there is healing in the words of the wise.

19 Truth lasts;
lies are here today, gone tomorrow.

20 Evil scheming distorts the schemer;
peace-planning brings joy to the planner.

21 No evil can overwhelm a good person,
but the wicked have their hands full of it.

22 하나님은 거짓말쟁이를 용납하지 않으시고
자기 말을 지키는 이는 사랑하신다.

23 신중한 사람들은 지식을 과시하지 않지만
말 많은 바보들은 제 어리석음을 광고하고 다닌다.

24 부지런한 이들은 일을 하며 자유를 만끽하지만
게으른 자들은 일의 압박을 받는다.

25 걱정은 우리를 짓누르지만
격려의 말은 기운을 돋우어 준다.

26 선한 사람은 불행을 당해도 일어서지만
악하게 살면 재앙을 자초한다.

27 게으른 사람은 되는 일이 없지만
일찍 일어나는 사람은 일을 끝낸다.

28 선한 사람은 생명으로 직행하지만
죄의 길을 따라가는 사람은 지옥으로 직행한다.

22 God can't stomach liars;
he loves the company of those who keep their word.

23 Prudent people don't flaunt their knowledge;
talkative fools broadcast their silliness.

24 The diligent find freedom in their work;
the lazy are oppressed by work.

25 Worry weighs us down;
a cheerful word picks us up.

26 A good person survives misfortune,
but a wicked life invites disaster.

27 A lazy life is an empty life,
but "early to rise" gets the job done.

28 Good men and women travel right into life;
sin's detours take you straight to hell.

지혜로운 이와 동행하여라

13 1 똑똑한 아이는 부모의 말에 귀 기울이지만
어리석은 아이는 제멋대로 한다.

2 선한 사람은 유익한 대화를 좋아하지만
불량배들은 평생 우격다짐으로 밀어붙이고 살아간다.

3 신중한 말은 신중한 생활에 도움이 되지만
경솔한 말은 모든 것을 망가뜨릴 수 있다.

4 게으른 사람은 바라는 것이 많아도 이루는 것은 없고
역동적인 사람은 목표를 이룬다.

5 착한 사람은 거짓말을 싫어하지만
나쁜 사람은 아무 소리나 토해 낸다.

6 하나님께 충성하면 가는 길이 순조롭지만
죄는 악인을 궁지에 빠뜨린다.

7 허식과 허세의 삶은 공허하지만
소박하고 담백한 삶은 충만하다.

Walk with the Wise

13 1 Intelligent children listen to their parents;
foolish children do their own thing.

2 The good acquire a taste for helpful conversation;
bullies push and shove their way through life.

3 Careful words make for a careful life;
careless talk may ruin everything.

4 Indolence wants it all and gets nothing;
the energetic have something to show for their lives.

5 A good person hates false talk;
a bad person wallows in gibberish.

6 A God-loyal life keeps you on track;
sin dumps the wicked in the ditch.

7 A pretentious, showy life is an empty life;
a plain and simple life is a full life.

8 부자는 재산 때문에 고소를 당할 수 있지만
가난한 사람은 그럴 염려가 없다.

9 선한 사람의 삶은 불이 환히 켜진 거리지만
악한 사람의 삶은 어두운 뒷골목이다.

10 무엇이든 아는 체하는 거만한 사람은 불화를 일으키지만
지혜로운 사람은 친구의 충고에 귀를 기울인다.

11 쉽게 얻은 것은 쉽게 잃지만
꾸준히 근면하게 살면 좋은 결실을 맺는다.

12 실망스러운 일이 이어지면 상심하게 되지만
갑자기 좋은 기회가 찾아와 인생이 역전될 수도 있다.

13 하나님 말씀을 무시하면 고통을 겪게 되고
하나님의 계명을 귀히 여기면 부유하게 될 것이다.

14 지혜로운 이의 가르침이 생명의 샘이니
죽음에 오염된 우물물은 더 이상 마시지 마라.

15 바르게 생각하면 품위 있게 살게 되지만
거짓말쟁이의 인생길은 험난하다.

16 양식 있는 사람은 건전한 판단을 내리지만
바보들은 방방곡곡에 어리석음을 뿌리고 다닌다.

17 무책임한 보도는 상황을 혼란스럽게 만들지만
믿을 만한 기자는 치유를 가져다주는 존재다.

18 훈계를 거절하면 거리에 나앉는 신세가 되고
책망을 받아들이면 존경받으며 살게 될 것이다.

19 마음의 길을 따라가는 영혼은 잘되지만
악에 몰두하는 미련한 자는 영혼이 어떻게 되든 상관하지 않는다.

20 지혜로운 이와 동행하면 지혜롭게 되고
미련한 자와 어울리면 인생을 망친다.

21 죄인은 재앙에 걸려 넘어지지만
하나님의 충성스러운 이들은 행복하게 산다.

8 The rich can be sued for everything they have,
but the poor are free of such threats.

9 The lives of good people are brightly lit streets;
the lives of the wicked are dark alleys.

10 Arrogant know-it-alls stir up discord,
but wise men and women listen to each other's counsel.

11 Easy come, easy go,
but steady diligence pays off.

12 Unrelenting disappointment leaves you heart-sick,
but a sudden good break can turn life around.

13 Ignore the Word and suffer;
honor God's commands and grow rich.

14 The teaching of the wise is a fountain of life,
so, no more drinking from death-tainted wells!

15 Sound thinking makes for gracious living,
but liars walk a rough road.

16 A commonsense person *lives* good sense;
fools litter the country with silliness.

17 Irresponsible talk makes a real mess of things,
but a reliable reporter is a healing presence.

18 Refuse discipline and end up homeless;
embrace correction and live an honored life.

19 Souls who follow their hearts thrive;
fools bent on evil despise matters of soul.

20 Become wise by walking with the wise;
hang out with fools and watch your life fall to pieces.

21 Disaster entraps sinners,
but God-loyal people get a good life.

22 선한 삶은 자손 대대로 이어지지만
부정하게 얻은 재산은 결국 선한 이들의 몫이 된다.

23 가난한 사람은 은행에 농장을 빼앗기고
고약한 변호사에게 입던 옷까지 털린다.

24 아이를 꾸짖지 않는 것은 사랑하지 않는 것이니
사랑하거든 자녀를 훈육하여라.

25 선을 바라면 큰 만족이 찾아오지만
악인의 배는 채워질 줄 모른다.

지혜가 주는 유익

14 1 지혜는 아름다운 집을 세우지만
미련함이 와서 그 집을 철저히 무너뜨린다.

2 정직한 삶은 하나님께 영광이 되고
타락한 삶은 하나님을 모욕한다.

3 경솔한 말은 비웃음을 사고
지혜로운 말은 존경을 부른다.

4 소가 없으면 소출도 없으니
힘센 황소가 쟁기를 끌어야 풍성한 수확이 있다.

5 진실한 증인은 거짓말을 하지 않지만
거짓 증인은 거짓말로 먹고산다.

6 빈정거리는 자들은 여기저기 샅샅이 뒤져도 지혜를 찾지 못하지만
마음이 열린 이들은 문 앞에서 지혜를 발견한다.

7 미련한 자들의 무리에서 빨리 빠져나와라.
공연히 시간을 허비하고 입만 아프다.

8 지혜로운 이는 지혜 덕분에 인생이 순조롭지만
미련한 자는 미련함 때문에 궁지에 빠진다.

9 어리석은 자는 옳고 그름을 따지는 것을 우습게 여기지만
도덕적인 삶이야말로 은혜를 입은 삶이다.

10 어려움을 당한 친구들을 못 본 체하는 자는
그들의 좋은 일을 축하하는 자리에서 따돌림을 당

22 A good life gets passed on to the grandchildren;
ill-gotten wealth ends up with good people.

23 Banks foreclose on the farms of the poor,
or else the poor lose their shirts to crooked lawyers.

24 A refusal to correct is a refusal to love;
love your children by disciplining them.

25 An appetite for good brings much satisfaction,
but the belly of the wicked always wants more.

A Way That Leads to Hell

14 1 Lady Wisdom builds a lovely home;
Sir Fool comes along and tears it down brick by brick.

2 An honest life shows respect for GOD;
a degenerate life is a slap in his face.

3 Frivolous talk provokes a derisive smile;
wise speech evokes nothing but respect.

4 No cattle, no crops;
a good harvest requires a strong ox for the plow.

5 A true witness never lies;
a false witness makes a business of it.

6 Cynics look high and low for wisdom—and never find it;
the open-minded find it right on their doorstep!

7 Escape quickly from the company of fools;
they're a waste of your time, a waste of your words.

8 The wisdom of the wise keeps life on track;
the foolishness of fools lands them in the ditch.

9 The stupid ridicule right and wrong,
but a moral life is a favored life.

10 The person who shuns the bitter moments of friends

할 것이다.

11 악한 짓을 일삼는 삶은 허물어져 가는 오두막이지만
거룩한 삶은 하늘로 우뚝 솟은 대성당을 쌓아 올린다.

12-13 괜찮아 보이는 생활방식이라도
다시 들여다보면 지옥으로 직행하는 길이다.
잘 지내는 것처럼 보여도
그들의 모든 웃음은 결국 비탄으로 바뀐다.

14 비열한 자는 비열함을 돌려받고
은혜를 베푸는 자는 은혜를 돌려받는다.

15 어수룩한 사람은 듣는 말을 다 믿지만
신중한 사람은 무슨 말이든 면밀히 살피고 따져 본다.

16 지혜로운 사람은 행동을 조심하고 악을 피하지만
어리석은 사람은 고집불통에 무모하기까지 하다.

17 성미 급한 자들은 나중에 후회할 일을 하고
냉담한 자들은 나중에 냉대를 받는다.

18 어리석은 몽상가는 망상의 세계에서 살고
지혜로운 현실주의자는 발을 땅에 붙이고 산다.

19 결국에는 악이 선에게 공물을 바치고
악인이 하나님의 충성스러운 이들을 떠받들 것이다.

20 불운한 패자는 모두가 피하지만
승자는 모두가 좋아한다.

21 어려움에 처한 이웃을 모른 체하는 것은 범죄행위다.
가난한 사람들을 돕는 것은 실로 복된 일이다!

22 음모를 꾸미는 사람은 실패하고
사려 깊은 사람은 사랑과 신뢰를 얻는 것이 당연하지 않느냐?

23 수고한 다음에야 이득이 생기는 법,
말만 해서는 식탁에 올릴 음식이 생기지 않는다.

24 지혜로운 이는 지혜를 쌓지만

will be an outsider at their celebrations.

11 Lives of careless wrongdoing are tumbledown shacks;
holy living builds soaring cathedrals.

12-13 There's a way of life that looks harmless enough;
look again—it leads straight to hell.
Sure, those people appear to be having a good time,
but all that laughter will end in heartbreak.

Sift and Weigh Every Word

14 A mean person gets paid back in meanness,
a gracious person in grace.

15 The gullible believe anything they're told;
the prudent sift and weigh every word.

16 The wise watch their steps and avoid evil;
fools are headstrong and reckless.

17 The hotheaded do things they'll later regret;
the coldhearted get the cold shoulder.

18 Foolish dreamers live in a world of illusion;
wise realists plant their feet on the ground.

19 Eventually, evil will pay tribute to good;
the wicked will respect God-loyal people.

20 An unlucky loser is shunned by all,
but everyone loves a winner.

21 It's criminal to ignore a neighbor in need,
but compassion for the poor—what a blessing!

22 Isn't it obvious that conspirators lose out,
while the thoughtful win love and trust?

23 Hard work always pays off;
mere talk puts no bread on the table.

24 The wise accumulate wisdom;

어리석은 자는 날이 갈수록 미련해진다.

25 진실한 증인은 여러 사람을 구하지만
거짓말을 퍼뜨리는 자는 여러 사람을 해친다.

26 하나님을 경외하면 자신감이 쌓이고
자녀들도 안전한 세상에서 살게 된다.

27 하나님을 경외함은 생수의 샘이며
독이 든 우물물을 마시는 일을 막아 준다.

28 훌륭한 지도자에게는 충성스럽게 따르는 이들이 있지만
따르는 이 없이는 지도력도 부질없다.

29 좀처럼 성을 내지 않는 사람은 지혜가 깊어지지만
성미가 급한 사람은 어리석음이 쌓인다.

30 정신이 건강하면 몸도 튼튼하지만
감정을 주체하지 못하면 뼈가 썩는다.

31 힘없는 이를 착취하는 것은 너를 만드신 분을 모욕하는 일이고
가난한 이를 친절히 대하는 것은 하나님을 공경하는 일이다.

32 나쁜 사람은 제 악함 때문에 버림을 받지만
착한 사람은 선행으로 인해 안심하고 살 만한 곳을 얻는다.

33 지혜는 슬기로운 마음에 머물지만
어리석은 자에게는 인사도 받지 못한다.

34 하나님을 찾으면 나라가 강해지지만
하나님을 피하면 백성이 약해진다.

35 부지런히 일하면 열렬한 칭찬을 받지만
하는 둥 마는 둥 일하면 호된 질책을 받는다.

하나님은 단 하나도 놓치지 않으신다

15 1 부드러운 대답은 화를 가라앉히지만
가시 돋친 혀는 분노의 불을 지핀다.

2 지혜로운 이에게서는 지식이 샘물처럼 흘러나오지만

fools get stupider by the day.

25 Souls are saved by truthful witness
and betrayed by the spread of lies.

26 The Fear-of-GOD builds up confidence,
and makes a world safe for your children.

27 The Fear-of-GOD is a spring of living water
so you won't go off drinking from poisoned wells.

28 The mark of a good leader is loyal followers;
leadership is nothing without a following.

29 Slowness to anger makes for deep understanding;
a quick-tempered person stockpiles stupidity.

30 A sound mind makes for a robust body,
but runaway emotions corrode the bones.

31 You insult your Maker when you exploit the powerless;
when you're kind to the poor, you honor God.

32 The evil of bad people leaves them out in the cold;
the integrity of good people creates a safe place for living.

33 Lady Wisdom is at home in an understanding heart—
fools never even get to say hello.

34 God-devotion makes a country strong;
God-avoidance leaves people weak.

35 Diligent work gets a warm commendation;
shiftless work earns an angry rebuke.

God Doesn't Miss a Thing

15 A gentle response defuses anger,
but a sharp tongue kindles a temper-fire.

어리석은 자는 당찮은 소리가 줄줄 새는 수도꼭지와 같다.

2 Knowledge flows like spring water from the wise;
fools are leaky faucets, dripping nonsense.

3 하나님은 단 하나도 놓치시는 법이 없어
선인과 악인을 똑같이 살피신다.

3 GOD doesn't miss a thing—
he's alert to good and evil alike.

4 친절한 말은 상처를 낫게 하고 회복을 돕지만
잔인한 말은 마음을 난도질하고 상하게 한다.

4 Kind words heal and help;
cutting words wound and maim.

5 도덕에 무지한 자는 어른의 말을 듣지 않지만
건전한 판단력을 갖춘 사람은 책망을 기꺼이 받아들인다.

5 Moral dropouts won't listen to their elders;
welcoming correction is a mark of good sense.

6 하나님께 충성하는 삶은 번성하지만
헛되이 보내는 인생은 이내 파산한다.

6 The lives of God-loyal people flourish;
a misspent life is soon bankrupt.

7 통찰력 있는 말은 지식을 전파하지만
어리석은 자는 속 빈 깡통이다.

7 Perceptive words spread knowledge;
fools are hollow—there's nothing to them.

8 하나님은 허울뿐인 종교행위를 참지 못하시지만
진실한 기도는 기뻐하신다.

8 GOD can't stand pious poses,
but he delights in genuine prayers.

9 하나님은 인생을 헛되이 보내는 자를 싫어하시고
결승선을 향해 힘껏 달려가는 이들을 사랑하신다.

9 A life frittered away disgusts GOD;
he loves those who run straight for the finish line.

10 하나님의 길을 떠나는 자들은 곤경에 처하고
하나님의 법규를 싫어하는 자들은 막다른 길에 이른다.

10 It's a school of hard knocks for those who leave God's path,
a dead-end street for those who hate God's rules.

11 지옥도 속속들이 살피시는 하나님께서
사람의 마음을 읽지 못하시겠느냐?

11 Even hell holds no secrets from GOD—
do you think he can't read human hearts?

Life Ascends to the Heights

12 똑똑한 체하는 사람은 남의 말 듣기를 싫어하고
지혜로운 사람들과 어울리지 않는다.

12 Know-it-alls don't like being told what to do;
they avoid the company of wise men and women.

13 마음이 즐거우면 미소가 피어나지만
마음이 슬프면 하루를 버티기도 힘들다.

13 A cheerful heart brings a smile to your face;
a sad heart makes it hard to get through the day.

14 현명한 사람은 늘 더 많은 진리를 이해하고 싶어 하지만
미련한 사람은 일시적인 유행과 욕망에 만족한다.

14 An intelligent person is always eager to take in more truth;
fools feed on fast-food fads and fancies.

15 마음이 괴로우면 삶이 괴롭지만
마음이 즐거우면 하루 종일 노래가 떠나지 않는다.

15 A miserable heart means a miserable life;
a cheerful heart fills the day with song.

16 하나님을 경외하며 소박하게 사는 것이
골칫거리 가득한 부자로 사는 것보다 낫다.

17 사랑하며 빵조각을 나눠 먹는 것이
미워하며 최상급 소갈비를 뜯는 것보다 낫다.

18 불같은 성미는 싸움을 일으키지만
차분하고 침착한 성품은 싸움을 막아 준다.

19 게으른 사람의 길은 가시덤불로 뒤덮이지만
부지런한 사람의 길은 평탄하다.

20 똑똑한 아이는 부모의 자랑이지만
게으른 학생은 부모의 망신거리다.

21 머리가 빈 사람은 인생을 장난으로 여기지만
지각 있는 사람은 인생의 의미를 알고 잘 살아간다.

22 유익한 충고를 거부하면 계획이 실패할 것이고
유익한 조언을 받아들이면 계획이 성공할 것이다.

23 마음에 맞는 대화는 참으로 즐겁다!
제때 나온 알맞은 말은 더없이 아름답다!

24 바른 생각을 하는 이의 인생은 하늘로 가는 오르막길이다.
지옥으로 가는 내리막길과는 정반대 방향이다.

25 하나님은 오만한 자의 허세를 깨뜨리시고
설 자리가 없는 이들과 함께하신다.

26 하나님은 악한 계략을 참지 못하시지만
품위 있고 아름다운 말은 돋보이게 하신다.

27 탐욕스럽게 움켜쥐는 사람은 공동체를 파괴하지만
착취하지 않는 사람은 자기도 살고 남도 살린다.

28 하나님께 충성하는 이들은 기도하고 답변을 내놓지만
악인의 입은 욕설을 쏟아내는 하수구다.

29 하나님은 악인을 멀리하시지만
하나님께 충성하는 자들의 기도에 귀 기울이신다.

16 A simple life in the Fear-of-GOD
is better than a rich life with a ton of headaches.

17 Better a bread crust shared in love
than a slab of prime rib served in hate.

18 Hot tempers start fights;
a calm, cool spirit keeps the peace.

19 The path of lazy people is overgrown with briers;
the diligent walk down a smooth road.

20 Intelligent children make their parents proud;
lazy students embarrass their parents.

21 The empty-headed treat life as a plaything;
the perceptive grasp its meaning and make a go of it.

22 Refuse good advice and watch your plans fail;
take good counsel and watch them succeed.

23 Congenial conversation—what a pleasure!
The right word at the right time—beautiful!

24 Life ascends to the heights for the thoughtful—
it's a clean about-face from descent into hell.

25 GOD smashes the pretensions of the arrogant;
he stands with those who have no standing.

26 GOD can't stand evil scheming,
but he puts words of grace and beauty on display.

27 A greedy and grasping person destroys community;
those who refuse to exploit live and let live.

28 Prayerful answers come from God-loyal people;
the wicked are sewers of abuse.

29 GOD keeps his distance from the wicked;
he closely attends to the prayers of God-loyal people.

30 마음이 즐거우면 눈이 반짝이고
좋은 소식을 들으면 몸에 힘이 넘친다.

31 잘살고 싶으면 유익한 훈계를 귀담아들어라.
지혜로운 이들에게 귀빈 대접을 받을 것이다.

32 제멋대로, 제 뜻대로 행하는 삶은 보잘것없지만
하나님의 뜻에 순종하는 삶은 드넓게 펼쳐진다.

33 하나님을 경외함은 삶의 진수를 가르치는 학교이니
먼저 겸손을 배우고 나중에 영광을 경험하게 된다.

성패는 하나님께 달렸다

16 1 사람이 정교한 계획을 세우지만
그 성패는 하나님께 달렸다.

2 사람은 겉모습만으로 만족하지만
하나님은 진실로 선한 것을 찾으신다.

3 하나님을 네 일의 책임자로 모셔라.
그러면 계획한 일이 이루어질 것이다.

4 하나님은 모든 것을 나름의 자리와 목적에 맞게 만드셨으니
악인은 바로 심판을 위해 지으셨다.

5 하나님은 오만과 허세를 참지 못하시니
건방진 자들이 제 분수를 알게 하실 것이다.

6 사랑과 진실은 죄를 몰아내고
하나님을 경외함은 악을 멀리하게 해준다.

7 하나님께서 네 삶을 인정해 주시면
원수들도 너와 악수하게 될 것이다.

8 바르게 살며 가난한 것이
부정하게 살며 부유한 것보다 훨씬 낫다.

9 우리는 원하는 삶의 길을 계획하지만
그 계획대로 살 수 있게 하시는 분은 오직 하나님뿐이다.

10 훌륭한 지도자는 사람들의 마음을 움직이며
그릇된 방향으로 이끌거나 착취하지 않는다.

30 A twinkle in the eye means joy in the heart,
and good news makes you feel fit as a fiddle.

31 Listen to good advice if you want to live well,
an honored guest among wise men and women.

32 An undisciplined, self-willed life is puny;
an obedient, God-willed life is spacious.

33 Fear-of-GOD is a school in skilled living—
first you learn humility, then you experience glory.

Everything with a Place and a Purpose

16 1 Mortals make elaborate plans,
but GOD has the last word.

2 Humans are satisfied with whatever looks good;
GOD probes for what *is* good.

3 Put GOD in charge of your work,
then what you've planned will take place.

4 GOD made everything with a place and purpose;
even the wicked are included—but for *judgment*.

5 GOD can't stomach arrogance or pretense;
believe me, he'll put those upstarts in their place.

6 Guilt is banished through love and truth;
Fear-of-GOD deflects evil.

7 When GOD approves of your life,
even your enemies will end up shaking your hand.

8 Far better to be right and poor
than to be wrong and rich.

9 We plan the way we want to live,
but only GOD makes us able to live it.

It Pays to Take Life Seriously

10 A good leader motivates,
doesn't mislead, doesn't exploit.

11 하나님은 일터에서의 정직함을 중요하게 여기시니
네 일이 바로 하나님의 일이다.

12 훌륭한 지도자는 모든 악행을 싫어한다.
건강한 지도력은 도덕적 토대에서 나온다.

13 훌륭한 지도자는 정직한 말을 권장하고
진실을 말하는 조언자를 아낀다.

14 난폭한 지도자는 사람들을 상하게 하니
그를 가까이하지 않는 것이 현명하다.

15 온화한 지도자는 사람들에게 활기를 주니
그와 같은 사람은 봄비 같고 봄볕 같다.

16 지혜가 돈보다 값지니 지혜를 얻어라.
소득을 얻는 것보다 통찰력을 얻는 것이 낫다.

17 바르게 사는 길은 악과 만나지 않으니
조심해서 걸어가면 목숨을 건진다.

18 교만하면 파멸하고
자만심이 클수록 호되게 추락한다.

19 부자와 유명인들 사이에서 기분 내며 사는 것보다
가난한 이들 사이에서 겸손하게 사는 것이 낫다.

20 인생을 진지하게 생각하면 손해를 보지 않고
하나님을 신뢰하면 일이 잘 풀린다.

21 지혜로운 사람은 통찰력으로 유명해지고
품위 있는 말은 평판을 높인다.

22 참된 지성은 맑은 샘이다.
미련한 자는 진땀을 흘리며 생고생을 한다.

23 지혜로운 이들은 사리에 밝아서
말을 할 때마다 명성이 높아진다.

24 부드러운 말은 꿀송이 같아서
영혼에 달고 몸도 금세 활력을 얻는다.

25 문제가 없어 보이는 일이라도 다시 들여다보아라.

11 GOD cares about honesty in the workplace;
your business is his business.

12 Good leaders abhor wrongdoing of all kinds;
sound leadership has a moral foundation.

13 Good leaders cultivate honest speech;
they love advisors who tell them the truth.

14 An intemperate leader wreaks havoc in lives;
you're smart to stay clear of someone like that.

15 Good-tempered leaders invigorate lives;
they're like spring rain and sunshine.

16 Get wisdom—it's worth more than money;
choose insight over income every time.

17 The road of right living bypasses evil;
watch your step and save your life.

18 First pride, then the crash—
the bigger the ego, the harder the fall.

19 It's better to live humbly among the poor
than to live it up among the rich and famous.

20 It pays to take life seriously;
things work out when you trust in GOD.

21 A wise person gets known for insight;
gracious words add to one's reputation.

22 True intelligence is a spring of fresh water,
while fools sweat it out the hard way.

23 They make a lot of sense, these wise folks;
whenever they speak, their reputation increases.

24 Gracious speech is like clover honey—
good taste to the soul, quick energy for the body.

25 There's a way that looks harmless enough;
look again—it leads straight to hell.

지옥으로 인도하는 길일 수도 있다.

26 식욕은 사람이 열심히 일하게 만들고
허기는 고된 일도 마다하지 않게 한다.

27 비열한 사람들은 비열한 험담을 퍼뜨리니
그들의 말은 쓰라리고 아프다.

28 말썽꾼들이 싸움을 일으키고
헐뜯는 말이 친구 사이를 갈라놓는다.

29 냉혹한 출세주의자는 친구를 배반하고
필요하면 친할머니라도 배신한다.

30 교활한 눈빛은 악한 의도를 드러내고
앙다문 입은 말썽을 일으킬 신호다.

31 백발은 하나님께 충성한 인생이 받는
상이요 훈장이다.

32 온화함이 완력보다 낫고
자제력이 정치권력보다 낫다.

33 의견도 내고 투표도 하여라.
그러나 결정은 하나님께서 하신다.

하나님은 우리 삶에서 귀한 것을 가려내신다

17 1 빵과 물로 만족하고 평화롭게 사는 것이
잔칫상을 차려 놓고 다투는 것보다 낫다.

2 지혜로운 종은 주인의 버릇없는 아이를 맡고
가문의 일원으로 존중을 받는다.

3 도가니가 은을, 선광용 냄비가 사금을 가려내듯
하나님은 우리 삶에서 귀한 것을 가려내신다.

4 악인들은 악의적인 대화를 즐기고
거짓말쟁이는 추잡한 험담에 귀를 기울인다.

5 가난한 사람을 조롱하는 것은 그를 창조하신 분을
모욕하는 일이고
남의 불행을 고소해하는 것은 처벌받아야 할 죄다.

6 노인은 손주 덕에 고개를 들고
자식은 부모로 인해 자랑스럽게 된다.

26 Appetite is an incentive to work;
hunger makes you work all the harder.

27 Mean people spread mean gossip;
their words smart and burn.

28 Troublemakers start fights;
gossips break up friendships.

29 Calloused climbers betray their very own friends;
they'd stab their own grandmothers in the back.

30 A shifty eye betrays an evil intention;
a clenched jaw signals trouble ahead.

31 Gray hair is a mark of distinction,
the award for a God-loyal life.

32 Moderation is better than muscle,
self-control better than political power.

33 Make your motions and cast your votes,
but GOD has the final say.

A Whack on the Head of a Fool

17 1 A meal of bread and water in contented peace
is better than a banquet spiced with quarrels.

2 A wise servant takes charge of an unruly child
and is honored as one of the family.

3 As silver in a crucible and gold in a pan,
so our lives are assayed by GOD.

4 Evil people relish malicious conversation;
the ears of liars itch for dirty gossip.

5 Whoever mocks poor people insults their Creator;
gloating over misfortune is a punishable crime.

6 Old people are distinguished by grand-

7 사람들은 어리석은 자의 입에서 달변을 기대하지 않고
지도자의 입에서 거짓말을 기대하지도 않는다.

8 선물은 귀한 보석과도 같아서
어느 방향에서 보아도 아름다움이 빛을 발한다.

9 불쾌한 일을 눈감아 주면 우정이 돈독해지지만
모욕에 집착하면 친구를 잃는다.

10 미련한 사람의 머리를 쥐어박는 것보다
분별 있는 사람을 조용히 꾸짖는 것이 더 효과가 있다.

11 말썽거리만 찾아다니는 범죄자들은
머지않아 궁지에 몰리게 될 것이다!

12 어리석은 일에 골몰하는 미련한 사람을 만나느니
새끼 잃은 암곰을 만나는 것이 낫다.

13 선을 악으로 갚는 자들은
그 악을 되돌려 받게 될 것이다.

14 다툼의 시작은 댐에 물이 새는 것과 같으니
싸움이 일어나기 전에 그만두어라.

15 나쁜 사람을 두둔하는 것과 착한 사람을 헐뜯는 것 모두
하나님께서 몹시 싫어하시는 일이다.

16 어찌된 일인가? 미련한 자들이 지혜를 사러 다니는구나!
지혜를 보아도 알아보지 못할 텐데!

17 친구는 비가 오나 눈이 오나 서로를 한결같이 아끼고
가족은 어떤 어려움이 닥쳐도 똘똘 뭉친다.

18 공짜로 무엇을 얻으려 하거나
갚지도 못할 거액의 청구서를 늘리는 것은 어리석은 일이다.

19 죄를 사랑하면 곤경과 결혼하고
담을 쌓아 올리면 도둑이 찾아온다.

children;
children take pride in their parents.

7 We don't expect eloquence from fools,
nor do we expect lies from our leaders.

8 Receiving a gift is like getting a rare gemstone;
any way you look at it, you see beauty refracted.

9 Overlook an offense and bond a friendship;
fasten on to a slight and—good-bye, friend!

10 A quiet rebuke to a person of good sense
does more than a whack on the head of a fool.

11 Criminals out looking for nothing but trouble
won't have to wait long—they'll meet it coming and going!

12 Better to meet a grizzly robbed of her cubs
than a fool hellbent on folly.

13 Those who return evil for good
will meet their own evil returning.

14 The start of a quarrel is like a leak in a dam,
so stop it before it bursts.

15 Whitewashing bad people and throwing mud on good people
are equally abhorrent to GOD.

16 What's this? Fools out shopping for wisdom!
They wouldn't recognize it if they saw it!

One Who Knows Much Says Little

17 Friends love through all kinds of weather,
and families stick together in all kinds of trouble.

18 It's stupid to try to get something for nothing,
or run up huge bills you can never pay.

19 The person who courts sin marries trouble;
build a wall, invite a burglar.

20 동기가 악하면 끝이 좋을 수 없고
겉 다르고 속 다른 말은 큰 곤경을 부른다.

21 미련한 자식을 둔 부모는 불행하고
멍청이의 부모는 낙이 없다.

22 활달한 기질은 건강에 좋지만
우울한 생각은 사람을 녹초로 만든다.

23 악인은 몰래 뇌물을 받고
정의를 경멸한다.

24 통찰력 있는 이는 제 앞뜰에서 지혜를 얻고
미련한 자는 지혜가 곁에 있는데도 사방팔방 기웃거린다.

25 어리석고 못돼 먹은 자식은 아버지의 큰 근심이고
어머니의 쓰라린 고통이다.

26 선행을 처벌하거나
선량한 시민에게 죄를 뒤집어씌우는 일은 옳지 않다.

27 많이 아는 자는 말수가 적고
슬기로운 이는 침묵을 지킨다.

28 바보라도 침묵하면 지혜롭게 보인다.
입만 다물고 있어도 똑똑해 보인다.

말은 사람을 죽이기도 하고 살리기도 한다

18 1 자신만 챙기는 이기주의자들은
공공의 유익에 침을 뱉는다.

2 미련한 자는 사려 깊은 대화에 관심이 없고
입에서 나오는 대로 마구 지껄인다.

3 악에는 수치가 뒤따르고
생명을 멸시하는 일에는 치욕이 뒤따른다.

4 많은 말은 범람하는 강물처럼 세차게 흘러가지만
깊은 지혜는 용천수처럼 위로 솟구친다.

5 범죄자를 너그럽게 봐주는 일이나
무고한 사람을 벌하는 일은 옳지 않다.

20 A bad motive can't achieve a good end;
double-talk brings you double trouble.

21 Having a fool for a child is misery;
it's no fun being the parent of a dolt.

22 A cheerful disposition is good for your health;
gloom and doom leave you bone-tired.

23 The wicked take bribes under the table;
they show nothing but contempt for justice.

24 The perceptive find wisdom in their own front yard;
fools look for it everywhere but right here.

25 A surly, stupid child is sheer pain to a father,
a bitter pill for a mother to swallow.

26 It's wrong to penalize good behavior,
or make good citizens pay for the crimes of others.

27 The one who knows much says little;
an understanding person remains calm.

28 Even dunces who keep quiet are thought to be wise;
as long as they keep their mouths shut, they're smart.

Words Kill, Words Give Life

18 1 Loners who care only for themselves
spit on the common good.

2 Fools care nothing for thoughtful discourse;
all they do is run off at the mouth.

3 When wickedness arrives, shame's not far behind;
contempt for life is contemptible.

4 Many words rush along like rivers in flood,
but deep wisdom flows up from artesian springs.

5 It's not right to go easy on the guilty,
or come down hard on the innocent.

6 미련한 자의 말은 싸움을 일으키니
그 입에 재갈을 물리는 것이 은혜를 베푸는 일이다

7 미련한 자는 허풍을 떨다 망하고
자기가 뱉은 말이 자기 영혼을 짓누른다.

8 험담에 귀 기울이는 것은 싸구려 사탕을 먹는 것과 같다.
그런 쓰레기를 정녕 뱃속에 넣고 싶으냐?

9 부주의한 습관과 엉성한 일처리는
파괴행위만큼이나 나쁘다.

10 하나님의 이름은 대피소이니
선한 사람이 그리로 달려가면 안전하다.

11 부자들은 재산이 자기를 지켜 준다고 생각하고서
그 뒤에 숨으면 안전할 줄 안다.

12 교만하면 추락하지만
겸손하면 명예가 뒤따른다.

13 다 듣기도 전에 대답하는 것은
어리석고 무례한 일이다.

14 정신이 건강해야 역경을 이겨 내는데,
정신이 꺾이면 무슨 일을 할 수 있겠는가?

15 지혜로운 이들은 늘 배우고
신선한 통찰에 귀를 기울인다.

16 선물은 사람의 관심을 끌어
높은 사람의 주목을 얻게 한다.

17 법정에 선 증인의 말이 옳은 듯해도
반대신문이 시작되면 사정이 달라진다!

18 결정하기 어려운 사안을 만나면
제비라도 뽑아야 한다.

19 부탁을 들어주면 영원한 친구를 얻게 된다.
그 결속을 끊을 만한 것은 없다.

20 과일이 배를 채워 주듯 말은 마음을 만족케 하고
좋은 말은 풍성한 수확 같은 만족을 준다.

6 The words of a fool start fights;
do him a favor and gag him.

7 Fools are undone by their big mouths;
their souls are crushed by their words.

8 Listening to gossip is like eating cheap candy;
do you really want junk like that in your belly?

9 Slack habits and sloppy work
are as bad as vandalism.

10 GOD's name is a place of protection—
good people can run there and be safe.

11 The rich think their wealth protects them;
they imagine themselves safe behind it.

12 Pride first, then the crash,
but humility is precursor to honor.

13 Answering before listening
is both stupid and rude.

14 A healthy spirit conquers adversity,
but what can you do when the spirit is crushed?

15 Wise men and women are always learning,
always listening for fresh insights.

16 A gift gets attention;
it buys the attention of eminent people.

17 The first speech in a court case is always convincing—
until the cross-examination starts!

18 You may have to draw straws
when faced with a tough decision.

19 Do a favor and win a friend forever;
nothing can untie that bond.

20 Words satisfy the mind as much as fruit does the stomach;
good talk is as gratifying as a good harvest.

21 말은 사람을 죽이기도 하고 살리기도 하니,
독으로 쓸지 열매로 삼을지 선택하여라.

22 좋은 배우자를 찾은 자는 복된 삶을 찾은 자요
하나님의 은혜를 입은 자다!

23 가난한 이는 간곡한 말로 청하고
부유한 자는 호통치며 대답한다.

24 친구는 있다가도 없고 없다가도 있지만
진실한 벗은 가족처럼 곁을 지킨다.

훈계를 귀담아듣지 않으면

19

1 가난해도 정직하게 사는 것이
믿어 주는 사람 없는 부자가 되는 것
보다 낫다.

2 지식 없는 열심은 무가치하고
서두르면 무리가 따른다.

3 자기가 어리석어 제 삶을 망쳐 놓고는
어째서 하나님을 탓하는가?

4 부유한 사람에게는 파리가 꿀에 꼬이듯 친구가
모이지만
가난한 사람은 역병처럼 기피대상이 된다.

5 위증은 처벌을 면치 못한다.
거짓말쟁이를 그냥 놓아 보내겠느냐?

6 너그럽게 베푸는 이 주위에는 사람이 많고
자선가에게는 모두가 친구다.

7 주머니 사정이 나빠지면 가족도 피하고
절친한 친구도 외면한다.
네가 오는 것을 보고 눈길을 돌린다.
눈이 멀어짐은 마음이 멀어졌다는 뜻이다.

8 지혜로운 마음을 키우면 자신을 사랑하게 되고
냉철한 사고를 유지하면 훌륭한 삶을 얻을 것이다.

9 거짓말을 하는 자는 붙잡히고
헛소문을 퍼뜨리는 자는 파멸한다.

10 미련한 자가 호강하며 사는 것도 마땅하지 않은데

21 Words kill, words give life;
they're either poison or fruit—you choose.

22 Find a good spouse, you find a good life—
and even more: the favor of GOD!

23 The poor speak in soft supplications;
the rich bark out answers.

24 Friends come and friends go,
but a true friend sticks by you like family.

If You Quit Listening

19

1 Better to be poor and honest
than a rich person no one can trust.

2 Ignorant zeal is worthless;
haste makes waste.

3 People ruin their lives by their own stupidity,
so why does GOD always get blamed?

4 Wealth attracts friends as honey draws flies,
but poor people are avoided like a plague.

5 Perjury won't go unpunished.
Would you let a liar go free?

6 Lots of people flock around a generous person;
everyone's a friend to the philanthropist.

7 When you're down on your luck, even your family
avoids you—
yes, even your best friends wish you'd get lost.
If they see you coming, they look the other way—
out of sight, out of mind.

8 Grow a wise heart—you'll do yourself a favor;
keep a clear head—you'll find a good life.

9 The person who tells lies gets caught;
the person who spreads rumors is ruined.

10 Blockheads shouldn't live on easy street
any more than workers should give orders to

하물며 종업원이 사장에게 명령하는 것이랴?

11 똑똑한 사람은 입을 다물 줄 알고
통이 커서 용서하고 잊는다.

12 성질 나쁜 지도자는 미친개와 같고
인품 좋은 지도자는 상쾌한 아침이슬 같다.

13 어리석은 자식은 부모의 피를 말리고
바가지 긁는 배우자는 물이 새는 수도꼭지와 같다.

14 집과 토지는 부모에게서 물려받지만
마음이 맞는 배우자는 하나님께서 주신다.

15 빈둥거리는 자의 삶은 무너지고
게으름뱅이는 배를 곯는다.

16 계명을 지켜 목숨을 부지하여라.
경솔함은 사람을 죽인다.

17 가난한 이에게 자비를 베푸는 것은 하나님께
꾸어 드리는 일이니
하나님께서 넘치도록 갚아 주신다.

18 기회가 있을 때 자녀를 훈계하여라.
제멋대로 하게 내버려 두는 것은 그들을 망하게
하는 일이다.

19 성난 사람은 제 스스로 뒷감당을 하게 하여라.
괜히 끼어들었다가는 상황만 악화시킨다.

20 유익한 훈계에 귀를 기울이고 질책을 받아들
여라.
그것이 지혜롭게 잘사는 길이다.

21 사람들은 계속 머리를 짜내 계획하고 선택하
지만
오직 하나님의 뜻만이 이루어질 것이다.

22 돈을 벌고 싶은 마음은 인지상정이지만
거짓말쟁이가 되는 것보다는 가난뱅이로 사는
것이 낫다.

23 하나님을 경외하는 것은 생명 그 자체이며,
온전하고 평온한 삶이다.

their boss.

11 Smart people know how to hold their tongue;
their grandeur is to forgive and forget.

12 Mean-tempered leaders are like mad dogs;
the good-natured are like fresh morning dew.

13 A parent is worn to a frazzle by a stupid child;
a nagging spouse is a leaky faucet.

14 House and land are handed down from parents,
but a congenial spouse comes straight from GOD.

15 Life collapses on loafers;
lazybones go hungry.

16 Keep the rules and keep your life;
careless living kills.

17 Mercy to the needy is a loan to GOD,
and GOD pays back those loans in full.

18 Discipline your children while you still have the chance;
indulging them destroys them.

19 Let angry people endure the backlash of their own anger;
if you try to make it better, you'll only make it worse.

20 Take good counsel and accept correction—
that's the way to live wisely and well.

21 We humans keep brainstorming options and plans,
but GOD's purpose prevails.

22 It's only human to want to make a buck,
but it's better to be poor than a liar.

23 Fear-of-GOD is life itself,
a full life, and serene—no nasty surprises.

24 Some people dig a fork into the pie

이런 사람에게는 뜻밖의 불미스러운 사태가 닥치지 않는다.

24 어떤 자들은 포크로 파이를 찍고도
너무나 게을러 입으로 가져갈 생각을 안 한다.

25 거만한 자에게 벌을 주어 본보기로 삼아라.
혹시 아느냐?누군가 교훈을 얻게 될지.

26 부모에게 폭언을 퍼붓는 자식은
집안의 수치다.

27 아이야, 훈계를 무시하고 네 멋대로 탈선하면
어찌할 수 없는 상황에 처하게 될 것이다.

28 원칙 없는 증인은 정의를 훼손하고
악인의 입은 악의를 토해 낸다.

29 불경한 자는 고생을 해야 경외심을 배우고
미련한 자는 따귀를 맞아야 주의를 집중한다.

20 1 포도주를 마시면 비열해지고, 맥주를 마시면 싸움질을 한다.
술에 취해 비틀대는 모습은 그다지 유쾌한 광경이 아니다.

2 성미 급한 지도자는 미친개와 같아서
그를 거스르면 불같이 화를 낸다.

3 훌륭한 인품을 지닌 사람은 싸움을 피하지만
바보는 틈만 나면 싸움을 건다.

4 봄에 씨를 뿌리지 않는 게으른 농부는
가을에 수확할 것이 없다.

5 무엇이 옳은지 아는 것은 마음속 깊은 물과 같고
지혜로운 사람은 내면에서 그 샘물을 길어 올린다.

6 충실하고 다정한 사람이 많다는데,
대체 어디를 가야 그런 사람을 찾을 수 있을까?

7 하나님께 충성하여 정직하게 살면
후손의 삶이 훨씬 수월해진다.

but are too lazy to raise it to their mouth.

25 Punish the insolent—make an example of them.
Who knows? Somebody might learn a good lesson.

26 Kids who lash out against their parents
are an embarrassment and disgrace.

27 If you quit listening, dear child, and strike off on your own,
you'll soon be out of your depth.

28 An unprincipled witness desecrates justice;
the mouths of the wicked spew malice.

29 The irreverent have to learn reverence the hard way;
only a slap in the face brings fools to attention.

Deep Water in the Heart

20 1 Wine makes you mean, beer makes you quarrelsome—
a staggering drunk is not much fun.

2 Quick-tempered leaders are like mad dogs—
cross them and they bite your head off.

3 It's a mark of good character to avert quarrels,
but fools love to pick fights.

4 A farmer too lazy to plant in the spring
has nothing to harvest in the fall.

5 Knowing what is right is like deep water in the heart;
a wise person draws from the well within.

6 Lots of people claim to be loyal and loving,
but where on earth can you find one?

7 God-loyal people, living honest lives,
make it much easier for their children.

8-9 Leaders who know their business and care
keep a sharp eye out for the shoddy and cheap,

8-9 자기 일을 잘 알고 성심껏 행하는 지도자는
허울뿐인 천박한 자와
늘 부지런하고 정직하여
신뢰할 만한 사람이 누구인지 날카롭게 살핀다.

10 가격표 바꿔치기와 비용 부풀리기,
이것은 모두 하나님이 미워하시는 것이다.

11 젊은이의 동기가 정직한지는
그 행위로 드러난다.

12 듣는 귀와 보는 눈은
우리가 하나님께 받은 기본 장비다!

13 잠을 너무 좋아하면 가난하게 살지만
깨어 있으면 먹을거리가 생긴다.

14 물건을 살 때는 트집을 잡고 선심 쓰는 체하지만
산 다음에는 좋은 물건 싸게 샀다고 자랑한다.

15 아름다운 지식의 잔을 드는 것이
금과 보석으로 치장하는 것보다 낫다.

16 낯선 자에게 꾸어 줄 때는 반드시 담보물을 잡아라.
떠돌이의 물품을 담보로 잡을 때는 경계를 늦추지 마라.

17 훔친 빵은 달지만
그 입에는 조만간 자갈이 가득 찰 것이다.

18 조언을 듣고 계획을 세우고
최대한 도움을 받아 실행에 옮겨라.

19 험담꾼은 비밀을 지키지 않으니
입이 가벼운 사람 앞에서 속내를 털어놓지 마라.

20 부모를 저주하는 자식은
빛이 사라진 어둠 속에서 살게 된다.

사람의 발걸음은 하나님께 달렸다

21 처음에 크게 성공한다고 해서
끝까지 잘된다는 보장은 없다.

22 "가만두지 않겠다!"고 말하지 마라.

For who among us can be trusted
to be always diligent and honest?

10 Switching price tags and padding the expense account
are two things GOD hates.

11 Young people eventually reveal by their actions
if their motives are on the up and up.

Drinking from the Chalice of Knowledge

12 Ears that hear and eyes that see—
we get our basic equipment from GOD!

13 Don't be too fond of sleep; you'll end up in the poorhouse.
Wake up and get up; then there'll be food on the table.

14 The shopper says, "That's junk—I'll take it off your hands,"
then goes off boasting of the bargain.

15 Drinking from the beautiful chalice of knowledge
is better than adorning oneself with gold and rare gems.

16 Hold tight to collateral on any loan to a stranger;
beware of accepting what a transient has pawned.

17 Stolen bread tastes sweet,
but soon your mouth is full of gravel.

18 Form your purpose by asking for counsel,
then carry it out using all the help you can get.

19 Gossips can't keep secrets,
so never confide in blabbermouths.

20 Anyone who curses father and mother
extinguishes light and exists benighted.

The Very Steps We Take

21 A bonanza at the beginning
is no guarantee of blessing at the end.

하나님을 기다려라. 그분이 갚아 주실 것
이다.

23 하나님은 시장에서 속이는 일을 미워하시고
조작된 저울에 격노하신다.

24 사람의 발걸음은 하나님께 달렸으니
우리가 어디로 갈지 어찌 알겠느냐?

25 충동적인 서원은 덫과 같아서
나중에 가면 벗어나기를 바라게 된다.

26 지혜로운 지도자는 찬찬히 살핀 뒤
반역자들과 멍청이들을 말끔히 쓸어버린다.

27 하나님은 사람의 주인이시니
사람의 겉과 속을 다 들여다보고 살피신다.

28 사랑과 진실은 훌륭한 지도자의 덕목이고
정직과 자비는 튼튼한 지도력의 바탕이다.

29 젊음은 힘으로 칭찬받지만
노년은 백발로 영예를 얻는다.

30 체벌을 하려면 제대로 해야 악이 없어진다.
처벌은 사람의 깊은 곳까지 파고들기 때문
이다.

하나님은 우리의 동기를 살피신다

21 1 훌륭한 지도력은 하나님이 조절
하시는 수로와 같다.
그분의 목적에 따라 물길을 돌리신다.

2 우리는 겉만 살펴서 자신의 행동을 정당화
하지만
하나님은 그 안의 동기를 살피신다.

3 하나님 앞에서 깨끗하게 살고 이웃에게 정
의롭게 행하는 것,
하나님은 이 두 가지를 종교의식보다 훨씬
중요하게 보신다.

4 오만과 교만은 악인의 두드러진 특징이며
명백한 죄악이다.

22 Don't ever say, "I'll get you for that!"
Wait for GOD; he'll settle the score.

23 GOD hates cheating in the marketplace;
rigged scales are an outrage.

24 The very steps we take come from GOD;
otherwise how would we know where we're going?

25 An impulsive vow is a trap;
later you'll wish you could get out of it.

26 After careful scrutiny, a wise leader
makes a clean sweep of rebels and dolts.

27 GOD is in charge of human life,
watching and examining us inside and out.

28 Love and truth form a good leader;
sound leadership is founded on loving integrity.

29 Youth may be admired for vigor,
but gray hair gives prestige to old age.

30 A good thrashing purges evil;
punishment goes deep within us.

God Examines Our Motives

21 1 Good leadership is a channel of water
controlled by GOD;
he directs it to whatever ends he chooses.

2 We justify our actions by appearances;
GOD examines our motives.

3 Clean living before God and justice with our neigh-
bors
mean far more to GOD than religious performance.

4 Arrogance and pride—distinguishing marks in the
wicked—
are just plain sin.

5 Careful planning puts you ahead in the long run;
hurry and scurry puts you further behind.

5 주도면밀하게 계획하면 결국 앞서 나가지만
서두르고 조급하면 멀찍이 뒤처진다.

6 거짓과 속임수로 정상에 오른 자는
부질없는 높은 자리 하나 얻고 죽음으로 내몰린다!

7 악인은 가진 것으로 남을 도울 줄 모르니
약탈한 재산에 깔려 생매장을 당한다.

8 동기가 불순하면 인생이 꼬이고
동기가 순수하면 곧은 길이 펼쳐진다.

최선을 다하고 최악의 상황에 대비하여라

9 대저택에서 바가지 긁는 배우자와 함께 사는 것보다
다 쓰러져 가는 오두막에서 홀로 사는 것이 낫다.

10 악인은 늘 범죄를 생각하고
친구와 이웃의 아픔을 헤아리지 못한다.

11 어리석은 자는 갖은 고생을 통해 배우고
지혜로운 이는 훈계를 경청하며 배운다.

12 하나님께 충성하는 사람은 악인을 꿰뚫어 보고
그들의 악한 계획을 무너뜨린다.

13 가난한 사람의 부르짖음에 귀를 막으면
네가 부르짖을 때 아무도 듣지 않고 대답하지도 않을 것이다.

14 조용히 건넨 선물은 화난 사람을 진정시키고
진심어린 선물은 거센 분노를 가라앉힌다.

15 정의가 승리할 때 착한 사람들은 기뻐하지만
악을 도모하는 사람들은 두려워 떤다.

16 곧고 좁은 길에서 떠난 사람은
죽은 자들과 함께 머물게 될 것이다.

17 스릴을 맛보는 데 중독되었는가? 얼마나 공허한 인생인지!
쾌락을 좇아 살면 만족을 모르게 된다.

6 Make it to the top by lying and cheating;
get paid with smoke and a promotion—to death!

7 The wicked get buried alive by their loot
because they refuse to use it to help others.

8 Mixed motives twist life into tangles;
pure motives take you straight down the road.

Do Your Best, Prepare for the Worst

9 Better to live alone in a tumbledown shack
than share a mansion with a nagging spouse.

10 Wicked souls love to make trouble;
they feel nothing for friends and neighbors.

11 Simpletons only learn the hard way,
but the wise learn by listening.

12 A God-loyal person will see right through the wicked
and undo the evil they've planned.

13 If you stop your ears to the cries of the poor,
your cries will go unheard, unanswered.

14 A quietly given gift soothes an irritable person;
a heartfelt present cools a hot temper.

15 Good people celebrate when justice triumphs,
but for the workers of evil it's a bad day.

16 Whoever wanders off the straight and narrow
ends up in a congregation of ghosts.

17 You're addicted to thrills? What an empty life!
The pursuit of pleasure is never satisfied.

18 What a bad person plots against the good, boomerangs;
the plotter gets it in the end.

19 Better to live in a tent in the wild
than with a cross and petulant spouse.

20 Valuables are safe in a wise person's home;

18 나쁜 사람이 착한 사람을 해치려고 꾸민 음모는
결국 부메랑이 되어 음모를 꾸민 자를 쓰러뜨린다.

19 화 잘 내고 성질 급한 배우자와 사느니
광야에서 천막 치고 혼자 사는 것이 낫다.

20 지혜로운 사람은 집에 보물을 두고 안전하게 지키지만
어리석은 사람은 뒤뜰에 벼룩시장을 열고 보물을 다 팔아 버린다.

21 의와 자비를 추구하는 사람은
생명 자체, 영광스러운 생명을 얻는다!

22 무장 군인들이 지키는 도성에 현인 하나가 들어가자
그들이 믿었던 방어시설이 허물어졌다!

23 말을 조심하고 입을 다물라.
많은 재난을 면하게 될 것이다.

24 경솔한 자, 건방진 자, 불경한 자,
모두 자제할 줄 모르는 성급한 사람들이다.

25 게으른 사람은 집에만 가만히 있다가
끝내 굶어 죽는다.

26 죄인들은 못 가진 것을 갖기를 원하지만
하나님께 신실한 사람은 가진 것을 내어 준다.

27 악인의 종교의식은 추악하다.
성공을 위해 그것을 이용하면 더 추해진다.

28 거짓말하는 증인은 신뢰를 받지 못하지만
진실을 말하는 사람은 존경을 받는다.

29 부도덕한 사람들은 툭하면 허세를 부리지만
정직한 사람들은 발걸음이 당당하다.

30 제아무리 영리하고 기발한 구상으로 온갖 꾀를 내어도
하나님을 이기지는 못한다.

31 *최선을 다하고 최악의 상황에 대비하여라.*
그리고 승리를 안겨 주실 하나님을 신뢰하여라.

fools put it all out for yard sales.

21 Whoever goes hunting for what is right and kind
finds life itself–*glorious* life!

22 One sage entered a whole city of armed soldiers–
their trusted defenses fell to pieces!

23 Watch your words and hold your tongue;
you'll save yourself a lot of grief.

24 You know their names–Brash, Impudent, Blasphemer–
intemperate hotheads, every one.

25 Lazy people finally die of hunger
because they won't get up and go to work.

26 Sinners are always wanting what they don't have;
the God-loyal are always giving what they do have.

27 Religious performance by the wicked stinks;
it's even worse when they use it to get ahead.

28 A lying witness is unconvincing;
a person who speaks truth is respected.

29 Unscrupulous people fake it a lot;
honest people are sure of their steps.

30 Nothing clever, nothing conceived, nothing contrived,
can get the better of GOD.

31 Do your best, prepare for the worst–
then trust GOD to bring victory.

22

1 좋은 평판이 벼락부자가 되는 것보다 낫고
넓은 도량이 은행에 쌓인 돈보다 낫다.

2 부유한 사람과 가난한 사람은 동등한 존재다.
하나님께서 그들 모두를 지으셨다!

3 신중한 자는 문제를 미리 알고 피하지만
어리석은 자는 되는 대로 살다가 호되게 당한다.

4 온유하고 하나님을 경외하는 사람은
재산과 영예와 만족스러운 삶을 보상으로 받는다.

5 마음이 비뚤어진 자는 곳곳이 파인 진창투성이 위험
한 도로를 다닌다.
그 길로는 얼씬도 하지 않는 것이 좋다.

6 자녀에게 올바른 길을 알려 주어라.
나이가 들어서도 길을 잃지 않을 것이다.

7 가난한 사람은 부유한 자의 지배를 받으니
돈을 꾸어 그들의 종이 되지 마라.

8 죄를 뿌리는 자는 잡초를 거둬들이고
분노에 차서 식식대며 위협해도 얻는 것이 없다.

9 너그럽게 베푸는 손은 복을 받을 것이니
가난한 이에게 빵을 나누어 주기 때문이다.

10 말썽꾼을 쫓아내야 사태가 진정되고
다툼과 불평에서 벗어날 수 있다.

11 하나님은 마음이 깨끗하고 말씨가 좋은 사람을 사랑
하신다.
훌륭한 지도자 또한 그와의 사귐을 기뻐한다.

12 하나님은 지식을 열렬히 지키시지만
속임수에는 전혀 관여하지 않으신다.

13 게으름뱅이는 이렇게 말한다. "바깥에 사자가 있다!
지금 나가면 산 채로 먹힐 것이다!"

14 창녀의 입은 바닥 모를 구덩이다.
하나님과 사이가 틀어지면 그 구덩이에 떨어지게 된다.

15 젊은이는 어리석은 일과 일시적 유행에 빠지기 쉽다.

The Cure Comes Through Discipline

22

1 A sterling reputation is better than
striking it rich;
a gracious spirit is better than money in the
bank.

2 The rich and the poor shake hands as equals—
GOD made them both!

3 A prudent person sees trouble coming and
ducks;
a simpleton walks in blindly and is clobbered.

4 The payoff for meekness and Fear-of-GOD
is plenty and honor and a satisfying life.

5 The perverse travel a dangerous road, potholed
and mud-slick;
if you know what's good for you, stay clear
of it.

6 Point your kids in the right direction—
when they're old they won't be lost.

7 The poor are always ruled over by the rich,
so don't borrow and put yourself under
their power.

8 Whoever sows sin reaps weeds,
and bullying anger sputters into nothing.

9 Generous hands are blessed hands
because they give bread to the poor.

10 Kick out the troublemakers and things will
quiet down;
you need a break from bickering and griping!

11 GOD loves the pure-hearted and well-spoken;
good leaders also delight in their friendship.

12 GOD guards knowledge with a passion,
but he'll have nothing to do with deception.

13 The loafer says, "There's a lion on the loose!

강인한 훈련을 통해서만 거기서 벗어날 수 있다.

16 가난한 사람을 착취하거나 부자에게 아양을 떠는 자는
결국 그로 인해 가난해질 뿐이다.

현인들의 서른 가지 교훈

17-21 내 지혜를 귀담아듣고
내가 가르치는 교훈을 마음에 새겨라.
그 내용을 달게 여겨 깊이 간직하면,
네 입으로도 그것을 거침없이 말하게 될 것이다.
하나님을 신뢰하는 것을 네 기초로 삼게 하고자
바로 여기 그 내용을 펼쳐 보인다.
내가 검증된 삶의 지침,
훌륭한 원칙 서른 가지를 알려 주겠다.
내 말을 믿어라. 이 유효한 진리들이
너를 보낸 사람들에게
대답할 수 있게 해줄 것이다.

1

22-23 가난을 이유로 가난한 이들을 짓밟지 말고
지위를 이용해 약자를 억압하지 마라.
하나님께서 그들을 지키러 오시리니,
네가 빼앗은 목숨을 네게서 빼앗아, 그들에게 돌려주실 것이다.

2

24-25 화내는 사람들과 어울리지 말고
성미 급한 자들과 함께 다니지 마라.
고약한 성미는 전염성이 강하니
영향을 받지 않도록 조심하여라.

3

26-27 무지개 끝에서 금단지 찾는 요행수를 바라지 말고
행운을 잡겠다고 집을 담보로 잡히지 마라.
빚을 청산해야 할 때가 오면
몸에 걸친 옷 하나 간신히 건질 것이다.

4

28 오래전 선조들이 세워 놓은

If I go out I'll be eaten alive!"

14 The mouth of a whore is a bottomless pit;
you'll fall in that pit if you're on the outs with GOD.

15 Young people are prone to foolishness and fads;
the cure comes through tough-minded discipline.

16 Exploit the poor or glad-hand the rich—whichever,
you'll end up the poorer for it.

The Thirty Precepts of the Sages
Don't Move Back the Boundary Lines

17-21 Listen carefully to my wisdom;
take to heart what I can teach you.
You'll treasure its sweetness deep within;
you'll give it bold expression in your speech.
To make sure your foundation is trust in GOD,
I'm laying it all out right now just for you.
I'm giving you thirty sterling principles—
tested guidelines to live by.
Believe me—these are truths that work,
and will keep you accountable
to those who sent you.

1

22-23 Don't walk on the poor just because they're poor,
and don't use your position to crush the weak,
Because GOD will come to their defense;
the life you took, he'll take from you and give back to them.

2

24-25 Don't hang out with angry people;
don't keep company with hotheads.
Bad temper is contagious—
don't get infected.

3

26-27 Don't gamble on the pot of gold at the end of the rainbow,
hocking your house against a lucky chance.
The time will come when you have to pay up;
you'll be left with nothing but the shirt on your back.

토지 경계표를 몰래 옮기지 마라.

5

29 일을 잘하는 사람들을 눈여겨보아라.
노련한 일꾼들은 찾는 사람이 많고 칭찬을 받는다.
그들은 누구에게도 밀리지 않는다.

6

23 1-3 유력 인사와 바깥에서 저녁식사를 하게 되거든
예의 바르게 처신하여라.
게걸스럽게 먹거나
음식을 입에 넣은 채 말하지 마라.
과식하지 말고
식욕을 다스려라.

7

4-5 부자가 되겠다고 자신을 혹사하지 마라.
자제하여라!
돈은 눈 깜짝할 사이에 사라지고,
재산은 날개를 퍼덕여
저 멀리 황야로 달아나 버린다.

8

6-8 구두쇠에게 식사 대접을 받지 말고
특별한 대접을 기대하지도 마라.
그는 자기에게는 물론 너에게도 인색할 테니,
말로는 "먹게! 마시게!" 하여도 마음은 그렇지 않다.
그 인색한 접대에 그의 가식을 깨닫고 나면
네 속이 뒤집어질 것이다.

9

9 미련한 자들에게 조리 있게 말하려고 애쓰지 마라.
그들은 네 말을 놀림감으로 삼을 뿐이다.

10

10-11 토지 경계표를 몰래 옮기지 말고
고아들을 속여 재산을 빼앗지 마라.
그들에게는 강력한 구원자가 계셔서
그들을 도와주실 것이기 때문이다.

4

28 Don't stealthily move back the boundary lines
staked out long ago by your ancestors.

5

29 Observe people who are good at their work—
skilled workers are always in demand and admired;
they don't take a backseat to anyone.

Restrain Yourself

6

23 1-3 When you go out to dinner with an influential person,
mind your manners:
Don't gobble your food,
don't talk with your mouth full.
And don't stuff yourself;
bridle your appetite.

7

4-5 Don't wear yourself out trying to get rich;
restrain yourself!
Riches disappear in the blink of an eye;
wealth sprouts wings
and flies off into the wild blue yonder.

8

6-8 Don't accept a meal from a tightwad;
don't expect anything special.
He'll be as stingy with you as he is with himself;
he'll say, "Eat! Drink!" but won't mean a word of it.
His miserly serving will turn your stomach
when you realize the meal's a sham.

9

9 Don't bother talking sense to fools;
they'll only poke fun at your words.

10

10-11 Don't stealthily move back the boundary lines
or cheat orphans out of their property,
For they have a powerful Advocate
who will go to bat for them.

11

[12] 엄정한 교훈을 받아들이고
검증된 지식에 귀를 기울여라.

12

[13-14] 아이를 꾸짖기를 두려워 마라.
매질한다고 죽지 않는다.
매를 제대로 대면 죽음보다도 못한 상태에서
아이를 구해 낼 수 있다.

13

[15-16] 아이야, 네가 지혜로워지면
부모인 내가 얼마나 기쁘겠느냐.
네 입에서 흘러나오는 아름다운 진리 가락에 맞춰
내가 노래하고 춤을 출 것이다.

14

[17-18] 하나님께 반역하는 경솔한 자들을 조금도 부러워 말고
하나님을 경외하는 일에 전심을 다하여라.
그 일에 네 미래가 있다.
하나님을 경외하면 네 삶 가득 가치 있는 것들로 채워질 것이다.

15

[19-21] 아이야, 잘 듣고 지혜를 얻어라.
인생의 방향을 잘 잡아라.
술을 많이 마셔 취하는 일이 없게 하고
음식을 많이 먹어 뚱뚱해지는 일이 없게 하여라.
술꾼과 대식가는 빈민굴로 떨어지고
인사불성이 되어 누더기를 걸치게 된다.

16

[22-25] 너를 길러 준 아버지의 말씀을 경청하고
어머니가 나이 들어도 무시하지 마라.
진리를 사되 사랑이나 돈과 바꾸지 마라.
지혜와 교육과 통찰력을 사라.
부모는 자식이 잘되면 기뻐하고
지혜로운 자녀가 자랑스러운 부모가 된다.
그러니 아버지를 행복하게 해드리고
어머니를 뿌듯하게 해드려라!

11

[12] Give yourselves to disciplined instruction;
open your ears to tested knowledge.

12

[13-14] Don't be afraid to correct your young ones;
a spanking won't kill them.
A good spanking, in fact, might save them
from something worse than death.

13

[15-16] Dear child, if you become wise,
I'll be one happy parent.
My heart will dance and sing
to the tuneful truth you'll speak.

14

[17-18] Don't for a minute envy careless rebels;
soak yourself in the Fear-of-GOD—
That's where your future lies.
Then you won't be left with an armload of nothing.

15

[19-21] Oh listen, dear child—become wise;
point your life in the right direction.
Don't drink too much wine and get drunk;
don't eat too much food and get fat.
Drunks and gluttons will end up on skid row,
in a stupor and dressed in rags.

Buy Wisdom, Education, Insight

16

[22-25] Listen with respect to the father who raised you,
and when your mother grows old, don't neglect her.
Buy truth—don't sell it for love or money;
buy wisdom, buy education, buy insight.
Parents rejoice when their children turn out well;
wise children become proud parents.
So make your father happy!
Make your mother proud!

17

26 아이야, 각별히 유의해서 들어라.
제발 내가 가르치는 대로 하여라.

27-28 창녀는 바닥 모를 구덩이다.
문란한 여자에게 끌려가면 심각한 곤경에 빠져 꼼짝달싹 못할 수 있다.
그런 여자는 네 전 재산을 노리고 너를 받아들이니,
도둑 떼보다 더 악랄하다.

18

29-35 늘 우울해하는 자가 누구냐?
청승맞게 구는 자가 누구냐?
까닭 없이 폭행을 당하는 자가 누구냐?
눈이 흐릿하고 핏발이 선 자가 누구냐?
술병을 쥐고 밤을 보내는 자들,
음주가 본업인 자들이다.
술을 생각할 때는 상표나
향이나 깊은 맛이 아니라
마신 후에 남는 숙취, 곧 극심한 두통과
느글거리는 뱃속을 생각하여라.
사물이 둘로 보이고
혀가 꼬부라지고
비틀거리며 속이 메슥거리는 것이 정말 좋으냐?
"놈들이 때렸지만 하나도 안 아팠지.
날 쳤지만, 아무 느낌도 없었어.
술이 깨고 나면
또 한 잔 들이켜야지!" 하고 말하게 될 것이다.

19

24 1-2 나쁜 사람을 부러워 말고
그 근처에는 얼씬도 하지 마라.
그는 소란을 일으킬 생각만 하고
말썽을 일으킬 이야기만 한다.

20

3-4 지혜가 있어야 집을 짓고
명철이 있어야 집을 튼튼한 기초 위에 세운다.
지식이 있어야 고급가구와 멋진 휘장으로
방을 꾸밀 수 있다.

17

26 Dear child, I want your full attention;
please do what I show you.

27-28 A whore is a bottomless pit;
a loose woman can get you in deep trouble fast.
She'll take you for all you've got;
she's worse than a pack of thieves.

18

29-35 Who are the people who are always crying the blues?
Who do you know who reeks of self-pity?
Who keeps getting beat up for no reason at all?
Whose eyes are bleary and bloodshot?
It's those who spend the night with a bottle,
for whom drinking is serious business.
Don't judge wine by its label,
or its bouquet, or its full-bodied flavor.
Judge it rather by the hangover it leaves you with—
the splitting headache, the queasy stomach.
Do you really prefer seeing double,
with your speech all slurred,
Reeling and seasick,
drunk as a sailor?
"They hit me," you'll say, "but it didn't hurt;
they beat on me, but I didn't feel a thing.
When I'm sober enough to manage it,
bring me another drink!"

Intelligence Outranks Muscle

19

24 1-2 Don't envy bad people;
don't even want to be around them.
All they think about is causing a disturbance;
all they talk about is making trouble.

20

3-4 It takes wisdom to build a house,
and understanding to set it on a firm foundation;
It takes knowledge to furnish its rooms
with fine furniture and beautiful draperies.

21

5-6 지혜로운 것이 힘센 것보다 낫고
지성이 언제나 완력보다 낫다.
전쟁의 핵심은 전략이니
승리하려면 유익한 조언이 많이 필요하다.

22

7 어리석은 자는 지혜로운 대화를 전혀 이해하지 못하고
진지한 토론 자리에서 어찌할 바를 모른다.

23

8-9 악행만 꾸미는 자는
조만간 깡패두목이라는 평판을 얻는다.
미련한 자는 죄를 꾀하고
빈정거리는 자는 아름다운 것까지 모독한다.

24

10 위기에 처했다고 낙담한다면
처음부터 별 볼 일 없는 사람이었다는 뜻이다.

25

11-12 죽어 가는 이들을 구하여라.
주저 말고 뛰어들어 도우라.
"이봐, 내가 상관할 일이 아니네" 하고 말하면
그것으로 책임을 면할 줄 아느냐?
너를 면밀히 지켜보시는 분이 계시다.
그분께는 섣부른 변명이 통하지 않는다.

26

13-14 아이야, 꿀은 네 몸에 좋은 것이니 먹어라.
네 입에서 녹는 단것도 먹어라.
지식과 지혜도
네 영혼에 그와 같이 좋으니 섭취하여라.
그것을 얻으면 네 미래가 보장되고
네 희망이 견고한 반석 위에 놓이리라.

27

15-16 *선한 사람의 삶을 방해하지 말고*
그를 이기려 들지 마라.
아무리 쓰러뜨려도
하나님께 충성하는 사람은 오래 넘어져 있지 않고

21

5-6 It's better to be wise than strong;
intelligence outranks muscle any day.
Strategic planning is the key to warfare;
to win, you need a lot of good counsel.

22

7 Wise conversation is way over the head of fools;
in a serious discussion they haven't a clue.

23

8-9 The person who's always cooking up some evil
soon gets a reputation as prince of rogues.
Fools incubate sin;
cynics desecrate beauty.

Rescue the Perishing

24

10 If you fall to pieces in a crisis,
there wasn't much to you in the first place.

25

11-12 Rescue the perishing;
don't hesitate to step in and help.
If you say, "Hey, that's none of my business,"
will that get you off the hook?
Someone is watching you closely, you know–
Someone not impressed with weak excuses.

26

13-14 Eat honey, dear child–it's good for you–
and delicacies that melt in your mouth.
Likewise knowledge,
and wisdom for your soul–
Get that and your future's secured,
your hope is on solid rock.

27

15-16 Don't interfere with good people's lives;
don't try to get the best of them.
No matter how many times you trip them up,
God-loyal people don't stay down long;
Soon they're up on their feet,

다시 일어나며,
악한 사람은 넘어져 영영 일어나지 못하기 때
문이다.

28

17-18 네 원수가 넘어질 때 웃지 말고
그가 쓰러질 때 기뻐하지 마라.
하나님께서 크게 불쾌하게 여겨
그의 곤경을 불쌍히 보실 것이다.

29

19-20 자랑꾼들 때문에 괴로워하지 말고
악인들처럼 성공하기를 바라지 마라.
그들에게는 미래가 없으며
막다른 길로 내달리고 있다.

30

21-22 아이야, 하나님을 경외하고 지도자들을
존경하여라.
저항하거나 반항하지 마라.
반항하는 자의 인생은 느닷없이 뒤죽박죽이
될 수 있고
그런 일이 언제 어떻게 벌어질지 아무도 모른다.

현인들의 또 다른 교훈

23 불의에 동의하는 것은
잘못된 일, 대단히 잘못된 일이다.

24-25 악인의 죄를 덮어 주는 자는
역사책에서 냉정한 평가를 받지만,
악인의 죄를 폭로하는 이는
감사의 인사와 보상을 받는다.

26 정직한 답변은
따스한 포옹 같다.

27 먼저 밭에 씨를 뿌리고
그 다음에 곡간을 지어라.

28-29 이웃의 등 뒤에서 그 사람 이야기를 하
지 마라.
부디 비방과 험담을 그쳐라.
"네가 내게 한 대로 갚아 주마.
네놈이 한 일에 대가를 치르게 해주마!" 하고
말하지 마라.

while the wicked end up flat on their faces.

28

17-18 Don't laugh when your enemy falls;
don't crow over his collapse.
GOD might see, and become very provoked,
and then take pity on his plight.

29

19-20 Don't bother your head with braggarts
or wish you could succeed like the wicked.
Those people have no future at all;
they're headed down a dead-end street.

30

21-22 Fear GOD, dear child—respect your leaders;
don't be defiant or mutinous.
Without warning your life can turn upside down,
and who knows how or when it might happen?

More Sayings of the Wise

An Honest Answer

23 It's wrong, very wrong,
to go along with injustice.

24-25 Whoever whitewashes the wicked
gets a black mark in the history books,
But whoever exposes the wicked
will be thanked and rewarded.

26 An honest answer
is like a warm hug.

27 First plant your fields;
then build your barn.

28-29 Don't talk about your neighbors behind their backs—
no slander or gossip, please.
Don't say to anyone, "I'll get back at you for what you
did to me.
I'll make you pay for what you did!"

30-34 One day I walked by the field of an old lazybones,
and then passed the vineyard of a lout;
They were overgrown with weeds,

30-34 어느 날 늙은 게으름뱅이의 밭과
어느 얼간이의 포도밭을 지나치며 보니,
잡초는 웃자랐고
엉겅퀴가 무성하며 울타리는 모조리 부서져 있었다.
나는 그 모습을 오랫동안 쳐다보면서, 내가 본 것에 대해 생각했다.
밭이 내게 설교를 하고 있었고 나는 귀를 기울였다.
"여기서도 자고, 저기서도 자자. 여기서도 하루 쉬고, 저기서도 하루 쉬자.
편히 앉아 느긋하게 쉬자 하면 무슨 일이 닥치는지 아느냐?
바랄 것은 단 하나, 찢어지게 가난한 생활뿐이다.
가난이 네 영원한 식객이 되고 말 것이다!"

추가된 솔로몬의 잠언

25

이것도 솔로몬의 잠언으로,
유다 왕 히스기야의 율법학자들이 수집한 것이다.

2 하나님은 일을 숨기는 것을 기뻐하시지만
과학자들은 일을 밝혀내는 것을 기뻐한다.

3 훌륭한 지도자의 이해력은
수평선과 대양처럼 넓고도 깊다.

4-5 은에서 불순물을 제거해야
은세공사가 품질 좋은 잔을 만들 수 있다.
악인을 지도부에서 제거해야
지도부의 권위가 신뢰를 얻고 하나님께 영광이 된다.

6-7 무리해서 세간의 주목을 끌지 말고
우격다짐으로 높은 자리에 올라가지 마라.
높은 자리에서 강등되는 모욕을 당하느니
낮은 자리에서 높은 자리로 승진하는 것이 낫다.

8 성급히 결론짓지 마라. 네가 방금 본 것에는
반드시 무슨 곡절이 있을 것이다.

9-10 말다툼을 하다 홧김에
남의 비밀을 들추어내지 마라.
말은 돌고 돌기 마련인지라
아무도 너를 믿지 않게 될 것이다.

11-12 제때 나온 알맞은 말은
맞춤 제작한 보석 같고,

thick with thistles, all the fences broken down.
I took a long look and pondered what I saw;
the fields preached me a sermon and I listened:
"A nap here, a nap there, a day off here, a day off there,
sit back, take it easy—do you know what comes next?
Just this: You can look forward to a dirt-poor life,
with poverty as your permanent houseguest!"

Further Wise Sayings of Solomon

The Right Word at the Right Time

25

1 There are also these proverbs of Solomon,
collected by scribes of Hezekiah, king of Judah.

2 God delights in concealing things;
scientists delight in discovering things.

3 Like the horizons for breadth and the ocean for depth,
the understanding of a good leader is broad and deep.

4-5 Remove impurities from the silver
and the silversmith can craft a fine chalice;
Remove the wicked from leadership
and authority will be credible and God-honoring.

6-7 Don't work yourself into the spotlight;
don't push your way into the place of prominence.
It's better to be promoted to a place of honor
than face humiliation by being demoted.

8 Don't jump to conclusions—there may be
a perfectly good explanation for what you just saw.

9-10 In the heat of an argument,
don't betray confidences;
Word is sure to get around,
and no one will trust you.

11-12 The right word at the right time
is like a custom-made piece of jewelry,
And a wise friend's timely reprimand

지혜로운 친구의 때맞춘 책망은
네 손가락에 낀 금반지 같다.

13 말한 대로 행하는 믿음직한 친구는
찌는 듯한 더위에 마시는 냉수처럼 상쾌하기 그지 없다!

14 말만 거창하게 하고 아무것도 내놓지 않는 사람은
뭉게뭉게 피어오를 뿐 비를 내리지 않는 구름과 같다.

15 끈기 있는 설득은 무관심을 깨뜨리고
부드러운 말은 견고한 요새를 무너뜨린다.

16-17 사탕 한 상자를 받더라도 한 번에 다 먹지 마라.
초콜릿을 너무 많이 먹으면 탈이 나는 법이다.
친구가 생기거든 너무 자주 찾아가서 밉보이지 마라.
시도 때도 없이 찾아가면 친구가 네게 진저리를 칠 것이다.

18 법정이나 거리에서 이웃에게 불리한
거짓말을 하는 사람은 요주의 인물이다.

19 곤경에 처했을 때 배신자를 믿는 것은
치주염이 있는 상태로 이를 악무는 것과 같다.

20 마음이 무거운 자 앞에서 밝은 노래를 부르는 것은
상처에 소금을 뿌리는 것과 같다.

21-22 네 원수가 굶주리고 있는 것을 보면 가서 점심을 사 주고
그가 목말라하면 음료수를 가져다주어라.
그는 네 관대함에 깜짝 놀랄 테고
하나님께서 너를 돌봐 주실 것이다.

23 북풍이 험악한 날씨를 몰고 오듯
헐뜯는 혀는 험악한 얼굴을 부른다.

24 대저택에서 바가지 긁는 배우자와 함께 사는 것보다
다 쓰러져 가는 오두막에서 홀로 사는 것이 낫다.

25 오랫동안 연락이 끊어졌던 친구가 보내온 편지는

is like a gold ring slipped on your finger.

13 Reliable friends who do what they say
are like cool drinks in sweltering heat—refreshing!

14 Like billowing clouds that bring no rain
is the person who talks big but never produces.

15 Patient persistence pierces through indifference;
gentle speech breaks down rigid defenses.

A Person Without Self-Control

16-17 When you're given a box of candy, don't gulp it all down;
eat too much chocolate and you'll make yourself sick;
And when you find a friend, don't outwear your welcome;
show up at all hours and he'll soon get fed up.

18 Anyone who tells lies against the neighbors
in court or on the street is a loose cannon.

19 Trusting a double-crosser when you're in trouble
is like biting down on an abscessed tooth.

20 Singing light songs to the heavyhearted
is like pouring salt in their wounds.

21-22 If you see your enemy hungry, go buy him lunch;
if he's thirsty, bring him a drink.
Your generosity will surprise him with goodness,
and GOD will look after you.

23 A north wind brings stormy weather,
and a gossipy tongue stormy looks.

24 Better to live alone in a tumbledown shack
than share a mansion with a nagging spouse.

25 Like a cool drink of water when you're worn out and weary
is a letter from a long-lost friend.

26 A good person who gives in to a bad person

지치고 목마를 때 마시는 냉수와 같다.

26 나쁜 사람에게 굴복하는 착한 사람은
흐려진 샘과 같고, 오염된 우물과 같다.

27 단것을 배부르게 먹는 것은 지혜롭지 못하고
영예를 지나치게 쌓는 것은 본인에게 좋지 않다.

28 자제력이 없는 사람은
문과 창이 다 떨어져 나간 집과 같다.

미련한 자는 어리석은 짓을 되풀이한다

26

1 미련한 자를 존경하는 것은 여름철에 눈을, 수확기에 비를 달라고 비는 것과 같다.

2 까닭 없는 저주는 겁낼 것 없으니
참새가 날아가는 것, 제비가 날아드는 것에 불과하다.

3 경주마에게는 채찍이, 요트에는 키 손잡이가,
미련한 자의 등에는 매가 필요하다!

4 미련한 자의 어리석은 말에 응대하지 마라.
너도 똑같은 사람으로 보일 따름이다.

5 미련한 자에게는 간결한 말로 대꾸해 주어라.
그래야 그가 자만하지 않는다.

6 미련한 자를 시켜 소식을 전하면
낭패를 당한다.

7 미련한 자가 읊어 대는 잠언은
불어 터진 면발처럼 축 늘어진다.

8 미련한 자를 명예로운 자리에 앉히는 것은
대리석 기둥에 흙벽돌을 올리는 것과 같다.

9 얼간이에게 잠언을 읊으라고 청하는 것은
주정뱅이의 손에 외과용 수술 칼을 들려 주는 것과 같다.

10 미련한 자나 주정뱅이를 고용하면
제 발등을 찍게 된다.

11 개가 토한 것을 도로 먹듯

is a muddied spring, a polluted well.

27 It's not smart to stuff yourself with sweets,
nor is glory piled on glory good for you.

28 A person without self-control
is like a house with its doors and windows knocked out.

Fools Recycle Silliness

26

1 We no more give honors to fools than pray for snow in summer or rain during harvest.

2 You have as little to fear from an undeserved curse
as from the dart of a wren or the swoop of a swallow.

3 A whip for the racehorse, a tiller for the sailboat—
and a stick for the back of fools!

4 Don't respond to the stupidity of a fool;
you'll only look foolish yourself.

5 Answer a fool in simple terms
so he doesn't get a swelled head.

6 You're only asking for trouble
when you send a message by a fool.

7 A proverb quoted by fools
is limp as a wet noodle.

8 Putting a fool in a place of honor
is like setting a mud brick on a marble column.

9 To ask a moron to quote a proverb
is like putting a scalpel in the hands of a drunk.

10 Hire a fool or a drunk
and you shoot yourself in the foot.

11 As a dog eats its own vomit,
so fools recycle silliness.

미련한 자는 어리석은 짓을 되풀이한다.

12 자기가 똑똑한 줄 아는 사람이 보이느냐?
그런 사람보다는 차라리 미련한 자에게 희망이 있다.

13 게으름뱅이는 "바깥은 위험해!
거리에 호랑이가 어슬렁거려!"라고 말하고
이불을 뒤집어쓴다.

14 게으름뱅이는 문짝이 돌쩌귀를 따라 돌듯
잠자리에 누워 뒹굴기만 한다.

15 의욕이 없는 게으름뱅이는 포크로 파이를 찍고도
너무나 게을러 입 속에 넣지 않는다.

16 몽상가는 자기가 최고인 줄 안다.
자기가 대학의 교수진보다 더 똑똑하다고 생각한다.

17 나와 상관없는 싸움에 참견하는 것은
미친개의 두 귀를 움켜잡는 일과 같다.

18-19 남을 의도적으로 속이고도 아무렇지도 않은 듯
"일부러 그런 거 아니야. 장난 삼아 그런 거지" 하고
말하는 사람은,
연기 나는 모닥불을 내버려 두고 떠나는
부주의한 야영자보다도 못하다.

20 장작이 떨어지면 불이 꺼지고
험담이 그치면 싸움도 잦아든다.

21 논쟁에서 다투기 좋아하는 사람은
불에 끼얹은 등유와 같다.

22 험담을 귀담아듣는 것은 싸구려 사탕을 먹는 일과
같다.
그런 쓰레기를 뱃속에 넣고 싶으냐?

23 악한 마음에서 나오는 듣기 좋은 말은
갈라진 질그릇 위에 바른 유약과 같다.

24-26 네 원수가 절친한 벗처럼 너와 악수하고 인사를
하지만
속으로는 너를 해칠 음모를 꾸민다.
그가 듣기 좋은 말을 하더라도 믿지 마라.
그는 네 것을 빼앗을 기회만 노리고 있다.

12 See that man who thinks he's so smart?
You can expect far more from a fool than
from him.

13 Loafers say, "It's dangerous out there!
Tigers are prowling the streets!"
and then pull the covers back over their heads.

14 Just as a door turns on its hinges,
so a lazybones turns back over in bed.

15 A shiftless sluggard puts his fork in the pie,
but is too lazy to lift it to his mouth.

Like Glaze on Cracked Pottery

16 Dreamers fantasize their self-importance;
they think they are smarter
than a whole college faculty.

17 You grab a mad dog by the ears
when you butt into a quarrel that's none of
your business.

18-19 People who shrug off deliberate deceptions,
saying, "I didn't mean it, I was only joking,"
Are worse than careless campers
who walk away from smoldering campfires.

20 When you run out of wood, the fire goes out;
when the gossip ends, the quarrel dies down.

21 A quarrelsome person in a dispute
is like kerosene thrown on a fire.

22 Listening to gossip is like eating cheap candy;
do you want junk like that in your belly?

23 Smooth talk from an evil heart
is like glaze on cracked pottery.

24-26 Your enemy shakes hands and greets you
like an old friend,
all the while conniving against you.
When he speaks warmly to you, don't believe
him for a minute;

그가 제아무리 교묘하게 악의를 감추어도
결국 공공연히 드러나게 될 것이다.

27 악의는 역효과만 내고
앙심은 부메랑이 되어 돌아온다.

28 거짓말쟁이는 상대를 미워하고
아첨꾼은 신뢰를 파괴한다.

너는 내일 일을 모른다

27 1 내일 할 일을 성급하게 알리지 마라. 내일 무슨 일이 있을지 전혀 모르지 않느냐.

2 남이 너를 칭찬하게는 하여도
네 입으로 너를 칭찬하지는 마라.

3 미련한 자를 참고 견디는 일에 비하면,
통나무를 어깨에 진 채
바위를 들어 올리는 것쯤은
아무것도 아니다.

4 분노가 사람을 폭발하게 하고 격분이 우리를 삼킨다지만
질투 앞에서 살아남을 자가 누구인가?

5 표현하지 않는 칭찬보다는
말로 하는 책망이 낫다.

6 사랑하는 사람에게 받은 상처는 그만한 가치가 있지만
원수의 입맞춤은 사람을 다치게 한다.

7 배부르게 먹은 뒤에는 후식을 거절하지만
굶주리면 말 한 마리라도 먹어 치울 수 있다.

8 정착하지 않고 여기저기 떠돌아다니는 사람은
둥지 없이 떠도는 새와 같다.

9 로션과 향수가 감각에 기쁨을 주듯
끈끈한 우정은 영혼을 상쾌하게 한다.

10 네 친구나 부모의 친구를 저버리고
힘들 때 친척 집으로 달려가지 마라.
가까운 친구가

he's just waiting for the chance to rip you off.
No matter how cunningly he conceals his malice,
eventually his evil will be exposed in public.

27 Malice backfires;
spite boomerangs.

28 Liars hate their victims;
flatterers sabotage trust.

You Don't Know Tomorrow

27 1 Don't brashly announce what you're going to do tomorrow;
you don't know the first thing about tomorrow.

2 Don't call attention to yourself;
let others do that for you.

3 Carrying a log across your shoulders
while you're hefting a boulder with your arms
Is nothing compared to the burden
of putting up with a fool.

4 We're blasted by anger and swamped by rage,
but who can survive jealousy?

5 A spoken reprimand is better
than approval that's never expressed.

6 The wounds from a lover are worth it;
kisses from an enemy do you in.

7 When you've stuffed yourself, you refuse dessert;
when you're starved, you could eat a horse.

8 People who won't settle down, wandering hither and yon,
are like restless birds, flitting to and fro.

9 Just as lotions and fragrance give sensual delight,
a sweet friendship refreshes the soul.

10 Don't leave your friends or your parents' friends
and run home to your family when things get rough;

먼 친척보다 낫다.

11 아이야, 지혜를 깨우쳐 나를 행복하게 해다오.
그러면 앞으로 무슨 일이 닥치더라도 나는 동요하지 않을 것이다.

12 신중한 자는 문제를 미리 알고 피하지만
어리석은 자는 되는 대로 행하다가 호되게 당한다.

13 낯선 자에게 꾸어 줄 때는 반드시 담보물을 잡아라.
떠돌이의 물품을 담보로 잡을 때는 경계를 늦추지 마라.

14 이른 아침에 친구를 깨우며
"정신 차리고 일어나!" 하고 소리치면
축복이 아니라 듣기 싫은
저주로 들릴 것이다.

15-16 바가지 긁는 배우자는
똑똑똑 물이 새는 수도꼭지와 같다.
잠글 수도 없고
거기서 벗어날 수도 없다.

얼굴은 마음을 비춘다

17 철이 철을 날카롭게 하듯
친구가 친구를 날카롭게 한다.

18 과수원을 돌보면 열매를 얻고
고용주를 존중하면 네가 존중을 받는다.

19 물이 얼굴을 비추듯
얼굴은 마음을 비춘다.

20 지옥의 식욕은 채워지지 않고
탐욕은 그칠 줄 모른다.

21 은금의 순도는
불에 넣어 보면 알 수 있고,
사람의 순수함은
조금만 이름이 나면 알 수 있다.

22 미련한 자는 아무리 찧어도
그 미련함이 벗겨지지 않는다.

Better a nearby friend
than a distant family.

11 Become wise, dear child, and make me happy;
then nothing the world throws my way will upset me.

12 A prudent person sees trouble coming and ducks;
a simpleton walks in blindly and is clobbered.

13 Hold tight to collateral on any loan to a stranger;
be wary of accepting what a transient has pawned.

14 If you wake your friend in the early morning
by shouting "Rise and shine!"
It will sound to him
more like a curse than a blessing.

15-16 A nagging spouse is like
the drip, drip, drip of a leaky faucet;
You can't turn it off,
and you can't get away from it.

Your Face Mirrors Your Heart

17 You use steel to sharpen steel,
and one friend sharpens another.

18 If you care for your orchard, you'll enjoy its fruit;
if you honor your boss, you'll be honored.

19 Just as water mirrors your face,
so your face mirrors your heart.

20 Hell has a voracious appetite,
and lust just never quits.

21 The purity of silver and gold is tested
by putting them in the fire;
The purity of human hearts is tested
by giving them a little fame.

22 Pound on a fool all you like—
you can't pound out foolishness.

23-27 양을 세세히 살피고
가축 떼를 정성껏 보살펴라.
(그것들을 당연하게 여기지 마라.
알다시피 재산은 늘 있는 것이 아니다.)
곡식이 무르익으면
수확물을 창고에 들여라.
양털로 스웨터를 짜고
염소를 내다 팔아 수입을 얻어라.
우유와 고기가 가득하니
너의 집 식구가 겨울을 날 수 있을 것이다.

23-27 Know your sheep by name;
carefully attend to your flocks;
(Don't take them for granted;
possessions don't last forever, you know.)
And then, when the crops are in
and the harvest is stored in the barns,
You can knit sweaters from lambs' wool,
and sell your goats for a profit;
There will be plenty of milk and meat
to last your family through the winter.

하나님의 법을 사랑하면

28 1 악인은 쫓는 사람이 없어도 가책을 느끼고 불안해 달아날 준비를 하지만,
정직한 사람은 느긋하고 당당하며 사자처럼 담대하다.

2 나라가 혼란에 빠지면
다들 나라를 안정시킬 계획을 내놓지만,
상황을 바로잡으려면
진정한 이해력을 갖춘 지도자가 있어야 한다.

3 가난한 이를 압제하는 악인은
우박을 동반해 수확물을 쓰러뜨리는 폭풍과 같다.

4 하나님의 법을 저버리면 악행을 얼마든지 받아들이게 되지만
하나님의 법을 사랑하면 그 법을 지키고자 필사적으로 싸운다.

5 악인은 정의를 이해하지 못하지만
하나님을 찾는 사람은 정의를 속속들이 안다.

6 가난해도 곧은 길을 걷는 것이
부유하면서 굽은 길을 걷는 것보다 낫다.

7 하나님의 법을 실천하면 지혜롭다는 평판을 얻고
제멋대로 된 무리와 어울리면 가문의 수치가 된다.

8 *속임수와 강탈로*
원하는 만큼 부자가 된다 해도,
결국에는 가난한 이들의 친구가 와서
그 모두를 그들에게 되돌려 줄 것이다.

If You Desert God's Law

28 1 The wicked are edgy with guilt, ready to run off
even when no one's after them;
Honest people are relaxed and confident,
bold as lions.

2 When the country is in chaos,
everybody has a plan to fix it–
But it takes a leader of real understanding
to straighten things out.

3 The wicked who oppress the poor
are like a hailstorm that beats down the harvest.

4 If you desert God's law, you're free to embrace depravity;
if you love God's law, you fight for it tooth and nail.

5 Justice makes no sense to the evilminded;
those who seek GOD know it inside and out.

6 It's better to be poor and direct
than rich and crooked.

7 Practice God's law–get a reputation for wisdom;
hang out with a loose crowd–embarrass your family.

8 Get as rich as you want
through cheating and extortion,
But eventually some friend of the poor
is going to give it all back to them.

9 하나님은 그분의 말씀을 듣지 않는 자의 기도를 싫어하신다.

10 선한 사람을 그릇된 길로 이끄는 자는 끝이 좋지 못하나, 선을 행하면 보상을 받을 것이다.

11 부자는 자기가 모든 것을 안다고 생각하지만 가난한 사람들은 그 속을 꿰뚫어 본다.

12 착한 사람이 승진하면 모든 면에서 좋지만 나쁜 사람이 책임자가 되거든 조심하여라!

13 죄는 눈가림으로 넘어갈 수 없다. 죄를 인정하고 버려야 불쌍히 여김을 받는다.

14 인정 많은 사람은 복을 받고 살지만 몰인정한 사람은 고달프게 산다.

15 사자가 으르렁대고 곰이 달려든다. 가난한 사람들 위에 군림하는 악인이 이와 같다.

16 통찰력 없는 지도자들 사이에는 권력 남용이 넘쳐나지만 부패를 미워하는 사람의 미래는 밝다.

17 살인자는 죄책감에 시달리다 죽을 운명이다. 그를 도울 길이 없다.

18 바른 길을 걸으며 제대로 살면 구원을 받지만 바른 길에서 벗어난 삶은 결국 죽음에 이른다.

19 과수원을 일구면 먹을 것이 넉넉해지지만 놀고 즐기면 빈 접시만 남는다.

20 마음을 다해 꾸준히 일하면 성과를 올리지만 속히 부자가 되려고 하다가는 사기를 치게 된다.

21 한쪽만 편드는 것은 언제나 나쁜 일이다. 별것 아닌 것처럼 보이는 방식으로 큰 해를 끼칠 수 있다.

22 부자가 되는 데만 눈이 팔린 구두쇠는 자기가 결국 무일푼이 될 줄을 모른다.

9 God has no use for the prayers
of the people who won't listen to him.

10 Lead good people down a wrong path
and you'll come to a bad end;
do good and you'll be rewarded for it.

11 The rich think they know it all,
but the poor can see right through them.

12 When good people are promoted, everything is great,
but when the bad are in charge, watch out!

13 You can't whitewash your sins and get by with it;
you find mercy by admitting and leaving them.

14 A tenderhearted person lives a blessed life;
a hardhearted person lives a hard life.

15 Lions roar and bears charge—
and the wicked lord it over the poor.

16 Among leaders who lack insight, abuse abounds,
but for one who hates corruption, the future is bright.

17 A murderer haunted by guilt
is doomed—there's no helping him.

18 Walk straight—live well and be saved;
a devious life is a doomed life.

Doing Great Harm in Seemingly Harmless Ways

19 Work your garden—you'll end up with plenty of food;
play and party—you'll end up with an empty plate.

20 Committed and persistent work pays off;
get-rich-quick schemes are ripoffs.

21 Playing favorites is always a bad thing;
you can do great harm in seemingly harmless ways.

23 알랑대며 아첨하는 사람보다 진지하게 꾸짖는 사람이
나중에 고맙다는 말을 듣는다.

24 아버지와 어머니의 것을 훔치고도
"그게 뭐 어때서?"라고 말하는 자는
해적만도 못하다.

25 욕심 많은 사람은 하는 일마다 말썽이지만
하나님을 신뢰하면 행복이 찾아온다.

26 모든 것을 안다고 생각하는 자는 정말로 미련하다.
남에게 지혜를 배우는 사람이 끝까지 살아남는다.

27 가난한 사람에게 너그럽게 베풀면 굶주리지 않지만
그들의 어려움을 못 본 체하면 저주의 세례가 쏟아질 것이다.

28 부패한 자들이 세력을 잡으면 선한 사람들은 지하로 숨지만
악인들이 쫓겨나면 안심하고 다시 나올 수 있다.

29 1 훈계를 싫어하고
갈수록 고집을 부리는 자들에게는
인생이 무너지고 파멸하는 날이 닥칠 것이다.
하지만 그때는 이미 늦어 그들을 도울 길이 없다.

2 선한 사람이 다스리면 모두가 기뻐하지만
통치자가 악하면 모두가 신음한다.

3 지혜를 사랑하면 부모를 기쁘게 하지만
창녀와 눈이 맞아 달아나면 부모의 신뢰를 저버리게 된다.

4 건전한 판단력을 갖춘 지도자는 안정을 제공하지만
착취하는 지도자가 지나간 자리에는 폐허만 남는다.

5 아첨하는 이웃은 못된 일을 꾀한다.
아마도 너를 이용할 계략을 꾸미고 있을 것이다.

6 악한 사람은 자신이 파 놓은 함정에 빠지고
선한 사람은 다른 길로 달아나 위험에서 벗어난 것

22 A miser in a hurry to get rich
doesn't know that he'll end up broke.

23 In the end, serious reprimand is appreciated
far more than bootlicking flattery.

24 Anyone who robs father and mother
and says, "So, what's wrong with that?"
is worse than a pirate.

25 A grasping person stirs up trouble,
but trust in GOD brings a sense of well-being.

26 If you think you know it all, you're a fool for sure;
real survivors learn wisdom from others.

27 Be generous to the poor—you'll never go hungry;
shut your eyes to their needs, and run a gauntlet of curses.

28 When corruption takes over, good people go underground,
but when the crooks are thrown out, it's safe to come out.

If People Can't See What God Is Doing

29 1 For people who hate discipline
and only get more stubborn,
There'll come a day when life tumbles in and they break,
but by then it'll be too late to help them.

2 When good people run things, everyone is glad,
but when the ruler is bad, everyone groans.

3 If you love wisdom, you'll delight your parents,
but you'll destroy their trust if you run with whores.

4 A leader of good judgment gives stability;
an exploiting leader leaves a trail of waste.

5 A flattering neighbor is up to no good;
he's probably planning to take advantage of you.

을 기뻐한다.

7 인정 많은 사람은 가난한 사람의 처지를 알지만
몰인정한 사람은 전혀 모른다.

8 빈정거리는 자들은 도시를 온통 들쑤셔 놓지만
현인들은 모든 이들의 마음을 달랜다.

9 미련한 자와 꼬인 문제를 해결하려는 현인은
그 수고로 인해 조롱과 비아냥거림을 듣는다.

10 살인자는 정직한 사람을 미워하지만
양심적인 사람은 정직한 사람을 격려한다.

11 미련한 자는 제멋대로 지껄이지만
현인은 곰곰이 생각한다.

12 사장이 악의적인 험담에 귀를 기울이면
모든 직원이 악해진다.

13 가난한 사람과 그를 학대하는 자 사이에도 공통점은 있다.
둘 다 앞을 볼 수 있다는 것. 그들의 시력은 하나님의 선물이다!

14 목소리를 내지 못하는 가난한 이들을 공평하게 대할 때
지도력이 권위를 얻고 존경을 받는다.

15 현명한 훈계는 지혜를 주지만
버릇없이 자란 사춘기 청년은 부모를 난처하게 만든다.

16 타락한 자들이 권력을 잡으면 범죄가 활개를 치지만
결국에는 의인이 그들의 몰락을 지켜보게 된다.

17 자녀들을 훈계하여라. 그들과 같이 사는 것이 기쁜 일이 될 것이기 때문이다.
훈계로 자녀를 키운 것을 흐뭇하게 여기게 될 것이다.

18 하나님이 행하시는 일을 보지 못하는 백성은
서로 뒤엉켜 고꾸라지고 말지만,
하나님의 계시에 주목하는 백성은
큰 복을 받는다.

6 Evil people fall into their own traps;
good people run the other way, glad to escape.

7 The good-hearted understand what it's like to be poor;
the hardhearted haven't the faintest idea.

8 A gang of cynics can upset a whole city;
a group of sages can calm everyone down.

9 A sage trying to work things out with a fool
gets only scorn and sarcasm for his trouble.

10 Murderers hate honest people;
moral folks encourage them.

11 A fool lets it all hang out;
a sage quietly mulls it over.

12 When a leader listens to malicious gossip,
all the workers get infected with evil.

13 The poor and their abusers have at least something in common:
they can both *see*—their sight, GOD's gift!

14 Leadership gains authority and respect
when the voiceless poor are treated fairly.

15 Wise discipline imparts wisdom;
spoiled adolescents embarrass their parents.

16 When degenerates take charge, crime runs wild,
but the righteous will eventually observe their collapse.

17 Discipline your children; you'll be glad you did—
they'll turn out delightful to live with.

18 If people can't see what God is doing,
they stumble all over themselves;
But when they attend to what he reveals,
they are most blessed.

19 일꾼들이 규칙을 지키게 하려면 말만으로는 안 된다.
그들은 한 귀로 듣고 한 귀로 흘려버리기 때문이다.

20 생각 없이 말하는 자들을 보라.
바보라도 그들보다는 사정이 나을 것이다.

21 사람들이 너를 하찮게 여기도록 하면
나중에는 아예 없는 사람 취급할 것이다.

22 화를 잘 내는 자는 갖가지 불화를 일으키고
무절제한 자는 말썽을 일으킨다.

23 교만하면 꼴사납게 고꾸라지고
겸손하면 존경을 받는다.

24 무법자와 친구가 되는 것은
자기 자신과 원수가 되는 일이다.
법정에서 피해자들의 호소에 귀를 막는 겁쟁이가 된다면
그들이 울부짖으며 토해 내는 저주가
네게도 쏟아질 것이다.

25 사람의 평가를 두려워하면 옴짝달싹 못하게 되지만
하나님을 신뢰하면 그 길에서 벗어날 수 있다.

26 다들 지도자의 도움을 받으려 하지만
우리에게 정의를 베푸실 분은 하나님뿐이다.

27 선한 사람은 계획적인 악행을 참지 못하지만
악한 사람은 빼어난 선행을 견디지 못한다.

19 It takes more than talk to keep workers in line;
mere words go in one ear and out the other.

20 Observe the people who always talk before they think—
even simpletons are better off than they are.

21 If you let people treat you like a doormat,
you'll be quite forgotten in the end.

22 Angry people stir up a lot of discord;
the intemperate stir up trouble.

23 Pride lands you flat on your face;
humility prepares you for honors.

24 Befriend an outlaw
and become an enemy to yourself.
When the victims cry out,
you'll be included in their curses
if you're a coward to their cause in court.

25 The fear of human opinion disables;
trusting in GOD protects you from that.

26 Everyone tries to get help from the leader,
but only GOD will give us justice.

27 Good people can't stand the sight of deliberate evil;
the wicked can't stand the sight of well-chosen goodness.

야게의 아들 아굴의 어록

30

1-2 회의론자가 선언했다. "하나님은 없어!
없다고! 내가 원하는 것이면 난 무엇이든 할 수 있어!
나는 사람보다는 짐승에 가깝지.
인간의 지성 따위와는 거리가 멀어.

3-4 나는 '지혜'에 낙제점을 받았다.
거룩한 신이 있다는 증거가 보이지 않는다.
누가 그의 모습을 본 적 있는가?
누군가 하늘로 올라가 세상을 장악하던가?

The Words of Agur Ben Yakeh
God? Who Needs Him?

30

1-2 The skeptic swore, "There is no God!
No God!—I can do anything I want!
I'm more animal than human;
so-called human intelligence escapes me.

3-4 "I flunked 'wisdom.'
I see no evidence of a holy God.
Has anyone ever seen Anyone
climb into Heaven and take charge?
grab the winds and control them?

그가 바람을 제어하던가?
땅에 내릴 비를 양동이에 모으던가?
땅 끝까지 소유권 표시를 하던가?
그의 이름을 말해 다오. 그 아들들의 이름을 알려 다오.
자, 어서 말해 다오!"

5-6 믿는 자가 대답했다. "하나님의 약속은 모두 참되고
당신께로 달려가 도움을 구하는 모든 이들을 지켜 주신다.
그러니 그분의 생각을 어림짐작하지 마라.
그분이 너를 꾸짖으시고 네 거짓말을 드러내실 것이다."

7-9 그런 다음 그는 이렇게 기도했다. "하나님, 제가 죽기 전에
두 가지를 간구하오니, 물리치지 마십시오.
제 입술에서 거짓말을 쫓아내시고
제 앞에서 거짓말쟁이들을 쫓아내 주십시오.
더도 덜도 말고
생활에 필요한 만큼의 양식을 주십시오.
제가 너무 배부르면, 제 힘으로 그렇게 된 줄 알고서
'하나님? 누가 그분이 필요하대?' 하고 말할 것입니다.
또한 제가 가난하면, 도둑질을 하여
하나님의 이름을 욕되게 할까 두렵습니다."

10 직장 동료들을 뒤에서
헐뜯지 마라.
그들은 네가 음흉한 사람이라고 비난할 테고
그 말은 사실이 될 것이다!

11 아버지를 저주하지 말고
어머니를 축복하기를 게을리하지 마라.

12 몇 주 동안 목욕을 안 했다면
자기 모습이 봐줄 만할 것이라고 생각하지 마라.

13 잘난 체하지 말고
남보다 낫다고 생각하지 마라.

14 무자비하고 잔인한 늑대처럼

gather the rains in his bucket?
stake out the ends of the earth?
Just tell me his name, tell me the names of his sons.
Come on now—tell me!"

5-6 The believer replied, "Every promise of God proves true;
he protects everyone who runs to him for help.
So don't second-guess him;
he might take you to task and show up your lies."

7-9 And then he prayed, "God, I'm asking for two things
before I die; don't refuse me—
Banish lies from my lips
and liars from my presence.
Give me enough food to live on,
neither too much nor too little.
If I'm too full, I might get independent,
saying, 'God? Who needs him?'
If I'm poor, I might steal
and dishonor the name of my God."

10 Don't blow the whistle on your fellow workers
behind their backs;
They'll accuse you of being underhanded,
and then *you'll* be the guilty one!

11 Don't curse your father
or fail to bless your mother.

12 Don't imagine yourself to be quite presentable
when you haven't had a bath in weeks.

13 Don't be stuck-up
and think you're better than everyone else.

14 Don't be greedy,
merciless and cruel as wolves,
Tearing into the poor and feasting on them,
shredding the needy to pieces only to discard them.

15-16 A leech has twin daughters

탐욕을 부리지 마라.
그들은 가난한 이들에게 달려들어 마음껏 뜯어먹고
빈곤한 이들을 갈가리 찢어서 내버린다.

15-16 거머리에게 쌍둥이 딸이 있으니
그 이름은 "줘"와 "더 줘"이다.

배부를 줄 모르는 것 네 가지

세상에는 만족을 모르는 것이 셋,
아니, "충분합니다. 감사합니다!" 하고 말하는 법이 없는 것이 넷 있다.

지옥
아기 못 낳는 태
바싹 마른 땅
산불.

17 아버지를 멸시하고
어머니를 업신여기는 눈은,
야생 독수리가 뽑아내고
새끼 독수리가 먹어 버린다.

이상한 것 네 가지

18-19 놀라운 것이 셋,
아니, 내가 이해할 수 없는 것이 넷 있다.

독수리가 하늘 높이 나는 법
뱀이 바위 위를 기어 다니는 법
배가 바다를 항해하는 법
사춘기 청소년이 멋대로 구는 이유.

20 매춘부가 일하는 방식도 이해할 수 없기는 마찬가지다.
손님과 잠자리를 같이하고 나서
목욕을 하고는
이렇게 묻는다. "다음 차례는 누구?"

참을 수 없는 것 네 가지

21-23 세상이 도저히 감당할 수 없는 것이 셋,
세상의 기초를 뒤흔드는 것이 넷 있다.

수위가 사장이 되는 것
미련한 자가 부자가 되는 것
창녀가 '올해의 여성'으로 뽑히는 것

named "Gimme" and "Gimme more."

Four Insatiables

Three things are never satisfied,
no, there are four that never say, "That's enough, thank you!"—

hell,
a barren womb,
a parched land,
a forest fire.

17 An eye that disdains a father
and despises a mother—
that eye will be plucked out by wild vultures
and consumed by young eagles.

Four Mysteries

18-19 Three things amaze me,
no, four things I'll never understand—

how an eagle flies so high in the sky,
how a snake glides over a rock,
how a ship navigates the ocean,
why adolescents act the way they do.

20 Here's how a prostitute operates:
she has sex with her client,
Takes a bath,
then asks, "Who's next?"

Four Intolerables

21-23 Three things are too much for even the earth to bear,
yes, four things shake its foundations—

when the janitor becomes the boss,
when a fool gets rich,
when a whore is voted "woman of the year,"
when a "girlfriend" replaces a faithful wife.

애인이 정숙한 아내의 자리를 대신하는 것.

작으면서도 경이로운 것 네 가지

24-28 작으면서도
너무나 지혜로운 생물이 넷 있다.

연약하지만
겨울을 나기 위해 먹이를 모아들이는 개미
힘은 없지만
바위에 든든한 집을 마련하는 다람쥐
우두머리 없는 곤충이지만
군대처럼 들판을 쑥대밭으로 만드는 메뚜기
붙잡기 쉽지만
경비대의 삼엄한 경계를 뚫고 왕궁을 몰래 드나드는
도마뱀.

고귀한 것 네 가지

29-31 위엄 있고 고귀한 것이 셋,
행동거지가 인상 깊은 것이 넷 있다.

어떤 것 앞에서도 물러서지 않는 백수의 왕 사자
당당하고 의젓하게 걷는 수탉
숫염소
위풍당당한 행렬 속에 있는 국가원수.

32-33 네가 모욕하는 말과 무례한 몸짓으로
남의 이목을 끄는 어리석은 짓을 했다면,
누군가가 네 코피를 터뜨려도 놀라지 마라.
우유를 저으면 버터가 되듯
화를 부추기면 주먹다짐을 하게 된다.

르무엘 왕의 어록

31 1 르무엘 왕의 어록
곧 그의 어머니가 그에게 남긴 훌륭한 교훈
이다.

2-3 "내 아들아, 무엇을 생각하느냐!
내가 낳은 아이야! 내가 하나님께 바친 아들아!
재산을 노리는 여자들,
지도자를 파멸시키는 문란한 여자들에게 네 힘을 쏟지
마라.

4-7 지도자에게는 포도주를 마시고 맥주를 들이키며
바보짓을 할 여유가 없다.

Four Small Wonders

24-28 There are four small creatures,
wisest of the wise they are—

ants—frail as they are,
get plenty of food in for the winter;
marmots—vulnerable as they are,
manage to arrange for rock-solid homes;
locusts—leaderless insects,
yet they strip the field like an army regiment;
lizards—easy enough to catch,
but they sneak past vigilant palace guards.

Four Dignitaries

29-31 There are three solemn dignitaries,
four that are impressive in their bearing—

a lion, king of the beasts, deferring to none;
a rooster, proud and strutting;
a billy goat;
a head of state in stately procession.

32-33 If you're dumb enough to call attention to yourself
by offending people and making rude gestures,
Don't be surprised if someone bloodies your nose.
Churned milk turns into butter;
riled emotions turn into fist fights.

Speak Out for Justice

31 1 The words of King Lemuel,
the strong advice his mother gave him:

2-3 "Oh, son of mine, what can you be thinking of!
Child whom I bore! The son I dedicated to God!
Don't dissipate your virility on fortune-hunting women,
promiscuous women who shipwreck leaders.

그랬다가는 곤드레만드레 취해 옳고 그름을 분간
하지 못하게 되어,
지도자를 믿고 의지하는 백성이 다치게 된다.
포도주와 맥주는 산송장이나 다름없는
말기 환자의 고통을 가라앉히고
통증을 완화시키는
진정제로만 써라.

8-9 자기 사정을 알릴 힘이 없는 사람들,
어렵고 힘든 이들의 권리를 대변하여라.
정의를 대변하여라!
가난한 이들과 궁핍한 이들을 대변하여라!"

훌륭한 아내에게 바치는 찬가

10-31 훌륭한 아내는 찾기 어려울 뿐더러
다이아몬드보다 더 가치가 있다.
남편은 아내를 전폭적으로 신뢰하고
그 신뢰에 대해 후회할 일은 생기지 않는다.
아내는 남편에게 악의를 품지 않고
평생 그를 너그럽게 대한다.
최상품 털실과 무명실을 찾아
시장을 누비고,
뜨개질과 바느질을 좋아한다.
아내의 모습은 먼 지역으로 항해하여
이국적이고 진기한 상품들을 가져오는 무역선을
연상시킨다.
동트기 전에 일어나 가족을 위해
아침식사를 준비하고, 하루 일과를 계획한다.
밭을 잘 골라 구입한 뒤
아껴 둔 돈으로 정원을 일군다.
아침부터 일할 채비를 하고
소매를 걷어붙이고 열심히 움직인다.
자기 일의 가치를 알기에
서둘러 하루 일과를 마치는 법이 없다.
집안에 필요한 여러 일들을 능숙하게 해내고
게으름을 피우지 않는다.
어려운 사람을 보면 재빨리 돕고
가엾은 이를 모르는 체하지 않는다.
가족의 겨울옷을 미리 수선해 놓아
눈이 와도 걱정이 없다.
자신의 옷은
화려한 아마포와 비단으로 손수 지어 입는다.
남편은 시의 원로들과 함께 심의하며
크게 존경을 받는다.
아내는 겉옷을 만들어 팔고

4-7 "Leaders can't afford to make fools of themselves,
gulping wine and swilling beer,
Lest, hung over, they don't know right from wrong,
and the people who depend on them are hurt.
Use wine and beer only as sedatives,
to kill the pain and dull the ache
Of the terminally ill,
for whom life is a living death.

8-9 "Speak up for the people who have no voice,
for the rights of all the down-and-outers.
Speak out for justice!
Stand up for the poor and destitute!"

Hymn to a Good Wife

10-31 A good woman is hard to find,
and worth far more than diamonds.
Her husband trusts her without reserve,
and never has reason to regret it.
Never spiteful, she treats him generously
all her life long.
She shops around for the best yarns and cottons,
and enjoys knitting and sewing.
She's like a trading ship that sails to faraway places
and brings back exotic surprises.
She's up before dawn, preparing breakfast
for her family and organizing her day.
She looks over a field and buys it,
then, with money she's put aside, plants a garden.
First thing in the morning, she dresses for work,
rolls up her sleeves, eager to get started.
She senses the worth of her work,
is in no hurry to call it quits for the day.
She's skilled in the crafts of home and hearth,
diligent in homemaking.
She's quick to assist anyone in need,
reaches out to help the poor.
She doesn't worry about her family when it snows;
their winter clothes are all mended and ready to wear.
She makes her own clothing,
and dresses in colorful linens and silks.

손수 짠 스웨터를 옷가게에 가져간다.
아내의 옷은 질이 좋고 우아하다.
또한 아내는 언제나 미소를 머금고 내일을 맞이한다.
말할 때는 귀담아들을 말만 하고
늘 친절한 어조를 유지한다.
집안 사람 모두를 늘 살펴
각자 부지런히 자기 일을 해내도록 돕는다.
자녀들이 어머니를 존경하고 축복하니
남편도 합세하여 이렇게 칭송한다.
"훌륭한 일을 한 여인들이 많지만
당신은 그 누구보다 뛰어나구려!"
매력이 사람을 현혹하고 아름다움은 금세 사라지지만,
하나님을 경외하며 사는 여인은
칭송과 칭찬을 받는다.
마땅히 받아야 할 찬사를 아내에게 돌려라!
아내의 인생을 칭찬으로 꾸며 주어라!

Her husband is greatly respected
when he deliberates with the city fathers.
She designs gowns and sells them,
brings the sweaters she knits to the dress shops.
Her clothes are well-made and elegant,
and she always faces tomorrow with a smile.
When she speaks she has something worthwhile to say,
and she always says it kindly.
She keeps an eye on everyone in her household,
and keeps them all busy and productive.
Her children respect and bless her;
her husband joins in with words of praise:
"Many women have done wonderful things,
but you've outclassed them all!"
Charm can mislead and beauty soon fades.
The woman to be admired and praised
is the woman who lives in the Fear-of-GOD.
Give her everything she deserves!
Festoon her life with praises!

전도서 | 머리말

동물들은 생긴 대로 살면서도 만족해하는 것 같다. 그러나 인간들은 다르다. 지금 모습보다 나아지거나 달라질 방법을 끊임없이 모색한다. 신나는 일 없나 시골 구석구석을 다니기도 하고, 의미를 찾아 영혼을 살피기도 하며, 쾌락을 얻으려고 세상을 떠돌기도 한다. 이것도 해보고 저것도 해본다. 그런데 우리가 흔히 시도해 보는 것들은 정해져 있다. 돈, 섹스, 권력, 모험, 지식 등이다.

그 모두가 처음에는 하나같이 대단해 보인다! 그러나 지나고 보면 다 별것 없다. 우리는 더한층 노력하고 애써 보지만, 그럴수록 건지는 것은 오히려 적어질 뿐이다. 어떤 이들은 일찌감치 포기하고 단조로운 삶에 만족하며 살아간다. 또 어떤 이들은 아예 배울 생각도 없는 듯 평생 이 일 저 일을 전전하며 차츰 인간다움을 상실한 채, 죽을 무렵이 되어서는 인간이라 말하기 어려울 정도의 존재가 되어 버린다.

전도서는 이런 허무함의 경험을 증언하는, 어쩌면 세상에서 가장 유명한 책이 아닐까 싶다. 이 책의 신랄한 재치와 더없는 솔직함은 우리의 시선을 사로잡고 주목을 끈다. 사람들은 이 책의 이러한 특성에 주목한다. 정말 그럴 수밖에 없다! 종교인, 비종교인, 신자, 비신자 할 것 없이 다들 주목한다. 그들 중에는 성경에 이와 같은 내용이 들어 있음을 알고 놀라는 사람도 적지 않다.

그러나 전도서가 성경에 들어 있는 이유, 반드시 들어 있어야 하는 이유는 인생에서 자신의 힘으로 뭔가를 이루어 보려는 사람들의 갖가지 헛된 시도를 멈추게 하려는 데 있다. 그래야 우리가 하나님께 온전히 관심을 기울이고, 하나님이 누구신지, 그분이 우리를 어떤 값진 존재로 만들려고 하시는지에 집중할 수 있기 때문이다. 전도서는 하나님에 대해 그다지 많이 말하지 않는다. 전도자는 그 일을 성경의 나머지 65권에 맡긴다. 그리고 우리 스스로는 우리 삶의 의미를 찾고 그것을 완성할 능력이 전혀 없다는 사실을 드러낸다.

[탐구자가 말한다.] 연기다. 한낱 연기다!
모든 것이 연기일 뿐 아무것도 아니다.

Unlike the animals, who seem quite content to simply be themselves, we humans are always looking for ways to be more than or other than what we find ourselves to be. We explore the countryside for excitement, search our souls for meaning, shop the world for pleasure. We try this. Then we try that. The usual fields of endeavor are money, sex, power, adventure, and knowledge.

Everything we try is so promising at first! But nothing ever seems to amount to very much. We intensify our efforts—but the harder we work at it, the less we get out of it. Some people give up early and settle for a humdrum life. Others never seem to learn, and so they flail away through a lifetime, becoming less and less human by the year, until by the time they die there is hardly enough humanity left to compose a corpse.

Ecclesiastes is a famous—maybe the world's most famous—witness to this experience of futility. The acerbic wit catches our attention. The stark honesty compels notice. And people do notice—oh, how they notice! Nonreligious and religious alike notice. Unbelievers and believers notice. More than a few of them are surprised to find this kind of thing in the Bible.

But it is most emphatically and necessarily in the Bible in order to call a halt to our various and futile attempts to make something of our lives, so that we can give our full attention to God—who God is and what he does to make something of us. Ecclesiastes actually doesn't say that much about God; the author leaves that to the other sixty-five books of the Bible. His task is to expose our total incapacity to find the meaning and completion of our lives on our own.

Smoke, nothing but smoke. [That's what the Quester says.]

한평생 일했건만,
한평생 뼈 빠지게 일했건만 무슨 성과가 있는가?
한 세대가 가고 다음 세대가 와도
변하는 것은 없다. 예부터 있던 지구는
여느 때와 다를 바 없이 돌아간다.
해는 떴다가 지고
다시 떴다가 지기를 되풀이한다.
바람은 남쪽으로 불다가 북쪽으로 불고
돌고 돌며 다시 돈다.
이리 불고 저리 불며 늘 변덕스럽다.
모든 강이 바다로 흘러들지만
바다는 가득 차지 않는다.
강물은 옛날부터 흐르던 곳으로 흐르고
처음으로 돌아와 모든 것을 다시 시작한다.
모든 것이 따분하다. 극도로 따분하다.
아무도 그 의미를 찾지 못한다.
눈에도 따분하고
귀에도 따분하다.
이미 있던 것이 다시 있을 것이고
이미 벌어진 일이 다시 벌어질 것이다.
이 세상에 새로운 것은 없다.
해마다 다시 보아도 전에 있던 것이 있을 뿐이다.
누군가 "이봐, 이거 새로운 거야" 하고 법석을 떨어도
흥분하지 마라. 전부터 듣던 이야기일 뿐이다.
아무도 어제 있었던 일을 기억하지 않는다.
그렇다면 내일 벌어질 일은 어떨까?
내일 일도 아무도 기억하지 않을 테니
기억되기를 바라지 마라(전 1:2-11).

우리는 자신의 방법과 뜻에 따라 인간답게 살아 보려고 아등바등 애쓴다. 그러하기에 전도서를 반드시 읽어야 한다. 전도서는 생활방식을 바꾸어 삶의 해답을 찾아보려는 생각을 깨끗이 쓸어버리고, 예수 그리스도 안에서 자신을 계시하신 하나님을 맞이하도록 준비하게 한다. 전도서는 세례 요한과 같다. 식사가 아니라 목욕에 해당하고, 영양공급이 아니라 청결이자 회개이며 씻음이다. 전도서는 망상과 감상, 우상숭배적인 생각과 감정의 찌꺼기들을 말끔히 벗겨 낸다. 또한 우리 힘으로 우리 식대로 살 수 있을 것이라는 온갖 오만과 무지한 태도를 까발리고 버리게 만든다.

There's nothing to anything—it's all smoke.
What's there to show for a lifetime of work,
a lifetime of working your fingers to the bone?
One generation goes its way, the next one arrives,
but nothing changes—it's business as usual for old planet earth.
The sun comes up and the sun goes down,
then does it again, and again—the same old round.
The wind blows south, the wind blows north.
Around and around and around it blows,
blowing this way, then that—the whirling, erratic wind.
All the rivers flow into the sea,
but the sea never fills up.
The rivers keep flowing to the same old place,
and then start all over and do it again.
Everything's boring, utterly boring—
no one can find any meaning in it.
Boring to the eye,
boring to the ear.
What was will be again,
what happened will happen again.
There's nothing new on this earth.
Year after year it's the same old thing.
Does someone call out, "Hey, this is new"?
Don't get excited—it's the same old story.
Nobody remembers what happened yesterday.
And the things that will happen tomorrow?
Nobody'll remember them either.
Don't count on being remembered.
(Ecclesiastes 1:2-11)

It is our propensity to go off on our own, trying to be human by our own devices and desires, that makes Ecclesiastes necessary reading. Ecclesiastes sweeps our souls clean of all "lifestyle" spiritualities so that we can be ready for God's visitation revealed in Jesus Christ. Ecclesiastes is a John-the-Baptist kind of book. It functions not as a meal but as a bath. It is not nourishment; it is cleansing. It is repentance. It is purging. We read Ecclesiastes to get scrubbed clean from illusion and sentiment, from ideas that are idolatrous and feelings that cloy. It is an exposé and rejection of every arrogant and ignorant expectation

지혜로운 이의 말은 우리에게 제대로 살라고 촉구한다.
그 말은 잘 박힌 못처럼 인생을 붙들어 준다.
그것은 한분 목자이신 하나님의 말씀이기도 하다.

친구여, 이 밖의 것에 대해서는 너무 무리해서 연구하지 마라. 책을 출판하는 일은 끝이 없고, 공부만 하다 보면 지쳐서 공부밖에 못하는 사람이 된다. 나는 할 말을 다했고 결론은 이것이다.

하나님을 경외하여라.
그분이 명하시는 대로 행하여라.

이것이 전부다. 결국 하나님은 우리가 하는 모든 일을 환히 드러내시고, 감추어진 의도에 따라 그것의 선함과 악함을 판단하실 것이다(전 12:11-14).

전도서는 마음에 드는 목표를 세우고 그것을 열심히 추구하면 멋진 삶을 열매로 거둘 수 있을 것이라는 순진한 낙관주의에 도전장을 내민다. 우리 주위를 맴돌면서 화려하게 유혹하는 온갖 제안들, 모든 것을 약속하지만 결코 그 약속을 지키지 않는 제안들이 저자의 냉철한 회의주의와 참신한 반박 앞에서 그 실체를 분명하게 드러낸다. 그렇게 정리가 되고 나면 비로소 우리는 참된 실재이신 하나님을 맞을 준비가 된다.

["에클레시아스테스"(Ecclesiastes)는 흔히 "설교자"나 "선생"으로 번역되는 그리스어다. 그러나 이 책의 저자는 역사를 통해 드러난 인간의 근본을 자신의 경험에 비추어 제시하는 글쓰기 방식을 사용하고 있기에, 나는 이 단어를 "탐구자"(the Quester)로 번역했다(「개역개정판」 성경은 "전도자"로 번역했다).]

that we can live our lives by ourselves on our own terms.

The words of the wise prod us to live well.
They're like nails hammered home, holding life together.
They are given by God, the one Shepherd.

But regarding anything beyond this, dear friend, go easy. There's no end to the publishing of books, and constant study wears you out so you're no good for anything else. The last and final word is this:

Fear God.
Do what he tells you.

And that's it. Eventually God will bring everything that we do out into the open and judge it according to its hidden intent, whether it's good or evil(Ecclesiastes 12:11-14).

Ecclesiastes challenges the naive optimism that sets a goal that appeals to us and then goes after it with gusto, expecting the result to be a good life. The author's cool skepticism, a refreshing negation to the lush and seductive suggestions swirling around us, promising everything but delivering nothing, clears the air. And once the air is cleared, we are ready for reality—for God.

["Ecclesiastes" is a Greek word that is usually translated "the Preacher" or "the Teacher." Because of the experiential stance of the writing in this book, giving voice to what is so basic among men and women throughout history, I have translated it "the Quester."]

전도서

모든 것이 헛되다

1 [1] 다윗의 아들이자 예루살렘 탐구자의 말이다.

2-11 [탐구자가 말한다.] 연기다. 한낱 연기다!
모든 것이 연기일 뿐 아무것도 아니다.
한평생 일했건만,
한평생 뼈 빠지게 일했건만 무슨 성과가 있는가?
한 세대가 가고 다음 세대가 와도
변하는 것은 없다. 예부터 있던 지구는
여느 때와 다를 바 없이 돌아간다.
해는 떴다가 지고
다시 떴다가 지기를 되풀이한다.
바람은 남쪽으로 불다가 북쪽으로 불고
돌고 돌며 다시 돈다.
이리 불고 저리 불며 늘 변덕스럽다.
모든 강이 바다로 흘러들지만
바다는 가득 차지 않는다.
강물은 옛날부터 흐르던 곳으로 흐르고
처음으로 돌아와 모든 것을 다시 시작한다.
모든 것이 따분하다. 극도로 따분하다.
아무도 그 의미를 찾지 못한다.
눈에도 따분하고
귀에도 따분하다.
이미 있던 것이 다시 있을 것이고
이미 벌어진 일이 다시 벌어질 것이다.
이 세상에 새로운 것은 없다.
해마다 다시 보아도 전에 있던 것이 있을 뿐이다.
누군가 "이봐, 이거 새로운 거야" 하고 법석을

ECCLESIASTES

The Quester

1 [1] These are the words of the Quester,
David's son and king in Jerusalem

2-11 Smoke, nothing but smoke. [That's what the Quester says.]
There's nothing to anything—it's all smoke.
What's there to show for a lifetime of work,
a lifetime of working your fingers to the bone?
One generation goes its way, the next one arrives,
but nothing changes—it's business as usual for old planet earth.
The sun comes up and the sun goes down,
then does it again, and again—the same old round.
The wind blows south, the wind blows north.
Around and around and around it blows,
blowing this way, then that—the whirling, erratic wind.
All the rivers flow into the sea,
but the sea never fills up.
The rivers keep flowing to the same old place,
and then start all over and do it again.
Everything's boring, utterly boring—
no one can find any meaning in it.
Boring to the eye,
boring to the ear.
What was will be again,
what happened will happen again.
There's nothing new on this earth.
Year after year it's the same old thing.

떨어도
흥분하지 마라. 전부터 듣던 이야기일 뿐이다.
아무도 어제 있었던 일을 기억하지 않는다.
그렇다면 내일 벌어질 일은 어떨까?
내일 일도 아무도 기억하지 않을 테니
기억되기를 바라지 마라.

Does someone call out, "Hey, this is new"?
Don't get excited—it's the same old story.
Nobody remembers what happened yesterday.
And the things that will happen tomorrow?
Nobody'll remember them either.
Don't count on being remembered.

지혜도 헛되다

12-14 내 이름을 '탐구자'라고 해두자. 나는 예루살렘에서 이스라엘을 다스리는 왕이었다. 나는 모든 일을 신중하게 살피고, 이 땅에서 벌어지는 온갖 일을 샅샅이 조사했다. 그러나 분명히 말하지만, 쓸만한 내용은 많지 않았다. 하나님은 세상을 그렇게 만만하게 만들어 놓지 않으셨다. 내가 모든 것을 살펴보니, 다 연기에 불과했다. 연기요, 허공에 침 뱉기였다.

15 인생은 펴지지 않는 타래송곳,
더할 수 없는 뺄셈이다.

16-17 나는 스스로에게 말했다. "나는 내 이전에 예루살렘에 살던 어느 누구보다도 아는 것이 많고 지혜롭다. 나는 지혜와 지식을 쌓았다." 그러나 결국 내가 내린 결론은 지혜와 지식이 부질없고 어리석은 일이라는 것, 허공에 침 뱉기에 불과하다는 것이다.

18 많이 배우면 걱정도 많고
많이 알수록 고통도 늘어난다.

I've Seen It All

12-14 Call me "the Quester." I've been king over Israel in Jerusalem. I looked most carefully into everything, searched out all that is done on this earth. And let me tell you, there's not much to write home about. God hasn't made it easy for us. I've seen it all and it's nothing but smoke—smoke, and spitting into the wind.

15 Life's a corkscrew that can't be straightened,
A minus that won't add up.

16-17 I said to myself, "I know more and I'm wiser than anyone before me in Jerusalem. I've stockpiled wisdom and knowledge." What I've finally concluded is that so-called wisdom and knowledge are mindless and witless—nothing but spitting into the wind.

18 Much learning earns you much trouble.
The more you know, the more you hurt.

즐거움도 한낱 연기다

2 1-3 나는 스스로에게 말했다. "한번 해보자. 실험 삼아 쾌락을 누리고 즐거운 시간을 보내자!" 그러나 거기에 남은 것은 아무것도 없었다. 한낱 연기뿐이었다.

재미 넘치는 삶을 어떻게 생각하느냐고? 미친 짓이다! 어리석은 짓이다!
행복 추구는 어떠냐고? 그것이 누구에게 필요하단 말인가?
나는 술 한 병과
동원할 수 있는 모든 지혜의 도움을 받아
인생의 부조리를 꿰뚫어 보기 위해
내 수준에서 최선을 다했다.
나는 인간이 이 세상을 사는 동안 어떤 유용한 일을

2 1-3 I said to myself, "Let's go for it—experiment with pleasure, have a good time!" But there was nothing to it, nothing but smoke.

What do I think of the fun-filled life? Insane! Inane!
My verdict on the pursuit of happiness? Who needs it?
With the help of a bottle of wine
and all the wisdom I could muster,
I tried my level best
to penetrate the absurdity of life.
I wanted to get a handle on anything useful we mortals might do
during the years we spend on this earth.

할 수 있는지 알고 싶었다.

4-8 나는 여러 큰일을 했다.
가옥을 여러 채 짓고
포도원을 일구고
정원과 공원을 설계하고
그 안에 온갖 과일나무를 심고
저수지를 만들어
나무들이 자라는 숲에 물을 댔다.
남녀 종들을 사들였고
그들이 자녀를 낳아 종의 수가 늘어났다.
나는 내 이전에 예루살렘에 살던
어느 누구보다도 많은 소 떼와 양 떼를 손에 넣었다.
은과 금
여러 나라의 왕들이 바친 보물을 모았고
노래를 즐기려고 가수들을 모았고
모든 즐거움 중에서도 가장 강렬한 즐거움을 얻고자
관능적인 여자들을 곁에 많이 두었다.

9-10 오, 얼마나 번창했던가! 나는 예루살렘에서 통치했던 그 어떤 선왕보다 압도적으로 우위에 있었다. 더욱이, 나는 명석한 두뇌를 갖고 있었다. 내가 원하는 것은 다 가졌고, 나 자신에게 어떤 것도 금하지 않았다. 모든 충동에 굴복했고 다 받아들였다. 내가 벌인 모든 일에서 그지없는 즐거움을 맛보았다. 그것은 고된 하루 일과 끝에 스스로에게 주는 보상이었다!

11 그 다음, 나는 내가 이룬 모든 일, 모든 땀방울과 노고를 찬찬히 들여다보았다. 그러나 연기밖에 보이지 않았다. 연기요, 허공에 침 뱉기였다. 그 모든 일에는 아무 의미도 없었다. 아무 의미도.

12-14 그 다음, 나는 똑똑한 것과 어리석은 것을 골똘히 살폈다. 왕이 된 다음에 무슨 할 일이 있겠냐고? 왕 노릇은 힘들다. 할 수 있는 일을 할 뿐이지만, 빛이 어둠보다 낫듯 어리석은 것보다는 똑똑한 것이 낫다. 똑똑한 사람은 자기가 어디로 가는지 알고 어리석은 자는 어둠 속을 더듬는다. 하지만 결국에는 둘 다 매한가지다. 모두가 같은 운명을 맞이한다. 그렇지 않은가.

15-16 내 운명이 미련한 자의 운명과 같다는 사실을 깨달았을 때, 나는 이렇게 물을 수밖에 없었다. "그럼 뭐하러 애써 지혜로워지려는 거지?" 모두 연기

I Never Said No to Myself

4-8 Oh, I did great things:
built houses,
planted vineyards,
designed gardens and parks
and planted a variety of fruit trees in them,
made pools of water
to irrigate the groves of trees.
I bought slaves, male and female,
who had children, giving me even more slaves;
then I acquired large herds and flocks,
larger than any before me in Jerusalem.
I piled up silver and gold,
loot from kings and kingdoms.
I gathered a chorus of singers to entertain me with song,
and—most exquisite of all pleasures—
voluptuous maidens for my bed.

9-10 Oh, how I prospered! I left all my predecessors in Jerusalem far behind, left them behind in the dust. What's more, I kept a clear head through it all. Everything I wanted I took—I never said no to myself. I gave in to every impulse, held back nothing. I sucked the marrow of pleasure out of every task—my reward to myself for a hard day's work!

I Hate Life

11 Then I took a good look at everything I'd done, looked at all the sweat and hard work. But when I looked, I saw nothing but smoke. Smoke and spitting into the wind. There was nothing to any of it. Nothing.

12-14 And then I took a hard look at what's smart and what's stupid. What's left to do after you've been king? That's a hard act to follow. You just do what you can, and that's it. But I did see that it's better to be smart than stupid, just as light is better than darkness. Even so, though the smart ones see where they're going and the stupid ones grope in the dark, they're all the same in the end. One fate for all—and that's it.

15-16 When I realized that my fate's the same as

에 불과하다. 똑똑한 자와 어리석은 자가 모두 시야에서 사라진다. 하루 이틀 지나면 둘 다 잊히고 만다. 그렇다. 똑똑한 자든 어리석은 자든 모두 죽는다. 그것이 세상의 이치다.

17 나는 사는 것이 싫다. 내가 볼 때, 세상에서 하는 일은 하나같이 밑지는 장사다. 모두 연기요, 허공에 침 뱉기다.

수고도 한낱 연기다

18-19 내가 이 세상에서 성취하고 쌓아 올린 모든 것이 싫어졌다. 저세상에 갈 때 그것을 가져갈 수 없고, 내 뒤에 올 사람에게 물려주어야 한다. 내가 골똘하게 생각하고 수고하여 이 땅에서 이룬 결과물을, 자격이 있을지 없을지 모르는 누군가가 차지할 것이다. 이 또한 연기일 뿐이다.

20-23 그래서 나는 하던 일을 그만두었고, 이 세상에서 바랄 수 있는 모든 것에 대한 기대를 접었다. 수고해서 얻은 모든 것을 손가락 하나 까딱하지 않은 누군가에게 넘겨줘야 한다면, 뼈 빠지게 일하는 것이 무슨 소용이란 말인가? 한낱 연기일 뿐이다. 처음부터 끝까지 밑지는 장사다. 힘들게 일하는 인생에서 얻는 것이 무엇이겠는가? 동틀 녘부터 해질 녘까지 고통과 슬픔이 이어진다. 하룻밤도 편히 쉬지 못한다. 모든 것이 한낱 연기일 뿐이다.

24-26 즐거운 시간을 보내며 최대한 잘 지내는 것, 이것이 바로 우리가 인생에서 할 수 있는 최선이다. 내가 볼 때, 그것이 하나님이 인생에 정해 주신 운명이다. 잘 먹든지 못 먹든지, 하나님께 달렸다. 하나님이 아끼시는 이들은 지혜와 지식과 기쁨을 얻지만, 죄인들은 힘들게 일하는 인생을 살다가 결국에는 하나님이 아끼시는 이들에게 모은 것을 모두 넘겨준다. 모두가 한낱 연기요, 허공에 침 뱉기일 뿐이다.

모든 것에는 알맞은 때가 있다

3 1 어떤 일이든 적절한 때가 있고, 세상 모든 것에 알맞은 때가 있다.

2-8 태어날 때가 있고 죽을 때가 있다.
심을 때가 있고 수확할 때가 있다.
죽일 때가 있고 치료할 때가 있다.
파괴할 때가 있고 건설할 때가 있다.
울어야 할 때가 있고 웃어야 할 때가 있다.
탄식할 때가 있고 환호할 때가 있다.
사랑을 나눌 때가 있고 멀리할 때가 있다.

the fool's, I had to ask myself, "So why bother being wise?" It's all smoke, nothing but smoke. The smart and the stupid both disappear out of sight. In a day or two they're both forgotten. Yes, both the smart and the stupid die, and that's it.

17 I hate life. As far as I can see, what happens on earth is a bad business. It's smoke—and spitting into the wind.

18-19 And I hated everything I'd accomplished and accumulated on this earth. I can't take it with me—no, I have to leave it to whoever comes after me. Whether they're worthy or worthless—and who's to tell?—they'll take over the earthly results of my intense thinking and hard work. Smoke.

20-23 That's when I called it quits, gave up on anything that could be hoped for on this earth. What's the point of working your fingers to the bone if you hand over what you worked for to someone who never lifted a finger for it? Smoke, that's what it is. A bad business from start to finish. So what do you get from a life of hard labor? Pain and grief from dawn to dusk. Never a decent night's rest. Nothing but smoke.

24-26 The best you can do with your life is have a good time and get by the best you can. The way I see it, that's it—divine fate. Whether we feast or fast, it's up to God. God may give wisdom and knowledge and joy to his favorites, but sinners are assigned a life of hard labor, and end up turning their wages over to God's favorites. Nothing but smoke—and spitting into the wind.

There's a Right Time for Everything

3 1 There's an opportune time to do things,
a right time for everything on the earth:

2-8 A right time for birth and another for death,
A right time to plant and another to reap,
A right time to kill and another to heal,
A right time to destroy and another to construct,
A right time to cry and another to laugh,
A right time to lament and another to cheer,
A right time to make love and another to abstain,

껴안을 때가 있고 떨어질 때가 있다.
찾을 때가 있고 포기할 때가 있다.
붙잡을 때가 있고 놓아 보낼 때가 있다.
찢을 때가 있고 꿰맬 때가 있다.
입을 다물 때가 있고 큰소리로 말할 때가 있다.
사랑할 때가 있고 미워할 때가 있다.
전쟁을 벌일 때가 있고 화친을 할 때가 있다.

9-13 하지만 누가 무슨 일을 한들 결국 달라질 게 있을까? 하나님이 우리에게 맡기신 일을 자세히 살펴보니, 대부분 바쁜 일로 수고하는 기색이 역력했다. 참으로 하나님은 모든 것을 제때에 그 자체로 아름답게 만드셨다. 하지만 그분은 우리를 무지 가운데 두셨고, 그래서 하나님이 무슨 일을 하시는지, 오시는지 가시는지 알 수 없다. 나는 살아가면서 좋은 시간을 보내고 여러 좋은 것들을 누리는 것보다 나은 것이 없다는 결론을 내리게 되었다. 그렇다. 먹고, 마시고, 자기 일에 최선을 다하여라. 그것이 하나님의 선물이다.
14 내가 내린 또 하나의 결론은, 하나님이 행하시는 모든 일은 항상 그대로 이루어진다는 것이다. 거기에 무엇을 보탤 수도, 뺄 수도 없다. 하나님이 그렇게 정하셨고 그것으로 끝이다. 이것은 질문을 그치고 거룩한 두려움으로 하나님을 예배하라는 뜻이다.

15 전에 있던 것이 지금 있고
지금 있는 것이 장차 있을 것이다.
하나님이 하시는 일은 늘 이와 같다.

16-18 나는 세상에서 일어나는 일들도 자세히 살펴보았다. 그랬더니 재판하는 곳, 의로움이 있어야 할 자리가 심히 부패해 있었다! 나는 이렇게 생각했다. "하나님이 친히 의인과 악인을 심판하실 것이다." 모든 일, 모든 행위에는 합당한 때가 있다. 그 무엇도 그 때를 피해 갈 수 없다. 나는 또 인간에 관해 이렇게 생각했다. "하나님은 우리를 시험하시고, 우리가 짐승에 불과함을 드러내신다."
19-22 인간과 짐승의 결국은 같다. 인간도 죽고, 짐승도 죽는다. 모두가 같은 공기를 호흡한다. 그러니 인간이라고 해서 나을 것이 전혀 없다. 모든 것이 연기다. 우리 모두 결국 같은 장소에 이른다. 모두 먼지로부터 와서 먼지로 끝난다. 인간의 영이 하늘로 올라가는지, 짐승의 영이 땅으로 내려가는지, 누구도 확실히 알지 못한다. 그래서 나는 우리

A right time to embrace and another to part,
A right time to search and another to count your losses,
A right time to hold on and another to let go,
A right time to rip out and another to mend,
A right time to shut up and another to speak up,
A right time to love and another to hate,
A right time to wage war and another to make peace.

9-13 But in the end, does it really make a difference what anyone does? I've had a good look at what God has given us to do—busywork, mostly. True, God made everything beautiful in itself and in its time—but he's left us in the dark, so we can never know what God is up to, whether he's coming or going. I've decided that there's nothing better to do than go ahead and have a good time and get the most we can out of life. That's it—eat, drink, and make the most of your job. It's God's gift.
14 I've also concluded that whatever God does, that's the way it's going to be, always. No addition, no subtraction. God's done it and that's it. That's so we'll quit asking questions and simply worship in holy fear.

15 Whatever was, is.
Whatever will be, is.
That's how it always is with God.

God's Testing Us

16-18 I took another good look at what's going on: The very place of judgment—corrupt! The place of righteousness—corrupt! I said to myself, "God will judge righteous and wicked." There's a right time for every thing, every deed—and there's no getting around it. I said to myself regarding the human race, "God's testing the lot of us, showing us up as nothing but animals."
19-22 Humans and animals come to the same end—humans die, animals die. We all breathe the same air. So there's really no advantage in being human. None. Everything's smoke. We all end up in the same place—we all came from dust,

가 하는 일을 즐겁게 감당하는 것이 최고라는 결론을 내렸다. 그것이 우리의 몫이다. 인생에 그 외의 다른 것이 있을까?

폭력, 수고, 친구

4 1-3 또 나는 이 세상에서 이루어지는 온갖 잔인무도한 폭력을 보았다. 피해자들이 눈물을 흘리는데 그들을 위로할 자가 없었다. 압제자들의 무지막지한 손아귀에서 그들을 구해 낼 자가 없었다. 지금 살아 있는 자들보다 이미 죽은 자들의 처지가 더 낫다는 생각이 들었다. 그러나 아직 세상에 태어나지 않아 이 땅에서 벌어지는 몹쓸 일을 본 적이 없는 사람이 가장 운이 좋다.
4 나는 온갖 노력과 야심이 시기심에서 나온다는 것도 알게 되었다. 얼마나 허무한 일인가! 이 역시 연기요, 허공에 침 뱉기일 뿐이다.

5 어리석은 자는 편안히 앉아 느긋하게 쉬니
그의 게으름은 서서히 이루어지는 자살행위다.

6 가진 것이 한 줌밖에 없어도 편히 쉴 수 있는 사람이
두 손 가득 쥐고도 걱정에 찌들어 일하는 사람보다 낫다.
그렇게 일해도 결국에는 허공에 침 뱉는 것과 같기 때문이다.

7-8 나는 허무를 향해 가는 또 한 줄기의 연기를 보았다. 자녀도 가족도 친구도 없이, 밤늦도록 집요하게 일만 하는 외톨이다. 그는 더 많이 가지려는 탐욕에 사로잡혀 있을 뿐, 결코 이렇게 묻지 않는다. "왜 나는 즐기지도 못한 채 이렇게 열심히 일하는 걸까?" 그의 일은 연기다. 결국에는 아무것도 남지 않는다.

9-10 혼자 일하는 것보다 파트너가 있는 편이 낫다.
일도 나누고, 재산도 나누라.
한 사람이 쓰러지면 나머지 사람이 도울 수 있지만
도와줄 사람이 없으면 고달프기 짝이 없다!

11 둘이 한 침대에 누우면 따뜻하지만
혼자서는 밤새 떨어야 한다.

we all end up as dust. Nobody knows for sure that the human spirit rises to heaven or that the animal spirit sinks into the earth. So I made up my mind that there's nothing better for us men and women than to have a good time in whatever we do—that's our lot. Who knows if there's anything else to life?

Slow Suicide

4 1-3 Next I turned my attention to all the outrageous violence that takes place on this planet—the tears of the victims, no one to comfort them; the iron grip of oppressors, no one to rescue the victims from them. So I congratulated the dead who are already dead instead of the living who are still alive. But luckier than the dead or the living is the person who has never even been, who has never seen the bad business that takes place on this earth.
4 Then I observed all the work and ambition motivated by envy. What a waste! Smoke. And spitting into the wind.

5 The fool sits back and takes it easy,
His sloth is slow suicide.

6 One handful of peaceful repose
Is better than two fistfuls of worried work—
More spitting into the wind.

Why Am I Working Like a Dog?

7-8 I turned my head and saw yet another wisp of smoke on its way to nothingness: a solitary person, completely alone—no children, no family, no friends—yet working obsessively late into the night, compulsively greedy for more and more, never bothering to ask, "Why am I working like a dog, never having any fun? And who cares?" More smoke. A bad business.

9-10 It's better to have a partner than go it alone.
Share the work, share the wealth.
And if one falls down, the other helps,
But if there's no one to help, tough!

11 Two in a bed warm each other.

12 혼자서는 무방비 상태이지만
친구와 함께라면 그 어떤 것에도 맞설 수 있다.
친구를 하나 더 만들 수 있는가?
세 겹 줄은 쉽게 끊어지지 않는다.

13-16 가난해도 지혜로운 젊은이가 나이가 많으면서도 사리분별 못하는 어리석은 왕보다 낫다. 나는 이런 젊은이가 아무것도 없이 빈털터리로 시작했다가 부자가 되는 것을 보았다. 이 젊은이가 왕위를 잇자 모든 사람이 열렬히 그의 다스림에 따랐다. 그러나 열기는 금세 가라앉았고 백성의 무리는 곧 흥미를 잃었다. 이것 또한 연기에 불과하지 않은가? 허공에 침 뱉기가 아닌가?

하나님을 경외하여라

5 1 하나님의 집에 들어갈 때는 발걸음을 조심하여라.
그분께 배우겠다는 겸손한 마음을 품어라. 그것이 생각 없이 제물을
바쳐서, 유익은커녕 해만 끼치는 것보다 훨씬 낫다.

2 함부로 입을 놀리거나 생각 없이 말하지 마라.
하나님이 듣고 싶어 하실 말을 어림짐작하여
성급하게 늘어놓지 마라.
네가 아니라 하나님께 주도권이 있으니, 너는 말을 적게 할수록 좋다.

3 과로하면 숙면을 취하지 못하고
말이 많으면 바보처럼 보인다.

4-5 무엇인가 하겠다고 하나님께 약속했으면
즉시 행하여라.
하나님은 함부로 말하는 어리석은 사람을 좋아하지 않으신다. 서원을 했으면 지켜라.
서원을 하고도 지키지 않느니 애초에 서원하지 않는 편이 훨씬 낫다.

6 입을 잘못 놀려 영락없는 죄인이 되는 일이
없게 하여라.
나중에 가서 "죄송해요. 그런 뜻이 아니었어요" 하고 말해 본들
그냥 넘어갈 수 없을 것이다.

Alone, you shiver all night.

12 By yourself you're unprotected.
With a friend you can face the worst.
Can you round up a third?
A three-stranded rope isn't easily snapped.

13-16 A poor youngster with some wisdom is better off than an old but foolish king who doesn't know which end is up. I saw a youth just like this start with nothing and go from rags to riches, and I saw everyone rally to the rule of this young successor to the king. Even so, the excitement died quickly, the throngs of people soon lost interest. Can't you see it's only smoke? And spitting into the wind?

God's in Charge, Not You

5 1 Watch your step when you enter God's house.
Enter to learn. That's far better than mindlessly offering a sacrifice,
Doing more harm than good.

2 Don't shoot off your mouth, or speak before you think.
Don't be too quick to tell God what you think he wants to hear.
God's in charge, not you—the less you speak, the better.

3 Overwork makes for restless sleep.
Overtalk shows you up as a fool.

4-5 When you tell God you'll do something, do it—now.
God takes no pleasure in foolish gabble. Vow it, then do it.
Far better not to vow in the first place than to vow and not pay up.

6 Don't let your mouth make a total sinner of you.
When called to account, you won't get by with
"Sorry, I didn't mean it."
Why risk provoking God to angry retaliation?

어쩌자고 하나님의 진노를 사며 화를 자초하는가?

7 그러나 온갖 망상과 환상과 공허한 말에 휘둘리지 않게 해줄
반석 같은 기초가 있다. 그것은 하나님을 경외하는 것이다!

재물 또한 연기일 뿐이다

8-9 가난한 이들이 학대를 당하고 정의와 공의가 유린되는 광경을 도처에서 보더라도 너무 안타까워하지 마라. 착취는 하급 관리들 사이에 널리 퍼져 있고, 한도 끝도 없어서 어찌할 도리가 없다. 그러나 대지는 누구도 속이지 않는다. 악한 왕도 밭에서 나는 곡식을 먹는다.

10 돈을 사랑하는 자는 돈으로 만족하는 법이 없고
재산을 사랑하는 자는 아무리 큰돈을 벌어도 만족하지 못한다. 재물 또한 연기일 뿐이다.

11 네가 부정이득을 얻을수록 그것을 노리는 자도 많아진다.
환한 대낮에 가진 것을 털리는 일이 과연 재미가 있겠는가?

12 저녁식사로 콩을 먹든 불고기를 먹든
열심히 정직하게 일하면 밤잠이 달콤하다.
그러나 부자는 배가 불러 불면증에 시달린다.

13-17 나는 이런 불운한 일도 보았다.
어떤 사람이 분에 넘치도록 재산을 쌓다가
한 번의 잘못된 거래로 전 재산을 날렸다.
자식이 있었지만 한 푼도 남겨 주지 못했다.
어머니의 태에서 맨몸으로 나왔는데,
올 때와 똑같이 맨몸으로 세상을 떠나게 되었다.
맨몸으로 왔다가 맨몸으로 떠나다니, 참으로 안타까운 일이다.
얻는 것이 결국 연기뿐이라면 열심히 일할 이유가 무엇인가?
어둠 속에서 보내는 비참한 세월을 위해 일하는가?

18-20 세상이 돌아가는 모양을 살핀 후에, 나는 가장 잘사는 방법이 무엇인지 결론을 내렸다. 자기 몸 간수 잘하고, 즐거운 시간을 보내고, 하나님이 생명을 허락하시는 동안 자신이 맡은 일을 최대한

7 But against all illusion and fantasy and empty talk
There's always this rock foundation: Fear God!

A Salary of Smoke

8-9 Don't be too upset when you see the poor kicked around, and justice and right violated all over the place. Exploitation filters down from one petty official to another. There's no end to it, and nothing can be done about it. But the good earth doesn't cheat anyone—even a bad king is honestly served by a field.

10 The one who loves money is never satisfied with money,
Nor the one who loves wealth with big profits. More smoke.

11 The more loot you get, the more looters show up.
And what fun is that—to be robbed in broad daylight?

12 Hard and honest work earns a good night's sleep,
Whether supper is beans or steak.
But a rich man's belly gives him insomnia.

13-17 Here's a piece of bad luck I've seen happen:
A man hoards far more wealth than is good for him
And then loses it all in a bad business deal.
He fathered a child but hasn't a cent left to give him.
He arrived naked from the womb of his mother;
He'll leave in the same condition—with nothing.
This is bad luck, for sure—naked he came, naked he went.
So what was the point of working for a salary of smoke?
All for a miserable life spent in the dark?

Make the Most of What God Gives

18-20 After looking at the way things are on this earth, here's what I've decided is the best way to live: Take care of yourself, have a good time,

잘 감당하는 것이다. 그것이 전부다. 그것이 사람이 받을 몫이다. 물론 우리는 하나님이 주시는 바, 자신의 본분과 그것을 누릴 능력을 최대한 활용하여 주어진 상황을 받아들이고 즐거운 마음으로 일해야 한다. 이것이 하나님의 선물이다! 하나님은 바로 지금, 우리에게 기쁨을 나누어 주신다. 우리가 얼마나 오래 살지 걱정하는 것은 부질없는 일이다.

6 [1-2] 나는 이 세상에서 벌어지는 일을 오랫동안 열심히 살펴보았다. 분명히 말하지만, 상황이 좋지 않다. 사람들도 그것을 느낀다. 하나님은 돈과 재물과 명예 등 어떤 사람들이 바라고 꿈꾸는 모든 것을 그들에게 쏟아부어 주시고는, 정작 그것을 누리지 못하게 하신다. 엉뚱한 사람이 와서 그 모든 것을 즐긴다. 재물을 얻는 것 역시 연기 같은 일이다. 우리에게 남는 것이 없다.
3-5 자녀를 수십 명 낳고 오래오래 살다가 성대한 장례식으로 마지막을 장식한 부부가 있다. 그러나 그들이 살아 있는 동안 인생을 즐기지 못했다면, 차라리 사산아의 처지가 더 낫다고 할 수 있다. 그 아이는 제대로 모습을 갖추기도 전에 어둠 속으로 사라졌고, 이름도 얻지 못했다. 아무것도 보지 못했고 알지도 못했지만, 그 아이가 살아 있는 어떤 사람보다 형편이 낫다.
6 사람이 천 년을 산들, 아니 이천 년을 산다 한들, 삶의 즐거움도 누리지 못한다면 무슨 의미가 있겠는가? 마침내는 다들 같은 곳으로 가지 않는가?

7 우리는 식욕을 채우고자 일하지만,
우리 영혼은 그동안 굶주림에 허덕인다.

8-9 그러면 지혜로운 이가 어리석은 자보다 나은 것이 무엇이고, 근근이 살아가는 가난뱅이보다 나은 것이 무엇인가? 무엇이든 당장 손에 닿는 것을 붙들어라. 시간이 가면 더 좋은 것이 나올 것이라 생각하지 마라. 그 모두가 연기요, 허공에 침 뱉기일 뿐이다.

10 무슨 일이든 생길 일이 생기는 것이다. 그 일의 운명은 정해져 있다.
운명에 따질 수는 없다.

11-12 말이 많아질수록 공중에 연기만 늘어난다.

and make the most of whatever job you have for as long as God gives you life. And that's about it. That's the human lot. Yes, we should make the most of what God gives, both the bounty and the capacity to enjoy it, accepting what's given and delighting in the work. It's God's gift! God deals out joy in the present, the *now*. It's useless to brood over how long we might live.

Things Are Bad

6 [1-2] I looked long and hard at what goes on around here, and let me tell you, things are bad. And people feel it. There are people, for instance, on whom God showers everything—money, property, reputation—all they ever wanted or dreamed of. And then God doesn't let them enjoy it. Some stranger comes along and has all the fun. It's more of what I'm calling *smoke*. A bad business.
3-5 Say a couple have scores of children and live a long, long life but never enjoy themselves—even though they end up with a big funeral! I'd say that a stillborn baby gets the better deal. It gets its start in a mist and ends up in the dark—unnamed. It sees nothing and knows nothing, but is better off by far than anyone living.
6 Even if someone lived a thousand years—make it two thousand!—but didn't enjoy anything, what's the point? Doesn't everyone end up in the same place?

7 We work to feed our appetites;
Meanwhile our souls go hungry.

8-9 So what advantage has a sage over a fool, or over some poor wretch who barely gets by? Just grab whatever you can while you can; don't assume something better might turn up by and by. All it amounts to anyway is smoke. And spitting into the wind.

10 Whatever happens, happens. Its destiny is fixed.
You can't argue with fate.

그렇게 해서 누군가의 형편이 조금이라도 나아졌는가? 연기와 그림자처럼 초라하게 사는 우리에게 무엇이 최선인지 누가 알겠는가? 우리 생애의 다음 장을 누가 알려 주겠는가?

지혜로운 이와 어리석은 자

7 [1] 좋은 평판이 두둑한 은행계좌보다 낫고
태어난 날보다 죽는 날이 더 의미심장하다.

2 잔치보다 장례식에서 더 많은 것을 배운다.
결국에는 우리도 장례식으로 인생을 마무리할 테니,
그곳에 가면 무엇인가 발견하게 될 것이다.

3 우는 것이 웃는 것보다 낫다.
얼굴은 얼룩져도 마음은 깨끗이 씻어 준다.

4 지혜로운 이는 아픔과 슬픔에 몰두하지만
어리석은 자는 즐거움과 놀이로 인생을 낭비한다.

5 어리석은 자들의 노래와 춤보다
지혜로운 이의 책망에서 얻는 것이 더 많다.

6 어리석은 자들의 키득거림은 가마솥 밑에서
타는 잔가지 소리 같고,
흩어져 없어질 연기 같다.

7 잔인한 학대는 지혜로운 사람의 총기를 앗아 가고
아무리 용감한 사람이라도 무너뜨린다.

8 시작보다 끝이 낫다.
돋보이는 것보다 끈질긴 것이 낫다.

9 성급하게 화를 내지 마라.
분노는 부메랑이 되어 돌아온다. 머리에 난 혹으로 어리석은 자를 알아볼 수 있다.

10 *"좋은 시절 어디 갔나?" 하고 자꾸만 묻지* 마라.
지혜로운 사람은 그런 질문을 하지 않는다.

11-12 지혜도 좋지만 돈까지 있으면 더 좋다.

11-12 The more words that are spoken, the more smoke there is in the air. And who is any better off? And who knows what's best for us as we live out our meager smoke-and-shadow lives? And who can tell any of us the next chapter of our lives?

Don't Take Anything for Granted

7 [1] A good reputation is better than a fat bank account.
Your death date tells more than your birth date.

2 You learn more at a funeral than at a feast—
After all, that's where we'll end up. We might discover
something from it.

3 Crying is better than laughing.
It blotches the face but it scours the heart.

4 Sages invest themselves in hurt and grieving.
Fools waste their lives in fun and games.

5 You'll get more from the rebuke of a sage
Than from the song and dance of fools.

6 The giggles of fools are like the crackling of twigs
Under the cooking pot. And like smoke.

7 Brutality stupefies even the wise
And destroys the strongest heart.

8 Endings are better than beginnings.
Sticking to it is better than standing out.

9 Don't be quick to fly off the handle.
Anger boomerangs. You can spot a fool by the lumps on his head.

10 Don't always be asking, "Where are the good old days?"
Wise folks don't ask questions like that.

11-12 Wisdom is better when it's paired with money,

특히 살아 있는 동안에 둘 다 얻으면 더 좋다.
지혜와 부, 이 둘은 이중 보호장치와 같다!
게다가 지혜를 얻는 자는 활력까지 덤으로 얻
는다.

13 하나님께서 행하시는 일을 잘 들여다보아라.
창조주가 구부려 놓으시고 비뚤비뚤하게 해
놓으신 것을
누가 곧게 펼 수 있겠는가?

14 좋은 날에는 즐겁게 보내고
나쁜 날에는 양심을 살펴보아라.
하나님은 두 날을 다 마련해 놓으셨으니,
어떤 것도 당연하게 여기지 않게 하시려는 것
이다.

15-17 짧고 헛된 인생을 살면서 나는 다 보았다.
착한 사람이 착한 일을 하다가 쓰러지기도 하
고, 나쁜 사람이 그지없이 악한 일을 하면서 오
래 살기도 한다. 그러니 착하게 살려고 너무 무
리하지 말고, 너무 지혜롭게 되지도 마라. 그래
봤자 아무것도 얻지 못한다. 그러나 못되게 살
아서 일부러 위험한 길을 택하지는 마라. 쓸데
없이 명을 재촉할 까닭이 무엇인가?
18 이것도 잡고 저것도 놓치지 않는 것이 제일이
다. 하나님을 경외하는 사람은 현실의 한 부분만
붙들지 않고, 모든 면을 책임감 있게 아우른다.

19 지혜는 지혜로운 한 사람에게
성을 지키는 열 명의 힘센 자보다 더 큰 힘을 준다.

20 이 세상에는 완전히 선한 사람,
완벽하게 순수하고 죄 없는 사람이 하나도 없다.

21-22 남의 대화를 엿듣지 마라.
너에 대한 듣고 싶지 않은 험담이라도 나오면
어쩌려는가?
너도 몇 번 그래 본 적 있지 않은가? 면전에서
못 할 말을
당사자가 없는 자리에서는 하지 않았는가?

23-25 나는 지혜를 구하고자 모든 것을 시험해 보
았다. 지혜롭게 되고자 했지만, 지혜는 내가 닿
기에는 너무 멀었고 내가 헤아리기에는 너무 깊
었다! 지혜를 온전히 찾아낸 사람이 있을까? 나

Especially if you get both while you're still living.
Double protection: wisdom and wealth!
Plus this bonus: Wisdom energizes its owner.

13 Take a good look at God's work.
Who could simplify and reduce Creation's curves
and angles
To a plain straight line?

14 On a good day, enjoy yourself;
On a bad day, examine your conscience.
God arranges for both kinds of days
So that we won't take anything for granted.

Stay in Touch with Both Sides

15-17 I've seen it all in my brief and pointless life—
here a good person cut down in the middle of doing
good, there a bad person living a long life of sheer
evil. So don't knock yourself out being good, and
don't go overboard being wise. Believe me, you
won't get anything out of it. But don't press your
luck by being bad, either. And don't be reckless.
Why die needlessly?
18 It's best to stay in touch with both sides of an
issue. A person who fears God deals responsibly
with all of reality, not just a piece of it.

19 Wisdom puts more strength in one wise person
Than ten strong men give to a city.

20 There's not one totally good person on earth,
Not one who is truly pure and sinless.

21-22 Don't eavesdrop on the conversation of
others.
What if the gossip's about you and you'd rather
not hear it?
You've done that a few times, haven't you—said
things
Behind someone's back you wouldn't say to his
face?

How to Interpret the Meaning of Life

23-25 I tested everything in my search for wisdom. I
set out to be wise, but it was beyond me, far beyond

는 온 힘을 다해 집중하여 지혜, 곧 인생의 의미를 연구하고 살피고 구했다. 악과 우둔함, 어리석음과 광기가 무엇인지도 알고 싶었다.

26-29 그리하여 한 가지를 발견했다. 남자를 유혹해 마음대로 할 계략을 꾸미는 여자는 감당 못할 존재라는 사실이다. 운 좋은 사람은 그런 여자를 피하지만, 우둔한 자는 붙잡히고 만다. 이것은 경험으로 알게 된 것이요, 인생의 의미를 탐구하다 알게 된 바를 종합한 내용이다. 그러나 내가 찾던 지혜는 발견하지 못했다. 지혜롭다고 할 만한 사람은 천 명 중에서 한 명도 찾아내지 못했다. 하지만 답답함 속에서 나는 한 줄기 깨달음을 얻었다. 하나님은 사람을 참되고 올바르게 만드셨지만, 우리가 상황을 엉망진창으로 만들었다는 사실이다.

8

1 지혜롭게 되어
인생의 의미를 해석할 줄 아는 것만큼 좋은 일은 없다.
지혜는 사람의 눈을 빛나게 해주고
말과 행실을 부드럽게 해준다.

누구도 바람을 제어할 수 없다

2-7 엄숙히 복종을 맹세했으니 너는 왕의 명령대로 행하여라. 네가 받은 명령에 대해 미리 염려하여 넘겨짚지 말고, 맡겨진 임무가 싫어하는 것이라는 이유로 발을 빼지 마라. 너는 네가 아니라 왕의 뜻을 섬기고 있다. 왕이 결정권을 갖고 있다. 누구도 감히 왕에게 "뭐하시는 겁니까?" 하고 말할 수 없다. 명령을 수행해서 손해 볼 일이 없고, 지혜로운 사람은 신속하고 정확하게 명령을 수행한다. 모든 일에는 알맞은 때와 알맞은 방법이 있는데, 불행히도 우리는 대부분 그것을 놓치고 만다. 무슨 일이 생길지, 언제 그런 일이 일어날지 아무도 모른다. 누가 우리에게 그것을 말해 주겠는가?

8 누구도 바람을 제어하거나 상자에 가둘 수 없다.
누구도 죽을 날을 정할 수 없다.
누구도 당장에 전투를 중단시킬 수 없다.
누구도 악을 통해 구원받을 수 없다.

9 이것은 내가 이 세상에서 벌어지는 모든 일을

me, and deep—oh so deep! Does anyone ever find it? I concentrated with all my might, studying and exploring and seeking wisdom—the meaning of life. I also wanted to identify evil and stupidity, foolishness and craziness.

26-29 One discovery: A woman can be a bitter pill to swallow, full of seductive scheming and grasping. The lucky escape her; the undiscerning get caught. At least this is my experience—what I, the Quester, have pieced together as I've tried to make sense of life. But the wisdom I've looked for I haven't found. I didn't find one man or woman in a thousand worth my while. Yet I did spot one ray of light in this murk: God made men and women true and upright; *we're* the ones who've made a mess of things.

8

1 There's nothing better than being wise,
Knowing how to interpret the meaning of life.
Wisdom puts light in the eyes,
And gives gentleness to words and manners.

No One Can Control the Wind

2-7 Do what your king commands; you gave a sacred oath of obedience. Don't worryingly second-guess your orders or try to back out when the task is unpleasant. You're serving his pleasure, not yours. The king has the last word. Who dares say to him, "What are you doing?" Carrying out orders won't hurt you a bit; the wise person obeys promptly and accurately. Yes, there's a right time and way for everything, even though, unfortunately, we miss it for the most part. It's true that no one knows what's going to happen, or when. Who's around to tell us?

8 No one can control the wind or lock it in a box.
No one has any say-so regarding the day of death.
No one can stop a battle in its tracks.
No one who does evil can be saved by evil.

9 All this I observed as I tried my best to under-

이해하려고 노력하던 중에 목격한 것이다. 이것이 바로 서로에게 상처를 입힐 힘을 갖고 있는 세상이 돌아가는 방식이다.

착한 사람과 나쁜 사람

10 나는 악인들이 예를 갖추어 거룩한 땅에 묻히는 것을 보았다. 사람들은 장례식을 마치고 성내로 돌아와서 온갖 미사여구를 동원해 그들을 칭송했다. 악인들이 악행을 저지른 바로 그 현장에서! 이것 또한 연기다. 참으로 그렇다.

11 악행을 벌하는 판결이 나오기까지 참으로 오랜 시간이 걸리기 때문에, 일반 대중은 살인죄를 짓고도 벌을 면할 수 있다고 생각한다.

12-13 사람이 백 번이나 죄를 짓고 그때마다 처벌을 피해 빠져나간다 해서, 그의 삶이 훌륭하다고 말할 수 없다. 훌륭한 삶은 하나님을 경외하여 그분 앞에서 경건하게 사는 사람의 몫이다. 악인은 "훌륭한" 삶을 경험하지 못한다고 나는 굳게 믿는다. 그가 아무리 많은 날을 살아도, 그 삶은 그림자처럼 맥없고 칙칙할 뿐이다. 그는 하나님을 경외하지 않기 때문이다.

14 늘 벌어지지만 이치에 맞지 않는 일이 있다. 착한 사람이 벌을 받고, 나쁜 사람이 상을 받는 것이다. 분명히 말하지만, 이것은 이치에 맞지 않는 일이다. 한낱 연기에 불과하다.

15 그래서 나는 적극적으로 나서서 최대한 즐거운 시간을 갖는 것에 대찬성이다. 사람들이 이 세상에서 기대할 수 있는 유일한 선은, 잘 먹고 잘 마시고 즐거운 시간을 갖는 것이다. 이것이 하나님이 지상에서 허락하신 짧은 세월 동안 우리가 벌이는 생존투쟁에 대한 보상이다.

16-17 이 세상에서 벌어지는 모든 일을 살펴 지혜를 얻기로 마음먹었을 때, 내가 깨달은 것이 또 있다. 눈 한 번 깜빡이지 않고 밤낮으로 눈을 부릅뜨고 지켜보아도, 하나님이 이 세상에서 행하시는 일의 의미를 알아낼 수 없다는 사실이다. 아무리 열심히 찾아도 이해할 수 없을 것이다. 제아무리 똑똑한 사람이라도 제대로 파악할 수 없을 것이다.

stand all that's going on in this world. As long as men and women have the power to hurt each other, this is the way it is.

One Fate for Everybody

10 One time I saw wicked men given a solemn burial in holy ground. When the people returned to the city, they delivered flowery eulogies—and in the very place where wicked acts were done by those very men! More smoke. Indeed.

11 Because the sentence against evil deeds is so long in coming, people in general think they can get by with murder.

12-13 Even though a person sins and gets by with it hundreds of times throughout a long life, I'm still convinced that the good life is reserved for the person who fears God, who lives reverently in his presence, and that the evil person will not experience a "good" life. No matter how many days he lives, they'll all be as flat and colorless as a shadow—because he doesn't fear God.

14 Here's something that happens all the time and makes no sense at all: Good people get what's coming to the wicked, and bad people get what's coming to the good. I tell you, this makes no sense. It's smoke.

15 So, I'm all for just going ahead and having a good time—the best possible. The only earthly good men and women can look forward to is to eat and drink well and have a good time—compensation for the struggle for survival these few years God gives us on earth.

16-17 When I determined to load up on wisdom and examine everything taking place on earth, I realized that if you keep your eyes open day and night without even blinking, you'll still never figure out the meaning of what God is doing on this earth. Search as hard as you like, you're not going to make sense of it. No matter how smart you are, you won't get to the bottom of it.

모든 일은 하나님의 손안에 있다

9 1-3 나는 이 모든 것을 눈여겨보고 하나하나 숙고했다. 그리고 선한 사람과 지혜로운 사람, 그들이 하는 모든 일이 하나님의 손안에 있다는 것을 알게 되었다. 그러나 그들은 자신들이 사랑을 받고 있는지 미움을 받고 있는지 모른다. 있을 수 없는 일이 일어나고 있다. 의인과 악인, 착한 사람과 악한 사람, 괜찮은 사람과 비열한 사람, 예배를 드리는 자와 드리지 않는 자, 맹세하는 자와 맹세하지 않는 자 모두가 같은 운명이다. 이렇게 모두가 한 운명으로 도매금으로 처리된다니, 터무니없는 일이요 답답한 세상사 중에서도 최악이다. 많은 사람들이 악에 집착하는 것을 이상하게 볼 이유가 무엇인가? 사람들이 여기저기서 미쳐 날뛰는 것을 이상하게 여길 까닭이 무엇인가? 삶은 죽음으로 이어진다. 그것이 전부다.

4-6 그래도 산 사람에게는 희망이 있다. 흔히 하는 말로, 살아 있는 개가 죽은 사자보다 낫다. 산 자는 하다못해 자기가 죽을 거라는 사실이라도 안다. 그러나 죽은 자는 아무것도 모르고 아무것도 얻지 못한다. 그들은 아무도 기억하지 않는 논외의 대상이다. 그들의 사랑, 미움, 심지어 꿈마저 사라진 지 오래다. 이 세상에서 그들의 흔적은 전혀 남아 있지 않다.

7-10 생명을 붙잡아라! 신나게 빵을 먹고
힘차게 포도주를 마셔라.
그렇다. 네가 기뻐할 때 하나님도 기뻐하신다!
아침마다 축제옷을 입어라.
깃발과 스카프를 아끼지 마라.
네 위태로운 인생에서
사랑하는 배우자와 함께하는 하루하루를 즐겨라.
하루하루가 하나님의 선물이다. 그것이 생존이라는 노고의
대가로 받는 전부다.
하루하루를 최대한 잘 사용하여라!
무슨 일이 닥치든지 꽉 붙잡고 감당하여라. 성심성의껏!
지금이 네가 그 일을 감당할 수 있는 마지막 기회, 유일한 기회일 수도 있다.
너는 죽은 자들이 있는 곳으로 날마다 가고 있으며
그곳에는 할 일도, 생각할 거리도 없기 때문이다.

9 1-3 Well, I took all this in and thought it through, inside and out. Here's what I understood: The good, the wise, and all that they do are in God's hands—but, day by day, whether it's love or hate they're dealing with, they don't know.
Anything's possible. It's one fate for everybody—righteous and wicked, good people, bad people, the nice and the nasty, worshipers and non-worshipers, committed and uncommitted. I find this outrageous—the worst thing about living on this earth—that everyone's lumped together in one fate. Is it any wonder that so many people are obsessed with evil? Is it any wonder that people go crazy right and left? Life leads to death. That's it.

Seize Life!

4-6 Still, anyone selected out for life has hope, for, as they say, "A living dog is better than a dead lion." The living at least know *something*, even if it's only that they're going to die. But the dead know nothing and get nothing. They're a minus that no one remembers. Their loves, their hates, yes, even their dreams, are long gone. There's not a trace of them left in the affairs of this earth.

7-10 Seize life! Eat bread with gusto,
Drink wine with a robust heart.
Oh yes—God takes pleasure in *your* pleasure!
Dress festively every morning.
Don't skimp on colors and scarves.
Relish life with the spouse you love
Each and every day of your precarious life.
Each day is God's gift. It's all you get in exchange
For the hard work of staying alive.
Make the most of each one!
Whatever turns up, grab it and do it. And heartily!
This is your last and only chance at it,
For there's neither work to do nor thoughts to think
In the company of the dead, where you're most certainly headed.

11 나는 다시 한번 주위를 돌아보았고 이 세상의 모
습을 깨달았다.

빠르다고 경주에서 늘 이기는 것도 아니고
힘세다고 싸움에서 이기는 것도 아니다.
지혜롭다고 만족을 얻는 것도 아니고
똑똑하다고 부자가 되는 것도 아니며
학식이 높다고 품위가 있는 것도 아니다.
그리고, 조만간 우리 모두에게 불행이 닥친다.

12 누구도 불행을 내다볼 수 없다.
물고기가 무자비한 그물에 걸리고 새가 올무에
걸리듯,
사람도 갑작스럽고 몹쓸 사고에
꼼짝없이 걸려든다.

지혜가 완력보다 낫다

13-15 지혜가 이 세상에서 어떤 대접을 받는지 지켜
보던 어느 날, 정신을 바짝 차리고 주목하게 된 한
사건이 있었다. 사람이 얼마 살지 않는 조그만 성
읍에 힘센 왕이 쳐들어왔다. 그는 성을 둘러 참호
를 파고 공격 태세를 갖추었다. 그러나 작은 성읍
에는 가난하지만 지혜로운 사람이 있었고, 그가 지
혜를 발휘하여 그 성읍을 구해 냈다. 그런데 사람
들은 이내 그를 잊어버렸다. (따지고 보면 그는 가
난한 사람에 불과했다.)
16 가난하지만 지혜로웠던 그 사람이 무시를 당하
고 곧 잊히기는 했지만, 그래도 나는 여전히 지혜
가 완력보다 낫다고 믿는다.

17 지혜로운 이의 조용한 말이
어리석은 자들의 왕이 내지르는 호통보다 실속
있다.

18 지혜가 핵탄두보다 낫지만
성질머리 못된 한 사람이 좋은 땅을 망칠 수 있다.

10
1 향수에 죽은 파리가 있으면 그 안에서
악취가 나듯,
작은 어리석음 때문에 많은 지혜가 썩어 버린다.

2 지혜로운 생각은 올바른 생활로 나타나고

11 I took another walk around the neighborhood
and realized that on this earth as it is—

The race is not always to the swift,
Nor the battle to the strong,
Nor satisfaction to the wise,
Nor riches to the smart,
Nor grace to the learned.
Sooner or later bad luck hits us all.

12 No one can predict misfortune.
Like fish caught in a cruel net or birds in a
trap,
So men and women are caught
By accidents evil and sudden.

Wisdom Is Better than Muscle

13-15 One day as I was observing how wisdom
fares on this earth, I saw something that made
me sit up and take notice. There was a small
town with only a few people in it. A strong king
came and mounted an attack, building trenches
and attack posts around it. There was a poor but
wise man in that town whose wisdom saved the
town, but he was promptly forgotten. (He was
only a poor man, after all.)
16 All the same, I still say that wisdom is better
than muscle, even though the wise poor man was
treated with contempt and soon forgotten.

17 The quiet words of the wise are more effective
Than the ranting of a king of fools.

18 Wisdom is better than warheads,
But one hothead can ruin the good earth.

10
1 Dead flies in perfume make it stink,
And a little foolishness decomposes
much wisdom.

2 Wise thinking leads to right living;

어리석은 생각은 잘못된 생활로 나타난다.

3 바보는 길을 걸을 때도 방향감각이 없어서,
그 걷는 모습만으로도 "여기 또 바보가 간다!"
는 사실을 드러낸다.

4 통치자가 네게 화를 내더라도 당황하지
마라.
침착한 대처는 격렬한 분노를 가라앉힌다.

5-7 내가 세상에서 통치자를 탓해야 할
몹쓸 일을 보았다.
미숙한 자에게 고위직이 주어지고
성숙한 이는 하위직을 맡은 것이다.
능력이 입증되지도 않은 신출내기가 갑자기 출
세해 위세를 떨치고
경험이 풍부한 노련가는 해임된 것이다.

8 조심하여라. 네가 놓은 덫에 네가 걸릴 수
있다.
주의하여라. 네 공범자가 너를 배반할 수 있다.
9 안전이 제일이다. 석재를 떠내는 사람은 석
재를 떠내다 다칠 수 있다.
정신을 바짝 차려라. 나무를 베는 사람은 나무
를 베다 다치기 십상이다.
10 잊지 마라. 도끼날이 무딜수록 일은 더 고되다.
머리를 써라. 머리를 많이 쓰면 쓸수록 힘쓸 일
이 적어진다.

11 주술을 걸기도 전에 뱀에게 물린다면
뱀 주술사를 부르러 보내는 일이 무슨 소용 있
겠는가?

12-13 지혜로운 이의 말은 호감을 산다.
어리석은 자는 말로 신세를 망친다.
그는 허튼소리로 시작해
광기와 해악으로 마무리한다.

14 어리석은 자는 말이 너무 많아
제가 무슨 말을 하는지도 모르고 지껄인다.

Stupid thinking leads to wrong living.

3 Fools on the road have no sense of direction.
The way they walk tells the story: "There goes the fool again!"

4 If a ruler loses his temper against you, don't panic;
A calm disposition quiets intemperate rage.

5-7 Here's a piece of bad business I've seen on this earth,
An error that can be blamed on whoever is in charge:
Immaturity is given a place of prominence,
While maturity is made to take a backseat.
I've seen unproven upstarts riding in style,
While experienced veterans are put out to pasture.

8 Caution: The trap you set might catch you.
Warning: Your accomplice in crime might double-cross you.

9 Safety first: Quarrying stones is dangerous.
Be alert: Felling trees is hazardous.

10 Remember: The duller the ax the harder the work;
Use your head: The more brains, the less muscle.

11 If the snake bites before it's been charmed,
What's the point in then sending for the charmer?

12-13 The words of a wise person are gracious.
The talk of a fool self-destructs—
He starts out talking nonsense
And ends up spouting insanity and evil.

14 Fools talk way too much,
Chattering stuff they know nothing about.

15 어리석은 자는 무난한 하루 일에도 녹초가 되어
성읍으로 돌아가는 길도 찾지 못한다.

16-17 어린 풋내기가 왕인 나라,
대신들이 밤새 잔치판을 벌이는 나라는 불행하다.
원숙한 이가 왕인 나라,
대신들이 점잖게 처신하고
술에 취해 어리석은 짓을 하지 않는 나라는 행복하다.

18 무능한 남자의 오두막은 허물어지고
게으른 여자의 집은 지붕에 비가 샌다.

19 빵이 있는 곳에 웃음이 있고
포도주는 인생에 생기를 더한다.
그러나 세상을 굴러가게 하는 것은 돈이다.

20 작은 목소리라도 네 지도자를 헐뜯지 마라.
아무도 없는 자기 집에서라도 윗사람을 욕하지 마라.
함부로 뱉은 말은 누군가 엿듣고 퍼뜨리기 마련이다.
네 험담의 부스러기를 작은 새들이 사방팔방 전한다.

11 1 너그럽게 베풀어라. 자선활동에 투자하여라.
자선은 크게 남는 장사다.

2 재산을 쌓아 두지 말고 주위에 나누어 주어라.
남에게 고마운 사람이 되어라. 오늘 밤이 마지막 시간이 될 수도 있다.

3-4 구름에 물기가 가득 차면 비가 내린다.
바람이 불어 나무가 쓰러지면, 나무는 그 자리에 그대로 있다.
거기 앉아서 바람만 살피지 마라. 네 할 일을 하여라.
구름만 빤히 쳐다보지 마라. 네 인생을 살아라.

5 임신한 여인의 뱃속에서 벌어지는

15 A decent day's work so fatigues fools
That they can't find their way back to town.

16-17 Unlucky the land whose king is a young pup,
And whose princes party all night.
Lucky the land whose king is mature,
Where the princes behave themselves
And don't drink themselves silly.

18 A shiftless man lives in a tumbledown shack;
A lazy woman ends up with a leaky roof.

19 Laughter and bread go together,
And wine gives sparkle to life—
But it's money that makes the world go around.

20 Don't bad-mouth your leaders, not even under your breath,
And don't abuse your betters, even in the privacy of your home.
Loose talk has a way of getting picked up and spread around.
Little birds drop the crumbs of your gossip far and wide.

11 1 Be generous: Invest in acts of charity.
Charity yields high returns.

2 Don't hoard your goods; spread them around.
Be a blessing to others. This could be your last night.

3-4 When the clouds are full of water, it rains.
When the wind blows down a tree, it lies where it falls.
Don't sit there watching the wind. Do your own work.
Don't stare at the clouds. Get on with your life.

5 Just as you'll never understand
the mystery of life forming in a pregnant

생명의 신비를 이해할 수 없듯,
하나님이 행하시는 모든 일 안에서 벌어지는
신비 역시 이해할 수 없다.

6 아침에 일하러 나가면
저녁까지 시계도 보지 말고 네 일에 전념하여라.
네 일이 결국 어떻게 풀릴지는
미리 알 도리가 없다.

7-8 오, 한낮의 빛은 얼마나 달콤한가!
햇살을 받으며 사는 것, 얼마나 멋진 일인가!
아무리 오래 산다 해도, 하루를 당연하게 여기지 마라.
빛으로 가득한 매시간을 즐거워하되,
앞으로 어두운 날이 많이 있을 것과
장래의 일들이 대부분 연기에 불과함을 기억하여라.

네 젊음을 잘 선용하여라

9 젊은이여, 네 젊음을 잘 선용하여라.
네 젊은 힘을 즐거워하여라.
네 마음이 원하는 대로 따라가 보아라.
좋아 보이는 것이 있거든 그것도 추구해 보아라.
그러나 네가 알아야 할 것이 있다. 모든 일이 다 괜찮은 것은 아니며,
네가 추구한 모든 일을 하나님 앞에서 남김없이 해명해야 한다는 사실이다.

10 한곳에 매이지 말고 자유롭게 생각하며 살아라.
젊음은 영원하지 않다.
연기처럼 금세 사라져 버린다.

12 1-2 네가 아직 젊을 때,
네 창조주께 영광을 돌리고 그분을 즐거워하여라.
세월의 무게에 못 이겨 기력이 쇠하기 전,
눈이 침침해져 세상이 부옇게 보이기 전,
겨울철에 난롯가를 떠나지 못하게 되기 전에.

3-5 *늙으면 몸이 말을 듣지 않는다.*
힘줄은 늘어지고, 쥐는 힘은 약해지며, 관절은 뻣뻣해진다.
세상에는 땅거미가 깔린다.
마음대로 드나들 수 없게 된다. 세상이 멈추어

woman,
So you'll never understand
the mystery at work in all that God does.

6 Go to work in the morning
and stick to it until evening without watching the clock.
You never know from moment to moment
how your work will turn out in the end.

Before the Years Take Their Toll

7-8 Oh, how sweet the light of day,
And how wonderful to live in the sunshine!
Even if you live a long time, don't take a single day for granted.
Take delight in each light-filled hour,
Remembering that there will also be many dark days
And that most of what comes your way is smoke.

9 You who are young, make the most of your youth.
Relish your youthful vigor.
Follow the impulses of your heart.
If something looks good to you, pursue it.
But know also that not just anything goes;
You have to answer to God for every last bit of it.

10 Live footloose and fancy-free—
You won't be young forever.
Youth lasts about as long as smoke.

12 1-2 Honor and enjoy your Creator while you're still young,
Before the years take their toll and your vigor wanes,
Before your vision dims and the world blurs
And the winter years keep you close to the fire.

3-5 In old age, your body no longer serves you so well.
Muscles slacken, grip weakens, joints stiffen.
The shades are pulled down on the world.
You can't come and go at will. Things grind to a

선다.
가족들의 소리는 희미해진다.
새소리에 잠이 깨고
산을 오르는 것은 옛일이 되며
내리막길을 걷는 일마저 겁이 난다.
머리털은 사과 꽃처럼 희어져,
성냥개비처럼 부러질 듯 힘없는 몸을 장식할 뿐이다.
그렇다. 너는 영원한 안식으로 가는 길에 거의 이르렀고,
친구들은 네 장례 계획을 세운다.

6-7 근사했던 삶이 조만간 마무리된다.
값지고 아름다운 인생이 끝난다.
몸은 그 출처였던 땅으로 되돌아가고,
영은 그것을 불어넣으신 하나님께 되돌아간다.

8 모두가 연기다. 연기일 뿐이다.
탐구자는 모든 것이 연기라고 말한다.

결론

9-10 **탐구자**는 지혜로웠고 다른 사람들에게 지식을 가르쳤다. 그는 많은 잠언을 따져 보고 검토하고 정리했다. 탐구자는 옳은 말을 찾아 알기 쉬운 진리로 기록하려고 최선을 다했다.

11 지혜로운 이의 말은 우리에게 제대로 살라고 촉구한다.
그 말은 잘 박힌 못처럼 인생을 붙들어 준다.
그것은 한분 목자이신 하나님의 말씀이기도 하다.

12-13 친구여, 이 밖의 것에 대해서는 너무 무리해서 연구하지 마라. 책을 출판하는 일은 끝이 없고, 공부만 하다 보면 지쳐서 공부밖에 못하는 사람이 된다. 나는 할 말을 다했고 결론은 이것이다.

하나님을 경외하여라.
그분이 명하시는 대로 행하여라.

14 이것이 전부다. 결국 하나님은 우리가 하는 모든 일을 환히 드러내시고, 감추어진 의도에 따라 그것의 선함과 악함을 판단하실 것이다.

halt.
The hum of the household fades away.
You are wakened now by bird-song.
Hikes to the mountains are a thing of the past.
Even a stroll down the road has its terrors.
Your hair turns apple-blossom white,
Adorning a fragile and impotent matchstick body.
Yes, you're well on your way to eternal rest,
While your friends make plans for your funeral.

6-7 Life, lovely while it lasts, is soon over.
Life as we know it, precious and beautiful, ends.
The body is put back in the same ground it came from.
The spirit returns to God, who first breathed it.

8 It's all smoke, nothing but smoke.
The Quester says that everything's smoke.

The Final Word

9-10 Besides being wise himself, the Quester also taught others knowledge. He weighed, examined, and arranged many proverbs. The Quester did his best to find the right words and write the plain truth.

11 The words of the wise prod us to live well.
They're like nails hammered home, holding life together.
They are given by God, the one Shepherd.

12-13 But regarding anything beyond this, dear friend, go easy. There's no end to the publishing of books, and constant study wears you out so you're no good for anything else. The last and final word is this:

Fear God.
Do what he tells you.

14 And that's it. Eventually God will bring everything that we do out into the open and judge it according to its hidden intent, whether it's good or evil.

아가를 조금만 읽어 보면 두 가지가 눈에 들어온다. 절묘한 사랑 노래와 노골적인 성애 표현이다. 다시 말해, 아가는 부부애와 성관계를 연결시키고 있다. 이것은 대단히 중요하고 성경적인 연결 관계다. 어떤 이들은 사랑을 이야기할 때 성관계를 배제하려 하고, 그렇게 하면 사랑이 더 거룩해진다고 생각한다. 반면 성관계를 생각할 때 사랑을 전혀 고려하지 않는 자들도 있다. 세상은 사랑 없는 성관계가 판을 치는 곳이다. 그런 세상을 향해 아가서는 결혼과 헌신적 사랑이 온전한 통일체를 이룬다는 기독교의 가르침을 선포한다.

아가는 남자와 여자가 육체적, 감정적, 영적으로 사랑하며 살아가도록 창조되었음을 설득력 있게 증언한다. 성경은 처음부터 "사람이 혼자 있는 것이 좋지 않다"고 기록하고 있다. 아가는 서로 다른 두 인격체가 이루는 사랑의 연합을 노래함으로써 창세기의 그 대목을 상세히 설명한다. 서로 다른 모습 속에서도 하나가 되는 모습이 그려진다.

[여자] 나의 사랑하는 연인은 건강미가 넘치지.
혈색이 좋고 빛이 난단다!
그이는 수많은 사람 중에 으뜸,
그와 같은 이는 하나도 없단다!……
그이의 모든 것이 속속들이 나를
기쁘게 하고 짜릿하게 하지! (아 5:10, 16)

[남자] 이 같은 여인은 세상에 없네.
전에도 없었고, 앞으로도 없으리.
비할 바 없이 아름다운 여인,
나의 비둘기는 완벽 그 자체라네(아 6:8-9).

창세기를 통해 우리는 결혼이 기쁨과 삶을 서로 나누기 위해 만들어진 제도임을 배운다. 아가를 읽으면 우리 모두가 추구해야 할 목표와 이상이 무엇인지 알게 된다. 우리는 정말 사랑할 줄 모르는 사람들이지만, 아가가 노래하는 황홀감과 충족감을 보면서, 우리가 창조된 목적이자 하나님이 우리에게 주기 원하시는 것이 사랑하고 사랑받

We don't read very far in the Song of Songs before we realize two things: one, it contains exquisite love lyrics, and two, it is very explicit sexually. The Song, in other words, makes a connection between conjugal love and sex—a very important and very biblical connection to make. There are some who would eliminate sex when they speak of love, supposing that they are making it more holy. Others, when they think of sex, never think of love. The Song proclaims an integrated wholeness that is at the center of Christian teaching on committed, wedded love for a world that seems to specialize in loveless sex.

The Song is a convincing witness that men and women were created physically, emotionally, and spiritually to live in love. At the outset of Scripture we read, "It is not good for man to live alone." The Song of Songs elaborates on the Genesis story by celebrating the union of two diverse personalities in love. Yet, even in their diversity, they agree:

[The Woman] My dear lover glows with health—
red-blooded, radiant!
He's one in a million.
There's no one quite like him!...
Everything about him delights me, thrills me through and through!(Song of Songs 5:10, 16)

[The Man] There's no one like her on earth,
never has been, never will be.
She's a woman beyond compare.
My dove is perfection(Song of Songs 6:8-9).

We read Genesis and learn that this is the created pattern of joy and mutuality. We read the Song and see the goal and ideal toward which we all press for fulfillment. Despite our sordid failures in love, we see here what we are created for, what God intends for us in the ecstasy and fulfillment that is celebrated in the

는 일임을 알게 된다.

사랑은 위험과 죽음에도 굴하지 않는 것,
그 열정은 지옥의 공포를 비웃는답니다.
사랑의 불은 어떤 것에도 꺼지지 않아,
제 앞에 있는 모든 것을 쓸어버린답니다.
홍수도 사랑을 익사시키지 못하고
억수 같은 비도 사랑을 꺼뜨리지 못합니다.
사랑은 팔 수도 살 수도 없는 것,
시장에서 구할 수도 없는 것(아 8:6-7).

그리스도인들은 아가를 부부 간의 친밀감, 자기 백성을 향한 하나님의 깊은 사랑, 신랑 되신 그리스도의 교회를 향한 사랑, 주님을 향한 그리스도인의 사랑 등 여러 차원으로 읽는다. 온 세상에 있는 하나님의 모든 사랑과, 하나님을 사랑하고 그분의 사랑을 받는 이들의 모든 반응이 아가라는 프리즘 안에 한데 모였다가 각기 고유한 색깔로 다시 나누어진다.

lyricism of the Song.

Love is invincible facing danger and death.
Passion laughs at the terrors of hell.
The fire of love stops at nothing—
it sweeps everything before it.
Flood waters can't drown love,
torrents of rain can't put it out.
Love can't be bought, love can't be sold—
it's not to be found in the marketplace.
(Song of Songs 8:6-7)

Christians read the Song on many levels: as the intimacy of marital love between man and woman, God's deep love for his people, Christ's Bridegroom love for his church, the Christian's love for his or her Lord. It is a prism in which all the love of God in all the world, and all the responses of those who love and whom God loves, gathers and then separates into individual colors.

아가

SONG OF SONGS

1 [1] 노래 중의 노래, 솔로몬의 노래다!

여자

2-3 입 맞춰 주세요. 당신의 입술로 내 입술 덮어 주세요!
그래요, 당신의 사랑은 포도주보다 달콤하고
당신이 바른 향유보다 더 향기로워요.
당신의 이름을 부를 때면 초원의 냇물 흘러가는 소리가 들려와요.
그러니 다들 당신의 이름 말하기를 좋아할 수밖에요!

4 나를 데려가 주세요! 우리 함께 도망쳐요!
나의 왕, 나의 연인이여, 우리끼리 몰래 떠나요!
우리 축하하고 노래하며
멋진 사랑의 음악을 연주해요.
그래요! 당신의 사랑은 최상품 포도주보다 달콤하니까요.
다들 당신을 사랑해요. 당연한 일이지요! 아무렴요!

5-6 오, 예루살렘 아가씨들아,
나 비록 가뭇하지만 우아하단다.
게달 사막의 천막처럼 까맣게 탔지만
솔로몬 성전의 휘장처럼 더없이 부드럽단다.
내가 가무잡잡하다고 깔보지 마라.
따가운 햇볕에 그을렸을 뿐이니.
내 오라버니들이 나를 조롱하며 밭에서 일하게 했단다.
땅의 작물을 가꾸느라
내 얼굴을 가꿀 시간이 없었지.

7 임이여, 너무나 사랑하오니
어디에서 일하시는지 알려 주세요.

1 [1] The Song—best of all songs—Solomon's song!

The Woman

2-3 Kiss me—full on the mouth!
Yes! For your love is better than wine,
headier than your aromatic oils.
The syllables of your name murmur like a meadow brook.
No wonder everyone loves to say your name!

4 Take me away with you! Let's run off together!
An elopement with my King-Lover!
We'll celebrate, we'll sing,
we'll make great music.
Yes! For your love is better than vintage wine.
Everyone loves you—of course! And why not?

5-6 I am weathered but still elegant,
oh, dear sisters in Jerusalem,
Weather-darkened like Kedar desert tents,
time-softened like Solomon's Temple hangings.
Don't look down on me because I'm dark,
darkened by the sun's harsh rays.
My brothers ridiculed me and sent me to work in the fields.
They made me care for the face of the earth,
but I had no time to care for my own face.

7 Tell me where you're working

어디에서 양 떼를 돌보시는지
한낮에는 어디에서 양 떼를 쉬게 하시는지 알려 주세요.
어찌하여 나는 임의 부드러운 보살핌을 받지 못하고
홀로 남아 있어야 하나요?

남자

8 여인들 가운데 가장 사랑스러운 그대,
나를 찾지 못해도 괜찮아요. 그대의 양 떼 곁에 머물러요.
그대의 양 떼를 데리고 아름다운 목장으로 가서
이웃 양치기들과 함께 있어요.

9-11 그대를 보노라면
잘 손질되어 매끈한 바로의 암말이 떠올라요.
늘어뜨린 귀걸이는 그대의 우아한 볼 선과 어우러지고
보석 목걸이를 건 그대의 목선은 아름답게 빛나지요.
나 그대에게 금과 은으로 장신구를 만들어 주려 해요.
그대의 아름다움이 더 돋보이고 두드러질 거예요.

여자

12-14 나의 왕, 나의 연인께서 내 곁에 누우실 때
나의 향기가 방 안을 가득 채웠네.
내 젖가슴 사이에서 쉬던 그이의 머리,
내 연인의 머리는 감미로운 몰약 주머니였네.
내 연인은 엔게디 들판에서 날 위해 꺾어 만든
야생화 꽃다발이라네.

남자

15 오, 나의 사랑! 그대는 정녕 아리땁군요!
그대의 두 눈은 비둘기같이 아름다워요!

여자

16-17 사랑하는 나의 연인, 너무나 잘생기신 분!
우리가 함께 누울 잠자리는 숲 속에 있어요.
지붕은 우거진 백향목 가지,
우리를 둘러싼 벽은 향기롭고 푸르른 잣나무.

2

1 나는 샤론 평원에서 꺾은 한 송이 들꽃,
골짜기 연못에서 따낸 한 송이 연꽃.

—I love you so much—
Tell me where you're tending your flocks,
where you let them rest at noontime.
Why should I be the one left out,
outside the orbit of your tender care?

The Man

8 If you can't find me, loveliest of all women,
it's all right. Stay with your flocks.
Lead your lambs to good pasture.
Stay with your shepherd neighbors.

9-11 You remind me of Pharaoh's
well-groomed and satiny mares.
Pendant earrings line the elegance of your cheeks;
strands of jewels illumine the curve of your throat.
I'm making jewelry for you, gold and silver jewelry
that will mark and accent your beauty.

The Woman

12-14 When my King-Lover lay down beside me,
my fragrance filled the room.
His head resting between my breasts—
the head of my lover was a sachet of sweet myrrh.
My beloved is a bouquet of wildflowers
picked just for me from the fields of Engedi.

The Man

15 Oh, my dear friend! You're so beautiful!
And your eyes so beautiful—like doves!

The Woman

16-17 And you, my dear lover—you're so handsome!
And the bed we share is like a forest glen.
We enjoy a canopy of cedars
enclosed by cypresses, fragrant and green.

2

1 I'm just a wildflower picked from the plains of Sharon,
a lotus blossom from the valley pools.

남자

2 마을 아가씨들 사이에 있는 그대는
수초 가득한 늪에 핀 한 송이 연꽃이지요.

여자

3-4 살구나무가 숲속에서 돋보이듯이,
나의 연인은 마을 젊은이들 사이에서 단연 빼어납니다.
내가 원하는 것은 그이의 그늘에 앉아
그이의 달콤한 사랑을 맛보고 음미하는 것뿐.
그이는 나를 집으로 데려가 잔칫상을 베풉니다.
그러나 그이의 눈이 포식한 것은 바로 나.

5-6 오! 기운을 차리게 먹을 것을 주세요. 어서!
살구, 건포도, 무엇이든 좋아요. 사랑에 겨워 정신이 혼미해져요!
그이의 왼손, 내 머리를 받치고
그이의 오른팔, 내 허리를 휘감네!

7 오, 예루살렘 아가씨들아, 노루를 두고
그래, 들사슴을 두고 그대들에게 경고한다.
때가 무르익기 전, 준비되기 전에는
사랑에 불을 지르지 마라. 사랑이 달아오르게 하지 마라.

8-10 보셔요! 들어 보셔요! 내 연인이어요!
그이가 오는 모습이 보이나요?
산을 뛰어오르고
언덕을 뛰어넘잖아요.
내 연인은 노루처럼 우아하고
젊은 수사슴처럼 늠름하답니다.
보셔요, 그이가 문 앞에 서서 까치발을 하고 있어요.
귀를 세우고 눈을 크게 뜬 것이 당장이라도 들어올 기세!
내 연인이 도착하여
나에게 말을 거네요!

남자

10-14 나의 사랑하는 이여, 일어나요.
어여쁘고 아리따운 나의 연인이여, 이리 나와요!
주위를 둘러봐요. 겨울이 갔어요.
겨울비도 그쳤어요!
여기저기 봄꽃이 만발하고
온 세상이 합창대가 되어 노래하고 있어요!
봄 휘파람새가 고운 화음으로
숲을 가득 채워요.

The Man

2 A lotus blossoming in a swamp of weeds—
that's my dear friend among the girls in the village.

The Woman

3-4 As an apricot tree stands out in the forest,
my lover stands above the young men in town.
All I want is to sit in his shade,
to taste and savor his delicious love.
He took me home with him for a festive meal,
but his eyes feasted on *me*!

5-6 Oh! Give me something refreshing to eat—and quickly!
Apricots, raisins—anything. I'm about to faint with love!
His left hand cradles my head,
and his right arm encircles my waist!

7 Oh, let me warn you, sisters in Jerusalem,
by the gazelles, yes, by all the wild deer:
Don't excite love, don't stir it up,
until the time is ripe—and you're ready.

8-10 Look! Listen! There's my lover!
Do you see him coming?
Vaulting the mountains,
leaping the hills.
My lover is like a gazelle, graceful;
like a young stag, virile.
Look at him there, on tiptoe at the gate,
all ears, all eyes—ready!
My lover has arrived
and he's speaking to me!

The Man

10-14 Get up, my dear friend,
fair and beautiful lover—come to me!
Look around you: Winter is over;
the winter rains are over, gone!
Spring flowers are in blossom all over.
The whole world's a choir—and singing!
Spring warblers are filling the forest

화사한 자줏빛을 뽐내며 향기를 내뿜는 라일락,
만발한 꽃이 향기로운 체리나무를 봐요.
오, 사랑하는 이여, 일어나요.
어여쁘고 아리따운 나의 연인이여, 이리 나와요!
수줍음 많고 얌전한 나의 비둘기여,
숨어 있지 말고 밖으로 나와요!
얼굴 좀 보여줘요.
목소리 좀 들려줘요.
그대 목소리는 내 마음을 진정시키고
그대 얼굴은 내 마음을 황홀케 해요.

여자

15 그러시다면 여우 떼를,
먹이를 찾아 헤매는 저 여우 떼를 막아 주셔요.
녀석들은 꽃이 만발한 정원에 난입하려고
호시탐탐 노린답니다.

16-17 나의 그이는 나의 것, 나는 그이의 것.
그이는 밤마다 우리의 정원을 거닐며
꽃들을 보고 즐거워한답니다.
새벽이 빛을 내뿜고 밤이 물러갈 때까지.

사랑하는 연인이여, 내게 오셔요.
노루처럼 오셔요.
기쁨의 산 위,
야생 수사슴처럼 어서 뛰어오셔요!

3 1-4 잠자리에서 마음 졸이고 밤새 잠 못 이루며
나의 연인을 그리워했네.
그이를 간절히 원했건만, 그이가 없어 가슴 아팠네.
그래서 일어나 성 안을 헤매며
거리와 뒷골목을 샅샅이 뒤졌네.
나의 연인을 더없이 간절히 원했네!
하지만 그이를 찾아내지 못했네.
어두운 성을 순찰하던 야경꾼들이
나를 보았네.
"사랑하는 사람을 놓쳐 버렸어요. 혹시 못 보셨나요?" 나는 물었네.
그들을 지나치자마자 그이를 만났네,
놓쳐 버렸던 내 연인을.
나 그이를 얼싸안았네. 꼭 껴안았네.
그이와 함께 집으로 돌아가,
화롯가에 자리 잡을 때까지 얼싸안은 팔을 풀지

with sweet arpeggios.
Lilacs are exuberantly purple and perfumed,
and cherry trees fragrant with blossoms.
Oh, get up, dear friend,
my fair and beautiful lover—come to me!
Come, my shy and modest dove—
leave your seclusion, come out in the open.
Let me see your face,
let me hear your voice.
For your voice is soothing
and your face is ravishing.

The Woman

15 Then you must protect me from the foxes,
foxes on the prowl,
Foxes who would like nothing better
than to get into our flowering garden.

16-17 My lover is mine, and I am his.
Nightly he strolls in our garden,
Delighting in the flowers
until dawn breathes its light and night slips away.

Turn to me, dear lover.
Come like a gazelle.
Leap like a wild stag
on delectable mountains!

3 1-4 Restless in bed and sleepless through the night,
I longed for my lover.
I wanted him desperately. His absence was painful.
So I got up, went out and roved the city,
hunting through streets and down alleys.
I wanted my lover in the worst way!
I looked high and low, and didn't find him.
And then the night watchmen found me
as they patrolled the darkened city.
"Have you seen my dear lost love?" I asked.
No sooner had I left them than I found him,
found my dear lost love.
I threw my arms around him and held him tight,

않았네.

5 오, 예루살렘 아가씨들아, 노루를 두고
그래, 들사슴을 두고 그대들에게 경고한다.
때가 무르익기 전, 준비되기 전에는
사랑에 불을 지르지 마라. 사랑이 달아오르게 하지 마라.

6-10 먼지구름 일으키며,
달콤한 냄새와
알싸한 향기를 공중 가득 풍기며
사막에서 다가오는 저것은 무엇인가?
보아라! 솔로몬의 가마로구나.
이스라엘의 가장 뛰어난 용사들 중에서 뽑힌
예순 명이 메고 호위하는구나.
모두 빈틈없이 무장한 용사들,
전투를 위해 훈련된 전사들,
만반의 준비를 갖추었구나.
가마는 전에 솔로몬 왕의 지시로 만든 것.
나뭇결 고운 레바논 백향목으로 지은 것.
뼈대는 은으로 세우고 지붕은 금으로 덮었네.
자줏빛 천으로 등받이를 싸고
무두질한 가죽으로 내부를 둘렀네.

11 예루살렘 아가씨들아, 와서 보아라.
오, 시온 아가씨들아, 놓치지 마라!
혼례식에 맞추어 예복을 입고 화관을 쓰신 분,
기쁨에 겨워 가슴이 터질 것 같은
나의 왕, 나의 연인을!

남자

4 1-5 나의 사랑, 너무나 아리따워요.
아름다운 그대, 머리카락에 가려진 두 눈이 비둘기 같아요.
그대의 머리카락,
멀리서 햇빛 받으며 언덕 아래로 내리닫는 염소 떼처럼
찰랑거리며 반짝여요.
아낌없는 환한 미소,
그대의 마음을 보여주네요. 힘 있고 정갈한 미소예요.
진홍색 보석 같은 그대의 입술,
우아하고 매혹적인 그대의 입매.
너울에 가린 부드러운 두 볼은 광채를 발하고,
눈길을 사로잡는 부드럽고 유연한 목선,

wouldn't let him go until I had him home again,
safe at home beside the fire.

5 Oh, let me warn you, sisters in Jerusalem,
by the gazelles, yes, by all the wild deer:
Don't excite love, don't stir it up,
until the time is ripe—and you're ready.

6-10 What's this I see, approaching from the desert,
raising clouds of dust,
Filling the air with sweet smells
and pungent aromatics?
Look! It's Solomon's carriage,
carried and guarded by sixty soldiers,
sixty of Israel's finest,
All of them armed to the teeth,
trained for battle,
ready for anything, anytime.
King Solomon once had a carriage built
from fine-grained Lebanon cedar.
He had it framed with silver and roofed with gold.
The cushions were covered with a purple fabric,
the interior lined with tooled leather.

11 Come and look, sisters in Jerusalem.
Oh, sisters of Zion, don't miss this!
My King-Lover,
dressed and garlanded for his wedding,
his heart full, bursting with joy!

The Man

4 1-5 You're so beautiful, my darling,
so beautiful, and your dove eyes are veiled
By your hair as it flows and shimmers,
like a flock of goats in the distance
streaming down a hillside in the sunshine.
Your smile is generous and full—
expressive and strong and clean.
Your lips are jewel red,
your mouth elegant and inviting,
your veiled cheeks soft and radiant.
The smooth, lithe lines of your neck
command notice—all heads turn in awe and admiration!
Your breasts are like fawns,

다들 쳐다보고 감탄하며 흠모하지요!
그대의 두 젖가슴은 한 쌍의 새끼사슴 같고
처음 핀 봄꽃 사이에서 풀을 뜯는 쌍둥이 노루 같아요.

6-7 그대의 몸, 그 멋지고 우아한 곡선,
부드럽고도 특별한 윤곽이
나를 부르니, 내가 가네.
새벽이 빛을 내뿜고 밤이 물러갈 때까지, 그대 곁에 머무르네.
머리부터 발끝까지 아름다운 그대, 내 사랑.
그 아름다움, 무엇과도 비교할 수 없고, 흠 하나 없네.

8-15 나의 신부여, 나와 함께 레바논에서 나갑시다.
레바논을 떠납시다.
그대의 산속 은신처를 버리고
그대가 칩거하는 광야,
그대가 사자와 어울려 사는 곳,
표범이 지켜 주는 곳을 떠납시다.
사랑하는 이여, 그대가 내 마음을 사로잡았어요.
그대가 나를 보는 순간, 난 사랑에 빠졌어요.
그대의 눈길 한 번에 속절없이 사랑에 빠졌어요!
사랑하는 이여, 그대의 사랑이 얼마나 아름다운지요!
그대의 사랑은 희귀한 고급 포도주보다 달콤하고,
그대의 향기는 고르고 고른 향료보다 특별해요.
내 사랑, 그대와의 입맞춤은 꿀처럼 달고,
그대 입에서 흘러나오는 한 마디 한 마디는 최고의 진미랍니다.
그대의 옷에서 들판의 싱그러움과
고산 지대의 신선한 내음이 풍겨요.
나의 연인, 나의 벗이여, 그대는 비밀의 정원,
나에게만 열려 있는 맑은 샘.
나의 연인, 그대는 낙원,
즙 많은 과일이 주렁주렁 열린 과수원.
잘 익은 살구와 복숭아
오렌지와 배
개암나무와 육계나무
향이 나는 온갖 나무들,
박하와 라벤더
향기로운 온갖 허브가 그대 안에 있어요.
그대는 정원의 샘,
레바논 산맥에서 흘러내린 샘물이
퐁퐁 솟구쳐요.

여자

16 북풍아, 일어라.

twins of a gazelle, grazing among the first spring flowers.

6-7 The sweet, fragrant curves of your body,
the soft, spiced contours of your flesh
Invite me, and I come. I stay
until dawn breathes its light and night slips away.
You're beautiful from head to toe, my dear love,
beautiful beyond compare, absolutely flawless.

8-15 Come with me from Lebanon, my bride.
Leave Lebanon behind, and come.
Leave your high mountain hideaway.
Abandon your wilderness seclusion,
Where you keep company with lions
and panthers guard your safety.
You've captured my heart, dear friend.
You looked at me, and I fell in love.
One look my way and I was hopelessly in love!
How beautiful your love, dear, dear friend—
far more pleasing than a fine, rare wine,
your fragrance more exotic than select spices.
The kisses of your lips are honey, my love,
every syllable you speak a delicacy to savor.
Your clothes smell like the wild outdoors,
the ozone scent of high mountains.
Dear lover and friend, you're a secret garden,
a private and pure fountain.
Body and soul, you are paradise,
a whole orchard of succulent fruits—
Ripe apricots and peaches,
oranges and pears;
Nut trees and cinnamon,
and all scented woods;
Mint and lavender,
and all herbs aromatic;
A garden fountain, sparkling and splashing,
fed by spring waters from the Lebanon mountains.

The Woman

16 Wake up, North Wind,

남풍아, 움직여라!
나의 정원으로 불어와
향기를 퍼뜨려 다오.

오, 나의 연인이 그이의 정원으로 드시게 하여라!
잘 익어 맛깔스러운 과일을 따 드시게 하여라.

남자

5 1 나의 사랑하는 벗, 최고의 연인이여! 나는 내 정원으로 가서
달콤한 향기를 들이마셨어요.
과일과 꿀을 먹고
과즙과 포도주를 마셨어요.

벗들아, 나와 함께 즐기자!
잔을 들어 건배하자. "삶을 위하여! 사랑을 위하여!"

여자

2 나는 깊이 잠들었지만, 꿈속에서는 완전히 깨어 있었어요.
쉿, 들어 보셔요! 나의 연인이 문 두드리며 부르는 소리를!

남자

"들어가게 해줘요, 나의 반려자, 가장 아끼는 벗이여!
나의 비둘기, 완벽한 연인이여!
밤안개와 이슬에 흠뻑 젖어
오한이 드는군요."

여자

3 "나는 잠옷을 입고 있는데, 옷을 다시 차려입으란 건가요?
몸을 씻고 잠자리에 들었는데, 다시 흙을 묻히란 건가요?"

4-7 그러나 나의 연인은 도무지 물러서지 않았네.
그이가 문을 두드리면 두드릴수록, 나는 더욱 흥분되었네.
나의 연인에게 문을 열어 주고
그이를 다정히 맞이하려 잠자리에서 일어났네.
그이를 간절히 바라고 기대하며
문고리를 돌렸네.
그러나 문을 열고 보니, 그이는 가고 없었네.
내 사랑하는 임이 기다리다 지쳐 떠났네.
내 마음이 무너졌네. 오, 내 가슴이 찢어졌네!

get moving, South Wind!
Breathe on my garden,
fill the air with spice fragrance.

Oh, let my lover enter his garden!
Yes, let him eat the fine, ripe fruits.

The Man

5 1 I went to my garden, dear friend, best lover!
breathed the sweet fragrance.
I ate the fruit and honey,
I drank the nectar and wine.

Celebrate with me, friends!
Raise your glasses—"To life! To love!"

The Woman

2 I was sound asleep, but in my dreams I was wide awake.
Oh, listen! It's the sound of my lover knocking, calling!

The Man

"Let me in, dear companion, dearest friend,
my dove, consummate lover!
I'm soaked with the dampness of the night,
drenched with dew, shivering and cold."

The Woman

3 "But I'm in my nightgown—do you expect me to get dressed?
I'm bathed and in bed—do you want me to get dirty?"

4-7 But my lover wouldn't take no for an answer,
and the longer he knocked, the more excited I became.
I got up to open the door to my lover,
sweetly ready to receive him,
Desiring and expectant
as I turned the door handle.
But when I opened the door he was gone.
My loved one had tired of waiting and left.
And I died inside—oh, I felt so bad!

달려 나가 그이를 찾았지만,
그이의 모습 어디서도 보이지 않았네.
어둠 속에 대고 불러 보아도 대답이 없었네.
성을 순찰하던 야경꾼들이
나를 보았네.
그들은 나를 때려 상처를 입히고
내 옷을 벗겨 갔네,
성 안을 지켜야 할 그들이 강도짓을 했네.

8 예루살렘 아가씨들아, 간절히 부탁한다.
나의 연인을 만나거든 전해 다오.
내가 그이를 원한다고,
그이를 너무 사랑하여 크게 상심했다고.

합창

9 아름다운 아가씨야, 그대의 연인이 뭐가 그리 대단하냐?
그 사람 무엇이 그리 특별하기에 우리의 도움을 구하느냐?

여자

10-16 나의 사랑하는 연인은 건강미가 넘치지.
혈색이 좋고 빛이 난단다!
그이는 수많은 사람 중에 으뜸,
그와 같은 이는 하나도 없단다!
나의 소중한 그이는 티 없이 순수하고,
어깨에 흘러내린 고수머리는 까마귀처럼 검고 윤이 난단다.
그이의 두 눈은 비둘기같이 부드럽고 반짝이지.
가득 찬 우물처럼 깊어서 그윽한 뜻이 담겨 있지.
그이의 얼굴은 강인한 인상을 주고, 수염은 현인의 기운 풍기며
따뜻한 목소리는 나를 안심시킨단다.
불끈 솟아오른 멋진 근육은
근사하고 아름답지.
그이의 몸은 조각가의 작품,
상아처럼 단단하고 매끈하단다.
백향목처럼 훤칠하고
태산같이 듬직하여 흔들림이 없고,
나무와 돌처럼 자연의 내음 가득하단다.
그이의 말은 말로 하는 키스, 그이의 키스는 키스로 하는 말.
그이의 모든 것이 속속들이 나를
기쁘게 하고 짜릿하게 하지!

I ran out looking for him
But he was nowhere to be found.
I called into the darkness—but no answer.
The night watchmen found me
as they patrolled the streets of the city.
They slapped and beat and bruised me,
ripping off my clothes,
These watchmen,
who were supposed to be guarding the city.

8 I beg you, sisters in Jerusalem—
if you find my lover,
Please tell him I want him,
that I'm heartsick with love for him.

The Chorus

9 What's so great about your lover, fair lady?
What's so special about him that you beg for our help?

The Woman

10-16 My dear lover glows with health—
red-blooded, radiant!
He's one in a million.
There's no one quite like him!
My golden one, pure and untarnished,
with raven black curls tumbling across his shoulders.
His eyes are like doves, soft and bright,
but deep-set, brimming with meaning, like wells of water.
His face is rugged, his beard smells like sage,
His voice, his words, warm and reassuring.
Fine muscles ripple beneath his skin,
quiet and beautiful.
His torso is the work of a sculptor,
hard and smooth as ivory.
He stands tall, like a cedar,
strong and deep-rooted,
A rugged mountain of a man,
aromatic with wood and stone.
His words are kisses, his kisses words.
Everything about him delights me, thrills me through and through!

예루살렘 아가씨들아,
이 사람이 바로 나의 연인, 나의 임이란다.

합창

6

1 아리따운 여인아,
그대의 임은 어디로 갔느냐?
도대체 그는 어디에 있느냐?
우리가 그를 찾는 일을 도와줄까?

여자

2-3 신경 쓰지 마라. 나의 연인은 이미 자기 정원으로 가서
꽃을 구경하고 있으니.
손으로 쓰다듬으며 그 색깔과 모양 음미하고 있단다.
나는 내 연인의 것, 내 연인은 나의 것.
그이는 달콤한 향내 나는 꽃을 애무하고 있단다.

남자

4-7 나의 사랑하는 벗, 나의 연인이여,
그대는 기쁨의 도시 디르사처럼 아름답고
꿈의 도시 예루살렘처럼 사랑스러워요.
그 매혹적인 모습이 황홀해요.
얼마나 아리따운지, 내가 어찌할 바를 모르겠어요.
이런 아름다움은 처음이에요! 감당할 수 없어요.
그대의 머리카락,
멀리서 햇빛 받으며 언덕 아래로 내리닫는 염소 떼처럼
찰랑거리며 반짝여요.
아낌없는 환한 미소,
그대의 마음을 보여주네요. 힘 있고 정갈한 미소예요.
너울에 가린 부드러운 두 볼,
광채를 발하네요.

8-9 이 같은 여인은 세상에 없네.
전에도 없었고, 앞으로도 없으리.
비할 바 없이 아름다운 여인,
나의 비둘기는 완벽 그 자체라네.
그녀가 태어나던 날,
어머니가 기뻐하며 요람에 누이던 그날만큼, 순수하고 순결하다네.
지나던 사람들이 그녀를 보면
한결같이 환호하며 감탄한다네.
모든 아버지와 어머니, 이웃과 친구들이
그녀를 축복하고 칭송한다네.

10 "이 같은 여인을 본 적 있는가?

That's my lover, that's my man,
dear Jerusalem sisters.

The Chorus

6

1 So where has this love of yours gone,
fair one?
Where on earth can he be?
Can we help you look for him?

The Woman

2-3 Never mind. My lover is already on his way to his garden,
to browse among the flowers, touching the colors and forms.
I am my lover's and my lover is mine.
He caresses the sweet-smelling flowers.

The Man

4-7 Dear, dear friend and lover,
you're as beautiful as Tirzah, city of delights,
Lovely as Jerusalem, city of dreams,
the ravishing visions of my ecstasy.
Your beauty is too much for me—I'm in over my head.
I'm not used to this! I can't take it in.
Your hair flows and shimmers
like a flock of goats in the distance
streaming down a hillside in the sunshine.
Your smile is generous and full—
expressive and strong and clean.
Your veiled cheeks
are soft and radiant.

8-9 There's no one like her on earth,
never has been, never will be.
She's a woman beyond compare.
My dove is perfection,
Pure and innocent as the day she was born,
and cradled in joy by her mother.
Everyone who came by to see her
exclaimed and admired her—
All the fathers and mothers, the neighbors and friends,
blessed and praised her:

새벽처럼 신선하고, 달처럼 어여쁘며, 해처럼 빛나는 여인,
은하수 흐르는 밤하늘처럼 매혹적인 여인을."

11-12 어느 날 나는 과수원을 거닐었네.
봄이 왔나 보려고,
꽃망울이 터지는지 보려고,
때가 무르익었기를 기대하며 거닐었네.
그런데 당신 생각에
나도 모르게 그만 마음을 빼앗겼네!

13 춤을 춰요, 사랑하는 술람미 아가씨, 천사 같은 공주여!
춤을 춰요, 그대의 우아한 모습 보며 우리 눈이 호사하도록!
모두 술람미 아가씨의 춤을 보고 싶어 해요.
사랑과 평화의 춤, 승리의 춤을.

7 1-9 신발을 신은 그대의 두 발, 맵시 있고 우아하네.
그대의 움직임, 여왕과도 같고
나긋하고 우아한 손발,
예술가의 작품 같네.
그대의 몸은
포도주 가득한 성배.
부드러운 황갈색 피부는
산들바람 닿은 밀밭.
그대의 두 젖가슴은 한 쌍의 새끼사슴,
쌍둥이 노루.
그대의 목은 둥글고 날씬하게 깎아 낸 상아.
그대의 두 눈은 신비를 머금은 빛의 우물.
오, 비할 데 없는 여인이여!
그대가 나타나면 그 모습 바라보고
모두 눈을 떼지 못한다네.
나, 그대를 보면 떠오르네.
높은 산맥을 볼 때처럼 정상에 오르고 싶은 욕구,
그 꿈틀대는 갈망이.
이제 다른 여인은 눈에 들어오지 않네!
사랑하는 연인, 친밀한 반려자여,
그대의 아름다움 안팎으로 완벽해요.
그대는 야자나무처럼 크고 유연하며,
그 풍만한 젖가슴은 달콤한 야자송이 같아요.
나는 말한답니다. "저 야자나무에 오르리라!
저 야자송이를 애무하리라!"

10 "Has anyone ever seen anything like this—
dawn-fresh, moon-lovely, sun-radiant,
ravishing as the night sky with its galaxies of stars?"

11-12 One day I went strolling through the orchard,
looking for signs of spring,
Looking for buds about to burst into flower,
anticipating readiness, ripeness.
Before I knew it my heart was raptured,
carried away by lofty thoughts!

13 Dance, dance, dear Shulammite, Angel-Princess!
Dance, and we'll feast our eyes on your grace!
Everyone wants to see the Shulammite dance
her victory dances of love and peace.

7 1-9 Shapely and graceful your sandaled feet,
and queenly your movement—
Your limbs are lithe and elegant,
the work of a master artist.
Your body is a chalice,
wine-filled.
Your skin is silken and tawny
like a field of wheat touched by the breeze.
Your breasts are like fawns,
twins of a gazelle.
Your neck is carved ivory, curved and slender.
Your eyes are wells of light, deep with mystery.
Quintessentially feminine!
Your profile turns all heads,
commanding attention.
The feelings I get when I see the high mountain ranges
—stirrings of desire, longings for the heights—
Remind me of you,
and I'm spoiled for anyone else!
Your beauty, within and without, is absolute,
dear lover, close companion.
You are tall and supple, like the palm tree,
and your full breasts are like sweet clusters of dates.

그래요! 나에게 그대의 두 젖가슴은
달콤한 과일송이.
그대의 숨결은 신선한 박하처럼 맑고 시원하고,
그대의 혀와 입술은 최고급 포도주 같아요.

여자

9-12 그래요, 당신의 것도 그러하답니다. 내 연인의 입맞춤,
그이의 입술에서 나의 입술로 흘러듭니다.
나는 내 연인의 것.
나는 그이가 원하는 전부. 나는 그이의 온 세상!
사랑하는 연인이여, 오셔요.
우리 함께 시골길을 걸어요.
길가 여관에서 묵고
일찍 일어나 새소리를 들어요.
흐드러지게 핀 들꽃,
흰 꽃 피는 검은 딸기 덤불,
층층이 꽃 피어
늘어선 과일나무들을 찾아보아요.
거기서 나를 당신에게 드리겠어요.
내 사랑을 당신의 사랑 앞에 바치겠어요!

13 사랑의 열매가 향기로 우리를 감싸고
다산의 기운이 우리를 에워쌉니다.
오로지 내 사랑, 당신만을 위하여 간직하고 아껴 둔
햇과일과 절인 과일을 드셔요.

8 1-2 당신이 내 어머니의 젖을 함께 빨던
나의 쌍둥이 오라버니였다면,
거리에서 뛰놀며
남들이 보는 앞에서 입 맞추어도
별나게 생각하는 사람 없으련만.
내 어머니가 나를 기르시던 집으로
임의 손을 잡고 데려가련만.
임은 나의 포도주를 마시고
내 볼에 입 맞추겠지.

3-4 상상해 보아라! 그이의 왼손이 내 머리를 받치고
그이의 오른팔이 내 허리를 껴안는 모습을!
오, 예루살렘 아가씨들아, 그대들에게 경고한다.
때가 무르익기 전, 준비되기 전에는
사랑에 불을 지르지 마라. 사랑이 달아오르게 하지 마라.

I say, "I'm going to climb that palm tree!
I'm going to caress its fruit!"
Oh yes! Your breasts
will be clusters of sweet fruit to me,
Your breath clean and cool like fresh mint,
your tongue and lips like the best wine.

The Woman

9-12 Yes, and yours are, too—my love's kisses
flow from his lips to mine.
I am my lover's.
I'm all he wants. I'm all the world to him!
Come, dear lover—
let's tramp through the countryside.
Let's sleep at some wayside inn,
then rise early and listen to bird-song.
Let's look for wildflowers in bloom,
blackberry bushes blossoming white,
Fruit trees festooned
with cascading flowers.
And there I'll give myself to you,
my love to your love!

13 Love-apples drench us with fragrance,
fertility surrounds, suffuses us,
Fruits fresh and preserved
that I've kept and saved just for you, my love.

8 1-2 I wish you'd been my twin brother,
sharing with me the breasts of my mother,
Playing outside in the street,
kissing in plain view of everyone,
and no one thinking anything of it.
I'd take you by the hand and bring you home
where I was raised by my mother.
You'd drink my wine
and kiss my cheeks.

3-4 Imagine! His left hand cradling my head,
his right arm around my waist!
Oh, let me warn you, sisters in Jerusalem:
Don't excite love, don't stir it up,
until the time is ripe—and you're ready.

합창

5 연인과 팔짱을 끼고
들판에서 올라오는 저 여인은 누구인가?

남자

나는 살구나무 아래에서 그대를 보고,
그대를 깨워 사랑을 나누었지요.
그 나무 아래에서 그대의 어머니가 진통을 시작했고
바로 그 나무 아래에서 그대를 낳았지요.

여자

6-8 내 목걸이를 당신 목에 걸고,
내 가락지를 당신 손가락에 끼워 주셔요.
사랑은 위험과 죽음에도 굴하지 않는 것,
그 열정은 지옥의 공포를 비웃는답니다.
사랑의 불은 어떤 것에도 꺼지지 않아,
제 앞에 있는 모든 것을 쓸어버린답니다.
홍수도 사랑을 익사시키지 못하고
억수 같은 비도 사랑을 꺼뜨리지 못합니다.
사랑은 팔 수도 살 수도 없는 것,
시장에서 구할 수도 없는 것.
내 오라버니들이 나를 걱정하여 이렇게 말하곤 했답니다.

8-9 "우리의 어린 누이는 젖가슴이 없다네.
사내들이 구혼이라도 하는 날이면,
우리의 어린 누이를 어찌해야 하나?
그 애는 처녀고 연약하니
우리가 지켜 주어야지.
저들이 그 애를 성벽으로 여기면, 그 위에 철조망을 쳐야지.
저들이 그 애를 문으로 여기면, 우리가 방어벽을 쳐야지."

10 사랑하는 오라버니들, 나는 성벽으로 둘러싸인 처녀이지만
내 젖가슴은 풍만하답니다.
내 연인이 나를 보면
이내 만족할 거예요.

남자

11-12 *솔로몬 왕은 기름지고 비옥한 땅에 있는 넓은 포도원을 갖고 있다네.*
왕은 일꾼들을 고용해 땅을 일구게 하고
사람들은 많은 돈을 내고 거기서 포도를 기른다네.
하지만 나의 포도원은 오롯이 나의 소유,

The Chorus

5 Who is this I see coming up from the country,
arm in arm with her lover?

The Man

I found you under the apricot tree,
and woke you up to love.
Your mother went into labor under that tree,
and under that very tree she bore you.

The Woman

6-8 Hang my locket around your neck,
wear my ring on your finger.
Love is invincible facing danger and death.
Passion laughs at the terrors of hell.
The fire of love stops at nothing—
it sweeps everything before it.
Flood waters can't drown love,
torrents of rain can't put it out.
Love can't be bought, love can't be sold—
it's not to be found in the marketplace.
My brothers used to worry about me:

8-9 "Our little sister has no breasts.
What shall we do with our little sister
when men come asking for her?
She's a virgin and vulnerable,
and we'll protect her.
If they think she's a wall, we'll top it with barbed wire.
If they think she's a door, we'll barricade it."

10 Dear brothers, I'm a walled-in virgin still,
but my breasts are full—
And when my lover sees me,
he knows he'll soon be satisfied.

The Man

11-12 King Solomon may have vast vineyards
in lush, fertile country,
Where he hires others to work the ground.
People pay anything to get in on that bounty.
But my vineyard is all mine,

나 혼자만의 것이라네.
왕이시여, 왕의 거대한 포도원을 차지하십시오!
왕의 욕심 많은 손님들과 함께 얼마든지 차지하십시오!

13 오, 정원의 아가씨여,
나의 벗들이 나와 함께 귀 기울이고 있어요.
그대의 목소리를 나에게 들려주어요!

여자

14 사랑하는 연인이여, 나에게 달려오셔요.
노루처럼 오셔요.
향내 그윽한 이 산으로
야생 수사슴처럼 뛰어오셔요.

and I'm keeping it to myself.
You can have your vast vineyards, Solomon,
you and your greedy guests!

13 Oh, lady of the gardens,
my friends are with me listening.
Let me hear your voice!

The Woman

14 Run to me, dear lover.
Come like a gazelle.
Leap like a wild stag
on the spice mountains.

『예언서』 | 머리말

수백 년에 걸친 기간 동안 히브리 민족은 예언자들을 놀랍도록 많이 배출해 냈다. 그들은 하나님의 실재를 제시하는 일에 탁월한 능력과 솜씨를 보여주었다. 하나님에 대한 온갖 판타지와 거짓말에 속아 살던 공동체와 민족들에게 그들은 참 하나님의 명령과 약속과 임재를 전해 주었다.

정도의 차이가 있을 뿐 우리는 누구나 하나님을 믿고 있다. 그러나 우리 대부분은 어떻게든 하나님을 우리 삶의 주변 자리에 묶어 두려 하고, 그것이 여의치 않을 경우, 하나님을 각자의 편의대로 축소시켜 대하려 한다. 그런 우리에게, 하나님은 중심이 되시며 결코 무대 뒤에서 우리가 불러 주기를 기다리는 존재가 아니라고 목소리 높이는 이들이 바로 예언자들이다. 이사야는 우리에게 하나님이 "놀라우신 조언자", "전능하신 하나님", "영원하신 아버지", "온전케 하시는 왕"(사 9:6)이라는 사실을 깨닫게 하며, 예레미야는 "하나님은 참되시다. 살아 계신 하나님은 영원한 왕이시다"(렘 10:10)라고 말한다. 다니엘은 그분을 "비밀들을 계시해 주시는 분"(단 2:29)이라고 부르고, 요나는 하나님이 "지극히 은혜로우시며 자비로우신 분", "웬만해서는 노하지 않으시고, 사랑이 차고 넘치며, 벌을 내리려고 했다가도 툭하면 용서해 주시는 분"(욘 4:2)이라 표현하고 있다. 나훔은 독자들에게, "하나님을 가벼이 여기지 마라"(나 1:2)고 말하며, 하박국은 하나님이 "영원부터 계신 분", "거룩하신 하나님", "반석이신 하나님"(합 1:12)이라는 것을 상기시킨다. 예언자들은 우리가 상상하는 대로가 아니라, 하나님이 스스로 계시해 주신 대로 그분을 알고 대해야 한다고 역설한다.

그들은 사람들을 일깨워 그들의 삶 가운데 주권적으로 역사하시는 하나님을 볼 수 있게 해주었다. 그들은 고함치며 울었고, 꾸짖고 쓰다듬었으며, 도전과 위로를 주었다. 투박하게 말할 때나 공교히 말할 때나 그 안에는 늘 힘과 상상력이 있었다.

Over a period of several hundred years, the Hebrew people gave birth to an extraordinary number of prophets–men and women distinguished by the power and skill with which they presented the reality of God. They delivered God's commands and promises and living presence to communities and nations who had been living on god-fantasies and god-lies.

Everyone more or less believes in God. But most of us do our best to keep God on the margins of our lives or, failing that, refashion God to suit our convenience. Prophets insist that God is the sovereign center, not off in the wings awaiting our beck and call. Isaiah remind us God is the "Amazing Counselor, Strong God, Eternal Father, Prince of Wholeness(Isaiah 9:6); Jeremiah says, "GOD is the real thing–the living God, the eternal King"(Jeremiah 10:10); Daniel calls him the "Revealer of Mysteries"(Daniel 2:29); Jonah notes that God is "sheer grace and mercy, not easily angered, rich in love, and ready at the drop of a hat to turn your plans of punishment into a program of forgiveness!"(Jonah 4:2); Nahum tells his readers, "GOD is serious business"(Nahum 1:2); and Habakkuk reminds us God is "from eternity", "Holy", and "Rock-Solid"(Habakkuk 1:12). And prophets insist that we deal with God as God reveals himself, not as we imagine him to be.

These men and women woke people up to the sovereign presence of God in their lives. They yelled, they wept, they rebuked, they soothed, they challenged, they comforted. They used words with power and imagination, whether blunt or subtle.

이들 예언자 중 열여섯 사람이, 말한 바를 글로 남겼다. 그들은 '문서 예언자들'(writing prophets)이라

Sixteen of these prophets wrote what they spoke. We call them "the writing prophets." They

불리는데, 이사야서에서 말라기까지가 그들이 남긴 문서들이다. 하나님 앞에서 신실하게 순종하며 사는 길을 찾는 이들에게 이 열여섯 명의 히브리 예언자들은 없어서는 안될 길잡이들이다. 하나님의 길은 이 세상의 길—전제, 가치, 일하는 방식—과 다르기 때문이다. 그 둘은 결코 같지 않다.

예언자들은 우리의 상상력을 정화시켜 준다. 어떻게 살고, 무엇을 위해 살아야 하는지에 대해 그동안 세상이 우리에게 심어 놓은 생각들을 일소해 준다. 미가는 다음과 같이 말한다.

그분께서는 이미 말씀해 주셨다. 사람이 어떻게 살아야 하는지,
하나님께서 찾으시는 것이 무엇인지 분명히 말씀해 주셨다.
간단하다. 이웃에게 공의를 행하고,
자비를 베풀고 사랑에 충실하며,
자신을 중심에 두지 말고
하나님을 중심에 모시면 된다(미 6:8).

성령 하나님께서는 예언자들을 도구로 사용해 당신의 백성을 주변 문화와 떨어뜨려 놓으시고, 세상이 주는 칭찬과 보상을 과감히 저버리고 순전한 믿음과 순종과 예배의 길로 돌아가게 해주신다. 예언자들은 이 세상의 길과 복음의 길을 구분하고, 늘 하나님의 현존에 깨어 있게 하는 이들이다.

예언서를 몇 페이지 읽지 않아도 우리는 예언자들이 결코 편한 상대가 아니라는 것을 금세 알아차린다. 예언자들은 인기 있는 이들이 아니었다. 그들은 스타의 위치에 있지 않았다. 늘 주변 사람들의 심기를 불편하게 하고, 그들의 비위를 거스르는 이들이었다. 수세기가 지났음에도, 그들은 여전히 우리에게 편하지 않은 인물들이다. 우리가 그들을 부담스러워하는 것은 당연하다. 그들은 사람의 감정을 잘 도닥거려 주지 못하기 때문이다. 요즘 말로 '관계 기술'이 모자란 이들이다. *우리는 우리 문제를 잘 이해해* 주는, 포스터나 텔레비전 화면에 멋진 모습으로 등장하는 지도자들—특히 종교 지도자들—을 원한다.

그렇다. 한마디로 말해, 예언자들은 우리 취향에 맞지 않다.

comprise the section from Isaiah to Malachi in the Bible. These Hebrew prophets provide the help we so badly need if we are to stay alert and knowledgeable regarding the conditions in which we cultivate faithful and obedient lives before God. For the ways of the world—its assumptions, its values, its methods of going about its work—are never on the side of God. Never.

The prophets purge our imaginations of this world's assumptions on how life is lived and what counts in life. Micah wrote,

He's already made it plain how to live, what to do,
what GOD is looking for in men and women.
It's quite simple: Do what is fair and just to your neighbor,
be compassionate and loyal in your love,
And don't take yourself too seriously—
take God seriously(Micah 6:8).

Over and over again, God the Holy Spirit uses these prophets to separate his people from the cultures in which they live, putting them back on the path of simple faith and obedience and worship in defiance of all that the world admires and rewards. Prophets train us in discerning the difference between the ways of the world and the ways of the gospel, keeping us present to the Presence of God.

We don't read very many pages into the Prophets before realizing that there was nothing easygoing about them. Prophets were not popular figures. They never achieved celebrity status. They were decidedly uncongenial to the temperaments and dispositions of the people with whom they lived. And the centuries have not mellowed them. It's understandable that we should have a difficult time coming to terms with them. They aren't particularly sensitive to our feelings. They have very modest, as we would say, "relationship skills." We like leaders, especially religious leaders, who understand our problems ("come alongside us" is our idiom for it), leaders with a touch of glamour, leaders who look good on posters and on television.

"어느 정도 하나님을 위한 자리를 염두에 두며" 산다는 자들, 그렇게 하나님을 자기 삶에 "끼워 맞추는" 데 익숙한 자들은 예언자들을 받아들이기 어려워한다. 그래서 쉽게 무시해 버리고 만다. 왜냐하면 예언자들이 말하는 하나님은 우리 삶에 끼워 맞추기에는 너무 큰 존재이기 때문이다. 예언자들의 하나님과 의미 있는 관계를 맺고 싶다면, 우리 자신을 그분께 맞추어야 한다. 이사야는 이것을 우리에게 상기시킨다.

"나는 너희가 생각하는 방식으로 생각하지 않는다.
나는 너희가 일하는 방식으로 일하지 않는다."
하나님의 포고다.
"하늘이 땅보다 높은 것처럼
내가 일하는 방식은 너희의 방식을 초월하며,
내가 생각하는 방식은 너희의 방식을 뛰어넘는다"(사 55:8-9).

예언자들은 "합리적"이지 않다. 우리의 상식적 판단을 거스른다. 그들은 전혀 싹싹하지 않으며, 도무지 우리와 타협점을 찾으려 하지 않는다. 그저 막무가내로 우리를 우리 예상과 이해를 뛰어넘는 거대한 실재 속으로 밀어 넣을 뿐이다. 우리를 어마어마한 신비 속에 풍덩 빠뜨려 넣고 만다.

그들의 메시지와 환상은, 우리가 실재로부터 우리 자신을 보호하기 위해 쳐 놓은 온갖 허상을 모조리 꿰뚫고 들어온다. 인간에게는 진실을 부인하고 자신을 기만하는 탁월한 능력이 있다. 우리는 죄의 결과를 감수하는 능력을 스스로 거세하여, 심판을 직시할 수도, 진실을 받아들일 수도 없는 상태에 이른다. 이런 때에 예언자들이 나선다. 그들은 우리를 도와 하나님께서 열어 주시는 새로운 삶을 알아보게 하고, 그 안으로 들어가게 한다. 하나님을 향한 소망이 가져다주는 새로운 삶 속으로 말이다. 예레미야는 이렇게 말한다. "하나님의 말씀이다.……'나는 내가 할 일을 안다. 그 일을 계획한 이가 바로 나다. 나는 너희를 돌보기 위해 계획을 세웠다. 너희를 포기하려는 계획이 아니라, 너희가 꿈꾸는 내일을 주려는 계획이다'"(렘 29:10-11). 또한 미가는 그 본보기를 보여준다. "그러나 나는, 희망을 버리지 않을 것이다. 나는 하나님께서 행하실 일을 기다릴 것이다. 모든 것을 바로잡으시고, 내게 귀 기울여 주실 것을 기대하며 살 것이다"(미 7:7).

예언자들은 하나님을 설명하지 않는다. 대신 그

The hard-rock reality is that prophets don't fit into our way of life.

For a people who are accustomed to "fitting God" into their lives, or, as we like to say, "making room for God," the prophets are hard to take and easy to dismiss. The God of whom the prophets speak is far too large to fit into our lives. If we want anything to do with God, we have to fit into him. Isaiah reminds us,

"I don't think the way you think.
The way you work isn't the way I work."
GOD's Decree.
"For as the sky soars high above earth,
so the way I work surpasses the way you work,
and the way I think is beyond the way you think"(Isaiah 55:8-9).

The prophets are not "reasonable," accommodating themselves to what makes sense to us. They are not diplomatic, tactfully negotiating an agreement that allows us a "say" in the outcome. What they do is haul us unceremoniously into a reality far too large to be accounted for by our explanations and expectations. They plunge us into mystery, immense and staggering.

Their words and visions penetrate the illusions with which we cocoon ourselves from reality. We humans have an enormous capacity for denial and self-deceit. We incapacitate ourselves from dealing with the consequences of sin, for facing judgment, for embracing truth. Then the prophets step in and help us to first recognize and then enter the new life God has for us, the life that hope in God opens up. Jeremiah spoke "GOD's Word on the subject:... 'I know what I'm doing. I have it all planned out—plans to take care of you, not abandon you, plans to give you the future you hope for'"(Jeremiah 29:10-11). And Micah led by example: "But me, I'm not giving up. I'm Sticking around to see what GOD will do. I'm waiting for God to make things right. I'm counting on God to listen to me"(Micah 7:7).

They don't explain God. They shake us out of old conventional habits of small-mindedness, of trivializing god-gossip, and set us on our feet in

들은 편협한 사고와 좀스런 종교생활에 틀어박혀 있던 우리를 흔들어, 경이와 순종과 경배가 약동하는 탁 트인 공간으로 나오게 해준다. 먼저 예언자들을 이해할 수 있어야 받아들이겠다고 고집부리는 자들은 결코 그러한 경험에 도달하지 못한다.

기본적으로, 예언자들이 행한 일은 두 가지다. 먼저, 현실로 닥친 최악의 상황을 하나님의 심판으로 받아들이게 해 주었다. 단순한 종교적 재앙이나 사회적 재난이 아닌, 하나님의 심판으로서 말이다. 최악의 상황으로만 보았던 것을 하나님의 심판으로 볼 줄 알게 되면, 이제 우리는 그것을 부인하거나 회피하지 않고 받아들일 수 있게 된다. 왜냐하면 하나님은 우리를 구원하시려는 선의를 가진 분이시기 때문이다. 따라서 심판은—물론 일부러 기다릴 사람은 없겠지만—우리에게 일어날 수 있는 최악의 일이 아니다. 아니, 사실은 최선의 상황이다. 하나님께서 하시는 모든 일은 결국 세상과 우리를 바로잡아 주시려는 것이기 때문이다.

그 다음으로 예언자들이 한 일은, 기진맥진해 쓰러진 자들이 일어나서 하나님이 열어 주실 미래를 향해 다시 걸어가도록 용기를 북돋은 것이었다. 예언자들은 포로생활과 죽음과 수치와 죄라는 총체적 파멸 한가운데서 다시금 희망의 횃불을 들었고, 하나님께서 어느 시대 어느 곳에서나 하고 계신 새로운 구원의 역사에 사람들을 동참시켰다. 하나님은 이사야를 통해 말씀하셨다.

"내 백성아, 주목하여라.
민족들아, 내게 귀 기울여라.
내게서 계시가 흘러나오고,
나의 결정들이 세상을 밝혀 준다.
나의 구원이 빠르게 달려오며,
나의 구원하는 일이 제때에 이루어진다.
내가 민족들에게 정의를 베풀 것이다.
먼 섬들도 나를 바라보며,
내 구원의 능력에 희망을 둘 것이다.
하늘을 올려다보며,
네 발아래 있는 땅을 깊이 생각하여라.
하늘은 연기처럼 사라질 것이며,
땅은 작업복처럼 해어질 것이다.
사람들은 하루살이처럼 죽어 나가겠지만
나의 구원은 다함이 없으며,
세상을 바로잡는 나의 일은 결코 쇠하지 않을 것이다"(사51:4-6).

wonder and obedience and worship. If we insist on understanding them before we live into them, we will never get it.

Basically, the prophets did two things: They worked to get people to accept the worst as *God's* judgment – not a religious catastrophe or a political disaster, but *judgment*. If what seems like the worst turns out to be *God's* judgment, it can be embraced, not denied or avoided, for God is good and intends our salvation. So judgment, while certainly not what we human beings anticipate in our planned future, can never be the worst that can happen. It is the best, for it is the work of God to set the world, and us, right.

And the prophets worked to get people who were beaten down to open themselves up to hope in God's future. In the wreckage of exile and death and humiliation and sin, the prophets ignited hope, opening lives to the new work of salvation that God is about at all times and everywhere. Through Isaiah, God said,

"Pay attention, my people.
Listen to me, nations.
Revelation flows from me.
My decisions light up the world.
My deliverance arrives on the run,
my salvation right on time.
I'll bring justice to the peoples.
Even faraway islands will look to me
and take hope in my saving power.
Look up at the skies,
ponder the earth under your feet.
The skies will fade out like smoke,
the earth will wear out like work pants,
and the people will die off like flies.
But my salvation will last forever,
my setting-things-right will never be obsolete"(Isaiah 51:4-6).

살면서 우리가 아주 일찍부터 갖게 되는 나쁜 습관이 있는데, 사물이나 사람을 성(聖)과 속(俗)으로 이분하는 것이다. 우리는 직업생활, 시간관리, 오락, 정치, 사회생활 등을 '속된 일'로 여기고, 우리에게 얼마간 재량권이 있는 영역이라고 생각한다. 반면 예배와 성경, 천국과 지옥, 교회와 기도 같은 것들은 '성스러운 일'이며, 하나님의 영역이라고 여긴다. 우리는 이런 이원론적 생각에 입각해 각자의 삶에서 하나님을 위해 일정한 자리를 내어드리며 살고 있다고 생각한다. 겉보기에는 하나님을 높이는 것 같지만, 이것은 사실 하나님을 일정한 자리에 한정시키고 그 밖의 모든 것은 우리 멋대로 하겠다는 속셈에 지나지 않는다.

예언자들은 이런 시도를 절대 용납하지 않는다. 그들은 모든 일—절대적으로 모든 일—이 성스러운 영역 안에 있다고 역설한다. 하나님은 우리 삶의 전 영역을 다스릴 권한을 가지신 분이다. 이른바 사적 영역이라는 우리의 감정과 가정생활을 비롯해, 돈을 벌고 쓰는 방식, 채택하는 정치형태, 전쟁, 재난, 우리가 해를 입히는 사람, 도움을 주는 사람 등 그 어떤 것도 하나님께서 무시하시거나, 그분의 통치영역을 벗어나 있거나, 그분의 목적과 무관한 것은 없다. 그분은 "거룩, 거룩, 거룩"하신 분이다.

예언자들은 우리가 하나님을 피할 수 없게 만든다. 그들은 하나님을 전면적으로 받아들이라고 촉구한다. 예언자에게 하나님은, 바로 이웃에 사는 사람보다 더 분명한 실재이시다.

One of the bad habits that we pick up early in our lives is separating things and people into secular and sacred. We assume that the secular is what we are more or less in charge of: our jobs, our time, our entertainment, our government, our social relations. The sacred is what God has charge of: worship and the Bible, heaven and hell, church and prayers. We then contrive to set aside a sacred place for God, designed, we say, to honor God but really intended to keep God in his place, leaving us free to have the final say about everything else that goes on.

Prophets will have none of this. They contend that everything, absolutely everything, takes place on sacred ground. God has something to say about every aspect of our lives: The way we feel and act in the so-called privacy of our hearts and homes, the way we make our money and the way we spend it, the politics we embrace, the wars we fight, the catastrophes we endure, the people we hurt and the people we help. Nothing is hidden from the scrutiny of God, nothing is exempt from the rule of God, nothing escapes the purposes of God. Holy, holy, holy.

Prophets make it impossible to evade God or make detours around God. Prophets insist on receiving God in every nook and cranny of life. For a prophet, God is more real than the next-door neighbor.

이사야 | 머리말

이사야에게 말이란, 참된 것과 아름다운 것과 선한 것을 만들어 내는 물감이요 멜로디요 조각칼이라 할 수 있다. 경우에 따라서는, 죄와 악과 반역을 부서뜨리는 망치요 창이요 메스가 되기도 한다. 이사야는 그저 정보만을 전달한 예언자가 아니다. 그는 비전을 창조하고 계시를 전하고 믿음을 세워 준 사람이다. 그는 실로 근본적 의미에서의 시인, 곧 장인이다. 하나님의 현존을 우리 피부에 와 닿게 하기 때문이다. 이사야는 히브리 민족이 낳은 최고의 예언자요 시인이다.

믿음으로 사는 이들, 하나님의 말씀으로 빚어지고자 늘 자신을 드려 거룩을 추구하며 사는 이들에게, 이사야는 실로 우뚝 솟은 산이다. 그렇다, 거룩. 이사야서에서 볼 수 있는 가장 특징적인 하나님의 호칭은 다름 아닌 "거룩하신 분"이다. 이 광대한 책은 고대 이스라엘 백성에게 전해진 메시지 모음집으로, 읽는 이들을 거룩하신 분의 현존과 역사(役事) 속에 빠뜨린다. "만군의 하나님께서 정의를 행하심으로, 산이 되실 것이다. 거룩하신 하나님께서 의를 행하심으로, '거룩'이 무엇인지 보여주실 것이다"(사 5:16).

이사야의 말은 '거룩'에 대한 우리 생각을 바꾸어 놓는다. 지금까지 거룩이 그저 경건한 말, 별다른 감흥 없는 민숭민숭한 말에 지나지 않았다면, 이사야의 설교는 그 단어를 불덩이 같은 그 무엇으로 바꾸어 놓는다. 거룩은 우리가 삶에서 가져 볼 수 있는 가장 매혹적이고 가장 강렬한 체험이다. 그저 겉핥기식 삶이 아닌, 삶의 진수를 있는 그대로 맛보는 것, 그것이 바로 거룩이다. 우리는 하나님이 직접 행하고 계신 일들 속으로 뛰어들게 된다. 그저 그 일들에 대해 입으로 떠들거나 책으로 읽는 것이 아니라는 말이다. 거룩은 거기 들어오는 자들을 완전히 녹여서 새로운 존재로 만들어 내는 용광로다. 그래서,

"누가 이 불폭풍에서 살아남을 수 있으랴? 누가 이 대숙청을 모면할 수 있으랴?" 하고 묻는다.

For Isaiah, words are watercolors and melodies and chisels to make truth and beauty and goodness. Or, as the case may be, hammers and swords and scalpels to *unmake* sin and guilt and rebellion. Isaiah does not merely convey information. He creates visions, delivers revelation, arouses belief. He is a poet in the most fundamental sense—a *maker*, making God present and that presence urgent. Isaiah is the supreme poet-prophet to come out of the Hebrew people.

Isaiah is a large presence in the lives of people who live by faith in God, who submit themselves to being shaped by the Word of God and are on the lookout for the holy. *The Holy*. The characteristic name for God in Isaiah is "The Holy." As we read this large and comprehensive gathering of messages that were preached to the ancient people of Israel, we find ourselves immersed in both the presence and the action of The Holy: "But by working justice, God-of-the-Angel-Armies will be a mountain. By working righteousness, Holy God will show what 'holy' is"(Isaiah 5:16).

The more hours we spend pondering the words of Isaiah, the more the word "holy" changes in our understanding. If "holy" was ever a pious, pastel-tinted word in our vocabularies, the Isaiah-preaching quickly turns it into something blazing. Holiness is the most attractive quality, the most intense experience we ever get of sheer *life*—authentic, firsthand living, not life looked at and enjoyed from a distance. We find ourselves in on the operations of God himself, not talking about them or reading about them. Holiness is a furnace that transforms the men and women who enter it. So,

"Who among us can survive this firestorm?
Who of us can get out of this purge with our lives?"

답은 간단하다.
의롭게 살면서
진실을 말하며,
사람을 착취하는 일을 혐오하고
뇌물을 거절하여라.
폭력을 거부하고
악한 유흥을 피하여라.
이것이 너의 삶의 질을 높이는 길이다!
안전하고 안정된 삶을 사는 길,
넉넉하고 만족스러운 삶을 사는 길이다.
(사 33:14-16)

The answer's simple:
Live right,
speak the truth,
despise exploitation,
refuse bribes,
reject violence,
avoid evil amusements.
This is how you raise your standard of living!
A safe and stable way to live.
A nourishing, satisfying way to live.
(Isaiah 33:14-16)

'거룩, 거룩, 거룩'은 장식용으로 수놓은 레이스가 아니다. 그것은 혁명의 깃발이다. 진정한 혁명이다.

이사야서는 실로 광범위한 책이다. 이 지구 행성에서 하나님의 백성으로 살아가는 일에 포함된 거의 모든 것을 다루고 있다. 이사야는 하나님께서 우리의 지극히 일상적이고 때로 실망스러운 경험을 들어, 창조와 구원과 희망의 일들을 이루시는 과정을 보여준다. 이것이 바로 이 책의 특징이다. 이 방대한 파노라마가 펼쳐지는 광경을 보며 우리는 깨닫는다. 이 세상과 우리 인생에, 하나님이 사용하실 수 없는 것은 아무것도 없다는 사실을 말이다. 하나님께서는 존재하는 모든 것과 모든 사람을 당신의 일을 위한 재료로 사용하시며, 우리가 엉망진창으로 만들어 놓은 삶을 다시 고쳐 사용하신다.

"Holy, Holy, Holy" is not needlepoint. It is the banner of a revolution, *the* revolution.

The book of Isaiah is expansive, dealing with virtually everything that is involved in being a people of God on this planet Earth. The impressive art of Isaiah involves taking the stuff of our ordinary and often disappointing human experience and showing us how it is the very stuff that God uses to create and save and give hope. As this vast panorama opens up before us, it turns out that nothing is unusable by God. He uses everything and everybody as material for his work, which is the remaking of the mess we have made of our lives.

"두고 보아라. 너를 푸대접했던 자들,
천대받게 될 것이다.
실패자가 될 것이다.
너를 대적하던 자들,
빈털터리가 될 것이다.
아무것도 보여줄 것 없는 신세가 될 것이다.
네가 옛 적들을 찾아보려고 해도
찾지 못하리라.
너의 옛 원수들, 흔적조차 남지 않을 것이다.
기억하는 자 하나 없으리라.
그렇다. 나 너의 **하나님**이,
너를 꽉 붙잡고, 결코 놓지 않기 때문이다.
내가 네게 말한다. '겁먹지 마라.
내가 여기 있다. 내가 너를 도우리라.'"
(사 41:11-13)

"Count on it: Everyone who had it in for you
will end up out in the cold—
real losers.
Those who worked against you
will end up empty-handed—
nothing to show for their lives.
When you go out looking for your old adversaries
you won't find them—
Not a trace of your old enemies,
not even a memory.
That's right. Because I, your GOD,
have a firm grip on you and I'm not letting go.
I'm telling you, 'Don't panic.
I'm right here to help you'" (Isaiah 41:11-13).

'교향곡'은 단순성과 복잡성이 절묘하게 어우러진 이사야서의 특징을 묘사할 때 많은 사람들이 즐겨 쓰는

"Symphony" is the term many find useful to capture the fusion of simplicity and complexity

표현이다. 이사야서의 중심 주제는 뚜렷하다. '하나님이 이루시는 구원', 바로 이것이다. 이사야서는 '구원 교향곡'이다(이사야라는 이름 자체가 "하나님이 구원하신다"라는 뜻이다). 이 웅장한 교향곡에는 작품 전체에 걸쳐 반복되고 발전되는 주된 주제 셋이 있으니, 바로 '심판'과 '위로'와 '희망'이다. 이 세 가지 주제는 거의 모든 장에서 발견되는데, 하나하나가 하나님의 구원역사를 힘 있게 펼쳐 놓은 세 '악장'의 주제이기도 하다. 다시 말해 이사야서는 '심판의 메시지'(1-39장), '위로의 메시지'(40-55장), 그리고 '희망의 메시지'(56-66장)로 이루어져 있다.

presented in the book of Isaiah. The major thrust is clearly God's work of salvation: "The Salvation Symphony" (the name Isaiah means "God Saves"). The prominent themes repeated and developed throughout this vast symphonic work are judgment, comfort, and hope. All three elements are present on nearly every page, but each also gives distinction to the three "movements" of the book that so powerfully enact salvation: Messages of Judgment (chapters 1-39), Messages of Comfort (chapters 40-55), and Messages of Hope (chapters 56-66).

이사야

심판의 메시지

예배 시늉만 내는 너희여

1 [1] 아모스의 아들 이사야가 유다 왕 웃시야, 요담, 아하스, 히스기야의 재위기간에 유다와 예루살렘에 대해 본 환상이다.

2-4 하늘아 땅아, 너희 배심원들아,
하나님의 진술에 귀를 기울여라.
"내게 자식들이 있다. 애지중지 키운 자식들이다.
그런데 그들이 내게 등을 돌렸다.
소도 제 주인을 알아보고
노새도 제게 먹이 주는 손을 알아보는 법이건만,
이스라엘은 그렇지 못하다.
내 백성은 도무지 알지 못한다.
아, 이 무슨 꼴인가! 죄에 눌려 비틀비틀하며
하나님의 길에서 탈선한 낙오자들,
사악한 무뢰배,
야만스런 패거리다.
내 백성이 저희의 하나님인 나를 떠났고,
'이스라엘의 거룩한 이'인 내게 등을 돌렸다.
뒤도 돌아보지 않고 떠나가 버렸다.

5-9 한사코 고집부리는 너희,
내가 무엇을 할 수 있겠느냐?
자기 머리로 계속 벽을 들이박고
온몸으로 나를 거스르는 너희,
머리끝에서 발끝까지,
어디 성한 곳 하나 없다.
온몸이 상처와 멍, 고름 흐르는 종기로 뒤덮였는데,

ISAIAH

Messages of Judgment

Quit Your Worship Charades

1 [1] The vision that Isaiah son of Amoz saw regarding Judah and Jerusalem during the times of the kings of Judah: Uzziah, Jotham, Ahaz, and Hezekiah.

2-4 Heaven and earth, you're the jury.
Listen to GOD's case:
"I had children and raised them well,
and they turned on me.
The ox knows who's boss,
the mule knows the hand that feeds him,
But not Israel.
My people don't know up from down.
Shame! Misguided GOD-dropouts,
staggering under their guilt-baggage,
Gang of miscreants,
band of vandals—
My people have walked out on me, their GOD,
turned their backs on The Holy of Israel,
walked off and never looked back.

5-9 "Why bother even trying to do anything with you
when you just keep to your bullheaded ways?
You keep beating your heads against brick walls.
Everything within you protests against you.
From the bottom of your feet to the top of your head,
nothing's working right.
Wounds and bruises and running sores—

치료도 받지 못하고, 씻지도 못하고, 붕대도 감지 못했다.
너희 땅은 황폐해졌고,
너희 성읍들은 불타 버렸다.
온 땅이 너희 눈앞에서 이방인들에게 짓밟혀,
미개인들에게 결딴나 버렸다.
딸 시온이 버림을 받았다.
막다른 골목의 다 쓰러져 가는 폐가처럼,
인적 없는 곳의 초라한 판잣집처럼,
쥐들도 다 떠난 침몰하는 배처럼 되고 말았다.
만군의 하나님께서 얼마라도 생존자들을 남겨두시지 않았더라면,
우리는 그야말로 소돔처럼 폐허가 되고, 고모라처럼 망했을 것이다.

untended, unwashed, unbandaged.
Your country is laid waste,
your cities burned down.
Your land is destroyed by outsiders while you watch,
reduced to rubble by barbarians.
Daughter Zion is deserted—
like a tumbledown shack on a dead-end street,
Like a tarpaper shanty on the wrong side of the tracks,
like a sinking ship abandoned by the rats.
If GOD-of-the-Angel-Armies hadn't left us a few survivors,
we'd be as desolate as Sodom, doomed just like Gomorrah.

10 너희, 소돔을 좇아가는 지도자들아,
내 메시지에 귀를 기울여라.
너희, 고모라를 좇아가는 지도자들아,
하나님의 계시를 받아들여라."

10 "Listen to my Message,
you Sodom-schooled leaders.
Receive God's revelation,
you Gomorrah-schooled people.

11-12 하나님께서 물으신다.
"이 정신없이 널려 있는 제물은 다 무엇이냐?
번제물, 숫양, 포동포동한 송아지들,
나는 이미 질리도록 먹었다.
황소, 어린양, 염소들의 피도 지겹다.
대체 어디서 배워 먹은 짓들이냐?
누가 내 앞에서 이리저리 뛰어다니고, 이 짓 저 짓 벌이며
예배장소에서 이렇듯 소란을 피우라고 가르치더냐?

11-12 "Why this frenzy of sacrifices?"
GOD's asking.
"Don't you think I've had my fill of burnt sacrifices,
rams and plump grain-fed calves?
Don't you think I've had my fill
of blood from bulls, lambs, and goats?
When you come before me,
whoever gave you the idea of acting like this,
Running here and there, doing this and that—
all this sheer *commotion* in the place provided for worship?

13-17 예배 시늉 놀이, 이제 그만 집어치워라.
같잖은 경건 놀음, 더 이상 참아 줄 수가 없다.
달마다 열리는 회합, 주마다 돌아오는 안식일,
갖가지 특별 모임,
모임, 모임, 모임, 더는 못 참겠다!
이런저런 목적의 집회들, 나는 싫다!
정말 신물이 난다!
죄는 죄대로 지으면서
경건, 경건, 경건을 떠벌이는 너희가 지겹다.
이제 너희가 기도 쇼를 벌여도,
나는 외면할 것이다.
아무리 오래, 아무리 크게, 아무리 자주 기도해도
나는 듣지 않을 것이다.
왜 그런지 아느냐?

13-17 "Quit your worship charades.
I can't stand your trivial religious games:
Monthly conferences, weekly Sabbaths, special meetings—
meetings, meetings, meetings—I can't stand one more!
Meetings for this, meetings for that. I hate them!
You've worn me out!
I'm sick of your religion, religion, religion,
while you go right on sinning.
When you put on your next prayer-performance,
I'll be looking the other way.
No matter how long or loud or often you pray,

너희가 사람을 찢어발겼기 때문이다. 너희 손
에 피가 흥건하다.
집에 가서 씻어라.
너희 행실을 씻어라.
너희 삶에서 악행을 깨끗이 씻어 내어
내 눈에 보이지 않게 하여라.
바르지 못한 일에 대해서는 '아니요'라고 말하
여라.
선한 일을 배워 행하여라.
정의를 위해 일하여라.
낙오자들을 도와주어라.
집 없는 이들을 대변해 주어라.
힘없는 자들을 변호해 주어라."

18-20 하나님의 메시지다.
"여기 와 앉아라. 한번 끝까지 따져 보자.
너희 죄가 피처럼 붉으냐?
눈처럼 새하얘질 것이다.
너희 죄가 주홍빛처럼 붉으냐?
양털처럼 하얘질 것이다.
너희가 순종하고자 하면,
왕처럼 잔치를 즐기게 될 것이다.
그러나 완고하게 고집을 부린다면,
너희는 개처럼 죽게 될 것이다."
그렇다. 하나님의 말씀이다.

하나님을 떠나간 자들

21-23 오! 믿어지느냐? 순결했던 성읍이
창녀가 되었다!
전에는 정의 빼면 시체였던 그녀,
서로 좋은 이웃으로 살았던 자들이,
이제는 서로가
서로의 목을 노린다.
너희 돈은 위조지폐고,
너희 포도주는 물 탄 가짜다.
너희 지도자들은
사기꾼과 내통하는 변절자들이다.
그들은 가장 높은 값을 부르는 자들에게 자신
을 팔아넘기며,
뭐든지 닥치는 대로 집어삼킨다.
그들은 집 없는 이들을 대변하는 법이 없고,
힘없는 자들을 변호해 주는 법도 없다.

24-31 그러므로, 주 곧 만군의 하나님,
'이스라엘의 전능하신 분'의 포고다.

I'll not be listening.
And do you know why? Because you've been tearing
people to pieces, and your hands are bloody.
Go home and wash up.
Clean up your act.
Sweep your lives clean of your evildoings
so I don't have to look at them any longer.
Say no to wrong.
Learn to do good.
Work for justice.
Help the down-and-out.
Stand up for the homeless.
Go to bat for the defenseless.

Let's Argue This Out

18-20 "Come. Sit down. Let's argue this out."
This is GOD's Message:
"If your sins are blood-red,
they'll be snow-white.
If they're red like crimson,
they'll be like wool.
If you'll willingly obey,
you'll feast like kings.
But if you're willful and stubborn,
you'll die like dogs."
That's right. GOD says so.

Those Who Walk Out on God

21-23 Oh! Can you believe it? The chaste city
has become a whore!
She was once all justice,
everyone living as good neighbors,
And now they're all
at one another's throats.
Your coins are all counterfeits.
Your wine is watered down.
Your leaders are turncoats
who keep company with crooks.
They sell themselves to the highest bidder
and grab anything not nailed down.
They never stand up for the homeless,
never stick up for the defenseless.

24-31 This Decree, therefore, of the Master, GOD-of-
the-Angel-Armies,

"이제, 나를 대적하던 자들을 가만두지 않겠다!
내 원수들에게 보복하겠다.
귀싸대기를 갈겨서라도
너의 삶에서 쓰레기를 치우고, 너를 깨끗이 청소해 주겠다.
처음으로 되돌아가,
네 가운데 정직한 재판관과 현명한 조언자들이 서게 하겠다.
그러면 너는 새 이름을 갖게 될 것이다.
'백성을 바르게 대하는 성읍', '참 푸른 성읍'이라 불릴 것이다."
하나님의 바른 길이 시온을 다시 바로 세워 줄 것이다.
하나님의 올바른 조처가 회개한 백성을 회복시킬 것이다.
그러나 반역자와 하나님을 배신한 자들은 끝장날 것이다.
하나님을 저버린 자들은 막다른 골목에 몰릴 것이다.
"저 상수리나무 숲 산당에서 농탕질을 벌인 너희,
최신 유행하는 신과 여신의 동산을 찾아다니며
얼빠진 짓거리를 벌인 너희는,
천하제일의 얼간이로 판명날 것이다.
결국
잎이 다 떨어진 상수리나무처럼 되고 말 것이다.
물이 말라
시들어 죽은 정원처럼 되고 말 것이다.
강한 자가 죽은 나무껍질, 죽은 잔가지에 불과하고,
그가 벌이는 일이란 화재나 일으키는 불똥일 뿐임이 드러날 것이며,
그 화재로, 그와 그의 모든 일이,
재와 연기만 남긴 채 사라질 것이다."

하나님의 산에 오르자

2

1-5 유다와 예루살렘에 관해 이사야가 받은 메시지다.

하나님의 집이 서 있는 산이
모든 산 위로 우뚝 솟은,
으뜸 산이 될 날이 오고 있다.
모든 민족이 그리로 모여들고,
사방에서 사람들이 찾아올 것이다.
그들이 말하리라.
"자, 하나님의 산에 함께 오르자.
야곱의 하나님의 집으로 가자.
그분이 우리에게 그분의 길을 보여주실 것이다.
그러면 우리, 가야 할 길을 알게 될 것이다."

the Strong One of Israel:
"This is it! I'll get my oppressors off my back.
I'll get back at my enemies.
I'll give you the back of my hand,
purge the junk from your life, clean you up.
I'll set honest judges and wise counselors among you
just like it was back in the beginning.
Then you'll be renamed
City-That-Treats-People-Right, the True-Blue City."
GOD's right ways will put Zion right again.
GOD's right actions will restore her penitents.
But it's curtains for rebels and GOD-traitors,
a dead end for those who walk out on GOD.
"Your dalliances in those oak grove shrines
will leave you looking mighty foolish,
All that fooling around in god and goddess gardens
that you thought was the latest thing.
You'll end up like an oak tree
with all its leaves falling off,
Like an unwatered garden,
withered and brown.
'The Big Man' will turn out to be dead bark and twigs,
and his 'work,' the spark that starts the fire
That exposes man and work both
as nothing but cinders and smoke."

Climb God's Mountain

2

1-5 The Message Isaiah got regarding Judah and Jerusalem:

There's a day coming
when the mountain of GOD's House
Will be The Mountain—
solid, towering over all mountains.
All nations will river toward it,
people from all over set out for it.
They'll say, "Come,
let's climb GOD's Mountain,
go to the House of the God of Jacob.
He'll show us the way he works
so we can live the way we're made."

시온에서 계시가 흘러나온다.
하나님의 메시지가 예루살렘에서 나온다.
그분이 민족들 사이의 일을 공정하게 처리하시고,
뭇 백성 사이의 일을 바로잡아 주시리라.
사람들은 칼을 쳐서 삽을 만들고,
창을 쳐서 괭이를 만들 것이다.
민족과 민족이 더 이상 싸움을 벌이지 않고,
전쟁이 사라질 것이다.
야곱 가문아,
이제 하나님의 빛 가운데 살자.

6-9 하나님, 주께서 주의 가문 야곱을 버리신 것은
그들이 거짓 종교로,
블레셋 마술과 이방 요술로,
주체 못할 재물들로,
온갖 물건들로,
무수한 기계와 도구들로,
온갖 종류, 온갖 크기의 신들로 꽉 차 있기 때문입니다.
저들은 자기 손으로 신을 만들어서 그 앞에 경배합니다.
시궁창에 얼굴을 처박은 타락한 종족입니다.
그들에게 신경 쓰지 마십시오! 용서하실 만한 가치가 없는 자들입니다!

콧대 높았던 자들, 콧대가 납작해질 것이다

10 언덕으로 내빼라.
동굴로 숨어들어라.
무시무시한 하나님을 피해,
눈부신 그분의 임재를 피해 숨어라.

11-17 목에 힘주고 다니던 자들, 목이 꺾일 것이다.
콧대 높았던 자들, 콧대가 꺾일 것이다.
우리가 말하는 그날에,
오직 하나님만이 우뚝 서시리라.
그날, 만군의 하나님께서
모든 허세 부리는 것들,
모든 뽐내는 것들과 맞서신다.
높이 솟은 거목들,
거대한 밤나무와 맞서신다.
킬리만자로와 안나푸르나,
알프스 산맥, 안데스 산맥과 맞서신다.
하늘 높은 줄 모르는 마천루와 맞서시며,
웅장한 오벨리스크와 신상들과 맞서신다.
대양을 항해하는 큰 배들과 맞서시며,

Zion's the source of the revelation.
GOD's Message comes from Jerusalem.
He'll settle things fairly between nations.
He'll make things right between many peoples.
They'll turn their swords into shovels,
their spears into hoes.
No more will nation fight nation;
they won't play war anymore.
Come, family of Jacob,
let's live in the light of GOD.

6-9 GOD, you've walked out on your family Jacob
because their world is full of hokey religion,
Philistine witchcraft, and pagan hocus-pocus,
a world rolling in wealth,
Stuffed with things,
no end to its machines and gadgets,
And gods – gods of all sorts and sizes.
These people make their own gods and worship what they make.
A degenerate race, facedown in the gutter.
Don't bother with them! They're not worth forgiving!

Pretentious Egos Brought Down to Earth

10 Head for the hills,
hide in the caves
From the terror of GOD,
from his dazzling presence.

11-17 People with a big head are headed for a fall,
pretentious egos brought down a peg.
It's GOD alone at front-and-center
on the Day we're talking about,
The Day that GOD-of-the-Angel-Armies
is matched against all big-talking rivals,
against all swaggering big names;
Against all giant sequoias
hugely towering,
and against the expansive chestnut;
Against Kilimanjaro and Annapurna,
against the ranges of Alps and Andes;
Against every soaring skyscraper,
against all proud obelisks and statues;
Against ocean-going luxury liners,

우아한 호화 범선과 맞서신다.
허풍 가득한 자들, 결국 바람이 빠질 것이다.
콧대 높았던 자들, 콧대가 납작해질 것이다.
우리가 말하는 그날에,
오직 하나님만이 우뚝 서시리라.

18 신처럼 보이게 하려고 꾸민
막대기와 돌멩이들이
죄다 영구히 사라질 것이다.

19 절벽동굴 속으로 기어올라라.
무슨 구멍이든 보이는 대로 찾아 들어라.
무시무시한 하나님을 피해,
눈부신 그분의 임재를 피해 숨어라.
하나님께서 땅 위에 우뚝 서시며,
무섭도록 높이 서시는 그날에.

20-21 그날이 오면,
사람들은 신처럼 보이게 하려고
금과 은으로 꾸며 경배하던
막대기와 돌멩이들을
아무 하수구나 도랑에
던져 버리고서,
바위굴이나
절벽에 난 구멍을 찾아 도망칠 것이다.
무시무시한 하나님을 피해,
그분의 눈부신 임재를 피해 숨을 것이다.
하나님께서 땅 위에 우뚝 서시며,
무섭도록 높이 서시는 그날에.

22 인간에 불과한 존재들에게 아첨하는 짓을 그만 두어라.
그들은 자아와 허풍으로 가득할 뿐,
별 볼 일 없는 존재인 것을 모른단 말이냐?

다 쓰러져 가는 예루살렘

3 1-7 만군의 주 하나님께서,
예루살렘과 유다에서
빵과 물을 시작으로
모든 생필품이
동나게 하신다.
경찰과 치안,
재판관과 법정,
목사와 교사,
지휘관과 장군,

against elegant three-masted schooners.
The swelled big heads will be punctured bladders,
the pretentious egos brought down to earth,
Leaving GOD alone at front-and-center
on the Day we're talking about.

18 And all those sticks and stones
dressed up to look like gods
will be gone for good.

19 Clamber into caves in the cliffs,
duck into any hole you can find.
Hide from the terror of GOD,
from his dazzling presence,
When he assumes his full stature on earth,
towering and terrifying.

20-21 On that Day men and women will take
the sticks and stones
They've decked out in gold and silver
to look like gods and then worshiped,
And they will dump them
in any ditch or gully,
Then run for rock caves
and cliff hideouts
To hide from the terror of GOD,
from his dazzling presence,
When he assumes his full stature on earth,
towering and terrifying.

22 Quit scraping and fawning over mere humans,
so full of themselves, so full of hot air!
Can't you see there's nothing to them?

Jerusalem on Its Last Legs

3 1-7 The Master, GOD-of-the-Angel-Armies,
is emptying Jerusalem and Judah
Of all the basic necessities,
plain bread and water to begin with.
He's withdrawing police and protection,
judges and courts,
pastors and teachers,
captains and generals,
doctors and nurses,

의사와 간호사,
심지어 수리공이나 잡기에 능한 자들까지 모두 사
라지게 하신다.
그분께서 말씀하신다.
"이제 내가 철부지 꼬마들이 성읍을 맡도록 할 것
이다.
어린아이들이 명령권자가 되게 하겠다.
사람들은 서로 목을 노리고
서로 등 뒤에 칼을 꽂을 것이다.
이웃과 이웃, 젊은이와 늙은이,
무지렁이와 명망가들이 서로 맞설 것이다.
한 사람이 자기 형제를 붙들고 말할 것이다.
'너는 그래도 머리가 좀 되잖아.
뭔가 해봐!
이 진창에서 우리를 구해 줘!'
그러면 그가 말할 것이다. '무슨 소리! 나도 갈팡질
팡하는데!
내게 책임을 맡길 생각 마.'

8-9 예루살렘이 다 쓰러져 가고 있다.
유다가 망하기 직전이다.
사람들이 하는 모든 말과 행동이
다 하나님과 어긋난다.
내 뺨을 후려치는 격이다.
썩을 대로 썩어 철면피가 된 그들,
타락한 소돔처럼 오히려 자신의 죄를 과시한다.
그들의 영혼에 영원히 화가 있으리라!
이제, 그들은 스스로 뿌린 씨를 거둘 때다.

10-11 의인들에게 전하여라.
그들의 선한 삶은 보상받을 것이다.
그러나 악인들에게는 화가 있을 것이다! 재앙이 닥
치리라!
그들이 행한 그대로 되돌려 받을 것이다.

12 주먹만한 꼬마 아이들에게 내 백성이 당한다.
우스꽝스런 여자아이들이 내 백성을 괴롭힌다.
내 사랑하는 백성들아! 네 지도자들은 지금 너를
막다른 골목으로 데려가고 있다.
가봐야 소용없는 길로 보내고 있다."

하나님께서 백성을 재판하시다

13-15 하나님께서 법정에 입장하신다.
자기 백성을 재판하러 자리에 앉으신다.
명령을 내리셔서,

and, yes, even the repairmen and jacks-of-all-trades.
He says, "I'll put little kids in charge of the city.
Schoolboys and schoolgirls will order everyone around.
People will be at each other's throats,
stabbing one another in the back:
Neighbor against neighbor, young against old,
the no-account against the well-respected.
One brother will grab another and say,
'You look like you've got a head on your shoulders.
Do something!
Get us out of this mess.'
And he'll say, 'Me? Not me! I don't have a clue.
Don't put me in charge of anything.'

8-9 "Jerusalem's on its last legs.
Judah is soon down for the count.
Everything people say and do
is at cross-purposes with GOD,
a slap in my face.
Brazen in their depravity,
they flaunt their sins like degenerate Sodom.
Doom to their eternal souls! They've made their bed;
now they'll sleep in it.

10-11 "Reassure the righteous
that their good living will pay off.
But doom to the wicked! Disaster!
Everything they did will be done to them.

12 "Skinny kids terrorize my people.
Silly girls bully them around.
My dear people! Your leaders are taking you down a blind alley.
They're sending you off on a wild-goose chase."

A City Brought to Her Knees by Her Sorrows

13-15 GOD enters the courtroom.
He takes his place at the bench to judge his people.
GOD calls for order in the court,
hauls the leaders of his people into the dock:
"You've played havoc with this country.

자기 백성의 지도자들을 끌어다가 피고석에 앉히
신다.
"너희가 이 나라를 결딴냈다.
너희 집 안에는, 가난한 이들에게서 도적질한 것들
로 꽉 차 있다.
내 백성을 짓밟고
가난한 이들의 얼굴을 흙바닥에 처박다니, 있을 수
있는 일이냐?"
만군의 주 하나님의 말씀이다.

16-17 하나님께서 말씀하신다. "시온의 여자들,
하이힐을 신고 우쭐거리며 다닌다.
싸구려 보석을 주렁주렁 걸친 채
머리카락 휼날리며,
엉덩이를 흔들며
거리의 남자들에게 추파 던지며 돌아다닌다."
그 시온의 여자들을, 주님은 모두
대머리로 만드실 작정이다.
경멸받는 대머리 여자들이 되게 하실 작정이다.
주께서 그렇게 하실 것이다.

18-23 주께서 그들이 걸친 싸구려 노리개들을 다 벗기
실 날이 오고 있다. 대롱대롱 매달린 귀걸이, 발찌,
팔찌, 빗, 거울, 실크 스카프, 다이아몬드 브로치, 진
주 목걸이, 손가락 반지, 발가락 반지, 최신 유행 모
자, 외국 향수, 최음제, 가운, 망토, 그리고 세계 최고
의 직물과 디자인이라는 것을 모두 벗기실 것이다.

24 호리는 향수 냄새가 아니라,
이 여자들에게서 배추 썩는 냄새가 날 것이다.
멋지게 늘어진 가운이 아니라,
누더기를 걸치게 될 것이다.
폼 나는 머리가 아니라,
꾀죄죄한 머리를 하게 될 것이다.
애교점 대신
상처딱지와 흉터를 갖게 될 것이다.

25-26 너희 최고 전사들이 죽임당하고,
군인들이 전쟁터에서 쓰러질 것이다.
시온으로 들어가는 입구가
사람들의 애곡소리로 뒤덮일 것이다.
상실의 무게를 이기지 못해 엎어진 도성,
슬픔에 눌려 무릎 꿇은 도성이 될 것이다.

Your houses are stuffed with what you've
stolen from the poor.
What is this anyway? Stomping on my people,
grinding the faces of the poor into the dirt?"
That's what the Master,
GOD-of-the-Angel-Armies, says.

16-17 GOD says, "Zion women are stuck-up,
prancing around in their high heels,
Making eyes at all the men in the street,
swinging their hips,
Tossing their hair,
gaudy and garish in cheap jewelry."
The Master will fix it so those Zion women
will all turn bald—
Scabby, bald-headed women.
The Master will do it.

18-23 The time is coming when the Master will
strip them of their fancy baubles—the dangling
earrings, anklets and bracelets, combs and
mirrors and silk scarves, diamond brooches and
pearl necklaces, the rings on their fingers and
the rings on their toes, the latest fashions in hats,
exotic perfumes and aphrodisiacs, gowns and
capes, all the world's finest in fabrics and design.

24 Instead of wearing seductive scents,
these women are going to smell like rotting
cabbages;
Instead of modeling flowing gowns,
they'll be sporting rags;
Instead of their stylish hairdos,
scruffy heads;
Instead of beauty marks,
scabs and scars.

25-26 Your finest fighting men will be killed,
your soldiers left dead on the battlefield.
The entrance gate to Zion will be clotted
with people mourning their dead—
A city stooped under the weight of her loss,
brought to her knees by her sorrows.

4 1 그날에 여자 일곱이
남자 하나에게 떼로 덮치면서 말할 것이다.
"우리 몸은 우리가 알아서 돌보겠소.
우리 먹을 음식과 옷은 우리가 알아서 해결하겠소.
다만 우리에게 아이를 갖게 해주오. 우리를 임신시켜 주오.
그래서 우리에게 살아갈 이유가 있게 해주오!"

하나님의 가지

2-4 그날에 '하나님의 가지'가 움터 나오리라. 싱싱
하고 푸르게 움터 나오리라. 이스라엘의 살아남
은 자들이 자기 나라의 산물을 다시금 자랑거리
로 삼고, 오, 그들이 다시 머리를 들게 되리라! 시
온에 남겨진 자들, 예루살렘의 버림받고 거절당
한 자들 모두가, 거룩한—살아 있고 소중한—이
들이라 불리게 되리라. 하나님께서 시온의 여인
들을 목욕시켜 주시고, 피로 물든 성읍에서 폭력
과 잔인함을 씻어 내시며, 불폭풍 심판으로 깨끗
하게 해주시리라.
5-6 하나님께서 옛적의 구름기둥과 불기둥으로 시
온 산과 거기 모인 모든 자들 앞에 밤낮 영광스럽
게 임하실 것이다. 그 거대한 보호의 임재가, 그들
에게 불볕을 피할 그늘, 폭우를 피해 숨을 곳이 되
어 주리라.

최상품 포도를 기대했건만

5 1-2 내가 사랑하는 분에게, 노래 하나 지어
불러 드리려 하네.
그분의 포도원에 대한 사랑 노래를.
사랑하는 그분에게 포도원이 하나 있었다네.
좋은 땅의 아름다운 포도원이었지.
그분은 땅을 일구고 잡초를 뽑아내어,
최상품 포도나무를 심었다네.
망대를 세우고, 포도주 짜는 곳도 만들었지.
자랑할 만한 포도원이었다네.
그러나 최상품 포도 수확을 기대했건만,
그 모든 수고 끝에 열린 것은 돌포도였다네.

3-4 "너희 예루살렘과 유다에 사는 자들아,
이제 내가 하는 말을 잘 들어라.
나와 내 포도원 사이의 일을
한번 판단해 보아라.
내가 내 포도원을 위해 할 수 있었으면서도 하지 않은 일이
어디 하나라도 있었느냐?

4 1 That will be the day when seven women
will gang up on one man, saying,
"We'll take care of ourselves,
get our own food and clothes.
Just give us a child. Make us pregnant
so we'll have something to live for!"

God's Branch

2-4 And that's when GOD's Branch will sprout
green and lush. The produce of the country will
give Israel's survivors something to be proud of
again. Oh, they'll hold their heads high! Everyone
left behind in Zion, all the discards and rejects
in Jerusalem, will be reclassified as "holy"—
alive and therefore precious. GOD will give Zion's
women a good bath. He'll scrub the bloodstained
city of its violence and brutality, purge the place
with a firestorm of judgment.
5-6 Then GOD will bring back the ancient pillar
of cloud by day and the pillar of fire by night
and mark Mount Zion and everyone in it with
his glorious presence, his immense, protective
presence, shade from the burning sun and shelter
from the driving rain.

Looking for a Crop of Justice

5 1-2 I'll sing a ballad to the one I love,
a love ballad about his vineyard:
The one I love had a vineyard,
a fine, well-placed vineyard.
He hoed the soil and pulled the weeds,
and planted the very best vines.
He built a lookout, built a winepress,
a vineyard to be proud of.
He looked for a vintage yield of grapes,
but for all his pains he got junk grapes.

3-4 "Now listen to what I'm telling you,
you who live in Jerusalem and Judah.
What do you think is going on
between me and my vineyard?
Can you think of anything I could have done
to my vineyard that I didn't do?
When I expected good grapes,
why did I get bitter grapes?

좋은 포도를 기대했는데
쓴 포도만을 수확한 것은 어째서란 말이냐?

5-6 좋다. 이제 내가 내 포도원을 어떻게 할지
너희에게 말해 주겠다.
나는 그 울타리를 허물고
그곳을 폐허로 만들 것이다.
그 문을 부서뜨려
마구 짓밟히게 할 것이다.
그곳을 잡초 밭, 버려진 땅,
엉겅퀴와 가시만 무성한 곳이 되게 할 것이다.
내가 구름을 향해
'다시는 저 포도원에 비를 내리지 말라!'고 명령을 내릴 것이다."

7 너희는 알아들었느냐? 만군의 하나님의 포도원은
바로 이스라엘 나라다.
그분이 그토록 자랑스러워했던 그 정원은
바로 유다의 모든 자들이다.
그분은 정의를 수확하기를 바라셨지만,
보이는 것이라곤 서로 죽이는 모습뿐이었다.
의를 거두기를 바라셨지만,
들리는 것이라곤 희생자들의 애통소리뿐이었다.

이스라엘에 대한 재앙

8-10 집들을 있는 대로 사들이고
땅을 독차지하는 너희에게 화가 있으리라.
너희는 이전 주인들을 다 쫓아내고서,
출입금지 푯말을 붙여 놓고
나라 전체를 장악했다.
모두를 집 없고 땅 없는 이들로 만들어 버린다.
나는 만군의 하나님께서 말씀하시는 소리를 들었다.
"으리으리한 집들, 다 텅텅 비게 될 것이다.
호화롭던 사유지들, 다 폐허가 될 것이다.
만 평이나 되는 포도원에서 고작 포도주 1리터가 나고,
열 말이나 되는 씨에서 겨우 곡식 한 말밖에 나지 않을 것이다."

11-17 아침 일찍 일어나서
아침밥도 먹기 전에 술잔을 들고,
밤이 새도록
코가 삐뚤어져라 마셔 대는 자들에게 화가 있으리라.
그들은 술자리에
하프와 플루트와 충분한 포도주에는 마음 쓰면서도
하나님의 일,

5-6 "Well now, let me tell you
what I'll do to my vineyard:
I'll tear down its fence
and let it go to ruin.
I'll knock down the gate
and let it be trampled.
I'll turn it into a patch of weeds, untended, uncared for –
thistles and thorns will take over.
I'll give orders to the clouds:
'Don't rain on that vineyard, ever!'"

7 Do you get it? The vineyard of GOD-of-the-Angel-Armies
is the country of Israel.
All the men and women of Judah
are the garden he was so proud of.
He looked for a crop of justice
and saw them murdering each other.
He looked for a harvest of righteousness
and heard only the moans of victims.

You Who Call Evil Good and Good Evil

8-10 Doom to you who buy up all the houses
and grab all the land for yourselves –
Evicting the old owners,
posting NO TRESPASSING signs,
Taking over the country,
leaving everyone homeless and landless.
I overheard GOD-of-the-Angel-Armies say:
"Those mighty houses will end up empty.
Those extravagant estates will be deserted.
A ten-acre vineyard will produce a pint of wine,
a fifty-pound sack of seed, a quart of grain."

11-17 Doom to those who get up early
and start drinking booze before breakfast,
Who stay up all hours of the night
drinking themselves into a stupor.
They make sure their banquets are well-furnished
with harps and flutes and plenty of wine,
But they'll have nothing to do with the work of GOD,
pay no mind to what he is doing.
Therefore my people will end up in exile

그분이 하시는 일에는 아무 관심이 없다.
내 백성이 포로가 된 것은 바로 이 때문이다.
그들의 무지 때문이다.
거물들이 굶어 죽고
서민들은 목말라 죽을 것이다.
식욕이 커질 대로 커진 스올이,
닥치는 대로 사람들을 집어삼킬 것이다!
거물들, 서민들 할 것 없이 모두가
그 식도를 따라 굴러떨어질 것이다. 주정뱅이는 더 말할 것도 없다.
밑바닥 인생들이나
지체 높은 자들이나 매한가지다.
기세등등하던 자들이
구멍 난 방광처럼 쪼그라들 것이다.
그러나 만군의 하나님께서 정의를 행하심으로,
산이 되실 것이다.
거룩하신 하나님께서 의를 행하심으로,
'거룩'이 무엇인지 보여주실 것이다.
그러고 나면 어린양들이
마치 제 땅인 양 그곳에서 풀을 뜯고,
아이들과 송아지들이
제 집인 듯 그 폐허에서 편하게 살 것이다.

18-19 거짓말로 악을 팔고
죄를 한 트럭씩 시장에 내다 파는 너희,
"하나님은 대체 뭐하고 계시나?
우리가 볼 수 있게 좀 움직여 보시라고 해봐.
'이스라엘의 거룩하신 분'이라는 그가 대체
뭘 하시려는지 알고 싶다"고 말하는 너희에게 화가 있으리라.

20 악을 선이라
선을 악이라 부르고,
빛을 어둠으로
어둠을 빛으로 대체하며,
단 것을 쓴 것으로
쓴 것을 단 것으로 바꾸는 너희에게 화가 있으리라!

21-23 스스로를 똑똑하고
대단하다고 여기는 너희에게 화가 있으리라!
너희가 잘하는 것이라곤 술 마시는 일이 전부다.
술 마시기 대회 챔피언 트로피나 모으는 너희,
범죄자에게서 뇌물을 받아먹고서는
죄 없는 이들의 권리를 짓밟는다.

because they don't know the score.
Their "big men" will starve to death
and the common people die of thirst.
Sheol developed a huge appetite,
swallowing people nonstop!
Big people and little people alike
down that gullet, to say nothing of all the drunks.
The down-and-out on a par
with the high-and-mighty,
Windbag boasters crumpled,
flaccid as a punctured bladder.
But by working justice,
GOD-of-the-Angel-Armies will be a mountain.
By working righteousness,
Holy God will show what "holy" is.
And lambs will graze
as if they owned the place,
Kids and calves
right at home in the ruins.

18-19 Doom to you who use lies to sell evil,
who haul sin to market by the truckload,
Who say, "What's God waiting for?
Let him get a move on so we can see it.
Whatever The Holy of Israel has cooked up,
we'd like to check it out."

20 Doom to you who call evil good
and good evil,
Who put darkness in place of light
and light in place of darkness,
Who substitute bitter for sweet
and sweet for bitter!

21-23 Doom to you who think you're so smart,
who hold such a high opinion of yourselves!
All you're good at is drinking—champion boozers
who collect trophies from drinking bouts
And then line your pockets with bribes from the guilty
while you violate the rights of the innocent.

24 But they won't get by with it. As fire eats

24 그러나 그들, 무사하지 못하리라. 불에 나무가 그루터기까지 타 버리고
마른 풀이 연기가 되어 사라지듯,
그들의 영혼이 쭈그러지고
그들이 이룬 것들도 다 허물어져 먼지가 될 것이다.
그들이 만군의 하나님의 계시를 거부했고,
'이스라엘의 거룩하신 분'에게
아무 관심도 없었기 때문이다.

25-30 그러므로 하나님께서 당신의 백성을 향해 불같이 노하시고,
손을 들어 그들을 때려눕히셨다.
그들의 시체가 거리에 쌓일 때,
산들이 몸을 떨었다.
그러나 그분의 진노는 아직 풀리지 않았고,
또다시 치시려고 주먹을 높이 들고 계신다.
그분께서 깃발을 들어 먼 나라에 신호를 보내신다.
휘파람을 불어 땅 끝의 민족들을 불러들이신다.
그러자 저기, 그들이 온다.
달려온다!
굼뜬 자, 비틀거리는 자,
조는 자, 꾸물거리는 자 하나 없다.
군복에 허리띠를 동이고
광이 나는 군화는 끈이 질끈 매여 있다.
그들의 화살은 날카롭고,
활의 줄이 팽팽하게 당겨 있다.
말발굽에 편자가 박혀 있고,
전차바퀴는 기름칠 되어 있다.
새끼 사자 떼같이 으르렁거리며,
귀청이 떨어져라 포효하는 젊은 사자 떼처럼 달려와,
먹이를 잡아채서는 끌고 간다.
누구도 구해 주지 못한다!
그날에, 그들은 포효하고, 포효하고, 또 포효할 것이다.
대양의 파도소리같이 포효할 것이다.
그 땅을 샅샅이 살펴보아라.
어둠과 고통 말고는 아무것도 보이지 않으리라.
하늘의 모든 빛을
구름이 덮어 꺼뜨릴 것이다.

거룩하시다, 거룩하시다, 거룩하시다!

6 1-8 웃시야 왕이 죽은 해에, 나는 주께서 지극히 높은 보좌 위에 앉아 계시고 그분의 긴 옷자락이 성전을 가득 채우고 있는 모습을 보았다.

stubble
and dry grass goes up in smoke,
Their souls will atrophy,
their achievements crumble into dust,
Because they said no to the revelation
of GOD-of-the-Angel-Armies,
Would have nothing to do
with The Holy of Israel.

25-30 That's why GOD flamed out in anger against his people,
reached out and knocked them down.
The mountains trembled
as their dead bodies piled up in the streets.
But even after that, he was still angry,
his fist still raised, ready to hit them again.
He raises a flag, signaling a distant nation,
whistles for people at the ends of the earth.
And here they come –
on the run!
None drag their feet, no one stumbles,
no one sleeps or dawdles.
Shirts are on and pants buckled,
every boot is spit-polished and tied.
Their arrows are sharp,
bows strung,
The hooves of their horses shod,
chariot wheels greased.
Roaring like a pride of lions,
the full-throated roars of young lions,
They growl and seize their prey,
dragging it off – no rescue for that one!
They'll roar and roar and roar on that Day,
like the roar of ocean billows.
Look as long and hard as you like at that land,
you'll see nothing but darkness and trouble.
Every light in the sky
will be blacked out by the clouds.

Holy, Holy, Holy!

6 1-8 In the year that King Uzziah died, I saw the Master sitting on a throne – high, exalted! – and the train of his robes filled the Temple. Angel-seraphs hovered above him, each with six wings. With two wings they

그분 위로 천사 스랍들이 머물러 있는데, 저마다 여섯 개의 날개를 달고 있었다. 둘로는 자기 얼굴을, 둘로는 자기 발을 가리고, 두 날개로 날면서, 서로를 향해 이렇게 외치며 화답하고 있었다.

거룩하시다, 거룩하시다, 거룩하시다, 만군의 하나님.
그분의 빛나는 영광, 온 땅에 가득하도다.

천사들의 소리에 바닥 전체가 흔들리더니, 성전 안에 연기가 가득해졌다. 내가 말했다.

"재앙이다! 재앙의 날이다!
이제 나는 죽은 목숨이다!
나는 이제껏 하나같이 더러운 말을 일삼았다.
하나님을 모독하기까지 했다!
나와 함께 살아가는 자들도 마찬가지다.
다 썩어 빠진 말들, 불경스런 말들을 쏟아 놓았다.
그런데 내가 여기서 하나님을 대면하다니!
왕이신 만군의 하나님을!"

그때 천사 스랍들 가운데 하나가 내게 날아왔다. 제단에서 타고 있는 숯 하나를 부집게로 집어 들더니, 그 숯을 내 입에 대며 말했다.

"보아라. 이 숯이 네 입술에 닿았으니,
네 죄과가 사라지고
네 죄가 씻겨졌다."
그때 내게 주의 음성이 들렸다.
"내가 누구를 보낼까?
누가 우리를 위해 갈까?"
내가 소리쳐 말했다.
"제가 가겠습니다.
저를 보내 주소서!"

9-10 그분께서 말씀하셨다. "가서 이 백성에게 전하여라.

'귀를 쫑긋하고 들어도, 알아먹지 못하리라.
뚫어져라 쳐다보아도, 알아보지 못하리라.'
이 백성을, 손가락으로 귀를 틀어막고 눈가리개로 눈을 가린
바보천치로 만들어라.
아무것도 보지 못하고,

covered their faces, with two their feet, and with two they flew. And they called back and forth one to the other,

Holy, Holy, Holy is GOD-of-the-Angel-Armies.
His bright glory fills the whole earth.

The foundations trembled at the sound of the angel voices, and then the whole house filled with smoke. I said,

"Doom! It's Doomsday!
I'm as good as dead!
Every word I've ever spoken is tainted—
blasphemous even!
And the people I live with talk the same way,
using words that corrupt and desecrate.
And here I've looked God in the face!
The King! GOD-of-the-Angel-Armies!"

Then one of the angel-seraphs flew to me. He held a live coal that he had taken with tongs from the altar. He touched my mouth with the coal and said,

"Look. This coal has touched your lips.
Gone your guilt,
your sins wiped out."
And then I heard the voice of the Master:
"Whom shall I send?
Who will go for us?"
I spoke up,
"I'll go.
Send me!"

9-10 He said, "Go and tell this people:

"'Listen hard, but you aren't going to get it;
look hard, but you won't catch on.'
Make these people blockheads,
with fingers in their ears and blindfolds on their eyes,
So they won't see a thing,
won't hear a word,

아무 말도 듣지 못하도록.
뭐가 뭔지 도무지 깨닫지 못하고,
그래서 돌이켜 고침받지 못하도록."

11-13 소스라치게 놀라 내가 말했다.
"그런데 주님, 언제까지 그렇게 하시렵니까?"
그분께서 말씀하셨다. "성읍들이 텅 비어
사람 하나 남지 않게 될 때까지,
집들이 텅 비어
구석구석 황무지가 될 때까지,
나 하나님이 사람들을 모조리 멀리 쫓아내어,
땅이 완전히 텅 빌 때까지다.
설령 십분의 일 정도가 살아남는다 해도,
그들에게 다시금 참화가 덮칠 것이다.
이 나라는 나무들이 다 잘려 나간
소나무 숲, 상수리나무 숲 같을 것이다.
그루터기들만 남은 거대한 그루터기 밭이 될 것이다.
그러나 그 그루터기 안에는 거룩한 씨가 담겨 있다."

한 처녀가 아들을 낳을 것이다

7 1-2 웃시야의 손자요 요담의 아들인 아
하스가 유다의 왕으로 있던 때에, 아람
왕 르신과 르말리야의 아들인 이스라엘 왕 베가
가 예루살렘을 공격했으나 성공하지 못했다. 아
람과 에브라임(이스라엘)이 동맹을 맺었다는 사
실이 다윗 왕실에 전해지자, 아하스와 백성은
크게 동요했다. 그들은 사시나무 떨듯 떨었다.
3-6 그러자 하나님께서 이사야에게 말씀하셨다.
"가서 아하스를 만나라. 네 아들 스알야숩(남은
자가 돌아오리라)을 함께 데리고 가거라. 성의
남쪽 공중 빨래터로 가는 길인 윗저수지의 수
로 끝에서 그를 만나 이렇게 전하여라. 내 말을
듣고 진정하여라. 두려워하지 마라. 다 탄 막대
기에 불과한 그 둘, 아람의 르신과 르말리야의
아들을 두려워할 이유가 없다. 큰소리치지만,
그들은 아무것도 아니다. 아람이 에브라임의
르말리야의 아들과 더불어 너를 해칠 계략을
꾸몄다. '가서 유다를 치자. 결딴내서 우리 것으
로 삼고, 다브엘의 아들을 꼭두각시 왕으로 세
우자'며 둘이 공모했다."

7-9 그러나 주 하나님께서 말씀하신다.

So they won't have a clue about what's going on
and, yes, so they won't turn around and be made whole."

11-13 Astonished, I said,
"And Master, how long is this to go on?"
He said, "Until the cities are emptied out,
not a soul left in the cities—
Houses empty of people,
countryside empty of people.
Until I, GOD, get rid of everyone, sending them off,
the land totally empty.
And even if some should survive, say a tenth,
the devastation will start up again.
The country will look like pine and oak forest
with every tree cut down—
Every tree a stump, a huge field of stumps.
But there's a holy seed in those stumps."

A Virgin Will Bear a Son

7 1-2 During the time that Ahaz son of Jotham,
son of Uzziah, was king of Judah, King Rezin
of Aram and King Pekah son of Remaliah of Israel
attacked Jerusalem, but the attack sputtered out.
When the Davidic government learned that Aram
had joined forces with Ephraim (that is, Israel),
Ahaz and his people were badly shaken. They shook
like trees in the wind.
3-6 Then GOD told Isaiah, "Go and meet Ahaz. Take
your son Shear-jashub (A-Remnant-Will-Return)
with you. Meet him south of the city at the end of
the aqueduct where it empties into the upper pool
on the road to the public laundry. Tell him, Listen,
calm down. Don't be afraid. And don't panic over
these two burnt-out cases, Rezin of Aram and the
son of Remaliah. They talk big but there's nothing to
them. Aram, along with Ephraim's son of Remaliah,
have plotted to do you harm. They've conspired
against you, saying, 'Let's go to war against Judah,
dismember it, take it for ourselves, and set the son
of Tabeel up as a puppet king over it.'

7-9 But GOD, the Master, says,

"It won't happen.

"결코 그렇게 되지 않을 것이다.
아람의 수도는 다마스쿠스고,
다마스쿠스의 왕, 르신은 그저 인간에 불과하
기 때문이다.
에브라임도 육십오 년이 지나기 전에,
나라가 망해 돌무더기밖에 남지 않을 것이다.
에브라임의 수도는 사마리아고,
사마리아의 왕은 고작 르말리야의 아들에 불과
하다.
너희가 믿음 안에 굳게 서지 않으면,
도무지 제대로 서지 못할 것이다."

10-11 하나님께서 아하스에게 다시 이렇게 말씀
하셨다. "네 하나님에게 표징을 구하여라. 무엇
이든 구하여라. 통 크게 구하여라. 하늘의 달이
라도 구하여라!"
12 그러나 아하스가 말했다. "아닙니다. 나는 하
나님께 그런 요구를 하지 않을 것입니다!"
13-17 이사야가 그에게 말했다. "다윗 왕실이여,
잘 들으십시오! 그대들은 소심과 위선에 불과
한 경건으로 사람들을 지치게 만들고, 그것으
로도 모자라서 이제는 하나님까지 지치게 만들
고 있습니다. 그러니 주께서 친히 그대들에게
표징 하나를 주실 것입니다. 두고 보십시오. 처
녀인 한 소녀가 잉태하게 될 것입니다. 그녀는
아들을 낳고 그의 이름을 임마누엘(하나님이
우리와 함께 계신다)이라 할 것입니다. 그 아
이가 열두 살이 되어 도덕적 판단을 할 수 있을
때가 되면, 전쟁의 위협이 끝나 있을 것입니다.
그러니 마음을 놓으십시오. 그대들을 그토록
근심케 하는 저 두 왕은 그때쯤 사라져 없어지
게 될 것입니다. 그러나 이 경고도 함께 들으십
시오. 하나님께서는 왕과 백성과 이 왕실에, 에
브라임이 유다를 떠나 나라가 두 동강 났던 그
때 이래로 가장 혹독한 심판을 내리실 것입니
다. 앗시리아의 왕이 올 것입니다!"

18-19 그때가 되면, 하나님께서 이집트 나일 강
원류의 파리 떼를 부르시고, 앗시리아 땅의 벌
떼를 불러오실 것이다. 그것들이 와서 이 나라
구석구석까지 쓸어버릴 것이다. 무엇으로도 그
것들을 막을 수 없을 것이다.
20 또 그때가 되면, 주께서 유프라테스 강 저편
에서 빌려 온 면도칼—앗시리아의 왕을 말한

Nothing will come of it
Because the capital of Aram is Damascus
and the king of Damascus is a mere man, Rezin.
As for Ephraim, in sixty-five years
it will be rubble, nothing left of it.
The capital of Ephraim is Samaria,
and the king of Samaria is the mere son of Remaliah.
If you don't take your stand in faith,
you won't have a leg to stand on."

10-11 GOD spoke again to Ahaz. This time he said,
"Ask for a sign from your GOD. Ask anything. Be
extravagant. Ask for the moon!"
12 But Ahaz said, "I'd never do that. I'd never make
demands like that on GOD!"
13-17 So Isaiah told him, "Then listen to this, govern-
ment of David! It's bad enough that you make
people tired with your pious, timid hypocrisies,
but now you're making God tired. So the Master is
going to give you a sign anyway. Watch for this: A
girl who is presently a virgin will get pregnant. She'll
bear a son and name him Immanuel (God-With-
Us). By the time the child is twelve years old, able to
make moral decisions, the threat of war will be over.
Relax, those two kings that have you so worried will
be out of the picture. But also be warned: GOD will
bring on you and your people and your government
a judgment worse than anything since the time the
kingdom split, when Ephraim left Judah. The king
of Assyria is coming!"

18-19 That's when GOD will whistle for the flies at the
headwaters of Egypt's Nile, and whistle for the bees
in the land of Assyria. They'll come and infest every
nook and cranny of this country. There'll be no
getting away from them.
20 And that's when the Master will take the razor
rented from across the Euphrates—the king of
Assyria no less!—and shave the hair off your heads
and genitals, leaving you shamed, exposed, and
denuded. He'll shave off your beards while he's at it.
21-22 It will be a time when survivors will count
themselves lucky to have a cow and a couple
of sheep. At least they'll have plenty of milk!

다!—을 가지고서 너희 머리와 음부의 털을 다 밀어 버리실 것이다. 너희는 발가벗겨져 수치와 치욕을 당하게 되리라. 그분께서 너희 수염을 다 밀어 버리실 것이다.

21-22 그때, 살아남은 자들은 소 한 마리, 양 두 마리만 있어도 자신을 행운아로 여길 것이다. 적어도 우유는 많을 테니 말이다! 그 땅에 남은 자들은 극히 간소한 음식—버터와 꿀—만으로 사는 법을 배워야 할 것이다.

23-25 그것이 다가 아니다. 좋은 포도원들이 지천이던—수천 개도 넘었던 수억 가치의 포도원들!—이 나라가 조그만 잡초 밭으로 바뀔 것이다. 어디를 보아도 잡초와 가시덤불밖에 없으리라! 아무짝에도 쓸모없는 잡초 밭이, 토끼 사냥 때나 소용 있을지 모르겠다. 소와 양들만이 먹을 것을 찾아 이리저리 헤매고 다니겠지만, 잡초뿐인 그 땅, 예전의 비옥하고 잘 가꿔진 과수원과 들판은 흔적조차 찾을 수 없을 것이다.

8

1 하나님께서 내게 말씀하셨다. "커다란 종이 한 장을 가져다가 지워지지 않는 잉크로 이렇게 적어라. '이는 마헬-살랄-하스-바스(노략-빨리 온다-약탈-서둘러 온다)의 것이다.'"

2-3 나는 정직한 사람 둘, 곧 제사장 우리야와 여베레기야의 아들 스가랴를 그 문서의 증인으로 세웠다. 그런 다음에 여예언자인 내 아내가 있는 집으로 돌아갔다. 그녀가 아이를 가졌고, 아들을 낳았다.

3-4 하나님께서 내게 말씀하셨다. "아기의 이름을 '마헬-살랄-하스-바스'라고 지어라. 그 아기가 아빠와 엄마를 부를 줄 알기 전에, 앗시리아 왕이 다마스쿠스의 재물과 사마리아의 재산을 모두 약탈해 갈 것이다."

5-8 하나님께서 내게 다시 말씀하셨다.

"이 백성이
고요한 실로아 물에 등을 돌리고
르신과 르말리야의 아들을 바라보며
흥분해 있으니,
내가 나서서
유프라테스의 거친 홍수를 톡톡히 맛보게 해주겠다.
앗시리아 왕과 그의 위력이
홍수처럼 강둑을 터뜨리고
유다로 넘쳐흘러와,

Whoever's left in the land will learn to make do with the simplest foods—curds, whey, and honey.

23-25 But that's not the end of it. This country that used to be covered with fine vineyards—thousands of them, worth millions!—will revert to a weed patch. Weeds and thornbushes everywhere! Good for nothing except, perhaps, hunting rabbits. Cattle and sheep will forage as best they can in the fields of weeds—but there won't be a trace of all those fertile and well-tended gardens and fields.

8

1 Then GOD told me, "Get a big sheet of paper and write in indelible ink, 'This belongs to Maher-shalal-hash-baz (Spoil-Speeds-Plunder-Hurries).'"

2-3 I got two honest men, Uriah the priest and Zechariah son of Jeberekiah, to witness the document. Then I went home to my wife, the prophetess. She conceived and gave birth to a son.

3-4 GOD told me, "Name him Maher-shalal-hash-baz. Before that baby says 'Daddy' or 'Mamma' the king of Assyria will have plundered the wealth of Damascus and the riches of Samaria."

5-8 GOD spoke to me again, saying:

"Because this people has turned its back
on the gently flowing stream of Shiloah
And gotten all excited over Rezin
and the son of Remaliah,
I'm stepping in and facing them with
the wild floodwaters of the Euphrates,
The king of Assyria and all his fanfare,
a river in flood, bursting its banks,
Pouring into Judah, sweeping everything before it,
water up to your necks,
A huge wingspan of a raging river,
O Immanuel, spreading across your land."

눈앞에서 모든 것을 다 쓸어버릴 것이다.
물이 너희 목까지 차오르리라.
오 임마누엘이여, 미친 듯이 날뛰는 그 강물,
거대한 날개처럼 너희 온 땅을 뒤덮을 것이다."

9-10 그러나 너희 압제자들아, 사태를 직시하고 너희 가슴을 쥐어뜯어라.
먼 나라든 가까운 나라든, 모두 잘 들어라.
최악을 각오하고 너희 가슴을 쥐어뜯어라.
그렇다. 진정 최악을 각오하고 너희 가슴을 쥐어뜯어라!
너희 생각대로 이런저런 일을 도모해 보아라. 다 헛일일 뿐이다.
이런저런 말을 떠들어 보아라. 다 헛말일 뿐이다.
모든 말, 모든 일 뒤에 남는 것은
결국 임마누엘—하나님이 우리와 함께 계신다—일 테니.

하나님을 두려워하라

11-15 하나님께서 내게 강하게 말씀하셨다. 두 손으로 나를 움켜잡으시고는, 이 백성을 따라가지 말라고 경고하셨다. 그분께서 말씀하셨다.

"이 백성을 따라 하지 마라.
그들은 늘 누군가 자신을 해칠 음모를 꾸미고 있다고 생각하며,
두려워 떤다.
그들이 두려워하는 것을 두려워하지 마라.
그들이 염려하는 것을 염려하지 마라.
염려하려거든, 거룩하신 분을 염려하여라.
만군의 하나님을 두려워하여라.
거룩하신 분은 너희의 은신처가 되기도 하시지만,
너희 길을 막는 암석,
고집 센 이스라엘 두 집안의 가는 길을 막아서는 바위,
예루살렘 시민의 출입을 막는
철조망이 될 수도 있다.
많은 자들이 뛰어가다 그 바위와 부딪쳐
뼈가 아스러지고,
그 철조망에 걸려
헤어 나오지 못할 것이다."

16-18 이 증언을 잘 받아들이고
이 가르침을 잘 간직하여, 내 제자들에게 전하여라.

9-10 But face the facts, all you oppressors, and then wring your hands.
Listen, all of you, far and near.
Prepare for the worst and wring your hands.
Yes, prepare for the worst and wring your hands!
Plan and plot all you want—nothing will come of it.
All your talk is mere talk, empty words,
Because when all is said and done,
the last word is Immanuel—God-With-Us.

A Boulder Blocking Your Way

11-15 GOD spoke strongly to me, grabbed me with both hands and warned me not to go along with this people. He said:

"Don't be like this people,
always afraid somebody is plotting against them.
Don't fear what they fear.
Don't take on their worries.
If you're going to worry,
worry about The Holy. Fear GOD-of-the-Angel-Armies.
The Holy can be either a Hiding Place
or a Boulder blocking your way,
The Rock standing in the willful way
of both houses of Israel,
A barbed-wire Fence preventing trespass
to the citizens of Jerusalem.
Many of them are going to run into that Rock
and get their bones broken,
Get tangled up in that barbed wire
and not get free of it."

16-18 Gather up the testimony,
preserve the teaching for my followers,
While I wait for GOD as long as he remains in hiding,
while I wait and hope for him.
I stand my ground and hope,

나는 하나님을 기다릴 것이다.
자신을 숨기고 계신 그분을 기다리며, 그분께 소망을 둘 것이다.
나는 이 소망을 지키며 여기 있을 것이다.
하나님께서 내게 주신 자녀들과 더불어.
그들은 이스라엘을 향한 표징이다.
시온 산에 거하시는 만군의 하나님께서 주시는 경고의 표징,
소망의 표징이다.

19-22 사람들이 너희에게 "점쟁이들을 한번 찾아가 보지 그래.
영매들에게 물어보지 그래.
영계에 들어가서
죽은 자들과 접촉해 보는 것이 어때?"라고 말하면,
이렇게 대답하여라. "아니, 우리는 성경을 연구할 것이다."
다른 길을 시도해 보는 자는 결국 아무 데도 이르지 못할 것이다.
막다른 골목이 기다릴 뿐이다!
좌절하고 절박한 그들
이것저것 시도해 보지만,
아무 효과가 없으면 화가 치밀어 올라,
처음에는 이 신, 다음에는 저 신에게 욕을 퍼붓는다.
이 길, 저 길 기웃거리고
위를 보았다, 아래를 보았다, 옆을 보았다 하지만,
결국 아무것도 보지 못한다.
막다른 골목, 텅 빈 굴,
공허한 흑암에 처할 뿐이다.

우리를 위해 한 아이가 태어났다

9 1 그러나 고난 가운데 있던 자들은 이제 어둠에서 벗어날 것이다. 전에 주께서 스불론 땅과 납달리 땅을 불명예 가운데 두셨지만, 이제 그 지역 전체를, 곧 바다 따라 난 길과 요단 강 건너 국제적인 성읍 갈릴리를 영광스럽게 만드실 때가 오고 있다.

2-7 어둠 속을 헤매던 백성이
큰 빛을 보았다.
짙은 그늘이 드리운 땅에 살던 자들 위로
빛! 구름 사이를 뚫고 햇살이 비추었다!
주께서 그 나라를 다시 사람들로 북적이게 하시고
그들의 기쁨을 넓혀 주셨습니다.
오, 주 앞에서 그들이 얼마나 즐거워하는지요!

I and the children GOD gave me as signs to Israel,
Warning signs and hope signs from GOD-of-the-Angel-Armies,
who makes his home in Mount Zion.

19-22 When people tell you, "Try out the fortune-tellers.
Consult the spiritualists.
Why not tap into the spirit-world,
get in touch with the dead?"
Tell them, "No, we're going to study the Scriptures."
People who try the other ways get nowhere—
a dead end!
Frustrated and famished,
they try one thing after another.
When nothing works out they get angry,
cursing first this god and then that one,
Looking this way and that,
up, down, and sideways—and seeing nothing,
A blank wall, an empty hole.
They end up in the dark with nothing.

A Child Has Been Born—for Us!

9 1 But there'll be no darkness for those who were in trouble. Earlier he did bring the lands of Zebulun and Naphtali into disrepute, but the time is coming when he'll make that whole area glorious—the road along the Sea, the country past the Jordan, international Galilee.

2-7 The people who walked in darkness
have seen a great light.
For those who lived in a land of deep shadows—
light! sunbursts of light!
You repopulated the nation,
you expanded its joy.
Oh, they're so glad in your presence!
Festival joy!
The joy of a great celebration,
sharing rich gifts and warm greetings.
The abuse of oppressors and cruelty of tyrants—
all their whips and cudgels and curses—

축제의 기쁨!
풍성한 선물과 따뜻한 인사를 나누는
큰 축일의 기쁨.
압제자들의 학대와 독재자들의 잔인함,
채찍질, 몽둥이질, 욕설들이
다 사라졌다. 이제 끝났다. 이 구원은,
전에 기드온이 미디안 족속을 꺾었던 승리만큼 놀라운 구원이로다.
침략 군대의 군화들,
무고한 피로 얼룩진 겉옷들이
한 무더기로 쌓여 불살라질 것이다.
며칠 동안 타오를 것이다!
이는, 우리를 위해 한 아이가 태어났기 때문이다!
그 아들을 우리에게 선물로 주셨기 때문이다!
이제 그가
세계를 통치할 것이다.
그의 이름은 '놀라우신 조언자'
'전능하신 하나님'
'영원하신 아버지'
'온전케 하시는 왕'이라 불리리라!
그분의 통치권, 점점 커지고
그분의 온전하심, 끝이 없으리라.
그분은 역사적인 다윗 보좌에 앉으셔서
약속된 왕국을 다스리시고,
그 왕국 굳게 세우셔서
세세토록 다스리실 것이다.
공정함과 올바름으로
이제부터 영원까지, 다스리시리라.
만군의 하나님의 열심이
이 모든 일을 이루실 것이다.

하나님께서 이스라엘을 벌하신다

8-10 주께서 야곱을 벌하시겠다는 메시지를 보내셨다.
그 메시지는 이스라엘 집 문 앞에 도달했고,
모든 백성, 에브라임과 사마리아의 시민들 모두가
그것을 들었다.
그러나 교만하고 오만한 떼거리인 그들,
그 메시지를 묵살하며 말했다.
"뭐, 상황이 그렇게 나쁜 것은 아니다.
우리는 뭐든지 대처할 수 있으니.
건물이 무너지면
더 크고 좋게 다시 지으면 되고,
나무들이 쓰러지면
다시 더 좋은 나무를 심으면 된다."

Is gone, done away with, a deliverance
as surprising and sudden as Gideon's old victory over Midian.
The boots of all those invading troops,
along with their shirts soaked with innocent blood,
Will be piled in a heap and burned,
a fire that will burn for days!
For a child has been born – for us!
the gift of a son – for us!
He'll take over
the running of the world.
His names will be: Amazing Counselor,
Strong God,
Eternal Father,
Prince of Wholeness.
His ruling authority will grow,
and there'll be no limits to the wholeness he brings.
He'll rule from the historic David throne
over that promised kingdom.
He'll put that kingdom on a firm footing
and keep it going
With fair dealing and right living,
beginning now and lasting always.
The zeal of GOD-of-the-Angel-Armies
will do all this.

God Answered Fire with Fire

8-10 The Master sent a message against Jacob.
It landed right on Israel's doorstep.
All the people soon heard the message,
Ephraim and the citizens of Samaria.
But they were a proud and arrogant bunch.
They dismissed the message, saying,
"Things aren't that bad.
We can handle anything that comes.
If our buildings are knocked down,
we'll rebuild them bigger and finer.
If our forests are cut down,
we'll replant them with finer trees."

11-12 So GOD incited their adversaries against them,
stirred up their enemies to attack:

11-12 그래서 하나님께서 적들을 자극해 그들을 치게 하셨다.
원수들을 부추겨 그들을 공격하게 하셨다.
동쪽으로는 아람 사람들을, 서쪽으로는 블레셋 사람들을 일으키셨다.
그들이 이스라엘을 요절냈다.
그럼에도 아직 그분의 노는 풀리지 않으셨고,
다시 그들을 치시려고 높이 주먹을 쳐들고 계신다.

13-17 그런데도 이 백성은 자기들을 치는 분에게 무관심하다.
만군의 하나님을 찾지 않는다.
그래서 하나님께서는 이스라엘의 머리와 꼬리를,
그 종려가지와 갈대를 잘라내 버리셨다. 같은 날 한꺼번에.
그 머리는 우두머리 장로들이고,
그 꼬리는 거짓말하는 예언자들이다.
백성을 이끌어야 할 그들이
백성을 도리어 막다른 골목으로 끌고 들어갔으니,
지도자를 따랐던 이들이
길을 잃고 갈팡질팡한다.
주께서 젊은이들에게 흥미를 잃으시고,
그들의 고아와 과부들을 불쌍히 여기지 않으시는 것은 그래서다.
그들 모두 사악하고 악독하며,
더럽고 아둔한 말들을 떠벌린다.
그럼에도 아직 그분의 노는 풀리지 않으셨고,
다시 그들을 치시려고 높이 주먹을 쳐들고 계신다.

18-21 그들의 악독한 삶, 걷잡을 수 없는 불과 같다.
나무와 수풀, 잡초와 목초,
뭐든지 닥치는 대로 태워 버려,
온 하늘을 연기 자욱하게 만드는 불과 같다.
그 불에 만군의 하나님께서 불로 응답하셨다.
나라 전체에 불을 놓으셔서,
사람들 모두 불이 되게,
욕망 가운데 서로가 서로를 삼키는 불이 되게 하셨다.
만족을 모르는 그 욕망,
그들은 주위에 사람과 물건을 쌓아 놓고 게걸스럽게 집어삼킨다.
그래도 여전히 허기에 시달린다. 심지어 그들의 아이들도
그들의 탐욕스런 허기에서 안전하지 못하다.
므낫세가 에브라임을 먹어 치우고, 에브라임이 므낫세를 먹어 치웠으며,

From the east, Arameans; from the west, Philistines.
They made hash of Israel.
But even after that, he was still angry,
his fist still raised, ready to hit them again.

13-17 But the people paid no mind to him who hit them,
didn't seek GOD-of-the-Angel-Armies.
So GOD hacked off Israel's head and tail,
palm branch and reed, both on the same day.
The big-head elders were the head,
the lying prophets were the tail.
Those who were supposed to lead this people
led them down blind alleys,
And those who followed the leaders
ended up lost and confused.
That's why the Master lost interest in the young men,
had no feeling for their orphans and widows.
All of them were godless and evil,
talking filth and folly.
And even after that, he was still angry,
his fist still raised, ready to hit them again.

18-21 Their wicked lives raged like an out-of-control fire,
the kind that burns everything in its path—
Trees and bushes, weeds and grasses—
filling the skies with smoke.
GOD-of-the-Angel-Armies answered fire with fire,
set the whole country on fire,
Turned the people into consuming fires,
consuming one another in their lusts—
Appetites insatiable, stuffing and gorging
themselves left and right with people and things.
But still they starved. Not even their children
were safe from their rapacious hunger.
Manasseh ate Ephraim, and Ephraim Manasseh,
and then the two ganged up against Judah.
And after that, he was still angry,

그 둘이 유다를 해치려고 패를 지었다.
그럼에도 아직 그분의 노는 풀리지 않으셨고,
다시 그들을 치시려고 높이 주먹을 쳐들고 계신다.

악을 합법화하는 너희

10 1-4 악을 합법화하고,
희생자를 양산하는 법을 제정하는 너희에
게 화가 있으리라.

가난한 이들을 비참하게 만들고
내 빈궁한 백성에게서 존엄을 앗아 가며,
힘없는 과부들을 이용하고
집 없는 아이들을 착취하는 법을 만들다니.
심판 날, 너희가 무슨 할 말이 있을까?
청천벽력처럼 임할 그 운명의 날에,
누가 너희를 도울 수 있겠느냐?
돈이 있다 한들 무슨 소용이 있겠느냐?
그때 너희는, 짐짝 취급받는 죄수나,
거리의 시체들 사이에 끼인 비참한 신세가 될 텐데.
그럼에도 아직, 이 모든 일로 그분의 노가 풀리지 않
으셨고,
다시 그들을 치시려고 높이 주먹을 쳐들고 계신다.

앗시리아에게 화가 있으리라!

5-11 "앗시리아에게 화가 있으리라. 그는 내 진노의 무
기요,
그의 손에 들린 곤봉은 바로 나의 진노다!
내가 그를 보내어 사악한 민족을 치며,
나를 노하게 만든 백성을 친다.
나는 그들을 모조리 노략질하고 약탈하여,
그 얼굴을 진창에 처박아 버리라고 명령한다.
그런데 앗시리아는 딴 속셈을 품는다.
속으로 딴생각을 한다.
그는 닥치는 대로 나라들을
짓밟아 멸망시키는 일에 광분해 있다.
앗시리아가 말한다. '내 지휘관은 다 왕들이 아니냐?
뭐든 제 맘대로 할 수 있는 자들이다.
나는 갈그미스뿐 아니라 갈로도 꺾지 않았느냐?
아르밧과 하맛도 멸망시켰고, 다마스쿠스처럼 사마리
아도 뭉개 버렸다.
나는 예루살렘과 사마리아의 신들보다 훨씬 대단해
보이는
신들로 가득했던 나라들도 다 쓸어버렸다.
그러니, 예루살렘을 멸망시키려는 나를 막을 자 누
구랴?

his fist still raised, ready to hit them again.

You Who Legislate Evil

10 1-4 Doom to you who legislate evil,
who make laws that make victims—

Laws that make misery for the poor,
that rob my destitute people of dignity,
Exploiting defenseless widows,
taking advantage of homeless children.
What will you have to say on Judgment Day,
when Doomsday arrives out of the blue?
Who will you get to help you?
What good will your money do you?
A sorry sight you'll be then, huddled with the prisoners,
or just some corpses stacked in the street.
Even after all this, God is still angry,
his fist still raised, ready to hit them again.

Doom to Assyria!

5-11 "Doom to Assyria, weapon of my anger.
My wrath is a cudgel in his hands!
I send him against a godless nation,
against the people I'm angry with.
I command him to strip them clean, rob them blind,
and then push their faces in the mud and leave them.
But Assyria has another agenda;
he has something else in mind.
He's out to destroy utterly,
to stamp out as many nations as he can.
Assyria says, 'Aren't my commanders all kings?
Can't they do whatever they like?
Didn't I destroy Calno as well as Carchemish?
Hamath as well as Arpad? Level Samaria as I did Damascus?
I've eliminated kingdoms full of gods
far more impressive than anything in Jerusalem and Samaria.
So what's to keep me from destroying Jerusalem
in the same way I destroyed Samaria and all

사마리아와 그 신-우상들을 모조리 쓰러뜨린 나인데.'"

12-13 주께서 시온 산과 예루살렘에 관한 일을 다 마치시면, 이렇게 말씀하실 것이다. "이제 앗시리아 차례다. 나는 앗시리아 왕의 오만과 허풍을 벌할 것이다. 그는 거들먹거리며 목에 힘을 잔뜩 주고 이렇게 말한다.

13-14 '나는 이 모든 일을 혼자 힘으로 이루었다.
나보다 뛰어난 자 누구랴.
나는 나라들의 경계를 허물었다.
밀고 들어가서, 원하는 것은 뭐든지 취했다.
황소처럼 돌진해 들어가,
왕들을 보좌에서 다 끌어내렸다.
그들이 쌓아 놓은 보물들을 다 내 손아귀에 넣었다.
아이가 새 둥우리에서 새알을 꺼내듯 손쉽게 차지했다.
농부가 닭장에서 달걀을 꺼내 모으듯
온 세상을 내 바구니 안에 거두어들였다.
그런데도 날개를 푸덕이거나 꽥꽥 울어 대기는커녕
찍소리조차 내는 놈 하나 없었다.'"

15-19 도끼가 도끼질하는 자를 대신할 수 있느냐?
톱이 톱질하는 자 대신 주인공으로 나설 수 있느냐?
마치 삽이 스스로 인부를 부려서 도랑을 팠다는 식이구나!
마치 망치가 스스로 목수를 부려서 못을 박았다는 식이구나!
그래서다. 주 만군의 하나님께서 질병을 보내어
그 건장한 앗시리아 전사들을 쇠약하게 만드실 것이다.
하나님의 빛나는 영광 아래
한 맹렬한 불이 터져 나올 것이다.
'이스라엘의 빛이신 분'이 큰불이 되시고,
'거룩하신 분'이 불폭풍이 되실 것이다.
그리하여 하루 만에, 앗시리아 가시덤불을
하나도 남김없이 새까맣게 태워 버리실 것이다.
하나님께서 장대한 나무들과 우거진 과수원을
파괴하실 것이다.
앗시리아는 병든 환자처럼
몸도 영혼도 허약해져 쓰러질 것이다.
남은 나무들의 숫자를

her god-idols?'"

12-13 When the Master has finished dealing with Mount Zion and Jerusalem, he'll say, "Now it's Assyria's turn. I'll punish the bragging arrogance of the king of Assyria, his high and mighty posturing, the way he goes around saying,

13-14 "'I've done all this by myself.
I know more than anyone.
I've wiped out the boundaries of whole countries.
I've walked in and taken anything I wanted.
I charged in like a bull
and toppled their kings from their thrones.
I reached out my hand and took all that they treasured
as easily as a boy taking a bird's eggs from a nest.
Like a farmer gathering eggs from the henhouse,
I gathered the world in my basket,
And no one so much as fluttered a wing
or squawked or even chirped.'"

15-19 Does an ax take over from the one who swings it?
Does a saw act more important than the sawyer?
As if a shovel did its shoveling by using a ditch digger!
As if a hammer used the carpenter to pound nails!
Therefore the Master, GOD-of-the-Angel-Armies,
will send a debilitating disease on his robust Assyrian fighters.
Under the canopy of God's bright glory
a fierce fire will break out.
Israel's Light will burst into a conflagration.
The Holy will explode into a firestorm,
And in one day burn to cinders
every last Assyrian thornbush.
GOD will destroy the splendid trees and lush gardens.
The Assyrian body and soul will waste away to nothing
like a disease-ridden invalid.
A child could count what's left of the trees
on the fingers of his two hands.

아이가 두 손의 손가락으로도 셀 수 있을 것이다.

20-23 또한 그날에는, 이스라엘의 남은 자들, 야곱의 소수 생존자들이 더 이상 난폭한 압제자 앗시리아에게 매혹당하지 않을 것이다. 그들은 하나님, '거룩하신 분'을 의지할 것이다. 진정으로 의지할 것이다. 소수의 남은 자들—야곱의 남은 자들—이 전능하신 하나님께 돌아올 것이다. 너 이스라엘이 한때는 바다의 모래처럼 그 수가 많았지만, 그날에는 오직 소수만이 흩어졌던 곳에서 돌아올 것이다. 파괴 명령이 내려졌다. 이것은 의로 충만한 명령이다. 주 만군의 하나님께서, 온 세상에 걸쳐 시작하신 일을 여기서 끝마치실 것이기 때문이다.

24-27 그러므로 주 만군의 하나님께서 말씀하신다. "시온에 사는 내 사랑하고 사랑하는 백성들아, 앗시리아 사람들이 너를 곤봉으로 때릴 때, 전에 이집트 사람들이 그랬던 것처럼 너를 몽둥이로 위협할 때, 무서워하지 마라. 잠시 잠깐 뒤면 너에 대한 나의 진노가 풀리겠고, 내가 나의 진노를 그들에게 돌려 그들을 파멸시킬 것이다. 나 만군의 하나님이 아홉 가닥 채찍을 들고 그들을 쫓을 것이다. 기드온이 오렙 바위에서 미디안 사람들을 쓰러뜨렸듯이, 모세가 이집트를 발칵 뒤집어 놓았듯이, 그들을 아주 끝장내 버릴 것이다. 그날, 너의 등을 타고 있던 앗시리아 사람들이 끌어내려지고, 너의 목에서 종의 멍에가 벗겨질 것이다."

27-32 앗시리아가 오고 있다. 림몬으로부터 올라와
아얏에 이르고,
미그론을 통과해
믹마스에서 야영을 한다.
험한 길을 지나온 그들,
밤에 게바에 진을 쳤다.
라마가 겁에 질려 편다.
사울의 고향 기브아가 줄행랑을 놓는다.
갈림의 딸아, 도와 달라고 소리쳐라!
라이사야, 그 외침을 들어라!
아나돗아, 뭐든 해보아라!
맛메나가 산속으로 내빼고,
게빔 주민들은 공포에 질려 도망간다.

20-23 And on that Day also, what's left of Israel, the ragtag survivors of Jacob, will no longer be fascinated by abusive, battering Assyria. They'll lean on GOD, The Holy—yes, truly. The ragtag remnant—what's left of Jacob—will come back to the Strong God. Your people Israel were once like the sand on the seashore, but only a scattered few will return. Destruction is ordered, brimming over with righteousness. For the Master, GOD-of-the-Angel-Armies, will finish here what he started all over the globe.

24-27 Therefore the Master, GOD-of-the-Angel-Armies, says: "My dear, dear people who live in Zion, don't be terrorized by the Assyrians when they beat you with clubs and threaten you with rods like the Egyptians once did. In just a short time my anger against you will be spent and I'll turn my destroying anger on them. I, GOD-of-the-Angel-Armies, will go after them with a cat-o'-nine-tails and finish them off decisively—as Gideon downed Midian at the rock Oreb, as Moses turned the tables on Egypt. On that day, Assyria will be pulled off your back, and the yoke of slavery lifted from your neck."

27-32 Assyria's on the move: up from Rimmon,
on to Aiath,
through Migron,
with a bivouac at Micmash.
They've crossed the pass,
set camp at Geba for the night.
Ramah trembles with fright.
Gibeah of Saul has run off.
Cry for help, daughter of Gallim!
Listen to her, Laishah!
Do something, Anathoth!
Madmenah takes to the hills.
The people of Gebim flee in panic.
The enemy's soon at Nob—nearly there!
In sight of the city he shakes his fist
At the mount of dear daughter Zion,
the hill of Jerusalem.

적군이 놉에 이르렀다. 거의 코앞이다!
성읍이 보이자, 그들이 사랑하는 딸 시온 산,
예루살렘 언덕 위에서, 주먹을 휘두른다.

33-34 그러나 두고 보아라. 주 만군의 하나님께서
당신의 도끼를 휘둘러 그 가지들을 쳐내시며,
커다란 나무들을 베어 쓰러뜨리시고,
행진해 오는 그 높다란 나무들을 모조리 쓰러뜨리신다.
그분의 도끼가 그 나무들을 이쑤시개로 만들어 버릴 것이며,
레바논 같은 군대는 불쏘시개로 전락할 것이다.

이새의 그루터기에서 새싹이 나며

11 1-5 이새의 그루터기에서 한 푸른 새싹이 나며,
그 뿌리에서 한 가지가 움터 나오리라.
생명을 주는 하나님의 영,
곧 지혜와 깨달음을 주는 영,
방향을 잡아 주고 힘을 부어 주는 영,
지식과 하나님을 경외하는 마음을 불어넣어 주는 영이, 그 위에 머물리라.
하나님을 경외하는 것이
그의 기쁨과 즐거움이 될 것이다.
그는 겉모습으로 판단하지 않으며,
풍문에 따라 판결을 내리지 않을 것이다.
궁핍한 이들을 위해 의롭게 재판하고,
땅 위의 가난한 이들을 위해 정의롭게 판결할 것이다.
모두 옷깃을 여미고 그의 말을 주목하여 듣게 되리라.
그의 입에서 나오는 숨만으로도 악한 자들이 거꾸러질 것이다.
매일 아침 그는 튼튼한 작업복과 신발을 갖추고 나와,
이 땅에 의와 신실함을 세우는 일을 할 것이다.

6-9 이리와 어린양이 함께 뛰놀며,
표범과 새끼 염소가 같이 잘 것이다.
송아지와 사자가 같은 여물통에서 먹고,
어린아이가 그들을 기를 것이다.
암소와 곰이 목초지에서 함께 풀을 뜯고
새끼들도 서로 어울려 지내며,
사자가 소처럼 짚을 먹을 것이다.
젖 먹는 아이가 방울뱀 소굴 위를 기어 다니고,

33-34 But now watch this: The Master, GOD-of-the-Angel-Armies,
swings his ax and lops the branches,
Chops down the giant trees,
lays flat the towering forest-on-the-march.
His ax will make toothpicks of that forest,
that Lebanon-like army reduced to kindling.

A Green Shoot from Jesse's Stump

11 1-5 A green Shoot will sprout from Jesse's stump,
from his roots a budding Branch.
The life-giving Spirit of GOD will hover over him,
the Spirit that brings wisdom and understanding,
The Spirit that gives direction and builds strength,
the Spirit that instills knowledge and Fear-of-GOD.
Fear-of-GOD
will be all his joy and delight.
He won't judge by appearances,
won't decide on the basis of hearsay.
He'll judge the needy by what is right,
render decisions on earth's poor with justice.
His words will bring everyone to awed attention.
A mere breath from his lips will topple the wicked.
Each morning he'll pull on sturdy work clothes and boots,
and build righteousness and faithfulness in the land.

A Living Knowledge of God

6-9 The wolf will romp with the lamb,
the leopard sleep with the kid.
Calf and lion will eat from the same trough,
and a little child will tend them.
Cow and bear will graze the same pasture,
their calves and cubs grow up together,
and the lion eat straw like the ox.
The nursing child will crawl over rattlesnake dens,
the toddler stick his hand down the hole of a serpent.
Neither animal nor human will hurt or kill
on my holy mountain.
The whole earth will be brimming with knowing God-Alive,

걸음마하는 아이가 독사 굴에 손을 넣으며 놀리라.
나의 거룩한 산에서는
어떤 짐승이나 사람도 남을 해치거나 죽이는 일이 없을 것이다.
온 땅에 하나님을 아는 산 지식,
대양처럼 깊고, 대양처럼 넓은
산 지식으로 차고 넘치리라.

10 그날이 오면, 이새의 뿌리가 높이 세워져, 만백성을
집결시키는 깃발로 설 것이다. 모든 민족이 그에게 나아
오고, 그의 본부가 영광스럽게 되리라.
11 또한 그날이 오면, 주께서 다시 한번 손을 뻗으셔서,
흩어졌던 자기 백성 중에 남은 자들을 데려오실 것이다.
앗시리아, 이집트, 바드로스, 에티오피아, 엘람, 시날,
하맛, 바다 섬들에서 그들을 다시 데려오실 것이다.

12-16 그분은 모든 민족이 볼 수 있게 깃발을 높이 드시고
흩뿌려진 이스라엘 유랑민들을 불러 모으시며,
뿔뿔이 흩어진 유다 난민 모두를
땅의 사방과 칠대양에서 이끌어 오실 것이다.
에브라임의 질투가 풀리고,
유다의 적개심이 사라지리라.
에브라임은 더 이상 유다를 질투해 맞서지 않으며,
유다는 더 이상 에브라임을 증오해 맞서지 않을 것이다!
그들은 피를 나눈 형제로 하나 되어, 서쪽으로 블레셋 사람들을 덮치고,
동맹군을 이뤄 동쪽의 민족들을 약탈하며,
에돔과 모압을 공격할 것이다.
암몬 사람들도 그들과 같은 처지가 될 것이다.
하나님께서 다시 한번 이집트의 홍해를 말리셔서,
쉽게 건널 수 있는 길을 내실 것이다.
거대한 강 유프라테스에
거센 바람을 내려보내셔서,
그 강을 일곱 개의 실개울로 만들어 버리실 것이다.
발을 적시지 않고 건널 수 있는 실개울로!
마침내, 대로가 열릴 것이다.
하나님의 백성 중에 남은 자들이 앗시리아에서 쉽게 나올 수 있는 대로,
과거 이스라엘이 이집트에서 행군해 나올 때와 같은
그런 대로가 열릴 것이다.

나의 힘, 나의 노래

12

1 그날에 너는 이렇게 말할 것이다.
"하나님, 주께 감사드립니다.

a living knowledge of God ocean-deep,
ocean-wide.

10 On that day, Jesse's Root will be raised
high, posted as a rallying banner for the
peoples. The nations will all come to him.
His headquarters will be glorious.
11 Also on that day, the Master for the second
time will reach out to bring back what's left
of his scattered people. He'll bring them
back from Assyria, Egypt, Pathros, Ethiopia,
Elam, Sinar, Hamath, and the ocean islands.

12-16 And he'll raise that rallying banner high,
visible to all nations,
gather in all the scattered exiles of Israel,
Pull in all the dispersed refugees of Judah
from the four winds and the seven seas.
The jealousy of Ephraim will dissolve,
the hostility of Judah will vanish—
Ephraim no longer the jealous rival of Judah,
Judah no longer the hostile rival of Ephraim!
Blood brothers united, they'll pounce on the Philistines in the west,
join forces to plunder the people in the east.
They'll attack Edom and Moab.
The Ammonites will fall into line.
GOD will once again dry up Egypt's Red Sea,
making for an easy crossing.
He'll send a blistering wind
down on the great River Euphrates,
Reduce it to seven mere trickles.
None even need get their feet wet!
In the end there'll be a highway all the way from Assyria,
easy traveling for what's left of God's people—
A highway just like the one Israel had
when he marched up out of Egypt.

My Strength and Song

12

1 And you will say in that day,
"I thank you, GOD.

주께서 노하셨으나
주의 진노는 영원하지 않았습니다.
주께서 노를 거두시고
제게 오셔서, 위로해 주셨습니다.

2 그렇습니다. 참으로 하나님은 나의 구원이십니다.
내가 주를 믿고 두려워하지 않겠습니다.
하나님께서—진정 하나님께서!—나의 힘이시요 나의 노래이시며,
무엇보다, 나의 구원이십니다!"

3-4 너희는 구원의 우물에서
기쁨 가득 물을 길어 올릴 것이다.
그러면서 말하리라.
"하나님께 감사드려라.
그분의 이름 소리 높여 외쳐라.
무엇이든 그분께 구하여라!
민족들에게 외쳐라. 그분이 하신 일을 들려주어라.
그분의 높은 명성, 그 소식을 전하여라!

5-6 하나님께 찬양을 드려라. 그분이 이 모든 일을 이루셨다!
온 땅에 그분이 하신 일을 알려라!
오 시온아, 지붕이 떠나갈 듯 외쳐라! 심장이 터지도록 크게 불러라!
한없이 위대하신 이가 너희 가운데 계시니,
그분은 '이스라엘의 거룩하신 분'이시다."

바빌론은 끝났다!

13 1 아모스의 아들 이사야가 본, 바빌론에 대한 메시지다.

2-3 "탁 트인 언덕 위에 깃발을 높이 올려라.
크게 소리쳐라. 그들로 주목하게 하고,
구령을 붙여 대형을 갖추게 하여라.
그들을 지휘해 권력의 핵심부로 쳐들어가라.
내가 특수부대를 맡고
돌격대를 소집했다.
내 진노의 심판을 수행하는 그들,
긍지와 열의가 끓어오른다."

4-5 산들 위에서 우르르 천둥소리가 울려 퍼진다.
큰 무리의 폭도들이 내는 소리 같다.
그 소리는 전쟁하러 모인 왕국과
나라들이 일으킨 소란이다.

You were angry
but your anger wasn't forever.
You withdrew your anger
and moved in and comforted me.

2 "Yes, indeed—God is my salvation.
I trust, I won't be afraid.
GOD—yes GOD!—is my strength and song,
best of all, my salvation!"

3-4 Joyfully you'll pull up buckets of water
from the wells of salvation.
And as you do it, you'll say,
"Give thanks to GOD.
Call out his name.
Ask him anything!
Shout to the nations, tell them what he's done,
spread the news of his great reputation!

5-6 "Sing praise-songs to GOD. He's done it all!
Let the whole earth know what he's done!
Raise the roof! Sing your hearts out, O Zion!
The Greatest lives among you: The Holy of Israel."

Babylon Is Doomed!

13 1 The Message on Babylon. Isaiah son of Amoz saw it:

2-3 "Run up a flag on an open hill.
Yell loud. Get their attention.
Wave them into formation.
Direct them to the nerve center of power.
I've taken charge of my special forces,
called up my crack troops.
They're bursting with pride and passion
to carry out my angry judgment."

4-5 Thunder rolls off the mountains
like a mob huge and noisy—
Thunder of kingdoms in an uproar,
nations assembling for war.
GOD-of-the-Angel-Armies is calling

만군의 하나님께서 당신의 군대를 소집하시고
전투대형을 갖추게 하신다.
먼 곳에서 오는 그들,
밀물처럼 밀어닥쳐 땅을 뒤덮는다.
하나님이 오고 계신다. 당신의 진노의 병기 들고서,
이 나라를 결딴내러 오신다.

6-8 통곡하여라! 하나님의 심판 날이 가까이 왔다.
전능하신 하나님이 오실 날이, 눈사태처럼 밀어닥친다!
모두 공포에 질려 심신이 얼어붙고
신경이 쇠약해져 히스테리를 부리며,
해산하는 여인처럼
고통으로 몸부림친다.
무서워 떠는 그들, 누구를 보든지,
악몽을 보는 듯하리라.

9-16 "잘 보아라. 하나님의 심판의 날이 온다.
이는 무자비한 날, 진노와 격분의 날,
땅을 황폐하게 만들고
모든 죄인을 쓸어버리는 날.
하늘의 별들, 그 거대한 별들의 행렬이
블랙홀에 지나지 않게 될 것이다.
해는 그저 검은 원반이 되고,
달도 있으나 마나 한 것이 되리라.
내가 이 땅의 악을 완전히 멈춰 세우고,
악한 자들의 사악한 행위를 뿌리째 뽑아 버릴 것이다.
허풍 치며 뻐기던 자들의 입에 재갈을 물리면, 그들,
찍소리도 못 내리라.
거드름 피우며 활보하던 폭군들, 다 자빠트려 땅바닥
에 얼굴을 처박게 만들 것이다.
교만한 인류, 지상에서 종적을 감출 것이다.
내가, 인간을 가물에 콩 나듯 하게 만들리라.
그렇다. 만군의 하나님의 진노 아래
그 맹렬한 진노의 심판 날에,
하늘도 흔들리고
땅도 뿌리까지 떨릴 것이다.
사냥꾼에 쫓기는 사슴처럼,
목자 없이 길 잃은 양처럼,
사람들이 소수의 동류들과 떼를 지어
임시변통할 피난처로 도망쳐 갈 것이다.
그렇게 뛰다가 넘어지는 자들, 가련하다. 그들은 그 자
리에서 죽임을 당할 것이다.
목이 잘리고, 배가 찢겨 터지리라.
부모가 보는 앞에서

his army into battle formation.
They come from far-off countries,
they pour in across the horizon.
It's GOD on the move with the weapons of his wrath,
ready to destroy the whole country.

6-8 Wail! GOD's Day of Judgment is near—
an avalanche crashing down from the Strong God!
Everyone paralyzed in the panic,
hysterical and unstrung,
Doubled up in pain
like a woman giving birth to a baby.
Horrified—everyone they see
is like a face out of a nightmare.

9-16 "Watch now. GOD's Judgment Day comes.
Cruel it is, a day of wrath and anger,
A day to waste the earth
and clean out all the sinners.
The stars in the sky, the great parade of constellations,
will be nothing but black holes.
The sun will come up as a black disk,
and the moon a blank nothing.
I'll put a full stop to the evil on earth,
terminate the dark acts of the wicked.
I'll gag all braggarts and boasters—not a peep anymore from them—
and trip strutting tyrants, leave them flat on their faces.
Proud humanity will disappear from the earth.
I'll make mortals rarer than hens' teeth.
And yes, I'll even make the sky shake,
and the earth quake to its roots
Under the wrath of GOD-of-the-Angel-Armies,
the Judgment Day of his raging anger.
Like a hunted white-tailed deer,
like lost sheep with no shepherd,
People will huddle with a few of their own kind,

아기들이 바위에 메어쳐지고,
집들이 약탈당하며,
아내들이 겁탈당할 것이다.

17-22 이제 잘 보아라.
내가 메대를 자극해 바빌론을 치게 할 것이다.
뇌물로도 막을 수 없는 무자비,
무엇으로도 누그러뜨릴 수 없는 잔인함의 대명사인 메대 사람들.
그들은 젊은이들을 죄다 몰살시키고,
갓난아기들도 발로 걷어차며 놀다가 죽이는 자들이다.
가장 찬란했던 왕국,
갈대아 사람들의 자랑이요 기쁨이던 바빌론.
하나님이 끝장내신 소돔과 고모라처럼,
결국 연기와 악취만 남기고 사라질 것이다.
누구도 거기 살지 않게 되리라.
세대가 지나고 또 지나도, 유령마을로 남을 것이다.
유목민, 베두인 사람들도 거기에는 천막을 치지 않을 것이다.
목자들도 피해서 멀리 돌아갈 것이다.
이름 모를 들짐승이나 찾아와서,
밤마다 빈집들을 섬뜩한 괴성으로 채울 것이다.
스컹크들이 집으로 삼고,
무시무시한 귀신들이 출몰할 것이다.
하이에나의 괴성이 피를 얼어붙게 하고,
늑대의 울부짖음이 몸을 오싹하게 만들 것이다.

바빌론은 이제 망했다.
끝이 멀지 않았다."

14 1-2 그러나 야곱은 다르다. 하나님께서 야곱에게 자비를 베푸시리라. 그분이 다시 한번 이스라엘을 택하실 것이다. 그들을 고향 땅에 자리 잡고 살게 하실 것이다. 이방인들이 야곱에게 매혹되어 운명을 같이하기 원할 것이다. 그들이 타향살이하던 곳의 여러 민족들이 고향으로 돌아가는 이스라엘을 도우며, 이스라엘은 그들을 남종과 여종으로 삼을 것이다. 하나님의 나라에서 그들을 종으로 취할 것이며, 과거 자신들을 사로잡았던 자들을 사로잡고, 자신들을 압제하던 자들 위에 군림하며 살 것이다.

run off to some makeshift shelter.
But tough luck to stragglers—they'll be killed on the spot,
throats cut, bellies ripped open,
Babies smashed on the rocks
while mothers and fathers watch,
Houses looted,
wives raped.

17-22 "And now watch this:
Against Babylon, I'm inciting the Medes,
A ruthless bunch indifferent to bribes,
the kind of brutality that no one can blunt.
They massacre the young,
wantonly kick and kill even babies.
And Babylon, most glorious of all kingdoms,
the pride and joy of Chaldeans,
Will end up smoking and stinking like Sodom,
and, yes, like Gomorrah, when God had finished with them.
No one will live there anymore,
generation after generation a ghost town.
Not even Bedouins will pitch tents there.
Shepherds will give it a wide berth.
But strange and wild animals will like it just fine,
filling the vacant houses with eerie night sounds.
Skunks will make it their home,
and unspeakable night hags will haunt it.
Hyenas will curdle your blood with their laughing,
and the howling of coyotes will give you the shivers.

"Babylon is doomed.
It won't be long now."

Now You Are Nothing

14 1-2 But not so with Jacob. GOD will have compassion on Jacob. Once again he'll choose Israel. He'll establish them in their own country. Outsiders will be attracted and throw their lot in with Jacob. The nations among whom they lived will actually escort them back home, and then Israel will pay them back by making slaves of them, men and women alike, possessing them as slaves in GOD's country, capturing those who had captured them, ruling over those who had abused them.

3-4 하나님께서 너희를 압제와 고생과 혹독한 종살이에서 풀어 주시는 날, 너희는 이런 풍자노래로 바빌론 왕을 조롱하며 재미있어 할 것이다.

바빌론아, 이제 너는 아무것도 아니다

4-6 믿어지느냐? 폭군이 사라졌다!
폭정이 끝났다!
만인을 짓밟던 악인의 통치를,
그 악당의 권력을
하나님께서 깨부수셨다.
그칠 줄 모르는 빗발 같은 잔혹함으로,
고문과 박해로 점철된
폭력과 광포로 통치하던 그를.

7-10 이제 끝났다. 온 땅에 안식이 깃든다.
노래가 터져 나온다! 지붕이 들썩이도록!
폰데로사 소나무들이 행복해하며,
거대한 레바논 백향목들이 안도의 한숨을 내쉬며 말한다.
"네가 망했으니,
이제 우리를 베어 쓰러뜨릴 자 없다."
지하의 망자들이
너를 맞이할 준비로 부산하다.
그들, 유령 같은 망자들,
모두 한때는 땅에서 이름 날렸던 자들이다.
나라의 왕이었다가 땅에 묻힌 그들,
모두 보좌에서 일어나,
잘 준비된 연설로
너를 죽음으로 초대한다.
"자, 이제 너도 우리처럼 아무것도 아닌 존재가 되었다!
죽은 우리와 더불어 여기서 집처럼 편히 지내거라!"

11 바빌론아, 너의 화려한 행렬과 멋진 음악이
너를 데려갈 곳은
결국 여기다.
땅 밑 독방,
구더기들을 침대 삼아 눕고
스멀스멀 기어다니는 벌레들을 이불로 덮는 곳이다.

12 오 바빌론아, 이 무슨 몰락이란 말이냐!
샛별이었던 너! 새벽의 아들이었던 너!
지하 진흙뻘에 얼굴이 처박히다니,
나라들을 쓰러뜨리던 일로 이름 높았던 네가!

3-4 When GOD has given you time to recover from the abuse and trouble and harsh servitude that you had to endure, you can amuse yourselves by taking up this satire, a taunt against the king of Babylon:

4-6 Can you believe it? The tyrant is gone!
The tyranny is over!
GOD has broken the rule of the wicked,
the power of the bully-rulers
That crushed many people.
A relentless rain of cruel outrage
Established a violent rule of anger
rife with torture and persecution.

7-10 And now it's over, the whole earth quietly at rest.
Burst into song! Make the rafters ring!
Ponderosa pine trees are happy,
giant Lebanon cedars are relieved, saying,
"Since you've been cut down,
there's no one around to cut us down."
And the underworld dead are all excited,
preparing to welcome you when you come.
Getting ready to greet you are the ghostly dead,
all the famous names of earth.
All the buried kings of the nations
will stand up on their thrones
With well-prepared speeches,
royal invitations to death:
"Now you are as nothing as we are!
Make yourselves at home with us dead folks!"

11 This is where your pomp and fine music led you, Babylon,
to your underworld private chambers,
A king-size mattress of maggots for repose
and a quilt of crawling worms for warmth.

12 What a comedown this, O Babylon!
Daystar! Son of Dawn!
Flat on your face in the underworld mud,
you, famous for flattening nations!

13-14 You said to yourself,
"I'll climb to heaven.

13-14 너, 속으로 중얼거렸지.
"나, 하늘로 올라가리라.
하나님의 별들 위로 내 보좌를 높이겠다.
신성한 자폰 산에서 열리는
천사들의 회합을 내가 주재하겠다.
나, 구름 꼭대기로 올라가리라.
우주의 왕 자리를 내가 차지하겠다!"

15-17 그러나 성공했느냐?
아니다. 위로 올라가기는커녕, 너는 밑으로 밑으로 추락했다.
저 아래, 지하의 망자들에게로
그 깊은 구렁 속으로.
너를 보는 자들, 생각에 잠겨 중얼거린다.
"아니 정녕 이 자가
한때 세상과 나라들을 공포에 떨게 하고,
땅을 황폐케 하고,
성읍들을 멸망시키고,
죄수들을 산송장으로 만든, 바로 그 자란 말인가?"

18-20 왕들은 보통 품위 있게 장사된다.
덕을 기리는 송가와 더불어 무덤에 안장된다.
그러나 너는 매장되지 못하고,
길거리 개나 고양이처럼 시궁창에 버려져
썩어 문드러지는 시신들,
살해되고 유기된 가련한 시체들에 둘러싸였다.
네 시신은 더럽혀지고 사지가 절단되었다.
네 장례를 치러 줄 나라는 없다.
너는 네 땅을 폐허로 만들었고
대학살을 유산으로 남겼다.
네 악한 삶의 소산,
이름도 붙여지지 않으리라. 그저 잊혀질 뿐!

21 악인의 아들들을 죽일 장소를 마련하고
그 가문의 대를 끊어 버려라.
그들이 땅 한 평이라도 차지하거나
그들의 성읍들로 세상의 얼굴에 먹칠하는 것, 있을 수 없는 일이다!

22-23 만군의 하나님의 포고다. "내가 바빌론과 맞서 겠다. 바빌론이라는 이름과 그 생존자들, 자녀와 후손들을 앗아 갈 것이다." 하나님의 포고다. "그곳을 쓸모없는 늪지대로 만들고, 고슴도치들에게 주어 버리겠다. 아주 싹 쓸어버릴 것이다." 만군의 하나님의 포고다.

I'll set my throne
over the stars of God.
I'll run the assembly of angels
that meets on sacred Mount Zaphon.
I'll climb to the top of the clouds.
I'll take over as King of the Universe!"

15-17 But you didn't make it, did you?
Instead of climbing up, you came down—
Down with the underground dead,
down to the abyss of the Pit.
People will stare and muse:
"Can this be the one
Who terrorized earth and its kingdoms,
turned earth to a moonscape,
Wasted its cities,
shut up his prisoners to a living death?"

18-20 Other kings get a decent burial,
honored with eulogies and placed in a tomb.
But you're dumped in a ditch unburied,
like a stray dog or cat,
Covered with rotting bodies,
murdered and indigent corpses.
Your dead body desecrated, mutilated—
no state funeral for you!
You've left your land in ruins,
left a legacy of massacre.
The progeny of your evil life
will never be named. Oblivion!

21 Get a place ready to slaughter the sons of the wicked
and wipe out their father's line.
Unthinkable that they should own a square foot of land
or desecrate the face of the world with their cities!

22-23 "I will confront them"—Decree of GOD-of-the-Angel-Armies—"and strip Babylon of name and survivors, children and grandchildren." GOD's Decree. "I'll make it a worthless swamp and give it as a prize to the hedgehog. And then I'll bulldoze it out of existence." Decree of

하나님의 계획, 누가 막을 수 있겠느냐?

24-27 만군의 하나님께서 말씀하신다.

"내 계획 그대로,
이뤄질 것이다.
내 청사진 그대로,
일이 성사될 것이다.
내 땅을 침범한 앗시리아를 내가 바스러뜨리고
내 산에서 그를 바닥에 짓이길 것이다.
내가 사람을 잡아 종으로 삼던 그의 일을 중단시켜,
억압에 눌린 이들의 허리를 펴게 할 것이다."
이것이
온 땅을 향해 세우신 계획이다.
이 계획을 이룰 손,
온 나라들을 향해 뻗어 있다.
만군의 하나님께서 계획하셨다.
누가 막을 수 있겠느냐?
그분께서 손을 뻗으셨다.
누가 막을 수 있겠느냐?

28-31 아하스가 죽은 해에, 이 메시지가 임했다.

잠깐! 블레셋 사람들아, 너는
잔인한 압제자가 쓰러졌다고 좋아할 때가 아니다.
단말마 비명 속에 죽는 그 뱀에게서 더 독한 뱀이 튀어나오고,
거기에서 또 더 독한 뱀이 튀어나올 것이다.
가난한 이들은 염려할 것 없다.
궁핍한 이들은 재난을 면할 것이다.
그러나 너희 블레셋 사람들은 기근에 던져지고,
굶어 죽지 않은 자들은 하나님이 쳐서 죽이실 것이다.
교만한 성읍아, 통곡하고 울부짖어라!
블레셋아, 공포에 떨며 바닥에 납작 엎드려라!
북쪽 지평선에서, 연기가 피어오른다.
성읍들이 불탄다. 사납고 날랜 파괴자가 지나간 자국이다.

32 궁금해 하는 이방인들에게
뭐라고 답하겠느냐?
"하나님께서 시온을 굳건히 세우셨다.
궁핍과 곤경에 처한 이들이 그곳을 피난처로 삼는다"고 말해 주어라.

GOD-of-the-Angel-Armies.

Who Could Ever Cancel Such Plans?

24-27 GOD-of-the-Angel-Armies speaks:

"Exactly as I planned,
it will happen.
Following my blueprints,
it will take shape.
I will shatter the Assyrian who trespasses my land
and stomp him into the dirt on my mountains.
I will ban his taking and making of slaves
and lift the weight of oppression from all shoulders."
This is the plan,
planned for the whole earth,
And this is the hand that will do it,
reaching into every nation.
GOD-of-the-Angel-Armies has planned it.
Who could ever cancel such plans?
His is the hand that's reached out.
Who could brush it aside?

28-31 In the year King Ahaz died, this Message came:

Hold it, Philistines! It's too soon to celebrate
the defeat of your cruel oppressor.
From the death throes of that snake a worse snake will come,
and from that, one even worse.
The poor won't have to worry.
The needy will escape the terror.
But you Philistines will be plunged into famine,
and those who don't starve, God will kill.
Wail and howl, proud city!
Fall prostrate in fear, Philistia!
On the northern horizon, smoke from burned cities,
the wake of a brutal, disciplined destroyer.

32 What does one say to
outsiders who ask questions?
Tell them, "GOD has established Zion.
Those in need and in trouble find refuge in her."

모압 전역에 울려 퍼지는 울음소리

15

1-4 모압에 대한 메시지다.

모압 마을, 알이 폐허가 되었다.
야간공격으로 잿더미로 변했다.
모압 마을, 길이 폐허가 되었다.
야간공격으로 잿더미로 변했다.
디본 마을이 언덕 위 자기 예배실로 올라간다.
거기서 울기 위해 올라간다.
느보와 메드바를 보며
모압이 슬피 울며 통곡한다.
다들 머리를 밀고
수염을 깎는다.
그들, 상복을 입고 거리로 쏟아져 나와,
지붕 위로 올라가거나 마을 광장에 모인다.
모두 울음을 터뜨리며
비탄에 잠긴다.
헤스본과 엘르알레의 그칠 줄 모르는 큰 울음소리,
멀리 야하스까지 들린다.
모압이 흐느끼고, 슬픔을 이기지 못해 몸을 떤다.
모압의 영혼이 떤다.

5-9 오, 가련하기 짝이 없는 모압이여!
피난민의 행렬이 소알까지,
에글랏슬리시야까지 이어진다.
루힛 비탈길을 오르며 그들이 슬피 운다.
모든 것을 잃은 그들, 호로나임으로 가는 길에서 서럽게 운다.
니므림의 샘들이 다 말라 버렸다.
풀이 시들고 싹도 막혀, 아무것도 자라지 않는다.
그들, 가진 물건 전부를
등에 지고 떠난다.
버드나무 개울 건너
안전한 곳을 찾으려고 안간힘을 쓴다.
모압 전역에,
가슴 저미는 울음소리가 울려 퍼진다.
창자가 끊어지는 듯한 애곡소리, 에글라임에까지 들리고
가슴이 찢어지는 듯한 애곡소리, 브엘엘림에까지 들린다.
디본의 둑 위로 피가 흘러넘치는데,
하나님께서 디본을 위해 더 큰 재앙을 마련하셨다.
사자다. 도망치는 자들을 끝장내고
남은 자들 모두를 해치울 사자다.

Poignant Cries Reverberate Through Moab

15

1-4 A Message concerning Moab:

Village Ar of Moab is in ruins,
destroyed in a night raid.
Village Kir of Moab is in ruins,
destroyed in a night raid.
Village Dibon climbs to its chapel in the hills,
goes up to lament.
Moab weeps and wails
over Nebo and Medba.
Every head is shaved bald,
every beard shaved clean.
They pour into the streets wearing black,
go up on the roofs, take to the town square,
Everyone in tears,
everyone in grief.
Towns Heshbon and Elealeh cry long and loud.
The sound carries as far as Jahaz.
Moab sobs, shaking in grief.
The soul of Moab trembles.

5-9 Oh, how I grieve for Moab!
Refugees stream to Zoar
and then on to Eglath-shelishiyah.
Up the slopes of Luhith they weep;
on the road to Horonaim they cry their loss.
The springs of Nimrim are dried up—
grass brown, buds stunted, nothing grows.
They leave, carrying all their possessions
on their backs, everything they own,
Making their way as best they can
across Willow Creek to safety.
Poignant cries reverberate
all through Moab,
Gut-wrenching sobs as far as Eglaim,
heart-racking sobs all the way to Beer-elim.
The banks of the Dibon crest with blood,
but God has worse in store for Dibon:
A lion—a lion to finish off the fugitives,
to clean up whoever's left in the land.

모압이 한탄할 것이다

16 1-4 모압이 말한다. "어서 서둘러
예루살렘 지도자들에게 어린양을 조공으로
바쳐라.
셀라에서 광야를 거쳐 예루살렘으로 가지고 가라. 그
들의 환심을 사라.
모압의 성읍과 백성들,
어쩔 줄 몰라 한다.
부화되어 나오자마자 둥지를 잃은 새들,
아르논 강 둑 위에서
건너지 못할 강을 바라보며
날개만 퍼덕거리는 새들 같구나.
'우리, 어떻게 해요?
제발, 우리를 좀 도와주세요!
우리를 보호해 주세요.
우리를 숨겨 주세요!
모압에서 나오는 피난민들에게
은신처를 마련해 주세요.
대학살을 피해 도망 오는 자들에게
안전한 처소가 되어 주세요.'"

4-5 유다가 대답한다. "이 일이 모두 끝나면,
폭군이 쓰러지고
학살이 중단되고
잔인한 일들이 흔적조차 남지 않을 때가 되면,
숭엄한 다윗 전통을 따르는 새 정권,
인애의 정권이 세워질 것이다.
네가 의지할 수 있는 한 통치자가
그 정권의 수장이 될 것이다.
그는 정의를 향한 열정으로 가득한 통치자,
세상을 바로잡으려는 열의로 충만한 통치자다."

⁂

6-12 우리는 익히 들었다. 모두가 들었다!
모압의 교만에 대해.
온 세상이 다 아는 그 거만과 오만 방자와
허풍에 대해.
그러니, 이제 모압이 자신의 달라진 처지를 한탄하게
내버려 두어라.
이웃들이 번갈아 부르는 거짓 애가를 듣게 하여라!
이 무슨 수치인가! 이 얼마나 끔찍한 일인가!
그 좋았던 과일빵과 길하레셋 사탕을 더 이상 맛볼 수
없다니!
울창하던 헤스본의 밭들이 황폐해지고,
기름지던 십마의 포도원들이 모두 황무지로 변했다!

A New Government in the David Tradition

16 1-4 "Dispatch a gift of lambs," says
Moab,
"to the leaders in Jerusalem—
Lambs from Sela sent across the desert
to buy the goodwill of Jerusalem.
The towns and people of Moab
are at a loss,
New-hatched birds knocked from the nest,
fluttering helplessly
At the banks of the Arnon River,
unable to cross:
'Tell us what to do,
help us out!
Protect us,
hide us!
Give the refugees from Moab
sanctuary with you.
Be a safe place for those on the run
from the killing fields.'"

4-5 "When this is all over," Judah answers,
"the tyrant toppled,
The killing at an end,
all signs of these cruelties long gone,
A new government of love will be established
in the venerable David tradition.
A Ruler you can depend upon
will head this government,
A Ruler passionate for justice,
a Ruler quick to set things right."

⁂

6-12 We've heard—everyone's heard!—of
Moab's pride,
world-famous for pride—
Arrogant, self-important, insufferable,
full of hot air.
So now let Moab lament for a change,
with antiphonal mock-laments from the
neighbors!
What a shame! How terrible!
No more fine fruitcakes and Kir-hareseth
candies!

한때는 야스엘과
사막 바로 코앞에까지 뻗어 가,
눈 닿는 곳 어디에서나
풍성한 수확을 안겨 주던
그 유명했던 포도덩굴을,
외적들이 다 밟아 뭉개고 찢어발겼다.
나도 통곡하련다. 야스엘과 함께 통곡하고,
십마 포도원을 위해 통곡하련다.
그렇다. 헤스본과 엘르알레여,
너의 눈물에 내 눈물을 섞으련다!
추수 때의 즐거운 환호가 영영 사라졌다.
노래와 축제 대신 쥐 죽은 듯 정적뿐이다.
과수원에 떠들썩한 웃음소리 들리지 않고,
포도원에 신나는 노동요가 더는 들리지 않는다.
들판에서 일하는 자들의 흥겨운 노랫소리 대신에
정적, 죽음 같은 정적, 숨 막히는 정적뿐이다.
모압을 보면 내 심금 울리고,
가련한 길하레셋을 생각하면 내 동정심이 솟는다.
모압은 터벅터벅 산당에 올라가 기도하지만,
시간과 정력을 낭비할 뿐이다.
그 성소에 들어가 구원해 달라고 기도해 봐야
소용없다. 아무 일도 일어나지 않는다.

13-14 이는 전에 하나님께서 모압에 대해 주셨던 메시지다. 하나님께서 이제 다시 주신 메시지는 이러하다. "삼 년 안에, 징집된 병사의 복무기간보다 짧은 그 시간 안에, 대단했던 모압이 자취도 없이 사라질 것이다. 허풍 가득한 호화로운 풍선이 한순간에 터져 버리고, 사람들로 들끓던 그곳에는 몇몇 부랑자들만 발을 질질 끌며 구걸을 다닐 것이다."

다마스쿠스: 먼지 더미, 돌무더기가 되리라

17 1-3 다마스쿠스에 대한 메시지다.

"잘 보아라. 다마스쿠스는 이제 도성이 아니라
먼지 더미, 돌무더기가 되리라!
성읍들은 텅텅 비고
양과 염소들이 들어와,
주인인 듯 떡하니 자리를 차지할 것이다.
실제로 그렇게 될 것이다!
에브라임에 요새가 있었던 흔적,
다마스쿠스에 정부가 있었던 자취, 눈을 씻고

All those lush Heshbon fields dried up,
the rich Sibmah vineyards withered!
Foreign thugs have crushed and torn out
the famous grapevines
That once reached all the way to Jazer,
right to the edge of the desert,
Ripped out the crops in every direction
as far as the eye can see.
I'll join the weeping. I'll weep right along with Jazer,
weep for the Sibmah vineyards.
And yes, Heshbon and Elealeh,
I'll mingle my tears with your tears!
The joyful shouting at harvest is gone.
Instead of song and celebration, dead silence.
No more boisterous laughter in the orchards,
no more hearty work songs in the vineyards.
Instead of the bustle and sound of good work in the fields,
silence – deathly and deadening silence.
My heartstrings throb like harp strings for Moab,
my soul in sympathy for sad Kir-heres.
When Moab trudges to the shrine to pray,
he wastes both time and energy.
Going to the sanctuary and praying for relief
is useless. Nothing ever happens.

13-14 This is GOD's earlier Message on Moab. GOD's updated Message is, "In three years, no longer than the term of an enlisted soldier, Moab's impressive presence will be gone, that splendid hot-air balloon will be punctured, and instead of a vigorous population, just a few shuffling bums cadging handouts."

Damascus: A Pile of Dust and Rubble

17 1-3 A Message concerning Damascus:

"Watch this: Damascus undone as a city,
a pile of dust and rubble!
Her towns emptied of people.
The sheep and goats will move in
And take over the towns
as if they owned them – which they will!
Not a sign of a fort is left in Ephraim,

찾아도 찾을 수 없다.
아람에 남은 것이 얼마나 되겠느냐고?
이스라엘과 마찬가지다. 별로 없을 것이다."
만군의 하나님의 포고다.

4-6 "야곱의 눈부신 찬란함이 빛을 잃고
살찐 몸이 뼈만 앙상해질 날이 오고 있다.
나라 전체가 텅 빌 것이다. 추수가 끝난 들판처럼,
무엇 하나 남은 것이 없을 것이다.
추수 후 르바임 골짜기에 남은
몇 개의 보리 줄기 같거나,
나무 꼭대기에 달려 사람의 손길을 피한
두세 개의 익은 올리브 열매 같거나,
과수원에서 과일 따는 자들의 손 닿지 않은
네다섯 개의 사과 같을 것이다."
이스라엘의 하나님의 포고다.

7-8 그렇다. 사람들이 '그들을 지으신 분'을 주목하게 될 날, '이스라엘의 거룩하신 분'을 주목하게 될 날이 오고 있다. 전에는 대단하다 여겼던 자기 작품들—제단, 기념물, 의식, 가내수공품 종교—에 대한 흥미를 모두 잃고 말 것이다.

9 그렇다. 그들이 요새 성읍들을 버리고 도망칠 날이 오고 있다. 이스라엘이 쳐들어왔을 때 히위 사람과 아모리 사람이 버리고 도망갔던 바로 그 성읍들을! 나라가 텅 빌 것이다. 전부 황폐해질 것이다.

10-11 이유를 알겠느냐? 네가 너의 구원이신 하나님을 잊었고,
너의 반석이요 피난처이신 분을 기억하지 않았기 때문이다.
그러니, 네가 아무리 종교에 열심을 낸다 하더라도,
네 풍요의 신들을 구슬려 뜻대로 하게 하려고
온갖 종류의 관목과 목초와 나무들을 심고
그것들을 잘 가꾸어
싹과 봉오리와 꽃을 활짝 피운다 하더라도,
네게는 아무 수확이 없을 것이다. 거둬들이는 것이라고는
그저 비통과 고통, 끝없는 고통뿐일 것이다.

12-13 오! 천둥이 울린다! 군중이 일으키는 천둥소리!

not a trace of government left in Damascus.
What's left of Aram?
The same as what's left of Israel – not much."
Decree of GOD-of-the-Angel-Armies.

The Day Is Coming

4-6 "The Day is coming when Jacob's robust splendor goes pale
and his well-fed body turns skinny.
The country will be left empty, picked clean
as a field harvested by field hands.
She'll be like a few stalks of barley left standing
in the lush Valley of Rephaim after harvest,
Or like the couple of ripe olives overlooked
in the top of the olive tree,
Or the four or five apples
that the pickers couldn't reach in the orchard."
Decree of the GOD of Israel.

7-8 Yes, the Day is coming when people will notice The One Who Made Them, take a long hard look at The Holy of Israel. They'll lose interest in all the stuff they've made – altars and monuments and rituals, their homemade, handmade religion – however impressive it is.

9 And yes, the Day is coming when their fortress cities will be abandoned – the very same cities that the Hivites and Amorites abandoned when Israel invaded! And the country will be empty, desolate.

You Have Forgotten God

10-11 And why? Because you have forgotten God-Your-Salvation,
not remembered your Rock-of-Refuge.
And so, even though you are very religious,
planting all sorts of bushes and herbs and trees
to honor and influence your fertility gods,
And even though you make them grow so well,
bursting with buds and sprouts and blossoms,
Nothing will come of them. Instead of a harvest
you'll get nothing but grief and pain, pain, pain.

12-13 Oh my! Thunder! A thundering herd of people!

요란한 파도소리 같은 천둥소리!
나라들이 포효한다.
거대한 폭포처럼 포효한다.
고막을 터뜨릴 듯 포효한다!
그러나 하나님께서는 말씀 한 마디로 그들을 잠잠케 하시고,
훅 불어 날리실 것이다.
죽은 잎사귀처럼, 떨어진 엉겅퀴 잎처럼.

14 잠자리에 들 시각, 공포가 대기를 가득 채운다.
그러나 아침에 일어나 보니, 다 사라져 버렸다. 흔적도 찾을 수 없다!
바로 우리를 멸망시키려는 자들에게 일어날 일,
우리 목숨을 노리는 자들이 맞을 운명이다.

에티오피아: 강력하고 무자비한 자들

18 1-2 에티오피아 강 너머,
파리와 모기들의 땅에 화가 있으리라.
강 따라 바다 건너,
세계 방방곡곡에 사신들을 배에 태워 보내는 땅.

발 빠른 사신들아, 가거라.
키 크고 잘생긴 그들에게.
강줄기 여러 갈래로 나뉘어 흐르는 땅에 사는
강력하고 무자비한 민족,
어디서나 우러름 받는 그들에게 가거라.

3 모든 곳, 모든 자들,
땅의 모든 주민들아,
산에 깃발이 나부끼는 모습이 보이거든, 잘 보아라!
나팔 부는 소리가 들리거든, 잘 들어라!

4-6 하나님께서 내게 이렇게 말씀하셨기 때문이다.
"나는 아무 말 없이,
그저 여기 나 있는 곳에서 지켜보고만 있을 것이다.
따뜻한 햇살처럼 고요히,
추수 때의 이슬처럼 조용히."
그러다가 추수 직전,
꽃철이 지나 포도가 영글 무렵이 되면,
그분이 오셔서 새로 난 가지들을 다 잘라 내고,
자라난 가지들을 가차 없이 쳐내실 것이다.
그것들, 바닥에 버려져
새와 짐승들 꼴이 될 것이다.
새들이 먹고 여름을 지내고,

Thunder like the crashing of ocean waves!
Nations roaring, roaring,
like the roar of a massive waterfall,
Roaring like a deafening Niagara!
But God will silence them with a word,
And then he'll blow them away like dead leaves off a tree,
like down from a thistle.

14 At bedtime, terror fills the air.
By morning it's gone – not a sign of it anywhere!
This is what happens to those who would ruin us,
this is the fate of those out to get us.

People Mighty and Merciless

18 1-2 Doom to the land of flies and mosquitoes
beyond the Ethiopian rivers,
Shipping emissaries all over the world,
down rivers and across seas.

Go, swift messengers,
go to this people tall and handsome,
This people held in respect everywhere,
this people mighty and merciless,
from the land crisscrossed with rivers.

3 Everybody everywhere,
all earth-dwellers:
When you see a flag flying on the mountain, look!
When you hear the trumpet blown, listen!

4-6 For here's what GOD told me:
"I'm not going to say anything,
but simply look on from where I live,
Quiet as warmth that comes from the sun,
silent as dew during harvest."
And then, just before harvest, after the blossom
has turned into a maturing grape,
He'll step in and prune back the new shoots,
ruthlessly hack off all the growing branches.
He'll leave them piled on the ground
for birds and animals to feed on –
Fodder for the summering birds,

짐승들이 먹고 겨울을 지내는 먹이가 될 것이다.

7 그때에 만군의 하나님께 공물이 바쳐지리라.
키 크고 잘생긴 민족,
한때 어디서나 우러름 받던 그들,
강력하고 무자비하던 그들이
강줄기 여러 갈래로 나뉘어 흐르는 그 땅에서
시온 산, 하나님의 처소로 공물을 가져올 것이다.

이집트: 무정부 상태, 대혼란, 살육!

19 1 이집트에 대한 메시지다.

잘 보아라! 하나님이 빠른 구름을 타고서
이집트를 향해 가신다!
이집트의 신들, 그 우상들이 벌벌 떤다.
이집트 사람들이 공포에 질려 몸이 굳는다.

2-4 하나님께서 말씀하신다. "내가 이집트 사람들끼리 치고받으며 싸우게 하겠다.
형제들끼리 서로, 이웃들끼리 서로,
성읍과 성읍이, 나라와 나라가.
그곳은 무정부 상태가 되고, 대혼란과 살육이 벌어질 것이다!
내가 이집트 사람들의 혼을 빼놓을 것이며,
그들은 도무지 갈피를 잡지 못할 것이다.
그들이 답을 구하러 자기들의 신들, 그 우상들에게 달려갈 것이다.
응답이 절실한 그들, 혼령을 불러내는 의식을 거행할 것이다.
그러나 나는 이집트 사람들을
잔인하기 그지없는 폭군에게 넘겨,
야비하고 무자비한 왕의 통치를 받게 할 것이다."
주 만군의 하나님의 포고다.

5-10 나일 강이 말라 버릴 것이다.
강바닥까지 햇볕에 바싹 말라붙을 것이다.
운하에는 물이 고여 썩은 냄새가 풍기고,
나일 강에 닿는 개울들도 모조리 말라 버릴 것이다.
강가 식물들이 다 썩어 문드러지고
강둑은 딱딱하게 굳어지리라.
강바닥도 굳어 반질반질해지고
강가의 풀들도 말라비틀어져, 바람에 날려 사라질 것이다.
고기 잡는 어부들,
이제 고기잡이는 끝이라고 한탄할 것이다.

fodder for the wintering animals.

7 Then tribute will be brought to GOD-of-the-Angel-Armies,
brought from this people tall and handsome,
This people once held in respect everywhere,
this people once mighty and merciless,
From the land crisscrossed with rivers,
to Mount Zion, GOD's place.

Anarchy and Chaos and Killing!

19 1 A Message concerning Egypt:

Watch this! GOD riding on a fast-moving cloud,
moving in on Egypt!
The god-idols of Egypt shudder and shake,
Egyptians paralyzed by panic.

2-4 God says, "I'll make Egyptian fight Egyptian,
brother fight brother, neighbor fight neighbor,
City fight city, kingdom fight kingdom –
anarchy and chaos and killing!
I'll knock the wind out of the Egyptians.
They won't know coming from going.
They'll go to their god-idols for answers;
they'll conjure ghosts and hold séances, desperate for answers.
But I'll turn the Egyptians
over to a tyrant most cruel.
I'll put them under the rule of a mean, merciless king."
Decree of the Master, GOD-of-the-Angel-Armies.

5-10 The River Nile will dry up,
the riverbed baked dry in the sun.
The canals will become stagnant and stink,
every stream touching the Nile dry up.
River vegetation will rot away
the banks of the Nile-baked clay,
The riverbed hard and smooth,
river grasses dried up and gone with the wind.
Fishermen will complain
that the fishing's been ruined.
Textile workers will be out of work, all weavers

직물 짜는 자들, 일감이 떨어질 것이다.
아마포, 무명, 양털로 천을 짜는 모든 자들,
할 일 없어 빈둥거리며 풀이 죽어 지낼 것이다.
생계를 위해 일해야 하는 모든 자들, 아무 할 일이 없어질 것이다.

11-15 소안의 제후들은 멍청이들이고,
바로의 참모들은 얼간이들이다.
어떻게 너희가 바로에게
"저를 믿으십시오. 저는 일이 어떻게 돌아가는지 알고 있습니다.
저는 고대 이집트의 지혜를 계승한 현인입니다"라고
말할 수 있단 말이냐?
너의 이집트에 현인은 단 한 사람도 없다.
있다면, 그가 너에게
만군의 하나님께서 이집트에 대해 갖고 계신 생각을
일러 주었으리라.
실상은 소안의 제후들은 다 멍청이들이고,
멤피스의 제후들은 다 저능아들이다.
네가 사회의 기둥이라 치켜세웠던 자들,
그들이 이집트를 그릇된 길로, 막다른 골목으로 이끌었다.
하나님께서 그들의 머리를 뒤죽박죽으로 만드셨다.
이집트는 자기가 게워낸 토사물에, 스스로 미끄러져
자빠진 꼴이 되었다.
이집트는 희망이 없다. 어찌해 볼 수 있는 상황은 이미 지났다.
늙어 비실대는 노쇠한 얼간이다.

16-17 그날이 오면, 이집트 사람들은 극도로 흥분한
여학생들처럼 되어, 만군의 하나님께서 행동하실 기미가 조금이라도 보이면 마구 비명을 질러댈 것이다. 미약한 유다가 그들에게 공포의 대상이 되리라! '유다'라는 말만 들어도 공포에 질릴 것이다. 그 이름을 들을 때마다, 이집트를 치시려는 만군의 하나님의 계획이 떠올라 두려움에 사로잡힐 것이다.
18 그날이 오면, 이집트의 여러 성읍들이 믿음의 언
어를 배우고 만군의 하나님을 따르겠노라 약속할 것이다. 이 성읍들 가운데 하나는 '태양의 성읍'이라는 영예로운 이름을 갖게 될 것이다.
19-22 그날이 오면, 이집트 중심부에 하나님을 예배하
는 처소가 자리하고, 국경에는 하나님께 바쳐진 기념물이 들어서, 만군의 하나님께서 그동안 이집트 사람들을 어떻게 도우셨는지 증거하게 될 것이다. 그들이 압제자들로 인해 하나님께 기도하고 부르짖으면, 그

and workers in linen and cotton and wool
Dispirited, depressed in their forced idleness—
everyone who works for a living, jobless.

11-15 The princes of Zoan are fools,
the advisors of Pharaoh stupid.
How could any of you dare tell Pharaoh,
"Trust me: I'm wise. I know what's going on.
Why, I'm descended from the old wisdom of Egypt"?
There's not a wise man or woman left in the country.
If there were, one of them would tell you
what GOD-of-the-Angel-Armies has in mind
for Egypt.
As it is, the princes of Zoan are all fools
and the princes of Memphis, dunces.
The honored pillars of your society
have led Egypt into detours and dead ends.
GOD has scrambled their brains,
Egypt's become a falling-down-in-his-own-vomit drunk.
Egypt's hopeless, past helping,
a senile, doddering old fool.

16-17 On that Day, Egyptians will be like
hysterical schoolgirls, screaming at the first hint of action from GOD-of-the-Angel-Armies. Little Judah will strike terror in Egyptians! Say "Judah" to an Egyptian and see panic. The word triggers fear of the GOD-of-the-Angel-Armies' plan against Egypt.
18 On that Day, more than one city in Egypt
will learn to speak the language of faith and promise to follow GOD-of-the-Angel-Armies. One of these cities will be honored with the title "City of the Sun."
19-22 On that Day, there will be a place of
worship to GOD in the center of Egypt and a monument to GOD at its border. It will show how the GOD-of-the-Angel-Armies has helped the Egyptians. When they cry out in prayer to GOD because of oppressors, he'll send them help, a savior who will keep them safe and take

분께서 도움의 손길을 내미실 것이다. 그들을 지키고 보살펴 줄 구원자를 보내 주실 것이다. 하나님께서 이집트 사람들에게 자신을 숨김없이 드러내실 그날에, 그들이 그분을 알게 되리라. 희생 제물과 번제물을 가져와 그분을 진심으로 예배하게 되리라. 그들이 하나님 앞에서 서약하고 그 서약을 지킬 것이다. 하나님께서 이집트에게 상처를 입히고 치시겠지만, 그 후에는 고쳐 주실 것이다. 이집트가 하나님께 돌아오고, 하나님은 그들의 기도를 들으시고 그들을 치료해 주실 것이다. 머리끝부터 발끝까지 낫게 하실 것이다.

23 그날이 오면, 이집트에서 앗시리아까지 이어지는 대로가 열릴 것이다. 앗시리아 사람들이 이집트에서, 이집트 사람들이 앗시리아에서 마음껏 활보하며 다닐 것이다. 더 이상 적수가 아닌 그들, 이집트 사람들과 앗시리아 사람들이 함께 예배를 드릴 것이다!

24-25 그날이 오면, 이스라엘은 이집트와 앗시리아와 어깨를 나란히 하고, 세상의 중심에서 복을 함께 나눌 것이다. 이스라엘에게 복 주신 만군의 하나님께서 그들 모두에게 넘치는 복을 내리실 것이다. "복되어라 이집트여, 나의 백성이여! 복되어라 앗시리아여, 내 손의 작품이여! 복되어라 이스라엘이여, 나의 소유여!"

벌거벗은 예언자의 표징

20 1-2 앗시리아 왕 사르곤이 보낸 야전 사령관이 아스돗을 공격하여 점령했던 그해, 하나님께서 아모스의 아들 이사야에게 말씀하셨다. "가서, 네 옷과 신발을 벗어 던져라." 이사야는 그렇게 했고, 알몸과 맨발로 다녔다.

3-6 그 후 하나님께서 말씀하셨다. "내 종 이사야는 이집트와 에티오피아에 대한 경고의 표징으로 삼 년 동안 알몸과 맨발로 다녔다. 이제 그것이 그대로 이루어져, 앗시리아 왕이 쳐들어와 이집트와 에티오피아 사람들을 포로로 잡아갈 것이다. 젊은이나 늙은이 할 것 없이, 모두 알몸과 맨발로 끌려가며 조롱거리가 될 것이다. 엉덩이를 드러낸 채 줄을 지어 끌려가는 이집트 사람들의 모습을 생각해 보아라! 에티오피아에 희망을 걸었던 자들, 이집트에게 도움을 기대했던 자들, 다 혼란에 빠질 것이다. 바닷가에 사는 자들은 이렇게 말하리라. '저들을 봐라! 알몸으로, 맨발로 끌려가는 저 포로들을! 저들이 우리의 희망이라 여겼는데. 우리를 앗시리아 왕에게서 구해 주리라 믿었는데. 이제 우리는 어떻게 하지? 어떻게 여기서 빠져나가지?'"

care of them. GOD will openly show himself to the Egyptians and they'll get to know him on that Day. They'll worship him seriously with sacrifices and burnt offerings. They'll make vows and keep them. GOD will wound Egypt, first hit and then heal. Egypt will come back to GOD, and GOD will listen to their prayers and heal them, heal them from head to toe.

23 On that Day, there will be a highway all the way from Egypt to Assyria: Assyrians will have free range in Egypt and Egyptians in Assyria. No longer rivals, they'll worship together, Egyptians and Assyrians!

24-25 On that Day, Israel will take its place alongside Egypt and Assyria, sharing the blessing from the center. GOD-of-the-Angel-Armies, who blessed Israel, will generously bless them all: "Blessed be Egypt, my people!...Blessed be Assyria, work of my hands!...Blessed be Israel, my heritage!"

Exposed to Mockery and Jeers

20 1-2 In the year the field commander, sent by King Sargon of Assyria, came to Ashdod and fought and took it, GOD told Isaiah son of Amoz, "Go, take off your clothes and sandals," and Isaiah did it, going about naked and barefooted.

3-6 Then GOD said, "Just as my servant Isaiah has walked around town naked and barefooted for three years as a warning sign to Egypt and Ethiopia, so the king of Assyria is going to come and take the Egyptians as captives and the Ethiopians as exiles. He'll take young and old alike and march them out of there naked and barefooted, exposed to mockery and jeers—the bared buttocks of Egypt on parade! Everyone who has put hope in Ethiopia and expected help from Egypt will be thrown into confusion. Everyone who lives along this coast will say, 'Look at them! Naked and barefooted, shuffling off to exile! And we thought they were our best hope, that they'd rescue us from the king of Assyria. Now what's going to happen to us? How are we going to get out of this?'"

21 1-4 바닷가 사막에 대한 메시지다.

거센 폭풍우가 네겝 사막,
공포 가득한 그곳을 거쳐 돌진해 올 때,
한 준엄한 환상이 내게 임했다.
배신자가 배신당하고, 약탈자가 약탈당하는 환상이다.
공격하여라, 엘람아!
포위하여라, 메대아!
페르시아 사람들아, 공격하여라!
공격하여라, 바빌론을!
내가 모든 비탄과 신음을
끝장내리라.
이 소식으로 인해 나는 고통으로 몸을 구부렸다.
해산하는 여인처럼 고통스럽게 몸을 비틀었다.
들리는 소리로 정신이 아득해지고,
보이는 광경으로 맥이 탁 풀렸다.
어안이 벙벙해지고
공포에 사로잡힌 나,
느긋한 저녁 시간을 바랐건만,
다가온 것은 악몽이었다.

5 향연이 베풀어지는 자리,
손님들이 기대어 앉아 호사와 안락을 누리며
먹고 마시며 즐기고 있는데,
갑자기 소리가 들린다. "제후들아, 무기를 들어라! 전투가 벌어졌다!"

6-9 주께서 내게 말씀하셨다. "가서, 파수꾼을 세워라.
그에게 관측한 것을 보고하게 하여라.
전투대형을 갖춘 말과 마차들,
나귀와 낙타 행렬을 보거든,
땅바닥에 귀를 대고
작은 속삭임, 풍문 하나까지 귀담아들으라고 말해 두어라."
바로 그때, 파수꾼이 소리쳤다.
"주님, 저는 온종일을 매일같이,
밤을 새워 가며
제 자리를 지키며 보초를 섭니다!
저는 몰려오는 그들,
전투대형을 갖춘 말과 마차들을 지켜보았습니다.
그들이 큰소리로 알리는 전쟁 소식을 들었습니다.
'바빌론이 쓰러졌다! 쓰러졌다!
그 귀한 신-우상들,

The Betrayer Betrayed

21 1-4 A Message concerning the desert at the sea:

As tempests drive through the Negev Desert,
coming out of the desert, that terror-filled place,
A hard vision is given me:
The betrayer betrayed, the plunderer plundered.
Attack, Elam!
Lay siege, Media!
Persians, attack!
Attack, Babylon!
I'll put an end to
all the moaning and groaning.
Because of this news I'm doubled up in pain,
writhing in pain like a woman having a baby,
Baffled by what I hear,
undone by what I see.
Absolutely stunned,
horror-stricken,
I had hoped for a relaxed evening,
but it has turned into a nightmare.

5 The banquet is spread,
the guests reclining in luxurious ease,
Eating and drinking, having a good time,
and then, "To arms, princes! The fight is on!"

6-9 The Master told me, "Go, post a lookout.
Have him report whatever he spots.
When he sees horses and wagons in battle formation,
lines of donkeys and columns of camels,
Tell him to keep his ear to the ground,
note every whisper, every rumor."
Just then, the lookout shouted,
"I'm at my post, Master,
Sticking to my post day after day
and all through the night!
I watched them come,
the horses and wagons in battle formation.
I heard them call out the war news in headlines:
'Babylon fallen! Fallen!
And all its precious god-idols
smashed to pieces on the ground.'"

다 바닥에 메쳐져 산산조각 나버렸다.'"

10 사랑하는 이스라엘아, 너희가 그동안 많은 일을 겪었다.
맷돌에 넣어져 으깨졌다.
이제 내가 이스라엘의 하나님,
만군의 하나님께 들은 기쁜 소식을 너희에게 전한다.

11-12 에돔에 대한 메시지다.

에돔의 세일 산에서
한 음성이 나에게 울려 퍼진다.
"야간 파수꾼이여! 동이 트려면 얼마나 남았느냐?
이 밤이 얼마나 남았느냐?"
야간 파수꾼이 소리쳐 대답한다.
"아침이 오고 있다.
그러나 아직은 밤이다.
다시 물어도 내 대답은 같다."

13-15 아라비아에 대한 메시지다.

너희 드단의 대상들아,
너희는 사막 불모지에 천막을 치고 야영해야 할 것이다.
목마른 자들에게 물을 갖다 주어라.
도망자들에게 빵을 대접해 주어라.
데마에 사는 너희여,
너희가 잘하는 사막의 환대를 보여주어라.
사막이 전쟁의 공포를 피해 도망쳐 나오는
피난민들로 넘쳐난다.

16-17 주께서 내게 말씀하셨다. "기다려라. 일 년 안에—내가 약정하노라!—사막의 불한당인 게달의 오만과 잔인함이 끝장날 것이다. 게달 불량배들, 살아남을 자가 많지 않을 것이다." 이스라엘의 하나님의 말씀이다.

예루살렘에 대한 경고

22 1-3 '환상 골짜기'에 대한 메시지다.

지금 무엇을 하고 있느냐?
이 시끄러운 파티소리는 무엇이냐?

10 Dear Israel, you've been through a lot,
you've been put through the mill.
The good news I get from GOD-of-the-Angel-Armies,
the God of Israel, I now pass on to you.

11-12 A Message concerning Edom:

A voice calls to me
from the Seir mountains in Edom,
"Night watchman! How long till daybreak?
How long will this night last?"
The night watchman calls back,
"Morning's coming,
But for now it's still night.
If you ask me again, I'll give the same answer."

13-15 A Message concerning Arabia:

You'll have to camp out in the desert badlands,
you caravans of Dedanites.
Haul water to the thirsty,
greet fugitives with bread.
Show your desert hospitality,
you who live in Tema.
The desert's swarming with refugees
escaping the horrors of war.

16-17 The Master told me, "Hang on. Within one year—I'll sign a contract on it!—the arrogant brutality of Kedar, those hooligans of the desert, will be over, nothing much left of the Kedar toughs." The GOD of Israel says so.

A Country of Cowards

22 1-3 A Message concerning the Valley of Vision:

What's going on here anyway?
All this partying and noisemaking,
Shouting and cheering in the streets,
the city noisy with celebrations!
You have no brave soldiers to honor,

길거리에 환호소리, 박수소리 요란하고
성읍 전체가 축제로 들썩이는구나!
존경할 만한 용감한 군인,
자랑스러운 전쟁 영웅 하나 없는 너희다.
너희 지도자들은 모두
칼 한번 휘두르지 못하고 붙잡힌 겁쟁이들이다.
너희는 싸움터에서 줄행랑치다 붙잡힌
겁쟁이들의 나라다.

4-8 그 소란 중에 내가 말했다. "나를 혼자 내버려 두어라.
홀로 슬피 울게 놔두어라.
다 잘될 것이라는 말, 내게는 하지 마라.
이 백성은 망할 것이다. 잘되지 않을 것이다."
주 만군의 하나님께서
떼 지어 몰려든 사람들로 요란해질 날이 이르게 하실 것이다.
'환상 골짜기'에서 서로 밀치며 우르르 도망치는 소리,
성벽 허물어뜨리는 소리,
산을 향해 "공격! 공격!"을 외치고 아우성치는 소리로 요란할 날을.
옛 원수들, 엘람과 기르가 빈틈없이 무장하고,
무기와 전차와 기병부대를 갖추고 쳐들어온다.
네 아름다운 골짜기들이 전쟁소리로,
이리저리 돌진하는 전차와 기병들 소리로 요란하다.
하나님께서 유다를 무방비 상태로 내버려 두셨다.

8-11 그날, 너희는 방어진을 점검하고 '숲 병기고'의 무기들을 검열했다. 성벽의 약한 지점을 찾아 보수했다. 너희는 '아랫못'에 물을 충분히 저장해 두었다. 예루살렘의 모든 집을 조사하여, 어떤 집은 허물고 그 벽돌을 성벽에 덧대어 튼튼하게 만들었다. 물을 충분히 확보하기 위해 커다란 수조도 만들었다.
너희는 이것저것을 살피고 둘러보았다. 그러나 너희는 이 성읍을 너희에게 주셨던 분을 바라보지 않았다. 이 성읍에 관해 오래전부터 계획을 세우셨던 그분께는 단 한 번도 자문을 구하지 않았다.

12-13 그날, 주 만군의 하나님께서
소리쳐 이르셨다.
눈물로 회개하는 시간을 가지라고,
잿빛 옷을 입고 비가를 부르라고.

no combat heroes to be proud of.
Your leaders were all cowards,
captured without even lifting a sword,
A country of cowards
captured escaping the battle.

You Looked, but You Never Looked to Him

4-8 In the midst of the shouting, I said, "Let me alone.
Let me grieve by myself.
Don't tell me it's going to be all right.
These people are doomed. It's *not* all right."
For the Master, GOD-of-the-Angel-Armies,
is bringing a day noisy with mobs of people,
Jostling and stampeding in the Valley of Vision,
knocking down walls
and hollering to the mountains, "Attack! Attack!"
Old enemies Elam and Kir arrive armed to the teeth–
weapons and chariots and cavalry.
Your fine valleys are noisy with war,
chariots and cavalry charging this way and that.
God has left Judah exposed and defenseless.

8-11 You assessed your defenses that Day, inspected your arsenal of weapons in the Forest Armory. You found the weak places in the city walls that needed repair. You secured the water supply at the Lower Pool. You took an inventory of the houses in Jerusalem and tore down some to get bricks to fortify the city wall. You built a large cistern to ensure plenty of water.
You looked and looked and looked, but you never looked to him who gave you this city, never once consulted the One who has long had plans for this city.

12-13 The Master, GOD-of-the-Angel-Armies,
called out on that Day,
Called for a day of repentant tears,
called you to dress in somber clothes of mourning.
But what do *you* do? You throw a party!
Eating and drinking and dancing in the streets!
You barbecue bulls and sheep, and throw a huge feast–

그런데 너희는 지금 무엇을 하고 있느냐? 너희는 파티를 열었다!
먹고 마시고, 길거리에서 춤판을 벌였다!
소와 양을 잡고, 엄청난 잔치를 열었다.
술판, 고기판을 벌였다.
"오늘을 즐기자! 먹고 마시자!
내일이면 죽을 테니!"

14 만군의 하나님께서 내게 이 천박함에 대한 그분의 평결을 속삭여 일러 주셨다. "너희는 죽는 날까지 이 악한 행위에 대한 대가를 치르게 될 것이다." 주 만군의 하나님의 말씀이다.

셉나에게 경고하시다

15-19 주 만군의 하나님께서 말씀하셨다. "오라, 궁중업무 총책임자인 셉나에게 가서 이렇게 전하여라. 이것이 대체 무슨 짓이냐? 외부인에 지나지 않는 네가 마치 주인인 양 행세하고 있다. 보란 듯이 제 무덤을 크고 화려하게 만들어 놓고는 거물처럼 굴고 있다. 하나님이 너를 덮쳐 가진 것을 다 빼앗고, 너를 개들에게 던져 버릴 것이다. 네 머리채를 잡아 공중에서 빙글빙글 돌렸다가 놓아 버릴 것이다. 그러면 너는 공처럼 날아가 시야에서 사라지리라. 아무도 모르는 곳까지 날아가 떨어져서, 거기서 죽을 것이다. 그동안 네가 네 무덤 속에 쌓아 둔 것들도 다 사라질 것이다. 너는 네 주인의 집을 수치스럽게 했다! 너는 이제 해고다. 아, 속이 시원하다!

20-24 그날이 오면, 나는 너 셉나를 교체할 것이다. 힐기야의 아들인 내 종 엘리아김을 불러 그에게 네 의복을 입혀 줄 것이다. 그에게 네 띠를 매어 주고, 네 권력을 넘겨줄 것이다. 그는 예루살렘과 유다 정권의 아버지 같은 지도자가 될 것이다. 나는 그에게 다윗 유산의 열쇠를 줄 것이다. 그가 장악하고서, 어떤 문이라도 열고 어떤 문이라도 닫을 것이다. 단단한 벽 속에 못을 박아 넣듯 내가 그를 박아 넣을 것이다. 그는 다윗 전통을 굳게 지킬 것이다. 모두가 그에게 매달릴 것이다. 다윗 후손의 운명뿐 아니라, 컵이나 나이프같이 그 집안의 세세한 것까지도 그를 의지하게 되리라."
25 만군의 하나님께서 말씀하신다. "그 다음에, 그 못이 느슨해져 단단한 벽에서 떨어져 나올 날이 올 것이다. 그날에, 못에 매달려 있던 것들 전부가 떨어져 부서질 것이다." 이것이 앞으로 일어날 일이다. 하나님의 말씀이다.

slabs of meat, kegs of beer.
"Seize the day! Eat and drink!
Tomorrow we die!"

14 GOD-of-the-Angel-Armies whispered to me his verdict on this frivolity: "You'll pay for this outrage until the day you die." The Master, GOD-of-the-Angel-Armies, says so.

The Key of the Davidic Heritage

15-19 The Master, GOD-of-the-Angel-Armies, spoke: "Come. Go to this steward, Shebna, who is in charge of all the king's affairs, and tell him: What's going on here? You're an outsider here and yet you act like you own the place, make a big, fancy tomb for yourself where everyone can see it, making sure everyone will think you're important. GOD is about to sack you, to throw you to the dogs. He'll grab you by the hair, swing you round and round dizzyingly, and then let you go, sailing through the air like a ball, until you're out of sight. Where you'll land, nobody knows. And there you'll die, and all the stuff you've collected heaped on your grave. You've disgraced your master's house! You're fired—and good riddance!

20-24 "On that Day I'll replace Shebna. I will call my servant Eliakim son of Hilkiah. I'll dress him in your robe. I'll put your belt on him. I'll give him your authority. He'll be a father-leader to Jerusalem and the government of Judah. I'll give him the key of the Davidic heritage. He'll have the run of the place—open any door and keep it open, lock any door and keep it locked. I'll pound him like a nail into a solid wall. He'll secure the Davidic tradition. Everything will hang on him—not only the fate of Davidic descendants but also the detailed daily operations of the house, including cups and cutlery.
25 "And then the Day will come," says GOD-of-the-Angel-Armies, "when that nail will come loose and fall out, break loose from that solid wall—and everything hanging on it will go with it." That's what will happen. GOD says so.

두로와 시돈에 대한 경고

23 [1-4] 다시스의 배들아, 슬피 울어라.
강력했던 너희 항구들, 모두 잿더미가
되었다!
키프로스에서 돌아오는 배들,
그 몰락을 목도했다.
바닷가에 사는 너희 시돈의 상인들아,
입을 다물어라.
큰 바다를 항해하면서
물건을 사고팔며,
시홀에서 생산된 밀들,
나일 강변에서 자란 밀들로 너희는 돈을 벌어들
였지.
다국적 곡물 중개상을 하던 너희여!
시돈아, 이제 부끄러운 줄 알고 고개를 숙여라.
그 바다, 정력 넘치던 해양이 소리 높여 말한다.
"나는 산고를 겪어 본 적도, 아기를 낳아 본 적도,
아이를 키워 본 적도 없다.
생명을 주어 본 적도, 생명을 위해 일해 본 적도
없다.
그저 숫자들, 생명 없는 숫자들, 이윤과 손실 액
수나 세어 왔을 뿐."

[5] 두로에 대한 소식이 이집트에 전해지면,
통곡소리! 그 가슴 쥐어뜯는 소리 들리리라!

[6-12] 바닷가에 사는 너희여, 다시스에 가보아라.
가서 잘 살펴보고 통곡하여라. 눈물바다를 이루어라!
이것이 너희가 기억하는, 정력과 활력 넘치던 그
성읍이 맞느냐?
활발하고 북적거리던 유서 깊은 성읍,
전 세계로 뻗어나가
물건을 사고팔던 그 성읍이 맞느냐?
세계시장을 주름잡던 두로,
그 두로의 멸망 배후에 누가 있는지 아느냐?
두로의 상인들, 그 세계의 거물들이었다.
두로의 거래상들, 큰손들이었다.
만군의 하나님께서 추락을 명하셨다.
오만의 추한 이면을 드러내시려고,
부풀린 명성을 땅에 떨어뜨리시려고 그리하셨다.
아, 다시스의 배들아, 배를 돌려 귀향하여라.
이 항구에는 선착장이 남아 있지 않다.
하나님께서 바다와 상인들에게 손을 뻗어
그 바다 왕국들을 혼란에 빠뜨리셨다.
하나님께서 그 바닷가 성읍들,

It Was All Numbers, Dead Numbers, Profit and Loss

23 [1-4] Wail, ships of Tarshish,
your strong seaports all in ruins!
When the ships returned from Cyprus,
they saw the destruction.
Hold your tongue, you who live on the seacoast,
merchants of Sidon.
Your people sailed the deep seas,
buying and selling,
Making money on wheat from Shihor,
grown along the Nile—
multinational broker in grains!
Hang your head in shame, Sidon. The Sea speaks up,
the powerhouse of the ocean says,
"I've never had labor pains, never had a baby,
never reared children to adulthood,
Never gave life, never worked with life.
It was all numbers, dead numbers, profit and
loss."

[5] When Egypt gets the report on Tyre,
what wailing! what wringing of hands!

Nothing Left Here to Be Proud Of

[6-12] Visit Tarshish, you who live on the seacoast.
Take a good, long look and wail—yes, cry buck-
ets of tears!
Is this the city you remember as energetic and
alive,
bustling with activity, this historic old city,
Expanding throughout the globe,
buying and selling all over the world?
And who is behind the collapse of Tyre,
the Tyre that controlled the world markets?
Tyre's merchants were the business tycoons.
Tyre's traders called all the shots.
GOD-of-the-Angel-Armies ordered the crash
to show the sordid backside of pride
and puncture the inflated reputations.
Sail for home, O ships of Tarshish.
There are no docks left in this harbor.
GOD reached out to the sea and sea traders,
threw the sea kingdoms into turmoil.
GOD ordered the destruction
of the seacoast cities, the centers of commerce.

상업 중심지의 파괴를 명하셨다.
하나님께서 말씀하셨다. "이곳은 이제 내세울 것 하나 없이 되었다.
시돈은 파산했고 다 빼앗겼다.
키프로스에서 새 출발을 하고 싶다고?
꿈도 꾸지 마라. 거기서도 너희는 되는 일이 없을 것이다."

13 바빌론이 어떻게 되었는지 보아라. 남은 것 하나 없이 다 멸망했다. 앗시리아가 그곳을 사막으로, 들개와 들고양이들의 은신처로 만들어 버렸다. 거대한 포위 공격 무기들로 건물들을 모조리 무너뜨렸다. 그곳에는 돌무더기만 남았다.

14 다시스의 배들아, 통곡하여라.
강력했던 너희 항구들, 다 잿더미가 되었다!

15-16 앞으로 왕들의 평균 수명인 칠십 년 동안, 두로는 잊혀질 것이다. 그 칠십 년이 차면 재기하겠지만, 그것은 한물간 창녀의 재기일 뿐, 두로는 이런 노랫말 속의 주인공 같을 것이다.

"잊혀진 창녀여,
하프를 들고 성읍을 돌아다녀 보아라.
전에 부르던 노래, 자주 부르던 노래들을 불러 보아라.
행여 누군가 기억해 주는 사람이 있을지도 모르니."

17-18 칠십 년이 차면 하나님께서 두로를 돌아보실 것이다. 그녀는 전에 하던 무역일, 매춘과 같은 그 일로 돌아가 가장 높은 가격을 부르는 자에게 자신을 팔 것이다. 화대만 주면 누구와 무슨 짓이라도 할 것이다. 땅의 모든 나라와 난잡한 거래를 벌일 것이다. 그러나 그녀가 받은 돈 전부는 하나님께 넘겨질 것이다. 제 몫으로 저축하지 못할 것이다. 그녀가 벌어들이는 이윤 전부는, 하나님을 알고 하나님을 섬기는 백성에게 풍부한 음식과 최고의 옷을 마련해 주는 일에 쓰일 것이다.

하나님께서 땅을 벌하시리라

24 1-3 위험이 코앞에 닥쳤다! 하나님께서
땅을 초토화하고
잿더미로 만드실 것이다.
전부를 뿌리째 뒤엎고
모두를 갈팡질팡하게 만드실 것이다.

GOD said, "There's nothing left here to be proud of,
bankrupt and bereft Sidon.
Do you want to make a new start in Cyprus?
Don't count on it. Nothing there will work out for you either."

13 Look at what happened to Babylon: There's nothing left of it. Assyria turned it into a desert, into a refuge for wild dogs and stray cats. They brought in their big siege engines, tore down the buildings, and left nothing behind but rubble.

14 Wail, ships of Tarshish,
your strong seaports all in ruins!

15-16 For the next seventy years, a king's lifetime, Tyre will be forgotten. At the end of the seventy years, Tyre will stage a comeback, but it will be the comeback of a worn-out whore, as in the song:

"Take a harp, circle the city,
unremembered whore.
Sing your old songs, your many old songs.
Maybe someone will remember."

17-18 At the end of the seventy years, GOD will look in on Tyre. She'll go back to her old whoring trade, selling herself to the highest bidder, doing anything with anyone—promiscuous with all the kingdoms of earth—for a fee. But everything she gets, all the money she takes in, will be turned over to GOD. It will not be put in banks. Her profits will be put to the use of GOD-Aware, GOD-Serving-People, providing plenty of food and the best of clothing.

The Landscape Will Be a Moonscape

24 1-3 Danger ahead! GOD's about to ravish
the earth
and leave it in ruins,
Rip everything out by the roots
and send everyone scurrying:
priests and laypeople alike,
owners and workers alike,

제사장도 백성도,
소유주도 노동자도,
이름 있는 자도 이름 없는 자도,
사는 자도 파는 자도,
재력가도 가난뱅이도,
가진 자도 못 가진 자도.
땅의 모습이 달표면처럼 되리라.
완전히 황폐해지리라.
그 까닭을 아느냐? 하나님께서 그렇게 말씀하시기 때문이다.
그분이 명령을 내리셨기 때문이다.

4 땅이 황량해지고 잿빛이 되리라.
세상은 정적과 슬픔만이 감돌고,
하늘과 땅이 생기와 빛을 잃으리라.

5-13 땅이 거기 사는 사람들로 인해 더럽혀졌다.
법을 깨뜨리고,
질서를 교란시키며,
신성하고 영원한 언약을 범하는 자들로 더럽혀졌다.
그로 인한 저주가, 마치 암처럼
땅을 초토화시키고 있다.
사람들은 신성한 것을 짓밟은 죄값을 치르고 있다.
그들의 수가 점점 줄어 없어진다. 하나씩 죽어 나간다.
포도주도 없고 포도농장도 없고,
노래도, 노래하는 자도 없다.
소고 치며 웃는 소리가 사라지고
잔칫집의 떠들썩한 소리도 사라졌으며,
수금 켜며 웃는 소리도 사라졌다.
축배를 드는 파티, 더 이상 열리지 않는다.
술꾼조차도 고개를 젓는 역겨운 술만 남았다.
혼돈에 빠진 성읍들, 사람이 도무지 살 수 없는 곳이다. 무정부상태다.
집들은 전부 문에 못질을 하여 폐가로 변했다.
포도주를 찾아 헤매는 사람들, 길거리에서 소요를 일으키지만
좋았던 시절은 영영 가 버렸다.
이 낡은 세상에 더는 남은 기쁨이 없다.
성읍은 죽고 버려져,
잔해 더미만 남았다.
이것이 이 땅에 임할 미래다.
이것이 모든 나라에 닥칠 운명이다.
다 털려 올리브 하나 남지 않은 올리브나무,
다 털려 포도알 하나 남지 않은 포도나무처럼 될 것이다.

celebrities and nobodies alike,
buyers and sellers alike,
bankers and beggars alike,
the haves and have-nots alike.
The landscape will be a moonscape,
totally wasted.
And why? Because GOD says so.
He's issued the orders.

4 The earth turns gaunt and gray,
the world silent and sad,
sky and land lifeless, colorless.

Earth Polluted by Its Very Own People

5-13 Earth is polluted by its very own people,
who have broken its laws,
Disrupted its order,
violated the sacred and eternal covenant.
Therefore a curse, like a cancer,
ravages the earth.
Its people pay the price of their sacrilege.
They dwindle away, dying out one by one.
No more wine, no more vineyards,
no more songs or singers.
The laughter of castanets is gone,
the shouts of celebrants, gone,
the laughter of fiddles, gone.
No more parties with toasts of champagne.
Serious drinkers gag on their drinks.
The chaotic cities are unlivable. Anarchy reigns.
Every house is boarded up, condemned.
People riot in the streets for wine,
but the good times are gone forever—
no more joy for this old world.
The city is dead and deserted,
bulldozed into piles of rubble.
That's the way it will be on this earth.
This is the fate of all nations:
An olive tree shaken clean of its olives,
a grapevine picked clean of its grapes.

14-16 But there are some who will break into glad song.
Out of the west they'll shout of GOD's majesty.

14-16 그러나 즐거운 노래를 터뜨릴 자들도 있다.
그들, 서쪽에서 하나님의 장엄을 소리쳐 노래하리라.
그렇다. 동쪽에서 하나님의 영광이 높아지리라.
바다의 모든 섬이
하나님의 명성을,
이스라엘의 하나님의 명성을 널리 퍼뜨릴 것이다.
사방 칠대양에서 이런 노랫소리 들려오리라.
"의로우신 분께 찬양을 드리세!"

16-20 그러나 나는 말했다. "누구에게는 좋은 일이 있을지 모르겠지만,
지금 내 눈에 보이는 것은 파멸, 파멸, 더 큰 파멸뿐이다."
모든 사람이 서로의 목을 노리고 있다.
그렇다. 모두들 다른 사람의 목을 노리고 있다.
어디를 가나
공포와 구렁과 올가미 천지다.
공포를 피해 달아나면,
구렁에 빠진다.
구렁에서 기어올라오면,
올가미에 걸린다.
혼돈이 하늘에서 쏟아져 내린다.
땅의 기초가 허물어진다.
땅이 산산조각으로 깨어진다.
땅이 갈기갈기 찢어진다.
땅이 흔들린다.
땅이 술 취한 자처럼 비틀거리며,
폭풍 속의 판잣집처럼 요동한다.
쌓이고 쌓인 죄들, 이제 감당할 수 없는 무게가 되었다.
무너져 내린다. 다시는 서지 못할 것이다.

21-23 바로 그날에, 하나님께서
하늘의 반역 세력과
땅의 반역한 왕들을 불러내 혼쭐내실 것이다.
그들을 붙잡아 죄수처럼 감옥에 가두실 것이다.
짐승을 우리에 가두듯 감옥에 처넣으시고,
형을 선고하여 중노동을 시키실 것이다.
달이 창피해서 어깨를 움츠릴 것이다.
해가 부끄러워 슬그머니 숨을 것이다.
만군의 하나님이 즉위하셔서,
시온 산과 예루살렘에서부터 통치하실 것이기 때문이다.
모든 지도자 앞에서
당신의 찬란한 영광을 나타내실 것이기 때문이다.

Yes, from the east GOD's glory will ascend.
Every island of the sea
Will broadcast GOD's fame,
the fame of the God of Israel.
From the four winds and the seven seas we hear the singing:
"All praise to the Righteous One!"

16-20 But I said, "That's all well and good for somebody,
but all I can see is doom, doom, and more doom."
All of them at one another's throats,
yes, all of them at one another's throats.
Terror and pits and booby traps
are everywhere, whoever you are.
If you run from the terror,
you'll fall into the pit.
If you climb out of the pit,
you'll get caught in the trap.
Chaos pours out of the skies.
The foundations of earth are crumbling.
Earth is smashed to pieces,
earth is ripped to shreds,
earth is wobbling out of control,
Earth staggers like a drunk,
sways like a shack in a high wind.
Its piled-up sins are too much for it.
It collapses and won't get up again.

21-23 That's when GOD will call on the carpet
rebel powers in the skies and
Rebel kings on earth.
They'll be rounded up like prisoners in a jail,
Corralled and locked up in a jail,
and then sentenced and put to hard labor.
Shamefaced moon will cower, humiliated,
red-faced sun will skulk, disgraced,
Because GOD-of-the-Angel-Armies will take over,
ruling from Mount Zion and Jerusalem,
Splendid and glorious
before all his leaders.

하나님의 손이 이 산 위에 머무신다

25

1-5 하나님, 주는 나의 하나님이십니다.
내가 주를 높이 기립니다. 주를 찬양합니다.
주께서 놀라운 기적들을 행하셨고,
치밀하게 세우신 계획들, 견실하고 확실히 실행하셨습니다.
주께서 성읍을 돌무더기로 만드시고,
강력했던 성읍을 잿더미로 만드셨습니다.
그 원수 '큰 도성'은 이제 도성도 아니고,
앞으로도 그럴 것입니다.
이를 목도하게 될 초강대국들이 주를 높이고,
잔혹한 압제자들도 주를 경외하며 몸을 굽힙니다.
그들은 주께서 가난한 이들을 돌보시는 광경을 보게 될 것입니다.
곤궁에 처한 가련한 이들을 돌보시되
궂은 날에는 따뜻하고 마른 보금자리를,
무더운 날에는 서늘한 쉼터를 마련해 주심을 알게 될 것입니다.
잔혹한 압제자들은 겨울의 눈보라와 같고,
사악한 이방인들은 사막의 정오와 같습니다.
그러나 주께서는 폭풍우를 피할 피난처,
뙤약볕을 피할 그늘이 되어 주시며,
그 큰소리치는 악당들의 입을 막아 버리십니다.

6-8 여기 이 산 위에서, 만군의 하나님이
온 세상 만민을 위한 향연을 베푸실 것이다.
최상급 음식과 최고급 포도주가 나오는 향연,
일곱 코스의 일품요리와 고급 디저트가 나오는 향연을 베푸실 것이다.
또 여기 이 산 위에서, 하나님은
만민 위에 드리웠던 파멸의 장막,
모든 민족 위에 드리웠던 파멸의 그림자를 걷어 내실 것이다.
그렇다. 그분께서 죽음을 영원히 추방하실 것이다.
하나님께서 모든 얼굴에서 눈물을 닦아 주시며,
자기 백성의 수치를, 어디서든,
흔적도 없게 하시리라.
그렇다! 하나님께서 그렇게 말씀하신다!

9-10 *그때가 되면, 사람들이 말하리라.*
"보아라! 우리 하나님이시다!
우리가 기다렸던 분, 마침내 오셔서 우리를 구원해 주셨다!
이분이시다. 우리가 기다려 왔던 하나님!

God's Hand Rests on This Mountain

25

1-5 GOD, you are *my* God.
I celebrate you. I praise you.
You've done your share of miracle-wonders,
well-thought-out plans, solid and sure.
Here you've reduced the city to rubble,
the strong city to a pile of stones.
The enemy Big City is a non-city,
never to be a city again.
Superpowers will see it and honor you,
brutal oppressors bow in worshipful reverence.
They'll see that you take care of the poor,
that you take care of poor people in trouble,
Provide a warm, dry place in bad weather,
provide a cool place when it's hot.
Brutal oppressors are like a winter blizzard
and vicious foreigners like high noon in the desert.
But you, shelter from the storm and shade from the sun,
shut the mouths of the big-mouthed bullies.

6-8 But here on this mountain, GOD-of-the-Angel-Armies
will throw a feast for all the people of the world,
A feast of the finest foods, a feast with vintage wines,
a feast of seven courses, a feast lavish with gourmet desserts.
And here on this mountain, GOD will banish
the pall of doom hanging over all peoples,
The shadow of doom darkening all nations.
Yes, he'll banish death forever.
And GOD will wipe the tears from every face.
He'll remove every sign of disgrace
From his people, wherever they are.
Yes! GOD says so!

9-10 Also at that time, people will say,
"Look at what's happened! This is our God!
We waited for him and he showed up and saved us!
This GOD, the one we waited for!
Let's celebrate, sing the joys of his salvation.
GOD's hand rests on this mountain!"

함께 기뻐하자. 그분의 구원을 기뻐하며 노래하자.
하나님의 손이 이 산에 머무신다!"

10-12 모압 사람들, 그들은 쓰레기 취급을 당하리라.
시궁창에 처박히리라.
물에 빠져 허우적거리는 자처럼
자맥질해도,
결국 하수구 구정물 속으로 가라앉을 것이다.
그들의 교만이 그들을 아래로 가라앉히고,
그들의 유명했던 요새들, 다 무너져 폐허가 되리라.
강력했던 성벽들, 다 허물어져 먼지 더미가 될 것이다.

삶의 경계를 넓히신 하나님

26

1-6 그때에, 이런 노래가
유다 나라에서 불리리라.
우리에게는 강력한 도성이 있네.
구원의 도성, 구원으로 세워진 도성.
성문을 활짝 열어 젖혀라.
선한 이들, 참된 이들이 들어올 수 있도록.
주께 일편단심인 이들,
주께서 온전히 지켜 주시며,
그들은 두 발로 굳게 선다네.
그들의 태도 한결같고 절대 물러서지 않는다.
하나님을 의지하여라. 굳게 의지하여라.
주 하나님만이 참으로 믿을 만한 분이시다.
지체 있고 권세 높은 자들,
그분이 높은 데서 다 떨어뜨리셨다.
언덕 위의 도성,
습지를 메우는 흙더미가 되게 하셨다.
착취당하고 소외된 백성,
땅을 되찾고 거기서 삶을 재건한다.

7-10 바르게 사는 이들의 길은 평탄합니다.
높은 것을 낮추고 낮은 것을 높이시는 분이 그 길을
닦아 주십니다.
하나님, 우리는 서두르지 않습니다. 우리는
주의 결정들이 푯말로 붙어 있는 길을 느긋하게 걷습
니다.
주님 자신과 주께서 행하신 일이
우리가 원하는 전부입니다.
밤새도록 내 영혼이 주를 갈망합니다.
마음 깊은 곳에서 내 영이 주를 열망합니다.
주의 결정들이 마침내 드러나는 날,
모두가 바른 삶을 배울 것입니다.
악인들은 드러난 은혜를 보면서도

10-12 As for the Moabites, they'll be treated like refuse,
waste shoveled into a cesspool.
Thrash away as they will,
like swimmers trying to stay afloat,
They'll sink in the sewage.
Their pride will pull them under.
Their famous fortifications will crumble to nothing,
those mighty walls reduced to dust.

Stretch the Borders of Life

26

1-6 At that time, this song
will be sung in the country of Judah:
We have a strong city, Salvation City,
built and fortified with salvation.
Throw wide the gates
so good and true people can enter.
People with their minds set on you,
you keep completely whole,
Steady on their feet,
because they keep at it and don't quit.
Depend on GOD and keep at it
because in the LORD GOD you have a sure thing.
Those who lived high and mighty
he knocked off their high horse.
He used the city built on the hill
as fill for the marshes.
All the exploited and outcast peoples
build their lives on the reclaimed land.

7-10 The path of right-living people is level.
The Leveler evens the road for the right-living.
We're in no hurry, GOD. We're content to linger
in the path sign-posted with your decisions.
Who you are and what you've done
are all we'll ever want.
Through the night my soul longs for you.
Deep from within me my spirit reaches out to you.
When your decisions are on public display,
everyone learns how to live right.
If the wicked are shown grace,
they don't seem to get it.

도무지 배우지 못합니다.
바른 삶의 땅에서도 끝까지 잘못된 삶을 고집합니다.
눈멀어 하나님의 광채를 보지 못합니다.

11-15 하나님, 주께서 주의 손을 높이 드십니다.
그러나 그들은 보지 못합니다.
그들의 눈을 열어 주의 일을 보게 하시고,
주의 백성을 향한 주의 열정 넘치는 사랑을 보게 해 주십시오.
그들로 부끄러움을 당하게 해주십시오. 그들이 있는 곳에 불을 놓아,
모두가 주의 원수인 그들을 주목하게 해주십시오.
하나님, 우리가 평화롭고 온전한 삶을 살 수 있게 해 주십시오.
우리가 성취한 일은 모두 주께서 우리를 위해 행하신 일들입니다.
오 하나님, 우리 하나님, 지금껏 여러 주인들의 지배를 받아 왔지만
우리의 참 주인은 오직 주님이십니다.
죽은 자들은 말하지 못하고
유령들은 걷지 못합니다.
주께서 "이제 그만!" 하시며,
그들을 책에서 지워 버리셨기 때문입니다.
그러나 산 자들은 주께서 더 크게 하십니다.
더 풍성한 생명을 주시고, 더 많은 영광을 보여주시며,
삶의 경계가 더 커지도록 넓혀 주십니다!

16-18 오 하나님, 그들이 환난에 처했을 때 주께 도움을 구했습니다.
주의 징계가 너무 무거워
그들은 한 마디의 기도조차 하기 어려웠습니다.
마치 해산이 임박하여,
고통 가운데 몸을 비틀며
비명을 지르는 여인 같았습니다.
오 하나님, 우리가 그러했습니다. 주 때문이었습니다.
우리는 늘 그런 임신부였습니다.
산고로 몸을 비틀었지만 아이를 낳지 못했습니다.
바람만 낳았을 뿐입니다.
우리의 산고는 아무것도 낳지 못했습니다.
어떤 생명도 생산하지 못했습니다.
우리는 세상을 구원하지 못했습니다.

19 그러나, 너희 죽은 자들이 살아날 것이다.
너희 시신이 두 발로 일어설 것이다.
죽어 묻혔던 너희 모두,

In the land of right living, they persist in wrong living,
blind to the splendor of GOD.

11-15 You hold your hand up high, GOD,
but they don't see it.
Open their eyes to what you do,
to see your zealous love for your people.
Shame them. Light a fire under them.
Get the attention of these enemies of yours.
GOD, order a peaceful and whole life for us
because everything we've done, you've done for us.
O GOD, our God, we've had other masters rule us,
but you're the only Master we've ever known.
The dead don't talk,
ghosts don't walk,
Because you've said, "Enough–that's all for you,"
and wiped them off the books.
But the living you make larger than life.
The more life you give, the more glory you display,
and stretch the borders to accommodate more living!

16-18 O GOD, they begged you for help when they were in trouble,
when your discipline was so heavy
they could barely whisper a prayer.
Like a woman having a baby,
writhing in distress, screaming her pain
as the baby is being born,
That's how we were because of you, O GOD.
We were pregnant full-term.
We writhed in labor but bore no baby.
We gave birth to wind.
Nothing came of our labor.
We produced nothing living.
We couldn't save the world.

19 But friends, your dead will live,
your corpses will get to their feet.
All you dead and buried,
wake up! Sing!

깨어나라! 노래하여라!
주의 이슬은
첫 햇살 머금은 아침 이슬이니,
생명으로 들끓는 땅,
죽은 자들을 내어놓는다.

20-21 오라, 나의 백성들아, 집에 가서
문을 닫고 그 안에 숨어라.
잠시 피해 있어라.
진노의 벌이 지나갈 때까지.
하나님께서 분명 땅 위 사람들의 죄를 벌하시려고
그분의 처소에서 나오실 것이다.
그날에, 땅이 직접 핏자국을 드러내어
살해된 사람들이 묻힌 곳을 알려 줄 것이다.

27 1 그때에 하나님께서 당신의 칼,
무자비하고 강력한 칼을 빼셔서,
달아나는 뱀 리워야단,
몸부림치며 도망가는 뱀 리워야단을 벌하실 것이다.
그분께서 바다에 사는 그 옛 용을
죽이실 것이다.

2-5 "그때에, 한 아름다운 포도원이 나타나리라.
노래가 절로 나올 만큼 아름다운 포도원!
나 하나님이 그 포도원을 가꾸고
물을 대어,
누구도 해를 끼치지 못하도록
늘 보살펴 준다.
나는 노를 발하지 않는다. 다만 마음 써 줄 뿐.
엉겅퀴와 가시덤불이 돋아난다고 해도,
내가 그것들을 뽑아
불에 태울 것이다.
그 포도나무가 안전하고자 하거든, 내게 꼭 붙어 있게 하여라.
나와 더불어 건강히 잘살고자 하거든, 나를 찾게 하여라.
온전한 삶을 살고자 하거든, 내게 꼭 붙어 있게 하여라."

6 야곱이 뿌리를 내리게 될 날,
이스라엘이 꽃을 피우고 새 가지를 내며,
그 열매로 온 세상을 가득 채울 날이 오고 있다.

7-11 야곱을 친 자들을 때려눕히신 것처럼
하나님께서 야곱을 바닥에 때려눕히신 적이 있느냐?

Your dew is morning dew
catching the first rays of sun,
The earth bursting with life,
giving birth to the dead.

20-21 Come, my people, go home
and shut yourselves in.
Go into seclusion for a while
until the punishing wrath is past,
Because GOD is sure to come from his place
to punish the wrong of the people on earth.
Earth itself will point out the bloodstains;
it will show where the murdered have been hidden away.

Selected Grain by Grain

27 1 At that time GOD will unsheathe his sword,
his merciless, massive, mighty sword.
He'll punish the serpent Leviathan as it flees,
the serpent Leviathan thrashing in flight.
He'll kill that old dragon
that lives in the sea.

2-5 "At that same time, a fine vineyard will appear.
There's something to sing about!
I, GOD, tend it.
I keep it well-watered.
I keep careful watch over it
so that no one can damage it.
I'm not angry. I care.
Even if it gives me thistles and thornbushes,
I'll just pull them out
and burn them up.
Let that vine cling to me for safety,
let it find a good and whole life with me,
let it hold on for a good and whole life."

6 The days are coming when Jacob
shall put down roots,
Israel blossom and grow fresh branches,
and fill the world with its fruit.

7-11 Has GOD knocked them to the ground

아니, 없다.
야곱을 죽인 자들이 죽임당한 것처럼
야곱이 죽임을 당한 적이 있느냐? 아니, 없다.
그분은 이스라엘에게 가혹하셨다. 유랑은 혹독한 형벌이었다.
그분께서 맹렬한 돌풍으로 그들을 멀리 불어 날리셨다.
그러나 기쁜 소식이 있으니, 이러한 일들을 통해 야곱의 죄가 사라졌다.
야곱의 죄가 제거되었다는 증거가 이렇게 나타날 것이다.
그분께서 이방 제단들을 허무실 것이다.
돌 하나도 돌 위에 남기지 않고 다 허물어뜨리시고,
그 돌을 으깨어 가루가 되게 하실 것이다.
음란한 종교 산당들도 모조리 없애실 것이다.
대단하던 위용, 이제 흔적도 없다.
이제 그곳에는 아무도 살지 않는다. 사람이 살 수 있는 곳이 못 된다.
짐승들이나 이리저리 다니며,
풀을 뜯고 누워 잘 뿐이다.
그곳은 땔감 얻기에는 나쁘지 않은 곳이다.
마른 잔가지와 죽은 가지들이 지천에 널렸다.
하나님에 대해 무지한 자들이 남기는 흔적이란 이런 것이다.
그렇다. 이스라엘을 만드신 하나님께서
그들과 절교하실 것이다.
그들을 지으신 분께서 그들에게 등을 돌리실 것이다.

12-13 그때에 하나님께서
유프라테스 강에서부터 이집트 시내에 이르기까지 타작 일을 하시리라.
너희 이스라엘 백성은
알곡처럼 한 알 한 알 거둬질 것이다.
바로 그때에 거대한 나팔소리가 울려 퍼질 것이다.
앗시리아의 유랑민을 고향으로 부르는 소리,
이집트의 난민들을 고향으로 맞아들이는 소리다.
그들이 와서, 거룩한 산 예루살렘에서 하나님을 경배할 것이다.

에브라임에 대한 경고

28 1-4 화가 있으리라, 몰골 사납고 초라한
에브라임의 거만한 주정꾼들,
잘나가던 과거를 엉성하게 흉내 내면서 비틀거리는
술배 나온 주정뱅이들.

as he knocked down those who hit them? Oh, no.
Were they killed
as their killers were killed? Again, no.
He was hard on them all right. The exile was a harsh sentence.
He blew them away on a fierce blast of wind.
But the good news is that through this experience
Jacob's guilt was taken away.
The evidence that his sin is removed will be this:
He will tear down the alien altars,
take them apart stone by stone,
And then crush the stones into gravel
and clean out all the sex-and-religion shrines.
For there's nothing left of that pretentious grandeur.
Nobody lives there anymore. It's unlivable.
But animals do just fine,
browsing and bedding down.
And it's not a bad place to get firewood.
Dry twigs and dead branches are plentiful.
It's the leavings of a people with no sense of God.
So, the God who made them
Will have nothing to do with them.
He who formed them will turn his back on them.

12-13 At that time GOD will thresh
from the River Euphrates to the Brook of Egypt,
And you, people of Israel,
will be selected grain by grain.
At that same time a great trumpet will be blown,
calling home the exiles from Assyria,
Welcoming home the refugees from Egypt
to come and worship GOD on the holy mountain, Jerusalem.

God Will Speak in Baby Talk

28 1-4 Doom to the pretentious drunks of Ephraim,
shabby and washed out and seedy—
Tipsy, sloppy-fat, beer-bellied parodies
of a proud and handsome past.

잘 보아라. 하나님께서 누군가를 선발하셨다.
그들을 때려눕힐 거칠고 힘센 누군가를.
우박폭풍과 허리케인처럼, 순식간에 밀려드는 홍수처럼,
그가 한 손으로 그들을 들어 바닥에 메어칠 것이다.
이스라엘 머리 위의 파티 모자 같은 사마리아가
한 방에 나가 떨어질 것이다.
개에게 던져진 한 조각 고기보다
더 빨리 눈앞에서 사라지고 말 것이다.

5-6 그때에, 만군의 하나님께서 친히
자기 백성의 남은 자들에게, 머리 위에 얹힌 아름다운 면류관이 되실 것이다.
인도하고 결정하는 이들에게는 정의의 활력과 통찰을,
지키고 보호하는 이들에게는 힘과 용맹을 주실 것이다.

7-8 제사장과 예언자들까지 술에 취해 비틀거린다.
갈지자걸음으로 걷다가 이내 나자빠진다.
코가 삐뚤어지도록 포도주와 위스키를 마신 그들,
앞도 제대로 못 보면서 헛소리를 지껄인다.
식탁마다 구토물 범벅이다.
아예 그 속에서 뒹굴며 산다.

9-10 "그래? 대체 네가 뭔데 우리를 가르치려 드느냐?
대체 네가 뭔데 우리에게 어른 행세냐?
우리가 젖먹이도 아닌데,
왜 애한테 말하듯이
'이거, 이거, 이거, 이거,
저거, 저거, 저거, 저거,
착하지, 우리 꼬마'라고 말하느냐?"

11-12 그러나 너는 바로 그런 식으로 말을 듣게 될 것이다.
하나님께서는 이 백성에게
젖먹이에게 말하듯, 한 음절씩 끊어서 말씀하실 것이다.
이방 압제자들의 입을 통해 그렇게 하실 것이다.
그분이 전에 말씀하셨다. "지금은 쉴 때고, 여기가 쉴 곳이다. 지친 사람들이 쉼을 얻을 때다.
여기에 너희 짐을 내려놓아라."
그러나 그들은 들으려 하지 않는다.

Watch closely: GOD has someone picked out,
someone tough and strong to flatten them.
Like a hailstorm, like a hurricane, like a flash flood,
one-handed he'll throw them to the ground.
Samaria, the party hat on Israel's head,
will be knocked off with one blow.
It will disappear quicker than
a piece of meat tossed to a dog.

5-6 At that time, GOD-of-the-Angel-Armies will be
the beautiful crown on the head of what's left of his people:
Energy and insights of justice to those who guide and decide,
strength and prowess to those who guard and protect.

7-8 These also, the priest and prophet, stagger from drink,
weaving, falling-down drunks,
Besotted with wine and whiskey,
can't see straight, can't talk sense.
Every table is covered with vomit.
They *live* in vomit.

9-10 "Is that so? And who do you think you are to teach us?
Who are you to lord it over us?
We're not babies in diapers
to be talked down to by such as you—
'Da, da, da, da,
blah, blah, blah, blah.
That's a good little girl,
that's a good little boy.'"

11-12 But that's exactly how you will be addressed.
God will speak to this people
In baby talk, one syllable at a time—
and he'll do it through foreign oppressors.
He said before, "This is the time and place to rest,
to give rest to the weary.
This is the place to lay down your burden."
But they won't listen.

13 그러므로 하나님께서 다시 기초로 돌아가,
젖먹이에게 말하듯, 한 음절씩 끊어서 말씀하실
것이다.
"이거, 이거, 이거, 이거,
저거, 저거, 저거, 저거,
착하지, 우리 꼬마."
그러면 그들은 걸음마를 배우는 아이처럼 일어나
걷다가 넘어지고,
멍이 들어 당황하며, 길을 잃고 말 것이다.

14-15 너희, 조롱하는 자들아, 예루살렘에서 이 백
성을 다스리는 자들아,
이제 하나님의 메시지에 귀 기울여라.
너희는 말한다. "우리는 좋은 생명보험을 들어 두
었다.
손해 보는 일이 없도록 만반의 준비를 해두었다.
어떤 불상사가 일어나더라도 우리는 괜찮다. 다
대비해 두었다.
전문가의 조언대로 다 해두었다. 우리는 안전하다."

16-17 그러나 주 하나님께서 말씀하신다.

"잘 보아라. 나는 시온에 초석을 하나 놓을 것이다.
네모반듯하고 확고부동한 초석이다.
그 돌이 뜻하는 바는 이렇다.
'믿고 의지하는 자 흔들리지 않는다.'
나는 정의를 줄자 삼고,
의를 다림줄 삼아 건축할 것이다.
거짓말로 지어진 판잣집은 우박폭풍에 무너지고,
남은 조각은 폭우에 다 쓸려 갈 것이다.

18-22 그러면 너희는, 애지중지하던 생명보험 증
권이
한낱 종잇조각에 불과하다는 것을 알게 되리라.
죽음을 막아 보겠다고 세운 그 모든 면밀한 대책
들은
그저 착각과 거짓의 꾸러미일 뿐이었다.
재난이 닥쳐오면,
너희는 아스러진다.
아침에도 재난, 밤에도 재난.
재난이란 재난이 다 너희를 덮친다."
재난에 대한 소문을 듣기만 해도
너희는 공포에 질려 몸이 움츠러든다.
한숨 돌릴 수 있는 곳,
몸을 숨길 수 있는 곳은 어디에도 없을 것이다.

13 So GOD will start over with the simple basics
and address them in baby talk, one syllable at a time—
"Da, da, da, da,
blah, blah, blah, blah.
That's a good little girl,
that's a good little boy."
And like toddlers, they will get up and fall down,
get bruised and confused and lost.

14-15 Now listen to GOD's Message, you scoffers,
you who rule this people in Jerusalem.
You say, "We've taken out good life insurance.
We've hedged all our bets, covered all our bases.
No disaster can touch us. We've thought of everything.
We're advised by the experts. We're set."

The Meaning of the Stone

16-17 But the Master, GOD, has something to say to this:

"Watch closely. I'm laying a foundation in Zion,
a solid granite foundation, squared and true.
And this is the meaning of the stone:
A TRUSTING LIFE WON'T TOPPLE.
I'll make justice the measuring stick
and righteousness the plumb line for the building.
A hailstorm will knock down the shantytown of lies,
and a flash flood will wash out the rubble.

18-22 "Then you'll see that your precious life insurance policy
wasn't worth the paper it was written on.
Your careful precautions against death
were a pack of illusions and lies.
When the disaster happens,
you'll be crushed by it.
Every time disaster comes, you'll be in on it—
disaster in the morning, disaster at night."
Every report of disaster
will send you cowering in terror.
There will be no place where you can rest,

격노하신 하나님께서 벌떡 일어서시리라.
오래전 브라심 산에서와 같이,
또 기브온 골짜기에서 블레셋 사람을 치셨던 때
처럼.
이번에는 너희가 표적이다.
믿기 어렵겠지만, 사실이다.
너희에게 예상치 못한 일이 닥쳐온다.
그러니, 정신 차려라. 비웃지 마라.
비웃다가는 더 심한 일을 겪는다.
나는 파괴 명령이 내려지는 소리를 들었다.
만군의 하나님께서 내리시는 명령, 전 세계적
재난을 명하시는 소리를 들었다.

23-26 이제 내 말에 귀 기울여라.
최대한 주목해 들어라.
쟁기질하는 농부가 쟁기질만 계속하더냐?
혹은, 써레질만 계속하더냐?
땅을 고르고 나면 파종하지 않더냐?
소회향 씨, 대회향 씨를 뿌리지 않더냐?
밭에 밀과 보리를 심고,
가장자리에는 귀리를 심지 않더냐?
그들은 무슨 일을 언제 해야 할지를 정확히
안다.
그들의 하나님께서 그들에게 가르쳐 주신 것
이다.

27-29 그리고 추수 때가 되면, 섬세한 허브와 향
신료들,
소회향과 대회향을 조심스레 다룬다.
밀을 탈곡하고 맷돌질할 때도, 알맞은 정도가
있다.
농부는 각각의 곡식을 어떻게 다뤄야 하는지 안다.
만군의 하나님에게서 배웠기 때문이다.
일을 언제, 어떻게, 어디서 해야 하는지 너무도
잘 아시는 그분에게서
배웠기 때문이다.

예루살렘의 운명

29 1-4 너에게 화가 있으리라. 아리엘아,
아리엘아,
다윗이 진을 쳤던 성읍아!
해가 지나고 또 지나고
축제 절기가 돌고 돌아도,
나는 예루살렘을 봐주지 않을 것이다.

nothing to hide under.
GOD will rise to full stature,
raging as he did long ago on Mount Perazim
And in the valley of Gibeon against the Philistines.
But this time it's against *you*.
Hard to believe, but true.
Not what you'd expect, but it's coming.
Sober up, friends, and don't scoff.
Scoffing will just make it worse.
I've heard the orders issued for destruction, orders
from
GOD-of-the-Angel-Armies—ending up in an
international disaster.

23-26 Listen to me now.
Give me your closest attention.
Do farmers plow and plow and do nothing but
plow?
Or harrow and harrow and do nothing but harrow?
After they've prepared the ground, don't they plant?
Don't they scatter dill and spread cumin,
Plant wheat and barley in the fields
and raspberries along the borders?
They know exactly what to do and when to do it.
Their God is their teacher.

27-29 And at the harvest, the delicate herbs and
spices,
the dill and cumin, are treated delicately.
On the other hand, wheat is threshed and milled,
but still not endlessly.
The farmer knows how to treat each kind of
grain.
He's learned it all from GOD-of-the-Angel-Armies,
who knows everything about when and how and
where.

Blind Yourselves So That You See Nothing

29 1-4 Doom, Ariel, Ariel,
the city where David set camp!
Let the years add up,
let the festivals run their cycles,
But I'm not letting up on Jerusalem.
The moaning and groaning will continue.

그 신음소리가 계속될 것이다.
예루살렘은 내게 아리엘이다.
다윗처럼, 내가 진 치고 너를 치겠다.
포위하고 토성을 쌓고,
무기와 장치들을 동원해 공략하겠다.
너는 땅바닥에 메쳐져,
흙먼지를 뒤집어쓴 채 웅얼거릴 것이다.
흙바닥에서 나는 네 목소리가 마치 유령의 중얼거림 같을 것이다.
흙더미 속에서 들려오는 속삭임 같을 것이다.

5-8 그러나 두들겨 맞아 가루가 될 운명은 너의 원수들이다.
그 폭도들, 겨처럼 바람에 날려가 버릴 것이다.
갑자기, 난데없이,
만군의 하나님께서 찾아오실 것이기 때문이다.
천둥과 지진과 거대한 굉음,
허리케인과 토네이도와 번쩍이는 번개를 동반하고 오실 것이다.
그러면 아리엘과 전쟁중이던 그 원수의 무리,
그를 괴롭히고 들볶고 못살게 굴던 그 폭도들,
결국 하룻밤 악몽에 지나지 않은 존재가 되고 말 것이다.
굶주린 사람이 자면서 스테이크 먹는 꿈을 꾸더라도
깨어나면 여전히 배가 고픈 것처럼,
목마른 여인이 자면서 아이스티 마시는 꿈을 꾸더라도
깨어나면 여전히 목이 마른 것처럼,
시온 산을 상대로 전쟁을 벌인 그 나라들, 그 폭도들은
깨어나면 자기들은 화살 하나 쏘지 못했다는 것을,
목숨 하나 없애지 못했다는 것을 알게 될 것이다.

9-10 마취제를 먹어라. 아무것도 느끼지 못하게.
스스로 장님이 되어라. 아무것도 보지 못하게.
포도주 없이도 술에 취하고
위스키 없이도 정신을 잃으리라.
하나님께서 너희를 깊고 깊은 잠 속으로 던져 넣으셨고,
분별하는 일을 해야 할 예언자들을 잠들게 하셨으며,
멀리 보아야 할 선견자들을 잠들게 하셨다.

너희는 모든 일을 뒤집어서 생각한다!

11-12 우리가 본 이것은 봉인된 봉투 속에 들어 있는 편지 같은 것이다. 너희가 글을 읽을 줄 아는 사람에

Jerusalem to me is an Ariel.
Like David, I'll set up camp against you.
I'll set siege, build towers,
bring in siege engines, build siege ramps.
Driven into the ground, you'll speak,
you'll mumble words from the dirt—
Your voice from the ground, like the muttering of a ghost.
Your speech will whisper from the dust.

5-8 But it will be your enemies who are beaten to dust,
the mob of tyrants who will be blown away like chaff.
Because, surprise, as if out of nowhere,
a visit from GOD-of-the-Angel-Armies,
With thunderclaps, earthquakes, and earsplitting noise,
backed up by hurricanes, tornadoes, and lightning strikes,
And the mob of enemies at war with Ariel,
all who trouble and hassle and torment her,
will turn out to be a bad dream, a nightmare.
Like a hungry man dreaming he's eating steak
and wakes up hungry as ever,
Like a thirsty woman dreaming she's drinking iced tea
and wakes up thirsty as ever,
So that mob of nations at war against Mount Zion
will wake up and find they haven't shot an arrow,
haven't killed a single soul.

9-10 Drug yourselves so you feel nothing.
Blind yourselves so you see nothing.
Get drunk, but not on wine.
Black out, but not from whiskey.
For GOD has rocked you into a deep, deep sleep,
put the discerning prophets to sleep,
put the farsighted seers to sleep.

You Have Everything Backward

11-12 What you've been shown here is somewhat

게 그것을 건네며 "읽어 보라"고 하면, 그는 "못합니다. 봉투가 봉인되어 있습니다" 하고 말할 것이다. 또 너희가 글을 읽을 줄 모르는 사람에게 그것을 주면서 "읽어 보라"고 하면, 그는 "나는 글을 읽을 줄 모릅니다" 하고 말할 것이다.

like a letter in a sealed envelope. If you give it to someone who can read and tell her, "Read this," she'll say, "I can't. The envelope is sealed." And if you give it to someone who can't read and tell him, "Read this," he'll say, "I can't read."

13-14 주께서 말씀하셨다.

"이 백성이 입바른 말을 거창하게 떠벌리지만,
그들의 마음은 딴 데 있다.
겉으로는 나를 경배하는 듯해도,
진심은 그렇지 않다.
그러므로 내가 나서서 그들을 놀라게 하겠다.
깜짝 놀라 소스라치게 만들겠다.
만사를 통달했다고 여긴 현자들이
알고 보니 바보였다는 사실이 폭로될 것이다.
모르는 것이 없다고 여긴 똑똑한 자들이
실은 아무것도 모른다는 사실이 드러날 것이다."

13-14 The Master said:

"These people make a big show of saying the right thing,
but their hearts aren't in it.
Because they act like they're worshiping me
but don't mean it,
I'm going to step in and shock them awake,
astonish them, stand them on their ears.
The wise ones who had it all figured out
will be exposed as fools.
The smart people who thought they knew everything
will turn out to know nothing."

15-16 너희에게 화가 있으리라! 스스로 우위에 있다고 여기는 너희,
너희는 하나님을 밖으로 내보내고 몰래 일을 꾸민다.
만사를 모두 꿰고 있는 것처럼 장래 일을 계획하고,
은밀하게 활동하며 정체를 숨긴다.
너희는 모든 일을 뒤집어서 생각한다!
옹기장이를 진흙 덩어리처럼 취급한다.
책이 저자를 두고
"그는 한 글자도 적지 않았다"고 말할 수 있느냐?
음식이 요리한 여인을 두고
"그 여자는 아무것도 하지 않았다"고 말할 수 있느냐?

15-16 Doom to you! You pretend to have the inside track.
You shut GOD out and work behind the scenes,
Plotting the future as if you knew everything,
acting mysterious, never showing your hand.
You have everything backward!
You treat the potter as a lump of clay.
Does a book say to its author,
"He didn't write a word of me"?
Does a meal say to the woman who cooked it,
"She had nothing to do with this"?

17-21 때가 되면, 너희가 모르는 사이에,
전혀 너희 힘을 빌리지 않고,
황무지였던 레바논이 울창한 동산으로 변모되며,
갈멜 산에 다시 숲이 우거질 것이다.
그때가 되면, 귀먹은 자들이
한 글자도 놓치지 않고 기록된 모든 말씀을 들을 수 있게 되리라.
평생을 암흑 속에서 보냈던 눈먼 자들이
눈을 떠서 보게 되리라.
사회에서 버림받은 자들이 하나님 안에서 웃고 춤추며,
밑바닥 인생이던 자들이 '이스라엘의 거룩하신 분'을

17-21 And then before you know it,
and without you having anything to do with it,
Wasted Lebanon will be transformed into lush gardens,
and Mount Carmel reforested.
At that time the deaf will hear
word-for-word what's been written.
After a lifetime in the dark,
the blind will see.
The castoffs of society will be laughing and dancing in GOD,

소리쳐 찬양하리라.
이제 거리에서 깡패들이 사라졌기 때문이다.
냉소와 조롱을 일삼던 자들도 멸종되리라.
기회만 있으면 사람을 해코지하고 우롱하던 자들,
이름조차 기억되지 않으리라.
법정을 더럽힌 자들,
가난한 이들에게 사기 친 자들,
죄 없는 이들에게 죄를 뒤집어씌운 자들, 모두 사라지리라.

22-24 이것은 야곱 가문을 향한 하나님의 메시지다.
아브라함을 속량하신 바로 그 하나님께서 말씀하신다.
"야곱이 수치 가운데 고개를 숙이고,
기다림에 지쳐 수척해지고 창백해지는 일은 더 이상 없을 것이다.
이제 그가 자손을 보게 될 것이기 때문이다.
내가 그에게 많은 자녀들을 선물로 줄 것이다.
그리고 그 자손들은,
거룩한 삶을 살면서 나를 높일 것이다.
거룩한 예배로 야곱의 거룩한 분을 높이고,
이스라엘의 하나님을 경외하며 섬길 것이다.
방황하던 자들이 다시 제정신을 차리고,
불평하고 투덜대던 자들이 감사를 배우게 될 것이다."

반역하는 자들에 대한 경고

30 1-5 "반역하는 자녀들아, 화가 있으리라!"
하나님의 포고다.
"너희가 세우는 계획, 나와 상관없다.
너희가 하는 거래, 내 뜻과 무관하다.
너희는 그저 죄에 죄를 더하며,
계속 높이 쌓아 갈 뿐이다.
내게는 묻지도 않고
이집트로 도망쳐 내려가서,
바로에게 보호를 요청할 생각을 한다.
이집트가 피난처가 되어 주리라 기대한다.
글쎄, 바로가 잘도 보호해 주겠구나!
이집트가 잘도 피난처가 되어 주겠구나!
북쪽으로 소안까지, 남쪽으로 하네스까지
전략적으로 관료들을 배치해 놓은 그들,
대단해 보이는 것이 사실이다.
그러나 사실 그들은 아무것도 아니다.
어리석게도 그들을 믿는 자,
결국 자신의 어리석음만 드러낼 뿐이다.

the down-and-outs shouting praise to The Holy of Israel.
For there'll be no more gangs on the street.
Cynical scoffers will be an extinct species.
Those who never missed a chance to hurt or demean
will never be heard of again:
Gone the people who corrupted the courts,
gone the people who cheated the poor,
gone the people who victimized the innocent.

22-24 And finally this, GOD's Message for the family of Jacob,
the same GOD who redeemed Abraham:
"No longer will Jacob hang his head in shame,
no longer grow gaunt and pale with waiting.
For he's going to see his children,
my personal gift to him – lots of children.
And these children will honor me
by living holy lives.
In holy worship they'll honor the Holy One of Jacob
and stand in holy awe of the God of Israel.
Those who got off-track will get back on-track,
and complainers and whiners learn gratitude."

All Show, No Substance

30 1-5 "Doom, rebel children!"
GOD's Decree.
"You make plans, but not mine.
You make deals, but not in my Spirit.
You pile sin on sin,
one sin on top of another,
Going off to Egypt
without so much as asking me,
Running off to Pharaoh for protection,
expecting to hide out in Egypt.
Well, some protection Pharaoh will be!
Some hideout, Egypt!
They look big and important, true,
with officials strategically established in
Zoan in the north and Hanes in the south,
but there's nothing to them.
Anyone stupid enough to trust them
will end up looking stupid –

그들은 겉만 번지르르하고 속은 텅 빈,
깡통일 뿐이다."

6-7 이집트로 내려가는 길에서 만나게 될
네겝의 짐승들에 대한 말씀이다.
사자와 독사가 도사리고 있는
위험천만한 길인데도,
너희는 그리로 가려고 한다. 너희 소유 전부를 질질 끌고서,
나귀와 낙타에 뇌물을 잔뜩 짊어지운 채.
아니, 빈 깡통에 불과한 나라에게서
무슨 보호를 구하겠다는 것이냐?
이집트는 겉은 번지르르하나 속은 텅 비었다.
나는 그녀를 '이빨 빠진 용'이라 부른다.

8-11 그러니, 이제 가서 이 사실을 전부 기록하여라.
책에 적어 두어
그것을 보고,
오는 세대들이 교훈을 얻게 하여라.
지금 이 세대는 반역자 세대,
거짓을 일삼는 백성이다.
하나님께서 하시는 말씀은 한 마디도
귀 기울여 듣지 않는다.
그들은 영적 지도자들에게 말한다.
"제발, 이제 현실과 동떨어진 이야기는 그만하시오."
그들은 설교자들에게 말한다.
"그런 실용성 없는 이야기는 집어치우세요. 다 시간 낭비일 뿐입니다.
기분 좋아지는 이야기나 해주시지요.
구식 종교 이야기는 따분하단 말입니다.
우리에게는 전혀 와 닿지 않으니.
'이스라엘의 거룩하신 분' 이야기는 이제 집어치우세요. 듣기 곤혹스럽네요."

12-14 그래서다. '이스라엘의 거룩하신 분'께서 말씀하신다.
"너희가 그처럼 이 메시지를 업신여기고
불의에 기댄 삶,
거짓에 기초한 삶을 선호한다면,
너희의 어그러진 삶은
부실공사로 높이 세운 벽과 같이
서서히 기울고 변형되다가,
어느 날 손쓸 겨를도 없이 무너져 내릴 것이다.
옹기그릇이 부서지듯 산산조각 나서,
알아볼 수도, 수리할 수도 없는 부스러기 더미가 되

All show, no substance,
an embarrassing farce."

6-7 And this note on the animals of the Negev
encountered on the road to Egypt:
A most dangerous, treacherous route,
menaced by lions and deadly snakes.
And you're going to lug all your stuff down *there*,
your donkeys and camels loaded down with bribes,
Thinking you can buy protection
from that hollow farce of a nation?
Egypt is all show, no substance.
My name for her is Toothless Dragon.

This Is a Rebel Generation

8-11 So, go now and write all this down.
Put it in a book
So that the record will be there
to instruct the coming generations,
Because this is a rebel generation,
a people who lie,
A people unwilling to listen
to anything GOD tells them.
They tell their spiritual leaders,
"Don't bother us with irrelevancies."
They tell their preachers,
"Don't waste our time on impracticalities.
Tell us what makes us feel better.
Don't bore us with obsolete religion.
That stuff means nothing to us.
Quit hounding us with The Holy of Israel."

12-14 Therefore, The Holy of Israel says this:
"Because you scorn this Message,
Preferring to live by injustice
and shape your lives on lies,
This perverse way of life
will be like a towering, badly built wall
That slowly, slowly tilts and shifts,
and then one day, without warning, collapses—
Smashed to bits like a piece of pottery,
smashed beyond recognition or repair,
Useless, a pile of debris

고 말 것이다.
아무짝에도 쓸모없어,
빗자루에 쓸려 쓰레기통에 던져질 것이다."

포기하지 않으시는 하나님

15-17 '이스라엘의 거룩하신 분', 주 하나님께서
엄숙히 조언하신다.
"구원을 얻고자 하면, 내게 돌아와야 한다.
자기 힘으로 구원을 도모하는 어리석은 노력을 그쳐야 한다.
너희 힘은, 잠잠히 자신을 가라앉히고
온전히 나를 의지하는 데 있다.
그러나 너희는 지금껏
그렇게 하기를 거부해 왔다.
너희는 말했다. '아무것도 하지 않겠습니다! 우리는 말을 타고 날래게 도망갈 겁니다!'
그래, 날래게 도망갈 것이다! 그리 멀리 가지는 못하겠지만!
너희는 말했다. '우리는 빠른 말을 타고 갈 겁니다!'
너희 생각에, 너희를 추격하는 자들은 늙은 말을 타고 올 것 같으냐?
아서라. 공격자 한 명 앞에서 너희 천 명이 뿔뿔이 흩어질 것이다.
적군 다섯 앞에서 너희 전부가 줄행랑을 놓을 것이다.
너희는 모든 것을 잃을 것이다.
언덕 위의, 깃발 잃은 깃대,
길가의, 표지가 찢겨 나간 표지판 같을 것이다."

18 그러나 하나님께서는 포기하지 않으셨다. 너희에게 은혜를 베푸시려고 기다리며 준비하고 계신다.
너희에게 자비를 보이시려고 힘을 비축하고 계신다.
때가 되면 하나님께서 전부를 바로잡으실 것이다.
그렇다, 전부를.
그분을 기다리며 준비하는 자들은 행운아들이다.

19-22 오, 그렇다. 시온의 백성들아, 예루살렘 시민
들아, 너희 눈물의 시간이 끝났다. 이제 도움을 구
하며 부르짖어라. 은혜를 얻을 것이다. 풍성히 얻
을 것이다. 그분께서 듣자마자 응답해 주실 것이
다. 고난의 시기에 너희를 지켜 주신 것처럼, 너의
스승을 지켜 주셔서 네 가운데 있게 하실 것이다.
너의 스승은 네 가까이서 본연의 일을 하여, 네가
좌로나 우로 치우칠 때 "옳은 길은 이쪽이다. 이 길
로 가라"고 말하며, 바로잡아 줄 것이다. 너는 값비

to be swept up and thrown in the trash."

God Takes the Time to Do Everything Right

15-17 GOD, the Master, The Holy of Israel,
has this solemn counsel:
"Your salvation requires you to turn back to me
and stop your silly efforts to save yourselves.
Your strength will come from settling down
in complete dependence on me—
The very thing
you've been unwilling to do.
You've said, 'Nothing doing! We'll rush off on horseback!'
You'll rush off, all right! Just not far enough!
You've said, 'We'll ride off on fast horses!'
Do you think your pursuers ride old nags?
Think again: A thousand of you will scatter before one attacker.
Before a mere five you'll all run off.
There'll be nothing left of you—
a flagpole on a hill with no flag,
a signpost on a roadside with the sign torn off."

18 But GOD's not finished. He's waiting around to be gracious to you.
He's gathering strength to show mercy to you.
GOD takes the time to do everything right—everything.
Those who wait around for him are the lucky ones.

19-22 Oh yes, people of Zion, citizens of Jerusa-
lem, your time of tears is over. Cry for help
and you'll find it's grace and more grace. The
moment he hears, he'll answer. Just as the
Master kept you alive during the hard times,
he'll keep your teacher alive and present among
you. Your teacher will be right there, local and
on the job, urging you on whenever you wander
left or right: "This is the right road. Walk down
this road." You'll scrap your expensive and
fashionable god-images. You'll throw them in
the trash as so much garbage, saying, "Good
riddance!"

싼 최신 우상들을 다 찢어발길 것이다. 전부 쓰레기
통에 처넣으며 "속 시원하다!" 하고 말할 것이다.
23-26 네가 씨를 뿌리면 하나님께서 비를 내려 주실
것이다. 너의 곡물은 왕성하게 자라고, 너의 가축 떼
는 들판을 뒤덮을 것이다. 전쟁과 지진은 잊혀진 과
거사가 될 것이요, 짐을 운반하고 땅을 가는 너의 소
와 나귀들은 산과 언덕에서 콸콸 쏟아지는 시내 옆에
서 배불리 꼴을 먹을 것이다. 더욱이, 그날 하나님께
서는 징벌의 시간에 그분의 백성이 받은 상처를 친히
치료해 주실 것이며, 달빛은 태양빛처럼 빛나고, 태
양빛은 일주일치 햇빛이 한꺼번에 쏟아지듯, 온 땅에
가득하리라.

27-28 보아라. 저 멀리
하나님께서 오고 계신다!
그분의 모습이 보인다.
불타는 진노로 어마어마한 연기를 내뿜으신다.
그분의 입에서 말씀이 흘러나온다.
태우고 고발하는 말씀이다!
급류와 홍수 같은 말씀으로,
그분이 모든 사람을 말씀의 소용돌이 속으로 휩쓸어
가신다.
파멸의 체로 민족들을 흔드시고,
막다른 골목으로 그들을 몰고 가실 것이다.

29-33 그러나 너희는 노래하리라.
밤새 거룩한 축제일을 지키며 노래하리라!
너희 마음속에서 노래가 터져 나오리라.
하나님의 산으로 향할 때,
'이스라엘의 반석'께 행진하며 나아갈 때 부는
피리소리 같은 음악이 흘러나오리라.
하나님께서 장엄한 천둥으로 외치시고,
내리치시는 팔을 나타내 보이시리라.
불같은 진노의 화염이 소나기처럼 쏟아지리라.
홍수가, 폭풍이, 우박이 있으리라!
그렇다. 하나님의 천둥, 그 곤봉을 맞고
앗시리아가 몸을 움츠릴 것이다.
하나님께서 소고와 수금소리에 맞추어,
곤봉을 내리치실 것이다.
두 주먹을 불끈 쥐시고
그들과 전면전을 벌이실 것이다.
도벳의 맹렬한 불,
앗시리아 왕을 위해 준비된 불이다,
도벳의 널따랗고 깊은 화로,

23-26 God will provide rain for the seeds you
sow. The grain that grows will be abundant.
Your cattle will range far and wide. Oblivious
to war and earthquake, the oxen and donkeys
you use for hauling and plowing will be fed
well near running brooks that flow freely from
mountains and hills. Better yet, on the Day
GOD heals his people of the wounds and bruis-
es from the time of punishment, moonlight
will flare into sunlight, and sunlight, like a
whole week of sunshine at once, will flood the
land.

27-28 Look, GOD's on his way,
and from a long way off!
Smoking with anger,
immense as he comes into view,
Words steaming from his mouth,
searing, indicting words!
A torrent of words, a flash flood of words
sweeping everyone into the vortex of his words.
He'll shake down the nations in a sieve of destruction,
herd them into a dead end.

29-33 But *you* will sing,
sing through an all-night holy feast!
Your hearts will burst with song,
make music like the sound of flutes on parade,
En route to the mountain of GOD,
on the way to the Rock of Israel.
GOD will sound out in grandiose thunder,
display his hammering arm,
Furiously angry, showering sparks—
cloudburst, storm, hail!
Oh yes, at GOD's thunder
Assyria will cower under the clubbing.
Every blow GOD lands on them with his club
is in time to the music of drums and pipes,
GOD in all-out, two-fisted battle,
fighting against them.
Topheth's fierce fires are well prepared,

잘 타는 땔감들로 빼곡히 채워져 있다.
하나님이 내쉬는 숨이, 마치 유황불 강처럼 흘러 들어가,
불을 붙인다.

31 1-3 군마의 힘을 믿고
병력 수를 의지하고
전차와 기병 수에 자신만만하여,
이집트로 내달리는 자들에게 화가 있으리라.
그들은 '이스라엘의 거룩하신 분'에게 눈길 한번 주지 않는다.
하나님께 기도 한번 하지 않는다.
그러나 그분은, 절대 무시해서는 안될 분,
무엇을 해야 할지를 잘 아시는, 한없이 지혜로우신 하나님이다.
그분은 재앙을 자유자재로 내리시고,
말씀하신 바를 행하시는 하나님이다.
잘못을 행하는 자들을 막으시고,
당신의 일을 방해하는 행악자들을 치시는 분이다.
이집트 사람들은 죽을 인생들일 뿐, 하나님이 아니다.
그들의 군마는 고깃덩어리일 뿐, 영이 아니다.
하나님께서 신호를 내리시면, 돕는 자나 도움을 받는 자나
매한가지로 땅에 쓰러져 흙으로 덮일 뿐이다.

4-5 하나님께서 내게 이렇게 말씀하셨다.

"먹이를 잡아 물어뜯고 있는 사자,
목자들이 몰려와 쫓아내려고 해도
조금도 당황하지 않는
그 짐승의 왕처럼,
그렇게 만군의 하나님이 내려와
시온 산에서 싸움을, 그 언덕에서 전쟁을 벌일 것이다.
공중을 맴도는 거대한 독수리처럼,
만군의 하나님이 예루살렘을 보호해 줄 것이다.
내가 보호하고 건져 줄 것이다.
그렇다. 내가 맴돌아 감싸고 구해 줄 것이다."

6-7 사랑하는 이스라엘아, 회개하여라. 너희가 무참하게 버린 분께 다시 돌아오너라. 너희가 돌아오는 날, 너희 죄악된 손이 금속과 나무로 만든 우상들을 모조리 내던져 버릴 것이다. 한 사람도 빠

ready for the Assyrian king.
The Topheth furnace is deep and wide,
well stoked with hot-burning wood.
GOD's breath, like a river of burning pitch,
starts the fire.

Impressed by Military Mathematics

31 1-3 Doom to those who go off to Egypt
thinking that horses can help them,
Impressed by military mathematics,
awed by sheer numbers of chariots and riders–
And to The Holy of Israel, not even a glance,
not so much as a prayer to GOD.
Still, he must be reckoned with,
a most wise God who knows what he's doing.
He can call down catastrophe.
He's a God who does what he says.
He intervenes in the work of those who do wrong,
stands up against interfering evildoers.
Egyptians are mortal, not God,
and their horses are flesh, not Spirit.
When GOD gives the signal, helpers and helped alike
will fall in a heap and share the same dirt grave.

4-5 This is what GOD told me:

"Like a lion, king of the beasts,
that gnaws and chews and worries its prey,
Not fazed in the least by a bunch of shepherds
who arrive to chase it off,
So GOD-of-the-Angel-Armies comes down
to fight on Mount Zion, to make war from its heights.
And like a huge eagle hovering in the sky,
GOD-of-the-Angel-Armies protects Jerusalem.
I'll protect and rescue it.
Yes, I'll hover and deliver."

6-7 Repent, return, dear Israel, to the One you so cruelly abandoned. On the day you return, you'll throw away–every last one of you–the no-gods your sinful hands made from metal and wood.

짐없이 그러하리라.

8-9 "앗시리아 사람들이, 쓰러져 죽을 것이다.
칼에 찔려 죽겠지만, 병사가 찌르는 칼이 아니다.
칼을 맞아 쓰러지겠지만, 죽을 인생이 휘두르는 칼이 아니다.
앗시리아 사람들이 그 칼을 피해 도망치고,
그 장정들은 종이 될 것이다.
바위처럼 강했던 백성이 공포에 질려 산산조각 나고,
지도자들도 미친 듯이 도망쳐 뿔뿔이 흩어질 것이다."
앗시리아에 대한 하나님의 포고다.
그분의 불이 시온에서 타오르며,
그분의 화로가 예루살렘에서 뜨겁게 달아오른다.

의로운 통치를 펼치실 왕

32 1-8 그러나 보아라! 한 왕이 의로운 통치를 펼치고,
그의 신하들이 정의를 수행하리라.
한 사람 한 사람 모두, 거센 바람을 막아 주는 피난처,
폭풍우를 피할 은신처가 되어 줄 것이다.
한 사람 한 사람 모두, 바싹 마른 땅을 적셔 주는 시원한 물줄기,
사막에서 그늘을 드리우는 커다란 바윗돌이 될 것이다.
눈을 드는 자 누구나 보게 되고,
귀를 기울이는 자 누구나 듣게 되리라.
충동적이던 자들이 바른 판단을 내리고,
혀가 굳었던 자들이 유창한 언변을 구사하게 되리라.
더 이상 어리석은 자가 유명인사가 되는 일은 없으며,
간교한 자가 명성을 얻는 일도 없을 것이다.
해코지하는 일에 아무리 뛰어나도,
그는 어리석은 자일 뿐이다.
많은 이들의 인생을 망치고
하나님에 대해 거짓말을 늘어놓는 그들,
집 없이 굶주린 이들에게 등을 돌리고
거리에서 목말라 죽어 가는 이들을 외면한다.
간교한 자요, 음험한 도둑이다.
죄와 부끄러운 짓에 재간이 있는 그들,
사기와 거짓말로 가난한 이들을 착취하고
짓밟힌 가난한 이들의 호소를 외면한다.
그러나 고귀한 이들은 고귀한 계획을 세우며,
고귀한 일을 위해 일어선다.

8-9 "Assyrians will fall dead,
killed by a sword-thrust but not by a soldier,
laid low by a sword not swung by a mortal.
Assyrians will run from that sword, run for their lives,
and their prize young men made slaves.
Terrorized, that rock-solid people will fall to pieces,
their leaders scatter hysterically."
GOD's Decree on Assyria.
His fire blazes in Zion,
his furnace burns hot in Jerusalem.

Safe Houses, Quiet Gardens

32 1-8 But look! A king will rule in the right way,
and his leaders will carry out justice.
Each one will stand as a shelter from high winds,
provide safe cover in stormy weather.
Each will be cool running water in parched land,
a huge granite outcrop giving shade in the desert.
Anyone who looks will see,
anyone who listens will hear.
The impulsive will make sound decisions,
the tongue-tied will speak with eloquence.
No more will fools become celebrities,
nor crooks be rewarded with fame.
For fools are fools and that's that,
thinking up new ways to do mischief.
They leave a wake of wrecked lives
and lies about GOD,
Turning their backs on the homeless hungry,
ignoring those dying of thirst in the streets.
And the crooks? Underhanded sneaks they are,
inventive in sin and scandal,
Exploiting the poor with scams and lies,
unmoved by the victimized poor.
But those who are noble make noble plans,
and stand for what is noble.

9-14 Take your stand, indolent women!
Listen to me!
Indulgent, indolent women,

9-14 나태한 여인들아, 일어나라!
내 말에 귀 기울여라!
나태하기 짝이 없는 여인들아,
이제부터 내가 하는 말을 귀담아들어라.
앞으로 일 년이 조금 지나면,
더 이상 나태하게 지낼 수 없는 날이 닥칠 것이다.
포도농사가 망하고,
나무에 열매가 맺히지 않을 것이다.
너희 나태한 여인들아, 몸을 떨어라.
너희 철없는 여인들아, 사태의 심각성을 깨달아라!
너희 비싼 옷과 장신구들을 다 벗어 던져라.
상복을 꺼내 입어라.
망한 밭농사와 포도농사를 보며
정직한 눈물을 흘려라.
엉겅퀴와 가시덤불밖에 자라지 않는
내 백성의 동산과 농장들을 보며, 눈물을 흘려라.
울어라. 진정으로 울어라. 행복했던 가정들이 더는 행복하지 않고,
즐거웠던 성읍들이 더는 즐겁지 않으리라.
왕궁은 폐가가 되고,
붐비던 성읍은 무덤처럼 고요하며,
들짐승들이
텅 빈 동산과 공원들을 차지해,
제집처럼 뛰어다닌다.

15-20 그렇다, 눈물을 흘리며 슬피 울어라.
위로부터 그 영이 우리에게 부어져,
황무하던 곳이 비옥해지고
비옥한 땅이 숲이 될 때까지, 슬피 울어라.
황무하던 곳에 정의가 들어와 살고,
비옥해진 땅에 의가 머물며 살 것이다.
의가 있는 곳에 평화가 있고,
의가 맺는 열매는 평온한 삶과 다함없는 신뢰다.
나의 백성은 안전한 집과 평온한 동산에서
평화롭게 살 것이다.
너희가 자랑하던 숲은 다 베어질 것이고,
너희 힘을 과시하던 도성은 초토화될 것이다.
그러나 너희는 물이 넉넉한 밭과 동산을 일구고,
가축들을 자유롭게 풀어 기르며,
복된 삶을 누릴 것이다.

고통 중에 도움을 구하는 기도

33 1 파괴당한 적 없는 파괴자여,
네게 화가 있으리라.
배반당한 적 없는 배반자여,

listen closely to what I have to say.
In just a little over a year from now,
you'll be shaken out of your lazy lives.
The grape harvest will fail,
and there'll be no fruit on the trees.
Oh tremble, you indolent women.
Get serious, you pampered dolls!
Strip down and discard your silk fineries.
Put on funeral clothes.
Shed honest tears for the lost harvest,
the failed vintage.
Weep for my people's gardens and farms
that grow nothing but thistles and thorn-bushes.
Cry tears, real tears, for the happy homes no longer happy,
the merry city no longer merry.
The royal palace is deserted,
the bustling city quiet as a morgue,
The emptied parks and playgrounds
taken over by wild animals,
delighted with their new home.

15-20 Yes, weep and grieve until the Spirit is poured
down on us from above
And the badlands desert grows crops
and the fertile fields become forests.
Justice will move into the badlands desert.
Right will build a home in the fertile field.
And where there's Right, there'll be Peace
and the progeny of Right: quiet lives and endless trust.
My people will live in a peaceful neighborhood–
in safe houses, in quiet gardens.
The forest of your pride will be clear-cut,
the city showing off your power leveled.
But you will enjoy a blessed life,
planting well-watered fields and gardens,
with your farm animals grazing freely.

The Ground Under Our Feet Mourns

33 1 Doom to you, Destroyer,
not yet destroyed;

네게 화가 있으리라.
너의 파괴하는 일이 끝나면,
네 차례가 될 것이다. 네가 파괴당할 것이다!
너의 배반하는 일이 끝나면,
네 차례가 될 것이다. 네가 배반당할 것이다!

2-4 하나님, 우리를 자애롭게 대해 주십시오. 주님은 우리의 유일한 희망이십니다.
아침이 되면 가장 먼저, 우리를 위해 오십시오!
어려움이 닥치면, 곧장 우리를 도와주십시오!
주께서 천둥 속에서 말씀하시자, 모두가 달아났습니다.
주께서 모습을 나타내시자, 민족들이 흩어졌습니다.
주의 백성이 기분전환을 위해 밖으로 나갔다가,
적들이 두고 간 물품을 거둬들이니 들판이 말끔해집니다.

5-6 하나님께서 더없이 높임을 받으셨다. 그분의 처소가 든든히 섰다.
시온에 정의와 의가 차고 넘친다.
하나님께서 너의 시대를 안정되고 견고하게 지키신다.
구원과 지혜와 지식이 흘러넘친다.
시온의 가장 귀중한 보배는, 바로 '하나님을 경외하는 것'이다.

7-9 그러나 보아라! 들어라!
억센 남자들이 대놓고 운다.
협상을 벌이던 외교관들이 비통의 눈물을 흘린다.
도로가 텅 비었다.
거리에 다니는 사람 하나 없다.
평화조약이 깨어지고,
그 규정들이 무시되고,
거기에 서명한 자들은 욕설을 듣는다.
우리가 발 딛고 선 땅이 애곡하며,
레바논의 산들이 고개를 숙인다.
꽃이 만발하던 샤론이 잡초로 뒤덮인 도랑이 되었다.
바산과 갈멜의 숲에는 잎이 모조리 떨어진 가지뿐이다.

10-12 "이제 내가 나설 것이다." 하나님께서 말씀하신다.
"지금부터는 내가 맡을 것이다.
내가 링에 올랐다. 내 주먹맛을 보아라.
너희에게는 아무것도 없다.
겨를 잉태하여 지푸라기를 낳을 뿐이다.
허풍으로 배불리다가 자멸할 뿐이다.

And doom to you, Betrayer,
not yet betrayed.
When you finish destroying,
your turn will come–destroyed!
When you quit betraying,
your turn will come–betrayed!

2-4 GOD, treat us kindly. You're our only hope.
First thing in the morning, be there for us!
When things go bad, help us out!
You spoke in thunder and everyone ran.
You showed up and nations scattered.
Your people, for a change, got in on the loot,
picking the field clean of the enemy spoils.

5-6 GOD is supremely esteemed. His center holds.
Zion brims over with all that is just and right.
GOD keeps your days stable and secure–
salvation, wisdom, and knowledge in surplus,
and best of all, Zion's treasure, Fear-of-GOD.

7-9 But look! Listen!
Tough men weep openly.
Peacemaking diplomats are in bitter tears.
The roads are empty–
not a soul out on the streets.
The peace treaty is broken,
its conditions violated,
its signers reviled.
The very ground under our feet mourns,
the Lebanon mountains hang their heads,
Flowering Sharon is a weed-choked gully,
and the forests of Bashan and Carmel? Bare branches.

10-12 "Now I'm stepping in," GOD says.
"From now on, I'm taking over.
The gloves come off. Now see how mighty I am.
There's nothing to you.
Pregnant with chaff, you produce straw babies;
full of hot air, you self-destruct.
You're good for nothing but fertilizer and fuel.

너희는 비료나 연료로밖에는 아무짝에도 쓸모없다.
흙이니 흙으로 돌아갈 뿐, 그 시기는 빠를수록 좋다.

13-14 먼 곳에 살고 있다면,
내가 한 일을 전해 들어라.
가까이 살고 있다면,
내가 한 일을 주목해 보아라.
시온의 죄인들이 겁에 질려 있다. 당연하다.
사악한 자들, 어찌할 바를 몰라 허둥댄다.
'누가 이 불폭풍에서 살아남을 수 있으랴?
누가 이 대숙청을 모면할 수 있으랴?' 하고 묻는다."

15-16 답은 간단하다.
의롭게 살면서
진실을 말하며,
사람을 착취하는 일을 혐오하고
뇌물을 거절하여라.
폭력을 거부하고
악한 유흥을 피하여라.
이것이 너의 삶의 질을 높이는 길이다!
안전하고 안정된 삶을 사는 길,
넉넉하고 만족스러운 삶을 사는 길이다.

결정권자는 하나님이시다

17-19 오, 네가 왕을 뵙게 되리라. 그 장엄한 모습을 보게 되리라!
드넓은 영토를 조망하리라.
마음속으로 옛적 두려움을 떠올리며 말하리라.
"우리에게 형을 선고하고 재산을 몰수하던
그 앗시리아 조사관은 지금 어떻게 되었지?
우리에게 세금을 부과하던 그 자는?
그 사기꾼 환전상은 어떻게 되었지?"
사라졌다! 눈앞에서 영원히! 그들의 오만,
이제 바닥에 남은 빛바랜 오물자국일 뿐이다!
이제 더 이상 알 수 없는 외국어를 들으며 살 필요가 없다.
알 수 없는 소리를 더 이상 들을 필요가 없다.

20-22 시온만 바라보면 된다. 보겠느냐?
예배가 축제로 변하는 그곳!
예루살렘으로 너의 눈을 호강시켜 주어라.
평온하고 영원한 거처,
더는 말뚝을 옮기며 다닐 필요가 없고,
더는 헝겊을 기워 만든 천막에서 살 필요가 없다.
장엄하신 하나님께서 친히,

Earth to earth – and the sooner the better.

13-14 "If you're far away,
get the reports on what I've done,
And if you're in the neighborhood,
pay attention to my record.
The sinners in Zion are rightly terrified;
the godless are at their wit's end:
'Who among us can survive this firestorm?
Who of us can get out of this purge with our lives?'"

15-16 The answer's simple:
Live right,
speak the truth,
despise exploitation,
refuse bribes,
reject violence,
avoid evil amusements.
This is how you raise your standard of living!
A safe and stable way to live.
A nourishing, satisfying way to live.

God Makes All the Decisions Here

17-19 Oh, you'll see the king – a beautiful sight!
And you'll take in the wide vistas of land.
In your mind you'll go over the old terrors:
"What happened to that Assyrian inspector
who condemned and confiscated?
And the one who gouged us of taxes?
And that cheating moneychanger?"
Gone! Out of sight forever! Their insolence
nothing now but a fading stain on the carpet!
No more putting up with a language you can't understand,
no more sounds of gibberish in your ears.

20-22 Just take a look at Zion, will you?
Centering our worship in festival feasts!
Feast your eyes on Jerusalem,
a quiet and permanent place to live.
No more pulling up stakes and moving on,
no more patched-together lean-tos.
Instead, GOD! GOD majestic, God himself the place

우리의 처소가 되어 주신다.
넓은 강과 시내가 흐르는 그 나라,
침입하는 배와 약탈하는 해적을 강이 막아 준다.
그 나라에서는 하나님이 결정권자이시고, 하나님이
우리의 왕이시기 때문이다.
하나님이 다스리시며 우리를 안전히 지켜 주신다.

23 아! 너의 돛들이 갈기갈기 찢기고
돛대는 흔들거리며,
선착장에서는 물이 샌다.
전리품은 누구든 마음껏 가져간다. 누구나 자유롭게.
힘이 약한 자도 힘이 센 자도, 내부인도 외부인도.

24 시온에서는 누구도 "아프다"고 말할 자 없으리라.
무엇보다도, 그들은 모두 죄를 용서받고 살 것이다.

민족들에 대한 심판

34 1 민족들아, 가까이 다가오너라.
백성들아, 잘 들어라. 주목하여라!
땅아, 너도 들어라. 네 안에 있는 모든 것도 함께.
세상아, 너도 들어라. 네게서 나는 모든 것도 함께.

2-4 이유는 이렇다. 하나님께서 노하셨다.
모든 민족에게 진노하셨다.
그들의 무기와 군대에 불같이 노하셔서,
이제 그들을 땅에서 쓸어 없애 버리실 참이다.
산처럼 쌓인 시체들은
한여름 도시 쓰레기 더미처럼 썩은내를 풍기고,
산에서 흘러 내려오는 그들의 피가
봄날 눈 녹은 물처럼 시내를 이룬다.
너무 익어 떨어져 썩은 과일처럼,
별들이 하늘에서 떨어진다.
하늘이 담요처럼 둘둘 말려
벽장에 처박힌다.
별들의 군대가 모두 오그라져,
가을날 잎과 열매처럼 땅에 떨어져 썩는다!

5-7 "땅과 하늘에 대한 일을 마치고 나면,
나는 에돔을 손볼 것이다.
에돔, 내가 완전히 멸망시키기로 작정한 그 민족을
짓누를 것이다."
하나님의 칼이 피에 주렸다.
살찐 고깃덩어리에,
어린양과 염소 피에,
숫양의 기름진 콩팥에 주렸다.

in a country of broad rivers and streams,
But rivers blocked to invading ships,
off-limits to predatory pirates.
For GOD makes all the decisions here. GOD is our king.
GOD runs this place and he'll keep us safe.

23 Ha! Your sails are in shreds,
your mast wobbling,
your hold leaking.
The plunder is free for the taking, free for all–
for weak and strong, insiders and outsiders.

24 No one in Zion will say, "I'm sick."
Best of all, they'll all live guilt-free.

The Fires Burning Day and Night

34 1 Draw in close now, nations. Listen carefully,
you people. Pay attention!
Earth, you, too, and everything in you.
World, and all that comes from you.

2-4 And here's why: GOD is angry,
good and angry with all the nations,
So blazingly angry at their arms and armies
that he's going to rid earth of them, wipe them out.
The corpses, thrown in a heap,
will stink like the town dump in midsummer,
Their blood flowing off the mountains
like creeks in spring runoff.
Stars will fall out of the sky
like overripe, rotting fruit in the orchard,
And the sky itself will be folded up like a blanket
and put away in a closet.
All that army of stars, shriveled to nothing,
like leaves and fruit in autumn, dropping and rotting!

5-7 "Once I've finished with earth and sky,
I'll start in on Edom.
I'll come down hard on Edom,
a people I've slated for total termination."
GOD has a sword, thirsty for blood and more

그렇다. 하나님께서 수도 보스라에서, 희생 제사
를 벌이기로 작정하셨다.
에돔 전 지역을 도살장으로 만드실 것이다.
대대적인 도살이다. 들짐승도
가축도 매한가지로 도살된다.
나라 전체가 피에 절여지고,
온 땅에 기름이 흐를 것이다.

8-15 이는 하나님께서 정하신 보복의 때,
시온의 원한을 갚아 주시는 해다.
에돔의 강은 오염물질로 뒤덮여 제대로 흐르지
못할 것이요,
땅도 폐기물의 독이 쌓여 척박해지리라.
나라 전체가
연기와 냄새가 진동하는 쓰레기 더미가 될 것이다.
불이 밤낮으로 타오르고,
그 끝없는 연기로 하늘마저 검게 변할 것이다.
여러 세대가 지나도 여전히 황폐한 곳으로 남을
것이다.
더는 그 나라를 여행할 사람이 없으리라!
독수리와 스컹크들이 휘젓고 다니고,
부엉이와 까마귀들이 거기에 거처를 잡을 것
이다.
하나님께서 그 지으신 것들을 뒤집으시니, '혼돈'
으로 되돌아가리라!
그분이 다산의 복을 거두시리니, '공허'로 되돌아
가리라!
백성을 이끌 지도자 하나 없으리라.
그래서 '나라 아닌 곳'이라 불릴 것이다.
왕과 제후들이 할 일 하나 없는
그런 나라가 될 것이다.
엉겅퀴가 득세하여 성들을 뒤덮을 것이며,
잡초와 가시덤불이 숲을 장악할 것이다.
들개들이 그 폐허를 배회하고,
타조들이 그곳을 주름잡을 것이다.
들고양이와 하이에나들이 함께 어울려 사냥하고,
귀신과 마귀들이 밤새 춤판을 벌일 것이다.
사악하고 게걸스런 밤귀신 릴리스가,
거기 자리 잡고 살 것이다.
썩은 고기를 뜯어 먹는 새들이 새끼를 치는 곳,
불길한 악이 횡행하는 곳이 될 것이다.

16-17 하나님의 책을 구해 읽어 보아라.
새끼 치는 이 악은,
그 어느 것 하나 그냥 사라지지 않는다.

blood,
a sword hungry for well-fed flesh,
Lamb and goat blood,
the suet-rich kidneys of rams.
Yes, GOD has scheduled a sacrifice in Bozrah, the
capital,
the whole country of Edom a slaughterhouse.
A wholesale slaughter, wild animals
and farm animals alike slaughtered.
The whole country soaked with blood,
all the ground greasy with fat.

8-15 It's GOD's scheduled time for vengeance,
the year all Zion's accounts are settled.
Edom's streams will flow sluggish, thick with
pollution,
the soil sterile, poisoned with waste,
The whole country
a smoking, stinking garbage dump–
The fires burning day and night,
the skies black with endless smoke.
Generation after generation of wasteland–
no more travelers through this country!
Vultures and skunks will police the streets;
owls and crows will feel at home there.
God will reverse creation. Chaos!
He will cancel fertility. Emptiness!
Leaders will have no one to lead.
They'll name it No Kingdom There,
A country where all kings
and princes are unemployed.
Thistles will take over, covering the castles,
fortresses conquered by weeds and thornbushes.
Wild dogs will prowl the ruins,
ostriches have the run of the place.
Wildcats and hyenas will hunt together,
demons and devils dance through the night.
The night-demon Lilith, evil and rapacious,
will establish permanent quarters.
Scavenging carrion birds will breed and brood,
infestations of ominous evil.

16-17 Get and read GOD's book:
None of this is going away,
this breeding, brooding evil.

그 모두는 하나님께서 친히 명령하신 바다.
그분의 영이 그것을 움직여 활동하게 하셨다.
하나님께서 그들이 있을 곳을 지정하시고,
그들의 운명을 세세히 정해 주셨다.
이는 영원히 지속될 일이다.
세대가 지나고 또 지나도, 계속 반복될 일이다.

거룩한 길

35 1-2 광야와 사막이 즐거이 노래하고,
불모였던 땅이 기뻐하며 꽃을 피우리라.
봄꽃이 만발하는 듯하니,
노래와 빛깔의 합주로다.
레바논의 걸출한 영광,
눈부신 갈멜, 황홀한 샤론을 선물로 주셨도다.
찬란하게 빛나는 하나님의 영광,
눈부신 위엄과 장엄이 충만하게 나타나는도다.

3-4 맥 풀린 손에 힘을 불어넣고,
약해진 무릎에 힘을 돋우어라.
두려워하는 자들에게 전하여라.
"용기를 가져라! 기운을 내라!
하나님께서 오고 계신다.
모든 것을 바로 세우시려고,
모든 잘못된 것을 바로잡으시려고, 여기로 오고 계신다.
그분께서 오고 계신다! 너희를 구원하시려!"

5-7 보지 못하던 눈이 열리고,
듣지 못하던 귀가 들을 것이다.
절던 자들이 사슴처럼 뛰고,
목소리 잃었던 자들이 소리 높여 노래할 것이다.
광야에 샘물이 터지고,
사막에 시냇물이 흐를 것이다.
뜨거운 모래밭이 시원한 오아시스로 변하고,
바싹 말랐던 땅에 물이 흘러넘칠 것이다.
비천한 승냥이도 마음껏 물을 마시고,
불모였던 땅에 초목이 무성해질 것이다.

8-10 큰길이 열릴 것이다.
야만스러운 자, 반역하는 자는
'거룩한 길'이라 불리는
그 길에 들어가지 못한다.
오직 하나님의 백성을 위한 길,
바보라도 길 잃어버릴 염려 없고

GOD has personally commanded it all.
His Spirit set it in motion.
GOD has assigned them their place,
decreed their fate in detail.
This is permanent—
generation after generation, the same old thing.

The Voiceless Break into Song

35 1-2 Wilderness and desert will sing joyously,
the badlands will celebrate and flower—
Like the crocus in spring, bursting into blossom,
a symphony of song and color.
Mountain glories of Lebanon—a gift.
Awesome Carmel, stunning Sharon—gifts.
GOD's resplendent glory, fully on display.
GOD awesome, GOD majestic.

3-4 Energize the limp hands,
strengthen the rubbery knees.
Tell fearful souls,
"Courage! Take heart!
GOD is here, right here,
on his way to put things right
And redress all wrongs.
He's on his way! He'll save you!"

5-7 Blind eyes will be opened,
deaf ears unstopped,
Lame men and women will leap like deer,
the voiceless break into song.
Springs of water will burst out in the wilderness,
streams flow in the desert.
Hot sands will become a cool oasis,
thirsty ground a splashing fountain.
Even lowly jackals will have water to drink,
and barren grasslands flourish richly.

8-10 There will be a highway
called the Holy Road.
No one rude or rebellious
is permitted on this road.
It's for GOD's people exclusively—
impossible to get lost on this road.
Not even fools can get lost on it.

사자나 위험한 들짐승이 없으며,
어떤 위험이나 위협도 없는 길.
오직 속량받은 사람만이 그 길을 걷게 되리라.
하나님께서 몸값을 치러 주신 백성,
그 길을 걸어 돌아올 것이다.
사라지지 않는 후광, 그 기쁨을 두르고서
노래하며 시온으로 돌아올 것이다.
고향은 기쁨과 즐거움을 선사하며 그들을 환영하고,
모든 슬픔과 한숨은 뒷걸음쳐 사라질 것이다.

산헤립이 예루살렘을 공격하다

36 1-3 히스기야 왕 십사년에, 앗시리아 왕 산헤립이 유다의 모든 요새 성읍을 공격하여 점령했다. 앗시리아 왕은 랍사게라 불리는 부하 장군에게 큰 군대를 주고, 라기스에서 예루살렘의 히스기야 왕에게 보냈다. 그 장군은 공중 빨래터로 가는 길가 윗저수지 수로까지 와서 걸음을 멈추었다. 그를 맞으러 세 사람이 나왔는데, 그들은 왕궁을 책임지고 있는 힐기야의 아들 엘리아김과 서기관 셉나와 궁중 사관 아삽의 아들 요아였다.
4-7 랍사게가 그들에게 말했다. "히스기야에게 가서 위대한 앗시리아 왕의 말씀을 전하여라. '너는 대체 뭘 믿고 나와 맞서는 것이냐? 너의 행동은 허세일 뿐이다. 고작 말 몇 마디로 내 무기를 상대하겠다는 것이냐? 대체 뭘 믿고 나에게 맞서 반항하느냐? 이집트를 믿는 것이냐? 웃기지 마라. 이집트는 고무지팡이다. 이집트에 기대어 보아라. 앞으로 푹 고꾸라지고 말 것이다. 이집트 왕 바로에게 기대는 자는 다 그렇게 될 것이다. 혹 "우리는 우리 하나님을 의지한다"고 말할 참이라면, 너무 늦지 않았느냐? 히스기야는 "누구나 이 제단에서만 예배해야 한다"며 다른 예배처들을 모조리 없애 버리지 않았더냐?'
8-9 이치에 맞게 생각해라. 현실을 직시하여라. 내 주인, 앗시리아 왕께서 네게 말 이천 마리를 내주신다 한들, 네게 그 말들에 태울 기병이나 있느냐? 없지 않느냐! 형편없는 이집트 전차와 *기병들이나 의지하는 네가, 내 주인의 최하급* 지휘관인들 상대할 수 있을 것 같으냐?
10 게다가, 너희는 내가 하나님의 축복도 없이 이 땅을 멸하러 이렇게 먼 길을 왔으리라 생각하느냐? 다름 아닌 너희 하나님께서 내게 이

No lions on this road,
no dangerous wild animals –
Nothing and no one dangerous or threatening.
Only the redeemed will walk on it.
The people GOD has ransomed
will come back on this road.
They'll sing as they make their way home to Zion,
unfading halos of joy encircling their heads,
Welcomed home with gifts of joy and gladness
as all sorrows and sighs scurry into the night.

It's Their Fate That's at Stake

36 1-3 In the fourteenth year of King Hezekiah, Sennacherib king of Assyria made war on all the fortress cities of Judah and took them. Then the king of Assyria sent his general, the "Rabshekah," accompanied by a huge army, from Lachish to Jerusalem to King Hezekiah. The general stopped at the aqueduct where it empties into the upper pool on the road to the public laundry. Three men went out to meet him: Eliakim son of Hilkiah, in charge of the palace; Shebna the secretary; and Joah son of Asaph, the official historian.
4-7 The Rabshekah said to them, "Tell Hezekiah that the Great King, the king of Assyria, says this: 'What kind of backing do you think you have against me? You're bluffing and I'm calling your bluff. Your words are no match for my weapons. What kind of backup do you have now that you've rebelled against me? Egypt? Don't make me laugh. Egypt is a rubber crutch. Lean on Egypt and you'll end up flat on your face. That's all Pharaoh king of Egypt is to anyone who leans on him. And if you try to tell me, "We're leaning on our GOD," isn't it a bit late? Hasn't Hezekiah just gotten rid of all the places of worship, telling you, "You've got to worship at *this* altar"?
8-9 "'Be reasonable. Face the facts: My master the king of Assyria will give you two thousand horses if you can put riders on them. You can't do it, can you? So how do you think, depending on flimsy Egypt's chariots and riders, you can stand up against even the lowest-ranking captain in my master's army?
10 "'And besides, do you think I came all this way to

땅과 전쟁을 벌여 멸하라고 말씀하셨다."

11 엘리아김과 셉나와 요아가 랍사게에게 대답했다. "우리가 아람 말을 알아들으니, 제발 아람 말로 말씀해 주십시오. 말소리가 들릴 만큼 가까운 곳까지 백성이 나와서 듣고 있으니, 히브리 말로 말하지 말아 주십시오."

12 그러자 랍사게가 대답했다. "내 주인께서 너희 주인과 너희에게만 이 메시지를 전하라고 나를 보냈다고 생각하느냐? 지금 목숨이 위태로운 쪽은 바로 저들이다. 머지않아 자기 똥을 먹고 자기 오줌을 마시게 될 저들 말이다."

13-15 그러더니 랍사게가 일어나, 모두가 알아들을 수 있는 히브리 말로 크게 외쳐 말했다. "위대한 앗시리아 왕의 메시지를 들어라! 히스기야의 거짓말을 듣지 마라. 그는 '하나님께서 우리를 구원하실 것이다. 그분을 의지하여라. 하나님께서는 결코 앗시리아 왕이 이 성읍을 멸하도록 놔두시지 않을 것이다'라고 설교조로 말하지만, 그의 말에 귀 기울이지 마라. 그는 너희를 구원할 수 없다.

16-20 히스기야의 말을 듣지 말고 앗시리아 왕의 제안을 들어라. '나와 평화조약을 맺자. 와서 내 편이 되어라. 그러면 너희 모두 넓은 땅과 풍부한 물을 제공받고 잘살게 될 것이다. 살림살이가 훨씬 나아질 것이다. 나는 너희를 광활한 장소에 풀어 줄 것이고, 너희 모두는 비옥하고 기름진 땅을 넘치도록 받을 것이다.' 히스기야의 거짓말을 믿고 오판하지 않도록 하여라. '하나님께서 우리를 구원하실 것이다'라고 하는데, 과연 그런 적이 있었느냐? 역사상 앗시리아 왕과 싸워 이긴 신이 있었더냐? 주위를 둘러보아라. 하맛과 아르밧의 신들은 어디 있느냐? 스발와임의 신들은 어디 있느냐? 신들이 사마리아를 위해 무엇을 했더냐? 내 손에서 자기 나라를 구한 신이 하나라도 있으면 어디 이름을 대보아라. 그런데 어찌하여 너희는 하나님이 내 손에서 예루살렘을 구원할 수 있으리라고 생각하느냐?'"

21 그 세 사람은 침묵했다. 왕이 이미 "그에게 아무 대답도 하지 말라"고 명령했기 때문에 아무 말도 하지 않았다.

22 왕궁 관리 힐기야의 아들 엘리아김과 서기관 셉나와 궁중 사관 아삽의 아들 요아는 절망하여 옷을 찢고 돌아가서, 랍사게의 말을 히스기야에게 보고했다.

destroy this land without first getting GOD's blessing? It was your GOD who told me, Make war on this land. Destroy it.'"

11 Eliakim, Shebna, and Joah answered the Rabshekah, "Please talk to us in Aramaic. We understand Aramaic. Don't talk to us in Hebrew within earshot of all the people gathered around."

12 But the Rabshekah replied, "Do you think my master has sent me to give this message to your master and you but not also to the people clustered here? It's their fate that's at stake. They're the ones who are going to end up eating their own excrement and drinking their own urine."

13-15 Then the Rabshekah stood up and called out loudly in Hebrew, the common language, "Listen to the message of the great king, the king of Assyria! Don't listen to Hezekiah's lies. He can't save you. And don't pay any attention to Hezekiah's pious sermons telling you to lean on GOD, telling you 'GOD will save us, depend on it. GOD won't let this city fall to the king of Assyria.'

16-20 "Don't listen to Hezekiah. Listen to the king of Assyria's offer: 'Make peace with me. Come and join me. Everyone will end up with a good life, with plenty of land and water, and eventually something far better. I'll turn you loose in wide open spaces, with more than enough fertile and productive land for everyone.' Don't let Hezekiah mislead you with his lies, 'GOD will save us.' Has that ever happened? Has any god in history ever gotten the best of the king of Assyria? Look around you. Where are the gods of Hamath and Arpad? The gods of Sepharvaim? Did the gods do anything for Samaria? Name one god that has ever saved its countries from me. So what makes you think that GOD could save Jerusalem from me?'"

21 The three men were silent. They said nothing, for the king had already commanded, "Don't answer him."

22 Then Eliakim son of Hilkiah, the palace administrator, Shebna the secretary, and Joah son of Asaph, the court historian, tearing their clothes in defeat and despair, went back and reported what the Rabshekah had said to Hezekiah.

히스기야가 이사야에게 묻다

37 [1-2] 이 보고를 들은 히스기야 왕도, 옷을 찢고 회개의 굵은 마대 베옷을 입고서 하나님의 성소에 들어갔다. 그러고는 왕궁 관리 엘리아김과 서기관 셉나와 원로 제사장들을 아모스의 아들 예언자 이사야에게 보냈는데, 그들도 모두 회개의 베옷을 입었다.

[3-4] 그들이 이사야에게 말했다. "히스기야 왕의 말씀입니다. '오늘은 참담한 날입니다. 위기가 닥쳤습니다. 지금 우리는, 아기 낳을 때가 되었는데 출산할 힘이 없는 여인 같습니다! 당신의 하나님께서는 랍사게가 한 말을 들으셨겠지요? 살아 계신 하나님을 모독하려고 앗시리아 왕이 보낸 그자의 말 말입니다. 당신의 하나님께서는 결코 가만있지 않으시겠지요? 이사야여, 우리를 위해 기도해 주십시오. 이곳에 남아, 요새를 지키고 있는 우리를 위해 기도해 주십시오!'"

[5-7] 그때 히스기야 왕의 신하들이 이사야에게 와서 이렇게 말하니, 이사야가 대답했다. "당신들의 주인에게 이렇게 전하십시오. '하나님의 메시지다. 네가 들은 말, 앗시리아 왕의 종들이 나를 조롱하며 했던 그 말에 동요할 것 없다. 내가 친히 그를 처리할 것이다. 그가 나쁜 소식을 듣고 그 일을 처리하러 자기 나라로 황급히 돌아가게 만들 것이다. 그는 거기서 살해될 것이다. 비명횡사할 것이다.'"

[8] 랍사게가 떠나, 립나와 전쟁하고 있는 앗시리아 왕에게 갔다. (왕이 라기스를 떠났다는 소식을 들었기 때문이다.)

[9-13] 바로 그때, 앗시리아 왕이 에티오피아 왕 디르하가가 자신을 치러 진군해 오고 있다는 첩보를 듣게 되었다.

그는 즉시 히스기야에게 사신들을 보내어 이런 메시지를 전하게 했다. "너는 순진하게 믿는다만, 네 하나님에게 속지 마라. 예루살렘은 앗시리아 왕에게 무너지지 않을 것이라는 거짓 약속에 휘둘리지 마라. 머리를 좀 굴려 보아라! 앗시리아 왕이 모든 나라에게 한 일을 둘러보란 말이다. 하*나씩 줄줄이 짓밟히고 말았다!* 그런데 너라고 피할 수 있을 것 같으냐? 그 나라들, 내 선왕들이 멸망시킨 나라들—고산, 하란, 레셉, 들라살에 있는 에덴 민족—중에 대체 어느 나라, 어느 신이 자기 백성을 구했단 말이냐? 주위를 둘러보아라.

The Only God There Is

37 [1-2] When King Hezekiah heard the report, he also tore his clothes and dressed in rough, penitential burlap gunnysacks, and went into the sanctuary of GOD. He sent Eliakim the palace administrator, Shebna the secretary, and the senior priests, all of them also dressed in penitential burlap, to the prophet Isaiah son of Amoz.

[3-4] They said to him, "Hezekiah says, 'This is a black day. We're in crisis. We're like pregnant women without even the strength to have a baby! Do you think your GOD heard what the Rabshekah said, sent by his master the king of Assyria to mock the living God? And do you think your GOD will do anything about it? Pray for us, Isaiah. Pray for those of us left here holding the fort!'"

[5-7] Then King Hezekiah's servants came to Isaiah. Isaiah said, "Tell your master this, 'GOD's Message: Don't be upset by what you've heard, all those words the servants of the Assyrian king have used to mock me. I personally will take care of him. I'll arrange it so that he'll get a rumor of bad news back home and rush home to take care of it. And he'll die there. Killed–a violent death.'"

[8] The Rabshekah left and found the king of Assyria fighting against Libnah. (He had gotten word that the king had left Lachish.)

[9-13] Just then the Assyrian king received an intelligence report on King Tirhakah of Ethiopia: "He is on his way to make war on you."

On hearing that, he sent messengers to Hezekiah with instructions to deliver this message: "Don't let your GOD, on whom you so naively lean, deceive you, promising that Jerusalem won't fall to the king of Assyria. Use your head! Look around at what the kings of Assyria have done all over the world–one country after another devastated! And do you think you're going to get off? Have any of the gods of any of these countries ever stepped in and saved them, even one of these nations my predecessors destroyed–Gozan, Haran, Rezeph, and the people of Eden who lived in Telassar?

하맛 왕, 아르밧 왕, 스발와임 성읍의 왕, 헤나 왕,
이와 왕, 그들은 지금 모두 어디에 있느냐?"
14 히스기야가 사신들에게서 편지를 받아 읽었
다. 그러고는 하나님의 성소에 들어가 하나님 앞
에 편지를 펼쳐 놓았다.
15-20 히스기야가 하나님께 기도했다. "그룹 천사
들 위에 앉아 계신 만군의 하나님, 주님은 하나
님, 오직 한분이신 하나님, 세상 모든 나라를 다
스리시는 하나님이십니다. 주님은 하늘과 땅을
지으신 분입니다. 오 하나님, 귀 기울여 들어주십
시오. 오 하나님, 눈여겨보십시오. 산헤립이 보내
온 저 말, 살아 계신 하나님을 모욕하는 저 말을
들어 보십시오. 오 하나님, 과연 그의 말대로 앗
시리아 왕들은 모든 나라, 모든 강토를 초토화시
켰습니다. 그 나라의 신들을 쓰레기통에 처넣고
불살랐습니다. 하지만 대단한 업적이 못되는 것
은, 본래 그것들은 신이 아니기 때문입니다. 모두
작업장에서 만들어진 신, 나무를 자르거나 돌을
조각해 만든 신들에 불과하기 때문입니다. 신이
아닌 것들이 최후를 맞은 것일 뿐입니다! 그러니
하나님, 오, 우리 하나님, 속히 나서 주십시오. 그
의 손에서 우리를 구원해 주십시오. 그리하여 땅
위의 모든 나라가 주께서, 오직 주님만이 하나님
이신 것을 알게 해주십시오."

21-25 그때 아모스의 아들 이사야가 히스기야에게
사람을 보내어 말을 전했다. "하나님 이스라엘의
하나님의 메시지입니다. '네가 앗시리아 왕 산헤
립의 일로 내게 기도했으니, 나 하나님이 너에게
대답한다.

산헤립아, 처녀 딸 시온에게
너 따위는 안중에도 없다. 그저 멸시뿐이다.
딸 예루살렘은
네게 침을 뱉고 홱 가버린다.

너는, 여러 해에 걸쳐
네가 누구를 조롱하고 욕했는지 아느냐?
여러 해에 걸쳐
누구를 우습게 여기고
모욕했는지 아느냐?
바로, "이스라엘의 거룩한 이"다!
너는 네 종들을 통해 주를 조롱했다.
그리고 자랑했다. "나는 전차부대로

Look around. Do you see anything left of the king
of Hamath, the king of Arpad, the king of the
city of Sepharvaim, the king of Hena, the king of
Ivvah?"
14 Hezekiah took the letter from the hands of the
messengers and read it. Then he went into the
sanctuary of GOD and spread the letter out before
GOD.
15-20 Then Hezekiah prayed to GOD: "GOD-of-the-
Angel-Armies, enthroned over the cherubim-an-
gels, you are God, the only God there is, God of all
kingdoms on earth. You *made* heaven and earth.
Listen, O GOD, and hear. Look, O GOD, and see.
Mark all these words of Sennacherib that he sent
to mock the living God. It's quite true, O GOD, that
the kings of Assyria have devastated all the nations
and their lands. They've thrown their gods into
the trash and burned them – no great achievement
since they were no-gods anyway, gods made in
workshops, carved from wood and chiseled from
rock. An end to the no-gods! But now step in,
O GOD, our God. Save us from him. Let all the
kingdoms of earth know that you and you alone
are GOD."

21-25 Then Isaiah son of Amoz sent this word to
Hezekiah: "GOD's Message, the God of Israel:
Because you brought King Sennacherib of Assyria
to me in prayer, here is my answer, GOD's answer:

"'She has no use for you, Sennacherib, nothing but contempt,
this virgin daughter Zion.
She spits at you and turns on her heel,
this daughter Jerusalem.

"'Who do you think you've been mocking and reviling
all these years?
Who do you think you've been jeering
and treating with such utter contempt
All these years?
The Holy of Israel!
You've used your servants to mock the Master.

가장 높은 산꼭대기까지 올라갔고,
레바논의 가장 깊은 곳까지 들어가,
그 거대한 백향목들,
그 멋진 잣나무들을 다 베어 넘어뜨렸다.
나는 산 위 가장 높은 곳을 정복했고,
숲 속 가장 깊은 곳을 탐험했다.
나는 우물을 파서
실컷 마셨다.
내가 발로 한번 걷어차자,
이집트의 유명한 강들이 모두 말라 버렸다."

26-27 너는 듣지 못했느냐?
그 모든 일 뒤에 내가 있었다는 소식을?
이는 오래전부터 내가 세운 계획이었고
이제 실행에 옮기고 있는 것뿐이다.
나는 너를 도구로 사용해서,
강력했던 성읍들을 무너뜨려 잔해 더미로 만들었고,
그곳의 주민들을 절망과
당혹과 혼란 속에 빠뜨려서,
그들을 가뭄 만난 식물처럼 축 처지게,
시든 묘목처럼 지지러지게 만들었다.

28-29 나는 우쭐대는 네 허세와
왔다갔다 하며 네가 벌이는 일들과,
나에 대해 갖고 있는 불끈하는 네 마음을 잘 알고 있다.
나에 대한 너의 사나운 분노,
계속해서 내 귀에 들리는 너의 날뛰는 그 오만 때문에,
내가 네 코에 갈고리를 꿰고,
네 입에 재갈을 물릴 참이다.
누가 주인인지 네게 보여주겠다. 내가 너를
네가 왔던 곳으로 되돌려 보낼 것이다.

30-32 그리고 히스기야야, 이것은 네게 주는 확실한
표징이다. 올해의 수확은 땅에 떨어진 것들이나 줍
는 정도로 보잘것없고, 내년도 별로 다르지 않을 것
이다. 그러나 삼 년째가 되면 씨 뿌려 거두고, 파종
하고 추수하는 농사일이 정상을 되찾을 것이다. 유
다의 남은 백성이 뿌리를 내려 새 출발할 것이다. 예
루살렘에 남은 백성이 다시 움직일 것이다. 시온 산
의 살아남은 자들이 다시 일어설 것이다. 만군의 하
나님의 열심이 이 모든 일을 이룰 것이다.'"

You've bragged, "With my fleet of chariots
I've gone to the highest mountain ranges,
penetrated the far reaches of Lebanon,
Chopped down its giant cedars,
its finest cypresses.
I conquered its highest peak,
explored its deepest forest.
I dug wells
and drank my fill.
I emptied the famous rivers of Egypt
with one kick of my foot."

26-27 "'Haven't you gotten the news
that I've been behind this all along?
This is a longstanding plan of mine
and I'm just now making it happen,
using you to devastate strong cities,
turning them into piles of rubble
and leaving their citizens helpless,
bewildered, and confused,
drooping like unwatered plants,
stunted like withered seedlings.

28-29 "'I know all about your pretentious poses,
your officious comings and goings,
and, yes, the tantrums you throw against me.
Because of all your wild raging against me,
your unbridled arrogance that I keep hearing of,
I'll put my hook in your nose
and my bit in your mouth.
I'll show you who's boss. I'll turn you around
and take you back to where you came from.

30-32 "'And this, Hezekiah, will be your confirm-
ing sign: This year's crops will be slim pickings,
and next year it won't be much better. But in
three years, farming will be back to normal,
with regular sowing and reaping, planting and
harvesting. What's left of the people of Judah will
put down roots and make a new start. The people
left in Jerusalem will get moving again. Mount
Zion survivors will take hold again. The zeal of
GOD-of-the-Angel-Armies will do all this.'

33-35 "마지막으로, 앗시리아 왕에 대한 하나님의 말씀입니다.

'걱정할 것 없다. 그는 이 성에 들어오지 못하고,
이리로 화살 하나도 쏘지 못할 것이다.
공격축대를 쌓기는커녕
방패 한번 휘두르지 못할 것이다.
그는 자기가 왔던 길로 되돌아가게 되리라.
이 성에는 한 발자국도 들이지 못할 것이다.
하나님의 포고다.
이 성은 내가 내 손으로 지켜
구원할 것이다.
나 자신을 위해,
또 나의 다윗 왕조를 위해.'"

36-38 그러고 나서, 하나님의 천사가 내려와 앗시리아 진영을 쳤다. 그러자 앗시리아 사람 185,000명이 죽었다. 동이 틀 무렵, 그들 모두가 죽어 있었다. 주검뿐인 군대가 된 것이다! 앗시리아 왕 산헤립은 거기서 재빨리 빠져나와 니느웨로 돌아갔다. 그가 자기의 신 니스록의 신전에서 예배하고 있을 때, 그의 아들 아드람멜렉과 사레셀이 그를 죽이고 아라랏 땅으로 도망쳤다. 그의 아들 에살핫돈이 뒤를 이어 왕이 되었다.

히스기야의 병이 회복되다

38 1 그때, 히스기야가 병이 들었다. 죽을병이었다. 아모스의 아들 예언자 이사야가 그에게 문병을 와서 말했다. "하나님께서 말씀하십니다. '네가 하는 일과 집안일을 정리하여라. 이제 너는 죽을 것이다. 낫지 못할 것이다.'"

2-3 그러자 히스기야는 이사야를 등지고 벽을 향해 돌아서서 하나님께 기도했다. "하나님, 간구하옵기는, 제가 지금까지 어떻게 살아왔는지 기억해 주십시오. 저는 주님 앞에서 신실했고, 제 마음을 온전히 주께 드렸습니다. 주님은 제가 어떻게 살았는지, 무슨 선을 행했는지 잘 알고 계십니다." 히스기야는 기도하며 울었다. 흐느껴 울었다.

4-6 그러자 하나님께서 이사야에게 말씀하셨다. "가서 히스기야에게 말하여라. 나 하나님, 네 조상 다윗의 하나님이 그에게 메시지를 주셨다고 전하여라. '내가 네 기도를 듣고 네 눈물을 보았다. 나는 이렇게 할 것이다. 네 수명에 십오 년을 더해 주겠다. 또한 너와 이 도성을 앗시리아 왕의 손에서 구하고, 이 성을 내 손으로 지켜 줄 것이다.

33-35 "Finally, this is GOD's verdict on the king of Assyria:

"'Don't worry, he won't enter this city,
won't let loose a single arrow,
Won't brandish so much as one shield,
let alone build a siege ramp against it.
He'll go back the same way he came.
He won't set a foot in this city.
GOD's Decree.
I've got my hand on this city
to save it,
Save it for my very own sake,
but also for the sake of my David dynasty.'"

36-38 Then the Angel of GOD arrived and struck the Assyrian camp—185,000 Assyrians died. By the time the sun came up, they were all dead—an army of corpses! Sennacherib, king of Assyria, got out of there fast, back home to Nineveh. As he was worshiping in the sanctuary of his god Nisroch, he was murdered by his sons Adrammelech and Sharezer. They escaped to the land of Ararat. His son Esar-haddon became the next king.

Time Spent in Death's Waiting Room

38 1 At that time, Hezekiah got sick. He was about to die. The prophet Isaiah son of Amoz visited him and said, "GOD says, 'Prepare your affairs and your family. This is it: You're going to die. You're not going to get well.'"

2-3 Hezekiah turned away from Isaiah and, facing the wall, prayed to GOD: "GOD, please, I beg you: Remember how I've lived my life. I've lived faithfully in your presence, lived out of a heart that was totally yours. You've seen how I've lived, the good that I have done." And Hezekiah wept as he prayed—painful tears.

4-6 Then GOD told Isaiah, "Go and speak with Hezekiah. Give him this Message from me, GOD, the God of your ancestor David: 'I've heard your prayer. I have seen your tears. Here's what I'll do: I'll add fifteen years to your

7-8 네게 줄 표징은 이것이다. 나 하나님은 약속한 바를 틀림없이 시행한다는 것을 확증해 주는 표징이다. 잘 보아라. 지는 해를 따라 아하스의 해시계 위 그림자가 길어질 것이다. 그때 내가 그 그림자를 십 도 뒤로 돌릴 것이다.'" 정말 그렇게 되었다. 지는 해의 그림자가 그 시계 위에서 십 도 뒤로 물러났다.

9-15 이는 유다의 히스기야 왕이 병에서 회복되고 난 다음에 쓴 글이다.

생의 한창때에
떠나야 하다니.
남은 시간이 얼마든
다만 죽음의 대기실에서 보낼 뿐이네.
더는 산 자들의 땅에서
하나님을 뵙지 못하고,
이웃을 만나지 못하며,
더 이상 친구들과도 어깨동무하지 못하네.
내가 들어와 사는 이 몸,
바닥에 쓰러져 야영자의 천막처럼 거두어진다.
베 짜는 사람처럼, 나도 융단 말듯 내 생을 둘둘 말아 버렸네.
하나님이 베틀에서 나를 잘라 내시고는
날이 저물자, 바닥에 떨어진 부스러기들을 쓸어버리신다.
나, 동틀 때까지 울며 도움을 청하지만,
사자가 달려들듯, 하나님은 나를 두들겨 패시고
가차 없이 나를 끝장내신다네.
내가 화를 당한 암탉처럼 꽥꽥 울고
비둘기처럼 구슬피 울며,
눈이 빠지도록 도움을 찾았다네.
"주님, 곤경에 처했습니다! 여기서 저를 건져 주십시오!"
하지만 무슨 소용 있으랴? 하나님께서 친히 말씀하시고,
그분이 내게 행하시는 일인데.
번민과 괴로움에
잠을 이룰 수 없네.

16-19 오 주님, 인생이 처한 자리는 이런 것입니다.
그런데, 이런 처지에서도 제 영혼이 아직 살아 있습니다.
생명을 새로 받아 온전히 회복되었습니다!

life. And I'll save both you and this city from the king of Assyria. I have my hand on this city.

7-8 "'And this is your confirming sign, confirming that I, GOD, will do exactly what I have promised. Watch for this: As the sun goes down and the shadow lengthens on the sundial of Ahaz, I'm going to reverse the shadow ten notches on the dial.'" And that's what happened: The declining sun's shadow reversed ten notches on the dial.

9-15 This is what Hezekiah king of Judah wrote after he'd been sick and then recovered from his sickness:

In the very prime of life
  I have to leave.
Whatever time I have left
  is spent in death's waiting room.
No more glimpses of GOD
  in the land of the living,
No more meetings with my neighbors,
  no more rubbing shoulders with friends.
This body I inhabit is taken down
  and packed away like a camper's tent.
Like a weaver, I've rolled up the carpet of my life
  as God cuts me free of the loom
And at day's end sweeps up the scraps and pieces.
  I cry for help until morning.
Like a lion, God pummels and pounds me,
  relentlessly finishing me off.
I squawk like a doomed hen,
  moan like a dove.
My eyes ache from looking up for help:
  "Master, I'm in trouble! Get me out of this!"
But what's the use? God himself gave me the word.
  He's done it to me.
I can't sleep—
  I'm that upset, that troubled.

16-19 O Master, these are the conditions in which people live,
  and yes, in these very conditions my spirit is still alive—

이 고난을 겪은 것이
제게는 유익이었습니다.
이 고난 속에서도, 주님은 제 생명선을 꼭 잡아 주셨습니다.
제가 멸망 속으로 굴러떨어지지 않도록 보호하셨습니다.
제 죄들을 놓아 버리시고,
주의 등 뒤로 던져 버리셨습니다. 얼마나 후련한지요!
죽은 자들은 주께 감사하지 못하고,
무덤에서는 주를 찬양하는 찬송이 울려 나오지 못합니다.
땅 밑에 묻힌 자들은
주의 신실하심을 증언하지 못합니다.
지금의 나처럼,
오직 산 자만이 주께 감사할 수 있습니다.
부모가 자녀에게
주의 신실하심을 일러줍니다.

fully recovered with a fresh infusion of life!
It seems it was good for me
to go through all those troubles.
Throughout them all you held tight to my lifeline.
You never let me tumble over the edge into nothing.
But my sins you let go of,
threw them over your shoulder—good riddance!
The dead don't thank you,
and choirs don't sing praises from the morgue.
Those buried six feet under
don't witness to your faithful ways.
It's the living—live men, live women—who thank you,
just as I'm doing right now.
Parents give their children
full reports on your faithful ways.

20 하나님께서 나를 건지고 건지시리니,
수금과 비파 뜯으며
우리 노래하리라.
평생토록 하나님의 성소에서 노래하고 노래하리라.

20 GOD saves and will save me.
As fiddles and mandolins strike up the tunes,
We'll sing, oh we'll sing, sing,
for the rest of our lives in the Sanctuary of GOD.

21-22 이사야가 말했다. "무화과로 습포를 만들어 왕의 종기 위에 얹으면 왕께서 나을 것입니다." 히스기야가 말했다. "내가 하나님의 성소에 다시 들어가도 좋다는 것을 말해 주는 표징은 무엇입니까?"

21-22 Isaiah had said, "Prepare a poultice of figs and put it on the boil so he may recover."
Hezekiah had said, "What is my cue that it's all right to enter again the Sanctuary of GOD?"

바빌론의 사신을 맞이하는 히스기야

39 1 얼마 후에, 바빌론의 발라단의 아들 므로닥발라단 왕이 히스기야에게 사신들을 보내어 인사하며 선물을 전했다. 히스기야가 병들었다가 나았다는 소식을 들었던 것이다.
2 히스기야는 그 사신들을 반갑게 맞이했다. 그는 그들에게 왕궁 내부를 구경시켜 주면서, 자기가 가진 보물—은, 금, 향료, 진귀한 기름, 무기들—전부를 자랑삼아 보이며 우쭐거렸다. 자기 왕궁이나 나라 안에 있는 것 가운데 히스기야가 그들에게 보여주지 않은 것은 하나도 없었다.
3 나중에 예언자 이사야가 나타나 히스기야에게 물었다. "그 사람들은 누구입니까? 무슨 말을 하였습니까? 어디서 온 자들입니까?"
히스기야가 말했다. "그들은 멀리 바빌론에서 왔

There Will Be Nothing Left

39 1 Sometime later, King Merodach-baladan son of Baladan of Babylon sent messengers with greetings and a gift to Hezekiah. He had heard that Hezekiah had been sick and was now well.
2 Hezekiah received the messengers warmly. He took them on a tour of his royal precincts, proudly showing them all his treasures: silver, gold, spices, expensive oils, all his weapons—everything out on display. There was nothing in his house or kingdom that Hezekiah didn't show them.
3 Later the prophet Isaiah showed up. He asked Hezekiah, "What were these men up to? What did

습니다."
4 "그들이 왕궁에서 무엇을 보았습니까?"
"모든 것을 보았습니다." 히스기야가 말했다. "내
가 창고 문을 활짝 열었더니, 그들이 다 보고서
감동을 받았습니다."
5-7 그러자 이사야가 히스기야에게 말했다. "이제
만군의 하나님께서 주시는 이 메시지를 들으십시
오. '경고한다. 이 왕궁 안에 있는 모든 것, 네 조
상이 쌓아 놓은 모든 것이 바빌론으로 옮겨질 날
이 올 것이다.' 하나님께서 또 말씀하십니다. '아
무것도 남지 않을 것이다. 아무것도. 네 소유물뿐
아니라 네 아들들도 그러할 것이다. 네 아들들 가
운데 얼마는 포로로 끌려가, 바빌론 왕궁의 내시
가 될 것이다.'"
8 히스기야가 이사야에게 대답했다. "하나님께
서 그렇게 말씀하셨다면, 당연히 그렇게 되어야
할 것입니다." 그러나 그는 속으로 "분명 내 평생
에는 나쁜 일이 일어나지 않을 테니, 내가 사는
동안에는 평안과 안정을 누릴 것이다" 하고 생각
했다.

위로의 메시지
하나님이 오고 계시니 준비하여라

40 1-2 "위로하여라. 오, 내 백성을 위로하
여라."
너희 하나님께서 말씀하신다.
"부드럽고 다정한 말로,
그러나 분명한 말로 예루살렘에 전하여라.
이제 형을 다 살았다고,
이제 죄가 해결되었다고, 용서받았다고!
예루살렘은 벌을 충분히 받았다. 지나치도록 받
았다.
이제 끝났다. 모두 끝났다."
3-5 광야에 울리는 천둥소리다!
"하나님이 오고 계시니 준비하여라!
길을 내어라. 곧고 평탄한 길을 내어라.
우리 하나님께 걸맞은 대로를 내어라.
골짜기는 돋우고,
언덕은 평평하게 골라라.
거친 길을 평탄하게 하고,
돌들도 말끔히 치워라.
그러면 하나님의 찬란한 영광이 비치리니,
모두가 그것을 보게 되리라.
그렇다. 하나님께서 말씀하신 그대로 되리라."

they say? And where did they come from?"
Hezekiah said, "They came from a long way off,
from Babylon."
4 "And what did they see in your palace?"
"Everything," said Hezekiah. "I showed them the
works, opened all the doors and impressed them
with it all."
5-7 Then Isaiah said to Hezekiah, "Now listen to
this Message from GOD-of-the-Angel-Armies: I
have to warn you, the time is coming when every-
thing in this palace, along with everything your
ancestors accumulated before you, will be hauled
off to Babylon. GOD says that there will be nothing
left. Nothing. And not only your things but your
sons. Some of your sons will be taken into exile,
ending up as eunuchs in the palace of the king of
Babylon."
8 Hezekiah replied to Isaiah, "Good. If GOD says
so, it's good." Within himself he was thinking, "But
surely nothing bad will happen in my lifetime. I'll
enjoy peace and stability as long as I live."

Messages of Comfort
Prepare for God's Arrival

40 1-2 "Comfort, oh comfort my people,"
says your God.
"Speak softly and tenderly to Jerusalem,
but also make it very clear
That she has served her sentence,
that her sin is taken care of—forgiven!
She's been punished enough and more than
enough,
and now it's over and done with."
3-5 Thunder in the desert!
"Prepare for GOD's arrival!
Make the road straight and smooth,
a highway fit for our God.
Fill in the valleys,
level off the hills,
Smooth out the ruts,
clear out the rocks.
Then GOD's bright glory will shine
and everyone will see it.
Yes. Just as GOD has said."

6-8 한 소리가 말한다. "외쳐라!"
내가 말했다. "뭐라고 외쳐야 합니까?"

"이 사람들은 풀에 지나지 않고,
그들의 아름다움은 들꽃처럼 덧없다.
하나님께서 한 번 훅 부시면,
풀은 마르고 들꽃은 시든다.
이 백성은 그저 풀에 불과하지 않느냐?
그렇다. 풀은 마르고 들꽃은 시들지만,
우리 하나님의 말씀은 영원토록 굳건히 설 것이다."

9-11 시온아, 높은 산에 올라라.
너는 기쁜 소식을 전하는 자다.
예루살렘아, 목청을 돋우어라. 크게 외쳐라.
너는 낭보를 전하는 자다.
크고 분명한 소리로 전하여라. 소심하게 굴지 마라!
유다의 성읍들을 향해 말하여라.
"보아라! 너희 하나님이시다!"
그분을 보아라! 하나님 우리 주께서 맹위를 떨치
시며,
행동 태세를 갖추고 오신다.
원수들에게는 보복하시되,
그분을 사랑하는 이들에게는 상을 내려 주실 것이다.
목자처럼 자기 양 떼를 돌보아 주시리라.
어린양들을 친히 두 팔로 감싸
품에 안으시고,
젖먹이는 어미 양들을 푸른 초장으로 이끄시리라.

비교할 수 없는 하나님

12-17 자기 두 손으로
대양을 퍼 올리거나
자기 장뼘으로 하늘의 크기를 재 본 사람,
자기 바구니에 온 땅의 티끌을 담고
산과 언덕의 무게를 재 본 사람이 있겠느냐?
하나님께 그분이 하실 일을 일러 드리거나
일을 가르쳐 드린 사람이 있겠느냐?
그분이 조언을 구하실 전문가나
정의를 배우실 학교가 있겠느냐?
그분께 지식을 전해 주거나
세상 돌아가는 이치를 알려 준 신이 있겠느냐?
보아라. 뭇 민족들은 그저 두레박 안의 물 한 방울,
창문에 묻은 때 한 점에 지나지 않는다.
그분이 마루에서 먼지를 닦아 내듯,
섬들을 싹 쓸어버리시는 것을 보아라!
레바논의 모든 나무를 모아도,

6-8 A voice says, "Shout!"
I said, "What shall I shout?"

"These people are nothing but grass,
their love fragile as wildflowers.
The grass withers, the wildflowers fade,
if GOD so much as puffs on them.
Aren't these people just so much grass?
True, the grass withers and the wildflowers fade,
but our God's Word stands firm and forever."

9-11 Climb a high mountain, Zion.
You're the preacher of good news.
Raise your voice. Make it good and loud, Jerusalem.
You're the preacher of good news.
Speak loud and clear. Don't be timid!
Tell the cities of Judah,
"Look! Your God!"
Look at him! GOD, the Master, comes in power,
ready to go into action.
He is going to pay back his enemies
and reward those who have loved him.
Like a shepherd, he will care for his flock,
gathering the lambs in his arms,
Hugging them as he carries them,
leading the nursing ewes to good pasture.

The Creator of All You Can See or Imagine

12-17 Who has scooped up the ocean
in his two hands,
or measured the sky between his thumb and little finger,
Who has put all the earth's dirt in one of his baskets,
weighed each mountain and hill?
Who could ever have told GOD what to do
or taught him his business?
What expert would he have gone to for advice,
what school would he attend to learn justice?
What god do you suppose might have taught him what he knows,
showed him how things work?
Why, the nations are but a drop in a bucket,

저 거대한 숲 속 짐승 전부를 다 모아도,
그분을 예배하는 데 필요한 땔감과 제물로 부족하리라.
모든 민족을 합쳐도 그분 앞에서는 없는 것이나 마찬가지다.
아니, 없는 것만도 못하다. 오히려 손해만 끼친다.

18-20 그러니, 하나님을 누구와 견주겠으며
무엇에 비기겠느냐?
우상 신들에? 웃기는 소리다!
우상들은 작업실에서 만들어진 제품이다. 청동으로 본을 떠서
얇게 금을 입히고,
가는 은사슬로 장식을 한다.
누구는 올리브나무처럼 썩지 않는 좋은 나무를 고르고
목수를 불러 만들기도 하는데,
그 우상이 기울어져 넘어지는 일이 없도록 받침대에 특별히 신경을 쓴다.

21-24 주목해서 보지 않았단 말이냐?
귀 기울여 듣지 않았단 말이냐?
이는 너희가 평생 들어 온 이야기가 아니더냐?
만물의 기초가 무엇인지 모른단 말이냐?
하나님께서는 땅 위 높은 곳에 앉아 계신다.
거기서는 사람들이 개미 떼처럼 보인다.
그분은 휘장을 펴듯,
거주할 천막을 치듯, 하늘을 쭉 펴신다.
제후들이 무슨 말을 하거나 무슨 일을 벌여도, 괘념치 않으신다.
땅의 통치자들, 그분은 없는 셈 친다.
제후와 통치자들, 별것 아니다.
싹만 텄을 뿐 제대로 뿌리를 내리지 못한 씨앗 같아서,
하나님께서 훅 부시면 시들어 버린다.
지푸라기처럼 바람에 날아간다.

25-26 "그러니, 나와 같은 자 누구랴?
누구를 나와 견주겠느냐?" '거룩하신 분'께서 말씀하신다.
밤하늘을 올려다보아라.
그 모든 것을 누가 만들었느냐?
매일 밤 별들의 행진을 지휘하는 이,
그 하나하나의 이름을 빠짐없이 부르며
더없는 위엄과 능력으로

a mere smudge on a window.
Watch him sweep up the islands
like so much dust off the floor!
There aren't enough trees in Lebanon
nor enough animals in those vast forests
to furnish adequate fuel and offerings for his worship.
All the nations add up to simply nothing before him—
less than nothing is more like it. A minus.

18-20 So who even comes close to being like God?
To whom or what can you compare him?
Some no-god idol? Ridiculous!
It's made in a workshop, cast in bronze,
Given a thin veneer of gold,
and draped with silver filigree.
Or, perhaps someone will select a fine wood—
olive wood, say—that won't rot,
Then hire a woodcarver to make a no-god,
giving special care to its base so it won't tip over!

21-24 Have you not been paying attention?
Have you not been listening?
Haven't you heard these stories all your life?
Don't you understand the foundation of all things?
God sits high above the round ball of earth.
The people look like mere ants.
He stretches out the skies like a canvas—
yes, like a tent canvas to live under.
He ignores what all the princes say and do.
The rulers of the earth count for nothing.
Princes and rulers don't amount to much.
Like seeds barely rooted, just sprouted,
They shrivel when God blows on them.
Like flecks of chaff, they're gone with the wind.

25-26 "So—who is like me?
Who holds a candle to me?" says The Holy.
Look at the night skies:
Who do you think made all this?
Who marches this army of stars out each night,

점호를 실시하는 이, 누구냐?

27-31 오, 야곱아, 왜 불평하느냐?
이스라엘아, 왜 투덜대느냐?
어찌하여 "하나님께서 나를 잊으셨다.
내게 무슨 일이 있는지 관심도 없으시다"고 말하느냐?
그렇게도 모른단 말이냐? 그렇게도 알아듣지 못한 단 말이냐?
하나님은 왔다갔다 하시는 분이 아니다. 하나님은 언제나 너희와 함께하시는 분이다.
그분은 우리 눈에 보이는 모든 것, 상상할 수 있는 모든 것을 지으신 창조자이시다.
그분은 지치지도, 피곤해 하지도 않으신다.
모든 것을 속속들이 다 아신다.
그분은 지친 자들에게 기운을 북돋우시고,
나가떨어진 자들에게 새 힘을 불어넣어 주신다.
청년들도 지쳐 나가떨어지고,
한창때의 젊은이들도 비틀거리다 쓰러지지만,
하나님을 바라보는 이들은 새 힘을 얻는다.
그들은 독수리처럼 날개를 펼쳐 높이 날아오르며,
아무리 뛰어도 지칠 줄 모르고,
아무리 걸어도 피곤치 않다.

네가 하찮은 벌레처럼 느껴지느냐?

41 1 "먼 바다 섬들아, 진정하여라. 조용히 들어 보아라!
모두 앉아 쉬면서, 기운을 차려라.
내 주위로 모여라. 네 마음속 생각을 털어놓아라.
무엇이 옳은지 함께 판단해 보자.

2-3 이 일을 진행하는 이,
동방에서 그 정복자를 일으켜 오게 한 이가 누구냐?
그를 뽑아 일을 맡기고,
민족들을 한데 몰아넣어,
그로 하여금 왕들을 짓밟게 한 이가 누구냐?
그가 출발해 달리고 있다.
민족들을 빻아 가루로 만들고 있다.
그가 지나간 자리에는 재와 먼지뿐이다.
그들을 쫓아가 해치우는 그는 다치는 일이 없고,
발이 거의 땅에 닿지도 않는다.

4 누구냐? 이런 일을 일으킨 이가 누구냐?
만사를 시작케 하는 이가 누구냐?

counts them off, calls each by name
—so magnificent! so powerful!—
and never overlooks a single one?

27-31 Why would you ever complain, O Jacob,
or, whine, Israel, saying,
"GOD has lost track of me.
He doesn't care what happens to me"?
Don't you know anything? Haven't you been listening?
GOD doesn't come and go. God *lasts*.
He's Creator of all you can see or imagine.
He doesn't get tired out, doesn't pause to catch his breath.
And he knows *everything*, inside and out.
He energizes those who get tired,
gives fresh strength to dropouts.
For even young people tire and drop out,
young folk in their prime stumble and fall.
But those who wait upon GOD get fresh strength.
They spread their wings and soar like eagles,
They run and don't get tired,
they walk and don't lag behind.

Do You Feel Like a Lowly Worm?

41 1 "Quiet down, far-flung ocean islands. Listen!
Sit down and rest, everyone. Recover your strength.
Gather around me. Say what's on your heart.
Together let's decide what's right.

2-3 "Who got things rolling here,
got this champion from the east on the move?
Who recruited him for this job,
then rounded up and corralled the nations
so he could run roughshod over kings?
He's off and running,
pulverizing nations into dust,
leaving only stubble and chaff in his wake.
He chases them and comes through unscathed,
his feet scarcely touching the path.

4 "Who did this? Who made it happen?

나다. 하나님이다. 무대에 가장 먼저 등장하는 이
는 언제나 나다.
또 가장 늦게까지 남아 있는 이도 바로 나다.

5-7 먼 바다 섬들이 보고는 겁에 질린다.
땅끝 나라들이 뒤흔들린다.
공포에 떨며 서로 한데 모인다.
암흑 속에서 서로
없는 말 지어내며 위로해 주려 한다.
우상 제작자들,
초과근무까지 하며 신상품을 찍어 내고
서로 '좋네!' '디자인 끝내주는데!' 하고 말한다.
우상이 기울어져 쓰러지지 않도록
받침대에 단단히 못을 박아 넣으면서.

8-10 그러나 너, 이스라엘아, 너는 내 종이다.
너는 야곱이다. 내가 고르고 고른 자다.
나의 좋은 친구 아브라함의 자손이다.
나는 세상 전역에서 너를 끌어모으고,
땅의 어둔 구석구석에서 너를 불러내며 말했다.
'너는 나의 종, 내 옆에서 나를 섬기는 종이다.
내가 너를 뽑았으며, 너를 내친 적이 없다.'
겁먹지 마라. 내가 너와 함께하고 있다.
두려워할 것 없다. 내가 너의 하나님이니
내가 네게 힘을 줄 것이다. 너를 도와주리라.
내가 너를 붙들어 줄 것이다. 꽉 붙잡아 주리라.

11-13 두고 보아라. 너를 푸대접했던 자들,
천대받게 될 것이다.
실패자가 될 것이다.
너를 대적하던 자들,
빈털터리가 될 것이다.
아무것도 보여줄 것 없는 신세가 될 것이다.
네가 옛 적들을 찾아보려고 해도
찾지 못하리라.
너의 옛 원수들, 흔적조차 남지 않을 것이다.
기억하는 자 하나 없으리라.
그렇다. 나 너의 하나님이,
너를 꽉 붙잡고, 결코 놓지 않기 때문이다.
내가 네게 말한다. '겁먹지 마라.
내가 여기 있다. 내가 너를 도우리라.'

14-16 야곱아, 네가 하찮은 벌레처럼 느껴지느냐?
염려할 것 없다.
이스라엘아, 네가 보잘것없는 곤충처럼 느껴지

Who always gets things started?
I did. GOD. I'm first on the scene.
I'm also the last to leave.

5-7 "Far-flung ocean islands see it and panic.
The ends of the earth are shaken.
Fearfully they huddle together.
They try to help each other out,
making up stories in the dark.
The godmakers in the workshops
go into overtime production, crafting new models of no-gods,
Urging one another on – 'Good job!' 'Great design!' –
pounding in nails at the base
so that the things won't tip over.

8-10 "But you, Israel, are my servant.
You're Jacob, my first choice,
descendants of my good friend Abraham.
I pulled you in from all over the world,
called you in from every dark corner of the earth,
Telling you, 'You're my servant, serving on my side.
I've picked you. I haven't dropped you.'
Don't panic. I'm with you.
There's no need to fear for I'm your God.
I'll give you strength. I'll help you.
I'll hold you steady, keep a firm grip on you.

11-13 "Count on it: Everyone who had it in for you
will end up out in the cold –
real losers.
Those who worked against you
will end up empty-handed –
nothing to show for their lives.
When you go out looking for your old adversaries
you won't find them –
Not a trace of your old enemies,
not even a memory.
That's right. Because I, your GOD,
have a firm grip on you and I'm not letting go.
I'm telling you, 'Don't panic.
I'm right here to help you.'

느냐?
내가 너를 도울 것이다.
나 하나님이 장담한다.
나는 값을 치르고 너를 다시 산 하나님, '이스라엘의 거룩한 이'다.
내가 너를 벌레에서 써레가 되게,
곤충에서 철이 되게 할 것이다.
너는 날카로운 날을 가진 써레가 되어 산들을 갈아 없애고,
굳은 언덕들을 옥토 밭으로 바꾸어 놓을 것이다.
너는 거친 땅을 온갖 풍상에,
햇빛과 바람과 비에, 시달리게 만들 것이다.
그러나 너는 '이스라엘의 거룩한 이' 안에서
자신감 넘치고 원기 왕성하며,
기상이 원대해지리라!

17-20 가난하고 집 없는 자들이 간절히 물을 찾는다.
갈증으로 혀가 타지만 물이 없다.
그러나 내가 있다. 그들을 위해 내가 있다.
나 이스라엘의 하나님이, 그들을 계속 목마르게 내버려 두지 않을 것이다.
그들을 위해 메말랐던 언덕에서 강물이 터지고,
골짜기 가운데서 샘물이 터져 나게 할 것이다.
바싹 말랐던 황무지를 시원한 못으로,
메마른 사막을 물이 철철 넘쳐흐르는 시내로 바꿀 것이다.
나무 한 그루 없던 황야에 붉은 백향목과
아카시아나무, 도금양나무, 올리브나무를 심을 것이다.
사막에 잣나무를 심고,
상수리나무와 소나무가 우거지게 할 것이다.
모두가 보게 되리라. 못 볼 수가 없다.
명백한 증거가 되리라.
나 하나님이 친히 이뤄 낸 일.
반박할 수 없는 증거가 되리라.
그렇다. 이는 '이스라엘의 거룩한 이'가 창조하고 서명까지 한 일이다."

21-24 하나님께서 말씀하신다. "너의 신들을 위해 변론을 시작해 보아라.
증거를 제시해 보아라." '야곱의 왕'이신 이가 말씀하신다.
"너의 우상들을 변호하기 위해 논증을 제시하여 보아라.
근거를 대 보아라.

14-16 "Do you feel like a lowly worm, Jacob?
Don't be afraid.
Feel like a fragile insect, Israel?
I'll help you.
I, GOD, want to reassure you.
The God who buys you back, The Holy of Israel.
I'm transforming you from worm to harrow,
from insect to iron.
As a sharp-toothed harrow you'll smooth out the mountains,
turn those tough old hills into loamy soil.
You'll open the rough ground to the weather,
to the blasts of sun and wind and rain.
But you'll be confident and exuberant,
expansive in The Holy of Israel!

17-20 "The poor and homeless are desperate for water,
their tongues parched and no water to be found.
But *I'm* there to be found, I'm there for them,
and I, God of Israel, will not leave them thirsty.
I'll open up rivers for them on the barren hills,
spout fountains in the valleys.
I'll turn the baked-clay badlands into a cool pond,
the waterless waste into splashing creeks.
I'll plant the red cedar in that treeless wasteland,
also acacia, myrtle, and olive.
I'll place the cypress in the desert,
with plenty of oaks and pines.
Everyone will see this. No one can miss it—
unavoidable, indisputable evidence
That I, GOD, personally did this.
It's created and signed by The Holy of Israel.

21-24 "Set out your case for your gods," says GOD.
"Bring your evidence," says the King of Jacob.
"Take the stand on behalf of your idols, offer arguments,
assemble reasons.
Spread out the facts before us

우리가 판단할 수 있도록,
우리 앞에 사실을 내놓아 보아라.
네 신들에게 이렇게 물어보아라.
'그대들이 정말 신이라면, 지나간 일들의 의미를 설명해 주시오.
못하겠소? 그러면, 앞으로 일어날 일들에 대해 말해 보시오.
그것도 못하겠소?
그러면, 뭐라도 해보시오. 무슨 일이든!
좋은 일이든 나쁜 일이든, 아무거나 해보시오.
도대체 그대들은 우리에게 해를 끼치거나 도움을 줄 수 있는 존재요?
우리가 두려워해야 할 필요가 있는 존재요?'
그들, 아무 말도 못한다. 아무것도 아니기 때문이다.
가짜 신들, 우상 신들, 어릿광대 신들이기 때문이다.

25-29 나 하나님이, 북쪽에서 누군가를 일으켜 이리로 오게 했다.
내가 동쪽에서 그의 이름을 불러 뽑았다.
토기장이가 진흙을 밟아 이기듯,
그가 통치자들을 바닥에 짓이길 것이다.
네게 한번 물어보자. 이런 일이 있을 것을 미리 알았던 자가 있느냐?
우리에게 먼저 말해 주어,
'과연 그의 말이 옳았다!'고 말하게 한 자가 있느냐?
이 일은 누구도 언급한 바 없다. 누구도 예고한 바 없다.
너 역시 찍소리도 낸 적 없다.
그러나 나는 시온에게 이 일을 미리 알려 주었다.
내가 예루살렘에 낭보를 알리는 자를 보냈다.
그러나 여기 둘러보니,
무슨 일이 벌어지고 있는지 아는 사람이 아무도 없다.
물어봐도, 누구 하나 진상을 말하지 못한다.
여기에는 아무것도 없다. 전부 연기와 헛바람뿐이다.
가짜 신들, 텅 빈 신들, 우상 신들뿐이다."

하나님의 종이 모든 일을 바로잡으리라

42 1-4 "나의 종을 유심히 보아라.
내가 전적으로 지지하는 종이다.
그는 내가 택한 사람이며,
나는 그가 더없이 마음에 든다.
나는 그를 온통 내 영으로, 내 생명으로 감싸 주었다.
그가 민족들 사이에서 모든 일을 바로잡을 것이다.
그는 일장연설이나 화려한 행사로
자기 일을 과시하지 않을 것이다.
그는 다치고 상한 이들을 무시하거나

so that we can assess them ourselves.
Ask them, 'If you are gods, explain what the past means—
or, failing that, tell us what will happen in the future.
Can't do that?
How about doing something—anything!
Good or bad—whatever.
Can you hurt us or help us? Do we need to be afraid?'
They say nothing, because they *are* nothing—
sham gods, no-gods, fool-making gods.

25-29 "I, God, started someone out from the north and he's come.
He was called out of the east by name.
He'll stomp the rulers into the mud
the way a potter works the clay.
Let me ask you, Did anyone guess that this might happen?
Did anyone tell us earlier so we might confirm it
with 'Yes, he's right!'?
No one mentioned it, no one announced it,
no one heard a peep out of you.
But I told Zion all about this beforehand.
I gave Jerusalem a preacher of good news.
But around here there's no one—
no one who knows what's going on.
I ask, but no one can tell me the score.
Nothing here. It's all smoke and hot air—
sham gods, hollow gods, no-gods."

God's Servant Will Set Everything Right

42 1-4 "Take a good look at my servant.
I'm backing him to the hilt.
He's the one I chose,
and I couldn't be more pleased with him.
I've bathed him with my Spirit, my *life*.
He'll set everything right among the nations.
He won't call attention to what he does
with loud speeches or gaudy parades.
He won't brush aside the bruised and the

미천하고 보잘것없는 자들에게 무관심하지 않으며,
분명하고 단호하게 모든 일을 바로잡아 줄 것이다.
그는 자기 일을 마칠 때까지 지쳐 주저앉는 법이 없고,
땅 위의 모든 일을 바로잡기까지 멈추지 않을 것이다.
먼 바다 섬들까지,
그의 가르침을 고대할 것이다."

5-9 우주를 창조하시고, 하늘을 펴셨으며,
땅과 거기 자라는 모든 것을 펼치신 분,
땅에 사는 사람들에게 당신의 생명 불어넣어,
그 생명으로 그들을 살게 하시는
하나님의 메시지다.
"나는 하나님이다. 의롭게 살라고 내가 너를 불렀다.
내가 너를 책임지고 안전히 지켰다.
너를 내 백성 가운데 세워 그들과 나를 잇고,
너로 하여금 민족들을 비추는 등대로 삼아,
밝고 탁 트인 곳으로 사람들을 인도하는 일을 시작했다.
눈먼 사람의 눈을 뜨게 하고,
감옥에 갇힌 자들을 풀어 주며,
어두운 감방을 텅텅 비우는 일을 시작했다.
나는 하나님이다. 이것이 나의 이름이다.
나는 내 영광을 남에게 빌려 주지 않으며,
우상 신들을 인정해 주지 않는다.
기억하여라. 예전에 예고했던 심판들, 모두 이루어졌다.
이제 나는 새로운 구원을 예고한다.
그 일이 엄습하기 전에,
너희에게 미리 일러 준다."

10-16 하나님께 새 노래를 불러라!
온 세상에 찬양의 노래 울려 퍼지게 하여라!
바다와 그 속의 고기들이
환호성을 지르게 하여라.
모든 먼 섬들도 따라하게 하여라.
광야와 장막들이 소리 높여 노래하고
게달의 유목민들도 따라 하게 하여라.
셀라의 주민들이 찬양대를 만들어
산꼭대기에서 노래하게 하여라.
하나님의 영광이 울려 퍼지게 하여라.
그분을 찬양하는 소리가 대양을 가로질러 메아리치게 하여라.

hurt
and he won't disregard the small and insignificant,
but he'll steadily and firmly set things right.
He won't tire out and quit. He won't be stopped
until he's finished his work—to set things right on earth.
Far-flung ocean islands
wait expectantly for his teaching."

The God Who Makes Us Alive with His Own Life

5-9 GOD's Message,
the God who created the cosmos, stretched out the skies,
laid out the earth and all that grows from it,
Who breathes life into earth's people,
makes them alive with his own life:
"I am GOD. I have called you to live right and well.
I have taken responsibility for you, kept you safe.
I have set you among my people to bind them to me,
and provided you as a lighthouse to the nations,
To make a start at bringing people into the open, into light:
opening blind eyes,
releasing prisoners from dungeons,
emptying the dark prisons.
I am GOD. That's my name.
I don't franchise my glory,
don't endorse the no-god idols.
Take note: The earlier predictions of judgment have been fulfilled.
I'm announcing the new salvation work.
Before it bursts on the scene,
I'm telling you all about it."

10-16 Sing to GOD a brand-new song,
sing his praises all over the world!
Let the sea and its fish give a round of applause,
with all the far-flung islands joining in.
Let the desert and its camps raise a tune,
calling the Kedar nomads to join in.
Let the villagers in Sela round up a choir
and perform from the tops of the mountains.

하나님께서 작정하고 나서신다.
행동에 들어가실 태세다.
"내가 왔다." 그분께서 큰소리로 알리신다.
적들을 단번에 장악하신다.
"내가 오랫동안 침묵을 지켜 왔다.
뒤로 물러나 이를 악물고 있었다.
그러나 이제야, 터뜨린다.
해산하는 여인처럼 크게 소리친다.
산들을 벌거숭이로 만들고
들꽃들을 말려 죽이고
강들을 말라붙게 하며,
호수들을 개펄이 되게 한다.
그러나 길을 알지 못하는 자들,
향방을 알지 못하는 자들은 내가 손을 잡아 주리라.
낯선 곳을 지나는 그들을 위해
친히 내가 길 안내자가 되어 줄 것이다.
어느 길로 가야 하는지 곁에서 일러 주고,
도랑에 빠지지 않게 도와주리라.
그들을 위해 그렇게 할 것이다.
그들 옆에 꼭 붙어, 한시도 떠나지 않으리라."

17 그러나 우상에 투자했던 자들은
이제 파산이다. 끝장이다.

이스라엘이 깨닫지 못한다

18-25 주목하여라! 귀가 멀었느냐?
눈을 떠라! 눈이 멀었느냐?
너희는 나의 종이다. 그런데 보고 있지 않구나!
너희는 내가 보내는 사자다. 그런데 듣고 있지 않구나!
내가 믿었던 백성이, 하나님의 종들이
장님이다. 작심하고 눈을 감아 버린 장님이다!
너희는 많은 것을 보았으나, 제대로 본 것은 아무것도 없다.
전부 다 들었으나, 제대로 들은 것은 아무것도 없다.
하나님께서는 선한 마음으로
자신의 계시를 아낌없이 나누시기로 작정하셨다.
그런데 얻어맞고 윽박지름당하며 살아온 이 백성,
다락, 구석에 갇혀
피해의식에 젖은 채
자기 상처나 핥고 있다.
거기, 누구 듣고 있는 자 없느냐?
지금 벌어지는 일을 주목하는 자 없느냐?
너희는 야곱을 흉악범의 손에 넘기고,
이스라엘에 강도를 풀어 활보하게 한 이가 누구라

Make GOD's glory resound;
echo his praises from coast to coast.
GOD steps out like he means business.
You can see he's primed for action.
He shouts, announcing his arrival;
he takes charge and his enemies fall into line:
"I've been quiet long enough.
I've held back, biting my tongue.
But now I'm letting loose, letting go,
like a woman who's having a baby–
Stripping the hills bare,
withering the wildflowers,
Drying up the rivers,
turning lakes into mudflats.
But I'll take the hand of those who don't know the way,
who can't see where they're going.
I'll be a personal guide to them,
directing them through unknown country.
I'll be right there to show them what roads to take,
make sure they don't fall into the ditch.
These are the things I'll be doing for them–
sticking with them, not leaving them for a minute."

17 But those who invested in the no-gods
are bankrupt–dead broke.

You've Seen a Lot, but Looked at Nothing

18-25 Pay attention! Are you deaf?
Open your eyes! Are you blind?
You're my servant, and you're not looking!
You're my messenger, and you're not listening!
The very people I depended upon, servants of GOD,
blind as a bat–willfully blind!
You've seen a lot, but looked at nothing.
You've heard everything, but listened to nothing.
GOD intended, out of the goodness of his heart,
to be lavish in his revelation.
But this is a people battered and cowed,
shut up in attics and closets,
Victims licking their wounds,
feeling ignored, abandoned.
But is anyone out there listening?
Is anyone paying attention to what's coming?

고 생각하느냐?
하나님이 아니시더냐? 우리는 이 하나님께 죄를 범했다.
그분이 명령하신 것을 행하지 않았고,
그분이 말씀하신 바를 듣지 않았다.
이 모든 일 뒤에는 하나님의 진노가,
하나님의 심판하시는 능력이 있지 않더냐?
그런데, 자기 세상 전부가 무너졌는데, 그들은 여전히 깨닫지 못했다.
자기 삶이 폐허가 되었는데도, 그들은 여전히 마음에 새기지 않는다.

43
1-4 그러나 이제, 하나님의 메시지를 들어라.
애초에 너, 야곱을 만드신 하나님,
너, 이스라엘을 시작하신 분의 말씀이다.
"두려워하지 마라. 내가 너를 속량했다.
내가 네 이름을 불렀다. 너는 내 것이다.
네가 길을 잃고 갈팡질팡할 때, 내가 함께할 것이다.
네가 물에 빠져 허우적거릴 때, 가라앉게 내버려 두지 않을 것이다.
사면초가에 처해도,
그것이 네게 막다른 골목이 되지 않으리라.
나는 하나님, 곧 너의 하나님,
'이스라엘의 거룩한 이', 너의 구원자이기 때문이다.
나는 어마어마한 값을 치르고 너를 샀다. 너를 얻으려고
이집트를 다, 귀중한 구스와 스바도 같이, 내놓았다!
너는 내게 그만큼 소중하다!
내가 너를 그만큼 사랑한다!
너를 얻기 위해서라면 나는 온 세상도 팔 수 있다.
창조세계와 너를 맞바꿀 수도 있다.

5-7 그러니 두려워하지 마라. 내가 너와 함께한다.
너의 흩어진 자녀들을 내가 다시 불러 모을 것이다.
동쪽과 서쪽에서 그들을 끌어모을 것이다.
내가 북쪽과 남쪽으로 명령을 보낼 것이다.
'그들을 다시 보내라.
먼 땅에 있는 내 아들들,
먼 곳에 있는 내 딸들을 돌려보내라.
내가 되돌려 받고자 한다. 내 이름을 지니고 있는 사람 모두.
내 영광을 위해 창조한 이들,
친히 내가 하나하나 빚어 만든 그들,

Who do you think turned Jacob over to the thugs,
let loose the robbers on Israel?
Wasn't it GOD himself, this God against whom we've sinned—
not doing what he commanded,
not listening to what he said?
Isn't it God's anger that's behind all this,
God's punishing power?
Their whole world collapsed but they still didn't get it;
their life is in ruins but they don't take it to heart.

When You're Between a Rock and a Hard Place

43
1-4 But now, GOD's Message,
the God who made you in the first place, Jacob,
the One who got you started, Israel:
"Don't be afraid, I've redeemed you.
I've called your name. You're mine.
When you're in over your head, I'll be there with you.
When you're in rough waters, you will not go down.
When you're between a rock and a hard place,
it won't be a dead end—
Because I am GOD, your personal God,
The Holy of Israel, your Savior.
I paid a huge price for you:
all of Egypt, with rich Cush and Seba thrown in!
That's how much you mean to me!
That's how much I love you!
I'd sell off the whole world to get you back,
trade the creation just for you.

5-7 "So don't be afraid: I'm with you.
I'll round up all your scattered children,
pull them in from east and west.
I'll send orders north and south:
'Send them back.
Return my sons from distant lands,
my daughters from faraway places.
I want them back, every last one who bears my name,
every man, woman, and child
Whom I created for my glory,

한 사람도 빠짐없이, 다 돌려보내라."

yes, personally formed and made each one.'"

8-13 눈먼 자들과 귀먹은 자들을 불러 준비하게 하여라.
(눈은 멀쩡한데) 눈먼 자들,
(귀는 멀쩡한데) 귀먹은 자들 말이다.
다른 민족들도 나와서 준비하게 하여라.
그들이 무슨 말을 할지,
벌어진 일에 대해 무슨 설명을 내놓을지 보자.
그들로 하여금 노련한 증인들을 내세워
변론하게 해보아라.
자기들 말이 옳다는 것을 설득해 보게 하여라.
"그러나 내 증인은 너희다." 하나님의 포고다.
"너희는 나의 종이다. 나를 알고 신뢰하라고,
내가 존재한다는 것과 내가 어떤 존재인지를 깨달아 알라고,
내 손으로 직접 고른 나의 종이다.
나 이전부터 존재한 신이나,
나 이후에도 존재할 신 같은 것은 없다.
그렇다. 내가 하나님이다.
존재하는 유일한 구원자다.
내가 말했고, 내가 구원했으며,
건방진 신들이 설치기 훨씬 이전의 일들을 너희에게 일러 주었다.
너희도 알고 있다. 너희가 내 증인이고,
내 증거물이라는 사실을." 하나님의 포고다.
"그렇다. 내가 하나님이다.
언제나 그랬고,
언제까지나 그럴 것이다.
내게서 무엇을 앗아 갈 자 아무도 없다.
내가 만든 것을 누가 없앨 수 있겠느냐?"

8-13 Get the blind and deaf out here and ready—
the blind (though there's nothing wrong with their eyes)
and the deaf (though there's nothing wrong with their ears).
Then get the other nations out here and ready.
Let's see what they have to say about this,
how they account for what's happened.
Let them present their expert witnesses
and make their case;
let them try to convince us what they say is true.
"But *you* are my witnesses." GOD's Decree.
"You're my handpicked servant
So that you'll come to know and trust me,
understand both *that* I am and *who* I am.
Previous to me there was no such thing as a god,
nor will there be after me.
I, yes I, am GOD.
I'm the only Savior there is.
I spoke, I saved, I told you what existed
long before these upstart gods appeared on the scene.
And you know it, you're my witnesses,
you're the evidence." GOD's Decree.
"Yes, I am God.
I've always been God
and I always will be God.
No one can take anything from me.
I make; who can unmake it?"

너희는 나를 거들떠보지도 않았다

14-15 하나님, 너희 속량자,
'이스라엘의 거룩하신 분'께서 말씀하신다.
"내가 너를 위해 바빌론으로 행군해 갈 것이다.
바빌론 사람들에게 보복할 것이다.
야단법석을 떨던 그들,
통곡하게 되리라.
나는 하나님, 너희의 거룩한 이,
이스라엘의 창조자, 너희의 왕이다."

You Didn't Even Do the Minimum

14-15 GOD, your Redeemer,
The Holy of Israel, says:
"Just for you, I will march on Babylon.
I'll turn the tables on the Babylonians.
Instead of whooping it up,
they'll be wailing.
I am GOD, your Holy One,
Creator of Israel, your King."

16-21 하나님께서 말씀하신다.
대양 가운데 길을 내시고

16-21 This is what GOD says,
the God who builds a road right through the

거센 물결 사이로 길을 뚫으시는 하나님,
말과 전차와 군대를 소환하시면
다 쓰러져 일어나지 못하고
촛불처럼 꺼져 버리고 마는, 그 하나님께서 말씀하신다.
"지금까지 있었던 일들은 잊어라.
지나간 역사에 연연하지 마라.
다만, 깨어 있어라. 현재에 깨어 있어라.
이제 나는 전혀 새로운 일을 행할 것이다.
이미 시작되었다! 보이지 않느냐?
여기를 보아라! 내가 사막 가운데 길을 내고,
황무지에 강을 낼 것이다.
들짐승들이, 이리와 독수리들이
'감사합니다!' 하고 외칠 것이다.
내가 사막에 물을 가져오고
바싹 마른 땅에 강이 흐르게 하여,
나의 택한 백성이 그 물을 마시게 하기 때문이다.
그들은 나를 위해 특별히 만든 백성,
나를 찬양하라고 특별히 지은 백성이다.

22-24 그런데 야곱아, 너는 나를 거들떠보지도 않았다.
이스라엘아, 너는 빨리도 나에게 싫증을 냈다.
너는 양을 제물로 바치는 일도 하지 않으려 했다.
희생 제물을 바치는 일에도 전혀 관심이 없었다.
나는 너에게 많은 것을 요구하지 않았다.
값비싼 선물도 기대하지 않았다.
그런데 너는 최소한의 성의도 보이지 않았다.
내게 참으로 인색했다. 구두쇠처럼 굴었다.
그런데 네가 죄를 짓는 일에는 인색하지 않았다.
죄 앞에서는 손이 너무도 컸다. 나는 이제 지쳤다.

25 그러나 나는, 그렇다,
너의 죄를 처리해 주는 이다. 그것이 내가 하는 일이다.
나는 너의 죄 목록을 보관하지 않고 있다.

26-28 그러니, 내게 맞서 변론을 해보아라. 공개토론을 해보자.
너의 주장을 펼쳐 보아라. 네가 옳다는 것을 증명해 보아라.
너의 처음 조상이 범죄행위를 시작했고,
그 후로 모두가 동참했다.
그것이 내가 성전 지도자들의 자격을 박탈하고,

ocean,
who carves a path through pounding waves,
The God who summons horses and chariots and armies—
they lie down and then can't get up;
they're snuffed out like so many candles:
"Forget about what's happened;
don't keep going over old history.
Be alert, be present. I'm about to do something brand-new.
It's bursting out! Don't you see it?
There it is! I'm making a road through the desert,
rivers in the badlands.
Wild animals will say 'Thank you!'
—the coyotes and the buzzards—
Because I provided water in the desert,
rivers through the sun-baked earth,
Drinking water for the people I chose,
the people I made especially for myself,
a people custom-made to praise me.

22-24 "But you didn't pay a bit of attention to me, Jacob.
You so quickly tired of me, Israel.
You wouldn't even bring sheep for offerings in worship.
You couldn't be bothered with sacrifices.
It wasn't that I asked that much from you.
I didn't expect expensive presents.
But you didn't even do the minimum—
so stingy with me, so closefisted.
Yet you haven't been stingy with your sins.
You've been plenty generous with them—and I'm fed up.

25 "But I, yes I, am the one
who takes care of your sins—that's what I do.
I don't keep a list of your sins.

26-28 "So, make your case against me. Let's have this out.
Make your arguments. Prove you're in the right.
Your original ancestor started the sinning,
and everyone since has joined in.
That's why I had to disqualify the Temple leaders,

야곱을 버리며, 이스라엘을 불신할 수밖에 없었던 이유다."

나 같은 반석은 없다

44 1-5 "그러나 사랑하는 종 야곱아,
내가 친히 뽑은 너, 이스라엘아, 이제 들어라.
너를 만든 하나님이 네게 말한다.
모태에서 너를 빚은 그 하나님이 너를 도우려 한다.
사랑하는 종 야곱아,
내가 택한 여수룬아, 두려워하지 마라.
내가 메말랐던 땅에 물을 쏟아붓고,
바싹 말랐던 땅에 시내가 흐르게 할 것이다.
네 자손에게 나의 영을 부어 주며,
네 자녀들에게 나의 복을 부어 주리라.
그들이 초원의 풀처럼,
시냇가의 버들처럼 쑥쑥 자랄 것이다.
누구는 '나는 하나님의 것이다' 말하고,
누구는 자기 이름을 야곱이라 할 것이다.
또 누군가는 자기 손에 '이 몸은 하나님의 것'이라 쓰고 다니며
이스라엘이라 불리기를 자랑스러워할 것이다."

6-8 하나님, 이스라엘의 왕,
너희를 속량한 자, 만군의 하나님께서 말씀하신다.
"나는 시작이요 끝이며, 그 사이의 모든 것이다.
나는 존재하는 유일한 하나님이다.
나와 견줄 자 누구냐?
한번 나서 보아라. 어디, 자격이 되는지 보자.
처음부터 앞으로 될 일을 예고한 이가 나 말고 또 누가 있느냐?
있다면, 한번 말해 보아라. 이제 무슨 일이 있겠느냐? 누가 말해 보겠느냐?
두려워하지 마라. 염려하지 마라.
내가 너희에게 늘 알리지 않았더냐? 무슨 일인지 말해 주지 않았더냐?
너희는 나의 증인들이다.
너희가 나 말고 다른 하나님을 만나 본 적 있느냐?
나 같은 반석은 없다. 내가 아는 한, 없다."

어리석은 우상숭배자들

9-11 우상을 만드는 자들은 모두 허망한 존재에 불

repudiate Jacob and discredit Israel."

Proud to Be Called Israel

44 1-5 "But for now, dear servant Jacob, listen—
yes, you, Israel, my personal choice.
GOD who made you has something to say to you;
the God who formed you in the womb wants to help you.
Don't be afraid, dear servant Jacob,
Jeshurun, the one I chose.
For I will pour water on the thirsty ground
and send streams coursing through the parched earth.
I will pour my Spirit into your descendants
and my blessing on your children.
They shall sprout like grass on the prairie,
like willows alongside creeks.
This one will say, 'I am GOD's,'
and another will go by the name Jacob;
That one will write on his hand 'GOD's property'—
and be proud to be called Israel."

6-8 GOD, King of Israel,
your Redeemer, GOD-of-the-Angel-Armies, says:
"I'm first, I'm last, and everything in between.
I'm the only God there is.
Who compares with me?
Speak up. See if you measure up.
From the beginning, who else has always announced what's coming?
So what is coming next? Anybody want to venture a try?
Don't be afraid, and don't worry:
Haven't I always kept you informed, told you what was going on?
You're my eyewitnesses:
Have you ever come across a God, a real God, other than me?
There's no Rock like me that I know of."

Lover of Emptiness

9-11 All those who make no-god idols don't
amount to a thing, and what they work so hard
at making is nothing. Their little puppet-gods

과하다. 그들이 땀 흘려 만들어 내는 것은 아무 쓸모가 없다. 시시한 장난감 신들, 그것들은 아무것도 못 보고 아무것도 모른다. 그저 해괴망측할 뿐이다! 아무것도 하지 못하는 신들, 신이라고 할 수도 없는 것들을 만들어 내는 자 누구냐? 부끄러워 얼굴을 들지 못하는 저 꼴을 보아라. 자기들이 만든 우상들이 기대를 저버리자, 창피해서 슬금슬금 꽁무니를 빼는 저 모습을 보아라. 그들을 이곳 광장에 데리고 나와 세워라. 그들에게 하나님의 실재를 대면시켜라.

12 대장장이가 자기 우상을 만든다. 그의 대장간에서, 모루 위에 올려놓고 망치로 탕탕 두들겨 만들어 낸다. 참 고된 일이다! 허기지고 목말라 지친 모습으로 그는 일을 마친다.

13-17 목수가 자기 우상을 만들 계획을 세우고 나무토막 위에 도면을 그린다. 끌질을 하고 대패질을 해서 사람 모양을 만든다. 근사한 미남, 미녀 모양으로 만들어 예배당에 갖다 두려는 것이다. 우선 백향목을 베어 오거나, 소나무나 상수리나무를 고르고, 그것이 숲 속에서 비를 맞고 잘 클 때까지 기다린다. 나무가 다 자라면 그는 그것을 두 가지 용도로 쓴다. 일부는 집을 데우거나 빵 굽는 데 필요한 땔감으로 쓰고, 남는 것으로 자기가 숭배할 신을 만든다. 잘 깎아 신의 모양을 만든 다음 그것 앞에서 기도하려는 것이다. 먼저 그는 나무의 반을 가져와 방을 덥히고 불을 피워 고기를 굽는다. 배불리 먹은 다음, 배를 두드리며 따뜻한 불가에 기대어 앉아 말한다. "아, 이런 게 사는 맛이지." 그 다음에 그는 남은 나무를 가지고 자기 취향에 따라 우상을 디자인한다. 마음 내킬 때 편하게 예배할 수 있도록 간편하고 편리한 우상을 만든다. 그러고 나서 필요할 때마다 그것 앞에서 기도한다. "나를 구원해 주십시오. 당신은 나의 신입니다."

18-19 이 얼마나 바보 같은 짓이냐? 눈이 있어도 보지 못하고 머리가 있어도 생각하지 못하는구나. 아니, 그들에게는 이런 생각이 들지 않더란 말이냐? "내가 이 나무의 반으로 불을 피웠다. 그것으로 빵을 구웠고, 고기를 구웠고, 배불리 먹었다. 그리고 나머지 반으로 우상을 만들었다. 이런 혐오스런 우상을. 아니, 나무 막대기에 불과한 것 앞에서 내가 기도하고 있다니!"

20 허상에 미혹된 자들은 현실감각을 잃어버린 나머지, 자기가 무슨 짓을 하고 있는지 도무지 깨닫지 못한다. 손에 들고 있는 나무 막대기 우상을 보며 "이 무슨 미친 짓인가" 하고 말하지 못한다.

see nothing and know nothing—they're total embarrassments! Who would bother making gods that can't do anything, that can't "*god*"? Watch all the no-god worshipers hide their faces in shame. Watch the no-god makers slink off humiliated when their idols fail them. Get them out here in the open. Make them face God-reality.

12 The blacksmith makes his no-god, works it over in his forge, hammering it on his anvil—such hard work! He works away, fatigued with hunger and thirst.

13-17 The woodworker draws up plans for his no-god, traces it on a block of wood. He shapes it with chisels and planes into human shape—a beautiful woman, a handsome man, ready to be placed in a chapel. He first cuts down a cedar, or maybe picks out a pine or oak, and lets it grow strong in the forest, nourished by the rain. Then it can serve a double purpose: Part he uses as firewood for keeping warm and baking bread; from the other part he makes a god that he worships—carves it into a god shape and prays before it. With half he makes a fire to warm himself and barbecue his supper. He eats his fill and sits back satisfied with his stomach full and his feet warmed by the fire: "Ah, this is the life." And he still has half left for a god, made to his personal design—a handy, convenient no-god to worship whenever so inclined. Whenever the need strikes him he prays to it, "Save me. You're my god."

18-19 Pretty stupid, wouldn't you say? Don't they have eyes in their heads? Are their brains working at all? Doesn't it occur to them to say, "Half of this tree I used for firewood: I baked bread, roasted meat, and enjoyed a good meal. And now I've used the rest to make an abominable no-god. Here I am praying to a stick of wood!"

20 This lover of emptiness, of nothing, is so out of touch with reality, so far gone, that he can't even look at what he's doing, can't even look at the no-god stick of wood in his hand and say, "This is crazy."

21-22 "오, 야곱아, 이것들을 기억하여라.
이스라엘아, 네가 내 종이라는 사실을 엄숙히 받아들여라.
내가 너를 만들었다. 너를 빚어 내었다. 너는 나의 종이다.
오, 이스라엘아, 나는 결코 너를 잊을 수 없다.
내가 너의 모든 죄를 청산해 주었다.
말끔히 없애 주었다.
내게 돌아오너라. 돌아오너라.
내가 너를 속량했다."

23 높은 하늘아, 노래하여라!
하나님께서 이를 이루셨다.
깊은 땅아, 소리쳐라!
너희 산들아, 노래하여라!
상수리나무, 소나무, 백향목들아, 숲 속에서 합창하여라!
하나님께서 야곱을 속량하셨다.
이스라엘에 하나님의 영광이 나타났다.

24 하나님, 너의 구원자,
네 어머니의 태에서 너의 생명을 빚어 내신 분께서 말씀하신다.
"나는 하나님이다. 내가 존재하는 모든 것을 만들었다.
너의 도움 전혀 없이 내가 하늘을 펼치고
땅을 펼쳤다."

25-28 그분께서 마술사들을 우스꽝스럽게 만드시고
점쟁이들을 가소로운 자들로 만들어 버리신다.
전문가들을 시시하게 만드시고
첨단 지식을 바보 같은 소리로 만들어 버리신다.
그러나 당신 종이 하는 말은 뒷받침해 주시며
당신이 보낸 사자의 조언은 확증해 주신다.
그분께서 예루살렘에게 "사람들이 네게 들어와 살 것이다" 말씀하시고
유다의 성읍들에게 "너희는 다시 재건될 것이다" 말씀하시며,
폐허 더미들에게 "내가 너희를 다시 일으켜 세우리라" 말씀하신다.
그분께서 대양에게 "말라 버려라.
내가 강들을 말려 버릴 것이다" 말씀하신다.
그분께서 고레스에게 "내 목자여,
내가 원하는 일 모두를 네가 해낼 것이다" 말씀하신다.
예루살렘에게 "재건될 것이다" 말씀하시고,
성전에게 "다시 세워지리라" 말씀하신다.

21-22 "Remember these things, O Jacob.
Take it seriously, Israel, that you're my servant.
I made you, *shaped* you: You're my servant.
O Israel, I'll never forget you.
I've wiped the slate of all your wrongdoings.
There's nothing left of your sins.
Come back to me, come back.
I've redeemed you."

23 High heavens, sing!
GOD has done it.
Deep earth, shout!
And you mountains, sing!
A forest choir of oaks and pines and cedars!
GOD has redeemed Jacob.
GOD's glory is on display in Israel.

24 GOD, your Redeemer,
who shaped your life in your mother's womb, says:
"I am GOD. I made all that is.
With no help from you I spread out the skies
and laid out the earth."

25-28 He makes the magicians look ridiculous
and turns fortunetellers into jokes.
He makes the experts look trivial
and their latest knowledge look silly.
But he backs the word of his servant
and confirms the counsel of his messengers.
He says to Jerusalem, "Be inhabited,"
and to the cities of Judah, "Be rebuilt,"
and to the ruins, "I raise you up."
He says to Ocean, "Dry up.
I'm drying up your rivers."
He says to Cyrus, "My shepherd–
everything I want, you'll do it."
He says to Jerusalem, "Be built,"
and to the Temple, "Be established."

하나님께서 고레스를 세우시다

45 1-7 하나님께서 당신의 기름부음 받은 자,
고레스에게 주시는 메시지다.
민족들을 길들이고
그 왕들의 간담을 서늘케 하라고
하나님이 친히 그를 붙잡아 세우시며,
전권과 재량을 주시며 말씀하셨다.
"내가 네 앞서 가며,
길을 낼 것이다.
단단한 성문들을 부서뜨리고
굳센 자물쇠를 깨뜨리며, 굳게 잠긴 출입문을 박살내겠다.
내가 너를 보물이 묻혀 있는 곳,
보석이 숨겨 있는 은닉처로 안내하겠다.
그렇게, 너를 지명하여 불러낸 이가 바로 나 하나님,
이스라엘의 하나님임을 확증해 주겠다.
내가 너를 뽑고, 너를 지명하고 불러내어
이 특권을 맡긴 것은,
바로 내 사랑하는 종 야곱,
내가 택한 이스라엘 때문이다.
너는 나를 알지도 못한다!
나는 하나님, 존재하는 유일한 하나님이다.
나 외에 다른 신은 없다.
내가 나를 알지도 못하는 너를
무장시켜 이 일을 맡긴 것은,
동쪽에서 서쪽에 이르기까지 모든 사람으로 하여금
나 외에 다른 신이 없다는 것을 알게 하려는 것이다.
나는 하나님, 존재하는 유일한 하나님이다.
나는 빛을 만들고, 어둠을 창조하며,
조화를 만들고, 불화를 창조한다.
나 하나님이 이 모든 일을 이룬다.

8-10 열려라, 하늘아, 비를 내려라.
구름들아, 나의 의를 쏟아부어라!
땅아, 다 내놓아라. 구원을 꽃피게 하여라.
의로운 삶을 싹트게 하여라.
나 하나님이 이 모든 일을 일으키리라.
그러나 자신의 창조자와 맞서 싸우는 자들에게는 화가 있으리라.
그들은 토기장이에게 맞서는 토기와 같다!
진흙이 토기장이에게
'이게 뭡니까? 정말 형편없는 솜씨군요!' 하고 대드는 법이 있느냐?
정자가 그 주인에게
'누구 허락을 받아 날 가지고 아기를 만듭니까?' 하거나
태아가 엄마에게

The God Who Forms Light and Darkness

45 1-7 GOD's Message to his anointed,
to Cyrus, whom he took by the hand
To give the task of taming the nations,
of terrifying their kings—
He gave him free rein,
no restrictions:
"I'll go ahead of you,
clearing and paving the road.
I'll break down bronze city gates,
smash padlocks, kick down barred entrances.
I'll lead you to buried treasures,
secret caches of valuables—
Confirmations that it is, in fact, I, GOD,
the God of Israel, who calls you by your name.
It's because of my dear servant Jacob,
Israel my chosen,
That I've singled you out, called you by name,
and given you this privileged work.
And you don't even know me!
I am GOD, the only God there is.
Besides me there are no real gods.
I'm the one who armed you for this work,
though you don't even know me,
So that everyone, from east to west, will know
that I have no god-rivals.
I am GOD, the only God there is.
I form light and create darkness,
I make harmonies and create discords.
I, GOD, do all these things.

8-10 "Open up, heavens, and rain.
Clouds, pour out buckets of my goodness!
Loosen up, earth, and bloom salvation;
sprout right living.
I, GOD, generate all this.
But doom to you who fight your Maker—
you're a pot at odds with the potter!
Does clay talk back to the potter:
'What are you doing? What clumsy fingers!'
Would a sperm say to a father,
'Who gave you permission to use me to make a baby?'

'왜 뱃속에 날 가두는 거예요?' 하고 말할 수 있느냐?"

11-13 하나님, 이스라엘의 거룩하신 분, 이스라엘의 창조자께서 말씀하신다.
"내가 누구를 만드는지, 무엇을 만드는지, 너희가 왈가왈부하느냐?
내가 무엇을 할 수 있고, 무엇을 할 수 없는지, 너희가 따지려 드느냐?
내가 땅을 만들었고,
거기에 살 사람들을 창조했다.
내가 하늘을 직접 만들었고,
별들의 움직임을 지도했다.
그런 내가 이제 고레스를 일으켰다.
그 앞에 레드 카펫을 깔아 주었다.
그가 내 성읍을 건설할 것이다.
그가 내 유랑민들을 고향으로 데리고 올 것이다.
내가 이 일을 위해 보수를 주고 그를 고용하지 않았다.
다만 그에게 명령을 내렸다.
나 만군의 하나님이."

14 하나님께서 말씀하신다.

"이집트의 일꾼들, 에티오피아의 상인들,
훤칠한 스바 사람들이 모두
너에게 올 것이다. 모두 너의 것이 될 것이다.
사슬에 묶인 채 고분고분하게 너를 따르고,
공손하게 두 손 모아 네 앞에서 기도하며 말하리라.
'놀랍습니다! 하나님이 당신과 함께하십니다!
다른 신은 없습니다.'"

15-17 분명, 주님은 배후에서 일하시는 하나님,
이스라엘의 하나님, 구원자 하나님이십니다.
그들은 모두 부끄러움을 당하여,
얼굴을 들지 못하게 될 것입니다.
우상을 만드는 자들, 일을 잃고 갈팡질팡하며
어쩔 줄 몰라 할 것입니다.
그러나 하나님, 이스라엘 백성은 주가 구원해 주셨습니다.
주께서 영원한 구원을 베풀어 주셨습니다.
그들은 수치를 당하지 않고,
갈팡질팡하는 일도 없을 것입니다.

18-24 하나님은 하늘을 창조하신 분.
기억하여라. 그분은 하나님이시다.

Or a fetus to a mother,
'Why have you cooped me up in this belly?'"

11-13 Thus GOD, The Holy of Israel, Israel's Maker, says:
"Do you question who or what I'm making?
Are you telling me what I can or cannot do?
I made earth,
and I created man and woman to live on it.
I handcrafted the skies
and direct all the constellations in their turnings.
And now I've got Cyrus on the move.
I've rolled out the red carpet before him.
He will build my city.
He will bring home my exiles.
I didn't hire him to do this. I *told* him.
I, GOD-of-the-Angel-Armies."

14 GOD says:

"The workers of Egypt, the merchants of Ethiopia,
and those statuesque Sabeans
Will all come over to you – all yours.
Docile in chains, they'll follow you,
Hands folded in reverence, praying before you:
'Amazing! God is with you!
There is no other God – none.'"

Look at the Evidence

15-17 Clearly, you are a God who works behind the scenes,
God of Israel, Savior God.
Humiliated, all those others
will be ashamed to show their faces in public.
Out of work and at loose ends, the makers of no-god idols
won't know what to do with themselves.
The people of Israel, though, are saved by you, GOD,
saved with an eternal salvation.
They won't be ashamed,
they won't be at loose ends, ever.

그분이 땅을 만드셨고,
태초에 땅의 기초를 세우셨다.
그분은 땅을 텅 빈 곳이 되게 하시려고
그런 수고를 들이신 것이 아니라,
생명이 살 수 있는 곳이 되게 하시려고 땅을 만드셨다.

이 하나님께서 말씀하신다.

"나는 하나님이다.
오직 나만이 그렇다.
나는 혼잣말을 중얼거리거나
웅얼대며 말하는 이가 아니다.
나는 야곱에게
'나를 공허 속에서, 어두운 무(無)에서 찾으라'고 말해
본 적이 없다.
나는 하나님이다. 나는 공공연하게 일하고
옳은 것을 말하며, 모든 일을 바로잡아 준다.
그러니 너희 모든 피난민, 버림받은 자들아,
함께 모여서, 오너라.
그들, 참으로 아둔하기 짝이 없다.
나무토막 신들을 지고 다니며,
죽은 막대기에다 도움을 청하는 자들 말이다.
네 생각을 말해 보아라. 증거를 보아라.
머리를 써 보아라. 변론을 해보아라.
지금 일어나고 있는 이 일을 이미 오래전에 네게 일러
준 이가 누구냐?
네가 사태를 이해하도록 도운 이가 누구냐?
바로 나, 하나님이 아니냐?
나일 수밖에 없다. 내가 유일한 하나님이기 때문이다.
모든 일을 바로잡고
도움을 베풀 수 있는 하나님은 오직 나밖에 없다.
그러니 어디에 사는 누구든지,
모두 내게 돌아와 도움을 받아라. 구원을 받아라!
나는 하나님이다.
유일무이한 하나님이다.
내가 나의 이름으로 약속한다.
내 입에서 나오는 모든 말은 그대로 이루어진다.
나는 내 말을 도로 담는 법이 없다.
결국 모두가 내 앞에 무릎 꿇게 될 것이다.
결국 모두가 나에 대해 이렇게 말하게 될 것이다.
'그렇습니다! 구원과 능력은 하나님께 있습니다!'"

24-25 그분께 맞서 사납게 날뛰던 자들
다 그분 앞에 서게 되고,
그 불신으로 인해 부끄러움을 당하게 될 것이다.

18-24 GOD, Creator of the heavens—
he is, remember, *God*.
Maker of earth—
he put it on its foundations, built it from scratch.
He didn't go to all that trouble
to just leave it empty, nothing in it.
He made it to be lived in.

This GOD says:

"I am GOD,
the one and only.
I don't just talk to myself
or mumble under my breath.
I never told Jacob,
'Seek me in emptiness, in dark nothingness.'
I am GOD. I work out in the open,
saying what's right, setting things right.
So gather around, come on in,
all you refugees and castoffs.
They don't seem to know much, do they—
those who carry around their no-god blocks of wood,
praying for help to a dead stick?
So tell me what you think. Look at the evidence.
Put your heads together. Make your case.
Who told you, and a long time ago, what's going on here?
Who made sense of things for you?
Wasn't I the one? GOD?
It had to be me. I'm the only God there is—
The only God who does things right
and knows how to help.
So turn to me and be helped—saved!—
everyone, whoever and wherever you are.
I am GOD,
the only God there is, the one and only.
I promise in my own name:
Every word out of my mouth does what it says.
I never take back what I say.
Everyone is going to end up kneeling before me.
Everyone is going to end up saying of me,
'Yes! Salvation and strength are in GOD!'"

그러나 이스라엘과 연결된 자들은 모두,
하나님 안에서 힘과 찬양과 복이 넘치는 삶을 누리게 되리라!

바빌론 신들의 몰락

46 1-2 벨 신이 쓰러진다. 느보 신이 고꾸라진다.
그 나무토막 신들이 노새 등에 실려,
가련한 노새 등에 실려
끌려간다.
짐을 지어 주기는커녕, 과중한 짐만 되어,
포로로 끌려간다.

3-4 "야곱 가문아, 이스라엘 가문의 남은 자들아,
내 말에 귀 기울여라.
나는, 너희가 태어난 날부터 지금까지
너희를 내 등에 업고 다녔다.
너희가 늙어도 나는 계속 너희를 업고 다닐 것이다.
늙어 머리가 희끗희끗해져도 너희를 지고 다닐 것이다.
지금까지 그렇게 해왔고, 앞으로도 그럴 것이다.
내 등에 너희를 업고 다닐 것이다. 너희를 구원해 줄 것이다.

5-7 그러니, 나를 누구와 비교하겠느냐? 비교할 수 없는 나를!
나를 무엇에 견주는 것은 곧 나를 격하시키는 일이 아니냐?
돈 많은 자들이 장인을 고용해
신상을 만들게 한다.
제작을 마친 기술공이 신상을 배달해 주면
그들은 그 앞에 무릎 꿇고 절한다!
그것을 지고 다니며 종교행렬을 벌이고는
집에 가져가 선반 위에 둔다.
그것은 놓인 그 자리에 밤낮으로
꼼짝 않고 그대로 앉아 있다.
그것에 무슨 말이든 해보아라. 결코 대꾸하는 법이 없다.
물론, 무슨 일을 하는 법도 없다!

8-11 잘 생각하여라. 숙고하여라.
반역자들아, 명심하여라. 이것은 심각한 일이다.
너희 역사를 기억하여라.
그 다사다난했던 시간을 기억하여라.
나는 하나님이다. 너희에게 유일한 하나님이었

24-25 All who have raged against him
will be brought before him,
disgraced by their unbelief.
And all who are connected with Israel
will have a robust, praising, good life in GOD!

This Is Serious Business, Rebels

46 1-2 The god Bel falls down, god Nebo slumps.
The no-god hunks of wood are loaded on mules
And have to be hauled off,
wearing out the poor mules—
Dead weight, burdens who can't bear burdens,
hauled off to captivity.

3-4 "Listen to me, family of Jacob,
everyone that's left of the family of Israel.
I've been carrying you on my back
from the day you were born,
And I'll keep on carrying you when you're old.
I'll be there, bearing you when you're old and gray.
I've done it and will keep on doing it,
carrying you on my back, saving you.

5-7 "So to whom will you compare me, the Incomparable?
Can you picture me without reducing me?
People with a lot of money
hire craftsmen to make them gods.
The artisan delivers the god,
and they kneel and worship it!
They carry it around in holy parades,
then take it home and put it on a shelf.
And there it sits, day in and day out,
a dependable god, always right where you put it.
Say anything you want to it, it never talks back.
Of course, it never *does* anything either!

8-11 "Think about this. Wrap your minds around it.
This is serious business, rebels. Take it to heart.
Remember your history,
your long and rich history.
I am GOD, the only God you've had or ever will have—

고, 앞으로도 그럴 것이다.
비교할 수 없고 대체할 수 없는 하나님이다.
맨 처음부터 나는
끝이 어떻게 될 것인지 너희에게 알려 주었고,
앞으로 일어날 일을 늘 일러 주었다.
'이는 내가 오래전부터 벌여 온 일,
나는 내가 계획한 일을 그대로 이룰 것이다'라고
너희에게 확신시켰고,
동쪽 먼 나라에서 그 독수리를 불러왔다.
나의 일을 돕는 자로 고레스를 택했다.
내가 말했으니, 내가 틀림없이 이룰 것이다.
내가 계획한 일이니, 이미 된 것이나 다름없다.

12-13 이제 내게 귀 기울여라,
돕기 어려운 고집불통들아.
나는 당장이라도 너희를 도울 준비가 되어 있다.
구원은 장기계획이 아니다.
구원은 지체 없이 온다.
나는 이미 시온에 구원을,
이스라엘에 영광을 일으키고 있다."

파티는 끝났다

47 1-3 "너, 처녀 딸 바빌론아,
네 높은 말에서 내려와 먼지 더미 위에 앉아라.
딸 갈대아야,
이제 네가 앉을 보좌는 없다. 바닥에나 앉아라.
이제는 누구도 너를 매력적이라,
매혹적이라 부르지 않는다. 현실을 받아들여라.
일자리를 찾아라. 무슨 일이든.
하수도나 화장실 청소 같은 일이라도 찾아보아라.
드레스와 스카프는 전당포에 맡기고
작업복으로 갈아입어라. 파티는 끝났다.
너는 알몸으로 거리에서
저급한 조롱을 당하리라.
보복의 때가 왔다. 내가 보복을 행하리라.
누구도 빠져나갈 수 없다."

4-13 우리의 속량자,
그 이름이 만군의 하나님이신, '이스라엘의 거룩하신 분'께서 말씀하신다.
"딸 갈대아야,
입 다물고 비켜서라.
이제 너는 더 이상
'만국의 으뜸'이라 불리지 않을 것이다.

incomparable, irreplaceable—
From the very beginning
telling you what the ending will be,
All along letting you in
on what is going to happen,
Assuring you, 'I'm in this for the long haul,
I'll do exactly what I set out to do,'
Calling that eagle, Cyrus, out of the east,
from a far country the man I chose to help me.
I've said it, and I'll most certainly do it.
I've planned it, so it's as good as done.

12-13 "Now listen to me:
You're a hardheaded bunch and hard to help.
I'm ready to help you right now.
Deliverance is not a long-range plan.
Salvation isn't on hold.
I'm putting salvation to work in Zion now,
and glory in Israel."

The Party's Over

47 1-3 "Get off your high horse and sit in the dirt,
virgin daughter of Babylon.
No more throne for you—sit on the ground,
daughter of the Chaldeans.
Nobody will be calling you 'charming'
and 'alluring' anymore. Get used to it.
Get a job, any old job:
Clean gutters, scrub toilets.
Hock your gowns and scarves,
put on overalls—the party's over.
Your nude body will be on public display,
exposed to vulgar taunts.
It's vengeance time, and I'm taking vengeance.
No one gets let off the hook."

You're Acting Like the Center of the Universe

4-13 Our Redeemer speaks,
named GOD-of-the-Angel-Armies, The Holy of Israel:
"Shut up and get out of the way,
daughter of Chaldeans.
You'll no longer be called
'First Lady of the Kingdoms.'

나는 내 백성에게 질렸고,
내 자손에게 넌더리가 났다.
그래서 그들을 네게 넘겨주었다.
그런데 너는 전혀 동정심이 없었다.
너는 나이 든 노인들까지도
무자비한 중노동을 시켰다.
너는 '내가 최고야.
나는 만인의 영원한 연인'이라고 말했다.
너는 어떤 것도 진지하게 받아들이지 않고, 어떤 것도 마음에 새기지 않았다.
내일을 생각하지 않고 하루하루를 살았다.
그러니 방탕한 여인아, 이제부터라도 생각을 가져라.
너는 세상의 중심인 양 굴면서
속으로 '내가 최고다. 나 말고 누가 있나.
나는 과부가 될 일도, 자녀를 잃을 일도 없다'고 으스댄다.
그러나 그 두 가지 일이 동시에 네게 닥칠 것이다.
한날에, 느닷없이,
너는 남편과 자식을 잃게 될 것이다.
그 많은 마력과 매력을 갖고도, 속절없이 모두를 잃게 될 것이다.
너는 '누가 보랴' 하며
대담하고 속편하게, 악하게 살았다.
스스로 똑똑하다고, 모르는 것이 없노라 여겼다.
대단한 망상이다!
속으로 '내가 최고다. 나 말고 누가 있나'며 으스대던 너에게,
파멸이 임한다.
네 매력으로 막지 못한다.
재난이 들이닥친다.
네 마력으로도 쫓아내지 못한다.
대재앙이, 대대적인 재난이 돌연히 닥친다.
너는 그저 망연자실할 뿐이다!
그러나 포기하지 마라. 네 커다란 마법 창고에
아직 시도해 보지 않은 무엇이 남아 있을지 모르니.
하루 이틀 해온 일이 아닐 테니,
분명 무엇 하나는 통하는 것이 있지 않겠느냐?
온갖 시도를 해보느라 이제 지쳤다는 것을 안다만,
그래도 포기하지 마라.
점성가들, 별을 뚫어져라 쳐다보는 자들을 불러 보아라.
이런 일에 능한 자들이니 뭔가 대책을 내놓지 않겠느냐!

14-15 그러나 가망이 없구나.

I was fed up with my people,
thoroughly disgusted with my progeny.
I turned them over to you,
but you had no compassion.
You put old men and women
to cruel, hard labor.
You said, 'I'm the First Lady.
I'll always be the pampered darling.'
You took nothing seriously, took nothing to heart,
never gave tomorrow a thought.
Well, start thinking, playgirl.
You're acting like the center of the universe,
Smugly saying to yourself, 'I'm Number One.
There's nobody but me.
I'll never be a widow, I'll never lose my children.'
Those two things are going to hit you both at once,
suddenly, on the same day:
Spouse and children gone, a total loss,
despite your many enchantments and charms.
You were so confident and comfortable in your evil life,
saying, 'No one sees me.'
You thought you knew so much, had everything figured out.
What delusion!
Smugly telling yourself, 'I'm Number One.
There's nobody but me.'
Ruin descends –
you can't charm it away.
Disaster strikes –
you can't cast it off with spells.
Catastrophe, sudden and total –
and you're totally at sea, totally bewildered!
But don't give up. From your great repertoire
of enchantments there must be one you haven't yet tried.
You've been at this a long time.
Surely *something* will work.
I know you're exhausted trying out remedies,
but don't give up.
Call in the astrologers and stargazers.
They're good at this. Surely they can work up something!

지푸라기라도 잡으려 한다만,
그것마저 맹렬한 불에 타고 있다.
너의 '전문가들', 그 불구덩이 안에 갇힌 채, 나오지 못한다.
그 불은 고깃국이나 끓이고,
추위나 녹이는 불이 아니다!
평생 너와 한통속이었던 네 친구와 동료들,
그 마술사와 마법사들이 처할 운명이 바로 이러하다.
그들, 어찌할 바를 몰라 자기들끼리 부딪힌다.
너를 도울 수 있는 형편이 아니다."

하나님께서 새 일을 약속하시다

48 1-11 "야곱 가문아, 이스라엘이라는 이름으로 불리는 너희여,
이제 귀 기울여 들어라.
너희를 유다의 허리에서 시작케 한 이가 누구냐?
너희는 하나님의 이름으로 맹세하고
이스라엘의 하나님께 기도한다만,
그것이 진심이냐?
맹세한 대로 실천하느냐?
너희는 스스로를 거룩한 도성의 시민이라 주장한다.
이스라엘의 하나님,
그 이름이 만군의 하나님이신 분을 의지하는 것처럼 군다.
지금까지 나는 오랫동안 너희와 함께해 왔다.
내가 무슨 일을 할지 미리 너희에게 일러 주었고,
그 일을 행했으며, 실제로 일이 이루어졌다.
너희는 마음이 완고하고 얼굴에 철판을 깐
고집불통들이다. 나는 그 사실을 잘 알고 있다.
그래서 일이 일어나기 전에 먼저
무슨 일이 있을지 너희에게 미리 알려 준 것이다.
그러니 너희는 이제 와서
'이는 내 신-우상이 한 일이다'
'내가 제일 좋아하는 조각신상이 명령한 일이다'라고 말할 수 없다.
너희는 모든 증거를 보았다.
너희 눈과 귀로 직접 확인했다.
그런데 왜 그렇게 잠자코 있느냐?
그러나 이것은 시작일 뿐이다.
너희에게 말해 줄 일들이 아직 많이 남아 있다.
너희가 전혀 들어 보지 못한 일들이다.
같은 바탕에 무늬만 새로워진 것이 아니라
전적으로 새로운 일,
너희가 짐작도 못하고 꿈도 꾸지 못한 일이다.
듣고서 '익히 알고 있던 내용'이라고 말할 수 없는

14-15 "Fat chance. You'd be grasping at straws
that are already in the fire,
A fire that is even now raging.
Your 'experts' are in it and won't get out.
It's not a fire for cooking venison stew,
not a fire to warm you on a winter night!
That's the fate of your friends in sorcery, your magician buddies
you've been in cahoots with all your life.
They reel, confused, bumping into one another.
None of them bother to help you."

Tested in the Furnace of Affliction

48 1-11 "And now listen to this, family of Jacob,
you who are called by the name Israel:
Who got you started in the loins of Judah,
you who use GOD's name to back up your promises
and pray to the God of Israel?
But do you mean it?
Do you live like it?
You claim to be citizens of the Holy City;
you act as though you lean on the God of Israel,
named GOD-of-the-Angel-Armies.
For a long time now, I've let you in on the way I work:
I told you what I was going to do beforehand,
then I did it and it was done, and that's that.
I know you're a bunch of hardheads,
obstinate and flint-faced,
So I got a running start and began telling you
what was going on before it even happened.
That is why you can't say,
'My god-idol did this.'
'My favorite god-carving commanded this.'
You have all this evidence
confirmed by your own eyes and ears.
Shouldn't you be talking about it?
And that was just the beginning.
I have a lot more to tell you,
things you never knew existed.
This isn't a variation on the same old thing.
This is new, brand-new,
something you'd never guess or dream up.

일이다.
그동안 너희는 내 말을 귀담아듣지 않았다.
늘 나를 무시해 왔다.
변덕이 죽 끓듯 한 너희는,
타고난 반역자들이었다.
그러나 나는 선한 마음으로
내가 나인 이유로,
그동안 노를 참으면서 분을 터뜨리지 않았다.
나는 너희에게서 손을 떼지 않는다.
내가 한 일을 보느냐?
나는 너희를 정련시켜 왔다. 불로 그렇게 했다.
은처럼 시련의 용광로 속에서 시험했다.
내가 하는 일의 근거는 바로 나다. 내가 나인 이유로 그 일을 한다.
내게는 지켜야 할 명성이 있다.
나는 그 누구에게도 주연 자리를 내주지 않는다.

12-13 야곱아, 들어라. 이스라엘아, 들어라.
나는 네게 이름을 지어 준 바로 그다!
내가 그다.
내가 모든 일을 시작했고, 내가 결말지을 것이다.
땅은 내가 만든 작품이다.
하늘도 내가 만들었다. 이쪽 끝에서 저쪽 끝까지.
내가 말하면, 그들은 벌떡 일어나 귀를 기울인다.

14-16 모두 모여서 들어 보아라.
신들 가운데 이 소식을 너희에게 전해 준 이가 있더냐?
나 하나님이 그 사람 고레스를 사랑하며,
그를 통해 바빌론을 향한 나의 뜻을 펼칠 것이다.
그렇다. 내가 말했다. 내가 그를 불러냈다.
내가 그를 이곳으로 데려왔다. 그는 성공할 것이다.
가까이 다가와 귀 기울여 들어라.
나는 그동안 너희에게 무엇을 숨긴 적이 없다.
나는 늘 너희와 함께했다."

백성을 인도하시는 하나님

16-19 이제, 주 하나님께서 나를 보내셨고 그분의 영도 함께 보내시며
메시지를 전하신다. 너의 속량자,
이스라엘의 거룩하신 분 하나님께서 말씀하신다.
"나는 하나님, 너의 하나님이다.
나는 네게 의롭고 복된 삶을 가르치며,
네가 해야 할 일과 가야 할 길을 보여주는 이다.
네가 그동안 내 말을 귀 기울여 들었더라면,

When you hear this you won't be able to say,
'I knew that all along.'
You've never been good listeners to me.
You have a history of ignoring me,
A sorry track record of fickle attachments—
rebels from the womb.
But out of the sheer goodness of my heart,
because of who I am,
I keep a tight rein on my anger and hold my temper.
I don't wash my hands of you.
Do you see what I've done?
I've refined you, but not without fire.
I've tested you like silver in the furnace of affliction.
Out of myself, simply because of who I am, I do what I do.
I have my reputation to keep up.
I'm not playing second fiddle to either gods or people.

12-13 "Listen, Jacob. Listen, Israel—
I'm the One who named you!
I'm the One.
I got things started and, yes, I'll wrap them up.
Earth is my work, handmade.
And the skies—I made them, too, horizon to horizon.
When I speak, they're on their feet, at attention.

14-16 "Come everybody, gather around, listen:
Who among the gods has delivered the news?
I, GOD, love this man Cyrus, and I'm using him
to do what I want with Babylon.
I, yes I, have spoken. I've called him.
I've brought him here. He'll be successful.
Come close, listen carefully:
I've never kept secrets from you.
I've always been present with you."

Your Progeny, Like Grains of Sand

16-19 And now, the Master, GOD, sends me and his Spirit
with this Message from GOD,
your Redeemer, The Holy of Israel:
"I am GOD, your God,

네 삶은 풍성한 강물처럼 넘실거리고
축복이 파도처럼 밀려들었을 것이다.
자녀와 손자손녀를 비롯한
자손들이 모래알처럼 많아졌을 것이다.
대가 끊어지거나
나와의 관계가 끊어질 위험은 없었을 것이다."

20 바빌론에서 나오너라! 바빌론 사람들에게서 도망쳐라!
소식을 알려라. 외쳐라.
세상에, 온 세상에 알려라.
"하나님께서 그분의 사랑하는 종 야곱을 속량하셨다!"고 전하여라.

21 그분의 인도로 광야를 지날 때, 그들은 목마르지 않았다.
그분이 바위에서 물이 쏟아져 나오게 하셨다.
그분이 바위를 쪼개시니, 물이 솟구쳐 나왔다.

22 하나님께서 말씀하신다. "악인에게는 평화가 없다."

내가 너를 통해 빛을 발하리라

49 1-3 먼 바다 섬들아, 들어라.
먼 나라 백성들아, 주목하여라.
하나님께서는 내가 태어난 날부터 내게 일을 주셨고,
내가 세상에 들어오자마자 내게 이름을 지어 주셨다.
칼처럼 베고 창처럼 꿰뚫는 언변을 내게 주셨으며,
당신 손으로 늘 나를 지켜 주셨다.
나를 당신의 곧은 화살로 삼으시고
당신의 화살통 속에 숨기셨다.
그분이 내게 말씀하셨다. "너는 내 사랑하는 종,
이스라엘이다. 내가 너를 통해 빛을 발하리라."

4 그러나 내가 말했다. "내가 한 일은 다 헛수고였다.
평생을 애썼지만 내놓을 만한 것은 하나도 없다.
그러나, 최종판단은 하나님께 맡기련다.
그분의 판결을 기다릴 것이다."

5-6 하나님께서 말씀하신다.
그분께서 내가 태어난 순간부터 나를 붙잡아
당신의 종으로 삼으시고,
야곱을 당신께로 다시 데려와
이스라엘을 재결합시키는 일을 맡기셨다.
하나님 앞에서 이 얼마나 영광스런 일인가!

who teaches you how to live right and well.
I show you what to do, where to go.
If you had listened all along to what I told you,
your life would have flowed full like a river,
blessings rolling in like waves from the sea.
Children and grandchildren are like sand,
your progeny like grains of sand.
There would be no end of them,
no danger of losing touch with me."

20 Get out of Babylon! Run from the Babylonians!
Shout the news. Broadcast it.
Let the world know, the whole world.
Tell them, "GOD redeemed his dear servant Jacob!"

21 They weren't thirsty when he led them through the deserts.
He made water pour out of the rock;
he split the rock and the water gushed.

22 "There is no peace," says GOD, "for the wicked."

A Light for the Nations

49 1-3 Listen, far-flung islands,
pay attention, faraway people:
GOD put me to work from the day I was born.
The moment I entered the world he named me.
He gave me speech that would cut and penetrate.
He kept his hand on me to protect me.
He made me his straight arrow
and hid me in his quiver.
He said to me, "You're my dear servant,
Israel, through whom I'll shine."

4 But I said, "I've worked for nothing.
I've nothing to show for a life of hard work.
Nevertheless, I'll let GOD have the last word.
I'll let him pronounce his verdict."

5-6 "And now," GOD says,
this God who took me in hand
from the moment of birth to be his servant,
To bring Jacob back home to him,
to set a reunion for Israel—

하나님은 나의 힘이시다!
그분께서 말씀하신다. "이제 야곱 지파들을 회복하고,
이스라엘의 길 잃은 자들을 한데 모으는 일은,
나의 종에게 오히려 가벼운 일이다.
너로 하여금 모든 민족을 위한 빛으로 세워,
나의 구원을 '전 세계'에 퍼뜨릴 것이다!"

7 하나님, 이스라엘의 속량자, 이스라엘의 거룩하
신 분께서
남들에게 멸시받는 자들, 민족들에게 발길질당하
는 자들,
지배층에 종살이하는 자들에게 말씀하신다.
"너를 보면 왕과 제후들이 자리에서 일어날 것이며,
땅에 엎드려 경의를 표할 것이다.
신실하게 약속을 지킨 하나님,
너를 택한 '이스라엘의 거룩한 이' 때문이다."

8-12 하나님께서 말씀하신다.

"때가 되면, 내가 너희에게 응답할 것이다.
승리를 거둘 때가 되면 너희를 도울 것이다.
너희를 빚어 내고 너희를 들어서 내 일을 행할 것
이다.
사람들을 다시 내게로 연결시키고,
땅의 질서를 바로잡으며,
폐허가 된 땅에서 다시 새 삶을 시작하게 할 것이다.
감옥에 갇힌 자들에게 '나오너라. 이제 너희는 자유
의 몸이다!'라고 말하고,
무서워 몸을 웅크리는 자들에게
'이제 괜찮다. 안전하다'고 일러 주리라.
그들, 돌아오는 길 내내 먹을 것이 부족하지 않겠고,
언덕마다 소풍을 즐길 것이다.
누구도 주리지 않고, 누구도 목마르지 않으며,
볕을 피할 그늘과 바람을 피해 쉴 곳을 얻으리라.
나, 자비한 이가 그들의 길 안내자가 되어,
그들을 가장 좋은 샘으로 인도할 것이기 때문이다.
내가 나의 모든 산이 길이 되게 하고,
그것들을 대로로 바꾸어 놓을 것이다.
보아라. 저기 먼 나라에서 오는 자들,
저기 북쪽에서 오는 자들,
저기 서쪽에서 몰려오는 자들,
저기 나일 강을 따라 내려오는 자들!"

13 하늘들아, 지붕이 떠나갈 듯 소리 질러라!
땅들아, 죽은 자들도 깨울 듯 크게 외쳐라!

What an honor for me in GOD's eyes!
That God should be my strength!
He says, "But that's not a big enough job for my servant—
just to recover the tribes of Jacob,
merely to round up the strays of Israel.
I'm setting you up as a light for the *nations*
so that my salvation becomes *global!*"

7 GOD, Redeemer of Israel, The Holy of Israel,
says to the despised one, kicked around by the nations,
slave labor to the ruling class:
"Kings will see, get to their feet—the princes, too—
and then fall on their faces in homage
Because of GOD, who has faithfully kept his word,
The Holy of Israel, who has chosen you."

8-12 GOD also says:

"When the time's ripe, I answer you.
When victory's due, I help you.
I form you and use you
to reconnect the people with me,
To put the land in order,
to resettle families on the ruined properties.
I tell prisoners, 'Come on out. You're free!'
and those huddled in fear, 'It's all right. It's safe now.'
There'll be foodstands along all the roads,
picnics on all the hills—
Nobody hungry, nobody thirsty,
shade from the sun, shelter from the wind,
For the Compassionate One guides them,
takes them to the best springs.
I'll make all my mountains into roads,
turn them into a superhighway.
Look: These coming from far countries,
and those, out of the north,
These streaming in from the west,
and those from all the way down the Nile!"

13 Heavens, raise the roof! Earth, wake the dead!

산들아, 환호성을 올려라!
하나님께서 당신의 백성을 위로해 주셨다.
이리저리 두들겨 맞은 백성을 어루만지며 돌보아 주셨다.

14 그런데 시온은 말한다.
"글쎄, 나는 잘 모르겠는데. 하나님은 나를 버리셨어.
나의 주님은 내가 존재한다는 사실조차 잊으셨어."

15-18 "어찌 어머니가 자기 품속의 젖먹이를 잊을 수 있으며,
자기가 낳은 아기를 버릴 수 있겠느냐?
설령 그럴 수 있다 해도,
나는 결코 너를 잊지 않을 것이다.
보아라, 내가 내 손바닥에 네 이름을 새겨 두었다.
나는 네가 다시 세우는 그 성벽들에서, 결코 눈을 떼지 않을 것이다.
너를 세우는 자들은 너를 무너뜨린 자들보다 더 신속하다.
파괴자들은 영원히 사라졌다.
위를 올려다보아라. 주위를 둘러보아라. 눈을 크게 뜨고 보아라!
보이느냐? 네게 몰려오고 있는 저들이?"
하나님의 포고다. "살아 있는 나 하나님을 두고 맹세하는데,
너는 저들을 보석처럼 몸에 두르리라.
저들로 신부처럼 몸을 치장하리라.

19-21 폐허가 된 네 땅에 대해 묻느냐?
살육이 자행된 그 황폐한 땅에 대해 묻느냐?
그 땅은 도저히 주체 못할 만큼 많은 사람들로 북적거릴 것이다!
야만스런 원수들, 기억에도 남지 않으리라.
유랑시절에 태어난 자녀들이 네게,
'여기는 너무 비좁아요. 더 넓은 장소가 필요해요'
라고 할 것이다.
그때 너는 혼잣말로,
'아, 이 많은 아이들이 어디에서 왔는가?
다 잃고 아무 가진 것 없던 빈털터리 유랑민이었던 나인데,
누가 이 아이들을 길러 주었나?
이 아이들, 어떻게 여기 있게 되었나?' 할 것이다."

22-23 주 하나님께서 말씀하신다.

Mountains, send up cheers!
GOD has comforted his people.
He has tenderly nursed his beaten-up, beaten-down people.

14 But Zion said, "I don't get it. GOD has left me.
My Master has forgotten I even exist."

15-18 "Can a mother forget the infant at her breast,
walk away from the baby she bore?
But even if mothers forget,
I'd never forget you—never.
Look, I've written your names on the backs of my hands.
The walls you're rebuilding are never out of my sight.
Your builders are faster than your wreckers.
The demolition crews are gone for good.
Look up, look around, look well!
See them all gathering, coming to you?
As sure as I am the living God"—GOD's Decree—
"you're going to put them on like so much jewelry,
you're going to use them to dress up like a bride.

19-21 "And your ruined land?
Your devastated, decimated land?
Filled with more people than you know what to do with!
And your barbarian enemies, a fading memory.
The children born in your exile will be saying,
'It's getting too crowded here. I need more room.'
And you'll say to yourself,
'Where on earth did these children come from?
I lost everything, had nothing, was exiled and penniless.
So who reared these children?
How did these children get here?'"

22-23 The Master, GOD, says:

"Look! I signal to the nations,

"보아라! 내가 민족들에게 신호를 내린다.
내 백성을 소환하려고 깃발을 쳐든다.
이곳으로 그들이 오리라. 여자들은 어린 아들을 품에 안고,
남자들은 어린 딸을 목말 태우고 올 것이다.
왕들이 너의 유모가 될 것이요,
공주들이 너의 보모가 될 것이다.
그들이 자원하여 네 허드렛일을 할 것이다.
네 마루를 닦고 네 빨래를 해줄 것이다.
그러면 너는, 내가 하나님이라는 것을 알게 되리라.
나에게 희망을 두는 자는 결코 후회하는 법이 없다."

24-26 거인에게 빼앗긴 것을 되찾아 올 수 있겠느냐?
폭군의 손에서 포로들을 빼내 올 수 있겠느냐?
그러나 하나님께서 말씀하신다. "거인이 약탈품을 움켜쥐고
폭군이 내 백성을 죄수로 붙잡고 있어도,
내가 네 편에 서서
너를 위해 싸워 네 자녀들을 구해 줄 것이다.
그러면 네 원수들은 미쳐서 발악하며
자기들끼리 죽이다 멸망하리라.
그러면 모두가 알게 되리라. 나 하나님이,
나 '야곱의 전능자'가 너를 구원하였음을."

누구, 하나님을 경외하는 자 있느냐?

50

1-3 하나님께서 말씀하신다.

"내가 너희 어머니를 쫓아냈느냐?
그 사실을 증명하는 이혼증서를 제시할 수 있느냐?
내가 너희를 팔아 넘겼느냐?
그 영수증을 제시할 수 있느냐?
너희는 당연히, 하지 못한다.
너희가 이 지경에 처한 것은 너희 죄 때문이다.
너희가 타국살이를 하게 된 것은 너희 잘못 때문이다.
내가 문을 두드렸을 때 왜 아무도 나오지 않았느냐?
내가 불렀을 때 왜 아무도 응답하지 않았느냐?
너희는 내가 돕는 법을 잊기라도 했다고 생각하느냐?
이제는 노쇠해 구원할 힘이 없다고 생각하느냐?
내 힘은 여전하다.
전에 했던 일을 뒤집어 버릴 수도 있을 만큼 여전하다.
지금 나는 말 한 마디로 바다를 말릴 수 있고
강을 모래사막으로 바꿀 수 있으며,
물고기들을 전부 뭍으로 올려
악취를 풍기며 말라 죽게 할 수도 있고,
하늘의 빛들을 모조리 끄고

I raise my flag to summon the people.
Here they'll come: women carrying your little boys in their arms,
men carrying your little girls on their shoulders.
Kings will be your babysitters,
princesses will be your nursemaids.
They'll offer to do all your drudge work—
scrub your floors, do your laundry.
You'll know then that I am GOD.
No one who hopes in me ever regrets it."

24-26 Can plunder be retrieved from a giant,
prisoners of war gotten back from a tyrant?
But GOD says, "Even if a giant grips the plunder
and a tyrant holds my people prisoner,
I'm the one who's on your side,
defending your cause, rescuing your children.
And your enemies, crazed and desperate, will turn on themselves,
killing each other in a frenzy of self-destruction.
Then everyone will know that I, GOD,
have saved you—I, the Mighty One of Jacob."

Who Out There Fears God?

50

1-3 GOD says:

"Can you produce your mother's divorce papers
proving I got rid of her?
Can you produce a receipt
proving I sold you?
Of course you can't.
It's your sins that put you here,
your wrongs that got you shipped out.
So why didn't anyone come when I knocked?
Why didn't anyone answer when I called?
Do you think I've forgotten how to help?
Am I so decrepit that I can't deliver?
I'm as powerful as ever,
and can reverse what I once did:
I can dry up the sea with a word,
turn river water into desert sand,
And leave the fish stinking in the sun,
stranded on dry land...
Turn all the lights out in the sky

커튼을 드리워, 하늘을 덮어 버릴 수도 있다."

4-9 주 하나님께서 내게
학자의 혀를 주셔서,
지친 사람들에게 힘을 불어넣게 하셨다.
그분이 아침마다 나를 깨우시고
나의 귀를 열어 주셔서, 명을 받드는 자처럼
주의 말씀을 듣고 순종하게 하셨다.
주 하나님께서 내 귀를 열어 주셨으니,
내가 도로 잠들거나
이불을 뒤집어쓰지 않았다.
나는 명을 따랐고,
매를 맞아도 견뎠으며,
수염이 뽑힐 때도 가만히 있었다.
사람들이 조롱해도 숨지 않았고,
내 얼굴에 침을 뱉을 때도 피하지 않았다.
주 하나님께서 언제나 함께 계셔 나를 도우시니,
내가 수치를 당하지 않는다.
결코 후회 없으리라 확신하기에,
내가 얼굴을 굳게 한다.
나의 옹호자께서 여기 나와 함께 계시니,
분명한 입장을 취해 보자!
누가 감히 나를 고소하겠느냐?
어디 한번 해보라고 하여라!
보아라! 주 하나님이 여기 계신다.
누가 감히 나를 정죄하겠느냐?
보아라! 나를 고소하는 자들은 누더기들이다.
좀에게 먹힐 자들이다!

10-11 누구, 하나님을 경외하는 자 있느냐?
그분의 종의 음성에 진정으로 귀 기울이는 자 있느냐?
어디로 가는지도 모르고 가는 자여,
어둠 속을 헤매는 자여,
여기 길이 있다. 하나님을 신뢰하여라.
너희 하나님을 의지하여라!
너희가 계속 말썽을 피우고
불장난을 하면,
결국 어떻게 될지 두고 보아라.
불을 피우고, 사람들을 충동질하고, 불꽃을 키워 보아라.
내가 서서 가만히 지켜만 보고 있으리라 생각지 마라.
나는 너희를 그 불구덩이 속으로 밀어 넣을 것이다.

and pull down the curtain."

4-9 The Master, GOD, has given me
a well-taught tongue,
So I know how to encourage tired people.
He wakes me up in the morning,
Wakes me up, opens my ears
to listen as one ready to take orders.
The Master, GOD, opened my ears,
and I didn't go back to sleep,
didn't pull the covers back over my head.
I followed orders,
stood there and took it while they beat me,
held steady while they pulled out my beard,
Didn't dodge their insults,
faced them as they spit in my face.
And the Master, GOD, stays right there and helps me,
so I'm not disgraced.
Therefore I set my face like flint,
confident that I'll never regret this.
My champion is right here.
Let's take our stand together!
Who dares bring suit against me?
Let him try!
Look! the Master, GOD, is right here.
Who would dare call me guilty?
Look! My accusers are a clothes bin of threadbare socks and shirts, fodder for moths!

10-11 Who out there fears GOD,
actually listens to the voice of his servant?
For anyone out there who doesn't know where you're going,
anyone groping in the dark,
Here's what: Trust in GOD.
Lean on your God!
But if all you're after is making trouble,
playing with fire,
Go ahead and see where it gets you.
Set your fires, stir people up, blow on the flames,
But don't expect me to just stand there and watch.
I'll hold your feet to those flames.

이제 고통이 끝나고

51

1-3 "의를 따르며 하나님 찾는 일에 매진하는 너희여,
내게 귀 기울여라.
너희가 떨어져 나온 그 바위에 대해,
너희가 캐내어진 채석장에 대해 깊이 생각하여라.
너희 조상 아브라함,
너희를 낳아 준 사라에 대해 깊이 생각하여라.
생각해 보아라! 내가 불렀을 때 그는 혼자였지만,
내가 축복하자, 수많은 자손이 생겼다.
이와 같이, 나 하나님이 시온도 위로해 주리라.
그 폐허들을 어루만져 줄 것이다.
죽은 땅을 에덴으로,
황무지를 하나님의 동산으로 변화시킬 것이다.
열매와 웃음 가득한 곳,
감사와 찬양이 가득한 곳으로 바꾸어 놓을 것이다.

4-6 내 백성아, 주목하여라.
민족들아, 내게 귀 기울여라.
내게서 계시가 흘러나오고,
나의 결정들이 세상을 밝혀 준다.
나의 구원이 빠르게 달려오며,
나의 구원하는 일이 제때에 이루어진다.
내가 민족들에게 정의를 베풀 것이다.
먼 섬들도 나를 바라보며,
내 구원의 능력에 희망을 둘 것이다.
하늘을 올려다보며,
네 발아래 있는 땅을 깊이 생각하여라.
하늘은 연기처럼 사라질 것이며,
땅은 작업복처럼 해어질 것이다.
사람들은 하루살이처럼 죽어 나가겠지만
나의 구원은 다함이 없으며,
세상을 바로잡는 나의 일은 결코 쇠하지 않을 것이다.

7-8 자, 들어라, 옳고 그름을 구분하며
나의 가르침을 마음속에 담고 사는 너희여.
모욕당하는 일에 개의치 말며, 조롱 앞에서
의기소침하지 마라.
그 모욕과 조롱 고리타분하며,
공허한 소리에 지나지 않는다.
그러나 세상을 바로잡는 나의 일은 계속된다.
나의 구원은 끝없이 진행된다."

9-11 깨어나십시오. 깨어나십시오. 하나님, 맹위를 떨치십시오!

Committed to Seeking God

51

1-3 "Listen to me, all you who are serious about right living
and committed to seeking GOD.
Ponder the rock from which you were cut,
the quarry from which you were dug.
Yes, ponder Abraham, your father,
and Sarah, who bore you.
Think of it! One solitary man when I called him,
but once I blessed him, he multiplied.
Likewise I, GOD, will comfort Zion,
comfort all her mounds of ruins.
I'll transform her dead ground into Eden,
her moonscape into the garden of GOD,
A place filled with exuberance and laughter,
thankful voices and melodic songs.

4-6 "Pay attention, my people.
Listen to me, nations.
Revelation flows from me.
My decisions light up the world.
My deliverance arrives on the run,
my salvation right on time.
I'll bring justice to the peoples.
Even faraway islands will look to me
and take hope in my saving power.
Look up at the skies,
ponder the earth under your feet.
The skies will fade out like smoke,
the earth will wear out like work pants,
and the people will die off like flies.
But my salvation will last forever,
my setting-things-right will never be obsolete.

7-8 "Listen now, you who know right from wrong,
you who hold my teaching inside you:
Pay no attention to insults, and when mocked
don't let it get you down.
Those insults and mockeries are moth-eaten,
from brains that are termite-ridden,
But my setting-things-right lasts,
my salvation goes on and on and on."

9-11 Wake up, wake up, flex your muscles, GOD!
Wake up as in the old days, in the long ago.

오래전, 그 옛날처럼 깨어나십시오.
그때 주께서는 라합을 완전히 제압하시고,
옛 용, 혼돈을 단칼에 해치우지 않으셨습니까?
주께서는 그 바다,
깊고도 강력한 물을 말려 버리시고
대양의 바닥에 길을 내셔서,
속량받은 자들이 그리로 건너가게 하지 않으셨습니까?
바로 그렇게, 하나님께서 속량하신 자들이 이제
돌아올 것입니다.
환호성을 외치며 시온으로 돌아올 것입니다.
영원한 기쁨이 화환처럼 그들의 머리를 두르고,
모두가 넘치는 희열에 도취될 것입니다.
탄식과 신음은 흔적도 없이 사라질 것입니다.

12-16 "나, 나는 너희를 위로하는 이다.
그런데 너희는 대체 무엇을, 누구를 두려워하
느냐?
죽을 목숨에 불과한 인간들을?
흙먼지로 돌아갈 가련한 인생들을?
너희는 나를 잊었구나. 너희를 만들고
하늘을 펴서 땅의 기초를 놓은 나, 하나님을 잊고서는,
자기가 세상을 쥐고 흔든다고 착각하는
성질 사나운 폭군 앞에서,
사시나무 떨듯 떨고 있구나.
그러나 그가 무엇을 할 수 있을 것 같으냐?
너희가 생각지도 못한 사이에, 희생자들은 풀려나
자유의 몸이 될 것이다.
그들은 죽지 않고
주리지도 않을 것이다.
나는 바다를 뒤흔들고 파도를 일으키는,
만군의 하나님, 바로 너의 하나님이기 때문이다.
내가 네게 한 마디 한 마디 말을 가르치고
친히 돌보아 주리라.
나는 하늘을 펴고
땅에 단단한 기초를 놓고서,
'환영한다, 내 백성아!' 하며 시온을 맞이할 것이다."

17-20 그러니 깨어나라! 눈 비비고 잠에서 깨어나라!
예루살렘아, 일어나 서라!
너는 하나님이 주신 잔,
그 진노의 독주를 마셨다.
마지막 한 방울까지 남김없이 마시고 나서
비틀거리다 쓰러졌다.
그런데 너를 집에 데려다 주는 자가 없다.
친구들이나 자녀들 중에도

Didn't you once make mincemeat of Rahab,
dispatch the old chaos-dragon?
And didn't you once dry up the sea,
the powerful waters of the deep,
And then made the bottom of the ocean a road
for the redeemed to walk across?
In the same way GOD's ransomed will come back,
come back to Zion cheering, shouting,
Joy eternal wreathing their heads,
exuberant ecstasies transporting them—
and not a sign of moans or groans.

What Are You Afraid of—or Who?

12-16 "I, I'm the One comforting you.
What are you afraid of—or who?
Some man or woman who'll soon be dead?
Some poor wretch destined for dust?
You've forgotten me, GOD, who made you,
who unfurled the skies, who founded the earth.
And here you are, quaking like an aspen
before the tantrums of a tyrant
who thinks he can kick down the world.
But what will come of the tantrums?
The victims will be released before you know it.
They're not going to die.
They're not even going to go hungry.
For I am GOD, your very own God,
who stirs up the sea and whips up the waves,
named GOD-of-the-Angel-Armies.
I teach you how to talk, word by word,
and personally watch over you,
Even while I'm unfurling the skies,
setting earth on solid foundations,
and greeting Zion: 'Welcome, my people!'"

17-20 So wake up! Rub the sleep from your eyes!
Up on your feet, Jerusalem!
You've drunk the cup GOD handed you,
the strong drink of his anger.
You drank it down to the last drop,
staggered and collapsed, dead-drunk.
And nobody to help you home,
no one among your friends or children
to take you by the hand and put you in bed.
You've been hit with a double dose of trouble

너를 부축해서 침대에 눕혀 주는 자 없다.
너는 화에 화를 당했으나,
누구, 네게 마음을 써 주는 자 있느냐?
폭행과 구타를 당하고, 굶주림과 죽음이 코앞에 있건만,
누구, 너를 위로해 주는 자 있느냐?
너의 아들과 딸들은 기절한 토끼들마냥
제정신을 잃고 길거리에 쓰러졌다.
하나님의 진노, 네 하나님의 진노의 독주를 마시고
쓰러져 잠을 자고 있다.

21-23 그러니 잘 들어라, 너,
포도주를 마신 것도 아닌데
숙취로 머리가 빠개질 듯 아픈 자여.
너의 주님, 너의 하나님께서 네게 하실 말씀이 있으시다.
너의 하나님께서 자기 백성의 사정을 들어주셨다.
"보아라. 네가 비틀거리도록 마시게 했던 그 술을 이제 내가 거둔다.
이제 너는 더 이상 내 진노의 술잔을 마시지 않으리라!
나는 그 잔을 네 압제자들에게 보냈다.
'바닥에 엎드려! 우리가 밟고 지나가겠다'고 네게 명령하던 자들에게.
그 명령에 따를 수밖에 없었던 너는,
바닥에 납작 엎드려 먼지처럼 짓밟혔다."

하나님께서 예루살렘을 속량하시다

52 1-2 깨어나라, 깨어나라! 시온아, 너의 신발 끈을 동여매라!
예루살렘, 거룩한 성읍아, 너의 가장 좋은 옷을 꺼내 입어라!
하나님께 무관심하던 자들, 다 가려내었다.
다시는 나타나지 못할 것이다.
포로로 잡혔던 예루살렘아, 먼지를 털고 일어서라!
포로로 잡혔던 딸 시온아, 사슬을 벗어던져라!

3 하나님께서 말씀하신다. "너희가 값없이 팔려 갔으니, 이제 값없이 속량될 것이다."
4-6 주 하나님께서 다시 말씀하신다. "전에 내 백성은 *이집트로 가 그 땅에서 이방인으로 살았다.* 후에는 앗시리아가 그들을 억압했다. 그런데 지금 내가 보는 이것은 또 무엇이냐?" 하나님의 포고다. "내 백성이 또다시 아무 이유 없이 끌려갔다. 폭군들이 길길이 날뛰고, 내 이름은 매일같이 모욕당한

–does anyone care?
Assault and battery, hunger and death
–will anyone comfort?
Your sons and daughters have passed out,
strewn in the streets like stunned rabbits,
Sleeping off the strong drink of GOD's anger,
the rage of your God.

21-23 Therefore listen, please,
you with your splitting headaches,
You who are nursing the hangovers
that didn't come from drinking wine.
Your Master, your GOD, has something to say,
your God has taken up his people's case:
"Look, I've taken back the drink that sent you reeling.
No more drinking from that jug of my anger!
I've passed it over to your abusers to drink, those who ordered you,
'Down on the ground so we can walk all over you!'
And you had to do it. Flat on the ground,
you were the dirt under their feet."

God Is Leading You Out of Here

52 1-2 Wake up, wake up! Pull on your boots, Zion!
Dress up in your Sunday best, Jerusalem, holy city!
Those who want no part of God have been culled out.
They won't be coming along.
Brush off the dust and get to your feet, captive Jerusalem!
Throw off your chains, captive daughter of Zion!

3 GOD says, "You were sold for nothing. You're being bought back for nothing."
4-6 Again, the Master, GOD, says, "Early on, my people went to Egypt and lived, strangers in the land. At the other end, Assyria oppressed them. And now, what have I here?" GOD's Decree. "My people are hauled off again for no reason at all. Tyrants on the warpath, whooping it up, and day after day, incessantly, my reputation blackened.

다. 이제 내 백성에게 내가 누구인지, 내가 어떤 존재인지 알릴 때가 되었다. 그렇다. 내가 할 말이 있다. 내가 여기 있다!"

7-10 얼마나 아름다운가,
기쁜 소식을 들고 산을 넘는 이의 발이여!
모든 것이 잘되었다 전하고,
좋은 세상이 열렸다 선포한다. 구원을 선언하면서
시온에게 "이제 하나님이 통치하신다!" 일러 준다.
저 목소리들! 들어 보아라!
너의 정찰병들이 외치는 소리, 우레와 같은 소리,
환희 가득한 합창소리다.
그들이 본다.
하나님께서 시온으로 돌아오시는 광경을 똑똑히 본다.
노래를 터뜨려라! 예루살렘의 폐허들아, 노래를 꽃피워라.
"하나님께서 자기 백성을 위로해 주셨다!
그분이 예루살렘을 속량하셨다!"
하나님께서 당신의 소매를 걷어붙이셨다.
그분의 거룩한 팔, 그 억센 팔뚝을 모든 민족이 보게 되리라.
땅의 이쪽 끝에서 저쪽 끝까지, 모두가 보게 되리라.
그분께서 일하시는 광경, 그분께서 당신의 구원을 이루시는 광경을 보게 되리라.

11-12 여기서 나가라! 여기서 나가라! 이곳을 떠나라!
뒤돌아보지 마라. 약탈로 너를 더럽히지 마라.
그냥 떠나라. 깨끗이 떠나라.
하나님의 거룩한 기물을 나르는 예배 행렬이니, 스스로를 정결케 하여라.
서두를 것 없다.
너희는 도망치는 길이 아니니!
하나님께서 앞장서 너희를 이끌어 주시리라.
이스라엘의 하나님께서 너희 뒤도 맡아 지켜 주시리라.

우리의 고통을 짊어지셨네

13-15 "나의 종을 보아라! 활짝 피어난 모습,
우뚝 솟은 군계일학이다!
시작은 그렇지 못했다.
처음에는 모두가 질겁했다.
알아볼 수 없을 만큼 망가진 흉한 그 얼굴,
사람의 모습이 아니었다.
이제 온 세상 모든 민족들이 놀라고 두려워하리라.

Now it's time that my people know who I am, what I'm made of—yes, that I have something to say. Here I am!"

7-10 How beautiful on the mountains
are the feet of the messenger bringing good news,
Breaking the news that all's well,
proclaiming good times, announcing salvation,
telling Zion, "Your God reigns!"
Voices! Listen! Your scouts are shouting, thunderclap shouts,
shouting in joyful unison.
They see with their own eyes
GOD coming back to Zion.
Break into song! Boom it out, ruins of Jerusalem:
"GOD has comforted his people!
He's redeemed Jerusalem!"
GOD has rolled up his sleeves.
All the nations can see his holy, muscled arm.
Everyone, from one end of the earth to the other,
sees him at work, doing his salvation work.

11-12 Out of here! Out of here! Leave this place!
Don't look back. Don't contaminate yourselves with plunder.
Just leave, but leave clean. Purify yourselves
in the process of worship, carrying the holy vessels of GOD.
But you don't have to be in a hurry.
You're not running from anybody!
GOD is leading you out of here,
and the God of Israel is also your rear guard.

It Was Our Pains He Carried

13-15 "Just watch my servant blossom!
Exalted, tall, head and shoulders above the crowd!
But he didn't begin that way.
At first everyone was appalled.
He didn't even look human—
a ruined face, disfigured past recognition.
Nations all over the world will be in awe, taken aback,
kings shocked into silence when they see him.

왕들이 그를 보고, 충격에 입을 다물지 못하리라.
들어 보지도 못한 일을 목도하고,
생각지도 못한 일을 눈앞에서 보게 될 것이기
때문이다."

53 1 우리가 듣고 본 이 일을 믿은 자 있었느냐?
하나님의 구원하시는 능력이 이런 것일 줄 상
상이라도 해본
자 있었느냐?

2-6 하나님 앞에서 자라난 그 종,
바싹 마른 땅에 심긴 앙상한 묘목, 왜소한 초목
같았다.
아무 볼품없고
보잘것없었다.
멸시받고 무시당하며,
고난을 아는 사람, 고통을 몸소 겪은 사람이었다.
그를 보면 사람들은 고개를 돌렸다.
우리는 그를 멸시했고, 벌레 취급했다.
그러나 그는, 질고를 짊어지고 가는 사람이었다.
우리의 고통, 우리의 추함, 우리의 모든 잘못을.
우리는 그가 제 잘못 때문에 저렇게 되었다고,
자기 잘못 때문에 하나님께 벌을 받는 것이라
고 생각했다.
그러나 실은, 우리의 죄 때문이었다.
그가 찢기고, 깨지고, 밟힌 것은, 우리의 죄 때
문이었다!
그가 벌을 받아들였기에 우리가 온전해졌고,
그가 입은 상처를 통해 우리가 치유를 받았다.
우리는 길 잃고 방황하는 양들같이
다 제멋대로 제 갈 길로 갔지만,
하나님은 우리의 모든 죄, 모든 잘못을
그에게 지우셨다. 그에게.

7-9 두들겨 맞고 고문을 당했어도,
그는 아무 말이 없었다.
도살장에 끌려가는 어린양처럼,
털 깎이는 어미 양처럼,
잠잠히 있었다.
정의가 죽고, 그가 붙들려 갔건만,
진상을 알았던 자 있느냐?
자기 안위는 조금도 돌보지 않았던, 그가 죽었다.
피투성이가 되도록 얻어맞았다. 내 백성의 죄

For what was unheard of they'll see with their own eyes,
what was unthinkable they'll have right before them."

53 1 Who believes what we've heard and seen?
Who would have thought GOD's saving power would look like this?

2-6 The servant grew up before God—a scrawny seedling,
a scrubby plant in a parched field.
There was nothing attractive about him,
nothing to cause us to take a second look.
He was looked down on and passed over,
a man who suffered, who knew pain firsthand.
One look at him and people turned away.
We looked down on him, thought he was scum.
But the fact is, it was *our* pains he carried—
our disfigurements, all the things wrong with *us*.
We thought he brought it on himself,
that God was punishing him for his own failures.
But it was our sins that did that to him,
that ripped and tore and crushed him—*our sins*!
He took the punishment, and that made us whole.
Through his bruises we get healed.
We're all like sheep who've wandered off and gotten lost.
We've all done our own thing, gone our own way.
And GOD has piled all our sins, everything we've done wrong,
on him, on him.

7-9 He was beaten, he was tortured,
but he didn't say a word.
Like a lamb taken to be slaughtered
and like a sheep being sheared,
he took it all in silence.
Justice miscarried, and he was led off—
and did anyone really know what was happening?
He died without a thought for his own welfare,
beaten bloody for the sins of my people.

를 위해.
누구도 해코지하지 않고
어떤 거짓도 말한 적 없는데도,
그는 악인들과 함께 묻혔고,
어느 부자와 함께 무덤에 뉘였다.

10 그러나 그를 그렇게 고통으로 짓누른 것은,
하나님께서 뜻하신 바였다.
그로 하여금 자신을 속죄 제물로 내어주어
거기서 나오는 생명, 그 끝없는 생명을 누리게
하시려는 계획이었다.
하나님의 계획은 그를 통해 온전하게 이루어지
리라.

11-12 그 극심한 영혼의 산고 끝에,
그는 자신이 해낸 값진 일을 보며 기뻐하게 되
리라.
나의 이 의로운 종이 겪은 일을 통해
의로운 이들이 많이 생겨나게 되리라.
그가 그들의 죄 짐을 대신 짊어지기 때문이다.
그러므로 내가 그에게 넘치는 상을 베풀리라.
최고의 것, 최고의 영예를 주리라.
그가 죽음과 맞서 뒤로 물러나지 않았고,
가장 낮은 이들과 기꺼이 친구가 되었기 때문
이다.
그는 많은 사람들의 죄를 자기 어깨에 짊어졌고,
모든 문제아를 위해 발 벗고 나서 주었다.

하나님의 영원한 사랑

54

1-6 "아이를 가져 본 적 없는 불임의
여인아, 노래 불러라.
너, 아이 낳아 보지 못한 여인아, 목청 높여 불
러라!
결국에는 네가, 아이 있는 모든 여인보다
더 많은 아이를 갖게 되리라." 하나님의 말씀이다!
"너의 장막 터를 더 넓게 잡아라!
장막을 넓혀라. 더 넓게 펼쳐라! 생각의 폭을
넓혀라!
줄을 기다랗게 늘이고
말뚝을 깊이 박아라.
가족이 늘어
더 넓은 공간이 필요하게 되리라.
너는 뭇 민족들을 차지하게 될 것이다.
버려진 성읍이 다시 주민들로 북적이게 될 것
이다.

They buried him with the wicked,
threw him in a grave with a rich man,
Even though he'd never hurt a soul
or said one word that wasn't true.

10 Still, it's what GOD had in mind all along,
to crush him with pain.
The plan was that he give himself as an offering for
sin
so that he'd see life come from it—life, life, and
more life.
And GOD's plan will deeply prosper through
him.

11-12 Out of that terrible travail of soul,
he'll see that it's worth it and be glad he did it.
Through what he experienced, my righteous one,
my servant,
will make many "righteous ones,"
as he himself carries the burden of their sins.
Therefore I'll reward him extravagantly—
the best of everything, the highest honors—
Because he looked death in the face and didn't
flinch,
because he embraced the company of the lowest.
He took on his own shoulders the sin of the many,
he took up the cause of all the black sheep.

Spread Out! Think Big!

54

1-6 "Sing, barren woman, who has never
had a baby.
Fill the air with song, you who've never experi-
enced childbirth!
You're ending up with far more children
than all those childbearing women." GOD says
so!
"Clear lots of ground for your tents!
Make your tents large. Spread out! Think big!
Use plenty of rope,
drive the tent pegs deep.
You're going to need lots of elbow room
for your growing family.
You're going to take over whole nations;
you're going to resettle abandoned cities.
Don't be afraid—you're not going to be embar-

두려워하지 마라. 다시는 쩔쩔맬 일 없으리니.
주저하지 마라. 다시는 벽에 부딪힐 일 없으리니.
네 젊었을 적 당한 수치들, 다 잊을 것이다.
과부였을 적 받은 모욕들, 기억에서 모두 사라질 것이다.
너를 지은 이가, 이제 너의 신랑이기 때문이다.
그 이름, 만군의 하나님!
너를 속량한 이는 '이스라엘의 거룩한 이'
온 땅의 하나님이다.
버림받은 아내 같았던 너, 비탄에 빠진 폐인이었던 너를
나 하나님이 다시 맞아들였다.
너는 젊어서 결혼했다가
버림받은 여인 같았다." 너의 하나님의 말씀이다.

7-8 너의 속량자 하나님께서 말씀하신다.

"내가 너를 버렸다만, 잠시였다.
이제 말할 수 없이 큰 연민으로 너를 다시 데려온다.
나의 노가 폭발하여 네게 등을 돌렸다만,
잠시였다.
이제 나는 너를 품에 안고 돌보아 준다.
나의 사랑은 무궁하기 때문이다.

9-10 이 유랑은 나에게 이전 노아 때와 같다.
그때 내가, 다시는 노아의 홍수가
땅을 범람하지 않으리라 약속했다.
이제 내가 더 이상 진노하지 않고,
더는 너를 혼내지 않으리라 약속한다.
설령 산들이 너를 떠난다 해도
언덕들이 산산조각 난다 해도
나의 사랑은 결코 너를 떠나지 않을 것이며,
나의 굳은 평화의 언약은 결코 깨지지 않을 것이기 때문이다."
너를 가엾게 여기시는 하나님의 말씀이다.

11-17 "풍파에 시달려도 동정하는 자 없던 도성아,
이제 내가 터키석으로 너를 재건하려 한다.
청보석으로 기초를 놓고,
홍옥으로 망루를 세우며,
성문은 보석으로
성벽은 보옥으로 지을 것이다.
네 자녀들에게 하나님이 직접 선생이 되어 줄 것이다.
이 이상의 멘토가 어디 있겠느냐!
너는 의에 기초해 굳게 세워지리라.

rassed.
Don't hold back—you're not going to come up short.
You'll forget all about the humiliations of your youth,
and the indignities of being a widow will fade from memory.
For your Maker is your bridegroom,
his name, GOD-of-the-Angel-Armies!
Your Redeemer is The Holy of Israel,
known as God of the whole earth.
You were like an abandoned wife, devastated with grief,
and GOD welcomed you back,
Like a woman married young
and then left," says your God.

7-8 Your Redeemer GOD says:

"I left you, but only for a moment.
Now, with enormous compassion, I'm bringing you back.
In an outburst of anger I turned my back on you—
but only for a moment.
It's with lasting love
that I'm tenderly caring for you.

9-10 "This exile is just like the days of Noah for me:
I promised then that the waters of Noah
would never again flood the earth.
I'm promising now no more anger,
no more dressing you down.
For even if the mountains walk away
and the hills fall to pieces,
My love won't walk away from you,
my covenant commitment of peace won't fall apart."
The GOD who has compassion on you says so.

11-17 "Afflicted city, storm-battered, unpitied:
I'm about to rebuild you with stones of turquoise,
Lay your foundations with sapphires,
construct your towers with rubies,

고난은 이제 멀리 물러갔다. 두려워할 것 전혀 없다!
폭압도 멀리 물러갔다. 네 근처에 얼씬거리지도 않을 것이다!
설령 누가 너를 공격한다 해도,
결코 내가 그들을 보냈다고는 생각지 마라.
공격받는다 해도
아무 일 없을 것이다.
내가 대장장이를 창조했고,
그가 용광로에 불을 붙여
살상 무기를 만들어 낸다.
나는 파괴자도 창조했다.
그러나 너를 해할 수 있는 무기는 누구도 만들지 못한다.
누구든지 너를 고소하는 자는
거짓말쟁이로 판정받고 패소할 것이다.
하나님의 종들은 이 일들을 기대해도 좋다.
나는 모든 일이 협력하여 결국 최선이 되게 할 것이다."
하나님의 포고다.

너희 목마른 자들아

55 1-5 "거기! 목마른 자들아,
모두 물로 나아오너라!
무일푼이냐?
상관없으니 오너라. 와서 사 먹어라!
와서, 너희 마실 것을 사라. 포도주와 젖을 사라.
돈 없이 사라. 모든 것이 무료다!
어째서 너희는 아무 영양가 없는 것들에 돈을 낭비하며,
힘들게 번 돈을 불량식품에 허비하느냐?
내 말을 들어라. 귀담아들어라. 가장 좋은 것만 먹고,
최고의 먹거리로만 배를 채워라.
주목하여라. 이제 가까이 다가와서
생명을 주는 나의 말, 생명을 길러 내는 나의 말에 귀 기울여라.
내가 너희와 영원히 굳은 언약을 맺으려 한다.
전에 다윗과 맺은 언약과 같은, 확실하고 굳건하며 영속적인 사랑의 언약을 맺으려 한다. 나는 그를 민족들에게 보내는 증인으로 세웠고,
그를 민족들의 지배자요 지도자로 만들었다.
이제는 너희를 그렇게 만들려고 한다.
너희는 한 번도 들어 보지 못한 민족을 불러 모을 것이며,
너희를 알지 못하는 민족들이 다 너희에게 달려올 것이다.

Your gates with jewels,
and all your walls with precious stones.
All your children will have GOD for their teacher—
what a mentor for your children!
You'll be built solid, grounded in righteousness,
far from any trouble—nothing to fear!
far from terror—it won't even come close!
If anyone attacks you,
don't for a moment suppose that I sent them,
And if any should attack,
nothing will come of it.
I create the blacksmith
who fires up his forge
and makes a weapon designed to kill.
I also create the destroyer—
but no weapon that can hurt you has ever been forged.
Any accuser who takes you to court
will be dismissed as a liar.
This is what GOD's servants can expect.
I'll see to it that everything works out for the best."
GOD's Decree.

Buy Without Money

55 1-5 "Hey there! All who are thirsty,
come to the water!
Are you penniless?
Come anyway—buy and eat!
Come, buy your drinks, buy wine and milk.
Buy without money—everything's free!
Why do you spend your money on junk food,
your hard-earned cash on cotton candy?
Listen to me, listen well: Eat only the best,
fill yourself with only the finest.
Pay attention, come close now,
listen carefully to my life-giving, life-nourishing words.
I'm making a lasting covenant commitment with you,
the same that I made with David: sure, solid, enduring love.
I set him up as a witness to the nations,

나, 너희 하나님 때문이다.
'이스라엘의 거룩하신 이'가 너희를 높여 주었기 때문이다."

6-7 가까이 계실 때 하나님을 찾아라.
옆에 계실 때 그분께 기도하여라.
불의한 자들은 불의한 생활방식을 버리고
악한 자들은 악한 사고방식을 버려라.
그리고 하나님께 돌아오너라. 그분은 자비하시다.
우리 하나님께로 돌아오너라. 그분은 아낌없이 용서를 베푸신다.

8-11 "나는 너희가 생각하는 방식으로 생각하지 않는다.
나는 너희가 일하는 방식으로 일하지 않는다."
하나님의 포고다.
"하늘이 땅보다 높은 것처럼
내가 일하는 방식은 너희의 방식을 초월하며,
내가 생각하는 방식은 너희의 방식을 뛰어넘는다.
하늘에서 내리는 비와 눈이
땅을 적시고
만물을 자라고 꽃피우게 하며,
농부들에게 씨를 주고
굶주린 자들에게 먹을 것을 주고 난 다음에야
하늘로 돌아가듯이,
나의 입에서 나오는 말들도
결코 빈손으로 돌아가지 않는다.
나의 말들은 내가 계획한 일을 이루며,
내가 맡긴 임무를 완수한다.

12-13 그러므로 너희는 기쁨 가운데 나아가,
온전한 삶으로 인도받을 것이다.
산과 언덕들이 앞장서 행진하며
노래를 터뜨릴 것이다.
숲 속 나무들도 모두 환호성을 올리며
그 행진에 동참할 것이다.
엉겅퀴 대신에 거목들이 들어서고,
가시덤불 대신에 장중한 소나무들이 들어서서,
나 하나님을 기리는 기념물이 될 것이다.
하나님을 보여주는, 생생하고 영속적인 증거가 될 것이다."

made him a prince and leader of the nations,
And now I'm doing it to you:
You'll summon nations you've never heard of,
and nations who've never heard of you
will come running to you
Because of me, your GOD,
because The Holy of Israel has honored you."

6-7 Seek GOD while he's here to be found,
pray to him while he's close at hand.
Let the wicked abandon their way of life
and the evil their way of thinking.
Let them come back to GOD, who is merciful,
come back to our God, who is lavish with forgiveness.

8-11 "I don't think the way you think.
The way you work isn't the way I work."
GOD's Decree.
"For as the sky soars high above earth,
so the way I work surpasses the way you work,
and the way I think is beyond the way you think.
Just as rain and snow descend from the skies
and don't go back until they've watered the earth,
Doing their work of making things grow and blossom,
producing seed for farmers and food for the hungry,
So will the words that come out of my mouth
not come back empty-handed.
They'll do the work I sent them to do,
they'll complete the assignment I gave them.

12-13 "So you'll go out in joy,
you'll be led into a whole and complete life.
The mountains and hills will lead the parade,
bursting with song.
All the trees of the forest will join the procession,
exuberant with applause.
No more thistles, but giant sequoias,
no more thornbushes, but stately pines—
Monuments to me, to GOD,
living and lasting evidence of GOD."

희망의 메시지
구원이 코앞에 다가왔다

56
1-3 하나님의 메시지다.

"너희는 바르게 살아라.
구원이 코앞에 다가왔으니,
옳은 일을 행하되 바르게 하여라.
이제, 세상을 바로잡는 나의 일이 펼쳐질 것이기 때문이다.
얼마나 복된가, 이 일에 뛰어드는 자들.
이 일을 환영하고
안식일을 지켜 그날을 더럽히지 않으며,
늘 자신을 살펴 어떤 악도 저지르지 않는 사람들!
하나님을 따르기로 한 이방인들이
'나는 하나님의 이등 백성일 뿐
진짜 백성은 아니다'라고 말하는 일이 없게 하여라.
몸이 불편한 자들이,
'나는 폐물일 뿐
진짜 백성은 못된다'고 생각하는 일이 없게 하여라."

4-5 하나님께서 이렇게 말씀하시기 때문이다.

"몸에 장애가 있지만 내 안식일을 지키고
내가 기뻐하는 일을 행하며
나의 언약을 굳게 붙드는 자들은,
내가 내 집과 내 성읍에서
높은 자리를 차지하게 할 것이다.
아들과 딸보다도 더 높은 자리에 앉게 할 것이다.
취소되지 않는
영원한 영예를 수여할 것이다.

6-8 나를 따르기로 한 이방인들,
나를 위해 일하고 내 이름을 사랑하여
나의 종이 되고자 하는 자들,
안식일을 지켜 그날을 더럽히지 않으며
나의 언약을 굳게 붙드는 자들은 누구든지,
내가 나의 거룩한 산으로 데려가
내 기도의 집에서 기쁨을 선사할 것이다.
그들도 나의 백성 유다 사람들과 똑같이
나의 제단에 번제와 희생 제물을 바치며, 마음껏 예배하게 되리라.
그렇다. 나를 예배하는 집은
만민을 위한 기도의 집으로 알려질 것이다."
이스라엘 유랑민을 모아들이시는
주 하나님의 포고다.

Messages of Hope
Salvation Is Just Around the Corner

56
1-3 GOD's Message:

"Guard my common good:
Do what's right and do it in the right way,
For salvation is just around the corner,
my setting-things-right is about to go into action.
How blessed are you who enter into these things,
you men and women who embrace them,
Who keep Sabbath and don't defile it,
who watch your step and don't do anything evil!
Make sure no outsider who now follows GOD
ever has occasion to say, 'GOD put me in second-class.
I don't really belong.'
And make sure no physically mutilated person
is ever made to think, 'I'm damaged goods.
I don't really belong.'"

4-5 For GOD says:

"To the mutilated who keep my Sabbaths
and choose what delights me
and keep a firm grip on my covenant,
I'll provide them an honored place
in my family and within my city,
even more honored than that of sons and daughters.
I'll confer permanent honors on them
that will never be revoked.

6-8 "And as for the outsiders who now follow me,
working for me, loving my name,
and wanting to be my servants–
All who keep Sabbath and don't defile it,
holding fast to my covenant–
I'll bring them to my holy mountain
and give them joy in my house of prayer.
They'll be welcome to worship the same as the 'insiders,'
to bring burnt offerings and sacrifices to my

"내가 다른 사람들도 모아들여,
이미 모아들인 자들과 함께 있게 할 것이다."

9-12 흉포한 짐승들을 부르신다. 이리 달려오너라.
와서, 저 짐승 같은 야만인들을 잡아먹어라!
이스라엘의 파수꾼이라는 자들이 다 눈멀었다.
모조리 눈멀었다.
그들은 지금 무슨 일이 일어나고 있는지 모른다.
짖을 줄도 모르는 개들,
백일몽이나 꾸는 게을러빠진 개들이다.
그런데 먹는 데는 아주 밝은 주린 개들,
먹어도 먹어도 만족을 모르는 게걸들린 개들이다.
이스라엘의 목자들이 바로 그들이다!
아무 생각 없고 아무 개념도 없다.
다들 자기 생각뿐이며,
가질 만한 것은 무엇이든 차지하려고 혈안이다.
"오너라." 그들이 말한다. "잔치를 벌이자.
나가서 마시자!"
다음 날도 마찬가지다.
"즐기자!"

지치지도 않고 새 종교를 찾아다니는 너희

57

1-2 그러는 사이 의인들은 하나씩 죽어 나가는데,
아무도 거들떠보지 않는다.
하나님을 경외하는 이들이 하나씩 세상을 떠나는데,
아무도 주목하지 않는다.
그 의인들, 비참함에서 벗어나
마침내 안식을 누린다.
고귀한 삶을 살았던 그들,
마침내 평화를 누린다.

3-10 "그러나 너희 마녀의 자식들아, 이리 오너라!
창녀의 아들들아, 매춘부의 딸들아.
대체 너희가 지금 누구를 비웃고
조롱하며 놀린단 말이냐?
너희가 얼마나 비참한 신세가 될지 알기나 하느냐?
이 반역의 종족, 사기꾼 세대여.

altar.
Oh yes, my house of worship
will be known as a house of prayer for all people."
The Decree of the Master, GOD himself,
who gathers in the exiles of Israel:
"I will gather others also,
gather them in with those already gathered."

9-12 A call to the savage beasts: Come on the run.
Come, devour, beast barbarians!
For Israel's watchmen are blind, the whole lot of them.
They have no idea what's going on.
They're dogs without sense enough to bark,
lazy dogs, dreaming in the sun—
But hungry dogs, they do know how to eat,
voracious dogs, with never enough.
And these are Israel's shepherds!
They know nothing, understand nothing.
They all look after themselves,
grabbing whatever's not nailed down.
"Come," they say, "let's have a party.
Let's go out and get drunk!"
And tomorrow, more of the same:
"Let's live it up!"

Never Tired of Trying New Religions

57

1-2 Meanwhile, right-living people die
and no one gives them a thought.
God-fearing people are carted off
and no one even notices.
The right-living people are out of their misery,
they're finally at rest.
They lived well and with dignity
and now they're finally at peace.

3-10 "But you, children of a witch, come here!
Sons of a slut, daughters of a whore.
What business do you have taunting,
sneering, and sticking out your tongue?
Do you have any idea what wretches you've turned out to be?
A race of rebels, a generation of liars.

어디든 구석만 있으면 들어가 색욕을 불태우고
내키는 대로 간통을 저지르는 너희다.
굴속이든 바위틈이든,
적당한 곳을 골라 제 자식을 죽이는 너희다.
너는 강가에서 돌을 옮겨 와
음란한 종교 산당을 세운다.
그렇게 너의 운명을 택했다.
너의 예배가 네 운명을 결정한다.
너는 높은 산에 올라
그 더러운 섹스교, 죽음교를 실천했다.
문을 닫아걸고서
너의 애지중지하는 신과 여신들을 불러 모았다.
나를 저버린 채, 밖으로 나돌며 옷을 홀랑 벗고
침상을 예배장소로 삼았다.
신성하다는 창녀들과 침상에 올라
그 벗은 몸뚱이들을 숭배하며
탐닉했다.
너는 네가 받들어 섬기는 신에게 기름을 바르고
네 몸에 향수를 뿌린다.
최신 유행 종교를 물색하러 사절을 보낸다.
지옥에도 갔다 오게 한다.
끝없이 새로운 것, 색다른 것을 시도해 보느라
자신을 허비하면서도,
너는 그것이 허비인 줄도 모른다.
최신 유행을 좇는 힘은 늘 남아돌아서,
지치지도 않고 새 종교를 찾아다닌다.

11-13 대체 누가 너를 꼬드겨 이런 터무니없는 짓을 하게 했느냐?
나를 잊게 만들고,
나를 알았다는 사실조차 잊게 만들었느냐?
고함도 지르지 않고 가만있으니
너는 내가 존재하지도 않는다고 생각하는 것이냐?
내가 너의 의로운 종교 행위들을 하나하나 다 파헤쳐,
그것이 얼마나 엉터리인지 폭로하겠다.
가거라. 가서, 네가 모아 둔 우상들에게 도와 달라고 부르짖어 봐라.
그것들, 바람 한번 불면 다 날아가 버린다.
연기에 지나지 않는 것들이기 때문이다.

그러나 누구든지 내게 달려와 도움을 청하는 자는
땅을 상속받을 것이며,
나의 거룩한 산을 소유하게 되리라!"

You satisfy your lust any place you find some shade
and fornicate at whim.
You kill your children at any convenient spot—
any cave or crevasse will do.
You take stones from the creek
and set up your sex-and-religion shrines.
You've chosen your fate.
Your worship will be your doom.
You've climbed a high mountain
to practice your foul sex-and-death religion.
Behind closed doors
you assemble your precious gods and goddesses.
Deserting me, you've gone all out, stripped down
and made your bed your place of worship.
You've climbed into bed with the 'sacred' whores
and loved every minute of it,
adoring every curve of their naked bodies.
You anoint your king-god with ointments
and lavish perfumes on yourselves.
You send scouts to search out the latest in religion,
send them all the way to hell and back.
You wear yourselves out trying the new and the different,
and never see what a waste it all is.
You've always found strength for the latest fad,
never got tired of trying new religions.

11-13 "Who talked you into the pursuit of this nonsense,
leaving me high and dry,
forgetting you ever knew me?
Because I don't yell and make a scene
do you think I don't exist?
I'll go over, detail by detail, all your 'righteous' attempts at religion,
and expose the absurdity of it all.
Go ahead, cry for help to your collection of no-gods:
A good wind will blow them away.
They're smoke, nothing but smoke.

"But anyone who runs to me for help
will inherit the land,
will end up owning my holy mountain!"

14 어디선가 음성이 들려온다. "건설하여라, 건설하여라! 길을 만들어라!
길을 닦아라. 내 백성이 걸어올 길에서
바위들을 치워라."

15-21 영원 안에 사시며
그 이름이 '거룩'이신 분,
지극히 높으신 하나님의 메시지다.
"나는 높고 거룩한 곳에 살지만,
또한 기운 잃고 풀죽은 자들과 함께한다.
그들 속에 새로운 영을 불어넣고,
그들을 다시 일으켜 세운다.
나는 끝없이 사람들을 법정에 세우거나,
끊임없이 노하지 않는다.
그렇게 하면, 그들이 용기를 잃고 말 것이고,
내가 창조한 영혼들이 지쳐 주저앉고 말기 때문이다.
나는 노했었다. 이스라엘의 죄로 인해, 몹시 노했었다.
고집스럽게 제멋대로 가는 그들을,
내가 심하게 쳤고, 노하여 등을 돌렸다.
그러나 뒤돌아 그들이 어떻게 지내는지 보면서,
그들을 치유하고 이끌어 주기로, 그들을 위로해 주기로 마음먹었다.
나는 애통하는 그들에게 새로운 언어, 찬양의 언어를 안겨 주련다.
먼 곳에 있는 자들에게도, 가까운 곳에 있는 자들에게도 평화가 있으리라." 하나님께서 말씀하신다.
"그렇다. 내가 그들을 치유해 줄 것이다.
그러나 악한 자들은
폭풍에 요동치는 바다와 같아서,
그 파도가 오물과 진창을 마구 솟구쳐 올린다."
하나님께서 말씀하신다. "악인에게는 평화가 없다."

하나님께서 기뻐하시는 금식

58 1-3 "외쳐라! 목이 터지도록 외쳐라!
조금도 주저하지 마라. 나팔을 불듯 크게 외쳐라!
내 백성의 문제가 무엇인지 말해 주어라.
내 가문 야곱에게 그들의 죄를 들이대어라!
그들은 예배하느라 바쁘다. 늘 바쁘다.
나에 대해 공부하는 것도 무척이나 좋아한다.
겉모습만 보면, 가히 의인들의 나라다.
율법을 지키고 하나님을 높이는 자들 같다.

14 Someone says: "Build, build! Make a road!
Clear the way, remove the rocks
from the road my people will travel."

15-21 A Message from the high and towering God,
who lives in Eternity,
whose name is Holy:
"I live in the high and holy places,
but also with the low-spirited, the spirit-crushed,
And what I do is put new spirit in them,
get them up and on their feet again.
For I'm not going to haul people into court endlessly,
I'm not going to be angry forever.
Otherwise, people would lose heart.
These souls I created would tire out and give up.
I *was* angry, good and angry, because of Israel's sins.
I struck him hard and turned away in anger,
while he kept at his stubborn, willful ways.
When I looked again and saw what he was doing,
I decided to heal him, lead him, and comfort him,
creating a new language of praise for the mourners.
Peace to the far-off, peace to the near-at-hand,"
says GOD—
"and yes, I will heal them.
But the wicked are storm-battered seas
that can't quiet down.
The waves stir up garbage and mud.
There's no peace," God says, "for the wicked."

Your Prayers Won't Get Off the Ground

58 1-3 "Shout! A full-throated shout!
Hold nothing back—a trumpet-blast shout!
Tell my people what's wrong with their lives,
face my family Jacob with their sins!
They're busy, busy, busy at worship,
and love studying all about me.
To all appearances they're a nation of right-living people—

그들은 내게 '무엇이 옳은 일입니까?'라고 물으며,
나를 자기들 편에 세우기를 좋아한다.
그러면서도 불평한다.
'우리가 이렇게 금식하는데 왜 알아주지 않으십니까?
우리가 이렇게 자신을 낮추는데 왜 거들떠보지도 않으십니까?'

3-5 좋다. 이유를 말해 주겠다.

금식일을 지킨다지만 결국 너희가 추구하는 것은 이윤이다.
너희는 너희 일꾼들을 혹사시킨다.
금식하면서 말다툼과 싸움질을 벌인다.
금식하면서 야비한 주먹을 휘두른다.
그런 금식으로는,
너희 기도는 땅에서 한 치도 올라가지 못한다.
너희는 내가 찾는 금식이 그런 것이라고 생각하느냐?
겸손을 과시하려는 금식?
짐짓 경건한 척 근엄한 표정을 짓고
칙칙한 옷을 입고 무게 잡고 돌아다니는 그런 것?
너희는 그런 것을 금식이라고 말하느냐?
나 하나님이 기뻐하는 금식일이라고 말하느냐?

6-9 내가 찾는 금식은 이런 것이다.
불의의 사슬을 끊어 주고,
일터에서 착취를 없애며,
압제받는 자를 풀어 주고,
빚을 청산해 주는 것이다.
또, 내가 너에게서 보고 싶은 모습은 이런 것이다.
굶주린 자들과 음식을 나누고,
집 없고 가난한 자들을 집에 초대하며,
헐벗어 추위에 떠는 자들에게 옷을 주고,
혈육을 외면하지 않고 도와주는 모습이다.
이런 일을 행하여라. 그러면 빛이 쏟아져 들어와,
너의 삶이 순식간에 달라질 것이다.
너의 의가 네 앞서 길을 닦을 것이요,
영광의 하나님이 너의 길을 지켜 주실 것이다.
네가 기도할 때 하나님이 응답하실 것이다.
네가 도와 달라고 부르짖으면, 내가 '여기 있다' 하고 대답할 것이다.

9-12 만일 네가 불공정한 관행을 없애고,
남을 공연히 비난하는 일,

law-abiding, God-honoring.
They ask me, 'What's the right thing to do?'
and love having me on their side.
But they also complain,
'Why do we fast and you don't look our way?
Why do we humble ourselves and you don't even notice?'

3-5 "Well, here's why:

"The bottom line on your 'fast days' is profit.
You drive your employees much too hard.
You fast, but at the same time you bicker and fight.
You fast, but you swing a mean fist.
The kind of fasting you do
won't get your prayers off the ground.
Do you think this is the kind of fast day I'm after:
a day to show off humility?
To put on a pious long face
and parade around solemnly in black?
Do you call *that* fasting,
a fast day that I, GOD, would like?

6-9 "This is the kind of fast day I'm after:
to break the chains of injustice,
get rid of exploitation in the workplace,
free the oppressed,
cancel debts.
What I'm interested in seeing you do is:
sharing your food with the hungry,
inviting the homeless poor into your homes,
putting clothes on the shivering ill-clad,
being available to your own families.
Do this and the lights will turn on,
and your lives will turn around at once.
Your righteousness will pave your way.
The GOD of glory will secure your passage.
Then when you pray, GOD will answer.
You'll call out for help and I'll say, 'Here I am.'

A Full Life in the Emptiest of Places

9-12 "If you get rid of unfair practices,
quit blaming victims,
quit gossiping about other people's sins,

남의 허물을 들추는 일을 그친다면,
또, 네가 굶주린 자들에게 아낌없이 베풀고
밑바닥 사람들을 위해 일하기 시작한다면,
네 삶이 어둠을 뚫고 빛나기 시작할 것이다.
그늘졌던 네 삶에 햇빛이 가득해지리라.
내가 가야 할 네 길을 항상 일러 줄 것이다.
황량하기 그지없는 곳에서도 네 삶은 풍성할 것이며,
내가 너의 근육을 강인하게, 너의 뼈를 튼튼하게 만들어 줄 것이다.
너는 물이 넉넉한 동산,
물이 마르지 않는 샘터 같을 것이다.
너는 허물어졌던 삶의 조각들로 삶을 재건하고,
과거에서 출발해 다시 기초를 세울 것이다.
너는 무엇이든 수리해 내는 자,
오래된 폐허를 복구하고 재건하고 쇄신하는 자,
세상을 다시 살 만한 곳으로 만들어 내는 자로 알려질 것이다.

13-14 만일 네가 안식일에 스스로 조심하고
내 거룩한 날을 이용해 이득을 챙기려 들지 않으면,
네가 안식일을 기쁜 날로 여기고
하나님의 거룩한 날을 즐겁게 보내면,
네가 그날을 귀히 여겨
평일과 똑같이 돈 벌려고 이리저리 뛰어다니지 않으면,
너는 마음껏 하나님을 누리게 될 것이다!
내가 너를 높이 뛰게 하며, 높이 날게 할 것이다.
내가 너의 조상 야곱의 유산으로 축제를 벌이게 해줄 것이다."
그렇다! 하나님의 말씀이다!

빛을 갈망하나 어둠 속에서 비틀거리는 우리

59 1-8 보아라! 들어라!
하나님의 팔은 잘리지 않았다. 여전히 구원하실 수 있다.
하나님의 귀도 막히지 않았다. 여전히 들으실 수 있다.
하나님 편에는 아무 문제가 없다. 문제는 너희에게 있다.
너희의 비뚤어진 삶이 너희와 하나님 사이를 갈라놓았다.
그 사이에 죄가 있기에, 그분이 듣지 않으시는 것이다.
너희 손은 피로 흥건하고,
손가락에서는 죄가 뚝뚝 떨어진다.

If you are generous with the hungry
and start giving yourselves to the down-and-out,
Your lives will begin to glow in the darkness,
your shadowed lives will be bathed in sunlight.
I will always show you where to go.
I'll give you a full life in the emptiest of places—
firm muscles, strong bones.
You'll be like a well-watered garden,
a gurgling spring that never runs dry.
You'll use the old rubble of past lives to build anew,
rebuild the foundations from out of your past.
You'll be known as those who can fix anything,
restore old ruins, rebuild and renovate,
make the community livable again.

13-14 "If you watch your step on the Sabbath
and don't use my holy day for personal advantage,
If you treat the Sabbath as a day of joy,
GOD's holy day as a celebration,
If you honor it by refusing 'business as usual,'
making money, running here and there—
Then you'll be free to enjoy GOD!
Oh, I'll make you ride high and soar above it all.
I'll make you feast on the inheritance of your ancestor Jacob."
Yes! GOD says so!

We Long for Light but Sink into Darkness

59 1-8 Look! Listen!
GOD's arm is not amputated—he can still save.
GOD's ears are not stopped up—he can still hear.
There's nothing wrong with God; the wrong is in *you*.
Your wrongheaded lives caused the split between you and God.
Your sins got between you so that he doesn't hear.
Your hands are drenched in blood,
your fingers dripping with guilt,
Your lips smeared with lies,

너희 입술은 거짓으로 얼룩졌고,
너희 혀는 추잡한 말들로 부풀어 있다.
바른 소리 하는 자 아무도 없고,
공정하게 일을 처리하는 자 아무도 없다.
그들은 헛된 망상을 믿으며, 거짓을 말한다.
그들은 악을 잉태하고 죄를 출산한다.
그들은 뱀 알을 품으며 거미줄을 짠다.
그 알은 먹으면 죽고 깨뜨리면 뱀이 나온다!
그 거미줄로는 옷을 만들지 못한다.
거미줄로 만들어진 옷을 어떻게 입겠는가!
그들은 악독을 짜는 자들,
폭력을 부화시키는 자들이다.
그들은 악행을 두고 서로 경쟁을 벌이며,
살인자의 대장 자리를 놓고 서로 다툰다.
늘 악을 계획하고 모의하며, 늘 악을 생각하고 호흡한다.
그들이 지나간 자리는 줄줄이 인생 파탄이다.
그들은 평화에 대해 아무것도 알지 못한다.
정의에 대해서는 말할 것도 없다.
그들은 길을 비트는 자들이다.
그 길을 따라가는 가련한 자들은 평화에서 멀어질 뿐이다!

9-11 이처럼 우리는 공평과 거리가 멀고,
의로운 삶 근처에도 가보지 못했다.
우리는 빛을 갈망하나 어둠 속으로 가라앉고,
광명을 갈망하나 밤새 흑암 속에서 비틀거린다.
눈먼 자들처럼 벽에 손을 대고 걸으며,
어둠 속에서 더듬거린다.
밝은 대낮에도 허우적거리는 우리,
마치 죽은 자들이 걷는 것 같다.
신음하는 우리, 곰보다 나을 게 없고,
구슬피 우는 우리, 비둘기와 다를 바 없다.
우리는 정의를 갈망하지만, 기미도 보이지 않는다.
구원을 갈망하지만, 낌새도 없다.

12-15 하나님, 우리의 잘못들이 주 앞에 쌓여 있습니다.
우리의 죄들이 일어나 우리를 고발합니다.
우리의 잘못들이 우리를 노려보고 있습니다.
우리는 스스로 행한 일을 너무도 잘 알고 있습니다.
우리는 하나님을 따르지 않았습니다.
하나님을 조롱하고 부인했습니다.
뜬소문을 퍼뜨리며 사람들을 들쑤셨고,
거짓을 품고 다니며 악독을 내뱉었습니다.

your tongue swollen from muttering obscenities.
No one speaks up for the right,
no one deals fairly.
They trust in illusion, they tell lies,
they get pregnant with mischief and have sin-babies.
They hatch snake eggs and weave spider webs.
Eat an egg and die; break an egg and get a snake!
The spider webs are no good for shirts or shawls.
No one can wear these weavings!
They weave wickedness,
they hatch violence.
They compete in the race to do evil
and run to be the first to murder.
They plan and plot evil, think and breathe evil,
and leave a trail of wrecked lives behind them.
They know nothing about peace
and less than nothing about justice.
They make tortuously twisted roads.
No peace for the wretch who walks down those roads!

9-11 Which means that we're a far cry from fair dealing,
and we're not even close to right living.
We long for light but sink into darkness,
long for brightness but stumble through the night.
Like the blind, we inch along a wall,
groping eyeless in the dark.
We shuffle our way in broad daylight,
like the dead, but somehow walking.
We're no better off than bears, groaning,
and no worse off than doves, moaning.
We look for justice – not a sign of it;
for salvation – not so much as a hint.

12-15 Our wrongdoings pile up before you, God,
our sins stand up and accuse us.
Our wrongdoings stare us down;
we know in detail what we've done:
Mocking and denying GOD,
not following our God,
Spreading false rumors, inciting sedition,
pregnant with lies, muttering malice.

정의는 만신창이가 되었고,
의는 구석으로 팽개쳐졌습니다.
진실은 거리에서 비틀거리고,
정직은 종적을 감추었으며,
선한 행실은 실종되었습니다.
악을 멀리하는 이가 구타와 강탈을 당합니다.

15-19 하나님께서 보시니, 악이 점점 득세하는데
정의는 흔적도 찾을 수 없었다.
그분은 당신의 눈을 의심하셨다. 아무리 둘러보아도
누구 하나 이 끔찍한 상황을 바로잡으려는 자가 없었기 때문이다.
그래서 그분이 친히 일어나셨다. 당신 자신의 의를 힘입어,
몸소 구원의 과업을 떠맡으셨다.
그분께서 의를 옷처럼 입으셨다.
의를 갑옷처럼 입으시고,
구원을 투구처럼 쓰셨다.
심판을 철갑처럼 두르시고,
열정을 망토처럼 걸치셨다.
그분께서 모두가 그 소행대로 보응을 받게 하실 것이다.
당신의 원수들에게 불같은 노로 응분의 벌을 내리실 것이다.
먼 곳의 섬들도 빠짐없이 대가를 치르게 될 것이다.
서쪽 사람들이 하나님의 이름을 두려워하고,
동쪽 사람들도 하나님의 영광을 두려워하게 될 것이다.
그분께서 홍수 때의 강물처럼,
하나님의 바람에 휘몰리는 격류처럼 등장하실 것이기 때문이다.

20 "내가 시온에 당도할 것이다.
자기 죄에서 떠난 야곱의 자손들에게 속량자로 올 것이다."
하나님의 포고다.

21 하나님께서 말씀하신다. "자, 내가 그들과 맺는 언약은 이러하다. 내가 네 위에 둔 나의 영과 선포하라고 준 나의 말들이, 너와 네 자녀와 네 자손들의 입에서 떠나지 않을 것이다. 너는 언제까지나 이 말들을 반복하게 될 것이다." 하나님의 명령이다.

예루살렘이 받을 영광

60 1-7 "예루살렘아, 일어나라!
깨어나, 해를 맞아라.
하나님의 빛나는 영광이 너를 위해 솟아올랐다.

Justice is beaten back,
Righteousness is banished to the sidelines,
Truth staggers down the street,
Honesty is nowhere to be found,
Good is missing in action.
Anyone renouncing evil is beaten and robbed.

15-19 GOD looked and saw evil looming on the horizon—
so much evil and no sign of Justice.
He couldn't believe what he saw:
not a soul around to correct this awful situation.
So he did it himself, took on the work of Salvation,
fueled by his own Righteousness.
He dressed in Righteousness, put it on like a suit of armor,
with Salvation on his head like a helmet,
Put on Judgment like an overcoat,
and threw a cloak of Passion across his shoulders.
He'll make everyone pay for what they've done:
fury for his foes, just deserts for his enemies.
Even the far-off islands will get paid off in full.
In the west they'll fear the name of GOD,
in the east they'll fear the glory of GOD,
For he'll arrive like a river in flood stage,
whipped to a torrent by the wind of GOD.

20 "I'll arrive in Zion as Redeemer,
to those in Jacob who leave their sins."
GOD's Decree.

21 "As for me," GOD says, "this is my covenant with them: My Spirit that I've placed upon you and the words that I've given you to speak, they're not going to leave your mouths nor the mouths of your children nor the mouths of your grandchildren. You will keep repeating these words and won't ever stop." GOD's orders.

People Returning for the Reunion

60 1-7 "Get out of bed, Jerusalem!
Wake up. Put your face in the sunlight.

온 땅이 어둠에 싸였고
온 백성이 깊은 어둠 속에 잠겼으나,
네 위로 하나님이 떠오르시고,
그분의 새벽빛 영광이 동터 올랐다.
민족들이 너의 빛을 향해,
왕들이 너의 찬란한 광명 앞으로 나아올 것이다.
위를 올려다보아라! 주위를 둘러보아라!
그들이 너에게 몰려오는 광경을 보아라.
너의 아들들이 먼 곳에서 돌아오며,
너의 딸들이 유모의 품에 안겨서 온다.
그 모습을 보며, 너는 미소 가득 함박웃음을 지으리라.
너의 가슴이 벅차오르리라. 터질 듯 벅차오르리라!
바닷길로 귀향해 오는 저 유랑민들,
뭇 민족들에게서 거두어들인 풍성한 수확이로다!
눈 닿는 곳까지 이어지는 저 낙타와 대상들의 행렬을 보아라.
미디안과 에바 유목민들의 쌩쌩한 낙타들이
금과 유향을 잔뜩 지고서,
하나님을 찬양하며
남쪽 스바로부터 쏟아져 들어온다.
뿐만 아니다. 게달과 느바욧의 유목민들이 무수한 가축 떼를 몰고 온다.
내가 내 영광스런 성전을 광채로 둘러쌀 때 내 제단에 바쳐질 합당한 예물들이다.

8-22 저기 멀리 보이는 것이 무엇이냐?
지평선을 덮는 구름처럼, 하늘을 뒤덮는 비둘기 떼처럼 오는 저것은.
바로, 먼 섬에서 오는 배들이다.
그 유명한 다시스의 배들이,
먼 곳에서 너의 자녀들을 태우고 온다.
금은보화를 가득 싣고
너의 하나님, '이스라엘의 거룩한 이'의 보호를 받으며 온다.
그의 광채에 둘러싸여 온다.
이방인들이 너의 성벽을 재건하고,
그 왕들이 예배를 인도하는 네 일을 도울 것이다.
내가 노하여 너를 심하게 쳤지만,
이제는 너를 어루만져 주련다.
너의 예루살렘 성문들은 늘 열려 있어,
밤낮으로 개방되리라!
그리로 뭇 민족들이 가져오는 재물을 받을 것이다.
각 나라의 왕들이 직접 가져올 것이다!
재물을 바치지 않는 민족이나 나라는 멸망할 것이다.

GOD's bright glory has risen for you.
The whole earth is wrapped in darkness,
all people sunk in deep darkness,
But GOD rises on you,
his sunrise glory breaks over you.
Nations will come to your light,
kings to your sunburst brightness.
Look up! Look around!
Watch as they gather, watch as they approach you:
Your sons coming from great distances,
your daughters carried by their nannies.
When you see them coming you'll smile—big smiles!
Your heart will swell and, yes, burst!
All those people returning by sea for the reunion,
a rich harvest of exiles gathered in from the nations!
And then streams of camel caravans as far as the eye can see,
young camels of nomads in Midian and Ephah,
Pouring in from the south from Sheba,
loaded with gold and frankincense,
preaching the praises of GOD.
And yes, a great roundup
of flocks from the nomads in Kedar and Nebaioth,
Welcome gifts for worship at my altar
as I bathe my glorious Temple in splendor.

What's That We See in the Distance?

8-22 "What's that we see in the distance,
a cloud on the horizon, like doves darkening the sky?
It's ships from the distant islands,
the famous Tarshish ships
Returning your children from faraway places,
loaded with riches, with silver and gold,
And backed by the name of your GOD, The Holy of Israel,
showering you with splendor.
Foreigners will rebuild your walls,
and their kings assist you in the conduct of worship.

그런 민족은 초토화될 것이다.
레바논의 우람한 나무들,
잣나무, 상수리나무, 소나무들을 가져와
내 성소를 장려하게 단장할 것이다.
내 발을 놓은 그곳을 내가 영광스럽게 만들리라.
너를 압제했던 자들의 후손들이
굽실거리며 네게 나아오고,
너를 깔보던 자들이
네 앞에서 머리를 조아릴 것이다.
그들은 너를 '하나님의 성읍'이라,
'이스라엘의 거룩하신 분의 시온'이라 부를 것이다.
얼마 전까지만 해도 너는 아무도 거들떠보지 않는,
멸시받는 피난민이었다.
그러나 이제 내가 너를 일으켜 세웠으니,
대대로 우뚝 서 있을 너의 모습, 모두가 기쁘게
우러르리라!
네가 민족들의 젖을 빨고
그 왕족들의 젖을 빨게 되는 날,
나 하나님이 너의 구원자이고,
너의 속량자이며, '야곱의 용사'임을 알게 되리라.
나는 너에게 최고의 것만 줄 것이다. 너절한 것
이나 받던 시절은 끝났다!
구리 대신 금을, 철 대신 은을,
나무 대신 구리를, 돌 대신 철을 줄 것이다.
나는 평화가 너의 나라 최고경영자가 되게 하
겠고,
의가 너의 상관이 되게 하겠다.
너의 땅에 더 이상 범죄 뉴스가 없을 것이며,
강도질도, 파괴 행위도 사라지리라.
너는 네 중심가를 '구원의 길'이라 이름 붙이고,
마을 한가운데에 '찬양 공원'을 조성할 것이다.
너는 낮의 해와
밤의 달빛이 필요 없을 것이다.
하나님이 너의 영원한 빛이 되고,
너의 하나님이 너를 광명으로 둘러쌀 것이다.
너의 해는 지는 법이 없겠고,
너의 달도 기우는 법이 없을 것이다.
내가 너의 영원한 빛이 될 것이다.
너의 암울했던 시절은 이제 지났다.
네 백성 모두가 영원히 그들 차지인 땅에서
의롭고 풍성한 삶을 누릴 것이다.
그들은 내가 내 영광을 보여주기 위해,
내 손으로 직접 심은 푸른 새싹이다.
꼬마 부족이 거인 부족이 될 것이며,
약골들이 모여 강력한 민족을 이룰 것이다.

When I was angry I hit you hard.
It's my desire now to be tender.
Your Jerusalem gates will always be open
–open house day and night!–
Receiving deliveries of wealth from all nations,
and their kings, the delivery boys!
Any nation or kingdom that doesn't deliver will perish;
those nations will be totally wasted.
The rich woods of Lebanon will be delivered
–all that cypress and oak and pine–
To give a splendid elegance to my Sanctuary,
as I make my footstool glorious.
The descendants of your oppressor
will come bowing and scraping to you.
All who looked down at you in contempt
will lick your boots.
They'll confer a title on you: City of GOD,
Zion of The Holy of Israel.
Not long ago you were despised refuse–
out-of-the-way, unvisited, ignored.
But now I've put you on your feet,
towering and grand forever, a joy to look at!
When you suck the milk of nations
and the breasts of royalty,
You'll know that I, GOD, am your Savior,
your Redeemer, Champion of Jacob.
I'll give you only the best–no more hand-me-downs!
Gold instead of bronze, silver instead of iron,
bronze instead of wood, iron instead of stones.
I'll install Peace to run your country,
make Righteousness your boss.
There'll be no more stories of crime in your land,
no more robberies, no more vandalism.
You'll name your main street Salvation Way,
and install Praise Park at the center of town.
You'll have no more need of the sun by day
nor the brightness of the moon at night.
GOD will be your eternal light,
your God will bathe you in splendor.
Your sun will never go down,
your moon will never fade.
I will be your eternal light.
Your days of grieving are over.

나는 하나님이다.
때가 되면, 내가 그렇게 만들 것이다."

기쁜 구원의 소식

61

1-7 하나님께서 내게 기름을 부어 주시니,
주 하나님의 영이 내게 임하셨다.
주께서 나를 보내어 가난한 이들에게 복된 소식을 전하고,
마음 상한 자들을 치유하며,
포로 된 이들에게 자유를,
감옥에 갇힌 이들에게 사면을 선포하게 하셨다.
하나님께서 나를 보내어 당신의 은혜의 해가 임했고,
우리의 모든 원수를 섬멸하셨음을 선언하며,
슬퍼하는 이들을 위로하게 하셨다.
시온에서 슬퍼하는 이들의 사정을 돌아보게 하시고,
그들에게 재 대신 꽃다발을,
슬픈 소식 대신 기쁜 소식을 안겨 주게 하셔서,
시들했던 그들의 마음에 찬양의 꽃을 피우게 하셨다.
그들의 이름을 '의의 참나무'로 고쳐 불러라.
그들은 하나님께서 당신의 영광을 보이시기 위해 심은 나무다.
그들은 오래된 폐허를 재건할 것이며,
그 잔해 위에 새로운 성읍을 일으켜 세울 것이다.
그들은 무너진 성읍에서,
그 잿더미로부터 다시 시작할 것이다.
너희는 외부인을 고용해 너희의 가축을 치게 하고,
이방인을 고용해 너희의 밭일을 하게 할 것이다.
너희는 '하나님의 제사장들'이라 불려지고,
하나님의 사역자로 높임을 받게 될 것이다.
너희는 뭇 민족들이 내어주는 부를 향유하고,
그들의 영광을 누리게 될 것이다.
지금까지 너희는 갑절로 고난을 받아 왔고
너희의 몫 이상으로 수치를 당했으니,
이제 그 땅에서 갑절로 유산을 받을 것이며
너희의 기쁨은 영원히 지속될 것이다.

8-9 "나 하나님은 공정한 거래를 사랑하고
도둑질과 범죄를 미워하니,
나는 너희가 받아야 할 삯을 제때에 충분히 지불할 것이며
너희와 영원한 언약을 맺을 것이다.

All your people will live right and well,
in permanent possession of the land.
They're the green shoot that I planted,
planted with my own hands to display my glory.
The runt will become a great tribe,
the weakling become a strong nation.
I am GOD.
At the right time I'll make it happen."

Announce Freedom to All Captives

61

1-7 The Spirit of GOD, the Master, is on me
because GOD anointed me.
He sent me to preach good news to the poor,
heal the heartbroken,
Announce freedom to all captives,
pardon all prisoners.
GOD sent me to announce the year of his grace—
a celebration of God's destruction of our enemies—
and to comfort all who mourn,
To care for the needs of all who mourn in Zion,
give them bouquets of roses instead of ashes,
Messages of joy instead of news of doom,
a praising heart instead of a languid spirit.
Rename them "Oaks of Righteousness"
planted by GOD to display his glory.
They'll rebuild the old ruins,
raise a new city out of the wreckage.
They'll start over on the ruined cities,
take the rubble left behind and make it new.
You'll hire outsiders to herd your flocks
and foreigners to work your fields,
But you'll have the title "Priests of GOD,"
honored as ministers of our God.
You'll feast on the bounty of nations,
you'll bask in their glory.
Because you got a double dose of trouble
and more than your share of contempt,
Your inheritance in the land will be doubled
and your joy go on forever.

8-9 "Because I, GOD, love fair dealing
and hate thievery and crime,
I'll pay your wages on time and in full,
and establish my eternal covenant with you.
Your descendants will become well-known all over.

너희 자손들은 온 세상에 이름을 날리게 될 것이다.
이방 나라 사람들은 너희 자녀들을
내가 축복해 준 자들로
단번에 알아볼 것이다."

10-11 나, 하나님 안에서 기뻐 노래하리라.
내 영혼 깊은 곳에서 찬양이 터져 나온다!
그분께서 나를 예복을 입은 신랑같이
보석 박힌 관을 쓴 신부같이
구원의 옷을 입히시고,
의를 겉옷처럼 두르게 하셨다.
봄이 오면 들꽃이 만발하고
꽃동산이 펼쳐지듯,
주 하나님께서 의를 활짝 꽃피우시고
민족들 앞에 찬양을 펼쳐 보이시리라.

보아라, 너의 구원자가 오신다!

62 1-5 시온의 의가 해처럼 빛날 때까지,
나는 가만히 입 다물고 있을 수 없다.
예루살렘의 구원이 불꽃처럼 타오르기까지,
나는 그저 잠자코 있을 수 없다.
이방 나라들이 너의 의를 볼 것이고,
세계 지도자들이 너의 영광을 보게 될 것이다.
너는 하나님께서 친히 불러 주시는,
전혀 새로운 이름을 얻을 것이다.
너는 하나님의 손바닥에 놓인 휘황찬란한 왕관,
하나님의 손에 들린 보석 박힌 금잔이 되리라.
더 이상 너를 '버림받은 자'라 부르지 않고,
너의 나라도 더 이상 '폐허'로 불리지 않을 것이다.
너는 '헵시바'(나의 기쁨)라 불리고,
너의 나라는 '쁄라'(결혼한 여자)라 불릴 것이다.
하나님께서 너를 기뻐하시고,
네 땅은 결혼 축하연이 벌어지는 곳 같을 것이기 때문이다.
젊은 신랑이 처녀 신부와 결혼하듯
너를 지으신 분께서 너와 결혼하실 것이며,
신랑이 자기 신부를 좋아하듯
너의 하나님이 너를 좋아하실 것이기 때문이다.

6-7 예루살렘아, 내가 너의 성벽 위에 파수꾼을 세웠다.
그들이 밤낮으로 그 자리를 지키고 기도하며 부르짖어,
하나님께 약속을 상기시켜 드릴 것이다.
말씀하신 바를 행하실 때까지,

Your children in foreign countries
Will be recognized at once
as the people I have blessed."

10-11 I will sing for joy in GOD,
explode in praise from deep in my soul!
He dressed me up in a suit of salvation,
he outfitted me in a robe of righteousness,
As a bridegroom who puts on a tuxedo
and a bride a jeweled tiara.
For as the earth bursts with spring wildflowers,
and as a garden cascades with blossoms,
So the Master, GOD, brings righteousness into full bloom
and puts praise on display before the nations.

Look, Your Savior Comes!

62 1-5 Regarding Zion, I can't keep my mouth shut,
regarding Jerusalem, I can't hold my tongue,
Until her righteousness blazes down like the sun
and her salvation flames up like a torch.
Foreign countries will see your righteousness,
and world leaders your glory.
You'll get a brand-new name
straight from the mouth of GOD.
You'll be a stunning crown in the palm of GOD's hand,
a jeweled gold cup held high in the hand of your God.
No more will anyone call you Rejected,
and your country will no more be called Ruined.
You'll be called Hephzibah (My Delight),
and your land Beulah (Married),
Because GOD delights in you
and your land will be like a wedding celebration.
For as a young man marries his virgin bride,
so your builder marries you,
And as a bridegroom is happy in his bride,
so your God is happy with you.

6-7 I've posted watchmen on your walls, Jerusalem.
Day and night they keep at it, praying, calling out,
reminding GOD to remember.

예루살렘을 평화의 성읍으로 높이실 때까지,
그분을 쉬시지 못하게 할 것이다.

8-9 하나님께서 맹세하셨다.
엄숙히 맹세하셨다.
"다시는 너의 양식 창고가
원수들에게 털리는 일이 없게 할 것이다.
다시는 네가 수고해 만든 포도주를
이방인들이 마셔 버리는 일이 없게 할 것이다.
그렇다. 식량을 재배하는 농부가 그 식량을 먹으며
하나님을 찬양할 것이다.
포도주를 만드는 자들이 나의 거룩한 안뜰에서
그 포도주를 마실 것이다."

10-12 성문 밖으로 나가라. 서둘러라!
돌아올 백성을 위해 길을 내어라.
큰길을 닦아라. 공사를 시작하여라!
자갈들을 치우고
깃발을 높이 들어, 모든 백성에게 신호를 보내라!
그렇다! 하나님께서 세계만방에 선포하셨다.
"딸 시온에게 말하여라. '보아라! 너의 구원자가 오신다.
말씀하신 일을 행하시려고,
약속하신 바를 이루시려고 그분이 오신다.'"
시온은 새 이름으로 불릴 것이다.
'거룩한 백성', '하나님이 속량하신 자',
'찾아낸 바 된 자', '버림받지 않은 성읍'이라 불릴 것이다.

하나님의 구원의 날

63 1 파수꾼이 힘껏 외친다.
"거기, 붉게 물든 옷을 입고
에돔과 보스라에서 나오는 당신은 누구신가요?
그처럼 빛나는 차림을 하고
원기왕성하게 전진해 오시는 당신, 그 이름을 말씀해 주십시오!"

"나다. 옳은 말을 하는 나,
구원할 힘을 가진 나다!"

2 "그런데 의복이 왜 그렇게 붉은가요?
포도주 틀을 밟고 나온 것처럼, 왜 그렇게 옷이 붉게 물들었나요?"

3-6 "나 혼자서 포도주 틀을 밟았다.

They are to give him no peace until he does what he said,
until he makes Jerusalem famous as the City of Praise.

8-9 GOD has taken a solemn oath,
an oath he means to keep:
"Never again will I open your grain-filled barns
to your enemies to loot and eat.
Never again will foreigners drink the wine
that you worked so hard to produce.
No. The farmers who grow the food will eat the food
and praise GOD for it.
And those who make the wine will drink the wine
in my holy courtyards."

10-12 Walk out of the gates. Get going!
Get the road ready for the people.
Build the highway. Get at it!
Clear the debris,
hoist high a flag, a signal to all peoples!
Yes! GOD has broadcast to all the world:
"Tell daughter Zion, 'Look! Your Savior comes,
Ready to do what he said he'd do,
prepared to complete what he promised.'"
Zion will be called new names: Holy People, GOD-Redeemed,
Sought-Out, City-Not-Forsaken.

Who Goes There?

63 1 The watchmen call out,
"Who goes there, marching out of Edom,
out of Bozrah in clothes dyed red?
Name yourself, so splendidly dressed,
advancing, bristling with power!"

"It is I: I speak what is right,
I, mighty to save!"

2 "And why are your robes so red,
your clothes dyed red like those who tread grapes?"

3-6 "I've been treading the winepress alone.

나를 도와주는 자 아무도 없었다.
나는 노하여 포도를 밟았다.
진노하여 그 백성을 짓밟았다.
그들의 피가 내게 튀었다.
내 옷은 피로 완전히 젖었다.
내가 보복하기로 작정한 때,
속량을 행할 때가 이르렀기 때문이다.
나를 도와줄 사람이 있는지 둘러보았지만,
아무도 없었다.
믿을 수 없었다.
누구 하나 자원하여 나서는 자가 없었다.
그래서 나는 혼자서 그 일을 했다.
나의 노를 힘입어 했다.
노하여 그 백성을 짓밟았고,
진노하며 그들을 밟아 뭉갰다.
그들의 피로 땅을 흠뻑 적셨다."

7-9 내가 열거해 보겠다. 하나님의 자애로운 업적을,
하나님이 행하신 찬양받으실 일들을,
하나님께서 주신 풍성한 선물들을.
이스라엘 가문에 베푸신 크신 인애,
그 넉넉한 긍휼과
넘치는 사랑을.
그분께서 "정녕 이들은 나의 백성이다.
나를 배신하지 않을 자녀들이다"라고 말씀하시고,
그들의 구원자가 되어 주셨다.
그들이 고난을 당할 때,
당신도 친히 함께 고난을 겪으셨다.
누구를 대신 보내 그들을 돕게 하지 않으시고,
그분이 직접 나서서 도와주셨다.
당신의 사랑과 동정에 이끌려
그들을 속량해 주셨다.
그분은 그들을 건지시고 아주 오랜 세월,
그들을 안고 가 주셨다.

10 그런데 그들은 그분께 등을 돌렸다.
그분의 성령을 슬프시게 했다.
그래서 그분도 그들에게 등을 돌리셨고,
그들의 적이 되어 몸소 그들과 싸우셨다.

11-14 그러자 그들은 옛 시절을 떠올렸다.
하나님의 종, 모세의 때를.
"당신의 양 떼의 목자들을
바다에서 올라오게 하신 그분, 지금 어디에 계시는가?
그들 속에 당신의 성령을 두신 분,

No one was there to help me.
Angrily, I stomped the grapes;
raging, I trampled the people.
Their blood spurted all over me—
all my clothes were soaked with blood.
I was set on vengeance.
The time for redemption had arrived.
I looked around for someone to help
—no one.
I couldn't believe it
—not one volunteer.
So I went ahead and did it myself,
fed and fueled by my rage.
I trampled the people in my anger,
crushed them under foot in my wrath,
soaked the earth with their lifeblood."

All the Things God Has Done That Need Praising

7-9 I'll make a list of GOD's gracious dealings,
all the things GOD has done that need praising,
All the generous bounties of GOD,
his great goodness to the family of Israel—
Compassion lavished,
love extravagant.
He said, "Without question these are my people,
children who would never betray me."
So he became their Savior.
In all their troubles,
he was troubled, too.
He didn't send someone else to help them.
He did it himself, in person.
Out of his own love and pity
he redeemed them.
He rescued them and carried them along
for a long, long time.

10 But they turned on him;
they grieved his Holy Spirit.
So he turned on them,
became their enemy and fought them.

11-14 Then they remembered the old days,
the days of Moses, God's servant:

지금 무엇을 하고 계시는가?
모세의 오른팔에 당신의 팔을 올려
그들 앞에서 물을 가르신 분,
그를 대대로 유명하게 만드셨으며,
그들을 이끌어 진흙뻘 심연을,
굳은 평지를 디디는 말들처럼 통과하게 하신 그분은 누구신가?
초장으로 인도되는 가축 떼처럼,
하나님의 영이 그들에게 안식을 주셨다."

14-19 주께서는 그렇게 주의 백성들을 인도하셨습니다!
그렇게 주의 이름이 널리 알려졌습니다!
하늘에서 우리를 굽어 살펴 주십시오!
주의 거룩하고 장대한 집 창문 밖으로 내려다봐 주십시오!
주님의 그 열정,
주님의 그 높으신 권능의 역사들, 이제 어디로 갔습니까?
주님의 진심어린 동정과 자비하심, 이제 어디에 있습니까?
어찌하여 물러서 계십니까?
주님은 우리 아버지이십니다.
아브라함과 이스라엘은 오래전에 죽었습니다.
그들은 우리를 전혀 알아보지 못합니다.
그러나 주님은 우리의 살아 계신 아버지이십니다!
영원 전부터 이름 높으신 우리의 속량자이십니다.
하나님, 어찌하여 우리가 주의 길을 떠나 방황하게 하셨습니까?
왜 우리를 냉담하고 완고한 자들로 만드셔서,
더 이상 주를 경외하지 않고 예배하지도 않게 하셨습니까?
주의 종들을 돌아보아 주십시오.
주님은 우리의 주인이십니다! 우리는 주의 소유입니다!
주의 거룩한 백성이 주의 거룩한 곳을 잠시 차지했으나,
이제 그곳은 우리의 원수들에게 완전히 파괴되었습니다.
오래전부터 주님은 우리에게 눈길 한번 주지 않으셨습니다.
마치 우리를 전혀 모르시는 분 같습니다.

64 1-7 오, 주께서 하늘을 찢고 내려오신다면!
산들이 주님 앞에서 오들오들 떨 것입니다.
숲에 불이 붙듯,
물이 불에 끓듯 할 것입니다.

"Where is he who brought the shepherds of his flock
up and out of the sea?
And what happened to the One who set
his Holy Spirit within them?
Who linked his arm with Moses' right arm,
divided the waters before them,
Making him famous ever after,
and led them through the muddy abyss
as surefooted as horses on hard, level ground?
Like a herd of cattle led to pasture,
the Spirit of GOD gave them rest."

14-19 *That's* how you led your people!
That's how you became so famous!
Look down from heaven, look at us!
Look out the window of your holy and magnificent house!
Whatever happened to your passion,
your famous mighty acts,
Your heartfelt pity, your compassion?
Why are you holding back?
You are our Father.
Abraham and Israel are long dead.
They wouldn't know us from Adam.
But you're our *living* Father,
our Redeemer, famous from eternity!
Why, GOD, did you make us wander from your ways?
Why did you make us cold and stubborn
so that we no longer worshiped you in awe?
Turn back for the sake of your servants.
You own us! We belong to you!
For a while your holy people had it good,
but now our enemies have wrecked your holy place.
For a long time now, you've paid no attention to us.
It's like you never knew us.

Can We Be Saved?

64 1-7 Oh, that you would rip open the heavens and descend,
make the mountains shudder at your presence—

주를 대면한 주의 적들, 공포에 휩싸이고,
민족들은 사시나무 떨듯 떨 것입니다!
전에 주께서는 우리가 감히 생각지 못한 놀라운 일들을 행하셨습니다.
이곳에 내려오셔서, 산들이 주님 앞에서 오들오들 떨게 만드셨습니다.
당신을 기다리는 자들을 위해 역사하시는
주님과 같은 신은,
시간이 시작된 이래
누구도 상상하지 못했고,
어떤 귀도 듣지 못했으며, 어떤 눈도 보지 못했습니다.
주께서는 의로운 일을 기쁘게 행하는 이들,
주의 길을 기억하고 따르는 이들을 만나 주시는 분입니다.
그러나 주께서는 우리에게 얼마나 노하셨던지요!
우리는 죄를 지었고, 너무 오랫동안 죄를 고집했습니다!
이런 우리에게, 희망이 있는지요? 이런 우리가, 구원받을 수 있겠는지요?
우리는 모두 죄에 감염된 자들, 죄에 오염된 자들입니다.
최선을 다한 노력도 때 묻은 누더기에 불과합니다.
우리는 가을 낙엽처럼 말랐습니다.
죄로 말라 버린 우리, 바람에 날려 갑니다.
주께 기도하는 자,
주께 이르려고 애쓰는 자, 아무도 없습니다.
주께서 우리에게 등을 돌리시고,
우리를 우리 죄 속에 내버려 두셨기 때문입니다.

8-12 그럼에도 **하나님**, 주님은 여전히 우리 아버지이십니다.
우리는 진흙, 주님은 우리의 토기장이십니다.
우리는 다 주의 작품입니다.
오 **하나님**, 너무 노하지는 말아 주십시오.
우리 잘못을 영원히 기록해 두지는 말아 주십시오.
부디 우리가, 지금도 주의 백성인 것을 기억해 주십시오.
주의 거룩한 성읍들이 유령마을로 변했습니다.
시온은 유령마을이 되었고,
예루살렘은 잡초밭이 되었습니다.
우리 조상들이 주를 향한 찬양으로 가득 채웠던
거룩하고 아름다운 성전은
불타서 잿더미가 되었고,
우리의 아름다운 공원과 동산들도 다 폐허가 되었습니다.
하나님,
이러한데도 보고만 계실 작정이십니까?
아무 말씀도 하지 않으시렵니까?
이제는 충분히, 우리를 오랫동안 비참하게 내버려 두지 않으셨습니까?

As when a forest catches fire,
as when fire makes a pot to boil—
To shock your enemies into facing you,
make the nations shake in their boots!
You did terrible things we never expected,
descended and made the mountains shudder at your presence.
Since before time began
no one has ever imagined,
No ear heard, no eye seen, a God like you
who works for those who wait for him.
You meet those who happily do what is right,
who keep a good memory of the way you work.
But how angry you've been with us!
We've sinned and kept at it so long!
Is there any hope for us? Can we be saved?
We're all sin-infected, sin-contaminated.
Our best efforts are grease-stained rags.
We dry up like autumn leaves—
sin-dried, we're blown off by the wind.
No one prays to you
or makes the effort to reach out to you
Because you've turned away from us,
left us to stew in our sins.

8-12 Still, GOD, you are our Father.
We're the clay and you're our potter:
All of us are what you made us.
Don't be too angry with us, O GOD.
Don't keep a permanent account of wrongdoing.
Keep in mind, please, we *are* your people—all of us.
Your holy cities are all ghost towns:
Zion's a ghost town,
Jerusalem's a field of weeds.
Our holy and beautiful Temple,
which our ancestors filled with your praises,
Was burned down by fire,
all our lovely parks and gardens in ruins.
In the face of all this,
are you going to sit there unmoved, GOD?
Aren't you going to say something?
Haven't you made us miserable long enough?

심판과 구원

65 1-7 "애써 청하지 않는 자들에게도
나는 기꺼이 응하려 했다.
애써 찾지 않는 자들도
나는 기꺼이 만나 주려 했다.
내가 늘 '여기 있다. 바로 여기 있다'고 말해 주던 민족,
그들이 나를 무시했다.
내가 날마다 손을 내밀어 주던 백성,
그들이 내게 등을 돌리고
그릇된 길로 갔다.
제멋대로 하기를 고집했다.
그들은 내 마음을 상하게 하고
날마다 내 앞에서 무례하게 굴면서,
자기 부엌에서 만든 종교,
잡탕 종교를 만들어 낸다.
그들은 죽은 자들의 메시지를 듣겠다며
무덤 속에서 밤을 지새우고,
금지된 음식을 먹으며
마법의 약물을 들이킨다.
그러고는 '물렀거라.
내게 가까이 오지 마라. 이 몸은 너희보다 거룩하다'고 말한다.
이런 자들, 내 속을 뒤집는다.
그들이 내는 악취를 나는 참을 수가 없다.
이것을 보아라! 여기,
그들의 죄가 전부 기록되어 있는 목록을 내가 들고 있다.
나는 더 이상 참지 않을 것이다.
그들로 하여금 값을 치르게 할 것이다.
그들 자신의 죄와,
거기에 더해
그들 부모의 죄에 대해서도." 하나님께서 말씀하신다.
"그런 신성모독을 자행하고
언덕 위 산당들에서 나를 모독한 그들이기에,
그 결과를 맛보게 하겠다.
그들이 저지른 행위에 대한 대가를 톡톡히 치르게 할 것이다."

8-10 하나님의 메시지다.

"그러나 사과 하나가 썩었다고 사과 농사 전부를 망친 것은 아니며,
여전히 좋은 사과들도 많이 남아 있다.
이스라엘 안에서 내게 순종하는 자들은 내가 보존해 줄 것이다.

The People Who Bothered to Reach Out to God

65 1-7 "I've made myself available
to those who haven't bothered to ask.
I'm here, ready to be found
by those who haven't bothered to look.
I kept saying 'I'm here, I'm right here'
to a nation that ignored me.
I reached out day after day
to a people who turned their backs on me,
People who make wrong turns,
who insist on doing things their own way.
They get on my nerves,
are rude to my face day after day,
Make up their own kitchen religion,
a potluck religious stew.
They spend the night in tombs
to get messages from the dead,
Eat forbidden foods
and drink a witch's brew of potions and charms.
They say, 'Keep your distance.
Don't touch me. I'm holier than thou.'
These people gag me.
I can't stand their stench.
Look at this! Their sins are all written out—
I have the list before me.
I'm not putting up with this any longer.
I'll pay them the wages
They have coming for their sins.
And for the sins of their parents lumped in,
a bonus." GOD says so.
"Because they've practiced their blasphemous worship,
mocking me at their hillside shrines,
I'll let loose the consequences
and pay them in full for their actions."

8-10 GOD's Message:

"But just as one bad apple doesn't ruin the whole bushel,
there are still plenty of good apples left.
So I'll preserve those in Israel who obey me.

나는 이 나라 전체를 멸망시키지는 않을 것이다.
야곱으로부터 나의 참 자녀를 데리고 나올 것이며,
나의 산들을 상속받을 자들을 유다에서 데리고 나올 것이다.
나의 택함을 받은 자들이 그 땅을 상속받을 것이며,
나의 종들이 거기 들어가 살 것이다.
서쪽의 울창한 샤론 골짜기는
양 떼를 위한 초장이 되고,
동쪽의 아골 골짜기는
가축을 방목하는 곳이 될 것이다.
힘써 내게 나아오는 자들, 힘써 나를 원하는 자들,
진심으로 나를 찾는 백성들이 이것을 누리게 되리라."

⁂

11-12 "그러나 너희 하나님인 나를 버리고
거룩한 산을 잊은 너희,
행운의 여신을 위해 상을 차리고
운명의 남신을 위해 술 파티를 여는 너희는,
결국, 너희가 구한 것을 얻을 것이다. 너희 운명이 이루어질 것이다.
너희 숙명인 죽음을 맞게 되리라.
내가 초대했지만 너희가 나를 무시했고,
내가 말을 건넸지만 너희가 나를 외면했기 때문이다.
너희는 내가 악으로 지목한 바로 그 일들을 했고,
내가 미워하는 짓만 골라서 행했다."

13-16 그러므로, 주 하나님께서 주시는 메시지다.

"나의 종들은 먹겠지만
너희는 굶주릴 것이다.
나의 종들은 마시겠지만
너희는 목마를 것이다.
나의 종들은 기뻐 환호하겠지만
너희는 부끄러워 머리를 숙일 것이다.
나의 종들은 마음이 즐거워 웃겠지만
너희는 마음이 아파 울 것이다.
그렇다. 영혼이 찢겨 울부짖을 것이다.
너희는 내가 택한 백성들이
악담할 때 쓰는 이름으로나 남을 것이다.
나 하나님이 너희를 죽음에게 넘기겠고,
나의 종들에게는 새 이름을 줄 것이다.
그러면 땅에서 복을 구하는 자는 누구나
나의 신실한 이름으로 복을 구할 것이며,
땅에서 맹세하는 자는 누구나

I won't destroy the whole nation.
I'll bring out my true children from Jacob
and the heirs of my mountains from Judah.
My chosen will inherit the land,
my servants will move in.
The lush valley of Sharon in the west
will be a pasture for flocks,
And in the east, the valley of Achor,
a place for herds to graze.
These will be for the people
who bothered to reach out to me, who wanted me in their lives,
who actually bothered to look for me.

⁂

11-12 "But you who abandon me, your GOD,
who forget the holy mountains,
Who hold dinners for Lady Luck
and throw cocktail parties for Sir Fate,
Well, you asked for it. Fate it will be:
your destiny, Death.
For when I invited you, you ignored me;
when I spoke to you, you brushed me off.
You did the very things I exposed as evil;
you chose what I hate."

13-16 Therefore, this is the Message from the Master, GOD:

"My servants will eat,
and you'll go hungry;
My servants will drink,
and you'll go thirsty;
My servants will rejoice,
and you'll hang your heads.
My servants will laugh from full hearts,
and you'll cry out heartbroken,
yes, wail from crushed spirits.
Your legacy to my chosen
will be your name reduced to a cussword.
I, GOD, will put you to death
and give a new name to my servants.
Then whoever prays a blessing in the land
will use my faithful name for the blessing,
And whoever takes an oath in the land

나의 신실한 이름으로 맹세할 것이다.
내가 지난날의 괴로움을 되새기지 않고 잊었으며,
눈앞에서 깨끗이 지워 버렸기 때문이다."

새 하늘과 새 땅

17-25 "보아라.
내가 새 하늘과 새 땅을 창조할 것이다.
이전의 괴로움과 혼돈과 고통은,
모두 옛적 일이 되어 잊혀질 것이다.
기뻐하며 앞을 보아라.
내가 창조할 것을 내다보아라.
나는 예루살렘을 순전한 기쁨이 되게 창조할 것이요,
나의 백성이 청정한 즐거움이 되게 창조할 것이다.
나는 예루살렘을 보며 기뻐하겠고,
내 백성을 보며 즐거워할 것이다.
그 성읍에서는 더 이상 우는 소리나
울부짖는 소리가 들리지 않으며,
갓난아기들이 죽거나
노인들이 천수를 누리지 못하는 일이 없으리라.
백세수가 흔한 일이 되고,
그에 못 미치면 비정상으로 여겨질 것이다.
그들은 집을 짓고,
거기 들어가 살 것이다.
밭을 경작하여,
거기서 기른 것을 먹을 것이다.
그들이 지은 집을
다른 사람이 차지하는 일이 없겠고,
그들이 경작해 얻은 수확을
적이 빼앗아 가는 일도 없을 것이다.
나의 백성은 나무처럼 장수하고,
나의 택한 자들은 자기 일에서 만족을 누리며 살 것이다.
일하고도 아무 소득을 얻지 못하거나,
자녀를 잃는 불상사도 없을 것이다.
그들이 하나님께 복을 받았고,
그들의 자녀와 자손도 하나님께 복을 받았기 때문이다.
그들이 외쳐 부르기 전에, 내가 응답할 것이다.
그들이 말을 다 끝내기도 전에, 내가 알아들을 것이다.
이리와 어린양이 풀밭에서 함께 풀을 뜯고,
사자와 황소가 구유에서 여물을 먹을 것이다.
그러나 뱀은 흙을 파먹고 살 것이다!
나의 거룩한 산에서는,

will use my faithful name for the oath,
Because the earlier troubles are gone and forgotten,
banished far from my sight.

New Heavens and a New Earth

17-25 "Pay close attention now:
I'm creating new heavens and a new earth.
All the earlier troubles, chaos, and pain
are things of the past, to be forgotten.
Look ahead with joy.
Anticipate what I'm creating:
I'll create Jerusalem as sheer joy,
create my people as pure delight.
I'll take joy in Jerusalem,
take delight in my people:
No more sounds of weeping in the city,
no cries of anguish;
No more babies dying in the cradle,
or old people who don't enjoy a full lifetime;
One-hundredth birthdays will be considered normal—
anything less will seem like a cheat.
They'll build houses
and move in.
They'll plant fields
and eat what they grow.
No more building a house
that some outsider takes over,
No more planting fields
that some enemy confiscates,
For my people will be as long-lived as trees,
my chosen ones will have satisfaction in their work.
They won't work and have nothing come of it,
they won't have children snatched out from under them.
For they themselves are plantings blessed by GOD,
with their children and grandchildren likewise GOD-blessed.
Before they call out, I'll answer.
Before they've finished speaking, I'll have heard.
Wolf and lamb will graze the same meadow,
lion and ox eat straw from the same trough,
but snakes—they'll get a diet of dirt!

동물이나 사람이 서로 해치고 죽이는 일이 없을 것이
다." 하나님의 말씀이다.

하나님께 드릴 산 예배

66

1-2 하나님의 메시지다.
"하늘은 나의 보좌요,
땅은 나의 발 받침대다.
그러니 너희가 나를 위해 무슨 집을 짓겠다는 것이냐?
나를 위해 무슨 휴양처를 만들겠다는 말이냐?
만물을 만든 이가 나다! 만물의 주인이 나다!"
하나님의 포고다.
"그러나 내가 찾는 것이 있다.
나는 순수하고 소박한 사람,
내 말에 떨며 응답하는 사람을 찾는다.

3-4 너희의 예배는,
죄짓는 행위나 다름없다.
황소를 잡아 바치는 너희 희생 제사,
이웃을 살해하는 짓과 다름없다.
너희의 예물 봉헌,
제단에 돼지 피를 마구 뿌리는 짓과 다름없다.
너희의 기념물 봉헌,
우상을 칭송하는 짓과 다름없다.
너희 예배는, 너희 자신을 섬기는 예배다.
자기중심적인 예배를 드리며 즐거워하는 너희여, 이제
역겹다!
나는, 너희가 하는 일이 얼마나 어처구니없는지 폭로
하고,
너희가 가장 두려워하던 일이 너희에게 들이닥치게 하
겠다.
내가 너희를 초대했지만 너희가 나를 무시했고,
내가 너희에게 말을 건넸지만 너희가 나를 외면했기
때문이다.
너희는 내가 악으로 지목한 바로 그 일들을 했고,
내가 미워하는 짓만 골라서 행했다."

5 그러나 하나님의 말씀에 떨며 응답하는 너희여,
그분이 너희에게 하시는 말씀을 들어라.
"나로 인해 너희가
친족들의 미움을 받고 쫓겨난다.
그들은 '어디 하나님의 영광을 보여줘 봐라!
하나님이 그렇게 위대한 분이라면,
우리는 지금 왜 행복하지 못한 거지?'하며 너희를 조롱
한다.

Neither animal nor human will hurt or kill
anywhere on my Holy Mountain," says GOD.

Living Worship to God

66

1-2 GOD's Message:
"Heaven's my throne,
earth is my footstool.
What sort of house could you build for me?
What holiday spot reserve for me?
I made all this! I own all this!"
GOD's Decree.
"But there *is* something I'm looking for:
a person simple and plain,
reverently responsive to what I say.

3-4 "Your acts of worship
are acts of sin:
Your sacrificial slaughter of the ox
is no different from murdering the neighbor;
Your offerings for worship,
no different from dumping pig's blood on the altar;
Your presentation of memorial gifts,
no different from honoring a no-god idol.
You choose self-serving worship,
you delight in self-centered worship—disgusting!
Well, I choose to expose your nonsense
and let you realize your worst fears,
Because when I invited you, you ignored me;
when I spoke to you, you brushed me off.
You did the very things I exposed as evil,
you chose what I hate."

5 But listen to what GOD has to say
to you who reverently respond to his Word:
"Your own families hate you
and turn you out because of me.
They taunt you, 'Let us see GOD's glory!
If God's so great, why aren't you happy?'
But they're the ones

그러나 결국 부끄러움을 당할 자들은
그들이다."

6 성읍에서 우르릉대는 천둥소리가 들려온다!
성전에서 한 음성이 울려 나온다!
당신의 적들에게 심판을 내리시는
하나님의 음성이다.

7-9 "진통이 오기도 전에
아기를 낳았다.
산고를 겪기도 전에
아들을 낳았다.
이런 일을 들어본 적이 있느냐?
이런 일을 본 사람이 있느냐?
하루 만에 나라가 태어날 수 있느냐?
눈 깜짝할 사이에 민족이 태어날 수 있느냐?
그러나 시온은,
산고 없이 아이들을 낳았다!
모태를 여는 내가,
아기를 낳게 해주지 않겠느냐?
아기를 낳게 해주는 내가,
모태를 닫아 버리겠느냐?

10-11 예루살렘아, 기뻐하여라.
그녀를 사랑하는 모든 자들아, 즐거워하여라!
그녀를 생각하며 눈물 흘렸던 너희여,
이제 함께 즐거이 노래 불러라.
갓 태어난 너희여,
그녀의 젖가슴에서 마음껏 젖을 빨아라.
그 풍족한 젖을 실컷 빨며
마음껏 즐거워하여라."

12-13 하나님의 메시지다.

"나는 견고한 평안이 강물처럼,
민족들의 영광이 홍수처럼, 그녀에게 쏟아져 들어가게 할 것이다.
너희는 그녀의 젖을 빨고
그녀의 품에 안길 것이며,
그녀의 무릎 위에서 놀 것이다.
어머니가 제 자식을 위로하듯,
내가 너희를 위로해 줄 것이다.
예루살렘에서 너희가 위로를 얻을 것이다."

who are going to end up shamed."

6 Rumbles of thunder from the city!
A voice out of the Temple!
GOD's voice,
handing out judgment to his enemies:

7-9 "Before she went into labor,
she had the baby.
Before the birth pangs hit,
she delivered a son.
Has anyone ever heard of such a thing?
Has anyone seen anything like this?
A country born in a day?
A nation born in a flash?
But Zion was barely in labor
when she had her babies!
Do I open the womb
and not deliver the baby?
Do I, the One who delivers babies,
shut the womb?

10-11 "Rejoice, Jerusalem,
and all who love her, celebrate!
And all you who have shed tears over her,
join in the happy singing.
You newborns can satisfy yourselves
at her nurturing breasts.
Yes, delight yourselves and drink your fill
at her ample bosom."

12-13 GOD's Message:

"I'll pour robust well-being into her like a river,
the glory of nations like a river in flood.
You'll nurse at her breasts,
nestle in her bosom,
and be bounced on her knees.
As a mother comforts her child,
so I'll comfort you.
You will be comforted in Jerusalem."

14-16 You'll see all this and burst with joy

14-16 너희는 이 모든 것을 보고 기쁨으로 충만하리라.
사기가 충천하리라.
하나님께서 너희 편에 서시며,
당신의 원수들을 대적하시는 모습이 명백하기 때문이다.
하나님께서 들불처럼 오시고,
그분의 병거가 회오리바람같이 들이닥친다.
그분이 불같이 노를 터뜨리시며,
맹렬한 화염같이 꾸짖으시며 오신다.
하나님께서 불로 심판을 내리시고,
모든 인류에게 사형선고를 내리신다.
많은 자들이, 오, 너무도 많은 자들이
하나님께로부터 사형선고를 받는다.

17 "신성한 숲에 들어가 부정한 입교의식을 치르고, 돼지와 쥐를 먹는 부정한 식사의식에 참여하는 자들은, 다 같이 먹다가 다 같이 죽을 것이다." 하나님의 포고다.

18-21 "나는 그들의 행위와 생각을 전부 알고 있다. 내가 가서 모두를, 언어가 다른 모든 민족을 불러 모을 것이다. 그들이 와서 나의 영광을 볼 것이다. 나는 세계의 중심 예루살렘에 본부를 설치하고, 심판에서 살아남은 자들을 세계 각지로 보낼 것이다. 스페인과 아프리카, 터키와 그리스를 비롯해, 내 이름을 들어 본 적 없고 내가 행한 일과 나에 대해 전혀 알지 못하는 먼 섬들에게까지 보낼 것이다. 내가 그들을 선교사로 보내어, 민족들 가운데서 나의 영광을 선포하게 할 것이다. 그들은 오래전에 잃었던 너희 형제자매들을 세계 각지로부터 데리고 돌아올 것이다. 돌아와서, 하나님께 산 예배를 드리며 그들을 바칠 것이다. 그들을 말과 수레와 마차에 태워, 노새와 낙타에 태워, 나의 거룩한 산 예루살렘으로 곧장 데려올 것이다." 하나님께서 말씀하신다. "그들은 이스라엘 사람들이 하나님의 성전에서 제의 그릇에 예물을 담아 바치듯, 그들을 내게 바칠 것이다. 나는 그들 가운데서 일부를 제사장과 레위인으로 세울 것이다." 하나님께서 말씀하신다.

22-23 "내가 지을 새 하늘과 새 땅이
내 앞에서 굳건히 서듯이,
너희 자녀들과 너희 명성도
바로 그렇게, 굳건히 설 것이다."
하나님의 포고다.
"달마다, 주마다,

—you'll feel ten feet tall—
As it becomes apparent that GOD is on your side
and against his enemies.
For GOD arrives like wildfire
and his chariots like a tornado,
A furious outburst of anger,
a rebuke fierce and fiery.
For it's by fire that GOD brings judgment,
a death sentence on the human race.
Many, oh so many,
are under GOD's sentence of death.

17 "All who enter the sacred groves for initiation in those unholy rituals that climaxed in that foul and obscene meal of pigs and mice will eat together and then die together." GOD's Decree.

18-21 "I know everything they've ever done or thought. I'm going to come and then gather everyone—all nations, all languages. They'll come and see my glory. I'll set up a station at the center. I'll send the survivors of judgment all over the world: Spain and Africa, Turkey and Greece, and the far-off islands that have never heard of me, who know nothing of what I've done nor who I am. I'll send them out as missionaries to preach my glory among the nations. They'll return with all your long-lost brothers and sisters from all over the world. They'll bring them back and offer them in living worship to GOD. They'll bring them on horses and wagons and carts, on mules and camels, straight to my holy mountain Jerusalem," says GOD. "They'll present them just as Israelites present their offerings in a ceremonial vessel in the Temple of GOD. I'll even take some of them and make them priests and Levites," says GOD.

22-23 "For just as the new heavens and new earth
that I am making will stand firm before me"
—GOD's Decree—
"So will your children
and your reputation stand firm.
Month after month and week by week,
everyone will come to worship me," GOD says.

모든 사람이 내게 나아와 예배할 것이다." 하나님께
서 말씀하신다.

24 "그리고 밖으로 나가서,
나를 대적하고 반역했던 자들이 결국 어떻게 되었는
지 보게 될 것이다.
그 시체들을 보게 될 것이다!
끝없이 구더기들에 파먹히고,
땔감이 되어 끝없이 불에 타는 모습.
그 광경을 보고 그 악취를 맡은 사람은 누구나,
구역질을 할 것이다."

24 "And then they'll go out and look at what happened
to those who rebelled against me. Corpses!
Maggots endlessly eating away on them,
an endless supply of fuel for fires.
Everyone who sees what's happened
and smells the stench retches."

예레미야 | 머리말

예레미야의 삶과 그가 쓴 책은 둘로 나뉠 수 없는 하나다. 그는 살았던 대로 썼고, 쓴 대로 살았다. 그의 삶과 책 사이에는 불일치가 전혀 없다. 어떤 이들은, 삶보다 글이 낫다. 또 어떤 이들은, 글보다 삶이 낫다. 그러나 예레미야는 글과 삶이 동일하다.

이 사실은 매우 중요하다. 어려운 시기를 맞은 많은 사람들이 그 안에서 어떻게 생각하고 어떻게 기도하며 어떻게 그 시기를 헤쳐 나갈지에 관해 도움을 얻고자 할 때, 가장 많이 찾는 예언자가 예레미야이기 때문이다. 그가 정말 도움을 줄 수 있는 사람이라는 확신을 받고 싶다면, 이 책에서 그것을 확인할 수 있다.

우리는 격변의 시대를 살고 있다. 바야흐로 21세기를 살아가고 있는 지금, 엄밀히 말해 이 시대를 전에 없던 시대라고 할 수는 없다. 분명 과거에도 오늘날과 같은 격변의 시대가 있었다. 급변하는 세상의 속도에 모두가 현기증을 느꼈던 시대 말이다. 하지만 상황과 규모가 어떠하든지, 모든 난세에는 특별한 마음의 태도가 필요하다.

예레미야의 험난했던 인생살이는 히브리 역사상 가장 험난했던 시기 중 하나와 겹친다. 그는 주전 587년에, 예루살렘이 함락되고 유다가 바빌론에 포로로 붙잡혀 가는 것을 직접 목도했다. 일어날 수 있는 최악의 상황이 모두 일어났던 시기였다. 예레미야는 이 험악한 소용돌이 한가운데서 끝까지 견디어 냈다. 기도하고 설교하면서, 고초당하고 맞서 싸우면서, 글을 쓰고 믿음을 지키면서 말이다. 그는 외부에서 오는 폭풍 같은 공격과 내면에서 치솟는 불같은 의심에 시달려야 했다. 피로와 의심과 조롱은 몸과 마음과 감정을 극한까지 내몰았다. 그러나 그는 이 모든 것과 고투하며 자신을 둘러싼 모든 것을 장엄하게 글로 담아냈다.

> 하나님, 주께서 저를 이렇게 만드셨으니, 저는 따를 수밖에 없습니다.
> 저는 주님을 이길 수 없습니다.
> 이제 저는 공개적인 놀림감이 되었습니다.

Jeremiah's life and Jeremiah's book are a single piece. He wrote what he lived, he lived what he wrote. There is no dissonance between his life and his book. Some people write better than they live; others live better than they write. Jeremiah, writing or living, was the same Jeremiah.

This is important to know because Jeremiah is the prophet of choice for many when we find ourselves having to live through difficult times and want some trustworthy help in knowing what to think, how to pray, how to carry on. We'd like some verification of credentials. This book provides the verification.

We live in disruptive times. The decades preceding and following the pivotal third millennium are not exactly unprecedented. There have certainly been comparable times of disruption in the past that left everyone reeling, wondering what on earth and in heaven was going on. But whatever their occasion or size, troubles require attention.

Jeremiah's troubled life spanned one of the most troublesome periods in Hebrew history, the decades leading up to the fall of Jerusalem in 587 B.C., followed by the Babylonian exile. Everything that could go wrong *did* go wrong. And Jeremiah was in the middle of all of it, sticking it out, praying and preaching, suffering and striving, writing and believing. He lived through crushing storms of hostility and furies of bitter doubt. Every muscle in his body was stretched to the limit by fatigue; every thought in his mind was subjected to questioning; every feeling in his heart was put through fires of ridicule. He experienced it all agonizingly and wrote it all magnificently.

> You pushed me into this, GOD, and I let you do it.
> You were too much for me.
> And now I'm a public joke.
> They all poke fun at me.

모든 자들이 저를 놀려댑니다.
저는 입을 열 때마다
"살인이다! 강탈이다!" 하고 외칩니다.
그런데 하나님의 경고의 말씀을 그렇게 외쳐서 제가 얻는 것은
모욕과 멸시가 전부입니다.
그러나 "이제 그만!
더 이상은 하나님의 메시지를 전하지 않으리라!" 하고 마음먹으면,
말씀이 제 뱃속에서 불처럼 타오르며
뼛속까지 태웁니다.
참아 보려고 했지만, 이제 지쳤습니다.
더는 견딜 수 없습니다!
제 등 뒤에서 수군대는 소리가 들려옵니다.
"저기, '사면초가' 운운했던 자다. 저 자를 잡아라! 신고하여라!"
전에 친구였던 자들이, 지금은 제가 바닥에 고꾸라지기만을 기다립니다.
"뭐든지 하나만 걸려 봐라. 영원히 없애 줄 테니!"

그러나 하나님, 실로 맹렬한 전사이신 주께서 제 편이십니다.
저를 쫓는 자들은 모두 대자로 쭉 뻗게 될 것입니다.
어릿광대처럼 제 발에 걸려 넘어져 땅에 뒹굴며,
우스꽝스런 장면을 연출할 것입니다.

오, 만군의 하나님, 누구도 주님을 우롱하지 못합니다.
주께서는 모든 자를, 모든 것을 꿰뚫어 보십니다.
저는 그들이 행한 그대로 되갚음 받는 것을 보고 싶습니다.
주께 제 송사를 맡겨 드립니다.

하나님께 노래 불러라! 하나님을 찬양하여라!
그분은 악인들의 손아귀에서 약자를 건지시는 분이다(렘 20:7-13).

여러분이 믿고 의지하던 모든 것이 산산조각 나버리는 상황을 맞게 된다면 어떠하겠는가? 때때로 우리는 하나님께 기대했던 것과 정반대되는 상황을 개인적으로나 공동체적으로 경험하게 된다. 그럴 때 우리는 그 재난을 통해, 그동안 상상했거나 바라던 하나님이 아닌 진짜 하나님을 만나고 그 과정에서 근본적으로 달라지는가? 아니면, 하나님을 헌신짝 버리듯 내버리게 되는가? 그것도 아니라면, 거기에서 더 무너져 이미 붕괴된 신념체계나 환상을 놓지 않으려고 한사코 고집을

Every time I open my mouth
I'm shouting, "Murder!" or "Rape!"
And all I get for my GOD-warnings
are insults and contempt.
But if I say, "Forget it!
No more GOD-Messages from me!"
The words are fire in my belly,
a burning in my bones.
I'm worn out trying to hold it in.
I can't do it any longer!
Then I hear whispering behind my back:
"There goes old 'Danger-Everywhere.' Shut him up! Report him!"
Old friends watch, hoping I'll fall flat on my face:
"One misstep and we'll have him. We'll get rid of him for good!"

But GOD, a most fierce warrior, is at my side.
Those who are after me will be sent sprawling—
Slapstick buffoons falling all over themselves,
a spectacle of humiliation no one will ever forget.

Oh, GOD-of-the-Angel-Armies, no one fools you.
You see through everyone, everything.
I want to see you pay them back for what they've done.
I rest my case with you.

Sing to GOD! All praise to GOD!
He saves the weak from the grip of the wicked(Jeremiah 20:7-13).

What happens when everything you believe in and live by is smashed to bits by circumstances? Sometimes the reversals of what we expect from God come to us as individuals, other times as entire communities. When it happens, does catastrophe work to re-form our lives to conform to who God actually is and not the way we imagined or wished him to be? Does it lead to an abandonment of God? Or, worse, does it trigger a stubborn grasping to the old collapsed system of

부리는가?

격변의 시대를 사는 사람은, 앞서 그것을 경험한 이들에게서 도움을 얻고자 한다. 그들이 어떤 일을 겪었는지, 어떻게 그것을 견뎌 냈는지 배우고 싶어 한다. 은혜에 힘입어 격변의 시기를 견디고 살아남은 이를 찾을 때면, 흔히 사람들은 예레미야를 떠올린다. 그리고 참되고 정직하며 하나님의 길을 보여주는 그를 길동무 삼아, 그와 함께 고통의 시간을 건넌다. 예레미야를 통해 우리는, 어떤 상황에도 하나님은 "나는 너를 사랑하지 않은 적이 없고, 앞으로도 그럴 것이다"(렘 31:3)라고 말씀하시는 분임을 알고 평안할 수 있다.

belief, holding on for dear life to an illusion?

Anyone who lives in disruptive times looks for companions who have been through them earlier, wanting to know how they went through it, how they made it, what it was like. In looking for a companion who has lived through catastrophic disruption and survived with grace, biblical people more often than not come upon Jeremiah and receive him as a true, honest, and God-revealing companion for the worst of times, who reassures us that, no matter what, God has "never quit loving you and never will"(Jeremiah 31:3).

예레미야

JEREMIAH

부서뜨리고 다시 시작하여라

1 1-4 베냐민 땅 아나돗의 제사장 가문 힐기야의 아들 예레미야의 메시지다. 아모스의 아들 요시야가 유다를 다스린 지 십삼 년째 되던 해에 하나님의 메시지가 그에게 임했다. 그 메시지는 요시야의 아들 여호야김이 유다의 왕으로 있던 동안 계속 임했고, 요시야의 아들 시드기야 십일년, 곧 예루살렘이 포로로 잡혀가게 된 해의 다섯째 달이 되기까지 계속해서 임했다. 하나님께서 말씀하셨다.

5 "너를 모태에서 빚기 전부터
나는 이미 너를 알고 있었다.
네가 태어나 햇빛을 보기 전부터
이미 너에 대한 거룩한 계획을 세워 두었다.
나는 너를 뭇 민족에게 보낼
예언자로 세우려는 뜻을 품었다."

6 그러나 내가 말했다. "주 하나님! 저를 보십시오. 저는 아직 아무것도 모르는 어린아이에 불과합니다!"

7-8 하나님께서 내게 말씀하셨다. "어린아이에 불과하다니,
그런 소리 하지 마라.
너는 내가 가라고 하는 곳에 가면 된다.
내가 말하라고 하는 것을 말하면 된다.
전혀 두려워할 것 없다.
내가 바로 곁에서 너를 지켜 줄 것이다."
하나님의 포고다.

Demolish, and Then Start Over

1 1-4 The Message of Jeremiah son of Hilkiah of the family of priests who lived in Anathoth in the country of Benjamin. GOD's Message began to come to him during the thirteenth year that Josiah son of Amos reigned over Judah. It continued to come to him during the time Jehoiakim son of Josiah reigned over Judah. And it continued to come to him clear down to the fifth month of the eleventh year of the reign of Zedekiah son of Josiah over Judah, the year that Jerusalem was taken into exile. This is what GOD said:

5 "Before I shaped you in the womb,
I knew all about you.
Before you saw the light of day,
I had holy plans for you:
A prophet to the nations—
that's what I had in mind for you."

6 But I said, "Hold it, Master GOD! Look at me.
I don't know anything. I'm only a boy!"

7-8 GOD told me, "Don't say, 'I'm only a boy.'
I'll tell you where to go and you'll go there.
I'll tell you what to say and you'll say it.
Don't be afraid of a soul.
I'll be right there, looking after you."
GOD's Decree.

9-10 하나님께서 손을 내밀어 내 입에 대고 말씀하셨다.
"보아라! 내가 방금 너의 입속에 나의 말을 넣어 주었다.
내가 손수 넣어 주었다!
내가 한 일을 보고 있느냐?
나는 네가 뭇 민족과 통치자들에게 가서 해야 할 일을 주었다.
오늘은 너에게 기념비적인 날이다!
네가 해야 할 일은 뽑아 허물어뜨리고,
찢고 부서뜨리고,
그러고 나서
다시 시작하는 것이다.
다시 세우고 심는 일이다."

11-12 하나님의 메시지가 내게 임했다. "예레미야야, 지금 무엇이 보이느냐?"
내가 말했다. "지팡이가 하나 보입니다. 그것이 전부입니다."
그러자 하나님께서 말씀하셨다. "잘 보았다! 내가 너의 지팡이가 되어 줄 것이다.
내가 네게 주는 말들이 다 이루어지게 할 것이다."

13-15 하나님의 메시지가 다시 임했다. "이제 무엇이 보이느냐?"
내가 말했다. "끓는 솥이 하나 보이는데, 이쪽으로 기울어져 곧 쏟아질 것 같습니다."
그러자 하나님께서 말씀하셨다. "북방에서 재앙이 쏟아져
이 땅에 사는 모든 백성에게 들이닥칠 것이다.
잘 지켜보아라. 이제 내가 북방에서 왕들을 모두 불러낼 것이다."
하나님의 포고다.

15-16 "그들이 내려와서
예루살렘 성문과
성벽 코앞에,
유다의 모든 마을 코앞에 진을 칠 것이다.
내가 유다 백성에게 심판을 선언할 것이다.
그들이 나를 저버렸기 때문이다. 이 얼마나 천인공노할 일인가!
그들은 다른 신들에게 잘 보이려고 제물을 갖다 바쳤고,
자기들이 잘라 만든 막대기와 색칠해 만든 돌들을
신으로 섬겼다.

17 그러나 너는, 옷을 챙겨 입고 일어나 일을 시작하여라!

9-10 GOD reached out, touched my mouth, and said,
"Look! I've just put my words in your mouth—
hand-delivered!
See what I've done? I've given you a job to do
among nations and governments—a red-letter day!
Your job is to pull up and tear down,
take apart and demolish,
And then start over,
building and planting."

Stand Up and Say Your Piece

11-12 GOD's Message came to me: "What do you see, Jeremiah?"
I said, "A walking stick—that's all."
And GOD said, "Good eyes! I'm sticking with you.
I'll make every word I give you come true."

13-15 GOD's Message came again: "So what do you see now?"
I said, "I see a boiling pot, tipped down toward us."
Then GOD told me, "Disaster will pour out of the north
on everyone living in this land.
Watch for this: I'm calling all the kings out of the north."
GOD's Decree.

15-16 "They'll come and set up headquarters
facing Jerusalem's gates,
Facing all the city walls,
facing all the villages of Judah.
I'll pronounce my judgment on the people of Judah
for walking out on me—what a terrible thing to do!—
And courting other gods with their offerings,
worshiping as gods sticks they'd carved,
stones they'd painted.

17 "But you—up on your feet and get dressed for work!

일어나서 네가 해야 할 말을 하여라. 내가 전하라는 말을 그대로 전하여라.
인정사정 봐주지 말고 주먹을 날려라.
그렇지 않으면 내가 너를 경기장 바깥으로 빼 버릴 것이다.

18-19 내가 너를 무장시킬 테니 너는 주의하여 서 있거라.
내가 너를 난공불락의 성으로,
꿈쩍도 않는 강철 기둥으로,
견고한 철벽으로 만들어 세울 것이다.
너는 이 시대의 문화와
유다의 왕과 제후들과
제사장과 지역 고관들에게 맞서는,
일인 방어 요새다.
그들이 덤벼들겠으나,
네게 흠집 하나 내지 못할 것이다.
내가 너를 철두철미하게 엄호해 줄 것이다."
하나님의 포고다.

하나님의 거룩한 특선품이었던 이스라엘

2 1-3 하나님의 메시지가 이같이 내게 임했다.

"거리로 나가 예루살렘을 향해 외쳐라.
'하나님의 메시지다!
나는 네가 젊은 시절에 바친 충성을 기억한다.
신혼 같았던 우리의 사랑을 기억한다.
그 광야 시절, 너는 내 곁을 지켰고
그 고생길에도 내 곁을 떠나지 않았다.
이스라엘은 하나님의 거룩한 특선품이자
특상품이었다.
감히 그녀에게 손대는 자는 누구든지
곧 후회하게 되었다!'"
하나님의 포고다.

4-6 야곱의 집이여, 하나님의 메시지를 들어라!
너희, 이스라엘의 집이여!
하나님의 메시지다. "도대체 내가 무엇을 잘못했기에
너희 조상은 나를 버리고,
거품에 불과한 우상과 붙어살다가
자기들도 거품이 되고 말았단 말이냐?
그들은 한 번도 이렇게 물은 적이 없다. '하나님은 어디 계신가?
우리를 이집트에서 구해 주시고
그 메마른 사막과 죽음의 골짜기,

Stand up and say your piece. Say exactly what I tell you to say.
Don't pull your punches
or I'll pull you out of the lineup.

18-19 "Stand at attention while I prepare you for your work.
I'm making you as impregnable as a castle,
Immovable as a steel post,
solid as a concrete block wall.
You're a one-man defense system
against this culture,
Against Judah's kings and princes,
against the priests and local leaders.
They'll fight you, but they won't
even scratch you.
I'll back you up every inch of the way."
GOD's Decree.

Israel Was God's Holy Choice

2 1-3 GOD's Message came to me. It went like this:

"Get out in the streets and call to Jerusalem,
'GOD's Message!
I remember your youthful loyalty,
our love as newlyweds.
You stayed with me through the wilderness years,
stuck with me through all the hard places.
Israel was GOD's holy choice,
the pick of the crop.
Anyone who laid a hand on her
would soon wish he hadn't!'"
GOD's Decree.

4-6 Hear GOD's Message, House of Jacob!
Yes, you – House of Israel!
GOD's Message: "What did your ancestors find fault with in me
that they drifted so far from me,
Took up with Sir Windbag
and turned into windbags themselves?
It never occurred to them to say, 'Where's GOD,

아무도 살아 나오지 못하는 땅,
사람이 살 수 없는 잔혹한 땅을 지나던
그 험악하고 다사다난했던 광야 세월 동안,
한결같이 우리를 보살펴 주신 그 하나님은?'

7-8 나는 너희를 비옥한 땅으로 인도하여
싱싱한 과일을 따 먹게 했다.
그런데 너희는 내 땅에 난입해 들어와서 그 땅을 더럽혔다.
내가 아끼는 땅을 쓰레기장으로 만들고 오염시켰다.
제사장이라는 자들은 '하나님은 어디 계신가?'
하고 물을 생각도 하지 않았다.
종교 전문가라는 자들은 나에 대해서 아는 바가 전혀 없었다.
통치자들은 내게 도전했고,
예언자들은 바알 신을 전하면서,
허망한 꿈과 우둔한 계획에 지나지 않는 우상을 좇았다.

9-11 그래서 이제 내가 너희를 고발한다."
하나님의 포고다.
"너희와 너희 자녀와 너희 자손들을 고발한다.
주위를 한번 둘러보아라. 이런 일을 본 적이 있느냐?
배를 타고 서쪽 섬들에 가 보아라.
게달 광야에도 가 보아라.
잘 살펴보아라. 이런 일이 전에도 있었더냐?
자기 신을, 신 발꿈치에도 닿지 못하는 것들과
바꾼 나라가 있는지 말이다.
그러나 나의 백성은 나의 영광을,
허망한 꿈과 우둔한 계획에 지나지 않는 우상과
바꾸어 버렸다.

12-13 하늘아, 충격적인 이 일을 보아라!
믿을 수 없는 이 일을 보아라. 어떻게 이런 일이 있을 수 있느냐!"
하나님의 포고다.
"내 백성은 이중의 죄를 범했다.
그들은 나를 버렸다.
그들은 생수가 솟는 샘인 나를 버리고, 대신 땅에 물웅덩이를 팠다.
물이 새는 물웅덩이, 하수구나 다를 바 없는 물웅덩이를 팠다.

the God who got us out of Egypt,
Who took care of us through thick and thin, those rough-and-tumble
wilderness years of parched deserts and death valleys,
A land that no one who enters comes out of,
a cruel, inhospitable land?'

7-8 "I brought you to a garden land
where you could eat lush fruit.
But you barged in and polluted my land,
trashed and defiled my dear land.
The priests never thought to ask, 'Where's GOD?'
The religion experts knew nothing of me.
The rulers defied me.
The prophets preached god Baal
And chased empty god-dreams and silly god-schemes.

9-11 "Because of all this, I'm bringing charges against you"
—GOD's Decree—
"charging you and your children and your grandchildren.
Look around. Have you ever seen anything quite like this?
Sail to the western islands and look.
Travel to the Kedar wilderness and look.
Look closely. Has this ever happened before,
That a nation has traded in its gods
for gods that aren't even close to gods?
But my people have traded my Glory
for empty god-dreams and silly god-schemes.

12-13 "Stand in shock, heavens, at what you see!
Throw up your hands in disbelief—this can't be!"
GOD's Decree.
"My people have committed a compound sin:
they've walked out on me, the fountain
Of fresh flowing waters, and then dug cisterns—
cisterns that leak, cisterns that are no better than sieves.

14-17 "Isn't Israel a valued servant,
born into a family with place and position?
So how did she end up a piece of meat

14-17 이스라엘은
지체 높은 가문에 태어난 귀한 종이 아니더냐?
그런데 어쩌다가 사자들이 으르렁거리며 서로
차지하려고 달려드는
한 점의 고기 신세가 되고 말았단 말인가?
이제 겨우 뼈다귀 몇 개만 남았구나.
마을들은 쑥대밭, 폐허가 되었다.
멤피스와 다바네스에서 온 이집트 사람들이
너의 두개골을 박살내었다.
왜 이런 일이 일어났다고 생각하느냐?
이는 네가 하나님을,
바른길로 인도하려던 네 하나님을 저버렸기 때
문이 아니냐?

18-19 이제 와서 이집트로 도망간다 한들 무엇을
얻을 수 있겠느냐?
시원한 나일 강 물 한 잔 정도일 것이다.
앗시리아로 도망간다 한들 무엇을 얻을 수 있겠
느냐?
청량한 유프라테스 강 물 한 잔 정도일 것이다.
너는 악행의 대가로 실컷 두들겨 맞을 것이다.
불충의 값을 톡톡히 치를 것이다.
네가 무슨 짓을 했는지, 그 쓰디쓴 결말이 무엇
인지 똑똑히 보아라.
어떠냐. 너의 하나님을 저버린 것이 잘한 일 같
으냐?"
만군의 주 하나님의 포고다.

이방 신들에 중독된 이스라엘

20-22 "너는 오래전에 고삐를 풀고 뛰쳐나갔다.
굴레를 다 벗어던져 버렸다.
'더 이상 섬기지 않을 테다!' 말하고
떠나서는,
음란한 종교 산당을 만날 때마다 한 곳도 그냥
지나치지 않고 들어가
싸구려 창녀처럼 몸을 팔았다.
너는 내가 최고의 종자를 구해다 심은
최고급 포도나무였다.
그런데 지금 네 모습이 어떤지 보아라.
엉망으로 자라 비뚤어진 네 모습, 도저히 포도
나무로 봐줄 수 없는 꼴이다.
초강력 세제로 빨아 보아라.
생살이 벗겨지도록 북북 문질러 씻어 보아라.
그래도 네 죄의 때는 빠지지 않을 것이다.
너를 쳐다보는 일조차 내게는 고역이다!"

fought over by snarling and roaring lions?
There's nothing left of her but a few old bones,
her towns trashed and deserted.
Egyptians from the cities of Memphis and Tahpanhes
have broken your skulls.
And why do you think all this has happened?
Isn't it because you walked out on your God
just as he was beginning to lead you in the right way?

18-19 "And now, what do you think you'll get by going off to Egypt?
Maybe a cool drink of Nile River water?
Or what do you think you'll get by going off to Assyria?
Maybe a long drink of Euphrates River water?
Your evil ways will get you a sound thrashing, that's what you'll get.
You'll pay dearly for your disloyal ways.
Take a long, hard look at what you've done and its bitter results.
Was it worth it to have walked out on your God?"
GOD's Decree, Master GOD-of-the-Angel-Armies.

Addicted to Alien Gods

20-22 "A long time ago you broke out of the harness.
You shook off all restraints.
You said, 'I will not serve!'
and off you went,
Visiting every sex-and-religion shrine on the way,
like a common whore.
You were a select vine when I planted you
from completely reliable stock.
And look how you've turned out—
a tangle of rancid growth, a poor excuse for a vine.
Scrub, using the strongest soaps.
Scour your skin raw.
The sin-grease won't come out. I can't stand to even look at you!"
GOD's Decree, the Master's Decree.

23-24 "How dare you tell me, 'I'm not stained by sin.
I've never chased after the Baal sex gods'!
Well, look at the tracks you've left behind in the valley.

주 하나님의 포고다.

23-24 "감히 네가 '나는 죄로 내 자신을 더럽힌 적이 없
습니다.
음란한 신 바알들을 찾아다닌 적이 없습니다'라고 말
하느냐!
네가 골짜기에 남긴 자국을 보아라.
사막 모래 위의 흔적은 어떻게 설명하겠느냐.
발정 나 이리 뛰고 저리 뛴 낙타 자국,
몸이 달아 헐떡거리며 돌아다니던
들나귀 자국 말이다.
색욕이 발동해 이리저리 날뛰는 짐승은
누구도 말릴 수 없다!

25 진정하여라. 제발 숨 좀 돌려라. 뭐가 그리 급하냐?
왜 그렇게 몸을 망가뜨리느냐? 대체 무엇을 그렇게
좇는 것이냐?
그러나 너는 말한다. '어쩔 수 없습니다.
이방 신들에 중독되어, 멈출 수가 없습니다.'"

26-28 "도둑이 붙잡히고 나서 원통해하듯,
이스라엘 백성이 원통해한다.
왕, 제후,
제사장, 예언자들과 함께 포로로 붙잡히고 나서야 원
통해한다.
그들은 나무에다 대고 '나의 아버지!' 하고,
돌을 집어들고서는 '나의 어머니! 나를 낳아 주신 어
머니!' 한다.
그들은 내게 늘 뒤통수만 보여주었다.
한 번도 내게 얼굴을 보여준 적이 없다.
그런데도 상황이 안 좋아지면 거리낌 없이 달려와서는,
'손 좀 써 주세요! 우리를 구원해 주세요!' 하고 소리
지른다.
어째서 네가 그렇게도 좋아하는 신들, 네 손으로 만
든 그 신들에게 가지 않느냐?
그들을 깨워라. 재앙에서 구해 달라고 하여라.
유다야, 너에게는 주체할 수 없을 정도로
많은 신들이 있지 않느냐."

유다를 심판할 것이다

29-30 "독립을 주장하며 내게서 떠나가다니,
내가 대체 너희에게 무엇을 잘못했느냐?"
하나님의 포고다.
"내가 너희 자녀를 훈련시키려 애썼지만, 시간 낭비

How do you account for what is written in
the desert dust—
Tracks of a camel in heat, running this way and
that,
tracks of a wild donkey in rut,
Sniffing the wind for the slightest scent of sex.
Who could possibly corral her!
On the hunt for sex, sex, and more sex—
insatiable, indiscriminate, promiscuous.

25 "Slow down. Take a deep breath. What's the
hurry?
Why wear yourself out? Just what are you
after anyway?
But you say, 'I can't help it.
I'm addicted to alien gods. I can't quit.'

26-28 "Just as a thief is chagrined, but only when
caught,
so the people of Israel are chagrined,
Caught along with their kings and princes,
their priests and prophets.
They walk up to a tree and say, 'My father!'
They pick up a stone and say, 'My mother!
You bore me!'
All I ever see of them is their backsides.
They never look me in the face.
But when things go badly, they don't hesitate
to come running,
calling out, 'Get a move on! Save us!'
Why not go to your handcrafted gods you're so
fond of?
Rouse them. Let them save you from your
bad times.
You've got more gods, Judah,
than you know what to do with.

Trying Out Another Sin-Project

29-30 "What do you have against me,
running off to assert your 'independence'?"
GOD's Decree.
"I've wasted my time trying to train your
children.
They've paid no attention to me, ignored my

였다.
그들은 나를 거들떠보지도 않았다. 내 훈육을 무시했다.
또한 너희는 하나님의 사자들을 제거했다.
그들을 먼지 취급하며 깨끗이 쓸어버렸다.

31-32 오, 이 세대여!
내가 너희에게 말하지 않았느냐? 경고하지 않았느냐?
이스라엘아, 내가 너희를 실망시켰더냐?
어찌하여 나를 막다른 골목 취급하느냐?
어찌하여 나의 백성이 나를 버리고 '아, 속 시원하다!
이제부터 우리는 자유다' 한단 말이냐?
여인이 자기 보석을 잊는 법이 있느냐?
신부가 면사포 쓰는 것을 잊는 법이 있느냐?
그런데 내 백성은 나를 잊었다.
날이 지나고 또 지나도 거들떠보지도 않았다."

33-35 "최대한 즐기며 살겠다더니
정말 출발부터 대단했다.
너는 죄를 가르치는 학교를 세우고
대학원 과정까지 개설해 악을 가르쳤다!
그리고 이제 졸업생들이 배출되고 있다.
멋진 학사모와 가운을 착용한 자들.
그러나 그들의 몸에는 무고한 희생자들의 피가 묻어 있다!
그 피가 너에게 유죄 선고를 내린다.
지금의 위치에 오르기 위해 너는 수많은 사람들을 해치고 찔렀다.
그런데도 뻔뻔한 얼굴로 말한다. '나는 아무 잘못이 없다.
어디, 하나님이 신경 쓰시더냐? 그분이 내게 벌을 내리신 적이 있더냐?'
그러나 보아라. 심판이 오고 있다.
'나는 아무 잘못이 없다'고 말하는 바로 너를 향해 오고 있다.

36-37 너는 한 가지 죄를 도모하다 실패하면
아무렇지 않게 또 다른 죄를 도모한다. 그렇지 않느냐?
그러나 기억하여라. 앗시리아가 그랬던 것처럼
이집트도 너희를 내팽개치고 말 것이다.
너는 가슴을 쥐어뜯으며
거기서 나오게 될 것이다.
나 하나님은 네가 의지하는 모든 자들의 리스트를 갖고 있다.

discipline.
And you've gotten rid of your God-messengers,
treating them like dirt and sweeping them away.

31-32 "What a generation you turned out to be!
Didn't I tell you? Didn't I warn you?
Have I let you down, Israel?
Am I nothing but a dead-end street?
Why do my people say, 'Good riddance!
From now on we're on our own'?
Young women don't forget their jewelry, do they?
Brides don't show up without their veils, do they?
But my people forget me.
Day after day after day they never give me a thought.

33-35 "What an impressive start you made
to get the most out of life.
You founded schools of sin,
taught graduate courses in evil!
And now you're sending out graduates,
resplendent in cap and gown—
except the gowns are stained with the blood of your victims!
All that blood convicts you.
You cut and hurt a lot of people to get where you are.
And yet you have the gall to say, 'I've done nothing wrong.
God doesn't mind. He hasn't punished me, has he?'
Don't look now, but judgment's on the way,
aimed at you who say, 'I've done nothing wrong.'

36-37 "You think it's just a small thing, don't you,
to try out another sin-project when the first one fails?
But Egypt will leave you in the lurch
the same way that Assyria did.
You're going to walk away from there
wringing your hands.

너는 그 누구에게서든 손톱만큼의 도움도 얻지 못할 것이다."

음란한 종교에 사로잡힌 너희

3 [1] 하나님의 메시지가 이같이 내게 임했다.

"어떤 남자의 아내가
그를 버리고 떠나
다른 남자와 결혼하면,
본남편이 아무 일 없었다는 듯 그녀를 다시 받아줄 수 있겠느냐?
이는 땅 전체가 들고 일어날 일이 아니냐?
네가 한 짓이 바로 이와 같다.
너는 이 신 저 신 쫓아다니며 매춘부 짓을 했다.
그래 놓고서, 이제 아무 일도 없었다는 듯 돌아오고 싶어 한다."
하나님의 포고다.

2-5 "언덕들을 둘러보아라.
네가 섹스 행각을 벌이지 않은 곳이 어디 한 군데라도 있느냐?
너는 사슴을 쫓는 사냥꾼처럼 야외에 텐트를 쳐 놓고
여러 신들에게 구애했다.
거리의 매춘부처럼
이 신 저 신 붙잡고 호객행위를 했다.
그래서 비가 그친 것이다.
더 이상 하늘에서 비가 내리지 않는 것은 그 때문이다!
그래도 너는 전혀 당황하는 빛이 없다. 매춘부처럼 뻔뻔한 너는
마치 아무 잘못이 없다는 듯 행동한다.
그러면서 뻔뻔스럽게 외친다. '나의 아버지!
제가 어렸을 때 주님은 저를 돌보아 주셨습니다.
왜 지금은 아닌가요?
쉬지 않고 계속 화만 내시렵니까?'
툭하면 네가 하는 말이다. 그러나 너는 쉬지 않고 계속 죄를 짓는다."

네 하나님을 무시하는 너희여

6-10 요시야 왕이 다스릴 때에 하나님께서 내게 말씀하셨다. "너는 변덕쟁이 이스라엘이 언덕마다, 숲마다 찾아다니며 매춘 행위를 벌여 온 것을 보았을 것이다. 나는 그녀가 할 만큼 한 다음에는 돌아오리라 여겼지만, 그렇지 않았다. 그녀의 동생, 배신자 유다는 언니가 하는 짓을 지켜보았다. 내가

I, GOD, have blacklisted those you trusted.
You'll get not a lick of help from them."

Your Sex-and-Religion Obsessions

3 [1] GOD's Message came to me as follows:

"If a man's wife
walks out on him
And marries another man,
can he take her back as if nothing had happened?
Wouldn't that raise a huge stink
in the land?
And isn't that what you've done—
'whored' your way with god after god?
And now you want to come back as if nothing had happened."
GOD's Decree.

2-5 "Look around at the hills.
Where have you *not* had sex?
You've camped out like hunters stalking deer.
You've solicited many lover-gods,
Like a streetwalking whore
chasing after other gods.
And so the rain has stopped.
No more rain from the skies!
But it doesn't even faze you. Brazen as whores,
you carry on as if you've done nothing wrong.
Then you have the nerve to call out, 'My father!
You took care of me when I was a child. Why not now?
Are you going to keep up your anger nonstop?'
That's your line. Meanwhile you keep sinning nonstop."

Admit Your God-Defiance

6-10 GOD spoke to me during the reign of King Josiah: "You have noticed, haven't you, how fickle Israel has visited every hill and grove of trees as a whore at large? I assumed that after she had gotten it out of her system, she'd come back, but she didn't. Her flighty sister, Judah, saw what she did. She also saw that because of fickle Israel's loose morals I threw her out, gave her her walking papers. But that didn't faze

그 행실 나쁜 변덕쟁이 이스라엘을 이혼장을 들려 쫓아낸 것도 지켜보았다. 그러나 배신자 유다는 전혀 동요하지 않았다. 오히려 밖으로 나가 더 과감하게 매춘 행위를 벌였다. 그녀는 저급하고 음란한 종교를 오락물과 유흥거리로 삼으면서, 닥치는 대로 정신 나간 짓과 불경한 짓을 벌였고, 나라 전체에 썩은 내가 진동하게 만들었다. 이 모든 일을 벌이면서 배신자 유다는 이따금 시늉만 했을 뿐, 내게 눈길 한번 주지 않았다." 하나님의 포고다.

11-12 하나님께서 내게 말씀하셨다. "변덕쟁이 이스라엘이 배신자 유다보다는 훨씬 낫다. 가서 이 메시지를 전하여라. 북쪽 이스라엘에게 이렇게 말하여라.

12-15 '변덕쟁이 이스라엘아, 돌아오너라.
나는 네게 벌주기를 주저하고 있다.
무슨 일이 있어도 너를 사랑하기로 굳게 마음먹었다.
나는 노했지만, 나의 노는 영원하지 않다.
그저 너의 죄를 시인하기만 하여라.
네가 감히 하나님을 무시했던 것,
나의 말에 귀를 막은 채
외간 남자들을 음란한 종교 숲에 끌어들여,
내키는 대로 난잡한 짓을 벌인 것을 시인하여라.'"
하나님의 포고다.
"방황하는 자녀들아, 돌아오너라!"
하나님의 포고다.
"그렇다. 내가 너희의 참된 남편이다.
내가 너희를 한 사람씩 뽑을 것이다.
성읍마다 한 사람씩, 지역마다 두 사람을 뽑아
너희를 시온으로 데려올 것이다.
그리고 내 뜻대로 다스리는 선한 목자 같은 통치자들을
너희에게 보내 주리라.
그들이 명철과 지혜로 너희를 다스릴 것이다."

16 하나님의 포고다. "너희는 이 땅에서 수가 늘고 번성할 것이다. 그때가 되면, 누구도 '아, 좋았던 옛 날이여! 언약궤가 있던 시절이여!'라고 말하지 못할 것이다. '좋았던 옛날'이라는 말조차 떠오르지 않을 것이다. 궤가 있던 시절, 좋았던 옛 시절은 지나간 과거가 될 것이다.

17 이제, 예루살렘이 새로운 궤가 되고, 하나님의 보좌가 될 것이다. 이방 민족들이 악한 길에서 떠나, 예루살렘에 모여 하나님을 높이게 될 것이다.

flighty sister Judah. She went out, big as you please, and took up a whore's life also. She took up cheap sex-and-religion as a sideline diversion, an indulgent recreation, and used anything and anyone, flouting sanity and sanctity alike, stinking up the country. And not once in all this did flighty sister Judah even give me a nod, although she made a show of it from time to time." GOD's Decree.

11-12 Then GOD told me, "Fickle Israel was a good sight better than flighty Judah. Go and preach this message. Face north toward Israel and say:

12-15 "'Turn back, fickle Israel.
I'm not just hanging back to punish you.
I'm committed in love to you.
My anger doesn't seethe nonstop.
Just admit your guilt.
Admit your God-defiance.
Admit to your promiscuous life with casual partners,
pulling strangers into the sex-and-religion groves
While turning a deaf ear to me.'"
GOD's Decree.
"Come back, wandering children!"
GOD's Decree.
"I, yes I, am your true husband.
I'll pick you out one by one—
This one from the city, these two from the country—
and bring you to Zion.
I'll give you good shepherd-rulers who rule my way,
who rule you with intelligence and wisdom.

16 "And this is what will happen: You will increase and prosper in the land. The time will come"—GOD's Decree!—"when no one will say any longer, 'Oh, for the good old days! Remember the Ark of the Covenant?' It won't even occur to anyone to say it—'the good old days.' The so-called good old days of the Ark are gone for good.

17 "Jerusalem will be the new Ark—'GOD's

18 그때, 유다와 이스라엘 집안이 하나가 될 것이다. 그들은 손을 맞잡고 북방 나라를 떠나, 내가 너희 조상에게 유산으로 준 땅으로 올 것이다."

19-20 "너희가 내게 돌아오면 이런 말을 해주리라 생각했었다.
'좋다! 너희를 다시 가족으로 받아 주겠다.
너희에게 최고로 좋은 땅,
뭇 민족들이 부러워 죽을 땅을 주겠다.'
나는 너희가 '사랑하는 아버지!' 하며 내게 와서,
다시는 나를 떠나지 않는 모습을 그렸었다.
그러나 어이없게도, 남편을 배신하고 떠난 여인처럼
너희, 이스라엘 가문 전체가 나를 배신했다."
하나님의 포고다.

21-22 언덕에서 사람들의 소리가 들려온다.
이스라엘이 울부짖는 소리다.
허송한 세월을 두고,
자기 하나님을 까맣게 잊고 살아온 시간을 두고
한탄하는 소리다.
"방황하는 자녀들아, 돌아오너라!
내가 너희 방랑벽을 고쳐 주겠다!"

22-25 "우리가 여기 왔습니다! 주께 돌아왔습니다.
우리의 참 하나님이신 주께 돌아왔습니다!
저 유행하는 종교는 전부 저급한 사기에 지나지 않았습니다.
대중에게 최신 신을 팔아먹는 수작에 불과했습니다.
우리가 돌아왔습니다! 우리의 참 하나님이신 주께,
이스라엘의 구원이신 주께 돌아왔습니다.
그 사기꾼 신이 우리를 탈탈 털어 갔고, 우리한테서
우리 조상이 남겨 준 것을 전부 빼앗아 갔습니다.
속아 넘어간 우리는 우리의 유산을,
하나님의 축복인 양 떼와 소 떼, 하나님의 선물인 자녀들을 잃고 말았습니다.
우리가 뿌린 씨를 우리가 거두고 있습니다.
지금 우리는 수치 가운데 바닥을 기고 있습니다.
이 모두는, 우리가 하나님께 범죄했기 때문입니다.
우리와 우리 부모가 다 범죄했습니다.

Throne.' All the godless nations, no longer stuck in the ruts of their evil ways, will gather there to honor GOD.

18 "At that time, the House of Judah will join up with the House of Israel. Holding hands, they'll leave the north country and come to the land I willed to your ancestors.

19-20 "I planned what I'd say if you returned to me:
'Good! I'll bring you back into the family.
I'll give you choice land,
land that the godless nations would die for.'
And I imagined that you would say, 'Dear father!'
and would never again go off and leave me.
But no luck. Like a false-hearted woman walking out on her husband,
you, the whole family of Israel, have proven false to me."
GOD's Decree.

21-22 The sound of voices comes drifting out of the hills,
the unhappy sound of Israel's crying,
Israel lamenting the wasted years,
never once giving her God a thought.
"Come back, wandering children!
I can heal your wanderlust!"

22-25 "We're here! We've come back to you.
You're our own true GOD!
All that popular religion was a cheap lie,
duped crowds buying up the latest in gods.
We're back! Back to our true GOD,
the salvation of Israel.
The Fraud picked us clean, swindled us
of what our ancestors bequeathed us,
Gypped us out of our inheritance –
God-blessed flocks and God-given children.
We made our bed and now lie in it,
all tangled up in the dirty sheets of dishonor.
All because we sinned against our GOD,
we and our fathers and mothers.
From the time we took our first steps, said our first

우리는 첫걸음마 때부터, 첫말이 터질 때부터 이미,
하나님의 음성에 불순종하는 반역자들이었습니다."

4 1-2 "이스라엘아, 네가 돌아오려거든,
진심으로 내게 돌이켜야 한다.
지니고 있던 역겨운 것들을 모두 없애 버리고,
더 이상 나를 떠나 방황하는 일이 없어야 한다.
그러면 너는 '하나님께서 살아 계심을 두고 맹세하는데'라는 말로
진실과 정의와 공의를 도모할 수 있게 될 것이다.
그리하여 뭇 민족들이 더불어 축복을 받게 될 것이며,
이스라엘을 우러러보게 될 것이다."

3-4 하나님께서
유다와 예루살렘의 백성에게 주시는 메시지다.
"너희 묵은 밭을 갈아라.
그러나 그 땅에 잡초를 심지는 마라!
그렇다. 너희는 하나님 앞에서 너희 삶에 할례를 행해야 한다.
너희, 유다와 예루살렘 백성들아,
너희 묵은 마음을 갈아라.
너희에게 나의 진노의 불이 떨어지지 않도록 하여라.
그 불은 한번 붙으면 꺼지지 않는다.
그 불을 키우는 것은
너희의 사악한 행실이다."

침략자들이 들이닥친다

5-8 "유다에 경보를 울려라.
예루살렘에 뉴스를 전하여라.
'온 땅에 숫양 뿔나팔을 불어라!' 하고 말하여라.
소리 질러라. 확성기에 대고 외쳐라!
'어서 움직여라!
살고 싶거든 피난처로 달아나라!'
시온이 보도록 경보 봉화를 피워 올려라.
'잠시도 지체하지 마라! 꼼지락댈 시간이 없다!'
북쪽에서 재앙이 내려온다. 내가 보낸 재앙이다!
그 재앙이 도착하면, 지축이 흔들릴 것이다.
사자가 튀어나와 달려들듯 침략자들이 들이닥친다.
민족들을 갈기갈기 찢어발기며,

words,
we've been rebels, disobeying the voice of our GOD."

4 1-2 "If you want to come back, O Israel,
you must really come back to me.
You must get rid of your stinking sin paraphernalia
and not wander away from me anymore.
Then you can say words like, 'As GOD lives...'
and have them mean something true and just and right.
And the godless nations will get caught up in the blessing
and find something in Israel to write home about."

3-4 Here's another Message from GOD
to the people of Judah and Jerusalem:
"Plow your unplowed fields,
but then don't plant weeds in the soil!
Yes, circumcise your *lives* for God's sake.
Plow your unplowed hearts,
all you people of Judah and Jerusalem.
Prevent fire – the fire of my anger –
for once it starts it can't be put out.
Your wicked ways
are fuel for the fire.

God's Sledgehammer Anger

5-8 "Sound the alarm in Judah,
broadcast the news in Jerusalem.
Say, 'Blow the ram's horn trumpet through the land!'
Shout out – a bullhorn bellow! –
'Close ranks!
Run for your lives to the shelters!'
Send up a flare warning Zion:
'Not a minute to lose! Don't sit on your hands!'
Disaster's descending from the north. I set it off!
When it lands, it will shake the foundations.
Invaders have pounced like a lion from its over,
ready to rip nations to shreds,
Leaving your land in wrack and ruin,

너의 땅을 잿더미로 만들고,
너의 성읍들을 폐허로 만들 것이다.
검은 상복을 꺼내 입어라.
울며 통곡하여라.
하나님의 진노가 쇠망치처럼
우리 머리에 가해졌기 때문이다."

9 하나님의 포고다.
"이런 일이 일어나면
왕과 제후들은 겁에 질릴 것이다.
제사장과 예언자들도 당황하여 혼비백산할 것이다."

10 그때 내가 말했다. "오, 주 하나님!
주께서 이 백성을, 이 예루살렘을 속이셨습니다.
주께서 '괜찮다. 염려 말라'며 그들을 안심시키신
바로 그 순간에,
칼이 그들 목에 닿았습니다."

11-12 그때가 되면, 이 백성과 이 예루살렘은
이같이 분명한 말을 듣게 될 것이다.
"북방의 사막 초원지대에서
약탈자들이 휩쓸려 오고 있다.
좋을 것 하나 없는 바람, 거센 바람이다.
내가 이 바람을 명하여 불렀다.
내가 나의 백성에게
폭풍 심판을 선언한다."

너의 심장까지 파고드는 악한 삶

13-14 그들을 보아라! 두터운 먹구름 같다.
그들의 병거가 회오리바람같이 질주해 온다.
그들의 군마는 독수리보다도 빠르다!
어쩌면 좋으냐! 이제 우리는 끝장이다!
예루살렘아! 너의 삶에서 악을 깨끗이 씻어 내라.
그래야 구원받을 수 있다.
도대체 언제까지
속에 음험한 악의를 품고 있을 작정이냐?

15-17 이것은 무엇이냐? 단에서 오는 사자인가?
에브라임 언덕에서 오는 흉한 소식이로구나!
사람들에게 알려라.
예루살렘 전역에 그 소식을 전하여라.
"먼 곳에서 침략자들이 들이닥친다.
유다 성읍들을 치겠다고 함성을 질러 댄다.

your cities in rubble, abandoned.
Dress in funereal black.
Weep and wail,
For GOD's sledgehammer anger
has slammed into us head-on.

9 "When this happens"
– GOD's Decree –
"King and princes will lose heart;
priests will be baffled and prophets stand dumbfounded."

10 Then I said, "Alas, Master GOD!
You've fed lies to this people, this Jerusalem.
You assured them, 'All is well, don't worry,'
at the very moment when the sword was at their throats."

11-12 At that time, this people, yes, this very Jerusalem,
will be told in plain words:
"The northern hordes are sweeping in
from the desert steppes –
A wind that's up to no good, a gale-force wind.
I ordered this wind.
I'm pronouncing
my hurricane judgment on my people."

Your Evil Life Is Piercing Your Heart

13-14 Look at them! Like banks of storm clouds,
racing, tumbling, their chariots a tornado,
Their horses faster than eagles!
Woe to us! We're done for!
Jerusalem! Scrub the evil from your lives
so you'll be fit for salvation.
How much longer will you harbor
devious and malignant designs within you?

15-17 What's this? A messenger from Dan?
Bad news from Ephraim's hills!
Make the report public.
Broadcast the news to Jerusalem:
"Invaders from far off are
raising war cries against Judah's towns.

뼈다귀를 향해 달려드는 개처럼, 그들이 유다를
덮칠 것이다.
왜 그런지 아느냐? 유다가 내게 반역했기 때문
이다."
하나님의 포고다.

18 "이는 모두
네가 초래한 것이다.
그 쓰라린 맛은 네 악한 삶에서 비롯된 것이다.
그것이 네 심장까지 파고들 것이다."

19-21 나, 배가 뒤틀려 허리를 펼 수 없다.
불꼬챙이가 창자를 찌르는 듯하다.
오장육부가 갈기갈기 찢기는 것 같은 고통이,
한 순간도 멈추지 않는다.
전쟁을 알리는 숫양 뿔나팔소리가
내 귀를 떠나지 않는다.
재앙이 꼬리에 꼬리를 물고 이어져,
나라 전체가 잿더미가 되었다!
한순간에 내 집이 허물어졌다.
눈 깜짝할 사이에 벽이 무너져 내렸다.
저 경보 봉화를 얼마나 더 보아야 하느냐?
저 경보소리를 얼마나 더 들어야 하느냐?

악의 전문가들

22 "어리석기 짝이 없는, 내 백성이여!
저들은 내가 누구인지 전혀 모른다.
모두 얼간이,
얼뜨기, 멍청이들이다!
악에는 전문가들이지만
선에는 저능아들이다."

23-26 내가 땅을 보니,
다시 창세전의 혼돈과 공허 상태로 돌아가 있었다.
하늘을 보니,
하늘에 별이 하나도 보이지 않았다.
산들을 보니,
산들이 사시나무처럼 떨고 있고,
언덕들도 모두
바람에 마구 흔들리고 있었다.
또 보니, 어찌 된 일인가! 사람이 한 사람도 보이
지 않고,
하늘에는 새 한 마리 보이지 않았다.
어떻게 이럴 수 있는가! 동산과 과수원이 다 황무

They're all over her, like a dog on a bone.
And why? Because she rebelled against me."
GOD's Decree.

18 "It's the way you've lived
that's brought all this on you.
The bitter taste is from your evil life.
That's what's piercing your heart."

19-21 I'm doubled up with cramps in my belly—
a poker burns in my gut.
My insides are tearing me up,
never a moment's peace.
The ram's horn trumpet blast rings in my ears,
the signal for all-out war.
Disaster hard on the heels of disaster,
the whole country in ruins!
In one stroke my home is destroyed,
the walls flattened in the blink of an eye.
How long do I have to look at the warning flares,
listen to the siren of danger?

Experts at Evil

22 "What fools my people are!
They have no idea who I am.
A company of half-wits,
dopes and donkeys all!
Experts at evil
but klutzes at good."

23-26 I looked at the earth—
it was back to pre-Genesis chaos and emptiness.
I looked at the skies,
and not a star to be seen.
I looked at the mountains—
they were trembling like aspen leaves,
And all the hills
rocking back and forth in the wind.
I looked—what's this! Not a man or woman in
sight,
and not a bird to be seen in the skies.
I looked—this can't be! Every garden and orchard
shriveled up.
All the towns were ghost towns.

지로 변했다.
모든 성읍이 유령마을이 되었다.
이 모두는 다 하나님 때문이다.
하나님의 불타는 진노 때문이다.

27-28 그렇다. 이에 대해 하나님께서 말씀하신다.

"나라 전체가 폐허가 될 것이다.
그러나 완전히 망하지는 않을 것이다.
땅이 통곡하고
하늘이 애곡할 것이다.
나는 한번 말하면, 되물리지 않는다.
한번 결정하면, 마음을 바꾸지 않는다."

29 누군가 외친다. "기병과 활 쏘는 자들이다!"
그러자 모두 피신처로 달음질친다.
도랑 속으로 숨어들고,
동굴 속으로 기어오른다.
마을이 텅 비고,
어디에서도 개미 새끼 하나 볼 수 없다.

30-31 그런데 너는, 지금 무엇을 하느냐?
파티복을 차려입고,
보석으로 몸치장을 하고,
립스틱과 볼연지에 마스카라까지!
그런 꽃단장, 다 헛일이다.
너는 누구도 꾀지 못할 것이기 때문이다. 그들은 너를 죽이려고 혈안이 되어 있다!
지금 들리는 이 소리는 무엇인가? 산고 중인 여인의 고통소리,
첫째 아이를 낳고 있는 여인의 비명소리다.
숨을 헐떡이며 도움을 청하는
딸 시온의 울음소리다.
"제발, 도와주세요! 살려주세요!
살인자들이 들이닥쳤어요!"

하늘 높이 쌓인 이 백성의 죄

5

1-2 "예루살렘 거리를 순찰해 보아라.
주위를 둘러보아라. 잘 살펴보아라.
중심가를 샅샅이 뒤져 보아라.
옳은 일을 하는 사람,
참되게 살고자 애쓰는 사람,
어디 하나라도 찾을 수 있는지 보아라.
그런 사람은 내가 용서해 주겠다."
하나님의 포고다.

And all this because of GOD,
because of the blazing anger of GOD.

27-28 Yes, this is GOD's Word on the matter:

"The whole country will be laid waste—
still it won't be the end of the world.
The earth will mourn
and the skies lament
Because I've given my word and won't take it back.
I've decided and won't change my mind."

You're Not Going to Seduce Anyone

29 Someone shouts, "Horsemen and archers!"
and everybody runs for cover.
They hide in ditches,
they climb into caves.
The cities are emptied,
not a person left anywhere.

30-31 And you, what do you think you're up to?
Dressing up in party clothes,
Decking yourselves out in jewelry,
putting on lipstick and rouge and mascara!
Your primping goes for nothing.
You're not going to seduce anyone. They're out to *kill* you!
And what's that I hear? The cry of a woman in labor,
the screams of a mother giving birth to her firstborn.
It's the cry of Daughter Zion, gasping for breath,
reaching out for help:
"Help, oh help me! I'm dying!
The killers are on me!"

Sins Are Piled Sky-High

5

1-2 "Patrol Jerusalem's streets.
Look around. Take note.
Search the market squares.
See if you can find one man, one woman,
A single soul who does what is right
and tries to live a true life.
I want to forgive that person."
GOD's Decree.

"그렇지 않고서 '하나님께서 살아 계심을 두고 맹세하는데' 운운하며 말만 하는 자들은,
거짓말쟁이에 지나지 않는다."

3-6 그러나 주 하나님은
진실을 찾으시는 분이 아니십니까?
주께서 그들을 치셨는데도, 그들은 정신 차리지 않았습니다.
주께서 그들을 연단하셨는데도, 그들은 훈육을 거부했습니다.
바윗돌보다 고집 센 그들,
도무지 바뀌려 하지 않았습니다.
그래서 저는 속으로 생각했습니다. "좋다.
저들은 그저 가난뱅이에 무지렁이 민초일 뿐이다.
하나님에 대해 제대로 배우지 못했고,
기도하는 곳에도 나가지 않는 자들이다.
그러니 이제, 지체 높은 가문의 사람들을 찾아
그들과 이야기해 봐야겠다.
그들이라면 이 일이 무엇인지,
하나님께서 어떻게 하실지 알고 있을 것이다.
사태를 파악하고 있을 것이다."
그러나 그들도 다르지 않았습니다!
그들 역시 제멋대로 빗나가는 반역자들이었습니다!
산속의 사자나 들의 늑대,
길가를 배회하는 표범처럼,
침략자들이 곧 달려들어 우리를 죽일 태세입니다.
거리는 더 이상 안전하지 않습니다.
왜 그렇습니까? 이 백성들의 죄가 하늘 높이 쌓였기 때문입니다.
그들의 반역 행위가 셀 수조차 없는 지경이 되었기 때문입니다.

7-9 "왜 내가 너를 더 참아 주어야 하느냐?
네 자녀들은 나를 버리고 떠나,
신도 아닌 것들에게 가서
그들과 어울렸다.
내가 그들의 간절한 필요를 해결해 주었건만, 그들은 나를 버리고
'신성하다'는 창녀들을 찾아가,
음란한 산당에서 광란의 파티를 벌였다!
훤칠하고 정력 넘치는 수말 같은 그들,
이웃의 아내를 탐하며 씩씩거리고 힝힝거린다.
이런데도, 내가 그저 팔짱만 끼고 보고 있어야 하느냐?"
하나님의 포고다.

"But if all they do is say, 'As sure as GOD lives...'
they're nothing but a bunch of liars."

3-6 But you, GOD,
you have an eye for truth, don't you?
You hit them hard, but it didn't faze them.
You disciplined them, but they refused correction.
Hardheaded, harder than rock,
they wouldn't change.
Then I said to myself, "Well, these are just poor people.
They don't know any better.
They were never taught anything about GOD.
They never went to prayer meetings.
I'll find some people from the best families.
I'll talk to them.
They'll know what's going on, the way GOD works.
They'll know the score."
But they were no better! Rebels all!
Off doing their own thing.
The invaders are ready to pounce and kill,
like a mountain lion, a wilderness wolf,
Panthers on the prowl.
The streets aren't safe anymore.
And why? Because the people's sins are piled sky-high;
their betrayals are past counting.

7-9 "Why should I even bother with you any longer?
Your children wander off, leaving me,
Taking up with gods
that aren't even gods.
I satisfied their deepest needs, and then they went off with the 'sacred' whores,
left me for orgies in sex shrines!
A bunch of well-groomed, lusty stallions,
each one pawing and snorting for his neighbor's wife.
Do you think I'm going to stand around and do nothing?"
GOD's Decree.
"Don't you think I'll take serious measures
against a people like this?

"그런 자들,
내가 단단히 손보아야 하지 않겠느냐?"

하나님께서 백성을 버리시다

10-11 "포도원에 가서, 늘어선 포도나무들을 찍어 쪼개라.
그러나 전부 그렇게 하지는 말고, 몇 그루는 남겨 두어라.
그 포도나무에서 자라난 가지들을 쳐내 버려라!
그것들은 하나님과 무관하다!
그들 유다와 이스라엘은,
거듭하여 나를 배신했다."
하나님의 포고다.

12-13 "그들은 하나님에 대한 거짓말을 퍼뜨렸다.
그들은 말했다. '하나님은 신경 쓸 것 없다.
우리에게는 나쁜 일이 일어나지 않을 것이다.
기근도 전쟁도 없을 것이다.
예언자들은 말쟁이일 뿐이다.
터무니없는 말이나 늘어놓는다.'"

14 그러므로, 만군의 하나님께서 내게 이렇게 말씀하셨다.

"그런 말을 한 그들,
이제 그 말을 취소하게 될 것이다.
잘 보아라! 내가 너의 입에
나의 말을, 곧 불을 넣어 준다.
이 백성은 불쏘시개 더미며,
불타 잿더미가 될 것이다.

15-17 이스라엘의 집이여, 주목하여라!
내가 먼 곳에서 한 민족을 데려와 너희를 치게 할 것이다."
하나님의 포고다.
"견실한 민족이자
유구한 역사를 가진 민족,
너와 다른 말을 하는 민족이다.
너는 그들의 말을 한 마디도 알아듣지 못할 것이다.
그들이 활을 겨누면, 너는 죽은 목숨이나 다름없다.
그들은 진짜 전사들이다!
그들이 너를 집과 고향에서 몰아내고,
네 곡식과 자녀를 빼앗아 갈 것이다.
네 양 떼와 소 떼를 다 먹어 치우고,
네 포도나무와 무화과나무를 발가벗길 것이다.

Eyes That Don't Really Look, Ears That Don't Really Listen

10-11 "Go down the rows of vineyards and rip out the vines,
but not all of them. Leave a few.
Prune back those vines!
That growth didn't come from GOD!
They've betrayed me over and over again,
Judah and Israel both."
GOD's Decree.

12-13 "They've spread lies about GOD.
They've said, 'There's nothing to him.
Nothing bad will happen to us,
neither famine nor war will come our way.
The prophets are all windbags.
They speak nothing but nonsense.'"

14 Therefore, this is what GOD said to me, GOD-of-the-Angel-Armies:

"Because they have talked this way,
they are going to eat those words.
Watch now! I'm putting my words
as fire in your mouth.
And the people are a pile of kindling
ready to go up in flames.

15-17 "Attention! I'm bringing a far-off nation
against you, O house of Israel."
GOD's Decree.
"A solid nation,
an ancient nation,
A nation that speaks another language.
You won't understand a word they say.
When they aim their arrows, you're as good as dead.
They're a nation of real fighters!
They'll clean you out of house and home,
rob you of crops and children alike.
They'll feast on your sheep and cattle,
strip your vines and fig trees.
And the fortresses that made you feel so safe—
leveled with a stroke of the sword!

18-19 "Even then, as bad as it will be"—GOD's

네가 안전하다고 굳게 믿는 요새들이,
그들의 한 방에 모두 초토화될 것이다!"

18-19 하나님의 포고다. "비참하기 이를 데 없는 지경에
처하겠지만, 그러나 완전히 망하지는 않을 것이다. '왜
우리 하나님께서 우리에게 이런 일을 행하십니까?'라
고 사람들이 묻거든, 이렇게 일러 주어라. '행한 그대로
당하는 것이다. 너희가 나를 떠나 너희 나라에서 이방
신들을 섬겼으니, 이제 너희가 그들 나라에서 이방인
들을 섬겨야 한다.'

20-25 야곱 집에 이렇게 전하여라.
잘 들어라.
유다에 이런 공문을 내걸어라.
눈이 있어도 보지 못하고
귀가 있어도 듣지 못하는 너희,
아둔한 바보들아,
어찌 나를 높일 줄 모르느냐?
어찌 나를 경외할 줄 모른단 말이냐?
내가 해안선을 그어
대양을 나누었고,
모래사장에 선을 그어
물이 넘어오지 못하게 했다.
물결이 넘실대나 범람하지 못하고,
세찬 파도도 이내 부서지고 만다.
그런데, 이 백성을 보아라!
고삐 풀려 날뛰는 망아지 같다.
그들은 '우리 하나님,
봄과 가을에 비를 주시고
계절을 일정하게 순환시키시며
해마다 추수를 허락하시는 하나님,
우리를 위해 만사를 원활하게 하시는 그 하나님을
우리 삶으로 어떻게 높여 드릴까?' 생각해 본 적 없다.
당연한 일이다! 너희의 악한 행실이 너희 눈을 가렸기
때문이다.
너희에게서 나의 축복이 먼 것은 너희 죄 때문이다.

26-29 사악한 자들,
사냥하는 파렴치한들이 내 백성 안에 들어와 있다.
그들이 무고한 사람들을 잡으려 덫을 놓으니,
무죄한 이들이 덫에 걸린다.
잡은 새들로 가득한 사냥꾼의 자루처럼,
그들의 집은 부정하게 취한 이득으로 가득하다.
거만하고 권세 있고 부자인 그들,
피둥피둥 살이 쪄 기름기가 흐른다.

Decree!—"it will not be the end of the world for you. And when people ask, 'Why did our GOD do all this to us?' you must say to them, 'It's tit for tat. Just as you left me and served foreign gods in your own country, so now you must serve foreigners in their own country.'

20-25 "Tell the house of Jacob this,
put out this bulletin in Judah:
Listen to this,
you scatterbrains, airheads,
With eyes that see but don't really look,
and ears that hear but don't really listen.
Why don't you honor me?
Why aren't you in awe before me?
Yes, *me*, who made the shorelines
to contain the ocean waters.
I drew a line in the sand
that cannot be crossed.
Waves roll in but cannot get through;
breakers crash but that's the end of them.
But this people—what a people!
Uncontrollable, untameable runaways.
It never occurs to them to say,
'How can we honor our GOD with our lives,
The God who gives rain in both spring and autumn
and maintains the rhythm of the seasons,
Who sets aside time each year for harvest
and keeps everything running smoothly for us?'
Of course you don't! Your bad behavior blinds you to all this.
Your sins keep my blessings at a distance.

To Stand for Nothing and Stand Up for No One

26-29 "My people are infiltrated by wicked men,
unscrupulous men on the hunt.
They set traps for the unsuspecting.
Their victims are innocent men and women.
Their houses are stuffed with ill-gotten gain,
like a hunter's bag full of birds.

그들에게 양심이란 없다.
옳고 그름에 전혀 개의치 않는다.
대의를 지지하는 일도, 누군가를 지켜 주는 일도 없다.
고아들을 이리 떼에게 내어주고 가난한 이들을 착취한다.
이런데도 너희는 내가 그저 잠자코 있으리라고 생각하느냐?"
하나님의 포고다.
"내가 그들을
크게 손봐 주지 않을 수 있겠느냐?"

30-31 "말이 나오지 않는다! 구역질만 일어난다!
이 나라가 대체 어찌 된 것인가?
예언자들이 거짓을 전파하고
제사장들은 그들의 조수 노릇을 한다.
게다가 내 백성은 이 상황을 즐기고 있다. 완전히 그들 세상이다!
그러나 그 세상이 곧 끝날 텐데, 너희는 어찌하려느냐?"

거짓 가득한 도성

6 1-5 "베냐민의 자녀들아, 살려거든 달아나라!
예루살렘에서 도망쳐라, 당장!
나팔소리 마을에서 숫양 뿔나팔을 크게 불어라.
봉화연기 마을에서 연기를 피워 올려라.
북방에서 재앙이 쏟아져 내려온다.
무시무시한 공포가 닥친다!
나는 사랑하는 딸 시온을
아름다운 목초지라 불렀다.
그러나 이제 북쪽의 '목자들'이 그녀를 발견하고,
군대를 몰고 와서
사방에 진을 친다
어디서 풀을 뜯어 먹을까 모의한다.
그러다가 외친다. '공격 준비! 전투 준비!
전원 무장하라! 정오에 쳐들어간다!
너무 늦었나? 날이 벌써 저문다고?
땅거미가 내린다고?
좋다. 어쨌든 준비하라! 밤에 공격해 들어갈 것이다.
그녀의 방어 요새를 초토화시켜 버리자.'"

6-8 만군의 하나님께서 명령을 내리셨다.

"그녀의 나무들을 베어 쓰러뜨려라.
포위 공격 축대를 쌓아서 예루살렘,

Pretentious and powerful and rich,
hugely obese, oily with rolls of fat.
Worse, they have no conscience.
Right and wrong mean nothing to them.
They stand for nothing, stand up for no one,
throw orphans to the wolves, exploit the poor.
Do you think I'll stand by and do nothing about this?"
GOD's Decree.
"Don't you think I'll take serious measures
against a people like this?

30-31 "Unspeakable! Sickening!
What's happened in this country?
Prophets preach lies
and priests hire on as their assistants.
And my people love it. They eat it up!
But what will you do when it's time to pick up the pieces?"

A City Full of Lies

6 1-5 "Run for your lives, children of Benjamin!
Get out of Jerusalem, and now!
Give a blast on the ram's horn in Blastville.
Send up smoke signals from Smoketown.
Doom pours out of the north—
massive terror!
I have likened my dear daughter Zion
to a lovely meadow.
Well, now 'shepherds' from the north have discovered her
and brought in their flocks of soldiers.
They've pitched camp all around her,
and plan where they'll 'graze.'
And then, 'Prepare to attack! The fight is on!
To arms! We'll strike at noon!
Oh, it's too late? Day is dying?
Evening shadows are upon us?
Well, up anyway! We'll attack by night
and tear apart her defenses stone by stone.'"

6-8 GOD-of-the-Angel-Armies gave the orders:

야만이 가득하고
폭력이 들끓는 그 도성을 쳐라.
멈추지 않고 솟아나는 샘처럼,
그녀에게서는 끊임없이 악이 솟아나온다.
거리마다 '폭력이다! 강간이다!' 외치는 소리가 들려오고,
곳곳마다 희생자들이 땅바닥에 쓰러져 피 흘리며 신음한다.
예루살렘아, 너는 위험에 처했다.
나는 너를 더 이상 참을 수가 없다.
이제 너는 전멸을 앞두고 있다.
유령마을이 되기 직전이다."

9 만군의 하나님께서 명령하신다.

"이제 시간이 되었다! 포도를 따거라. 심판을 행하여라.
이스라엘에 남아 있는 것들을 모조리 수거하여라.
그 포도나무들에게 다시 가서,
포도알 하나 남기지 말고 모조리 따거라."

귀 기울여 들을 자 있는가?

10-11 "내가 할 말이 있다. 누구, 귀 기울여 들을 자 있는가?
내가 붙일 경고문이 있다. 누구, 주목하여 볼 자 있는가?
희망이 없구나! 그들의 귀는 밀로 봉해졌다.
전부 귀머거리에, 눈뜬장님이다.
절망적이다! 그들은 하나님의 말에 아예 귀를 닫아 버렸다.
그들은 내가 하는 말을 듣기 싫어한다.
그러나 내 속에서 하나님의 진노가 부글부글 끓어오른다.
더 이상 품고 있을 수 없다.

11-12 그러니 이 분노를 거리의 아이들에게 쏟아부어라.
젊은 무리에게 쏟아부어라.
누구도 예외가 없다. 남편과 아내가 잡혀가고,
노인과 죽을 날이 얼마 안 남은 병자도 끌려갈 것이다.
모두 집을 빼앗길 것이다.
가졌던 전부를 잃고, 사랑하는 자들도 잃을 것이다.
내가 신호를 내려
이 나라에 살고 있는 모든 자를 칠 것이다."
하나님의 포고다.

13-15 "다들 부정한 이득을 취하는 데 혈안이다.
지위 높은 자나 낮은 자나 마찬가지다.

"Chop down her trees.
Build a siege ramp against Jerusalem,
A city full of brutality,
bursting with violence.
Just as a well holds a good supply of water,
she supplies wickedness nonstop.
The streets echo the cries: 'Violence! Rape!'
Victims, bleeding and moaning, lie all over the place.
You're in deep trouble, Jerusalem.
You've pushed me to the limit.
You're on the brink of being wiped out,
being turned into a ghost town."

9 More orders from GOD-of-the-Angel-Armies:

"Time's up! Harvest the grapes for judgment.
Salvage what's left of Israel.
Go back over the vines.
Pick them clean, every last grape."

Is Anybody Listening?

10-11 "I've got something to say. Is anybody listening?
I've a warning to post. Will anyone notice?
It's hopeless! Their ears are stuffed with wax—
deaf as a post, blind as a bat.
It's hopeless! They've tuned out GOD.
They don't want to hear from me.
But I'm bursting with the wrath of GOD.
I can't hold it in much longer.

11-12 "So dump it on the children in the streets.
Let it loose on the gangs of youth.
For no one's exempt: Husbands and wives will be taken,
the old and those ready to die;
Their homes will be given away—
all they own, even their loved ones—
When I give the signal
against all who live in this country."
GOD's Decree.

13-15 "Everyone's after the dishonest dollar,
little people and big people alike.

예언자든 제사장이든, 누구 할 것 없이 모두가
말을 비틀고 진실을 조작한다.
내 백성이 망가졌다. 아주 결딴나 버렸다!
그런데도 그들은 반창고나 붙여 주면서,
'별일 아니다. 괜찮다'고 말한다.
그러나 절대 괜찮지 않다!
무도한 짓을 자행하는 그들,
부끄러움을 느낄 것 같으냐?
그렇지 않다. 그들은 부끄러움을 모른다.
얼굴 붉힐 줄을 모른다.
그들에게는 희망이 없다. 바닥에 메쳐진 그들,
일어설 가망이 없다.
내가 보기에,
그들은 끝났다."
하나님께서 말씀하셨다.

하나님의 길에서 떠난 유다 백성

16-20 다시 하나님의 메시지다.

"갈림길에 서서 둘러보아라.
옛길, 이미 검증된 길이 어느 방향인지 묻고,
그 길로 가거라.
너희 영혼이 살 수 있는 바른 길을 찾아라.
그러나 그들은 말했다.
'아니, 우리는 그 길로 가지 않을 것이다.'
나는 그들을 위해 파수꾼을 세우고
그들에게 경보를 울리게 했다.
그러나 이 백성은 말했다. '잘못된 경보다.
우리와 상관없다.'
그래서 이제 나는 뭇 민족들을 증인으로 부를 참이다.
'증인들아, 이제 저들에게 무슨 일이 일어나는지 잘 보아라!
땅아, 주목하여라!
이 공문을 똑똑히 보아라.'
이제 내가 이 백성에게 재앙을 내릴 것이다.
감히 나를 상대로 벌인 게임이 어떻게 끝나는지 알게 할 것이다.
그들은 나의 말을 하나도 듣지 않았다.
나의 가르침을 멸시했다.
너희가 스바에서 들여오는 향과
이국에서 가져오는 진귀한 향료 같은 것들을 내가 좋아할 것 같으냐?
너희가 바치는 번제물, 나는 전혀 즐겁지 않다.
너희가 행하는 종교 의식들, 내게는 아무 의미가 없다."

Prophets and priests and everyone in between
twist words and doctor truth.
My people are broken—shattered!—
and they put on Band-Aids,
Saying, 'It's not so bad. You'll be just fine.'
But things are not 'just fine'!
Do you suppose they are embarrassed
over this outrage?
No, they have no shame.
They don't even know how to blush.
There's no hope for them. They've hit bottom
and there's no getting up.
As far as I'm concerned,
they're finished."
GOD has spoken.

Death Is on the Prowl

16-20 GOD's Message yet again:

"Go stand at the crossroads and look around.
Ask for directions to the old road,
The tried-and-true road. Then take it.
Discover the right route for your souls.
But they said, 'Nothing doing.
We aren't going that way.'
I even provided watchmen for them
to warn them, to set off the alarm.
But the people said, 'It's a false alarm.
It doesn't concern us.'
And so I'm calling in the nations as witnesses:
'Watch, witnesses, what happens to them!'
And, 'Pay attention, Earth!
Don't miss these bulletins.'
I'm visiting catastrophe on this people, the end result
of the games they've been playing with me.
They've ignored everything I've said,
had nothing but contempt for my teaching.
What would I want with incense brought in from Sheba,
rare spices from exotic places?
Your burnt sacrifices in worship give me no pleasure.
Your religious rituals mean nothing to me."

21 그러니 이제 똑똑히 들어라. 너희가 살아온 길에
대한 하나님의 선고다.

"잘 보아라! 나는 너희가 가는 그 길에
걸림돌과 장벽을 놓을 것이다.
너희는 그것들과 부딪혀 길 위에 나동그라질 것이다.
부모와 자식, 이웃과 친구들이,
모두 같은 운명을 맞을 것이다."

22-23 하나님의 선고다. 똑똑히 들어라.

"잘 보아라! 북방에서 한 침략자가 내려온다.
먼 곳에서 강력한 민족이 쳐들어온다.
사악하고 무자비한 그들,
완전무장에
전투대형을 갖추고,
바다폭풍소리 같은 굉음을 내며,
군마를 타고 너를 치러 온다.
사랑하는 딸, 시온을 치러 온다!"

24-25 그 소식을 들은 우리,
맥이 탁 풀렸습니다.
두려움에 온몸이 마비되었습니다.
공포에 목이 졸려 숨 쉴 수조차 없습니다.
절대 문 밖에 나가지 마라!
집을 나서지 마라!
죽음이 삼킬 것을 찾아 돌아다니고 있다.
도처에 위험이 도사리고 있다!

26 "사랑하는 딸 시온아, 상복을 꺼내 입어라.
얼굴에 검게 재를 바르고,
슬피 울어라.
하나밖에 없는 자식을 잃은 사람처럼 통곡하여라.
카운트다운이 시작된다.
육, 오, 사, 삼……
공포가 들이닥친다!"

27-30 하나님께서 내게 이 임무를 맡기셨다.

"내가 너를 내 백성의 심사관으로 삼아,
그들의 삶을 심사하고 무게를 달아 보게 했다.
하나같이 얼간이며 고집불통인 데다가
속속들이 썩어빠진 그들,
고열의 용광로 속에 넣어도

21 So listen to this. Here's GOD's verdict on your
way of life:

"Watch out! I'm putting roadblocks and barriers
on the road you're taking.
They'll send you sprawling,
parents and children, neighbors and friends—
and that will be the end of the lot of you."

22-23 And listen to this verdict from GOD:

"Look out! An invasion from the north,
a mighty power on the move from a faraway place:
Armed to the teeth,
vicious and pitiless,
Booming like sea storm and thunder—tramp, tramp, tramp—
riding hard on war horses,
In battle formation
against you, dear Daughter Zion!"

24-25 We've heard the news,
and we're as limp as wet dishrags.
We're paralyzed with fear.
Terror has a death grip on our throats.
Don't dare go outdoors!
Don't leave the house!
Death is on the prowl.
Danger everywhere!

26 "Dear Daughter Zion: Dress in black.
Blacken your face with ashes.
Weep most bitterly,
as for an only child.
The countdown has begun...
six, five, four, three...
The Terror is on us!"

27-30 GOD gave me this task:

"I have made you the examiner of my people,
to examine and weigh their lives.
They're a thickheaded, hard-nosed bunch,

모양이 변하지 않고 그대로다.
제련하려고 아무리 애써도 소용이 없다.
어떻게 해도 그들 안의 악을 빼낼 수가 없다.
사람들은 그들을 포기하고,
그들의 하나님이 버린 '폐석'이라 부를 것이다."

예레미야의 성전 설교

7 1-2 예레미야에게 임한 하나님의 메시
지다. "하나님의 성전 문에 서서 이 메
시지를 전하여라.
2-3 '들어라. 하나님을 예배하러 이 문으로 들어
오는 너희 모든 유다 백성들아. 만군의 하나님,
이스라엘의 하나님께서 너희에게 말씀하신다.
3-7 너희 행위를—사는 방식과 하는 일을—깨
끗게 하여라. 그래야 내가 이 성전을 내 집으
로 여기고, 너희와 함께 지낼 수 있다. 이곳에
서 전하는 거짓말을 터럭만큼도 믿지 마라. "이
곳은 하나님의 성전이다, 하나님의 성전이다,
하나님의 성전이다!" 이 말은 거짓이며 터무니
없는 소리다! 너희가 행실을(사는 방식과 하는
일을) 깨끗게 하고, 사는 방식과 이웃을 대하는
방식을 대대적으로 고치며, 빈민과 고아와 과
부들을 착취하던 일을 멈추고, 이곳에서 무죄
한 자들을 이용하거나 이 성전에 숨어 다른 신
들을 섬기며 너희 영혼을 파괴하는 짓을 그만
둘 때에야 비로소, 내가 너희 이웃이 되어 너희
와 함께 살 것이다. 그때가 되어야, 내가 너희
조상들에게 준 이 나라는 내가 항상 머무는 집,
나의 성전이 될 것이다.
8-11 아무 생각이 없구나! 너희는 너희 지도자
들이 던져 주는 거짓말을 잘도 받아 삼키고 있
다! 생각해 보아라! 너희는 그렇게 강탈하고 살
인하고 이웃의 아내와 간통하고 입만 열면 거
짓말하며 우상숭배와 최신 유행 종교를 좇아다
니면서, 이 성전, 나를 예배하는 곳으로 구별
된 이곳에 들어와 "우리는 안전하다!" 말할 수
있다고 생각하느냐? 밖에서 아무리 극악한 짓
을 벌였어도 이 장소에만 들어오면 아무 문제
가 없다고 생각하느냐? 여기가 그런 범죄자 소
굴이더냐? 너희는 나를 예배하는 곳으로 구별
된 이 성전을, 그런 곳으로 바꾸어도 된다고 생
각하느냐? 그렇다면 생각을 다시 하여라. 내가
보고 있다. 무슨 일이 벌어지고 있는지 내가 똑
똑히 보고 있다.'" 하나님의 포고다!
12 "'전에 실로에 있던 그 장소, 전에 내가 내 백

rotten to the core, the lot of them.
Refining fires are cranked up to white heat,
but the ore stays a lump, unchanged.
It's useless to keep trying any longer.
Nothing can refine evil out of them.
Men will give up and call them 'slag,'
thrown on the slag heap by me, their GOD."

The Nation That Wouldn't Obey God

7 1-2 The Message from GOD to Jeremiah:
"Stand in the gate of GOD's Temple and
preach this Message.
2-3 "Say, 'Listen, all you people of Judah who come
through these gates to worship GOD. GOD-of-the-
Angel-Armies, Israel's God, has this to say to you:
3-7 "'Clean up your act—the way you live, the
things you do—so I can make my home with you
in this place. Don't for a minute believe the lies
being spoken here—"This is GOD's Temple, GOD's
Temple, GOD's Temple!" Total nonsense! Only if
you clean up your act (the way you live, the things
you do), only if you do a total spring cleaning on the
way you live and treat your neighbors, only if you
quit exploiting the street people and orphans and
widows, no longer taking advantage of innocent
people on this very site and no longer destroying
your souls by using this Temple as a front for other
gods—only then will I move into your neighborhood.
Only *then* will this country I gave your ancestors be
my permanent home, my Temple.
8-11 "'Get smart! Your leaders are handing you
a pack of lies, and you're swallowing them! Use
your heads! Do you think you can rob and murder,
have sex with the neighborhood wives, tell lies
nonstop, worship the local gods, and buy every
novel religious commodity on the market—and then
march into this Temple, set apart for my worship,
and say, "We're safe!" thinking that the place itself
gives you a license to go on with all this outrageous
sacrilege? A cave full of criminals! Do you think
you can turn this Temple, set apart for my worship,
into something like that? Well, think again. I've got
eyes in my head. I can see what's going on.'" GOD's
Decree!
12 "'Take a trip down to the place that was once in

성을 만나던 그곳을 찾아가 보아라. 그곳이 지
금 어떻게 폐허가 되었는지, 나의 백성 이스라
엘이 악한 길로 갈 때에, 내가 그곳을 어떻게
만들었는지 잘 보아라.
13-15 내가 거듭거듭 너희를 따로 불러 엄중히
경고했건만, 너희는 듣지 않고 가던 길을 고집
했다. 회개를 촉구했건만, 달라지지 않았다. 그
러므로, 이제 나는 나를 예배하는 곳으로 구별
된 이 성전, 너희가 무슨 일이 있어도 너희를
안전하게 지켜 주리라 믿고 있는 이곳, 내가 너
희 조상과 너희에게 선물로 주었던 이 장소에,
전에 내가 실로에서 했던 것과 같은 일을 일으
키겠다. 전에 실로 주위에 살던 너희 옛 친척과
지금은 사라진 북방 왕국, 너희 동족 이스라엘
백성에게 했던 것처럼, 너희도 싹 쓸어버릴 것
이다.'
16-18 너 예레미야야, 이 백성을 위해 기도하느
라 네 시간을 낭비할 것 없다. 그들을 위해 간
청하지 마라. 그들 일로 나에게 조르지 마라.
나는 듣지 않을 것이다. 그들이 유다 마을과 예
루살렘 거리에서 하는 짓이 보이지 않느냐? 그
들은 자식들에게 땔감을 주워 오게 하여, 아버
지는 불을 피우고 어머니는 '하늘의 여왕'에게
바칠 빵을 굽는다! 그것으로도 모자라, 아무 신
에게나 술을 부어 바치며 내 마음에 상처를 입
힌다."
19 **하나님**의 포고다! "과연 그들이 내게 상처를
입히는 것이겠느냐? 사실은 그들 자신에게 상
처를 입히면서, 자신의 수치를 드러내고 자신
을 우스꽝스럽게 만들고 있지 않느냐?
20 주 **하나님**이 말한다. '나의 불같은 노가 이
나라와 그 안에 있는 모든 것—사람과 동물, 들
의 나무와 동산의 식물—위에 임할 것이다. 무
엇으로도 끌 수 없는 맹렬한 불이다.'
21-23 만군의 **하나님**, 이스라엘의 하나님의 메
시지다. '그래, 계속 그렇게 하여라! 너희 번제
물에다 희생 제물까지, 너희나 실컷 먹어라. 분
명히 말하는데, 나는 그것을 원치 않는다! 내가
너희 조상을 이집트에서 구해 낼 때, 나는 그들
에게 내가 그런 번제물과 희생 제물을 원한다
고 말한 적이 없다. 나는 이렇게 명령했다. "나
에게 순종하여라. 내가 이르는 대로 행하여라.
그러면 나는 너희 하나님이 되고, 너희는 나의
백성이 될 것이다. 내가 너희에게 이르는 대로
살아라. 내가 명령하는 바를 행하여라. 그러면

Shiloh, where I met my people in the early days.
Take a look at those ruins, what I did to it because of
the evil ways of my people Israel.
13-15 "'So now, because of the way you have lived
and failed to listen, even though time and again I
took you aside and talked seriously with you, and
because you refused to change when I called you to
repent, I'm going to do to this Temple, set aside for
my worship, this place you think is going to keep
you safe no matter what, this place I gave as a gift to
your ancestors and you, the same as I did to Shiloh.
And as for you, I'm going to get rid of you, the same
as I got rid of those old relatives of yours around
Shiloh, your fellow Israelites in that former kingdom
to the north.'
16-18 "And you, Jeremiah, don't waste your time
praying for this people. Don't offer to make petitions
or intercessions. Don't bother me with them. I'm not
listening. Can't you see what they're doing in all the
villages of Judah and in the Jerusalem streets? Why,
they've got the children gathering wood while the
fathers build fires and the mothers make bread to be
offered to 'the Queen of Heaven'! And as if that weren't
bad enough, they go around pouring out libations to
any other gods they come across, just to hurt me.
19 "But is it me they're hurting?" GOD's Decree! "Aren't
they just hurting themselves? Exposing themselves
shamefully? Making themselves ridiculous?
20 "Here's what the Master GOD has to say: 'My
white-hot anger is about to descend on this country
and everything in it—people and animals, trees in
the field and vegetables in the garden—a raging
wildfire that no one can put out.'
21-23 "The Message from GOD-of-the-Angel-Armies,
Israel's God: 'Go ahead! Put your burnt offerings
with all your other sacrificial offerings and make a
good meal for yourselves. *I* sure don't want them!
When I delivered your ancestors out of Egypt, I
never said anything to them about wanting burnt
offerings and sacrifices as such. But I did say this,
commanded this: "Obey me. Do what I say and I
will be your God and you will be my people. Live the
way I tell you. Do what I command so that your lives
will go well."
24-26 "'But do you think they listened? Not a word of

너희가 잘될 것이다.”
24-26 그러나 그들이 들었느냐? 한 마디도 듣지 않았다. 그들은 그저 마음 내키는 대로 행했고, 악한 충동에 충실히 따르면서 날이 갈수록 악해졌다. 너희 조상들이 이집트 땅을 떠난 날부터 지금까지, 나는 쉬지 않고 나의 종, 예언자들을 보냈다. 그런데 그 백성이 들었느냐? 한 번도 듣지 않았다. 노새처럼 고집불통이며, 조상보다 더 완악한 그들이다!’
27-28 그들에게 가서 내 말을 전하되, 그들이 귀 기울여 들으리라고는 기대하지 마라. 그들에게 소리쳐 외쳐라. 그러나 대답을 기대하지는 마라. 다만 그들에게 전하여라. ‘너희는 하나님께 순종하지 않았고, 그분의 훈계를 모조리 거부한 민족이다. 진실이 사라졌다. 너희 입에서 흔적도 없이 사라졌다.

29 그러니 너의 머리를 밀어라.
민둥산에 올라가 슬피 울어라.
하나님께서 떠나셨기 때문이다.
그분을 노하게 만든 이 세대에 등을 돌리셨다.’”

30-31 하나님의 포고다. “유다 백성은 내가 지켜보고 있는데도 버젓이 악을 저질렀다. 다른 곳도 아니고 나를 높여야 할 성전 안에 추악한 신상을 세워, 나를 의도적으로 모욕했다. 그들은 벤힌놈 골짜기 전역에 장소를 골라 도벳 제단을 세우고, 아기들을 불살라 바쳤다. 자기 아들딸들을 산 채로 불태웠다. 나와 나의 명령 전부를 참람하게 왜곡했다.”
32-34 하나님의 포고다! “그러나 이제 도벳과 벤힌놈은 그 이름으로 불리지 않게 되리라. 사람들은 그곳을 ‘살육의 골짜기’라 부를 것이다. 더 이상 묻을 데가 없어 도벳에 시체들이 높이 쌓일 것이다! 노천에 버려진 시체들은 그곳을 활보하는 까마귀와 늑대의 밥이 되리라. 내가 유다 마을과 예루살렘 거리에서 미소와 웃음이 완전히 사라지게 만들 것이다. 결혼을 축하하는 노랫소리, 여흥을 즐기는 소리가 사라지고, 죽음 같은 정적만이 흐를 것이다.”

8

1-2 하나님의 포고다. “그때가 이르면, 나는 사람들이 유다 왕들의 뼈, 제후와 제사장과 예언자들의 뼈, 일반 백성들의 뼈를 다 파헤

it. They did just what they wanted to do, indulged any and every evil whim and got worse day by day. From the time your ancestors left the land of Egypt until now, I've supplied a steady stream of my servants the prophets, but do you think the people listened? Not once. Stubborn as mules and worse than their ancestors!'
27-28 "Tell them all this, but don't expect them to listen. Call out to them, but don't expect an answer. Tell them, 'You are the nation that wouldn't obey GOD, that refused all discipline. Truth has disappeared. There's not a trace of it left in your mouths.

29 "'So shave your heads.
Go bald to the hills and lament,
For GOD has rejected and left
this generation that has made him so angry.'

30-31 "The people of Judah have lived evil lives while I've stood by and watched." GOD's Decree. "In deliberate insult to me, they've set up their obscene god-images in the very Temple that was built to honor me. They've constructed Topheth altars for burning babies in prominent places all through the valley of Ben-hinnom, altars for burning their sons and daughters alive in the fire – a shocking perversion of all that I am and all I command.
32-34 "But soon, very soon" – GOD's Decree! – "the names Topheth and Ben-hinnom will no longer be used. They'll call the place what it is: Murder Meadow. Corpses will be stacked up in Topheth because there's no room left to bury them! Corpses abandoned in the open air, fed on by crows and coyotes, who have the run of the place. And I'll empty both smiles and laughter from the villages of Judah and the streets of Jerusalem. No wedding songs, no holiday sounds. *Dead* silence."

8

1-2 "And when the time comes" – GOD's Decree! – "I'll see to it that they dig up the bones of the kings of Judah, the bones of the

쳐, 그것들이 하늘의 해와 달과 별들을 올려다보며 숭배하는 무리들 앞에 널브러지게 만들 것이다. 오랜 세월 동안 하늘의 신들에 심취하고 '행운의 별들'을 헌신적으로 따랐던 그들이다. 그 뼈들은 노천에 흩뿌려진 채 버려지고, 비료와 거름이 되어 땅에 스며들 것이다.
3 남은 모든 자들, 곧 악한 세대 중에 불행하게도, 그때까지 목숨이 붙어 있는 자들은, 저주받은 장소를 여기저기 떠돌며 차라리 죽기를 바랄 것이다." 만군의 하나님의 포고다.

그들에게는 희망이 없다

4-7 "그들에게 가서, 하나님의 메시지를 전하여라.

'사람은 넘어지면 다시 일어서지 않느냐?
잘못 들어선 길이면 멈추고 돌아서지 않느냐?
그런데 어째서 이 백성은 길을 거꾸로 가면서도
계속 그 길을 고집하느냐? 거꾸로 된 그 길을!
그들은 한사코 거짓된 것을 따라가려 하고,
방향을 바꾸기를 거절한다.
내가 유심히 귀를 기울여 보아도,
전혀 들리지 않는다.
자책하는 소리,
"이런 길을 가다니" 하는 후회의 소리 하나 없다.
그들은 그저 그 길을 계속 갈 뿐이다. 맹목적으로 가다가,
멍청하게 벽에 머리를 찧는다.
겨울을 준비하는 두루미는
언제 남쪽으로 이동해야 하는지 안다.
울새, 휘파람새, 파랑새는
언제 다시 돌아와야 하는지 안다.
그러나 내 백성은 어떤가. 그들은 아무것도 모른다.
하나님과 그분의 법에 대해서는 낫 놓고 기역 자도 모른다.

8-9 "우리는 다 안다. 영광스럽게도 우리는
하나님의 계시를 소유한 자들이다"라니, 어떻게
그런 말을 할 수 있느냐?
지금 너희 상태를 보아라. 거짓된 것에 사로잡혀 있다.
너희 종교 전문가들에게 사기당한 것이다!
"다 안다"는 그들, 실상이 폭로될 것이요
정체가 탄로 날 것이다.
그들을 보아라! 정말 다 안다. 하나님의 말씀만 빼

princes and priests and prophets, and yes, even the bones of the common people. They'll dig them up and spread them out like a congregation at worship before sun, moon, and stars, all those sky gods they've been so infatuated with all these years, following their 'lucky stars' in doglike devotion. The bones will be left scattered and exposed, to reenter the soil as fertilizer, like manure.
3 "Everyone left–all from this evil generation unlucky enough to still be alive in whatever godforsaken place I will have driven them to–will wish they were dead." Decree of GOD-of-the-Angel-Armies.

To Know Everything but God's Word

4-7 "Tell them this, GOD's Message:

"'Do people fall down and not get up?
Or take the wrong road and then just keep going?
So why does this people go backward,
and just keep on going–*backward*!
They stubbornly hold on to their illusions,
refuse to change direction.
I listened carefully
but heard not so much as a whisper.
No one expressed one word of regret.
Not a single "I'm sorry" did I hear.
They just kept at it, blindly and stupidly
banging their heads against a brick wall.
Cranes know when it's time
to move south for winter.
And robins, warblers, and bluebirds
know when it's time to come back again.
But my people? My people know nothing,
not the first thing of GOD and his rule.

8-9 "'How can you say, "We know the score.
We're the proud owners of GOD's revelation"?
Look where it's gotten you–stuck in illusion.
Your religion experts have taken you for a ride!
Your know-it-alls will be unmasked,
caught and shown up for what they are.
Look at them! They know everything but GOD's

놓고 모든 것을 안다.
그런데 그런 것을 과연 "안다"고 말할 수 있겠느냐?
10-12 다 안다는 그들을 내가 어떻게 할지 말해 주겠다.
그들은 아내를 잃고 집을 잃을 것이다.
내가 그렇게 만들 것이다.
다들 부정한 이득을 취하는 데 혈안이다.
지위 높은 자나 낮은 자나 마찬가지다.
예언자든 제사장이든, 누구 할 것 없이 모두가
말을 비틀고 진실을 조작한다.
내 사랑하는 딸, 내 백성이 망가졌다. 아주 결딴나 버렸다!
그런데도 그들은 반창고나 붙여 주면서,
"별일 아니다. 괜찮다"고 말한다.
그러나 절대 괜찮지 않다!
무도한 짓을 자행하는 그들,
부끄러움을 느낄 것 같으냐?
그렇지 않다. 그들은 부끄러움을 모른다.
얼굴 붉힐 줄을 모른다.
그들에게는 희망이 없다. 바닥에 메쳐진 그들,
일어설 가망이 없다.
내가 보기에,
그들은 끝났다.'" 하나님께서 말씀하셨다.

13 하나님의 포고다.
"행여 건질 것이 있을까 해서 나가 보았지만,
아무것도 찾지 못했다.
포도 하나, 무화과 하나 얻지 못했고
시든 이파리 몇 개가 전부였다.
나는 그들에게 주었던 것 전부를
다시 회수할 것이다."

14-16 그러니 여기 이렇게 가만히 앉아서 뭘 하겠느냐?
전열을 갖추자.
그 큰 도성으로 가서 싸우자.
거기에서 싸우다 죽자.
우리에게는 이미 하나님의 최후통첩이 내려졌다.
우리는 나가 싸워도 죽고, 싸우지 않더라도 결국 죽을 *것이다*.
그분께 지은 죄로 인해 우리는 이미 끝장났다.
우리는 사태가 호전되고 역전되리라 기대했지만,
결국 그렇게 되지 않았다.
치유를 바라며 기다렸지만,

Word.
Do you call that "knowing"?
10-12 "'So here's what will happen to the know-it-alls:
I'll make them wifeless and homeless.
Everyone's after the dishonest dollar,
little people and big people alike.
Prophets and priests and everyone in between
twist words and doctor truth.
My dear Daughter—my people—broken, shattered,
and yet they put on Band-Aids,
Saying, "It's not so bad. You'll be just fine."
But things are not "just fine"!
Do you suppose they are embarrassed
over this outrage?
Not really. They have no shame.
They don't even know how to blush.
There's no hope for them. They've hit bottom
and there's no getting up.
As far as I'm concerned,
they're finished.'" GOD has spoken.

13 "'I went out to see if I could salvage anything'"
—GOD's Decree—
"'but found nothing:
Not a grape, not a fig,
just a few withered leaves.
I'm taking back
everything I gave them.'"

14-16 So why are we sitting here, doing nothing?
Let's get organized.
Let's go to the big city
and at least die fighting.
We've gotten GOD's ultimatum:
We're damned if we do and damned if we don't—
damned because of our sin against him.
We hoped things would turn out for the best,
but it didn't happen that way.
We were waiting around for healing—

결국 모습을 드러낸 것은 공포였다!
북쪽 단에서
말발굽소리가 들려온다.
거센 콧소리를 내며 말들이 질주해 오는 소리다.
땅이 흔들리고 떨린다.
그들이 이 나라를 통째로 삼킬 것이다.
마을과 사람들이 전쟁의 먹이가 되어 사라질 것이다.

17 "그것이 전부가 아니다. 나는 너희 안에
독사도 풀어 놓을 것이다.
무슨 수로도 길들일 수 없는 뱀들,
너희를 모조리 물어 죽일 것이다."
하나님의 포고다!

예언자의 탄식

18-22 나는 비탄에 잠겼다.
가슴이 찢어질 듯 아프다.
들어 보아라! 귀 기울여 들어 보아라! 온 나라에 울려 퍼지는
내 사랑하는 백성의 울음소리를.
하나님께서 더 이상 시온에 계시지 않는가?
왕이신 그분께서 영영 떠나셨는가?
대체 저들이 내 앞에서 장난감 신들,
그 우스꽝스러운 수입 우상들을 자랑하는 까닭이 무엇이냐?
수확이 끝나고 여름도 지나갔지만,
우리는 아무것도 달라진 것이 없다.
우리는 여전히 구조를 기다리고 있다.
내 사랑하는 백성이 상했고, 내 마음도 상했다.
나는 비탄에 잠겨, 슬피 운다.
길르앗에 상처를 치료하는 약이 없단 말이냐?
그곳에 의사가 없단 말이냐?
내 사랑하는 백성을 치료하고 구원하기 위해
할 수 있는 일이 어째서 하나도 없단 말이냐?

9 1-2 내 머리가 물 가득한 우물이었으면,
내 눈이 눈물의 샘이었으면 좋으련만.
그러면, 내 사랑하는 백성에게 닥친 재앙을 가슴 아파하며
밤낮으로 울 수 있을 텐데.
때로는 광야나 숲 속에
오두막집 하나 있었으면 할 때가 있다.
내 백성을 멀리 떠나
그들이 보이지 않는 곳에서 살고 싶다.

and terror showed up!
From Dan at the northern borders
we hear the hooves of horses,
Horses galloping, horses neighing.
The ground shudders and quakes.
They're going to swallow up the whole country.
Towns and people alike–fodder for war.

17 "'What's more, I'm dispatching
poisonous snakes among you,
Snakes that can't be charmed,
snakes that will bite you and kill you.'"
GOD's Decree!

Advancing from One Evil to the Next

18-22 I drown in grief.
I'm heartsick.
Oh, listen! Please listen! It's the cry of my dear people
reverberating through the country.
Is GOD no longer in Zion?
Has the King gone away?
Can you tell me why they flaunt their plaything-gods,
their silly, imported no-gods before me?
The crops are in, the summer is over,
but for us nothing's changed.
We're still waiting to be rescued.
For my dear broken people, I'm heartbroken.
I weep, seized by grief.
Are there no healing ointments in Gilead?
Isn't there a doctor in the house?
So why can't something be done
to heal and save my dear, dear people?

9 1-2 I wish my head were a well of water
and my eyes fountains of tears
So I could weep day and night
for casualties among my dear, dear people.
At times I wish I had a wilderness hut,
a backwoods cabin,
Where I could get away from my people
and never see them again.
They're a faithless, feckless bunch,

저 불충하고 무책임한 떼거리,
저 변절자 무리를 보지 않고 살고 싶다.

3-6 "활이 화살을 쏘듯
그들은 혀로 거짓말을 쏘아 댄다.
강력한 거짓말쟁이 군대요,
진실과 철천지원수다.
나를 알지 못하는 그들,
악에 악을 쌓아 간다."
하나님의 포고다.
"오랜 이웃이라도 경계하여라.
친할머니도 믿지 마라!
옛 사기꾼 야곱처럼,
그들은 자기 형제도 속이고 이용한다.
친구들끼리
악독한 헛소문을 퍼뜨린다.
이웃에게 사기치고
진실을 감춘다.
거짓말로 혀를 단련시킨 그들,
이제는 진실을 말하고 싶어도 할 수 없다.
그들은 잘못 위에 잘못을, 거짓 위에 거짓을 쌓을 뿐
나를 알려고 하지 않는다."
하나님의 포고다.

7-9 그러므로, 만군의 하나님께서 말씀하신다.

"보아라! 내가 그들을 녹여
그 본색을 드러내 보일 것이다.
이렇게 사악한 백성에게
내가 달리 무엇을 할 수 있겠느냐?
그들의 혀는 독화살이다!
끔찍한 거짓말이 입에서 끝없이 흘러나온다.
이웃에게 미소를 지으며,
'좋은 아침입니다! 어떻게 지내십니까?' 하고 인사를 나누지만,
속으로는 서로를 없앨 궁리만 한다.
이런데도 내가 그저 팔짱만 낀 채 보고 있어야 하느냐?"
하나님의 포고다.
"그런 자들,
내가 단단히 손봐 주어야 하지 않겠느냐?

10-11 잃어버린 초원을 생각하며 비가를 부른다.
사라진 목초지를 그리며 애가를 부른다.

a congregation of degenerates.

3-6 "Their tongues shoot out lies
like a bow shoots arrows—
A mighty army of liars,
the sworn enemies of truth.
They advance from one evil to the next,
ignorant of me."
GOD's Decree.
"Be wary of even longtime neighbors.
Don't even trust your grandmother!
Brother schemes against brother,
like old cheating Jacob.
Friend against friend
spreads malicious gossip.
Neighbors gyp neighbors,
never telling the truth.
They've trained their tongues to tell lies,
and now they can't tell the truth.
They pile wrong upon wrong, stack lie upon lie,
and refuse to know me."
GOD's Decree.

7-9 Therefore, GOD-of-the-Angel-Armies says:

"Watch this! I'll melt them down
and see what they're made of.
What else can I do
with a people this wicked?
Their tongues are poison arrows!
Deadly lies stream from their mouths.
Neighbor greets neighbor with a smile,
'Good morning! How're things?'
while scheming to do away with him.
Do you think I'm going to stand around and do nothing?"
GOD's Decree.
"Don't you think I'll take serious measures
against a people like this?

10-11 "I'm lamenting the loss of the mountain pastures.
I'm chanting dirges for the old grazing grounds.

그 땅들, 이제는 위험하고 황량한 황무지일 뿐이다.
양 떼 소리, 소 떼 소리가 더는 들리지 않는다.
새와 들짐승도 모두 사라졌다.
살아 꿈틀거리는 것, 살아 소리 내는 것이 하나도 없다.
나는 예루살렘을 돌무더기로 만들 것이다.
승냥이나 어슬렁거리며 다니는 곳이 되게 할 것이다.
나는 유다 성읍들을 전부 폐허로 전락시킬 것이다.
아무도 살지 않는 폐허로!"

12 내가 물었다. "우리에게 진상을 알려 줄 현자는 없는가? 하나님께 내막을 전해 듣고 우리에게 알려 줄 자 어디 없는가?
나라가 이토록 황폐해진 까닭이 무엇인가?
어찌하여 인적 하나 없는 황무지가 되어 버렸는가?"
13-15 하나님의 대답이다. "그것은 그들이 나의 가르침을 분명히 알고도 등을 돌렸기 때문이다. 그들은 내 말을 하나도 귀담아듣지 않았고, 내가 지시하는 삶을 한사코 거절했다. 그들은 자기들 원하는 대로 살면서, 그 조상이 그랬던 것처럼, 모든 소원을 들어준다는 바알 신을 섬겼다." 이것이 그들이 망한 이유다. 만군의 하나님께서 말씀하신다.

"나는 그들에게 돼지 똥오줌을 먹일 것이다.
그들에게 독을 주어 마시게 할 것이다.
16 그러고는 그들 모두를 저 먼 곳, 아무도 들어 보지 못한 이방 민족들 사이로 흩어 버리고, 죽음이 그들을 끝까지 추격하여 쓸어버리게 할 것이다."

깨어 있어라!

17-19 만군의 하나님의 메시지다.

"우리가 곤경에 처했으니, 도움을 청하여라.
슬픔을 달래 줄 노래꾼들을 불러라.
서둘러 오게 하여라.
와서, 우리가 상실과 비탄을 드러내고
눈물을 흘리며 울 수 있도록,
눈물의 노래를 부를 수 있도록 돕게 하여라.

They've become deserted wastelands too dangerous for travelers.
No sounds of sheep bleating or cattle mooing.
Birds and wild animals, all gone.
Nothing stirring, no sounds of life.
I'm going to make Jerusalem a pile of rubble,
fit for nothing but stray cats and dogs.
I'm going to reduce Judah's towns to piles of ruins
where no one lives!"

12 I asked, "Is there anyone around bright enough to tell us what's going on here? Anyone who has the inside story from GOD and can let us in on it?
"Why is the country wasted?
"Why no travelers in this desert?"
13-15 GOD's answer: "Because they abandoned my plain teaching. They wouldn't listen to anything I said, refused to live the way I told them to. Instead they lived any way they wanted and took up with the Baal gods, who they thought would give them what they wanted–following the example of their parents." And this is the consequence. GOD-of-the-Angel-Armies says so:

"I'll feed them with pig slop.
"I'll give them poison to drink.
16 "Then I'll scatter them far and wide among godless peoples that neither they nor their parents have ever heard of, and I'll send Death in pursuit until there's nothing left of them."

A Life That Is All Outside but No Inside

17-19 A Message from GOD-of-the-Angel-Armies:

"Look over the trouble we're in and call for help.
Send for some singers who can help us mourn our loss.
Tell them to hurry–
to help us express our loss and lament,
Help us get our tears flowing,
make tearful music of our crying.
Listen to it!
Listen to that torrent of tears out of Zion:
'We're a ruined people,

귀 기울여라!
시온에서 흘러나오는 강물 같은 눈물소리에 귀 기울여라.
'우리는 망한 백성,
수치를 당한 백성이로다!
우리는 고향에서 쫓겨난 백성,
자기 땅을 떠나야 하는 백성이로다!'"

20-21 애곡하는 여인들아! 오, 하나님의 메시지를 들어라!
너희 귀를 열어, 그분이 하시는 말씀을 받아라.
너희 딸들에게 장송곡을 가르치고,
너희 친구들에게 비가를 가르쳐라.
죽음이 창문을 넘어,
우리 안방까지 침입해 들어왔다.
놀이터에서 놀던 아이들이 쓰러져 죽고,
광장에서 뛰던 청년들이 고꾸라진다.

22 소리 높여 전하여라! "하나님의 메시지다.

'어디를 가나 사람의 시체가 즐비하다.
들판에 널린 양과 염소의 똥처럼,
추수 때 바닥에 버려져 썩는 곡식 단처럼
마구 널브러져 있다.'"

23-24 하나님의 메시지다.

"지혜 있는 자들은 자기 지혜를 자랑하지 마라.
영웅들은 자기 공적을 자랑하지 마라.
부유한 자들은 자기 부를 자랑하지 마라.
자랑을 하려거든,
내 뜻을 알고 나를 아는 것, 오직 그것만을 자랑하여라.
나는 하나님, 신실한 사랑으로 일하는 이다.
바른 일을 하며, 만사를 바로잡는 이며,
그런 일을 행하는 자들을 기뻐하는 이다.
이것이 너희가 나를 알아보는 표지다."
하나님의 포고다.

25-26 하나님의 포고다! "깨어 있어라! 머지않아 나는, 겉만 꾸미고 속은 텅 빈 자들을 직접 손봐 줄 것이다. 이집트, 유다, 에돔, 암몬, 모압이 그들이다. 모두 종교 연기에 능한 민족들, 이스라엘도 다를 바 없다."

we're a shamed people!
We've been driven from our homes
and must leave our land!'"

20-21 Mourning women! Oh, listen to GOD's Message!
Open your ears. Take in what he says.
Teach your daughters songs for the dead
and your friends the songs of heartbreak.
Death has climbed in through the window,
broken into our bedrooms.
Children on the playgrounds drop dead,
and young men and women collapse at their games.

22 Speak up! "GOD's Message:

"'Dead bodies everywhere, scattered at random
like sheep and goat dung in the fields,
Like wheat cut down by reapers
and left to rot where it falls.'"

23-24 GOD's Message:

"Don't let the wise brag of their wisdom.
Don't let heroes brag of their exploits.
Don't let the rich brag of their riches.
If you brag, brag of this and this only:
That you understand and know me.
I'm GOD, and I act in loyal love.
I do what's right and set things right and fair,
and delight in those who do the same things.
These are my trademarks."
GOD's Decree.

25-26 "Stay alert! It won't be long now" – GOD's Decree! – "when I will personally deal with everyone whose life is all outside but no inside: Egypt, Judah, Edom, Ammon, Moab. All these nations are big on performance religion – including Israel, who is no better."

거짓 신과 참된 신

10 1-5 이스라엘의 집이여, 하나님께서 너희에게 보내시는 메시지를 들어라. 주의 깊게 들어라.

"저 이방 민족들을 본받지 마라.
그들의 현란한 마력에 현혹되지 마라.
그들의 종교는
허상에 불과하다.
우상은 목공이 도끼로 나무를 찍어 만든 것에 지나지 않는다.
그들은 그것에 이것저것 장식을 붙이고,
넘어지지 않도록 망치와 못으로 고정한다.
그것은 배추밭에 서 있는 허수아비와 같다. 말 한마디 못한다!
그것은 사람들이 운반해 주어야 하는 죽은 나무토막에 불과하다. 제 발로 다니지도 못한다!
그런 물건에 현혹되지 마라.
아무짝에도 쓸모없는 무용지물일 뿐이다."

6-9 오 하나님, 주님은 그런 것과 비교할 수 없는 분입니다.
주님은 경이롭도록 위대하신 분, 그 이름이 더없이 높으신 분입니다.
만민의 왕이신 주님을 누가 감히 두려워하지 않을 수 있겠습니까?
주님만이 경배받기에 합당하신 분입니다!
저기, 먼 사방의 여러 민족들을 보십시오.
그들 중 가장 뛰어난 자들이 만든 가장 뛰어난 것도
도저히 주님과 견줄 수 없습니다.
아둔하기 짝이 없는 그들, 나무 막대기를 줄지어 세우지만
모두 헛것들일 뿐입니다.
다시스에서 들여온 은박과
우바스에서 들여온 금박,
청색과 자주색 옷감으로 제 아무리 예쁘게 꾸며도
그저 나무 막대기에 불과합니다.

10 그러나 하나님은 참되시다.
살아 계신 하나님은 영원한 왕이시다.
그분이 노하시면 땅이 흔들린다.
그렇다, 이방 민족들이 몸을 떤다.

11-15 "그들에게 전하여라. '하늘과 땅을 지은 적 없는 신들,

The Stick Gods

10 1-5 Listen to the Message that GOD is sending your way, House of Israel. Listen most carefully:

"Don't take the godless nations as your models.
Don't be impressed by their glamour and glitz,
no matter how much they're impressed.
The religion of these peoples
is nothing but smoke.
An idol is nothing but a tree chopped down,
then shaped by a woodsman's ax.
They trim it with tinsel and balls,
use hammer and nails to keep it upright.
It's like a scarecrow in a cabbage patch – can't talk!
Dead wood that has to be carried – can't walk!
Don't be impressed by such stuff.
It's useless for either good or evil."

6-9 All this is nothing compared to you, O GOD.
You're wondrously great, famously great.
Who can fail to be impressed by you, King of the nations?
It's your very nature to be worshiped!
Look far and wide among the elite of the nations.
The best they can come up with is nothing compared to you.
Stupidly, they line them up – a lineup of sticks,
good for nothing but making smoke.
Gilded with silver foil from Tarshish,
covered with gold from Uphaz,
Hung with violet and purple fabrics –
no matter how fancy the sticks, they're still sticks.

10 But GOD is the real thing –
the living God, the eternal King.
When he's angry, Earth shakes.
Yes, and the godless nations quake.

11-15 "Tell them this, 'The stick gods
who made nothing, neither sky nor earth,
Will come to nothing
on the earth and under the sky.'"
But it is God whose power made the earth,

아무것도 지은 적 없는 막대기 신들은,
결국 하늘과 땅 사이에서,
아무것도 아닌 것이 되어 나뒹굴 것이다.'"
그러나 하나님은 능력으로 땅을 지으시고,
지혜로 세상을 빚어 내셨다.
우주는 그분의 작품이다.
그분께서 천둥소리를 내시면, 비가 쏟아진다.
구름을 피워 올리시고,
번개로 폭풍을 두르시며,
당신의 창고에서 바람을 꺼내 날려 발진시키신다.
막대기 신을 숭배하는 자들, 참으로 어처구니없는 얼간이들이다!
자기 손으로 만든 신들로 수치를 당하여 쩔쩔맨다!
그 신들은 모두 가짜요, 죽은 막대기일 뿐이다.
말라 죽은 나무를 두고 신이라니, 어이가 없다.
심판의 불이 닥치면, 모두 재가 되고 말 것들이다.

16 그러나 '야곱의 분깃'이신 분은 참되시다.
그분은 온 우주를 지으신 분,
이스라엘을 특별히 주목하시는 분.
그분의 이름이 무엇인가? 만군의 하나님이시다!

17-18 공격자들에게 포위된 너희여,
짐보따리를 꼭 움켜쥐어라.
하나님께서 경고하셨다. "주목하여라!
나는 여기 사는 자들 전부를 쫓아낼 것이다!
지금 당장. 그렇다, 지금 당장이다!
내가 그들을 벼랑 끝까지 몰아붙이고
압살시킬 것이다."

19-20 이런 재앙의 날이 오다니!
나는 치명상을 입었다.
"오, 내가 어찌
이를 감당할 수 있으리라 여겼단 말인가?"
내 집이 무너졌다.
지붕이 허물어졌다.
자녀들이 사라졌다.
다시는 그들을 보지 못할 것이다.
남아서 재건을 시작할 수 있는 사람,
새롭게 시작할 수 있는 사람, 하나도 남지 않았다!

21 이는 다 우리 지도자들이 어리석었기 때문이다.
그들은 하나님께 길을 묻지 않았다.

whose wisdom gave shape to the world,
who crafted the cosmos.
He thunders, and rain pours down.
He sends the clouds soaring.
He embellishes the storm with lightnings,
launches wind from his warehouse.
Stick-god worshipers looking mighty foolish,
god-makers embarrassed by their handmade gods!
Their gods are frauds – dead sticks,
deadwood gods, tasteless jokes.
When the fires of judgment come, they'll be ashes.

16 But the Portion-of-Jacob is the real thing.
He put the whole universe together
And pays special attention to Israel.
His name? GOD-of-the-Angel-Armies!

17-18 Grab your bags,
all you who are under attack.
GOD has given notice:
"Attention! I'm evicting
Everyone who lives here,
And right now – yes, right now!
I'm going to press them to the limit,
squeeze the life right out of them."

19-20 But it's a black day for me!
Hopelessly wounded,
I said, "Why, oh why
did I think I could bear it?"
My house is ruined –
the roof caved in.
Our children are gone –
we'll never see them again.
No one left to help in rebuilding,
no one to make a new start!

21 It's because our leaders are stupid.
They never asked GOD for counsel,
And so nothing worked right.
The people are scattered all over.

그래서 모든 일이 틀어졌고,
백성은 사방으로 흩어졌다.

22 자, 들어 보아라! 무엇인가 다가오고 있다!
북쪽 국경 지대에서 큰 소요가 일어나고 있다!
이제 유다 마을들은 박살나서,
들짐승이나 돌아다니는 곳으로 전락하고 말 것이다!

23-25 하나님, 저는 압니다. 죽을 인생들인 저희는
인생의 주인이 될 수 없다는 것을,
그럴 만한 능력이
저희에게 없다는 것을.
그러니 하나님, 저희를 바로잡아 주십시오.
주께서 보시기에 최선의 길로 인도해 주십시오.
노를 참아 주십시오. 주께서 노를 발하시면 저희는
끝장입니다.
주님의 노를,
저 이방 민족들 위에 내려 주십시오.
그들은 주님을 인정하지 않으며,
주께 기도하지 않는 자들입니다.
야곱을 씹어 먹은 자들입니다.
그렇습니다. 정말로 그를 통째로,
사람과 땅을 모두
씹어 삼킨 자들입니다.

하나님의 언약의 말씀

11 1 하나님께서 예레미야에게 주신 메시지다.
2-4 "유다 백성과 예루살렘 주민들에게 전
하여라. 그들에게 이렇게 일러라. '이는 하나님의 메
시지, 곧 너희를 향한 이스라엘의 하나님의 메시지
다. 이 언약의 조건을 따르지 않는 자는 누구든지 저
주 아래에 놓인다. 그 조건은 분명하다. 내가 너희 조
상을 이집트, 그 고통의 용광로에서 구해 냈을 때 이
미 명백히 말한 바다.
4-5 내가 하는 말에 순종하여라. 나의 명령을 지켜라.
너희가 순종하면 계약이 성사된다. 너희는 나의 백성
이 되고 나는 너희의 하나님이 될 것이다. 이것이 내
가 너희 조상에게 한 약속, 곧 비옥하고 기름진 땅을
주겠다고 한 그 약속을 시행할 조건이다. 그리고 너
희가 알듯이, 나는 약속대로 행했다.'"
내가 대답했다. "하나님, 참으로 그렇습니다."
6-8 하나님께서 이어 말씀하셨다. "유다 성읍과 예루
살렘 거리에 나가서 이렇게 전하여라. '이 언약의 조
건을 기억하고 즉시 준행하여라! 너희 조상을 이집트
에서 구해 냈을 때, 이미 나는 그들에게 경고했다. 경

22 But listen! Something's coming!
A big commotion from the northern borders!
Judah's towns about to be smashed,
left to all the stray dogs and cats!

23-25 I know, GOD, that mere mortals
can't run their own lives,
That men and women
don't have what it takes to take charge of life.
So correct us, GOD, as you see best.
Don't lose your temper. That would be the end of us.
Vent your anger on the godless nations,
who refuse to acknowledge you,
And on the people
who won't pray to you—
The very ones who've made hash out of Jacob,
yes, made hash
And devoured him whole,
people and pastures alike.

The Terms of This Covenant

11 1 The Message that came to Jeremiah
from GOD:
2-4 "Preach to the people of Judah and citizens
of Jerusalem. Tell them this: 'This is GOD's
Message, the Message of Israel's God to you.
Anyone who does not keep the terms of this
covenant is cursed. The terms are clear. I made
them plain to your ancestors when I delivered
them from Egypt, out of the iron furnace of
suffering.
4-5 "'Obey what I tell you. Do exactly what I
command you. Your obedience will close the
deal. You'll be mine and I'll be yours. This will
provide the conditions in which I will be able
to do what I promised your ancestors: to give
them a fertile and lush land. And, as you know,
that's what I did.'"
"Yes, GOD," I replied. "That's true."
6-8 GOD continued: "Preach all this in the
towns of Judah and the streets of Jerusalem.
Say, 'Listen to the terms of this covenant and
carry them out! I warned your ancestors when

고하기를 한시도 멈추지 않았다. 아침부터 밤까지 "나에게 순종하여라!" 하고 경고했다. 그러나 그들은 순종하지 않았다. 그들은 나를 무시했다. 그들은 자기 마음 내키는 대로 살았다. 그래서 결국 내가 이렇게 나섰다. 나의 경고에도 불구하고 그들이 한사코 무시해 온 그 언약에 제시된 벌이, 마침내 시행되도록 명한 것이다.'"

9-10 하나님께서 말씀하셨다. "지금 유다 백성과 예루살렘 주민들이 모반을 꾀하고 있다. 조상의 죄를 재현하려는 모의다. 내게 불순종하고 다른 신들을 좇으며 예배하던 죄 말이다. 이스라엘과 유다가 손을 맞잡고 이 일을 벌이고 있다. 그들의 조상과 내가 맺은 언약을 함부로 깨뜨리고 있다.

11-13 그래, 너희 하나님이 이 일에 대해 할 말이 있다. 보아라! 이제 내가 너희에게 화가 닥치게 할 것이다. 누구도 빠져나오지 못한다. 너희가 도와달라고 소리쳐 울겠지만, 나는 듣지 않을 것이다. 유다와 예루살렘의 백성들이 지금껏 제사를 지내온 그 신들에게 달려가서 기도해도 아무 소용이 없을 것이다. 유다야, 너희 안에는 마을 수만큼이나 많은 신들이 있다! 예루살렘의 골목마다 음란하고 무능한 신 바알을 위한 제단들이 빼곡하다!

14 예레미야야, 너는 이 백성을 위해, 한 마디도 기도하지 마라! 한 마디도 간청하지 마라. 위기가 닥치면 으레 하는 그 기도에 나는 절대 귀 기울이지 않을 것이다."

아나돗 사람들이 예레미야를 죽이려 하다

15-16 "무엇하는 것이냐? 나의 사랑하는 자들이
화를 피할 궁리에 골몰하고 있다니. 그것도 예배드리는 집에서!
너의 생각에, 이런저런 맹세와 종교 행위를 남발하면
닥쳐오는 재앙에서 구원받을 수 있을 것 같으냐?
종교적인 모양새에 더 신경을 쓰면
화를 면할 수 있다고 생각하느냐?
한때 나는 너를
우람한 상수리나무, 장대하고 영광스런 나무라 불렀다.
그러나 네가 박살나는 데에는
천둥 한 번, 번개 한 번이면 충분할 것이다.

17 그래, 나다. 너희를 심었던 나 만군의 하나님이 너희에게 재앙을 선고했다. 이유를 묻느냐? 그것은 너희 삶 자체가 재앙을 부르는 삶이기 때문이

I delivered them from Egypt and I've kept up the warnings. I haven't quit warning them for a moment. I warned them from morning to night: "Obey me or else!" But they didn't obey. They paid no attention to me. They did whatever they wanted to do, whenever they wanted to do it, until finally I stepped in and ordered the punishments set out in the covenant, which, despite all my warnings, they had ignored.'"

9-10 Then GOD said, "There's a conspiracy among the people of Judah and the citizens of Jerusalem. They've plotted to reenact the sins of their ancestors—the ones who disobeyed me and decided to go after other gods and worship them. Israel and Judah are in this together, mindlessly breaking the covenant I made with their ancestors."

11-13 "Well, your God has something to say about this: Watch out! I'm about to visit doom on you, and no one will get out of it. You're going to cry for help but I won't listen. Then all the people in Judah and Jerusalem will start praying to the gods you've been sacrificing to all these years, but it won't do a bit of good. You've got as many gods as you have villages, Judah! And you've got enough altars for sacrifices to that impotent sex god Baal to put one on every street corner in Jerusalem!"

14 "And as for you, Jeremiah, I don't want you praying for this people. Nothing! Not a word of petition. Indeed, I'm not going to listen to a single syllable of their crisis-prayers."

Promises and Pious Programs

15-16 "What business do the ones I love have figuring out
how to get off the hook? And right in the house of worship!
Do you think making promises and devising pious programs
will save you from doom?
Do you think you can get out of this
by becoming more religious?
A mighty oak tree, majestic and glorious—
that's how I once described you.
But it will only take a clap of thunder and a bolt of lightning

다. 한심한 신 바알에게 이스라엘과 유다가 줄기차
게 바친 숭배와 봉헌들, 그것이 나를 노하게 했다."

18-19 하나님께서 지금 벌어지고 있는 일을 제게 말
씀해 주셨습니다.
그래서 제가 알게 되었습니다.
하나님, 주께서 제 눈을 열어 그들의 악한 계략을
보게 하셨습니다.
저는 무슨 일이 일어나고 있는지 전혀 몰랐습니
다. 아무것도 모른 채
도살장으로 끌려가는 어린양 같았습니다!
그들이 저를 두고 무슨 꿍꿍이를 하는지 몰랐고,
제 뒤에서 무슨 모의를 꾸미는지도 알지 못했습
니다.
"저 설교자를 없애 버리자.
그러면 설교가 중단될 것이다!
그를 영원히 없애 버리자.
기억에서 완전히 사라지게 만들자."

20 내가 말했다. "만군의 하나님,
주님은 공정한 재판관이십니다.
주님은 사람의 행위와 동기를
속속들이 아십니다.
저는 그들의 정체가 폭로되어 수치를 당하는 꼴을
보고 싶습니다!
주님은 제가 어떤 사람인지 샅샅이 아십니다. 부
디 제 오명을 씻어 주십시오."

21-23 그러자 하나님께서 응답하시며 큰소리로 말
씀하셨다. "너를 살해하려는 아나돗 사람들, '우리
에게 하나님의 이름으로 설교하지 마라. 계속 그
렇게 나오면 너를 죽여 버릴 테다' 하고 말하는 그
들을 내가 어떻게 다룰지 말해 주겠다. 그렇다. 만
군의 하나님이 말한다. 보아라! 나는 그들에게 책
임을 물을 것이다. 그들의 젊은이들이 전쟁터에서
쓰러져 죽고, 아이들은 굶어 죽을 것이다. 아무도
살아남지 못하리라. 아무도. 내가 재앙을 몰고서
아나돗 사람들을 찾아갈 것이다. 그날은 대재앙의
날이 되리라!"

예레미야의 질문에 답하시다

12 1-4 오 하나님, 주님은 의로우신 분, 모
든 일을 바로잡으시는 분입니다.
이에 대해서는 이의가 없습니다. 그런데 제게 질

to leave you a shattered wreck.

17 "I, GOD-of-the-Angel-Armies, who planted you—yes, I have pronounced doom on you. Why? Because of the disastrous life you've lived, Israel and Judah alike, goading me to anger with your continuous worship and offerings to that sorry god Baal."

18-19 GOD told me what was going on. That's how I
knew.
You, GOD, opened my eyes to their evil scheming.
I had no idea what was going on—naive as a lamb
being led to slaughter!
I didn't know they had it in for me,
didn't know of their behind-the-scenes plots:
"Let's get rid of the preacher.
That will stop the sermons!
Let's get rid of him for good.
He won't be remembered for long."

20 Then I said, "GOD-of-the-Angel-Armies,
you're a fair judge.
You examine and cross-examine
human actions and motives.
I want to see these people shown up and put down!
I'm an open book before you. Clear my name."

21-23 That sent a signal to GOD, who spoke up: "Here's what I'll do to the men of Anathoth who are trying to murder you, the men who say, 'Don't preach to us in GOD's name or we'll kill you.' Yes, it's GOD-of-the-Angel-Armies speaking. Indeed! I'll call them to account: Their young people will die in battle, their children will die of starvation, and there will be no one left at all, none. I'm visiting the men of Anathoth with doom. Doomsday!"

What Makes You Think You Can Race Against Horses?

12 1-4 You are right, O GOD, and you set
things right.
I can't argue with that. But I do have some
questions:
Why do bad people have it so good?

문이 있습니다.
어째서 나쁜 인간들이 잘되고,
사기꾼들이 성공하여 잘사는 것입니까?
주께서 그들을 심으셨고, 그들은 뿌리를 잘 내렸습니다.
그들은 번창했고, 열매를 많이 맺었습니다.
그들은 마치 주님이 오랜 친구나 되는 듯 떠들지만,
실은 주님에 대해 아무 관심도 없는 자들입니다.
그런데 주님은 저에 대해서는 안팎을 속속들이 꿰뚫어 보십니다.
저만은 무엇 하나도 그냥 넘어가시지 않습니다!
그들이 자신의 삶에 대해 대가를 치르게 해주십시오.
도살되는 양처럼, 그들의 생명으로 대가를 치르게 해주십시오.
그들의 사악함 때문에,
온 나라가 암울해졌고 농장은 폐허가 되었습니다.
이를 얼마나 더 보고 있어야 합니까?
짐승과 새들도 죽어 나가고 있습니다.
하나님께 무관심한 그들,
하나님도 자신들에게 무관심할 거라고 생각하는 그들 때문에 말입니다.

5-6 "예레미야야, 네가 사람들과의 경주에서도 이렇게 피곤해하면,
앞으로 말들과는 어떻게 경주하겠느냐?
평온한 시절에도 정신을 가누지 못하면,
앞으로 고난이, 홍수 때의 요단 강처럼
물밀듯 닥쳐올 때는 어떻게 하려느냐?
지금 너와 가장 가까운 친형제와 사촌들이
너를 해치려 작당하고 있다.
그들은 너를 잡으려고 혈안이다. 어떤 일도 서슴지 않을 것이다.
그들을 믿지 마라. 특히 미소를 띠고 접근할 때는 더욱 조심하여라."

7-11 "나는 이스라엘 집을 버리고,
내 사랑하는 백성을 버리고 떠날 참이다.
내 사랑하는 자들을
그 원수들의 손에 넘겨주려고 한다.
백성이, 내 사랑하는 백성이,
내게 숲 속에서 으르렁거리는 사자처럼 굴었다.
나를 향해 으르렁거리며 이빨을 드러냈다.
나는 더는 봐줄 수 없다.

Why do con artists make it big?
You planted them and they put down roots.
They flourished and produced fruit.
They talk as if they're old friends with you,
but they couldn't care less about you.
Meanwhile, you know *me* inside and out.
You don't let me get by with a thing!
Make them pay for the way they live,
pay with their lives, like sheep marked for slaughter.
How long do we have to put up with this—
the country depressed, the farms in ruin—
And all because of wickedness, these wicked lives?
Even animals and birds are dying off
Because they'll have nothing to do with God
and think God has nothing to do with them.

5-6 "So, Jeremiah, if you're worn out in this footrace with men,
what makes you think you can race against horses?
And if you can't keep your wits during times of calm,
what's going to happen when troubles break loose
like the Jordan in flood?
Those closest to you, your own brothers and cousins,
are working against you.
They're out to get you. They'll stop at nothing.
Don't trust them, especially when they're smiling.

7-11 "I will abandon the House of Israel,
walk away from my beloved people.
I will turn over those I most love
to those who are her enemies.
She's been, this one I held dear,
like a snarling lion in the jungle,
Growling and baring her teeth at me—
and I can't take it anymore.
Has this one I hold dear become a preening

어찌 내가 아끼는 자가 허영에 들뜬 공작새가 되었느냐?
내 백성은 지금 독수리의 공격을 받는 처지가 아니더냐?
좋다. 굶주린 채 먹이를 찾아 헤매는 짐승들을 다 불러라.
와서 배터지게 먹게 하여라!
닥치는 대로 먹어 삼키는 이방의 목자들이 와서
내 들판을 짓밟고 싹쓸이할 것이다
내가 정성껏 가꾼 아름다운 들판을,
빈 깡통과 엉겅퀴만 있는 공터로 바꾸어 놓을 것이다.
이 땅을, 쓰레기들만 나뒹구는 곳,
황무한 땅, 통곡하는 땅으로 만들어 놓을 것이다.
나라 전체가 황무지가 되어도,
아무도 마음 쓰는 자 없을 것이다."

12-13 "야만인들이 쳐들어와
언덕과 평원을 덮치고,
하나님의 심판의 칼이
땅 이 끝에서 저 끝까지 유린할 것이다.
살아 있는 것은 무엇 하나 안전하지 못하리라.
밀을 심어도 잡초만 거두고,
무슨 일을 해도 성과가 없을 것이다.
초라한 수확을 보며 가슴을 쥐어뜯게 되리라.
이 모두가, 하나님의 불같은 진노의 결과다!"

14-17 하나님의 메시지다. "내가 이스라엘에게 유산으로 준 땅을 유린한 나쁜 이웃들, 내가 그들을 땅에서 뽑아낼 것이다. 그리고 그 지역에서 유다를 데리고 나오겠다. 그 나쁜 이웃들을 뽑아내고 난 뒤에, 마음을 누그러뜨려 그들을 다시 그들의 땅으로, 그들의 고향으로, 그들의 가족농장으로 되돌려 보낼 것이다. 전에 내 백성으로 하여금 바알 신에게 기도하게 만든 그들이지만, 성심으로 나의 길을 따르고 내게 기도하면, 만사가 잘 풀릴 것이다. 그러나 내 말에 귀 기울이지 않을 때는, 그들의 땅에서 뿌리째 뽑아내어 바로 폐기처분할 것이다. 완전히 끝장내 버릴 것이다!" 하나님의 포고다.

두 가지 상징

13 1-2 하나님께서 내게 말씀하셨다. "가서 모시 바지를 사서 입어라. 다른 옷으로

peacock?
But isn't she under attack by vultures?
Then invite all the hungry animals at large,
invite them in for a free meal!
Foreign, scavenging shepherds
will loot and trample my fields,
Turn my beautiful, well-cared-for fields
into vacant lots of tin cans and thistles.
They leave them littered with junk—
a ruined land, a land in lament.
The whole countryside is a wasteland,
and no one will really care.

12-13 "The barbarians will invade,
swarm over hills and plains.
The judgment sword of GOD will take its toll
from one end of the land to the other.
Nothing living will be safe.
They will plant wheat and reap weeds.
Nothing they do will work out.
They will look at their meager crops and wring their hands.
All this the result of GOD's fierce anger!"

14-17 GOD's Message: "Regarding all the bad neighbors who abused the land I gave to Israel as their inheritance: I'm going to pluck them out of their lands, and then pluck Judah out from among them. Once I've pulled the bad neighbors out, I will relent and take them tenderly to my heart and put them back where they belong, put each of them back in their home country, on their family farms. Then if they will get serious about living my way and pray to me as well as they taught my people to pray to that god Baal, everything will go well for them. But if they won't listen, then I'll pull them out of their land by the roots and cart them off to the dump. Total destruction!" GOD's Decree.

People Who Do Only What They Want to Do

13 1-2 GOD told me, "Go and buy yourself some linen shorts. Put them on and

갈아입지 말고 빨지도 마라." 나는 하나님께서 지
시하신 대로 바지를 사서 입었다.
3-5 그러자 하나님께서 말씀하셨다. "네가 산 바지
를 가지고 브랏으로 가서 그것을 바위틈에 숨겨 두
어라." 나는 하나님께서 말씀하신 대로 그 바지를
브랏에 숨겼다.
6-7 꽤 시간이 지난 다음에, 하나님께서 내게 말씀
하셨다. "브랏에 다시 가서, 전에 내가 숨겨 두라
고 한 그 모시 바지를 가져오너라." 나는 브랏으로
가서 전에 숨겨 두었던 장소에서 바지를 다시 꺼냈
다. 그런데 그 바지는 썩어 문드러져 폐물이 되어
있었다.
8-11 하나님께서 설명해 주셨다. "내가 바로 이렇게
유다의 교만과 예루살렘의 큰 교만을 없앨 것이다.
나의 말을 듣지 않고 제멋대로 살면서, 온갖 우상
들을 섬기고 예배하는 저 사악한 군상들을 모조리
멸할 것이다. 그들이 그 낡은 바지만큼 썩었다는
사실이 드러날 것이다. 바지가 사람의 몸을 보호해
주듯이, 나는 지금껏 온 이스라엘의 가문을 보호하
고 돌보아 주었다." 하나님의 포고다. "그들이 나의
백성이라는 것, 내가 온 세상에 내보이며 자랑할
내 백성이라는 사실을 모든 사람들에게 보이기 위
해서였다. 그러나 그들은 내 말을 한 마디도 따르
지 않았다.

12 그들에게 이렇게 전하여라. '하나님 이스라엘의
하나님께서 친히 주시는 메시지다. 무릇 포도주 병
은 포도주로 가득해야 한다.'
그러면 그들이 말할 것이다. '물론이오. 우리도 알
고 있소. 포도주 병은 포도주로 가득해야 하오!'
13-14 그러면 너는 이렇게 대답하여라. '하나님께서
이렇게 말씀하신다. 잘 보아라. 나는 이 나라에 사
는 모든 자를—다윗 보좌에 앉아 다스리는 왕과 제
사장과 예언자와 예루살렘 주민 모두를—포도주로
가득 채워 취하게 만들 것이다. 그런 다음에, 그들
곧 포도주로 가득한 병들을 박살낼 것이다. 오래된
것이든 새것이든, 가리지 않을 것이다. 그 무엇도
나를 막지 못할 것이다. 눈곱만큼의 동정이나 자
비나 긍휼도 베풀지 않을 것이다. 그 술 취한 병들,
최후의 하나까지 모조리 박살날 것이다!'"

너희 길을 고집하지 마라

15-17 그때 내가 말했다. 들어라. 귀 기울여 들어라.
너희 길을 고집하지 마라!
이는 다름 아니라 하나님의 메시지다.

keep them on. Don't even take them off to wash
them." So I bought the shorts as GOD directed
and put them on.
3-5 Then GOD told me, "Take the shorts that you
bought and go straight to Perath and hide them
there in a crack in the rock." So I did what GOD
told me and hid them at Perath.
6-7 Next, after quite a long time, GOD told me,
"Go back to Perath and get the linen shorts I told
you to hide there." So I went back to Perath and
dug them out of the place where I had hidden
them. The shorts by then had rotted and were
worthless.
8-11 GOD explained, "This is the way I am going
to ruin the pride of Judah and the great pride of
Jerusalem—a wicked bunch of people who won't
obey me, who do only what they want to do, who
chase after all kinds of no-gods and worship
them. They're going to turn out as rotten as these
old shorts. Just as shorts clothe and protect, so I
kept the whole family of Israel under my care"—
GOD's Decree—"so that everyone could see they
were my people, a people I could show off to the
world and be proud of. But they refused to do a
thing I said.

12 "And then tell them this, 'GOD's Message,
personal from the God of Israel: Every wine jug
should be full of wine.'
"And they'll say, 'Of course. We know that. Every
wine jug should be full of wine!'
13-14 "Then you'll say, 'This is what GOD says:
Watch closely. I'm going to fill every person
who lives in this country—the kings who rule
from David's throne, the priests, the prophets,
the citizens of Jerusalem—with wine that will
make them drunk. And then I'll smash them,
smash the wine-filled jugs—old and young alike.
Nothing will stop me. Not an ounce of pity or
mercy or compassion will slow me down. Every
last drunken jug of them will be smashed!'"

The Light You Always Took for Granted

15-17 Then I said, Listen. Listen carefully: Don't
stay stuck in your ways!

하나님 앞에서 너희 삶이 빛나게 하여라.
그렇지 않으면, 그분이 빛들을 모두 꺼 버리실 것이다.
너희는 어두운 산길을 걷다가
넘어지고 말 것이다.
늘 있을 것이라고 여겨 온 빛이 꺼져 버리면
온 세상은 암흑천지가 될 것이다.
백성들아, 너희가 그래도 귀 기울여 듣지 않으면,
나는 홀로 떠나서 너희를 위해 울 것이다.
너희의 그 고집스런 오만 때문에 울 것이다.
비통한 눈물이, 쓰라린 눈물이
내 눈에서 강처럼 흘러내릴 것이다.
하나님의 양들이 결국 포로가 되고 말 것이기 때문이다.

It's GOD's Message we're dealing with here.
Let your lives glow bright before GOD
before he turns out the lights,
Before you trip and fall
on the dark mountain paths.
The light you always took for granted will go out
and the world will turn black.
If you people won't listen,
I'll go off by myself and weep over you,
Weep because of your stubborn arrogance,
bitter, bitter tears,
Rivers of tears from my eyes,
because GOD's sheep will end up in exile.

18-19 왕과 왕후에게 이렇게 전하여라.
"너희 높은 자리에서 내려오너라.
너희의 눈부신 왕관은
너희 머리에서 벗겨져 내릴 것이다."
네겝의 마을들이 포위될 것이며,
모두가 붙잡혀 갈 것이다.
유다 전체가 포로로 끌려가고,
온 나라가 망각 속으로 끌려 들어갈 것이다.

18-19 Tell the king and the queen-mother,
"Come down off your high horses.
Your dazzling crowns
will tumble off your heads."
The villages in the Negev will be surrounded,
everyone trapped,
And Judah dragged off to exile,
the whole country dragged to oblivion.

20-22 예루살렘아, 보아라!
북쪽에서 적들이 쳐들어오고 있다!
너의 백성들,
네가 애지중지하던 양 떼들, 어찌될 것인가?
네가 지금껏 우러러보고 아첨 떨던 자들이
너를 깔볼 때,
너의 기분이 어떨 것 같으냐? 너는 생각지도 못했을 것이다.
깜짝 놀랄 것이다! 해산하는 여인과 같은 고통을 느낄 것이다!
너는
"아니, 어떻게 된 거지? 왜 내가 이런 일을 당해야 하지?" 하겠지만,
대답은 간단하다. 네 죄,
너의 엄청난 죄 때문이다.
네 죄가 너의 삶을 위험에 빠뜨렸고,
네 죄가 너를 고통 가운데 몸부림치게 만든 것이다.

20-22 Look, look, Jerusalem!
Look at the enemies coming out of the north!
What will become of your flocks of people,
the beautiful flocks in your care?
How are you going to feel when the people
you've played up to, looked up to all these years
Now look down on you? You didn't expect this?
Surprise! The pain of a woman having a baby!
Do I hear you saying,
"What's going on here? Why me?"
The answer's simple: You're guilty,
hugely guilty.
Your guilt has your life endangered,
your guilt has you writhing in pain.

23 아프리카인이 피부색을 바꿀 수 있겠느냐?
표범이 얼룩무늬를 없앨 수 있겠느냐?

23 Can an African change skin?
Can a leopard get rid of its spots?
So what are the odds on you doing good,
you who are so long-practiced in evil?

이토록 오랫동안 악에 물든 네가,
과연 선을 행할 수 있겠느냐?

24-27 "내가 이 백성을
바람에 날리는 나뭇잎처럼 불어서 날려 버릴 것이다.
이 일이 곧 네게 닥치리라.
내가 이 일을 정확히 시행하리라."
하나님의 포고다.
"이는 네가 나를 잊고,
바알이라는, 터무니없는 거짓 신을 따랐기 때문이다.
그렇다. 내가 너의 옷을 찢어발기고,
온 세상이 보는 앞에서 너의 치부를 드러내어 수치를 당하게 할 것이다.
이 신, 저 신을 찾아다니던 너의 강박증,
이 남신, 저 여신과 놀아나던 너의 더러움이 폭로될 것이다.
어제는 언덕의 이 신, 오늘은 들판의 저 신,
너는 날마다 다른 신들과 놀아나고 있다.
오 예루살렘아, 이 얼마나 역겨운 삶이냐!
너는 아무 가망이 없다!"

극심한 가뭄

14

1-6 계속되는 가뭄에 대해 예레미야에게 임한 하나님의 메시지다.

"유다가 슬피 운다.
성읍마다 통곡한다.
백성이 땅바닥에 주저앉아 애곡하고,
예루살렘의 호곡소리가 하늘을 찌른다.
부유한 자들이 물을 구해 오라고 종들을 보낸다.
그들이 우물에 가보지만, 우물은 바싹 말랐다.
그들은 빈 그릇을 들고 돌아온다.
가슴을 쥐어뜯으며, 고개를 떨어뜨린 채 돌아온다.
모든 농사가 중지되었다.
비는 한 방울도 내리지 않는다.
망연자실한 농부들이
가슴을 쥐어뜯으며 고개를 떨어뜨린다.
먹을 풀이 없는 암사슴은
들판에 새끼를 내버린다.
흐려진 눈으로
피골이 상접한 채 죽어 간다."

7-9 저희에게 죄가 있음을 압니다. 잘못 살아왔음을 압니다.
그러나 하나님, 주의 이름을 생각하셔서 선처해 주십시오!

24-27 "I'll blow these people away—
like wind-blown leaves.
You have it coming to you.
I've measured it out precisely."
GOD's Decree.
"It's because you forgot me
and embraced the Big Lie,
that so-called god Baal.
I'm the one who will rip off your clothes,
expose and shame you before the watching world.
Your obsessions with gods, gods, and more gods,
your goddess affairs, your god-adulteries.
Gods on the hills, gods in the fields—
every time I look you're off with another god.
O Jerusalem, what a sordid life!
Is there any hope for you!"

Time and Again We've Betrayed God

14

1-6 GOD's Message that came to Jeremiah regarding the drought:

"Judah weeps,
her cities mourn.
The people fall to the ground, moaning,
while sounds of Jerusalem's sobs rise up, up.
The rich people sent their servants for water.
They went to the cisterns, but the cisterns were dry.
They came back with empty buckets,
wringing their hands, shaking their heads.
All the farm work has stopped.
Not a drop of rain has fallen.
The farmers don't know what to do.
They wring their hands, they shake their heads.
Even the doe abandons her fawn in the field
because there is no grass—
Eyes glazed over, on her last legs,
nothing but skin and bones."

7-9 We know we're guilty. We've lived bad lives—
but do something, GOD. Do it for *your* sake!

저희는 거듭거듭 주님을 배반했습니다.
부인할 수 없는 사실입니다. 저희가 주께 범죄했습니다.
주께서는 이스라엘의 희망이십니다! 저희의 유일한 희망이십니다!
고난당하는 이스라엘이 기댈 마지막 소망이십니다!
어찌하여 주께서 오늘은 여기, 내일은 저기, 구경이나 다니는
관광객처럼 행세하십니까?
어찌하여 주님은 위기 앞에서 어쩔 줄 몰라하는 사람처럼
그저 멀찍이 서서 보고만 계십니까?
하나님, 주께서는 여기에 계십니다. 지금 여기에 저희와 함께 계십니다!
주님은 저희가 누구인지 아십니다. 주께서 저희에게 이름을 주셨습니다!
부디 저희를 이 궁지 속에 내버려 두지 마십시오.

10 그러자 하나님께서 이 백성에 대해 말씀하셨다.

"그들은 자기들이 어디로 가는지 아무 고민도 하지 않은 채,
그저 이 길 저 길로 방황하기를 좋아하는 자들이다.
그러니 내가 그들의 죄를 지적하고 그 죄를 벌한 다음에,
그들과 완전히 절교할 생각이다."

거짓 설교자

11-12 하나님께서 내게 말씀하셨다. "이 백성이 잘되게 해달라고 기도하지 마라. 그들이 식사를 거르며 기도한다 해도, 나는 그들의 말을 절대 듣지 않을 것이다. 그들이 갑절로 기도하고 온갖 종류의 가축과 곡물을 헌물로 가져온다 해도, 나는 그것들을 받지 않을 것이다. 나는 전쟁과 기근과 질병으로 그들을 끝장내 버릴 것이다."

13 내가 말했다. "그러나 주 하나님! 설교자들은 늘 그들에게, 만사가 잘될 것이라고, 전쟁도 없고 기근도 없을 것이니, 아무 걱정도 하지 말라고 말합니다."

14 그러자 하나님께서 말씀하셨다. "그 설교자들은 거짓말쟁이들이다. 그들은 자기들의 거짓을 위장하려고 내 이름을 이용했을 뿐이다. 나는 그들에게 명령을 내린 적이 없으며, 그들과 이야기하지도 않는다. 그들의 설교는 순전히 망상이요, 거짓말이요, 헛소리에 불과하다.

15-16 그들에 대한 나의 판결은 이러하다. 나는 내 이름을 사칭하여 설교하는 그들을 보낸 적이 없다. '전쟁과 기근은 결코 없을 것이다'라고 설교하는 그들

Time and time again we've betrayed you.
No doubt about it – we've sinned against you.
Hope of Israel! Our only hope!
Israel's last chance in this trouble!
Why are you acting like a tourist,
taking in the sights, here today and gone tomorrow?
Why do you just stand there and stare,
like someone who doesn't know what to do in a crisis?
But GOD, you are, in fact, *here,* here *with us*!
You know who we are – you named us!
Don't leave us in the lurch.

10 Then GOD said of these people:

"Since they loved to wander this way and that,
never giving a thought to where they were going,
I will now have nothing more to do with them –
except to note their guilt and punish their sins."

The Killing Fields

11-12 GOD said to me, "Don't pray that everything will turn out all right for this people. When they skip their meals in order to pray, I won't listen to a thing they say. When they redouble their prayers, bringing all kinds of offerings from their herds and crops, I'll not accept them. I'm finishing them off with war and famine and disease."

13 I said, "But Master, GOD! Their preachers have been telling them that everything is going to be all right – no war and no famine – that there's nothing to worry about."

14 Then GOD said, "These preachers are liars, and they use my name to cover their lies. I never sent them, I never commanded them, and I don't talk with them. The sermons they've been handing out are sheer illusion, tissues of lies, whistlings in the dark.

15-16 "So this is my verdict on them: All the preachers who preach using my name as their text, preachers I never sent in the first place,

은, 모두 전쟁과 기근으로 죽게 될 것이다. 그리고 그들의 설교를 들은 자들도 전쟁과 기근의 희생자가 되어, 땅에 묻히지도 못하고 예루살렘 거리에 내버려질 것이다. 그들과 그들의 아내, 그들의 자녀들도 같은 운명을 맞으리라. 장례조차 치르지 못하게 될 것이다! 나는 반드시 그들이 저지른 악행에 대해 응분의 대가를 치르게 할 것이다.

17-18 예레미야야, 그때 너는 그들을 향해 이렇게 전하여라.

'내 눈에서 눈물이 흘러내린다.
밤낮으로 눈물이 그치지 않는다.
내 사랑하는 백성이 참혹하게 두들겨 맞아
치명적인 상처를 입었다.
나는 들판에 나가 보고 경악했다.
그곳은 널브러진 시신들로 가득한 학살의 현장이었다.
도성에 들어가 보고 또 한번 경악했다.
그 안에는 굶어 죽는 자들 천지였다.
그런데 설교자와 제사장들은
아무 일도 없다는 듯 제 할 일만 하고 있구나!'"

19-22 하나님, 유다를 완전히 버리셨습니까?
이제 더는 시온을 참아 주실 수 없습니까?
어찌하여 저희에게 이렇게 하셨습니까?
어찌하여 저희를 거의 죽기까지 내리치셨습니까?
저희는 평화를 바랐지만,
좋은 일은 하나도 일어나지 않습니다.
저희는 치유를 바랐지만,
배만 걷어차였을 뿐입니다.
오 하나님, 저희가 정말 잘못 살았습니다.
저희 조상들이 정말 잘못했음을 인정합니다.
저희가 범죄했습니다. 그들도 범죄했습니다.
저희 모두가 주께 범죄했습니다!
주님의 명예가 위태롭게 되었습니다! 그러니 저희를 포기하지 말아 주십시오!
주님의 영광스런 성전을 버리지 마십시오!
주님의 언약을 기억하시고,
우리의 믿음을 저버리지 말아 주십시오!
저 이방 민족들의 우상이 과연 비를 일으킬 수 있겠습니까?
하늘이 저절로 비를 내려 땅을 적실 수 있겠습니까?
아닙니다. 그런 일을 하시는 분은, 오직 주 하나님뿐이십니다.

preachers who say, 'War and famine will never come here'–these preachers will die in war and by starvation. And the people to whom they've been preaching will end up as corpses, victims of war and starvation, thrown out in the streets of Jerusalem unburied–no funerals for them or their wives or their children! I'll make sure they get the full brunt of all their evil.

17-18 "And you, Jeremiah, will say this to them:

"'My eyes pour out tears.
Day and night, the tears never quit.
My dear, dear people are battered and bruised,
hopelessly and cruelly wounded.
I walk out into the fields,
shocked by the killing fields strewn with corpses.
I walk into the city,
shocked by the sight of starving bodies.
And I watch the preachers and priests
going about their business as if nothing's happened!'"

19-22 God, have you said your final No to Judah?
Can you simply not stand Zion any longer?
If not, why have you treated us like this,
beaten us nearly to death?
We hoped for peace–
nothing good came from it;
We looked for healing–
and got kicked in the stomach.
We admit, O GOD, how badly we've lived,
and our ancestors, how bad they were.
We've sinned, they've sinned,
we've all sinned against you!
Your reputation is at stake! Don't quit on us!
Don't walk out and abandon your glorious Temple!
Remember your covenant.
Don't break faith with us!
Can the no-gods of the godless nations cause rain?
Can the sky water the earth by itself?
You're the one, O GOD, who does this.

그러므로 저희는 주님을 바라고 기다립니다.
모든 것을 만드시고,
모든 일을 행하시는 분은, 오직 주님이십니다.

15

1-2 그때 하나님께서 내게 말씀하셨다. "예레미야야, 모세와 사무엘이 여기 내 앞에 서서 간청한다 해도, 나는 이 백성에 대한 마음을 바꾸지 않을 것이다. 여기서 그들을 데리고 나가거라. 그들에게 어서 사라져 버리라고 말하여라! 그들이 '그러면 우리는 어디로 가야 합니까?' 물으면, 하나님께서 이렇게 말씀하신다고 전하여라.

'죽기로 결정된 자는, 가서 죽어라.
전쟁터에서 죽기로 결정된 자는, 나가 싸우다 죽어라.
굶어 죽기로 결정된 자는, 굶어 죽어라.
포로로 잡혀가기로 결정된 자는, 포로로 잡혀가라!'

3-4 나는 네 가지 벌을 내리기로 결정했다. 그들은 전쟁터에서 죽을 것이며, 개들이 그 시체들을 물어뜯다가 버릴 것이다. 그러면 독수리들이 나머지를 말끔히 발라 먹고, 하이에나들이 남은 뼈를 갉아먹을 것이다. 온 세상이 보고 경악할, 실로 끔찍한 광경이 벌어질 것이다. 이 모든 재앙은, 히스기야의 아들 므낫세가 예루살렘에서 저지른 죄 때문이다.

5 예루살렘아, 너를 동정해 줄 자가 있을 것 같으냐?
너를 위해 눈물을 흘려 줄 자가 있을 것 같으냐?
'대체 어떻게 된 일인가?' 하고
묻기라도 할 자가 있을 것 같으냐?"

6-9 하나님의 포고다. "네가 나를 버렸다. 기억하느냐?
네가 내게 등을 돌리고 떠나갔다.
그러니 이제 내가 너를 붙잡아 세게 내려칠 것이다.
너를 봐주는 일에도 이제 지쳤다.
내가 너를 사방으로 던져,
바람에 날리는 나뭇잎처럼 흩어지게 만들었다.
네가 가진 전부를 잃어버리게 만들었다.
너는 그 무엇으로도 바뀌지 않았기 때문이다.
나는 너희 과부들의 수가
바닷가 모래알보다 더 많아지게 했다.
정오에, 어머니들이
전쟁터에서 죽은 아들의 소식을 듣게 될 것이다.

So you're the one for whom we wait.
You made it all,
you do it all.

15

1-2 Then GOD said to me: "Jeremiah, even if Moses and Samuel stood here and made their case, I wouldn't feel a thing for this people. Get them out of here. Tell them to get lost! And if they ask you, 'So where do we go?' tell them GOD says,

"'If you're assigned to die, go and die;
if assigned to war, go and get killed;
If assigned to starve, go starve;
if assigned to exile, off to exile you go!'

3-4 "I've arranged for four kinds of punishment: death in battle, the corpses dropped off by killer dogs, the rest picked clean by vultures, the bones gnawed by hyenas. They'll be a sight to see, a sight to shock the whole world—and all because of Manasseh son of Hezekiah and all he did in Jerusalem.

5 "Who do you think will feel sorry for you, Jerusalem?
Who do you think will waste tears on you?
Who will bother to take the time to ask,
'So, how are things going?'

6-9 "*You* left *me*, remember?" GOD's Decree.
"You turned your back and walked out.
So I will grab you and hit you hard.
I'm tired of letting you off the hook.
I threw you to the four winds
and let the winds scatter you like leaves.
I made sure you'll lose everything,
since nothing makes you change.
I created more widows among you
than grains of sand on the ocean beaches.
At noon mothers will get the news
of their sons killed in action.
Sudden anguish for the mothers—
all those terrible deaths.

그 처참한 죽음의 소식에,
어머니들은 격통을 느끼며 주저앉을 것이다.
일곱 아들을 둔 어머니는,
숨을 헐떡거리며 땅바닥에 쓰러질 것이다.
한창때의 자식들을 다 잃었기 때문이다.
정오지만 그녀의 해는 이미 졌다!
나는 살아남은 자들도 모두 잡아들여
적들에게 죽임을 당하게 할 것이다."
하나님의 포고다.

예레미야의 탄식과 주님의 응답

10-11 불운한 어머니, 저 같은 아들을 두시다니요.
온 나라를 고발해야 하는 불행한 임무를 받은 저를요!
저는 누구도 해코지한 적이 없는데,
다들 저를 잡으려고 혈안입니다.
그러나 하나님은 아십니다. 제가 어떻게든 그들을 도우려 했고,
그들의 적들을 대적하며, 그들을 위해 기도한 것을 아십니다.
저는 늘 그들 편이었고, 재앙을 피하게 하려고 애썼습니다.
제가 얼마나 노력했는지 하나님은 아십니다!

12-14 "오 이스라엘아, 오 유다야, 너희가 과연
북쪽에서 내려오는 저 무시무시한 파괴자와 맞설 수 있겠느냐?
나는 너희가 가진 전부를 다른 자들에게 공짜로 나눠 주어,
너희의 죄를 벌할 것이다.
나는 너희를 먼 객지로 보내어
적들의 종이 되어 살게 할 것이다.
나의 진노가 맹렬히 타오르는 불,
뜨거운 심판의 불이 되어, 너희를 삼킬 것이다."

15-18 하나님, 주께서는 저를 아십니다!
제가 무슨 일을 하고 있는지 기억해 주십시오!
저를 비방하는 자들에 맞서 제 편이 되어 주십시오.
그들이 저를 파멸시키려고 할 때 막아 주십시오.
제가 어떤 학대를 당하고 있는지 보아 주십시오!
주의 말씀이 나타나자, 저는 그것들을 받아먹었습니다.
통째로 삼켰습니다. 얼마나 만족스러웠던지요!
오 하나님, 만군의 하나님,
제가 주의 것임이 얼마나 기쁜지요!

A mother of seven falls to the ground,
gasping for breath,
Robbed of her children in their prime.
Her sun sets at high noon!
Then I'll round up any of you that are left alive
and see that you're killed by your enemies."
GOD's Decree.

Giving Everything Away for Nothing

10-11 Unlucky mother—that you had me as a son,
given the unhappy job of indicting the whole country!
I've never hurt or harmed a soul,
and yet everyone is out to get me.
But, GOD knows, I've done everything I could to help them,
prayed for them and against their enemies.
I've always been on their side, trying to stave off disaster.
God knows how I've tried!

12-14 "O Israel, O Judah, what are your chances
against the iron juggernaut from the north?
In punishment for your sins, I'm giving away
everything you've got, giving it away for nothing.
I'll make you slaves to your enemies
in a strange and far-off land.
My anger is blazing and fierce,
burning in hot judgment against you."

15-18 You know where I am, GOD! Remember what I'm doing here!
Take my side against my detractors.
Don't stand back while they ruin me.
Just look at the abuse I'm taking!
When your words showed up, I ate them—
swallowed them whole. What a feast!
What delight I took in being yours,
O GOD, GOD-of-the-Angel-Armies!
I never joined the party crowd

저는 웃고 떠들며 즐기는 저들 무리에
한 번도 섞인 적이 없습니다.
저는 다만 주께서 이끄시는 대로 저의 길을 갔습니다.
주께서 저를 분으로 가득 채우셨고, 그들의 죄를 볼 때마다
제 안에서 분이 끓어올랐습니다.
그러나 이 떠나지 않는 고통은 왜입니까?
어찌하여 이 상처는 나아질 가망 없이 점점 심해져만 가는지요?
하나님, 주님은 그저 신기루입니다.
멀리서 보면 아름다운 오아시스지만, 실제로는 아무것도 아닙니다!

19-21 하나님께서 내게 이렇게 대답하셨다.

"그 말을 거두어라. 그러면 내가 너를 다시 맞아들여,
내 앞에 우뚝 서게 하겠다.
말을 참되고 바르게 하여라. 천박한 푸념이 되지 않게 하여라.
그래야, 너는 나를 대변하여 말하는 자가 될 수 있다.
그들에게 맞추느라 말을 바꾸지 말고,
너의 말이 그들을 바꾸게 하여라.
나는 너를 누구도 무너뜨리지 못할 강철벽,
두꺼운 강철로 만들어진 벽이 되게 할 것이다.
그들이 너를 공격한다 해도, 네게 흠집 하나 내지 못할 것이다.
내가 너의 편에 서서, 너를 지키며 구원해 줄 것이기 때문이다."
하나님의 포고다.
"내가 너를 사악한 자들의 손아귀에서 건질 것이다.
무자비한 자들의 수중에서 빼낼 것이다."

임박한 재앙

16 [1] 내게 임한 하나님의 메시지다.
2-4 "예레미야야, 너는 결혼하지 마라. 이
땅에서 가정을 꾸리지 마라. 내가 이 나라에서 태어
날 모든 아이, 그들을 낳을 모든 어머니, 아버지들에
게 죽음을 선고했다. 죽음이 전염병처럼 만연하리라.
죽어도 애곡해 주는 자, 매장해 주는 자 없이 바깥에
배설물처럼 버려져 악취를 풍기며 썩어 갈 것이다.
칼에 죽고 굶주려 죽은 그들의 시신은, 썩은 고기를
뜯어 먹는 까마귀와 잡종 개들의 먹이가 될 것이다!"
5-7 하나님께서 계속 말씀하셨다. "초상집에 가지 마
라. 장례식에 가지 마라. 위로해 주지도 마라. 나는

in their laughter and their fun.
Led by you, I went off by myself.
You'd filled me with indignation. Their sin had me seething.
But why, why this chronic pain,
this ever worsening wound and no healing in sight?
You're nothing, GOD, but a mirage,
a lovely oasis in the distance—and then nothing!

19-21 This is how GOD answered me:

"Take back those words, and I'll take you back.
Then you'll stand tall before me.
Use words truly and well. Don't stoop to cheap whining.
Then, but only then, you'll speak for me.
Let your words change *them*.
Don't change your words to suit them.
I'll turn you into a steel wall,
a thick steel wall, impregnable.
They'll attack you but won't put a dent in you
because I'm at your side, defending and delivering."
GOD's Decree.
"I'll deliver you from the grip of the wicked.
I'll get you out of the clutch of the ruthless."

Can Mortals Manufacture Gods?

16 [1] GOD's Message to me:
2-4 "Jeremiah, don't get married.
Don't raise a family here. I have signed the
death warrant on all the children born in this
country, the mothers who bear them and the
fathers who beget them—an epidemic of death.
Death unlamented, the dead unburied, dead
bodies decomposing and stinking like dung,
all the killed and starved corpses served up as
meals for carrion crows and mongrel dogs!"
5-7 GOD continued: "Don't enter a house where
there's mourning. Don't go to the funeral.
Don't sympathize. I've quit caring about what
happens to this people." GOD's Decree. "No

이 백성에게 아예 관심을 끊었다." 하나님의 포고다. "더 이상 신실한 사랑을 하지 않을 것이며, 자비를 베풀지 않을 것이다. 이름 있는 자들과 미천한 자들이 모두 죽을 것이다. 그들을 위해 곡하거나 묻어 줄 사람이 없을 것이다. 장례식도 없고 그들을 돌아보는 자도 없으며, 관심을 갖는 자도 없으리라. '안됐다'고 말해 주는 자도 없고, 그들 부모에게 차 한 잔 대접하는 자도 없을 것이다.

8 어디에서 축하잔치가 벌어져도 그것을 즐기러 가지 마라."

9 만군의 하나님, 이스라엘의 하나님께서 말씀하신다. "잘 보아라! 내가 이 땅에서 미소와 웃음을 모조리 추방할 것이다. 결혼 축하잔치도 찾아볼 수 없으리라. 네가 살아 있는 동안에, 너의 눈앞에 이 일이 일어날 것이다.

10-13 네가 이런 말을 이 백성에게 전하면 그들이 물을 것이다. '하나님께서 왜 그렇게 말씀하시겠는가? 무엇 때문에 우리를 그런 재앙으로 위협하시겠는가? 우리가 범죄자인가? 우리가 하나님께 대체 무얼 잘못했기에, 우리를 그런 식으로 대하신단 말인가?' 그러면 그들에게 이렇게 대답하여라. '그것은 너희 조상들이 나를 저버리고 내게서 아주 떠났기 때문이다. 그들은 우상에 홀딱 빠져 그것들을 숭배하고 따르면서, 나를 무시하고 내가 하는 말은 한 마디도 듣지 않았다. 그런데 너희는 그들보다 더하다! 가서 거울을 들여다보아라. 너희 모두는 그저 내키는 대로 살면서, 나를 바라보기를 거절했다. 그래서 내가 너희를 없애 버리려고 한다. 너희를 이 땅에서 쫓아내고, 낯선 먼 나라에 던져 버릴 것이다. 거기서라면 너희가 애지중지하는 우상들을 마음껏 숭배할 수 있을 것이다. 안심하여라. 내가 더는 너희를 귀찮게 하지 않을 테니.'"

14-15 "그런데 이것 역시 기억하여라. 누구도 '이스라엘을 이집트에서 구해 내신 하나님께서 살아 계심을 두고 맹세하는데'라고 말하지 않을 때가 올 것이다. 그때 사람들은 '이스라엘을 북쪽 땅에서 다시 데려오신 하나님, 그들을 흩으셨던 곳에서 다시 데려오신 하나님께서 살아 계심을 두고 맹세하는데'라고 말할 것이다. 그렇다. 나는 처음 그들의 조상에게 주었던 땅으로 그들을 다시 데리고 올 것이다."

16-17 "이제, 다음에 일어날 일에 주목하여라. 나는 많

more loyal love on my part, no more compassion. The famous and obscure will die alike here, unlamented and unburied. No funerals will be conducted, no one will give them a second thought, no one will care, no one will say, 'I'm sorry,' no one will so much as offer a cup of tea, not even for the mother or father.

8 "And if there happens to be a feast celebrated, don't go there either to enjoy the festivities."

9 GOD-of-the-Angel-Armies, the God of Israel, says, "Watch this! I'm about to banish smiles and laughter from this place. No more brides and bridegrooms celebrating. And I'm doing it in your lifetime, before your very eyes.

10-13 "When you tell this to the people and they ask, 'Why is GOD talking this way, threatening us with all these calamities? We're not criminals, after all. What have we done to our GOD to be treated like this?' tell them this: 'It's because your ancestors left me, walked off and never looked back. They took up with the no-gods, worshiped and doted on them, and ignored me and wouldn't do a thing I told them. And *you're* even *worse!* Take a good look in the mirror—each of you doing whatever you want, whenever you want, refusing to pay attention to me. And for this I'm getting rid of you, throwing you out in the cold, into a far and strange country. You can worship your precious no-gods there to your heart's content. Rest assured, I won't bother you anymore.'

14-15 "On the other hand, don't miss this: The time is coming when no one will say any longer, 'As sure as GOD lives, the God who delivered Israel from Egypt.' What they'll say is, 'As sure as GOD lives, the God who brought Israel back from the land of the north, brought them back from all the places where he'd scattered them.' That's right, I'm going to bring them back to the land I first gave to their ancestors.

16-17 "Now, watch for what comes next: I'm

은 어부들을 불러 모을 것이다." 하나님의 포고다! "그들이 나가서 내 백성을 물고기 잡듯 잡아들여 심판할 것이다. 또 내가 많은 사냥꾼들을 보낼 것이다. 그들이 나가서, 모든 산과 언덕과 동굴들을 샅샅이 뒤져 내 백성을 찾아낼 것이다. 내가 그들의 일거수일투족을 주시할 것이다. 그들 가운데 누구 하나도 놓치지 않고, 그들의 죄 가운데 무엇 하나도 놓치지 않을 것이다.

18 나는 어느 것 하나도 그냥 넘어가지 않을 것이다. 그들은 자신의 악행에 대해 두 배로 값을 치르게 될 것이다. 그들은 역겨운 우상들로 자기 삶을 더럽혔고, 악취 나는 쓰레기 우상들을 사방에 흩뿌려 이 땅을 엉망진창으로 만들었다."

19-20 환난이 닥칠 때, 하나님은 내게 힘과 요새와
안전한 피난처가 되어 주신다.
하나님을 모르던 이방 민족들이
사방에서 모여들어 말할 것이다.
"저희 조상들은 거짓과,
쓸데없는 헛것을 믿고 살았습니다."
인생이 어찌 신을 만들어 낼 수 있겠느냐?
그들이 만들어 낸 것은 우상일 뿐이다!

21 "잘 보아라. 내가 이제 이 아둔한 백성을 가르칠 것이다.
지금 당장 시작할 것이다. 그들에게
내가 누구인지, 무슨 일을 행하는지 가르칠 것이다.
내 이름—하나님, 곧 '스스로 있는 자'—의 의미를 가르쳐 알게 할 것이다."

유다의 죄와 벌

17 1-2 "유다의 죄가
철필로,
금강석 촉이 달린 철필로 새겨져 있다.
화강암 같은 그들의 마음판에도 새겨져 있고,
그들의 제단 돌 귀퉁이에도 새겨져 있다.
죄의 증거는 명명백백하다.
수풀이 우거진 곳마다,
웬만한 언덕마다 서 있는,
음란한 종교 제단과 산당이 그것들이다.

3-4 나는 너의 산들을 가판대 삼아
네가 가진 전부를 팔아 치울 것이다.
너의 것 전부가,
나라 전역에서 저지른 죄에 대한 배상물로 사용될 것

going to assemble a bunch of fishermen." GOD's Decree! "They'll go fishing for my people and pull them in for judgment. Then I'll send out a party of hunters, and they'll hunt them out in all the mountains, hills, and caves. I'm watching their every move. I haven't lost track of a single one of them, neither them nor their sins.

18 "They won't get by with a thing. They'll pay double for everything they did wrong. They've made a complete mess of things, littering their lives with their obscene no-gods, leaving piles of stinking god-junk all over the place."

19-20 GOD, my strength, my stronghold,
my safe retreat when trouble descends:
The godless nations will come
from earth's four corners, saying,
"Our ancestors lived on lies,
useless illusions, all smoke."
Can mortals manufacture gods?
Their factories turn out no-gods!

21 "Watch closely now. I'm going to teach these wrongheaded people.
Starting right now, I'm going to teach them
Who I am and what I do,
teach them the meaning of my name,
GOD—'I AM.'"

The Heart Is Hopelessly Dark and Deceitful

17 1-2 "Judah's sin is engraved
with a steel chisel,
A steel chisel with a diamond point—
engraved on their granite hearts,
engraved on the stone corners of their altars.
The evidence against them is plain to see:
sex-and-religion altars and sacred sex shrines
Anywhere there's a grove of trees,
anywhere there's an available hill.

3-4 "I'll use your mountains as roadside stands
for giving away everything you have.
All your 'things' will serve as reparations

이다.
너는 선물로 받은 땅,
내가 너에게 상속물로 준 땅을 잃게 될 것이다.
내가 너를 낯선 먼 땅에서
적들의 종이 되어 살게 할 것이다.
나의 노는 맹렬히 타오르는 불,
누구도 끌 수 없는 불이다."

5-6 하나님의 메시지다.

"사람을 의지하고
자기 근력을 믿으며,
하나님을 짐스럽게 여기는 자는
저주를 받으리라.
그는 뿌리가 잘려 굴러다니는
엉겅퀴와 같다.
그는 아무것도 자라지 못하는 땅에서
뿌리 없이, 방향 없이 살아간다.

7-8 그러나 나 하나님을 의지하는 자,
언제나 하나님을 붙드는 자는 복이 있다.
그들은 에덴에 심긴 나무 같아서,
강가에 깊이 뿌리를 내린다.
폭염을 만나도 걱정할 것 없고,
잎사귀 하나 떨어지지 않는다.
가뭄에도 끄떡없고,
철 따라 신선한 열매를 맺는다."

9-10 "사람의 마음이란 형편없이 시커멓고 기만적이어서,
아무도 풀 수 없는 퍼즐 같다.
그러나 나 하나님은 사람의 마음을 탐색하고,
그 생각을 살핀다.
나는 사람의 중심과
사태의 근원을 꿰뚫는다.
나는 사람의 겉모습이 아니라,
그 실상을 본다."

11 사기 쳐 돈을 모은 자들은,
마치 속임수를 써서 다른 새의 둥지에
자기 알을 누이는 자고새와 같다.
알들이 부화하면, 사기는 폭로된다.

for your sins all over the country.
You'll lose your gift of land,
The inheritance I gave you.
I'll make you slaves of your enemies
in a far-off and strange land.
My anger is hot and blazing and fierce,
and no one will put it out."

5-6 GOD's Message:

"Cursed is the strong one
who depends on mere humans,
Who thinks he can make it on muscle alone
and sets GOD aside as dead weight.
He's like a tumbleweed on the prairie,
out of touch with the good earth.
He lives rootless and aimless
in a land where nothing grows.

7-8 "But blessed is the man who trusts me, GOD,
the woman who sticks with GOD.
They're like trees replanted in Eden,
putting down roots near the rivers—
Never a worry through the hottest of summers,
never dropping a leaf,
Serene and calm through droughts,
bearing fresh fruit every season.

9-10 "The heart is hopelessly dark and deceitful,
a puzzle that no one can figure out.
But I, GOD, search the heart
and examine the mind.
I get to the heart of the human.
I get to the root of things.
I treat them as they really are,
not as they pretend to be."

11 Like a cowbird that cheats by laying its eggs
in another bird's nest
Is the person who gets rich by cheating.
When the eggs hatch, the deceit is exposed.
What a fool he'll look like then!

이 얼마나 얼간이 같은 짓인가!

12-13 주의 성소는 처음부터 높이 자리 잡았습니다.
지극히 높은 영광의 보좌여!
오 하나님, 주님은 이스라엘의 희망이십니다.
주님을 등지는 자들은 바보입니다.
생수의 근원이신 하나님을 버리는 자들은,
결국 아무 열매 없는 인생으로
허무하게 죽고 말 것입니다!

14-18 하나님, 다시 세워 주십시오.
저를 다시 일으켜 세워 주십시오.
주님은 저의 찬양이십니다!
그들이 제게 하는 소리를 들어 보십시오.
"그래, '하나님의 말씀'이란 게 대체 어디 있지?
우리 눈으로 볼 수 있게 해줘 보시지!"
그래도 저는 재앙의 날을 청하지 않았습니다.
환난이 닥치는 것을 바라지 않았습니다.
주께서는 제가 한 말을 다 아십니다.
주님 앞에는 모든 것이 공개되어 있기 때문입니다.
이제 더는 제게 괴로움을 주지 마십시오.
부디 한숨 돌릴 수 있게 해주십시오!
제가 아니라, 이제 저를 괴롭히는 자들이 괴롭힘을 당하게 하십시오.
제가 아니라, 그들이 수치를 당하게 하십시오.
그들에게 재앙의 날을 내려 주십시오.
쾅 하고 벼락을 내려 주십시오!

안식일을 거룩하게 지켜라

19-20 내게 임한 하나님의 메시지다. "가서, 유다의 왕들이 출입하는 '백성의 문'에서 시작해 예루살렘 모든 문 앞에 서서, 사람들에게 이렇게 전하여라. '너희 유다의 왕들아, 들어라. 하나님의 메시지에 귀 기울여라. 이 문으로 출입하는 너희 모든 백성들아, 너희도 들어라!

21-23 이는 하나님의 메시지다. 살고 싶거든, 안식일에 평일처럼 물건을 이리저리 운반하고 다니면서 그 날을 더럽히지 않도록 주의하여라. 안식일을 이용해 평일처럼 장사하지 마라. 내가 너희 조상에게 명령했듯이, 안식일을 거룩하게 지켜라. 너희가 잘 알듯이, 그들은 그 명령을 따르지 않았다. 그들은 내 말에 주목하지 않았고, 나의 인도와 지도를 거절하며 장사를 계속했다.

12-13 From early on your Sanctuary was set high,
a throne of glory, exalted!
O GOD, you're the hope of Israel.
All who leave you end up as fools,
Deserters with nothing to show for their lives,
who walk off from GOD, fountain of living waters—
and wind up dead!

14-18 GOD, pick up the pieces.
Put me back together again.
You are my praise!
Listen to how they talk about me:
"So where's this 'Word of GOD'?
We'd like to see something happen!"
But it wasn't my idea to call for Doomsday.
I never wanted trouble.
You know what I've said.
It's all out in the open before you.
Don't add to my troubles.
Give me some relief!
Let those who harass me be harassed, not me.
Let *them* be disgraced, not me.
Bring down upon them the day of doom.
Lower the boom. *Boom*!

Keep the Sabbath Day Holy

19-20 GOD's Message to me: "Go stand in the People's Gate, the one used by Judah's kings as they come and go, and then proceed in turn to all the gates of Jerusalem. Tell them, 'Listen, you kings of Judah, listen to GOD's Message—and all you people who go in and out of these gates, you listen!

21-23 "'This is GOD's Message. Be careful, if you care about your lives, not to desecrate the Sabbath by turning it into just another workday, lugging stuff here and there. Don't use the Sabbath to do business as usual. Keep the Sabbath day holy, as I commanded your ancestors. They never did it, as you know.

[24-26] 그러나 이제 내가 이르는 말을 귀담아들어라. 너희 일을 하느라, 이리저리 바쁘게 돌아다니며 안식일을 더럽히던 것을 멈추어라. 안식일에 평일처럼 장사하던 것을 멈추고 그날을 거룩하게 지켜라. 그러면 다윗의 보좌를 이어받은 왕들과 그 신하들이, 계속해서 말과 마차를 타고 이 문을 출입하게 될 것이다. 유다의 백성과 예루살렘의 주민들도 계속 이 문으로 다니게 될 것이다. 예루살렘이 늘 사람들로 북적거릴 것이다. 유다 너머 사방에서, 베냐민 지방에서, 예루살렘 교외에서, 작은 언덕과 산과 사막들로부터 사람들이 몰려올 것이다. 그들이 온갖 종류의 예물—짐승과 곡식과 향료와 감사 예물—을 들고 하나님의 성소에 들어와 경배를 드릴 것이다.

[27] 그러나 너희가 내 말을 거역하고 안식일을 거룩하게 지키지 않으면, 안식일을 이용해 자기 사업을 하던 것과 분주하게 도성 문을 드나들며 자기 일을 하던 것을 그치지 않으면, 그때는 내가 이 문을 모두 불태우고 무너뜨릴 것이다. 아니, 궁전과 도성 전체를 불태우고 허물어 버릴 것이다. 그 무엇으로도 끌 수 없는 불로 그렇게 할 것이다!'"

토기장이의 비유

18 [1-2] 하나님께서 예레미야에게 말씀하셨다. "당장 일어나 토기장이의 집으로 가거라! 거기 도착하면 네게 할 말을 일러 주겠다."

[3-4] 나는 토기장이 집에 갔고, 마침 토기장이가 물레를 돌리며 일하고 있었다. 그런데 가만히 보니, 토기장이는 자기가 만든 그릇이 마음에 들지 않으면 처음부터 다시 시작해, 그 진흙으로 다른 그릇을 만들었다.

[5-10] 그때 하나님의 메시지가 내게 임했다. "이스라엘 백성들아, 내가 이 토기장이처럼 너희에게 할 수 없겠느냐?" 하나님의 포고다! "이 토기장이를 잘 보아라. 나는 그가 자기 진흙을 다루는 방식으로 너희 이스라엘 백성을 다룬다. 나는 언제라도 어느 백성이나 어느 나라든 뿌리째 뽑아 버리기로 결정할 수 있다. 그러나 그들이 악행을 회개하면, 나는 생각을 바꾸어 그들과 다시 시작할 수 있다. 또 나는 언제든지, 어느 백성이나 어느 나라든 다시 심기로 결정할 수 있다. 그러나 그들이 내게 협력하지 않고 내 말을 듣지 않으면, 생각을 바꾸어 그들에 대한 계획을 취소해 버릴

They paid no attention to what I said and went about their own business, refusing to be guided or instructed by me.

[24-26] "'But now, take seriously what I tell you. Quit desecrating the Sabbath by busily going about your own work, and keep the Sabbath day holy by not doing business as usual. Then kings from the time of David and their officials will continue to ride through these gates on horses or in chariots. The people of Judah and citizens of Jerusalem will continue to pass through them, too. Jerusalem will always be filled with people. People will stream in from all over Judah, from the province of Benjamin, from the Jerusalem suburbs, from foothills and mountains and deserts. They'll come to worship, bringing all kinds of offerings—animals, grains, incense, expressions of thanks—into the Sanctuary of GOD.

[27] "'But if you won't listen to me, won't keep the Sabbath holy, won't quit using the Sabbath for doing your own work, busily going in and out of the city gates on your self-important business, then I'll burn the gates down. In fact, I'll burn the whole city down, palaces and all, with a fire nobody will be able to put out!'"

To Worship the Big Lie

18 [1-2] GOD told Jeremiah, "Up on your feet! Go to the potter's house. When you get there, I'll tell you what I have to say."

[3-4] So I went to the potter's house, and sure enough, the potter was there, working away at his wheel. Whenever the pot the potter was working on turned out badly, as sometimes happens when you are working with clay, the potter would simply start over and use the same clay to make another pot.

[5-10] Then GOD's Message came to me: "Can't I do just as this potter does, people of Israel?" GOD's Decree! "Watch this potter. In the same way that this potter works his clay, I work on you, people of Israel. At any moment I may decide to pull up a people or a country by the roots and get rid of them. But if they repent of their wicked lives, I will think twice and start over with them. At another

것이다.
11 그러니, 유다 백성과 예루살렘 주민들에게 나
의 이 메시지를 전하여라. '조심하여라! 지금 나
는 너희에게 내릴 재앙을 준비하고 있다. 너희를
칠 계획을 세우고 있다. 재앙에 이르는 그 길에서
돌아서라. 바른 길로 가라.'
12 하지만 그들은 이렇게 말할 것이다. '아니, 왜?
어째서 우리가 그래야 하지? 우리는 지금껏 살아
온 대로 살 거야. 재앙이야 오든 말든.'"

13-17 하나님의 메시지다.

"주위에 물어보아라.
이방 민족들을 조사해 보아라.
이런 일을 누가 들어 본 적 있더냐?
처녀 이스라엘이 매춘부가 되다니!
레바논 산 정상에서 눈이 사라지는 것을 본 적 있느냐?
그 산에서 흘러나오는 강물이 마르는 것을 본 적 있느냐?
그런데 내 백성은 나를 버리고 떠나서,
터무니없는 거짓 우상을 숭배하는 자들이 되어 버렸다.
그들은 바른 길,
예로부터 잘 닦인 그 길을 벗어나
넝쿨이 마구 엉킨 덤불 속을
헤치며 간다.
결국 그들의 땅은 엉망이 될 것이며
비웃음거리로 전락할 것이다.
그곳을 지나는 여행자들은
머리를 절레절레 흔들 것이다.
가을 강풍이 나뭇잎들을 흩어 버리듯이,
내가 내 백성을 적들 앞에서 흩어 버릴 것이다.
그 재앙의 날, 그들은 내 얼굴을 전혀 보지 못한 채,
그들을 등지고 떠나는 내 뒷모습만 보게 될 것이다."

18 백성 가운데 어떤 자들이 말했다. "예레미야를
없앨 묘안을 짜내 보자. 우리에게는 엄연히 율법
을 가르쳐 주는 제사장과 조언을 해주는 현인들
과 하나님의 말씀을 전해 주는 예언자들이 있다.
그러니 어떻게든 그의 평판을 떨어뜨려, 모두들
그가 하는 말에 더 이상 신경 쓰지 않게 하자."

time I might decide to plant a people or country,
but if they don't cooperate and won't listen to me,
I will think again and give up on the plans I had
for them.
11 "So, tell the people of Judah and citizens of
Jerusalem my Message: 'Danger! I'm shaping
doom against you, laying plans against you. Turn
back from your doomed way of life. Straighten out
your lives.'
12 "But they'll just say, 'Why should we? What's the
point? We'll live just the way we've always lived,
doom or no doom.'"

13-17 GOD's Message:

"Ask around.
Survey the godless nations.
Has anyone heard the likes of this?
Virgin Israel has become a slut!
Does snow disappear from the Lebanon peaks?
Do alpine streams run dry?
But my people have left me
to worship the Big Lie.
They've gotten off the track,
the old, well-worn trail,
And now bushwhack through underbrush
in a tangle of roots and vines.
Their land's going to end up a mess—
a fool's memorial to be spit on.
Travelers passing through
will shake their heads in disbelief.
I'll scatter my people before their enemies,
like autumn leaves in a high wind.
On their day of doom, they'll stare at my back as I walk away,
catching not so much as a glimpse of my face."

18 Some of the people said, "Come on, let's cook
up a plot against Jeremiah. We'll still have the
priests to teach us the law, wise counselors to give
us advice, and prophets to tell us what God has to
say. Come on, let's discredit him so we don't have
to put up with him any longer."

19-23 내가 하나님께 말씀드렸다.

"하나님, 제 말을 들어주십시오!
저의 적들이 하는 말을 들어 보십시오.
선을 악으로 갚아도 되는 것입니까?
그들이 제게 그렇게 하려고 합니다. 저를 죽여 없앨 계획을 세웠습니다!
제가 늘 주님 앞에서
그들을 대변하고,
주님의 노를 풀어 드리려고 애썼던 것을 기억하십니까?
그러나 이제는 됐습니다! 이제, 그들의 자녀들이 굶어 죽게 해주십시오!
그들이 전쟁에서 떼죽음을 당하게 해주십시오!
그들의 아내가 자식과 남편을 잃고 과부가 되게 해주십시오.
그들의 친구가 죽고, 그들의 거만한 젊은이들이 살해당하게 해주십시오.
약탈자들이 들이닥친다는 소식에,
그들의 집에서 공포에 질린 울음소리가 새어 나오게 해주십시오!
그들은 저를 잡아 족치려고 혈안입니다.
이미 제 목을 조르고 있습니다!
그러나 하나님, 주님은 알고 계십니다.
그들이 저를 죽이기로 작정했음을, 주님은 알고 계십니다.
그들의 범죄를 봐주지 마십시오.
죄 하나도 그냥 넘어가지 마십시오!
주님 앞에서 그들을 한 묶음으로 돌돌 말아서,
불같은 진노를 발하시고, 주의 무쇠 몽둥이로 내리쳐 주십시오!"

박살난 질그릇

19 1-2 하나님께서 내게 말씀하셨다. "가서 질그릇을 하나 사거라. 그러고 나서 백성 중에 지도자와 지도급 제사장들 몇 명을 데리고 '질그릇 조각의 문' 바로 앞에 있는 벤힌놈 골짜기로 가거라. 거기서 내가 네게 이르는 말을 전하여라.

3-5 이렇게 말하여라. '너희 유다 왕들과 예루살렘 *백성들아, 하나님의 말씀을 들어라!* 이는 만군의 하나님, 이스라엘의 하나님의 메시지다. 내가 이곳에 재앙을 쏟을 것이다. 들리느냐? 재앙이 쏟아져 내린다. 그들이 나를 등지고 떠나서, 그들과 그들 부모와 유다의 옛 왕들이 들어 본 적도 없는

19-23 And I said to GOD:

"GOD, listen to me!
Just listen to what my enemies are saying.
Should I get paid evil for good?
That's what they're doing. They've made plans to kill me!
Remember all the times I stood up for them before you,
speaking up for them,
trying to soften your anger?
But enough! Let their children starve!
Let them be massacred in battle!
Let their wives be childless and widowed,
their friends die and their proud young men be killed.
Let cries of panic sound from their homes
as you surprise them with war parties!
They're all set to lynch me.
The noose is practically around my neck!
But you know all this, GOD.
You know they're determined to kill me.
Don't whitewash their crimes,
don't overlook a single sin!
Round the bunch of them up before you.
Strike while the iron of your anger is hot!"

Smashing the Clay Pot

19 1-2 GOD said to me, "Go, buy a clay pot. Then get a few leaders from the people and a few of the leading priests and go out to the Valley of Ben-hinnom, just outside the Potsherd Gate, and preach there what I tell you.

3-5 "Say, 'Listen to GOD's Word, you kings of Judah and people of Jerusalem! This is the Message from GOD-of-the-Angel-Armies, the God of Israel. I'm about to bring doom crashing down on this place. Oh, and will ears ever ring! Doom—because they've walked off and left me, and made this place strange by worshiping strange gods, gods never heard of by them, their parents, or the old kings of Judah. Doom—because they have massacred innocent people. Doom—because they've built altars to that no-god Baal, and burned their own children alive in the fire as offerings to Baal,

낯선 신들을 예배하면서, 이곳을 남의 나라처럼 만들어 버렸기 때문이다. 재앙이 쏟아져 내린다. 그들이 죄 없는 사람들을 학살했기 때문이다. 재앙이 쏟아져 내린다. 그들이 우상 바알의 제단을 세우고, 거기에 그들의 친자식들을 산 채로 불살라 제물로 바쳤기 때문이다. 이는 내가 명한 적 없는, 아니, 생각조차 해본 적 없는 끔찍한 일이다!'"

6-9 하나님의 포고다! "'그러므로 값을 치를 날이 곧 온다. 이곳의 이름은 도벳이나 벤힌놈 골짜기가 아닌, 대학살 평지로 바뀔 것이다. 나는 유다와 예루살렘이 이곳에 대해 세운 모든 계획을 무효로 돌리고, 그들이 여기서 적들에게 떼죽음을 당하게 할 것이다. 나는 그들의 시체를 쌓아 올려 까마귀와 들개의 먹이가 되게 할 것이다. 이 도성을 잔혹의 대명사로 만들어, 이 부근을 지나는 모든 사람이 그 잔혹함에 말을 잃게 할 것이다. 사람이 사람을 잡아먹을 것이다. 원수들에게 포위된 채 극한으로 몰리면, 그들은 인간성을 잃고 친자식도 잡아먹을 것이다! 그렇다. 가족도 친구도 가리지 않고, 닥치는 대로 잡아먹을 것이다.'

10-13 이 말을 다 전한 뒤에, 네가 데려온 사람들 앞에서 그 질그릇을 박살내라. 그리고 말하여라. '만군의 하나님께서 말씀하신다. 사람이 질그릇을 아주 못쓰게 산산조각 내듯이, 내가 이 백성과 이 도성을 아주 박살낼 것이다. 더 이상 자리가 남지 않을 때까지, 이곳 도벳에 시체를 묻게 될 것이다. 도성 전체가 도벳처럼 되리라. 백성과 왕이 이 도성을 별 신 숭배 성전으로 만들어 버렸기 때문이다. 도성 전체가 도벳 땅처럼, 썩는 냄새 진동하는 열린 무덤이 될 것이다.'"

14-15 그 후 예레미야는 하나님이 말씀을 전하라고 보낸 도벳에서 돌아와, 하나님의 성전 뜰에 서서 백성에게 말했다. "너희를 향한 만군의 하나님의 메시지다. '경고한다! 내가 곧 이 도성과 주변 마을들에 대해 선언했던 재앙을 내릴 것이다. 그들은 자기 길을 고집하며 돌이키려 하지 않는다. 그들은 내 말을 한 마디도 들으려 하지 않는다.'"

제사장 바스훌과 충돌하다

20 1-5 임멜의 아들 제사장 바스훌은 하나님의 성전에서 지도급 제사장이었다. 그는 예레미야가 하는 이 설교를 듣고 예언자 예레미야를 채찍질했다. 그러고 나서 그를 하나님의 성전 위쪽 '베냐민 문' 옆 창고에 가두었다. 다음 날 바스훌이 와서 그를 풀어 주자, 예레미야가

an atrocity I never ordered, never so much as hinted at!

6-9 "'And so it's payday, and soon'–GOD's Decree!–'this place will no longer be known as Topheth or Valley of Ben-hinnom, but Massacre Meadows. I'm canceling all the plans Judah and Jerusalem had for this place, and I'll have them killed by their enemies. I'll stack their dead bodies to be eaten by carrion crows and wild dogs. I'll turn this city into such a museum of atrocities that anyone coming near will be shocked speechless by the savage brutality. The people will turn into cannibals. Dehumanized by the pressure of the enemy siege, they'll eat their own children! Yes, they'll eat one another, family and friends alike.'

10-13 "Say all this, and then smash the pot in front of the men who have come with you. Then say, 'This is what GOD-of-the-Angel-Armies says: I'll smash this people and this city like a man who smashes a clay pot into so many pieces it can never be put together again. They'll bury bodies here in Topheth until there's no more room. And the whole city will become a Topheth. The city will be turned by people and kings alike into a center for worshiping the star gods and goddesses, turned into an open grave, the whole city an open grave, stinking like a sewer, like Topheth.'"

14-15 Then Jeremiah left Topheth, where GOD had sent him to preach the sermon, and took his stand in the court of GOD's Temple and said to the people, "This is the Message from GOD-of-the-Angel-Armies to you: 'Warning! Danger! I'm bringing down on this city and all the surrounding towns the doom that I have pronounced. They're set in their ways and won't budge. They refuse to do a thing I say.'"

Life's Been Nothing but Trouble and Tears

20 1-5 The priest Pashur son of Immer was the senior priest in GOD's Temple. He heard Jeremiah preach this sermon. He whipped Jeremiah the prophet and put him in the stocks at the Upper Benjamin Gate of GOD's Temple. The next day Pashur came and let him go. Jeremiah told him, "GOD has a new name for you: not

그에게 말했다. "하나님께서 당신에게 새 이름을 지어 주셨소. 이제 당신 이름은 바스훌이 아니라 '사면초가'요. 하나님께서 이렇게 말씀하셨소. '이제 너는 네 자신과 주변 사람들 모두에게 위험한 존재다. 네 친구들은 모두 전쟁터에 끌려가, 네가 지켜보는 앞에서 죽임을 당할 것이다. 그뿐 아니라, 나는 유다 백성 전부를 바빌론 왕에게 넘겨주어, 그가 원하는 대로 하게 내버려 둘 것이다. 바빌론 왕은 그들을 포로로 끌고 가서 마음 내키는 대로 죽일 것이다. 왕궁 보물 보관소에 있는 보물은 물론이고, 이 도성 안에 있는 것들 중 조금이라도 값나가는 것은 내가 무엇이든 원수에게 넘겨줄 것이다. 그들이 그 모든 재산과 소유물을 싹쓸이하여 바빌론으로 가져갈 것이다.
6 그리고 바스훌, 너와 네 가족은 모두 포로로 끌려갈 것이다. 그렇다. 너는 바빌론에 포로로 잡혀가, 거기서 죽어 묻힐 것이다. 네 거짓 설교를 듣고 동조하던 자들도 모두 그렇게 될 것이다.'"

7-10 하나님, 주께서 저를 이렇게 만드셨으니, 저는 따를 수밖에 없습니다.
저는 주님을 이길 수 없습니다.
이제 저는 공개적인 놀림감이 되었습니다.
모든 자들이 저를 놀려댑니다.
저는 입을 열 때마다
"살인이다! 강탈이다!" 하고 외칩니다.
그런데 하나님의 경고의 말씀을 그렇게 외쳐서 제가 얻는 것은
모욕과 멸시가 전부입니다.
그러나 "이제 그만!
더 이상은 하나님의 메시지를 전하지 않으리라!" 하고 마음먹으면,
말씀이 제 뱃속에서 불처럼 타오르며
뼛속까지 태웁니다.
참아 보려고 했지만, 이제 지쳤습니다.
더는 견딜 수 없습니다!
제 등 뒤에서 수군대는 소리가 들려옵니다.
"저기, '사면초가' 운운했던 자다. 저 자를 잡아라! 신고하여라!"
전에 친구였던 자들이, 지금은 제가 바닥에 고꾸라지기만을 기다립니다.
"뭐든지 하나만 걸려 봐라. 영원히 없애 줄 테니!"

11 그러나 하나님, 실로 맹렬한 전사이신 주께서 제 편이십니다.

Pashur but Danger-Everywhere, because GOD says, 'You're a danger to yourself and everyone around you. All your friends are going to get killed in battle while you stand there and watch. What's more, I'm turning all of Judah over to the king of Babylon to do whatever he likes with them—haul them off into exile, kill them at whim. Everything worth anything in this city, property and possessions along with everything in the royal treasury—I'm handing it all over to the enemy. They'll rummage through it and take what they want back to Babylon.
6 "'And you, Pashur, you and everyone in your family will be taken prisoner into exile—that's right, exile in Babylon. You'll die and be buried there, you and all your cronies to whom you preached your lies.'"

7-10 You pushed me into this, GOD, and I let you do it.
You were too much for me.
And now I'm a public joke.
They all poke fun at me.
Every time I open my mouth
I'm shouting, "Murder!" or "Rape!"
And all I get for my GOD-warnings
are insults and contempt.
But if I say, "Forget it!
No more GOD-Messages from me!"
The words are fire in my belly,
a burning in my bones.
I'm worn out trying to hold it in.
I can't do it any longer!
Then I hear whispering behind my back:
"There goes old 'Danger-Everywhere.' Shut him up! Report him!"
Old friends watch, hoping I'll fall flat on my face:
"One misstep and we'll have him. We'll get rid of him for good!"

11 But GOD, a most fierce warrior, is at my side.
Those who are after me will be sent sprawling—

저를 쫓는 자들은 모두 대자로 쭉 뻗게 될 것입니다.
어릿광대처럼 제 발에 걸려 넘어져 땅에 뒹굴며,
우스꽝스런 장면을 연출할 것입니다.

12 오, 만군의 하나님, 누구도 주님을 우롱하지 못합니다.
주께서는 모든 자를, 모든 것을 꿰뚫어 보십니다.
저는 그들이 행한 그대로 되갚음 받는 것을 보고 싶습니다.
주께 제 송사를 맡겨 드립니다.

13 하나님께 노래 불러라! 하나님을 찬양하여라!
그분은 악인들의 손아귀에서 약자를 건지시는 분이다.

14-18 내가 태어난 날이여,
저주 받아라!
내 어머니가 나를 임신한 날이여,
그날도 저주 받아라!
내 아버지에게
"당신 아들이 태어났소" 하고
(그를 몹시도 기쁘게 했을)
소식을 전한 그도 저주 받아라.
출생의 소식이 없던 것이 되고,
기록에서 지워져 버렸으면 좋겠구나.
그 소식을 전한 자는,
자기가 전한 그 흉보에 죽을 때까지 시달림 받으리라.
그는 내가 태어나기 전에 나를 죽였어야 했다.
내 모태가 내 무덤이 되고,
내 어머니는
평생 죽은 아기를 태 안에 둔 채 살아갔어야 했다.
오, 대체 무슨 이유로 내가 그 태에서 나왔단 말인가?
고난과 눈물로 얼룩진 삶,
앞으로도 마찬가지일 이 삶.

예루살렘의 멸망 예고

21 1-2 시드기야 왕이 말기야의 아들 바스훌과 마아세야의 아들 제사장 스바냐를 예레미야에게 보냈을 때, 그에게 임한 하나님의 메시지다. 그들이 와서 말했다. "바빌론 왕 느부갓네살이 우리를 치려고 전쟁을 일으켰소. 우리를 위해 하나님께 기도해 주시오. 그분께 도움을 청해 주시오. 어쩌면 하나님께서 옛날처럼 기적을 일으켜서 그를 물리쳐 주실지 모르니 말이오."
3-7 그러나 예레미야가 말했다. "시드기야 왕에게 이

Slapstick buffoons falling all over themselves,
a spectacle of humiliation no one will ever forget.

12 Oh, GOD-of-the-Angel-Armies, no one fools you.
You see through everyone, everything.
I want to see you pay them back for what they've done.
I rest my case with you.

13 Sing to GOD! All praise to GOD!
He saves the weak from the grip of the wicked.

14-18 Curse the day
I was born!
The day my mother bore me—
a curse on it, I say!
And curse the man who delivered
the news to my father:
"You've got a new baby—a boy baby!"
(How happy it made him.)
Let that birth notice be blacked out,
deleted from the records,
And the man who brought it haunted to his death
with the bad news he brought.
He should have killed me before I was born,
with that womb as my tomb,
My mother pregnant for the rest of her life
with a baby dead in her womb.
Why, oh why, did I ever leave that womb?
Life's been nothing but trouble and tears,
and what's coming is more of the same.

Start Each Day with a Sense of Justice

21 1-2 GOD's Message to Jeremiah when King Zedekiah sent Pashur son of Malkijah and the priest Zephaniah son of Maaseiah to him with this request: "Nebuchadnezzar, king of Babylon, has waged war against us. Pray to GOD for us. Ask him for help. Maybe GOD will intervene with one of his famous miracles and make him leave."
3-7 But Jeremiah said, "Tell Zedekiah: 'This is

렇게 전하시오. '이스라엘의 **하나님**이 네게 이르는 **메시지다**. 너희 군대는 이제 없는 셈 쳐라. 병사들의 사기가 꺾이고, 가진 무기들도 무용지물이 될 것이다. 나는 너희가 지금 힘겹게 대항해 싸우는 바빌론 왕과 갈대아 사람들을 친히 이 도성 안으로 이끌고 들어올 것이다. 내가 그들 편이 되어서 너희와 맞서 싸울 것이다. 불같은 진노로 전력을 다해 싸울 것이다. 이 도성에 사는 모든 사람과 짐승들을 무서운 전염병으로 싹 쓸어버릴 것이다. 그런 후에 나는 유다 왕 시드기야와 그의 신하들, 아직 병들어 죽지 않고, 칼에 맞아 죽지 않고, 굶어 죽지 않은 생존자들 전부를 바빌론 왕 느부갓네살에게 넘겨줄 것이다. 그렇다. 그들을 죽이러 온 적들에게 내가 친히 넘겨줄 것이다. 적들이 그들을 무자비하게 죽일 것이다.'

8-10 또 백성 전체에게 이렇게 말하시오. '너희를 향한 **하나님**의 **메시지다**. 잘 들어라. 내가 너희에게 선택권을 준다. 살고자 하느냐, 아니면 죽고자 하느냐? 이 도성에 남는 사람은 누구나 죽을 것이다. 칼에 맞아 죽든지, 굶어 죽든지, 병에 걸려 죽든지 할 것이다. 그러나 여기를 나가서 이 도성을 포위하고 있는 갈대아 사람들에게 항복하는 자는, 다 살 것이다. 모든 것을 빼앗기겠으나 목숨만은 부지할 것이다. 나는 기필코 이 도성을 멸망시킬 것이다. 나는 그만큼 크게 노했다! **하나님**의 포고다. 내가 이곳을 바빌론 왕에게 넘겨줄 것이며, 그가 모든 것을 불태워 잿더미로 만들 것이다.'"

⁂

11-14 "유다 왕실에 말한다. **하나님**의 **메시지**에 귀 기울여라!
다윗 집안이여, 들어라. 너희를 향한 **하나님**의 **메시지다**.
'아침마다 새롭게 정의를 다짐하며 하루를 시작하여라.
착취당하는 자들을 구해 주어라.
그렇게 하여, 나의 진노의 불을 피하여라.
그 불은 한번 붙으면, 그 무엇으로도 끌 수 없기 때문이다.
그런데 너희는 내 진노에 불을 지피는
악한 *무리다*.
내가 너희를 적대시한다는 것을 모르느냐?
그래, 내가 너희를 대적한다.
너희는 모든 준비를 갖추어
안전하다고 생각한다.

the GOD of Israel's Message to you: You can say good-bye to your army, watch morale and weapons flushed down the drain. I'm going to personally lead the king of Babylon and the Chaldeans, against whom you're fighting so hard, right into the city itself. I'm joining *their* side and fighting against *you*, fighting all-out, holding nothing back. And in fierce anger. I'm prepared to wipe out the population of this city, people and animals alike, in a raging epidemic. And then I will personally deliver Zedekiah king of Judah, his princes, and any survivors left in the city who haven't died from disease, been killed, or starved. I'll deliver them to Nebuchadnezzar, king of Babylon—yes, hand them over to their enemies, who have come to kill them. He'll kill them ruthlessly, showing no mercy.'

8-10 "And then tell the people at large, 'GOD's Message to you is this: Listen carefully. I'm giving you a choice: life or death. Whoever stays in this city will die—either in battle or by starvation or disease. But whoever goes out and surrenders to the Chaldeans who have surrounded the city will live. You'll lose everything—but not your life. I'm determined to see this city destroyed. I'm that angry with this place! GOD's Decree. I'm going to give it to the king of Babylon, and he's going to burn it to the ground.'

⁂

11-14 "To the royal house of Judah, listen to GOD's Message!
House of David, listen—GOD's Message to you:
'Start each day by dealing with justice.
Rescue victims from their exploiters.
Prevent fire—the fire of my anger—
for once it starts, it can't be put out.
Your evil regime
is fuel for my anger.
Don't you realize that I'm against you,
yes, *against* you.
You think you've got it made,
all snug and secure.
You say, "Who can possibly get to us?
Who can crash our party?"

"누가 우리를 손댈 수 있겠는가?
누가 우리 파티를 망칠 수 있겠는가?" 한다.
내가 그렇게 할 수 있다! 내가 그렇게 할 것이다!
내가 너희 악한 무리를 벌할 것이다.
무엇으로도 끌 수 없는 맹렬한 불을 일으켜서,
보이는 것 전부를 태워 재로 만들 것이다.'"

이 왕궁은 폐허가 될 것이다

22 1-3 하나님의 명령이다. "왕궁에 가서 이
메시지를 전하여라. '다윗 보좌에 앉은
유다 왕아, 하나님의 말씀에 귀 기울여라. 왕과 신
하들, 그리고 이 왕궁 문을 출입하는 백성들 모두
들어라. 이는 하나님의 메시지다. 너희의 정의를
돌아보아라. 사람 사이의 일을 공정하게 다루어라.
착취당하는 자들을 구해 주어라. 빈민과 고아와 과
부들을 착취하지 마라. 살인행위를 멈춰라!
4-5 너희가 이 명령에 순종하면, 그때는 다윗 왕가
의 왕들이 끊이지 않고 말과 병거를 타고 이 왕궁
문을 드나들게 될 것이다. 그들의 신하와 유다 주
민들도 그러할 것이다. 그러나 너희가 이 명령에
순종하지 않으면, 맹세컨대—하나님의 포고다!—
이 왕궁은 폐허가 되고 말 것이다.'"

6-7 유다 왕궁에 대한 하나님의 선고다.

"내가 너를 좋아하여
길르앗의 아름다운 언덕과
레바논의 산 정상같이 여겼으나,
이제, 맹세코 너를 황무지로,
텅 빈 유령마을로 바꾸어 놓을 것이다.
커다란 쇠망치와 무시무시한 몽둥이를 가진
파괴자들을 고용하여,
온 나라를 늘씬하게 두들겨 패고
다 불태워 버릴 것이다.

8-9 각처에서 온 여행자들이 이 땅을 지나며 물을
것이다. '무슨 이유로 하나님께서 그 대단하던 도성
을 이렇게 만드셨는가?' 그들은 이런 대답을 듣게
될 것이다. '그들이 자기 하나님과의 언약을 저버리
고, 다른 신들을 따르며 숭배했기 때문이다.'"

살룸과 여호야김에 대한 예언

10 죽은 왕 요시야를 두고 울지 마라.
눈물을 낭비할 필요 없다.

Well, I can—and will!
I'll punish your evil regime.
I'll start a fire that will rage unchecked,
burn everything in sight to cinders.'"

Walking Out on the Covenant of God

22 1-3 GOD's orders: "Go to the royal palace
and deliver this Message. Say, 'Listen
to what GOD says, O King of Judah, you who sit
on David's throne—you and your officials and
all the people who go in and out of these palace
gates. This is GOD's Message: Attend to matters
of justice. Set things right between people.
Rescue victims from their exploiters. Don't take
advantage of the homeless, the orphans, the
widows. Stop the murdering!
4-5 "'If you obey these commands, then kings
who follow in the line of David will continue to
go in and out of these palace gates mounted on
horses and riding in chariots—they and their
officials and the citizens of Judah. But if you
don't obey these commands, then I swear—
GOD's Decree!—this palace will end up a heap of
rubble.'"

6-7 This is GOD's verdict on Judah's royal palace:

"I number you among my favorite places—
like the lovely hills of Gilead,
like the soaring peaks of Lebanon.
Yet I swear I'll turn you into a wasteland,
as empty as a ghost town.
I'll hire a demolition crew,
well-equipped with sledgehammers and wrecking bars,
Pound the country to a pulp
and burn it all up.

8-9 "Travelers from all over will come through
here and say to one another, 'Why would GOD
do such a thing to this wonderful city?' They'll be
told, 'Because they walked out on the covenant of
their GOD, took up with other gods and worshiped
them.'"

대신에, 포로로 잡혀간 그의 아들을 위해 울
어라.
그가 영원히 떠났으니 말이다.
그는 다시 고향 땅을 밟지 못할 것이다.
11-12 아버지 요시야를 이어 유다의 왕이 된 살룸
에 대해 하나님께서 이렇게 말씀하신다. "그는
이곳을 영원히 떠났다. 그는 그들에게 붙잡혀
가, 그 땅에서 죽을 것이다. 다시는 고향 땅을 밟
지 못할 것이다."

13-17 "백성들을 들볶아 자기 왕궁을 짓고,
사람들을 해쳐 가며 좋은 집을 짓고,
일꾼들을 속이고
정당한 품삯을 주지 않는 자,
'널찍한 방과 화려한 창문을 갖춘
멋진 집을 지어 살아야겠다.
값비싸고 진귀한 원목과
최신 유행 장식품을 수입해 들여와야겠다'고 말
하는 자에게 화가 있으리라.
그래, 화려한 왕궁을 짓는 일이
왕의 본분이더냐?
네 아버지는 성공한 왕이었다. 그렇지 않느냐?
그는 옳은 일을 행하고 백성을 공정하게 대하여,
모든 일에 형통했다.
그가 억압받는 자들을 보살펴 주었고,
유다가 잘살게 되었다.
이런 것이 나를 안다는 말의 의미가 아니겠느냐?"
하나님의 포고다!
"그러나 너는 눈멀었고 머리도 텅 비었다.
오로지 자기 생각밖에 할 줄 모르며,
힘없는 자들을 이용하고,
힘으로 눌러 약자들을 괴롭힌다."

18-19 유다 왕 요시야의 아들 여호야김에 대한 하
나님의 판결이다.
"이 자에게 화가 있으리라!
아무도 그를 위해
'가련한 형제여!' 하고 울어 주지 않는다.
아무도 그를 위해
'가련한 폐하!' 하고 울어 주지 않는다.
그들은 죽은 노새에게 하듯 그의 장례를 치르고,
성문 밖으로 끌어다가 쓰레기처럼 던져 버릴 것
이다."

Building a Fine House but Destroying Lives

10 Don't weep over dead King Josiah.
Don't waste your tears.
Weep for his exiled son:
He's gone for good.
He'll never see home again.

11-12 For this is GOD's Word on Shallum son of
Josiah, who succeeded his father as king of Judah:
"He's gone from here, gone for good. He'll die
in the place they've taken him to. He'll never see
home again."

13-17 "Doom to him who builds palaces but bullies
people,
who makes a fine house but destroys lives,
Who cheats his workers
and won't pay them for their work,
Who says, 'I'll build me an elaborate mansion
with spacious rooms and fancy windows.
I'll bring in rare and expensive woods
and the latest in interior decor.'
So, that makes you a king–
living in a fancy palace?
Your father got along just fine, didn't he?
He did what was right and treated people fairly,
And things went well with him.
He stuck up for the down-and-out,
And things went well for Judah.
Isn't this what it means to know me?"
GOD's Decree!
"But you're blind and brainless.
All you think about is yourself,
Taking advantage of the weak,
bulldozing your way, bullying victims."

18-19 This is God's epitaph on Jehoiakim son of
Josiah king of Judah:
"Doom to this man!
Nobody will shed tears over him,
'Poor, poor brother!'
Nobody will shed tears over him,
'Poor, poor master!'
They'll give him a donkey's funeral,
drag him out of the city and dump him.

예루살렘에 대한 탄식

20-23 "예루살렘아, 너는 레바논 산 정상에 올라, 거
기서 울어라.
바산의 산에 올라, 거기서 통곡하여라.
아바림 산등성에 올라, 거기서 애곡하여라.
너는 스스로의 삶을 완전히 망가뜨렸다.
네가 잘나갈 때 나는 네게 경고했다.
그러나 너는 '그런 이야기, 관심 없습니다' 하고 말
했다.
너는 처음부터 그런 식이었다.
내 말을 한 마디도 듣지 않았다.
네 지도자들이 전부 바람에 휩쓸려 가고,
네 친구들도 다 포로로 잡혀갔으며,
너도 네 악행으로 수치를 당하고,
시궁창에 처박힐 것이다.
너는 큰 도성에 산다며 우쭐대고
으뜸가는 산이나 되는 듯이 함부로 굴었다!
그러나 머지않아 고통 가운데 사지를 비틀게 되리라.
해산하는 여인의 진통보다 더 심한 고통을 겪게 되
리라."

24-26 하나님의 포고다. "살아 있는 나 하나님을 두
고 맹세하는데, 너 유다 왕 여호야김의 아들 여호
야긴아, 네가 내 오른손에 낀 옥새 반지라 해도 내
가 너를 빼내어, 너를 죽이려고 작정한 자들, 곧 바
빌론의 느부갓네살 왕과 갈대아 사람들에게 넘겨
줄 것이다. 그 다음에는, 너와 네 어머니를 고향 땅
에서 멀리 떨어진 낯선 나라로 던져 버릴 것이다.
너희 둘 다 거기서 죽을 것이다.
27 너희는 죽을 때까지 고향을 그리워하겠지만, 다
시는 고향 땅을 밟지 못할 것이다."

28-30 여호야긴은 물 새는 양동이,
아무짝에도 쓸모없는 폐물인가?
그렇지 않다면 왜 버려졌겠는가? 어찌하여 자식들
과 함께
낯선 땅에 버려졌겠는가?
오 땅이여, 땅이여, 땅이여,
하나님의 메시지에 귀 기울여라!
하나님의 선고다.
"그를 자식 없는 사람인 셈 치고 포기하여라.
그는 사람 구실을 하지 못할 것이다.
그에게서 대가 끊기고,
그가 마지막 왕이 될 것이다."

You've Made a Total Mess of Your Life

20-23 "People of Jerusalem, climb a Lebanon peak
and weep,
climb a Bashan mountain and wail,
Climb the Abarim ridge and cry—
you've made a total mess of your life.
I spoke to you when everything was going your
way.
You said, 'I'm not interested.'
You've been that way as long as I've known you,
never listened to a thing I said.
All your leaders will be blown away,
all your friends end up in exile,
And you'll find yourself in the gutter,
disgraced by your evil life.
You big-city people thought you were so important,
thought you were 'king of the mountain'!
You're soon going to be doubled up in pain,
pain worse than the pangs of childbirth.

24-26 "As sure as I am the living God"—GOD's
Decree—"even if you, Jehoiachin son of
Jehoiakim king of Judah, were the signet ring
on my right hand, I'd pull you off and give you to
those who are out to kill you, to Nebuchadnezzar
king of Babylon and the Chaldeans, and then
throw you, both you and your mother, into a
foreign country, far from your place of birth.
There you'll both die.
27 "You'll be homesick, desperately homesick,
but you'll never get home again."

28-30 Is Jehoiachin a leaky bucket,
a rusted-out pail good for nothing?
Why else would he be thrown away, he and his
children,
thrown away to a foreign place?
O land, land, land,
listen to GOD's Message!
This is GOD's verdict:
"Write this man off as if he were childless,
a man who will never amount to anything.
Nothing will ever come of his life.
He's the end of the line, the last of the kings."

의로운 다윗 가지

23 [1-4] "내 양 떼를 도살하고 흩어 버린 목자들아, 화가 있으리라!" 하나님의 포고다. "내 백성을 그릇된 길로 인도한 목자들에게 나 하나님, 이스라엘의 하나님이 말한다. '너희는 내 양 떼를 흩어 버렸다. 너희가 그들을 몰아냈다. 너희는 그들을 지켜보지 않았다. 그런데 아느냐? 나는 그런 너희를 지켜보고 있다. 너희 범죄 행위를 하나도 빠뜨리지 않고 지켜보고 있다. 이제 내가 나서서, 내 양들 가운데 남은 양들을 불러 모을 것이다. 내가 쫓아 보냈던 그 땅에서 다시 불러 모아, 고향 땅으로 데려올 것이다. 그들은 회복되고 번성할 것이다. 그들을 보살필 목자를 내가 친히 세워 줄 것이다. 그들은 더 이상 공포와 두려움 속에서 살지 않을 것이다. 잃었던 양들이 다시 모일 것이다!' 하나님의 포고다."

[5-6] "그날이 오고 있다." 하나님의 포고다.
"내가 진정으로 의로운 다윗 가지를 일으켜 세울 날이 오고 있다.
그는 정의롭게 통치를 펼칠 것이며,
정의를 세워 사람들을 하나 되게 하리라.
그의 시대가 이르면, 유다는 다시금 안전한 곳이 되고
이스라엘은 평안을 누리리라.
사람들은 그를,
'모든 일을 바로잡아 주시는 하나님'이라 부를 것이다."

[7-8] 하나님의 포고다. "보아라. 그날이 오면, 사람들은 더 이상 '이스라엘을 이집트에서 구해 내신 하나님의 살아 계심을 두고' 맹세하지 않을 것이다. 대신에 '이스라엘 자손을 북쪽 땅과, 그들을 쫓아 보낸 곳에서 다시 데려오신 하나님의 살아 계심을 두고' 맹세할 것이며, 그들이 비옥한 자기 땅에서 살 것이다."

거짓 예언자들에 대한 경고

[9] 머리가 어지럽고,
팔다리에 힘이 풀린다.
사물이 둘로 보일 만큼,
술에 취한 주정뱅이처럼 비틀거린다.
이 모든 것은 하나님 때문이다.
그분의 거룩한 말씀 때문이다.

An Authentic David-Branch

23 [1-4] "Doom to the shepherd-leaders who butcher and scatter my sheep!" GOD's Decree. "So here is what I, GOD, Israel's God, say to the shepherd-leaders who misled my people: 'You've scattered my sheep. You've driven them off. You haven't kept your eye on them. Well, let me tell you, I'm keeping my eye on *you*, keeping track of your criminal behavior. I'll take over and gather what's left of my sheep, gather them in from all the lands where I've driven them. I'll bring them back where they belong, and they'll recover and flourish. I'll set shepherd-leaders over them who will take good care of them. They won't live in fear or panic anymore. All the lost sheep rounded up!' GOD's Decree."

[5-6] "Time's coming"—GOD's Decree—
"when I'll establish a truly righteous David-Branch,
A ruler who knows how to rule justly.
He'll make sure of justice and keep people united.
In his time Judah will be secure again
and Israel will live in safety.
This is the name they'll give him:
'GOD-Who-Puts-Everything-Right.'

[7-8] "So watch for this. The time's coming"—GOD's Decree—"when no one will say, 'As sure as GOD lives, the God who brought the Israelites out of Egypt,' but, 'As sure as GOD lives, the God who brought the descendants of Israel back from the north country and from the other countries where he'd driven them, so that they can live on their own good earth.'"

The "Everything Will Turn Out Fine" Sermon

[9] My head is reeling,
my limbs are limp,
I'm staggering like a drunk,
seeing double from too much wine—
And all because of GOD,
because of his holy words.

10-12 거짓 예언자들에 대한 하나님의 말씀이다.

"믿어지느냐? 나라가 온통 간음하는 자들,
부정하고 문란한 우상숭배자들 천지다!
그들이 저주의 화근이다.
그들로 인해 땅이 황무지가 되었다.
그들의 부정이
나라 전체를 시궁창으로 바꾸어 놓았다.
예언자와 제사장들이 신성모독의 앞잡이들이다.
그들은 하나님인 나와 아무 상관이 없다.
그들은 심지어 내 성전까지도
더러운 범죄로 도배했다." 하나님의 포고다.
"그들, 무사하지 못할 것이다.
어둔 곳으로 기울어진
미끄러운 길에서 구르다가,
칠흑 같은 어둠 속으로 굴러떨어지리라.
나는 그들이 반드시 죄의 대가를 치르게 할 것이다.
재앙의 해가 닥칠 것이다." 하나님의 포고다.

13-14 "나는 사마리아 전역에서 예언자들이 벌이는
얼간이짓을 보았다. 충격적이었다!
그들은 바알 우상의 이름으로 설교하며
내 백성을 큰 혼란에 빠뜨렸다.
그런데 예루살렘 예언자들은 그보다 더 심하다.
끔찍할 정도다!
섹스에 중독되고 거짓을 따라 사는 그들,
악의 문화를 장려하고 있으면서
반성은 찾아볼 길 없다.
그들은 옛 소돔의 가련한 자들,
옛 고모라의 타락한 자들 못지않게 악하다."

15 그러므로 만군의 하나님께서 그 예언자들에 대해 주시는 메시지다.

"내가 그들에게 구더기 가득한 고기를 먹이고,
후식으로 독약을 주어 마시게 할 것이다.
그 예루살렘 예언자들이, 이 모든 문제의 배후다.
그들이 이 나라를 오염시키는 악의 원인이다."

16-17 만군의 하나님의 메시지다.

10-12 Now for what GOD says regarding the lying prophets:

"Can you believe it? A country teeming with adulterers!
faithless, promiscuous idolater-adulterers!
They're a curse on the land.
The land's a wasteland.
Their unfaithfulness
is turning the country into a cesspool,
Prophets and priests devoted to desecration.
They have nothing to do with me as their God.
My very own Temple, mind you–
mud-spattered with their crimes." GOD's Decree.
"But they won't get by with it.
They'll find themselves on a slippery slope,
Careening into the darkness,
somersaulting into the pitch-black dark.
I'll make them pay for their crimes.
It will be the Year of Doom." GOD's Decree.

13-14 "Over in Samaria I saw prophets
acting like silly fools–shocking!
They preached using that no-god Baal for a text,
messing with the minds of my people.
And the Jerusalem prophets are even worse–horrible!–
sex-driven, living a lie,
Subsidizing a culture of wickedness,
and never giving it a second thought.
They're as bad as those wretches in old Sodom,
the degenerates of old Gomorrah."

15 So here's the Message to the prophets from GOD-of-the-Angel-Armies:

"I'll cook them a supper of maggoty meat
with after-dinner drinks of strychnine.
The Jerusalem prophets are behind all this.
They're the cause of the godlessness polluting this country."

16-17 A Message from GOD-of-the-Angel-Armies:

"그 예언자들의 설교에 귀 기울이지 마라.
다 헛소리다. 새빨간 거짓말이다.
모두 지어낸 말이다.
내게서 나온 것은 한 마디도 없다.
그들은 하나님에 대해 무감각한 회중을 앞에 두고
'모든 일이 잘될 것'이라고 말한다.
잘못된 길을 고집하는 백성들을 향해
'나쁜 일은 절대 없을 것'이라고 설교한다.

18-20 그 예언자들 중에
나 하나님을 만나려고 애쓰는 자,
내가 하는 말을 들으려고 진정으로 애쓰는 자,
내 말을 듣고, 그대로 살아 내려는 자가 한 사람이라도 있느냐?
보아라! 하나님의 회오리바람이 닥칠 것이다.
폭풍 같은 나의 회오리바람이,
그 사악한 자들의 머리를 팽이처럼 돌려 버릴 것이다!
내가 다 쓸어버리고
내 일을 마친 뒤에야,
비로소 하나님의 맹렬한 진노가 가라앉을 것이다.
그때 너희는,
내 일이 완수되었음을 보게 될 것이다.

21-22 내가 그 예언자들을 보낸 적이 없는데도,
그들은 제멋대로 달려 나갔다.
내가 그들에게 말한 적이 없는데도,
그들은 제멋대로 말을 전했다.
정말 그들이 차분히 앉아 나를 만나고자 애썼다면,
그들은 내 백성에게 내 메시지를 전해 주었을 것이다.
내 백성을 바른 길로 되돌리고,
악한 길에서 건져 내었을 것이다."

23-24 하나님의 포고다. "내가 가까이에만 있는 하나님이냐?
멀리 있는 하나님은 아니냐?
내가 볼 수 없는 곳에
사람이 숨는 것이 가능하냐?"
하나님의 포고다.
"나는 보이든 보이지 않든,
어디에나 있지 않느냐?"
하나님의 포고다.

"Don't listen to the sermons of the prophets.
It's all hot air. Lies, lies, and more lies.
They make it all up.
Not a word they speak comes from me.
They preach their 'Everything Will Turn Out Fine' sermon
to congregations with no taste for God,
Their 'Nothing Bad Will Ever Happen to You' sermon
to people who are set in their own ways.

18-20 "Have any of these prophets bothered to meet with me,
the true GOD?
bothered to take in what *I* have to say?
listened to and then *lived out* my Word?
Look out! GOD's hurricane will be let loose—
my hurricane blast,
Spinning the heads of the wicked like tops!
God's raging anger won't let up
Until I've made a clean sweep,
completing the job I began.
When the job's done,
you'll see that it's been well done.

Quit the "God Told Me This" Kind of Talk

21-22 "I never sent these prophets,
but they ran anyway.
I never spoke to them,
but they preached away.
If they'd have bothered to sit down and meet with me,
they'd have preached my Message to my people.
They'd have gotten them back on the right track,
gotten them out of their evil ruts.

23-24 "Am I not a God near at hand"—GOD's Decree—
"and not a God far off?
Can anyone hide out in a corner
where I can't see him?"
GOD's Decree.
"Am I not present everywhere,
whether seen or unseen?"
GOD's Decree.

25-27 "나는 내 이름을 팔아 거짓으로 설교하는 그 예언자들이 뭐라고 말하는지 잘 안다. 그들은 '내가 이런 꿈을 꾸었다! 내가 이런 꿈을 꾸었다!' 하고 떠든다. 내가 얼마나 더 참아야 하느냐? 그렇게 거짓말을 전하고 거창한 망상을 토해 내는 그 예언자들이 눈곱만큼이라도 나를 생각하겠느냐? 그들은 서로 꿈을 교환하고 망상을 바꿔 먹으면서, 내 백성을 미혹케 하여 나를 잊게 만든다. 우상 바알에게 미혹되었던 그들의 조상처럼 말이다.

28-29 꿈이나 꾸는 너희 예언자들,
계속 그렇게 얼빠진 꿈 이야기나 하고 다녀라.
그러나 나의 메시지를 받은 예언자들은
충실하고 성실하게 그것을 전하여라.
알곡과 쭉정이가 서로 무슨 상관이 있느냐?
하나님의 포고 같은 것이 또 어디 있으랴!
나의 메시지는 불같지 않느냐?" 하나님의 포고다.
"바위를 깨부수는 거대한 쇠망치 같지 않느냐?

30-31 서로 얻어 들은 것으로 설교하는 그 예언자들을 내가 대적하겠다. 그렇다. 내가 대적할 것이다. 그들은 자기들이 지어낸 말을 설교라 한다.

32 오, 그렇다. 몽상에 불과한 거짓말을 전하고, 그것을 나라 전역에 퍼뜨리며, 저속하고 무모한 말로 내 백성의 삶을 파멸시키는 예언자들을 내가 대적할 것이다.
나는 그들을 보낸 적이 없으며, 그들 중 누구에게도 권한을 부여한 적이 없다. 그들은 이 백성에게 아무 도움도 되지 않는, 백해무익한 존재들이다!" 하나님의 포고다.
33 "예언자나 제사장이나 그 누구든지 '하나님께서 왜 이렇게 말씀하시는 거요? 대체 뭐가 문제요?' 하고 묻거든, 그에게 이렇게 말해 주어라. '너다. 바로 네가 문제다. 그리고 나는 너를 없애 버릴 것이다.'" 하나님의 포고다.

34 "예언자와 제사장들을 포함해 입만 열면 '하나님의 메시지다! 하나님의 메시지다!' 하며 떠들고 다니는 자들, 내가 그들과 그 가족들을 벌할 것이다.
35-36 하나님이 뭐라고 말씀하는지 안다고 주장

25-27 "I know what they're saying, all these prophets who preach lies using me as their text, saying 'I had this dream! I had this dream!' How long do I have to put up with this? Do these prophets give two cents about me as they preach their lies and spew out their grandiose delusions? They swap dreams with one another, feed on each other's delusive dreams, trying to distract my people from me just as their ancestors were distracted by the no-god Baal.

28-29 "You prophets who do nothing but dream—
go ahead and tell your silly dreams.
But you prophets who have a message from me—
tell it truly and faithfully.
What does straw have in common with wheat?
Nothing else is like GOD's Decree.
Isn't my Message like fire?" GOD's Decree.
"Isn't it like a sledgehammer busting a rock?

30-31 "I've had it with the 'prophets' who get all their sermons secondhand from each other. Yes, I've had it with them. They make up stuff and then pretend it's a real sermon.

32 "Oh yes, I've had it with the prophets who preach the lies they dream up, spreading them all over the country, ruining the lives of my people with their cheap and reckless lies.
"I never sent these prophets, never authorized a single one of them. They do nothing for this people—*nothing!*" GOD's Decree.
33 "And anyone, including prophets and priests, who asks, 'What's GOD got to say about all this, what's troubling him?' tell him, 'You, you're the trouble, and I'm getting rid of you.'" GOD's Decree.

34 "And if anyone, including prophets and priests, goes around saying glibly 'GOD's Message! GOD's Message!' I'll punish him and his family.
35-36 "Instead of claiming to know what GOD says, ask questions of one another, such as 'How do we understand GOD in this?' But don't go around

할 것이 아니라, '이 일에 있어 하나님의 뜻이 무엇 일까' 하고 서로 물어보아라. 다 안다는 듯 '하나님께서 내게 이렇게 말씀하셨다. 이렇게도 말씀하셨다' 말하지 마라. 나는 그런 소리를 더 이상 듣고 싶지 않다. 오직 내가 권한을 부여한 자만이 나를 대변할 수 있다. 그렇지 않은 모든 자는 나의 메시지, 곧 살아 있는 만군의 하나님의 메시지를 왜곡하는 자다.
37-38 너희는 예언자들에게 '하나님께서 당신에게 어떻게 대답하셨소? 그분이 당신에게 뭐라고 말씀하셨소?' 하고 물을 수 있다. 그러나 너희는 답을 아는 척 가장하지 말고, 그렇게 말하지도 마라. 다시 말한다. '하나님께서 내게 이렇게 말씀하셨다. 이렇게도 말씀하셨다' 하는 식으로 말하는 것을 멈추어라.
39-40 귀담아듣고 있느냐? 그렇게 하지 않으면, 내가 너희를 들어 올려 바닥에 내팽개칠 생각이다. 내가 너희와 너희 조상에게 준 이 도성 전체가 함께 널브러질 것이다. 내가 너희를 대적할 것이다. 그냥 넘어가지 않을 것이다. 너희는 수치를 당하여 역사의 무대에서 사라질 것이다."

무화과 두 바구니

24 1-2 하나님께서 내게 하나님의 성전 앞에 놓인 무화과 두 바구니를 보여주셨다. 바빌론의 느부갓네살 왕이 예루살렘에 있던 유다 왕 여호야김의 아들 여호야긴과 유다의 지도자와 장인과 숙련공을 바빌론으로 끌고 간 뒤에 있었던 일이다. 한 바구니 안에는 먹음직스럽게 잘 익은 최상품 무화과가 들어 있었고, 다른 바구니에는 도저히 먹을 수 없을 정도로 썩어 버린 무화과가 들어 있었다.
3 하나님께서 내게 말씀하셨다. "예레미야야, 무엇이 보이느냐?"
"무화과입니다." 내가 말했다. "최상품 무화과와, 먹을 수 없을 정도로 썩어 버린 무화과입니다."
4-6 그러자 하나님께서 내게 말씀하셨다. "이스라엘의 하나님의 메시지다. 내가 멀리 바빌론 사람들의 땅으로 보낸 포로들은 최상품 무화과와 같다. 나는 그들이 거기서 좋은 대우를 받게 할 것이다. 그들을 잘 보살펴 다시 이 땅으로 데려올 것이다. 나는 그들을 세우고, 허물지 않을 것이다. 내가 그들을 심고, 뽑지 않을 것이다.
7 내가 그들에게 나 하나님을 아는 마음을 주어, 그들은 내 백성이 되고 나는 그들의 하나님이 될 것

pretending to know it all, saying 'God told me this...God told me that...' I don't want to hear it anymore. Only the person I authorize speaks for me. Otherwise, my Message gets twisted, the Message of the living GOD-of-the-Angel-Armies.
37-38 "You can ask the prophets, 'How did GOD answer you? What did he tell you?' But don't pretend that you know all the answers yourselves and talk like you know it all. I'm telling you: Quit the 'God told me this...God told me that...' kind of talk.
39-40 "Are you paying attention? You'd better, because I'm about to take you in hand and throw you to the ground, you and this entire city that I gave to your ancestors. I've had it with the lot of you. You're never going to live this down. You're going down in history as a disgrace."

Two Baskets of Figs

24 1-2 GOD showed me two baskets of figs placed in front of the Temple of GOD. This was after Nebuchadnezzar king of Babylon had taken Jehoiachin son of Jehoiakim king of Judah from Jerusalem into exile in Babylon, along with the leaders of Judah, the craftsmen, and the skilled laborers. In one basket the figs were of the finest quality, ripe and ready to eat. In the other basket the figs were rotten, so rotten they couldn't be eaten.
3 GOD said to me, "Jeremiah, what do you see?"
"Figs," I said. "Excellent figs of the finest quality, and also rotten figs, so rotten they can't be eaten."
4-6 Then GOD told me, "This is the Message from the GOD of Israel: The exiles from here that I've sent off to the land of the Babylonians are like the good figs, and I'll make sure they get good treatment. I'll keep my eye on them so that their lives are good, and I'll bring them back to this land. I'll build them up, not tear them down; I'll plant them, not uproot them.
7 "And I'll give them a heart to know me, GOD. They'll be my people and I'll be their God, for they'll have returned to me with all their hearts.
8-10 "But like the rotten figs, so rotten they can't

이다. 그들은 전심으로 내게 돌아올 것이다.

8-10 그러나 유다 왕 시드기야는 너무 썩어 먹을 수 없는 무화과와 같다. 나는 그와 그의 신하들을 썩은 무화과처럼 취급할 것이다. 이곳에 남은 생존자들과 이집트로 내려간 자들도 마찬가지다. 나는 온 세상이 그들을 역겨워하게 만들 것이다. 그들은 혐오감을 주는 유랑자들이 될 것이며, 내가 쫓아 보낸 곳마다 사람들이 그들의 이름을 욕으로 사용할 것이다. 나는 그들이 전쟁과 기아와 염병으로 떼죽음을 당하게 하고, 내가 그들과 그들 조상에게 주었던 땅에서 완전히 사라지게 만들 것이다."

바빌론 왕의 지배를 받으리라

25 1 유다 백성에 대해 예레미야에게 임한 메시지다. 때는 유다 왕 요시야의 아들 여호야김 사년, 곧 바빌론 느부갓네살 왕 원년이었다.

2 예언자가 유다의 모든 백성과 예루살렘 모든 주민에게 이 메시지를 전했다.

3 "유다 왕 아몬의 아들 요시야 십삼년부터 오늘에 이르기까지―이십삼 년 동안!―내게 하나님의 말씀이 임했고, 나는 이른 아침부터 밤늦게까지 매일 그것을 너희에게 전했다. 그런데 너희는 그 말을 한 마디도 귀 기울여 듣지 않았다!

4-6 하나님께서는 나뿐 아니라 끈질긴 예언자들을 쉼 없이 보내셨지만, 너희는 전혀 귀 기울이지 않았다. 예언자들은 너희에게 말했다. '돌아서라. 지금 당장, 한 사람도 빠짐없이! 너희 길과 악한 행실에서 돌아서라. 하나님이 너희와 너희 조상에게 준 땅, 너희에게 영원히 주려고 한 그 땅에서 살고 싶으면 돌아서라. 유행하는 신들을 좇지 말고, 우상들을 추종하여 숭배하지 마라. 신을 만들어 파는 사업을 벌여 나를 격노케 하지 마라. 위험하기 그지없는 불장난을 그쳐라!

7 그런데도 너희는 전혀 귀 기울여 듣지 않았고, 그래서 나는 진노했다. 너희가 벌여 온 신 장사가 마침내 너희에게 화를 불러왔다.'

8-11 이제 만군의 하나님의 선고를 들어라. '너희가 내 말에 귀 기울이기를 계속 거절했으니, 이제 내가 나서겠다. 나는 내 종 바빌론 왕 느부갓네살을 시켜 북방에서 군대를 일으키게 하고 그들을 이곳으로 데려와서, 이 땅과 그 백성과 주변 나라들을 모조리 치게 할 것이다. 내가 전부 진멸해 버릴 것이다. 역사상 가장 참혹한 일이 벌어질 것이다. 기쁨의 소리란 소리는 모조리 걷어낼 것이다. 노랫소리, 웃음소리, 결혼 축하연소리, 일꾼들의 흥겨운

be eaten, is Zedekiah king of Judah. Rotten figs—that's how I'll treat him and his leaders, along with the survivors here and those down in Egypt. I'll make them something that the whole world will look on as disgusting—repugnant outcasts, their names used as curse words wherever in the world I drive them. And I'll make sure they die like flies—from war, starvation, disease, whatever—until the land I once gave to them and their ancestors is completely rid of them."

Don't Follow the God-Fads of the Day

25 1 This is the Message given to Jeremiah for all the people of Judah. It came in the fourth year of Jehoiakim son of Josiah king of Judah. It was the first year of Nebuchadnezzar king of Babylon.

2 Jeremiah the prophet delivered the Message to all the people of Judah and citizens of Jerusalem:

3 From the thirteenth year of Josiah son of Amon king of Judah right up to the present day—twenty-three years it's been!—GOD's Word has come to me, and from early each morning to late every night I've passed it on to you. And you haven't listened to a word of it!

4-6 Not only that but GOD also sent a steady stream of prophets to you who were just as persistent as me, and you never listened. They told you, "Turn back—right now, each one of you!—from your evil way of life and bad behavior, and live in the land GOD gave you and your ancestors, the land he intended to give you forever. Don't follow the god-fads of the day, taking up and worshiping these no-gods. Don't make me angry with your god-businesses, making and selling gods—a dangerous business!

7 "You refused to listen to any of this, and now I am really angry. These god-making businesses of yours are your doom."

8-11 The verdict of GOD-of-the-Angel-Armies on all this: "Because you have refused to listen to what I've said, I'm stepping in. I'm sending for the armies out of the north headed by Nebuchadnezzar king of Babylon, my servant in this, and I'm setting them on this land and people and

소리, 등불을 켜고 저녁식사를 즐기는 소리가 모두 사라질 것이다. 땅 전체가 거대한 황무지가 될 것이다. 그 나라들은 칠십 년 동안 바빌론 왕의 지배를 받을 것이다.

12-14 칠십 년이 다 차면, 나는 바빌론 왕과 바빌론 나라의 죄를 물어 벌할 것이다. 이번에는 그들이 황무지가 될 것이다. 나는 그 나라에 행하겠다고 말한 모든 일을 이룰 것이다. 이 책에 기록된 모든 일, 예레미야가 그 사악한 민족들을 대적해 말했던 모든 일을 내가 낱낱이 이행할 것이다. 많은 민족과 대왕들이 바빌론 사람을 종으로 삼을 것이며, 그들이 다른 사람들에게 했던 그대로 되갚아 줄 것이다. 그들은 결코 무사하지 못할 것이다.' 하나님의 포고다."

모든 민족에게 내리는 진노의 잔

15-16 이스라엘의 하나님께서 내게 주신 메시지다. "내가 너에게 건네는 이 진노의 포도주 잔을 받아라. 내가 너를 모든 민족에게 보낼 때에, 그들이 이 잔을 마시게 하여라. 그들이 마시고 취할 것이다. 내가 그들 가운데 풀어 놓을 대학살 때문에 정신을 잃고 헛소리를 지껄이며 비틀거릴 것이다."

17-26 나는 하나님의 손에서 그 잔을 받아, 그분께서 나를 보내신 모든 민족에게 마시게 했다. 예루살렘과 유다의 마을과 그들의 왕과 고관들이 마시자, 모두 거대한 황무지로 변해 버렸다. 실로 끔찍하고 저주스런 광경이었다. 이것이 지금 그들의 모습이다.

이집트의 바로 왕과 그의 신하와 고관과 백성들, 그리고 그들과 섞여 사는 모든 외국인,
우스의 모든 왕,
아스글론과 가사와 에그론 출신 블레셋 사람의 모든 왕과 아스돗에 남아 있는 주민들,
에돔과 모압과 암몬 백성,
두로와 시돈과 바다 건너 해안 지방의 모든 왕,
드단과 데마와 부스와 사막 언저리의 유목민들,
아라비아의 모든 왕과 사막에서 옮겨 다니는 여러 베두인 족장과 추장들,
시므리와 엘람과 메대 사람의 모든 왕,
북쪽 나라의 모든 왕,
지구 위의 모든 왕국,
마지막으로 세삭(곧 바빌론)의 왕이 그 잔을 마시게 될 것이다.

even the surrounding countries. I'm devoting the whole works to total destruction – a horror to top all the horrors in history. And I'll banish every sound of joy – singing, laughter, marriage festivities, genial workmen, candlelit suppers. The whole landscape will be one vast wasteland. These countries will be in subjection to the king of Babylon for seventy years.

12-14 "Once the seventy years is up, I'll punish the king of Babylon and the whole nation of Babylon for their sin. Then *they'll* be the wasteland. Everything that I said I'd do to that country, I'll do – everything that's written in this book, everything Jeremiah preached against all the godless nations. Many nations and great kings will make slaves of the Babylonians, paying them back for everything they've done to others. They won't get by with anything." GOD's Decree.

God Puts the Human Race on Trial

15-16 This is a Message that the GOD of Israel gave me: "Take this cup filled with the wine of my wrath that I'm handing to you. Make all the nations where I send you drink it down. They'll drink it and get drunk, staggering in delirium because of the killing that I'm going to unleash among them."

17-26 I took the cup from GOD's hand and made them drink it, all the nations to which he sent me:

Jerusalem and the towns of Judah, along with their kings and leaders, turning them into a vast wasteland, a horror to look at, a cussword – which, in fact, they now are;
Pharaoh king of Egypt with his attendants and leaders, plus all his people and the melting pot of foreigners collected there;
All the kings of Uz;
All the kings of the Philistines from Ashkelon, Gaza, Ekron, and what's left of Ashdod;
Edom, Moab, and the Ammonites;
All the kings of Tyre, Sidon, and the coastlands across the sea;
Dedan, Tema, Buz, and the nomads on the fringe of the desert;
All the kings of Arabia and the various Bedouin sheiks and chieftains wandering about in the desert;
All the kings of Zimri, Elam, and the Medes;

27 "그들에게 전하여라. '만군의 하나님, 이스
라엘의 하나님께서 내리시는 명령이다. 너희
는 마시고 취하고 토하여라. 앞으로 자빠져
일어나지 마라. 너희에게 대학살이 예정되어
있다.'
28 그들 중 누구라도 네게서 잔을 받아 마시
기를 거절하는 자가 있으면, 이렇게 전하여
라. '만군의 하나님께서 네게 마시라고 명령
하셨다. 그러니 마셔라!
29 최악의 시간이 닥쳐올 것이다! 내가 나의
것으로 삼았던 이 도성에 대재앙을 내리기
시작했다. 빠져나갈 생각은 아예 마라. 너희
는 결코 빠져나가지 못할 것이다. 이것은 칼
이다. 온 세계의 모든 사람을 내리치는 칼이
다!'" 만군의 하나님의 포고다.

30-31 "예레미야야, 이 모든 말을 전하여라. 이
메시지 전부를 그들에게 전하여라.

'하나님께서 높은 하늘에서 사자처럼 포효하시니,
그분의 거룩한 거처에서 우르릉 천둥소리가 울려 나온다.
당신의 백성을 향해 귀청을 찢을 듯 고함을 치신다.
가을걷이 일꾼들의 환성소리 같은 고함이다.
그 거대한 소리가 온 땅에 울려 퍼진다.
모든 곳, 모든 자들에게 들린다.
하나님께서 사악한 민족들을 고발하신다.
그분이 온 인류를 심판하실 것이다.
악인들이 받게 될 선고는 명백하다.
모두 칼에 맞아 죽을 것이다.'" 하나님의 포고다.

32 만군의 하나님의 메시지다.

"최악의 시간이 닥쳐온다! 대재앙의 날이다!
재앙이 이 민족에서 저 민족으로 퍼져 나가리라.
온 땅을 휩쓸어 버릴
거대한 폭풍이 일어나리라."

33 그날에, 하나님의 심판을 받아 쓰러진 자

All the kings from the north countries near and far,
one by one;
All the kingdoms on planet Earth...
And the king of Sheshak (that is, Babylon) will be the last to drink.

27 "Tell them, 'These are orders from GOD-of-the-
Angel-Armies, the God of Israel: Drink and get drunk
and vomit. Fall on your faces and don't get up again.
You're slated for a massacre.'
28 "If any of them refuse to take the cup from you and
drink it, say to them, 'GOD-of-the-Angel-Armies has
ordered you to drink. So drink!
29 "'Prepare for the worst! I'm starting off the
catastrophe in the city that I claim as my own, so
don't think you are going to get out of it. No, you're
not getting out of anything. It's the sword and nothing
but the sword against everyone everywhere!'" The
GOD-of-the-Angel-Armies' Decree.

30-31 "Preach it all, Jeremiah. Preach the entire Message
to them. Say:

"'GOD roars like a lion from high heaven;
thunder rolls out from his holy dwelling—
Ear-splitting bellows against his people,
shouting hurrahs like workers in harvest.
The noise reverberates all over the earth;
everyone everywhere hears it.
GOD makes his case against the godless nations.
He's about to put the human race on trial.
For the wicked the verdict is clear-cut:
death by the sword.'" GOD's Decree.

32 A Message from GOD-of-the-Angel-Armies:

"Prepare for the worst! Doomsday!
Disaster is spreading from nation to nation.
A huge storm is about to rage
all across planet Earth."

33 Laid end to end, those killed in GOD's judgment
that day will stretch from one end of the earth to

들의 시체가 땅의 이쪽 끝에서 저쪽 끝까지 널브러질 것이다. 그들을 위해 우는 자 없고, 땅에 묻어 줄 자도 없으리라. 거름 똥처럼 땅에 그대로 방치될 것이다.

34-38 목자들아, 슬피 울어라! 도와 달라고 부르짖어라!
양 떼의 주인들아, 땅바닥에 엎드려라!
시간이 다 되었다. 도살장에 끌려가는
숫양 같은 너희가, 이제 그 차례다.
지도자들은 빠져나가지 못한다.
목자들도 도망가지 못한다.
들리느냐? 살려 달라고 지도자들이 울부짖는 소리,
양 떼의 목자들이 통곡하는 소리!
아름다웠던 그들의 목장을 하나님께서 황무지로
바꾸어 놓으실 것이다.
평화로웠던 양 우리에는,
하나님의 진노로 죽음 같은 정적만 흐르게 될 것이다.
느닷없이 달려드는 사자처럼,
하나님께서 불시에 나타나시리라.
그분의 진노로 온 나라가 갈기갈기 찢기고,
땅은 폐허가 될 것이다.

예레미야의 성전 설교

26 1 유다 왕 요시야의 아들 여호야김이 나라를 다스리기 시작할 무렵, 하나님의 메시지가 예레미야에게 임했다.

2-3 "하나님의 메시지다. 너는 하나님의 성전 뜰에 서서, 유다 전역에서 하나님을 예배하러 오는 백성에게 전하여라. 내가 이르는 말을 남김없이 전하여라. 한 마디도 빼지 마라. 행여 그들이 듣고 악한 삶에서 돌이킬지 어찌 알겠느냐. 그러면 나는 그들의 악행을 벌하기 위해 계획한 재앙을 다시 생각해 볼 것이다.

4-6 그들에게 전하여라. '하나님의 메시지다. 너희가 내게 귀 기울이기를 거부하고, 내가 분명하게 계시한 가르침을 따라 살기를 거부하고, 내가 끊임없이 보내는 나의 종과 예언자들의 말에 귀 기울이기를 계속 거부하면—한 번도 귀 기울인 적 없는 너희는 앞으로도 그럴 것이다!—나는 이 성전을 실로처럼 폐허로 만들 것이다. 이 도성을 온 세상의 조롱과 저주가 되게 할 것이다.'"

7-9 예레미야가 하나님의 성전에서 이 메시지를

the other. No tears will be shed and no burials conducted. The bodies will be left where they fall, like so much horse dung fertilizing the fields.

34-38 Wail, shepherds! Cry out for help!
Grovel in the dirt, you masters of flocks!
Time's up—you're slated for the slaughterhouse,
like a choice ram with its throat cut.
There's no way out for the rulers,
no escape for those shepherds.
Hear that? Rulers crying for help,
shepherds of the flock wailing!
GOD is about to ravage their fine pastures.
The peaceful sheepfolds will be silent with death,
silenced by GOD's deadly anger.
God will come out into the open
like a lion leaping from its cover,
And the country will be torn to pieces,
ripped and ravaged by his anger.

Change the Way You're Living

26 1 At the beginning of the reign of Jehoiakim son of Josiah king of Judah, this Message came from GOD to Jeremiah:

2-3 "GOD's Message: Stand in the court of GOD's Temple and preach to the people who come from all over Judah to worship in GOD's Temple. Say everything I tell you to say to them. Don't hold anything back. Just maybe they'll listen and turn back from their bad lives. Then I'll reconsider the disaster that I'm planning to bring on them because of their evil behavior.

4-6 "Say to them, 'This is GOD's Message: If you refuse to listen to me and live by my teaching that I've revealed so plainly to you, and if you continue to refuse to listen to my servants the prophets that I tirelessly keep on sending to you—but you've never listened! Why would you start now?—then I'll make this Temple a pile of ruins like Shiloh, and I'll make this city nothing but a bad joke worldwide.'"

7-9 Everybody there—priests, prophets, and people—heard Jeremiah preaching this Message

전하자, 그곳에 있던 모든 제사장과 예언자와 백성들이 들었다. 예레미야가 하나님이 이르신 모든 말씀을 남김없이 전하고 설교를 마치자, 제사장과 예언자와 백성들이 그를 붙잡고 소리쳤다. "너는 사형감이다! 감히 하나님의 이름을 들먹이며 이 성전이 실로처럼 폐허가 될 거라고 말하느냐? 이 도성 사람들이 다 전멸한다고?"
성전 안에 있던 백성 모두가 폭도처럼 예레미야에게 달려들었다.

10 유다 왕궁의 고관들이 이 일을 전해 들었다. 그들은 즉시 왕궁을 떠나 하나님의 성전에 와서 진상을 조사했다. 그리고 하나님의 성전 '새 대문' 어귀에서 현장 공판을 열었다.
11 먼저 예언자와 제사장들이 입을 열어 고관과 백성들을 향해 말했다. "이 자를 사형에 처하십시오! 그는 죽어 마땅합니다! 여러분이 들은 것처럼, 그는 이 도성을 저주하는 설교를 했습니다."
12-13 이번에는 예레미야가 군중이 보는 앞에서 고관들을 향해 말했다. "하나님이 나를 보내셔서, 여러분이 전해 들은 그 말씀 모두를 이 성전과 도성을 향해 전하라고 하셨습니다. 그러니 이제 응답하십시오! 여러분의 삶을 바꾸고, 행위를 바꾸십시오. 하나님의 메시지에 귀 기울이고 순종하십시오. 그렇게 되면, 하나님께서 내리겠다고 하신 재앙을 다시 생각하겠다고 말씀하십니다.
14-15 내 몸은 여러분의 손에 달려 있습니다. 여러분 마음대로 하십시오. 그러나 이것만은 분명히 알아 두십시오. 만일 여러분이 나를 죽인다면 그것은 죄 없는 자를 죽이는 일이고, 여러분과 이 도성과 이곳 백성 모두가 그 일에 대해 책임을 져야 할 것입니다. 나는 단 한 마디도 내 생각을 말하지 않았습니다. 하나님께서 나를 보내셨고, 내게 해야 할 말을 일러 주셨습니다. 여러분은 예레미야가 아니라 하나님께서 하시는 말씀을 들은 것입니다."
16 그러자 고관들이 백성 앞에서 제사장과 예언자들에게 판결을 내렸다. "석방하시오. 이 사람에게는 사형당할 만한 죄가 없소. 그는 우리 하나님의 권위에 기대어 말한 것이오."

17-18 그러자 존경받는 지도자들 가운데 몇몇이 일어나 군중을 향해 말했다. "유다 왕 히스기야가

in the Temple of GOD. When Jeremiah had finished his sermon, saying everything God had commanded him to say, the priests and prophets and people all grabbed him, yelling, "Death! You're going to die for this! How dare you preach–and using GOD's name!–saying that this Temple will become a heap of rubble like Shiloh and this city be wiped out without a soul left in it!"
All the people mobbed Jeremiah right in the Temple itself.

10 Officials from the royal court of Judah were told of this. They left the palace immediately and came to GOD's Temple to investigate. They held court on the spot, at the New Gate entrance to GOD's Temple.
11 The prophets and priests spoke first, addressing the officials, but also the people: "Death to this man! He deserves nothing less than death! He has preached against this city–you've heard the evidence with your own ears."
12-13 Jeremiah spoke next, publicly addressing the officials before the crowd: "GOD sent me to preach against both this Temple and city everything that's been reported to you. So do something about it! Change the way you're living, change your behavior. Listen obediently to the Message of your GOD. Maybe GOD will reconsider the disaster he has threatened.
14-15 "As for me, I'm at your mercy–do whatever you think is best. But take warning: If you kill me, you're killing an innocent man, and you and the city and the people in it will be liable. I didn't say any of this on my own. GOD sent me and told me what to say. You've been listening to *GOD* speak, not Jeremiah."
16 The court officials, backed by the people, then handed down their ruling to the priests and prophets: "Acquittal. No death sentence for this man. He has spoken to us with the authority of our GOD."

17-18 Then some of the respected leaders stood up and addressed the crowd: "In the reign of Hezekiah

다스릴 때에, 모레셋 사람 미가가 유다 백성을 향해 이런 설교를 한 적이 있습니다. '너희를 향한 만군의 하나님의 메시지다.

바로 너희 같은 자들 때문에
시온은 다시 밭으로 돌아가고,
예루살렘은 결국 돌무더기가 될 것이다.
산 위에는 성전 대신,
몇 그루 잡목만 서 있게 될 것이다.'

19 이런 설교를 했다고 히스기야 왕이나 유다 백성이 그 모레셋 사람 미가를 죽였습니까? 아닙니다. 오히려 히스기야는 그를 높이면서 하나님께 자비를 베풀어 달라고 기도하지 않았습니까? 그러자 하나님께서는 내리시겠다고 하신 재앙을 취소해 주시지 않았습니까?
그러니 여러분, 자칫하면 우리가 끔찍한 재앙을 불러들일 수 있습니다."

20-23 (전에 하나님의 이름으로 유사한 설교를 했던 사람으로, 기럇여아림 사람 스마야의 아들 우리야가 있었다. 그도 예레미야처럼 이 도성과 나라를 대적하는 설교를 했다. 그의 설교를 들은 여호야김 왕과 그의 고관들은 그를 죽이기로 작정했다. 목숨이 위태로워지자, 우리야는 이집트로 도망가 숨었다. 여호야김 왕이 악볼의 아들 엘라단에게 수색대를 딸려 보내 그를 추적하게 했다. 그들이 이집트에서 우리야를 찾아내어 왕 앞으로 데려왔다. 왕은 그를 죽이라고 명령했다. 그들은 그의 시신을 쓰레기 버리듯 도성 바깥에 던져 버렸다.
24 그러나 예레미야는 사반의 아들 아히감이 나서서 그의 편을 들어주었기에, 군중의 손에 죽는 것을 면할 수 있었다.)

거짓 예언자들과 싸우는 예레미야

27 1-4 유다 왕 요시야의 아들 시드기야 재위 초기에, 하나님께서 예레미야에게 메시지를 주셨다. "너는 마구와 멍에를 만들어 목에 메어라. 에돔과 모압과 암몬과 두로와 시돈의 왕들에게 전갈을 보내라. 유다 왕 시드기야를 만나러 예루살렘에 온 그들의 사신들을 통해 보내라. 그들에게, 가서 이 명령을 주인에게 전하라고 일러라. '만군의 하나님, 이스라엘의 하나님의 메

king of Judah, Micah of Moresheth preached to the people of Judah this sermon: This is GOD-of-the-Angel-Armies' Message for you:

"'Because of people like you,
Zion will be turned back into farmland,
Jerusalem end up as a pile of rubble,
and instead of the Temple on the mountain,
a few scraggly scrub pines.'

19 "Did King Hezekiah or anyone else in Judah kill Micah of Moresheth because of that sermon? Didn't Hezekiah honor him and pray for mercy from GOD? And then didn't GOD call off the disaster he had threatened?
"Friends, we're at the brink of bringing a terrible calamity upon ourselves."

20-23 (At another time there had been a man, Uriah son of Shemaiah from Kiriath-jearim, who had preached similarly in the name of GOD. He preached against this same city and country just as Jeremiah did. When King Jehoiakim and his royal court heard his sermon, they determined to kill him. Uriah, afraid for his life, went into hiding in Egypt. King Jehoiakim sent Elnathan son of Achbor with a posse of men after him. They brought him back from Egypt and presented him to the king. And the king had him killed. They dumped his body unceremoniously outside the city.
24 But in Jeremiah's case, Ahikam son of Shaphan stepped forward and took his side, preventing the mob from lynching him.)

Harness Yourselves Up to the Yoke

27 1-4 Early in the reign of Zedekiah son of Josiah king of Judah, Jeremiah received this Message from GOD: "Make a harness and a yoke and then harness yourself up. Send a message to the kings of Edom, Moab, Ammon, Tyre, and Sidon. Send it through their ambassadors who have come to Jerusalem to see Zedekiah king of Judah. Give them this charge to take back to their masters: 'This is a Message from GOD-of-

시지다. 너희 주인에게 이렇게 전하여라.
5-8 나는 땅과 사람과 세상 모든 짐승을 만든 이다. 나
는 누구의 도움 없이 혼자서 그 일을 했으며, 내가 만
든 것을 누구든지 내가 원하는 자에게 주어 맡긴다.
현재 나는 그 땅 전체를 나의 종 바빌론 왕 느부갓네
살에게 맡겼다. 나는 들짐승들도 그에게 복종하게 했
다. 민족들 모두가 그를 섬기고, 이후에는 그의 아들
과 그의 손자를 섬기게 될 것이다. 그러고 나면 그의
때가 다하여 세상이 뒤집힐 것이다. 그때 바빌론은
패자가 되어 종으로 전락할 것이다. 그러나 그 전까
지는, 모든 나라와 왕국이 바빌론 왕 느부갓네살에게
굴복하고 바빌론 왕의 멍에를 받아들여 그것을 메어
야 한다. 그렇게 하지 않는 민족은 내가 전쟁과 기근
과 염병으로 벌을 주어, 결국 내가 원하는 곳으로 끌
고 갈 것이다.
9-11 그러니 장래 일을 안다고 주장하며 너희더러 바
빌론 왕에게 항복하지 말라고 말하는 자들, 곧 너희
예언자와 영매와 점쟁이들의 말에 절대 귀 기울이지
마라. 그들은 뻔뻔한 거짓말을 늘어놓을 뿐이며, 너
희가 그 말을 듣다가는 고향 땅을 떠나 멀리 포로로
잡혀가게 될 것이다. 내가 직접 너희를 너희 땅에서
쫓아 보낼 것이다. 그것이 너희의 최후가 될 것이다.
그러나 바빌론 왕의 멍에를 받아들이고 그가 시키는
대로 따르는 민족은, 계속해서 자기 땅에서 생업을
돌보며 살 수 있게 할 것이다.'"
12-15 나는 유다 왕 시드기야에게도 같은 메시지를 전
했다. "바빌론 왕의 멍에를 메십시오. 그와 그의 백성
을 섬기십시오. 부디 목숨을 부지하십시오! 굳이 칼
에 맞아 죽고, 굶어 죽고, 병들어 죽는 길을 택할 까
닭이 무엇입니까? 하나님께서는 바빌론 쪽에 붙지
않는 모든 민족이 그렇게 될 것이라고 경고하십니다.
바빌론 왕에게 복종하지 말라고 전하는 예언자들의
말을 듣지 마십시오. 그것은 거짓말입니다. 거짓 설
교입니다. 이에 대한 하나님의 말씀은 이렇습니다.
'나는 그 예언자들을 보낸 적이 없는데도, 그들은 내
가 자기들을 보냈다고 주장하며 거짓 설교를 일삼는
다. 너희가 그들의 말을 듣고 따른다면, 나는 너희를
이 땅에서 쫓아낼 것이다. 그것이 너희와 거짓말하는
예언자들의 최후가 될 것이다.'"
16-22 마지막으로 나는 제사장과 백성 전체를 향해 말
했다. "하나님의 메시지입니다. 여러분에게 계속 '우
리를 믿어라. 탈취당한 하나님의 성전 기구들이 이
제 곧 바빌론에서 되돌아올 것이다' 하고 말하는 예언
자들의 설교에 귀 기울이지 마십시오. 거짓말입니다.
그들의 말을 듣지 마십시오. 바빌론 왕에게 무릎을

the-Angel-Armies, the God of Israel. Tell your
masters:
5-8 "'I'm the one who made the earth, man and
woman, and all the animals in the world. I did
it on my own without asking anyone's help
and I hand it out to whomever I will. Here and
now I give all these lands over to my servant
Nebuchadnezzar king of Babylon. I have made
even the wild animals subject to him. All
nations will be under him, then his son, and
then his grandson. Then his country's time will
be up and the tables will be turned: *Babylon*
will be the underdog servant. But until then,
any nation or kingdom that won't submit to
Nebuchadnezzar king of Babylon must take the
yoke of the king of Babylon and harness up. I'll
punish that nation with war and starvation and
disease until I've got them where I want them.
9-11 "'So don't for a minute listen to all your
prophets and spiritualists and fortunetellers,
who claim to know the future and who tell you
not to give in to the king of Babylon. They're
handing you a line of lies, barefaced lies, that
will end up putting you in exile far from home.
I myself will drive you out of your lands, and
that'll be the end of you. But the nation that
accepts the yoke of the king of Babylon and
does what he says, I'll let that nation stay right
where it is, minding its own business.'"
12-15 Then I gave this same message to Zedekiah
king of Judah: "Harness yourself up to the
yoke of the king of Babylon. Serve him and
his people. Live a long life! Why choose to
get killed or starve to death or get sick and
die, which is what GOD has threatened to any
nation that won't throw its lot in with Babylon?
Don't listen to the prophets who are telling you
not to submit to the king of Babylon. They're
telling you lies, *preaching lies*. GOD's Word on
this is, 'I didn't send those prophets, but they
keep preaching lies, claiming I sent them. If
you listen to them, I'll end up driving you out
of here and that will be the end of you, both
you and the lying prophets.'"
16-22 And finally I spoke to the priests and the

꿇고 목숨을 부지하십시오. 이 도성의 멸망과 폐허를 불러올 일을 왜 한단 말입니까? 그들이 진짜 예언자들이고 하나님의 메시지를 받는 자들이라면, 마땅히 만군의 하나님 앞에 나아가, 아직 하나님의 성전과 왕궁과 예루살렘에 남아 있는 기구들이 바빌론에 빼앗기지 않게 해달라고 기도해야 할 것입니다. 만군의 하나님께서 아직 남아 있는 성전 기구들—바빌론의 느부갓네살 왕이 여호야김의 아들 여호야긴과 유다와 예루살렘의 모든 지도자들을 포로로 잡아 바빌론으로 끌고 갈 때 가져가지 않고 남겨 놓은 기둥과 대형 청동대야, 받침대, 기타 여러 그릇과 잔들—에 대해 이미 말씀하신 바가 있지 않습니까? 그분은 하나님의 성전과 왕궁과 예루살렘에 남아 있는 기구들마저 결국 모두 바빌론으로 옮겨질 것이며, 하나님께서 '이제 내가 그것들을 다시 제자리에 돌려놓을 것이다' 하실 때까지 거기 있게 되리라고 말씀하셨습니다."

거짓 예언자 하나냐

28 1-2 그 후 같은 해에(시드기야 왕 사 년 다섯째 달이었다), 기브온 출신 예언자이자 앗술의 아들인 하나냐가 하나님의 성전에 모인 제사장들과 모든 백성 앞에서 예레미야와 맞섰다. 하나냐가 말했다.

2-4 "만군의 하나님, 이스라엘의 하나님께서 직접 주시는 메시지다. '내가 분명코 바빌론 왕의 멍에를 부서뜨릴 것이다. 두 해가 지나기 전에 내가 하나님의 성전 기구 전부와 바빌론 느부갓네살 왕이 약탈해 간 것들 전부를 이곳에 다시 돌려놓을 것이다. 또한 유다 왕 여호야김의 아들 여호야긴과 함께 바빌론으로 잡혀간 포로 전부를 다시 데려올 것이다.' 하나님의 포고다. '그렇다. 내가 바빌론 왕의 멍에를 부서뜨릴 것이다. 너희는 더 이상 그에게 매이지 않을 것이다.'"

5-9 그러자 예언자 예레미야가 그날 하나님의 성전에 있던 제사장들과 모든 백성 앞에서 예언자 하나냐를 향해 일어났다. 예언자 예레미야가 말했다. "놀랍소! 그것이 사실이었으면 정말 좋겠소. 하나님께서 성전 기구들과 포로로 잡혀간 이들을 다 바빌론에서 데려오셔서 당신의 설교를 입증해 주셨으면 정말 좋겠소. 하지만 내 말을 들으시오. 내가 당신과 여기

people at large: "This is GOD's Message: Don't listen to the preaching of the prophets who keep telling you, 'Trust us: The furnishings, plundered from GOD's Temple, are going to be returned from Babylon any day now.' That's a lie. Don't listen to them. Submit to the king of Babylon and live a long life. Why do something that will destroy this city and leave it a heap of rubble? If they are real prophets and have a Message from GOD, let them come to GOD-of-the-Angel-Armies in prayer so that the furnishings that are still left in GOD's Temple, the king's palace, and Jerusalem aren't also lost to Babylon. That's because GOD-of-the-Angel-Armies has already spoken about the Temple furnishings that remain—the pillars, the great bronze basin, the stands, and all the other bowls and chalices that Nebuchadnezzar king of Babylon didn't take when he took Jehoiachin son of Jehoiakim off to Babylonian exile along with all the leaders of Judah and Jerusalem. He said that the furnishings left behind in the Temple of GOD and in the royal palace and in Jerusalem will be taken off to Babylon and stay there until, in GOD's words, 'I take the matter up again and bring them back where they belong.'"

From a Wooden to an Iron Yoke

28 1-2 Later that same year (it was in the fifth month of King Zedekiah's fourth year) Hananiah son of Azzur, a prophet from Gibeon, confronted Jeremiah in the Temple of GOD in front of the priests and all the people who were there. Hananiah said:

2-4 "This Message is straight from GOD-of-the-Angel-Armies, the God of Israel: 'I will most certainly break the yoke of the king of Babylon. Before two years are out I'll have all the furnishings of GOD's Temple back here, all the things that Nebuchadnezzar king of Babylon plundered and hauled off to Babylon. I'll also bring back Jehoiachin son of Jehoiakim king of Judah and all the exiles who were taken off to Babylon.' GOD's Decree. 'Yes, I will break the king of Babylon's yoke. You'll no longer be in harness to him.'"

5-9 Prophet Jeremiah stood up to prophet Hananiah in front of the priests and all the people who were in GOD's Temple that day. Prophet Jeremiah said,

있는 모든 백성에게 하는 말을 잘 들으시오. 옛 예언자들, 우리 이전 시대의 예언자들은 많은 나라와 왕국을 향해 심판의 메시지를 전했소. 전쟁과 재앙과 기근이 닥칠 것이라 경고했소. 그러나 모든 일이 잘 될 것이니 걱정할 필요가 전혀 없다고 설교하는 예언자는 드물었소. 그것은 몹시 이례적인 경우요. 그러니 우리는 두고 볼 것이오. 당신이 말한 대로 일이 진행된다면, 우리는 당신을 하나님께서 보내신 예언자로 알 것이오."

10-11 그러자 하나냐가 예레미야의 어깨에서 멍에를 잡아채 부숴 버렸다. 그러고는 백성들을 향해 말했다. "하나님의 메시지요. '내가 바로 이렇게 바빌론 왕의 멍에를 부서뜨릴 것이며, 이 년 내에 모든 민족의 목에서 그의 멍에를 풀어 줄 것이다.'"

예레미야가 그 자리를 떠났다.

12-14 하나냐가 예레미야의 멍에를 풀어 부서뜨리고 나서 얼마 후에, 하나님께서 예레미야에게 메시지를 주셨다. "하나냐에게 다시 가서 전하여라. '하나님의 메시지다. 네가 나무 멍에를 부서뜨렸다만, 이제 네게는 쇠 멍에가 씌워졌다. 이스라엘의 하나님인 만군의 하나님의 메시지다. 내가 이 민족 모두에게 쇠 멍에를 씌웠다. 그들 모두 바빌론 느부갓네살 왕에게 매여서, 그가 시키는 대로 하게 될 것이다. 나는 들짐승도 다 그에게 복종하게 만들 것이다.'"

15-16 예언자 예레미야가 예언자 하나냐에게 말했다. "이보시오, 하나냐! 하나님께서는 당신을 보내신 적이 없소. 그런데도 당신은 온 나라를 속여 당신의 거짓말에 넘어가게 했소! 그러니 하나님께서 당신에게 말씀하시오. '내가 너를 보냈다고 주장하느냐? 좋다. 내가 너를 이 땅에 발붙이지 못하도록 보내 버리겠다! 감히 하나님을 거역하도록 선동했으니, 올해가 가기 전에 네가 죽을 것이다.'"

17 예언자 하나냐는 그해 일곱째 달에 죽었다.

포로에게 보낸 편지

29

1-2 이것은 예루살렘에 있던 예언자 예레미야가 포로로 잡혀간 사람들 중에 살아남은 장로와 제사장과 예언자들, 또 여호야긴 왕과 그의 모후와 관료와 모든 기술자와 장인들을 비롯해, 느부갓네살이 포로로

"Wonderful! Would that it were true—that GOD would validate your preaching by bringing the Temple furnishings and all the exiles back from Babylon. But listen to me, listen closely. Listen to what I tell both you and all the people here today: The old prophets, the ones before our time, preached judgment against many countries and kingdoms, warning of war and disaster and plague. So any prophet who preaches that everything is just fine and there's nothing to worry about stands out like a sore thumb. We'll wait and see. If it happens, it happens—and then we'll know that GOD sent him."

10-11 At that, Hananiah grabbed the yoke from Jeremiah's shoulders and smashed it. And then he addressed the people: "This is GOD's Message: In just this way I will smash the yoke of the king of Babylon and get him off the neck of all the nations—and within two years."

Jeremiah walked out.

12-14 Later, sometime after Hananiah had smashed the yoke from off his shoulders, Jeremiah received this Message from GOD: "Go back to Hananiah and tell him, 'This is GOD's Message: You smashed the wooden yoke-bars; now you've got iron yoke-bars. This is a Message from GOD-of-the-Angel-Armies, Israel's own God: I've put an iron yoke on all these nations. They're harnessed to Nebuchadnezzar king of Babylon. They'll do just what he tells them. Why, I'm even putting him in charge of the wild animals.'"

15-16 So prophet Jeremiah told prophet Hananiah, "Hold it, Hananiah! GOD never sent you. You've talked the whole country into believing a pack of lies! And so GOD says, 'You claim to be sent? I'll send you all right—right off the face of the earth! Before the year is out, you'll be dead because you fomented sedition against GOD.'"

17 Prophet Hananiah died that very year, in the seventh month.

Plans to Give You the Future You Hope For

29

1-2 This is the letter that the prophet Jeremiah sent from Jerusalem to what was left of the elders among the exiles, to the priests and prophets and all the exiles whom Nebuchadnezzar had taken to Babylon from Jerusalem, including King Jehoiachin,

잡아 바빌론으로 끌고 간 모든 사람들에게 써 보
낸 편지다.
3 이 편지는 유다 왕 시드기야가 바빌론 왕 느부
갓네살에게 보낸 사반의 아들 엘라사와 힐기야
의 아들 그마랴 편에 전달했는데, 편지의 내용
은 이러하다.

4 만군의 하나님, 이스라엘의 하나님의 메시
지다. 내가 예루살렘에서 바빌론으로 잡혀가
게 한 모든 포로에게 말한다.
5 "너희는 거기서 집을 짓고 정착해 살아라.
과수원을 만들고, 그 나라에서 자라는 것들을
먹어라.
6 결혼해서 아이를 낳아라. 너희 자녀들도 결
혼시키고 아이를 낳게 하여 그 나라에서 번성
하여라. 수가 줄지 않게 하여라.
7 그곳을 고향 삼아 지내고 그 나라를 위해 일
하여라.
그리고 바빌론의 번창을 위해 기도하여라. 바
빌론이 잘되는 것이 너희에게도 좋은 일로 여
겨라."
8-9 그렇다. 믿기지 않겠지만, 이것이 만군의
하나님, 이스라엘의 하나님의 메시지다. "너
희 주변에 널리고 널린, 이른바 설교자와 박
사들의 거짓말에 속아 넘어가지 마라. 듣기
좋으라고 하는 그들의 이야기에 관심을 보이
지 마라. 모두 꾸며 낸 이야기에 불과하다. 그
들은 거짓 설교를 일삼는 사기꾼 집단이다.
내가 자기들을 보냈다고 우긴다만, 나는 그들
을 보낸 적이 없다. 전혀 근거 없는 소리다."
하나님의 포고다!
10-11 이에 대한 하나님의 말씀이다. "하루도
모자라지 않게 바빌론에서 칠십 년이 다 채워
지면, 내가 너희 앞에 나타나서 약속한 대로
너희를 돌보고 너희를 고향으로 데려갈 것이
다. 나는 내가 할 일을 안다. 그 일을 계획한
이가 바로 나다. 나는 너희를 돌보기 위해 계
획을 세웠다. 너희를 포기하려는 계획이 아니
라, 너희가 꿈꾸는 내일을 주려는 계획이다.
12 너희가 나를 부르고, 내게 와서 기도하면,
내가 들어줄 것이다.
13-14 너희가 나를 찾아오면, 내가 만나 줄 것
이다.
그렇다. 너희가 진지하게 나를 찾고 무엇보다
간절히 나를 원하면, 나는 결코 너희를 실망

the queen mother, the government leaders, and all
the skilled laborers and craftsmen.
3 The letter was carried by Elasah son of Shaphan
and Gemariah son of Hilkiah, whom Zedekiah
king of Judah had sent to Nebuchadnezzar king of
Babylon. The letter said:

4 This is the Message from GOD-of-the-Angel-
Armies, Israel's God, to all the exiles I've taken
from Jerusalem to Babylon:
5 "Build houses and make yourselves at home.
"Put in gardens and eat what grows in that country.
6 "Marry and have children. Encourage your
children to marry and have children so that you'll
thrive in that country and not waste away.
7 "Make yourselves at home there and work for
the country's welfare.
"Pray for Babylon's well-being. If things go well
for Babylon, things will go well for you."
8-9 Yes. Believe it or not, this is the Message from
GOD-of-the-Angel-Armies, Israel's God: "Don't
let all those so-called preachers and know-it-alls
who are all over the place there take you in with
their lies. Don't pay any attention to the fantasies
they keep coming up with to please you. They're
a bunch of liars preaching lies–and claiming I
sent them! I never sent them, believe me." GOD's
Decree!
10-11 This is GOD's Word on the subject: "As soon
as Babylon's seventy years are up and not a day
before, I'll show up and take care of you as I
promised and bring you back home. I know what
I'm doing. I have it all planned out–plans to take
care of you, not abandon you, plans to give you
the future you hope for.
12 "When you call on me, when you come and
pray to me, I'll listen.
13-14 "When you come looking for me, you'll find me.
"Yes, when you get serious about finding me and
want it more than anything else, I'll make sure
you won't be disappointed." GOD's Decree.
"I'll turn things around for you. I'll bring you
back from all the countries into which I drove
you"–GOD's Decree–"bring you home to the
place from which I sent you off into exile. You

시키지 않을 것이다." 하나님의 포고다.

"내가 너희를 위해 상황을 뒤집을 것이다. 내가 너희를 쫓아 보낸 모든 나라에서 다시 너희를 이끌어 낼 것이다." 하나님의 포고다. "포로로 끌려가게 했던 곳에서 다시 너희를 찾아 데려올 것이다. 반드시 그렇게 할 것이다.

15-19 그러나 지금 너희는 자칭 '바빌론 전문가'라는 신식 예언자들에게 붙어, 그들을 '하나님이 우리를 위해 보내신 예언자들'이라고 부르며 따르고 있다. 하나님은 그 일부터 바로잡을 것이다. 지금 다윗 보좌에 앉아 있는 왕과, 너희와 함께 포로로 잡혀 오지 않고 예루살렘에 남은 백성 앞에 고난이 기다리고 있다. 만군의 하나님이 말한다. 잘 보아라! 재앙이 오고 있다. 전쟁과 기근과 질병이다! 그들은 썩은 사과들이다. 전쟁과 기근과 질병을 통해 내가 그들을 그 나라에서 모조리 치워 버릴 것이다. 온 세상이 그 악취에 코를 막고, 끔찍한 광경에 눈을 돌릴 것이다. 그들은 빈민굴에 갇혀 사는 신세가 될 것이다. 그들은 내가 보낸 나의 종들이 쉼 없이 다급하게 전한 말들, 곧 예언자들을 통해 내가 한 말들에 조금도 귀 기울이지 않았다." 하나님의 포고다.

20-23 "내가 예루살렘에서 바빌론으로 보낸 너희 포로들아, 너희에게 주는 하나님의 메시지에 귀 기울여라. 골라야의 아들 아합과 마아세야의 아들 시드기야에 대한 말이다. 내 이름으로 거짓 설교를 하는 그 '바빌론 전문가들'을, 내가 바빌론 왕 느부갓네살에게 넘겨줄 것이다. 그리고 바빌론 왕은 그들을 너희가 보는 앞에서 죽일 것이다. 유다에서 잡혀 온 포로들은 이후 남을 저주할 때 그 처형식에서 본 광경을 들어 말하리라. '바빌론 왕이 시드기야와 아합을 불사른 것처럼 하나님께서 너를 불에 바싹 태워 죽이시기를!' 섹스에 미친 짐승이자 예언자를 사칭한 그 자들은 마땅히 받아야 할 벌을 받을 것이다. 그들은 손에 닿는 모든 여자들을—심지어 이웃의 아내들도—침실로 끌어들였고, 나의 메시지라며 거짓을 설교했다. 나는 그들을 보낸 적이 없다. 그들은 나와 무관하다." 하나님의 포고다.

"그들은 결코 무사하지 못할 것이다. 내가 그 모든 악행을 목격했다."

24-26 느헬람 사람 스마야에 대한 하나님의 메시지

can count on it.

15-19 "But for right now, because you've taken up with these newfangled prophets who set themselves up as 'Babylonian specialists,' spreading the word 'GOD sent them just for us!' GOD is setting the record straight: As for the king still sitting on David's throne and all the people left in Jerusalem who didn't go into exile with you, they're facing bad times. GOD-of-the-Angel-Armies says, 'Watch this! Catastrophe is on the way: war, hunger, disease! They're a barrel of rotten apples. I'll rid the country of them through war and hunger and disease. The whole world is going to hold its nose at the smell, shut its eyes at the horrible sight. They'll end up in slum ghettos because they wouldn't listen to a thing I said when I sent my servant-prophets preaching tirelessly and urgently. No, they wouldn't listen to a word I said.'" GOD's Decree.

20-23 "And you—you exiles whom I sent out of Jerusalem to Babylon—listen to GOD's Message to you. As far as Ahab son of Kolaiah and Zedekiah son of Maaseiah are concerned, the 'Babylonian specialists' who are preaching lies in my name, I will turn them over to Nebuchadnezzar king of Babylon, who will kill them while you watch. The exiles from Judah will take what they see at the execution and use it as a curse: 'GOD fry you to a crisp like the king of Babylon fried Zedekiah and Ahab in the fire!' Those two men, sex predators and prophet-impostors, got what they deserved. They pulled every woman they got their hands on into bed—their neighbors' wives, no less—and preached lies claiming it was my Message. I never sent those men. I've never had anything to do with them." GOD's Decree.

"They won't get away with a thing. I've witnessed it all."

24-26 And this is the Message for Shemaiah the Nehelamite: "GOD-of-the-Angel-Armies, the God of Israel, says: You took it on yourself to send letters to all the people in Jerusalem and to the priest Zephaniah son of Maaseiah and the company of priests. In your letter you told Zephaniah that GOD

다. "만군의 하나님, 이스라엘의 하나님이 말한다. 너는 예루살렘의 백성과 마아세야의 아들 제사장 스바냐와 그 동료 제사장들에게 네 멋대로 편지를 써서 보냈다. 그 편지에서 너는 스바냐에게 이렇게 말했다. '하나님께서는 당신을 제사장 여호야다를 대신할 제사장으로 세우셨소. 그리고 하나님의 성전 일과 예언자 행세를 하는 미치광이들을 잡아 가두는 일을 맡기셨소.

27-28 그런데 어째서 예언자를 자처하며 돌아다니는 저 아나돗 사람 예레미야를 가두어 그의 입에 재갈을 물리지 않는 거요? 그는 바빌론에 있는 우리에게, 이 포로생활은 아주 오래갈 것이니 이곳에 집을 짓고 고향 삼아 살며, 과수원을 만들고 바빌론의 요리를 배우라고 편지를 써 보내기까지 했소.'"

29 제사장 스바냐가 이 편지를 예언자 예레미야에게 읽어 주었다.

30-32 그때 하나님께서 예레미야에게 말씀하셨다. "이 메시지를 바빌론 포로들에게 전하여라. 하나님이 느헬람 사람 스마야에 대해 한 말을 그들에게 전하여라. 스마야는 거짓을 설교하고 있다. 나는 그를 보낸 일이 없다. 그는 거짓말로 너희를 속이고 있다. 그래서 나 하나님이 선고를 내린다. 나는 느헬람 사람 스마야와 그의 가족을 벌할 것이다. 그는 재산 전부와 가족 모두를 잃게 될 것이다. 그의 가문 중에는 살아남아서 내가 장차 내 백성에게 가져올 좋은 날을 볼 자가 없을 것이다. 이는 그가 나를 거슬러 반역을 꾀했기 때문이다." 하나님의 포고다.

이스라엘아, 절망하지 마라

30 1-2 하나님께서 예레미야에게 주신 메시지다. "이스라엘의 하나님의 메시지다. '내가 네게 이르는 말 전부를 책에 적어라.

3 보아라. 내가 내 백성, 이스라엘과 유다를 위해 모든 상황을 뒤집을 날이 다가오고 있다. 나 하나님이 말한다. 나는 그들의 조상에게 주었던 땅으로 그들을 다시 데려올 것이다. 그들이 다시 그 땅을 차지하게 될 것이다.'"

4 하나님께서 이스라엘과 유다에게 하신 말씀은 이러하다.

5-7 "하나님의 메시지다.

'비명소리가 들린다.

set you up as priest replacing priest Jehoiadah. He's put you in charge of GOD's Temple and made you responsible for locking up any crazy fellow off the street who takes it into his head to be a prophet.

27-28 "So why haven't you done anything about muzzling Jeremiah of Anathoth, who's going around posing as a prophet? He's gone so far as to write to us in Babylon, 'It's going to be a long exile, so build houses and make yourselves at home. Plant gardens and prepare Babylonian recipes.'"

29 The priest Zephaniah read that letter to the prophet Jeremiah.

30-32 Then GOD told Jeremiah, "Send this Message to the exiles. Tell them what GOD says about Shemaiah the Nehelamite: Shemaiah is preaching lies to you. I didn't send him. He is seducing you into believing lies. So this is GOD's verdict: I will punish Shemaiah the Nehelamite and his whole family. He's going to end up with nothing and no one. No one from his family will be around to see any of the good that I am going to do for my people because he has preached rebellion against me." GOD's Decree.

Don't Despair, Israel

30 1-2 This is the Message Jeremiah received from GOD: "GOD's Message, the God of Israel: 'Write everything I tell you in a book.

3 "'Look. The time is coming when I will turn everything around for my people, both Israel and Judah. I, GOD, say so. I'll bring them back to the land I gave their ancestors, and they'll take up ownership again.'"

4 This is the way GOD put it to Israel and Judah:

5-7 "GOD's Message:

평화가 산산조각이 났다.
주위에 물어보아라! 주변을 둘러보아라!
아니, 남자도 해산하느냐?
아니라면, 남자들이 왜 저렇게
해산하는 여인처럼 잔뜩 찌푸리고
백지장처럼 창백한 얼굴로
자기 배를 움켜잡고 있단 말이냐?
전무후무한
흑암의 날이다!
야곱에게 닥친 환난의 때다.
그러나 야곱은 살아남을 것이다.

8-9 내가 그 흑암 속으로 찾아갈 것이다.
그들의 목에서 멍에를 벗겨 부수고,
그들을 마구에서 풀어 주리라.
그들은 더 이상 이방인들의 종으로 부역하지 않을 것이다!
그들은 자기들의 하나님을 섬기고,
내가 그들을 위해 세울 다윗 왕을 섬기게 되리라.

10-11 그러니 야곱아, 사랑하는 종아, 두려워하지 마라.
이스라엘아, 절망하지 마라.
고개를 들어 위를 보아라! 내가 너를 먼 타향살이에서 구원하고,
포로로 잡혀갔던 네 자녀들을 되찾아 줄 것이다.
야곱이 돌아와,
안전하고 평안하며 복된 삶을 누리리라.
내가 너와 함께하고, 너를 구원해 줄 것이다.
내가 너를 쫓아내어 여러 민족들로 흩어 버렸지만,
그 이방 민족들을 모조리 끝장낼 것이다.
그러나 너는 끝장내지 않을 것이다.
너를 벌하기는 하겠지만, 공정한 벌로 다스릴 것이다.
그저 손바닥 때리는 정도로 넘어가지는 않을 것이다.'

12-15 하나님의 메시지다.

'너는 만신창이,
죽은 목숨이다.
다들 너를 내팽개쳤다.
너는 가망이 없다.
네가 잘나갈 때 어울리던 친구들은
뒤도 돌아보지도 않고 너를 등지고 떠났다.
너를 이렇게 때려눕힌 이는 바로 나다.
이처럼 네게 결코 잊지 못할 벌을 내린 것은,
너의 죄가 극악하고

"'Cries of panic are being heard.
The peace has been shattered.
Ask around! Look around!
Can men bear babies?
So why do I see all these he-men
holding their bellies like women in labor,
Faces contorted,
pale as death?
The blackest of days,
no day like it ever!
A time of deep trouble for Jacob—
but he'll come out of it alive.

8-9 "'And then I'll enter the darkness.
I'll break the yoke from their necks,
Cut them loose from the harness.
No more slave labor to foreigners!
They'll serve their GOD
and the David-King I'll establish for them.

10-11 "'So fear no more, Jacob, dear servant.
Don't despair, Israel.
Look up! I'll save you out of faraway places,
I'll bring your children back from exile.
Jacob will come back and find life good,
safe and secure.
I'll be with you. I'll save you.
I'll finish off all the godless nations
Among which I've scattered you,
but I won't finish you off.
I'll punish you, but fairly.
I won't send you off with just a slap on the wrist.'

12-15 "This is GOD's Message:

"'You're a burned-out case,
as good as dead.
Everyone has given up on you.
You're hopeless.
All your fair-weather friends have skipped town
without giving you a second thought.
But I delivered the knockout blow,
a punishment you will never forget,

네가 지은 죄의 목록이 끝도 없기 때문이다.
그러니, 상처를 핥으며 자기연민에 빠져 있을
필요 없다.
너는 받아 마땅한 벌을 받은 것이다. 실은 더 많
이 받아야 마땅하다.
너의 죄가 극악하고
네가 지은 죄의 목록이 끝도 없어,
내가 네게 이런 벌을 내렸다.

16-17 너를 해치는 자는 누구든지 해를 당하리라.
너의 적들은 종이 될 것이다.
너를 약탈한 자들이 약탈을 당하고,
너를 탈취한 자들이 탈취를 당할 것이다.
너에게는, 내가 너를 찾아와 치유해 주리라.
불치의 병을 치유해 줄 것이다.
모두가 가망 없다고,
아무짝에도 쓸모없는 시온이라며
내팽개쳤던 너를 고쳐 주리라.'

18-21 다시, 하나님의 메시지다.

'내가 야곱을 위해 사태를 역전시켜 줄 것이다.
그를 가엾게 여겨 장막을 재건해 줄 것이다.
마을이 다시 옛 토대 위에 재건될 것이다.
다시 웅장한 저택이 세워질 것이다.
집집마다 감사가 창문 밖으로 흘러넘치고,
웃음이 문 밖으로 흘러나오리라.
갈수록 형편이 나아질 것이다.
암울했던 시절은 이제 지나갔다.
그들은 번성하고 번창할 것이다.
멸시받던 시절은 이제 지나갔다.
그들은 다시 아이를 낳고 싶어 하며,
내가 자랑스럽게 여길 공동체를 이룰 것이다.
그들을 해치는 자는 내가 누구든지 벌할 것이다.
그들 안에서 다스릴 자가 나올 것이다.
그들 중에 지도자가 나오고,
그들을 통치할 자가 나올 것이다.
나는 그가 언제라도 내 앞에 나올 수 있게 허락
할 것이다.
누가 감히 목숨을 걸고, 초대도 없이
내 앞에 나올 수 있겠느냐?' 하나님의 포고다.

22 '그렇다. 너희는 나의 백성이 되고,
나는 너희의 하나님이 될 것이다.'"

Because of the enormity of your guilt,
the endless list of your sins.
So why all this self-pity, licking your wounds?
You deserve all this, and more.
Because of the enormity of your guilt,
the endless list of your sins,
I've done all this to you.

16-17 "'Everyone who hurt you will be hurt;
your enemies will end up as slaves.
Your plunderers will be plundered;
your looters will become loot.
As for you, I'll come with healing,
curing the incurable,
Because they all gave up on you
and dismissed you as hopeless—
that good-for-nothing Zion.'

18-21 "Again, GOD's Message:

"'I'll turn things around for Jacob.
I'll compassionately come in and rebuild homes.
The town will be rebuilt on its old foundations;
the mansions will be splendid again.
Thanksgivings will pour out of the windows;
laughter will spill through the doors.
Things will get better and better.
Depression days are over.
They'll thrive, they'll flourish.
The days of contempt will be over.
They'll look forward to having children again,
to being a community in which I take pride.
I'll punish anyone who hurts them,
and their prince will come from their own ranks.
One of their own people shall be their leader.
Their ruler will come from their own ranks.
I'll grant him free and easy access to me.
Would anyone dare to do that on his own,
to enter my presence uninvited?' GOD's Decree.

22 "'And that's it: You'll be my very own people,
I'll be your very own God.'"

23-24 Look out! GOD's hurricane is let loose,
his hurricane blast,

23-24 보아라! 하나님의 폭풍이 터져 나온다.
그분의 폭풍 같은 진노가
회오리바람이 되어, 사악한 자들의 머리를 날려 버린다!
다 쓸어버리고,
시작하신 일을 모두 끝낸 다음에야,
하나님의 맹렬한 진노가 누그러진다.
그 일이 끝나면,
너희는 그 일이 완수되었음을 보게 될 것이다.

31

1 하나님의 포고다. "그 일이 이루어지면,
정오의 태양만큼이나 분명해지리라.
나는 이스라엘 모든 남녀와 아이들의 하나님이 되고,
그들은 나의 친 백성이 될 것이다."

2-6 하나님께서 이렇게 말씀하신다.

"그들, 살육에서 살아남은 백성이
사막에서 은혜를 찾아냈다.
쉴 곳을 찾아다니다 마침내 이스라엘이,
그들을 찾아오신 하나님을 만났다!"
하나님이 그들에게 말씀하셨다. "나는 너를 사랑하지 않은 적이 없고,
앞으로도 그럴 것이다.
사랑을 기대하여라. 더 많이 기대하여라!
사랑하는 처녀 이스라엘아,
내가 너와 다시 시작할 것이다. 너를 다시 일으켜 주리라.
다시 탬버린을 들고 춤추며,
너는 노래하게 될 것이다.
예전처럼
사마리아 언덕에 포도원을 만들고,
느긋이 앉아 그 열매를 즐길 것이다.
오, 그 수확이 너에게 기쁨을 선사하리라!
에브라임의 언덕 꼭대기에서 파수꾼들이
이렇게 소리쳐 부를 날이 오고 있다.
'일어나라! 시온으로 가자.
우리 하나님을 만나러 가자!'"

7 그렇다. 하나님께서 그렇게 말씀하신다.

Spinning the heads of the wicked like dust devils!
God's raging anger won't let up
Until he's made a clean sweep
completing the job he began.
When the job's done
you'll see it's been well done.

31

1 "And when that happens"—GOD's Decree—
"it will be plain as the sun at high noon:
I'll be the God of every man, woman, and child in Israel
and they shall be my very own people."

2-6 This is the way GOD put it:

"They found grace out in the desert,
these people who survived the killing.
Israel, out looking for a place to rest,
met God out looking for them!"
GOD told them, "I've never quit loving you and never will.
Expect love, love, and more love!
And so now I'll start over with you and build you up again,
dear virgin Israel.
You'll resume your singing,
grabbing tambourines and joining the dance.
You'll go back to your old work of planting vineyards
on the Samaritan hillsides,
And sit back and enjoy the fruit—
oh, how you'll enjoy those harvests!
The time's coming when watchmen will call out
from the hilltops of Ephraim:
'On your feet! Let's go to Zion,
go to meet our GOD!'"

7 Oh yes, GOD says so:

"Shout for joy at the top of your lungs for Jacob!
Announce the good news to the number-one

"야곱을 향해 목이 터져라 환호성을 질러라!
그 일등 민족에게 희소식을 전하여라!
환호성을 올려라! 찬송을 불러라. 선포하여라.
'하나님께서 당신의 백성을 구원하셨다.
이스라엘의 알맹이를 남겨 주셨다.'

8 이제 장차 일어날 일을 잘 보아라.

내가 내 백성을
북방 나라에서 다시 데려오고,
땅끝에서 모아들일 것이다.
눈먼 자들,
다리 절고 절뚝거리는 자들,
임신한 여인들,
산고가 시작된 임산부까지도 모아,
그 거대한 무리를, 다 데려올 것이다!

9 그들을 보아라! 기쁨의 눈물을 흘리며 올 것이다.
내가 친히 그들의 손을 잡고 길잡이가 되어 주리라.
물이 흐르는 시냇가로,
평탄하게 잘 닦인 길로 인도해 주리라.
그렇다. 나는 이스라엘의 아버지이고
에브라임은 나의 맏아들이기 때문이다!

10-14 뭇 민족들아, 들어라! 하나님의 메시지다!
세계만방에 이를 널리 알려라!
그들에게 전하여라. '이스라엘을 흩어 버리신 분께서
다시 그들을 모으실 것이다.
자기 양 떼를 보살피는 목자같이,
이제부터 그들을 보살펴 주실 것이다.'
나 하나님이 야곱의 몸값을 다 치르고,
그를 불한당 바빌론의 손아귀에서 건져 낼 것이다.
백성이 시온의 비탈길을 오르며 기쁨의 환성을 지
를 것이며,
하나님이 주는 풍성한 밀과 포도주와 기름과
양 떼와 소 떼로,
그 얼굴이 기쁨으로 빛날 것이다.
그들의 삶은 물 댄 동산 같을 것이며,
다시는 메마르지 않을 것이다.
젊은 여인들이 덩실덩실 춤을 추고,
젊은이와 노인들도 따라 출 것이다.
내가 그들의 눈물을 웃음으로 바꾸고,
그들에게 위로를 쏟아부을 것이다. 슬픔을 기쁨으
로 바꾸리라.
내가 제사장들이 하루 세끼 푸짐한 식사를 하게

nation!
Raise cheers! Sing praises. Say,
'GOD has saved his people,
saved the core of Israel.'

8 "Watch what comes next:

"I'll bring my people back
from the north country
And gather them up from the ends of the earth,
gather those who've gone blind
And those who are lame and limping,
gather pregnant women,
Even the mothers whose birth pangs have started,
bring them all back, a huge crowd!

9 "Watch them come! They'll come weeping for joy
as I take their hands and lead them,
Lead them to fresh flowing brooks,
lead them along smooth, uncluttered paths.
Yes, it's because I'm Israel's Father
and Ephraim's my firstborn son!

10-14 "Hear this, nations! GOD's Message!
Broadcast this all over the world!
Tell them, 'The One who scattered Israel
will gather them together again.
From now on he'll keep a careful eye on them,
like a shepherd with his flock.'
I, GOD, will pay a stiff ransom price for Jacob;
I'll free him from the grip of the Babylonian bully.
The people will climb up Zion's slopes shouting
with joy,
their faces beaming because of GOD's bounty—
Grain and wine and oil,
flocks of sheep, herds of cattle.
Their lives will be like a well-watered garden,
never again left to dry up.
Young women will dance and be happy,
young men and old men will join in.
I'll convert their weeping into laughter,
lavishing comfort, invading their grief with joy.
I'll make sure that their priests get three square
meals a day
and that my people have more than enough.'"

하고,
내 백성의 형편을 넉넉하게 만들어 줄 것이다." 하나님의 포고다.

15-17 하나님의 메시지다.

"들어 보아라! 라마에서 통곡소리가 들린다.
목 놓아 슬피 우는 소리다.
라헬이 자식을 잃고 우는 소리,
위로받기를 마다하고 우는 소리다.
그녀의 자식들, 다 가 버렸다.
멀리 포로로 잡혀가 버렸다."
그러나 하나님께서 말씀하신다. "그칠 줄 모르는 통곡, 이제 그쳐라.
네 눈물을 거두어라.
이제 네 비탄의 삯을 받아라." 하나님의 포고다.
"네 자식들이 다시 집으로 돌아올 것이다!
그러니, 희망을 가져라." 하나님의 포고다.

18-19 "내가 에브라임이 참회하는 소리를 들었다.
그렇다. 그가 이렇게 말하는 것을 분명히 들었다.
'주께서 저를 길들이셨습니다.
야생마 같던 저를 꺾으시고 안장을 지우셨습니다.
이제 고분고분해진 저를 사용해 주십시오.
주님은 저의 하나님이십니다.
제멋대로 날뛰던 지난 세월을 뉘우칩니다.
주께 길들여진 나,
제멋대로 굴었던 지난 과거를 부끄러워합니다.
부끄러워 가슴을 칩니다.
이 부끄러움을 씻을 수 있겠는지요?'

20 오! 에브라임은 내 사랑하는 아들,
내 기뻐하는 자식이다!
그의 이름을 부르기만 해도,
나는 그가 보고 싶어 가슴이 탄다!
사무치게 그를 외쳐 부른다.
애틋한 심정으로 그를 기다린다." 하나님의 포고다.

21-22 "집으로 돌아오는 길에 이정표를 세워라.
좋은 지도를 구하고,
도로 상태를 점검하여라.
네가 끌려갔던 길이 돌아오는 길이다.
사랑하는 처녀 이스라엘아, 돌아오너라.
네 고향 마을로 돌아오너라.

GOD's Decree.

15-17 Again, GOD's Message:

"Listen to this! Laments coming out of Ramah,
wild and bitter weeping.
It's Rachel weeping for her children,
Rachel refusing all solace.
Her children are gone,
gone—long gone into exile."
But GOD says, "Stop your incessant weeping,
hold back your tears.
Collect wages from your grief work." GOD's Decree.
"They'll be coming back home!
There's hope for your children." GOD's Decree.

18-19 "I've heard the contrition of Ephraim.
Yes, I've heard it clearly, saying,
'You trained me well.
You broke me, a wild yearling horse, to the saddle.
Now put me, trained and obedient, to use.
You are my GOD.
After those years of running loose, I repented.
After you trained me to obedience,
I was ashamed of my past, my wild, unruly past.
Humiliated, I beat on my chest.
Will I ever live this down?'

20 "Oh! Ephraim is my dear, dear son,
my child in whom I take pleasure!
Every time I mention his name,
my heart bursts with longing for him!
Everything in me cries out for him.
Softly and tenderly I wait for him." GOD's Decree.

21-22 "Set up signposts to mark your trip home.
Get a good map.
Study the road conditions.
The road out is the road back.
Come back, dear virgin Israel,
come back to your hometowns.

그동안 네 마음이 얼마나 변덕스러웠느냐?
요동치는 마음을 다잡기까지 얼마나 오래 걸렸느냐?
하나님께서 이 땅에 새로운 것을 창조하실 것이다.
변화시키시는 하나님을 맞아들이는 변화된 여인을!"

23-24 이스라엘의 만군의 하나님의 메시지다. "내가 만사를 완전히 바꾸어 내 백성을 다시 데려오면, 거리마다 '하나님께서 당신을 축복하시기를!', '오 참된 집이여!', '오 거룩한 산이여!' 같은 옛 시절의 말들이 다시 들릴 것이다. 성읍에서나 시골에서나, 유다의 모든 백성이 서로 사이좋게 지낼 것이다.

25 내가 너희 지친 몸을 회복시켜 줄 것이다.
너희 지친 영혼에 다시 활력을 불어넣을 것이다."

26 그때에 내가 잠에서 깨어나, 주위를 둘러보았다. 꿀 같은 단잠이었다!

27-28 하나님의 포고다. "준비하여라. 농부가 씨를 뿌리듯, 내가 이스라엘과 유다에 사람의 씨와 짐승의 씨를 뿌릴 날이 오고 있다. 전에는 가차 없이 뽑고 허물어뜨리고 찢고 부숴뜨렸지만, 이제는 다시 시작하는 그들 곁에서 내가 세워 주고 심어 줄 것이다.
29 그날이 오면 이런 옛말은 사라지리라.

부모가 덜 익은 사과를 먹더니,
자식들이 배탈이 났다.

30 아니다. 이제 사람은 자기가 지은 죄에 대해서만 대가를 치르게 될 것이다. 네가 덜 익은 사과를 먹으면, 너만 탈이 날 것이다."

새 언약

31-32 "그렇다. 내가 이스라엘과 유다와 전혀 새로운 언약을 맺을 날이 오고 있다. 이는 전에 내가 그들의 조상을 이집트 땅에서 인도해 나올 때 그들과 맺은 언약과 다르다. 주인인 내가 약속을 이행했는데도 그들은 그 언약을 깨뜨려 버렸다." 하나님의 포고다.

How long will you flit here and there, indecisive?
How long before you make up your fickle mind?
GOD will create a new thing in this land:
A transformed woman will embrace the transforming GOD!"

23-24 A Message from Israel's GOD-of-the-Angel-Armies: "When I've turned everything around and brought my people back, the old expressions will be heard on the streets: 'GOD bless you!'...'O True Home!'...'O Holy Mountain!' All Judah's people, whether in town or country, will get along just fine with each other.

25 I'll refresh tired bodies;
I'll restore tired souls.

26 Just then I woke up and looked around—what a pleasant and satisfying sleep!

27-28 "Be ready. The time's coming"—GOD's Decree—"when I will plant people and animals in Israel and Judah, just as a farmer plants seed. And in the same way that earlier I relentlessly pulled up and tore down, took apart and demolished, so now I am sticking with them as they start over, building and planting.
29 "When that time comes you won't hear the old proverb anymore,

Parents ate the green apples,
their children got the stomachache.

30 "No, each person will pay for his own sin. You eat green apples, you're the one who gets sick.

31-32 "That's right. The time is coming when I will make a brand-new covenant with Israel and Judah. It won't be a repeat of the covenant I made with their ancestors when I took their hand to lead them out of the land of Egypt. They broke that covenant even though I did my part as their Master." GOD's

33-34 "그날에 내가 이스라엘과 맺을 전혀 새로운 언약은 이것이다. 내가 나의 법을 그들 속에 넣어 주겠고—마음판에 새길 것이다!—그들의 하나님이 되어 줄 것이다. 그리고 그들은 나의 백성이 될 것이다. 그들은 하나님에 대해 가르치는 학교를 더 이상 세울 필요가 없으리라. 둔한 자든 영리한 자든, 이해가 빠른 자든 느린 자든, 그들은 직접 나를 알게 될 것이기 때문이다. 내가 그들의 과거를 모두 청산해 줄 것이다. 나는 그들이 죄를 지었다는 사실조차 잊어버릴 것이다!" 하나님의 포고다.

35 해로 낮을 밝히시고 달과 별들로 밤을 밝히시며,
대양을 뒤흔들어 큰 물결을 일으키시는,
그 이름 만군의 하나님의 메시지다.

36 "이 우주의 질서가 무너져
내 앞에서 다시 혼돈 속으로 빠져드는 일이 없는 한,
이스라엘 민족이 허물어져
내 앞에서 사라지는 일은 없을 것이다." 하나님의 포고다.

37 하나님의 메시지다.

"누가 막대기로 하늘을 측량하거나
땅을 밑바닥까지 파 들어갈 수 있다면 모를까,
이스라엘이 저지른 역겨운 죄 때문에
내가 그들을 버리는 일은 없을 것이다." 하나님의 포고다.

38-40 "보아라. 하나님의 도성이 재건될 날이 다가온다. 하나넬 요새부터 '모퉁이 문'에 이르기까지, 전체가 재건될 것이다." 하나님의 포고다. "완성된 도성은 서쪽으로 가렙 언덕까지 뻗고, 거기서 돌아 고아까지 이를 것이다. 불탄 시체 더미가 쌓인 남쪽 골짜기 전역—죽음의 골짜기!—과 북쪽 '말 문'에서 동쪽 기드론 시내까지 펼쳐진 계단 모양의 들판 전체가 나를 위한 거룩한 곳으로 구별될 것이다.
이 도성이 다시는 허물어지거나 파괴되지 않을 것이다."

Decree.

33-34 "This is the brand-new covenant that I will make with Israel when the time comes. I will put my law within them—write it on their hearts!—and be their God. And they will be my people. They will no longer go around setting up schools to teach each other about GOD. They'll know me firsthand, the dull and the bright, the smart and the slow. I'll wipe the slate clean for each of them. I'll forget they ever sinned!" GOD's Decree.

If This Ordered Cosmos Ever Fell to Pieces

35 GOD's Message, from the God who lights up the day with sun and
brightens the night with moon and stars,
Who whips the ocean into a billowy froth,
whose name is GOD-of-the-Angel-Armies:

36 "If this ordered cosmos ever fell to pieces,
fell into chaos before me"—GOD's Decree—
"Then and only then might Israel fall apart
and disappear as a nation before me."

37 GOD's Message:

"If the skies could be measured with a yardstick
and the earth explored to its core,
Then and only then would I turn my back on Israel,
disgusted with all they've done." GOD's Decree.

38-40 "The time is coming"—it's GOD's Decree—"when GOD's city will be rebuilt, rebuilt all the way from the Citadel of Hanamel to the Corner Gate. The master plan will extend west to Gareb Hill and then around to Goath. The whole valley to the south where incinerated corpses are dumped—a death valley if there ever was one!—and all the terraced fields out to the Brook Kidron on the east as far north as the Horse Gate will be consecrated to me as a holy place.
"This city will never again be torn down or destroyed."

예레미야가 아나돗의 밭을 사다

32

1-5 유다 왕 시드기야 십년에 예레미야가 하나님께 받은 메시지다. 느부갓네살 십팔년이 되던 해다. 이때에 바빌론 왕의 군대가 예루살렘을 포위했다. 예레미야는 왕궁 감옥에 갇혀 있었다. 유다 왕 시드기야가 그를 잡아 가두며 말했다. "당신은 '하나님께서 말씀하신다. 내가 네게 경고한다. 내가 이 도성을 바빌론 왕에게 넘겨주고 그의 차지가 되게 할 것이다. 유다 왕 시드기야도 이 도성과 함께 갈대아 사람들에게 넘겨질 것이다. 그는 바빌론 왕 앞에 끌려갈 것이며, 그 앞에서 응당한 처벌을 받아야 할 것이다. 그는 바빌론으로 끌려가서, 내가 다시 찾을 때까지 거기 머물게 될 것이다. 하나님의 포고다. 원한다면, 바빌론 사람들에게 맞서 싸워 보아라. 그래 봐야 아무 소용없을 것이다' 하고 설교했소. 어떻게 감히 그런 설교를 한단 말이오?"

6-7 예레미야가 말했다. "하나님의 메시지가 내게 임했습니다. '준비하여라! 너의 숙부 살룸의 아들 하나멜이 너를 보러 오는 중이다. 그가 와서 "아나돗에 있는 내 밭을 사십시오. 그 밭을 살 수 있는 법적 권한이 당신에게 있습니다" 할 것이다.'

8 그런데 하나님께서 말씀하신 대로, 정말 나의 사촌 하나멜이 감옥에 있는 나를 찾아와서 말했습니다. '베냐민 영역 아나돗에 있는 내 밭을 사십시오. 그것을 가문의 재산으로 소유할 법적 권한이 당신에게 있으니, 그 밭을 사서 차지하십시오.'

나는 그것이 하나님의 메시지라는 것을 알았습니다.

9-12 그래서 사촌 하나멜의 소유였던 그 밭을 샀습니다. 나는 그에게 은 열일곱 세겔을 지불했습니다. 그리고 필요한 절차를 모두 밟았습니다. 증인들 앞에서 매매계약서를 작성하고 봉인했으며, 저울에 돈의 무게를 달았습니다. 그러고 나서 구매증서들—계약 내용과 조건이 적힌 봉인된 문서와 봉인되지 않은 문서—을 마세야의 손자요 네리야의 아들인 바룩에게 주었습니다. 나는 내 사촌 하나멜과 증서에 서명한 증인들이 지켜보는 앞에서 이 모든 일을 행했고, 그날 감옥에 있던 유다 사람들도 이 일을 지켜보았습니다.

13-15 그 다음에, 나는 그들 모두가 보는 앞에서 바룩에게 말했습니다. '이는 만군의 하나님, 이스라엘의 하나님께서 내리시는 명령이다. 이 문서들을—봉인된 문서와 봉인되지 않은 문서 둘 다

Killing and Disease Are on Our Doorstep

32

1-5 The Message Jeremiah received from GOD in the tenth year of Zedekiah king of Judah. It was the eighteenth year of Nebuchadnezzar. At that time the army of the king of Babylon was holding Jerusalem under siege. Jeremiah was shut up in jail in the royal palace. Zedekiah, king of Judah, had locked him up, complaining, "How dare you preach, saying, 'GOD says, I'm warning you: I will hand this city over to the king of Babylon and he will take it over. Zedekiah king of Judah will be handed over to the Chaldeans right along with the city. He will be handed over to the king of Babylon and forced to face the music. He'll be hauled off to Babylon where he'll stay until I deal with him. GOD's Decree. Fight against the Babylonians all you want–it won't get you anywhere.'"

6-7 Jeremiah said, "GOD's Message came to me like this: Prepare yourself! Hanamel, your uncle Shallum's son, is on his way to see you. He is going to say, 'Buy my field in Anathoth. You have the legal right to buy it.'

8 "And sure enough, just as GOD had said, my cousin Hanamel came to me while I was in jail and said, 'Buy my field in Anathoth in the territory of Benjamin, for you have the legal right to keep it in the family. Buy it. Take it over.'

"That did it. I knew it was GOD's Message.

9-12 "So I bought the field at Anathoth from my cousin Hanamel. I paid him seventeen silver shekels. I followed all the proper procedures: In the presence of witnesses I wrote out the bill of sale, sealed it, and weighed out the money on the scales. Then I took the deed of purchase–the sealed copy that contained the contract and its conditions and also the open copy–and gave them to Baruch son of Neriah, the son of Mahseiah. All this took place in the presence of my cousin Hanamel and the witnesses who had signed the deed, as the Jews who were at the jail that day looked on.

13-15 "Then, in front of all of them, I told Baruch, These are orders from GOD-of-the-Angel-Armies, the God of Israel: Take these documents–both

—가져다가 옹기그릇 안에 안전하게 넣어 두어라. 만군의 하나님, 이스라엘의 하나님께서 말씀하신다. "이제 사람들이 정상적인 생활을 되찾을 것이다. 집과 밭과 포도원을 사는 일이 다시 시작될 것이다."'

16-19 네리야의 아들 바룩에게 그 증서들을 넘겨준 다음, 나는 하나님께 기도했습니다. '사랑하는 하나님, 나의 주님, 주께서는 크신 능력으로—한 번의 손짓만으로!—땅과 하늘을 창조하셨습니다. 주께는 불가능이란 없습니다. 주님은 천 대에 이르기까지 한결같은 사랑을 보여주십니다. 그러나 주님은 부모가 지은 죄의 결과를 자녀가 지고 살게도 하십니다. 크고 능하신 하나님, 그 이름 만군의 하나님, 확고한 목적을 세우시며 뜻하신 바를 반드시 이루어 내시는 주께서는 사람이 행하는 모든 일을 보십니다. 그들이 살아온 길과 행한 일에 따라 합당하게 다루십니다.

20-23 주께서는 이집트에서 표징과 기적을 행하셨고, 바로 이 순간까지도 여기 이스라엘과 다른 모든 곳에서 그 같은 일을 행하고 계십니다. 주께서는 스스로 이름을 떨치셨으며, 그 명예는 결코 실추되는 법이 없습니다. 주께서는 표징과 기적들로, 한 번의 손짓만으로 주의 백성을 이집트에서 구해 내셨습니다. 강력한 구원의 일을 행하셨습니다! 주께서는 조상들에게 엄숙히 약속하신 대로, 그들에게 기름지고 비옥한 이 땅을 주셨습니다. 그러나 그들이 땅을 차지하게 되자, 주의 말씀 듣기를 거부했습니다. 그들은 주께서 명하신 일들을 지켜 행하지 않았습니다. 주께서 그들에게 이르시는 말씀을 한 마디도 듣지 않았습니다. 그래서 주님은 그들에게 이 재앙을 내리셨습니다.

24-25 오, 이 도성을 점령하려고 저들이 세운 포위 공격용 축대들을 보십시오. 살육과 기아와 질병이 우리 코앞에 닥쳤습니다. 바빌론 사람들이 공격해 옵니다! 주의 말씀이 이제 이루어지고 있습니다. 눈앞에서 매일 벌어지고 있습니다! 그러나 주 하나님, 주께서는 바빌론 사람들에게 도성이 넘어갈 것이 확실한 상황에서 제게 또 말씀하셨습니다. 그 밭을 현금을 주고 사라고, 반드시 증인들을 세워 두라고 말씀하셨습니다.'"

26-30 하나님의 메시지가 다시 예레미야에게 임했다. "깨어 있어라! 나는 하나님이다. 살아 있는 모

the sealed and the open deeds—and put them for safekeeping in a pottery jar. For GOD-of-the-Angel-Armies, the God of Israel, says, "Life is going to return to normal. Homes and fields and vineyards are again going to be bought in this country."'

16-19 "And then, having handed over the legal documents to Baruch son of Neriah, I prayed to GOD, 'Dear GOD, my Master, you created earth and sky by your great power—by merely stretching out your arm! There is nothing you can't do. You're loyal in your steadfast love to thousands upon thousands—but you also make children live with the fallout from their parents' sins. Great and powerful God, named GOD-of-the-Angel-Armies, determined in purpose and relentless in following through, you see everything that men and women do and respond appropriately to the way they live, to the things they do.

20-23 "'You performed signs and wonders in the country of Egypt and continue to do so right into the present, right here in Israel and everywhere else, too. You've made a reputation for yourself that doesn't diminish. You brought your people Israel out of Egypt with signs and wonders—a powerful deliverance!—by merely stretching out your arm. You gave them this land and solemnly promised to their ancestors a bountiful and fertile land. But when they entered the land and took it over, they didn't listen to you. They didn't do what you commanded. They wouldn't listen to a thing you told them. And so you brought this disaster on them.

24-25 "'Oh, look at the siege ramps already set in place to take the city. Killing and starvation and disease are on our doorstep. The Babylonians are attacking! The Word you spoke is coming to pass—it's daily news! And yet you, GOD, the Master, even though it is certain that the city will be turned over to the Babylonians, also told me, Buy the field. Pay for it in cash. And make sure there are witnesses.'"

26-30 Then GOD's Message came again to Jeremiah: "Stay alert! I am GOD, the God of everything living.

든 것의 하나님이다. 내가 할 수 없는 일이 무엇이겠느냐? 그러니 하나님의 메시지에 귀 기울여라. 내가 분명히 이 도성을 바빌론 사람들과 바빌론 왕 느부갓네살에게 넘겨줄 것이다. 그가 이 도성을 점령할 것이다. 갈대아 사람들이 쳐들어와 이 도성을 불태울 것이다. 지붕 위에서 바알에게 제물을 바치고 수도 없이 많은 우상숭배로 나를 격노케 한 자들의 집이 모두 불탈 것이다. 그들이 나를 노하게 한 것이 이번이 처음은 아니다. 이스라엘과 유다 백성은 이미 오래전부터 그렇게 해왔다. 내가 혐오하는 악을 행하여 나를 진노케 했다." 하나님의 포고다.

31-35 "이 성읍은 처음 건설된 날부터 나를 진노케 했고, 나는 참을 만큼 참았다. 그러나 이제는 그것을 멸하려고 한다. 이스라엘과 유다 백성의 사악한 삶을 더는 봐줄 수 없다. 왕, 지도자, 제사장, 설교자, 시골사람, 성읍사람 할 것 없이 다들 의도적으로 내 진노를 돋운다. 그들에게 사는 길을 가르치려고 그토록 애썼건만, 그들은 내게 등을 돌렸다. 내 얼굴도 보지 않는다! 그들은 귀 기울여 듣지 않고 가르침 받기를 거절했다. 그들은 나를 높이려고 세운 성전 안에 역겨운 신상과 여신상들을 두기까지 했다. 극악무도한 신성모독이다! 그들은 힌놈 골짜기에 바알 산당을 세우고, 거기서 자식들을 몰록 신에게 불살라 바치며—내가 상상조차 해본 적 없는 악이다!—온 나라를 죄악의 소굴로 만들어 버렸다."

36 "너희는 '이 도성이 살육과 기근과 염병을 겪고 바빌론 왕의 손에 넘어갈 것이다' 하고 말하는데, 나 이스라엘의 하나님이 이 도성에 주는 메시지를 들어라.

37-40 두고 보아라! 내가 격노하여 그들을 여러 나라로 쫓아내겠지만, 언젠가 다시 모아들일 것이다. 그렇다. 그들을 다시 이곳으로 데려와서 평화롭게 살게 할 것이다. 그들은 나의 백성이 되고, 나는 그들의 하나님이 될 것이다. 그들이 한마음으로 나를 높이게 하여, 그들뿐 아니라 그 후손들도 복된 삶을 살게 할 것이다. 내가 그들과 영원한 언약을 맺어, 어떤 일이 있더라도 그들 곁을 지키며 그들을 보호할 것이다. 나는 그들이 한마음과 한 뜻으로 나를 늘

Is there anything I can't do? So listen to GOD's Message: No doubt about it, I'm handing this city over to the Babylonians and Nebuchadnezzar king of Babylon. He'll take it. The attacking Chaldeans will break through and burn the city down: All those houses whose roofs were used as altars for offerings to Baal and the worship of who knows how many other gods provoked me. It isn't as if this were the first time they had provoked me. The people of Israel and Judah have been doing this for a long time—doing what I hate, making me angry by the way they live." GOD's Decree.

31-35 "This city has made me angry from the day they built it, and now I've had my fill. I'm destroying it. I can't stand to look any longer at the wicked lives of the people of Israel and Judah, deliberately making me angry, the whole lot of them—kings and leaders and priests and preachers, in the country and in the city. They've turned their backs on me—won't even look me in the face!—even though I took great pains to teach them how to live. They refused to listen, refused to be taught. Why, they even set up obscene god and goddess statues in the Temple built in my honor—an outrageous desecration! And then they went out and built shrines to the god Baal in the valley of Hinnom, where they burned their children in sacrifice to the god Molech—I can hardly conceive of such evil!—turning the whole country into one huge act of sin.

36 "But there is also this Message from me, the GOD of Israel, to this city of which you have said, 'In killing and starvation and disease this city will be delivered up to the king of Babylon':

37-40 "'Watch for this! I will collect them from all the countries to which I will have driven them in my anger and rage and indignation. Yes, I'll bring them all back to this place and let them live here in peace. They will be my people, I will be their God. I'll make them of one mind and heart, always honoring me, so that they can live good and whole lives, they and their children after them. What's more, I'll make a covenant with them that will last forever, a covenant to stick with them no matter what, and work for

존귀히 여기게 하여, 내게 등을 돌릴 생각조차 못하게 만들 것이다.

41 내가 참으로 그들을 기뻐하리라! 참으로 기꺼이 좋은 것을 그들에게 베풀리라! 내가 온 마음을 다해 그들을 이 나라에 심을 것이며, 이곳에서 그들을 지키리라!'

42-44 그렇다. 이는 하나님의 메시지다. '내가 분명히 이 백성에게 엄청난 재앙을 내리겠지만, 놀라운 번영도 가져올 것이다. 내가 약속한다. 이 나라에서 밭을 사고파는 일이 재개될 것이다. 너희가 바빌론 사람들에게 짓밟혀, 영영 사람이 살 수 없는 황무지가 될 것이라고 생각하는 이 나라에서 말이다. 그렇다. 사람들이 다시 농장을 살 것이다. 구매증서를 작성하고, 문서를 봉인하고, 합당한 증인들을 세우며, 법적인 절차를 따라 살 것이다. 바로 여기 베냐민 영토에서, 예루살렘 주변에서, 유다와 산간지역 주변에서, 세벨라와 네겝에서 말이다. 너희가 잃은 모든 것을 내가 회복시킬 것이다.' 하나님의 포고다."

예루살렘과 유다의 회복에 대한 약속

33

1 예레미야가 아직 감옥에 갇혀 있을 때, 하나님께서 두 번째 메시지를 그에게 주셨다.

2-3 "하나님, 땅을 만들되 생명체가 살기에 알맞고 든든한 곳으로 세운 이, 온 세상에 하나님으로 알려진 이의 메시지다. 나를 불러라. 내가 응답할 것이다. 너 스스로는 결코 깨닫지 못할 경이롭고 놀라운 것들을 너에게 말해 줄 것이다.

4-5 하나님 이스라엘의 하나님이, 이 성읍에서 일어나고 있는 일에 대해 말한다. 백성의 집과 왕의 집들이 무너졌고, 전쟁의 피해를 입었으며, 갈대아 사람들이 학살을 저질렀고, 거리에는 나의 불같은 진노로 인해 죽은 자들의 시체가 널브러져 있다. 내 속을 뒤집어 놓은 악행 때문에 이 성읍에서 이 모든 일이 벌어졌다.

6-9 그러나 이제 다시 보아라. 내가 이 성읍을 안팎으로 치료하여 완전히 새롭게 세울 것이다. 그들에게 온전한 삶, 복이 넘치는 삶을 보여줄 것이다. 유다와 예루살렘이 잃었던 모든 것을 되찾고, 모든 것을 처음처럼 다시 세울 것이다. 그들이 내게 지은 죄의 얼룩을 깨끗이 씻어 주고, 내가 그들이 행한 잘못과 반역을 모두

their good. I'll fill their hearts with a deep respect for me so they'll not even *think* of turning away from me.

41 "'Oh how I'll rejoice in them! Oh how I'll delight in doing good things for them! Heart and soul, I'll plant them in this country and keep them here!'

42-44 "Yes, this is GOD's Message: 'I will certainly bring this huge catastrophe on this people, but I will also usher in a wonderful life of prosperity. I promise. Fields are going to be bought here again, yes, in this very country that you assume is going to end up desolate–gone to the dogs, unlivable, wrecked by the Babylonians. Yes, people will buy farms again, and legally, with deeds of purchase, sealed documents, proper witnesses–and right here in the territory of Benjamin, and in the area around Jerusalem, around the villages of Judah and the hill country, the Shephelah and the Negev. I will restore everything that was lost.' GOD's Decree."

Things You Could Never Figure Out on Your Own

33

1 While Jeremiah was still locked up in jail, a second Message from GOD was given to him:

2-3 "This is GOD's Message, the God who made earth, made it livable and lasting, known everywhere as *GOD*: 'Call to me and I will answer you. I'll tell you marvelous and wondrous things that you could never figure out on your own.'

4-5 "This is what GOD, the God of Israel, has to say about what's going on in this city, about the homes of both people and kings that have been demolished, about all the ravages of war and the killing by the Chaldeans, and about the streets littered with the dead bodies of those killed because of my raging anger–about all that's happened because the evil actions in this city have turned my stomach in disgust.

6-9 "But now take another look. I'm going to give this city a thorough renovation, working a true healing inside and out. I'm going to show them life whole, life brimming with blessings. I'll restore everything that was lost to Judah and Jerusalem. I'll build everything back as good as new. I'll scrub them clean from the dirt they've done against me.

용서해 줄 것이다. 그리하여 세상 모든 나라가 예루살렘으로 인해 내게 기쁨과 찬양과 영광을 돌릴 것이다. 내가 이 성읍에 베풀 온갖 좋은 일을 만민이 전해 들을 것이다. 내가 이 성읍에 쏟아부을 복을 보며 그들 모두가 경외심을 품게 될 것이다.

10-11 그렇다. 하나님의 메시지다. 너희는 이곳, 유다의 텅 빈 마을과 예루살렘의 황폐한 거리를 보며 '황무지다. 살 수 없는 곳이다. 들개도 살 수 없다' 할 것이다. 그러나 이곳에 웃음소리, 축제소리, 결혼 축하연소리가 들리게 될 날이 오리라. 그날이 오면, 사람들이 하나님의 성전에 감사의 제물을 바치며 큰소리로 외칠 것이다. '만군의 하나님께 감사하여라. 그분은 선하시다! 그분의 사랑은 다함이 없다.' 내가 이 땅이 잃은 모든 것을 회복시켜 주리라. 모든 것을 새롭게 하리라. 나 하나님의 말이다.

12-13 만군의 하나님이 말한다. '머지않아 들개도 살 수 없을 만큼 황폐해질 이곳이지만, 장차 목자들이 자기 양 떼를 보살피는 초장이 될 것이다. 사방에서—세벨라와 네겝 주변의 산들에서, 베냐민 영토 전역에서, 예루살렘과 유다 주변에서—양 떼를 보게 되리라. 목자들이 양 한 마리 한 마리를 세심하게 보살필 것이다.' 나 하나님의 말이다."

하나님의 언약

14-18 "하나님의 포고다. 두고 보아라. 내가 이스라엘과 유다 가문에게 한 약속을 이룰 날이 올 것이다. 그날이 오면, 나는 '다윗 나무'에서 새롭고 참된 한 가지가 돋아나게 할 것이다. 그가 이 나라를 정직하고 공평하게 다스릴 것이다. 그가 모든 일을 바로잡을 것이다. 그날이 오면, 유다가 평안을 누리고 예루살렘이 안전한 곳이 되리라. 사람들은 그 성읍을 두고 '하나님께서 우리를 위해 만사를 바로잡으셨다'고 말할 것이다. 나 하나님이 분명히 말하건대, 이스라엘 백성을 통치할 다윗 후손이 끊어지지 않을 것이다. 번제와 곡식 제물과 희생 제물을 바쳐 나를 높일 레위 지파 제사장들도 끊어지지 않을 것이다."

19-22 예레미야에게 임한 하나님의 메시지다. "하나님이 말한다. 내가 낮과 밤과 맺은 언약이

I'll forgive everything they've done wrong, forgive all their rebellions. And Jerusalem will be a center of joy and praise and glory for all the countries on earth. They'll get reports on all the good I'm doing for her. They'll be in awe of the blessings I am pouring on her.

10-11 "Yes, GOD's Message: 'You're going to look at this place, these empty and desolate towns of Judah and streets of Jerusalem, and say, "A wasteland. Unlivable. Not even a dog could live here." But the time is coming when you're going to hear laughter and celebration, marriage festivities, people exclaiming, "Thank GOD-of-the-Angel-Armies. He's so good! His love never quits," as they bring thank offerings into GOD's Temple. I'll restore everything that was lost in this land. I'll make everything as good as new.' I, GOD, say so.

12-13 "GOD-of-the-Angel-Armies says: 'This coming desolation, unfit for even a stray dog, is once again going to become a pasture for shepherds who care for their flocks. You'll see flocks everywhere—in the mountains around the towns of the Shephelah and Negev, all over the territory of Benjamin, around Jerusalem and the towns of Judah—flocks under the care of shepherds who keep track of each sheep.' GOD says so.

A Fresh and True Shoot from the David-Tree

14-18 "'Watch for this: The time is coming'—GOD's Decree—'when I will keep the promise I made to the families of Israel and Judah. When that time comes, I will make a fresh and true shoot sprout from the David-Tree. He will run this country honestly and fairly. He will set things right. That's when Judah will be secure and Jerusalem live in safety. The motto for the city will be, "GOD Has Set Things Right for Us." GOD has made it clear that there will always be a descendant of David ruling the people of Israel and that there will always be Levitical priests on hand to offer burnt offerings, present grain offerings, and carry on the sacrificial worship in my honor.'"

19-22 GOD's Message to Jeremiah: "GOD says, 'If my covenant with day and my covenant with night ever

깨어져 낮과 밤이 무질서해지고, 언제 밤이 되고 언제 낮이 될지 알 수 없는 일이 벌어지지 않는 한, 내가 나의 종 다윗과 맺은 언약이 깨지거나 그의 후손이 더 이상 통치하지 못하게 될 일은 결코 없을 것이다. 나를 섬기는 레위 지파 제사장들의 경우도 마찬가지다. 하늘의 별들을 다 셀 수 없고 바닷가 모래알을 다 헤아릴 수 없듯이, 너희는 나의 종 다윗의 후손과 나를 섬기는 레위인의 수를 다 셀 수 없을 것이다."

23-24 예레미야에게 임한 **하나님**의 메시지다. "너는 들어 보았느냐? '**하나님**께서 전에 택하신 두 가문, 곧 이스라엘과 유다를 이제 내쳐 버리셨다'는 소문을. 너는 보았느냐? 내 백성이 멸시를 받고 별 볼 일 없는 자들이라고 무시당하는 모습을.

25-26 자, **하나님**의 응답이다. '내가 낮과 밤과 맺은 언약이 건재하고, 하늘과 땅이 내가 정한 대로 움직이는 한, 내가 야곱과 나의 종 다윗의 후손을 내치거나 다윗의 후손 중에 아브라함과 이삭과 야곱의 후손을 다스릴 자들을 세우던 것을 그치는 일은 결코 없을 것이다. 나는 그들이 잃은 것 전부를 되찾게 해줄 것이다. 그들에게 자비를 베풀 것이다. 이것이 나의 최종 결정이다.'"

시드기야 왕에 대한 예언

34 1 바빌론 느부갓네살 왕이 그의 군대와 동맹군과 소집 가능한 병력을 총동원하여 예루살렘과 그 주변 성읍들을 전면적으로 공격해 왔을 때, 예레미야에게 임한 **하나님**의 메시지다.

2-3 "나 **하나님**, 이스라엘의 하나님이 말한다. 너는 유다 왕 시드기야에게 가서 이렇게 전하여라. '**하나님**의 메시지다. 내 말을 잘 들어라. 내가 이제 이 도성을 바빌론 왕에게 넘겨줄 텐데, 그로 인해 이 도성이 잿더미가 될 것이다. 빠져나갈 생각은 아예 마라. 너는 붙잡혀서 그의 죄수가 될 것이다. 너는 바빌론 왕을 직접 대면하고 바빌론으로 끌려갈 것이다.

4-5 유다 왕 시드기야야, **하나님**의 메시지를 끝까지 들어라. 네가 살해되는 일은 없을 것이다. 너는 평화롭게 죽을 것이다. 사람들은 너의 조상과 선왕들에게 한 것처럼, 너의 장례도 잘 치

fell apart so that day and night became haphazard and you never knew which was coming and when, then and only then would my covenant with my servant David fall apart and his descendants no longer rule. The same goes for the Levitical priests who serve me. Just as you can't number the stars in the sky nor measure the sand on the seashore, neither will you be able to account for the descendants of David my servant and the Levites who serve me.'"

23-24 GOD's Message to Jeremiah: "Have you heard the saying that's making the rounds: 'The two families GOD chose, Israel and Judah, he disowned'? And have you noticed that my people are treated with contempt, with rumors afoot that there's nothing to them anymore?

25-26 "Well, here's GOD's response: 'If my covenant with day and night wasn't in working order, if sky and earth weren't functioning the way I set them going, then, but only then, you might think I had disowned the descendants of Jacob and of my servant David, and that I wouldn't set up any of David's descendants over the descendants of Abraham, Isaac, and Jacob. But as it is, I will give them back everything they've lost. The last word is, I will have mercy on them.'"

Freedom to the Slaves

34 1 GOD's Message to Jeremiah at the time King Nebuchadnezzar of Babylon mounted an all-out attack on Jerusalem and all the towns around it with his armies and allies and everyone he could muster:

2-3 "I, GOD, the God of Israel, direct you to go and tell Zedekiah king of Judah: 'This is GOD's Message. Listen to me. I am going to hand this city over to the king of Babylon, and he is going to burn it to the ground. And don't think you'll get away. You'll be captured and be his prisoner. You will have a personal confrontation with the king of Babylon and be taken off with him, captive, to Babylon.

4-5 "'But listen, O Zedekiah king of Judah, to the rest of the Message of GOD. You won't be killed. You'll die a peaceful death. They will honor you with

러 줄 것이다. "왕이시여, 왕이시여!" 하며 예법에 따라 너의 죽음을 애도할 것이다. 이것은 엄숙한 약속이다. 하나님의 포고다.'"

6-7 예언자 예레미야가 예루살렘의 유다 왕 시드기야에게 이 메시지를 전했다. 한 자도 빠뜨리지 않고 그대로 전했다. 그때 바빌론 왕은 예루살렘과 유다의 남은 성읍을 향해 맹공격을 퍼붓고 있었다. 그때까지 함락되지 않고 남은 유다의 요새는 라기스와 아세가, 두 곳뿐이었다.

8-10 하나님께서 예레미야에게 메시지를 전하셨다. 시드기야 왕이 남녀 히브리 종을 해방시켜 주겠다는 언약을 예루살렘 백성과 맺은 다음이었다. 유다에서는 누구도 동족 유다 사람을 종으로 소유해서는 안된다는 것이 언약의 내용이었다. 그 언약에 서명한 모든 지도자와 백성은 그들이 종으로 부리던 남종과 여종 모두를 해방시켜 주었다.

11 그러나 얼마 지나지 않아 그들은 그 언약을 어기고, 전에 부리던 자들을 강제로 끌고 가 다시 종으로 삼았다.

12-14 그때 하나님께서 예레미야에게 메시지를 주셨다. "하나님 이스라엘의 하나님이 말한다. 나는 이집트에서 종으로 있던 너희 조상을 구해 주고 그들과 언약을 맺었다. 그때 내가 분명히 말했다. '네 동족 히브리 사람이 어쩔 수 없이 자신을 팔아 너의 종이 되더라도, 일곱 해째에는 그를 해방시켜 주어야 한다. 그가 여섯 해 동안 너를 섬겼으면, 이후에는 그를 자유롭게 풀어 주어야 한다.' 그러나 너희 조상은 내 말을 완전히 무시했다.

15-16 그렇다면 너희는 어떠했느냐? 처음에는 너희가 바른 길로 돌아섰고 바른 일을 행했다. 형제자매들에게 자유를 선언했다. 그것도 내 성전에서, 엄숙한 언약을 통해 공식적으로 그렇게 했다. 그러나 너희는 금세 돌변하여 너희가 했던 약속을 깨뜨렸다. 나와의 언약을 우습게 여겨, 얼마 전에 풀어 주었던 그들을 다시 종으로 삼았다. *그들을 강제로 다시 종이 되게 했다.*

17-20 그러므로 나 하나님이 말한다. 너희는 내 말에 순종하지 않았다. 너희 형제자매들을 풀어 주지 않았다. 그러니 이번에는 내가 너희를 풀어 주겠다. 하나님의 포고다. 너희를 전쟁

funeral rites as they honored your ancestors, the kings who preceded you. They will properly mourn your death, weeping, "Master, master!" This is a solemn promise. GOD's Decree.'"

6-7 The prophet Jeremiah gave this Message to Zedekiah king of Judah in Jerusalem, gave it to him word for word. It was at the very time that the king of Babylon was mounting his all-out attack on Jerusalem and whatever cities in Judah that were still standing—only Lachish and Azekah, as it turned out (they were the only fortified cities left in Judah).

8-10 GOD delivered a Message to Jeremiah after King Zedekiah made a covenant with the people of Jerusalem to decree freedom to the slaves who were Hebrews, both men and women. The covenant stipulated that no one in Judah would own a fellow Jew as a slave. All the leaders and people who had signed the covenant set free the slaves, men and women alike.

11 But a little while later, they reneged on the covenant, broke their promise and forced their former slaves to become slaves again.

12-14 Then Jeremiah received this Message from GOD: "GOD, the God of Israel, says, 'I made a covenant with your ancestors when I delivered them out of their slavery in Egypt. At the time I made it clear: "At the end of seven years, each of you must free any fellow Hebrew who has had to sell himself to you. After he has served six years, set him free." But your ancestors totally ignored me.

15-16 "'And now, *you*—what have you done? First you turned back to the right way and did the right thing, decreeing freedom for your brothers and sisters—and you made it official in a solemn covenant in my Temple. And then you turned right around and broke your word, making a mockery of both me and the covenant, and made them all slaves again, these men and women you'd just set free. You forced them back into slavery.

17-20 "'So here is what I, GOD, have to say: You have not obeyed me and set your brothers and sisters free. Here is what I'm going to do: I'm going to set *you* free—GOD's Decree—free to get killed in war or

과 염병과 기근이 판치는 도살장에 풀어 주겠다. 너희를 공포의 주인공으로 만들겠다. 너희 모습을 보고 온 세상 사람이 무서워 떨 것이다. 나는 내 언약을 어긴 자들, 송아지를 두 토막으로 가르고 그 사이로 걸어가는 언약 의식으로 엄숙히 맹세한 언약을 이행하지 않은 자들, 그날 두 토막 난 송아지 사이로 걸어갔던 유다와 예루살렘의 지도자, 왕궁 관리, 제사장과 나머지 백성 모두를, 그들의 목숨을 노리는 적들에게 넘겨줄 것이다. 독수리와 들개가 그들의 시체를 먹어 치울 것이다.

21-22 유다 왕 시드기야와 그의 고관들도, 그들의 목숨을 노리는 적들에게 넘겨줄 것이다. 바빌론 왕의 군대가 잠시 물러가겠지만, 곧 다시 올 것이다. 내가 명령을 내려 그들을 다시 이 도성으로 불러올 것이기 때문이다. 그들이 쳐들어와 이 땅을 점령하고 모두 불태워 잿더미로 만들 것이다. 유다 주변의 성읍들도 같은 운명을 맞을 것이다. 그 성읍들도 사람이 살 수 없는 곳, 텅 빈 곳으로 만들 것이다." 하나님의 포고다.

레갑 사람들

35 1 십 년 전 요시야의 아들 여호야김이 이스라엘의 왕으로 다스리던 때에, 예레미야가 하나님께 받은 메시지다.

2 "레갑 공동체를 찾아가거라. 그들에게 하나님의 성전 어느 방에서 만나자고 전하고, 그 방에서 그들에게 포도주를 대접하여라."

3-4 나는 그 길로 가서 하바시냐의 손자요 예레미야의 아들인 야아사냐와 그의 형제와 아들들—레갑 공동체 전체—을 만나, 그들을 하나님의 성전 안, 하난의 회합실로 데리고 들어갔다. 하난은 익다랴의 아들로 하나님의 사람이다. 그 방은 성전 관리들의 회합실 바로 옆이었고, 살룸의 아들이자 성전 일을 맡고 있는 마아세야의 방 바로 위였다.

5 거기서 내가 레갑 집안 사람들 앞에 포도주가 담긴 주전자와 잔을 내놓으며 권했다. "드시지요!"

6-7 그러나 그들은 마시려 하지 않았다. "우리는 포도주를 마시지 않습니다." 그들이 말했다. "우리 조상 레갑의 아들 요나답이 이르기를, '너희와 너희 자식들은 절대 포도주를 마시지 마라. 집을 짓거나, 밭이나 동산이나 포도원을 경작하며 정착생활을 해서도 안된다. 재산을 소

by disease or by starvation. I'll make you a spectacle of horror. People all over the world will take one look at you and shudder. Everyone who violated my covenant, who didn't do what was solemnly promised in the covenant ceremony when they split the young bull into two halves and walked between them, all those people that day who walked between the two halves of the bull—leaders of Judah and Jerusalem, palace officials, priests, and all the rest of the people—I'm handing the lot of them over to their enemies who are out to kill them. Their dead bodies will be carrion food for vultures and stray dogs.

21-22 "'As for Zedekiah king of Judah and his palace staff, I'll also hand them over to their enemies, who are out to kill them. The army of the king of Babylon has pulled back for a time, but not for long, for I'm going to issue orders that will bring them back to this city. They'll attack and take it and burn it to the ground. The surrounding cities of Judah will fare no better. I'll turn them into ghost towns, unlivable and unlived in.'" GOD's Decree.

Meeting in God's Temple

35 1 The Message that Jeremiah received from GOD ten years earlier, during the time of Jehoiakim son of Josiah king of Israel:

2 "Go visit the Recabite community. Invite them to meet with you in one of the rooms in GOD's Temple. And serve them wine."

3-4 So I went and got Jaazaniah son of Jeremiah, son of Habazziniah, along with all his brothers and sons—the whole community of the Recabites as it turned out—and brought them to GOD's Temple and to the meeting room of Hanan son of Igdaliah, a man of God. It was next to the meeting room of the Temple officials and just over the apartment of Maaseiah son of Shallum, who was in charge of Temple affairs.

5 Then I set out chalices and pitchers of wine for the Recabites and said, "A toast! Drink up!"

6-7 But they wouldn't do it. "We don't drink wine," they said. "Our ancestor Jonadab son of Recab commanded us, 'You are not to drink wine, you or your children, ever. Neither shall you build houses

유하지 마라. 유랑민처럼 장막을 치고 살아라. 그러면 너희 유랑생활이 복되고 번창할 것이다'라고 했습니다.

8-10 우리는 그렇게 해왔습니다. 레갑의 아들 요나답이 명령한 대로 따랐습니다. 우리와 우리 아내와 우리 아들과 딸들은 포도주를 전혀 마시지 않습니다. 우리는 집을 짓지도, 포도원이나 밭이나 동산을 소유하지도 않습니다. 우리는 유랑민들처럼 장막을 치고 삽니다. 우리는 우리 조상 요나답의 말씀에 순종했고, 그가 명령한 모든 것을 지켰습니다.

11 그런데 바빌론 왕 느부갓네살이 우리 땅에 쳐들어왔을 때, 우리는 '갈대아 군대와 아람 군대를 피해 예루살렘으로 가자. 안전한 장소를 찾아가자'고 의견을 모았습니다. 그래서 지금 우리가 여기 예루살렘에 살고 있는 것입니다."

12-15 그때 하나님께서 예레미야에게 메시지를 주셨다. "나 만군의 하나님, 이스라엘의 하나님이 말한다. 너는 유다 사람과 예루살렘 주민에게 가서 내 말을 전하여라. '어째서 너희는 교훈을 얻으려 하지 않느냐? 어째서 내 말을 따르지 않느냐?' 하나님의 포고다. '레갑의 아들 요나답이 자손들에게 내린 명령은 그야말로 철두철미하게 준행되었다. 요나답은 그들에게 포도주를 마시지 말라고 했고, 그들은 오늘까지 한 방울의 포도주도 입에 대지 않았다. 그들은 조상이 내린 명령을 존중하여 순종했다. 그런데 너희는 어떠냐! 너희 주의를 끌고자 내가 그토록 수고하였는데도, 너희는 계속 나를 무시했다. 나는 거듭거듭 너희에게 예언자들을 보냈다. 나의 종인 그들은 이른 아침부터 밤늦게까지 너희에게 외쳤다. 삶을 바꾸고 악한 과거에서 돌이켜 옳은 일을 행하며, 다른 신들을 좇아가지 말고, 내가 너희 조상에게 준 이 나라에 정착해 신실하게 살아가라고 말했다.

15-16 그런데 내게 돌아온 것이 무엇이냐? 귀를 틀어막은 너희의 모습뿐이다. 레갑의 아들 요나답의 자손들은 조상이 내린 명령을 그토록 철두철미하게 따랐는데, 내 백성은 나를 무시한다.'

17 그러므로 앞으로 이렇게 될 것이다. 만군의 하나님, 이스라엘의 하나님이 말한다. '내가 유다와 예루살렘의 모든 백성에게 재앙을 내릴 것이다. 이미 경고한 그 재앙이 임할 것이다.

or settle down, planting fields and gardens and vineyards. Don't own property. Live in tents as nomads so that you will live well and prosper in a wandering life.'

8-10 "And we've done it, done everything Jonadab son of Recab commanded. We and our wives, our sons and daughters, drink no wine at all. We don't build houses. We don't have vineyards or fields or gardens. We live in tents as nomads. We've listened to our ancestor Jonadab and we've done everything he commanded us.

11 "But when Nebuchadnezzar king of Babylon invaded our land, we said, 'Let's go to Jerusalem and get out of the path of the Chaldean and Aramean armies, find ourselves a safe place.' That's why we're living in Jerusalem right now."

Why Won't You Learn Your Lesson?

12-15 Then Jeremiah received this Message from GOD: "GOD-of-the-Angel-Armies, the God of Israel, wants you to go tell the people of Judah and the citizens of Jerusalem that I say, 'Why won't you learn your lesson and do what I tell you?' GOD's Decree. 'The commands of Jonadab son of Recab to his sons have been carried out to the letter. He told them not to drink wine, and they haven't touched a drop to this very day. They honored and obeyed their ancestor's command. But look at you! I have gone to a lot of trouble to get your attention, and you've ignored me. I sent prophet after prophet to you, all of them my servants, to tell you from early morning to late at night to change your life, make a clean break with your evil past and do what is right, to not take up with every Tom, Dick, and Harry of a god that comes down the pike, but settle down and be faithful in this country I gave your ancestors.

15-16 "'And what do I get from you? Deaf ears. The descendants of Jonadab son of Recab carried out to the letter what their ancestor commanded them, but this people ignores me.'

17 "So here's what is going to happen. GOD-of-the-Angel-Armies, the God of Israel, says, 'I will bring calamity down on the heads of the people of Judah and Jerusalem—the very calamity I warned you

내가 말할 때에 너희가 귀를 막았고, 내가 부를 때에 너희가 등을 돌렸기 때문이다.'"

18-19 그러고 나서, 예레미야가 레갑 공동체를 향해 말했다. "만군의 하나님, 이스라엘의 하나님께서 너희에게 이르시는 말씀이다. '너희는 너희 조상 요나답이 너희에게 이른 대로 행했고, 그의 명령에 순종했으며, 그의 지시를 철저히 따랐다. 그러므로 나 만군의 하나님, 이스라엘의 하나님이 내리는 이 메시지를 받아라. 레갑의 아들 요나답의 자손 가운데서 나를 섬길 사람이 끊어지지 않으리라! 언제까지나!'"

바룩이 성전에서 두루마리를 낭독하다

36

1 유다 왕 요시야의 아들 여호야김 사년에, 하나님께서 예레미야에게 메시지를 주셨다.

2 "두루마리를 구해서, 요시야 때부터 오늘에 이르기까지 내가 이스라엘과 유다와 다른 모든 민족에 대해 네게 말한 내용을 전부 적어라.

3 행여 유다 공동체가 알아들을지도 모른다. 내가 내리려는 재앙을 그들이 마침내 깨닫고 악한 삶에서 떠나면, 내가 그들의 고집과 죄를 용서하게 될지도 모른다."

4 예레미야는 네리야의 아들 바룩을 불렀다. 바룩은 하나님께서 예레미야에게 하신 모든 말씀을 예레미야가 불러 주는 대로 두루마리에 받아 적었다.

5-6 그런 다음에 예레미야가 바룩에게 말했다. "나는 감시받는 몸이어서 하나님의 성전에 갈 수 없으니, 나를 대신하여 그대가 가야 하오. 성전에 들어가서, 내가 불러 주는 대로 받아 적은 이 말씀 전부를 그대가 낭독하여 들려주시오. 모두가 그대의 말을 들을 수 있는 금식일을 기다렸다가 낭독하시오. 유다의 여러 성읍에서 온 모든 사람이 이 말씀을 듣게 하시오.

7 그들이 기도하기 시작하면, 하나님께서 그들의 기도를 들어주실지 모르오. 그들이 악한 길에서 돌이킬지 모르오. 이는 참으로 중대한 문제요. 하나님께서 얼마나 노하셨는지 그들에게 분명히 알리시니 말이오!"

8 네리야의 아들 바룩은 예언자 예레미야가 지시한 대로, 하나님의 성전으로 가서 그가 두루마리에 적은 하나님의 메시지를 읽었다.

was coming—because you turned a deaf ear when I spoke, turned your backs when I called.'"

18-19 Then, turning to the Recabite community, Jeremiah said, "And this is what GOD-of-the-Angel-Armies, the God of Israel, says to you: Because you have done what Jonadab your ancestor told you, obeyed his commands and followed through on his instructions, receive this Message from GOD-of-the-Angel-Armies, the God of Israel: There will always be a descendant of Jonadab son of Recab at my service! Always!'"

Reading God's Message

36

1 In the fourth year of Jehoiakim son of Josiah king of Judah, Jeremiah received this Message from GOD:

2 "Get a scroll and write down everything I've told you regarding Israel and Judah and all the other nations from the time I first started speaking to you in Josiah's reign right up to the present day.

3 "Maybe the community of Judah will finally get it, finally understand the catastrophe that I'm planning for them, turn back from their bad lives, and let me forgive their perversity and sin."

4 So Jeremiah called in Baruch son of Neriah. Jeremiah dictated and Baruch wrote down on a scroll everything that GOD had said to him.

5-6 Then Jeremiah told Baruch, "I'm blacklisted. I can't go into GOD's Temple, so you'll have to go in my place. Go into the Temple and read everything you've written at my dictation. Wait for a day of fasting when everyone is there to hear you. And make sure that all the people who come from the Judean villages hear you.

7 "Maybe, just maybe, they'll start praying and GOD will hear their prayers. Maybe they'll turn back from their bad lives. This is no light matter. GOD has certainly let them know how angry he is!"

8 Baruch son of Neriah did everything Jeremiah the prophet told him to do. In the Temple of GOD he read the Message of GOD from the scroll.

9 It came about in December of the fifth year of Jehoiakim son of Josiah king of Judah that all the people of Jerusalem, along with all the people from

9 때는 유다 왕 요시야의 아들 여호야김 오년 십
이월이었다. 예루살렘 주민과 유다 성읍에서 온
사람들 모두가 예루살렘에 모여 하나님 앞에서
금식하고 있었다.
10 바룩이 두루마리를 가지고 성전에 들어가 사
람들 앞에서 예레미야의 말을 낭독했다. 낭독한
곳은 서기관 사반의 아들 그마랴의 회합실이었
는데, 그 방은 하나님의 성전 '새 대문' 어귀의 위
뜰에 있었다. 모든 사람이 그의 말을 잘 들을 수
있었다.
11-12 그마랴의 아들 미가야가 두루마리에 기록
된 하나님의 메시지를 듣고서는, 즉시 왕궁에
있는 서기관의 방으로 갔다. 마침 고관들이 거
기 모여 회의를 하고 있었다. 서기관 엘리사마
와 스마야의 아들 들라야와 악볼의 아들 엘라단
과 사반의 아들 그마랴와 하나냐의 아들 시드기
야 등 모든 고관이 그곳에 있었다.
13 미가야는 바룩이 낭독한 내용을 들은 대로 보
고했고, 고관들은 귀 기울여 들었다.
14 그들은 즉시 구시의 증손이요 셀레먀의 손자
요 느다냐의 아들인 여후디를 바룩에게 보내어,
"그대가 백성에게 읽어 준 두루마리를 가져오시
오" 하고 명령했다. 그래서 바룩이 그 두루마리
를 가지고 그들에게 갔다.
15 고관들은 그에게 "거기 앉아서, 그 두루마리
를 우리에게 낭독해 주시오" 하고 말했다. 바룩
은 그들에게 낭독하여 들려주었다.
16 그 모든 말씀을 들은 그들은 몹시 당황했다.
그들은 서로 말을 주고받더니, "우리가 이것을
왕에게 전부 보고해야겠소" 하고 말했다.
17 그들이 바룩에게 청했다. "말해 주시오. 어떻
게 이 모든 말씀을 적게 된 것이오? 예레미야의
말을 받아 적은 것이오?"
18 바룩이 말했다. "그렇습니다. 그의 입에서 나
오는 대로 한 자 한 자 펜과 잉크로 받아 적었습
니다."
19 고관들이 바룩에게 말했다. "당신은 여길 떠
나야 하오. 가서, 예레미야와 같이 숨어 지내시
오. 당신들이 어디 있는지 누구도 알아서는 안
되오!"
20-21 고관들이 그 두루마리를 서기관 엘리사마
의 집무실에 보관하여 두고 왕궁 뜰로 가서 왕에
게 보고했다. 왕은 여후디를 보내어 그 두루마
리를 가져오게 했다. 여후디가 서기관 엘리사마
의 집무실에서 그것을 가져다가, 왕과 왕을 보

the Judean villages, were there in Jerusalem to
observe a fast to GOD.
10 Baruch took the scroll to the Temple and read
out publicly the words of Jeremiah. He read from
the meeting room of Gemariah son of Shaphan the
secretary of state, which was in the upper court
right next to the New Gate of GOD's Temple. Every-
one could hear him.
11-12 The moment Micaiah the son of Gemariah
heard what was being read from the scroll—GOD's
Message!—he went straight to the palace and to
the chambers of the secretary of state where all
the government officials were holding a meeting:
Elishama the secretary, Delaiah son of Shemaiah,
Elnathan son of Achbor, Gemariah son of Shaphan,
Zedekiah son of Hananiah, and all the other
government officials.
13 Micaiah reported everything he had heard
Baruch read from the scroll as the officials listened.
14 Immediately they dispatched Jehudi son of
Nethaniah, son of Semaiah, son of Cushi, to
Baruch, ordering him, "Take the scroll that you
have read to the people and bring it here." So
Baruch went and retrieved the scroll.
15 The officials told him, "Sit down. Read it to us,
please." Baruch read it.
16 When they had heard it all, they were upset. They
talked it over. "We've got to tell the king all this."
17 They asked Baruch, "Tell us, how did you come
to write all this? Was it at Jeremiah's dictation?"
18 Baruch said, "That's right. Every word right from
his own mouth. And I wrote it down, word for
word, with pen and ink."
19 The government officials told Baruch, "You need
to get out of here. Go into hiding, you and Jeremiah.
Don't let anyone know where you are!"
20-21 The officials went to the court of the palace
to report to the king, having put the scroll for
safekeeping in the office of Elishama the secretary
of state. The king sent Jehudi to get the scroll. He
brought it from the office of Elishama the secretary.
Jehudi then read it to the king and the officials who
were in the king's service.
22-23 It was December. The king was sitting in his
winter quarters in front of a charcoal fire. After

좌하는 고관들 앞에서 낭독했다.

22-23 때는 십이월이었다. 왕은 겨울 별관에서 화롯불 앞에 앉아 있었다. 여후디가 서너 문단을 읽자, 왕은 자기 주머니칼을 꺼내 그 부분을 두루마리에서 오려내고 불 속에 던져 버렸다. 이런 식으로 왕은 두루마리 전부를 불에 넣고 태워 버렸다.

24-26 왕과 신하들 모두, 낭독되는 메시지를 듣고 일말의 가책도 느끼지 않았다. 엘라단과 들라야와 그마랴가 두루마리를 태우지 말도록 간청했으나, 왕은 전혀 듣지 않았다. 오히려 왕은, 왕자 여라므엘과 아스리엘의 아들 스라야와 압디엘의 아들 셀레먀에게 명령하여, 예언자 예레미야와 그의 서기관 바룩을 잡아 오게 했다. 그러나 하나님께서 그들을 숨기셨다.

27-28 예레미야가 불러 주는 대로 바룩이 받아 적은 두루마리를 왕이 불태운 뒤에, 하나님께서 예레미야에게 메시지를 주셨다. "빈 두루마리를 구해다가, 유다 왕 여호야김이 태워 없앤 처음 두루마리에 적힌 내용을 전부 다시 적어라.

29 그리고 유다 왕 여호야김에게 이 메시지를 보내라. '하나님이 말한다. 너는 "바빌론 왕이 와서 이 땅을 파괴하고 이 땅의 모든 것을 전멸시킬 것이라니, 말이 되는 소린가?" 하면서 감히 두루마리를 불태웠다.

30-31 좋다. 하나님이 유다 왕 여호야김에게 뭐라고 할지 알고 싶으냐? 들어라. 그의 자손 중에 어느 누구도 다윗 보좌에 앉지 못할 것이다. 그의 시체가 길거리에 내던져져 낮에는 불볕을, 밤에는 칼바람을 받을 것이다. 내가 여호야김과 그의 자녀와 그의 고관들의 파렴치한 죄를 물어 모두 벌할 것이다. 그동안 경고했던 재앙, 그들이 믿지 않았던 대재앙을 그들과 예루살렘 모든 주민에게 내릴 것이다.'"

32 예레미야가 다른 두루마리를 가져다가 네리야의 아들 서기관 바룩에게 주었다. 바룩은 예레미야가 불러 주는 대로, 유다 왕 여호야김이 불태워 없애 버린 내용 전부를 다시 적었다. 어느 정도 추가된 부분이 있었으나 내용은 전과 비슷했다.

Jehudi would read three or four columns, the king would cut them off the scroll with his pocketknife and throw them in the fire. He continued in this way until the entire scroll had been burned up in the fire.

24-26 Neither the king nor any of his officials showed the slightest twinge of conscience as they listened to the messages read. Elnathan, Delaiah, and Gemariah tried to convince the king not to burn the scroll, but he brushed them off. He just plowed ahead and ordered Prince Jerahameel, Seraiah son of Azriel, and Shelemiah son of Abdeel to arrest Jeremiah the prophet and his secretary Baruch. But GOD had hidden them away.

27-28 After the king had burned the scroll that Baruch had written at Jeremiah's dictation, Jeremiah received this Message from GOD: "Get another blank scroll and do it all over again. Write out everything that was in that first scroll that Jehoiakim king of Judah burned up.

29 "And send this personal message to Jehoiakim king of Judah: 'GOD says, You had the gall to burn this scroll and then the nerve to say, "What kind of nonsense is this written here—that the king of Babylon will come and destroy this land and kill everything in it?"

30-31 "'Well, do you want to know what GOD says about Jehoiakim king of Judah? This: No descendant of his will ever rule from David's throne. His corpse will be thrown in the street and left unburied, exposed to the hot sun and the freezing night. I will punish him and his children and the officials in his government for their blatant sin. I'll let loose on them and everyone in Jerusalem the doomsday disaster of which I warned them but they spit at.'"

32 So Jeremiah went and got another scroll and gave it to Baruch son of Neriah, his secretary. At Jeremiah's dictation he again wrote down everything that Jehoiakim king of Judah had burned in the fire. There were also generous additions, but of the same kind of thing.

꼭두각시 왕 시드기야

37 [1-2] 바빌론 왕 느부갓네살이 세운 꼭두각시 왕 요시야의 아들 시드기야가 여호야김의 아들 여호야긴을 대신하여 유다를 통치하고 있었다. 그런데 왕과 신하와 백성은 하나님께서 예언자 예레미야에게 주신 메시지에 조금도 주의를 기울이지 않았다.

[3] 어느 날 시드기야 왕이 셀레먀의 아들 여후갈과 마아세야의 아들 제사장 스바냐를 예언자 예레미야에게 보내어 말했다. "우리를 위해서 우리의 주님이신 하나님께 기도해 주시오. 열심을 다해 기도해 주시오!"

[4-5] 그때는 예레미야가 백성 가운데 자유롭게 드나들며 활동하던 때로, 아직 감옥에 갇히기 전이었고, 바로의 군대가 이집트를 출발해 진군해 오고 있었다. 예루살렘을 포위하고 있던 갈대아 사람들이 이집트 군대가 오고 있다는 소식을 듣고 예루살렘에서 물러갔다.

[6-10] 그때 하나님께서 예언자 예레미야에게 메시지를 주셨다. "이스라엘의 하나님이 말한다. 너는 내게 자문을 구하려고 너희를 보낸 유다 왕에게 이 메시지를 전하여라. '잘 들어라. 너희를 도우러 바로의 군대가 오고 있다만, 그들은 오래 머물지 않을 것이다. 그들은 여기 도착하자마자 곧 떠나 이집트로 돌아갈 것이다. 그러면 바빌론 사람들이 돌아와 공격을 재개하고, 이 도성을 점령하여 불태울 것이다. 나 하나님이 너희에게 말한다. 서로 안심시키려고 "바빌론 사람들은 며칠 내로 떠날 것이다" 말하며 스스로를 속이지 마라. 내가 너희에게 말하는데, 그들은 떠나지 않을 것이다. 설령 너희가 갈대아 공격부대를 모두 격퇴시켜 그들 진영에 부상병들만 남더라도, 그들이 일어나 이 도성을 불태워 버릴 것이다.'"

[11-13] 갈대아 군대가 예루살렘에서 물러갔을 때, 예레미야가 개인적 일을 처리하러 예루살렘을 떠나 베냐민 영토로 건너갔다. 그가 '베냐민 성문'에 이르렀을 때, 거기 수문장이던 하나냐의 손자요 셀레마의 아들인 이리야가 예언자 예레미야를 붙잡고 고발하며 말했다. "당신은 지금 갈대아 사람들에게 투항하러 가고 있소!"

[14-16] "그렇지 않소." 예레미야가 항변했다. "갈대아 사람들에게 투항하다니, 생각도 해본 적

In an Underground Dungeon

37 [1-2] King Zedekiah son of Josiah, a puppet king set on the throne by Nebuchadnezzar king of Babylon in the land of Judah, was now king in place of Jehoiachin son of Jehoiakim. But neither he nor his officials nor the people themselves paid a bit of attention to the Message GOD gave by Jeremiah the prophet.

[3] However, King Zedekiah sent Jehucal son of Shelemiah, and Zephaniah the priest, son of Maaseiah, to Jeremiah the prophet, saying, "Pray for us—pray hard!—to the Master, our GOD."

[4-5] Jeremiah was still moving about freely among the people in those days. This was before he had been put in jail. Pharaoh's army was marching up from Egypt. The Chaldeans fighting against Jerusalem heard that the Egyptians were coming and pulled back.

[6-10] Then Jeremiah the prophet received this Message from GOD: "I, the GOD of Israel, want you to give this Message to the king of Judah, who has just sent you to me to find out what he should do. Tell him, 'Get this: Pharaoh's army, which is on its way to help you, isn't going to stick it out. No sooner will they get here than they'll leave and go home to Egypt. And then the Babylonians will come back and resume their attack, capture this city and burn it to the ground. I, GOD, am telling you: Don't kid yourselves, reassuring one another, "The Babylonians will leave in a few days." I tell you, they aren't leaving. Why, even if you defeated the entire attacking Chaldean army and all that was left were a few wounded soldiers in their tents, the wounded would still do the job and burn this city to the ground.'"

[11-13] When the Chaldean army pulled back from Jerusalem, Jeremiah left Jerusalem to go over to the territory of Benjamin to take care of some personal business. When he got to the Benjamin Gate, the officer on guard there, Irijah son of Shelemiah, son of Hananiah, grabbed Jeremiah the prophet, accusing him, "You're deserting to the Chaldeans!"

[14-16] "That's a lie," protested Jeremiah. "I wouldn't think of deserting to the Chaldeans."

없소."
그러나 이리야는 그 말을 듣지 않았다. 그는 예
레미야를 체포해 경비대로 끌고 갔다. 경비대
는 몹시 격분하여, 예레미야를 때린 다음 서기
관 요나단의 집 감옥에 가두었다. (그들은 그
집을 감옥으로 사용하고 있었다.) 그렇게 해서
예레미야는 물웅덩이를 개조한 지하 감옥에 들
어가 오랫동안 갇혀 있었다.
17 나중에 시드기야 왕이 사람을 시켜 예레미야
를 데려왔다. 왕이 그에게 은밀히 물었다. "하
나님께서 주신 메시지가 있소?"
"물론입니다. 있습니다." 예레미야가 말했다.
"왕께서는 바빌론 왕의 손에 넘겨질 것입니다."
18-20 예레미야가 계속해서 시드기야 왕에게 말
했다. "왕께서는 도대체 무슨 이유로 저를 감옥
에 가두신 것입니까? 제가 왕과 왕의 신하들,
그리고 백성에게 죄를 지은 것이 있습니까? 말
씀해 보십시오. 바빌론 왕이 왕과 이 땅을 치러
오는 일은 결단코 없을 것이라고 설교하던 왕
의 예언자들은 지금 다 어디에 있습니까? 내 주
인인 왕이시여, 부디 제 말에 귀 기울여 주십
시오! 부디 저를 서기관 요나단의 집 지하 감옥
속으로 다시 보내지 말아 주십시오. 거기 가면
저는 죽습니다!"
21 시드기야 왕은 명령을 내려 예레미야를 왕궁
경비대 뜰에 두었다. 거기서 예레미야는, 도성
에 빵이 동날 때까지 '빵 굽는 자들의 골목'에서
매일 빵을 한 덩어리씩 배급받았다. 이렇게 해
서 예레미야는 왕궁 경비대 뜰에서 지내게 되
었다.

예레미야가 웅덩이에 갇히다

38

1 예레미야가 온 백성에게 전하는 말
을, 맛단의 아들 스바댜와 바스훌의
아들 그다랴와 셀레먀의 아들 유갈과 말기야의
아들 바스훌이 들었다.
2 "하나님의 메시지다. '이 성읍에 머무는 자는
누구든지 죽임을 당할 것이다. 칼에 찔려 죽거
나, 굶어 죽거나, 병들어 죽을 것이다. 그러나
바빌론 사람들에게 투항하면 목숨을 부지할 것
이다.'
3 하나님의 분명한 말씀이다. '이 도성은 반드
시 바빌론 왕의 군대에게 멸망당할 것이다. 그
에게 점령당할 것이다.'"
4 신하들이 왕에게 말했다. "부디, 이 자를 죽이

But Irijah wouldn't listen to him. He arrested him
and took him to the police. The police were furious
with Jeremiah. They beat him up and threw him
into jail in the house of Jonathan the secretary
of state. (They were using the house for a prison
cell.) So Jeremiah entered an underground cell in
a cistern turned into a dungeon. He stayed there a
long time.
17 Later King Zedekiah had Jeremiah brought to
him. The king questioned him privately, "Is there a
Message from GOD?"
"There certainly is," said Jeremiah. "You're going to
be turned over to the king of Babylon."
18-20 Jeremiah continued speaking to King Zedekiah:
"Can you tell me why you threw me into prison?
What crime did I commit against you or your
officials or this people? And tell me, whatever has
become of your prophets who preached all those
sermons saying that the king of Babylon would
never attack you or this land? Listen to me, please,
my master–my king! Please don't send me back to
that dungeon in the house of Jonathan the secre-
tary. I'll die there!"
21 So King Zedekiah ordered that Jeremiah be
assigned to the courtyard of the palace guards. He
was given a loaf of bread from Bakers' Alley every
day until all the bread in the city was gone. And
that's where Jeremiah remained–in the courtyard
of the palace guards.

From the Dungeon to the Palace

38

1 Shaphatiah son of Mattan, Gedaliah son
of Pashur, Jehucal son of Shelemiah, and
Pashur son of Malkijah heard what Jeremiah was
telling the people, namely:
2 "This is GOD's Message: 'Whoever stays in this
town will die–will be killed or starve to death or get
sick and die. But those who go over to the Babylo-
nians will save their necks and live.'
3 "And, GOD's sure Word: 'This city is destined to
fall to the army of the king of Babylon. He's going to
take it over.'"
4 These officials told the king, "Please, kill this
man. He's got to go! He's ruining the resolve of the
soldiers who are still left in the city, as well as the

십시오. 그가 살아 있어서는 안됩니다! 그가 계속 저런 말들을 퍼뜨려서, 아직 도성에 남아 있는 군인과 온 백성의 사기를 떨어뜨리고 있습니다. 이 자는 이 백성이 잘 되기를 바라지 않습니다. 그는 우리를 망하게 하려는 자입니다!"

5 시드기야 왕이 말했다. "그대들 생각이 그렇다면 뜻대로 하시오. 내가 무슨 힘이 있다고 그대들에게 반대하겠소."

6 그래서 그들이 예레미야를 붙잡아 왕궁 경비대 뜰에 있는 왕자 말기야의 집 물웅덩이에 빠뜨렸다. 그들은 그를 밧줄에 묶어 내려보냈다. 웅덩이 안에는 물 대신 진흙뿐이었다. 예레미야는 진흙 속에 빠졌다.

7-9 왕궁 관리였던 에티오피아 사람 에벳멜렉은, 사람들이 예레미야를 물웅덩이 속으로 내동댕이 쳤다는 소식을 들었다. 그때 왕은 '베냐민 문'에서 나랏일을 보고 있었는데, 에벳멜렉이 왕궁을 나와 왕에게 달려가 말했다. "내 주인인 왕이시여, 저 자들이 큰 범죄를 저질렀습니다. 예언자 예레미야를 굶겨 죽이려고 그를 물웅덩이 속에 던져 넣었습니다. 그는 죽은 목숨이나 다름없습니다. 지금 도성에는 빵 한 조각 남아 있지 않습니다."

10 왕은 에티오피아 사람 에벳멜렉에게 명령을 내렸다. "사람 세 명을 데리고 가서, 예언자 예레미야가 죽기 전에 어서 물웅덩이에서 꺼내어라."

11-12 에벳멜렉이 사람 세 명을 구해 왕궁 의복창고로 가서, 해진 옷 조각 얼마를 얻어 하나로 묶고 밧줄과 함께 물웅덩이 안에 있는 예레미야에게 내려보냈다. 에티오피아 사람 에벳멜렉이 아래에 있는 예레미야를 부르며 말했다. "양쪽 겨드랑이와 밧줄 사이에 이 해진 옷 조각들을 끼워 넣으십시오."
예레미야가 그의 말을 따랐다.

13 그들이 밧줄을 당겨 예레미야를 물웅덩이 밖으로 꺼냈다. 그러나 그는 계속 왕궁 경비대 뜰에 감금되었다.

14 후에, 시드기야 왕이 예언자 예레미야를 하나님의 성전 셋째 입구로 불렀다. 왕이 예레미야에게 말했다. "그대에게 물을 것이 있소. 내게 아무것도 숨기지 마시오."

15 예레미야가 말했다. "제가 사실대로 말씀드리면, 왕께서는 저를 죽이실 것입니다. 제가 무슨 말을 하든지, 왕께서는 귀 기울여 듣지 않으실 것입니다."

16 시드기야가 그 자리에서 예레미야에게 은밀히

people themselves, by spreading these words. This man isn't looking after the good of this people. He's trying to ruin us!"

5 King Zedekiah caved in: "If you say so. Go ahead, handle it your way. You're too much for me."

6 So they took Jeremiah and threw him into the cistern of Malkijah the king's son that was in the courtyard of the palace guard. They lowered him down with ropes. There wasn't any water in the cistern, only mud. Jeremiah sank into the mud.

7-9 Ebed-melek the Ethiopian, a court official assigned to the royal palace, heard that they had thrown Jeremiah into the cistern. While the king was holding court in the Benjamin Gate, Ebed-melek went immediately from the palace to the king and said, "My master, O king—these men are committing a great crime in what they're doing, throwing Jeremiah the prophet into the cistern and leaving him there to starve. He's as good as dead. There isn't a scrap of bread left in the city."

10 So the king ordered Ebed-melek the Ethiopian, "Get three men and pull Jeremiah the prophet out of the cistern before he dies."

11-12 Ebed-melek got three men and went to the palace wardrobe and got some scraps of old clothing, which they tied together and lowered down with ropes to Jeremiah in the cistern. Ebed-melek the Ethiopian called down to Jeremiah, "Put these scraps of old clothing under your armpits and around the ropes." Jeremiah did what he said.

13 And so they pulled Jeremiah up out of the cistern by the ropes. But he was still confined in the courtyard of the palace guard.

14 Later, King Zedekiah sent for Jeremiah the prophet and had him brought to the third entrance of the Temple of GOD. The king said to Jeremiah, "I'm going to ask you something. Don't hold anything back from me."

15 Jeremiah said, "If I told you the whole truth, you'd kill me. And no matter what I said, you wouldn't pay any attention anyway."

16 Zedekiah swore to Jeremiah right there, but in secret, "As sure as GOD lives, who gives us life, I won't kill you, nor will I turn you over to the men

맹세하며 말했다. "우리에게 생명을 주시는 하나님께서 살아 계심을 두고 맹세하는데, 나는 결코 그대를 죽이거나 그대의 목숨을 노리는 자들에게 넘겨주지 않을 것이오."

17-18 예레미야가 시드기야에게 말했다. "만군의 하나님, 이스라엘의 하나님의 메시지입니다. '만일 네가 바빌론 왕의 장군들에게 투항하면, 너도 살고 이 도성도 불타지 않을 것이다. 너의 가문은 살아남을 것이다. 그러나 네가 바빌론 왕의 장군들에게 투항하지 않으면, 이 도성은 갈대아 사람들의 수중에 들어가 모조리 불타 없어질 것이다. 그들의 손에서 빠져나올 수 있을 것이라는 생각은 꿈에도 하지 마라.'"

19 시드기야 왕이 예레미야에게 말했다. "그러나 나는 갈대아 사람들에게 먼저 투항한 유다 사람들이 두렵소. 그들이 나를 손에 넣으면, 나를 매우 거칠게 다룰 테니 말이오."

20-22 예레미야가 그를 안심시켰다. "그들의 수중에 떨어지는 일은 없을 것입니다. 부디, 하나님의 음성에 순종하십시오. 저는 지금 왕을 위해, 왕께서 목숨을 부지하실 수 있게 하려고 이 말씀을 드립니다. 왕께서 투항을 거부할 때 어떤 일이 있을지 하나님께서 제게 보여주셨습니다. 상상해 보십시오. 유다 왕의 왕궁에 남은 여인들 모두가 바빌론 왕의 신하들에게 끌려갑니다. 그들은 끌려가며 이렇게 말합니다.

'그들이 네게 거짓말을 했다.
친구라고 믿었던 자들이 너를 속였다.
이제 진창에 빠져 옴짝달싹 못하는 네 꼴이라니.
네 친구라는 자들, 지금 모두 어디에 있느냐?'

23 왕의 아내와 자식들 모두가 갈대아 사람들에게 넘겨질 것입니다. 그들의 손에서 빠져나올 수 있으리라 생각하지 마십시오. 왕께서는 바빌론 왕에게 붙잡힐 것이며, 그가 이 도성을 불태워 허물어 버릴 것입니다."

24-26 시드기야가 예레미야에게 말했다. "오늘 우리가 나눈 대화는 비밀로 하는 것이 그대를 위해 좋을 것이오. 고관들이 이 일을 눈치채면, 바로 달려와 말할 것이오. '왕과 무슨 얘기를 했는지 털어놓으시오. 남김없이 자백하면 목숨은 살려주겠소.' 만일 그런 일이 생기면, 그들에게 이렇게 말하시오. '나는 다만 왕께 나를 요나단의 집 지하 감옥으로 다시 보내지 말아 달라고 간청드렸

who are trying to kill you."

17-18 So Jeremiah told Zedekiah, "This is the Message from GOD, GOD-of-the-Angel-Armies, the God of Israel: 'If you will turn yourself over to the generals of the king of Babylon, you will live, this city won't be burned down, and your family will live. But if you don't turn yourself over to the generals of the king of Babylon, this city will go into the hands of the Chaldeans and they'll burn it down. And don't for a minute think there's any escape for you.'"

19 King Zedekiah said to Jeremiah, "But I'm afraid of the Judeans who have already deserted to the Chaldeans. If they get hold of me, they'll rough me up good."

20-22 Jeremiah assured him, "They won't get hold of you. Listen, please. Listen to GOD's voice. I'm telling you this for your own good so that you'll live. But if you refuse to turn yourself over, this is what GOD has shown me will happen: Picture this in your mind–all the women still left in the palace of the king of Judah, led out to the officers of the king of Babylon, and as they're led out they are saying:

"'They lied to you and did you in,
those so-called friends of yours;
And now you're stuck, about knee-deep in mud,
and your "friends," where are they now?'

23 "They'll take all your wives and children and give them to the Chaldeans. And you, don't think you'll get out of this–the king of Babylon will seize you and then burn this city to the ground."

24-26 Zedekiah said to Jeremiah, "Don't let anyone know of this conversation, if you know what's good for you. If the government officials get wind that I've been talking with you, they may come and say, 'Tell us what went on between you and the king, what you said and what he said. Hold nothing back and we won't kill you.' If this happens, tell them, 'I presented my case to the king so that he wouldn't send me back to the dungeon of Jonathan to die there.'"

27 And sure enough, all the officials came to

을 뿐이오.'"

27 과연 고관들이 예레미야를 찾아와 물었고, 그는 왕이 지시한 대로 대답했다. 그들은 결국 그냥 돌아갔다. 그 대화를 엿들은 자는 아무도 없었다.

28 예레미야는 예루살렘이 점령당하는 날까지 왕궁 경비대 뜰에서 지냈다.

예루살렘이 함락되다

39 1-2 유다의 시드기야 왕 구년 열째 달에, 바빌론의 느부갓네살 왕이 그의 전 병력을 이끌고 와서 예루살렘을 포위했다. 시드기야 십일년 넷째 달 구일에, 마침내 성벽이 뚫렸다.

3 바빌론 왕의 고관들이 성 안으로 모두 들어가 '중앙 대문'에 자리를 잡고 통치위원회를 꾸렸다. 그들은 심마갈의 네르갈사레셀, 랍사리스 사람 느부사스반, 랍막 사람 네르갈사레셀, 그 밖의 여러 바빌론 왕의 고관들이었다.

4-7 유다 왕 시드기야와 남은 군사들이 그 모습을 보고 도망쳤다. 그들은 야반도주하여, 왕의 동산에 난 길을 따라 두 성벽 사이의 문을 통과하고 광야 쪽 요단 골짜기를 향해 갔다. 바빌론 군대가 그들을 추격해 여리고 광야에서 시드기야를 붙잡았다. 그들이 시드기야를 하맛 지방 리블라에 있는 바빌론 느부갓네살 왕 앞으로 끌고 갔다. 리블라에서 바빌론 왕은 시드기야가 보는 앞에서 그의 아들들을 다 죽이고, 유다의 귀족들도 모두 죽였다. 시드기야가 그 학살을 모두 목격하게 한 뒤에, 느부갓네살은 그의 눈을 멀게 했다. 그 후에 그를 사슬에 묶어 바빌론으로 끌고 갔다.

8-10 바빌론 사람들은 왕궁과 성전과 백성들의 집에 불을 질러 허물어 버렸다. 예루살렘 성벽들도 모두 무너뜨렸다. 경호대장 느부사라단이 도성 안에 남은 자들을 붙잡아서, 투항한 자들과 함께 바빌론으로 끌고 갔다. 아무 가진 것 없는 소수의 가난한 무리는 굳이 데려가지 않았다. 그들을 유다 땅에 남겨 두어, 포도원과 밭을 일구며 생계를 꾸려 가게 했다.

11-12 바빌론의 느부갓네살 왕이 예레미야에 대하여 경호대장 느부사라단에게 특별 명령

Jeremiah and asked him. He responded as the king had instructed. So they quit asking. No one had overheard the conversation.

28 Jeremiah lived in the courtyard of the palace guards until the day that Jerusalem was captured.

Bad News, Not Good News

39 1-2 In the ninth year and tenth month of Zedekiah king of Judah, Nebuchadnezzar king of Babylon came with his entire army and laid siege to Jerusalem. In the eleventh year and fourth month, on the ninth day of Zedekiah's reign, they broke through into the city.

3 All the officers of the king of Babylon came and set themselves up as a ruling council from the Middle Gate: Nergal-sharezer of Simmagar, Nebushazban the Rabsaris, Nergal-sharezer the Rabmag, along with all the other officials of the king of Babylon.

4-7 When Zedekiah king of Judah and his remaining soldiers saw this, they ran for their lives. They slipped out at night on a path in the king's garden through the gate between two walls and headed for the wilderness, toward the Jordan Valley. The Babylonian army chased them and caught Zedekiah in the wilderness of Jericho. They seized him and took him to Nebuchadnezzar king of Babylon at Riblah in the country of Hamath. Nebuchadnezzar decided his fate. The king of Babylon killed all the sons of Zedekiah in Riblah right before his eyes and then killed all the nobles of Judah. After Zedekiah had seen the slaughter, Nebuchadnezzar blinded him, chained him up, and then took him off to Babylon.

8-10 Meanwhile, the Babylonians burned down the royal palace, the Temple, and all the homes of the people. They leveled the walls of Jerusalem. Nebuzaradan, commander of the king's bodyguard, rounded up everyone left in the city, along with those who had surrendered to him, and herded them off to exile in Babylon. He didn't bother taking the few poor people who had nothing. He left them in the land of Judah to eke out a living as best they could in the vineyards and fields.

11-12 Nebuchadnezzar king of Babylon gave

을 내렸다. "그를 데려다가 잘 보살펴 주어라. 절대로 그가 해를 당하지 않게 하고, 무엇을 원하든지 다 해주어라."

13-14 경호대장 느부사라단은 랍사리스 사람 느부사스반과 랍막 사람 네르갈사레셀과 그 밖의 바빌론 왕의 모든 고관들과 함께 왕궁 경비대 뜰로 사람을 보내어, 예레미야를 데려다가 사반의 손자요 아히감의 아들인 그다랴에게 맡겨 집으로 돌아갈 수 있게 해주었다. 그렇게 해서 예레미야는 백성과 더불어 살게 되었다.

15-18 전에 예레미야가 왕궁 경비대 뜰에 구금되어 있을 때, 하나님의 메시지가 그에게 임했다. "가서 에티오피아 사람 에벳멜렉에게 전하여라. '만군의 하나님, 이스라엘의 하나님이 말한다. 잘 들어라. 내가 전에 말했던 그 일을 이제 이 도성에 행하려 한다. 이는 흉보다. 너는 이 일을 직접 목격하게 되겠지만, 재앙의 날에 내가 너를 건져 줄 것이다. 너는 네가 두려워하는 그들의 손에 넘겨지지 않을 것이다. 그렇다. 내가 반드시 너를 구해 줄 것이다. 너는 죽임을 당하지 않을 것이다. 털끝 하나 다치지 않고 무사할 것이다. 네가 나를 신뢰했기 때문이다.'" 하나님의 포고다.

40 [1] 경호대장 느부사라단이 라마에서 예레미야를 풀어 준 뒤에 하나님의 메시지가 그에게 임했다. 느부사라단이 예레미야에게 왔을 때, 그는 예루살렘과 유다의 다른 포로들과 함께 사슬에 묶여 바빌론으로 끌려가는 중이었다.

2-3 경호대장이 예레미야를 지목하여 불러 말했다. "그대의 하나님께서 이곳에 재앙을 선포하시더니, 과연 하나님께서 경고한 대로 행하셨소. 이는 그대들이 하나님 앞에서 죄를 짓고, 그분의 말씀을 따르지 않았기 때문이오. 그대들 모두가 이렇게 고통을 겪는 것은 바로 그 때문이오.

4-5 그러나 예레미야여, 오늘 내가 그대를 풀어 주고 그대의 손에서 사슬을 벗겨 주겠소. 나와 함께 바빌론으로 가고 싶다면 그렇게 합시다. 내가 그대를 돌보아 주겠소. 그러나 바

Nebuzaradan captain of the king's bodyguard special orders regarding Jeremiah: "Look out for him. Make sure nothing bad happens to him. Give him anything he wants."

13-14 So Nebuzaradan, chief of the king's bodyguard, along with Nebushazban the Rabsaris, Nergal-sharezer the Rabmag, and all the chief officers of the king of Babylon, sent for Jeremiah, taking him from the courtyard of the royal guards and putting him under the care of Gedaliah son of Ahikam, the son of Shaphan, to be taken home. And so he was able to live with the people.

15-18 Earlier, while Jeremiah was still in custody in the courtyard of the royal guards, GOD's Message came to him: "Go and speak with Ebed-melek the Ethiopian. Tell him, GOD-of-the-Angel-Armies, the God of Israel, says, Listen carefully: I will do exactly what I said I would do to this city—bad news, not good news. When it happens, you will be there to see it. But I'll deliver you on that doomsday. You won't be handed over to those men whom you have good reason to fear. Yes, I'll most certainly save you. You won't be killed. You'll walk out of there safe and sound because you trusted me.'" GOD's Decree.

Go and Live Wherever You Wish

40 [1] GOD's Message to Jeremiah after Nebuzaradan captain of the bodyguard set him free at Ramah. When Nebuzaradan came upon him, he was in chains, along with all the other captives from Jerusalem and Judah who were being herded off to exile in Babylon.

2-3 The captain of the bodyguard singled out Jeremiah and said to him, "Your GOD pronounced doom on this place. GOD came and did what he had warned he'd do because you all sinned against GOD and wouldn't do what he told you. So now you're all suffering the consequences.

4-5 "But today, Jeremiah, I'm setting you free, taking the chains off your hands. If you'd like to come to Babylon with me, come along. I'll take good care of you. But if you don't want to come to Babylon with me, that's just fine, too. Look, the whole land stretch-

빌론으로 가는 것을 원치 않는다 해도 괜찮소.
보시오, 그대 앞에 온 땅이 펼쳐져 있소. 그대가
원하는 대로 하시오. 어디든 그대가 원하는 곳
으로 가서 사시오. 고향 땅에 머물기를 원한다
면, 사반의 손자요 아히감의 아들인 그다랴에게
돌아가시오. 바빌론 왕께서 그를 유다의 도성
총독으로 삼으셨소. 그와 함께, 그대의 백성과
더불어 사시오. 어디든 원하는 곳으로 가시오.
당신의 결정에 달렸소."
경호대장은 길에서 먹을 음식과 작별 선물을 들
려 주며 그를 떠나보냈다.
6 예레미야는 미스바에 있는 아히감의 아들 그
다랴에게 가서, 그와 함께 그 땅에 남겨진 백성
들과 함께 살았다.

유다 총독 그다랴

7-8 바빌론 왕이 아히감의 아들 그다랴를 이 땅
의 총독으로 임명하고 바빌론에 포로로 끌려가
지 않은 극빈자들과 그들의 자녀들을 그에게 맡
겼다는 소식을 듣자, 들판에 숨어 있던 군지휘
관과 부하들이 미스바로 와서 그다랴를 만났다.
그들은 느다냐의 아들 이스마엘, 가레아의 두
아들 요하난과 요나단, 단후멧의 아들 스라야,
느도바 부족 에배의 아들들, 마아가 사람의 아
들 여사냐, 그리고 그들의 부하들이다.
9 사반의 손자요 아히감의 아들인 그다랴가 그
들에게 약속했다. "그대들은 갈대아 관리들을
두려워하지 않아도 되오. 여기, 이 땅에 머물러
살면서 바빌론 왕을 섬기시오. 그러면 모든 일
이 다 잘될 것이오.
10 나는 여기 미스바에 머물면서, 갈대아 사람들
이 오면 그들 앞에서 그대들을 변호하겠소. 그
대들은 땅을 돌보는 일을 맡아 주시오. 포도주
를 만들고 여름 과실을 수확하고 올리브기름을
짜는 일을 맡으시오. 그것들을 도기 그릇에 넣
어 잘 저장하고, 어느 성읍이든 그대들이 차지
한 곳에 정착해 사시오."
11-12 모압과 암몬과 에돔과 여러 나라로 피신했
던 유다 사람들도 바빌론 왕이 유다에 소수의 생
존자들을 남겨 두고, 사반의 손자요 아히감의
*아들인 그다랴를 총독으로 세웠다*는 소식을 들
었다. 그들 모두 흩어졌던 곳에서 다시 유다로
돌아오기 시작했다. 그들은 유다 땅 미스바의
그다랴에게 와서 일을 시작했고, 막대한 양의
포도주와 여름 과실을 거두어들였다.

es out before you. Do what you like. Go and live
wherever you wish. If you want to stay home, go
back to Gedaliah son of Ahikam, son of Shaphan.
The king of Babylon made him governor of the
cities of Judah. Stay with him and your people. Or
go wherever you'd like. It's up to you."
The captain of the bodyguard gave him food for the
journey and a parting gift, and sent him off.
6 Jeremiah went to Gedaliah son of Ahikam at
Mizpah and made his home with him and the
people who were left behind in the land.

Take Care of the Land

7-8 When the army leaders and their men, who
had been hiding out in the fields, heard that the
king of Babylon had appointed Gedaliah son of
Ahikam as governor of the land, putting him
in charge of the men, women, and children of
the poorest of the poor who hadn't been taken
off to exile in Babylon, they came to Gedaliah
at Mizpah: Ishmael son of Nethaniah, Johanan
and Jonathan the sons of Kareah, Seraiah son of
Tanhumeth, the sons of Ephai the Netophathite,
and Jaazaniah son of the Maacathite, accompa-
nied by their men.
9 Gedaliah son of Ahikam, the son of Shaphan,
promised them and their men, "You have nothing
to fear from the Chaldean officials. Stay here on the
land. Be subject to the king of Babylon. You'll get
along just fine.
10 "My job is to stay here in Mizpah and be your
advocate before the Chaldeans when they show
up. Your job is to take care of the land: Make wine,
harvest the summer fruits, press olive oil. Store it
all in pottery jugs and settle into the towns that you
have taken over."
11-12 The Judeans who had escaped to Moab,
Ammon, Edom, and other countries heard that the
king of Babylon had left a few survivors in Judah
and made Gedaliah son of Ahikam, son of Shaphan,
governor over them. They all started coming back
to Judah from all the places where they'd been
scattered. They came to Judah and to Gedaliah
at Mizpah and went to work gathering in a huge
supply of wine and summer fruits.

13-14 어느 날 가레아의 아들 요하난과 오지에 숨어 있던 군지휘관들이 미스바에 있는 그다랴를 찾아와 말했다. "아니, 모르신단 말입니까? 암몬 왕 바알리스가 총독님의 목숨을 빼앗으려고 느다냐의 아들 이스마엘을 보냈습니다." 그러나 아히감의 아들 그다랴는 그들의 말을 믿지 않았다.

15 가레아의 아들 요하난은 미스바에서 그다랴를 은밀히 만나 말했다. "제가 가서 느다냐의 아들 이스마엘을 죽이도록 허락해 주십시오. 아무도 모르게 해치우겠습니다. 그 자가 총독님을 죽이고 이 나라를 큰 혼란에 빠뜨리려는 것을 그냥 보고만 있을 수는 없습니다. 총독께서 돌보시는 백성이 다 흩어지고 유다의 남은 자들마저 모두 망할 텐데, 그저 가만히 있을 수는 없지 않습니까?"

16 그러나 아히감의 아들 그다랴는 가레아의 아들 요하난에게 말했다. "그래서는 안되오. 이것은 명령이오. 그대는 이스마엘에 대해 헛소문을 퍼뜨리고 있구려."

41

1-3 일곱째 달에, 엘리사마의 손자요 느다냐의 아들인 이스마엘이 도착했다. 그는 왕족이며 왕의 대신이기도 했다. 그가 부하 열 명을 데리고 미스바에 있는 아히감의 아들 그다랴를 찾아왔다. 그들이 같이 식사를 하는데, 이스마엘과 그가 데리고 온 열 명의 부하들이 갑자기 일어나서 그다랴를 때려눕히고, 바빌론 왕이 그 땅의 총독으로 임명한 그를 죽였다. 또 이스마엘은 그다랴와 함께 미스바에 있던 유다 사람들을 모조리 죽이고, 거기 주둔하고 있던 갈대아 병사들까지 죽였다.

4-5 그다랴가 살해된 다음 날—아직 아무도 그 사실을 몰랐다—수염을 깎고 옷을 찢고 몸에 상처를 낸 사람들 여든 명이 세겜과 실로와 사마리아에서 왔다. 그들은 곡식 제물과 향료를 들고 예루살렘 성전에 예배하러 가는 순례자들이었다.

6 느다냐의 아들 이스마엘이 미스바에서 나와, 보라는 듯이 울며 그들을 영접했다. 그는 그들에게 인사를 건넨 다음, 안으로 초대했다. "들어오셔서 아히감의 아들 그다랴를 만나시지요."

7-8 그러나 순례자들이 도성 안으로 들어선 순

13-14 One day Johanan son of Kareah and all the officers of the army who had been hiding out in the backcountry came to Gedaliah at Mizpah and told him, "You know, don't you, that Baaliss king of Ammon has sent Ishmael son of Nethaniah to kill you?" But Gedaliah son of Ahikam didn't believe them.

15 Then Johanan son of Kareah took Gedaliah aside privately in Mizpah: "Let me go and kill Ishmael son of Nethaniah. No one needs to know about it. Why should we let him kill you and plunge the land into anarchy? Why let everyone you've taken care of be scattered and what's left of Judah destroyed?"

16 But Gedaliah son of Ahikam told Johanan son of Kareah, "Don't do it. I forbid it. You're spreading a false rumor about Ishmael."

Murder

41

1-3 But in the seventh month, Ishmael son of Nethaniah, son of Elishama, came. He had royal blood in his veins and had been one of the king's high-ranking officers. He paid a visit to Gedaliah son of Ahikam at Mizpah with ten of his men. As they were eating together, Ishmael and his ten men jumped to their feet and knocked Gedaliah down and killed him, killed the man the king of Babylon had appointed governor of the land. Ishmael also killed all the Judeans who were with Gedaliah in Mizpah, as well as the Chaldean soldiers who were stationed there.

4-5 On the second day after the murder of Gedaliah—no one yet knew of it—men arrived from Shechem, Shiloh, and Samaria, eighty of them, with their beards shaved, their clothing ripped, and gashes on their bodies. They were pilgrims carrying grain offerings and incense on their way to worship at the Temple in Jerusalem.

6 Ishmael son of Nethaniah went out from Mizpah to welcome them, weeping ostentatiously. When he greeted them he invited them in: "Come and meet Gedaliah son of Ahikam."

7-8 But as soon as they were inside the city, Ishmael son of Nethaniah and his henchmen slaughtered

간, 느다냐의 아들 이스마엘과 그의 심복들이 그들을 무참히 죽여 시신을 물웅덩이 속에 던져 버렸다. 그런데 그들 가운데 열 사람은 기지를 발휘해 그 상황을 모면했다. 그들은 이렇게 말하며 이스마엘과 흥정을 벌였다. "우리를 죽이지 마시오. 우리 밭에는 밀과 보리와 올리브기름과 꿀을 숨겨 놓은 비밀 창고가 있소." 그러자 이스마엘이 그들을 죽이지 않고 살려 두었다.

9 이스마엘이 시신들을 물웅덩이에 던진 것은 그다랴 시해 사건을 은폐하기 위해서였다. 그 물웅덩이는 아사 왕이 이스라엘 왕 바아사의 공격에 맞서 싸울 때 만들어졌는데, 느다냐의 아들 이스마엘은 그 웅덩이를 시신으로 가득 채웠다.

10 그러고 나서 이스마엘은 왕의 딸들을 비롯해 미스바의 모든 사람들, 경호대장인 느부사라단이 아히감의 아들 그다랴에게 맡긴 모든 사람들을 죄수로 삼았다. 느다냐의 아들 이스마엘은 그들을 포박해 끌고 가서 암몬 땅에 넘기려고 했다.

11-12 가레아의 아들 요하난과 그와 같이 있던 군 지휘관들이 느다냐의 아들 이스마엘이 저지른 극악무도한 일을 전해 들었다. 그들은 즉시 느다냐의 아들 이스마엘을 잡으러 출동했다. 그들은 기브온에 있는 큰 못 근처에서 그와 맞닥뜨렸다.

13-15 이스마엘에게 잡혀 미스바에서 끌려온 이들은 가레아의 아들 요하난과 지휘관들을 보고 그들의 눈을 의심했다. 그들은 기뻐 어쩔 줄 몰랐다! 그들은 가레아의 아들 요하난의 주위로 모여 고향 쪽으로 다시 길을 잡았다. 그러나 느다냐의 아들 이스마엘은 요하난을 피해 달아났고, 부하 여덟 명과 함께 암몬 땅으로 넘어갔다.

16 가레아의 아들 요하난과 군지휘관들은, 느다냐의 아들 이스마엘이 아히감의 아들 그다랴를 살해하고 미스바에서 잡아온 사람들—남자와 여자와 아이와 내시들—모두를 기브온에서 데려왔다.

17-18 그들은 갈대아 사람들을 피하기 위해 즉시 이집트를 향해 떠났다가, 도중에 베들레헴 근처 *게룻김함에서 쉬었다.* 그들은 바빌론 왕이 그 지방 총독으로 임명한 아히감의 아들 그다랴를 느다냐의 아들 이스마엘이 살해한 일로 갈대아 사람들이 어떤 보복을 할지 몰라 두려워했다.

the pilgrims and dumped the bodies in a cistern. Ten of the men talked their way out of the massacre. They bargained with Ishmael, "Don't kill us. We have a hidden store of wheat, barley, olive oil, and honey out in the fields." So he held back and didn't kill them with their fellow pilgrims.

9 Ishmael's reason for dumping the bodies into a cistern was to cover up the earlier murder of Gedaliah. The cistern had been built by king Asa as a defense against Baasha king of Israel. This was the cistern that Ishmael son of Nethaniah filled with the slaughtered men.

10 Ishmael then took everyone else in Mizpah, including the king's daughters entrusted to the care of Gedaliah son of Ahikam by Nebuzaradan the captain of the bodyguard, as prisoners. Rounding up the prisoners, Ishmael son of Nethaniah proceeded to take them over into the country of Ammon.

11-12 Johanan son of Kareah and all the army officers with him heard about the atrocities committed by Ishmael son of Nethaniah. They set off at once after Ishmael son of Nethaniah. They found him at the large pool at Gibeon.

13-15 When all the prisoners from Mizpah who had been taken by Ishmael saw Johanan son of Kareah and the army officers with him, they couldn't believe their eyes. They were so happy! They all rallied around Johanan son of Kareah and headed back home. But Ishmael son of Nethaniah got away, escaping from Johanan with eight men into the land of Ammon.

16 Then Johanan son of Kareah and the army officers with him gathered together what was left of the people whom Ishmael son of Nethaniah had taken prisoner from Mizpah after the murder of Gedaliah son of Ahikam – men, women, children, eunuchs – and brought them back from Gibeon.

17-18 They set out at once for Egypt to get away from the Chaldeans, stopping on the way at Geruth-kimham near Bethlehem. They were afraid of what the Chaldeans might do in retaliation of Ishmael son of Nethaniah's murder of Gedaliah son of Ahikam, whom the king of Babylon had appointed as governor of the country.

백성이 예레미야에게 기도를 부탁하다

42 1-3 가레아의 아들 요하난과 호사야의
아들 여사냐를 비롯한 모든 군지휘관
이, 낮은 자에서 높은 자에 이르는 온 백성을 이
끌고 예언자 예레미야를 찾아와 말했다. "간청이
있습니다. 부디 들어주십시오. 우리 남은 자들을
위해 당신의 **하나님**께 기도해 주십시오. 보시다
시피, 우리는 이렇게 적은 수만 살아남았습니다!
당신의 **하나님**께서 우리가 어디로 가며 무엇을
해야 할지 알려 주시도록 기도해 주십시오."
4 예언자 예레미야가 말했다. "잘 알아들었습니
다. 여러분의 간청대로, 내가 여러분의 **하나님**
께 기도하겠습니다. **하나님**께서 무슨 말씀을 하
시든지, 그대로 전해 드리겠습니다. 아무것도
숨기지 않고 다 알려 드리겠습니다."
5-6 그들이 예레미야에게 말했다. "참되고 신실
한 증인이신 **하나님** 앞에서 맹세합니다. 우리는
하나님께서 당신을 통해 우리에게 하시는 말씀
을 따르겠습니다. 그 내용이 좋든지 싫든지, 모
두 따르겠습니다. 우리 **하나님**께서 무슨 말씀을
하시든지 순종하겠습니다. 우리를 믿어 주십시
오. 우리는 반드시 그렇게 할 것입니다."
7-8 열흘 후에, **하나님**의 메시지가 예레미야에게
임했다. 그가 가레아의 아들 요하난과 모든 군
지휘관과 지위고하를 막론한 온 백성을 한자리
에 불러 모았다.
9-12 예레미야가 말했다. "이스라엘의 **하나님**의
메시지입니다. 여러분이 나를 보내 여러분의 간
구를 전해 달라고 간청했는데, 그분께서 말씀하
십니다. '너희가 이 땅에 머물며 살기로 각오하
면, 내가 너희를 세워 줄 것이다. 너희를 허물어
뜨리지 않을 것이다. 너희를 심되, 잡초처럼 뽑
아 버리지 않을 것이다. 내가 재앙을 내렸지만
내가 너희를 불쌍히 여기니, 너희는 바빌론 왕
을 두려워하지 않아도 된다. 그럴 필요가 없다.
내가 너희 편이며, 그가 어떻게 하든지 내가 너
희를 구하고 건져 줄 것이기 때문이다. 내가 너
희에게 자비를 쏟아부을 것이다. 바빌론 왕은
너희에게 자비를 베풀 것이다! 너희가 고향 땅으
로 돌아가도록 허락해 줄 것이다.
13-17 그러니 "우리는 이곳에 머물 생각이 전혀
없습니다"라는 말은 하지 마라. 너희 **하나님**의
명령에 순종하기를 거부하지 마라. "아닙니다!
우리는 평화로운 이집트로 달아날 것입니다. 전
쟁도, 적의 공격도 없고 먹을 것이 풍부한 그곳

What You Fear Will Catch Up with You

42 1-3 All the army officers, led by Johanan
son of Kareah and Jezaniah son of
Hoshaiah, accompanied by all the people, small
and great, came to Jeremiah the prophet and said,
"We have a request. Please listen. Pray to your GOD
for us, what's left of us. You can see for yourself
how few we are! Pray that your GOD will tell us the
way we should go and what we should do."
4 Jeremiah the prophet said, "I hear your request.
And I will pray to your GOD as you have asked.
Whatever GOD says, I'll pass on to you. I'll tell you
everything, holding nothing back."
5-6 They said to Jeremiah, "Let GOD be our witness,
a true and faithful witness against us, if we don't
do everything that your GOD directs you to tell us.
Whether we like it or not, we'll do it. We'll obey
whatever our GOD tells us. Yes, count on us. We'll
do it."
7-8 Ten days later GOD's Message came to Jeremiah.
He called together Johanan son of Kareah and all
the army officers with him, including all the people,
regardless of how much clout they had.
9-12 He then spoke: "This is the Message from GOD,
the God of Israel, to whom you sent me to present
your prayer. He says, 'If you are ready to stick it
out in this land, I will build you up and not drag
you down, I will plant you and not pull you up like
a weed. I feel deep compassion on account of the
doom I have visited on you. You don't have to fear
the king of Babylon. Your fears are for nothing.
I'm on your side, ready to save and deliver you
from anything he might do. I'll pour mercy on you.
What's more, *he* will show you mercy! He'll let you
come back to your very own land.'
13-17 "But do not say, 'We're not staying around
this place,' refusing to obey the command of your
GOD and saying instead, 'No! We're off to Egypt,
where things are peaceful – no wars, no attacking
armies, plenty of food. We're going to live there.' If
what's left of Judah is headed down that road, then
listen to GOD's Message. This is what GOD-of-the-
Angel-Armies says: 'If you have determined to go
to Egypt and make that your home, then the very
wars you fear will catch up with you in Egypt and

으로 가겠습니다.” 너희가 이렇게 말하고 유다의 남은 자들이 그 길로 내려가고자 한다면, 무슨 일이 있을지 하나님의 메시지에 귀 기울여라. 만군의 하나님이 말한다. 만일 너희가 이집트로 가서 그곳을 고향 삼아 살 작정이라면, 명심하여라. 너희가 두려워하던 전쟁이 이집트에서 너희를 덮치고, 너희가 두려워하던 기근이 이집트에서 너희를 괴롭힐 것이다. 너희는 그 땅에서 죽을 것이다! 이집트를 고향 삼아 살려고 작정한 자들은 거기서 최후의 한 사람까지 모두 칼에 맞아 죽거나, 굶어 죽거나, 병들어 죽을 것이다. 한 사람도 살아남지 못할 것이다! 내가 너희에게 내리는 재앙은 누구도 피해 가지 못한다.

18 만군의 하나님, 이스라엘의 하나님의 메시지다. 내가 분노와 진노로 예루살렘 주민들을 쓸어버렸듯이, 이집트에서도 같은 일을 행할 것이다. 너희는 악담과 욕설과 조롱과 조소의 대상이 될 것이고, 다시는 고향 땅을 볼 수 없을 것이다.’

19-20 유다의 남은 여러분, 하나님께서는 여러분에게 ‘이집트로 돌아가지 말라’고 분명히 말씀하셨습니다. 더없이 분명히 말씀하셨습니다. 이 자리에서 여러분에게 경고합니다. 여러분은 지금 헛된 꿈을 꾸고 있습니다. 여러분은 치명적인 실수를 범하려고 합니다.

여러분은 나를 여러분의 하나님께 보내며, ‘우리를 위해 우리 하나님께 기도해 주십시오. 하나님께서 하시는 모든 말씀을 전해 주십시오. 무슨 말씀을 하시든지 따르겠습니다’ 하고 말하지 않았습니까?

21-22 이제 내가 여러분에게 알려드렸습니다. 그분의 말씀을 전부 전했습니다. 그런데 여러분은 여러분의 하나님께서 나를 보내어 여러분에게 하신 말씀에, 단 한 마디도 순종하지 않았습니다. 이제 나는 여러분 앞에 무슨 일이 놓여 있는지 말하겠습니다. 여러분은 이제 가서 살려고 하는 그 꿈의 나라에서 칼에 맞아 죽고, 굶어 죽고, 병들어 죽을 것입니다.”

예레미야가 이집트로 끌려가다

43 1-3 예레미야가 하나님께서 모든 백성에게 전하라고 하신 메시지 곧 모든 말씀 전하기를 마치자, 호사야의 아들 아사랴와 가레아의 아들 요하난이 잘난 체하는 자들을 등에 업고서 예레미야에게 말했다. *“거짓말이오! 우리 하나님께서* 이집트로 가서 살지 말라는 메시지를 당신더러 전하라고 하셨을 리 없소. 이 일의 배후에 네리야의 아들 바룩이 있는 거요. 그 자가 당신을 부추겨 우리를 대적하게 한 거요. 바빌론 사람들의 계략에 말려든 그

the starvation you dread will track you down in Egypt. You'll die there! Every last one of you who is determined to go to Egypt and make it your home will either be killed, starve, or get sick and die. No survivors, not one! No one will escape the doom that I'll bring upon you.'

18 "This is the Message from GOD-of-the-Angel-Armies, the God of Israel: 'In the same way that I swept the citizens of Jerusalem away with my anger and wrath, I'll do the same thing all over again in Egypt. You'll end up being cursed, reviled, ridiculed, and mocked. And you'll never see your homeland again.'

19-20 "GOD has plainly told you, you leftovers from Judah, 'Don't go to Egypt.' Could anything be plainer? I warn you this day that you are living out a fantasy. You're making a fatal mistake.

"Didn't you just now send me to your GOD, saying, 'Pray for us to our GOD. Tell us everything that GOD says and we'll do it all'?

21-22 "Well, now I've told you, told you everything he said, and you haven't obeyed a word of it, not a single word of what your GOD sent me to tell you. So now let me tell you what will happen next: You'll be killed, you'll starve to death, you'll get sick and die in the wonderful country where you've determined to go and live."

Death! Exile! Slaughter!

43 1-3 When Jeremiah finished telling all the people the whole Message that their GOD had sent him to give them—all these words—Azariah son of Hoshaiah and Johanan son of Kareah, backed by all the self-important men, said to Jeremiah, "Liar! Our GOD never sent you with this message telling us not to go to Egypt and live there. Baruch son of Neriah is behind this. He has turned you against us. He's playing into the hands of the Babylonians so we'll either end up being killed or taken off to exile in Babylon."

4 Johanan son of Kareah and the army officers, and the people along with them, wouldn't listen

자 때문에, 우리는 그들 손에 죽거나 바빌론으로 끌려가게 될 거요."

4 가레아의 아들 요하난과 군지휘관들 그리고 백성들까지도 유다 땅에 머물러 살라는 하나님의 메시지에 순종하지 않았다.

5-7 가레아의 아들 요하난과 군지휘관들은 사방으로 흩어졌다가 다시 돌아온 유다의 남은 자들 전부와, 모든 남자와 여자와 아이들과 왕의 딸들, 경호대장 느부사라단이 사반의 손자요 아히감의 아들인 그다랴에게 맡긴 자들, 예언자 예레미야와 네리야의 아들 바룩까지 데리고서 이집트 땅으로 들어갔다. 그들은 하나님의 메시지를 정면으로 거부했다. 그리고 도성 다바네스에 도착했다.

8-9 다바네스에 있을 때, 하나님의 말씀이 예레미야에게 임했다. "큰 돌 몇 개를 들고 가서, 다바네스에 있는 바로의 전용 건물로 이어지는 포장도로 부근에 진흙으로 그것들을 묻어라. 반드시 유다 사람들 몇몇이 지켜보는 앞에서 그렇게 하여라.

10-13 그러고 나서 그들을 향해 전하여라. '만군의 하나님께서 말씀하신다. 두고 보아라! 내가 사람을 보내어 바빌론 왕 느부갓네살—그는 내가 부리는 종이다!—을 이리로 불러올 것이다. 그가 와서 내가 여기 묻은 이 돌들 위에 자기 보좌를 세우고, 그 위로 천막을 칠 것이다. 그가 와서 이집트를 결딴내고, 모두를 각자 주어진 운명대로 다룰 것이다. 죽을 자는 죽을 것이고, 끌려갈 자는 끌려갈 것이며, 학살당할 자는 학살을 당할 것이다. 그가 이집트 신전에 불을 놓을 것이다. 그 안에 있는 신들은 불태우거나 전리품으로 가져갈 것이다. 목동이 자기 옷에서 이를 털어 내듯이, 그가 이집트를 이 잡듯 털어 버릴 것이다. 그러고는 아무 제지도 받지 않고 떠나갈 것이다. 그는 이집트 '태양의 집'에 있는 신성한 오벨리스크를 박살내고, 이집트 신전들을 땔감 삼아 거대한 불을 피울 것이다.'"

이집트 땅의 유다 사람에게 하신 말씀

44 1-6 이집트 땅에 사는 모든 유다 사람, 곧 믹돌과 다바네스와 놉과 바드로스 땅에 정착해 사는 자들을 두고 예레미야에게 임한 메시지다. "만군의 하나님, 이스라엘의 하나님이 말한다. 너희는 내가 예루살렘과 유다 성읍에 내린 끔찍한 재앙을 두 눈으로 똑똑히 보았다. 그곳이 지금 어떻게 되었느냐? 잿더미뿐인 폐허, 유령마을이 되었다. 이는 그들이 악한 길을 따르고 유행하는 신들—그들도 너희도, 너희 조상도 알지 못하는 우상들—

to GOD's Message that they stay in the land of Judah and live there.

5-7 Johanan son of Kareah and the army officers gathered up everyone who was left from Judah, who had come back after being scattered all over the place—the men, women, and children, the king's daughters, all the people that Nebuzaradan captain of the bodyguard had left in the care of Gedaliah son of Ahikam, the son of Shaphan, and last but not least, Jeremiah the prophet and Baruch son of Neriah. They entered the land of Egypt in total disobedience of GOD's Message and arrived at the city of Tahpanhes.

8-9 While in Tahpanhes, GOD's Word came to Jeremiah: "Pick up some large stones and cover them with mortar in the vicinity of the pavement that leads up to the building set aside for Pharaoh's use in Tahpanhes. Make sure some of the men of Judah are watching.

10-13 "Then address them: 'This is what GOD-of-the-Angel-Armies says: Be on the lookout! I'm sending for and bringing Nebuchadnezzar the king of Babylon—my servant, mind you!—and he'll set up his throne on these very stones that I've had buried here and he'll spread out his canopy over them. He'll come and absolutely smash Egypt, sending each to his assigned fate: death, exile, slaughter. He'll burn down the temples of Egypt's gods. He'll either burn up the gods or haul them off as booty. Like a shepherd who picks lice from his robes, he'll pick Egypt clean. And then he'll walk away without a hand being laid on him. He'll shatter the sacred obelisks at Egypt's House of the Sun and make a huge bonfire of the temples of Egypt's gods.'"

The Same Fate Will Fall upon All

44 1-6 The Message that Jeremiah received for all the Judeans who lived in the land of Egypt, who had their homes in Migdol, Tahpanhes, Noph, and the land of Pathros: "This is what GOD-of-the-Angel-Armies, the God of Israel, says: 'You saw with your own eyes the terrible doom that I brought down on Jerusalem and the Judean cities. Look

을 좇으며, 그것들에 제물을 바치고 예배하여 나를 진노케 했기 때문이다. 나는 아침부터 밤늦게까지 날마다 너희 곁을 떠나지 않고, 내 종 예언자들을 너희에게 보내어 간청했다. '제발, 그만두어라. 내가 너무나 혐오하는 짓, 역겨운 우상숭배를 그만두어라.' 그러나 어떠했느냐. 누구 하나 귀 기울여 듣거나 악에서 돌이켜 우상숭배를 그친 자가 있더냐? 한 사람도 없다. 그래서 나는 유다 성읍과 예루살렘 거리에 나의 불같은 진노를 쏟아부어, 잿더미 폐허로 만들어 버렸다. 지금도 그곳은 잿더미뿐인 폐허 그대로다.

7-8 만군의 하나님, 이스라엘의 하나님의 메시지다. 어찌하여 너희는 너희 자신을—남자나 여자나 아이나 아기들 모두—생명의 길에서 끊어 내고, 스스로를 고립시켜 너희 삶을 파멸시키려는 것이냐? 왜 살기 위해 들어온 이집트 땅에서 우상들에게 제물을 불살라 바치며 나를 진노케 하느냐? 그것은 너희 자신을 파괴하는 일이며, 땅의 모든 민족에게 너희 자신을 저주의 표본으로, 조롱의 대상으로 내세우는 일이다.

9-11 너희는 너희 조상이 저지르던 악행과, 유다 왕과 왕비들이 저지른 악행을 잊었단 말이냐? 너희 자신과 너희 아내의 악행, 유다 땅과 이스라엘 거리에서 벌이던 악행을 벌써 다 잊었단 말이냐? 오늘까지도 너희 중에는 일말의 양심의 가책을 느끼는 자가 없다. 최소한의 경외심이라도 보이는 자, 내가 말한 대로 살려는 자, 내가 너희와 너희 조상에게 분명하게 제시한 가르침대로 살려는 자가 하나도 없다! 그러므로 만군의 하나님이 내리는 포고다.

11-14 각오하여라! 내가 너희에게 재앙을 내려, 유다와 관련된 자들을 모두 없애 버리기로 결정했다. 유다의 남은 자들, 이집트에 가서 살기로 결정한 그들 모두를 내가 잡아다가 끝장내 버릴 것이다. 그들 모두 이집트에서 칼에 맞아 죽거나, 굶어 죽을 것이다. 이름 있는 사람이든 이름 없는 사람이든, *다 같은 운명에 처할 것이다. 신분이 높은 자든* 낮은 자든, 모두 살해당하거나 굶어 죽을 것이다. 너희는 결국 악담과 욕설과 조롱과 조소거리가 될 것이다. 내가 전에 예루살렘 거주민들에게 내렸던 처방을 이집트에 거주하

at what's left: ghost towns of rubble and smoking ruins, and all because they took up with evil ways, making me angry by going off to offer sacrifices and worship the latest in gods—no-gods that neither they nor you nor your ancestors knew the first thing about. Morning after morning and long into the night I kept after you, sending you all those prophets, my servants, begging you, "Please, please—don't do this, don't fool around in this loathsome gutter of gods that I hate with a passion." But do you think anyone paid the least bit of attention or repented of evil or quit offering sacrifices to the no-gods? Not one. So I let loose with my anger, a firestorm of wrath in the cities of Judah and the streets of Jerusalem, and left them in ruins and wasted. And they're *still* in ruins and wasted.'

7-8 "This is the Message of GOD, GOD-of-the-Angel-Armies, the God of Israel: 'So why are you ruining your lives by amputating yourselves—man, woman, child, and baby—from the life of Judah, leaving yourselves isolated, unconnected? And why do you deliberately make me angry by what you do, offering sacrifices to these no-gods in the land of Egypt where you've come to live? You'll only destroy yourselves and make yourselves an example used in curses and an object of ridicule among all the nations of the earth.

9-11 "'Have you so soon forgotten the evil lives of your ancestors, the evil lives of the kings of Judah and their wives, to say nothing of your own evil lives, you and your wives, the evil you flaunted in the land of Judah and the streets of Jerusalem? And to this day, there's not a trace of remorse, not a sign of reverence, nobody caring about living by what I tell them or following my instructions that I've set out so plainly before you and your parents! So this is what GOD-of-the-Angel-Armies decrees:

11-14 "'Watch out! I've decided to bring doom on you and get rid of everyone connected with Judah. I'm going to take what's left of Judah, those who have decided to go to Egypt and live there, and finish them off. In Egypt they will either be killed or starve to death. The same fate will fall upon both the obscure and the important. Regardless of their status, they will either be killed or starve. You'll end up cursed, reviled, ridiculed, and mocked. I'll give those who are in Egypt the same medicine I gave those in Jerusalem:

는 그들에게도 내릴 것이다. 학살과 기근과 염병이 바로 그것이다. 용케 살아서 유다를 빠져나와 이집트로 도망친 자들 가운데, 그들이 그토록 그리워하는 유다로 돌아갈 자는 소수에 불과할 것이다. 몇몇 도망자들을 제외하면 누구도 돌아가지 못할 것이다."

15-18 자기 아내들이 우상에게 제물을 불살라 바치고 있다는 것을 알고 있던 남자들이 큰 무리의 여자들과 합세하여, 이집트의 바드로스에 사는 거의 모든 자들과 함께 예레미야를 찾아와 말했다. "우리는 당신이 하나님의 메시지라며 전하는 말에 전혀 개의치 않겠소. 우리는 '하늘 여왕님'께 제물을 불살라 바치고 술 제물을 부어 바치는 일을 계속할 거요. 예전에 좋았던 시절에 우리 조상과 왕과 고관들이 유다 성읍과 예루살렘 거리에서 하던 그 전통을 지킬 것이오. 그 시절에 우리는 유복했소. 먹을 것도 많았고, 살림살이도 넉넉했고, 불운한 일도 없었소. 그러나 '하늘 여왕님'께 제물을 불살라 바치고 술 제물을 부어 바치는 일을 그만둔 뒤로 모든 것이 엉망이 되었소. 그 후로 우리가 얻은 것이라고는 학살과 기근뿐이오."

19 그러자 여자들이 맞장구를 쳤다. "맞습니다! 우리는 '하늘 여왕님'께 제물을 불살라 바치고 술 제물을 부어 바치는 일을 계속할 겁니다. 우리 남편들도 응원해 주지 않습니까? 남편들은 우리가 여신 과자를 만들고 여신께 술 제물을 부어 바치는 것을 좋아합니다."

20-23 예레미야는 거만하게 대답하는 그들 모두와 맞서 목청을 높여 말했다. "여러분과 여러분의 부모들, 여러분의 왕과 고관과 일반 백성 모두가 유다 성읍과 예루살렘 거리에서 바쳤던 그 제사를 하나님께서 보시지 않았겠습니까? 물론, 그분은 주목하여 보셨습니다. 그래서 더는 참으실 수가 없었습니다. 여러분의 악한 행실과 역겨운 행위들을 더는 참아 주실 수가 없었던 것입니다. 그리하여 여러분의 땅이 황무지와 폐허와 으스스한 유령마을이 되었고, 지금도 그곳은 그 상태로 있습니다. 여러분에게 이 재앙이 닥친 것은, 제물을 불살라 바치는 제사를 그만

massacre, starvation, and disease. None of those who managed to get out of Judah alive and get away to Egypt are going to make it back to the Judah for which they're so homesick. None will make it back, except maybe a few fugitives.'"

Making Goddess Cookies

15-18 The men who knew that their wives had been burning sacrifices to the no-gods, joined by a large crowd of women, along with virtually everyone living in Pathros of Egypt, answered Jeremiah: "We're having nothing to do with what you tell us is GOD's Message. We're going to go right on offering sacrifices to the Queen of Heaven and pouring out drink offerings to her, keeping up the traditions set by our ancestors, our kings and government leaders in the cities of Judah and the streets of Jerusalem in the good old days. We had a good life then—lots of food, rising standard of living, and no bad luck. But the moment we quit sacrificing to the Queen of Heaven and pouring out offerings to her, everything fell apart. We've had nothing but massacres and starvation ever since."

19 And then the women chimed in: "Yes! Absolutely! We're going to keep at it, offering sacrifices to the Queen of Heaven and pouring out offerings to her. Aren't our husbands behind us? They like it that we make goddess cookies and pour out our offerings to her."

20-23 Then Jeremiah spoke up, confronting the men and the women, all the people who had answered so insolently. He said, "The sacrifices that you and your parents, your kings, your government officials, and the common people of the land offered up in the cities of Judah and the streets of Jerusalem—don't you think GOD noticed? He noticed, all right. And he got fed up. Finally, he couldn't take your evil behavior and your disgusting acts any longer. Your land became a wasteland, a death valley, a horror story, a ghost town. And it continues to be just that. This doom has come upon you because you kept offering all those sacrifices, and you sinned against GOD! You refused to listen to him, wouldn't live the way he directed, ignored the covenant conditions."

두지 않았기 때문입니다. 여러분이 하나님께 죄를 지었기 때문입니다! 여러분은 그분의 말씀에 순종하기를 거부했고, 그분의 가르침대로 살지 않았으며, 언약의 조건들을 무시했습니다."

24-25 예레미야가 이번에는 특별히 여자들을 향해 말을 이었다. "이집트에 살고 있는 유다 백성 여러분, 들으십시오. 부디 하나님의 말씀에 귀 기울이십시오. 만군의 하나님, 이스라엘의 하나님께서 말씀하십니다. '너희, 여자들아! 과연 말한 대로 행했구나. 너희는 말했다. "우리는 '하늘 여왕님'께 제물을 불살라 바치고 술 제물을 부어 바치기로 한 서약을 계속해서 지킬 겁니다. 누구도 우리를 막을 수 없습니다!"

25-27 좋다. 계속 그렇게 해보아라. 너희 서약을 지킬 테면 지켜 보아라. 그러나 하나님이 유다를 떠나 이집트에 사는 너희 모두에게 하는 말도 귀담아들어라. 하나님이 말한다! 내가 나의 큰 이름과 나의 전부를 걸고 맹세하는데, 이후로는 이집트 전역에서 서약할 때 "주 하나님께서 살아 계심을 두고 맹세하는데"라며 내 이름을 부르지 못할 것이다. 내가 너희를 위해 재앙을 준비했다. 이제 너희는 죽은 목숨이나 다름없다.

27-28 이집트에 사는 유다 사람들은 대학살과 기근으로 전멸할 것이다. 살아서 이집트를 빠져나가 유다로 돌아갈 사람은 극소수에 불과할 것이다. 유다를 떠나 이집트에 살려고 온 불쌍한 무리들은, 그때가 되어서야 모든 일의 최종 결정권이 누구에게 있는지 깨닫게 될 것이다.

29-30 내가 증거를 보여주리라. 바로 이곳에 벌을 내려, 나의 재앙 선포가 빈말이 아니라는 것을 보여주겠다. 재앙의 표징이 있을 것이니 두고 보아라. 나는 느부갓네살에게 유다 왕 시드기야를 넘겨준 것처럼, 이집트 왕 바로 호브라를 그의 목숨을 노리는 원수에게 넘겨줄 것이다.'"

하나님께서 바룩에게 구원을 약속하시다

45 1 여호야김 사년 어느 날에, 바룩이 예레미야의 말을 받아 적고 있을 때 예언자 예레미야가 그에게 말했다.

2-3 "바룩, 하나님 이스라엘의 하나님께서 그대에게 하시는 말씀이오. 그대는 '이 무슨 고생인가! 하나님께서 나를 첩첩산중으로 가게 하시는구나. 끝이 보이지 않는 이 길, 이제 지쳤다' 말하지만,

4-5 하나님께서는 이렇게 말씀하시오. '주위를 둘러보아라. 내가 지었던 것을 내가 허물고, 내가 심었던 것을 내가 뽑아 버릴 것이다. 어디에서든—세상 전역

24-25 Jeremiah kept going, but now zeroed in on the women: "Listen, all you who are from Judah and living in Egypt—please, listen to GOD's Word. GOD-of-the-Angel-Armies, the God of Israel, says: 'You women! You said it and then you did it. You said, "We're going to keep the vows we made to sacrifice to the Queen of Heaven and pour out offerings to her, and nobody's going to stop us!"'

25-27 "Well, go ahead. Keep your vows. Do it up big. But also listen to what GOD has to say about it, all you who are from Judah but live in Egypt: 'I swear by my great name, backed by everything I am—this is GOD speaking!—that never again shall my name be used in vows, such as "As sure as the Master, GOD, lives!" by anyone in the whole country of Egypt. I've targeted each one of you for doom. The good is gone for good.

27-28 "'All the Judeans in Egypt will die off by massacre or starvation until they're wiped out. The few who get out of Egypt alive and back to Judah will be very few, hardly worth counting. Then that ragtag bunch that left Judah to live in Egypt will know who had the last word.

29-30 "'And this will be the evidence: I will bring punishment right here, and by this you'll know that the decrees of doom against you are the real thing. Watch for this sign of doom: I will give Pharaoh Hophra king of Egypt over to his enemies, those who are out to kill him, exactly as I gave Zedekiah king of Judah to his enemy Nebuchadnezzar, who was after him.'"

GOD's Piling On the Pain

45 1 This is what Jeremiah told Baruch one day in the fourth year of Jehoiakim's reign as he was taking dictation from the prophet:

2-3 "These are the words of GOD, the God of Israel, to you, Baruch. You say, 'These are bad times for me! It's one thing after another. GOD is piling on the pain. I'm worn out and there's no end in sight.'

4-5 "But GOD says, 'Look around. What I've

에서!—나는 그렇게 할 것이다. 그러므로 스스로 거창한 계획을 세울 생각은 마라. 상황이 호전되기 전에 악화일로를 걸을 것이다. 그러나 걱정하지 마라. 이 모든 일 가운데 내가 너를 끝까지 지켜 살아 남게 할 것이다.'"

이집트에 내리신 예언

46 1 이방 민족들에 대해 하나님께서 예언자 예레미야를 통해 주신 메시지다.
2-5 유다 왕 여호야김 사년에, 유프라테스 강 근처 갈그미스에 진을 쳤다가 바빌론 왕 느부갓네살에게 패배한 이집트와 이집트 왕 바로 느고의 군대를 향한 메시지다.

"'전투 준비!
출격이다!
말에 마구를 채워라!
안장을 얹고 올라타라!
전열을 갖추어라! 투구를 쓰고,
창날을 갈고, 완전무장하여라!'
그런데, 이 무슨 광경인가?
모두 겁에 질려 제정신이 아니다!
대열에서 이탈하여 줄행랑을 친다.
그들의 용사들, 공황 상태다.
이리 뛰고 저리 뛰고,
이리로 우르르, 저리로 우르르.
대혼란, 엉망진창이다. 사방이 적이다!"
하나님의 포고다.

6 "제아무리 발 빨라도 도망치지 못한다.
제아무리 힘세어도 달아나지 못한다.
저 북쪽 나라, 유프라테스 강가에서
비틀거리다 쓰러진다.

7-9 범람하는 나일 강 같은 저것이 무엇이냐?
격류 같은 저것은?
이집트다. 범람하는 나일 강 같고,
격류 같은 그 자가
말한다. '내가 세상을 다 차지하리라.
모든 도성과 민족을 싹쓸이하리라.'
군마들아, 달려라!
병거들아, 질주하여라!
방패를 들고 구스와 붓에서 온 용사들아,
루드에서 온 활잡이들아,
진격하여라!

built I'm about to wreck, and what I've planted I'm about to rip up. And I'm doing it everywhere—all over the whole earth! So forget about making any big plans for yourself. Things are going to get worse before they get better. But don't worry. I'll keep you alive through the whole business.'"

You Vainly Collect Medicines

46 1 GOD's Messages through the prophet Jeremiah regarding the godless nations.
2-5 The Message to Egypt and the army of Pharaoh Neco king of Egypt at the time it was defeated by Nebuchadnezzar king of Babylon while camped at Carchemish on the Euphrates River in the fourth year of the reign of Jehoiakim king of Judah:

"'Present arms!
March to the front!
Harness the horses!
Up in the saddles!
Battle formation! Helmets on,
spears sharpened, armor in place!'
But what's this I see?
They're scared out of their wits!
They break ranks and run for cover.
Their soldiers panic.
They run this way and that,
stampeding blindly.
It's total chaos, total confusion, danger everywhere!"
GOD's Decree.

6 "The swiftest runners won't get away,
the strongest soldiers won't escape.
In the north country, along the River Euphrates,
they'll stagger, stumble, and fall.

7-9 "Who is this like the Nile in flood?
like its streams torrential?
Why, it's Egypt like the Nile in flood,
like its streams torrential,
Saying, 'I'll take over the world.
I'll wipe out cities and peoples.'

10 그러나 어쩌랴. 오늘은 너희 날이 아니다.
오늘은 주의 날, 나 만군의 하나님의 날,
내가 적들을 끝장내 버리는 날,
나의 칼이 적들을 결판내고
나의 칼이 복수를 행하는 날이다.
저 북방 대국,
강력한 유프라테스 강가에서
나 주 만군의 하나님이
그들을 제물로 잡을 것이다. 거대한 희생 제사
가 되리라!

11-12 오, 처녀 딸 이집트야,
길르앗 산지로 올라가, 약제 유향을 구해 보
아라.
그러나 백약이 무효일 것이다.
너의 고통을 치유할 수 있는 것은 아무것도
없다.
온 세상이 너의 신음소리를 들으리라.
너의 울음소리가 온 땅에 울려 퍼지리라.
용사들이 쓰러지고, 겹겹이 쌓여
무더기를 이루리라."

13 바빌론 왕 느부갓네살이 이집트를 치러 길
을 나섰을 때, 하나님께서 예언자 예레미야에
게 주신 메시지다.

14 "이집트에 알려라. 믹돌에 위험을 알려라.
놉과 다바네스에 경보를 발하여라.
'일어나라! 전투 준비를 갖추어라!
전쟁이다!'

15-19 너의 황소 신 아피스가 왜 달아나겠느
냐고?
하나님께서 쫓아 버리실 것이기 때문이다.
너의 오합지졸 군대가 박살나리라.
병사들이 다들 수군거린다.
'어서 여기를 빠져나가자.
고향으로 달아나 목숨을 부지하자.'
고향으로 돌아간 그들은, 바로를
'떠버리 불운아'라고 부르리라.
살아 있는 나 하나님을 두고 맹세한다."
그 이름이 만군의 하나님인 왕의 포고다.
"정복자가 올 것이다. 산들 위로 우뚝 솟은 다
볼 산 같고,
바닷가에 불쑥 솟은 갈멜 같은 자가 올 것

Run, horses!
Roll, chariots!
Advance, soldiers
from Cush and Put with your shields,
Soldiers from Lud,
experts with bow and arrow.

10 "But it's not your day. It's the Master's, me,
GOD-of-the-Angel-Armies—
the day when I have it out with my enemies,
The day when Sword puts an end to my enemies,
when Sword exacts vengeance.
I, the Master, GOD-of-the-Angel-Armies,
will pile them on an altar—a huge sacrifice!—
In the great north country,
along the mighty Euphrates.

11-12 "Oh, virgin Daughter Egypt,
climb into the mountains of Gilead, get healing
balm.
You will vainly collect medicines,
for nothing will be able to cure what ails you.
The whole world will hear your anguished cries.
Your wails fill the earth,
As soldier falls against soldier
and they all go down in a heap."

Egypt's Army Slithers Like a Snake

13 The Message that GOD gave to the prophet Jeremiah
when Nebuchadnezzar king of Babylon was on his
way to attack Egypt:

14 "Tell Egypt, alert Migdol,
post warnings in Noph and Tahpanhes:
'Wake up! Be prepared!
War's coming!'

15-19 "Why will your bull-god Apis run off?
Because GOD will drive him off.
Your ragtag army will fall to pieces.
The word is passing through the ranks,
'Let's get out of here while we still can.
Let's head for home and save our skins.'
When they get home they'll nickname Pharaoh
'Big-Talk-Bad-Luck.'

이다!
그러니 너희, 이집트의 응석받이 딸들아,
유배길을 위해 행장을 꾸려라.
곧 멤피스가 초토화되어,
잡초만 무성한 폐허로 변할 것이다.

20-21 정말 안됐구나, 이집트, 그 어여쁜 암송아지가
북녘에서 몰려오는 쇠파리 떼의 공격을 받다니!
자기를 보호하려고
살진 송아지들 같은 용병들을 고용했지만,
목숨이 위태로워지자 그들은 다 내뺀다.
하나같이 겁쟁이인 그들,
험한 길을 만나면
쉬운 길로 달아나 버린다.

22-24 적군이 대거 침입해 오면,
이집트는 뱀처럼 미끄러져 내뺄 것이다.
벌목꾼처럼
도끼를 휘두르며 몰려온 그들이
나라를 초토화시킬 것이다" 하나님의 포고다.
"그 무엇도, 그 누구도 성치 못하리라.
침략자들은 수를 헤아릴 수 없는
메뚜기 떼 같으리라.
딸 이집트를, 북쪽에서 온 파괴자들이
강탈하고 겁탈하리라."

25-26 만군의 하나님, 이스라엘의 하나님께서 말씀하신다. "내가 테에베의 신 아몬과, 이집트와 그 나라의 신과 왕들, 또 바로와 그를 믿는 모든 자들에게 재앙을 내릴 테니 잘 보아라. 내가 그들의 목숨을 노리는 자들, 곧 느부갓네살과 그의 군대의 손에 그들을 넘겨줄 것이다. 이집트는 천 년 전으로 돌아가리라. 그러나 언젠가는 그 땅에 다시 사람들이 살게 될 것이다." 하나님의 포고다.

27-28 "나의 종 야곱아, 그러나 너는 두려워할 것 없다.
이스라엘아, 너는 걱정할 것 없다.
고개를 들어라! 내가 그 먼 나라에서 너를 구해 줄 것이다.
유랑의 땅에서 네 자녀를 데리고 나올 것이다.
야곱의 삶은 다시 정상을 되찾을 것이다.

As sure as I am the living God"
–the King's Decree, GOD-of-the-Angel-Armies is his name–
"A conqueror is coming: like Tabor, singular among mountains;
like Carmel, jutting up from the sea!
So pack your bags for exile,
you coddled daughters of Egypt,
For Memphis will soon be nothing,
a vacant lot grown over with weeds.

20-21 "Too bad, Egypt, a beautiful sleek heifer
attacked by a horsefly from the north!
All her hired soldiers are stationed to defend her–
like well-fed calves they are.
But when their lives are on the line, they'll run off,
cowards every one.
When the going gets tough,
they'll take the easy way out.

22-24 "Egypt will slither and hiss like a snake
as the enemy army comes in force.
They will rush in, swinging axes
like lumberjacks cutting down trees.
They'll level the country" – GOD's Decree – "nothing
and no one standing for as far as you can see.
The invaders will be a swarm of locusts,
innumerable, past counting.
Daughter Egypt will be ravished,
raped by vandals from the north."

25-26 GOD-of-the-Angel-Armies, the God of Israel, says, "Watch out when I visit doom on the god Amon of Thebes, Egypt and its gods and kings, Pharaoh and those who trust in him. I'll turn them over to those who are out to kill them, to Nebuchadnezzar and his military. Egypt will be set back a thousand years. Eventually people will live there again." GOD's Decree.

27-28 "But you, dear Jacob my servant, you have nothing to fear.
Israel, there's no need to worry.
Look up! I'll save you from that far country,
I'll get your children out of the land of exile.

안전과 평안을 누리며 만사가 순조로울 것이다.
그렇다. 나의 종 야곱아, 너는 두려워할 것이 전혀 없다.
마음 놓아라. 내가 너의 편이다.
내가 너를 내쫓아 여러 사악한 민족들 사이로 흩어 버렸지만,
이제 그 민족들을 내가 끝장낼 것이다.
그러나 너는 망하지 않으리라.
아직 내게 할 일이 남아 있다.
나는 너를 공정하게 벌할 것이다.
그렇다. 너는 아직 내게 끝나지 않았다."

Things are going to be normal again for Jacob,
safe and secure, smooth sailing.
Yes, dear Jacob my servant, you have nothing to fear.
Depend on it, I'm on your side.
I'll finish off all the godless nations
among which I've scattered you,
But I won't finish you off.
I have more work left to do on you.
I'll punish you, but fairly.
No, I'm not finished with you yet."

블레셋 사람들에게 닥칠 재앙

47 [1-5] 바로가 가사를 치기 직전, 하나님께서 블레셋 사람들에 대해 예언자 예레미야에게 주신 메시지다. 하나님께서 이렇게 말씀하신다.

"각오하여라! 북녘에서 물이 불어
범람하는 강물이 되리라.
그 격류가 땅을 덮쳐
도성과 주민을 휩쓸어 버릴 것이다.
공포에 질려 사람들이 비명을 지르고,
집집마다 통곡소리 들리리라.
군마들의 말발굽소리,
병거들의 요란한 바퀴소리가 지축을 흔들리라.
공포에 질린 아버지들은 손이 굳어
자기 아기를 붙잡지도 못하리라.
블레셋 사람들이 심판을 받아 모조리 멸망하는 날이다.
두로와 시돈이 도움을 얻을 가망은 아예 사라졌다.
하나님께서 블레셋 사람들과
크레타 섬에서 살아 나온 자들을 전부 쓸어버릴 것이다.
가사가 머리를 깎이고
아스글론이 말을 잃는다.
기진맥진한 너희,
자맥질을 얼마나 더 할 수 있겠느냐?

[6] 오, 하나님의 칼이여,
언제까지 이렇게 하려는가?
다시 칼집에 들어가 다오.
이제 충분하지 않은가? 멈출 수 없는가?

[7] 어떻게 멈출 수 있겠느냐?

It's Doomsday for Philistines

47 [1-5] GOD's Message to the prophet Jeremiah regarding the Philistines just before Pharaoh attacked Gaza. This is what GOD says:

"Look out! Water will rise in the north country,
swelling like a river in flood.
The torrent will flood the land,
washing away city and citizen.
Men and women will scream in terror,
wails from every door and window,
As the thunder from the hooves of the horses will be heard,
the clatter of chariots, the banging of wheels.
Fathers, paralyzed by fear,
won't even grab up their babies
Because it will be doomsday for Philistines, one and all,
no hope of help for Tyre and Sidon.
GOD will finish off the Philistines,
what's left of those from the island of Crete.
Gaza will be shaved bald as an egg,
Ashkelon struck dumb as a post.
You're on your last legs.
How long will you keep flailing?

[6] "Oh, Sword of GOD,
how long will you keep this up?
Return to your scabbard.
Haven't you had enough? Can't you call it quits?

[7] "But how can it quit

나 하나님이 명령을 내렸는데.
아스글론과 해변지역을 전부 베어 없애라고
내가 명령을 내렸는데."

when I, GOD, command the action?
I've ordered it to cut down
Ashkelon and the seacoast."

모압의 멸망

48 1-10 만군의 하나님, 이스라엘의 하나님께서 모압에 대해 주신 메시지다.

"느보에게 재앙이 닥쳤다! 초토화되었다!
기랴다임이 치욕과 패배를 겪고,
철통 요새들이 모래성처럼 허물어졌다.
모압의 영광이 끝났다. 이제 재와 먼지뿐이다.
음모자들이 헤스본의 파멸을 도모한다.
'자, 모압을 아예 지도에서 없애 버리자.'
이어지는 살육을 겪으며
'똥 묻은 화상' 디몬이 목 놓아 통곡한다.
들어 보아라! 호로나임에서 들려오는 울부짖음을.
'참화다! 대재앙이다!'
모압이 박살날 것이다.
그 울부짖는 소리가 소알까지 또렷이 들려온다.
루힛의 오르막길을 오르며
사람들이 슬피 운다.
호로나임에서 내려오는 길도
다 빼앗기고, 유린당한 자들의 울음소리로 가득하다.
오, 살고 싶거든 도망쳐라! 어서 여기를 빠져나가라!
광야로 나가 어떻게든 살아남아라!
너희는 두꺼운 성벽과 든든한 재물을 믿었다.
그러나 어쩌랴? 이제 그런 것들은 너희에게 전혀 도움이 되지 못한다.
너희의 위대한 신 그모스가 질질 끌려갈 것이며,
그의 제사장과 감독자들도 같은 신세가 되리라.
파괴자의 손에 도성이 모조리 허물어지리라.
단 한 곳도 온전하지 못할 것이다.
골짜기 밭들이 황폐해질 것이요,
고원 목장들도 파괴될 것이다. 내가 말한 대로 모두 이루어지리라.
모압 땅 전역에 소금을 뿌려라.
다시는 생명이 자라지 못하게 하여라.
성읍들이 모두 유령마을이 될 것이다.
다시는 사람이 살지 못하리라.
하나님의 이름으로 하는 일을 정성껏 하지 않는 자,
심판의 칼을 마지못해 휘두르는 자는 저주를 받으리라.

11-17 꾸벅꾸벅 조는 강아지처럼
늘 팔자 좋았던 모압이다.

Get Out While You Can!

48 1-10 The Message on Moab from GOD-of-the-Angel-Armies, the God of Israel:

"Doom to Nebo! Leveled to the ground!
Kiriathaim demeaned and defeated,
The mighty fortress reduced to a molehill,
Moab's glory – dust and ashes.
Conspirators plot Heshbon's doom:
'Come, let's wipe Moab off the map.'
Dungface Dimon will loudly lament,
as killing follows killing.
Listen! A cry out of Horonaim:
'Disaster – doom and more doom!'
Moab will be shattered.
Her cries will be heard clear down in Zoar.
Up the ascent of Luhith
climbers weep,
And down the descent from Horonaim,
cries of loss and devastation.
Oh, run for your lives! Get out while you can!
Survive by your wits in the wild!
You trusted in thick walls and big money, yes?
But it won't help you now.
Your big god Chemosh will be hauled off,
his priests and managers with him.
A wrecker will wreck every city.
Not a city will survive.
The valley fields will be ruined,
the plateau pastures destroyed, just as I told you.
Cover the land of Moab with salt.
Make sure nothing ever grows here again.
Her towns will all be ghost towns.
Nobody will ever live here again.
Sloppy work in GOD's name is cursed,
and cursed all halfhearted use of the sword.

11-17 "Moab has always taken it easy –
lazy as a dog in the sun,

생계를 위해 일해야 했던 적 없고,
어려움을 겪어 본 적 없고,
어른이 되어야 했던 적 없으며,
땀 흘려 일해 본 적도 없다.
그러나 이제 다 지나간 이야기다.
내가 이제 그를 중노동에 처할 것이다.
그러면 그는 냉엄한 현실을 깨닫게 되리라.
그의 환상이 박살날 것이다.
과거 이스라엘이 자신들이 우러르던 베델의 송아지 신들 때문에 수치를 당했듯이,
모압도 그모스 신 때문에 수치를 당할 것이다.
너희 말이, '우리는 억세다.
이 세상 누구든지 때려눕힐 수 있다'고 하지만,
그런 말을 앞으로 얼마나 더 할 수 있을 것 같으냐?
모압의 파멸은 이미 시작되었다.
모압의 최고 젊은 용사들이 죽어 나자빠지고 있다."
그 이름 만군의 하나님인
왕의 포고다.
"그렇다. 모압의 파멸이 초읽기에 들어갔고,
재앙이 활시위를 떠나 과녁을 향해 날아가고 있다.
모압의 친구와 이웃들이여,
그가 얼마나 유명했는지 아는 모든 자들이여, 모압을 위해 울어라.
애곡하며 말하여라. '그 막강하던 왕의 홀이 이쑤시개처럼 부러지고 말았구나!
그 화려하던 지휘봉이!'

18-20 디본의 방자한 미녀들아, 이제 그 높은 자리에서 내려오너라.
개똥밭에 나앉아라.
모압을 파괴할 자가 와서 너희를 칠 것이다.
안전하다는 너희 가옥들을 그가 다 부수어 버릴 것이다.
아로엘의 방자한 여인들아,
길거리에 나가 서서,
피난민들에게 물어보아라.
'무슨 일입니까? 왜 도망을 갑니까?'
모압은 그저 수치스런 과거로, 폐허로 남을 것이다.
통곡하여라. 눈이 빠지도록 울어라!
아르논 강을 따라 비보를 전하여라.
온 세상에 모압의 멸망을 알려라.

Never had to work for a living,
never faced any trouble,
Never had to grow up,
never once worked up a sweat.
But those days are a thing of the past.
I'll put him to work at hard labor.
That will wake him up to the world of hard knocks.
That will smash his illusions.
Moab will be as ashamed of god Chemosh
as Israel was ashamed of her Bethel calf-gods,
the calf-gods she thought were so great.
For how long do you think you'll be saying, 'We're tough.
We can beat anyone anywhere'?
The destruction of Moab has already begun.
Her choice young soldiers are lying dead right now."
The King's Decree—
his full name, GOD-of-the-Angel-Armies.
"Yes. Moab's doom is on countdown,
disaster targeted and launched.
Weep for Moab, friends and neighbors,
all who know how famous he's been.
Lament, 'His mighty scepter snapped in two like a toothpick,
that magnificent royal staff!'

18-20 "Come down from your high horse, pampered beauty of Dibon.
Sit in dog dung.
The destroyer of Moab will come against you.
He'll wreck your safe, secure houses.
Stand on the roadside,
pampered women of Aroer.
Interview the refugees who are running away.
Ask them, 'What's happened? And why?'
Moab will be an embarrassing memory, nothing left of the place.
Wail and weep your eyes out!
Tell the bad news along the Arnon river.
Tell the world that Moab is no more.

21-24 "My judgment will come to the plateau cities: on Holon, Jahzah, and Mephaath; on Dibon, Nebo, and Beth-diblathaim; on Kiriathaim,

21-24 고원의 도성들 위로 나의 심판이 임하리라.
홀론과 야사와 메바앗에, 디본과 느보와 벳디블
라다임에, 기랴다임과 벳가물과 벳므온에, 그리
옷과 보스라와 모압 땅 원근 각처 모든 성읍에.

25 모압이 힘의 근원을 잃었다.
모압의 팔이 부러졌다." 하나님의 포고다.

26-27 "모압이 술독에 빠지게 하여라. 내 진노의
포도주를 마시고 취하여 사방에 토하며, 그 위를
뒹굴게 하여라. 이리저리 비틀거리다 자빠지는
주정꾼 모압, 온 세상의 웃음거리다. 모압아, 이
제까지 이스라엘을 야비하게 놀리던 네가 아니
냐? 친구를 잘못 만나 고생하는 그들을 보고, 혀
를 쯧쯧 차고 수군덕대며 비웃던 네가 아니냐?

28 모압에서 자란 너희여, 떠나라!
너희 마을을 떠나 절벽 틈에 거처를 잡아라.
강 협곡 높은 곳에 둥지를 틀고 사는
비둘기처럼 살아 보아라.

29-33 모압의 오만은 다들 들어 익히 아는 바다.
그 전설적인 교만,
젠체하며 으스대고 거들먹거리던,
구역질 나는 그의 오만함 말이다."
하나님의 포고다. "나는 모압의 큰소리가
그저 허풍이요, 그의 거드름은 허세에 불과함을
알고 있다.
하지만 내가 모압을 위해 울어 주리라.
그렇다. 내가 모압 백성을 위해 애곡할 것이다.
길헤레스 백성을 위해서도 애곡하리라.
내가 십마의 포도나무들을 위해 울겠고,
야스엘과 같이 울어 줄 것이다.
지금까지는 포도나무들이 사해까지
그 덩굴이 야스엘까지 뻗어 나갔지만,
잔인한 약탈자가 나타나
너희 여름 과일과 다 익은 포도를 싹쓸이할 것
이다.
번창했던 모압에서
노래와 웃음이 사라지리라.
그렇다. 내가 술틀을 닫아 버리고,
수확하는 자들의 환호성을 중단시킬 것이다.

34 헤스본과 엘르알레가 울부짖겠고, 그 소리가
야하스까지 들릴 것이다. 소알에서부터 호로나임

Beth-gamul, and Beth-meon; on Kerioth, Bozrah,
and all the cities of Moab, far and near.

25 "Moab's link to power is severed.
Moab's arm is broken." GOD's Decree.

The Sheer Nothingness of Moab

26-27 "Turn Moab into a drunken sot, drunk on
the wine of my wrath, a dung-faced drunk, filling
the country with vomit–Moab a falling-down
drunk, a joke in bad taste. Wasn't it you, Moab,
who made crude jokes over Israel? And when they
were caught in bad company, didn't you cluck and
gossip and snicker?

28 "Leave town! Leave! Look for a home in the
cliffs,
you who grew up in Moab.
Try living like a dove
who nests high in the river gorge.

29-33 "We've all heard of Moab's pride,
that legendary pride,
The strutting, bullying, puffed-up pride,
the insufferable arrogance.
I know"–GOD's Decree–"his rooster-crowing
pride,
the inflated claims, the sheer nothingness of
Moab.
But I will weep for Moab,
yes, I will mourn for the people of Moab.
I will even mourn for the people of Kir-heres.
I'll weep for the grapevines of Sibmah
and join Jazer in her weeping–
Grapevines that once reached the Dead Sea
with tendrils as far as Jazer.
Your summer fruit and your bursting grapes
will be looted by brutal plunderers,
Lush Moab stripped
of song and laughter.
And yes, I'll shut down the winepresses,
stop all the shouts and hurrahs of harvest.

34 "Heshbon and Elealeh will cry out, and the
people in Jahaz will hear the cries. They will hear

과 에글랏셸리시야에 이르기까지, 모두가 그 소리
를 듣게 되리라. 니므림의 샘들도 다 말라 버릴 것
이다."
35 하나님의 포고다. "내가 모압의 높은 곳에 올라
가, 신들에게 제물을 불살라 바치던 일을 멈추게
할 것이다.
36 바람에 실려 오는 부드러운 피리소리처럼, 내
마음이 모압과 길헤레스 사람들을 위해 슬피 운
다. 그들은 모든 것을 잃었다. 남은 것이 하나도
없다.

37 어디를 가나 탄식의 몸짓들이다.
머리를 밀고, 수염을 깎고,
손에 상처를 내 피를 흘리며,
옷을 찢는 광경들이다.

38 모압의 집집마다, 모압의 거리마다 슬피 우는
소리가 들린다. 아무도 좋아하지 않는 옹기그릇같
이, 내가 모압을 부수어 버릴 것이다." 하나님의
포고다.

39 "모압이 멸망했다!
수치를 당해 얼굴을 가리는 모압!
조롱거리가 된 모압!
실로 처참한 모압!"

40-42 모압을 향한 하나님의 평결이다. 과연 그렇다!

"보아라! 독수리가 날개를 펼치고
모압을 내리 덮칠 태세다.
적이 성읍들을 점령하고
요새들을 탈취한다.
용사들이 해산하는 여인처럼
고통으로 몸을 웅크리며, 싸울 엄두를 내지 못
한다.
모압에는 아무것도 남지 않으리라. 아무것도.
나를 거슬러 오만하고 방자하게 굴었기 때문이다.

43-44 모압아, 네가 나와 맞서 얻을 것은
공포와 함정과 올가미뿐이다." 하나님의 포고다.
"공포를 피해 도망치다가
함정에 빠질 것이다.
함정에서 올라오면
올가미에 걸릴 것이다.

them all the way from Zoar to Horonaim and
Eglath-shelishiyah. Even the waters of Nimrim
will be dried up.
35 "I will put a stop in Moab"—GOD's Decree—"to
all hiking to the high places to offer burnt sacrific-
es to the gods.
36 "My heart moans for Moab, for the men of
Kir-heres, like soft flute sounds carried by the
wind. They've lost it all. They've got nothing.

37 "Everywhere you look are signs of mourning:
heads shaved, beards cut,
Hands scratched and bleeding,
clothes ripped and torn.

38 "In every house in Moab there'll be loud lamen-
tation, on every street in Moab, loud lamentation.
As with a pottery jug that no one wants, I'll smash
Moab to bits." GOD's Decree.

39 "Moab ruined!
Moab shamed and ashamed to be seen!
Moab a cruel joke!
The stark horror of Moab!"

40-42 GOD's verdict on Moab. Indeed!

"Look! An eagle is about to swoop down
and spread its wings over Moab.
The towns will be captured,
the fortresses taken.
Brave warriors will double up in pain, helpless to
fight,
like a woman giving birth to a baby.
There'll be nothing left of Moab, nothing at all,
because of his defiant arrogance against me.

43-44 "Terror and pit and trap
are what you have facing you, Moab." GOD's
Decree.
"A man running in terror
will fall into a trap.
A man climbing out of a pit
will be caught in a trap.

이것이 재앙의 날,
내가 모압에 대해 정해 둔 예정표다." 하나님의 포고다.

45-47 "헤스본 변두리에
피난민들이 기진하여 주저앉으리라.
헤스본에서 불꽃이 치솟고,
시혼의 수도에 불폭풍이 닥쳐온다.
불이 모압의 눈썹을 태우고,
허풍선이들의 두개골을 그슬려 버릴 것이다.
모압아, 이것이 네 앞에 놓인 전부다!
그모스를 숭배하는 너, 결국 망하여 죽을 것이다!
너의 아들들은 짐짝처럼 수용소로 실려 가고,
너의 딸들은 짐승처럼 포로로 끌려갈 것이다.
그러나 훗날, 내가 모압의 만사를 바로잡을 날이 올 것이다.

지금으로서는, 이것이 모압에 떨어질 심판이다."

암몬이 받을 심판

49

1-6 암몬 백성에 대한 하나님의 메시지다.

"이스라엘에게 자식이 없더냐?
유산을 상속할 자가 하나도 없더냐?
어찌하여 몰렉 신이 갓의 땅을 차지하고,
그의 추종자들이 그 성읍에 들어가 살고 있느냐?
그러나 오래가지 않을 것이다."
하나님의 포고다.
"내가 보낸 적군의 함성소리로,
암몬의 큰 도성 랍바가 귀를 틀어막을 날이 올 것이다.
암몬은 폐허 더미가 되고,
성읍들은 잿더미가 되리라.
그때 이스라엘이 자신의 침략자들을 발로 걷어차 내쫓을 것이다.
나 하나님의 말이다. 반드시 그렇게 될 것이다.
헤스본아, 통곡하여라. 아이 성이 멸망했다.
랍바의 성읍들아, 가슴을 쥐어뜯어라!
애곡의 옷을 걸치고, 눈물로 강을 이루어라.
이리 뛰고 저리 뛰며 발작을 일으켜라!
너희의 신 몰렉이 포로로 질질 끌려갈 것이며,
그의 제사장과 관리인들도 그렇게 될 것이다.
한때의 위세를 아직도 자랑하느냐?
이제 너는 아무짝에도 쓸모없는 퇴물에 불과하다.
화려했던 과거를 그리며 향수에나 젖어 사는 너,

This is my agenda for Moab
on doomsday." GOD's Decree.

45-47 "On the outskirts of Heshbon,
refugees will pull up short, worn out.
Fire will flame high from Heshbon,
a firestorm raging from the capital of Sihon's kingdom.
It will burn off Moab's eyebrows,
will scorch the skull of the braggarts.
That's all for you, Moab!
You worshipers of Chemosh will be finished off!
Your sons will be trucked off to prison camps;
your daughters will be herded into exile.
But yet there's a day that's coming
when I'll put things right in Moab.

"For now, that's the judgment on Moab."

You're a Broken-Down Has-Been

49

1-6 GOD's Message on the Ammonites:

"Doesn't Israel have any children,
no one to step into her inheritance?
So why is the god Milcom taking over Gad's land,
his followers moving into its towns?
But not for long! The time's coming"
—GOD's Decree—
"When I'll fill the ears of Rabbah, Ammon's big city,
with battle cries.
She'll end up a pile of rubble,
all her towns burned to the ground.
Then Israel will kick out the invaders.
I, GOD, say so, and it will *be* so.
Wail Heshbon, Ai is in ruins.
Villages of Rabbah, wring your hands!
Dress in mourning, weep buckets of tears.
Go into hysterics, run around in circles!
Your god Milcom will be hauled off to exile,
and all his priests and managers right with him.
Why do you brag of your once-famous strength?
You're a broken-down has-been, a castoff
Who fondles his trophies and dreams of glory days

아직도 '누가 나를 건드리랴' 하며, 공상에 빠져 있다니.
정신 차려라. 내가 너를 사방에서 공포와 직면하게 만들 것이다."
주 만군의 하나님의 말이다.
"너는 허둥지둥 달아나다가 흩어져,
다시는 모이지 못할 것이다.
그러나 장차 내가 암몬의 일을 바로잡아 줄 날이 올 것이다."
하나님의 포고다.

and vainly thinks, 'No one can lay a hand on me.'
Well, think again. I'll face you with terror from all sides."
Word of the Master, GOD-of-the-Angel-Armies.
"You'll be stampeded headlong,
with no one to round up the runaways.
Still, the time will come
when I will make things right with Ammon."
GOD's Decree.

에돔이 받을 심판

7-11 에돔에 대한 만군의 하나님의 메시지다.

"그 유명한 데만에 현인이 한 사람도 없단 말이냐?
현실을 똑바로 볼 자가 하나도 없더냐?
그들의 지혜가 다 썩어 문드러졌느냐?
살고 싶거든 도망쳐라! 속히 달아나라!
드단에 사는 너희여,
몸을 숨길 곳을 찾아라!
내가 에서에게 재앙을 내릴 것이다.
이제 빚을 청산할 시간이다.
사람들이 밭에서 곡식을 거두어들일 때
이삭 정도는 남겨 둔다. 그렇지 않느냐?
집에 도둑이 들어도
원하는 것만 가져간다. 그렇지 않느냐?
그러나 나는 에서를 완전히 발가벗길 참이다.
구석구석 샅샅이 뒤져 다 찾아낼 것이다.
그의 자녀, 친척, 이웃을 비롯해
그와 관계된 모든 것을 멸할 것이다.
살아남아 네 고아들을 거두어 줄 자,
네 과부들을 보살펴 줄 자가
하나도 없으리라."

Strutting Across the Stage of History

7-11 The Message of GOD-of-the-Angel-Armies on Edom:

"Is there nobody wise left in famous Teman?
no one with a sense of reality?
Has their wisdom gone wormy and rotten?
Run for your lives! Get out while you can!
Find a good place to hide,
you who live in Dedan!
I'm bringing doom to Esau.
It's time to settle accounts.
When harvesters work your fields,
don't they leave gleanings?
When burglars break into your house,
don't they take only what they want?
But I'll strip Esau clean.
I'll search out every nook and cranny.
I'll destroy everything connected with him,
children and relatives and neighbors.
There'll be no one left who will be able to say,
'I'll take care of your orphans.
Your widows can depend on me.'"

12-13 진실로 그렇다. 하나님께서 말씀하신다. "들어 보아라. 마실 이유가 없어도 하나님의 진노의 잔을 마실 수밖에 없는 사람들이 있다. 그런데 네가 어떻게 그 잔을 피할 수 있겠느냐? 너는 결코 피하지 못한다. 너는 그 잔을 마시게 될 것이다. *그렇다. 한 방울도 남기지 않고 다 마시게 될 것이다.*" 하나님의 포고다. "또 너의 수도 보스라에 대해 말하면, 나의 전부를 걸고 맹세하는데, 그 도성은 잿더미와 쓰레기뿐인 역겨운 장소가 될 것이다. 거기 딸린 성읍들도 다 마찬가지다."

12-13 Indeed. GOD says, "I tell you, if there are people who have to drink the cup of God's wrath even though they don't deserve it, why would you think you'd get off? You won't get off. You'll drink it. Oh yes, you'll drink every drop. And as for Bozrah, your capital, I swear by all that I am"–GOD's Decree–"that that city will end up a pile of charred ruins, a stinking garbage dump, an obscenity–and all her daughter-cities with her."

14 내가 방금 하나님께로부터 들은 최신 소식이다.
그분이 뭇 민족들에게 특사를 보내어 말씀하셨다.
"군대를 소집하여라. 에돔을 쳐라.
무장을 갖추어라! 출정하여라!

15-16 아, 에돔이여, 내가 너를 민족들 가운데 말석으로 추락시켜,
바닥에서 이리 치이고 저리 치이게 만들 것이다.
너는 스스로 대단한 줄 안다.
역사의 무대 위를 으스대며 활보한다.
난공불락의 높은 바위 요새에 살면서,
산의 정상이라도 되는 것처럼 군다.
높은 곳에 둥지를 튼 독수리인 양,
세상이 다 네 발아래로 보이느냐?
두고 봐라. 너는 추락할 것이다.
내가 너를 바닥으로 곤두박질치게 만들 것이다."
하나님의 포고다.

17-18 "에돔은 오물로 전락하리라. 악취 풍기는 역겨운 오물, 세상을 놀라게 하는 흉물이 되리라. 소돔과 고모라와 그 이웃들처럼, 에돔도 역사의 시궁창에 처박힐 것이다." 하나님의 말씀이다.

"아무도 거기 살지 않을 것이며,
누구도 거기 머물지 않으리라.

19 잘 보아라. 먹이를 찾아
요단 강가 깊은 숲에서
푸른 목장으로 뛰어나오는 사자처럼,
내가 에돔에게 달려들어 덮칠 것이다.
아무거나 먹이로 골라잡을 것이다. 누가 나를 막을 수 있으랴?
에돔의 목자들은 나를 어찌하지 못한다."

20-22 그러니, 하나님께서 에돔에 대해 세우신 계획, 데만 주민에 대한 계획에 귀 기울여라.

"믿기지 않겠지만, 어린 것들이
—새끼 양과 새끼 염소들도—끌려갈 것이다.
믿기지 않겠지만, 모두들 그저
충격 가운데 무력하게 지켜볼 수밖에 없을 것이다.
그 울음소리에 땅이 요동하고,
그 울부짖는 소리, 멀리 홍해까지 들릴 것이다.
보아라! 하늘 높이 날던 독수리가

14 I've just heard the latest from GOD.
He's sent an envoy to the nations:
"Muster your troops and attack Edom.
Present arms! Go to war!"

15-16 "Ah, Edom, I'm dropping you to last place among nations,
the bottom of the heap, kicked around.
You think you're so great—
strutting across the stage of history,
Living high in the impregnable rocks,
acting like king of the mountain.
You think you're above it all, don't you,
like an eagle in its aerie?
Well, you're headed for a fall.
I'll bring you crashing to the ground." GOD's Decree.

17-18 "Edom will end up trash. Stinking, despicable trash. A wonder of the world in reverse. She'll join Sodom and Gomorrah and their neighbors in the sewers of history." GOD says so.

"No one will live there,
no mortal soul move in there.

19 "Watch this: Like a lion coming up
from the thick jungle of the Jordan
Looking for prey in the mountain pastures,
I will come upon Edom and pounce.
I'll take my pick of the flock—and who's to stop me?
The shepherds of Edom are helpless before me."

20-22 So, listen to this plan that GOD has worked out against Edom, the blueprint of what he's prepared for those who live in Teman:

"Believe it or not, the young, the vulnerable—
mere lambs and kids—will be dragged off.
Believe it or not, the flock
in shock, helpless to help, will watch it happen.
The very earth will shudder because of their cries,
cries of anguish heard at the distant Red Sea.
Look! An eagle soars, swoops down,

날개를 펼치고 보스라를 내리 덮친다.
산고 중인 여인처럼 용사들이
몸을 비틀며, 싸울 엄두를 내지 못하리라."

다마스쿠스가 받을 심판

23-27 다마스쿠스에 대한 메시지다.

"비보를 듣고
하맛과 아르밧이 충격에 휩싸일 것이다.
겁에 질려 간이 콩알만 해지고,
걱정근심에 안절부절 못하리라.
다마스쿠스의 얼굴에서 핏기가 가실 것이다.
달아나다가
발작을 일으켜 쓰러지고,
해산하는 여인처럼 아무것도 할 수 없으리라.
한때 유명하던 도성이, 한때 잘나가던 그 도성이,
전부를 잃고 모두에게 버림받은 외톨이가 되었다!
총명한 젊은이들이 거리에서 죽어 나가고,
용감한 전사들도 온데간데없다."
만군의 하나님의 포고다.
"그날에, 내가 다마스쿠스의 성벽에 불을 질러
벤하닷의 요새를 전부 태워 버릴 것이다."

게달과 하솔이 받을 심판

28-33 바빌론 왕 느부갓네살의 공격을 받은 게달
과 하솔 민족들에 대한 하나님의 메시지다.

"일어나라! 게달을 공격하여라!
저 동방 베두인 유목민들을 약탈하여라.
담요와 살림살이를 탈취하여라.
낙타를 빼앗아라.
'재앙이다! 죽음이다! 파멸이다!
사방이 위험천지다!' 하고 고함을 쳐 그들의 혼을
빼 놓아라.
오, 하솔에서 온 유목민들아,
살고 싶으면 어서 달아나라." 하나님의 포고다.
"숨을 곳을 찾아라.
바빌론 왕 느부갓네살이
너희를 쓸어버리고,
야멸치게 몰아붙일 계획을 세웠다.
'그들을 뒤쫓아라.' 그가 말한다. '사막에서 태평
하게,
문도 잠그지 않고
자기들끼리 살아가는 저들,
저 팔자 좋은 유목민들을 추격하여라.'

spreads its wings over Bozrah.
Brave warriors will double up in pain, helpless to fight,
like a woman giving birth to a baby."

The Blood Will Drain from the Face of Damascus

23-27 The Message on Damascus:

"Hamath and Arpad will be in shock
when they hear the bad news.
Their hearts will melt in fear
as they pace back and forth in worry.
The blood will drain from the face of Damascus
as she turns to flee.
Hysterical, she'll fall to pieces,
disabled, like a woman in childbirth.
And now how lonely–bereft, abandoned!
The once famous city, the once happy city.
Her bright young men dead in the streets,
her brave warriors silent as death.
On that day"–Decree of GOD-of-the-Angel-Armies–
"I'll start a fire at the wall of Damascus
that will burn down all of Ben-hadad's forts."

Find a Safe Place to Hide

28-33 The Message on Kedar and the sheikdoms of Hazor who were attacked by Nebuchadnezzar king of Babylon. This is GOD's Message:

"On your feet! Attack Kedar!
Plunder the Bedouin nomads from the east.
Grab their blankets and pots and pans.
Steal their camels.
Traumatize them, shouting, 'Terror! Death! Doom!
Danger everywhere!'
Oh, run for your lives,
You nomads from Hazor." GOD's Decree.
"Find a safe place to hide.
Nebuchadnezzar king of Babylon
has plans to wipe you out,
to go after you with a vengeance:
'After them,' he says. 'Go after these relaxed nomads
who live free and easy in the desert,

그들의 낙타, 거저먹기다.
그들의 소 떼와 양 떼, 가져가는 사람이 임자다.
내가 사막 가장자리에 사는 힘없는 유목민들을
사방으로 흩어 버릴 것이다.
내가 사방에서 공포가 들이닥치게 할 것이다.
그들은 무엇에 얻어맞는지도 알지 못하리라." 하
나님의 포고다.
"승냥이들이 하솔의 진영을 차지할 것이다.
그 땅에는 바람과 모래만 남으리라.
아무도 거기 살지 않고,
누구도 거기 머물지 않으리라."

엘람이 받을 심판

34-39 유다 왕 시드기야가 다스리기 시작할 무렵,
엘람을 두고 예언자 예레미야에게 임한 하나님의
메시지다. 만군의 하나님께서 말씀하신다.

"지켜보아라! 내가 엘람의 주력 무기인 활을
내 무릎 위에서 꺾어 버리리라.
그러고는 사방, 땅의 네 귀퉁이에서
바람을 일으켜 엘람에게 불어닥치게 할 것이다.
내가 엘람 사람들을 사방으로 날려 보내
만방에 흩어 버리고, 거류민으로 살아가게 할 것
이다.
그들은 목숨을 노리는 적들 사이에서
늘 공포와 두려움에 떨며 살게 될 것이다.
내가 그들에게 재앙을,
나의 진노로 타오르는 재앙을 내리리라.
내가 도살견을 풀어 그들을 쫓게 하여
아무도 살아남지 못하게 할 것이다.
그런 후에 엘람의 왕과 그 심복들을 내던져 버
리고,
엘람에 나의 보좌를 세울 것이다.
그러나 장차 내가 엘람을 위해
모든 일을 바로잡을 날이 올 것이다." 하나님의
포고다.

바빌론이 받을 심판

50 1-3 바빌론, 곧 갈대아 사람들의 땅에
대해 하나님께서 예언자 예레미야를
통해 주신 메시지다.

"만민에게 알려라! 선포하여라!
천하에 공표하고 만방에 전하여라.
바빌론이 함락되었고, 벨 신이 수치를 당해 고개

Who live in the open with no doors to lock,
who live off by themselves.'
Their camels are there for the taking,
their herds and flocks, easy picking.
I'll scatter them to the four winds,
these defenseless nomads on the fringes of the
desert.
I'll bring terror from every direction.
They won't know what hit them." GOD's Decree.
"Jackals will take over the camps of Hazor,
camps abandoned to wind and sand.
No one will live there,
no mortal soul move in there."

The Winds Will Blow Away Elam

34-39 GOD's Message to the prophet Jeremiah on
Elam at the outset of the reign of Zedekiah king of
Judah. This is what GOD-of-the-Angel-Armies says:

"Watch this! I'll break Elam's bow,
her weapon of choice, across my knee.
Then I'll let four winds loose on Elam,
winds from the four corners of earth.
I'll blow them away in all directions,
landing homeless Elamites in every country on
earth.
They'll live in constant fear and terror
among enemies who want to kill them.
I'll bring doom on them,
my anger-fueled doom.
I'll set murderous hounds on their heels
until there's nothing left of them.
And then I'll set up my throne in Elam,
having thrown out the king and his henchmen.
But the time will come when I make
everything right for Elam again." GOD's Decree.

Get Out of Babylon as Fast as You Can

50 1-3 The Message of GOD through the
prophet Jeremiah on Babylon, land of
the Chaldeans:

"Get the word out to the nations! Preach it!
Go public with this, broadcast it far and wide:
Babylon taken, god-Bel hanging his head in

를 듣지 못한다.
마르둑 신이 사기꾼으로 드러났다.
모든 우상이 수치를 당해 쭈뼛쭈뼛거리고,
장난감 신들이 저급한 사기꾼들로 드러났다.
북방에서 한 민족이 쳐들어와,
도성들을 모두 폐허로 만들어 버릴 것이다.
모든 생명이—짐승도 사람도—끊어져,
소리 하나, 동작 하나, 호흡 하나 찾을 수 없을 것이다."

4-5 하나님의 포고다. "그날이 오고 그때가 이르면,
이스라엘 백성이 돌아오고,
그들과 더불어 유다 백성들도 돌아올 것이다.
울면서 걸어와, 그들의 하나님인 나를 찾을 것이다.
시온으로 가는 길을 묻고,
시온을 향해 길을 떠나리라.
그들이 와서는, 결코 잊을 수 없을 영원한 언약에 묶여
하나님 곁에 늘 꼭 붙어 있으리라.

6-7 나의 백성은 길 잃은 양 떼였다.
목자들이 그들을 잘못 이끌어서,
산속에 버리고 떠났다.
그들은 산으로, 언덕으로 헤매고 다녔다.
집으로 돌아가는 길을 잃고,
집에 대한 기억도 잃었다.
그들과 마주친 자들은 모두 그들을 착취했다.
적들은 전혀 양심의 가책을 느끼지 않았다.
그들은 말했다. '공평하지 않소? 하나님을 등진 자들이니 말이오.
그들은 자신들의 참된 목장이신 분, 조상 대대로
소망이었던 분을 저버렸소.'

8-10 그러나 이제, 어서 빨리 바빌론을 탈출하여라.
바빌론에서 빠져나가라.
네 길을 가라. 좋은 목양견들이 앞장을 서겠지만,
그들을 따라가지 마라.
너희가 앞장서 가라!
내가 지금 일으키는 일이 보이느냐?
바빌론을 칠 민족들을 규합하고 있다.
그들이 북녘에서 쳐들어와,
바빌론을 정복할 것이다.
오, 그들은 싸움에 능한 군대다.
빈손으로 돌아가는 법이 없는 자들이다.

shame,
god-Marduk exposed as a fraud.
All her god-idols shuffling in shame,
all her play-gods exposed as cheap frauds.
For a nation will come out of the north to attack her,
reduce her cities to rubble.
Empty of life—no animals, no people—
not a sound, not a movement, not a breath.

4-5 "In those days, at that time"—GOD's Decree—
"the people of Israel will come,
And the people of Judah with them.
Walking and weeping, they'll seek me, their GOD.
They'll ask directions to Zion
and set their faces toward Zion.
They'll come and hold tight to GOD,
bound in a covenant eternal they'll never forget.

6-7 "My people were lost sheep.
Their shepherds led them astray.
They abandoned them in the mountains
where they wandered aimless through the hills.
They lost track of home,
couldn't remember where they came from.
Everyone who met them took advantage of them.
Their enemies had no qualms:
'Fair game,' they said. 'They walked out on GOD.
They abandoned the True Pasture, the hope of their parents.'

8-10 "But now, get out of Babylon as fast as you can.
Be rid of that Babylonian country.
On your way. Good sheepdogs lead, but don't you be led.
Lead the way home!
Do you see what I'm doing?
I'm rallying a host of nations against Babylon.
They'll come out of the north,
attack and take her.
Oh, they know how to fight, these armies.
They never come home empty-handed.

바빌론은 무르익은 열매다!
모두들 배 터지게 따먹을 것이다!" 하나님의 포고다.

11-16 "바빌론 사람들아, 너희는 지금까지 참 좋은 시절을 보냈다. 그렇지 않느냐?
내 백성을 착취하고 이용하면서, 그동안 잘 먹고 잘살았다.
너희는 푸른 초원을 까불며 뛰어다니는 송아지 같았고,
넓은 들판을 마구 달리며 즐기는 야생마 같았다!
그러나 너희는 너희 어머니의 자랑이 되지 못하리라.
너희를 낳아 준 여인의 기쁨이 되지 못하리라.
지금 너희 꼴을 보아라! 아무 볼 것 없는 민족!
잡석과 쓰레기와 잡초뿐인 곳!
나의 거룩한 진노로 생명이 사라지고,
죽음과 공허뿐인 사막이 되었다.
바빌론을 지나는 자들은 그 몰락을 목격하고,
놀라서 말을 잊고 고개를 절레절레 흔들 것이다.
다 함께 바빌론에게 달려들어라! 꼼짝 못하게 만들어라!
있는 힘을 다해 두들겨 패라.
젖 먹던 힘까지 다 써라. 완전히 때려눕혀라.
바빌론은 죄인이다. 오, 내게 얼마나 큰 죄를 지었던가!
사방을 에워싸고 함성을 질러라.
바빌론은 싸울 의지를 다 잃었다.
방어진이 허물어졌고,
성벽들이 무너져 내렸다.
작전명 '하나님의 복수'를 수행하여라.
복수를 퍼부어라!
그가 행한 대로 갚아 주어라.
똑같이 해주어라!
농장들을 파괴하고, 농부들을 죽이고,
밭을 못쓰게 만들고, 곳간을 털어라.
포로로 잡혀와 있는 너희는,
이 파멸의 폭풍을 피해 어떻게든 빠져나가라.
속히 고국으로 도망쳐라."

17 "이스라엘은
사자들에게 쫓겨 흩어진 양 떼다.
앗시리아 왕이 처음 시작한
이 살육을,
바빌론 왕 느부갓네살이 완수하여

Babylon is ripe for picking!
All her plunderers will fill their bellies!" GOD's Decree.

11-16 "You Babylonians had a good time while it lasted, didn't you?
You lived it up, exploiting and using my people,
Frisky calves romping in lush pastures,
wild stallions out having a good time!
Well, your mother would hardly be proud of you.
The woman who bore you wouldn't be pleased.
Look at what's come of you! A nothing nation!
Rubble and garbage and weeds!
Emptied of life by my holy anger,
a desert of death and emptiness.
Travelers who pass by Babylon will gasp, appalled,
shaking their heads at such a comedown.
Gang up on Babylon! Pin her down!
Throw everything you have against her.
Hold nothing back. Knock her flat.
She's sinned—oh, how she's sinned, against me!
Shout battle cries from every direction.
All the fight has gone out of her.
Her defenses have been flattened,
her walls smashed.
'Operation GOD's Vengeance.'
Pile on the vengeance!
Do to her as she has done.
Give her a good dose of her own medicine!
Destroy her farms and farmers,
ravage her fields, empty her barns.
And you captives, while the destruction rages,
get out while the getting's good,
get out fast and run for home.

17 "Israel is a scattered flock,
hunted down by lions.
The king of Assyria started the carnage.
The king of Babylon, Nebuchadnezzar,
Has completed the job,
gnawing the bones clean."

뼈까지 다 갉아먹었다."

18-20 그러나 이제, 만군의 하나님,
이스라엘의 하나님께서 말씀하신다.
"자 보아라! 내가 바빌론 왕과 그의 땅에 재앙을 내릴 것이다.
앗시리아 왕에게 내렸던 것과 똑같은 재앙을 내리리라.
그러나 이스라엘은 비옥한 목초지로 다시 데려올 것이다.
그가 갈멜과 바산의 언덕에서 풀을 뜯고,
에브라임 비탈길과 길르앗에서
마음껏 먹을 것이다."
하나님의 포고다. "그날이 오고 그때가 이르면,
이스라엘의 허물을 찾아 구석구석 뒤져도, 아무것도 찾지 못할 것이다.
유다의 죄를 찾아 샅샅이 살펴도, 하나도 발견하지 못할 것이다.
내가 구원한 그들은 과거를 청산하고 새 출발하게 될 것이다."

21 "반역자들의 땅 므라다임을 공격하여라!
파멸의 나라 브곳을 습격하여라!
그들을 추격하여라. 모조리 쓸어버려라." 하나님의 포고다.
"이는 내 명령이다. 내가 이르는 대로 하여라.

22-24 전쟁의 함성소리가
지축을 흔든다!
망치였던 자가
두들겨 맞아 박살이 났다.
바빌론이
형체를 알아볼 수 없을 정도로 얻어터졌다.
내가 올가미를 놓았으니, 네가 걸려들었다.
오, 바빌론이여, 억센 올가미에 걸려
옴짝달싹 못하고 당하기만 했다!
네가 하나님께 맞선 대가다.

25-28 나 하나님이 나의 병기고 문을 열고,
진노의 무기들을 꺼내 들었다.
주 만군의 하나님이
바빌론에서 할 일이 있다.
사방에서 그를 덮쳐라!
그 곡창지대로 쳐들어가라!

18-20 And now this is what GOD-of-the-Angel-Armies,
the God of Israel, has to say:
"Just watch! I'm bringing doom on the king of Babylon and his land,
the same doom I brought on the king of Assyria.
But Israel I'll bring home to good pastures.
He'll graze on the hills of Carmel and Bashan,
On the slopes of Ephraim and Gilead.
He will eat to his heart's content.
In those days and at that time"—GOD's Decree—
"they'll look high and low for a sign of Israel's guilt—nothing;
Search nook and cranny for a trace of Judah's sin—nothing.
These people that I've saved will start out with a clean slate.

21 "Attack Merathaim, land of rebels!
Go after Pekod, country of doom!
Hunt them down. Make a clean sweep." GOD's Decree.
"These are my orders. Do what I tell you.

22-24 "The thunderclap of battle
shakes the foundations!
The Hammer has been hammered,
smashed and splintered,
Babylon pummeled
beyond recognition.
I set out a trap and you were caught in it.
O Babylon, you never knew what hit you,
Caught and held in the steel grip of that trap!
That's what you get for taking on GOD.

25-28 "I, GOD, opened my arsenal.
I brought out my weapons of wrath.
The Master, GOD-of-the-Angel-Armies,
has a job to do in Babylon.
Come at her from all sides!
Break into her granaries!
Shovel her into piles and burn her up.
Leave nothing! Leave no one!
Kill all her young turks.

그를 장작더미에 올려 불태워라.
아무것도 남기지 마라! 아무도 살려 두지 마라!
그 불량아들을 다 잡아 죽여라.
모조리 파멸시켜라!
파멸! 그렇다. 파멸의 날이다!
이제 그들의 명이 다했다.
놀라지 마라.
바빌론을 탈출한 자들, 거기서 도망쳐 나온 자들이
시온에 나타나 하나님의 보복 소식을 전하리라.
하나님의 성전을 위한 복수였다고.

29-30 바빌론을 칠 병력을 소집하여라.
활을 쏠 수 있는 자는 다 불러 모아라!
올가미를 죄어라!
빠져나갈 구멍을 남기지 마라!
받은 그대로 돌려주고,
당한 그대로 똑같이 갚아 주어라!
그는 오만했다. 감히 하나님,
'이스라엘의 거룩한 이' 앞에서 방자하게 굴었다.
이제 그 대가를 치른다. 젊은이들이 죽어 길거리에 나뒹굴고,
용사들은 죽어 간데없다." 하나님의 포고다.

31-32 "이제 알겠느냐? 교만의 화신이여, 내가 너의 적이다!"
주 만군의 하나님의 포고다.
"너의 때가 되었다.
그렇다. 파멸의 날이 이르렀다.
교만의 화신이 고꾸라질 것이다.
아무도 붙잡아 일으켜 주지 않으리라.
내가 그의 성읍들에 불을 놓을 것이다.
그 불이 들불처럼 퍼져 온 나라에 번지리라."

33-34 만군의 하나님께서 연이어 말씀하신다.

"이스라엘 백성이 두들겨 맞았고,
유다 백성도 그렇다.
압제자들이 억센 손아귀로 꽉 잡고
그들을 놓아주지 않는다.
그러나 강한 구원자가 있으니,
바로 만군의 하나님이다.
그렇다. 내가 그들 편에 설 것이다.
내가 가서 그들을 구조하고,
내가 그들의 땅을 진정시켜 주리라.

Send them to their doom!
Doom to them! Yes, Doomsday!
The clock has finally run out on them.
And here's a surprise:
Runaways and escapees from Babylon
Show up in Zion reporting the news of GOD's vengeance,
taking vengeance for my own Temple.

29-30 "Call in the troops against Babylon,
anyone who can shoot straight!
Tighten the noose!
Leave no loopholes!
Give her back as good as she gave,
a dose of her own medicine!
Her brazen insolence is an outrage
against GOD, The Holy of Israel.
And now she pays: her young strewn dead in the streets,
her soldiers dead, silent forever." GOD's Decree.

31-32 "Do you get it, Mister Pride? I'm your enemy!"
Decree of the Master, GOD-of-the-Angel-Armies.
"Time's run out on you:
That's right: It's Doomsday.
Mister Pride will fall flat on his face.
No one will offer him a hand.
I'll set his towns on fire.
The fire will spread wild through the country."

33-34 And here's more from GOD-of-the-Angel-Armies:

"The people of Israel are beaten down,
the people of Judah along with them.
Their oppressors have them in a grip of steel.
They won't let go.
But the Rescuer is strong:
GOD-of-the-Angel-Armies.
Yes, I will take their side,
I'll come to their rescue.
I'll soothe their land,
but rough up the people of Babylon.

그러나 바빌론 백성은 내가 손볼 것이다."

35-40 하나님의 포고다. "바빌론에 전면전이 벌어졌다.
백성도, 지도자도, 현인도 다 쓸어버리는 총력전
이다!
잘난 체하던 자들이 모두 얼간이가 되는 전쟁이다!
용사들을 모조리 겁쟁이로 바꾸어 놓는 전쟁이다!
사람을 죽이는 용병들을 어처구니없는 겁쟁이로
만드는 전쟁이다!
창고들을 결딴내는 전쟁이다. 다 털렸다!
상수원을 결딴내는 전쟁이다. 바싹 말라 버렸다!
미친 가짜 신들, 요귀들의 땅!
이제 바빌론은 승냥이나 전갈,
야행 올빼미나 흡혈박쥐들만 출몰하는 곳이 될 것
이다.
누구도 다시는 거기 살지 않고,
죽음의 악취만을 풍기는 땅이 될 것이다.
내가 없애 버린 도성들,
소돔과 고모라와 이웃 성읍과 같은 운명을 맞으리
라." 하나님의 포고다.
"누구도 다시는 거기 살지 않고,
그 땅에서 숨 쉬며 살아갈 사람이 다시는 없을 것
이다."

41-43 "이제, 잘 보아라! 북방에서 사람들이
인산인해를 이루며 쏟아져 내려온다.
먼 곳에서
왕들이 떼를 지어 몰려온다.
살인병기를 휘두르는 그들,
무자비하고 잔인한 야만인들이다.
대양의 파도처럼 거칠게 노호하며
사나운 말을 모는 그들,
전투태세를 갖추고 당장
너 바빌론을 치려고 몰려온다!
바빌론 왕이 그들이 오는 소리를 듣는다.
그의 얼굴이 백지장처럼 하얗게 되고, 사지의 맥
이 탁 풀린다.
공포에 질린 왕은
산고 중인 여인처럼 몸을 비틀며, 싸울 엄두를 내
지 못한다.

44 이제, 잘 보아라. 먹이를 찾아
요단 강가 깊은 숲에서
푸른 목장으로 뛰어나오는 사자처럼,

35-40 "It's all-out war in Babylon"—GOD's Decree—
"total war against people, leaders, and the wise!
War to the death on her boasting pretenders,
fools one and all!
War to the death on her soldiers, cowards to a
man!
War to the death on her hired killers, gutless
wonders!
War to the death on her banks—looted!
War to the death on her water supply—drained
dry!
A land of make-believe gods gone crazy—
hobgoblins!
The place will be haunted with jackals and corpions,
night-owls and vampire bats.
No one will ever live there again.
The land will reek with the stench of death.
It will join Sodom and Gomorrah and their
neighbors,
the cities I did away with." GOD's Decree.
"No one will live there again.
No one will again draw breath in that land, ever.

41-43 "And now, watch this! People pouring
out of the north, hordes of people,
A mob of kings stirred up
from far-off places.
Flourishing deadly weapons,
barbarians they are, cruel and pitiless.
Roaring and relentless, like ocean breakers,
they come riding fierce stallions,
In battle formation, ready to fight
you, Daughter Babylon!
Babylon's king hears them coming.
He goes white as a ghost, limp as a dishrag.
Terror-stricken, he doubles up in pain, helpless to
fight,
like a woman giving birth to a baby.

44 "And now watch this: Like a lion coming up
from the thick jungle of the Jordan,
Looking for prey in the mountain pastures,
I'll take over and pounce.
I'll take my pick of the flock—and who's to stop

내가 달려들어 덮칠 것이다.
아무거나 먹이로 골라잡을 것이다. 누가 나를 막을 수 있으랴?
이른바 목자라는 자들, 다들 나를 어찌하지 못한다."

45-46 그러니, 하나님께서 바빌론에 대해 세우신 계획, 갈대아 사람들에 대한 계획에 귀 기울여라.

믿기지 않겠지만, 어리고 약한 것들,
새끼 양과 새끼 염소들도 끌려갈 것이다.
믿기지 않겠지만, 모두들 충격으로
그저 무력하게 지켜볼 수밖에 없을 것이다.
"바빌론이 함락되었다!"는 함성소리에
땅이 요동치니,
세계만방에 그 소식이 전해질 것이다.

폭풍 페르시아

51

1-5 하나님의 말씀이 아직 남았다.

"잘 보아라. 내가 바빌론을 칠
무시무시한 폭풍을 일으킬 것이다.
'폭풍 페르시아'가
그 사악한 땅에 사는 주민 모두를 덮칠 것이다.
내가 바빌론을 짓밟을 부대를 보내어,
그들이 그곳을 완전히 쓸어버릴 것이다.
그들이 일을 마치면, 그 땅에는 더 이상
가질 만한 것, 볼만한 것이 하나도 남지 않으리라.
그들은 하나도 그냥 놔두지 않을 것이다.
진멸의 날이다!
모두 닥치는 대로 아무것이나 집어 들고 싸울 것이다.
수단과 방법을 가리지 않는 싸움이다.
그들은 그 무엇도 아끼지 않고, 그 누구도 살려 두지 않을 것이다.
모조리 멸망시키리라. 끝장을 내리라!
바빌론 전역이 부상자들로 뒤덮이고,
거리마다 시체들이 쌓일 것이다.
이스라엘과 유다를 과부라 여겼다면
오산이다.
그들의 하나님, 만군의 하나님인 내가 이렇게 살아서 건재하다.
비록 그 땅을
이스라엘의 거룩하신 하나님을 거스르는 죄로 가득 채운 그들이지만,
나는 여전히 그들에게 묶인 몸이다.

me?
All the so-called shepherds are helpless before me."

45-46 So, listen to this plan that GOD has worked out against Babylon, the blueprint of what he's prepared for dealing with Chaldea:

Believe it or not, the young,
the vulnerable—mere lambs and kids—will be dragged off.
Believe it or not, the flock
in shock, helpless to help, watches it happen.
When the shout goes up, "Babylon's down!"
the very earth will shudder at the sound.
The news will be heard all over the world.

Hurricane Persia

51

1-5 There's more. GOD says more:

"Watch this:
I'm whipping up
A death-dealing hurricane against Babylon—'Hurricane Persia'—
against all who live in that perverse land.
I'm sending a cleanup crew into Babylon.
They'll clean the place out from top to bottom.
When they get through there'll be nothing left of her
worth taking or talking about.
They won't miss a thing.
A total and final Doomsday!
Fighters will fight with everything they've got.
It's no-holds-barred.
They will spare nothing and no one.
It's final and wholesale destruction—the end!
Babylon littered with the wounded,
streets piled with corpses.
It turns out that Israel and Judah
are not widowed after all.
As their God, GOD-of-the-Angel-Armies, I am still alive and well,
committed to them even though
They filled their land with sin
against Israel's most Holy God.

6-8 "Get out of Babylon as fast as you can.

6-8 속히 바빌론에서 빠져나오너라.
살고 싶거든 달아나라! 목숨을 부지하여라!
우물쭈거리다, 그에게 죄값을 물리는 나의 복수에
너까지 목숨을 잃게 되는 일이 없게 하여라.
바빌론은 내 손에 들린 화려한 금잔이었다.
거기 가득 담긴 나의 진노의 포도주가,
온 세상을 취하게 만들었다.
뭇 민족이 그 포도주를 들이켰고,
모두 제정신을 잃었다.
이제, 바빌론 자신이 인사불성이 되도록 취해,
비틀거리다 쓰러진다. 비극이다!
향유를 구해다 상처에 발라 주어라.
어쩌면 나을지도 모르니."

9 "우리는 최선을 다했지만, 그를 도울 수 없었다.
바빌론은 나을 가망이 없다.
그가 제 운명의 길을 가게 내버려 두어라.
고향으로 돌아가라.
그에게 곧 어마어마한 심판이 떨어질 것이다.
하늘을 찌를 듯한 기념비적인 보복이 행해질 것이다.
10 하나님께서 우리를 위해 모든 일을 바로잡아 주셨다.
오라! 시온으로 돌아가서,
이 기쁜 소식을 전하자.
우리 하나님께서 모든 일을 바로잡으시기 위해 행하신 일을 전하자.

11-13 화살촉을 갈아라!
화살통을 채워라!
하나님께서 메대 왕들을 선동하여
전쟁광들로 만드셨다. '바빌론을 없애 버리자!'
하나님께서 출정길에 오르셨다.
당신의 성전을 위한 복수전을 벌이려 하신다.
공격신호를 올리고 바빌론 성벽을 쳐라.
경계병을 세워라.
병력을 증원하여라.
병사들을 매복시켜라.
하나님께서 당신의 계획을 이행하시리라.
바빌론에게 하시겠다던 일을 행하시리라.
풍족한 물과
풍족한 재물을 가진 너,
그러나 이제 너는 끝이다.
너는 죽은 목숨이다."

Run for your lives! Save your necks!
Don't linger and lose your lives to my vengeance on her
as I pay her back for her sins.
Babylon was a fancy gold chalice
held in my hand,
Filled with the wine of my anger
to make the whole world drunk.
The nations drank the wine
and they've all gone crazy.
Babylon herself will stagger and crash,
senseless in a drunken stupor—tragic!
Get anointing balm for her wound.
Maybe she can be cured."

9 "We did our best, but she can't be helped.
Babylon is past fixing.
Give her up to her fate.
Go home.
The judgment on her will be vast,
a skyscraper-memorial of vengeance.

Your Lifeline Is Cut

10 "GOD has set everything right for us.
Come! Let's tell the good news
Back home in Zion.
Let's tell what our GOD did to set things right.

11-13 "Sharpen the arrows!
Fill the quivers!
GOD has stirred up the kings of the Medes,
infecting them with war fever: 'Destroy Babylon!'
GOD's on the warpath.
He's out to avenge his Temple.
Give the signal to attack Babylon's walls.
Station guards around the clock.
Bring in reinforcements.
Set men in ambush.
GOD will do what he planned,
what he said he'd do to the people of Babylon.
You have more water than you need,
you have more money than you need—
But your life is over,
your lifeline cut."

14 만군의 하나님께서 엄숙히 맹세하셨다.
"내가 이곳을 적군들로 들끓게 하리라.
그들이 메뚜기 떼처럼 이곳을 뒤덮고,
너를 고꾸라뜨려 개선가를 부를 것이다."

15-19 그분께서 능력으로 땅을 지으시고,
지혜로 세상을 빚어 내셨다.
우주는 그분의 작품이다.
그분이 천둥소리를 내시면, 비가 쏟아진다.
구름을 피워 올리시고,
번개로 폭풍을 두르시며,
당신의 창고에서 바람을 꺼내 날려 발진시키신다.
막대기 신을 숭배하는 자들, 참으로 어처구니없는 얼간이들이다!
자기 손으로 만든 신들로 수치를 당하여 쩔쩔맨다!
그 신들은 모두 가짜요, 죽은 막대기일 뿐이다.
말라 죽은 나무를 두고 신이라니, 어이가 없다.
그것들은 연기에 불과하다.
바람과 함께 사라지고 만다.
그러나 '야곱의 분깃'이신 분은 참되시다.
그분은 온 우주를 지으신 분,
이스라엘을 특별히 주목하시는 분이다.
그분의 이름이 무엇인가? 만군의 하나님이시다!

바빌론은 하나님의 망치다

20-23 하나님께서 말씀하신다. "너 바빌론은 나의 망치다.
나의 병기다.
내가 너를 들어 사악한 민족을 쳐부수고,
뭇 왕국을 박살낼 것이다.
내가 너를 들어 말과 기병을 쳐부수고,
병거와 전사를 쳐부술 것이다.
내가 너를 들어 남자와 여자를 쳐부수고,
노인과 아이를 쳐부술 것이다.
내가 너를 들어 청년 남녀를 쳐부수고,
목자와 양을 쳐부술 것이다.
내가 너를 들어 농부와 겨릿소를 쳐부수고,
고관과 대신을 쳐부술 것이다.

24 유다 사람들아, 너희 두 눈으로 똑똑히 보게 되리라. 내가 바빌론과 갈대아 사람들이 시온에서 저지른 모든 악행을 그들에게 그대로 되갚아 주는 것

14 GOD-of-the-Angel-Armies has solemnly sworn:
"I'll fill this place with soldiers.
They'll swarm through here like locusts
chanting victory songs over you."

15-19 By his power he made earth.
His wisdom gave shape to the world.
He crafted the cosmos.
He thunders and rain pours down.
He sends the clouds soaring.
He embellishes the storm with lightnings,
launches the wind from his warehouse.
Stick-god worshipers look mighty foolish!
god-makers embarrassed by their handmade gods!
Their gods are frauds, dead sticks—
deadwood gods, tasteless jokes.
They're nothing but stale smoke.
When the smoke clears, they're gone.
But the Portion-of-Jacob is the real thing;
he put the whole universe together,
With special attention to Israel.
His name? GOD-of-the-Angel-Armies!

They'll Sleep and Never Wake Up

20-23 God says, "You, Babylon, are my hammer,
my weapon of war.
I'll use you to smash godless nations,
use you to knock kingdoms to bits.
I'll use you to smash horse and rider,
use you to smash chariot and driver.
I'll use you to smash man and woman,
use you to smash the old man and the boy.
I'll use you to smash the young man and young woman,
use you to smash shepherd and sheep.
I'll use you to smash farmer and yoked oxen,
use you to smash governors and senators.

24 "Judeans, you'll see it with your own eyes. I'll pay Babylon and all the Chaldeans back for all

을." 하나님의 포고다.

25-26 "너 바빌론아, 온 세상을 황폐하게 만든
'파괴자 산'아, 나는 너의 적이다.
내가 팔을 뻗어 너를 내 손으로 붙잡고,
산이던 너를 짓뭉개 버릴 것이다.
너를 자갈밭으로 만들어 버리리라.
이제 더는 네게서 모퉁잇돌을 얻거나,
주춧돌을 떠낼 수 없을 것이다!
자갈밖에는 아무것도 남지 않으리라." 하나님의 포
고다.

27-28 "온 땅에 신호를 올려라.
민족들을 향해 숫양 뿔나팔을 불어라.
바빌론을 치는 거룩한 일을 위해 민족들을 구별하
여라.
신성한 이 일에 왕국들을 불러들여라.
아라랏과 민니와 아스그나스를 징집하여라.
바빌론을 칠 사령관을 임명하고,
메뚜기 떼처럼 많은 군마들을 불러 모아라!
바빌론을 치는 이 거룩한 일을 위해 민족들을,
메대의 왕과 그의 지도자들과 백성을 구별하여라.

29-33 땅이 공포에 떨고, 고통으로 몸을 비튼다.
바빌론을 치려는 내 계획,
그 나라를 아무도 살 수 없는
황무지로 바꾸어 놓겠다는 내 계획에, 소스라치게
놀란다.
바빌론 용사들이 싸우다 말고
폐허와 동굴 속으로 숨는다.
싸우지도 않고 포기해 버리는 그들,
알고 보니 계집애처럼 소심한 겁쟁이들이다.
바빌론의 집들이 화염에 휩싸이고,
성문들이 돌쩌귀에서 뜯겨져 나간다.
보고자들이 연이어 헐떡이며 달려와서,
바빌론 왕에게
도성의 함락 소식을 전한다.
강나루도 모두 점령되었다.
늪지대까지 불에 타들어 간다.
용사들이 이리 뛰고 저리 뛰며 달아난다.
나, 만군의 하나님이 말한 대로다.
'딸 바빌론은 타작 시기의
타작마당이다.
머지않아, 수확이 시작되면

the evil they did in Zion." GOD's Decree.

25-26 "I'm your enemy, Babylon, Mount Destroyer,
you ravager of the whole earth.
I'll reach out, I'll take you in my hand,
and I'll crush you till there's no mountain left.
I'll turn you into a gravel pit—
no more cornerstones cut from you,
No more foundation stones quarried from you!
Nothing left of you but gravel." GOD's Decree.

27-28 "Raise the signal in the land,
blow the shofar-trumpet for the nations.
Consecrate the nations for holy work against her.
Call kingdoms into service against her.
Enlist Ararat, Minni, and Ashkenaz.
Appoint a field marshal against her,
and round up horses, locust hordes of horses!
Consecrate the nations for holy work against her—
the king of the Medes, his leaders and people.

29-33 "The very land trembles in terror, writhes in
pain,
terrorized by my plans against Babylon,
Plans to turn the country of Babylon
into a lifeless moonscape—a wasteland.
Babylon's soldiers have quit fighting.
They hide out in ruins and caves—
Cowards who've given up without a fight,
exposed as cowering milksops.
Babylon's houses are going up in flames,
the city gates torn off their hinges.
Runner after runner comes racing in,
each on the heels of the last,
Bringing reports to the king of Babylon
that his city is a lost cause.
The fords of the rivers are all taken.
Wildfire rages through the swamp grass.
Soldiers desert left and right.
I, GOD-of-the-Angel-Armies, said it would
happen:
'Daughter Babylon is a threshing floor
at threshing time.
Soon, oh very soon, her harvest will come

가라지가 바람에 날릴 것이다!'"

34-37 "바빌론 왕 느부갓네살이
내 백성을 질겅질겅 씹고 뼈를 뱉어 내었다.
그릇을 깨끗이 비운 뒤 의자를 뒤로 빼고 앉아
트림을 했다. 게걸스런 엄청난 트림을.
숙녀 시온이 말한다.
'내가 당한 만행을 바빌론도 당하게 하소서!'
예루살렘도 말한다.
'내가 흘린 피의 값을 갈대아 사람들에게 물리소서!'
그때, 나 하나님이 나서서 말한다.
'내가 너의 편이며, 너를 위해 싸운다.
내가 너의 원수를 갚아 주겠다. 너를 위해 복수해 주겠다.
내가 그의 강을 다 말리고, 그의 샘을 다 막아 버릴 것이다.
바빌론은 폐허 더미가 될 것이며,
들개와 들고양이들이 먹이를 찾아 배회하는 곳,
쓰레기 투기장,
황폐한 유령마을이 될 것이다.'"

38-40 "바빌론 사람들은 먹이를 두고 으르렁거리는,
게걸스런 사자와 그 새끼들 같다.
내가 그들에게 세 끼니 제대로 챙기고, 잔칫상을 차려 주리라.
그들은 실컷 마시고 취해 쓰러질 것이다.
코가 비뚤어지게 취해서, 잠이 들 것이다. 계속 잠만 잘 것이다.
그러고는 다시 깨어나지 못하리라." 하나님의 포고다.
"내가 그 '사자들'을,
어린양, 숫양, 숫염소들처럼 도살장으로 끌고 가리라.
다시는 그들 소식을 듣지 못하리라."

41-48 "바빌론은 이제 끝났다.
온 땅의 자랑거리였던 그가 아주 바닥에 고꾸라졌다.
처참히 몰락한 바빌론,
시궁창에 처박혔다!
밀어닥친 적군들의 파도에 난타당해
대혼란에 빠져들었다.
마을에서는 썩는 냄새가 진동하고,
땅은 텅 비어 황량하다.
이제는 성읍 안에 아무도 살지 않는다.

and then the chaff will fly!'

34-37 "Nebuchadnezzar king of Babylon
chewed up my people and spit out the bones.
He wiped his dish clean, pushed back his chair,
and belched – a huge gluttonous belch.
Lady Zion says,
'The brutality done to me be done to Babylon!'
And Jerusalem says,
'The blood spilled from me be charged to the Chaldeans!'
Then I, GOD, step in and say,
'I'm on your side, taking up your cause.
I'm your Avenger. You'll get your revenge.
I'll dry up her rivers, plug up her springs.
Babylon will be a pile of rubble,
scavenged by stray dogs and cats,
A dumping ground for garbage,
a godforsaken ghost town.'

38-40 "The Babylonians will be like lions and their cubs,
ravenous, roaring for food.
I'll fix them a meal, all right – a banquet, in fact.
They'll drink themselves falling-down drunk.
Dead drunk, they'll sleep – and sleep, and sleep...
and they'll never wake up." GOD's Decree.
"I'll haul these 'lions' off to the slaughterhouse
like the lambs, rams, and goats,
never to be heard of again.

41-48 "Babylon is finished –
the pride of the whole earth is flat on her face.
What a comedown for Babylon,
to end up inglorious in the sewer!
Babylon drowned in chaos,
battered by waves of enemy soldiers.
Her towns stink with decay and rot,
the land empty and bare and sterile.
No one lives in these towns anymore.
Travelers give them a wide berth.
I'll bring doom on the glutton god-Bel in

사람들이 그곳을 피해 멀찍이 돌아간다.
바빌론의 탐욕스런 벨 신에게 내가 재앙을 내릴 것이다.
그가 꿀꺽 삼킨 것들을 다 토해 내도록 만들겠다.
더 이상 바빌론의 놀라운 볼거리들을 보려고
사람들이 줄지어 찾아오는 일은 없을 것이다.
이제 바빌론에는 볼거리들이 남아 있지 않다.
나의 백성이여, 살고 싶다면 도망쳐라!
뛰어라. 뒤를 돌아다보지 마라!
속히 그곳에서 빠져나와라.
하나님의 진노의 불이 떨어지는 그곳을 탈출하여라.
희망을 잃지 마라. 아무리 흉흉한 소문이 들려오더라도
결코 포기하지 마라.
이 해에는 이런 폭행 소문,
저 해에는 저런 전쟁 소문이 나돌 것이다.
나를 신뢰하여라. 내가
바빌론 우상들의 콧대를 꺾어 놓을 날이 오고 있다.
내가 그 나라의 역겨운 사기 행각을 드러내고,
나라 전역이 시체로 뒤덮이도록 할 것이다.
앙갚음해 줄 군대가 북방에서 내려와
바빌론을 덮치는 날,
하늘과 땅, 천사와 사람들이
승리축하 파티를 열 것이다." 하나님의 포고다!

바빌론이 멸망하리라

49-50 "바빌론은 반드시 망한다.
이스라엘의 전사자들에 대한 보상이다.
바빌론 사람들이 살육될 것이다.
그들이 저지른 참혹한 살인 행각 때문이다.
그러나 참혹한 죽음을 모면한 너희 포로들아,
떠나라! 어서 빨리!
붙잡혀 간 먼 곳에서도 언제나 하나님을 기억하여라.
예루살렘을 늘 마음에 간직하고 살아라."

51 너무나 오랜 세월, 수치와 조롱과 학대를 당하며 살아온 우리,
우리가 누군지조차 거의 잊었다!
마음을 추스를 수조차 없다.
우리의 옛 성소, 하나님의 집이 이방인들에게 짓밟혔다.

Babylon.
I'll make him vomit up all he gulped down.
No more visitors stream into this place,
admiring and gawking at the wonders of Babylon.
The wonders of Babylon are no more.
Run for your lives, my dear people!
Run, and don't look back!
Get out of this place while you can,
this place torched by GOD's raging anger.
Don't lose hope. Don't ever give up
when the rumors pour in hot and heavy.
One year it's this, the next year it's that—
rumors of violence, rumors of war.
Trust me, the time is coming
when I'll put the no-gods of Babylon in their place.
I'll show up the whole country as a sickening fraud,
with dead bodies strewn all over the place.
Heaven and earth, angels and people,
will throw a victory party over Babylon
When the avenging armies from the north
descend on her." GOD's Decree!

Remember God in Your Long and Distant Exile

49-50 "Babylon must fall—
compensation for the war dead in Israel.
Babylonians will be killed
because of all that Babylonian killing.
But you exiles who have escaped a Babylonian death,
get out! And fast!
Remember GOD in your long and distant exile.
Keep Jerusalem alive in your memory."

51 How we've been humiliated, taunted and abused,
kicked around for so long that we hardly know who we are!
And we hardly know what to think—
our old Sanctuary, GOD's house, desecrated by strangers.

52-53 "I know, but trust me: The time is coming"

52-53 "그래, 내가 안다. 그러니 나를 신뢰하여라."
하나님의 포고다.
"내가 그 우상들에게 재앙을 내릴 날이 오고 있다.
온 땅이 신음하는 부상자들 천지가 될 것이다.
설령 바빌론이 달까지 사다리를 놓고 올라가서
사다리를 걷어 아무도 올라오지 못하게 할지라도,
그래도 나를 막지는 못할 것이다.
나의 보복을 이행할 자들이 거기까지 따라 올라가리라."
하나님의 포고다.

54-56 이제 들어라! 들리느냐? 바빌론에서 들려오는 울부짖음이!
갈대아에서 들려오는 섬뜩한 울음소리가!
하나님께서 철퇴를 들고 바빌론으로 가실 것이다.
그의 마지막 신음이 들려온다.
죽음이 요란한 파도소리를 내고,
죽음이 거대한 폭포수소리를 낸다.
보복을 행할 파괴자들이 바빌론으로 쳐들어간다.
바빌론의 용사들이 사로잡히고, 그 병기들은 고철이 되리라.
실로, 하나님은 평등을 이루어 내시는 분.
모두가 정당한 보응을 받게 되리라.

57 "내가 그들 모두를 취하게 만들 것이다.
왕자도, 현인도, 고관도, 용사도.
코가 비뚤어지게 취해서 잠들 것이다. 그들은 계속 잠만 잘 것이다.
그러고는 다시 깨어나지 못하리라." 왕이신 분의 포고다.
그분의 이름이 무엇인가? 바로, 만군의 하나님이시다!

58 만군의 하나님께서 말씀하신다.

"바빌론의 성벽, 그 거대한 벽들이
허물어지리라!
성문, 그 육중한 문들이
불타 없어지리라!
그런 헛된 삶,
열심히 살수록 더 초라해진다.
그런 야망,
재만 남길 뿐이다."

59 마세야의 손자요 네리야의 아들인 스라야가 유다

—GOD's Decree—
"When I will bring doom on her no-god idols,
and all over this land her wounded will groan.
Even if Babylon climbed a ladder to the moon
and pulled up the ladder so that no one could get to her,
That wouldn't stop me.
I'd make sure my avengers would reach her."
GOD's Decree.

54-56 "But now listen! Do you hear it? A cry out of Babylon!
An unearthly wail out of Chaldea!
GOD is taking his wrecking bar to Babylon.
We'll be hearing the last of her noise—
Death throes like the crashing of waves,
death rattles like the roar of cataracts.
The avenging destroyer is about to enter Babylon:
Her soldiers are taken, her weapons are trashed.
Indeed, GOD is a God who evens things out.
All end up with their just deserts.

57 "I'll get them drunk, the whole lot of them—
princes, sages, governors, soldiers.
Dead drunk, they'll sleep—and sleep and sleep...
and never wake up." The King's Decree.
His name? GOD-of-the-Angel-Armies!

58 GOD-of-the-Angel-Armies speaks:

"The city walls of Babylon—those massive walls!—
will be flattened.
And those city gates—huge gates!—
will be set on fire.
The harder you work at this empty life,
the less you are.
Nothing comes of ambition like this
but ashes."

59 Jeremiah the prophet gave a job to Seraiah

왕 시드기야와 함께 바빌론으로 갔을 때, 예언자 예레미야가 그에게 할 일을 일러 주었다. 때는 시드기야 사년이었다. 스라야는 여행 관련 업무 책임자였다.

60-62 예레미야가 바빌론에 닥칠 모든 재앙을 작은 책자에 기록한 뒤, 스라야에게 말했다. "바빌론에 이르면, 이것을 사람들 앞에서 낭독하십시오. '오 하나님, 주께서 말씀하시기를, 이곳을 멸망시켜 인간이든 짐승이든 아무도 살 수 없는 영원한 불모의 땅으로 만들겠다고 하셨습니다' 하고 읽어 주십시오.

63-64 읽기를 마치면, 그 책자에 돌을 매달아 유프라테스 강에 던지고, 그것이 가라앉는 모습을 보면서 이렇게 말하십시오. '내가 내린 재앙을 당한 뒤에, 바빌론이 저렇게 바닥으로 가라앉아 다시는 떠오르지 못할 것이다.'"

son of Neriah, son of Mahseiah, when Seraiah went with Zedekiah king of Judah to Babylon. It was in the fourth year of Zedekiah's reign. Seraiah was in charge of travel arrangements.

60-62 Jeremiah had written down in a little booklet all the bad things that would come down on Babylon. He told Seraiah, "When you get to Babylon, read this out in public. Read, 'You, O GOD, said that you would destroy this place so that nothing could live here, neither human nor animal—a wasteland to top all wastelands, an eternal nothing.'

63-64 "When you've finished reading the page, tie a stone to it, throw it into the River Euphrates, and watch it sink. Then say, 'That's how Babylon will sink to the bottom and stay there after the disaster I'm going to bring upon her.'"

예루살렘의 멸망

52 1 시드기야가 왕이 되었을 때 그의 나이 스물한 살이었다. 그는 예루살렘에서 십일 년 동안 다스렸다. 그의 어머니는 립나 출신 예레미야의 딸 하무달이다.
2 하나님께서 보시기에, 시드기야 역시 악한 왕 여호야김을 그대로 베껴 놓은 자에 지나지 않았다.
3-5 예루살렘과 유다가 맞게 된 모든 파멸의 근원에는 하나님의 진노가 있었다. 하나님께서 심판의 행위로 그들에게 등을 돌리신 것이다.
시드기야가 바빌론 왕에게 반역했다. 느부갓네살은 모든 군대를 이끌고 예루살렘으로 향했다. 그는 진을 치고 성 둘레에 토성을 쌓아 성을 봉쇄했다. 그는 시드기야 구년 열째 달에 예루살렘에 도착했고, 성은 열아홉 달 동안(시드기야 십일년까지) 포위되어 있었다.
6-8 시드기야 십일년 넷째 달 구일이 되자, 기근이 너무 심해져 성 안에 빵 부스러기 하나 남지 않았다. 그때에 바빌론이 성벽을 뚫고 쳐들어왔다. 그것을 본 유다의 모든 군대는 *야음을 틈타 성벽 통로(왕의 동산 위쪽에* 있는 두 성벽 사이의 문)로 도망쳤다. 그들은 바빌론 군사들의 전선을 몰래 뚫고 나가, 아라바 골짜기 길을 지나 요단 강으로 향했다. 바빌론 군사들이 총력을 다해 추격하여

The Destruction of Jerusalem and Exile of Judah

52 1 Zedekiah was twenty-one years old when he started out as king. He was king in Jerusalem for eleven years. His mother's name was Hamutal, the daughter of Jeremiah. Her hometown was Libnah.
2 As far as GOD was concerned, Zedekiah was just one more evil king, a carbon copy of Jehoiakim.
3-5 The source of all this doom to Jerusalem and Judah was GOD's anger. GOD turned his back on them as an act of judgment.
Zedekiah revolted against the king of Babylon. Nebuchadnezzar set out for Jerusalem with a full army. He set up camp and sealed off the city by building siege mounds around it. He arrived on the ninth year and tenth month of Zedekiah's reign. The city was under siege for nineteen months (until the eleventh year of Zedekiah).
6-8 By the fourth month of Zedekiah's eleventh year, on the ninth day of the month, the famine was so bad that there wasn't so much as a crumb of bread for anyone. Then the Babylonians broke through the city walls. Under cover of the night darkness, the entire Judean army fled through an opening in the wall (it was the gate between the two walls above the King's Garden). They slipped through the lines of the Babylonians who surrounded the city and headed for the Jordan into the Arabah Valley, but the Babylonians were in full pursuit. They caught up with them in the Plains

여리고 평원에서 그들을 따라잡았다. 그러나 시드기야의 군대는 이미 흩어져 도망친 뒤였다.

9-11 바빌론 군사들이 시드기야를 사로잡아 하맛 땅 리블라에 있는 바빌론 왕에게 끌고 가자, 왕은 그 자리에서 그를 재판하고 선고를 내렸다. 바빌론 왕은 시드기야가 보는 앞에서 그의 아들들을 죽였다. 아들들의 즉결 처형을 마지막으로, 그는 더 이상 앞을 볼 수 없었다. 바빌론 군사들이 그의 눈을 멀게 했기 때문이다. 그러고 나서 바빌론 왕은 유다의 지휘관들을 모두 죽였다. 시드기야는 사슬에 단단히 묶여 바빌론으로 끌려갔다. 바빌론 왕이 그를 감옥에 가두었고, 그는 죽을 때까지 거기서 나오지 못했다.

12-16 바빌론 왕 느부갓네살 십구년 다섯째 달 칠일에, 바빌론 왕의 수석 부관인 느부사라단이 예루살렘에 도착했다. 그는 하나님의 성전과 왕궁과 성까지 모두 불태워 없앴다. 그리고 자기가 데려온 바빌론 군대를 투입하여 성벽을 허물었다. 마지막으로, 전에 바빌론 왕에게 투항했던 사람들을 포함해서 예루살렘 성에 남아 있던 사람들을 모두 포로로 잡아 바빌론으로 끌고 갔다. 그는 가난한 농부 일부만을 남겨서 포도원과 밭을 관리하게 했다.

17-19 바빌론 사람들은 하나님의 성전 안에 있는 청동기둥과 청동세면대와 커다란 청동대야(바다)를 깨뜨려 바빌론으로 가져갔다. 또 예배용 청동기구들과 성전 예배에 쓰이는 금과 은으로 만든 향로와 뿌리는 대접들도 가져갔다. 왕의 부관은 귀금속 조각이라면 하나도 빠뜨리지 않고 눈에 띄는 대로 다 가져갔다.

20-23 솔로몬이 하나님의 성전을 위해 만든 두 기둥과 바다와 바다를 떠받치는 열두 청동황소와 열 개의 세면대에서 뜯은 청동의 양은 어마어마해서 무게를 달 수조차 없었다! 각 기둥의 높이가 8.1미터였고, 둘레가 5.4미터였다. 기둥들은 속이 비었고, 청동의 두께는 3센티미터가 조금 못 되었다. 각 기둥에는 청동 석류와 금줄세공으로 장식한 2.25미터 높이의 기둥머리가 얹혀 있었다. 일정한 간격으로 아흔여섯 개의 석류가 보였는데, 보이지 않는 부분까지 더하면 하나의 기둥에 백 개의 석류가 달려 있었다.

of Jericho. But by then Zedekiah's army had deserted and was scattered.

9-11 The Babylonians captured Zedekiah and marched him off to the king of Babylon at Riblah in Hamath, who tried and sentenced him on the spot. The king of Babylon then killed Zedekiah's sons right before his eyes. The summary murder of his sons was the last thing Zedekiah saw, for they then blinded him. The king of Babylon followed that up by killing all the officials of Judah. Securely handcuffed, Zedekiah was hauled off to Babylon. The king of Babylon threw him in prison, where he stayed until the day he died.

12-16 In the nineteenth year of Nebuchadnezzar king of Babylon on the seventh day of the fifth month, Nebuzaradan, the king of Babylon's chief deputy, arrived in Jerusalem. He burned the Temple of GOD to the ground, went on to the royal palace, and then finished off the city. He burned the whole place down. He put the Babylonian troops he had with him to work knocking down the city walls. Finally, he rounded up everyone left in the city, including those who had earlier deserted to the king of Babylon, and took them off into exile. He left a few poor dirt farmers behind to tend the vineyards and what was left of the fields.

17-19 The Babylonians broke up the bronze pillars, the bronze washstands, and the huge bronze basin (the Sea) that were in the Temple of GOD, and hauled the bronze off to Babylon. They also took the various bronze-crafted liturgical accessories, as well as the gold and silver censers and sprinkling bowls, used in the services of Temple worship. The king's deputy didn't miss a thing. He took every scrap of precious metal he could find.

20-23 The amount of bronze they got from the two pillars, the Sea, the twelve bronze bulls that supported the Sea, and the ten washstands that Solomon had made for the Temple of GOD was enormous. They couldn't weigh it all! Each pillar stood twenty-seven feet high with a circumference of eighteen feet. The pillars were hollow, the bronze a little less than an inch thick. Each pillar was topped with an ornate capital of bronze pomegranates and filigree, which added another seven and a half feet to its height. There were ninety-six pomegranates evenly spaced—in all, a hundred pomegranates worked into the filigree.

[24-27] 왕의 부관은 특별한 포로들을 많이 데려갔다. 대제사장 스라야, 부제사장 스바냐, 성전 관리 세 명, 남아 있던 군 최고지휘관, 성에 남아 있던 왕의 고문 일곱 명, 군 최고 모병지휘관, 그리고 성에 남아 있던 백성 중에 지위가 높은 사람 예순 명이었다. 왕의 부관 느부사라단은 그들을 모두 리블라에 있는 바빌론 왕에게 끌고 갔다. 바빌론 왕은 그곳 하맛 땅 리블라에서 그들 무리를 처참하게 죽였다.
유다 사람들은 자기 땅을 잃고 포로로 끌려갔다.

[24-27] The king's deputy took a number of special prisoners: Seraiah the chief priest, Zephaniah the associate priest, three wardens, the chief remaining army officer, seven of the king's counselors who happened to be in the city, the chief recruiting officer for the army, and sixty men of standing from among the people who were still there. Nebuzaradan the king's deputy marched them all off to the king of Babylon at Riblah. And there at Riblah, in the land of Hamath, the king of Babylon killed the lot of them in cold blood.
Judah went into exile, orphaned from her land.

[28] 느부갓네살 칠년에, 3,023명의 유다 사람들이 포로로 잡혀갔다.
[29] 느부갓네살 십팔년에, 832명의 예루살렘 주민들이 잡혀갔다.
[30] 느부갓네살 이십삼년에, 745명의 유다 백성이 왕의 부관 느부사라단에 의해 잡혀갔다.
이렇게 해서, 총 4,600명이 포로로 잡혀갔다.

[28] 3,023 men of Judah were taken into exile by Nebuchadnezzar in the seventh year of his reign.
[29] 832 from Jerusalem were taken in the eighteenth year of his reign.
[30] 745 men from Judah were taken off by Nebuzaradan, the king's chief deputy, in Nebuchadnezzar's twenty-third year.
The total number of exiles was 4,600.

[31-34] 유다의 여호야긴 왕이 포로로 있은 지 삼십칠 년째 되던 해에, 에윌므로닥이 바빌론의 왕이 되어 여호야긴을 감옥에서 풀어 주었다. 석방은 열두째 달 이십오일에 있었다. 왕은 그에게 극진한 호의를 베풀어, 바빌론에 억류되었던 다른 어떤 포로들보다 그를 높이 대우했다. 여호야긴은 죄수복을 벗고 그날부터 왕과 함께 식사를 했다. 왕은 그가 남은 여생 동안 편히 살도록 필요한 것들을 모두 마련해 주었다.

[31-34] When Jehoiachin king of Judah had been in exile for thirty-seven years, Evil-Merodach became king in Babylon and let Jehoiachin out of prison. This release took place on the twenty-fifth day of the twelfth month. The king treated him most courteously and gave him preferential treatment beyond anything experienced by the political prisoners held in Babylon. Jehoiachin took off his prison garb and from then on ate his meals in company with the king. The king provided everything he needed to live comfortably for the rest of his life.

예레미야 애가 | 머리말

예레미야 애가는 고통에 대한 성경의 압축적이고 절절한 증언이다. 고통은 거대하고도 피할 수 없는 인간 조건이다. 인간으로 산다는 것은 곧 고통을 겪으며 산다는 의미다. 누구도 예외일 수 없다. 인간의 상황에 깊이 뿌리내린 성경이, 고통에 대한 증언을 광범위하게 내놓는 것은 놀라운 일이 아니다.

히브리 역사의 중추를 이루는 두 사건은 바로 '출애굽'과 '바빌론 포로생활'이다. 출애굽은 자유를 선사받은 구원 이야기, 결정적 구원 이야기다. (주전 1200년경) 하나님께서 당신의 백성을 이집트 종살이에서 구해 주셨다. 이는 해방인 동시에, 춤과 노래가 뒤따르는 환희의 경험이다. 반면에, 바빌론 포로생활은 엄청난 고통이 수반된 심판 이야기, 결정적 심판 이야기다. (주전 587년 예루살렘이 멸망하고) 하나님의 백성이 바빌론에 종으로 끌려갔다. 이는 비극이며 통곡이 따르는 참혹한 경험이다. 이 두 사건, 출애굽과 바빌론 유배는, 구원이 가져오는 기쁨으로부터 심판에 따르는 고통에 이르기까지, 하나님의 백성이 겪는 광범위한 경험들의 좌표를 정해 주는 두 개의 축이라고 할 수 있다.

바빌론 포로생활을 배경으로 하는 이 책 예레미야 애가는, 상실과 고통을 다루는 형식과 어휘를 신앙 공동체에 제공한다. 비극의 시작인 예루살렘 멸망 사건은 열왕기하 25장과 예레미야 52장에 기록되어 있다. 예루살렘 멸망에서 시작하여 그 후 70년간 이어진 포로생활의 고통은 과장과 묘사가 불가능할 정도다. 예레미야 애가 1:7에는 이렇게 표현되어 있다. "예루살렘이 그날을 떠올린다. 자신의 전부를 잃은 그날을. 그녀의 백성이 적군의 손에 넘어간 그날, 아무도 그녀를 돕지 못했다. 적들이 보며 웃었다. 망연자실해 하는 그녀를 비웃었다." 모든 것을 잃었고, 모두가 죽어 갔다. 훼파된 예루살렘 거리에서 '식인'과 '신성모독'이 횡행했다. 잔혹한 어린이 살해는 인간의 가치가 땅에 떨어졌음을 보여주는 만행이었고, 광포한 제사장 집단 살해

Lamentations is a concentrated and intense biblical witness to suffering. Suffering is a huge, unavoidable element in the human condition. To be human is to suffer. No one gets an exemption. It comes as no surprise then to find that our Holy Scriptures, immersed as they are in the human condition, provide extensive witness to suffering.

There are two polar events in the history of the Hebrew people: the Exodus from Egypt and the Exile into Babylon. Exodus is the definitive story of salvation into a free life. God delivered his people from Egyptian slavery (in about 1200 B.C.). It is a story of freedom. It's accompanied by singing and dancing—an exuberant experience. Exile is the definitive story of judgment accompanied by immense suffering. God's people are taken into Babylonian slavery (the fall of Jerusalem in 587 B.C. marks the event). It is a time of devastation and lament. It is a terrible experience. The two events, Exodus and Exile, are bookends holding together the wideranging experiences of God's people that fall between the exuberance that accompanies salvation and the suffering associated with judgment.

Lamentations, written out of the Exile experience, provides the community of faith with a form and vocabulary for dealing with loss and pain. The precipitating event, the fall of Jerusalem, is told in 2 Kings 25 and Jeremiah 52. It is impossible to overstate either the intensity or the complexity of the suffering that came to a head in the devastation of Jerusalem and then continued on into the seventy years of exile in Babylon. Lamentations 1:7 says, "Jerusalem remembers the day she lost everything, when her people fell into enemy hands, and not a soul there to help. Enemies looked on and laughed, laughed at her helpless silence." Loss was total. Carnage was rampant. Cannibalism and sacrilege were twin horrors stalking the streets of destroyed Jerusalem. The desperate slaying of innocent children showed complete loss of

는 신성의 가치가 땅에 떨어졌음을 보여주는 만행이었다. 몸과 영혼, 개인과 국가에 일어날 수 있는 최악의 상황이 모두 일어났다. 가히, 고통의 극한이었다. 그리고 그 고통은 지금도 세계 도처에서 계속되고 있다. 대형 참사로든, 혹은 개인적 아픔으로든.

예레미야 애가는 고통에 대한 설명이나, 고통을 제거해 주는 프로그램을 제시하지 않는다. 다만, 성경과 한목소리를 내면서, 하나님께서 우리 고통 속에 친히 들어오시며 고통받는 우리와 함께하신다고 증언한다. 그럼으로써 우리 고통에 존엄을 부여한다.

하나님의 신실한 사랑은 다함이 없고,
그분의 자애로운 사랑은 마르는 법이 없다.
그 사랑은 아침마다 다시 새롭게 창조된다.
주의 신실하심이 어찌 그리도 크신지!
(거듭 말하노니) 나, 하나님을 붙들리라.
그분은 내가 가진 전부이시다.

열정을 품고 기다리는 사람,
열심으로 찾는 이는 하나님께서 반드시 선대하신다.
잠잠히 소망하며,
하나님의 도우심을 잠잠히 바라는 그 사람은 복되다.
젊은 시절 고난을 겪고
끝까지 견디는 이, 그 사람은 복되다.

삶이 힘겹고 짐이 무거울 때,
홀로 있어라. 침묵 속으로 들어가라.
바닥에 엎드려 기도하여라. 캐묻지 마라.
다만, 나타날 소망을 기다려라.
고난으로부터 달아나지 마라. 정면으로 맞서라.
우리에게 최악의 상황이란 없다.

왜 그런가! 주님은
한번 가면 영영 돌아오지 않는 분이 아니시기 때문이다.
그분은 엄하시나, 또한 자애로우시다.
그분의 신실한 사랑은 무궁무진하여, 동나는 법이 없다.
그분은 우리에게 고난을 주시고
난관에 봉착케 하는 것을, 즐거워하지 않으신다.
(애 3:22-33)

respect for human worth, and the angry murder of priests showed absolute loss of respect for divine will. The worst that can happen to body and spirit, to person and nation, happened here – a nadir of suffering. And throughout the world the suffering continues, both in large-scale horrors and in personal agonies.

Neither explaining suffering nor offering a program for the elimination of suffering, Lamentations keeps company with the extensive biblical witness that gives dignity to suffering by insisting that God enters our suffering and is companion to our suffering.

GOD's loyal love couldn't have run out,
his merciful love couldn't have dried up.
They're created new every morning.
How great your faithfulness!
I'm sticking with GOD (I say it over and over).
He's all I've got left.

GOD proves to be good to the man who passionately waits,
to the woman who diligently seeks.
It's a good thing to quietly hope,
quietly hope for help from GOD...
It's good thing when you're young
to stick it out through the hard times.

When life is heavy and hard to take,
go off by yourself. Enter the silence.
Bow in prayer. Don't ask questions:
Wait for hope to appear.
Don't run from trouble. Take it full-face.
The "worst" is never the worst.

Why? Because the Master won't ever
walk out and fail to return.
If he works severely, he also works tenderly.
His stockpiles of loyal love are immense.
He takes no pleasure in making life hard,
in throwing roadblocks in the way.
(Lamentations 3:22-33)

예레미야 애가

비천한 신세!

1 [1] 오……
사람들로 들끓던 도성이 이제 텅 비었다.
과부가 되었다. 뭇 민족 가운데 으뜸이던 도성,
여왕 같던 그녀가 부엌데기로 전락했다.

2 매일 밤 베개를 적시며 울다 잠이 든다.
그녀의 애인들, 누구 하나 남아서 그녀의 손을 잡아 주는 자 없다.
친구들도 모두 등을 돌리고 떠났다.

3 수년간 고통과 노역에 시달렸던 유다, 결국 포로로 잡혀갔다.
뭇 민족 가운데 떠돌며, 편히 다리 뻗고 쉴 곳 없이,
모두에게 쫓기며, 오도 가도 못하는 신세가 되었다.

4 시온의 길이 슬피 운다. 명절이 와도 찾아오는 순례자 하나 없다.
성문이 있던 자리는 폐허가 되었고, 제사장들은 절망에 빠졌으며,
처녀들은 슬픔에 잠겨 지낸다. 아, 쓰라린 비운이여.

5 과거 적이었던 자들이 이제 그녀의 주인이 되었다. 그들은 승승장구한다.
하나님께서 그녀를 때려눕히셨기 때문이다.
반역을 일삼던 그녀를 벌하신 것이다.
그녀의 자녀들마저 적들에게 포로로 잡혀 끌려갔다.

LAMENTATIONS

Worthless, Cheap, Abject!

1 [1] Oh, oh, oh...
How empty the city, once teeming with people.
A widow, this city, once in the front rank of nations,
once queen of the ball, she's now a drudge in the kitchen.

2 She cries herself to sleep each night, tears soaking her pillow.
No one's left among her lovers to sit and hold her hand.
Her friends have all dumped her.

3 After years of pain and hard labor, Judah has gone into exile.
She camps out among the nations, never feels at home.
Hunted by all, she's stuck between a rock and a hard place.

4 Zion's roads weep, empty of pilgrims headed to the feasts.
All her city gates are deserted, her priests in despair.
Her virgins are sad. How bitter her fate.

5 Her enemies have become her masters. Her foes are living it up
because GOD laid her low, punishing her repeated

6 아름다웠던 딸 시온의 미모는 이제 온데간데없다.
제후들도 먹을 것을 찾아 헤매다,
사냥꾼에게 쫓겨 기진맥진한 사슴 같다.

7 예루살렘이 그날을 떠올린다. 자신의 전부를 잃은 그날을.
그녀의 백성이 적군의 손에 넘어간 그날, 아무도 그녀를 돕지 못했다.
적들이 보며 웃었다. 망연자실해 하는 그녀를 비웃었다.

8 이 세상 제일가는 죄인이던 예루살렘, 이제 세상 모두에게 버림받았다.
곁에서 칭송하던 자들, 그녀의 실체를 보고서 모두 경멸을 퍼붓는다.
부끄러움을 당해 신음하는 그녀, 비참하기 그지없다.

9 내키는 대로 살았던 그녀, 내일을 생각하는 법 없던 그녀가
보기 좋게 몰락했다. 그 손을 잡아 주는 자 아무도 없다.
"오 하나님, 제가 당하는 고통을 보아 주십시오! 저 잔인한 원수들이
으스대는 꼴을 보십시오!"

10 원수가 손을 뻗어 그녀의 소중한 것 전부를 빼앗아 갑니다.
그녀의 눈앞에서 이방인들, 주께서 출입을 금지시킨 자들이
성소에까지 난입해 공회를 유린합니다.

11 모두들 먹을 것이 없어 신음하는 저들, 살아남기 위해
자신이 가장 아끼던 보물을 빵 한 조각과 바꿉니다.
"오 하나님, 저를 살펴 주십시오! 바닥을 기는 이 비천한 몸을!

12 지나가는 이들이여, 내 모습 좀 보시오! 이런 것을 본 적 있소?
내가 겪는 참혹한 고통, 그분이 내게 하신 일,
하나님께서 진노 가운데 내게 행하신 이 같은 일을 본 적이 있소?

rebellions.
Her children, prisoners of the enemy, trudge into exile.

6 All beauty has drained from Daughter Zion's face.
Her princes are like deer famished for food,
chased to exhaustion by hunters.

7 Jerusalem remembers the day she lost everything,
when her people fell into enemy hands, and not a soul there to help.
Enemies looked on and laughed, laughed at her helpless silence.

8 Jerusalem, who outsinned the whole world, is an outcast.
All who admired her despise her now that they see beneath the surface.
Miserable, she groans and turns away in shame.

9 She played fast and loose with life, she never considered tomorrow,
and now she's crashed royally, with no one to hold her hand:
"Look at my pain, O GOD! And how the enemy cruelly struts."

10 The enemy reached out to take all her favorite things. She watched
as pagans barged into her Sanctuary, those very people for whom
you posted orders: KEEP OUT: THIS ASSEMBLY OFF-LIMITS.

11 All the people groaned, so desperate for food, so desperate to stay alive
that they bartered their favorite things for a bit of breakfast:
"O GOD, look at me! Worthless, cheap, abject!

12 "And you passersby, look at me! Have you ever seen anything like this?
Ever seen pain like my pain, seen what he did to me,

13 그분이 나를 번개로 내리치시고, 머리끝부터 발끝까지 꼬챙이에 꿴 다음,
내 주위 사방에 덫을 놓으셔서, 옴짝달싹 못하게 하셨다.
그분께서 나의 모든 것을 앗아 가셨다. 진저리 나는 삶만 남았을 뿐.

14 그분께서 내 죄들을 엮어 동아줄을 만드시고,
그것으로 나를 얽어매고 멍에를 씌우셨다.
이 몸은 무자비한 감독관에게 들볶이는 신세가 되었다.

15 주께서 나의 최고 용사들을 한데 불러 모으시고,
흉악한 자들을 시켜 꽃다운 목숨들을 다 꺾어 버리셨다.
주께서 아리따운 처녀 유다를 사정없이 짓밟아 버리셨다.

16 그리하여 내가 운다. 눈에서 눈물이 강물처럼 흘러나오지만,
둘러보아도 내 영혼을 위로해 줄 자 아무도 없다.
나의 자녀들은 개죽음을 당하고, 나의 원수는 승승장구한다."

17 시온이 도와 달라고 부르짖었으나, 누구 하나 나서서 도와주지 않았다.
하나님께서 야곱의 적들에게 명령을 내리시고 그를 포위하게 하셨다.
그러나 아무도 예루살렘을 돕겠다고 나서지 않았다.

18 "하나님이 옳으시다. 잘못한 것은 나다.
모두들, 내 말을 들어라! 내게 닥친 이 일을 보아라!
나의 꽃다운 젊은이들이 모조리 포로로 잡혀갔다!

19 친구들을 불렀지만, 그들이 다들 등을 돌렸다.
제사장과 지도자들도 제 살길 찾기에 바쁘고,
살아남고자 몸부림치나 결국 성공하지 못한다.

20 오 하나님, 제가 겪는 이 고난을 살펴 주십시오! 반역을 일삼던 지난날을 생각하니, 속이 뒤틀리고 심장이 터질 듯합니다.
거리마다 학살이 자행되고, 집집마다 사람들이 굶어 죽습니다.

21 오, 저의 신음소리에 귀 기울여 주십시오. 제

what *GOD* did to me in his rage?

13 "He struck me with lightning, skewered me from head to foot,
then he set traps all around so I could hardly move.
He left me with nothing—left me sick, and sick of living.

14 "He wove my sins into a rope
and harnessed me to captivity's yoke.
I'm goaded by cruel taskmasters.

15 "The Master piled up my best soldiers in a heap,
then called in thugs to break their fine young necks.
The Master crushed the life out of fair virgin Judah.

16 "For all this I weep, weep buckets of tears,
and not a soul within miles around cares for my soul.
My children are wasted, my enemy got his way."

17 Zion reached out for help, but no one helped.
GOD ordered Jacob's enemies to surround him,
and now no one wants anything to do with Jerusalem.

18 "GOD has right on his side. I'm the one who did wrong.
Listen everybody! Look at what I'm going through!
My fair young women, my fine young men, all herded into exile!

19 "I called to my friends; they betrayed me.
My priests and my leaders only looked after themselves,
trying but failing to save their own skins.

20 "O GOD, look at the trouble I'm in! My stomach in knots,
my heart wrecked by a life of rebellion.
Massacres in the streets, starvation in the houses.

게 귀 기울이는 사람, 마음 써 주는 사람 아무도 없습니다.
적들이 주께서 제게 내리신 고난을 듣고 환호성을 올렸습니다.
심판의 날이 이르게 하십시오! 그들도 저와 같은 일을 당하게 해주십시오!

22 그들의 악한 삶을 들여다보시고, 벌을 내려 주십시오!
저의 죄를 물으시며, 주께서 제게 하신 일을 저들에게도 행해 주십시오.
고통에 짓눌려 신음하는 제 몸과 마음, 더 이상 감당할 수가 없습니다."

21 "Oh, listen to my groans. No one listens, no one cares.
When my enemies heard of the trouble you gave me, they cheered.
Bring on Judgment Day! Let them get what I got!

22 "Take a good look at their evil ways and give it to them!
Give them what you gave me for my sins.
Groaning in pain, body and soul, I've had all I can take."

하나님께서 성전을 버리고 떠나시다

2 1 오……
주께서 딸 시온을 하늘에서 떨어뜨리시고,
이스라엘의 영광스런 도성을 땅바닥에 내치시며,
가장 아끼시던 것을 진노 가운데 쓰레기처럼 내다 버리셨다.

2 주께서 망설임 없이 이스라엘을 단번에 삼켜 버리셨다.
불같이 노하셔서, 유다의 방어진들을 박살내시고,
나라의 왕과 제후들을 혹독하게 다루셨다.

3 불같이 노하셔서, 이스라엘을 바닥에 때려눕히시고,
그 팔을 부러뜨리셨다. 그녀의 적 앞에서 그녀에게 등을 돌리시고,
사방을 태우며 다가오는 들불처럼 야곱을 몰아붙이셨다.

4 원수를 대하듯, 우리에게 활을 겨누고 칼을 빼어 드셨으며,
우리의 자랑이요 기쁨이던 젊은이들을 죽이셨다.
그분의 불같은 진노가, 시온의 집들을 잿더미로 만들어 버렸다.

5 주께서 우리를 원수처럼 다루셨다. 이스라엘을 삼키셨다.
방어 요새들을 질겅질겅 씹어서 뱉어 버리셨다.
딸 유다가 통곡하고 신음하게 하셨다.

6 그분께서 옛 밀회장소를 갈아엎으시고, 아끼시던 회합장소를 폐허로 만드셨다.

God Walked Away from His Holy Temple

2 1 Oh, oh, oh...
How the Master has cut down Daughter Zion
from the skies, dashed Israel's glorious city to earth,
in his anger treated his favorite as throwaway junk.

2 The Master, without a second thought, took Israel in one gulp.
Raging, he smashed Judah's defenses,
made hash of her king and princes.

3 His anger blazing, he knocked Israel flat,
broke Israel's arm and turned his back just as the enemy approached,
came on Jacob like a wildfire from every direction.

4 Like an enemy, he aimed his bow, bared his sword,
and killed our young men, our pride and joy.
His anger, like fire, burned down the homes in Zion.

5 The Master became the enemy. He had Israel for supper.
He chewed up and spit out all the defenses.
He left Daughter Judah moaning and groaning.

6 He plowed up his old trysting place, trashed

하나님께서 시온에서 절기와 안식일을 기억조차 나
지 않게 모조리 없애셨고,
노하시며 왕과 제사장도 다 내쳐 버리셨다.

7 하나님께서 당신의 제단과 거룩한 성전을 버리고
떠나실 때,
요새들을 원수의 손에 넘기셨다.
마치 절기라도 된 것처럼, 원수들이 하나님의 성전에
서 환호성을 올렸다!

8 하나님께서 딸 시온의 성벽을 허물어뜨리기로 작정
하셨다.
당신의 작업반을 소집하시고 일에 착수하셨다.
성벽은 완전히 허물어졌다! 돌들이 통곡한다!

9 그녀의 성문과 쇠 빗장들, 돌무더기에 파묻혀 모두
사라졌다.
왕과 제후들이 모두 포로로 끌려갔다. 갈 길을 지시
해 줄 자 더 이상 없다.
예언자들도 있으나 마나다. 하나님에게서 아무것도
보지도 못하고 듣지도 못한다.

10 딸 시온의 장로들, 망연자실한 채 땅바닥에 주저
앉았다.
머리에 흙을 뿌리고 거친 베옷을 입었다.
예루살렘의 젊은 처녀들이 얼굴에 먼지를 뒤집어쓰
고 있다.

11 내 눈은 눈물로 멀어 버렸고, 내 위가 뒤틀린다.
내 백성의 비운에, 내 애간장이 녹아내린다.
아기와 아이들이 사방에서 까무러친다.

12 엄마를 부르며 "배고파! 목말라!" 하다가,
길에서 죽어 가는 부상병처럼 숨을 헐떡거리다,
엄마 무릎 위에서 숨을 거둔다.

13 사랑하는 예루살렘아, 내 어찌 너의 고난을 다 헤
아릴 수 있으랴?
사랑하는 시온아, 내 무슨 말로 너를 위로할 수 있겠
는가?
누가 너를 회복시켜 줄 수 있으랴? 끔찍한 파멸을 당
한 너를.

14 예언자들이 달콤한 말로 너를 꾀었다.
네 죄를 지적해 회개로 이끌었어야 했건만,

his favorite rendezvous.
GOD wiped out Zion's memories of feast days
and Sabbaths,
angrily sacked king and priest alike.

7 GOD abandoned his altar, walked away from
his holy Temple
and turned the fortifications over to the enemy.
As they cheered in GOD's Temple, you'd have
thought it was a feast day!

8 GOD drew up plans to tear down the walls of
Daughter Zion.
He assembled his crew, set to work and went
at it.
Total demolition! The stones wept!

9 Her city gates, iron bars and all, disappeared
in the rubble:
her kings and princes off to exile—no one left
to instruct or lead;
her prophets useless—they neither saw nor
heard anything from GOD.

10 The elders of Daughter Zion sit silent on the
ground.
They throw dust on their heads, dress in
rough penitential burlap—
the young virgins of Jerusalem, their faces
creased with the dirt.

11 My eyes are blind with tears, my stomach in
a knot.
My insides have turned to jelly over my peo-
ple's fate.
Babies and children are fainting all over the
place,

12 Calling to their mothers, "I'm hungry! I'm
thirsty!"
then fainting like dying soldiers in the streets,
breathing their last in their mothers' laps.

13 How can I understand your plight, dear
Jerusalem?

그들의 설교는 전부 기만적인, 거짓몽상이었다.

15 지나가는 자들이 경악하며, 제 눈을 의심한다.
예루살렘을 보고 눈을 비비며, 머리를 절레절레 흔든다.
정녕 이곳이 '가장 아름다운 곳', '가장 살기 좋은 곳'으로 알려졌던
그 도성이란 말인가?

16 너의 적들이 입을 헤벌리고
히죽거리며 말한다. "이제 저들은 우리 차지다!"
우리가 기다려 왔던 순간이다! 바로 이거다!

17 하나님께서 전부터 말씀하신 일을 하나하나 행동에 옮기셨다.
하겠다고 하신 일을 마침내 행하셨다. 그곳을 허물어뜨리셨다.
적들이 너를 짓밟게 만드시고, 그들이 세계 챔피언이라고 선언하셨다!

18 참회하는 시온아, 마음을 찢으며 주께 울부짖어라.
밤낮으로 눈물을 강물처럼 흘려라.
쉼 없이 울어라. 한시도 눈물이 그치지 않게 하여라!

19 매일 밤 야경이 시작되면, 일어나 기도하며 부르짖어라.
주님 얼굴 앞에 네 마음을 쏟아부어라.
너의 손을 높이 들어라. 길거리에서 굶어 죽어가는
네 아이들을 살려 달라고 빌어라.

20 "하나님, 우리를 보살펴 주십시오. 생각해 주십시오. 주께서 사람을 이렇게 대하신 적이 있었습니까?
여인이 자기 아기를, 자신이 기른 아이를 잡아먹어야 하겠습니까?
제사장과 예언자들이 주님의 성소 안에서 살해당해야 하겠습니까?

21 아이와 노인들이 거리 시궁창에 처박히고,

What can I say to give you comfort, dear Zion?
Who can put you together again? This bust-up is past understanding.

14 Your prophets courted you with sweet talk.
They didn't face you with your sin so that you could repent.
Their sermons were all wishful thinking, deceptive illusions.

15 Astonished, passersby can't believe what they see.
They rub their eyes, they shake their heads over Jerusalem.
Is this the city voted "Most Beautiful" and "Best Place to Live"?

16 But now your enemies gape, slack-jawed.
Then they rub their hands in glee: "We've got them!
We've been waiting for this! Here it is!"

17 GOD did carry out, item by item, exactly what he said he'd do.
He always said he'd do this. Now he's done it–torn the place down.
He's let your enemies walk all over you, declared them world champions!

18 Give out heart-cries to the Master, dear repentant Zion.
Let the tears roll like a river, day and night,
and keep at it–no time-outs. Keep those tears flowing!

19 As each night watch begins, get up and cry out in prayer.
Pour your heart out face-to-face with the Master.
Lift high your hands. Beg for the lives of your children
who are starving to death out on the streets.

20 "Look at us, GOD. Think it over. Have you ever treated *anyone* like this?
Should women eat their own babies, the very children they raised?
Should priests and prophets be murdered in the Master's own Sanctuary?

젊은이들이 꽃다운 나이에 목숨을 잃었습니다.
주께서 노하셔서 그들을 참혹하게 죽이시고,
그들을 무자비하게 베어 쓰러뜨리셨습니다.

22 주께서 잔치에 친구들을 부르듯 사람들을
불러 우리를 급습하게 하셔서,
하나님의 진노의 날, 그 중대한 날에, 누구도
빠져나가지 못하게 하셨습니다.
제가 사랑으로 기른 자녀들이 모두 죽었습니
다. 다 죽어 없습니다."

하나님께서 나를 깊은 흑암 속에 가두시다

3 1-3 내가, 고난을 맛보았다.
하나님의 진노의 매질을 당했다.
그분이 내 손을 잡아,
칠흑 같은 어둠 속에 밀어 넣으셨다.
아니, 당신 손등으로 나를 후려치셨다.
거듭거듭 후려치셨다.

4-6 나를 막대기처럼
뼈만 앙상하게 만드신 다음, 뼈마저 부러뜨리
셨다.
나를 사방에서 포위하시고는,
고난과 고생을 들이부으셨다.
나를 관 속에 갇힌 시체처럼
깊은 흑암 속에 가두셨다.

7-9 나로 결코 빠져나오지 못하게 하신다.
내 손을 묶으시고 내 발에 족쇄를 채우신다.
아무리 부르짖으며 도움을 청해도
내 기도를 자물쇠로 잠그시고, 열쇠마저 없애
버리신다.
떠내 온 돌로 내 길을 막으신다.
나를 사지로 몰아넣으신다.

10-12 그분은 나를 노리며 뒤를 쫓는 곰,
숨어 있다 별안간 달려드는 사자이시다.
나를 쓰러뜨려 길 바깥으로 끌고 가서는 나를
찢어발기시니,
나는 모조리 다 뜯겼다.
그분이 활과 화살을 꺼내
나를 과녁으로 삼으셨다.

13-15 화살통에서 활을 꺼내
내 배를 쏘셨다.

21 "Boys and old men lie in the gutters of the streets,
my young men and women killed in their prime.
Angry, you killed them in cold blood, cut them
down without mercy.

22 "You invited, like friends to a party, men to swoop
down in attack
so that on the big day of GOD's wrath no one would
get away.
The children I loved and reared–gone, gone, gone."

God Locked Me Up in Deep Darkness

3 1-3 I'm the man who has seen trouble,
trouble coming from the lash of GOD's
anger.
He took me by the hand and walked me
into pitch-black darkness.
Yes, he's given me the back of his hand
over and over and over again.

4-6 He turned me into a scarecrow
of skin and bones, then broke the bones.
He hemmed me in, ganged up on me,
poured on the trouble and hard times.
He locked me up in deep darkness,
like a corpse nailed inside a coffin.

7-9 He shuts me in so I'll never get out,
manacles my hands, shackles my feet.
Even when I cry out and plead for help,
he locks up my prayers and throws away the key.
He sets up blockades with quarried limestone.
He's got me cornered.

10-12 He's a prowling bear tracking me down,
a lion in hiding ready to pounce.
He knocked me from the path and ripped me to
pieces.
When he finished, there was nothing left of me.
He took out his bow and arrows
and used me for target practice.

13-15 He shot me in the stomach
with arrows from his quiver.
Everyone took me for a joke,

모두가 나를 비웃었다.
조롱하는 노래를 부르며 나를 희롱했다.
그분은 썩어 악취 나는 음식을 내 목구멍에 밀어 넣으시고,
고약한 음료를 잔뜩 마시게 하셨다.

16-18 그분이 내 얼굴을 자갈에 갈아 버리셨다.
나를 진창에 처박으셨다.
나는 삶을 아주 포기해 버렸다.
희망을 영영 잊고 말았다.
나는 속으로 중얼거렸다. "그래, 이제 모든 게 끝이다.
하나님을 믿어 봐야 헛일이다."

하나님의 도움을 바라는 자, 복되다

19-21 이 고난, 이 엄청난 상실,
내가 삼킨 독과 그 쓰라린 맛을, 나는 결코 잊지 못하리라.
전부를 생생하게 기억한다. 오, 얼마나 생생히 기억하는지,
나락에 떨어진 그때의 심정을.
그러나 내가 기억하는 또 한 가지가 있으니,
나, 그것을 기억하며, 희망을 붙든다.

22-24 하나님의 신실한 사랑은 다함이 없고,
그분의 자애로운 사랑은 마르는 법이 없다.
그 사랑은 아침마다 다시 새롭게 창조된다.
주의 신실하심이 어찌 그리도 크신지!
(거듭 말하노니) 나, 하나님을 붙들리라.
그분은 내가 가진 전부이시다.

25-27 열정을 품고 기다리는 사람,
열심으로 찾는 이는 하나님께서 반드시 선대하신다.
잠잠히 소망하며,
하나님의 도우심을 잠잠히 바라는 그 사람은 복되다.
젊은 시절 고난을 겪고
끝까지 견디는 이, 그 사람은 복되다.

28-30 삶이 힘겹고 짐이 무거울 때,
홀로 있어라. 침묵 속으로 들어가라.
바닥에 엎드려 기도하여라. 캐묻지 마라.
다만, 나타날 소망을 기다려라.
고난으로부터 달아나지 마라. 정면으로 맞서라.
우리에게 최악의 상황이란 없다.

31-33 왜 그런가! 주님은

made me the butt of their mocking ballads.
He forced rotten, stinking food down my throat,
bloated me with vile drinks.

16-18 He ground my face into the gravel.
He pounded me into the mud.
I gave up on life altogether.
I've forgotten what the good life is like.
I said to myself, "This is it. I'm finished.
GOD is a lost cause."

It's a Good Thing to Hope for Help from God

19-21 I'll never forget the trouble, the utter lostness,
the taste of ashes, the poison I've swallowed.
I remember it all – oh, how well I remember –
the feeling of hitting the bottom.
But there's one other thing I remember,
and remembering, I keep a grip on hope:

22-24 GOD's loyal love couldn't have run out,
his merciful love couldn't have dried up.
They're created new every morning.
How great your faithfulness!
I'm sticking with GOD (I say it over and over).
He's all I've got left.

25-27 GOD proves to be good to the man who passionately waits,
to the woman who diligently seeks.
It's a good thing to quietly hope,
quietly hope for help from GOD.
It's a good thing when you're young
to stick it out through the hard times.

28-30 When life is heavy and hard to take,
go off by yourself. Enter the silence.
Bow in prayer. Don't ask questions:
Wait for hope to appear.
Don't run from trouble. Take it full-face.
The "worst" is never the worst.

31-33 Why? Because the Master won't ever
walk out and fail to return.

한번 가면 영영 돌아오지 않는 분이 아니시기 때문이다.
그분은 엄하시나, 또한 자애로우시다.
그분의 신실한 사랑은 무궁무진하여, 동나는 법이 없다.
그분은 우리에게 고난을 주시고
난관에 봉착케 하는 것을, 즐거워하지 않으신다.

34-36 불운한 죄수들을
발아래 짓밟는 일,
높으신 하나님의 법정에서
무고한 이들의 억울함을 풀어 주지 않는 일,
증거를 조작하는 일,
주님은 이런 일들을 결코 좌시하지 않으신다.

37-39 말씀으로 명하시고 그 일을 이루시는 분 누구시냐?
그런 명령을 내리시는 분은 바로 주님이시다.
좋은 일도 힘든 일도,
지극히 높으신 하나님의 명령으로 나타나지 않느냐?
어찌하여 생명을 선물로 받은 사람이
자신의 죄 때문에 벌 받는 것을 불평하느냐?

40-42 우리의 삶을 돌이켜 보고
하나님 앞에서 다시 바르게 세우자.
우리가 마음을 다하여 손을 높이 들고,
하늘에 계신 하나님께 기도하자.
"우리는 반역했고 마음대로 행동했습니다.
주께서는 그런 우리를 용서하지 않으셨습니다.

43-45 주님은 마침내 우리에게 진노를 발하셨습니다.
우리를 뒤쫓아 오셔서, 사정없이 쓰러뜨리셨습니다.
당신을 두꺼운 구름으로 감싸시고,
어떤 기도도 뚫고 들어오지 못하게 하셨습니다.
우리를 더러운 구정물인 양,
뭇 민족들 뒷마당에 내다 버리셨습니다.

46-48 적들이 우리에게 욕을 하고,
조롱과 악담을 퍼붓습니다.
사는 곳이 지옥이 되었고,
달리 갈 곳도 없습니다.
사랑하는 내 백성의 파멸을 보며,
내 눈에서 눈물이 강물처럼 쏟아져 내립니다.

49-51 내 눈에서 눈물이 흘러내립니다.
끊임없이 눈물을 쏟아내는 샘이 되어,

If he works severely, he also works tenderly.
His stockpiles of loyal love are immense.
He takes no pleasure in making life hard,
in throwing roadblocks in the way:

34-36 Stomping down hard
on luckless prisoners,
Refusing justice to victims
in the court of High God,
Tampering with evidence—
the Master does not approve of such things.

God Speaks Both Good Things and Hard Things into Being

37-39 Who do you think "spoke and it happened"?
It's the Master who gives such orders.
Doesn't the High God speak everything,
good things and hard things alike, into being?
And why would anyone gifted with life
complain when punished for sin?

40-42 Let's take a good look at the way we're living
and reorder our lives under GOD.
Let's lift our hearts and hands at one and the same time,
praying to God in heaven:
"We've been contrary and willful,
and you haven't forgiven.

43-45 "You lost your temper with us, holding nothing back.
You chased us and cut us down without mercy.
You wrapped yourself in thick blankets of clouds
so no prayers could get through.
You treated us like dirty dishwater,
threw us out in the backyard of the nations.

46-48 "Our enemies shout abuse,
their mouths full of derision, spitting invective.
We've been to hell and back.
We've nowhere to turn, nowhere to go.
Rivers of tears pour from my eyes
at the smashup of my dear people.

49-51 "The tears stream from my eyes,

하나님, 높은 곳에 계신 주께서
굽어살펴 주시기를 기다립니다.
도성의 젊은 여인들이 겪은 일을 생각하면,
나의 가슴이 고통으로 찢어집니다.

52-54 까닭 없이 나를 대적하는 자들이
새를 사냥하듯 나를 쫓았습니다.
나를 구덩이에 던져 넣고는,
돌을 퍼부었습니다.
비가 내렸고 구덩이에 물이 차올랐습니다.
물이 머리 위까지 차오르자, '나는 이제 죽었구나'
하고 생각했습니다.

55-57 오 하나님, 제가 주의 이름을 불렀습니다.
구렁 밑바닥에서 소리쳐 불렀습니다.
'귀를 막지 마십시오! 여기서 꺼내 주십시오! 저를 건져 주십시오!'
그러자, 주께서 들으셨습니다.
제가 소리쳐 부르자 주께서 가까이 오셨고,
말씀해 주셨습니다. '염려하지 마라.'

58-60 주님, 주께서 제 편이 되어 주셨습니다.
제 목숨을 건져 주셨습니다!
하나님, 제가 겪은 부당한 일들을 주께서 보셨습니다.
법정에서 저의 원통함을 풀어 주십시오!
그렇습니다. 저를 해치려는 자들의
야비한 계략과 음모를 주께서 보셨습니다.

61-63 하나님, 저를 파멸시키려는 자들의
험담과 흉계를 주께서 들으셨습니다.
저의 원수인 저들, 끊임없이 음흉한 일을 꾸밉니다.
하루도 거르지 않고 악을 꾀합니다.
저들을 보십시오! 앉으나 서나,
졸렬한 조롱의 노래로 저를 비웃습니다.

64-66 하나님, 저들이 죄의 대가를 치르게 해주십시오.
응분의 보응을 받게 해주십시오.
저들의 야비한 가슴을 찢어발기소서, 비참히 찢기게 하소서!
저들의 눈을 저주해 주십시오!
불같은 진노로 저들을 추격하셔서,
주님의 하늘 아래 흔적도 없이 진멸해 주십시오!"

an artesian well of tears,
Until you, GOD, look down from on high,
look and see my tears.
When I see what's happened to the young women in the city,
the pain breaks my heart.

52-54 "Enemies with no reason to be enemies
hunted me down like a bird.
They threw me into a pit,
then pelted me with stones.
Then the rains came and filled the pit.
The water rose over my head. I said, 'It's all over.'

55-57 "I called out your name, O GOD,
called from the bottom of the pit.
You listened when I called out, 'Don't shut your ears!
Get me out of here! Save me!'
You came close when I called out.
You said, 'It's going to be all right.'

58-60 "You took my side, Master;
you brought me back alive!
GOD, you saw the wrongs heaped on me.
Give me my day in court!
Yes, you saw their mean-minded schemes,
their plots to destroy me.

61-63 "You heard, GOD, their vicious gossip,
their behind-my-back plots to ruin me.
They never quit, these enemies of mine, dreaming up mischief,
hatching out malice, day after day after day.
Sitting down or standing up—just look at them!—
they mock me with vulgar doggerel.

64-66 "Make them pay for what they've done, GOD.
Give them their just deserts.
Break their miserable hearts!
Damn their eyes!
Get good and angry. Hunt them down.
Make a total demolition here under your heaven!"

발가벗겨진 채 깨어나리라

4 1 오……
황금이 오물 취급을 받고,
순금이 쓰레기처럼 버려지다니.
진귀한 보석이 길거리에 나뒹굴고,
보석이 시궁창에 처박혀 널브러지다니.

2 전에는 금보다 더 귀한 대접을 받던
시온의 백성이,
이제는 옹기장이가 손으로 만든 싸구려 질그릇,
흔해 빠진 국그릇 밥그릇 취급을 당한다.

3 승냥이들도 제 새끼를 돌보고
젖을 주어 먹게 하건만,
내 백성은 광야의 타조들처럼
제 아기들에게도 잔인하구나.

4 아기들이 마실 것이 없어
혀가 입천장에 달라붙는다.
어린아이들이 빵을 달라고 애원해도
부스러기 하나 주는 자가 없다.

5 최고급 요리를 즐기던 자들이
먹을 것을 찾아 거리를 헤매고,
최신유행 옷을 걸치던 자들이
입을 것이 없어 쓰레기 더미를 뒤진다.

6 내 사랑하는 백성의 죄악은
소돔의 죄보다 더 악하다.
그 도성은 한순간에 멸망했고,
아무도 막지 못했다.

7 화려하고 고귀했던 귀족들,
전에는 혈기왕성했지.
건장하고 혈색 좋았으며
수염도 조각 같았다.

8 그러나 지금은 꺼무스름해져,
거리에서 아무도 알아보지 못한다.
몸은 막대기처럼 마르고,
피부는 낡은 가죽처럼 메말랐다.

9 굶어 죽기보다는
전쟁터에서 죽는 편이 낫다.
먹을 것이 없어 서서히 아사하기보다는

Waking Up with Nothing

4 1 Oh, oh, oh...
How gold is treated like dirt,
the finest gold thrown out with the garbage,
Priceless jewels scattered all over,
jewels loose in the gutters.

2 And the people of Zion, once prized,
far surpassing their weight in gold,
Are now treated like cheap pottery,
like everyday pots and bowls mass-produced
by a potter.

3 Even wild jackals nurture their babies,
give them their breasts to suckle.
But my people have turned cruel to their babies,
like an ostrich in the wilderness.

4 Babies have nothing to drink.
Their tongues stick to the roofs of their mouths.
Little children ask for bread
but no one gives them so much as a crust.

5 People used to the finest cuisine
forage for food in the streets.
People used to the latest in fashions
pick through the trash for something to wear.

6 The evil guilt of my dear people
was worse than the sin of Sodom—
The city was destroyed in a flash,
and no one around to help.

7 The splendid and sacred nobles
once glowed with health.
Their bodies were robust and ruddy,
their beards like carved stone.

8 But now they are smeared with soot,
unrecognizable in the street,
Their bones sticking out,
their skin dried out like old leather.

9 Better to have been killed in battle
than killed by starvation.

싸우다 부상을 입고 전사하는 편이 낫다.

[10] 자애로웠던 여인들이
자기 아이들을 삶아 먹었다.
내 사랑하는 백성이 패망했을 때,
성읍에 남은 유일한 음식이 그것이었다.

[11] 하나님께서 당신의 노를 크게 터트리시고,
불같은 진노를 퍼부으셨다.
시온에 불을 놓으셔서
잿더미로 만드셨다.

[12] 땅의 왕들, 자기 눈을 의심했다.
예루살렘의 오랜 적들이
보무도 당당하게 성문을 통과해 들어가는 모습을
보고,
만국의 통치자들이 경악했다.

[13] 이는 다 그녀의 예언자들이 지은 죄 때문이다.
그녀의 제사장들이 저지른 악 때문이다.
그들은 선량하고 순진한 백성을 착취했고,
그들의 목숨을 빼앗았다.

[14] 그 예언자와 제사장들, 이제 눈먼 자들처럼 거리
를 헤매고 다닌다.
추잡하게 살아 더러워지고 때 묻은 그들,
헛되게 살아 황폐해진 그들,
넝마를 걸친 채, 지칠 대로 지친 모습이다.

[15] 사람들이 그들을 보고 고함을 지른다. "냉큼 꺼
져라, 이 추악한 늙은이들아!
얼른 사라져라, 염병 같은 놈들아!"
성읍을 떠나야 하는 그들, 갈 곳 없이 떠돈다.
아무도 그들을 받아 주지 않는다.
고향에서 쫓겨났듯,
어딜 가나 쫓겨난다.

[16] 하나님께서 직접 그들을 흩어 버리셨다.
더는 그들을 돌보아 주지 않으신다.
제사장들과 관계를 끊어 버리셨다.
장로들에게 관심을 꺼 버리셨다.

[17] 우리는 눈이 빠져라
도움이 오기를 기다리고 기다렸지만, 헛일이었다.
망루를 높이 세우고

Better to have died of battle wounds
than to slowly starve to death.

[10] Nice and kindly women
boiled their own children for supper.
This was the only food in town
when my dear people were broken.

[11] GOD let all his anger loose, held nothing back.
He poured out his raging wrath.
He set a fire in Zion
that burned it to the ground.

[12] The kings of the earth couldn't believe it.
World rulers were in shock,
Watching old enemies march in big as you please,
right through Jerusalem's gates.

[13] Because of the sins of her prophets
and the evil of her priests,
Who exploited good and trusting people,
robbing them of their lives,

[14] These prophets and priests blindly grope their
way through the streets,
grimy and stained from their dirty lives,
Wasted by their wasted lives,
shuffling from fatigue, dressed in rags.

[15] People yell at them, "Get out of here, dirty old
men!
Get lost, don't touch us, don't infect us!"
They have to leave town. They wander off.
Nobody wants them to stay here.
Everyone knows, wherever they wander,
that they've been kicked out of their own
hometown.

[16] GOD himself scattered them.
No longer does he look out for them.
He has nothing to do with the priests;
he cares nothing for the elders.

[17] We watched and watched,
wore our eyes out looking for help. And nothing.

도움이 나타나기를 기다렸지만, 허사였다.

18 추적자들이 우리를 잡으러 다녔다.
안심하고 거리를 나다닐 수 없었다.
우리의 끝이 바짝 다가왔고, 우리의 날수가 다 찼다.
우리는 죽은 목숨이었다.

19 그들은 하늘의 독수리보다 빠르게 우리 뒤를 쫓아와서는,
산에서 우리를 몰아붙이고, 사막에 매복하여 있다가 습격했다.

20 우리 생명의 호흡이요 하나님의 기름부음 받은 자인 우리 왕이,
그들이 파 놓은 함정에 빠져 버렸다.
우리는 그의 보호 아래 살 거라고 늘 말했지만,
헛말이 되었다.

21 오 에돔아, 어디 한번 실컷 좋아해 보아라!
우스에서 마음껏 즐겨 보아라!
머지않아 곧 너도 이 잔을 마시게 될 테니.
하나님의 진노를 마시는 것이 어떤 일인지,
하나님의 진노를 마시고 취했다가
발가벗겨진 채 깨는 것이 어떤 일인지, 너도 곧 알게 되리라.

22 시온아, 너는 다 받았다. 받아야 할 벌을 모두 받았다.
너는 다시 사로잡혀 가지 않으리라.
그러나 에돔아, 너의 차례가 오고 있다.
그분께서 너의 악행을 벌하시고, 너의 죄를 만천하에 드러내시리라.

하나님, 우리를 주께로 돌이켜 주십시오

5 1-22 "하나님, 우리가 겪은 이 모든 일을 기억해 주십시오.
우리가 처한 이 곤경, 이 암울한 역사를 눈여겨보아 주십시오.
우리의 소중한 땅이 외인들에게 넘어갔습니다.
우리의 집들이 이방인들에게 넘어갔습니다.
우리는 아버지 없는 고아나 다름없고,
우리 어머니는 과부나 다름없습니다.
우리는 물도 사서 마셔야 하고,
장작도 돈 주고 사야 합니다.
종에 지나지 않는 우리,

We mounted our lookouts and looked
for the help that never showed up.

18 They tracked us down, those hunters.
It wasn't safe to go out in the street.
Our end was near, our days numbered.
We were doomed.

19 They came after us faster than eagles in flight,
pressed us hard in the mountains, ambushed us in the desert.

20 Our king, our life's breath, the anointed of GOD,
was caught in their traps—
Our king under whose protection
we always said we'd live.

21 Celebrate while you can, O Edom!
Live it up in Uz!
For it won't be long before you drink this cup, too.
You'll find out what it's like to drink God's wrath,
Get drunk on God's wrath
and wake up with nothing, stripped naked.

22 And that's it for you, Zion. The punishment's complete.
You won't have to go through this exile again.
But Edom, your time is coming:
He'll punish your evil life, put all your sins on display.

Give Us a Fresh Start

5 1-22 "Remember, GOD, all we've been through.
Study our plight, the black mark we've made in history.
Our precious land has been given to outsiders,
our homes to strangers.
Orphans we are, not a father in sight,
and our mothers no better than widows.
We have to pay to drink our own water.
Even our firewood comes at a price.
We're nothing but slaves, bullied and bowed,

쉼 없이 들볶이며 시달립니다.
먹을 것을 얻기 위해
앗시리아와 이집트에 스스로 몸을 팔았습니다.
우리 조상들이 죄를 지었고, 그들이 사라진 지금,
그 죄의 대가를 우리가 치르고 있습니다.
우리 종이었던 자들이, 우리 위에 군림하고 있습니다.
그들의 손아귀에서 벗어날 방도가 없습니다.
우리는 음식을 구하러
강도가 들끓는 사막을 목숨을 걸고 건너다닙니다.
우리 피부는 아궁이처럼 검게 그을렸고,
제대로 먹지 못하여, 낡은 가죽처럼 바싹 말랐습니다.
우리의 아내들이 시온의 거리에서,
우리의 처녀들이 유다 성읍에서 겁탈을 당합니다.
원수들이 우리 고관들을 목매달아 죽였고,
우리 장로들에게 모욕을 주었습니다.
건장한 사나이들에게 여자 일을 시키고,
어린 남자아이들에게 장정의 일을 시켰습니다.
성문에 가 보아도 현명한 장로들을 만날 수 없고,
젊은이들의 음악소리도 더는 들리지 않습니다.
우리 마음속에서 기쁨이 모조리 사라졌습니다.
춤은 통곡으로 바뀌었습니다.
우리 머리에서 영광의 면류관이 벗겨지고 땅으로 떨어졌습니다.
아! 우리가 어쩌자고 죄를 지었단 말인가!
이 모든 일로 우리의 가슴이 찢어집니다.
눈물이 앞을 가립니다.
허물어지고 황폐해진 시온 산에는,
이제 승냥이들이나 어슬렁거립니다.
하나님, 그러나 주께서는 지금도 왕이십니다.
주의 보좌는 여전히 그대로이며 영원합니다.
그런데 어찌하여 우리를 잊고 계십니까?
어찌하여 우리를 저버리고 계십니까?
하나님, 우리를 주께로 돌이켜 주십시오. 우리는 돌아갈 준비가 되었습니다.
우리에게 새 출발을 허락해 주십시오.
그동안 주님은 너무도 잔인하게 우리를 내치셨습니다.
실로 우리에게, 크게 노하셨습니다."

worn out and without any rest.
We sold ourselves to Assyria and Egypt
just to get something to eat.
Our parents sinned and are no more,
and now we're paying for the wrongs they did.
Slaves rule over us;
there's no escape from their grip.
We risk our lives to gather food
in the bandit-infested desert.
Our skin has turned black as an oven,
dried out like old leather from the famine.
Our wives were raped in the streets in Zion,
and our virgins in the cities of Judah.
They hanged our princes by their hands,
dishonored our elders.
Strapping young men were put to women's work,
mere boys forced to do men's work.
The city gate is empty of wise elders.
Music from the young is heard no more.
All the joy is gone from our hearts.
Our dances have turned into dirges.
The crown of glory has toppled from our head.
Woe! Woe! Would that we'd never sinned!
Because of all this we're heartsick;
we can't see through the tears.
On Mount Zion, wrecked and ruined,
jackals pace and prowl.
And yet, GOD, you're sovereign still,
your throne intact and eternal.
So why do you keep forgetting us?
Why dump us and leave us like this?
Bring us back to you, GOD—we're ready to come back.
Give us a fresh start.
As it is, you've cruelly disowned us.
You've been so very angry with us."

하늘이 무너져 내리는 것 같은 재난을 만나면 사람들은 다양한 반응을 보인다. 가장 흔한 두 가지는, 부정(denial)과 절망(despair)이다. 부정은 닥쳐온 재난을 인정하지 않고 거부하는 것이다. 눈을 감고 아예 보려고 하지 않거나 시선을 딴 곳으로 돌려 버린다. 괜찮을 것이라고 스스로 다독거리며 하루하루 살아간다. 기분전환거리나 거짓말이나 환상 속으로 도피한다. 반면에, 절망은 닥쳐온 재난 앞에서 마비되어 마치 세상의 종말이라도 온 듯 반응하는 것이다. 그냥 주저앉아 이제 내 인생은 끝났다고 결론짓는다. 생명이 사라져 잿빛이 되어 버린 세상에 대해 눈을 감아 버린다.

성경 저자들 가운데, 에스겔은 재난을 만난 이들의 스승이다. 닥쳐온 재난, 곧 주전 6세기 바빌론의 침공 앞에서 이스라엘이 보인 주된 반응은 부정이었다. 에스겔이 보니, 하나님의 백성은 그들에게 닥친 현실을 한사코 거부하며 '부정'하고 있었다. (지금 우리와 얼마나 유사한가!) 그런가 하면, '절망'에 빠져 당장 눈앞에 보이는 것 말고는 아무것도 보려 하지 않는 사람들도 있었다.

그러나 에스겔은 보았다. 백성들이 보지 못했던 것을, 혹은 보지 않으려고 했던 것을 보았다. 그는 그 재난 가운데 일하고 계신 하나님을 보았고, 무시무시한 생물들(겔 1장), 먹을 수 있는 책(겔 2장), 되살아난 뼈들(겔 37:1-14)과 같은 이미지를 사용해, 그분의 일하심을 때로는 굵직굵직하게, 때로는 세밀하게 그려 냈다. '부정'하는 쪽을 택한 자들은 재난을 재난으로 인정하기를 거부했다. 있을 수 없는 일이라는 반응이었다. 하나님께서 그런 끔찍한 일을 그들에게 허락하셨을 리가 없다는 것이었다. 그러나 에스겔은 보여주었다. 재앙이 실제로 닥쳤다는 것, 하지만 하나님께서 그 재앙 속에서 일하고 계시며, 그 재난을 주권적으로 사용하고 계신다는 것을 보여주었다. 그 어떤 상황에서도 우리는 하나님을 붙들 수 있음을 보여주었다.

'절망'을 선택한 자들은, 눈앞의 참혹한 광경에 압도되어 삶 자체와 살아갈 이유에 대해 눈을

Catastrophe strikes and a person's world falls apart. People respond variously, but two of the more common responses are denial and despair. Denial refuses to acknowledge the catastrophe. It shuts its eyes tight or looks the other way; it manages to act as if everything is going to be just fine; it takes refuge in distractions and lies and fantasies. Despair is paralyzed by the catastrophe and accepts it as the end of the world. It is unwilling to do anything, concluding that life for all intents and purposes is over. Despair listlessly closes its eyes to a world in which all the color has drained out, a world gone dead.

Among biblical writers, Ezekiel is our master at dealing with catastrophe. When catastrophe struck – it was the sixth-century B.C. invasion of Israel by Babylon – denial was the primary response. Ezekiel found himself living among a people of God who (astonishingly similar to us!) stubbornly refused to see what was right before their eyes (the denial crowd). There were also some who were unwilling to see anything other than what was right before their eyes (the despair crowd).

But Ezekiel saw. He saw what the people with whom he lived either couldn't or wouldn't see. He saw in wild and unforgettable images, elaborated in exuberant detail – God at work in a catastrophic era: fearsome creatures (Ezekiel 1), an edible book (Ezekiel 2), bones coming to life (Ezekiel 37:1-14). The denial people refused to see that the catastrophe was in fact catastrophic. How could it be? God wouldn't let anything that bad happen to them. Ezekiel showed them. He showed them that, yes, there *was* catastrophe, but God was at work in the catastrophe, sovereignly *using* the catastrophe. He showed them so that they would be able to embrace God in the worst of times.

The despair people, overwhelmed by the

감아 버렸다. 나라와 성전과 자유와 수많은 목숨을 잃었고, 앞으로도 계속 잃게 될 그들에게 무슨 삶의 의미가 있겠느냐는 것이었다. 그러나 에스겔은 그 폐허와 잔해 더미 위에서 일하셨던 하나님과, 그 재난을 주권적으로 사용하여 그분의 백성을 새롭게 창조해 나가실 하나님을 그들에게 보여 주었다.

devastation, refused to see that life was worth living. How could it be? They had lost everything, or would soon – country, Temple, freedom, and many, many lives. Ezekiel showed them. He showed them that God was and would be at work in the wreckage and rubble, sovereignly *using* the disaster to create a new people of God.

> "너희를 향한 주 하나님의 메시지다. 그렇다. 나는 너희를 먼 나라로 쫓았고 이국땅으로 흩어 버렸다. 그러면서도 너희가 가 있는 나라에서 너희에게 임시 성소를 마련해 주었다. 장차 나는 너희가 흩어져 살고 있는 나라와 땅에서 너희를 다시 모으고, 이스라엘 땅을 너희에게 줄 것이다. 너희는 집에 돌아와 청소를 하면서, 혐오스런 신상과 역겨운 우상들을 모두 내다 버릴 것이다. 내가 너희에게 새 마음을 줄 것이다. 너희 안에 새 영을 둘 것이다. 돌 같던 너희 심장을 도려내고, 붉은 피가 도는 튼튼한 심장을 넣어 줄 것이다. 그러면 너희가 나의 율례를 따르고, 성심으로 나의 명령을 따르며 살게 될 것이다. 너희는 나의 백성이 되고, 나는 너희의 하나님이 될 것이다!"(겔 11:16-20)

> "This is your Message from GOD, the Master. True, I sent you to the far country and scattered you through other lands. All the same, I've provided you a temporary sanctuary in the countries where you've gone. I will gather you back from those countries and lands where you've been scattered and give you back the land of Israel. You'll come back and clean house, throw out all the rotten images and obscene idols. I'll give you a new heart. I'll put a new spirit in you. I'll cut out your stone heart and replace it with a red-blooded, firm-muscled heart. Then you'll obey my statutes and be careful to obey my commands. You'll be my people! I'll be your God!"(Ezekiel 11:16-20)

부정과 절망은 하나님의 백성이 그 정체성을 잃게 만드는 위험 요소였다. 그러나 결국 그들은 그 위기를 극복해 냈다. 재난의 세월 끝에 그들은 활력 넘치는 하나님의 백성이 되어 있었다. 그리고 그것은 많은 부분, 에스겔 덕분이었다.

Whether through denial or despair, the people of God nearly lost their identity as a people of God. But they didn't. God's people emerged from that catastrophic century robust and whole. And the reason, in large part, was Ezekiel.

에스겔

하나님의 보좌

1 [1] 내 나이 서른 살이던 해에, 나는 포로로 잡혀 온 사람들과 함께 그발 강가에서 살고 있었다. 그해 넷째 달 오일에, 하늘이 열리고 내게 하나님의 환상이 보였다.

2-3 (바빌론 땅 그발 강둑에서 부시의 아들 에스겔 제사장에게 하나님의 말씀이 임한 시기는, 여호야긴 왕이 포로로 잡혀 온 지 오 년째 되는 달 오일이었다. 그날 하나님의 손이 그에게 임했다.)

4-9 내가 보니, 북쪽에서 거대한 모래 폭풍이 불어오는데, 번갯불이 번쩍이는 거대한 구름이 있었다. 그 구름은 청동빛으로 빛나는 거대한 불의 덩어리였다. 불 안쪽에는 생물 같아 보이는 네 형상이 움직이고 있었다. 각각 사람의 형상을 하고 있었으나, 저마다 얼굴이 넷이고 날개도 넷이었다. 다리는 기둥처럼 튼튼하고 곧게 뻗었으나, 발에는 송아지처럼 굽이 있었고, 청동빛 불꽃이 그 위로 일렁였다. 사면의 날개 밑으로는 사람 손이 있었다. 네 생물 모두 얼굴과 날개가 있었고, 날개들이 서로 맞닿아 있었다. 그들은 어느 쪽으로도 몸을 돌리지 않은 채 곧장 앞으로 나아갔다.

10-12 그들의 얼굴 모습은 이러했다. 앞쪽은 사람 얼굴이고, 오른쪽은 사자 얼굴이며, 왼쪽은 황소 얼굴이고, 뒤쪽은 독수리 얼굴이었다. 이것이 그들의 얼굴 모양이었다. 그들의 날개는 쭉 펼쳐져 있었는데, 한 쌍의 날개는 끝이 옆 생물에 닿아 있었고, 다른 쌍의 날개는 각자의

EZEKIEL

Wheels Within Wheels, Like a Gyroscope

1 [1] When I was thirty years of age, I was living with the exiles on the Kebar River. On the fifth day of the fourth month, the sky opened up and I saw visions of God.

2-3 (It was the fifth day of the month in the fifth year of the exile of King Jehoiachin that GOD's Word came to Ezekiel the priest, the son of Buzi, on the banks of the Kebar River in the country of Babylon. GOD's hand came upon him that day.)

4-9 I looked: I saw an immense dust storm come from the north, an immense cloud with lightning flashing from it, a huge ball of fire glowing like bronze. Within the fire were what looked like four creatures vibrant with life. Each had the form of a human being, but each also had four faces and four wings. Their legs were as sturdy and straight as columns, but their feet were hoofed like those of a calf and sparkled from the fire like burnished bronze. On all four sides under their wings they had human hands. All four had both faces and wings, with the wings touching one another. They turned neither one way nor the other; they went straight forward.

10-12 Their faces looked like this: In front a human face, on the right side the face of a lion, on the left the face of an ox, and in back the face of an eagle. So much for the faces. The wings were spread out with the tips of one pair touching the creature on either

몸을 가리고 있었다. 각 생물은 앞으로 곧게 나아갔다. 영이 이끄는 대로 따라갔다. 앞으로 나아갈 뿐 몸을 돌리는 법이 없었다.

13-14 네 생물은 맹렬히 타는 불, 혹은 활활 타오르는 횃불 같은 모습이었다. 불의 혀가 그 생물들 사이를 세차게 오갔으며, 그 불에서 번개가 터져 나왔다. 그 생물들은 이리 번쩍 저리 번쩍 번개처럼 움직였다.

15-16 네 생물을 가만히 살펴보니, 바퀴처럼 보이는 물체가 네 얼굴을 가진 그 생물들 각각의 옆 바닥에 있었다. 바퀴들의 생김새를 보니 모양이 모두 같았고, 햇빛을 받은 다이아몬드처럼 번쩍거렸다. 회전의처럼 바퀴 안에 또 바퀴가 들어 있는 것 같은 모습이었다.

17-21 그 바퀴들은 사방 어디로 가든지, 방향을 바꾸지 않고 곧게 나아갔다. 그 테두리의 크기는 어마어마했는데, 눈으로 둘러싸여 있었다. 네 생물이 앞으로 나아가면 바퀴들도 나아갔다. 네 생물이 위로 떠오르면, 바퀴들도 위로 떠올랐다. 생물들은 영이 가는 곳을 따라 움직였고, 바퀴들도 그들 곁에 꼭 붙어서 함께 움직였다. 네 생물의 영이 바퀴들 안에 들어 있었기 때문이다. 생물들이 나아가면 바퀴들도 나아갔고, 생물들이 멈추어 서면 바퀴들도 멈추어 섰다. 또 생물들이 위로 떠오르면, 바퀴들도 위로 떠올랐다. 네 생물의 영이 바퀴들 안에 들어 있었기 때문이다.

22-24 네 생물의 머리 위로 둥근 천장 같은 것이 펼쳐져 있었는데, 세공 유리같이 반짝이며 그들 머리 위를 창공처럼 덮고 있었다. 그 둥근 천장 아래에서 그들은 한 쌍의 날개는 옆 생물을 향해 펼치고, 다른 쌍의 날개로는 자기 몸을 덮고 있었다. 그들이 움직일 때 날개 치는 소리가 들려왔다. 거대한 폭포소리 같기도 하고 강하신 하나님의 음성 같기도 했으며, 전쟁터에서 들리는 함성 같기도 했다. 멈추어 설 때는 네 생물이 날개를 접었다.

25-28 그들이 날개를 접고 멈추어 섰을 때, 그들의 머리 위 둥근 천장 위쪽에서 음성이 들려왔다. 둥근 천장 위에는 보좌처럼 보이는 것이 있었는데, 청보석 같은 청옥빛이었고, 그 보좌 위로 사람처럼 보이는 형상이 우뚝 솟아 있었다. 허리 위쪽은 광을 낸 청동 같은 모습이었고, 허리 아래쪽은 타오르는 불꽃 같은 모습이었다. 사방이 휘황찬란하게 빛났다! 마치 비 온 날 하

side; the other pair of wings covered its body. Each creature went straight ahead. Wherever the spirit went, they went. They didn't turn as they went.

13-14 The four creatures looked like a blazing fire, or like fiery torches. Tongues of fire shot back and forth between the creatures, and out of the fire, bolts of lightning. The creatures flashed back and forth like strikes of lightning.

15-16 As I watched the four creatures, I saw something that looked like a wheel on the ground beside each of the four-faced creatures. This is what the wheels looked like: They were identical wheels, sparkling like diamonds in the sun. It looked like they were wheels within wheels, like a gyroscope.

17-21 They went in any one of the four directions they faced, but straight, not veering off. The rims were immense, circled with eyes. When the living creatures went, the wheels went; when the living creatures lifted off, the wheels lifted off. Wherever the spirit went, they went, the wheels sticking right with them, for the spirit of the living creatures was in the wheels. When the creatures went, the wheels went; when the creatures stopped, the wheels stopped; when the creatures lifted off, the wheels lifted off, because the spirit of the living creatures was in the wheels.

22-24 Over the heads of the living creatures was something like a dome, shimmering like a sky full of cut glass, vaulted over their heads. Under the dome one set of wings was extended toward the others, with another set of wings covering their bodies. When they moved I heard their wings—it was like the roar of a great waterfall, like the voice of The Strong God, like the noise of a battlefield. When they stopped, they folded their wings.

25-28 And then, as they stood with folded wings, there was a voice from above the dome over their heads. Above the dome there was something that looked like a throne, sky-blue like a sapphire, with a humanlike figure towering above the throne. From what I could see, from the waist up he looked like burnished bronze and from the waist down like a blazing fire. Brightness everywhere! The way a rainbow springs out of the sky on a rainy day—

늘에 무지개가 떠오른 모습 같았다. 바로 하나님의 영광이었다!
그 모든 광경을 본 나는, 무릎을 꿇고 얼굴을 땅에 대고 엎드렸다. 그때 한 음성이 내게 들려왔다.

2 [1] "사람의 아들아, 일어서라. 내가 너에게 할 말이 있다."
2 그 음성이 들려온 순간, 그분의 영이 내 안에 들어와 나를 일으켜 세우셨다. 그분이 내게 말씀하셨고, 내가 들었다.
3-7 "사람의 아들아, 내가 너를 이스라엘 가문에 보낸다. 역사상 가장 반역이 심한 그 민족에게 말이다. 그들과 그 조상은 오늘날까지 반역만을 일삼아 왔다. 완악한 그들에게 내가 너를 보낸다. 죄로 완악해진 그 백성에게 말이다. 그들에게 '이는 주 하나님의 메시지다' 하고 말하여라. 반역하는 그 족속이 듣지 않더라도 상관없다. 어쨌거나 그들은 예언자가 왔었다는 사실만큼은 알게 될 것이다. 사람의 아들아, 그들을 두려워하지 말고 그들이 무슨 말을 하든지 겁먹지 마라. 그들 가운데 살다 보면 가시밭길을 걷고 전갈이 나오는 침대에서 자는 것 같겠지만, 그래도 두려워하지 마라. 그들의 험악한 말이나 험상궂은 표정을 무서워하지 마라. 그들은 반역하는 족속이다. 네가 할 일은 그들에게 내 말을 전하는 것이다. 그들이 듣든지 말든지, 네가 상관할 바가 아니다. 그들은 완악한 반역자들이다.
8 사람의 아들아, 다만 너도 그 반역자들처럼 반역하는 자가 되지 않도록 주의하여라. 입을 열어라. 그리고 내가 주는 이것을 받아먹어라."
9-10 내가 보니 그분의 손이 내게 뻗어 있는데, 그 손 위에 두루마리 책이 놓여 있었다. 그분이 그 두루마리를 펴 보이셨는데, 탄식과 비탄과 재앙이 앞뒤로 적혀 있었다.

이 백성에게 경고하여라

3 [1] 그분이 내게 말씀하셨다. "사람의 아들아, 이것을 먹어라. 이 책을 먹고 가서, 이스라엘 가문에게 알려 주어라."
2-3 내가 입을 벌리자, 그분이 그 두루마리를 먹여 주시며 말씀하셨다. "사람의 아들아, 내가 주는 이 책을 먹어라. 배불리 먹어라!"
나는 그것을 먹었다. 맛이 참 좋았다. 꿀맛 같았다.
4-6 그러자 그분이 내게 말씀하셨다. "사람의 아

that's what it was like. It turned out to be the Glory of GOD!
When I saw all this, I fell to my knees, my face to the ground. Then I heard a voice.

2 [1] It said, "Son of man, stand up. I have something to say to you."
2 The moment I heard the voice, the Spirit entered me and put me on my feet. As he spoke to me, I listened.
3-7 He said, "Son of man, I'm sending you to the family of Israel, a rebellious nation if there ever was one. They and their ancestors have fomented rebellion right up to the present. They're a hard case, these people to whom I'm sending you—hardened in their sin. Tell them, 'This is the Message of GOD, the Master.' They are a defiant bunch. Whether or not they listen, at least they'll know that a prophet's been here. But don't be afraid of them, son of man, and don't be afraid of anything they say. Don't be afraid when living among them is like stepping on thorns or finding scorpions in your bed. Don't be afraid of their mean words or their hard looks. They're a bunch of rebels. Your job is to speak to them. Whether they listen is not your concern. They're hardened rebels.
8 "Only take care, son of man, that you don't rebel like these rebels. Open your mouth and eat what I give you."
9-10 When I looked he had his hand stretched out to me, and in the hand a book, a scroll. He unrolled the scroll. On both sides, front and back, were written lamentations and mourning and doom.

Warn These People

3 [1] He told me, "Son of man, eat what you see. Eat this book. Then go and speak to the family of Israel."
2-3 As I opened my mouth, he gave me the scroll to eat, saying, "Son of man, eat this book that I am giving you. Make a full meal of it!"
So I ate it. It tasted so good—just like honey.
4-6 Then he told me, "Son of man, go to the family of Israel and speak my Message. Look, I'm not

들아, 이스라엘 가문에게 가서 나의 메시지를 전하여라. 보아라. 나는 지금 너를, 발음조차 배우기 힘든 외국어로 말하는 민족에게 보내는 것이 아니다. 차라리 그런 민족이라면, 귀를 쫑긋 세우고 네 말에 귀를 기울일 것이다.

7-9 그러나 이스라엘 가문은 그렇지 않다. 그들은 너의 말을 듣지 않을 것이다. 그들은 나의 말을 듣기 싫어하기 때문이다. 내가 말했듯이, 그들은 완악한 자들, 죄로 완악해진 자들이다. 그러나 내가 너를 그들 못지않게 완강하게 만들겠다. 내가 네 얼굴을 바위처럼 굳세게, 화강암보다 더 굳세게 만들 것이다. 그들에게 겁먹지 마라. 그 반역자 무리들을 두려워하지 마라."

10-11 그런 다음 그분이 말씀하셨다. "사람의 아들아, 내가 주는 이 모든 말을 네 안에 받아들여라. 귀 기울여 듣고 순종하여 네 것으로 삼아라. 이제 가거라. 그 포로들에게, 너의 백성에게 가서 전하여라. 그들에게 '이는 주 하나님의 메시지다' 하고 말하여라. 그들이 듣든지 말든지, 너는 전해야 할 말을 전하여라."

12-13 그때 하나님의 영이 나를 위로 들어 올리셨다. 내 뒤에서 큰 소란이 일어나는 소리가 들려왔다. "성소에 계신 하나님의 영광을 찬양하여라!" 네 생물이 서로 날개를 부딪치고 바퀴들이 회전하면서 큰 지진이 일어나는 소리가 들렸다.

14-15 하나님의 영이 나를 들어서 멀리 데려가셨다. 나는 괴롭고 화가 났다. 나는 가고 싶지 않았다. 그러나 하나님께서 나를 단단히 붙드셨다. 나는 포로로 잡혀 온 사람들이 살고 있던 델아빕 그발 강가에 도착했다. 그곳에서 망연자실한 채 칠 일 동안 앉아 있었다.

16 칠 일이 지나자, 하나님께서 내게 이 메시지를 주셨다.

17-19 "사람의 아들아, 나는 너를 이스라엘 가문의 파수꾼으로 세웠다. 너는 내가 하는 말을 듣고, 그때마다 나를 대신해서 그들에게 경고해야 한다. 내가 악인들에게 '너희는 곧 죽으리라'고 말했는데, 네가 경고해 주지 않으면 그들은 그대로 죽고 말 것이다. 그러면 이는 네 잘못이 될 것이다. 내가 너에게 책임을 물을 것이다. 그러나 네가 경고했는데도 계속 그들이 죄를 고집하면, 그들은 그들 죄 때문에 죽을 것이지만 너는 죽지 않을 것이다. 너는 목숨을 보존할 것이다.

20-21 또한 의인들이라도, 내가 그들 앞에 둔 어려움을 만났을 때 의로운 삶을 버리고 악의 편에 서면,

sending you to a people who speak a hard-to-learn language with words you can hardly pronounce. If I had sent you to such people, their ears would have perked up and they would have listened immediately.

7-9 "But it won't work that way with the family of Israel. They won't listen to you because they won't listen to me. They are, as I said, a hard case, hardened in their sin. But I'll make you as hard in your way as they are in theirs. I'll make your face as hard as rock, harder than granite. Don't let them intimidate you. Don't be afraid of them, even though they're a bunch of rebels."

10-11 Then he said, "Son of man, get all these words that I'm giving you inside you. Listen to them obediently. Make them your own. And now go. Go to the exiles, your people, and speak. Tell them, 'This is the Message of GOD, the Master.' Speak your piece, whether they listen or not."

12-13 Then the Spirit picked me up. Behind me I heard a great commotion – "Blessed be the Glory of GOD in his Sanctuary!" – the wings of the living creatures beating against each other, the whirling wheels, the rumble of a great earthquake.

14-15 The Spirit lifted me and took me away. I went bitterly and angrily. I didn't want to go. But GOD had me in his grip. I arrived among the exiles who lived near the Kebar River at Tel Aviv. I came to where they were living and sat there for seven days, appalled.

16 At the end of the seven days, I received this Message from GOD:

17-19 "Son of man, I've made you a watchman for the family of Israel. Whenever you hear me say something, warn them for me. If I say to the wicked, 'You are going to die,' and you don't sound the alarm warning them that it's a matter of life or death, they will die and it will be your fault. I'll hold you responsible. But if you warn the wicked and they keep right on sinning anyway, they'll most certainly die for their sin, but *you* won't die. You'll have saved your life.

20-21 "And if the righteous turn back from living righteously and take up with evil when I step

그들 역시 죽을 것이다. 네가 그들에게 경고해 주지 않으면 그들은 그들 죄 때문에 죽을 것이며, 그들이 지금껏 행한 모든 의로운 일이 허사가 되고 말 것이다. 나는 네게 책임을 물을 것이다. 그러나 네가 그 의인들에게 죄짓지 말라고 경고하여 그들이 네 말을 들으면, 그들은 경고를 받아들였으니 살게 될 것이다. 너도 목숨을 보존할 것이다."

22 하나님께서 내 어깨를 꽉 붙잡으시고 말씀하셨다. "일어나 들로 가거라. 내가 너와 이야기를 나누고 싶다."

23 나는 일어나서 들로 나갔다. 믿을 수 없는 광경이 눈앞에 펼쳐졌다. 하나님의 영광이었다! 바로 그곳에! 내가 그발 강에서 보았던 것과 같은 영광이었다. 나는 얼굴을 땅에 대고 엎드렸다.

24-26 그때 하나님의 영이 내 속에 들어와 나를 일으켜 세우시고 말씀하셨다. "집에 들어가 문을 닫아라." 이어 기이한 말씀이 임했다. "사람의 아들아, 너는 손과 발이 묶인 채 집에서 나오지 못하게 될 것이다. 내가 네 혀를 입천장에 달라붙게 하여, 네가 말을 못하게 만들 것이다. 너는 반역자들의 잘못을 지적할 수 없게 될 것이다.

27 그러나 때가 이르면 내가 네 혀를 풀어 줄 테니, 그때 너는 '주 하나님께서 이렇게 말씀하신다' 하고 말하게 될 것이다. 그때부터는 모든 것이 전적으로 그들에게 달렸다. 그들이 듣고자 하면 들을 것이고, 듣지 않고자 하면 듣지 않을 것이다. 그들은 반역자들이기 때문이다!"

예루살렘이 포위될 것이다

4 1-3 "사람의 아들아, 이제 벽돌을 하나 가져다가 네 앞에 놓고, 그 위에 예루살렘 도성을 그려 넣어라. 그리고 군대가 그 벽돌을 포위한 모습으로 모형을 만들어라. 축대를 쌓고, 보루를 쌓고, 진을 치고, 성벽 부수는 무기를 성 둘레에 놓아라. 또 철판을 가져다가, 너와 그 도성 사이에 철벽을 세워라. 그리고 그 모형을 마주하고 서라. 도성은 포위되었고 너는 공격자다. 이는 이스라엘 가문에게 보여주는 표징이다.

4-5 그런 다음, 네 왼쪽 옆구리를 바닥에 대고 옆으로 누워, 이스라엘 가문의 죄를 네 몸에 얹어라. 너는 옆으로 누워 있는 날수만큼 그들의 죄를 짊어져라. 네가 그들의 죄를 짊어질 날수는 그들의 죄의 햇수에 상응하는 390이다. 너는 390일 동안 이스라엘 가문의 죄를 짊어져야 할 것이다.

6-7 이 일을 마친 다음에, 너는 몸을 돌려서 오른쪽

in and put them in a hard place, they'll die. If you haven't warned them, they'll die because of their sins, and none of the right things they've done will count for anything—and I'll hold you responsible. But if you warn these righteous people not to sin and they listen to you, they'll live because they took the warning—and again, you'll have saved your life."

22 GOD grabbed me by the shoulder and said, "Get up. Go out on the plain. I want to talk with you."

23 So I got up and went out on the plain. I couldn't believe my eyes: the Glory of GOD! Right there! It was like the Glory I had seen at the Kebar River. I fell to the ground, prostrate.

24-26 Then the Spirit entered me and put me on my feet. He said, "Go home and shut the door behind you." And then something odd: "Son of man: They'll tie you hand and foot with ropes so you can't leave the house. I'll make your tongue stick to the roof of your mouth so you won't be able to talk and tell the people what they're doing wrong, even though they are a bunch of rebels.

27 "But then when the time is ripe, I'll free your tongue and you'll say, 'This is what GOD, the Master, says:...' From then on it's up to them. They can listen or not listen, whichever they like. They *are* a bunch of rebels!"

This Is What Sin Does

4 1-3 "Now, son of man, take a brick and place it before you. Draw a picture of the city Jerusalem on it. Then make a model of a military siege against the brick: Build siege walls, construct a ramp, set up army camps, lay in battering rams around it. Then get an iron skillet and place it upright between you and the city—an iron wall. Face the model: The city shall be under siege and you shall be the besieger. This is a sign to the family of Israel.

4-5 "Next lie on your left side and place the sin of the family of Israel on yourself. You will bear their sin for as many days as you lie on your side. The number of days you bear their sin will match the number of years of their sin, namely,

옆구리를 바닥에 대고 옆으로 누워, 유다 가문의 죄를 짊어져라. 이번에는 그렇게 사십 일 동안을 누워 있어야 한다. 그들의 죄의 햇수에 상응하는 날수로, 일 년을 하루씩 계산한 것이다. 너는 포위된 예루살렘을 똑바로 응시하여라. 그리고 소매를 걷어 올리고 손짓을 해가며, 그 도성에 대한 심판을 선포하여라.

8 내가 너를 줄로 꽁꽁 묶어, 포위 공격 날수를 다 채우기 전까지는 움직이거나 몸을 돌리지 못하게 할 것이다.

9-12 이제 너는 밀과 보리, 콩과 팥, 조와 귀리를 가져다가 한 그릇에 담고 넓적하게 빵을 하나 만들어라. 이는 네가 옆으로 누워 있는 390일 동안 먹을 식량이다. 너는 그것을 매일 220그램씩 달아 시간을 정해 놓고 먹어라. 물은 0.5리터씩 달아 시간을 정해 놓고 마셔라. 머핀을 먹는 식으로 그 빵을 먹어라. 모두가 너를 볼 수 있는 곳에서 그 머핀을 굽되, 사람 똥을 말린 것으로 불을 피워라."

13 하나님께서 말씀하셨다. "이는 이스라엘 백성이 당하게 될 일이다. 내가 그들을 여러 이방 민족들에게로 흩어 버리면, 그들은 거기서 거룩한 백성이 결코 먹어서는 안될 음식을 먹게 될 것이다."

14 내가 말했다. "주 나의 하나님, 그럴 수 없습니다! 저는 지금껏 그런 음식으로 제 자신을 더럽힌 적이 없습니다. 어려서부터 저는, 죽은 채 발견된 것이든 들짐승에게 찢긴 것이든, 율법이 금하는 것은 그 어떤 것도 입에 대지 않았습니다. 금지된 음식은 조금도 입에 넣지 않았습니다."

15 그분이 말씀하셨다. "좋다. 그렇다면 사람 똥 대신 소똥으로 빵을 구워라."

16-17 그러고 나서 다시 말씀하셨다. "사람의 아들아, 나는 예루살렘에서 음식이 완전히 동나게 만들 것이다. 사람들은 끼니 때마다 빵을 달아 먹으면서 다음 끼니 걱정을 하고, 마실 물을 찾아 헤맬 것이다. 온 천하에 기근이 들며, 사람들이 뼈만 앙상한 서로의 모습을 보며 고개를 절레절레 흔들 것이다. 이것이 바로 그들이 저지른 죄의 결과다."

질투하시는 하나님

5 1-2 "사람의 아들아, 이제 날카로운 칼을 가져다가 그것을 면도날 삼아 네 머리카락과 수염을 깎아라. 그 다음, 저울을 이용해 그

390. For 390 days you will bear the sin of the family of Israel.

6-7 "Then, after you have done this, turn over and lie down on your right side and bear the sin of the family of Judah. Your assignment this time is to lie there for forty days, a day for each year of their sin. Look straight at the siege of Jerusalem. Roll up your sleeve, shake your bare arm, and preach against her.

8 "I will tie you up with ropes, tie you so you can't move or turn over until you have finished the days of the siege.

9-12 "Next I want you to take wheat and barley, beans and lentils, dried millet and spelt, and mix them in a bowl to make a flat bread. This is your food ration for the 390 days you lie on your side. Measure out about half a pound for each day and eat it on schedule. Also measure out your daily ration of about a pint of water and drink it on schedule. Eat the bread as you would a muffin. Bake the muffins out in the open where everyone can see you, using dried human dung for fuel."

13 GOD said, "This is what the people of Israel are going to do: Among the pagan nations where I will drive them, they will eat foods that are strictly taboo to a holy people."

14 I said, "GOD, my Master! Never! I've never contaminated myself with food like that. Since my youth I've never eaten anything forbidden by law, nothing found dead or violated by wild animals. I've never taken a single bite of forbidden food."

15 "All right," he said. "I'll let you bake your bread over cow dung instead of human dung."

16-17 Then he said to me, "Son of man, I'm going to cut off all food from Jerusalem. The people will live on starvation rations, worrying where the next meal's coming from, scrounging for the next drink of water. Famine conditions. People will look at one another, see nothing but skin and bones, and shake their heads. This is what sin does."

A Jealous God, Not to Be Trifled With

5 1-2 "Now, son of man, take a sharp sword and use it as a straight razor, shaving your head and your beard. Then, using a set of balancing

것들을 삼등분하여라. 포위 기간이 끝나면, 그 털의 삼분의 일을 도성 안에서 태우고, 삼분의 일은 칼로 잘게 썰어 도성 주변에 뿌려라. 마지막 삼분의 일은 바람에 날려 버려라. 그러면 내가 칼을 들고 그것들을 쫓아가겠다.

3-4 너는 그 털을 조금 가져다가 주머니에 넣어라. 그중 얼마를 불 속에 던져 넣고 태워라. 거기서 불이 나와 온 이스라엘 가문으로 번질 것이다.

5-6 주 **하나님**이 말한다. 이것은 예루살렘 이야기다. 나는 그 도성을 세상의 중심에 세우고, 모든 민족을 그 주변에 두었다. 그런데도 예루살렘은 나의 율법과 규례를 거부했다. 주변 민족들보다 훨씬 더 심하게—악질적으로!—반역을 일삼고, 나의 인도를 거절하고, 나의 지도를 무시했다.

7 그러므로, 주 **하나님**이 말한다. 너희는 주변 민족들보다 더 완악하게 나의 인도를 거절했고, 나의 지도를 무시했다. 너희는 주변 민족들 수준으로 추락했다.

8-10 그러므로, 주 **하나님**이 말한다. 내가 너희와 맞설 것이다. 그렇다. 내가 너희 예루살렘을 대적할 것이다. 모든 민족이 보는 앞에서 너희에게 벌을 내릴 것이다. 역겨운 우상을 숭배한 너희 가운데, 내가 지금껏 한 번도 해보지 않았고 앞으로 다시는 하지 않을 일을 일으킬 것이다. 가족이 서로를 잡아먹을 것이다. 부모가 자식을 잡아먹고, 자식이 부모를 잡아먹을 것이다! 실로 중한 벌이다. 그리고 남은 자들은 모두 바람에 날려 버릴 것이다.

11-12 그러므로, 살아 있는 나 하나님을 두고 맹세하는데—주 **하나님**의 포고다—추잡한 짓과 역겨운 우상들로 나의 성소를 더럽힌 너희를 내가 반드시 뽑아 버릴 것이다. 너희에게 털끝만큼의 동정도 베풀지 않으리라. 너희 백성의 삼분의 일은 도성 안에서 전염병에 걸려 죽거나 굶어 죽고, 또 삼분의 일은 도성 밖에서 칼에 맞아 죽을 것이며, 나머지 삼분의 일은 사방에 흩어져 살인자들에게 쫓길 것이다.

13 그제야 비로소 나의 분이 가라앉고 나의 노가 풀리리라. 그때 너희는 내 말이 진담이었음을 알게 될 것이다. 나는 질투하는 하나님이요, 너희가 결코 함부로 대할 수 없는 이임을 알게 될 것이다.

14-15 나의 일을 모두 마치면, 너는 폐허 더미로

scales, divide the hair into thirds. When the days of the siege are over, take one-third of the hair and burn it inside the city. Take another third, chop it into bits with the sword and sprinkle it around the city. The final third you'll throw to the wind. Then I'll go after them with a sword.

3-4 "Retrieve a few of the hairs and slip them into your pocket. Take some of them and throw them into the fire—burn them up. From them, fire will spread to the whole family of Israel.

5-6 "This is what GOD, the Master, says: This means *Jerusalem*. I set her at the center of the world, all the nations ranged around her. But she rebelled against my laws and ordinances, rebelled far worse than the nations ranged around her—sheer wickedness!—refused my guidance, ignored my directions.

7 "Therefore this is what GOD, the Master, says: You've been more headstrong and willful than any of the nations around you, refusing my guidance, ignoring my directions. You've sunk to the gutter level of those around you.

8-10 "Therefore this is what GOD, the Master, says: I'm setting myself against you—yes, against you, Jerusalem. I'm going to punish you in full sight of the nations. Because of your disgusting no-god idols, I'm going to do something to you that I've never done before and will never do again: turn families into cannibals—parents eating children, children eating parents! Punishment indeed. And whoever's left over I'll throw to the winds.

11-12 "Therefore, as sure as I am the living God—Decree of GOD, the Master—because you've polluted my Sanctuary with your obscenities and disgusting no-god idols, I'm pulling out. Not an ounce of pity will I show you. A third of your people will die of either disease or hunger inside the city, a third will be killed outside the city, and a third will be thrown to the winds and chased by killers.

13 "Only then will I calm down and let my anger cool. Then you'll know that I was serious about this all along, that I'm a jealous God and not to be trifled with.

14-15 "When I get done with you, you'll be a pile of rubble. Nations who walk by will make coarse

변할 것이다. 지나가는 민족들이 보며 야비한 농담을 지껄일 것이다. 나의 모진 벌과 혹독한 징계가 끝나면 너는 조롱거리와 웃음거리로 전락하고, 주변 민족들은 너에 대해 이야기하며 무서워 떨 것이다. 나 하나님의 말이다.

16-17 나는 너희에게 살인적 기근의 화살을 쏠 것이다. 너희를 죽이려고 쏘는 화살이다. 기근을 점점 악화시켜 식량이 동나게 만들 것이다. 기근은 연이어 찾아오리라. 그런 다음에는 들짐승을 보내 너희 자녀들을 앗아 갈 것이다. 그리고 전염병과 살육과 죽음을 보낼 것이다! 나 하나님의 말이다."

하나님께서 우상숭배를 심판하시다

6

1-7 그때 하나님의 말씀이 내게 임했다. "사람의 아들아, 이제 몸을 돌려 이스라엘의 산들을 마주 보고, 그것들에게 내릴 심판을 전하여라. '이스라엘의 산들아, 주 하나님의 메시지를 들어라. 주 하나님께서 산과 언덕에게, 계곡과 골짜기에게 말씀하신다. 나는 너희가 신성하게 여기는 산당을 없애 버릴 것이다. 너희의 제단을 허물고, 태양신 기둥들을 무너뜨리며, 우상들에게 절하는 너희 백성을 죽일 것이다. 내가 이스라엘 백성의 시체를 너희 우상들 앞에 쌓아 놓고, 그 뼈를 산당 주변에 흩뿌릴 것이다. 너희가 살았던 모든 곳과 성읍들이 폐허가 될 것이며, 이방 산당들이 파괴될 것이다. 제단들이 부서지고 우상들이 박살나며, 맞춤 제작된 태양신 기둥들이 모두 무너지고, 시체들이 사방에 널브러질 것이다! 그제야 너희는 내가 하나님인 줄 알게 될 것이다.

8-10 그러나 나는 소수의 사람들을 살려 여러 이방 땅과 민족들 가운데 흩어져 살게 할 것이다. 그들은 전쟁포로로 잡혀간 낯선 나라에서 나를 기억할 것이다. 그들은 자신들의 반역과 탐욕스런 욕망을 좇아서 행한 우상숭배에 내가 얼마나 몸서리쳤는지 깨닫게 될 것이다. 자신들이 걸어온 악한 길과 하나님이 역겨워한 그 삶을 역겨워하게 될 것이다. 그들은 내가 하나님인 줄 알게 되고, 그들을 심판하겠다고 했던 나의 말이 허풍이 아니었음을 알게 될 것이다.

11-14 주 하나님이 말한다. 너는 손뼉을 치고 발을 구르며 "아니, 이럴 수가!" 하고 소리쳐라. 이스라엘에 만연한 역겨운 악행들을 보며 소리쳐라. 그들은 칼에 맞아 죽고, 굶어 죽고, 전염병에 걸려

jokes. When I finish my angry punishment and searing rebukes, you'll be reduced to an object of ridicule and mockery, turned into a horror story circulating among the surrounding nations. I, GOD, have spoken.

16-17 "When I shoot my lethal famine arrows at you, I'll shoot to kill. Then I'll step up the famine and cut off food supplies. Famine and more famine—and then I'll send in the wild animals to finish off your children. Epidemic disease, unrestrained murder, death—and I will have sent it! I, GOD, have spoken."

Turn Israel into Wasteland

6

1-7 Then the Word of GOD came to me: "Son of man, now turn and face the mountains of Israel and preach against them: 'O Mountains of Israel, listen to the Message of GOD, the Master. GOD, the Master, speaks to the mountains and hills, to the ravines and the valleys: I'm about to destroy your sacred god and goddess shrines. I'll level your altars, bust up your sun-god pillars, and kill your people as they bow down to your no-god idols. I'll stack the dead bodies of Israelites in front of your idols and then scatter your bones around your shrines. Every place where you've lived, the towns will be torn down and the pagan shrines demolished—altars busted up, idols smashed, all your custom-made sun-god pillars in ruins. Corpses everywhere you look! Then you'll know that I am GOD.

8-10 "'But I'll let a few escape the killing as you are scattered through other lands and nations. In the foreign countries where they're taken as prisoners of war, they'll remember me. They'll realize how devastated I was by their betrayals, by their voracious lust for gratifying themselves in their idolatries. They'll be disgusted with their evil ways, disgusting to God in the way they've lived. They'll know that I am GOD. They'll know that my judgment against them was no empty threat.

11-14 "'This is what GOD, the Master, says: Clap your hands, stamp your feet, yell out, "No, no, no!" because of all the evil obscenities rife in Israel. They're going to be killed, dying of hunger,

죽을 것이다. 사방이 죽음 천지가 될 것이다. 사람들의 목숨이 파리 목숨 같아지리라. 먼 곳에서 쓰러져 죽고, 가까운 곳에서도 쓰러져 죽고, 도성에 남은 자들은 굶어 죽으리라. 이유를 묻느냐? 내가 노했기 때문이다. 불같이 노했기 때문이다. 황량한 언덕과 우거진 숲에 자리한 음란한 종교 산당들의 폐허와, 그들이 음란한 의식을 행하던 모든 곳 주위에 백성의 시체가 널브러져 뒹굴리라. 그들은 그 광경을 보고 그제야 내가 하나님인 줄 알게 될 것이다. 내가 그들을 내 손으로 짓누르고 그들의 땅을 황폐하게 만들 것이다. 광야 이 끝에서 리블라에 이르는 지역 전부를 황무지로 바꿔 놓을 것이다. 그제야 그들은 내가 하나님인 줄 알게 될 것이다!'"

dying of disease—death everywhere you look, people dropping like flies, people far away dying, people nearby dying, and whoever's left in the city starving to death. Why? Because I'm angry, furiously angry. They'll realize that I am GOD when they see their people's corpses strewn over and around all their ruined sex-and-religion shrines on the bare hills and in the lush fertility groves, in all the places where they indulged their sensual rites. I'll bring my hand down hard on them, demolish the country wherever they live, turn it into wasteland from one end to the other, from the wilderness to Riblah. Then they'll know that I am GOD!'"

끝이 가까이 왔다

7 1-4 하나님의 말씀이 내게 임했다. "너 사람의 아들아, 주 하나님이 이스라엘 땅에 대해 주는 메시지다.

끝이다.
모두, 끝장이다.
다 끝났다. 너희는 이제 끝이다.
내가 너희를 향해 진노를 발했다.
너희가 살아온 길에 대해 유죄 선고를 내렸다.
너희가 저지른 역겨운 행위들의 대가를 치르게 하겠다.
너희를 봐주지도 않으며,
너희를 동정하지도 않을 것이다.
너희가 살아온 길의 대가를 치르게 할 것이다.
너희가 저지른 역겨운 행위들이 네 뒤통수를 칠 것이다.
그제야 너희는 내가 하나님인 줄 알게 될 것이다.

5-9 나, 주 하나님이 말한다.
재앙이다! 연이은 재앙이다! 보아라, 또 온다!
끝이다.
끝이 오고 있다.
거의 이르렀다. 보아라, 저기 온다!
이 땅에 사는 사람들아, 이것이 너희의 운명이다.
시간이 되었다.
공격 개시 시간이다.
더 이상 망설이거나,
시간을 끌지 않을 것이다.
이제 내가 너희에게 나의 진노를 쏟아붓고,

Fate Has Caught Up with You

7 1-4 GOD's Word came to me, saying, "You, son of man—GOD, the Master, has this Message for the land of Israel:

"'Endtime.
The end of business as usual for everyone.
It's all over. The end is upon you.
I've launched my anger against you.
I've issued my verdict on the way you live.
I'll make you pay for your disgusting obscenities.
I won't look the other way,
I won't feel sorry for you.
I'll make you pay for the way you've lived:
Your disgusting obscenities will boomerang on you,
and you'll realize that I am GOD.'

5-9 "I, GOD, the Master, say:
'Disaster after disaster! Look, it comes!
Endtime—
the end comes.
The end is ripe. Watch out, it's coming!
This is your fate, you who live in this land.
Time's up.
It's zero hour.
No dragging of feet now,
no bargaining for more time.
Soon now I'll pour my wrath on you,
pay out my anger against you,

나의 노를 퍼부을 것이다.
너희가 살아온 길에 대해 유죄 선고를 내리고,
너희의 역겨운 행위들의 대가를 치르게 할 것이다.
너희를 봐주지도 않으며,
너희를 동정하지도 않을 것이다.
너희가 살아온 길의 대가를 치르게 할 것이다.
너희가 저지른 역겨운 행위들이 네 뒤통수를 칠 것이다.
그때 너희는
너희를 친 이가, 바로 나 하나님인 줄 알게 될 것이다.

10-13 심판의 날이다!
파멸이 임했다.
커다란 홀을 쥐고 위세를 부리며
도를 넘어 오만하게 굴던 그들,
폭력을 행사하며
악한 홀을 휘두르던 자들이었다.
그러나 그들, 이제 아무것도 아니다.
완전히 거덜 날 것이다.
시간이 다 되었다.
카운트다운이 시작된다. 오, 사, 삼, 이…….
물건을 사는 자들이여, 자만할 것 없다.
물건을 파는 자들이여, 근심할 것 없다.
진노의 심판이 세상을 완전히 뒤집어 놓았다.
이제 사고파는 일이 토대부터 무너져 내렸다.
다시는 회복되지 않으리라.
경기가 좋아지리라는 희망은 품지 마라.
나라 전체가 죄로 인해 파산할 것이다.
다시는 일어서지 못할 것이다.

14-16 전쟁 나팔이 울린다.
'전투 준비!'
그러나 아무도 싸우러 나가지 않는다.
나의 노가 그들을 마비시켰다!
밖으로 나온 자들은 길거리에서 죽임당하고,
집에 돌아간 자들은 굶어 죽거나 병들어 죽는다.
그도 아니면, 벌판에서 칼에 맞아 죽고,
성읍에서 병들어 죽거나 굶주려 죽는다.
살아남은 자들은 산으로 달아난다.
골짜기에 숨어 비둘기처럼 구슬피 운다.
각자 자신의 죄를 생각하며
슬피 운다.

17-18 모두 손에 맥이 풀리고

Render my verdict on the way you've lived,
make you pay for your disgusting obscenities.
I won't look the other way,
I won't feel sorry for you.
I'll make you pay for the way you've lived.
Your disgusting obscenities will boomerang on you.
Then you'll realize
that it is I, GOD, who have hit you.

10-13 "'Judgment Day!
Fate has caught up with you.
The scepter outsized and pretentious,
pride bursting all bounds,
Violence strutting,
brandishing the evil scepter.
But there's nothing to them,
and nothing will be left of them.
Time's up.
Countdown: five, four, three, two...
Buyer, don't crow; seller, don't worry:
Judgment wrath has turned the world topsy-turvy.
The bottom has dropped out of buying and selling.
It will never be the same again.
But don't fantasize an upturn in the market.
The country is bankrupt because of its sins,
and it's not going to get any better.

14-16 "The trumpet signals the call to battle:
"Present arms!"
But no one marches into battle.
My wrath has them paralyzed!
On the open roads you're killed,
or else you go home and die of hunger and disease.
Either get murdered out in the country
or die of sickness or hunger in town.
Survivors run for the hills.
They moan like doves in the valleys,
Each one moaning
for his own sins.

17-18 "'Every hand hangs limp,

무릎의 힘이 빠진다.
거친 베옷을 걸친 그들,
머리를 완전히 밀고
수치심으로 얼굴을 들지 못한 채 머리만 굴리는,
초라하고 비참한 신세다.

19-27 그들, 자기 돈을 시궁창에 갖다 버린다.
어렵사리 벌어들인 현금이 오물 같은 악취를 풍긴다.
심판의 날, 그들은 돈으로
아무것도 살 수 없음을 깨닫는다.
그들은 돈에 걸려 넘어져
죄의 나락으로 떨어졌다.
보석을 주렁주렁 걸치고 으스대던 그들,
화려한 장신구로 천박한 우상을 꾸미던 그들.
내가 그 역겨운 우상들을 악취 나는 오물로 만들 것이다.
그 신성한 오물들을 내다 버릴 것이다.
이방인들이 그것을 거저 주워 갈 것이요,
불경한 자들이 거기에 침을 뱉고 농담을 지껄일 것이다.
난폭한 이방인들이 난입하여
나의 소중한 성전과 백성을
유린하고 더럽힐 때,
도성에 범죄와 폭력이 들끓고
피비린내 나는 학살이 벌어질 때,
나는 내 얼굴을 돌려, 모른 체할 것이다.
인간쓰레기들이 쳐들어와,
내 백성의 집을 차지하게 할 것이다.
지체 높고 권세 있는 자들이
자랑과 오만을 멈추게 하고,
그들의 신성한 장소에
신성한 것이 하나도 남지 않게 만들 것이다.
재앙이 내려온다. 그들은 평화를 찾지만,
평화는 종적을 감추었다.
재난이 꼬리에 꼬리를 물고 들이닥치고,
흉흉한 소문이 연이어 들려온다.
대체 무슨 영문인지 말해 줄 예언자를 찾지만,
사태를 파악하는 자 아무도 없다.
제사장도 짐작조차 하지 못한다.
장로들이 할 말을 모른다.
왕은 절망 가운데 고개를 떨어뜨리고,
제후는 망연자실 넋을 잃는다.
백성들은 사지가 굳는다.
공포에 사로잡혀 꼼짝도 하지 못한다.
내가 그들의 실체를 드러내고

every knee turns to rubber.
They dress in rough burlap—
sorry scarecrows,
Shifty and shamefaced,
with their heads shaved bald.

19-27 "They throw their money into the gutters.
Their hard-earned cash stinks like garbage.
They find that it won't buy a thing
they either want or need on Judgment Day.
They tripped on money
and fell into sin.
Proud and pretentious with their jewels,
they deck out their vile and vulgar no-gods in finery.
I'll make those god-obscenities a stench in their nostrils.
I'll give away their religious junk—
strangers will pick it up for free,
the godless spit on it and make jokes.
I'll turn my face so I won't have to look
as my treasured place and people are violated,
As violent strangers walk in
and desecrate place and people—
A bloody massacre,
as crime and violence fill the city.
I'll bring in the dregs of humanity
to move into their houses.
I'll put a stop to the boasting and strutting
of the high-and-mighty,
And see to it that there'll be nothing holy
left in their holy places.
Catastrophe descends. They look for peace,
but there's no peace to be found—
Disaster on the heels of disaster,
one rumor after another.
They clamor for the prophet to tell them what's up,
but nobody knows anything.
Priests don't have a clue;
the elders don't know what to say.
The king holds his head in despair;
the prince is devastated.
The common people are paralyzed.
Gripped by fear, they can't move.
I'll deal with them where they are,

그들 식대로 심판하리라.
그들은 내가 **하나님**인 줄 알게 될 것이다."

예루살렘의 우상숭배

8 1-4 여섯째 해 여섯째 달 오일에, 내가 집에
서 유다 지도자들과 모임을 가지며 앉아 있
는데, 나의 주 **하나님**의 손이 나를 사로잡는 일이
일어났다. 나는 보았고, 보고서 몹시 놀랐다. 내가
본 것은 사람처럼 보이는 형상이었다. 허리 아래
는 불 같고, 허리 위는 광채 나는 청동 같았다. 그
분이 손처럼 보이는 것을 내미셔서 내 머리카락을
움켜쥐셨다. 하나님께서 환상을 보여주시는 중에,
하나님의 영이 나를 공중으로 높이 들어 올려, 예
루살렘 성전 안뜰 북문 입구로 옮기셨다. 하나님
을 몹시 노하게 한 음란한 여신상이 세워져 있는
곳이었다. 내 바로 앞에 이스라엘의 하나님의 영
광이 있었다. 전에 들에 나가서 보았던 환상과 똑
같았다.
5 그분이 내게 말씀하셨다. "사람의 아들아, 북쪽
을 보아라." 북쪽을 보니, 바로 북문 입구쪽으로,
하나님을 몹시 노하게 한 음란한 여신 아세라의
제단이 모습을 드러냈다.
6 그분이 또 말씀하셨다. "사람의 아들아, 그들이
지금 무엇을 하고 있는지 보이느냐? 입에 담기조
차 역겨운 짓을, 그것도 바로 이곳 성전에서 저지
르고 있다! 이것만으로도 나는, 여기 내 성전에 도
저히 머물 수가 없다. 그러나 너는 더 심한 것을
보게 될 것이다."

⁂

7 그분이 나를 성전 뜰로 들어가는 문으로 데려가
셨다. 내가 보니, 벽에 갈라지는 구멍이 있었다.
8 그분이 말씀하셨다. "사람의 아들아, 그 벽을 파
서 뚫어라."
내가 벽을 파서 뚫으니 어떤 문이 나타났다.
9 그분이 말씀하셨다. "이제 그 문으로 들어가서,
그들이 벌이는 역겨운 짓을 한번 보아라."
10-11 내가 들어가서 보니, 사방의 벽이 온갖 파충
류와 짐승, 괴물 그림으로 도배가 되어 있었다. 나
는 내 눈을 의심했다. 그것은 이스라엘이 숭배하
는 이집트 신들의 그림이었다. 그 방 가운데 이스
라엘 지도자 일흔 명이 모여 있었는데, 그 한가운
데에 사반의 아들 야아사냐가 서 있었다. 저마다
손에 든 향로에서 향의 연기가 구름처럼 올라가고
있었다.

judge them on their terms.
They'll know that I am GOD.'"

The Spirit Carried Me in Visions

8 1-4 In the sixth year, in the sixth month and
the fifth day, while I was sitting at home
meeting with the leaders of Judah, it happened
that the hand of my Master, GOD, gripped me.
When I looked, I was astonished. What I saw
looked like a man—from the waist down like
fire and from the waist up like highly burnished
bronze. He reached out what looked like a hand
and grabbed me by the hair. The Spirit swept me
high in the air and carried me in visions of God
to Jerusalem, to the entrance of the north gate of
the Temple's inside court where the image of the
sex goddess that makes God so angry had been
set up. Right before me was the Glory of the God
of Israel, exactly like the vision I had seen out on
the plain.
5 He said to me, "Son of man, look north."
I looked north and saw it: Just north of the
entrance loomed the altar of the sex goddess,
Asherah, that makes God so angry.
6 Then he said, "Son of man, do you see what
they're doing? Outrageous obscenities! And doing
them right here! It's enough to drive me right out
of my own Temple. But you're going to see worse
yet."

⁂

7 He brought me to the door of the Temple court.
I looked and saw a gaping hole in the wall.
8 He said, "Son of man, dig through the wall."
I dug through the wall and came upon a door.
9 He said, "Now walk through the door and take a
look at the obscenities they're engaging in."
10-11 I entered and looked. I couldn't believe my
eyes: Painted all over the walls were pictures of
reptiles and animals and monsters—the whole
pantheon of Egyptian gods and goddesses—
being worshiped by Israel. In the middle of the
room were seventy of the leaders of Israel, with
Jaazaniah son of Shaphan standing in the middle.
Each held his censer with the incense rising in a

12 그분이 말씀하셨다. "사람의 아들아, 장로들이 이 어두운 방, 자기가 좋아하는 신의 그림 앞에 서서 무슨 짓을 하고 있는지 보이느냐? 그들은 이렇게 중얼거린다. '하나님은 우리를 보시지 않는다. 하나님께서 이 나라를 버리셨다.'"

13 그분이 또 말씀하셨다. "너는 더 심한 것을 보게 될 것이다."

14-15 그분이 나를 하나님의 성전 북문 입구로 데려가셨다. 그곳에는 여인들이 앉아서, 바빌론 다산의 신 담무스를 위해 슬피 울고 있었다. 그분이 말씀하셨다. "사람의 아들아, 볼 만큼 보았다고 생각하느냐? 아니다. 너는 더 심한 것을 보게 될 것이다."

16 마지막으로, 그분이 나를 하나님의 성전 안뜰로 데려가셨다. 거기 현관과 제단 사이에 스물다섯 명가량의 사람들이 모여 있었다. 그들은 하나님의 성전을 등지고 서 있었다. 동쪽을 바라보고 태양에게 절하며 경배하고 있었다.

17-18 그분이 말씀하셨다. "사람의 아들아, 잘 보았느냐? 유다는 입에 담기조차 역겨운 이런 짓을 벌이고 있다. 이것으로도 모자라 나라를 폭력으로 가득 채우고, 거기에 더해 온갖 역겨운 짓으로 나의 진노를 더하게 한다. 그렇다. 그들이 불러들인 하나님의 진노가 이제 그들에게 쏟아졌다! 더 이상 자비는 없다. 그들이 아무리 소리를 질러 대도, 나는 듣지 않을 것이다."

예루살렘을 향해 진노를 쏟으시다

9

1 그때 나는 그분이 큰소리로 외치는 소리를 들었다. "사형 집행인들아, 오너라! 너희 살인병기들을 들고 오너라."

2 그러자 여섯 사람이 북쪽으로 향하는 윗문 길로 내려왔는데, 각자 자신의 살인병기를 들고 있었다. 그들 사이로 모시옷을 입은 한 사람이 있었는데, 어깨에 필묵통을 메고 있었다. 그들이 들어와 청동제단 옆에 섰다.

3-4 이스라엘의 하나님의 영광이 그때까지 머물던 그룹 천사들 위로 떠올라 성전 문지방으로 자리를 옮겨 갔다. 그분이 모시옷을 입고 필묵통을 멘 사람을 부르셨다. "예루살렘의 거리를 돌아다니면서, 그곳에서 일어나는 역겨운 짓들 때문에 괴로워하는 모든 사람의 이마에 표를 해놓아라."

fragrant cloud.

12 He said, "Son of man, do you see what the elders are doing here in the dark, each one before his favorite god-picture? They tell themselves, 'GOD doesn't see us. GOD has forsaken the country.'"

13 Then he said, "You're going to see worse yet."

14-15 He took me to the entrance at the north gate of the Temple of GOD. I saw women sitting there, weeping for Tammuz, the Babylonian fertility god. He said, "Have you gotten an eyeful, son of man? You're going to see worse yet."

16 Finally, he took me to the inside court of the Temple of GOD. There between the porch and the altar were about twenty-five men. Their backs were to GOD's Temple. They were facing east, bowing in worship to the sun.

17-18 He said, "Have you seen enough, son of man? Isn't it bad enough that Judah engages in these outrageous obscenities? They fill the country with violence and now provoke me even further with their obscene gestures. That's it. They have an angry God on their hands! From now on, no mercy. They can shout all they want, but I'm not listening."

A Mark on the Forehead

9

1 Then I heard him call out loudly, "Executioners, come! And bring your deadly weapons with you."

2 Six men came down the road from the upper gate that faces north, each carrying his lethal weapon. With them was a man dressed in linen with a writing case slung from his shoulder. They entered and stood by the bronze altar.

3-4 The Glory of the God of Israel ascended from his usual place above the cherubim-angels, moved to the threshold of the Temple, and called to the man with the writing case who was dressed in linen: "Go through the streets of Jerusalem and put a mark on the forehead of everyone who

5-6 나는 그분이 사형 집행인들에게 연이어 하시는 말씀을 들었다. "너희는 저 사람의 뒤를 따라 도성을 다니면서 죽여라. 누구도 불쌍히 여기거나 가엾게 여기지 마라. 노인과 여자들도 죽이고, 젊은이들도 죽이고, 엄마와 아이들도 죽여라. 그러나 이마에 표가 있는 사람은 손대서는 안된다. 내 성전에서부터 일을 시작하여라."
그들은 성전 앞에 있는 지도자들부터 죽이기 시작했다.

7-8 그분이 사형 집행인들에게 이르셨다. "너희는 성전을 더럽혀라. 시체들로 뒤덮어라. 그리고 밖으로 나가 살육을 계속하여라." 그들은 밖으로 나가 도성을 쳤다.
대학살이 진행되는 동안, 나는 홀로 남겨졌다. 나는 얼굴을 땅에 대고 엎드려 기도했다. "오, 주 나의 하나님! 예루살렘에 이렇듯 주의 진노를 쏟아부으셔서, 이스라엘에 남은 자들을 다 죽이실 작정입니까?"

9-10 그분이 말씀하셨다. "이스라엘과 유다의 죄악이 참으로 크다. 땅이 온통 살인 천지고, 도성이 불법으로 가득하다. 모두가, '하나님께서 나라를 버리셨다. 우리가 무슨 일을 하든지 보시지 않는다'고 말한다. 그것이 무슨 말이냐? 나는 똑똑히 보고 있다. 나는 그들 누구도 불쌍히 여기지 않을 것이다. 그들은 자기 죄의 대가를 치르게 될 것이다."

11 바로 그때, 모시옷을 입고 필묵통을 메고 있던 사람이 돌아와서 보고했다. "주께서 이르신 대로 다 행했습니다."

영광이 성전을 떠나다

10 1 그 다음 내가 보니, 그룹 천사들의 머리 위에 있는 둥근 천장 위로 청옥처럼 빛나는 보좌의 형상 같은 것이 솟아 있었다!

2-5 하나님께서 모시옷을 입은 사람에게 말씀하셨다. "그룹 천사들 밑에 있는 저 바퀴들 사이로 들어가 숯불을 두 손 가득 움켜쥔 다음, 이 도성 위에 뿌려라."
나는 그 사람이 들어가는 모습을 지켜보았다. 그가 들어갈 때 그룹들은 성전 남쪽에 서 있었고, 안뜰에는 구름이 가득 피어올랐다. 그때 하나님의 영광이 그룹들 위로 떠올라 성전 문지방으로 자리를 옮겨 갔고, 성전에 구름이 가득 차면서 뜰과 성전이 하나님의 영광으로 빛나고, 그분의 임재로 가득 찼다. 그리고 소리가 들렸다! 그룹들이

is in anguish over the outrageous obscenities being done in the city."

5-6 I listened as he went on to address the executioners: "Follow him through the city and kill. Feel sorry for no one. Show no compassion. Kill old men and women, young men and women, mothers and children. But don't lay a hand on anyone with the mark. Start at my Temple."
They started with the leaders in front of the Temple.

7-8 He told the executioners, "Desecrate the Temple. Fill it with corpses. Then go out and continue the killing." So they went out and struck the city.
While the massacre went forward, I was left alone. I fell on my face in prayer: "Oh, oh, GOD, my Master! Are you going to kill everyone left in Israel in this pouring out of your anger on Jerusalem?"

9-10 He said, "The guilt of Israel and Judah is enormous. The land is swollen with murder. The city is bloated with injustice. They all say, 'GOD has forsaken the country. He doesn't see anything we do.' Well, I do see, and I'm not feeling sorry for any of them. They're going to pay for what they've done."

11 Just then, the man dressed in linen and carrying the writing case came back and reported, "I've done what you told me."

The Temple, Filled with the Presence of God

10 1 When I next looked, oh! Above the dome over the heads of the cherubim-angels was what looked like a throne, sky-blue, like a sapphire!

2-5 GOD said to the man dressed in linen, "Enter the place of the wheels under the cherubim-angels. Fill your hands with burning coals from beneath the cherubim and scatter them over the city."
I watched as he entered. The cherubim were standing on the south side of the Temple when the man entered. A cloud filled the inside courtyard. Then the Glory of GOD ascended from the cherubim and moved to the threshold of the Temple. The cloud filled the Temple. Court and Temple were both filled with the blazing presence

날개 치는 소리였다. 그 소리가 바깥뜰에까지 들리는데, 마치 강하신 하나님의 천둥소리 같았다.

6-8 하나님께서 모시옷을 입은 사람에게 "저 바퀴들 사이, 그룹들 사이에서 불을 집어내라" 하고 명령하시자, 그가 안으로 들어가서 바퀴 옆에 섰다. 그룹들 가운데 하나가 불 속으로 손을 뻗어 숯불 얼마를 집어내어 모시옷을 입은 사람의 손에 얹어 주니, 그가 숯불을 받아서 밖으로 나왔다. 그룹들의 날개 밑에는 사람 손처럼 보이는 것이 있었다.

9-13 그 후에 나는 그룹 옆에 하나씩 있는 네 바퀴를 보았다. 광채 나는 그 바퀴들은 햇빛을 받아 반짝거리는 다이아몬드 같았다. 네 바퀴의 생김새가 비슷해서, 바퀴 안에 다른 바퀴가 들어 있는 것처럼 보였다. 그룹들이 움직일 때 바퀴도 네 방향으로 자유롭게 움직였는데, 늘 곧게만 나아갔다. 그룹들이 어디로 가든지, 바퀴들도 그리로 곧게 나아갔다. 그룹들의 등과 손과 날개는 눈으로 가득했다. 바퀴들 역시 눈으로 가득했다. 그 바퀴들의 이름은 '바퀴들 안의 바퀴들'이었다.

14 그룹들은 각각 네 개의 얼굴을 갖고 있었다. 첫째는 천사의 얼굴, 둘째는 사람의 얼굴, 셋째는 사자의 얼굴, 넷째는 독수리의 얼굴이었다.

15-17 그때 그룹들이 위로 떠올랐다. 그들은 내가 그발 강에서 보았던 바로 그 생물들이었다. 그룹들이 움직이면, 그들 옆의 바퀴들도 함께 움직였다. 그룹들이 날개를 펴고 지면에서 떠오르면, 바퀴들도 그들 곁에 바짝 붙어 따라 움직였다. 그룹들이 멈추어 서면, 바퀴들도 멈추어 섰다. 그룹들이 치솟으면 바퀴들도 치솟았는데, 이는 그 생물들의 영이 바퀴들 안에도 있었기 때문이다.

18-19 그때 하나님의 영광이 성전 입구를 떠나 그룹 위를 맴돌았다. 그룹들이 날개를 펼치고 지면에서 떠오르자, 바퀴들도 그들 곁에 바짝 붙어 따라갔다. 그들은 성전 동문 입구에서 멈추어 섰다. 이스라엘의 하나님의 영광이 그들 위에 있었다.

20-22 그들은 내가 전에 그발 강에서 본 그 생물들이었고, 이스라엘의 하나님 아래에 있었다. 나는 그들을 바로 알아보았다. 그들은 각기 얼굴이 넷이고 날개도 넷이었다. 그들의 날개 아래에는 사람의 손처럼 보이는 것이 있었다. 그

of the Glory of GOD. And the sound! The wings of the cherubim were audible all the way to the outer court—the sound of the voice was like The Strong God in thunder.

6-8 When GOD commanded the man dressed in linen, "Take fire from among the wheels, from between the cherubim," he went in and stood beside a wheel. One of the cherubim reached into the fire, took some coals, and put them in the hands of the man dressed in linen. He took them and went out. Something that looked like a human hand could be seen under the wings of the cherubim.

9-13 And then I saw four wheels beside the cherubim, one beside each cherub. The wheels radiating were sparkling like diamonds in the sun. All four wheels looked alike, each like a wheel within a wheel. When they moved, they went in any of the four directions but in a perfectly straight line. Where the cherubim went, the wheels went straight ahead. The cherubim were full of eyes in their backs, hands, and wings. The wheels likewise were full of eyes. I heard the wheels called "wheels within wheels."

14 Each of the cherubim had four faces: the first, of an angel; the second, a human; the third, a lion; the fourth, an eagle.

15-17 Then the cherubim ascended. They were the same living creatures I had seen at the Kebar River. When the cherubim moved, the wheels beside them moved. When the cherubim spread their wings to take off from the ground, the wheels stayed right with them. When the cherubim stopped, the wheels stopped. When the cherubim rose, the wheels rose, because the spirit of the living creatures was also in the wheels.

18-19 Then the Glory of GOD left the Temple entrance and hovered over the cherubim. I watched as the cherubim spread their wings and left the ground, the wheels right with them. They stopped at the entrance of the east gate of the Temple. The Glory of the God of Israel was above them.

20-22 These were the same living creatures I had seen previously beneath the God of Israel at the Kebar River. I recognized them as cherubim. Each had four faces and four wings. Under their wings were what looked like human hands. Their faces looked

얼굴은 내가 그발 강에서 보았던 모습 그대로였다. 그들은 각기 앞으로 곧게 나아갔다.

새 마음과 새 영

11 1 그때 하나님의 영이 나를 들어 올리셔서, 성전 동쪽 문으로 데리고 가셨다. 그 문에는 스물다섯 사람이 서 있었다. 나는 그들 사이에 지도자인 앗술의 아들 야아사냐와 브나야의 아들 블라댜가 있는 것을 보았다.

2-3 하나님께서 말씀하셨다. "사람의 아들아, 저들은 이 도성의 죄를 도안하고 악을 기획한 자들이다. 저들은 말한다. '우리는 못할 일이 없다. 우리가 최고다. 고깃국 그릇 속에 든 특등심이다.'

4 사람의 아들아, 저들과 맞서라. 저들을 대적하여 말씀을 전하여라."

5-6 그때 하나님의 영이 내게 임하여 할 말을 일러 주셨다. "하나님께서 이렇게 말씀하신다. '이스라엘아, 멋진 연설이기는 하다만 나는 너희가 품은 생각을 잘 알고 있다. 너희는 이 도성에서 수많은 자들을 살해했다. 거리마다 시체 더미가 높이 쌓여 있다.'

7-12 그러므로 주 하나님께서 말씀하신다. '너희가 거리마다 쌓아 놓은 시체들이 바로 고기요, 이 도성은 가마솥이다. 그런데 너희는 이 가마솥 속에도 들어 있지 않다! 내가 너희를 밖으로 던져 버릴 것이다! 너희가 두려워하는 전쟁이 닥치리라. 내가 전쟁을 일으켜 너희를 칠 것이다. 너희를 이 도성 밖으로 던져 버리고 이방인들에게 넘겨주어, 혹독한 벌을 받게 할 것이다. 너희는 전쟁터에서 살해당할 것이다. 내가 이스라엘의 국경에서 너희를 심판할 것이다. 그때 너희는 내가 하나님인 줄 알게 될 것이다. 이 도성은 너희에게 가마솥이 되지 않을 것이며, 너희 또한 그 속에 든 특등심이 되지 못할 것이다. 천만의 말씀이다. 내가 이스라엘의 국경에서 너희를 심판할 것이며, 그제야 너희는 내가 하나님인 줄 알게 될 것이다. 이는 너희가 나의 율례와 규례를 따르지 않았기 때문이다. 너희는 나의 길을 따르는 대신에, 주변 민족들의 규례를 따랐고, 그들의 수준으로 추락했다.'"

13 내가 말씀을 전하고 있는 중에 브나야의 아들 블라댜가 죽었다. 나는 얼굴을 땅에 대고 엎드려 큰소리로 기도했다. "주 하나님! 이스라엘에 남은 자들 전부를 모두 없애 버리시렵니까?"

14-15 하나님이 응답하셨다. "사람의 아들아, 예

exactly like those I had seen at the Kebar River. Each went straight ahead.

A New Heart and a New Spirit

11 1 Then the Spirit picked me up and took me to the gate of the Temple that faces east. There were twenty-five men standing at the gate. I recognized the leaders, Jaazaniah son of Azzur and Pelatiah son of Benaiah.

2-3 GOD said, "Son of man, these are the men who draw up blueprints for sin, who think up new programs for evil in this city. They say, 'We can make anything happen here. We're the best. We're the choice pieces of meat in the soup pot.'

4 "Oppose them, son of man. Preach against them."

5-6 Then the Spirit of GOD came upon me and told me what to say: "This is what GOD says: 'That's a fine public speech, Israel, but I know what you are thinking. You've murdered a lot of people in this city. The streets are piled high with corpses.'

7-12 "Therefore this is what GOD, the Master, says: 'The corpses that you've piled in the streets are the meat and this city is the soup pot, and you're not even in the pot! I'm throwing you out! You fear war, but war is what you're going to get. I'm bringing war against you. I'm throwing you out of this city, giving you over to foreigners, and punishing you good. You'll be killed in battle. I'll carry out judgment on you at the borders of Israel. Then you'll realize that I am GOD. This city will not be your soup pot and you won't be the choice pieces of meat in it either. Hardly. I will carry out judgment on you at the borders of Israel and you'll realize that I am GOD, for you haven't followed my statutes and ordinances. Instead of following my ways, you've sunk to the level of the laws of the nations around you.'"

13 Even while I was preaching, Pelatiah son of Benaiah died. I fell down, face to the ground, and prayed loudly, "O Master, GOD! Will you completely wipe out what's left of Israel?"

14-15 The answer from GOD came back: "Son of man, your brothers—I mean the whole people of Israel who are in exile with you—are the people of

루살렘 주민이 네 혈육, 곧 너와 같이 포로로 잡혀 온 이스라엘 백성 전체를 두고 이렇게 말한다. '그들은 먼 나라에 가 있어 하나님과 멀리 떨어졌다. 이제 이 땅은 우리 차지다.'

16-20 그러므로 그들에게 이렇게 전하여라. '너희를 향한 주 하나님의 메시지다. 그렇다. 나는 너희를 먼 나라로 쫓았고 이국땅으로 흩어 버렸다. 그러면서도 너희가 가 있는 나라에서 너희에게 임시 성소를 마련해 주었다. 장차 나는 너희가 흩어져 살고 있는 나라와 땅에서 너희를 다시 모으고, 이스라엘 땅을 너희에게 줄 것이다. 너희는 집에 돌아와 청소를 하면서, 혐오스런 신상과 역겨운 우상들을 모두 내다 버릴 것이다. 내가 너희에게 새 마음을 줄 것이다. 너희 안에 새 영을 둘 것이다. 돌 같던 너희 심장을 도려내고, 붉은 피가 도는 튼튼한 심장을 넣어 줄 것이다. 그러면 너희가 나의 율례를 따르고, 성심으로 나의 명령을 따르며 살게 될 것이다. 너희는 나의 백성이 되고, 나는 너희의 하나님이 될 것이다!

21 그러나 고집을 부리며 여전히 흉측한 신상과 역겨운 우상들에 집착하는 자들은 사정이 다를 것이다! 그런 자들은 행한 그대로 갚아 줄 것이다.' 주 하나님의 포고다."

22-23 그때 그룹들이 날개를 펼쳤는데, 바퀴들이 그들 곁에 있고 이스라엘의 하나님의 영광이 그들 위에 머물고 있었다. 하나님의 영광이 도성 안에서 떠올라, 도성 동쪽 산 위에 머물렀다.

24-25 그때 하나님의 영이 환상 중에 나를 붙잡아, 바빌론에 포로로 잡혀 온 사람들의 무리 속으로 다시 들어 옮기셨다. 그 후에 그 환상이 나를 떠났다. 나는 하나님께서 보여주신 모든 내용을 포로로 잡혀 온 사람들에게 말해 주었다.

포로가 될 것을 상징으로 보여주다

12 1-6 하나님의 메시지가 내게 임했다. "사람의 아들아, 너는 지금 반역하는 백성 가운데 살고 있다. 그들은 눈이 있어도 보려고 하지 않고, 귀가 있어도 들으려 하지 않는다. 그들은 전부 반역자들이다. 그러므로 사람의 아들아, 너는 포로 행장을 꾸려 대낮에 모두가 보는 앞에서 길을 떠나라. 포로로 잡혀가는 사람처럼 떠나라. 그러면 반역자들인 그들이 지금의 상황을 깨닫게 될지도 모른다. 그들이 지켜보는 앞에

whom the citizens of Jerusalem are saying, 'They're in the far country, far from GOD. This land has been given to us to own.'

16-20 "Well, tell them this, 'This is your Message from GOD, the Master. True, I sent you to the far country and scattered you through other lands. All the same, I've provided you a temporary sanctuary in the countries where you've gone. I will gather you back from those countries and lands where you've been scattered and give you back the land of Israel. You'll come back and clean house, throw out all the rotten images and obscene idols. I'll give you a new heart. I'll put a new spirit in you. I'll cut out your stone heart and replace it with a red-blooded, firm-muscled heart. Then you'll obey my statutes and be careful to obey my commands. You'll be my people! I'll be your God!

21 " 'But not those who are self-willed and addicted to their rotten images and obscene idols! I'll see that they're paid in full for what they've done.' Decree of GOD, the Master."

22-23 Then the cherubim spread their wings, with the wheels beside them and the Glory of the God of Israel hovering over them. The Glory of GOD ascended from within the city and rested on the mountain to the east of the city.

24-25 Then, still in the vision given me by the Spirit of God, the Spirit took me and carried me back to the exiles in Babylon. And then the vision left me. I told the exiles everything that GOD had shown me.

Put the Bundle on Your Shoulder and Walk into the Night

12 1-6 GOD's Message came to me: "Son of man, you're living with a bunch of rebellious people. They have eyes but don't see a thing, they have ears but don't hear a thing. They're rebels all. So, son of man, pack up your exile duffel bags. Leave in broad daylight with everyone watching and go off, as if into exile. Maybe then they'll understand what's going on, rebels though they are. You'll take up your baggage while they

서 포로로 잡혀가는 사람처럼 생필품 행장을 꾸려서, 저녁 무렵에 길을 떠나라. 그들이 보는 앞에서 성벽에 구멍을 뚫고 네 짐 꾸러미를 그리로 내보내라. 사람들이 다 보는 앞에서 그 짐을 어깨에 메고 밤길을 떠나라. 너는 얼굴을 가려, 다시는 못 볼 것에 네 시선이 가지 않게 하여라. 나는 너를 이스라엘 가문에 보여주는 표징으로 삼을 것이다."

7 나는 그분이 명령하시는 대로 했다. 내 물건을 한데 모아서 모두가 잘 볼 수 있도록 길거리에 내다 놓고, 포로로 잡혀가는 사람처럼 그것을 한 묶음으로 꾸렸다. 그리고 해가 저물녘에 내 손으로 성벽에 구멍을 내었다. 어둠이 내릴 무렵, 나는 사람들이 지켜보는 앞에서 어깨에 짐을 짊어지고 길을 떠났다.

8-10 다음 날 아침에 하나님께서 내게 말씀하셨다. "사람의 아들아, 반역자 이스라엘의 무리 중에 '대체 지금 뭐하는 거요?' 하고 누가 네게 묻거든, 그들에게 말하여라. '주 하나님께서 말씀하신다. 이는 예루살렘의 왕 시드기야에 관한 메시지다. 이는 또한 이스라엘 백성 전체에 관한 메시지이기도 하다.'

11 그들에게 말하여라. '나는 지금 너희를 위해 그림을 그리고 있다. 내가 지금 하는 이 일을, 이스라엘의 모든 백성이 하게 될 것이다. 그들 모두가 포로로 잡혀 끌려갈 것이다.'

12-15 시드기야 왕은 어두운 밤에 자기 짐 꾸러미를 어깨에 짊어지고 떠날 것이다. 그는 성벽에 구멍을 뚫고, 다시는 못 볼 땅을 보지 않으려고 얼굴을 가릴 것이다. 그러나 나는 그가 붙잡혀 바빌론으로 끌려가게 만들 것이다. 그는 눈이 멀어, 그 땅을 보지도 못하고 살다가 거기서 죽을 것이다. 내가 그의 탈출을 도운 자들과 그의 군대를 사방으로 흩어 버릴 것이며, 많은 자들이 전장에서 죽을 것이다. 내가 사람들을 여러 나라로 흩어 버릴 것이며, 그때에야 그들은 내가 하나님인 줄 알게 될 것이다.

16 나는 그들 가운데 얼마를 살려 두어 살육과 굶주림과 죽을병을 피하게 하고, 이방 나라에서 그들의 추하고 역겨운 과거 행위들을 고백하면서 살게 할 것이다. 그들은 내가 하나님인 줄 알게 될 것이다."

17-20 하나님의 메시지가 내게 임했다. "사람의 아

watch, a bundle of the bare necessities of someone going into exile, and toward evening leave, just like a person going off into exile. As they watch, dig through the wall of the house and carry your bundle through it. In full sight of the people, put the bundle on your shoulder and walk out into the night. Cover your face so you won't have to look at what you'll never see again. I'm using you as a sign for the family of Israel."

7 I did exactly as he commanded me. I got my stuff together and brought it out in the street where everyone could see me, bundled it up the way someone being taken off into exile would, and then, as the sun went down, made a hole in the wall of the house with my hands. As it grew dark and as they watched, I left, throwing my bundle across my shoulders.

8-10 The next morning GOD spoke to me: "Son of man, when anyone in Israel, that bunch of rebels, asks you, 'What are you doing?' Tell them, 'GOD, the Master, says that this Message especially concerns the prince in Jerusalem – Zedekiah – but includes all the people of Israel.'

11 "Also tell them, 'I am drawing a picture for you. As I am now doing, it will be done to all the people of Israel. They will go into exile as captives.'

12-15 "The prince will put his bundle on his shoulders in the dark and leave. He'll dig through the wall of the house, covering his face so he won't have to look at the land he'll never see again. But I'll make sure he gets caught and is taken to Babylon. Blinded, he'll never see that land in which he'll die. I'll scatter to the four winds those who helped him escape, along with his troops, and many will die in battle. They'll realize that I am GOD when I scatter them among foreign countries.

16 "I'll permit a few of them to escape the killing, starvation, and deadly sickness so that they can confess among the foreign countries all the disgusting obscenities they've been involved in. They will realize that I am GOD."

17-20 GOD's Message came to me: "Son of man, eat

들아, 너는 벌벌 떨며 음식을 먹고, 두려워하며 물을 마셔라. 이 땅의 백성에게, 예루살렘과 이스라엘에 사는 모두에게 하나님의 메시지를 전하여라. '너희는 벌벌 떨며 음식을 먹고, 겁에 질린 채 물을 마시게 될 것이다. 이 땅을 폭행으로 뒤덮은 일에 대한 벌로, 너희 땅이 황폐해질 것이기 때문이다. 모든 성읍과 마을이 텅텅 비고, 밭들도 황무지가 될 것이다. 그제야 너희는 내가 하나님인 줄 알게 될 것이다.'"

21-22 하나님의 메시지가 내게 임했다. "사람의 아들아, 이스라엘 땅에 '세상은 늘 그대로다. 예언자들의 경고는 공연한 헛소리에 불과하다'는 말이 돌고 있다니, 어찌 된 일이냐?

23-25 그들에게 말하여라. '주 하나님께서 말씀하신다. 이 말은 곧 종적을 감추게 될 것이다!'
그들에게 말하여라. '시간이 다 되었다. 이제 곧 모든 경고가 실현될 것이다. 거짓 경보와 안일한 설교는 더 이상 이스라엘에 발붙일 수 없다. 나 하나님이 나서서 말할 것이다. 내가 말하면, 그대로 이루어진다. 어떤 말이든 지체 없이 이루어진다. 너희 반역자들아, 나는 내가 말하는 것을 곧 이룰 것이다!' 주 하나님의 포고다."

26-28 하나님의 메시지가 내게 임했다. "사람의 아들아, '그 예언자의 경고는 먼 훗날에 대한 것이다', '그는 먼 장래에 대해 말하는 것이다'라는 말이 들리느냐? 이스라엘에게 말하여라. '주 하나님께서 말씀하신다. "나의 말은 무엇이든 지체 없이 이루어진다. 내가 말하는 것은 그대로 이루어진다."' 주 하나님의 포고다."

거짓 예언자들

13 1-2 하나님의 메시지가 내게 임했다. "사람의 아들아, 제 머리로 무언가를 지어내고 그것을 일컬어 '예언'이라고 떠드는 이스라엘 예언자들을 대적하여 말씀을 전하여라.

2-6 그들에게 진짜 예언의 말씀을 전해 주어라. 너는 이렇게 말하여라. '하나님의 메시지를 들어라! 주 하나님께서 제멋대로 떠드는 무지몽매한 예언자들에게 재앙을 선언하신다! 이스라엘아, 너희 예언자들은 먹이를 찾아 폐허를 배회하는 여우와 같다. 그들은 도성 방어벽을 보수하는 일

your meals shaking in your boots, drink your water trembling with fear. Tell the people of this land, everyone living in Jerusalem and Israel, GOD's Message: 'You'll eat your meals shaking in your boots and drink your water in terror because your land is going to be stripped bare as punishment for the brutality rampant in it. All the cities and villages will be emptied out and the fields destroyed. Then you'll realize that I am GOD.'"

21-22 GOD's Message came to me: "Son of man, what's this proverb making the rounds in the land of Israel that says, 'Everything goes on the same as ever; all the prophetic warnings are false alarms'?

23-25 "Tell them, 'GOD, the Master, says, This proverb's going to have a short life!'
"Tell them, 'Time's about up. Every warning is about to come true. False alarms and easygoing preaching are a thing of the past in the life of Israel. I, GOD, am doing the speaking. What I say happens. None of what I say is on hold. What I say, I'll do—and soon, you rebels!' Decree of GOD the Master."

26-28 GOD's Message came to me: "Son of man, do you hear what Israel is saying: that the alarm the prophet raises is for a long time off, that he's preaching about the far-off future? Well, tell them, 'GOD, the Master, says, "Nothing of what I say is on hold. What I say happens."' Decree of GOD, the Master."

People Who Love Listening to Lies

13 1-2 GOD's Message came to me: "Son of man, preach against the prophets of Israel who are making things up out of their own heads and calling it 'prophesying.'

2-6 "Preach to them the real thing. Tell them, 'Listen to *GOD's* Message!' GOD, the Master, pronounces doom on the empty-headed prophets who do their own thing and know nothing of what's going on! Your prophets, Israel, are like jackals scavenging through the ruins. They haven't lifted

에 손가락 하나 까딱하지 않으며, 하나님의 심판 날을 맞는 이스라엘을 도우려는 생각이 전혀 없는 자들이다. 그들이 하는 일이란, 듣기 좋은 말로 망상을 심어 주고 거짓을 설교하는 것이 전부다. 그들은 입만 열면 '하나님께서 말씀하시기를' 하고 되뇌이지만, 나 하나님은 그들에게 눈길 한번 준 적이 없다. 그런데도 그들은 자신들의 말이 이루어지기를 기다린다.

7-9 너희는 순전히 잠꼬대 같은 소리를 지껄이고 있지 않느냐? 내가 너희에게 말한 적이 없는데도 '하나님께서 말씀하시기를' 운운하는 너희 설교는 새빨간 거짓말이 아니고 무엇이냐? 이제 기억하여라. 주 하나님의 메시지다. 하나님이 준 환상 대신에 제멋대로 본 망상을 퍼뜨리고, 설교를 이용해 거짓을 말하는 예언자들을 내가 철천지원수로 여길 것이다. 그들을 내 백성의 공회에서 추방시키고, 이스라엘 명부에서 이름을 빼며, 이스라엘 땅에 출입하지 못하게 할 것이다. 그제야 너희는 내가 주 하나님인 줄 알게 될 것이다.

10-12 그들은 내 백성을 속였다. 상황을 무시하고 '다 괜찮다. 아무 문제없다'고 말했다. 그들은 사람들이 담을 세우면, 뒤에 서 있다가 그 담에 회칠하는 자들이다. 회칠하는 자들에게 말하여라. '폭우가 내리고 우박이 쏟아지고 폭풍이 휩쓸어 담이 무너지면, 보기 좋으라고 처바른 그 회칠이 대체 무슨 소용이 있겠느냐?'

13-14 앞으로 일어날 일이 바로 그와 같다. 나 주 하나님이 말한다. '나는 내 진노의 폭풍을 일으킬 것이다. 분노의 우박을 억수같이 쏟아부을 것이다. 너희가 회칠한 그 담을 내가 쓰러뜨리리라. 완전히 무너뜨려 기초만 덩그러니 남게 할 것이다. 그것이 무너져 내리는 날, 너희도 다 같이 망하여 죽을 것이다. 그제야 너희는 내가 하나님인 줄 알게 될 것이다.

15-16 내가 그 담과, 거기에 회칠한 자들에게 나의 진노를 쏟아부을 것이다. 그들에게 말하리라. "담이 무너졌구나. 공들여 회칠을 했는데 헛수고였구나." 내 경고를 무시하고 다 괜찮다며, 예루살렘에게 제멋대로 자기 환상을 전한 이스라엘의 예언자들에게, 내가 그렇게 말할 것이다. 주 하나님의 포고다.'

17-19 사람의 아들아, 자기 멋대로 말을 지어내는 여예언자들을 대적하여라. 그들과 맞서라. 마법의 팔찌나 이 사람 저 사람 구미에 맞는 머리 너

a finger to repair the defenses of the city and have risked nothing to help Israel stand on GOD's Day of Judgment. All they do is fantasize comforting illusions and preach lying sermons. They say 'GOD says...' when GOD hasn't so much as breathed in their direction. And yet they stand around thinking that something they said is going to happen.

7-9 "Haven't you fantasized sheer nonsense? Aren't your sermons tissues of lies, saying 'GOD says...' when I've done nothing of the kind? Therefore—and this is the Message of GOD, the Master, remember—I'm dead set against prophets who substitute illusions for visions and use sermons to tell lies. I'm going to ban them from the council of my people, remove them from membership in Israel, and outlaw them from the land of Israel. Then you'll realize that I am GOD, the Master.

10-12 "The fact is that they've lied to my people. They've said, 'No problem; everything's just fine,' when things are not at all fine. When people build a wall, they're right behind them slapping on whitewash. Tell those who are slapping on the whitewash, 'When a torrent of rain comes and the hailstones crash down and the hurricane sweeps in and the wall collapses, what's the good of the whitewash that you slapped on so liberally, making it look so good?'

13-14 "And that's exactly what will happen. I, GOD, the Master, say so: 'I'll let the hurricane of my wrath loose, a torrent of my hailstone-anger. I'll make that wall you've slapped with whitewash collapse. I'll level it to the ground so that only the foundation stones will be left. And in the ruin you'll all die. You'll realize then that I am GOD.

15-16 "'I'll dump my wrath on that wall, all of it, and on those who plastered it with whitewash. I will say to them, There is no wall, and those who did such a good job of whitewashing it wasted their time, those prophets of Israel who preached to Jerusalem and announced all their visions telling us things were just fine when they weren't at all fine. Decree of GOD, the Master.'

17-19 "And the women prophets—son of man, take your stand against the women prophets who make up stuff out of their own minds. Oppose them. Say

울을 만들어 영혼을 덫에 걸리게 하는 그 여자들에게 '화가 있으리라' 말하여라. 또 이렇게 말하여라. '너희가 내 백성의 영혼을 죽이려 하느냐? 부와 인기를 얻겠다고 사람의 영혼을 이용하느냐? 너희는 성공을 위해 내 백성 앞에서 나를 욕되게 했고, 사람들의 호감을 얻기 위해 나를 이용했다. 죽어서는 안될 영혼들을 죽였고, 살아서는 안될 영혼들을 살려 주었다. 너희는 속기 좋아하는 백성을 속여 넘겼다.'

20-21 하나님이 말한다. '나는 영혼을 사냥하는 데 사용하는 네 모든 도구와 기술을 그냥 두지 않을 것이다. 너희 손에서 그것들을 빼앗을 것이다. 너희가 사로잡으려 했던 영혼들을 내가 풀어 줄 것이다. 너희 마술 팔찌와 너울을 갈기갈기 찢어 버리고, 너희의 마수에서 내 백성을 건져 내어, 그들이 더 이상 희생되지 않게 할 것이다. 그제야 너희는 내가 하나님인 줄 알게 될 것이다.

22-23 이제 너희는 끝장이다. 너희는 선량하고 순진무구한 이들을 거짓말로 속여 혼돈과 혼란에 빠뜨렸다. 사람들이 악을 저지르도록 거들고, 그들이 내게 돌아와 구원받을 생각을 아예 하지 못하게 만들었다. 그러나 망상을 팔고, 거짓을 설교하던 짓은 이제 끝이다. 내가 내 백성을 너희의 마수에서 건져 낼 것이다. 그제야 너희는 내가 하나님인 줄 알게 될 것이다.'"

마음속에 우상을 들여놓은 사람들아

14 1-5 이스라엘의 지도자 몇 사람이 다가와서 내 앞에 앉았다. 하나님의 메시지가 내게 임했다. "사람의 아들아, 이 백성은 마음속에 우상을 들여놓았다. 자신을 파멸시킬 악독을 품고 산다. 그런 자들의 기도에 내가 왜 마음을 써야 하느냐? 그러니 그들에게 말하여라. '주 하나님의 메시지다. 마음속에 우상을 들여놓고 자신을 파멸시킬 악독을 품고 살면서, 뻔뻔스럽게 예언자를 찾아오는 이스라엘 사람들아, 모두 주목하여라. 잡다한 우상들을 질질 끌며 나오는 그들에게, 나 하나님이 직접 나서서 대답하겠다. 나는 이스라엘 족속의 마음, 나를 떠나 우상들에게 간 그들의 마음을 손볼 것이다.'

6-8 그러므로, 이스라엘 족속에게 말하여라. '주 하나님께서 말씀하신다. 회개하여라! 너희 우상들에게서 돌아서라. 역겹기 그지없는 짓들에서 돌아서라. 이스라엘에 사는 거류민과 이스라엘

'Doom' to the women who sew magic bracelets and head scarves to suit every taste, devices to trap souls. Say, 'Will you kill the souls of my people, use living souls to make yourselves rich and popular? You have profaned me among my people just to get ahead yourselves, used me to make yourselves look good–killing souls who should never have died and coddling souls who shouldn't live. You've lied to people who love listening to lies.'

20-21 "Therefore GOD says, 'I am against all the devices and techniques you use to hunt down souls. I'll rip them out of your hands. I'll free the souls you're trying to catch. I'll rip your magic bracelets and scarves to shreds and deliver my people from your influence so they'll no longer be victimized by you. That's how you'll come to realize that I am GOD.

22-23 "'Because you've confounded and confused good people, unsuspecting and innocent people, with your lies, and because you've made it easy for others to persist in evil so that it wouldn't even dawn on them to turn to me so I could save them, as of now you're finished. No more delusion-mongering from you, no more sermonic lies. I'm going to rescue my people from your clutches. And you'll realize that I am GOD.'"

Idols in Their Hearts

14 1-5 Some of the leaders of Israel approached me and sat down with me. GOD's Message came to me: "Son of Man, these people have installed idols in their hearts. They have embraced the wickedness that will ruin them. Why should I even bother with their prayers? Therefore tell them, 'The Message of GOD, the Master: All in Israel who install idols in their hearts and embrace the wickedness that will ruin them and still have the gall to come to a prophet, be on notice: I, GOD, will step in and personally answer them as they come dragging along their mob of idols. I am ready to go to work on the hearts of the house of Israel, all of whom have left me for their idols.'

6-8 "Therefore, say to the house of Israel: 'GOD, the Master, says, Repent! Turn your backs on your no-god idols. Turn your backs on all your outra-

족속 모두에게—내게 등을 돌리고 우상을 품고 사는 자들과, 자신을 파멸시킬 악독을 삶의 중심에 들여놓고 살면서 뻔뻔스럽게도 예언자를 찾아와 내게 묻는 모든 자들에게—나 하나님이 직접 나서서 대답하겠다. 나는 그들을 정면으로 대적하여 본때를 보여주고 그들을 없애 버릴 것이다. 그제야 너희는 내가 하나님인 줄 알게 될 것이다.

9-11 만일 어떤 예언자가 우상숭배자들에게 현혹되어 그들이 듣고 싶어 하는 거짓을 말하면, 그로 인해 나 하나님이 비난을 받게 된다. 그는 그 책임을 면치 못할 것이다. 나는 그의 목덜미를 잡아 밖으로 내칠 것이다. 그 예언자나 그를 찾아가는 자들이나, 모두 유죄 판결을 받을 것이다. 이는 이스라엘 족속이 다시는 내 길에서 벗어나서 헤매거나 반역죄로 자신을 더럽히지 않고, 내가 그들의 하나님이듯 그들이 나의 백성이 되게 하려는 것이다. 주 하나님의 포고다.'"

12-14 하나님의 메시지가 내게 임했다. "사람의 아들아, 어떤 나라가 나를 반역하고 죄를 지어, 내가 손을 펴서 기근으로 그 나라의 양식이 동나게 하고 사람과 짐승 모두를 쓸어버린다고 하자. 그럴 경우에, 노아와 다니엘과 욥이—그 훌륭한 세 사람이—살아 있다고 해도, 그들은 그 나라에 사는 자들에게 아무 도움이 되지 못할 것이다. 그 세 사람의 의는 그들 셋의 목숨만 구할 수 있을 뿐이다." 주 하나님의 포고다.

15-16 "내가 들짐승을 풀어 그 나라를 활보하게 만들어, 모든 사람이 떠나고 나라 전체가 황무지가 되어 아무도 거기 들어가지 못한다고 하자. 살아 있는 나 하나님을 두고 맹세하는데, 그때 그 세 사람이 살아 있다고 해도, 오직 그들 셋만 구원받을 것이다. 그들의 아들과 딸들도 구원받지 못하고, 나라는 황무지가 될 것이다.

17-18 내가 그 나라에 전쟁을 일으켜 '살육 개시!' 하고 명령을 내려서 사람과 짐승을 다 죽게 만든다고 하자. 살아 있는 나 하나님을 두고 맹세하는데, 그때 그 세 사람이 살아 있다고 해도, 오직 그들 셋만 구원받을 뿐 아들과 딸들은 구원받지 못할 것이다.

19-20 내가 그 나라에 몹쓸 전염병을 보내고 살인적인 진노를 쏟아서 사람과 짐승을 다 죽게 만든다고 하자. 살아 있는 나 하나님을 두고 맹세하

geous obscenities. To every last person from the house of Israel, including any of the resident aliens who live in Israel—all who turn their backs on me and embrace idols, who install the wickedness that will ruin them at the center of their lives and then have the gall to go to the prophet to ask me questions—I, GOD, will step in and give the answer myself. I'll oppose those people to their faces, make an example of them—a warning lesson—and get rid of them so you will realize that I am GOD.

9-11 "'If a prophet is deceived and tells these idolaters the lies they want to hear, I, GOD, get blamed for those lies. He won't get by with it. I'll grab him by the scruff of the neck and get him out of there. They'll be equally guilty, the prophet and the one who goes to the prophet, so that the house of Israel will never again wander off my paths and make themselves filthy in their rebellions, but will rather be my people, just as I am their God. Decree of GOD, the Master.'"

12-14 GOD's Message came to me: "Son of man, when a country sins against me by living faithlessly and I reach out and destroy its food supply by bringing on a famine, wiping out humans and animals alike, even if Noah, Daniel, and Job—the Big Three—were alive at the time, it wouldn't do the population any good. Their righteousness would only save their own lives." Decree of GOD, the Master.

15-16 "Or, if I make wild animals go through the country so that everyone has to leave and the country becomes wilderness and no one dares enter it anymore because of the wild animals, even if these three men were living there, as sure as I am the living God, neither their sons nor daughters would be rescued, but only those three, and the country would revert to wilderness.

17-18 "Or, if I bring war on that country and give the order, 'Let the killing begin!' leaving both people and animals dead, even if those three men were alive at the time, as sure as I am the living God, neither sons nor daughters would be rescued, but only these three.

19-20 "Or, if I visit a deadly disease on that country,

는데, 그때 노아와 다니엘과 욥이 살아 있다고 해도, 아들이나 딸 하나라도 더 구원받지 못할 것이다. 오직 그들 셋만 자신의 의로 말미암아 구원받을 것이다."

21-23 주 하나님께서 말씀하신다. "이것은 그림이다. 내가 네 가지 재앙—전쟁과 기근과 들짐승과 전염병—으로 예루살렘을 심판하여 사람과 짐승을 모두 죽일 때 일어날 일이다. 그러나 보아라! 믿기지 않겠지만, 살아남을 자들이 있을 것이다. 그들의 아들과 딸들 가운데 얼마가 구원을 받을 것이다. 그들이 살아서 너희에게 오고 너희가 그들의 구원을 목도하게 될 때에, 너희는 구원받은 그들이 어떻게 살았는지 직접 확인하게 될 것이다. 그러면 너희는 내가 예루살렘에 내린 혹독한 심판이 진실로 마땅한 것이요, 반드시 필요한 일이었음을 알게 될 것이다. 그렇다. 그들이 어떻게 살아왔는지 자세히 알게 되면, 너희 마음도 풀릴 것이다. 너희는 내가 예루살렘에서 행한 모든 일이 공연한 일이 아니었음을 알게 될 것이다." 주 하나님의 포고다.

땔감으로나 쓰일 예루살렘

15 1-3 하나님의 메시지가 내게 임했다. "사람의 아들아, 포도나무와 그 가지가 숲에 널린 다른 나무보다 무엇이 나으냐? 포도나무로 무엇을 만들 수 있겠느냐? 물건을 걸어 둘 못 하나라도 만들 수 있겠느냐?

4 기껏해야 땔감으로나 쓰일 뿐이다. 불에 던져 넣었다가 다시 꺼낸 그 나무 쪼가리를 보아라. 양쪽 끝은 타서 없어지고, 가운데 부분은 시커멓게 그을렸다. 그것을 무엇에 쓰겠느냐?

5 아무 쓸데가 없다. 성했을 때도 쓸모가 없었는데, 반쯤 타 버린 것을 대체 무엇에 쓰겠느냐?

6-8 그러므로 주 하나님의 메시지다. 나는 숲의 나무 중에서 포도나무를 골라 땔감으로 쓰는 것처럼 예루살렘 주민을 다룰 것이다. 내가 그들을 철천지원수로 여길 것이다. 전에 한번 불에 그을렸던 그들이지만, 그 불이 다시 한번 그들을 사를 것이다. 내가 그들을 대적하는 날에, 너희는 내가 하나님인 줄 알게 될 것이다. 내가 이 나라를 황무지로 바꿔 놓을 것이다. 그들이 내게 반역했기 때문이다." 주 하나님의 포고다.

pouring out my lethal anger, killing both people and animals, and Noah, Daniel, and Job happened to be alive at the time, as sure as I am the living God, not a son, not a daughter, would be rescued. Only these three would be delivered because of their righteousness.

21-23 "Now then, that's the picture," says GOD, the Master, "once I've sent my four catastrophic judgments on Jerusalem—war, famine, wild animals, disease—to kill off people and animals alike. But look! Believe it or not, there'll be survivors. Some of their sons and daughters will be brought out. When they come out to you and their salvation is right in your face, you'll see for yourself the life they've been saved from. You'll know that this severe judgment I brought on Jerusalem was worth it, that it had to be. Yes, when you see in detail the kind of lives they've been living, you'll feel much better. You'll see the reason behind all that I've done in Jerusalem." Decree of GOD, the Master.

Used as Fuel for the Fire

15 1-3 GOD's Message came to me: "Son of man, how would you compare the wood of a vine with the branches of any tree you'd find in the forest? Is vine wood ever used to make anything? Is it used to make pegs to hang things from?

4 "I don't think so. At best it's good for fuel. Look at it: A flimsy piece of vine, thrown in the fire and then rescued—the ends burned off and the middle charred. Now is it good for anything?

5 "Hardly. When it was whole it wasn't good for anything. Half-burned is no improvement. What's it good for?

6-8 "So here's the Message of GOD, the Master: Like the wood of the vine I selected from among the trees of the forest and used as fuel for the fire, just so I'll treat those who live in Jerusalem. I am dead set against them. Even though at one time they got out of the fire charred, the fire's going to burn them up. When I take my stand against them, you'll realize that I am GOD. I'll turn this country into a wilderness because they've been faithless." Decree of GOD, the Master.

미모에 취해 자만한 예루살렘

16 1-3 하나님의 메시지가 내게 임했다. "사람의 아들아, 예루살렘이 벌인 어이없는 행각을 깨우쳐 주어라. 이렇게 말하여라. '예루살렘을 향한 주 하나님의 메시지다. 너는 가나안 사람들 사이에서 태어나고 자랐다. 네 아버지는 아모리 사람이고, 네 어머니는 헷 사람이다.

4-5 네가 태어난 날, 아무도 네 탯줄을 잘라 주지 않았고, 아무도 너를 목욕시켜 주지 않았다. 그날에 아무도 네 몸을 소금으로 문질러 주지 않았고, 아무도 너를 포대기로 감싸 주지 않았다. 너를 돌봐 준 사람이 아무도 없었다. 너를 따뜻이 보살펴 준 사람이 아무도 없었다. 너는 씻지 못한 더러운 모습 그대로 빈터에 버려졌다. 너는 버림받은 신생아였다.

6-7 바로 그때, 내가 그곳을 지나다가 비참하기 그지없는 핏덩어리인 너를 보았다. 그렇다. 위험하고 불결한 곳에 누워 있는 너를 보며 내가 말했다. "살아라! 들판의 초목처럼 자라라!" 그러자 나의 말대로, 너는 자랐다. 키가 자라고, 가슴 봉긋하여 긴 머리 휘날리는 성숙한 여인이 되었다. 그러나 너는 여전히 벌거벗은 채로 있었다.

8-14 내가 다시 지나다가 너를 보니, 너는 이제 사랑할 나이, 연인을 만날 나이가 되었다. 나는 너를 거두어 보살피고 옷을 입혀 주었다. 너를 보호해 주었다. 네게 사랑을 약속하고 너와 혼인 언약을 맺었다. 나 주 하나님이 네게 서약했다. 너는 내 것이 되었다. 내가 너를 목욕시켜 네 몸의 해묵은 핏자국을 씻겨 주고, 향기로운 기름을 발라 주었다. 네게 화려한 가운을 입히고 발에는 가죽신을 신겼다. 네게 모시옷과 값비싼 옷감으로 만든 최고급 옷을 입혀 주었다. 나는 너를 보석으로 아름답게 꾸몄다. 네 손목에 팔찌를 끼워 주고, 목걸이와 취옥 반지와 청보석 귀걸이와 다이아몬드 관으로 장식했다. 너는 모든 진귀하고 아름다운 것들을 받아 누렸다. 우아한 옷을 걸치고 꿀과 기름이 곁들여진 산해진미를 즐겼다. 너는 정말이지 대단했다. 너는 여왕이었다! 세계에 이름을 알린 너는 내 장신구로 단장한 완벽한 미인, 전설적인 미인이 되었다. 주 하나님의 포고다.

15-16 그러나 너는 네 미모에 취해 자만해지면서, 결국 길거리의 아무 남자나 붙들고 침실로 가

Your Beauty Went to Your Head

16 1-3 GOD's Message came to me: "Son of man, confront Jerusalem with her outrageous violations. Say this: 'The Message of GOD, the Master, to Jerusalem: You were born and bred among Canaanites. Your father was an Amorite and your mother a Hittite.

4-5 "'On the day you were born your umbilical cord was not cut, you weren't bathed and cleaned up, you weren't rubbed with salt, you weren't wrapped in a baby blanket. No one cared a fig for you. No one did one thing to care for you tenderly in these ways. You were thrown out into a vacant lot and left there, dirty and unwashed—a newborn nobody wanted.

6-7 "'And then I came by. I saw you all miserable and bloody. Yes, I said to you, lying there helpless and filthy, "Live! Grow up like a plant in the field!" And you did. You grew up. You grew tall and matured as a woman, full-breasted, with flowing hair. But you were naked and vulnerable, fragile and exposed.

8-14 "'I came by again and saw you, saw that you were ready for love and a lover. I took care of you, dressed you and protected you. I promised you my love and entered the covenant of marriage with you. I, GOD, the Master, gave my word. You became mine. I gave you a good bath, washing off all that old blood, and anointed you with aromatic oils. I dressed you in a colorful gown and put leather sandals on your feet. I gave you linen blouses and a fashionable wardrobe of expensive clothing. I adorned you with jewelry: I placed bracelets on your wrists, fitted you out with a necklace, emerald rings, sapphire earrings, and a diamond tiara. You were provided with everything precious and beautiful: with exquisite clothes and elegant food, garnished with honey and oil. You were absolutely stunning. You were a queen! You became world-famous, a legendary beauty brought to perfection by my adornments. Decree of GOD, the Master.

15-16 "'But your beauty went to your head and you became a common whore, grabbing anyone coming down the street and taking him into your bed. You took your fine dresses and made "tents" of them,

는, 흔해 빠진 창녀가 되었다. 너는 네 좋은 옷들로 장막을 만들고, 그곳에서 몸을 팔았다. 결단코 있어서는 안될 일이었다."

병든 영혼아!

17-19 "너는 내가 준 진귀한 보석과 금과 은을 가져다가 네 창녀집을 꾸밀 외설 조각상을 만들었다. 최고급 비단과 무명으로 네 침대를 장식하고, 거기에 나의 향유를 바르고 향을 뿌렸다. 너는 내가 마련해 준 산해진미를—허브와 양념을 곁들인 신선한 빵과 과일을—가져다가 네 창녀집의 별식으로 내놓았다. 네가 그렇게 했다. 주 하나님의 말이다.

20-21 너는 네가 낳은 아들딸들, 나의 자녀인 그 아이들을 죽여 우상에게 제물로 바쳤다. 창녀가 된 것만으로는 충분치 않았더냐? 너는 살인까지 저질렀다. 나의 자녀들을 죽여 우상에게 제물로 바쳤다.

22 입에 담을 수조차 없는 역겨운 짓과 창녀짓을 벌여 온 그 세월 동안, 너는 단 한 번도 네 유아기 때를 돌아본 적이 없었다. 벌거벗은 핏덩이적 시절을 기억하지 않았다.

23-24 이 모든 악행으로도 모자라서, 너는 성읍 광장마다 보란 듯이 창녀집을 세웠다. 화가 임하리라! 네게 화가 있으리라. 주 하나님의 말이다! 너는 붐비는 교차로마다 보란 듯이 창녀집을 차렸고, 지나가는 아무에게나 두 다리를 벌려 음란한 음부를 보였다.

25-27 급기야 너는 국제적으로 창녀짓을 했다. 이집트 사람들과 간통하고, 그들을 찾아다니며 광란의 섹스판을 벌였다. 네 방탕의 정도가 심해질수록, 나의 진노도 커져 갔다. 결국 나는 일어나 네 지경을 축소하고 너를 적들에게 넘겨주어 물어 뜯기게 했다. 너는 아느냐? 네 방탕한 생활은 블레셋 여자들이 보고 경악할 정도였다.

28-29 너는 만족을 모르는 음욕 때문에 앗시리아 사람들과도 간통했다. 그러나 여전히 만족할 줄 몰랐다. 너는 바빌론 사람들, 그 장사치 나라와도 간통했지만, 여전히 만족할 줄 몰랐다.

30-31 병든 영혼아! 이런 짓들을 벌인 너, 가히 창녀 중의 창녀다! 붐비는 교차로마다 보란 듯이 창녀집을 짓고, 동네마다 창녀촌을 세웠다. 그런데 너는 보통 창녀들과 달리 화대를 받지 않았다.

32-34 바람난 여자들은 보통 정부(情夫)에게 선물

using them as brothels in which you practiced your trade. This kind of thing should never happen, never.

What a Sick Soul!

17-19 "'And then you took all that fine jewelry I gave you, my gold and my silver, and made pornographic images of them for your brothels. You decorated your beds with fashionable silks and cottons, and perfumed them with my aromatic oils and incense. And then you set out the wonderful foods I provided–the fresh breads and fruits, with fine herbs and spices, which were my gifts to you–and you served them as delicacies in your whorehouses. That's what happened, says GOD, the Master.

20-21 "'And then you took your sons and your daughters, whom you had given birth to as my children, and you killed them, sacrificing them to idols. Wasn't it bad enough that you had become a whore? And now you're a murderer, killing my children and sacrificing them to idols.

22 "'Not once during these years of outrageous obscenities and whorings did you remember your infancy, when you were naked and exposed, a blood-smeared newborn.

23-24 "'And then to top off all your evil acts, you built your bold brothels in every town square. Doom! Doom to you, says GOD, the Master! At every major intersection you built your bold brothels and exposed your sluttish sex, spreading your legs for everyone who passed by.

25-27 "'And then you went international with your whoring. You fornicated with the Egyptians, seeking them out in their sex orgies. The more promiscuous you became, the angrier I got. Finally, I intervened, reduced your borders and turned you over to the rapacity of your enemies. Even the Philistine women–can you believe it?–were shocked at your sluttish life.

28-29 "'You went on to fornicate with the Assyrians. Your appetite was insatiable. But still you weren't satisfied. You took on the Babylonians, a country of businessmen, and *still* you weren't satisfied.

30-31 "'What a sick soul! Doing all this stuff–the champion whore! You built your bold brothels at

을 받는다. 남자가 창녀에게 화대를 지불하는 것이 일반적이다. 그런데 너는 오히려 정부에게 돈을 건넨다! 너는 사방에서 남자들을 돈 주고 사서 네 침실로 데려온다! 섹스의 대가로 돈을 받는 보통 창녀들과 정반대다. 그들의 호의에 감사하며 돈을 지불한다! 너는 매춘 일마저 변질시켜 놓았다!

35-38 그러므로, 창녀야, 하나님의 메시지를 잘 들어라. 나 주 하나님이 말한다. 문란하기 이를 데 없는 너는 아무 앞에서나 옷을 벗어 네 치부를 자랑하듯 드러내고, 음란한 우상들을 숭배하며, 아이들을 죽여 그것들에게 바쳤다. 그러므로 내가 네 정부들을 모두 불러 모으리라. 네가 쾌락을 위해 이용했던 모든 자들, 네가 좋아했던 자들과 네가 혐오했던 자들을 다 모을 것이다. 내가 그들을 법정에 모아 구경꾼들처럼 너를 둘러싸게 할 것이다. 그리고 벌건 대낮에, 그들 보는 앞에서 내가 너를 발가벗길 것이다. 그러면 그들이 네 진상을 보게 되리라. 나는 간통죄와 살인죄를 물어 네게 벌을 선고할 것이다. 너에게 내 진노의 맛을 보여줄 것이다!

39-41 내가 네 정부들을 다 모으고 그들에게 너를 넘겨줄 것이다. 그들이 네 뻔뻔스런 창녀집과 음란한 산당들을 다 허물어 버릴 것이다. 네 옷을 찢고 네 보석을 빼앗아 너를 발가벗길 것이다. 그러고는 군중을 불러 모을 것이다. 모인 군중이 네게 돌을 던지며 너를 칼로 난도질할 것이다. 그들이 네 집을 불태울 것이다. 모든 여자들이 지켜보는 앞에서 엄중한 심판이 있으리라!

41-42 내가 너의 창녀짓을 완전히 끝장낼 것이다. 돈을 주고 남자들을 침실로 끌어들이는 일은 더 이상 할 수 없다! 그제야 나의 진노가 풀리고 질투가 가라앉을 것이다.

43 네가 어렸을 적 일을 기억하지 않고 이런 짓들로 나를 노하게 했으니, 그 방종의 대가를 톡톡히 치르게 할 것이다. 역겨운 짓에 방탕까지 더해졌으니, 네가 치러야 할 값이 얼마나 크겠느냐?

44-45 속담을 즐겨 사용하는 자라면 "그 어머니에 그 딸"이라고 말할 것이다. 너는 남편과 자식들에게 싫증 내던 네 어머니의 딸이다. 또 너는 남편과 자식들에게 싫증 내던 네 자매 중 하나다. 네 어머니는 헷 사람이

every major intersection, opened up your whorehouses in every neighborhood, but you were different from regular whores in that you wouldn't accept a fee.

32-34 "'Wives who are unfaithful to their husbands accept gifts from their lovers. And men commonly pay their whores. But you pay your lovers! You bribe men from all over to come to bed with you! You're just the opposite of the regular whores who get paid for sex. Instead, you pay men for *their* favors! You even pervert whoredom!

35-38 "'Therefore, whore, listen to GOD's Message: I, GOD, the Master, say, Because you've been unrestrained in your promiscuity, stripped down for every lover, flaunting your sex, and because of your pornographic idols and all the slaughtered children you offered to them, therefore, because of all this, I'm going to get all your lovers together, all those you've used for your own pleasure, the ones you loved and the ones you loathed. I'll assemble them as a courtroom of spectators around you. In broad daylight I'll strip you naked before them–they'll see what you *really* look like. Then I'll sentence you to the punishment for an adulterous woman and a murderous woman. I'll give you a taste of my wrath!

39-41 "'I'll gather all your lovers around you and turn you over to them. They'll tear down your bold brothels and sex shrines. They'll rip off your clothes, take your jewels, and leave you naked and exposed. Then they'll call for a mass meeting. The mob will stone you and hack you to pieces with their swords. They'll burn down your houses. A massive judgment–with all the women watching!

41-42 "'I'll have put a full stop to your whoring life–no more paying lovers to come to your bed! By then my anger will be played out. My jealousy will subside.

43 "'Because you didn't remember what happened when you were young but made me angry with all this behavior, I'll make you pay for your waywardness. Didn't you just exponentially compound your outrageous obscenities with all your sluttish ways?

44-45 "'Everyone who likes to use proverbs will use this one: "Like mother, like daughter." You're the daughter of your mother, who couldn't stand her husband and children. And you're a true sister of your sisters, who couldn't stand their husbands and children. Your

며, 아버지는 아모리 사람이다.

46-48 네 언니는 사마리아다. 그녀는 딸들과 함께 네 북쪽에 살았다. 네 동생은 소돔이며, 딸들과 네 남쪽에 살았다. 너도 그들과 똑같이 살지 않았느냐? 그들처럼 차마 입에 담을 수 없는 역겨운 짓들을 벌이지 않았느냐? 오히려, 너는 그들을 따라잡고 추월했다! 살아 있는 나 하나님을 두고 맹세하며 말한다! 주 하나님의 포고다. 너와 네 딸들이 한 짓들에 비하면 네 동생 소돔과 그 딸들의 소행은 새 발의 피다.

49-50 네 동생 소돔은 자기 딸들과 함께 온갖 사치를 부리며 살았다. 오만했고, 탐욕스러웠으며, 게을렀다. 그들은 압제받는 자와 가난한 이들을 돕지 않았다. 거들먹거렸고 추잡했다. 그들이 결국 어떻게 되었는지 너는 잘 알 것이다. 내가 그들을 아주 없애 버렸다.

51-52 그리고 사마리아. 사마리아의 죄는 네 반만큼도 되지 않는다. 네 역겨운 행위들은 그녀를 훨씬 능가한다. 아니, 네 소행에 비하면 네 두 자매는 선량해 보일 정도다! 정말 그렇다. 너에 비하면 네 자매들은 실로 성인군자들이다. 네 죄가 얼마나 그들을 능가하는지, 그들이 의인으로 보일 지경이다. 부끄럽지 않느냐? 네가 안고 살아야 할 수치다. 역사에 길이 남을 명성이 아니냐. 네 자매들의 죄를 능가하다니!

53-58 그러나 나는 소돔과 그 딸들, 사마리아와 그 딸들의 운명을 뒤집을 것이다. 그리고—잘 들어라—그들과 더불어 네 운명도 그러할 것이다! 어쨌거나 너는 네 수치를 안고 살아야 할 것이다. 네 수치를 마주하고 받아들임으로, 네 두 자매에게 얼마간 위안을 줄 것이다. 네 자매들, 소돔과 그 딸들과 사마리아와 그 딸들은 옛 모습으로 돌아갈 것이요, 너 역시 그러할 것이다. 네가 거들먹거리면서 오만방자하게 동생 소돔을 깔보았던 시절을 기억하느냐? 그때는 네 악행들이 폭로되기 전이었다. 그러나 이제 네가 멸시의 대상이 되었다. 너는 에돔 여자와 블레셋 여자와 주변 모든 자들에게 경멸을 받는 신세가 되었다. 그러나 너는 이 현실을 직시해야 하고, 네 추악한 과거의 수치를 받아들여야 한다. 주 하나님의 포고다.

59-63 주 하나님이 말한다. 네가 내 맹세를 하

mother was a Hittite and your father an Amorite.

46-48 "'Your older sister is Samaria. She lived to the north of you with her daughters. Your younger sister is Sodom, who lived to the south of you with her daughters. Haven't you lived just like they did? Haven't you engaged in outrageous obscenities just like they did? In fact, it didn't take you long to catch up and pass them! As sure as I am the living God!—Decree of GOD, the Master—your sister Sodom and her daughters never even came close to what you and your daughters have done.

49-50 "'The sin of your sister Sodom was this: She lived with her daughters in the lap of luxury—proud, gluttonous, and lazy. They ignored the oppressed and the poor. They put on airs and lived obscene lives. And you know what happened: I did away with them.

51-52 "'And Samaria. Samaria didn't sin half as much as you. You've committed far more obscenities than she ever did. Why, you make your two sisters look good in comparison with what you've done! Face it, your sisters look mighty good compared with you. Because you've outsinned them so completely, you've actually made them look righteous. Aren't you ashamed? But you're going to have to live with it. What a reputation to carry into history: outsinning your two sisters!

53-58 "'But I'm going to reverse their fortunes, the fortunes of Sodom and her daughters and the fortunes of Samaria and her daughters. And—get this—*your* fortunes right along with them! Still, you're going to have to live with your shame. And by facing and accepting your shame, you're going to provide some comfort to your two sisters. Your sisters, Sodom with her daughters and Samaria with her daughters, will become what they were before, and you will become what you were before. Remember the days when you were putting on airs, acting so high and mighty, looking down on sister Sodom? That was before your evil ways were exposed. And now *you're* the butt of contempt, despised by the Edomite women, the Philistine women, and everybody else around. But you have to face it, to accept the shame of your obscene and vile life. Decree of GOD, the Master.

59-63 "'GOD, the Master, says, I'll do to you just as you have already done, you who have treated my oath with contempt and broken the covenant. All the same, I'll

찮게 여기고 나와의 언약을 깨뜨렸으니, 나는 네가 행한 대로 갚아 줄 것이다. 그러나 나는 너와 어렸을 적 맺었던 언약을 기억할 것이며, 너와 영원히 지속될 언약을 맺을 것이다. 너는 후회스러운 네 과거를 기억할 것이며, 네가 너의 두 자매, 언니와 동생을 다시 맞이하게 되는 날, 참으로 참회하게 될 것이다. 내가 그들을 네 딸들로 줄 것이다. 그러나 그들이 네 언약에 참여하게 되는 것은 아니다. 나는 너와 맺은 언약을 굳게 세울 것이고, 그제야 너는 내가 하나님인 줄 알게 되리라. 너는 네 과거를 기억하고 그 수치를 마주하겠지만, 내가 너를 위해 속죄를 행하고 네 모든 소행에도 불구하고 모든 것을 바로잡아 줄 것이다. 그날 너는 차마 입을 열지 못할 것이다.'" 주 하나님의 포고다.

독수리와 포도나무 비유

17 1-6 하나님의 메시지가 내게 임했다. "사람의 아들아, 이스라엘 족속을 위해 수수께끼를 하나 내어라. 그들에게 이야기를 들려주어라. '주 하나님께서 말씀하신다.

큰 날개와 기다란 깃털을 가진
커다란 독수리 한 마리가,
화려한 빛깔의 날개를 활짝 펴고
레바논에 날아왔다.
독수리는 어느 백향목 꼭대기를 꺾고
그 가장 위쪽 순을 잘라서,
그것을 무역상들의 땅에 가져가
어느 상인들의 도성에 내려놓았다.
그리고 그 땅에서 난 순을 하나 따서,
강둑에 버드나무를 심듯
넉넉한 물가 비옥한 땅에 심었다.
순에 싹이 돋고 가지가 무성해져,
땅에 낮게 퍼지는 포도나무가 되었다.
그 포도나무 가지들이 독수리를 향해 뻗어 올라갔고,
뿌리는 땅속 깊숙이 뻗어 내렸다.
덩굴이 쭉쭉 뻗고
가지는 쑥쑥 자라났다.

7-8 큰 날개와 무성한 깃털을 가진
또 다른 커다란 독수리가 있었다.
그런데 이 포도나무가
멀리 있는 그 독수리로부터
물을 얻으려고,
심겨졌던 땅에서

remember the covenant I made with you when you were young and I'll make a new covenant with you that will last forever. You'll remember your sorry past and be properly contrite when you receive back your sisters, both the older and the younger. I'll give them to you as daughters, but not as participants in your covenant. I'll firmly establish my covenant with you and you'll know that I am GOD. You'll remember your past life and face the shame of it, but when I make atonement for you, make everything right after all you've done, it will leave you speechless.'" Decree of GOD, the Master.

The Great Tree Is Made Small and the Small Tree Great

17 1-6 GOD's Message came to me: "Son of man, make a riddle for the house of Israel. Tell them a story. Say, 'GOD, the Master, says:

"'A great eagle
with a huge wingspan and long feathers,
In full plumage and bright colors,
came to Lebanon
And took the top off a cedar,
broke off the top branch,
Took it to a land of traders,
and set it down in a city of shopkeepers.
Then he took a cutting from the land
and planted it in good, well-watered soil,
like a willow on a riverbank.
It sprouted into a flourishing vine,
low to the ground.
Its branches grew toward the eagle
and the roots became established—
A vine putting out shoots,
developing branches.

7-8 "There was another great eagle
with a huge wingspan and thickly feathered.
This vine sent out its roots toward him
from the place where it was planted.
Its branches reached out to him
so he could water it

그를 향해 뿌리를 뻗고,
가지들도 그를 향해 뻗어 갔다.
이 포도나무를 넉넉한 물가 비옥한 땅에 심은 것은,
가지를 내고 열매를 맺어
귀한 포도나무가 되게 하려는 것이었다.

9-10 주 하나님이 말한다.
그 포도나무가 과연 잘 자라겠느냐?
그 독수리가 뿌리째 뽑아 버려,
열매는 썩고
가지도 다 시들어
말라 죽은 포도나무가 되지 않겠느냐?
그런 포도나무를 뽑아 버리는 데는
힘이 많이 들지 않고, 손도 많이 필요 없다.
설령 다른 곳으로 옮겨 심는다 한들,
과연 잘 자라겠느냐?
뜨거운 동풍이 불어오면
시들어 버리지 않겠느냐?
심겨진 곳에서 말라 버려,
멀리 날려 가지 않겠느냐?'"

11-12 하나님의 메시지가 내게 임했다. "저 반역
자 족속에게 말하여라. '알아들었느냐? 이 이야
기가 무엇을 뜻하는지 알겠느냐?'
12-14 그들에게 말하여라. '바빌론 왕이 예루살
렘에 와서 왕과 지도자들을 바빌론으로 끌고 갔
다. 그가 왕족 중에 하나를 데려다 언약을 맺고,
그에게 충성을 맹세하게 했다. 바빌론 왕은 고
위급 인사 전부를 포로로 붙잡아 갔는데, 그것
은 이 나라를 무력한—허튼 생각을 할 수 없는
—상태로 만들어, 언약을 지켜야만 살 수 있게
하려는 것이었다.
15 그런데 그가 반역을 했고, 이집트에 사절을
보내 군마와 대군을 청했다. 이 일이 성공할 수
있으리라고 보느냐? 이렇게 하고도 너희가 무사
할 것 같으냐? 언약을 깨뜨리고도 벌을 면할 수
있겠느냐?
16-18 살아 있는 나 하나님을 두고 맹세하는데,
충성서약과 언약을 깨뜨린 왕은 그 나라 바빌론
에서 죽을 것이다. 바빌론이 도성을 포위 공격
하고 그 안의 모든 사람을 쳐죽일 때, 바로는 큰
대군을 갖고도 그 왕을 돕기 위해 손가락 하나
까딱하지 않을 것이다. 이것은 그가 엄숙히 맹

from a long distance.
It had been planted
in good, well-watered soil,
And it put out branches and bore fruit,
and became a noble vine.

9-10 "'GOD, the Master, says,
Will it thrive?
Won't he just pull it up by the roots
and leave the grapes to rot
And the branches to shrivel up,
a withered, dead vine?
It won't take much strength
or many hands to pull it up.
Even if it's transplanted,
will it thrive?
When the hot east wind strikes it,
won't it shrivel up?
Won't it dry up and blow away
from the place where it was planted?'"

11-12 GOD's Message came to me: "Tell this house
of rebels, 'Do you get it? Do you know what this
means?'
12-14 "Tell them, 'The king of Babylon came to
Jerusalem and took its king and its leaders back to
Babylon. He took one of the royal family and made
a covenant with him, making him swear his loyalty.
The king of Babylon took all the top leaders into
exile to make sure that this kingdom stayed weak—
didn't get any big ideas of itself—and kept the
covenant with him so that it would have a future.
15 "'But he rebelled and sent emissaries to Egypt
to recruit horses and a big army. Do you think
that's going to work? Are they going to get by with
this? Does anyone break a covenant and get off
scot-free?
16-18 "'As sure as I am the living God, this king who
broke his pledge of loyalty and his covenant will die
in that country, in Babylon. Pharaoh with his big
army—all those soldiers!—won't lift a finger to fight
for him when Babylon sets siege to the city and
kills everyone inside. Because he broke his word
and broke the covenant, even though he gave his

세한 바를 어기고 언약을 깨뜨리면서 이 같은 일을 서슴지 않았기 때문이다. 그 왕은 절대 무사하지 못할 것이다.

19-21 그러므로, 주 하나님이 말한다. 살아 있는 나 하나님을 두고 맹세하는데, 나의 맹세를 업신여기고 나의 언약을 깨뜨린 그 왕은 대가를 톡톡히 치를 것이다. 내가 추격대를 보내어 그를 붙잡으리라. 그를 바빌론으로 데려가 재판할 것이다. 그의 정예병과 나머지 병사들 전부가 전장에서 죽을 것이고, 살아남은 자들은 사방으로 흩어질 것이다. 그제야 너희는 나 하나님이 말한 것을 알게 될 것이다.

22-24 주 하나님이 말한다. 내가 친히 높다란 백향목 끝에서 어린 가지 하나를 꺾어다가, 높이 솟은 산, 이스라엘의 높은 산에 심을 것이다. 그것이 자라서 가지를 뻗고 열매를 맺어, 장대한 백향목이 될 것이다. 온갖 새들이 거기 깃들어 살게 될 것이다. 그 가지 그늘에 둥지를 틀 것이다. 나 하나님이, 높은 나무는 낮추고 낮은 나무는 높이며, 푸른 나무는 시들게 하고 마른 나무에 푸른 가지가 싹터 나오게 하는 줄, 들의 모든 나무가 알게 될 것이다. 나 하나님이 말했으니, 그것을 이룰 것이다.'"

각자 걸어온 길대로 심판하리라

18 1-2 나에게 임한 하나님의 메시지다. "어찌 된 영문이냐. 나라에 이런 말이 돌다니.

부모가 덜 익은 사과를 먹더니,
자식들이 배탈이 났다.

3-4 살아 있는 나 하나님을 두고 맹세하는데, 이스라엘에 더 이상 이 말이 돌지 않을 것이다. 남자나 여자, 아이나 부모, 자식 할 것 없이, 모든 영혼은 다 내 것이다. 너희는 너희 자신의 죄로 죽는 것이지, 다른 사람의 죄로 죽는 것이 아니다.

5-9 정의롭고 올바르게 사는 의인이 있다고 하자. 그는,

이방 산당에 바쳐진 음식을 먹지 않고
이스라엘의 인기 높은 우상들을 숭배하지 않고
이웃의 배우자를 유혹하지 않고

solemn promise, because he went ahead and did all these things anyway, he won't escape.

19-21 "'Therefore, GOD, the Master, says, As sure as I am the living God, because the king despised my oath and broke my covenant, I'll bring the consequences crashing down on his head. I'll send out a search party and catch him. I'll take him to Babylon and have him brought to trial because of his total disregard for me. All his elite soldiers, along with the rest of the army, will be killed in battle, and whoever is left will be scattered to the four winds. Then you'll realize that I, GOD, have spoken.

22-24 "'GOD, the Master, says, I personally will take a shoot from the top of the towering cedar, a cutting from the crown of the tree, and plant it on a high and towering mountain, on the high mountain of Israel. It will grow, putting out branches and fruit—a majestic cedar. Birds of every sort and kind will live under it. They'll build nests in the shade of its branches. All the trees of the field will recognize that I, GOD, made the great tree small and the small tree great, made the green tree turn dry and the dry tree sprout green branches. I, GOD, said it—and I did it.'"

Judged According to the Way You Live

18 1-2 GOD's Message to me: "What do you people mean by going around the country repeating the saying,

The parents ate green apples,
The children got the stomachache?

3-4 "As sure as I'm the living God, you're not going to repeat this saying in Israel any longer. Every soul—man, woman, child—belongs to me, parent and child alike. You die for your own sin, not another's.

5-9 "Imagine a person who lives well, treating others fairly, keeping good relationships—

doesn't eat at the pagan shrines,
doesn't worship the idols so popular in Israel,
doesn't seduce a neighbor's spouse,
doesn't indulge in casual sex,
doesn't bully anyone,
doesn't pile up bad debts,

함부로 성관계를 갖지 않고
누구도 학대하지 않고
담보물로 재산을 늘리지 않고
도적질하지 않고
주리는 이들에게 기꺼이 먹을 것을 주고
헐벗은 이들에게 입을 것 주기를 거절하지
않고
가난한 이들을 착취하지 않고
충동과 탐욕에 따라 살지 않고
사람을 차별하지 않고
나의 율례를 지키고
나의 규례를 높이며, 신실하게 그것을 따른다.
이처럼 올바르게 사는 사람은
참되고 충만한 삶을 살 것이다.
주 하나님의 포고다.

10-13 그런데, 이 사람에게 폭력을 휘두르고 살
인을 자행하며 부모와 다르게 사는 자식이 있
다고 하자. 그는,

이방 산당에 바쳐진 음식을 먹고
이웃의 배우자를 유혹하고
약자를 학대하고
도적질하고
담보물로 재산을 늘리고
우상을 숭배하고
역겨운 짓을 벌이고
가난한 이들을 착취한다.

이런 사람이 살 수 있을 것 같으냐? 천만의 말
씀이다! 이런 추잡한 짓을 벌이는 자는 마땅히
죽을 것이다. 자신의 잘못으로 죽을 것이다.

14-17 그런데 이 사람에게도 자식이 있어, 자기
부모의 죄를 보면서 자랐다고 하자. 그런데 그
는 부모처럼 살지 않는다. 그는,

이방 산당에 바쳐진 음식을 먹지 않고
이스라엘의 인기 높은 우상들을 숭배하지
않고
이웃의 배우자를 유혹하지 않고
누구도 학대하지 않고
돈을 꾸어 주기를 거절하지 않고
도적질하지 않고
주리는 이들에게 기꺼이 먹을 것을 주고

doesn't steal,
doesn't refuse food to the hungry,
doesn't refuse clothing to the ill-clad,
doesn't exploit the poor,
doesn't live by impulse and greed,
doesn't treat one person better than another,
But lives by my statutes and faithfully
honors and obeys my laws.
This person who lives upright and well
shall live a full and true life.
Decree of GOD, the Master.

10-13 "But if this person has a child who turns violent
and murders and goes off and does any of these
things, even though the parent has done none of
them –

eats at the pagan shrines,
seduces his neighbor's spouse,
bullies the weak,
steals,
piles up bad debts,
admires idols,
commits outrageous obscenities,
exploits the poor

"– do you think this person, the child, will live? Not a
chance! Because he's done all these vile things, he'll
die. And his death will be his own fault.

14-17 "Now look: Suppose that this child has a child
who sees all the sins done by his parent. The child sees
them, but doesn't follow in the parent's footsteps –

doesn't eat at the pagan shrines,
doesn't worship the popular idols of Israel,
doesn't seduce his neighbor's spouse,
doesn't bully anyone,
doesn't refuse to loan money,
doesn't steal,
doesn't refuse food to the hungry,
doesn't refuse to give clothes to the ill-clad,
doesn't live by impulse and greed,
doesn't exploit the poor.
He does what I say;

헐벗은 이들에게 입을 것 주기를 거절하지 않고
충동과 탐욕에 따라 살지 않고
가난한 이들을 착취하지 않는다.
그는 나의 말을 준행한다.
그는 나의 규례를 이행하며, 나의 율례를 따라 산다.

17-18 이런 사람은 그의 부모가 죄를 지었다고 해서 죽지 않는다. 그는 참되고 복된 삶을 살 것이다. 그러나 그의 부모는 자기 소행으로 인해 죽을 것이다. 그는,

약자를 압제하고
형제자매에게 강도짓을 하고
공동체에 큰 해를 끼치는 죄를 지었기 때문이다.

19-20 너희는 '부모의 죄값을 자식이 함께 치르는 것이 아닙니까?' 하고 묻는다만, 무슨 소리냐?
명백하지 않느냐? 그 자식은 공정하고 옳은 일을 했다. 힘써 정당하고 옳은 일을 한 그 자식은, 그로 인해 살 것이다. 바르고 행복하게 살아갈 것이다. 누가 죄를 지으면, 죄지은 그 사람이 죽는다. 자식은 부모의 죄값을 함께 치르지 않으며, 부모 역시 자식의 죄값을 함께 치르지 않는다. 네가 올바른 삶을 살면, 그 공로는 네게 돌아간다. 네가 악한 삶을 살면, 그 죄값 역시 네게 돌아간다.
21-23 그러나 악인이라도 죄짓던 삶에서 돌이켜 나의 율례를 지키고 정의와 공의로 살면, 그는 살 것이다. 참으로 살 것이다. 그는 죽지 않으리라. 그가 저지른 악행의 목록을 내가 삭제해 버릴 것이다. 그는 살 것이다. 생각해 보아라. 내가 악인이 죽는 것을 기뻐하겠느냐? 나의 기쁨은 그들이 돌이켜서, 더 이상 잘못을 저지르지 않고 바르게 사는 것, 참된 삶을 사는 것이 아니겠느냐?
24 반대로, 선하게 살던 사람이 바른 삶을 버리고 악인이 저지르는 온갖 추하고 역겨운 짓을 따라하는 경우도 마찬가지다. 이 사람이 살겠느냐? 나는 그가 행한 선행의 목록을 삭제해 버릴 것이다. 그는 자신의 반역과 그 쌓인 죄로 죽을 것이다.
25-28 이를 두고 너희가 '공정하지 않다! 하나님이 공정하시지 않다!'고 말하느냐?
이스라엘아, 잘 들어라. 내가 공정하지 않다고 보느냐? 공정하지 않은 쪽은 너희다! 선인이라도 선한 삶을 버리고 죄짓기 시작하면, 그는 그로 인해 죽을 것이다. 자기 죄로 죽는 것이다. 마찬가지로, 악인이라도 악한 삶에서 돌이켜 선하고 공명정대하게 살기 시작하면, 그는 자기 생명을 구할 것이다. 지금껏 자신

he performs my laws and lives by my statutes.

17-18 "This person will not die for the sins of the parent; he will live truly and well. But the parent will die for what the parent did, for the sins of—

oppressing the weak,
robbing brothers and sisters,
doing what is dead wrong in the community.

19-20 "Do you need to ask, 'So why does the child not share the guilt of the parent?'
"Isn't it plain? It's because the child did what is fair and right. Since the child was careful to do what is lawful and right, the child will live truly and well. The soul that sins is the soul that dies. The child does not share the guilt of the parent, nor the parent the guilt of the child. If you live upright and well, you get the credit; if you live a wicked life, you're guilty as charged.
21-23 "But a wicked person who turns his back on that life of sin and keeps all my statutes, living a just and righteous life, he'll live, really live. He won't die. I won't keep a list of all the things he did wrong. He will live. Do you think I take any pleasure in the death of wicked men and women? Isn't it my pleasure that they turn around, no longer living wrong but living right—really living?
24 "The same thing goes for a good person who turns his back on an upright life and starts sinning, plunging into the same vile obscenities that the wicked person practices. Will this person live? I don't keep a list of all the things this person did right, like money in the bank he can draw on. Because of his defection, because he accumulates sin, he'll die.
25-28 "Do I hear you saying, 'That's not fair! God's not fair!'?
"Listen, Israel. I'm not fair? You're the ones who aren't fair! If a good person turns away from his good life and takes up sinning, he'll die for it. He'll die for his own sin. Likewise, if a bad person turns away from his bad life and

이 저지른 모든 잘못을 직시하고 그것들과 단호히
결별하면, 그는 살 것이다. 참으로 살 것이다. 그
는 죽지 않을 것이다.
29 그런데 이스라엘은 계속 '공정하지 않다! 하나
님이 공정하시지 않다'며 징징거린다.
이스라엘아, 나더러 공정하지 않다고 하느냐? 공
정하지 않은 쪽은 너희다.
30-32 이스라엘아, 요지는 이것이다. 나는 너희 각
사람이 걸어온 길대로 심판할 것이다. 그러니 돌
이켜라! 반역 행위에서 돌이켜, 죄로 인해 나락에
떨어지는 일이 없게 하여라. 과거를 청산하여라!
부디 반역을 그쳐라. 마음을 새롭게 하여라! 영을
새롭게 하여라! 이스라엘아, 왜 죽고자 하느냐?
나는 누구의 죽음도 기뻐하지 않는다. 주 하나님
의 포고다.
과거를 깨끗이 청산하여라! 그리고 살아라!"

starts living a good life, a fair life, he will save his
life. Because he faces up to all the wrongs he's
committed and puts them behind him, he will
live, really live. He won't die.
29 "And yet Israel keeps on whining, 'That's not
fair! God's not fair.'
"I'm not fair, Israel? You're the ones who aren't fair.
30-32 "The upshot is this, Israel: I'll judge each
of you according to the way you live. So turn
around! Turn your backs on your rebellious living
so that sin won't drag you down. Clean house. No
more rebellions, please. Get a new heart! Get a
new spirit! Why would you choose to die, Israel?
I take no pleasure in anyone's death. Decree of
GOD, the Master.
"Make a clean break! Live!"

애가

19 1-4 이스라엘의 제후들을 위한 애가를
불러라.

네 어머니는,
사자들 중에서도 실로 대단한 암사자였다!
젊은 사자 떼 가운데 몸을 웅크리고 살면서
새끼들을 크게 키웠다.
새끼들 중 하나가 자라서,
사나운 젊은 사자가 되었다.
그가 사냥하는 법을 배워,
사람을 잡아먹었다.
민족들이 경계했고,
덫을 놓아 그를 잡았다.
그들이 그를 갈고리로 꿰어
이집트로 끌고 갔다.

5-9 자신에게 운이 없다고,
새끼가 돌아올 가망이 없다고 생각한 암사자는,
다른 새끼를 골라
힘센 젊은 사자로 키웠다.
그는 다른 사자들과 어울려 먹이를 찾아다니는,
사나운 젊은 사자가 되었다.
그가 사냥하는 법을 배워,
사람을 잡아먹었다.
그는 사람들의 방어망을 뚫고 활보했으며,
그들의 도성을 폐허로 만들었다.
그가 포효하면

A Story of Two Lions

19 1-4 Sing the blues over the princes of
Israel. Say:

What a lioness was your mother
among lions!
She crouched in a pride of young lions.
Her cubs grew large.
She reared one of her cubs to maturity,
a robust young lion.
He learned to hunt.
He ate men.
Nations sounded the alarm.
He was caught in a trap.
They took him with hooks
and dragged him to Egypt.

5-9 When the lioness saw she was luckless,
that her hope for that cub was gone,
She took her other cub
and made him a strong young lion.
He prowled with the lions,
a robust young lion.
He learned to hunt.
He ate men.
He rampaged through their defenses,
left their cities in ruins.
The country and everyone in it

온 나라가 겁을 집어먹었다.
민족들이 합세하여 그를 사냥하러 나섰다.
모두가 그 사냥에 동참했다.
그들이 덫을 놓아
그를 포획했다.
그들은 그에게 나무 마구를 채워
바빌론 왕에게 데려갔다.
이제 더는 들리지 않는다.
이스라엘의 평화롭던 산들의 정적을 깨뜨리던 그 포효소리!

10-14 여기 또 다른 이야기가 있다.
네 어머니는 흐르는 강물 옆에 심긴,
포도원의 포도나무 같았다.
물이 넉넉하여
가지는 무성했고, 포도 열매 또한 풍성했다.
가지가 어찌나 튼튼하던지,
깎아서 제왕의 홀로 사용할 만했다.
포도나무는 하늘 높이 쑥쑥 자랐고,
쭉쭉 뻗은 가지들은
멀리서도 보일 정도로 무성했다.
그런데 분노의 손길이 그 나무를 잡고 뽑아
땅바닥에 내동댕이쳤다.
뜨거운 동풍이 불어오니 나무가 오그라지고
열매도 모두 떨어졌다.
튼튼했던 가지들은 다 말라서,
불쏘시개로밖에 쓸 수 없는 것이 되고 말았다.
이제 광야에 꽂힌 나무 막대기,
불모의 땅에 박힌 나무토막에 불과해,
그것은 불을 지필 때나
광야에 모닥불을 피울 때 쓸모 있을 뿐이다.
제왕의 홀로 사용할 만하던 그 튼튼한 가지들,
이제 흔적조차 없어졌다!

(이것이 애가로 불리는 슬픈 노래의 가사다.)

너희가 탐닉하던 것들을 모두 없애라

20 1 일곱째 해 다섯째 달 십일에, 이스라
엘의 지도자 몇 사람이 나를 찾아와 하
나님의 인도를 구했다. 그들이 내 앞에 앉았다.
2-3 *그때 하나님의 메시지가* 내게 임했다. "사람의
아들아, 이스라엘 지도자들과 이야기하고, 그들에
게 전하여라. '주 하나님께서 말씀하신다. "너희가
내게 물으려고 왔느냐? 살아 있는 나 하나님을 두
고 맹세하는데, 나는 너희가 묻는 것을 허락하지

was terrorized by the roars of the lion.
The nations got together to hunt him.
Everyone joined the hunt.
They set out their traps
and caught him.
They put a wooden collar on him
and took him to the king of Babylon.
No more would that voice be heard
disturbing the peace in the mountains of Israel!

10-14 Here's another way to put it:
Your mother was like a vine in a vineyard,
transplanted alongside streams of water,
Luxurious in branches and grapes
because of the ample water.
It grew sturdy branches
fit to be carved into a royal scepter.
It grew high, reaching into the clouds.
Its branches filled the horizon,
and everyone could see it.
Then it was ripped up in a rage
and thrown to the ground.
The hot east wind shriveled it up
and stripped its fruit.
The sturdy branches dried out,
fit for nothing but kindling.
Now it's a stick stuck out in the desert,
a bare stick in a desert of death,
Good for nothing but making fires,
campfires in the desert.
Not a hint now of those sturdy branches
fit for use as a royal scepter!

(This is a sad song, a text for singing the blues.)

Get Rid of All the Things You've Become Addicted To

20 1 In the seventh year, the fifth month,
on the tenth day of the month, some
of the leaders of Israel came to ask for guidance
from GOD. They sat down before me.
2-3 Then GOD's Message came to me: "Son of
man, talk with the leaders of Israel. Tell them,
'GOD, the Master, says, "Have you come to ask me
questions? As sure as I am the living God, I'll not

않겠다. 주 하나님의 포고다."
4-5 사람의 아들아, 오히려 네가 그들에게 책임을
물어야 하지 않겠느냐? 그들의 조상이 저지른
모든 역겨운 짓을 그들의 코앞에 들이대라. 그들
에게, 주 하나님께서 이렇게 말씀하신다고 전하
여라.
5-6 '내가 이스라엘을 택한 날에, 나는 이집트 땅에
서 그들에게 나 자신을 계시했다. 그때 나는 손을
들어 엄숙히 맹세하며, 야곱 백성에게 말했다. "나
는 하나님, 곧 너의 하나님이다." 나의 손을 들어
엄숙히 맹세한 그날에, 나는 그들을 이집트 땅에
서 이끌어 내어 내가 그들을 위해 택한 젖과 꿀이
흐르는 땅, 참으로 보석 같은 땅으로 데려가 주겠
다고 약속했다.
7 그때 나는 그들에게 말했다. "지금까지 너희가
탐닉하던 혐오스런 것들을 모두 없애라. 이집트
우상들로 너희를 더럽히지 마라. 오직 나만이 하
나님, 곧 너희의 하나님이다."
8-10 그러나 그들은 내게 반역했고, 도무지 내 말을
들으려 하지 않았다. 그 누구도 혐오스런 것들을
없애지 않았다. 모두가 제 목숨이나 되는 듯 이집
트 우상들을 애지중지했다. 당장에 이집트에서 나
의 진노를 그들에게 쏟아부을까 생각했지만, 나는
마음을 고쳐먹었다. 나는 내 감정이 아니라 내가
누구인지에 입각해서 행동했다. 이는 내가 그들을
둘러싼 민족들에게서, 모독이 아니라 공경을 얻고
자 함이었다. 그 민족들은 내가 이집트에서 내 백
성을 이끌어 내겠다고 약속하면서, 나 자신을 그
들에게 계시하는 것을 보았기 때문이다. 나는 이
스라엘을 이집트에서 데리고 나와 사막으로 인도
했다.
11-12 나는 그들에게 삶의 규례를 정해 주었고, 내
앞에서 복된 순종의 삶을 사는 법을 보여주었다.
나는 그들에게 매주 지켜야 할 나의 거룩한 휴식,
나의 안식일을 정해 주었다. 이는 나 하나님이 그
들을 거룩하게 하는 일에 관심이 있음을 보여주
는, 그들과 나 사이의 징표였다.
13-17 그러나 이스라엘은 광야에서 내게 반역했다.
그들은 나의 율례를 따르지 않았고, 복된 순종의
삶을 살라고 내가 정해 준 규례를 무시했다. 그들
은 나의 거룩한 안식일도 철저히 더럽혔다. 나는
당장에 광야에서 그들에게 나의 진노를 쏟아부을
까 생각했지만, 마음을 고쳐먹었다. 나는 내 감정
이 아니라 내가 누구인지에 입각해서 행동했다.
이는 내가 그들을 이끌어 내는 것을 본 민족들에

put up with questions from you. Decree of GOD,
the Master."'
4-5 "Son of man, why don't *you* do it? Yes, go
ahead. Hold them accountable. Confront them
with the outrageous obscenities of their parents.
Tell them that GOD, the Master, says:
5-6 "'On the day I chose Israel, I revealed myself
to them in the country of Egypt, raising my hand
in a solemn oath to the people of Jacob, in which
I said, "I am GOD, your personal God." On the
same day that I raised my hand in the solemn
oath, I promised them that I would take them
out of the country of Egypt and bring them into
a country that I had searched out just for them, a
country flowing with milk and honey, a jewel of a
country.
7 "'At that time I told them, "Get rid of all the
vile things that you've become addicted to. Don't
make yourselves filthy with the Egyptian no-god
idols. I *alone* am GOD, your God."
8-10 "'But they rebelled against me, wouldn't listen
to a word I said. None got rid of the vile things
they were addicted to. They held on to the no-gods
of Egypt as if for dear life. I seriously considered
inflicting my anger on them in force right there in
Egypt. Then I thought better of it. I acted out of
who I was, not by how I felt. And I acted in a way
that would evoke honor, not blasphemy, from
the nations around them, nations who had seen
me reveal myself by promising to lead my people
out of Egypt. And then I did it: I led them out of
Egypt into the desert.
11-12 "'I gave them laws for living, showed them
how to live well and obediently before me. I
also gave them my weekly holy rest days, my
"Sabbaths," a kind of signpost erected between
me and them to show them that I, GOD, am in the
business of making them holy.
13-17 "'But Israel rebelled against me in the desert.
They didn't follow my statutes. They despised my
laws for living well and obediently in the ways I
had set out. And they totally desecrated my holy
Sabbaths. I seriously considered unleashing my
anger on them right there in the desert. But I
thought better of it and acted out of who I was,

게서, 모독이 아니라 공경을 얻고자 함이었다. 그러나 나는 그 광야에서 내 손을 들어 엄숙히 맹세하기를, 내가 그들을 위해 골라 놓은 젖과 꿀이 흐르는 땅, 보석 같은 땅으로 절대 그들을 데려가지 않겠다고 다짐했다. 내가 이렇게 나의 약속을 파기한 것은, 순종의 삶을 살라고 내가 준 규례를 그들이 멸시하고 나의 율례를 따르지 않았으며, 더 나아가 나의 거룩한 안식일을 더럽혔기 때문이다. 그들은 우상을 따라가는 것을 더 좋아했다. 하지만 나는 그들의 행위대로 다 갚지 않았다. 광야에서 그들을 다 쓸어버리지 않았고, 멸절시키지 않았다.

18-20 그 후 나는 광야에서 그들의 자녀들에게 말했다. "너희 부모들처럼 하지 마라. 그들의 행습을 좇지 마라. 너희는 그들의 우상들로 너희를 더럽히지 마라. 내가 바로 하나님, 너희의 하나님이다. 나의 율례를 지키고 나의 규례를 따라 살아라. 나는 하나님 곧 너희의 하나님이니, 나와 너희 사이의 징표와도 같은 나의 안식일을 거룩한 휴일로 지켜라."

21-22 그러나 그 자녀들도 내게 반역했다. 그들은 나의 율례를 따르지 않았고, 바르고 복된 삶을 살라고 준 나의 규례를 지키지 않았으며, 나의 안식일을 더럽혔다. 나는 당장에 광야에서 그들에게 나의 진노를 쏟아부을까 생각했지만, 마음을 고쳐먹었다. 나는 내 감정이 아니라 내가 누구인지에 입각해서 행동했다. 이는 내가 그들을 이끌어 낸 것을 본 민족들에게서, 모독이 아니라 공경을 얻고자 함이었다.

23-26 그러나 나는 그 광야에서 내 손을 들어 엄숙히 맹세하기를, 나의 규례를 지키지 않고 나의 율례를 따라 살지 않은 그들을 온 세상에 흩어 버리고 사방으로 쫓아 버리리라 다짐했다. 그들은 나의 안식일을 더럽혔고, 조상이 빠져 살았던 우상들에 여전히 빠져 있었다. 악하게 살기로 작정한 그들이었기에, 나는 그들에게 선을 낳지 못하는 율례와 생명을 낳지 못하는 규례를 주었다. 나는 그들을 내쳤다. 더러운 시궁창에 처박힌 그들은, 맏이를 불살라 제물로 바치는 사악한 일까지 저질렀다. 그 소름끼치는 일 이후에 그들은 *내가 하나님인 줄 깨달았어야 했다.*'

27-29 그러므로, 사람의 아들아, 이스라엘에게 말하여라. 그들에게 하나님이 이렇게 말한다고 전하여라. '너희 조상은 그런 짓을 하고도 부족하여 나를 반역하고 모욕하기까지 했다. 내가 일찍이

not by what I felt, so that I might be honored and not blasphemed by the nations who had seen me bring them out. But I did lift my hand in a solemn oath there in the desert and promise them that I would not bring them into the country flowing with milk and honey that I had chosen for them, that jewel among all lands. I canceled my promise because they despised my laws for living obediently, wouldn't follow my statutes, and went ahead and desecrated my holy Sabbaths. They preferred living by their no-god idols. But I didn't go all the way: I didn't wipe them out, didn't finish them off in the desert.

18-20 "'Then I addressed myself to their children in the desert: "Don't do what your parents did. Don't take up their practices. Don't make yourselves filthy with their no-god idols. I myself am GOD, your God: Keep my statutes and live by my laws. Keep my Sabbaths as holy rest days, signposts between me and you, signaling that I am GOD, *your* God."

21-22 "'But the children also rebelled against me. They neither followed my statutes nor kept my laws for living upright and well. And they desecrated my Sabbaths. I seriously considered dumping my anger on them, right there in the desert. But I thought better of it and acted out of who I was, not by what I felt, so that I might be honored and not blasphemed by the nations who had seen me bring them out.

23-26 "'But I did lift my hand in solemn oath there in the desert, and swore that I would scatter them all over the world, disperse them every which way because they didn't keep my laws nor live by my statutes. They desecrated my Sabbaths and remained addicted to the no-god idols of their parents. Since they were determined to live bad lives, I myself gave them statutes that could not produce goodness and laws that did not produce life. I abandoned them. Filthy in the gutter, they perversely sacrificed their firstborn children in the fire. The very horror should have shocked them into recognizing that I am GOD.'

27-29 "Therefore, speak to Israel, son of man. Tell them that GOD says, 'As if that wasn't enough,

그들에게 주겠다고 엄숙히 약속한 땅으로 그들을 인도했더니, 그들은 음란한 종교 산당이 서 있는 언덕이나 신전 창녀들이 있는 숲만 보면 그리로 달려갔고, 이교의 온갖 풍습을 받아들였다. 나는 그들에게 말했다. "그래, 너는 어느 언덕을 찾아가느냐?"' (지금도 그런 언덕을 '매춘 언덕'이라 부른다.)

30-31 그러므로, 이스라엘에게 전하여라. '주 하나님의 메시지다. 너희는 너희 조상이 걷던 길을 그대로 답습하며 삶을 더럽히고 있다. 그들의 추한 짓을 따라하며 너희도 창녀가 되었다. 너희는 자녀를 불살라 제물로 바치면서—오늘까지지도!—너희 우상들처럼 부정한 존재가 되었다.

이스라엘아, 그러니 내가 너희의 묻는 것을 받아줄 것 같으냐? 살아 있는 나 하나님을 두고 맹세하는데, 나 주 하나님은 너희가 묻는 것을 허락하지 않을 것이다!

32 너희 은밀한 생각대로 되지는 않을 것이다. 너희는 속으로 생각하기를, "우리도 다른 민족들처럼 될 것이다. 우리 마음대로 다룰 수 있는 신들을 만들어 예배할 것이다" 한다.

33-35 살아 있는 나 하나님을 두고 맹세한다. 주 하나님의 말이다. 그럴 일은 결단코 없을 것이다! 무시무시한 위력과 폭풍 진노 중에, 내가 너희를 다스리는 왕으로 등극하리라! 무시무시한 위력과 폭풍 진노 중에, 내가 너희를 여러 민족에게서 데리고 나오고, 흩어져 살던 나라들에서 거두어 모을 것이다. 내가 너희를 민족들의 광야로 데려가고 법정으로 끌고 가서, 직접 대면하여 심판할 것이다.

36-38 이집트 광야에서 내가 너희 조상을 대면하여 심판했듯이, 내가 너희를 대면하여 심판할 것이다. 너희가 도착하면 내가 너희를 샅샅이 조사하고 언약의 끈으로 포박할 것이다. 반역자와 배신자를 가려낼 것이다. 내가 그들을 포로 상태에서 벗어나게 하겠지만, 이스라엘로 다시 데려오지는 않을 것이다.

그제야 너희는 내가 하나님인 줄 알게 될 것이다.

39-43 너희 이스라엘 백성들아, 너희를 향한 하나님의 메시지다. 우상들을 섬길 테면, 계속 섬겨 보아라! 그러나 후에 너희는 생각을 다시 하게 될 것이다. 이교 예물과 우상들로 내 얼굴에 먹칠하던 짓을 그만두게 될 것이다. 나 주 하나님이 나의 거룩한 산, 이스라엘의 드높은 산에 서서 너희

your parents further insulted me by betraying me. When I brought them into that land that I had solemnly promised with my upraised hand to give them, every time they saw a hill with a sex-and-religion shrine on it or a grove of trees where the sacred whores practiced, they were there, buying into the whole pagan system. I said to them, "What hill do you go to?"' (It's still called "Whore Hills.")

30-31 "Therefore, say to Israel, 'The Message of GOD, the Master: You're making your lives filthy by copying the ways of your parents. In repeating their vile practices, you've become whores yourselves. In burning your children as sacrifices, you've become as filthy as your no-god idols—as recently as today!

"'Am I going to put up with questions from people like you, Israel? As sure as I am the living God, I, GOD, the Master, refuse to be called into question by you!

32 "'What you're secretly thinking is never going to happen. You're thinking, "We're going to be like everybody else, just like the other nations. We're going to worship gods we can make and control."

33-35 "'As sure as I am the living God, says GOD, the Master, think again! With a mighty show of strength and a terrifying rush of anger, I will be King over you! I'll bring you back from the nations, collect you out of the countries to which you've been scattered, with a mighty show of strength and a terrifying rush of anger. I'll bring you to the desert of nations and haul you into court, where you'll be face-to-face with judgment.

36-38 "'As I faced your parents with judgment in the desert of Egypt, so I'll face you with judgment. I'll scrutinize and search every person as you arrive, and I'll bring you under the bond of the covenant. I'll cull out the rebels and traitors. I'll lead them out of their exile, but I won't bring them back to Israel.

"'Then you'll realize that I am GOD.

39-43 "'But you, people of Israel, this is the Message of GOD, the Master, to you: Go ahead, serve your no-god idols! But later, you'll think better of it and quit throwing filth and mud on me with your

이스라엘 온 백성을 향하여, 나를 경배하라고 말할 것이기 때문이다. 내가 두 팔을 활짝 펴고 너희를 받아 줄 것이다. 내가 너희에게 최고의 예물과 헌물을, 거룩한 제사를 요구할 것이다. 무엇보다도 너희가 흩어져 살던 땅과 나라들에서 내가 다시 너희를 데려오는 날에, 나는 너희 자신을 으뜸가는 예물로 받아 줄 것이다. 나는 온 세상이 보는 앞에서, 내가 거룩한 이임을 나타내 보일 것이다. 내가 너희를 이스라엘 땅, 곧 내가 너희 조상에게 주겠다고 엄숙히 손을 들어 약속한 땅으로 다시 들이는 날, 너희는 내가 하나님인 줄 알게 될 것이다. 그날 거기서, 너희는 지난 행위와 자신을 더럽히며 살아온 지난 길을 떠올리며 스스로를 혐오하게 될 것이다.

44 그러나 사랑하는 이스라엘아, 나는 나의 감정
이 아니라 내가 누구인지에 입각해서 너희의 악한 삶, 너희의 부정한 과거를 처리할 것이다. 그날에, 너희는 내가 하나님인 줄 알게 될 것이다. 주 하나님의 포고다.'"

45-46 하나님의 메시지가 내게 임했다. "사람의
아들아, 얼굴을 남쪽으로 돌려라. 남쪽을 향해 메시지의 포문을 열어라. 남쪽 황무지 숲을 대적하며 예언하여라.

47-48 남쪽 숲을 향해 말하여라. '하나님의 메시
지를 들어라! 주 하나님께서 말씀하신다. 내가 네 안에 불을 놓으리라. 죽은 나무든 산 나무든, 모든 나무를 태워 버릴 불이다. 누구도 끄지 못할 불이다. 남쪽부터 북쪽까지, 나라 전역이 숯검정으로 뒤덮일 것이다. 그 불은 나 하나님이 일으켰으며, 결코 꺼지지 않을 것임을 모두가 알게 될 것이다.'"

49 내가 말했다. "오 하나님, 모두 저를 두고 '이
야기를 지어내는 자'라고 합니다."

하나님의 칼

21 1-5 하나님의 메시지가 내게 임했다.
"사람의 아들아, 이제 얼굴을 예루살렘으로 향하고, 성소를 향해 메시지의 포문을 열어라. 이스라엘 땅을 대적하며 예언하여라. *'하나님의 메시지다. 내가 너를 대적한다. 내 칼*을 칼집에서 꺼내어 악인과 의인을 모두 쳐죽일 것이다. 선인이든 악인이든 가리지 않을 것이니, 남쪽에서 북쪽까지 모든 사람이 나의 칼을 받을 것이다! 내가 작정하고 칼을 꺼내 들었음을

pagan offerings and no-god idols. For on my holy mountain, the high mountain of Israel, I, GOD, the Master, tell you that the entire people of Israel will worship me. I'll receive them there with open arms. I'll demand your best gifts and offerings, all your holy sacrifices. What's more, I'll receive you as the best kind of offerings when I bring you back from all the lands and countries in which you've been scattered. I'll demonstrate in the eyes of the world that I am The Holy. When I return you to the land of Israel, the land that I solemnly promised with upraised arm to give to your parents, you'll realize that I am GOD. Then and there you'll remember all that you've done, the way you've lived that has made you so filthy—and you'll loathe yourselves.

44 "'But, dear Israel, you'll also realize that I am
GOD when I respond to you out of who I am, not by what I feel about the evil lives you've lived, the corrupt history you've compiled. Decree of GOD, the Master.'"

Nobody Will Put Out the Fire

45-46 GOD's Message came to me: "Son of man, face
south. Let the Message roll out against the south. Prophesy against the wilderness forest of the south.

47-48 "Tell the forest of the south, 'Listen to the
Message of GOD! GOD, the Master, says, I'll set a fire in you that will burn up every tree, dead trees and live trees alike. Nobody will put out the fire. The whole country from south to north will be blackened by it. Everyone is going to see that I, GOD, started the fire and that it's not going to be put out.'"

49 And I said, "O GOD, everyone is saying of me, 'He
just makes up stories.'"

A Sword! A Sword!

21 1-5 GOD's Message came to me: "Son of
man, now face Jerusalem and let the Message roll out against the Sanctuary. Prophesy against the land of Israel. Say, 'GOD's Message: I'm against you. I'm pulling my sword from its sheath and killing both the wicked and the righteous. Because I'm treating everyone the same, good and bad, everyone from south to north is going to feel my sword! Everyone will know that I mean

모두가 알게 될 것이다.'
6 그러니 사람의 아들아, 탄식하여라! 괴로워하며
몸을 구부려라! 사람들 앞에서 소란을 피워라!
7 사람들이 '무엇 때문에 이렇게 탄식하며 난리
를 피우는 거요?' 하고 물으면, 너는 이렇게 말하
여라. '곧 전해질 소식 때문이다. 그 소식이 당도
하면 모두 질겁해 숨이 막히고, 심장이 얼어붙고,
무릎이 후들후들 떨릴 것이다. 그 소식이 오고 있
다. 아무도 막을 수 없다. 주 하나님의 포고다.'"

8-10 하나님의 메시지가 내게 임했다. "사람의 아
들아, 그들에게 예언을 전하여라. '주께서 말씀하
시기를,

칼이다, 칼!
날카롭게 번쩍이는 칼,
살육을 위해 날을 세우고
번갯빛이 나도록 광을 냈다.

나의 자녀여, 너는 나무 막대기 우상을 숭배하
면서
유다의 홀을 멸시했다.

11 그 칼, 쥐고 휘두르라고
광을 낸 칼이다.
살인자에게 주어 휘두르게 하려고
갈고 닦은 칼이다.'

12 사람의 아들아, 비명을 지르며 통곡하여라.
그 칼이 내 백성을 친다!
이스라엘의 제후들과 나의 백성이
그 칼에 맞는다!
가슴을 쥐어뜯어라!
머리칼을 잡아 뜯어라!

13 '시험은 오게 마련이건만,
어찌하여 너는 훈육을 멸시했느냐?
이는 피할 수 없는 시험이다.
주 하나님의 포고다.'

14-17 그러니, 사람의 아들아, 예언하여라!
손뼉을 쳐서, 사람들의 주목을 끌어라.
그 칼이 한 차례, 또 한 차례, 그리고 또 한 차례
그들을 내리칠 것이라고 알려 주어라.

business.'
6 "So, son of man, groan! Double up in pain. Make
a scene!
7 "When they ask you, 'Why all this groaning,
this carrying on?' say, 'Because of the news that's
coming. It'll knock the breath out of everyone.
Hearts will stop cold, knees turn to rubber. Yes,
it's coming. No stopping it. Decree of GOD, the
Master.'"

8-10 GOD's Message to me: "Son of man, prophesy.
Tell them, 'The Master says:

"'A sword! A sword!
razor-sharp and polished,
Sharpened to kill,
polished to flash like lightning!

"'My child, you've despised the scepter of Judah
by worshiping every tree-idol.

11 "'The sword is made to glisten,
to be held and brandished.
It's sharpened and polished,
ready to be brandished by the killer.'

12 "Yell out and wail, son of man.
The sword is against my people!
The princes of Israel
and my people – abandoned to the sword!
Wring your hands!
Tear out your hair!

13 "'Testing comes.
Why have you despised discipline?
You can't get around it.
Decree of GOD, the Master.'

14-17 "So, prophesy, son of man!
Clap your hands. Get their attention.
Tell them that the sword's coming down
once, twice, three times.
It's a sword to kill,
a sword for a massacre,

그것은 살육하는 칼,
학살하는 칼,
무자비한 칼,
아무도 피할 수 없는 칼이다.
사람들이 오른쪽과 왼쪽으로 고꾸라지며,
도미노처럼 픽픽 쓰러진다.
내가 도성의 성문마다
도살용 칼을 세워 놓으리라.
그 예리한 칼이
이리 번쩍 저리 번쩍하며
오른쪽에서 베고 왼쪽에서 찌르며,
마구 도륙할 것이다!
그런 다음 내가 손뼉을 쳐,
나의 진노가 풀렸음을 알리리라.
나 하나님이 말한다."

18-22 하나님의 메시지가 내게 임했다. "사람의 아들아, 바빌론 왕의 칼이 올 두 길을 정해 표를 하여라. 두 길은 같은 장소에서 출발하게 하여라. 각 길마다 시작 지점에 푯말을 세워라. 한 푯말에는 암몬 사람들의 랍바로 가는 길이라 적고, 다른 푯말에는 유다와 요새 예루살렘으로 가는 길이라 적어라. 그 두 길이 갈리는 지점에 바빌론 왕이 서서, 어느 길로 가야 할지 점을 쳐 결정할 것이다. 제비를 뽑거나, 우상 앞에서 주사위를 던지거나, 염소의 간을 살펴볼 것이다. 그가 오른손을 펴면, 이런 점괘가 나올 것이다. '예루살렘으로 가라!' 그리하여 그가 출정길에 오를 것이다. 성벽 부수는 무기를 들고서 살기등등한 함성을 지를 것이다. 공격용 축대를 쌓고 성문을 때려 부술 것이다.

23 맹세하던 유다 지도자들에게는 이것이 거짓 점괘로 보이겠지만, 바빌론 왕이 와서 그들의 죄를 상기시키고 그들을 붙잡아 갈 것이다.

24 그러므로 주 하나님이 말한다. '너희 죄가 만천하에 공개되고 죄상이 낱낱이 드러난 이상, 너희는 붙잡혀 가고야 말 것이다.

25-27 시드기야야, 이스라엘의 극악무도한 왕아, 시간이 다 되었다. 이제 죄값을 치를 때다. 하나님이 말한다. 네 머리에서 왕관을 벗어 던져라. 이제, 잔치는 끝났다. 바닥을 기던 자들이 올라설 것이요, 높은 자리에 앉았던 자들이 바닥으로 거꾸러질 것이다. 파멸, 파멸, 파멸이다! 내가 전부 파멸시켜 폐허로 만들 것이다. 그곳은 정당한 권리를 가진 자가 올 때까지 계속 폐허로 남아 있을 것

A sword relentless,
a sword inescapable –
People collapsing right and left,
going down like dominoes.
I've stationed a murderous sword
at every gate in the city,
Flashing like lightning,
brandished murderously.
Cut to the right, thrust to the left,
murderous, sharp-edged sword!
Then I'll clap my hands,
a signal that my anger is spent.
I, GOD, have spoken."

18-22 GOD's Message came to me: "Son of man, lay out two roads for the sword of the king of Babylon to take. Start them from the same place. Place a signpost at the beginning of each road. Post one sign to mark the road of the sword to Rabbah of the Ammonites. Post the other to mark the road to Judah and Fort Jerusalem. The king of Babylon stands at the fork in the road and he decides by divination which of the two roads to take. He draws straws, he throws god-dice, he examines a goat liver. He opens his right hand: The omen says, 'Head for Jerusalem!' So he's on his way with battering rams, roused to kill, sounding the battle cry, pounding down city gates, building siege works.

23 "To the Judah leaders, who themselves have sworn oaths, it will seem like a false divination, but he will remind them of their guilt, and so they'll be captured.

24 "So this is what GOD, the Master, says: 'Because your sin is now out in the open so everyone can see what you've been doing, you'll be taken captive.

25-27 "'O Zedekiah, blasphemous and evil prince of Israel: Time's up. It's "punishment payday." GOD says, Take your royal crown off your head. No more "business as usual." The underdog will be promoted and the top dog will be demoted. Ruins, ruins, ruins! I'll turn the whole place into ruins. And ruins it will remain until the one comes who

이다. 그 사람이 오면, 내가 그곳을 그에게 넘겨
줄 것이다.'
28-32 그러나 사람의 아들아, 네가 할 일은 예언하
는 것이다. 그들에게 전하여라. '이는 주 하나님
께서 암몬 사람과 그들의 비열한 조롱을 대적하
며 주시는 메시지다.

칼이다!
도살하는 칼이 뽑혔다!
면도날처럼 날카롭고
번갯빛처럼 번쩍거린다.
그 칼에 관해 암몬에 거짓 선전이 나돌고 있으나
죄값을 치르는 날,
그 칼이 암몬 사람의 목을 칠 것이다.
네 칼은 다시 칼집에 넣어라! 내가 너를 네 고향
땅에서,
네가 자란 땅에서 심판하리라.
내가 네게 나의 진노를 쏟아붓고,
뜨거운 분노로 씩씩거리며 네 목을 조일 것이다.
내가 너를, 사람을 능숙하게 고문하는
짐승 같은 자들에게 넘겨주리라.
너는 땔감이 될 것이다.
네 땅은 시체로 뒤덮이고,
너는 흔적조차 없이 사라져, 그대로 잊혀질 것이다.
나 하나님이 말한다.'"

피의 도성 예루살렘

22 1-5 하나님의 메시지가 내게 임했다.
"사람의 아들아, 피비린내 진동하는 저
도성을 심판하려느냐? 네가 심판하겠느냐? 그렇
게 하여라! 그 성읍 사람들이 저지른 역겨운 짓을
그들 코앞에 들이대어라. 그들에게 전하여라. '주
하나님께서 말씀하신다. 뼛속까지 살인자인 도성
아, 너는 매를 벌었다. 우상에 빠진 도성아, 너는
스스로 부정해졌다. 손에 피를 묻히며 죄를 쌓았
고, 우상을 만들어 자신을 더럽혔다. 스스로 명을
재촉한 너, 내가 너를 뭇 민족의 놀림거리, 온 세
상의 웃음거리로 만들리라. 먼 나라든 가까운 나
라든, 모두가 너를 추악하고 혼란스럽기로 이름
난 곳이라 부르며 비웃을 것이다.
6-12 네 지도자들, 이스라엘 제후들은 서로 앞다
투어 죄짓는 자들이다. 그리고 너는 부모를 업신
여기고 외인을 억압하며, 고아와 과부를 학대한
다. 너는 나의 거룩한 기물을 아무렇게나 다루며
나의 안식일을 더럽힌다. 네 백성은 거짓말을 퍼

has a right to it. Then I'll give it to him.'
28-32 "But, son of man, your job is to prophesy. Tell
them, 'This is the Message from GOD, the Master,
against the Ammonites and against their cruel
taunts:

"'A sword! A sword!
Bared to kill,
Sharp as a razor,
flashing like lightning.
Despite false sword propaganda
circulated in Ammon,
The sword will sever Ammonite necks,
for whom it's punishment payday.
Return the sword to the sheath! I'll judge you in
your home country,
in the land where you grew up.
I'll empty out my wrath on you,
breathe hot anger down your neck.
I'll give you to vicious men
skilled in torture.
You'll end up as stove-wood.
Corpses will litter your land.
Not so much as a memory will be left of you.
I, GOD, have said so.'"

The Scarecrow of the Nations

22 1-5 GOD's Message came to me: "Son of
man, are you going to judge this bloody
city or not? Come now, are you going to judge her?
Do it! Face her with all her outrageous obscenities.
Tell her, 'This is what GOD, the Master, says:
You're a city murderous at the core, just asking for
punishment. You're a city obsessed with no-god
idols, making yourself filthy. In all your killing,
you've piled up guilt. In all your idol-making,
you've become filthy. You've forced a premature
end to your existence. I'll put you on exhibit as the
scarecrow of the nations, the world's worst joke.
From far and near they'll deride you as infamous
in filth, notorious for chaos.
6-12 "'Your leaders, the princes of Israel among
you, compete in crime. You're a community
that's insolent to parents, abusive to outsiders,
oppressive against orphans and widows. You treat

뜨리고 손에 피를 묻히며, 언덕 위 음란한 산
당에 떼로 몰려가 간음을 일삼는다. 근친상간
이 도처에 널렸다. 남자는 여자의 준비 여부나
의사와 상관없이 완력으로 성관계를 가진다.
성문화가 거의 무정부상태다. 상대를 가리지
않는다. 이웃도, 며느리도, 여동생도 범한다.
청부살인이 횡행하고, 고리대금이 만연하며,
강탈이 다반사다.
너는 나를 잊었다. 주 하나님의 포고다.
13-14 자, 보아라! 내가 손뼉을 쳐서, 모두가 네
게걸스러운 탐욕과 짐승 같은 잔악함을 주목
하게 했다. 과연 네가 버틸 수 있겠느냐? 내가
너를 손보기 시작하면, 네가 과연 감당할 수
있겠느냐?
14-16 나 하나님이 말하였으니, 내가 끝장내겠
다. 내가 너를 사방으로 던져 버리겠다. 온 세
상에 흩어 버릴 것이다. 네 추잡한 삶을 끝장
낼 것이다. 너는 민족들이 보는 앞에서, 스스
로 오물을 뒤집어쓸 것이다. 그제야 너는 내가
하나님인 줄 알게 될 것이다.'"

17-22 하나님의 메시지가 내게 임했다. "사람의
아들아, 이스라엘 백성은 내게 찌꺼기다. 용광
로 안에서 구리와 주석과 철과 납을 정련하고
남은 쓰레기, 무가치한 찌꺼기 더미다. 그러므
로 그들에게 말하여라. '주 하나님이 말한다.
무가치한 찌꺼기가 되어 버린 너희에게 이제
통보한다. 내가 너희를 예루살렘에 한데 모으
리라. 사람들이 은과 구리와 철과 납과 주석을
용광로 안에 모아 놓고 불을 뿜어 녹이듯이,
내가 나의 진노로 너희를 모아 녹일 것이다.
나의 진노의 불을 뿜어 너희를 용광로 안에서
녹여 버릴 것이다. 은이 녹듯 너희가 녹을 것
이다. 그제야 비로소, 너희는 나 하나님이 나
의 진노를 너희에게 퍼부었음을 깨닫게 될 것
이다.'"

23-25 하나님의 메시지가 내게 임했다. "사람의
아들아, 유다에게 말하여라. '너는 나의 진노
로 인하여 비 한 방울 내리지 않는 땅이다. 눈
이 벌겋게 충혈된 네 지도자들은, 으르렁거리
며 달려들어 닥치는 대로 물어뜯고 죽이는 사
자 떼와 같다. 강탈을 일삼는 그들이 휩쓸고
간 자리에 무수한 과부들이 남았다.
26-29 네 제사장들은 나의 법을 어기고, 나의

my holy things with contempt and desecrate my
Sabbaths. You have people spreading lies and spill-
ing blood, flocking to the hills to the sex shrines and
fornicating unrestrained. Incest is common. Men
force themselves on women regardless of whether
they're ready or willing. Sex is now anarchy. Anyone
is fair game: neighbor, daughter-in-law, sister.
Murder is for hire, usury is rampant, extortion is
commonplace.
"'And you've forgotten *me*. Decree of GOD, the
Master.
13-14 "'Now look! I've clapped my hands, calling
everyone's attention to your rapacious greed and
your bloody brutalities. Can you stick with it? Will
you be able to keep at this once I start dealing with
you?
14-16 "'I, GOD, have spoken. I'll put an end to this. I'll
throw you to the four winds. I'll scatter you all over
the world. I'll put a full stop to your filthy living. You
will be defiled, spattered with your own mud in the
eyes of the nations. And you'll recognize that I am
GOD.'"

17-22 GOD's Message came to me: "Son of man, the
people of Israel are slag to me, the useless byproduct
of refined copper, tin, iron, and lead left at the
smelter—a worthless slag heap. So tell them, 'GOD,
the Master, has spoken: Because you've all become
worthless slag, you're on notice: I'll assemble you
in Jerusalem. As men gather silver, copper, iron,
lead, and tin into a furnace and blow fire on it to
melt it down, so in my wrath I'll gather you and
melt you down. I'll blow on you with the fire of my
wrath to melt you down in the furnace. As silver is
melted down, you'll be melted down. That should get
through to you. Then you'll recognize that I, GOD,
have let my wrath loose on you.'"

23-25 GOD's Message came to me: "Son of man,
tell her, 'You're a land that during the time I was
angry with you got no rain, not so much as a spring
shower. The leaders among you became desperate,
like roaring, ravaging lions killing indiscriminately.
They grabbed and looted, leaving widows in their
wake.

거룩한 기물을 더럽혔다. 그들은 거룩한 것과 속된 것을 구별하지 못한다. 그들은 백성들이 옳고 그름을 구별하지 못하게 만든다. 나의 거룩한 안식일을 업신여기고, 나를 자기들 수준으로 끌어내리며 모독한다. 네 정치인들은 먹이만 있으면 달려들어 물어뜯고 삼키는 이리 떼와 같다. 네 설교자들은 특별한 비전과 계시를 받은 체하며 정치인들의 뒤치다꺼리를 도맡는다. 하나님이 말하지 않았는데도, "주 하나님께서 이렇게 말씀하셨다" 하며 설교한다. 강탈이 횡행하고 강도짓이 만연하며, 가난하고 빈궁한 이들이 학대를 당하며, 외국인들이 호소도 못한 채 부당하게 쫓겨난다.'

30-31 나는 이 모든 일에 맞서서 도성의 성벽을 보수하고 무너진 성벽의 틈에 서서, 내가 이 땅을 멸망시키지 못하게 막아 줄 누군가를 찾았다. 그러나 그런 자는 없었다. 그런 자를 한 사람도 찾지 못했다. 그러므로 나는 그들에게 나의 진노를 쏟아부을 것이다. 나의 뜨거운 분노로 그들을 바싹 태우고, 그들이 저지른 그 모든 행위의 대가를 치르게 할 것이다. 주 하나님의 포고다."

욕정에 사로잡힌 두 음녀

23

1-4 하나님의 메시지가 내게 임했다. "사람의 아들아, 두 여인이 있었다. 그들은 한 어머니에게서 났다. 그들은 어려서부터 이집트에서 창녀일을 했다. 사내들이 그들의 유방을 애무하고, 그들의 어린 젖가슴을 만지작거렸다. 그들의 이름은 언니가 오홀라요, 동생은 오홀리바다. 그들은 내 딸들이었고, 각기 아들딸을 낳았다.

오홀라는 사마리아이고, 오홀리바는 예루살렘이다.

5-8 오홀라는 내 슬하에 있을 때부터 창녀짓을 하고 다녔다. 그녀는 앗시리아 사람들에게 욕정을 품었다. 푸른 제복을 말쑥이 차려입은 지휘관들, 특사와 총독들, 멋진 말을 탄 젊은 미남자들에게 말이다. 오홀라의 욕정은 제어 불능이었다. 그녀는 앗시리아 엘리트들과 음행하고, 그들이 섬기는 우상으로 자신을 더럽혔다. 오홀라는 지칠 줄 몰랐다. 어렸을 적 이집트에서 시작한 창녀짓을 줄기차게 계속하며 사내들과 잠자리를 같이했고, 사내들은 그녀의 젖가슴을 가지고 놀며 정욕을 쏟아 냈다.

26-29 " 'Your priests violated my law and desecrated my holy things. They can't tell the difference between sacred and secular. They tell people there's no difference between right and wrong. They're contemptuous of my holy Sabbaths, profaning me by trying to pull me down to their level. Your politicians are like wolves prowling and killing and rapaciously taking whatever they want. Your preachers cover up for the politicians by pretending to have received visions and special revelations. They say, "This is what GOD, the Master, says..." when GOD hasn't said so much as one word. Extortion is rife, robbery is epidemic, the poor and needy are abused, outsiders are kicked around at will, with no access to justice.'

30-31 "I looked for someone to stand up for me against all this, to repair the defenses of the city, to take a stand for me and stand in the gap to protect this land so I wouldn't have to destroy it. I couldn't find anyone. Not one. So I'll empty out my wrath on them, burn them to a crisp with my hot anger, serve them with the consequences of all they've done. Decree of GOD, the Master."

Wild with Lust

23

1-4 GOD's Message came to me: "Son of man, there were two women, daughters of the same mother. They became whores in Egypt, whores from a young age. Their breasts were fondled, their young bosoms caressed. The older sister was named Oholah, the younger was Oholibah. They were my daughters, and they gave birth to sons and daughters.

"Oholah is Samaria and Oholibah is Jerusalem.

5-8 "Oholah started whoring while she was still mine. She lusted after Assyrians as lovers: military men smartly uniformed in blue, ambassadors and governors, good-looking young men mounted on fine horses. Her lust was unrestrained. She was a whore to the Assyrian elite. She compounded her filth with the idols of those to whom she gave herself in lust. She never slowed down. The whoring she began while young in Egypt she continued, sleeping with men who played with her breasts and spent their lust on her.

9-10 "So I left her to her Assyrian lovers, for whom she was so obsessed with lust. They ripped off her clothes, took away her children, and then, the final indignity,

9-10 그래서 나는 그녀가 그토록 탐하는 앗시리아 사람들에게 그녀를 내주었다. 그랬더니 그들이 그녀의 옷을 찢어 벗기고, 그녀의 자식들을 빼앗아 갔다. 그리고 결국 모욕을 주며 그녀를 죽였다. 이제 그녀는 여자들 사이에서 '수치'라는 이름으로 불린다. 그녀에게 떨어진 역사의 심판이다.

11-18 그녀의 동생 오홀리바는 그 일을 다 지켜보았으면서도, 언니보다 더 심하게 욕정을 좇으며 창녀짓을 일삼았다. 그녀도 앗시리아 사람들에게 욕정을 품었다. 특사와 총독들, 말쑥한 제복을 입고 멋진 말에 올라탄 지휘관들, 곧 앗시리아의 엘리트들을 향해 그렇게 했다. 그녀도 언니만큼이나 더러워질 대로 더러워졌다. 두 여자 모두 같은 길을 간 것이다. 그러나 오홀리바는 언니를 능가했다. 그녀는 허리에 화려한 띠를 두르고 머리에 멋진 관을 쓴, 바빌론 사람들의 모습이 새겨진 적색 벽부조를 보더니, 중요한 인물 같은 그 모습에 반해 욕정을 누르지 못하고 바빌론으로 초대장을 보냈다. 바빌론 사람들이 한걸음에 달려와서 그녀와 간음하며 안팎으로 더럽혔다. 그들이 그녀를 철저히 더럽힌 뒤에야, 그녀의 마음이 그들에게서 멀어졌다. 오홀리바는 아예 드러내 놓고 음행을 하며, 치부를 온 세상에 드러내 보였다.

18-21 나는 그녀의 언니에게 그랬던 것처럼 그녀에게도 등을 돌렸다. 그러나 그녀는 개의치 않았다. 그녀는 전보다 더 심하게 창녀짓을 일삼았다. 어린 시절 이집트에서 막 창녀생활을 시작했을 때를 생각하며 더 추잡하고 저속하고 난폭한 남자들—욕정에 사로잡힌 종마들—과 욕정을 불태우고 싶어 했다. 그녀는 이집트에서 남자들이 자기의 어린 젖가슴을 애무하던 시절을 그리워했다.

22-27 '그러므로, 오홀리바야, 주 하나님의 메시지다. 내가 너의 옛 정부들, 네가 싫증 냈던 그들을 충동질하여 너를 치게 하겠다. 바빌론 사람과 모든 갈대아 사람, 브곳과 소아와 고아 사람, 모든 앗시리아 사람—젊은 미남자들, 특사와 총독들, 엘리트 고관과 유명인사들—이 사방에서 너를 치러 올 것이다. 모두 멋지고 혈기왕성한 말을 타고 올 것이다. 완전무장한 그들이 전차와 병력을 이끌고 북쪽에서 밀고 내려올 것이다. 내가 그들*에게 심판의 임무를 맡기겠다.* 그들이 자신들의 법에 따라 너를 처단할 것이다. 그들이 맹렬한 공격을 퍼부을 때 나도 가차 없이 너를 대적할 것이다. 그들은 네 사지를 절단하고, 네 귀와 코를 잘라 내고, 무차별적으로 학살할 것이다. 그들이 네

killed her. Among women her name became Shame—history's judgment on her.

11-18 "Her sister Oholibah saw all this, but she became even worse than her sister in lust and whoring, if you can believe it. She also went crazy with lust for Assyrians: ambassadors and governors, military men smartly dressed and mounted on fine horses—the Assyrian elite. And I saw that she also had become incredibly filthy. Both women followed the same path. But Oholibah surpassed her sister. When she saw figures of Babylonians carved in relief on the walls and painted red, fancy belts around their waists, elaborate turbans on their heads, all of them looking important—famous Babylonians!—she went wild with lust and sent invitations to them in Babylon. The Babylonians came on the run, fornicated with her, made her dirty inside and out. When they had thoroughly debased her, she lost interest in them. Then she went public with her fornication. She exhibited her sex to the world.

18-21 "I turned my back on her just as I had on her sister. But that didn't slow her down. She went at her whoring harder than ever. She remembered when she was young, just starting out as a whore in Egypt. That whetted her appetite for more virile, vulgar, and violent lovers—stallions obsessive in their lust. She longed for the sexual prowess of her youth back in Egypt, where her firm young breasts were caressed and fondled.

22-27 "'Therefore, Oholibah, this is the Message from GOD, the Master: I will incite your old lovers against you, lovers you got tired of and left in disgust. I'll bring them against you from every direction, Babylonians and all the Chaldeans, Pekod, Shoa, and Koa, and all Assyrians—good-looking young men, ambassadors and governors, elite officers and celebrities—all of them mounted on fine, spirited horses. They'll come down on you out of the north, armed to the teeth, bringing chariots and troops from all sides. I'll turn over the task of judgment to them. They'll punish you according to their rules. I'll stand totally and relentlessly against you as they rip into you furiously. They'll mutilate you, cutting

아들딸을 종으로 붙잡아 가고 남은 자들을 불태울 것이다. 네 옷을 찢어 벗기고, 네 장신구들을 빼앗아 갈 것이다. 나는 네 음란한 생활, 이집트에서 시작한 창녀생활에 종지부를 찍을 것이다. 너는 더 이상 창녀짓을 꿈꾸지 않고, 더는 이집트 생활을 추억하지 않을 것이다.

28-30 주 하나님의 메시지다. 나는 너를 네가 증오하는 자들에게, 네가 퇴짜 놓은 자들에게 넘겨줄 것이다. 그들이 너를 증오하여 너를 발가벗기고, 음행하던 네 몸뚱이를 백주 대낮에 공개적으로 전시할 것이다. 너의 음란한 짓이 만방에 폭로되리라. 네 욕정이 너를 이 지경으로 이끌었다. 너는 이방 민족들과 바람을 피웠고, 그들이 섬기는 우상으로 스스로를 더럽혔다.

31-34 너는 네 언니를 그대로 따라했으니, 네 언니가 마셨던 잔도 받아야 할 것이다.

이는 주 하나님의 메시지다.

너는 네 언니의 잔을 마시게 되리라.
협곡처럼 깊고 대양처럼 넓은 그 잔을
남김없이 비우고,
따돌림과 조롱을 당할 것이다.
너는 취해 비틀거리다 자빠질 것이다.
네가 눈물 흘리며 마시게 될 거대한 그 공포의 잔은,
네 언니 사마리아가 마신 잔이다.
너는 그 잔을 깨끗이 비우고,
산산조각 내어, 조각까지 씹어 먹으리라.
그리고 마침내 네 젖가슴을 쥐어뜯으리라.
내가 말했다.
주 하나님의 포고다.

35 그러므로 주 하나님이 말한다. 네가 나를 아주 잊고서 등 뒤로 밀쳐놓았으니, 이제 너는 네 행위의 대가를 치러야 한다. 음란에 빠져 창녀짓을 저지른 값을 치러야 한다.'"

36-39 그때 하나님께서 내게 말씀하셨다. "사람의 아들아, 오홀라와 오홀리바를 심판하지 않겠느냐? 간음에서 살인에 이르기까지, 그들이 지금껏 저지른 모든 역겨운 짓을 그들 앞에 들이대어라. 그들은 우상과 간통하고, 내 자녀인 그들의 아들딸을 제물로 잡아 우상의 상에 올리기까지 했다! 거기에 더하여, 그들은 나의 거룩한 성소를 더럽

off your ears and nose, killing at random. They'll enslave your children—and anybody left over will be burned. They'll rip off your clothes and steal your jewelry. I'll put a stop to your sluttish sex, the whoring life you began in Egypt. You won't look on whoring with fondness anymore. You won't think back on Egypt with stars in your eyes.

28-30 "'A Message from GOD, the Master: I'm at the point of abandoning you to those you hate, to those by whom you're repulsed. They'll treat you hatefully, leave you publicly naked, your whore's body exposed in the cruel glare of the sun. Your sluttish lust will be exposed. Your lust has brought you to this condition because you whored with pagan nations and made yourself filthy with their no-god idols.

31-34 "'You copied the life of your sister. Now I'll let you drink the cup she drank.

"'This is the Message of GOD, the Master:

"'You'll drink your sister's cup,
a cup canyon-deep and ocean-wide.
You'll be shunned and taunted
as you drink from that cup, full to the brim.
You'll be falling-down-drunk and the tears will flow
as you drink from that cup titanic with terror:
It's the cup of your sister Samaria.
You'll drink it dry,
then smash it to bits and eat the pieces,
and end up tearing at your breasts.
I've given the word—
Decree of GOD, the Master.

35 "'Therefore GOD, the Master, says, Because you've forgotten all about me, pushing me into the background, you now must pay for what you've done—pay for your sluttish sex and whoring life.'"

36-39 Then GOD said to me, "Son of man, will you confront Oholah and Oholibah with what they've done? Make them face their outrageous obscenities, obscenities ranging from adultery to murder. They committed adultery with their no-god idols,

히고 나의 거룩한 안식일을 범했다. 제 자식을 우상에게 제물로 바치던 날, 그들은 나의 성소에 침범해 들어와 그곳을 더럽혔다. 그것이 바로 그들이 한 짓이다. 나의 집에서!

40-42 그뿐 아니라, 그들은 먼 곳까지 특사를 보내 사내들을 초청했다. 두 자매는 좋다고 달려온 그 사내들을 맞으려고, 몸을 씻고 화장하고 야한 속옷을 입었다. 그들은 향과 기름으로—나의 향과 기름으로—단장한 호화로운 침대에 몸을 기대고 누웠다! 술 취한 어중이떠중이들이 몰려와서, 다투어 가며 두 자매의 팔에 팔찌를 끼우고 머리에 관을 씌웠다.

43-44 내가 '그 두 자매는 이제 퇴물이다!' 하고 말해 주어도, 그들은 막무가내였다. 창녀를 찾아 헤매는 자들처럼, 밤낮을 가리지 않고 두 자매의 문을 두드렸다. 그들은 그렇게 오홀라와 오홀리바, 그 한물간 창녀들을 이용했다.

45 의로운 자들이 그들에게 심판을 선언하고, 간음죄와 살인죄를 물어 실형을 선고할 것이다. 그렇다. 간음과 살인이 그들이 평생 해온 짓이다.

46-47 하나님이 말한다. 폭도를 모아 그들을 덮치게 하여라. 공포와 약탈이 일어나리라! 폭도가 그들을 돌로 치고 난도질하게 하여라. 그들의 아들딸들을 다 죽이고, 집을 불태워라!

48-49 내가 이 나라에서 음란을 끝장내고, 모든 여자들이 너희를 보고 경각심을 갖게 할 것이다. 욕정에 사로잡힌 너, 그 값을 치를 것이다. 우상과 난잡한 짓을 벌인 너, 그 대가를 톡톡히 치를 것이다. 그제야 너는 내가 주 하나님인 줄 알게 될 것이다."

오물로 뒤범벅된 이스라엘

24 1-5 아홉째 해 열째 달 십일에, 하나님의 메시지가 내게 임했다. "사람의 아들아, 오늘 날짜를 기록해 두어라. 바로 오늘 예루살렘이 바빌론 왕에게 포위되었다. 그 반역자 무리에게 이야기를 하나 들려주어라.

'솥을 걸고
물을 가득 부어라.
고깃덩이를 집어넣어라.
최상등급 고기—허리와 가슴부위—로 하여라.
양 떼에서 가장 좋은 놈들을 골라
최상급 뼈를 넣어라.

sacrificed the children they bore me in order to feed their idols! And there is also this: They've defiled my holy Sanctuary and desecrated my holy Sabbaths. The same day that they sacrificed their children to their idols, they walked into my Sanctuary and defiled it. That's what they did—in *my* house!

40-42 "Furthermore, they even sent out invitations by special messenger to men far away—and, sure enough, they came. They bathed themselves, put on makeup and provocative lingerie. They reclined on a sumptuous bed, aromatic with incense and oils—*my* incense and oils! The crowd gathered, jostling and pushing, a drunken rabble. They adorned the sisters with bracelets on their arms and tiaras on their heads.

43-44 "I said, 'She's burned out on sex!' but that didn't stop them. They kept banging on her doors night and day as men do when they're after a whore. That's how they used Oholah and Oholibah, the worn-out whores.

45 "Righteous men will pronounce judgment on them, giving out sentences for adultery and murder. That was their lifework: adultery and murder."

46-47 "GOD says, 'Let a mob loose on them: Terror! Plunder! Let the mob stone them and hack them to pieces—kill all their children, burn down their houses!

48-49 "'I'll put an end to sluttish sex in this country so that all women will be well warned and not copy you. You'll pay the price for all your obsessive sex. You'll pay in full for your promiscuous affairs with idols. And you'll realize that I am GOD, the Master.'"

Bring the Pot to a Boil

24 1-5 The Message of GOD came to me in the ninth year, the tenth month, and the tenth day of the month: "Son of man, write down this date. The king of Babylon has laid siege to Jerusalem this very day. Tell this company of rebels a story:

"'Put on the soup pot.
Fill it with water.

솥 밑에 장작을 쌓아라.
불을 지펴
국을 펄펄 끓여라.

6 주 하나님이 말한다.

살인의 도성이여,
벗겨낼 수 없을 만큼 두껍게
찌끼와 오물이 낀 솥이여, 화가 있으리라!
고기를 한 점 한 점 다 꺼내어 솥을 비워라.
그것들을 누가 물어 가든 신경 쓸 것 없다.

7-8 도성 전체가
살해당한 자들의 피로 물들어 있다.
길거리 돌들마다 피가 흥건하나,
닦아내려는 사람이 없다.
모두가 보는 대로에 흐르는 피,
나의 진노를 불러일으킨다.
나의 보복을 불러들인다.

9-12 그러므로, 주 하나님이 말한다.

살인의 도성에 화가 있으리라!
나도 장작을 쌓겠다.
나무를 많이 넣고
불을 지펴서
고기를 푹 삶고, 양념도 곁들인 뒤에 국물은 쏟아 버리고,
뼈들은 태워 버리겠다.
빈 솥을 숯불 위에 올려놓고
놋쇠가 빨갛게 달아오르도록 달구어,
병균을 죽이고
오염물을 모두 태워 버리겠다.
하지만 소용없다. 너무 늦었다.
그러기에는 오물이 너무 두껍다.

13-14 두꺼운 껍질이 되어 버린 오물은 바로 너
의 음행이다. 내가 너를 깨끗이 닦아 주려고 했
지만, 너는 그것을 거부했다. 내 진노가 가라앉
을 때까지 나는 너를 닦아 주지 않을 것이다. 나
하나님이 말했으니, 그대로 이룰 것이다. 지체
하지 않을 것이다. 내 자비는 이제 동이 났다. 내
마음이 바뀔 일은 없을 것이다. 너는 네가 초래
한 일을 겪을 것이다. 주 하나님의 포고다."

Put chunks of meat into it,
all the choice pieces – loin and brisket.
Pick out the best soup bones
from the best of the sheep in the flock.
Pile wood beneath the pot.
Bring it to a boil
and cook the soup.

6 "'GOD, the Master, says:

"'Doom to the city of murder,
to the pot thick with scum,
thick with a filth that can't be scoured.
Empty the pot piece by piece;
don't bother who gets what.

7-8 "The blood from murders
has stained the whole city;
Blood runs bold on the street stones,
with no one bothering to wash it off –
Blood out in the open to public view
to provoke my wrath,
to trigger my vengeance.

9-12 "'Therefore, this is what GOD, the Master, says:

"'Doom to the city of murder!
I, too, will pile on the wood.
Stack the wood high,
light the match,
Cook the meat, spice it well, pour out the broth,
and then burn the bones.
Then I'll set the empty pot on the coals
and heat it red-hot so the bronze glows,
So the germs are killed
and the corruption is burned off.
But it's hopeless. It's too far gone.
The filth is too thick.

13-14 "'Your encrusted filth is your filthy sex. I
wanted to clean you up, but you wouldn't let me. I'll
make no more attempts at cleaning you up until my
anger quiets down. I, GOD, have said it, and I'll do
it. I'm not holding back. I've run out of compassion.
I'm not changing my mind. You're getting exactly

에스겔의 아내가 죽다

15-17 하나님의 메시지가 내게 임했다. "사람의 아들아, 내가 네게서 삶의 즐거움을 앗아 가련다. 큰 불행이 네게 닥칠 것이다. 그러나 부디 눈물을 보이지 마라. 슬픔을 속으로 삼켜라. 사람 앞에서 울지 마라. 평소처럼 옷을 입고 나가서 네 일을 보아라. 통상적인 장례 의식도 치르지 마라."

18 아침에 내가 사람들에게 이 말씀을 전했는데, 그날 저녁에 내 아내가 죽었다. 다음 날 아침 나는 지시받은 대로 행했다.

19 사람들이 내게 와서 물었다. "아니, 왜 이렇게 하십니까? 대체, 이 일의 의미가 무엇입니까?"

20-21 그래서 내가 말했다. "하나님께서 내게 이렇게 말씀하셨습니다. '이스라엘 가문에 전하여라. 이는 주 하나님의 말이다. 내가 나의 성소이자 너희의 자랑인 난공불락의 요새를 더럽힐 것이다. 너희 삶의 즐거움이요 최고 행복인 그곳을 더럽힐 것이다. 너희가 그곳에 두고 온 자식들 모두가 죽임을 당할 것이다.

22-24 그때 너희는 에스겔이 한 그대로 하게 될 것이다. 너희는 통상적인 장례 의식도 치르지 못하고, 평소처럼 옷을 입고 나가서 너희 일을 해야 할 것이다. 눈물도 흘리지 못한 채, 죄로 병든 너희끼리 탄식소리나 내게 될 것이다. 에스겔이 너희의 표징이다. 너희는 그가 했던 대로 하게 될 것이다.

이런 일이 일어날 때, 너희는 내가 주 하나님인 줄 알게 될 것이다.'

25-27 너 사람의 아들아, 내가 그들의 피난처요 큰 기쁨, 삶의 즐거움이자 최고 행복이던 그 자녀들을 앗아 갈 그날에, 생존자 한 사람이 네게 와서 그 도성에서 벌어진 일을 일러 줄 것이다. 그때 너는 닫혔던 입이 열려 그 생존자와 이야기하게 될 것이다. 네가 그들에게 표징이 될 것이고, 그제야 그들은 내가 하나님인 줄 알게 될 것이다."

심판

25 1-5 *하나님의 메시지가 내게 임했다.*

"사람의 아들아, 암몬이 있는 쪽으로 얼굴을 돌리고 그 백성을 대적하여 말씀을 전하여라. '주 하나님의 메시지에 귀 기울여라. 이는 하나님의

what's coming to you. Decree of GOD, the Master.'"

No Tears

15-17 GOD's Message came to me: "Son of man, I'm about to take from you the delight of your life–a real blow, I know. But, please, no tears. Keep your grief to yourself. No public mourning. Get dressed as usual and go about your work–none of the usual funeral rituals."

18 I preached to the people in the morning. That evening my wife died. The next morning I did as I'd been told.

19 The people came to me, saying, "Tell us why you're acting like this. What does it mean, anyway?"

20-21 So I told them, "GOD's Word came to me, saying, 'Tell the family of Israel, This is what GOD, the Master, says: I will desecrate my Sanctuary, your proud impregnable fort, the delight of your life, your heart's desire. The children you left behind will be killed.

22-24 "'Then you'll do exactly as I've done. You'll perform none of the usual funeral rituals. You'll get dressed as usual and go about your work. No tears. But your sins will eat away at you from within and you'll groan among yourselves. Ezekiel will be your example. The way he did it is the way you'll do it.

"'When this happens you'll recognize that I am GOD, the Master.'"

25-27 "And you, son of man: The day I take away the people's refuge, their great joy, the delight of their life, what they've most longed for, along with all their children–on that very day a survivor will arrive and tell you what happened to the city. You'll break your silence and start talking again, talking to the survivor. Again, you'll be an example for them. And they'll recognize that I am GOD."

Acts of Vengeance

25 1-5 GOD's Message came to me:

"Son of man, face Ammon and preach against the people: Listen to the Message of GOD, the Master. This is what GOD has to say: Because you cheered

말씀이다. 나의 성소가 더렵혀지고 유다 땅이 쑥대밭이 되어 이스라엘 백성이 포로로 잡혀갈 때, 너희는 환호성을 올렸다. 그러므로 내가 너를 동방의 민족에게 넘겨주겠다. 그들이 네 땅에 들어와 자기 소유처럼 누비고 다니면서, 네 음식을 모두 먹어 치우고 네 우유를 다 마셔 버릴 것이다. 내가 너의 수도 랍바를 낙타 목장으로, 너의 마을 전부를 가축 우리로 바꾸어 놓을 것이다. 그제야 너희는 내가 **하나님**인 줄 알게 될 것이다.

6-7 주 **하나님**이 말한다. 너는 박수 치고 환호하며 이스라엘을 향해 비열한 경멸을 퍼부었다. 그러므로, 내가 나서서 너를 민족들 앞에 약탈물로 내놓겠다. 누구든지 먼저 오는 자가 너를 차지할 것이다. 내가 민족들의 명단에서 네 이름을 지워 버릴 것이다. 너는 아주 망하고 나서야 내가 **하나님**인 줄 알게 될 것이다.'"

8-11 "주 **하나님**이 말한다. 모압이 말하기를 '봐라, 유다도 별것 아니다'라고 한다. 그러므로, 내가 모압의 옆구리를 뚫어 버릴 것이다. 자랑하던 국경 성읍들, 곧 벳여시못과 바알므온과 기랴다임을 적의 공격에 노출시키겠다. 내가 모압과 암몬을 한 뭉텅이로 엮어 동방의 민족에게 넘겨줄 것이다. 암몬은 영영 사라지고, 모압은 혹독한 벌을 받을 것이다. 그제야 그들은 내가 **하나님**인 줄 알게 될 것이다."

12-14 "주 **하나님**이 말한다. 에돔은 유다 백성에게 지나친 복수심을 품고 앙갚음하는 죄를 지었다. 나 주 **하나님**이 에돔을 대적하여 많은 사람과 짐승들을 죽일 것이다. 내가 그 땅을 초토화시켜, 데만에서 드단까지 시체들이 즐비하게 할 것이다. 내가 내 백성 이스라엘을 들어, 에돔에게 복수할 것이다. 나의 진노를 힘입고 이스라엘이 보복을 행할 때에, 에돔은 이것이 나의 보복임을 깨닫게 될 것이다. 주 **하나님**의 포고다."

15-17 "주 **하나님**이 말한다. 블레셋 사람들은 지독한 앙심—오랜 세월 쌓이고 쌓인 원한!—을 품고 유다를 멸망시키려고 온갖 악랄한 수단을 썼다. 그러므로 나 주 **하나님**이 블레셋 사람들을 대적해 치고, 그렛 사람을 비롯해 바닷가의 남은 자들 전부를 베

when my Sanctuary was desecrated and the land of Judah was devastated and the people of Israel were taken into exile, I'm giving you over to the people of the east. They'll move in and make themselves at home, eating the food right off your tables and drinking your milk. I'll turn your capital, Rabbah, into pasture for camels and all your villages into corrals for flocks. Then you'll realize that I am GOD.

6-7 "GOD, the Master, says, Because you clapped and cheered, venting all your malicious contempt against the land of Israel, I'll step in and hand you out as loot–first come, first served. I'll cross you off the roster of nations. There'll be nothing left of you. And you'll realize that I am GOD."

8-11 "GOD, the Master, says: Because Moab said, 'Look, Judah's nothing special,' I'll lay wide open the flank of Moab by exposing its lovely frontier villages to attack: Beth-jeshimoth, Baal-meon, and Kiriathaim. I'll lump Moab in with Ammon and give them to the people of the east for the taking. Ammon won't be heard from again. I'll punish Moab severely. And they'll realize that I am GOD."

12-14 "GOD, the Master, says: Because Edom reacted against the people of Judah in spiteful revenge and was so criminally vengeful against them, therefore I, GOD, the Master, will oppose Edom and kill the lot of them, people and animals both. I'll waste it–corpses stretched from Teman to Dedan. I'll use my people Israel to bring my vengeance down on Edom. My wrath will fuel their action. And they'll realize it's *my* vengeance. Decree of GOD the Master."

15-17 "GOD, the Master, says: Because the Philistines were so spitefully vengeful–all those centuries of stored-up malice!–and did their best to destroy Judah, therefore I, GOD, the Master, will oppose the Philistines and cut down the Cretans

어서 쓰러뜨릴 것이다. 거대한 복수극과 함께 무시무시한 응징이 있을 것이다! 내가 보복을 행하는 날, 그들은 내가 하나님인 줄 알게 될 것이다."

두로가 받을 심판

26 1-2 열한째 해 어느 달 첫째 날에, 하나님의 메시지가 내게 임했다. "사람의 아들아, 두로가 예루살렘 소식을 듣고 환호성을 올리며 말했다.

'잘되었다! 길목 상권을 잡고 있던 도성이 박살 났다!
이제 그가 하던 사업은 모두 내 차지다.
그가 망했으니,
이제 내가 흥하리라.'

3-6 그러므로, 주 하나님이 말한다.

'두로야, 내가 너를 치겠다.
해변에 밀어닥치는 파도처럼,
뭇 민족들이 네게 밀어닥치게 하겠다.
그들이 두로의 성벽을 박살내고,
그 성읍들을 허물어뜨릴 것이다.
내가 그 흙을 다 쓸어 내어
맨바위만 드러나게 할 것이다.
너는 바다 가운데 떠 있는 바위섬이 되어,
그물이나 펴서 말리는 곳이 되리라.
그렇다. 이것이 나의 말이다.' 주 하나님의 포고다.
'두로는 아무 민족이나 와서 거저 집어 가는, 약탈물이 될 것이다!
그의 주변 성읍들도 도살을 당하리라.
그제야 그들은 내가 하나님인 줄 알게 될 것이다.'

7-14 주 하나님이 말한다. 보아라! 내가 북쪽에서 왕 중의 왕인 바빌론 왕 느부갓네살을 데려와, 두로를 치겠다. 그가 전차와 기마와 기병, 엄청난 대군을 이끌고 올 것이다. 그가 네 주변 성읍들을 모조리 처치하고 너를 포위할 것이다. 네 성벽 주위로 축대를 쌓고, 방패로 숲을 이루어 행진해 올 것이다! 네 성벽을 쇠망치로 때려 부수고 철제 무기로 네 탑들을 박살낼 것이다. 지축을 뒤흔드는 말발굽소리와 함께 군마들이 전차를 끌고 성 안으로 쏟아져 들어오면, 너는 그것들이 일으키는 먼지를 뒤집어쓸 것이다. 지진 같은 군대다! 도성은 충격의 도가니가 되리라! 놀란 말들이 거리로 뛰쳐나

and anybody else left along the seacoast. Huge acts of vengeance, massive punishments! When I bring vengeance, they'll realize that I am GOD."

As the Waves of the Sea, Surging Against the Shore

26 1-2 In the eleventh year, on the first day of the month, GOD's Message came to me: "Son of man, Tyre cheered when they got the news of Jerusalem, exclaiming,

"'Good! The gateway city is smashed!
Now all her business comes my way.
She's in ruins
and I'm in clover.'

3-6 "Therefore, GOD, the Master, has this to say:

"'I'm against you, Tyre,
and I'll bring many nations surging against you,
as the waves of the sea surging against the shore.
They'll smash the city walls of Tyre
and break down her towers.
I'll wash away the soil
and leave nothing but bare rock.
She'll be an island of bare rock in the ocean,
good for nothing but drying fishnets.
Yes, I've said so.' Decree of GOD, the Master.
'She'll be loot, free pickings for the nations!
Her surrounding villages will be butchered.
Then they'll realize that I am GOD.'

7-14 "GOD, the Master, says: Look! Out of the north I'm bringing Nebuchadnezzar king of Babylon, a king's king, down on Tyre. He'll come with chariots and horses and riders—a huge army. He'll massacre your surrounding villages and lay siege to you. He'll build siege ramps against your walls. A forest of shields will advance against you! He'll pummel your walls with his battering rams and shatter your towers with his iron weapons. You'll be covered with dust from his horde of horses—a thundering herd of war horses pouring through the breaches, pulling chariots. Oh, it will be an earthquake of an army and a city in shock! Horses will stampede through the streets. Your people

와 이리저리 날뛸 것이다. 네 백성은 도살당하고, 네 거대한 기둥들은 성냥개비처럼 부러져 나뒹굴 것이다. 침략자들이 네 재산을 노략하고 네 물건을 모두 약탈한다! 그들이 네 저택을 때려 부수고, 깨진 석재와 목재를 바닷속으로 던져 버릴 것이다. 너의 잔치, 너의 유명한 파티들은 영영 사라질 것이다. 노래도 사라지고, 악기소리도 사라지리라. 내가 너를 바위뿐인 섬으로 만들어, 그물이나 펴서 말리는 곳이 되게 할 것이다. 네가 다시는 재건되지 못할 것이다. 나 하나님의 말이다. 주 하나님의 포고다.

15 이는 두로를 향한 주 하나님의 메시지다. 네가 무너져 내리는 소리에, 네가 다쳐 내는 신음소리에, 네가 학살당하는 광경에, 바다 섬들이 어찌 떨지 않겠느냐?

16-18 해변 전역에서, 왕들이 보좌에서 내려와 왕복과 화려한 옷을 벗어 던지고, 공포를 옷처럼 입은 채 떨 것이다. 땅바닥에 주저앉아, 네 모습을 보고 경악하며 몸을 바르르 떨 것이다. 네 죽음을 두고 애가를 지어 부를 것이다.

'가라앉았구나! 온 바다에 이름을 떨치던 도성이,
바다 밑바닥까지 가라앉았구나!
바다의 패권을 쥐고,
모두를 휘어잡아
벌벌 떨게 만들던
너와 네 백성이었는데.
이제 네 침몰소리에
섬들이 몸을 떨고,
네 추락의 여파로
바다 섬들이 흔들린다.'

19-21 주 하나님의 메시지다. '내가 너를 황폐하고 텅 빈 도성과 유령마을로 만들고, 거대한 심연을 끌어올려 너를 뒤덮을 그날에, 너를 아주 오래전에 죽은 자들의 무덤으로 내려보낼 것이다. 너는 그 오래된 폐허 속 무덤에서, 죽은 자들과 같이 살게 될 것이다. 네가 다시는 산 자들의 땅을 보지 못하리라. 내가 너를 죽음의 공포 속에 밀어 넣고, 그것이 너의 끝이 되게 할 것이다. 사람들이 수색대를 보내 너를 찾아보아도, 끝내 찾지 못할 것이다. 주 하나님의 포고다.'"

will be slaughtered and your huge pillars strewn like matchsticks. The invaders will steal and loot—all that wealth, all that stuff! They'll knock down your fine houses and dump the stone and timber rubble into the sea. And your parties, your famous good-time parties, will be no more. No more songs, no more lutes. I'll reduce you to an island of bare rock, good for nothing but drying fishnets. You'll never be rebuilt. I, GOD, have said so. Decree of GOD, the Master.

Introduced to the Terrors of Death

15 "This is the Message of GOD, the Master, to Tyre: Won't the ocean islands shake at the crash of your collapse, at the groans of your wounded, at your mayhem and massacre?

16-18 "All up and down the coast, the princes will come down from their thrones, take off their royal robes and fancy clothes, and wrap themselves in sheer terror. They'll sit on the ground, shaken to the core, horrified at you. Then they'll begin chanting a funeral song over you:

"'Sunk! Sunk to the bottom of the sea,
famous city on the sea!
Power of the seas,
you and your people,
Intimidating everyone
who lived in your shadows.
But now the islands are shaking
at the sound of your crash,
Ocean islands in tremors
from the impact of your fall.'

19-21 "The Message of GOD, the Master: 'When I turn you into a wasted city, a city empty of people, a ghost town, and when I bring up the great ocean deeps and cover you, then I'll push you down among those who go to the grave, the long, long dead. I'll make you live there, in the grave in old ruins, with the buried dead. You'll never see the land of the living again. I'll introduce you to the terrors of death and that'll be the end of you. They'll send out search parties for you, but you'll never be found. Decree of GOD, the Master.'"

두로에 대한 애가

27 [1-9] 하나님의 메시지가 내게 임했다.
"너 사람의 아들아, 두로를 두고 크게
애가를 불러라. 바다의 관문이요, 먼 섬들에 이르
기까지 세계를 누볐던 상인 두로에게 전하여라.
'주 하나님께서 말씀하신다.

두로야, 너는 뻐긴다,
"나는 완벽한 배다. 위용 있고 아름답다"고.
대양을 주름잡던 너는
정말이지 아름다웠고, 완벽하게 건조된 배였다.
네 선체는
헐몬 산의 로뎀나무로,
네 돛대는
레바논의 백향목으로 만들었다.
네 노는
바산의 튼튼한 상수리나무로,
네 갑판은
키프로스 섬에서 가져온 잣나무에 상아를 박아
만들었다.
네 돛과 기는
화려한 자수가 놓인 이집트산 모시로,
네 자주색 갑판차일 역시
키프로스 섬에서 가져온 천으로 만들었다.
시돈과 아르왓 사람들이 네 노를 저었다.
두로야, 네 선원들은 경험 많은 뱃사람들이었다.
배 안의 목수들은
비블로스 출신의 노련한 뱃사람들이었다.
바다의 모든 배와 선원들이
너와 교역하기 위해 네 주위로 몰려들었다.

10-11 너의 군대는
페르시아, 룻, 붓 출신 군인들로 이루어졌다.
멋진 제복을 입은 정예군이었다.
그들이 네 명성을 만방에 드높였다!
네 도성 치안은
아르왓, 헬렉, 감맛 출신 용병들이 맡았다.
그들이 도성 성벽에 걸어 놓은 멋진 방패들은,
실로 네 아름다움의 정점이었다.

12 *다시스는 네 많은 재물을 보고서 너와 거래했*
다. 그들은 은과 철과 주석과 납을 주고 네 상품
들을 가져갔다.
13 그리스와 두발과 메섹도 너와 거래했다. 그들
은 종과 청동을 주고 네 상품들을 가져갔다.

Tyre, Gateway to the Sea

27 [1-9] GOD's Message came to me: "You, son
of man, raise a funeral song over Tyre.
Tell Tyre, gateway to the sea, merchant to the
world, trader among the far-off islands, 'This is
what GOD, the Master, says:

"'You boast, Tyre:
"I'm the perfect ship–stately, handsome."
You ruled the high seas from
a real beauty, crafted to perfection.
Your planking came from
Mount Hermon junipers.
A Lebanon cedar
supplied your mast.
They made your oars
from sturdy Bashan oaks.
Cypress from Cyprus inlaid with ivory
was used for the decks.
Your sail and flag were of colorful
embroidered linen from Egypt.
Your purple deck awnings
also came from Cyprus.
Men of Sidon and Arvad pulled the oars.
Your seasoned seamen, O Tyre, were the crew.
Ship's carpenters
were old salts from Byblos.
All the ships of the sea and their sailors
clustered around you to barter for your goods.

10-11 "'Your army was composed of soldiers
from Paras, Lud, and Put,
Elite troops in uniformed splendor.
They put you on the map!
Your city police were imported from
Arvad, Helech, and Gammad.
They hung their shields from the city walls,
a final, perfect touch to your beauty.

12 "'Tarshish carried on business with you because
of your great wealth. They worked for you, trading
in silver, iron, tin, and lead for your products.
13 "'Greece, Tubal, and Meshech did business with
you, trading slaves and bronze for your products.
14 "'Beth-togarmah traded work horses, war

14 벳도갈마도 마필과 군마와 노새를 주고 네 상
품들을 가져갔다.
15 로단 백성도 너와 거래했다. 뭇 섬들도 상아와
흑단을 가지고 와서 너와 교역했다.
16 에돔도 네 상품들을 보고서 너와 거래했다. 그
들은 마노와 자주색 옷감과 수놓은 천과 가는 모
시와 산호와 홍옥을 가지고 와서 너와 교역했다.
17 유다와 이스라엘도 너와 거래했다. 그들은 최
고급 밀과 기장과 꿀과 기름과 향유를 주고 네 상
품들을 가져갔다.
18 다마스쿠스도 네 창고에 가득한 재화에 반해
서, 헬본의 포도주와 자하르의 양털을 가지고 와
서 너와 거래했다.
19 우잘 출신 단 사람들과 그리스인들도, 정련
한 쇠와 계피와 향신료를 가지고 와서 너와 거
래했다.
20 드단도 안장에 까는 담요를 가지고 와서 너와
거래했다.
21 아라비아와 게달의 모든 베두인 족장들도,
새끼양과 숫양과 염소를 가지고 와서 너와 교역
했다.
22 남 아라비아의 스바와 라아마 출신 무역상들
도, 최고급 향신료와 귀금속과 금을 가지고 와서
너와 거래했다.
23-24 앗시리아와 메대 동쪽의 하란과 간네와 에
덴도, 우아한 천과 물들인 옷감과 정교한 양탄자
를 가지고 와서 네 시장에서 팔며 너와 교역했다.
25 다시스의 큰 배들이 네 수입품과 수출품을 부
지런히 실어 날랐다. 오, 바닷길을 종횡무진하며
막대한 사업을 벌이던 네가 아니던가!

26-32 네 선원들이 힘차게 노를 저어,
너를 큰 바다로 데려간다.
그때 동쪽에서 폭풍이 불어와
바다 한가운데서 네 배를 산산조각 내버렸다.
전부 가라앉는다. 네 귀중한 물품과 상품들,
선원과 승무원들, 배의 목수와 군사들 모두
바다 밑바닥으로 가라앉는다.
대침몰이다.
선원들의 울부짖는 소리가
해안까지 울려 퍼진다.
다들 배를 버린다.
베테랑 선원들은 뭍을 향해 헤엄친다.
침몰하는 너를 보며, 모두가 통곡하여 울부짖
는다.

horses, and mules for your products.
15 "'The people of Rhodes did business with you.
Many far-off islands traded with you in ivory and
ebony.
16 "'Edom did business with you because of all
your goods. They traded for your products with
agate, purple textiles, embroidered cloth, fine
linen, coral, and rubies.
17 "'Judah and Israel did business with you. They
traded for your products with premium wheat,
millet, honey, oil, and balm.
18 "'Damascus, attracted by your vast array of
products and well-stocked warehouses, carried on
business with you, trading in wine from Helbon
and wool from Zahar.
19 "'Danites and Greeks from Uzal traded with
you, using wrought iron, cinnamon, and spices.
20 "'Dedan traded with you for saddle blankets.
21 "'Arabia and all the Bedouin sheiks of Kedar
traded lambs, rams, and goats with you.
22 "'Traders from Sheba and Raamah in South
Arabia carried on business with you in premium
spices, precious stones, and gold.
23-24 "'Haran, Canneh, and Eden from the east
in Assyria and Media traded with you, bringing
elegant clothes, dyed textiles, and elaborate
carpets to your bazaars.
25 "'The great Tarshish ships were your freighters,
importing and exporting. Oh, it was big business
for you, trafficking the seaways!

26-32 "'Your sailors row mightily,
taking you into the high seas.
Then a storm out of the east
shatters your ship in the ocean deep.
Everything sinks—your rich goods and products,
sailors and crew, ship's carpenters and soldiers,
Sink to the bottom of the sea.
Total shipwreck.
The cries of your sailors
reverberate on shore.
Sailors everywhere abandon ship.
Veteran seamen swim for dry land.
They cry out in grief,
a choir of bitter lament over you.

함께 비가를 부른다.
얼굴을 재로 문지르고
머리를 밀고
거친 베옷을 입은 채,
대성통곡한다.
목 놓아 애가를 부른다.
"바다에 두로 같은 자 또 누가 있으랴!"

33-36 상품을 싣고 바다를 종횡무진하던 너는,
뭇 민족에게 만족을 안겨 주었다.
세상 방방곡곡을 다니며 무역을 벌이면서
지상의 왕들을 부자로 만들어 주었다.
그러나 풍파로 파선된 너
바다 밑바닥까지 가라앉았고,
네가 사고팔던 모든 것도
너와 함께 바다 밑바닥까지 가라앉았다.
그 광경에 바닷가 모든 주민이 공포에 떤다.
왕들의 머리털이 곤두서고
그들의 얼굴이 잔뜩 일그러진다!
온 세상의 상인들이
두 손을 들고 혀를 내두른다.
어떻게 이런 끔찍한 일이!
오, 어떻게 이런 일이!'"

돈이 많아지자 거만해졌다

28

1-5 하나님의 메시지가 내게 임했다. "사람의 아들아, 두로의 통치자에게 전하여라. '주 하나님께서 말씀하신다.

마음이 교만한 너,
돌아다니면서 말한다. "나는 신이다.
하나님의 보좌에 앉아
온 바다를 지배하노라."
신이라니, 가당치 않다.
너는 사람일 뿐이다.
신이 되려고 애쓴다만,
그저 사람에 지나지 않는다.
보아라. 너는 네 자신이 다니엘보다 명민하다고 여긴다.
풀지 못할 수수께끼가 없다고 생각한다.
너는 총명하여
세계적인 부자가 되었다.
너는 네 창고에
금과 은을 잔뜩 쌓았다.
너는 좋은 머리를 굴려
사업에 성공했고, 떼돈을 벌었다.

They smear their faces with ashes,
shave their heads,
Wear rough burlap,
wildly keening their loss.
They raise their funeral song:
"Who on the high seas is like Tyre!"

33-36 "'As you crisscrossed the seas with your products,
you satisfied many peoples.
Your worldwide trade
made earth's kings rich.
And now you're battered to bits by the waves,
sunk to the bottom of the sea,
And everything you've bought and sold
has sunk to the bottom with you.
Everyone on shore looks on in terror.
The hair of kings stands on end,
their faces drawn and haggard!
The buyers and sellers of the world
throw up their hands:
This horror can't happen!
Oh, this *has* happened!'"

The Money Has Gone to Your Head

28

1-5 GOD's Message came to me, "Son of man, tell the prince of Tyre, 'This is what GOD, the Master, says:

"'Your heart is proud,
going around saying, "I'm a god.
I sit on God's divine throne,
ruling the sea"—
You, a mere mortal,
not even close to being a god,
A mere mortal
trying to be a god.
Look, you think you're smarter than Daniel.
No enigmas can stump you.
Your sharp intelligence
made you world-wealthy.
You piled up gold and silver
in your banks.
You used your head well,
worked good deals, made a lot of money.

그러나 돈이 많아지자 너는 거만해졌다.
콧대가 높아졌다. 어찌나 높아졌는지, 하늘을 찌를 정도다!

6-11 그러므로, 주 하나님이 말한다.

신처럼 행동하며
신이 된 것처럼 행세하는 너에게,
내가 분명히 경고한다. 내가 이방 사람과
민족들 중에 가장 악독한 자들을 불러 너를 덮치게 할 것이다.
그들이 칼을 뽑아서
모르는 것이 없다던 너의 명성을 땅에 떨어뜨릴 것이다.
신이라 자처하던
너의 허풍을 까발릴 것이다.
네 스스로 올랐던 상석에서 너를 끌어내려
깊은 바닷속에 처넣을 것이다.
너를 죽이러 온 자들 앞에서도
"무엄하다! 나는 신이다" 하고 주장하겠느냐?
그들에게 너는 그저 인간일 뿐이다.
너는 그 이방 사람들의 손에
개죽음을 당할 것이다.
내가 그렇게 말했기 때문이다.
주 하나님의 포고다.'"

11-19 하나님의 메시지가 내게 임했다. "사람의 아들아, 두로 왕을 위해 크게 애가를 불러라. 그에게 주 하나님의 메시지를 전하여라.

너는 전부를 가진 자였다.
너는 하나님의 동산, 에덴에 있었다.
너는 휘황찬란한 옷을 둘렀다.
온갖 보석이 달린 예복이었다.
홍옥수, 감람석, 월장석,
녹주석, 얼룩 마노, 벽옥,
청보석, 터키석, 취옥이
세공한 금테에 매달려 있었다.
네가 창조된 그날,
너를 위해 준비된 예복이었다.
너는 기름부음 받은 그룹이었다.
내가 너를 하나님의 산에 두었다.
너는 불타는 돌들 사이를
위풍당당하게 거닐었다.
너는 창조된 날부터

But the money has gone to your head,
swelled your head – what a big head!

6-11 "'Therefore, GOD, the Master, says:

"'Because you're acting like a god,
pretending to be a god,
I'm giving fair warning: I'm bringing strangers down on you,
the most vicious of all nations.
They'll pull their swords and make hash
of your reputation for knowing it all.
They'll puncture the balloon
of your god-pretensions.
They'll bring you down from your self-made pedestal
and bury you in the deep blue sea.
Will you protest to your assassins,
"You can't do that! I'm a god"?
To them you're a mere mortal.
They're killing a man, not a god.
You'll die like a stray dog,
killed by strangers –
Because I said so.
Decree of GOD, the Master.'"

11-19 GOD's Message came to me: "Son of man, raise a funeral song over the king of Tyre. Tell him, A Message from GOD, the Master:

"You had everything going for you.
You were in Eden, God's garden.
You were dressed in splendor,
your robe studded with jewels:
Carnelian, peridot, and moonstone,
beryl, onyx, and jasper,
Sapphire, turquoise, and emerald,
all in settings of engraved gold.
A robe was prepared for you
the same day you were created.
You were the anointed cherub.
I placed you on the mountain of God.
You strolled in magnificence
among the stones of fire.
From the day of your creation

완벽 그 자체였다. 그런데
이후에 네게 결함이—악이!—발견되었다.
사고파는 일을 많이 하면서
너는 난폭해졌고, 죄를 지었다!
내 눈 밖에 난 너를 내가 하나님의 산에서 내쳤다.
내가 너를, 기름부음 받은 천사-그룹인 너를 밖으로 내쫓아,
더는 불타는 보석들 사이를 거닐지 못하게 했다!
너는 네 아름다움 때문에 거만해졌다.
너는 지혜를,
세상 영예를 얻는 수단으로 전락시켰다.
내가 너를 바닥에 내동댕이치고
왕들이 보는 앞에서 너를 때려눕혀,
네가 뻗음으로 그들의 조롱거리가 되게 했다.
너는 죄를 짓고, 짓고, 또 지으면서
부정한 방식으로 사업을 벌였고,
너의 거룩한 예배 처소를 더럽혔다.
그래서 내가 네 주위와 네 한가운데에 불을 놓았다.
그 불이 너를 살라 버렸다. 내가 너를 잿더미로 만들어 버렸다.
이제 누구라도 너를 볼 때
보이는 것이라고는
바닥에 나뒹구는 재뿐이다.
전에 너를 알았던 자들 모두가
두 손을 들고 혀를 내두른다.
'어떻게 이런 일이!
어떻게 이런 일이!'"

20-23 하나님의 메시지가 내게 임했다. "사람의 아들아, 시돈과 맞서라. 그곳을 대적하여 말씀을 전하여라. '주 하나님의 메시지다.

보아라! 시돈아, 내가 너를 대적한다.
내가 네 가운데서 나의 진면목을 드러낼 것이다.'
내가 모든 일을 바로잡고
나의 거룩한 임재를 나타내는 날,
그들은 내가 하나님인 줄 알게 될 것이다.
내가 명령을 내려 그곳에 전염병이 나돌게 하고,
거리마다 살인과 폭력이 난무하게 할 것이다.
사방에서 적군이 쳐들어오면,
사람들이 오른쪽, 왼쪽으로 나가떨어지리라.
그제야 그들은 내 말이 빈말이 아님을,
내가 하나님인 줄 알게 될 것이다.

you were sheer perfection...
and then imperfection—evil!—was detected in you.
In much buying and selling
you turned violent, you sinned!
I threw you, disgraced, off the mountain of God.
I threw you out—you, the anointed angel-cherub.
No more strolling among the gems of fire for you!
Your beauty went to your head.
You corrupted wisdom
by using it to get worldly fame.
I threw you to the ground,
sent you sprawling before an audience of kings
and let them gloat over your demise.
By sin after sin after sin,
by your corrupt ways of doing business,
you defiled your holy places of worship.
So I set a fire around and within you.
It burned you up. I reduced you to ashes.
All anyone sees now
when they look for you is ashes,
a pitiful mound of ashes.
All who once knew you
now throw up their hands:
'This can't have happened!
This *has* happened!'"

20-23 GOD's Message came to me: "Son of man, confront Sidon. Preach against it. Say, 'Message from GOD, the Master:

"'Look! I'm against you, Sidon.
I intend to be known for who I truly am among you.'
They'll know that I am GOD
when I set things right
and reveal my holy presence.
I'll order an epidemic of disease there,
along with murder and mayhem in the streets.
People will drop dead right and left,
as war presses in from every side.
Then they'll realize that I mean business,
that I am GOD.

24 이스라엘은
그들을 멸시하며 천대하는 자들,
그 가시와 엉겅퀴 같은 이웃들을 더 이상 참고 견딜 필요가 없으리라.
그들도 내가 하나님인 줄 알게 될 것이다."

25-26 주 하나님께서 말씀하신다. "내가 이스라엘을 흩어져 살던 민족들로부터 모으고, 모든 민족 앞에 나의 거룩을 드러내 보이는 날에, 그들이 자기 땅, 곧 내가 나의 종 야곱에게 준 땅에서 살게 될 것이다. 거기서 그들이 안전하게 살 것이다. 집을 짓고 포도밭을 가꾸며 안전하게 살 것이다. 내가 그들을 멸시하고 천대하던 이웃들에게 심판을 내릴 것이다. 그제야 그들은 내가 하나님인 줄 알게 될 것이다."

이집트가 받을 심판

29 1-6 열째 해 열째 달 십이일에, 하나님의 메시지가 내게 임했다. "사람의 아들아, 이집트 왕 바로와 정면으로 맞서라. 그와 모든 이집트 사람을 대적하여 말씀을 전하여라. 그들에게 말하여라. '주 하나님께서 말씀하신다.

이집트 왕 바로야, 조심하여라.
너, 나일 강에 축 늘어져 어슬렁대며,
"나일 강은 내 것이다.
내가 만들었다"고 떠드는
늙은 용아,
너는 내 원수다.
내가 네 턱을 갈고리로 꿸 것이다.
나일 강의 물고기들이 다 네 비늘에 달라붙게 만들 것이다.
내가 너를 나일 강에서 끌어 올릴 때,
네 비늘에 붙어 있는 물고기들도 같이 따라오리라.
네 비늘에 붙어 있는 나일 강 물고기들도 같이
사막으로 끌고 가겠다.
너는 거기 허허벌판에 내동댕이쳐진 채 내리쬐는
태양 아래 썩어 가며,
들짐승과 공중 나는 새들의 먹이가 될 것이다.
이집트에 사는 모두가
내가 하나님인 줄 알게 될 것이다.

6-9 이스라엘에게 너는 갈대 지팡이에 불과했다. 그들이 잡으면 부서져 손에 상처를 입혔고, 그들이 기대면 부러져 그들을 나자빠지게 했다. 주 하

24 "No longer will Israel have to put up with
their thistle-and-thorn neighbors
Who have treated them so contemptuously.
And they also will realize that I am GOD."

25-26 GOD, the Master, says, "When I gather Israel from the peoples among whom they've been scattered and put my holiness on display among them with all the nations looking on, then they'll live in their own land that I gave to my servant Jacob. They'll live there in safety. They'll build houses. They'll plant vineyards, living in safety. Meanwhile, I'll bring judgment on all the neighbors who have treated them with such contempt. And they'll realize that I am GOD."

Never a World Power Again

29 1-6 In the tenth year, in the tenth month, on the twelfth day, GOD's Message came to me: "Son of man, confront Pharaoh king of Egypt. Preach against him and all the Egyptians. Tell him, 'GOD, the Master, says:

"'Watch yourself, Pharaoh, king of Egypt.
I'm dead set against you,
You lumbering old dragon,
lolling and flaccid in the Nile,
Saying, "It's my Nile.
I made it. It's mine."
I'll set hooks in your jaw;
I'll make the fish of the Nile stick to your scales.
I'll pull you out of the Nile,
with all the fish stuck to your scales.
Then I'll drag you out into the desert,
you and all the Nile fish sticking to your scales.
You'll lie there in the open, rotting in the sun,
meat to the wild animals and carrion birds.
Everybody living in Egypt
will realize that I am GOD.

6-9 "'Because you've been a flimsy reed crutch to Israel so that when they gripped you, you splintered and cut their hand, and when they leaned on you, you broke and sent them sprawling—Message of GOD, the Master—I'll bring war

나님의 메시지다. 내가 전쟁으로 너를 칠 것이다. 사람이든 짐승이든 모두 없애고, 나라를 텅 빈 광야로 만들 것이다. 사람들은 그제야 내가 하나님인 줄 알게 될 것이다.

9-11 네가 "나일 강은 내 것이다. 내가 만들었다"고 떠들었으니, 내가 너와 네 강들을 대적한다. 내가 북쪽으로는 믹돌로부터 남쪽으로는 수에네와 에티오피아 국경선에 이르기까지, 이집트 전 지역을 텅 빈 황무지로 바꾸어 놓으리라. 사람 하나 보이지 않고, 지나다니는 짐승 하나 없을 것이다. 그곳은 사십 년 동안, 텅 빈 사막으로 있을 것이다.

12 내가 이집트를 황무한 땅 중에서도 가장 황무한 땅으로 만들 것이다. 사십 년 동안 그 도성은 황폐한 곳 중에서도 가장 황폐한 곳으로 남을 것이다. 내가 이집트 사람들을 사방으로 흩어 버리고, 여기저기 포로로 잡혀가게 할 것이다.

13-16 주 하나님이 말한다. 그러나 이것이 그의 최후는 아니다. 사십 년이 지나면, 내가 그 흩어졌던 곳에서 다시 이집트 사람들을 모을 것이다. 이집트를 회복시킬 것이다. 나는 오래전 그가 시작되었던 곳, 바드로스로 그를 다시 데리고 갈 것이다. 거기서 그는 처음부터 다시 시작할 것이다. 그러나 계속 바닥을 기기만 할 뿐, 날아 비상하지는 못할 것이다. 다시는 강대국이 되지 못하고, 다시는 이스라엘이 의지하고 싶어 할 만한 나라가 되지 못한 채, 이제 이스라엘에게 이집트는 과거의 죄를 기억하게 하는 나라로만 존재할 것이다. 그제야 이집트는 내가 주 하나님인 줄 알게 될 것이다.'"

17-18 스물일곱째 해 첫째 달 첫째 날에, 하나님의 메시지가 내게 임했다. "사람의 아들아, 바빌론 왕 느부갓네살이 두로를 치느라 군대의 힘을 다 소진했다. 그들은 뼈가 휘도록 고생했으나 소득이 없었다.

19-20 그러므로, 주 하나님이 말한다. '내가 바빌론 왕 느부갓네살에게 이집트를 내주려 한다. 그가 이집트의 재물을 노략질하고 그곳을 싹쓸이할 것이다. 그 약탈물로 군대에게 보수를 지급할 것이다. 그는 여러 해를 보수도 없이 나를 위해 일해 왔다. 내가 그에게 주는 보수는 이집트다. 주 하나님의 포고다.

21 그때에 내가 이스라엘에 새 희망을 일으킬 것이다. 해방의 날이 도래할 것이다! 내가 너 에스겔에게

against you, do away with people and animals alike, and turn the country into an empty desert so they'll realize that I am GOD.

9-11 "'Because you said, "It's my Nile. I made it. It's all mine," therefore I am against you and your rivers. I'll reduce Egypt to an empty, desolate wasteland all the way from Migdol in the north to Syene and the border of Ethiopia in the south. Not a human will be seen in it, nor will an animal move through it. It'll be just empty desert, empty for forty years.

12 "'I'll make Egypt the most desolate of all desolations. For forty years I'll make her cities the most wasted of all wasted cities. I'll scatter Egyptians to the four winds, send them off every which way into exile.

13-16 "'But,' says GOD, the Master, 'that's not the end of it. After the forty years, I'll gather up the Egyptians from all the places where they've been scattered. I'll put things back together again for Egypt. I'll bring her back to Pathros where she got her start long ago. There she'll start over again from scratch. She'll take her place at the bottom of the ladder and there she'll stay, never to climb that ladder again, never to be a world power again. Never again will Israel be tempted to rely on Egypt. All she'll be to Israel is a reminder of old sin. Then Egypt will realize that I am GOD, the Master.'"

17-18 In the twenty-seventh year, in the first month, on the first day of the month, GOD's Message came to me: "Son of man, Nebuchadnezzar, king of Babylon, has worn out his army against Tyre. They've worked their fingers to the bone and have nothing to show for it.

19-20 "Therefore, GOD, the Master, says, 'I'm giving Egypt to Nebuchadnezzar king of Babylon. He'll haul away its wealth, pick the place clean. He'll pay his army with Egyptian plunder. He's been working for me all these years without pay. This is his pay: Egypt. Decree of GOD, the Master.

21 "'And then I'll stir up fresh hope in Israel—the dawn of deliverance!—and I'll give you, Ezekiel,

담대하고 확신에 찬 말을 주어, 외치게 할 것이다.
그제야 그들은 내가 하나님인 줄 알게 될 것이다.'"

이집트의 거만을 끝장내리라

30 1-5 주 하나님께서 내게 말씀하셨다. "사람의 아들아, 선포하여라. 그들에게 주 하나님의 메시지를 전하여라. 통곡하여라.

'재앙의 날이다!'
때가 되었다!
하나님의 큰 심판 날이 닥쳐왔다.
짙은 먹구름이 몰려온다.
뭇 민족에게 재앙이 임하는 날이다.
이집트에 죽음이 비 오듯 쏟아지리라.
이집트 사람들이 살육되고
재산을 빼앗기며
기둥뿌리까지 뽑혀 나가는 광경을 보면서,
에티오피아는 공포에 휩싸일 것이다.
에티오피아와 붓과 룻과 아라비아와 리비아와
이집트의 오랜 동맹국들 모두가,
이집트와 함께 쓰러질 것이다.

6-8 '나 하나님이 말한다.

이집트의 동맹국들이 쓰러지고,
거만하던 이집트의 힘이 꺾일 것이다.
북쪽 믹돌에서부터 남쪽 수에네에 이르기까지
이집트 전역에서 대학살이 벌어질 것이다!
주 하나님의 포고다.
이집트는 황폐해질 대로 황폐해지고,
도성들이 다 쑥대밭이 될 것이다.
내가 이집트에 불을 질러 잿더미로 만들고
그 우방국들을 때려눕히는 날,
그제야 그들은 내가 하나님인 줄 알게 될 것이다.

9 그 일이 일어나는 날, 내가 배로 사신을 보내어 만사태평인 에티오피아 사람들에게 경보를 발령할 것이다. 그들이 겁을 집어먹을 것이다. 이집트가 망했다! 심판이 다가온다!

10-12 주 하나님이 말한다.

내가 이집트의 거만을 끝장내리라.
바빌론 왕 느부갓네살을 이용해 그렇게 할 것이다.
그와 그의 군대, 잔인하기로 으뜸가는 민족을 이용해

bold and confident words to speak. And they'll realize that I am GOD.'"

Egypt on Fire

30 1-5 GOD, the Master, spoke to me: "Son of man, preach. Give them the Message of GOD, the Master. Wail:

"'Doomsday!'
Time's up!
GOD's big day of judgment is near.
Thick clouds are rolling in.
It's doomsday for the nations.
Death will rain down on Egypt.
Terror will paralyze Ethiopia
When they see the Egyptians killed,
their wealth hauled off,
their foundations demolished,
And Ethiopia, Put, Lud, Arabia, Libya
—all of Egypt's old allies—
killed right along with them.

6-8 "'GOD says:

"'Egypt's allies will fall
and her proud strength will collapse—
From Migdol in the north to Syene in the south,
a great slaughter in Egypt!
Decree of GOD, the Master.
Egypt, most desolate of the desolate,
her cities wasted beyond wasting,
Will realize that I am GOD
when I burn her down
and her helpers are knocked flat.

9 "'When that happens, I'll send out messengers by ship to sound the alarm among the easygoing Ethiopians. They'll be terrorized. Egypt's doomed! Judgment's coming!

10-12 "'GOD, the Master, says:

"'I'll put a stop to Egypt's arrogance.
I'll use Nebuchadnezzar king of Babylon to do it.
He and his army, the most brutal of nations,

이집트를 짓부술 것이다.
그들이 칼을 휘둘러
이집트 전역을 시체로 뒤덮을 것이다.
내가 나일 강을 말려 버리고
그 땅을 악당들에게 팔아넘길 것이다.
거기 들어갈 외국인을 고용해
온 나라를 결딴내고 거덜 낼 것이다.
나 하나님의 말이다.

13-19 주 하나님이 말한다.

내가 모든 우상을 박살내리라.
멤피스에 있는 거대한 신상들을 모조리 쓰러뜨릴 것이다.
이집트 왕은 영원히 사라지고,
그 자리에 내가 공포를 앉힐 것이다. 이집트 전체가 공포에 휩싸일 것이다!
내가 바드로스를 쑥대밭으로,
소안을 잿더미로 만들고, 테베에 벌을 내릴 것이다.
이집트의 요새 펠루시움에 나의 진노를 쏟고,
거드름 피우던 테베를 때려눕힐 것이다.
내가 이집트에 불을 지를 것이다.
펠루시움이 고통으로 몸부림치고,
테베가 결딴나며,
멤피스가 유린당하리라.
아웬과 비베셋의 젊은 용사들이 쓰러지고
도성 주민들이 포로로 붙잡혀 갈 것이다.
다바네스가 흑암에 휩싸일 그날,
내가 이집트를 박살내고
그 권세를 꺾어,
오만한 압제를 끝장낼 것이다!
그가 먼지 구름을 피우며 사라질 것이며,
그의 도성 주민들이 포로로 사로잡혀 가리라.
내가 그렇게 벌할 그날에,
그제야 이집트는 내가 하나님인 줄 알게 될 것이다.'"

20 열한째 해 첫째 달 칠일에, 하나님의 메시지가 내게 임했다.
21 "사람의 아들아, 내가 이집트 왕 바로의 팔을 부러뜨렸다. 그런데 보아라! 그 팔은 아직 부러진 채 그대로다. 부목도 대지 못해 뼈가 붙지 않았고, 그래서 칼을 들 수도 없다.
22-26 그러므로, 주 하나님이 말한다. 내가 이집트 왕 바로를 원수로 여겨, 그의 다른 팔마저 부러뜨릴 것

shall be used to destroy the country.
They'll brandish their swords
and fill Egypt with corpses.
I'll dry up the Nile
and sell off the land to a bunch of crooks.
I'll hire outsiders to come in
and waste the country, strip it clean.
I, GOD, have said so.

13-19 "'And now this is what GOD, the Master, says:

"'I'll smash all the no-god idols;
I'll topple all those huge statues in Memphis.
The prince of Egypt will be gone for good,
and in his place I'll put *fear*—fear throughout Egypt!
I'll demolish Pathros,
burn Zoan to the ground, and punish Thebes,
Pour my wrath on Pelusium, Egypt's fort,
and knock Thebes off its proud pedestal.
I'll set Egypt on fire:
Pelusium will writhe in pain,
Thebes blown away,
Memphis raped.
The young warriors of On and Pi-beseth
will be killed and the cities exiled.
A dark day for Tahpanhes
when I shatter Egypt,
When I break Egyptian power
and put an end to her arrogant oppression!
She'll disappear in a cloud of dust,
her cities hauled off as exiles.
That's how I'll punish Egypt,
and that's how she'll realize that I am GOD.'"

20 In the eleventh year, on the seventh day of the first month, GOD's Message came to me:
21 "Son of man, I've broken the arm of Pharaoh king of Egypt. And look! It hasn't been set. No splint has been put on it so the bones can knit and heal, so he can use a sword again.
22-26 "Therefore, GOD, the Master, says, I am dead set against Pharaoh king of Egypt and will

이다. 양팔을 모두 분질러 놓을 것이다! 그가 다시는 칼을 휘두르지 못하리라. 내가 이집트 사람들을 온 세상에 흩어 버리겠다. 바빌론 왕의 팔은 강하게 하여 내 칼을 그의 손에 쥐어 주겠지만, 바로의 팔은 부러뜨릴 것이다. 그가 치명상을 입은 사람처럼 신음할 것이다. 바빌론 왕의 팔은 나날이 강해지고, 바로의 팔에서는 힘이 빠져나가리라. 내가 바빌론 왕의 손에 내 칼을 쥐어 주면, 이집트 사람들은 그제야 내가 하나님인 줄 알게 될 것이다. 바빌론 왕이 칼을 뽑아 이집트를 향해 휘두를 것이며, 내가 이집트 사람들을 온 세상에 흩을 것이다. 그제야 그들은 내가 하나님인 줄 알게 될 것이다."

레바논의 백향목 같았던 이집트

31 1-9 열한째 해 셋째 달 첫째 날에, 하나님의 메시지가 내게 임했다. "사람의 아들아, 이집트 왕 바로, 허세 부리는 그 늙은이에게 전하여라.

'천하를 호령하는 너,
너는 네 실상이 무엇인지 아느냐?
보아라! 앗시리아는 거목이었다. 레바논의 백향목만큼 거대했고,
아름다운 가지는 서늘한 그늘을 드리웠다.
구름을 뚫을 듯,
하늘을 찌를 듯, 높이 솟은 나무였다.
마실 물이 넘쳤던 그 나무,
태곳적 심연이 그를 높이 키워 주었다.
그 심연이
나무가 심겨진 곳 주위로
강을 두르고,
숲 속 모든 나무에 물줄기가 뻗어 가게 해주었다.
실로 거대했던 그 나무는,
숲 속 다른 모든 나무를 압도했다.
굵고 기다란 가지들이 쭉쭉 뻗어 나갔고,
뿌리는 땅속 깊은 곳까지 파고들어 물을 빨아들였다.
공중 나는 모든 새들이
그 가지에 둥지를 틀고,
모든 들짐승들이
그 가지 밑에 새끼를 낳았다.
강대한 민족들이 다
그 그늘 아래 모여 살았다.
참으로 위풍당당한 나무였다.
그 가지들이 얼마나 멀리까지 뻗었던가!
그 뿌리들은 얼마나 깊은 곳까지 파고들어 물을 빨아들였던가!

go ahead and break his other arm—both arms broken! There's no way he'll ever swing a sword again. I'll scatter Egyptians all over the world. I'll make the arms of the king of Babylon strong and put my sword in his hand, but I'll break the arms of Pharaoh and he'll groan like one who is mortally wounded. I'll make the arms of the king of Babylon strong, but the arms of Pharaoh shall go limp. The Egyptians will realize that I am GOD when I place my sword in the hand of the king of Babylon. He'll wield it against Egypt and I'll scatter Egyptians all over the world. Then they'll realize that I am GOD."

The Funeral of the Big Tree

31 1-9 In the eleventh year, on the first day of the third month, GOD's Message came to me: "Son of man, tell Pharaoh king of Egypt, that pompous old goat:

"'Who do you, astride the world,
think you really are?
Look! Assyria was a Big Tree, huge as a Lebanon cedar,
beautiful limbs offering cool shade,
Skyscraper high,
piercing the clouds.
The waters gave it drink,
the primordial deep lifted it high,
Gushing out rivers around
the place where it was planted,
And then branching out in streams
to all the trees in the forest.
It was immense,
dwarfing all the trees in the forest—
Thick boughs, long limbs,
roots delving deep into earth's waters.
All the birds of the air
nested in its boughs.
All the wild animals
gave birth under its branches.
All the mighty nations
lived in its shade.
It was stunning in its majesty—
the reach of its branches!

하나님의 동산에 있는 백향목도 그것에 견줄 수는 없었다.
그 어떤 소나무도 그것에 비길 수 없었다.
우람한 상수리나무들도 그 옆에서는
키 낮은 관목일 뿐이었다.
하나님의 동산에 있는 어떤 나무도
그처럼 아름답지는 않았다.
내가 그처럼 아름답게 만들었다.
예술품 같은 가지와 잎을 만드니,
에덴의 모든 나무,
하나님의 동산에 있는 모든 나무가 그를 부러워했다.'"

10-13 그러므로, 주 하나님께서 말씀하신다. "'그런데 그가 구름을 뚫고 하늘 높이 솟더니, 자신의 높은 키를 뽐내며 으스댔다. 나는 그를 세계적으로 이름 높은 한 통치자에게 넘겨주어, 그 악의 대가를 치르게 했다. 나는 그를 용인할 수 없었다. 믿을 수 없을 만큼 무자비한 민족들이 그를 사정없이 찍어 쓰러뜨렸다. 부러진 가지들이 골짜기 전역에 흩어졌고, 잎이 무성한 가지들로 시내와 강이 막혔다. 그늘이 사라지자, 모두가 떠났다. 그는 이제 쓰러진 통나무에 불과할 뿐이다. 죽은 통나무에는 새들이나 잠시 앉았다 가거나, 들짐승이 그 아래에 굴을 파고 살 뿐이다.

14 이것이 거목이라 불리는 민족들이 맞을 최후다. 땅의 나무들이 심연에서 물을 빨아들이고 자라, 구름을 뚫고 하늘 높이 솟는 일은 더 이상 없을 것이다. 그것들 앞에는 죽음이 예정되어 있다. 흙에서 흙으로 돌아가는 인생처럼, 다시 땅으로 돌아갈 뿐이다.

15-17 주 하나님의 메시지다. 그 거목의 장례식 날에, 내가 그 심연을 통곡 속에 빠뜨렸다. 흐르는 강들을 막고, 대양들을 정지시켰으며, 레바논 산을 암흑으로 감싸 버렸다. 숲의 모든 나무가 혼절해 쓰러졌다. 그 나무가 바닥에 쓰러질 때, 나는 온 세상이 그 충격에 떨게 했다. 그 나무를 지하에 던져, 이미 죽어 묻힌 다른 나무들과 함께 있게 했다. 에덴의 모든 나무와 물가에 심겨진 레바논의 으뜸 나무들—이미 그 나무와 함께 지하에 내려가 있던 나무들—과, 그 그늘에서 살았던 모든 자들과 죽임당한 모든 자들이 그것을 보며 위안을 얻었다.

18 에덴의 모든 나무 가운데서 너의 장려함에 비길 만한 것이 있더냐? 그러나 너는 이제 찍혀 쓰러지

the depth of its water-seeking roots!
Not a cedar in God's garden came close to it.
No pine tree was anything like it.
Mighty oaks looked like bushes
growing alongside it.
Not a tree in God's garden
was in the same class of beauty.
I made it beautiful,
a work of art in limbs and leaves,
The envy of every tree in Eden,
every last tree in God's garden.'"

10-13 Therefore, GOD, the Master, says, "'Because it skyscrapered upward, piercing the clouds, swaggering and proud of its stature, I turned it over to a world-famous leader to call its evil to account. I'd had enough. Outsiders, unbelievably brutal, felled it across the mountain ranges. Its branches were strewn through all the valleys, its leafy boughs clogging all the streams and rivers. Because its shade was gone, everybody walked off. No longer a tree—just a log. On that dead log birds perch. Wild animals burrow under it.

14 "'That marks the end of the "big tree" nations. No more trees nourished from the great deep, no more cloud-piercing trees, no more earthborn trees taking over. They're all slated for death—back to earth, right along with men and women, for whom it's "dust to dust."

15-17 "'The Message of GOD, the Master: On the day of the funeral of the Big Tree, I threw the great deep into mourning. I stopped the flow of its rivers, held back great seas, and wrapped the Lebanon mountains in black. All the trees of the forest fainted and fell. I made the whole world quake when it crashed, and threw it into the underworld to take its place with all else that gets buried. All the trees of Eden and the finest and best trees of Lebanon, well-watered, were relieved—they had descended to the underworld with it—along with everyone who had lived in its shade and all who had been killed.

18 "'Which of the trees of Eden came anywhere close to you in splendor and size? But you're slated to be cut down to take your place in the

고, 에덴의 나무들과 함께 지하로 떨어질 것이다.
이미 죽어 거기 쌓여 있는 다른 통나무들처럼, 할
례 받지 못하고 죽은 다른 자들과 같이 될 것이다.
이는 허세 부리는 늙은이, 바로를 두고 하는 말
이다.
주 하나님의 포고다.'"

용과 같았던 이집트의 죽음

32 1-2 열두째 해 열두째 달 첫째 날에, 하
나님의 메시지가 내게 임했다. "사람의
아들아, 이집트 왕 바로를 두고 애가를 불러라. 그
에게 말하여라.

'너는 네 자신을, 만방을 휘젓고 다니는
젊은 사자라고 생각하지만,
너는 코를 씩씩거리며 사방으로 몸을 뒤틀며 다니는,
바닷속의 용 같다.

3-10 주 하나님이 말한다.

내가 너를 향해 나의 그물을 던질 참이다.
많은 민족들이 이 일에 동참하리라.
나의 예인망으로 너를 잡아 올릴 것이다.
그러고 나서 너를 빈 들판
땅바닥에다 내동댕이치고,
까마귀와 독수리를 불러
푸짐한 썩은 고기 파티를 벌이게 할 것이다.
내가 세상 전역에서 들짐승을 불러
네 창자를 배불리 먹게 할 것이다.
이 산 저 산에 네 살점을 떨어뜨리고
골짜기마다 네 뼈들을 흩뿌릴 것이다.
온 땅이, 산꼭대기까지
네 피로 흠뻑 젖고,
모든 도랑과 수로에 네 피가 흘러넘칠 것이다.
내가 너를 지워 없애는 날,
하늘에 휘장을 쳐서
별들을 가릴 것이다.
구름으로 해를 뒤덮고
달빛을 꺼 버릴 것이다.
네 위의 하늘 광채도 모두 꺼 버려,
네 땅을 암흑에 빠트릴 것이다.
주 하나님의 포고다.
내가 너로 낯설고 먼 나라로 포로로 잡혀가게 하
는 날,
내가 온 세상의 사람들을 흔들어 놓을 것이다.

underworld with the trees of Eden, to be a dead
log stacked with all the other dead logs, among
the other uncircumcised who are dead and
buried.
"'This means Pharaoh, the pompous old goat.
"'Decree of GOD, the Master.'"

A Cloud Across the Sun

32 1-2 In the twelfth year, on the first day of
the twelfth month, GOD's Message came
to me: "Son of man, sing a funeral lament over
Pharaoh king of Egypt. Tell him:

"'You think you're a young lion
prowling through the nations.
You're more like a dragon in the ocean,
snorting and thrashing about.

3-10 "'GOD, the Master, says:

"'I'm going to throw my net over you
–many nations will get in on this operation–
and haul you out with my dragnet.
I'll dump you on the ground
out in an open field
And bring in all the crows and vultures
for a sumptuous carrion lunch.
I'll invite wild animals from all over the world
to gorge on your guts.
I'll scatter hunks of your meat in the mountains
and strew your bones in the valleys.
The country, right up to the mountains,
will be drenched with your blood,
your blood filling every ditch and channel.
When I blot you out,
I'll pull the curtain on the skies
and shut out the stars.
I'll throw a cloud across the sun
and turn off the moonlight.
I'll turn out every light in the sky above you
and put your land in the dark.
Decree of GOD, the Master.
I'll shake up everyone worldwide
when I take you off captive to strange and far-
off countries.

그들이 너를 보고 충격에 빠지고,
왕들이 보고 바들바들 떨리라.
내가 칼을 흔들면,
그들의 몸도 벌벌 떨 것이다.
네가 고꾸라지는 날, 그들은
"나도 저렇게 될 수 있다!"고 생각하며 벌벌 떨 것이다.

I'll shock people with you.
Kings will take one look and shudder.
I'll shake my sword
and they'll shake in their boots.
On the day you crash, they'll tremble,
thinking, "That could be me!"

To Lay Your Pride Low

11-15 주 하나님이 말한다.

바빌론 왕의 칼이
너를 치러 오는 중이다.
내가 용사들의 칼을 이용해
너의 교만을 쓰러뜨리겠다.
가장 잔인한 민족을 이용해
이집트를 바닥에 고꾸라뜨리고,
그 허세와 건방을 박살낼 것이다.
강가에서 풀을 뜯는 가축들을 모조리
내가 쳐죽이리라.
다시는 사람의 발이나 동물의 뿔이
물을 휘저어 흐리게 하는 일이 없을 것이다.
내가 그 샘물과 시냇물을 깨끗게 하고,
그 강을 맑고 유유히 흐르게 할 것이다.
주 하나님의 포고다.
내가 이집트를 다시 광야로 돌려놓고
그 풍부한 생산물을 완전히 거덜 내고
거기 사는 모든 자를 쳐죽이면,
그제야 그들이 내가 하나님인 줄 알게 될 것이다.'

11-15 "'GOD, the Master, says:

"'The sword of the king of Babylon
is coming against you.
I'll use the swords of champions
to lay your pride low,
Use the most brutal of nations
to knock Egypt off her high horse,
to puncture that hot-air pomposity.
I'll destroy all their livestock
that graze along the river.
Neither human foot nor animal hoof
will muddy those waters anymore.
I'll clear their springs and streams,
make their rivers flow clean and smooth.
Decree of GOD, the Master.
When I turn Egypt back to the wild
and strip her clean of all her abundant produce,
When I strike dead all who live there,
then they'll realize that I am GOD.'

16 이것은 애가다. 불러라.
뭇 민족의 딸들아, 이 애가를 불러라.
이집트와, 그 거드름의 죽음을 두고 애가를 불러라."
주 하나님의 포고다.

16 "This is a funeral song. Chant it.
Daughters of the nations, chant it.
Chant it over Egypt for the death of its pomp."
Decree of GOD, the Master.

17-19 열두째 해 첫째 달 십오일에, 하나님의 메시지가 내게 임했다.

17-19 In the twelfth year, on the fifteenth day of the first month, GOD's Message came to me:

"사람의 아들아, 거드름 피우는 이집트를 보며 한탄하여라.
그를 제 갈 길로 보내라.
이집트와
그의 딸들, 그 오만한 민족들을
지하로 속히 보내라.
죽은 자가 묻혀 있는 나라로 내려보내면서,
말하여라. '너는 네가 높다고, 힘 있다고 생각하

"Son of man, lament over Egypt's pompous ways.
Send her on her way.
Dispatch Egypt
and her proud daughter nations
To the underworld,
down to the country of the dead and buried.
Say, 'You think you're so high and mighty?
Down! Take your place with the heathen in that

느냐?
지하로 꺼져라! 그 부정한 무덤 속 이교도들과 함께 거기 누워 있어라!'

20-21 그는 전쟁터에서 살해된 자들과 함께 지하로 떨어질 것이다. 칼이 뽑혔다. 저 허세 부리던 자를 끌고 가서 없애라! 지하에 가면, 죽어 묻힌 자들 중에 유명인사와 부하들이 그들을 반겨 주리라. '이교 무덤에 온 것을 환영하오! 전쟁 희생자 대열에 합류하시오!'
22-23 그곳에는 앗시리아와 그 무리가 묻혀 있고, 온 나라가 공동묘지를 이루고 있다. 앗시리아의 무덤은 지하에서도 가장 깊은 곳에 있다. 사방에 무덤을 이루고 있는 그들은 모두 전쟁터에서 살해된 자들로, 한때는 산 자들의 땅에 공포를 일으키던 자들이다.
24-25 교만하기 짝이 없던 엘람이 거기 있다. 공동묘지를 이루고 있다. 모두 전쟁터에서 살해된 자들로, 죽은 자들과 함께 이교 무덤에 내던져졌다. 한때는 산 자들의 땅에 공포를 일으키던 자들이지만, 지금은 무덤 속에서 다른 자들과 함께 자기 수치를 뒤집어쓰고 있다. 엘람은 이제 허세 부리다가 죽은 자들이 모인 번화가다. 전쟁터에서 도살된 자들의 이교 무덤이 장관을 이루고 있다. 한때 산 자들의 땅에 공포를 일으키던 그들이지만, 지금은 땅속 깊은 곳에서 다른 자들과 함께 자기 수치를 뒤집어쓰고 있다. 그들은 전쟁터에서 칼에 맞아 죽은 자들을 위해 따로 마련된 구역에 있다.
26-27 교만하기 짝이 없던 메섹과 두발이 거기 있다. 할례 받지 못한 자들이 모인 부정한 구역에서 공동묘지를 이루고 있는데, 전쟁터에서 도살된 자들과 함께 거기 내던져졌다. 산 자들의 땅에 공포를 일으키던 자들에게 주어진 응분의 대가다. 이제 그들은 땅속 깊은 곳에서 다른 자들과 함께 자기 수치를 뒤집어쓰고 있다. 그들은 칼에 맞아 죽은 자들을 위해 따로 마련된 구역에서, 다른 영웅들과 떨어져 있다. 갑옷을 갖춰 입고 칼로 머리를 괴고, 방패로 뼈를 가린 모습으로 무덤에 들어온 고대의 거물 장수들, 산 자들의 땅에 공포를 퍼뜨리던 그 영웅들과 떨어져 있다.
28 그리고 너 이집트는 다른 모든 이교도들과 함께, 칼에 맞아 죽은 자들의 구역에 있는 이교 무덤에 내던져질 것이다.
29 에돔이, 그의 왕과 제후들과 함께 거기 있다. 위세를 떨치던 자였지만, 지하로 내려가는 다른 자

unhallowed grave!'

20-21 "She'll be dumped in with those killed in battle. The sword is bared. Drag her off in all her proud pomp! All the big men and their helpers down among the dead and buried will greet them: 'Welcome to the grave of the heathen! Join the ranks of the victims of war!'
22-23 "Assyria is there and its congregation, the whole nation a cemetery. Their graves are in the deepest part of the underworld, a congregation of graves, all killed in battle, these people who terrorized the land of the living.
24-25 "Elam is there in all her pride, a cemetery—all killed in battle, dumped in her heathen grave with the dead and buried, these people who terrorized the land of the living. They carry their shame with them, along with the others in the grave. They turned Elam into a resort for the pompous dead, landscaped with heathen graves, slaughtered in battle. They once terrorized the land of the living. Now they carry their shame down with the others in deep earth. They're in the section set aside for the slain in battle.
26-27 "Meshech-tubal is there in all her pride, a cemetery in uncircumcised ground, dumped in with those slaughtered in battle—just deserts for terrorizing the land of the living. Now they carry their shame down with the others in deep earth. They're in the section set aside for the slain. They're segregated from the heroes, the old-time giants who entered the grave in full battle dress, their swords placed under their heads and their shields covering their bones, those heroes who spread terror through the land of the living.
28 "And you, Egypt, will be dumped in a heathen grave, along with all the rest, in the section set aside for the slain.
29 "Edom is there, with her kings and princes. In spite of her vaunted greatness, she is dumped in a heathen grave with the others headed for the grave.
30 "The princes of the north are there, the whole lot of them, and all the Sidonians who carry their shame to their graves—all that terror they

들과 함께 이교 무덤에 내던져졌다.
30 북방의 제후들이 모두 거기에 있다. 시돈 사람들도 거기에 다 와 있다. 모두가—잔인하고 포악하던 그들이 얼마나 큰 공포를 퍼뜨렸던가!—자기 수치를 들고 지하로 내려와, 전쟁터에서 살해된 자들과 함께 부정한 지역에 내던져졌다. 땅속 깊은 곳으로 내려간 다른 자들과 함께 자기 수치를 뒤집어쓰고 있다.
31 바로는 그들 모두를 만나게 될 것이다. 허세 부리는 그 늙은이, 거기서 동무들을 만나고 반가워하리라. 바로와 도살당한 그의 군대가 그곳에 있을 것이다. 주 하나님의 포고다.
32 내가 그를 이용해 산 자들의 땅에 공포를 퍼뜨렸고, 이제 칼에 맞아 죽은 자들과 함께 그를 이교 지역에 내다 버릴 것이다. 바로와 그가 자랑하던 것들 전부를 던져 버릴 것이다. 주 하나님의 포고다."

에스겔을 파수꾼으로 세우시다

33 1-5 하나님의 메시지가 내게 임했다. "사람의 아들아, 네 백성에게 전하여라. 그들에게 말하여라. '내가 이 땅에 전쟁을 일으키려 하고, 백성이 그들 중 한 사람을 골라 파수꾼을 세웠다고 하자. 그 파수꾼이 전쟁이 들이닥치는 것을 보고 나팔을 불어 백성에게 경고해 주었는데도, 누가 그 소리를 무시하고 있다가 닥쳐온 전쟁에 목숨을 잃었으면, 이는 그 사람의 잘못이다. 경고를 들었으면서도 무시했으니, 그 사람의 잘못이다. 만일 그가 듣고 따랐으면, 그는 목숨을 구했을 것이다.
6 그런데 전쟁이 들이닥치는 것을 보고도 그 파수꾼이 나팔을 불지 않아 그 전쟁에서 누가 목숨을 잃었다고 하자. 그때는 경고를 받지 못해 죽은 그 죄인이 흘린 피에 대해, 내가 그 파수꾼에게 책임을 물을 것이다.'
7-9 너 사람의 아들아, 네가 바로 그 파수꾼이다. 내가 너를 이스라엘을 위한 파수꾼으로 세웠다. 너는 내 메시지를 들을 때 그 즉시 사람들에게 경고하여라. 만일 내가 악인들에게 '악인이여, 너는 지금 죽음으로 직행하는 중이다!' 하고 말하는데, 네가 목소리를 높여 악한 길에서 돌이키라고 그들에게 경고하지 않거나 그들이 경고를 듣지 못한 채 자신의 죄 때문에 죽으면, 나는 그들이 흘린 피에 대해 네게 책임을 물을 것이다. 그러나 네가 그 악인들에게 악한 길에서 돌이키라고 경고했는데도 그들이 따르지 않으면, 그들은 자신의 죄 때문에 죽을 것이고 너는 목숨을 보존할 것이다.

spread with their brute power!—dumped in unhallowed ground with those killed in battle, carrying their shame with the others headed for deep earth.
31 "Pharaoh will see them all and, pompous old goat that he is, take comfort in the company he'll keep—Pharaoh and his slaughtered army. Decree of GOD, the Master.
32 "I used him to spread terror in the land of the living and now I'm dumping him in heathen ground with those killed by the sword—Pharaoh and all his pomp. Decree of GOD, the Master."

You Are the Watchman

33 1-5 GOD's Message came to me: "Son of man, speak to your people. Tell them, 'If I bring war on this land and the people take one of their citizens and make him their watchman, and if the watchman sees war coming and blows the trumpet, warning the people, then if anyone hears the sound of the trumpet and ignores it and war comes and takes him off, it's his own fault. He heard the alarm, he ignored it—it's his own fault. If he had listened, he would have saved his life.
6 "'But if the watchman sees war coming and doesn't blow the trumpet, warning the people, and war comes and takes anyone off, I'll hold the watchman responsible for the bloodshed of any unwarned sinner.'
7-9 "You, son of man, are the watchman. I've made you a watchman for Israel. The minute you hear a message from me, warn them. If I say to the wicked, 'Wicked man, wicked woman, you're on the fast track to death!' and you don't speak up and warn the wicked to change their ways, the wicked will die unwarned in their sins and I'll hold you responsible for their bloodshed. But if you warn the wicked to change their ways and they don't do it, they'll die in their sins well-warned and at least you will have saved your own life.
10 "Son of man, speak to Israel. Tell them,

10 사람의 아들아, 이스라엘에게 전하여라. 그들에게 말하여라. '너는 "우리의 반역과 죄악이 우리를 짓누르고 있다. 우리는 기진하여 쓰러질 지경이다. 이 상태로 우리가 어떻게 살아갈 수 있을까?"라고 말했다.'

11 그들에게 전하여라. '살아 있는 나 하나님을 두고 맹세하는데, 나는 악인이 죽는 것을 기뻐하지 않는다. 나는 악인이 악한 길에서 돌이켜 살기를 바란다. 너희 삶의 방향을 바꾸어라! 악한 길을 떠나 그 반대 길로 가거라! 이스라엘아, 어찌하여 죽으려고 하느냐?'

12-13 사람의 아들아, 아직 더 남았다. 네 백성에게 전하여라. '의인이라도 반역의 길로 가기로 선택하면 과거의 의가 그를 구원해 주지 못한다. 악인이라도 반역의 길에서 돌이키고자 하면 과거의 악이 그를 막지 못할 것이다. 의인이라도 죄의 길을 택해 가면 목숨 부지하기를 기대할 수 없다. 내가 의인들에게 "살 것이다!"라고 말하는 것이 사실이지만, 그렇더라도 그들이 과거의 선행을 믿고 악행을 저지를 경우, 그 선행은 아무 소용이 없다. 그들은 자기 악한 행실로 인해 죽을 것이다.

14-16 반대로, 내가 악인에게 "너는 악하게 살았으니 이제 죽을 것이다" 하고 말했어도, 그가 죄를 회개하고 의롭고 바르게 살기 시작하면—가련한 자들에게 인정을 베풀고, 탈취한 것들을 돌려주고, 이웃을 해하지 않고 늘 사람을 살리는 길을 찾아 살면—그는 반드시 살 것이다. 그는 죽지 않을 것이다. 그의 죄가 하나도 기록에 남지 않을 것이다. 그는 옳은 일을 행하며 복된 삶을 살 것이다. 반드시 살 것이다.

17-19 네 백성은 "주가 공정하시지 않다"고 말하지만, 공정하지 않게 행동해 온 쪽은 바로 그들이다. 의인들이 의로운 삶을 버리고 죄에 빠져들면, 그들은 그로 인해 죽을 것이다. 그러나 악인이라도 악에서 돌이켜 바르고 의롭게 살기 시작하면, 그는 살 것이다.

20 너희는 여전히 "주가 공정하시지 않다"고 말하고 있다. 이스라엘아, 두고 보아라. 나는 너희 각 사람을 저마다 살아온 길에 따라 심판할 것이다.'"

21 우리가 포로로 잡혀 온 지 열두째 해가 되는 열째 달 오일에, 예루살렘에서 살아 나온 한 사람이 내게 와서 말했다. "도성이 함락되었습니다."

22 살아 나온 그 사람이 도착하기 전날 저녁에, 하나님의 손이 내게 임하여 닫힌 말문을 열어 주셨다. 아

'You've said, "Our rebellions and sins are weighing us down. We're wasting away. How can we go on living?"'

11 "Tell them, 'As sure as I am the living God, I take no pleasure from the death of the wicked. I want the wicked to change their ways and live. Turn your life around! Reverse your evil ways! Why *die*, Israel?'

12-13 "There's more, son of man. Tell your people, 'A good person's good life won't save him when he decides to rebel, and a bad person's bad life won't prevent him from repenting of his rebellion. A good person who sins can't expect to live when he chooses to sin. It's true that I tell good people, "Live! Be alive!" But if they trust in their good deeds and turn to evil, that good life won't amount to a hill of beans. They'll die for their evil life.

14-16 "'On the other hand, if I tell a wicked person, "You'll die for your wicked life," and he repents of his sin and starts living a righteous and just life—being generous to the down-and-out, restoring what he had stolen, cultivating life-nourishing ways that don't hurt others—he'll live. He won't die. None of his sins will be kept on the books. He's doing what's right, living a good life. He'll live.

17-19 "'Your people say, "The Master's way isn't fair." But it's the way *they're* living that isn't fair. When good people turn back from living good lives and plunge into sin, they'll die for it. And when a wicked person turns away from his wicked life and starts living a just and righteous life, he'll come alive.

20 "'Still, you keep on saying, "The Master's way isn't fair." We'll see, Israel. I'll decide on each of you exactly according to how you live.'"

21 In the twelfth year of our exile, on the fifth day of the tenth month, a survivor from Jerusalem came to me and said, "The city's fallen."

22 The evening before the survivor arrived, the hand of GOD had been on me and restored my

침이 되어 그가 도착할 즈음, 나는 전처럼 다시 말을 할 수 있게 되었다.

23-24 하나님의 메시지가 내게 임했다. "사람의 아들아, 이스라엘의 저 폐허더미에 사는 자들이 이렇게 말한다. '아브라함은 혼자서도 이 땅 전부를 소유했다. 그런데 우리는 이렇게 다수니, 우리 소유권은 더욱 확실하다.'

25-26 그러니 그들에게 전하여라. '주 하나님께서 말씀하신다. 너희는 고기를 피째 먹고, 우상을 숭배하고, 살인을 일삼는다. 그런데 어떻게 너희가 이 땅의 소유자가 되기를 기대한단 말이냐? 너희는 칼을 의지하고 역겨운 짓을 벌이며, 무분별하게 아무하고 아무 때나 성관계를 갖는다. 그러고도 너희가 이 땅의 소유자가 되기를 기대한단 말이냐?'

27-28 에스겔아, 그들에게 전하여라. '주 하나님의 메시지다. 살아 있는 나 하나님을 두고 맹세하는데, 폐허에 사는 생존자들이 모두 살해될 것이다. 들판에 나가 있는 자들도 모두 들짐승에게 잡아먹힐 것이다. 산성과 동굴에 숨어 있는 자들은 전부 전염병에 걸려 죽을 것이다. 내가 그 나라 전체를 허허벌판으로 만들어 놓을 것이다. 그 거만과 오만을 아주 끝장내리라! 이스라엘의 산들은 황폐하고 위험하기 짝이 없는 곳이 되어, 누구도 감히 그곳을 지나다니지 않을 것이다.'

29 그들이 저지른 모든 역겨운 짓 때문에 내가 그 나라를 황폐한 땅으로 만들 그날이 되어서야, 그들은 내가 하나님인 줄 알게 될 것이다.

30-32 사람의 아들아, 너는 장안의 화젯거리다. 네 백성은 길에서나 집 앞에서 사람을 만나면, '어디, 하나님께서 새로 말씀하신 것이 있나 들어 보러 가자' 한다. 군중이 우르르 몰려와 네 앞에 앉는다. 그들은 네 말을 청해 듣는다. 그러나 그대로 행하지는 않는다. 네 앞에서는 입에 발린 찬사를 늘어놓지만, 그들의 관심은 오로지 돈과 성공이다. 그들에게 너는 그저 오락거리다. 악기를 켜며 구슬픈 사랑 타령이나 하는 딴따라일 뿐이다. 그들은 네 말 듣는 것을 좋아하지만, 그뿐이다.

33 그러나 이 모든 일이 이루어지면—이제 곧 이루어지리라!—그들은 저희 가운데 예언자가 있었다는 사실을 깨닫게 될 것이다."

이스라엘의 목자들

34

1-6 하나님의 메시지가 내게 임했다. "사람의 아들아, 이스라엘의 목자들,

speech. By the time he arrived in the morning I was able to speak. I could talk again.

23-24 GOD's Message came to me: "Son of man, those who are living in the ruins back in Israel are saying, 'Abraham was only one man and he owned the whole country. But there are *lots* of us. Our ownership is even more certain.'

25-26 "So tell them, 'GOD the Master says, You eat flesh that contains blood, you worship no-god idols, you murder at will—and you expect to own this land? You rely on the sword, you engage in obscenities, you indulge in sex at random—anyone, anytime. And you still expect to own this land?'

27-28 "Tell them this, Ezekiel: 'The Message of GOD, the Master. As sure as I am the living God, those who are still alive in the ruins will be killed. Anyone out in the field I'll give to wild animals for food. Anyone hiding out in mountain forts and caves will die of disease. I'll make this country an empty wasteland—no more arrogant bullying! Israel's mountains will become dangerously desolate. No one will dare pass through them.'

29 "They'll realize that I am GOD when I devastate the country because of all the obscenities they've practiced.

30-32 "As for you, son of man, you've become quite the talk of the town. Your people meet on street corners and in front of their houses and say, 'Let's go hear the latest news from GOD.' They show up, as people tend to do, and sit in your company. They listen to you speak, but don't do a thing you say. They flatter you with compliments, but all they care about is making money and getting ahead. To them you're merely entertainment—a country singer of sad love songs, playing a guitar. They love to hear you talk, but nothing comes of it.

33 "But when all this happens—and it is going to happen!—they'll realize that a prophet was among them."

When the Sheep Get Scattered

34

1-6 GOD's Message came to me: "Son of man, prophesy against the shepherd-lead-

그 지도자들을 대적하여 예언하여라. 그렇다. 예언을 선포하여라! 그 목자들에게 전하여라. '주 하나님께서 말씀하신다. 자기 배나 채우는 너희 이스라엘의 목자들에게 화가 있으리라! 목자는 양 떼를 먹이는 자들이 아니냐? 그런데 너희는 양젖을 짜 마시고 양털로 옷을 지어 입고 양고기를 먹으면서, 양 떼는 먹이지 않는다. 너희는 약한 양들이 튼튼해지도록 돌보지도 않고, 아픈 양들을 치료하거나 상처 입은 양들을 싸매 주지도 않으며, 딴 길로 들어선 양들을 데려오거나 잃어버린 양들을 찾아 나서지도 않는다. 너희는 그들을 괴롭히기나 할 뿐이다. 그들은 지금 목자가 없어 사방에 흩어져 있다. 뿔뿔이 흩어져 이리 떼의 손쉬운 사냥감이 되었다. 양 떼가—내 양들이!—산과 들에 흩어져 위험천만한 지경에 처해 있다. 나의 양 떼가 온 세상에 흩어졌는데도, 그들을 돌봐 주는 자 하나 없다!

7-9 그러므로, 목자들아, 하나님의 메시지를 똑똑히 들어라. 살아 있는 나 하나님을 두고 맹세하는데—주 하나님의 포고다—내 양 떼가 이리 떼의 손쉬운 사냥감이 되어 버린 것은, 너희 목자들이 그들을 내팽개치고 너희 배만 불렸기 때문이다. 하나님이 말한다. 똑똑히 들어라.

10 두고 보아라! 내가 목자들을 불시에 덮쳐 내 양 떼를 되찾을 것이다. 내 양 떼의 목자였던 그들, 이제는 해고다. 제 배만 불리는 목자는 필요 없다! 내가 그들의 탐욕으로부터 내 양 떼를 구하리라. 더 이상 그들이 내 양 떼를 먹어 치우지 못하게 할 것이다!

11-16 주 하나님이 말한다. 이제부터는, 내가 친히 그들의 목자가 되어 주겠다. 내가 그들을 돌볼 것이다. 뿔뿔이 흩어진 양 떼를 찾아 나서는 목자처럼, 내가 나의 양 떼를 찾아 나설 것이다. 폭풍우를 만나 흩어진 그들을 내가 구해 낼 것이다. 다른 민족의 땅과 타국으로 흩어진 그들을 모아서, 다시 고향 땅으로 데려올 것이다. 내가 이스라엘 산의 시냇가에서 그들과 그 동족을 먹일 것이다. 그들을 이스라엘의 푸른 목장으로 인도하여 한가로이 풀을 뜯게 하고, 이스라엘 산들의 기름진 목장에서 꼴을 먹게 할 것이다. 내가 친히 내 양 떼의 목자가 될 것이다. 그들이 마음 편히 쉬게 할 것이다. 내가 잃어버린 양들을 찾아 나설 것이다. 딴 길로 들어선 양들을 데려오고 상처 입은 양들을 싸매 주며, 약한 양들을 튼튼하게 하고 힘센 양들은 잘 감시하여, 그들이 착취당하지 않게 할

ers of Israel. Yes, prophesy! Tell those shepherds, 'GOD, the Master, says: Doom to you shepherds of Israel, feeding your own mouths! Aren't shepherds supposed to feed sheep? You drink the milk, you make clothes from the wool, you roast the lambs, but you don't feed the sheep. You don't build up the weak ones, don't heal the sick, don't doctor the injured, don't go after the strays, don't look for the lost. You bully and badger them. And now they're scattered every which way because there was no shepherd–scattered and easy pickings for wolves and coyotes. Scattered–*my sheep*!–exposed and vulnerable across mountains and hills. My sheep scattered all over the world, and no one out looking for them!

7-9 "'Therefore, shepherds, listen to the Message of GOD: As sure as I am the living God–Decree of GOD, the Master–because my sheep have been turned into mere prey, into easy meals for wolves because you shepherds ignored them and only fed yourselves, listen to what GOD has to say:

10 "'Watch out! I'm coming down on the shepherds and taking my sheep back. They're fired as shepherds of my sheep. No more shepherds who just feed themselves! I'll rescue my sheep from their greed. They're not going to feed off my sheep any longer!

11-16 "'GOD, the Master, says: From now on, *I myself* am the shepherd. I'm going looking for them. As shepherds go after their flocks when they get scattered, I'm going after my sheep. I'll rescue them from all the places they've been scattered to in the storms. I'll bring them back from foreign peoples, gather them from foreign countries, and bring them back to their home country. I'll feed them on the mountains of Israel, along the streams, among their own people. I'll lead them into lush pasture so they can roam the mountain pastures of Israel, graze at leisure, feed in the rich pastures on the mountains of Israel. And I myself will be the shepherd of my sheep. I myself will make sure they get plenty of rest. I'll go after the lost, I'll collect the strays, I'll doctor the injured, I'll build up the weak ones and oversee the strong ones so they're not exploited.

것이다.

17-19 너희, 내 사랑하는 양 떼야, 내가 나설 것이다. 내가 나서서 양과 양 사이, 숫양과 숫염소 사이의 시비를 가려 줄 것이다. 어째서 너희는 좋은 목장에서 풀을 뜯는 일에 만족하지 못하고, 그곳을 다 차지하려고 드느냐? 어째서 맑은 시냇물을 마시는 것으로 만족하지 못하고, 발로 물을 휘저어 흙탕물을 만들어 놓느냐? 어째서 나의 나머지 양들이 너희가 짓밟아 놓은 풀을 뜯고 너희가 흙탕친 물을 마셔야 한단 말이냐?

20-22 그러므로, 주 하나님이 말한다. 내가 직접 나서서, 살찐 양과 비쩍 마른 양들 사이의 일을 바로잡아 줄 것이다. 너희는 어깨와 궁둥이로 서로를 밀치고 약한 짐승들을 너희 뿔로 들이받아, 그들을 언덕 사방으로 흩어 버린다. 내가 와서 내 사랑하는 양 떼를 구하고, 그들이 더 이상 이리저리 채이지 않게 할 것이다. 내가 나서서 양과 양 사이의 모든 일을 바로잡아 줄 것이다.

23-24 내가 그들 위에 한 목자를 세울 것이다. 바로, 나의 종 다윗이다. 그가 그들을 먹이고, 그들의 목자가 될 것이다. 그리고 나 하나님이 그들의 하나님이 되고, 나의 종 다윗이 그들의 왕이 될 것이다. 나 하나님의 말이다.

25-27 내가 그들과 평화의 언약을 맺을 것이다. 내가 그 나라에서 사나운 맹수들을 내쫓아, 내 양 떼가 들판에서 평안히 지내며 숲 속에서도 안심하고 잠들 수 있게 할 것이다. 내가 그들과 내 언덕 주변 모든 것에 복이 있게 하리라. 때를 따라 비를 넉넉히 내려 주리라. 억수같이 복을 퍼부어 주리라! 과수원의 나무들이 과실을 맺고 땅은 소산을 내며, 그들은 그 땅에서 만족과 평안을 누리며 살리라. 내가 그들을 묶은 종의 사슬을 끊고 그들을 종으로 부리던 자들에게서 구해 낼 것이다. 그제야 그들은 내가 하나님인 줄 알게 될 것이다.

28-29 그들이 다시는 다른 민족에게 착취당하거나 맹수들의 먹이가 되지 않으며, 안전과 자유를 누리며 살게 될 것이다. 내가 그들에게 비옥한 동산을 주어, 푸성귀가 풍성하게 자라게 할 것이다. 더 이상 주린 배를 움켜쥐며 살거나, 다른 민족에게 조롱당하는 일이 없을 것이다.

30-31 *그제야 그들은 나 하나님이 그들의 하나님임*을, 내가 그들과 함께하고 있음을, 그들 이스라엘이 나의 백성임을 분명히 알게 될 것이다. 주 하나님의 포고다.

17-19 "'And as for you, my dear flock, I'm stepping in and judging between one sheep and another, between rams and goats. Aren't you satisfied to feed in good pasture without taking over the whole place? Can't you be satisfied to drink from the clear stream without muddying the water with your feet? Why do the rest of my sheep have to make do with grass that's trampled down and water that's been muddied?

20-22 "'Therefore, GOD, the Master, says: I myself am stepping in and making things right between the plump sheep and the skinny sheep. Because you forced your way with shoulder and rump and butted at all the weaker animals with your horns till you scattered them all over the hills, I'll come in and save my dear flock, no longer let them be pushed around. I'll step in and set things right between one sheep and another.

23-24 "'I'll appoint one shepherd over them all: my servant David. He'll feed them. He'll be their shepherd. And I, GOD, will be their God. My servant David will be their prince. I, GOD, have spoken.

25-27 "'I'll make a covenant of peace with them. I'll banish fierce animals from the country so the sheep can live safely in the wilderness and sleep in the forest. I'll make them and everything around my hill a blessing. I'll send down plenty of rain in season–showers of blessing! The trees in the orchards will bear fruit, the ground will produce, they'll feel content and safe on their land, and they'll realize that I am GOD when I break them out of their slavery and rescue them from their slave masters.

28-29 "'No longer will they be exploited by outsiders and ravaged by fierce beasts. They'll live safe and sound, fearless and free. I'll give them rich gardens, lavish in vegetables–no more living half-starved, no longer taunted by outsiders.

30-31 "'They'll know, beyond doubting, that I, GOD, am their God, that I'm with them and that they, the people Israel, are my people. Decree of GOD, the Master:

너희는 나의 사랑하는 양 떼,
내 목장의 양 떼, 내 사람들이다.
그리고 나는 너희 하나님이다.
주 하나님의 포고다.'"

에돔이 받을 심판

35 1-4 하나님의 메시지가 내게 임했다. "사람의 아들아, 세일 산과 맞서라. 그것을 대적하여 예언을 선포하여라! 그들에게 전하여라. '주 하나님께서 말씀하신다.

세일 산아, 내가 너를 불시에 덮쳐,
내가 나서서 너를 쑥대밭으로 만들어 놓겠다.
네 성읍들을 돌무더기 황무지로 바꾸어 놓겠다.
너는 폐허만 남기고 사라질 것이다.
그제야 너는 내가 하나님인 줄 알게 될 것이다.

5-9 내가 이렇게 하는 것은, 네가 이스라엘을 향해 품고 있는 해묵은 악한 감정 때문이다. 너는 그들이 벌을 받아 바닥에 쓰러져 있는 모습을 빤히 보면서도, 악랄하게 그들을 공격했다. 그러므로, 살아 있는 나 하나님을 두고 맹세하는데, 내가 너를 피범벅이 되게 할 것이다. 피를 그렇게 좋아하는 너이니, 피바람이 네 뒤를 쫓을 것이다. 내가 세일 산을 무너뜨려 돌무더기가 되게 하면, 그곳은 아무도 오가는 사람이 없는 땅이 될 것이다! 내가 네 산들을 시체로 덮어 버릴 것이다. 살해된 시신들이 네 언덕을 뒤덮고, 네 골짜기와 도랑들을 가득 채우리라. 내가 너를 폐허로, 네 모든 성읍을 유령마을—사람이 전혀 없는 곳—로 만들 것이며, 그제야 너희는 내가 하나님인 줄 알게 될 것이다.

10-13 너는 (하나님이 지켜보고 듣고 있는데도) 감히 이렇게 말했다. "저 두 민족, 저 두 나라는 이제 내 것이다. 내 차지가 될 것이다." 내가 네가 품었던 것과 같은 불타는 증오와 격노로 너를 칠 것이다. 내가 심판을 내릴 때에, 지금 내 말이 진심이라는 것을 똑똑히 알게 될 것이다. "그들은 길에서 죽어 뻗은 짐승이다. 우리가 가져다가 먹을 것이다" 했던 네 말을, 이스라엘의 산들을 가리켜 네가 퍼부었던 야비한 폭언들을, 나 하나님이 모두 듣고 있었음을 깨닫게 될 것이다. 너희는 거들먹거리고 허세를 부리면서 겁도 없이 나를 모욕했다. 내가 다 들었다.

14-15 주 하나님의 선고다. 온 땅이 환호하는 중에, 내가 너를 결딴낼 것이다. 이스라엘의 유산이 결딴나는 것을 보면서 어깨춤을 추던 너였다. 이제 너도

You are my dear flock,
the flock of my pasture, my human flock,
And I am your God.
Decree of GOD, the Master.'"

A Pile of Rubble

35 1-4 GOD's Message came to me: "Son of man, confront Mount Seir. Prophesy against it! Tell them, 'GOD, the Master, says:

"'I'm coming down hard on you, Mount Seir.
I'm stepping in and turning you to a pile of rubble.
I'll reduce your towns to piles of rocks.
There'll be nothing left of you.
Then you'll realize that I am GOD.

5-9 "'I'm doing this because you've kept this age-old grudge going against Israel: You viciously attacked them when they were already down, looking their final punishment in the face. Therefore, as sure as I am the living God, I'm lining you up for a real bloodbath. Since you loved blood so much, you'll be chased by rivers of blood. I'll reduce Mount Seir to a heap of rubble. No one will either come or go from that place! I'll blanket your mountains with corpses. Massacred bodies will cover your hills and fill up your valleys and ditches. I'll reduce you to ruins and all your towns will be ghost towns—population zero. Then you'll realize that I am GOD.

10-13 "'Because you said, "These two nations, these two countries, are mine. I'm taking over" (even though GOD is right there watching, right there listening), I'll turn your hate-bloated anger and rage right back on you. You'll know I mean business when I bring judgment on you. You'll realize then that I, GOD, have overheard all the vile abuse you've poured out against the mountains of Israel, saying, "They're roadkill and we're going to eat them up." You've strutted around, talking so big, insolently pitting yourselves against me. And I've heard it all.

14-15 "'This is the verdict of GOD, the Master:

똑같은 일을 당하게 될 것이다. 네가 결딴나고, 세일 산이—그렇다. 에돔 땅 전역이—결딴날 것이다. 그제야 그들은 내가 하나님인 줄 알게 될 것이다!"

이스라엘이 받을 복

36

1-5 "사람의 아들아, 이스라엘의 산들을 향해 예언을 선포하여라. '이스라엘의 산들아, 하나님의 메시지에 귀 기울여라. 주 하나님이 말한다. 원수들이 너희에게 떼로 달려들어 "저 유구한 역사의 언덕들, 이제 다 우리 차지다!" 하면서 좋아했다. 여기, 주 하나님의 이름으로 선포하는 예언이 있다. 민족들이 사방에서 너희를 덮쳐 갈가리 찢어 약탈해 가고, 너희는 조롱과 놀림거리가 되었다. 그러므로 이스라엘의 산들아, 주 하나님의 메시지를 잘 들어라. 산과 언덕에게, 도랑과 골짜기에게, 쑥대밭이 되어 버린 땅과 모두 뜯긴 채 주변 민족에게 조롱당하는 텅 빈 성읍들에게 이르는 말이다. 그러므로, 주 하나님이 말한다. 이제 내가 다른 민족들을 향해 불같은 진노를 터뜨릴 것이다. 그중에서도 특별히, 광포하고 오만하기 이를 데 없이 내 땅을 빼앗아 차지한 에돔을 향해 그리할 것이다.'

6-7 그러므로 이스라엘 땅을 향해 예언을 선포하여라. 산과 언덕에게, 도랑과 골짜기에게 말씀을 전하여라. '주 하나님의 메시지다. 잘 보아라! 잘 들어라! 내가 노했다. 내 마음이 탄다. 내가 이렇게 말하는 것은, 그동안 너희가 여러 민족들에게 모욕을 당했기 때문이다. 그러므로, 나 주 하나님이 말한다. 내가 엄숙히 맹세하는데, 다음 차례는 너희 주변 민족들이다. 그들이 모욕을 당할 것이다.

8-12 그러나 너희 이스라엘의 산들아, 너희는 새롭게 꽃피우리라. 내 백성 이스라엘을 위해 가지를 뻗고 열매를 맺으리라. 내 백성이 고향으로 돌아오리라! 자, 보아라. 내가 돌아왔다. 내가 너희 편에 섰다. 사람들이 전처럼 너희를 경작하고 씨를 뿌릴 것이다! 내가 온 이스라엘에 인구가 불어나게 하여, 성읍마다 사람들이 넘치고 폐허를 재건하게 할 것이다. 내가 이곳을 생명—사람과 짐승—이 약동하는 곳으로 만들 것이다. 나라 전역에 생명이 차오르고 넘쳐흐르게 하리라! 너희 성읍과 마을들이 옛날처럼 다시 사람들로 붐빌 것이다. 내가 이전 어느 때보다도

With the whole earth applauding, I'll demolish you. Since you danced in the streets, thinking it was so wonderful when Israel's inheritance was demolished, I'll give you the same treatment: demolition. Mount Seir demolished—yes, every square inch of Edom. Then they'll realize that I am GOD!'"

Back to Your Own Land

36

1-5 "And now, son of man, prophesy to the mountains of Israel. Say, 'Mountains of Israel, listen to GOD's Message. GOD, the Master, says, Because the enemy crowed over you, "Good! Those old hills are now ours!" now here is a prophecy in the name of GOD, the Master: Because nations came at you from all sides, ripping and plundering, hauling pieces of you off every which way, and you've become the butt of cheap gossip and jokes, therefore, Mountains of Israel, listen to the Message of GOD, the Master. My Message to mountains and hills, to ditches and valleys, to the heaps of rubble and the emptied towns that are looted for plunder and turned into jokes by all the surrounding nations: Therefore, says GOD, the Master, now I'm speaking in a fiery rage against the rest of the nations, but especially against Edom, who in an orgy of violence and shameless insolence robbed me of my land, grabbed it for themselves.'

6-7 "Therefore prophesy over the land of Israel, preach to the mountains and hills, to every ditch and valley: 'The Message of GOD, the Master: Look! Listen! I'm angry—and I care. I'm speaking to you because you've been humiliated among the nations. Therefore I, GOD, the Master, am telling you that I've solemnly sworn that the nations around you are next. It's their turn to be humiliated.

8-12 "'But you, Mountains of Israel, will burst with new growth, putting out branches and bearing fruit for my people Israel. My people are coming home! Do you see? I'm back again. I'm on your side. You'll be plowed and planted as before! I'll see to it that your population grows all over Israel, that the towns fill up with people, that the ruins are rebuilt. I'll make this place teem with life—human and animal. The country will burst into life, life, and more life, your towns and villages full of people

너희를 선대할 것이다. 너희는 내가 하나님인 줄 알게 될 것이다. 내가 너희 산들 위에 사람들을—내 백성 이스라엘을!—두어 너희를 돌보게 하고, 너희가 그들의 유산이 되게 할 것이다. 다시는 너희가 그들에게 가혹하고 혹독한 땅이 되는 일이 없게 할 것이다.

13-15 주 하나님이 말한다. 너희는 사람을 집어삼키는 땅, 아이를 잉태하지 못하게 하는 땅으로 악명 높지만, 이제 내가 너희에게 말한다. 너희가 사람을 집어삼키거나 아이를 잉태하지 못하게 하는 일은 다시 없을 것이다. 주 하나님의 포고다. 내가 다시는 이방인들이 너희를 조롱하거나 뭇 민족들이 너희를 얕잡아 보게 놔두지 않을 것이다. 너희는 더 이상 아이를 잉태하지 못하게 하는 땅이 되지 않을 것이다. 주 하나님의 포고다.'"

16-21 하나님의 메시지가 내게 임했다. "사람의 아들아, 이스라엘 백성은 자기 땅에 살 때 더러운 행위로 그 땅을 부정하게 만들었다. 내가 그들에게 나의 진노를 쏟은 것은 그들이 그 땅에 부정한 피를 쏟았기 때문이다. 마구잡이로 사람을 죽이고 더러운 우상을 숭배하여 나라를 부정하게 만든 그들에게, 나는 분노가 치밀어 올랐다. 그래서 그들을 발로 차서 내쫓아 여러 나라에 포로로 잡혀가게 했다. 그들이 살아온 삶대로 심판했다. 그들은 어디를 가든지 내 이름에 먹칠을 했다. 사람들이 말했다. '저 자들은 하나님의 백성인데, 하나님의 땅에서 쫓겨났다.' 어느 나라에 들어가든지, 이스라엘 백성은 거기서 내 거룩한 이름에 먹칠을 하여 나를 괴롭게 만들었다.

22-23 그러므로, 이스라엘에게 전하여라. '주 하나님의 메시지다. 이스라엘아, 내가 이렇게 하려는 것은 너희를 위해서가 아니라 나를 위해서다. 너희가 가는 곳마다 먹칠해 놓은 나의 거룩한 이름을 위한 일이다. 내가 나의 크고 거룩한 이름을 만방에 떨쳐 보일 것이다. 뭇 나라에서 땅에 떨어져 버린 내 이름, 너희가 가는 곳마다 더럽혔던 내 이름을 말이다. 내가 너희를 통해 뭇 민족 앞에서 나의 거룩을 나타내 보이는 날에, 비로소 그들은 내가 하나님인 줄 알게 될 것이다.

24-28 내가 하려는 일은 이것이다. 내가 너희를 그 나라들에서 데리고 나오고, 너희를 사방에서 모아다가 너희 고향 땅으로 데려가겠다. 내가 정결한 물을 부어 너희를 깨끗이 씻겨 줄 것

just as in the old days. I'll treat you better than I ever have. And you'll realize that I am GOD. I'll put people over you–my own people Israel! They'll take care of you and you'll be their inheritance. Never again will you be a harsh and unforgiving land to them.

13-15 "'GOD, the Master, says: Because you have a reputation of being a land that eats people alive and makes women barren, I'm now telling you that you'll never eat people alive again nor make women barren. Decree of GOD, the Master. And I'll never again let the taunts of outsiders be heard over you nor permit nations to look down on you. You'll no longer be a land that makes women barren. Decree of GOD, the Master.'"

16-21 GOD's Message came to me: "Son of man, when the people of Israel lived in their land, they polluted it by the way they lived. I poured out my anger on them because of the polluted blood they poured out on the ground. And so I got thoroughly angry with them polluting the country with their wanton murders and dirty gods. I kicked them out, exiled them to other countries. I sentenced them according to how they had lived. Wherever they went, they gave me a bad name. People said, 'These are GOD's people, but they got kicked off his land.' I suffered much pain over my holy reputation, which the people of Israel blackened in every country they entered.

22-23 "Therefore, tell Israel, 'Message of GOD, the Master: I'm not doing this for you, Israel. I'm doing it for me, to save my character, my holy name, which you've blackened in every country where you've gone. I'm going to put my great and holy name on display, the name that has been ruined in so many countries, the name that you blackened wherever you went. Then the nations will realize who I really am, that I am GOD, when I show my holiness through you so that they can see it with their own eyes.

24-28 "'For here's what I'm going to do: I'm going to take you out of these countries, gather you from all over, and bring you back to your own land. I'll pour pure water over you and scrub you clean. I'll give you

이다. 너희에게 새 마음을 주고, 너희 안에 새 영을 넣어 줄 것이다. 내가 너희 안에서 돌로 된 마음을 도려내고, 자기 뜻 대신 하나님의 뜻을 좇는 마음을 불어넣을 것이다. 너희 안에 나의 영을 불어넣어, 내가 말하는 대로 너희가 행하고, 내가 명령하는 대로 살 수 있게 할 것이다. 너희는 내가 너희 조상에게 준 땅에서 다시 살게 되리라. 너희는 나의 백성이 되고, 나는 너희의 하나님이 되리라!

29-30 나는 너희를 그 역겨운 더러움에서 건져 낼 것이다. 내가 직접 밭에 명령을 내려 풍작을 이루게 할 것이다. 더 이상 기근을 보내지 않으며, 너희 과일농사와 밭농사가 번창하게 할 것이다. 앞으로는 기근 때문에 다른 민족들에게 모욕을 당하는 일이 없을 것이다.

31 너희는, 끔찍한 지난 삶을—그 악하고 부끄러운 일들—돌이켜 보며, 너희가 그동안 얼마나 역겨운 짓을 일삼아 왔는지 깨닫게 될 것이다. 너희 자신을 한없이 역겨워하리라.

32 똑똑히 알아 두어라! 내가 이렇게 하는 것은 너희를 위해서가 아니다. 부끄러운 줄 알아라. 이스라엘아, 너희가 모든 것을 얼마나 엉망진창으로 만들어 왔는지 아느냐!

33-36 주 하나님의 메시지다. 내가 너희의 더러운 삶을 깨끗이 씻겨 줄 그날에, 너희 도성들도 다시 사람이 살 만한 곳으로 만들 것이다. 폐허가 재건되고 버려진 땅이 다시 경작될 것이다. 그 땅은 더 이상 잡초와 가시뿐인 불모지로 보이지 않을 것이다. 사람들이 그 땅을 보고 탄성을 지르리라. "아, 쑥대밭이었던 곳이 에덴 동산으로 바뀌었구나! 허물어져 망각 속에 묻혔던 도성들이 이처럼 번성한 곳이 되다니!" 그때, 너희 주변에 남아 있는 민족들은, 나 하나님이 무너진 곳을 다시 일으켜 세우고 텅 빈 불모지에 생명을 심는 이인 줄 알게 될 것이다. 나 하나님이 말했으니, 내가 이룰 것이다.

37-38 주 하나님의 메시지다. 내가 다시 한번 이스라엘의 청을 들어주려고 한다. 내가 그들의 수를 양 떼처럼 불어나게 할 것이다. 예루살렘이 축제 기간에 제물로 바치려고 가져온 양 떼로 붐비듯이, 허물어진 도성들이 사람들로 붐빌 것이다. 그제야 그들은 내가 하나님인 줄 알게 될 것이다.'"

마른 뼈들이 살아나다

37

1-2 하나님께서 나를 잡아채셨다. 하나님의 영이 나를 위로 들어 올리시더니, 뼈들이 널브러져 있는 넓은 벌판 한가운데에 내려놓

a new heart, put a new spirit in you. I'll remove the stone heart from your body and replace it with a heart that's God-willed, not self-willed. I'll put my Spirit in you and make it possible for you to do what I tell you and live by my commands. You'll once again live in the land I gave your ancestors. You'll be my people! I'll be your God!

29-30 "'I'll pull you out of that stinking pollution. I'll give personal orders to the wheat fields, telling them to grow bumper crops. I'll send no more famines. I'll make sure your fruit trees and field crops flourish. Other nations won't be able to hold you in contempt again because of famine.

31 "'And then you'll think back over your terrible lives–the evil, the shame–and be thoroughly disgusted with yourselves, realizing how badly you've lived–all those obscenities you've carried out.

32 "'I'm not doing this for you. Get this through your thick heads! Shame on you. What a mess you made of things, Israel!

33-36 "'Message of GOD, the Master: On the day I scrub you clean from all your filthy living, I'll also make your cities livable. The ruins will be rebuilt. The neglected land will be worked again, no longer overgrown with weeds and thistles, worthless in the eyes of passersby. People will exclaim, "Why, this weed patch has been turned into a Garden of Eden! And the ruined cities, smashed into oblivion, are now thriving!" The nations around you that are still in existence will realize that I, GOD, rebuild ruins and replant empty waste places. I, GOD, said so, and I'll do it.

37-38 "'Message of GOD, the Master: Yet again I'm going to do what Israel asks. I'll increase their population as with a flock of sheep. Like the milling flocks of sheep brought for sacrifices in Jerusalem during the appointed feasts, the ruined cities will be filled with flocks of people. And they'll realize that I am GOD.'"

Breath of Life

37

1-2 GOD grabbed me. GOD's Spirit took me up and set me down in the middle of an open plain strewn with bones. He led

으셨다. 그분이 나를 데리고 그 뼈들 사이를 두루 다
니셨다. 뼈가 얼마나 많던지, 벌판 전역이 뼈로 뒤
덮여 있었다. 햇볕에 바싹 말라 희어진 뼈들이었다.
3 그분이 내게 말씀하셨다. "사람의 아들아, 이 뼈
들이 살 수 있겠느냐?"
내가 대답했다. "주 하나님, 오직 주만이 아십니다."
4 그분이 내게 말씀하셨다. "저 뼈들을 향해 예언을 선
포하여라. '마른 뼈들아, 하나님의 메시지를 들어라!'"
5-6 주 하나님께서 그 마른 뼈들에게 이르셨다. "자,
보아라. 내가 너희에게 생명의 숨을 불어넣겠고,
너희가 살아날 것이다. 내가 너희에게 힘줄을 붙이
고, 너희 뼈에 살을 입히고, 너희를 살갗으로 덮고,
너희 안에 생명을 불어넣겠다. 그러면 너희가 살아
나서, 내가 하나님인 줄 알게 될 것이다!"
7-8 그래서 나는 명령받은 대로 예언을 선포했다.
그러자 무슨 소리가 들리기 시작했다. 바스락바스
락하는 소리였다! 뼈들이 움직이더니, 뼈와 뼈가
서로 붙기 시작했다. 계속 지켜보니, 그 뼈들에 힘
줄이 붙고, 근육이 오르며, 그 위로 살갗이 덮였다.
그러나 그들 안에 아직 생기는 없었다.
9 그분이 내게 말씀하셨다. "생기에게 말씀을 선포
하여라. 사람의 아들아, 예언을 선포하여라. 생기
에게 일러라. '주 하나님께서 말씀하신다. 생기여,
오라. 사방에서 불어와, 저 살해당한 몸들에게 생
명을 불어넣어라!'"
10 내가 명령받은 대로 말씀을 선포하자, 생기가 그
들 속에 들어갔고, 그들이 살아났다! 그들이 제 발
로 일어서는데, 엄청나게 큰 군대였다.
11 그때 하나님께서 내게 말씀하셨다. "사람의 아들
아, 이 뼈들은 온 이스라엘 집안이다. 그들이 하는
말을 들어 보아라. '우리 뼈가 말랐다. 우리 희망이
사라졌다. 남은 것이 아무것도 없다.'
12-14 그러므로, 예언을 선포하여라. 그들에게 전하
여라. '주 하나님이 말한다. 나의 백성들아, 내가 너
희 무덤을 파헤치고 너희를 꺼내어 살려 주겠다!
곧장 너희를 이스라엘 땅으로 데려가 주겠다. 내가
무덤을 파헤치고 내 백성인 너희를 꺼내는 날, 너
희는 내가 하나님인 줄 알게 될 것이다. 내가 너희
안에 나의 생명을 불어넣으면, 너희가 살아나리라.
내가 너희를 너희 땅으로 데려갈 때에, 너희는 내
가 하나님인 줄 알게 될 것이다. 내가 말했으니, 내
가 이룰 것이다. 하나님의 포고다.'"

15-17 하나님의 메시지가 내게 임했다. "너 사람의

me around and among them—a lot of bones!
There were bones all over the plain—dry bones,
bleached by the sun.
3 He said to me, "Son of man, can these bones
live?"
I said, "Master GOD, only you know that."
4 He said to me, "Prophesy over these bones: 'Dry
bones, listen to the Message of GOD!'"
5-6 GOD, the Master, told the dry bones, "Watch
this: I'm bringing the breath of life to you and
you'll come to life. I'll attach sinews to you, put
meat on your bones, cover you with skin, and
breathe life into you. You'll come alive and you'll
realize that I am GOD!"
7-8 I prophesied just as I'd been commanded.
As I prophesied, there was a sound and, oh,
rustling! The bones moved and came together,
bone to bone. I kept watching. Sinews formed,
then muscles on the bones, then skin stretched
over them. But they had no breath in them.
9 He said to me, "Prophesy to the breath.
Prophesy, son of man. Tell the breath, 'GOD, the
Master, says, Come from the four winds. Come,
breath. Breathe on these slain bodies. Breathe
life!'"
10 So I prophesied, just as he commanded me.
The breath entered them and they came alive!
They stood up on their feet, a huge army.
11 Then God said to me, "Son of man, these
bones are the whole house of Israel. Listen to
what they're saying: 'Our bones are dried up, our
hope is gone, there's nothing left of us.'
12-14 "Therefore, prophesy. Tell them, 'GOD, the
Master, says: I'll dig up your graves and bring
you out alive—O my people! Then I'll take you
straight to the land of Israel. When I dig up
graves and bring you out as my people, you'll
realize that I am GOD. I'll breathe my life into
you and you'll live. Then I'll lead you straight
back to your land and you'll realize that I am
GOD. I've said it and I'll do it. GOD's Decree.'"

15-17 GOD's Message came to me: "You, son of
man: Take a stick and write on it, 'For Judah,

아들아, 막대기를 가져다가 그 위에 이렇게 써라. '유다와 그의 이스라엘 동료들.' 그 다음 다른 막대기를 가져다가 그 위에 이렇게 써라. '에브라임의 막대기인 요셉과 그의 모든 이스라엘 동료들.' 그런 다음 그 두 막대기를 하나로 묶어 네 손에서 한 막대기가 되게 하여라.

18-19 네 백성이 네게 '지금 무얼 하는 겁니까?' 하고 묻거든, 그들에게 전하여라. '주 하나님이 말한다. 나를 잘 보아라! 내가 에브라임 손에 있는 요셉 막대기, 곧 그와 연결된 이스라엘 지파들의 막대기와 유다 막대기를 연결하여 그 둘을 한 막대기로 만들 것이다. 그 둘이 내 손에서 하나의 막대기가 될 것이다.'

20-24 또 너는, 네가 글을 새겨 넣은 그 막대기들을 가져다가 사람들이 잘 볼 수 있게 높이 쳐들고 그들에게 말하여라. '주 하나님이 말한다. 나를 잘 보아라! 나는 이스라엘 백성이 포로로 붙잡혀 간 땅에서 그들을 데리고 나올 것이다. 내가 그들을 사방에서 모아다가 다시 고향으로 데리고 올 것이다. 그들이 그 땅, 이스라엘의 산에서 한 민족을 이루어 살게 하고, 그들 모두를 다스릴 한 왕을 그들에게 줄 것이다. 다시는 그들이 두 민족, 두 왕국으로 나뉘는 일이 없을 것이다. 다시는 우상숭배와 추악하고 역겨운 짓과 반역 행위로 자기 삶을 더럽히는 일이 없을 것이다. 내가 그들을 죄로 물든 소굴에서 구해 주리라. 그들을 깨끗이 씻겨 주리라. 그들은 나의 백성이 되고, 나는 그들의 하나님이 될 것이다! 나의 종 다윗이 그들을 다스리는 왕이 되고, 그들 모두가 한 목자 아래서 살게 될 것이다.

24-27 그들은 나의 규례를 따르고 나의 율례를 지킬 것이다. 그들은 내가 나의 종 야곱에게 준 땅, 그들의 조상이 살던 땅에서 살 것이다. 그들과 그들의 후손들이 거기서 영원히 살고, 나의 종 다윗이 영원히 그들의 왕이 될 것이다. 내가 그들과 평화의 언약을 맺을 것이다. 이는 만물을 존속시키는 언약이요, 영원한 언약이다. 내가 그들을 굳건히 지켜 주고, 나의 거룩한 예배 처소가 영원히 그들 삶의 중심에 자리 잡게 할 것이다. 내가 거기서 그들과 함께 살 것이다. 내가 그들의 하나님이 되고, 그들은 나의 백성이 될 것이다!

28 *나의 거룩한 예배 처소가 영원히 그들 삶의 중심*에 세워질 때, 뭇 민족은 나 하나님이 이스라엘을 거룩하게 하는 이인 줄 알게 될 것이다.'"

with his Israelite companions.' Then take another stick and write on it, 'For Joseph—Ephraim's stick, together with all his Israelite companions.' Then tie the two sticks together so that you're holding one stick.

18-19 "When your people ask you, 'Are you going to tell us what you're doing?' tell them, 'GOD, the Master, says, Watch me! I'll take the Joseph stick that is in Ephraim's hand, with the tribes of Israel connected with him, and lay the Judah stick on it. I'll make them into one stick. I'm holding one stick.'

20-24 "Then take the sticks you've inscribed and hold them up so the people can see them. Tell them, 'GOD, the Master, says, Watch me! I'm taking the Israelites out of the nations in which they've been exiled. I'll gather them in from all directions and bring them back home. I'll make them one nation in the land, on the mountains of Israel, and give them one king—one king over all of them. Never again will they be divided into two nations, two kingdoms. Never again will they pollute their lives with their no-god idols and all those vile obscenities and rebellions. I'll save them out of all their old sinful haunts. I'll clean them up. They'll be my people! I'll be their God! My servant David will be king over them. They'll all be under one shepherd.

24-27 "'They'll follow my laws and keep my statutes. They'll live in the same land I gave my servant Jacob, the land where your ancestors lived. They and their children and their grandchildren will live there forever, and my servant David will be their prince forever. I'll make a covenant of peace with them that will hold everything together, an everlasting covenant. I'll make them secure and place my holy place of worship at the center of their lives forever. I'll live right there with them. I'll be their God! They'll be my people!

28 "'The nations will realize that I, GOD, make Israel holy when my holy place of worship is established at the center of their lives forever.'"

곡을 통해 나의 거룩을 나타내리라

38 1-6 하나님의 메시지가 내게 임했다. "사람의 아들아, 마곡 땅에서 온, 메섹과 두발의 우두머리 곡과 맞서라. 그를 대적하여 예언을 전하여라. '주 하나님께서 말씀하신다. 곡아, 경고한다. 메섹과 두발의 우두머리인 너를 내가 대적한다. 내가 너를 돌려세우고 네 턱에 갈고리를 꿰어, 너와 네 모든 군대와 네 말과 군장—큰 방패, 작은 방패, 칼—을 갖춘 기병들과 완전 무장한 전사들을 모조리 끌어내 올 것이다! 페르시아와 구스와 붓이 무기를 들고 너와 함께 진군할 것이며, 고멜과 그 군대와 북방에서 온 벳도갈마와 그의 군대도 동참할 것이다. 많은 민족들이 너와 함께하리라!

7-9 너는 불려 나온 모든 무리와 함께 전투태세를 갖추어라. 만반의 준비를 갖추고 명령을 기다려라. 오랜 시간 후에, 네게 명령이 떨어질 것이다. 먼 미래에, 너는 전쟁의 참화를 딛고 일어선 나라에 이르게 될 것이다. 여러 민족의 땅에서 모여든 사람들이 거기, 오랫동안 폐허로 남아 있던 이스라엘의 산들에 모여 살고 있을 것이다. 여러 나라에 흩어져 살다 돌아온 그들이, 거기서 안전하고 평안히 살고 있을 것이다. 너와 모든 군대는 폭풍처럼 일어나서, 구름 떼처럼 그 땅에 몰려들어 그곳을 뒤덮을 것이다.

10-12 주 하나님의 메시지다. 그날이 오면, 너는 이런저런 궁리를 하다가 흉악한 계략을 꾸밀 것이다. 너는 말할 것이다. "저 무방비 상태의 나라에 쳐들어가자. 성벽도 세우지 않고 문도 잠그지 않은 채 태평하게 살아가는 저들을 덮쳐서 물건을 약탈하자. 포로로 잡혀갔다가 돌아온 저들, 잿더미에서 일어선 저 나라에 쳐들어가서, 세상의 중심부에 자리를 잡고 나날이 번창하는 저들의 경제를 다 털어 오자."

13 돈벌이에 혈안인 무역상 스바와 드단과 다시스가 네게 말할 것이다. "약탈할 새 땅을 찾았군! 손쉽게 부자가 되려고 군대를 데려왔군!"'

14-16 그러므로, 사람의 아들아, 예언을 선포하여라! 곡에게 전하여라. '주 하나님의 메시지다. 내 백성 이스라엘이 견고하게 세워지면, 네가 그때 오겠느냐? 폭도 군단을 이끌고 먼 북방에서 내려오겠느냐? 질주하는 말을 타고 밀물처럼 땅을 뒤덮고 구름 떼처럼 나라를 뒤덮으며, 내 백성 이스라엘에게 쳐들어오겠느냐? 때가 이르면, 내가 너를 풀어 내 땅을 치게 할 것이다. 이는 뭇

God Against Gog

38 1-6 GOD's Message came to me: "Son of man, confront Gog from the country of Magog, head of Meshech and Tubal. Prophesy against him. Say, 'GOD, the Master, says: Be warned, Gog. I am against you, head of Meshech and Tubal. I'm going to turn you around, put hooks in your jaws, and drag you off with your whole army, your horses and riders in full armor—all those shields and bucklers and swords—fighting men armed to the teeth! Persia and Cush and Put will be in the ranks, also well-armed, as will Gomer and its army and Beth-togarmah out of the north with its army. Many nations will be with you!

7-9 "'Get ready to fight, you and the whole company that's been called out. Take charge and wait for orders. After a long time, you'll be given your orders. In the distant future you'll arrive at a country that has recovered from a devastating war. People from many nations will be gathered there on the mountains of Israel, for a long time now a wasteland. These people have been brought back from many countries and now live safe and secure. You'll rise like a thunderstorm and roll in like clouds and cover the land, you and the massed troops with you.

10-12 "'Message of GOD, the Master: At that time you'll start thinking things over and cook up an evil plot. You'll say, "I'm going to invade a country without defenses, attack an unsuspecting, carefree people going about their business—no gates to their cities, no locks on their doors. And I'm going to plunder the place, march right in and clean them out, this rebuilt country risen from the ashes, these returned exiles and their booming economy centered down at the navel of the earth."

13 "'Sheba and Dedan and Tarshish, traders all out to make a fast buck, will say, "So! You've opened a new market for plunder! You've brought in your troops to get rich quick!"'

14-16 "Therefore, son of man, prophesy! Tell Gog, 'A Message from GOD, the Master: When my people Israel are established securely, will you make your move? Will you come down out of the far north, you and that mob of armies, charging out on your

민족이 보는 앞에서 내가 너 곡을 통해 나의 거룩을 만방에 나타내고, 그들이 나를 알아보게 하려는 것이다.

17-22 주 하나님의 메시지다. 여러 해 전에, 내가 나의 종 이스라엘의 예언자들을 통해 말한 것이 바로 너를 두고 한 말이 아니냐? 여러 해에 걸쳐 그들은, 장차 내가 너를 불러 이스라엘을 칠 것이라고 예언했다. 곡아, 날이 이르면 네가 이스라엘 땅을 칠 것이다. 주 하나님의 포고다. 나의 불같은 진노가 터져 나오리라. 불타는 질투에 사로잡힌 내가 네게 말한다. 그날 이스라엘 땅을 뒤흔들 지진이 있을 것이다. 물고기와 새와 들짐승과—개미와 딱정벌레까지!—모든 사람이 내 앞에서 떨 것이다. 산이 허물어지고 해안 땅이 꺼질 것이다. 그날, 내가 전면전을 명하여 너 곡을 칠 것이다. 주 하나님의 포고다. 이스라엘의 산들에서 곡이 곡을 쳐죽일 것이다. 내가 곡을 심판의 홍수에 잠기게 하겠다. 전염병과 대학살이 일어나고, 폭우와 우박과 용암이 너와 네 폭도 군대와 사람들에게 쏟아질 것이다.

23 내가 나의 위엄과 거룩을 네게 보일 것이다. 내가 온 세상에 나를 알릴 것이다. 그제야 너는 내가 하나님인 줄 알게 될 것이다.'"

침략자 곡의 멸망

39 1-5 "사람의 아들아, 곡을 대적하여 예언을 선포하여라. '주 하나님의 메시지다. 메섹과 두발의 우두머리 곡아, 내가 너를 대적한다. 내가 너를 돌려세우고 이끌어내겠다. 너를 먼 북방에서 이스라엘의 산지로 끌고 내려오겠다. 그런 다음 내가 네 왼손의 활을 쳐 떨어뜨리고, 네 오른손의 화살을 쳐 떨어뜨릴 것이다. 이스라엘의 산지에서, 너와 네 모든 군단과 너와 함께한 모든 자들이 죽임당할 것이다. 내가 너를 시체 뜯어 먹는 새와 짐승들에게 먹이로 던져 줄 것이다. 너는 넓은 들판에서 살해될 것이다. 내가 말했다. 주 하나님의 포고다.'

6 내가 마곡과 안전하게만 보이는 먼 섬들에도 불을 놓을 것이다. 그제야 그들은 내가 하나님인 줄 알게 될 것이다.

7 내가 내 백성 이스라엘 가운데 내 거룩한 이름을 드러낼 것이다. 내가 다시는 내 거룩한 이름이 진창에 처박히게 놔두지 않을 것이다. 그제야 뭇 민족은 나 하나님이 이스라엘의 거룩한 이인 줄 알게 될 것이다.

horses like a tidal wave across the land, and invade my people Israel, covering the country like a cloud? When the time's ripe, I'll unleash you against my land in such a way that the nations will recognize me, realize that through you, Gog, in full view of the nations, I am putting my holiness on display.

17-22 "'A Message of GOD, the Master: Years ago when I spoke through my servants, the prophets of Israel, wasn't it you I was talking about? Year after year they prophesied that I would bring you against them. And when the day comes, Gog, you will attack that land of Israel. Decree of GOD, the Master. My raging anger will erupt. Fueled by blazing jealousy, I tell you that then there will be an earthquake that rocks the land of Israel. Fish and birds and wild animals—even ants and beetles!—and every human being will tremble and shake before me. Mountains will disintegrate, terraces will crumble. I'll order all-out war against you, Gog—Decree of GOD, the Master—Gog killing Gog on all the mountains of Israel. I'll deluge Gog with judgment: disease and massacre, torrential rain and hail, volcanic lava pouring down on you and your mobs of troops and people.

23 "'I'll show you how great I am, how holy I am. I'll make myself known all over the world. Then you'll realize that I am GOD.'"

Call the Wild Animals!

39 1-5 "Son of man, prophesy against Gog. Say, 'A Message of GOD, the Master: I'm against you, Gog, head of Meshech and Tubal. I'm going to turn you around and drag you out, drag you out of the far north and down on the mountains of Israel. Then I'll knock your bow out of your left hand and your arrows from your right hand. On the mountains of Israel you'll be slaughtered, you and all your troops and the people with you. I'll serve you up as a meal to carrion birds and scavenging animals. You'll be killed in the open field. I've given my word. Decree of GOD, the Master.'

6 "I'll set fire to Magog and the far-off islands, where people are so seemingly secure. And they'll realize that I am GOD.

7 "I'll reveal my holy name among my people

8 그렇게 될 것이다! 그렇다. 그렇게 될 것이다! 내가 네게 말한 그날에 그 일이 일어날 것이다.

9-10 사람들이 이스라엘 도성 밖으로 나와서, 크고 작은 방패, 활과 화살, 곤봉과 창을 쌓아 놓고 그 위에 불을 지펴, 거대한 화톳불을 피울 것이다. 그 불은 일곱 해 동안 계속 타리라. 사람들은 땔감을 구하러 숲에 들어갈 필요가 없을 것이다. 연료로 쓸 무기들이 쌓이고 쌓였기 때문이다. 그들은 자신을 발가벗기던 자들을 발가벗기고, 자신을 빈털터리로 만들던 자들을 빈털터리로 만들 것이다. 주 하나님의 포고다.

11 그날에, 내가 이스라엘 안에 곡을 묻을 매장지를 정할 것이다. 바다 동쪽 '여행자들의 휴식처'에 곡과 그의 폭도 군대를 묻을 것인데, 그 거대한 묘지로 인해 여행자들이 지나던 길이 막힐 것이다. 사람들은 그곳을 '곡의 폭도'라 부를 것이다.

12-16 땅을 정결하게 하기 위해 이스라엘이 그 시체들을 다 묻는 데만 일곱 달이 걸릴 것이다. 온 백성이 나와서 그 일을 거들 것이다. 그 일이 끝나고 내 임무를 마치면, 그날은 온 백성의 축제일이 될 것이다. 정결 매장 작업을 전담할 사람들이 고용되고, 그들이 나라 전역을 다니며 썩어 가는 부정한 시체들을 찾아낼 것이다. 일곱 달이 끝날 즈음에는, 대대적인 마지막 수색작업이 있을 것이다. 뼈 하나라도 발견되면 그 장소에 막대기로 표를 하고, 매장인들이 그것을 가져다가 집단 매장지인 '곡의 폭도'(근처 성읍은 '폭도 마을' 하모나라고 불린다)에 묻을 것이다. 그렇게 해서 그들은 땅을 정결케 할 것이다.

17-20 사람의 아들아, 주 하나님이 말한다. 새들을 불러라! 들짐승들을 불러라! 소리 높여 외쳐라. '모여서 오너라. 내가 이스라엘의 산지 위에서 너희를 위해 희생 제물 잔치를 열 것이다. 너희는 고기를 먹고 피를 마실 것이다. 기라성 같은 영웅들의 몸을 뜯을 것이요, 이름 높은 왕들의 피를 마실 것이다. 숫양과 어린양, 염소와 황소, 바산의 가장 좋은 육축들을 먹어 치울 것이다. 너희는 내가 베풀 그 희생 제물 잔치에서 배부를 때까지 기름진 살을 먹고 취할 때까지 피를 마실 것이다. 내가 너희를 위해 차릴 그 상에서, 말과 기병, 영웅과 온갖 용사들을 배불리 먹을 것이다.' 주 하나님의 포고다.

21-24 내가 민족들에게 나의 영광을 나타내 보일 것이니, 그들 모두가 내 손으로 심판을 행하는 모습을 목도하리라. 그날 이후로 이스라엘은 내가

Israel. Never again will I let my holy name be dragged in the mud. Then the nations will realize that I, GOD, am The Holy in Israel.

8 "It's coming! Yes, it will happen! This is the day I've been telling you about.

9-10 "People will come out of the cities of Israel and make a huge bonfire of the weapons of war, piling on shields large and small, bows and arrows, clubs and spears, a fire they'll keep going for seven years. They won't need to go into the woods to get fuel for the fire. There'll be plenty of weapons to keep it going. They'll strip those who stripped them. They'll rob those who robbed them. Decree of GOD, the Master.

11 "At that time I'll set aside a burial ground for Gog in Israel at Traveler's Rest, just east of the sea. It will obstruct the route of travelers, blocking their way, the mass grave of Gog and his mob of an army. They'll call the place Gog's Mob.

12-16 "Israel will bury the corpses in order to clean up the land. It will take them seven months. All the people will turn out to help with the burials. It will be a big day for the people when it's all done and I'm given my due. Men will be hired full-time for the cleanup burial operation and will go through the country looking for defiling, decomposing corpses. At the end of seven months, there'll be an all-out final search. Anyone who sees a bone will mark the place with a stick so the buriers can get it and bury it in the mass burial site, Gog's Mob. (A town nearby is called Mobville, or Hamonah.) That's how they'll clean up the land.

17-20 "Son of man, GOD, the Master, says: Call the birds! Call the wild animals! Call out, 'Gather and come, gather around my sacrificial meal that I'm preparing for you on the mountains of Israel. You'll eat meat and drink blood. You'll eat off the bodies of great heroes and drink the blood of famous princes as if they were so many rams and lambs, goats and bulls, the choicest grain-fed animals of Bashan. At the sacrificial meal I'm fixing for you, you'll eat fat till you're stuffed and drink blood till you're drunk. At the table I set for you, you'll stuff yourselves with horses and riders, heroes and fighters of every kind.' Decree of GOD,

그들의 하나님인 줄 알게 될 것이다. 그리고 이스라엘이 포로로 잡혀간 것은 그들의 죄 때문이었음을 뭇 민족이 알게 될 것이다. 이스라엘은 내게 반역했고, 그래서 나는 그들에게 등을 돌렸다. 내가 그들을 그들의 원수에게 넘겨주었고, 그들은 모두 죽임을 당했다. 나는 죄에 물든 삶을 산 더러운 그들에게 응분의 벌을 내렸다. 나는 등을 돌려 그들을 외면했다.

25-29 그러나 이제 나는 사로잡혀 간 야곱을 다시 부르고, 이스라엘의 모든 백성을 가엽이 여기며, 내 거룩한 이름을 위해 열심을 낼 것이다. 이스라엘이 그들의 땅에서 아무 두려움 없이 안전하고 평안히 살게 되는 날에, 마침내 나를 배반했던 부끄러운 기억이 사라지리라. 그들을 낯선 땅에서 다시 데려오고 원수의 영토에서 모은 다음, 나는 모든 민족이 지켜보는 앞에서 그들을 사용해 나의 거룩을 나타내 보이리라. 그제야 그들은 내가 그들의 하나님인 줄 확실히 알게 될 것이다. 나는 그들을 포로로 잡혀가게 했지만, 한 사람도 남김없이 다시 그들의 땅으로 모을 것이기 때문이다. 나는 이스라엘에 나의 영을 부어 내 생명으로 충만케 하고, 다시는 그들에게 등을 돌리지 않을 것이다. 얼굴을 마주하여 그들을 볼 것이다. 주 하나님의 포고다."

환상 중에 본 성전

40

1-3 우리가 포로로 잡혀 온 지 이십오 년째 되는 해—도성이 함락된 지 십사 년째 되는 해—첫째 달 십일에, 하나님께서 나를 사로잡아 이곳으로 데려오셨다. 거룩한 환상 중에 그분이 나를 이스라엘 땅으로 데려오셔서, 높은 산 위에 내려놓으셨다. 남쪽을 보니, 거기에 도성처럼 보이는 건물들이 있었다. 그분이 나를 그곳으로 데려가셨고, 거기서 나는 구릿빛 피부를 가진 한 사람을 만났다. 그는 아마 줄과 측량 장대를 들고 건물 입구에 서 있었다.

4 그가 내게 말했다. "사람의 아들아, 잘 보고 들어라. 이제부터 내가 네게 보여줄 모든 것에 주목하여라. 이 일을 위해 내가 너를 이곳으로 데려왔다. 너는 본 것을 모두 이스라엘에게 말해 주어라."

the Master.

21-24 "I'll put my glory on display among the nations and they'll all see the judgment I execute, see me at work handing out judgment. From that day on, Israel will realize that I am their GOD. And the nations will get the message that it was because of their sins that Israel went into exile. They were disloyal to me and I turned away from them. I turned them over to their enemies and they were all killed. I treated them as their polluted and sin-sated lives deserved. I turned away from them, refused to look at them.

25-29 "But now I will return Jacob back from exile, I'll be compassionate with all the people of Israel, and I'll be zealous for my holy name. Eventually the memory will fade, the memory of their shame over their betrayals of me when they lived securely in their own land, safe and unafraid. Once I've brought them back from foreign parts, gathered them in from enemy territories, I'll use them to demonstrate my holiness with all the nations watching. Then they'll realize for sure that I am their GOD, for even though I sent them off into exile, I will gather them back to their own land, leaving not one soul behind. After I've poured my Spirit on Israel, filled them with my life, I'll no longer turn away. I'll look them full in the face. Decree of GOD, the Master."

Measuring the Temple Complex

40

1-3 In the twenty-fifth year of our exile, at the beginning of the year on the tenth of the month–it was the fourteenth year after the city fell–GOD touched me and brought me here. He brought me in divine vision to the land of Israel and set me down on a high mountain. To the south there were buildings that looked like a city. He took me there and I met a man deeply tanned, like bronze. He stood at the entrance holding a linen cord and a measuring stick.

4 The man said to me, "Son of man, look and listen carefully. Pay close attention to everything I'm going to show you. That's why you've been brought here. And then tell Israel everything you see."

5 먼저, 성전 복합건물을 둘러싸고 있는 담이 보였다. 그 사람의 손에 측량하는 장대가 들려 있었는데, 길이가 3.18미터였다. 그가 담을 측량하니 두께가 3.18미터, 높이도 3.18미터였다.

6-7 그가 동쪽으로 난 문으로 들어가 일곱 계단을 밟고 위로 올라가서 바깥쪽 문간의 깊이를 재니, 3.18미터였다. 문간 회랑 옆으로 문간방들이 있었는데, 가로와 세로가 각각 3.18미터인 정사각형의 방이었고, 2.25미터 두께의 벽으로 분리되어 있었다. 그 안쪽 문간은 성전 뜰로 들어가는 현관으로 이어졌는데, 깊이가 3.18미터였다.
8-9 또 그가 문의 안쪽 현관을 재니, 깊이가 3.6미터이고, 측면 기둥들의 두께는 0.9미터였다. 그 현관은 성전 뜰 쪽으로 나 있었다.
10 이 동문 안쪽에는 각 면마다 세 개씩 문간방이 있었다. 방의 크기는 모두 같았고, 동일한 모양과 크기의 벽들로 분리되어 있었다.
11 그가 문 바깥쪽 입구를 재니, 너비가 4.5미터, 깊이는 5.85미터였다.
12 각 문간방 앞에는 45센티미터 높이의 낮은 벽이 있었다. 그 문간방들은 가로와 세로가 각각 3.18미터로 정사각형 모양이었다.
13 또 그가 한쪽 끝 문간방 지붕 모서리에서 다른 쪽 끝 문간방 지붕 모서리까지 재니, 그 사이의 거리가 11.25미터였다.
14 또 그가 문의 안쪽 벽들을 재니, 뜰로 이어지는 현관까지 거리가 27미터였다.
15 그 문의 입구에서 현관 끝까지의 거리는 22.5미터였다.
16 또 문 안쪽 문간방들과 그 사이의 벽에는 사방으로 돌아가며 좁은 창들이 나 있었다. 현관도 마찬가지였다. 창들은 모두 안쪽으로 나 있었다. 문간방 사이의 벽기둥들은 종려나무로 장식되어 있었다.

17-19 그런 다음 그가 나를 바깥뜰로 데리고 갔다. 그곳에는 뜰의 문들을 연결해 주는 포장된 보도를 따라, 서른 개의 방들이 줄지어 있었다. 그 보도의 길이는 문간의 길이와 같았고, 문간을 따라 옆으로 쭉 이어져 있었다. 그 보도는

5 First I saw a wall around the outside of the Temple complex. The measuring stick in the man's hand was about ten feet long. He measured the thickness of the wall: about ten feet. The height was also about ten feet.

6-7 He went into the gate complex that faced the east and went up the seven steps. He measured the depth of the outside threshold of the gate complex: ten feet. There were alcoves flanking the gate corridor, each ten feet square, each separated by a wall seven and a half feet thick. The inside threshold of the gate complex that led to the porch facing into the Temple courtyard was ten feet deep.
8-9 He measured the inside porch of the gate complex: twelve feet deep, flanked by pillars three feet thick. The porch opened onto the Temple courtyard.
10 Inside this east gate complex were three alcoves on each side. Each room was the same size and the separating walls were identical.
11 He measured the outside entrance to the gate complex: fifteen feet wide and nineteen and a half feet deep.
12 In front of each alcove was a low wall eighteen inches high. The alcoves were ten feet square.
13 He measured the width of the gate complex from the outside edge of the alcove roof on one side to the outside edge of the alcove roof on the other: thirty-seven and a half feet from one top edge to the other.
14 He measured the inside walls of the gate complex: ninety feet to the porch leading into the courtyard.
15 The distance from the entrance of the gate complex to the far end of the porch was seventy-five feet.
16 The alcoves and their connecting walls inside the gate complex were topped by narrow windows all the way around. The porch also. All the windows faced inward. The doorjambs between the alcoves were decorated with palm trees.

17-19 The man then led me to the outside courtyard and all its rooms. A paved walkway had been built connecting the courtyard gates. Thirty rooms lined the courtyard. The walkway was the same length

바깥뜰로 가는 길이었다. 그가 문간 입구 정면에서부터 안뜰 입구까지의 거리를 재니, 45미터였다.

❧

19-23 그런 다음 그가 나를 북쪽으로 데리고 갔다. 보니, 또 다른 문이 북쪽으로 나 있었고, 바깥뜰이 거기서 끝났다. 그가 그 문의 길이와 너비를 재었다. 문의 양쪽으로 세 개씩 문간방이 있었는데, 그 벽기둥이나 현관이 앞서 말한 문의 크기와 같았다. 길이가 26.5미터, 너비가 13.25미터였다. 창과 종려나무들도 동쪽 문의 것과 크기가 같았다. 일곱 계단을 밟아 문으로 올라가 보니, 현관이 안쪽으로 나 있었다. 동문의 경우처럼, 북문 맞은편에도 안뜰로 들어가는 문이 있었다. 두 문 사이 거리는 53미터였다.

24-27 그런 다음 그가 나를 남쪽의 남문으로 데리고 갔다. 그가 그 문의 벽기둥과 현관을 재니, 크기가 다른 문들과 같았다. 창이 달린 현관도 앞에서 본 다른 문들과 크기가 같았다. 일곱 계단을 밟아 문으로 올라가는데, 현관이 바깥뜰 쪽으로 나 있고, 양편의 벽기둥이 종려나무로 장식되어 있었다. 남문 맞은편에도 안뜰로 들어가는 문이 남쪽으로 나 있었다. 그가 뜰을 가로질러 두 문 사이의 거리를 재니, 53미터였다.

❧

28-31 또 그가 나를 남쪽 문을 통해 안뜰로 데리고 갔다. 그가 그 문을 재니, 바깥쪽 문들과 크기가 같았다. 문간방, 연결 벽, 현관의 크기가 모두 똑같았다. 그 문과 현관에는 사방으로 돌아가며 창이 나 있었고, 길이가 26.5미터, 너비가 13.25미터였다. 안뜰로 들어가는 문은 모두 13.25미터 길이에 2.65미터 너비였다. 각 현관은 바깥뜰 쪽으로 나 있었다. 그 벽기둥 위에는 종려나무 모양이 새겨져 있고, 문으로 올라가는 여덟 계단이 있었다.

32-34 그런 다음 그가 나를 안뜰의 동쪽으로 데리고 가서, 거기에 있는 문을 재니, 그 크기가 다른 문들과 같았다. 문간방, 연결 벽, 현관의 크기가 모두 같았다. 그 문과 현관 양쪽에도 사방으로 돌아가며 창이 나 있었다. 재어 보니, 길이가 26.5미터, 너비가 13.25미

as the gateways. It flanked them and ran their entire length. This was the walkway for the outside courtyard. He measured the distance from the front of the entrance gateway across to the entrance of the inner court: one hundred fifty feet.

❧

19-23 Then he took me to the north side. Here was another gate complex facing north, exiting the outside courtyard. He measured its length and width. It had three alcoves on each side. Its gateposts and porch were the same as in the first gate: eighty-seven and a half feet by forty-three and three-quarters feet. The windows and palm trees were identical to the east gateway. Seven steps led up to it, and its porch faced inward. Opposite this gate complex was a gate complex to the inside courtyard, on the north as on the east. The distance between the two was one hundred seventy-five feet.

24-27 Then he took me to the south side, to the south gate complex. He measured its gateposts and its porch. It was the same size as the others. The porch with its windows was the same size as those previously mentioned. It also had seven steps up to it. Its porch opened onto the outside courtyard, with palm trees decorating its gateposts on both sides. Opposite to it, the gate complex for the inner court faced south. He measured the distance across the courtyard from gate to gate: one hundred seventy-five feet.

❧

28-31 He led me into the inside courtyard through the south gate complex. He measured it and found it the same as the outside ones. Its alcoves, connecting walls, and vestibule were the same. The gate complex and porch, windowed all around, measured eighty-seven and a half by forty-three and three-quarters feet. The vestibule of each of the gate complexes leading to the inside courtyard was forty-three and three-quarters by eight and three-quarters feet. Each vestibule faced the outside courtyard. Palm trees were carved on its doorposts. Eight steps led up to it.

32-34 He then took me to the inside courtyard on the east and measured the gate complex. It was identical to the others—alcoves, connecting walls, and vestibule

터였다. 현관은 바깥뜰 쪽으로 나 있었고, 양편 벽기둥 위에는 종려나무가 새겨져 있었다. 또 여덟 계단이 있었다.

35-37 또 그가 나를 북쪽으로 난 문으로 데리고 가서 그 크기를 재니, 마찬가지로 다른 문들과 같은 치수였다. 문간방과 연결 벽과 창문 달린 현관이 있었고, 길이가 26.5미터, 너비가 13.25미터였다. 현관은 바깥뜰 쪽으로 나 있었고, 양편 벽기둥 위에는 종려나무가 새겨져 있었다. 마찬가지로 올라가는 여덟 계단이 있었다.

38-43 그 문의 현관 옆에 문이 달린 방이 하나 있었는데, 그 방은 번제물을 씻는 곳이었다. 방 양쪽에 상이 두 개씩 놓여 있었고, 그 위에서 번제, 속죄제, 속건제에 쓸 짐승을 잡았다. 현관의 바깥쪽에도 양 벽쪽으로 상이 두 개씩 놓여 있었다. 이렇게 안쪽에 네 개, 바깥쪽에 네 개, 모두 여덟 개의 상이 있었고, 거기서 제물로 바칠 짐승을 잡았다. 번제물을 바칠 때 쓰는 네 개의 상들은 모두 가로와 세로가 79.5센티미터인 정사각형 모양에 높이는 53센티미터였다. 제물로 바칠 짐승을 잡는 기구와 제사를 드릴 때 쓰는 그 밖의 기구들이 그 위에 놓여 있었고, 벽에는 8센티미터 길이의 갈고리들이 걸려 있었다. 그 상들은 제물로 바칠 짐승을 올려놓는 곳이었다.

44-46 안쪽 문과 안뜰이 이어지는 지점에 방이 두 개 있었다. 하나는 북쪽 문에 있으면서 남쪽으로 나 있었고, 다른 하나는 남쪽 문에 있으면서 북쪽으로 나 있었다. 그 사람이 내게 말했다. "남쪽으로 나 있는 이 방은 성전을 책임지는 제사장들을 위한 방이다. 그리고 북쪽으로 나 있는 저 방은 제단을 책임지는 제사장들의 방이다. 그들은 사독의 자손으로, 레위의 자손 중에서도 하나님께 가까이 나아가 그분을 섬기도록 허락받은 제사장들이다."

47 그가 또 안뜰을 재니, 가로와 세로가 53미터인 정사각형 모양이었다. 제단은 성전 앞에 놓여 있었다.

all the same. The gate complex and vestibule had windows all around. It measured eighty-seven and a half by forty-three and three-quarters feet. Its porch faced the outside courtyard. There were palm trees on the doorposts on both sides. And it had eight steps.

35-37 He brought me to the gate complex to the north and measured it: same measurements. The alcoves, connecting walls, and vestibule with its windows: eighty-seven and a half by forty-three and three-quarters feet. Its porch faced the outside courtyard. There were palm trees on its doorposts on both sides. And it had eight steps.

38-43 There was a room with a door at the vestibule of the gate complex where the burnt offerings were cleaned. Two tables were placed within the vestibule, one on either side, on which the animals for burnt offerings, sin offerings, and guilt offerings were slaughtered. Two tables were also placed against both outside walls of the vestibule – four tables inside and four tables outside, eight tables in all for slaughtering the sacrificial animals. The four tables used for the burnt offerings were thirty-one and a half inches square and twenty-one inches high. The tools for slaughtering the sacrificial animals and other sacrifices were kept there. Meat hooks, three inches long, were fastened to the walls. The tables were for the sacrificial animals.

44-46 Right where the inside gate complex opened onto the inside courtyard there were two rooms, one at the north gate facing south and the one at the south gate facing north. The man told me, "The room facing south is for the priests who are in charge of the Temple. And the room facing north is for the priests who are in charge of the altar. These priests are the sons of Zadok, the only sons of Levi permitted to come near to GOD to serve him."

47 He measured the inside courtyard: a hundred seventy-five feet square. The altar was in front of the Temple.

48-49 그가 나를 성전 현관으로 데리고 가서 현관의 벽기둥들을 재니, 양편 모두 높이가 2.65미터였다. 성전 문으로 들어가는 입구는 너비가 6.3미터이고, 연결 벽들의 두께는 1.35미터였다. 현관 자체는 너비가 10.6미터이고, 깊이는 6.36미터였다. 현관 어귀에는 열 개의 계단이 있었고, 벽기둥 옆으로 다른 기둥들이 서 있었다.

41

1-2 그가 나를 성전으로 데리고 가서 양편의 벽기둥을 재니, 그 두께가 각각 3.18미터였다. 입구의 너비는 5.3미터였다. 양 벽은 두께가 각각 2.65미터였다.
또 그가 성전 안 성소를 재니, 길이가 21.2미터, 너비가 10.6미터였다.
3-4 그가 더 들어가서 성소 입구의 두 벽기둥을 재니, 그 두께가 각각 1.06미터였다. 입구 자체 너비는 3.18미터이고, 입구 벽의 두께는 3.71미터였다. 그가 성소 끝에 자리한 지성소를 재니, 가로와 세로가 10.6미터인 정사각형이었다. 그가 내게 "이곳이 지성소다" 하고 일러 주었다.
5-7 그가 성전 벽을 재니, 두께가 3.18미터였다. 성전을 둘러싸며 곁방들이 자리하고 있었는데, 너비가 각각 2.12미터였다. 이 곁방들은 삼층으로 이루어져 있었고, 각 층마다 서른 개의 방이 있었다. 그 곁방들을 지탱해 주는 들보가 성전 주위로 둘러 있었는데, 성전 벽에 붙어 있지 않고 자체로 독립되어 있었다. 성전을 둘러싼 곁방은 위층으로 올라갈수록 더 넓었다. 아래층에는 중간층을 거쳐 맨 위층으로 올라가는 계단이 있었다.
8-11 내가 자세히 보니, 성전 둘레를 3.18미터 두께의 단이 둘러싸고 있었는데, 그것이 곁방들의 기초였다. 곁방들의 외벽은 두께가 2.65미터였다. 성전 곁방들과 제사장의 방들 사이에 너비가 10.6미터인 빈 터가 있었고, 그 빈 터가 성전을 둘러싸고 있었다. 그 빈 터에서 곁방들로 들어가는 입구가 둘 있었는데, 하나는 북쪽 면에 다른 하나는 남쪽 면에 있었다. 성전을 빙 두르는 빈 터의 너비는 2.65미터였다.

48-49 He led me to the porch of the Temple and measured the gateposts of the porch: eight and three-quarters feet high on both sides. The entrance to the gate complex was twenty-one feet wide and its connecting walls were four and a half feet thick. The vestibule itself was thirty-five feet wide and twenty-one feet deep. Ten steps led up to the porch. Columns flanked the gateposts.

41

1-2 He brought me into the Temple itself and measured the doorposts on each side. Each was ten and a half feet thick. The entrance was seventeen and a half feet wide. The walls on each side were eight and three-quarters feet thick.
He also measured the Temple Sanctuary: seventy feet by thirty-five feet.
3-4 He went further in and measured the doorposts at the entrance: Each was three and a half feet thick. The entrance itself was ten and a half feet wide, and the entrance walls were twelve and a quarter feet thick. He measured the inside Sanctuary, thirty-five feet square, set at the end of the main Sanctuary. He told me, "This is The Holy of Holies."
5-7 He measured the wall of the Temple. It was ten and a half feet thick. The side rooms around the Temple were seven feet wide. There were three floors of these side rooms, thirty rooms on each of the three floors. There were supporting beams around the Temple wall to hold up the side rooms, but they were freestanding, not attached to the wall itself. The side rooms around the Temple became wider from first floor to second floor to third floor. A staircase went from the bottom floor, through the middle, and then to the top floor.
8-11 I observed that the Temple had a ten-and-a-half-foot-thick raised base around it, which provided a foundation for the side rooms. The outside walls of the side rooms were eight and three-quarters feet thick. The open area between the side rooms of the Temple and the priests' rooms was a thirty-five-foot-wide strip all around the Temple. There were two entrances to the side rooms from the open area, one placed on the north side, the other on the south. There were eight and three-quarters feet of open space all around.
12 The house that faced the Temple courtyard to the west was one hundred twenty-two and a half feet

12 서쪽 방향으로 서서 성전 뜰을 바라보고 있는 건물이 있었는데, 너비는 37.1미터, 벽의 두께는 2.65미터였다. 벽과 건물의 길이는 47.7미터였다.

13-14 그가 성전을 재어 보니, 길이가 53미터였다. 성전 뜰과 그 앞의 건물과 벽을 합한 길이도 53미터였다. 또 성전의 전면과 동쪽으로 난 빈 터의 너비도 각각 53미터였다.

15-18 그가 성전의 뒤뜰을 바라보고 있는 건물의 길이를 재니, 양쪽의 다락을 포함해 53미터였다. 성소와 지성소와 뒤뜰로 나 있는 현관에 나무판자를 대 놓았는데, 삼면으로 창틀과 문틀을 달았고, 바닥부터 창까지 벽에 판자를 대 놓았다. 지성소로 들어가는 바깥쪽 입구와 지성소와 성소를 나누는 벽들 사방에 그룹과 종려나무 모양이 일정한 간격으로 교차하며 새겨져 있었다.

18-20 그룹의 얼굴은 각기 두 개였다. 사람 얼굴은 오른쪽 종려나무를 바라보고 있었고, 사자 얼굴은 왼쪽 종려나무를 바라보고 있었다. 그 모양이 성전 전체에 새겨져 있었는데, 성소 벽 바닥부터 문 높이까지 새겨져 있었다.

21-22 성소에는 직사각형 모양의 문틀이 있었다. 지성소 앞에는 나무로 만든 제단처럼 보이는 무언가가 있었는데, 1.59미터 높이에 가로와 세로가 각각 1.06미터인 정사각형 모양이었다. 모서리며 받침대며 옆면이 모두 나무로 되어 있었다. 그 사람이 내게 말했다. "이것은 하나님 앞에 놓는 상이다."

23-26 성소와 지성소 모두 겹문이 달려 있었다. 문마다 문짝이 두 개씩 있고, 각 문짝마다 돌쩌귀가 두 개씩 달려 있었다. 두 개의 문짝은 안쪽으로, 다른 두 개는 바깥쪽으로 열리게 되어 있었다. 성소의 문에는 그룹과 종려나무가 새겨져 있었다. 바깥 현관 앞에는 나무로 만든 차양이 있었다. 현관 양편에는 종려나무 모양이 번갈아 가며 새겨진 좁은 창들이 있었다.

42

1-9 그 사람이 나를 북쪽 바깥뜰로 이끌고 나가서, 빈 터 앞에 있는 방들과 북쪽을 바라보고 있는 건물로 데려갔다. 북향 건물은 길이가 53미터이고,

wide, with eight-and-three-quarters-foot-thick walls. The length of the wall and building was one hundred fifty-seven and a half feet.

13-14 He measured the Temple: one hundred seventy-five feet long. The Temple courtyard and the house, including its walls, measured a hundred seventy-five feet. The breadth of the front of the Temple and the open area to the east was a hundred seventy-five feet.

15-18 He measured the length of the house facing the courtyard at the back of the Temple, including the shelters on each side: one hundred seventy-five feet. The main Sanctuary, the inner Sanctuary, and the vestibule facing the courtyard were paneled with wood, and had window frames and door frames in all three sections. From floor to windows the walls were paneled. Above the outside entrance to the inner Sanctuary and on the walls at regular intervals all around the inner Sanctuary and the main Sanctuary, angel-cherubim and palm trees were carved in alternating sequence.

18-20 Each angel-cherub had two faces: a human face toward the palm tree on the right and the face of a lion toward the palm tree on the left. They were carved around the entire Temple. The cherubim-palm tree motif was carved from floor to door height on the wall of the main Sanctuary.

21-22 The main Sanctuary had a rectangular doorframe. In front of the Holy Place was something that looked like an altar of wood, five and a quarter feet high and three and a half feet square. Its corners, base, and sides were of wood. The man said to me, "This is the table that stands before GOD."

23-26 Both the main Sanctuary and the Holy Place had double doors. Each door had two leaves: two hinged leaves for each door, one set swinging inward and the other set outward. The doors of the main Sanctuary were carved with angel-cherubim and palm trees. There was a canopy of wood in front of the vestibule outside. There were narrow windows alternating with carved palm trees on both sides of the porch.

42

1-9 The man led me north into the outside courtyard and brought me to the rooms that are in front of the open space and the house facing north. The length of the house on the north was one

너비가 26.5미터였다. 안뜰과 바깥뜰 가장
자리의 포장된 보도를 가르는 10.6미터를
사이에 두고 방들이 나란히 삼층으로 올려
져 있었다. 안쪽 방들 앞으로 복도가 있었
는데, 그 너비가 5.3미터, 길이가 53미터였
다. 입구는 북쪽으로 나 있었다. 건물 삼층
방들은 일이층 방들보다 좁았지만 회랑은
더 넓었다. 이 방들에는 바깥뜰에 있는 것
같은 기둥들이 없어서, 삼층 방이 일이층
방들보다 작았다. 바깥뜰에는 그 방들과 나
란히 바깥담이 둘러 있었다. 방들 앞에 세
워진 그 담의 길이는 26.5미터였다. 바깥뜰
쪽 방들의 길이는 26.5미터이고, 성소 가장
가까이에 있는 방들의 길이는 53미터였다.
일층 방들은 입구가 동쪽으로 나 있었는데,
바깥뜰에서 그리로 들어오게 되어 있었다.
10-12 남쪽 면에도 뜰의 바깥담을 따라 성전
뜰을 마주하고 있는 방들이 있었고, 그 앞
으로 보도가 깔려 있었다. 북쪽 면의 방들
과 똑같은 모습이었고—출구와 치수가 같
았다—복도로 이어지는 입구는 동쪽으로
나 있었으며, 방들로 들어가는 문들도 북쪽
에 있는 것들과 같았다. 남쪽 건물의 모양
새는 북쪽과 거울에 비친 듯 똑같았다.
13-14 그가 내게 말했다. "빈 터 옆의 북쪽 방
과 남쪽 방들은 거룩한 방들로, 하나님 앞
에 나아오는 제사장들이 거룩한 봉헌물을
먹는 곳이다. 제사장은 거룩한 제물, 곧 곡
식 제물, 속죄 제물, 속건 제물을 그 방에
놓아둔다. 그 방들은 구별된 방들이요 거룩
한 공간이다. 제사장들은 성소에 들어가 섬
김의 일을 할 때 바깥뜰에 나와 백성과 섞
여서는 안된다. 그 일을 할 때 입었던 신성
한 의복을 벗고 평상복으로 갈아입은 다음
에야 그렇게 할 수 있다."
15-16 성전 내부를 재는 일을 마치자, 그는
나를 동쪽 문 밖으로 데리고 나가 성전의
바깥쪽을 재었다. 측량 장대로 그가 동쪽
면을 재니, 265미터였다.
17 북쪽 면을 재니, 265미터였다.
18 남쪽 면을 재니, 265미터였다.
19 마지막으로, 그가 서쪽 면으로 가서 그곳
을 재니, 265미터였다.
20 그가 잰 사방의 벽은 모두 265미터였다.
그 벽들을 사이에 두고 거룩한 곳과 속된

hundred seventy-five feet, and its width eighty-seven
and a half feet. Across the thirty-five feet that separated
the inside courtyard from the paved walkway at the
edge of the outside courtyard, the rooms rose level
by level for three stories. In front of the rooms on the
inside was a hallway seventeen and a half feet wide
and one hundred seventy-five feet long. Its entrances
were from the north. The upper rooms themselves were
narrower, their galleries being wider than on the first
and second floors of the building. The rooms on the
third floor had no pillars like the pillars in the outside
courtyard and were smaller than the rooms on the first
and second floors. There was an outside wall parallel
to the rooms and the outside courtyard. It fronted
the rooms for eighty-seven and a half feet. The row of
rooms facing the outside courtyard was eighty-seven
and a half feet long. The row on the side nearest the
Sanctuary was one hundred seventy-five feet long.
The first-floor rooms had their entrance from the east,
coming in from the outside courtyard.
10-12 On the south side along the length of the
courtyard's outside wall and fronting on the Temple
courtyard were rooms with a walkway in front of them.
These were just like the rooms on the north—same
exits and dimensions—with the main entrance from the
east leading to the hallway and the doors to the rooms
the same as those on the north side. The design on the
south was a mirror image of that on the north.
13-14 Then he said to me, "The north and south rooms
adjacent to the open area are holy rooms where the
priests who come before GOD eat the holy offerings.
There they place the holy offerings—grain offerings,
sin offerings, and guilt offerings. These are set-apart
rooms, holy space. After the priests have entered the
Sanctuary, they must not return to the outside court-
yard and mingle among the people until they change
the sacred garments in which they minister and put on
their regular clothes."
15-16 After he had finished measuring what was inside the
Temple area, he took me out the east gate and measured
it from the outside. Using his measuring stick, he
measured the east side: eight hundred seventy-five feet.
17 He measured the north side: eight hundred seven-
ty-five feet.
18 He measured the south side: eight hundred seven-

곳이 구별되었다.

하나님의 영광이 나타나다

43 1-3 그 사람이 나를 동쪽 문으로 데리고 갔다. 오! 이스라엘 하나님의 찬란한 영광이 큰 물소리와 함께 동쪽에서 밀려들었고, 그 찬란한 영광의 광채에 땅이 환히 빛났다. 이는 그분께서 도성을 멸망시키러 오셨을 때 내가 보았던 것과 같은 모습이었다. 또 전에 그발 강가에서 본 것과도 같은 광경이었다. 이번에도 나는 얼굴을 땅에 대고 엎드렸다.

4-5 하나님의 찬란한 영광이 동쪽 문을 통해 성전 안으로 쏟아져 들어왔다. 그 영이 나를 일으켜 세우고 나를 안뜰로 데리고 갔는데, 내가 보니 성전에 하나님의 찬란한 영광이 가득했다!

6-9 그 사람이 내 곁에 서 있는데, 성전 안쪽에서 누군가가 나를 향해 말하는 소리가 들려왔다. "사람의 아들아, 이곳은 내 보좌가 있는 곳, 내 발을 놓는 곳이다. 내가 이스라엘 백성과 영원히 살 곳이다. 다시는 이스라엘 백성과 왕들이 창녀짓을 하거나 길가에 산당을 세우고 우상으로 내 거룩한 이름에 먹칠을 하는 일이 없을 것이다. 그들은 나를 예배하는 처소 바로 옆에서, 얇은 담 하나를 사이에 둔 채 우상숭배 산당들을 세우고, 더러운 의식으로 내 거룩한 이름을 진창에 처박았다. 그러니 내가 어찌 진노 가운데 그들을 멸하지 않을 수 있었겠느냐? 이제 창녀짓을 그치고, 그들의 왕들이 들여온 악취 나는 우상들을 모두 없애게 하여라. 그러면 내가 그들이 사는 곳으로 옮겨 가서 영원히 그들과 함께할 것이다.

10-11 사람의 아들아, 이스라엘 백성에게 이 성전에 관한 모든 것을 말해 주어라. 그들은 지금껏 살아온 방종한 삶에 대해 스스로 경악하게 될 것이다. 이스라엘 백성이 이 성전 배치도를 면밀히 살펴보게 하여라. 그들이 가던 길을 멈추게 될 것이다. 성전 전체 도면—입구와 출구, 비율, 규정과 법도—을 다 보여주어라. 그들이 볼 수 있도록 그림을 그려 주어 도안과 그 의미를 이해하게 하고, 그 취지대로 살 수 있게 하여라.

ty-five feet.

19 Last of all he went to the west side and measured it: eight hundred seventy-five feet.

20 He measured the wall on all four sides. Each wall was eight hundred seventy-five feet. The walls separated the holy from the ordinary.

The Meaning of the Temple

43 1-3 The man brought me to the east gate. Oh! The bright Glory of the God of Israel rivered out of the east sounding like the roar of floodwaters, and the earth itself glowed with the bright Glory. It looked just like what I had seen when he came to destroy the city, exactly like what I had seen earlier at the Kebar River. And again I fell, face to the ground.

4-5 The bright Glory of GOD poured into the Temple through the east gate. The Spirit put me on my feet and led me to the inside courtyard and—oh! the bright Glory of GOD filled the Temple!

6-9 I heard someone speaking to me from inside the Temple while the man stood beside me. He said, "Son of man, this is the place for my throne, the place I'll plant my feet. This is the place where I'll live with the Israelites forever. Neither the people of Israel nor their kings will ever again drag my holy name through the mud with their whoring and the no-god idols their kings set up at all the wayside shrines. When they set up their worship shrines right alongside mine with only a thin wall between them, they dragged my holy name through the mud with their obscene and vile worship. Is it any wonder that I destroyed them in anger? So let them get rid of their whoring ways and the stinking no-god idols introduced by their kings and I'll move in and live with them forever.

10-11 "Son of man, tell the people of Israel all about the Temple so they'll be dismayed by their wayward lives. Get them to go over the layout. That will bring them up short. Show them the whole plan of the Temple, its ins and outs, the proportions, the regulations, and the laws. Draw a picture so they can see the design and meaning and live by its design and intent.

12 "This is the law of the Temple: As it radiates from the top of the mountain, everything around it becomes holy ground. Yes, this is law, the meaning, of the Temple.

[12] 이것이 성전의 법이다. 성전이 산 정상에서 빛을 발하면, 그 주변 전체가 거룩한 땅이 된다. 그렇다. 이것이 성전의 법, 곧 성전의 의미다."

[13-14] "(길이가 53센티미터인) 긴 자로 잰 제단의 치수는 이러하다. 밑받침 물받이는 길이가 53센티미터, 너비가 53센티미터이며, 테두리에는 10.6센티미터의 턱이 있다.
[14-15] 제단의 높이는 밑받침부터 첫째 선반까지 1.06미터이며, 너비는 53센티미터다. 첫째 선반부터 둘째 선반까지의 높이는 2.12미터, 너비는 53센티미터다. 그 위에는 2.12미터 높이의 제단 화덕이 있다. 화덕 위로 솟은 네 개의 뿔은 높이가 53센티미터다.
[16-17] 제단 맨 위에 있는 화로는 가로와 세로가 각각 6.36미터인 정사각형이다. 윗선반도 각 면이 7.42미터로 정사각형이며, 테두리의 턱은 26.5센티미터, 물받이는 너비가 53센티미터다. 제단의 계단은 동쪽으로 나 있다."

[18] 그 사람이 또 내게 말했다. "사람의 아들아, 주 하나님께서 말씀하신다. '제단에서 행할 규례, 번제물을 바치고 그 위에 피를 뿌리는 규례는 이러하다.
[19-21] 속죄 제물로 수송아지 한 마리를 제사장에게 가져오되, 내 앞에 나와서 나를 섬기는 사독 가문 출신 레위인 제사장들이 가져오게 하여라. 소의 피를 가져다가 제단 맨 윗선반 네 귀퉁이에 솟아 있는 네 뿔과 테두리 턱에 발라라. 이것은 제단을 정결하게 하고 거기서 희생 제물을 드릴 수 있게 하려는 것이다. 그런 다음 속죄 제물로 바친 수송아지를 가져다가 성소 바깥마당, 지정된 장소에서 불태워라.
[22-24] 이튿날에는, 흠 없는 숫염소 한 마리를 속죄 제물로 바쳐라. 수송아지를 바칠 때와 똑같은 방법으로 제단을 정결하게 하여라. 정결 의식을 마치면, 흠 없는 수송아지 한 마리와 양 떼 가운데서 흠 없는 숫양 한 마리를 골라 바쳐라. 그것들을 하나님 앞에 바칠 때는, 그 위에 소금을 뿌려 하나님께 번제물로 바쳐야 한다.
[25-26] 너는 칠 일 동안 매일 염소 한 마리를 속죄 제물로 마련하고, 수송아지 한 마리와 양 떼 가운데서 흠 없는 숫양 한 마리를 마련해 놓아라. 칠 일 동안 제사장들은 제단을 정결하게 하면

[13-14] "These are the dimensions of the altar, using the long (twenty-one-inch) ruler. The gutter at its base is twenty-one inches deep and twenty-one inches wide, with a four-inch lip around its edge.
[14-15] "The height of the altar is three and a half feet from the base to the first ledge and twenty inches wide. From the first ledge to the second ledge it is seven feet high and twenty-one inches wide. The altar hearth is another seven feet high. Four horns stick upward from the hearth twenty-one inches high.
[16-17] "The top of the altar, the hearth, is square, twenty-one by twenty-one feet. The upper ledge is also square, twenty-four and a half feet on each side, with a ten-and-a-half-inch lip and a twenty-one-inch-wide gutter all the way around.
"The steps of the altar ascend from the east."

[18] Then the man said to me, "Son of man, GOD, the Master, says: 'These are the ordinances for conduct at the altar when it is built, for sacrificing burnt offerings and sprinkling blood on it.
[19-21] "'For a sin offering, give a bull to the priests, the Levitical priests who are from the family of Zadok who come into my presence to serve me. Take some of its blood and smear it on the four horns of the altar that project from the four corners of the top ledge and all around the lip. That's to purify the altar and make it fit for the sacrifice. Then take the bull for the sin offerings and burn it in the place set aside for this in the courtyard outside the Sanctuary.
[22-24] "'On the second day, offer a male goat without blemish for a sin offering. Purify the altar the same as you purified it for the bull. Then, when you have purified it, offer a bull without blemish and a ram without blemish from the flock. Present them before GOD. Sprinkle salt on them and offer them as a burnt offering to GOD.
[25-26] "'For seven days, prepare a goat for a sin offering daily, and also a bull and a ram from the flock, animals without blemish. For seven days the priests are to get the altar ready for its work, purifying it.

서, 준비해야 한다. 이것이 제단을 봉헌하는 방
식이다.
27 칠 일에 걸친 봉헌을 마치면, 팔 일째 되는 날
부터는 제사장들이 너희의 번제물과 화목 제물
을 바칠 것이다. 그러면 내가 너희를 즐거이, 기
쁘게 받아들일 것이다! 주 하나님의 포고다.'"

성소 규례

44 1 그 사람이 나를 다시 동쪽으로 난
성소 바깥 문으로 데리고 갔다. 그런
데 그 문이 닫혀 있었다.
2-3 하나님께서 내게 말씀하셨다. "이 문은 닫혔
고, 언제까지나 닫혀 있을 것이다. 누구도 이 문
을 통해 들어갈 수 없다. 하나님, 이스라엘의 하
나님이 이 문으로 들어갔기 때문이다. 이 문은
영원히 닫혀 있을 것이다. 오직 왕만이 왕의 자
격으로 거기 앉아 하나님 앞에서 먹을 수 있다.
그는 현관을 통해 이 문 안에 들어왔다가, 다시
그 길로 나가야 한다."
4 그 사람이 나를 이끌어 북쪽 문을 통해 성전
앞으로 데리고 갔다. 내가 보니, 하나님의 찬란
한 영광이 하나님의 성전에 가득 차 있었다! 나
는 얼굴을 땅에 대고 엎드려 경배했다.
5 하나님께서 내게 말씀하셨다. "사람의 아들아,
너는 정신 차려 눈여겨보고 귀담아들어라. 내가
이 하나님의 성전의 규례와 법규에 대해 네게 이
르는 모든 말과, 성전과 성소 출입구에 대해 이
르는 지침에 주목하여라.
6-9 저 반역자들, 곧 이스라엘 가문에게 전하여
라. '주 하나님의 메시지다. 이스라엘아, 추악하
고 역겨운 짓을 이제 그쳐라. 너희는 마음과 육
체에 할례 받지 않은 불경하고 완악한 이방 사람
들을 내 성소에 끌어들였고, 내게 희생 제물로
바친 것들을 그들이 먹도록 내놓았다. 너희는
추악하고 역겨운 짓을 서슴지 않았으며, 신의를
저버리고 나와 맺은 엄숙한 언약을 깨뜨렸다.
너희는 나의 거룩한 기물들을 돌보지 않았고,
나의 성소에 대한 경외심이 전혀 없는 이방인들
을 고용하여 그 일을 떠맡겼다. 마음이나 육체
에 할례를 받지 않은 불경하고 완고한 이방인들
은, 이스라엘 사람들과 함께 살고 있어도 내 성
소에 들어올 수 없다.'
10-14 온 이스라엘이 우상을 좇아가자, 거기에 편
승하여 나를 버리고 떠난 레위인들은, 그 모든
잘못의 대가를 치르게 될 것이다. 이제부터 그

This is how you dedicate it.
27 "'After these seven days of dedication, from the
eighth day on, the priests will present your burnt
offerings and your peace offerings. And I'll accept
you with pleasure, with delight! Decree of GOD, the
Master.'"

Sanctuary Rules

44 1 Then the man brought me back to the
outside gate complex of the Sanctuary
that faces east. But it was shut.
2-3 GOD spoke to me: "This gate is shut and it's to
stay shut. No one is to go through it because GOD,
the God of Israel, has gone through it. It stays shut.
Only the prince, because he's the prince, may sit
there to eat in the presence of GOD. He is to enter
the gate complex through the porch and leave by
the same way."
4 The man led me through the north gate to the
front of the Temple. I looked, and–oh!–the bright
Glory of GOD filling the Temple of GOD! I fell on
my face in worship.
5 GOD said to me, "Son of man, get a grip on
yourself. Use your eyes, use your ears, pay careful
attention to everything I tell you about the
ordinances of this Temple of GOD, the way all the
laws work, instructions regarding it and all the
entrances and exits of the Sanctuary.
6-9 "Tell this bunch of rebels, this family Israel,
'Message of GOD, the Master: No more of these
vile obscenities, Israel, dragging irreverent and
unrepentant outsiders, uncircumcised in heart and
flesh, into my Sanctuary, feeding them the sacrifi-
cial offerings as if it were the food for a neighbor-
hood picnic. With all your vile obscenities, you've
broken trust with me, the solemn covenant I made
with you. You haven't taken care of my holy things.
You've hired out the work to foreigners who care
nothing for this place, my Sanctuary. No irreverent
and unrepentant aliens, uncircumcised in heart or
flesh, not even the ones who live among Israelites,
are to enter my Sanctuary.'
10-14 "The Levites who walked off and left me, along
with everyone else–all Israel–who took up with
all the no-god idols, will pay for everything they

들은 성소에서 머슴 일만 하게 될 것이다. 문지기 일이나 성전 허드렛일을 맡아서, 백성이 가져오는 희생 제물을 잡아 주고 그들을 섬기는 일을 하게 될 것이다. 우상들의 제사장 노릇을 하며 내 백성 이스라엘을 걸려 넘어지게 한 그들이니, 내가 반드시 그들을 벌하기로 맹세했다. 주 하나님의 포고다. 그렇다. 그들은 자신들이 저지른 일의 대가를 치를 것이다. 이제 그들은 제사장직에서 해고되었다. 더 이상 내 앞에 나아와 내 거룩한 기물들을 돌보는 일을 하지 못한다. 거룩한 곳에 더 이상 들어가지 못한다! 그들은 추악하고 역겨웠던 삶의 부끄러움을 짊어지고 살아야 한다. 이제부터는 청소와 심부름이 그들의 일이다. 그것이 전부다.

15-16 그러나 모두가 나를 등지고 떠났을 때도 신실하게 나의 성소를 지키고 돌보았던 사독의 자손 레위인 제사장들은, 내 앞에 나아와 나를 섬길 것이다. 그들은 엄숙하게 희생 제물을 바치는 제사장의 일을 수행할 것이다. 주 하나님의 포고다. 그들만이 내 성소에 들어올 수 있다. 그들만이 내 상에 가까이 와서 내 일을 도우며 나를 섬길 수 있다.

17-19 그들이 안뜰 문에 들어올 때는, 반드시 모시옷을 입어야 한다. 안뜰 문이나 성전 안에서 섬길 때 양털로 만든 옷을 입어서는 안된다. 머리에는 모시 관을 쓰고 속에는 모시 속옷을 입어야 한다. 땀이 나게 하는 것은 어떤 것도 입어서는 안된다. 백성이 모여 있는 바깥뜰로 나갈 때는, 안에서 섬길 때 입은 옷을 벗어서 거룩한 방에 두고 평상복으로 갈아입은 다음에 나가야 한다. 잘못된 옷차림으로 그들이 수행하는 거룩한 일의 격을 떨어뜨리지 않게 해야 한다.

20 그들은 머리를 밀어서도 안되고 머리카락이 덥수룩하게 놔두어서도 안되며, 늘 단정하게 깎아야 한다.

21 어떤 제사장이든지, 일할 때 술에 취해 있으면 안된다. 안뜰에 있을 때는 포도주를 입에 대지 못한다.

22 제사장은 과부나 이혼한 여자와 결혼해서는 안된다. 그러나 이스라엘 처녀나 제사장의 아내였다가 과부가 된 여인과는 결혼할 수 있다.

23 제사장이 할 일은 내 백성이 거룩한 것과 일상적인 것, 부정한 것과 정결한 것을 분별하도록 가르쳐 보이는 것이다.

did wrong. From now on they'll do only the menial work in the Sanctuary: guard the gates and help out with the Temple chores–and also kill the sacrificial animals for the people and serve them. Because they acted as priests to the no-god idols and made my people Israel stumble and fall, I've taken an oath to punish them. Decree of GOD, the Master. Yes, they'll pay for what they've done. They're fired from the priesthood. No longer will they come into my presence and take care of my holy things. No more access to The Holy Place! They'll have to live with what they've done, carry the shame of their vile and obscene lives. From now on, their job is to sweep up and run errands. That's it.

15-16 "But the Levitical priests who descend from Zadok, who faithfully took care of my Sanctuary when everyone else went off and left me, are going to come into my presence and serve me. They are going to carry out the priestly work of offering the solemn sacrifices of worship. Decree of GOD, the Master. They're the only ones permitted to enter my Sanctuary. They're the only ones to approach my table and serve me, accompanying me in my work.

17-19 "When they enter the gate complex of the inside courtyard, they are to dress in linen. No woolens are to be worn while serving at the gate complex of the inside courtyard or inside the Temple itself. They're to wear linen turbans on their heads and linen underclothes–nothing that makes them sweat. When they go out into the outside courtyard where the people gather, they must first change out of the clothes they have been serving in, leaving them in the sacred rooms where they change to their everyday clothes, so that they don't trivialize their holy work by the way they dress.

20 "They are to neither shave their heads nor let their hair become unkempt, but must keep their hair trimmed and neat.

21 "No priest is to drink on the job–no wine while in the inside courtyard.

22 "Priests are not to marry widows or divorcees, but only Israelite virgins or widows of priests.

23 "Their job is to teach my people the difference between the holy and the common, to show them how to discern between unclean and clean.

24 의견 대립이 일어나면, 제사장들이 나서서 중재해야 한다. 나의 판결과 법규와 율례에 입각해서 판단을 내려야 한다. 그들은 나의 명령대로 백성들이 정해진 축제일을 엄수하고, 나의 안식일을 거룩히 지키도록 할 책임을 맡은 자들이다.

25-27 제사장은 시체에 가까이 다가가 자신을 부정하게 해서는 안된다. 그러나 죽은 자가 그의 부친이나 모친, 아들이나 딸, 형제나 미혼 자매일 경우에는 시체에 가까이 다가갈 수 있다. 그러나 그는 정결 의식을 치른 후에도 칠 일을 더 기다려야 한다. 다시 성소에서 제사장 직무를 수행하기 위해 성소 안뜰로 돌아갈 때는, 먼저 자신을 위해 속죄 제물을 바쳐야 한다. 주 하나님의 포고다.

28-30 제사장들의 땅 소유에 대해 말하면, 내가 바로 그들의 유산이다. 그들에게는 이스라엘의 어떤 땅도 주어서는 안된다. 내가 그들의 땅이며 내가 그들의 유산이다. 그들은 곡식 제물과 속죄 제물과 속건 제물에서 양식을 얻을 것이다. 이스라엘 사람들이 예배를 위해 하나님께 바친 것들은 모두 그들의 몫이다. 사람들이 기른 것 중에 가장 좋은 것과 모든 특별 선물도 제사장들의 몫이다. 하나님께 예배하며 바친 모든 것이 그들의 몫이다. 먼저 그들을 섬겨라. 너희 소유 중에 가장 좋은 것으로 그들을 섬겨라. 그러면 너희 집이 복을 받을 것이다.

31 제사장은 길이나 들에서 죽은 짐승들 중에, 사람의 통상적 음식이 아닌 고기는 새든지 짐승이든지 먹어서는 안된다."

하나님을 위한 거룩한 공간

45 1-4 "땅 유산을 나눌 때, 너희는 땅의 일부를 하나님을 위한 거룩한 공간으로 따로 떼어 놓아야 한다. 길이는 11.25킬로미터, 너비는 9킬로미터가 되게 하여라. 그 땅 전체가 거룩한 공간이다. 이 직사각형 구역 안에서, 성소를 위해 가로와 세로가 각각 225미터인 정사각형 땅을 떼어 놓고, 그 주변 사방으로 22.5미터를 재어 완충지대를 두어라. 이 거룩한 보호구역 안에, 길이 11.25킬로미터, 너비 4.5킬로미터 되는 구역을 정해 표를 하여라. 성소와 지성소가 거기 위치할 것이다. 이곳은 성소에서 예배를 인도하며 하나님을 섬기는 제사장들의 거주구역이다. 그들의 집이 거기에 늘어설 것이다.

5 거룩한 보호구역 북쪽으로, 길이 11.25킬로미터, 너비 4.5킬로미터 되는 지역을 떼어 놓아라.

24 "When there's a difference of opinion, the priests will arbitrate. They'll decide on the basis of my judgments, laws, and statutes. They are in charge of making sure the appointed feasts are honored and my Sabbaths kept holy in the ways I've commanded.

25-27 "A priest must not contaminate himself by going near a corpse. But when the dead person is his father or mother, son or daughter, brother or unmarried sister, he can approach the dead. But after he has been purified, he must wait another seven days. Then, when he returns to the inside courtyard of the Sanctuary to do his priestly work in the Sanctuary, he must first offer a sin offering for himself. Decree of GOD, the Master.

28-30 "As to priests owning land, I am their inheritance. Don't give any land in Israel to them. I am their 'land,' their inheritance. They'll take their meals from the grain offerings, the sin offerings, and the guilt offerings. Everything in Israel offered to GOD in worship is theirs. The best of everything grown, plus all special gifts, comes to the priests. All that is given in worship to GOD goes to them. Serve them first. Serve from your best and your home will be blessed.

31 "Priests are not to eat any meat from bird or animal unfit for ordinary human consumption, such as carcasses found dead on the road or in the field."

Sacred Space for God

45 1-4 "When you divide up the inheritance of the land, you must set aside part of the land as sacred space for GOD: approximately seven miles long by six miles wide, all of it holy ground. Within this rectangle, reserve a seven-hundred-fifty-foot square for the Sanctuary with a seventy-five-foot buffer zone surrounding it. Mark off within the sacred reserve a section seven miles long by three miles wide. The Sanctuary with its Holy of Holies will be placed there. This is where the priests will live, those who lead worship in the Sanctuary and serve GOD there. Their houses will be there along with The Holy Place.

5 "To the north of the sacred reserve, an area roughly seven miles long and two and a quarter miles wide

그곳은 성소에서 예배 관련 직무를 맡는 레위인들의 마을을 위한 땅이다.

6 거룩한 보호구역 남쪽으로는 길이 11.25킬로미터, 너비 2.25킬로미터 되는 지역을 재어 도성에 속한 땅으로 떼어 놓아라. 그 땅은 이스라엘 모든 가문이 공동으로 소유하는 지역이다.

7-8 중심부의 거룩한 정사각형 땅에서 동쪽과 서쪽으로 각각 11.25킬로미터까지는 왕의 몫이다. 이 땅은 동쪽으로는 요단까지, 서쪽으로는 지중해까지 이르는 지역으로, 이스라엘 왕의 소유다. 나의 왕들은 더 이상 내 백성을 못살게 괴롭히거나 짓밟지 않을 것이며, 각 지파에게 분배된 땅을 존중할 것이다.

9-12 이는 주 하나님의 메시지다. '이스라엘의 왕들아, 그동안 나는 참을 만큼 참았다. 내 백성을 못살게 굴고 착취하는 일을 그쳐라. 이제는 자세를 바꾸어 정의와 공의를 행하여라. 정직한 눈금, 곧 정직한 저울과 정직한 자를 사용하여라. 한 말은 언제나 18리터여야 한다. 한 되는 언제나 1.8리터여야 한다. 둘 모두의 기본 단위는 리터다. 너희 돈도 정직해야 한다. 위조지폐는 안될 말이다!'"

제사 규례

13-15 "'너희가 바쳐야 할 제물은 이러하다. 너희 밀의 육십분의 일, 보리의 육십분의 일, 기름의 백분의 일, 그리고 이스라엘의 비옥한 초장에서 자라는 양들 200마리당 1마리씩이다. 이것들은 백성을 위해 드리는 속죄제의 곡식 제물, 번제물, 화목 제물로 사용될 것이다. 주 하나님의 포고다.

16-17 이 땅 모든 사람이 이스라엘 왕이 관장하는 이 특별 봉헌에 참여해야 한다. 거룩한 축제일과 매달 초하루와 안식일, 곧 이스라엘 백성이 지켜야 할 모든 축제일에 바칠 번제물과 곡식 제물과 부어 드리는 제물을 마련하는 일은 왕의 몫이다. 이스라엘 백성을 위한 속죄제에 바칠 속죄 제물, 곡식 제물, 번제물, 화목 제물을 마련하는 일은 그의 책임이다.

18-20 *이는 주 하나님의 메시지다.* 첫째 달 첫째 날에는, 흠 없는 수송아지 한 마리를 골라다가 성소를 정결하게 하여라. 제사장은 그 속죄 제물의 피를 가져다가 성전의 문기둥과 제단의 선반 네 모서리와 안뜰 문 입구에 발라야

will be set aside as land for the villages of the Levites who administer the affairs of worship in the Sanctuary.

6 "To the south of the sacred reserve, measure off a section seven miles long and about a mile and a half wide for the city itself, an area held in common by the whole family of Israel.

7-8 "The prince gets the land abutting the seven-mile east and west borders of the central sacred square, extending eastward toward the Jordan and westward toward the Mediterranean. This is the prince's possession in Israel. My princes will no longer bully my people, running roughshod over them. They'll respect the land as it has been allotted to the tribes.

9-12 "This is the Message of GOD, the Master: 'I've put up with you long enough, princes of Israel! Quit bullying and taking advantage of my people. Do what's just and right for a change. Use honest scales – honest weights and honest measures. Every pound must have sixteen ounces. Every gallon must measure four quarts. The ounce is the basic measure for both. And your coins must be honest – no wooden nickels!

Everyone in the Land Must Contribute

13-15 "'These are the prescribed offerings you are to supply: one-sixtieth part of your wheat, one-sixtieth part of your barley, one-hundredth part of your oil, one sheep out of every two hundred from the lush pastures of Israel. These will be used for the grain offerings, burnt offerings, and peace offerings for making the atonement sacrifices for the people. Decree of GOD, the Master.

16-17 "'Everyone in the land must contribute to these special offerings that the prince in Israel will administer. It's the prince's job to provide the burnt offerings, grain offerings, and drink offerings at the Holy Festivals, the New Moons, and the Sabbaths – all the commanded feasts among the people of Israel. Sin offerings, grain offerings, burnt offerings, and peace offerings for making atonement for the people of Israel are his responsibility.

18-20 "'This is the Message from GOD, the Master: On the first day of the first month, take an unblemished bull calf and purify the Sanctuary. The priest is to take blood from the sin offerings and rub it on the doorposts of the Temple, on the four corners of the

한다. 그달 칠일에도, 모르고 죄를 지은 자들을 위해 그와 같이 다시 한번 행하여라. 이렇게 성전을 위해 속죄하여라.

21 첫째 달 십사일에, 너희는 유월절을 지켜야 한다. 칠 일 동안 이어지는 이 축제기간에는 누룩을 넣지 않은 빵을 먹어야 한다.

22-23 유월절 날에, 왕은 자신과 온 나라 백성을 위해 송아지 한 마리를 속죄 제물로 바쳐야 한다. 칠 일의 축제기간 동안, 그는 날마다 흠 없는 수송아지 일곱 마리와 숫양 일곱 마리를 하나님께 번제물로 바치고, 날마다 숫염소 한 마리도 바쳐야 한다.

24 왕은 수송아지 한 마리와 숫양 한 마리를 바칠 때마다, 20리터 상당의 곡식 제물과 4리터 상당의 기름도 함께 바쳐야 한다.

25 일곱째 달 십오일과 칠 일간의 축제기간에도, 그는 날마다 속죄 제물과 번제물과 곡식 제물과 기름을 전과 동일하게 바쳐야 한다.'"

46

1-3 "'주 하나님의 메시지다. 안뜰 동쪽 문은 일하는 엿새 동안 닫아두되, 안식일에는 열어야 한다. 그 문은 매달 초하루에도 열어야 한다. 왕은 그 문으로 들어와서 벽기둥 곁에 설 것이며, 그가 거기 현관에서 예배하는 동안 제사장들이 그의 번제물과 화목 제물을 바쳐야 한다. 그가 떠난 후에도, 그 문은 저녁때까지 닫지 말아야 한다. 안식일과 매달 초하루에는, 백성이 그 문 바깥 입구에 모여 하나님을 예배해야 한다.

4-5 안식일에 왕이 하나님께 바칠 번제물은, 흠 없는 어린양 여섯 마리와 흠 없는 숫양 한 마리다. 숫양과 함께 곡식 제물 20리터와 기름 4리터를 바치고, 각 어린양에는 소량의 곡식을 곁들여야 한다.

6-7 매달 초하루, 왕은 수송아지 한 마리와 어린양 여섯 마리와 숫양 한 마리를 흠 없는 것들로 바쳐야 한다. 숫양과 수송아지를 바칠 때는 각각 곡식 제물 20리터와 기름 4리터를 곁들이고, 각 어린양에는 소량의 곡식 제물을 곁들여야 한다.

8 들어올 때 왕은 문 입구의 현관을 통해 들어와야 하고, 나갈 때도 그 길로 나가야 한다.

9-10 그러나 정한 축제일에 이 땅의 백성이 하나님께 예배하러 올 때는 북쪽 문을 통해

ledge of the altar, and on the gate entrance to the inside courtyard. Repeat this ritual on the seventh day of the month for anyone who sins without knowing it. In this way you make atonement for the Temple.

21 "'On the fourteenth day of the first month, you will observe the Passover, a feast of seven days. During the feast you will eat bread made without yeast.

22-23 "'On Passover, the prince supplies a bull as a sin offering for himself and all the people of the country. Each day for each of the seven days of the feast, he will supply seven bulls and seven rams unblemished as a burnt offering to GOD, and also each day a male goat.

24 "'He will supply about five and a half gallons of grain offering and a gallon of oil for each bull and each ram.

25 "'On the fifteenth day of the seventh month, and on each of the seven days of the feast, he is to supply the same materials for sin offerings, burnt offerings, grain offerings, and oil.'"

46

1-3 "'Message from GOD, the Master: The gate of the inside courtyard on the east is to be shut on the six working days, but open on the Sabbath. It is also to be open on the New Moon. The prince will enter through the entrance area of the gate complex and stand at the gateposts as the priests present his burnt offerings and peace offerings while he worships there on the porch. He will then leave, but the gate won't be shut until evening. On Sabbaths and New Moons, the people are to worship before GOD at the outside entrance to that gate complex.

4-5 "'The prince supplies for GOD the burnt offering for the Sabbath—six unblemished lambs and an unblemished ram. The grain offering to go with the ram is about five and a half gallons plus a gallon of oil, and a handful of grain for each lamb.

6-7 "'At the New Moon he is to supply a bull calf, six lambs, and a ram, all without blemish. He will also supply five and a half gallons of grain offering and a gallon of oil for both ram and bull, and a handful of grain offering for each lamb.

8 "'When the prince enters, he will go through the entrance vestibule of the gate complex and leave the same way.

9-10 "'But when the people of the land come to worship

들어온 자는 남쪽 문으로 나가고, 남쪽 문을 통해 들어온 자는 북쪽 문으로 나가야 한다. 들어온 문으로 되돌아 나가서는 안되며, 반대 문을 통해 나가야 한다. 백성들이 들어오고 나갈 때, 왕도 그들과 함께 섞여서 들어오고 나가야 한다.

11 축제일과 정한 축일에 바칠 곡식 제물의 양은 20리터이며, 수송아지와 숫양에는 기름 4리터를, 각 어린양에는 소량의 곡식을 곁들여야 한다.

12 왕이 자원하여 하나님께 번제물이나 화목 제물을 가져올 때는, 그에게 동쪽 문을 열어 주어야 한다. 그는 안식일에 하듯이 자기의 번제물이나 화목 제물을 바칠 것이며, 그런 다음 떠나야 한다. 그가 밖으로 나간 다음에는 문을 닫아야 한다.

13-15 매일 아침, 너희는 하나님께 바칠 번제물로 일 년 된 흠 없는 어린양 한 마리를 가지고 와야 한다. 또 매일 아침, 곡식 제물로 곡식 약 4리터에 1.25리터의 기름을 부어 가지고 와야 한다. 이와 같이 하나님께 곡식 제물을 바치는 것은 반드시 지켜야 할 율례다. 어린양과 곡식 제물과 기름을 번제물로 바치는 일은 날마다 행해야 할 의식이다.

16-18 주 하나님의 메시지다. 만일 왕이 자기 아들 중 하나에게 유산을 떼어서 주면, 그것은 대대로 그 가문의 소유가 된다. 그러나 왕이 어떤 종에게 자기 유산을 떼어서 선물로 주면, 그것은 해방의 해(희년)까지만 그 종의 소유가 되고, 그 후에는 다시 왕에게 되돌아간다. 왕의 유산은 오직 그의 아들들의 것이며, 대대로 그 가문이 소유한다. 왕은 백성 가운데 누구의 유산도 빼앗아서는 안되며, 그들의 땅 소유권을 빼앗아서도 안된다. 그는 오직 자기 재산을 떼어서 아들들에게 줄 수 있다. 내 백성 누구도 자기 땅에서 내쫓기는 일이 있어서는 안된다.'"

19-20 그런 다음 그 사람이 나를 데리고 북쪽 문을 통해 제사장들의 거룩한 방으로 가서, 서쪽에 있는 뒷방 하나를 보여주었다. 그가 말했다. "여기는 제사장들이 속건 제물과 속죄 제물을 삶고 곡식 제물을 굽는 부엌이다. 바깥뜰에서 거룩한 그 일들을 하다가는 준비가 안된 백성을 위험에 빠뜨리게 할 수 있으니, 이곳에서 제물을 준비해야 한다."

21-23 그가 다시 나를 이끌고 바깥뜰로 가서, 그

GOD at the commanded feasts, those who enter through the north gate will exit from the south gate, and those who enter though the south gate will exit from the north gate. You don't exit the gate through which you enter, but through the opposite gate. The prince is to be there, mingling with them, going in and out with them.

11 "'At the festivals and the commanded feasts, the appropriate grain offering is five and a half gallons, with a gallon of oil for the bull and ram and a handful of grain for each lamb.

12 "'When the prince brings a freewill offering to GOD, whether a burnt offering or a peace offering, the east gate is to be opened for him. He offers his burnt or peace offering the same as he does on the Sabbath. Then he leaves, and after he is out, the gate is shut.

13-15 "'Every morning you are to bring a yearling lamb unblemished for a burnt offering to GOD. Also, every morning bring a grain offering of about a gallon of grain with a quart or so of oil to moisten it. Presenting this grain offering to GOD is standard procedure. The lamb, the grain offering, and the oil for the burnt offering are a regular daily ritual.

16-18 "'A Message from GOD, the Master: If the prince deeds a gift from his inheritance to one of his sons, it stays in the family. But if he deeds a gift from his inheritance to a servant, the servant keeps it only until the year of liberation (the Jubilee year). After that, it comes back to the prince. His inheritance is only for his sons. It stays in the family. The prince must not take the inheritance from any of the people, dispossessing them of their land. He can give his sons only what he himself owns. None of my people are to be run off their land.'"

19-20 Then the man brought me through the north gate into the holy chambers assigned to the priests and showed me a back room to the west. He said, "This is the kitchen where the priests will cook the guilt offering and sin offering and bake the grain offering so that they won't have to do it in the outside courtyard and endanger the unprepared people out there with The Holy."

21-23 He proceeded to take me to the outside

뜰의 네 모퉁이를 보여주었다. 내가 보니, 모퉁
이마다 뜰이 있었다. 바깥뜰 네 모퉁이마다 각
각 길이 18미터, 너비 13.5미터 되는 작은 뜰
이 있었고, 크기는 모두 같았다. 그 뜰의 안쪽
벽에 돌로 만든 선반이 있었고, 그 선반 밑으로
요리용 화덕이 놓여 있었다.
24 그가 일러 주었다. "여기는 성전에서 섬기는
자들이 백성의 희생 제물을 삶는 부엌이다."

성전에서 흘러나오는 물

47 1-2 그가 다시 나를 성전 입구로 데리
고 갔다. 내가 보니, 성전 현관 아래
쪽에서 물이 쏟아져 나와 동쪽으로(성전은 동
쪽을 향하고 있다) 흘러가고 있었다. 물은 성전
남쪽 면, 제단 남쪽에서 쏟아져 나오고 있었다.
그가 나를 데리고 북쪽 문으로 나가서, 밖을 돌
아 동쪽 문으로 데리고 갔다. 물이 성전 남쪽
샘 아래에서 용솟음쳐 흘러나왔다.
3-5 그가 줄자를 가지고 동쪽으로 450미터를
재면서 갔고, 나는 발목까지 차오르는 물을 헤
치며 따라갔다. 그가 다시 450미터를 재면서
갔고, 나는 무릎까지 차오르는 물을 헤치며 따
라갔다. 그가 다시 450미터를 재면서 갔고, 나
는 허리까지 차오르는 물을 헤치며 따라갔다.
그가 다시 450미터를 재면서 갔는데, 이제는
물이 내 키보다 높아져 헤엄을 쳐야 했다. 물은
강물처럼 높았고 도저히 헤치며 걸어갈 수 없
었다.
6-7 그가 말했다. "사람의 아들아, 잘 보았느냐?"
그런 다음 그가 나를 다시 강가로 데리고 갔다.
강가에 앉아서 보니, 강가 양편으로 많은 나무
들이 늘어서 있었다.
8-10 그가 내게 말했다. "이 물은 동쪽으로 흘러
서 아라바로 내려갔다가, 물들이 고여 있는 바
다로 들어간다. 이 물이 바다로 흘러들어 가면,
그 바닷물은 새로워진다. 이 강물이 흘러들어
가는 곳은 어디든지 생명이—엄청난 물고기 떼
가—가득하게 되는데, 그것은 이 강물이 바다
의 짠물을 단물로 바꿔 놓기 때문이다. 이 강물
이 흘러들어 가는 곳에는 생명이 차오른다. 엔
게디에서 북쪽 에네글라임에 이르기까지, 어부
들이 어깨를 나란히 하고 서서 해안선을 따라
그물을 내릴 것이다. 그 바다에는 지중해처럼,
온갖 종류의 물고기들이 가득할 것이다.
11 그 늪과 습지들은 새로워지지 않고, 계속 짠

courtyard and around to each of its four corners. In
each corner I observed another court. In each of the
four corners of the outside courtyard were smaller
courts sixty by forty-five feet, each the same size. On
the inside walls of the courts was a stone shelf, and
beneath the shelves, hearths for cooking.
24 He said, "These are the kitchens where those who
serve in the Temple will cook the sacrifices of the
people."

Trees on Both Sides of the River

47 1-2 Now he brought me back to the entrance
to the Temple. I saw water pouring out
from under the Temple porch to the east (the Temple
faced east). The water poured from the south side of
the Temple, south of the altar. He then took me out
through the north gate and led me around the outside
to the gate complex on the east. The water was
gushing from under the south front of the Temple.
3-5 He walked to the east with a measuring tape
and measured off fifteen hundred feet, leading me
through water that was ankle-deep. He measured
off another fifteen hundred feet, leading me
through water that was knee-deep. He measured off
another fifteen hundred feet, leading me through
water waist-deep. He measured off another fifteen
hundred feet. By now it was a river over my head,
water to swim in, water no one could possibly walk
through.
6-7 He said, "Son of man, have you had a good look?"
Then he took me back to the riverbank. While sitting
on the bank, I noticed a lot of trees on both sides of
the river.
8-10 He told me, "This water flows east, descends to
the Arabah and then into the sea, the sea of stagnant
waters. When it empties into those waters, the sea
will become fresh. Wherever the river flows, life will
flourish—great schools of fish—because the river is
turning the salt sea into fresh water. Where the river
flows, life abounds. Fishermen will stand shoulder
to shoulder along the shore from En-gedi all the way
north to En-eglaim, casting their nets. The sea will
teem with fish of all kinds, like the fish of the Great
Mediterranean.
11 "The swamps and marshes won't become fresh.

물로 남아 있을 것이다.

12 그러나 그 강가 양편으로는 온갖 종류의 과일 나무들이 자라며, 그 잎이 시들지 않고 열매도 끊이지 않을 것이다. 나무들은 때마다 신선한 열매를 맺을 것인데, 성소에서 나온 강물이 그 나무들에게 흘러가기 때문이다. 그 열매는 양식이 되고 그 잎은 약재가 될 것이다."

땅의 경계선과 분배

13-14 주 하나님의 메시지다. "다음은 이스라엘 열두 지파가 유산으로 나누어 가질 땅의 경계선이다. 요셉은 두 몫을 가질 것이다. 나머지 지파들은 땅을 똑같이 나누어야 한다. 나는 너희 조상에게 이 땅을 주기로 엄숙히 맹세했다. 이 땅이 너희 유산이 될 것이라고 내가 맹세했다.

15-17 이 땅의 경계선은 다음과 같다.

북쪽 경계선은 큰 바다 지중해에서 시작해 헤들론 길을 따라, 하맛 어귀와 스닷과 브로다, 다마스쿠스와 하맛 사이의 시브라임, 더 나아가 하우란과 접한 하셀 핫디곤까지 이른다. 이렇게 북쪽 경계선은 지중해에서 하살에논까지 이어지는데, 그 위로 다마스쿠스와 하맛 지역과 접경하고 있다. 이것이 북쪽 경계선이다.

18 동쪽 경계선은 다마스쿠스와 하우란 사이에서 시작해 길르앗과 이스라엘 땅 사이의 경계인 요단 강을 따라 아래로 가다가, 멀리 동쪽 바다 다말까지 이른다. 이것이 동쪽 경계선이다.

19 남쪽 경계선은 다말에서 시작해 서쪽으로 므리봇가데스 샘을 지나 이집트 시내를 따라 가다가, 큰 바다 지중해까지 이른다. 이것이 남쪽 경계선이다.

20 서쪽 경계선은 큰 바다 지중해를 따라 북쪽으로 가다가, 동쪽 하맛 어귀로 접어드는 지점까지 이른다. 이것이 서쪽 경계선이다.

21-23 너희는 이 땅을 이스라엘 열두 지파별로 나누어라. 너희 유산으로 나누어 가지되, 너희 가운데 자녀를 낳고 사는 거류민들에게도 몫이 돌아가게 하여라. 그들도 너희처럼 이 *땅에서 태어난 사람들로 대우해 주어라*. 그들도 이스라엘 지파와 함께 유산을 얻게 하여라. 모든 거류민이 각자 사는 지역에서 자기 유산을 받게 하여라. 주 하나님의 포고다."

They'll stay salty.

12 "But the river itself, on both banks, will grow fruit trees of all kinds. Their leaves won't wither, the fruit won't fail. Every month they'll bear fresh fruit because the river from the Sanctuary flows to them. Their fruit will be for food and their leaves for healing."

Divide Up This Land

13-14 A Message from GOD, the Master: "These are the boundaries by which you are to divide up the inheritance of the land for the twelve tribes of Israel, with Joseph getting two parcels. It is to be divided up equally. I swore in a solemn oath to give it to your ancestors, swore that this land would be your inheritance.

15-17 "These are the boundaries of the land:

"The northern boundary runs from the Great Mediterranean Sea along the Hethlon road to where you turn off to the entrance of Hamath, Zedad, Berothah, and Sibraim, which lies between the territory of Damascus and the territory of Hamath, and on to Hazor-hatticon on the border of Hauran. The boundary runs from the Sea to Hazor-enon, with the territories of Damascus and Hamath to the north. That is the northern boundary.

18 "The eastern boundary runs between Damascus and Hauran, down along the Jordan between Gilead and the land of Israel to the Eastern Sea as far as Tamar. This is the eastern boundary.

19 "The southern boundary runs west from Tamar to the waters of Meribah-kadesh, along the Brook of Egypt, and out to the Great Mediterranean Sea. This is the southern boundary.

20 "The western boundary is formed by the Great Mediterranean Sea north to where the road turns east toward the entrance to Hamath. This is the western boundary.

21-23 "Divide up this land among the twelve tribes of Israel. Divide it up as your inheritance, and include in it the resident aliens who have made themselves at home among you and now have children. Treat them as if they were born there, just like yourselves. They also get an inheritance among the tribes of Israel. In whatever tribe the resident alien lives, there he gets his inheritance. Decree of GOD, the Master."

각 지파의 몫과 거룩한 땅

48 1 "지파들은 이러하다.
단. 북쪽 경계선에서 시작해, 헤들론 길을 따라 하맛 어귀와 하살에논까지, 곧 다마스쿠스 영토와 하맛을 북쪽으로 두고 동쪽에서 서쪽까지가 그들이 받을 몫이다.

2 아셀. 단 경계에 닿아 있는 동쪽에서 서쪽까지가 그들이 받을 몫이다.

3 납달리. 아셀 경계에 닿아 있는 동쪽에서 서쪽까지가 그들이 받을 몫이다.

4 므낫세. 납달리 경계에 닿아 있는 동쪽에서 서쪽까지가 그들이 받을 몫이다.

5 에브라임. 므낫세 경계에 닿아 있는 동쪽에서 서쪽까지가 그들이 받을 몫이다.

6 르우벤. 에브라임 경계에 닿아 있는 동쪽에서 서쪽까지가 그들이 받을 몫이다.

7 유다. 르우벤 경계에 닿아 있는 동쪽에서 서쪽까지가 그들이 받을 몫이다.

8-9 유다 경계에 닿아 있는 동쪽에서 서쪽까지는 구별된 지역으로, 너희는 그 땅을 거룩한 곳으로 따로 떼어 놓아야 한다. 가로와 세로가 11.25킬로미터인 정사각형 지역의 중심에 성소가 자리 잡는다. 너희는 길이 11.25킬로미터, 너비 4.5킬로미터 되는 구역을 하나님을 위해 따로 구별해야 한다.

10-12 그 지역은 이렇게 나뉜다. 북쪽과 남쪽으로 길이 11.25킬로미터, 동쪽과 서쪽으로 너비 4.5킬로미터 되는 구역은 제사장들의 몫이다. 하나님의 성소가 그 중심에 자리한다. 이것은 거룩하게 구별된 제사장들인 사독의 자손들을 위한 구역으로, 그들은 레위인들과 달리, 이스라엘이 그릇 행했을 때도 바른 길에서 벗어나지 않고 한결같이 나를 섬겼다. 이것은 그들이 받는 특별 선물이요, 이 땅이 주는 선물이며, 지극히 거룩한 땅으로, 레위인들의 구역과 닿아 있는 지역이다.

13-14 레위인들의 구역도 제사장들의 구역과 같은 크기로, 길이가 11.25킬로미터, 너비가 4.5킬로미터다. 이 구역의 땅은 단 한 평도 팔거나 거래할 수 없다. 이 땅은 가장 좋은 구역이며, 무엇보다 하나님께 거룩한 곳이다.

15-19 '거룩한 정사각형'의 나머지—길이 11.25킬로미터, 너비 2.25킬로미터 되는—구역은 평범한 용도로 사용된다. 도성과 건물

The Sanctuary of God at the Center

48 1 "These are the tribes:
"Dan: one portion, along the northern boundary, following the Hethlon road that turns off to the entrance of Hamath as far as Hazor-enon so that the territory of Damascus lies to the north alongside Hamath, the northern border stretching from east to west.

2 "Asher: one portion, bordering Dan from east to west.

3 "Naphtali: one portion, bordering Asher from east to west.

4 "Manasseh: one portion, bordering Naphtali from east to west.

5 "Ephraim: one portion, bordering Manasseh from east to west.

6 "Reuben: one portion, bordering Ephraim from east to west.

7 "Judah: one portion, bordering Reuben from east to west.

8-9 "Bordering Judah from east to west is the consecrated area that you will set aside as holy: a square approximately seven by seven miles, with the Sanctuary set at the center. The consecrated area reserved for GOD is to be seven miles long and a little less than three miles wide.

10-12 "This is how it will be parceled out. The priest will get the area measuring seven miles on the north and south boundaries, with a width of a little more than three miles at the east and west boundaries. The Sanctuary of GOD will be at the center. This is for the consecrated priests, the Zadokites who stayed true in their service to me and didn't get off track as the Levites did when Israel wandered off the main road. This is their special gift, a gift from the land itself, most holy ground, bordering the section of the Levites.

13-14 "The Levites get a section equal in size to that of the priests, roughly seven by three miles. They are not permitted to sell or trade any of it. It's the choice part of the land, to say nothing of being holy to GOD.

15-19 "What's left of the 'sacred square'—each side measures out at seven miles by a mile and a half—is for ordinary use: the city and its buildings with open

들을 세우고, 도시를 중심으로 주위에 빈 터를
둔다. 도성의 북쪽과 남쪽과 동쪽과 서쪽 면의
길이는 각각 약 2.25킬로미터다. 112.5미터
너비의 초장이 도성을 사방으로 둘러싼다. 거
룩한 제사장 구역과 붙어 있는 나머지 땅, 곧
도성의 동서로 각각 4.5킬로미터에 해당하는
땅은 농지로 사용하여, 도성에 필요한 식량을
마련한다. 이스라엘 모든 지파에서 온 일꾼들
이 거기서 땅을 경작할 것이다.
20 거룩한 목적을 위해 구별된 이 특별지역은,
가로와 세로가 11.25킬로미터인 정사각형의
땅으로, '거룩한 정사각형'이다. 도성을 위해
구별된 구역도 여기에 포함된다.
21-22 이 땅의 나머지, 곧 11.25킬로미터 길이
의 '거룩한 정사각형' 구역에서 동쪽으로 요단
강, 서쪽으로 지중해까지는 왕에게 속한 땅이
다. 왕의 땅은 북쪽과 남쪽의 지파들이 받는
몫들 사이에 끼어 있으며, 성전을 중심에 둔
'거룩한 정사각형' 구역에서 동쪽과 서쪽으로
뻗어 있다. 레위인들을 위해 구별된 땅과 도성
을 위해 구별된 땅이 왕에게 할당된 영토 한가
운데 자리한다. '거룩한 정사각형' 구역은 동
쪽과 서쪽으로 왕의 땅에 접해 있으며, 북쪽과
남쪽으로는 각각 유다 영토와 베냐민 영토에
접해 있다.

23 나머지 지파들은 이러하다.
베냐민. 동쪽 경계선부터 서쪽 경계선까지가
그들이 받을 몫이다.
24 시므온. 베냐민 경계에 닿아 있는 동쪽에서
서쪽까지가 그들이 받을 몫이다.
25 잇사갈. 시므온 경계에 닿아 있는 동쪽에서
서쪽까지가 그들이 받을 몫이다.
26 스불론. 잇사갈 경계에 닿아 있는 동쪽에서
서쪽까지가 그들이 받을 몫이다.
27 갓. 스불론 경계에 닿아 있는 동쪽에서 서쪽
까지가 그들이 받을 몫이다.
28 갓의 남쪽 경계선은 남쪽 다말에서 시작해
므리바가데스 샘에 이르고, 이집트 시내를 따
라 큰 바다 지중해까지 이른다.
29 *이것이 이스라엘 지파들이 그들의 유산으로*
나눌 땅, 그들이 받을 몫이다." 주 하나님의 포
고다.

country around it, but the city at the center. The
north, south, east, and west sides of the city are each
about a mile and a half in length. A strip of pasture,
one hundred twenty-five yards wide, will border the
city on all sides. The remainder of this portion, three
miles of countryside to the east and to the west of
the sacred precinct, is for farming. It will supply food
for the city. Workers from all the tribes of Israel will
serve as field hands to farm the land.
20 "This dedicated area, set apart for holy purposes,
will be a square, seven miles by seven miles, a 'holy
square,' which includes the part set aside for the city.
21-22 "The rest of this land, the country stretching east
to the Jordan and west to the Mediterranean from
the seven-mile sides of the 'holy square,' belongs to
the prince. His land is sandwiched between the tribal
portions north and south, and goes out both east
and west from the 'sacred square' with its Temple at
the center. The land set aside for the Levites on one
side and the city on the other is in the middle of the
territory assigned to the prince. The 'sacred square'
is flanked east and west by the prince's land and
bordered on the north and south by the territories of
Judah and Benjamin, respectively.

23 "And then the rest of the tribes:
"Benjamin: one portion, stretching from the eastern
to the western boundary.
24 "Simeon: one portion, bordering Benjamin from
east to west.
25 "Issachar: one portion, bordering Simeon from
east to west.
26 "Zebulun: one portion, bordering Issachar from
east to west.
27 "Gad: one portion, bordering Zebulun from east to
west.
28 "The southern boundary of Gad will run south
from Tamar to the waters of Meribah-kadesh,
along the Brook of Egypt and then out to the Great
Mediterranean Sea.
29 "This is the land that you are to divide up among
the tribes of Israel as their inheritance. These are
their portions." Decree of GOD, the Master.

30-31 "그 도성의 문들은 다음과 같다. 도성 북
쪽 면은 길이가 2킬로미터이며, 문이 셋 있다
(도성의 문들은 이스라엘 지파의 이름을 따서
부른다). 르우벤 문, 유다 문, 레위 문.
32 동쪽 면도 2킬로미터이며, 문이 셋이다. 요
셉 문, 베냐민 문, 단 문.
33 남쪽 면도 2킬로미터이며, 문이 셋이다. 시
므온 문, 잇사갈 문, 스불론 문.
34 서쪽 면도 2킬로미터이며, 문이 셋이다. 갓
문, 아셀 문, 납달리 문.
35 도성 사면의 합은 8킬로미터다.

이 도성의 이름은 이제부터 **여호와 삼마**로
불릴 것이다.

하나님께서 여기 계신다."

30-31 "These are the gates of the city. On the north
side, which is 2,250 yards long (the gates of the city
are named after the tribes of Israel), three gates: the
gate of Reuben, the gate of Judah, the gate of Levi.
32 "On the east side, measuring 2,250 yards, three
gates: the gate of Joseph, the gate of Benjamin, the
gate of Dan.
33 "On the south side, measuring 2,250 yards, three
gates: the gate of Simeon, the gate of Issachar, the
gate of Zebulun.
34 "On the west side, measuring 2,250 yards, three
gates: the gate of Gad, the gate of Asher, the gate of
Naphtali.
35 "The four sides of the city measure to a total of
nearly six miles.

"From now on the name of the city will be YAHWEH-SHAMMAH:

"GOD-IS-THERE."

다니엘 | 머리말

다니엘서에 담긴 여러 이미지들은 2천 년이 넘는 세월 동안 하나님의 백성의 삶 속에 깊숙이 침투하여, 주권자 하나님을 향한 순종과 신뢰를 북돋는 역할을 해왔다.

일상의 압박과 스트레스 가운데서 하나님께 순종하고 역사의 거대한 격류 속에서 하나님의 길을 신뢰하기란 늘 어려운 일이지만, 고난과 박해의 시기에는 특히 그러하다. 살아남으려면 하나님 따위는 잊고 당대 문화에 순응하라는 압박 앞에서, 하나님께 순종하는 길을 택하기란 결코 쉬운 일이 아니다. 크고 힘센 것을 숭배하는 시대에 하나님을 신뢰하면서 사는 것 역시 쉬운 일이 아니다.

다니엘서가 쓰인 시대가 바로 그러했다. 시류를 거슬러 하나님께 순종하고 철저하게 하나님을 신뢰하도록 용기를 북돋는 목소리는 거의 들리지 않았다. 그러나 다니엘서의 이야기와 환상들은, 당시 사회가 주지 못했고 줄 수 없었던 것을 하나님의 백성에게 공급해 주었다. 세기를 거듭하는 동안, 다니엘서는 가슴 벅차게 하나님께 순종하고 꿋꿋하게 하나님을 신뢰하게 만들어 주었다.

"하나님의 이름을
영원무궁토록 찬양하여라.
그분은 모든 것을 아시며, 그분이 모든 일을 행하신다.
계절이 바뀌게 하시고, 역사를 주관하신다.
왕들을 세우시고, 왕들을 폐하신다.
총명을 주시고, 통찰을 주신다.
심오한 것을 파헤치시고, 비밀을 드러내신다.
어둠을 꿰뚫어 보시고, 빛을 쏟아내신다!"
(단 2:20-22)

다니엘서는 이야기 부분과 환상 부분 — 여섯 개의 이야기(1-6장)와 네 개의 환상(7-12장) — 이 비슷한 비율로 나뉘어 있다. 이야기 부분에는, 역경 속에서도 하나님께 신실하게 순종하는 영혼들이 등장한다. 환상 부분에서는, 하나님은 안중에도 없이 사는 민족들에게까지 미치는 그분의 주권적

Images generated by the book of Daniel have been percolating through the daily experiences of the people of God for well over two thousand years now, producing a richly aromatic brew stimulating God's people to obey and trust their sovereign God.

Obedience to God in the pressures and stresses of day-by-day living and trust in God's ways in the large sweep of history are always at risk, but especially in times of suffering and persecution. Obedience to God is difficult when we are bullied into compliance to the God-ignoring culture out of sheer survival. Trust in God is likewise at risk of being abandoned in favor of the glamorous seductions of might and size.

Daniel was written out of just such times. There was little or no observable evidence in the circumstances to commend against-thestream obedience or overarching trust. But Daniel's stories and visions have supplied what that society did not—could not—give. Century after century, Daniel has shot adrenaline into the veins of God-obedience and put backbone into God-trust, saying,

"Blessed be the name of God,
forever and ever.
He knows all, does all:
He changes the seasons and guides history,
He raises up kings and also brings them down,
he provides both intelligence and discernment,
He opens up the depths, tells secrets,
sees in the dark—light spills out of him!"
(Daniel 2:20-22)

Daniel is composed, in approximately equal parts, of stories and visions—six stories (chapters 1-6) and four visions (chapters 7-12). The stories tell of souls living faithfully in obedience to God in a time of adversity. The visions are wide-screen renditions of God's sovereignty worked out among nations who

다스림이 파노라마처럼 펼쳐진다. 다니엘서는 영혼에 관한 여섯 이야기와, 하나님의 주권을 알리는 네 가지 환상으로 이루어져 있다고 말할 수 있다.

믿음과 생존을 다룬 여섯 이야기는, 우리가 하루하루 믿음을 지키며 끝까지 살아가도록 용기를 북돋아 준다. 우리 중에 하나님께 충성하기에 좋은 환경에서 살거나, 희생적 제자도의 가치를 높이 평가해 주는 사람들 속에 사는 이는 거의 없을 것이다. 우리는 거의 매일같이, 유익과 이득을 위해 현실에 순응할 것인가, 아니면 주께 충성을 다할 것인가를 두고 힘겨운 선택의 기로에 선다. 이 이야기들은 우리가 매일 마주하는 이 선택에 무엇이 달려 있는지 똑바로 직시하게 한다.

역사 속에서 일하시는 하나님의 구원 역사(役事)에 관한 다니엘서의 네 가지 환상은, 하나님을 가릴 만큼 어지러운 세계사의 소용돌이 한가운데서도 늘 하나님께 희망을 두고 살아가라고 용기를 북돋운다. 이 환상들은 의도적으로 난해하게 쓰인(묵시적인) 글이므로 이해하기가 쉽지 않고, 종종 열띤 연구와 해석의 대상이 되어 왔다. 이 책을 처음 읽는 독자들은, 여러 생경한 상징과 이미지들을 통해 이 책이 결국 증언하려고 하는 역사적 진실 하나에 집중하는 편이 좋을 듯하다. 뉴스 매체가 쏟아내는 여러 사건들에 가려지기 쉬운 거대한 진실, 그것은 바로 '하나님께서 역사의 주관자'라는 사실이다.

오만한 통치자와 민족들이 일으키는 소음과 소란들, 그 모든 과시와 허세를 우리는 역사라 부르고 그런 것들로 인해 지금도 고통을 겪고 있지만, 우리 하나님께서는 그 모든 소용돌이 속에서도 아무 요동 없이 당신의 주권을 힘 있게 펼쳐 나가고 계신다. 우리는 결국 그분이 모든 것과 모든 사람을 당신의 통치 아래 두실 것을 믿는다. 다니엘서에서, 심지어 힘 있는 통치자인 느부갓네살 왕조차도 자신보다 더 대단한 힘이 있다는 것을 인정하게 되었다. 그는 하나님에 대해서 이렇게 이야기한다.

"그분의 주권적 통치는 영원하고,
그분의 나라는 결코 쇠하지 않는다.
이 지상의 것들은 아무것도 아니며,
하나님의 천상의 군대가 모든 것을 지탱한다.
그분이 하시는 일 아무도 막을 자 없으며,
그분의 통치에 이의를 제기할 자 아무도 없다.……

그분이 하시는 일은 모두 참되고,
그 일을 다 바르게 행하신다.
그분은 교만한 자를
겸손하게 만드는 법을 아신다"(단 4:34-35, 37).

couldn't care less about him. Six soul stories; four sovereignty visions.

The six soul-survival stories nourish a commitment to integrity and perseverance right now. Very few of us live in settings congenial to Godloyalty and among people who affirm a costly discipleship. Hardly a day goes by that we do not have to choose between compliance to what is expedient and loyalty to our Lord. The stories keep us alert to what is at stake day by day, hour by hour.

The four visions of God's history-saving ways nourish hope in God during times when world events seem to put God in eclipse. The visions are difficult to understand, written as they are in a deliberately cryptic style (apocalyptic). From time to time they have been subjected to intense study and explanation. But for a first reading, perhaps it is better simply to let the strange symbolic figures give witness to the large historical truth that eclipses the daily accumulation of historical facts reported by our news media, namely, that God is sovereign. In the course of all the noise and shuffling, strutting and posing, of arrogant rulers and nations that we call history, with the consequent troubles to us all, God is serenely sovereign; we can trust him to bring all things and people under his rule. In Daniel, even the mighty king Nebuchadnezzar came to admit there was a power greater than his. He said of God,

"His sovereign rule lasts and lasts,
his kingdom never declines and falls.
Life on this earth doesn't add up to much,
but God's heavenly army keeps everything going.
No one can interrupt his work,
no one can call his rule into question...

Everything he does is right,
and he does it the right way.
He knows how to turn a proud person
into a humble man or woman."
(Daniel 4:34-35, 37)

우리 중에 어떤 이들은 영혼 문제에 집중하기를 좋아하고, 또 어떤 이들은 역사의 큰 이슈들에 관해 다루기를 좋아한다. 다니엘서는 그 모든 것, 곧 개인적인 것과 정치적인 것, 현재 일과 장래 일, 영혼 문제와 사회 문제 모두를 하나로 담아낸 중요한 기록들 중 하나다.

There are always some of us who want to concentrate on the soul, and others of us who want to deal with the big issues of history. Daniel is one of our primary documents for keeping it all together – the personal and the political, the present and the future, the soul and society.

다니엘

바빌론 왕궁의 유다 출신 젊은이들

1 1-2 유다 왕 여호야김이 다스린 지 삼 년째 되던 해에, 바빌론 왕 느부갓네살이 예루살렘에 전쟁을 선포하고 도성을 포위했다. 주께서 유다 왕 여호야김과 하나님의 성전 비품 일부를 느부갓네살의 손에 넘기셨다. 그는 왕을 포로로 잡아가면서 비품들도 함께 챙겨 고대 시날 땅인 바빌론으로 가지고 갔고, 그것들을 신전 보물창고에 넣어 두었다.

3-5 왕이 환관장 아스부나스에게 말하여, 이스라엘의 왕족이나 귀족 출신 젊은이들 가운데 신체가 건강하고 용모가 준수하며, 머리가 좋고 교양이 있으며, 장차 나라의 지도급 인사가 될 만한 재목—최고 인재!—을 골라 바빌론의 언어와 주술과 점술을 가르치게 했다. 또 왕은 그들의 식단을 왕실 식단과 똑같이 짜도록—매일 최고의 음식과 최고의 포도주를 상에 올리도록—지시를 내렸다. 그들은 삼 년 동안 교육을 받은 뒤 왕궁 고위직에 임명될 예정이었다.

6-7 뽑힌 자들 가운데 유다 출신 젊은이 넷이 있었으니, 그들은 다니엘과 하나냐와 미사엘과 아사랴였다. 환관장은 그들에게 바빌론식 이름을 지어 주었는데, 다니엘은 벨드사살, 하나냐는 사드락, 미사엘은 메삭, 아사랴는 아벳느고였다.

8-10 그런데 다니엘은 왕의 음식과 왕의 포도주로 자신을 더럽히지 않겠다고 마음먹고, 환관장에게 왕실 음식을 먹지 않게 해달라고 청했다. 하나님의 은혜로 다니엘은 환관

DANIEL

Daniel Was Gifted by God

1 1-2 It was the third year of King Jehoiakim's reign in Judah when King Nebuchadnezzar of Babylon declared war on Jerusalem and besieged the city. The Master handed King Jehoiakim of Judah over to him, along with some of the furnishings from the Temple of God. Nebuchadnezzar took king and furnishings to the country of Babylon, the ancient Shinar. He put the furnishings in the sacred treasury.

3-5 The king told Ashpenaz, head of the palace staff, to get some Israelites from the royal family and nobility—young men who were healthy and handsome, intelligent and well-educated, good prospects for leadership positions in the government, perfect specimens!—and indoctrinate them in the Babylonian language and the lore of magic and fortunetelling. The king then ordered that they be served from the same menu as the royal table—the best food, the finest wine. After three years of training they would be given positions in the king's court.

6-7 Four young men from Judah—Daniel, Hananiah, Mishael, and Azariah—were among those selected. The head of the palace staff gave them Babylonian names: Daniel was named Belteshazzar, Hananiah was named Shadrach, Mishael was named Meshach, Azariah was named Abednego.

8-10 But Daniel determined that he would not defile himself by eating the king's food or drinking his wine, so he asked the head of the palace staff to exempt him from the royal diet. The head of the palace staff, by God's grace, liked Daniel, but he warned him, "I'm

장의 총애를 받고 있었지만, 환관장은 다니엘에게 경고했다. "내 주인이신 왕께서 어떻게 하실지 두렵네. 왕께서 친히 이 식단을 정해 주셨는데, 만일 그대들의 건강이 다른 젊은이들만 못하다고 보시면, 분명 내 목을 베실 것이네!"

11-13 그러나 다니엘은 환관장 밑에서 다니엘과 하나냐와 미사엘과 아사랴를 돌보는 일을 맡은 감독관을 찾아가 호소했다. "부탁드립니다. 열흘 동안만 우리가 채소와 물만 먹고 지낼 수 있게 해주십시오. 그런 다음에, 왕실 음식을 먹는 다른 젊은이들과 우리를 비교해 보시고, 그때 나타난 결과를 가지고 결정을 내려 주십시오."

14-16 감독관이 그렇게 하기로 동의하고, 열흘 동안 그들에게 채소와 물만 주었다. 열흘이 지나서 보니, 그들은 왕실 음식을 먹은 다른 젊은이들보다 더 건강하고 원기 왕성해 보였다. 그래서 감독관은 계속 그들에게 왕실 음식과 음료를 먹이지 않았고, 대신 채소만 주어 먹게 했다.

17-19 하나님께서 이 네 젊은이들이 높은 학식과 함께 모든 일에 뛰어난 식견을 갖게 해주셨다. 거기다, 다니엘은 온갖 환상과 꿈을 해석하는 재능까지 받았다. 왕이 정한 훈련기간이 끝나자, 환관장은 그들을 느부갓네살 앞으로 데려갔다. 그들과 이야기해 본 왕은, 그들이 다른 모든 젊은이보다 월등하다는 것을 알아보았다. 누구도 다니엘과 하나냐와 미사엘과 아사랴에 필적하지 못했다.

19-20 그래서 그들은 왕을 모시는 자리에 오르게 되었다. 왕은 학문에 대해서나 세상일에 대해 그들에게 자문을 구했고, 그때마다 그들이 그의 나라 모든 마술사와 주술사를 합친 것보다 열 배는 낫다는 것을 깨닫게 되었다.

21 다니엘은 고레스 왕 일년까지 계속 왕을 모시는 자리에 있었다.

느부갓네살 왕의 꿈

2 1-3 느부갓네살 왕은 왕위에 오른 지 이 년째 되는 해부터 꿈을 꾸기 시작했다. 그는 그 꿈에 몹시 시달렸다. 그는 잠을 이룰 수가 없어, 꿈을 해석하려고 바빌론의 모든 마술사, 주술사, 마법사, 점성가를 불러들였다. 그들이 와서 왕 앞에 서자, 그가 그들에게 말했다. "내가 꿈을 꾸었는데, 도무지 떨쳐 버릴 수가 없구나. 그 꿈이 무슨 뜻인지 알아야만 잠을 이룰 수 있겠다."

4 점성가들이 아람 말로 아뢰었다. "왕이시여, 만수무강하시기를 빕니다! 저희에게 그 꿈을 들려주시

afraid of what my master the king will do. He is the one who assigned this diet and if he sees that you are not as healthy as the rest, he'll have my head!"

11-13 But Daniel appealed to a steward who had been assigned by the head of the palace staff to be in charge of Daniel, Hananiah, Mishael, and Azariah: "Try us out for ten days on a simple diet of vegetables and water. Then compare us with the young men who eat from the royal menu. Make your decision on the basis of what you see."

14-16 The steward agreed to do it and fed them vegetables and water for ten days. At the end of the ten days they looked better and more robust than all the others who had been eating from the royal menu. So the steward continued to exempt them from the royal menu of food and drink and served them only vegetables.

17-19 God gave these four young men knowledge and skill in both books and life. In addition, Daniel was gifted in understanding all sorts of visions and dreams. At the end of the time set by the king for their training, the head of the royal staff brought them in to Nebuchadnezzar. When the king interviewed them, he found them far superior to all the other young men. None were a match for Daniel, Hananiah, Mishael, and Azariah.

19-20 And so they took their place in the king's service. Whenever the king consulted them on anything, on books or on life, he found them ten times better than all the magicians and enchanters in his kingdom put together.

21 Daniel continued in the king's service until the first year in the reign of King Cyrus.

King Nebuchadnezzar's Dream

2 1-3 In the second year of his reign, King Nebuchadnezzar started having dreams that disturbed him deeply. He couldn't sleep. He called in all the Babylonian magicians, enchanters, sorcerers, and fortunetellers to interpret his dreams for him. When they came and lined up before the king, he said to them, "I had a dream that I can't get out of my mind. I can't sleep until I know what it means."

4 The fortunetellers, speaking in the Aramaic

면 뜻을 해석해 드리겠습니다."

5-6 왕이 점성가들에게 대답했다. "내가 칙령을 내린다. 너희는 내게 그 꿈의 내용과 뜻을 모두 말해 주어야 한다. 그렇지 못할 경우, 너희를 능지처참하고 너희 집을 다 허물어 버리겠다. 너희가 내게 그 꿈의 내용과 뜻을 모두 말해 주면, 내가 너희에게 후한 상과 큰 영예를 내릴 것이다. 그러니 그 꿈의 내용이 무엇이고 그 뜻이 무엇인지 내게 말해 보아라."

7 그들이 대답했다. "아뢰옵기 황공하오나 그 꿈을 저희에게 말씀해 주소서. 그리하면 저희가 그 뜻을 해석해 드리겠습니다."

8-9 왕이 대답했다. "나는 너희 속셈이 무엇인지 안다. 너희는 그저 시간을 벌려는 수작이다. 너희는 지금 궁지에 몰려 있다는 것을 알고 있다. 내 꿈을 말해 주지 못하면 큰일이 난다는 것을 알고서 그러는 것이다. 너희 속이 어떤지 훤하다. 너희는 내 마음이 바뀌기를 기다리면서, 그럴듯한 이야기로 대충 얼버무리려는 것이다. 어림없다! 먼저 내게 그 꿈의 내용을 말하여라. 그러면 내가 너희 해몽이 허풍이 아니라 믿을 만한 것인 줄 알겠다."

10-11 점성가들이 말했다. "왕께서 요구하시는 대로 할 수 있는 사람은 이 세상 어디에도 없습니다. 일찍이 어떤 위대한 왕이나 군주도 마술사나 주술사나 점성가에게 이런 요구를 한 적이 없습니다. 왕께서 물으시는 것은 신이나 여신이 알려 주지 않는 한, 답을 알기는 불가능합니다. 그런데 신들은 우리 같은 인간들과 어울리려 하지 않습니다."

12-13 이 말에 왕이 폭발했다. 평정을 잃은 그는 바빌론의 현인들을 모조리 잡아 죽이라고 명령을 내렸다. 사형집행 영장이 발부되었고, 다니엘과 그의 동료들도 명단에 포함되었다. 그들도 처형 대상이 된 것이다.

14-15 왕궁 경비대장 아리옥이 처형집행 일정을 잡고 있는데, 다니엘이 기지를 발휘해 그를 은밀히 만나서 물었다. "아니, 느닷없이 이 무슨 일입니까?"

15-16 아리옥이 자초지종을 말해 주자, 다니엘은 왕에게 가서 시간을 조금만 주면 자신이 그 꿈을 해석해 드리겠다고 말했다.

17-18 그 후에 다니엘이 집으로 돌아가, 동료인 하나냐와 미사엘과 아사랴에게 사정을 알렸다. 그는 그들에게 하늘의 하나님이 자비를 베푸셔서 이 비밀을 풀 수 있게 해주시고, 그들 네 사람이 바빌론 현인들과 함께 죽지 않게 해주시도록 기도를 부탁

language, said, "Long live the king! Tell us the dream and we will interpret it."

5-6 The king answered the fortunetellers, "This is my decree: If you can't tell me both the dream itself and its interpretation, I'll have you ripped to pieces, limb from limb, and your homes torn down. But if you tell me both the dream and its interpretation, I'll lavish you with gifts and honors. So go to it: Tell me the dream and its interpretation."

7 They answered, "If it please your majesty, tell us the dream. We'll give the interpretation."

8-9 But the king said, "I know what you're up to—you're just playing for time. You know you're up a tree. You know that if you can't tell me my dream, you're doomed. I see right through you—you're going to cook up some fancy stories and confuse the issue until I change my mind. Nothing doing! First tell me the dream, then I'll know that you're on the up and up with the interpretation and not just blowing smoke in my eyes."

10-11 The fortunetellers said, "Nobody anywhere can do what you ask. And no king, great or small, has ever demanded anything like this from any magician, enchanter, or fortuneteller. What you're asking is impossible unless some god or goddess should reveal it—and they don't hang around with people like us."

12-13 That set the king off. He lost his temper and ordered the whole company of Babylonian wise men killed. When the death warrant was issued, Daniel and his companions were included. They also were marked for execution.

14-15 When Arioch, chief of the royal guards, was making arrangements for the execution, Daniel wisely took him aside and quietly asked what was going on: "Why this all of a sudden?"

15-16 After Arioch filled in the background, Daniel went to the king and asked for a little time so that he could interpret the dream.

17-18 Daniel then went home and told his companions Hananiah, Mishael, and Azariah what was going on. He asked them to pray to the God of heaven for mercy in solving this mystery so that the four of them wouldn't be killed along with the

했다.

꿈 해석: 다섯 왕국 이야기

19-23 그날 밤 환상 중에 다니엘이 그 비밀에 대한 답을 얻었다. 다니엘이 하늘의 하나님을 찬양하며 고백했다.

"하나님의 이름을
영원무궁토록 찬양하여라.
그분은 모든 것을 아시며, 그분이 모든 일을 행하신다.
계절이 바뀌게 하시고, 역사를 주관하신다.
왕들을 세우시고, 왕들을 폐하신다.
총명을 주시고, 통찰을 주신다.
심오한 것을 파헤치시고, 비밀을 드러내신다.
어둠을 꿰뚫어 보시고, 빛을 쏟아내신다!
내 조상의 하나님, 모든 감사와 찬양을 주께 올려드립니다!
주께서 지금까지 저를 지혜롭고 굳세게 해주셨습니다.
또 이제 우리가 청한 것을 보여주셨습니다.
왕이 물은 비밀을 풀어 주셨습니다."

24 다니엘은 사형집행을 맡은 아리옥에게 돌아가서 말했다. "사형집행을 중단하십시오! 나를 왕께 데려가 주시면, 내가 왕의 꿈을 해석해 드리겠습니다."
25 아리옥은 한시도 지체하지 않았다. 그는 다니엘을 데리고 왕에게 달려가서 말했다. "유다 포로 중에서 왕의 꿈을 해석할 사람을 찾았습니다!"
26 왕이 다니엘(바빌론 이름은 벨드사살)에게 물었다. "정말 내 꿈이 무엇이고 그 뜻이 무엇인지 말할 수 있겠느냐?"
27-28 다니엘이 왕에게 대답했다. "왕께서 물으신 비밀은 그 누구도—현인이나 주술사나 마술사나 점성가나 인간 그 누구도—밝혀낼 수 없는 것입니다. 그러나 하늘에는 그 어떤 비밀도 밝히시는 하나님이 계시고, 그분께서 이것을 밝혀 주셨습니다. 느부갓네살 왕께 장차 일어날 일들을 미리 알려 주시려는 것입니다. 왕께서 침상에 누워 계실 때 꾸셨던 꿈, 왕의 머릿속을 꽉 채웠던 환상은 이것입니다.
29-30 왕이시여, 왕께서 침상에 누워 계실 때에 장래에 대한 여러 생각이 왕께 몰려들었습니다. 비밀들을 계시해 주시는 분께서 앞으로 일어날

whole company of Babylonian wise men.

Dream Interpretation: A Story of Five Kingdoms

19-23 That night the answer to the mystery was given to Daniel in a vision. Daniel blessed the God of heaven, saying,

"Blessed be the name of God,
forever and ever.
He knows all, does all:
He changes the seasons and guides history,
He raises up kings and also brings them down,
he provides both intelligence and discernment,
He opens up the depths, tells secrets,
sees in the dark—light spills out of him!
God of all my ancestors, all thanks! all praise!
You made me wise and strong.
And now you've shown us what we asked for.
You've solved the king's mystery."

24 So Daniel went back to Arioch, who had been put in charge of the execution. He said, "Call off the execution! Take me to the king and I'll interpret his dream."
25 Arioch didn't lose a minute. He ran to the king, bringing Daniel with him, and said, "I've found a man from the exiles of Judah who can interpret the king's dream!"
26 The king asked Daniel (renamed in Babylonian, Belteshazzar), "Are you sure you can do this—tell me the dream I had and interpret it for me?"
27-28 Daniel answered the king, "No mere human can solve the king's mystery, I don't care who it is—no wise man, enchanter, magician, diviner. But there is a God in heaven who solves mysteries, and he has solved this one. He is letting King Nebuchadnezzar in on what is going to happen in the days ahead. This is the dream you had when you were lying on your bed, the vision that filled your mind:
29-30 "While you were stretched out on your bed, O king, thoughts came to you regarding what is coming in the days ahead. The Revealer of Mysteries showed you what will happen. But the interpretation is given through me, not because I'm any smarter than anyone else in the country, but so that you will know what it means, so that you will

일들을 왕께 보여주신 것입니다. 그러나 그 뜻이 무엇인지는 제게 드러내 보여주셨습니다. 이것은 제가 이 나라에서 가장 총명해서가 아니라, 그 뜻을 알려 드려 왕께서 그 꿈을 이해하실 수 있게 하시려는 것입니다.

31-36 왕이시여, 왕께서는 거대한 신상이 왕 앞에 서 있는 것을 보셨습니다. 그것은 어마어마하고 무시무시한 모습이었습니다. 신상의 머리는 순금이고, 가슴과 팔은 은이며, 배와 둔부는 청동이고, 다리는 쇠이며, 발은 쇠와 도기가 섞인 혼합물이었습니다. 왕께서 그 신상을 보고 계시는 동안, 보이지 않는 손이 떠낸 돌 하나가 날아들어서 그 신상을 치고 쇠와 도기로 된 발을 부서뜨렸습니다. 그러자 그 신상 전체가 산산조각 났습니다. 쇠도 타일도 청동도 은도 금도, 모두 박살났습니다. 무더운 여름날 공터에서 이리저리 뒹굴다 사라지는 휴지조각같이 되고 말았습니다. 그러나 그 신상을 친 돌은 거대한 산이 되어 땅 위에 우뚝 섰습니다. 이것이 왕께서 꾸신 꿈입니다.

36-40 이제 저희가 왕을 위해 그 꿈의 뜻을 해석해 드리겠습니다. 왕이시여, 왕께서는 지상에서 가장 강력한 군주이십니다. 하늘의 하나님께서 왕께 통치권과 권세와 힘과 영광을 주셨습니다. 그분이 온 세상 사람과 짐승과 새를 모두 왕의 손에 맡기셨습니다. 왕께서 바로 우두머리이시며, 금으로 된 머리이십니다. 하지만 후에 왕의 나라보다 못한 나라가 일어나서 왕의 통치를 넘겨받을 것입니다. 그 다음에 일어날 세 번째 나라는 청동 나라인데, 그 나라가 천하를 지배할 것입니다. 그 후 네 번째로 쇠같이 강한 나라가 일어날 것인데, 쇠가 모든 것을 부수고 박살내어 가루로 만들어 버리듯이, 그 나라가 앞선 나라들을 모조리 쳐부술 것입니다.

41-43 그러나 쇠로 된 다리가 발과 발가락에 이르러서는 도기와 쇠가 섞인 혼합물이 되고 말듯이, 그 나라는 결국 쇠가 일부 섞인 잡종 나라로 쇠락하고 말 것입니다. 그 발의 발가락이 일부는 도기고 일부는 쇠이듯이, 그 나라는 깨지지 않는 부분과 쉽게 깨지는 부분이 한데 뒤섞여 있는데, 쇠와 점토가 서로 결합하지 못하는 것처럼 그 나라도 하나로 결속되지 못할 것입니다.

44-45 이 나라들이 나타나고 사라지는 동안 하늘의 하나님께서는 한 나라를 세워 가실 것인데, 그 나라는 결코 무너지지 않을 나라요 어떤 나라의 지배도 받지 않을 나라입니다. 그 나라는 마침내

understand what you dreamed.

31-36 "What you saw, O king, was a huge statue standing before you, striking in appearance. And terrifying. The head of the statue was pure gold, the chest and arms were silver, the belly and hips were bronze, the legs were iron, and the feet were an iron-ceramic mixture. While you were looking at this statue, a stone cut out of a mountain by an invisible hand hit the statue, smashing its iron-ceramic feet. Then the whole thing fell to pieces—iron, tile, bronze, silver, and gold, smashed to bits. It was like scraps of old newspapers in a vacant lot in a hot dry summer, blown every which way by the wind, scattered to oblivion. But the stone that hit the statue became a huge mountain, dominating the horizon. This was your dream.

36-40 "And now we'll interpret it for the king. You, O king, are the most powerful king on earth. The God of heaven has given you the works: rule, power, strength, and glory. He has put you in charge of men and women, wild animals and birds, all over the world—you're the head ruler, you are the head of gold. But your rule will be taken over by another kingdom, inferior to yours, and that one by a third, a bronze kingdom, but still ruling the whole land, and after that by a fourth kingdom, ironlike in strength. Just as iron smashes things to bits, breaking and pulverizing, it will bust up the previous kingdoms.

41-43 "But then the feet and toes that ended up as a mixture of ceramic and iron will deteriorate into a mongrel kingdom with some remains of iron in it. Just as the toes of the feet were part ceramic and part iron, it will end up a mixed bag of the breakable and unbreakable. That kingdom won't bond, won't hold together any more than iron and clay hold together.

44-45 "But throughout the history of these kingdoms, the God of heaven will be building a kingdom that will never be destroyed, nor will this kingdom ever fall under the domination of another. In the end it will crush the other kingdoms and finish them off and come through it all standing strong and eternal. It will be like the stone cut from the mountain by the invisible hand that

다른 나라와 충돌해 그 나라들을 모조리 쳐부수고 영원히 우뚝 설 것입니다. 그 나라는 보이지 않는 손이 산에서 떠낸 돌, 쇠와 청동과 도기와 은과 금을 다 쳐부순 그 돌과 같을 것입니다.
위대하신 하나님께서 왕께 장차 일어날 일들을 알려 주신 것입니다. 그것은 분명 이런 꿈이고, 이런 뜻입니다."
46-47 다니엘이 말을 마치자, 느부갓네살 왕이 경외감에 사로잡혀 다니엘 앞에 엎드렸다. 그는 다니엘을 높이는 희생 제물을 바치고 향을 피울 것을 명령했다. 그가 다니엘에게 말했다. "그대의 하나님은 참으로 모든 신을 뛰어넘는 신이시요, 모든 왕 위에 군림하는 군주이시다. 그대가 이 비밀을 밝힌 것을 보니, 그분은 그 어떤 비밀도 밝혀내시는 분임이 틀림없다."
48-49 왕은 다니엘을 나라의 높은 자리에 앉히고 큰 상을 내렸으며, 그를 바빌론 전 지역을 관할하는 통치자와 바빌론의 모든 현인을 거느리는 우두머리로 삼았다. 다니엘의 요청에 따라 왕은 사드락과 메삭과 아벳느고를 바빌론 전역에 관리로 내보냈고, 다니엘은 왕실 본부를 관할했다.

세 젊은이가 화덕에서 살아 나오다

3 1-3 느부갓네살 왕이 높이 27미터, 두께 2.7미터나 되는 금 신상을 만들어 바빌론 지방 두라 평야에 세웠다. 그러고는 그 지방 모든 주요 인사들—어느 정도 지위가 있는 모든 사람—에게 신상 봉헌식에 참석하라고 명령을 내렸다. 주요 인사들이 모두 봉헌식에 와서 느부갓네살이 세운 신상 앞에 자리를 잡았다.
4-6 그때 전령이 큰소리로 외쳤다. "모두 주목하시오! 종족과 피부색과 신념에 상관없이 모두들 들으시오! 악단이 연주를 시작하여 트럼펫과 트롬본, 튜바와 바리톤, 드럼과 심벌즈 소리가 들리면, 모두들 무릎을 꿇고 느부갓네살 왕께서 세우신 이 금 신상 앞에 절을 하시오. 무릎 꿇고 절하지 않는 자는, 누구든지 불이 활활 타오르는 화덕 속에 즉시 던져질 것이오."
7 바빌론의 악기들이 총망라된 큰 악단이 연주를 시작하자, 모든 사람이—종족과 피부색과 신념에 상관없이— 무릎 꿇고 느부갓네살 왕이 세운 금 신상 앞에 절했다.
8-12 그때, 바빌론의 점성가 몇 사람이 나서서 유다 사람들을 고발했다. 그들이 느부갓네살 왕에게 말했다. "왕이시여, 만수무강하시기를 빕니다! 왕

crushed the iron, the bronze, the ceramic, the silver, and the gold.
"The great God has let the king know what will happen in the years to come. This is an accurate telling of the dream, and the interpretation is also accurate."
46-47 When Daniel finished, King Nebuchadnezzar fell on his face in awe before Daniel. He ordered the offering of sacrifices and burning of incense in Daniel's honor. He said to Daniel, "Your God is beyond question the God of all gods, the Master of all kings. And he solves all mysteries, I know, because you've solved this mystery."
48-49 Then the king promoted Daniel to a high position in the kingdom, lavished him with gifts, and made him governor over the entire province of Babylon and the chief in charge of all the Babylonian wise men. At Daniel's request the king appointed Shadrach, Meshach, and Abednego to administrative posts throughout Babylon, while Daniel governed from the royal headquarters.

Four Men in the Furnace

3 1-3 King Nebuchadnezzar built a gold statue, ninety feet high and nine feet thick. He set it up on the Dura plain in the province of Babylon. He then ordered all the important leaders in the province, everybody who was anybody, to the dedication ceremony of the statue. They all came for the dedication, all the important people, and took their places before the statue that Nebuchadnezzar had erected.
4-6 A herald then proclaimed in a loud voice: "Attention, everyone! Every race, color, and creed, listen! When you hear the band strike up—all the trumpets and trombones, the tubas and baritones, the drums and cymbals—fall to your knees and worship the gold statue that King Nebuchadnezzar has set up. Anyone who does not kneel and worship shall be thrown immediately into a roaring furnace."
7 The band started to play, a huge band equipped with all the musical instruments of Babylon, and everyone—every race, color, and creed—fell to their knees and worshiped the gold statue that

이시여, 왕께서 엄히 명하시기를, 큰 악단이 연주를 시작하면 모두 무릎 꿇고 금 신상 앞에 절해야 하며, 무릎 꿇고 절하지 않는 자는 누구든지 불이 활활 타오르는 화덕 속에 던져질 것이라 하셨습니다. 그런데 여기 어떤 유다 사람들이 있습니다. 그들은 바로 왕께서 바빌론 지방의 높은 관직에 앉히신 사드락과 메삭과 아벳느고입니다. 왕이시여, 그들이 왕을 업신여겨, 왕의 신들에게 경의를 표하지 않고 왕께서 세우신 금 신상에 절하지도 않습니다."

13-15 격분한 느부갓네살 왕은 사드락과 메삭과 아벳느고를 데려오라고 명령했다. 그들이 당도하자, 느부갓네살이 물었다. "사드락과 메삭과 아벳느고야, 너희가 나의 신들에게 경의를 표하지 않고, 내가 세운 금 신상에도 절하기를 거부한다는 것이 사실이냐? 내가 너희에게 한 번 더 기회를 주겠다. 지금부터라도 큰 악단이 연주하는 소리가 들리면 무릎을 꿇고 내가 세운 신상에 절하여라. 만일 절하지 않으면, 너희의 갈 길은 오직 하나다. 너희는 불이 활활 타오르는 화덕 속에 던져질 것이다. 어느 신이 너희를 내 손아귀에서 구해 낼 수 있겠느냐?"

16-18 사드락과 메삭과 아벳느고가 느부갓네살 왕에게 대답했다. "왕께서 그렇게 말씀하셔도, 저희는 달라질 것이 없습니다. 왕께서 저희를 불 속에 던지신다고 해도, 저희가 섬기는 하나님은 왕의 불타는 화덕에서, 아니 그보다 더한 불구덩이에서도 능히 저희를 구하실 수 있습니다. 그분이 그렇게 하지 않으신다고 해도, 왕이시여, 저희에게 달라질 것은 아무것도 없습니다. 저희는 왕의 신들을 섬기지 않을 것이며, 왕께서 세우신 금 신상에 절하지도 않을 것입니다."

19-23 느부갓네살은 노하여 얼굴이 일그러지면서 사드락과 메삭과 아벳느고의 말을 도중에 끊었다. 그가 명령을 내려, 평소 때보다 일곱 배나 더 뜨겁게 화덕의 불을 지피게 했다. 그러고는 군사 중 몇몇 힘센 장정에게, 그들의 손발을 묶고 활활 타오르는 화덕 속에 던져 넣으라고 명령했다. 사드락과 메삭과 아벳느고는 관복을 입은 그대로 손과 발이 묶인 채, 활활 타오르는 화덕 속에 던져졌다. 왕이 너무나 급하게 재촉한 데다 화덕이 너무 뜨거워서, 사드락과 메삭과 아벳느고를 화덕에 던져 넣던 자들도 거기서 나오는 화염 때문에 목숨을 잃고 말

King Nebuchadnezzar had set up.

8-12 Just then, some Babylonian fortunetellers stepped up and accused the Jews. They said to King Nebuchadnezzar, "Long live the king! You gave strict orders, O king, that when the big band started playing, everyone had to fall to their knees and worship the gold statue, and whoever did not go to their knees and worship it had to be pitched into a roaring furnace. Well, there are some Jews here—Shadrach, Meshach, and Abednego—whom you have placed in high positions in the province of Babylon. These men are ignoring you, O king. They don't respect your gods and they won't worship the gold statue you set up."

13-15 Furious, King Nebuchadnezzar ordered Shadrach, Meshach, and Abednego to be brought in. When the men were brought in, Nebuchadnezzar asked, "Is it true, Shadrach, Meshach, and Abednego, that you don't respect my gods and refuse to worship the gold statue that I have set up? I'm giving you a second chance—but from now on, when the big band strikes up you must go to your knees and worship the statue I have made. If you don't worship it, you will be pitched into a roaring furnace, no questions asked. Who is the god who can rescue you from my power?"

16-18 Shadrach, Meshach, and Abednego answered King Nebuchadnezzar, "Your threat means nothing to us. If you throw us in the fire, the God we serve can rescue us from your roaring furnace and anything else you might cook up, O king. But even if he doesn't, it wouldn't make a bit of difference, O king. We still wouldn't serve your gods or worship the gold statue you set up."

19-23 Nebuchadnezzar, his face purple with anger, cut off Shadrach, Meshach, and Abednego. He ordered the furnace fired up seven times hotter than usual. He ordered some strong men from the army to tie them up, hands and feet, and throw them into the roaring furnace. Shadrach, Meshach, and Abednego, bound hand and foot, fully dressed from head to toe, were pitched into the roaring fire. Because the king was in such a hurry and the furnace was so hot, flames from the furnace killed the men who carried Shadrach, Meshach, and Abednego to it, while the fire raged around Shadrach, Meshach, and

았다. 순식간에 맹렬한 불이 사드락과 메삭과
아벳느고를 휩쌌다.
24 그때, 느부갓네살 왕이 소스라치게 놀라며 자
리에서 벌떡 일어나 말했다. "우리가 손발을 묶
어 불 속에 던져 넣은 사람은 셋이 아니더냐?"
"그러합니다, 왕이시여." 그들이 말했다.
25 왕이 말을 이었다. "그런데 보아라! 내 눈에는
지금 네 사람이 보인다. 그리고 그들은 아무 해도
입지 않고 불 속을 자유자재로 걸어 다니고 있다!
저 네 번째 사람은 꼭 신의 아들 모습 같구나!"
26 느부갓네살은 불이 활활 타오르는 화덕 어귀
가까이 가서 그들을 불렀다. "높으신 하나님의 종,
사드락과 메삭과 아벳느고야, 이리 나오너라!"
그러자 사드락과 메삭과 아벳느고가 불 가운데
서 걸어 나왔다.
27 모든 주요 인사와 각료, 왕의 자문관들이 몰
려가 그들을 자세히 살펴보니, 그 세 사람은 아
예 불에 닿지도 않은 것 같았다. 머리털 하나 그
슬리지 않았고, 옷에도 자국이 전혀 없었으며,
불에 탄 냄새조차 나지 않았다!
28 느부갓네살이 말했다. "사드락과 메삭과 아벳
느고의 하나님을 찬양하여라! 그가 천사를 보내
어 자기를 신뢰한 종들을 구하셨다! 이들은 왕
명을 어기고 목숨을 내놓으면서까지, 다른 신을
섬기고 경배하기를 거부했다.
29 그러니 내가 칙령을 내린다. 이제부터 사드락
과 메삭과 아벳느고의 하나님에 대해 감히 함부
로 말하는 자는, 종족과 피부색과 신념에 상관
없이, 어느 곳의 누구든지 사지를 찢고 그 집을
허물어 버릴 것이다. 일찍이 그 어떤 신도 사람
을 이렇게 구해 낸 적이 없었다."
30 왕은 사드락과 메삭과 아벳느고를 바빌론 지
방에서 더 높은 직위에 앉혔다.

느부갓네살 왕의 두 번째 꿈

4 1-2 느부갓네살 왕은 종족과 피부색과 신
념이 다른 천하 만민에게 조서를 내렸
다. "모두에게 평화와 번영이 있기를 바란다! 나
는 높으신 하나님이 내게 베푸신 은혜로운 기적
을 영광으로 생각하여, 이를 백성에게 알리고자
한다.

3 그분의 기적은 실로 엄청나고,
그분의 이적은 놀랍기 그지없다.
그분의 나라는 영원하고,

Abednego.
24 Suddenly King Nebuchadnezzar jumped up in
alarm and said, "Didn't we throw three men, bound
hand and foot, into the fire?"
"That's right, O king," they said.
25 "But look!" he said. "I see four men, walking
around freely in the fire, completely unharmed!
And the fourth man looks like a son of the gods!"
26 Nebuchadnezzar went to the door of the roaring
furnace and called in, "Shadrach, Meshach, and
Abednego, servants of the High God, come out here!"
Shadrach, Meshach, and Abednego walked out of
the fire.
27 All the important people, the government leaders
and king's counselors, gathered around to examine
them and discovered that the fire hadn't so much
as touched the three men—not a hair singed, not a
scorch mark on their clothes, not even the smell of
fire on them!
28 Nebuchadnezzar said, "Blessed be the God of
Shadrach, Meshach, and Abednego! He sent his
angel and rescued his servants who trusted in him!
They ignored the king's orders and laid their bodies
on the line rather than serve or worship any god
but their own.
29 "Therefore I issue this decree: Anyone anywhere,
of any race, color, or creed, who says anything
against the God of Shadrach, Meshach, and
Abednego will be ripped to pieces, limb from limb,
and their houses torn down. There has never been
a god who can pull off a rescue like this."
30 Then the king promoted Shadrach, Meshach,
and Abednego in the province of Babylon.

A Dream of a Chopped-Down Tree

4 1-2 King Nebuchadnezzar to everyone, every-
where—every race, color, and creed: "Peace
and prosperity to all! It is my privilege to report to
you the gracious miracles that the High God has
done for me.

3 "His miracles are staggering,
his wonders are surprising.
His kingdom lasts and lasts,
his sovereign rule goes on forever.

그분의 통치는 대대로 이어진다.

4-7 나 느부갓네살은 왕궁에서 아무 걱정 없이 지내고 있었다. 그런데 어느 날 침상에 드러누워 있다가 무시무시한 꿈을 꾸게 되었다. 소름 끼치는 악몽이었다. 그 꿈의 뜻을 알기 위해 나는 바빌론의 현인들을 모두 데려오게 했다. 그들—마술사, 주술사, 점성가, 무당—이 다 모이자, 나는 내가 꾼 꿈을 들려주었다. 그러나 내게 그 꿈의 뜻을 설명할 수 있는 자가 아무도 없었다.

8 그 후에 다니엘이 나타났는데, 내 신의 이름을 따라 바빌론 이름으로 벨드사살이라고 하는 그는, 거룩한 신의 영으로 충만한 사람이었다. 나는 내가 꾼 꿈을 그에게 이야기해 주었다.

9 내가 말했다. '마술사들의 우두머리인 벨드사살아, 나는 네가 거룩한 신의 영으로 충만한 사람이라는 것을 알며, 네가 풀지 못할 비밀은 없다는 것도 알고 있다. 내가 꾼 꿈을 잘 듣고 그 뜻을 해석해 보아라.

10-12 침상에 드러누워 있다가 내가 보게 된 것은 이러하다. 세상의 중심에 커다란 나무 한 그루가 높이 솟아 있었다. 그 나무는 내 앞에서 거대하고 튼튼한 나무로 자라났다. 나무 꼭대기가 하늘에 닿아, 땅끝 네 귀퉁이에서도 보일 정도였다. 잎사귀는 아름답고 열매는 풍성했다. 모든 사람이 먹고도 남을 만했다! 들짐승들이 그 그늘 밑에서 쉬고 새들도 그 가지에 둥지를 틀었으며, 모든 생명체가 그 나무에서 양식과 보금자리를 얻었다.

13-15 침상에 드러누워 있을 때 나는 이런 것도 보았다. 한 거룩한 파수꾼이 하늘에서 내려와 이렇게 외쳤다.

저 나무를 찍어 쓰러뜨리고, 가지들을 잘라 내라.
잎을 떨어 버리고, 열매를 흩어 버려라.
그 그늘 밑에 사는 짐승들을 몰아내고,
그 가지에 깃든 새들을 소리쳐서 쫓아내라.
그러나 그 그루터기와 뿌리는
쇠사슬과 청동사슬로 동여 무성한 풀밭 땅속에 남겨 두어라.

15-16 그가 하늘에서 내리는 이슬을 맞고
풀 뜯는 들짐승들과 섞여 살게 하여라.
그가 제정신을 잃고
대신 짐승의 마음을 얻어,
일곱 시절을
계속 그렇게 지내게 하여라.

4-7 "I, Nebuchadnezzar, was at home taking it easy in my palace, without a care in the world. But as I was stretched out on my bed I had a dream that scared me—a nightmare that shook me. I sent for all the wise men of Babylon so that they could interpret the dream for me. When they were all assembled—magicians, enchanters, fortunetellers, witches—I told them the dream. None could tell me what it meant.

8 "And then Daniel came in. His Babylonian name is Belteshazzar, named after my god, a man full of the divine Holy Spirit. I told him my dream.

9 "'Belteshazzar,' I said, 'chief of the magicians, I know that you are a man full of the divine Holy Spirit and that there is no mystery that you can't solve. Listen to this dream that I had and interpret it for me.

10-12 "'This is what I saw as I was stretched out on my bed. I saw a big towering tree at the center of the world. As I watched, the tree grew huge and strong. Its top reached the sky and it could be seen from the four corners of the earth. Its leaves were beautiful, its fruit abundant—enough food for everyone! Wild animals found shelter under it, birds nested in its branches, everything living was fed and sheltered by it.

13-15 "'And this also is what I saw as I was stretched out on my bed. I saw a holy watchman descend from heaven, and call out:

Chop down the tree, lop off its branches,
strip its leaves and scatter its fruit.
Chase the animals from beneath it
and shoo the birds from its branches.
But leave the stump and roots in the ground,
belted with a strap of iron and bronze in the grassy meadow.

15-16 Let him be soaked in heaven's dew
and take his meals with the animals that graze.
Let him lose his mind

[17] 천사들이 이 칙령을 전하고
거룩한 파수꾼이 이 판결을 알리는 것은,
높으신 하나님께서 인간 나라들을 다스리고
계심을
살아 있는 모든 자가 알게 하려는 것이다.
그분께서 모든 나라의 일을 뜻하신 대로 주
관하시고,
패배자를 일으켜 영도자로 세우신다.

[18] 이것이 나 느부갓네살 왕이 꾼 꿈이다. 벨드사살아, 이제 네 차례다. 내게 그 뜻을 설명해 보아라. 바빌론의 현인들은 누구도 갈피를 잡지 못했지만, 너라면 분명히 할 수 있을 것이다. 너는 거룩한 신의 영으로 충만한 사람이다.'"

다니엘의 꿈 해석

[19] 바빌론 이름으로 벨드사살이라고 하는 다니엘은 처음에 몹시 당황했다. 몰려드는 여러 가지 생각에 간담이 서늘해졌다.

왕이 말했다. "벨드사살아, 진정하여라. 그 꿈이 무슨 뜻이든지 겁내지 말고 말하여라."

벨드사살이 말했다. "저의 주인이시여, 이 꿈이 왕의 원수들에 대한 것이고, 그 뜻이 왕의 원수들에게 해당하는 것이라면 얼마나 좋겠습니까.

[20-22] 왕께서 보신 나무, 곧 그 꼭대기가 하늘에 닿고 세상의 네 귀퉁이에서 보일 정도로 거대하고 튼튼하게 자란 나무, 잎이 무성하고 모두가 먹고 남을 만큼 열매가 풍성한 나무, 들짐승들이 깃들고 새들이 둥지를 트는 그 나무는, 바로 왕이십니다.

왕께서는 크고 강대해지셨습니다. 왕의 위엄은 하늘에 닿았고, 왕의 주권적 통치는 세상 끝까지 이르렀습니다.

[23-25] 그런데 하늘에서 거룩한 천사가 내려와서, '저 나무를 찍어 쓰러뜨리고 없애 버려라. 그루터기와 뿌리는 쇠사슬과 청동사슬로 동여 무성한 풀밭 땅속에 남겨 두어라. 그가 하늘에서 내리는 이슬을 맞으며 풀 뜯는 들짐승들과 섞여 일곱 시절을 지내게 하여라' 하고 명령했습니다. 왕이시여, 그것은 왕을 가리킨 명령입니다. 높으신 하나님께서 저의 주인이신 왕께 형벌을 선고하셨다는 뜻입니다. 왕께서는 인간사회에서 쫓겨나 들짐승들과 섞여 살면서, 소처럼 풀을 뜯고 하늘에서 내리는 이슬을 맞으며 살게

and get an animal's mind in exchange,
And let this go on
for seven seasons.

[17] The angels announce this decree,
the holy watchmen bring this sentence,
So that everyone living will know
that the High God rules human kingdoms.
He arranges kingdom affairs however he wishes,
and makes leaders out of losers.

[18] "'This is what I, King Nebuchadnezzar, dreamed. It's your turn, Belteshazzar–interpret it for me. None of the wise men of Babylon could make heads or tails of it, but I'm sure you can do it. You're full of the divine Holy Spirit.'"

"You Will Graze on the Grass Like an Ox"

[19] At first Daniel, who had been renamed Belteshazzar in Babylon, was upset. The thoughts that came swarming into his mind terrified him.

"Belteshazzar," the king said, "stay calm. Don't let the dream and its interpretation scare you."

"My master," said Belteshazzar, "I wish this dream were about your enemies and its interpretation for your foes.

[20-22] "The tree you saw that grew so large and sturdy with its top touching the sky, visible from the four corners of the world; the tree with the luxuriant foliage and abundant fruit, enough for everyone; the tree under which animals took cover and in which birds built nests–you, O king, are that tree.

"You have grown great and strong. Your royal majesty reaches sky-high, and your sovereign rule stretches to the four corners of the world.

[23-25] "But the part about the holy angel descending from heaven and proclaiming, 'Chop down the tree, destroy it, but leave stump and roots in the ground belted with a strap of iron and bronze in the grassy meadow; let him be soaked with heaven's dew and take his meals with the grazing animals for seven seasons'–this, O king, also refers to you. It means that the High God has sentenced my master the king: You will be driven away from human company

되실 것입니다. 그렇게 계속해서 일곱 시절을 지내시면서, 왕께서는 마침내 높으신 하나님께서 인간 나라들을 다스리시고, 그분께서 모든 나라의 일을 주관하신다는 사실을 깨닫게 되실 것입니다.
26 나무 그루터기와 뿌리를 남겨 두라는 명령은, 하나님께서 세상의 모든 일을 주관하시는 분이라는 사실을 왕께서 깨달으신 후에야, 왕의 나라가 왕께 되돌아갈 것임을 뜻합니다.
27 그러니 왕이시여, 저의 조언을 받아 주십시오. 왕의 죄를 끊으시고, 이제부터 다른 사람들을 위해 살아가십시오. 악한 삶에서 돌이켜, 억눌리고 짓밟히는 자들을 보살펴 주십시오. 그리하면 왕께서는 복된 삶을 이어 가실 것입니다."

느부갓네살 왕이 하나님을 찬양하다

28-30 이 모든 일이 느부갓네살 왕에게 그대로 일어났다. 열두 달 후에, 왕이 바빌론 왕궁의 옥상을 거닐다가 이렇게 으스댔다. "보아라! 내가 세운 이 위대한 바빌론을! 내 영예와 영광에 어울리는 이 왕궁을!"
31-32 이 말이 그의 입 밖으로 나오자마자 하늘에서 음성이 들려왔다. "느부갓네살 왕아, 네게 내리는 판결이다. 너는 네 나라를 빼앗길 것이다. 너는 인간사회에서 쫓겨나 들짐승들과 섞여 살면서 소처럼 풀을 뜯어 먹게 될 것이다. 너는 일곱 시절 동안 이 형벌을 지고 살면서, 높으신 하나님께서 인간 나라들을 다스리시며, 그분께서 택하신 자에게 나라를 주어 맡기신다는 사실을 깨닫게 될 것이다."
33 그 말이 즉시 이루어졌다. 느부갓네살은 인간사회에서 쫓겨나 소처럼 풀을 뜯어 먹고, 하늘에서 내리는 이슬을 맞으며 살았다. 머리카락은 독수리의 깃털처럼 자랐고, 손톱은 매의 발톱처럼 자랐다.

34-35 "칠 년이 찼을 때, 나 느부갓네살은 하늘을 올려다보았다. 나는 제정신을 되찾았고, 높으신 하나님을 찬양하고 영원하신 분께 감사하며 영광을 돌렸다.

그분의 주권적 통치는 영원하고,
그분의 나라는 결코 쇠하지 않는다.
이 지상의 것들은 아무것도 아니며,

and live with the wild animals. You will graze on grass like an ox. You will be soaked in heaven's dew. This will go on for seven seasons, and you will learn that the High God rules over human kingdoms and that he arranges all kingdom affairs.
26 "The part about the tree stump and roots being left means that your kingdom will still be there for you after you learn that it is heaven that runs things.
27 "So, king, take my advice: Make a clean break with your sins and start living for others. Quit your wicked life and look after the needs of the down-and-out. Then *you* will continue to have a good life."

The Loss and Regaining of a Mind and a Kingdom

28-30 All this happened to King Nebuchadnezzar. Just twelve months later, he was walking on the balcony of the royal palace in Babylon and boasted, "Look at this, Babylon the great! And I built it all by myself, a royal palace adequate to display my honor and glory!"
31-32 The words were no sooner out of his mouth than a voice out of heaven spoke, "This is the verdict on you, King Nebuchadnezzar: Your kingdom is taken from you. You will be driven out of human company and live with the wild animals. You will eat grass like an ox. The sentence is for seven seasons, enough time to learn that the High God rules human kingdoms and puts whomever he wishes in charge."
33 It happened at once. Nebuchadnezzar was driven out of human company, ate grass like an ox, and was soaked in heaven's dew. His hair grew like the feathers of an eagle and his nails like the claws of a hawk.

34-35 "At the end of the seven years, I, Nebuchadnezzar, looked to heaven. I was given my mind back and I blessed the High God, thanking and glorifying God, who lives forever:

"His sovereign rule lasts and lasts,
his kingdom never declines and falls.
Life on this earth doesn't add up to much,
but God's heavenly army keeps everything going.

하나님의 천상의 군대가 모든 것을 지탱한다.
그분이 하시는 일 아무도 막을 자 없으며,
그분의 통치에 이의를 제기할 자 아무도 없다.

36-37 내가 제정신을 되찾자 위엄과 영화가 회복되었고, 내 나라를 다시 빛내게 되었으며, 유력자들이 다시 나를 찾아왔다. 내 나라의 왕으로 다시 세워지면서, 나는 이전보다 더 강해졌다. 그래서 내가 이렇게 노래한다. 나 느부갓네살이 하늘의 왕께 찬양을 드린다.

그분이 하시는 일은 모두 참되고,
그 일을 다 바르게 행하신다.
그분은 교만한 자를
겸손하게 만드는 법을 아신다."

벨사살 왕의 운명

5 1-4 벨사살 왕이 천 명의 귀족을 불러 큰 잔치를 베풀었다. 흥청망청 마셔 대는 술잔치였다. 잔뜩 취한 벨사살은, 아버지 느부갓네살이 예루살렘에 있는 하나님의 성전에서 탈취해 온 금잔과 은잔을 가져오라고 명령했다. 그 잔에다 술을 부어 귀족들과 왕비와 후궁들과 함께 마시려는 것이었다. 금잔과 은잔을 가져오자, 왕은 귀족들과 왕비와 후궁들과 함께 거기에 술을 담아 마셨다. 그들은 잔뜩 취해서, 금과 은, 청동과 쇠, 나무와 돌 등으로 만든 그들의 여러 신들을 찬양했다.
5-7 바로 그때, 갑자기 사람의 손가락이 나타나더니, 불빛이 비치는 왕궁의 흰 석회벽 위에 글을 쓰기 시작했다. 몸도 없이 손가락만 나타나 글을 쓰는 광경을 본 왕은 그 얼굴빛이 창백해지더니, 겁에 질려 제정신이 아니었다. 다리에 힘이 빠지는 듯 그는 무릎을 후들후들 떨었다. 그는 주술사와 점성가와 점쟁이들을 다 불러오라고 소리 질렀다. 바빌론의 점성가들이 모이자 왕이 말했다. "누구든지 벽에 쓰인 저 글을 읽고 내게 그 뜻을 말하는 자는 영예와 부—자주색 옷과 금목걸이—를 얻을 것이며, 내가 그를 이 나라에서 셋째 가는 통치자로 삼을 것이다."
8-9 한 사람씩 차례대로 시도해 보았으나, 그들은 도무지 그 뜻을 알 수 없었다. 벽에 쓰인 글을 읽지도 못했고, 왕에게 뜻을 해석해 주지도 못했다. 왕의 두려움은 점점 더 커졌고, 급기

No one can interrupt his work,
no one can call his rule into question.

36-37 "At the same time that I was given back my mind, I was also given back my majesty and splendor, making my kingdom shine. All the leaders and important people came looking for me. I was reestablished as king in my kingdom and became greater than ever. And that's why I'm singing—I, Nebuchadnezzar—singing and praising the King of Heaven:

"Everything he does is right,
and he does it the right way.
He knows how to turn a proud person
into a humble man or woman."

The Writing of a Disembodied Hand

5 1-4 King Belshazzar held a great feast for his one thousand nobles. The wine flowed freely. Belshazzar, heady with the wine, ordered that the gold and silver chalices his father Nebuchadnezzar had stolen from God's Temple of Jerusalem be brought in so that he and his nobles, his wives and concubines, could drink from them. When the gold and silver chalices were brought in, the king and his nobles, his wives and his concubines, drank wine from them. They drank the wine and drunkenly praised their gods made of gold and silver, bronze and iron, wood and stone.
5-7 At that very moment, the fingers of a human hand appeared and began writing on the lamp-illumined, whitewashed wall of the palace. When the king saw the disembodied hand writing away, he went white as a ghost, scared out of his wits. His legs went limp and his knees knocked. He yelled out for the enchanters, the fortunetellers, and the diviners to come. He told these Babylonian magi, "Anyone who can read this writing on the wall and tell me what it means will be famous and rich—purple robe, the great gold chain—and be third-in-command in the kingdom."
8-9 One after the other they tried, but could make no sense of it. They could neither read what was written nor interpret it to the king. So now the king was really frightened. All the blood drained from his face. The nobles were in a panic.

야는 얼굴에서 핏기가 완전히 가셨다. 귀족들
도 안절부절못했다.
10-12 왕과 귀족들의 비명을 듣고 왕비가 연회
장으로 왔다. 그녀가 말했다. "왕이시여, 만수
무강하시기를 빕니다. 너무 당황하지 마시고
진정하소서. 왕의 나라에 거룩한 신의 영으로
충만한 자가 있습니다. 왕의 아버지께서 다스
리실 때에, 탁월한 지성과 영적인 지혜로 이름
높았던 인물입니다. 그가 얼마나 대단했던지,
왕의 아버지 느부갓네살 왕은 그를 모든 마술
사와 주술사와 점성가와 점쟁이들의 우두머리
로 삼으셨습니다. 그 같은 인물이 없었습니다.
그는 무엇이든 할 수 있었습니다. 꿈을 해석하
고 비밀을 밝히며 수수께끼를 풀었습니다. 그
의 이름은 다니엘인데, 왕의 아버지께 하사받
은 이름은 벨드사살입니다. 다니엘을 불러오
게 하십시오. 이것이 무슨 일인지, 그가 왕께
말해 줄 수 있을 것입니다."
13-16 그리하여 다니엘이 불려 왔다. 왕이 그에
게 물었다. "그대가 내 아버지께서 유다에서
붙잡아 온 포로 중 하나인 다니엘이오? 그대
는 거룩한 영으로 충만하고, 지극히 명철하며,
더없이 지혜롭다고 들었소. 내가 현인과 주술
사들을 불러들여 벽에 쓰인 저 글을 읽고 그
뜻을 해석하도록 했으나, 그들은 단어 하나,
음절 하나도 풀어내지 못했소. 하지만 그대는
꿈을 해석해 내고 비밀을 풀 수 있다고 들었
소. 그러니, 저 글을 읽고 그 뜻을 내게 해석해
주시오. 그렇게 해준다면 그대는 부와 영예—
자주색 옷과 금목걸이—를 얻고, 이 나라에서
셋째 가는 통치자가 될 것이오."
17 다니엘이 왕에게 대답했다. "그 선물들은
거두어 주십시오. 다른 사람에게 주셔도 좋습
니다. 그렇게 하시더라도, 저는 왕께 저 글을
읽어 드리고 그 뜻을 말씀드리겠습니다.
18-21 왕이시여, 들으십시오! 높으신 하나님께
서는 왕의 아버지 느부갓네살에게 큰 나라와
높은 영예를 주셨습니다. 하나님께서 그의 이
름을 높여 주셨으므로, 종족과 피부색과 신념
에 상관없이, 천하 만민이 그를 두려워했습니
다. 부친께서는 마음 내키는 대로 사람을 죽이
기도 하고, 살리기도 하셨습니다. 또한 기분
내키는 대로 사람을 높은 자리에 앉히기도 하
고, 바닥에 깔아뭉개기도 하셨습니다. 부친의
마음이 우쭐해지고 교만해지자, 하나님께서는

10-12 The queen heard of the hysteria among the
king and his nobles and came to the banquet hall.
She said, "Long live the king! Don't be upset. Don't
sit around looking like ghosts. There is a man in
your kingdom who is full of the divine Holy Spirit.
During your father's time he was well known for
his intellectual brilliance and spiritual wisdom. He
was so good that your father, King Nebuchadnezzar,
made him the head of all the magicians, enchanters,
fortunetellers, and diviners. There was no one quite
like him. He could do anything–interpret dreams,
solve mysteries, explain puzzles. His name is Daniel,
but he was renamed Belteshazzar by the king. Have
Daniel called in. He'll tell you what is going on here."
13-16 So Daniel was called in. The king asked him, "Are
you the Daniel who was one of the Jewish exiles my
father brought here from Judah? I've heard about
you–that you're full of the Holy Spirit, that you've
got a brilliant mind, that you are incredibly wise.
The wise men and enchanters were brought in here
to read this writing on the wall and interpret it for
me. They couldn't figure it out–not a word, not a
syllable. But I've heard that you interpret dreams
and solve mysteries. So–if you can read the writing
and interpret it for me, you'll be rich and famous–a
purple robe, the great gold chain around your neck–
and third-in-command in the kingdom."
17 Daniel answered the king, "You can keep your
gifts, or give them to someone else. But I will read
the writing for the king and tell him what it means.
18-21 "Listen, O king! The High God gave your father
Nebuchadnezzar a great kingdom and a glorious
reputation. Because God made him so famous,
people from everywhere, whatever their race, color,
and creed, were totally intimidated by him. He killed
or spared people on whim. He promoted or humil-
iated people capriciously. He developed a big head
and a hard spirit. Then God knocked him off his high
horse and stripped him of his fame. He was thrown
out of human company, lost his mind, and lived like
a wild animal. He ate grass like an ox and was soaked
by heaven's dew until he learned his lesson: that the
High God rules human kingdoms and puts anyone
he wants in charge.
22-23 "You are his son and have known all this, yet

그를 높은 자리에서 내치시고 높았던 명예를 땅에 떨어뜨리셨습니다. 그는 제정신을 잃은 채 인간사회에서 쫓겨나 들짐승처럼 사셨습니다. 소처럼 풀을 뜯고 하늘에서 내리는 이슬을 맞고 사시다가, 마침내 깨달아야 할 바를 깨달으셨습니다. 그것은 높으신 하나님께서 인간 나라들을 다스리시고, 그분이 택하신 자에게 나라를 주어 맡기신다는 사실입니다.

22-23 그런데 느부갓네살의 아들인 왕께서는 이를 다 아시면서도, 부친 못지않게 오만하십니다. 보십시오. 왕께서는 감히 하늘의 주께 도전하셨습니다! 왕께서는 그분의 성전에서 가져온 신성한 잔들을 왕의 술자리에 가져오게 해서, 왕의 귀족들과 왕비와 후궁들과 함께 거기에 술을 담아 마셨습니다. 그 신성한 잔을 은과 금, 청동과 쇠, 나무와 돌로 만든 왕의 신들—보지도, 듣지도, 지각하지도 못하는 신들—을 위해 축배용으로 사용하셨습니다. 왕의 생사를 손에 쥐고 계신 살아 계신 하나님을 능멸하셨습니다.

24-26 그러므로 하나님께서 손을 보내셔서, 벽에 저 글을 쓰게 하신 것입니다. 쓰인 글은 이렇습니다. 메네, 데겔, 베레스. 이 단어들의 뜻은 이렇습니다.
메네. 하나님께서 왕의 통치 날수를 세어 보시니, 수가 맞지 않았다.

27 데겔. 왕을 저울에 달아 보시니, 무게가 모자랐다.

28 베레스. 왕의 나라가 쪼개져 메대와 페르시아의 손에 넘어갔다."

29 벨사살은 약속을 이행했다. 그는 다니엘에게 자주색 옷을 입혔고, 그의 목에 커다란 금목걸이를 걸어 주었으며, 그를 그 나라에서 셋째 가는 통치자로 삼았다.

30-31 바로 그날 밤에, 바빌론 왕 벨사살이 살해되었고, 메대 사람 다리오가 왕위를 이어받았다. 그때 다리오의 나이는 예순두 살이었다.

사자 굴 속의 다니엘

6 1-3 다리오는 나라를 재정비했다. 지방 장관 백이십 명을 세우고, 나라 전역을 나누어 두루 관리하게 했다. 그들 위로 총리 세 사람을 세웠는데, 다니엘이 그들 가운데 하나였다. 총리는 지방 장관들의 보고를 받았고, 왕을 위해 나라의 질서를 바로잡는 일을 맡았다. 그런데 다니엘이 영적 능력과 지적 능력에서 다른 총리들과 비교가 되지 않을 만큼 월등했으므로, 왕은 나랏일 전부를 그에게 맡기려고 했다.

you're as arrogant as he ever was. Look at you, setting yourself up in competition against the Master of heaven! You had the sacred chalices from his Temple brought into your drunken party so that you and your nobles, your wives and your concubines, could drink from them. You used the sacred chalices to toast your gods of silver and gold, bronze and iron, wood and stone—blind, deaf, and imbecile gods. But you treat with contempt the living God who holds your entire life from birth to death in his hand.

24-26 "God sent the hand that wrote on the wall, and this is what is written: MENE, TEQEL, and PERES. This is what the words mean:
"*Mene*: God has numbered the days of your rule and they don't add up.

27 "*Teqel*: You have been weighed on the scales and you don't weigh much.

28 "*Peres*: Your kingdom has been divided up and handed over to the Medes and Persians."

29 Belshazzar did what he had promised. He robed Daniel in purple, draped the great gold chain around his neck, and promoted him to third-in-charge in the kingdom.

30-31 That same night the Babylonian king Belshazzar was murdered. Darius the Mede was sixty-two years old when he succeeded him as king.

Daniel in the Lions' Den

6 1-3 Darius reorganized his kingdom. He appointed one hundred twenty governors to administer all the parts of his realm. Over them were three vice-regents, one of whom was Daniel. The governors reported to the vice-regents, who made sure that everything was in order for the king. But Daniel, brimming with spirit and intelligence, so completely outclassed the other vice-regents and governors that the king decided to put him in charge of the whole kingdom.

4-5 The vice-regents and governors got together to find some old scandal or skeleton in Daniel's

4-5 다른 총리와 지방 장관들이 모여 다니엘의 허물과 치부를 찾아내 그를 공격하려 했지만, 그들은 아무것도 찾아낼 수 없었다. 다니엘은 더할 나위 없이 올바르고 신실한 사람이었다. 태만이나 과실의 증거도 전혀 찾을 수 없었다. 마침내 그들은 찾는 것을 포기하고 나서 이같이 말했다. "이 다니엘이라는 자는 종교 문제로 트집을 잡지 않고서는 도저히 흠집을 낼 수 없다."

6-7 총리와 지방 장관들은 머리를 맞대고 음모를 꾸민 뒤, 왕에게 가서 말했다. "다리오 왕이시여, 만수무강하시기를 빕니다! 왕의 총리와 지방 장관과 고위관료들이 회합을 갖고, 왕께서 이런 칙령을 내리셔야 한다고 의견을 모았습니다.

앞으로 삼십 일 동안 왕 외에 다른 어떤 신이나 인간에게 기도를 올려서는 안된다. 이를 따르지 않는 자는 누구든지 사자 굴에 던져질 것이다.

8 왕이시여, 이 칙령을 내리셔서, 모든 메대와 페르시아의 다른 법처럼 철회가 불가능하도록 하시기 바랍니다."

9 다리오 왕은 칙령이 담긴 조서에 서명했다.

10 다니엘은 왕이 서명한 조서가 공표된 것을 알았지만, 늘 하던 대로 기도했다. 그의 집 위층에 예루살렘 방향으로 난 창문이 있었는데, 그는 거기서 하루 세 번씩 무릎을 꿇고 그의 하나님께 기도하며, 감사와 찬양을 올려 드렸다.

11-12 음모를 꾸민 자들이 몰려와서, 다니엘이 하나님께 기도하며 도움을 구하는 모습을 지켜보았다. 그들은 곧장 왕에게 달려가, 그가 서명한 칙령을 상기시키며 말했다. "왕께서는 앞으로 삼십 일 동안 누구도 왕 외에 다른 신이나 인간에게 기도를 올려서는 안 된다고 하지 않으셨습니까? 그렇게 하다가 적발되는 자는 누구든지 사자 굴 속에 던져질 것이라고 하지 않으셨습니까?"

왕이 말했다. "물론이오. 메대와 페르시아의 법처럼, 그것은 철회가 불가능한 명령이오."

13 그러자 그들이 말했다. "왕이시여, 유다 포로 중에 다니엘이라는 자가 왕을 무시하고 왕의 칙령을 어겼습니다. 그가 하루에 세 번씩 기도를 드리고 있습니다."

14 이 말을 들은 왕은 크게 당황하면서, 자기 때문에 곤경에 빠진 다니엘을 구하려고 몹시 애를 썼다. 그가 하루 종일 백방으로 노력했다.

15 그러나 음모를 꾸민 자들이 다시 와서 말했다. "왕이시여, 왕의 칙령은 결코 철회될 수 없다는 것이 메대

life that they could use against him, but they couldn't dig up anything. He was totally exemplary and trustworthy. They could find no evidence of negligence or misconduct. So they finally gave up and said, "We're never going to find anything against this Daniel unless we can cook up something religious."

6-7 The vice-regents and governors conspired together and then went to the king and said, "King Darius, live forever! We've convened your vice-regents, governors, and all your leading officials, and have agreed that the king should issue the following decree:

For the next thirty days no one is to pray to any god or mortal except you, O king. Anyone who disobeys will be thrown into the lions' den.

8 "Issue this decree, O king, and make it unconditional, as if written in stone like all the laws of the Medes and the Persians."

9 King Darius signed the decree.

10 When Daniel learned that the decree had been signed and posted, he continued to pray just as he had always done. His house had windows in the upstairs that opened toward Jerusalem. Three times a day he knelt there in prayer, thanking and praising his God.

11-12 The conspirators came and found him praying, asking God for help. They went straight to the king and reminded him of the royal decree that he had signed. "Did you not," they said, "sign a decree forbidding anyone to pray to any god or man except you for the next thirty days? And anyone caught doing it would be thrown into the lions' den?"

"Absolutely," said the king. "Written in stone, like all the laws of the Medes and Persians."

13 Then they said, "Daniel, one of the Jewish exiles, ignores you, O king, and defies your decree. Three times a day he prays."

14 At this, the king was very upset and tried his best to get Daniel out of the fix he'd put him in. He worked at it the whole day long.

와 페르시아의 법임을 기억해 주시기 바랍니다."
16 왕은 결국 포기하고, 다니엘을 붙잡아다 사자
굴 속에 던져 넣으라고 명령했다. 왕이 다니엘
에게 말했다. "충성을 다한 그대의 하나님이 그
대를 구해 주실 것이오."
17 사람들이 석판을 가져와 굴 입구를 막았다.
왕은 그의 인장 반지와 모든 귀족들의 인장 반지
로 굴 입구를 봉인하여, 아무도 다니엘을 구해
줄 수 없게 했다.
18 그 후 왕이 왕궁으로 돌아갔다. 그는 저녁상
을 물렸다. 잠도 이루지 못했다. 아무것도 먹지
않고 뜬눈으로 밤을 새웠다.
19-20 동이 트자마자 왕은 즉시 사자 굴로 달려갔
다. 굴 가까이 이르자, 그는 초조한 마음으로 소
리쳐 불렀다. "살아 계신 하나님의 종 다니엘이
여, 충성을 다한 그대의 하나님이 그대를 사자
들에게서 구해 주셨소?"
21-22 다니엘이 말했다. "왕이시여, 만수무강하
시기를 빕니다! 저의 하나님께서 천사를 보내시
고 사자들의 입을 막으셔서, 사자들이 저를 해
치지 못하게 하셨습니다. 하나님 앞에서, 그리
고 왕 앞에서 제가 결백하다는 사실이 입증되었
습니다. 저는 결코 왕을 해하려고 한 적이 없습
니다."
23 이 말을 들은 왕은 몹시 기뻤다. 그는 다니엘
을 굴에서 끌어 올리라고 명령했다. 다니엘이
올라왔는데, 그에게는 상처 자국 하나 없었다.
그가 자기 하나님을 신뢰했기 때문이다.
24 왕은 다니엘을 밀고한 음모자와 그 처자식들
을 사자 굴에 던져 넣으라고 명령했다. 그들이
굴 밑바닥에 닿기도 전에 사자들이 달려들어,
그들을 물어뜯고 갈기갈기 찢어 버렸다.
25-27 다리오 왕은 종족과 피부색과 신념에 상관
없이, 그 땅의 모든 백성에게 이같이 공포했다.

그대들에게 평화가 있기를, 평화가 넘치기를
바란다!
내가 칙령을 내리노니, 내 나라에 사는 모든
백성은 다니엘의 하나님을 예배하고 경외해
야 한다.
그분은 살아 계신 하나님이시요, 영원히 다스
리신다. 그분의 나라는 쇠하지 않는다.
그분의 통치는 영원하다.
그분은 구원자이시며 구조자이시다.
그분은 하늘과 땅에서 실로 놀라운 기적을 행

15 But then the conspirators were back: "Remem-
ber, O king, it's the law of the Medes and Persians
that the king's decree can never be changed."
16 The king caved in and ordered Daniel brought
and thrown into the lions' den. But he said to
Daniel, "Your God, to whom you are so loyal, is
going to get you out of this."
17 A stone slab was placed over the opening of the
den. The king sealed the cover with his signet ring
and the signet rings of all his nobles, fixing Daniel's
fate.
18 The king then went back to his palace. He
refused supper. He couldn't sleep. He spent the
night fasting.
19-20 At daybreak the king got up and hurried to the
lions' den. As he approached the den, he called out
anxiously, "Daniel, servant of the living God, has
your God, whom you serve so loyally, saved you
from the lions?"
21-22 "O king, live forever!" said Daniel. "My God
sent his angel, who closed the mouths of the lions
so that they would not hurt me. I've been found
innocent before God and also before you, O king.
I've done nothing to harm you."
23 When the king heard these words, he was happy.
He ordered Daniel taken up out of the den. When
he was hauled up, there wasn't a scratch on him.
He had trusted his God.
24 Then the king commanded that the conspirators
who had informed on Daniel be thrown into the
lions' den, along with their wives and children.
Before they hit the floor, the lions had them in their
jaws, tearing them to pieces.
25-27 King Darius published this proclamation to
every race, color, and creed on earth:

Peace to you! Abundant peace!
I decree that Daniel's God shall be worshiped
and feared in all parts of my kingdom.
He is the living God, world without end. His
kingdom never falls.
His rule continues eternally.
He is a savior and rescuer.
He performs astonishing miracles in heaven
and on earth.

하시는 분이다.
그분이 다니엘을 사자들의 입에서 구해 주
셨다.

28 이때부터 다니엘은 다리오의 남은 통치 기간
과, 뒤이어 페르시아 사람 고레스의 통치 기간
동안 선대를 받으며 지냈다.

네 마리 짐승 환상

7 1 바빌론 왕 벨사살 일년에, 다니엘이
꿈을 꾸었다. 침상에 누워 자다가 본 환
상에 그는 혼비백산했다. 그것은 악몽이었다.
그는 그 꿈을 글로 적었다.
2-3 "그날 밤 꿈에서, 나는 하늘의 네 바람이 바
다에 휘몰아치고 거대한 폭풍을 일으키는 것을
보았다. 그러자 바다에서 서로 다르게 생긴 거
대한 짐승 네 마리가 올라왔다.
4 첫째 짐승은 사자같이 생겼고, 독수리의 날개
를 가지고 있었다. 내가 지켜보고 있는 사이 짐
승의 날개가 뽑히더니, 몸이 펴져 사람처럼 두
발로 서게 되고 사람의 마음까지 지니게 되었다.
5 그 다음 본 두 번째 짐승은 곰처럼 생겼고, 이
리저리 휘청거리며 서 있었는데, 입에 갈빗대
세 개를 물고 있었다. 누군가가 그에게 말했다.
'덮쳐라! 삼켜라! 배가 터지도록 먹어라!'
6 그 다음 또 다른 짐승을 보았는데, 이번에는
표범처럼 생긴 짐승이었다. 짐승의 등에 새의
날개가 네 개 달려 있고 머리도 네 개인데, 그
가 통치권을 부여받았다.
7 그 후, 네 번째 짐승이 내 꿈에 나타났다. 그
짐승은 정말 소름끼칠 정도로 무시무시했다.
커다란 쇠이빨을 가지고 있어서, 먹이를 우두
둑 씹어 꿀꺽 삼켰으며, 남은 것은 모조리 짓밟
아 뭉갰다. 그 짐승은 다른 짐승들과 달랐다.
뿔이 열 개나 달린 진짜 괴물이었다.
8 내가 그 뿔들을 주시하며 그 의미하는 바를
생각하고 있는데, 뿔 하나가 또 돋아났다. 자그
마한 뿔이었다. 본래 있던 뿔 중에 세 개가 뽑
혀 나가면서 새로 돋아난 뿔에 자리를 내주었
다. 자그마한 그 뿔 안에는 사람의 눈이 여러
개 있고 커다란 입까지 있어서, 거만하게 떠들
어 댔다.
9-10 내가 그것들을 지켜보고 있는데,

He saved Daniel from the power of the lions.

28 From then on, Daniel was treated well during the
reign of Darius, and also in the following reign of
Cyrus the Persian.

A Vision of Four Animals

7 1 In the first year of the reign of King
Belshazzar of Babylon, Daniel had a dream.
What he saw as he slept in his bed terrified him—a
real nightmare. Then he wrote out his dream:
2-3 "In my dream that night I saw the four winds
of heaven whipping up a great storm on the sea.
Four huge animals, each different from the others,
ascended out of the sea.
4 "The first animal looked like a lion, but it had the
wings of an eagle. While I watched, its wings were
pulled off. It was then pulled erect so that it was
standing on two feet like a man. Then a human
heart was placed in it.
5 "Then I saw a second animal that looked like a
bear. It lurched from side to side, holding three ribs
in its jaws. It was told, 'Attack! Devour! Fill your
belly!'
6 "Next I saw another animal. This one looked like a
panther. It had four birdlike wings on its back. This
animal had four heads and was made to rule.
7 "After that, a fourth animal appeared in my dream.
This one was a grisly horror—hideous. It had huge
iron teeth. It crunched and swallowed its victims.
Anything left over, it trampled into the ground. It
was different from the other animals—this one was
a real monster. It had ten horns.
8 "As I was staring at the horns and trying to figure
out what they meant, another horn sprouted up,
a little horn. Three of the original horns were
pulled out to make room for it. There were human
eyes in this little horn, and a big mouth speaking
arrogantly.
9-10 "As I was watching all this,

"Thrones were set in place
and The Old One sat down.
His robes were white as snow,

보좌들이 놓이고
옛적부터 계시는 분이 앉아 계셨다.
그분의 옷은 눈처럼 희고,
그분의 머리카락은 양털같이 희었다.
그분의 보좌는 불꽃처럼 타올랐고,
그 바퀴들은 활활 타는 불길 같았다.
그 보좌로부터
불의 강이 쏟아져 나왔다.
그분을 시중드는 자가 수천이고,
그분을 모시고 서 있는 자가 수만이었다.
법정이 열리고,
책들이 펼쳐졌다.

11-13 내가 지켜보는데, 그 자그마한 뿔이 계속 거
만하게 떠들어 대고 있었다. 그때, 내 눈앞에서
그 괴물이 살해되어 활활 타오르는 불 속에 던져
졌다. 다른 짐승들은 얼마 동안 연명했으나 실제
로는 죽은 목숨이었고, 통치력도 잃었다. 이어 꿈
에서,

13-14 나는 인자처럼 보이는 어떤 이가,
회오리 구름을 타고 오는 광경을 보았다.
그가 옛적부터 계시는 분께 이르러
그분 앞으로 인도되었고,
통치권을—왕의 위엄과 영광을—부여받았다.
이제, 종족과 피부색과 신념에 상관없이, 만민이
그를 섬길 것이다.
그의 통치, 영원하고 끝이 없으리라.
그의 권세, 무궁하여 변치 않으리라.

15-16 그러나 나 다니엘은 혼란스러웠다. 꿈에서
본 환상들로 마음이 복잡했다. 그래서 거기 서 있
는 이들 중 하나에게 가까이 가서, 내가 본 것이
무슨 뜻인지 물었다. 그러자 그가 내게 그 꿈을
해석해 주었다.

17-18 그가 말했다. '그 거대한 짐승 네 마리는 앞
으로 지상에 나타날 네 나라를 뜻한다. 그러나 결
국 높으신 하나님의 거룩한 백성이 나라를 얻을
것이며, 영원히—그렇다, 영원무궁히—그 나라
를 차지하게 될 것이다.'

19-22 그러나 나는 더 알고 싶었다. 그 넷째 짐승
이 무엇인지 궁금했다. 그 짐승은 다른 짐승들과
많이 달랐고, 쇠이빨과 청동발톱을 가진 무시무
시한 괴물이었으며, 먹이를 갈기갈기 찢어 삼키
고 남은 것들은 바닥에 짓이겼다. 나는 그 짐승

his hair was white like wool.
His throne was flaming with fire,
its wheels blazing.
A river of fire
poured out of the throne.
Thousands upon thousands served him,
tens of thousands attended him.
The courtroom was called to order,
and the books were opened.

11-13 "I kept watching. The little horn was speaking
arrogantly. Then, as I watched, the monster was
killed and its body cremated in a roaring fire. The
other animals lived on for a limited time, but they
didn't really do anything, had no power to rule.
My dream continued.

13-14 "I saw a human form, a son of man,
arriving in a whirl of clouds.
He came to The Old One
and was presented to him.
He was given power to rule—all the glory of royalty.
Everyone—race, color, and creed—had to serve
him.
His rule would be forever, never ending.
His kingly rule would never be replaced.

15-16 "But as for me, Daniel, I was disturbed. All
these dream-visions had me agitated. So I went
up to one of those standing by and asked him the
meaning of all this. And he told me, interpreting
the dream for me:

17-18 " 'These four huge animals,' he said, 'mean
that four kingdoms will appear on earth. But
eventually the holy people of the High God will
be given the kingdom and have it ever after—yes,
forever and ever.'

19-22 "But I wanted to know more. I was curious
about the fourth animal, the one so different from
the others, the hideous monster with the iron teeth
and the bronze claws, gulping down what it ripped
to pieces and trampling the leftovers into the dirt.
And I wanted to know about the ten horns on its
head and the other horn that sprouted up while
three of the original horns were removed. This

머리에 난 열 뿔과, 본래 있던 뿔 세 개를 제치고 돋아난 뿔에 대해서도 알고 싶었다. 새로 난 뿔에는 눈들이 달려 있었다. 큰 입은 오만하게 떠들어 댔으며, 다른 뿔들을 압도했다. 나는 그 뿔이 하나님의 거룩한 백성과 전쟁을 벌여 그들을 이기는 광경을 지켜보았다. 그러나 그때에 옛적부터 계시는 분이 개입하셔서, 높으신 하나님의 백성을 위해 모든 일을 바로잡아 주셨다. 마침내, 하나님의 거룩한 백성이 나라를 차지했다.

23-25 거기 옆에 서 있는 이가 이어서 말했다. '넷째 짐승은 지상에 나타날 넷째 나라다. 그것은 앞선 세 나라들과 다를 것인데, 닥치는 대로 씹어 먹고 뱉어 내는, 그야말로 괴물 나라가 될 것이다. 그 열 뿔은 그 나라에 차례대로 등장할 열 왕이다. 그 후에 또 다른 왕이 등장할 것인데, 그는 이전 왕들과 다를 것이다. 먼저 그는 앞의 세 왕부터 제거할 것이다. 그런 다음 높으신 하나님을 모독하고 높으신 하나님을 따르는 이들을 핍박하면서, 거룩한 예배와 윤리적 법도를 아주 없애 버리려고 할 것이다. 하나님의 거룩한 백성은 한 때와 두 때와 반 때 동안 그의 핍박을 받을 것이다.

26-27 그러나 법정이 열리면, 그 뿔은 권세를 빼앗기고 멸절될 것이다. 그러면 통치권과 권능과 하늘 아래 모든 나라의 영광이 높으신 하나님의 백성에게 넘어갈 것이다. 그들의 통치는 영원히 이어질 것이다. 모든 통치자들이 그들을 섬기고 복종할 것이다.'

28 이렇게 끝났다. 나 다니엘은 유령을 본 사람처럼 큰 충격을 받았다. 그러나 나는 이 모든 것을 혼자서 마음속에 간직해 두었다."

숫양과 숫염소 환상

8

1 "벨사살 왕 삼년에, 또 다른 환상이 나 다니엘에게 임했다. 그것은 두 번째 환상이었다.

2-4 그 환상에서 보니, 나는 엘람 지방의 수도 수사에 있는 을래 수로에 서 있었다. 주위를 둘러본 나는, 수로 입구에 숫양 한 마리가 서 있는 것을 보고 깜짝 놀랐다. 그 숫양에게는 커다란 두 뿔이 있었는데, 하나가 다른 하나보다 컸고 더 큰 쪽이 나중에 난 뿔이었다. 내가 지켜보는 사이, 그 숫양이 마구 달려, 처음에는 서쪽, 그 다음에는 북쪽, 그 다음에는 남쪽을 향하여 들이받았다. 어떤 짐승도 그와 맞설 수 없었다. 그는 제멋대로 날뛰면서, 자기가 짐승들의 왕이라도 되는 듯 거들먹

new horn had eyes and a big mouth and spoke arrogantly, dominating the other horns. I watched as this horn was making war on God's holy people and getting the best of them. But then The Old One intervened and decided things in favor of the people of the High God. In the end, God's holy people took over the kingdom.

23-25 "The bystander continued, telling me this: 'The fourth animal is a fourth kingdom that will appear on earth. It will be different from the first three kingdoms, a monster kingdom that will chew up everyone in sight and spit them out. The ten horns are ten kings, one after another, that will come from this kingdom. But then another king will arrive. He will be different from the earlier kings. He will begin by toppling three kings. Then he will blaspheme the High God, persecute the followers of the High God, and try to get rid of sacred worship and moral practice. God's holy people will be persecuted by him for a time, two times, half a time.

26-27 "'But when the court comes to order, the horn will be stripped of its power and totally destroyed. Then the royal rule and the authority and the glory of all the kingdoms under heaven will be handed over to the people of the High God. Their royal rule will last forever. All other rulers will serve and obey them.'

28 "And there it ended. I, Daniel, was in shock. I was like a man who had seen a ghost. But I kept it all to myself."

A Vision of a Ram and a Billy Goat

8

1 "In King Belshazzar's third year as king, another vision came to me, Daniel. This was now the second vision.

2-4 "In the vision, I saw myself in Susa, the capital city of the province Elam, standing at the Ulai Canal. Looking around, I was surprised to see a ram also standing at the gate. The ram had two huge horns, one bigger than the other, but the bigger horn was the last to appear. I watched as the ram charged: first west, then north, then south. No beast could stand up to him. He did just as he pleased, strutting as if he were king of the beasts.

거렸다.
5-7 내가 그 모습을 지켜보며 그것이 의미하는 바를 생각하고 있는데, 이마 한가운데 거대한 뿔 달린 숫염소 한 마리가 서쪽에서 올라오더니, 발이 땅에 닿지 않을 정도로 온 땅을 종횡무진하며 뛰어다녔다. 그 숫염소가 수로 입구에 있던 두 뿔 달린 숫양에게 가까이 가서, 마구 성을 내며 그것을 들이받았다. 숫염소는 불같이 성을 내며 숫양을 들이받아 두 뿔을 부러뜨려 버렸다. 그 숫양은 숫염소의 상대가 되지 못했다. 숫염소가 숫양을 바닥에 쓰러뜨리고 마구 짓밟았지만, 누구도 숫양을 구해 줄 수 없었다.
8-12 그러자 숫염소의 덩치가 엄청나게 커졌다. 숫염소의 힘이 최고조에 이르자, 거대한 뿔이 부러져 나가더니 그 자리에 큰 뿔 네 개가 동서남북 사방을 가리키며 돋아났다. 그런 다음, 그 큰 뿔들 가운데 하나에서 또 다른 뿔이 돋아 나왔다. 처음에는 작았지만 곧 엄청난 크기로 자라면서, 남쪽과 동쪽과 아름다운 팔레스타인 땅을 향해 뻗어 나갔다. 그 뿔은 별들 곧 천상 군대에 미칠 만큼 높아지더니, 별 가운데 얼마를 땅에 떨어뜨리고는 마구 짓밟았다. 그것은 심지어 천상 군대의 통수권자이신 하나님의 권세에까지 도전했다! 또 그것은 매일 드리는 예배를 폐하고 성소를 더럽히기까지 했다. 하나님의 거룩한 백성도 매일 드리는 예배와 같은 운명에 처했다. 그것은 그들의 죄에 대한 심판이었다. 그 뿔이 하나님의 진리를 내동댕이쳤다. 그것은 의기양양하게 모든 물건과 모든 사람을 제 손아귀에 넣었다.
13 그런 다음 나는 거룩한 두 천사가 나누는 이야기를 엿듣게 되었다. 한 천사가 물었다. '우리가 보는 이 일, 곧 매일 드리는 예배가 폐지되고 죄로 인해 참혹한 심판을 받으며, 하나님의 거룩한 백성과 성소가 유린되는 일이 언제까지 계속될 것인가?'
14 다른 천사가 대답했다. '저녁과 아침으로 2,300번의 희생제가 드려진 다음에야 성소가 다시 세워질 것이다.'"

15 "나 다니엘이 이 환상을 보고 그 뜻을 깨달으려고 애쓰는데, 갑자기 내 앞에 사람처럼 생긴 어떤 이가 서 있었다.
16-17 그때, 을래 수로 옆쪽에서 어떤 사람이 큰소리로 외쳤다. '가브리엘아, 그에게 말해 주어라.

5-7 "While I was watching this, wondering what it all meant, I saw a billy goat with an immense horn in the middle of its forehead come up out of the west and fly across the whole country, not once touching the ground. The billy goat approached the double-horned ram that I had earlier seen standing at the gate and, enraged, charged it viciously. I watched as, mad with rage, it charged the ram and hit it so hard that it broke off its two horns. The ram didn't stand a chance against it. The billy goat knocked the ram to the ground and stomped all over it. Nothing could have saved the ram from the goat.
8-12 "Then the billy goat swelled to an enormous size. At the height of its power its immense horn broke off and four other big horns sprouted in its place, pointing to the four points of the compass. And then from one of these big horns another horn sprouted. It started small, but then grew to an enormous size, facing south and east—toward lovely Palestine. The horn grew tall, reaching to the stars, the heavenly army, and threw some of the stars to the earth and stomped on them. It even dared to challenge the power of God, Prince of the Celestial Army! And then it threw out daily worship and desecrated the Sanctuary. As judgment against their sin, the holy people of God got the same treatment as the daily worship. The horn cast God's Truth aside. High-handed, it took over everything and everyone.
13 "Then I overheard two holy angels talking. One asked, 'How long is what we see here going to last—the abolishing of daily worship, this devastating judgment against sin, the kicking around of God's holy people and the Sanctuary?'
14 "The other answered, 'Over the course of 2,300 sacrifices, evening and morning. Then the Sanctuary will be set right again.'

15 "While I, Daniel, was trying to make sense of what I was seeing, suddenly there was a human-like figure standing before me.
16-17 "Then I heard a man's voice from over by the Ulai Canal calling out, 'Gabriel, tell this man what

이 환상을 설명해 주어라.' 그러자 그가 내게 다가왔다. 그 순간 나는 겁에 질려 얼굴을 땅에 대고 엎드렸다.

17-18 그가 말했다. '이 환상은 세상 끝에 관한 것이다.' 그가 입을 열어 말하자마자, 나는 기절하여 땅바닥에 얼굴을 댄 채 쓰러졌다. 그러나 그가 나를 잡아 일으켜 세웠다.

19 그가 이어서 말했다. '장차 세상이 끝나고 진노의 심판 날이 닥칠 때에, 무슨 일이 있을지 네게 말하려고 한다.

20-22 네가 본 두 뿔 가진 숫양은 메대와 페르시아의 두 왕을 나타낸다. 그리고 그 숫염소는 그리스 사람들의 나라를 나타낸다. 그 이마의 거대한 뿔은 그리스의 첫째 왕이다. 그것이 부러져 나간 뒤에 새로 돋아난 네 뿔은 첫째 왕 이후에 등장할 네 왕이다. 그들의 권세는 앞선 왕만 못할 것이다.

23-26 그들의 나라가 식어 가고
반역이 달아오를 때,
한 왕이 등장할 것이다.
그는 철면피에다 권모술수의 화신이다.
그의 권세는 나날이 커지고 또 커질 것이다.
그는 허풍을 떨면서 의기양양하게,
무엇이든 제멋대로이며,
영웅과 거룩한 이들을 사정없이 해치울 것이다.
그는 갖은 음모와 계략으로 죄를 짓고,
엄청난 성공을 거둘 것이다!
자신을 천하무적이라 여기며,
거치적거리는 자들을 모조리 없애 버릴 것이다.
그러나 그는 만왕의 왕이신 분에게까지 대적하다가,
결국 박살이 나고 말 것이다.
그를 부순 것은 사람의 손이 아니다.
저녁과 아침의 2,300번의 희생제에 대한 이 환상은,
틀림없으며 기밀사항이다.
너 혼자 비밀로 잘 간직하여라.
이는 먼 훗날에 대한 것이다.'"

27 "나 다니엘은 정신이 없어서, 여러 날 동안 기운을 차리지 못했다. 이후 내 자신을 추스려 다시 왕을 보필했다. 그러나 이 환상으로 내 마음은 여전히 혼란스러웠다. 나는 그 뜻을 이해하

is going on. Explain the vision to him.' He came up to me, but when he got close I became terrified and fell facedown on the ground.

17-18 "He said, 'Understand that this vision has to do with the time of the end.' As soon as he spoke, I fainted, my face in the dirt. But he picked me up and put me on my feet.

19 "And then he continued, 'I want to tell you what is going to happen as the judgment days of wrath wind down, for there is going to be an end to all this.

20-22 "'The double-horned ram you saw stands for the two kings of the Medes and Persians. The billy goat stands for the kingdom of the Greeks. The huge horn on its forehead is the first Greek king. The four horns that sprouted after it was broken off are the four kings that come after him, but without his power.

23-26 "'As their kingdoms cool down
and rebellions heat up,
A king will show up,
hard-faced, a master trickster.
His power will swell enormously.
He'll talk big, high-handedly,
Doing whatever he pleases,
knocking off heroes and holy ones left and right.
He'll plot and scheme to make crime flourish–
and oh, how it will flourish!
He'll think he's invincible
and get rid of anyone who gets in his way.
But when he takes on the Prince of all princes,
he'll be smashed to bits–
but not by human hands.
This vision of the 2,300 sacrifices, evening and morning,
is accurate but confidential.
Keep it to yourself.
It refers to the far future.'

27 "I, Daniel, walked around in a daze, unwell for days. Then I got a grip on myself and went back to work taking care of the king's affairs. But I continued to be upset by the vision. I couldn't make sense

지 못했다."

다니엘의 기도

9 1-4 "메대 출신으로 아하수에로의 아들인 다리오가 바빌론 땅을 다스리는 왕이 되었다. 그의 통치 첫해에, 나 다니엘은 성경을 읽으면서 예언자 예레미야에게 주어진 하나님의 말씀, 곧 예루살렘이 폐허로 있어야 할 햇수가 칠십 년이라는 것을 곰곰이 생각했다. 나는 응답을 들으려고 주 하나님께 나아갔다. 거친 베옷을 걸치고 금식하며, 잿더미 위에 무릎을 꿇고 간절히 기도했다. 나는 내 하나님 앞에 마음을 쏟고 영혼을 토해 냈다.

4-8 '오 주님, 위대하고 존귀하신 하나님, 주께서는 주의 언약을 한결같이 지키시며, 주를 사랑하여 주의 말씀을 지키는 자들을 결단코 버리지 않으십니다. 그러나 우리는 죄라는 죄는 다 짓고 살아왔습니다. 악행을 일삼고 반역하면서, 주께서 밝히 보여주신 길을 이리저리 피해 다녔습니다. 우리 왕과 지도자와 조상과 땅의 모든 백성에게 주의 말씀을 전해 주던, 주의 종 예언자들의 말에도 귀를 막았습니다. 주께서는 언제나 의로우시건만, 우리가 보여드리는 것은 죄와 수치뿐입니다. 우리 모두가 그러합니다. 유다 백성도, 예루살렘 주민도, 고향 땅의 이스라엘도, 주께 반역한 탓에 여러 곳으로 내쫓긴 이스라엘도 그러합니다. 하나님, 우리 모두가—왕과 지도자, 우리 조상들도—온 세상의 웃음거리가 되고 말았습니다. 당연한 일입니다. 우리는 죄인이기 때문입니다.

9-12 우리 하나님이신 주의 자비만이 우리의 유일한 희망입니다. 우리는 아무 권리도 주장할 수 없는 반역자들이기 때문입니다. 주께서는 우리에게 살길을 일러 주시고, 주의 종인 예언자들을 통해 분명한 가르침을 주셨습니다. 그럼에도 우리는 주의 말씀에 귀 기울이지 않았습니다. 온 이스라엘이 주의 말씀을 업신여겼습니다. 우리는 주의 교훈을 무시했으며, 그저 제멋대로 살았습니다. 그리고 이제 그 대가를 치르고 있습니다. 하나님의 종 모세에게 주신 계시에 명백히 적혀 있는 준엄한 저주가, 지금 우리 가운데 실행되고 있습니다. 주를 거역했던 죄의 값입니다. 주께서는 우리와 우리 통치자들에게 행하시겠다고 말씀하신 일을 마침내 시행하셨습니다. 이토록 참혹한 재앙을, 일찍이 없었던 최악의 재앙을 우리에게 내리셨습니다. 예루살렘에 내리셨습니다!

of it."

God's Covenant Commitment

9 1-4 "Darius, son of Ahasuerus, born a Mede, became king over the land of Babylon. In the first year of his reign, I, Daniel, was meditating on the Scriptures that gave, according to the Word of GOD to the prophet Jeremiah, the number of years that Jerusalem had to lie in ruins, namely, seventy. I turned to the Master God, asking for an answer—praying earnestly, fasting from meals, wearing rough penitential burlap, and kneeling in the ashes. I poured out my heart, baring my soul to GOD, my God:

4-8 "'O Master, great and august God. You never waver in your covenant commitment, never give up on those who love you and do what you say. Yet we have sinned in every way imaginable. We've done evil things, rebelled, dodged and taken detours around your clearly marked paths. We've turned a deaf ear to your servants the prophets, who preached your Word to our kings and leaders, our parents, and all the people in the land. You have done everything right, Master, but all we have to show for our lives is guilt and shame, the whole lot of us—people of Judah, citizens of Jerusalem, Israel at home and Israel in exile in all the places we've been banished to because of our betrayal of you. Oh yes, GOD, we've been exposed in our shame, all of us—our kings, leaders, parents—before the whole world. And deservedly so, because of our sin.

9-12 "'Compassion is our only hope, the compassion of you, the Master, our God, since in our rebellion we've forfeited our rights. We paid no attention to you when you told us how to live, the clear teaching that came through your servants the prophets. All of us in Israel ignored what you said. We defied your instructions and did what we pleased. And now we're paying for it: The solemn curse written out plainly in the revelation to God's servant Moses is now doing its work among us, the wages of our sin against you. You did to us and our rulers what you said you would

13-14 모세에게 주신 하나님의 계시에 적혀 있는 그
대로, 그야말로 모든 것을 쓸어버리는 재앙이었습
니다. 아무것도 남지 않았습니다. 주께서는 이 재
앙이 하나도 남김없이 우리에게 내리도록 하실 수
밖에 없었습니다. 우리는 한사코 죄를 고집하면서
주를 무시하고, 주의 경고를 망각했기 때문입니다.
우리 하나님이신 주께서 우리에게 행하신 일은 전
적으로 옳습니다. 감히 주를 업신여기기만 했던 우
리였기 때문입니다.
15-17 하지만 주님, 주께서는 우리의 하나님이십니
다. 주께서는 큰 능력을 떨쳐 보이시며 주의 백성을
이집트 땅에서 건져 내신 분입니다. 이 일은 아직도
뭇 사람들의 입에 오르내리고 있습니다! 우리는 우
리가 죄인이고 악하게 살아온 것도 압니다. 그러나
주께서는 언제나 모든 일을 바로잡으시고 사람을
바로 세우시는 일을 행하는 분이시니, 제발 이제도
그렇게 해주십시오. 주의 도성, 주의 거룩한 산, 예
루살렘 위에 부어진 진노를 거두어 주십시오. 모든
것은 우리 잘못이며, 우리와 우리 조상의 죄 때문이
라는 것을 잘 압니다. 지금 우리는 주변 민족들의
웃음거리가 되었습니다. 이웃 나라의 멸시를 받고
있습니다. 그러니 하나님, 주의 종이 전심으로 드리
는 이 기도를 들어주십시오. 폐허가 된 주의 성소에
자비를 베풀어 주십시오. 우리를 위해서가 아니라,
주님이 어떤 분이신지를 나타내 보이시기 위해서라
도 그렇게 해주십시오.
18 하나님, 우리에게 귀를 기울여 주십시오. 잿더미
가 된 도성, 주의 이름으로 불리는 이 도성을 보살펴
주십시오. 우리는 주님의 응답을 받을 자격이 없음
을 잘 압니다. 그러므로 주의 자비에 호소합니다. 우
리에게 남은 마지막 희망은 이 기도뿐입니다.

19 주님, 들어주십시오!
주님, 용서하여 주십시오!
주님, 우리를 굽어살피시고, 행하여 주십시오!
주님, 지체하지 마십시오!
주의 이름으로 불리는 주의 도성과 주의 백성의
일은
곧 주님의 일이기도 합니다!'"

가브리엘이 환상을 설명하다

20-21 "내가 나의 하나님 앞에서 내 죄와 내 백성 이
스라엘의 죄를 아뢰고, 내 하나님의 거룩한 산을
위해 마음을 쏟아 간절히 기도하고 있는데, 기도에
몰두해 있던 저녁예배 시간 무렵, 이전 환상에서

do: You brought this catastrophic disaster on us,
the worst disaster on record—and in Jerusalem!
13-14 "'Just as written in God's revelation to
Moses, the catastrophe was total. Nothing was
held back. We kept at our sinning, never giving
you a second thought, oblivious to your clear
warning, and so you had no choice but to let the
disaster loose on us in full force. You, our GOD,
had a perfect right to do this since we persistent-
ly and defiantly ignored you.
15-17 "'Master, you are our God, for you delivered
your people from the land of Egypt in a show
of power—people are still talking about it! We
confess that we have sinned, that we have lived
bad lives. Following the lines of what you have
always done in setting things right, setting people
right, please stop being so angry with Jerusa-
lem, your very own city, your holy mountain.
We know it's our fault that this has happened,
all because of our sins and our parents' sins,
and now we're an embarrassment to everyone
around us. We're a blot on the neighborhood.
So listen, God, to this determined prayer of your
servant. Have mercy on your ruined Sanctuary.
Act out of who you are, not out of what we are.
18 "'Turn your ears our way, God, and listen.
Open your eyes and take a long look at our
ruined city, this city named after you. We know
that we don't deserve a hearing from you. Our
appeal is to your compassion. This prayer is our
last and only hope:

19 "'Master, listen to us!
Master, forgive us!
Master, look at us and do something!
Master, don't put us off!
Your city and your people are named after
you:
You have a stake in us!'

Seventy Sevens

20-21 "While I was pouring out my heart, baring
my sins and the sins of my people Israel, praying
my life out before my GOD, interceding for the
holy mountain of my God—while I was absorbed

봤던 사람 모습의 가브리엘이 새처럼 날아서 내게 다가왔다.
22-23 그가 내 앞에 서서 말했다. '다니엘아, 너에게 깨달음을 주려고 내가 왔다. 네가 기도를 시작하자마자 응답이 내렸고, 나는 그 응답을 네게 전해 주려고 왔다. 네가 참으로 큰 사랑을 받고 있구나! 그러니 이 응답을 잘 들어라. 계시의 분명한 뜻에 귀를 기울여라.
24 네 백성과 네 거룩한 도성의 반역을 제압하고, 죄를 멈추게 하고, 범죄를 쓸어 내고, 모든 일을 영원히 바로잡으며, 예언자가 본 것을 확증하고, 지성소에 기름을 붓는 데 일흔 이레의 기간이 정해졌다.
25-26 너는 다음의 사실을 반드시 깨닫고 알아야 한다. 예루살렘을 재건하라는 말씀이 내리는 때부터 기름부음 받은 지도자가 오기까지, 일곱 이레가 지날 것이다. 재건 기간은 길을 닦고 못을 두르는 일까지 포함해서 예순두 이레가 걸릴 것인데, 힘겨운 시간이 될 것이다. 예순두 이레 후에, 기름부음 받은 지도자가 살해될 것이다. 그의 최후다. 새로 오는 지도자의 군대가 도성과 성소를 폐허로 만들 것이다. 홍수에 휘말리듯 도성이 종말을 맞을 것이다. 마지막까지 전쟁이 휘몰아쳐서 그 땅이 전부 황폐하게 될 것이다.
27 그런 다음 한 이레 동안 그는 많은 자들과 강력한 동맹을 맺을 것인데, 그 이레의 반이 지날 즈음, 그가 예배와 기도를 그 땅에서 추방할 것이다. 예배장소에는 신성을 모독하는 역겹고 흉측한 우상이 세워지겠고, 신성을 모독한 자가 마지막을 맞을 때까지 그곳에 서 있을 것이다.'"

티그리스 강 가에서 본 환상

10 1 페르시아의 고레스 왕 삼년에, 바빌론 이름으로 벨드사살이라고 하는 다니엘이 한 메시지를 깨달았다. 그것은 큰 전쟁에 대한 진상을 알려 주는 메시지였다. 그는 계시를 받아 그 메시지의 뜻을 깨달았다.
2-3 "그때에, 나 다니엘은 예루살렘을 위해 세 주간 애곡하는 시간을 갖고 있었다. 나는 간단한 음식만 먹었고, 조미료나 고기나 포도주는 입에 대지 않았다. 세 주가 지나기 전에는 목욕도 하지 않고 면도도 하지 않았다.
4-6 첫째 달 이십사일에, 나는 큰 강 티그리스 강둑에 서 있었는데, 거기서 위를 올려다보고 깜짝 놀랐다. 허리에 순금 허리띠를 매고 모시옷

in this praying, the humanlike Gabriel, the one I had seen in an earlier vision, approached me, flying in like a bird about the time of evening worship.
22-23 "He stood before me and said, 'Daniel, I have come to make things plain to you. You had no sooner started your prayer when the answer was given. And now I'm here to deliver the answer to you. You are much loved! So listen carefully to the answer, the plain meaning of what is revealed:
24 "'Seventy sevens are set for your people and for your holy city to throttle rebellion, stop sin, wipe out crime, set things right forever, confirm what the prophet saw, and anoint The Holy of Holies.
25-26 "'Here is what you must understand: From the time the word goes out to rebuild Jerusalem until the coming of the Anointed Leader, there will be seven sevens. The rebuilding will take sixty-two sevens, including building streets and digging a moat. Those will be rough times. After the sixty-two sevens, the Anointed Leader will be killed—the end of him. The city and Sanctuary will be laid in ruins by the army of the newly arriving leader. The end will come in a rush, like a flood. War will rage right up to the end, desolation the order of the day.
27 "'Then for one seven, he will forge many and strong alliances, but halfway through the seven he will banish worship and prayers. At the place of worship, a desecrating obscenity will be set up and remain until finally the desecrator himself is decisively destroyed.'"

A Vision of a Big War

10 1 In the third year of the reign of King Cyrus of Persia, a message was made plain to Daniel, whose Babylonian name was Belteshazzar. The message was true. It dealt with a big war. He understood the message, the understanding coming by revelation:
2-3 "During those days, I, Daniel, went into mourning over Jerusalem for three weeks. I ate only plain and simple food, no seasoning or meat or wine. I neither bathed nor shaved until the three weeks were up.
4-6 "On the twenty-fourth day of the first month I was standing on the bank of the great river, the

을 입은 어떤 이가 거기에 있었다! 그의 몸은 보석 조각처럼 단단하고 반짝였으며, 얼굴은 빛났고 눈은 횃불처럼 이글거렸다. 팔과 발은 청동처럼 광채가 났고, 깊이 울리는 음성은 거대한 합창소리 같았다.

7-8 그 광경을 나 다니엘 혼자서만 보았다. 같이 있던 다른 사람들은 그 광경을 보지 못했는데도 두려움에 사로잡혀 모두 도망쳐 숨었다. 사람들이 모두 떠나 홀로 남겨진 나는, 무릎이 후들후들 떨리고 얼굴에 핏기도 가셨다.

9-10 그때 그의 음성이 들려왔다. 그가 말하는 소리에 나는 정신을 잃은 채 얼굴을 땅바닥에 대고 쓰러졌다. 그러자 어떤 손이 나를 어루만지더니, 내 손과 무릎이 땅에 닿도록 일으켰다.

11 그가 말했다. '뛰어난 자 다니엘아, 귀 기울여 나의 메시지를 들어라. 일어서라. 곧게 서라. 네게 이 소식을 전해 주려고 내가 보냄을 받았다.'

그의 말을 듣고 내가 일어섰으나, 여전히 떨고 있었다.

12-14 '다니엘아, 진정하여라.' 그가 계속해서 말했다. '두려워하지 마라. 네가 이 일을 깨달으려고 네 자신을 낮춘 순간부터, 하나님은 네 기도를 들으셨다. 그리고 내가 너에게 왔다. 페르시아 왕국의 천사장이 내 길을 가로막아 시간이 세 주나 지체되었지만, 가장 높은 천사장 가운데 하나인 미가엘이 나서서 나를 도와주었다. 나는 그를 페르시아 왕국의 왕과 함께 있게 놔두고 떠나왔다. 마침내 네 백성에게 일어날 일을 네게 보이기 위해 이렇게 온 것이다. 이 환상은 장차 있을 일에 대한 것이다.'

15-17 그가 말을 하는 동안, 나는 땅만 보며 아무 말도 하지 못했다. 그때 갑자기 사람 손 같은 것이 내 입술을 어루만졌다. 그러자 내 입이 열리고 그에게 말을 하기 시작했다. '주여, 저는 주를 보고서 두려움에 사로잡혔습니다. 무릎이 후들후들 떨리고 움직일 수조차 없습니다. 사지가 굳고 숨을 쉬기조차 어려운데, 미천한 종인 제가 어떻게 감히 주와 이야기할 수 있겠습니까?'

18-19 그러자 사람 모습의 그가 다시 한번 나를 어루만지며 힘을 북돋아 주었다. 그가 말했다. '친구여, 두려워하지 마라. 평안하여라. 다 잘될 것이다. 용기를 가져라. 힘을 내라.'

그가 말을 할 때에, 내 속에서 용기가 솟아올랐

Tigris. I looked up and to my surprise saw a man dressed in linen with a belt of pure gold around his waist. His body was hard and glistening, as if sculpted from a precious stone, his face radiant, his eyes bright and penetrating like torches, his arms and feet glistening like polished bronze, and his voice, deep and resonant, sounded like a huge choir of voices.

7-8 "I, Daniel, was the only one to see this. The men who were with me, although they didn't see it, were overcome with fear and ran off and hid, fearing the worst. Left alone after the appearance, abandoned by my friends, I went weak in the knees, the blood drained from my face.

9-10 "I heard his voice. At the sound of it I fainted, fell flat on the ground, face in the dirt. A hand touched me and pulled me to my hands and knees.

11 "'Daniel,' he said, 'man of quality, listen carefully to my message. And get up on your feet. Stand at attention. I've been sent to bring you news.'

"When he had said this, I stood up, but I was still shaking.

12-14 "'Relax, Daniel,' he continued, 'don't be afraid. From the moment you decided to humble yourself to receive understanding, your prayer was heard, and I set out to come to you. But I was waylaid by the angel-prince of the kingdom of Persia and was delayed for a good three weeks. But then Michael, one of the chief angel-princes, intervened to help me. I left him there with the prince of the kingdom of Persia. And now I'm here to help you understand what will eventually happen to your people. The vision has to do with what's ahead.'

15-17 "While he was saying all this, I looked at the ground and said nothing. Then I was surprised by something like a human hand that touched my lips. I opened my mouth and started talking to the messenger: 'When I saw you, master, I was terror-stricken. My knees turned to water. I couldn't move. How can I, a lowly servant, speak to you, my master? I'm paralyzed. I can hardly breathe!'

18-19 "Then this humanlike figure touched me again and gave me strength. He said, 'Don't be afraid, friend. Peace. Everything is going to be all right. Take courage. Be strong.'

다. 내가 말했다. '이제 말씀하십시오. 주께서 제게 용기를 불어넣어 주셨습니다.'

20-21 그가 말했다. '너는 내가 왜 네게 왔는지 아느냐? 이제 나는 돌아가서 페르시아의 천사장과 싸워야 한다. 내가 그를 물리치면 그리스의 천사장이 올 것이다. 그러나 나는 그 전에 먼저, 진리의 책에 기록된 것을 네게 말해 주려고 한다. 그 싸움에서 나를 도울 수 있는 이는 너희 천사장 미가엘밖에 없다.'"

11

1 "'나 역시, 메대 사람 다리오 일 년부터 있는 힘을 다해 그를 도왔다.'"

남쪽 왕과 북쪽 왕이 싸우리라

2 "'이제 내가 이 일의 진상을 말해 주겠다. 페르시아에 세 왕이 더 등장하겠고, 그 다음 넷째 왕은 그들 모두보다 더 큰 부를 얻을 것이다. 그는 재물이 쌓인 만큼 힘도 커졌다 여기고, 그리스 나라 전체를 상대로 전쟁을 일으킬 것이다.

3-4 그때 한 강력한 왕이 나타나서 거대한 영토를 차지하고, 세상을 좌지우지할 것이다. 그러나 전부를 장악한 듯 보였던 권력의 정점에서, 그의 나라는 동서남북 사방 넷으로 나뉠 것이다. 그의 상속자들은 아무것도 얻지 못하고, 그의 왕위도 계승하지 못할 것이다. 다른 자들이 그것을 놓고 쟁탈전을 벌여 나눠 가질 것이다.

5-6 그 후 남쪽 왕이 강해지겠으나, 그의 제후들 중 하나가 그보다 강력해지면서 더 큰 영토를 다스리게 될 것이다. 수년 후에, 남쪽 왕과 북쪽 왕은 협정을 맺고 평화 조약을 굳건히 하기 위해 남쪽 왕의 딸과 북쪽 왕이 결혼을 하게 될 것이다. 그러나 그녀의 영향력은 약화되고, 그녀의 아이도 살아남지 못할 것이다. 그녀와 그녀의 종들, 그녀의 아이와 그녀의 남편 모두 배신당하고 말 것이다.

6-9 그 얼마 후에, 왕족 출신의 한 사람이 나타나서 권력을 잡을 것이다. 그가 자기 군대를 이끌고 북쪽 왕의 요새에 쳐들어가 대승을 거둘 것이다. 그는 그 나라의 양철 신상

"Even as he spoke, courage surged up within me. I said, 'Go ahead, let my master speak. You've given me courage.'

20-21 "He said, 'Do you know why I've come here to you? I now have to go back to fight against the angel-prince of Persia, and when I get him out of the way, the angel-prince of Greece will arrive. But first let me tell you what's written in The True Book. No one helps me in my fight against these beings except Michael, your angel-prince.'"

11

1 "'And I, in my turn, have been helping him out as best I can ever since the first year in the reign of Darius the Mede.'

The Kings of the South and the North

2 "'But now let me tell you the truth of how things stand: Three more kings of Persia will show up, and then a fourth will become richer than all of them. When he senses that he is powerful enough as a result of his wealth, he will go to war against the entire kingdom of Greece.

3-4 "'Then a powerful king will show up and take over a huge territory and run things just as he pleases. But at the height of his power, with everything seemingly under control, his kingdom will split into four parts, like the four points of the compass. But his heirs won't get in on it. There will be no continuity with his kingship. Others will tear it to pieces and grab whatever they can get for themselves.

5-6 "'Next the king of the south will grow strong, but one of his princes will grow stronger than he and rule an even larger territory. After a few years, the two of them will make a pact, and the daughter of the king of the south will marry the king of the north to cement the peace agreement. But her influence will weaken and her child will not survive. She and her servants, her child, and her husband will be betrayed.

6-9 "'Sometime later a member of the royal family will show up and take over. He will take command of his army and invade the defenses of the king of the north and win a resounding victory. He will load up their tin gods and all the gold and silver trinkets that go with them and cart them off to Egypt. Eventually, the king

과 그것에 딸린 금은 장신구들을 모조리 수레에 싣고 이집트로 가져갈 것이다. 후에 전력을 회복한 북쪽 왕이 남쪽 왕의 지역으로 쳐들어가겠지만, 성공하지 못할 것이다. 그는 결국 퇴각하고 말 것이다.

10 그러나 이후, 그의 아들들이 대군을 일으켜 남쪽 요새로 물밀듯이 쳐들어갈 것이다.

11-13 격분한 남쪽 왕이 전장에 나가 북쪽 왕과 그의 대군과 싸워 대승을 거둘 것이다. 들판에 널린 시체들이 다 치워지기도 전에, 피에 광분한 그는 더 나아가 수만 명을 죽이는 대학살을 자행할 것이다. 그러나 그의 승리는 오래가지 못할 것이다. 처음보다 더 큰 군대를 규합한 북쪽 왕이, 엄청난 군사와 물자를 동원해 수년 후에 다시 쳐들어올 것이기 때문이다.

14 그때에, 많은 사람들이 일어나 남쪽 왕을 치러 나갈 것이다. 너희 백성 중에서도 성미 급한 자들이 꿈에 도취해 그 대열에 합류하겠지만, 소란만 일으키다가 말 것이다.

15-17 북쪽 왕이 와서, 공격용 축대를 쌓고 요새화된 도성을 함락시킬 것이다. 남쪽 군대는 무너질 것이다. 이름 높던 정예부대도 그의 공격을 당해내지 못할 것이다. 북쪽 왕은 그 땅을 다 차지하게 된 것처럼 의기양양하게 들어올 것이다. 그는 아름다운 지역, 팔레스타인을 점령하고 그곳에 주둔할 것이다. 그리고 하나도 빼지 않고 모조리 장악해 갈 것이다. 그는 남쪽 왕을 완전히 파멸시키려고 거짓 평화 조약을 맺고, 심지어 자기 딸을 남쪽 왕과 결혼시키기도 할 것이다. 그러나 그 계략은 결국 성공하지 못하고 수포로 돌아갈 것이다.

18-19 후에, 그가 해안 지역으로 관심을 돌려 많은 사람들을 포로로 잡겠지만, 마침내 한 장군이 나타나 그의 행패를 끝장낼 것이다. 북쪽 왕의 행패는 그 자신에게로 돌아갈 것이다! 그는 자기 나라로 돌아가서 군대를 추스르겠지만, 이미 한풀 꺾인 뒤여서 금세 잊혀지고 말 것이다.

20 그의 뒤를 이을 자는 별 볼 일 없는 위인으로, 처음부터 통치력과 명성과 권위가 형편없을 것이다. 그는 오래가지 못할 것이다. 싸움 한번 제대로 해보지 못하고 조용히 역사의 무대에서 사라질 것이다.

of the north will recover and invade the country of the king of the south, but unsuccessfully. He will have to retreat.

10 "'But then his sons will raise a huge army and rush down like a flood, a torrential attack, on the defenses of the south.

11-13 "'Furious, the king of the south will come out and engage the king of the north and his huge army in battle and rout them. As the corpses are cleared from the field, the king, inflamed with bloodlust, will go on a bloodletting rampage, massacring tens of thousands. But his victory won't last long, for the king of the north will put together another army bigger than the last one, and after a few years he'll come back to do battle again with his immense army and endless supplies.

14 "'In those times, many others will get into the act and go off to fight against the king of the south. Hotheads from your own people, drunk on dreams, will join them. But they'll sputter out.

15-17 "'When the king of the north arrives, he'll build siege works and capture the outpost fortress city. The armies of the south will fall to pieces before him. Not even their famous commando shock troops will slow down the attacker. He'll march in big as you please, as if he owned the place. He'll take over that beautiful country, Palestine, and make himself at home in it. Then he'll proceed to get everything, lock, stock, and barrel, in his control. He'll cook up a peace treaty and even give his daughter in marriage to the king of the south in a plot to destroy him totally. But the plot will fizzle. It won't succeed.

18-19 "'Later, he'll turn his attention to the coastal regions and capture a bunch of prisoners, but a general will step in and put a stop to his bullying ways. The bully will be bullied! He'll go back home and tend to his own military affairs. But by then he'll be washed up and soon will be heard of no more.

20 "'He will be replaced shortly by a real loser, his rule, reputation, and authority already in shreds. And he won't last long. He'll slip out of history quietly, without even a fight.

21-24 "'His place will be taken by a reject, a man spurned and passed over for advancement. He'll surprise everyone, seemingly coming out of nowhere, and will seize the kingdom. He'll come in like a steam-

21-24 그의 뒤를 이을 자는 실격자 취급을 받고 무시당하며 출셋길이 막혔던 인물로, 난데없이 등장해 모든 사람을 깜짝 놀라게 하면서 나라를 손아귀에 넣을 것이다. 그는 불도저처럼 밀어붙여 원수들을 모조리 깔아뭉개고, 심지어는 그와 동맹을 맺고 왕위에 오른 왕까지 짓뭉개 버릴 것이다. 휴전협정을 맺어 놓고도 서슴지 않고 위반하며, 몇몇 심복과 일을 도모해 마침내 전권을 장악할 것이다. 그는 비옥한 지방들을 골라 내키는 대로 침공할 것이다. 닥치는 대로 빼앗고 추종자들과 함께 사치와 향락을 일삼는 그의 행패는, 그의 가까운 조상이나 먼 조상 모두를 능가할 것이다.

24-26 그는 요새 도성들을 칠 계획을 세우지만, 결국 근시안적인 계획이었음이 드러날 것이다. 또 그는 남쪽 왕을 치려고 대군을 모아 전의를 불태울 것인데, 남쪽 왕도 이에 응해 자기 군대를—더 큰 대군을—모으고 싸울 태세를 갖출 것이다. 그러나 그 기세는 오래가지 못할 것이다. 내부 배신자의 악한 음모에 휘말려 그의 왕실이 벌집을 쑤셔 놓은 것처럼 될 것이기 때문이다. 남쪽 왕의 군대는 박살이 나고, 전장은 시체로 뒤덮일 것이다.

27 그 두 왕은 서로 음흉한 계략을 품고 협상 자리에 앉아서 거짓말을 주고받을 것이다. 그러나 그 거짓투성이 조약으로 얻는 것은 아무것도 없을 것이다. 이것이 끝이 아니다. 이야기가 끝나려면 아직 멀었다.

28 북쪽 왕은 노획물을 가득 싣고 자기 나라로 돌아가는 귀국길에, 거룩한 언약을 깨뜨리겠다는 생각을 할 것이다.

29-32 일 년 후에, 그는 다시 남쪽을 침공해 올 것이다. 그러나 두 번째 침공은 첫 번째 침공에 훨씬 못 미칠 것이다. 로마 배들이 당도하면, 그는 꽁무니를 빼고 그의 나라로 달아날 것이다. 그러나 귀국길에 그는, 거룩한 언약에 대해 분이 가득하게 될 것이다. 그는 거룩한 언약을 배신한 자들의 뒤를 봐주며 그들을 우대할 것이다. 그의 경호부대원들이 성소와 성채에 난입해 그곳을 더럽힐 것이다. 그들은 매일 드리는 예배를 폐하고, 신성모독적이고 역겨운 우상을 그곳에 세울 것이다. 북쪽 왕은 거룩한 언약을 배신한 자들을 감언이설로 꾀어 매수할 것이다. 그러나 용기를 내어 하나님께 충성을 다하는 이들은 완강히 저항할 것이다.

roller, flattening the opposition. Even the Prince of the Covenant will be crushed. After negotiating a cease-fire, he'll betray its terms. With a few henchmen, he'll take total control. Arbitrarily and impulsively, he'll invade the richest provinces. He'll surpass all his ancestors, near and distant, in his rape of the country, grabbing and looting, living with his cronies in corrupt and lavish luxury.

24-26 "'He will make plans against the fortress cities, but they'll turn out to be shortsighted. He'll get a great army together, all charged up to fight the king of the south. The king of the south in response will get his army—an even greater army—in place, ready to fight. But he won't be able to sustain that intensity for long because of the treacherous intrigue in his own ranks, his court having been honeycombed with vicious plots. His army will be smashed, the battlefield filled with corpses.

27 "'The two kings, each with evil designs on the other, will sit at the conference table and trade lies. Nothing will come of the treaty, which is nothing but a tissue of lies anyway. But that's not the end of it. There's more to this story.

28 "'The king of the north will go home loaded down with plunder, but his mind will be set on destroying the holy covenant as he passes through the country on his way home.

29-32 "'One year later he will mount a fresh invasion of the south. But the second invasion won't compare to the first. When the Roman ships arrive, he will turn tail and go back home. But as he passes through the country, he will be filled with anger at the holy covenant. He will take up with all those who betray the holy covenant, favoring them. The bodyguards surrounding him will march in and desecrate the Sanctuary and citadel. They'll throw out the daily worship and set up in its place the obscene sacrilege. The king of the north will play up to those who betray the holy covenant, corrupting them even further with his seductive talk, but those who stay courageously loyal to their God will take a strong stand.

33-35 "'Those who keep their heads on straight will teach the crowds right from wrong by their example. They'll be put to severe testing for a season: some

33-35 심지가 곧은 이들은 스스로 모범을 보여, 사람들에게 옳고 그름을 가르칠 것이다. 그들은 한 시절 동안 극심한 시련을 겪을 것이다. 어떤 자들은 살해되고, 어떤 자들은 화형을 당할 것이며, 어떤 자들은 포로로 끌려가고, 어떤 자들은 약탈을 당할 것이다. 극심한 시련 중에 그들은 약간의 도움을 얻겠지만, 충분하지는 않을 것이다. 도움을 주는 자들도 마지못해 도와줄 것이다. 심지가 곧고 충성스런 이들은 이 시련을 통해 단련되고 씻기며 정화될 것인데, 이야기가 끝나려면 아직 멀었기 때문이다.

36-39 한편, 북쪽 왕은 계속 제멋대로 날뛸 것이다. 그는 자신이 모든 신보다 더 위대하다며 스스로를 높일 것이다. 그는 신들의 신이신 하나님에게까지 도전하며 으스댈 것이다. 얼마 동안은—진노의 심판의 때가 다 찰 때까지—그가 무사할 것이다. 포고된 것은 반드시 시행되어야 하기 때문이다. 그는 자기 조상의 신들도 전혀 존중하지 않을 것이다. 여자들 사이에서 가장 인기 높은 신 아도니스에 대해서도 그러할 것이다. 그는 모든 신과 여신을 업신여기면서, 자신이 그들보다 더 위대하다고 뻐길 것이다. 심지어 그는 거룩한 이들의 하나님까지도 업신여길 것인데, 하나님께서 경배받으시는 장소에 누구도 들어 보지 못한 우상을 들여놓고, 그것을 금은보석으로 화려하게 장식할 것이다. 그는 낯선 신의 깃발을 높이 들고 주요 요새들을 공략할 것이며, 그 신을 섬기기로 한 자들을 권력의 요직에 앉히고 땅을 하사할 것이다.

40-45 이 이야기의 마지막은 이러하다. 남쪽 왕이 그와 맞서겠고, 북쪽 왕이 폭풍처럼 그를 덮칠 것이다. 전차부대와 기병부대와 대함대를 몰고 모든 것을 휩쓸며 내려올 것이다. 그가 아름다운 땅을 공격하고, 그 앞에서 사람들이 추풍낙엽처럼 쓰러질 것이다. 에돔과 모압과 몇몇 암몬 사람만이 화를 면할 것이다. 그는 손을 뻗어 이 나라 저 나라를 집어삼킬 것이다. 이집트도 예외가 되지는 못한다. 그는 이집트의 금은보화를 모조리 긁어모을 것이다. 리비아 사람과 에티오피아 사람들도 그에게 동조할 것이다. 그러나 그때 북쪽과 동쪽에서 불안한 소문이 들려와 그는 겁에 질릴 것이다. 그가 크게 노하여 사태를 진압하러 달려가지만, 지중해 바다와 거룩한 산 사이에 진—그 왕의 천막!—을 치는 순간, 그는 마지막을 맞게 될 것이다. 누구도 그를 도울 수 없으리라!"

killed, some burned, some exiled, some robbed. When the testing is intense, they'll get some help, but not much. Many of the helpers will be halfhearted at best. The testing will refine, cleanse, and purify those who keep their heads on straight and stay true, for there is still more to come.

36-39 "'Meanwhile, the king of the north will do whatever he pleases. He'll puff himself up and posture himself as greater than any god. He will even dare to brag and boast in defiance of the God of gods. And he'll get by with it for a while—until this time of wrathful judgment is completed, for what is decreed must be done. He will have no respect for the gods of his ancestors, not even that popular favorite among women, Adonis. Contemptuous of every god and goddess, the king of the north will puff himself up greater than all of them. He'll even stoop to despising the God of the holy ones, and in the place where God is worshiped he will put on exhibit, with a lavish show of silver and gold and jewels, a new god that no one has ever heard of. Marching under the banner of a strange god, he will attack the key fortresses. He will promote everyone who falls into line behind this god, putting them in positions of power and paying them off with grants of land.

40-45 "'In the final wrap-up of this story, the king of the south will confront him. But the king of the north will come at him like a tornado. Unleashing chariots and horses and an armada of ships, he'll blow away anything in his path. As he enters the beautiful land, people will fall before him like dominoes. Only Edom, Moab, and a few Ammonites will escape. As he reaches out, grabbing country after country, not even Egypt will be exempt. He will confiscate the treasuries of Egyptian gold and silver and other valuables. The Libyans and Ethiopians will fall in with him. Then disturbing reports will come in from the north and east that will throw him into a panic. Towering in rage, he'll rush to stamp out the threat. But he'll no sooner have pitched camp between the Mediterranean Sea and the Holy Mountain—all those royal tents!—than he'll meet his end. And not a soul around who can help!'"

마지막 때

12 [1-2] "'바로 그때, 위대한 천사장이자 네 백성의 수호자인 미가엘이 나설 것이다. 그리고, 세상이 만들어진 이래 최악의 환란이 임할 것이다. 그러나 네 백성, 그 책에 기록되어 있는 이들은 한 사람도 빠지지 않고 그 환란에서 구원을 받을 것이다. 오래전에 죽어 묻힌 많은 자들이 깨어나서, 어떤 자들은 영원한 생명을 얻고 어떤 자들은 영원한 수치를 겪게 될 것이다.

[3] 지혜롭게 산 사람들은 총총한 밤하늘의 별처럼 밝게 빛날 것이다. 사람들을 바른 길로 인도하여 살린 사람들은 별처럼 영원히 빛날 것이다.

[4] 다니엘아, 이 말씀은 기밀사항이다. 너만 보고 들었으니, 이것을 비밀로 간직해라. 마지막 때까지 이 책을 봉인해 두어라. 그때까지 많은 사람들이 이 내용을 알아내려고 이리저리 뛰어다닐 것이다.'"

[5-6] "나 다니엘이 이 모든 말씀을 곱씹고 있을 때, 두 인물이 나타났다. 한 사람은 강 이쪽 언덕에, 다른 한 사람은 저쪽 언덕에 서 있었다. 그들 중 한 사람이, 모시옷을 입고 강물 위쪽에 서 있는 셋째 사람에게 물었다. '이 놀라운 이야기는 언제 끝이 납니까?'

[7] 모시옷을 입고 강물 위쪽에 서 있는 사람이, 하늘을 향해 두 손을 들었다. 그는 영원하신 분을 두고 엄숙히 맹세하면서, 이 이야기는 한 때와 두 때와 반 때 동안 이어지다가, 거룩한 백성을 압제하는 자가 패망할 때 완성된다고 말했다.

[8] 명확히 듣기는 했지만, 나는 그 뜻을 이해하지 못했다. 그래서 물었다. '주님, 제게 그 뜻을 알려 주시겠습니까?'

[9-10] '다니엘아, 너는 그저 네 할 일을 계속하여라.' 그가 말했다. '이 메시지는 마지막이 될 때까지, 마지막이 올 때까지 기밀사항으로 봉인되어 있을 것이다. 많은 사람이 깨끗이 씻겨져 새 사람이 될 것이다. 그러나 악한 사람은 무슨 일이 벌어지는지도 모른 채 계속 악을 저지를 것이다. 지혜 있게 사는 사람들은 그 되어지는 일을 깨닫게 될 것이다.'"

[11] "매일 드리는 예배가 성전에서 사라지고, 그

The Worst Trouble the World Has Ever Seen

12 [1-2] "'That's when Michael, the great angel-prince, champion of your people, will step in. It will be a time of trouble, the worst trouble the world has ever seen. But your people will be saved from the trouble, every last one found written in the Book. Many who have been long dead and buried will wake up, some to eternal life, others to eternal shame.

[3] "'Men and women who have lived wisely and well will shine brilliantly, like the cloudless, star-strewn night skies. And those who put others on the right path to life will glow like stars forever.

[4] "'This is a confidential report, Daniel, for your eyes and ears only. Keep it secret. Put the book under lock and key until the end. In the interim there is going to be a lot of frantic running around, trying to figure out what's going on.'

[5-6] "As I, Daniel, took all this in, two figures appeared, one standing on this bank of the river and one on the other bank. One of them asked a third man who was dressed in linen and who straddled the river, 'How long is this astonishing story to go on?'

[7] "The man dressed in linen, who straddled the river, raised both hands to the skies. I heard him solemnly swear by the Eternal One that it would be a time, two times, and half a time, that when the oppressor of the holy people was brought down the story would be complete.

[8] "I heard all this plainly enough, but I didn't understand it. So I asked, 'Master, can you explain this to me?'

[9-10] "'Go on about your business, Daniel,' he said. 'The message is confidential and under lock and key until the end, until things are about to be wrapped up. The populace will be washed clean and made like new. But the wicked will just keep on being wicked, without a clue about what is happening. Those who live wisely and well will understand what's going on.'

[11] "From the time that the daily worship is banished

자리에 역겹고 흉측한 우상이 세워지는 때로부
터 1,290일이 흐를 것이다.
12 1,335일 동안 인내하며 견디는 사람들은 진
실로 복되다.
13 그러니 네가 어떻게 해야겠느냐? 불안해하거
나 염려하지 말고, 네 할 일을 해나가라. 마음을
편히 가져라. 모든 일이 끝날 때, 너는 일어나서
상급을 받을 것이다."

from the Temple and the obscene desecration is set
up in its place, there will be 1,290 days.
12 "Blessed are those who patiently make it through
the 1,335 days.
13 "And you? Go about your business without
fretting or worrying. Relax. When it's all over, you
will be on your feet to receive your reward."

호세아 | 머리말

사랑 이야기가 홍수를 이루는 세상이다. 하지만 대개는 거짓이다. 실은 사랑 이야기가 아니라 욕정과 섹스 판타지, 지배욕에 대한 이야기일 뿐이다. 우리는 요람에서부터 사랑에 대한 거짓말들을 듣고 자란다.

그런 거짓말들은 우리의 인간관계—남자와 여자, 부모와 자녀, 친구와 친구 사이—에 혼란을 가져올 뿐 아니라 더 나아가, 우리가 하나님과 맺는 관계에도 혼란을 가져온다. 모든 현실 위에 태산처럼 우뚝 솟아 있는 거대한 실재는 바로 하나님은 사랑이시라는 사실, 곧 하나님이 이 세상을 사랑하신다는 사실이다. 이 사랑은 우리가 매일같이 마주하고 다루는 현실의 작은 일 하나하나에까지 모두 스며들어 있다.

그런데 사랑에 대한 거짓말들에 속아 지성과 상상력이 제 기능을 잃은 사람은, 우리 삶을 이루는 근원적 요소인 이 사랑을—'사랑'이라는 명사와 '사랑하다'라는 동사를—제대로 이해할 수 없게 된다. 삶의 근본 방향을 잡아 주는 말이어야 할 "하나님은 사랑이시다"에, 세상의 참모습을 가리고 왜곡시키는 온갖 문화적 낙서들이 덧칠되어 있다면, 우리는 삶을 참되게 사는 일에 크게 진보할 수가 없다. 참되게 살기 위해서는 사랑에 대해 참되게 말하는 이야기들이 필요하다.

호세아는 사랑의 예언자다. 하지만 우리가 상상하거나 공상하는 그런 사랑이 아니다. 예언자 호세아는, 당신의 백성을 향한 하나님의 사랑의 비유(parable)다. 다시 말해, 호세아는 하나님께서 계시하시고 행하신 사랑을 비유로 보여주는 삶을 산 것이다. 우리는 이 이야기에 놀란다. 예언자가 매춘부와 결혼해 자녀를 낳으라는 명령을 받는 이야기이니 말이다. 그러나 이 이야기의 메시지는 우리를 더욱 놀라게 한다. 그것은 하나님이 바로 이러한 방식으로 우리를 사랑하신다는 것이다. 하나님은 우리의 상태가 최악일 때 우리를 찾아오시고, 우리를 얻기까지 끊임없이 구애하시고, 참된 사랑을 몰랐던 우리를 마침내 사랑의 사람들로 변화시키신다. 그분은 말씀하신다.

"내가 그들의 방자함을 고쳐 주고,
그들을 아낌없이 사랑하리라. 이제 나의 노가 다 풀렸다.

We live in a world awash in love stories. Most of them are lies. They are not love stories at all—they are lust stories, sex-fantasy stories, domination stories. From the cradle we are fed on lies about love.

This would be bad enough if it only messed up human relationships—man and woman, parent and child, friend and friend—but it also messes up God-relationships. The huge, mountainous reality of all existence is that God is love, that God loves the world. Each single detail of the real world that we face and deal with day after day is permeated by this love.

But when our minds and imaginations are crippled with lies about love, we have a hard time understanding this fundamental ingredient of daily living, "love," either as a noun or as a verb. And if the basic orienting phrase "God is love" is plastered over with cultural graffiti that obscure and deface the truth of the way the world is, we are not going to get very far in living well. We require true stories of love if we are to live truly.

Hosea is the prophet of love, but not love as we imagine or fantasize it. He was a parable of God's love for his people lived out as God revealed and enacted it—a lived parable. It is an astonishing story: a prophet commanded to marry a common whore and have children with her. It is an even more astonishing message: God loves us in just this way—goes after us at our worst, keeps after us until he gets us, and makes lovers of men and women who know nothing of real love. He says,

"I will heal their waywardness.
I will love them lavishly. My anger is played out.

내가 이스라엘과 다시 시작할 것이다.
그는 봄철의 백합화처럼 활짝 피어나리라.
상수리나무처럼 깊이 뿌리 내리고,
거대한 숲을 이루리라!
그는 거목처럼 장려해질 것이다.
백향목 숲 같은 향기를 낼 것이다!
그의 곁에 있는 자들도 그로 인해 복을 받아,
황금들판처럼 번성하리라.
모두가 그들에 대해 이야기꽃을 피우며,
그들을 두고 하나님의 으뜸가는 자녀라 칭송할 것이다.
에브라임은 이제 가짜 신들과의 관계를 끝냈다.
이제부터 그에게 해답과 만족을 주는 이는 바로 나다.
나는 풍요로운 과일나무와 같다.
네게 필요한 모든 것이 내 안에 다 있다."
(호 14:4-8)

I will make a fresh start with Israel.
He'll burst into bloom like a crocus in the spring.
He'll put down deep oak tree roots,
he'll become a forest of oaks!
He'll become splendid – like a giant sequoia,
his fragrance like a grove of cedars!
Those who live near him will be blessed by him,
be blessed and prosper like golden grain.
Everyone will be talking about them,
spreading their fame as the vintage children of God.
Ephraim is finished with gods that are no-gods.
From now on I'm the one who answers and satisfies him.
I am like a luxuriant fruit tree.
Everything you need is to be found in me."
(Hosea 14:4-8)

이 이야기와 이 안의 언어들을 마음으로 받아들일 때, 우리는 하나님에 대해 전보다 훨씬 더 정확히 알게 된다. 그때에야 비로소 우리는, 우리를 사랑하시는 하나님을 대하는 일과 우리를 사랑하지 않는 이웃을 사랑하는 일에 있어, 그동안 우리를 무능하게 만들어 온 온갖 왜곡된 — 감상적이고 신경증적인 — 형태의 사랑들로부터 치유받기 시작한다.

Once we absorb this story and the words that flow from it, we will know God far more accurately. And we will be well on our way to being cured of all the sentimentalized and neurotic distortions of love that incapacitate us from dealing with the God who loves us and loving the neighbors who don't love us.

호세아

1
[1] 브에리의 아들 호세아에게 임한 하나님의 메시지다. 이는 유다 왕 웃시야, 요담, 아하스, 히스기야의 통치기간 중에 그에게 임했다. 이 시기는 요아스의 아들 여로보암이 이스라엘의 왕으로 다스리던 때이기도 하다.

나라 전체가 사창가가 되었다

2 하나님께서 호세아에게 하신 첫 말씀은 이러하다.

"너는 창녀 하나를 만나 그녀와 결혼하여라.
그리고 그 창녀에게서 자식을 낳아라.
이 나라 전체가 사창가가 되어 버렸기 때문이다. 나라 전체가
나 하나님에게 부정을 저지른 창녀들의 소굴이 되어 버렸다."

3 호세아는 그렇게 했다. 그는 디블라임의 딸 고멜을 택했다. 고멜은 임신하여 호세아의 아들을 낳았다.
4-5 그러자 하나님께서 호세아에게 말씀하셨다.

"그의 이름을 이스르엘이라고 하여라. 머지않아 나는 이스라엘 백성이
이스르엘에서 저지른 대학살에 대해 대가를 치르게 할 것이기 때문이다.
나는 그렇게 해서 이스라엘 왕국과 셈을 끝낼 것이다.
값을 치를 날이 다가오고 있다! 내가 이스르엘 골짜기에서
이스라엘의 활과 화살들을 다 부서뜨리고, 그것들을 땔감으로 삼을 것이다."

HOSEA

1
[1] This is God's Message to Hosea son of Beeri. It came to him during the royal reigns of Judah's kings Uzziah, Jotham, Ahaz, and Hezekiah. This was also the time that Jeroboam son of Joash was king over Israel.

This Whole Country Has Become a Whorehouse

2 The first time GOD spoke to Hosea he said:

"Find a whore and marry her.
Make this whore the mother of your children.
And here's why: This whole country
has become a whorehouse, unfaithful to me, GOD."

3 Hosea did it. He picked Gomer daughter of Diblaim. She got pregnant and gave him a son.
4-5 Then GOD told him:

"Name him Jezreel. It won't be long now before
I'll make the people of Israel pay for the massacre at Jezreel.
I'm calling it quits on the kingdom of Israel.
Payday is coming! I'm going to chop Israel's bows and arrows
into kindling in the valley of Jezreel."

6-7 Gomer got pregnant again. This time she

6-7 고멜이 다시 임신했다. 이번에 그녀는 딸을 낳았
다. 하나님께서 호세아에게 말씀하셨다.

"그 아이의 이름은 '자비를 못 얻음'이라고 하여라.
나는 이제 이스라엘이라는 말만 들어도 신물이 나기 때문이다.
내 자비는 동이 났다. 이제 더 이상의 용서는 없다.
하지만 유다는 다르다. 그들에게는 계속 자비를 베풀 참이다.
내가 그들을 구원할 것이다. 그들이 구원받는 것은
그들의 군비나 군대, 말과 사람의 힘 때문이 아니라,
오직 그들의 하나님 때문이다."

8-9 '자비를 못 얻음'이 젖을 떼자, 고멜은 다시 임신하
여 아들을 낳았다. 하나님께서 말씀하셨다.

"그 아이의 이름을 '아무것도 아닌 자'라고 하여라.
너희는 내게 아무것도 아닌 자들이 되었고,
나 하나님도 너희에게 아무것도 아닌 하나님이 되었기 때문이다.

10-11 그러나 장차 이스라엘은 인구가 폭발적으로 늘
어, 그 수가 바닷가의 모래알같이 될 것이다. 전에 '아무것도 아닌 자'라고 불렸던 바로 그곳에서, 그들은 '하나님의 귀한 자'로 불리게 될 것이다. 유다의 모든 자들과 이스라엘의 모든 자들이 한 백성이 되어 함께 모일 것이다. 그들은 한 사람을 그들의 지도자로 세울 것이다. 그 무엇도 그들을 막을 수 없으리라! 그들은 이스르엘에서 위대한 날을 맞을 것이다!"

2
1 "너희 형제들의 이름을 '하나님의 귀한 자'로 고쳐 불러라.
너희 자매들의 이름을 '자비를 얻은 자'로 고쳐 불러라."

이제 파티는 끝났다

2-13 "너희 어머니를 법정으로 끌어내라. 그녀를 고발
하여라!
그녀는 더 이상 내 아내가 아니고,
나는 더 이상 그녀의 남편이 아니다.
그녀에게 창녀처럼 입고 다니지 말라고,
가슴을 전시하고 다니지 말라고 전하여라.
그녀가 내 말을 따르지 않으면, 나는 그녀의 옷을 다 빼앗고,

had a daughter. GOD told Hosea:

"Name this one No-Mercy. I'm fed up with Israel.
I've run out of mercy. There's no more forgiveness.
Judah's another story. I'll continue having mercy on them.
I'll save them. It will be their GOD who saves them,
Not their armaments and armies,
not their horsepower and manpower."

8-9 After Gomer had weaned No-Mercy, she got
pregnant yet again and had a son. GOD said:

"Name him Nobody. You've become nobodies to me,
and I, GOD, am a nobody to you.

10-11 "But down the road the population of
Israel is going to explode past counting, like sand on the ocean beaches. In the very place where they were once named Nobody, they will be named God's Somebody. Everybody in Judah and everybody in Israel will be assembled as one people. They'll choose a single leader. There'll be no stopping them—a great day in Jezreel!"

2
1 "Rename your brothers 'God's Somebody.'
Rename your sisters 'All Mercy.'

Wild Weekends and Unholy Holidays

2-13 "Haul your mother into court. Accuse her!
She's no longer my wife.
I'm no longer her husband.
Tell her to quit dressing like a whore,
displaying her breasts for sale.
If she refuses, I'll rip off her clothes
and expose her, naked as a newborn.
I'll turn her skin into dried-out leather,
her body into a badlands landscape,

갓 태어난 아기처럼 완전히 발가벗길 것이다.
그녀의 피부를 바싹 마른 가죽처럼 만들고,
그녀의 몸을 황량한 불모지와
사막에 쌓여 있는 뼈 무더기처럼 되게 할 것이다.
하나같이 사창가에서 태어난 그녀의 자식들도
나는 다 저버릴 것이다.
사실을 똑바로 보아라. 너희 어머니는 창녀였고,
사생아들을 낳았다.
그녀는 말한다. '나는 내 애인들을 찾아갈 거예요!
그들은 내게 포도주를 건네고 만찬을 베풀어 줄 거예요.
옷을 입혀 주고, 어루만지며,
향수를 뿌려 치장해 줄 거예요!'
그러나 나는 그녀를 꼼짝 못하게 만들 것이다.
그녀를 엉겅퀴 밭에 던지고,
막다른 뒷골목에 내다 버릴 것이다.
그녀는 애인들을 사냥하러 나서겠지만
하나도 건지지 못할 것이다.
위를 보나 아래를 보나
하나도 낚지 못할 것이다. 그제야 그녀는 말하리라.
'남편에게, 내 첫 남자였던 그에게 돌아가야겠어요.
이렇게 사는 것보다는 그때가 훨씬 나았으니까.'
그녀는 몰랐다. 그동안 그녀에게 포도주를 건네고,
만찬을 베풀며, 아름답게 단장시킨 이가
다름 아닌 나였다는 것을.
그녀가 광란의 바알 파티에서 허비해 버린
그 세련된 옷과 보석들을 건넨 이가
다름 아닌 나였다는 사실을 말이다.
나는 곧 그녀를 재판에 불러낼 것이다. 포도주도, 만찬도 이제 끝이다!
실크 속옷도 가운도 다 지난 이야기다.
나는 그녀의 음부가 노출되게 만들 것이며,
그녀 곁에서 하룻밤 애인 행세하던 자들도 그녀를 돕지 못할 것이다.
이제 파티는 끝났다. 내가 다 멈추게 할 것이다.
광란의 주말, 성스러움과 거리가 먼 축제일을 모두 멈추게 할 것이다.
그녀가 '화대 받아 산 것들!'이라고 자랑하던
사치스런 정원과 화려한 분수들을 내가 다 부서뜨릴 것이다.
그것들은 들개나 들고양이가 와서 먹을 것을 찾는
쓰레기 더미가 될 것이다.
나는 난잡한 종교에 탐닉한 그녀가 대가를 치르게 할 것이다.
육욕을 좇는 바알 숭배,
그에 따르기 마련인 그 모든 난잡한 성생활,

a rack of bones in the desert.
I'll have nothing to do with her children,
born one and all in a whorehouse.
Face it: Your mother's been a whore,
bringing bastard children into the world.
She said, 'I'm off to see my lovers!
They'll wine and dine me,
Dress and caress me,
perfume and adorn me!'
But I'll fix her: I'll dump her in a field of thistles,
then lose her in a dead-end alley.
She'll go on the hunt for her lovers
but not bring down a single one.
She'll look high and low
but won't find a one. Then she'll say,
'I'm going back to my husband, the one I started out with.
That was a better life by far than this one.'
She didn't know that it was I all along
who wined and dined and adorned her,
That I was the one who dressed her up
in the big-city fashions and jewelry
that she wasted on wild Baal-orgies.
I'm about to bring her up short: No more wining and dining!
Silk lingerie and gowns are a thing of the past.
I'll expose her genitals to the public.
All her fly-by-night lovers will be helpless to help her.
Party time is over. I'm calling a halt to the whole business,
her wild weekends and unholy holidays.
I'll wreck her sumptuous gardens and ornamental fountains,
of which she bragged, 'Whoring paid for all this!'
They will soon be dumping grounds for garbage,
feeding grounds for stray dogs and cats.
I'll make her pay for her indulgence in promiscuous religion—
all that sensuous Baal worship
And all the promiscuous sex that went with it,

나는 안중에도 없이,
한껏 꾸미고 남자들을 쫓아다닌 일에 대한 대가 말이다."
하나님의 메시지다!

백성을 향한 하나님의 사랑

14-15 "이제, 내가 하려는 일은 이것이다.
나는 처음부터 다시 시작하려고 한다.
그녀를 다시 광야로 데려갈 것이다.
우리가 첫 데이트를 했던 곳으로.
나는 거기서 그녀에게 구애하며,
장미 꽃다발을 선물할 것이다.
'비탄의 골짜기'를 '희망의 땅'으로 바꾸어 놓을 것이다.
그러면 그녀는 어린 소녀였을 적 그랬던 것처럼,
막 이집트에서 나왔을 적 그랬던 것처럼, 나를 대할 것이다."

16-20 계속 이어지는 하나님의 메시지다.
"그때는 네가 나를 '서방님!' 하고 부를 것이다.
다시는 나를 '주인님'이라 부르지 않을 것이다.
나는 비누로 너의 입을 깨끗이 씻기고,
입가에 묻은 더러운 거짓 신들의 이름을 말끔히 지워,
다시는 네가 그 이름들을 속삭이지 않게 할 것이다.
또, 너와 들짐승과 새와 파충류들 사이에
평화조약을 체결하고,
모든 전쟁 무기를 모조리 없앨 것이다.
생각해 보아라! 짐승과 악당들로부터 괴롭힘 당하지 않는 삶을!
나는 너와 결혼해 영원히 같이 살 것이다. 영원히!
나는 사랑과 애정을 가지고, 너와 정식으로 결혼할 것이다.
그렇다. 내가 너와 결혼하고 너를 떠나지 않을 것이며,
네가 떠나도록 내버려 두지도 않을 것이다.
너는 참으로 내가 하나님인 것을 알게 될 것이다."

21-23 "바로 그날에, 내가 응답할 것이다." 이는 하나님의 메시지다.
"나는 하늘에 응답하고 하늘은 땅에 응답할 것이며,
땅은 곡식과 포도주와 올리브기름에 응답하고,
그것들 모두는 이스르엘에 응답할 것이다.
나는 그녀를 좋은 땅에 심어,
'자비를 못 얻음'에게 자비를 베풀 것이다.
'아무것도 아닌 자'에게 '너는 이제 내게 귀한 자'라고 말해 주고,

stalking her lovers, dressed to kill,
And not a thought for me."
GOD's Message!

To Start All Over Again

14-15 "And now, here's what I'm going to do:
I'm going to start all over again.
I'm taking her back out into the wilderness
where we had our first date, and I'll court her.
I'll give her bouquets of roses.
I'll turn Heartbreak Valley into Acres of Hope.
She'll respond like she did as a young girl,
those days when she was fresh out of Egypt.

16-20 "At that time" – this is GOD's Message still –
"you'll address me, 'Dear husband!'
Never again will you address me,
'My slave-master!'
I'll wash your mouth out with soap,
get rid of all the dirty false-god names,
not so much as a whisper of those names again.
At the same time I'll make a peace treaty between you
and wild animals and birds and reptiles,
And get rid of all weapons of war.
Think of it! Safe from beasts and bullies!
And then I'll marry you for good – forever!
I'll marry you true and proper, in love and tenderness.
Yes, I'll marry you and neither leave you nor let you go.
You'll know me, GOD, for who I really am.

21-23 "On the very same day, I'll answer" – this is GOD's Message –
"I'll answer the sky, sky will answer earth,
Earth will answer grain and wine and olive oil,
and they'll all answer Jezreel.
I'll plant her in the good earth.
I'll have mercy on No-Mercy.
I'll say to Nobody, 'You're my dear Somebody,'

그는 내게 '주는 내 하나님이십니다!' 하고 말할 것이다."

때가 되면 그들이 돌아오리라

3 [1] 또 하나님께서 내게 명령하셨다. "처음부터
다시 시작하여라. 네 아내를 다시 사랑하여라.
지금도 최근에 사귄 남자와 침실에 누워 있는 네 아내,
너를 속이는 네 아내를 말이다.
하나님인 내가 이스라엘 백성을 사랑하듯, 그녀를 사랑하여라.
마음 내키는 대로 온갖 신들과 놀아나는 그들을
내가 여전히 사랑하듯 말이다."

2-3 나는 그렇게 했다. 그녀를 되찾기 위해 큰돈을 지불했다.
종 하나를 살 수 있는 돈을 들였다.
나는 그녀에게 말했다. "이제부터 당신은 나와 같이 살 것이오.
몸을 파는 일, 여러 남자들과 놀아나는 일은 이제 끝이오.
당신은 나와 같이 살고, 나는 당신과 같이 살 것이오."

4-5 이스라엘 백성은 오랜 시간을
안전과 보호 없이,
종교와 위로 없이,
경건과 기도 없이 살게 될 것이다.
그러나 때가 되면, 그들은 돌아올 것이다. 이 이스라엘 백성은
그들의 하나님과 그들의 다윗 왕을 찾아서 돌아올 것이다.
연단받은 그들이 돌아와서 하나님을 경외하며 살 것이다.
그분이 주시는 온갖 좋은 선물을 받아 누리면서,
그분의 사랑 이야기의 결말을 맞을 준비를 할 것이다.

신실한 자 아무도 없다

4 1-3 모든 이스라엘 사람들아, 주목하여라! 하나님의 메시지다!
하나님께서 백성 모두를 고발하신다.
"신실한 자 아무도 없다. 사랑하는 자 아무도 없다.
하나님에 대해 초보적인 지식이라도 가진 자 아무도 없다.
악담과 거짓말과 살해, 도둑질과 문란한 성생활,
무정부 상태, 끊임없는 살인들!
이 모든 일 때문에 땅이 울고,

and he'll say 'You're my God!'"

In Time They'll Come Back

3 [1] Then GOD ordered me, "Start all over: Love your wife again,
your wife who's in bed with her latest boyfriend, your cheating wife.
Love her the way I, GOD, love the Israelite people,
even as they flirt and party with every god that takes their fancy."

2-3 I did it. I paid good money to get her back.
It cost me the price of a slave.
Then I told her, "From now on you're living with me.
No more whoring, no more sleeping around.
You're living with me and I'm living with you."

4-5 The people of Israel are going to live a long time
stripped of security and protection,
without religion and comfort,
godless and prayerless.
But in time they'll come back, these Israelites,
come back looking for their GOD and their David-King.
They'll come back chastened to reverence
before GOD and his good gifts, ready for the End of the story of his love.

No One Is Faithful

4 1-3 Attention all Israelites! GOD's Message!
GOD indicts the whole population:
"No one is faithful. No one loves.
No one knows the first thing about God.
All this cussing and lying and killing, theft and loose sex,
sheer anarchy, one murder after another!
And because of all this, the very land itself weeps
and everything in it is grief-stricken—

땅의 모든 것이 비탄에 빠졌다.
들의 짐승과 나는 새들,
심지어 바다의 물고기까지도 기운을 잃고, 생기를 잃었다."

4-10 "그러나 비난할 대상을 찾지 마라.
손가락질할 생각 마라!
너, 제사장인 네가 바로 피고다.
너는 벌건 대낮에 비틀거리며 다닌다.
너를 따라 예언자들도 밤새도록 비틀거린다.
네 어머니도 다를 게 없다.
내 백성이 파멸한 것은
그들이 무엇이 옳고 참된 것인지 모르기 때문이다.
네가 지식에 등을 돌렸기에,
나도 너희 제사장들에게 등을 돌렸다.
네가 하나님의 계시를 알려고 하지 않으니,
나도 더 이상 네 자녀들을 알려고 하지 않는다.
제사장들은 그들의 수만큼이나 많은 죄를 짓는다.
그들은 자신의 영광을 팔아 수치를 샀다.
그들은 내 백성의 죄를 마구 먹어대고,
최신 유행하는 악을 범하는 일에 누구보다 빠르다.
그 결과가 이것이다. 누가 제사장이고 누가 일반 백성인지
구분할 수 없다.
나는 그들 모두가 죄의 대가를 치르게 하여,
그들이 살아온 잘못된 삶의 결과를 맛보게 할 것이다.
그들은 먹어도 여전히 배가 고프고,
섹스를 해도 만족을 느끼지 못할 것이다.
창녀와 놀아나려고 그들이
나, 곧 그들의 하나님을 저버렸다."

종교를 나들이로 여기는 너희여

11-14 "포도주에 취해
내 백성이 인사불성이 되었다.
그들은 죽은 나무에게 묻는가 하면,
막대기에게 대답을 기대한다.
섹스에 취해 집으로 돌아가는 길도 잊어버리고,
하나님을 대신해 자기 음부를 숭배한다.
그들은 산꼭대기에서 예배를 보며,
종교를 나들이 정도로 여긴다.
팔다리를 늘어지게 쭉 뻗고
언덕 위 상수리나무와 느릅나무 아래에 눕는다.
너희가 모르는 사이에 딸들이 창녀가 되고,

animals in the fields and birds on the wing,
even the fish in the sea are listless, lifeless.

4-10 "But don't look for someone to blame.
No finger pointing!
You, priest, are the one in the dock.
You stumble around in broad daylight,
And then the prophets take over and stumble all night.
Your mother is as bad as you.
My people are ruined
because they don't know what's right or true.
Because you've turned your back on knowledge,
I've turned my back on you priests.
Because you refuse to recognize the revelation of God,
I'm no longer recognizing your children.
The more priests, the more sin.
They traded in their glory for shame.
They pig out on my people's sins.
They can't wait for the latest in evil.
The result: You can't tell the people from the priests,
the priests from the people.
I'm on my way to make them both pay
and take the consequences of the bad lives they've lived.
They'll eat and be as hungry as ever,
have sex and get no satisfaction.
They walked out on me, their GOD,
for a life of rutting with whores.

They Make a Picnic Out of Religion

11-14 "Wine and whiskey
leave my people in a stupor.
They ask questions of a dead tree,
expect answers from a sturdy walking stick.
Drunk on sex, they can't find their way home.
They've replaced their God with their genitals.
They worship on the tops of mountains,
make a picnic out of religion.
Under the oaks and elms on the hills
they stretch out and take it easy.
Before you know it, your daughters are whores

아들의 아내들이 여러 남자와 잠자러 다닌다.
그러나 나는 몸 파는 너희 딸이나
간음하는 너희 며느리들의 뒤를 쫓지 않을 것이다.
내가 뒤쫓는 자는 그 창녀들과 놀아나는 사내들,
그 성스럽다는 사창가에서 예배하는 자들이다.
창녀들 때문에 인생을 파멸시키는 어리석은 백성이여!"

15-19 "이스라엘아, 너는 네 삶을 스스로 파멸시켰다.
유다도 같이 끌고 내려갈 생각은 마라!
길갈의 음란한 산당에 가지 말며,
죄의 도시 베델에 가지 마라.
하나님의 이름을 망령되이 부르거나,
'하나님이 너희에게 복 주신다'는 실없는 소리를 하고 다니지 마라.
이스라엘은 노새처럼 완고하다.
그러니 어떻게 하나님이 어린양을 치듯
그를 드넓은 초장으로 인도하실 수 있겠느냐?
에브라임은 우상에 중독되었다.
그대로 내버려 두어라.
술이 바닥나면,
하는 일이라곤 섹스, 섹스, 또 섹스다.
낯짝 두꺼운 그들은, 그 지저분한 방탕을
얼마나 사랑하는가!
회오리바람이 그들을 손아귀에 움켜쥐고 있고,
그들의 섹스 숭배는 결국 그들을 성 불구자로 만들어 놓는다."

하나님을 보아도 알아보지 못한다

5 1-2 "제사장들아, 귀 기울여 들어라!
이스라엘 백성들아, 주목하여라!
왕족들아, 다들 잘 들어라!
너희는 나라의 정의를 책임진 자들이다.
그러나 너희가 한 일이 무엇이냐?
미스바에서 백성들을 착취하고
다볼에서 그들을 벗겨 먹으며,
싯딤에서 그들을 희생 제물 삼았다.
내가 너희를 한 무더기로 벌하리라.

3-4 나는 너희, 에브라임을 속속들이 잘 알고 있다.
그렇다. 이스라엘아, 나는 너희를 꿰뚫어 보고 있다!
에브라임아, 너는 음란한 종교에 푹 빠졌다.
이스라엘 전체가 뿌리까지 썩었다.
그들은 오고 싶어도 하나님에게 돌아오지 못할 것

and the wives of your sons are sleeping around.
But I'm not going after your whoring daughters
or the adulterous wives of your sons.
It's the men who pick up the whores that I'm after,
the men who worship at the holy whorehouses—
a stupid people, ruined by whores!

15-19 "You've ruined your own life, Israel—
but don't drag Judah down with you!
Don't go to the sex shrine at Gilgal,
don't go to that sin city Bethel,
Don't go around saying 'GOD bless you' and not mean it,
taking God's name in vain.
Israel is stubborn as a mule.
How can GOD lead him like a lamb to open pasture?
Ephraim is addicted to idols.
Let him go.
When the beer runs out,
it's sex, sex, and more sex.
Bold and sordid debauchery—
how they love it!
The whirlwind has them in its clutches.
Their sex-worship leaves them finally impotent."

They Wouldn't Recognize God If They Saw Him

5 1-2 "Listen to this, priests!
Attention, people of Israel!
Royal family—all ears!
You're in charge of justice around here.
But what have you done? Exploited people at Mizpah,
ripped them off on Tabor,
Victimized them at Shittim.
I'm going to punish the lot of you.

3-4 "I know you, Ephraim, inside and out.
Yes, Israel, I see right through you!
Ephraim, you've played your sex-and-religion games long enough.
All Israel is thoroughly polluted.

이다.
그들의 악한 삶이 나쁜 습관이 되어 버렸기 때문이다.
그들은 내쉬는 숨까지도 창녀의 숨이다.
그들은 나 하나님을 보아도 알아보지 못할 것이다.

5-7 집채만 한 오만으로 잔뜩 부풀어 오른 그들,
세상 앞에 망신거리다.
그들, 이스라엘, 에브라임, 유다가 한 무더기로
비틀대며 죄의 도시를 누빈다.
설령 그들이 똑바로 살 결심을 하고
다시 한번 하나님을 찾아 나선다 해도,
그들은 이미 때가 늦었다는 사실을 알게 될 것이다.
나 하나님은 그들을 떠난 지 이미 오래다.
그들은 너무 오랫동안 나를 농락했다.
그들은 온 나라를 사생아들로 가득 채웠다.
메뚜기 재앙이 덮쳐,
그들의 포도밭을 황무지로 만들어 버릴 것이다.

8-9 기브아에서 숫양 뿔나팔을,
라마에서 군대나팔을 불어라!
'죄의 도시'에 적군의 침입을 알려라!
베냐민이 겁을 집어먹고 사색이 되게 하여라!
에브라임은 황폐해져,
쑥대밭이 될 것이다.
나는 이스라엘 지파들에게 그들의 실상을
가감 없이 말해 주겠다.

10 이스라엘의 통치자들은 자기 백성을 속이는
사기꾼이고 도둑놈들이다.
그래서 나는 노한다. 크게 노한다.
그들은 뼛속까지 사무치도록 내 진노를 느끼게 되리라.

11-12 잔혹한 에브라임은 이제 잔혹한 일을 당할 것이다.
자기가 준 대로 받을 것이다!
그는 헛된 길을 한사코
고집했다.
그러므로 나는 에브라임에게 고름이며,
유다 집에는 썩은 오물이다.

13 에브라임이 제 몸 병든 것을 깨닫고,
유다가 고름 흐르는 제 상처를 보았다.
에브라임은 앗시리아로 달려가,
그 대왕에게 도움을 청했다.
그러나 그는 너희를 고쳐 줄 수 없다.

They couldn't turn to God if they wanted to.
Their evil life is a bad habit.
Every breath they take is a whore's breath.
They wouldn't recognize GOD if they saw me.

5-7 "Bloated by arrogance, big as a house,
they're a public disgrace,
The lot of them – Israel, Ephraim, Judah –
lurching and weaving down their guilty streets.
When they decide to get their lives together
and go off looking for GOD once again,
They'll find it's too late.
I, GOD, will be long gone.
They've played fast and loose with me for too long,
filling the country with their bastard offspring.
A plague of locusts will
devastate their violated land.

8-9 "Blow the ram's horn shofar in Gibeah,
the bugle in Ramah!
Signal the invasion of Sin City!
Scare the daylights out of Benjamin!
Ephraim will be left wasted,
a lifeless moonscape.
I'm telling it straight, the unvarnished truth,
to the tribes of Israel.

10 "Israel's rulers are crooks and thieves,
cheating the people of their land,
And I'm angry, good and angry.
Every inch of their bodies is going to feel my anger.

11-12 "Brutal Ephraim is himself brutalized –
a taste of his own medicine!
He was so determined
to do it his own worthless way.
Therefore I'm pus to Ephraim,
dry rot in the house of Judah.

13 "When Ephraim saw he was sick
and Judah saw his pus-filled sores,
Ephraim went running to Assyria,
went for help to the big king.

그는 고름이 흐르는 너희의 상처를 치료해 줄 수 없다.

14-15 나는 에브라임에게 달려드는 큰곰,
유다에게 달려드는 어미 곰이다.
내가 그들을 갈기갈기 찢어 버릴 것이다. 그렇다. 내가 그렇게 할 것이다!
누구도 나를 막을 수 없다.
내가 그들을 끌고 갈 것이며,
누구도 그들을 도와줄 수 없다.
그런 다음 나는 내가 있던 곳으로 되돌아가,
그들이 제정신을 차릴 때까지 기다릴 것이다.
그들이 밑바닥까지 내려가면,
어쩌면 나를 찾을지도 모르니."

내가 너를 어찌해야겠느냐?

6 1-3 "이제 우리가 하나님께 돌아가자.
주께서 우리를 상하게 하셨으나, 이제 치료해 주실 것이다.
우리를 아프게 치셨지만,
다시 일으켜 주실 것이다.
우리가 이틀 내에 회복되고,
사흘째에는, 주께서 우리를 완전히 새롭게 해주실 것이다.
생기 넘치는 우리가 제 발로 서서,
그분의 얼굴을 마주 볼 수 있으리라.
우리가 하나님을 알자.
힘써 하나님을 알자.
날마다 새벽이 어김없이 오듯,
그분께서도 날마다 어김없이 오신다.
땅을 새롭게 하는 봄비처럼,
그분이 우리를 찾아오신다."

4-7 "에브라임아, 내가 너를 어떻게 해야겠느냐?
유다야, 내가 너를 어떻게 하면 좋겠느냐?
너희의 사랑 고백은
아침안개처럼, 새벽이슬처럼 덧없다.
그래서 내가 예언자들을 보내어 너희를 흔들어 깨우고,
그들이 네 뼛속까지 파고드는 내 말을 전한다.
빛처럼 번득이는 내 심판에,
너희가 깨어 있게 하려는 것이다.
내가 찾는 것은 너희의 변함없는 사랑이지, 더 많은 종교가 아니다.
내가 원하는 것은 너희가 하나님을 아는 것이지, 더 많은 기도회에 나가는 것이 아니다.

But he can't heal you.
He can't cure your oozing sores.

14-15 "I'm a grizzly charging Ephraim,
a grizzly with cubs charging Judah.
I'll rip them to pieces—yes, I will!
No one can stop me now.
I'll drag them off.
No one can help them.
Then I'll go back to where I came from
until they come to their senses.
When they finally hit rock bottom,
maybe they'll come looking for me."

Gangs of Priests Assaulting Worshipers

6 1-3 "Come on, let's go back to GOD.
He hurt us, but he'll heal us.
He hit us hard,
but he'll put us right again.
In a couple of days we'll feel better.
By the third day he'll have made us brand-new,
Alive and on our feet,
fit to face him.
We're ready to study GOD,
eager for God-knowledge.
As sure as dawn breaks,
so sure is his daily arrival.
He comes as rain comes,
as spring rain refreshing the ground."

4-7 "What am I to do with you, Ephraim?
What do I make of you, Judah?
Your declarations of love last no longer
than morning mist and predawn dew.
That's why I use prophets to shake you to attention,
why my words cut you to the quick:
To wake you up to my judgment
blazing like light.
I'm after love that lasts, not more religion.
I want you to know GOD, not go to more prayer meetings.
You broke the covenant—just like Adam!
You broke faith with me—ungrateful wretch-

너희는 언약을 깨뜨렸다. 아담처럼!
너희는 나와의 신의를 깨뜨렸다. 은혜를 모르는 비열한 인간처럼!

8-9 길르앗은 '죄의 도시'가 되었다.
거리마다 피가 흐른다.
전에는 도둑들이 행인을 강탈하더니,
이제는 제사장 무리가
세겜으로 여행중인 예배자들을 습격한다.
그들에게 신성한 것이란 없다.

10 나는 이스라엘 나라에서 실로 충격적인 광경을 보았다.
에브라임이 종교 매음굴에서 예배하는 모습,
이스라엘이 그와 함께 그곳 진창에서 뒹굴고 있는 모습이 그것이다.

11 유다야, 네 잘못도 저들 못지않다.
너 역시 이제 뿌린 대로 거둘 때가 되었다."

하나님의 경고에도 그분을 무시하는 이스라엘

7 1-2 "내가 이스라엘에게 다시 시작할 기회를 줄 때마다,
그의 더러운 전과를 말소해 줄 때마다,
에브라임은 금세 새로운 죄들로 전과를 쌓았고,
사마리아는 굵직한 반역죄를 더했다.
두 얼굴을 한 그들, 한 입으로 두말하는 그들,
너희를 속여 먹고, 벗겨 먹는다.
내가 모든 범죄를 기록하고 있다는 것을
그들은 생각도 못한다.
머리부터 발끝까지 지저분한 죄를 뒤집어쓰고 있는 그들,
나는 그들의 본색을, 그들이 하는 짓을 다 보고 있다.

3-7 그들은 사악한 곡예로 왕을 즐겁게 하고,
재주 좋은 거짓말로 제후들의 비위를 맞춘다.
색욕으로 달아오른 그들,
뜨겁게 달궈진 화덕 같다.
반죽된 가루가 빵이 될 때까지
계속 달궈져 있는 화덕.
왕실 축제일이 되면, 제후들은
포도주와 격앙된 군중들의 우롱에 취한다.
빨갛게 달아오르는 난로처럼
그들은 욕망으로 달아오른다.
밤새도록 쌓인 욕망은
아침에 불이 붙어, 게걸스럽게 널름거리는 불꽃이

es!

8-9 "Gilead has become Crime City—
blood on the sidewalks, blood on the streets.
It used to be robbers who mugged pedestrians.
Now it's gangs of priests
Assaulting worshipers on their way to Shechem.
Nothing is sacred to them.

10 "I saw a shocking thing in the country of Israel:
Ephraim worshiping in a religious whorehouse,
and Israel in the mud right there with him.

11 "You're as bad as the worst of them, Judah.
You've been sowing wild oats. Now it's harvest time."

Despite All the Signs, Israel Ignores God

7 1-2 "Every time I gave Israel a fresh start,
wiped the slate clean and got them going again,
Ephraim soon filled the slate with new sins,
the treachery of Samaria written out in bold print.
Two-faced and double-tongued,
they steal you blind, pick you clean.
It never crosses their mind
that I keep account of their every crime.
They're mud-spattered head to toe with the residue of sin.
I see who they are and what they've done.

3-7 "They entertain the king with their evil circus,
delight the princes with their acrobatic lies.
They're a bunch of overheated adulterers,
like an oven that holds its heat
From the kneading of the dough
to the rising of the bread.
On the royal holiday the princes get drunk
on wine and the frenzy of the mocking mob.
They're like wood stoves,

된다.
흉악한 그들, 화산처럼 폭발하여
그들의 통치자들을 태워 재로 만든다.
그렇게 왕들이 하나씩 죽어 나가는데,
아무도 나에게 관심 갖지 않는다.

8-10 에브라임은 이방인과 뒤섞여, 자기 자신을 잃어버렸다.
에브라임은 팔푼이다.
낯선 자들이 자기를 다 빨아먹는데도
눈치채지 못한다.
제 머리가 백발이 되었는데도
알아차리지 못한다.
오만이 집채만큼 부풀어 오른 이스라엘,
세상 앞에 망신거리다.
하나님은 안중에도 없이 떠도는 이스라엘,
그 모든 경고에도, 여전히 하나님을 무시하고 다닌다.

11-16 에브라임은 새대가리다.
아둔하고 미련하기 짝이 없다.
처음에는 이집트에 붙어서 짹짹거리더니,
다음에는 앗시리아에게 팔랑거리며 날아간다.
나는 그물을 던져 그들을 잡아들일 것이다.
그들의 날개를 잘라 버릴 것이다.
혼쭐을 내 줄 것이다!
집을 뛰쳐나간 그들, 화가 있으리라!
내게 도전한 그들, 큰일을 맞으리라!
내게 밥 먹듯이 거짓말하는 그들을
내가 도와주어야 하는가?
내게 마음을 쏟아 기도하고 부르짖는 대신에
그들은 창녀들과 어울려 침대에서 소리를 질러 대고,
음란한 광란의 종교 파티에서 피가 흥건하게 놀면서도
정작 나에게는 등을 돌렸다.
그들에게 똑똑한 머리와 건장한 신체를 주었건만,
내게 돌아온 것은 무엇인가? 사악한 음모뿐이다!
그들은 바람개비처럼 이리저리 돌지만,
내 쪽으로는 돌지 않는다.
그들의 통치자들은 칼에 베이고, 살해될 것이다.
조롱과 신성모독의 대가다.
그들의 최후는?
세상 모든 사람의 조롱거리가 되는 것이다."

red-hot with lust.
Through the night their passion is banked;
in the morning it blazes up, flames hungrily licking.
Murderous and volcanic,
they incinerate their rulers.
Their kings fall one by one,
and no one pays any attention to me.

8-10 "Ephraim mingles with the pagans, dissipating himself.
Ephraim is half-baked.
Strangers suck him dry
but he doesn't even notice.
His hair has turned gray—
he doesn't notice.
Bloated by arrogance, big as a house,
Israel's a public disgrace.
Israel lumbers along oblivious to GOD,
despite all the signs, ignoring GOD.

11-16 "Ephraim is bird-brained,
mindless, clueless,
First chirping after Egypt,
then fluttering after Assyria.
I'll throw my net over them. I'll clip their wings.
I'll teach them to mind me!
Doom! They've run away from home.
Now they're *really* in trouble! They've *defied* me.
And I'm supposed to help them
while they feed me a line of lies?
Instead of crying out to me in heartfelt prayer,
they whoop it up in bed with their whores,
Gash themselves bloody in their sex-and-religion orgies,
but turn their backs on me.
I'm the one who gave them good minds and healthy bodies,
and how am I repaid? With evil scheming!
They turn, but not to me—
turn here, then there, like a weather vane.
Their rulers will be cut down, murdered—
just deserts for their mocking blasphemies.
And the final sentence?
Ridicule in the court of world opinion."

죄짓기용 제단이라니!

8 1-3 "나팔을 불어라! 경보를 울려라!
독수리 떼가 하나님의 백성 위를 선회하고 있다.
나와의 언약을 깨뜨리고,
나의 계시에 도전한 그들을 노리고 있다.
이스라엘은 '나의 하나님! 우리는 주를 아는 백성입니다!' 하고
부르짖겠지만,
그들의 행동은 전혀 딴판이다.
이스라엘은 복된 것을 다 잃을 것이며,
원수가 그들을 잡으러 올 것이다.

4-10 그들은 왕들을 세우면서, 내게 묻지도 않는다.
제후들을 세우면서, 내가 그 일에 관여하지 못하게 한다.
대신에, 그들은 은과 금으로 여러 우상을 만든다.
그들을 파멸시킬 우상들을.
사마리아야, 금송아지 신상을 쓰레기통에 던져라!
그 쓰레기 때문에 내 노가 끓어오른다.
도대체 언제가 되어야 바로잡히겠느냐?
너희 이스라엘은!
그것은 사람이 조각한 물건이다.
하나님이 아니다.
그 사마리아 송아지,
부러져 산산조각이 날 것이다.
그들을 보아라! 헛바람을 심는 그들,
결국 광풍을 수확하게 될 것이다.
쭉정이인 밀은
밀가루를 생산하지 못한다.
설령 만들어 낸다 해도,
남들이 다 먹어 치울 것이다.
이스라엘은 통째로 먹혔다가 내뱉어졌다.
이방인들에게 그들은 쓰레기다.
그들은 앗시리아로 쪼르르 달려갔다.
미련한 들나귀들도 자기 종족을 떠나지 않거늘,
어찌하여 미련한 나귀 에브라임은 밖으로 나돌며 돈 주고 정부를 산단 말인가.
이방인에게 몸을 파는 그들,
이제 내가 한곳에 모으고 대적할 것이다.
그들은 곧 죄의 대가를 치르게 될 것이다.
대왕의 압제 아래 놓인 삶이 무엇인지 깨닫게 될 것이다.

11-14 에브라임은 제단들을 많이 세우고는,

Altars for Sinning

8 1-3 "Blow the trumpet! Sound the alarm!
Vultures are circling over God's people
Who have broken my covenant
and defied my revelation.
Predictably, Israel cries out, 'My God! We know you!'
But they don't act like it.
Israel will have nothing to do with what's good,
and now the enemy is after them.

4-10 "They crown kings, but without asking me.
They set up princes but don't let me in on it.
Instead, they make idols, using silver and gold,
idols that will be their ruin.
Throw that gold calf-god on the trash heap, Samaria!
I'm seething with anger against that rubbish!
How long before they shape up?
And they're Israelites!
A sculptor made that thing—
it's not God.
That Samaritan calf
will be broken to bits.
Look at them! Planting wind-seeds,
they'll harvest tornadoes.
Wheat with no head
produces no flour.
And even if it did,
strangers would gulp it down.
Israel is swallowed up and spit out.
Among the pagans they're a piece of junk.
They trotted off to Assyria:
Why, even wild donkeys stick to their own kind,
but donkey-Ephraim goes out and *pays* to get lovers.
Now, because of their whoring life among the pagans,
I'm going to gather them together and confront them.
They're going to reap the consequences soon,

죄짓는 데 사용한다.
믿어지느냐? 죄짓기용 제단이라니!
내가 그들을 위해 나의 계시를 상세히 적어 놓았는데도
그들은 글을 읽을 줄 모르는 체한다.
그들은 내게 희생 제물을 바치고
그 고기로 잔치를 벌인다.
나 하나님은 조금도 기쁘지 않다!
아주 지긋지긋하다. 그들의 죄를 낱낱이 기억해 둘 것이다.
그 죄를 벌하여,
그들을 다시 이집트로 돌려보낼 것이다.
이스라엘은 자기 창조자를 잊었고,
그저 궁궐 짓는 일로 분주했다.
유다는 요새 세우는 일에만 몰두했다.
내가 그 도성에 불을 보내어,
그 요새들을 불태워 버릴 것이다."

더러운 영적 공기에 오염된 너희 영혼

9 1-6 이스라엘아, 광란의 파티로 너희 삶을 허비하지 마라.
이교도들과의 파티로 너희 삶을 탕진하지 마라.
너는 틈만 나면 너희 하나님을 저버리면서
거리의 음란한 종교 파티에 끼어들어,
닥치는 대로 창녀처럼 네 자신을 판다.
그 파티 음식은 아무리 먹어도 너희 배를 채워 주지 못하고,
결국 전보다 더 허기질 것이다.
이런 식이라면 머지않아 너희는 하나님의 땅에서 살지 못하게 될 것이다.
너희 가운데 어떤 자들은 이집트에서 파산하고,
어떤 자들은 앗시리아에서 환멸을 맛보게 될 것이다.
너희는 이집트와 앗시리아에서 피난민 신세가 되어,
하나님을 예배할 기회도 얻지 못할 것이다.
배급받는 빵과 물로 겨우 연명하지만,
너희 영혼은 더러운 영적 공기에 오염될 것이다.
하나님의 나라에서 추방된 너희는
하나님에 주릴 것이다.
너희는 옛 거룩한 날들을 그리워하게 될까?
하나님의 축제일들을 그리워하게 될까?
조심하여라! 용케 작은 재난을 피해 간다고 해도,
결국 너는 이집트의 불구덩이 속으로 들어가게

feel what it's like to be oppressed by the big king.

11-14 "Ephraim has built a lot of altars,
and then uses them for sinning.
Can you believe it? Altars for sinning!
I write out my revelation for them in detail
and they pretend they can't read it.
They offer sacrifices to me
and then they feast on the meat.
GOD is not pleased!
I'm fed up – I'll keep remembering their guilt.
I'll punish their sins
and send them back to Egypt.
Israel has forgotten his Maker
and gotten busy making palaces.
Judah has gone in for a lot of fortress cities.
I'm sending fire on their cities
to burn down their fortifications."

Starved for God

9 1-6 Don't waste your life in wild orgies, Israel.
Don't party away your life with the heathen.
You walk away from your God at the drop of a hat
and like a whore sell yourself promiscuously
at every sex-and-religion party on the street.
All that party food won't fill you up.
You'll end up hungrier than ever.
At this rate you'll not last long in GOD's land:
Some of you are going to end up bankrupt in Egypt.
Some of you will be disillusioned in Assyria.
As refugees in Egypt and Assyria,
you won't have much chance to worship GOD –
Sentenced to rations of bread and water,
and your souls polluted by the spirit-dirty air.
You'll be starved for GOD,
exiled from GOD's own country.
Will you be homesick for the old Holy Days?
Will you miss festival worship of GOD?
Be warned! When you escape from the frying pan of disaster,
you'll fall into the fire of Egypt.
Egypt will give you a fine funeral!
What use will all your god-inspired silver be then
as you eke out a living in a field of weeds?

될 것이다.
이집트는 너희에게 저승사자가 될 것이다!
잡초 밭에서 근근이 목숨을 부지하는 너희에게
은으로 만든 신이 무슨 도움이 되겠느냐?

7-9 시간이 다 되었다. 재앙이 문턱까지 와 있다.
빚을 청산해야 할 날이다!
이스라엘이 이렇게 고함쳤느냐? "저 예언자는 미쳤다!
'영의 사람'은커녕 미치광이일 뿐이다!"라고 고함쳤느냐?
다시 생각하여라. 너희가 지금 큰 곤경에 처한 것은
너희의 큰 죄 때문이다.
그 예언자는 지금 하나님의 명을 받아 일하며,
에브라임을 보살피고 있다.
그러나 모두가 그에게 딴죽을 걸려고 하니,
그는 모든 곳에서, 심지어 하나님의 집에서도 미움을 받는다.
백성은 갈수록 질이 나빠지고,
오래전 기브아에서 있었던 범죄,
차마 입에 담기도 역겨운 그것에 버금가는 죄를 짓는다.
하나님께서 그들의 죄를 모두 기록해 두고 계시니,
그들로 죄의 대가를 치르게 하실 것이다.

돼지가 오물에 빠지듯 죄에 빠졌다

10-13 "오래전 내가 이스라엘을 처음 만났을 때,
마치 사막에서 포도송이를 만난 것 같았다.
내가 너희 조상을 발견했을 때,
마치 열매 맺는 무화과나무를 처음 발견한 것 같았다.
그러나 이방 산당 바알브올에 이르자,
그들은 돼지가 오물에 빠지듯 죄에 빠졌고,
새로 알게 된 친구들과 함께 진창을 뒹굴었다.
이제 에브라임은 검정 새 떼처럼 변덕스럽고 산만하다.
아름다움은 간곳없고, 허둥지둥 떠들어 댈 뿐이다.
정신없고 시끄러우며, 불감증에 불임까지.
아무것도 내세울 것이 없다. 수태도, 출산도 하지 못한다.
설령 아기를 낳는다 해도, 나는 그들에게
부모 자격이 없다고 선언하고 아이들을 빼앗아 갈 것이다!
그렇다. 내가 등 돌리고 떠나면,
암흑의 날이 임하리라!
내가 보니 에브라임은 자녀들이 미쳐 날뛰는 것을 방관하고 있구나.

7-9 Time's up. Doom's at the doorstep.
It's payday!
Did Israel bluster, "The prophet is crazy!
The 'man of the Spirit' is nuts!"?
Think again. Because of your great guilt,
you're in big trouble.
The prophet is looking out for Ephraim,
working under God's orders.
But everyone is trying to trip him up.
He's hated right in God's house, of all places.
The people are going from bad to worse,
rivaling that ancient and unspeakable crime at Gibeah.
God's keeping track of their guilt.
He'll make them pay for their sins.

They Took to Sin Like a Pig to Filth

10-13 "Long ago when I came upon Israel,
it was like finding grapes out in the desert.
When I found your ancestors, it was like finding
a fig tree bearing fruit for the first time.
But when they arrived at Baal-peor, that pagan shrine,
they took to sin like a pig to filth,
wallowing in the mud with their newfound friends.
Ephraim is fickle and scattered, like a flock of blackbirds,
their beauty dissipated in confusion and clamor,
Frenetic and noisy, frigid and barren,
and nothing to show for it – neither conception nor childbirth.
Even if they did give birth, I'd declare them
unfit parents and take away their children!
Yes indeed – a black day for them
when I turn my back and walk off!
I see Ephraim letting his children run wild.
He might just as well take them and kill them outright!"

14 Give it to them, GOD! But what?

차라리 그들을 잡아다가 당장 죽이는 편이 나으련만!"

14 하나님, 그들에게 주십시오! 그들에게,
메마른 자궁과 말라붙은 젖가슴을 주십시오.

15-16 "길갈의 이방 산당에서 그들의 악이 모두 드러났다.
오, 그곳에 있는 자들을 내가 얼마나 혐오하는지!
그처럼 악한 짓을 저지른 그들,
내 땅에서 내쫓을 것이다.
더 이상 그들에게 사랑을 허비하지 않을 것이다.
그들의 지도자들은 반항하는 청소년 같다.
에브라임은 큰 타격을 입었다.
이제 뿌리가 시들어, 열매를 맺지 못한다.
설령 기적적으로 아이를 가진다 해도,
귀여운 아기들은 살아남지 못할 것이다. 내가 반드시
그렇게 할 것이다!"

17 나의 하나님이 그들에게서 손을 떼셨다.
도무지 들으려 하지 않는 그들,
이방 민족들 사이에서 이리저리 떠돌며,
방랑하는 처지가 될 것이다.

너는 네 힘을 믿었다

10 1-2 이스라엘은 한때 푸르게 우거진 포도나무였고,
풍성한 열매를 맺었다.
그러나 수확이 풍성해지자,
그만큼 예배가 난잡해졌다.
돈이 많아지자,
자기들 형상대로 우상을 만드는 일에 돈을 쏟아부었다.
다들 환한 미소를 짓고 다니지만, 순전히 거짓이다.
범죄와 다름없는 미소다.
하나님께서 그들이 예배하는 산당들을 허물어뜨리시고,
그 우상들을 가루로 만들어 버리실 것이다.

3-4 그들은 이렇게 말하며 다닌다.
"왕이 왜 필요한가?
하나님도 개의치 않는 우리들인데,
그런 우리가 왕이라고 신경 쓸까?
대체 왕이 무슨 소용인가?"
그들은 큰소리치며
거짓말을 밥 먹듯 하고,
뒷거래를 일삼는다.
하지만 그 거창한 말들은
결국 허풍과 쓸데없는 잡소리에 지나지 않았다.

Give them a dried-up womb and shriveled breasts.

15-16 "All their evil came out into the open
at the pagan shrine at Gilgal. Oh, how I hated them there!
Because of their evil practices,
I'll kick them off my land.
I'm wasting no more love on them.
Their leaders are a bunch of rebellious adolescents.
Ephraim is hit hard—
roots withered, no more fruit.
Even if by some miracle they had children,
the dear babies wouldn't live—I'd make sure of that!"

17 My God has washed his hands of them.
They wouldn't listen.
They're doomed to be wanderers,
vagabonds among the godless nations.

You Thought You Could Do It All on Your Own

10 1-2 Israel was once a lush vine,
bountiful in grapes.
The more lavish the harvest,
the more promiscuous the worship.
The more money they got,
the more they squandered on gods-in-their-own-image.
Their sweet smiles are sheer lies.
They're guilty as sin.
God will smash their worship shrines,
pulverize their god-images.

3-4 They go around saying,
"Who needs a king?
We couldn't care less about GOD,
so why bother with a king?
What difference would he make?"
They talk big,
lie through their teeth,
make deals.
But their high-sounding words
turn out to be empty words, litter in the

5-6 사마리아 사람들이 '죄의 도시'로 몰려가서
금송아지 신을 숭배한다.
흥행사격인 제사장들의 안내를 받아
밖으로 나가서, 소리를 질러 대고 날뛴다.
송아지 신을 가운데 두고 잔뜩 폼을 잡지만,
그것이 얼마나 거짓되고 부끄러운 일인지 깨닫지 못한다.
그들은 금송아지를 앗시리아로 가져가서,
대왕에게 선물로 바칠 계획까지 세운다.
그렇게 에브라임은 스스로를 웃음거리로 만들고,
그 우스꽝스런 우상들로 이스라엘을 욕보인다.

7-8 사마리아는 이제 흘러간 역사다. 그 왕은
강물 위를 떠내려가는 죽은 가지다.
이스라엘이 즐겨 찾으며 죄짓던 곳들이
모두 무너져 내리리라.
엉겅퀴와 잡초들이
그 허물어진 제단을 장식할 것이다.
그러면 그들은 산들을 향해 이렇게 말할 것이다. "우리를 덮어 다오!"
또 언덕들을 향해 이렇게 말할 것이다. "우리 위에 무너져 다오!"

9-10 너의 죄는 기브아에서 처음 시작되었다.
오래전의, 차마 입에 담을 수 없는 충격적인 죄.
너는 계속 그 죄를 고집해 왔지만,
이제 기브아에서 그 끝을 볼 것이다.
모든 죄를 끝장내는 전쟁을 통해 그렇게 될 것이다.
내가 그들로 하여금 교훈을 얻게 할 것이다.
나라들이 패를 지어 그들을 칠 때,
그들은 기브아에 기브아를 더한 만큼의
쓴맛을 보게 될 것이다.

11-15 에브라임은 곡식 밟기를 좋아하던
잘 훈련된 암송아지였다.
지나가다 그녀의 튼실하고 매끄러운 목을 본 나는,
에브라임에게 멍에를 씌우고
들에서 부리고자 했다.
유다는 밭을 갈게 하고, 야곱은 써레질을 시키려 했다.
의를 심어,
사랑을 거두기를 원했다.
자, 준비된 땅을 갈자.
하나님과 더불어 땅을 갈자.
마침내 의가 무르익어 수확할 때가 되면
그분이 오실 것이니,

gutters.

5-6 The people of Samaria travel over to Crime City
to worship the golden calf-god.
They go all out, prancing and hollering,
taken in by their showmen priests.
They act so important around the calf-god,
but are oblivious to the sham, the shame.
They have plans to take it to Assyria,
present it as a gift to the great king.
And so Ephraim makes a fool of himself,
disgraces Israel with his stupid idols.

7-8 Samaria is history. Its king
is a dead branch floating down the river.
Israel's favorite sin centers
will all be torn down.
Thistles and crabgrass
will decorate their ruined altars.
Then they'll say to the mountains, "Bury us!"
and to the hills, "Fall on us!"

9-10 You got your start in sin at Gibeah—
that ancient, unspeakable, shocking sin—
And you've been at it ever since.
And Gibeah will mark the end of it
in a war to end all the sinning.
I'll come to teach them a lesson.
Nations will gang up on them,
Making them learn the hard way
the sum of Gibeah plus Gibeah.

11-15 Ephraim was a trained heifer
that loved to thresh.
Passing by and seeing her strong, sleek neck,
I wanted to harness Ephraim,
Put Ephraim to work in the fields—
Judah plowing, Jacob harrowing:
Sow righteousness,
reap love.
It's time to till the ready earth,
it's time to dig in with GOD,
Until he arrives
with righteousness ripe for harvest.

그러나 너희는 악한 길을 갈았고,
악의 곡물을 수확했으며, 거짓의 야채를 먹었다.
너는 네 힘을 믿었으며,
무기와 사람의 힘을 자랑했다.
전쟁이 네 백성 가운데 화산처럼 터져서,
너의 방어진들이 모조리 쑥대밭이 되고 말 것이다.
승리한 살만 왕이
벳아벨 성을 쑥대밭으로 만들고,
엄마와 아기들을
바위에 메어치던 때처럼 될 것이다.
이것이 바로 너희, 하나님의 백성이라는 너희 앞에 놓인 일이다.
이것이 모두 너희가 저지른 전대미문의 악 때문이다.
어느 날 아침, 너희가 자리에서 일어나 보면,
이스라엘이, 왕과 왕국도 사라져 버린 것을 보게 될 것이다.

내가 어찌 너를 단념하겠느냐?

11 1-9 "이스라엘이 어린아이였을 적, 나는 그를 사랑했다.
'내 아들아!' 하고 큰소리로 그를 불러냈다. 이집트에서 불러냈다.
그러나 다른 자들이 부르자,
그는 나를 버리고 가 버렸다.
그는 인기 좋은 음란한 신들을 숭배하고,
갖고 놀기 좋은 신들로 종교 놀음을 벌였다.
그래도 나는 그의 곁을 떠나지 않았다. 에브라임의 길을 인도해 주었다.
압제받던 그를 구해 주었다.
그러나 그는 나의 도움을 전혀 인정하지 않았다.
내가 그의 유모차를 밀어 주고,
아기처럼 번쩍 들어 뺨을 부비고,
허리 굽혀 젖을 주던 일을 알아주지 않았다.
이제 그는 다시 이집트로 돌아가고 싶어 한다.
앗시리아한테 가고 싶어 한다.
내게 돌아올 생각은 하지 않는다!
그래서 도성들이 위험한 곳이 되었다.
살인사건이 급증하고, 개선의 노력은 번번이 무산되었다.
내 백성은 나를 저버리는 일에 필사적이다.
바알 신에게 달려가 도와 달라고 기도하지만,
그 신은 손가락 하나 까딱하지 않는다.
그러나 에브라임아, 내가 어찌 너를 단념하겠느냐?
이스라엘아, 내가 어찌 너를 단념하겠느냐?
내가 어찌 너를 아드마처럼 망하도록 놔두며,

But instead you plowed wicked ways,
reaped a crop of evil and ate a salad of lies.
You thought you could do it all on your own,
flush with weapons and manpower.
But the volcano of war will erupt among your people.
All your defense posts will be leveled
As viciously as king Shalman
leveled the town of Beth-arba,
When mothers and their babies
were smashed on the rocks.
That's what's ahead for you, you so-called people of God,
because of your off-the-charts evil.
Some morning you're going to wake up
and find Israel, king and kingdom, a blank–nothing.

Israel Played at Religion with Toy Gods

11 1-9 "When Israel was only a child, I loved him.
I called out, 'My son!'–called him out of Egypt.
But when others called him,
he ran off and left me.
He worshiped the popular sex gods,
he played at religion with toy gods.
Still, I stuck with him. I led Ephraim.
I rescued him from human bondage,
But he never acknowledged my help,
never admitted that I was the one pulling his wagon,
That I lifted him, like a baby, to my cheek,
that I bent down to feed him.
Now he wants to go *back* to Egypt or go over to Assyria–
anything but return to me!
That's why his cities are unsafe–the murder rate skyrockets
and every plan to improve things falls to pieces.
My people are hell-bent on leaving me.
They pray to god Baal for help.
He doesn't lift a finger to help them.
But how can I give up on you, Ephraim?
How can I turn you loose, Israel?

가련한 스보임처럼 황폐해지도록 내버려 둘 수 있겠느냐?
나는 그런 생각을 하는 것조차 견딜 수 없다.
내 온몸이 거부한다.
아무리 노여워도 나는 그렇게 하지는 않을 것이다.
에브라임을 멸망시키지 않을 것이다.
왜 그러겠느냐? 나는 하나님이지 사람이 아니기 때문이다.
나는 '거룩한 하나님'이며, 지금 여기, 너희 가운데 있다.

10-12 내 백성이 마침내 하나님을 따르게 될 것이다.
내가 포효하리라.
사자처럼!
그러면 놀란 내 자녀들이 서쪽에서 뛰어오리라.
그들이 놀란 새들처럼 이집트에서 나오고,
겁먹은 비둘기들처럼 앗시리아에서 나오리라.
내가 그들을 다시 고향집으로 데려갈 것이다."
하나님의 말씀이다!

영혼을 파멸시키는 거짓말들

에브라임은 입만 열면 거짓말이다.
이스라엘이 하는 말은 한 마디도 믿을 수 없다.
유다도 나을 것이 없다. 그도,
값싼 신들에 중독되었다.

12

1-5 신에 대한 환상에 사로잡힌 에브라임은
환영과 망상을 좇는다.
그는 쉼 없이 거짓말을 해댄다.
영혼을 파멸시키는 거짓말들을.
에브라임도 유다도 앗시리아와 뒷거래를 하고
이집트에게 잘 보이려 애쓴다.
하나님께서 이스라엘을 고발하신다.
야곱의 자녀들이 벌을 받으러 법정에 끌려 나온다.
'발뒤꿈치' 야곱이 모태에서 형을 눌러 이겼다.
장성한 다음에는, 하나님과도 대결하여 이기려고 했다.
그러나 하나님은 꺾이지 않으시는 분,
하나님께서 그를 꺾으셨다.
무릎 꿇은 야곱은
울며 기도했다.
하나님은 베델에서 그를 만나셨고,
그곳에서 그와 말씀을 나누셨다.
하나님은 만군의 하나님,
자신을 계시해 주신 하나님, 자신을 알려 주신 하나님

How can I leave you to be ruined like Admah,
devastated like luckless Zeboim?
I can't bear to even think such thoughts.
My insides churn in protest.
And so I'm not going to act on my anger.
I'm not going to destroy Ephraim.
And why? Because I am God and not a human.
I'm The Holy One and I'm here—in your very midst.

10-12 "The people will end up following GOD.
I will roar like a lion—
Oh, how I'll roar!
My frightened children will come running from the west.
Like frightened birds they'll come from Egypt,
from Assyria like scared doves.
I'll move them back into their homes."
GOD's Word!

Soul-Destroying Lies

Ephraim tells lies right and left.
Not a word of Israel can be trusted.
Judah, meanwhile, is no better,
addicted to cheap gods.

12

1-5 Ephraim, obsessed with god-fantasies,
chases ghosts and phantoms.
He tells lies nonstop,
soul-destroying lies.
Both Ephraim and Judah made deals with Assyria
and tried to get an inside track with Egypt.
GOD is bringing charges against Israel.
Jacob's children are hauled into court to be punished.
In the womb, that heel, Jacob, got the best of his brother.
When he grew up, he tried to get the best of GOD.
But GOD would not be bested.
GOD bested him.
Brought to his knees,
Jacob wept and prayed.

이시다.

❦

6 너희는 무엇을 기다리느냐? 너희 하나님께로 돌아
오너라!
사랑과 정의에 헌신하여라!
너희 하나님을 기다려라.
그분을 단념하지 마라. 결단코!

7-8 장사치들이 대대적으로 사기를 치고,
사람들을 속이려 혈안이 되었다!
에브라임이 뻐기며 말한다. "봐라, 이제 나는 부자다!
나는 성공했다!
게다가 내가 과거의 흔적을 얼마나 잘 감추었는지,
사기의 흔적, 죄의 자국을 절대 찾지 못할 것이다!"

9-11 "그러나 속단하지 마라! 나는 하나님, 너희 하나
님이다!
너희가 이집트에 살던 시절부터 나는 너희 하나님이
었다!
내가 다시 너희로 장막생활을 하게 만들 것이다.
광야에서 예배하던 때로 되돌려 보낼 것이다.
나는 예언자들을 통해
진실을 말하고,
예언자들을 들어 진실을 이야기한다.
길르앗에 만연한 종교 스캔들과
길갈에 유행하는 속 빈 종교를 폭로하고,
그들의 예배장소가 실은
악취 진동하는 쓰레기장임을 드러내 보인다."

12-14 너희는 너희 조상 야곱의 삶을 되풀이할 참이냐?
그는 죄를 짓고 아람으로 도망쳤고,
출세를 위해 영혼까지 팔았으며,
배신과 사기로 성공했다.
너희가 진정 누구인지를 말해 주는 자는 하나님이 보
내신 예언자들이다.
그들은 너희를 이집트에서 인도해 냈고, 신실한 목자
로 너희를 섬겼다.
그러나 에브라임은 끊임없이 죄를 짓고,
변명의 여지없이 하나님을 모독했다.
이제 그는 자신이 걸어온 멸망의 길에 대한 대가를
치러야 한다.
그가 행한 그대로 그의 주께서 되갚아 주실 것이다.

GOD found him at Bethel.
That's where he spoke with him.
GOD is GOD-of-the-Angel-Armies,
GOD-Revealed, GOD-Known.

❦

6 What are you waiting for? Return to your
God!
Commit yourself in love, in justice!
Wait for your God,
and don't give up on him—ever!

7-8 The businessmen engage in wholesale fraud.
They love to rip people off!
Ephraim boasted, "Look, I'm rich!
I've made it big!
And look how well I've covered my tracks:
not a hint of fraud, not a sign of sin!"

9-11 "But not so fast! I'm GOD, *your* God!
Your God from the days in Egypt!
I'm going to put you back to living in tents,
as in the old days when you worshiped in the
wilderness.
I speak through the prophets
to give clear pictures of the way things are.
Using prophets, I tell revealing stories.
I show Gilead rampant with religious scandal
and Gilgal teeming with empty-headed religion.
I expose their worship centers as
stinking piles of garbage in their gardens."

12-14 Are you going to repeat the life of your
ancestor Jacob?
He ran off guilty to Aram,
Then sold his soul to get ahead,
and made it big through treachery and deceit.
Your real identity is formed through God-sent
prophets,
who led you out of Egypt and served as faith-
ful pastors.
As it is, Ephraim has continually
and inexcusably insulted God.
Now he has to pay for his life-destroying ways.
His Master will do to him what *he* has done.

사람의 입맛에 맞춰 주는 종교

13 1-3 전에 하나님은 에브라임,
곧 이스라엘에게 끔찍한 선고를 내리신 적
이 있다.
추잡하고 음란한 바알 종교에 빠졌던 그들은,
붙잡혀서 유죄 선고를 받았다. 그들은 죽었다!
그런데 이제 그들은 또다시 죄 비즈니스를 열고,
자기들 용도에 맞게 신상들을 제조한다.
사람의 입맛에 맞춰 주는 종교다. 알아서 척척 해주
는 전문가들이 있어,
너희가 신에 대해 원하는 것은 무엇이든 내놓는다.
믿어지느냐? 그들은 죽은 신에게 살아 있는 아기를
제물로 바친다.
살아 있는 아기를 죽이고는 금송아지에게 입을 맞춘다!
속이 텅텅 빈 남자들, 생기가 다 빠져 버린 여자들,
이런 자들에게 남는 것이란 없다.
길거리에서 바람에 나뒹구는 폐지 조각 같고,
세찬 바람에 몰려가는 연기 같다.

4-6 "지금도 나는 너희 하나님이다.
너희를 이집트에서 구원해 낸 그 하나님이다.
너희가 아는 유일한 참 하나님이며,
구원을 베푸는 유일무이한 하나님이다.
너희가 광야에서 고생할 때,
아무 가진 것 없던 그 시절, 내가 너희를 돌봐 주
었다.
너희를 보살피고, 너희 필요를 살펴서,
너희에게 필요한 모든 것을 베풀어 주었다.
그런데 너희는 버릇이 없어졌다. 더 이상 내가 필요
없다고 여겼다.
나를 잊어버렸다.

7-12 내가 그들에게 달려들 것이다. 사자처럼,
숲 속을 활보하는 표범처럼.
새끼를 빼앗긴 암곰처럼 그들에게 달려들어,
그들의 오장육부를 찢어 놓을 것이다.
늑대들이 그들을 먹어 치우고,
까마귀들이 그들의 뼈를 말끔히 발라 먹을 것이다.
이스라엘아, 내가 너를 쓸어버리겠다.
누가 나를 막아 세울 수 있겠느냐?
너희를 구원해 주리라 철석같이 믿었던 그 왕은 지금
어디에 있느냐?
네가 그렇게 간절히 원했던 지방 수령들, 지금 다 어
디에 있느냐?
'왕을 주십시오! 지도자를 주십시오!' 하면서

Religion Customized to Taste

13 1-3 God once let loose against Ephraim
a terrifying sentence against Israel:
Caught and convicted
in the lewd sex-worship of Baal – they died!
And now they're back in the sin business again,
manufacturing god-images they can use,
Religion customized to taste. Professionals see
to it:
Anything you want in a god you can get.
Can you believe it? They sacrifice live babies to
these dead gods –
kill living babies and kiss golden calves!
And now there's nothing left to these people:
hollow men, desiccated women,
Like scraps of paper blown down the street,
like smoke in a gusty wind.

4-6 "I'm still your GOD,
the God who saved you out of Egypt.
I'm the only real God you've ever known.
I'm the one and only God who delivers.
I took care of you during the wilderness hard
times,
those years when you had nothing.
I took care of you, took care of all your needs,
gave you everything you needed.
You were spoiled. You thought you didn't need
me.
You forgot me.

7-12 "I'll charge them like a lion,
like a leopard stalking in the brush.
I'll jump them like a sow grizzly robbed of her
cubs.
I'll rip out their guts.
Coyotes will make a meal of them.
Crows will clean their bones.
I'm going to destroy you, Israel.
Who is going to stop me?
Where is your trusty king you thought would
save you?
Where are all the local leaders you wanted so
badly?
All these rulers you insisted on having,

나를 다그쳐 얻어 낸 네 통치자들, 다들 어디에 있느냐?
오래전 내가 너에게 왕을 준 것은 사실이지만,
내가 흔쾌히 한 일은 아니었다.
이제 넌더리가 나서, 그를 치워 버렸다.
나는 너의 배신 행위들을 일일이 기록해 두었다.
에브라임의 죄는 모두 문서화되어 안전한 곳에 보관되어 있다.

13-15 진통이 시작되고 아기가 나올 시간이 되어도,
아둔한 에브라임은 태를 열고 나올 줄 몰랐다.
생명으로 나오는 길이 열렸음에도,
그는 나오지 않았다.
내가 나서서 그들을 끌어내어 살려야 할까?
가만두면 죽을 것이 분명한데 끄집어내 주어야 할까?
사망아, 누가 너를 두려워하느냐?
무덤아, 누가 너의 위협을 신경 쓰느냐?
마침내 내가 슬픔을 폐지시키고,
비탄을 추방시키리라.
에브라임, 그 문제아가
아무리 망나니짓을 해도, 결국 그렇게 되리라.

15-16 하나님의 광풍이 오고 있다.
노호하며 사막에서 오고 있다.
광풍이 온 나라를 휩쓸어,
폐허와 잔해만 남길 것이다.
도성은 약탈당할 것이며,
애지중지하던 물건들은 다 사라질 것이다.
사마리아가 자기 하나님께 맞서 반역했으니
이제 그 대가를 치러야 하리라.
그의 백성은 죽임을 당하고, 아기들은 바위에 메어침을 당하며,
임신한 여인들은 배가 찢길 것이다."

돌아오너라! 너의 하나님께 돌아오너라!

14 1-3 오, 이스라엘아, 돌아오너라! 너의 하나님께 돌아오너라!
너는 거꾸러졌지만, 아주 끝장난 것은 아니다.
참회를 준비해
하나님께 돌아오너라.
그분께 기도하여라. "우리 죄를 없애 주시고,
우리 참회를 받아 주십시오.
우리의 회개 기도를,
속죄물로 받아 주십시오.

demanding, 'Give me a king! Give me leaders!'?
Well, long ago I gave you a king, but I wasn't happy about it.
Now, fed up, I've gotten rid of him.
I have a detailed record of your infidelities—
Ephraim's sin documented and stored in a safe-deposit box.

13-15 "When birth pangs signaled it was time to be born,
Ephraim was too stupid to come out of the womb.
When the passage into life opened up,
he didn't show.
Shall I intervene and pull them into life?
Shall I snatch them from a certain death?
Who is afraid of you, Death?
Who cares about your threats, Tomb?
In the end I'm abolishing regret,
banishing sorrow,
Even though Ephraim ran wild,
the black sheep of the family.

15-16 "GOD's tornado is on its way,
roaring out of the desert.
It will devastate the country,
leaving a trail of ruin and wreckage.
The cities will be gutted,
dear possessions gone for good.
Now Samaria has to face the charges
because she has rebelled against her God:
Her people will be killed, babies smashed on the rocks,
pregnant women ripped open."

Come Back! Return to Your God!

14 1-3 O Israel, come back! Return to your GOD!
You're down but you're not out.
Prepare your confession
and come back to GOD.
Pray to him, "Take away our sin,
accept our confession.
Receive as restitution
our repentant prayers.

앗시리아는 우리를 구원하지 못합니다.
군마들은 우리를 원하는 곳으로 데려다 주지 못합니다.
다시는 우리 손으로 만든 것들에게,
'우리 신이여' 하고 말하지 않겠습니다.
주님은 우리의 마지막 희망이십니다.
고아를 불쌍히 여기시는 분은 주님밖에 없지 않습니까?"

4-8 "내가 그들의 방자함을 고쳐 주고,
그들을 아낌없이 사랑하리라. 이제 나의 노가 다 풀렸다.
내가 이스라엘과 다시 시작할 것이다.
그는 봄철의 백합화처럼 활짝 피어나리라.
상수리나무처럼 깊이 뿌리 내리고,
거대한 숲을 이루리라!
그는 거목처럼 장려해질 것이다.
백향목 숲 같은 향기를 낼 것이다!
그의 곁에 있는 자들도 그로 인해 복을 받아,
황금들판처럼 번성하리라.
모두가 그들에 대해 이야기꽃을 피우며,
그들을 두고 하나님의 으뜸가는 자녀라 칭송할 것이다.
에브라임은 이제 가짜 신들과의 관계를 끝냈다.
이제부터 그에게 해답과 만족을 주는 이는 바로 나다.
나는 풍요로운 과일나무와 같다.
네게 필요한 모든 것이 내 안에 다 있다."

9 참으로 잘살고자 한다면,
이 사실을 분명히 알아두어라.
정말 좋은 것을 찾고 싶다면,
이 사실을 철두철미하게 새겨라.
하나님의 길은, 너희를 그 원하는 곳으로 데려다 준다.
의롭게 사는 자들은 그 길을 평탄하게 걷지만,
그릇되게 사는 자들은 늘 비틀거리다 넘어지고 만다.

Assyria won't save us;
horses won't get us where we want to go.
We'll never again say 'our god'
to something we've made or made up.
You're our last hope. Is it not true
that in you the orphan finds mercy?"

4-8 "I will heal their waywardness.
I will love them lavishly. My anger is played out.
I will make a fresh start with Israel.
He'll burst into bloom like a crocus in the spring.
He'll put down deep oak tree roots,
he'll become a forest of oaks!
He'll become splendid—like a giant sequoia,
his fragrance like a grove of cedars!
Those who live near him will be blessed by him,
be blessed and prosper like golden grain.
Everyone will be talking about them,
spreading their fame as the vintage children of God.
Ephraim is finished with gods that are no-gods.
From now on I'm the one who answers and satisfies him.
I am like a luxuriant fruit tree.
Everything you need is to be found in me."

9 If you want to live well,
make sure you understand all of this.
If you know what's good for you,
you'll learn this inside and out.
GOD's paths get you where you want to go.
Right-living people walk them easily;
wrong-living people are always tripping and stumbling.

재난이 닥치면 하나님에 대한 이해가 흔들린다. 돌연한 발병이나 죽음, 국가적 재앙, 사회적 대혼란, 개인적 상실, 전염병, 홍수나 가뭄에 의한 참사를 만나면, 평소 하나님에 대해 아무 생각 없이 살던 사람도 단번에 신학자가 된다. 그리고 다음과 같은 풍문이 떠돈다. "하나님은 없다", "하나님께서 진노하셨다", "하나님께서 나를 미워하신다", "하나님은 무능하시다", "그동안 많이 참으신 하나님이 이제 폭발하셨다."

예언자의 직무는 바로 이런 재앙의 순간에 일어나서, 하나님이 어떤 분이시며 어떤 일을 하시는지 사람들에게 명확히 밝히는 것이다. 좋은 예언자, 다시 말해 진정한 예언자는 그 재난을, 사람들을 죄에서 해방시키고 하나님 앞에서 자유롭게 살 수 있게 하는 방편으로 삼는다. 그런 의미에서 요엘은 훌륭한 예언자다. 그는 이스라엘에게 닥친 한 사건을 가지고, 그들이 지금껏 단 하루도 하나님과 상관없이 살아온 날이 없었음을 각인시키는 전거로 활용했다. 우리의 삶은 늘 하나님과 관련이 있다.

요엘이 전거로 사용한 사건은 이스라엘에 닥친 끔찍한 메뚜기 재앙으로, 모든 농작물이 완전히 초토화된 엄청난 규모의 재난이었다. 요엘은 이것을 적군의 대대적인 침공 사태에 비유했다.

> 메뚜기 군대는 마치 말들과 같다.
> 질주하는 말들의 군대.
> 그것이 내는 소리는 산등성이를 울리는
> 천둥소리 같고,
> 풀과 잡목을 태워 버리는
> 마른번개소리 같으며,
> 피에 주리고 기세등등한
> 무적 군대의 고함소리 같기도 하다.
> 사람들은 그 군대를 보기만 해도
> 겁에 질려, 얼굴이 백지장이 된다(욜 2:4-6).

다른 종류의 재앙이었더라도, 요엘은 마찬가지로 유용하게 활용했을 것이다. 그는 그 재앙을 커다

When disaster strikes, understanding of God is at risk. Unexpected illness or death, national catastrophe, social disruption, personal loss, plague or epidemic, devastation by flood or drought, turn men and women who haven't given God a thought in years into instant theologians. Rumors fly: "God is absent"..."God is angry"..."God is playing favorites, and I'm not the favorite"..."God is ineffectual"..."God is holding a grudge from a long time ago, and now we're paying for it"...

It is the task of the prophet to stand up at such moments of catastrophe and clarify who God is and how he acts. If the prophet is good – that is, accurate and true – the disaster becomes a lever for prying people's lives loose from their sins and setting them free for God. Joel is one of the good ones: He used a current event in Israel as a text to call his people to an immediate awareness that there wasn't a day that went by that they weren't dealing with God. We are always dealing with God.

The event that Joel used as his text was a terrible locust plague that was devastating the crops of Israel, creating an agricultural disaster of major proportions. He compared it to a massive military invasion.

> The locust army seems all horses –
> galloping horses, an army of horses.
> It sounds like thunder
> leaping on mountain ridges,
> Or like the roar of wildfire
> through grass and brush,
> Or like an invincible army shouting for blood,
> ready to fight, straining at the bit.
> At the sight of this army,
> the people panic, faces white with terror(Joel 2:4-6).

But any catastrophe would have served him as well.

란 스크린에 투사해, 사람들이 그들 가운데 계시는 하나님을 뚜렷이 볼 수 있게 해주었다. 그런 다음 그 초점을 더욱 확장시켜, 그 안에 '모든' 사람과 '모든' 것을 포함시켰다. 실로 이 세상 전체를 하나님의 선고가 행해지는 '판결 골짜기' 속으로 밀어 넣은 것이다. 하나님의 백성들은 이 잊을 수 없는 그림을 오래도록 기억하며, 매일의 결정들이 초래하는 영원한 결과에 대해 경각심을 갖고 하루하루를 살았다.

어떤 의미에서, 재앙은 우리 삶에 새로운 사태를 유발시키는 것이 아니라, 쳇바퀴처럼 돌아가는 바쁜 일상과 자기몰두에 묻혀서 보이지 않던 진실, 곧 우리 삶의 도덕적·영적 차원을 우리 눈앞에서 드러나게 해준다. 우리는 진실을 마주하게 된다. 우리가 살면서 내렸던 모든 결정들—어떻게 말하고 행동할지, 사람들을 어떻게 대할지, 하나님의 명령에 어떻게 순종할지 등—이 하나님의 심판의 빛 안에서 적나라한 실상을 드러내게 된다.

일상적인 생활에서는, 옳고 그름의 문제나 그것에 관한 우리의 결정이 가지런히 정리되고 명확하게 정의된 모습으로 드러날 때가 드물다. 요엘의 예언자적 설교는, 우리의 일상을 흔드는 크고 작은 모든 일들이 궁극적으로 하나님과 연결되어 있음을 밝힌다. 동시에, 하나님은 언제나 우리에게 새로운 기회를 주시고, 믿음과 순종의 삶을 새롭게 시작할 수 있게 해주시는 분임을 깨닫게 한다.

아직 늦지 않았다.
여기, 하나님께서 친히 주시는 메시지가 있다!
"내게 돌아오너라! 진심으로 돌아오너라!
오되, 금식하고 울며, 너희 죄를 슬퍼하며 오너라!"

너희 삶을 고쳐라. 너희 옷만 바꾸지 말고.
하나님께, 너희 하나님께 돌아오너라.
하나님은 은혜로우시며 자비로우신 분이기 때문이다.
그분은 심호흡을 하시며 많이 참아 주신다.
이토록 오래 참으시고 넘치게 사랑하시는 하나님은,
언제든 재난을 취소할 준비가 되어 있으시다.
누가 알겠는가? 어쩌면 그분께서 당장 그렇게 해 주실지,
어쩌면 뜻을 돌이켜 동정을 베풀어 주실지.
하실 말씀, 하실 일을 다 하신 다음에,
어쩌면 하나님께서 차고 넘치도록 복을 부어 주실지!(욜 2:12-14)

He projected it onto a big screen and used it to focus the reality of God in the lives of his people. Then he expanded the focus to include everything and everyone *everywhere*—the whole world crowded into Decision Valley for God's verdict. This powerful picture has kept God's people alert to the eternal consequences of their decisions for many centuries.

There is a sense in which catastrophe doesn't introduce anything new into our lives. It simply exposes the moral or spiritual reality that already exists but was hidden beneath an overlay of routine, selfpreoccupation, and business as usual. Then suddenly, there it is before us: a moral universe in which our accumulated decisions—on what we say and do, on how we treat others, on whether or not we will obey God's commands—are set in the stark light of God's judgment.

In our everyday experience, right and wrong and the decisions we make about them seldom come to us neatly packaged and precisely defined. Joel's prophetic words continue to reverberate down through the generations, making the ultimate connection between anything, small or large, that disrupts our daily routine, and God, giving us fresh opportunity to reorient our lives in faithful obedience.

It's not too late—
GOD's personal Message!—
"Come back to me and really mean it!
Come fasting and weeping, sorry for your sins!"

Change your life, not just your clothes.
Come back to GOD, *your* God.
And here's why: God is kind and merciful.
He takes a deep breath, puts up with a lot,
This most patient God, extravagant in love,
always ready to cancel catastrophe.
Who knows? Maybe he'll do it now,
maybe he'll turn around and show pity.
Maybe, when all's said and done,
there'll be blessings full and robust for your GOD!(Joel 2:12-14)

요엘서는 임종 전, 아직 하나님의 영광을 위해 살 수 있는 시간과 장소가 남아 있을 때, 우리로 하여금 '임종의 참회'를 할 수 있도록 이끄는 책이다.

Joel gives us opportunity for "deathbed repentance" before we die, while there is still time and space for a lot of good living to the glory of God.

요엘

현실을 직시하여라. 그리고 슬피 울어라!

1 [1-3] 브두엘의 아들 요엘에게 임한 하나님의 메시지다.

나라의 원로들아, 주목하여라!
모든 자들, 어디 사는 누구든지 귀 기울여라!
너희는 이런 일을 들어 본 적 있느냐?
전에도 이런 일이 일어난 적 있더냐?
너희는 이것을 너희 자녀들에게 들려주고
자녀들은 또 그들의 자녀들에게,
그 자녀들은 또 그들의 자녀들에게 이것을 들려주어,
이 메시지가 사라져 없어지지 않게 하여라.

4 씹어 대는 메뚜기 떼가 남긴 것을,
뜯어 대는 메뚜기 떼가 와서 다 먹어 버렸다.
뜯어 대는 메뚜기 떼가 남긴 것을,
삼켜 대는 메뚜기 떼가 와서 다 먹어 버렸다.
삼켜 대는 메뚜기 떼가 남긴 것을,
우적대는 메뚜기 떼가 와서 다 먹어 치워 버렸다.

5-7 너희 취한 자들아, 술에서 깨어나라!
현실을 직시하여라. 그리고 슬피 울어라!
이제 술은 다 떨어졌고,
마시고 싶어도 남은 술이 없다.
내 나라가 침략당하고 있다.
수를 헤아릴 수 없고, 누구도 당해내지 못하는 군대가 밀려 들어온다.
사자 이빨,
호랑이 송곳니를 가진
그 군대는 내 포도밭을 황폐케 하고
내 과수원을 벌거벗겼으며,

JOEL

Get in Touch with Reality—and Weep!

1 [1-3] GOD's Message to Joel son of Pethuel:

Attention, elder statesmen! Listen closely,
everyone, whoever and wherever you are!
Have you ever heard of anything like this?
Has anything like this ever happened before—ever?
Make sure you tell your children,
and your children tell their children,
And their children *their* children.
Don't let this message die out.

4 What the chewing locust left,
the gobbling locust ate;
What the gobbling locust left,
the munching locust ate;
What the munching locust left,
the chomping locust ate.

5-7 Sober up, you drunks!
Get in touch with reality—and weep!
Your supply of booze is cut off.
You're on the wagon, like it or not.
My country's being invaded
by an army invincible, past numbering,
Teeth like those of a lion,
fangs like those of a tiger.
It has ruined my vineyards,
stripped my orchards,
And clear-cut the country.

온 나라를 쑥대밭으로 만들어 놓았다.
마치 달 표면처럼 황량하다.

8-10 약혼자를 잃고서 상복을 입은
젊은 처녀처럼 울어라.
곡식도 포도도 없어,
하나님의 성소에서
예배가 중단되었다.
제사장들이 쩔쩔매고,
하나님의 사역자들이 어찌 줄 몰라한다.
밭이 메말랐고,
땅이 애곡한다.
밀밭도 죽었고,
포도밭도 말라붙었다. 올리브기름도 구할 수 없다.

11-12 땅 파는 농부들아, 절망하여라!
포도 재배자들아, 가슴을 쥐어뜯어라!
밀과 보리가 사라진 것을 슬퍼하여라.
작물들이 다 죽었다.
포도밭이 말라 버렸고,
무화과나무도 시들어 버렸다.
석류도, 대추야자도, 사과나무도
다 말라 죽었다! 그리고 사람들의 마음속에 있던
기쁨도 마르고, 시들어 버렸다.

쥐 죽은 듯 고요한 예배처

13-14 너희 제사장들아,
예복을 입고 함께 통곡하여라.
백성의 예배를 인도하는 너희들,
그들의 비탄도 인도하여라.
너희, 내 하나님의 종들아,
거친 베옷을 입고 밤을 지새워라.
예배하는 곳이 쥐 죽은 듯 고요하다.
봉헌도 없고, 기도도 없고, 아무것도 없다.
거룩한 금식을 선포하여라. 특별 집회를 소집하여라.
지도자들을 다 불러 모아라.
이 땅의 백성들을 다 모아라.
그들로 하나님의 성소에 들어와, 하나님께 간절히 기도하게 하여라.

15-18 *그날이 왔다! 재앙의 날이다!*
하나님의 심판 날이 이르렀다.
강하신 하나님께서 임하셨다.
실로 큰일이 닥쳤다!
식탁 위에 놓이던 음식은 그저 옛이야기며,

The landscape's a moonscape.

8-10 Weep like a young virgin dressed in black,
mourning the loss of her fiancé.
Without grain and grapes,
worship has been brought to a standstill
in the Sanctuary of GOD.
The priests are at a loss.
GOD's ministers don't know what to do.
The fields are sterile.
The very ground grieves.
The wheat fields are lifeless,
vineyards dried up, olive oil gone.

11-12 Dirt farmers, despair!
Grape growers, wring your hands!
Lament the loss of wheat and barley.
All crops have failed.
Vineyards dried up,
fig trees withered,
Pomegranates, date palms, and apple trees—
deadwood everywhere!
And joy is dried up and withered
in the hearts of the people.

Nothing's Going On in the Place of Worship

13-14 And also you priests,
put on your robes and join the outcry.
You who lead people in worship,
lead them in lament.
Spend the night dressed in gunnysacks,
you servants of my God.
Nothing's going on in the place of worship,
no offerings, no prayers—nothing.
Declare a holy fast, call a special meeting,
get the leaders together,
Round up everyone in the country.
Get them into GOD's Sanctuary for serious prayer to GOD.

15-18 What a day! Doomsday!
GOD's Judgment Day has come.
The Strong God has arrived.
This is serious business!
Food is just a memory at our tables,

하나님의 성소에 흐르던 기쁨과 노래도 옛이야기가
되었다.
밭의 씨들이 다 말라 죽고,
창고가 텅텅 비어 폐가가 되었다.
곡식 저장고들도 빈 채 버려졌다.
작물이 모두 죽었으니, 그런 건물은 이제 필요가 없다!
농장의 동물들도 신음한다. 오, 그들의 비참한 신음소리!
가축들이 먹을 것을 찾지 못해,
떼 지어 이리저리 헤매고 다닌다.
양들도 먹을 것이 없다.

19-20 하나님! 기도합니다. 주께 부르짖습니다!
들판이 타들어 가고,
나라 전체가 먼지 구덩이로 변해 갑니다.
숲과 초원도 걷잡을 수 없이 불타고 있습니다.
목말라 죽어 가는 들짐승들,
마실 것을 찾아 주를 바라봅니다.
샘과 시냇물이 다 말라 버렸고,
나라 전체가 바싹 타들어 갑니다.

메뚜기 군대

2 1-3 시온에서 숫양 뿔나팔을 불어라!
내 거룩한 산에서 경보나팔을 불어라!
온 나라를 흔들어 깨워라!
하나님의 심판이 다가오고 있다. 그날이 임박했다!
암흑의 날이다! 재앙의 날이다!
환한 언저리 하나 없는 먹구름이 몰려온다!
산을 타고 넘어오는 새벽빛같이,
거대한 군대가 쳐들어온다.
이런 일은 전에도 없었고
앞으로도 없을 것이다.
이 군대는 마른번개가 앞장서 모든 것을 태우고
지나간 자리는 불이 모든 것을 핥아 버린다.
그들이 이르기 전에는 에덴 동산 같았던 이 나라가,
그들이 떠난 뒤에는 죽음의 골짜기로 변했다.
무사한 것이 하나도 없다.

4-6 메뚜기 군대는 마치 말들과 같다.
질주하는 말들의 군대.
그것이 내는 소리는 산등성이를 울리는
천둥소리 같고,
풀과 잡목을 태워 버리는
마른번개소리 같으며,
피에 주리고 기세등등한
무적 군대의 고함소리 같기도 하다.

as are joy and singing from God's Sanctuary.
The seeds in the field are dead,
barns deserted,
Grain silos abandoned.
Who needs them? The crops have failed!
The farm animals groan – oh, how they groan!
The cattle mill around.
There's nothing for them to eat.
Not even the sheep find anything.

19-20 GOD! I pray, I cry out to you!
The fields are burning up,
The country is a dust bowl,
forest and prairie fires rage unchecked.
Wild animals, dying of thirst,
look to you for a drink.
Springs and streams are dried up.
The whole country is burning up.

The Locust Army

2 1-3 Blow the ram's horn trumpet in Zion!
Trumpet the alarm on my holy mountain!
Shake the country up!
GOD's Judgment's on its way – the Day's almost here!
A black day! A Doomsday!
Clouds with no silver lining!
Like dawn light moving over the mountains,
a huge army is coming.
There's never been anything like it
and never will be again.
Wildfire burns everything before this army
and fire licks up everything in its wake.
Before it arrives, the country is like the Garden of Eden.
When it leaves, it is Death Valley.
Nothing escapes unscathed.

4-6 The locust army seems all horses –
galloping horses, an army of horses.
It sounds like thunder
leaping on mountain ridges,
Or like the roar of wildfire
through grass and brush,

사람들은 그 군대를 보기만 해도
겁에 질려, 얼굴이 백지장이 된다.

7-11 그 침략자들이 공습해 온다.
바리케이드를 넘어온다. 그 무엇으로도 그들을 막을 수 없다.
그 군인들, 각자 명령받은 대로 행한다.
잘 훈련되어, 한 치의 흐트러짐도 없는 그들이다.
서로 방해하는 일 없이,
각자 자신의 임무를 알아내 척척 수행한다.
아무 겁 없고, 아무 두려움 없으며,
확고부동하고, 거침이 없다.
그들은 도성을 초토화시키고
방어벽을 기어오르며,
집들을 약탈하고,
문들을 부수며, 창문들을 박살낸다.
그들이 지진처럼 와서,
토네이도처럼 휩쓸어 버린다.
해와 달이 불 꺼지듯 꺼지고,
별들도 캄캄해진다.
자기 군대를 호령하시듯,
하나님께서 천둥으로 고함치신다.
그 군대의 규모를 보라!
그분의 명령을 따르는 그들의 기세를 보라!
하나님의 심판 날, 크고 두려운 날,
누가 살아남을 수 있으랴?

너희 삶을 고쳐라

12 그러나 들어라. 아직 늦지 않았다.
여기, 하나님께서 친히 주시는 메시지가 있다!
"내게 돌아오너라! 진심으로 돌아오너라!
오되, 금식하고 울며, 너희 죄를 슬퍼하며 오너라!"

13-14 너희 삶을 고쳐라. 너희 옷만 바꾸지 말고,
하나님께, 너희 하나님께 돌아오너라.
하나님은 은혜로우시며 자비로우신 분이기 때문이다.
그분은 심호흡을 하시며 많이 참아 주신다.
이토록 오래 참으시고 넘치게 사랑하시는 하나님은,
언제든 재난을 취소할 준비가 되어 있으시다.
누가 알겠는가? 어쩌면 그분께서 당장 그렇게 해주실지,
어쩌면 뜻을 돌이켜 동정을 베풀어 주실지.
하실 말씀, 하실 일을 다 하신 다음에,
어쩌면 하나님께서 차고 넘치도록 복을 부어 주실지!

Or like an invincible army shouting for blood,
ready to fight, straining at the bit.
At the sight of this army,
the people panic, faces white with terror.

7-11 The invaders charge.
They climb barricades. Nothing stops them.
Each soldier does what he's told,
so disciplined, so determined.
They don't get in each other's way.
Each one knows his job and does it.
Undaunted and fearless,
unswerving, unstoppable.
They storm the city,
swarm its defenses,
Loot the houses,
breaking down doors, smashing windows.
They arrive like an earthquake,
sweep through like a tornado.
Sun and moon turn out their lights,
stars black out.
GOD himself bellows in thunder
as he commands his forces.
Look at the size of that army!
And the strength of those who obey him!
GOD's Judgment Day – great and terrible.
Who can possibly survive this?

Change Your Life

12 But there's also this, it's not too late –
GOD's personal Message! –
"Come back to me and really mean it!
Come fasting and weeping, sorry for your sins!"

13-14 Change your life, not just your clothes.
Come back to GOD, *your* God.
And here's why: God is kind and merciful.
He takes a deep breath, puts up with a lot,
This most patient God, extravagant in love,
always ready to cancel catastrophe.
Who knows? Maybe he'll do it now,
maybe he'll turn around and show pity.
Maybe, when all's said and done,
there'll be blessings full and robust for your GOD!

15-17 시온에서 숫양 뿔나팔을 불어라!
회개의 날, 금식의 날을 선포하여라.
대회를 소집하고, 모두 모이게 하여라.
모인 자들을 거룩하게 구별하여라.
장로들을 오게 하며,
아이들과 젖 먹는 아기들도 오게 하고,
신혼부부들도 오게 하여라.
신방에서 나와, 그 자리에 참여하게 하여라.
성소 현관과 제단 사이에서,
제사장들, 하나님의 종들은 울며 회개하여라.
중보의 기도를 드려라. "하나님, 주의 백성에게 자비를 베풀어 주십시오!
주의 분깃인 그들이 조롱거리가 되지 않게 해주십시오.
이방인들이 쳐들어와 그들 위에 군림하면서
'저들의 하나님은 어디 있느냐?' 하며 비웃지 못하게 해주십시오."

18-20 그러자, 하나님께서 당신의 땅을 되찾으시기 위해 행동에 나섰다.
그분께서 자기 백성을 불쌍히 여기셨다.
하나님께서 응답하셨고, 당신의 백성에게 말씀하셨다.
"보아라, 들어라. 내가 선물을 보내리라.
곡물과 포도주와 올리브기름을 보낼 것이다.
금식은 끝났다. 이제 마음껏 먹어라!
더 이상 너희가
이방인들에게 멸시받게 놔두지 않을 것이다.
북방에서 내려올 마지막 적을 내가 저지해 주겠고,
그들을 황무지에 던져 버릴 것이다.
그들 가운데 절반은 사해에서,
나머지 절반은 지중해에서 최후를 맞을 것이다.
거기서 그들이 썩어, 천지에 악취가 진동할 것이다.
큰 적일수록 큰 악취를 풍길 것이다."

다시 열매 맺는 나무들

21-24 땅아, 두려워 마라! 즐거워하며 경축하여라!
하나님께서 큰일을 행하셨다.
들짐승들아, 두려워 마라!
들과 초장이 다시금 푸르러진다.

15-17 Blow the ram's horn trumpet in Zion!
Declare a day of repentance, a holy fast day.
Call a public meeting.
Get everyone there. Consecrate the congregation.
Make sure the elders come,
but bring in the children, too, even the nursing babies,
Even men and women on their honeymoon–
interrupt them and get them there.
Between Sanctuary entrance and altar,
let the priests, GOD's servants, weep tears of repentance.
Let them intercede: "Have mercy, GOD, on your people!
Don't abandon your heritage to contempt.
Don't let the pagans take over and rule them
and sneer, 'And so where is this God of theirs?'"

18-20 At that, GOD went into action to get his land back.
He took pity on his people.
GOD answered and spoke to his people,
"Look, listen–I'm sending a gift:
Grain and wine and olive oil.
The fast is over–eat your fill!
I won't expose you any longer
to contempt among the pagans.
I'll head off the final enemy coming out of the north
and dump them in a wasteland.
Half of them will end up in the Dead Sea,
the other half in the Mediterranean.
There they'll rot, a stench to high heaven.
The bigger the enemy, the stronger the stench!"

The Trees Are Bearing Fruit Again

21-24 Fear not, Earth! Be glad and celebrate!
GOD has done great things.
Fear not, wild animals!
The fields and meadows are greening up.
The trees are bearing fruit again:
a bumper crop of fig trees and vines!
Children of Zion, celebrate!

나무들이 다시 열매를 맺는다.
무화과나무도 포도나무도 다 풍작이다!
시온의 자녀들아, 경축하여라!
너희 하나님 안에서 즐거워하여라!
그분께서 너희에게 한 스승을 주셔서
바르게 사는 길을 너희에게 가르쳐 주실 것이다.
전처럼, 하늘에서 내리는 비와 같은 말씀들로
너희 영혼을 새롭게 하고 살지게 해주실 것이다.
너희 몸이 먹을 음식 또한 넘쳐 나리라. 창고에는 곡식이 가득하고,
통에는 포도주와 올리브기름이 흘러넘치리라.

25-27 "메뚜기 떼에 휩쓸린 세월을 내가 보상해 주겠다.
야만적이고 치명적이며
흉포하고 흉물스런 메뚜기 떼,
그 거대한 침략군을
내가 너희에게 보냈다.
그러나 이제 너희는 좋은 음식으로 배부를 것이다.
너희 하나님께 찬양이 흘러넘치리라.
너희를 급습하여 놀라게 한 하나님을 향해.
다시는 내 백성이 멸시당하는 일이 없으리라.
너희는 분명히 알게 될 것이다.
내가 이스라엘 한복판에서 너희와 함께 있다는 것을,
내가 하나님, 바로 너희 하나님이라는 것을,
오직 한분 참 하나님이라는 것을.
다시는 내 백성이 멸시당하는 일이 없을 것이다."

내 영을 부어 줄 것이다

28-32 "그러나 이것은 시작일 뿐이다.

나는 모든 부류의 사람들에게
내 영을 부어 줄 것이다.
너희 아들들이 예언하고,
너희 딸들도 예언할 것이다.
너희 노인들은 꿈을 꾸고,
너희 젊은이들은 환상을 볼 것이다.
내가 종들에게, 남종과 여종 모두에게
내 영을 부어 줄 것이다.
내가 위로는 하늘에 놀라운 일을 일으키고,
아래로는 땅에 징조를 일으킬 것이다.
피와 불과 연기의 소용돌이가 있을 것이며,
해는 잿빛이 되고 달은 핏빛이 될 것이다.

Be glad in your GOD.
He's giving you a teacher
to train you how to live right—
Teaching, like rain out of heaven, showers of words
to refresh and nourish your soul, just as he used to do.
And plenty of food for your body—silos full of grain,
casks of wine and barrels of olive oil.

25-27 "I'll make up for the years of the locust,
the great locust devastation—
Locusts savage, locusts deadly,
fierce locusts, locusts of doom,
That great locust invasion
I sent your way.
You'll eat your fill of good food.
You'll be full of praises to your GOD,
The God who has set you back on your heels in wonder.
Never again will my people be despised.
You'll know without question
that I'm in the thick of life with Israel,
That I'm your GOD, yes, *your* GOD,
the one and only real God.
Never again will my people be despised.

The Sun Turning Black and the Moon Blood-Red

28-32 "And that's just the beginning: After that—

"I will pour out my Spirit
on every kind of people:
Your sons will prophesy,
also your daughters.
Your old men will dream,
your young men will see visions.
I'll even pour out my Spirit on the servants,
men and women both.
I'll set wonders in the sky above
and signs on the earth below:
Blood and fire and billowing smoke,
the sun turning black and the moon blood-red,
Before the Judgment Day of GOD,

하나님의 심판 날,
어마어마하고 무시무시한 그날이 이르기 전에 이 일들이 일어나리라.
누구든지 '하나님, 구원해 주십시오!' 하고 외치는 자는
구원을 받을 것이다.
시온 산에서, 또 예루살렘에서
많은 이들이 구원을 받을 것이다.
하나님께서 말씀하신 그대로 이루어질 것이다.
살아남은 이들 중에는
하나님의 부름을 받는 사람들도 있을 것이다."

하나님께서 민족들을 심판하시다

3

1-3 "그렇다. 그때에,
내가 유다와 예루살렘을 회복시킬 그때에,
모든 이방 나라들을 모아
심판의 골짜기로 데려가리라.
그들 모두를 재판에 부치고,
그들이 내 백성 이스라엘에게 한 일을 심판하리라.
그들은 내 백성을 이방 세계로 흩어 버렸고
내 땅을 약탈했다.
그들은 내 백성을 두고 제비를 뽑았으며
물건처럼 사고팔았다.
그들은 남자아이를 팔아 창녀를 샀고,
여자아이를 팔아 포도주를 사서 마셨다."

4-8 "너희 두로와 시돈과 블레셋아,
무엇을 하겠다는 것이냐?
너희가 지금 나에게
보복을 하겠다는 것이냐?
그렇다면 그만두어라.
나는 그 일이 네게 부메랑이 되어 돌아가게 할 것이다.
너희는 내 것을 약탈했다. 내게서 은과 금을 빼앗았으며,
귀중한 것들을 모조리 훔쳐서, 그것으로 너희 신전을 꾸몄다.
너희는 유다와 예루살렘 사람들을
머나먼 땅 그리스 사람들에게 종으로 팔아넘겼다.
너희가 저지른 일 그대로 내가 너희에게 되갚아 줄 것이다.
내가 너희 아이들을 이웃 나라에 종으로 팔아넘길 것이다.
그러면 그들이 너희 아이들을 머나먼 땅 스바 사

the Day tremendous and awesome.
Whoever calls, 'Help, GOD!'
gets help.
On Mount Zion and in Jerusalem
there will be a great rescue—just as GOD said.
Included in the survivors
are those that GOD calls."

God Is a Safe Hiding Place

3

1-3 "In those days, yes, at that very time
when I put life back together again for Judah and Jerusalem,
I'll assemble all the godless nations.
I'll lead them down into Judgment Valley
And put them all on trial, and judge them one and all
because of their treatment of my own people Israel.
They scattered my people all over the pagan world
and grabbed my land for themselves.
They threw dice for my people
and used them for barter.
They would trade a boy for a whore,
sell a girl for a bottle of wine when they wanted a drink.

4-8 "As for you, Tyre and Sidon and Philistia,
why should I bother with you?
Are you trying to get back at me
for something I did to you?
If you are, forget it.
I'll see to it that it boomerangs on you.
You robbed me, cleaned me out of silver and gold,
carted off everything valuable to furnish your own temples.
You sold the people of Judah and Jerusalem
into slavery to the Greeks in faraway places.
But I'm going to reverse your crime.
I'm going to free those slaves.
I'll have done to you what you did to them:
I'll sell your children as slaves to your neighbors,
And they'll sell them to the far-off Sabeans."

람들에게 팔아넘길 것이다."
하나님의 선고다.

9-11 사악한 민족들에게 이렇게 소리쳐라.
전투를 준비하라!
병사들을 준비시켜라!
무기를 들고 전진하라!
너의 삽을 쳐서 칼을 만들고,
너의 괭이를 쳐서 창을 만들어라.
병약한 자도 가슴을 펴고 말하여라.
"나는 강한 용사다."
이방인들아, 서둘러라! 어디에 있든지, 빨리 서
둘러라!
대오를 갖추어라.
준비하고 있어라.
하나님에게 박살날 준비를!

12 이방 나라들이
심판의 골짜기에 모이게 하여라.
거기서 내가 자리 잡고 앉아
사방의 모든 민족에게 심판을 내릴 것이다.

13 "낫을 들어라.
이제 추수할 때다.
포도주 틀이 가득 찼으니,
포도를 짓밟아라.
포도주 통에
최상급 악이 흘러넘친다.

14 혼란과 소동의 소용돌이에 휩싸인
판결 골짜기!
하나님의 심판 날이
판결 골짜기에 이르렀다.

15-17 하늘이 검게 변하고,
해와 달이 어두워지며, 별빛이 꺼진다.
하나님이 시온에서 포효하시고, 예루살렘에서
고함치신다.
땅과 하늘이 공포에 떤다.
그러나 하나님은 안전한 피난처,
이스라엘 자녀들의 견고한 아지트다.
그때 너희는 확실히 알게 되리라.
내가 너희 하나님이며,
나의 거룩한 산,

GOD's Verdict.

9-11 Announce this to the godless nations:
Prepare for battle!
Soldiers at attention!
Present arms! Advance!
Turn your shovels into swords,
turn your hoes into spears.
Let the weak one throw out his chest
and say, "I'm tough, I'm a fighter."
Hurry up, pagans! Wherever you are, get a move on!
Get your act together.
Prepare to be
shattered by GOD!

12 Let the pagan nations set out
for Judgment Valley.
There I'll take my place at the bench
and judge all the surrounding nations.

13 "Swing the sickle—
the harvest is ready.
Stomp on the grapes—
the winepress is full.
The wine vats are full,
overflowing with vintage evil.

14 "Mass confusion, mob uproar—
in Decision Valley!
GOD's Judgment Day has arrived
in Decision Valley.

15-17 "The sky turns black,
sun and moon go dark, stars burn out.
GOD roars from Zion, shouts from Jerusalem.
Earth and sky quake in terror.
But GOD is a safe hiding place,
a granite safe house for the children of Israel.
Then you'll know for sure
that I'm *your* GOD,
Living in Zion,
my sacred mountain.
Jerusalem will be a sacred city,
posted: 'NO TRESPASSING.'

시온에 살고 있음을.
예루살렘은 거룩한 도성이 되고,
'불가침 지역'이라는 푯말이 그 앞에 나붙을 것
이다."

젖이 언덕에 넘쳐흘러 강을 이루리라

18-21 "놀라운 날이다!
포도주가 산에 넘쳐흘러 시내를 이루고,
젖이 언덕에 넘쳐흘러 강을 이루며,
생수가 유다의 구석구석에 흘러넘치리라.
하나님의 성소에서 샘물이 흘러나와
모든 공원과 정원에 물을 댄다!
그러나 이집트는 망하여 잡초뿐인 공터가 되고,
에돔은 황량한 불모지가 될 것이다.
모두 그들이 유다 백성에게 저지른 잔인무도한
짓과,
힘없고 죄 없는 이들에게 행한 흉악한 일들과
살인죄 때문이다.
그러나 유다는 사람들로 북적대고,
예루살렘은 언제까지나 사람 사는 곳이 될 것
이다.
내가 아직 용서하지 않은 죄들도 다 용서해 주
리라."
하나님께서 시온에 들어오셔서, 거기서 영원히
사신다.

Milk Rivering Out of the Hills

18-21 "What a day!
Wine streaming off the mountains,
Milk rivering out of the hills,
water flowing everywhere in Judah,
A fountain pouring out of GOD's Sanctuary,
watering all the parks and gardens!
But Egypt will be reduced to weeds in a vacant lot,
Edom turned into barren badlands,
All because of brutalities to the Judean people,
the atrocities and murders of helpless innocents.
Meanwhile, Judah will be filled with people,
Jerusalem inhabited forever.
The sins I haven't already forgiven, I'll forgive."
GOD has moved into Zion for good.

시온에 살고 있음을.
예루살렘은 거룩한 도성이 되고,
불가침 지역이라는 푯말이 그 앞에 나붙을 것
이다."

젖이 언덕에 넘쳐흘러 강을 이루리라

18-21 놀라운 날이다!
포도주가 산에 넘쳐흘러 시내를 이루고,
젖이 언덕에 넘쳐흘러 강을 이루며,
생수가 유다의 구석구석에 흘러넘치리라.
하나님의 성소에서 샘물이 흘러나와
모든 공원과 정원에 물을 댄다!
그러나 이집트는 망하여 잡초뿐인 공터가 되고
에돔은 황량한 불모지가 될 것이다.
모두 그들이 유다 백성에게 저지른 잔인무도한
짓과,
힘없고 죄 없는 이들에게 행한 흉악한 일들과
살인죄 때문이다.
그러나 유다는 사람들로 북적대고
예루살렘은 언제까지나 사람 사는 곳이 될 것
이다.
내가 이제 용서하지 않은 죄들도 다 용서해 주
리라."
하나님께서 시온에 들어오셨다, 거기서 영원히
사신다.

Milk Rivering Out of the Hills

18-21 "What a day!
Wine streaming off the mountains,
Milk rivering out of the hills,
water flowing everywhere in Judah,
A fountain pouring out of GOD's Sanctuary,
watering all the parks and gardens!
But Egypt will be reduced to weeds in a vacant lot,
Edom turned into barren badlands,
All because of brutalities to the Judean people,
the atrocities and murders of helpless innocents.
Meanwhile, Judah will be filled with people,
Jerusalem inhabited forever.
The sins I haven't already forgiven, I'll forgive.
GOD has moved into Zion for good.

다른 어떤 방식보다도 종교를 명분으로 해서 더 많은 착취와 학대가 행해진다. 섹스나 돈이나 권력도, 악의 원천으로서의 종교에 필적하지 못한다. 종교는 그동안 인류에게 알려진 것 중 가장 위험한 힘이다. 어떤 사람이(혹은 정부나 종교나 기관 등이) 하나님께서 어떤 명분이나 사업을 자신에게 명했거나 허가했다고 확신하게 되면, 그는 그 일을 이루기 위해 수단 방법을 가리지 않게 된다. 세계적으로, 종교에 기반을 둔 증오와 살인과 압제의 역사는 가히 현기증을 일으킬 정도다. 이에 대해 무언가 행동을 취한 사람들의 선두에는, 바로 성경의 예언자들이 있다.

성경의 예언자들은, 종교가 정직하고 겸손하고 자비로운 제 모습을 잃지 않도록 역사상 가장 강력하고 효과적으로 목소리를 높였고, 지금도 높이고 있다. 불의를 잡아내는 선수들인 예언자들은, 특히 종교의 탈을 쓴 불의를 기가 막히게 잘 잡아낸다. 그들의 레이더망을 벗어날 길은 없다. 위선을 꿰뚫어 보는 명수로서, 종교로 치장한 위선을 여지없이 들추어낸다. 예언자들은 직위나 권력이나 권위에 눌리는 법이 없다. 수나 규모나 화려한 외양 따위에 속지도 않는다.

예언자들은 사람이 하나님에 대해 하는 말이나, 하나님을 위해 무엇을 한다는 것에는 별 관심이 없다. 다만 하나님께 귀를 기울여 듣고, 들은 말씀에 비추어 인간의 모든 말과 행동을 철두철미하게 따져 볼 뿐이다. 이러한 예언자들 중에서도 타의 추종을 불허하는 이가 바로 아모스다. 그는 짓밟히는 가난한 자들의 대변자요, 하나님의 이름을 도용해 자기들의 죄를 정당화하는 힘 있는 부자들의 고발자였다.

사람들은 이런 이야기를 듣기 싫어한다.
진실은 인기가 없는 법이다.
그러나 적나라하게 드러난 진실이 여기 있다.
너희는 가난한 이들을 악랄하게 짓밟고
그들에게서 빵을 빼앗는다.
그러므로 너희는 결코 너희가 건축한 화려한 집에
들어가 살지 못할 것이다.
너희는 결코 너희가 재배한 값비싼 포도주를

More people are exploited and abused in the cause of religion than in any other way. Sex, money, and power all take a backseat to religion as a source of evil. Religion is the most dangerous energy source known to humankind. The moment a person (or government or religion or organization) is convinced that God is either ordering or sanctioning a cause or project, anything goes. The history, worldwide, of religion-fueled hate, killing, and oppression is staggering. The biblical prophets are in the front line of those doing something about it.

The biblical prophets continue to be the most powerful and effective voices ever heard on this earth for keeping religion honest, humble, and compassionate. Prophets sniff out injustice, especially injustice that is dressed up in religious garb. They sniff it out a mile away. Prophets see through hypocrisy, especially hypocrisy that assumes a religious pose. Prophets are not impressed by position or power or authority. They aren't taken in by numbers, size, or appearances of success.

They pay little attention to what men and women say about God or do for God. They listen to God and rigorously test all human language and action against what they hear. Among these prophets, Amos towers as defender of the downtrodden poor and accuser of the powerful rich who use God's name to legitimize their sin.

People hate this kind of talk.
Raw truth is never popular.
But here it is, bluntly spoken:
Because you run roughshod over the poor
and take the bread right out of their mouths,
You're never going to move into
the luxury homes you have built.
You're never going to drink wine

마시지 못할 것이다.
나는 너희 위법이 어느 정도인지,
너희 죄가 얼마나 중대한지 정확히 알고 있다. 참으로 섬뜩하다!
너희는 의롭게 사는 이들을 괴롭히고
이리저리 뇌물을 받아 가며 가난한 이들을 바닥에 내친다.

정의는 패하고 악이 판치는 세상이다.
정직한 이들이 손을 놓아 버린다.
저항하고 꾸짖어 봐야 소용없고,
힘만 허비할 뿐이다.

악을 따르지 말고 선을 추구하여라.
그래서 살아라!
너희는 하나님, 곧 만군의 하나님이
너희의 절친한 친구인 것처럼 말한다.
좋다. 그 말대로 살아라.
그러면 정말로 그렇게 될 것이다.

악을 미워하고 선을 사랑하며,
사람들 앞에서 그것을 실천하여라.
그러면 하나님, 곧 만군의 하나님께서
너희 남은 자들을 눈여겨보시고, 은혜를 베풀어 주실지 모른다(암 5:10-15).

우리 가운데 이 문제에서 안심해도 좋은 사람은 없다. 하나님께 기도하고 경배하는 그리스도인은, 우리처럼 하나님께 기도하고 경배하는 이들을 동무로 사귈 필요가 있으며, 무엇보다 성경의 예언자들을 깊이 알고 지낼 필요가 있다. 우리 자신의 종교가 제 잇속만 챙기는 행위로 변질되지 않으려면, 우리의 모든 언행을 예언자들의 불꽃같은 눈에 비추어 점검해야 한다. 예언자가 분명히 밝혀 놓은 정의를 중요하게 여기지 않는 신앙생활은 우리를 오히려 더 나쁜 인간으로 만들 뿐이요, 하나님의 길에서 멀어지게 만들 뿐이다.

from the expensive vineyards you've planted.
I know precisely the extent of your violations,
the enormity of your sins. Appalling!
You bully right-living people,
taking bribes right and left and kicking the poor when they're down.

Justice is a lost cause. Evil is epidemic.
Decent people throw up their hands.
Protest and rebuke are useless,
a waste of breath.

Seek good and not evil—
and live!
You talk about GOD, the God-of-the-Angel-Armies,
being your best friend.
Well, *live* like it,
and maybe it will happen.

Hate evil and love good,
then work it out in the public square.
Maybe GOD, the God-of-the-Angel-Armies,
will notice your remnant and be gracious.
(Amos 5:10-15)

None of us can be trusted in this business. If we pray and worship God and associate with others who likewise pray and worship God, we absolutely must keep company with these biblical prophets. We are required to submit all our words and acts to their passionate scrutiny to prevent the perversion of our religion into something self-serving. A spiritual life that doesn't give a large place to the prophet-articulated justice will end up making us worse instead of better, separating us from God's ways instead of drawing us into them.

아모스

1 [1] 드고아에서 양 치던 목자 아모스가 이스라엘에 대해 받은 메시지다. 웃시야가 유다를 다스리고 요아스의 아들 여로보암 2세가 이스라엘의 왕이던 시기, 곧 대지진이 있기 이 년 전에, 이 메시지가 환상 가운데 그에게 임했다.

이스라엘 이웃 나라에 내리실 심판

2 메시지는 이러하다.

하나님께서 시온에서 포효하시고,
예루살렘에서 고함치신다!
청천벽력 같은 그 소리에 양 치는 목자의 초장이 시들고,
갈멜 산 꼭대기가 벌벌 떤다.

3-5 하나님의 메시지다.

"다마스쿠스가 서너 가지 큰 죄를 저질렀으니,
내가 더는 그를 참아 주지 않을 것이다.
그는 길르앗을 사정없이 때려눕혔다.
쇠망치, 나무망치로 무자비하게 두들겨 팼다.
그래서다. 나는 하사엘의 왕궁에 불을 놓고,
벤하닷의 요새들을 태워 버릴 것이다.
다마스쿠스의 성문들을 박살낼 것이며,
죄의 골짜기에 사는 범죄자 왕,
낙원 왕궁에서 호령하는 그 악독한 우두머리를 쫓아낼 것이다.
그 땅의 백성들은
그들이 본래 살던 곳, 기르로 돌려보낼 것이다."
하나님의 포고다.

AMOS

1 [1] The Message of Amos, one of the shepherds of Tekoa, that he received on behalf of Israel. It came to him in visions during the time that Uzziah was king of Judah and Jeroboam II son of Joash was king of Israel, two years before the big earthquake.

Swallowing the Same Old Lies

2 The Message:

GOD roars from Zion,
shouts from Jerusalem!
The thunderclap voice withers the pastures tended by shepherds,
shrivels Mount Carmel's proud peak.

3-5 GOD's Message:

"Because of the three great sins of Damascus
—make that four—I'm not putting up with her any longer.
She pounded Gilead to a pulp, pounded her senseless with iron hammers and mauls.
For that, I'm setting the palace of Hazael on fire.
I'm torching Ben-hadad's forts.
I'm going to smash the Damascus gates
and banish the crime king who lives in Sin Valley,
the vice boss who gives orders from Paradise Palace.
The people of the land will be sent back
to where they came from—to Kir."
GOD's Decree.

6-8 하나님의 메시지다.

"가사가 서너 가지 큰 죄를 저질렀으니,
내가 더는 그를 참아 주지 않을 것이다.
그는 주민 전부를 몰아내서는,
그들을 에돔에 팔아 버렸다.
그래서다. 나는 가사의 성벽을 불태워 허물고,
그의 요새들을 모조리 태워 버릴 것이다.
내가 범죄자 왕을 아스돗에서,
그 악독한 우두머리를 아스글론에서 쫓아낼 것이다.
내가 손을 들어 에그론을 칠 것이며,
블레셋 사람들을 하나도 남김없이 모두 죽일 것이다."
하나님의 포고다.

9-10 하나님의 메시지다.

"두로가 서너 가지 큰 죄를 저질렀으니,
내가 더는 그를 참아 주지 않을 것이다.
그는 주민 전부를 에돔에 넘기고,
자기 친족들과 맺은 조약을 깨뜨려 버렸다.
그래서다. 나는 두로의 성벽을 불태워 허물고,
그의 요새들을 모조리 태워 버릴 것이다."

11-12 하나님의 메시지다.

"에돔이 서너 가지 큰 죄를 저질렀으니,
내가 더는 그를 참아 주지 않을 것이다.
그는 자기 형제를 사냥감 쫓듯 쫓아서 살해한다.
무자비하고 무정하다.
분을 품고서 밤낮으로 미쳐 날뛰며,
야비하기 이를 데 없다.
그래서다. 나는 그의 수도 데만을 불태워 허물고,
보스라의 요새들을 태워 버릴 것이다."

13-15 하나님의 메시지다.

"암몬이 서너 가지 큰 죄를 저질렀으니,
내가 더는 그를 참아 주지 않을 것이다.
땅을 더 차지하겠다고,
그는 임신한 길르앗 여인들의 배를 갈랐다.
그래서다. 나는 그의 수도 랍바의 성벽을 불

6-8 GOD's Message:

"Because of the three great sins of Gaza
—make that four—I'm not putting up with her any longer.
She deported whole towns
and then sold the people to Edom.
For that, I'm burning down the walls of Gaza,
burning up all her forts.
I'll banish the crime king from Ashdod,
the vice boss from Ashkelon.
I'll raise my fist against Ekron,
and what's left of the Philistines will die."
GOD's Decree.

9-10 GOD's Message:

"Because of the three great sins of Tyre
—make that four—I'm not putting up with her any longer.
She deported whole towns to Edom,
breaking the treaty she had with her kin.
For that, I'm burning down the walls of Tyre,
burning up all her forts."

11-12 GOD's Message:

"Because of the three great sins of Edom
—make that four—I'm not putting up with her any longer.
She hunts down her brother to murder him.
She has no pity, she has no heart.
Her anger rampages day and night.
Her meanness never takes a timeout.
For that, I'm burning down her capital, Teman,
burning up the forts of Bozrah."

13-15 GOD's Message:

"Because of the three great sins of Ammon
—make that four—I'm not putting up with her any longer.
She ripped open pregnant women in Gilead
to get more land for herself.
For that, I'm burning down the walls of her capital,

태워 허물고,
그의 요새들을 태워 버릴 것이다.
전쟁이 고함친다! 으르렁댄다!
회오리바람과 함께 닥치는 대로 쓸어 간다!
왕이 포로로 붙잡혀 갔고,
그의 제후들도 그 뒤를 따른다."
하나님의 포고다.

2

1-3 하나님의 메시지다.

"모압이 서너 가지 큰 죄를 저질렀으니,
내가 더는 그를 참아 주지 않을 것이다.
그는 에돔 왕의 시신을
불에 태워 모독했다.
그래서다. 나는 모압을 불태워 허물고,
그리욧의 요새들도 태워 버릴 것이다.
모압은 고함소리 중에,
전쟁나팔소리와 함께 망할 것이다.
내가 그 왕을 왕좌에서 끌어내리고,
그의 제후들도 다 죽일 것이다."
하나님의 포고다.

4-5 하나님의 메시지다.

"유다가 서너 가지 큰 죄를 저질렀으니,
내가 더는 그를 참아 주지 않을 것이다.
그들은 하나님의 계시를 거절했고,
내 명령 따르기를 거부했다.
그러면서도 그들은 오래된 거짓말,
그들의 조상을 막다른 골목으로 내몬 거짓말
은 잘도 집어삼킨다.
그래서다. 나는 유다를 불태워 허물고,
예루살렘의 요새들을 다 태워 버릴 것이다."

이스라엘에 내리신 하나님의 심판

6-8 하나님의 메시지다.

"이스라엘이 서너 가지 큰 죄를 저질렀으니,
내가 더는 그를 참아 주지 않을 것이다.
그들은 사람을 사고판다.
그들에게 사람은 그저 물건일 뿐이다. 돈벌이
수단이다.
신발 한 켤레를 갖겠다고 가난한 사람을 팔아
버린다.

Rabbah,
burning up her forts.
Battle shouts! War whoops!
with a tornado to finish things off!
The king has been carted off to exile,
the king and his princes with him."
GOD's Decree.

2

1-3 GOD's Message:

"Because of the three great sins of Moab
—make that four—I'm not putting up with her any longer.
She violated the corpse of Edom's king,
burning it to cinders.
For that, I'm burning down Moab,
burning down the forts of Kerioth.
Moab will die in the shouting,
go out in the blare of war trumpets.
I'll remove the king from the center
and kill all his princes with him."
GOD's Decree.

4-5 GOD's Message:

"Because of the three great sins of Judah
—make that four—I'm not putting up with them any longer.
They rejected GOD's revelation,
refused to keep my commands.
But they swallowed the same old lies
that got their ancestors onto dead-end roads.
For that, I'm burning down Judah,
burning down all the forts of Jerusalem."

Destroyed from the Roots Up

6-8 GOD's Message:

"Because of the three great sins of Israel
—make that four—I'm not putting up with them any longer.
They buy and sell upstanding people.
People for them are only *things*—ways of making money.

그들은 자기 할머니도 팔아 치우는 자들이다!
돈 없는 자들을 바닥에 메치고,
불운한 자들을 수렁으로 떠민다.
형이고 아우고 할 것 없이 다들 '신성한 매춘부'와 동침하며,
내 거룩한 이름을 더럽힌다.
그들이 가난한 이들로부터 강탈한 물건이
이방 신의 산당에 수북이 쌓여 있다.
그들은 그곳에 둘러앉아
사기 쳐 빼앗은 포도주를 들이킨다.

9-11 그러나 나는, 나는 언제나 너희 편이었다.
나는 너희와 맞서던 아모리 사람들을 멸했다.
큰 백향목처럼 키가 크고,
굵은 상수리나무처럼 억센 그들을 멸했다.
내가 그들을 꼭대기에서부터
뿌리 끝까지 멸했다.
그렇다. 나는 너희를 이집트에서 건져 내고,
너희의 사십 년 광야 길을 안전하게 인도해 주었다.
그리고 나는 너희가 아모리 사람들의 땅을
식은 죽 먹듯 차지하게 했다.
나는 너희 젊은이들 중에서 예언자들을 길러 냈고,
으뜸가는 젊은이들을 구별하여 거룩을 훈련시켰다.
그렇지 않은가, 이스라엘이여!"
하나님의 포고다.

12-13 "그런데 너희는 훈련받는 젊은이들이 탈선하게 만들고,
젊은 예언자들에게는 '예언을 그만두라!'고 말했다.
나는 도저히 너희를 두고 볼 수 없다.
참을 만큼 참아서 터지기 일보 직전이다.
용량을 초과하여 짐을 실은 마차처럼,
나는 지금 삐걱거리며 신음소리를 내고 있다.

14-15 내가 행동에 들어가면, 너희는 어찌할 작정이냐?
제아무리 빨리 달아나도 너희는 내게서 도망치지 못한다.
힘센 자들의 힘도 소용없다.
전사들도 소용없다.
활 잘 쏘는 자들도 소용없다.
잘 달리는 자들도 소용없다.

They'd sell a poor man for a pair of shoes.
They'd sell their own grandmother!
They grind the penniless into the dirt,
shove the luckless into the ditch.
Everyone and his brother sleeps with the 'sacred whore'–
a sacrilege against my Holy Name.
Stuff they've extorted from the poor
is piled up at the shrine of their god,
While they sit around drinking wine
they've conned from their victims.

9-11 "In contrast, I was always on your side.
I destroyed the Amorites who confronted you,
Amorites with the stature of great cedars,
tough as thick oaks.
I destroyed them from the top branches down.
I destroyed them from the roots up.
And yes, I'm the One who delivered you from Egypt,
led you safely through the wilderness for forty years
And then handed you the country of the Amorites
like a piece of cake on a platter.
I raised up some of your young men to be prophets,
set aside your best youth for training in holiness.
Isn't this so, Israel?"
GOD's Decree.

12-13 "But you made the youth-in-training break training,
and you told the young prophets, 'Don't prophesy!'
You're too much for me.
I'm hard-pressed–to the breaking point.
I'm like a wagon piled high and overloaded,
creaking and groaning.

14-15 "When I go into action, what will you do?
There's no place to run no matter how fast you run.
The strength of the strong won't count.
Fighters won't make it.
Skilled archers won't make it.
Fast runners won't make it.

전차를 모는 자들도 소용없다.
너희 가운데 최고로 용감한 전사라 해도
아무 소용 없다.
그저 걸음아 나 살려라 하고, 옷도 챙겨 입지 못한
채 내뺄 것이다."
하나님의 포고다.

하나님의 말씀을 받은 예언자

3 [1] 이스라엘아, 귀 기울여 들어라. 하나님께서 너희를 심문하신다. 너희 모두와, 그 분이 이집트에서 건져 주신 모든 족속에게 말씀하신다. 모두, 귀 기울여 들어라!

2 "지상의 모든 족속 중에서
내가 특별히 너희를 골라내었다.
지금 내가 너희 모든 죄에 대해 심문하는 것은
너희가 받은 이 특별한 부름 때문이다."

3-7 두 사람이 손을 잡고 걷고 있으면,
둘이 같은 곳으로 가고 있다는 말이 아니냐?
사자가 숲 속에서 포효하고 있으면,
먹이를 움켜쥐었다는 말이 아니냐?
젊은 사자가 만족하여 으르렁거리고 있으면,
저녁거리를 잡았다는 말이 아니냐?
새가 바닥에 떨어졌으면,
돌에 맞았다는 말이 아니냐?
덫이 탁 하고 닫혔으면,
무언가 덫에 걸렸다는 말이 아니냐?
마을에 경보가 울리면,
주민들이 놀라는 것은 당연하지 않겠느냐?
재앙이 도성을 휩쓸고 있으면,
그 뒤에는 하나님이 계신 것이 아니겠느냐?
그렇다. 하나님, 곧 주께서 무슨 일을 하실 때
당신의 예언자들에게 미리 그 모든 것을 말씀해
주시지 않고서는 무슨 일을 하시는 법이 없다.

8 사자가 포효하는데
누가 겁먹지 않을 수 있겠느냐?
하나님께서 말씀하시는데
어떤 예언자가 입을 다물고 있을 수 있겠느냐?

9-11 앗시리아의 요새들에게 알려라.
이집트의 요새들에게 알려라.
그들에게 전하여라. "사마리아의 산 위에 모여,

Chariot drivers won't make it.
Even the bravest of all your warriors
Won't make it.
He'll run off for dear life, stripped naked."
GOD's Decree.

The Lion Has Roared

3 [1] Listen to this, Israel. GOD is calling you to account—and I mean *all* of you, everyone connected with the family that he delivered out of Egypt. Listen!

2 "Out of all the families on earth,
I picked *you*.
Therefore, because of your special calling,
I'm holding you responsible for all your sins."

3-7 Do two people walk hand in hand
if they aren't going to the same place?
Does a lion roar in the forest
if there's no carcass to devour?
Does a young lion growl with pleasure
if he hasn't caught his supper?
Does a bird fall to the ground
if it hasn't been hit with a stone?
Does a trap spring shut
if nothing trips it?
When the alarm goes off in the city,
aren't people alarmed?
And when disaster strikes the city,
doesn't GOD stand behind it?
The fact is, GOD, the Master, does nothing
without first telling his prophets the whole
story.

8 The lion has roared—
who isn't frightened?
GOD has spoken—
what prophet can keep quiet?

9-11 Announce to the forts of Assyria,
announce to the forts of Egypt—
Tell them, "Gather on the Samaritan mountains,
take a good, hard look:

유심히 아래를 내려다보아라.
잔인과 공포가 얼마나 들끓고 있는지를!
그들은 올바른 일을 하나도 할 줄 모른다. 그럴 마음도 없다."
하나님께서 말씀하셨다.
"그들은 폭력과 어둠을 쌓아 왔다."
이는 하나님의 말씀이다. "그러므로 적이 그 나라를 포위할 것이며,
너를 무력화시키고 너의 요새를 약탈할 것이다."

12 하나님의 메시지다.

"사자에게서 어린양을 구하려던 목자가
겨우 두 다리와 귀 조각 정도나 건져 내듯이,
사마리아에 사는 이스라엘 사람들 중에도
소수만 건짐을 받을 것이다.
겨우 낡은 의자 몇 개,
부러진 탁자다리 정도만 남을 것이다.

13-15 야곱 가문에 대한 고발이다. 귀 기울여 듣고 증언하여라."
이는 하나님, 곧 만군의 하나님의 말씀이다!
"주목하여라! 그날 나는 이스라엘이 자기 죄에 대해 대가를 치르게 할 것이다.
베델에 악한 제단들을 세운 것에 대해 대가를 치르게 할 것이다.
뿔 달린 제단들은 뿔이 전부 잘려 나가고
산산조각 날 것이다.
내가 겨울 궁궐을 허물고,
여름 궁궐을—화려한 건물들을 모조리 다—박살낼 것이다.
사치스런 집들,
호사스런 저택들, 다 허물어질 것이다."
하나님의 포고다.

너희는 하나님께 굶주리지 않았다

4 1 "사마리아 언덕에서 풀을 뜯는 너희 바산의 암소들아,
귀 기울여 들어라.
가난한 이들에게 비열하고
밑바닥 사람들에게 잔인한 여자들!
게을러빠지고 제멋대로인 너희는 남편에게 요구한다.
'시원한 술 한 잔 갖다 주세요!'

2-3 잘 들어라. 나 하나님이 나의 거룩을 두고 맹세한다!

what a snake pit of brutality and terror!
They can't—or won't—do one thing right." GOD said so.
"They stockpile violence and blight.
Therefore"—this is GOD's Word—"an enemy will surround the country.
He'll strip you of your power and plunder your forts."

12 GOD's Message:

"In the same way that a shepherd
trying to save a lamb from a lion
Manages to recover
just a pair of legs or the scrap of an ear,
So will little be saved of the Israelites
who live in Samaria—
A couple of old chairs at most,
the broken leg of a table.

13-15 "Listen and bring witness against Jacob's family"—
this is God's Word, GOD-of-the-Angel-Armies!
"Note well! The day I make Israel pay for its sins,
pay for the sin-altars of worship at Bethel,
The horned altars will all be dehorned
and scattered around.
I'll tear down the winter palace,
smash the summer palace—all your fancy buildings.
The luxury homes will be demolished,
all those pretentious houses."
GOD's Decree.

You Never Got Hungry for God

4 1 "Listen to this, you cows of Bashan
grazing on the slopes of Samaria.
You women! Mean to the poor,
cruel to the down-and-out!
Indolent and pampered, you demand of your husbands,
'Bring us a tall, cool drink!'

조심하여라. 심판의 날이 다가오고 있다!
그들이 너희를 밧줄로 묶어 끌고 가면서,
뒤처지는 자들은 몽둥이로 다스릴 것이다.
그들은 너희를 한 줄로 꿰어
훼파된 성벽들 밖으로 끌고 가서,
저승으로 던져 넣을 것이다."
하나님의 포고다.

4-5 "너희는 베델로 가서 죄를 지어라!
길갈로 가서도 죄를 지어라!
제물을 가져와 아침마다 예배를 드려라.
사흘마다 십일조를 바쳐라.
흠 없는 제물을 불살라 바치며 감사제를 드려라.
자원 제물을 바치면서 큰소리로 알려라!
이런 것이 바로 너희 이스라엘 사람들이 좋아하는
종교 쇼다."
하나님의 포고다.

6 "너희는 알고 있지 않느냐? 바로 내가 너희 식료품
실과 곳간을
텅 비게 만들었고,
너희를 주리고 궁핍하게 만들었다는 것을.
그래도 너희는 나에게 굶주리지 않았다. 너희는 계속
해서 나를 무시했다."
하나님의 포고다.

7-8 "그렇다. 바로 내가 추수 전 세 달 동안
비를 내리지 않았다.
어떤 마을에는 비를 내리고
어떤 마을에는 비를 내리지 않았다.
어떤 들판에는 비를 내리고
어떤 들판에는 비를 내리지 않아 농작물이 말라 죽게
했다.
사람들이 마실 물을 찾아 미친 듯 이 마을 저 마을을
헤맸으나,
목마름을 해결할 수 없었다.
그래도 너희는 여전히 나에게 목말라하지 않았다.
그저 나를 무시할 뿐이었다."
하나님의 포고다.

9 "나는 너희 작물들을 쳐서 병들게 하고
너희 과수원과 농장들을 말라 죽게 했다.
메뚜기들이 너희 올리브나무와 무화과나무를 다 먹
어 치웠지만,
그래도 너희는 계속 나를 무시했다."

2-3 "This is serious – I, GOD, have sworn by my
holiness!
Be well warned: Judgment Day is coming!
They're going to rope you up and haul you off,
keep the stragglers in line with cattle prods.
They'll drag you through the ruined city walls,
forcing you out single file,
And kick you to kingdom come."
GOD's Decree.

4-5 "Come along to Bethel and sin!
And then to Gilgal and sin some more!
Bring your sacrifices for morning worship.
Every third day bring your tithe.
Burn pure sacrifices – thank offerings.
Speak up – announce freewill offerings!
That's the sort of religious show
you Israelites just love."
GOD's Decree.

6 "You know, don't you, that I'm the One
who emptied your pantries and cleaned out
your cupboards,
Who left you hungry and standing in bread
lines?
But you never got hungry for me. You con-
tinued to ignore me."
GOD's Decree.

7-8 "Yes, and I'm the One who stopped the rains
three months short of harvest.
I'd make it rain on one village
but not on another.
I'd make it rain on one field
but not on another – and that one would dry
up.
People would stagger from village to village
crazed for water and never quenching their
thirst.
But you never got thirsty for me.
You ignored me."
GOD's Decree.

9 "I hit your crops with disease
and withered your orchards and gardens.

하나님의 포고다.

10 "나는 전에 이집트에서 일어난 기근이 너희를 찾아오게 했고,
너희 뛰어난 젊은이들과 최상급 말들을 죽였다.
진영 안에 어찌나 썩는 냄새가 진동하는지,
너희는 코를 막고 다녔을 정도다.
그런데도 너희는 여전히 내게 주목하지 않았다.
계속 나를 무시할 뿐이었다."
하나님의 포고다.

11 "나는 지진과 불로 너희를 쳤고,
소돔과 고모라처럼 너희를 황폐하게 만들었다.
너희는 불 속에서 꺼낸
타는 막대기 같았다.
그래도 너희는 나를 바라보지 않았다.
여전히 나를 무시하기만 했다."
하나님의 포고다.

12 "이스라엘아, 이 모든 일을 내가 했고,
바로 내가 그렇게 하기로 작정했다.
오 이스라엘아, 시간이 다 되었다!
이제 너의 하나님을 만날 준비를 하여라!"

13 여기 오신 분이 누구신지 보아라. 산을 만드신 분!
바람을 지으신 분이다!
아담이 나기 전에 모든 계획을 세우시고,
어둠 속에서 새벽이 동트게 하시듯,
무에서 유를 만들어 내시며,
높고 높은 산등성이를 타고 넘으시는 분이다.
그분의 이름은 하나님, 곧 만군의 하나님이시다.

나를 찾아라, 그래서 살아라

5 1 이스라엘 가문아, 귀 기울여 들어라.
내가 힘주어 전하는 메시지, 이 비극적 경고에 귀 기울여라.

2 "처녀 이스라엘이 바닥에 고꾸라졌다.
그녀는 다시 일어서지 못할 것이다.
바닥에 계속 고꾸라져 있다.
부축해 일으켜 주는 자 아무도 없다."

3 이것은 메시지, 곧 하나님의 말씀이다.

"천 명이 행진하며 나갔던 도성은

Locusts devoured your olive and fig trees,
but you continued to ignore me."
GOD's Decree.

10 "I revisited you with the old Egyptian plagues,
killed your choice young men and prize horses.
The stink of rot in your camps was so strong
that you held your noses—
But you didn't notice me.
You continued to ignore me."
GOD's Decree.

11 "I hit you with earthquake and fire,
left you devastated like Sodom and Gomorrah.
You were like a burning stick
snatched from the flames.
But you never looked my way.
You continued to ignore me."
GOD's Decree.

12 "All this I have done to you, Israel,
and this is why I have done it.
Time's up, O Israel!
Prepare to meet your God!"

13 Look who's here: Mountain-Shaper! Wind-Maker!
He laid out the whole plot before Adam.
He brings everything out of nothing,
like dawn out of darkness.
He strides across the alpine ridges.
His name is GOD, God-of-the-Angel-Armies.

All Show, No Substance

5 1 Listen to this, family of Israel,
this Message I'm sending in bold print, this tragic warning:

2 "Virgin Israel has fallen flat on her face.
She'll never stand up again.
She's been left where she's fallen.
No one offers to help her up."

3 This is the Message, GOD's Word:

결국 백 명만 남게 되고,
백 명이 행진하며 나갔던 도성은
결국 열 명만 남게 될 것이다. 오, 이스라엘 가문이여!"

4-5 이스라엘 가문을 향한 하나님의 메시지다.

"나를 찾아라. 그래서 살아라.
베델의 산당 주위를 기웃거리지 말고,
길갈에 가보겠다고 시간 낭비하지 마라.
공연히 브엘세바로 내려갈 것도 없다.
길갈은 오늘 있다가 내일이면 사라지고 말 것이며,
베델은 그저 빈껍데기에 불과하다."

6 그러니, 하나님을 찾아라. 그래서 살아라!
너희는 잿더미와 폐허뿐인 채
너희 생을 마감하고 싶지는 않을 것이다.
하나님께서 불을 내리시면,
그 불을 끌 수 있는 자는 아무도 없기 때문이다.

7-9 정의에 초를 치고,
의를 짓밟아 누더기로 만드는 너희에게 화가 있으리라.
너희가 사는 곳이 어떤 곳인지 알기나 하느냐?
너희는, 하나님이 별들을 흩뿌려 놓으신 우주,
하나님이 아침마다 깨우시고
밤마다 잠들게 하시는 세상에 살고 있다.
하나님은 대양에서 물을 퍼내어,
땅에 마실 물을 주신다.
하나님, 곧 계시된 하나님께서 이 모든 일을 행하신다.
손쉽게 만들어 내신 것처럼, 그분은 손쉽게 이 모든 것을 멸하실 수도 있다.
이 거대한 경이를, 그분은 단숨에 폐허가 되게 하실 수도 있다.

10-12 사람들은 이런 이야기를 듣기 싫어한다.
진실은 인기가 없는 법이다.
그러나 적나라하게 드러난 진실이 여기 있다.
너희는 가난한 이들을 악랄하게 짓밟고
그들에게서 빵을 빼앗는다.
그러므로 너희는 결코 너희가 건축한 화려한 집에 들어가 살지 못할 것이다.
너희는 결코 너희가 재배한 값비싼 포도주를 마시지 못할 것이다.
나는 너희 위법이 어느 정도인지,
너희 죄가 얼마나 중대한지 정확히 알고 있다. 참으로 섬뜩하다!

"The city that marches out with a thousand
will end up with a hundred.
The city that marches out with a hundred
will end up with ten. Oh, family of Israel!"

4-5 GOD's Message to the family of Israel:

"Seek me and live.
Don't fool around at those shrines of Bethel,
Don't waste time taking trips to Gilgal,
and don't bother going down to Beer-sheba.
Gilgal is here today and gone tomorrow
and Bethel is all show, no substance."

6 So seek GOD and live! You don't want to end up
with nothing to show for your life
But a pile of ashes, a house burned to the ground.
For God will send just such a fire,
and the firefighters will show up too late.

Raw Truth Is Never Popular

7-9 Woe to you who turn justice to vinegar
and stomp righteousness into the mud.
Do you realize where you are? You're in a cosmos
star-flung with constellations by God,
A world God wakes up each morning
and puts to bed each night.
God dips water from the ocean
and gives the land a drink.
GOD, God-revealed, does all this.
And he can destroy it as easily as make it.
He can turn this vast wonder into total waste.

10-12 People hate this kind of talk.
Raw truth is never popular.
But here it is, bluntly spoken:
Because you run roughshod over the poor
and take the bread right out of their mouths,
You're never going to move into
the luxury homes you have built.
You're never going to drink wine
from the expensive vineyards you've planted.
I know precisely the extent of your violations,
the enormity of your sins. Appalling!
You bully right-living people,

너희는 의롭게 사는 이들을 괴롭히고
이리저리 뇌물을 받아 가며 가난한 이들을 바닥에 내친다.

13 정의는 패하고 악이 판치는 세상이다.
정직한 이들이 손을 놓아 버린다.
저항하고 꾸짖어 봐야 소용없고,
힘만 허비할 뿐이다.

14 악을 따르지 말고 선을 추구하여라.
그래서 살아라!
너희는 하나님, 곧 만군의 하나님이
너희의 절친한 친구인 것처럼 말한다.
좋다. 그 말대로 살아라.
그러면 정말로 그렇게 될 것이다.

15 악을 미워하고 선을 사랑하며,
사람들 앞에서 그것을 실천하여라.
그러면 하나님, 곧 만군의 하나님께서
너희 남은 자들을 눈여겨보시고, 은혜를 베풀어 주실지 모른다.

16-17 다시, 나의 주님의 메시지다. 하나님, 곧 만군의 하나님께서 말씀하신다.

"거리로 나가 통곡하여라!
가게와 상점마다 곡하는 소리로 넘쳐나게 하여라!
소리 내어 울부짖어라. '저는 안됩니다! 우리는 안됩니다! 이대로는 안됩니다!' 하고 외쳐라.
관공서도 상점도 공장도 일터도 모두 문을 닫고,
사람들을 다 통곡에 동원시켜라.
너희에게 가는 날, 나는 그 소리가 크고 분명하게 들리기를 원한다."
하나님의 포고다.

냉엄한 현실을 대면하여라

18-20 하나님의 심판 날이 오기를 바라는 너희 모두에게 화가 있으리라!
어떻게 너희는 하나님 뵙기를, 그분이 오시기를 바랄 수 있느냐?
하나님이 오신다는 소식은, 너희에게 낭보가 아니라 흉보가 될 것이다.
그날은 최고의 날이 아니라, 최악의 날이 될 것이다.
그날은, 어떤 사람이 사자를 피해 도망치다가
곰 아가리 속으로 뛰어드는 것과 같다.

taking bribes right and left and kicking the poor when they're down.

13 Justice is a lost cause. Evil is epidemic.
Decent people throw up their hands.
Protest and rebuke are useless,
a waste of breath.

14 Seek good and not evil—
and live!
You talk about GOD, the God-of-the-Angel-Armies,
being your best friend.
Well, *live* like it,
and maybe it will happen.

15 Hate evil and love good,
then work it out in the public square.
Maybe GOD, the God-of-the-Angel-Armies,
will notice your remnant and be gracious.

16-17 Now again, my Master's Message, GOD, God-of-the-Angel-Armies:

"Go out into the streets and lament loudly!
Fill the malls and shops with cries of doom!
Weep loudly, 'Not me! Not us, Not now!'
Empty offices, stores, factories, workplaces.
Enlist everyone in the general lament.
I want to hear it loud and clear when I make my visit."
GOD's Decree.

Time to Face Hard Reality, Not Fantasy

18-20 Woe to all of you who want GOD's Judgment Day!
Why would you want to see GOD, want him to come?
When GOD comes, it will be bad news before it's good news,
the worst of times, not the best of times.
Here's what it's like: A man runs from a lion
right into the jaws of a bear.
A woman goes home after a hard day's work
and is raped by a neighbor.

하루 종일 힘들게 일하고 집에 돌아온 여자가
이웃에게 강간당하는 것과 같다.
하나님께서 오시는 날, 그날은 우리가 환상이 아니라
냉엄한 현실,
잿빛 현실을 대면하는 날이다.

21-24 "나는 너희 종교 행사들을 도저히 참을 수 없다.
너희 집회와 성회는 이제 신물이 난다.
너희가 벌이는 종교 프로젝트들,
너희가 내거는 허영에 찬 슬로건과 목표에 진절머리가
난다.
너희의 기금 모금 계획,
홍보 활동과 이미지 연출도 지긋지긋하다.
너희 자아나 만족시키는 시끄러운 음악들은, 나는 이
제 들을 만큼 들었다.
너희가 나를 향해 노래한 적이 언제더냐?
내가 바라는 것이 무엇인지 알고 있느냐?
내가 바라는 것은 정의다. 큰 바다 같은 정의!
내가 바라는 것은 공평이다. 강 같은 공평!
이것이 바로 내가 바라는 것, 내가 바라는 전부다.

25-27 사랑하는 이스라엘 가문아, 광야에서 지낸 사십
년 동안, 너희는 내가 명한 제물과 헌물로 나를 신실하
게 예배하지 않았더냐? 그런 너희가 어찌하여 그럴듯
한 조각상을 만들어 너희 지배자라 부르고, 싸구려 별
신상들을 이리저리 메고 다니는 지경이 되었느냐? 너
희가 그것들을 그토록 사랑하니, 내가 너희를 다마스
쿠스 너머 먼 곳까지 붙잡혀 가게 하는 날, 그것들을
챙겨 가져가려무나." 하나님, 곧 만군의 하나님의 메시
지다.

하루하루 즐기는 데만 관심 있는 자들

6 1-2 시온에 거하니 만사형통하고,
사마리아 산에 사니 만사태평하다고 믿는 너희
에게 화가 있으리라.
너희는 너희가 최고인 것처럼,
너희 사는 곳이 지상 최고의 장소인 양 말한다.
글쎄다, 잠에서 깨어나 주위를 둘러보아라. 어깨에 힘
을 빼라.
갈레를 보아라.
대도시 하맛에 가보아라.
블레셋 사람들이 사는 가드를 둘러보아라.
어떠냐, 주제파악이 좀 되지 않느냐?
그 도성들에 비하면, 너희는 별 볼 일 없지 않느냐?

At GOD's coming we face hard reality, not fantasy—
a black cloud with no silver lining.

21-24 "I can't stand your religious meetings.
I'm fed up with your conferences and conventions.
I want nothing to do with your religion projects,
your pretentious slogans and goals.
I'm sick of your fund-raising schemes,
your public relations and image making.
I've had all I can take of your noisy ego-music.
When was the last time you sang to *me*?
Do you know what I want?
I want justice—oceans of it.
I want fairness—rivers of it.
That's what I want. That's *all* I want.

25-27 "Didn't you, dear family of Israel,
worship me faithfully for forty years in
the wilderness, bringing the sacrifices and
offerings I commanded? How is it you've
stooped to dragging gimcrack statues of your
so-called rulers around, hauling the cheap
images of all your star-gods here and there?
Since you like them so much, you can take
them with you when I drive you into exile
beyond Damascus." GOD's Message, God-of-
the-Angel-Armies.

Those Who Live Only for Today

6 1-2 Woe to you who think you live on easy street in Zion,
who think Mount Samaria is the good life.
You assume you're at the top of the heap,
voted the number-one best place to live.
Well, wake up and look around. Get off your pedestal.
Take a look at Calneh.
Go and visit Great Hamath.
Look in on Gath of the Philistines.
Doesn't that take you off your high horse?
Compared to them, you're not much, are you?

3-6 재앙을 향해 돌진하는 너희에게 화가 있으리라!
대재난이 목전에 다가왔다!
사치하며 사는 자들,
다른 사람을 종처럼 부리려는 자들에게 화가 있으리라!
그저 자신의 오늘만 즐길 뿐,
다른 사람의 내일에 대해서는 무관심한 자들에게 화가 있으리라!
인생을 자신만의 파티로 여기는,
바람둥이 남녀들에게 화가 있으리라!
고생 없이 안락한 생활에 중독된 자들,
남이 부러워하고, 폼 나는 인생에 집착하는 자들에게 화가 있으리라!
그들은 나라가 망해 가는데도
더없이 무관심했다.

7 그러나 정말로 다가오고 있는 일은 이렇다.
그들은 줄지어 낯선 타향으로 끌려갈 것이다.
넝마 차림의 비참한 무리가 되어,
그들은 애처로이 울며 조국을 떠날 것이다.

너희는 정의를 난장판으로 만들었다

8 주 하나님께서 맹세하셨다. 그분은 하신 말씀을 엄숙히 지키신다.
만군의 하나님께서 말씀하신다.

"나는 야곱의 오만을 미워하며,
그의 요새들을 경멸한다.
나는 그 도성과
거기 사는 모두를 다 적들에게 넘겨 버릴 것이다."

9-10 어떤 집에 열 사람이 있었는데, 모두 죽었다. 한
친척이 시신을 묻어 주려고 왔다가, 한 사람이 살아
서 곳간에 숨어 있는 것을 보았다. 그가 묻는다. "당
신 말고 또 있습니까?" 생존자는 이렇게 대답한다.
"아니요, 없습니다. 여기서는 말을 그만합시다! 이렇
게 더럽혀진 곳에서 하나님의 이름을 들먹이며 인사
를 나눌 순 없지 않습니까."

11 주목하여라. 하나님께서 명령을 내리신다.
그분이 큰 집들을 조각내시고,
작은 집들을 가루로 만들어 버리실 것이다.

12-13 너희는 자갈밭에서 경마대회를 여느냐?
소를 부려 바다로 가느냐?
그러면 말들은 불구가 되고,

3-6 Woe to you who are rushing headlong to disaster!
Catastrophe is just around the corner!
Woe to those who live in luxury
and expect everyone else to serve them!
Woe to those who live only for today,
indifferent to the fate of others!
Woe to the playboys, the playgirls,
who think life is a party held just for them!
Woe to those addicted to feeling good—life without pain!
those obsessed with looking good—life without wrinkles!
They could not care less
about their country going to ruin.

7 But here's what's *really* coming:
a forced march into exile.
They'll leave the country whining,
a rag-tag bunch of good-for-nothings.

You've Made a Shambles of Justice

8 GOD, the Master, has sworn, and solemnly stands by his Word.
The God-of-the-Angel-Armies speaks:

"I hate the arrogance of Jacob.
I have nothing but contempt for his forts.
I'm about to hand over the city
and everyone in it."

9-10 Ten men are in a house, all dead. A relative
comes and gets the bodies to prepare them
for a decent burial. He discovers a survivor
huddled in a closet and asks, "Are there any
more?" The answer: "Not a soul. But hush!
GOD must not be mentioned in this desecrated
place."

11 Note well: GOD issues the orders.
He'll knock large houses to smithereens.
He'll smash little houses to bits.

12-13 Do you hold a horse race in a field of rocks?
Do you plow the sea with oxen?

소는 익사할 것이다.
너희는 정의를 난장판으로 만들고,
의를 퉁퉁 부은 시체로 만들었다.
시시한 업적들에 허풍을 떨고
힘없는 자들을 두들겨 패면서,
의기양양하게 "내가 한 일을 보라!"고 떠벌리면서 말이다.

14 "그래, 너희 이스라엘 사람들아, 즐길 수 있을 때 마음껏 즐겨라.
내가 한 이방 군대를 일으켰으니, 그들이 곧 너희를 치러 갈 것이다."
이는 너희 하나님, 곧 만군의 하나님의 말씀이다.
"그들이 너희를 완전히 요절낼 것이다.
너희는 한 군데도 성한 곳이 없게 될 것이다."

첫째 환상: 메뚜기 재앙

7 1-2 나의 주 하나님께서 내게 이런 환상을 보여주셨다. 그분께서 거대한 메뚜기 군대를 준비하셨는데, 왕에게 바치는 첫 번째 수확이 끝나고 두 번째 뿌린 씨가 막 싹을 내는 때였다. 그 메뚜기들은 푸른빛이 도는 것이면 무엇이든 다 먹어 치웠다. 이파리 하나 남기지 않았다.
내가 소리쳤다. "하나님, 나의 주님! 용서해 주십시오. 그리하시면 야곱이 어떻게 되겠습니까? 미약하기 그지없는 존재입니다."
3 하나님께서 뜻을 돌이키셨다.
"이 일은 일어나지 않을 것이다." 그분이 말씀하셨다.

둘째 환상: 불폭풍

4 하나님께서 내게 이런 환상을 보여주셨다. 오! 하나님, 나의 주 하나님께서 불폭풍을 불러일으키셨다. 그 불폭풍은 대양을 불살라 버렸다. 약속의 땅도 불살라 버렸다.
5 내가 말했다. "하나님, 나의 주님! 부디, 멈추어 주십시오. 이렇게 간구합니다! 그리하시면 야곱이 어떻게 되겠습니까? 미약하기 그지없는 존재입니다."
6 하나님께서 뜻을 돌이키셨다.
"좋다. 이 일도 일어나지 않을 것이다." 하나님, 나의 주께서 말씀하셨다.

셋째 환상: 다림줄

7 하나님께서 내게 이런 환상을 보여주셨다. 나의 주께서 손에 다림줄을 들고 어느 벽 뒤에 서 계셨다.
8-9 하나님께서 내게 말씀하셨다. "아모스야, 무엇이

You'd cripple the horses
and drown the oxen.
And yet you've made a shambles of justice,
a bloated corpse of righteousness,
Bragging of your trivial pursuits,
beating up on the weak and crowing, "Look what I've done!"

14 "Enjoy it while you can, you Israelites.
I've got a pagan army on the move against you"
—this is your GOD speaking, God-of-the-Angel-Armies—
"And they'll make hash of you,
from one end of the country to the other."

To Die Homeless and Friendless

7 1-2 GOD, my Master, showed me this vision: He was preparing a locust swarm. The first cutting, which went to the king, was complete, and the second crop was just sprouting. The locusts ate everything green. Not even a blade of grass was left.
I called out, "GOD, my Master! Excuse me, but what's going to come of Jacob? He's so small."
3 GOD gave in.
"It won't happen," he said.

4 GOD showed me this vision: Oh! GOD, my Master GOD was calling up a firestorm. It burned up the ocean. Then it burned up the Promised Land.
5 I said, "GOD, my Master! Hold it—please! What's going to come of Jacob? He's so small."
6 GOD gave in.
"All right, this won't happen either," GOD, my Master, said.

7 GOD showed me this vision: My Master was standing beside a wall. In his hand he held a plumb line.
8-9 GOD said to me, "What do you see, Amos?"
I said, "A plumb line."

보이느냐?"
내가 말했다. "다림줄이 보입니다."
그러자 나의 주께서 말씀하셨다. "내가 한 일을 보아라. 내가 내 백성 이스라엘 한가운데에 다림줄을 드리워 놓았다. 나는 더 이상 그들을 봐주지 않을 것이다. 이제 끝이다!

이삭의 음란한 종교 산당이 허물어지고,
이스라엘의 사악한 산당들이 산산조각 날 것이다.
내가 여로보암 왕가에 맞서 내 칼을 들 것이다."

10 베델 산당의 제사장인 아마샤가 이스라엘의 왕 여로보암에게 사람을 보냈다.
"아모스가 왕을 제거할 음모를 꾸미고 있습니다. 그는 이스라엘 한복판에서 일을 벌이고 있습니다. 그의 말이 나라를 무너뜨리고 말 것이니, 그의 입을 막아야 합니다. 왕께서는 아모스가 뭐라 말하고 다니는지 아십니까?

11 '여로보암은 살해될 것이고,
이스라엘은 포로로 사로잡힐 것이다' 하고 말합니다."

12-13 그러고 난 후 아마샤는 아모스를 찾아가 맞섰다. "선견자 양반, 이곳을 떠나시오! 당신의 고향인 유다로 돌아가, 거기서 눌러 사시오! 설교는 거기서나 하고, 여기 베델에서는 더 이상 설교하지 마시오! 다시는 이곳에 코빼기도 보이지 마시오! 여기는 왕의 예배당, 왕족 산당이란 말이오."
14-15 그러나 아모스가 아마샤의 말을 되받았다. "나는 설교자로 자처한 적이 없고, 설교자가 되겠다고 생각해 본 적도 없소. 나는 가축을 기르고 나뭇가지나 치며 살았을 뿐인데, 어느 날 하나님께서 나를 농장에서 불러내시고 '내 백성 이스라엘에게 가서 설교하라'고 말씀하셨소.
16-17 그러니 하나님의 말씀을 잘 들으시오. 당신은 내게 '이스라엘에게 설교하지 마라. 이삭 가문에 대해 적대적인 말을 하지 마라' 하지만, 하나님께서는 당신에게 이렇게 말씀하시오.

네 아내는 동네 창녀가 되고,
네 자녀는 살해될 것이다.
네 땅은 경매에 붙여지고,
너는 집을 잃고 친구도 없이 살다가 죽을 것이다.
이스라엘은 포로로 끌려가 유랑민이 될 것이다. 고향을 떠나 멀리."

Then my Master said, "Look what I've done. I've hung a plumb line in the midst of my people Israel. I've spared them for the last time. This is it!

"Isaac's sex-and-religion shrines will be smashed,
Israel's unholy shrines will be knocked to pieces.
I'm raising my sword against the royal family of Jeroboam."

10 Amaziah, priest at the shrine at Bethel, sent a message to Jeroboam, king of Israel:
"Amos is plotting to get rid of you; and he's doing it as an insider, working from within Israel. His talk will destroy the country. He's got to be silenced. Do you know what Amos is saying?

11 'Jeroboam will be killed.
Israel is headed for exile.'

12-13 Then Amaziah confronted Amos: "Seer, be on your way! Get out of here and go back to Judah where you came from! Hang out there. Do your preaching there. But no more preaching at Bethel! Don't show your face here again. This is the king's chapel. This is a royal shrine."
14-15 But Amos stood up to Amaziah: "I never set up to be a preacher, never had plans to be a preacher. I raised cattle and I pruned trees. Then GOD took me off the farm and said, 'Go preach to my people Israel.'
16-17 "So listen to GOD's Word. You tell me, 'Don't preach to Israel. Don't say anything against the family of Isaac.' But here's what GOD is telling you:

Your wife will become a whore in town.
Your children will get killed.
Your land will be auctioned off.
You will die homeless and friendless.
And Israel will be hauled off to exile, far from *home*."

넷째 환상: 신선한 과일 한 바구니

8 [1] 나의 주 하나님께서 보여주신 환상이다. 그분이 내게 신선한 과일 한 바구니를 보여주시며 말씀하셨다.

[2] "아모스야, 무엇이 보이느냐?"
내가 말했다. "잘 익은 신선한 과일 한 바구니가 보입니다."
하나님께서 말씀하셨다. "맞다. 나는 이제 내 백성 이스라엘과 관계를 끝내련다. 더 이상 우리 사이에 아무 문제도 없는 척하지 않을 것이다.

[3] 그날이 오면, 왕실 소속 가수들이 슬피 울며 통곡할 것이다."
내 주 하나님께서 말씀하셨다.
"사방천지에 시체들이 흩뿌려질 것이다.
쉿! 입을 다물어라!"

[4-6] 너희, 힘없는 이들을 짓밟는 자들아,
가난한 이들을 하찮게 여기는 자들아, 귀 기울여 들어라!
"놀러 나가고 싶은데
월급날이 왜 이리 멀까?
나가서 즐기고 싶은데
주말이 왜 이리 멀까?" 하면서,
베푸는 것 없이 늘 받아 내려고만 하고
정직하게 땀 흘려 일하지 않는 너희,
너희는 가난한 이들을 착취하고 이용하다가도,
이용 가치가 사라지면 주저 없이 버린다.

[7-8] 야곱의 오만을 대적하시는 하나님께서 맹세하여 말씀하신다.
"내가 그들의 죄를 하나도 남김없이 다 추적하고 있다."
하나님의 맹세가 땅의 기초를 흔들고,
세상 전체를 갈기갈기 찢어 놓을 것이다.
하나님의 맹세가 강물처럼 불어나,
집과 땅을 휩쓸어 삼킬 것이다.
잦아들고 나면,
뒤에는 진흙뻘만이 남을 것이다.

[9-10] "심판 날이 임할 것이다!"
하나님, 나의 주님의 말씀이다.
"내가 정오에 태양을 꺼버릴 것이다.
벌건 대낮에 땅이 암흑천지가 되리라.
내가 너희 파티를 장례식이 되게 할 것이며,
너희가 부르는 노래를 장송곡이 되게 할 것이다.
모두가 누더기 옷을 걸치고,

You Who Give Little and Take Much

8 [1] My Master GOD showed me this vision: A bowl of fresh fruit.

[2] He said, "What do you see, Amos?"
I said, "A bowl of fresh, ripe fruit."
GOD said, "Right. So, I'm calling it quits with my people Israel. I'm no longer acting as if everything is just fine."

[3] "The royal singers will wail when it happens."
My Master GOD said so.
"Corpses will be strewn here, there, and everywhere.
Hush!"

[4-6] Listen to this, you who walk all over the weak,
you who treat poor people as less than nothing,
Who say, "When's my next paycheck coming
so I can go out and live it up?
How long till the weekend
when I can go out and have a good time?"
Who give little and take much,
and never do an honest day's work.
You exploit the poor, using them –
and then, when they're used up, you discard them.

[7-8] GOD swears against the arrogance of Jacob:
"I'm keeping track of their every last sin."
God's oath will shake earth's foundations,
dissolve the whole world into tears.
God's oath will sweep in like a river that rises,
flooding houses and lands,
And then recedes,
leaving behind a sea of mud.

[9-10] "On Judgment Day, watch out!"
These are the words of GOD, my Master.
"I'll turn off the sun at noon.
In the middle of the day the earth will go black.
I'll turn your parties into funerals
and make every song you sing a dirge.
Everyone will walk around in rags,

움푹 들어간 눈에 대머리가 되어 걸어 다닐 것이다.
너희에게 일어날 수 있는 최악의 일을 상상해 보아라.
너희의 외아들이 살해당한다면 어떨까.
심판 날을 짐작하게 하는 힌트다.
사실 그날은, 그것보다 훨씬 끔찍할 것이다.

11-12 그렇다. 심판 날이 다가오고 있다!"
이는 나의 주 하나님의 말씀이다.
"내가 나라 전체에 기근을 보낼 것이다.
음식이나 물이 아니라, 나의 말씀이 부족해서 생긴 기근이다.
사람들이 이리저리
동서남북으로 헤매고 다닐 것이다.
하나님의 말씀을 듣겠다며 어디든 가서, 아무 말에나 귀 기울이겠지만,
아무리 애써도 결국 듣지 못할 것이다.

13-14 심판 날에,
사랑스런 젊은 여자들이 말씀에 주려 허덕이고,
씩씩한 젊은 남자들이 하나님에 주려 허덕일 것이다.
죄와 섹스를 숭배하는 사마리아의 이방 산당에서
'단의 신을 두고 맹세한다!',
'브엘세바 여신의 축복을 빈다!'고 말하는 자들도
같은 처지가 되리라.
그들의 삶이 산산조각 나서,
다시는 추스르지 못할 것이다."

다섯째 환상: 산당의 붕괴와 민족 전멸

9 1-4 나는 나의 주께서 그 산당의 제단 옆에 서 계신 것을 보았다. 그분께서 말씀하셨다.

"산당 기둥머리를 쳐서,
바닥이 흔들리게 하여라.
사람들 머리 위로 지붕이 떨어질 것이다.
살아남는 자들은 내가 다 죽일 것이다.
누구도 피하지 못한다.
누구도 도망가지 못한다.
땅속으로 기어들어가도,
내가 그들을 찾아내 끌고 올 것이다.
별 있는 데까지 올라가도
내가 그들을 찾아내 끌어내릴 것이다.
갈멜 산 꼭대기에 몸을 숨겨도,
내가 그들을 찾아내 데려올 것이다.

with sunken eyes and bald heads.
Think of the worst that could happen
—your only son, say, murdered.
That's a hint of Judgment Day
—that and much more.

11-12 "Oh yes, Judgment Day is coming!"
These are the words of my Master GOD.
"I'll send a famine through the whole country.
It won't be food or water that's lacking, but my Word.
People will drift from one end of the country to the other,
roam to the north, wander to the east.
They'll go anywhere, listen to anyone,
hoping to hear GOD's Word—but they won't hear it.

13-14 "On Judgment Day,
lovely young girls will faint of Word-thirst,
robust young men will faint of God-thirst,
Along with those who take oaths at the Samaria Sin-and-Sex Center,
saying, 'As the lord god of Dan is my witness!'
and 'The lady goddess of Beer-sheba bless you!'
Their lives will fall to pieces.
They'll never put it together again."

Israel Thrown into a Sieve

9 1-4 I saw my Master standing beside the altar at the shrine. He said:

"Hit the tops of the shrine's pillars,
make the floor shake.
The roof's about to fall on the heads of the people,
and whoever's still alive, I'll kill.
No one will get away,
no runaways will make it.
If they dig their way down into the underworld,
I'll find them and bring them up.
If they climb to the stars,
I'll find them and bring them down.
If they hide out at the top of Mount Carmel,
I'll find them and bring them back.
If they dive to the bottom of the ocean,

바다 밑바닥까지 잠수해 들어가도,
내가 용을 보내 그들을 삼켜 올릴 것이다.
적군에게 산 채로 포로로 잡혀가도,
내가 칼을 보내 그들을 죽일 것이다.
나는 마음을 정했다.
그들을 해하고, 돕지 않을 것이다."

5-6 나의 주, 만군의 하나님께서
땅에 손을 대신다. 살짝 건드렸을 뿐인데, 땅이 진동한다.
온 세상이 초상집이 된다.
홍수 때 이집트의 거대한 나일 강처럼,
땅이 불어 올랐다가 잦아든다.
하나님께서 하늘 높이 탑이 치솟게 하시고
바위처럼 굳센 땅에 기초를 놓으셔서,
당신의 궁전을 세우신다.
바닷물을 불러올려,
땅 위에 쏟으신다.
하나님, 너의 하나님께서 이 모든 일을 행하신다.

7-8 "너희 이스라엘 사람들아, 너희가 저기 먼 곳의 구스 사람들보다 조금이라도 나은 줄 아느냐?" 하나님의 포고다.
"내가 모든 민족의 운명에 다 관여한다는 것을 모르느냐? 이스라엘을 이집트에서 건져 주었듯이, 나는 블레셋 사람을 갑돌에서, 아람 사람을 기르에서 구해 주었다. 나 주 하나님이 너희를 주시하고 있다. 죄의 왕국인 너희를 조만간 지면에서 쓸어버릴 것이다. 그러나 야곱 가문을 완전히 멸하지는 않으리라." 하나님의 포고다.

9-10 "내가 여기서 명령을 내린다. 나는 이스라엘을 체 속에 던져 넣고 모든 민족 앞에서 심하게 흔들어, 죄와 죄인들을 모조리 걸러 낼 것이다. 진짜 알곡은 하나도 잃어버리지 않겠지만, 죄인들은 모조리 걸러 낼 것이다. '우리 생애에 나쁜 일은 일어나지 않는다. 나쁜 일의 조짐도 없을 거야' 하고 말하는 죄인들을 다 걸러 낼 것이다."

다윗의 집을 다시 일으켜 세울 것이다

11-12 "그러나 심판 날에, 나는 허물어진 다윗의 집을 다시 일으켜 세울 것이다. 지붕에 난 구멍을 수리하고, 깨진 창문을 새 것으로 바꿀 것이다. 다윗의 백성은 다시금 강해져서, 적국 에돔에 남은 자

I'll send Dragon to swallow them up.
If they're captured alive by their enemies,
I'll send Sword to kill them.
I've made up my mind
to hurt them, not help them."

5-6 My Master, GOD-of-the-Angel-Armies,
touches the earth, a mere touch, and it trembles.
The whole world goes into mourning.
Earth swells like the Nile at flood stage;
then the water subsides, like the great Nile of Egypt.
God builds his palace – towers soaring high in the skies,
foundations set on the rock-firm earth.
He calls ocean waters and they come,
then he ladles them out on the earth.
GOD, your God, does all this.

7-8 "Do you Israelites think you're any better than the far-off Cushites?" GOD's Decree.
"Am I not involved with all nations? Didn't I bring Israel up from Egypt, the Philistines from Caphtor, the Arameans from Qir? But you can be sure that I, GOD, the Master, have my eye on the Kingdom of Sin. I'm going to wipe it off the face of the earth. Still, I won't totally destroy the family of Jacob." GOD's Decree.

9-10 "I'm still giving the orders around here. I'm throwing Israel into a sieve among all the nations and shaking them good, shaking out all the sin, all the sinners. No real grain will be lost, but all the sinners will be sifted out and thrown away, the people who say, 'Nothing bad will ever happen in our lifetime. It won't even come close.'

Blessings Like Wine Pouring off the Mountains

11-12 "But also on that Judgment Day I will restore David's house that has fallen to pieces. I'll repair the holes in the roof, replace the broken windows, fix it up like new. David's people will be strong again and seize what's left of enemy Edom, plus everyone else under my sovereign judgment."

들과 나의 주권적 심판 아래 있는 모든 자를 차지하
게 될 것이다." 하나님의 포고다. 그분께서 이 일을
행하실 것이다.
13-15 "정말 그렇다. 이제 얼마 남지 않았다." 하나님
의 포고다.
"이 일은 정신이 없을 만큼 숨 가쁘게 일어날 것이다.
하나가 끝나면 곧 다음 일이 벌어져, 너희가 따라잡
지 못할 정도로 많은 일들이 연이어 일어날 것이다.
너희 눈이 미치는 모든 곳에, 복이 쏟아지리라! 산과
언덕 위에서 포도주가 흘러나오듯, 복들이 흘러넘칠
것이다. 내 백성 이스라엘을 위해 내가 모든 것을 바
로잡을 것이다.

그들이 파괴된 도성을 재건하고,
포도밭을 가꾸어 좋은 포도주를 마시며,
정원을 가꾸어 신선한 채소를 먹을 것이다.
내가 그들을 그들이 살아갈 땅에 심어,
내가 그들에게 준 땅에서 다시는 뿌리 뽑히지 않게
할 것이다."

하나님, 너의 하나님께서 그렇게 말씀하신다.

GOD's Decree. He will do this.
13-15 "Yes indeed, it won't be long now," GOD's
Decree.
"Things are going to happen so fast your head will swim, one thing fast on the heels of the other. You won't be able to keep up. Everything will be happening at once—and everywhere you look, blessings! Blessings like wine pouring off the mountains and hills. I'll make everything right again for my people Israel:

"They'll rebuild their ruined cities.
They'll plant vineyards and drink good wine.
They'll work their gardens and eat fresh vegetables.
And I'll plant *them,* plant them on their own land.
They'll never again be uprooted from the land I've given them."

GOD, your God, says so.

오바댜 | 머리말

성경의 어느 한 부분을 읽을 때에는 전체 맥락에 비추어 읽어야 한다. 단역에 불과해 보이는 오바댜에게도 분명한 자기 자리가 있다. 성경 안의 인물이든 성경 밖의 인물이든, 사실 모두가 중요하다. 오바댜가 맡은 임무는 에돔에 대한 하나님의 심판의 말씀을 전하는 것이었다.

성경은 첫 무대에서 쌍둥이 형제 야곱과 에서 이야기를 들려준다(창 25-36장). 그들은 모태에서 나올 때부터 서로 다투었다. 야곱은 이스라엘 백성의 조상이 되었고, 에서는 에돔 백성의 조상이 되었다. 이스라엘은 주로 요단 강과 사해의 서쪽에 자리 잡았고, 에돔은 남동쪽에 자리 잡았다. 이웃하는 그 두 민족은 늘 사이가 좋지 않았고, 오랜 전쟁과 반목의 세월을 보냈다. 이스라엘이 패망하고—주전 721년 먼저 북이스라엘이 앗시리아에게, 주전 586년 남유다가 바빌론에게—포로로 붙잡혀 가자, 에돔은 피를 나눈 친족이 당하는 참사를 강 건너 불구경하듯 지켜보며 한껏 고소해했다. 그러나 하나님은, 기뻐하지 않으셨다.

"사악한 외적들이 예루살렘을 공습하여 약탈하는데도,
그저 수수방관했다.
너도 그들 못지않게 악질이다.
자기 형제가 얻어맞고 있는데 고소해하다니,
그래서는 안되었다.
유다의 아들들이 진창에 처박히는 것을 보고 깔깔 웃다니,
그래서는 안되었다.
고생하고 있는 그들에게 큰소리를 해대다니,
그래서는 안되었다.
삶이 파탄 난 그들을 되레 이용하다니,
그래서는 안되었다.……

모든 사악한 민족들을 심판하실
하나님의 날이 가까이 왔다.
네가 행한 그대로 네게도 이루어질 것이다.
네가 행한 일이 부메랑이 되어

It takes the entire Bible to read any part of the Bible. Even the brief walkon appearance of Obadiah has its place. No one, whether in or out of the Bible, is without significance. It was Obadiah's assignment to give voice to God's word of judgment against Edom.

Back in the early stages of the biblical narrative, we are told the story of the twins Jacob and Esau (Genesis 25-36). They came out of the womb fighting. Jacob was ancestor to the people of Israel, Esau ancestor to the people of Edom. The two neighboring peoples, Israel mostly to the west of the Jordan River and Dead Sea and Edom to the southeast, never did get along. They had a long history of war and rivalry. When Israel was taken into exile—first the northern kingdom by the Assyrians in 721 B.C. and later the southern kingdom by the Babylonians in 586 B.C.—Edom stood across the fence and watched, glad to see her old relative get beat up. God, however, was not pleased.

Godless foreigners invaded and pillaged Jerusalem.
You stood there and watched.
You were as bad as they were.
You shouldn't have gloated over your brother
when he was down-and-out.
You shouldn't have laughed and joked at Judah's sons
when they were facedown in the mud.
You shouldn't have talked so big
when everything was so bad.
You shouldn't have taken advantage of my people
when their lives had fallen apart...

"GOD's Judgment Day is near
for all the godless nations.
As you have done, it will be done to you.
What you did will boomerang back

네 머리를 칠 것이다"(옵 11-12, 15절).

언뜻 보기에 오바댜의 짧고 굵은 예언은, 에돔이 하나님의 선민에게 저지른 잔인한 불의에 대한 맹렬한 고발장 같다. 에돔은 악당이고, 하나님의 언약 백성은 희생자라는 식으로 말이다.

그러나 예언의 마지막에 등장하는 문장은, 수세기에 걸친 증오와 반목과 독설을 박차고 나오는 커다란 진일보(進一步)다. 수세기에 걸쳐 에돔에게 괴롭힘을 당해 온 이스라엘에게 돌연 계시된 내용은, 장차 그들이 부당한 처지에서 벗어나 오랜 원수인 에돔 사람들을 통치하는 위치에 오르게 된다는 것이었다. 그러나 이스라엘의 몫은 받은 대로 갚아 주는 앙갚음이 아니었다. 그들이 할 일은 폭력의 악순환을 이어 가는 것이 아니라, 받은 통치권으로 하나님의 정의를 시행하는 것이었다. 그들은 자신을 새로운 맥락 —하나님 나라 —으로 바라보고, 새로운 소명 —하나님의 통치를 나타내는 일— 을 깨닫는다. 미미하기는 하지만(스물한 절 가운데 한 절!), 이것은 분명 서광이다(이것이 마지막 문구다!).

시온 산의 구원받은 남은 자들이
에서의 산에 들어가,
정의롭고 공정하게 다스릴 것이다.
하나님 나라를 높이는 통치를 펼칠 것이다.
(옵 21절)

마지막 심판 날의 핵심은, 보복과 독설이 아니다. 오바댜의 예언 말미에는 정의의 서광이 있을 뿐이지만, 그 서광은 점점 커져 마침내 빛의 나라를 이룰 것이고, 그 나라에서 모든 민족이 영원한 하늘 보좌에서 임하는 정의로운 심판을 받게 될 것이다.

and hit your own head"(Obadiah 11-12, 15).

At first reading, this brief but intense prophecy of Obadiah, targeted at Edom, is a broadside indictment of Edom's cruel injustice to God's chosen people. Edom is the villain and God's covenant people the victim.

But the last line of the prophecy takes a giant step out of the centuries of hate and rivalry and invective. Israel, so often a victim of Edomite aggression through the centuries, is suddenly revealed to be saved from the injustices of the past and taking up a position of rule over their ancient enemies the Edomites. But instead of doing to others what had been done to them and continuing the cycle of violence that they had been caught in, they are presented as taking over the reins of government and administering God's justice justly. They find themselves in a new context . God's kingdom – and realize that they have a new vocation – to represent God's rule. It is not much (one verse out of twenty-one!), but it is a glimmer (it is the final verse!).

The remnant of the saved in Mount Zion
will go into the mountains of Esau
And rule justly and fairly,
a rule that honors GOD's kingdom(Obadiah 21).

On the Day of Judgment, dark retaliation and invective do not get the last word. Only the first rays of the light of justice appear here. But these rays will eventually add up to a kingdom of light, in which all nations will be judged justly from the eternal throne in heaven.

오바댜

하나님께서 에돔을 심판하시다

1 오바댜가 전하는 메시지,
주 하나님께서 에돔을 향해 하시는 말씀이다.
우리는 이 소식을 하나님께 직접 들었다.
사악한 민족들에게 보냄받은 한 특사를 통해 들었다.

"일어나 전투태세를 갖춰라.
에돔과 전쟁을 벌일 준비를 하여라!"

2-4 "에돔아, 귀 기울여 들어라.
내가 너를 보잘것없는 자로 만들려 한다.
사악한 민족들 중에 가장 멸시받는 보잘것없는 민족으로 만들려 한다.
너는 네가 대단한 자인 것처럼 굴었다.
산의 우두머리인 양 높은 바위 위에 앉아서, 마음속으로
'나를 건들 자 누구랴. 내게 손댈 자 누구랴!' 하고 생각했다.
그러나 이제 생각을 바꾸어라. 네가 독수리처럼
높디높은 절벽 위에 보금자리를 잡더라도,
아니, 별들 사이에 둥지를 틀더라도,
내가 너를 땅으로 끌어내릴 것이다."
하나님의 확실한 말씀이다.

5-14 "도둑이 들면
집이 몽땅 털리지 않느냐?
밤길에 강도를 만나면
가진 것을 다 털리지 않느냐?
에서는 그렇게 하나씩 빼앗겨,
지갑과 호주머니를 다 털릴 것이다.

OBADIAH

Your World Will Collapse

1 Obadiah's Message to Edom
from GOD, the Master.
We got the news straight from GOD
by a special messenger sent out to the godless nations:

"On your feet, prepare for battle;
get ready to make war on Edom!

2-4 "Listen to this, Edom:
I'm turning you to a no-account,
the runt of the godless nations, despised.
You thought you were so great,
perched high among the rocks, king of the mountain,
Thinking to yourself,
'Nobody can get to me! Nobody can touch me!'
Think again. Even if, like an eagle,
you hang out on a high cliff-face,
Even if you build your nest in the stars,
I'll bring you down to earth."
GOD's sure Word.

5-14 "If thieves crept up on you,
they'd rob you blind – isn't that so?
If they mugged you on the streets at night,
they'd pick you clean – isn't that so?
Oh, they'll take Esau apart, piece by piece,
empty his purse and pockets.

너의 옛 파트너들이 너를 궁지로 몰고,
너의 옛 친구들이 너를 대놓고 속여 먹을 것이다.
너의 옛 술친구들이 네 등에 칼을 꽂을 것이다.
너의 세상이 무너지리라. 주먹이 어디서 날아오는지도 모를 것이다.
그러니 놀라지 마라." 이는 **하나님**의 확실한 말씀이다!
"내가 에돔에서 현인들을 다 쓸어버리고,
에서의 산에서 유명한 현자들을 모조리 없애 버릴 날이 올 것이다.
데만아, 너의 위대한 영웅들이 너를 버리고 도망칠 것이다.
에서의 산에 남아 있는 자 아무도 없으리라.
네가 네 형제 야곱에게 행한 잔학한 일들이
낱낱이 역사에 기록되었다.
그 일로 너는 모두에게 멸시를 받을 것이다.
역사에 설 자리를 잃을 것이다.
그날, 너는 팔짱을 낀 채 그저 보고만 있었다.
낯선 자들이 네 형제의 군대를 붙잡아 끌고 가는데도,
사악한 외적들이 예루살렘을 공습하여 약탈하는데도,
그저 수수방관했다.
너도 그들 못지않게 악질이다.
자기 형제가 얻어맞고 있는데 고소해하다니,
그래서는 안되었다.
유다의 아들들이 진창에 처박히는 것을 보고 깔깔 웃다니,
그래서는 안되었다.
고생하고 있는 그들에게 큰소리를 해대다니,
그래서는 안되었다.
삶이 파탄 난 그들을 되레 이용하다니,
그래서는 안되었다.
그들의 고난, 그들의 비참한 모습을 보며 웃고 떠들다니,
다른 민족들은 몰라도 너만큼은 그래서는 안되었다.
얻어맞아 바닥에 쓰러진 그들의 옷을 벗겨 가다니,
그래서는 안되었다.
길 끝에서 기다리고 섰다가 피난민의 길을 막지 말았어야 했다.
모든 것을 잃고 목숨만 건진 무력한 생존자들에게 등을 돌리다니,
그래서는 안되었다."

이스라엘의 승리

15-18 "모든 사악한 민족들을 심판하실
하나님의 날이 가까이 왔다.

All your old partners will drive you to the edge.
Your old friends will lie to your face.
Your old drinking buddies will stab you in the back.
Your world will collapse. You won't know what hit you.
So don't be surprised" – it's GOD's sure Word! –
"when I wipe out all sages from Edom
and rid the Esau mountains of its famous wise men.
Your great heroes will desert you, Teman.
There'll be nobody left in Esau's mountains.
Because of the murderous history compiled
against your brother Jacob,
You will be looked down on by everyone.
You'll lose your place in history.
On that day you stood there and didn't do anything.
Strangers took your brother's army into exile.
Godless foreigners invaded and pillaged Jerusalem.
You stood there and watched.
You were as bad as they were.
You shouldn't have gloated over your brother
when he was down-and-out.
You shouldn't have laughed and joked at Judah's sons
when they were facedown in the mud.
You shouldn't have talked so big
when everything was so bad.
You shouldn't have taken advantage of my people
when their lives had fallen apart.
You of all people should not have been amused
by their troubles, their wrecked nation.
You shouldn't have taken the shirt off their back
when they were knocked flat, defenseless.
And you shouldn't have stood waiting at the outskirts
and cut off refugees,
And traitorously turned in helpless survivors
who had lost everything.

❦

15-18 "GOD's Judgment Day is near
for all the godless nations.
As you have done, it will be done to you.

네가 행한 그대로 네게도 이루어질 것이다.
네가 행한 일이 부메랑이 되어
네 머리를 칠 것이다.
너희가 내 거룩한 산에서 파티를 벌인 것처럼,
모든 사악한 민족들이 하나님의 진노를 마시게 될 것이다.
마시고 마시고 또 마시고,
그렇게 마시다 꼬꾸라질 것이다.
그러나 시온 산은 다르다. 그곳에는 쉼이 있다!
그곳은 안전하고 거룩한 장소!
강탈자들에게 모든 것을 빼앗긴 야곱 가문이
제 것을 다시 찾을 것이다.
그날 야곱 가문은 불이 되고,
요셉 가문은 맹렬한 화염이 될 것이며,
에서 가문은 밀짚이 될 것이다.
에서는 화염에 휩싸여 연기로 사라질 것이다.
잿더미만 남을 것이다."
하나님께서 그렇게 된다고, 분명히 말씀하셨다.

19-21 남방에서 온 자들이 에서의 산을 차지할 것이다.
산기슭에서 올라온 자들이 블레셋 사람들을 괴멸시킬 것이다.
그들이 에브라임과 사마리아의 농장을 차지하고,
베냐민이 길르앗을 차지할 것이다.
그 전에, 이스라엘 포로들이 돌아오고,
사르밧 북쪽에 이르기까지 가나안 땅을 차지할 것이다.
저 먼 북서쪽 스바랏에서 예루살렘 포로들이 돌아와
남쪽 도성들을 차지할 것이다.
시온 산의 구원받은 남은 자들이
에서의 산에 들어가,
정의롭고 공정하게 다스릴 것이다.
하나님 나라를 높이는 통치를 펼칠 것이다.

What you did will boomerang back
and hit your own head.
Just as you partied on my holy mountain,
all the godless nations will drink God's wrath.
They'll drink and drink and drink—
they'll drink themselves to death.
But not so on Mount Zion—there's respite there!
a safe and holy place!
The family of Jacob will take back their possessions
from those who took them from them.
That's when the family of Jacob will catch fire,
the family of Joseph become fierce flame,
while the family of Esau will be straw.
Esau will go up in flames,
nothing left of Esau but a pile of ashes."
GOD said it, and it is so.

19-21 People from the south will take over the Esau mountains;
people from the foothills will overrun the Philistines.
They'll take the farms of Ephraim and Samaria,
and Benjamin will take Gilead.
Earlier, Israelite exiles will come back
and take Canaanite land to the north at Zarephath.
Jerusalem exiles from the far northwest in Sepharad
will come back and take the cities in the south.
The remnant of the saved in Mount Zion
will go into the mountains of Esau
And rule justly and fairly,
a rule that honors GOD's kingdom.

요나 | 머리말

요나를 모르는 사람은 없다. 성경을 한 번도 읽어 보지 않은 사람도 '고래' 운운하며 우스갯소리를 할 만큼 그를 알고 있다. 그 정도로 요나 이야기는 우리에게 친숙하다. 요나 이야기에는 재미있는 측면이 있다. 기를 쓰고 하나님에게서 달아나려고 애쓰지만, 좌충우돌하며 결국 뜻을 이루지 못하는 요나의 모습은 우스운 익살극의 한 장면 같다. 요나서 1:3에는 이런 장면이 등장한다. "요나는 일어나서, 하나님을 피해 다른 방향인 다시스로 달아났다.…… 하나님에게서 최대한 멀리 달아나려는 것이었다."

그러나 재미있는 이야기가 시시한 이야기라는 뜻은 결코 아니다. 사실 이것은 매우 심각한 이야기다. 미소 짓거나, 때로는 웃어 가며 요나서를 읽어 내려가다 보면, 어느새 하나님과 안전거리를 유지하기 위해 우리가 세워 놓은 경계들이 풀어지면서 꼼짝없이 하나님의 뜻과 명령을 마주하게 되는 경험을 하게 된다. 예외 없이 모두가 그렇다.

이야기는 성경이 '하나님 이야기' 안에서 우리 자신을 발견하도록 돕는 대표적 방식이다. 성경 이야기는 우리를 만드시고 구원하시는 하나님의 이야기다. 진리에 대한 추상적 진술들과는 달리, 이야기는 독자의 옆구리를 꾹꾹 찔러 그 이야기 속에 뛰어드는 참여자로 만든다. 우리는 어느 순간 무대 위에 올라가 있다. 처음에는 구경꾼이나 비평가로 시작했더라도 탁월한 이야기(성경은 참으로 탁월한 이야기다!)를 만나면, 어느새 이야기를 듣는 사람에서 이야기 안의 사람으로 바뀐다.

요나 이야기가 믿음의 삶을 격려하는 이야기로 오랫동안 사랑받아 온 것은, 그가 지고하고 위대한 영웅이 아니기 때문이다. 요나는 우리 자신과 동일시하기 어려운 존재가 아니다. 요나는 그리 대단한 일을 한 것이 없다. 그는 우리가 우러러보아야 할 이상적 인물이 아니라, 어리석은 우리와 별반 다르지 않은 인물로 그려지고 있다. 한마디로, 그는 우리 수준의 사람이다. 요나는 심지어 바른 일을 할 때도(결국 니느웨에서 말씀을 전하기는 하지만) 잘못을 저지른다(하나님께 화를 낸다). 그러나 하나님께서는 처음부터 끝까지 그런 요나의 어리석음을 재료 삼아 일하시고, 결국 당신의 목적을 이루어 내신다. 우리 모두에게 성경의 요나 같은 친구가 한두 사람쯤은 꼭 있어야 한다.

Everybody knows about Jonah. People who have never read the Bible know enough about Jonah to laugh at a joke about him and the "whale." Jonah has entered our folklore. There is a playful aspect to his story, a kind of slapstick clumsiness about Jonah as he bumbles his way along, trying, but always unsuccessfully, to avoid God. Jonah 1:3 says, "Jonah got up and went the other direction to Tarshish, running away from GOD...as far away from GOD as he could get."

But the playfulness is not frivolous. This is deadly serious. While we are smiling or laughing at Jonah, we drop the guard with which we are trying to keep God at a comfortable distance, and suddenly we find ourselves caught in the purposes and commands of God. All of us. No exceptions.

Stories are the most prominent biblical way of helping us see ourselves in "the God story," which always gets around to the story of God making and saving us. Stories, in contrast to abstract statements of truth, tease us into becoming participants in what is being said. We find ourselves involved in the action. We may start out as spectators or critics, but if the story is good (and the biblical stories are very good!), we find ourselves no longer just listening to but inhabiting the story.

One reason that the Jonah story is so enduringly important for nurturing the life of faith in us is that Jonah is not a hero too high and mighty for us to identify with – he doesn't do anything great. Instead of being held up as an ideal to admire, we find Jonah as a companion in our ineptness. Here is someone on our level. Even when Jonah does it right (like preaching, finally, in Nineveh) he does it wrong (by getting angry at God). But the whole time, God is working within and around Jonah's very ineptness and accomplishing his purposes in him. Most of us need a biblical friend or two like Jonah.

요나

요나가 하나님을 피해 달아나다

1 [1-2] 오래전 어느 날, 하나님의 말씀이 아밋대의 아들 요나에게 임했다. "일어나 큰 도시 니느웨로 가거라! 가서 그들에게 말씀을 전하여라. 그들의 악행을 내가 더 이상 두고 볼 수 없다."

3 그러나 요나는 일어나서, 하나님을 피해 다른 방향인 다시스로 달아났다. 욥바 항으로 내려간 그는, 다시스로 가는 배를 발견했다. 그는 뱃삯을 지불하고 다시스로 가는 사람들과 함께 배에 올랐다. 하나님에게서 최대한 멀리 달아나려는 것이었다.

4-6 하나님께서 바다에 거대한 폭풍을 보내셨다. 집채만 한 파도가 일어났다.
배가 당장이라도 산산조각 날 것 같았다. 선원들은 공포에 사로잡혀, 저마다 모시는 신들에게 필사적으로 도움을 청하며 소리를 질러 댔다. 그들은 배의 무게를 줄이기 위해 배에 실었던 물건 전부를 바다에 던졌다. 그 와중에, 요나는 배 밑창에 내려가 잠을 자고 있었다. 그는 아주 깊이 잠들어 있었다. 선장이 그에게 와서 말했다. "아니, 지금 뭐하는 거요? 잠을 자고 있다니! 일어나서, 당신의 신에게 기도하시오! 어쩌면 당신의 신이 우리가 처한 곤경을 보고 우리를 구해 줄지도 모르잖소."

7 그러자 선원들끼리 말했다. "한번, 진상을 파헤쳐 봅시다. 이 배에 탄 사람들 중에 누가 이 재앙을 불러왔는지 제비를 뽑아 알아보는 게 어떻겠소."
그들이 제비를 뽑으니, 요나가 걸렸다.

8 그들이 요나에게 다그쳐 물었다. "어서 털어놓으시오. 대체 무엇 때문에 이 재앙이 일어난 거요? 당신은 뭐하는 사람이며, 어디서 왔소? 어느 나라, 어느 가문 출신이오?"

9 요나가 대답했다. "나는 히브리 사람입니다. 바다

JONAH

Running Away from God

1 [1-2] One day long ago, GOD's Word came to Jonah, Amittai's son: "Up on your feet and on your way to the big city of Nineveh! Preach to them. They're in a bad way and I can't ignore it any longer."

3 But Jonah got up and went the other direction to Tarshish, running away from GOD. He went down to the port of Joppa and found a ship headed for Tarshish. He paid the fare and went on board, joining those going to Tarshish—as far away from GOD as he could get.

4-6 But GOD sent a huge storm at sea, the waves towering.
The ship was about to break into pieces. The sailors were terrified. They called out in desperation to their gods. They threw everything they were carrying overboard to lighten the ship. Meanwhile, Jonah had gone down into the hold of the ship to take a nap. He was sound asleep. The captain came to him and said, "What's this? Sleeping! Get up! Pray to your god! Maybe your god will see we're in trouble and rescue us."

7 Then the sailors said to one another, "Let's get to the bottom of this. Let's draw straws to identify the culprit on this ship who's responsible for this disaster."
So they drew straws. Jonah got the short straw.

8 Then they grilled him: "Confess. Why this disaster? What is your work? Where do you come from? What country? What family?"

와 육지를 창조하신 하늘의 하나님을 예배하는 사람
이오."
10 그 말에 흠칫 놀란 선원들은 겁에 질려 말했다.
"대체 당신이 무슨 일을 저지른 거요?" 요나가 이야
기를 들려주자, 선원들은 그가 하나님을 피해 달아나
는 중이라는 사실을 알게 되었다.
11 그들이 말했다. "이 폭풍을 가라앉히려면 우리가
어떻게 해야 되겠소?" 바다가 거칠게 날뛰고 있었다.
12 요나가 말했다. "나를 들어 바다에 던지시오. 그러
면 폭풍이 멈출 겁니다. 모두 내 잘못 때문이오. 내가
이 폭풍의 원인이니, 나를 없애면 폭풍도 사라질 것
이오."
13 그러나 그것은 안될 말이었다. 그들은 어떻게든
해변으로 노를 저어 돌아가려고 애썼다. 하지만 배는
한 치도 더 나아가지 못했다. 폭풍은 점점 더 거칠고
광포해졌다.
14 그러자 그들은 하나님께 기도했다. "오 하나님! 이
자가 살아온 삶 때문에 우리를 죽이지 말아 주십시
오. 이 자를 죽인다고 해서 우리를 벌하지 말아 주십
시오. 주는 하나님이시니, 주께서 가장 좋게 여기시
는 대로 행해 주십시오."
15 그들은 요나를 들어 배 밖으로 던졌다. 그러자 즉
시 바다가 잠잠해졌다.
16 선원들은 큰 충격을 받았다. 그들은 바다에 대한
두려움 대신 하나님을 향한 경외심에 사로잡혔다. 그
들은 하나님께 경배했고, 제물을 바치고 서약을 했다.
17 그때 하나님이 한 거대한 물고기를 보내시니, 그
것이 요나를 집어삼켰다. 요나는 사흘 낮과 밤을 그
물고기 뱃속에 있었다.

요나가 회개하고 살아나다

2
1-9 그러자 요나는 물고기 뱃속에서 그의 하
나님께 기도했다.
그가 아뢰었다.

"심한 고통 속에서 하나님께 기도드렸더니,
그분이 내 기도를 들으셨습니다.
무덤의 뱃속에서 '도와주십시오!' 외쳤더니,
주께서 나의 부르짖음을 들으셨습니다.
주께서 나를 대양 깊은 곳에,
물 가득한 무덤 속에 던지셨습니다.
대양의 파도와 물결이
내게 부딪쳐 왔습니다.
나는 말했습니다. '내가 내던져졌습니다.
주의 시야 밖으로 내던져졌습니다.

9 He told them, "I'm a Hebrew. I worship GOD,
the God of heaven who made sea and land."
10 At that, the men were frightened, really
frightened, and said, "What on earth have you
done!" As Jonah talked, the sailors realized
that he was running away from GOD.
11 They said to him, "What are we going to do
with you—to get rid of this storm?" By this
time the sea was wild, totally out of control.
12 Jonah said, "Throw me overboard, into the
sea. Then the storm will stop. It's all my fault.
I'm the cause of the storm. Get rid of me and
you'll get rid of the storm."
13 But no. The men tried rowing back to shore.
They made no headway. The storm only got
worse and worse, wild and raging.
14 Then they prayed to GOD, "O GOD! Don't let
us drown because of this man's life, and don't
blame us for his death. You are GOD. Do what
you think is best."
15 They took Jonah and threw him overboard.
Immediately the sea was quieted down.
16 The sailors were impressed, no longer
terrified by the sea, but in awe of GOD. They
worshiped GOD, offered a sacrifice, and made
vows.
17 Then GOD assigned a huge fish to swallow
Jonah. Jonah was in the fish's belly three days
and nights.

At the Bottom of the Sea

2
1-9 Then Jonah prayed to his God from
the belly of the fish.
He prayed:

"In trouble, deep trouble, I prayed to GOD.
He answered me.
From the belly of the grave I cried, 'Help!'
You heard my cry.
You threw me into ocean's depths,
into a watery grave,
With ocean waves, ocean breakers
crashing over me.
I said, 'I've been thrown away,
thrown out, out of your sight.

다시는 눈을 들어
주의 거룩한 성전을 보지 못할 것입니다.'
대양이 나의 멱살을 잡았습니다.
태곳적 심연이 나를 꽉 움켜쥐었습니다.
산들의 뿌리가 놓인 해저에서
해초들이 내 머리를 휘감았습니다.
나는 사람의 몸이 닿을 수 있는 가장 깊은 곳까지 내려갔습니다.
내 뒤에서 문들이 쾅 소리를 내며 아주 닫혀 버린 듯 했습니다.
그러나 하나님, 나의 하나님!
주께서 나를 그 무덤에서 끌어올려 살리셨습니다.
내 목숨이 사그라져 갈 때에
내가 하나님을 기억했고,
나의 기도가 주께 이르렀으며,
주의 거룩한 성전에까지 닿았습니다.
헛된 신들, 가짜 신들을 예배하는 것은
유일하신 참 사랑을 등지는 것입니다.
나는 주님을, 오직 하나님을 예배하며,
소리쳐 감사드리겠습니다!
그리고 주 앞에서 약속한 것을 이행할 것입니다!
구원은 하나님께만 있습니다!"

10 하나님께서 그 물고기에게 말씀하시니, 물고기가 요나를 해변에 뱉어 냈다.

요나가 니느웨로 가다

3 1-2 그런 다음, 하나님께서 요나에게 다시 한 번 말씀하셨다. "일어나 큰 도시 니느웨로 가거라! 가서 그들에게 말씀을 전하여라. 나는 그들의 악행을 더 이상 두고 볼 수 없다."
3 이번에는 요나가 하나님의 명령에 순종하여, 니느웨를 향해 즉시 출발했다.
니느웨는 가로질러 지나가는 데만 꼬박 사흘이 걸리는 아주 큰 도성이었다.
4 요나는 그 도성에 들어가서 하룻길을 걸으며 말씀을 전했다. "사십 일만 지나면 니느웨는 쑥대밭이 될 것이다."
5 니느웨 사람들이 듣고 하나님의 말씀을 믿었다. 그들은 도성 전체에 금식을 선포하고, 자신들의 회개를 나타내 보이기 위해 베옷으로 갈아입었다. 부자도 가난한 자도, 이름 있는 자도 이름 없는 자도, 지도자도 백성들도 모두들 그렇게 했다.
6-9 이 소식이 니느웨의 왕에게 전해지니, 그도 왕좌에서 일어나 왕복을 벗은 뒤에 베옷으로 갈아입고 잿

I'll never again lay eyes
on your Holy Temple.'
Ocean gripped me by the throat.
The ancient Abyss grabbed me and held tight.
My head was all tangled in seaweed
at the bottom of the sea where the mountains take root.
I was as far down as a body can go,
and the gates were slamming shut behind me forever–
Yet you pulled me up from that grave alive,
O GOD, my God!
When my life was slipping away,
I remembered GOD,
And my prayer got through to you,
made it all the way to your Holy Temple.
Those who worship hollow gods, god-frauds,
walk away from their only true love.
But I'm worshiping you, GOD,
calling out in thanksgiving!
And I'll do what I promised I'd do!
Salvation belongs to GOD!"

10 Then GOD spoke to the fish, and it vomited up Jonah on the seashore.

Maybe God Will Change His Mind

3 1-2 Next, GOD spoke to Jonah a second time: "Up on your feet and on your way to the big city of Nineveh! Preach to them. They're in a bad way and I can't ignore it any longer."
3 This time Jonah started off straight for Nineveh, obeying GOD's orders to the letter.
Nineveh was a big city, very big–it took three days to walk across it.
4 Jonah entered the city, went one day's walk and preached, "In forty days Nineveh will be smashed."
5 The people of Nineveh listened, and trusted God. They proclaimed a citywide fast and dressed in burlap to show their repentance. Everyone did it–rich and poor, famous and obscure, leaders and followers.
6-9 When the message reached the king of

더미 위에 앉았다. 그러고는 니느웨 전역에 다음과 같은 공문을 발표했다. "누구든지 물 한 모금이라도 마시거나 밥 한 술이라도 입에 대서는 안된다! 남자든 여자든 짐승이든—너희 양 떼와 소 떼를 포함해—모두 마찬가지다! 사람이든 짐승이든 모두 베옷을 입고, 하나님께 살려 달라고 부르짖어라. 모두 악한 생활에서 돌이키고, 손을 더럽히는 강포한 길에서 떠나야 한다. 누가 알겠는가? 행여 하나님이 뜻을 돌이키셔서, 우리에 대한 생각을 바꾸실지! 우리에게 노하기를 그치시고 우리를 살려 주실지!"

10 하나님께서 그들이 악한 길에서 돌이키는 것을 보시고, 그들에 대한 생각을 정말로 바꾸셨다. 그들에게 행하겠다고 말씀하신 일을 행하지 않으셨다.

내, 이럴 줄 알았습니다

4 1-2 요나는 화가 치밀어 올랐다. 그는 분을 터뜨리며 하나님께 소리를 질러 댔다. "하나님! 내, 이럴 줄 알았습니다. 고국에 있을 때부터 이렇게 될 줄 알았습니다! 그래서 내가 다시스로 도망치려고 했던 것입니다! 주님은 지극히 은혜로우시며 자비로우신 분이라는 것을, 웬만해서는 노하지 않으시고, 사랑이 차고 넘치며, 벌을 내리려고 했다가도 툭하면 용서해 주시는 분이라는 것을, 내가 진작부터 알고 있었습니다!

3 그러니 하나님, 저들을 죽이지 않으실 거라면, 나를 죽여 주십시오! 차라리 죽는 게 낫겠습니다!"

4 하나님께서 말씀하셨다. "대체 무엇 때문에 화를 내는 것이냐?"

5 그러자 요나가 자리에서 일어났다. 그는 씩씩거리며 도성 동쪽으로 나가 앉았다. 그는 잎이 많은 나뭇가지를 꺾어 임시로 햇빛가리개를 만들고, 그 그늘 밑에 앉아서 도성에 무슨 일이 일어나는지 지켜보았다.

6 하나님께서 넓은 잎사귀를 가진 나무 하나가 땅에서 솟아 나오게 하셨다. 그 나무가 요나 머리 위로 자라서 그를 시원하게 덮어 주니, 그의 화가 누그러지고 기분도 한결 나아졌다. 그는 그 그늘을 즐겼다. 다시 살맛이 났다.

7-8 그러나 하나님께서 벌레를 한 마리 보내셨다. 그 벌레가 다음 날 새벽까지 그 그늘나무를 갉아 구멍을 내자, 나무는 시들어 버렸다. 해가

Nineveh, he got up off his throne, threw down his royal robes, dressed in burlap, and sat down in the dirt. Then he issued a public proclamation throughout Nineveh, authorized by him and his leaders: "Not one drop of water, not one bite of food for man, woman, or animal, including your herds and flocks! Dress them all, both people and animals, in burlap, and send up a cry for help to God. Everyone must turn around, turn back from an evil life and the violent ways that stain their hands. Who knows? Maybe God will turn around and change his mind about us, quit being angry with us and let us live!"

10 God saw what they had done, that they had turned away from their evil lives. He *did* change his mind about them. What he said he would do to them he didn't do.

"I Knew This Was Going to Happen!"

4 1-2 Jonah was furious. He lost his temper. He yelled at GOD, "GOD! I knew it—when I was back home, I knew this was going to happen! That's why I ran off to Tarshish! I knew you were sheer grace and mercy, not easily angered, rich in love, and ready at the drop of a hat to turn your plans of punishment into a program of forgiveness!

3 "So, GOD, if you won't kill them, kill *me*! I'm better off dead!"

4 GOD said, "What do you have to be angry about?"

5 But Jonah just left. He went out of the city to the east and sat down in a sulk. He put together a makeshift shelter of leafy branches and sat there in the shade to see what would happen to the city.

6 GOD arranged for a broad-leafed tree to spring up. It grew over Jonah to cool him off and get him out of his angry sulk. Jonah was pleased and enjoyed the shade. Life was looking up.

7-8 But then God sent a worm. By dawn of the next day, the worm had bored into the shade tree and it withered away. The sun came up and God sent a hot, blistering wind from the east. The sun beat down on Jonah's head and he started to faint. He prayed to die: "I'm better off dead!"

9 Then God said to Jonah, "What right do you have to get angry about this shade tree?"

Jonah said, "Plenty of right. It's made me angry

솟았고, 하나님께서 푹푹 찌는 뜨거운 동풍을
보내셨다. 해가 요나의 머리 위에 내리쬐니, 그
의 정신이 혼미해지기 시작했다. 그는 죽고 싶
다며 기도했다. "차라리 죽는 게 낫겠습니다!"
9 그러자 하나님께서 요나에게 말씀하셨다. "네가
이 그늘나무를 가지고 화를 내는 것이 옳으냐?"
요나가 대답했다. "옳다마다요! 그것 때문에 화
가 나서 죽겠습니다!"
10-11 **하나님**께서 말씀하셨다. "그래, 네가 아
무 수고한 것도 없는 그 나무에 대해, 네 마음
이 하룻밤 사이에 즐거움에서 분노로 바뀌었단
말이냐? 그 나무는 네가 심지 않았고 물 한번
준 적 없으며, 그저 어느 날 밤에 자랐다가 다
음 날 밤에 죽었을 뿐이다. 그렇다면, 아직 옳
고 그름을 분별하지 못하는 철부지 같은 자들
이 십이만 명이나 되고, 아무 죄 없는 동물들이
가득한 이 큰 도성 니느웨에 대해, 내가 내 마
음을 분노에서 즐거움으로 바꾸지 못할 까닭이
무엇이란 말이냐?"

enough to die!"
10-11 GOD said, "What's this? How is it that you
can change your feelings from pleasure to anger
overnight about a mere shade tree that you did
nothing to get? You neither planted nor watered
it. It grew up one night and died the next night.
So, why can't I likewise change what I feel about
Nineveh from anger to pleasure, this big city of more
than 120,000 childlike people who don't yet know
right from wrong, to say nothing of all the innocent
animals?"

미가 | 머리말

예언자는 말을 사용하여 세상을 재창조하는 사람이다. 세상 만물은—하늘과 땅, 남자와 여자, 들짐승과 날짐승 할 것 없이 모두—본래 하나님의 말씀으로 창조되었다. 예언자는, 폐허가 된 세상의 도덕적 황폐와 영적 무질서를 목도하고, 인간의 불순종과 불신이 허물어뜨린 것을 다시금 말로 재건하는 사람이다. 예언자는 하나님께로부터 말하는 법을 배운 이들이다. 그들의 말은 하나님께 뿌리를 둔 말, 하나님을 힘입은 말, 하나님의 열정이 서린 말이다. 그 말이 우리 공동체의 언어로 표현되면, 우리는 하나님께 불려 가 그분 앞에 서게 된다. 인간의 죄가 만들어 놓은 엉망진창 속에 들어오셔서 견책하고 회복시키시는 하나님 앞에 서게 된다.

하나님께서 말씀하신다. "그 중대한 날이 오면,
나는 상처받고 집 잃은 모든 자들,
내게 맞고 쫓겨난 모든 자들을 다시 불러 모을 것이다.
찌그러졌던 그들을 엘리트 집단으로 변모시킬 것이다.
오래 길 잃은 그들을 강한 민족으로 만들고,
하나님이 통치하고 있음을 나타내 보이는 전시품으로 삼을 것이다.
이제부터 영원까지,
내가 시온 산에서 그들을 다스리고 있음을 알릴 것이다"(미 4:6-7).

가만 놔두면 우리는 하나님을 늘 어떤 대상으로 바꾸어 놓는다. 우리가 다룰 수 있는 무엇, 내 이익을 위해 이용할 수 있는 어떤 것—어떤 감정이나 사상이나 이미지 등—으로 바꾼다. 예언자는 이런 행태에 코웃음을 친다. 그들은 우리를 가르쳐 하나님의 임재와 음성에 반응하도록 한다.

미가는 주전 8세기에 혜성같이 등장하여 예언자로 활동하고 문서를 남긴 기라성 같은 '문서 예언자' 4인방(다른 셋은 이사야, 호세아, 아모스)의 마지막 멤버였다. 사람들을 일깨워 하나님의 임재와 그분의 음성에 반응하게 했던 동료 예언자들처럼, 그 역시 은유의 귀재였다. 다시 말해, 미가는 언어를 우리가 볼 수 있

Prophets use words to remake the world. The world—heaven and earth, men and women, animals and birds—was made in the first place by God's Word. Prophets, arriving on the scene and finding that world in ruins, finding a world of moral rubble and spiritual disorder, take up the work of words again to rebuild what human disobedience and mistrust demolished. These prophets learn their speech from God. Their words are God-grounded, God-energized, God-passionate. As their words enter the language of our communities, men and women find themselves in the presence of God, who enters the mess of human sin to rebuke and renew.

"On that great day," GOD says,
"I will round up all the hurt and homeless,
everyone I have bruised or banished.
I will transform the battered into a company of the elite.
I will make a strong nation out of the long lost,
A showcase exhibit of GOD's rule in action,
as I rule from Mount Zion, from here to eternity"(Micah 4:6-7).

Left to ourselves we turn God into an object, something we can deal with, some *thing* we can use to our benefit, whether that thing is a feeling or an idea or an image. Prophets scorn all such stuff. They train us to respond to God's presence and voice.

Micah, the final member of that powerful quartet of writing prophets who burst on the world scene in the eighth century B.C. (Isaiah, Hosea, and Amos were the others), like virtually all his fellow prophets—those charged with keeping people alive to God and alert to listening to the voice of God—was a master of metaphor. This means that he used

고, 만질 수 있고, 냄새 맡을 수 있고, 들을 수 있고, 맛볼 수 있는 어떤 것을 규정하거나 밝히는 도구로만 사용하지 않았다. 그는 언어를 사용해 우리를 하나님이 현존하시는 세계 안으로 밀어 넣었다. 그분의 임재를 경험한다는 것은, 우리의 감각 경험이 가리킬 뿐 잡아내지는 못하는, 보다 더 큰 세계 속으로 들어간다는 의미다. 그곳에는 사랑과 자비, 정의와 믿음, 죄와 악 같은 실재가 있고, 무엇보다 하나님이 계신다.

주와 비길 신이 어디에 있습니까?
우리의 죄과를 말끔히 없애 주시고
사랑하는 백성의 지난 죄들을 씻겨 주시며,
못 본 것으로, 못 들은 것으로 해주십니다.
주께서는 노를 오래 품지 않으십니다.
자비가 주의 전공이며, 주께서 가장 좋아하시는 일이기 때문입니다.
긍휼이 우리를 향해 진군해 오고 있습니다.
주께서 우리 허물을 짓밟으시고,
우리 죄들을
대양 밑바닥에 가라앉혀 주실 것입니다.
우리 조상 야곱에게 하신 약속을 이루어 주시며,
우리 큰 조상 아브라함에게 베푸셨던 긍휼을
우리에게도 변함없이 베풀어 주실 것입니다.
오래전, 우리 조상에게 약속하셨던 모든 것을
다 이루어 주실 것입니다(미 7:18-20).

말씀으로 일깨워지는 실재야말로 이 세상 모든 의미 있는 행위의 대부분이 일어나는 자리다. "그저 말일 뿐"인 것은 없다.

words not simply to define or identify what can be seen, touched, smelled, heard, or tasted, but to plunge us into a world of *presence*. To experience presence is to enter that far larger world of reality that our sensory experiences point to but cannot describe – the realities of love and compassion, justice and faithfulness, sin and evil...and God. Mostly God.

Where is the god who can compare with you –
wiping the slate clean of guilt,
Turning a blind eye, a deaf ear,
to the past sins of your purged and precious people?
You don't nurse your anger and don't stay angry long,
for mercy is your specialty. That's what you love most.
And compassion is on its way to us.
You'll stamp out our wrongdoing.
You'll sink our sins
to the bottom of the ocean.
You'll stay true to your word to Father Jacob
and continue the compassion you showed Grandfather Abraham –
Everything you promised our ancestors
from a long time ago(Micah 7:18-20).

The realities that are Word-evoked are where most of the world's action takes place. There are no "mere words."

미가

1 [1] 모레셋 사람 미가에게 임한 하나님의
메시지다. 사마리아와 예루살렘에서
벌어질 일들에 대한 것으로, 때는 유다 왕 요담
과 아하스와 히스기야가 다스리던 시대였다.

사마리아와 예루살렘을 애도하다

2 백성들아, 너희는 들어라.
땅과 그 위에 있는 모든 자들아, 들어라.
주 하나님께서 너희와 맞서 증인으로 나서
신다.
주께서 성전에서 나오신다.

3-5 보아라. 하나님께서 오신다! 처소에서 나오
신다!
내려오셔서, 산과 언덕 사이를 활보하신다.
산들이 그분 발아래 으깨지고,
골짜기들이 쪼개진다.
바위산이 자갈더미가 되고,
강 골짜기는 체에 물 빠지듯 허물어진다.
이 모든 것이 야곱의 죄 때문이다.
이스라엘 가문의 잘못 때문이다.
"야곱이 대체 무슨 죄를 지었기에?" 하고 너희
가 묻느냐?
사마리아를 보아라. 명백하지 않느냐?
유다의 음란한 종교 산당들을 보아라.
예루살렘이 무죄하더냐?

6-7 "내가 사마리아를 돌무더기로 만들고,
쓰레기만 어지러이 나뒹구는 공터로 만들 것이다.

MICAH

1 [1] GOD's Message as it came to Micah of
Moresheth. It came during the reigns of
Jotham, Ahaz, and Hezekiah, kings of Judah. It
had to do with what was going on in Samaria and
Jerusalem.

God Takes the Witness Stand

2 Listen, people—all of you.
Listen, earth, and everyone in it:
The Master, GOD, takes the witness stand against
you,
the Master from his Holy Temple.

3-5 Look, here he comes! GOD, from his place!
He comes down and strides across mountains and
hills.
Mountains sink under his feet,
valleys split apart;
The rock mountains crumble into gravel,
the river valleys leak like sieves.
All this because of Jacob's sin,
because Israel's family did wrong.
You ask, "So what is Jacob's sin?"
Just look at Samaria—isn't it obvious?
And all the sex-and-religion shrines in Judah—
isn't Jerusalem responsible?

6-7 "I'm turning Samaria into a heap of rubble,
a vacant lot littered with garbage.

그 무너진 건물의 잔해를 골짜기에 갖다 버려,
기초가 다 드러나게 할 것이다.
조각하고 주조해서 만든 남신과 여신들,
모두 땔감이나 고철로 팔려 나갈 것이다.
신성하다는 다산의 숲이
다 불타 쓰러지고,
신으로 숭배하던 막대기와 돌들도
모두 박살날 것이다.
그것들은 다 그녀가 매춘으로 벌어들인 것들이다.
창녀가 화대로 번 것의 결국은 이러할 것이다."

8-9 이것이 내가 슬피 울며 통곡하는 이유다.
내가 누더기를 걸치고 맨발로 다니고,
이리 떼처럼 짖어 대며,
밤에도 부엉이처럼 울어 댄다.
하나님이 벌을 내리셔서,
유다가 나을 길 없는 상처를 입었다.
심판이 성문을 통과해 들어왔다.
예루살렘이 고발당했다.

10-16 '떠버리 성'에서 이 일에 대해 떠들지 마라.
눈물만 낭비할 뿐이다.
'먼지 성'에 가서는
먼지구덩이에서나 뒹굴어라.
'경보 성'에도
경보가 울렸다.
'탈출 성'의 시민들도
결코 살아 나오지 못할 것이다.
'최후 생존 성'아, 슬피 울어라.
생존자 하나 없을 것이니.
'쓴 성'의 주민들,
달콤한 평화를 기다리지만 다 헛된 것이다.
하나님의 혹독한 심판이 임하여
'평화 성'에 들이닥쳤다.
'전차 성'에 사는 너희,
전차를 타고 모두 내빼다.
너희는 시온의 딸들을 꾀어
하나님 대신 전차를 믿게 만들었다.
이스라엘도 같은 죄를 지었는데,
너희가 출발점이었다.
'작별 성'에 가서
작별 선물이나 주어라.

I'll dump the stones from her buildings in the valley
and leave her abandoned foundations exposed.
All her carved and cast gods and goddesses
will be sold for stove wood and scrap metal,
All her sacred fertility groves
burned to the ground,
All the sticks and stones she worshiped as gods,
destroyed.
These were her earnings from her life as a whore.
This is what happens to the fees of a whore."

8-9 This is why I lament and mourn.
This is why I go around in rags and barefoot.
This is why I howl like a pack of coyotes,
and moan like a mournful owl in the night.
GOD has inflicted punishing wounds;
Judah has been wounded with no healing in sight.
Judgment has marched through the city gates.
Jerusalem must face the charges.

10-16 Don't gossip about this in Telltown.
Don't waste your tears.
In Dustville,
roll in the dust.
In Alarmtown,
the alarm is sounded.
The citizens of Exitburgh
will never get out alive.
Lament, Last-Stand City:
There's nothing in you left standing.
The villagers of Bittertown
wait in vain for sweet peace.
Harsh judgment has come from GOD
and entered Peace City.
All you who live in Chariotville,
get in your chariots for flight.
You led the daughter of Zion
into trusting not God but chariots.
Similar sins in Israel
also got their start in you.
Go ahead and give your good-bye gifts

'신기루 성'이 손짓했다만,
이스라엘 왕들에게 실망만 주었다.
'상속 성'이
상속을 잃어버리고 말았다.
'영광 성'이
영광의 끝을 보고 말았다.
귀중한 마을을 잃어버린 너희,
통곡하며 머리를 밀어라.
거위알처럼 머리를 밀어라. 모두 다 사로잡혀
갔다.
다시 돌아오지 못할 것이다.

하나님은 참을 만큼 참으셨다

2
1-5 악을 꾀하는 자들,
잠자리에서도 범죄를 꿈꾸는 자들에게
화 있으리라!
동이 트면 그들은
자리에서 벌떡 일어나, 왕성한 정력으로 계획했
던 일을 실행에 옮긴다.
탐나는 밭을 손아귀에 넣고,
탐나는 집을 빼앗는다.
이웃과 그 가족을 못살게 굴고,
사람들을 이용해 먹을 궁리만 한다.
하나님은 참을 만큼 참으셨다. 그분께서 말씀하
신다.
"내게 계획이 있다.
이 잡종번식하는 악은 결국 재난을 부를 것이다!
너희는 이제 죽은 목숨이다.
달아나지 못한다.
심판의 날이 왔다.
너희를 조롱하는 노래가 지어져 퍼지고,
너희 자신은 서러운 노래를 부르게 되리라.
'망했다.
집과 땅은 모두 경매에 넘어가고,
다 빼앗기고 아무것도 남지 않았다!
최고가를 부르는 입찰자에게 모두 팔려 넘어갔다'"
너희 편이 되어 줄 자 아무도 없으리라.
하나님과 그분의 배심원들 앞에서, 너희를 변호
해 줄 자 아무도 없으리라.

6-7 설교자들이 "설교하지 말라"고 말한다.
"그런 설교 하지 마라.
우리에게 그런 나쁜 일이 일어날 리 없다.
어떻게 야곱 가문에게 그런 소리를 하느냐?

to Good-byeville.
Miragetown beckoned
but disappointed Israel's kings.
Inheritance City
has lost its inheritance.
Glorytown
has seen its last of glory.
Shave your heads in mourning
over the loss of your precious towns.
Go bald as a goose egg – they've gone
into exile and aren't coming back.

God Has Had Enough

2
1-5 Doom to those who plot evil,
who go to bed dreaming up crimes!
As soon as it's morning,
they're off, full of energy, doing what they've
planned.
They covet fields and grab them,
find homes and take them.
They bully the neighbor and his family,
see people only for what they can get out of
them.
GOD has had enough. He says,
"I have some plans of my own:
Disaster because of this interbreeding evil!
Your necks are on the line.
You're not walking away from this.
It's doomsday for you.
Mocking ballads will be sung of you,
and you yourselves will sing the blues:
'Our lives are ruined,
our homes and lands auctioned off.
They take everything, leave us nothing!
All is sold to the highest bidder.'"
And there'll be no one to stand up for you,
no one to speak for you before GOD and his jury.

6-7 "Don't preach," say the preachers.
"Don't preach such stuff.
Nothing bad will happen to us.
Talk like *this* to the family of Jacob?
Does GOD lose his temper?
Is this the way he acts?

하나님이 화를 터뜨리신다니?
그분이 그러실 분이냐?
그분은 선량한 사람들 편이 아니시더냐?
그분은 스스로 돕는 자들을 도우시는 분이 아니시더냐?"

8-11 "'선량한 사람들'이라니!
내 백성의 원수인 너희가 말이냐?
너희는 저녁 산책을 나온 무고한 자들을 상대로
강도짓을 한다.
무장하지 않은 민간인을 약탈하는 군인들처럼
그들에게서 옷을 노략질한다.
민가에서 여인들을 쫓아내고,
그 아이들을
폭력과 악의 희생 제물로 삼는다.
여기서 나가라, 너희 떼거리여.
여기는 너희 있을 곳이 아니다!
너희는 이곳을 오염시켰고,
이제 너희가 오염되었다. 몰락했다!
너희는, 미소 띤 얼굴과 기름칠한 혀를 가진 자가 나타나서,
아침부터 밤까지 거짓말을 늘어놓으며
'당신이 원하는 모든 것,
더 많은 돈과 최고의 포도주를
하나님에게서 얻어 낼 수 있는 법을 설교해 주겠다'고 하면,
너희는 그 자리에서 그를 설교자로 고용한다!"

12-13 "야곱아, 내가 다 불러 모을 것이다.
나는 모두를 되찾기 원한다. 이스라엘의 남은 자들을,
내가 그들을 한곳에 모을 것이다.
우리의 양들처럼, 축사의 소들처럼
그들이 떼 지어 집으로 돌아오리라!
그리고 나 하나님이, 그들을 가두었던 모든 것을 허물고
탁 트인 곳에 풀어 줄 것이다.
그들은 그들의 왕을 따라갈 것이다.
내가 앞장서서 그들을 이끌 것이다."

선을 미워하고 악을 사랑하는 너희

3 1-3 그때에 내가 말했다.
"야곱의 지도자들아, 이스라엘의 지도자들아, 들어라.
너희는 정의에 대해 눈곱만큼이라도 아느냐?

Isn't he on the side of good people?
Doesn't he help those who help themselves?"

8-11 "What do you mean, 'good people'!
You're the enemy of my people!
You rob unsuspecting people
out for an evening stroll.
You take their coats off their backs
like soldiers who plunder the defenseless.
You drive the women of my people
out of their ample homes.
You make victims of the children
and leave them vulnerable to violence and vice.
Get out of here, the lot of you.
You can't take it easy here!
You've polluted this place,
and now *you're* polluted–ruined!
If someone showed up with a good smile and glib tongue
and told lies from morning to night–
'I'll preach sermons that will tell you
how you can get anything you want from God:
More money, the best wines...you name it'–
you'd hire him on the spot as your preacher!

12-13 "I'm calling a meeting, Jacob.
I want everyone back–all the survivors of Israel.
I'll get them together in one place–
like sheep in a fold, like cattle in a corral–
a milling throng of homebound people!
Then I, GOD, will burst all confinements
and lead them out into the open.
They'll follow their King.
I will be out in front leading them."

Haters of Good, Lovers of Evil

3 1-3 Then I said:
"Listen, leaders of Jacob, leaders of Israel:
Don't you know anything of justice?

선을 미워하고 악을 사랑하는 너희,
너희 직무설명서에는 과연 정의 항목이 있기라도 한 것이냐?
너희는 산 채로 내 백성의 가죽을 벗기고,
그 뼈에서 살을 발라 낸다.
너희는 그 뼈를 바수고 살을 썰어서,
그릇에 던져 넣고 국을 끓여 먹는다."

4 그러나 때가 오고 있다. 그때, 그 지도자들이
울며불며 하나님께 도움을 청하겠지만, 그분은 듣지 않으실 것이다.
그들이 자행해 온 악 때문에,
그분께서 얼굴을 돌리실 것이다.

5-7 예언자들을 향한 하나님의 메시지다.
내 백성을 속이는 설교자들에게 하시는 말씀이다.
"사례금을 두둑이 받고 배불리 대접받을 때면,
예언자들은 이렇게 설교한다.
'인생은 아름답도다! 모두에게 평화가 있기를!'
그러나 사례금을 받지 못하거나 인기를 끌지 못하면,
그들의 설교는 '하나님이 복 주시기를'에서 '하나님의 저주가 있기를'로 돌변한다.
그러므로, 너희는 눈이 멀 것이다. 눈멀어 아무것도 보지 못하게 될 것이다.
짙은 어둠 속에 살면서 아무것도 알 수 없으리라.
그 예언자들에게는 이미 해가 졌다.
그들의 날은 이미 저물었다. 이제부터는 밤이 계속될 것이다.
비전을 제시한다는 자들, 모두 혼란에 빠지고,
전문가라는 자들, 당황하여 허둥댈 것이다.
하나님에 대해 아무것도 모른다는 사실을 애써 감추면서,
그저 명성 뒤에 숨어 궁색한 변명만 늘어놓을 것이다."

8 그러나 나, 하나님의 능력으로 가득해지고
하나님의 정의의 영, 능력의 영으로 가득해진 나는,
야곱의 죄악과 이스라엘의 죄와
맞설 준비가 되었다.

9-12 야곱의 지도자들과
이스라엘의 지도자들은
정의를 멸시한다.
바른 삶을 뒤틀고 비튼다.

Haters of good, lovers of evil:
Isn't justice in your job description?
But you skin my people alive.
You rip the meat off their bones.
You break up the bones, chop the meat,
and throw it in a pot for cannibal stew."

4 The time's coming, though, when these same leaders
will cry out for help to GOD, but he won't listen.
He'll turn his face the other way
because of their history of evil.

5-7 Here is GOD's Message to the prophets,
the preachers who lie to my people:
"For as long as they're well paid and well fed,
the prophets preach, 'Isn't life wonderful!
Peace to all!'
But if you don't pay up and jump on their bandwagon,
their 'God bless you' turns into 'God damn you.'
Therefore, you're going blind. You'll see nothing.
You'll live in deep shadows and know nothing.
The sun has set on the prophets.
They've had their day; from now on it's night.
Visionaries will be confused,
experts will be all mixed up.
They'll hide behind their reputations and make lame excuses
to cover up their God-ignorance."

8 But me—I'm filled with GOD's power,
filled with GOD's Spirit of justice and strength,
Ready to confront Jacob's crime
and Israel's sin.

9-12 The leaders of Jacob and
the leaders of Israel are
Leaders contemptuous of justice,
who twist and distort right living,

그들은 사람을 죽여 시온을 세우고,
죄악을 저질러 예루살렘을 키운다.
재판관들은 가장 비싼 값을 부르는 자들에게 판결을 팔고,
제사장들은 돈으로 가르침을 상품처럼 판매한다.
예언자들은 높은 사례금을 받고 설교하면서,
겉으로는
하나님을 의지하는 시늉을 하며 말한다.
"하나님은 우리 편이시다.
재난을 당하지 않도록 우리를 지켜 주실 것이다."
바로 너희 같은 자들 때문에
시온은 다시 밭으로 돌아가고,
예루살렘은 결국 돌무더기가 될 것이다.
산 위에는 성전 대신,
몇 그루 잡목만 서 있게 될 것이다.

하나님께서 이루실 평화

4 1-4 그러나 해야 할 말과 해야 할 일이 모두 끝나고 나면,
산 위에는 하나님의 성전이 설 것이다.
굳건히 서서, 주변 언덕들 위로 높이 솟아
모든 산을 다스리게 되리라.
사람들이 그리로 흘러들고,
많은 민족들이 그리로 향하며 말할 것이다.
"가자, 하나님의 산에 오르자.
야곱의 하나님의 성전으로 올라가자.
그분께서 우리에게 살 길을 가르쳐 주실 것이니,
우리는 하나님의 길을 배울 것이다."
시온에서 참된 가르침이 나오고,
예루살렘에서 하나님의 계시가 나오리라.
그분께서 여러 민족 가운데 정의를 세우시고,
먼 곳에서 일어나는 분쟁도 해결해 주실 것이다.
그들은 칼을 팔아 삽을 마련하고,
창을 팔아 갈퀴와 괭이를 마련할 것이다.
민족들은 싸움을 그치고,
서로를 죽이는 법을 연마하던 것도 그칠 것이다.
사람마다 자신의 나무 그늘 아래 앉아 지내고,
여인들도 안심하며 자신의 정원을 가꿀 것이다.
이는 만군의 하나님의 말씀이니,
그분께서 말씀하신 것을 반드시 행하신다.

5 다른 민족들은
마음대로 신들을 골라잡아 살겠지만,
우리는 하나님을 높이며 살고,
우리 하나님께 영원히 충성을 다할 것이다.

Leaders who build Zion by killing people,
who expand Jerusalem by committing crimes.
Judges sell verdicts to the highest bidder,
priests mass-market their teaching,
prophets preach for high fees,
All the while posturing and pretending
dependence on GOD:
"We've got GOD on our side.
He'll protect us from disaster."
Because of people like you,
Zion will be turned back into farmland,
Jerusalem end up as a pile of rubble,
and instead of the Temple on the mountain,
a few scraggly scrub pines.

The Making of God's People

4 1-4 But when all is said and done,
GOD's Temple on the mountain,
Firmly fixed, will dominate all mountains,
towering above surrounding hills.
People will stream to it
and many nations set out for it,
Saying, "Come, let's climb GOD's mountain.
Let's go to the Temple of Jacob's God.
He will teach us how to live.
We'll know how to live God's way."
True teaching will issue from Zion,
GOD's revelation from Jerusalem.
He'll establish justice in the rabble of nations
and settle disputes in faraway places.
They'll trade in their swords for shovels,
their spears for rakes and hoes.
Nations will quit fighting each other,
quit learning how to kill one another.
Each man will sit under his own shade tree,
each woman in safety will tend her own garden.
GOD-of-the-Angel-Armies says so,
and he means what he says.

5 Meanwhile, all the other people live however they wish,
picking and choosing their gods.
But we live honoring GOD,
and we're loyal to our God forever and ever.

6-7 하나님께서 말씀하신다. "그 중대한 날이 오면,
나는 상처받고 집 잃은 모든 자들,
내게 맞고 쫓겨난 모든 자들을 다시 불러 모을 것이다.
찌그러졌던 그들을 엘리트 집단으로 변모시킬 것이다.
오래 길 잃은 그들을 강한 민족으로 만들고,
하나님이 통치하고 있음을 나타내 보이는 전시품으로 삼을 것이다.
이제부터 영원까지,
내가 시온 산에서 그들을 다스리고 있음을 알릴 것이다.

8 그리고 너, 예루살렘 주위를 배회하며
초라한 판자촌에서 근근이 살아가는 너는,
네 과거의 영광이 회복될 것이다.
예루살렘의 딸이 왕국의 중심이 될 것이다."

9-10 그런데 왜 멸망의 날처럼 울부짖느냐?
지금도 너에게는 왕이 있지 않느냐?
아마도 그가 자기 일을 제대로 하고 있지 않는가 보구나.
네가 출산중인 여인처럼 몹시 두려워하는구나.
딸 예루살렘아, 계속 몸을 비틀고 비명을 질러라.
사실 지금 너는 출산중인 여인과 같다.
너는 머지않아 성을 떠나서,
벌판에서 지내야 할 것이다.
그 다음 바빌론에 도착하여,
예루살렘에서 잃었던 것을 그곳에서 찾게 될 것이다.
하나님께서 다시 네게 새 삶을 주시고,
네 원수들의 손아귀에서 건져 주실 것이다.

11-12 그러나 지금은, 그들이 떼를 지어 너를 치고 있다.
이방 민족들이 말하기를,
"그녀가 쓰러지면 발로 걷어차라! 그녀를 짓밟아라!
시온이 땅바닥을 기는 꼴을 보고 싶다" 한다.
저 신성모독자들은 하나님이 지금 무슨 생각을 하시는지,
무슨 일을 하고 계시는지 모른다.
하나님께서 지금 그분의 백성을 만들어 내시고,
그분의 밀을 타작 중이시며,
그분의 금을 정련하고 계신다는 사실을 그들은 모른다.

13 딸 시온아, 발로 서라!
타작을 받아 쭉정이를 털어 버리고,

6-7 "On that great day," GOD says,
"I will round up all the hurt and homeless,
everyone I have bruised or banished.
I will transform the battered into a company of the elite.
I will make a strong nation out of the long lost,
A showcase exhibit of GOD's rule in action,
as I rule from Mount Zion, from here to eternity.

8 "And you stragglers around Jerusalem,
eking out a living in shantytowns:
The glory that once was will be again.
Jerusalem's daughter will be the kingdom center."

9-10 So why the doomsday hysterics?
You still have a king, don't you?
But maybe he's not doing his job
and you're panicked like a woman in labor.
Well, go ahead–twist and scream, Daughter Jerusalem.
You *are* like a woman in childbirth.
You'll soon be out of the city, on your way
and camping in the open country.
And then you'll arrive in Babylon.
What you lost in Jerusalem will be found in Babylon.
GOD will give you new life again.
He'll redeem you from your enemies.

11-12 But for right now, they're ganged up against you,
many godless peoples, saying,
"Kick her when she's down! Violate her!
We want to see Zion grovel in the dirt."
These blasphemers have no idea
what GOD is thinking and doing in this.
They don't know that this is the making of GOD's people,
that they are wheat being threshed, gold being refined.

13 On your feet, Daughter of Zion! Be threshed

정련을 받아 불순물을 빼어 버려라.
나는 지금 너를 아무도 범할 수 없는 민족으로,
사악한 민족들을 쳐부수는 하나님의 불전차로 다시 만드는 중이다.
너는 그들의 전리품을 하나님께 성물로 드릴 것이며,
그들의 재물을 온 땅의 주께 바칠 것이다.

목자처럼 이스라엘을 다스릴 지도자

5 [1] 그러나 딸아, 지금은 희생당할 준비, 최악의 상황을 맞을 준비를 하여라!
우리를 포위한 저들은,
이스라엘의 왕을 욕보일 것이고,
동네북처럼 그를 두들겨 팰 것이다.

2-4 그러나 너 다윗의 고향 베들레헴아,
작은 마을인 네게서
지도자가 나올 것이다.
이스라엘을 목자처럼 다스릴 지도자가 나올 것이다.
그는 벼락출세해 지도자 행세를 하는 자가 아니라,
뿌리 깊은 명문가 출신이다.
그때까지 이스라엘은 남의 집에 맡겨지겠으나,
마침내 진통이 끝나고 아이가 태어날 것이다.
그러면 흩어졌던 형제들이 고향으로,
이스라엘 집으로 돌아올 것이다.
그 지도자는 우뚝 서서 하나님의 힘을 덧입고,
계시된 하나님의 위엄으로, 목자와 같은 통치를 펼칠 것이다.
모든 사람이 집에서 안전하고 즐겁게 지내며,
온 세상이 그를 존경하리라.
세상에 평화를 가져오는 그를!

5-6 행여 깡패 같은 앗시리아 사람이 쳐들어와서
우리 강토를 짓밟더라도, 걱정할 것 없다.
그들이 제 분수를 깨닫고 짐을 싸서 돌아가게 만들어,
우리가 그들을 장악할 것이다.
우리 목자이신 그분의 통치가 사방으로 뻗어 가,
앗시리아까지, 니므롯 같은 다른 이방 나라에까지 이를 것이다.
우리 목자이시며 통치자이신 그분께서
우리의 오랜 원수와 새로운 적들을 막으시고,
우리 강토를 침략하고 유린하는 모든 세력으로부터 우리를 구원하실
것이다.

7 정선되고 정화된 야곱 무리는

of chaff,
be refined of dross.
I'm remaking you into a people invincible,
into God's juggernaut to crush the godless peoples.
You'll bring their plunder as holy offerings to GOD,
their wealth to the Master of the earth.

The Leader Who Will Shepherd-Rule Israel

5 [1] But for now, prepare for the worst, victim daughter!
The siege is set against us.
They humiliate Israel's king,
slapping him around like a rag doll.

2-4 But you, Bethlehem, David's country,
the runt of the litter—
From you will come the leader
who will shepherd-rule Israel.
He'll be no upstart, no pretender.
His family tree is ancient and distinguished.
Meanwhile, Israel will be in foster homes
until the birth pangs are over and the child is born,
And the scattered brothers come back
home to the family of Israel.
He will stand tall in his shepherd-rule by GOD's strength,
centered in the majesty of GOD-Revealed.
And the people will have a good and safe home,
for the whole world will hold him in respect—
Peacemaker of the world!

5-6 And if some bullying Assyrian shows up,
invades and violates our land, don't worry.
We'll put him in his place, send him packing,
and watch his every move.
Shepherd-rule will extend as far as needed,
to Assyria and all other Nimrod-bullies.
Our shepherd-ruler will save us from old or new enemies,
from anyone who invades or violates our land.

7 The purged and select company of Jacob will be

민족들 가운데 우뚝 솟은 존재가 되리라.
하나님께서 내려 주시는 이슬 같은 존재가 되리라.
여름철 내리는 소낙비와 같아서,
사람이 예측하지 못하며,
어림잡거나 어찌할 수 없는 존재가 되리라.

8-9 그렇다. 정선되고 정화된 야곱 무리는
민족들 가운데 우뚝 솟은 존재가 되리라.
짐승의 제왕,
양 떼 속을 활보하는 젊은 사자 같을 것이다.
닥치는 대로 잡아먹는 너를
막아설 자 아무도 없겠고,
승리를 거두고 의기양양해진 네 앞에는
더 이상 맞설 적이 없으리라!

10-15 "그날이 오고 있다."
하나님의 포고다.
"전쟁이 그칠 날, 전쟁이 사라질 날이 오고 있다.
내가 너희 군마들을 도살하고 너희 전차들을 부술 것이다.
너희 진영과 요새들을
허물어뜨릴 것이다.
종교와 흑마술을 거래하는 암시장을
없앨 것이다.
너희가 조각하고 주조한 신들을 박살내고,
남근 모양의 기둥들을 잘라낼 것이다.
세상을 제멋대로 주무르고,
자기 일과 자기가 만든 것을 경배하던 행위는 이제 끝이다.
나는 너희가 숭배하던 '섹스와 권력' 산당을 뿌리 뽑고,
하나님과 맞서던 것들을 모조리 멸망시킬 것이다.
치솟는 진노를 발하여,
내 말에 귀 기울이지 않은 사악한 민족들을 모조리 쓸어버릴 것이다."

하나님께서 이스라엘의 죄를 밝히시다

6 1-2 이제 귀 기울여라. 하나님의 말씀에 귀 기울여라.

"법정에 출두하여라.
고소할 일이 있거든, 산들에게 말하여라.
언덕들에게 진술하여라.
산들아, 이제, 하나님의 진술을 들어 보아라.
땅아, 배심원 땅아, 들어 보아라.

like an island in the sea of peoples.
They'll be like dew from GOD,
like summer showers
Not mentioned in the weather forecast,
not subject to calculation or control.

8-9 Yes, the purged and select company of Jacob will be
like an island in the sea of peoples,
Like the king of beasts among wild beasts,
like a young lion loose in a flock of sheep,
Killing and devouring the lambs
and no one able to stop him.
With your arms raised in triumph over your foes,
your enemies will be no more!

10-15 "The day is coming"
—GOD's Decree—
"When there will be no more war. None.
I'll slaughter your war horses and demolish your chariots.
I'll dismantle military posts
and level your fortifications.
I'll abolish your religious black markets,
your underworld traffic in black magic.
I will smash your carved and cast gods
and chop down your phallic posts.
No more taking control of the world,
worshiping what you do or make.
I'll root out your sacred sex-and-power centers
and destroy the God-defiant.
In raging anger, I'll make a clean sweep
of godless nations who haven't listened."

What God Is Looking For

6 1-2 Listen now, listen to GOD:

"Take your stand in court.
If you have a complaint, tell the mountains;
make your case to the hills.
And now, Mountains, hear GOD's case;
listen, Jury Earth—
For I am bringing charges against my people.
I am building a case against Israel.

내가 내 백성을 고소한다.
이스라엘을 고소한다.

3-5 사랑하는 백성들아, 내가 너희에게 무엇을 잘못 했느냐?
내가 너희를 괴롭혔느냐? 너희를 지치게 했느냐? 대답해 보아라!
나는 이집트에서 고생하던 너희를 건져 주었다.
종살이하던 너희를 큰 값을 치르고 구해 주었다.
너희 길을 인도하라고 모세를 보냈고,
아론과 미리암까지 함께 보냈다!
모압의 발락 왕이 어떤 계략을 꾸몄는지,
브올의 아들 발람이 어떻게 그것을 맞받아쳤는지 떠올려 보아라.
싯딤에서부터 길갈에 이르기까지의 일들을 떠올려 보아라.
그 모든 하나님의 구원 이야기를 다시 되살려 보아라."

6-7 어떻게 해야 내가 하나님 앞에 나아가
높으신 그분께 합당한 경의를 표할 수 있을까?
제물을 한 아름 바치고,
일 년 된 송아지를 그 위에 얹어 바치면 될까?
수천 마리의 숫양, 수천 통의 올리브기름을 바치면
하나님께서 감동하실까?
맏아들을, 금쪽같은 아기를 희생 제물로 바치면
그분께서 마음을 움직여 내 죄를 없애 주실까?

8 아니다. 그분께서는 이미 말씀해 주셨다. 사람이 어떻게 살아야 하는지,
하나님께서 찾으시는 것이 무엇인지 분명히 말씀해 주셨다.
간단하다. 이웃에게 공의를 행하고,
자비를 베풀고 사랑에 충실하며,
자신을 중심에 두지 말고
하나님을 중심에 모시면 된다.

9 주목하여라! 하나님께서 도성을 향해 소리 높이신다!
귀 기울여 듣는 게 좋을 것이다.
그러니 너희 모두 들어라!
중대한 일이다.

10-16 "너희는 내가, 속이고 빼앗아 부자가 된 너희를
그냥 좌시하리라고 생각했느냐?

3-5 "Dear people, how have I done you wrong?
Have I burdened you, worn you out? Answer!
I delivered you from a bad life in Egypt;
I paid a good price to get you out of slavery.
I sent Moses to lead you—
and Aaron and Miriam to boot!
Remember what Balak king of Moab tried to pull,
and how Balaam son of Beor turned the tables on him.
Remember all those stories about Shittim and Gilgal.
Keep all GOD's salvation stories fresh and present."

6-7 How can I stand up before GOD
and show proper respect to the high God?
Should I bring an armload of offerings
topped off with yearling calves?
Would GOD be impressed with thousands of rams,
with buckets and barrels of olive oil?
Would he be moved if I sacrificed my firstborn child,
my precious baby, to cancel my sin?

8 But he's already made it plain how to live, what to do,
what GOD is looking for in men and women.
It's quite simple: Do what is fair and just to your neighbor,
be compassionate and loyal in your love,
And don't take yourself too seriously—
take God seriously.

9 Attention! GOD calls out to the city!
If you know what's good for you, you'll listen.
So listen, all of you!
This is serious business.

10-16 "Do you expect me to overlook obscene wealth
you've piled up by cheating and fraud?

너희의 부정한 거래와 더러운 계략을
그냥 참아 줄 것이라고 생각했느냐?
허세와 거짓말로 내 백성을 등쳐 먹는
광포한 부자들, 이제 넌더리가 난다.
나는 참을 만큼 참았다. 이제 너희는 끝났다.
마지막 한 푼까지, 너희 죄의 대가를 톡톡히 치르게 되리라.
아무리 많이 가져도, 결코 채워지지 않을 것이다.
배도 허기지고, 마음도 허기질 것이다.
아무리 애써도, 결국 내세울 것 하나 없게 될 것이다.
삶도 파산하고 영혼도 황폐해지리라.
잔디를 심어도
잔디밭을 얻지 못하리라.
잼을 만들어도
빵에 바르지 못하리라.
사과를 짜도
사과주스를 마시지 못하리라.
너희는 너희 왕, 오므리를 본받아 살았다.
아합 가문 사람들의 퇴폐적인 삶을 따랐다.
그들의 유행을 종처럼 좇았으니,
내가 이제 너희를 파산시킬 것이다.
너희의 인생은 조롱거리와 재미없는 농담거리로 전락할 것이다.
무가치하고 거짓된 인생이었다고 비웃음을 살 것이다."

이스라엘의 부패

7

1-6 나, 슬픔에 휩싸였다!
절망의 늪에 빠졌다!
지금 내 모습은 마치, 수프나 샌드위치나 샐러드를 만들기 위해
밭에 양배추와 당근과 옥수수를 찾으러 나갔다가,
아무것도 얻지 못하고 빈손으로 돌아온 사람 같다.
반듯한 사람, 하나도 찾아볼 수 없다.
바르게 사는 사람, 씨가 말랐다.
거리에는 모두, 서로 잡아먹고
잡아먹히는 짐승들뿐이다.
모두, 악행의 전문가들이다.
지도자들은 타락해, 뇌물을 요구한다.
힘 있고 돈 있는 자들은
어떻게든 원하는 것을 차지하고야 만다.
가장 좋다는 것이 엉겅퀴다.
가장 낫다는 것이 잡초들이다.
그러나, 더 이상은 아니다. 이제 시험 기간이 왔다.
망신을 당하고 꽁무니를 빼는 저 꼴을 보아라!

Do you think I'll tolerate shady deals
and shifty scheming?
I'm tired of the violent rich
bullying their way with bluffs and lies.
I'm fed up. Beginning now, you're finished.
You'll pay for your sins down to your last cent.
No matter how much you get, it will never be enough—
hollow stomachs, empty hearts.
No matter how hard you work, you'll have nothing to show for it—
bankrupt lives, wasted souls.
You'll plant grass
but never get a lawn.
You'll make jelly
but never spread it on your bread.
You'll press apples
but never drink the cider.
You have lived by the standards of your king, Omri,
the decadent lifestyle of the family of Ahab.
Because you've slavishly followed their fashions,
I'm forcing you into bankruptcy.
Your way of life will be laughed at, a tasteless joke.
Your lives will be derided as futile and fake."

Stick Around to See What God Will Do

7

1-6 I'm overwhelmed with sorrow!
sunk in a swamp of despair!
I'm like someone who goes to the garden
to pick cabbages and carrots and corn
And returns empty-handed,
finds nothing for soup or sandwich or salad.
There's not a decent person in sight.
Right-living humans are extinct.
They're all out for one another's blood,
animals preying on each other.
They've all become experts in evil.
Corrupt leaders demand bribes.
The powerful rich
make sure they get what they want.
The best and brightest are thistles.
The top of the line is crabgrass.
But no longer: It's exam time.
Look at them slinking away in disgrace!

이웃을 믿지 마라.
친구라도 비밀을 털어놓지 마라.
말조심하여라.
아내에게도 마찬가지다.
이웃과 가족이 해체되고 있다.
가까운 자, 아들과 딸과 친척일수록,
더 사이가 나쁘다.
가족이 원수다.

⁂

7 그러나 나는, 희망을 버리지 않을 것이다.
나는 하나님께서 행하실 일을 기다릴 것이다.
모든 것을 바로잡으시고,
내게 귀 기울여 주실 것을 기대하며 살 것이다.

날개를 활짝 펼칠 날

8-10 원수들아, 내 앞에서 뻐기지 마라.
내 비록 넘어졌지만, 아주 끝난 것은 아니다.
지금은 어두운 곳에 처했으나
하나님께서 내 빛이시다.
나는 하나님의 진노와 벌을 받아들일 수 있다.
받아 마땅하기 때문이다. 죄를 지었기 때문이다.
그러나 이 벌은 영원하지 않다. 그분은 내 편이시며,
마침내 여기서 나를 꺼내 주실 것이다.
환히 불을 밝혀 주시고, 내게 당신의 길을 보여주실 것이다.
그날에, 나는 전체 그림을 보면서 그분이 옳았다는 것을 깨닫게 되리라.
내 원수도 그것을 깨달아,
망신과 수치를 당하게 될 것이다!
"그래, 너의 하나님은 지금 어디 있느냐?"고
나를 놀려대던 원수가,
시궁창에 처박혀 뒹구는 꼴을
내 두 눈으로 똑똑히 보게 될 것이다.

⁂

11-13 오, 그날이 온다! 네 성을 재건할 날이,
네가 기지개를 펴고 날개를 활짝 펼칠 날이 온다!
그날, 흩어졌던 자들이 돌아오리라.
동쪽으로는 앗시리아로, 서쪽으로는 이집트로,
바다 건너, 산들 너머로 뿔뿔이 흩어졌던 자들,
떨어져 있던 고향친구와 가족들이 모두 돌아온다.
그러나 다른 사람들의 운명은 역전되리라.
그들이 사는 곳은 폐허가 되리라.
그들이 살아온 방식, 그들이 저지른 일들 때문

Don't trust your neighbor,
don't confide in your friend.
Watch your words,
even with your spouse.
Neighborhoods and families are falling to pieces.
The closer they are – sons, daughters, in-laws –
The worse they can be.
Your own family is the enemy.

⁂

7 But me, I'm not giving up.
I'm sticking around to see what GOD will do.
I'm waiting for God to make things right.
I'm counting on God to listen to me.

Spreading Your Wings

8-10 Don't, enemy, crow over me.
I'm down, but I'm not out.
I'm sitting in the dark right now,
but GOD is my light.
I can take GOD's punishing rage.
I deserve it – I sinned.
But it's not forever. He's on my side
and is going to get me out of this.
He'll turn on the lights and show me his ways.
I'll see the whole picture and how right he is.
And my enemy will see it, too,
and be discredited – yes, disgraced!
This enemy who kept taunting,
"So where is this GOD of yours?"
I'm going to see it with these, my own eyes –
my enemy disgraced, trash in the gutter.

⁂

11-13 Oh, that will be a day! A day for rebuilding your city,
a day for stretching your arms, spreading your wings!
All your dispersed and scattered people will come back,
old friends and family from faraway places,
From Assyria in the east to Egypt in the west,
from across the seas and out of the mountains.
But there'll be a reversal for everyone else –
massive depopulation –

이다.

14-17 오 **하나님**, 주의 백성을 주의 지팡이로 목양하여 주십시오.
주께서 사랑하시는 귀한 양 떼의 길을 인도하여 주십시오.
낙원 한가운데 있는 숲에서
오직 주의 백성으로 하여금,
옛적 길르앗의 푸른 초원에서처럼,
바산의 무성한 초원에서처럼 풀을 뜯으며 살게 해주십시오.
저희가 이집트에서 나왔을 때처럼
기적과 이적을 다시 일으켜 주십시오.
저 사악한 민족들이 제 분수를 알게 해주십시오.
오만한 그들, 굴욕을 당하여 말을 잃고 정신도 잃게 해주십시오.
뱀과 땅벌레처럼 땅을 기고
바위 밑구멍에서 기어 나왔다가,
우리 **하나님**과 직면하게 해주십시오.
그리하여, 거룩한 두려움과 떨림에 사로잡히게 해주십시오.

18-20 주와 비길 신이 어디에 있습니까?
우리의 죄과를 말끔히 없애 주시고
사랑하는 백성의 지난 죄들을 씻겨 주시며,
못 본 것으로, 못 들은 것으로 해주십니다.
주께서는 노를 오래 품지 않으십니다.
자비가 주의 전공이며, 주께서 가장 좋아하시는 일이기 때문입니다.
긍휼이 우리를 향해 진군해 오고 있습니다.
주께서 우리 허물을 짓밟으시고,
우리 죄들을
대양 밑바닥에 가라앉혀 주실 것입니다.
우리 조상 야곱에게 하신 약속을 이루어 주시며,
우리 큰 조상 아브라함에게 베푸셨던 긍휼을
우리에게도 변함없이 베풀어 주실 것입니다.
오래전, 우리 조상에게 약속하셨던 모든 것을
다 이루어 주실 것입니다.

because of the way they lived, the things they did.

14-17 Shepherd, O GOD, your people with your staff,
your dear and precious flock.
Uniquely yours in a grove of trees,
centered in lotus land.
Let them graze in lush Bashan
as in the old days in green Gilead.
Reproduce the miracle-wonders
of our exodus from Egypt.
And the godless nations: Put them in their place—
humiliated in their arrogance, speechless and clueless.
Make them slink like snakes, crawl like cockroaches,
come out of their holes from under their rocks
And face our GOD.
Fill them with holy fear and trembling.

18-20 Where is the god who can compare with you—
wiping the slate clean of guilt,
Turning a blind eye, a deaf ear,
to the past sins of your purged and precious people?
You don't nurse your anger and don't stay angry long,
for mercy is your specialty. That's what you love most.
And compassion is on its way to us.
You'll stamp out our wrongdoing.
You'll sink our sins
to the bottom of the ocean.
You'll stay true to your word to Father Jacob
and continue the compassion you showed Grandfather Abraham—
Everything you promised our ancestors
from a long time ago.

나훔 | 머리말

역사의 무대는 드넓다. 때때로 이 무대에 거물들이 등장해 거들먹거리고, 무력과 재력을 휘두르며 위협과 겁박을 일삼는다. 그들은 자신이 무대의 중심에 있다고 생각하지만, 사실은 다르다. 그들은 무대 중앙 근처에도 가지 못했다. 그들이 큰 소란을 일으키고 사람들의 이목을 끄는 것은 사실이며, 상당한 주목과 찬탄을 얻어 낼 때도 있다. 세계 열강들, 강력한 군대들, 유력한 인사들이 바로 그들이다. 세계 뉴스의 일면을 장식하는 존재는 언제나 그런 초강대국 몇몇 나라와 그 통치자들이다. 그들 가운데 몇몇은 공원 벤치 등에 새겨 넣은 이름을 오늘까지 남기고 있기도 하다. 하지만 그것들은 불멸을 얻어 보겠다는 부질없는—실로 가련한—시도였을 뿐이다.

허장성세 부리는 자들이 일으키는 소동에 시선을 빼앗기게 되면, 무대 중앙에서 지금 진행되고 있는 일—하나님께서 하고 계신 일—을 보지 못할 위험이 있다. 하나님께서 일하시는 방식에는 특징이 있다. 그분은 대개 조용히 일하시고, 기도를 통해 일하신다. 시인 조지 메리디스(George Meredith)가 읊은 대로, "마음을 쪼개며 보도블록을 밀고 올라오는 보이지 않는 힘들, 조용한 사람들과 나무들 안에 숨어 있는 힘들"이 있는 것이다. 그러나 우리가 요란스럽고 커다란 것에만 반응하도록 길들여진다면, 우리는 하나님의 말씀과 그분의 일하심을 놓치고 말 것이다. 하지만,

> 하나님을 가벼이 여기지 마라.
> 그분은 너희가 만만히 대할 수 있는 분이 아니시다.
> 그분은 원수들에게 보복하신다.
> 맹렬한 노를 발하시며 적들에 맞서 일어나신다.
> 하나님은 버럭 화를 내시는 분이 아니시다.
> 강한 분이지만 오래 참으신다.
> 그러나 누구든 그분 앞에서 얼렁뚱땅 넘어갈 수 없다.
> 누구든 대가를 치르고야 만다(나 1:2-3).

때때로 하나님께서는 어떤 이들에게 이런 위세 부리는 인물과 민족과 운동들의 귀추를 유심히 살펴

The stage of history is large. Larger-than-life figures appear on this stage from time to time, swaggering about, brandishing weapons and money, terrorizing and bullying. These figures are not, as they suppose themselves to be, at the center of the stage—not, in fact, anywhere near the center. But they make a lot of noise and are able to call attention to themselves. They often manage to get a significant number of people watching and even admiring: big nations, huge armies, important people. At any given moment a few superpower nations and their rulers dominate the daily news. Every century a few of these names are left carved on its park benches, marking rather futile, and in retrospect pitiable, attempts at immortality.

The danger is that the noise of these pretenders to power will distract us from what is going on quietly at the center of the stage in the person and action of God. God's characteristic way of working is in quietness and through prayer. "I speak," says poet George Meredith, "of the unremarked forces that split the heart and make the pavement toss—forces concealed in quiet people and plants." If we are conditioned to respond to noise and size, we will miss God's word and action. However,

> GOD is serious business.
> He won't be trifled with.
> He avenges his foes.
> He stands up against his enemies, fierce and raging.
> But GOD doesn't lose his temper.
> He's powerful, but it's a patient power.
> Still, no one gets by with anything.
> Sooner or later, everyone pays(Nahum 1:2-3).

From time to time, God assigns someone to pay attention to one or another of these persons or nations

보는 임무를 맡기셔서, 나머지 사람들이 그런 것에 쏟던 관심을 끊고 역사의 주인이신 하나님께로 시선을 돌리게 하신다. 주전 7세기 나훔이 바로 그런 임무를 맡았다. 그 당시는 앗시리아로 인해 온 세상이 공포에 떨던 시절이었다. 나훔이 예언의 말씀을 전했을 당시, 앗시리아(수도는 니느웨였다)는 실로 천하무적으로만 보였다. 앗시리아 없는 세상은 상상도 할 수 없었다. 나훔의 임무는 그런 자유로운 세상에 대한 상상을 가능하게 해주는 것이었다. 하나님의 백성이 앗시리아 공포증에서 벗어나, 주권자 하나님을 믿고 그분께 기도할 수 있게 해주는 것이었다. 나훔의 설교, 성령이 주신 비유, 하나님의 논리는 한껏 부풀려진 앗시리아의 실체를 드러내고 니느웨의 소란을 정리해 줌으로써, 이스라엘로 하여금 앗시리아의 위세가 실은 허세에 지나지 않는다는 사실을 보게 해주었다. 이제 그들은 상황의 본질에 주목할 수 있었다. 나훔은 이렇게 선포한다.

니느웨에 내리시는 하나님의 명령이다.

"너는 이제 끝장이다.
니느웨는 끝났다.
내가 너의 신전을 모조리 부술 것이다.
네 신과 여신들을 쓰레기통에 처넣을 것이다.
나는 지금 너의 무덤을 파는 중이다. 비석 없는 무덤을.
이제 너는 없는 것이나 마찬가지다. 아니, 그보다 못하다."……

"앗시리아야, 나는 네 원수다."
만군의 하나님께서 말씀하신다.
"내가 네 전차들을 불태울 것이다. 잿더미로 만들 것이다.
'사자 나라'가 이제 송장들로 뒤덮이리라.
전쟁 사업은 이제 끝났다. 네가 할 일은 더 이상 없다.
전쟁을 보도할 일도 더 이상 없고,
승리를 선언할 일도 더 이상 없다.
너의 전쟁 사업은 이제 영원히 끝났다."
(나 1:14; 2:13)

예언자 나훔은 니느웨, 곧 앗시리아에 임할 재앙이라는 단 하나의 메시지만을 전했기에, 자칫 그를 니느웨를 증오한 사람 정도로 오해하기 쉽다. 그러나 나훔은 더 큰 그림을 보며 말씀을 전하고 그 내용을 기록하기에, 적들의 죄 못지않게 이스라엘의 죄 역시 혹독한 고발을 당하고 있다. 나훔의 취지는 적국에 대해 종교적

or movements just long enough to get the rest of us to *quit* paying so much attention to them and get back to the main action: *God*! Nahum drew that assignment in the seventh century B.C. Assyria had the whole world terrorized. At the time that Nahum delivered his prophecy, Assyria (and its capital, Nineveh) appeared invincible. A world free of Assyrian domination was unimaginable. Nahum's task was to make it imaginable – to free God's people from Assyrian paralysis, free them to believe in and pray to a sovereign God. Nahum's preaching, his Spirit-born metaphors, his God-shaped syntax, knocked Assyria off her high horse and cleared the field of Nineveh-distraction so that Israel could see that despite her world reputation, Assyria didn't amount to much. Israel could now attend to what was *really* going on. Nahum proclaimed,

GOD's orders on Nineveh:

"You're the end of the line.
It's all over with Nineveh.
I'm gutting your temple.
Your gods and goddesses go in the trash.
I'm digging your grave. It's an unmarked grave.
You're nothing – no, you're *less* than nothing!"...

"Assyria, I'm your enemy,"
says GOD-of-the-Angel-Armies.
"I'll torch your chariots. They'll go up in smoke.
'Lion Country' will be strewn with carcasses.
The war business is over – you're out of work:
You'll have no more wars to report,
No more victories to announce.
You're out of war work forever."
(Nahum 1:14; 2:13)

Because Nahum has a single message – doom to Nineveh/Assyria – it is easy to misunderstand the prophet as simply a Nineveh-hater. But Nahum writes and preaches out of the large context in which Israel's sins are denounced as vigorously as those of any of her enemies. The effect of Nahum is not to

증오심을 조장하는 것이 아니다. 그는 다만 이렇게 말하고 있다. "원수 앗시리아를 우러러보지도 말고 두려워하지도 마라. 저 자들도 우리와 똑같은 기준으로 심판을 받게 될 것이니."

foment religious hate against the enemy but to say, "Don't admire or be intimidated by this enemy. They are going to be judged by the very same standards applied to us."

나훔

NAHUM

하나님을 가벼이 여기지 마라

1 [1] 엘고스 사람 나훔이, 니느웨에 대해 하나님께서 보여주신 것을 기록한 보고서다.

2-6 하나님을 가벼이 여기지 마라.
그분은 너희가 만만히 대할 수 있는 분이 아니시다.
그분은 원수들에게 보복하신다.
맹렬한 노를 발하시며 적들에 맞서 일어나신다.
하나님은 버럭 화를 내시는 분이 아니시다.
강한 분이지만 오래 참으신다.
그러나 누구든 그분 앞에서 얼렁뚱땅 넘어갈 수 없다.
누구든 대가를 치르고야 만다.
토네이도와 허리케인은
그분의 발자취고,
폭풍 구름들은
그분께서 발을 터실 때 이는 먼지다.
그분께서 바다에 고함을 치시면, 바다가 마른다.
강들이 말라 버린다.
바산과 갈멜의 산들이 떨고,
레바논의 과수원들이 오그라든다.
산들이 뿌리째 흔들리고,
언덕들이 녹아 개펄이 된다.
하나님이 두려워 땅이 몸을 떤다.
온 세상이 겁에 질린다.
이 불길 같은 진노에 대항할 자 누구랴?
이 맹렬한 격노를 견딜 자 누구랴?
그분의 진노는 용암처럼 쏟아지고,
그분의 격노는 돌을 바스러뜨린다.

7-10 하나님은 선하시다.

God Is Serious Business

1 [1] A report on the problem of Nineveh, the way God gave Nahum of Elkosh to see it:

2-6 GOD is serious business.
He won't be trifled with.
He avenges his foes.
He stands up against his enemies, fierce and raging.
But GOD doesn't lose his temper.
He's powerful, but it's a patient power.
Still, no one gets by with anything.
Sooner or later, everyone pays.
Tornadoes and hurricanes
are the wake of his passage,
Storm clouds are the dust
he shakes off his feet.
He yells at the sea: It dries up.
All the rivers run dry.
The Bashan and Carmel mountains shrivel,
the Lebanon orchards shrivel.
Mountains quake in their roots,
hills dissolve into mud flats.
Earth shakes in fear of GOD.
The whole world's in a panic.
Who can face such towering anger?
Who can stand up to this fierce rage?
His anger spills out like a river of lava,
his fury shatters boulders.

7-10 GOD is good,

힘겨울 때 피난처가 되어 주신다.
도움을 구하는 자 누구든,
딱한 사정에 처한 자 모두를
기꺼이 맞아 주신다.
그러나 사람들이 도피처로 삼는 곳은
모조리 쓸어버리신다.
누구도 하나님을 피해 도망칠 수 없다.
하나님을 거슬러 꾀를 쓰느라 왜 시간을 낭비하느냐?
그런 계략은 무엇이든 끝장나고 만다.
말썽을 피우는 자들, 두 번 다시 기회는 없다.
기름을 흠뻑 먹인
마른장작 더미처럼,
활활 타서 재가 될 것이다.

11 하나님께 맞서려는 악한 음모들이, 니느웨에
개미 떼처럼 바글거린다.
유혹과 배신,
온갖 거짓말들을 지어내는 원산지다.

12-13 이에 대해 하나님께서 하시는 말씀을 들어라.
"너, 지금 세상 꼭대기에 있다만
곧 바닥으로 고꾸라져,
모든 박수와 갈채를 잃어버릴 것이다.

유다야, 지금까지 내가 너를 괴롭게 했지만,
이제부터는 달라질 것이다.
네 목에서 멍에를 끌러 주고
그것을 쪼개어 불태워 버릴 것이다.
너를 속박했던 끈을
풀어 줄 것이다."

14 니느웨에 내리시는 하나님의 명령이다.

"너는 이제 끝장이다.
니느웨는 끝났다.
내가 너의 신전을 모조리 부술 것이다.
네 신과 여신들을 쓰레기통에 처넣을 것이다.
나는 지금 너의 무덤을 파는 중이다. 비석 없는 무덤을.
이제 너는 없는 것이나 마찬가지다. 아니, 그보다 못하다."

15 보아라! 전령이 기쁜 소식을 들고 온다.

a hiding place in tough times.
He recognizes and welcomes
anyone looking for help,
No matter how desperate the trouble.
But cozy islands of escape
He wipes right off the map.
No one gets away from God.
Why waste time conniving against GOD?
He's putting an end to all such scheming.
For troublemakers, no second chances.
Like a pile of dry brush,
Soaked in oil,
they'll go up in flames.

A Think Tank for Lies

11 Nineveh's an anthill
of evil plots against GOD,
A think tank for lies
that seduce and betray.

12-13 And GOD has something to say about all this:
"Even though you're on top of the world,
With all the applause and all the votes,
you'll be mowed down flat.

"I've afflicted you, Judah, true,
but I won't afflict you again.
From now on I'm taking the yoke from your neck
and splitting it up for kindling.
I'm cutting you free
from the ropes of your bondage."

14 GOD's orders on Nineveh:

"You're the end of the line.
It's all over with Nineveh.
I'm gutting your temple.
Your gods and goddesses go in the trash.
I'm digging your grave. It's an unmarked grave.
You're nothing – no, you're *less* than nothing!"

15 Look! Striding across the mountains –
a messenger bringing the latest good news: peace!

산을 넘어 소식을 전한다. 평화가 왔다!
축제일이다! 유다여, 잔치를 벌여라!
하나님을 예배하고 그분께 다시 헌신하여라!
그 원수, 이제 걱정할 필요가 없다.
그는 끝장났으니, 마음 놓아라.

A holiday, Judah! Celebrate!
Worship and recommit to God!
No more worries about *this* enemy.
This one is history. Close the books.

니느웨는 망한다

2
1 무시무시한 파괴자가 오고 있다!
경비병들아, 군수품을 챙겨라.
정신 바짝 차리고
전투태세를 갖춰라.

2 하나님께서 야곱의 자존심,
이스라엘의 자존심을 회복시켜 주셨다.
이스라엘은 힘든 시절을 넘어왔다.
지옥을 경험하고 돌아왔다.

3-12 햇빛에 번쩍거리는 무기들,
눈부신 전투복 차림의 군인들,
당장이라도 돌격할 태세를 갖춘
번쩍번쩍 광이 나는 전차들,
하늘을 찌를 듯한 창들의 숲이
지평선 위로 무시무시한 모습을 드러낸다.
전차들이 거리로 쏟아져 들어와
광장을 가득 메운다.
햇빛 아래 횃불같이 타오르고,
번개처럼 이리저리 번쩍인다.
앗시리아 왕이 부하들을 소집하지만,
다들 비틀거리다 자빠진다.
공격을 막기 위해 성벽으로 달려가 보지만,
이미 너무 늦었다.
병사들이 성문을 뚫고 쏟아져 들어오고,
왕궁이 허물어진다.
곧 끝장난다.
니느웨가 발가벗겨졌다. 니느웨가 멸망했다.
여종과 남종들이 비둘기처럼 흐느껴 울고,
가슴을 치며 통곡한다.
니느웨는
마개가 열린 물통이다.
고함소리 들려온다. "어떻게든 막아라! 어떻게든 막아라!"
하지만 이미 늦었다. 니느웨는 곧 빈 통이 된다.
텅 빈 통.
다른 고함소리 들려온다. "은을 털어라!

Israel's Been to Hell and Back

2
1 The juggernaut's coming!
Post guards, lay in supplies.
Get yourselves together,
get ready for the big battle.

2 GOD has restored the Pride of Jacob,
the Pride of Israel.
Israel's lived through hard times.
He's been to hell and back.

3-12 Weapons flash in the sun,
the soldiers splendid in battle dress,
Chariots burnished and glistening,
ready to charge,
A spiked forest of brandished spears,
lethal on the horizon.
The chariots pour into the streets.
They fill the public squares,
Flaming like torches in the sun,
like lightning darting and flashing.
The Assyrian king rallies his men,
but they stagger and stumble.
They run to the ramparts
to stem the tide, but it's too late.
Soldiers pour through the gates.
The palace is demolished.
Soon it's all over:
Nineveh stripped, Nineveh doomed,
Maids and slaves moaning like doves,
beating their breasts.
Nineveh is a tub
from which they've pulled the plug.
Cries go up, "Do something! Do something!"
but it's too late. Nineveh's soon empty—nothing.
Other cries come: "Plunder the silver!
Plunder the gold!
A bonanza of plunder!

금을 털어라!
노다지다!
원하는 대로 다 꺼내가라!"
망했다! 저주받아 망했다! 아주 폐허가 되었다!
가슴은 철렁 내려앉고
다리에 힘이 풀린다.
속이 뒤집히고
얼굴은 새하얗게 질린다.
명성 높던 맹수 앗시리아의 사자에게,
그 새끼들에게,
이 무슨 일이란 말이냐?
적수가 없이
느긋하게 새끼들을 품던 맹수,
그 수사자와 암사자에게 이 무슨 일이란 말이냐?
사냥을 나가면 어김없이
갓 잡은 신선한 먹이를 물고 와서 암사자와 새끼들을 먹이던
그 수사자에게,
피가 뚝뚝 떨어지는 고기들을 쌓아 놓고
축제를 벌이던 그 사자 굴에, 이 무슨 일이란 말이냐?

13 "앗시리아야, 나는 네 원수다."
만군의 하나님께서 말씀하신다.
"내가 네 전차들을 불태울 것이다. 잿더미로 만들 것이다.
'사자 나라'가 이제 송장들로 뒤덮이리라.
전쟁 사업은 이제 끝났다. 네가 할 일은 더 이상 없다.
전쟁을 보도할 일도 더 이상 없고,
승리를 선언할 일도 더 이상 없다.
너의 전쟁 사업은 이제 영원히 끝났다."

3 1-4 '살인자 성'이여, 너는 망할 것이다.
거짓말이 가득하고, 약탈물이 쌓이고, 폭력에 중독된 성이여!
나팔소리 울리고 바퀴소리 요란하다.
말들이 날뛰고 전차들이 비틀거린다.
칼과 창을 휘두르며
기수들이 질주한다.
거리에 시체들이 나뒹굴어
땔감처럼 쌓이고,
하수구와 골목마다 송장들이 쌓여
모든 길이 막힐 지경이다!
그리고 창녀들! 끝없는 창녀들!
치명적 매력의 창녀 도성이여,

Take everything you want!"
Doom! Damnation! Desolation!
Hearts sink,
knees fold,
stomachs retch,
faces blanch.
So, what happened to the famous
and fierce Assyrian lion
And all those cute Assyrian cubs?
To the lion and lioness
Cozy with their cubs,
fierce and fearless?
To the lion who always returned from the hunt
with fresh kills for lioness and cubs,
The lion lair heaped with bloody meat,
blood and bones for the royal lion feast?

13 "Assyria, I'm your enemy,"
says GOD-of-the-Angel-Armies.
"I'll torch your chariots. They'll go up in smoke.
'Lion Country' will be strewn with carcasses.
The war business is over—you're out of work:
You'll have no more wars to report,
No more victories to announce.
You're out of war work forever."

Let the Nations Get Their Fill of the Ugly Truth

3 1-4 Doom to Murder City—
full of lies, bursting with loot,
addicted to violence!
Horns blaring, wheels clattering,
horses rearing, chariots lurching,
Horsemen galloping,
brandishing swords and spears,
Dead bodies rotting in the street,
corpses stacked like cordwood,
Bodies in every gutter and alley,
clogging every intersection!
And whores! Whores without end!
Whore City,

너는 악한 주문으로 민족들을 유혹해 파멸시키는
마녀다.

5-7 "창녀 니느웨야, 나는 네 원수다.
나 만군의 하나님이 너를 대적한다!
세상을 호리는 너의 그 비단옷을 벗겨
온 세상 앞에서 발가벗길 것이다.
모든 민족이 네 적나라한 실체를 보게 할 것이다.
네 정체가 무엇이며 무슨 짓을 해왔는지 보게 할 것이다.
네게 개똥을 퍼부은 다음,
모두가 볼 수 있게 전시대에 올려놓고 이렇게 써붙일 것
이다.
'창녀 전시 중.'
너를 보는 자들이 모두 역겨워하며 말할 것이다.
'니느웨, 저 돼지우리,
저렇게 더러울 줄이야.
두 번 다시 쳐다보기도 싫다. 추하다, 추해!'"

8-13 네가 이집트의 테베보다 강하냐?
나일 강 옆에 자리하여,
거대한 강이 보호벽과 방어벽이 되어 준다며,
천하무적이라며 뻐기던 테베 말이다.
남쪽은 에티오피아가,
북쪽은 이집트가 그를 도와 경계를 서 주었고,
언제든 나서서 도와줄
힘센 친구들, 붓과 리비아가 있었다.
하지만 테베가 어떻게 되었느냐?
성 주민 전체가 끌려가 난민이 되었다.
대낮에 대로에서
아기들이 길바닥에 메쳐져 죽고,
고관들이 경매에 부쳐져 팔려 갔으며,
유명인사들이 사슬에 묶여 끌려갔다.
니느웨야, 알아 두어라. 너도 그렇게 될 것이다.
어디에 부딪히는지도 모른 채
이리저리 비틀거리며, 누울 곳을 찾는 취객처럼 될 것
이다.
너의 요새는 복숭아나무 같다.
익을 대로 익어 수확만 기다리는 복숭아.
나무를 살짝만 흔들어도,
배고파 쩍 벌린 입속으로 우수수 떨어진다.
현실을 똑바로 보아라. 네 전사들은 힘없는 겁쟁이들
이다.
그들은 봉에 지나지 않는다.
네 국경은 틈이 벌어진 문이다.

Fatally seductive, you're the Witch of Seduction,
luring nations to their ruin with your evil spells.

5-7 "I'm your enemy, Whore Nineveh –
I, GOD-of-the-Angel-Armies!
I'll strip you of your seductive silk robes
and expose you on the world stage.
I'll let the nations get their fill of the ugly truth
of who you really are and have been all along.
I'll pelt you with dog dung
and place you on a pedestal: 'Slut on Exhibit.'
Everyone who sees you will gag and say,
'Nineveh's a pigsty:
What on earth did we ever see in her?
Who would give her a second look? Ugh!'"

Past the Point of No Return

8-13 Do you think you're superior to Egyptian Thebes,
proudly invincible on the River Nile,
Protected by the great River,
walled in by the River, secure?
Ethiopia stood guard to the south,
Egypt to the north.
Put and Libya, strong friends,
were ready to step in and help.
But you know what happened to her:
The whole city was marched off to a refugee camp,
Her babies smashed to death
in public view on the streets,
Her prize leaders auctioned off,
her celebrities put in chain gangs.
Expect the same treatment, Nineveh.
You'll soon be staggering like a bunch of drunks,
Wondering what hit you,
looking for a place to sleep it off.
All your forts are like peach trees,
the lush peaches ripe, ready for the picking.

적들이 들어오는 것은 식은 죽 먹기다. 무슨 수로 그들을 막겠느냐?

14-15 포위에 대비해 물을 비축하여라.
방어망을 강화하여라.
기초를 다져라. 진흙을 가져다가
벽돌을 만들어라.
하지만 안됐구나. 너무 늦었다.
원수가 놓은 불이 너를 사를 것이다.
원수가 휘두르는 칼이 너를 갈기갈기 찢어 놓을 것이다.
너는 메뚜기 떼에게 뜯기듯 물어뜯길 것이다.

15-17 그렇다. 메뚜기 떼에 당하는 것, 네게 합당한 운명이다.
너 자신이 바로 메뚜기 재앙이기 때문이다.
상점과 상인들을 끝없이 늘려 온 너,
사는 자와 파는 자의 수가 하늘의 별들보다 많다!
메뚜기 떼 재앙이다. 온 지역을 깡그리 털어먹은 다음
날아가 버리는 메뚜기 떼다.
네 관료들이 메뚜기들이고,
네 브로커와 은행가도 메뚜기들이다.
처음에는 너를 위해 봉사한다며
만면에 웃음을 띠고 선심을 쓰지만,
후에, 뭔가 묻거나 불평할 것이 있어 찾아가면,
그들은 종적도 찾을 수 없다.

18-19 앗시리아의 왕아!
목자가 되어 백성을 돌보라고 네가 세운 지도자들은
지금 딴짓을 하느라 정신없다.
그들은 책임을 다하고 있지 않다.
네 백성이 뿔뿔이 흩어져 길을 잃고 헤매는데,
아무도 보살펴 주지 않는다.
너는 돌아올 수 없는 강을 건넜다.
네가 입은 상처는 치명적이다.
네 운명에 대한 이야기를 듣게 되면,
온 세상이 박수를 치며 환호할 것이다.
네 흉악은
세상 구석구석까지 마수를 뻗쳤다.
그 악에 고통을 받지 않은 사람이 없다.

One shake of the tree and they fall
straight into hungry mouths.
Face it: Your warriors are wimps.
You're sitting ducks.
Your borders are gaping doors, inviting
your enemies in. And who's to stop them?

14-15 Store up water for the siege.
Shore up your defenses.
Get down to basics: Work the clay
and make bricks.
Sorry. Too late.
Enemy fire will burn you up.
Swords will cut you to pieces.
You'll be chewed up as if by locusts.

15-17 Yes, as if by locusts – a fitting fate,
for you yourselves are a locust plague.
You've multiplied shops and shopkeepers –
more buyers and sellers than stars in the sky!
A plague of locusts, cleaning out the neighborhood
and then flying off.
Your bureaucrats are locusts,
your brokers and bankers are locusts.
Early on, they're all at your service,
full of smiles and promises,
But later when you return with questions or complaints,
you'll find they've flown off and are nowhere to be found.

18-19 King of Assyria! Your shepherd-leaders,
in charge of caring for your people,
Are busy doing everything else but.
They're not doing their job,
And your people are scattered and lost.
There's no one to look after them.
You're past the point of no return.
Your wound is fatal.
When the story of your fate gets out,
the whole world will applaud and cry "Encore!"
Your cruel evil has seeped
into every nook and cranny of the world.
Everyone has felt it and suffered.

하박국 | 머리말

믿음의 삶은 당혹스러울 정도로 예측 불허인 모험의 여정이다. 다음에 무슨 일이 닥칠지 알지 못하며, 예상대로 일이 성사되는 경우는 많지 않다. 흔히 우리는, 자신이 하나님의 택함과 사랑을 받는 자이므로 하나님께 특별대우를 받을 것이라 여긴다. 자연스러운 기대이기는 하다. 그분을 따르는 제자가 되었으니 이제 막다른 골목을 만나거나, 진창길로 접어들거나, 목적지가 다른 여행자들에게서 끔찍한 일을 당하는 일 따위는 없을 것이라 기대한다. 이해 못할 바는 아니다. 그러나 하나님을 따르는 제자들이라고 해서 인생길에서 특별대접을 받는 것은 아니다. 이 사실은 늘 우리를 놀라게 한다. 그런데 더욱 놀라운 사실은, 그러한 순간에 우리의 길동무가 되어 주는 이들을 '성경' 속에서 만날 수 있다는 것이다.

그 반가운 길동무 중 하나가 바로 예언자 하박국이다. 예언자들이 하는 일의 대부분은 '우리'에게 하나님의 말씀을 전해 주는 것이다. 그들은 우리에게 하나님의 심판과 구원, 도전과 위로의 말씀을 들으라고 촉구하는 설교자들이다. 그들은 우리가 하나님을 마음대로 상상하지 못하도록, 진짜 하나님을 알려 준다. 하나님의 말씀에 귀 기울이라고 외치는 예언자들은 세련된 완곡어법을 사용하는 자들이 아니라, 가히 우리 면상에 주먹을 날리는 식으로 설교하는 이들이다. 그러나 하박국은 우리의 말을 '하나님'께 해주는 예언자다. 그는 도무지 이해하기 힘든 일 앞에서 우리가 느끼는 당혹감과 하나님에 대한 실망감을 서슴지 않고 하나님께 털어놓는다. 그는 하나님께 우리 말에 귀 기울여 주실 것을 요구한다. 그것도 예언자답게 정색을 하고 단호한 말투로 말이다.

하나님, 얼마나 더 외쳐야
저를 도와주시렵니까?
"사람 살려! 살인이다! 경찰!" 하며
얼마나 더 소리 질러야 저를 구하러 오시렵니까?
어찌하여 날이면 날마다 악을 목격하고,
고난과 맞닥뜨리게 하십니까?
혼란과 폭력이,

Living by faith is a bewildering venture. We rarely know what's coming next, and not many things turn out the way we anticipate. It is natural to assume that since I am God's chosen and beloved, I will get favorable treatment from the God who favors me so extravagantly. It is not unreasonable to expect that from the time that I become his follower, I will be exempt from dead ends, muddy detours, and cruel treatment from the travelers I meet daily who are walking the other direction. That God followers don't get preferential treatment in life always comes as a surprise. But it's also a surprise to find that there are a few men and women *within* the Bible who show up alongside us at such moments.

The prophet Habakkuk is one of them, and a most welcome companion he is. Most prophets, most of the time, speak God's Word *to us*. They are preachers calling us to listen to God's words of judgment and salvation, confrontation and comfort. They face us with God as he is, not as we imagine him to be. Most prophets are in-your-face assertive, not given to tact, not diplomatic, as they insist that we pay attention to God. But Habakkuk speaks our word *to God*. He gives voice to our bewilderment, articulates our puzzled attempts to make sense of things, faces God with our disappointment with God. He insists that God pay attention to us, and he insists with a prophet's characteristic no-nonsense bluntness.

GOD, how long do I have to cry out for help
before you listen?
How many times do I have to yell, "Help! Murder! Police!"
before you come to the rescue?
Why do you force me to look at evil,
stare trouble in the face day after day?
Anarchy and violence break out,

싸움과 다툼이 도처에서 터져 나옵니다.
법과 질서는 땅에 떨어졌고,
정의는 농담거리가 되었습니다.
악인이 의인을 맥 못 추게 하고
정의를 거꾸로 뒤집습니다(합 1:1-4).

하박국을 자극시켰던 것은 주전 7세기의 국제 정세였다. 그는 하나님께서 강력한 바빌론 군대를 들어서 하나님의 백성을 심판하실 예정인 것을 알게 되었다. 아니, 하나님을 모르는 이방 민족을 들어 하나님을 섬기는 경건한 민족을 벌하시겠다니! 하박국은 도저히 이해할 수 없어서, 즉시 하나님께 따졌다. 하나님께서 당신의 일을 제대로 하고 계신 것 같지 않다는 자신의 생각을 있는 그대로 털어놓았다. 그날 이후, 단 하루도 거르지 않고 누군가는 하박국처럼 당혹감에 사로잡혀 다음과 같은 말을 내뱉었다. "하나님, 도무지 이해가 되지 않습니다!"

그러나 우리의 길동무 예언자 하박국은 더 나아가, 보다 중요한 일을 행한다. 그는 기다린다. 그리고 귀 기울여 듣는다. 그렇게 기다리고 듣는 가운데, 그리고 그 내용으로 기도하는 가운데, 어느새 그는 하나님의 주권이라는 보다 큰 세상을 발견하고, 그 세상의 주민으로 살아가게 된다. 그 자리에서 비로소 그는, 하나님을 믿는 삶, 하나님을 한결같이 신뢰하는 삶이야말로 충만한 삶이요 유일하고 참된 삶임을 마침내 깨닫게 된다.

하나님, 주님에 대해 전하는 조상들의 말을 듣고,
놀라서 무릎을 꿇습니다.
그들에게 하신 일을 오늘 우리에게도 행해 주십시오.
그들을 위해 역사하신 것처럼, 오늘 우리를 위해서도 역사해 주십시오.
심판하실지라도,
자비를 잊지 말아 주십시오. 주께서는 분명 그렇게 하실 것입니다.……

체리나무에 꽃이 피지 않고
딸기가 익지 않아도,
사과가 다 벌레 먹고
밀농사가 흉작이어도,
양 우리에 양이 없고
외양간에 소가 없어도,
나, 하나님께 즐거운 찬송 부르리라.
나의 구원자 하나님 앞에서 즐겁게 뛰어놀리라.
나, 하나님의 통치와 승리를 믿고
용기를 얻어 기운을 차리네.

quarrels and fights all over the place.
Law and order fall to pieces.
Justice is a joke.
The wicked have the righteous hamstrung
and stand justice on its head(Habakkuk 1:1-4).

The circumstance that aroused Habakkuk took place in the seventh century B.C. The prophet realized that God was going to use the godless military machine of Babylon to bring God's judgment on God's own people – using a godless nation to punish a godly nation! It didn't make sense, and Habakkuk was quick and bold to say so. He dared to voice his feelings that God didn't know his own God business. Not a day has passed since then that one of us hasn't picked up and repeated Habakkuk's bafflement: "God, you don't seem to make sense!"

But this prophet companion who stands at our side does something even more important: He waits and he listens. It is in his waiting and listening – which then turns into his praying – that he found himself inhabiting the large world of God's sovereignty. Only there did he eventually realize that the believing-in-God life, the steady trusting-in-God life, is the full life, the only real life.

GOD, I've heard what our ancestors say about you,
and I'm stopped in my tracks, down on my knees.
Do among us what you did among them.
Work among us as you worked among them.
And as you bring judgment, as you surely must,
remember mercy...

Though the cherry trees don't blossom
and the strawberries don't ripen,
Though the apples are worm-eaten
and the wheat fields stunted,
Though the sheep pens are sheepless
and the cattle barns empty,
I'm singing joyful praise to GOD.

사슴처럼 뛰어다니는 나,
산 정상에 오른 듯한 기분이라네!
(합 3:1-2, 17-19)

하박국은 우리와 출발점이 같았다. 그 역시 우리처럼 혼란에 빠져 있었고 불평했으며, 심지어 하나님을 고발하기도 했다. 그러나 그는 그 자리에 머물지 않았다. 그는 더 나아갔다. 결국 그는, 하나님을 사랑하는 자들에게는 삶 속의 모든 것들이 협력하여 선을 이루어 내는, 그런 세상에 도달하게 되었다. 우리를 길동무로 데리고서 말이다.

I'm turning cartwheels of joy to my Savior God.
Counting on GOD's Rule to prevail,
I take heart and gain strength.
I run like a deer.
I feel like I'm king of the mountain!
(Habakkuk 3:1-2, 17-19)

Habakkuk started out exactly where we start out with our puzzled complaints and God-accusations, but he didn't stay there. He ended up in a world, along with us, where every detail in our lives of love for God is worked into something good.

하박국

1 [1-4] 하나님께서 하박국에게 알려 주신 문제다.

하나님, 얼마나 더 외쳐야
저를 도와주시렵니까?
"사람 살려! 살인이다! 경찰!" 하며
얼마나 더 소리 질러야 저를 구하러 오시렵니까?
어찌하여 날이면 날마다 악을 목격하고,
고난과 맞닥뜨리게 하십니까?
혼란과 폭력이,
싸움과 다툼이 도처에서 터져 나옵니다.
법과 질서는 땅에 떨어졌고,
정의는 농담거리가 되었습니다.
악인이 의인을 맥 못 추게 하고
정의를 거꾸로 뒤집습니다.

너희를 벌하려 바빌론을 일으킬 것이다

[5-11] "너희 주변의 사악한 민족들을 둘러보아라.
잘 살펴보아라. 충격 받지 않도록 마음 단단히 먹어라.
너희가 믿기 어려워할 일이
이제 곧 일어날 것이다.
내가 너희를 벌하려 바빌론 사람들을 일으킬 것이다.
흉악하고 잔악한 바빌론 사람들,
천하를 정복하고
뭇 민족들을 좌지우지하는 바빌론,
제멋대로가 법인
그 무시무시하고 가공할 자들 말이다.
그들의 말은 바람처럼 빠르게 뛰고,
피에 주린 늑대처럼 달려든다.
별안간 튀어나와
질풍노도같이 습격해 온다.

HABAKKUK

Justice Is a Joke

1 [1-4] The problem as God gave Habakkuk to see it:

GOD, how long do I have to cry out for help
before you listen?
How many times do I have to yell, "Help! Murder! Police!"
before you come to the rescue?
Why do you force me to look at evil,
stare trouble in the face day after day?
Anarchy and violence break out,
quarrels and fights all over the place.
Law and order fall to pieces.
Justice is a joke.
The wicked have the righteous hamstrung
and stand justice on its head.

God Says, "Look!"

[5-11] "Look around at the godless nations.
Look long and hard. Brace yourself for a shock.
Something's about to take place
and you're going to find it hard to believe.
I'm about to raise up Babylonians to punish you,
Babylonians, fierce and ferocious—
World-conquering Babylon,
grabbing up nations right and left,
A dreadful and terrible people,
making up its own rules as it goes.
Their horses run like the wind,
attack like bloodthirsty wolves.

그들은 썩은 고기 위를 빙빙 돌다
내려와 덮치는 독수리들 같다.
그들은 살인광이다. 살인에 미쳤다.
그들은 사람을 쥐 잡듯 잡는다.
그들은 왕들에게 모욕을 주고
장군들을 놀림감으로 삼는다.
요새들도 우습게 여겨,
식은 죽 먹기로 허물어 버린다.
그들은 바람처럼 너희를 휩쓸고 지나갈 것이다.
죄로 인해 뻔뻔해진 그들, 그들에게는 힘이 곧 신이다."

어찌하여 침묵하고 계십니까?

12-13 하나님, 주께서는 영원부터 계신 분이 아니십니까?
거룩하신 하나님, 우리가 이대로 죽는 것은 아니겠지요?
하나님, 정말 주의 심판을 수행할 도구로 바빌론 사람들을 택하셨습니까?
반석이신 하나님, 설마 그들에게 징계의 일을 맡기신 것은 아니겠지요?
아니, 진담이실 리가 없습니다!
주님은 악을 묵과하시는 분이 아니십니다!
그렇다면, 무슨 일이라도 하셔야 하지 않습니까?
어찌하여 침묵하고 계십니까?
극악무도함이 판을 치고, 악인들이 의인들을 집어삼키는데도,
주님은 마냥 보고만 계십니다!

14-16 사람들을 그저
바닷속 물고기 떼 취급하고 계십니다.
방향도 모르고 목적지도 없이,
그저 갈팡질팡 헤엄쳐 다니는 물고기들 말입니다.
그런데 악한 바빌론 사람이 와서 낚시질을 해댑니다.
사정없이 잡아들입니다.
잡을 수 있을 만큼 잡아서 바구니를 가득 채웁니다.
낚시가 잘된 날이라고, 그의 기분은 최고가 됩니다!
그는 자기 낚싯대를 찬양하며,
낚시 도구들을 제단 위에 올려놓고 절을 합니다!
그는 그렇게 유쾌한 하루를 보내고는,
돌아가서 밤에 실컷 먹고 즐깁니다!

17 이 일을 계속 허용하시렵니까?

A stampede of galloping horses
thunders out of nowhere.
They descend like vultures
circling in on carrion.
They're out to kill. Death is on their minds.
They collect victims like squirrels gathering nuts.
They mock kings,
poke fun at generals,
Spit on forts,
and leave them in the dust.
They'll all be blown away by the wind.
Brazen in sin, they call strength their god."

Why Is God Silent Now?

12-13 GOD, you're from eternity, aren't you?
Holy God, we aren't going to die, are we?
GOD, you chose *Babylonians* for your judgment work?
Rock-Solid God, you gave *them* the job of discipline?
But you can't be serious!
You can't condone evil!
So why don't you do something about this?
Why are you silent *now*?
This outrage! Evil men swallow up the righteous
and you stand around and *watch*!

14-16 You're treating men and women
as so many fish in the ocean,
Swimming without direction,
swimming but not getting anywhere.
Then this evil Babylonian arrives and goes fishing.
He pulls in a good catch.
He catches his limit and fills his creel—
a good day of fishing! He's happy!
He praises his rod and reel,
piles his fishing gear on an altar and worships it!
It's made his day,
and he's going to eat well tonight!

17 Are you going to let this go on and on?
Will you let this Babylonian fisherman

이 바빌론 낚시꾼이
주말에 물고기를 잡듯,
사람을 잡아 죽이는 상황을 계속 허용하실 생각입니까?

2

1 이런 내 질문에 하나님께서는 뭐라고 대답하실까?
나는 마음의 준비를 단단히 하고서,
망루에 올라 지평선을 살펴보련다.
하나님께서 무슨 말씀을 하실지,
내 불평에 뭐라고 대답하실지
기다려 보련다.

자아 충만, 텅 빈 영혼

2-3 그러자 하나님께서 대답해 주셨다. "이것을 기록하여라.
지금 네 눈에 보이는 것을 기록하여라.
뛰어가는 사람도 읽을 수 있도록
커다랗고 두꺼운 글자로 써라.
이 환상, 이 메시지는
앞으로 올 일을 가리키는 증언이다.
이 일은 빨리 당도하고 싶어, 지금 뛰어오는 중이다.
거짓말이 아니다.
더디 오는 것처럼 보여도, 기다려라.
지금 오는 중이다. 제때에 도착할 것이다."

4 "그를 보아라. 자만심으로 한껏 부풀어 오른 그,
자아로 가득하다만 영혼은 텅 비었다.
그러나 하나님 앞에서 충실하고 한결같은 믿음으로
바르게 서 있는 자는,
온전히 살아 있다. 진정 살아 있다.

5-6 잘 알아 두어라. 돈은 사람을 속인다.
거만한 부자들, 오래가지 못한다.
무덤이 송장에 주려 있듯,
그들은 재물에 주려 있다.
죽음처럼 그들도 늘 더 많이 삼키려 하지만,
얻는 것이라곤 시체뿐이다.
그들은 죽은 민족들로 가득한 공동묘지,
송장으로 가득한 묘지다.
이런 자들, 두 번 다시 쳐다보지 마라.
곧 온 세상의 비웃음거리가 될 것이다.

6-8 '너는 네 자신을 뭐라 생각하느냐?

Fish like a weekend angler,
killing people as if they're nothing but fish?

2

1 What's God going to say to my questions?
I'm braced for the worst.
I'll climb to the lookout tower and scan the horizon.
I'll wait to see what God says,
how he'll answer my complaint.

Full of Self, but Soul-Empty

2-3 And then GOD answered: "Write this.
Write what you see.
Write it out in big block letters
so that it can be read on the run.
This vision-message is a witness
pointing to what's coming.
It aches for the coming – it can hardly wait!
And it doesn't lie.
If it seems slow in coming, wait.
It's on its way. It will come right on time.

4 "Look at that man, bloated by self-importance –
full of himself but soul-empty.
But the person in right standing before God
through loyal and steady believing
is fully alive, *really* alive.

5-6 "Note well: Money deceives.
The arrogant rich don't last.
They are more hungry for wealth
than the grave is for cadavers.
Like death, they always want more,
but the 'more' they get is dead bodies.
They are cemeteries filled with dead nations,
graveyards filled with corpses.
Don't give people like this a second thought.
Soon the whole world will be taunting them:

6-8 "'Who do you think you are –
getting rich by stealing and extortion?
How long do you think
you can get away with this?'

훔치고 강탈해 부자가 된 너 말이다.
그 짓을 네가
얼마나 더 오래 할 수 있을 것 같으냐?'
네게 해를 입은 자들이 깨어 일어나,
네게 받은 대로 갚아 줄 날이 멀지 않았다.
이 민족 저 민족을 약탈해 온 너,
이제 네 차례다.
살아남은 모든 자들이 너를 약탈하려고,
네가 저지른 살인과 학살을 그대로 갚아 주려고 혈안이 되어 있다.

9-11 너는 네 자신을 뭐라 생각하느냐?
닥치는 대로 빼앗아 차지하는 너,
정상에 앉아 있으니, 재앙이 미칠 수 없을 거라고 생각하느냐?
마음 푹 놓고 즐기고 있느냐?
천만에, 너는 네 집의 파멸을 자초했다.
다른 사람을 파멸시킴으로 네 자신의 파멸을 불렀다.
네 토대를 스스로 침식시켰고,
네 영혼을 스스로 부식시켰다.
네 집의 벽돌들이 고함치며 너를 고발할 것이다.
그 목조 뼈대들이 증인으로 나설 것이다.

12-14 너는 네 자신을 뭐라 생각하느냐?
살인으로 성읍을 세우고, 범죄로 도성을 세우는 너,
만군의 하나님이
그런 일은 결국 잿더미가 되게 한다는 사실을 모르느냐?
네가 그 일에 힘을 쏟을수록
점점 더 하찮은 존재가 되게 한다는 사실을 모르느냐?
그러나 물이 바다를 덮음같이,
온 땅에 하나님의 영광을 깨달아 아는 지식이 가득하리라.

15-17 너는 네 자신을 뭐라 생각하느냐?
이웃을 불러 술 파티를 벌이고,
술을 잔뜩 먹여
광란의 섹스 파티로 끌어들이는 너,
즐거운 시간을 보냈다고 생각하겠지만,
틀렸다! 너는 망신을 당한 것이다.
네가 줄곧 마신 것은,
하나님의 진노의 잔이다.
자리에서 일어나면 숙취로 머리가 쑤실 것이다.
네가 레바논에 휘두른 폭력,
네가 자행한 동물 학살,

Indeed, how long before your victims wake up,
stand up and make *you* the victim?
You've plundered nation after nation.
Now you'll get a taste of your own medicine.
All the survivors are out to plunder you,
a payback for all your murders and massacres.

9-11 "Who do you think you are—
recklessly grabbing and looting,
Living it up, acting like king of the mountain,
acting above it all, above trials and troubles?
You've engineered the ruin of your own house.
In ruining others you've ruined yourself.
You've undermined your foundations,
rotted out your own soul.
The bricks of your house will speak up and accuse you.
The woodwork will step forward with evidence.

12-14 "Who do you think you are—
building a town by murder, a city with crime?
Don't you know that GOD-of-the-Angel-Armies
makes sure nothing comes of that but ashes,
Makes sure the harder you work
at that kind of thing, the less you are?
Meanwhile the earth fills up
with awareness of GOD's glory
as the waters cover the sea.

15-17 "Who do you think you are—
inviting your neighbors to your drunken parties,
Giving them too much to drink,
roping them into your sexual orgies?
You thought you were having the time of your life.
Wrong! It's a time of disgrace.
All the time you were drinking,
you were drinking from the cup of God's wrath.
You'll wake up holding your throbbing head,
hung over—

네가 저지른 살인과 상해,
많은 곳에서 일삼은 폭행이,
가시지 않은 숙취가 되어 너를 괴롭힐 것이다.

18-19 대체 정교한 조각품 신을 만들어 무엇하려느냐?
거짓말밖에 할 줄 모르는
화려한 주물생산품 신을 만들어 무엇하려느냐?
말도 할 줄 모르는 신들을 제작해서
뭘 하자는 것이냐?
너는 네 자신을 뭐라 생각하느냐?
너는 나무 막대기에다 대고 '깨어나라' 외치고,
말 못하는 돌멩이를 향해 '일어나라' 외친다.
그것들이 대체 무엇을 가르쳐 줄 수 있느냐?
그것들은 순전히 거죽뿐이다.
속은 텅 비었다.

20 그러나 보아라! 하나님은 그의 거룩한 성전에 있다! 모두 조용히 하여라. 거룩한 침묵을 지켜라. 귀 기울여 들어라!"

하박국의 기도

3

1-2 합주에 맞춘, 예언자 하박국의 기도다.

하나님, 주님에 대해 전하는 조상들의 말을 듣고,
놀라서 무릎을 꿇습니다.
그들에게 하신 일을 오늘 우리에게도 행해 주십시오.
그들을 위해 역사하신 것처럼, 오늘 우리를 위해서도
역사해 주십시오.
심판하실지라도,
자비를 잊지 말아 주십시오. 주께서는 분명 그렇게 하실 것입니다.

❦

3-7 하나님께서 다시 길을 나서신다.
옛 구원의 길을 되밟아 오신다.
데만을 지나 남쪽에서 올라오신다.
거룩하신 분께서 바란 산에서 오신다.
하늘이 그분의 광휘로 번쩍이고,
그분을 찬양하는 소리가 땅을 울린다.
새벽빛 같은 그분의 빛이 구름처럼 몰려와 뒤덮고,
두 줄기 빛이 그분의 손에서 뿜어 나온다.
그분 손에 깃든 저 힘이 보이느냐!
그분 앞서 재앙이 행진해 오고,
역병이 그분 발꿈치를 따라온다!

hung over from Lebanon violence,
Hung over from animal massacres,
hung over from murder and mayhem,
From multiple violations
of place and people.

18-19 "What's the use of a carved god
so skillfully carved by its sculptor?
What good is a fancy cast god
when all it tells is lies?
What sense does it make to be a pious god-maker
who makes gods that can't even talk?
Who do you think you are—
saying to a stick of wood, 'Wake up,'
Or to a dumb stone, 'Get up'?
Can they teach you anything about anything?
There's nothing to them but surface.
There's nothing on the inside.

20 "But oh! GOD is in his holy Temple!
Quiet everyone—a holy silence. Listen!"

God Racing on the Crest of the Waves

3

1-2 A prayer of the prophet Habakkuk, with orchestra:

GOD, I've heard what our ancestors say about you,
and I'm stopped in my tracks, down on my knees.
Do among us what you did among them.
Work among us as you worked among them.
And as you bring judgment, as you surely must,
remember mercy.

❦

3-7 God's on his way again,
retracing the old salvation route,
Coming up from the south through Teman,
the Holy One from Mount Paran.
Skies are blazing with his splendor,
his praises sounding through the earth,
His cloud-brightness like dawn, exploding, spreading,
forked-lightning shooting from his hand—

그분이 멈추시면 땅이 흔들리고,
주위를 둘러보시면 민족들이 몸을 떤다.
태곳적부터 있던 산들이 산산조각 나고,
옛적부터 있던 언덕들이 바람 빠진 풍선처럼 푹 꺼
진다.
하나님께서 걸어오시는 길은
가장 오래된 산과 언덕들보다 더 오래되었다.
내가 보니, 모두가 근심에 빠졌고 공포에 사로잡
혔다.
옛 광야의 적들, 구산과 미디안이
그분의 눈에 띄지 않기만을 바라며, 잔뜩 겁에 질
려 있다.

8-16 하나님, 강을 보고 그리 노하십니까?
오랜 강에게 노하십니까?
말과 전차로 구원을 행하셨을 때,
주께서는 바다에게 격노하셨습니까?
주께서는 주의 활시위를 당기시고
화살을 퍼부으셨습니다.
강을 들어 땅을 쪼개셨습니다.
다가올 일을 보면서,
산들은 몸을 비틀며 고통스러워했습니다.
홍수가 들이닥치고,
대양이 노호하여 집채만 한 파도가 일어났습니다.
해와 달이 흠칫 놀랐습니다.
주의 번쩍이는 활이 그들을 멈춰 세웠고,
주의 번개 같은 창이 그들을 꿰찔렀습니다.
노한 주께서 땅을 짓밟으셨고,
격노한 주께서 사악한 민족들을 내리밟으셨습니다.
주의 백성을 구원하려,
특별히 선택한 백성을 구원하려, 주께서 일어나
셨습니다.
주님은 사악한 왕을
혼쭐나도록 패 주시고,
머리끝부터 발끝까지
그를 홀딱 발가벗기셨으며,
잘린 머리를 그의 창에 꽂으시고서
그의 군대를 날려 버리셨습니다.
사방으로 흩어진 그들,
결국 상어 밥이 되었습니다!
주께서는 주의 말을 타고 바닷속을 질주하시고,
파도를 타고 달리셨습니다.
그 소리를 들을 때 내 배가 떨렸고,
입술이 떨려 말을 더듬었습니다.

what power hidden in that fist!
Plague marches before him,
pestilence at his heels!
He stops. He shakes Earth.
He looks around. Nations tremble.
The age-old mountains fall to pieces;
ancient hills collapse like a spent balloon.
The paths God takes are older
than the oldest mountains and hills.
I saw everyone worried, in a panic:
Old wilderness adversaries,
Cushan and Midian, were terrified,
hoping he wouldn't notice them.

8-16 GOD, is it River you're mad at?
Angry at old River?
Were you raging at Sea when you rode
horse and chariot through to salvation?
You unfurled your bow
and let loose a volley of arrows.
You split Earth with rivers.
Mountains saw what was coming.
They twisted in pain.
Flood Waters poured in.
Ocean roared and reared huge waves.
Sun and Moon stopped in their tracks.
Your flashing arrows stopped them,
your lightning-strike spears impaled them.
Angry, you stomped through Earth.
Furious, you crushed the godless nations.
You were out to save your people,
to save your specially chosen people.
You beat the stuffing
out of King Wicked,
Stripped him naked
from head to toe,
Set his severed head on his own spear
and blew away his army.
Scattered they were to the four winds—
and ended up food for the sharks!
You galloped through the Sea on your horses,
racing on the crest of the waves.
When I heard it, my stomach did flips.
I stammered and stuttered.

다리에 힘이 풀려,
비틀거리다 자빠졌습니다.
저는 물러나 앉아 기다립니다.
우리를 공격하는 자들에게 닥칠 운명의 날을 기다립니다.

17-19 체리나무에 꽃이 피지 않고
딸기가 익지 않아도,
사과가 다 벌레 먹고
밀농사가 흉작이어도,
양 우리에 양이 없고
외양간에 소가 없어도,
나, **하나님**께 즐거운 찬송 부르리라.
나의 구원자 하나님 앞에서 즐겁게 뛰어놀리라.
나, **하나님**의 통치와 승리를 믿고
용기를 얻어 기운을 차리네.
사슴처럼 뛰어다니는 나,
산 정상에 오른 듯한 기분이라네!

(합주에 맞춰 회중이 부르는 노래)

My bones turned to water.
I staggered and stumbled.
I sit back and wait for Doomsday
to descend on our attackers.

17-19 Though the cherry trees don't blossom
and the strawberries don't ripen,
Though the apples are worm-eaten
and the wheat fields stunted,
Though the sheep pens are sheepless
and the cattle barns empty,
I'm singing joyful praise to GOD.
I'm turning cartwheels of joy to my Savior God.
Counting on GOD's Rule to prevail,
I take heart and gain strength.
I run like a deer.
I feel like I'm king of the mountain!

(For congregational use, with a full orchestra.)

우리는 자신에게 하나님을 이용할 권리는 주면서도 우리의 인간관계는 건드리지 않는 종교를 찾는다. 우리는 사람들—남자와 여자와 아이들—과의 관계에서 염증을 느낄 때면, 찾아가서 위로와 영감을 얻을 수 있는 하나님을 원한다. 우리는 전쟁 같은 세상살이에서 우리의 칼날을 벼려 주는 하나님을 원한다.

하나님께 줄을 대면서도, 사람들과의 관계는 우리 좋을 대로 하도록 내버려 두는 종교를 원하는 성향은 그 뿌리가 매우 깊다. 인류 역사에서 가장 장려되고 가장 잘 팔린 종교는 언제나 이런 유였다. 지금도 이런 종교가 가장 장사가 잘된다. 성경의 예언자들은 바로 이런 종교를 뿌리 뽑으려 했다. 그들은 이 일을 위해 죽기 살기로 싸웠다. 하나님은 스바냐를 통해 이렇게 말씀하셨다.

"속 편하게 앉아서
자기만 편히 즐기는 살찌고 게으른 자들,
'하나님은 아무 일도 하지 않으신다. 좋은 일도,
나쁜 일도 하지 않으신다.
그분은 참견도 하지 않으신다. 우리도 그렇다'
고 말하는 자들을 벌할 것이다"(습 1:12).

견실한 영적 삶은 하나님과 사람들 사이의 관계에 뿌리를 내린다. 그러기에 자칫 우리는 영적인 삶을 하나님과 나 사이의 개인적인 그 무엇으로 오해하기 쉽다. 기도와 노래, 위안과 영감을 주는 영적 독서, 마음이 통하는 사람들과 함께 드리는 예배 등의 어떤 사적인 것. 그러나 이런 식의 생각에 계속 머물 경우 자칫 우리는, 내가 싫은 사람과 나를 싫어하는 사람을 대하는 방식은 하나님과 전혀 상관없는 문제라고 생각할 수 있다.

예언자들은 이런 생각을 하는 우리에게 일갈한다. "그렇지 않다. 당신이 하는 모든 행동, 모든 생각, 모든 느낌이 하나님과 관련이 있다. 당신의 모든 인간관계가 하나님과 관련되어 있다." 우리는 모든 것이 상관관계를 맺고 있는 세상에 살고 있으며, 그 관계들 안에서 어떤 결과가 생겨난다. 그

We humans keep looking for a religion that will give us access to God without having to bother with people. We want to go to God for comfort and inspiration when we're fed up with the men and women and children around us. We want God to give us an edge in the dog-eat-dog competition of daily life.

This determination to get ourselves a religion that gives us an inside track with God, but leaves us free to deal with people however we like, is age-old. It is the sort of religion that has been promoted and marketed with both zeal and skill throughout human history. Business is always booming.

It is also the sort of religion that the biblical prophets are determined to root out. They are dead set against it. Through Zephaniah, God said,

"I'll find and punish those who are sitting it out, fat and lazy,
amusing themselves and taking it easy,
Who think, 'GOD doesn't do anything, good or bad.
He isn't involved, so neither are we.'"
(Zephaniah 1:12)

Because the root of the solid spiritual life is embedded in a relationship between people and God, it is easy to develop the misunderstanding that my spiritual life is something personal between God and me—a private thing to be nurtured by prayers and singing, spiritual readings that comfort and inspire, and worship with like-minded friends. If we think this way for very long, we will assume that the way we treat the people we don't like or who don't like us has nothing to do with God.

That's when the prophets step in and interrupt us, insisting, "Everything you do or think or feel has to do with God. Every person you meet has to do with God." We live in a vast world of interconnectedness, and the

리고 그 결과들은 하나님에게서 최종 마무리된다. 이것을 가리키는 성경의 용어가 바로 최후의 심판 날이다. 스바냐는 그의 말을 듣는 사람들을 향해 이날을 준비할 것을 간절히 선포한다.

하나님을 찾아라,
하나님의 정의로 살아가는 너희, 은밀히 단련받은 너희여.
하나님의 바른 길을 추구하여라. 평온하고 올바른 삶을 추구하여라.
하나님의 진노의 날에, 행여 화를 면할지 모른다.
(습 2:3)

이 최종 결산의 날은, 아무리 자주 아무리 많이 강조해도 지나치지 않다. 스바냐는 모든 예언자와 한목소리로, 우리를 향해 그 중대성과 긴급성을 외치고 있다.

connections have consequences, either in things or in people—and all the consequences come together in God. The biblical phrase for the coming together of the consequences is Judgment Day. In Preparation for that day, Zephaniah implores his listeners,

Seek GOD, all you quietly disciplined people
who live by GOD's justice.
Seek GOD's right ways. Seek a quiet and disciplined life.
Perhaps you'll be hidden on the Day of GOD's anger(Zephaniah 2:3).

We can't be reminded too often or too forcefully of this reckoning. Zephaniah's voice in the choir of prophets sustains the intensity, the urgency.

스바냐

심판의 날

1 [1]스바냐에게 임한 하나님의 메시지다.
스바냐는 구시의 아들이고, 구시는 그다
랴의 아들, 그다랴는 아마랴의 아들, 아마랴는 히
스기야의 아들이다. 이것은 유다 왕, 아몬의 아들
요시야가 다스릴 때 임한 메시지다.

2 "내가 땅을 말끔히 청소하리라.
먼지 하나 남기지 않으리라." 하나님의 포고다.

3 "사람도 동물도,
새와 물고기도,
죄를 일으키는 것은 무엇이든!
없애 버릴 것이다!"

4-6 "유다부터 시작할 것이다.
예루살렘 거주민들부터 시작할 것이다.
내가 거기서,
음란한 바알 산당과 그 사제들을 흔적도 없이 쓸어버릴 것이다.
밤에 지붕 위로 살금살금 기어올라가
별 신과 여신들에게 절하는 자들을 없애 버릴 것이다.
하나님을 경배하면서도
다른 왕과 신들에게 절하는 자들, 그들도 없애 버릴 것이다.
하나님을 완전히 내다 버리고,
하나님 생각이나 기도 한번 하지 않는 자들은 말할 것도 없다."

ZEPHANIAH

No Longer Giving God a Thought or a Prayer

1 [1]GOD's Message to Zephaniah son of Cushi,
son of Gedaliah, son of Amariah, son of
Hezekiah. It came during the reign of Josiah son
of Amon, who was king of Judah:

2 "I'm going to make a clean sweep of the earth,
a thorough housecleaning." GOD's Decree.

3 "Men and women and animals,
including birds and fish –
Anything and everything that causes sin – will go,
but especially people.

4-6 "I'll start with Judah
and everybody who lives in Jerusalem.
I'll sweep the place clean of every trace
of the sex-and-religion Baal shrines and their priests.
I'll get rid of the people who sneak up to their rooftops at night
to worship the star gods and goddesses;
Also those who continue to worship GOD
but cover their bases by worshiping other king-gods as well;
Not to mention those who've dumped GOD altogether,
no longer giving him a thought or offering a prayer.

7-13 "이제 입을 다물어라!
주 하나님인 내 앞에서 경건하게 침묵하여라!
시간이 되었다. 나의 심판 날이 다가왔다.
거룩한 날이 정해지고, 초대받은 손님들도 거룩하게 구별되었다.
그 거룩한 날, 하나님의 심판 날,
내가 지도자와 왕의 아들들을 벌할 것이다.
이방의 남녀 제사장들처럼 차려입고 다니는 자들,
이교의 기도와 행습을 들여오는 자들을 내가 벌할 것이다.
또 이교의 미신들을 수입해 들여오는 자들,
거룩한 장소를 지옥구덩이로 만들어 놓는 자들을 내가 벌할 것이다.
심판 날이다!" 하나님의 포고다!
"도성의 '물고기 문'에서 두려움에 떠는 울음소리가 들린다.
'둘째 구역'에서 공포에 질린 울음소리가 들린다.
언덕에서 와르르 무너져 내리는 굉음소리가 들린다!
거리에서 장사하는 사람들아, 통곡하여라!
돈벌이는 끝났다. 돈의 신은 죽었다.
심판 날,
나는 예루살렘의 모든 구석과 복도를 샅샅이 훑을 것이다.
속 편하게 앉아서
자기만 편히 즐기는 살찌고 게으른 자들,
'하나님은 아무 일도 하지 않으신다. 좋은 일도, 나쁜 일도 하지 않으신다.
그분은 참견도 하지 않으신다. 우리도 그렇다'고 말하는 자들을 벌할 것이다.
그러나 기다려 보아라. 그들은 가진 것 전부를 잃게 되리라.
돈도 집도 땅도, 다 잃을 것이다.
집을 지어 올려도, 거기 들어가 살지 못할 것이다.
포도원을 만들어도, 거기서 나는 포도를 맛보지 못할 것이다."

대낮에 흑암이 드리우는 날

14-18 "하나님의 큰 심판 날이 코앞에 닥쳤다.
카운트다운이 시작된다. 칠, 육, 오, 사…….
내 심판 날은 비탄에 젖은 통곡의 날이다.
억센 사내들도 도와 달라고 비명을 지른다.
그날은 빚을 갚는 날이다. 내 노를 치르는 날이다.

7-13 "Quiet now!
Reverent silence before me, GOD, the Master!
Time's up. My Judgment Day is near:
The Holy Day is all set, the invited guests made holy.
On the Holy Day, GOD's Judgment Day,
I will punish the leaders and the royal sons;
I will punish those who dress up like foreign priests and priestesses,
Who introduce pagan prayers and practices;
And I'll punish all who import pagan superstitions
that turn holy places into hellholes.
Judgment Day!" GOD's Decree!
"Cries of panic from the city's Fish Gate,
Cries of terror from the city's Second Quarter,
sounds of great crashing from the hills!
Wail, you shopkeepers on Market Street!
Moneymaking has had its day. The god Money is dead.
On Judgment Day,
I'll search through every closet and alley in Jerusalem.
I'll find and punish those who are sitting it out, fat and lazy,
amusing themselves and taking it easy,
Who think, 'GOD doesn't do anything, good or bad.
He isn't involved, so neither are we.'
But just wait. They'll lose everything they have,
money and house and land.
They'll build a house and never move in.
They'll plant vineyards and never taste the wine.

A Day of Darkness at Noon

14-18 "The Great Judgment Day of GOD is almost here.
It's countdown time: ...seven, six, five, four...
Bitter and noisy cries on my Judgment Day,
even strong men screaming for help.
Judgment Day is payday—my anger paid out:
a day of distress and anguish,
a day of catastrophic doom,

비통과 격통의 날,
재난과 파멸의 날,
대낮에 흑암이 드리우는 날,
폭풍구름과 먹구름의 날,
소름끼치는 전쟁의 함성이 들리는 날이다.
요새들이 함락되고
방어진이 허물어진다.
그들은 무엇에 얻어맞았는지도 모를 것이다.
장님처럼 더듬거리며 다닐 것이다.
그들은 하나님을 거스른 죄인이다!
그들의 피는 구정물처럼 버려지고,
그들의 내장은 찌끼처럼 밟힐 것이다.
돈을 써서 빠져나갈 생각은 아예 마라.
너희 돈은 아무 쓸모없다.
이날은 하나님의 심판 날, 나의 진노의 날이다!
너희 죄로 인해 나의 노가 활활 타오른다.
그것은 썩은 세상을 태우는 불,
썩어 가는 인간들을 끝장내는 들불이다."

하나님을 찾아라!

2 1-2 그러니 함께 모여라. 전열을 정비하여라!
너희는 뭐가 필요한지도 모르는 민족이다.
폭풍 속의 나뭇잎처럼 날아가기 전에,
하나님의 진노의 심판이
너희를 쓸어버리기 전에,
그 격렬한 진노가
전력으로 너희에게 떨어지기 전에,
어서 모여라.

3 하나님을 찾아라,
하나님의 정의로 살아가는 너희, 은밀히 단련받은 너희여.
하나님의 바른 길을 추구하여라. 평온하고 올바른 삶을 추구하여라.
하나님의 진노의 날에, 행여 화를 면할지 모른다.

이스라엘 이웃 나라들이 받을 심판

4-5 가사가 으스러질 것이다.
아스돗은 정오가 되기 전에 모두 쫓겨나고,
에그론은 뿌리째 뽑힐 것이다.
바닷가 사람들,
그렛의 뱃사람들이 재앙을 맞으리라!
너희, 블레셋 땅 가나안에 정착한 너희에게
하나님의 말씀은 나쁜 소식이다.

a day of darkness at noon,
a day of black storm clouds,
a day of bloodcurdling war cries,
as forts are assaulted,
as defenses are smashed.
I'll make things so bad they won't know what hit them.
They'll walk around groping like the blind.
They've sinned against GOD!
Their blood will be poured out like old dishwater,
their guts shoveled into slop buckets.
Don't plan on buying your way out.
Your money is worthless for this.
This is the Day of GOD's Judgment – my *wrath*!
I *care* about sin with fiery passion –
A fire to burn up the corrupted world,
a wildfire finish to the corrupting people."

Seek God

2 1-2 So get yourselves together. Shape up!
You're a nation without a clue about what it wants.
Do it before you're blown away
like leaves in a windstorm,
Before GOD's Judgment-anger
sweeps down on you,
Before GOD's Judgment Day wrath
descends with full force.

3 Seek GOD, all you quietly disciplined people
who live by GOD's justice.
Seek GOD's right ways. Seek a quiet and disciplined life.
Perhaps you'll be hidden on the Day of GOD's anger.

All Earth-Made Gods Will Blow Away

4-5 Gaza is scheduled for demolition,
Ashdod will be cleaned out by high noon,
Ekron pulled out by the roots.
Doom to the seaside people,
the seafaring people from Crete!
The Word of GOD is bad news for you
who settled Canaan, the Philistine country:

"너희는 망하기로 정해졌다.
살아남을 자 없을 것이다!"

6-7 뱃사람들의 땅이
목초지가 되고,
목동과 양들의 땅이 될 것이다.
유다 가문 중에 남은 자들이 그것을 차지하여
날마다 바다 옆 땅에서 양을 치고,
저녁이 되면 아스글론에 있는 집으로 돌아가 잠잘 것이다.
그들의 하나님께서 그들을 돌봐 주시리라.
그분께서 모든 것을 전처럼 좋게 만들어 주시리라.

8-12 "내가 모압의 그 악독한 조롱소리,
암몬이 내뱉은 비웃음소리를 들었다.
그들이 잔인한 말로 내 백성을 깔아뭉개고,
이스라엘의 국경에서 으스댔다.
그러므로, 나 살아 있는 하나님이 스스로 맹세하여 말한다."
만군의 하나님,
곧 이스라엘의 하나님께서 말씀하신다.
"모압은 소돔처럼 망하고,
암몬은 고모라처럼 유령도시가 되리라.
모압은 돌밭이 되고, 암몬은 불모의 땅,
영원한 황무지가 될 것이다.
내 백성 가운데 남은 자들이 그들을 끝장내고,
그들을 뿌리째 뽑아 없애 버릴 것이다.
이것은 그들의 거만과,
만군의 하나님의 백성을
조롱하고 비웃은 것의 대가다.
하나님이 무시무시한 모습으로, 거룩한 공포로 나타날 것이다.
땅에서 만들어진 모든 신은 다 찌그러지고 박살나,
바람에 날려 가리라.
마침내 먼 곳과 가까운 곳의 모든 자들이,
저마다 땅에 엎드려 주를 경배하리라.
에티오피아 사람들아,
너희도 마찬가지로 죽을 것이다. 내가 그렇게 할 것이다."

13-15 그런 다음, 하나님께서 북쪽으로 손을 뻗쳐
앗시리아를 멸하실 것이다.

"You're slated for destruction—
no survivors!"

6-7 The lands of the seafarers
will become pastureland,
A country for shepherds and sheep.
What's left of the family of Judah will get it.
Day after day they'll pasture by the sea,
and go home in the evening to Ashkelon to sleep.
Their very own GOD will look out for them.
He'll make things as good as before.

8-12 "I've heard the crude taunts of Moab,
the mockeries flung by Ammon,
The cruel talk they've used to put down my people,
their self-important strutting along Israel's borders.
Therefore, as sure as I am the living God," says
GOD-of-the-Angel-Armies,
Israel's personal God,
"Moab will become a ruin like Sodom,
Ammon a ghost town like Gomorrah,
One a field of rocks, the other a sterile salt flat,
a moonscape forever.
What's left of my people will finish them off,
will pick them clean and take over.
This is what they get for their bloated pride,
their taunts and mockeries of the people
of GOD-of-the-Angel-Armies.
GOD will be seen as truly terrible—a Holy Terror.
All earth-made gods will shrivel up and blow away;
And everyone, wherever they are, far or near,
will fall to the ground and worship him.
Also you Ethiopians,
you, too, will die—I'll see to it."

13-15 Then GOD will reach into the north
and destroy Assyria.
He will waste Nineveh,

니느웨를 황폐화시킬 것이며,
사막처럼 마르고 황무한 곳으로 만드실 것이다.
니느웨는 유령도시,
들짐승들이 출몰하는 곳이 되어,
너구리와 늑대들이
그 폐허 위에 누워 잘 것이다.
창문에서 부엉이들이 울고, 문간에서 갈까마귀들
이 깍깍댈 것이다.
그 목조 장식품들은 새들이 앉는 홰로 쓰일 것이다.
잘나가던 도성,
"내가 일등이다!
내가 최고다!" 하고 뻐기던
화려한 도성이,
어찌하여 버림받은 땅,
들짐승의 소굴이 되어 버렸단 말인가?
지나가는 자들, 관심도 갖지 않는다.
그저 고개를 절레절레 흔들 뿐이다.

시궁창이 된 도성

3 1-5 반역의 도성,
압제자들의 본거지, '시궁창 도성'에 재앙이
닥친다!
충고를 받아들이려 하지 않고
잘못을 고치려 하지 않으며,
하나님을 신뢰하지 않고
자기 신에게 가까이 갈 생각도 하지 않는 도성!
그곳의 지도자들은
탐욕스런 사자요,
재판장들은 아침마다
사냥감을 찾아 어슬렁대는 탐욕스런 이리 떼다.
그녀의 예언자들은 이득을 찾아 달려든다.
그들은 기회주의자들, 믿을 수 없는 자들이다.
제사장들은 성소를 더럽힌다.
그들은 하나님의 법을 도구 삼아 영혼을 불구로 만
들어 죽인다.
그 가운데 계시는 하나님은 언제나 의로우신 분,
악이 범접치 못하는 분이시다.
아침마다 정의를 베푸시고,
저녁까지 힘차게 그 일을 행하신다.
그러나 악한 인간들,
양심도, 수치심도 없는 자들은 끝까지 악을 고집한다.

6 "그래서 내가 사악한 민족들을 잘라내 버리고,
그 방어진들을 허물어뜨렸다.

leave her dry and treeless as a desert.
The ghost town of a city,
the haunt of wild animals,
Nineveh will be home to raccoons and coyotes—
they'll bed down in its ruins.
Owls will hoot in the windows, ravens will croak
in the doorways—
all that fancy woodwork now a perch for
birds.
Can this be the famous Fun City
that had it made,
That boasted, "I'm the Number-One City!
I'm King of the Mountain!"
So why is the place deserted,
a lair for wild animals?
Passersby hardly give it a look;
they dismiss it with a gesture.

Sewer City

3 1-5 Doom to the rebellious city,
the home of oppressors—Sewer City!
The city that wouldn't take advice,
wouldn't accept correction,
Wouldn't trust GOD,
wouldn't even get close to her own god!
Her very own leaders
are rapacious lions,
Her judges are rapacious timber wolves
out every morning prowling for a fresh kill.
Her prophets are out for what they can get.
They're opportunists—you can't trust them.
Her priests desecrate the Sanctuary.
They use God's law as a weapon to maim and
kill souls.
Yet GOD remains righteous in her midst,
untouched by the evil.
He stays at it, day after day, meting out justice.
At evening he's still at it, strong as ever.
But evil men and women, without conscience
and without shame, persist in evil.

6 "So I cut off the godless nations.
I knocked down their defense posts,
Filled her roads with rubble

그 길에 돌무더기를 가득 쌓아,
아무도 다니지 못하게 만들었다.
그 도성들은 폐허 더미가 되었고,
사람이 살 수 없는 곳, 살지 않는 곳이 되었다.

7 나는 이렇게 생각했다. '이제는 그녀가 나를 존중하
겠지.
내 충고와 훈계를 받아들이고
어려움에서 벗어날 길,
내가 내릴 벌을 피할 길을 찾아 나서겠지.'
그러나 그녀는 아무 변화가 없다. 아침 일찍 일어나서
또다시, 하던 짓을 계속 한다."

8 하나님의 포고다.
"좋다. 정녕 원하는 것이라면, 그렇게 살아라.
네가 법정에 설 날이 다가온다.
그러나 내가 법정에 증거를 들고 갈 테니 명심하
여라.
내가 모든 민족, 모든 나라를
법정으로 불러들여,
내 맹렬한 노를 맛보게 해줄 것이다.
나의 열심은 불이다.
땅을 정화하고 정련하는 불이다."

하나님이 이스라엘의 왕이시다

9-13 "그러나 마지막에는, 내가 이 백성의 처지를 바
꾸어 주리라.
그들에게 오염되지 않은 순전한 언어를 주어,
그들은 그 말로 예배 중에 하나님을 부르며
하나 되어 힘써 나를 섬길 것이다.
에티오피아 강 너머에서 그들이 돌아올 것이다.
기도하며 올 것이다.
흩어지고 잡혀갔던 내 백성 모두가,
예배 때 드릴 예물을 가지고 고향으로 돌아올 것이다.
너희는 더 이상
과거의 죄를 부끄러워하지 않아도 되리라.
내가 너의 오만한 지도자들을 모두 제거해 버리겠다.
그들이 내 거룩한 언덕에서
경건을 가장하여 거만을 떠는 일은 더 이상 없을 것
이다!
내가 네 가운데 알짜배기들을 남겨 두리니,
그들은 심령이 가난한 이들,
이스라엘 중에 남은 자들, 진정한 이스라엘이다.
그들이 하나님 안에 거할 것이다.
그 알짜배기 거룩한 이들은

so no one could get through.
Her cities were bombed-out ruins,
unlivable and unlived in.

7 "I thought, 'Surely she'll honor me now,
accept my discipline and correction,
Find a way of escape from the trouble she's in,
find relief from the punishment I'm bringing.'
But it didn't faze her. Bright and early
she was up at it again, doing the same old
things.

8 "Well, if that's what you want, stick around."
GOD's Decree.
"Your day in court is coming,
but remember I'll be there to bring evidence.
I'll bring all the nations to the courtroom,
round up all the kingdoms,
And let them feel the brunt of my anger,
my raging wrath.
My zeal is a fire
that will purge and purify the earth.

God Is in Charge at the Center

9-13 "In the end I will turn things around for the
people.
I'll give them a language undistorted,
unpolluted,
Words to address GOD in worship
and, united, to serve me with their shoulders
to the wheel.
They'll come from beyond the Ethiopian rivers,
they'll come praying —
All my scattered, exiled people
will come home with offerings for worship.
You'll no longer have to be ashamed
of all those acts of rebellion.
I'll have gotten rid of your arrogant leaders.
No more pious strutting on my holy hill!
I'll leave a core of people among you
who are poor in spirit —
What's left of Israel that's really Israel.
They'll make their home in GOD.
This core holy people
will not do wrong.

악을 행치 않을 것이다.
거짓말하지 않고,
아첨하거나 유혹하는 말도 하지 않을 것이다.
자기 처지에 만족하며,
아무 염려 없이 평화롭게 살 것이다."

14-15 그러니 딸 시온아, 노래하여라!
이스라엘아, 서까래가 들썩이게 환호성을 올려라!
딸 예루살렘아,
기뻐하여라! 경축하여라!
너를 대적하시던 **하나님**께서 당신의 심판을 뒤집으시고
네 원수들이 꽁무니를 빼도록 만드셨다.
지금부터는, **하나님**께서
이스라엘의 왕이시다.
다시는
악을 두려워할 필요가 없다!

하나님께서 너와 함께 계신다

16-17 예루살렘은 이런 말을 듣게 될 것이다.
"두려워 마라.
사랑하는 시온아,
낙심하지 마라.
너의 **하나님**께서 너와 함께 계신다.
그분은 너를 구원하시는 힘센 전사이시다.
되찾은 너로 말미암아 기뻐하시며,
너를 잠잠히 사랑하시고,
너를 보고 노래하며 즐거워하신다."

18-20 "포로생활 중에 쌓인 슬픔들,
다 사라질 것이다.
나, 너의 하나님이 너를 위해 두려움과 슬픔을 없애 주리라.
네가 충분히 짐을 졌다.
나는 네 삶을 비참하게 만들던 모든 자들도 제거할 것이다.
저는 자들의 발을 고치고,
집 없이 떠돌던 자들을 집으로 데려올 것이다.
미움을 받던 나라에서
그들이 공경을 받을 것이다.
심판 날에,
내가 너희를 고향으로 돌아가게 할 것이다. 거대한 가족 상봉이 있으리라!

They won't lie,
won't use words to flatter or seduce.
Content with who they are and where they are,
unanxious, they'll live at peace."

14-15 So sing, Daughter Zion!
Raise the rafters, Israel!
Daughter Jerusalem,
be happy! celebrate!
GOD has reversed his judgments against you
and sent your enemies off chasing their tails.
From now on, GOD is Israel's king,
in charge at the center.
There's nothing to fear from evil
ever again!

God Is Present Among You

16-17 Jerusalem will be told:
"Don't be afraid.
Dear Zion,
don't despair.
Your GOD is present among you,
a strong Warrior there to save you.
Happy to have you back, he'll calm you with his love
and delight you with his songs.

18-20 "The accumulated sorrows of your exile
will dissipate.
I, your God, will get rid of them for you.
You've carried those burdens long enough.
At the same time, I'll get rid of all those
who've made your life miserable.
I'll heal the maimed;
I'll bring home the homeless.
In the very countries where they were hated
they will be venerated.
On Judgment Day
I'll bring you back home—a great family gathering!
You'll be famous and honored
all over the world.
You'll see it with your own eyes—

온 세상에서 너희가
이름을 떨치고 높임을 받을 것이다.
너희 눈으로 보게 되리라.
고통스럽게 이별한 자들이 재회하는 광경을!"
이것은 하나님의 약속이다.

all those painful partings turned into reunions!"
GOD's Promise.

예배를 드리는 장소는 중요하다. 그러나 예배에 있어서 건물 자체가 중요한 것은 아니다. 도시 한 가운데 웅장한 고딕 대성당이 서 있다고 해서, 그 도시가 예배를 중심으로 돌아간다는 의미는 아니다. 들판 언저리에 판자를 엮어 허름하게 지은 예배당이라고 해서, 반드시 작업복 차림의 겸손한 성인들이 모인다는 보장도 없다.

수세기에 걸쳐 하나님의 이름으로 벌어진 온갖 건축 프로젝트들—광야 성막, 부흥회 텐트, 고딕 대성당, 노변 채플, 회당, 성전, 집회소, 가두 선교관, 카타콤 등—을 돌이켜 볼 때, 건물과 그곳에 모이는 사람들의 믿음과 삶 사이에 필연적인 연관 관계가 있는 것 같지는 않다.

그래서 흔히 우리는 건물 문제를 아예 무시해 버리면서 "예배당 건물은 중요하지 않다. 어떤 사람들이 모여 예배 드리는지가 중요하다"거나, "나는 대자연의 성당에서 하나님을 예배하고 싶다"고 말한다. 이런 선언 뒤에는 "우주를 만드신 하나님은 사람의 손으로 만든 예배당에 계시지 않는다"는 성경 구절이 따라붙는다. 이것은 토론에 쐐기를 박는 발언이다. 하나님은 건물 안에 계시지 않는다. 논의 끝. 우리는 자주 이렇게 말한다.

그러면 우리는 학개를 어떻게 보아야 할까? 학개는 우리가 '예언자'라고 높여 부르는 (우리가 경청해야 할) 사람이다. 하나님께서 학개를 보내시자, 총독과 대제사장도 "그를 주목했다. 그의 말에 귀 기울임으로써 하나님을 높였다"(학 1:12). 그런데 그가 세 달 반 동안 맡아 수행했던 임무는, 하나님의 백성을 격려하여 하나님의 성전을 재건하는 일이었다(그것도 불과 칠십여 년 전에 하나님의 명령에 의해 파괴된 성전을). 학개 2:1-5에서는 이렇게 말한다.

> 하나님의 말씀이 예언자 학개를 통해 임했다. "'……스룹바벨아, 일을 시작하여라!' 하나님의 말이다.
> '여호사닥의 아들 대제사장 여호수아야, 일을 시작하여라!

Places of worship are a problem. And the problem does not seem to be architectural. Grand Gothic cathedrals that dominate a city don't ensure that the worship of God dominates that city. Unpainted, ramshackle, clapboard sheds perched precariously on the edge of a prairie don't guarantee a congregation of humble saints in denim.

As we look over the centuries of the many and various building projects in God's name—wilderness tabernacle, revival tent, Gothic cathedral, wayside chapel, synagogue, temple, meetinghouse, storefront mission, the catacombs—there doesn't seem to be any connection between the buildings themselves and the belief and behavior of the people who assemble in them.

In noticing this, it is not uncommon for us to be dismissive of the buildings themselves by saying, "A place of worship is not a building; it's people," or "I prefer worshiping God in the great cathedral of the outdoors." These pronouncements are often tagged with the scriptural punch line, "The God who made the universe doesn't live in custom-made shrines," which is supposed to end the discussion. God doesn't live in buildings—period. That's what we often say.

But then there is Haggai to account for. Haggai was dignified with the title "prophet" (therefore we must take him seriously), and, knowing God had sent Haggai, the governor and high priest "paid attention to him. In listening to Haggai, they honored GOD(Haggai 1:12). His single task, carried out in a three-and-a-half-month mission, was to get God's people to work at rebuilding God's Temple (the same Temple that had been destroyed by God's decree only seventy or so years earlier) Haggai 2:1-5 says,

> The Word of GOD came through the prophet Haggai: "'...get to work, Zerubbabel!'—GOD is speaking.

너희 모든 백성들아, 일을 시작하여라!' 하나님의 말이다.
'그렇다. 내가 너희와 함께하니, 일을 시작하여라!' 만군의 하나님이 말한다! '……나는 지금도 너희 가운데 살아 숨 쉬고 있다. 겁내지 마라. 뒤로 물러나지 마라.'"

회개와 구원을 설교했던 위대한 예언자들과 비교하면, 학개의 메시지는 그리 '영적'으로 들리지 않는 것이 사실이다. 그러나 하나님의 경륜에 따라 우리에게 맡겨진 일을 두고 영적 등급을 매기는 것은 지혜로운 태도가 아니다. 우리는 천사가 아니다. 우리는 몸을 둘 공간이 필요한 존재다. 비범한 신앙도 그것이 펼쳐지는 무대는 평범한 세상이며, 우리는 물질—벽돌과 진흙, 판자와 못—을 통해 평범한 세상에 발을 딛고 뿌리를 내리며 살아간다. 때로는 예배당 건물을 수리하는 일이 예배당에서 기도하는 일 못지않은 순종의 행위가 될 수 있다. 학개는 우리가 그 때를 놓치지 않게 해준다.

"'Get to work, Joshua son of Jehozadak—high priest!'
"'Get to work, all you people!'—GOD is speaking.
"'Yes, get to work! For I am with you.' The GOD-of-the-Angel-Armies is speaking! '...I'm living and breathing among you right now. Don't be timid. Don't hold back.'"

Compared with the great prophets who preached repentance and salvation, Haggai's message doesn't sound very "spiritual." But in God's economy it is perhaps unwise to rank our assigned work as either more or less spiritual. We are not angels; we inhabit space. Material—bricks and mortar, boards and nails—keeps us grounded and connected with the ordinary world in which we necessarily live out our extraordinary beliefs. Haggai keeps us in touch with those times in our lives when repairing the building where we worship is an act of obedience every bit as important as praying in that place of worship.

학개

성전을 재건하여라

1 ¹ 페르시아 다리오 왕 이년 여섯째 달
첫째 날에, 예언자 학개가 스알디엘의
아들 유다 총독 스룹바벨과 여호사닥의 아들
대제사장 여호수아에게 하나님의 메시지를 전
했다.

² 만군의 하나님의 메시지다. "이 백성이 시간
만 끌고 있다. 그러면서 하는 말이 지금은 내
성전, 하나님의 성전을 재건할 때가 아니라고
한다."
3-4 곧이어, 하나님께서 더 많은 말씀을 주셨고
학개가 받아서 말했다. "하나님의 집, 하나님의
성전이 무너져 있는 이때에, 너희 자신은 멋진
새 집을 짓고 산단 말이냐?"
5-6 그리고 잠시 후에, 만군의 하나님께서 다시
말씀하셨다.

"너희 삶을 유심히 들여다보아라.
그리고 곰곰이 생각해 보아라.
너희는 그동안 많은 돈을 썼지만,
지금 보여줄 것이 많지 않다.
그릇을 가득 채웠지만,
너희는 배불러 본 적이 없다.
마시고 또 마셔 댔지만,
너희는 늘 목마르다.
여러 벌의 옷을 껴입었지만,
너희는 따뜻하지 않다.
너희를 위해 일하는 자들,
그들이 그 일로 무엇을 얻었느냐?
그리 많지 않다.

HAGGAI

Caught Up with Taking Care of Your Own Houses

1 ¹ On the first day of the sixth month of the
second year in the reign of King Darius of
Persia, GOD's Message was delivered by the prophet
Haggai to the governor of Judah, Zerubbabel son
of Shealtiel, and to the high priest, Joshua son of
Jehozadak:

² A Message from GOD-of-the-Angel-Armies: "The
people procrastinate. They say this isn't the right
time to rebuild my Temple, the Temple of GOD."
3-4 Shortly after that, GOD said more and Haggai
spoke it: "How is it that it's the 'right time' for you to
live in your fine new homes while the Home, GOD's
Temple, is in ruins?"
5-6 And then a little later, GOD-of-the-Angel-Armies
spoke out again:

"Take a good, hard look at your life.
  Think it over.
You have spent a lot of money,
  but you haven't much to show for it.
You keep filling your plates,
  but you never get filled up.
You keep drinking and drinking and drinking,
  but you're always thirsty.
You put on layer after layer of clothes,
  but you can't get warm.
And the people who work for you,
  what are they getting out of it?
Not much—

녹슬어 구멍 난 양동이, 그것이 전부다.

7 그래서 만군의 하나님이 말한다.

너희 삶을 유심히 들여다보아라.
그리고 곰곰이 생각해 보아라."

8-9 하나님께서 말씀하셨다.

"내가 너희에게 원하는 일이 있다.
작은 산에 올라가 나무를 베어 오너라.
그것을 가지고 내려와 성전을 재건하여라.
나를 위해 그 일을 하여라. 나를 높여라.
너희는 너희 자신을 위해 큰 야망을 품었지만,
결국 얻은 것은 아무것도 없다.
너희가 내 성전에 가져온 시시한 것들,
아무것도 아닌 그것들을 내가 흩어 버렸다.

9-11 이유가 무엇인지 묻느냐? (기억하여라. 이
는 만군의 하나님의 메시지다.) 내 집이 무너졌
는데도, 너희는 너희 집 돌보는 일로만 바빴다.
그것이 이유다. 너희의 인색함 때문이다. 그래
서 내가 여름 가뭄을 보내어 너희가 보잘것없
는 수확을 얻게 했다. 구두쇠 같은 너희의 인색
함 때문에 내가 밭과 언덕을 마르게 했고, 정원
과 과수원을 죽였으며, 식물과 과실을 시들게
했다. 이 땅에서는 그 무엇도—사람도, 동물도,
곡식도—번창하지 못할 것이다."

12 그러자 스알디엘의 아들 스룹바벨 총독과 여
호사닥의 아들 여호수아 대제사장과 모든 백성
이, 그들의 하나님의 음성에 귀를 기울였다. 정
말로 귀 기울여 들었다. 하나님께서 그들에게 예
언자 학개를 보내시자, 그들이 그를 주목했다.
그의 말에 귀 기울임으로써 하나님을 높였다.
13 하나님의 특사 학개는 백성에게 하나님의
메시지를 전했다. "내가 너희와 함께한다!" 하
나님의 말씀이다.
14-15 이렇게 하여 하나님께서 스룹바벨, 여호수
아, 그리고 모든 백성을 움직이셔서, 그들이 만
군의 하나님의 성전 일에 착수하게 하셨다. 이
일은 다리오 왕 이년 여섯째 달 이십사일에 일
어났다.

a leaky, rusted-out bucket, that's what.

7 That's why GOD-of-the-Angel-Armies said:

"Take a good, hard look at your life.
Think it over."

8-9 Then GOD said:

"Here's what I want you to do:
Climb into the hills and cut some timber.
Bring it down and rebuild the Temple.
Do it just for me. Honor me.
You've had great ambitions for yourselves,
but nothing has come of it.
The little you have brought to my Temple
I've blown away—there was nothing to it.

9-11 "And why?" (This is a Message from GOD-of-the-
Angel-Armies, remember.) "Because while you've
run around, caught up with taking care of your own
houses, my Home is in ruins. That's why. Because of
your stinginess. And so I've given you a dry summer
and a skimpy crop. I've matched your tight-fisted
stinginess by decreeing a season of drought, drying
up fields and hills, withering gardens and orchards,
stunting vegetables and fruit. Nothing—not man or
woman, not animal or crop—is going to thrive."

12 Then the governor, Zerubbabel son of Shealtiel,
and the high priest, Joshua son of Jehozadak, and
all the people with them listened, really listened, to
the voice of their GOD. When GOD sent the prophet
Haggai to them, they paid attention to him. In listen-
ing to Haggai, they honored GOD.
13 Then Haggai, GOD's messenger, preached GOD's
Message to the people: "I am with you!" GOD's Word.
14-15 This is how GOD got Zerubbabel, Joshua, and all
the people moving—got them working on the Temple
of GOD-of-the-Angel-Armies. This happened on the
twenty-fourth day of the sixth month in the second
year of King Darius.

2 1-3 일곱째 달 이십일일에, 하나님의 말씀이 예언자 학개를 통해 임했다. "스알디엘의 아들 스룹바벨 총독과 여호사닥의 아들 여호수아 대제사장과 모든 백성에게 전하여라. '너희 중에 예전 성전, 그 찬란했던 성전을 본 사람이 있느냐? 그렇다면, 지금 너희가 보는 것은 어떠냐? 보잘것없지 않느냐?
4-5 그러니 스룹바벨아, 일을 시작하여라!' 하나님의 말이다.
'여호사닥의 아들 대제사장 여호수아야, 일을 시작하여라!
너희 모든 백성들아, 일을 시작하여라!' 하나님의 말이다.
'그렇다. 내가 너희와 함께하니, 일을 시작하여라!' 만군의 하나님이 말한다! '너희가 이집트를 떠날 때 나와 맺은 언약을 실행하여라. 나는 지금도 너희 가운데 살아 숨 쉬고 있다. 겁내지 마라. 뒤로 물러나지 마라.'
6-7 만군의 하나님이 말한다. '내가 너희 모르게 하늘과 땅, 바다와 들판을 뒤흔들어 놓겠다. 그리고 사악한 민족들을 모조리 흔들어 무너뜨릴 것이다. 그들이 재물을 한가득 가지고 너희에게 올 것이다. 내가 이 성전을 빛나는 것들로 가득 채울 것이다.' 만군의 하나님의 말이다.

8 '은도 나의 것이요
금도 나의 것이다.'
만군의 하나님의 포고다.

9 '이 성전은 시작할 때보다 마칠 때가 더 좋을 것이다. 처음도 영광스러웠으나, 마지막은 훨씬 더 영광스러울 것이다. 내가 온전함과 거룩을 나눠 주는 장소가 될 것이다.' 만군의 하나님의 포고다."

10-12 (역시, 다리오 왕 이년) 아홉째 달 이십사일에, 하나님의 메시지가 학개에게 임했다. "만군의 하나님이 말한다. 제사장들에게 이렇게 묻고 판단해 보라고 해라. 어떤 사람이 신성한 고기, 곧 제사 때 제단에 바쳐진 구별된 고기 한 조각을 주머니에 넣고 다니다가, 그 주머니가 빵이나 국이나 포도주나 기름에 닿았다고 하자. 그러면 접촉만으로 그 음식이 거룩해지느냐?"

This Temple Will End Up Better Than It Started Out

2 1-3 On the twenty-first day of the seventh month, the Word of GOD came through the prophet Haggai: "Tell Governor Zerubbabel son of Shealtiel and High Priest Joshua son of Jehozadak and all the people: 'Is there anyone here who saw the Temple the way it used to be, all glorious? And what do you see now? Not much, right?
4-5 "'So get to work, Zerubbabel!'–GOD is speaking.
"'Get to work, Joshua son of Jehozadak–high priest!'
"'Get to work, all you people!'–GOD is speaking.
"'Yes, get to work! For I am with you.' The GOD-of-the-Angel-Armies is speaking! 'Put into action the word I covenanted with you when you left Egypt. I'm living and breathing among you right now. Don't be timid. Don't hold back.'
6-7 "This is what GOD-of-the-Angel-Armies said: 'Before you know it, I will shake up sky and earth, ocean and fields. And I'll shake down all the godless nations. They'll bring bushels of wealth and I will fill this Temple with splendor.' GOD-of-the-Angel-Armies says so.

8 'I own the silver,
I own the gold.'
Decree of GOD-of-the-Angel-Armies.

9 "'This Temple is going to end up far better than it started out, a glorious beginning but an even more glorious finish: a place in which I will hand out wholeness and holiness.' Decree of GOD-of-the-Angel-Armies."

10-12 On the twenty-fourth day of the ninth month (again, this was in the second year of Darius), GOD's Message came to Haggai: "GOD-of-the-Angel-Armies speaks: Consult the priests for a ruling. If someone carries a piece of sacred meat in his pocket, meat that is set apart for sacrifice on the altar, and the pocket touches a loaf of bread, a dish of stew, a bottle of wine or oil, or any other food, will these foods be made holy by such contact?"
The priests said, "No."

제사장들이 말했다. "아닙니다."
13 그러자 학개가 말했다. "그렇다면, 시체를 만져 더러워진 사람은 어떠하냐? 그가 음식을 만지면, 그것이 부정해지느냐?"
제사장들이 말했다. "네, 부정해집니다."
14 그러자 학개가 말했다. "'그래서 이 백성이 부정해지고, 이 민족이 부정해진 것이다. 그들이 하는 모든 일이 부정해졌다. 그들이 나를 위해 하는 모든 일이 부정해졌다.' 하나님의 말씀이다.
15-17 '과거를 돌아보아라. 너희가 내 성전 재건을 시작하여 첫 기초를 놓기 전까지, 사정이 어떠했느냐? 너희 밭의 수확이 그렇게 더디고 양이 적었던 까닭은, 너희가 하나님의 성전 재건 일에 그토록 굼뜨고 뭉그적대었기 때문이 아니냐? 너희는 곡물과 포도주를 예전의 반밖에 거두지 못했다. 나는 너희를 가뭄과 병충과 우박으로 쳤고, 너희가 하는 모든 일이 타격을 받았다. 그러나 너희는 당황하는 빛이 없었다. 여전히 나를 무시했다.' 하나님의 포고다.
18-19 '오늘, 아홉째 달 이십사일부터는 앞을 내다보아라. 성전 재건이 시작된 오늘부터 앞을 내다보아라. 지금까지 너희 밭에서 난 것들—포도나무, 무화과나무, 석류나무, 올리브나무—중에 열매가 풍성하게 달린 것이 하나라도 있었느냐? 그러나 오늘부터는 복을 기대해도 좋다.'"

20-21 아홉째 달 이십사일, 기억할 만한 이날에, 하나님의 메시지가 두 번째로 학개에게 임했다. "유다 총독 스룹바벨에게 전하여라.
21-23 '내가 모든 것을 뒤흔들어 놓을 것이다. 모든 것을 뒤집어서 처음부터 다시 시작하게 할 것이다. 정부를 전복시키고, 강대국들을 멸할 것이며, 무기와 병기들을 없애고, 군대를 혼란에 빠뜨려 저희끼리 서로 죽이게 만들 것이다.' 이것은 하나님의 메시지다. '그날에 내가 너, 스알디엘의 아들 스룹바벨을 내 종으로 삼을 것이다. 내 주권과 권위를 보이는 징표, 나의 인장으로 쓸 것이다. 내가 밭을 살펴보고, 너를 이 일의 일꾼으로 택했다.'" 만군의 하나님의 메시지다.

13 Then Haggai said, "How about someone who is contaminated by touching a corpse—if that person touches one of these foods, will it be contaminated?"
The priests said, "Yes, it will be contaminated."
14 Then Haggai said, "'So, this people is contaminated. Their nation is contaminated. Everything they do is contaminated. Whatever they do for me is contaminated.' GOD says so.
15-17 "'Think back. Before you set out to lay the first foundation stones for the rebuilding of my Temple, how did it go with you? Isn't it true that your foot-dragging, halfhearted efforts at rebuilding the Temple of GOD were reflected in a sluggish, halfway return on your crops—half the grain you were used to getting, half the wine? I hit you with drought and blight and hail. Everything you were doing got hit. But it didn't seem to faze you. You continued to ignore me.' GOD's Decree.
18-19 "'Now think ahead from this same date—this twenty-fourth day of the ninth month. Think ahead from when the Temple rebuilding was launched. Has anything in your fields—vine, fig tree, pomegranate, olive tree—failed to flourish? From now on you can count on a blessing.'"

20-21 GOD's Message came a second time to Haggai on that most memorable day, the twenty-fourth day of the ninth month: "Speak to Zerubbabel, the governor of Judah:
21-23 "'I am about to shake up everything, to turn everything upside down and start over from top to bottom—overthrow governments, destroy foreign powers, dismantle the world of weapons and armaments, throw armies into confusion, so that they end up killing one another. And on that day'"—this is GOD's Message—"'I will take you, O Zerubbabel son of Shealtiel, as my personal servant and I will set you as a signet ring, the sign of my sovereign presence and authority. I've looked over the field and chosen you for this work.'" The Message of GOD-of-the-Angel-Armies.

스가랴는 동시대인인 학개와 더불어 유다 백성이 파괴된 성전을 재건하도록 독려하는 일을 맡았던 예언자다. 그들의 설교는 개인적 문제에 빠져 있던 유다 백성을 일으켜, 하나님의 백성으로서 공동의 과업에 힘을 모으게 했다. 두 예언자는 팀을 이루어 그 과업의 성취를 이끌어 냈다.

그러나 스가랴가 한 일은 그 이상이었다. 왜냐하면 당시 백성들이 직면한 문제는 무너진 성전과 도성만이 아니었기 때문이다. 하나님의 백성으로서의 정체성이 무너져 버린 상태였고, 한 세기 동안을 이리 채이고 저리 채이면서 조롱과 멸시, 배신과 학대를 당해 온 그들이었다. 한때는 자긍심 높던 백성으로서, 아브라함, 모세, 사무엘, 다윗, 이사야 등 기라성 같은 위인들과 영광스런 역사를 자랑했지만, 오랜 굴욕의 세월을 보내면서 과거의 유산을 모두 잃고, 하나님의 백성이라는 존엄한 정체성마저 잃어버릴 위험에 처해 있었다.

스가랴는 오랜 포로생활이 허물어뜨린 그 존엄한 정체성을 회복시키는 일에 중심 역할을 감당했던 예언자다. 그의 환상과 메시지는, 하나님의 백성의 상상력에 새로운 활력을 불어넣었다. 그 환상들은 하나님의 백성에게 주권자이신 하나님의 모습을 뚜렷이 각인시켰고, 유다 백성들이 오랜 오욕과 굴욕의 세월을 이겨 낼 수 있게 하는 힘이 되었다.

만군의 하나님의 메시지다.

"너희 조상들이 나를 노하게 했을 때, 나는 너희를 벌주기로 작정했고 그 뜻을 굽히지 않았다. 그때와 마찬가지로, 이제 나는 예루살렘과 유다 나라에 복을 주기로 작정했다. 두려워하지 마라. 진실만을 말하여라. 개인적인 일에서나 법정에서나 옳은 일을 행하여라. 술수를 부려 다른 사람을 착취하지 마라. 거짓된 일이나 거짓된 말을 하지 마라. 나는 그런 것들을 미워한다. 너희는 순박하고 정직하게 살아라. 이것이 내가 너희에게 원하는 일이다." 하나님의 포고다(슥 8:14-17).

Zechariah shared with his contemporary Haggai the prophetic task of getting the people of Judah to rebuild their ruined Temple. Their preaching pulled the people out of self-preoccupation and got them working together as a people of God. There was a job to do, and the two prophets teamed up to make sure it got done.

But Zechariah did more than that. For the people were faced with more than a ruined Temple and city. Their self-identity as the people of God was in ruins. For a century they had been knocked around by the world powers, kicked and mocked, used and abused. This once-proud people, their glorious sacred history starred with the names of Abraham, Moses, Samuel, David, and Isaiah, had been treated with contempt for so long that they were in danger of losing all connection with that past, losing their magnificent identity as God's people.

Zechariah was a major factor in recovering the magnificence from the ruins of a degrading exile. Zechariah reinvigorated their imaginations with his visions and messages. The visions provided images of a sovereign God that worked their way into the lives of the people, countering the long ordeal of debasement and ridicule.

A Message from GOD-of-the-Angel-Armies:

"In the same way that I decided to punish you when your ancestors made me angry, and didn't pull my punches, at this time I've decided to bless Jerusalem and the country of Judah. Don't be afraid. And now here's what I want you to do: Tell the truth, the whole truth, when you speak. Do the right thing by one another, both personally and in your courts. Don't cook up plans to take unfair advantage of others. Don't do or say what isn't so. I hate all that stuff. Keep your lives simple and honest." Decree of GOD(Zechariah 8:14-17).

또한 새로운 믿음의 어휘로 이루어진 그의 메시지는, 그들의 삶 속에서 일하시는 하나님의 장기적인 계획이 반드시 이루어질 것임을 믿게 했다.

만군의 하나님이 친히 나서서,
그분의 양 떼, 유다 백성을 돌보아 주신다.
그분께서 그들의 영을 소생시켜 주시고,
하나님이 그들 편임을 자랑스러이 여기게 하시리라.
하나님께서 그들을 들어 당신의 재건 사역에 쓰실 것이다.
그들을 주초와 기둥으로,
도구와 기구들로,
재건 사역의 감독자로 쓰시니,
그들은 자랑스러운 일꾼 군대가 될 것이다.
당당하고 일사불란하게, 씩씩하고 힘 있게,
늪과 진창을 서슴없이 통과해 행진한다.
하나님께서 그들과 함께하시니, 그들을 꺾을 자 아무도 없으리라(슥 10:3-5).

하지만 그것이 다가 아니다. 여러 차원에서 작용하는 스가랴의 수수께끼 같은 환상들과 시적 이미지가 가득한 그의 메시지는, 타임캡슐처럼 지금도 하나님의 백성의 삶에 영향을 끼치고 있다. 그리하여 하나님과 그분의 뜻을 말해 줄 언어가 부재한 이 세상 속에서, 하나님이 당신의 목적을 이루어 가시는 도구로 쓰시는 그분의 백성들에게, 지금도 계속해서 지혜와 소망과 확신을 제공해 준다.

그날이 오면, 추운 밤이 사라지리라! 밤이 아예 모습을 감추리라! 낮이 계속될 그날이—언제일지는 하나님만이 아신다—오고 있다. 저녁때가 되어도 새로운 아침이 동터 오른다.
그날이 오면, 예루살렘에서 새로운 강이 흘러나와, 반은 동쪽 바다로 반은 서쪽 바다로 흐르리라! 여름과 겨울 일 년 내내, 그렇게 흐를 것이다!
그날이 오면, 하나님께서 온 세상의 왕, 오직 한 분 하나님이 되시리라!(슥 14:6-9)

The messages forged a fresh vocabulary that gave energy and credibility to the long-term purposes of God being worked out in their lives.

GOD-of-the-Angel-Armies will step in
and take care of his flock, the people of Judah.
He'll revive their spirits,
make them proud to be on God's side.
God will use them in his work of rebuilding,
use them as foundations and pillars,
Use them as tools and instruments,
use them to oversee his work.
They'll be a workforce to be proud of, working as one,
their heads held high, striding through swamps and mud,
Courageous and vigorous because GOD is with them,
undeterred by the world's thugs(Zechariah 10:3-5).

But that isn't the end of it. Zechariah's enigmatic visions, working at multiple levels, and his poetically charged messages are at work still, like time capsules in the lives of God's people, continuing to release insight and hope and clarity for the people whom God is using to work out his purposes in a world that has no language for God and the purposes of God.

What a Day that will be! No more cold nights—in fact, no more nights! The Day is coming—the timing is GOD's—when it will be continuous day. Every evening will be a fresh morning.
What a Day that will be! Fresh flowing rivers out of Jerusalem, half to the eastern sea, half to the western sea, flowing year-round, summer and winter!
GOD will be king over all the earth, one GOD and only one. What a Day that will be!(Zechariah 14:6-9)

스가랴

1 1-4 다리오 왕 이년 여덟째 달에, 하나님의 메시지가 잇도의 손자요 베레갸의 아들인 예언자 스가랴에게 임했다. "나 하나님은 너희 조상들에게 몹시 노했었다. 그러니 만군의 하나님의 이 메시지를 백성에게 전하여라. '내게 돌아오너라. 그러면 내가 너희에게 돌아가리라. 너희 부모들을 닮지 마라. 일찍이 예언자들이 그들에게 외쳤다. "만군의 하나님의 메시지다. 너희 악한 삶에서 떠나라. 너희 악한 행실을 그만두어라." 그러나 그들은 내 말을 모두 무시했고, 한사코 듣지 않았다.'

5-6 너희 조상들은 지금 어디에 있느냐? 죽어서 땅에 묻혔다. 그들에게 설교했던 예언자들은 어디에 있느냐? 그들도 죽어 묻혔다. 그러나 내 종 예언자들이 선포했던 메시지는 죽지 않았다. 메시지는 너희 조상들에게 들어가 제 역할을 해냈다. 그렇지 않느냐? 메시지는 그들을 일깨웠고, 그들은 이렇게 말하며 돌아왔다. '그분은 말씀하신 대로, 아주 분명하게 행하셨습니다. 우리는 빠져나갈 수 없었습니다.'"

첫째 환상: 네 명의 기수

7 다리오 왕 이년 열한째 달 이십사일에, 하나님의 메시지가 잇도의 손자요 베레갸의 아들인 예언자 스가랴에게 임했다.

8 어느 날 밤 내가 보니, 한 사람이 붉은 말을 타고 있었다. 그는 자작나무 숲 속 그늘에 있었다. 그의 뒤에는 말이 더 있었다. 붉은 말 한 마리와 밤색 말 한 마리와 흰 말 한 마리였다.

9 내가 말했다. "주여, 이 말들이 지금 여기서 무엇을 하고 있습니까? 이것은 무슨 의미입니까?"

ZECHARIAH

1 1-4 In the eighth month of the second year in the reign of Darius, GOD's Message came to the prophet Zechariah son of Berechiah, son of Iddo: "GOD was very angry with your ancestors. So give to the people this Message from GOD-of-the-Angel-Armies: 'Come back to me and I'll come back to you. Don't be like your parents. The old-time prophets called out to them, "A Message from GOD-of-the-Angel-Armies: Leave your evil life. Quit your evil practices." But they ignored everything I said to them, stubbornly refused to listen.'

5-6 "And where are your ancestors now? Dead and buried. And the prophets who preached to them? Also dead and buried. But the Message that my servants the prophets spoke, that isn't dead and buried. That Message did its work on your ancestors, did it not? It woke them up and they came back, saying, 'He did what he said he would do, sure enough. We didn't get by with a thing.'"

First Vision: Four Riders

7 On the twenty-fourth day of the eleventh month in the second year of the reign of Darius, the Message of GOD was given to the prophet Zechariah son of Berechiah, son of Iddo:

8 One night I looked out and saw a man astride a red horse. He was in the shadows in a grove of birches. Behind him were more horses—a red, a chestnut, and a white.

9 I said, "Sir, what are these horses doing here?

전령 천사가 말했다. "내가 보여주마."
10 그러자 자작나무 숲의 기수가 목소리를 높여
말했다. "이들은 하나님께서 땅 위의 일을 조사
하라고 보내신 기수들이다."
11 그들이 자작나무 숲에서 하나님의 천사에게
자기들이 보고 온 것을 보고했다. "저희가 온 땅
을 두루 살펴보았는데, 다 좋습니다. 모두 제대
로 돌아가고 있습니다."
12 하나님의 천사가 보고를 드렸다. "만군의 하
나님, 예루살렘과 유다의 도성에 대해 언제까지
노하시렵니까? 언제쯤 진노를 누그러뜨리시렵
니까? 칠십 년이면 충분한 세월이지 않습니까?"
13-15 하나님께서 좋은 위로의 말씀으로 전령 천
사를 안심시켜 주셨다. 그러자 전령 천사가 나
를 향해 말했다. "그들에게 전하여라. 만군의 하
나님께서 이렇게 말씀하셨다고 일러 주어라. 하
나님의 메시지다. '내가 예루살렘과 시온을 많이
아낀다. 그들을 진정으로 나의 것으로 여긴다.
그러나 온 세상을 다 가진 것처럼 살고 있는 저
사악한 민족들에 대해서는 진노가 머리끝까지
치민다. 전에는 다소 화가 나는 정도였는데, 이
제는 그들이 도를 넘었다. 나는 이제 행동에 나
서려고 한다.

16-17 내가 예루살렘에 돌아왔다. 이번에는 동정
의 마음을 품고 돌아왔다.'
하나님께서 말씀하신다.
'나는 내 성전이 반드시 재건되도록 할 것이다.'
만군의 하나님의 포고다!
'재건 공사는 이미 시작되었다.'
다시 한번 전하여라. 만군의 하나님의 포고다.
'나의 도성들이 다시 번성하고,
하나님이 다시 시온을 위로할 것이다.
예루살렘이 다시 나의 총애를 받게 되리라.'"

둘째 환상: 네 뿔과 네 대장장이

18 고개를 들어 보니, 놀라운 또 다른 환상이 보
였다. 네 뿔이 있었다!
19 내가 전령 천사에게 물었다. "이것은 무슨 의
미입니까?"
그가 말했다. "이것은 유다와 이스라엘과 예루
살렘을 멀리 흩어 버린 권세들이다."
20 그때 하나님께서 그 환상에서 네 대장장이를
더 보여주셨다.
21 내가 물었다. "이것은 무슨 뜻입니까?"

What's the meaning of this?"
The Angel-Messenger said, "Let me show you."
10 Then the rider in the birch grove spoke up, "These
are the riders that GOD sent to check things out on
earth."
11 They reported their findings to the Angel of GOD
in the birch grove: "We have looked over the whole
earth and all is well. Everything's under control."
12 The Angel of GOD reported back, "O GOD-of-the-
Angel-Armies, how long are you going to stay angry
with Jerusalem and the cities of Judah? When are
you going to let up? Isn't seventy years long enough?"
13-15 GOD reassured the Angel-Messenger—good
words, comforting words—who then addressed
me: "Tell them this. Tell them that GOD-of-the-
Angel-Armies has spoken. This is GOD's Message:
'I care deeply for Jerusalem and Zion. I feel very
possessive of them. But I'm thoroughly angry with
the godless nations that act as if they own the whole
world. I was only moderately angry earlier, but now
they've gone too far. I'm going into action.

16-17 "'I've come back to Jerusalem, but with com-
passion this time.'
This is GOD speaking.
'I'll see to it that my Temple is rebuilt.'
A Decree of GOD-of-the-Angel-Armies!
'The rebuilding operation is already staked out.'
Say it again—a Decree of GOD-of-the-Angel-
Armies:
'My cities will prosper again,
GOD will comfort Zion again,
Jerusalem will be back in my favor again.'"

Second Vision: Four Horns and Four Blacksmiths

18 I looked up, and was surprised by another vision:
four horns!
19 I asked the Messenger-Angel, "And what's the
meaning of this?"
He said, "These are the powers that have scattered
Judah, Israel, and Jerusalem abroad."
20 Then GOD expanded the vision to include four
blacksmiths.
21 I asked, "And what are these all about?"
He said, "Since the 'horns' scattered Judah so badly

그가 말했다. "유다를 흩어 버리고 희망을 모두 꺾은 그 뿔들과 싸우려고 온 대장장이들이다. 그들이, 유다를 사방으로 흩어 버린 사악한 민족들의 뿔을 꺾어 버릴 것이다."

셋째 환상: 줄자를 가진 사람

2 1-5 나는 고개를 들어 보고 놀랐다.
어떤 사람이 손에 줄자를 들고 서 있었다.
내가 말했다. "무엇을 하려는 것입니까?"
그가 말했다. "나는 지금 예루살렘의
너비와 길이를 측량하러 가는 중이다."
밖으로 나가던 전령 천사는 바로 그때,
안으로 들어오는 다른 천사를 만나 말했다.
"뛰어가라! 가서 측량사에게 말하여라. '예루살렘 성벽이 터질 것이다.
사람과 짐승들로 꽉 차 벽이 터져 버릴 것이다.
그러나 내가 예루살렘과 함께할 것이다.' 하나님의 포고다. '성벽 없는 예루살렘에게 불 성벽이 되어 주고, 그 안에서 빛이 되어 주리라.'"

6-7 "일어서라! 거기서 나오너라. 지금 당장!" 하나님께서 말씀하신다.
"너희가 멀리 끌려간 그곳에서 돌아오너라."
하나님의 포고다. "내가 너희를 사방으로 흩었지만,
이제 시온아, 바빌론에서 나와 집으로 돌아오너라. 지금 당장!"

8-9 만군의 하나님, 곧 내게 사명을 주어 여기까지 오게 하신 영광의 하나님께서, 너희를 발가벗기고 집을 빼앗은 사악한 민족들에 대해 이렇게 말씀하셨다. "너희를 때리는 자는 곧 나를 때리는 자다. 그들은 나를 때려 코피를 내고 눈을 시퍼렇게 멍들게 만든다. 때가 되면, 내가 신호를 내릴 것이다. 그러면 그들은 발가벗겨질 것이다. 자기 종들의 손에 붙들려 내동댕이쳐질 것이다." 그러면 너희는 만군의 하나님께서 내게 이 사명을 주셨다는 것을 분명히 알게 되리라.

10 "소리쳐 외쳐라, 경축하여라, 시온의 딸아!
내가 간다. 내가 네 이웃으로 이사를 갈 것이다!"
하나님의 포고다.

that no one had any hope left, these blacksmiths have arrived to combat the horns. They'll dehorn the godless nations who used their horns to scatter Judah to the four winds."

Third Vision: The Man with the Tape Measure

2 1-5 I looked up and was surprised to see
a man holding a tape measure in his hand.
I said, "What are you up to?"
"I'm on my way," he said, "to survey Jerusalem,
to measure its width and length."
Just then the Messenger-Angel on his way out
met another angel coming in and said,
"Run! Tell the Surveyor, 'Jerusalem will burst its walls—
bursting with people, bursting with animals.
And I'll be right there with her'—GOD's Decree—'a wall of fire
around unwalled Jerusalem and a radiant presence within.'"

6-7 "Up on your feet! Get out of there—and now!"
GOD says so.
"Return from your far exile.
I scattered you to the four winds." GOD's Decree.
"Escape from Babylon, Zion, and come home—now!"

8-9 GOD-of-the-Angel-Armies, the One of Glory who sent me on my mission, commenting on the godless nations who stripped you and left you homeless, said, "Anyone who hits you, hits me—bloodies my nose, blackens my eye. Yes, and at the right time I'll give the signal and they'll be stripped and thrown out by their own servants." Then you'll know for sure that GOD-of-the-Angel-Armies sent me on this mission.

10 "Shout and celebrate, Daughter of Zion!
I'm on my way. I'm moving into your neighborhood!"
GOD's Decree.

11-12 그때가 되면 많은 이방 민족들이 하나님 편에 설 것이다. ("그들은 내 가족이 되리라! 내가 그들의 집에서 살리라!") 그러면 너희는 분명히 알게 될 것이다. 만군의 하나님께서 내게 사명을 주어 여기 보내셨다는 것을. 그날, 하나님께서 거룩한 성지에서 그분의 유산인 유다를 되찾으실 것이다. 예루살렘은 다시 그분의 특별한 도성이 될 것이다.

13 모두들, 조용히 하여라! 쉿! 하나님 앞에서 침묵하여라. 그분의 거룩한 집에서 무슨 일이 일어나고 있다. 그분이 움직이고 계신다!

넷째 환상: 하나님의 천사 앞에 선 여호수아

3 1-2 전령 천사가 내게 대제사장 여호수아를 보여주었다. 그가 하나님의 천사 앞에 서 있는데, 고발자가 나타나 그를 고발했다. 그러자 하나님께서 고발자에게 말씀하셨다. "고발자야, 나 하나님이 너를 책망한다. 내가 너는 책망하지만, 예루살렘은 택한다. 놀랐느냐? 모든 것이 불타서 재가 되겠지만, 내가 예루살렘은 거기서 끄집어낸다!"
3-4 천사 앞에 서 있던 여호수아는 더러운 옷을 입고 있었다. 천사가 시중드는 자들에게 말했다. "그의 더러운 옷을 벗겨 주어라." 그런 다음 그는 여호수아에게 말했다. "보아라. 내가 너의 죄를 벗겨 주고, 깨끗한 옷을 입혀 주었다."
5 내가 소리 높여 말했다. "그의 머리에 깨끗한 새 관을 씌워 주시면 어떻겠습니까?" 그러자 그들이 여호수아의 머리에 깨끗한 새 관을 씌워 주었다. 그렇게 그에게 새 옷 입히는 일을 모두 마쳤다. 하나님의 천사는 그 과정을 모두 지켜보았다.
6-7 그러고 난 뒤 하나님의 천사가 여호수아에게 명령을 내렸다. "만군의 하나님께서 내리시는 명령이다. '만일 내가 이르는 대로 살고 계속 나를 섬기며 순종하면, 너는 결정권을 가지고 여기 일을 감독하게 될 것이다. 여기 서서 나를 수종 드는 자들 모두가 너를 받들어 섬길 것이다.
8-9 *대제사장 여호수아야, 명심하여라.* 여기서 너와 함께 일하는 네 동료들도 명심해야 한다! 자, 이제 내가 "가지"라고 부르는 내 종을 소개해 주겠다. 내가 지금 여호수아 앞에 두는, 일곱 눈을 가진 돌을 유심히 보아라.' 만군의 하나님의 포고다.

11-12 Many godless nations will be linked up with GOD at that time. ("They will become my family! I'll live in their homes!") And then you'll know for sure that GOD-of-the-Angel-Armies sent me on this mission. GOD will reclaim his Judah inheritance in the Holy Land. He'll again make clear that Jerusalem is his choice.

13 Quiet, everyone! Shh! Silence before GOD. Something's afoot in his holy house. He's on the move!

Fourth Vision: Joshua's New Clothes

3 1-2 Next the Messenger-Angel showed me the high priest Joshua. He was standing before GOD's Angel where the Accuser showed up to accuse him. Then GOD said to the Accuser, "I, GOD, rebuke you, Accuser! I rebuke you and choose Jerusalem. Surprise! Everything is going up in flames, but I reach in and pull out Jerusalem!"
3-4 Joshua, standing before the angel, was dressed in dirty clothes. The angel spoke to his attendants, "Get him out of those filthy clothes," and then said to Joshua, "Look, I've stripped you of your sin and dressed you up in clean clothes."
5 I spoke up and said, "How about a clean new turban for his head also?" And they did it–put a clean new turban on his head. Then they finished dressing him, with GOD's Angel looking on.
6-7 GOD's Angel then charged Joshua, "Orders from GOD-of-the-Angel-Armies: 'If you live the way I tell you and remain obedient in my service, then you'll make the decisions around here and oversee my affairs. And all my attendants standing here will be at your service.
8-9 "'Careful, High Priest Joshua–both you and your friends sitting here with you, for your friends are in on this, too! Here's what I'm doing next: I'm introducing my servant Branch. And note this: This stone that I'm placing before Joshua, a single stone with seven eyes'–Decree of GOD-of-the-Angel-Armies–'I'll engrave with these words:

'내가 그 위에 이런 문구를 새겨 넣을 것이다.
"내가 이 땅의 모든 더러운 죄를 하루 만에 벗겨
주리라."
10 그때가 오면, 서로 모두가 사이좋게 지낼 것
이다. 서로의 집을 오가며, 친구처럼 친하게 지
낼 것이다.'"

다섯째 환상: 순금 등잔대와 두 올리브나무

4 1 전령 천사가 다시 나를 불러 주목하게
했다. 마치 깊은 잠에서 깨어난 듯했다.
2-3 그가 말했다. "무엇이 보이느냐?"
내가 대답했다. "윗부분에 그릇이 달린 순금 등
잔대가 하나 보입니다. 그 그릇에 일곱 개의 등
잔이 붙어 있는데, 각 등잔이 그릇과 관으로 연
결되어 있습니다. 그리고 그릇 양편으로 올리브
나무가 한 그루씩 서 있습니다."
4 내가 물었다. "이것은 무슨 의미입니까?"
5-7 전령 천사가 말했다. "모르겠느냐?"
내가 말했다. "모르겠습니다."
그러자 그가 말했다. "스룹바벨에게 주시는 하
나님의 메시지다. '이것은 네가 힘으로 몰아붙일
수 있는 일이 아니다. 오직 내 영으로만 되는 일
이다.' 만군의 하나님께서 말씀하신다. '그러니
큰 산아, 네가 무엇이냐? 스룹바벨 옆에서 너는
모래성에 지나지 않는다. 그는 성전의 머릿돌을
놓을 것이며, 그날 크나큰 함성이 울리리라.'"
8-10 그 후, 하나님의 말씀이 내게 임했다. "스룹
바벨이 성전 건축을 시작했고 그가 그 일을 완
성할 것이다. 그날 온 백성이 만군의 하나님께
서 너희에게 말씀을 주셨음을 확실히 알게 될 것
이다. 미약한 출발이라고 이날을 경멸하는 자가
있느냐? 스룹바벨이 마지막 돌을 놓는 날에 감
히 그를 비웃는 자 없을 것이다!"
전령 천사가 앞의 환상을 다시 보이며 말했다.
"일곱 등잔은 탐조등처럼 세상의 어두운 구석구
석을 탐색하는 하나님의 눈이다."
11-12 "그러면 등잔대 양쪽의 두 올리브나무는 무
엇입니까?" 내가 물었다. "그것은 무엇을 의미
합니까? 또 등잔에 기름을 흘려보내는 올리브나
무의 두 가지는 무엇을 의미합니까?"
13 전령 천사가 말했다. "깨닫지 못하겠느냐?"
내가 말했다. "모르겠습니다."
14 그가 말했다. "그것은 온 땅의 주인이신 분 옆
에 서서 온 세상에 금 등잔 기름을 공급해 주는
두 사람이다."

"I'll strip this land of its filthy sin, all at once, in a
single day."
10 "'At that time, everyone will get along with
one another, with friendly visits across the fence,
friendly visits on one another's porches.'"

Fifth Vision: A Lampstand and Two Olive Trees

4 1 The Messenger-Angel again called me to
attention. It was like being wakened out of
deep sleep.
2-3 He said, "What do you see?"
I answered, "I see a lampstand of solid gold with a
bowl on top. Seven lamps, each with seven spouts,
are set on the bowl. And there are two olive trees,
one on either side of the bowl."
4 Then I asked the Messenger-Angel, "What does
this mean, sir?"
5-7 The Messenger-Angel said, "Can't you tell?"
"No, sir," I said.
Then he said, "This is GOD's Message to Zerubbabel:
'You can't force these things. They only come about
through my Spirit,' says GOD-of-the-Angel-Armies.
'So, big mountain, who do you think you are? Next
to Zerubbabel you're nothing but a molehill. He'll
proceed to set the Cornerstone in place, accompa-
nied by cheers: Yes! Yes! Do it!'"
8-10 After that, the Word of GOD came to me:
"Zerubbabel started rebuilding this Temple and he
will complete it. That will be your confirmation that
GOD-of-the-Angel-Armies sent me to you. Does
anyone dare despise this day of small beginnings?
They'll change their tune when they see Zerubbabel
setting the last stone in place!"
Going back to the vision, the Messenger-Angel said,
"The seven lamps are the eyes of GOD probing the
dark corners of the world like searchlights."
11-12 And the two olive trees on either side of the
lampstand?" I asked. "What's the meaning of them?
And while you're at it, the two branches of the olive
trees that feed oil to the lamps – what do they mean?"
13 He said, "You haven't figured that out?"
I said, "No, sir."
14 He said, "These are the two who stand beside the
Master of the whole earth and supply golden lamp
oil worldwide."

여섯째 환상: 날아가는 책

5 [1] 다시 고개를 들어 보니—놀랍게도!—날개를 단 책이 보였다! 날아가는 책이었다!

[2] 전령 천사가 내게 말했다. "지금은 무엇이 보이느냐?"

내가 말했다. "날아가는 거대한 책 한 권이 보입니다. 길이가 9미터, 너비가 4.5미터나 됩니다!"

[3-4] 그가 내게 말했다. "이 책은 온 세상 모든 도둑과 거짓말쟁이들에게 내려지는 판결이다. 책의 처음 절반은 도둑에 관한 내용이고, 나머지 절반은 거짓말쟁이에 관한 내용이다. 내가 이것을 보냈다." 만군의 하나님의 포고다. "이 판결이 모든 도둑과 거짓말쟁이의 집에 빠짐없이 날아들 것이다. 집 하나하나에 내려앉아 기둥과 돌을 허물어뜨릴 것이다."

일곱째 환상: 양동이 속의 여인

[5] 전령 천사가 나타나서 말했다. "위를 보아라. 무엇이 보이는지 말해 보아라."

[6] 내가 말했다. "대체 저것이 무엇입니까?"

그가 말했다. "모든 곳, 모든 자의 죄를 담고 어디론가 가는 양동이다."

[7] 그때 납으로 만들어진 양동이 뚜껑이 열리고, 한 여자가 그 속에 앉아 있는 모습이 보였다!

[8] 그가 말했다. "이 여자는 '악독'이다." 밖으로 나오려는 그녀를 그가 다시 양동이 속으로 밀어 넣고는, 납 뚜껑을 단단히 고정시켰다.

[9] 그 다음 내가 위를 보니, 놀랍게도 여자 둘이 날아가는 광경이 보였다. 날개를 활짝 펼친 그들이, 큰 양동이를 공중으로 들고 올라갔다.

[10] 내가 전령 천사에게 말했다. "저들이 저 큰 양동이를 어디로 가져가는 겁니까?"

[11] 그가 말했다. "동쪽 시날 땅으로 가는 중이다. 거기서 그들은 창고를 하나 지어, 거기에 양동이를 보관할 것이다."

여덟째 환상: 네 대의 전차

6 [1] 다시 고개를 들어 보니, 또 다른 기이한 광경이 보였다! 두 산 사이로 전차 네 대가 돌진해 오고 있었다. 두 산은 청동으로 되어 있었다.

[2-3] 첫째 전차는 붉은 말들이 끌고 있고, 둘째 전차는 검은 말들이, 셋째 전차는 흰 말들이, 그리고 넷째 전차는 얼룩말들이 끌고 있었다. 말들

Sixth Vision: The Flying Book

5 [1] I looked up again and saw—surprise!—a book on the wing! A book flying!

[2] The Messenger-Angel said to me, "What do you see now?"

I said, "I see a book flying, a huge book—thirty feet long and fifteen wide!"

[3-4] He told me, "This book is the verdict going out worldwide against thieves and liars. The first half of the book disposes of everyone who steals; the second half takes care of everyone who lies. I launched it"—Decree of GOD-of-the-Angel-Armies—"and so it will fly into the house of every thief and every liar. It will land in each house and tear it down, timbers and stones."

Seventh Vision: A Woman in a Basket

[5] The Messenger-Angel appeared and said, "Look up. Tell me what you see."

[6] I said, "What in the world is that?"

He said, "This is a bushel basket on a journey. It holds the sin of everyone, everywhere."

[7] Then the lid made of lead was removed from the basket—and there was a woman sitting in it!

[8] He said, "This is Miss Wicked." He pushed her back down into the basket and clamped the lead lid over her.

[9] Then I looked up and to my surprise saw two women flying. On outstretched wings they airlifted the bushel basket into the sky.

[10] I said to the Messenger-Angel, "Where are they taking the bushel basket?"

[11] He said, "East to the land of Shinar. They will build a garage to house it. When it's finished, the basket will be stored there."

Eighth Vision: Four Chariots

6 [1] Once again I looked up—another strange sight! Four chariots charging out from between two mountains. The mountains were bronze.

[2-3] The first chariot was drawn by red horses, the second chariot by black horses, the third chariot by white horses, and the fourth chariot by dappled horses. All the horses were powerful.

은 모두 힘이 셌다.
4 내가 전령 천사에게 물었다. "이것은 무슨 의
미입니까?"
5-7 그가 대답했다. "이들은 하늘의 네 바람으로,
온 땅의 주인이신 주님이 보내셨다. 검은 말들
은 북쪽을 향하고, 바로 그 뒤를 흰 말들이 따른
다. 얼룩말들은 남쪽을 향한다." 힘센 말들은 온
땅을 순찰하러 가고 싶어 발을 구르며 흥분했다.
전령 천사가 명령을 내렸다. "가라! 온 땅을 조사
하여라!" 그러자 그들이 사방으로 달려 나갔다.
8 천사가 나를 불러 말했다. "저들을 보아라! 북
쪽으로 가는 말들이, 나의 영을 나르고 있다. 고
요하고 견고하다. 북쪽으로 가는 말들에게서는
더 이상 문제가 없을 것이다."

왕관을 여호수아의 머리에 씌워라

9-12 그런 다음, 하나님의 메시지가 내게 임했다.
"바빌론으로 사로잡혀 갔던 헬대와 도비야와 여
다야에게 예물을 걷어라. 그들이 방금 이곳에
도착했다. 지금 스바냐의 아들 요시야의 집에
있으니, 그들에게서 은과 금을 거두어 그것으로
왕관을 만들어라. 왕관 하나는 여호사닥의 아들
대제사장 여호수아의 머리에 씌우고, 그에게 이
메시지를 전하여라.
12-13 '만군의 하나님의 메시지다. 정신 바짝 차려
라. 여기 "가지"라는 이름을 가진 사람이 있다.
그가 지금 있는 곳에서 가지처럼 뻗어 나와 하나
님의 성전을 지을 것이다. 그렇다. 그가 바로 하
나님의 성전을 지을 사람이다. 또한 왕좌에 앉아
왕의 역할을 맡아서 통치할 것이다. 왕좌에 앉은
제사장이 될 것이다! 그는 왕과 제사장이 조화롭
게 공존할 수 있음을 보여줄 것이다.'
14 다른 왕관은 왕권의 상징으로, 하나님의 성전
안에 두어라. 헬렘과 도비야와 여다야, 그리고
스바냐의 아들 헨이 그것을 관리할 것이다.
15 먼 곳에서 사람들이 와서 천막을 치고 하나님
의 성전 짓는 일을 도울 것이다. 이 일은 만군의
하나님께서 너희에게 말씀하셨다는 확증이 되
어 줄 것이다. 이 모든 일은 너희가 온 마음으로
너희 하나님의 목소리에 응답하고 순종할 때 이
루어진다."

너희가 정말 나를 위해 금식했느냐?

7

1 다리오 왕 사년 아홉째 달 사일에, 하나
님의 메시지가 다시 스가랴에게 임했다.

4 I asked the Messenger-Angel, "Sir, what's the
meaning here?"
5-7 The angel answered, "These are the four winds
of heaven, which originate with the Master of
the whole earth. The black horses are headed
north with the white ones right after them. The
dappled horses are headed south." The powerful
horses galloped out, bursting with energy, eager
to patrol through the earth. The Messenger-Angel
commanded: "On your way! Survey the earth!" and
they were off in every direction.
8 Then he called to me and said, "Look at them go!
The ones going north are conveying a sense of my
Spirit, serene and secure. No more trouble from
that direction."

A Man Named Branch

9-12 Then this Message from GOD came to me: "Take
up a collection from the exiles. Target Heldai,
Tobiah, and Jedaiah. They've just arrived from
Babylon. You'll find them at the home of Josiah
son of Zephaniah. Collect silver and gold from
them and fashion crowns. Place one on the head of
Joshua son of Jehozadak, the high priest, and give
him this message:
12-13 "'A Message from GOD-of-the-Angel-Armies.
Be alert. We have a man here whose name is
Branch. He will branch out from where he is and
build the Temple of GOD. Yes, he's the one. He'll
build the Temple of GOD. Then he'll assume the
role of royalty, take his place on the throne and
rule – a priest sitting on the throne! – showing that
king and priest can coexist in harmony.'
14 "The other crown will be in the Temple of GOD
as a symbol of royalty, under the custodial care of
Helem, Tobiah, Jedaiah, and Hen son of Zephaniah.
15 "People will come from faraway places to pitch in
and rebuild the Temple of GOD. This will confirm
that GOD-of-the-Angel-Armies did, in fact, send me
to you. All this follows as you put your minds to a life
of responsive obedience to the voice of your GOD."

"You're Interested in Religion, I'm Interested in People"

7

1 On the fourth day of the ninth month, in
the fourth year of the reign of King Darius,

2-3 베델 성읍이 사레셀과 레겜멜렉이 이끄는
대표단을 보내어 하나님의 축복을 구하고, 만
군의 하나님의 성전 제사장과 예언자들과 의논
하게 했다. 그들은 이렇게 물었다. "예루살렘
멸망 칠십 주기인 금년 팔월에도, 늘 해오던 것
처럼 애곡과 금식을 위한 날을 하루 정해서 지
켜야 합니까?"
4-6 그러자 만군의 하나님께서 내게 메시지를
주셔서, 그들 곧 백성 전체와 제사장들에게 전
하게 하셨다. "너희는 과거 칠십 년 동안 다섯
째 달과 일곱째 달에 금식의 날을 정하여 지켜
왔다. 그런데 너희가 정말 나를 위해 그 일을
했느냐? 축제일들을 지킨 것이 정말 나를 위한
일이었느냐? 아니었다. 나는 사람에게 관심이
있는데, 너희는 종교에 관심이 있다.
7-10 이 일에 대해 너희에게 새로 해줄 말은 없
다. 예루살렘이 사람들로 북적이는 번창한 도
성이었을 때, 그 주변에 있던 네겝과 스불라까
지 사람들로 가득했을 때, 이미 예언자들이 내
메시지를 전하지 않았느냐? [이는 하나님께서
스가랴에게 주신 메시지다.] 그렇다. 지금도 메
시지는 동일하다. 만군의 하나님이 그때도 말
했고 지금도 말한다.

'서로 정의롭게 대하여라.
너희 이웃을 사랑하여라.
서로 자비를 베풀어라.
과부들, 고아들, 나그네들, 가난한 이들을 착
취하지 마라.
서로 음모와 계략을 꾸미지 마라. 그것은 악
이다.'

11-13 그러나 어떠했느냐? 너희 조상들이 그 말
씀을 들었느냐? 그렇지 않다. 그들은 이를 악
물고 반항했다. 귀를 닫았다. 그들은 하나님의
계시에 마음을 굳게 닫았고, 이전 예언자들이
만군의 하나님의 명령을 받아 전했던 성령충만
한 설교에 대해 마음을 굳게 닫았다. 그래서 하
나님께서 노하셨다. 정말로 노하셨다. 그분이
그들에게 명확히 전하신 말씀을 그들은 한 마
디도 듣지 않았다.
13-14 [이는 만군의 하나님의 말씀이다.] 그들이
내 말을 듣지 않는다면, 나도 그들의 말을 듣지
않겠다. 내가 그들을 사방으로 흩어 버렸다. 그
들은 나그네 신세가 되어 타지를 떠돌았다. '약

GOD's Message again came to Zechariah.
2-3 The town of Bethel had sent a delegation headed
by Sarezer and Regem-Melech to pray for GOD's
blessing and to confer with the priests of the
Temple of GOD-of-the-Angel-Armies, and also with
the prophets. They posed this question: "Should
we plan for a day of mourning and abstinence next
August, the seventieth anniversary of Jerusalem's
fall, as we have been doing all these years?"
4-6 GOD-of-the-Angel-Armies gave me this
Message for them, for all the people and for the
priests: "When you held days of fasting every fifth
and seventh month all these seventy years, were
you doing it for me? And when you held feasts,
was that for me? Hardly. You're interested in
religion, I'm interested in people.
7-10 "There's nothing new to say on the subject.
Don't you still have the message of the earlier
prophets from the time when Jerusalem was still
a thriving, bustling city and the outlying country-
side, the Negev and Shephelah, was populated?
[This is the message that GOD gave Zechariah.]
Well, the message hasn't changed. GOD-of-the-
Angel-Armies said then and says now:

"'Treat one another justly.
Love your neighbors.
Be compassionate with each other.
Don't take advantage of widows, orphans, visi-
tors, and the poor.
Don't plot and scheme against one another—
that's evil.'

11-13 "But did your ancestors listen? No, they set
their jaws in defiance. They shut their ears. They
steeled themselves against GOD's revelation and
the Spirit-filled sermons preached by the earlier
prophets by order of GOD-of-the-Angel-Armies.
And GOD became angry, really angry, because he
told them everything plainly and they wouldn't
listen to a word he said.
13-14 "So [this is what GOD-of-the-Angel-Armies
said] if they won't listen to me, I won't listen to
them. I scattered them to the four winds. They
ended up strangers wherever they were. Their

속의 땅'은 잡초와 깡통과 엉겅퀴만 무성한 공터가 되었다. 생명의 흔적조차 찾을 수 없었다. 그들은 꿈의 땅을 황무지로 바꾸어 놓았다."

내가 예루살렘으로 돌아왔다

8 1-2 만군의 하나님께서 이 메시지를 주셨다.

만군의 하나님의 메시지다.

"시온을 향한 내 마음이 뜨겁다!
시온을 생각하면 분노가 치민다. 그것은 내 문제이기 때문이다!"

하나님의 메시지다.

3 "내가 시온으로 돌아왔다.
내가 예루살렘으로 다시 돌아왔다.
예루살렘은 이제 새 이름으로 불리리라.
'진리의 도성',
'만군의 하나님의 산', '거룩의 산'으로 불리리라."

4-5 만군의 하나님의 메시지다.
"노인들이 예루살렘에 돌아와서 거리의 벤치에 앉아 이야기꽃을 피우고, 지팡이를 짚고 안전하게 나들이할 것이다. 노인들이 살기 좋은 도성이 될 것이다. 도성의 광장은 웃고 떠들며 뛰노는 아이들로 가득할 것이다. 아이들이 자라기 좋은 도성이 될 것이다."

6 만군의 하나님의 메시지다.
"고향으로 돌아오는 일과, 소수의 생존자들이 하나님의 성전을 재건하는 일이 너무나 큰일로 여겨지느냐? 그러나 내게 너무 큰일이 있겠느냐? 그렇지 않다. 일의 성사를 결정하는 이는 나다."

7-8 만군의 하나님의 메시지다.
"내가 동쪽 나라와 서쪽 나라에서 내 백성을 거둬들일 것이다. 그들을 다시 예루살렘으로 데려올 것이다. 그들은 내 백성이 되고, 나는 그들의 하나님이 될 것이다. 내가 그들 곁을 지키고, 옳은 길로 인도할 것이다."

'promised land' became a vacant lot–weeds and tin cans and thistles. Not a sign of life. They turned a dreamland into a wasteland."

Rebuilding the Temple

8 1-2 And then these Messages from GOD-of-the-Angel-Armies:

A Message from GOD-of-the-Angel-Armies:

"I am zealous for Zion–I *care*!
I'm angry about Zion–I'm *involved*!"

GOD's Message:

3 "I've come back to Zion,
I've moved back to Jerusalem.
Jerusalem's new names will be Truth City,
and Mountain of GOD-of-the-Angel-Armies,
and Mount Holiness."

4-5 A Message from GOD-of-the-Angel-Armies:
"Old men and old women will come back to Jerusalem, sit on benches on the streets and spin tales, move around safely with their canes–a good city to grow old in. And boys and girls will fill the public parks, laughing and playing–a good city to grow up in."

6 A Message from GOD-of-the-Angel-Armies:
"Do the problems of returning and rebuilding by just a few survivors seem too much? But is anything too much for me? Not if I have my say."

7-8 A Message from GOD-of-the-Angel-Armies:
"I'll collect my people from countries to the east and countries to the west. I'll bring them back and move them into Jerusalem. They'll be my people and I'll be their God. I'll stick with them and do right by them."

9-10 만군의 하나님의 메시지다.
"내가 예언자들을 통해 하는 말에 귀 기울이는 너희여, 이 말의 의미를 분명히 알고 굳게 붙들어라. 만군의 하나님의 성전이 다시 세워졌다. 성전이 재건되는 중이다. 우리는 어려운 시기를 지났다. 전에 너희는 쥐꼬리만 한 돈을 벌기 위해 일했고, 그것도 운이 좋아야 손에 쥘 수 있었다. 거리가 위험해, 늘 경계하며 다녀야 했다. 내가 세상을 전쟁터로 만들었기 때문이다.
11-12 그러나 이제 상황이 변했다. 이제 나는 살아남은 자들 편에 설 것이다.

파종과 수확이 다시 시작되고,
포도나무들이 포도열매를 맺을 것이다.
동산에 초목이 우거지고,
이슬과 비로 모든 것이 푸르러질 것이다.

12-13 살아남은 자들은 살아가는 데 필요한 것 전부를—그 이상을—얻을 것이다. 너희 유다와 이스라엘 백성들아, 지금까지는 너희가 저주받은 백성 취급을 받았지만, 이제 내가 너희를 구원할 것이다. 이제부터 너희는 복 받은 백성이 될 것이다. 두려워하지 마라. 내가 지금 일하고 있음을 굳게 믿어라."

14-17 만군의 하나님의 메시지다.
"너희 조상들이 나를 노하게 했을 때, 나는 너희를 벌주기로 작정했고 그 뜻을 굽히지 않았다. 그때와 마찬가지로, 이제 나는 예루살렘과 유다 나라에 복을 주기로 작정했다. 두려워하지 마라. 진실만을 말하여라. 개인적인 일에서나 법정에서나 옳은 일을 행하여라. 술수를 부려 다른 사람을 착취하지 마라. 거짓된 일이나 거짓된 말을 하지 마라. 나는 그런 것들을 미워한다. 너희는 순박하고 정직하게 살아라. 이것이 내가 너희에게 원하는 일이다." 하나님의 포고다.

애도의 날이 축제의 날로 바뀌리라

18-19 만군의 하나님의 메시지가 다시 내게 임했다.
"넷째, 다섯째, 일곱째, 열째 달에 지키던 애도의 날이, 유다를 위한 축제의 날로 바뀌리라.

9-10 A Message from GOD-of-the-Angel-Armies:
"Get a grip on things. Hold tight, you who are listening to what I say through the preaching of the prophets. The Temple of GOD-of-the-Angel-Armies has been reestablished. The Temple is being rebuilt. We've come through a hard time: You worked for a pittance and were lucky to get that; the streets were dangerous; you could never let down your guard; I had turned the world into an armed camp.
11-12 "But things have changed. I'm taking the side of my core of surviving people:

Sowing and harvesting will resume,
Vines will grow grapes,
Gardens will flourish,
Dew and rain will make everything green.

12-13 "My core survivors will get everything they need—and more. You've gotten a reputation as a bad-news people, you people of Judah and Israel, but I'm coming to save you. From now on, you're the good-news people. Don't be afraid. Keep a firm grip on what I'm doing."

Keep Your Lives Simple and Honest

14-17 A Message from GOD-of-the-Angel-Armies:
"In the same way that I decided to punish you when your ancestors made me angry, and didn't pull my punches, at this time I've decided to bless Jerusalem and the country of Judah. Don't be afraid. And now here's what I want you to do: Tell the truth, the whole truth, when you speak. Do the right thing by one another, both personally and in your courts. Don't cook up plans to take unfair advantage of others. Don't do or say what isn't so. I hate all that stuff. Keep your lives simple and honest." Decree of GOD.

18-19 Again I received a Message from GOD-of-the-Angel-Armies:
"The days of mourning set for the fourth, fifth, seventh, and tenth months will be turned into days

그날은 경축일이 될 것이다. 진리를 맞아들여
라! 평화를 사랑하여라!"

20-21 만군의 하나님의 메시지다.
"무슨 일인지 알아보려고 각지에서 사람들이,
지도자들이 몰려오리라. 그들이 서로 의논하
며 말할 것이다. '이 일에 동참해야 하지 않겠는
가? 하나님의 복을 받는 일에 우리도 동참해야
하지 않겠는가? 만군의 하나님께 기도해야 하
지 않겠는가? 망설일 이유가 무엇인가? 가자!'
22 많은 민족들과 힘 있는 나라들이, 만군의 하
나님이 주는 복을 얻고자 예루살렘에 몰려들
것이다."

23 만군의 하나님의 메시지다.
"그때에, 서로 언어가 다른 열 사람이, 유다 사
람 하나의 옷소매를 붙들고 말할 것이다. '우리
도 당신과 같이 가게 해주시오. 하나님께서 당
신과 함께하신다는 말을 우리가 들었다오.'"

온 세상이 하나님을 바라본다

9 1-6 전쟁에 대한 경고.

하나님의 메시지가 다마스쿠스에 임하리라.
하드락의 나라에 도전장을 보내리라.
온 세상이 하나님을 바라본다.
이스라엘뿐 아니라,
경계를 맞대고 있는 하맛과
스스로 똑똑하다고 여기는 두로와 시돈도 그분
을 바라본다.
두로는 제법 큰 왕국을 이루었다.
은도 땔감처럼 많이 쌓았고,
금도 건초 더미처럼 높이 쌓았다.
그러나 하나님께서는 그를 확실히 망하게 하실
것이다.
재산 전부를 대양에 처넣으시고,
남은 것들은 큰 불을 놓아 태워 버리실 것이다.
그 광경을 본 아스글론은 잔뜩 겁을 먹고 혼이
나갈 것이고,
가사는 비통해하며 가슴을 쥐어뜯을 것이다.
에그론은 막다른 골목과 맞닥뜨리리라.
가사의 왕이 죽을 것이다.
아스글론은 텅 비고,

of feasting for Judah—celebration and holiday.
Embrace truth! Love peace!"

20-21 A Message from GOD-of-the-Angel-Armies:
"People and their leaders will come from all over
to see what's going on. The leaders will confer with
one another: 'Shouldn't we try to get in on this? Get
in on GOD's blessings? Pray to GOD-of-the-Angel-
Armies? What's keeping us? Let's go!'
22 "Lots of people, powerful nations—they'll come
to Jerusalem looking for what they can get from
GOD-of-the-Angel-Armies, looking to get a blessing
from GOD."

23 A Message from GOD-of-the-Angel-Armies:
"At that time, ten men speaking a variety of
languages will grab the sleeve of one Jew, hold tight,
and say, 'Let us go with you. We've heard that God
is with you.'"

The Whole World Has Its Eyes on God

9 1-6 War Bulletin:

GOD's Message challenges the country of Hadrach.
It will settle on Damascus.
The whole world has its eyes on GOD.
Israel isn't the only one.
That includes Hamath at the border,
and Tyre and Sidon, clever as they think they are.
Tyre has put together quite a kingdom for herself;
she has stacked up silver like cordwood,
piled gold high as haystacks.
But God will certainly bankrupt her;
he will dump all that wealth into the ocean
and burn up what's left in a big fire.
Ashkelon will see it and panic,
Gaza will wring its hands,
Ekron will face a dead end.
Gaza's king will die.
Ashkelon will be emptied out,
And a villain will take over in Ashdod.

6-8 "I'll take proud Philistia down a peg:

한 악인이 아스돗을 장악할 것이다.

6-8 "내가 오만한 블레셋 사람들의 코를 납작하게 만들 것이다.
그 피 묻은 노획물을 뱉게 만들어,
악한 짓을 멈추게 할 것이다."
남은 것들은 모두 하나님의 것이 될 것이다. 살아남은 백성은
유다에서 한 가족을 이룰 것이다.
그러나 에그론 같은 적들은 여부스 사람들의 전철을 밟아,
역사의 쓰레기통 속에 처박히리라.
"내가 내 나라에 진영을 세우고
침략자들로부터 지켜 주리라.
누구도 다시는 내 백성을 해치지 못할 것이다.
내가 언제나 그들을 지켜 줄 것이다."

나귀 타고 오시는 겸손한 왕

9-10 "딸 시온아, 환호성을 올려라!
딸 예루살렘아, 환성을 올려라!
네 왕이 오고 계신다!
모든 것을 바로잡으시는 선한 왕,
새끼 나귀 타고 오시는 겸손한 왕이시다.
내가 전쟁을 끝냈다. 에브라임에 전차들이 사라졌고,
예루살렘에 군마들이 사라졌다.
칼과 창, 활과 화살들도 사라지고 없다.
그분께서 민족들에게 평화를 가져오신다.
사방 온 세상, 칠대양에 이르기까지,
평화로운 통치를 펼치시리라.

11-13 내가, 너와 맺은 피의 언약을 기억하고
절망의 감옥에 갇힌 너를 풀어 주리라.
죄수들아, 집으로 돌아오너라! 희망을 한 아름 안고서!
바로 오늘, 내가 너에게 두 배의 복을 약속한다.
너는 잃었던 모든 것을 두 배로 되돌려 받게 될 것이다!
유다는 이제 내 무기, 내가 당기는 활이다.
에브라임은 활시위에 메긴 화살로 쓸 것이다.
시온아, 내가 네 아들들을 깨워,
그리스야, 내가 네 아들들을 칠 것이다.
이제부터는
사람들이 내 칼이다."

14-17 그때 하나님이 나타나셔서,
번개처럼 화살을 쏘실 것이다!
주 하나님께서 나팔을 부시고,

I'll make him spit out his bloody booty
and abandon his vile ways."
What's left will be all God's—a core of survivors,
a family brought together in Judah—
But enemies like Ekron will go the way of the Jebusites,
into the dustbin of history.
"I will set up camp in my home country
and defend it against invaders.
Nobody is going to hurt my people ever again.
I'm keeping my eye on them.

A Humble King Riding a Donkey

9-10 "Shout and cheer, Daughter Zion!
Raise the roof, Daughter Jerusalem!
Your king is coming!
a good king who makes all things right,
a humble king riding a donkey,
a mere colt of a donkey.
I've had it with war—no more chariots in Ephraim,
no more war horses in Jerusalem,
no more swords and spears, bows and arrows.
He will offer peace to the nations,
a peaceful rule worldwide,
from the four winds to the seven seas.

11-13 "And you, because of my blood covenant with you,
I'll release your prisoners from their hopeless cells.
Come home, hope-filled prisoners!
This very day I'm declaring a double bonus—
everything you lost returned twice-over!
Judah is now my weapon, the bow I'll pull,
setting Ephraim as an arrow to the string.
I'll wake up your sons, O Zion,
to counter your sons, O Greece.
From now on
people are my swords."

14-17 Then GOD will come into view,
his arrows flashing like lightning!

회오리바람을 일으키며 진군하신다.
만군의 하나님께서 그들을 보호해 주시리라.
전면전을 벌이시리라.
모든 전쟁을 끝내는 전쟁,
총력전을.
마침내 그들의 하나님이 이기시고, 그들을 구해 주시리라.
그들은 유순한 양 같은 존재가 되고,
왕관에 박힌 오색찬란한
보석 같은 존재가 되리라.
그날에, 그들이 반짝이리라! 빛을 발하리라!
젊은 남자들이 원기 왕성해지고, 젊은 여자들은 사랑스러우리라!

하나님께서 구원을 약속하시다

10 1 봄비가 내릴 때니,
하나님께 비를 내려 달라고 기도하여라.
비를 만들어 내시는 분,
봄 폭풍우를 만들어 내시는 분,
밀과 보리를 기르시는 분께.

2-3 "가게에서 파는 신들이 횡설수설 떠든다.
종교 전문가들도 헛소리나 지껄인다.
거들먹거리는 그들,
내뱉는 말이라곤 허풍뿐이다.
백성들이 길 잃은 양 떼처럼 방황한다.
목자 없는 가련한 양들처럼 길을 잃고 헤맨다.
목자라는 자들에게 내 노가 폭발한다.
숫염소만도 못한 자들, 내가 그들을 염소 다루듯 하리라."

3-5 만군의 하나님이 친히 나서서,
그분의 양 떼, 유다 백성을 돌보아 주신다.
그분께서 그들의 영을 소생시켜 주시고,
하나님이 그들 편임을 자랑스러이 여기게 하시리라.
하나님께서 그들을 들어 당신의 재건 사역에 쓰실 것이다.
그들을 주초와 기둥으로,
도구와 기구들로,
재건 사역의 감독자로 쓰시니,
그들은 자랑스러운 일꾼 군대가 될 것이다.
당당하고 일사불란하게, 씩씩하고 힘 있게,
늪과 진창을 서슴없이 통과해 행진한다.
하나님께서 그들과 함께하시니, 그들을 꺾을 자 아무

Master GOD will blast his trumpet
and set out in a whirlwind.
GOD-of-the-Angel-Armies will protect them—
all-out war,
The war to end all wars,
no holds barred.
Their GOD will save the day. He'll rescue them.
They'll become like sheep, gentle and soft,
Or like gemstones in a crown,
catching all the colors of the sun.
Then how they'll shine! shimmer! glow!
the young men robust, the young women lovely!

God's Work of Rebuilding

10 1 Pray to GOD for rain—it's time for the spring rain—
to GOD, the rainmaker,
Spring thunderstorm maker,
maker of grain and barley.

2-3 "Store-bought gods babble gibberish.
Religious experts spout rubbish.
They pontificate hot air.
Their prescriptions are nothing but smoke.
And so the people wander like lost sheep,
poor lost sheep without a shepherd.
I'm furious with the so-called shepherds.
They're worse than billy goats, and I'll treat them like goats."

3-5 GOD-of-the-Angel-Armies will step in
and take care of his flock, the people of Judah.
He'll revive their spirits,
make them proud to be on God's side.
God will use them in his work of rebuilding,
use them as foundations and pillars,
Use them as tools and instruments,
use them to oversee his work.
They'll be a workforce to be proud of, working as one,
their heads held high, striding through swamps and mud,
Courageous and vigorous because GOD is with

도 없으리라.

❧

6-12 "내가 유다 백성을 강하게 만들 것이다.
내가 요셉 백성을 구원하고,
그들의 고통을 아는 나, 그들을 새롭게 하리라.
모든 과거를 씻고 새 출발하게 하리라.
이유를 묻느냐? 나는 그들의 하나님이기 때문
이다.
그들에게 필요한 일을 내가 해줄 것이다.
에브라임 백성은 만방에 이름을 떨치고,
그들의 삶은 기쁨으로 차오를 것이다.
오, 그들의 자녀들도,
하나님의 복을 만끽하게 되리라!
내가 휘파람을 불면, 그들이 내게로 뛰어오리라.
내가 그들을 자유롭게 풀어 주었으니, 오, 그들
이 번성하리라!
비록 내가 그들을 사방으로 흩어 보냈지만,
이제 그들이, 그 먼 곳에서 나를 기억할 것이다.
이야기를 간직하여 자녀들에게 전해 주고,
때가 이르면 그들이 돌아올 것이다.
내가 그들을 이집트 서쪽에서 데려오겠고,
앗시리아 동쪽에서 그들을 몰아올 것이다.
내가 그들을 기름진 길르앗으로,
숲이 우거진 레바논으로 다시 데려올 것이다.
온 땅이,
귀향의 무리로 가득하리라.
험한 바다를 뚫고, 성난 파도를 가볍게 타고 그
들이 돌아올 것이다.
사나웠던 강들이 실개울로 변할 것이다.
화려했던 앗시리아는 발가벗겨지고,
악당 이집트는 사기꾼으로 드러날 것이다.
그러나 내 백성은, 나 하나님의 힘으로 강해질
것이다!
그러면 그들은 능히 내 길을 걸어갈 것이다."
하나님께서 그렇게 말씀하신다!

❧

11

1-4 오만한 레바논아, 이민자들을 위
해 네 국경을 열어라!
너의 보초 서던 나무들이 불에 탈 것이다.
우람한 소나무들아, 통곡하여라! 자매인 백향
목들아, 애곡하여라!
너의 하늘 높이 솟았던 나무들이 이제 땔감이
되었다.

them,
undeterred by the world's thugs.

❧

6-12 "I'll put muscle in the people of Judah;
I'll save the people of Joseph.
I know their pain and will make them good as new.
They'll get a fresh start, as if nothing had ever
happened.
And why? Because I am their very own GOD,
I'll do what needs to be done for them.
The people of Ephraim will be famous,
their lives brimming with joy.
Their children will get in on it, too—
oh, let them feel blessed by GOD!
I'll whistle and they'll all come running.
I've set them free—oh, how they'll flourish!
Even though I scattered them to the far corners of
earth,
they'll remember me in the faraway places.
They'll keep the story alive in their children,
and they will come back.
I'll bring them back from the Egyptian west
and round them up from the Assyrian east.
I'll bring them back to sweet Gilead,
back to leafy Lebanon.
Every square foot of land
will be marked by homecoming.
They'll sail through troubled seas, brush aside brash
ocean waves.
Roaring rivers will turn to a trickle.
Gaudy Assyria will be stripped bare,
bully Egypt exposed as a fraud.
But my people—oh, I'll make them strong,
GOD-strong!
and they'll live my way." GOD says so!

❧

11

1-4 Open your borders to the immigrants,
proud Lebanon!
Your sentinel trees will burn.
Weep, great pine trees! Mourn, you sister cedars!
Your towering trees are cordwood.
Weep Bashan oak trees!
Your thick forest is now a field of stumps.

바산의 상수리나무들아, 통곡하여라!
너의 울창하던 숲이 이제 그루터기 밭이 되었다.
목자들의 통곡소리를 듣느냐?
그들은 가진 모든 것을 잃었다.
사자들의 포효소리가 들리느냐?
대단하던 요단의 정글이 이제 황무지가 되었다.
사로잡혀 갔다가 돌아오는 이들을 위해 자리를 마련하여라!

거짓 목자

4-5 하나님께서 내게 명령하셨다. "곧 도살될 처지의 양들을 위해 목자가 되어 주어라. 양을 사들일 자들은 손쉽게 돈을 벌기 위해 그들을 도살할 것이다. 그러고도 아무 문제없다. 양을 파는 자들은 이렇게 말한다. '운도 좋지! 하나님께서 내 편이시다! 나는 부자가 되었다!' 그들의 목자들도 양에게 전혀 관심이 없다."

6 하나님의 포고다. "이제 나는 이 땅의 백성들에게서 아주 손을 떼어 버릴 작정이다. 지금부터 그들은 철저히 혼자 힘으로 살아야 한다. 이전투구, 적자생존, 약육강식의 세상이 펼쳐지리라. 내게 도움을 구할 생각은 마라."

7-8 그래서 나는 돈밖에 모르는 악덕 주인들에게 가서 그 양들을 넘겨받아, 도살당할 처지에 있던 양들을 돌보았다. 나는 양을 치는 막대기 두 개를 가져다가, 하나에는 '사랑스러움'이라 하고 다른 하나에는 '화합'이라고 이름을 써넣었다. 그러고는 그 양들을 돌보았다. 한 달도 못 되어 나는 부패한 목자들을 내쫓아 버렸다. 더 이상 봐줄 수 없었기 때문이다. 그들도 나를 견디지 못했다.

9 그 후 나는 양들에게도 지쳐서 이렇게 말했다. "너희에게 지쳤다. 더 이상 너희를 돌보지 않겠다. 이제 죽든지 살든지, 너희가 알아서 해라. 공격을 당해도 할 수 없다. 살아남는 것들은 서로 잡아먹어라."

10-11 그러고 나서 나는 '사랑스러움'이라 이름 붙인 막대기를 무릎 위에서 부러뜨렸다. 내가 모든 백성과 맺었던 아름다운 언약을 깨뜨린 것이다. 막대기와 언약이 한번에 깨졌다. 탐욕스런 주인들은 내 행동을 보고, 배후에 하나님이 계시다는 사실을 알아차렸다.

12 내가 그들에게 "내게 적절한 삯을 알아서 쳐 달라"고 말했다. 그들은 삯으로 은 삼십 개를 내게 주었는데, 모욕적일 만큼 적은 액수였다.

13 하나님께서 내게 말씀하셨다. "그 돈을 자선 헌금함 속에 던져 넣어라." 내가 한 일에 대해 그들이 쳐준 값이 고작 그 정도였다! 나는 은 삼십 개를 가져다

Do you hear the wailing of shepherds?
They've lost everything they once owned.
Do you hear the outrage of the lions?
The mighty jungle of the Jordan is wasted.
Make room for the returning exiles!

Breaking the Beautiful Covenant

4-5 GOD commanded me, "Shepherd the sheep that are soon to be slaughtered. The people who buy them will butcher them for quick and easy money. What's worse, they'll get away with it. The people who sell them will say, 'Lucky me! God's on my side; I've got it made!' They have shepherds who couldn't care less about them."

6 GOD's Decree: "I'm washing my hands of the people of this land. From now on they're all on their own. It's dog-eat-dog, survival of the fittest, and the devil take the hindmost. Don't look for help from me."

7-8 So I took over from the crass, money-grubbing owners, and shepherded the sheep marked for slaughter. I got myself two shepherd staffs. I named one Lovely and the other Harmony. Then I went to work shepherding the sheep. Within a month I got rid of the corrupt shepherds. I got tired of putting up with them—and they couldn't stand me.

9 And then I got tired of the sheep and said, "I've had it with you—no more shepherding from me. If you die, you die; if you're attacked, you're attacked. Whoever survives can eat what's left."

10-11 Then I took the staff named Lovely and broke it across my knee, breaking the beautiful covenant I had made with all the peoples. In one stroke, both staff and covenant were broken. The money-hungry owners saw me do it and knew GOD was behind it.

12 Then I addressed them: "Pay me what you think I'm worth." They paid me an insulting sum, counting out thirty silver coins.

13 GOD told me, "Throw it in the poor box." This stingy wage was all they thought of me

가 하나님의 성전에 있는 자선 헌금함 속에 던져 넣었다.
14 그러고는 '화합'이라는 이름의 다른 막대기를 가져다가 무릎 위에서 부러뜨렸다. 유다와 이스라엘 사이의 화합을 깨뜨린 것이다.
15-16 그때 하나님께서 말씀하셨다. "아둔한 목자처럼 옷을 차려입어라. 내가 이 땅에 바로 그런 목자 하나를 세우려고 한다. 희생자들에게 무심하고 길 잃은 자들을 낮추어 보며, 상처 입은 자들을 멸시하고 양식 있는 시민들을 우습게 여기는 그런 목자 말이다. 그가 목자 일을 하는 것은 단 하나, 양 떼를 이용하고 못살게 굴어 제 잇속을 챙길 생각 때문이다.

17 너, 아무짝에도 쓸모없는 목자야,
양 떼를 방치하고 나 몰라라 하는 네게 화가 있으리라!
네 팔이 저주를 받으리라!
네 오른쪽 눈이 저주를 받으리라!
네 팔은 힘이 빠져 무용지물이 되고,
네 오른쪽 눈은 멀어 한 치 앞도 보지 못하게 될 것이다."

예루살렘의 구원

12 1-2 전쟁에 대한 경고.
이스라엘을 향한 하나님의 메시지, 하나님의 포고다. 하늘을 공간에 펼쳐 놓으시고, 땅을 굳건한 기초 위에 놓으시며, 인간에게 자기 생명을 불어넣어 주신 바로 그 하나님께서 말씀하신다. "잘 보아라. 이제 나는 예루살렘을 한 잔의 독한 술이 되게 할 것이다. 유다와 예루살렘을 포위한 자들은, 그 술에 취해 인사불성이 되어 비틀거릴 것이다.
3 그 큰 날에, 나는 예루살렘이 모두의 길을 막아서는 거대한 돌이 되게 할 것이다. 그 돌을 들어 옮기려는 자들은 다 부서져 내릴 것이다. 모든 이방 민족이 힘을 모아 그 돌을 없애고 싶어 할 것이다."
4-5 하나님께서 말씀하신다. "그 큰 날에, 내가 모든 군마와 기수를 공황 상태에 빠뜨려 미치게 할 것이다. 그러나 유다는 언제나 내가 보살필 것이다. 적의 말들을 눈멀게 하는 순간에도 그들을 지킬 것이다. 그러면 유다의 가문들이 깨닫고 이렇게 말하리라. *'우리 지도자들이, 그들의 하나님 만군의 하나님*의 능력을 덧입어 저토록 강해졌다.'
6 그 큰 날에, 내가 유다 가문을 바싹 마른 숲 속의 불붙은 성냥과 같은 존재, 건초 가득한 헛간 속의 타오르는 횃불과 같은 존재가 되게 할 것이다. 그들은 보

and my work! So I took the thirty silver coins and threw them into the poor box in GOD's Temple.
14 Then I broke the other staff, Harmony, across my knee, breaking the concord between Judah and Israel.
15-16 GOD then said, "Dress up like a stupid shepherd. I'm going to install just such a shepherd in this land—a shepherd indifferent to victims, who ignores the lost, abandons the injured, and disdains decent citizens. He'll only be in it for what he can get out of it, using and abusing any and all.

17 "Doom to you, useless shepherd,
walking off and leaving the sheep!
A curse on your arm!
A curse on your right eye!
Your arm will hang limp and useless.
Your right eye will go stone blind."

Home Again in Jerusalem

12 1-2 War Bulletin:
GOD's Message concerning Israel, GOD's Decree—the very GOD who threw the skies into space, set earth on a firm foundation, and breathed his own life into men and women: "Watch for this: I'm about to turn Jerusalem into a cup of strong drink that will have the people who have set siege to Judah and Jerusalem staggering in a drunken stupor.
3 "On the Big Day, I'll turn Jerusalem into a huge stone blocking the way for everyone. All who try to lift it will rupture themselves. All the pagan nations will come together and try to get rid of it.
4-5 "On the Big Day"—this is GOD speaking—"I'll throw all the war horses into a crazed panic, and their riders along with them. But I'll keep my eye on Judah, watching out for her at the same time that I make the enemy horses go blind. The families of Judah will then realize, 'Why, our leaders are strong and able through GOD-of-the-Angel-Armies, their personal God.'

이는 모든 것을 불사를 것이다. 오른편에 있는 사람부터 왼편에 있는 사람까지, 모두 불사를 것이다. 예루살렘은 이주해 오는 사람, 귀향하는 사람들로 북적일 것이다.

7-8 나 하나님은, 유다의 평범한 가정들을 회복시키는 일부터 시작할 것이다. 유다 평민들이 맞을 영광이 다윗 가문과 예루살렘 지도자들의 영광 못지않을 것이다. 그 큰 날에, 나는 예루살렘에 사는 모든 자들을 돌볼 것이다. 가장 낮고 약한 사람도 다윗처럼 영광스러워질 것이다. 다윗 가문은 백성을 인도하는 하나님의 천사 같은 존재가 될 것이다.

9 그 큰 날에, 나는 그동안 예루살렘을 대적한 모든 이방 민족들을 없애 버릴 것이다.

10-14 그런 다음, 다윗 가문과 예루살렘 주민에게 은총과 기도의 영을 부어 줄 것이다. 그러면 그들이, 나 곧 그들에게 처참히 상처 입은 이를 알아보리라. 그들에게 찔린 창 자국을 알아보리라! 그들은 슬피 울 것이다. 참으로 슬피 울 것이다! 맏이를 잃은 부모가 슬피 우는 것처럼, 울며 통곡할 것이다. 그날 예루살렘에서 일어날 큰 통곡은, 므깃도 벌판 하다드 림몬의 통곡만큼이나 비통할 것이다.

모두가 눈물 흘리며 슬피 울 것이다.
땅과 땅 위의 모든 자들이.
다윗 가문이 울고,
그 가문의 여인들도 울고.
나단 가문이 울고,
그 가문의 여인들도 울고.
레위 가문이 울고,
그 가문의 여인들도 울고.
시므이 가문이 울고,
그 가문의 여인들도 울고.
나머지 모든 가문이 울고,
그 가문들의 여인들도 울리라."

죄를 씻어 주리라

13 1 "그 큰 날에, 한 샘이 열려 다윗 가문과 예루살렘 모든 지도자의 죄를 씻어 주며, 그들의 때 묻고 더러운 삶을 깨끗이 씻어 주리라.

2-3 만군의 하나님께서 말씀하신다. "그 큰 날에, 내가 가게에 전시된 신들을 모조리 없애고, 그들의 이름이 영영 잊혀지게 할 것이다.

6 "On the Big Day, I'll turn the families of Judah into something like a burning match in a tinder-dry forest, like a fiercely flaming torch in a barn full of hay. They'll burn up everything and everyone in sight—people to the right, people to the left—while Jerusalem fills up with people moving in and making themselves at home—home again in Jerusalem.

7-8 "I, GOD, will begin by restoring the common households of Judah so that the glory of David's family and the leaders in Jerusalem won't overshadow the ordinary people in Judah. On the Big Day, I'll look after everyone who lives in Jerusalem so that the lowliest, weakest person will be as glorious as David and the family of David itself will be godlike, like the Angel of GOD leading the people.

9 "On the Big Day, I'll make a clean sweep of all the godless nations that fought against Jerusalem.

10-14 "Next I'll deal with the family of David and those who live in Jerusalem. I'll pour a spirit of grace and prayer over them. They'll then be able to recognize me as the One they so grievously wounded—that piercing spear-thrust! And they'll weep—oh, how they'll weep! Deep mourning as of a parent grieving the loss of the firstborn child. The lamentation in Jerusalem that day will be massive, as famous as the lamentation over Hadad-Rimmon on the fields of Megiddo:

Everyone will weep and grieve,
the land and everyone in it:
The family of David off by itself
and their women off by themselves;
The family of Nathan off by itself
and their women off by themselves;
The family of Levi off by itself
and their women off by themselves;
The family of Shimei off by itself
and their women off by themselves;
And all the rest of the families off by themselves
and their women off by themselves."

Washing Away Sins

13 1 "On the Big Day, a fountain will be opened for the family of David and all the leaders of Jerusalem for washing away their sins, for scrubbing their stained and soiled lives clean.

사람들은 그런 신들이 있었다는 사실조차도 잊게 되리라. 그날 나는 병든 말로 세상을 오염시키던 예언자들을 없애 버릴 것이다. 만일 그때도 누가 병든 말로 오염을 퍼뜨리는 짓을 계속하면, 그의 부모가 나서서, '이제 그만! 너는 이제 끝났다! 하나님에 대한 네 거짓말이 모두를 위험에 빠뜨린다'고 말하며, 하나님에 대해 거짓 예언하는 그를, 그 자리에서 칼로 찔러 죽일 것이다. 그의 부모가 그 일을 할 것이다!

4-6 그 큰 날에, 거짓말을 일삼던 예언자들은 사람들 앞에서 까발려져 수치를 당할 것이다. 그들은 '환상' 운운하며 사람들을 속였던 일을 후회하게 되리라. 예언자 의상을 차려입고 예언자 행세를 하던 일도 끝장날 것이다. 그들은 그런 일을 들어 본 적도 없다는 듯 시치미를 뗄 것이다. '내가 예언자였다고? 천만에. 난 그저 농부일 뿐이오. 농장에서 자랐다오.' 그때 누가 '그러면 당신 눈은 어디서 멍들었소?' 하고 물으면, 이렇게 말할 것이다. '친구 집 문에 부딪혔다오.'"

7-9 "칼아, 움직여 내 목자를 쳐라!
내 가까운 동료인 그를 쳐라!"
만군의 하나님의 포고다.
"그 목자를 죽여라! 양 떼를 흩어라!
그 양들도 내가 내 손등으로 치리라!"
하나님의 포고다.
"온 나라의 삼분의 이가 황폐해지고,
삼분의 일만 남을 것이다.
살아남은 삼분의 일은 정련하는 불 속에 내가 던져 넣을 것이다.
그들을 은을 정련하듯 정련하고,
금을 제련하듯 제련할 것이다.
그러면 그들이 내 이름을 부르며 기도할 것이다.
내가 친히 그들에게 대답해 주리라.
내가 '오, 내 백성이여' 하고 말하면,
그들은 '하나님, 나의 하나님!' 하고 말하리라."

그날이 오고 있다

14

1-2 *주목하여라. 하나님의 심판 날이* 오고 있다.
"높이 쌓인 약탈품을 적들이 나누어 가질 것이다.
내가 이방 민족들 전부를 불러
예루살렘을 침탈하게 할 것이다.

2-3 "On the Big Day"—this is GOD-of-the-Angel-Armies speaking—"I will wipe out the store-bought gods, erase their names from memory. People will forget they ever heard of them. And I'll get rid of the prophets who polluted the air with their diseased words. If anyone dares persist in spreading diseased, polluting words, his very own parents will step in and say, 'That's it! You're finished! Your lies about GOD put everyone in danger,' and then they'll stab him to death in the very act of prophesying lies about GOD—his own parents, mind you!

4-6 "On the Big Day, the lying prophets will be publicly exposed and humiliated. Then they'll wish they'd never swindled people with their 'visions.' No more masquerading in prophet clothes. But they'll deny they've even heard of such things: 'Me, a prophet? Not me. I'm a farmer—grew up on the farm.' And if someone says, 'And so where did you get that black eye?' they'll say, 'I ran into a door at a friend's house.'

7-9 "Sword, get moving against my shepherd,
against my close associate!"
Decree of GOD-of-the-Angel-Armies.
"Kill the shepherd! Scatter the sheep!
The back of my hand against even the lambs!
All across the country"—GOD's Decree—
"two-thirds will be devastated
and one-third survive.
I'll deliver the surviving third to the refinery fires.
I'll refine them as silver is refined,
test them for purity as gold is tested.
Then they'll pray to me by name
and I'll answer them personally.
I'll say, 'That's my people.'
They'll say, 'GOD—my God!'"

The Day Is Coming

14

1-2 Note well: GOD's Judgment Day is on the way:
"Plunder will be piled high and handed out.
I'm bringing all the godless nations
to war against Jerusalem—
Houses plundered,

집들이 약탈당하고,
여자들이 강간당할 것이다.
도성 사람의 절반이 사로잡혀 가,
반만 남게 될 것이다."

3-5 그 후 하나님이 전진해 오셔서 이방 민족들과 싸움을—거대한 전쟁을!—벌이실 것이다. 바로 그날에, 그분께서 예루살렘을 마주보고 동쪽 올리브 산에 우뚝 서실 것이다. 올리브 산 한가운데가 갈라져서, 동서로 뻗은 넓은 골짜기가 만들어질 것이다. 그 산의 절반은 북쪽으로 옮겨 가고, 나머지 절반은 남쪽으로 옮겨 갈 것이다. 그때 너희는 살기 위해 아셀까지 뻗은 골짜기 아래로 달음질쳐 도망갈 것이다. 전에 유다 왕 웃시야 시절에 있었던 대지진 날처럼, 너희가 살고자 달음박질할 것이다. 그때 내 하나님께서 모든 거룩한 천사들을 이끌고 당도하실 것이다.

6-7 그날이 오면, 추운 밤이 사라지리라! 밤이 아예 모습을 감추리라! 낮이 계속될 그날이—언제일지는 하나님만이 아신다—오고 있다. 저녁때가 되어도 새로운 아침이 동터 오른다.

8 그날이 오면, 예루살렘에서 새로운 강이 흘러나와, 반은 동쪽 바다로 반은 서쪽 바다로 흐르리라! 여름과 겨울 일 년 내내, 그렇게 흐를 것이다!

9 그날이 오면, 하나님께서 온 세상의 왕, 오직 한분 하나님이 되시리라!

10-11 예루살렘 주위로 드넓은 땅이 펼쳐질 것이다. 북쪽으로 게바, 남쪽으로는 림몬까지. 그 중앙에 예루살렘이 우뚝 솟고, 우람한 문들—'베냐민 문'에서 '첫 문'과 '모퉁이 문', '하나넬 망대'와 왕실 포도원에 이르기까지—이 사람들로 가득한 도성을 둘러쌀 것이다. 다시는 예루살렘이 멸망당하는 일이 없을 것이다. 그 도성은 안전할 것이다.

12-14 그러나 예루살렘을 공격한 자들은 하나님께서 끔찍한 재앙으로 치실 것이다. 걸어 다니는 자들의 몸에서 살이 썩어 떨어져 나갈 것이다. 눈동자가 썩어 눈구멍에서 빠져나오고, 혀도 입안에서 썩을 것이다. 사람들이 선 채로 죽어 갈 것이다! 광기와 절망이 그들을 휩쓸리라. 같은 편 군인들끼리 싸우고 죽이며, 거룩한 공

women raped,
Half the city taken into exile,
the other half left behind."

3-5 But then GOD will march out against the godless nations and fight—a great war! That's the Day he'll take his stand on the Mount of Olives, facing Jerusalem from the east. The Mount of Olives will be split right down the middle, from east to west, leaving a wide valley. Half the mountain will shift north, the other half south. Then you will run for your lives down the valley, your escape route that will take you all the way to Azal. You'll run for your lives, just as you ran on the day of the great earthquake in the days of Uzziah, king of Judah. Then my GOD will arrive and all the holy angels with him.

6-7 What a Day that will be! No more cold nights—in fact, no more nights! The Day is coming—the timing is GOD's—when it will be continuous day. Every evening will be a fresh morning.

8 What a Day that will be! Fresh flowing rivers out of Jerusalem, half to the eastern sea, half to the western sea, flowing year-round, summer and winter!

9 GOD will be king over all the earth, one GOD and only one. What a Day that will be!

10-11 The land will stretch out spaciously around Jerusalem—to Geba in the north and Rimmon in the south, with Jerusalem towering at the center, and the commanding city gates—Gate of Benjamin to First Gate to Corner Gate to Hananel Tower to the Royal Winery—ringing the city full of people. Never again will Jerusalem be totally destroyed. From now on it will be a safe city.

12-14 But this is what will happen to all who fought against Jerusalem: GOD will visit them with a terrible plague. People's flesh will rot off their bones while they are walking around; their eyes will rot in their sockets and their tongues in their mouths; people will be dying on their feet! Mass hysteria when that happens—total panic! Fellow soldiers fighting and killing each other—holy terror! And

포에 휩싸일 것이다! 그때 유다도 그 소동을 틈타 돌진할 것이다!

14-15 그 민족들에게서 빼앗은 보물들—금, 은, 최신 유행상품들—이 높이 쌓일 것이다. 재앙은 짐승들—말, 노새, 낙타, 나귀들—에게도 닥칠 것이다. 적진의 살아 있는 모든 것이 재앙을 맞을 것이다.

16-19 예루살렘을 대적하던 이방 민족들 중에 살아남은 생존자들은, 해마다 예루살렘으로 가서, 왕이신 만군의 하나님을 예배하고 초막절을 지킬 것이다. 해마다 그들 중에 누구라도 왕이신 만군의 하나님을 예배하러 예루살렘 순례길에 오르지 않으면, 그의 땅에는 비가 내리지 않을 것이다. 이집트 사람들이 순례길에 올라 하나님을 예배하지 않으면, 그들에게도 비가 내리지 않을 것이다. 초막절을 지키러 올라오지 않는 민족에게는 재앙이 닥칠 것이다. 이집트나 그 어느 민족도, 초막절을 경축하러 순례길에 오르지 않으면 벌을 받을 것이다.

20-21 그날, 그 큰 날에, 모든 말방울에 '하나님께 거룩'이라는 글귀가 새겨지고, 하나님의 성전 안에 있는 모든 그릇이 제단 위 잔과 접시처럼 거룩해질 것이다. 예루살렘과 유다의 부엌에 있는 모든 그릇과 냄비들도 만군의 하나님 앞에서 거룩해질 것이다. 음식과 희생 제물을 마련하여 예배하러 오는 자들이 그 그릇들을 사용할 것이다. 그 큰 날에, 만군의 하나님의 성전에서 사고파는 일이 사라질 것이다.

then Judah will jump into the fray!

14-15 Treasures from all the nations will be piled high—gold, silver, the latest fashions. The plague will also hit the animals—horses, mules, camels, donkeys. Everything alive in the military camps will be hit by the plague.

16-19 All the survivors from the godless nations that fought against Jerusalem will travel to Jerusalem every year to worship the King, GOD-of-the-Angel-Armies, and celebrate the Feast of Booths. If any of these survivors fail to make the annual pilgrimage to Jerusalem to worship the King, GOD-of-the-Angel-Armies, there will be no rain. If the Egyptians don't make the pilgrimage and worship, there will be no rain for them. Every nation that does not go up to celebrate the Feast of Booths will be hit with the plague. Egypt and any other nation that does not make pilgrimage to celebrate the Feast of Booths gets punished.

20-21 On that Day, the Big Day, all the horses' harness bells will be inscribed "Holy to GOD." The cooking pots in the Temple of GOD will be as sacred as chalices and plates on the altar. In fact, all the pots and pans in all the kitchens of Jerusalem and Judah will be holy to GOD-of-the-Angel-Armies. People who come to worship, preparing meals and sacrifices, will use them. On that Big Day there will be no buying or selling in the Temple of GOD-of-the-Angel-Armies.

말라기 | 머리말

인생 대부분이 위기의 시간인 것은 아니다. 다행스러운 일이 아닐 수 없다. 인생에서 고통과 상실, 혼란이나 어려움이 쉴 새 없이 이어지는 삶을 감당할 수 있는 사람은 많지 않다. 그러나 위기의 시간이 갖는 가치는 소중하다. 위기의 시간에는 모든 것이, 정말 모든 것이 중대한 의미를 갖게 된다. 그야말로 생사가 갈리는 시간이기 때문이다. 말 한마디, 행동 하나도 예사로울 수 없다. 그런 시간에는 언제나 하나님이, 하나님과 우리의 관계가 핵심 사안으로 떠오른다.

그러나 평범한 시기, 흔히 하는 말로 "별일 없이 사는" 때는, 하나님에 대한 관심이 삶의 언저리로 밀려나고 우리는 자신에게 몰두한 채 살아간다. 그런 시기에 종교는 "신에 대해 질문하는 일" 정도로 축소되어, 하나님에 대해 의문을 제기하거나 불평을 늘어놓거나 할 뿐이다. 예배는 기분전환용일 뿐이며, 우리는 하나님의 뜻을 물을 생각 없이 (결혼 같은) 개인적 일을 결정해 버리고, 일상의 모든 일을 하나님과는 아무 상관없다는 듯 처리하며 하루하루를 살아간다.

말라기의 예언은 바로 그러한 상태를 정조준한다. 말라기는 위기를 알아차리지 못하는 우리를 위해 새로운 위기를 만들어 낸다. 그는 우리가 우리 일에만 집중하고 있을 때 하나님의 위기에 눈뜨게 한다. 그는 우리로 하여금 늘 마음의 허리를 동이고 하나님께 귀를 기울이며 살아가게 한다. 지금 우리에게 오고 계신 하나님을 기대하고 맞이하며, 그분께 늘 응답할 태세를 갖추고 살아가게 한다.

하나님께서 말씀하신다. "너희는 내게 무례하고 거친 말을 했다.
너희가 묻는다. '언제 우리가 그렇게 했습니까?'
너희는 이렇게 말했다. '하나님을 섬겨 봐야 득될 게 없다. 대체 얻는 것이 무엇이란 말인가? 그분의 말씀대로 행하고 만군의 **하나님** 앞에서 엄숙하고 침울하게 살았는데, 달라진 게 뭐

Most of life is not lived in crisis – which is a good thing. Not many of us would be able to sustain a life of perpetual pain or loss or ecstasy or challenge. But crisis has this to say for it: In time of crisis everything, absolutely everything, is important and significant. Life itself is on the line. No word is casual, no action marginal. And almost always, God and our relationship with God is on the front page.

But during the humdrum times, when things are, as we tend to say, "normal," our interest in God is crowded to the margins of our lives and we become preoccupied with ourselves. "Religion" during such times is trivialized into asking "God-questions" – calling God into question or complaining about him, treating the worship of God as a mere hobby or diversion, managing our personal affairs (such as marriage) for our own convenience and disregarding what God has to say about them, going about our usual activities as if God were not involved in such dailiness.

The prophecy of Malachi is made to order for just such conditions. Malachi creates a crisis at a time when we are unaware of crisis. He wakes us up to the crisis of God during the times when the only thing we are concerned with is us. He keeps us on our toes, listening for God, waiting in anticipation for God, ready to respond to God, who is always coming to us.

GOD says, "You have spoken hard, rude words to me.
"You ask, 'When did we ever do that?'
"When you said, 'It doesn't pay to serve God. What do we ever get out of it? When we did what he said and went around with long faces, serious about GOD-of-the-Angel-Armies, what difference did it make? Those who take life into their own hands are the lucky ones. They break all the rules and get ahead anyway. They push God to the limit and get

지? 하지만 자기 인생을 제 마음대로 사는 자들은 행운아다. 법이란 법은 모두 어기며 살아도 잘만 산다. 하나님의 한계를 시험하는데도, 그들은 별 탈 없이 잘산다.'"

그때, 하나님을 높이며 살아온 사람들이 한자리에 모여 이야기를 나누었다. 하나님께서 그들을 보시며 그들의 말을 귀 기울여 들으셨다. 하나님 앞에 한 책이 펼쳐지고 그 모임이 기록되었다. 하나님을 경외하는 자들, 하나님의 이름을 높인 자들의 이름이 다 기록되었다.

만군의 하나님께서 말씀하셨다. "그들은 내 사람들이다. 모두 내 사람들이다. 내가 행동에 나설 때 그들은 특별대우를 받을 것이다. 부모가 자신을 높이는 자녀를 아끼고 품어 주듯이, 내가 그들을 그렇게 대해 줄 것이다. 다시 한번, 너희는 바른 일을 하는 사람과 그렇지 않은 사람, 하나님을 섬기는 사람과 그렇지 않은 사람의 운명이 얼마나 다른지 보게 될 것이다"(말 3:13-18).

말라기는 구약성경의 대미를 장식한다. 그는 메시지의 마지막 몇 문장에서, 모세와 엘리야라는 두 거인을 우리 앞에 불러 세운다. 하나님께서 과거에 행하신 일과 말씀에 뿌리박고 살아가게 해주는 모세, 그리고 하나님께서 앞으로 하실 일에 깨어 있게 해주는 엘리야.

"내가 내 종 모세를 통해 주었던 계시, 온 이스라엘을 위해 호렙에서 명령으로 주었던 계시, 바른 삶을 위한 그 모든 규례를 기억하고 지켜라.

그러나 동시에 앞을 내다보며 살아라. 내가 하나님의 큰 날—결정적 심판의 날—을 위해 예언자 엘리야를 보내어 길을 닦게 할 것이다. 그는 부모의 마음을 돌려 자녀를 돌보게 하고, 자녀의 마음을 돌려 부모를 공경하게 할 것이다. 만일 그들이 그것을 거절하면, 내가 와서 그 땅을 저주 아래 둘 것이다."
(말 4:4-6)

우리를 위대한 모세와 불같은 엘리야 앞에 불러 세움으로써, 말라기는 '하나님과 영혼' 문제를 대수롭지 않게 여기던 우리를 정신이 번쩍 들게 한다.

by with it.'"

Then those whose lives honored GOD got together and talked it over. GOD saw what they were doing and listened in. A book was opened in God's presence and minutes were taken of the meeting, with the names of the GOD-fearers written down, all the names of those who honored GOD's name.

GOD-of-the-Angel-Armies said, "They're mine, all mine. They'll get special treatment when I go into action. I treat them with the same consideration and kindness that parents give the child who honors them. Once more you'll see the difference it makes between being a person who does the right thing and one who doesn't, between serving God and not serving him"(Malachi 3:13-18).

Malachi gets in the last word of Holy Scripture in the Old Testament. The final sentences in his message to us evoke the gigantic figures of Moses and Elijah—Moses to keep us rooted in what God has done and said in the past, Elijah to keep us alert to what God will do in the days ahead.

"Remember and keep the revelation I gave through my servant Moses, the revelation I commanded at Horeb for all Israel, all the rules and procedures for right living.

"But also look ahead: I'm sending Elijah the prophet to clear the way for the Big Day of GOD—the decisive Judgment Day! He will convince parents to look after their children and children to look up to their parents. If they refuse, I'll come and put the land under a curse"(Malachi 4:4-6).

By leaving us in the company of mighty Moses and fiery Elijah, Malachi considerably reduces the danger of our trivializing matters of God and the soul.

말라기

거짓 예배는 이제 그만!

1 [1] 메시지, 곧 말라기를 통해 이스라엘에게 주
신 하나님의 말씀이다.
2-3 하나님께서 말씀하셨다. "내가 너희를 사랑한다."
너희가 대답했다. "정말 그렇습니까? 주께서 어떻게
저희를 사랑하셨는데요?"
"역사를 보아라"(하나님의 대답이다). "내가 너 야곱
을 에서와 얼마나 다르게 대해 왔는지 보아라. 나는
야곱을 사랑했고 에서는 미워했다. 나는 머리인 양
우쭐대던 에서를 꼬리가 되게 만들었고, 그의 나라
전체를 유령도시로 만들었다."
4 에돔(에서)은, "우리가 쓰러졌지만 아무렇지도 않
게 다시 일어설 수 있다"고 말한다. 그러나 만군의 하
나님께서 이렇게 말씀하신다. "그래 한번 해보아라.
과연 그럴 수 있는지 보자. 내가 때려눕히면 다시 일
어서지 못한다. 너희를 보고 사람들이 '악의 땅!', '하
나님께 저주받은 족속!'이라고 말하리라.
5 그렇다. 잘 보아라. 그러면 내가 얼마나 충실하게 너
희를 사랑해 왔는지 깨닫게 될 것이다. 너희는 더 큰
것을 바라며 이렇게 말할 것이다. '이스라엘의 경계를
넘어서까지, 하나님의 이름이 더욱 높아지기를!'"

6 "아들은 자기 아버지를 높이고, 일꾼은 자기 주인
을 높이는 법이 아니냐? 그런데 내가 너희 아버지인
데도, 너희는 과연 나를 높이느냐? 내가 너희 주인인
데도, 너희는 과연 나를 존중하느냐?" 만군의 하나
님께서 너희를 질책하신다. "너희 제사장들이 나를
멸시한다!
너희는 말한다. '그럴 리가요! 저희가 어떻게 주님을
멸시한단 말씀입니까?'

MALACHI

No More of This So-Called Worship!

1 [1] A Message. GOD's Word to Israel
through Malachi:
2-3 GOD said, "I love you."
You replied, "Really? How have you loved us?"
"Look at history" (this is GOD's answer). "Look
at how differently I've treated you, Jacob, from
Esau: I loved Jacob and hated Esau. I reduced
pretentious Esau to a molehill, turned his
whole country into a ghost town."
4 When Edom (Esau) said, "We've been
knocked down, but we'll get up and start over,
good as new," GOD-of-the-Angel-Armies said,
"Just try it and see how far you get. When I
knock you down, you stay down. People will
take one look at you and say, 'Land of Evil!'
and 'the GOD-cursed tribe!'
5 "Yes, take a good look. Then you'll see how
faithfully I've loved you and you'll want even
more, saying, 'May GOD be even greater,
beyond the borders of Israel!'

6 "Isn't it true that a son honors his father and
a worker his master? So if I'm your Father,
where's the honor? If I'm your Master, where's
the respect?" GOD-of-the-Angel-Armies is calling
you on the carpet: "You priests despise me!
"You say, 'Not so! How do we despise you?'
"By your shoddy, sloppy, defiling worship.
"You ask, 'What do you mean, "defiling"?

너희의 조악하고 천박한 예배로 나를 멸시한다.
너희가 묻는다. '멸시하다니, 무슨 말씀이십니
까? 대체 어떻게 멸시한다는 말씀인가요?'
7-8 너희는, '하나님의 제단은 더 이상 중요하지
않다. 하나님을 예배하는 일은 더 이상 최우선적
인 과제가 아니다'라고 말한다. 이것이 나를 멸시
하는 일이 아니고 무엇이냐? 또 너희는 예배 때
보잘것없는 짐승을 가져와서 제물로 바친다. 너
희 자신도 갖고 싶어 하지 않을, 눈멀고 병들고
다리 저는 짐승들을 가져온다. 이것이 멸시가 아
니면 무엇이냐? 너희 상관을 그런 식으로 속이려
고 해보아라. 너희에게 무엇이 돌아오겠느냐?"
만군의 하나님께서 너희에게 물으신다.
9 "무릎 꿇고, 내게 은혜를 베풀어 달라고 기도
하여라. 너희 제사장들은 모두를 구렁에 빠뜨렸
다. 이런 짓을 해놓고도 내가 너희 말을 들어주리
라고 생각하느냐?" 만군의 하나님께서 너희에게
물으신다.
10 "아예 성전 문을 닫아 걸어 버리는 것이 어떻
겠느냐? 그러면 누구도 성전에서 아둔하고 천치
같은 예배를 드리며 종교놀음을 하지 못할 테니
말이다. 나는 기쁘지 않다. 만군의 하나님은 하나
도 기쁘지 않다. 너희의 거짓 예배 따위는 원하지
않는다!"

너희는 나를 모독한다

11 "나는 온 세상에서 높임을 받는다. 세상 도처
에, 나를 예배할 줄 아는 자들, 자기에게 가장 귀
한 것을 바치며 나를 높이는 자들이 있다. 그들은
세상 곳곳에서 말한다. '만군의 하나님이 가장 높
으시다!'
12-13 너희만 예외다. 너희는 나를 높이기는커녕
모독한다. 너희는 '예배가 뭐 그리 중요한가, 예
배에 무엇을 가져오는지가 그렇게도 중요한가?'
라고 말하고, '예배는 지루하다. 내게 아무 도움
이 되지 않는다'는 말로 나를 모독한다. 너희는
고개를 빳빳이 세우고, 나 만군의 하나님 앞에서
잘난 체한다! 또 너희는 내게 싸구려나 폐품, 쓰
레기 같은 것들을 바친다. 내가 그런 것들을 받으
리라고 생각하느냐? 나 하나님이 말한다!
14 *나를 위해 뭔가 큰일—값진 희생제—을 할 것*
처럼 잔뜩 폼을 잡다가, 결국은 하잘것없는 것만
가져오는 자에게 저주가 있을 것이다! 나는 위대한
왕이요, 세상 도처에서 높임을 받는 만군의 하나님
이다. 결단코 그런 일을 두고 보지 않을 것이다!"

What's defiling about it?'
7-8 "When you say, 'The altar of GOD is not
important anymore; worship of GOD is no longer
a priority,' that's defiling. And when you offer
worthless animals for sacrifices in worship,
animals that you're trying to get rid of—blind and
sick and crippled animals—isn't that defiling? Try
a trick like that with your banker or your senator—
how far do you think it will get you?" GOD-of-the-
Angel-Armies asks you.
9 "Get on your knees and pray that I will be
gracious to you. You priests have gotten everyone
in trouble. With this kind of conduct, do you think
I'll pay attention to you?" GOD-of-the-Angel-
Armies asks you.
10 "Why doesn't one of you just shut the Temple
doors and lock them? Then none of you can get in
and play at religion with this silly, empty-headed
worship. I am not pleased. The GOD-of-the-Angel-
Armies is not pleased. And I don't want any more
of this so-called worship!

Offering God Something Hand-Me-Down, Broken, or Useless

11 "I am honored all over the world. And there are
people who know how to worship me all over the
world, who honor me by bringing their best to me.
They're saying it everywhere: 'God is greater, this
GOD-of-the-Angel-Armies.'
12-13 "All except you. Instead of honoring me,
you profane me. You profane me when you say,
'Worship is not important, and what we bring to
worship is of no account,' and when you say, 'I'm
bored—this doesn't do anything for me.' You act
so superior, sticking your noses in the air—act
superior to *me*, GOD-of-the-Angel-Armies! And
when you do offer something to me, it's a hand-me-
down, or broken, or useless. Do you think I'm going
to accept it? This is GOD speaking to you!
14 "A curse on the person who makes a big show
of doing something great for me—an expensive
sacrifice, say—and then at the last minute brings
in something puny and worthless! I'm a great king,
GOD-of-the-Angel-Armies, honored far and wide,
and I'll not put up with it!"

하나님의 거룩을 더럽히는 일

2 1-3 "제사장들아, 너희에 대한 기소장이
다! 너희가 순종하며 귀 기울여 듣지 않
고, 나 만군의 하나님을 높이며 예배하지 않으
면, 내가 너희를 저주 아래 둘 것이다. 내가 너희
의 모든 복을 저주로 바꿀 것이다. 이미 저주가
시작되었다. 너희는 나를 높이는 일에 별 관심
이 없기 때문이다. 그렇다. 그 저주는 너희 자손
들에게까지 미칠 것이다. 내가 너희 얼굴에 악
취 나는 쓰레기를, 너희 축제에서 나오는 쓰레
기를 바를 것이다. 너희에게 곧 닥칠 일이다!
4-6 그렇게 하면 너희가 정신을 차릴 것이다. 레
위 제사장들과 맺은 언약, 곧 만군의 하나님의
언약에 새로운 생명을 불어넣기 위해 내가 너희
를 기소한다는 것을 깨닫게 될 것이다. 내가 레
위와 언약을 맺은 것은 그에게 생명과 평화를 주
기 위해서였다. 나는 그와 맺은 언약을 지켰고,
그는 나를 높였다. 그는 경외심을 품고 내 앞에
섰다. 진리를 가르쳤으며, 거짓을 말하지 않았
다. 평화와 의를 실천하며 나와 동행했다. 그는
많은 사람을 수렁에서 건지고, 바른 길로 이끌
었다.
7-9 제사장의 일은 진리를 가르치는 것이다. 사
람들에게 길을 안내하는 것이다. 제사장은 만
군의 하나님의 특사다. 그런데 너희 제사장들
은 제사장의 일을 저버렸다. 도리어 많은 사람
들의 삶을 망쳐 놓았다. 너희는 제사장 레위의
언약을 쓰레기로 만들었다. 만군의 하나님이 말
한다. 그래서 내가 이렇게 너희의 실상을 만천
하에 폭로한다. 이제 모두가 너희를 역겨워하고
피해 간다. 너희가 내 말을 듣지 않고, 내 계시를
참되고 치우침 없이 가르치지 않기 때문이다."
10 우리는 모두 한 아버지에게서 나지 않았느
냐? 모두 같은 하나님에 의해 창조되지 않았느
냐? 그런데 어째서 우리는 서로 잘 지내지 못하
는 것일까? 어째서 우리를 하나로 묶어 주는, 조
상들의 언약을 더럽히고 있는가?
11-12 유다는 하나님을 속였다. 신뢰를 저버리는
역겨운 일이 이스라엘과 예루살렘에서 벌어졌
다. 유다는 이방 신들을 예배하는 여자들과 사
랑에 빠져 도망갔고, 하나님의 거룩을 더럽혔
다. 그들에게 하나님의 저주가 있을 것이다! 그
들을 집에서 내쫓아라! 그들은 공동체 일원이 될
자격이 없다. 만군의 하나님께 아무리 많은 제
물을 들고 온다고 해도 소용없다.

Desecrating the Holiness of God

2 1-3 "And now this indictment, you priests!
If you refuse to obediently listen, and if you
refuse to honor me, GOD-of-the-Angel-Armies,
in worship, then I'll put you under a curse. I'll
exchange all your blessings for curses. In fact,
the curses are already at work because you're not
serious about honoring me. Yes, and the curse will
extend to your children. I'm going to plaster your
faces with rotting garbage, garbage thrown out from
your feasts. That's what you have to look forward to!
4-6 "Maybe that will wake you up. Maybe then
you'll realize that I'm indicting you in order to
put new life into my covenant with the priests of
Levi, the covenant of GOD-of-the-Angel-Armies.
My covenant with Levi was to give life and peace.
I kept my covenant with him, and he honored me.
He stood in reverent awe before me. He taught the
truth and did not lie. He walked with me in peace
and uprightness. He kept many out of the ditch,
kept them on the road.
7-9 "It's the job of priests to teach the truth. People
are supposed to look to them for guidance. The
priest is the messenger of GOD-of-the-Angel-
Armies. But you priests have abandoned the way
of priests. Your teaching has messed up many
lives. You have corrupted the covenant of priest
Levi. GOD-of-the-Angel-Armies says so. And so I
am showing you up for who you are. Everyone will
be disgusted with you and avoid you because you
don't live the way I told you to live, and you don't
teach my revelation truly and impartially."
10 Don't we all come from one Father? Aren't we
all created by the same God? So why can't we get
along? Why do we desecrate the covenant of our
ancestors that binds us together?
11-12 Judah has cheated on GOD—a sickening viola-
tion of trust in Israel and Jerusalem: Judah has
desecrated the holiness of GOD by falling in love
and running off with foreign women, women who
worship alien gods. GOD's curse on those who do
this! Drive them out of house and home! They're
no longer fit to be part of the community no matter
how many offerings they bring to GOD-of-the-
Angel-Armies.

13-15 유다의 두 번째 죄는, 너희 예배장소를 우는
소리와 불평하는 소리로 가득 채운 것이다. 그들
이 원하는 것을 하나님에게서 얻지 못했기 때문이
다. 너희는 그 이유를 알고 있느냐? 너희가 너희
어린 신부를 맞으며 결혼 서약을 했을 때 하나님
께서 거기 증인으로 계셨는데도, 너희가 그 서약
을 깨 버렸기 때문이다. 너희는 서약 맺은 동반자,
언약 맺은 아내와의 약속을 깨뜨렸다. 결혼은, 너
희가 아닌 하나님의 작품이다. 그 세부사항 하나
하나에까지 그분의 영이 깃들어 있다. 그분이 결
혼에서 원하시는 것이 무엇인지 아느냐? 다름 아
닌, 하나님의 자녀가 되는 것이다. 그러니 너희는
부부 간의 도리를 잘 지키며 살아야 한다. 너희 배
우자를 속여서는 안된다.
16 "나는 이혼을 미워한다." 만군의 하나님, 이스
라엘의 하나님께서 말씀하신다. "나는 결혼으로
맺어진 '한 몸'이 찢어지는 것을 싫어한다." 그러니
늘 너희 자신을 살펴라. 경계를 늦추지 마라. 속이
지 마라.
17 너희가 하는 말은 하나같이 하나님을 괴롭힌다.
"우리가 어떻게 그분을 괴롭힙니까?" 하고 너희가
묻는다.
바로 이런 말로 하나님을 괴롭힌다. "하나님은 죄
인도, 죄도 다 사랑하신다. 하나님은 뭐든지 사랑
하신다." "심판이라고? 하나님은 너무 좋으신 분
이어서 심판 같은 것은 하지 않으신다."

3
1 "보아라! 나를 위해 길을 닦으라고, 내가
특사를 보낼 것이다. 너희가 찾던 지도자
가 불시에 자기 성전에 들어설 것이다. 그렇다. 그
가 바로 너희가 기다리던, 언약의 특사다. 보아라!
그가 오고 있다!" 만군의 하나님의 메시지다.
2-4 그러나 그가 올 때 과연 누가 견뎌 낼 수 있을까?
그가 나타날 때 과연 누가 살아남을 수 있을까?
그는 용광로 속의 맹렬한 불 같다. 그는 가장 강력
한 세정제 같다. 그는 금과 은을 정련하고 더러운
옷을 깨끗이 빨듯이, 레위 제사장들을 정련하고
깨끗게 할 것이다. 그리하여 마침내 그들을 하나
님께 합당한 자들, 의의 제물을 바치기에 합당한
자들로 만들어 낼 것이다. 그때에야 비로소 유다
와 예루살렘은, 오래전처럼 하나님께 합한 존재,
기쁨을 드리는 존재가 될 것이다."

13-15 And here's a second offense: You fill the
place of worship with your whining and sniveling
because you don't get what you want from GOD.
Do you know why? Simple. Because GOD was
there as a witness when you spoke your marriage
vows to your young bride, and now you've broken
those vows, broken the faith-bond with your
vowed companion, your covenant wife. GOD,
not you, made marriage. His Spirit inhabits even
the smallest details of marriage. And what does
he want from marriage? Children of God, that's
what. So guard the spirit of marriage within you.
Don't cheat on your spouse.
16 "I hate divorce," says the GOD of Israel. GOD-of-
the-Angel-Armies says, "I hate the violent
dismembering of the 'one flesh' of marriage." So
watch yourselves. Don't let your guard down.
Don't cheat.
17 You make GOD tired with all your talk.
"How do we tire him out?" you ask.
By saying, "GOD loves sinners and sin alike. GOD
loves all." And also by saying, "Judgment? GOD's
too nice to judge."

The Master You've Been Looking For

3
1 "Look! I'm sending my messenger on
ahead to clear the way for me. Suddenly,
out of the blue, the Leader you've been looking for
will enter his Temple—yes, the Messenger of the
Covenant, the one you've been waiting for. Look!
He's on his way!" A Message from the mouth of
GOD-of-the-Angel-Armies.
2-4 But who will be able to stand up to that
coming? Who can survive his appearance?
He'll be like white-hot fire from the smelter's
furnace. He'll be like the strongest lye soap at
the laundry. He'll take his place as a refiner of
silver, as a cleanser of dirty clothes. He'll scrub
the Levite priests clean, refine them like gold
and silver, until they're fit for GOD, fit to present
offerings of righteousness. Then, and only then,
will Judah and Jerusalem be fit and pleasing to
GOD, as they used to be in the years long ago.

5 "그렇다. 내가 심판을 들고 너희를 찾아가는 중이다. 나는 마술 부리는 자들, 간음하는 자들, 거짓말하는 자들, 일꾼을 착취하는 자들, 과부와 고아들을 이용하는 자들, 집 없는 이들을 박대하는 자들, 곧 나를 높이지 않는 자들의 죄를 드러낼 증거를 내놓겠다. 그들이 꼼짝 못하도록." 만군의 하나님의 메시지다.

십일조

6-7 "나는 하나님이다. 그렇다. 언제나 하나님이다. 나는 변하지 않는다. 내가 변하지 않기에, 너 야곱의 자손이 지금까지 멸망하지 않은 것이다. 너희는 오랜 세월 동안 내 명령을 무시했다. 내가 너희에게 이르는 일을 하나도 행하지 않았다. 내게 돌아오너라. 내가 너희에게 돌아갈 수 있도록." 만군의 하나님께서 말씀하신다.

"너희가 묻는다. '저희가 어떻게 돌아가야 합니까?'

8-11 정직한 일부터 시작하여라. 정직한 자들은 하나님의 것을 훔치지 않는다. 그러나 너희는 날마다 내 것을 훔친다.

너희가 묻는다. '저희가 어떻게 주님의 것을 훔쳤단 말씀인가요?'

십일조와 헌물이다! 지금 너희가—너희 모두가—저주 아래 있는 것은, 너희가 내 것을 훔쳤기 때문이다. 너희의 온전한 십일조를 성전 보물 보관소로 가져와서, 내 성전 곳간이 넉넉해지게 하여라. 이 일을 가지고 나를 한번 시험해 보아라. 내가 너희에게 하늘을 열어 주는지 않는지, 너희가 감히 꿈도 꾸지 못한 복들을 너희에게 쏟아부어 주는지 않는지. 내가 약탈자들을 막고, 너희 밭과 정원들을 보호해 줄 것이다." 만군의 하나님의 메시지다.

12 "너희는 '가장 행복한 나라'로 손꼽힐 것이다. 은총이 넘치는 나라에서 살게 될 것이다." 만군의 하나님의 말씀이다.

하나님을 높이며 살아온 사람들

13 하나님께서 말씀하신다. "너희는 내게 무례하고 거친 말을 했다.

너희가 묻는다. '언제 우리가 그렇게 했습니까?'

14-15 너희는 이렇게 말했다. '하나님을 섬겨 봐야 득 될 게 없다. 대체 얻는 것이 무엇이란 말인가? 그분의 말씀대로 행하고 만군의 하나님 앞에

5 "Yes, I'm on my way to visit you with Judgment. I'll present compelling evidence against sorcerers, adulterers, liars, those who exploit workers, those who take advantage of widows and orphans, those who are inhospitable to the homeless—anyone and everyone who doesn't honor me." A Message from GOD-of-the-Angel-Armies.

6-7 "I am GOD—yes, I AM. I haven't changed. And because I haven't changed, you, the descendants of Jacob, haven't been destroyed. You have a long history of ignoring my commands. You haven't done a thing I've told you. Return to me so I can return to you," says GOD-of-the-Angel-Armies.

"You ask, 'But how do we return?'

8-11 "Begin by being honest. Do honest people rob God? But you rob me day after day.

"You ask, 'How have we robbed you?'

"The tithe and the offering—that's how! And now you're under a curse—the whole lot of you—because you're robbing me. Bring your full tithe to the Temple treasury so there will be ample provisions in my Temple. Test me in this and see if I don't open up heaven itself to you and pour out blessings beyond your wildest dreams. For my part, I will defend you against marauders, protect your wheat fields and vegetable gardens against plunderers." The Message of GOD-of-the-Angel-Armies.

12 "You'll be voted 'Happiest Nation.' You'll experience what it's like to be a country of grace." GOD-of-the-Angel-Armies says so.

The Difference Between Serving God and Not Serving Him

13 GOD says, "You have spoken hard, rude words to me.

"You ask, 'When did we ever do that?'

14-15 "When you said, 'It doesn't pay to serve God. What do we ever get out of it? When we did what he said and went around with long faces, serious about GOD-of-the-Angel-Armies, what difference did it make? Those who take life into their own hands are the lucky ones. They break all the rules

서 엄숙하고 침울하게 살았는데, 달라진 게 뭐지?
하지만 자기 인생을 제 마음대로 사는 자들은 행운
아다. 법이란 법은 모두 어기며 살아도 잘만 산다.
하나님의 한계를 시험하는데도, 그들은 별 탈 없이
잘산다.'"
16 그때, 하나님을 높이며 살아온 사람들이 한자리
에 모여 이야기를 나누었다. 하나님께서 그들을 보
시며 그들의 말을 귀 기울여 들으셨다. 하나님 앞
에 한 책이 펼쳐지고 그 모임이 기록되었다. 하나
님을 경외하는 자들, 하나님의 이름을 높인 자들의
이름이 다 기록되었다.
17-18 만군의 하나님께서 말씀하셨다. "그들은 내 사
람들이다. 모두 내 사람들이다. 내가 행동에 나설
때 그들은 특별대우를 받을 것이다. 부모가 자신을
높이는 자녀를 아끼고 품어 주듯이, 내가 그들을
그렇게 대해 줄 것이다. 다시 한번, 너희는 바른 일
을 하는 사람과 그렇지 않은 사람, 하나님을 섬기
는 사람과 그렇지 않은 사람의 운명이 얼마나 다른
지 보게 될 것이다."

의의 태양이 떠오르리라

4 1-3 "두고 보아라. 그날이 오고 있다. 산불처
럼 맹렬한 그날이. 악을 행하는 거만한 자
들은 모두 땔감처럼 태워져 부서질 것이다. 오직 그
을린 흙과 재만 남으리라. 그들에게는 암흑의 날이
될 것이다. 그러나 너희는 기대하여라! 내 이름을
높이는 이들에게는 의의 태양이 떠오를 것이다. 거
기에서 치유의 빛이 흘러나올 것이다. 너희는 기운
펄펄한 망아지처럼 에너지가 넘치고, 악한 자들을
밟게 될 것이다. 그날에, 그들은 너희에게 밟혀 재
처럼 뒹굴 것이다." 만군의 하나님께서 말씀하신다.
4 "내가 내 종 모세를 통해 주었던 계시, 온 이스라
엘을 위해 호렙에서 명령으로 주었던 계시, 바른
삶을 위한 그 모든 규례를 기억하고 지켜라.
5-6 그러나 동시에 앞을 내다보며 살아라. 내가 하
나님의 큰 날—결정적 심판의 날—을 위해 예언자
엘리야를 보내어 길을 닦게 할 것이다. 그는 부모
의 마음을 돌려 자녀를 돌보게 하고, 자녀의 마음
을 돌려 부모를 공경하게 할 것이다. 만일 그들이
그것을 거절하면, 내가 와서 그 땅을 저주 아래 둘
것이다."

and get ahead anyway. They push God to the
limit and get by with it.'"
16 Then those whose lives honored GOD got
together and talked it over. GOD saw what they
were doing and listened in. A book was opened
in God's presence and minutes were taken of
the meeting, with the names of the GOD-fear-
ers written down, all the names of those who
honored GOD's name.
17-18 GOD-of-the-Angel-Armies said, "They're
mine, all mine. They'll get special treatment
when I go into action. I treat them with the same
consideration and kindness that parents give the
child who honors them. Once more you'll see
the difference it makes between being a person
who does the right thing and one who doesn't,
between serving God and not serving him."

The Sun of Righteousness Will Dawn

4 1-3 "Count on it: The day is coming,
raging like a forest fire. All the arrogant
people who do evil things will be burned up like
stove wood, burned to a crisp, nothing left but
scorched earth and ash—a black day. But for
you, sunrise! The sun of righteousness will dawn
on those who honor my name, healing radiating
from its wings. You will be bursting with energy,
like colts frisky and frolicking. And you'll tromp
on the wicked. They'll be nothing but ashes
under your feet on that Day." GOD-of-the-Angel-
Armies says so.
4 "Remember and keep the revelation I gave
through my servant Moses, the revelation I
commanded at Horeb for all Israel, all the rules
and procedures for right living.
5-6 "But also look ahead: I'm sending Elijah
the prophet to clear the way for the Big Day
of GOD—the decisive Judgment Day! He will
convince parents to look after their children
and children to look up to their parents. If they
refuse, I'll come and put the land under a curse."

The MESSAGE

신약전서

예수께서 오심으로 새 시대가 열렸다. 하나님께서 친히 역사 속으로 들어오셔서, 그분이 우리 편이시며 우리를 구원하시기 위해서라면 못하실 일이 없음을 분명히 보이셨다. 그 모든 일이 예수의 삶과 죽음과 부활로 드러나고 이루어졌다. 그때나 지금이나, 이것은 웬만해서는 믿기 어려운 이야기다. 너무 좋아서 믿기지 않는 이야기다. 예수의 제자 가운데 한 사람인 요한은, 그가 쓴 첫 번째 편지의 도입부에서 그런 상황을 이렇게 요약하고 있다.

> 우리는 첫날부터 거기 있으면서, 그 모든 것을 받아들였습니다. 우리는 그 모든 것을 두 귀로 듣고, 두 눈으로 보고, 두 손으로 확인했습니다. 생명의 말씀이 우리 눈앞에 나타나셨습니다. 우리는 그것을 똑똑히 보았습니다! 이제 우리가 목격한 것을 여러분에게 과장 없이 있는 그대로 말씀드리겠습니다. 너무나 놀랍게도, 하나님 자신의 무한하신 생명이 우리 앞에 모습을 드러냈습니다. 우리가 그것을 보고 듣고서 이제 여러분에게 전하는 것은, 우리와 더불어 여러분도 아버지와 그분의 아들이신 예수 그리스도와의 사귐을 경험하게 하려는 것입니다. 우리가 이 편지를 쓰는 목적은, 여러분도 이 사귐을 누리게 하려는 것입니다. 그러면 여러분의 기쁨으로 인해 우리의 기쁨이 두 배가 될 테니까요!(요일 1:1-4)

사람들은 하나둘씩 그 이야기를 믿었다. 예수께서 그들 가운데서 그들을 위해 살아 계신 하나님이심을 믿었다. 곧이어 그들은 예수께서 그들 안에서도 살아 계심을 깨달았다. 자신들이 살고 있는 세상이 온통 하나님께서 다스리시는 세상임을 알고, 그들은 깜짝 놀랐다. 만물의 시작과 끝이 그분께 있었던 것이다. 실제로 요한은 그의 환상 속에서 예수께서 다음과 같이 말씀하시는 것을 들었다. "나는 처음이며 마지막, 최초이며 최종, 시작이며 끝이다"(계 22:13). 그렇다면 모든 것, 글자 그대로 모든 것을 다시 조정하고 다시 그려 내고 다시 생각해야 했다.

그들은 그 일에 아주 신바람이 났다. 그들은 예수의 이야기를 전했고, 그분의 가르침을 기억하기 쉽게 정

The arrival of Jesus signaled the beginning of a new era. God entered history in a personal way, and made it unmistakably clear that he is on our side, doing everything possible to save us. It was all presented and worked out in the life, death, and resurrection of Jesus. It was, and is, hard to believe–seemingly too good to be true. One of Jesus' disciples, John, summed it up in the introduction of his first letter:

> From the very first day, we were there, taking it all in–we heard it with our own ears, saw it with our own eyes, verified it with our own hands. *The Word of Life* appeared right before our eyes; we saw it happen! And now we're telling you in most sober prose that what we witnessed was, incredibly, this: The infinite Life of God himself took shape before us.
> We saw it, we heard it, and now we're telling you so you can experience it along with us, this experience of communion with the Father and his Son, Jesus Christ. Our motive for writing is simply this: We want you to enjoy this, too. Your joy will double our joy!(1 John 1:1-4)

But one by one, men and women did believe it, believed Jesus was God alive among them and for them. Soon they would realize that he also lived in them. To their great surprise they found themselves living in a world where God called all the shots–had the first word on everything; had the last word on everything. In fact, in John's vision, he heard Jesus say, "I'm A to Z, the First and the Final, Beginning and Conclusion"(Revelation 22:13). That meant that everything, quite literally every thing, had to be re-centered, re-imagined, and re-thought.

They went at it with immense gusto. They

리했다. 편지를 썼다. 노래를 불렀다. 기도를 드렸다. 그들 가운데 한 명은 거룩한 환상을 바탕으로 독특한 시를 썼다. 명확한 책임자가 있었던 것도 아니다. 모든 것이 자발적으로 이루어졌고, 얼핏 보기에는 아무렇게나 되는 일 같았다. 세월이 50년쯤 흘러서 그 글들이 한데 모아졌고, 예수를 따르는 이들은 그것을 하나로 묶어 "신약성경"이라고 불렀다.

목격담, 개인적인 편지, 환상의 시. 이렇게 세 종류의 글이 모아져, 한 권의 책이 되었다. 이야기 다섯 마당, 편지 스물한 통, 시 한 편.

이렇게 쓰고 읽고 모으고 정리하는 과정이 겉보기에는 아무런 책임자도 없이 이루어진 것 같았다. 하지만 그 기록을 읽으면서 삶이 변화되고 만들어져 가던 초기 그리스도인들은 책임자가 계시다는 확신에 이르렀다. 그 모든 일의 배후와 중심에 하나님의 성령이 계셨던 것이다. 그들이 뒤돌아보고 깨달은 것이지만, 그 모든 일은 전혀 임의로 되거나 아무렇게나 된 일이 아니었다. 단어 하나하나까지 서로 맞아들어 갔고, 각자 따로 된 문서들이 모두 정교하게 조화를 이루었다. 우연은 조금도 없었고, 어쩌다 그렇게 된 일도 아니었다. 그들은 담대하게 그 기록된 글을 "하나님의 말씀"이라고 부르며, 거기에 자신의 삶을 걸었다. 그 글에 자신의 삶을 다스릴 권위가 있음을 받아들였던 것이다. 바울은 그의 제자 디모데에게 보낸 편지에서 이렇게 말했다.

> 그리스도 예수를 믿는 믿음으로 말미암아 구원에 이르는 길을 보여주는 것은, 오직 기록된 하나님의 말씀 외에는 없습니다. 성경의 모든 부분에는 하나님의 숨결이 깃들어 있어 모든 면에서 유익합니다. 우리에게 진리를 보여주고, 우리의 반역을 드러내며, 우리의 실수를 바로잡아 주고, 우리를 훈련시켜 하나님의 방식대로 살게 합니다. 우리는 말씀을 통해 온전해지며, 하나님께서 우리를 위해 마련하신 일을 이루어 가게 됩니다(딤후 3:15-17).

그 후로, 이 글을 읽은 사람들은 대부분 비슷한 믿음을 가졌다.

이 기록의 두드러진 특징은, 당시 길거리에서 쓰던 언어와 놀이터와 시장의 말투로 되어 있다는 것이다. 그리스어를 쓰던 당시 세계에는, 두 등급의 언어가 있었다. 공식 언어와 비공식 언어였다.

told stories of Jesus and arranged his teachings in memorable form. They wrote letters. They sang songs. They prayed. One of them wrote an extraordinary poem based on holy visions. There was no apparent organization to any of this; it was all more or less spontaneous and, to the eye of the casual observer, haphazard. Over the course of about fifty years, these writings added up to what would later be compiled by the followers of Jesus and designated "The New Testament."

Three kinds of writing – eyewitness stories, personal letters, and a visionary poem – make up the book. Five stories, twenty-one letters, one poem.

In the course of this writing and reading, collecting and arranging, with no one apparently in charge, the early Christians, whose lives were being changed and shaped by what they were reading, arrived at the conviction that there was, in fact, someone in charge – God's Holy Spirit was behind and in it all. In retrospect, they could see that it was not at all random or haphazard, that every word worked with every other word, and that all the separate documents worked in intricate harmony. There was nothing accidental in any of this, nothing merely circumstantial. They were bold to call what had been written "God's Word", and trusted their lives to it. They accepted its authority over their lives. In his second letter to his protégé Timothy, Paul wrote,

> There's nothing like the written Word of God for showing you the way to salvation through faith in Christ Jesus. Every part for Scripture is God-breathed and useful one way or another – showing us truth, exposing our rebellion, correcting our mistakes, training us to live God's way. Through the Word we are put together and shaped up for the tasks God has for us(2 Timothy 3:15-17).

Most of its readers since have been similarly convinced.

A striking feature in all this writing is that it was done in the street language of the day, the idiom of the playground and marketplace. In the Greek-speaking world of that day, there were two

공식 언어는 철학과 역사, 정부 법령과 서사시를 쓸 때 사용했다. 누군가 자리에 앉아 짐짓 후대에 남길 글을 쓰는 것이라면, 당연히 박식한 어휘와 정확한 어법을 살려 공식 언어로 기록했다. 그러나 사야 할 물건의 목록이나 가족 간의 편지, 청구서나 영수증 같은 일상적인 글이라면, 길거리에서 쓰는 평범하고 비공식적인 일상어로 썼다.

신약성경 전체에 사용된 언어가 바로 그 언어다. 여기에 난색을 표하는 사람들이 있다. 거룩하신 하나님과 거룩한 것들을 담을 언어라면, 마땅히 고상하고 장중하고 격식에 맞아야 한다는 생각 때문이다. 그러나 예수를 한 번만 잘 보면, 그런 억측은 사라진다. 그분은 현실적인 이야기를 즐겨 하셨고, 평범한 사람들과 스스럼없이 어울리셨다. 예수는 있는 그대로의 우리 삶으로 내려오신 하나님이시지, 우리의 삶을 가지고 하나님께로 올라가신 분이 아니다. 우리가 그분께 인정받기 위해 안간힘을 쓰기를 바라시는 분이 아니다. 요한의 말대로 예수는 "우리가 사는 곳에" 오셔서, 우리 가운데 한 사람이 되신 분이다(요 1:14). 바울은 그의 편지에서 예수에 대해 다음과 같이 말한다.

> 그분은 하나님과 동등한 지위셨으나 스스로를 높이지 않으셨고, 그 지위의 이익을 고집하지도 않으셨습니다. 조금도 고집하지 않으셨습니다! 때가 되자, 그분은 하나님과 동등한 특권을 버리고 종의 지위를 취하셔서, 사람이 되셨습니다! 그분은 사람이 되셔서, 사람으로 사셨습니다. 그것은 믿을 수 없을 만큼 자신을 낮추는 과정이었습니다. 그분은 특권을 주장하지 않으셨습니다. 오히려 사심 없이 순종하며 사셨고, 사심 없이 순종하며 죽으셨습니다. 그것도 가장 참혹하게 십자가에서 죽으셨습니다(빌 2:5-8).

그래서 예수를 따르는 사람들은 전도할 때나 설교할 때나 번역할 때나 가르칠 때나, 메시지—"복된 소식"—를 자기가 살고 있는 현장의 언어로 표현하려고 언제나 최선을 다했다. 메시지를 바로 이해하려면 언어를 바로 써야 한다. 완벽함을 열망하는 우리의 바람에 어울리는 세련된 언어가 아니라, 생각지도 못한 곳에서 하나님의 임재와 활동을 드러내 주는 투박하고 다듬어지지 않는 언어라야 한다. 하나님 생각 없이 평범하고 너저분한 삶에 몰두해 있을 때, 우리를 확 덮치는 그런 언어여야 한다.

오늘의 언어로 된 이 『메시지』는, 요즘 사람들

levels of language: formal and informal. Formal language was used to write philosophy and history, government decrees and epic poetry. If someone were to sit down and consciously write for posterity, it would of course be written in this formal language with its learned vocabulary and precise diction. But if the writing was routine—shopping lists, family letters, bills, and receipts—it was written in the common, informal idiom of everyday speech, street language.

And this is the language used throughout the New Testament. Some people are taken aback by this, supposing that language dealing with a holy God and holy things should be elevated—stately and ceremonial. But one good look at Jesus—his preference for down-to-earth stories and easy association with common people—gets rid of that supposition. For Jesus is the descent of God to our lives, just as they are, not the ascent of our lives to God, hoping he might approve when he sees how hard we try. No, Jesus became one of us, moving, as John said, "into the neighborhood"(John 1:14). And Paul wrote,

> He had equal status with God but didn't think so much of himself that he had to cling to the advantages of that status no matter what. Not at all. When the time came, he set aside the privileges of deity and took on the status of a slave, became *human*! Having become human, he stayed human. It was an incredibly humbling process. He didn't claim special privileges. Instead, he lived a selfless, obedient life and then died a selfless, obedient death(Philippians 2:5-8).

And that is why the followers of Jesus in their witness and preaching, translating and teaching, have always done their best to get the Message—the "good news"—into the language of whatever streets they happen to be living on. In order to understand the Message right, the language must be right—not a refined language that appeals to our aspirations after the best but a rough and earthy language that reveals God's presence and action where we least expect it, catching us when we are up to our elbows in the soiled ordinariness of our lives and God is the

이 쓰는 참신하고 이해하기 쉬운 말에 맞춘 것이다. 이 언어는, 우리가 쇼핑하고 친구들과 이야기하고 세상사를 걱정하고 자녀들에게 식탁 예절을 가르칠 때 사용하는 언어와 똑같은 언어다. 그 목표는, 그리스어를 축자적으로 직역하는 것이 아니라, 말투와 억양과 사건과 개념을 우리가 실제로 생각하고 말하는 식으로 바꾸는 것이다.

이『메시지』작업을 하면서 새삼 깨달았지만, 이 일은 내가 목사로서 평생 해온 바로 그 일이다. 35년 동안 나는 목사로서 성경 원어와 일상의 언어라는 두 언어 사이에 서서, 적절한 단어와 숙어를 찾아내는 번역자 노릇을 했다. 내가 섬기는 사람들이 이 세상에서—하나님께서 예수를 통해 아주 단호하고 확실하게 말씀하신 이 세상에서—길을 찾아 잘 살아갈 수 있도록 말이다. 나는 늘 성경 본문을 사람들의 현실에 맞게 오늘의 언어로 표현할 길을 궁리하면서, 강단과 부엌, 병원과 식당, 주차장과 공원에서 그 일을 했다.

furthest thing from our minds.

This version of the New Testament in a contemporary idiom keeps the language of the Message current and fresh and understandable in the same language in which we do our shopping, talk with our friends, worry about world affairs, and teach our children their table manners. The goal is not to render a word-for-word conversion of Greek into English, but rather to convert the tone, the rhythm, the events, the ideas, into the way we actually think and speak.

In the midst of doing this work, I realized that this is exactly what I have been doing all my vocational life. For thirty-five years as a pastor I stood at the border between two languages, biblical Greek and everyday English, acting as a translator, providing the right phrases, getting the right words so that the men and women to whom I was pastor could find their way around and get along in this world where God has spoken so decisively and clearly in Jesus. I did it from the pulpit and in the kitchen, in hospitals and restaurants, on parking lots and at picnics, always looking for an English way to make the biblical text relevant to the conditions of the people.

예수의 이야기는 예수로 시작하지 않는다. 하나님은 이미 오래전부터 일해 오셨다. 예수의 일은 구원이며, 그것은 아주 오래된 일이다. 창세전부터 시작되어 면면이 이어져 온 모든 주제와 기운과 운동이 결집되어, 최종 모습으로 드러난 것이 곧 예수다.

마태는 한 지방에서 벌어진 예수의 이야기를 세계 역사의 정황 안에 배치하면서 신약성경의 문을 연다. 예수의 탄생과 삶과 죽음과 부활에 관한 그의 기록을 읽노라면, 우리는 앞서 일어난 모든 일과 연결 지어 그것을 볼 수밖에 없다. 실제로 예수의 탄생에 관한 기록만 해도, 마태는 독자들에게 메시아가 오심으로 구약의 두 예언이 성취되었음을 상기시키고 있다.

> 잘 보아라, 처녀가 임신하여 아들을 낳을 것이며
> 그 이름을 임마누엘이라 할 것이다!
> (임마누엘은 히브리 말로 '하나님이 우리와 함께하신다'는 뜻이다.) (마 1:23; 사 7:14 인용)

> 유대 땅 베들레헴아,
> 너는 더 이상 뒤만 따르지 않을 것이다.
> 네게서 지도자가 나와
> 내 백성 이스라엘을 목자처럼 다스릴 것이다.
> (마 2:5–6; 미 5:2 인용)

"성취된다"는 말은 마태가 유독 많이 쓰는 동사다. 어떤 일이 벌어지는 것은 "말씀이 성취되기 위해서"다. 예수는 독특하지만 유별난 분은 아니시다.

더 나아가, 마태가 이야기하는 방식을 보면, 우리 이전에 일어난 모든 일이 예수 안에서 완성될 뿐 아니라 우리도 예수 안에서 완성된다는 것을 알 수 있다. 매일 아침 잠에서 깰 때마다 우리는 이미 시작된 일, 오랫동안 진행되어 온 일 한가운데 있다. 우리의 족보와 우리가 살고 있는 지역이 그러하고, 역사와 문화와 우주 그리고 하나님 이야기가 그렇다. 이 이야기 속에서 우리는 우연의 산

The story of Jesus doesn't begin with Jesus. God had been at work for a long time. Salvation, which is the main business of Jesus, is an old business. Jesus is the coming together in final form of themes and energies and movements that had been set in motion before the foundation of the world.

Matthew opens the New Testament by setting the local story of Jesus in its world historical context. He makes sure that as we read his account of the birth, life, death, and resurrection of Jesus, we see the connections with everything that has gone before. In fact, in his account of Jesus' birth alone, Matthew reminds his readers of two Old Testament prophecies being fulfilled in the coming of the Messiah.

> Watch for this – a virgin will get pregnant and bear a son;
> They will name him Immanuel.
> (Hebrew for "God is with us.")(Matthew 1:23; quoting Isaiah 7:14)

> It's you, Bethlehem, in Judah's land,
>   no longer bringing up the rear
> From you will come the leader
>   who will shepherd-rule my people, my Israel.
>   (Matthew 2:5-6; quoting Micah 5:2)

"Fulfilled" is one of Matthew's characteristic verbs: such and such happened "that it might be *fulfilled*." Jesus is unique, but he is not odd.

Better yet, Matthew tells the story in such a way that not only is everything previous to us completed in Jesus; we are completed in Jesus. Every day we wake up in the middle of something that is already going on, that has been going on for a long time: genealogy and geology, history and culture, the cosmos – God. We are neither accidental nor incidental to the story. We get orientation, briefing,

물도 아니고 군더더기처럼 불필요한 존재도 아니다. 이 이야기 속에서 우리는 우리 인생의 방향을 발견하고, 우리 삶에 대한 설명과 확신까지 찾게 된다.

마태는 종합적인 정황을 내놓는다. 하나님의 모든 창조와 구원이 예수 안에서 완성되고, 우리 삶의 모든 부분 — 일, 가정, 친구, 추억, 꿈 — 이 예수 안에서 완성되는 것을 우리는 그 속에서 보게 된다. 예수께서는 "내가 하나님의 율법이든 예언자든, 성경을 폐지하려 왔다고 생각하지 마라. 내가 온 것은 폐지하려는 것이 아니라 오히려 완성하려는 것이다. 나는 그 모든 것을 거대한 하나의 파노라마 속에 아우를 것이다"라고 말씀하셨다(마 5:17). 이러한 정황이 없으면, 우리는 자칫 예수를 신문에 나는 일상사와는 동떨어진 분으로 여길 수 있다. 그것은 사실과 전혀 동떨어진, 매우 위험스러운 일이다.

background, reassurance.

Matthew provides the comprehensive context by which we see all God's creation and salvation completed in Jesus, and all the parts of our lives—work, family, friends, memories, dreams—also completed in Jesus, who himself said, "Don't suppose for a minute that I have come to demolish the Scriptures—either God's Law or the Prophets. I'm not here to demolish but to complete. I am going to put it all together, pull it all together in a vast panorama"(Matthew 5:17). Lacking such a context, we are in danger of seeing Jesus as a mere diversion from the concerns announced in the newspapers. Nothing could be further from the truth.

마태복음

1 [1] 아브라함의 자손이며 다윗의 자손인 예수 그리스도의 족보다.

2-6 아브라함은 이삭을 낳았고
이삭은 야곱을 낳았고
야곱은 유다와 그 형제들을 낳았고
유다는 베레스와 세라를 낳았고(그들의 어머니는 다말이었다)
베레스는 헤스론을 낳았고
헤스론은 람을 낳았고
람은 아미나답을 낳았고
아미나답은 나손을 낳았고
나손은 살몬을 낳았고
살몬은 보아스를 낳았고(그의 어머니는 라합이었다)
보아스는 오벳을 낳았고(룻이 그의 어머니였다)
오벳은 이새를 낳았고
이새는 다윗을 낳았고
다윗은 왕이 되었다.

6-11 다윗은 솔로몬을 낳았고(우리야의 아내가 그의 어머니였다)
솔로몬은 르호보암을 낳았고
르호보암은 아비야를 낳았고
아비야는 아사를 낳았고
아사는 여호사밧을 낳았고
여호사밧은 요람을 낳았고
요람은 웃시야를 낳았고
웃시야는 요담을 낳았고
요담은 아하스를 낳았고
아하스는 히스기야를 낳았고

MATTHEW

1 [1] The family tree of Jesus Christ, David's son, Abraham's son:

2-6 Abraham had Isaac,
Isaac had Jacob,
Jacob had Judah and his brothers,
Judah had Perez and Zerah (the mother was Tamar),
Perez had Hezron,
Hezron had Aram,
Aram had Amminadab,
Amminadab had Nahshon,
Nahshon had Salmon,
Salmon had Boaz (his mother was Rahab),
Boaz had Obed (Ruth was the mother),
Obed had Jesse,
Jesse had David,
and David became king.

6-11 David had Solomon (Uriah's wife was the mother),
Solomon had Rehoboam,
Rehoboam had Abijah,
Abijah had Asa,
Asa had Jehoshaphat,
Jehoshaphat had Joram,
Joram had Uzziah,
Uzziah had Jotham,
Jotham had Ahaz,
Ahaz had Hezekiah,
Hezekiah had Manasseh,

히스기야는 므낫세를 낳았고
므낫세는 아몬을 낳았고
아몬은 요시야를 낳았고
요시야는 여호야긴과 그 형제들을 낳았고
그 무렵에 백성이 바빌론에 포로로 잡혀갔다.

12-16 바빌론으로 잡혀간 뒤에
여호야긴은 스알디엘을 낳았고
스알디엘은 스룹바벨을 낳았고
스룹바벨은 아비훗을 낳았고
아비훗은 엘리아김을 낳았고
엘리아김은 아소르를 낳았고
아소르는 사독을 낳았고
사독은 아킴을 낳았고
아킴은 엘리웃을 낳았고
엘리웃은 엘르아살을 낳았고
엘르아살은 맛단을 낳았고
맛단은 야곱을 낳았고
야곱은 마리아의 남편인 요셉을 낳았고
마리아는
그리스도라 하는 예수를 낳았다.

17 아브라함부터 다윗까지 열네 대,
다윗부터 바빌론으로 잡혀갈 때까지 열네 대,
바빌론으로 잡혀간 뒤로 그리스도까지 열네
대였다.

예수의 탄생

18-19 예수께서 태어나신 경위는 이렇다. 그분
의 어머니 마리아는 요셉과 약혼한 사이였다.
그들이 결혼하기 전에, 요셉은 마리아가 임신
한 사실을 알게 되었다. (성령으로 된 일이었
으나 요셉은 그 사실을 몰랐다.) 요셉은 마음
이 상했지만 점잖은 사람인지라, 마리아에게
욕이 되지 않게 조용히 문제를 매듭지을 참이
었다.
20-23 방도를 찾던 중에 요셉이 꿈을 꾸었다.
꿈속에서 하나님의 천사가 말했다. "다윗의 자
손 요셉아, 주저하지 말고 결혼하여라. 마리아
의 임신은 성령으로 된 것이다. 하나님의 성령
이 잉태하게 하신 것이다. 마리아가 아들을 낳
을 것이니, 그 이름을 예수—'하나님이 구원하
신다'—라고 지어라. 그가 자기 백성을 그 죄
에서 구원하실 것이다." 이로써 예언자가 잉태
한 설교가 드디어 성취되었다.

Manasseh had Amon,
Amon had Josiah,
Josiah had Jehoiachin and his brothers,
and then the people were taken into the Babylonian exile.

12-16 When the Babylonian exile ended,
Jeconiah had Shealtiel,
Shealtiel had Zerubbabel,
Zerubbabel had Abiud,
Abiud had Eliakim,
Eliakim had Azor,
Azor had Zadok,
Zadok had Achim,
Achim had Eliud,
Eliud had Eleazar,
Eleazar had Matthan,
Matthan had Jacob,
Jacob had Joseph, Mary's husband,
the Mary who gave birth to Jesus,
the Jesus who was called Christ.

17 There were fourteen generations from Abraham
to David,
another fourteen from David to the Babylonian
exile,
and yet another fourteen from the Babylonian exile
to Christ.

The Birth of Jesus

18-19 The birth of Jesus took place like this. His
mother, Mary, was engaged to be married to Joseph.
Before they came to the marriage bed, Joseph discov-
ered she was pregnant. (It was by the Holy Spirit, but
he didn't know that.) Joseph, chagrined but noble,
determined to take care of things quietly so Mary
would not be disgraced.
20-23 While he was trying to figure a way out, he had
a dream. God's angel spoke in the dream: "Joseph,
son of David, don't hesitate to get married. Mary's
pregnancy is Spirit-conceived. God's Holy Spirit has
made her pregnant. She will bring a son to birth,
and when she does, you, Joseph, will name him
Jesus—'God saves'—because he will save his people
from their sins." This would bring the prophet's

잘 보아라, 처녀가 임신하여 아들을 낳을 것이며
그 이름을 임마누엘이라 할 것이다!
(임마누엘은 히브리 말로 '하나님이 우리와 함께하신다'는 뜻이다.)

24-25 요셉은 잠에서 깼다. 그는 하나님의 천사가 꿈에 지시한 대로 마리아와 결혼했다. 그러나 그는 마리아가 아기를 낳을 때까지는 잠자리를 같이하지 않았다. 그는 아기의 이름을 예수라고 지었다.

동방에서 온 학자들

2 1-2 예수께서 유대 땅 베들레헴 마을에서 태어나시자—당시는 헤롯이 왕으로 있을 때였다—동방에서 학자들이 예루살렘을 찾아왔다. 그들이 물었다. "새로 태어난 유대인의 왕에게 예를 갖추려면 어디로 가야 합니까? 우리는 동쪽 하늘에서 그의 탄생을 알리는 별을 보았습니다. 그래서 그에게 경배하려고 순례를 왔습니다."
3-4 그들의 질문을 전해 들은 헤롯은 잔뜩 겁이 났다. 헤롯만이 아니라 온 예루살렘이 발칵 뒤집혔다. 헤롯은 한시도 지체하지 않고 그 도시에 있는 대제사장과 종교 학자들을 다 모아 놓고 물었다. "메시아가 태어날 곳이 어디요?"
5-6 그들이 말했다. "유대 땅 베들레헴입니다. 예언자 미가가 분명히 기록했습니다.

유대 땅 베들레헴아,
너는 더 이상 뒤만 따르지 않을 것이다.
네게서 지도자가 나와
내 백성 이스라엘을 목자처럼 다스릴 것이다."

7-8 그러자 헤롯은 동방의 학자들을 은밀히 따로 만났다. 그는 자기도 그들처럼 열성인 척하면서, 탄생을 알리는 별이 나타난 정확한 때를 자세히 캐물었다. 그러고는 그들에게 베들레헴에 관한 예언을 일러 주면서 말했다. "가서 무슨 수를 써서라도 그 아기를 찾으시오. 찾거든 곧바로 나한테 알리시오. 나도 즉시 가서 경배하리다."
9-10 그들은 왕의 지시를 듣고 길을 떠났다. 그때, 별이 다시 나타났다. 동쪽 하늘에서 보았던 바로 그 별이었다. 별은 그들을 앞장서 가

embryonic sermon to full term:

Watch for this—a virgin will get pregnant and bear a son;
They will name him Immanuel (Hebrew for "God is with us").

24-25 Then Joseph woke up. He did exactly what God's angel commanded in the dream: He married Mary. But he did not consummate the marriage until she had the baby. He named the baby Jesus.

Scholars from the East

2 1-2 After Jesus was born in Bethlehem village, Judah territory—this was during Herod's kingship—a band of scholars arrived in Jerusalem from the East. They asked around, "Where can we find and pay homage to the newborn King of the Jews? We observed a star in the eastern sky that signaled his birth. We're on pilgrimage to worship him."
3-4 When word of their inquiry got to Herod, he was terrified—and not Herod alone, but most of Jerusalem as well. Herod lost no time. He gathered all the high priests and religion scholars in the city together and asked, "Where is the Messiah supposed to be born?"
5-6 They told him, "Bethlehem, Judah territory. The prophet Micah wrote it plainly:

It's you, Bethlehem, in Judah's land,
no longer bringing up the rear.
From you will come the leader
who will shepherd-rule my people, my Israel."

7-8 Herod then arranged a secret meeting with the scholars from the East. Pretending to be as devout as they were, he got them to tell him exactly when the birth-announcement star appeared. Then he told them the prophecy about Bethlehem, and said, "Go find this child. Leave no stone unturned. As soon as you find him, send word and I'll join you at once in your worship."
9-10 Instructed by the king, they set off. Then the star appeared again, the same star they had seen in the

다가 아기 있는 곳 위에 머물렀다. 그들은 기뻐
서 어쩔 줄을 몰랐다. 제때에 제자리에 도착한
것이다!
11 그들은 집에 들어가, 어머니 마리아의 품에
안긴 아기를 보았다. 그러고는 감격에 겨워 무
릎을 꿇고 아기에게 경배한 뒤에, 곧 짐을 풀어
서 황금과 유향과 몰약을 선물로 드렸다.
12 꿈에 그들은 헤롯에게 돌아가지 말라는 지시
를 받았다. 그래서 그들은 다른 길을 찾아서 몰
래 그 지방을 빠져나가, 자기 나라로 돌아갔다.

13 학자들이 떠난 뒤에, 하나님의 천사가 다시
요셉의 꿈에 나타나 지시했다. "일어나거라. 아
기와 그 어머니를 데리고 이집트로 피신하여
라. 따로 지시가 있을 때까지 거기 있어라. 헤
롯이 아기를 찾아 죽이려고 한다."
14-15 요셉은 순종했다. 그는 일어나, 밤을 틈타
아기와 그 어머니를 데리고 떠났다. 동틀 무렵
에 마을을 벗어나 제법 멀리까지 가 있었다. 그
들은 헤롯이 죽을 때까지 이집트에서 살았다.
이집트에서 나그네로 살아간 이 일은 "내가 내
아들을 이집트에서 불러냈다"고 한 호세아의
설교를 성취한 것이다.
16-18 헤롯은 학자들이 자기를 속인 것을 알고
노발대발했다. 그는 베들레헴과 그 부근에 사
는 두 살 이하의 사내아이들을 모조리 죽이라
고 명령했다. (그 나이는 그가 동방의 학자들한
테서 들은 정보를 바탕으로 정한 것이다.) 그리
하여 예레미야의 설교가 성취되었다.

라마에 소리가 들리니
슬픔에 겨운 울음소리다.
라헬이 자식을 잃고 우는 소리,
위로받기를 마다하고 우는 소리다.
죽어서 묻힌 자식들,
이제는 가고 없구나.

19-20 나중에 헤롯이 죽자, 하나님의 천사가 이
집트에 있는 요셉의 꿈에 나타났다. "일어나 아
기와 그 어머니를 데리고 이스라엘로 돌아가거
라. 아기를 죽이려던 자들이 다 죽었다."
21-23 요셉은 순종했다. 그는 일어나, 아기와 그
어머니를 데리고 이스라엘로 다시 들어갔다.
그러나 아켈라오가 그 아버지 헤롯의 뒤를 이

eastern skies. It led them on until it hovered over
the place of the child. They could hardly contain
themselves: They were in the right place! They had
arrived at the right time!
11 They entered the house and saw the child in the
arms of Mary, his mother. Overcome, they kneeled
and worshiped him. Then they opened their luggage
and presented gifts: gold, frankincense, myrrh.
12 In a dream, they were warned not to report back
to Herod. So they worked out another route, left the
territory without being seen, and returned to their
own country.

13 After the scholars were gone, God's angel showed
up again in Joseph's dream and commanded, "Get
up. Take the child and his mother and flee to Egypt.
Stay until further notice. Herod is on the hunt for
this child, and wants to kill him."
14-15 Joseph obeyed. He got up, took the child and
his mother under cover of darkness. They were out
of town and well on their way by daylight. They lived
in Egypt until Herod's death. This Egyptian exile
fulfilled what Hosea had preached: "I called my son
out of Egypt."
16-18 Herod, when he realized that the scholars had
tricked him, flew into a rage. He commanded the
murder of every little boy two years old and under
who lived in Bethlehem and its surrounding hills.
(He determined that age from information he'd
gotten from the scholars.) That's when Jeremiah's
sermon was fulfilled:

A sound was heard in Ramah,
weeping and much lament.
Rachel weeping for her children,
Rachel refusing all solace,
Her children gone,
dead and buried.

19-20 Later, when Herod died, God's angel appeared
in a dream to Joseph in Egypt: "Up, take the child
and his mother and return to Israel. All those out to
murder the child are dead."
21-23 Joseph obeyed. He got up, took the child and

어 유대의 왕이 되었다는 말을 듣고, 요셉은 그
곳으로 가기를 두려워했다. 마침 요셉은 꿈에
갈릴리로 가라는 지시를 받았다. 그곳에 도착
한 요셉은 나사렛 마을에 정착했다. 이로 인해
"그는 나사렛 사람이라 할 것이다"라고 한 예언
의 말씀이 성취되었다.

광야에서 외치는 소리

3 1-2 예수께서 갈릴리에 살고 계실 때,
"세례자"라 하는 요한이 유대 광야에서
말씀을 전하고 있었다. 그의 메시지는 주변 광
야만큼이나 간결하고 꾸밈이 없었다. "너희 삶
을 고쳐라. 하나님 나라가 여기 있다."
3 요한과 그의 메시지는 이사야의 예언으로 권
위가 인정되었다.

광야에 울리는 천둥소리다!
하나님이 오고 계시니 준비하여라!
길을 내어라. 곧고 평탄한 길을 내어라!

4-6 요한은 낙타털로 된 옷을 입고 허리에 가죽
띠를 둘렀다. 그리고 메뚜기와 야생꿀을 먹고
살았다. 그가 하는 일을 듣고 보려고 예루살렘
과 유대와 요단 강 지역에서 사람들이 쏟아져
나왔다. 죄를 고백하러 온 사람들은, 그곳 요단
강에서 세례를 받고 삶을 고치기로 결단했다.
7-10 세례가 점차 인기를 얻다 보니 많은 바리새
인과 사두개인들도 세례를 체험하러 모습을 드
러냈는데, 이를 안 요한은 버럭 소리를 질렀다.
"뱀의 자식들아! 이 강가에 슬그머니 내려와서
무엇을 하는 거냐? 너희의 뱀가죽에 물을 좀
묻힌다고 뭐가 달라질 것 같으냐? 바꿔야 할
것은, 너희 겉가죽이 아니라 너희 삶이다! 아브
라함을 조상으로 내세우면 다 통할 것이라고
생각하지 마라. 아브라함의 자손인 것과는 아
무 상관도 없는 일이다. 흔해 빠진 것이 아브라
함의 자손이다. 중요한 것은 너희 삶이다. 너희
삶은 푸르게 꽃피고 있느냐? 말라죽은 가지라
면 땔감이 되고 말 것이다.
11-12 내가 이 강에서 세례를 주는 것은, 너희의
옛 삶을 바꾸어 천국의 삶을 준비시키려는 것
이다. 하지만 진짜는 이제부터다. 이 드라마의
주인공은 너희 안에 천국의 삶을, 너희 안에 불
을, 너희 안에 성령을 발화시켜, 너희를 완전히
바꾸어 놓으실 것이다. 그분께 비하면 나는 잔

his mother, and reentered Israel. When he heard, though, that Archelaus had succeeded his father, Herod, as king in Judea, he was afraid to go there. But then Joseph was directed in a dream to go to the hills of Galilee. On arrival, he settled in the village of Nazareth. This move was a fulfillment of the prophetic words, "He shall be called a Nazarene."

Thunder in the Desert!

3 1-2 While Jesus was living in the Galilean
hills, John, called "the Baptizer," was preach-
ing in the desert country of Judea. His message was
simple and austere, like his desert surroundings:
"Change your life. God's kingdom is here."
3 John and his message were authorized by Isaiah's
prophecy:

Thunder in the desert!
Prepare for God's arrival!
Make the road smooth and straight!

4-6 John dressed in a camel-hair habit tied at
the waist by a leather strap. He lived on a diet of
locusts and wild field honey. People poured out of
Jerusalem, Judea, and the Jordanian countryside
to hear and see him in action. There at the Jordan
River those who came to confess their sins were
baptized into a changed life.
7-10 When John realized that a lot of Pharisees
and Sadducees were showing up for a baptismal
experience because it was becoming the popular
thing to do, he exploded: "Brood of snakes! What do
you think you're doing slithering down here to the
river? Do you think a little water on your snakeskins
is going to make any difference? It's your life that
must change, not your skin! And don't think you
can pull rank by claiming Abraham as father. Being
a descendant of Abraham is neither here nor there.
Descendants of Abraham are a dime a dozen. What
counts is your life. Is it green and blossoming?
Because if it's deadwood, it goes on the fire.
11-12 "I'm baptizing you here in the river, turning
your old life in for a kingdom life. The real action
comes next: The main character in this drama—
compared to him I'm a mere stagehand—will ignite

심부름꾼에 지나지 않는다. 그분은 집을 깨끗이 하실 것이다. 너희 삶을 대대적으로 정리하실 것이다. 그분은 참된 것은 모두 하나님 앞 제자리에 두시고, 거짓된 것은 모두 끄집어내어 쓰레기와 함께 태워 버리실 것이다."

13-14 그때, 예수께서 갈릴리로부터 요단 강에 오셔서 모습을 나타내셨다. 예수께서 요한에게 세례를 받으려고 하시자 요한이 말렸다. "세례를 받아야 할 사람은 당신이 아니라 접니다!"
15 그러나 예수께서는 단호하셨다. "내 말대로 하여라. 오랜 세월 동안 이어져 온 하나님의 바로잡는 역사(役事)가 바로 지금, 이 세례 속에서 하나로 모아지고 있다." 그래서 요한은 말씀대로 했다.
16-17 예수께서 세례를 받고 물에서 올라오시는 순간, 하늘이 열리고 하나님의 영이 비둘기같이 내려와 그분 위에 머무는 것을 보셨다. 성령과 더불어 한 음성이 들려왔다. "이는 내가 사랑으로 선택하고 구별한 내 아들, 내 삶의 기쁨이다."

시험을 받으시다

4 1-3 그 후에 예수께서 성령께 이끌려 광야로 가셔서 시험을 받으셨다. 그곳에는 마귀가 대기하고 있었다. 예수께서는 밤낮으로 사십 일 동안 금식하며 시험에 대비하셨다. 그러다 보니 허기가 극에 달했고, 마귀는 첫 번째 시험에 그 점을 이용했다. "너는 하나님의 아들이니, 이 돌들한테 말해서 빵 덩이가 되게 해보아라."
4 예수께서 신명기를 인용해 답하셨다. "사람이 빵으로만 사는 것이 아니다. 하나님의 입에서 나오는 끊임없는 말씀이 있어야 한다."
5-6 두 번째 시험으로, 마귀는 예수를 거룩한 도성으로 데려가 성전 꼭대기에 앉혀 놓고 말했다. "너는 하나님의 아들이니, 뛰어내려 보아라." 마귀는 시편 91편을 인용해 예수를 몰아세웠다. "그분께서 천사들을 시켜 너를 보호하게 하셨다. 천사들이 너를 받아서 발가락 하나 돌에 *채이지 않게 할 것이다."*
7 예수께서 신명기의 다른 구절을 인용해 응수하셨다. "주 너의 하나님을 시험하지 마라."
8-9 세 번째 시험으로, 마귀는 예수를 거대한 산 정상으로 데려갔다. 마귀는 선심이라도 쓰듯,

the kingdom life within you, a fire within you, the Holy Spirit within you, changing you from the inside out. He's going to clean house—make a clean sweep of your lives. He'll place everything true in its proper place before God; everything false he'll put out with the trash to be burned."

13-14 Jesus then appeared, arriving at the Jordan River from Galilee. He wanted John to baptize him. John objected, "I'm the one who needs to be baptized, not you!"
15 But Jesus insisted. "Do it. God's work, putting things right all these centuries, is coming together right now in this baptism." So John did it.
16-17 The moment Jesus came up out of the baptismal waters, the skies opened up and he saw God's Spirit—it looked like a dove—descending and landing on him. And along with the Spirit, a voice: "This is my Son, chosen and marked by my love, delight of my life."

The Test

4 1-3 Next Jesus was taken into the wild by the Spirit for the Test. The Devil was ready to give it. Jesus prepared for the Test by fasting forty days and forty nights. That left him, of course, in a state of extreme hunger, which the Devil took advantage of in the first test: "Since you are God's Son, speak the word that will turn these stones into loaves of bread."
4 Jesus answered by quoting Deuteronomy: "It takes more than bread to stay alive. It takes a steady stream of words from God's mouth."
5-6 For the second test the Devil took him to the Holy City. He sat him on top of the Temple and said, "Since you are God's Son, jump." The Devil goaded him by quoting Psalm 91: "He has placed you in the care of angels. They will catch you so that you won't so much as stub your toe on a stone."
7 Jesus countered with another citation from Deuteronomy: "Don't you dare test the Lord your God."
8-9 For the third test, the Devil took him to the peak of a huge mountain. He gestured expansively,

지상의 모든 나라와 대단한 영광을 두루 가리켜 보였다. 그러고는 말했다. "전부 네 것이다. 무릎 꿇고 내게 경배하기만 하면 다 네 것이다."
10 예수께서 딱 잘라 거절하셨다. "사탄아, 물러가라!" 그리고 세 번째로 신명기를 인용해 쐐기를 박으셨다. "주 너의 하나님, 오직 그분만을 경배하여라. 일편단심으로 그분을 섬겨라."
11 시험은 끝나고 마귀는 떠났다. 대신에 천사들이 와서 예수의 시중을 들었다.

사람들을 가르치고 고치시다

12-17 예수께서 요한이 체포되었다는 말을 들으시고, 갈릴리로 돌아가셨다. 예수께서는 고향 나사렛을 떠나, 스불론과 납달리 기슭에 자리한 호숫가 마을 가버나움으로 가셨다. 이로써 이사야의 설교가 성취되었다.

스불론과 납달리 땅,
요단 강 건너편 바다로 가는 길,
이방 사람들의 중심지인 갈릴리,
평생 어둠 속에 앉아 있던 백성이
큰 빛을 보았고,
칠흑같이 어두운, 죽음의 땅에 앉았던 그들이
해 돋는 것을 보았다.

이사야의 이 예언 설교는, 예수께서 말씀을 전하기 시작하신 순간에 갈릴리에서 성취되었다. 그분은 요한의 마지막 말을 이어받으셨다. "너희 삶을 고쳐라. 하나님 나라가 여기 있다."
18-20 예수께서 갈릴리 호숫가를 걸어가시다가 두 형제, 곧 (나중에 베드로가 된) 시몬과 안드레를 보셨다. 그들은 호수에 그물을 던져 고기를 잡고 있었다. 고기잡이는 그들의 평소 직업이었다. 예수께서 그들에게 말씀하셨다. "나와 함께 가자. 내가 너희를 새로운 어부가 되게 하겠다. 잉어와 가물치 대신에 사람을 낚는 법을 가르쳐 주겠다." 그들은 아무것도 묻지 않고, 그대로 그물을 놓아두고 그분을 따라갔다.
21-22 호숫가를 좀 더 가다가 그들은 다른 두 형제, 곧 세베대의 아들 야고보와 요한을 만났다. 두 형제는 아버지 세베대와 함께 배에 앉아서 그물을 손질하고 있었다. 예수께서는 그들에게도 똑같이 제안하셨고, 그들 역시 배와 자기 아버지를 버려두고 곧바로 그분을 따라갔다.
23-25 예수께서 거기서부터 온 갈릴리를 두루 다

pointing out all the earth's kingdoms, how glorious they all were. Then he said, "They're yours—lock, stock, and barrel. Just go down on your knees and worship me, and they're yours."
10 Jesus' refusal was curt: "Beat it, Satan!" He backed his rebuke with a third quotation from Deuteronomy: "Worship the Lord your God, and only him. Serve him with absolute single-heartedness."
11 The Test was over. The Devil left. And in his place, angels! Angels came and took care of Jesus' needs.

Teaching and Healing

12-17 When Jesus got word that John had been arrested, he returned to Galilee. He moved from his hometown, Nazareth, to the lakeside village Capernaum, nestled at the base of the Zebulun and Naphtali hills. This move completed Isaiah's sermon:

Land of Zebulun, land of Naphtali,
road to the sea, over Jordan,
Galilee, crossroads for the nations.
People sitting out their lives in the dark
saw a huge light;
Sitting in that dark, dark country of death,
they watched the sun come up.

This Isaiah-prophesied sermon came to life in Galilee the moment Jesus started preaching. He picked up where John left off: "Change your life. God's kingdom is here."
18-20 Walking along the beach of Lake Galilee, Jesus saw two brothers: Simon (later called Peter) and Andrew. They were fishing, throwing their nets into the lake. It was their regular work. Jesus said to them, "Come with me. I'll make a new kind of fisherman out of you. I'll show you how to catch men and women instead of perch and bass." They didn't ask questions, but simply dropped their nets and followed.
21-22 A short distance down the beach they came upon another pair of brothers, James and John, Zebedee's sons. These two were sitting in a boat with their father, Zebedee, mending their fishnets. Jesus made the same offer to them, and they were

니셨다. 예수께서는 회당을 집회 장소로 삼아 사람들에게 하나님의 진리를 가르치셨다. 하나님 나라가 그분의 주제였다. 바로 지금, 그들이 하나님의 선하신 통치 아래 있다는 것이었다! 또한 예수께서는 질병과 잘못된 생활로 고통받는 사람들을 고쳐 주셨다. 로마의 지배를 받던 시리아 전 지역에 소문이 퍼졌다. 사람들은 정신 질환, 정서 질환, 신체 질환 할 것 없이 아픈 사람이면 누구나 데려왔다. 예수께서는 그들 한 사람 한 사람을 고쳐 주셨다. 점점 더 많은 사람들이 모여들었고, 그 행렬은 끝이 없었다. 갈릴리에서 온 사람들 외에도 호수 건너편 '데가볼리'(열 성읍)에서 사람들이 무리 지어 왔다. 예루살렘과 유대에서 온 사람들도 있었고, 요단 강 건너편에서 온 사람들도 있었다.

너희는 복이 있다

5 1-2 예수께서 자신의 사역으로 인해 큰 무리가 몰려드는 것을 보시고, 산에 올라가셨다. 예수께 배우고, 그분께 인생을 건 사람들도 함께 올라갔다. 조용한 곳에 이르자, 예수께서 자리에 앉으셔서 산행에 함께한 사람들을 가르치셨다. 예수께서 하신 말씀은 이렇다.

3 "벼랑 끝에 서 있는 너희는 복이 있다. 너희가 작아질수록 하나님과 그분의 다스림은 커진다.

4 가장 소중한 것을 잃었다고 느끼는 너희는 복이 있다. 그때에야 너희는 가장 소중한 분의 품에 안길 수 있다.

5 더도 말고 덜도 말고 자신의 모습 그대로 만족하는 너희는 복이 있다. 그때 너희는 돈으로 살 수 없는 모든 것의 당당한 주인이 된다.

6 하나님께 입맛이 당기는 너희는 복이 있다. 그분은 너희 평생에 맛볼 최고의 음식이요 음료다.

7 남을 돌보는 너희는 복이 있다. 그렇게 정성 들여 돌보는 순간에 너희도 돌봄을 받는다.

8 내면세계, 곧 마음과 생각이 올바른 너희는 복이 있다. 그때에야 너희는 바깥세상에서 하나님을 볼 수 있다.

9 경쟁하거나 다투는 대신에 협력하는 모습을 보여주는 너희는 복이 있다. 그때 너희는 진정 자신이 누구이며, 하나님의 집에서 자신의 자리가 어디인지 알게 된다.

10 하나님께 헌신했기 때문에 박해를 받는 너희는 복이 있다. 그 박해로 인해 너희는 하나님 나라에 더 깊이 들어가게 된다.

just as quick to follow, abandoning boat and father.

23-25 From there he went all over Galilee. He used synagogues for meeting places and taught people the truth of God. God's kingdom was his theme—that beginning right now they were under God's government, a good government! He also healed people of their diseases and of the bad effects of their bad lives. Word got around the entire Roman province of Syria. People brought anybody with an ailment, whether mental, emotional, or physical. Jesus healed them, one and all. More and more people came, the momentum gathering. Besides those from Galilee, crowds came from the "Ten Towns" across the lake, others up from Jerusalem and Judea, still others from across the Jordan.

You're Blessed

5 1-2 When Jesus saw his ministry drawing huge crowds, he climbed a hillside. Those who were apprenticed to him, the committed, climbed with him. Arriving at a quiet place, he sat down and taught his climbing companions. This is what he said:

3 "You're blessed when you're at the end of your rope. With less of you there is more of God and his rule.

4 "You're blessed when you feel you've lost what is most dear to you. Only then can you be embraced by the One most dear to you.

5 "You're blessed when you're content with just who you are—no more, no less. That's the moment you find yourselves proud owners of everything that can't be bought.

6 "You're blessed when you've worked up a good appetite for God. He's food and drink in the best meal you'll ever eat.

7 "You're blessed when you care. At the moment of being 'care-full,' you find yourselves cared for.

8 "You're blessed when you get your inside world—your mind and heart—put right. Then you can see God in the outside world.

9 "You're blessed when you can show people how to cooperate instead of compete or fight. That's

11-12 그뿐 아니다. 사람들이 내 평판을 떨어뜨리려고 너희를 깔보거나 내쫓거나 너희에 대해 거짓을 말할 때마다, 너희는 복을 받은 줄로 알아라. 그들이 그렇게 하는 이유는, 진리가 너무 가까이 있어서 그들이 불편을 느끼기 때문이다. 그런 일이 일어날 때 너희는 기뻐해도 좋다. 아예 만세를 불러도 좋다! 그들은 싫어하겠지만, 나는 좋아하니 말이다! 온 천국이 박수를 보낼 것이다. 또한 너희만 그런 일을 당하는 것이 아님을 알아라. 내 예언자와 증인들은 언제나 그런 고생을 했다."

소금과 빛

13 "너희가 여기 있는 이유를 말해 주겠다. 너희는 소금을 쳐서 이 땅에 하나님 맛을 드러내라고 여기 있는 것이다. 너희가 짠맛을 잃으면, 사람들이 어떻게 경건의 맛을 알겠느냐? 너희가 쓸모없어지면 결국 쓰레기통에 버려질 것이다.

14-16 이렇게 말할 수도 있다. 너희는 빛이 되어 세상에 하나님의 빛깔을 드러내라고 여기 있는 것이다. 하나님은 감추어 둘 비밀이 아니다. 우리는 이 비밀을 훤히 드러낼 것이다. 산 위에 있는 도시만큼 훤히 드러낼 것이다. 내가 너희에게 등불을 들고 있게 한다면, 설마 너희는 내가 너희를 통 속에 숨겨 두리라고는 생각하지 않을 것이다. 나는 너희를 단 위에 둘 것이다. 내가 너희를 언덕 위에, 등불 놓는 단 위에 두었으니 빛을 비추어라! 너희에게 오는 손님을 기쁘게 맞아들여라. 후하게 베풀며 살아라. 너희가 다른 사람들에게 마음을 열면, 그들도 너희에게 자극을 받아 하나님께, 하늘에 계신 자비로우신 아버지께 마음을 열게 될 것이다."

하나님 율법의 완성

17-18 "내가 하나님의 율법이든 예언자든, 성경을 폐지하러 왔다고 생각하지 마라. 내가 온 것은 폐지하려는 것이 아니라 오히려 완성하려는 것이다. 나는 그 모든 것을 거대한 하나의 파노라마 속에 아우를 것이다. 하나님의 율법은 하늘의 별과 너희가 발을 딛고 있는 땅보다 더 현실적이며 영속적이다. 별들이 다 불타 버리고 땅이 닳아 없어진 뒤에도, 하나님의 율법은 살아서 역사할 것이다.

19-20 하나님의 율법에서 가장 작은 항목이라도 하찮게 여긴다면, 너희 스스로를 하찮게 여기는 꼴밖에 되지 않는다. 그러나 그 율법을 진지하게 대하고 다른 사람들에게 그 길을 보여주면, 너희는

when you discover who you really are, and your place in God's family.

10 "You're blessed when your commitment to God provokes persecution. The persecution drives you even deeper into God's kingdom.

11-12 "Not only that—count yourselves blessed every time people put you down or throw you out or speak lies about you to discredit me. What it means is that the truth is too close for comfort and they are uncomfortable. You can be glad when that happens—give a cheer, even!—for though they don't like it, I do! And all heaven applauds. And know that you are in good company. My prophets and witnesses have always gotten into this kind of trouble.

Salt and Light

13 "Let me tell you why you are here. You're here to be salt-seasoning that brings out the God-flavors of this earth. If you lose your saltiness, how will people taste godliness? You've lost your usefulness and will end up in the garbage.

14-16 "Here's another way to put it: You're here to be light, bringing out the God-colors in the world. God is not a secret to be kept. We're going public with this, as public as a city on a hill. If I make you light-bearers, you don't think I'm going to hide you under a bucket, do you? I'm putting you on a light stand. Now that I've put you there on a hilltop, on a light stand—shine! Keep open house; be generous with your lives. By opening up to others, you'll prompt people to open up with God, this generous Father in heaven.

Completing God's Law

17-18 "Don't suppose for a minute that I have come to demolish the Scriptures—either God's Law or the Prophets. I'm not here to demolish but to complete. I am going to put it all together, pull it all together in a vast panorama. God's Law is more real and lasting than the stars in the sky and the ground at your feet. Long after stars burn out and earth wears out, God's Law will be alive and working.

19-20 "Trivialize even the smallest item in God's

천국에서 영광을 얻을 것이다. 옳게 사는 문제에서 너희가 바리새인들보다 훨씬 낫지 않으면, 천국에 들어갈 생각은 아예 하지 말아야 한다."

말이 사람을 죽인다

21-22 "너희는 옛 사람들에게 주어진 '살인하지 말라'는 계명을 잘 알고 있다. 내가 너희에게 말한다. 누구든지 형제나 자매에게 화만 내도 살인을 범한 것이다. 무심코 형제를 '바보!'라고 부르면 너희는 법정으로 끌려갈 수 있다. 생각 없이 자매에게 '멍청이!'라고 소리치면 지옥불이 너희 코앞에 있다. 가장 단순한 진실은, 말이 사람을 죽인다는 것이다.

23-24 이런 문제에서 나는 너희가 이렇게 행동하기를 바란다. 네가 예배당에 들어가서 헌금을 드리려는데 갑자기 어떤 친구가 너에게 원한을 품고 있는 것이 생각나거든, 헌금을 내려놓고 즉시 나가 그 친구에게 가서 화해하여라. 반드시 그렇게 하고 난 뒤에, 돌아와 하나님과의 일을 마무리하여라.

25-26 또는 네가 길거리에 있는데 옛 원수가 다가와 말을 건다고 하자. 한시도 지체하지 말고, 네가 먼저 나서서 그 사람과 화해하여라. 그의 이력을 보건대, 그 사람이 선수를 치게 두면 너는 결국 법정에 서게 될 것이고 어쩌면 감옥에 갈지도 모른다. 그렇게 되면, 너는 엄청난 벌금을 물지 않고는 거기서 나오지 못할 것이다."

간음과 이혼

27-28 "너희는 '남의 배우자와 동침하지 말라'는 계명도 아주 잘 알고 있다. 그러나 단순히 동침하지 않는다고 해서 너희의 덕을 지켰다고 생각하지 마라. 너희 마음은 너희 몸보다 훨씬 빨리 정욕으로 더럽혀질 수 있다. 아무도 모를 것 같은 곁눈질도 너희를 더럽힌다.

29-30 이 일이 실제로 쉬울 것이라고 생각하지 마라. 네가 도덕적으로 순결한 삶을 살고 싶다면, 너는 이렇게 해야 한다. 네 오른쪽 눈이 음흉하게 곁눈질하는 것을 알아차리는 순간에, 너는 그 눈을 멀게 해야 한다. 한 눈으로 살 것인지 아니면 도덕적 쓰레기 더미에 내던져질 것인지 너는 정해야 한다. 또 남을 해치려고 네 오른손을 드는 순간에, 너는 그 손을 잘라 버려야 한다. 네 존재 전체가 영원히 쓰레기 더미에 버려지느니 차라리 피 묻은 몸뚱이로 사는 것이 낫다.

Law and you will only have trivialized yourself. But take it seriously, show the way for others, and you will find honor in the kingdom. Unless you do far better than the Pharisees in the matters of right living, you won't know the first thing about entering the kingdom.

Murder

21-22 "You're familiar with the command to the ancients, 'Do not murder.' I'm telling you that anyone who is so much as angry with a brother or sister is guilty of murder. Carelessly call a brother 'idiot!' and you just might find yourself hauled into court. Thoughtlessly yell 'stupid!' at a sister and you are on the brink of hellfire. The simple moral fact is that words kill.

23-24 "This is how I want you to conduct yourself in these matters. If you enter your place of worship and, about to make an offering, you suddenly remember a grudge a friend has against you, abandon your offering, leave immediately, go to this friend and make things right. Then and only then, come back and work things out with God.

25-26 "Or say you're out on the street and an old enemy accosts you. Don't lose a minute. Make the first move; make things right with him. After all, if you leave the first move to him, knowing his track record, you're likely to end up in court, maybe even jail. If that happens, you won't get out without a stiff fine.

Adultery and Divorce

27-28 "You know the next commandment pretty well, too: 'Don't go to bed with another's spouse.' But don't think you've preserved your virtue simply by staying out of bed. Your heart can be corrupted by lust even quicker than your *body*. Those leering looks you think nobody notices–they also corrupt.

29-30 "Let's not pretend this is easier than it really is. If you want to live a morally pure life, here's what you have to do: You have to blind your right eye the moment you catch it in a lustful leer. You have to choose to live one-eyed or else be dumped on a moral trash pile. And you have to chop off your right hand the moment you notice it raised threat-

31-32 성경에 '누구든지 아내와 이혼하는 자는 아내에게 이혼 증서와 법적 권리를 주고 합법적으로 하라'고 한 말을 기억하느냐? 너희 중에는 이 규정을 자신의 이기심과 변덕스러운 마음을 포장하는 구실로 이용하거나, 합법적이라는 이유만으로 옳은 척하는 사람이 너무 많다. 제발 가식은 그만두어라. 아내와 이혼하면, 너희는 아내를 간음하게 만든 책임이 있다(아내가 문란한 성생활로 이미 그렇게 되지 않은 이상 말이다). 또 그렇게 이혼한 여인과 결혼하면, 너희도 자동으로 간음하는 자가 된다. 법을 구실 삼아 도덕적 타락을 미화할 수 없다."

마음에 없는 말을 하지 마라

33-37 "그리고 마음에 없는 말은 아예 하지 마라. 이 권고는 우리 전통에 깊숙이 박혀 있다. '기도해 주겠다'고 말하고는 기도하지 않거나, 마음에도 없으면서 '하나님이 함께하시기를 빈다'고 하며 경건한 말로 연막을 치면, 상황이 더 악화될 뿐이다. 종교적 장식을 멋지게 단다고 해서 너희 말이 진실해지는 것은 아니다. 너희 말을 거룩하게 할수록 그 말의 진실성은 떨어진다. 그러면 '그렇다', 아니면 '아니다'라고만 하여라. 자기 뜻을 관철하려고 말을 조작하다가는 잘못된 길로 빠진다."

원수를 사랑하여라

38-42 "다시 생각해 봐야 할 옛말이 또 있다. '눈에는 눈, 이에는 이'라는 말이다. 그렇게 해서 문제가 해결되겠느냐? 내가 하고 싶은 말은 이것이다. 절대로 되받아치지 마라. 누가 너를 치거든, 그 자리에 서서 맞아라. 누가 너를 법정으로 끌고 가서 네 셔츠를 달라고 소송하거든, 네 가장 좋은 외투까지 잘 포장해 선물로 주어라. 그리고 누가 너를 억울하게 이용하거든, 종의 삶을 연습하는 기회로 삼아라. 똑같이 갚아 주는 것은 이제 그만하여라. 너그럽게 살아라.

43-47 너희는 옛 율법에 기록된 '친구를 사랑하라'는 말과, 기록에는 없지만 '원수를 미워하라'는 말을 잘 알고 있다. 나는 거기에 이의를 제기한다. 나는 너희에게 원수를 사랑하라고 말하겠다. 원수가 어떻게 하든지, 너희는 최선의 모습을 보여라. 누가 너희를 힘들게 하거든, 그 사람을 위해 기도하여라. 그러면 너희는 너희의 참된 자아, 하나님이 만드신 자아를 찾게 될 것이

eningly. Better a bloody stump than your entire being discarded for good in the dump.

31-32 "Remember the Scripture that says, 'Whoever divorces his wife, let him do it legally, giving her divorce papers and her legal rights'? Too many of you are using that as a cover for selfishness and whim, pretending to be righteous just because you are 'legal.' Please, no more pretending. If you divorce your wife, you're responsible for making her an adulteress (unless she has already made herself that by sexual promiscuity). And if you marry such a divorced adulteress, you're automatically an adulterer yourself. You can't use legal cover to mask a moral failure.

Empty Promises

33-37 "And don't say anything you don't mean. This counsel is embedded deep in our traditions. You only make things worse when you lay down a smoke screen of pious talk, saying, 'I'll pray for you,' and never doing it, or saying, 'God be with you,' and not meaning it. You don't make your words true by embellishing them with religious lace. In making your speech sound more religious, it becomes less true. Just say 'yes' and 'no.' When you manipulate words to get your own way, you go wrong.

Love Your Enemies

38-42 "Here's another old saying that deserves a second look: 'Eye for eye, tooth for tooth.' Is that going to get us anywhere? Here's what I propose: 'Don't hit back at all.' If someone strikes you, stand there and take it. If someone drags you into court and sues for the shirt off your back, giftwrap your best coat and make a present of it. And if someone takes unfair advantage of you, use the occasion to practice the servant life. No more tit-for-tat stuff. Live generously.

43-47 "You're familiar with the old written law, 'Love your friend,' and its unwritten companion, 'Hate your enemy.' I'm challenging that. I'm telling you to love your enemies. Let them bring out the best in you, not the worst. When someone gives you a hard time, respond with the energies of prayer, for then

다. 하나님도 그렇게 하신다. 그분은 착한 사람이든 악한 사람이든 친절한 사람이든 비열한 사람이든 상관없이, 모두에게 가장 좋은 것, 해의 온기와 비의 양분을 주신다. 너희가 사랑할 만한 사람만 사랑하는 것이 고작이라면 상급을 바랄 수 있겠느냐? 그것은 누구나 하는 일이다. 너희가 만일 너희에게 인사하는 사람에게만 겨우 인사한다면, 상급을 바랄 수 있겠느냐? 그것은 죄인도 흔히 하는 일이다.

48 한마디로 내 말은, 성숙한 사람이 되라는 것이다. 너희는 천국 백성이다. 그러니 천국 백성답게 살아라. 하나님이 주신 너희 신분에 합당하게 살아라. 하나님께서 너희에게 하시는 것처럼, 너희도 다른 사람들을 대할 때 너그럽고 인자하게 살아라."

소리내지 말고 은밀히 도와주어라

6 1 "너희가 선한 일을 하려고 할 때에 그것이 연극이 되지 않도록 특히 조심하여라. 그것이 멋진 연극이 될 수 있을지는 몰라도, 너희를 지으신 하나님은 박수를 보내지 않으실 것이다.

2-4 남을 위해 무슨 일을 할 때에는 너희 자신이 주목받지 않도록 하여라. 분명 너희도 내가 '연극배우'라고 부르는 이들의 행동을 보았을 것이다. 그들은 기도회며 큰 길을 무대로 알고는, 누군가 자기를 보고 있으면 긍휼을 베풀고 사람들 앞에서 연극을 한다. 물론 그들은 박수를 받지만, 그것이 전부다. 너희는 남을 도울 때에 자신이 어떻게 보일지 생각하지 마라. 그냥 소리내지 말고 은밀히 도와주어라. 사랑으로 너희를 잉태하신 너희 하나님도 무대 뒤에서 일하시고, 너희를 은밀히 도와주신다."

단순하게 기도하여라

5 "또 너희가 하나님 앞에 나아갈 때도 연극을 하지 마라. 그렇게 하는 사람들은 다 스타가 되기를 꿈꾸며 기도할 때마다 쇼를 일삼는다! 하나님께서 극장 객석에 앉아 계시다는 말이냐?

6 너희는 이렇게 하여라. 하나님 앞에서 연극하고 싶은 유혹이 들지 않도록, 조용하고 한적한 곳을 찾아라. 할 수 있는 한 단순하고 솔직하게 그 자리에 있어라. 그러면 초점이 너희에게서 하나님께로 옮겨지고, 그분의 은혜가 느껴지기 시작할 것이다.

7-13 세상에는 이른바 기도의 용사들이 가득하나, 그들은 기도를 모른다. 그들은 공식과 프로그램과 비결을 잔뜩 가지고서, 너희가 바라는 것을 하나님에게서 얻어 내는 방법들을 퍼뜨리고 있다. 그 허

you are working out of your true selves, your God-created selves. This is what God does. He gives his best–the sun to warm and the rain to nourish–to everyone, regardless: the good and bad, the nice and nasty. If all you do is love the lovable, do you expect a bonus? Anybody can do that. If you simply say hello to those who greet you, do you expect a medal? Any run-of-the-mill sinner does that.

48 "In a word, what I'm saying is, *Grow up*. You're kingdom subjects. Now live like it. Live out your God-created identity. Live generously and graciously toward others, the way God lives toward you."

The World Is Not a Stage

6 1 "Be especially careful when you are trying to be good so that you don't make a performance out of it. It might be good theater, but the God who made you won't be applauding.

2-4 "When you do something for someone else, don't call attention to yourself. You've seen them in action, I'm sure–'playactors' I call them–treating prayer meeting and street corner alike as a stage, acting compassionate as long as someone is watching, playing to the crowds. They get applause, true, but that's all they get. When you help someone out, don't think about how it looks. Just do it–quietly and unobtrusively. That is the way your God, who conceived you in love, working behind the scenes, helps you out.

Pray with Simplicity

5 "And when you come before God, don't turn that into a theatrical production either. All these people making a regular show out of their prayers, hoping for stardom! Do you think God sits in a box seat?

6 "Here's what I want you to do: Find a quiet, secluded place so you won't be tempted to role-play before God. Just be there as simply and honestly as you can manage. The focus will shift from you to God, and you will begin to sense his grace.

7-13 "The world is full of so-called prayer warriors

튼소리에 속지 마라. 너희가 상대하는 분은 너희 아버지이시며, 그분은 너희에게 무엇이 필요한지 너희보다 더 잘 아신다. 이토록 너희를 사랑하시는 하나님 앞에서, 그저 단순하게 기도하면 된다. 너희는 이렇게 기도하여라.

하늘에 계신 우리 아버지,
아버지가 어떤 분이신지 드러내소서.
세상을 바로잡아 주시고
하늘에서처럼 땅에서도
가장 선한 것을 행하소서.
든든한 세 끼 식사로 우리가 살아가게 하소서.
아버지께 용서받은 우리가 다른 사람들을 용서하게 하소서.
우리를 우리 자신에게서와, 마귀에게서 안전하게 지켜 주소서.
아버지께는 그럴 권한이 있습니다!
원하시면 무엇이든 하실 수 있습니다!
영광으로 빛나시는 아버지!
예, 정말 그렇습니다.

14-15 기도에는 하나님이 하시는 일과 너희가 하는 일이 연결되어 있다. 예를 들어, 너희가 다른 사람들을 용서하지 않고는 하나님의 용서를 받을 수 없다. 너희가 자기 몫을 다하지 않으면, 하나님께서 너희에게 주실 몫을 너희 스스로 차단하는 셈이 된다.

16-18 하나님께 더 집중하려고 식욕을 절제하는 훈련을 할 때에는 요란하게 하지 마라. 그렇게 하면 조금은 유명해질지 모르나, 거룩한 사람으로 변화될 수는 없다. 너희가 내면의 훈련에 들어가려거든, 겉으로는 평소처럼 행동하여라. 머리를 감아 단정하게 빗고, 양치질을 하고, 세수를 하여라. 관심을 끌려는 수법은 하나님께는 필요 없다. 그분은 너희가 하고 있는 일을 그냥 지나치지 않으시고, 두둑이 보상해 주신다."

하나님께만 예배하는 삶

19-21 "보물을 여기 땅에 쌓아 두지 마라. 여기에 두면 좀먹고 녹슬고, 심한 경우에는 도둑까지 맞는다. 보물은 하늘에 차곡차곡 쌓아 두어라. 거기는 좀이나 녹, 도둑도 없는 안전한 곳이다. 너희는 너희 보물이 있는 곳에 가장 있고 싶어 할 텐데, 결국 그렇게 될 것이다. 그것이 당연하지 않겠느냐?

22-23 너희 눈은 너희 몸의 창문이다. 네가 경이와 믿음으로 눈을 크게 뜨면, 네 몸은 빛으로 가득해

who are prayer-ignorant. They're full of formulas and programs and advice, peddling techniques for getting what you want from God. Don't fall for that nonsense. This is your Father you are dealing with, and he knows better than you what you need. With a God like this loving you, you can pray very simply. Like this:

Our Father in heaven,
Reveal who you are.
Set the world right;
Do what's best—
as above, so below.
Keep us alive with three square meals.
Keep us forgiven with you and forgiving others.
Keep us safe from ourselves and the Devil.
You're in charge!
You can do anything you want!
You're ablaze in beauty!
Yes. Yes. Yes.

14-15 "In prayer there is a connection between what God does and what you do. You can't get forgiveness from God, for instance, without also forgiving others. If you refuse to do your part, you cut yourself off from God's part.

16-18 "When you practice some appetite-denying discipline to better concentrate on God, don't make a production out of it. It might turn you into a small-time celebrity but it won't make you a saint. If you 'go into training' inwardly, act normal outwardly. Shampoo and comb your hair, brush your teeth, wash your face. God doesn't require attention-getting devices. He won't overlook what you are doing; he'll reward you well.

A Life of God-Worship

19-21 "Don't hoard treasure down here where it gets eaten by moths and corroded by rust or—worse!—stolen by burglars. Stockpile treasure in heaven, where it's safe from moth and rust and burglars. It's obvious, isn't it? The place where your treasure is, is the place you will most want to be, and end up being.

22-23 "Your eyes are windows into your body. If

진다. 네가 탐욕과 불신으로 곁눈질하고 살면, 네 몸은 음습한 지하실이 된다. 네 창에 블라인드를 치면, 네 삶은 얼마나 어두워지겠느냐!
24 너희는 한꺼번에 두 신(神)을 예배할 수 없다. 결국 한 신은 사랑하고 다른 신은 미워하게 될 것이다. 한 쪽을 사모하면 다른 쪽은 업신여기게 마련이다. 너희는 하나님과 돈을 둘 다 예배할 수 없다.
25-26 너희가 하나님께만 예배하는 삶을 살기로 결심하면, 식사 때 식탁에 무엇이 오르고 옷장에 있는 옷들이 유행에 맞는지 따위로 안달하며 설치지 않게 된다. 너희 삶은 뱃속에 넣는 음식이 전부가 아니며, 너희의 겉모습도 몸에 걸치는 옷이 전부가 아니다. 새들을 보아라. 얽매일 것 없이 자유롭고, 업무에 속박되지 않으며, 하나님이 돌보시니 염려가 없다. 그분께 너희는 새들보다 훨씬 더 중요하다.
27-29 거울 앞에서 설친다고 해서 키가 단 1센티미터라도 커진 사람이 있더냐? 유행을 따르느라 버린 돈과 시간이 그토록 많지만, 그렇다고 크게 달라지는 것 같더냐? 옷을 볼 것이 아니라 들판에 나가 들꽃을 보아라. 들꽃은 절대로 치장하거나 옷을 사들이는 법이 없지만, 너희는 여태 그런 색깔이나 디자인을 본 적이 있느냐? 이 나라의 남녀 베스트드레서 열 명이라도 그 옆에 서면 초라해 보인다.
30-33 아무도 보아 주지 않는 들꽃의 겉모습에도 그토록 정성을 들이시는데, 하물며 하나님께서 너희를 돌보시고 자랑스러워하시며, 너희를 위해 최선을 다하시지 않겠느냐? 나는 지금 너희로 여유를 갖게 하려는 것이며, 손에 넣는 데 온통 정신을 빼앗기지 않게 해서, 베푸시는 하나님께 반응하도록 하려는 것이다. 하나님과 그분의 일하시는 방식을 모르는 사람은 그런 일로 안달하지만, 너희는 하나님을 알고 그분의 일하시는 방식도 안다. 너희는 하나님이 실체가 되시고, 하나님이 주도하시며, 하나님이 공급하시는 삶에 흠뻑 젖어 살아라. 뭔가 놓칠까 봐 걱정하지 마라. 너희 매일의 삶에 필요한 것은 모두 채워 주실 것이다.
34 하나님께서 바로 지금 하고 계신 일에 온전히 집중하여라. 내일 있을지 없을지도 모르는 일로 동요하지 마라. 어떠한 어려운 일이 닥쳐도 막상 그때가 되면 하나님께서 감당할 힘을 주실 것이다."

you open your eyes wide in wonder and belief, your body fills up with light. If you live squinty-eyed in greed and distrust, your body is a dank cellar. If you pull the blinds on your windows, what a dark life you will have!
24 "You can't worship two gods at once. Loving one god, you'll end up hating the other. Adoration of one feeds contempt for the other. You can't worship God and Money both.
25-26 "If you decide for God, living a life of God-worship, it follows that you don't fuss about what's on the table at mealtimes or whether the clothes in your closet are in fashion. There is far more to your life than the food you put in your stomach, more to your outer appearance than the clothes you hang on your body. Look at the birds, free and unfettered, not tied down to a job description, careless in the care of God. And you count far more to him than birds.
27-29 "Has anyone by fussing in front of the mirror ever gotten taller by so much as an inch? All this time and money wasted on fashion–do you think it makes that much difference? Instead of looking at the fashions, walk out into the fields and look at the wildflowers. They never primp or shop, but have you ever seen color and design quite like it? The ten best-dressed men and women in the country look shabby alongside them.
30-33 "If God gives such attention to the appearance of wildflowers–most of which are never even seen–don't you think he'll attend to you, take pride in you, do his best for you? What I'm trying to do here is to get you to relax, to not be so preoccupied with *getting*, so you can respond to God's *giving*. People who don't know God and the way he works fuss over these things, but you know both God and how he works. Steep your life in God-reality, God-initiative, God-provisions. Don't worry about missing out. You'll find all your everyday human concerns will be met.
34 "Give your entire attention to what God is doing right now, and don't get worked up about what may or may not happen tomorrow. God will help you deal with whatever hard things come up when the time comes.

간단한 행동 지침

7 1-5 "사람들의 흠을 들추어내거나, 실패를 꼬집거나, 잘못을 비난하지 마라. 너희도 똑같은 대우를 받고 싶지 않거든 말이다. 비판하는 마음은 부메랑이 되어 너희에게 되돌아올 것이다. 네 이웃의 얼굴에 묻은 얼룩은 보면서, 자칫 네 얼굴의 추한 비웃음은 그냥 지나치기 쉽다. 네 얼굴이 멸시로 일그러져 있는데, 어떻게 뻔뻔스럽게 '내가 네 얼굴을 씻어 주겠다'고 말하겠느냐? 이 또한 동네방네에 쇼를 하겠다는 사고방식이며, 자기 역할에 충실하기보다는 남보다 거룩한 척 연기를 하는 것이다. 네 얼굴의 추한 비웃음부터 닦아 내라. 그러면 네 이웃에게 수건을 건네줄 만한 사람이 될지도 모른다.

6 거룩한 것으로 장난치지 마라. 농담과 바보짓은 하나님께 영광이 되지 않는다. 거룩한 신비를 한갓 슬로건으로 격하시키지 마라. 시대를 따라가려다가, 너희는 오히려 약아져서 불경스러운 사태를 부를 뿐이다.

7-11 하나님과 흥정하지 마라. 솔직하게 말씀드려라. 필요한 것을 구하여라. 우리는 쫓고 쫓기는 게임이나 숨바꼭질을 하고 있는 것이 아니다. 너희 아이가 빵을 달라고 하는데, 톱밥을 주면서 아이를 속이겠느냐? 아이가 생선을 달라고 하는데, 살아 있는 뱀을 접시에 담아 아이에게 겁을 주겠느냐? 너희가 아무리 악해도 그런 생각은 하지 않을 것이다. 너희도 자기 자식에게는 최소한의 예의를 지킨다. 그렇다면, 너희를 사랑으로 잉태하신 하나님은 그보다 훨씬 낫지 않으시겠느냐?

12 여기, 간단하지만 유용한 행동 지침이 있다. 사람들이 너희에게 무엇을 해주면 좋겠는지 자문해 보아라. 그리고 너희가 먼저 그들에게 그것을 해주어라. 하나님의 율법과 예언자들의 설교를 다 합한 결론이 이것이다."

아버지의 뜻대로 행하여라

13-14 "하나님께 이르는 지름길을 찾지 마라. 세상에는 여가 시간을 활용하는 것만으로도 성공하는 인생에 이를 수 있다고 말하는, 쉽고도 확실한 공식들이 넘쳐난다. 대다수 사람들이 그런 말에 속겠지만, 너희는 속지 마라. 생명, 곧 하나님께 이르는 길은 정신을 바짝 차려야 갈 수 있는 힘든 길이다.

A Simple Guide for Behavior

7 1-5 "Don't pick on people, jump on their failures, criticize their faults—unless, of course, you want the same treatment. That critical spirit has a way of boomeranging. It's easy to see a smudge on your neighbor's face and be oblivious to the ugly sneer on your own. Do you have the nerve to say, 'Let me wash your face for you,' when your own face is distorted by contempt? It's this whole traveling road-show mentality all over again, playing a holier-than-thou part instead of just living your part. Wipe that ugly sneer off your own face, and you might be fit to offer a washcloth to your neighbor.

6 "Don't be flip with the sacred. Banter and silliness give no honor to God. Don't reduce holy mysteries to slogans. In trying to be relevant, you're only being cute and inviting sacrilege.

7-11 "Don't bargain with God. Be direct. Ask for what you need. This isn't a cat-and-mouse, hide-and-seek game we're in. If your child asks for bread, do you trick him with sawdust? If he asks for fish, do you scare him with a live snake on his plate? As bad as you are, you wouldn't think of such a thing. You're at least decent to your own children. So don't you think the God who conceived you in love will be even better?

12 "Here is a simple, rule-of-thumb guide for behavior: Ask yourself what you want people to do for you, then grab the initiative and do it for *them*. Add up God's Law and Prophets and this is what you get.

Being and Doing

13-14 "Don't look for shortcuts to God. The market is flooded with surefire, easygoing formulas for a successful life that can be practiced in your spare time. Don't fall for that stuff, even though crowds of people do. The way to life—to God!—is vigorous and requires total attention.

15-20 "Be wary of false preachers who smile a lot, dripping with practiced sincerity. Chances are they are out to rip you off some way or other. Don't be impressed with charisma; look for character. Who preachers *are* is the main thing, not what they

15-20 억지로 진실한 표정을 지으며 헤프게 웃어 대는 거짓 설교자들을 조심하여라. 그들은 이래저래 너희를 벗겨 먹으려는 수가 많다. 카리스마에 감동할 것이 아니라 성품을 보아라. 중요한 것은, 설교자들의 말이 아니라 그들의 됨됨이다. 참된 지도자는 절대로 너희 감정이나 지갑을 착취하지 않는다. 썩은 사과가 열린 병든 나무는 찍혀서 불살라질 것이다.

21-23 암호를 정확히 안다고 해서, 예컨대 '주님, 주님' 한다고 해서 너희가 나 있는 곳 어디든지 올 수 있는 것은 아니다. 정말 필요한 것은, 진지한 순종이다. 내 아버지의 뜻대로 행하는 것이다. 벌써부터 내 눈에 훤히 보인다. 최후 심판날에 많은 사람들이 거들먹거리며 내게 와서 이렇게 말할 것이다. '주님, 우리는 메시지를 전했고, 귀신을 혼내 줬으며, 하나님이 후원해 주신 우리 사업은 모든 사람들의 입에 오르내렸습니다.' 그때 내가 뭐라고 말할지 아느냐? '이미 때는 늦었다. 너희가 한 일이라고는 나를 이용해 유력자가 된 것뿐이다. 너희에게는 나를 감동시키는 구석이 하나도 없다. 여기서 나가거라.'

24-25 내가 너희에게 하는 이 말은, 너희 삶에 덧붙이는 장식이나 너희 생활수준을 높여 주는 리모델링 같은 것이 아니다. 내 말은 주춧돌과도 같아서, 너희는 내 말 위에 인생을 지어야 한다. 너희가 내 말을 너희 삶으로 실천하면, 너희는 든든한 바위 위에 집을 지은 현명한 목수와 같다. 비가 퍼붓고 강물이 넘치고 돌풍이 쳐도, 그 집은 끄떡없다. 바위 위에 꼿꼿이 서 있다.

26-27 그러나 너희가 내 말을 성경공부 때만 사용하고 삶으로 실천하지 않으면, 너희는 모래사장에 집을 지은 미련한 목수와 같다. 폭풍이 몰아치고 파도가 거세지자, 그 집은 맥없이 무너지고 말았다."

28-29 예수께서 말씀을 마치시자, 무리에게서 박수가 터져 나왔다. 그들은 한 번도 이런 가르침을 들어 본 적이 없었다. 예수께서 자기가 말한 그대로 살고 있음이 분명했는데, 이는 그들의 종교 교사들과는 아주 대조적이었다! 이것이야말로 그들이 여태까지 들어 본 것 중 최고의 가르침이었다.

그가 우리의 질병을 짊어지셨다

8 1-2 *무리의 환호소리가 아직도 귀에 쟁쟁*한데, 예수께서 산에서 내려오셨다. 그때 한 나병환자가 다가와 예수 앞에 무릎을 꿇고 간청했다. "주님, 원하시면 제 몸을 고쳐 주실 수 있습니다."

say. A genuine leader will never exploit your emotions or your pocketbook. These diseased trees with their bad apples are going to be chopped down and burned.

21-23 "Knowing the correct password–saying 'Master, Master,' for instance–isn't going to get you anywhere with me. What is required is serious obedience–*doing* what my Father wills. I can see it now–at the Final Judgment thousands strutting up to me and saying, 'Master, we preached the Message, we bashed the demons, our God-sponsored projects had everyone talking.' And do you know what I am going to say? 'You missed the boat. All you did was use me to make yourselves important. You don't impress me one bit. You're out of here.'

24-25 "These words I speak to you are not incidental additions to your life, homeowner improvements to your standard of living. They are foundational words, words to build a life on. If you work these words into your life, you are like a smart carpenter who built his house on solid rock. Rain poured down, the river flooded, a tornado hit–but nothing moved that house. It was fixed to the rock.

26-27 "But if you just use my words in Bible studies and don't work them into your life, you are like a stupid carpenter who built his house on the sandy beach. When a storm rolled in and the waves came up, it collapsed like a house of cards."

28-29 When Jesus concluded his address, the crowd burst into applause. They had never heard teaching like this. It was apparent that he was living everything he was saying–quite a contrast to their religion teachers! This was the best teaching they had ever heard.

He Carried Our Diseases

8 1-2 Jesus came down the mountain with the cheers of the crowd still ringing in his ears. Then a leper appeared and went to his knees before Jesus, praying, "Master, if you want to, you can heal my body."

3-4 Jesus reached out and touched him, saying, "I want to. Be clean." Then and there, all signs

3-4 예수께서 손을 내밀어 그에게 대며 말씀하셨다. "내가 원한다. 깨끗하게 되어라." 그러자 그 즉시 나병의 모든 증상이 깨끗이 사라졌다. 예수께서 말씀하셨다. "온 동네에 말하고 다니지 마라. 하나님께 합당한 감사의 표시를 가지고 제사장에게 가서 네 나은 몸을 조용히 보여라. 네 말이 아니라, 깨끗해져서 감사하는 네 삶이 내가 한 일을 증거할 것이다."

5-6 예수께서 가버나움 마을에 들어가시자, 로마군 지휘관 하나가 당황한 표정으로 다가와 말했다. "주님, 저의 종이 병들었습니다. 걷지도 못하고 고통이 심합니다."

7 예수께서 말씀하셨다. "내가 가서 고쳐 주겠다."

8-9 그러자 지휘관은 이렇게 말했다. "아닙니다. 그렇게 수고하실 것 없습니다. 그저 명령만 내리시면 저의 종이 낫겠습니다. 저도 명령을 받기도 하고 내리기도 하는 사람입니다. 제가 한 병사에게 '가라'고 하면 가고, 다른 병사에게 '오라'고 하면 옵니다. 그리고 저의 종에게 '이것을 하라'고 하면 합니다."

10-12 예수께서 크게 놀라시며 말씀하셨다. "하나님을 알고 그분이 일하시는 방식을 훤히 알아야 마땅한 이스라엘 백성 중에서도, 이렇게 단순한 믿음은 아직 보지 못했다. 이 사람은 머잖아 사방에서 모여들 많은 이방인들의 선봉이다. 그들은 동쪽에서 흘러들고 서쪽에서 쏟아져 들어와 아브라함, 이삭, 야곱과 함께 하나님 나라의 잔칫상에 앉을 것이다. 믿음 안에서 자랐으나 믿음이 없는 사람들은 무시당하고 은혜에서 소외된 자들이 되어, 이게 어찌 된 일인지 의아해 할 것이다."

13 예수께서 지휘관을 보시며 말씀하셨다. "가거라. 네가 믿은 그대로 되었다." 그 순간에 그의 종이 나았다.

14-15 일행은 베드로의 집 앞에 와 있었다. 예수께서 그 집에 들어가시니, 베드로의 장모가 몸져누웠는데 열이 불덩이 같았다. 예수께서 그녀의 손을 만지자 열이 떨어졌다. 그녀는 곧 기운을 차리고 일어나 그분을 위해 저녁을 준비했다.

16-17 그날 저녁, 사람들이 귀신 들려 괴로워하는 많은 사람들을 예수께 데려왔다. 예수께서는 마음에 고통당하는 사람들을 구해 주셨고, 몸이 아픈 사람들을 고쳐 주셨다. 예수께서 이사야의 유명한 설교를 성취하신 것이다.

그가 우리의 아픔을 당하셨고
우리의 질병을 짊어지셨다.

of the leprosy were gone. Jesus said, "Don't talk about this all over town. Just quietly present your healed body to the priest, along with the appropriate expressions of thanks to God. Your cleansed and grateful life, not your words, will bear witness to what I have done."

5-6 As Jesus entered the village of Capernaum, a Roman captain came up in a panic and said, "Master, my servant is sick. He can't walk. He's in terrible pain."

7 Jesus said, "I'll come and heal him."

8-9 "Oh, no," said the captain. "I don't want to put you to all that trouble. Just give the order and my servant will be fine. I'm a man who takes orders and gives orders. I tell one soldier, 'Go,' and he goes; to another, 'Come,' and he comes; to my slave, 'Do this,' and he does it."

10-12 Taken aback, Jesus said, "I've yet to come across this kind of simple trust in Israel, the very people who are supposed to know all about God and how he works. This man is the vanguard of many outsiders who will soon be coming from all directions—streaming in from the east, pouring in from the west, sitting down at God's kingdom banquet alongside Abraham, Isaac, and Jacob. Then those who grew up 'in the faith' but had no faith will find themselves out in the cold, outsiders to grace and wondering what happened."

13 Then Jesus turned to the captain and said, "Go. What you believed could happen has happened." At that moment his servant became well.

14-15 By this time they were in front of Peter's house. On entering, Jesus found Peter's mother-in-law sick in bed, burning up with fever. He touched her hand and the fever was gone. No sooner was she up on her feet than she was fixing dinner for him.

16-17 That evening a lot of demon-afflicted people were brought to him. He relieved the inwardly tormented. He cured the bodily ill. He fulfilled Isaiah's well-known sermon:

He took our illnesses,
He carried our diseases.

네 본분은 삶이지 죽음이 아니다

18-19 예수께서 호기심에 찬 무리가 점점 늘어나는 것을 보시고, 제자들에게 그곳을 벗어나 호수 건너편으로 가자고 말씀하셨다. 그들이 떠나려는데, 한 종교 학자가 자기도 함께 가도 되는지 물었다. 그는 "어디든지 주님과 함께 가겠습니다" 하고 말했다.

20 예수께서 잘라 말씀하셨다. "고생할 각오가 되어 있느냐? 너도 알다시피, 우리가 묵는 곳은 일류 호텔이 아니다."

21 예수를 따르던 또 다른 사람이 말했다. "주님, 부디 며칠 말미를 주십시오. 아버지 장례를 치러야 합니다."

22 예수께서 거절하셨다. "중요한 일이 먼저다. 네 본분은 삶이지 죽음이 아니다. 나를 따라오너라. 생명을 좇아라."

23-25 그러고 나서 예수께서 배에 오르셨고, 제자들도 그분과 함께 있었다. 그러던 중에 풍랑이 무섭게 몰아쳤다. 파도가 배 안으로 들이치는데, 예수께서는 곤히 주무시고 계셨다! 제자들이 다급하게 그분을 깨웠다. "주님, 우리를 구해 주십시오! 이러다가 빠져 죽겠습니다!"

26 예수께서 그들을 꾸짖으셨다. "어째서 너희는 이토록 용기 없는 겁쟁이란 말이냐?" 그러더니 일어나셔서 바람에게 잠잠하라, 바다에게 잔잔하라 명령하셨다. "잠잠하여라!" 바다는 고요한 호수처럼 되었다.

27 제자들은 깜짝 놀라서 눈을 비볐다. "이게 어찌 된 일인가? 바람과 바다가 그분의 명령에 복종하다니!"

귀신 들린 두 사람

28-31 가다라 지방에 내린 일행은 미친 사람 둘과 마주쳤다. 그들은 묘지에서 나왔는데, 두 사람 모두 귀신의 피해자였다. 그들이 너무 오랫동안 그 지역을 공포에 몰아넣었던 터라, 그 길로 다니는 것을 모두가 위험하게 생각했다. 그들이 예수를 보더니 소리질렀다. "무슨 일로 우리를 힘들게 합니까? 당신은 하나님의 아들입니다! 당신은 아직 여기에 올 때가 아닙니다!" 저만치 멀리서 돼지 떼가 땅을 파헤치며 먹을 것을 찾고 있었다. 악한 귀신들이 예수께 애걸했다. "우리를 이 사람들한테서 내쫓으시려거든, 돼지들 속에 들어가 살게 해주십시오!"

32-34 예수께서 말씀하셨다. "좋다. 여기서 나가거라!" 그러자 돼지들이 미쳐서, 우르르 벼랑으로 몰

Your Business Is Life, Not Death

18-19 When Jesus saw that a curious crowd was growing by the minute, he told his disciples to get him out of there to the other side of the lake. As they left, a religion scholar asked if he could go along. "I'll go with you, wherever," he said.

20 Jesus was curt: "Are you ready to rough it? We're not staying in the best inns, you know."

21 Another follower said, "Master, excuse me for a couple of days, please. I have my father's funeral to take care of."

22 Jesus refused. "First things first. Your business is life, not death. Follow me. Pursue life."

23-25 Then he got in the boat, his disciples with him. The next thing they knew, they were in a severe storm. Waves were crashing into the boat—and he was sound asleep! They roused him, pleading, "Master, save us! We're going down!"

26 Jesus reprimanded them. "Why are you such cowards, such faint-hearts?" Then he stood up and told the wind to be silent, the sea to quiet down: "Silence!" The sea became smooth as glass.

27 The men rubbed their eyes, astonished. "What's going on here? Wind and sea come to heel at his command!"

The Madmen and the Pigs

28-31 They landed in the country of the Gadarenes and were met by two madmen, victims of demons, coming out of the cemetery. The men had terrorized the region for so long that no one considered it safe to walk down that stretch of road anymore. Seeing Jesus, the madmen screamed out, "What business do you have giving us a hard time? You're the Son of God! You weren't supposed to show up here yet!" Off in the distance a herd of pigs was browsing and rooting. The evil spirits begged Jesus, "If you kick us out of these men, let us live in the pigs."

32-34 Jesus said, "Go ahead, but get out of here!" Crazed, the pigs stampeded over a cliff into the

려가더니 바다에 빠져 죽었다. 돼지를 치던 사람들이 혼비백산하여 달아났다. 그들은 미친 사람들과 돼지 떼에게 벌어진 일을 마을 사람 모두에게 말했다. 그 이야기를 들은 사람들은 돼지 떼가 익사한 것에 화가 났다. 그들은 무리 지어 와서는, 예수께 그곳을 떠나 다시는 오지 말라고 당부했다.

의사가 필요한 사람이 누구냐

9 1-3 예수와 제자들은 다시 배를 타고 바다를 건너 예수의 고향으로 갔다. 그들이 배에서 내리기가 무섭게, 사람들이 중풍병자 한 사람을 들것에 실어 데려와서 그들 앞에 내려놓았다. 그들의 담대한 믿음에 감동하신 예수께서 중풍병자에게 말씀하셨다. "기운을 내어라, 아들아. 내가 네 죄를 용서한다." 그러자 몇몇 종교 학자들이 수군거렸다. "아니, 저것은 신성모독이다!"

4-8 예수께서 그들의 생각을 아시고 말씀하셨다. "왜 이리 수군수군 말이 많으냐? '내가 네 죄를 용서한다'고 말하는 것과 '일어나 걸어가라'고 말하는 것 중에 어느 쪽이 더 쉽겠느냐? 내가 인자인 것과, 내가 어느 쪽이든 행할 권한이 있다는 것을 분명히 보여주겠다." 이 말을 하시고 예수께서 중풍병자에게 말씀하셨다. "일어나거라. 네 자리를 들고 집으로 가거라." 그 사람은 그대로 했다. 무리는 두려움에 사로잡혔고, 하나님이 예수께 권한을 주셔서 자기들 가운데서 그렇게 일하신 것을 기뻐했다.

9 예수께서 지나시던 길에, 한 사람이 세금을 걷는 일에 여념이 없는 것을 보셨다. 그의 이름은 마태였다. 예수께서 말씀하셨다. "나와 함께 가자." 마태는 일어나 그분을 따라갔다.

10-11 나중에 예수께서 자신을 가까이 따르는 이들과 함께 마태의 집에서 저녁을 드실 때에, 평판이 좋지 않은 인물들이 많이 와서 한데 어울렸다. 예수께서 그런 사람들과 어울리는 것을 본 바리새인들은 발끈하여 예수를 따르는 이들을 비난했다. "사기꾼과 쓰레기 같은 인간들과 가까이 지내다니, 당신네 선생의 이런 행동이 무슨 본이 되겠소?"

12-13 예수께서 들으시고 반박하셨다. "의사가 필요한 사람이 누구냐? 건강한 사람이냐, 병든 사람이냐? 가서 '내가 원하는 것은 자비이지 종교 행위가 아니다'라는 성경 말씀이 무슨 뜻인지 헤아려 보아라. 내가 여기 있는 것은 소외된 사람들을 초청하려는 것이지, 영향력 있는 사람들의 비위나 맞추려는 것이 아니다."

sea and drowned. Scared to death, the swineherds bolted. They told everyone back in town what had happened to the madmen and the pigs. Those who heard about it were angry about the drowned pigs. A mob formed and demanded that Jesus get out and not come back.

Who Needs a Doctor?

9 1-3 Back in the boat, Jesus and the disciples recrossed the sea to Jesus' hometown. They were hardly out of the boat when some men carried a paraplegic on a stretcher and set him down in front of them. Jesus, impressed by their bold belief, said to the paraplegic, "Cheer up, son. I forgive your sins." Some religion scholars whispered, "Why, that's blasphemy!"

4-8 Jesus knew what they were thinking, and said, "Why this gossipy whispering? Which do you think is simpler: to say, 'I forgive your sins,' or, 'Get up and walk'? Well, just so it's clear that I'm the Son of Man and authorized to do either, or both..." At this he turned to the paraplegic and said, "Get up. Take your bed and go home." And the man did it. The crowd was awestruck, amazed and pleased that God had authorized Jesus to work among them this way.

9 Passing along, Jesus saw a man at his work collecting taxes. His name was Matthew. Jesus said, "Come along with me." Matthew stood up and followed him.

10-11 Later when Jesus was eating supper at Matthew's house with his close followers, a lot of disreputable characters came and joined them. When the Pharisees saw him keeping this kind of company, they had a fit, and lit into Jesus' followers. "What kind of example is this from your Teacher, acting cozy with crooks and riffraff?"

12-13 Jesus, overhearing, shot back, "Who needs a doctor: the healthy or the sick? Go figure out what this Scripture means: 'I'm after mercy, not religion.' I'm here to invite outsiders, not coddle insiders."

하나님 나라가 임했다

14 얼마 후에 요한을 따르는 이들이 와서 물었다.
"우리와 바리새인들은 금식으로 몸과 영혼을 엄격
히 훈련하는데, 선생님을 따르는 이들은 왜 그렇
게 하지 않습니까?"
15 예수께서 그들에게 말씀하셨다. "즐거운 결혼
식 중에는 빵과 포도주를 아끼지 않고 실컷 먹는
다. 나중에 허리띠를 졸라맬 일이 있을지 모르지
만, 지금은 아니다. 정겨운 축하의 모닥불에 찬물
을 끼얹는 사람은 없다. 하나님 나라가 임한다는
것은 바로 이런 것이다!"
16-17 예수께서 계속해서 말씀하셨다. "멀쩡한 스
카프를 잘라서 낡은 작업복에 대고 깁는 사람은
없다. 서로 어울리는 천을 찾게 마련이다. 그리고
금이 간 병에는 포도주를 담지 않는 법이다."

손가락 하나만 대어도

18-19 예수께서 이 말씀을 마치시자, 한 지방 관리
가 나와서 정중히 절하며 말했다. "제 딸이 방금
죽었습니다. 오셔서 손을 대 주시면 그 아이가 살
겠습니다." 예수께서 일어나 그와 함께 가시자, 제
자들이 뒤를 따랐다.
20-22 바로 그때에, 십이 년 동안 혈루증을 앓아
온 한 여자가 뒤에서 슬그머니 다가가 예수의 옷
을 살짝 만졌다. '이분의 옷에 손가락 하나만 대
어도 내가 낫겠다'고 생각한 것이다. 예수께서 돌
아서서 여자를 보셨다. 그리고 이렇게 다독여 주
셨다. "안심하여라, 딸아. 너는 믿음의 모험을 했
고, 이제 병이 나았다." 그때부터 여자의 몸이 다
나았다.
23-26 어느새 그들은 지방 관리의 집에 도착해, 이
야깃거리를 찾는 입방아꾼들과 음식을 나르는 이
웃들 사이를 헤치고 지나갔다. 예수께서 불쑥 말
씀하셨다. "모두 비켜라! 이 소녀는 죽지 않았다.
자고 있다." 그들은 저가 알지도 못하면서 저런 말
을 한다고 했다. 예수께서 무리를 내보내시고 안
에 들어가셔서, 소녀의 손을 잡고 일으켜 세우셨
다. 소녀를 살리신 것이다. 곧 소문이 그 지방에
두루 퍼졌다.

믿음대로 되어라

27-28 예수께서 그 집을 떠나시자, 눈먼 사람 둘이
따라오며 소리를 질렀다. "다윗의 자손이여, 불쌍
히 여겨 주십시오! 우리를 불쌍히 여겨 주십시오!"
예수께서 집에 들어가시자, 눈먼 그들도 따라 들

Kingdom Come

14 A little later John's followers approached,
asking, "Why is it that we and the Pharisees
rigorously discipline body and spirit by fasting,
but your followers don't?"
15 Jesus told them, "When you're celebrating a
wedding, you don't skimp on the cake and wine.
You feast. Later you may need to pull in your
belt, but not now. No one throws cold water on a
friendly bonfire. This is Kingdom Come!"
16-17 He went on, "No one cuts up a fine silk scarf
to patch old work clothes; you want fabrics that
match. And you don't put your wine in cracked
bottles."

Just a Touch

18-19 As he finished saying this, a local official
appeared, bowed politely, and said, "My daughter
has just now died. If you come and touch her, she
will live." Jesus got up and went with him, his
disciples following along.
20-22 Just then a woman who had hemorrhaged for
twelve years slipped in from behind and lightly
touched his robe. She was thinking to herself, "If
I can just put a finger on his robe, I'll get well."
Jesus turned–caught her at it. Then he reassured
her: "Courage, daughter. You took a risk of faith,
and now you're well." The woman was well from
then on.
23-26 By now they had arrived at the house of the
town official, and pushed their way through the
gossips looking for a story and the neighbors
bringing in casseroles. Jesus was abrupt: "Clear
out! This girl isn't dead. She's sleeping." They told
him he didn't know what he was talking about.
But when Jesus had gotten rid of the crowd, he
went in, took the girl's hand, and pulled her to her
feet–alive. The news was soon out, and traveled
throughout the region.

Become What You Believe

27-28 As Jesus left the house, he was followed by
two blind men crying out, "Mercy, Son of David!
Mercy on us!" When Jesus got home, the blind
men went in with him. Jesus said to them, "Do

어갔다. 예수께서 그들에게 말씀하셨다. "너희는 정말 내가 이 일을 할 수 있다고 믿느냐?" 그들이 말했다. "그렇습니다, 주님!"

29-31 예수께서 그들의 눈을 만지시며 말씀하셨다. "너희 믿음대로 되어라." 그러자 그 말씀대로 그들이 앞을 보게 되었다. 예수께서 엄하게 주의를 주셨다. "이 일이 어떻게 일어났는지 아무에게도 알리지 마라." 그러나 그들은 문을 나서기가 무섭게, 만나는 사람마다 그 일에 대해 떠들어 대기 시작했다.

32-33 눈먼 사람들이 나가자마자, 사람들이 악한 귀신이 들려 말 못하는 사람을 예수께 데려왔다. 예수께서 괴롭히는 악한 귀신을 쫓아내시자, 그 사람은 마치 평생 말을 해온 사람처럼 즉시 말문이 술술 트였다. 사람들이 일어나서 박수갈채를 보냈다. "여태까지 이스라엘에 이런 일은 없었다!"

34 바리새인들은 흥분해 중얼거렸다. "속임수다. 속임수에 불과하다. 아마 마귀와 짜고 한 일일 것이다."

35-38 그 후에 예수께서 모든 성읍과 마을을 두루 다니셨다. 그분은 회당 곳곳에서 가르치시고, 천국 소식을 알리시고, 병든 사람과 상한 심령들을 고쳐 주셨다. 목자 없는 양처럼 정처 없이 헤매고 있는 무리를 바라보시는 그분의 마음이 무너져 내렸다. 예수께서 제자들에게 말씀하셨다. "추수할 것이 이토록 많은데, 일꾼은 얼마나 적은지! 추수할 일손을 달라고 무릎을 꿇고 기도하여라!"

열두 명의 추수할 일꾼

10 1-4 그 기도는 곧 응답되었다. 예수께서 자기를 따르는 사람들 가운데 열두 명을 불러 무르익은 밭으로 보내셨다. 그분은 그들에게 악한 귀신을 쫓아내는 능력과, 상한 심령들을 자상하게 돌보는 능력을 주셨다. 예수께서 보내신 열두 명의 이름은 이렇다.

시몬(사람들은 그를 베드로, 곧 '바위'라고 불렀다)
그의 동생 안드레
세베대의 아들 야고보
그의 동생 요한
빌립
바돌로매
도마
세금 징수원 마태
알패오의 아들 야고보

you really believe I can do this?" They said, "Why, yes, Master!"

29-31 He touched their eyes and said, "Become what you believe." It happened. They saw. Then Jesus became very stern. "Don't let a soul know how this happened." But they were hardly out the door before they started blabbing it to everyone they met.

32-33 Right after that, as the blind men were leaving, a man who had been struck speechless by an evil spirit was brought to Jesus. As soon as Jesus threw the evil tormenting spirit out, the man talked away just as if he'd been talking all his life. The people were up on their feet applauding: "There's never been anything like this in Israel!"

34 The Pharisees were left sputtering, "Hocus-pocus. It's nothing but hocus-pocus. He's probably made a pact with the Devil."

35-38 Then Jesus made a circuit of all the towns and villages. He taught in their meeting places, reported kingdom news, and healed their diseased bodies, healed their bruised and hurt lives. When he looked out over the crowds, his heart broke. So confused and aimless they were, like sheep with no shepherd. "What a huge harvest!" he said to his disciples. "How few workers! On your knees and pray for harvest hands!"

The Twelve Harvest Hands

10 1-4 The prayer was no sooner prayed than it was answered. Jesus called twelve of his followers and sent them into the ripe fields. He gave them power to kick out the evil spirits and to tenderly care for the bruised and hurt lives. This is the list of the twelve he sent:

Simon (they called him Peter, or "Rock"),
Andrew, his brother,
James, Zebedee's son,
John, his brother,
Philip,
Bartholomew,
Thomas,
Matthew, the tax man,
James, son of Alphaeus,

다대오
가나안 사람 시몬
가룟 유다(나중에 그분에게 등을 돌린 자다).

5-8 예수께서 열두 명의 추수할 일꾼을 보내시며 이렇게 당부하셨다.

"믿지 않는 자들을 회심시키려고 먼 곳부터 다니지 마라. 공공연한 적과 거창하게 싸우려 들지도 마라. 바로 여기 가까이 있는 잃어버린 사람들, 혼란에 빠진 사람들한테 가거라. 그들에게 하나님 나라가 여기 있다고 말하여라. 병든 사람들에게 건강을 되찾아 주고, 죽은 사람들을 다시 살려 주어라. 버림받은 사람들을 만져 주어라. 귀신을 쫓아내어라. 너희가 후한 대접을 받았으니, 너희도 후하게 살아라.

9-10 시작하기 전에 모금행사를 벌여야겠다고 생각하지 마라. 너희에게는 많은 준비가 필요 없다. 너희 자신을 준비하여라. 하루 세 끼 먹을 것만 있어도 너희는 이 일을 계속할 수 있다. 짐을 가볍게 하고 다녀라.

11 어떤 성읍이나 마을에 들어가거든, 굳이 고급 여관에 묵지 마라. 수수한 사람들이 사는 적당한 곳을 찾아가 떠날 때까지 그곳으로 만족하여라.

12-15 문을 두드릴 때는 정중히 인사하여라. 그들이 너희를 맞아들이거든 예의 바르게 이야기를 나누어라. 너희를 맞아들이지 않거든 조용히 떠나라. 소란 피울 것 없다. 무시해 버리고 너희의 길을 가면 된다. 심판 날에 그들은 틀림없이 크게 후회하겠지만, 그것은 지금 너희가 신경 쓸 일이 아니다.

16 늘 정신을 바짝 차려라. 내가 너희에게 맡기는 일은 위험한 일이다. 너희는 이리 떼 속을 달려가는 양과 같으니, 너희에게 시선이 쏠리지 않게 하여라. 뱀처럼 영리하고 비둘기처럼 순수하여라.

17-20 세상을 몰라서는 안된다. 어떤 사람들은 너희의 동기를 비난할 것이고, 어떤 사람들은 너희의 평판을 더럽힐 것이다. 단지 나를 믿는다는 이유만으로 그렇게 할 것이다. 그들이 너희를 법정으로 끌고 가더라도 당황하지 마라. 그들은 자기도 모르게, 너희와 나에게 호의를 베푼 것이다. 너*희에게 천국 소식을 전할 무대를 만들어 준 것이*다! 그때 무엇을 말할지, 어떻게 말할지 걱정하지 마라. 꼭 맞는 말이 떠오를 것이다. 너희 아버지의 영이 필요한 말을 주실 것이다.

21-23 너희가 전하려는 분이, 자기들 기분이나 맞

Thaddaeus,
Simon, the Canaanite,
Judas Iscariot (who later turned on him).

5-8 Jesus sent his twelve harvest hands out with this charge:

"Don't begin by traveling to some far-off place to convert unbelievers. And don't try to be dramatic by tackling some public enemy. Go to the lost, confused people right here in the neighborhood. Tell them that the kingdom is here. Bring health to the sick. Raise the dead. Touch the untouchables. Kick out the demons. You have been treated generously, so live generously.

9-10 "Don't think you have to put on a fund-raising campaign before you start. You don't need a lot of equipment. *You* are the equipment, and all you need to keep that going is three meals a day. Travel light.

11 "When you enter a town or village, don't insist on staying in a luxury inn. Get a modest place with some modest people, and be content there until you leave.

12-15 "When you knock on a door, be courteous in your greeting. If they welcome you, be gentle in your conversation. If they don't welcome you, quietly withdraw. Don't make a scene. Shrug your shoulders and be on your way. You can be sure that on Judgment Day they'll be mighty sorry—but it's no concern of yours now.

16 "Stay alert. This is hazardous work I'm assigning you. You're going to be like sheep running through a wolf pack, so don't call attention to yourselves. Be as cunning as a snake, inoffensive as a dove.

17-20 "Don't be naive. Some people will impugn your motives, others will smear your reputation—just because you believe in me. Don't be upset when they haul you before the civil authorities. Without knowing it, they've done you—and me—a favor, given you a platform for preaching the kingdom news! And don't worry about what you'll say or how you'll say it. The right words will be there; the Spirit of your Father will supply the words.

21-23 "When people realize it is the living God you

춰 주는 어떤 우상이 아니라 살아 계신 하나님임을 알게 된다면, 사람들은 너희를 대적할 것이다. 심지어 너희 가족들도 그럴 것이다. 큰 사랑을 선포했는데 그처럼 큰 미움을 맛보게 되니, 얼마나 어처구니없는 일이냐! 그러나 포기하지 마라. 굴복하지 마라. 마지막에 가면 그 가치를 알게 될 것이다. 이런 일이 벌어질 때 너희가 구할 것은, 성공이 아니라 생존이다. 살아남는 자가 되어라! 더 이상 어쩔 수 없는 상황에 이르기 전에, 인자가 올 것이다.

24-25 학생이 선생보다 더 나은 책상을 쓸 수 없다. 사원이 사장보다 돈을 더 벌지 못한다. 너희는 내 학생이요 내 추수할 일꾼이니, 나와 똑같은 대접을 받거든 만족하여라. 아예 기뻐하여라. 그들이 주인인 나를 '똥 묻은 화상'이라고 부르는데, 일꾼들이야 더 무엇을 바라겠느냐?

26-27 겁먹지 마라. 언젠가는 모든 것이 밝혀져 모든 사람이 일의 진실을 알게 될 것이다. 그러니 드러내 놓고 진리를 말하기를 주저하지 마라.

28 괴롭히는 자들이 허세를 부리며 위협한다고 해서 침묵해서는 안된다. 그들이 너희 존재의 중심인 너희 영혼에 할 수 있는 일이란 아무것도 없다. 너희는 너희 삶 전체—몸과 영혼—를 그 손에 붙잡고 계시는 하나님만 두려워하면 된다."

내 편에 서라

29-31 "애완용 카나리아의 값이 얼마더냐? 푼돈이 아니냐? 그러나 하나님은 그 새에게 일어나는 일을, 너희가 신경 쓰는 것보다 더 신경 쓰신다. 그분께서 너희에게는 더 정성을 쏟으신다. 세세한 것까지 일일이 돌보시며, 심지어 너희의 머리카락까지 다 세신다! 그러니 괴롭히는 자들의 이런저런 말에 겁먹지 마라. 너희는 카나리아 수백만 마리보다 더 귀하다.

32-33 세상의 여론에 맞서 내 편을 들어라. 그러면 나도 하늘에 계신 내 아버지 앞에서 너희 편을 들 것이다. 너희가 겁이 나서 달아난다면, 내가 너희를 감싸 줄 것 같으냐?

34-37 내가 삶을 편안하게 해주려고 왔다고 생각하지 마라. 나는 갈라서게 하려고 왔다. 아들과 아버지, 딸과 어머니, 며느리와 시어머니 사이를 분명하게 갈라서게 하려고 왔다. 가족 간의 편안한 인연을 갈라놓아서, 너희로 하여금 하나님을 위해 자유롭게 되게 하려고 왔다. 좋은 뜻을 가진 너희 가족이 최악의 원수가 될 수 있다. 나보다 자기 아

are presenting and not some idol that makes them feel good, they are going to turn on you, even people in your own family. There is a great irony here: proclaiming so much love, experiencing so much hate! But don't quit. Don't cave in. It is all well worth it in the end. It is not success you are after in such times but survival. Be survivors! Before you've run out of options, the Son of Man will have arrived.

24-25 "A student doesn't get a better desk than her teacher. A laborer doesn't make more money than his boss. Be content—pleased, even—when you, my students, my harvest hands, get the same treatment I get. If they call me, the Master, 'Dungface,' what can the workers expect?

26-27 "Don't be intimidated. Eventually everything is going to be out in the open, and everyone will know how things really are. So don't hesitate to go public now.

28 "Don't be bluffed into silence by the threats of bullies. There's nothing they can do to your soul, your core being. Save your fear for God, who holds your entire life—body and soul—in his hands.

Forget About Yourself

29-31 "What's the price of a pet canary? Some loose change, right? And God cares what happens to it even more than you do. He pays even greater attention to you, down to the last detail—even numbering the hairs on your head! So don't be intimidated by all this bully talk. You're worth more than a million canaries.

32-33 "Stand up for me against world opinion and I'll stand up for you before my Father in heaven. If you turn tail and run, do you think I'll cover for you?

34-37 "Don't think I've come to make life cozy. I've come to cut—make a sharp knife-cut between son and father, daughter and mother, bride and mother-in-law—cut through these cozy domestic arrangements and free you for God. Well-meaning family members can be your worst enemies. If you prefer father or mother over me, you don't deserve me. If you prefer son or daughter over

버지나 어머니를 더 좋아하는 사람은 내게 합당하지 않다. 나보다 아들이나 딸을 더 좋아하는 사람은 내게 합당하지 않다.
38-39 물불을 안 가리고 끝까지 나와 함께 가지 않는 사람은, 내게 합당하지 않다. 너희의 일차 관심사가 자신을 챙기는 것이라면, 너희는 절대로 자신을 얻지 못할 것이다. 그러나 너희 자신을 잊어버리고 나를 바라보면, 너희 자신과 나 둘 모두를 얻을 것이다.
40-42 이 추수하는 일에 우리는 긴밀히 얽혀 있다. 누구든지 너희가 하는 일을 받아들이는 사람은, 너희를 보낸 나를 받아들이는 것이다. 누구든지 내가 하는 일을 받아들이는 사람은, 나를 보내신 내 아버지를 받아들이는 것이다. 하나님의 심부름꾼을 받아들이는 것은 하나님의 심부름꾼이 되는 것이나 마찬가지다. 누군가의 도움을 받아들이는 것은 누군가에게 도움을 베푸는 것이나 다름없다. 내가 너희를 부른 일은 큰 일이지만, 주눅 들 것 없다. 작게 시작하는 것이 최선의 방법이다. 이를테면, 목마른 사람에게 냉수 한 잔을 주어라. 베풀거나 받는 지극히 작은 일로 너희는 참된 제자가 된다. 너희는 단 하나도 잃지 않을 것이다."

세례자 요한

11
1 예수께서 열두 제자에게 이렇게 당부하시고 나서, 계속해서 여러 동네에서 가르치고 전도하셨다.
2-3 한편, 요한은 감옥에 갇혀 있었다. 그는 예수께서 하고 계신 일을 전해 듣고는, 자기 제자들을 보내어 물었다. "우리가 기다려 온 분이 선생님입니까, 아니면 아직도 기다려야 합니까?"
4-6 예수께서 그들에게 말씀하셨다. "가서 지금 벌어지고 있는 일을 요한에게 말하여라.

눈먼 사람이 보고
저는 사람이 걷고
나병환자가 깨끗해지고
귀먹은 사람이 듣고
죽은 사람이 살아나며,
이 땅의 불쌍한 사람들이 하나님께서 자기들 편임을 깨닫는다.

이것이 너희가 기대하던 것이냐? 그렇다면 너희야말로 가장 복된 사람인 줄 알아라!"
7-10 요한의 제자들이 보고하러 떠나자, 예수께서

me, you don't deserve me.
38-39 "If you don't go all the way with me, through thick and thin, you don't deserve me. If your first concern is to look after yourself, you'll never find yourself. But if you forget about yourself and look to me, you'll find both yourself and me.
40-42 "We are intimately linked in this harvest work. Anyone who accepts what you do, accepts me, the One who sent you. Anyone who accepts what I do accepts my Father, who sent me. Accepting a messenger of God is as good as being God's messenger. Accepting someone's help is as good as giving someone help. This is a large work I've called you into, but don't be overwhelmed by it. It's best to start small. Give a cool cup of water to someone who is thirsty, for instance. The smallest act of giving or receiving makes you a true apprentice. You won't lose out on a thing."

John the Baptizer

11
1 When Jesus finished placing this charge before his twelve disciples, he went on to teach and preach in their villages.
2-3 John, meanwhile, had been locked up in prison. When he got wind of what Jesus was doing, he sent his own disciples to ask, "Are you the One we've been expecting, or are we still waiting?"
4-6 Jesus told them, "Go back and tell John what's going on:

The blind see,
The lame walk,
Lepers are cleansed,
The deaf hear,
The dead are raised,
The wretched of the earth learn that God is on their side.

"Is this what you were expecting? Then count yourselves most blessed!"
7-10 When John's disciples left to report, Jesus started talking to the crowd about John. "What did you expect when you went out to see him in the wild? A weekend camper? Hardly. What

무리에게 요한에 대해 말씀하셨다. "그를 보러 광야로 나갈 때에 너희는 무엇을 기대했더냐? 주말을 쉬러 나온 사람이더냐? 아닐 것이다. 그럼 무엇이냐? 멋진 양복을 차려입은 교주더냐? 광야에서는 어림도 없다. 그럼 무엇이냐? 예언자냐? 맞다, 예언자다! 너희 평생에 최고의 예언자일 것이다. 그는 예언자 말라기가 '내가 내 예언자를 앞서 보내어 네 길을 평탄하게 만들 것이다'라고 말한 그 예언자다.

11-14 지금 무슨 일이 벌어지고 있는지 내가 말해 주겠다. 역사상 어느 누구도 세례자 요한보다 나은 사람이 없다. 그러나 그가 너희에게 준비시킨 천국에서는 가장 낮은 사람이라도 요한보다 앞선다. 오랫동안 사람들은 스스로 하나님 나라에 들어가려고 애써 왔다. 그러나 예언자들의 책과 하나님의 율법을 자세히 읽어 보면 알겠지만, 그 모든 것이 요한에서 절정에 이르고, 요한과 협력하여 천국의 메시아를 위한 길을 예비하고 있다. 이렇게 보면, 요한은 너희 모두가 어서 와서 메시아를 소개해 주기를 고대했던 그 엘리야가 맞다.

15 내 말을 듣고 있느냐? 정말로 듣고 있느냐?

16-19 이 세대 사람들을 어떻게 설명할 수 있을까? 그들은 '우리는 더 놀고 이야기하고 싶은데 엄마 아빠는 늘 피곤하고 바쁘다고 해요' 하고 불평을 늘어놓는 아이와 같다. 요한이 와서 금식하니 사람들은 그가 미쳤다고 했다. 내가 와서 실컷 먹으니 사람들은 내가 술고래며, 인간쓰레기들의 친구라고 했다. 본래 여론조사는 믿을 만한 것이 못되지 않더냐? 음식 맛은 먹어 보아야 안다."

자연스런 은혜의 리듬을 배워라

20 그 후에 예수께서 자신이 가장 열심히 일하셨으나 사람들의 반응이 가장 적었던 여러 도시들을 호되게 책망하셨다. 그곳 사람들이 무관심하게 제 갈 길로 가 버렸던 것이다.

21-24 "고라신아, 너에게 화가 있을 것이다! 벳새다야, 너에게 화가 있을 것이다! 두로와 시돈이 너희가 본 엄청난 기적의 절반만 보았어도, 당장 무릎을 꿇었을 것이다. 심판 날에 그들은 너희에 비하면 가벼운 벌로 끝날 것이다. 가버나움아! 네가 잔뜩 점잔을 빼다만 결국은 지옥에 떨어질 것이다. 소돔 사람들도 너처럼 기회가 있었다면, 그 도시가 지금까지 남아 있었을 것이다. 심판 날에 그들은 너희에 비하면 가벼운 벌로 끝날 것이다."

25-26 갑자기 예수께서 기도하셨다. "하늘과 땅의 주

then? A sheik in silk pajamas? Not in the wilderness, not by a long shot. What then? A prophet? That's right, a prophet! Probably the best prophet you'll ever hear. He is the prophet that Malachi announced when he wrote, 'I'm sending my prophet ahead of you, to make the road smooth for you.'

11-14 "Let me tell you what's going on here: No one in history surpasses John the Baptizer; but in the kingdom he prepared you for, the lowliest person is ahead of him. For a long time now people have tried to force themselves into God's kingdom. But if you read the books of the Prophets and God's Law closely, you will see them culminate in John, teaming up with him in preparing the way for the Messiah of the kingdom. Looked at in this way, John is the 'Elijah' you've all been expecting to arrive and introduce the Messiah.

15 "Are you listening to me? Really listening?

16-19 "How can I account for this generation? The people have been like spoiled children whining to their parents, 'We wanted to skip rope, and you were always too tired; we wanted to talk, but you were always too busy.' John came fasting and they called him crazy. I came feasting and they called me a lush, a friend of the riffraff. Opinion polls don't count for much, do they? The proof of the pudding is in the eating."

The Unforced Rhythms of Grace

20 Next Jesus let fly on the cities where he had worked the hardest but whose people had responded the least, shrugging their shoulders and going their own way.

21-24 "Doom to you, Chorazin! Doom, Bethsaida! If Tyre and Sidon had seen half of the powerful miracles you have seen, they would have been on their knees in a minute. At Judgment Day they'll get off easy compared to you. And Capernaum! With all your peacock strutting, you are going to end up in the abyss. If the people of Sodom had had your chances, the city would still be around. At Judgment Day they'll get off easy compared to you."

인이신 아버지, 감사합니다. 아버지께서는 아버지의 길을 똑똑하고 다 아는 체하는 사람들에게는 숨기시고, 평범한 사람들에게는 분명히 밝히셨습니다. 그렇습니다, 아버지. 아버지께서는 이렇게 일하시는 것을 좋아하십니다."

27 예수께서 다시 사람들에게 말씀하시되, 이번에는 부드럽게 말씀하셨다. "아버지께서 이 모든 것을 내게 행하고 말하라고 맡겨 주셨다. 이것은 아버지와 아들이 서로를 잘 아는 친밀한 관계에서 비롯되는, 부자간의 독특한 일이다. 아무도 아버지가 아는 것처럼 아들을 아는 이가 없고, 아들이 아는 것처럼 아버지를 아는 이도 없다. 하지만 나는 이것을 나 혼자만 누릴 생각이 없다. 누구든지 들을 마음만 있으면, 나는 차근차근 가르쳐 줄 준비가 되어 있다.

28-30 너희는 피곤하고 지쳤느냐? 종교생활에 탈진했느냐? 나에게 오너라. 나와 함께 길을 나서면 너희 삶은 회복될 것이다. 내가 너희에게 제대로 쉬는 법을 가르쳐 주겠다. 나와 함께 걷고 나와 함께 일하여라. 내가 어떻게 하는지 잘 보아라. 자연스런 은혜의 리듬을 배워라. 나는 너희에게 무겁거나 맞지 않는 짐을 지우지 않는다. 나와 함께 있으면 자유롭고 가볍게 사는 법을 배울 것이다."

안식일의 주인

12 1-2 어느 안식일에, 예수께서 제자들과 함께 곡식이 무르익은 밭 사이를 거닐고 계셨다. 제자들이 배가 고파 곡식 이삭을 따서 씹어 먹었다. 바리새인들이 그 일을 예수께 일러바쳤다. "당신의 제자들이 안식일 규정을 어기고 있습니다!"

3-5 예수께서 말씀하셨다. "정말이냐? 너희는 다윗과 그 동료들이 배고플 때에 한 일을 읽어 보지 못했느냐? 그들이 성소에 들어가서, 제사장들 외에는 아무도 먹지 못하게 되어 있는, 제단에서 갓 물려낸 빵을 먹지 않았느냐? 또 너희는 성전에서 직무를 수행중인 제사장들이 매번 안식일 규정을 어기는데도 죄가 되지 않는다는 것을, 하나님의 율법에서 읽어 보지 못했느냐?

6-8 여기에는 종교 이상으로 훨씬 많은 문제가 걸려 있다. 너희가 만일 '나는 경직된 의식(儀式)보다 유연한 마음을 더 원한다'고 한 성경 말씀의 뜻을 조금이라도 안다면, 사소한 일로 이렇게 트집 잡지는 않을 것이다. 인자는 안식일의 종이 아니라 주인이다."

25-26 Abruptly Jesus broke into prayer: "Thank you, Father, Lord of heaven and earth. You've concealed your ways from sophisticates and know-it-alls, but spelled them out clearly to ordinary people. Yes, Father, that's the way you like to work."

27 Jesus resumed talking to the people, but now tenderly. "The Father has given me all these things to do and say. This is a unique Father-Son operation, coming out of Father and Son intimacies and knowledge. No one knows the Son the way the Father does, nor the Father the way the Son does. But I'm not keeping it to myself; I'm ready to go over it line by line with anyone willing to listen.

28-30 "Are you tired? Worn out? Burned out on religion? Come to me. Get away with me and you'll recover your life. I'll show you how to take a real rest. Walk with me and work with me–watch how I do it. Learn the unforced rhythms of grace. I won't lay anything heavy or ill-fitting on you. Keep company with me and you'll learn to live freely and lightly."

In Charge of the Sabbath

12 1-2 One Sabbath, Jesus was strolling with his disciples through a field of ripe grain. Hungry, the disciples were pulling off the heads of grain and munching on them. Some Pharisees reported them to Jesus: "Your disciples are breaking the Sabbath rules!"

3-5 Jesus said, "Really? Didn't you ever read what David and his companions did when they were hungry, how they entered the sanctuary and ate fresh bread off the altar, bread that no one but priests were allowed to eat? And didn't you ever read in God's Law that priests carrying out their Temple duties break Sabbath rules all the time and it's not held against them?

6-8 "There is far more at stake here than religion. If you had any idea what this Scripture meant–'I prefer a flexible heart to an inflexible ritual'–you wouldn't be nitpicking like this. The Son of Man is no lackey to the Sabbath; he's in charge."

9-10 When Jesus left the field, he entered their

9-10 예수께서 밭을 떠나 그들의 회당에 들어가셨다. 거기에 한쪽 손이 오그라든 사람이 있었다. 그들은 예수께 "안식일에 병을 고치는 것이 율법에 맞습니까?" 하고 물었다. 예수를 함정에 빠뜨리려고 했던 것이다.

11-14 예수께서 대답하셨다. "여기에 혹시 자신의 어린양 한 마리가 골짜기에 떨어졌는데, 안식일이라고 해서 그 어린양을 끌어내지 않을 사람이 있느냐? 하물며 인간에게 친절을 베푸는 것이 짐승에게 친절을 베푸는 것만큼이나 율법에 맞지 않겠느냐!" 그러고 나서 예수께서 그 사람에게 말씀하셨다. "네 손을 내밀어라." 그가 손을 내밀자, 그 손이 다 나았다. 바리새인들은 발끈해 나가서는, 예수를 파멸시킬 방도를 흥분하며 이야기했다.

내가 택한 나의 종

15-21 예수께서 사람들이 자기를 붙잡으려는 것을 아시고 다른 데로 가셨다. 많은 사람들이 따라왔고, 예수께서는 그들을 다 고쳐 주셨다. 또 그들에게 소문을 내지 말라고 당부하셨다. 이사야가 기록한 대로 하신 것이다.

내가 신중히 택한 종을 잘 보아라.
나는 그를 한없이 사랑하며 기뻐한다.
내가 내 영을 그 위에 두었으니
그가 모든 나라에 정의를 선포할 것이다.
그러나 그는 소리지르거나 목소리를 높이지 않으며
길가에서 소란을 피우지 않을 것이다.
그는 누구의 감정도 짓밟지 않으며
너희를 궁지에 몰아넣지도 않을 것이다.
어느새 그의 정의가 승리할 것이며,
아득히 먼 곳의 믿지 않는 사람들까지도,
들려오는 그의 이름만 듣고도 희망을 품게 될 것이다.

중립지대는 없다

22-23 그 후에 사람들이 귀신 들려 눈멀고 귀먹은 불쌍한 사람을, 예수 앞에 데려왔다. 예수께서 그를 고쳐 시력과 청력을 되찾아 주셨다. 그것을 본 사람들이 감동했다. "이 사람은 다윗의 자손이 틀림없다!"

24 그러나 바리새인들은 그 보고를 듣고서 빈정대며 말했다. "마술이다. 소맷자락에서 마귀의 속임수를 끄집어낸 것이다."

meeting place. There was a man there with a crippled hand. They said to Jesus, "Is it legal to heal on the Sabbath?" They were baiting him.

11-14 He replied, "Is there a person here who, finding one of your lambs fallen into a ravine, wouldn't, even though it was a Sabbath, pull it out? Surely kindness to people is as legal as kindness to animals!" Then he said to the man, "Hold out your hand." He held it out and it was healed. The Pharisees walked out furious, sputtering about how they were going to ruin Jesus.

In Charge of Everything

15-21 Jesus, knowing they were out to get him, moved on. A lot of people followed him, and he healed them all. He also cautioned them to keep it quiet, following guidelines set down by Isaiah:

Look well at my handpicked servant;
I love him so much, take such delight in him.
I've placed my Spirit on him;
he'll decree justice to the nations.
But he won't yell, won't raise his voice;
there'll be no commotion in the streets.
He won't walk over anyone's feelings,
won't push you into a corner.
Before you know it, his justice will triumph;
the mere sound of his name will signal hope,
even among far-off unbelievers.

No Neutral Ground

22-23 Next a poor demon-afflicted wretch, both blind and deaf, was set down before him. Jesus healed him, gave him his sight and hearing. The people who saw it were impressed—"This has to be the Son of David!"

24 But the Pharisees, when they heard the report, were cynical. "Black magic," they said. "Some devil trick he's pulled from his sleeve."

25-27 Jesus confronted their slander. "A judge who gives opposite verdicts on the same person cancels himself out; a family that's in a constant squabble disintegrates; if Satan banishes Satan, is there any Satan left? If you're slinging devil

25-27 예수께서 그들의 비방에 맞섰다. "같은 사람에게 서로 상반되는 판결을 내리는 재판관은 자기 말을 무효로 하는 것이다. 늘 싸움질하는 가정은 무너지게 마련이다. 사탄이 사탄을 쫓아내면, 어느 사탄이 남아나겠느냐? 너희가 나를 마귀라고 욕하며 마귀 쫓아내는 마귀라 부른다면, 너희의 귀신 쫓아내는 자들에게도 똑같은 욕이 되지 않겠느냐?

28-29 그러나 내가 하나님의 능력으로 악한 귀신들을 내쫓는 것이라면, 하나님 나라가 확실히 여기 있는 것이다. 환한 대낮에 시퍼렇게 눈을 뜬 건장한 사내의 집에 들어가서 그 살림을 가지고 달아나려면, 먼저 그 사람을 묶어야 하지 않겠느냐? 그를 묶으면 집을 깨끗이 털 수 있다.

30 이것은 전쟁이며, 중립지대는 없다. 내 편이 아니라면, 너희는 내 적이다. 돕지 않으면 방해하는 것이다.

31-32 용서받지 못할 말이나 행동은 없다. 그러나 너희가 고의로 하나님의 영을 끝까지 비방하면, 너희를 용서하시는 바로 그분을 물리치는 것이 된다. 너희가 어떤 오해로 인자를 거부하면, 성령께서 너희를 용서하실 수 있다. 그러나 성령을 거부하면, 너희는 자신이 걸터앉은 나뭇가지를 톱으로 잘라 내는 것이고, 용서하시는 그분과의 모든 관계를 너희 자신의 사악함으로 끊어 버리는 것이다.

33 건강한 나무를 키우면, 건강한 열매를 거둔다. 병든 나무를 키우면, 벌레 먹은 열매를 거둔다. 열매를 보면 나무를 알 수 있다.

34-37 너희 생각은 뱀 구덩이와 같다! 너희 생각이 그렇게 더러운데, 어떻게 너희 말이 온전할 수 있겠느냐? 너희 말에 의미를 부여해 주는 것은, 사전이 아니라 너희 마음이다. 선한 사람은 철마다 선한 행실과 선한 말의 열매를 맺는다. 악한 사람은 과수원의 마름병과 같다. 내가 너희에게 말한다. 이 부주의한 말 한 마디 한 마디가 되돌아와서 너희를 괴롭힐 것이다. 결산의 날이 올 것이다. 말에는 막강한 힘이 있다. 말에 신중을 기하여라. 말이 너희를 구원할 수도 있고, 너희를 저주할 수도 있다."

요나의 증거

38 *나중에 종교 학자와 바리새인 몇 사람이 예수*를 찾아왔다. "선생님, 당신의 신임장을 보고 싶습니다. 하나님이 함께하시는 일이라는 확실한 증거를 보여주십시오. 기적이라도 보여주시지요."

39-40 예수께서 말씀하셨다. "너희가 증거를 찾고

mud at me, calling me a devil kicking out devils, doesn't the same mud stick to your own exorcists?

28-29 "But if it's by *God's* power that I am sending the evil spirits packing, then God's kingdom is here for sure. How in the world do you think it's possible in broad daylight to enter the house of an awake, able-bodied man and walk off with his possessions unless you tie him up first? Tie him up, though, and you can clean him out.

30 "This is war, and there is no neutral ground. If you're not on my side, you're the enemy; if you're not helping, you're making things worse.

31-32 "There's nothing done or said that can't be forgiven. But if you deliberately persist in your slanders against God's Spirit, you are repudiating the very One who forgives. If you reject the Son of Man out of some misunderstanding, the Holy Spirit can forgive you, but when you reject the Holy Spirit, you're sawing off the branch on which you're sitting, severing by your own perversity all connection with the One who forgives.

33 "If you grow a healthy tree, you'll pick healthy fruit. If you grow a diseased tree, you'll pick worm-eaten fruit. The fruit tells you about the tree.

34-37 "You have minds like a snake pit! How do you suppose what you say is worth anything when you are so foul-minded? It's your heart, not the dictionary, that gives meaning to your words. A good person produces good deeds and words season after season. An evil person is a blight on the orchard. Let me tell you something: Every one of these careless words is going to come back to haunt you. There will be a time of Reckoning. Words are powerful; take them seriously. Words can be your salvation. Words can also be your damnation."

Jonah-Evidence

38 Later a few religion scholars and Pharisees got on him. "Teacher, we want to see your credentials. Give us some hard evidence that God is in this. How about a miracle?"

39-40 Jesus said, "You're looking for proof, but you're looking for the wrong kind. All you want is something to titillate your curiosity, satisfy your lust for miracles. The only proof you're going

있으나 엉뚱한 증거를 찾고 있다. 너희는 너희의 호기심을 만족시켜 주고, 기적에 대한 너희의 욕망을 채워 줄 무언가를 바란다. 그러나 너희가 얻게 될 유일한 증거는, 증거처럼 여겨지지 않는 요나의 증거뿐이다. 사흘 밤낮을 물고기 뱃속에 있었던 요나처럼, 인자도 사흘 밤낮을 깊은 무덤 속에서 지낼 것이다.

41-42 심판 날에, 니느웨 사람들이 일어나 이 세대를 정죄할 증거를 내놓을 것이다. 요나가 설교할 때, 그들이 자신들의 삶을 고쳤기 때문이다. 요나보다 더 큰 설교자가 여기 있는데도, 너희는 증거를 따지고 있다. 심판 날에, 시바 여왕이 앞에 나와서 이 세대를 정죄할 증거를 제시할 것이다. 여왕이 지혜로운 솔로몬의 말을 들으려고 먼 땅 끝에서부터 찾아왔기 때문이다. 솔로몬의 지혜보다 더 큰 지혜가 바로 너희 앞에 있는데도, 너희는 증거 운운하며 억지를 부리고 있다.

43-45 사람에게서 쫓겨난 더러운 악한 귀신은 광야를 이리저리 떠돌며 자기가 들어갈 만한 오아시스, 곧 순진한 영혼을 찾아다닌다. 아무도 찾지 못하면, 귀신은 '내가 전에 있던 소굴로 돌아가자' 하고 말한다. 돌아가 보니, 그 사람은 흠 하나 없이 깨끗한데, 텅 비어 있다. 그래서 악한 귀신은 달려가서 자기보다 더 악한 귀신을 일곱이나 끌어 모아서는, 다 함께 그 사람 안에 들어가 난장판을 벌인다. 결국 그 사람의 상태는 깨끗함을 받지 않았던 처음보다 훨씬 나빠진다.

바로 이 세대가 그렇다. 너희 생각에는 너희가 삶의 쓰레기를 치워 내고 하나님 앞에 준비된 것 같을지 모르나, 너희는 내 나라의 메시지를 순순히 받아들이지 않았다. 이제 온갖 마귀가 다시 들어오고 있다."

순종이 피보다 진하다

46-47 예수께서 아직 무리에게 말씀하고 있는데, 그분의 어머니와 형제들이 나타났다. 그들은 밖에서 예수께 말을 전하려고 했다. 누군가 예수께 말씀드렸다. "선생님의 어머니와 형제들이 이야기하려고 밖에 있습니다."

48-50 예수께서 직접 답하지 않고 이렇게 말씀하셨다. "내 어머니와 형제들이 누구라고 생각하느냐?" 그러고는 제자들을 향해 손을 내미셨다. "잘 보아라. 이들이 내 어머니요 형제들이다. 순종이 피보다 진하다. 내 하늘 아버지의 뜻에 순종하는 사람이 내 형제요 자매요 어머니다."

to get is what looks like the absence of proof: Jonah-evidence. Like Jonah, three days and nights in the fish's belly, the Son of Man will be gone three days and nights in a deep grave.

41-42 "On Judgment Day, the Ninevites will stand up and give evidence that will condemn this generation, because when Jonah preached to them they changed their lives. A far greater preacher than Jonah is here, and you squabble about 'proofs.' On Judgment Day, the Queen of Sheba will come forward and bring evidence that will condemn this generation, because she traveled from a far corner of the earth to listen to wise Solomon. Wisdom far greater than Solomon's is right in front of you, and you quibble over 'evidence.'

43-45 "When a defiling evil spirit is expelled from someone, it drifts along through the desert looking for an oasis, some unsuspecting soul it can bedevil. When it doesn't find anyone, it says, 'I'll go back to my old haunt.' On return it finds the person spotlessly clean, but vacant. It then runs out and rounds up seven other spirits more evil than itself and they all move in, whooping it up. That person ends up far worse off than if he'd never gotten cleaned up in the first place.

"That's what this generation is like: You may think you have cleaned out the junk from your lives and gotten ready for God, but you weren't hospitable to my kingdom message, and now all the devils are moving back in."

Obedience Is Thicker than Blood

46-47 While he was still talking to the crowd, his mother and brothers showed up. They were outside trying to get a message to him. Someone told Jesus, "Your mother and brothers are out here, wanting to speak with you."

48-50 Jesus didn't respond directly, but said, "Who do you think my mother and brothers are?" He then stretched out his hand toward his disciples. "Look closely. These are my mother and brothers. Obedience is thicker than blood. The person who obeys my heavenly Father's will is my brother and sister and mother."

씨 뿌리는 농부 이야기

13 1-3 같은 날 예수께서 집에서 나가 해변에 앉으셨다. 순식간에 바닷가를 따라 무리가 모여들어, 예수께서 할 수 없이 배에 오르셨다. 예수께서 배를 설교단 삼아 회중에게 여러 이야기를 들려주셨다.

3-8 "너희는 어떻게 생각하느냐? 어떤 농부가 씨를 뿌렸다. 씨를 뿌리는데, 더러는 길 위에 떨어져서, 새들이 먹어 버렸다. 더러는 자갈밭에 떨어져서, 금세 싹이 났으나 뿌리를 내리지 못해, 해가 나자 곧 시들어 버렸다. 더러는 잡초밭에 떨어져서, 싹이 났으나 잡초가 짓눌러 버렸다. 더러는 좋은 땅에 떨어져서, 농부가 생각지도 못한 큰 결실을 맺었다.

9 너희는 듣고 있느냐? 정말로 듣고 있느냐?"

왜 이야기인가

10 제자들이 다가와서 물었다. "왜 이야기로 말씀하십니까?"

11-15 예수께서 대답하셨다. "너희에게는 하나님 나라를 아는 깨달음이 주어졌다. 너희는 하나님 나라가 어떻게 되어 가는지 안다. 그러나 이 선물, 이 깨달음은 누구한테나 있는 것이 아니다. 어떤 사람에게는 주어지지 않았다. 누구든지 준비된 마음이 있으면 언제라도 깨달음과 이해가 막힘 없이 흐른다. 그러나 준비된 마음이 없으면, 깨달음은 흔적도 없이 금세 사라진다. 내가 이야기로 말하는 것은 그런 이유에서다. 마음을 준비시키고, 마음을 열어 깨닫도록 주의를 환기시키려는 것이다. 현재 상태로는 그들은 세상 끝날까지 쳐다보아도 보지 못하고, 지칠 때까지 들어도 깨닫지 못한다. 내가 이사야의 예언을 굳이 반복해서 말할 필요가 있겠느냐?

너희 귀가 열렸으나 하나도 듣지 못하고
눈을 떴으나 하나도 보지 못한다.
이 사람들은 머리가 꽉 막혔다!
그들은 듣지 않으려고
손가락으로 귀를 틀어막는다.
보지 않으려고,
나와 얼굴을 맞대지 않으려고,
내 치유를 받지 않으려고,
두 눈을 질끈 감는다.

16-17 그러나 너희는 하나님이 복 주신 눈, 곧 보

A Harvest Story

13 1-3 At about that same time Jesus left the house and sat on the beach. In no time at all a crowd gathered along the shoreline, forcing him to get into a boat. Using the boat as a pulpit, he addressed his congregation, telling stories.

3-8 "What do you make of this? A farmer planted seed. As he scattered the seed, some of it fell on the road, and birds ate it. Some fell in the gravel; it sprouted quickly but didn't put down roots, so when the sun came up it withered just as quickly. Some fell in the weeds; as it came up, it was strangled by the weeds. Some fell on good earth, and produced a harvest beyond his wildest dreams.

9 "Are you listening to this? Really listening?"

Why Tell Stories?

10 The disciples came up and asked, "Why do you tell stories?"

11-15 He replied, "You've been given insight into God's kingdom. You know how it works. Not everybody has this gift, this insight; it hasn't been given to them. Whenever someone has a ready heart for this, the insights and understandings flow freely. But if there is no readiness, any trace of receptivity soon disappears. That's why I tell stories: to create readiness, to nudge the people toward receptive insight. In their present state they can stare till doomsday and not see it, listen till they're blue in the face and not get it. I don't want Isaiah's forecast repeated all over again:

Your ears are open but you don't hear a thing.
Your eyes are awake but you don't see a thing.
The people are blockheads!
They stick their fingers in their ears
so they won't have to listen;
They screw their eyes shut
so they won't have to look,
so they won't have to deal with me face-to-face
and let me heal them.

16-17 "But you have God-blessed eyes—eyes that see! And God-blessed ears—ears that hear! A lot of people, prophets and humble believers among

는 눈이 있다! 하나님이 복 주신 귀, 곧 듣는 귀가 있다! 예언자와 겸손하게 믿는 이들을 비롯해 많은 사람들이, 너희가 지금 보는 것을 보고 너희가 지금 듣는 것을 들을 수만 있었다면 그 무엇도 마다하지 않았을 텐데, 그럴 기회가 없었다."

씨 뿌리는 농부 이야기의 의미

18-19 "농부가 씨를 뿌리는 이 이야기에서 배워라.
누구든지 천국 소식을 듣고도 받아들이지 않으면, 마음에 뿌려졌으나 겉에 그대로 남아 있는 그 들은 것을 악한 자가 와서 낚아채 간다. 이것이 농부가 길 위에 뿌린 씨다.
20-21 자갈밭에 떨어진 씨는, 듣는 즉시 뜨겁게 반응하는 사람이다. 하지만 성품의 토양이 없다 보니, 감정이 식거나 어려움이 닥치면 아무 쓸모가 없게 되고 만다.
22 잡초밭에 떨어진 씨는, 천국 소식을 듣기는 듣지만 세상 모든 것을 갖고 싶고 더 얻으려는 염려와 망상의 잡초 때문에 숨이 막혀서, 아무 소득이 없는 사람이다.
23 좋은 땅에 떨어진 씨는, 그 소식을 듣고 받아들여서 생각지도 못한 큰 결실을 맺는 사람이다."

24-26 예수께서 또 다른 이야기를 들려주셨다. "하나님 나라는 자기 밭에 좋은 씨를 심은 농부와 같다. 그날 밤, 품꾼들이 자는 동안에 그의 원수가 밀밭 사이사이에 엉겅퀴를 뿌리고는 동트기 전에 자취를 감췄다. 푸른 싹이 처음 나고 낟알이 영글려고 할 때에 엉겅퀴도 함께 나왔다.
27 일꾼들이 농부에게 와서 말했다. '주인님, 좋은 씨만 가려서 심지 않았습니까? 이 엉겅퀴는 어디서 왔습니까?'
28 주인은 '원수가 그랬구나' 하고 대답했다.
일꾼들은 '엉겅퀴를 뽑을까요?' 하고 물었다.
29-30 주인이 말했다. '아니다. 엉겅퀴를 뽑다가 밀까지 뽑아 버리겠다. 그냥 추수 때까지 같이 자라게 두어라. 그때에 내가 추수하는 사람들에게 엉겅퀴는 뽑아 따로 묶어 불사르고, 밀은 거두어 곳간에 넣으라고 하겠다.'"
31-32 또 다른 이야기다. "하나님 나라는 농부가 심은 솔씨 하나와 같다. 솔씨는 씨로서는 아주 작지만, 세월이 가면 독수리들이 그 안에 둥지를 틀 만큼 큰 나무로 자란다."
33 또 다른 이야기다. "하나님 나라는 여자가 보리

them, would have given anything to see what you are seeing, to hear what you are hearing, but never had the chance.

The Meaning of the Harvest Story

18-19 "Study this story of the farmer planting seed. When anyone hears news of the kingdom and doesn't take it in, it just remains on the surface, and so the Evil One comes along and plucks it right out of that person's heart. This is the seed the farmer scatters on the road.
20-21 "The seed cast in the gravel – this is the person who hears and instantly responds with enthusiasm. But there is no soil of character, and so when the emotions wear off and some difficulty arrives, there is nothing to show for it.
22 "The seed cast in the weeds is the person who hears the kingdom news, but weeds of worry and illusions about getting more and wanting everything under the sun strangle what was heard, and nothing comes of it.
23 "The seed cast on good earth is the person who hears and takes in the News, and then produces a harvest beyond his wildest dreams."

24-26 He told another story. "God's kingdom is like a farmer who planted good seed in his field. That night, while his hired men were asleep, his enemy sowed thistles all through the wheat and slipped away before dawn. When the first green shoots appeared and the grain began to form, the thistles showed up, too.
27 "The farmhands came to the farmer and said, 'Master, that was clean seed you planted, wasn't it? Where did these thistles come from?'
28 "He answered, 'Some enemy did this.'
"The farmhands asked, 'Should we weed out the thistles?'
29-30 "He said, 'No, if you weed the thistles, you'll pull up the wheat, too. Let them grow together until harvest time. Then I'll instruct the harvesters to pull up the thistles and tie them in bundles for the fire, then gather the wheat and put it in the barn.'"

빵 수십 개를 만들려고 반죽에 넣은 누룩과 같다. 기다리고 있으면 반죽이 부풀어 오른다."

34-35 그날 예수께서는 이야기만 하셨다. 오후 내내 이야기 시간이었다. 그분이 이야기로 말씀하신 것은 예언의 성취였다.

내가 입을 열어 이야기하겠다.
세상 첫날부터 숨겨진 것들을
내가 드러내겠다.

역사에 막이 내릴 때

36 예수께서 회중을 돌려보내시고 집에 들어가셨다. 제자들이 들어와서 말했다. "밭의 엉겅퀴 이야기를 설명해 주십시오."

37-39 그래서 예수께서 설명해 주셨다. "좋은 씨를 뿌리는 농부는 인자다. 밭은 세상이고, 좋은 씨는 천국 백성이다. 엉겅퀴는 마귀의 백성이고, 엉겅퀴를 뿌리는 원수는 마귀다. 추수 때는 시대의 끝이고, 역사의 끝이다. 추수하는 일꾼들은 천사들이다.

40-43 엉겅퀴를 묶어서 불사르는 장면은 마지막 막에 나온다. 인자가 천사들을 보내어 자기 나라에서 엉겅퀴를 뽑아 쓰레기장에 던지면, 그것으로 끝이다. 그들은 높은 하늘에 대고 불평하겠지만, 아무도 귀 기울이지 않을 것이다. 그러나 거룩하게 무르익은 삶들은 성숙하게 자라서, 자기 아버지의 나라를 아름답게 꾸밀 것이다.

너희는 듣고 있느냐? 정말로 듣고 있느냐?

44 하나님 나라는 오래도록 밭에 감추어져 있다가 그 곁을 지나가던 사람이 우연히 찾아낸 보물과 같다. 찾아낸 사람은 기뻐 어쩔 줄 몰라서 '이게 웬 횡재냐!' 하며 전 재산을 팔아 그 밭을 산다.

45-46 하나님 나라는 최고의 진주를 찾아다니는 보석상과 같다. 흠 없는 진주를 만나면, 그는 즉시 모든 것을 팔아 그 진주를 산다.

47-50 하나님 나라는 바다에 던져 온갖 물고기를 잡는 그물과 같다. 그물이 가득 차면, 해변가로 끌어다가 좋은 물고기는 골라서 통에 담고 *먹지 못할 것은 버린다*. 역사에 막이 내릴 때도 그럴 것이다. 천사들이 와서 쓸모없는 물고기들은 추려 내서 쓰레기통에 버릴 것이다. 엄청난 불평이 있겠지만, 전혀 소용없을 것이다."

51 예수께서 물으셨다. "이제 이 모든 것을 알

31-32 Another story. "God's kingdom is like a pine nut that a farmer plants. It is quite small as seeds go, but in the course of years it grows into a huge pine tree, and eagles build nests in it."

33 Another story. "God's kingdom is like yeast that a woman works into the dough for dozens of loaves of barley bread – and waits while the dough rises."

34-35 All Jesus did that day was tell stories – a long storytelling afternoon. His storytelling fulfilled the prophecy:

I will open my mouth and tell stories;
I will bring out into the open
things hidden since the world's first day.

The Curtain of History

36 Jesus dismissed the congregation and went into the house. His disciples came in and said, "Explain to us that story of the thistles in the field."

37-39 So he explained. "The farmer who sows the pure seed is the Son of Man. The field is the world, the pure seeds are subjects of the kingdom, the thistles are subjects of the Devil, and the enemy who sows them is the Devil. The harvest is the end of the age, the curtain of history. The harvest hands are angels.

40-43 "The picture of thistles pulled up and burned is a scene from the final act. The Son of Man will send his angels, weed out the thistles from his kingdom, pitch them in the trash, and be done with them. They are going to complain to high heaven, but nobody is going to listen. At the same time, ripe, holy lives will mature and adorn the kingdom of their Father.

"Are you listening to this? Really listening?

44 "God's kingdom is like a treasure hidden in a field for years and then accidentally found by a trespasser. The finder is ecstatic – what a find! – and proceeds to sell everything he owns to raise money and buy that field.

45-46 "Or, God's kingdom is like a jewel merchant on the hunt for excellent pearls. Finding one that is flawless, he immediately sells everything and buys it.

47-50 "Or, God's kingdom is like a fishnet cast into the sea, catching all kinds of fish. When it is full, it is hauled onto the beach. The good fish are picked out and put in a tub; those unfit to eat are thrown away.

것 같으냐?"
그들은 "예" 하고 대답했다.

52 예수께서 말씀하셨다. "너희가 보다시피, 하나님 나라의 훈련을 잘 받은 학생은 마치 편의점 주인과 같다. 무엇이든 필요한 것이면, 신상품이든 재고든 꼭 필요한 때에 척척 찾아낸다."

53-57 이 이야기를 다 마치시고, 예수께서 그곳을 떠나 고향으로 돌아가셔서 그곳 회당에서 설교하셨다. 예수께서는 모든 사람의 감탄을 자아낼 정도로 대단하셨다. 사람들은 말했다. "이 사람이 이렇게 훌륭한 사람인지 미처 몰랐다! 어떻게 이런 지혜와 이런 능력을 갖게 되었을까?" 그러나 한편으로 그들은 언제 그랬느냐는 듯이, 어느새 그분을 깎아내리고 있었다. "우리는 이 사람을 어려서부터 알았다. 그는 목수의 아들이다. 그의 어머니 마리아를 우리가 알고, 그의 동생 야고보와 요셉과 시몬과 유다를 안다. 그의 누이들도 다 여기 살고 있다. 도대체 그는 자기가 누구라고 저러는 것인가?" 그들은 아주 언짢게 생각했다.

58 그러나 예수께서는 "예언자는 자기 고향과 가족에게 대단치 않게 여겨지는 법이다"라고 말씀하셨다. 그들의 적대감과 무관심 때문에 예수께서는 거기서 기적을 많이 행하지 않으셨다.

요한의 죽음

14 1-2 그 즈음에, 지역 통치자인 헤롯이 예수에 관한 소문을 들었다. 그는 신하들에게 말했다. "죽은 세례자 요한이 다시 살아난 것이 틀림없다. 그래서 그 사람이 능히 기적을 행하는 것이다!"

3-5 전에 헤롯은 자기 동생 빌립의 아내인 헤로디아를 달래려고, 요한을 체포하여 사슬에 채워서 감옥에 가두었다. 요한은 헤롯과 헤로디아의 관계가 "불륜"이라고 말해 헤롯을 자극했다. 헤롯은 그를 죽이고 싶었으나, 요한을 하나님의 예언자로 우러르는 사람들이 하도 많아서 두려웠다.

6-12 그러나 그의 생일잔치 때 기회가 왔다. 헤로디아의 딸이 손님들을 위해 춤을 추어 여흥을 돋우었다. 헤롯의 마음이 녹아 버렸다. 술김에 흥분한 그는, 딸에게 원하는 것이면 무엇이든 주겠다고 맹세했다. 이미 어머니의 지시

That's how it will be when the curtain comes down on history. The angels will come and cull the bad fish and throw them in the garbage. There will be a lot of desperate complaining, but it won't do any good."

51 Jesus asked, "Are you starting to get a handle on all this?"
They answered, "Yes."

52 He said, "Then you see how every student well-trained in God's kingdom is like the owner of a general store who can put his hands on anything you need, old or new, exactly when you need it."

53-57 When Jesus finished telling these stories, he left there, returned to his hometown, and gave a lecture in the meetinghouse. He made a real hit, impressing everyone. "We had no idea he was this good!" they said. "How did he get so wise, get such ability?" But in the next breath they were cutting him down: "We've known him since he was a kid; he's the carpenter's son. We know his mother, Mary. We know his brothers James and Joseph, Simon and Judas. All his sisters live here. Who does he think he is?" They got their noses all out of joint.

58 But Jesus said, "A prophet is taken for granted in his hometown and his family." He didn't do many miracles there because of their hostile indifference.

The Death of John

14 1-2 At about this time, Herod, the regional ruler, heard what was being said about Jesus. He said to his servants, "This has to be John the Baptizer come back from the dead. That's why he's able to work miracles!"

3-5 Herod had arrested John, put him in chains, and sent him to prison to placate Herodias, his brother Philip's wife. John had provoked Herod by naming his relationship with Herodias "adultery." Herod wanted to kill him, but he was afraid because so many people revered John as a prophet of God.

6-12 But at his birthday celebration, he got his chance. Herodias's daughter provided the entertainment, dancing for the guests. She swept Herod away. In his drunken enthusiasm, he promised her on oath anything she wanted. Already coached by her mother, she was ready: "Give me, served up on a platter, the head of John the Baptizer." That sobered

를 받은 딸은 준비가 되어 있었다. "세례자 요한의 머리를 쟁반에 담아 주세요." 왕은 한순간 정신이 번쩍 들었다. 그러나 그는 손님들에게 체면을 잃고 싶지 않아서, 그대로 했다. 요한의 목을 베어 쟁반에 담아 소녀에게 주라고 명한 것이다. 딸은 그것을 가져다가 자기 어머니에게 주었다. 나중에 요한의 제자들이 시신을 거두어 엄숙히 장례를 치르고는, 예수께 알렸다.

너희가 먹을 것을 주어라

13-14 예수께서 그 소식을 들으시고는, 배를 타고 빠져나가 혼자 외딴 곳으로 가셨다. 그러나 허사였다. 그분을 본 사람이 있어서 금세 소문이 퍼졌다. 곧 인근 여러 마을에서 많은 사람들이 걸어서 호수를 돌아 그분이 계신 곳으로 왔다. 사람들이 오는 것을 보자, 그분은 못내 불쌍한 마음이 들어 아픈 사람들을 고쳐 주셨다.

15 저녁 무렵에 제자들이 예수께 다가와 말했다. "여기는 시골이고 시간도 늦었습니다. 사람들을 돌려보내 마을에 가서 저녁을 먹게 해야겠습니다."

16 그러나 예수께서 말씀하셨다. "보낼 것 없다. 너희가 저녁을 주어라."

17 그들이 말했다. "우리에게 있는 것이라고는 빵 다섯 개와 물고기 두 마리뿐입니다."

18-21 예수께서 말씀하셨다. "이리 가져오너라." 그분은 사람들을 풀밭에 앉히셨다. 그러고는 빵 다섯 개와 물고기 두 마리를 손에 들고 하늘을 우러러 기도하시고 축복하신 다음, 빵을 떼어 제자들에게 주셨다. 제자들은 다시 무리에게 음식을 주었다. 그들 모두가 배불리 먹었다. 남은 것을 거두니 열두 바구니가 되었다. 먹은 사람들이 오천 명쯤 되었다.

물 위를 걸어오시다

22-23 식사가 끝나자, 예수께서 제자들을 재촉하여 배를 타고 먼저 건너편으로 가게 하시고, 그동안에 사람들을 돌려보내셨다. 무리가 흩어지자, 예수께서 산에 올라가 혼자 기도하셨다. 그분은 밤늦도록 거기 혼자 계셨다.

24-26 한편, 배는 이미 바다 멀리까지 나갔는데, 맞바람이 치면서 파도가 배를 세차게 때렸다. 새벽 네 시쯤에, 예수께서 물 위를 걸어 제자들 쪽으로 오셨다. 그들은 무서워서 꼼짝도 못했다. "유령이다!" 그들은 겁에 질려 소리쳤다.

27 그러나 예수께서 얼른 그들을 안심시키셨다.

the king up fast. Unwilling to lose face with his guests, he did it—ordered John's head cut off and presented to the girl on a platter. She in turn gave it to her mother. Later, John's disciples got the body, gave it a reverent burial, and reported to Jesus.

Supper for Five Thousand

13-14 When Jesus got the news, he slipped away by boat to an out-of-the-way place by himself. But unsuccessfully—someone saw him and the word got around. Soon a lot of people from the nearby villages walked around the lake to where he was. When he saw them coming, he was overcome with pity and healed their sick.

15 Toward evening the disciples approached him. "We're out in the country and it's getting late. Dismiss the people so they can go to the villages and get some supper."

16 But Jesus said, "There is no need to dismiss them. You give them supper."

17 "All we have are five loaves of bread and two fish," they said.

18-21 Jesus said, "Bring them here." Then he had the people sit on the grass. He took the five loaves and two fish, lifted his face to heaven in prayer, blessed, broke, and gave the bread to the disciples. The disciples then gave the food to the congregation. They all ate their fill. They gathered twelve baskets of leftovers. About five thousand were fed.

Walking on the Water

22-23 As soon as the meal was finished, he insisted that the disciples get in the boat and go on ahead to the other side while he dismissed the people. With the crowd dispersed, he climbed the mountain so he could be by himself and pray. He stayed there alone, late into the night.

24-26 Meanwhile, the boat was far out to sea when the wind came up against them and they were battered by the waves. At about four o'clock in the morning, Jesus came toward them walking on the water. They were scared out of their wits. "A ghost!" they said, crying out in terror.

"안심하여라, 나다. 두려워 마라."
28 베드로가 갑자기 담대해져서 말했다. "주님, 정
말 주님이시거든 제게 물 위로 걸어오라고 명하십
시오."
29-30 예수께서 말씀하셨다. "오너라."
베드로는 배에서 뛰어내려, 물 위를 걸어서 예수
께로 갔다. 그러나 발밑에 거세게 이는 파도를 내
려다보는 순간, 베드로는 용기를 잃고 물에 빠져
들기 시작했다. 베드로는 "주님, 저를 구해 주십시
오!" 하고 소리쳤다.
31 예수께서 지체하지 않으셨다. 손을 내밀어 그의
손을 잡으셨다. 그리고 말씀하셨다. "용기 없는 사
람아, 어찌 된 것이냐?"
32-33 두 사람이 배에 오르자, 바람이 가라앉았다.
배 안에서 이 모든 것을 지켜보던 제자들이 예수
께 경배하며 말했다. "이제 됐습니다! 주님은 하나
님의 아들이 틀림없습니다!"
34-36 돌아온 그들은 게네사렛에 배를 댔다. 사람
들이 예수께서 오신 것을 알아채고는, 근방에 두
루 알려서 모든 병자들을 불러 모았다. 병자들은
그분의 옷자락을 만지게 해달라고 청했다. 그분을
만진 사람은 누구나 병이 나았다.

참으로 너희를 더럽히는 것

15 1-2 그 후에, 예루살렘에서 바리새인과
종교 학자들이 예수께 와서 흠을 잡았
다. "당신의 제자들은 왜 제멋대로 규정을 어깁
니까?"
3-9 예수께서 바로 되받으셨다. "그러는 너희는 어
째서 너희 규정을 빌미 삼아 제멋대로 하나님의
계명을 어기느냐? 하나님은 분명히 '너희 부모를
공경하라' 하시고 또 '누구든지 부모를 욕하는 사
람은 반드시 죽여야 한다'고 말씀하셨다. 그러나
너희는 부모에게 드려야 할 것이 있어도 부모 대
신에 '하나님께 예물로 바쳤습니다' 말하면서, 그
계명을 회피하고 있다. 그것이 어떻게 부모를 공
경하는 것이라고 하겠느냐? 너희는 너희 규정으
로 하나님의 계명을 무효로 만들고 있다. 이 사기
꾼들아! 너희 같은 사기꾼들에 대해 이사야가 정
곡을 찔러 잘 말했다.

> 이 백성이 입바른 말을 거창하게 떠벌리지만,
> 그들의 마음은 딴 데 있다.
> 겉으로는 나를 경배하는 듯해도,
> 진심은 그렇지 않다.

27 But Jesus was quick to comfort them. "Courage,
it's me. Don't be afraid."
28 Peter, suddenly bold, said, "Master, if it's really
you, call me to come to you on the water."
29-30 He said, "Come ahead."
Jumping out of the boat, Peter walked on the water
to Jesus. But when he looked down at the waves
churning beneath his feet, he lost his nerve and
started to sink. He cried, "Master, save me!"
31 Jesus didn't hesitate. He reached down and
grabbed his hand. Then he said, "Faint-heart,
what got into you?"
32-33 The two of them climbed into the boat, and
the wind died down. The disciples in the boat,
having watched the whole thing, worshiped Jesus,
saying, "This is it! You are God's Son for sure!"
34-36 On return, they beached the boat at
Gennesaret. When the people got wind that he
was back, they sent out word through the neigh-
borhood and rounded up all the sick, who asked
for permission to touch the edge of his coat. And
whoever touched him was healed.

What Pollutes Your Life

15 1-2 After that, Pharisees and religion
scholars came to Jesus all the way from
Jerusalem, criticizing, "Why do your disciples
play fast and loose with the rules?"
3-9 But Jesus put it right back on them. "Why do
you use your rules to play fast and loose with
God's commands? God clearly says, 'Respect your
father and mother,' and, 'Anyone denouncing
father or mother should be killed.' But you weasel
around that by saying, 'Whoever wants to, can
say to father and mother, What I owed to you I've
given to God.' That can hardly be called respect-
ing a parent. You cancel God's command by your
rules. Frauds! Isaiah's prophecy of you hit the
bull's-eye:

> These people make a big show of saying the
> right thing,
> but their heart isn't in it.
> They act like they're worshiping me,
> but they don't mean it.

무엇이든 자기네 구미에 맞는 가르침을 위해
내 이름을 팔고 있을 뿐이다."

10-11 예수께서 무리를 불러 놓고 말씀하셨다. "잘 듣고 마음에 새겨 두어라. 너희 삶을 더럽히는 것은 너희가 입으로 삼키는 것이 아니라, 너희 입에서 토해 내는 것이다."

12 나중에 제자들이 와서 예수께 말했다. "바리새인들이 주님 말씀을 듣고는 얼마나 못마땅해 하는지 아십니까?"

13-14 예수께서 무시해 버렸다. "하늘에 계신 내 아버지가 심지 않으신 나무는 다 뿌리째 뽑힐 것이다. 내버려 두어라. 그들은 눈먼 사람을 인도하는 눈먼 사람이다. 눈먼 사람이 눈먼 사람을 인도하면, 둘 다 구덩이에 빠지는 법이다."

15 베드로가 말했다. "잘 모르겠습니다. 쉽게 말씀해 주십시오."

16-20 예수께서 대답하셨다. "너희도 모르느냐? 우둔해지기로 작정이라도 한 것이냐? 무엇이든지 입으로 삼키는 것은 장으로 들어가서 결국 배설되는 것을 알지 못하느냐? 하지만 입에서 나오는 것은 마음에서 비롯된 것이다. 우리가 토해 내는 악한 논쟁과 살인과 간음과 음란과 도둑질과 거짓말과 악담이 모두 마음에서 나온다. 바로 이런 것들이 너희를 더럽힌다. 어떤 음식을 먹고 안 먹고, 손을 씻고 안 씻고는 전혀 상관없는 일이다."

They just use me as a cover
for teaching whatever suits their fancy."

10-11 He then called the crowd together and said, "Listen, and take this to heart. It's not what you swallow that pollutes your life, but what you vomit up."

12 Later his disciples came and told him, "Did you know how upset the Pharisees were when they heard what you said?"

13-14 Jesus shrugged it off. "Every tree that wasn't planted by my Father in heaven will be pulled up by its roots. Forget them. They are blind men leading blind men. When a blind man leads a blind man, they both end up in the ditch."

15 Peter said, "I don't get it. Put it in plain language."

16-20 Jesus replied, "You, too? Are you being willfully stupid? Don't you know that anything that is swallowed works its way through the intestines and is finally defecated? But what comes out of the mouth gets its start in the heart. It's from the heart that we vomit up evil arguments, murders, adulteries, fornications, thefts, lies, and cussing. That's what pollutes. Eating or not eating certain foods, washing or not washing your hands—that's neither here nor there."

병든 사람들을 고쳐 주시다

21-22 예수께서 거기에서 떠나 두로와 시돈으로 가셨다. 그들이 도착하기가 무섭게 그 지방에 사는 가나안 여자가 다가와 간청했다. "다윗의 자손이신 주님, 불쌍히 여겨 주십시오! 제 딸이 악한 귀신에 들려 몹시 괴로워하고 있습니다."

23 예수께서 여자의 말을 무시하셨다. 제자들이 다가와 불평했다. "여자가 우리를 귀찮게 합니다. 어떻게 좀 해주십시오. 성가셔 죽겠습니다."

24 예수께서 거절하시며, 그들에게 말씀하셨다. "나는 이스라엘의 잃어버린 양을 대하는 것만으로도 바쁘다."

25 그러자 여자가 다시 예수께 와서 무릎을 꿇고 애원했다. "주님, 저를 도와주십시오."

26 예수께서 말씀하셨다. "자녀들의 입에서 빵을 빼앗아 개들에게 던져 주는 것은 옳지 않다."

27 여자가 재빨리 받았다. "옳습니다, 주님. 하지만 구걸하는 개들도 주인의 상에서 떨어지는 부스러

Healing the People

21-22 From there Jesus took a trip to Tyre and Sidon. They had hardly arrived when a Canaanite woman came down from the hills and pleaded, "Mercy, Master, Son of David! My daughter is cruelly afflicted by an evil spirit."

23 Jesus ignored her. The disciples came and complained, "Now she's bothering us. Would you please take care of her? She's driving us crazy."

24 Jesus refused, telling them, "I've got my hands full dealing with the lost sheep of Israel."

25 Then the woman came back to Jesus, went to her knees, and begged. "Master, help me."

26 He said, "It's not right to take bread out of children's mouths and throw it to dogs."

27 She was quick: "You're right, Master, but beggar dogs do get scraps from the master's table."

기를 먹습니다."

28 예수께서 뜻을 굽히셨다. "여자야, 네 믿음이 남다르다. 네 소원대로 되었다!" 그 즉시 여자의 딸이 나았다.

29-31 예수께서 돌아오셔서, 갈릴리 호숫가를 걸어 산에 올라가셨다. 거기에 자리를 정하시고 사람들을 맞을 채비를 하셨다. 수많은 사람들이 중풍병자와 눈먼 사람과 다리를 저는 사람과 말 못하는 사람과 그 밖에 도움이 필요한 사람들을, 예수께서 어떻게 하시나 보려고 그분 발 앞에 데려왔다. 예수께서 그들을 고쳐 주셨다. 사람들은 말 못하던 사람이 말하고, 다리를 저는 사람이 건강해지고, 중풍병자가 걸어 다니고, 눈먼 사람이 사방을 둘러보는 것을 보면서 놀라워했다. 그들은 하나님께서 자기들 가운데 생생히 살아 계심을 모든 사람에게 알렸다.

32 그러나 예수께서는 다 끝내신 것이 아니었다. 예수께서 제자들을 불러 말씀하셨다. "이 사람들을 보니 내 마음이 아프구나. 이들이 사흘이나 나와 함께 있었는데, 이제 먹을 것이 없다. 배고픈 채로 가다가는 길에서 쓰러질지도 모르니 차마 보내지 못하겠다."

33 제자들이 말했다. "하지만 여기는 허허벌판인데 끼니가 될 만한 음식을 어디서 구하겠습니까?"

34-39 예수께서 물으셨다. "너희에게 빵이 얼마나 있느냐?"

"빵 일곱 개와 물고기 몇 마리가 있습니다." 그들이 말했다. 그러자 예수께서 사람들을 앉게 하셨다. 예수께서는 빵 일곱 개와 물고기를 손에 들고 감사를 드리신 후에, 사람들에게 나누어 주셨다. 모두가 먹되, 원하는 만큼 실컷 먹었다. 남은 것을 거두니 큰 것으로 일곱 바구니나 되었다. 사천 명이 넘는 사람들이 배부르게 먹었다. 예수께서 그들을 보내시고 나서, 배에 올라 마가단 지방으로 건너가셨다.

나쁜 누룩을 주의하여라

16 1-4 바리새인과 사두개인들이 또다시 예수께 달라붙어, 자신을 입증해 보이라고 몰아세웠다. 예수께서 그들에게 말씀하셨다. "너희 속담에 '저녁 하늘이 붉으면 날씨가 좋고, 아침 하늘이 붉으면 날씨가 궂다'고 했다. 너희가 날씨는 쉽게 내다보면서, 어째서 시대의 표적은 읽을 줄 모르느냐? 악하고 음란한 세대가 항상 표적과

28 Jesus gave in. "Oh, woman, your faith is something else. What you want is what you get!" Right then her daughter became well.

29-31 After Jesus returned, he walked along Lake Galilee and then climbed a mountain and took his place, ready to receive visitors. They came, tons of them, bringing along the paraplegic, the blind, the maimed, the mute–all sorts of people in need–and more or less threw them down at Jesus' feet to see what he would do with them. He healed them. When the people saw the mutes speaking, the maimed healthy, the paraplegics walking around, the blind looking around, they were astonished and let everyone know that God was blazingly alive among them.

32 But Jesus wasn't finished with them. He called his disciples and said, "I hurt for these people. For three days now they've been with me, and now they have nothing to eat. I can't send them away without a meal–they'd probably collapse on the road."

33 His disciples said, "But where in this deserted place are you going to dig up enough food for a meal?"

34-39 Jesus asked, "How much bread do you have?"

"Seven loaves," they said, "plus a few fish." At that, Jesus directed the people to sit down. He took the seven loaves and the fish. After giving thanks, he divided it up and gave it to the people. Everyone ate. They had all they wanted. It took seven large baskets to collect the leftovers. Over four thousand people ate their fill at that meal. After Jesus sent them away, he climbed in the boat and crossed over to the Magadan hills.

Some Bad Yeast

16 1-4 Some Pharisees and Sadducees were on him again, pressing him to prove himself to them. He told them, "You have a saying that goes, 'Red sky at night, sailor's delight; red sky at morning, sailors take warning.' You find it easy enough to forecast the weather–why can't you read the signs of the

기적을 구한다. 너희가 얻을 표적은 요나의 표적
뿐이다." 그러고서 그분은 발길을 돌려 떠나셨다.
5-6 호수 건너편으로 가는 길에, 제자들이 깜빡 잊
고 빵을 가져오지 않은 것을 알았다. 마침 예수께
서 그들에게 "바리새인과 사두개인의 누룩을 각별
히 주의하여라" 하고 말씀하셨다.
7-12 제자들은 예수께서 빵을 잊어버린 것을 꾸짖
으시는 줄 알고 수군거리며 대책을 논의했다. 예수
께서 그들이 하는 일을 아시고 말씀하셨다. "어째
서 빵을 잊어버린 것을 가지고 이렇게 걱정스레 수
군거리느냐? 믿음이 적은 사람들아! 아직도 알아
듣지 못하겠느냐? 빵 다섯 개로 오천 명이 먹고 거
둔 조각이 몇 바구니며, 빵 일곱 개로 사천 명이 먹
고 거둔 나머지가 몇 바구니였느냐? 빵이 문제가
아니라는 것을 아직도 모르겠느냐? 문제는 누룩,
바리새인과 사두개인의 누룩이다." 그때서야 그들
은 알아들었다. 예수께서는 먹을 것이 아니라 가르
침, 곧 바리새인과 사두개인의 가르침을 걱정하셨
던 것이다.

주님은 메시아이십니다

13 예수께서 빌립보의 가이사랴에 있는 마을에 이
르러 제자들에게 물으셨다. "사람들이 인자를 누
구라 하더냐?"
14 제자들이 대답했다. "세례자 요한이라고 하는
사람들도 있고, 엘리야라고 하는 사람들도 있고,
예레미야나 다른 예언자 가운데 한 사람이라고 하
는 사람들도 있습니다."
15 예수께서 곧바로 물으셨다. "그러면 너희는 어
떠냐? 너희는 나를 누구라고 하느냐?"
16 시몬 베드로가 말했다. "주님은 살아 계신 하나
님의 아들이시며 그리스도, 곧 메시아이십니다."
17-18 예수께서 대답하셨다. "요나의 아들 시몬아,
너는 하나님의 복을 받았다! 너의 그 대답은 책이
나 교사들한테서 나온 것이 아니다. 하늘에 계신
내 아버지 하나님께서 친히 네게, 참으로 내가 누
구인지 그 비밀을 알려 주셨다. 이제 네가 누구인
지, 참으로 네가 누구인지 내가 알려 주겠다. 너는
베드로, 곧 바위다. 이 바위 위에 내가 내 교회를
세울 것이다. 그 교회는 지옥의 문들조차도 막아
서지 못할 만큼, 그 세력이 널리 뻗칠 것이다.
19 그것이 다가 아니다. 너는 어떤 문이라도 여는
열쇠를 받아서, 하나님 나라에 아무 제약 없이 자
유롭게 드나들게 될 것이다. 하늘과 땅, 땅과 하늘
사이에 더 이상 장벽이 없을 것이다. 땅에서 '예'는

times? An evil and wanton generation is always
wanting signs and wonders. The only sign you'll
get is the Jonah sign." Then he turned on his heel
and walked away.
5-6 On their way to the other side of the lake, the
disciples discovered they had forgotten to bring
along bread. In the meantime, Jesus said to them,
"Keep a sharp eye out for Pharisee-Sadducee
yeast."
7-12 Thinking he was scolding them for forgetting
bread, they discussed in whispers what to do.
Jesus knew what they were doing and said, "Why
all these worried whispers about forgetting the
bread? Runt believers! Haven't you caught on yet?
Don't you remember the five loaves of bread and
the five thousand people, and how many baskets
of fragments you picked up? Or the seven loaves
that fed four thousand, and how many baskets
of leftovers you collected? Haven't you realized
yet that bread isn't the problem? The problem is
yeast, Pharisee-Sadducee yeast." Then they got it:
that he wasn't concerned about eating, but teach-
ing–the Pharisee-Sadducee kind of teaching.

Son of Man, Son of God

13 When Jesus arrived in the villages of Caesarea
Philippi, he asked his disciples, "What are people
saying about who the Son of Man is?"
14 They replied, "Some think he is John the
Baptizer, some say Elijah, some Jeremiah or one
of the other prophets."
15 He pressed them, "And how about you? Who
do you say I am?"
16 Simon Peter said, "You're the Christ, the Messi-
ah, the Son of the living God."
17-18 Jesus came back, "God bless you, Simon, son
of Jonah! You didn't get that answer out of books
or from teachers. My Father in heaven, God
himself, let you in on this secret of who I really
am. And now I'm going to tell you who you are,
really are. You are Peter, a rock. This is the rock
on which I will put together my church, a church
so expansive with energy that not even the gates
of hell will be able to keep it out.
19 "And that's not all. You will have complete and

하늘에서도 '예'이고, 땅에서 '아니요'는 하늘에서
도 '아니요'이다."
20 예수께서는 제자들에게 비밀을 지킬 것을 엄히
명하셨다. 그리고 그분이 메시아이심을 아무에게
도 말하지 않겠다는 다짐을 그들에게서 받으셨다.

결정은 내가 한다

21-22 예수께서 이제 자신이 예루살렘으로 가서 종
교 지도자들의 손에 처참한 고난을 받아 죽임을
당하고, 사흘째 되는 날에 다시 살아나야 할 것을
제자들에게 밝히 말씀하셨다. 베드로가 그분을 붙
들고 항의했다. "절대 안됩니다, 주님! 절대로 있
을 수 없는 일입니다!"
23 그러나 예수께서는 꿈쩍도 않으셨다. "베드로
야, 썩 비켜라. 사탄아, 물러가라. 너는 하나님이
어떻게 일하시는지 조금도 모른다."
24-26 그러고 나서 예수께서 다시 제자들에게 말씀
하셨다. "누구든지 나와 함께 가려면 내가 가는 길
을 따라야 한다. 결정은 내가 한다. 너희가 하는
것이 아니다. 고난을 피해 달아나지 말고, 오히려
고난을 끌어안아라. 나를 따라오너라. 그러면 내
가 방법을 일러 주겠다. 자기 스스로 세우려는 노
력에는 아무 희망이 없다. 자기를 희생하는 것이
야말로 너희 자신, 곧 너희의 참된 자아를 찾는 길
이며, 나의 길이다. 원하는 것을 다 얻고도 참된
자기 자신을 잃으면 무슨 유익이 있겠느냐? 너희
목숨을 무엇과 바꾸겠느냐?
27-28 너희 힘으로 일을 벌이겠다고 그렇게 서두르
지 마라. 순식간에 인자가 아버지의 모든 영광에
싸여 천사의 무리를 거느리고 올 것이다. 그때 너
희는 받아야 할 모든 것을 선물로 받게 될 것이다.
이것은 믿을 수 없는 훗날의 이야기가 아니다. 여
기 서 있는 너희 가운데 그런 일이 일어나는 것을
볼 사람들도 있다. 그들은 천국의 영광 가운데 있
는 인자를 볼 것이다."

영광 가운데 계신 예수

17 1-3 엿새 후에, 그들 가운데 세 사람이
그 영광을 보았다. 예수께서 베드로와
야고보와 요한 형제를 데리고 높은 산에 올라가셨
다. 그들 눈앞에서 그분의 모습이 완전히 변했다.
그분의 얼굴에서 햇빛이 쏟아져 나왔고, 그분의
옷은 빛으로 충만했다. 문득 그들은 모세와 엘리
야도 거기에 함께 있어 그분과 깊은 대화를 나누
고 있는 것을 알았다.

free access to God's kingdom, keys to open any
and every door: no more barriers between heaven
and earth, earth and heaven. A yes on earth is yes
in heaven. A no on earth is no in heaven."
20 He swore the disciples to secrecy. He made
them promise they would tell no one that he was
the Messiah.

You're Not in the Driver's Seat

21-22 Then Jesus made it clear to his disciples that
it was now necessary for him to go to Jerusalem,
submit to an ordeal of suffering at the hands of
the religious leaders, be killed, and then on the
third day be raised up alive. Peter took him in
hand, protesting, "Impossible, Master! That can
never be!"
23 But Jesus didn't swerve. "Peter, get out of my way.
Satan, get lost. You have no idea how God works."
24-26 Then Jesus went to work on his disciples.
"Anyone who intends to come with me has to
let me lead. You're not in the driver's seat; *I* am.
Don't run from suffering; embrace it. Follow me
and I'll show you how. Self-help is no help at
all. Self-sacrifice is the way, my way, to finding
yourself, your true self. What kind of deal is it to
get everything you want but lose yourself? What
could you ever trade your soul for?
27-28 "Don't be in such a hurry to go into business
for yourself. Before you know it the Son of Man
will arrive with all the splendor of his Father,
accompanied by an army of angels. You'll get
everything you have coming to you, a personal
gift. This isn't pie in the sky by and by. Some of
you standing here are going to see it take place,
see the Son of Man in kingdom glory."

Sunlight Poured from His Face

17 1-3 Six days later, three of them saw
that glory. Jesus took Peter and the
brothers, James and John, and led them up a
high mountain. His appearance changed from
the inside out, right before their eyes. Sunlight
poured from his face. His clothes were filled with
light. Then they realized that Moses and Elijah
were also there in deep conversation with him.

[4] 베드로가 불쑥 끼어들었다. "주님, 지금은 중대한 순간입니다! 제가 이곳 산 위에 기념비 셋을 세우면 어떻겠습니까? 하나는 주님을 위해, 하나는 모세를 위해, 하나는 엘리야를 위해서 말입니다."
[5] 그가 이렇게 말을 하고 있는데, 빛처럼 환한 구름이 그들을 덮더니 구름 속 깊은 데서 한 음성이 들려왔다. "이는 내가 사랑으로 구별한 내 아들, 내 기쁨의 근원이다. 그의 말을 들어라."
[6-8] 그 소리를 들은 제자들은 너무나 두려워서, 얼굴을 땅에 대고 납작 엎드렸다. 예수께서 가까이 오셔서 그들에게 손을 대셨다. "두려워 마라." 그들이 눈을 떠서 사방을 둘러보니, 오직 예수밖에 보이지 않았다.
[9] 산을 내려오면서, 예수께서 그들에게 비밀을 지킬 것을 엄히 명하셨다. "너희가 본 것을 한 마디도 말하지 마라. 그러나 인자가 죽은 자들 가운데서 살아난 뒤에는 말해도 좋다."
[10] 중간에 제자들이 물었다. "종교 학자들은 왜 엘리야가 먼저 와야 한다고 말합니까?"
[11-13] 예수께서 대답하셨다. "엘리야가 와서 모든 것을 준비한다. 내가 너희에게 말하지만, 엘리야가 이미 왔으나 사람들이 그를 보고도 알아보지 못했다. 사람들이 그를 업신여겼고, 사람들이 인자도 똑같이 업신여길 것이다." 그제야 제자들은 예수께서 내내 세례자 요한을 두고 하신 말씀임을 깨달았다.

깨알만한 믿음만 있어도

[14-16] 그들이 산 밑으로 내려오니, 사람들이 떼를 지어 기다리고 있었다. 그들이 다가가자, 한 남자가 무리 중에서 나와 무릎을 꿇고 간청했다. "주님, 제 아들을 불쌍히 여겨 주십시오. 아들이 정신을 잃고 발작을 일으키며, 몹시 고통스러워하고 있습니다. 자주 불 속에 뛰어들기도 하고, 어떤 때는 물 속에 뛰어들기도 합니다. 주님의 제자들에게 데리고 왔지만, 그들은 속수무책입니다."
[17-18] 예수께서 말씀하셨다. "하나님도 모르고 삶에 중심도 없는 세대여! 내가 같은 말을 몇 번이나 해야 하느냐? 얼마나 더 참아야 하느냐? 아이를 이리 데려오너라." 예수께서 괴롭히는 귀신에게 나가라고 명하셨다. 그러자 귀신이 나갔다. 그때부터 아이가 멀쩡해졌다.
[19] 제자들이 예수와 따로 있게 되었을 때 물었

[4] Peter broke in, "Master, this is a great moment! What would you think if I built three memorials here on the mountain—one for you, one for Moses, one for Elijah?"
[5] While he was going on like this, babbling, a light-radiant cloud enveloped them, and sounding from deep in the cloud a voice: "This is my Son, marked by my love, focus of my delight. Listen to him."
[6-8] When the disciples heard it, they fell flat on their faces, scared to death. But Jesus came over and touched them. "Don't be afraid." When they opened their eyes and looked around all they saw was Jesus, only Jesus.
[9] Coming down the mountain, Jesus swore them to secrecy. "Don't breathe a word of what you've seen. After the Son of Man is raised from the dead, you are free to talk."
[10] The disciples, meanwhile, were asking questions. "Why do the religion scholars say that Elijah has to come first?"
[11-13] Jesus answered, "Elijah does come and get everything ready. I'm telling you, Elijah has already come but they didn't know him when they saw him. They treated him like dirt, the same way they are about to treat the Son of Man." That's when the disciples realized that all along he had been talking about John the Baptizer.

With a Mere Kernel of Faith

[14-16] At the bottom of the mountain, they were met by a crowd of waiting people. As they approached, a man came out of the crowd and fell to his knees begging, "Master, have mercy on my son. He goes out of his mind and suffers terribly, falling into seizures. Frequently he is pitched into the fire, other times into the river. I brought him to your disciples, but they could do nothing for him."
[17-18] Jesus said, "What a generation! No sense of God! No focus to your lives! How many times do I have to go over these things? How much longer do I have to put up with this? Bring the boy here." He ordered the afflicting demon out—and it was out, gone. From that moment on the boy was well.
[19] When the disciples had Jesus off to themselves,

다. "왜 저희는 쫓아내지 못했습니까?"
20 "너희가 아직 하나님을 진지하게 대하지 않
아서 그렇다." 예수께서 말씀하셨다. "여기 단
순한 진리가 있다. 곧 너희에게 깨알만한 믿음
만 있어도 너희가 이 산더러 '움직여라!' 하면
산이 움직일 것이다. 너희가 감당하지 못할 일
은 아무것도 없다."
22-23 그들이 갈릴리에 다시 모였을 때, 예수께
서 말씀하셨다. "인자는 하나님과 관계하기를
원치 않는 사람들한테 넘겨질 것이다. 그들이
인자를 죽일 것이고, 인자는 사흘 후에 다시 살
아날 것이다." 제자들은 몹시 두려워했다.

24 그들이 가버나움에 이르자, 세금 징수원들이
베드로에게 와서 물었다. "당신네 선생님은 세
금을 냅니까?"
25 베드로가 말했다. "물론입니다."
베드로가 집에 들어가자, 예수께서 먼저 물으
셨다. "시몬아, 네 생각은 어떠냐? 왕이 세금을
거두면 누가 세금을 내느냐? 왕의 자녀들이냐,
백성이냐?"
26-27 그가 대답했다. "백성입니다."
그러자 예수께서 말씀하셨다. "그럼 자녀들은
면제받는 것이 아니냐? 하지만 저들을 공연히
건드릴 것 없으니, 너는 호수에 가서 낚시를 던
져 처음 무는 고기를 잡아 올려라. 고기의 입을
열면 동전 하나가 나올 것이다. 그것을 가져다
가 세금 징수원들한테 주어라. 너와 내 몫으로
충분할 것이다."

하나님 나라에서 가장 큰 사람

18 1 그때에 제자들이 예수께 와서 물었
다. "하나님 나라에서는 누가 최고
서열에 오릅니까?"
2-5 예수께서 그 대답으로, 어린아이 하나를 불
러다가 방 한가운데 세우고 말씀하셨다. "내가
단호하게 말한다. 처음으로 돌아가서 어린아이
처럼 다시 시작하지 않는 한, 너희는 천국에 들
어가는 것은 고사하고 천국을 보지도 못할 것이
다. 누구든지 이 아이처럼 꾸밈없이 순진해지
면, 하나님 나라에서 높은 서열에 들 것이다. 또
한 너희가 나를 생각해서 어린아이 같은 사람을
받아들이면, 곧 나를 받아들이는 것과 같다.
6-7 그러나 너희가 그들을 괴롭히고 못살게 굴

they asked, "Why couldn't we throw it out?"
20 "Because you're not yet taking *God* seriously,"
said Jesus. "The simple truth is that if you had a
mere kernel of faith, a poppy seed, say, you would
tell this mountain, 'Move!' and it would move. There
is nothing you wouldn't be able to tackle."
22-23 As they were regrouping in Galilee, Jesus told
them, "The Son of Man is about to be betrayed to
some people who want nothing to do with God.
They will murder him–and three days later he will
be raised alive." The disciples felt terrible.

24 When they arrived at Capernaum, the tax men
came to Peter and asked, "Does your teacher pay
taxes?"
25 Peter said, "Of course."
But as soon as they were in the house, Jesus
confronted him. "Simon, what do you think? When
a king levies taxes, who pays–his children or his
subjects?"
26-27 He answered, "His subjects."
Jesus said, "Then the children get off free, right? But
so we don't upset them needlessly, go down to the
lake, cast a hook, and pull in the first fish that bites.
Open its mouth and you'll find a coin. Take it and
give it to the tax men. It will be enough for both of
us."

Whoever Becomes Simple Again

18 1 At about the same time, the disciples
came to Jesus asking, "Who gets the
highest rank in God's kingdom?"
2-5 For an answer Jesus called over a child, whom
he stood in the middle of the room, and said, "I'm
telling you, once and for all, that unless you return
to square one and start over like children, you're not
even going to get a look at the kingdom, let alone get
in. Whoever becomes simple and elemental again,
like this child, will rank high in God's kingdom.
What's more, when you receive the childlike on my
account, it's the same as receiving me.
6-7 "But if you give them a hard time, bullying or
taking advantage of their simple trust, you'll soon
wish you hadn't. You'd be better off dropped in the

거나 그들의 순진한 믿음을 이용하면, 너희는 곧 후회하게 될 것이다. 그럴 바에는 차라리 너희 목에 맷돌을 달고 호수 한복판에 빠지는 편이 낫다. 이 어린아이처럼 하나님을 믿는 사람들을 괴롭히는 세상에 화가 있을 것이다! 그러잖아도 괴로움을 피할 수 없는데, 너희까지 더 힘들게 할 필요는 없다. 만일 그렇게 한다면, 그날이야말로 너희 최후의 날이다.

8-9 네 손이나 발이 하나님께 방해가 되거든, 찍어 내버려라. 손이나 발이 없더라도 살아 있는 것이, 두 손과 두 발을 보란 듯이 가지고서 영원히 불타는 용광로 속에 있는 것보다 낫다. 또 네 눈이 너를 하나님에게서 멀어지게 하거든, 뽑아 내버려라. 한 눈으로 살아 있는 것이, 지옥불 속에서 2.0 시력을 발휘하는 것보다 낫다.

10 너희는 이 어린아이처럼 믿는 사람들 중에 단 한 명이라도 업신여기지 않도록 조심하여라. 그들의 천사들이 하늘에서 항상 내 아버지와 대면하고 있음을 너희도 알지 않느냐?"

잃어버린 양 한 마리

12-14 "이렇게도 생각해 보아라. 어떤 사람에게 양 백 마리가 있는데 그중 하나가 길을 잃으면, 아흔아홉 마리를 두고 그 한 마리를 찾아 나서지 않겠느냐? 그러다가 찾으면, 제자리에 있던 아흔아홉 마리보다 그 한 마리를 더 애지중지하지 않겠느냐? 하늘에 계신 너희 아버지의 심정도 이와 같다. 그분은 이 순진하게 믿는 사람들 중에 한 사람이라도 잃는 것을 원치 않으신다.

15-17 함께 믿는 동료가 너에게 상처를 주거든, 가서 그에게 말하여 둘 사이에서 해결하여라. 그가 들으면, 너는 친구를 얻는 것이다. 그가 듣지 않거든, 다른 한두 사람을 데리고 가서 다시 말해 보아라. 증인이 있으면 일이 공정해질 것이다. 그래도 그가 듣지 않거든, 교회에 말하여라. 교회의 말도 듣지 않거든, 너는 처음부터 다시 시작해야 할 것이다. 그에게 회개의 필요성을 지적하고, 하나님의 용서하시는 사랑을 다시 베풀어야 한다.

18-20 무엇보다 진지하게 알아야 할 것이 있다. 땅에서 '예'는 하늘에서도 '예'이고, 땅에서 '아니요'는 하늘에서도 '아니요'이다. 너희가 서로에게 하는 말은 영원하다. 내가 진심으로 말한다. 너희 가운데 두 사람이 땅에서 어떤 일로 함께 모여서 기도하면, 하늘에 계신 내 아버지께서 행동을 취하실 것이다. 또한 너희 중에 두세 사람이 나 때

middle of the lake with a millstone around your neck. Doom to the world for giving these God-believing children a hard time! Hard times are inevitable, but you don't have to make it worse—and it's doomsday to you if you do.

8-9 "If your hand or your foot gets in the way of God, chop it off and throw it away. You're better off maimed or lame and alive than the proud owners of two hands and two feet, godless in a furnace of eternal fire. And if your eye distracts you from God, pull it out and throw it away. You're better off one-eyed and alive than exercising your twenty-twenty vision from inside the fire of hell.

10 "Watch that you don't treat a single one of these childlike believers arrogantly. You realize, don't you, that their personal angels are constantly in touch with my Father in heaven?

Work It Out Between You

12-14 "Look at it this way. If someone has a hundred sheep and one of them wanders off, doesn't he leave the ninety-nine and go after the one? And if he finds it, doesn't he make far more over it than over the ninety-nine who stay put? Your Father in heaven feels the same way. He doesn't want to lose even one of these simple believers.

15-17 "If a fellow believer hurts you, go and tell him—work it out between the two of you. If he listens, you've made a friend. If he won't listen, take one or two others along so that the presence of witnesses will keep things honest, and try again. If he still won't listen, tell the church. If he won't listen to the church, you'll have to start over from scratch, confront him with the need for repentance, and offer again God's forgiving love.

18-20 "Take this most seriously: A yes on earth is yes in heaven; a no on earth is no in heaven. What you say to one another is eternal. I mean this. When two of you get together on anything at all on earth and make a prayer of it, my Father in heaven goes into action. And when two or three of you are together because of me, you can be sure that I'll be there."

문에 모이면, 나도 반드시 거기에 함께 있는 줄 알아라."

용서 이야기

21 그때 베드로가 용기를 내어 물었다. "주님, 제게 상처를 주는 형제나 자매를 몇 번이나 용서해야 합니까? 일곱 번이면 되겠습니까?"

22 예수께서 대답하셨다. "일곱 번이라! 어림도 없다. 일곱 번을 일흔 번이라도 그렇게 하여라.

23-25 하나님 나라는 종들의 빚을 정산하기로 한 어떤 왕과 같다. 정산이 시작되자, 빚이 십억 원이나 되는 한 종이 왕 앞에 불려 왔다. 그는 빚을 갚을 수 없었으므로, 왕은 그 사람과 처자식과 살림을 몽땅 노예시장에 경매로 내다 팔라고 명했다.

26-27 그 가련한 사람은 왕의 발 앞에 엎드려 애원했다. '조금만 시간을 주시면 다 갚겠습니다.' 애걸하는 그 모습이 딱했던 왕은, 빚을 탕감하고 그를 풀어 주었다.

28 그 종이 밖으로 나가자마자, 자기한테 십만 원을 빚진 동료 종과 마주쳤다. 그는 동료의 멱살을 잡고는 '당장 갚으라!'고 닦달했다.

29-31 그 가련한 사람은 엎드려 애원했다. '조금만 시간을 주면 다 갚겠네.' 그러나 그는 끄떡도 하지 않았다. 그는 동료를 잡아다가, 빚을 갚을 때까지 감옥에 가두었다. 이 모든 일을 지켜본 다른 종들이 이를 괘씸히 여겨 왕에게 낱낱이 아뢰었다.

32-35 왕은 그 사람을 불러서 말했다. '이 악한 종아! 네가 나에게 자비를 구하기에 나는 네 빚을 전부 탕감해 주었다. 그러면 너도 자비를 구하는 네 동료 종에게 자비를 베풀어야 마땅하지 않느냐?' 왕은 불같이 노하여, 그가 빚을 다 갚을 때까지 그를 엄하게 다루었다. 너희 각 사람이 자비를 구하는 사람을 조건 없이 용서하지 않으면, 하늘에 계신 내 아버지께서도 너희 각 사람에게 똑같이 하실 것이다."

이혼과 간음

19 1-2 예수께서 이 가르침을 마치시고, 갈릴리를 떠나 요단 강 건너편 유대 지방으로 지나가셨다. 그곳에서 큰 무리가 따라오자, 예수께서 그들을 고쳐 주셨다.

3 하루는 바리새인들이 그분을 귀찮게 했다. "무엇이든 이유만 있으면 남자가 아내와 이혼하는 것이 율법에 맞습니까?"

4-6 예수께서 대답하셨다. "너희는 창조주께서 본

A Story About Forgiveness

21 At that point Peter got up the nerve to ask, "Master, how many times do I forgive a brother or sister who hurts me? Seven?"

22 Jesus replied, "Seven! Hardly. Try seventy times seven.

23-25 "The kingdom of God is like a king who decided to square accounts with his servants. As he got under way, one servant was brought before him who had run up a debt of a hundred thousand dollars. He couldn't pay up, so the king ordered the man, along with his wife, children, and goods, to be auctioned off at the slave market.

26-27 "The poor wretch threw himself at the king's feet and begged, 'Give me a chance and I'll pay it all back.' Touched by his plea, the king let him off, erasing the debt.

28 "The servant was no sooner out of the room when he came upon one of his fellow servants who owed him ten dollars. He seized him by the throat and demanded, 'Pay up. Now!'

29-31 "The poor wretch threw himself down and begged, 'Give me a chance and I'll pay it all back.' But he wouldn't do it. He had him arrested and put in jail until the debt was paid. When the other servants saw this going on, they were outraged and brought a detailed report to the king.

32-35 "The king summoned the man and said, 'You evil servant! I forgave your entire debt when you begged me for mercy. Shouldn't you be compelled to be merciful to your fellow servant who asked for mercy?' The king was furious and put the screws to the man until he paid back his entire debt. And that's exactly what my Father in heaven is going to do to each one of you who doesn't forgive unconditionally anyone who asks for mercy."

Divorce

19 1-2 When Jesus had completed these teachings, he left Galilee and crossed the region of Judea on the other side of the Jordan. Great crowds followed him there, and he healed them.

3 One day the Pharisees were badgering him: "Is it legal for a man to divorce his wife for any reason?"

래 남자와 여자를 서로를 위해 지어 주신 것을 성경에서 읽어 보지 못했느냐? 그러므로 남자는 부모를 떠나 아내와 굳게 맺어져 한 몸이 된다. 더 이상 둘이 아니라 한 몸이다. 남자와 여자의 이 유기적인 연합은 하나님께서 창조하신 것이다. 그러니 누구도 그들을 갈라놓아서 그분의 작품을 모독해서는 안된다."

7 그들이 반박하며 쏘아붙였다. "그렇다면 모세는 왜 이혼 증서와 이혼 절차에 대한 지침을 주었습니까?"

8-9 예수께서 말씀하셨다. "모세는 너희의 사악한 마음을 염려해서 이혼을 규정했지만, 그것이 하나님의 처음 계획은 아니다. 너희는 처음 계획을 따라야 한다. 만일 너희가 정숙한 아내와 이혼하고 다른 여자와 결혼하면, 너희는 간음죄를 짓는 것이다. 다만 배우자가 간음을 저지른 경우는 예외다."

10 예수의 제자들이 이의를 달았다. "그것이 결혼의 조건이라면 우리는 막막합니다. 어쩌자고 결혼을 하겠습니까?"

11-12 예수께서 말씀하셨다. "누구나 다 결혼생활을 할 만큼 성숙한 것은 아니다. 결혼해서 살려면 어느 정도 자질과 은혜가 필요하다. 결혼은 모든 사람을 위한 것이 아니다. 나면서부터 결혼에 일절 관심이 없는 사람도 있다. 청혼을 받지 않거나 청혼에 응하지 않는 사람도 있다. 그런가 하면, 하나님 나라를 위해 결혼하지 않기로 결심하는 사람도 있다. 그러나 너희가 성숙하여 결혼의 큰 뜻에 이를 수 있겠거든, 그렇게 하여라."

부자와 하나님 나라

13-15 하루는 사람들이 예수께서 손을 얹어 기도해 주시기를 바라며, 그분께 아이들을 데려왔다. 하지만 제자들이 그들을 쫓아냈다. 그러자 예수께서 끼어드셨다. "아이들을 그냥 두어라. 나한테 오는 것을 막지 마라. 하나님 나라는 이 아이들과 같은 사람들로 이루어진다." 예수께서 아이들에게 손을 얹어 기도해 주신 뒤에 떠나셨다.

16 또 하루는 어떤 사람이 예수를 막아서며 물었다. "선생님, 제가 무슨 선행을 해야 영원한 생명을 얻겠습니까?"

17 예수께서 말씀하셨다. "어째서 나에게 선한 것이 무엇인지 묻느냐? 선하신 분은 하나님 한분뿐이시다. 하나님의 생명에 들어가고 싶거든, 그분의 말씀대로 행하여라."

18-19 그 사람이 물었다. "구체적으로 어느 말씀입니까?"

4-6 He answered, "Haven't you read in your Bible that the Creator originally made man and woman for each other, male and female? And because of this, a man leaves father and mother and is firmly bonded to his wife, becoming one flesh—no longer two bodies but one. Because God created this organic union of the two sexes, no one should desecrate his art by cutting them apart."

7 They shot back in rebuttal, "If that's so, why did Moses give instructions for divorce papers and divorce procedures?"

8-9 Jesus said, "Moses provided for divorce as a concession to your hard heartedness, but it is not part of God's original plan. I'm holding you to the original plan, and holding you liable for adultery if you divorce your faithful wife and then marry someone else. I make an exception in cases where the spouse has committed adultery."

10 Jesus' disciples objected, "If those are the terms of marriage, we're stuck. Why get married?"

11-12 But Jesus said, "Not everyone is mature enough to live a married life. It requires a certain aptitude and grace. Marriage isn't for everyone. Some, from birth seemingly, never give marriage a thought. Others never get asked—or accepted. And some decide not to get married for kingdom reasons. But if you're capable of growing into the largeness of marriage, do it."

To Enter God's Kingdom

13-15 One day children were brought to Jesus in the hope that he would lay hands on them and pray over them. The disciples shooed them off. But Jesus intervened: "Let the children alone, don't prevent them from coming to me. God's kingdom is made up of people like these." After laying hands on them, he left.

16 Another day, a man stopped Jesus and asked, "Teacher, what good thing must I do to get eternal life?"

17 Jesus said, "Why do you question me about what's good? *God* is the One who is good. If you want to enter the life of God, just do what he tells

예수께서 말씀하셨다. "살인하지 마라, 간음하지 마라, 도둑질하지 마라, 거짓말하지 마라, 네 부모를 공경하라, 그리고 네 자신을 사랑하듯이 네 이웃을 사랑하라."

20 그 젊은이가 말했다. "제가 그것들은 다 지켰습니다. 무엇을 더 해야 하겠습니까?"

21 예수께서 대답하셨다. "네게 있는 것 전부를 드리려거든, 가서 네 재산을 팔아서 가난한 사람들에게 다 주어라. 그러면 네 모든 부가 하늘에 있게 될 것이다. 그런 다음 와서 나를 따라라."

22 그것은 그 젊은이가 전혀 예상치 못한 말씀이었다. 그는 기운이 쭉 빠져 예수를 떠나갔다. 그는 많은 것을 움켜쥐고 있어서, 차마 그것을 놓을 수 없었다.

23-24 그가 떠나가는 모습을 보며, 예수께서 제자들에게 말씀하셨다. "부자가 하나님 나라에 들어가는 것이 얼마나 어려운지 아느냐? 내가 너희에게 말한다. 부자가 하나님 나라에 들어가는 것보다, 낙타를 급히 몰아 바늘귀를 통과하는 것이 더 쉽다."

25 제자들이 망연자실했다. "그러면 어느 누가 가망이 있겠습니까?"

26 예수께서 그들을 유심히 바라보며 말씀하셨다. "너희 힘으로 해낼 수 있다고 생각하면 전혀 가망이 없다. 그러나 하나님께서 하실 수 있다고 믿으면 얼마든지 가능한 일이다."

27 그러자 베드로가 맞장구를 쳤다. "우리는 모든 것을 버리고 주님을 따랐습니다. 그래서 우리가 무엇을 얻겠습니까?"

28-30 예수께서 대답하셨다. "그렇다. 너희는 나를 따랐다. 세상이 재창조되고 인자가 영광 가운데 다스릴 때, 나를 따르던 너희도 이스라엘 열두 지파를 시작으로 함께 다스릴 것이다. 너희뿐 아니라 누구든지 나 때문에 집이나 가족이나 땅이나 그 무엇이든 희생하는 사람은, 그 모든 것을 백 배로 돌려받을 것이다. 영원한 생명을 덤으로 받을 것은 말할 것도 없다. 이것은 위대한 반전이다. 먼저였으나 나중 되고, 나중이었으나 먼저 될 사람이 많을 것이다."

위대한 반전

20 1-2 "하나님 나라는 아침 일찍 자기 포도원에서 일할 일꾼들을 고용하러 나간 재산 관리인과 같다. 일꾼들은 일당 오만 원에 합의하고 일하러 갔다.

3-5 얼마 후 아홉 시쯤에, 관리인은 동네 공터에서

you."

18-19 The man asked, "What in particular?" Jesus said, "Don't murder, don't commit adultery, don't steal, don't lie, honor your father and mother, and love your neighbor as you do yourself."

20 The young man said, "I've done all that. What's left?"

21 "If you want to give it all you've got," Jesus replied, "go sell your possessions; give everything to the poor. All your wealth will then be in heaven. Then come follow me."

22 That was the last thing the young man expected to hear. And so, crest-fallen, he walked away. He was holding on tight to a lot of things, and he couldn't bear to let go.

23-24 As he watched him go, Jesus told his disciples, "Do you have any idea how difficult it is for the rich to enter God's kingdom? Let me tell you, it's easier to gallop a camel through a needle's eye than for the rich to enter God's kingdom."

25 The disciples were staggered. "Then who has any chance at all?"

26 Jesus looked hard at them and said, "No chance at all if you think you can pull it off yourself. Every chance in the world if you trust God to do it."

27 Then Peter chimed in, "We left everything and followed you. What do we get out of it?"

28-30 Jesus replied, "Yes, you have followed me. In the re-creation of the world, when the Son of Man will rule gloriously, you who have followed me will also rule, starting with the twelve tribes of Israel. And not only you, but anyone who sacrifices home, family, fields–whatever–because of me will get it all back a hundred times over, not to mention the considerable bonus of eternal life. This is the Great Reversal: many of the first ending up last, and the last first."

A Story About Workers

20 1-2 "God's kingdom is like an estate manager who went out early in the morning to hire workers for his vineyard. They agreed on a wage of a dollar a day, and went to

일없이 어슬렁거리고 있는 다른 사람들을 보았다.
그는 그들에게 자기 포도원에 가서 일하라고 하면
서, 품삯을 상당히 쳐 주겠다고 했다. 그들은 일하
러 갔다.
5-6 관리인은 정오에도, 그리고 세 시에도 똑같이
그렇게 했다. 다섯 시에 다시 나가 보니, 아직도
서성이는 사람들이 있었다. 그가 말했다. '당신들
은 왜 하루 종일 하는 일 없이 서성거리고 있소?'
7 그들이 말했다. '아무도 우리를 써 주지 않아서
그렇습니다.'
관리인은 그들에게 자기 포도원에 가서 일하라고
했다.
8 드디어 하루 일이 끝나자, 포도원 주인이 작업반
장에게 지시했다. '일꾼들을 불러서 품삯을 주어
라. 나중에 고용한 사람부터 시작해서 먼저 온 사
람까지 그렇게 하여라.'
9-12 다섯 시에 고용된 사람들이 와서 각각 오만 원
씩 받았다. 먼저 고용된 사람들이 그것을 보고는,
자기들은 훨씬 더 받을 줄로 알았다. 그러나 그들
도 똑같이 오만 원씩 받았다. 오만 원을 쥐고서 그
들은 화가 나서 관리인에게 투덜거렸다. '마지막
에 온 일꾼들은 고작 한 시간밖에 일하지 않았는
데도, 하루 종일 땡볕에서 고생한 우리와 똑같이
대우했습니다.'
13-15 관리인은 모두를 대신해서 말한 그 일꾼에게
대답했다. '친구여, 나는 부당하게 하지 않았소.
우리는 품삯을 오만 원에 합의하지 않았소? 그러
니 받아 가시오. 나는 맨 나중에 온 사람들에게도
당신들과 똑같이 주기로 정했소. 내 돈으로 내 마
음대로 할 수도 없단 말이오? 내가 후하다고 해서
당신들이 인색해지려는 것이오?'
16 여기에 다시 한번 위대한 반전이 있다. 먼저였
으나 나중 되고, 나중이었으나 먼저 될 사람이 많
을 것이다."

이 잔을 마실 수 있느냐

17-19 예수께서 예루살렘을 향해 한참을 가시다가,
열두 제자를 길가로 따로 불러 말씀하셨다. "내 말
을 잘 들어라. 우리는 지금 예루살렘으로 올라가
는 길이다. 그곳에 가면, 인자는 종교 지도자와 학
자들에게 넘겨질 것이다. 그들은 인자에게 사형을
선고할 것이다. 그리고 인자를 로마 사람들에게
넘겨주어, 조롱하고 고문하고 십자가에 못 박을
것이다. 그러나 사흘째 되는 날에, 인자는 다시 살
아날 것이다."

work.
3-5 "Later, about nine o'clock, the manager saw
some other men hanging around the town square
unemployed. He told them to go to work in his
vineyard and he would pay them a fair wage.
They went.
5-6 "He did the same thing at noon, and again at
three o'clock. At five o'clock he went back and
found still others standing around. He said, 'Why
are you standing around all day doing nothing?'
7 "They said, 'Because no one hired us.'
"He told them to go to work in his vineyard.
8 "When the day's work was over, the owner of
the vineyard instructed his foreman, 'Call the
workers in and pay them their wages. Start with
the last hired and go on to the first.'
9-12 "Those hired at five o'clock came up and were
each given a dollar. When those who were hired
first saw that, they assumed they would get far
more. But they got the same, each of them one
dollar. Taking the dollar, they groused angrily to
the manager, 'These last workers put in only one
easy hour, and you just made them equal to us,
who slaved all day under a scorching sun.'
13-15 "He replied to the one speaking for the rest,
'Friend, I haven't been unfair. We agreed on the
wage of a dollar, didn't we? So take it and go.
I decided to give to the one who came last the
same as you. Can't I do what I want with my own
money? Are you going to get stingy because I am
generous?'
16 "Here it is again, the Great Reversal: many of
the first ending up last, and the last first."

To Drink from the Cup

17-19 Jesus, now well on the way up to Jerusalem,
took the Twelve off to the side of the road and
said, "Listen to me carefully. We are on our way
up to Jerusalem. When we get there, the Son
of Man will be betrayed to the religious leaders
and scholars. They will sentence him to death.
They will then hand him over to the Romans for
mockery and torture and crucifixion. On the third
day he will be raised up alive."
20 It was about that time that the mother of the

20 그때에 세베대의 아들들의 어머니가 두 아들과
함께 와서, 예수 앞에 무릎을 꿇고 청했다.
21 "무엇을 원하느냐?" 예수께서 물으셨다.
그 여인이 말했다. "제 두 아들에게 주님 나라에서 최
고 영광의 자리를 주십시오. 하나는 주님 오른편에,
하나는 주님 왼편에 두시겠다고 약속해 주십시오."
22 예수께서 대답하셨다. "너희는 너희가 무엇을
구하는지 모른다." 그러고는 야고보와 요한에게
말씀하셨다. "내가 마시려는 잔을 너희가 마실 수
있겠느냐?"
그들이 말했다. "물론입니다. 왜 못 마시겠습니까?"
23 예수께서 말씀하셨다. "생각해 보니, 너희는 과
연 내 잔을 마실 것이다. 그러나 영광의 자리를 주
는 것은, 내 소관이 아니다. 내 아버지께서 하시는
일이다."
24-28 다른 열 제자가 이 대화를 듣고는 분통을 터
뜨렸다. 두 형제에게 아주 정나미가 떨어졌다. 예
수께서 그들을 불러 놓고 바로잡아 주셨다. "하나
님을 모르는 통치자들이 얼마나 위세를 부리며,
작은 권력에 얼마나 빨리 취하는지 너희는 보았
다. 너희는 그래서는 안된다. 누구든지 크고자 하
면 섬기는 사람이 되어야 한다. 너희 가운데 누구
든지 첫째가 되고자 하면, 먼저 종이 되어야 한다.
인자가 한 일이 바로 그것이다. 인자는 섬김을 받
으러 온 것이 아니라, 섬기러 왔다. 포로로 사로잡
힌 많은 사람들을 살리기 위해 자기 목숨을 내어
주려고 왔다."

29-31 그들이 여리고를 떠나려는데, 큰 무리가 따
라왔다. 그때 길가에 앉아 있던 눈먼 두 사람과 마
주쳤다. 두 사람은 예수께서 지나가신다는 말을
듣고는 갑자기 소리쳤다. "주님, 우리를 불쌍히 여
겨 주십시오! 다윗의 자손이여, 불쌍히 여겨 주십
시오!" 무리가 그들을 조용히 시키려고 했으나, 그
들은 더 크게 소리쳤다. "주님, 우리를 불쌍히 여
겨 주십시오! 다윗의 자손이여, 불쌍히 여겨 주십
시오!"
32 예수께서 걸음을 멈추시고 그들을 부르셨다.
"내게 무엇을 원하느냐?"
33 그들이 말했다. "주님, 눈을 뜨기 원합니다. 보
기 원합니다!"
34 예수께서 몹시 측은한 마음에, 그들의 눈을 만
져 주셨다. 그들은 그 즉시 시력을 되찾았고, 행렬
에 함께했다.

Zebedee brothers came with her two sons and
knelt before Jesus with a request.
21 "What do you want?" Jesus asked.
She said, "Give your word that these two sons of
mine will be awarded the highest places of honor
in your kingdom, one at your right hand, one at
your left hand."
22 Jesus responded, "You have no idea what
you're asking." And he said to James and John,
"Are you capable of drinking the cup that I'm
about to drink?"
They said, "Sure, why not?"
23 Jesus said, "Come to think of it, you *are* going
to drink my cup. But as to awarding places of
honor, that's not my business. My Father is taking
care of that."
24-28 When the ten others heard about this, they
lost their tempers, thoroughly disgusted with the
two brothers. So Jesus got them together to settle
things down. He said, "You've observed how
godless rulers throw their weight around, how
quickly a little power goes to their heads. It's not
going to be that way with you. Whoever wants to
be great must become a servant. Whoever wants
to be first among you must be your slave. That is
what the Son of Man has done: He came to serve,
not be served–and then to give away his life in
exchange for the many who are held hostage."

29-31 As they were leaving Jericho, a huge crowd
followed. Suddenly they came upon two blind
men sitting alongside the road. When they heard
it was Jesus passing, they cried out, "Master, have
mercy on us! Mercy, Son of David!" The crowd
tried to hush them up, but they got all the louder,
crying, "Master, have mercy on us! Mercy, Son of
David!"
32 Jesus stopped and called over, "What do you
want from me?"
33 They said, "Master, we want our eyes opened.
We want to see!"
34 Deeply moved, Jesus touched their eyes. They
had their sight back that very instant, and joined
the procession.

예루살렘 입성

21 1-3 일행이 예루살렘 가까이 와서 올리브 산 벳바게에 이르렀을 때, 예수께서 두 제자를 보내시며 지시하셨다. "맞은편 마을로 가거라. 거기에 나귀가 매여 있고 새끼도 함께 있을 것이다. 줄을 풀어서 내게로 끌고 오너라. 왜 그러느냐고 누가 묻거든, '주님께서 필요로 하십니다!' 하여라. 그러면 보내 줄 것이다."

4-5 이것은 일찍이 예언자가 다음과 같이 그려 낸 이야기의 전말이다.

시온의 딸에게 말하여라.
"보아라, 너의 왕이 오시는데
의연하게 준비된 모습으로
나귀를 타셨으니,
어린 나귀, 곧 짐 나르는 짐승의 새끼다."

6-9 제자들이 가서 예수께서 시키신 대로 했다. 그들이 나귀와 나귀 새끼를 끌어와서 그 위에 자기 옷을 펼치자, 예수께서 올라타셨다. 무리 가운데 있던 대부분의 사람들이 길 위에 자기 옷을 펼쳐 놓고 그분을 왕으로 맞이했다. 다른 사람들은 나뭇가지를 꺾어다가 길에다 깔며, 그분을 환영했다. 무리가 앞서가고 뒤따르면서 일제히 소리쳤다. "다윗의 자손께 호산나!" "복되다, 하나님의 이름으로 오시는 이여!" "하늘 가장 높은 곳에서, 호산나!"

10 예수께서 예루살렘에 들어가시자, 도시 전체가 동요했다. 사람들이 들떠서 물었다. "무슨 일이오? 이 사람이 누굽니까?"

11 행렬의 무리가 대답했다. "갈릴리 나사렛에서 나신 예언자 예수이십니다."

성전을 깨끗하게 하시다

12-14 예수께서 곧바로 성전으로 가셔서, 상점을 차려 놓고 사고파는 사람들을 모두 쫓아내셨다. 고리대금업자들의 가판대와 비둘기 상인들의 진열대도 뒤엎으셨다. 예수께서 다음 말씀을 인용하셨다.

내 집은 기도하는 집이라고 일컬어졌다.
그런데 너희는 그곳을 도둑의 소굴로 만들어 버렸다.

그제야 눈먼 사람과 다리를 저는 사람들이 들어설

The Royal Welcome

21 1-3 When they neared Jerusalem, having arrived at Bethphage on Mount Olives, Jesus sent two disciples with these instructions: "Go over to the village across from you. You'll find a donkey tethered there, her colt with her. Untie her and bring them to me. If anyone asks what you're doing, say, 'The Master needs them!' He will send them with you."

4-5 This is the full story of what was sketched earlier by the prophet:

Tell Zion's daughter,
"Look, your king's on his way,
poised and ready, mounted
On a donkey, on a colt,
foal of a pack animal."

6-9 The disciples went and did exactly what Jesus told them to do. They led the donkey and colt out, laid some of their clothes on them, and Jesus mounted. Nearly all the people in the crowd threw their garments down on the road, giving him a royal welcome. Others cut branches from the trees and threw them down as a welcome mat. Crowds went ahead and crowds followed, all of them calling out, "Hosanna to David's son!" "Blessed is he who comes in God's name!" "Hosanna in highest heaven!"

10 As he made his entrance into Jerusalem, the whole city was shaken. Unnerved, people were asking, "What's going on here? Who is this?"

11 The parade crowd answered, "This is the prophet Jesus, the one from Nazareth in Galilee."

He Kicked Over the Tables

12-14 Jesus went straight to the Temple and threw out everyone who had set up shop, buying and selling. He kicked over the tables of loan sharks and the stalls of dove merchants. He quoted this text:

My house was designated a house of prayer;
You have made it a hangout for thieves.

자리가 생겼다. 그들이 예수께 오니, 예수께서 그
들을 고쳐 주셨다.
15-16 종교 지도자들은 예수께서 하시는 엄청난 일
들을 보고, 또 성전에서 내달리며 "다윗의 자손께
호산나!" 하고 외치는 아이들의 소리를 듣고는 발
끈하여 예수께 따졌다. "이 아이들이 뭐라고 말하
는지 듣고 있소?"
예수께서 말씀하셨다. "물론 듣고 있다. 너희는
'내가 아이들과 아기들의 입에서 나오는 말로 찬
양의 집을 꾸미겠다'고 하신 말씀을 읽어 보지 못
하였느냐?"
17 예수께서 진저리를 내시며, 돌아서서 그 도성을
떠나셨다. 베다니로 가셔서, 그곳에서 밤을 지내
셨다.

말라 버린 무화과나무

18-20 이튿날 아침 일찍 다시 그 도성으로 가시는
데, 예수께서 배가 고프셨다. 예수께서 길가에 있
는 무화과나무 한 그루를 보시고, 무화과로 아침
끼니를 때울까 하여 가까이 다가가셨다. 나무 옆
에 가서 보니, 무화과 잎사귀밖에 없었다. 예수께
서 "이제부터 이 나무에 영원히 무화과가 열리지
않을 것이다!" 하고 말씀하셨다. 그 즉시 무화과나
무가 마른 막대기처럼 말라 버렸다. 이것을 본 제
자들이 눈을 비비며 말했다. "우리가 본 것이 정말
인가? 방금 전까지도 잎이 무성한 나무였는데, 금
세 마른 막대기가 되다니!"
21-22 예수께서 차분히 말씀하셨다. "그렇다. 너희
가 이 천국의 삶을 품고 하나님을 의심하지 않으
면, 너희도 내가 무화과나무에 한 것처럼 작은 일
들을 행하고, 또한 큰 장애물까지 극복하게 될 것
이다. 예컨대, 너희가 이 산더러 '가서 호수에 뛰
어들어라' 하고 말하면, 산이 뛰어들 것이다. 너희
가 믿음으로 기도하고 하나님을 붙들기만 하면,
작은 일에서 큰 일까지 모든 일이 다 그렇게 될 것
이다."

누구에게서 온 권한인가

23 이후에 예수께서 다시 성전에서 가르치고 계셨
다. 대제사장과 백성의 지도자들이 다가와서 따졌
다. "당신의 신임장을 보여주시오. 누구의 권한으
로 여기서 가르치는 겁니까?"
24-25 예수께서 대답하셨다. "먼저 한 가지 묻겠다.
너희가 내 물음에 답하면 나도 너희 물음에 답하
겠다. 요한의 세례에 관한 것인데, 그것이 누구에

Now there was room for the blind and crippled to
get in. They came to Jesus and he healed them.
15-16 When the religious leaders saw the outra-
geous things he was doing, and heard all the
children running and shouting through the
Temple, "Hosanna to David's Son!" they were up
in arms and took him to task. "Do you hear what
these children are saying?"
Jesus said, "Yes, I hear them. And haven't you
read in God's Word, 'From the mouths of children
and babies I'll furnish a place of praise'?"
17 Fed up, Jesus turned on his heel and left the
city for Bethany, where he spent the night.

The Withered Fig Tree

18-20 Early the next morning Jesus was returning
to the city. He was hungry. Seeing a lone fig tree
alongside the road, he approached it anticipating
a breakfast of figs. When he got to the tree, there
was nothing but fig leaves. He said, "No more figs
from this tree–ever!" The fig tree withered on
the spot, a dry stick. The disciples saw it happen.
They rubbed their eyes, saying, "Did we really
see this? A leafy tree one minute, a dry stick the
next?"
21-22 But Jesus was matter-of-fact: "Yes–and if
you embrace this kingdom life and don't doubt
God, you'll not only do minor feats like I did to
the fig tree, but also triumph over huge obstacles.
This mountain, for instance, you'll tell, 'Go jump
in the lake,' and it will jump. Absolutely every-
thing, ranging from small to large, as you make it
a part of your believing prayer, gets included as
you lay hold of God."

True Authority

23 Then he was back in the Temple, teaching. The
high priests and leaders of the people came up
and demanded, "Show us your credentials. Who
authorized you to teach here?"
24-25 Jesus responded, "First let me ask you a
question. You answer my question and I'll answer
yours. About the baptism of John–who autho-
rized it: heaven or humans?"
25-27 They were on the spot and knew it. They

게서 온 권한이냐? 하늘이냐, 사람이냐?"
25-27 그들은 자기들이 궁지에 몰린 것을 알아차리
고는, 뒤로 물러나와 모여서 수군거렸다. "하늘이
라고 하면 왜 요한을 믿지 않았느냐고 물을 것이
고, 사람이라고 하면 온 백성이 요한을 예언자로
떠받드니 우리가 백성 앞에서 몹시 난처해진다."
그들은 이번은 예수께 양보하기로 했다. "우리는
모르오." 그들이 대답했다.
예수께서 말씀하셨다. "그렇다면 나도 너희의 물음
에 대답하지 않겠다."

두 아들 이야기

28 "이 이야기를 듣고 너희 생각을 말해 보아라. 어
떤 사람에게 두 아들이 있었다. 그가 큰아들한테
가서 말했다. '얘야, 오늘 포도원에 가서 일하여라.'
29 아들은 '싫습니다' 하고 대답했다. 그러나 나중에
생각을 고쳐먹고 포도원으로 갔다.
30 아버지가 작은아들에게도 똑같이 명했다. 그 아
들이, 대답은 '그럼요, 가고 말고요' 해놓고 실제로
는 가지 않았다.
31-32 두 아들 가운데 아버지가 하라는 대로 한 사람
은 누구냐?"
그들이 말했다. "큰아들입니다."
예수께서 말씀하셨다. "맞다. 내가 너희에게 말한
다. 사기꾼과 매춘부들이 너희보다 먼저 하나님 나
라에 들어갈 것이다. 요한이 와서 너희에게 바른
길을 보여주었다. 너희는 그에게 코웃음을 쳤으나,
사기꾼과 매춘부들은 그를 믿었다. 그들의 달라진
삶을 보았으면서도, 너희는 도무지 그를 믿고 달라
질 생각이 없었다."

욕심 가득한 소작농들 이야기

33-34 "여기 다른 이야기가 있다. 잘 들어라. 어떤 부
자 농부가 포도원을 세웠다. 그는 포도원에 울타리
를 치고 포도즙 짜는 틀을 파고 망대를 세운 다음
에, 소작농들에게 맡기고 먼 길을 떠났다. 포도를
수확할 때가 되자, 그는 수익을 거두려고 자기 종
들을 보냈다.
35-37 소작농들은 종 하나를 잡아서 마구 때렸고,
다른 종은 죽였고, 또 다른 종을 돌로 쳤으나, 그
는 겨우 도망쳤다. 주인은 다시 종들을 더 많이 보
냈다. 그들도 똑같은 대우를 받았다. 주인은 속수
무책이었다. 그는 자기 아들을 보내기로 했다. '저
들이 내 아들만큼은 존중하겠지' 하고 생각했던 것
이다.

pulled back into a huddle and whispered, "If we
say 'heaven,' he'll ask us why we didn't believe
him; if we say 'humans,' we're up against it with
the people because they all hold John up as a
prophet." They decided to concede that round to
Jesus. "We don't know," they answered.
Jesus said, "Then neither will I answer your
question.

The Story of Two Sons

28 "Tell me what you think of this story: A man
had two sons. He went up to the first and said,
'Son, go out for the day and work in the vineyard.'
29 "The son answered, 'I don't want to.' Later on
he thought better of it and went.
30 "The father gave the same command to the
second son. He answered, 'Sure, glad to.' But he
never went.
31-32 "Which of the two sons did what the father
asked?"
They said, "The first."
Jesus said, "Yes, and I tell you that crooks and
whores are going to precede you into God's
kingdom. John came to you showing you the
right road. You turned up your noses at him, but
the crooks and whores believed him. Even when
you saw their changed lives, you didn't care
enough to change and believe him.

The Story of the Greedy Farmhands

33-34 "Here's another story. Listen closely. There
was once a man, a wealthy farmer, who planted
a vineyard. He fenced it, dug a winepress, put
up a watchtower, then turned it over to the
farmhands and went off on a trip. When it was
time to harvest the grapes, he sent his servants
back to collect his profits.
35-37 "The farmhands grabbed the first servant
and beat him up. The next one they murdered.
They threw stones at the third but he got away.
The owner tried again, sending more servants.
They got the same treatment. The owner was at
the end of his rope. He decided to send his son.
'Surely,' he thought, 'they will respect my son.'
38-39 "But when the farmhands saw the son arrive,

38-39 그러나 아들이 오는 것을 본 소작농들은, 욕심 이 가득하여 두 손을 비볐다. '이 자는 상속자다! 그를 죽이고 우리가 재산을 다 차지하자.' 그들은 그 아들을 잡아서 밖으로 내쫓고는, 죽여 버렸다.
40 자, 포도원 주인이 먼 길에서 돌아오면, 이 소작농들에게 어떻게 할 것 같으냐?"
41 "그 못된 일당을 죽일 것입니다. 죽어 마땅한 자들입니다." 그들이 대답했다. "그리고 포도원은 제때에 수익을 바칠 만한 소작농들한테 맡길 것입니다."
42-44 예수께서 말씀하셨다. "맞다. 너희가 성경을 직접 읽어 보면 알 것이다.

석공들이 내버린 돌이
이제 모퉁잇돌이 되었다.
이것은 하나님께서 행하신 일,
눈을 씻고 보아도 신기할 따름이다!

너희한테도 똑같다. 하나님 나라를 너희에게서 빼앗아, 그 나라의 삶을 살아갈 사람들한테 넘겨줄 것이다. 누구든지 이 돌에 걸려 넘어지는 사람은 부서질 것이요, 이 돌이 그 사람 위에 떨어지면 그는 완전히 가루가 될 것이다."
45-46 종교 지도자들은 이 이야기를 듣고서, 그것이 자기들을 두고 한 말임을 알았다. 그들은 예수를 체포해 감옥에 가두고 싶었으나, 여론이 두려워 참았다. 대부분의 사람들이 예수를 하나님의 예언자로 알았던 것이다.

결혼잔치 이야기

22 1-3 예수께서 이야기를 더 들려주시면서 대답하셨다. "하나님 나라는 자기 아들을 위해 결혼잔치를 베푼 어떤 왕과 같다. 왕은 종들을 보내 초대받은 손님들을 모두 부르게 했다. 그런데 손님들이 오려고 하지 않았다!
4 왕은 다시 종들을 보내며, 손님들에게 이렇게 말하라고 지시했다. '식탁에 진수성찬을 차려 놓았으니, 오셔서 드시기만 하면 됩니다. 잔치에 오십시오!'
5-7 그러나 사람들은 무시하고 가 버렸다. 한 사람은 밭에 김매러 갔고, 또 다른 사람은 가게에 일하러 갔다. 딱히 할 일도 없었던 나머지는, 그 심부름꾼들을 두들겨 패서 죽였다. 왕은 격노하여 군인들을 보내서, 그 살인자들을 죽이고 도시를 쓸어버렸다.
8-10 그러고 나서 왕이 종들에게 말했다. '결혼잔치

they rubbed their hands in greed. 'This is the heir! Let's kill him and have it all for ourselves.' They grabbed him, threw him out, and killed him.
40 "Now, when the owner of the vineyard arrives home from his trip, what do you think he will do to the farmhands?"
41 "He'll kill them–a rotten bunch, and good riddance," they answered. "Then he'll assign the vineyard to farmhands who will hand over the profits when it's time."
42-44 Jesus said, "Right–and you can read it for yourselves in your Bibles:

The stone the masons threw out
is now the cornerstone.
This is God's work;
we rub our eyes, we can hardly believe it!

"This is the way it is with you. God's kingdom will be taken back from you and handed over to a people who will live out a kingdom life. Whoever stumbles on this Stone gets shattered; whoever the Stone falls on gets smashed."
45-46 When the religious leaders heard this story, they knew it was aimed at them. They wanted to arrest Jesus and put him in jail, but, intimidated by public opinion, they held back. Most people held him to be a prophet of God.

The Story of the Wedding Banquet

22 1-3 Jesus responded by telling still more stories. "God's kingdom," he said, "is like a king who threw a wedding banquet for his son. He sent out servants to call in all the invited guests. And they wouldn't come!
4 "He sent out another round of servants, instructing them to tell the guests, 'Look, everything is on the table, the prime rib is ready for carving. Come to the feast!'
5-7 "They only shrugged their shoulders and went off, one to weed his garden, another to work in his shop. The rest, with nothing better to do, beat up on the messengers and then killed them. The king was outraged and sent his soldiers to destroy those thugs and level their city.

는 다 준비되었는데 손님이 없구나. 내가 초대했
던 사람들은 자격이 없다. 시내에서 가장 번잡한
거리로 나가, 아무나 만나는 대로 잔치에 초대하
여라.' 종들은 거리로 나가 착한 사람, 못된 사람
할 것 없이 아무나 보이는 대로 사람들을 모아 왔
다. 드디어 자리가 다 차서, 잔치가 시작되었다.
11-13 왕이 들어와 장내를 둘러보니, 예복을 입지
않은 사람이 눈에 띄었다. 왕이 그에게 말했다.
'친구여, 감히 어떻게 그런 모습으로 여기에 들어
왔느냐!' 그 사람은 아무 말도 못했다. 그러자 왕
이 종들에게 명했다. '이 사람을 여기서 당장 끌
어내라. 묶어서 지옥으로 보내라. 절대로 다시 오
지 못하게 하여라.'
14 '초대받은 사람은 많지만, 오는 사람은 얼마 되
지 않는다'는 내 말이 바로 이런 뜻이다."

황제의 것, 하나님의 것

15-17 그때에 바리새인들이 예수로 하여금 뭔가
불리한 발언을 하게 해서 그를 올무에 걸리게 할
방도를 의논했다. 그들은 자기네 제자들을 헤롯
의 당원 몇 사람과 함께 보내어 물었다. "선생님,
우리가 알기로 당신은 진실하고, 하나님의 도를
정확히 가르치고, 여론에 개의치 않으며, 배우는
사람들의 비위를 맞추지 않습니다. 그러니 우리
한테 솔직히 말해 주십시오. 황제에게 세금을 내
는 것이 옳습니까, 옳지 않습니까?"
18-19 예수께서 그들이 수작을 부리고 있음을 아
시고 말씀하셨다. "왜 나를 속이려고 드느냐? 왜
나를 함정에 빠뜨리려고 하느냐? 너희에게 동전
이 있느냐? 내게 보여라." 그들이 그분께 은화 하
나를 건넸다.
20 "여기 새겨진 얼굴이 누구의 얼굴이냐? 그리
고 이 위에 있는 것이 누구 이름이냐?"
21 그들이 말했다. "황제입니다."
"그렇다면 황제의 것은 황제에게 주고, 하나님의
것은 하나님께 드려라."
22 바리새인들은 말문이 막혔다. 그들은 고개를
절레절레 흔들며 가 버렸다.

부활에 관한 가르침

23-28 같은 날, 부활의 가능성을 일절 부인하는 사
두개파 사람들이 예수께 다가와서 물었다. "선생
님, 모세는 말하기를, 남자가 자식 없이 죽으면
그 동생이 형수와 결혼해서 자식을 낳아 줄 의무
가 있다고 했습니다. 여기 일곱 형제의 사례가 있

8-10 "Then he told his servants, 'We have a
wedding banquet all prepared but no guests. The
ones I invited weren't up to it. Go out into the
busiest intersections in town and invite anyone
you find to the banquet.' The servants went out
on the streets and rounded up everyone they laid
eyes on, good and bad, regardless. And so the
banquet was on—every place filled.
11-13 "When the king entered and looked over the
scene, he spotted a man who wasn't properly
dressed. He said to him, 'Friend, how dare you
come in here looking like that!' The man was
speechless. Then the king told his servants, 'Get
him out of here—fast. Tie him up and ship him to
hell. And make sure he doesn't get back in.'
14 "That's what I mean when I say, 'Many get
invited; only a few make it.'"

Paying Taxes

15-17 That's when the Pharisees plotted a way to
trap him into saying something damaging. They
sent their disciples, with a few of Herod's follow-
ers mixed in, to ask, "Teacher, we know you have
integrity, teach the way of God accurately, are
indifferent to popular opinion, and don't pander
to your students. So tell us honestly: Is it right to
pay taxes to Caesar or not?"
18-19 Jesus knew they were up to no good. He said,
"Why are you playing these games with me? Why
are you trying to trap me? Do you have a coin?
Let me see it." They handed him a silver piece.
20 "This engraving—who does it look like? And
whose name is on it?"
21 They said, "Caesar."
"Then give Caesar what is his, and give God what
is his."
22 The Pharisees were speechless. They went off
shaking their heads.

Marriage and Resurrection

23-28 That same day, Sadducees approached him.
This is the party that denies any possibility of
resurrection. They asked, "Teacher, Moses said
that if a man dies childless, his brother is obligat-
ed to marry his widow and get her with child.

습니다. 맏이가 결혼했는데, 자식 없이 죽어서 그 아내가 동생에게 넘어갔습니다. 둘째도 자식 없이 죽었고, 셋째부터 일곱째까지 다 그러했습니다. 마지막에는 여자도 죽었습니다. 우리의 질문은 이것입니다. 이 여자는 일곱 형제 모두의 아내였는데, 부활 때에는 누구의 아내가 됩니까?"

29-33 예수께서 대답하셨다. "너희는 두 가지를 크게 잘못 생각하고 있다. 너희는 성경을 모르고, 하나님께서 일하시는 방식을 모른다. 부활 때에는 결혼할 일이 없다. 그때 사람들은 천사들처럼 되어서, 하나님과 최고의 기쁨과 친밀감을 나눌 것이다. 그리고 죽은 사람의 부활 여부를 둘러싼 너희 추측에 관한 것인데, 너희는 성경도 읽지 않느냐? 하나님께서는 분명히 현재 시제로 '나는 아브라함의 하나님, 이삭의 하나님, 야곱의 하나님이다'라고 말씀하셨다. '이었다'라고 말씀하지 않으셨다. 살아 계신 하나님은, 자신을 죽은 자의 하나님이 아니라 산 자의 하나님으로 정의하신다." 이 대화를 듣던 무리가 깊은 감동을 받았다.

가장 중요한 계명

34-36 예수께서 사두개인들을 압도하셨다는 말을 들은 바리새인들이, 힘을 모아 공격에 나섰다. 그중에 한 종교 학자가 대표로 나서서, 그분을 무안하게 할 만하다고 여긴 질문을 던졌다. "선생님, 하나님의 율법에서 어느 계명이 가장 중요합니까?"

37-40 예수께서 말씀하셨다. "'네 열정과 간구와 지성을 다해 주 너의 하나님을 사랑하라.' 이것이 가장 중요하고, 으뜸가는 계명이다. 그리고 그 옆에 나란히 두어야 할 두 번째 계명이 있다. '네 자신을 사랑하는 것같이 다른 사람을 사랑하라.' 이 두 계명은 쐐기못과 같다. 하나님의 율법과 예언서의 모든 것이 이 두 계명에 달려 있다."

그리스도가 다윗의 자손인가

41-42 바리새인들이 다시 모이자, 이번에는 예수께서 시험하는 질문으로 그들의 허를 찌르셨다. "너희는 그리스도를 어떻게 생각하느냐? 그가 누구의 자손이냐?" 그들이 "다윗의 자손입니다" 하고 말했다.

43-45 예수께서 되받으셨다. "그리스도가 다윗의 자손이라면, 다윗이 영감을 받아서 그리스도를 자신의 '주님'이라고 부른 사실을 너희는 어떻게 설명하겠느냐?

Here's a case where there were seven brothers. The first brother married and died, leaving no child, and his wife passed to his brother. The second brother also left her childless, then the third–and on and on, all seven. Eventually the wife died. Now here's our question: At the resurrection, whose wife is she? She was a wife to each of them."

29-33 Jesus answered, "You're off base on two counts: You don't know your Bibles, and you don't know how God works. At the resurrection we're beyond marriage. As with the angels, all our ecstasies and intimacies then will be with God. And regarding your speculation on whether the dead are raised or not, don't you read your Bibles? The grammar is clear: God says, 'I am–not *was*–the God of Abraham, the God of Isaac, the God of Jacob.' The living God defines himself not as the God of dead men, but of the living." Hearing this exchange the crowd was much impressed.

The Most Important Command

34-36 When the Pharisees heard how he had bested the Sadducees, they gathered their forces for an assault. One of their religion scholars spoke for them, posing a question they hoped would show him up: "Teacher, which command in God's Law is the most important?"

37-40 Jesus said, "'Love the Lord your God with all your passion and prayer and intelligence.' This is the most important, the first on any list. But there is a second to set alongside it: 'Love others as well as you love yourself.' These two commands are pegs; everything in God's Law and the Prophets hangs from them."

David's Son and Master

41-42 As the Pharisees were regrouping, Jesus caught them off balance with his own test question: "What do you think about the Christ? Whose son is he?" They said, "David's son."

43-45 Jesus replied, "Well, if the Christ is David's son, how do you explain that David, under inspiration, named Christ his 'Master'?

하나님께서 내 주님께 말씀하셨다.
"내가 네 원수들을 네 발판으로 삼을 때까지
너는 여기 내 오른편에 앉아 있어라."

다윗이 그를 '주님'이라고 부르는데, 그가 어떻게 동시에 다윗의 자손이 될 수 있느냐?"
46 문자주의자인 그들은 거기서 막혔다. 그들은 남들이 보는 변론에서 또다시 체면을 잃기 싫어, 아예 질문하는 것을 그만두었다.

종교의 패션쇼

23 1-3 이제 예수께서 제자들과 그 곁에 함께 모인 무리를 보시며 말씀하셨다. "종교 학자와 바리새인들은 하나님의 율법에 관해서라면 유능한 교사들이다. 모세에 관한 그들의 가르침을 따른다면 너희는 잘못될 일이 없을 것이다. 그러나 그들을 따르는 것은 조심하여라. 그들이 말은 잘하지만, 그 말대로 살지는 않는다. 그들은 그것을 마음에 새겨 행동으로 옮기지 않는다. 모두 겉만 번지르르한 가식이다.
4-7 그들은 하나님의 율법을 하나님의 잔칫상에서 먹고 마시는 양식과 음료로 제시하지 않고 규칙 다발로 묶어서는, 마치 말이나 소에게 하듯 너희에게 잔뜩 짐을 지운다. 그들은 너희가 그 짐을 지고 비틀거리는 모습을 보면서 즐거워하는 것 같고, 손가락 하나라도 까딱하여 도와줄 생각은 하지 않는다. 그들의 삶은 끝없는 패션쇼다. 오늘은 수놓은 기도 숄을 두르고, 내일은 현란한 기도를 올린다. 그들은 교회 식사 때 상석에 앉고 가장 중요한 자리를 차지하며, 사람들의 치켜세우는 말에 우쭐하면서 명예학위를 받고 '박사님'과 '목사님'으로 불리기를 좋아한다.
8-10 너희는 사람들에게 그런 대접을 받지 않도록 하여라. 사람들이 너희를 우러러보지 말게 하여라. 너희 모두에게 스승은 한분이시며, 너희는 다 동급생이다. 사람들을 너희 삶의 전문가로 여긴 나머지, 그들이 시키는 대로 하지 마라. 그 권위는 하나님의 몫으로 남겨 두고, 그분이 명하시는 대로 하여라. 어느 누구도 '아버지'로 불려서는 안된다. 너희 아버지는 오직 한분이시며, 그분은 하늘에 계신다. 또 사람들의 술책에 넘어가 그들의 지도자가 되지 마라. 너희에게나 그들에게나 인생의 스승은 오직 한분, 그리스도뿐이시다.
11-12 돋보이고 싶으냐? 그러면 내려서서, 종이 되어라. 목에 너무 힘을 주면, 결국 숨이 턱에 차서

God said to my Master,
"Sit here at my right hand
until I make your enemies your footstool."

"Now if David calls him 'Master,' how can he at the same time be his son?"
46 That stumped them, literalists that they were. Unwilling to risk losing face again in one of these public verbal exchanges, they quit asking questions for good.

Religious Fashion Shows

23 1-3 Now Jesus turned to address his disciples, along with the crowd that had gathered with them. "The religion scholars and Pharisees are competent teachers in God's Law. You won't go wrong in following their teachings on Moses. But be careful about following *them*. They talk a good line, but they don't live it. They don't take it into their hearts and live it out in their behavior. It's all spit-and-polish veneer.
4-7 "Instead of giving you God's Law as food and drink by which you can banquet on God, they package it in bundles of rules, loading you down like pack animals. They seem to take pleasure in watching you stagger under these loads, and wouldn't think of lifting a finger to help. Their lives are perpetual fashion shows, embroidered prayer shawls one day and flowery prayers the next. They love to sit at the head table at church dinners, basking in the most prominent positions, preening in the radiance of public flattery, receiving honorary degrees, and getting called 'Doctor' and 'Reverend.'
8-10 "Don't let people do that to you, put you on a pedestal like that. You all have a single Teacher, and you are all classmates. Don't set people up as experts over your life, letting them tell you what to do. Save that authority for God; let *him* tell you what to do. No one else should carry the title of 'Father'; you have only one Father, and he's in heaven. And don't let people maneuver you into taking charge of them. There is only one Life-Leader for you and them – Christ.
11-12 "Do you want to stand out? Then step down.

쓰러지고 만다. 그러나 너희가 너희 있는 모습 그 대로를 기꺼이 인정하면, 너희 삶은 더욱 가치 있게 될 것이다."

사기꾼들아!

13 "나는 이제 너희라면 지긋지긋하다! 너희 종교 학자들아, 바리새인들아, 사기꾼들아! 너희는 도무지 구제 불능이구나! 너희 삶은 하나님 나라의 길을 막는 장애물이다. 너희도 들어가지 않으면서, 다른 누구도 들어가지 못하게 하는구나.

15 너희 종교 학자들아, 바리새인들아, 사기꾼들아! 너희는 도무지 구제 불능이구나! 너희는 회심자 하나를 얻으려고 세상을 반 바퀴나 돌다가 일단 얻으면, 그를 너희 복제품으로 만들어서 갑절로 저주받게 하는구나.

16-22 너희는 도무지 구제 불능이구나! 얼마나 교만하고 미련하냐! 너희는 '새끼 손가락 걸고 약속하면 아무것도 아니지만 성경책에 손을 얹고 맹세하면 중요하다'고 말한다. 이 무슨 무식한 소리냐! 성경책 가죽이 네 손의 살가죽보다 더 중요하단 말이냐? 또 '악수하면서 약속하면 아무것도 아니지만, 하나님을 증인 삼아 손을 들면 중요하다'는 말 같지도 않은 말은 어떠냐? 이런 하찮은 것이나 따지고 있으니 얼마나 우스우냐! 악수를 하든 손을 들든, 무엇이 다르단 말이냐? 약속은 약속이다. 예배당 안에서 하든 밖에서 하든, 무엇이 다르단 말이냐? 약속은 약속이다. 하나님은 언제나 그 자리에 계셔서, 너희를 지켜보시며 너희에게 책임을 물으신다.

23-24 너희 종교 학자들아, 바리새인들아, 사기꾼들아! 너희는 도무지 구제 불능이구나! 너희는 꼼꼼히 장부를 적어 가며 동전 하나까지 십일조를 내지만, 하나님 율법의 알맹이인 공평과 긍휼과 헌신과 같은 절대적인 기초는 이래도 그만 저래도 그만, 안중에도 없다. 정성스런 장부 정리도 좋다만, 기초는 반드시 필요하다. 처음부터 끝까지 다 틀려먹은 인생 이야기를 쓰면서 시시콜콜 맞춤법과 구두점을 따지고 있으니, 너희 꼴이 얼마나 우스운지 알기나 하느냐?

25-26 너희 종교 학자들아, 바리새인들아, 사기꾼들아! 너희는 도무지 구제 불능이구나! 너희는 햇빛에 반짝이도록 컵과 그릇의 겉에 광을 내지만, 그 속에는 너희의 탐욕과 탐심이 득실거린다. 미련한 바리새인들아! 속을 깨끗이 닦아라. 그래야 반짝이는 겉도 의미 있을 것이다.

27-28 너희 종교 학자들아, 바리새인들아, 사기꾼들

Be a servant. If you puff yourself up, you'll get the wind knocked out of you. But if you're content to simply be yourself, your life will count for plenty.

Frauds!

13 "I've had it with you! You're hopeless, you religion scholars, you Pharisees! Frauds! Your lives are roadblocks to God's kingdom. You refuse to enter, and won't let anyone else in either.

15 "You're hopeless, you religion scholars and Pharisees! Frauds! You go halfway around the world to make a convert, but once you get him you make him into a replica of yourselves, double-damned.

16-22 "You're hopeless! What arrogant stupidity! You say, 'If someone makes a promise with his fingers crossed, that's nothing; but if he swears with his hand on the Bible, that's serious.' What ignorance! Does the leather on the Bible carry more weight than the skin on your hands? And what about this piece of trivia: 'If you shake hands on a promise, that's nothing; but if you raise your hand that God is your witness, that's serious'? What ridiculous hairsplitting! What difference does it make whether you shake hands or raise hands? A promise is a promise. What difference does it make if you make your promise inside or outside a house of worship? A promise is a promise. God is present, watching and holding you to account regardless.

23-24 "You're hopeless, you religion scholars and Pharisees! Frauds! You keep meticulous account books, tithing on every nickel and dime you get, but on the meat of God's Law, things like fairness and compassion and commitment—the absolute basics!—you carelessly take it or leave it. Careful bookkeeping is commendable, but the basics are required. Do you have any idea how silly you look, writing a life story that's wrong from start to finish, nitpicking over commas and semicolons?

25-26 "You're hopeless, you religion scholars and Pharisees! Frauds! You burnish the surface of your cups and bowls so they sparkle in the sun,

아! 너희는 도무지 구제 불능이구나! 너희는 잘 가꾼 묘지처럼 잔디도 가지런하고 꽃도 화사하다만, 2미터 아래 땅속에는 온통 썩어 가는 뼈와 벌레가 파먹은 살뿐이다. 사람들은 너희를 보며 거룩한 사람인 줄 알지만, 속을 들여다보면 너희는 완전히 사기꾼이다.

29-32 너희 종교 학자들아, 바리새인들아, 사기꾼들아! 너희는 도무지 구제 불능이구나! 너희는 예언자들을 위해 화강암 무덤을 쌓고, 성인들을 위해 대리석 기념비를 세운다. 그러고는 만일 너희가 너희 조상들의 시대에 살았더라면, 손에 피를 묻히지 않았을 것이라고 말한다. 말이 지나치다! 너희도 그 살인자들과 근본이 똑같다. 그래서 죽은 사람들의 수가 날마다 늘어나는 것이다.

33-34 뱀들아! 비열한 뱀들아! 너희가 여기서 벗어날 수 있을 것 같으냐? 벌을 받지 않아도 될 성 싶으냐? 바로 너희 같은 사람들 때문에 내가 예언자와 지혜로운 길잡이와 학자들을 대대로 보냈건만, 너희는 대대로 그들을 업신여기고 폭력배들을 보내 그들을 구박하며 쫓아낸다.

35-36 너희가 아무리 발버둥쳐도 여기서 빠져나갈 수 없다. 선한 사람 아벨의 피에서부터 기도 중에 너희에게 죽임을 당한 바라갸의 아들 사가랴의 피까지, 이 땅에 흘린 의로운 피 한 방울 한 방울이 다 너희 책임이다. 내가 너희에게 말한다. 이 모두가 너희에게, 너희 세대에게 돌아갈 것이다.

37-39 예루살렘아! 예루살렘아! 예언자들을 죽인 너희여! 하나님의 소식을 가져온 이들을 죽인 너희여! 암탉이 제 새끼를 날개 아래 모으듯이 내가 너희 자녀를 애써 품으려 했건만, 너희가 거절한 적이 얼마나 많으냐? 이제 너희는 황폐할 대로 황폐해져서 한갓 유령 도시가 되고 말았다. 무슨 말을 더 하겠느냐? 내가 곧 여기를 떠나겠다는 이 말뿐이다. 다음번에 나를 볼 때에 너희는 '오, 하나님의 복되신 분! 그가 하나님의 통치를 가지고 오셨다!' 하고 말하게 될 것이다."

사이비 종말론자들

24 1-2 예수께서 성전을 떠나셨다. 예수께서 가시는데, 제자들이 성전 건물이 얼마나 장관인지 가리켜 보였다. 그러자 예

while the insides are maggoty with your greed and gluttony. Stupid Pharisee! Scour the insides, and then the gleaming surface will mean something.

27-28 "You're hopeless, you religion scholars and Pharisees! Frauds! You're like manicured grave plots, grass clipped and the flowers bright, but six feet down it's all rotting bones and worm-eaten flesh. People look at you and think you're saints, but beneath the skin you're total frauds.

29-32 "You're hopeless, you religion scholars and Pharisees! Frauds! You build granite tombs for your prophets and marble monuments for your saints. And you say that if you had lived in the days of your ancestors, no blood would have been on your hands. You protest too much! You're cut from the same cloth as those murderers, and daily add to the death count.

33-34 "Snakes! Reptilian sneaks! Do you think you can worm your way out of this? Never have to pay the piper? It's on account of people like you that I send prophets and wise guides and scholars generation after generation—and generation after generation you treat them like dirt, greeting them with lynch mobs, hounding them with abuse.

35-36 "You can't squirm out of this: Every drop of righteous blood ever spilled on this earth, beginning with the blood of that good man Abel right down to the blood of Zechariah, Barachiah's son, whom you murdered at his prayers, is on your head. All this, I'm telling you, is coming down on you, on your generation.

37-39 "Jerusalem! Jerusalem! Murderer of prophets! Killer of the ones who brought you God's news! How often I've ached to embrace your children, the way a hen gathers her chicks under her wings, and you wouldn't let me. And now you're so desolate, nothing but a ghost town. What is there left to say? Only this: I'm out of here soon. The next time you see me you'll say, 'Oh, God has blessed him! He's come, bringing God's rule!'"

Routine History

24 1-2 Jesus then left the Temple. As he walked away, his disciples pointed out how very impressive the Temple architecture was. Jesus said,

수께서 말씀하셨다. "너희가 고작 이 모든 규모에 감동하느냐? 사실을 말하면, 저 성전의 돌 하나하나가 결국 잔해 더미가 되고 말 것이다."

3 나중에 예수께서 올리브 산에 앉으셨을 때에 제자들이 다가와 물었다. "우리에게 말씀해 주십시오. 그런 일이 언제 일어나겠습니까? 주님이 오실 때에 어떤 징조가 있겠습니까?"

4-8 예수께서 말씀하셨다. "사이비 종말론자들을 조심하여라. 많은 지도자들이 정체를 숨기고 나타나서, '내가 그리스도다, 메시아다' 하고 주장할 것이다. 그들이 많은 사람들을 현혹할 것이다. 전쟁 소식을 듣거나 전쟁이 일어나리라는 소문을 듣거든, 당황하지 말고 침착하여라. 그것은 역사에 늘 반복되는 일일 뿐, 아직 종말의 징조는 아니다. 나라와 나라가 싸우고 통치자와 통치자가 싸우는 일이 계속될 것이다. 곳곳마다 기근과 지진이 있을 것이다. 그러나 이것은 앞으로 닥칠 일에 비하면 아무것도 아니다.

9-10 사람들이 너희를 이리 떼에게 던져 죽일 것이며, 내 이름을 전한다는 이유로 모두가 너희를 미워할 것이다. 거기다 세상이 살벌해져서, 모두가 서로 물고 뜯으며 미워할 것이다.

11-12 그 혼란을 틈타 거짓 설교자들이 나와서 많은 사람들을 속일 것이다. 걷잡을 수 없이 퍼져 나가는 악이 또 다른 많은 사람들을 파멸에 빠뜨려서, 사랑은 간 곳 없고 잿더미만 남을 것이다.

13-14 그대로 견뎌라. 그것이 하나님께서 바라시는 일이다. 끝까지 견뎌라. 그러면 너희는 절대 후회하지 않을 것이고, 결국 구원을 받을 것이다. 그 모든 시간 동안 복된 소식, 곧 천국의 메시지가 온 세상에 전파되고, 나라마다 증인이 파견될 것이다. 그러고 나서야 끝이 올 것이다."

큰 환난의 날

15-20 "그러나 거룩한 것을 더럽히는 괴물이 성전 성소에 세워진 것을 보거든, 얼른 달아나거라. 예언자 다니엘이 이것을 말했다. 너희가 다니엘서를 읽으면, 내가 무슨 말을 하는지 알 것이다. 그때에 너희가 유대에 살고 있거든, 산으로 달아나거라. 마당에서 일하고 있거든, 무엇을 가지러 집으로 돌아가지 마라. 밭에 나가 있거든, 겉옷을 가지러 돌아가지 마라. 특히 임신

"You're not impressed by all this sheer *size*, are you? The truth of the matter is that there's not a stone in that building that is not going to end up in a pile of rubble."

3 Later as he was sitting on Mount Olives, his disciples approached and asked him, "Tell us, when are these things going to happen? What will be the sign of your coming, that the time's up?"

4-8 Jesus said, "Watch out for doomsday deceivers. Many leaders are going to show up with forged identities, claiming, 'I am Christ, the Messiah.' They will deceive a lot of people. When reports come in of wars and rumored wars, keep your head and don't panic. This is routine history; this is no sign of the end. Nation will fight nation and ruler fight ruler, over and over. Famines and earthquakes will occur in various places. This is nothing compared to what is coming.

9-10 "They are going to throw you to the wolves and kill you, everyone hating you because you carry my name. And then, going from bad to worse, it will be dog-eat-dog, everyone at each other's throat, everyone hating each other.

11-12 "In the confusion, lying preachers will come forward and deceive a lot of people. For many others, the overwhelming spread of evil will do them in—nothing left of their love but a mound of ashes.

13-14 "Staying with it—that's what God requires. Stay with it to the end. You won't be sorry, and you'll be saved. All during this time, the good news—the Message of the kingdom—will be preached all over the world, a witness staked out in every country. And then the end will come.

The Monster of Desecration

15-20 "But be ready to run for it when you see the monster of desecration set up in the Temple sanctuary. The prophet Daniel described this. If you've read Daniel, you'll know what I'm talking about. If you're living in Judea at the time, run for the hills; if you're working in the yard, don't return to the house to get anything; if you're out in the field, don't go back and get your coat. Pregnant and nursing mothers will have it especially hard. Hope and pray this won't happen during the winter or on a

부와 젖 먹이는 어머니들이 힘들 것이다. 이 일이 겨울이나 안식일에 일어나지 않기를 바라고 기도하여라.

21-22 이렇게 큰 환난은, 이 세상 전에도 없었고 앞으로도 없을 것이다. 이 환난의 날들을 갈 데까지 가게 둔다면, 아무도 견딜 수 없을 것이다. 그러나 하나님께서 택하신 백성을 위해 환난을 덜어 주실 것이다."

그날과 그때는 아무도 모른다

23-25 "누가 너희를 막아서서 '메시아가 여기 있다!' 소리치거나, '그분이 저기 있다!'고 가리켜도 속지 마라. 가짜 메시아와 거짓 설교자들이 곳곳에서 출현할 것이다. 그들은 대단한 이력과 현란한 업적으로, 알 만한 사람들의 눈까지 속일 것이다. 그러나 내가 너희에게 충분히 경고했다.

26-28 그러니 사람들이 말하기를, '시골로 달려가자. 그분이 오신다!' 하거나 '서둘러 시내로 가자. 그분이 오신다!'고 해도 거들떠보지 마라. 너희가 보러 간다고 해서 인자의 오심을 볼 수 있는 것이 아니다. 인자는 번개처럼 눈 깜짝할 순간에 너희에게 오신다! 사람들이 떼를 지어 모여드는 것을 볼 때마다, 너희는 썩어 가는 시체 위에 날아와 빙빙 맴도는 독수리를 생각하여라. 그 무리를 끌어 모으는 것이 살아 계신 인자가 아님을 얼마든지 확신해도 좋다.

29 그 괴로운 시간들이 지나면,

해는 어두워지고
달은 흐려지고
별들은 하늘에서 떨어지고
우주의 세력들은 떨 것이다.

30-31 그때에야, 인자가 올 것이다! 인자가 오는 것이 온 하늘에 가득하여, 보지 못할 사람이 아무도 없을 것이다. 준비되지 못한 온 세상 사람들, 영광과 권능 바깥에 있는 사람들은, 하늘에서 빛을 발하는 인자를 보며 크게 통곡할 것이다. 바로 그 순간에, 인자는 울려 퍼지는 나팔소리와 함께 천사들을 보내어, 하나님께서 택하신 사람들을 *이 끝에서 저 끝까지 사방에서* 불러들일 것이다.

32-35 무화과나무에서 교훈을 얻어라. 싹이 나서 초록빛이 살짝만 내비쳐도, 너희는 여름이 가까이 다가온 줄 안다. 너희도 마찬가지다. 이 모든 일을 보거든 인자가 문 앞에 온 줄 알아라. 이것

Sabbath.

21-22 "This is going to be trouble on a scale beyond what the world has ever seen, or will see again. If these days of trouble were left to run their course, nobody would make it. But on account of God's chosen people, the trouble will be cut short.

The Arrival of the Son of Man

23-25 "If anyone tries to flag you down, calling out, 'Here's the Messiah!' or points, 'There he is!' don't fall for it. Fake Messiahs and lying preachers are going to pop up everywhere. Their impressive credentials and dazzling performances will pull the wool over the eyes of even those who ought to know better. But I've given you fair warning.

26-28 "So if they say, 'Run to the country and see him arrive!' or, 'Quick, get downtown, see him come!' don't give them the time of day. The Arrival of the Son of Man isn't something you go to see. He comes like swift lightning to you! Whenever you see crowds gathering, think of carrion vultures circling, moving in, hovering over a rotting carcass. You can be quite sure that it's not the living Son of Man pulling in those crowds.

29 "Following those hard times,

Sun will fade out,
moon cloud over,
Stars fall out of the sky,
cosmic powers tremble.

30-31 "Then, the Arrival of the Son of Man! It will fill the skies—no one will miss it. Unready people all over the world, outsiders to the splendor and power, will raise a huge lament as they watch the Son of Man blazing out of heaven. At that same moment, he'll dispatch his angels with a trumpet-blast summons, pulling in God's chosen from the four winds, from pole to pole.

32-35 "Take a lesson from the fig tree. From the moment you notice its buds form, the merest hint of green, you know summer's just around the corner. So it is with you: When you see all these things, you'll know he's at the door. Don't take this lightly. I'm not just saying this for some future

은 가볍게 여길 일이 아니다. 내가 지금 하는 말은, 어느 훗날의 세대에게만 주는 말이 아니라 너희 모두에게도 주는 말이다. 이런 일들이 다 일어나지 않고서는, 이 시대가 끝나지 않는다. 하늘과 땅은 닳아 없어져도, 내 말은 닳아 없어지지 않을 것이다.

36 그렇다면 정확한 날짜와 시간은 언제인가? 그것은 아무도 모른다. 하늘의 천사들도 모르고, 아들인 나도 모른다. 오직 아버지만 아신다.

37-39 인자가 오는 것도 노아의 때와 같을 것이다. 대홍수 전에, 노아가 방주에 오르던 그날까지도 사람들은 모두 평소처럼 지내며 시시덕거리고 즐겼다. 홍수가 나서 모든 것을 쓸어버릴 때까지, 그들은 아무것도 몰랐다.

39-44 인자가 오는 것도 그와 같을 것이다. 두 남자가 밭에서 일하는데, 한 사람은 데려가고 다른 한 사람은 남겨질 것이다. 두 여자가 맷돌을 갈고 있는데, 한 사람은 데려가고 다른 한 사람은 남겨질 것이다. 그러니 정신 차리고 깨어 있어라. 너희 주님께서 어느 날에 오실지 모른다. 그러나 너희는 반드시 알아 두어라. 만일 집주인이 밤 몇 시에 도둑이 들지 미리 알았다면, 개들을 데리고 있다가 침입을 막았을 것이다. 너희도 그렇게 대비하고 있어라. 인자가 언제 나타날지 너희는 모른다.

45-47 주방을 책임질 자격을 갖춘 사람이 누구냐? 날마다 제때에 일꾼들에게 음식을 내는, 주인이 믿을 만한 사람이다. 주인이 불시에 들이닥쳐도 늘 제 본분을 다하고 있는 사람이다. 내가 너희에게 말한다. 그런 사람은 하나님께 복 받은 사람이다. 머잖아 주인이 온 집안을 그 사람에게 맡길 것이다.

48-51 그러나 그 사람이 자기밖에 모른 채, 주인이 나가자마자 제멋대로 하고 일꾼들을 학대하고 친구들을 데려다가 술판을 벌인다면, 생각지도 못한 때에 주인이 나타나서 그를 엄벌에 처할 것이다. 그는 결국 위선자들과 함께 쓰레기 더미에 나앉아, 바깥 추운 데서 떨며 이를 덜덜거릴 것이다."

열 처녀 이야기

25 1-5 "하나님 나라는 등잔을 들고 신랑을 맞으러 나간 열 처녀와 같다. 다섯은 미련하고 다섯은 똑똑했다. 미련한 처녀들은 여분의 기름 없이 등잔만 가져갔다. 똑똑한 처녀들은 등잔에 넣을 기름을 병에 담아 가져갔다. 예

generation, but for all of you. This age continues until all these things take place. Sky and earth will wear out; my words won't wear out.

36 "But the exact day and hour? No one knows that, not even heaven's angels, not even the Son. Only the Father knows.

37-39 "The Arrival of the Son of Man will take place in times like Noah's. Before the great flood everyone was carrying on as usual, having a good time right up to the day Noah boarded the ark. They knew nothing—until the flood hit and swept everything away.

39-44 "The Son of Man's Arrival will be like that: Two men will be working in the field—one will be taken, one left behind; two women will be grinding at the mill—one will be taken, one left behind. So stay awake, alert. You have no idea what day your Master will show up. But you do know this: You know that if the homeowner had known what time of night the burglar would arrive, he would have been there with his dogs to prevent the break-in. Be vigilant just like that. You have no idea when the Son of Man is going to show up.

45-47 "Who here qualifies for the job of overseeing the kitchen? A person the Master can depend on to feed the workers on time each day. Someone the Master can drop in on unannounced and always find him doing his job. A God-blessed man or woman, I tell you. It won't be long before the Master will put this person in charge of the whole operation.

48-51 "But if that person only looks out for himself, and the minute the Master is away does what he pleases—abusing the help and throwing drunken parties for his friends—the Master is going to show up when he least expects it and make hash of him. He'll end up in the dump with the hypocrites, out in the cold shivering, teeth chattering."

The Story of the Virgins

25 1-5 "God's kingdom is like ten young virgins who took oil lamps and went out to greet the bridegroom. Five were silly and five were smart. The silly virgins took lamps, but no extra oil. The smart virgins took jars of oil to feed their

정된 시간에 신랑이 오지 않자, 그들은 모두 잠이
들었다.
6 한밤중에 누군가 소리쳤다. '그가 왔다! 신랑이
왔다! 나가서 그를 맞아라!'
7-8 열 처녀는 일어나 등잔을 준비했다. 미련한
처녀들이 똑똑한 처녀들에게 말했다. '우리 등잔
이 꺼지려고 하니 기름을 좀 빌려다오.'
9 똑똑한 처녀들이 대답했다. '다 같이 쓰기에는
부족할 것 같으니, 가서 사거라.'
10 미련한 처녀들이 기름을 사러 나갔다. 그런데
그 사이에 신랑이 온 것이다. 신랑을 맞으려고 그
곳에 있던 사람들은 모두 결혼잔치에 들어갔고,
문이 잠겼다.
11 한참 후에 미련한 처녀들이 와서 문을 두드리
며 말했다. '주님, 우리가 왔습니다. 들여보내 주
십시오.'
12 그가 대답했다. '너희가 나를 아느냐? 나는 너
희를 모른다.'
13 그러니 깨어 있어라. 그가 언제 올지 모른다."

투자금 이야기

14-18 "천국은 또 장시간 여행을 떠나는 어떤 사람
과 같다. 그는 종들을 한데 불러서 책임을 맡겼
다. 그는 각자의 능력에 따라 한 종에게는 오천만
원을, 다른 종에게는 이천만 원을, 세 번째 종에
게는 천만 원을 주고 떠났다. 첫 번째 종은 즉시
가서 일하여 주인의 투자금을 두 배로 늘렸다. 두
번째 종도 똑같이 했다. 그러나 천만 원을 받은
종은 구덩이를 파고 그 속에 주인의 돈을 잘 묻어
두었다.
19-21 오래 자리를 비운 끝에, 세 종의 주인이 돌
아와서 그들과 계산을 했다. 오천만 원을 받은
종은 투자금을 어떻게 두 배로 늘렸는지 주인에
게 설명했다. 주인이 그를 칭찬했다. '수고했다!
일을 잘했구나! 지금부터 내 동업자가 되어라.'
22-23 이천만 원을 받은 종도 주인의 투자금을 어
떻게 두 배로 늘렸는지 설명했다. 주인이 그를 칭
찬했다. '수고했다! 일을 잘했구나! 지금부터 내
동업자가 되어라.'
24-25 천만 원을 받은 종이 말했다. '주인님, 제가
알기로 당신은 기준이 높고 *경거망동을 싫어하며*
최선을 요구하고 실수를 용납하지 않습니다. 저
는 당신을 실망시킬까 봐 두려워서, 숨겨 두기 적
당한 곳을 찾아 돈을 잘 보관했습니다. 여기, 일
원 한푼 축내지 않고 고스란히 가져왔습니다.'

lamps. The bridegroom didn't show up when they
expected him, and they all fell asleep.
6 "In the middle of the night someone yelled out,
'He's here! The bridegroom's here! Go out and
greet him!'
7-8 "The ten virgins got up and got their lamps
ready. The silly virgins said to the smart ones, 'Our
lamps are going out; lend us some of your oil.'
9 "They answered, 'There might not be enough to
go around; go buy your own.'
10 "They did, but while they were out buying oil,
the bridegroom arrived. When everyone who was
there to greet him had gone into the wedding
feast, the door was locked.
11 "Much later, the other virgins, the silly ones,
showed up and knocked on the door, saying,
'Master, we're here. Let us in.'
12 "He answered, 'Do I know you? I don't think I
know you.'
13 "So stay alert. You have no idea when he might
arrive.

The Story About Investment

14-18 "It's also like a man going off on an extended
trip. He called his servants together and delegated
responsibilities. To one he gave five thousand
dollars, to another two thousand, to a third one
thousand, depending on their abilities. Then he
left. Right off, the first servant went to work and
doubled his master's investment. The second did
the same. But the man with the single thousand
dug a hole and carefully buried his master's
money.
19-21 "After a long absence, the master of those
three servants came back and settled up with
them. The one given five thousand dollars showed
him how he had doubled his investment. His
master commended him: 'Good work! You did
your job well. From now on be my partner.'
22-23 "The servant with the two thousand showed
how he also had doubled his master's investment.
His master commended him: 'Good work! You
did your job well. From now on be my partner.'
24-25 "The servant given one thousand said, 'Master,
I know you have high standards and hate careless

26-27 주인은 격노했다. '그것은 비참하게 사는 길이다! 그렇게 조심조심 살다니 한심하다! 내가 최선을 요구하는 줄 안다면서, 어째서 너는 최소한에도 못 미치는 행동을 했느냐? 적어도 그 돈을 은행에라도 맡겼더라면, 내가 약간의 이자라도 받았을 게 아니냐.

28-30 천만 원을 빼앗아서, 모험을 가장 많이 한 사람에게 주어라. 그리고 위험한 상황을 피해 안전에만 급급한 이 사람을 내쫓아라. 칠흑 같은 어둠 속에 던져라.'"

양과 염소

31-33 "인자가 마침내 아름다운 광채를 발하며 모든 천사들과 함께 올 때에, 그는 자기 영광의 보좌에 앉을 것이다. 모든 나라가 그 앞에 늘어설 그때에, 그는 마치 목자가 양과 염소를 구분하여 양은 자기 오른편에, 염소는 자기 왼편에 두는 것처럼 사람들을 구분할 것이다.

34-36 그때 왕이 자기 오른편에 있는 사람들에게 말할 것이다. '내 아버지께 복 받은 사람들아, 들어오너라! 이 나라에서 너희가 받을 것을 받아라. 창세 이후로 너희를 위해 준비된 것이다. 그 이유는 이렇다.

내가 배고플 때 너희가 내게 먹을 것을 주었고
내가 목마를 때 너희가 내게 마실 것을 주었고
내가 집이 없을 때 너희가 내게 방을 내주었고
내가 떨고 있을 때 너희가 내게 옷을 주었고
내가 병들었을 때 너희가 내게 문병을 왔고
내가 감옥에 갇혔을 때 너희가 내게 면회를 왔다.'

37-40 그러면 그 양들이 말할 것이다. '주님, 무슨 말씀이십니까? 언제 우리가 주님이 배고프신 것을 보고 먹을 것을 드렸고, 목마르신 것을 보고 마실 것을 드렸습니까? 언제 우리가 주님이 아프시거나 감옥에 갇히신 것을 보고 가 뵈었습니까?' 그러면 왕이 말할 것이다. '내가 중대한 진리를 말한다. 너희가 무시당하거나 남이 알아주지 않는 사람한테 그런 일 하나라도 하면, 너희는 바로 나한테 한 것이다.'

41-43 이어서 왕이 자기 왼편에 있는 염소들을 보고 말할 것이다. '이 무익한 염소들아, 나가거라! 너희는 지옥불 말고는 아무짝에도 쓸모가 없다. 그 이유를 묻는다면 이렇다.

ways, that you demand the best and make no allowances for error. I was afraid I might disappoint you, so I found a good hiding place and secured your money. Here it is, safe and sound down to the last cent.'

26-27 "The master was furious. 'That's a terrible way to live! It's criminal to live cautiously like that! If you knew I was after the best, why did you do less than the least? The least you could have done would have been to invest the sum with the bankers, where at least I would have gotten a little interest.

28-30 "'Take the thousand and give it to the one who risked the most. And get rid of this "play-it-safe" who won't go out on a limb. Throw him out into utter darkness.'

The Sheep and the Goats

31-33 "When he finally arrives, blazing in beauty and all his angels with him, the Son of Man will take his place on his glorious throne. Then all the nations will be arranged before him and he will sort the people out, much as a shepherd sorts out sheep and goats, putting sheep to his right and goats to his left.

34-36 "Then the King will say to those on his right, 'Enter, you who are blessed by my Father! Take what's coming to you in this kingdom. It's been ready for you since the world's foundation. And here's why:

I was hungry and you fed me,
I was thirsty and you gave me a drink,
I was homeless and you gave me a room,
I was shivering and you gave me clothes,
I was sick and you stopped to visit,
I was in prison and you came to me.'

37-40 "Then those 'sheep' are going to say, 'Master, what are you talking about? When did we ever see you hungry and feed you, thirsty and give you a drink? And when did we ever see you sick or in prison and come to you?' Then the King will say, 'I'm telling the solemn truth: Whenever you did one of these things to someone overlooked or ignored, that was me—you did it to me.'

41-43 "Then he will turn to the 'goats,' the ones on

내가 배고플 때 너희가 내게 먹을 것을 주지 않았고
내가 목마를 때 너희가 내게 마실 것을 주지 않았고
내가 집이 없을 때 너희가 내게 잠자리를 내주지 않았고
내가 떨고 있을 때 너희가 내게 옷을 주지 않았고
내가 병들고 감옥에 갇혔을 때 너희가 내게 와 보지 않았다.'

44 그러면 그 염소들이 말할 것이다. '주님, 무슨 말씀이십니까? 언제 우리가 주님이 배고프시거나, 목마르시거나, 집이 없으시거나, 떨고 계시거나, 병드셨거나, 감옥에 계신 것을 보고 도와드리지 않았습니까?'
45 왕이 그들에게 대답할 것이다. '내가 중대한 진리를 말한다. 너희가 무시당하거나 남이 알아주지 않는 사람한테—그게 바로 나였다—그런 일 하나라도 하지 않으면, 너희는 바로 나한테 하지 않은 것이다.'
46 염소들은 영원한 멸망으로, 양들은 영원한 상급으로 나아가게 될 것이다."

값비싼 향유를 부은 여인

26 1-2 예수께서 이 말씀을 마치시고, 제자들에게 말씀하셨다. "이제 이틀 후면 유월절이다. 그때, 인자가 배반당하고 넘겨져 십자가에 못 박힐 것이다."
3-5 그 순간에, 대제사장과 종교 지도자들 무리가 가야바라 하는 대제사장의 집무실에 모여, 예수를 몰래 잡아 죽이려는 음모를 꾸미고 있었다. 그들은 "괜히 폭동이 나는 것은 싫다"고 말하며, 유월절 기간에는 그 일을 하지 않기로 뜻을 모았다.
6-9 예수께서 나병환자 시몬의 손님으로 베다니에 계실 때, 어떤 여자가 다가와서 저녁을 드시는 그분께 아주 값비싼 향유 한 병을 부었다. 제자들이 그것을 보고 발끈했다. "저렇게 한심한 일을 하다니! 이것을 큰돈을 받고 팔아서 그 돈을 가난한 사람들에게 줄 수도 있었을 텐데."
10-13 예수께서 사태를 알아차리고 끼어드셨다. "너희는 어째서 이 여자를 *괴롭게* 하느냐? 이 여자는 지금 나한테 말할 수 없이 소중한 일을 한 것이다. 가난한 사람들은 평생 동안 너희와 함께 있겠지만, 나는 그렇지 않다. 이 여자가 내 몸에 향유를 부은 것은, 내게 기름을 부어 내 장례를

his left, and say, 'Get out, worthless goats! You're good for nothing but the fires of hell. And why? Because—

I was hungry and you gave me no meal,
I was thirsty and you gave me no drink,
I was homeless and you gave me no bed,
I was shivering and you gave me no clothes,
Sick and in prison, and you never visited.'

44 "Then those 'goats' are going to say, 'Master, what are you talking about? When did we ever see you hungry or thirsty or homeless or shivering or sick or in prison and didn't help?'
45 "He will answer them, 'I'm telling the solemn truth: Whenever you failed to do one of these things to someone who was being overlooked or ignored, that was me—you failed to do it to me.'
46 "Then those 'goats' will be herded to their eternal doom, but the 'sheep' to their eternal reward."

Anointed for Burial

26 1-2 When Jesus finished saying these things, he told his disciples, "You know that Passover comes in two days. That's when the Son of Man will be betrayed and handed over for crucifixion."
3-5 At that very moment, the party of high priests and religious leaders was meeting in the chambers of the Chief Priest named Caiaphas, conspiring to seize Jesus by stealth and kill him. They agreed that it should not be done during Passover Week. "We don't want a riot on our hands," they said.
6-9 When Jesus was at Bethany, a guest of Simon the Leper, a woman came up to him as he was eating dinner and anointed him with a bottle of very expensive perfume. When the disciples saw what was happening, they were furious. "That's criminal! This could have been sold for a lot and the money handed out to the poor."
10-13 When Jesus realized what was going on, he intervened. "Why are you giving this woman a hard time? She has just done something wonderfully significant for me. You will have the poor

준비한 것이다. 내가 분명히 말한다. 온 세상에 메시지가 전파되는 곳마다, 지금 이 여자가 한 일도 기억되고 기려질 것이다."

14-16 그때 열두 제자 가운데 하나인 가룟 유다라는 자가, 대제사장 무리에게 가서 말했다. "그를 당신들에게 넘겨주면 얼마나 주겠소?" 그들은 은화 서른 개에 합의했다. 그때부터 유다는 예수를 넘겨줄 적당한 기회를 노렸다.

인자를 배반할 자

17 무교절 첫날, 제자들이 예수께 와서 말했다. "우리가 어디에서 유월절 식사를 준비하기 원하십니까?"

18-19 예수께서 말씀하셨다. "시내로 들어가 한 남자한테 가서, '선생님께서 내 때가 다 되었으니 나와 내 제자들이 네 집에서 유월절 식사를 지키고자 한다'고 말하여라. 제자들은 정확히 예수께서 지시하신 대로 유월절 식사를 준비했다.

20-21 해가 진 후에, 예수와 열두 제자가 식탁에 둘러앉았다. 식사중에 예수께서 말씀하셨다. "괴롭지만 너희에게 중요한 말을 해야겠다. 너희 가운데 한 사람이, 음모를 꾸미는 세력에게 나를 넘겨줄 것이다."

22 그들이 소스라치게 놀라서, 한 사람씩 돌아가며 묻기 시작했다. "저는 아니겠지요, 주님?"

23-24 예수께서 대답하셨다. "나를 넘겨줄 사람은 날마다 나와 함께 먹는 사람이고, 식탁에서 내게 음식을 건네주는 사람이다. 인자가 배반당하는 것이 성경에 기록되어 있으니, 이것이 전혀 뜻밖의 일은 아니다. 그러나 인자를 배반하여 넘겨줄 그 사람은, 이 일을 하느니 차라리 태어나지 않았으면 좋았을 것이다!"

25 그때, 이미 배반자로 돌아선 유다가 말했다. "랍비님, 저는 아니겠지요?"

예수께서 말씀하셨다. "유다야, 나를 속일 생각은 마라."

이것은 내 몸과 내 피다

26-29 식사중에 예수께서 빵을 들어 축복하시고, 떼어서 제자들에게 주셨다.

받아서, 먹어라.
이것은 내 몸이다.

또 잔을 들어 하나님께 감사하신 후에, 그들에게

with you every day for the rest of your lives, but not me. When she poured this perfume on my body, what she really did was anoint me for burial. You can be sure that wherever in the whole world the Message is preached, what she has just done is going to be remembered and admired."

14-16 That is when one of the Twelve, the one named Judas Iscariot, went to the cabal of high priests and said, "What will you give me if I hand him over to you?" They settled on thirty silver pieces. He began looking for just the right moment to hand him over.

The Traitor

17 On the first of the Days of Unleavened Bread, the disciples came to Jesus and said, "Where do you want us to prepare your Passover meal?"

18-19 He said, "Enter the city. Go up to a certain man and say, 'The Teacher says, My time is near. I and my disciples plan to celebrate the Passover meal at your house.'" The disciples followed Jesus' instructions to the letter, and prepared the Passover meal.

20-21 After sunset, he and the Twelve were sitting around the table. During the meal, he said, "I have something hard but important to say to you: One of you is going to hand me over to the conspirators."

22 They were stunned, and then began to ask, one after another, "It isn't me, is it, Master?"

23-24 Jesus answered, "The one who hands me over is someone I eat with daily, one who passes me food at the table. In one sense the Son of Man is entering into a way of treachery well-marked by the Scriptures—no surprises here. In another sense that man who turns him in, turns traitor to the Son of Man—better never to have been born than do this!"

25 Then Judas, already turned traitor, said, "It isn't me, is it, Rabbi?"

Jesus said, "Don't play games with me, Judas."

The Bread and the Cup

26-29 During the meal, Jesus took and blessed the bread, broke it, and gave it to his disciples:

주셨다.

너희 모두 이것을 마셔라.
이것은 내 피다.
죄를 용서하려고 많은 사람들을 위해 붓는
하나님의 새 언약이다.

"내 아버지의 나라에서 너희와 함께 마실 새날
까지, 내가 이 잔으로 다시는 포도주를 마시지
않을 것이다."
30 그들은 찬송을 부르고 곧장 올리브 산으로 갔
다.

겟세마네 동산에서 기도하시다

31-32 그때 예수께서 제자들에게 말씀하셨다. "이
밤이 다하기 전에, 내게 벌어지는 일 때문에 너
희가 넘어지고 말 것이다. 성경은 이렇게 말한
다.

내가 목자를 치리니
양들이 허둥지둥 흩어질 것이다.

그러나 내가 살아난 뒤에는, 너희 목자인 내가
너희보다 먼저 앞장서 갈릴리로 갈 것이다."
33 베드로가 불쑥 끼어들었다. "주님 때문에 다
른 사람들이 다 넘어진다 해도, 저는 그러지 않
겠습니다."
34 예수께서 말씀하셨다. "너무 자신하지 마라.
바로 오늘밤, 수탉이 새벽을 알리기 전에, 네가
나를 세 번 부인할 것이다."
35 베드로가 우겼다. "주님과 함께 죽는 한이 있
어도, 절대로 주님을 부인하지 않겠습니다." 다
른 제자들도 모두 똑같이 말했다.
36-38 그러고 나서, 예수께서 그들과 함께 겟세마
네라는 동산으로 가서 제자들에게 말씀하셨다.
"내가 저기 가서 기도하는 동안에 너희는 여기 있
어라." 베드로와 세베대의 두 아들을 데리고 가시
면서, 예수께서는 심히 괴로워 슬픔에 잠겼다. 예
수께서 말씀하셨다. "이 슬픔이 내 생명을 꺾어
버리는구나. 여기서 나와 함께 깨어 있어라."
39 *예수께서 조금 더 나아가,* 얼굴을 땅에 대고
기도하셨다. "내 아버지, 다른 길이 있거든 나를
여기서 벗어나게 해주십시오. 그러나 내가 원하
는 대로 하지 마시고, 아버지께서 원하시는 대
로 행하십시오. 아버지, 아버지께서 원하시는

Take, eat.
This is my body.

Taking the cup and thanking God, he gave it to them:

Drink this, all of you.
This is my blood,
God's new covenant poured out for many people
for the forgiveness of sins.

"I'll not be drinking wine from this cup again
until that new day when I'll drink with you in the
kingdom of my Father."
30 They sang a hymn and went directly to Mount
Olives.

Gethsemane

31-32 Then Jesus told them, "Before the night's
over, you're going to fall to pieces because of what
happens to me. There is a Scripture that says,

I'll strike the shepherd;
helter-skelter the sheep will be scattered.

But after I am raised up, I, your Shepherd, will go
ahead of you, leading the way to Galilee."
33 Peter broke in, "Even if everyone else falls to
pieces on account of you, I won't."
34 "Don't be so sure," Jesus said. "This very night,
before the rooster crows up the dawn, you will deny
me three times."
35 Peter protested, "Even if I had to die with you, I
would never deny you." All the others said the same
thing.
36-38 Then Jesus went with them to a garden called
Gethsemane and told his disciples, "Stay here while
I go over there and pray." Taking along Peter and
the two sons of Zebedee, he plunged into an agoniz-
ing sorrow. Then he said, "This sorrow is crushing
my life out. Stay here and keep vigil with me."
39 Going a little ahead, he fell on his face, praying,
"My Father, if there is any way, get me out of this.
But please, not what I want. You, what do *you*
want?"

것이 무엇입니까?"

40-41 예수께서 돌아와 보니, 제자들이 곤히 잠들어 있었다. 예수께서 베드로에게 말씀하셨다. "단 한 시간도 나와 함께 견딜 수 없더냐? 깨어 있어라. 위험에 처한 줄도 모른 채 유혹에 빠지는 일이 없도록 기도하여라. 너는 하나님 안에서 무엇이든 열심히 할 각오가 되어 있다만, 한편으로는 난롯가에 잠든 늙은 개처럼 나른하구나."

42 예수께서 두 번째로 그들을 떠나서, 다시 기도하셨다. "내 아버지, 이 잔을 마지막 한 방울까지 마시는 것 외에 다른 길이 없다면, 나는 각오가 되어 있습니다. 아버지 방법대로 하십시오."

43-44 예수께서 돌아와 보니, 이번에도 제자들이 곤히 잠들어 있었다. 도저히 눈이 떠지지 않았던 것이다. 예수께서 이번에는 그들을 자도록 두시고 세 번째로 가서 기도하시되, 똑같은 말씀으로 마지막으로 한 번 더 기도하셨다.

45-46 예수께서 돌아와 말씀하셨다. "밤새도록 자려느냐? 내 때가 되었다. 인자가 죄인들의 손에 넘어간다. 일어나거라! 가자! 나를 배반할 자가 왔다."

예수께서 잡히시다

47-49 예수의 입에서 그 말이 채 떨어지기가 무섭게, (열두 제자 가운데 하나인) 유다가 나타났다. 그 곁에는 대제사장과 종교 지도자들이 보낸 무리가 칼과 몽둥이를 들고 함께 있었다. 배반자는 그들과 암호를 짜 두었다. "내가 입 맞추는 사람이 바로 그 자니, 그를 잡으시오." 그는 곧장 예수께 가서 "랍비님, 안녕하십니까?" 하고 인사하며 그분께 입을 맞추었다.

50-51 예수께서 말씀하셨다. "친구여, 이 무슨 짓이냐?"

그러자 무리가 달려들어 그분을 붙잡아 거칠게 다루었다. 예수와 함께 있던 사람들 가운데 하나가, 칼을 뽑아 휘둘러서 대제사장의 종의 귀를 잘라 버렸다.

52-54 예수께서 말씀하셨다. "그 칼을 도로 꽂아라. 칼을 쓰는 자는 다 칼로 망하는 법이다. 내가 당장이라도 내 아버지께 청하여서, 전투태세를 갖춘 천사 열두 중대를 여기로 오게 할 수 있다는 것을 너희는 모르느냐? 하지만 내가 그렇게 하면, 이런 일이 일어나야 한다고 한 성경 말씀이 어떻게 이루어지겠느냐?"

40-41 When he came back to his disciples, he found them sound asleep. He said to Peter, "Can't you stick it out with me a single hour? Stay alert; be in prayer so you don't wander into temptation without even knowing you're in danger. There is a part of you that is eager, ready for anything in God. But there's another part that's as lazy as an old dog sleeping by the fire."

42 He then left them a second time. Again he prayed, "My Father, if there is no other way than this, drinking this cup to the dregs, I'm ready. Do it your way."

43-44 When he came back, he again found them sound asleep. They simply couldn't keep their eyes open. This time he let them sleep on, and went back a third time to pray, going over the same ground one last time.

45-46 When he came back the next time, he said, "Are you going to sleep on and make a night of it? My time is up, the Son of Man is about to be handed over to the hands of sinners. Get up! Let's get going! My betrayer is here."

With Swords and Clubs

47-49 The words were barely out of his mouth when Judas (the one from the Twelve) showed up, and with him a gang from the high priests and religious leaders brandishing swords and clubs. The betrayer had worked out a sign with them: "The one I kiss, that's the one–seize him." He went straight to Jesus, greeted him, "How are you, Rabbi?" and kissed him.

50-51 Jesus said, "Friend, why this charade?"

Then they came on him–grabbed him and roughed him up. One of those with Jesus pulled his sword and, taking a swing at the Chief Priest's servant, cut off his ear.

52-54 Jesus said, "Put your sword back where it belongs. All who use swords are destroyed by swords. Don't you realize that I am able right now to call to my Father, and twelve companies–more, if I want them–of fighting angels would be here, battle-ready? But if I did that, how would the Scriptures come true that say this is the way it has to be?"

55-56 그런 다음 예수께서 무리에게 말씀하셨다.
"내가 위험한 범죄자라도 되는 것처럼 칼과 몽
둥이로 나를 잡으러 오다니, 이게 무슨 짓이냐?
내가 날마다 성전에 앉아서 가르쳤지만, 너희
는 내게 손 하나 대지 않았다. 너희가 이렇게 한
것은, 예언자의 글을 확증하고 성취하기 위해
서다."
그때 제자들이 모두 황급히 달아났다.

유대 의회 앞에 서시다

57-58 예수를 잡은 무리가 그분을 대제사장 가야
바 앞으로 끌고 갔다. 거기에 종교 학자와 지도
자들이 모여 있었다. 그들이 대제사장의 안뜰에
이를 때까지 베드로는 안전한 거리를 두고 뒤따
라갔다. 그는 하인들 틈에 슬며시 섞여서, 일이
어떻게 되는지 지켜보았다.
59-60 대제사장들은 예수께 사형을 선고하기 위
해, 유대 의회와 공모해 그분을 고발할 죄목을
꾸며 내려고 했다. 그러나 많은 사람들이 나서
서 줄줄이 거짓 증언을 내놓는데도, 믿을 만한
것이 하나도 없었다.
60-61 마침내 두 사람이 나와서 이렇게 고발했다.
"그는 '내가 하나님의 성전을 헐고 사흘 만에 다
시 지을 수 있다'고 했습니다."
62 대제사장이 일어서서 말했다. "이 증언에 대
해 너는 뭐라고 말하겠느냐?"
63 예수께서 침묵하셨다.
그러자 대제사장이 말했다. "내가 살아 계신 하
나님의 권세로 너에게 명한다. 네가 하나님의
아들, 메시아인지 말하여라."
64 예수께서 짧게 말씀하셨다. "네가 그렇게 말
했다. 그러나 그것이 전부가 아니다. 조만간 네
눈으로 직접 보게 될 것이다.

전능하신 분의 오른편에 앉은 인자가
하늘 구름을 타고 올 것이다."

65-66 그 말에 대제사장이 흥분해서, 자기 옷을
찢으며 소리쳤다. "이 자가 하나님을 모독했소!
그를 고발할 증인이 무슨 필요가 있겠소? 그가
하나님을 모독하는 것을 여러분이 다 들었소! 여
러분은 이 신성모독을 그냥 두고 볼 셈이오?"
그들이 일제히 말했다. "사형입니다! 그 정도라
면 사형선고가 마땅합니다."
67-68 그러자 사람들이 예수의 얼굴에 침을 뱉고,

55-56 Then Jesus addressed the mob: "What is
this–coming out after me with swords and clubs
as if I were a dangerous criminal? Day after day I
have been sitting in the Temple teaching, and you
never so much as lifted a hand against me. You've
done it this way to confirm and fulfill the prophetic
writings."
Then all the disciples cut and ran.

False Charges

57-58 The gang that had seized Jesus led him before
Caiaphas the Chief Priest, where the religion
scholars and leaders had assembled. Peter followed
at a safe distance until they got to the Chief Priest's
courtyard. Then he slipped in and mingled with the
servants, watching to see how things would turn
out.
59-60 The high priests, conspiring with the Jewish
Council, tried to cook up charges against Jesus in
order to sentence him to death. But even though
many stepped up, making up one false accusation
after another, nothing was believable.
60-61 Finally two men came forward with this: "He
said, 'I can tear down this Temple of God and after
three days rebuild it.'"
62 The Chief Priest stood up and said, "What do you
have to say to the accusation?"
63 Jesus kept silent.
Then the Chief Priest said, "I command you by
the authority of the living God to say if you are the
Messiah, the Son of God."
64 Jesus was curt: "You yourself said it. And that's
not all. Soon you'll see it for yourself:

The Son of Man seated at the right hand of the
Mighty One,
Arriving on the clouds of heaven."

65-66 At that, the Chief Priest lost his temper,
ripping his robes, yelling, "He blasphemed! Why
do we need witnesses to accuse him? You all heard
him blaspheme! Are you going to stand for such
blasphemy?"
They all said, "Death! That seals his death sentence."
67-68 Then they were spitting in his face and banging

그분을 주먹으로 쳤다. 그들은 그분을 때리면서 조롱했다. "예언해 봐라, 메시아야. 이번에 너를 친 사람이 누구냐?"

베드로가 예수를 부인하다

69 그동안, 베드로는 안뜰에 앉아 있었다. 한 여종이 그에게 다가와서 말했다. "당신도 갈릴리 사람 예수와 함께 있지 않았나요?"
70 그곳에 있는 모든 사람 앞에서 베드로는 부인했다. "당신이 무슨 말을 하는지 모르겠소."
71 그가 문 쪽으로 가니, 또 다른 사람이 옆에 있는 사람들에게 말했다. "이 사람도 나사렛 예수와 함께 있었소."
72 베드로는 다시 한번 부인하며 맹세까지 더했다. "맹세하지만, 나는 그 사람을 본 적도 없소."
73 잠시 후에, 몇몇 구경꾼들이 베드로에게 다가왔다. "너도 그들 가운데 하나가 틀림없다. 네 사투리를 보면 안다."
74-75 그러자 베드로는 너무 두려워서 저주하며 말했다. "나는 그 사람을 모르오!"
바로 그때, 수탉이 울었다. 베드로는 "수탉이 울기 전에 네가 나를 세 번 부인할 것이다"라고 하신 예수의 말씀이 생각났다. 그는 밖으로 나가서, 하염없이 흐느껴 울고 또 울었다.

유다의 자살

27 1-2 동틀 무렵, 모든 대제사장과 종교 지도자들이 모여서 예수를 죽일 모의를 마무리 지었다. 그들은 예수를 결박해서 총독 빌라도에게 끌고 갔다.
3-4 예수를 배반한 유다는, 그분에게 유죄 판결이 내려진 것을 알았다. 양심의 가책을 이길 수 없었던 그는, 은화 서른 개를 대제사장들에게 돌려주며 말했다. "내가 죄를 지었소. 내가 죄 없는 사람을 배반했소."
그러나 그들이 말했다. "우리가 알 바 아니다. 그것은 너의 문제다!"
5 유다는 은화를 성전 안에 던지고 떠났다. 그는 밖으로 나가서 목을 매어 죽었다.
6-10 대제사장들이 은화를 집어들었으나, 그것을 어떻게 처리해야 할지 막막했다. "살인의 대가로 받은 이 돈을 성전에 헌금으로 바치는 것은 옳지 않소." 그들은 그 돈으로 '토기장이의 밭'을 사서 노숙자의 묘지로 쓰기로 결정했다. 그래서 그 밭에 '살인의 밭'이라는 이름이 붙었고, 지금

him around. They jeered as they slapped him: "Prophesy, Messiah: Who hit you that time?"

Denial in the Courtyard

69 All this time, Peter was sitting out in the courtyard. One servant girl came up to him and said, "You were with Jesus the Galilean."
70 In front of everybody there, he denied it. "I don't know what you're talking about."
71 As he moved over toward the gate, someone else said to the people there, "This man was with Jesus the Nazarene."
72 Again he denied it, salting his denial with an oath: "I swear, I never laid eyes on the man."
73 Shortly after that, some bystanders approached Peter. "You've got to be one of them. Your accent gives you away."
74-75 Then he got really nervous and swore. "I don't know the man!"
Just then a rooster crowed. Peter remembered what Jesus had said: "Before the rooster crows, you will deny me three times." He went out and cried and cried and cried.

Thirty Silver Coins

27 1-2 In the first light of dawn, all the high priests and religious leaders met and put the finishing touches on their plot to kill Jesus. Then they tied him up and paraded him to Pilate, the governor.
3-4 Judas, the one who betrayed him, realized that Jesus was doomed. Overcome with remorse, he gave back the thirty silver coins to the high priests, saying, "I've sinned. I've betrayed an innocent man."
They said, "What do we care? That's *your* problem!"
5 Judas threw the silver coins into the Temple and left. Then he went out and hung himself.
6-10 The high priests picked up the silver pieces, but then didn't know what to do with them. "It wouldn't be right to give this—a payment for murder!—as an offering in the Temple." They decided to get rid of it by buying the "Potter's Field" and use it as a burial place for the homeless. That's how the field got called "Murder Meadow," a name

까지도 그렇게 불리고 있다. 그리하여 예레미야의 말이 현실이 되었다.

그들이 은화 서른 개,
이스라엘 자손이 값을 매긴 이의 몸값을 받아서
그것으로 토기장이의 밭을 샀다.

그들은 자신들도 모르게 하나님의 지시에 정확히 따랐던 것이다.

빌라도에게 사형선고를 받으시다

11 예수께서 총독 앞에 서자, 총독이 물었다. "네가 유대인의 왕이냐?"
예수께서 말씀하셨다. "네가 그렇게 말하면 그렇다."
12-14 그러나 대제사장과 종교 지도자들이 맹렬하게 고발을 퍼부을 때, 예수께서는 아무 말씀도 없으셨다. 빌라도가 예수께 물었다. "저 긴 고발 목록이 들리느냐? 뭐라고 말해야 하지 않겠느냐?" 예수께서는 침묵을 지킬 뿐, 그 입으로 한 마디 말도 하지 않으셨다. 그것은 총독에게 아주 깊은 인상을 남겼다.
15-18 명절 중에는 무리가 지명하는 죄수 하나를 총독이 사면해 주는 오랜 관례가 있었다. 때마침 예수 바라바라 하는 악명 높은 죄수가 감옥에 수감되어 있었다. 빌라도가 무리 앞에서 말했다. "여러분은 내가 어떤 죄수를 놓아주기를 원하오? 예수 바라바요? 아니면 그리스도라 하는 예수요?" 빌라도는 그들이 예수를 자기에게 넘긴 것이 순전히 악의에서 비롯된 일임을 알고 있었다.
19 재판이 아직 진행중일 때, 빌라도의 아내가 말을 전해 왔다. "이 고귀한 사람을 재판하는 일에 상관하지 마세요. 내가 그 사람 꿈으로 밤새 뒤숭숭했습니다."
20 한편, 대제사장과 종교 지도자들은 무리를 부추겨 바라바의 사면과 예수의 처형을 요구하도록 했다.
21 총독이 물었다. "여러분은 내가 두 사람 가운데서 누구를 놓아주기를 원하오?"
그들이 말했다. "바라바요!"
22 "그럼, 그리스도라 하는 예수는 내가 어떻게 하면 되겠소?"
그들이 일제히 소리쳤다. "십자가에 못 박으시오!"
23 그가 따졌다. "무슨 죄목 때문이오?"
그러나 그들은 더 크게 소리쳤다. "십자가에 못 박으시오!"

that has stuck to this day. Then Jeremiah's words became history:

They took the thirty silver pieces,
The price of the one priced by some sons of Israel,
And they purchased the potter's field.

And so they unwittingly followed the divine instructions to the letter.

Pilate

11 Jesus was placed before the governor, who questioned him: "Are you the 'King of the Jews'?"
Jesus said, "If you say so."
12-14 But when the accusations rained down hot and heavy from the high priests and religious leaders, he said nothing. Pilate asked him, "Do you hear that long list of accusations? Aren't you going to say something?" Jesus kept silence–not a word from his mouth. The governor was impressed, really impressed.
15-18 It was an old custom during the Feast for the governor to pardon a single prisoner named by the crowd. At the time, they had the infamous Jesus Barabbas in prison. With the crowd before him, Pilate said, "Which prisoner do you want me to pardon: Jesus Barabbas, or Jesus the so-called Christ?" He knew it was through sheer spite that they had turned Jesus over to him.
19 While court was still in session, Pilate's wife sent him a message: "Don't get mixed up in judging this noble man. I've just been through a long and troubled night because of a dream about him."
20 Meanwhile, the high priests and religious leaders had talked the crowd into asking for the pardon of Barabbas and the execution of Jesus.
21 The governor asked, "Which of the two do you want me to pardon?"
They said, "Barabbas!"
22 "Then what do I do with Jesus, the so-called Christ?"
They all shouted, "Nail him to a cross!"
23 He objected, "But for what crime?"
But they yelled all the louder, "Nail him to a cross!"

24 빌라도는 아무 성과도 없이 자칫 폭동이 나려는 것을 보고, 대야에 물을 가져다가 무리가 다 보는 앞에서 손을 씻으며 말했다. "나는 이 사람의 죽음에 대한 책임에서 손을 떼겠소. 지금부터는 여러분 소관이오. 여러분이 재판관이고 배심원이오."

25 무리가 대답했다. "우리가 책임지겠소. 우리 자손들이 책임지겠소."

26 빌라도는 바라바를 사면해 주었다. 그러나 예수는 채찍질한 뒤에, 십자가에 못 박도록 넘겨주었다.

십자가에 못 박히시다

27-31 총독 수하의 병사들이 예수를 총독 관저로 데리고 들어가서, 부대 전체를 모아 놓고 희희덕거렸다. 그들은 예수의 옷을 벗기고 빨간색 긴 겉옷을 입혔다. 그리고 가시나무로 엮은 왕관을 그분 머리에 씌웠다. 그들은 그분의 권위를 인정한답시고 오른손에 홀처럼 막대기를 쥐어 주었다. 그러고는, 그분 앞에 무릎을 꿇고서 예를 갖추는 시늉을 하며 조롱했다. "유대인의 왕, 만세!" 그들이 말했다. "만세!" 또 그들은 예수께 침을 뱉고 막대기로 그분의 머리를 때렸다. 실컷 즐기고 나서, 그들은 겉옷을 벗기고 다시 그분의 옷을 입혔다. 그런 다음, 십자가에 못 박으려고 끌고 나갔다.

32-34 가는 길에 그들은 시몬이라는 구레네 사람을 만나, 그에게 예수의 십자가를 지게 했다. '해골 언덕'이라 하는 골고다에 이르자, 그들은 (포도주와 몰약을 섞어서 만든) 가벼운 진통제를 예수께 주었다. 그러나 예수께서 맛보시고는 마시려 하지 않으셨다.

35-40 병사들은 예수를 십자가에 못 박고서 그분이 죽기를 기다리는 동안, 그분의 옷가지를 나눠 가지려고 주사위를 던지며 시간을 보냈다. 그분의 머리 위에는 '이 사람은 유대인의 왕 예수다'라고 쓴 팻말이 붙어 있었다. 예수와 함께 죄수 두 사람도 십자가에 달렸는데, 하나는 그분 오른쪽에, 다른 하나는 왼쪽에 달렸다. 길을 가던 사람들은 슬픈 척 고개를 저으며 예수를 조롱했다. "성전을 헐고 사흘 만에 다시 짓겠다고 으스대던 네가 아니냐. 그러니 실력을 보여 봐라! 네 자신을 구원해 보라고! 네가 정말 하나님의 아들이면 그 십자가에서 내려와 봐라!"

41-44 바로 그 자리에서, 대제사장들도 종교 학자

24 When Pilate saw that he was getting nowhere and that a riot was imminent, he took a basin of water and washed his hands in full sight of the crowd, saying, "I'm washing my hands of responsibility for this man's death. From now on, it's in your hands. You're judge and jury."

25 The crowd answered, "We'll take the blame, we and our children after us."

26 Then he pardoned Barabbas. But he had Jesus whipped, and then handed over for crucifixion.

The Crucifixion

27-31 The soldiers assigned to the governor took Jesus into the governor's palace and got the entire brigade together for some fun. They stripped him and dressed him in a red toga. They plaited a crown from branches of a thornbush and set it on his head. They put a stick in his right hand for a scepter. Then they knelt before him in mocking reverence: "Bravo, King of the Jews!" they said. "Bravo!" Then they spit on him and hit him on the head with the stick. When they had had their fun, they took off the toga and put his own clothes back on him. Then they proceeded out to the crucifixion.

32-34 Along the way they came on a man from Cyrene named Simon and made him carry Jesus' cross. Arriving at Golgotha, the place they call "Skull Hill," they offered him a mild painkiller (a mixture of wine and myrrh), but when he tasted it he wouldn't drink it.

35-40 After they had finished nailing him to the cross and were waiting for him to die, they whiled away the time by throwing dice for his clothes. Above his head they had posted the criminal charge against him: THIS IS JESUS, THE KING OF THE JEWS. Along with him, they also crucified two criminals, one to his right, the other to his left. People passing along the road jeered, shaking their heads in mock lament: "You bragged that you could tear down the Temple and then rebuild it in three days—so show us your stuff! Save yourself! If you're really God's Son, come down from that cross!"

41-44 The high priests, along with the religion scholars and leaders, were right there mixing it up with the rest of them, having a great time poking fun

와 지도자와 나머지 사람들과 어울려 신나게 그분을 비웃었다. "그가 다른 사람은 구원하더니 자기는 구원하지 못하는군! 이스라엘의 왕이라고? 그럼 그 십자가에서 내려와 보시지. 그러면 우리가 다 믿을 텐데! 하나님을 철석같이 믿더니만, 어디 하나님이 이제 자기 아들을 구해 주시나 보자. 그야 하나님이 원하셔야 되겠지만! 이 자는 자칭 하나님의 아들이 아니었나?" 예수와 함께 십자가에 못 박힌 두 죄수까지도 조롱에 가세했다.

45-46 정오부터 세 시까지, 온 땅이 어두워졌다. 오후 중반쯤에, 예수께서 깊은 데서부터 신음하며 큰소리로 부르짖으셨다. "엘리, 엘리, 라마 사박다니?" 이 말은 "나의 하나님, 나의 하나님, 어찌하여 나를 버리셨습니까?"라는 뜻이다.

47-49 곁에서 그 말을 들은 몇몇 사람들이 "이 사람이 엘리야를 부른다" 하고 말했다. 그 가운데 한 사람이 달려가서, 솜뭉치를 신 포도주에 적셔서, 장대에 달아 올려 그분께 마시게 했다. 다른 사람들은 "그렇게 서두를 것 없다. 엘리야가 와서 그를 구해 주나 보자" 하고 놀려 댔다.

50 그러나 예수께서 다시 한번 크게 소리지르시고 숨을 거두셨다.

51-53 그 순간, 성전의 휘장이 위에서부터 아래까지 둘로 찢어졌다. 지진이 일어나서 바위들이 갈라져 산산조각 났다. 그뿐 아니라 무덤들이 열리면서, 무덤 속에 자고 있던 많은 믿는 이들의 몸이 살아났다. (예수께서 부활하신 후에, 그들은 무덤을 떠나 거룩한 도성에 들어가서 많은 사람들에게 나타나 보였다.)

54 경비대장과 그와 함께 있던 사람들은, 지진과 그 밖에 일어난 일을 보고는 몹시 두려웠다. 그들은 말했다. "이 사람은 하나님의 아들이 틀림없다!"

55-56 또한 많은 여자들이 멀리서 지켜보고 있었는데, 그들은 예수를 섬기려고 갈릴리에서부터 그분을 따라온 사람들이었다. 그들 가운데는 막달라 마리아, 야고보와 요셉의 어머니 마리아, 세베대의 두 아들의 어머니도 있었다.

무덤에 묻히시다

57-61 그날 오후 늦게, 예수의 제자인 아리마대 출신의 한 부자가 왔다. 그의 이름은 요셉이었다. 그는 빌라도에게 가서 예수의 시신을 거두게 해달라고 청했다. 빌라도는 그의 청을 들어주었다. 요셉은 시신을 가져다가 깨끗한 세마포에 싸서, 최근에 바위를 깎아서 만든 자신의 새 무덤에 모셔 두

at him: "He saved others—he can't save himself! King of Israel, is he? Then let him get down from that cross. We'll *all* become believers then! He was so sure of God—well, let him rescue his 'Son' now—if he wants him! He did claim to be God's Son, didn't he?" Even the two criminals crucified next to him joined in the mockery.

45-46 From noon to three, the whole earth was dark. Around mid-afternoon Jesus groaned out of the depths, crying loudly, "*Eli, Eli, lama sabachthani*?" which means, "My God, my God, why have you abandoned me?"

47-49 Some bystanders who heard him said, "He's calling for Elijah." One of them ran and got a sponge soaked in sour wine and lifted it on a stick so he could drink. The others joked, "Don't be in such a hurry. Let's see if Elijah comes and saves him."

50 But Jesus, again crying out loudly, breathed his last.

51-53 At that moment, the Temple curtain was ripped in two, top to bottom. There was an earthquake, and rocks were split in pieces. What's more, tombs were opened up, and many bodies of believers asleep in their graves were raised. (After Jesus' resurrection, they left the tombs, entered the holy city, and appeared to many.)

54 The captain of the guard and those with him, when they saw the earthquake and everything else that was happening, were scared to death. They said, "This has to be the Son of God!"

55-56 There were also quite a few women watching from a distance, women who had followed Jesus from Galilee in order to serve him. Among them were Mary Magdalene, Mary the mother of James and Joseph, and the mother of the Zebedee brothers.

The Tomb

57-61 Late in the afternoon a wealthy man from Arimathea, a disciple of Jesus, arrived. His name was Joseph. He went to Pilate and asked for Jesus' body. Pilate granted his request. Joseph took the body and wrapped it in clean linens, put it in his own tomb, a new tomb only recently cut

고, 큰 돌을 굴려 입구를 막고 나서 그곳을 떠났다. 그러나 막달라 마리아와 다른 마리아는 남아서, 무덤이 잘 보이는 곳에 앉아 있었다.

62-64 해가 진 후에, 대제사장과 바리새인들이 빌라도에게 면회를 청했다. 그들은 말했다. "총독님, 저 거짓말쟁이가 살아 있을 적에 '내가 사흘 후에 다시 살아날 것이다' 하던 말이 이제야 생각났습니다. 사흘째 되는 날까지 무덤을 봉인해야 되겠습니다. 그의 제자들이 와서 시체를 훔쳐 가서는, '그가 죽은 자들 가운데서 살아났다'고 하면서 떠들고 다닐 가능성이 높습니다. 그렇게 되면 우리의 처지가 전보다 더 곤란해집니다. 나중 속임수가 처음 속임수보다 더 해를 끼칠 수 있습니다."

65-66 빌라도가 그들에게 말했다. "당신들에게 경비대가 있을 것 아니오. 가서 힘껏 지키도록 하시오." 그들은 나가서 돌을 봉인하고, 경비병을 세워 무덤을 단단히 지켰다.

그분은 다시 살아나셨다

28 1-4 안식일이 지나고 새로운 한 주의 먼동이 틀 무렵, 막달라 마리아와 다른 마리아가 무덤을 지키려고 갔다. 그때 갑자기 발밑에서 땅이 흔들리고 진동하더니, 하나님의 천사가 하늘에서 내려와 그들이 서 있는 곳으로 왔다. 천사가 돌을 굴려 내고 그 위에 앉았다. 그에게서 번개 같은 빛이 번쩍였고, 그의 옷은 눈처럼 하얗게 빛났다. 무덤을 지키던 경비병들은 너무 두려워했다. 어찌나 무서웠던지 꿈쩍도 하지 못했다.

5-6 천사가 여자들에게 말했다. "조금도 두려워할 것 없다. 너희가 십자가에 못 박히신 예수를 찾는 줄을 내가 안다. 그분은 여기 계시지 않는다. 그분은 말씀하신 대로 다시 살아나셨다. 와서 그분을 모셔 두었던 곳을 보아라.

7 자, 어서 가서 제자들에게 말하여라. '그분께서 죽은 자들 가운데서 살아나셨다. 그분께서 너희보다 먼저 갈릴리로 가실 것이다. 너희는 거기서 그분을 뵐 것이다' 하고 말하여라. 이것이 내가 전하는 소식이다."

8-10 여자들은 크게 놀라고 기쁨에 겨워, 한시도 지체하지 않고 무덤을 떠났다. 그들은 제자들에게 전하려고 달려갔다. 그때 예수께서 그들을 만나셔서, 그들을 멈추어 세우고 말씀하셨다. "잘 있었느냐?" 여자들은 무릎을 꿇고 그분의 발을 붙잡고 경배했다. 예수께서 말씀하셨다. "너희가 있는 힘을 다해 나를 붙잡고 있구나! 그렇게 무서워하지

into the rock, and rolled a large stone across the entrance. Then he went off. But Mary Magdalene and the other Mary stayed, sitting in plain view of the tomb.

62-64 After sundown, the high priests and Pharisees arranged a meeting with Pilate. They said, "Sir, we just remembered that that liar announced while he was still alive, 'After three days I will be raised.' We've got to get that tomb sealed until the third day. There's a good chance his disciples will come and steal the corpse and then go around saying, 'He's risen from the dead.' Then we'll be worse off than before, the final deceit surpassing the first."

65-66 Pilate told them, "You will have a guard. Go ahead and secure it the best you can." So they went out and secured the tomb, sealing the stone and posting guards.

Risen from the Dead

28 1-4 After the Sabbath, as the first light of the new week dawned, Mary Magdalene and the other Mary came to keep vigil at the tomb. Suddenly the earth reeled and rocked under their feet as God's angel came down from heaven, came right up to where they were standing. He rolled back the stone and then sat on it. Shafts of lightning blazed from him. His garments shimmered snow-white. The guards at the tomb were scared to death. They were so frightened, they couldn't move.

5-6 The angel spoke to the women: "There is nothing to fear here. I know you're looking for Jesus, the One they nailed to the cross. He is not here. He was raised, just as he said. Come and look at the place where he was placed.

7 "Now, get on your way quickly and tell his disciples, 'He is risen from the dead. He is going on ahead of you to Galilee. You will see him there.' That's the message."

8-10 The women, deep in wonder and full of joy, lost no time in leaving the tomb. They ran to tell the disciples. Then Jesus met them, stopping them in their tracks. "Good morning!" he said. They fell to their knees, embraced his feet, and

마라. 가서, 내 형제들에게 갈릴리로 가라고 하여라. 거기서 내가 그들을 만나겠다고 전하여라."

11-15 한편, 경비병들이 뿔뿔이 흩어졌으나, 그 가운데 몇 사람이 도성으로 들어가서 일어난 일을 대제사장들에게 전했다. 그들은 종교 지도자 회의를 소집해 대책을 마련했다. 그들은 거액의 돈을 병사들에게 주면서, "밤에 그의 제자들이 와서 우리가 잠든 사이에 시체를 훔쳐 갔다"고 말하도록 매수했다. 그러고는 "너희가 근무중에 잤다는 말이 혹시 총독에게 들어가더라도 우리가 문책을 면하게 해주겠다"며 그들을 안심시켰다. 병사들은 뇌물을 받고서 그들이 시킨 대로 했다. 유대 최고의회에서 날조해 낸 그 이야기가, 지금까지도 나돌고 있다.

16-17 한편, 갈릴리로 떠난 열한 제자는, 예수께서 다시 만날 장소로 정해 주신 산으로 향했다. 예수를 뵙는 순간에, 그들은 그분께 경배했다. 그러나 경배하기를 망설이며, 그분께 자신의 인생을 완전히 걸어야 할지 확신하지 못하는 사람들도 있었다.

18-20 이에 아랑곳하지 않고, 예수께서 곧바로 이렇게 지시하셨다. "하나님께서 내게 주신 권세와 명령으로 너희에게 이 일을 맡긴다. 너희는 세상으로 두루 나가서 만나는 모든 사람마다 이 생명의 길로 훈련시키고, 아버지와 아들과 성령의 이름으로 그들에게 세례를 주어 표를 삼아라. 그리고 내가 너희에게 명령한 모든 것을 삶으로 살아가도록 가르쳐라. 너희가 이 일을 하는 동안에, 이 시대가 끝날 때까지 날마다 하루도 빠짐없이, 내가 너희와 함께 있을 것이다."

worshiped him. Jesus said, "You're holding on to me for dear life! Don't be frightened like that. Go tell my brothers that they are to go to Galilee, and that I'll meet them there."

11-15 Meanwhile, the guards had scattered, but a few of them went into the city and told the high priests everything that had happened. They called a meeting of the religious leaders and came up with a plan: They took a large sum of money and gave it to the soldiers, bribing them to say, "His disciples came in the night and stole the body while we were sleeping." They assured them, "If the governor hears about your sleeping on duty, we will make sure you don't get blamed." The soldiers took the bribe and did as they were told. That story, cooked up in the Jewish High Council, is still going around.

16-17 Meanwhile, the eleven disciples were on their way to Galilee, headed for the mountain Jesus had set for their reunion. The moment they saw him they worshiped him. Some, though, held back, not sure about *worship*, about risking themselves totally.

18-20 Jesus, undeterred, went right ahead and gave his charge: "God authorized and commanded me to commission you: Go out and train everyone you meet, far and near, in this way of life, marking them by baptism in the threefold name: Father, Son, and Holy Spirit. Then instruct them in the practice of all I have commanded you. I'll be with you as you do this, day after day after day, right up to the end of the age."

마가는 시간을 허비하지 않고 곧장 본론으로 들어간다. 도입은 한 문장으로 끝내고("예수 그리스도의 복된 소식, 곧 **메시지**는……여기서부터 시작된다"), 처음부터 끝까지 한 번도 곁길로 벗어나지 않는다. 세상을 보고 경험하는 방식을 근본적으로 바꾸어 놓는 사건이 벌어졌으니, 마가는 어서 그것을 말해 주고 싶은 것이다. 그의 글에는 거의 모든 문장에 숨 가쁜 흥분의 기운이 묻어난다. 메시지를 빨리 받을수록 우리한테 좋은 것이다. 그것은 믿을 수 없을 만큼 좋은 메시지인 까닭이다. 그 메시지란 하나님이 여기 계시며, 그분이 우리 편이시라는 것이다. 심지어 마가는 그분께서 우리를 '가족'이라 부르신다고 말한다.

> 예수께서 그 전갈을 받을 때에 무리에 둘러싸여 있었다. "선생님의 어머니와 동생들이 밖에서 찾고 있습니다." 예수께서 대답하셨다. "내 어머니와 형제들이 누구라고 생각하느냐?" 그러고는 둘러앉은 사람들을 일일이 쳐다보며 말씀하셨다. "내 어머니와 형제들이 여기, 바로 너희 앞에 있다. 순종이 피보다 진하다. 하나님의 뜻에 순종하는 사람이 내 형제요 자매요 어머니다"(막 3:32-35).

하나님이 존재하신다는 발표만으로는 굳이 뉴스라 할 것도 없다. 거의 모든 세기의 거의 모든 사람이 하나님이나 신들의 존재를 믿었다. 사실 고금을 통틀어 인류 전체는 의식주, 쾌락, 일, 가정 할 것 없이 다른 모든 관심사를 다 합한 것보다도 신이라는 문제에 더 많은 주의와 관심을 기울였다고 해도 과언이 아니다.

그런데 그 하나님이 바로 지금 여기 계시고, 우리 편이시며, 우리에게 가장 도움이 필요한 쪽으로 우리를 적극 돕고자 하신다. 이것이야말로 뉴스감이다. 하나님에 대한 믿음이 흔한 만큼이나 그 주제를 둘러싼 어림짐작과 뜬소문도 엄청나게 많고, 그 결과 미신과 불안과 착취가 판을 치고 있기 때문이다. 그래서 당연히 마가는 예수의 탄생과 삶과 죽음과

Mark wastes no time in getting down to business – a single-sentence introduction("The good news of Jesus Christ – the Message! – begins here"), and not a digression to be found from beginning to end. An event has taken place that radically changes the way we look at and experience the world, and he can't wait to tell us about it. There's an air of breathless excitement in nearly every sentence he writes. The sooner we get the message, the better off we'll be, for the message is good, incredibly good: God is here, and he's on our side. Mark says he even calls us "family."

> He was surrounded by the crowd when he was given the message, "Your mother and brothers and sisters are outside looking for you." Jesus responded, "Who do you think are my mother and brothers?" Looking around, taking in everyone seated around him, he said, "Right here, right in front of you – my mother and my brothers. Obedience is thicker than blood. The person who obeys God's will is my brother and sister and mother"(Mark 3:32-35).

The bare announcement that God exists doesn't particularly qualify as news. Most people in most centuries have believed in the existence of God or gods. It may well be, in fact, that human beings in aggregate and through the centuries have given more attention and concern to divinity than to all their other concerns put together – food, housing, clothing, pleasure, work, family, whatever.

But that God is here right now, and on our side, actively seeking to help us in the way we most need help – *this* qualifies as news. For, common as belief in God is, there is also an enormous amount of guesswork and gossip surrounding the subject, which results in runaway superstition, anxiety, and

부활, 곧 하나님의 진리를 우리에게 계시해 주는 사건들을 통해 무슨 일이 벌어졌는지 서둘러 말해 준다. 우리가 망상이 아니라 현실 속에 살 수 있도록 말이다. 하나님이 우리를 구원하시는 일에 열심이시라는 것, 이것이야말로 이 세상에서 가장 실제적인 문제이기에, 마가는 우리가 그것을 모른 채 소중한 인생을 단 일 분이라도 허비하기를 원치 않는 것이다.

exploitation. So Mark, understandably, is in a hurry to tell us what happened in the birth, life, death, and resurrection of Jesus – the Event that reveals the truth of God to us, so that we can live in reality and not illusion. He doesn't want us to waste a minute of these precious lives of ours ignorant of this most practical of all matters – that God is passionate to save us.

마가복음

세례자 요한의 선포

1 1-3 예수 그리스도의 복된 소식, 곧 메시지는 정확히 예언자 이사야의 책에 나온 대로 여기서부터 시작된다.

잘 보아라. 내가 네 앞에 내 설교자를 보낸다.
그가 네 길을 평탄하게 할 것이다.
광야에서 외치는 소리여!
하나님 오심을 준비하여라!
길을 평탄하고 곧게 하여라!

4-6 세례자 요한이 광야에 나타나서, 삶을 고쳐 죄 용서를 받는 세례를 선포했다. 유대와 예루살렘으로부터 사람들이 떼를 지어 그에게 와서 죄를 고백하고, 요단 강에서 그에게 세례를 받고 삶을 고치기로 결단했다. 요한은 낙타털로 된 옷을 입고 허리에 가죽띠를 둘렀다. 그리고 메뚜기와 야생꿀을 먹었다.

7-8 요한은 이렇게 전했다. "진짜는 이제부터다. 이 드라마의 주인공은 너희의 삶을 바꾸어 놓으실 것이다. 그분께 비하면 나는 잔심부름꾼에 지나지 않는다. 나는 너희의 옛 삶을 바꾸어 천국의 삶을 준비시키려고 이 강에서 세례를 주고 있다. 그러나 그분의 세례, 성령의 거룩한 세례는 너희를 완전히 바꾸어 놓을 것이다."

9-11 그때, 예수께서 갈릴리 나사렛에서 오셔서 요단 강에서 요한에게 세례를 받으셨다. 물에서 올라오시는 순간, 예수께서는 하늘이 열리고 하나님의 영이 비둘기같이 그분 위에 내려오는 것을 보셨다. 성령과 더불어 한 음성이 들

MARK

John the Baptizer

1 1-3 The good news of Jesus Christ—the Message!—begins here, following to the letter the scroll of the prophet Isaiah.

Watch closely: I'm sending my preacher ahead of you;
He'll make the road smooth for you.
Thunder in the desert!
Prepare for God's arrival!
Make the road smooth and straight!

4-6 John the Baptizer appeared in the wild, preaching a baptism of life-change that leads to forgiveness of sins. People thronged to him from Judea and Jerusalem and, as they confessed their sins, were baptized by him in the Jordan River into a changed life. John wore a camel-hair habit, tied at the waist with a leather belt. He ate locusts and wild field honey.

7-8 As he preached he said, "The real action comes next: The star in this drama, to whom I'm a mere stagehand, will change your life. I'm baptizing you here in the river, turning your old life in for a kingdom life. His baptism—a holy baptism by the Holy Spirit—will change you from the inside out."

9-11 At this time, Jesus came from Nazareth in Galilee and was baptized by John in the Jordan. The moment he came out of the water, he saw the sky split open and God's Spirit, looking like a dove, come down on him. Along with the Spirit, a voice:

려왔다. "너는 내가 사랑으로 선택하고 구별한 내 아들, 내 삶의 전부다."

하나님 나라가 여기 있다

12-13 동일한 성령께서 즉시 예수를 광야로 몰아내셨다. 예수께서는 광야에서 사십 일을 밤낮으로 사탄에게 시험을 받으셨다. 들짐승들이 그분과 함께 있었고, 천사들이 그분을 도왔다.

14-15 요한이 체포된 뒤에, 예수께서 갈릴리에 가셔서 하나님의 메시지를 전파하셨다. "때가 다 되었다! 하나님 나라가 여기 있다. 너희 삶을 고치고 메시지를 믿어라."

16-18 예수께서 갈릴리 호숫가를 지나시다가, 시몬과 그의 동생 안드레가 그물을 던지는 것을 보셨다. 고기잡이는 그들의 평소 직업이었다. 예수께서 그들에게 말씀하셨다. "나와 함께 가자. 내가 너희를 새로운 어부가 되게 하겠다. 잉어와 가물치 대신에 사람을 낚는 법을 가르쳐 주겠다." 그들은 아무것도 묻지 않고, 그물을 놓아두고 그분을 따라갔다.

19-20 예수께서 호숫가를 십여 미터쯤 더 가시다가, 세베대의 아들인 야고보와 요한 형제를 보셨다. 그들은 배에서 그물을 손질하고 있었다. 예수께서 곧바로 그들에게도 똑같이 제안하셨고, 그들은 즉시 아버지 세베대와 배와 품꾼들을 버려두고 그분을 따라갔다.

확신에 찬 가르침

21-22 그들은 가버나움에 들어갔다. 안식일이 돌아오자, 예수께서 지체하지 않고 회당으로 가셨다. 예수께서는 거기서 가르치며 하루를 보내셨다. 사람들은 종교 학자들처럼 궤변과 인용을 늘어놓지 않는, 아주 솔직하고 확신에 찬 그분의 가르침에 놀랐다.

23-24 예수께서 아직 회당에 있는데, 정신이 이상한 사람이 난데없이 끼어들어 소리를 질렀다. "나사렛 사람 예수여! 무슨 일로 우리한테 왔습니까? 나는 당신이 무슨 일을 하려는지 압니다! 당신은 하나님의 거룩한 분이시며, 우리를 멸하러 왔습니다!"

25-26 예수께서 그의 입을 막으셨다. "조용히 하고 그에게서 나오너라!" 괴롭히던 귀신이 그 사람에게 경련을 일으키고는, 큰소리로 대들면서 나갔다.

27-28 거기 있던 사람들 모두가 믿기지 않는다는 듯 신기해 하며 웅성거렸다. "이게 어찌 된 일인

"You are my Son, chosen and marked by my love, pride of my life."

God's Kingdom Is Here

12-13 At once, this same Spirit pushed Jesus out into the wild. For forty wilderness days and nights he was tested by Satan. Wild animals were his companions, and angels took care of him.

14-15 After John was arrested, Jesus went to Galilee preaching the Message of God: "Time's up! God's kingdom is here. Change your life and believe the Message."

16-18 Passing along the beach of Lake Galilee, he saw Simon and his brother Andrew net-fishing. Fishing was their regular work. Jesus said to them, "Come with me. I'll make a new kind of fisherman out of you. I'll show you how to catch men and women instead of perch and bass." They didn't ask questions. They dropped their nets and followed.

19-20 A dozen yards or so down the beach, he saw the brothers James and John, Zebedee's sons. They were in the boat, mending their fishnets. Right off, he made the same offer. Immediately, they left their father Zebedee, the boat, and the hired hands, and followed.

Confident Teaching

21-22 Then they entered Capernaum. When the Sabbath arrived, Jesus lost no time in getting to the meeting place. He spent the day there teaching. They were surprised at his teaching—so forthright, so confident—not quibbling and quoting like the religion scholars.

23-24 Suddenly, while still in the meeting place, he was interrupted by a man who was deeply disturbed and yelling out, "What business do you have here with us, Jesus? Nazarene! I know what you're up to! You're the Holy One of God, and you've come to destroy us!"

25-26 Jesus shut him up: "Quiet! Get out of him!" The afflicting spirit threw the man into spasms, protesting loudly—and got out.

27-28 Everyone there was incredulous, buzzing with curiosity. "What's going on here? A new teaching that does what it says? He shuts up defiling,

가? 이 사람이 더러운 귀신들의 입을 막고 내쫓다 니! 말한 대로 이루어지는 새로운 가르침인가?" 이 소식이 빠르게 퍼져서 온 갈릴리에 알려졌다.
29-31 회당에서 나온 그들은, 야고보와 요한과 함께 곧바로 시몬과 안드레의 집으로 갔다. 시몬의 장모가 몸져누워 있었는데, 열이 불덩이 같았다. 그들이 예수께 알렸다. 예수께서 그녀에게 가서 손을 잡아 일으키셨다. 그러자 열이 곧 떨어졌고, 그녀는 일행의 저녁을 준비했다.
32-34 그날 저녁 해가 저물자, 사람들이 병자와 귀신 들려 괴로워하는 사람들을 예수께 데려와서, 온 동네가 문전성시를 이루었다! 예수께서 그들의 병든 몸과 고통당하는 심령을 고쳐 주셨다. 귀신들이 그분의 참 정체를 알았으므로, 예수께서는 그들이 한 마디도 하지 못하게 하셨다.

나병환자를 깨끗하게 하시다

35-37 날이 밝기 한참 전에, 예수께서 일어나셔서 한적한 곳으로 기도하러 가셨다. 시몬과 그 일행이 그분을 찾으러 갔다. 예수를 만나자 그들이 말했다. "사람들이 다 주님을 찾고 있습니다."
38-39 예수께서 말씀하셨다. "다른 마을로 가자. 내가 거기서도 전도해야 하겠다. 나는 이 일을 하러 왔다." 예수께서는 갈릴리 온 회당을 다니시며, 전도하고 귀신을 쫓아내셨다.
40 한 나병환자가 그분께 와서, 무릎을 꿇고 간청했다. "원하시면 저를 깨끗하게 하실 수 있습니다."
41-45 못내 측은한 마음이 든 예수께서, 손을 내밀어 그에게 대며 말씀하셨다. "내가 원한다. 깨끗하게 되어라." 그러자 그 즉시 나병이 깨끗이 사라졌고, 그의 살갗은 보드랍고 온전해졌다. 예수께서 그를 보내시며 엄히 명하셨다. "누구에게도 아무 말 하지 마라. 깨끗하게 되었으니 모세가 정한 예물을 가지고 제사장에게 가서 네 몸을 보여라. 그러면 네가 나은 것이 사람들에게 입증될 것이다." 그러나 그 사람은 모퉁이를 돌아서자마자, 만나는 사람마다 그 일을 이야기하여 온 동네에 소문을 퍼뜨렸다. 그래서 예수께서 더 이상 시내에 자유로이 드나들지 못하고 외딴 곳에 머무셨다. 그러나 사람들은 온 사방에서 그분을 찾아왔다.

중풍병자를 고치시다

2 1-5 며칠 후에 예수께서 가버나움에 돌아오시자, 그분이 집에 계신다는 소문이 퍼

demonic spirits and sends them packing!" News of this traveled fast and was soon all over Galilee.
29-31 Directly on leaving the meeting place, they came to Simon and Andrew's house, accompanied by James and John. Simon's mother-in-law was sick in bed, burning up with fever. They told Jesus. He went to her, took her hand, and raised her up. No sooner had the fever left than she was up fixing dinner for them.
32-34 That evening, after the sun was down, they brought sick and evil-afflicted people to him, the whole city lined up at his door! He cured their sick bodies and tormented spirits. Because the demons knew his true identity, he didn't let them say a word.

The Leper

35-37 While it was still night, way before dawn, he got up and went out to a secluded spot and prayed. Simon and those with him went looking for him. They found him and said, "Everybody's looking for you."
38-39 Jesus said, "Let's go to the rest of the villages so I can preach there also. This is why I've come." He went to their meeting places all through Galilee, preaching and throwing out the demons.
40 A leper came to him, begging on his knees, "If you want to, you can cleanse me."
41-45 Deeply moved, Jesus put out his hand, touched him, and said, "I want to. Be clean." Then and there the leprosy was gone, his skin smooth and healthy. Jesus dismissed him with strict orders: "Say nothing to anyone. Take the offering for cleansing that Moses prescribed and present yourself to the priest. This will validate your healing to the people." But as soon as the man was out of earshot, he told everyone he met what had happened, spreading the news all over town. So Jesus kept to out-of-the-way places, no longer able to move freely in and out of the city. But people found him, and came from all over.

A Paraplegic

2 1-5 After a few days, Jesus returned to Capernaum, and word got around that he

졌다. 무리가 문 앞을 꽉 메워서 아무도 드나들 수 없었다. 예수께서는 말씀을 가르치고 계셨다. 사람들이 한 중풍병자를 네 사람에게 들려서 예수께 데려왔다. 사람이 많아서 안으로 들어갈 수가 없자, 그들은 지붕을 뜯어 내고 중풍병자를 들것에 달아 내렸다. 그들의 담대한 믿음에 감동하신 예수께서 중풍병자에게 말씀하셨다. "아들아, 내가 네 죄를 용서한다."

6-7 거기 앉아 있던 몇몇 종교 학자들이 자기들끼리 수군거리며 말했다. "저렇게 말하면 안되지! 저것은 신성모독이다! 오직 하나님만이 죄를 용서하실 수 있다."

8-12 예수께서 그들의 생각을 곧바로 아시고 말씀하셨다. "너희는 어찌 그리 의심이 많으냐? 중풍병자에게 '내가 네 죄를 용서한다'고 말하는 것과 '일어나 네 들것을 들고 걸어가라'고 말하는 것 중에 어느 쪽이 더 쉽겠느냐? 내가 인자인 것과, 내가 어느 쪽이든 행할 권한이 있다는 것을 분명히 보여주겠다." (그러고는 중풍병자를 바라보시며 이렇게 말씀하셨다.) "일어나거라. 네 들것을 들고 집으로 가거라." 그 사람은 그 말씀대로 일어나서, 들것을 가지고 모두가 보는 앞에서 걸어 나갔다. 사람들은 도무지 믿기지 않아 자신들의 눈을 비볐다. 그러고 나서 하나님을 찬송하며 말했다. "우리 평생에 이런 일은 처음 본다!"

의사가 필요한 사람이 누구냐

13-14 예수께서 다시 호숫가를 걸으셨다. 무리가 다시 그분께 왔고, 예수께서는 그들을 가르치셨다. 예수께서 거니시다가, 알패오의 아들 레위가 자기 일터에서 세금을 걷고 있는 것을 보셨다. 예수께서 말씀하셨다. "나와 함께 가자." 그는 따라갔다.

15-16 나중에 예수와 그 제자들이 평판이 좋지 않은 무리와 함께 집에서 저녁을 먹고 있었다. 보기에는 아닐 것 같지만, 그들 가운데 적지 않은 사람들이 이미 그분을 따르고 있었다. 종교 학자와 바리새인들은 예수께서 그런 무리와 어울리는 것을 보고, 그분의 제자들에게 따졌다. "쓰레기 같은 인간들과 친하게 지내다니, 이게 무슨 본이 되겠소?"

17 예수께서 들으시고 반박하셨다. "의사가 필요한 *사람이 누구냐? 건강한 사람이냐, 병든 사람이냐?* 내가 여기 있는 것은 영적으로 건강한 사람을 초청하려는 것이 아니라, 죄로 병든 사람을 초청하려는 것이다."

was back home. A crowd gathered, jamming the entrance so no one could get in or out. He was teaching the Word. They brought a paraplegic to him, carried by four men. When they weren't able to get in because of the crowd, they removed part of the roof and lowered the paraplegic on his stretcher. Impressed by their bold belief, Jesus said to the paraplegic, "Son, I forgive your sins."

6-7 Some religion scholars sitting there started whispering among themselves, "He can't talk that way! That's blasphemy! God and only God can forgive sins."

8-12 Jesus knew right away what they were thinking, and said, "Why are you so skeptical? Which is simpler: to say to the paraplegic, 'I forgive your sins,' or say, 'Get up, take your stretcher, and start walking'? Well, just so it's clear that I'm the Son of Man and authorized to do either, or both..." (he looked now at the paraplegic), "Get up. Pick up your stretcher and go home." And the man did it—got up, grabbed his stretcher, and walked out, with everyone there watching him. They rubbed their eyes, incredulous—and then praised God, saying, "We've never seen anything like this!"

The Tax Collector

13-14 Then Jesus went again to walk alongside the lake. Again a crowd came to him, and he taught them. Strolling along, he saw Levi, son of Alphaeus, at his work collecting taxes. Jesus said, "Come along with me." He came.

15-16 Later Jesus and his disciples were at home having supper with a collection of disreputable guests. Unlikely as it seems, more than a few of them had become followers. The religion scholars and Pharisees saw him keeping this kind of company and lit into his disciples: "What kind of example is this, acting cozy with the riffraff?"

17 Jesus, overhearing, shot back, "Who needs a doctor: the healthy or the sick? I'm here inviting the sin-sick, not the spiritually-fit."

잔치인가, 금식인가

18 요한의 제자들과 바리새인의 제자들은 금식하는 습관이 있었다. 몇몇 사람들이 예수께 와서 따졌다. "요한을 따르는 이들과 바리새인들은 금식 훈련을 하는데, 당신을 따르는 이들은 왜 그렇게 하지 않습니까?"

19-20 예수께서 말씀하셨다. "즐거운 결혼식 중에는 빵과 포도주를 아끼지 않고 실컷 먹는다. 나중에 허리띠를 졸라맬 일이 있을지 모르지만, 지금은 아니다. 신랑신부와 함께 있는 동안에는 즐겁게 보내는 법이다. 정겨운 축하의 모닥불에 찬물을 끼얹는 사람은 없다. 하나님 나라가 임한다는 것은 바로 이런 것이다!"

21-22 예수께서 계속해서 말씀하셨다. "멀쩡한 스카프를 잘라서 낡은 작업복에 대고 깁는 사람은 없다. 서로 어울리는 천을 찾게 마련이다. 그리고 금이 간 병에는 포도주를 담지 않는 법이다."

23-24 어느 안식일에 예수께서 곡식이 무르익은 밭 사이를 걷고 계셨다. 제자들이 길을 가다가 곡식 이삭을 땄다. 바리새인들이 그 일로 예수께 말했다. "보십시오, 당신의 제자들이 안식일 규정을 어기고 있습니다!"

25-28 예수께서 말씀하셨다. "너희는 다윗이 배고플 때에 자기와 함께한 동료들과 한 일을 읽어 보지 못했느냐? 그가 성소에 들어가 대제사장 아비아달이 보는 앞에서 제단에서 갓 물려 낸 빵, 곧 제사장들 외에는 아무도 먹지 못하게 되어 있는 거룩한 빵을 먹고 자기 동료들에게도 주지 않았느냐?" 이어서 예수께서 말씀하셨다. "우리를 위해 안식일이 만들어진 것이지, 안식일을 위해 우리가 만들어진 것은 아니다. 인자는 안식일의 종이 아니라 주인이다!"

안식일에 선을 행하는 것

3

1-3 예수께서 다시 회당에 들어가시니, 거기에 한쪽 손이 오그라든 사람이 있었다. 바리새인들은 혹시나 안식일 위반으로 예수를 잡을까 하여, 그 사람을 고쳐 주나 보려고 그분을 주시했다. 예수께서 손이 오그라든 사람에게 말씀하셨다. "우리가 잘 볼 수 있도록 여기 서거라."

4 예수께서 이번에는 사람들에게 말씀하셨다. "어떤 행동이 안식일에 가장 합당하냐? 선을 행하는 것이냐, 악을 행하는 것이냐? 사람을 돕는 것이냐, 무력한 상태로 버려두는 것이냐?" 아무도 말이 없었다.

Feasting or Fasting?

18 The disciples of John and the disciples of the Pharisees made a practice of fasting. Some people confronted Jesus: "Why do the followers of John and the Pharisees take on the discipline of fasting, but your followers don't?"

19-20 Jesus said, "When you're celebrating a wedding, you don't skimp on the cake and wine. You feast. Later you may need to pull in your belt, but not now. As long as the bride and groom are with you, you have a good time. No one throws cold water on a friendly bonfire. This is Kingdom Come!"

21-22 He went on, "No one cuts up a fine silk scarf to patch old work clothes; you want fabrics that match. And you don't put your wine in cracked bottles."

23-24 One Sabbath day he was walking through a field of ripe grain. As his disciples made a path, they pulled off heads of grain. The Pharisees told on them to Jesus: "Look, your disciples are breaking Sabbath rules!"

25-28 Jesus said, "Really? Haven't you ever read what David did when he was hungry, along with those who were with him? How he entered the sanctuary and ate fresh bread off the altar, with the Chief Priest Abiathar right there watching—holy bread that no one but priests were allowed to eat—and handed it out to his companions?" Then Jesus said, "The Sabbath was made to serve us; we weren't made to serve the Sabbath. The Son of Man is no lackey to the Sabbath. He's in charge!"

Doing Good on the Sabbath

3

1-3 Then he went back in the meeting place where he found a man with a crippled hand. The Pharisees had their eyes on Jesus to see if he would heal him, hoping to catch him in a Sabbath infraction. He said to the man with the crippled hand, "Stand here where we can see you."

4 Then he spoke to the people: "What kind of action suits the Sabbath best? Doing good or doing evil? Helping people or leaving them

5-6 예수께서는 그들의 비정한 종교에 노하여, 그들의 눈을 하나씩 쳐다보셨다. 그러고는 그 사람에게 말씀하셨다. "네 손을 내밀어라." 그가 손을 내밀자, 그 손이 새 손과 같이 되었다! 바리새인들은 서둘러 그곳을 빠져나가, 어떻게 하면 헤롯의 당원들과 합세하여 그분을 파멸시킬 것인지 흥분하며 이야기했다.

열두 사도

7-10 예수께서 그곳을 피해 제자들과 함께 바닷가로 떠나가셨다. 그러나 갈릴리에서 큰 무리가 따라왔고, 유대와 예루살렘과 이두매와 요단 강 건너편과 두로와 시돈 근방에서도 큰 무리가 따라왔다. 그들은 말로만 전해 듣던 것을 직접 눈으로 보려고 왔다. 예수께서는 무리에게 밟히지 않도록, 제자들에게 배를 준비하게 하셨다. 예수께서 지금까지 많은 사람들을 고쳐 주셨으므로, 온전치 못한 사람은 서로 밀고 당기며 그분께 다가가서 그분을 만지려고 했다.

11-12 악한 귀신들이 그분을 알아보고는 엎드려 부르짖었다. "당신은 하나님의 아들입니다!" 그러나 예수께서는 그 말을 받아들이지 않으셨다. 그들의 입을 다물게 하여, 자신의 정체를 사람들에게 알리지 못하게 막으셨다.

13-19 예수께서 산에 올라가셔서 자신이 원하는 사람들을 초청하셨다. 그들이 함께 올라갔다. 예수께서 열두 명을 정하시고, 그들을 사도로 임명하셨다. 그분의 계획은 그들로 자신과 함께 있게 하고, 그들을 보내 말씀을 선포하게 하며, 그들에게 귀신을 쫓아내는 권세를 주시려는 것이었다. 그 열두 명은 다음과 같다.

시몬(나중에 예수께서 그에게 베드로, 곧 '바위'라는 이름을 지어 주셨다)
세베대의 아들 야고보
야고보의 동생 요한(예수께서 세베대의 두 아들에게는 '천둥의 아들'을 뜻하는 보아너게라는 별명을 붙여 주셨다)
안드레
빌립
바돌로매
마태
도마
알패오의 아들 야고보
다대오

helpless?" No one said a word.

5-6 He looked them in the eye, one after another, angry now, furious at their hard-nosed religion. He said to the man, "Hold out your hand." He held it out—it was as good as new! The Pharisees got out as fast as they could, sputtering about how they would join forces with Herod's followers and ruin him.

The Twelve Apostles

7-10 Jesus went off with his disciples to the sea to get away. But a huge crowd from Galilee trailed after them—also from Judea, Jerusalem, Idumea, across the Jordan, and around Tyre and Sidon—swarms of people who had heard the reports and had come to see for themselves. He told his disciples to get a boat ready so he wouldn't be trampled by the crowd. He had healed many people, and now everyone who had something wrong was pushing and shoving to get near and touch him.

11-12 Evil spirits, when they recognized him, fell down and cried out, "You are the Son of God!" But Jesus would have none of it. He shut them up, forbidding them to identify him in public.

13-19 He climbed a mountain and invited those he wanted with him. They climbed together. He settled on twelve, and designated them apostles. The plan was that they would be with him, and he would send them out to proclaim the Word and give them authority to banish demons. These are the Twelve:

Simon (Jesus later named him Peter, meaning "Rock"),
James, son of Zebedee,
John, brother of James (Jesus nicknamed the Zebedee brothers Boanerges, meaning "Sons of Thunder"),
Andrew,
Philip,
Bartholomew,
Matthew,
Thomas,
James, son of Alphaeus,
Thaddaeus,

가나안 사람 시몬
가룟 유다(그분을 배반한 자다).

성령을 모독하는 죄

20-21 예수께서 집에 오시자, 여느 때처럼 무리가 모여들었다. 예수께 이것저것 해달라고 청하는 사람들이 많아서, 그분은 식사할 겨를조차 없었다. 예수의 친구들이 상황을 듣고서, 필요하다면 억지로라도 그분을 구해 내려고 왔다. 그들은 그분이 제정신을 잃어 가는 것은 아닌지 의심했다.

22-27 예루살렘에서 종교 학자들이 내려와서, 예수가 마술을 부리고 마귀의 속임수를 써서 그 능력으로 사람들의 이목을 끌고 있다는 소문을 퍼뜨렸다. 예수께서 그들의 비방에 이런 이야기로 맞섰다. "마귀를 보내 마귀를 잡고 사탄을 이용해 사탄을 없앤다는 것이 말이 되느냐? 늘 싸움질하는 가정은 무너지게 마련이다. 사탄이 사탄과 싸우고 있으면, 사탄은 이내 남아나지 못할 것이다. 환한 대낮에 시퍼렇게 눈을 뜬 건장한 사내의 집에 들어가서 그 살림을 가지고 달아나려면, 먼저 그 사람을 묶어야 하지 않겠느냐? 그를 묶으면, 집을 깨끗이 털 수 있다.

28-30 잘 들어라. 내가 너희에게 경고한다. 용서받지 못할 말이나 행동은 없다. 그러나 너희가 하나님의 성령을 끝까지 비방하면, 너희를 용서하시는 바로 그분을 물리치는 것이 된다. 그것은 너희 자신이 걸터앉은 나뭇가지를 톱으로 잘라 내는 것이며, 용서하시는 그분과의 모든 관계를 너희 자신의 사악함으로 끊어 버리는 것이다." 예수께서 이렇게 경고하신 것은, 그들이 그분을 악한 자와 한패로 몰았기 때문이다.

순종이 피보다 진하다

31-32 그때에 예수의 어머니와 동생들이 나타났다. 그들은 밖에 서서, 그분과 잠시 할 말이 있다는 전갈을 보냈다. 예수께서 그 전갈을 받을 때에 무리에 둘러싸여 있었다. "선생님의 어머니와 동생들이 밖에서 찾고 있습니다."

33-35 예수께서 대답하셨다. "내 어머니와 형제들이 누구라고 생각하느냐?" 그러고는 둘러앉은 사람들을 일일이 쳐다보며 말씀하셨다. "내 어머니와 형제들이 여기, 바로 너희 앞에 있다. 순종이 피보다 진하다. 하나님의 뜻에 순종하는 사람이 내 형제요 자매요 어머니다."

Simon the Canaanite,
Judas Iscariot (who betrayed him).

Satan Fighting Satan?

20-21 Jesus came home and, as usual, a crowd gathered—so many making demands on him that there wasn't even time to eat. His friends heard what was going on and went to rescue him, by force if necessary. They suspected he was getting carried away with himself.

22-27 The religion scholars from Jerusalem came down spreading rumors that he was working black magic, using devil tricks to impress them with spiritual power. Jesus confronted their slander with a story: "Does it make sense to send a devil to catch a devil, to use Satan to get rid of Satan? A constantly squabbling family disintegrates. If Satan were fighting Satan, there soon wouldn't be any Satan left. Do you think it's possible in broad daylight to enter the house of an awake, able-bodied man, and walk off with his possessions unless you tie him up first? Tie him up, though, and you can clean him out.

28-30 "Listen to this carefully. I'm warning you. There's nothing done or said that can't be forgiven. But if you persist in your slanders against God's Holy Spirit, you are repudiating the very One who forgives, sawing off the branch on which you're sitting, severing by your own perversity all connection with the One who forgives." He gave this warning because they were accusing him of being in league with Evil.

Jesus' Mother and Brothers

31-32 Just then his mother and brothers showed up. Standing outside, they relayed a message that they wanted a word with him. He was surrounded by the crowd when he was given the message, "Your mother and brothers and sisters are outside looking for you."

33-35 Jesus responded, "Who do you think are my mother and brothers?" Looking around, taking in everyone seated around him, he said, "Right here, right in front of you—my mother and my brothers. Obedience is thicker than blood. The person who obeys God's will is my brother and sister and mother."

씨 뿌리는 농부 이야기

4 1-2 예수께서 다시 바닷가에서 가르치셨다. 무리가 인산인해를 이루고 있어서, 예수께서는 해안에서 좀 떨어진 배에 오르셔야 했다. 사람들이 물가로 몰려와서 배를 설교단으로 삼으신 것이다. 예수께서 많은 이야기로 가르치셨다.

3-8 "들어라. 너희는 어떻게 생각하느냐? 어떤 농부가 씨를 뿌렸다. 씨를 뿌리는데, 더러는 길 위에 떨어져서, 새들이 먹어 버렸다. 더러는 자갈밭에 떨어져서, 금세 싹이 났으나 뿌리를 내리지 못해, 해가 뜨자 곧 시들어 버렸다. 더러는 잡초밭에 떨어져서, 싹이 났으나 잡초 틈새에 짓눌려 아무 소득이 없었다. 더러는 좋은 땅에 떨어져서, 무성하게 자라 농부가 생각지도 못한 큰 결실을 맺었다.

9 너희는 듣고 있느냐? 정말로 듣고 있느냐?"

10-12 예수께서 따로 계실 때, 그분 곁에 있던 사람들이 열두 제자와 함께 그 이야기에 대해 물었다. 예수께서 그들에게 말씀하셨다. "너희에게는 하나님 나라를 아는 깨달음이 주어졌다. 너희는 하나님 나라가 어떻게 되어 가는지 안다. 그러나 아직 볼 줄 모르는 사람들에게는 모든 것을 이야기로 풀어 나간다. 마음을 준비시키고, 마음을 열어 깨닫도록 주의를 환기시키려는 것이다. 그들은,

눈을 떴으나 하나도 보지 못하고
귀가 열렸으나 한 마디도 알아듣지 못하며
돌아서지도 않고 용서받기도 거부한다."

13 예수께서 계속해서 말씀하셨다. "이 이야기가 어떻게 되어 가는지 알겠느냐? 내가 하는 모든 이야기는 이렇게 이루어진다.

14-15 농부가 말씀을 뿌린다. 어떤 사람은 딱딱한 길바닥에 떨어진 씨와 같다. 말씀을 듣자마자, 사탄이 그 속에 뿌려진 것을 낚아채 간다.

16-17 또 어떤 사람은 자갈밭에 떨어진 씨와 같다. 그는 처음 말씀을 들을 때는 아주 뜨겁게 반응한다. 하지만 성품의 토양이 얕다 보니, 감정이 식거나 어려움이 닥치면 아무 쓸모없게 되고 만다.

18-19 잡초밭에 떨어진 씨는, 천국 소식을 듣기는 듣지만 해야 할 온갖 일과 갖고 싶은 것에 대한 염려로 짓눌려 있는 사람을 가리킨다. 스

The Story of the Scattered Seed

4 1-2 He went back to teaching by the sea. A crowd built up to such a great size that he had to get into an offshore boat, using the boat as a pulpit as the people pushed to the water's edge. He taught by using stories, many stories.

3-8 "Listen. What do you make of this? A farmer planted seed. As he scattered the seed, some of it fell on the road and birds ate it. Some fell in the gravel; it sprouted quickly but didn't put down roots, so when the sun came up it withered just as quickly. Some fell in the weeds; as it came up, it was strangled among the weeds and nothing came of it. Some fell on good earth and came up with a flourish, producing a harvest exceeding his wildest dreams.

9 "Are you listening to this? Really listening?"

10-12 When they were off by themselves, those who were close to him, along with the Twelve, asked about the stories. He told them, "You've been given insight into God's kingdom—you know how it works. But to those who can't see it yet, everything comes in stories, creating readiness, nudging them toward receptive insight. These are people—

Whose eyes are open but don't see a thing,
Whose ears are open but don't understand a word,
Who avoid making an about-face and getting forgiven."

13 He continued, "Do you see how this story works? All my stories work this way.

14-15 "The farmer plants the Word. Some people are like the seed that falls on the hardened soil of the road. No sooner do they hear the Word than Satan snatches away what has been planted in them.

16-17 "And some are like the seed that lands in the gravel. When they first hear the Word, they respond with great enthusiasm. But there is such shallow soil of character that when the emotions wear off and some difficulty arrives, there is nothing to show for it.

18-19 "The seed cast in the weeds represents the ones who hear the kingdom news but are overwhelmed with worries about all the things they have to do and

트레스에 숨이 막혀서 들은 것조차도 아무 소
득이 없다.
20 그러나 좋은 땅에 뿌려진 씨는, 말씀을 듣고
품어서 생각지도 못한 큰 결실을 맺는 사람을
가리킨다."

받는 것보다 주는 것이 더 낫다

21-22 예수께서 계속해서 말씀하셨다. "집에 등
잔을 가져와서 통 속이나 침대 밑에 두는 사람
이 있느냐? 탁자나 선반 위에 두지 않느냐? 우
리는 비밀을 감추어 두지 않고, 오히려 말할 것
이다. 숨기지 않고, 오히려 밝히 드러낼 것이다.
23 너희는 듣고 있느냐? 정말로 듣고 있느냐?
24-25 내가 하는 말을 잘 들어라. 세상에서 너희
힘으로 잘될 수 있다는 약삭빠른 충고를 조심
하여라. 받는 것보다 주는 것이 더 낫다. 베풂
은 베풂을 낳는다. 인색하면 가난해진다."

많은 이야기로 말씀하시다

26-29 예수께서 또 말씀하셨다. "하나님 나라는
어떤 사람이 밭에 씨를 뿌리고는 잊어버린 채
잠자리에 든 것과 같다. 씨는 싹이 터서 자라나
는데, 그는 어떻게 된 일인지 모른다. 그의 도
움 없이 땅이 다 알아서 한다. 처음에는 푸른
줄기를 내고, 다음에는 꽃봉오리를 내고, 그 다
음에는 익은 곡식이다. 곡식이 완전히 영글면
거둔다. 추수할 때가 된 것이다!
30-32 하나님 나라를 어떻게 묘사할 수 있을까?
어떤 이야기가 좋을까? 하나님 나라는 솔씨 하나
와 같다. 솔씨는 땅에 떨어질 때 씨로서는 아주
작지만, 일단 심으면 가지가 무성한 큰 나무로
자란다. 독수리들이 그 안에 둥지를 틀 정도다."
33-34 예수께서는 이처럼 많은 이야기로 메시지
를 전해 주시면서, 그들의 경험과 성숙도에 맞
게 이야기를 들려주셨다. 예수께서 이야기 없
이는 말씀하지 않으셨다. 그리고 제자들과 따
로 있을 때에 모든 것을 다시 설명해 주셨다.
혼란스러운 것을 정리하시고, 얽힌 것은 풀어
주셨다.

바람과 바다를 잠잠케 하시다

35-38 그날 늦게 예수께서 제자들에게 말씀하셨
다. "저편으로 건너가자." 제자들은 그분을 배
에 계신 그대로 모시고 갔다. 다른 배들도 따라
갔다. 그때에 큰 풍랑이 일어났다. 파도가 배

all the things they want to get. The stress strangles
what they heard, and nothing comes of it.
20 "But the seed planted in the good earth represents
those who hear the Word, embrace it, and produce a
harvest beyond their wildest dreams."

Giving, Not Getting

21-22 Jesus went on: "Does anyone bring a lamp home
and put it under a washtub or beneath the bed? Don't
you put it up on a table or on the mantel? We're not
keeping secrets, we're telling them; we're not hiding
things, we're bringing them out into the open.
23 "Are you listening to this? Really listening?
24-25 "Listen carefully to what I am saying—and be
wary of the shrewd advice that tells you how to get
ahead in the world on your own. Giving, not getting,
is the way. Generosity begets generosity. Stinginess
impoverishes."

Never Without a Story

26-29 Then Jesus said, "God's kingdom is like seed
thrown on a field by a man who then goes to bed
and forgets about it. The seed sprouts and grows—
he has no idea how it happens. The earth does it all
without his help: first a green stem of grass, then a
bud, then the ripened grain. When the grain is fully
formed, he reaps—harvest time!
30-32 "How can we picture God's kingdom? What
kind of story can we use? It's like a pine nut. When
it lands on the ground it is quite small as seeds go,
yet once it is planted it grows into a huge pine tree
with thick branches. Eagles nest in it."
33-34 With many stories like these, he presented
his message to them, fitting the stories to their
experience and maturity. He was never without a
story when he spoke. When he was alone with his
disciples, he went over everything, sorting out the
tangles, untying the knots.

The Wind Ran Out of Breath

35-38 Late that day he said to them, "Let's go across
to the other side." They took him in the boat as he
was. Other boats came along. A huge storm came
up. Waves poured into the boat, threatening to sink
it. And Jesus was in the stern, head on a pillow,

안으로 들이쳐서, 배가 가라앉으려고 했다. 예수께서는 배 뒤쪽에서 베개를 베고 주무시고 계셨다! 제자들이 그분을 깨우며 말했다. "선생님, 우리가 빠져 죽게 되었는데 아무렇지도 않습니까?"
39-40 잠에서 깬 예수께서 바람에게 조용하라고 하시고, 바다에게 "고요하여라! 잠잠하여라!" 하고 말씀하셨다. 바람이 숨을 멎고, 바다는 호수처럼 고요해졌다. 예수께서 제자들을 꾸짖으셨다. "어째서 너희는 이토록 겁이 많으냐? 그렇게도 믿음이 없느냐?"
41 그들은 놀라고 두려워서, 어쩔 줄을 몰라했다. "도대체 이분은 누구신가? 바람과 바다도 마음대로 부리시다니!"

거라사의 귀신 들린 사람

5 1-5 그들은 바다 건너편 거라사 사람들의 지방에 이르렀다. 예수께서 배에서 내리시자, 묘지에서 어떤 미친 사람이 그분께 나아왔다. 그는 거기 무덤 사이에서 살았다. 아무도 그를 잡아 둘 수 없었다. 사슬을 채울 수도, 결박할 수도 없었다. 사람들이 여러 번 사슬과 밧줄로 묶었지만, 그때마다 그는 사슬을 부서뜨리고 밧줄을 끊어 버렸다. 아무리 힘센 사람도 그를 꺾을 수 없었다. 그는 밤낮으로 무덤과 산을 어슬렁거리면서, 고함을 지르고 뾰족한 돌로 제 몸을 마구 상하게 했다.
6-8 그가 멀찍이서 예수를 보고 달려와, 그분 앞에 경배하며 엎드렸다. 그러고는 고함지르며 따졌다. "지극히 높으신 하나님의 아들 예수여, 무슨 일로 내게 간섭합니까? 제발, 나를 괴롭게 하지 마십시오!" (예수께서 이미 그 악한 귀신에게 "나오너라! 그 사람에게서 나오너라!" 하고 명령하신 뒤였다.)
9-10 예수께서 그에게 물으셨다. "네 이름이 무엇이냐?" 그가 대답했다. "내 이름은 패거리입니다. 난동을 부리는 패거리입니다." 그는 자기를 그 지방에서 내쫓지 말아 달라고 예수께 애원했다.
11-13 마침 근처 언덕에서 큰 돼지 떼가 땅을 파헤치며 먹을 것을 찾고 있었다. 귀신들이 예수께 애걸했다. "우리를 돼지에게 보내셔서 그 속에서 살게 해주십시오." 예수께서 그렇게 하라고 말씀하셨다. 그러나 돼지 떼의 형편은 그 사람의 형편보다 더 *나빠졌다. 돼지들이 미쳐서 벼랑으로* 우르르 몰려가더니, 바다에 빠져 죽은 것이다.
14-15 돼지를 치던 사람들이 혼비백산하여 도망쳐서, 시내와 마을에 그 이야기를 전했다. 다들 어찌 된 일인지 보고 싶어 했다. 사람들이 예수께 다가

sleeping! They roused him, saying, "Teacher, is it nothing to you that we're going down?"
39-40 Awake now, he told the wind to pipe down and said to the sea, "Quiet! Settle down!" The wind ran out of breath; the sea became smooth as glass. Jesus reprimanded the disciples: "Why are you such cowards? Don't you have any faith at all?"
41 They were in absolute awe, staggered. "Who is this, anyway?" they asked. "Wind and sea at his beck and call!"

The Madman

5 1-5 They arrived on the other side of the sea in the country of the Gerasenes. As Jesus got out of the boat, a madman from the cemetery came up to him. He lived there among the tombs and graves. No one could restrain him–he couldn't be chained, couldn't be tied down. He had been tied up many times with chains and ropes, but he broke the chains, snapped the ropes. No one was strong enough to tame him. Night and day he roamed through the graves and the hills, screaming out and slashing himself with sharp stones.
6-8 When he saw Jesus a long way off, he ran and bowed in worship before him–then bellowed in protest, "What business do you have, Jesus, Son of the High God, messing with me? I swear to God, don't give me a hard time!" (Jesus had just commanded the tormenting evil spirit, "Out! Get out of the man!")
9-10 Jesus asked him, "Tell me your name."
He replied, "My name is Mob. I'm a rioting mob." Then he desperately begged Jesus not to banish them from the country.
11-13 A large herd of pigs was browsing and rooting on a nearby hill. The demons begged him, "Send us to the pigs so we can live in them." Jesus gave the order. But it was even worse for the pigs than for the man. Crazed, they stampeded over a cliff into the sea and drowned.
14-15 Those tending the pigs, scared to death, bolted and told their story in town and country. Everyone wanted to see what had happened.

와서 보니, 미친 사람이 단정한 옷차림과 멀쩡한 정신으로 앉아 있었다. 그는 더 이상 걸어 다니는 정신병원이 아니었다.

16-17 그 일을 처음부터 목격한 사람들이 귀신 들린 사람과 돼지 떼에게 벌어진 일을 그들에게 말해 주었다. 그들은 처음에는 두려워하다가 나중에는 언짢아했다. 돼지들이 익사한 것 때문에 기분이 상했던 것이다. 그들은 예수께 그곳을 떠나 다시는 오지 말라고 당부했다.

18-20 예수께서 배에 오르실 때에, 귀신한테서 놓인 그 사람이 자기도 함께 가게 해달라고 간청했으나 그분은 허락하지 않으셨다. 예수께서 말씀하셨다. "네 집, 네 가족한테 가거라. 주께서 무엇을 하셨고, 어떻게 너를 불쌍히 여기셨는지 그들에게 이야기하여라." 그 사람은 돌아가서, 예수께서 자기에게 행하신 일을 '데가볼리'(열 성읍) 근방에 전하기 시작했다. 그는 동네의 화젯거리였다.

손가락 하나만 대어도

21-24 예수께서 배를 타고 건너가시자, 큰 무리가 바닷가에서 그분을 맞이했다. 회당 지도자 가운데 야이로라는 사람이 왔다. 그는 예수를 보고는, 무릎을 꿇고 정신없이 애원했다. "제 사랑하는 딸이 죽음의 문턱에 있습니다. 병이 나아서 살 수 있도록, 오셔서 손을 얹어 주십시오." 예수께서 그와 함께 가시는데, 온 무리가 따라가며 그분을 밀고 당겼다.

25-29 십이 년 동안 혈루증으로 고생한 한 여자가 예수의 소문을 들었다. 여자는 많은 의사들에게 치료를 받았으나, 형편없는 치료로 돈만 날리고 상태가 이전보다 더 나빠졌다. 여자는 뒤에서 슬그머니 다가가 예수의 옷을 만졌다. '이분의 옷에 손가락 하나만 대어도 내가 낫겠다'고 생각한 것이다. 여자가 손을 대는 순간에 흐르던 피가 멈추었다. 여자는 변화를 느낄 수 있었고, 자신의 병이 깨끗이 나은 것을 알았다.

30 그 순간, 예수께서 자신에게서 기운이 나간 것을 아시고, 무리에게 돌아서서 물으셨다. "누가 내 옷에 손을 대었느냐?"

31 제자들이 말했다. "무슨 말씀이신지요? 무리가 이렇게 밀고 당기는데 '누가 내게 손을 대었느냐?' 고 물으시다니요. 손을 댄 사람이 수십 명은 될 것입니다!"

32-33 그러나 예수께서는 누가 그렇게 했는지 보려고 계속 둘러보며 물으셨다. 자기가 한 일을 알고 있던 그 여자는, 두려워 떨며 앞으로 나아갔다. 여

They came up to Jesus and saw the madman sitting there wearing decent clothes and making sense, no longer a walking madhouse of a man.

16-17 Those who had seen it told the others what had happened to the demon-possessed man and the pigs. At first they were in awe—and then they were upset, upset over the drowned pigs. They demanded that Jesus leave and not come back.

18-20 As Jesus was getting into the boat, the demon-delivered man begged to go along, but he wouldn't let him. Jesus said, "Go home to your own people. Tell them your story—what the Master did, how he had mercy on you." The man went back and began to preach in the Ten Towns area about what Jesus had done for him. He was the talk of the town.

A Risk of Faith

21-24 After Jesus crossed over by boat, a large crowd met him at the seaside. One of the meeting-place leaders named Jairus came. When he saw Jesus, he fell to his knees, beside himself as he begged, "My dear daughter is at death's door. Come and lay hands on her so she will get well and live." Jesus went with him, the whole crowd tagging along, pushing and jostling him.

25-29 A woman who had suffered a condition of hemorrhaging for twelve years—a long succession of physicians had treated her, and treated her badly, taking all her money and leaving her worse off than before—had heard about Jesus. She slipped in from behind and touched his robe. She was thinking to herself, "If I can put a finger on his robe, I can get well." The moment she did it, the flow of blood dried up. She could feel the change and knew her plague was over and done with.

30 At the same moment, Jesus felt energy discharging from him. He turned around to the crowd and asked, "Who touched my robe?"

31 His disciples said, "What are you talking about? With this crowd pushing and jostling you, you're asking, 'Who touched me?' Dozens have touched you!"

32-33 But he went on asking, looking around to

자는 그분 앞에 무릎을 꿇고 자초지종을 이야기했다.

34 예수께서 여자에게 말씀하셨다. "딸아, 너는 믿음의 모험을 했고 이제 온전해졌다. 잘 살아라. 병이 나았으니 복되게 살아라!"

35 예수께서 아직 말씀하시는 중에, 회당장의 집에서 사람들이 와서 회당장에게 말했다. "따님이 죽었습니다. 선생님을 더 괴롭게 해드릴 일이 있겠습니까?"

36 예수께서 그들이 하는 말을 들으시고 그 회당장에게 말씀하셨다. "그들의 말을 듣지 말고, 나만 신뢰하여라."

37-40 예수께서는 베드로, 야고보, 요한 외에는 아무도 따라오지 못하게 하셨다. 회당장의 집에 들어선 그들은, 이야깃거리를 찾는 입방아꾼들과 음식을 나르는 이웃 사이를 헤치고 지나갔다. 예수께서 불쑥 말씀하셨다. "어째서 이렇게 너도나도 울고불고 말이 많으냐? 이 아이는 죽은 것이 아니라 자고 있다." 사람들은 저가 알지도 못하면서 저런 말을 한다고 비웃었다.

40-43 예수께서 그들을 다 내보내신 뒤에, 아이 부모와 자기 동료들만 데리고 아이 방으로 들어가셨다. 예수께서 소녀의 손을 꼭 잡고 말씀하셨다. "달리다 굼." 이는 '소녀야, 일어나라'라는 뜻이다. 그러자 소녀가 일어나서 걸어 다녔다! 소녀의 나이는 열두 살이었다. 그들은 모두 기뻐서 어쩔 줄 몰라했다. 예수께서는 그 방에서 일어난 일을 아무에게도 알리지 말라고 그들에게 엄히 명하셨다. 그리고 "아이에게 먹을 것을 주어라" 하고 말씀하셨다.

고향에서 배척받으시다

6 1-2 예수께서 그곳을 떠나 자기 고향으로 돌아가셨다. 제자들도 함께 갔다. 안식일에 예수께서 회당에서 설교하셨다. 예수께서는 모든 사람의 감탄을 자아낼 정도로 대단하셨다. 사람들이 말했다. "이 사람이 이렇게 훌륭한 사람인지 미처 몰랐다! 어떻게 이렇게 갑자기 지혜로워지고, 이런 능력을 갖게 되었을까?"

3 그러나 한편으로 그들은 언제 그랬냐는 듯이, 어느새 그분을 깎아내리고 있었다. "이 사람은 목수요 마리아의 아들에 불과하다. 우리

see who had done it. The woman, knowing what had happened, knowing she was the one, stepped up in fear and trembling, knelt before him, and gave him the whole story.

34 Jesus said to her, "Daughter, you took a risk of faith, and now you're healed and whole. Live well, live blessed! Be healed of your plague."

35 While he was still talking, some people came from the leader's house and told him, "Your daughter is dead. Why bother the Teacher any more?"

36 Jesus overheard what they were talking about and said to the leader, "Don't listen to them; just trust me."

37-40 He permitted no one to go in with him except Peter, James, and John. They entered the leader's house and pushed their way through the gossips looking for a story and neighbors bringing in casseroles. Jesus was abrupt: "Why all this busybody grief and gossip? This child isn't dead; she's sleeping." Provoked to sarcasm, they told him he didn't know what he was talking about.

40-43 But when he had sent them all out, he took the child's father and mother, along with his companions, and entered the child's room. He clasped the girl's hand and said, "*Talitha koum,*" which means, "Little girl, get up." At that, she was up and walking around! This girl was twelve years of age. They, of course, were all beside themselves with joy. He gave them strict orders that no one was to know what had taken place in that room. Then he said, "Give her something to eat."

Just a Carpenter

6 1-2 He left there and returned to his hometown. His disciples came along. On the Sabbath, he gave a lecture in the meeting place. He made a real hit, impressing everyone. "We had no idea he was this good!" they said. "How did he get so wise all of a sudden, get such ability?"

3 But in the next breath they were cutting him down: "He's just a carpenter–Mary's boy. We've known him since he was a kid. We know his brothers, James, Justus, Jude, and Simon, and his sisters. Who does he think he is?" They tripped over what

는 그를 어려서부터 알았다. 그의 동생 야고보와 요셉과 유다와 시몬 그리고 그의 누이들도 우리가 안다. 도대체 그는 자기가 누구라고 저러는 것인가?" 그들은 예수에 대해 조금 아는 것에 걸려 넘어졌던 것이다. 그들은 거기서 더 이상 나아가지 못했다.

4-6 예수께서 그들에게 말씀하셨다. "예언자는 자기 고향, 자기 친척, 자기가 어려서 놀던 길목에서는 별로 존경을 받지 못하는 법이다." 예수께서는 거기서 많은 일을 행하실 수 없었다. 몇몇 병자들에게 손을 얹어 고쳐 주신 것이 전부였다. 그들의 완고함을 예수께서도 어찌할 수 없었다. 그래서 예수께서는 그곳을 떠나, 다른 마을을 다니시며 가르치셨다.

열두 제자를 파송하시다

7-8 예수께서 열두 제자를 부르셔서, 둘씩 짝을 지어 내보내시며, 그들에게 악한 세력을 물리치는 권세와 능력을 주셨다. 예수께서는 그들을 보내시며 이런 지침을 주셨다.

8-9 "이 일에 별도의 준비가 필요하다고 생각하지 마라. 먼저 너희 자신을 준비하여라. 특별히 돈을 모금할 것도 없다. 간소하게 하여라.

10 고급 여관도 안된다. 적당한 곳을 찾아가 떠날 때까지 그곳으로 만족하여라.

11 사람들이 너희를 맞아들이지 않고 너희 말을 듣지 않거든, 조용히 나오너라. 소란 피울 것 없다. 무시해 버리고 너희의 길을 가면 된다."

12-13 곧 제자들은 길을 나섰다. 그들은 삶이 근본적으로 달라질 수 있음을 기쁜 마음으로 긴박하게 전했다. 가는 곳마다 귀신을 쫓아냈다. 병자들의 몸에 기름을 발라 건강을 되찾게 해 주고, 그들의 심령을 고쳐 주었다.

요한의 죽음

14 예수의 이름이 만인의 입에 오르내리고 있을 그 즈음에, 헤롯 왕도 그 모든 소식을 들었다. 그가 말했다. "죽은 세례자 요한이 다시 살아난 것이 틀림없다. 그래서 그 사람이 능히 기적을 행하는 것이다!"

15 다른 사람들이 말했다. "아닙니다. 그는 엘리야입니다."

또 다른 사람들이 말했다. "그는 예언자입니다. 옛 예언자들 가운데 한 사람과 같습니다."

16 그러나 헤롯은 굽히지 않았다. "틀림없이 요

little they knew about him and fell, sprawling. And they never got any further.

4-6 Jesus told them, "A prophet has little honor in his hometown, among his relatives, on the streets he played in as a child." Jesus wasn't able to do much of anything there–he laid hands on a few sick people and healed them, that's all. He couldn't get over their stubbornness. He left and made a circuit of the other villages, teaching.

The Twelve

7-8 Jesus called the Twelve to him, and sent them out in pairs. He gave them authority and power to deal with the evil opposition. He sent them off with these instructions:

8-9 "Don't think you need a lot of extra equipment for this. You are the equipment. No special appeals for funds. Keep it simple.

10 "And no luxury inns. Get a modest place and be content there until you leave.

11 "If you're not welcomed, not listened to, quietly withdraw. Don't make a scene. Shrug your shoulders and be on your way."

12-13 Then they were on the road. They preached with joyful urgency that life can be radically different; right and left they sent the demons packing; they brought wellness to the sick, anointing their bodies, healing their spirits.

The Death of John

14 King Herod heard of all this, for by this time the name of Jesus was on everyone's lips. He said, "This has to be John the Baptizer come back from the dead–that's why he's able to work miracles!"

15 Others said, "No, it's Elijah."

Others said, "He's a prophet, just like one of the old-time prophets."

16 But Herod wouldn't budge: "It's John, sure enough. I cut off his head, and now he's back, alive."

17-20 Herod was the one who had ordered the arrest of John, put him in chains, and sent him to prison at the nagging of Herodias, his brother Philip's wife. For John had provoked Herod by naming his relationship with Herodias "adultery." Herodias, smoldering with hate, wanted to kill him, but

한이다. 내가 그의 목을 베었는데, 이제 그가 다시 살아난 것이다."

17-20 헤롯은 자기 동생 빌립의 아내였던 헤로디아의 잔소리에 못 이겨, 요한의 체포를 명하고, 그에게 사슬을 채워 감옥에 가두었던 자다. 요한은 헤롯과 헤로디아의 관계가 "불륜"이라고 말해 헤롯을 자극했다. 헤로디아는 증오에 사무쳐서 요한을 죽이고 싶었으나, 헤롯이 요한을 두려워하여 감히 그렇게 하지 못했다. 요한이 거룩한 사람이라고 굳게 믿고 있던 헤롯은, 그를 특별 대우했다. 헤롯은 요한의 말을 들을 때마다 양심에 가책을 받아 괴로워하면서도, 그를 멀리할 수 없었다. 요한에게는 헤롯을 계속 잡아끄는 어떤 힘이 있었다.

21-22 그러나 끝내 불길한 날이 왔다. 헤롯이 갈릴리의 모든 고관과 귀족들을 초대해 생일잔치를 벌인 날이었다. 헤로디아의 딸이 연회장에 들어와서 손님들을 위해 춤을 추었다. 헤롯과 손님들은 감탄했다.

22-23 왕이 소녀에게 말했다. "내게 무엇이든 청하거라. 네가 원하는 것이면 무엇이든 주마." 그는 흥분하여 계속했다. "맹세하는데, 네가 말만 하면 내 나라를 너와 반반씩이라도 나누겠다!"

24 그 딸은 어머니에게 돌아가서 말했다. "무엇을 청할까요?"

"세례자 요한의 머리를 달라고 하거라."

25 딸은 급히 왕에게 달려가서 말했다. "지금 당장, 세례자 요한의 머리를 쟁반에 담아 주십시오!"

26-29 왕은 한순간 정신이 번쩍 들었다. 그러나 그는 손님들에게 체면을 잃고 싶지 않아서, 잠자코 소녀의 소원을 들어주었다. 왕은 사형 집행관을 감옥으로 보내 요한의 머리를 가져오라고 명했다. 그가 가서 요한의 목을 베어 쟁반에 담아 와서 소녀에게 주었고, 소녀는 그것을 다시 자기 어머니에게 주었다. 요한의 제자들이 이 일을 듣고 와서, 그 시신을 거두어다가 무덤에 안장했다.

너희가 먹을 것을 주어라

30-31 사도들이 다시 예수께 모여서, 그동안 자기들이 행하고 가르친 일을 모두 보고했다. 예수께서 말씀하셨다. "따로 어디 가서 잠깐 쉬도록 하자." 그만큼 오가는 사람들의 발길이 끊이지 않았고, 그들은 *음식 먹을 겨를조차 없었다.*

32-34 그래서 그들은 배를 타고 따로 한적한 곳으로 떠났다. 그들이 가는 것을 본 사람이 있어서 금세 소문이 퍼졌다. 인근 마을에서 사람들이 도보로 달려와서, 그들보다 먼저 그곳에 도착했다. 예수께서

didn't dare because Herod was in awe of John. Convinced that he was a holy man, he gave him special treatment. Whenever he listened to him he was miserable with guilt–and yet he couldn't stay away. Something in John kept pulling him back.

21-22 But a portentous day arrived when Herod threw a birthday party, inviting all the brass and bluebloods in Galilee. Herodias's daughter entered the banquet hall and danced for the guests. She dazzled Herod and the guests.

22-23 The king said to the girl, "Ask me anything. I'll give you anything you want." Carried away, he kept on, "I swear, I'll split my kingdom with you if you say so!"

24 She went back to her mother and said, "What should I ask for?"

"Ask for the head of John the Baptizer."

25 Excited, she ran back to the king and said, "I want the head of John the Baptizer served up on a platter. And I want it now!"

26-29 That sobered the king up fast. But unwilling to lose face with his guests, he caved in and let her have her wish. The king sent the executioner off to the prison with orders to bring back John's head. He went, cut off John's head, brought it back on a platter, and presented it to the girl, who gave it to her mother. When John's disciples heard about this, they came and got the body and gave it a decent burial.

Supper for Five Thousand

30-31 The apostles then rendezvoused with Jesus and reported on all that they had done and taught. Jesus said, "Come off by yourselves; let's take a break and get a little rest." For there was constant coming and going. They didn't even have time to eat.

32-34 So they got in the boat and went off to a remote place by themselves. Someone saw them going and the word got around. From the surrounding towns people went out on foot, running, and got there ahead of them. When Jesus arrived, he saw this huge crowd. At the sight of them, his heart broke–like sheep with

도착해 큰 무리를 보셨다. 목자 없는 양 같은 그들
을 보시니, 그분 마음이 찢어지는 것 같았다. 예수
께서는 곧바로 그들을 가르치기 시작하셨다.
35-36 어느새 저녁이 되었다. 시간이 많이 흘렀다고
생각한 제자들이 말씀 사이에 끼어들었다. "여기는
허허벌판이고 시간도 많이 늦었습니다. 이제 기도
하시고 사람들을 보내어 저녁이라도 먹게 해야겠
습니다."
37 예수께서 말씀하셨다. "너희가 이들의 저녁을 마
련하여라."
그들이 대답했다. "진심이십니까? 가서 이들의 저
녁거리에 큰돈을 쓰라는 말씀이신지요?"
38 그러나 그분의 말씀은 진심이었다. "너희에게 빵
이 몇 개나 있는지 알아보아라."
오래 걸릴 것도 없었다. "다섯 개입니다." 그들이
말했다. "그리고 물고기가 두 마리 있습니다."
39-44 예수께서 그들 모두를 오십 명, 백 명씩 무리
지어 앉게 하셨다. 그 모습이 마치 푸른 초장에 펼
쳐진, 들꽃으로 엮은 조각보 이불 같았다! 예수께
서 빵 다섯 개와 물고기 두 마리를 손에 들고, 고개
들어 하늘을 우러러 감사기도를 드리시고 축복하
신 다음, 빵을 떼어 제자들에게 주셨고, 제자들은
다시 그것을 사람들에게 나눠 주었다. 예수께서는
물고기를 가지고 똑같이 하셨다. 사람들 모두가 배
불리 먹었다. 제자들이 남은 것을 거두니 열두 바
구니나 되었다. 저녁을 먹은 사람들이 오천 명이
넘었다.

바다 위를 걸어오시다

45-46 식사가 끝나자, 예수께서 제자들을 재촉하여
배를 타고 먼저 건너편 벳새다로 가게 하시고, 그
동안에 무리를 돌려보내셨다. 사람들을 보내신 뒤
에, 예수께서는 산에 올라가 기도하셨다.
47-49 밤늦게 배는 이미 바다 멀리까지 나갔는데, 예
수께서는 아직 뭍에 혼자 계셨다. 맞바람을 맞아
노를 젓느라 고생하는 제자들의 모습이 보였다. 새
벽 네 시쯤에, 예수께서 바다 위를 걸어 그들 쪽으
로 가셨다. 예수께서 바로 그들 옆을 지나려고 하
셨다. 그러나 제자들은 바다 위를 걸어오시는 예수
를 보고서 유령인 줄 알고, 무서워 꼼짝도 못한 채
비명을 질렀다.
50-52 예수께서 얼른 그들을 안심시키셨다. "안심하
여라! 나다. 두려워 마라." 예수께서 배에 오르자마
자, 바람이 가라앉았다. 제자들은 너무 놀라서, 이
게 무슨 일인가 싶어 고개를 저었다. 그들은 예수

no shepherd they were. He went right to work
teaching them.
35-36 When his disciples thought this had gone
on long enough–it was now quite late in the
day–they interrupted: "We are a long way out
in the country, and it's very late. Pronounce a
benediction and send these folks off so they can
get some supper."
37 Jesus said, "You do it. Fix supper for them."
They replied, "Are you serious? You want us to
go spend a fortune on food for their supper?"
38 But he was quite serious. "How many loaves of
bread do you have? Take an inventory."
That didn't take long. "Five," they said, "plus two
fish."
39-44 Jesus got them all to sit down in groups of
fifty or a hundred–they looked like a patchwork
quilt of wildflowers spread out on the green
grass! He took the five loaves and two fish, lifted
his face to heaven in prayer, blessed, broke, and
gave the bread to the disciples, and the disciples
in turn gave it to the people. He did the same
with the fish. They all ate their fill. The disciples
gathered twelve baskets of leftovers. More than
five thousand were at the supper.

Walking on the Sea

45-46 As soon as the meal was finished, Jesus
insisted that the disciples get in the boat and go
on ahead across to Bethsaida while he dismissed
the congregation. After sending them off, he
climbed a mountain to pray.
47-49 Late at night, the boat was far out at sea;
Jesus was still by himself on land. He could
see his men struggling with the oars, the wind
having come up against them. At about four
o'clock in the morning, Jesus came toward them,
walking on the sea. He intended to go right by
them. But when they saw him walking on the
sea, they thought it was a ghost and screamed,
scared out of their wits.
50-52 Jesus was quick to comfort them: "Courage!
It's me. Don't be afraid." As soon as he climbed
into the boat, the wind died down. They were
stunned, shaking their heads, wondering what

께서 저녁식사 때 하신 일을 미처 깨닫지 못하
고 있었다. 그 무엇도 아직 그들의 마음속까지
파고들지 못했던 것이다.
53-56 그들은 게네사렛에 배를 댔다. 그들이 배
에서 내리자, 순식간에 소문이 퍼졌다. 사람들
이 이리저리 내달리며, 들것에 병자들을 메고
예수가 계시는 곳으로 데려왔다. 마을이나 시
내나 촌 네거리마다 그분이 가시는 곳이면 어
디든지, 사람들이 병자들을 데리고 나와서 그
분의 옷자락을 만지게 해달라고 간청했다. 그
것이 전부였다. 그분을 만진 사람은 누구나 병
이 나았다.

was going on. They didn't understand what he had
done at the supper. None of this had yet penetrated
their hearts.
53-56 They beached the boat at Gennesaret and tied
up at the landing. As soon as they got out of the
boat, word got around fast. People ran this way and
that, bringing their sick on stretchers to where they
heard he was. Wherever he went, village or town or
country crossroads, they brought their sick to the
marketplace and begged him to let them touch the
edge of his coat—that's all. And whoever touched
him became well.

참으로 너희를 더럽히는 것

7 1-4 바리새인들이 예루살렘에서 온 몇
몇 종교 학자들과 함께 예수의 주위에
모였다. 그들은 예수의 제자 몇이 식사 전에 씻
는 정결예식을 소홀히 하는 것을 보았다. 바리
새인을 비롯한 유대인들은 의식상 손 씻는 시
늉을 하지 않고는 절대 식사를 하지 않았다. 시
장에서 돌아왔을 때에는 특히 더욱 문질러 씻
었다(컵과 냄비와 접시를 닦는 것은 말할 것도
없었다).
5 바리새인과 종교 학자들이 물었다. "어째서
당신의 제자들은 규정을 우습게 알고, 손도 씻
지 않고 식탁에 앉는 겁니까?"
6-8 예수께서 대답하셨다. "너희 같은 사기꾼들
에 대해 이사야가 정곡을 찔러서 말했다.

이 백성이 입바른 말을 거창하게 떠벌리지만,
그들의 마음은 딴 데 있다.
겉으로는 나를 경배하는 듯해도,
진심은 그렇지 않다.
무엇이든 자기네 구미에 맞는 가르침을 위해
내 이름을 팔고 있을 뿐이다.
하나님의 계명은 버린 채
최신 유행을 좇기에 바쁘다."

9-13 예수께서 계속해서 말씀하셨다. "그래, 잘
도 하는구나. 너희는 종교의 유행을 따르는 데
거추장스럽지 않도록 *하나님의 계명을 저버리*
고 있다! 모세는 '너희 부모를 공경하라'고 했고
또 '누구든지 부모를 욕하는 사람은 반드시 죽
여야 한다'고 했다. 그러나 너희는 부모에게 드
려야 할 것이 있어도 부모 대신에 '하나님께 예

The Source of Your Pollution

7 1-4 The Pharisees, along with some religion
scholars who had come from Jerusalem,
gathered around him. They noticed that some of his
disciples weren't being careful with ritual washings
before meals. The Pharisees—Jews in general, in
fact—would never eat a meal without going through
the motions of a ritual hand-washing, with an
especially vigorous scrubbing if they had just come
from the market (to say nothing of the scourings
they'd give jugs and pots and pans).
5 The Pharisees and religion scholars asked, "Why
do your disciples flout the rules, showing up at
meals without washing their hands?"
6-8 Jesus answered, "Isaiah was right about frauds
like you, hit the bull's-eye in fact:

These people make a big show of saying the right thing,
but their heart isn't in it.
They act like they are worshiping me,
but they don't mean it.
They just use me as a cover
for teaching whatever suits their fancy,
Ditching God's command
and taking up the latest fads."

9-13 He went on, "Well, good for you. You get rid of
God's command so you won't be inconvenienced in
following the religious fashions! Moses said, 'Respect
your father and mother,' and, 'Anyone denouncing
father or mother should be killed.' But you weasel

물로 바쳤습니다' 말하면서, 그 계명을 회피하고 있다. 아버지나 어머니에 대한 의무를 그렇게 모면하고 있는 것이다. 너희는 하나님의 말씀을 지워 버리고 그 자리에 아무것이나 원하는 대로 써 넣는다. 너희는 이 같은 일을 다반사로 한다."

14-15 예수께서 다시 무리를 불러 놓고 말씀하셨다. "잘 듣고 마음에 새겨 두어라. 너희 삶을 더럽히는 것은 너희가 입으로 삼키는 것이 아니라, 너희 입에서 토해 내는 것이다. 그것이야말로 정말 더러운 것이다."

17 예수께서 무리와 헤어져 집에 돌아오셨을 때에 제자들이 말했다. "잘 모르겠습니다. 쉽게 말씀해 주십시오."

18-19 예수께서 말씀하셨다. "너희가 우둔해지기로 작정이라도 한 것이냐? 너희가 입으로 삼키는 것이 너희를 더럽힐 수 없다는 것을 모르느냐? 그것은 너희 마음으로 들어가지 않고 위로 들어가서 장을 지나 결국 변기의 물과 함께 내려간다." (이것으로 음식에 대한 논란은 무의미해졌다. 예수께서는 모든 음식을 먹어도 좋다고 하신 것이다.)

20-23 예수께서 계속해서 말씀하셨다. "사람 속에서 나오는 것이 사람을 더럽히는 법이다. 음란, 정욕, 도둑질, 살인, 간음, 탐욕, 부정부패, 속임수, 방탕, 비열한 눈빛, 중상모략, 교만, 미련함. 이 모두가 마음에서 토해 내는 것이다. 너희를 더럽히는 근원은 바로 거기다."

24-26 예수께서 거기에서 두로 지방으로 떠나셨다. 그분은 아무도 못 본 줄 알고 그곳의 한 집에 들어가셨으나, 사람들의 이목을 피할 수 없었다. 예수께서 안에 들기가 무섭게, 고통당하는 딸을 둔 한 여자가 그분이 그곳에 계시다는 말을 듣고 찾아왔다. 여자는 예수의 발 앞에 무릎을 꿇고는 도와 달라고 애원했다. 그 여자는 수로보니게 출신의 그리스 사람이었다. 여자는 예수께 자기 딸을 고쳐 달라고 간청했다.

27 예수께서 말씀하셨다. "줄을 서서 차례를 기다려라. 자녀들을 먼저 먹이는 법이다. 그리고 남는 것이 있으면 개들의 차지다."

28 여자가 말했다. "지당하신 말씀입니다, 주님. 하지만 상 밑의 개들도 자녀들이 흘리는 부스러기는 먹지 않습니까?"

out of that by saying that it's perfectly acceptable to say to father or mother, 'Gift! What I owed you I've given as a gift to God,' thus relieving yourselves of obligation to father or mother. You scratch out God's Word and scrawl a whim in its place. You do a lot of things like this."

14-15 Jesus called the crowd together again and said, "Listen now, all of you–take this to heart. It's not what you swallow that pollutes your life; it's what you vomit–that's the real pollution."

17 When he was back home after being with the crowd, his disciples said, "We don't get it. Put it in plain language."

18-19 Jesus said, "Are you being willfully stupid? Don't you see that what you swallow can't contaminate you? It doesn't enter your heart but your stomach, works its way through the intestines, and is finally flushed." (That took care of dietary quibbling; Jesus was saying that *all* foods are fit to eat.)

20-23 He went on: "It's what comes out of a person that pollutes: obscenities, lusts, thefts, murders, adulteries, greed, depravity, deceptive dealings, carousing, mean looks, slander, arrogance, foolishness–all these are vomit from the heart. *There* is the source of your pollution."

24-26 From there Jesus set out for the vicinity of Tyre. He entered a house there where he didn't think he would be found, but he couldn't escape notice. He was barely inside when a woman who had a disturbed daughter heard where he was. She came and knelt at his feet, begging for help. The woman was Greek, Syro-Phoenician by birth. She asked him to cure her daughter.

27 He said, "Stand in line and take your turn. The children get fed first. If there's any left over, the dogs get it."

28 She said, "Of course, Master. But don't dogs under the table get scraps dropped by the children?"

29-30 Jesus was impressed. "You're right! On your way! Your daughter is no longer disturbed. The demonic affliction is gone." She went home and found her daughter relaxed on the bed, the torment gone for good.

29-30 예수께서 감동하셨다. "네 말이 맞다! 가거라!
네 딸이 더 이상 고통당하지 않게 되었다. 괴롭히던
귀신이 떠나갔다." 여자가 집에 가 보니, 딸이 침대에
편히 누웠고 고통이 아주 사라져 버렸다.
31-35 예수께서 다시 두로 지방을 떠나서, 시돈을 지
나 갈릴리 호수로 돌아와서 데가볼리 지방으로 건너
가셨다. 어떤 사람들이 듣지도 말하지도 못하는 사람
을 예수께 데려와, 손을 얹어 고쳐 주시기를 청했다.
예수께서 그 사람을 따로 데리고 저만치 가셔서, 그
의 귀에 손가락을 넣고 그의 혀에 침을 묻히셨다. 그
러고는 하늘을 우러러 기도하시고 깊이 탄식하며 명
하셨다. "에바다! 열려라!" 그러자 그대로 되었다. 그
사람의 귀는 이제 똑똑히 들렸고 말도 분명해졌다.
순식간의 일이었다.
36-37 예수께서 그들에게 입단속을 시켰으나, 그럴수
록 그들은 흥분하여 더욱 퍼뜨리고 다녔다. "전부 그
분이 하신 일인데, 대단한 일이다. 그분은 듣지 못하
는 사람도 듣게 하시고, 말하지 못하는 사람도 말하
게 하신다."

사천 명을 배불리 먹이시다

8 1-3 그 즈음에 예수께서 배고픈 무리 앞에 다
시 서게 되셨다. 예수께서 제자들을 불러 말
씀하셨다. "이 무리를 보니 내 마음이 몹시 아프구나.
이들이 사흘이나 나와 함께 있었는데, 이제 먹을 것
이 없다. 배고픈 채로 돌려보내면 가다가 지쳐 쓰러
질 것이다. 이 가운데는 멀리서 온 사람들도 있다."
4 제자들이 대답했다. "저희가 어떻게 하면 좋겠습니
까? 여기 광야에서 어떻게 음식을 살 수 있겠습니까?"
5 예수께서 물으셨다. "너희에게 빵이 얼마나 있느냐?"
"일곱 개입니다." 그들이 말했다.
6-10 그러자 예수께서 무리를 바닥에 앉게 하셨다. 예
수께서 감사를 드리신 후에, 빵 일곱 개를 조금씩 떼
어 제자들에게 주셨고, 제자들은 그것을 무리에게 나
누어 주었다. 마침 거기에 물고기도 몇 마리 있었다.
또 예수께서 물고기를 가지고 감사를 드리신 후에,
제자들을 시켜 사람들에게 나누어 주게 하셨다. 사람
들은 배불리 먹었다. 남은 것을 거두니 일곱 자루였
다. 식사한 사람이 족히 사천 명이 넘었다. 그때에야
예수께서 사람들을 집으로 보내셨다. 예수 자신은 제
자들과 함께 곧바로 배로 가서 달마누다로 떠나셨다.
11-12 그들이 도착하자, 바리새인들이 나와서 예수께
바짝 달라붙었다. 그러고는 자신을 입증해 보이라고
그분을 괴롭히며 궁지로 몰아세웠다. 예수께서 노하
여 말씀하셨다. "어찌하여 이 세대는 기적과 같은 증

31-35 Then he left the region of Tyre, went
through Sidon back to Galilee Lake and over
to the district of the Ten Towns. Some people
brought a man who could neither hear nor
speak and asked Jesus to lay a healing hand on
him. He took the man off by himself, put his
fingers in the man's ears and some spit on the
man's tongue. Then Jesus looked up in prayer,
groaned mightily, and commanded, "*Ephpha-*
tha!–Open up!" And it happened. The man's
hearing was clear and his speech plain–just
like that.
36-37 Jesus urged them to keep it quiet, but they
talked it up all the more, beside themselves
with excitement. "He's done it all and done it
well. He gives hearing to the deaf, speech to the
speechless."

A Meal for Four Thousand

8 1-3 At about this same time he again
found himself with a hungry crowd on
his hands. He called his disciples together and
said, "This crowd is breaking my heart. They
have stuck with me for three days, and now
they have nothing to eat. If I send them home
hungry, they'll faint along the way–some of
them have come a long distance."
4 His disciples responded, "What do you expect
us to do about it? Buy food out here in the
desert?"
5 He asked, "How much bread do you have?"
"Seven loaves," they said.
6-10 So Jesus told the crowd to sit down on the
ground. After giving thanks, he took the seven
bread loaves, broke them into pieces, and gave
them to his disciples so they could hand them
out to the crowd. They also had a few fish. He
pronounced a blessing over the fish and told
his disciples to hand them out as well. The
crowd ate its fill. Seven sacks of leftovers were
collected. There were well over four thousand
at the meal. Then he sent them home. He
himself went straight to the boat with his disci-
ples and set out for Dalmanoutha.
11-12 When they arrived, the Pharisees came

거를 찾아서 난리들이냐? 내가 이것만 분명히 말해 두겠다. 너희는 꿈에라도 증거를 받을 생각은 하지 마라."

더럽게 하는 누룩을 주의하여라

13-15 예수께서 그들을 떠나서 다시 배에 올라 건너편으로 향하셨다. 그런데 제자들이 점심 싸 오는 것을 잊어버렸다. 빵 한 덩이 외에는 배 안에 빵 부스러기 하나 없었다. 예수께서 경고하셨다. "단단히 조심하여라. 바리새인과 헤롯 당원의 더럽게 하는 누룩을 각별히 주의하여라."

16-19 그러자 제자들은 깜빡 잊고 빵을 가져오지 않은 것을 두고서 서로 책임을 따졌다. 예수께서 들으시고 말씀하셨다. "빵을 잊어버렸다고 이 소란이냐? 내 말 뜻을 못 알아듣겠느냐? 그렇게도 모르겠느냐? 내가 빵 다섯 개를 떼어서 오천 명을 먹인 일을 잊었느냐? 남은 것을 너희가 몇 바구니나 거두었느냐?"

그들이 말했다. "열두 바구니입니다."

20 "빵 일곱 개로 사천 명을 먹이고 남은 것은 몇 자루나 되었더냐?"

"일곱 자루입니다."

21 예수께서 말씀하셨다. "아직도 모르겠느냐?"

22-23 그들이 벳새다에 도착했다. 어떤 사람들이 시력을 잃은 한 사람을 예수께 데려와서, 손을 대어 고쳐 주시기를 청했다. 예수께서 그의 손을 잡고 마을 밖으로 데리고 나가셨다. 그리고 그 사람의 눈에 침을 묻히고 그에게 손을 얹으시며 물으셨다. "무엇이 보이느냐?"

24-26 그가 고개를 들었다. "사람들이 보입니다. 마치 나무가 걸어가는 것 같습니다." 예수께서 그의 눈에 다시 손을 얹으셨다. 그 사람은 이리저리 보더니 시력이 완전히 회복된 것을 알았다. 모든 것이 2.0 시력으로, 밝히 보였던 것이다. 예수께서 그를 곧장 집으로 돌려보내시며 말씀하셨다. "마을로 들어가지 마라."

주님은 메시아이십니다

27 예수와 제자들이 빌립보의 가이사랴 근방에 있는 마을들로 향했다. 걸어가면서, 예수께서 물으셨다. "사람들이 나를 누구라고 하더냐?"

28 그들이 말했다. "세례자 요한이라고 하는 사람들도 있고, 엘리야라고 하는 사람들도 있고, 예언자 가운데 한 사람이라고 하는 사람들도 있습니다."

29 그러자 예수께서 물으셨다. "그러면 너희는 나를 누구라고 말하겠느냐? 내가 누구냐?"

베드로가 대답했다. "주님은 그리스도, 곧 메시아이

out and started in on him, badgering him to prove himself, pushing him up against the wall. Provoked, he said, "Why does this generation clamor for miraculous guarantees? If I have anything to say about it, you'll not get so much as a hint of a guarantee."

Contaminating Yeast

13-15 He then left them, got back in the boat, and headed for the other side. But the disciples forgot to pack a lunch. Except for a single loaf of bread, there wasn't a crumb in the boat. Jesus warned, "Be very careful. Keep a sharp eye out for the contaminating yeast of Pharisees and the followers of Herod."

16-19 Meanwhile, the disciples were finding fault with each other because they had forgotten to bring bread. Jesus overheard and said, "Why are you fussing because you forgot bread? Don't you see the point of all this? Don't you get it at all? Remember the five loaves I broke for the five thousand? How many baskets of leftovers did you pick up?"

They said, "Twelve."

20 "And the seven loaves for the four thousand—how many bags full of leftovers did you get?"

"Seven."

21 He said, "Do you still not get it?"

22-23 They arrived at Bethsaida. Some people brought a sightless man and begged Jesus to give him a healing touch. Taking him by the hand, he led him out of the village. He put spit in the man's eyes, laid hands on him, and asked, "Do you see anything?"

24-26 He looked up. "I see men. They look like walking trees." So Jesus laid hands on his eyes again. The man looked hard and realized that he had recovered perfect sight, saw everything in bright, twenty-twenty focus. Jesus sent him straight home, telling him, "Don't enter the village."

The Messiah

27 Jesus and his disciples headed out for the villages around Caesarea Philippi. As they

십니다."

30-32 예수께서는 그것을 비밀로 하되, 아무에게도 입 밖에 내지 말라고 경계하셨다. 그러고는 그들에게 다음 일을 설명하기 시작하셨다. "이제부터 인자는 처참한 고난을 받고, 장로와 대제사장과 종교 학자들에게 재판에서 유죄를 선고받아 죽임을 당하고, 사흘 후에 다시 살아나야 한다." 예수께서는 이 말씀을 그들이 놓치지 않도록 쉽고 분명하게 말씀해 주셨다.

32-33 그러나 베드로가 예수를 붙들고 항의했다. 예수께서는 어떻게 받아들여야 할지 몰라서 머뭇거리고 있는 제자들을 돌아보시고, 베드로를 꾸짖으셨다. "베드로야, 썩 비켜라! 사탄아, 물러가라! 너는 하나님이 어떻게 일하시는지 조금도 모른다."

34-37 예수께서 제자들과 함께 무리를 옆에 불러 놓고 말씀하셨다. "누구든지 나와 함께 가려면 내가 가는 길을 따라야 한다. 결정은 내가 한다. 너희가 하는 것이 아니다. 고난을 피해 달아나지 말고, 오히려 고난을 끌어안아라. 나를 따라오너라. 그러면 내가 방법을 일러 주겠다. 자기 스스로 세우려는 노력에는 아무 희망이 없다. 자기를 희생하는 것이야말로 너희 자신, 곧 너희의 참된 자아를 구원하는 길이며, 나의 길이다. 원하는 것을 다 얻고도 참된 자기 자신을 잃으면 무슨 유익이 있겠느냐? 너희 목숨을 무엇과 바꾸겠느냐?

38 너희 가운데 누구든지 변덕스럽고 중심 없는 친구들과 사귀면서 나와 너희를 인도하는 내 방식을 부끄러워하면, 인자도 아버지 하나님의 모든 영광에 싸여 거룩한 천사들을 거느리고 올 때, 그를 더 부끄럽게 여길 줄로 알아라."

9

1 예수께서 이렇게 쐐기를 박으셨다. "이것은 믿을 수 없는 훗날의 이야기가 아니다. 여기 서 있는 너희 가운데 그렇게 되는 것을 볼 사람들도 있다. 그들은 하나님 나라가 위엄 있게 임하는 것을 볼 것이다."

영광 가운데 계신 예수

2-4 엿새 후에, 그들 가운데 세 사람이 정말 그것을 보았다. 예수께서 베드로와 야고보와 요한을 데리고 높은 산에 올라가셨다. 그리고 그들 눈앞에서 그분의 모습이 완전히 변했다. 그

walked, he asked, "Who do the people say I am?"

28 "Some say 'John the Baptizer,'" they said. "Others say 'Elijah.' Still others say 'one of the prophets.'"

29 He then asked, "And you—what are you saying about me? Who am I?"

Peter gave the answer: "You are the Christ, the Messiah."

30-32 Jesus warned them to keep it quiet, not to breathe a word of it to anyone. He then began explaining things to them: "It is necessary that the Son of Man proceed to an ordeal of suffering, be tried and found guilty by the elders, high priests, and religion scholars, be killed, and after three days rise up alive." He said this simply and clearly so they couldn't miss it.

32-33 But Peter grabbed him in protest. Turning and seeing his disciples wavering, wondering what to believe, Jesus confronted Peter. "Peter, get out of my way! Satan, get lost! You have no idea how God works."

34-37 Calling the crowd to join his disciples, he said, "Anyone who intends to come with me has to let me lead. You're not in the driver's seat; I am. Don't run from suffering; embrace it. Follow me and I'll show you how. Self-help is no help at all. Self-sacrifice is the way, my way, to saving yourself, your true self. What good would it do to get everything you want and lose you, the real you? What could you ever trade your soul for?

38 "If any of you are embarrassed over me and the way I'm leading you when you get around your fickle and unfocused friends, know that you'll be an even greater embarrassment to the Son of Man when he arrives in all the splendor of God, his Father, with an army of the holy angels."

9

1 Then he drove it home by saying, "This isn't pie in the sky by and by. Some of you who are standing here are going to see it happen, see the kingdom of God arrive in full force."

In a Light-Radiant Cloud

2-4 Six days later, three of them *did* see it. Jesus took Peter, James, and John and led them up a high mountain. His appearance changed from the inside

분의 옷은 아무리 표백해도 더 하얘질 수 없을
만큼 반짝반짝 빛났다. 엘리야와 모세가 함께
나타나서, 예수와 깊은 대화를 나누고 있었다.
5-6 베드로가 끼어들었다. "랍비님, 지금은 중대
한 순간입니다! 기념비 셋을 세우는 것이 어떻
겠습니까? 하나는 주님을 위해, 하나는 모세를
위해, 하나는 엘리야를 위해서 말입니다." 일행
과 마찬가지로, 눈앞의 광경에 놀란 베드로가
무심코 내뱉은 말이었다.
7 바로 그때 빛처럼 환한 구름이 그들을 덮더
니, 구름 속 깊은 데서 한 음성이 들려왔다. "이
는 내가 사랑으로 구별한 내 아들이다. 그의 말
을 들어라."
8 잠시 후에 제자들이 눈을 비비며 주변을 둘러
보니, 오직 예수밖에 보이지 않았다.
9-10 산을 내려오면서, 예수께서 그들에게 비밀
을 지킬 것을 엄히 명하셨다. "너희가 본 것을
아무에게도 말하지 마라. 그러나 인자가 죽은
자들 가운데서 살아난 뒤에는 말해도 좋다." 그
들은 "죽은 자들 가운데서 살아난다"는 것이 도
대체 무슨 말인지 몰라 고개를 갸우뚱거렸다.
11 중간에 제자들이 물었다. "종교 학자들은 왜
엘리야가 먼저 와야 한다고 말합니까?"
12-13 예수께서 대답하셨다. "과연 엘리야가 먼
저 와서, 인자가 올 때를 위해 모든 것을 준비한
다. 사람들이 이 엘리야를 업신여겼고, 사람들
이 인자도 똑같이 업신여길 것이다. 인자는 성
경에 기록된 대로, 심한 고난과 천대와 멸시를
받을 것이다."

기도가 아니고는 할 수 없다

14-16 그들이 산을 내려와 다른 제자들에게 돌아
오니, 주위에 큰 무리가 보이고 종교 학자들이
제자들에게 따져 묻고 있었다. 예수를 보자마
자, 무리 가운데 반가운 기운이 일었다. 사람들
이 달려와서 그분을 맞이했다. 예수께서 물으셨
다. "무슨 일이냐? 왜 이렇게 소란스러우냐?"
17-18 무리 가운데 한 남자가 대답했다. "선생님,
귀신 때문에 말을 못하는 제 아들을 선생님께
데려왔습니다. 귀신이 사로잡을 때마다 아이가
바닥에 거꾸러져, 입에 거품을 물고 이를 갈면
서 막대기처럼 굳어집니다. 선생님의 제자들에
게 구해 주기를 바라고 말했지만, 그들은 하지
못했습니다."
19-20 예수께서 말씀하셨다. "하나님을 모르는

out, right before their eyes. His clothes shimmered,
glistening white, whiter than any bleach could make
them. Elijah, along with Moses, came into view, in
deep conversation with Jesus.
5-6 Peter interrupted, "Rabbi, this is a great moment!
Let's build three memorials–one for you, one for
Moses, one for Elijah." He blurted this out without
thinking, stunned as they all were by what they were
seeing.
7 Just then a light-radiant cloud enveloped them,
and from deep in the cloud, a voice: "This is my Son,
marked by my love. Listen to him."
8 The next minute the disciples were looking around,
rubbing their eyes, seeing nothing but Jesus, only
Jesus.
9-10 Coming down the mountain, Jesus swore them
to secrecy. "Don't tell a soul what you saw. After the
Son of Man rises from the dead, you're free to talk."
They puzzled over that, wondering what on earth
"rising from the dead" meant.
11 Meanwhile they were asking, "Why do the religion
scholars say that Elijah has to come first?"
12-13 Jesus replied, "Elijah does come first and get
everything ready for the coming of the Son of Man.
They treated this Elijah like dirt, much like they
will treat the Son of Man, who will, according to
Scripture, suffer terribly and be kicked around
contemptibly."

There Are No Ifs

14-16 When they came back down the mountain to
the other disciples, they saw a huge crowd around
them, and the religion scholars cross-examining
them. As soon as the people in the crowd saw Jesus,
admiring excitement stirred them. They ran and
greeted him. He asked, "What's going on? What's all
the commotion?"
17-18 A man out of the crowd answered, "Teacher, I
brought my mute son, made speechless by a demon,
to you. Whenever it seizes him, it throws him to
the ground. He foams at the mouth, grinds his
teeth, and goes stiff as a board. I told your disciples,
hoping they could deliver him, but they couldn't."
19-20 Jesus said, "What a generation! No sense of
God! How many times do I have to go over these

이 세대여! 내가 같은 말을 몇 번이나 해야 하느냐? 얼마나 더 참아야 하느냐? 아이를 이리 데려오너라." 그들이 아이를 데려왔다. 귀신이 예수를 보고 아이에게 발작을 일으키게 하니, 아이는 입에 거품을 물고 바닥에서 몸을 뒤틀었다.
21-22 예수께서 아이의 아버지에게 물으셨다. "이렇게 된 지 얼마나 되었느냐?"
"어려서부터 그랬습니다. 귀신이 아이를 죽이려고 불 속이나 강물에 던진 것이 몇 번인지 모릅니다. 만일 하실 수 있거든, 무엇이든 해주십시오. 불쌍히 여기셔서 저희를 도와주십시오!"
23 예수께서 말씀하셨다. "만일이라니? 믿는 사람에게 만일이란 없다. 모든 것이 가능하다."
24 그분의 입에서 말이 떨어지기가 무섭게, 아이의 아버지가 부르짖었다. "제가 믿습니다. 의심하지 않도록 도와주십시오!"
25-27 무리가 속속 모여드는 것을 보시고, 예수께서 악한 귀신에게 명령하셨다. "벙어리에 귀머거리 귀신아, 내가 네게 명한다. 아이에게서 나와 다시는 얼씬거리지 마라!" 귀신은 고함을 지르고 마구 몸부림치면서 나갔다. 아이는 송장처럼 핏기가 없어졌다. 그러자 사람들이 "아이가 죽었다"고 말하기 시작했다. 그러나 예수께서 아이의 손을 잡아 일으키시자, 아이가 일어섰다.
28 집에 돌아온 뒤에, 제자들이 예수를 붙들고 물었다. "왜 저희는 귀신을 쫓아내지 못했습니까?"
29 예수께서 대답하셨다. "이런 귀신은 기도가 아니고는 쫓아낼 수 없다."
30-32 그들은 거기를 떠나서 갈릴리를 지나갔다. 예수께서는 제자들을 가르치고 싶으셔서, 아무에게도 일행의 행방을 알리지 않으셨다. 예수께서 그들에게 말씀하셨다. "인자는 하나님과 관계하기를 원치 않는 사람들한테 넘겨질 것이다. 그들이 인자를 죽일 것이다. 죽은 지 사흘 후에 인자는 다시 살아날 것이다." 제자들은 무슨 말씀인지 몰랐으나, 묻기도 두려워했다.

하나님 나라에서 가장 큰 사람

33 그들이 가버나움으로 갔다. 예수께서 집에 계실 때에 제자들에게 물으셨다. "너희가 길에서 토론하던 것이 무엇이냐?"
34 불안한 침묵만 흘렀다. 그들은 자기들 가운데서 누가 가장 큰 사람인지를 두고 서로 입씨름을 벌였던 것이다.
35 예수께서 자리에 앉아 열두 제자에게 말씀하셨

things? How much longer do I have to put up with this? Bring the boy here." They brought him. When the demon saw Jesus, it threw the boy into a seizure, causing him to writhe on the ground and foam at the mouth.
21-22 He asked the boy's father, "How long has this been going on?"
"Ever since he was a little boy. Many times it pitches him into fire or the river to do away with him. If you can do anything, do it. Have a heart and help us!"
23 Jesus said, "If? There are no 'ifs' among believers. Anything can happen."
24 No sooner were the words out of his mouth than the father cried, "Then I believe. Help me with my doubts!"
25-27 Seeing that the crowd was forming fast, Jesus gave the vile spirit its marching orders: "Dumb and deaf spirit, I command you–Out of him, and stay out!" Screaming, and with much thrashing about, it left. The boy was pale as a corpse, so people started saying, "He's dead." But Jesus, taking his hand, raised him. The boy stood up.
28 After arriving back home, his disciples cornered Jesus and asked, "Why couldn't we throw the demon out?"
29 He answered, "There is no way to get rid of this kind of demon except by prayer."
30-32 Leaving there, they went through Galilee. He didn't want anyone to know their whereabouts, for he wanted to teach his disciples. He told them, "The Son of Man is about to be betrayed to some people who want nothing to do with God. They will murder him. Three days after his murder, he will rise, alive." They didn't know what he was talking about, but were afraid to ask him about it.

So You Want First Place?

33 They came to Capernaum. When he was safe at home, he asked them, "What were you discussing on the road?"
34 The silence was deafening–they had been arguing with one another over who among them was greatest.
35 He sat down and summoned the Twelve. "So

다. "너희가 첫자리를 원하느냐? 그렇다면 끝자리로 가거라. 모든 사람의 종이 되어라."

36-37 예수께서 방 한가운데 어린아이 하나를 세우시고, 아이를 품에 안으며 말씀하셨다. "누구든지 이 어린아이들 가운데 하나를 나처럼 품으면 곧 나를 품는 것이고, 또 나를 훨씬 넘어서서 나를 보내신 하나님을 품는 것이다."

38 요한이 입을 열었다. "선생님, 어떤 사람이 주님 이름으로 귀신을 쫓아내는 것을 보고 우리가 막았습니다. 그가 우리에게 속한 사람이 아니어서 그렇게 했습니다."

39-41 예수께서 기뻐하지 않으셨다. "그를 막지 마라. 내 이름으로 선하고 능력 있는 일을 하고서 바로 나를 깎아내릴 사람은 없다. 그가 적이 아니라면, 곧 우리 편이다. 누구든지 내 이름으로 너희에게 물 한 잔만 주어도 그는 우리 편이다. 하나님이 반드시 알아주실 것이다.

42 그러나 너희가 어린아이처럼 순진하게 믿는 이들 중에 하나를 괴롭히고 못살게 굴거나 그들의 믿음을 이용하면, 너희는 곧 후회하게 될 것이다. 차라리 너희 목에 맷돌을 달고 호수 한복판에 뛰어드는 편이 낫다.

43-48 네 손이나 발이 하나님께 방해가 되거든, 찍어 내버려라. 손이나 발이 없더라도 살아 있는 것이, 두 손과 두 발을 보란 듯이 가지고서 영원히 불타는 용광로 속에 있는 것보다 낫다. 또 네 눈이 너를 하나님에게서 멀어지게 하거든, 뽑아 내버려라. 한 눈으로 살아 있는 것이, 지옥불 속에서 2.0 시력을 발휘하는 것보다 낫다.

49-50 머지않아 모든 사람이 제련의 불 속을 지나겠지만, 너희는 영원한 불꽃으로부터 보호받고 보존될 것이다. 너희는 스스로 보존하는 자가 되어라. 평화를 지키는 자가 되어라."

이혼과 간음

10 1-2 예수께서 거기에서 떠나 요단 강 건너편 유대 지방으로 가셨다. 매번 그러듯이 무리가 따라왔고, 예수께서는 늘 하시던 대로 그들을 가르치셨다. 바리새인들이 예수를 괴롭힐 요량으로 다가와서 물었다. "남자가 아내와 이혼하는 것이 율법에 맞습니까?"

3 예수께서 말씀하셨다. "모세가 뭐라고 명령했느냐?"

you want first place? Then take the last place. Be the servant of all."

36-37 He put a child in the middle of the room. Then, cradling the little one in his arms, he said, "Whoever embraces one of these children as I do embraces me, and far more than me–God who sent me."

38 John spoke up, "Teacher, we saw a man using your name to expel demons and we stopped him because he wasn't in our group."

39-41 Jesus wasn't pleased. "Don't stop him. No one can use my name to do something good and powerful, and in the next breath cut me down. If he's not an enemy, he's an ally. Why, anyone by just giving you a cup of water in my name is on our side. Count on it that God will notice.

42 "On the other hand, if you give one of these simple, childlike believers a hard time, bullying or taking advantage of their simple trust, you'll soon wish you hadn't. You'd be better off dropped in the middle of the lake with a millstone around your neck.

43-48 "If your hand or your foot gets in God's way, chop it off and throw it away. You're better off maimed or lame and alive than the proud owner of two hands and two feet, godless in a furnace of eternal fire. And if your eye distracts you from God, pull it out and throw it away. You're better off one-eyed and alive than exercising your twenty-twenty vision from inside the fire of hell.

49-50 "Everyone's going through a refining fire sooner or later, but you'll be well-preserved, protected from the *eternal* flames. Be preservatives yourselves. Preserve the peace."

Divorce

10 1-2 From there he went to the area of Judea across the Jordan. A crowd of people, as was so often the case, went along, and he, as he so often did, taught them. Pharisees came up, intending to give him a hard time. They asked, "Is it legal for a man to divorce his wife?"

3 Jesus said, "What did Moses command?"

4 그들이 대답했다. "모세는 이혼 증서를 써 주고
아내와 이혼해도 된다고 허락했습니다."
5-9 예수께서 말씀하셨다. "모세는 단지 너희의 사
악한 마음을 염려해서 그 명령을 기록한 것이다.
처음 창조 때부터 하나님께서는 남자와 여자를 지
어 함께 있게 하셨다. 그래서 남자는 부모를 떠나
여자와 결혼하여 한 몸이 된다. 더 이상 둘이 아니
라, 새롭게 연합하여 한 몸을 이루는 것이다. 남자
와 여자의 이 유기적인 연합은 하나님께서 창조하
신 것이다. 그러니 누구도 그들을 갈라놓아서 그
분의 작품을 모독해서는 안된다."
10-12 집에 돌아와서, 제자들이 다시 그 이야기를
꺼냈다. 예수께서 그들에게 단도직입적으로 말씀
하셨다. "다른 여자와 결혼하려고 자기 아내와 이
혼하는 남자는 아내에게 간음하는 것이다. 또한
다른 남자와 결혼하려고 자기 남편과 이혼하는 여
자도 남편에게 간음하는 것이다."

13-16 사람들이 예수께서 만져 주시기를 바라며,
그분께 아이들을 데려왔다. 하지만 제자들이 그들
을 쫓아냈다. 예수께서 노하시며 제자들에게 말씀
하셨다. "이 아이들을 쫓아내지 마라. 절대로 아이
들과 나 사이에 끼어서 방해하지 마라. 천국의 삶
에는 이 아이들이 중심에 있다. 명심하여라. 너희
가 하나님 나라를 아이처럼 단순하게 받아들이지
않으면, 절대로 그 나라에 들어갈 수 없다." 그러
고 나서 예수께서 아이들을 품에 안으시고, 손을
얹어 축복하셨다.

부자와 하나님 나라

17 예수께서 길을 나서는데, 한 사람이 달려와서
정중하게 그분을 맞으며 물었다. "선하신 선생님,
제가 무엇을 해야 영원한 생명을 얻겠습니까?"
18-19 예수께서 말씀하셨다. "어째서 나를 선하다
고 하느냐? 오직 하나님 한분 외에는 선하신 분이
없다. 계명에 '살인하지 마라, 간음하지 마라, 도
둑질하지 마라, 거짓말하지 마라, 속이지 마라, 네
부모를 공경하라' 하지 않았더냐."
20 그가 말했다. "선생님, 그 계명들은 제가 어려
서부터 다 지켰습니다!"
21 예수께서 그의 눈을 주목하여 보시더니, 그를
사랑스럽게 여기셨다! 예수께서 말씀하셨다. "하
나 남은 것이 있다. 가서 네가 가진 것을 다 팔아
서 가난한 사람들에게 주어라. 그러면 네 모든 부

4 They answered, "Moses gave permission to fill
out a certificate of dismissal and divorce her."
5-9 Jesus said, "Moses wrote this command only
as a concession to your hardhearted ways. In the
original creation, God made male and female to
be together. Because of this, a man leaves father
and mother, and in marriage he becomes one
flesh with a woman – no longer two individuals,
but forming a new unity. Because God created
this organic union of the two sexes, no one should
desecrate his art by cutting them apart."
10-12 When they were back home, the disciples
brought it up again. Jesus gave it to them
straight: "A man who divorces his wife so he can
marry someone else commits adultery against
her. And a woman who divorces her husband so
she can marry someone else commits adultery."

13-16 The people brought children to Jesus, hoping
he might touch them. The disciples shooed them
off. But Jesus was irate and let them know it:
"Don't push these children away. Don't ever get
between them and me. These children are at the
very center of life in the kingdom. Mark this:
Unless you accept God's kingdom in the simplic-
ity of a child, you'll never get in." Then, gathering
the children up in his arms, he laid his hands of
blessing on them.

To Enter God's Kingdom

17 As he went out into the street, a man came
running up, greeted him with great reverence,
and asked, "Good Teacher, what must I do to get
eternal life?"
18-19 Jesus said, "Why are you calling me
good? No one is good, only God. You know the
commandments: Don't murder, don't commit
adultery, don't steal, don't lie, don't cheat, honor
your father and mother."
20 He said, "Teacher, I have – from my youth –
kept them all!"
21 Jesus looked him hard in the eye – and loved
him! He said, "There's one thing left: Go sell
whatever you own and give it to the poor. All your

가 하늘에 쌓아 두는 부가 될 것이다. 그런 다음 와서 나를 따라라."

22 그 사람의 얼굴이 어두워졌다. 그가 전혀 예상치 못했던 말이어서, 그는 무거운 마음으로 예수를 떠나갔다. 그는 많은 것을 움켜쥐고 있었고, 그것을 놓을 마음이 없었다.

23-25 예수께서 제자들을 보며 말씀하셨다. "많이 가진 사람이 하나님 나라에 들어가는 것이 얼마나 어려운지 아느냐?" 제자들은 들으면서도 그 말이 믿어지지 않았다. 예수께서 계속해서 말씀하셨다. "얼마나 어려운지 너희는 상상도 못할 것이다. 내가 말하는데, 부자가 하나님 나라에 들어가는 것보다, 낙타가 바늘귀로 지나가는 것이 더 쉽다."

26 그 말에 제자들이 크게 당황했다. "그러면 어느 누가 가망이 있겠습니까?" 그들이 물었다.

27 예수께서 잘라 말씀하셨다. "너희 힘으로 해낼 수 있다고 생각하면 전혀 가망이 없다. 그러나 하나님께 맡기면 얼마든지 가능한 일이다."

28 베드로가 다른 시각에서 이야기를 꺼냈다. "우리는 모든 것을 버리고 주님을 따랐습니다."

29-31 예수께서 말씀하셨다. "내 말을 명심하여라. 나와 메시지 때문에 집과 형제자매와 부모와 자식과 땅과 그 어떤 것을 희생하고서 손해 볼 사람은 아무도 없다. 그들은 그 모두를 받되, 여러 배로 돌려받을 것이다. 다만, 어려움도 함께 받을 것이다. 영원한 생명도 덤으로 받을 것이다! 다시 한번 말한다. 이것은 위대한 반전이다. 먼저였으나 나중 되고, 나중이었으나 먼저 될 사람이 많을 것이다."

32-34 다시 그들은 예루살렘으로 향했다. 예수께서 앞장서셨고, 제자들은 적잖이 당황스럽고 두려운 마음으로 그분을 따르고 있었다. 예수께서 열두 제자를 데려다가 이후에 있을 일을 되풀이해서 말씀하셨다. "내 말을 잘 들어라. 우리는 지금 예루살렘으로 올라가는 길이다. 그곳에 가면, 인자는 종교 지도자와 학자들에게 넘겨질 것이다. 그들은 인자에게 사형을 선고할 것이다. 그리고 인자를 로마 사람들에게 넘겨주어, 조롱하고 침 뱉고 고문하고 죽일 것이다. 그러나 사흘 후에 인자는 다시 살아날 것이다."

인자는 섬기러 왔다

35 세베대의 두 아들인 야고보와 요한이 예수께 다가왔다. "선생님, 우리에게 꼭 해주셨으면 하는 일이 있습니다."

wealth will then be heavenly wealth. And come follow me."

22 The man's face clouded over. This was the last thing he expected to hear, and he walked off with a heavy heart. He was holding on tight to a lot of things, and not about to let go.

23-25 Looking at his disciples, Jesus said, "Do you have any idea how difficult it is for people who 'have it all' to enter God's kingdom?" The disciples couldn't believe what they were hearing, but Jesus kept on: "You can't imagine how difficult. I'd say it's easier for a camel to go through a needle's eye than for the rich to get into God's kingdom."

26 *That* set the disciples back on their heels. "Then who has any chance at all?" they asked.

27 Jesus was blunt: "No chance at all if you think you can pull it off by yourself. Every chance in the world if you let God do it."

28 Peter tried another angle: "We left everything and followed you."

29-31 Jesus said, "Mark my words, no one who sacrifices house, brothers, sisters, mother, father, children, land—whatever—because of me and the Message will lose out. They'll get it all back, but multiplied many times in homes, brothers, sisters, mothers, children, and land—but also in troubles. And then the bonus of eternal life! This is once again the Great Reversal: Many who are first will end up last, and the last first."

32-34 Back on the road, they set out for Jerusalem. Jesus had a head start on them, and they were following, puzzled and not just a little afraid. He took the Twelve and began again to go over what to expect next. "Listen to me carefully. We're on our way up to Jerusalem. When we get there, the Son of Man will be betrayed to the religious leaders and scholars. They will sentence him to death. Then they will hand him over to the Romans, who will mock and spit on him, give him the third degree, and kill him. After three days he will rise alive."

The Highest Places of Honor

35 James and John, Zebedee's sons, came up to him. "Teacher, we have something we want you

36 “무엇이냐? 내가 할 만한 일인지 보자.”
37 그들이 말했다. “주님께서 영광을 받으실 때 우
리에게도 최고 영광의 자리를 주셔서, 하나는 주님
오른편에, 하나는 주님 왼편에 있게 해주십시오.”
38 예수께서 말씀하셨다. “너희는 너희가 무엇을 구
하는지 모른다. 너희는 내가 마시는 잔을 마시고
내가 받을 세례를 받을 수 있겠느냐?”
39-40 그들이 말했다. “물론입니다. 왜 못하겠습
니까?”
예수께서 말씀하셨다. “생각해 보니, 너희는 과연
내가 마시는 잔을 마시고, 내가 받을 세례를 받을
것이다. 그러나 영광의 자리를 주는 것은, 내 소관
이 아니다. 그것과 관련해서는 다른 조치가 있을
것이다.”
41-45 다른 열 제자가 이 대화를 듣고, 야고보와 요
한에게 분통을 터뜨렸다. 예수께서 그들을 불러 놓
고 바로잡아 주셨다. “하나님을 모르는 통치자들
이 얼마나 위세를 부리는지, 사람들이 작은 권력이
라도 얻으면 거기에 얼마나 빨리 취하는지 너희는
보았다. 너희는 그래서는 안된다. 누구든지 크고자
하면 섬기는 사람이 되어야 한다. 너희 가운데 누
구든지 첫째가 되고자 하면, 먼저 종이 되어야 한
다. 인자가 한 일이 바로 그것이다. 인자는 섬김을
받으러 온 것이 아니라, 섬기러 왔다. 포로로 사로
잡힌 많은 사람들을 살리기 위해 자기 목숨을 내어
주려고 왔다.”

46-48 그들은 여리고에서 얼마 동안 머물렀다. 제자
들과 사람들의 행렬이 뒤따르고 예수께서 그곳을
떠나시려는데, 디매오의 아들인 바디매오라는 눈
먼 거지가 길가에 앉아 있었다. 그는 나사렛 예수
가 지나간다는 말을 듣고는, 소리치기 시작했다.
“다윗의 자손이신 예수여! 불쌍히 여겨 주십시오.
저를 불쌍히 여겨 주십시오!” 많은 사람들이 그를
조용히 시키려고 했으나, 그는 더 크게 소리쳤다.
“다윗의 자손이여! 불쌍히 여겨 주십시오. 저를 불
쌍히 여겨 주십시오!”
49-50 예수께서 가던 길을 멈추셨다. “그를 불러 오
너라.”
그들이 그를 불렀다. “오늘 운이 좋은 줄 알아라!
일어나거라! 예수께서 너를 부르신다!” 그는 겉옷
을 버려두고 즉시 일어나서 예수께 갔다.
51 예수께서 말씀하셨다. “내가 어떻게 해주면 좋겠
느냐?”

to do for us.”
36 “What is it? I'll see what I can do.”
37 “Arrange it,” they said, “so that we will be award-
ed the highest places of honor in your glory–one
of us at your right, the other at your left.”
38 Jesus said, “You have no idea what you're
asking. Are you capable of drinking the cup I
drink, of being baptized in the baptism I'm about
to be plunged into?”
39-40 “Sure,” they said. “Why not?”
Jesus said, “Come to think of it, you will drink
the cup I drink, and be baptized in my baptism.
But as to awarding places of honor, that's not
my business. There are other arrangements for
that.”
41-45 When the other ten heard of this conver-
sation, they lost their tempers with James and
John. Jesus got them together to settle things
down. “You've observed how godless rulers
throw their weight around,” he said, “and when
people get a little power how quickly it goes to
their heads. It's not going to be that way with
you. Whoever wants to be great must become a
servant. Whoever wants to be first among you
must be your slave. That is what the Son of Man
has done: He came to serve, not to be served–
and then to give away his life in exchange for
many who are held hostage.”

46-48 They spent some time in Jericho. As Jesus
was leaving town, trailed by his disciples and a
parade of people, a blind beggar by the name
of Bartimaeus, son of Timaeus, was sitting
alongside the road. When he heard that Jesus
the Nazarene was passing by, he began to cry
out, “Son of David, Jesus! Mercy, have mercy on
me!” Many tried to hush him up, but he yelled
all the louder, “Son of David! Mercy, have mercy
on me!”
49-50 Jesus stopped in his tracks. “Call him over.”
They called him. “It's your lucky day! Get up!
He's calling you to come!” Throwing off his coat,
he was on his feet at once and came to Jesus.
51 Jesus said, “What can I do for you?”

눈먼 사내가 말했다. "랍비님, 보기 원합니다."
52 "가거라." 예수께서 말씀하셨다. "네 믿음이 너를 구원했고 낫게 했다."
바로 그 순간에, 그는 시력을 되찾았고 그 길로 예수를 따랐다.

예루살렘 입성

11 1-3 일행이 예루살렘 가까이 와서 올리브 산 벳바게와 베다니에 이르렀을 때, 예수께서 두 제자를 보내시며 지시하셨다. "맞은편 마을로 가거라. 들어가서 보면, 아직 아무도 타 보지 않은 나귀 새끼가 줄에 매여 있을 것이다. 줄을 풀어서 끌고 오너라. '왜 그러시오?' 하고 누가 묻거든, '주님께서 필요로 하십니다. 곧 돌려보내겠습니다' 하고 말하여라."
4-7 그들은 가서 길모퉁이 문간에 매여 있는 나귀를 보고는 묶어 놓은 줄을 풀었다. 거기 서 있던 사람들 중 몇 사람이 말했다. "그 나귀 새끼의 줄은 왜 푸는 것이오?" 제자들이 예수께서 지시하신 대로 대답하자, 그들은 간섭하지 않았다. 제자들이 나귀 새끼를 예수께로 끌고 와서 그 위에 겉옷을 펴자, 예수께서 올라타셨다.
8-10 사람들이 예수를 열렬히 환영했다. 길 위에 자기 겉옷을 펴는 사람도 있었고, 들에서 베어 온 풀을 까는 사람도 있었다. 그들은 앞에서 걷고 뒤에서 따르며 소리쳤다.

호산나!
복되다, 하나님의 이름으로 오시는 이여!
복되다, 장차 올 우리 조상 다윗의 나라여!
하늘 가장 높은 곳에서, 호산나!

11 예수께서 예루살렘에 이르러, 곧 성전에 들어가셨다. 예수께서는 성전을 둘러보시며, 모든 것을 마음에 두셨다. 그러나 이미 시간이 늦어, 열두 제자와 함께 베다니로 돌아가셨다.

저주받은 무화과나무

12-14 이튿날 그들이 베다니를 나설 때에 예수께서 배가 고프셨다. 그분은 저만치 떨어진 곳에 있는 잎이 무성한 무화과나무 한 그루를 보셨다. 예수께서 혹시 아침 끼니가 될 만한 것이 있을까 하여 다가가셨지만, 무화과 잎사귀밖에 없었다. (아직 무화과 철이 아니었다.) 예수께서 나무에게 말씀하셨다. "다시는 아무도 네게서 열매를 먹지 못할 것이

The blind man said, "Rabbi, I want to see."
52 "On your way," said Jesus. "Your faith has saved and healed you."
In that very instant he recovered his sight and followed Jesus down the road.

Entering Jerusalem on a Colt

11 1-3 When they were nearing Jerusalem, at Bethphage and Bethany on Mount Olives, he sent off two of the disciples with instructions: "Go to the village across from you. As soon as you enter, you'll find a colt tethered, one that has never yet been ridden. Untie it and bring it. If anyone asks, 'What are you doing?' say, 'The Master needs him, and will return him right away.'"
4-7 They went and found a colt tied to a door at the street corner and untied it. Some of those standing there said, "What are you doing untying that colt?" The disciples replied exactly as Jesus had instructed them, and the people let them alone. They brought the colt to Jesus, spread their coats on it, and he mounted.
8-10 The people gave him a wonderful welcome, some throwing their coats on the street, others spreading out rushes they had cut in the fields. Running ahead and following after, they were calling out,

Hosanna!
Blessed is he who comes in God's name!
Blessed the coming kingdom of our father David!
Hosanna in highest heaven!

11 He entered Jerusalem, then entered the Temple. He looked around, taking it all in. But by now it was late, so he went back to Bethany with the Twelve.

The Cursed Fig Tree

12-14 As they left Bethany the next day, he was hungry. Off in the distance he saw a fig tree in full leaf. He came up to it expecting to find something for breakfast, but found nothing but fig leaves. (It wasn't yet the season for figs.)

다!" 제자들도 그 말을 들었다.
15-17 그들이 예루살렘에 도착했다. 예수께서 즉
시 성전에 들어가셔서, 거기에 상점을 차려 놓고
사고파는 사람들을 모두 쫓아내셨다. 환전상들의
가판대와 비둘기 상인들의 진열대도 뒤엎으셨다.
예수께서는 아무도 바구니를 들고 성전 안을 지
나다니지 못하게 하셨다. 그리고 나서 다음 말씀
을 인용해, 그들을 가르치셨다.

> 내 집은 만민을 위한 기도하는 집이라고 일컬
> 어졌다.
> 그런데 너희는 그곳을 도둑의 소굴로 바꾸어
> 놓았다.

18 대제사장과 종교 학자들이 이 말을 듣고서 그분
을 제거할 방도를 모의했다. 그들은 온 무리가 그
분의 가르침에 푹 빠져 있는 것을 보고 당황했다.
19 저녁때에 예수와 제자들이 도성을 나섰다.
20-21 아침에 그들이 길을 가다 보니, 무화과나무
가 마른 막대기처럼 말라붙어 있었다. 베드로가
그 전날 있었던 일이 생각나서 예수께 말했다.
"랍비님, 보십시오. 주님이 저주하신 무화과나무
가 말라 비틀어졌습니다!"
22-25 예수께서 차분히 말씀하셨다. "하나님의 생
명을 품어라. 정말로 품어라. 그러면 너희가 감당
할 수 없을 만큼 힘든 일은 하나도 없을 것이다.
예컨대, 얼버무리거나 망설일 것 없이 이 산더러
'가서 호수에 뛰어들어라' 하고 말하면, 그대로 이
루어질 것이다. 그래서 내가 너희더러 작은 일부
터 큰 일까지, 모든 일에 기도하라고 강권하는 것
이다. 하나님의 생명을 품을 때에, 너희는 거기에
모든 것을 포함시켜라. 그러면 너희는 하나님의
것을 다 받을 것이다. 그리고 기도할 때는 구하는
것이 전부가 아님을 기억하여라. 누구에게 서운
한 것이 있거든 용서하여라. 그때에야 하늘에 계
신 너희 아버지께서도 너희 죄를 깨끗이 용서할
마음이 드실 것이다."

누구에게서 온 권한인가

27-28 그 후에 그들이 다시 예루살렘에 들어가서
성전 안을 걷고 있는데, 대제사장과 종교 학자와
지도자들이 다가와서 따졌다. "당신의 신임장을
보여주시오. 누구의 권한으로 이렇게 말하고 행
동하는 겁니까?"
29-30 예수께서 대답하셨다. "먼저 한 가지 묻겠

He addressed the tree: "No one is going to eat
fruit from you again—ever!" And his disciples
overheard him.
15-17 They arrived at Jerusalem. Immediately on
entering the Temple Jesus started throwing out
everyone who had set up shop there, buying and
selling. He kicked over the tables of the bankers
and the stalls of the pigeon merchants. He didn't
let anyone even carry a basket through the Temple.
And then he taught them, quoting this text:

> My house was designated a house of prayer for
> the nations;
> You've turned it into a hangout for thieves.

18 The high priests and religion scholars heard
what was going on and plotted how they might
get rid of him. They panicked, for the entire crowd
was carried away by his teaching.
19 At evening, Jesus and his disciples left the city.
20-21 In the morning, walking along the road, they
saw the fig tree, shriveled to a dry stick. Peter,
remembering what had happened the previous
day, said to him, "Rabbi, look—the fig tree you
cursed is shriveled up!"
22-25 Jesus was matter-of-fact: "Embrace this
God-life. Really embrace it, and nothing will be
too much for you. This mountain, for instance:
Just say, 'Go jump in the lake'—no shuffling or
shilly-shallying—and it's as good as done. That's
why I urge you to pray for absolutely everything,
ranging from small to large. Include everything
as you embrace this God-life, and you'll get God's
everything. And when you assume the posture of
prayer, remember that it's not all *asking*. If you
have anything against someone, *forgive*—only
then will your heavenly Father be inclined to also
wipe your slate clean of sins."

His Credentials

27-28 Then when they were back in Jerusalem once
again, as they were walking through the Temple,
the high priests, religion scholars, and leaders came
up and demanded, "Show us your credentials. Who
authorized you to speak and act like this?"

다. 내 물음에 답하면 나도 내 신임장을 보여주겠다. 요한의 세례에 관한 것인데, 그것이 누구에게서 온 권한이냐? 하늘이냐, 사람이냐? 말해 보아라."

31-33 그들은 자기들이 궁지에 몰린 것을 알아차리고는, 뒤로 물러나와 모여서 수군거렸다. "하늘이라고 하면 왜 요한을 믿지 않았느냐고 물을 것이고, 사람이라고 하면 온 백성이 요한을 예언자로 떠받드니 우리가 백성 앞에서 몹시 난처해진다." 그들은 이번은 예수께 양보하기로 했다. "우리는 모르오." 그들이 말했다.

예수께서 대답하셨다. "그렇다면 나도 너희 물음에 대답하지 않겠다."

욕심 가득한 소작농들 이야기

12 1-2 예수께서 그들에게 여러 이야기를 들려주기 시작하셨다. "어떤 사람이 포도원을 세웠다. 그는 포도원에 울타리를 치고 포도즙 짜는 틀을 파고 망대를 세운 다음에, 소작농들에게 맡기고 먼 길을 떠났다. 수확할 때가 되자, 그는 수익을 거두려고 소작농들에게 종 한 사람을 보냈다.

3-5 소작농들은 그를 잡아서 마구 때려 빈손으로 돌려보냈다. 주인이 다른 종을 보내자, 그들은 그를 골탕 먹이고 모욕을 주었다. 주인이 또 다른 종을 보내자, 그들은 그를 죽여 버렸다. 주인은 계속해서 많은 종들을 보냈으나, 소작농들은 그들을 때리기도 하고 죽이기도 했다.

6 결국은 한 사람밖에 남지 않았다. 사랑하는 아들이었다. 포도원 주인은 최후 방책으로 아들을 보내며, '저들이 내 아들만큼은 존중하겠지' 하고 생각했다.

7-8 그러나 소작농들은 오히려 이것을 기회로 삼았다. 그들은 욕심이 가득하여 두 손을 비비며 말했다. '이 자는 상속자다! 그를 죽이고 우리가 재산을 다 차지하자.' 그들은 그 아들을 잡아 죽여서 울타리 밖으로 내던졌다.

9-11 너희 생각에는 포도원 주인이 어떻게 할 것 같으냐? 맞다. 그가 와서 그들을 다 없애 버릴 것이다. 그리고 포도원 관리는 다른 사람들에게 맡길 것이다. 너희가 성경을 직접 읽어 보아라.

석공들이 내버린 돌이
이제 모퉁잇돌이 되었다!
이것은 하나님께서 행하신 일,

29-30 Jesus responded, "First let me ask you a question. Answer my question and then I'll present my credentials. About the baptism of John—who authorized it: heaven or humans? Tell me."

31-33 They were on the spot, and knew it. They pulled back into a huddle and whispered, "If we say 'heaven,' he'll ask us why we didn't believe John; if we say 'humans,' we'll be up against it with the people because they all hold John up as a prophet." They decided to concede that round to Jesus. "We don't know," they said.

Jesus replied, "Then I won't answer your question either."

The Story About a Vineyard

12 1-2 Then Jesus started telling them stories. "A man planted a vineyard. He fenced it, dug a winepress, erected a watchtower, turned it over to the farmhands, and went off on a trip. At the time for harvest, he sent a servant back to the farmhands to collect his profits.

3-5 "They grabbed him, beat him up, and sent him off empty-handed. So he sent another servant. That one they tarred and feathered. He sent another and that one they killed. And on and on, many others. Some they beat up, some they killed.

6 "Finally there was only one left: a beloved son. In a last-ditch effort, he sent him, thinking, 'Surely they will respect my son.'

7-8 "But those farmhands saw their chance. They rubbed their hands together in greed and said, 'This is the heir! Let's kill him and have it all for ourselves.' They grabbed him, killed him, and threw him over the fence.

9-11 "What do you think the owner of the vineyard will do? Right. He'll come and clean house. Then he'll assign the care of the vineyard to others. Read it for yourselves in Scripture:

That stone the masons threw out
is now the cornerstone!
This is God's work;
we rub our eyes—we can hardly believe it!"

12 They wanted to lynch him then and there but,

눈을 씻고 보아도 신기할 따름이다!"

12 대제사장과 종교 학자와 지도자들은 당장 예수를 잡고 싶었으나, 여론이 두려워 참았다. 그들은 그 이야기가 자기들을 두고 한 것임을 알았다. 그들은 서둘러 그 자리를 떠났다.

황제의 것, 하나님의 것

13-14 그들은 예수를 그들의 올무에 걸리게 하려고 바리새인과 헤롯의 당원 몇을 그분께 보냈다. 뭔가 책잡힐 만한 발언을 하게 해서 그분을 잡을 심산이었다. 그들이 다가와서 말했다. "선생님, 우리가 알기로 당신은 진실하고, 여론에 개의치 않으며, 배우는 사람들의 비위를 맞추지 않고, 하나님의 도를 정확히 가르칩니다. 그러니 우리한테 말해 주십시오. 황제에게 세금을 내는 것이 법에 맞습니까, 맞지 않습니까?"

15-16 예수께서 그 질문이 계략임을 아시고 말씀하셨다. "왜 나를 속이려고 드느냐? 동전을 가져다가 내게 보여라." 그들이 예수께 동전을 건넸다.

"여기 새겨진 얼굴이 누구 얼굴이냐? 그리고 이 위에 있는 것이 누구 이름이냐?"

그들이 말했다. "황제입니다."

17 예수께서 말씀하셨다. "황제의 것은 황제에게 주고, 하나님의 것은 하나님께 드려라."

그들은 말문이 막혀 입이 떡 벌어졌다.

부활에 관한 가르침

18-23 부활의 가능성을 일절 부인하는 사두개파 사람 몇이 예수께 다가와서 물었다. "선생님, 모세는 기록하기를, 남자가 자식 없이 아내를 두고 죽으면 그 동생이 형수와 결혼해서 자식을 낳아 줄 의무가 있다고 했습니다. 한번은 일곱 형제가 있었습니다. 맏이가 결혼했는데, 자식 없이 죽었습니다. 둘째가 형수와 결혼했으나, 역시 자식 없이 죽었습니다. 셋째도 그러했습니다. 일곱 형제가 다 차례대로 그렇게 했으나, 자식이 없었습니다. 마지막에는 여자도 죽었습니다. 일곱 형제가 모두 그 여자의 남편이었습니다. 그들이 부활 때에 다시 살아나면, 그 여자는 누구의 아내가 됩니까?"

24-27 예수께서 말씀하셨다. "너희는 크게 잘못 생각하고 있다. 첫째로, 너희는 성경을 모른다. 둘째로, 너희는 하나님께서 일하시는 방식을 모른다. 죽은 사람이 살아난 뒤에는 결혼할 일이 없다. 그때 사람들은 천사들처럼 되어서, 하나님과 최고의 기쁨과 친밀

intimidated by public opinion, held back. They knew the story was about them. They got away from there as fast as they could.

Paying Taxes to Caesar

13-14 They sent some Pharisees and followers of Herod to bait him, hoping to catch him saying something incriminating. They came up and said, "Teacher, we know you have integrity, that you are indifferent to public opinion, don't pander to your students, and teach the way of God accurately. Tell us: Is it lawful to pay taxes to Caesar or not?"

15-16 He knew it was a trick question, and said, "Why are you playing these games with me? Bring me a coin and let me look at it." They handed him one.

"This engraving—who does it look like? And whose name is on it?"

"Caesar," they said.

17 Jesus said, "Give Caesar what is his, and give God what is his."

Their mouths hung open, speechless.

Our Intimacies Will Be with God

18-23 Some Sadducees, the party that denies any possibility of resurrection, came up and asked, "Teacher, Moses wrote that if a man dies and leaves a wife but no child, his brother is obligated to marry the widow and have children. Well, there once were seven brothers. The first took a wife. He died childless. The second married her. He died, and still no child. The same with the third. All seven took their turn, but no child. Finally the wife died. When they are raised at the resurrection, whose wife is she? All seven were her husband."

24-27 Jesus said, "You're way off base, and here's why: One, you don't know your Bibles; two, you don't know how God works. After the dead are raised up, we're past the marriage business. As it is with angels now, all our ecstasies and intimacies then will be with God. And regarding the dead, whether or not they are raised, don't you ever read the Bible? How God at the

감을 나눌 것이다. 그리고 죽은 사람이 다시 살아나는지에 대해서인데, 너희는 성경도 읽지 않느냐? 하나님께서는 떨기나무에서 모세에게 '나는 아브라함의 하나님, 이삭의 하나님, 야곱의 하나님이다'라고 말씀하셨다. '이었다'라고 말씀하지 않으셨다. 살아계신 하나님은 죽은 자의 하나님이 아니라, 산 자의 하나님이시다. 너희가 몰라도 한참 모르고 있다."

가장 중요한 계명

28 종교 학자 한 사람이 다가왔다. 그는 질문과 대답이 열띠게 오가는 것을 듣고, 또 예수께서 예리하게 답하시는 것을 보고 이렇게 질문했다. "모든 계명 가운데서 가장 중요한 계명이 무엇입니까?"

29-31 예수께서 말씀하셨다. "가장 중요한 계명은 이것이다. '이스라엘아, 들어라. 주 너의 하나님은 한분이시니, 네 열정과 간구와 지성과 힘을 다해 주 너의 하나님을 사랑하라.' 둘째는 이것이다. '네 자신을 사랑하는 것같이 다른 사람을 사랑하라.' 이것에 견줄 만한 다른 계명은 없다."

32-33 종교 학자가 말했다. "선생님, 훌륭한 답입니다! 하나님은 한분이시고 다른 이가 없다는 말씀은 아주 명쾌하고 정확합니다. 그리고 열정과 지성과 힘을 다해 그분을 사랑하는 것과, 자기 자신을 사랑하는 것같이 다른 사람을 사랑하는 것은, 모든 제물과 희생을 다 합한 것보다도 낫습니다!"

34 예수께서 그의 남다른 통찰력을 보고 말씀하셨다. "네가 하나님 나라 문턱에까지 와 있다."
그 후로는 아무도 그분께 묻는 사람이 없었다.

35-37 예수께서 성전에서 가르치시던 중에 물으셨다. "어째서 종교 학자들은 메시아가 다윗의 자손이라고 하느냐? 우리가 다 아는 것처럼, 다윗은 성령의 감동을 받아 이렇게 말했다.

> 하나님께서 내 주님께 말씀하셨다.
> "내가 네 원수들을 네 발아래에 둘 때까지
> 너는 여기 내 오른편에 앉아 있어라."

다윗이 여기서 메시아를 '내 주님'이라고 부르는데, 메시아가 어떻게 다윗의 '자손'이 될 수 있느냐?"
큰 무리가 즐거이 그 말씀을 들었다.

38-40 예수께서 계속 가르치셨다. "종교 학자들을 조심하여라. 그들은 가운을 입고 다니며, 사람들의 치켜세우는 말에 우쭐하고, 중요한 자리를 차지하면서

bush said to Moses, 'I am – not *was* – the God of Abraham, the God of Isaac, and the God of Jacob'? The living God is God of the *living*, not the dead. You're way, way off base."

The Most Important Commandment

28 One of the religion scholars came up. Hearing the lively exchanges of question and answer and seeing how sharp Jesus was in his answers, he put in his question: "Which is most important of all the commandments?"

29-31 Jesus said, "The first in importance is, 'Listen, Israel: The Lord your God is one; so love the Lord God with all your passion and prayer and intelligence and energy.' And here is the second: 'Love others as well as you love yourself.' There is no other commandment that ranks with these."

32-33 The religion scholar said, "A wonderful answer, Teacher! So lucid and accurate – that God is one and there is no other. And loving him with all passion and intelligence and energy, and loving others as well as you love yourself. Why, that's better than all offerings and sacrifices put together!"

34 When Jesus realized how insightful he was, he said, "You're almost there, right on the border of God's kingdom."
After that, no one else dared ask a question.

35-37 While he was teaching in the Temple, Jesus asked, "How is it that the religion scholars say that the Messiah is David's 'son,' when we all know that David, inspired by the Holy Spirit, said,

> God said to my Master,
> "Sit here at my right hand
> until I put your enemies under your feet."

"David here designates the Messiah 'my Master' – so how can the Messiah also be his 'son'?"
The large crowd was delighted with what they heard.

교회의 모든 행사에서 상석에 앉기를 좋아한
다. 언제나 그들은 연약하고 무력한 사람들을
착취한다. 그들의 기도가 길어질수록, 그들의
상태는 더 나빠진다. 마지막에 그들은 그 값을
치르게 될 것이다."
41-44 예수께서 헌금함 맞은편에 앉으셔서, 사람
들이 헌금함에 돈 넣는 것을 보고 계셨다. 많은
부자들이 큰돈을 바치고 있었다. 그때 한 가난
한 과부가 다가와서 작은 동전 두 개를 넣었다.
겨우 동전 두 개였다. 예수께서 제자들을 불러
놓고 말씀하셨다. "과연, 이 가난한 과부가 헌
금함에 넣은 것이 다른 사람들이 넣은 것을 다
합한 것보다 크다. 다른 사람들은 아깝지 않을
만큼 헌금했지만, 이 여자는 자기 형편보다 넘
치도록 드렸다. 자신의 전부를 드린 것이다."

사이비 종말론자들

13 1 예수께서 성전을 떠나시는데, 제자
가운데 한 사람이 말했다. "선생님,
저 석조물과 건물들을 보십시오!"
2 예수께서 말씀하셨다. "네가 이 웅장한 건축
물에 감동하느냐? 저 건물의 돌 하나하나가,
결국 잔해 더미가 되고 말 것이다."
3-4 이후에 예수께서 성전이 한눈에 내려다보이
는 올리브 산에 앉으셨을 때, 베드로와 야고보
와 요한과 안드레가 그분께 따로 다가와 물었
다. "말씀해 주십시오. 그런 일이 언제 일어나
겠습니까? 때가 막바지에 이를 때에 우리에게
어떤 징조가 있겠습니까?"
5-8 예수께서 입을 여셨다. "사이비 종말론자들
을 조심하여라. 많은 지도자들이 정체를 숨기
고 나타나서, '내가 그다'라고 주장할 것이다.
그들이 많은 사람들을 현혹할 것이다. 전쟁 소
식을 듣거나 전쟁이 일어나리라는 소문을 듣거
든, 당황하지 말고 침착하여라. 그것은 역사에
늘 반복되는 일일 뿐, 아직 종말의 징조는 아니
다. 나라와 나라가 싸우고 통치자와 통치자가
싸우는 일이 계속될 것이다. 곳곳마다 지진이
있을 것이다. 기근도 있을 것이다. 그러나 이것
은 앞으로 닥칠 일에 비하면 아무것도 아니다.
9-10 *또 조심하여라! 사람들이 너희를* 법정으로
끌고 갈 것이다. 세상이 살벌해져서, 내 이름을
전한다는 이유로, 모두가 너희를 물고 뜯을 것
이다. 너희는 진리의 파수병으로 그 자리에 있
는 것이다. 메시지가 온 세상에 두루 전파되어

38-40 He continued teaching. "Watch out for the
religion scholars. They love to walk around in
academic gowns, preening in the radiance of public
flattery, basking in prominent positions, sitting at
the head table at every church function. And all the
time they are exploiting the weak and helpless. The
longer their prayers, the worse they get. But they'll
pay for it in the end."
41-44 Sitting across from the offering box, he was
observing how the crowd tossed money in for the
collection. Many of the rich were making large
contributions. One poor widow came up and put in
two small coins—a measly two cents. Jesus called
his disciples over and said, "The truth is that this
poor widow gave more to the collection than all
the others put together. All the others gave what
they'll never miss; she gave extravagantly what she
couldn't afford—she gave her all."

Doomsday Deceivers

13 1 As he walked away from the Temple, one
of his disciples said, "Teacher, look at that
stonework! Those buildings!"
2 Jesus said, "You're impressed by this grandiose
architecture? There's not a stone in the whole works
that is not going to end up in a heap of rubble."
3-4 Later, as he was sitting on Mount Olives in full
view of the Temple, Peter, James, John, and Andrew
got him off by himself and asked, "Tell us, when is
this going to happen? What sign will we get that
things are coming to a head?"
5-8 Jesus began, "Watch out for doomsday deceivers.
Many leaders are going to show up with forged
identities claiming, 'I'm the One.' They will deceive
a lot of people. When you hear of wars and rumored
wars, keep your head and don't panic. This is
routine history, and no sign of the end. Nation will
fight nation and ruler fight ruler, over and over.
Earthquakes will occur in various places. There will
be famines. But these things are nothing compared
to what's coming.
9-10 "And watch out! They're going to drag you
into court. And then it will go from bad to worse,
dog-eat-dog, everyone at your throat because you
carry my name. You're placed there as sentinels to

야 한다.
11 그들이 너희를 배반하여 법정으로 데려가거든, 너희는 무슨 말을 할지 염려하지 마라. 그 때가 오거든, 너희 심중에 있는 것을 말하여라. 성령께서 너희 안에서 너희를 통해 친히 증거하실 것이다.
12-13 형제가 형제를 죽이고, 아버지가 자녀를 죽이고, 자녀가 부모를 죽일 것이다. 나 때문에 너희를 미워할 사람이 누구인지 아무도 모른다. 그대로 견뎌라. 그것이 너희가 해야 할 일이다. 끝까지 견뎌라. 그러면 너희는 절대 후회하지 않을 것이고, 결국 구원을 얻을 것이다."

큰 환난의 날

14-18 "그러나 거룩한 것을 더럽히는 괴물이 절대 있어서는 안될 곳에 세워진 것을 보거든, 얼른 달아나거라. 너희 읽을 수 있는 사람들은 내 말이 무슨 말인지 깨달아라. 그때에 너희가 유대에 살고 있거든, 산으로 달아나거라. 마당에서 일하고 있거든, 무엇을 가지러 집으로 돌아가지 마라. 밭에 나가 있거든, 겉옷을 가지러 돌아가지 마라. 특히 임신부와 젖 먹이는 어머니들이 힘들 것이다. 이 일이 한겨울에 일어나지 않기를 바라고 기도하여라.
19-20 그때는 괴로운 날이 될 것이다. 하나님께서 세상을 지으신 때로부터 지금까지 이런 일이 없었고, 앞으로도 다시는 없을 것이다. 하나님께서 이 환난의 날들을 갈 데까지 가게 두신다면, 아무도 견딜 수 없을 것이다. 그러나 하나님의 택하신 백성, 그분께서 친히 택하신 이들을 위해 그분은 이미 손을 써 놓으셨다."

그날과 그때는 아무도 모른다

21-23 "누가 너희를 막아서서 '메시아가 여기 있다!' 소리치거나 '저기 그분이 있다!' 가리켜도 속지 마라. 가짜 메시아와 거짓 설교자들이 곳곳에서 출현할 것이다. 그들은 대단한 이력과 현란한 업적으로, 알 만한 사람들의 눈까지 속일 것이다. 그러니 조심하여라. 내가 너희에게 충분히 경고했다.
24-25 그 괴로운 시간들이 지나면,

해는 어두워지고
달은 흐려지고
별들은 하늘에서 떨어지고

truth. The Message has to be preached all across the world.
11 "When they bring you, betrayed, into court, don't worry about what you'll say. When the time comes, say what's on your heart–the Holy Spirit will make his witness in and through you.
12-13 "It's going to be brother killing brother, father killing child, children killing parents. There's no telling who will hate you because of me.
"Stay with it–that's what is required. Stay with it to the end. You won't be sorry; you'll be saved.

Run for the Hills

14-18 "But be ready to run for it when you see the monster of desecration set up where it should *never* be. You who can read, make sure you understand what I'm talking about. If you're living in Judea at the time, run for the hills; if you're working in the yard, don't go back to the house to get anything; if you're out in the field, don't go back to get your coat. Pregnant and nursing mothers will have it especially hard. Hope and pray this won't happen in the middle of winter.
19-20 "These are going to be hard days–nothing like it from the time God made the world right up to the present. And there'll be nothing like it again. If he let the days of trouble run their course, nobody would make it. But because of God's chosen people, those he personally chose, he has already intervened.

No One Knows the Day or Hour

21-23 "If anyone tries to flag you down, calling out, 'Here's the Messiah!' or points, 'There he is!' don't fall for it. Fake Messiahs and lying preachers are going to pop up everywhere. Their impressive credentials and dazzling performances will pull the wool over the eyes of even those who ought to know better. So watch out. I've given you fair warning.
24-25 "Following those hard times,

Sun will fade out,
moon cloud over,
Stars fall out of the sky,
cosmic powers tremble.

우주의 세력들은 떨 것이다.

26-27 그때에야 사람들은 인자가 위엄 있게 오는 것을 볼 것이다. 인자가 오는 것이 온 하늘에 가득하여, 보지 못할 사람이 아무도 없을 것이다! 인자가 천사들을 보내어, 택하신 사람들을 이 끝에서 저 끝까지 사방에서 불러들일 것이다.

28-31 무화과나무에서 교훈을 얻어라. 싹이 나서 초록빛이 살짝만 내비쳐도, 너희는 여름이 가까이 다가온 줄 안다. 너희도 마찬가지다. 이 모든 일을 보거든 인자가 문 앞에 온 줄 알아라. 이것은 가볍게 여길 일이 아니다. 내가 지금 하는 말은, 어느 훗날의 세대에게만 주는 말이 아니라 이 세대에게도 주는 말이다. 이 일들은 반드시 이루어진다. 하늘과 땅은 닳아 없어져도, 내 말은 닳아 없어지지 않을 것이다.

32-37 그렇다면 정확한 날짜와 시간은 언제인가? 그것은 아무도 모른다. 하늘의 천사들도 모르고, 아들인 나도 모른다. 오직 아버지만 아신다. 너희는 시간표를 모르니 각별히 조심하여라. 이것은 마치 어떤 사람이 집을 떠나 다른 지방으로 가면서, 종들에게 권한을 주어 각각 임무를 맡기고, 문지기에게 보초를 서라고 명하는 것과 같다. 그러니 깨어서 너희 자리를 지켜라. 집주인이 언제 돌아올지, 저녁일지 한밤중일지, 새벽일지 아침일지 너희는 모른다. 그가 예고 없이 나타날 때에, 너희가 근무중에 잠자는 일이 없게 하여라. 내가 너희에게 말하고 또 모든 사람에게 말한다. 너희 자리를 지켜라. 깨어 있어라."

값비싼 향유를 부은 여인

14 1-2 여드레 동안의 유월절과 무교절이 시작되기 이틀 전이었다. 대제사장과 종교 학자들은 예수를 몰래 잡아 죽일 방도를 찾고 있었다. 그들은 "괜히 군중의 소요가 일어나는 것은 싫다"고 말하면서, 유월절 기간에는 그 일을 하지 않기로 뜻을 모았다.

3-5 예수께서 나병환자 시몬의 손님으로 베다니에 계셨다. 예수께서 저녁을 들고 있는데, 어떤 여자가 아주 값비싼 향유 한 병을 가지고 다가왔다. 여자는 병을 따서 향유를 그분의 머리에 부었다. 몇몇 손님들이 발끈해서 자기들끼리 말했다. "저렇게 한심한 일을 하다니! 완전히 낭비다! 이 향유를 일 년치 임금보다 더 많이 받고 팔아서 가난한 사람들에게 줄 수도 있었을 텐데." 그들은

26-27 "And then they'll see the Son of Man enter in grand style, his Arrival filling the sky—no one will miss it! He'll dispatch the angels; they will pull in the chosen from the four winds, from pole to pole.

28-31 "Take a lesson from the fig tree. From the moment you notice its buds form, the merest hint of green, you know summer's just around the corner. And so it is with you. When you see all these things, you know he is at the door. Don't take this lightly. I'm not just saying this for some future generation, but for this one, too—these things will happen. Sky and earth will wear out; my words won't wear out.

32-37 "But the exact day and hour? No one knows that, not even heaven's angels, not even the Son. Only the Father. So keep a sharp lookout, for you don't know the timetable. It's like a man who takes a trip, leaving home and putting his servants in charge, each assigned a task, and commanding the gatekeeper to stand watch. So, stay at your post, watching. You have no idea when the homeowner is returning, whether evening, midnight, cockcrow, or morning. You don't want him showing up unannounced, with you asleep on the job. I say it to you, and I'm saying it to all: Stay at your post. Keep watch."

Anointing His Head

14 1-2 In only two days the eight-day Festival of Passover and the Feast of Unleavened Bread would begin. The high priests and religion scholars were looking for a way they could seize Jesus by stealth and kill him. They agreed that it should not be done during Passover Week. "We don't want the crowds up in arms," they said.

3-5 Jesus was at Bethany, a guest of Simon the Leper. While he was eating dinner, a woman came up carrying a bottle of very expensive perfume. Opening the bottle, she poured it on his head. Some of the guests became furious among themselves. "That's criminal! A sheer waste! This perfume could have been sold for well over a year's wages and handed out to the poor." They swelled up in anger, nearly bursting with indignation over her.

화가 치밀어서 당장이라도 여자에게 분통을 터뜨릴 태세였다.

6-9 그러나 예수께서 말씀하셨다. "가만두어라. 너희는 어째서 이 여자를 괴롭게 하느냐? 이 여자는 지금 나한테 말할 수 없이 소중한 일을 한 것이다. 가난한 사람들은 평생 동안 너희와 함께 있을 것이다. 너희는 언제라도 마음 내키면 그들에게 뭔가 해줄 수 있다. 그러나 내게는 그렇지 않다. 이 여자는 기회 있을 때에 자기가 할 수 있는 일을 한 것이다. 내 몸에 미리 기름을 부어 내 장례를 준비한 것이다. 내가 분명히 말한다. 온 세상에 메시지가 전파되는 곳마다, 지금 이 여자가 한 일도 알려져 칭송받을 것이다."

10-11 열두 제자 가운데 하나인 가룟 유다가 예수를 배반할 작정으로 대제사장 무리에게 갔다. 그들은 자기들의 귀를 의심했고, 그에게 두둑한 보상을 약속했다. 그때부터 유다는 예수를 넘겨줄 적당한 기회를 노렸다.

인자를 배반할 자

12 무교절 첫날, 곧 유월절 희생을 준비하는 날에 제자들이 예수께 물었다. "우리가 어디로 가서 주님이 드실 유월절 식사를 준비하면 좋겠습니까?"

13-15 예수께서 제자 두 사람에게 지시하셨다. "시내로 들어가거라. 그러면 물 한 동이를 지고 가는 사람을 만날 것이다. 그를 따라가거라. 그가 어느 집으로 들어가든지 그 집 주인에게 '선생님께서, 제자들과 함께 유월절 식사를 할 방이 어디 있느냐고 물어보십니다' 하고 말하여라. 그가 너희에게 이미 청소를 마친 넓은 다락방을 보여줄 것이다. 거기서 우리를 위해 식사를 준비하여라."

16 제자들이 떠나 시내에 가 보니, 모든 것이 예수께서 말씀하신 그대로였다. 그들은 유월절 식사를 준비했다.

17-18 해가 진 후에, 예수께서 열두 제자를 데리고 오셨다. 그들이 식탁에 앉아 저녁을 먹고 있는데, 예수께서 말씀하셨다. "괴롭지만 너희에게 중요한 말을 해야겠다. 지금 나와 함께 먹고 있는 너희 가운데 한 사람이, 음모를 꾸미는 세력에게 나를 넘겨줄 것이다."

19 그들이 소스라치게 놀라서, 한 사람씩 돌아가며 묻기 시작했다. "저는 아니겠지요?"

20-21 예수께서 말씀하셨다. "열두 명 가운데 한 사람, 곧 나와 같은 그릇에서 함께 먹는 사람이 그다. 인자가 배반당하는 것이 성경에 기록되어

6-9 But Jesus said, "Let her alone. Why are you giving her a hard time? She has just done something wonderfully significant for me. You will have the poor with you every day for the rest of your lives. Whenever you feel like it, you can do something for them. Not so with me. She did what she could when she could—she pre-anointed my body for burial. And you can be sure that wherever in the whole world the Message is preached, what she just did is going to be talked about admiringly."

10-11 Judas Iscariot, one of the Twelve, went to the cabal of high priests, determined to betray him. They couldn't believe their ears, and promised to pay him well. He started looking for just the right moment to hand him over.

Traitor to the Son of Man

12 On the first of the Days of Unleavened Bread, the day they prepare the Passover sacrifice, his disciples asked him, "Where do you want us to go and make preparations so you can eat the Passover meal?"

13-15 He directed two of his disciples, "Go into the city. A man carrying a water jug will meet you. Follow him. Ask the owner of whichever house he enters, 'The Teacher wants to know, Where is my guest room where I can eat the Passover meal with my disciples?' He will show you a spacious second-story room, swept and ready. Prepare for us there."

16 The disciples left, came to the city, found everything just as he had told them, and prepared the Passover meal.

17-18 After sunset he came with the Twelve. As they were at the supper table eating, Jesus said, "I have something hard but important to say to you: One of you is going to hand me over to the conspirators, one who at this moment is eating with me."

19 Stunned, they started asking, one after another, "It isn't me, is it?"

20-21 He said, "It's one of the Twelve, one who eats with me out of the same bowl. In one sense, it turns out that the Son of Man is entering into a way of treachery well-marked by the Scriptures—

있으니, 이것이 전혀 뜻밖의 일은 아니다. 그러나 인자를 배반하여 넘겨줄 그 사람은, 이 일을 하느니 차라리 태어나지 않았으면 좋았을 것이다!"

이것은 내 몸과 내 피다

22 식사중에 예수께서 빵을 들어 축복하시고, 떼어서 그들에게 주시며 말씀하셨다.

받아라. 이것은 내 몸이다.

23-24 또 잔을 들어 하나님께 감사하신 후에 그들에게 주셨고, 그들은 다 그 잔을 돌려 마셨다. 예수께서 말씀하셨다.

이것은 내 피다.
많은 사람들을 위해 붓는
하나님의 새 언약이다.

25 "하나님 나라에서 마실 새날까지, 내가 다시는 포도주를 마시지 않을 것이다."
26 그들은 찬송을 부르고 곧장 올리브 산으로 갔다.

27-28 예수께서 제자들에게 말씀하셨다. "너희 모두 세상이 무너지는 듯한 심정이 들 텐데, 그것이 나 때문이라고 생각할 것이다. 성경은 이렇게 말한다.

내가 목자를 치리니
양들이 허둥지둥댈 것이다.

그러나 내가 다시 살아난 뒤에는, 너희보다 앞장서 갈릴리로 갈 것이다."
29 베드로가 불쑥 말했다. "모든 것이 무너지고 모두가 주님을 부끄러워하더라도, 저는 그러지 않겠습니다."
30 예수께서 말씀하셨다. "너무 자신하지 마라. 오늘 바로 이 밤, 수탉이 두 번 울기 전에 네가 나를 세 번 부인할 것이다."
31 베드로가 거세게 반발했다. "주님과 함께 죽는 한이 있더라도, 절대로 주님을 부인하지 않겠습니다." 다른 제자들도 모두 똑같이 말했다.

겟세마네에서 기도하시다

32-34 그들이 겟세마네라는 곳에 이르렀다. 예수

no surprises here. In another sense, the man who turns him in, turns traitor to the Son of Man—better never to have been born than do this!"

"This Is My Body"

22 In the course of their meal, having taken and blessed the bread, he broke it and gave it to them. Then he said,

Take, this is my body.

23-24 Taking the chalice, he gave it to them, thanking God, and they all drank from it. He said,

This is my blood,
God's new covenant,
Poured out for many people.

25 "I'll not be drinking wine again until the new day when I drink it in the kingdom of God."
26 They sang a hymn and then went directly to Mount Olives.

27-28 Jesus told them, "You're all going to feel that your world is falling apart and that it's my fault. There's a Scripture that says,

I will strike the shepherd;
The sheep will go helter-skelter.

"But after I am raised up, I will go ahead of you, leading the way to Galilee."
29 Peter blurted out, "Even if everyone else is ashamed of you when things fall to pieces, I won't be."
30 Jesus said, "Don't be so sure. Today, this very night in fact, before the rooster crows twice, you will deny me three times."
31 He blustered in protest, "Even if I have to die with you, I will never deny you." All the others said the same thing.

Gethsemane

32-34 They came to an area called Gethsemane.

께서 제자들에게 말씀하셨다. "내가 기도하는 동안에 너희는 여기 앉아 있어라." 예수께서 베드로와 야고보와 요한을 데리고 가셨다. 예수께서 두려움과 깊은 근심에 빠지셨다. 예수께서 그들에게 말씀하셨다. "지금 나는 괴로워 죽을 것 같다. 여기서 나와 함께 깨어 있어라."

35-36 예수께서 조금 더 나아가 땅에 엎드리셔서, 피할 길을 위해 기도하셨다. "아빠, 아버지, 아버지께서는 나를 여기서 벗어나게 하실 수 있습니다. 이 잔을 내게서 거두어 주십시오. 그러나 내가 원하는 대로 하지 마시고, 아버지께서 원하시는 대로 행하십시오. 아버지께서 원하시는 것이 무엇입니까?"

37-38 예수께서 돌아와 보니, 제자들이 곤히 잠들어 있었다. 예수께서 베드로에게 말씀하셨다. "시몬아, 네가 자다니, 어찌 내게 이럴 수 있느냐? 단 한 시간도 나와 함께 견딜 수 없더냐? 깨어 있어라. 자신도 모르게 위험지대에 들어서는 일이 없도록 기도하여라. 세상을 몰라서는 안된다. 너는 하나님 안에서 무엇이든 열심히 할 각오가 되어 있다만, 한편으로는 난롯가에 잠든 늙은 개처럼 나른하구나."

39-40 예수께서 다시 가서 똑같은 기도를 드리셨다. 예수께서 돌아와 보니, 이번에도 제자들이 곤히 잠들어 있었다. 도저히 눈이 떠지지 않았던 것이다. 그들은 무슨 말로 변명해야 할지 몰랐다.

41-42 예수께서 세 번째로 돌아와 말씀하셨다. "밤새도록 자려느냐? 아니다. 잠은 충분히 잤다. 때가 되었다. 인자가 죄인들의 손에 팔린다. 일어나거라! 가자! 나를 배반할 자가 왔다."

무리에게 잡히시다

43-47 예수의 입에서 그 말이 떨어지자마자, 열두 제자 가운데 하나인 유다가 나타났다. 그 곁에는 대제사장과 종교 학자와 지도자들이 보낸 폭력배가 칼과 몽둥이를 들고 함께 있었다. 배반자는 그들과 암호를 짜 두었다. "내가 입 맞추는 사람이 바로 그 자니, 그를 잡으시오. 절대 도망치지 못하게 하시오." 그는 곧장 예수께 가서 "랍비님!" 하고 그분께 입을 맞추었다. 그러자 무리가 그분을 붙잡아 거칠게 다루었다. 거기 서 있던 사람들 가운데 하나가, 칼을 뽑아 휘둘러서 대제사장의 종의 귀를 잘라 버렸다.

48-50 예수께서 그들에게 말씀하셨다. "내가 위험한 범죄자라도 되는 것처럼 칼과 몽둥이로 나를

Jesus told his disciples, "Sit here while I pray." He took Peter, James, and John with him. He plunged into a sinkhole of dreadful agony. He told them, "I feel bad enough right now to die. Stay here and keep vigil with me."

35-36 Going a little ahead, he fell to the ground and prayed for a way out: "Papa, Father, you can–can't you?–get me out of this. Take this cup away from me. But please, not what I want–what do *you* want?"

37-38 He came back and found them sound asleep. He said to Peter, "Simon, you went to sleep on me? Can't you stick it out with me a single hour? Stay alert, be in prayer, so you don't enter the danger zone without even knowing it. Don't be naive. Part of you is eager, ready for anything in God; but another part is as lazy as an old dog sleeping by the fire."

39-40 He then went back and prayed the same prayer. Returning, he again found them sound asleep. They simply couldn't keep their eyes open, and they didn't have a plausible excuse.

41-42 He came back a third time and said, "Are you going to sleep all night? No–you've slept long enough. Time's up. The Son of Man is about to be betrayed into the hands of sinners. Get up. Let's get going. My betrayer has arrived."

A Gang of Ruffians

43-47 No sooner were the words out of his mouth when Judas, the one out of the Twelve, showed up, and with him a gang of ruffians, sent by the high priests, religion scholars, and leaders, brandishing swords and clubs. The betrayer had worked out a signal with them: "The one I kiss, that's the one–seize him. Make sure he doesn't get away." He went straight to Jesus and said, "Rabbi!" and kissed him. The others then grabbed him and roughed him up. One of the men standing there unsheathed his sword, swung, and came down on the Chief Priest's servant, lopping off the man's ear.

48-50 Jesus said to them, "What is this, coming after me with swords and clubs as if I were a dangerous criminal? Day after day I've been sitting in the

잡으러 오다니, 이게 무슨 짓이냐? 내가 날마다 성전에 앉아서 가르쳤지만, 너희는 내게 손 하나 대지 않았다. 사실 너희가 한 일은, 예언자의 글을 확증하는 것이다." 제자들은 모두 황급히 달아났다.

51-52 한 청년이 예수를 따라가고 있었다. 그는 홑이불 하나만 몸에 걸치고 있었다. 사람들이 그를 붙잡았으나, 그는 홑이불을 버려둔 채 벌거벗은 몸으로 급히 달아났다.

유대 의회 앞에 서시다

53-54 그들이 예수를 대제사장에게 끌고 갔다. 거기에 대제사장과 종교 지도자와 학자들이 함께 모여 있었다. 그들이 대제사장의 안뜰에 이를 때까지 베드로는 안전한 거리를 두고 뒤따라갔다. 거기서 그는 하인들 틈에 섞여서 불을 쬐었다.

55-59 대제사장들은 유대 의회와 공모해 예수께 사형을 선고할 만한 불리한 증거를 찾았지만, 하나도 찾지 못했다. 많은 사람들이 자청하여 거짓 죄목을 댔으나, 서로 맞지 않아 무효가 되고 말았다. 그 가운데 몇몇 사람들이 일어나서 이런 거짓 말을 했다. "우리가 이 자의 말을 들었는데, '힘들게 지은 이 성전을 헐고, 손 하나 대지 않고도 성전을 사흘 만에 짓겠다'고 했습니다." 그러나 그들조차도 증언이 서로 일치하지 않았다.

60-61 이때 대제사장이 일어서서 예수께 물었다. "이 증언에 대해 너는 뭐라고 말하겠느냐?" 예수께서 침묵하셨다. 아무 말씀도 하지 않으셨다.
대제사장이 다시 나서서 이번에는 이렇게 물었다. "네가 찬양받으실 분의 아들 메시아냐?"

62 예수께서 말씀하셨다. "그렇다. 내가 그다. 너희 눈으로 직접 보게 될 것이다.

전능하신 분의 오른편에
앉은 인자가
하늘 구름을 타고 올 것이다."

63-64 대제사장이 흥분해서, 자기 옷을 찢으며 소리쳤다. "여러분은 이 말을 들었소? 이러고도 우리에게 무슨 증인이 더 필요하겠소? 그가 하나님을 모독하는 것을 여러분이 들었소! 여러분은 이 신성모독을 그냥 두고 볼 셈이오?"
그들은 일제히 예수를 정죄했다. 사형선고가 내려졌다.

65 그들 가운데 몇 사람이 예수께 침을 뱉었다.

Temple teaching, and you never so much as lifted a hand against me. What you in fact have done is confirm the prophetic writings." All the disciples cut and ran.

51-52 A young man was following along. All he had on was a bedsheet. Some of the men grabbed him but he got away, running off naked, leaving them holding the sheet.

Condemned to Death

53-54 They led Jesus to the Chief Priest, where the high priests, religious leaders, and scholars had gathered together. Peter followed at a safe distance until they got to the Chief Priest's courtyard, where he mingled with the servants and warmed himself at the fire.

55-59 The high priests conspiring with the Jewish Council looked high and low for evidence against Jesus by which they could sentence him to death. They found nothing. Plenty of people were willing to bring in false charges, but nothing added up, and they ended up canceling each other out. Then a few of them stood up and lied: "We heard him say, 'I am going to tear down this Temple, built by hard labor, and in three days build another without lifting a hand.'" But even they couldn't agree exactly.

60-61 In the middle of this, the Chief Priest stood up and asked Jesus, "What do you have to say to the accusation?" Jesus was silent. He said nothing.
The Chief Priest tried again, this time asking, "Are you the Messiah, the Son of the Blessed?"

62 Jesus said, "Yes, I am, and you'll see it yourself:

The Son of Man seated
At the right hand of the Mighty One,
Arriving on the clouds of heaven."

63-64 The Chief Priest lost his temper. Ripping his clothes, he yelled, "Did you hear that? After that do we need witnesses? You heard the blasphemy. Are you going to stand for it?"
They condemned him, one and all. The sentence: death.

65 Some of them started spitting at him. They

그들은 예수의 눈을 가린 채 그분을 치면서 말했다. "너를 친 사람이 누구냐? 알아맞혀 봐라!" 경비병들은 그분을 주먹과 손바닥으로 때리면서 끌고 갔다.

베드로가 예수를 부인하다

66-67 이 모든 일이 벌어지는 동안, 베드로는 안뜰 아래쪽에 있었다. 대제사장의 여종 하나가 들어와서, 불을 쬐고 있는 베드로를 유심히 뜯어보며 말했다. "당신도 나사렛 예수와 함께 있지 않았나요?"

68 베드로가 부인했다. "당신이 무슨 말을 하는지 모르겠소." 그는 문간으로 나갔다. 그때에 수탉이 울었다.

69-70 여종이 그를 알아보고는, 옆에 둘러선 사람들에게 말하기 시작했다. "이 사람도 그들과 한패예요." 베드로는 다시 부인했다.

잠시 후, 곁에 있던 사람들이 다시 그 말을 꺼냈다. "당신도 그들 가운데 하나가 틀림없소. 갈릴리 사람이라는 표시가 당신 온몸에 새겨져 있소."

71-72 베드로는 너무 두려워서 저주하며 말했다. "나는 당신들이 말하는 그 사람을 본 적도 없소." 바로 그때, 두 번째로 수탉이 울었다. 베드로는 "수탉이 두 번 울기 전에 네가 나를 세 번 부인할 것이다"라고 하신 예수의 말씀이 생각났다. 그는 그대로 주저앉아 울었다.

빌라도에게 사형선고를 받으시다

15 1 동틀 무렵, 대제사장들이 종교 지도자와 학자들과 더불어 유대 의회 전체와 모임을 가졌다. 그들은 예수를 단단히 결박한 뒤, 데리고 나가서 빌라도에게 넘겼다.

2-3 빌라도가 예수께 물었다. "네가 유대인의 왕이냐?"

예수께서 대답하셨다. "네가 그렇게 말하면 그렇다." 대제사장들은 줄줄이 고발을 늘어놓았다.

4-5 빌라도가 다시 물었다. "아무 대답도 하지 않겠느냐? 고발의 목록이 제법 길다." 그분은 아무 말이 없으셨다. 그것은 빌라도에게 아주 깊은 인상을 남겼다.

6-10 명절이 되면 백성이 요구하는 죄수 하나를 풀어 주는 관례가 있었다. 바라바라 하는 죄수가 있었는데, 그는 로마에 대항하는 반란 중에 살인을 저지른 선동자들과 함께 감금되어 있었다. 무리가 다가와서 죄수를 풀어 달라는 탄원을 올리려고 할 즈음에, 빌라도는 이미 그들이 할 말을

blindfolded his eyes, then hit him, saying, "Who hit you? Prophesy!" The guards, punching and slapping, took him away.

The Rooster Crowed

66-67 While all this was going on, Peter was down in the courtyard. One of the Chief Priest's servant girls came in and, seeing Peter warming himself there, looked hard at him and said, "You were with the Nazarene, Jesus."

68 He denied it: "I don't know what you're talking about." He went out on the porch. A rooster crowed.

69-70 The girl spotted him and began telling the people standing around, "He's one of them." He denied it again.

After a little while, the bystanders brought it up again. "You've *got* to be one of them. You've got 'Galilean' written all over you."

71-72 Now Peter got really nervous and swore, "I never laid eyes on this man you're talking about." Just then the rooster crowed a second time. Peter remembered how Jesus had said, "Before a rooster crows twice, you'll deny me three times." He collapsed in tears.

Standing Before Pilate

15 1 At dawn's first light, the high priests, with the religious leaders and scholars, arranged a conference with the entire Jewish Council. After tying Jesus securely, they took him out and presented him to Pilate.

2-3 Pilate asked him, "Are you the 'King of the Jews'?"

He answered, "If you say so." The high priests let loose a barrage of accusations.

4-5 Pilate asked again, "Aren't you going to answer anything? That's quite a list of accusations." Still, he said nothing. Pilate was impressed, really impressed.

6-10 It was a custom at the Feast to release a prisoner, anyone the people asked for. There was one prisoner called Barabbas, locked up with the insurrectionists who had committed murder during the uprising against Rome. As the crowd

예상하고 있었다. "여러분은 내가 유대인의 왕을 풀어 주기를 원하오?" 빌라도는 대제사장들이 예수를 자기에게 넘긴 것이 순전히 악의에서 비롯된 일임을 알고 있었다.
11-12 대제사장들은 바라바를 풀어 달라고 하도록, 이미 무리를 선동해 두었다. 빌라도가 되받았다. "당신들이 유대인의 왕이라고 하는 이 사람을 내가 어찌하면 되겠소?"
13 그들이 소리를 질렀다. "십자가에 못 박으시오!"
14 빌라도가 따졌다. "그러나 무슨 죄목 때문이오?" 그들은 더 크게 소리질렀다. "십자가에 못 박으시오!"
15 빌라도는 무리의 뜻을 들어주었다. 바라바를 석방하고, 예수는 채찍질하여 십자가에 못 박도록 넘겨주었다.
16-20 병사들이 예수를 (브라이도리온이라 하는) 관저로 데리고 들어가서, 부대 전체를 불러 모았다. 그들은 예수께 자주색 옷을 입히고, 가시나무로 엮은 왕관을 그분 머리에 씌웠다. 그리고 예수를 조롱하기 시작했다. "유대인의 왕, 만세!" 그들은 몽둥이로 그분의 머리를 때리고, 침을 뱉고, 무릎을 꿇고서 그분께 경배하는 시늉을 했다. 실컷 즐기고 난 그들은, 예수의 자주색 망토를 벗기고 다시 그분의 옷을 입혔다. 그런 다음, 예수를 십자가에 못 박으려고 끌고 나갔다.

십자가에 못 박히시다

21 알렉산더와 루포의 아버지인 구레네 사람 시몬이, 마침 일을 마치고 그 길을 지나고 있었다. 병사들이 그에게 예수의 십자가를 지게 했다.
22-24 병사들은 예수를 '해골 언덕'이라는 뜻의 골고다로 데려갔다. 그들은 (포도주와 몰약을 섞어서 만든) 가벼운 진통제를 예수께 주었으나, 그분은 마시려고 하지 않으셨다. 곧 그들이 예수를 십자가에 못 박았다. 그들은 예수의 옷가지를 나눠 가지며 누구 몫이 되나 보려고 주사위를 던졌다.
25-30 병사들은 오전 아홉 시에 예수를 십자가에 못 박았다. '유대인의 왕'이라고 쓰여진 그분의 죄목이 십자가에 적혀 있었다. 예수와 함께 죄수 두 사람도 십자가에 달렸는데, 하나는 그분 오른쪽에, 다른 하나는 그분 왼쪽에 달렸다. 길을 가던 사람들은 슬픈 척 고개를 저으며 예수를 조롱했다. "성전을 헐고 사흘 만에 다시 짓겠다고 으스대던 네가 아니냐. 그러니 실력을 보여

came up and began to present its petition for him to release a prisoner, Pilate anticipated them: "Do you want me to release the King of the Jews to you?" Pilate knew by this time that it was through sheer spite that the high priests had turned Jesus over to him.
11-12 But the high priests by then had worked up the crowd to ask for the release of Barabbas. Pilate came back, "So what do I do with this man you call King of the Jews?"
13 They yelled, "Nail him to a cross!"
14 Pilate objected, "But for what crime?"
But they yelled all the louder, "Nail him to a cross!"
15 Pilate gave the crowd what it wanted, set Barabbas free and turned Jesus over for whipping and crucifixion.
16-20 The soldiers took Jesus into the palace (called Praetorium) and called together the entire brigade. They dressed him up in purple and put a crown plaited from a thornbush on his head. Then they began their mockery: "Bravo, King of the Jews!" They banged on his head with a club, spit on him, and knelt down in mock worship. After they had had their fun, they took off the purple cape and put his own clothes back on him. Then they marched out to nail him to the cross.

The Crucifixion

21 There was a man walking by, coming from work, Simon from Cyrene, the father of Alexander and Rufus. They made him carry Jesus' cross.
22-24 The soldiers brought Jesus to Golgotha, meaning "Skull Hill." They offered him a mild painkiller (wine mixed with myrrh), but he wouldn't take it. And they nailed him to the cross. They divided up his clothes and threw dice to see who would get them.
25-30 They nailed him up at nine o'clock in the morning. The charge against him—THE KING OF THE JEWS—was printed on a poster. Along with him, they crucified two criminals, one to his right, the other to his left. People passing along the road jeered, shaking their heads in mock lament: "You bragged that you could tear down the Temple and then rebuild it in three days—so show us your stuff!

봐라! 네 자신을 구원해 보라고! 네가 정말 하나님의 아들이면 그 십자가에서 내려와 봐라!"

31-32 바로 그 자리에서, 대제사장들도 종교 학자와 나머지 사람들과 어울려 신나게 그분을 비웃었다. "그가 다른 사람은 구원하더니 자기는 구원하지 못하는군! 메시아라고? 이스라엘의 왕이라고? 그럼 그 십자가에서 내려와 보시지. 그러면 우리가 다 믿을 텐데!" 예수와 함께 십자가에 못 박힌 사람들까지도 조롱에 가세했다.

33-34 정오에 하늘이 칠흑같이 어두워졌다. 어둠은 이후 세 시간 동안 계속되었다. 세 시에 예수께서 깊은 데서부터 신음하며 큰소리로 부르짖으셨다. "엘로이, 엘로이, 라마 사박다니?" 이 말은 '나의 하나님, 나의 하나님, 어찌하여 나를 버리셨습니까?'라는 뜻이다.

35-36 곁에서 그 말을 들은 몇몇 사람들이 "들어 보아라. 이 사람이 엘리야를 부른다" 하고 말했다. 누군가가 솜뭉치를 신 포도주에 적셔서, 장대에 달아 올려 예수께 주면서 말했다. "엘리야가 와서 그를 내려 주나 보자."

37-39 그러나 예수께서 크게 소리지르시고 숨을 거두셨다. 그 순간, 성전의 휘장 한가운데가 찢어졌다. 그분 앞에서 보초를 서고 있던 로마군 지휘관이 그분의 숨이 멎은 것을 보고 말했다. "이 사람은 하나님의 아들이 틀림없다!"

무덤에 묻히시다

40-41 여자들이 멀리서 지켜보고 있었는데, 그중에는 막달라 마리아, 작은 야고보와 요세의 어머니 마리아 그리고 살로메도 있었다. 이 여자들은 예수께서 갈릴리에 계실 때 그분을 따르며 섬겼고, 그분과 함께 예루살렘까지 올라온 사람들이다.

42-45 그날은 예비일(곧 안식일 전날)인데, 오후 늦게 유대 의회의 명망 높은 의원인 아리마대 사람 요셉이 왔다. 그는 하나님 나라를 바라보면서, 그 나라를 손꼽아 기다리며 사는 사람이었다. 그는 용기를 내어 빌라도에게 가서, 예수의 시신을 거두게 해달라고 청했다. 빌라도는 예수가 그렇게 금세 죽을 수 있는지 의아해 하면서, 지휘관을 불러 그가 정말로 죽었는지 확인하게 했다. 지휘관의 확인을 받고서, 빌라도는 요셉에게 예수의 시신을 내주었다.

46-47 세마포 수의를 사 둔 요셉은, 예수를 십자가에서 내려 수의에 쌌다. 그런 뒤에 바위를 깎

Save yourself! If you're really God's Son, come down from that cross!"

31-32 The high priests, along with the religion scholars, were right there mixing it up with the rest of them, having a great time poking fun at him: "He saved others—but he can't save himself! Messiah, is he? King of Israel? Then let him climb down from that cross. We'll *all* become believers then!" Even the men crucified alongside him joined in the mockery.

33-34 At noon the sky became extremely dark. The darkness lasted three hours. At three o'clock, Jesus groaned out of the depths, crying loudly, "*Eloi, Eloi, lama sabachthani*?" which means, "My God, my God, why have you abandoned me?"

35-36 Some of the bystanders who heard him said, "Listen, he's calling for Elijah." Someone ran off, soaked a sponge in sour wine, put it on a stick, and gave it to him to drink, saying, "Let's see if Elijah comes to take him down."

37-39 But Jesus, with a loud cry, gave his last breath. At that moment the Temple curtain ripped right down the middle. When the Roman captain standing guard in front of him saw that he had quit breathing, he said, "This has to be the Son of God!"

Taken to a Tomb

40-41 There were women watching from a distance, among them Mary Magdalene, Mary the mother of the younger James and Joses, and Salome. When Jesus was in Galilee, these women followed and served him, and had come up with him to Jerusalem.

42-45 Late in the afternoon, since it was the Day of Preparation (that is, Sabbath eve), Joseph of Arimathea, a highly respected member of the Jewish Council, came. He was one who lived expectantly, on the lookout for the kingdom of God. Working up his courage, he went to Pilate and asked for Jesus' body. Pilate questioned whether he could be dead that soon and called for the captain to verify that he was really dead. Assured by the captain, he gave Joseph the corpse.

46-47 Having already purchased a linen shroud, Joseph took him down, wrapped him in the shroud,

아서 만든 무덤에 그분을 모셔 두고, 큰 돌을 굴려서 입구를 막았다. 막달라 마리아와 요세의 어머니 마리아가 장례 치르는 것을 지켜보았다.

그분은 다시 살아나셨다

16 1-3 안식일이 지나자, 막달라 마리아와 야고보의 어머니 마리아와 살로메는 예수께 바르려고 향료를 샀다. 일요일 이른 새벽 해 뜰 무렵에, 그들은 무덤으로 갔다. 그들은 "누가 우리를 위해 무덤에서 돌을 굴려 줄까?" 하고 서로 걱정하며 말했다.

4-5 그들이 문득 고개를 드니 돌—아주 큰 돌이었다—이 이미 굴려져 있었다. 그들은 곧바로 안으로 들어갔다. 한 청년이 흰옷 차림으로 오른쪽에 앉아 있는 것이 보였다. 그들은 몹시 당황하여 놀랐다.

6-7 그가 말했다. "두려워 마라. 너희가 나사렛 예수, 십자가에 못 박히신 그분을 찾는 줄을 안다. 그분은 다시 살아나셨다. 그분은 더 이상 여기 계시지 않는다. 너희 눈으로 보는 것처럼 이곳은 비어 있다. 자, 어서 가거라. 그분께서 너희보다 먼저 갈릴리로 가신다고 제자들과 베드로에게 말하여라. 그분이 전에 말씀하신 대로, 너희는 거기서 그분을 뵐 것이다."

8 그들은 얼른 밖으로 나왔다. 현기증이 날 정도로 정신이 없었고, 너무 놀라서 아무한테도 말하지 못했다.

9-11 [예수께서 죽은 자들 가운데서 살아나신 뒤 일요일 이른 아침에, 막달라 마리아에게 나타나셨다. 마리아는 예수께서 전에 일곱 귀신에게서 구해 준 사람이다. 마리아는 예수와 함께하던 사람들이 슬퍼하며 울고 있는 곳으로 가서 말했다. 그들은 살아 계신 그분을 분명히 뵈었다는 마리아의 말을 듣고도 믿지 않았다.

12-13 나중에 그들 가운데 두 사람이 시골길을 걸어가고 있는데, 예수께서 다른 모습으로 그들에게 나타나셨다. 그들이 돌아가서 나머지 사람들에게 말했으나, 역시 믿지 않았다.

14-16 그 후에, 열한 제자가 저녁을 먹고 있는데 예수께서 나타나셔서, 그분이 살아나신 것을 본 *사람들의 말을 믿지 않은 제자*들의 불신앙을 아주 엄하게 꾸짖으셨다. 그리고 말씀하셨다. "세상 속으로 들어가거라. 어디든지 가서, 하나님의 복된 소식인 메시지를 모두에게 알려라. 누구든지 믿고 세례를 받으면 구원을 받고, 누구

placed him in a tomb that had been cut into the rock, and rolled a large stone across the opening. Mary Magdalene and Mary, mother of Joses, watched the burial.

The Resurrection

16 1-3 When the Sabbath was over, Mary Magdalene, Mary the mother of James, and Salome bought spices so they could embalm him. Very early on Sunday morning, as the sun rose, they went to the tomb. They worried out loud to each other, "Who will roll back the stone from the tomb for us?"

4-5 Then they looked up, saw that it had been rolled back—it was a huge stone—and walked right in. They saw a young man sitting on the right side, dressed all in white. They were completely taken aback, astonished.

6-7 He said, "Don't be afraid. I know you're looking for Jesus the Nazarene, the One they nailed on the cross. He's been raised up; he's here no longer. You can see for yourselves that the place is empty. Now—on your way. Tell his disciples and Peter that he is going on ahead of you to Galilee. You'll see him there, exactly as he said."

8 They got out as fast as they could, beside themselves, their heads swimming. Stunned, they said nothing to anyone.

9-11 [After rising from the dead, Jesus appeared early on Sunday morning to Mary Magdalene, whom he had delivered from seven demons. She went to his former companions, now weeping and carrying on, and told them. When they heard her report that she had seen him alive and well, they didn't believe her.

12-13 Later he appeared, but in a different form, to two of them out walking in the countryside. They went back and told the rest, but they weren't believed either.

14-16 Still later, as the Eleven were eating supper, he appeared and took them to task most severely for their stubborn unbelief, refusing to believe those who had seen him raised up. Then he said, "Go into the world. Go everywhere and announce the Message of God's good news to one and all.

든지 믿지 않으면 정죄를 받을 것이다.
17-18 믿는 사람들에게 따를 표적 몇 가지는 이렇
다. 그들은 내 이름으로 귀신을 쫓아내고, 새로
운 방언으로 말하고, 손으로 뱀을 집고, 독을 마
셔도 상하지 않으며, 병자에게 손을 얹어 낫게
할 것이다."
19-20 간략하게 말씀하신 뒤에, 주 예수께서 하늘
로 들려 올라가셔서, 하나님 옆 영광의 자리에
앉으셨다. 제자들은 어디든지 가서 **메시지**를 전
했다. 주님이 친히 그들과 함께 일하시며, 명백
한 증거로 **메시지**를 확증해 주셨다.]

Whoever believes and is baptized is saved; whoever
refuses to believe is damned.
17-18 "These are some of the signs that will accom-
pany believers: They will throw out demons in my
name, they will speak in new tongues, they will
take snakes in their hands, they will drink poison
and not be hurt, they will lay hands on the sick and
make them well."
19-20 Then the Master Jesus, after briefing them,
was taken up to heaven, and he sat down beside
God in the place of honor. And the disciples went
everywhere preaching, the Master working right
with them, validating the Message with indisput-
able evidence.]

* 괄호 안의 마가복음 16장 9-20절은 후기 사본들에만 들어 있다.

우리 대부분은 자기 혼자만 겉도는 것처럼 느낄 때가 많다. 다른 사람들은 아주 당당하고 자신감 넘치고 소속감도 분명해 보이는데, 나는 따로 밀려나 어울리지 못하는 바깥 사람 같다.

이런 경우에 우리가 취하는 방법은, 따로 우리의 모임을 만들거나 우리를 받아 줄 모임을 찾아가는 것이다. 그 모임에서만은, 나는 소속되어 있고 다른 사람들은 바깥에 있다. 사람들은 정치, 경제, 사회, 문화 등 다양한 분야에서 공식, 비공식으로 모인다. 그러한 모임의 한 가지 공통점은 배제의 원칙이다. 선택받은 일부 사람 외에 나머지 사람들을 배제함으로써 모임의 정체성과 가치를 획득하는 것이다. 우리는 '소속감'이라는 달콤함을 맛보기 위해 다른 사람들을 배제하고 밀어낸다. 하지만 그 과정에서, 우리의 현실은 축소되고 삶은 협소해진다. 끔찍한 대가가 아닐 수 없다.

종교라는 미명하에 이런 대가를 치를 때보다 더 비참한 경우도 없다. 그런데 놀랍게도, 종교는 오랜 역사 속에서 바로 그런 일을 해왔다. 하나님의 크나큰 신비를 그럴듯한 모임 규정 정도로 축소해 버렸고, 거대한 인간 공동체를 멤버십 수준으로 격하해 온 것이다. 그러나 하나님께 바깥 사람, 소외된 사람이란 없다. 예수께서는 "잃어버린 자를 찾아 회복시키려고 왔다"고 말씀하셨다(눅 19:10).

누가는 바깥 사람, 소외된 사람을 가장 강력하게 옹호한 사람이다. 그 자신이 바깥 사람이었던—전부 유대인으로 구성된 신약성경 기자들 가운데 유일한 이방인이었던—누가는, 당대의 기성 종교가 흔히 바깥 사람으로 취급하며 소외시키던 사람들—여자들, 평범한 노동자들(목자), 다른 인종의 사람들(사마리아 사람), 가난한 사람들—을 예수께서 어떻게 끌어안아 안으로 포함시켜 주시는지를 보여준다. 예수께서는 종교가 인간의 모임으로 전락하는 것을 묵인하지 않으시는 분이다. 우리 또한 안에 들어갈 희망 하나 없이 바깥에서 기웃거리며 삶을 들여다본 적이 있다. (그런 기분을 느껴 보지 않은 사람이 우리 가운데 누가 있겠는가!) 그러나 누가가 전하는 이야기를 듣다 보면, 이제 문이 활짝 열렸고 하나님이 예수 안에

Most of us, most of the time, feel left out—misfits. We don't belong. Others seem to be so confident, so sure of themselves, "insiders" who know the ropes, old hands in a club from which we are excluded.

One of the ways we have of responding to this is to form our own club, or join one that will have us. Here is at least one place where we are "in" and the others "out." The clubs range from informal to formal in gatherings that are variously political, social, cultural, and economic. But the one thing they have in common is the principle of exclusion. Identity or worth is achieved by excluding all but the chosen. The terrible price we pay for keeping all those other people out so that we can savor the sweetness of being insiders is a reduction of reality, a shrinkage of life.

Nowhere is this price more terrible than when it is paid in the cause of religion. But religion has a long history of doing just that, of reducing the huge mysteries of God to the respectability of club rules, of shrinking the vast human community to a "membership." But with God there are no outsiders. Jesus said, "The Son of Man came to find and restore the lost"(Luke 19:10).

Luke is a most vigorous champion of the outsider. An outsider himself, the only Gentile in an all-Jewish cast of New Testament writers, he shows how Jesus includes those who typically were treated as outsiders by the religious establishment of the day: women, common laborers(sheepherders), the racially different(Samaritans), the poor. He will not countenance religion as a club. As Luke tells the story, all of us who have found ourselves on the outside looking in on life with no hope of gaining

서 우리를 만나시며 안아 주신다는 사실을 깨닫게 된다. 예수께서는 이렇게 말씀하셨다. "구하여라, 그러면 받을 것이다. 찾아라, 그러면 발견할 것이다. 두드려라, 그러면 문이 열릴 것이다"(눅 11:9).

entrance (and who of us hasn't felt it?) now find the doors wide open, found and welcomed by God in Jesus, who, in fact said, "Ask and you'll get; seek and you'll find; knock and the door will open"(Luke 11:9).

누가복음

1 [1-4] 자신들의 삶으로 이 말씀을 섬겼던 최초의 목격자들이 전해 준 보고를 바탕으로, 우리 가운데 일어난 성경과 역사의 놀라운 추수 이야기를 정리하려고 손을 댄 사람들이 아주 많았습니다. 이야기의 발단부터 시작해 모든 보고를 아주 자세히 살펴본 나도, 데오빌로 각하를 위해 모든 것을 상세하게 기록하기로 했습니다. 이로써 각하께서는 그동안 배운 것이 믿을 만한 것임을 확실히 알게 될 것입니다.

천사가 요한의 출생을 알리다

5-7 유대 왕 헤롯이 다스리던 때에, 아비야 반열에서 직무를 맡은 제사장이 있었다. 그의 이름은 사가랴였다. 그의 아내는 아론의 후손으로, 이름은 엘리사벳이었다. 이들 부부는 주의하여 계명의 도를 지키고, 하나님 앞에서 깨끗한 양심을 품고서 바르게 살았다. 그러나 엘리사벳이 임신을 할 수 없어 그들에게는 자식이 없었고, 이미 나이도 많았다.

8-12 마침 사가랴가 자기 차례가 되어 하나님 앞에서 제사장 직무를 수행하고 있었는데, 그가 *하나님의 성소에 들어가 분향하는* 일을 맡게 되었다. 그것은 평생 한 번 오는 일이었다. 분향 시간에 회중은 성전 바깥에 모여 기도하고 있었다. 그때 하나님의 천사가 예고도 없이 성소의 분향단 오른쪽에 나타났다. 사가랴는 두려워서 그 자리에 얼어붙었다.

13-15 천사가 그를 안심시켰다. "사가랴야, 두려워 마라. 하나님께서 네 기도를 들으셨다. 네 아내 엘리사벳이 아들을 낳을 것이다. 너는 그

LUKE

1 [1-4] So many others have tried their hand at putting together a story of the wonderful harvest of Scripture and history that took place among us, using reports handed down by the original eyewitnesses who served this Word with their very lives. Since I have investigated all the reports in close detail, starting from the story's beginning, I decided to write it all out for you, most honorable Theophilus, so you can know beyond the shadow of a doubt the reliability of what you were taught.

A Childless Couple Conceives

5-7 During the rule of Herod, King of Judea, there was a priest assigned service in the regiment of Abijah. His name was Zachariah. His wife was descended from the daughters of Aaron. Her name was Elizabeth. Together they lived honorably before God, careful in keeping to the ways of the commandments and enjoying a clear conscience before God. But they were childless because Elizabeth could never conceive, and now they were quite old.

8-12 It so happened that as Zachariah was carrying out his priestly duties before God, working the shift assigned to his regiment, it came his one turn in life to enter the sanctuary of God and burn incense. The congregation was gathered and praying outside the Temple at the hour of the incense offering. Unannounced, an angel of God appeared just to the right of the altar of incense. Zachariah was paralyzed in fear.

13-15 But the angel reassured him, "Don't fear,

이름을 요한이라고 하여라. 너는 기뻐서 사슴처럼
뛸 것이며, 너뿐만 아니라 많은 사람들이 그의 출
생을 즐거워할 것이다. 그는 하나님께 큰 인물이
될 것이다.
15-17 그는 포도주와 맥주를 마시지 않을 것이며,
모태에서 나오는 순간부터 성령으로 충만할 것이
다. 그는 이스라엘의 많은 아들딸들을 하나님께
로 돌아오게 할 것이다. 그는 엘리야의 방식과 능
력으로 하나님의 오심을 알리고, 자녀를 향한 부
모의 마음을 녹이며, 완고한 회의론자들의 마음에
뜨거운 깨달음의 불이 타오르게 할 것이다. 그는
백성으로 하여금 하나님을 맞을 준비를 하게 할
것이다."
18 사가랴가 천사에게 말했다. "그 말씀을 믿으라
는 말입니까? 나는 늙은 사람이고 내 아내도 늙었
습니다."
19-20 그러자 천사가 말했다. "나는 하나님의 파
수꾼 가브리엘이다. 나는 너에게 이 기쁜 소식을
전해 주려고 특별히 보내심을 받았다. 그런데 네
가 내 말을 믿지 않으니, 네 아들이 태어나는 날
까지 너는 말을 하지 못할 것이다. 내가 너에게
한 말은, 하나님의 때가 되면 그대로 다 이루어
질 것이다."
21-22 한편, 사가랴를 기다리던 회중은 그가 성소
안에 왜 그렇게 오래 있는지 이상하게 여기며 조
바심을 냈다. 사가랴가 밖으로 나와 말을 하지 못
하자, 그들은 그가 환상을 본 줄 알았다. 사가랴는
계속해서 말을 하지 못한 채, 손짓으로 사람들에
게 뜻을 전해야 했다.
23-25 제사장 직무 기간이 끝나자, 사가랴는 집으
로 돌아갔다. 얼마 후에 그의 아내 엘리사벳이 임
신했다. 그녀는 아이를 갖게 된 것을 기뻐하며 다
섯 달 동안을 홀로 떨어져 지냈다. 그녀는 "하나
님께서 나의 딱한 처지를 이렇게 보상해 주시는구
나!"라고 말했다.

처녀가 임신하여 아들을 낳을 것이다

26-28 엘리사벳이 임신한 지 여섯 달이 되었을 때,
하나님께서 천사 가브리엘을 갈릴리 나사렛 동네
에 다윗의 자손인 남자와 약혼한 한 처녀에게 보
내셨다. 남자의 이름은 요셉이고, 처녀의 이름은
마리아였다. 가브리엘이 들어가서, 마리아에게 인
사했다.

잘 있었느냐!

Zachariah. Your prayer has been heard. Elizabeth,
your wife, will bear a son by you. You are to name
him John. You're going to leap like a gazelle for
joy, and not only you – many will delight in his
birth. He'll achieve great stature with God.
15-17 "He'll drink neither wine nor beer. He'll be
filled with the Holy Spirit from the moment he
leaves his mother's womb. He will turn many
sons and daughters of Israel back to their God.
He will herald God's arrival in the style and
strength of Elijah, soften the hearts of parents
to children, and kindle devout understanding
among hardened skeptics – he'll get the people
ready for God."
18 Zachariah said to the angel, "Do you expect me
to believe this? I'm an old man and my wife is an
old woman."
19-20 But the angel said, "I am Gabriel, the sentinel
of God, sent especially to bring you this glad
news. But because you won't believe me, you'll be
unable to say a word until the day of your son's
birth. Every word I've spoken to you will come
true on time – *God's* time."
21-22 Meanwhile, the congregation waiting for
Zachariah was getting restless, wondering what
was keeping him so long in the sanctuary. When
he came out and couldn't speak, they knew he
had seen a vision. He continued speechless and
had to use sign language with the people.
23-25 When the course of his priestly assignment
was completed, he went back home. It wasn't
long before his wife, Elizabeth, conceived. She
went off by herself for five months, relishing her
pregnancy. "So, this is how God acts to remedy
my unfortunate condition!" she said.

A Virgin Conceives

26-28 In the sixth month of Elizabeth's pregnancy,
God sent the angel Gabriel to the Galilean village
of Nazareth to a virgin engaged to be married
to a man descended from David. His name was
Joseph, and the virgin's name, Mary. Upon enter-
ing, Gabriel greeted her:

Good morning!

너는 하나님의 아름다움으로,
안과 밖이 다 아름답구나!
하나님께서 너와 함께하신다.

29-33 마리아는 크게 동요하며, 그 인사에 감춰진
뜻이 무엇인지 궁금히 여겼다. 천사가 그녀를 안
심시켰다. "마리아야, 조금도 두려워할 것 없다.
하나님께서 너에게 주시는 놀라운 선물이 있다.
네가 임신하여 아들을 낳을 것이니, 그 이름을 예
수라고 하여라.

그는 크게 되어
'지극히 높으신 분의 아들'이라 불릴 것이다.
주 하나님께서 그에게
그의 조상 다윗의 왕위를 주실 것이다.
그는 영원히 야곱의 집을 다스리고
그의 나라는 영원무궁할 것이다."

34 마리아가 천사에게 말했다. "하지만 어떻게 그
럴 수 있습니까? 나는 남자와 잠자리를 같이한 적
이 없습니다."
35 천사가 대답했다.

성령께서 네게 임하셔서
지극히 높으신 분의 능력이 네 위에 머물 것이다.
그러므로 네가 낳을 아기는
거룩하신 분, 하나님의 아들이라 불릴 것이다.

36-38 "너는 네 사촌 엘리사벳이 늙은 나이에 아이
를 가진 것을 알고 있느냐? 모두가 아이를 가질
수 없다고 하던 그녀가, 임신한 지 여섯 달이 되었
다! 보아라, 하나님께는 불가능한 일이 없다."
마리아가 말했다.

이제야 모두 알겠습니다.
나는 섬길 준비가 된 주님의 여종입니다.
당신의 말씀대로
내게 이루어지기를 원합니다.

천사가 그녀를 떠나갔다.

여자 가운데 참으로 복된 자

39-45 마리아는 잠시도 지체하지 않았다. 그녀는
일어나 유대 산지의 한 동네로 가서, 곧장 사가랴
의 집을 찾아가 엘리사벳에게 문안했다. 엘리사

You're beautiful with God's beauty,
Beautiful inside and out!
God be with you.

29-33 She was thoroughly shaken, wondering what
was behind a greeting like that. But the angel
assured her, "Mary, you have nothing to fear. God
has a surprise for you: You will become pregnant
and give birth to a son and call his name Jesus.

He will be great,
be called 'Son of the Highest.'
The Lord God will give him
the throne of his father David;
He will rule Jacob's house forever—
no end, ever, to his kingdom."

34 Mary said to the angel, "But how? I've never
slept with a man."
35 The angel answered,

The Holy Spirit will come upon you,
the power of the Highest hover over you;
Therefore, the child you bring to birth
will be called Holy, Son of God.

36-38 "And did you know that your cousin Elizabeth
conceived a son, old as she is? Everyone called
her barren, and here she is six months pregnant!
Nothing, you see, is impossible with God."
And Mary said,

Yes, I see it all now:
I'm the Lord's maid, ready to serve.
Let it be with me
just as you say.

Then the angel left her.

Blessed Among Women

39-45 Mary didn't waste a minute. She got up and
traveled to a town in Judah in the hill country,
straight to Zachariah's house, and greeted
Elizabeth. When Elizabeth heard Mary's greeting,
the baby in her womb leaped. She was filled with

벳이 마리아의 인사를 받을 때에, 그녀의 뱃속에서 아기가 뛰놀았다. 엘리사벳은 성령이 충만하여 뜨겁게 노래했다.

그대는 여자 가운데 참으로 복되고,
그 뱃속의 아기도 복되다!
내 주님의 어머니가 나를 찾아오다니
이 큰 복이 어찌 된 일인가!
그대의 문안하는 소리가
내 귀에 들리는 순간,
내 뱃속의 아기가
마냥 기뻐서 어린양처럼 뛰어놀았다.
하나님께서 하신 말씀을 믿고,
그 말씀대로 다 이루어질 것을 믿은 여자는 복되다!

46-55 마리아가 말했다.

하나님이 들려주신 복된 소식으로 내 마음 터질 듯하니,
내 구주 되신 하나님의 노래로 기뻐 춤추리라.
하나님이 나를 주목하심으로, 무슨 일이 일어났는지 보라.
나는 이 땅에서 가장 복된 여자다!
하나님이 내게 행하신 일, 영원토록 잊지 않으리.
다른 모든 것과 구별되시는 하나님, 그 이름 거룩하시다.
그 앞에 두려워 떠는 이들에게
그의 자비 물밀 듯 밀려오네.
그가 팔을 뻗어 능력을 보이셨고
거만스레 허세부리는 자들을 흩으셨다.
오만한 폭군들을 내리치시고
고통당한 이들을 진창에서 건져 내셨다.
가난하고 굶주린 사람들이 잔칫상에 앉으니
야멸친 부자들이 냉대를 당했다.
기억하셔서, 풍성한 자비 드높이 쌓으시며
택하신 자녀 이스라엘을 품으셨다.
아브라함으로 시작해 지금까지,
약속하신 대로, 그의 자비가 정확히 이루어졌다.

56 마리아는 석 달 동안 엘리사벳과 함께 있다가 자
기 집으로 돌아갔다.

요한의 출생

57-58 출산일이 되어 엘리사벳이 아들을 낳았다. 이

the Holy Spirit, and sang out exuberantly,

You're so blessed among women,
and the babe in your womb, also blessed!
And why am I so blessed that
the mother of my Lord visits me?
The moment the sound of your
greeting entered my ears,
The babe in my womb
skipped like a lamb for sheer joy.
Blessed woman, who believed what God said,
believed every word would come true!

46-55 And Mary said,

I'm bursting with God-news;
I'm dancing the song of my Savior God.
God took one good look at me, and look what happened–
I'm the most fortunate woman on earth!
What God has done for me will never be forgotten,
the God whose very name is holy, set apart from all others.
His mercy flows in wave after wave
on those who are in awe before him.
He bared his arm and showed his strength,
scattered the bluffing braggarts.
He knocked tyrants off their high horses,
pulled victims out of the mud.
The starving poor sat down to a banquet;
the callous rich were left out in the cold.
He embraced his chosen child, Israel;
he remembered and piled on the mercies, piled them high.
It's exactly what he promised,
beginning with Abraham and right up to now.

56 Mary stayed with Elizabeth for three months and then went back to her own home.

The Birth of John

57-58 When Elizabeth was full-term in her pregnancy, she bore a son. Her neighbors and relatives, seeing that God had overwhelmed her

웃과 친척들은 하나님께서 그녀에게 베푸신 큰 자비를 보고 함께 즐거워했다.

59-60 여드레째 되는 날, 그들이 아기에게 할례를 행하러 와서, 그 아버지의 이름을 따서 아기의 이름을 사가랴로 지으려고 했다. 그러나 엘리사벳이 끼어들었다. "아닙니다. 이 아이의 이름은 요한이라고 해야 합니다."

61-62 그들이 말했다. "하지만 당신네 집안에는 그런 이름을 가진 사람이 아무도 없지 않습니까?" 그들은 사가랴에게 손짓하여, 아이에게 어떤 이름을 지어 주려고 하는지 물었다.

63-64 사가랴가 서판을 달라고 하더니 이렇게 썼다. "아이의 이름은 요한이라고 해야 합니다." 사람들이 모두 깜짝 놀랐다. 놀랄 일은 그것만이 아니었다. 어느새 사가랴의 입이 열리고 혀가 풀어지더니, 말을 하면서 하나님을 찬양하는 것이었다!

65-66 깊은 경외심이 이웃을 덮었고, 유대 온 산지 사람들이 온통 그 이야기뿐이었다. 이야기를 들은 사람들은 모두 그 일을 마음에 새기며 놀라워했다. "이 아이가 장차 어떤 사람이 될까? 하나님께서 이 일에 함께하신 것이 분명하다."

67-79 사가랴가 성령이 충만하여 이렇게 예언했다.

이스라엘의 주 하나님을 찬양하여라.
그가 오셔서 그 백성을 자유케 하셨다.
그가 구원의 능력을 우리 삶의 중심에,
그의 종 다윗의 집에 두셨으니,
그의 거룩한 예언자들을 통해
오래전 약속하신 말씀 그대로
우리를 원수들과
우리를 미워하는 모든 손에서 건지셨다.
우리 조상에게 자비를 베푸셔서
말씀하신 것을 기억하고 행하셨으니,
곧 우리 조상 아브라함에게 맹세하신 대로
적진에서 우리를 구하셨다.
우리로 하여금 세상 걱정 없이 그분을 예배하며,
사는 날 동안 그분 앞에 거룩하게 하셨다.

'지극히 높으신 분의 예언자'인 내 아기여,
너는 주님 앞서 가서 그의 길을 예비하고
그의 백성에게 구원과
죄 용서의 소식을 전해 줄 것이다.
하나님의 자비로우신 마음,
하나님의 해돋음 우리에게 임하셔서
어둠 속,

with mercy, celebrated with her.

59-60 On the eighth day, they came to circumcise the child and were calling him Zachariah after his father. But his mother intervened: "No. He is to be called John."

61-62 "But," they said, "no one in your family is named that." They used sign language to ask Zachariah what he wanted him named.

63-64 Asking for a tablet, Zachariah wrote, "His name is to be John." That took everyone by surprise. Surprise followed surprise–Zachariah's mouth was now open, his tongue loose, and he was talking, praising God!

65-66 A deep, reverential fear settled over the neighborhood, and in all that Judean hill country people talked about nothing else. Everyone who heard about it took it to heart, wondering, "What will become of this child? Clearly, God has his hand in this."

67-79 Then Zachariah was filled with the Holy Spirit and prophesied,

Blessed be the Lord, the God of Israel;
he came and set his people free.
He set the power of salvation in the center of our lives,
and in the very house of David his servant,
Just as he promised long ago
through the preaching of his holy prophets:
Deliverance from our enemies
and every hateful hand;
Mercy to our fathers,
as he remembers to do what he said he'd do,
What he swore to our father Abraham–
a clean rescue from the enemy camp,
So we can worship him without a care in the world,
made holy before him as long as we live.

And you, my child, "Prophet of the Highest,"
will go ahead of the Master to prepare his ways,
Present the offer of salvation to his people,
the forgiveness of their sins.
Through the heartfelt mercies of our God,
God's Sunrise will break in upon us,
Shining on those in the darkness,

죽음의 그늘에 앉아 있는 이들을 비추고,
우리의 길을 한 걸음씩 밝혀
평화의 길로 인도할 것이다.

[80] 아이는 자라며 심령이 굳세어졌다. 그는 예언자로 이스라엘에 등장하기까지 광야에서 살았다.

예수의 탄생

2 [1-5] 그 무렵, 아우구스투스 황제가 명령을 내려 제국 전역에 인구조사를 실시하도록 했다. 이것은 구레뇨가 시리아 총독일 때 실시한 첫 인구조사였다. 모든 사람이 자기 조상의 고향으로 가서 조사를 받아야 했다. 요셉도 인구조사를 받으러 갈릴리 나사렛 마을에서 다윗의 동네인 유대 베들레헴으로 올라갔다. 그는 다윗의 자손이었으므로, 그곳으로 가야 했다. 요셉은 약혼녀 마리아와 함께 갔는데, 그녀는 임신중이었다.
[6-7] 그들이 거기 머무는 동안 출산할 때가 되었다. 마리아는 첫 아들을 낳았다. 여관에 방이 없어서, 그녀는 아기를 포대기에 싸서 구유에 뉘었다.

목자들이 예수 탄생의 소식을 듣다

[8-12] 근처 들에서 목자들이 밤을 새며 양 떼를 지키고 있었다. 그때 갑자기, 하나님의 천사가 그들 가운데 서고, 하나님의 영광이 그들 주위를 두루 비추었다. 목자들은 두려워 떨었다. 천사가 말했다. "두려워 마라. 내가 여기 온 것은, 온 세상 모든 사람을 위한 놀랍고 기쁜 사건을 알려 주기 위해서다. 방금 다윗의 동네에 구주가 나셨으니, 그는 메시아요 주님이시다. 너희는 가서 포대기에 싸여 구유에 뉘어 있는 아기를 찾아라."
[13-14] 어느새 어마어마한 천사 합창대가 나타나서, 그 천사와 더불어 하나님을 찬양했다.

높은 하늘에서는 하나님께 영광,
땅에서는 그분을 기쁘시게 하는 모든 사람에게 평화.

[15-18] 천사 합창대가 하늘로 물러가자, 목자들이 서로 의논했다. "어서 베들레헴으로 가서, 하나님이 우리에게 계시해 주신 것을 우리 눈으로 직

those sitting in the shadow of death,
Then showing us the way, one foot at a time,
down the path of peace.

[80] The child grew up, healthy and spirited. He lived out in the desert until the day he made his prophetic debut in Israel.

The Birth of Jesus

2 [1-5] About that time Caesar Augustus ordered a census to be taken throughout the Empire. This was the first census when Quirinius was governor of Syria. Everyone had to travel to his own ancestral hometown to be accounted for. So Joseph went from the Galilean town of Nazareth up to Bethlehem in Judah, David's town, for the census. As a descendant of David, he had to go there. He went with Mary, his fiancee, who was pregnant.
[6-7] While they were there, the time came for her to give birth. She gave birth to a son, her firstborn. She wrapped him in a blanket and laid him in a manger, because there was no room in the hostel.

An Event for Everyone

[8-12] There were sheepherders camping in the neighborhood. They had set night watches over their sheep. Suddenly, God's angel stood among them and God's glory blazed around them. They were terrified. The angel said, "Don't be afraid. I'm here to announce a great and joyful event that is meant for everybody, worldwide: A Savior has just been born in David's town, a Savior who is Messiah and Master. This is what you're to look for: a baby wrapped in a blanket and lying in a manger."
[13-14] At once the angel was joined by a huge angelic choir singing God's praises:

Glory to God in the heavenly heights,
Peace to all men and women on earth who please him.

[15-18] As the angel choir withdrew into heaven, the sheepherders talked it over. "Let's get over to Bethlehem as fast as we can and see for ourselves what God has revealed to us." They left, running,

접 보자." 그들은 그곳을 떠나 한달음에 달려가
서, 마리아와 요셉과 구유에 누워 있는 아기를
찾아냈다. 목자들은 두 눈으로 직접 보고 믿었
다. 그들은 만나는 모든 사람에게 천사들이 그
아기에 대해 해준 말을 전했다. 목자들의 이야기
를 들은 사람들은 모두 깊은 감동을 받았다.
19-20 마리아는 이 모든 것을 마음 깊이 간직해
두었다. 목자들은 보고 들은 모든 것으로 인해
하나님께 영광과 찬송을 돌려 드리며, 벅찬 가
슴으로 돌아갔다. 정확히 자기들이 들은 그대
로 되었던 것이다.

아기 예수의 정결예식

21 여드레째에 할례를 행할 날이 되어, 아기의
이름을 예수라고 지었다. 이는 아기가 잉태되
기 전에 천사가 전해 준 이름이었다.
22-24 모세의 규정에 따라 정결예식을 치를 날
이 되자, 마리아와 요셉은 아기를 데리고 예루
살렘으로 올라갔다. "어머니의 태에서 처음 난
남자는 누구나 하나님께 거룩한 제물이 되어야
한다"고 규정한 하나님의 율법에 따라, 아기를
하나님께 바치려는 것이었다. 또한 하나님의
율법에 정한 대로 "산비둘기 한 쌍이나 집비둘
기 새끼 두 마리"를 희생 제물로 드리려는 것이
었다.
25-32 당시 예루살렘에 시므온이라는 사람이 있
었는데, 그는 이스라엘이 구원받기를 바라고
기도하며 살아온 선한 사람이었다. 성령께서
그 사람 위에 머물러 계셨다. 일찍이 성령께서
그가 죽기 전에 하나님의 메시아를 볼 것이라
고 그에게 일러 주셨다. 시므온은 성령께 이끌
려 성전으로 들어갔다. 마침, 아기 예수의 부모
가 율법에 규정한 예식을 행하려고 아기를 데
려왔다. 시므온은 아기를 품에 안고 하나님을
찬양했다.

하나님, 이제 이 종을 놓아주시되
약속하신 대로 저를 평안히 놓아주셨습니다.
제 눈으로 주님의 구원을 보았고,
모든 사람이 볼 수 있도록 밝히 드러났습니다.
이는 이방 나라들에 하나님을 계시하는 빛이요,
주님의 백성 이스라엘에게는 영광입니다.

33-35 예수의 부모는 이 말에 놀라서 아무 말도
하지 못했다. 시므온이 그들을 축복하면서, 어

and found Mary and Joseph, and the baby lying
in the manger. Seeing was believing. They told
everyone they met what the angels had said about
this child. All who heard the sheepherders were
impressed.
19-20 Mary kept all these things to herself, holding
them dear, deep within herself. The sheepherders
returned and let loose, glorifying and praising God
for everything they had heard and seen. It turned
out exactly the way they'd been told!

Blessings

21 When the eighth day arrived, the day of circumci-
sion, the child was named Jesus, the name given by
the angel before he was conceived.
22-24 Then when the days stipulated by Moses for
purification were complete, they took him up to
Jerusalem to offer him to God as commanded in
God's Law: "Every male who opens the womb shall
be a holy offering to God," and also to sacrifice the
"pair of doves or two young pigeons" prescribed in
God's Law.
25-32 In Jerusalem at the time, there was a man,
Simeon by name, a good man, a man who lived in
the prayerful expectancy of help for Israel. And the
Holy Spirit was on him. The Holy Spirit had shown
him that he would see the Messiah of God before
he died. Led by the Spirit, he entered the Temple.
As the parents of the child Jesus brought him in to
carry out the rituals of the Law, Simeon took him
into his arms and blessed God:

God, you can now release your servant;
release me in peace as you promised.
With my own eyes I've seen your salvation;
it's now out in the open for everyone to see:
A God-revealing light to the non-Jewish nations,
and of glory for your people Israel.

33-35 Jesus' father and mother were speechless with
surprise at these words. Simeon went on to bless
them, and said to Mary his mother,

This child marks both the failure and
the recovery of many in Israel,

머니 마리아에게 말했다.

이 아기는 이스라엘 가운데
많은 사람들의 실패와 회복의 표이자
오해와 반대를 받을 인물,
당신의 마음을 칼로 찌를 고통입니다.
그러나 그 거부는 오히려 그들의 가면을 벗겨 내어,
마침내 하나님께서 그들의 실체를 드러내실 것
입니다.

36-38 아셀 지파 바누엘의 딸인 예언자 안나도 거기
에 있었다. 안나는 나이가 아주 많았다. 그녀는 결
혼하고 칠 년 만에 혼자된 이후로 여든네 살이 되
도록 과부로 살았다. 안나는 성전 경내를 떠나지
않고, 금식하고 기도하며 밤낮으로 하나님께 예배
를 드렸다. 시므온이 기도하고 있는 바로 그때에,
안나가 나타나 하나님께 찬송을 드리면서, 예루살
렘의 해방을 간절히 기다리는 모든 사람에게 이 아
기에 대해 이야기해 주었다.
39-40 마리아와 요셉은 하나님의 율법에 규정된 일
을 다 마치고, 갈릴리에 있는 자기 동네 나사렛으로
돌아왔다. 거기서 아이는 튼튼하고 지혜롭게 자랐
다. 하나님의 은혜가 그 아이 위에 머물러 있었다.

성전에서 아이 예수를 찾다

41-45 해마다 유월절이 되면, 예수의 부모는 예루살
렘으로 순례길을 떠났다. 예수가 열두 살 되던 해
에, 그들은 늘 하던 대로 유월절을 지키러 올라갔
다. 절기가 끝나 집으로 돌아갈 때에, 아이 예수는
예루살렘에 남아 있었지만 부모는 그 사실을 몰랐
다. 그들은 순례자의 무리 어딘가에 아이가 있겠거
니 생각하고, 꼬박 하룻길을 가서야 친척과 이웃
가운데서 아이 예수를 찾기 시작했다. 하지만 아이
가 보이지 않자, 그들은 아이를 찾으려고 예루살렘
으로 되돌아갔다.
46-48 이튿날 예수의 부모는 성전에서 아이를 찾았
다. 아이는 선생들 틈에 앉아서 그들이 하는 말을
듣기도 하고 질문하기도 했다. 선생들은 아이의 예
리한 답변에 감탄하며 다들 아이에게 사로잡혀 있
었다. 그러나 부모는 감탄하지 않았다. 그들은 화
가 나서 마음이 상해 있었다.
어머니가 말했다. "얘야, 왜 이렇게 했느냐? 네 아
버지와 내가 너를 찾느라 정신이 없었다."
49-50 아이가 말했다. "왜 저를 찾으셨습니까? 제가
여기 있으면서, 제 아버지의 일을 해야 할 줄을 모

A figure misunderstood and contradicted—
the pain of a sword-thrust through you—
But the rejection will force honesty,
as God reveals who they really are.

36-38 Anna the prophetess was also there, a
daughter of Phanuel from the tribe of Asher.
She was by now a very old woman. She had been
married seven years and a widow for eighty-
four. She never left the Temple area, worshiping
night and day with her fastings and prayers. At
the very time Simeon was praying, she showed
up, broke into an anthem of praise to God, and
talked about the child to all who were waiting
expectantly for the freeing of Jerusalem.
39-40 When they finished everything required by
God in the Law, they returned to Galilee and
their own town, Nazareth. There the child grew
strong in body and wise in spirit. And the grace
of God was on him.

They Found Him in the Temple

41-45 Every year Jesus' parents traveled to
Jerusalem for the Feast of Passover. When
he was twelve years old, they went up as they
always did for the Feast. When it was over and
they left for home, the child Jesus stayed behind
in Jerusalem, but his parents didn't know it.
Thinking he was somewhere in the company of
pilgrims, they journeyed for a whole day and
then began looking for him among relatives and
neighbors. When they didn't find him, they went
back to Jerusalem looking for him.
46-48 The next day they found him in the Temple
seated among the teachers, listening to them
and asking questions. The teachers were all quite
taken with him, impressed with the sharpness of
his answers. But his parents were not impressed;
they were upset and hurt.
His mother said, "Young man, why have you
done this to us? Your father and I have been half
out of our minds looking for you."
49-50 He said, "Why were you looking for me?
Didn't you know that I had to be here, dealing
with the things of my Father?" But they had no

르셨습니까?" 그러나 부모는 아이가 무슨 말을 하는지 깨닫지 못했다.

51-52 아이는 부모와 함께 나사렛으로 돌아와, 부모에게 순종하며 살았다. 아이의 어머니는 이 일을 마음 깊이 간직해 두었다. 예수는 하나님과 사람들의 축복을 받으며, 몸과 마음이 자라며 장성해 갔다.

삶을 고치는 세례

3 1-6 디베료 황제가 다스린 지 십오 년째 되는 해, 곧 본디오 빌라도가 유대 총독으로 있고, 헤롯이 갈릴리를 다스리고, 그 동생 빌립이 이두래와 드라고닛을 다스리고, 루사니아가 아빌레네를 다스리고, 안나스와 가야바가 대제사장으로 있을 때에, 사가랴의 아들 요한이 광야에 있다가 하나님의 메시지를 받았다. 그는 요단 강 주변 지역을 두루 다니며, 삶을 고쳐 죄 용서를 받는 세례를 선포했다. 그것은 예언자 이사야의 글에 기록된 대로였다.

광야에서 외치는 소리여!
하나님 오심을 준비하여라!
길을 평탄하고 곧게 하여라!
패인 곳이 메워지고
솟은 곳이 평평해지며
우회로는 곧은 길이 되고
흙길은 포장될 것이다.
모든 사람이 거기서
하나님의 구원 행렬을 볼 것이다.

7-9 세례가 인기 있는 일이 되다 보니, 사람들이 무리 지어 세례를 받으러 나왔다. 요한은 그들에게 버럭 소리를 질렀다. "뱀의 자식들아! 이 강가에 슬그머니 내려와서 무엇을 하는 거냐? 너희의 뱀가죽에 물을 좀 묻힌다고 하나님의 심판을 비켜갈 것 같으냐? 바꿔야 할 것은, 너희 겉가죽이 아니라 너희 삶이다! 아브라함을 조상으로 내세우면 다 통할 것이라고 생각하지 마라. 아브라함의 자손인 것과는 아무 상관도 없는 일이다. 흔해 빠진 것이 아브라함의 자손이다. 하나님께서 원하시면 돌들로도 아브라함의 자손을 만드실 수 있다. 중요한 것은 너희 삶이다. 너희 삶은 푸르게 꽃피고 있느냐? 말라죽은 가지라면 땔감이 되고 말 것이다."

10 무리가 요한에게 물었다. "그러면 우리가 어떻게 해야 합니까?"

11 요한이 말했다. "옷이 두 벌 있거든 한 벌은 나누

idea what he was talking about.

51-52 So he went back to Nazareth with them, and lived obediently with them. His mother held these things dearly, deep within herself. And Jesus matured, growing up in both body and spirit, blessed by both God and people.

A Baptism of Life-Change

3 1-6 In the fifteenth year of the rule of Caesar Tiberius—it was while Pontius Pilate was governor of Judea; Herod, ruler of Galilee; his brother Philip, ruler of Iturea and Trachonitis; Lysanias, ruler of Abilene; during the Chief-Priesthood of Annas and Caiaphas—John, Zachariah's son, out in the desert at the time, received a message from God. He went all through the country around the Jordan River preaching a baptism of life-change leading to forgiveness of sins, as described in the words of Isaiah the prophet:

Thunder in the desert!
"Prepare God's arrival!
Make the road smooth and straight!
Every ditch will be filled in,
Every bump smoothed out,
The detours straightened out,
All the ruts paved over.
Everyone will be there to see
The parade of God's salvation."

7-9 When crowds of people came out for baptism because it was the popular thing to do, John exploded: "Brood of snakes! What do you think you're doing slithering down here to the river? Do you think a little water on your snakeskins is going to deflect God's judgment? It's your *life* that must change, not your skin. And don't think you can pull rank by claiming Abraham as 'father.' Being a child of Abraham is neither here nor there—children of Abraham are a dime a dozen. God can make children from stones if he wants. What counts is your life. Is it green and blossoming? Because if it's deadwood, it goes on the fire."

어 주어라. 음식도 똑같이 그렇게 하여라.”
12 세금 징수원들도 세례를 받으러 와서 말했
다. “선생님, 우리는 어떻게 해야 합니까?”
13 요한이 그들에게 말했다. “더 이상 착취하지
마라. 법에 정한 만큼만 세금을 거둬라.”
14 군인들도 그에게 물었다. “우리는 어떻게 해
야 합니까?”
요한이 그들에게 말했다. “억지로 빼앗거나 협박
하지 마라. 너희가 받는 봉급으로 만족하여라.”
15 어느새 사람들의 관심이 고조되고 있었다.
그들은 모두 ‘이 요한이 혹시 메시아가 아닐까?’
하고 궁금해 하기 시작했다.
16-17 그러자 요한이 끼어들었다. “나는 이 강에
서 세례를 주고 있다. 이 드라마의 주인공은 너
희 안에 천국의 삶과 불과 성령을 발화시켜, 너
희를 완전히 바꾸어 놓으실 것이다. 그분께 비
하면 나는 잔심부름꾼에 지나지 않는다. 그분은
집을 깨끗이 하실 것이다. 너희 삶을 대대적으
로 정리하실 것이다. 그분은 참된 것은 모두 하
나님 앞 제자리에 두시고, 거짓된 것은 모두 끄
집어내어 쓰레기와 함께 태워 버리실 것이다.”
18-20 그 밖에도 많은 말을 들려주었는데, 사람
들에게 힘이 되는 말, 용기를 북돋아 주는 말이
었다. 메시지였다! 그러나 자기 동생 빌립의 아
내 헤로디아의 일로 요한에게 책망을 받고 마
음이 찔렸던 통치자 헤롯은, 자신의 수많은 악
한 행동에 한 가지 악행을 더했다. 요한을 감옥
에 가둔 것이다.
21-22 사람들이 모두 세례를 받은 뒤에 예수께서
세례를 받으셨다. 예수께서 기도하실 때에, 하
늘이 열리고 성령이 비둘기같이 그분 위에 내
려오셨다. 성령과 더불어 한 음성이 들려왔다.
“너는 내가 사랑으로 선택하고 구별한 내 아들,
내 삶의 전부다.”

아담의 아들, 하나님의 아들

23-38 예수께서 공생애를 시작하실 때 나이가 서
른 살쯤 되셨다. 그분은 (사람들이 알기로는)
요셉의 아들이셨고,

요셉은 헬리의 아들
헬리는 맛닷의 아들
맛닷은 레위의 아들
레위는 멜기의 아들
멜기는 얀나의 아들

10 The crowd asked him, “Then what are we
supposed to do?”
11 “If you have two coats, give one away,” he said. “Do
the same with your food.”
12 Tax men also came to be baptized and said,
“Teacher, what should we do?”
13 He told them, “No more extortion – collect only
what is required by law.”
14 Soldiers asked him, “And what should we do?”
He told them, “No shakedowns, no blackmail – and
be content with your rations.”
15 The interest of the people by now was building.
They were all beginning to wonder, “Could this John
be the Messiah?”
16-17 But John intervened: “I’m baptizing you here
in the river. The main character in this drama, to
whom I’m a mere stagehand, will ignite the kingdom
life, a fire, the Holy Spirit within you, changing you
from the inside out. He’s going to clean house –
make a clean sweep of your lives. He’ll place every-
thing true in its proper place before God; everything
false he’ll put out with the trash to be burned.”
18-20 There was a lot more of this – words that gave
strength to the people, words that put heart in
them. The Message! But Herod, the ruler, stung by
John’s rebuke in the matter of Herodias, his brother
Philip’s wife, capped his long string of evil deeds
with this outrage: He put John in jail.
21-22 After all the people were baptized, Jesus was
baptized. As he was praying, the sky opened up and
the Holy Spirit, like a dove descending, came down
on him. And along with the Spirit, a voice: “You are
my Son, chosen and marked by my love, pride of my
life.”

Son of Adam, Son of God

23-38 When Jesus entered public life he was about
thirty years old, the son (in public perception) of
Joseph, who was –

son of Heli,
son of Matthat,
son of Levi,
son of Melki,
son of Jannai,

얀나는 요셉의 아들	son of Joseph,
요셉은 맛다디아의 아들	son of Mattathias,
맛다디아는 아모스의 아들	son of Amos,
아모스는 나훔의 아들	son of Nahum,
나훔은 에슬리의 아들	son of Esli,
에슬리는 낙개의 아들	son of Naggai,
낙개는 마앗의 아들	son of Maath,
마앗은 맛다디아의 아들	son of Mattathias,
맛다디아는 서머인의 아들	son of Semein,
서머인은 요섹의 아들	son of Josech,
요섹은 요다의 아들	son of Joda,
요다는 요아난의 아들	son of Joanan,
요아난은 레사의 아들	son of Rhesa,
레사는 스룹바벨의 아들	son of Zerubbabel,
스룹바벨은 스알디엘의 아들	son of Shealtiel,
스알디엘은 네리의 아들	son of Neri,
네리는 멜기의 아들	son of Melchi,
멜기는 앗디의 아들	son of Addi,
앗디는 고삼의 아들	son of Cosam,
고삼은 엘마담의 아들	son of Elmadam,
엘마담은 에르의 아들	son of Er,
에르는 예수의 아들	son of Joshua,
예수는 엘리에서의 아들	son of Eliezer,
엘리에서는 요림의 아들	son of Jorim,
요림은 맛닷의 아들	son of Matthat,
맛닷은 레위의 아들	son of Levi,
레위는 시므온의 아들	son of Simeon,
시므온은 유다의 아들	son of Judah,
유다는 요셉의 아들	son of Joseph,
요셉은 요남의 아들	son of Jonam,
요남은 엘리아김의 아들	son of Eliakim,
엘리아김은 멜레아의 아들	son of Melea,
멜레아는 멘나의 아들	son of Menna,
멘나는 맛다다의 아들	son of Mattatha,
맛다다는 나단의 아들	son of Nathan,
나단은 다윗의 아들	son of David,
다윗은 이새의 아들	son of Jesse,
이새는 오벳의 아들	son of Obed,
오벳은 보아스의 아들	son of Boaz,
보아스는 살몬의 아들	son of Salmon,
살몬은 나손의 아들	son of Nahshon,
나손은 아미나답의 아들	son of Amminadab,
아미나답은 아드민의 아들	son of Admin,
아드민은 아니의 아들	son of Arni,
아니는 헤스론의 아들	son of Hezron,

헤스론은 베레스의 아들
베레스는 유다의 아들
유다는 야곱의 아들
야곱은 이삭의 아들
이삭은 아브라함의 아들
아브라함은 데라의 아들
데라는 나홀의 아들
나홀은 스룩의 아들
스룩은 르우의 아들
르우는 벨렉의 아들
벨렉은 헤버의 아들
헤버는 살라의 아들
살라는 가이난의 아들
가이난은 아박삿의 아들
아박삿은 셈의 아들
셈은 노아의 아들
노아는 레멕의 아들
레멕은 므두셀라의 아들
므두셀라는 에녹의 아들
에녹은 야렛의 아들
야렛은 마할랄렐의 아들
마할랄렐은 가이난의 아들
가이난은 에노스의 아들
에노스는 셋의 아들
셋은 아담의 아들
아담은 하나님의 아들이었다.

마귀에게 시험 받으시다

4 1-2 예수께서 성령이 충만하여, 요단 강을 떠나 성령께 이끌려 광야로 가셨다. 예수께서 광야에서 사십 일을 밤낮으로 마귀에게 시험을 받으셨다. 그동안 예수께서 아무것도 드시지 않았고, 그 기간이 다 되니 예수께서 배가 고프셨다.
3 마귀는 그분의 배고픔을 이용해 첫 번째 시험을 내놓았다. "너는 하나님의 아들이니, 이 돌한테 명하여 빵 덩이가 되게 해보아라."
4 예수께서 신명기를 인용해 답하셨다. "사람이 빵으로만 사는 것이 아니다."
5-7 두 번째 시험으로, 마귀는 그분을 이끌고 높은 데로 올라가서 지상의 모든 나라를 한꺼번에 펼쳐 보였다. 그런 다음 마귀가 말했다. "너를 즐겁게 해줄 이 모든 영광이 다 네 것이다. 이 모든 것이 내 손에 있으니, 누구든지 내가 원하는 자에게 넘겨줄 수 있다. 내게 경배하기만 하면 다 네

son of Perez,
son of Judah,
son of Jacob,
son of Isaac,
son of Abraham,
son of Terah,
son of Nahor,
son of Serug,
son of Reu,
son of Peleg,
son of Eber,
son of Shelah,
son of Kenan,
son of Arphaxad,
son of Shem,
son of Noah,
son of Lamech,
son of Methuselah,
son of Enoch,
son of Jared,
son of Mahalaleel,
son of Kenan,
son of Enos,
son of Seth,
son of Adam,
son of God.

Tested by the Devil

4 1-2 Now Jesus, full of the Holy Spirit, left the Jordan and was led by the Spirit into the wild. For forty wilderness days and nights he was tested by the Devil. He ate nothing during those days, and when the time was up he was hungry.
3 The Devil, playing on his hunger, gave the first test: "Since you're God's Son, command this stone to turn into a loaf of bread."
4 Jesus answered by quoting Deuteronomy: "It takes more than bread to really live."
5-7 For the second test he led him up and spread out all the kingdoms of the earth on display at once. Then the Devil said, "They're yours in all their splendor to serve your pleasure. I'm in charge of them all and can turn them over to whomever I wish. Worship me and they're yours, the whole

것이다."

8 예수께서 다시 한번 신명기 말씀으로 쐐기를 박으셨다. "주 너의 하나님, 오직 그분만을 경배하여라. 일편단심으로 그분을 섬겨라."

9-11 세 번째 시험으로, 마귀는 그분을 예루살렘으로 데려가서 성전 꼭대기에 세워 놓고 말했다. "네가 하나님의 아들이면 뛰어내려 보아라. '그분께서 천사들을 시켜 너를 보호하고 지키게 하셨다. 천사들이 너를 받아서 발가락 하나 돌에 채이지 않게 할 것이다'라고 성경에 기록되지 않았느냐?"

12 예수께서 대답하셨다. "그렇다. 하지만 '주 너의 하나님을 시험하지 말라'고도 기록되어 있다."

13 그것으로 시험이 끝났다. 마귀는 잠시 물러갔고, 숨어서 다음 기회를 노렸다.

눌린 사람들을 자유케 하시다

14-15 예수께서 성령의 능력을 입고 갈릴리로 돌아오셨다. 예수께서 오셨다는 소식이 그 지방에 두루 퍼졌다. 예수께서 회당에서 가르치시자, 모든 사람이 환호하고 즐거워했다.

16-21 예수께서 자기가 자란 동네인 나사렛에 가셨다. 안식일에 그분은 늘 하시던 대로 회당으로 가셨다. 예수께서 성경을 낭독하려고 서시자, 누군가가 그분께 예언자 이사야의 두루마리를 건넸다. 예수께서 두루마리를 펴서, 다음과 같이 기록된 곳을 찾으셨다.

하나님의 영이 내게 임하시니
그가 나를 택하여,
가난한 이들에게 복된 소식의 메시지를 전하게 하셨다.
나를 보내셔서, 감옥에 갇힌 이들에게 사면을,
눈먼 이들에게 다시 보게 됨을 선포하고,
눌리고 지친 이들을 자유케 하여,
"지금은 하나님이 일하시는 해!"라고 선포하게 하셨다.

예수께서 두루마리를 말아 그 맡은 사람에게 돌려주시고, 자리에 앉으셨다. 회당 안의 시선이 일제히 그분께 모아졌다. 그러자 예수께서 이렇게 말문을 여셨다. "방금 너희가 들은 성경 말씀이 역사가 되었다. 이 성경 말씀이 바로 지금, 이 자리에서 이루어졌다."

22 예수께서 어찌나 말씀을 잘하시는지, 보고 듣

works."

8 Jesus refused, again backing his refusal with Deuteronomy: "Worship the Lord your God and only the Lord your God. Serve him with absolute single-heartedness."

9-11 For the third test the Devil took him to Jerusalem and put him on top of the Temple. He said, "If you are God's Son, jump. It's written, isn't it, that 'he has placed you in the care of angels to protect you; they will catch you; you won't so much as stub your toe on a stone'?"

12 "Yes," said Jesus, "and it's also written, 'Don't you dare tempt the Lord your God.'"

13 That completed the testing. The Devil retreated temporarily, lying in wait for another opportunity.

To Set the Burdened Free

14-15 Jesus returned to Galilee powerful in the Spirit. News that he was back spread through the countryside. He taught in their meeting places to everyone's acclaim and pleasure.

16-21 He came to Nazareth where he had been reared. As he always did on the Sabbath, he went to the meeting place. When he stood up to read, he was handed the scroll of the prophet Isaiah. Unrolling the scroll, he found the place where it was written,

God's Spirit is on me;
he's chosen me to preach the Message of good news to the poor,
Sent me to announce pardon to prisoners and
recovery of sight to the blind,
To set the burdened and battered free,
to announce, "This is God's year to act!"

He rolled up the scroll, handed it back to the assistant, and sat down. Every eye in the place was on him, intent. Then he started in, "You've just heard Scripture make history. It came true just now in this place."

22 All who were there, watching and listening, were surprised at how well he spoke. But they also said, "Isn't this Joseph's son, the one we've known since he was a youngster?"

던 사람들이 모두 놀랐다. 그러나 한편으로는 이
렇게 말했다. "이 사람은 우리가 어려서부터 알던
요셉의 아들이 아닌가?"
23-27 예수께서 대답하셨다. "너희는 '의사야, 가서
네 병이나 고쳐라' 하는 속담을 인용해서 '네가 가
버나움에서 한 일이 있다던데, 그것을 여기 네 고
향에서도 해보아라' 할 것이다. 하지만 내가 너희
에게 해줄 말이 있다. 예언자는 자기 고향에서 환
영받지 못하는 법이다. 엘리야 시대에 삼 년 반 동
안 가뭄이 들어 기근으로 땅이 황폐해졌을 때에
이스라엘에 과부가 많았으나, 시돈의 사렙다에 사
는 과부에게만 엘리야가 보냄을 받지 않았느냐?
또 예언자 엘리사 시대에 이스라엘에 나병환자가
많았으나, 깨끗함을 받은 사람은 시리아 사람 나
아만뿐이었다."
28-30 회당 안에 있던 사람들 모두가 그 말에 화가
났다. 그들은 예수를 내몰아 동네 밖으로 쫓아낸
다음, 동네 끝에 있는 벼랑으로 끌고 가서 그를 밀
쳐 죽이려고 했다. 그러나 예수께서 그들에게서
벗어나 자기 길을 가셨다.
31-32 예수께서 갈릴리의 한 마을 가버나움으로 내
려가셔서, 안식일에 사람들을 가르치셨다. 그들이
놀라며 감동을 받았다. 그분의 가르침은 그들이
늘 듣던 모호한 궤변이나 인용문과는 달리, 아주
솔직하고 확신에 차서 권위가 있었다.
33-34 그날 회당에 귀신 들려 고통당하는 사람이 있
었다. 그가 소리를 질렀다. "아! 나사렛 사람 예수
여! 무슨 일로 우리한테 왔습니까? 나는 당신이 무
슨 일을 하려는지 압니다. 당신은 하나님의 거룩
한 분이시며, 우리를 멸하러 왔습니다!"
35 예수께서 그의 입을 막으셨다. "조용히 하고,
그에게서 나오너라!" 귀신은 모든 사람이 보는 앞
에서 그 사람을 쓰러뜨리고 떠나갔다. 귀신은 그
사람에게 상처는 입히지 않았다.
36-37 그러자 모든 사람이 크게 놀라서, 서로 수군
거렸다. "이게 어찌 된 일인가? 이 사람은 말한 대
로 이루어지게 하는 사람인가? 이 사람이 나가라
고 명령하면 귀신도 떠나는가?" 마을 전체가 온통
예수 이야기뿐이었다.

병든 사람들을 고쳐 주시다

38-39 예수께서 회당을 떠나 시몬의 집으로 가셨
다. 시몬의 장모가 고열에 시달리고 있었다. 사람
들이 예수께 그녀를 위해 뭔가를 해주시기를 구했
다. 예수께서 곁에서 지켜보시다가, 열병이 떠나

23-27 He answered, "I suppose you're going to
quote the proverb, 'Doctor, go heal yourself. Do
here in your hometown what we heard you did
in Capernaum.' Well, let me tell you something:
No prophet is ever welcomed in his hometown.
Isn't it a fact that there were many widows in
Israel at the time of Elijah during that three and
a half years of drought when famine devastated
the land, but the only widow to whom Elijah was
sent was in Sarepta in Sidon? And there were
many lepers in Israel at the time of the prophet
Elisha but the only one cleansed was Naaman the
Syrian."
28-30 That set everyone in the meeting place
seething with anger. They threw him out,
banishing him from the village, then took him to
a mountain cliff at the edge of the village to throw
him to his doom, but he gave them the slip and
was on his way.
31-32 He went down to Capernaum, a village
in Galilee. He was teaching the people on the
Sabbath. They were surprised and impressed—
his teaching was so forthright, so confident, so
authoritative, not the quibbling and quoting they
were used to.
33-34 In the meeting place that day there was a
man demonically disturbed. He screamed, "Ho!
What business do you have here with us, Jesus?
Nazarene! I know what you're up to. You're the
Holy One of God and you've come to destroy us!"
35 Jesus shut him up: "Quiet! Get out of him!"
The demonic spirit threw the man down in front
of them all and left. The demon didn't hurt him.
36-37 That set everyone back on their heels,
whispering and wondering, "What's going
on here? Someone whose words make things
happen? Someone who orders demonic spirits
to get out and they go?" Jesus was the talk of the
town.

He Healed Them All

38-39 He left the meeting place and went to Simon's
house. Simon's mother-in-law was running a high
fever and they asked him to do something for
her. He stood over her, told the fever to leave—

라고 명령하자 열병이 떠났다. 그 장모가 곧 일어나 일행의 저녁을 준비했다.

40-41 해가 저물자, 사람들이 여러 병을 앓고 있는 사람들을 예수께 데리고 왔다. 예수께서는 한 사람 한 사람에게 손을 얹어 고쳐 주셨다. 귀신들이 떼를 지어 떠나가며 소리를 질렀다. "하나님의 아들이여! 당신은 하나님의 아들입니다!" 귀신들이 그분이 메시아임을 훤히 알고 있었으므로, 예수께서는 그들의 입을 막아 한 마디도 하지 못하게 하셨다.

42-44 이튿날, 예수께서 한적한 곳으로 가셨다. 그러나 무리가 찾아 나섰고, 그분을 만나자 떠나가지 못하게 그분께 매달렸다. 예수께서 그들에게 말씀하셨다. "내가 다른 마을들에서도 하나님 나라의 메시지를 전해야 한다. 바로 그 일을 하라고 하나님께서 나를 보내셨다. 너희는 그것을 알지 못하느냐?" 예수께서는 갈릴리 여러 회당에서 계속해서 말씀을 전하셨다.

깊은 물로 나가서 그물을 내려라

5 1-3 한번은 예수께서 게네사렛 호숫가에 서 있는데, 무리가 하나님의 말씀을 더 잘 들으려고 그분께로 몰려들었다. 예수께서 배 두 척이 묶여 있는 것을 보셨다. 어부들이 막 배에서 내려 그물을 씻고 있었다. 예수께서 시몬의 배에 올라타셔서, 배를 해안에서 조금 떨어지게 띄우라고 부탁하셨다. 예수께서 그 배에 앉으셔서, 배를 설교단 삼아 무리를 가르치셨다.

4 가르치기를 마치시고 나서, 예수께서 시몬에게 말씀하셨다. "깊은 물로 나가서 그물을 내려 고기를 잡아라."

5-7 시몬이 말했다. "주님, 우리가 밤새도록 열심히 고기를 잡았지만 피라미 한 마리 잡지 못했습니다. 하지만 주님께서 그렇게 말씀하시니, 그물을 내리겠습니다." 말을 마치자마자, 그물에 더 이상 담을 수 없을 정도로 많은 고기가 가득 잡혔다. 그들은 다른 배에 있는 동료들에게, 와서 도와 달라고 손짓했다. 두 배에 고기가 가득 차서, 배가 가라앉을 지경이었다.

8-10 이것을 본 시몬 베드로가 예수 앞에 무릎을 꿇었다. "주님, 떠나 주십시오. 저는 죄인이어서 이 거룩함을 감당할 수 없습니다. 저를 내버려 두십시오." 잡은 고기를 끌어올리자, 시몬과 그 곁에 있던 사람들이 모두 두려움에 사로잡혔다. 시몬의 동료인 세베대의 두 아들 야고보와 요한도 마찬가

and it left. Before they knew it, she was up getting dinner for them.

40-41 When the sun went down, everyone who had anyone sick with some ailment or other brought them to him. One by one he placed his hands on them and healed them. Demons left in droves, screaming, "Son of God! You're the Son of God!" But he shut them up, refusing to let them speak because they knew too much, knew him to be the Messiah.

42-44 He left the next day for open country. But the crowds went looking and, when they found him, clung to him so he couldn't go on. He told them, "Don't you realize that there are yet other villages where I have to tell the Message of God's kingdom, that this is the work God sent me to do?" Meanwhile he continued preaching in the meeting places of Galilee.

Push Out into Deep Water

5 1-3 Once when he was standing on the shore of Lake Gennesaret, the crowd was pushing in on him to better hear the Word of God. He noticed two boats tied up. The fishermen had just left them and were out scrubbing their nets. He climbed into the boat that was Simon's and asked him to put out a little from the shore. Sitting there, using the boat for a pulpit, he taught the crowd.

4 When he finished teaching, he said to Simon, "Push out into deep water and let your nets out for a catch."

5-7 Simon said, "Master, we've been fishing hard all night and haven't caught even a minnow. But if you say so, I'll let out the nets." It was no sooner said than done–a huge haul of fish, straining the nets past capacity. They waved to their partners in the other boat to come help them. They filled both boats, nearly swamping them with the catch.

8-10 Simon Peter, when he saw it, fell to his knees before Jesus. "Master, leave. I'm a sinner and can't handle this holiness. Leave me to myself." When they pulled in that catch of fish, awe overwhelmed Simon and everyone with him. It was the same with James and John, Zebedee's

지였다.
10-11 예수께서 시몬에게 말씀하셨다. "두려워할 것 없다. 이제부터 너는 사람을 낚게 될 것이다." 그들은 배를 해안으로 끌어올린 뒤에, 그물과 모든 것을 배와 함께 버려두고 그분을 따라갔다.

변화된 삶으로 초청하시다

12 어느 마을에 온몸에 나병이 걸린 사람이 있었다. 그가 예수를 보고 그분 앞에 엎드려 간청했다. "원하시면 저를 깨끗하게 하실 수 있습니다."
13 예수께서 손을 내밀어 그에게 대시며 말씀하셨다. "내가 원한다. 깨끗하게 되어라." 그러자 즉시 그의 살갗이 보드라워지고, 나병이 깨끗이 사라졌다.
14-16 예수께서 그에게 말씀하셨다. "온 동네에 말하고 다니지 마라. 모세가 명한 대로, 예물을 가지고 제사장에게 가서 네 나은 몸을 조용히 보여라. 네 말이 아니라, 깨끗해져서 순종하는 네 삶이 내가 한 일을 증거할 것이다." 그러나 그 사람은 그 일을 자기 혼자에게만 담아 둘 수 없었다. 소문이 곧 퍼져 나갔다. 어느새 큰 무리가 말씀도 듣고 병도 고치려고 모여들었다. 예수께서는 할 수 있는 한 자주 외딴 곳으로 물러나 기도하셨다.
17 하루는 예수께서 가르치시는데, 바리새인과 종교 교사들이 둘러앉아 있었다. 그들은 갈릴리와 유대의 모든 마을과, 멀리 예루살렘에서 온 사람들이었다. 하나님의 치유 능력이 예수께 임했다.
18-20 사람들이 중풍병자 한 사람을 들것에 실어서 데려왔다. 그들은 집 안으로 들어가 예수 앞에 그를 데려다 놓을 방법을 찾고 있었다. 무리 때문에 길을 찾을 수 없자, 그들은 지붕으로 올라가 기왓장을 뜯어 내고 무리 가운데 계신 예수 바로 앞에 그 사람을 달아 내렸다. 그들의 담대한 믿음에 감동하신 예수께서 말씀하셨다. "친구여, 내가 네 죄를 용서한다."
21 그러자 종교 학자와 바리새인들이 웅성대기 시작했다. "저 사람은 자기를 누구라고 생각하는 것인가? 저것은 신성모독이다! 오직 하나님만이 죄를 용서하실 수 있다."
22-26 예수께서 그들의 생각을 정확히 아시고 말씀하셨다. "왜 이리 수군수군 말이 많으냐? '내가 네 죄를 용서한다'고 말하는 것과 '일어나 걸어가라'고 말하는 것 중에 어느 쪽이 더 쉽겠느냐? 내가 인자인 것과, 내가 어느 쪽이든 행할 권한이 있다는 것을 분명히 보여주겠다." 예수께서 중풍병자에게 직접 말씀하셨다. "일어나거라. 네 자리를 들고 집으

sons, coworkers with Simon.
10-11 Jesus said to Simon, "There is nothing to fear. From now on you'll be fishing for men and women." They pulled their boats up on the beach, left them, nets and all, and followed him.

Invitation to a Changed Life

12 One day in one of the villages there was a man covered with leprosy. When he saw Jesus he fell down before him in prayer and said, "If you want to, you can cleanse me."
13 Jesus put out his hand, touched him, and said, "I want to. Be clean." Then and there his skin was smooth, the leprosy gone.
14-16 Jesus instructed him, "Don't talk about this all over town. Just quietly present your healed self to the priest, along with the offering ordered by Moses. Your cleansed and obedient life, not your words, will bear witness to what I have done." But the man couldn't keep it to himself, and the word got out. Soon a large crowd of people had gathered to listen and be healed of their ailments. As often as possible Jesus withdrew to out-of-the-way places for prayer.
17 One day as he was teaching, Pharisees and religion teachers were sitting around. They had come from nearly every village in Galilee and Judea, even as far away as Jerusalem, to be there. The healing power of God was on him.
18-20 Some men arrived carrying a paraplegic on a stretcher. They were looking for a way to get into the house and set him before Jesus. When they couldn't find a way in because of the crowd, they went up on the roof, removed some tiles, and let him down in the middle of everyone, right in front of Jesus. Impressed by their bold belief, he said, "Friend, I forgive your sins."
21 That set the religion scholars and Pharisees buzzing. "Who does he think he is? That's blasphemous talk! God and only God can forgive sins."
22-26 Jesus knew exactly what they were thinking and said, "Why all this gossipy whispering? Which is simpler: to say 'I forgive your sins,' or to say 'Get up and start walking'? Well, just so

로 가거라." 그 사람은 한순간도 지체하지 않고 그대로 했다. 일어나 담요를 들고서, 하나님께 영광을 돌리며 집으로 갔다. 사람들은 도무지 믿기지 않아 자신들의 눈을 비볐다. 그러고 나서 그들도 하나님께 영광을 돌렸다. 그들이 두려움에 차서 말했다. "우리 평생에 이런 일은 처음 본다!"

27-28 이 일 후에 예수께서 밖으로 나가서, 레위라는 사람이 자기 일터에서 세금을 걷고 있는 것을 보셨다. 예수께서 말씀하셨다. "나와 함께 가자." 그는 예수를 따라갔다. 모든 것을 버려두고 그분과 동행한 것이다.

29-30 레위는 예수를 위해 자기 집에서 성대한 저녁식사를 베풀었다. 세금 징수원들과 그 밖에도 평판이 좋지 않은 인물들이 저녁식사 손님으로 와 있었다. 바리새인과 종교 학자들이 속이 잔뜩 뒤틀려서 그분의 제자들에게 다가왔다. "당신네 선생이 사기꾼과 죄인들과 함께 먹고 마시다니, 이게 대체 어찌 된 일이오?"

31-32 예수께서 그 말을 들으시고 분명하게 말씀하셨다. "의사가 필요한 사람이 누구냐? 건강한 사람이냐, 병든 사람이냐? 내가 여기 있는 것은, 영향력 있는 사람이 아니라, 소외된 사람을 초청하려는 것이다. 변화된 삶, 곧 안과 밖이 모두 변화된 삶으로 그들을 초청하려는 것이다."

33 그들이 예수께 물었다. "요한의 제자들은 금식하고 기도하는 것으로 잘 알려져 있습니다. 바리새인들도 그렇습니다. 그런데 당신은 잔치에서 보내는 시간이 대부분인 것 같은데, 어찌 된 일입니까?"

34-35 예수께서 말씀하셨다. "즐거운 결혼식 중에는 빵과 포도주를 아끼지 않고 실컷 먹는다. 나중에 허리띠를 졸라맬 일이 있을지 모르지만, 지금은 아니다. 신랑신부와 함께 있는 동안에는 즐겁게 보내는 법이다. 금식은 신랑이 가고 없을 때 시작해도 된다. 정겨운 축하의 모닥불에 찬물을 끼얹는 사람은 없다. 하나님 나라가 임한다는 것은 바로 이런 것이다!

36-39 멀쩡한 스카프를 잘라서 낡은 작업복에 대고 깁는 사람은 없다. 서로 어울리는 천을 찾게 마련이다. 낡고 금이 간 병에는 포도주를 담지 않는 법이다. 새로 담근 포도주는 단단하고 깨끗한 병에 담는다. 그리고 잘 묵은 고급 포도주를 맛본 사람은 덜 묵은 포도주를 찾지 않는다."

it's clear that I'm the Son of Man and authorized to do either, or both..." He now spoke directly to the paraplegic: "Get up. Take your bedroll and go home." Without a moment's hesitation, he did it–got up, took his blanket, and left for home, giving glory to God all the way. The people rubbed their eyes, incredulous–and then also gave glory to God. Awestruck, they said, "We've never seen anything like that!"

27-28 After this he went out and saw a man named Levi at his work collecting taxes. Jesus said, "Come along with me." And he did–walked away from everything and went with him.

29-30 Levi gave a large dinner at his home for Jesus. Everybody was there, tax men and other disreputable characters as guests at the dinner. The Pharisees and their religion scholars came to his disciples greatly offended. "What is he doing eating and drinking with crooks and 'sinners'?"

31-32 Jesus heard about it and spoke up, "Who needs a doctor: the healthy or the sick? I'm here inviting outsiders, not insiders–an invitation to a changed life, changed inside and out."

33 They asked him, "John's disciples are well-known for keeping fasts and saying prayers. Also the Pharisees. But you seem to spend most of your time at parties. Why?"

34-35 Jesus said, "When you're celebrating a wedding, you don't skimp on the cake and wine. You feast. Later you may need to pull in your belt, but this isn't the time. As long as the bride and groom are with you, you have a good time. When the groom is gone, the fasting can begin. No one throws cold water on a friendly bonfire. This is Kingdom Come!

36-39 "No one cuts up a fine silk scarf to patch old work clothes; you want fabrics that match. And you don't put wine in old, cracked bottles; you get strong, clean bottles for your fresh vintage wine. And no one who has ever tasted fine aged wine prefers unaged wine."

안식일의 주인

6

1-2 어느 안식일에 예수께서 곡식이 무르익은 밭 사이를 걷고 계셨다. 제자들이 곡식 이삭을 따서, 손으로 껍질을 벗겨 먹었다. 몇몇 바리새인들이 말했다. "당신들은 어찌하여 안식일 규정을 어기고 이런 일을 하는 거요?"

3-4 예수께서 제자들 편에 서셨다. "너희는 다윗과 그 동료들이 배고플 때에 한 일을 읽어 보지 못했느냐? 그가 성소에 들어가서, 제사장들 외에는 아무도 먹지 못하게 되어 있는, 제단에서 갓 물려낸 빵을 먹지 않았느냐? 그는 그 빵을 자기 동료들에게도 주었다."

5 예수께서 말씀하셨다. "인자는 안식일의 종이 아니라 주인이다."

6-8 또 다른 안식일에 예수께서 회당에 들어가 가르치셨다. 거기에 한쪽 손이 오그라든 사람이 있었다. 종교 학자와 바리새인들은 혹시나 안식일 위반으로 예수를 잡을까 하여, 그 사람을 고쳐 주나 보려고 그분을 주시했다. 예수께서 그들의 속셈을 아시고 손이 오그라든 사람에게 말씀하셨다. "일어나서 여기 우리 앞에 서거라." 그가 일어나 섰다.

9 예수께서 그들에게 말씀하셨다. "너희에게 묻겠다. 어떤 행동이 안식일에 가장 합당하냐? 선을 행하는 것이냐, 악을 행하는 것이냐? 사람을 돕는 것이냐, 무력한 상태로 버려두는 것이냐?"

10-11 예수께서 그들을 둘러보시며, 각 사람의 눈을 쳐다보셨다. 그러고는 그 사람에게 말씀하셨다. "네 손을 내밀어라." 그가 손을 내밀자, 그 손이 새 손과 같이 되었다! 그들은 화가 잔뜩 나서, 어떻게 하면 예수께 보복할 수 있을지를 모의하기 시작했다.

열두 사도를 임명하시다

12-16 그 즈음에 예수께서 기도하러 산에 올라가셔서, 밤새도록 하나님 앞에 기도하셨다. 이튿날 예수께서 제자들을 부르시고, 그들 가운데서 다음 열두 명을 정하셔서 사도로 임명하셨다.

예수께서 베드로라는 이름을 지어 주신 시몬
그의 동생 안드레
야고보
요한
빌립
바돌로매

In Charge of the Sabbath

6

1-2 On a certain Sabbath Jesus was walking through a field of ripe grain. His disciples were pulling off heads of grain, rubbing them in their hands to get rid of the chaff, and eating them. Some Pharisees said, "Why are you doing that, breaking a Sabbath rule?"

3-4 But Jesus stood up for them. "Have you never read what David and those with him did when they were hungry? How he entered the sanctuary and ate fresh bread off the altar, bread that no one but priests were allowed to eat? He also handed it out to his companions."

5 Then he said, "The Son of Man is no slave to the Sabbath; he's in charge."

6-8 On another Sabbath he went to the meeting place and taught. There was a man there with a crippled right hand. The religion scholars and Pharisees had their eye on Jesus to see if he would heal the man, hoping to catch him in a Sabbath infraction. He knew what they were up to and spoke to the man with the crippled hand: "Get up and stand here before us." He did.

9 Then Jesus addressed them, "Let me ask you something: What kind of action suits the Sabbath best? Doing good or doing evil? Helping people or leaving them helpless?"

10-11 He looked around, looked each one in the eye. He said to the man, "Hold out your hand." He held it out—it was as good as new! They were beside themselves with anger, and started plotting how they might get even with him.

The Twelve Apostles

12-16 At about that same time he climbed a mountain to pray. He was there all night in prayer before God. The next day he summoned his disciples; from them he selected twelve he designated as apostles:

Simon, whom he named Peter,
Andrew, his brother,
James,
John,
Philip,

마태
도마
알패오의 아들 야고보
열심당원이라 하는 시몬
야고보의 아들 유다
그분을 배반한 가룟 유다.

너희는 복이 있다

17-21 예수께서 그들과 함께 산에서 내려와 평지에 서시자, 제자들이 그분 주위에 둘러섰고, 곧 이어 유대와 예루살렘과 심지어 해안 지방인 두로와 시돈에서 온 큰 무리도 모여들었다. 그들은 그분께 말씀도 듣고 병도 고치려고 온 것이었다. 악한 귀신에 시달리던 사람들이 고침을 받았다. 모든 사람이 예수께 손을 대려고 했다. 예수에게서 아주 강한 능력이 나와서, 수많은 사람들이 나았기 때문이다! 예수께서 이렇게 말씀하셨다.

모든 것을 다 잃은 너희는 복이 있다.
그때에야 너희는 하나님 나라를 찾게 될 것이다.

굶주림에 지친 너희는 복이 있다.
그때에야 너희는 메시아의 음식을 먹을 준비가 된 것이다.

하염없이 눈물 흘리는 너희는 복이 있다.
아침이 되면 기쁨을 맞게 될 것이다.

22-23 "누군가 너희를 깎아내리거나 내쫓을 때마다, 누군가 내 평판을 떨어뜨리려고 너희 이름을 더럽히거나 비방할 때마다, 너희는 복을 받은 줄 알아라. 그들이 그렇게 하는 이유는, 진리가 너무 가까이 있어서 그들이 불편을 느끼기 때문이다. 그런 일이 일어날 때 너희는 기뻐해도 좋다. 아예 어린양처럼 뛰어놀아도 좋다! 그들은 싫어하겠지만, 나는 좋아하니 말이다! 온 천국이 박수를 보낼 것이다. 또한 너희만 그런 일을 당한 것이 아님을 알아라. 내 설교자와 증인들은 언제나 그런 대우를 받았다."

너희 삶을 거저 주어라

24 그러나 너희가 다 갖춘 줄로 생각하면 화가 있다.
너희 가진 것에서 더 얻을 것이 없을 것이다.

Bartholomew,
Matthew,
Thomas,
James, son of Alphaeus,
Simon, called the Zealot,
Judas, son of James,
Judas Iscariot, who betrayed him.

You're Blessed

17-21 Coming down off the mountain with them, he stood on a plain surrounded by disciples, and was soon joined by a huge congregation from all over Judea and Jerusalem, even from the seaside towns of Tyre and Sidon. They had come both to hear him and to be cured of their ailments. Those disturbed by evil spirits were healed. Everyone was trying to touch him—so much energy surging from him, so many people healed! Then he spoke:

You're blessed when you've lost it all.
God's kingdom is there for the finding.

You're blessed when you're ravenously hungry.
Then you're ready for the Messianic meal.

You're blessed when the tears flow freely.
Joy comes with the morning.

22-23 "Count yourself blessed every time someone cuts you down or throws you out, every time someone smears or blackens your name to discredit me. What it means is that the truth is too close for comfort and that that person is uncomfortable. You can be glad when that happens—skip like a lamb, if you like!—for even though they don't like it, I do... and all heaven applauds. And know that you are in good company; my preachers and witnesses have always been treated like this.

Give Away Your Life

24 But it's trouble ahead if you think you have it made.
What you have is all you'll ever get.

25 And it's trouble ahead if you're satisfied with

25 자기 자신으로 만족하면 화가 있다.
너희 자아는 오랜 만족을 주지 못할 것이다.

삶이 온통 재미와 놀이인 줄 알면 화가 있다.
고난이 기다리고 있고, 그 고난이 너희에게도
닥칠 것이다.

26 "다른 사람을 치켜세우는 말과 비위를 맞추는 행동으로, 사람에게 인정을 받으려고 하면 화가 있다. 사람의 인정을 받는다고 해서 진리의 편에 있는 것은 아니다. 얼마나 많은 악당 설교자들이 너희 조상의 인정을 받았는지 생각해 보아라! 너희가 할 일은, 진실하게 사는 것이지 인기를 얻는 것이 아니다.

27-30 진실을 맞아들일 준비가 된 너희에게 내가 말한다. 너희 원수를 사랑하여라. 원수가 어떻게 하든지, 너희는 최선의 모습을 보여라. 누가 너희를 힘들게 하거든, 그 사람을 위해 기도하여라. 누가 네 뺨을 치거든, 그 자리에 서서 맞아라. 누가 네 셔츠를 움켜쥐거든, 네 가장 좋은 외투까지 잘 포장해 선물로 주어라. 누가 너를 억울하게 이용하거든, 종의 삶을 연습하는 기회로 삼아라. 똑같이 갚아 주는 것은 이제 그만하여라. 너그럽게 살아라.

31-34 여기, 간단하고 유용한 행동 지침이 있다. 사람들이 너희에게 무엇을 해주면 좋겠는지 자문해 보아라. 그리고 너희가 먼저 그들에게 그것을 해 주어라. 너희가 사랑할 만한 사람만 사랑하면 칭찬을 바랄 수 있겠느냐? 그것은 죄인도 늘 하는 일이다. 너희가 너희를 돕는 사람만 돕는다면 상급을 바랄 수 있겠느냐? 그것은 죄인도 흔히 하는 일이다. 너희가 받을 것을 바라고 베푼다면 그것을 베풂이라 할 수 있겠느냐? 아주 인색한 전당포 주인도 그 정도는 한다.

35-36 내가 너희에게 말한다. 너희 원수를 사랑하여라. 보상을 바라지 말고 돕고 베풀어라. 내가 장담한다. 절대로 후회하는 일은 없을 것이다. 우리가 최악의 상태에 있을 때에도 하나님께서 우리를 향해 너그럽고 인자하신 것처럼, 너희도 하나님이 주신 너희 신분에 합당하게 살아라. 우리 아버지께서 친절하시니, 너희도 친절하여라.

37-38 사람들의 흠을 들추어내거나, 실패를 꼬집거나, 잘못을 비난하지 마라. 너희도 똑같은 대우를 받고 싶지 않거든 말이다. 의기소침해 있는 사람을 정죄하지 마라. 그 가혹한 태도는 부메랑이 되어 너희에게 되돌아올 것이다. 사람들을 너그럽게

yourself.
Your *self* will not satisfy you for long.

And it's trouble ahead if you think life's all fun
and games.
There's suffering to be met, and you're going to
meet it.

26 "There's trouble ahead when you live only for the approval of others, saying what flatters them, doing what indulges them. Popularity contests are not truth contests—look how many scoundrel preachers were approved by your ancestors! Your task is to be true, not popular.

27-30 "To you who are ready for the truth, I say this: Love your enemies. Let them bring out the best in you, not the worst. When someone gives you a hard time, respond with the energies of prayer for that person. If someone slaps you in the face, stand there and take it. If someone grabs your shirt, giftwrap your best coat and make a present of it. If someone takes unfair advantage of you, use the occasion to practice the servant life. No more tit-for-tat stuff. Live generously.

31-34 "Here is a simple rule of thumb for behavior: Ask yourself what you want people to do for you; then grab the initiative and do it for them! If you only love the lovable, do you expect a pat on the back? Run-of-the-mill sinners do that. If you only help those who help you, do you expect a medal? Garden-variety sinners do that. If you only give for what you hope to get out of it, do you think that's charity? The stingiest of pawnbrokers does that.

35-36 "I tell you, love your enemies. Help and give without expecting a return. You'll never—I promise—regret it. Live out this God-created identity the way our Father lives toward us, generously and graciously, even when we're at our worst. Our Father is kind; you be kind.

37-38 "Don't pick on people, jump on their failures, criticize their faults—unless, of course, you want the same treatment. Don't condemn those who are down; that hardness can boomerang. Be easy on people; you'll find life a lot easier. Give away

대하여라. 그러면 삶이 한결 여유로워질 것이다.
너희 삶을 거저 주어라. 그러면 삶을 돌려받게 될
것이다. 돌려받는 정도가 아니라 축복까지 덤으로
받게 될 것이다. 받는 것보다 주는 것이 더 낫다.
베풂은 베풂을 낳는다."
39-40 예수께서 속담을 들어 말씀하셨다. "'눈먼 사
람이 눈먼 사람을 인도할 수 있느냐?' 둘 다 구덩
이에 빠지지 않겠느냐? 제자가 스승을 가르칠 수
없는 법이다. 핵심은, 너희가 누구를 선생으로 모
시고 따를지 신중히 선택하라는 말이다.
41-42 네 이웃의 얼굴에 묻은 얼룩은 보면서, 자칫
네 얼굴의 추한 비웃음은 그냥 지나치기 쉽다. 네
얼굴이 멸시로 일그러져 있는데, 어떻게 뻔뻔스
럽게 '내가 네 얼굴을 씻어 주겠다'고 말하겠느냐?
이는 '내가 너보다 잘 안다'는 사고방식이며, 자기
몫을 살기보다는 남보다 거룩한 척 연기를 하는
것이다. 네 얼굴의 추한 비웃음부터 닦아 내라. 그
러면 네 이웃에게 수건을 건네줄 만한 사람이 될
지도 모른다."

말씀을 삶으로 실천하여라

43-45 "건강한 나무에서 벌레 먹은 사과를 딸 수 없
고, 병든 나무에서 좋은 사과를 딸 수 없다. 사과
의 건강을 보면 나무의 건강을 알 수 있다. 먼저
너희는 생명을 주는 삶에서부터 시작해야 한다.
중요한 것은, 너희 말과 행동이 아니라 너희 됨됨
이다. 참된 말과 행동은 너희의 참된 존재에서 흘
러넘치는 것이다.
46-47 너희는 내게 예의를 갖춰 '예, 선생님', '옳습
니다, 선생님' 하면서도, 어째서 내가 명하는 것은
하나도 행하지 않느냐? 내가 너희에게 하는 이 말
은, 너희 삶에 덧붙이는 장식이나 너희 생활수준
을 높여 주는 리모델링 같은 것이 아니다. 내 말은
주춧돌과도 같아서, 너희는 내 말 위에 인생을 지
어야 한다.
48-49 너희가 내 말을 너희 삶으로 실천하면, 너희
는 땅을 깊이 파서 반석 위에 집의 기초를 놓은 현
명한 목수와 같다. 강둑이 터져 강물이 들이쳐도
그 집은 꿈쩍도 하지 않는다. 오래가도록 지어진
집이기 때문이다. 그러나 너희가 내 말을 성경공
부 때만 사용하고 삶으로 실천하지 않으면, 너희
는 주춧돌을 생략하고 집을 지은 미련한 목수와
같다. 강물이 불어 집에 들이치자, 그 집은 맥없이
무너지고 말았다. 완전히 유실되고 말았다."

your life; you'll find life given back, but not merely
given back—given back with bonus and blessing.
Giving, not getting, is the way. Generosity begets
generosity."
39-40 He quoted a proverb: "'Can a blind man
guide a blind man?' Wouldn't they both end up
in the ditch? An apprentice doesn't lecture the
master. The point is to be careful who you follow
as your teacher.
41-42 "It's easy to see a smudge on your neighbor's
face and be oblivious to the ugly sneer on your
own. Do you have the nerve to say, 'Let me wash
your face for you,' when your own face is distort-
ed by contempt? It's this I-know-better-than-you
mentality again, playing a holier-than-thou part
instead of just living your own part. Wipe that
ugly sneer off your own face and you might be fit
to offer a washcloth to your neighbor.

Work the Words into Your Life

43-45 "You don't get wormy apples off a healthy
tree, nor good apples off a diseased tree. The
health of the apple tells the health of the tree.
You must begin with your own life-giving lives.
It's who you are, not what you say and do, that
counts. Your true being brims over into true
words and deeds.
46-47 "Why are you so polite with me, always
saying 'Yes, sir,' and 'That's right, sir,' but never
doing a thing I tell you? These words I speak
to you are not mere additions to your life,
homeowner improvements to your standard of
living. They are foundation words, words to build
a life on.
48-49 "If you work the words into your life, you
are like a smart carpenter who dug deep and laid
the foundation of his house on bedrock. When
the river burst its banks and crashed against
the house, nothing could shake it; it was built to
last. But if you just use my words in Bible studies
and don't work them into your life, you are like
a dumb carpenter who built a house but skipped
the foundation. When the swollen river came
crashing in, it collapsed like a house of cards. It
was a total loss."

자기 백성의 필요를 돌보아 주신다!

7 1-5 예수께서 사람들에게 말씀을 마치시고, 가버나움으로 가셨다. 그곳에 있는 어떤 로마군 지휘관의 종이 죽어가고 있었다. 지휘관은 그 종을 무척 귀히 여겼으므로 그를 잃고 싶지 않았다. 예수께서 돌아오셨다는 말을 들은 지휘관은, 유대인 공동체 지도자들을 예수께 보내어, 오셔서 자기 종을 고쳐 달라고 청했다. 그들은 예수께 가서 그렇게 해주실 것을 간절히 구했다. "이 사람은 선생님께서 요청을 들어주셔도 좋은 사람입니다. 그는 우리 민족을 사랑하여 우리에게 회당까지 지어 주었습니다."

6-8 예수께서 그들과 함께 가셨다. 그 집에 도착하려면 아직 한참을 더 가야 하는데, 지휘관이 보낸 친구들이 와서 예수께 말을 전했다. "주님, 이렇게 수고하실 것 없습니다. 주님이 아시듯이, 저는 그리 선한 사람이 못됩니다. 주님이 저희 집에 오시면 제가 당황스럽고, 제가 주님 앞에 직접 나서기도 그렇습니다. 그저 명령만 내리시면 저의 종이 낫겠습니다. 저도 명령을 받기도 하고 내리기도 하는 사람입니다. 제가 한 병사에게 '가라'고 하면 가고, 다른 병사에게 '오라'고 하면 옵니다. 그리고 저의 종에게 '이것을 하라'고 하면 합니다."

9-10 예수께서 크게 놀라시며, 동행한 무리에게 말씀하셨다. "하나님을 알고 그분이 일하시는 방식을 훤히 알아야 마땅한 이스라엘 백성 중에서도, 이렇게 단순한 믿음은 아직 보지 못했다." 말을 전하러 온 사람들이 집에 돌아가 보니, 종이 다 나아 있었다.

11-15 얼마 후에, 예수께서 나인이라는 마을로 가셨다. 제자들과 꽤 많은 무리가 그분과 함께 있었다. 그들이 마을 어귀에 다다랐을 때 장례 행렬과 마주쳤다. 한 여자의 외아들을 묻으러 가는 행렬이었다. 죽은 아들의 어머니는 과부였다. 예수께서 그 여자를 보시고 가슴이 미어지셨다. 예수께서 그 여자에게 "울지 마라" 하고 말씀하셨다. 그러고는 가까이 다가가 관에 손을 대자, 관을 메고 가던 사람들이 걸음을 멈췄다. 예수께서 말씀하셨다. "청년아, 내가 네게 말한다. 일어나라." 그러자 죽었던 아들이 일어나 앉아 말을 하기 시작했다. 예수께서 그 아들을 어머니에게 돌려주셨다.

16-17 모든 사람은 자신들이 지금 거룩한 신비의 자리에 있으며, 하나님께서 그들 가운데서 일하고 계심을 깨닫고는 조용히 경배했다. 그러고는 떠들썩하게 감사하며, 서로 큰소리로 외쳤다. "하나님이

A Place of Holy Mystery

7 1-5 When he finished speaking to the people, he entered Capernaum. A Roman captain there had a servant who was on his deathbed. He prized him highly and didn't want to lose him. When he heard Jesus was back, he sent leaders from the Jewish community asking him to come and heal his servant. They came to Jesus and urged him to do it, saying, "He deserves this. He loves our people. He even built our meeting place."

6-8 Jesus went with them. When he was still quite far from the house, the captain sent friends to tell him, "Master, you don't have to go to all this trouble. I'm not that good a person, you know. I'd be embarrassed for you to come to my house, even embarrassed to come to you in person. Just give the order and my servant will get well. I'm a man under orders; I also give orders. I tell one soldier, 'Go,' and he goes; another, 'Come,' and he comes; my slave, 'Do this,' and he does it."

9-10 Taken aback, Jesus addressed the accompanying crowd: "I've yet to come across this kind of simple trust anywhere in Israel, the very people who are supposed to know about God and how he works." When the messengers got back home, they found the servant up and well.

11-15 Not long after that, Jesus went to the village Nain. His disciples were with him, along with quite a large crowd. As they approached the village gate, they met a funeral procession—a woman's only son was being carried out for burial. And the mother was a widow. When Jesus saw her, his heart broke. He said to her, "Don't cry." Then he went over and touched the coffin. The pallbearers stopped. He said, "Young man, I tell you: Get up." The dead son sat up and began talking. Jesus presented him to his mother.

16-17 They all realized they were in a place of holy mystery, that God was at work among them. They were quietly worshipful—and then noisily grateful, calling out among themselves, "God is back, looking to the needs of his people!" The news of Jesus spread all through the country.

돌아오셔서, 자기 백성의 필요를 돌보아 주신다!"
예수의 소문이 온 지역에 두루 퍼졌다.

세례자 요한

18-19 요한의 제자들이 이 모든 일을 요한에게 알렸
다. 요한은 제자 가운데 두 사람을 주님께 보내어
물었다. "우리가 기다려 온 분이 선생님이십니까,
아니면 아직도 기다려야 합니까?"
20 두 사람이 예수 앞에 와서 말했다. "세례자 요한
이 우리를 선생님께 보내어 '우리가 기다려 온 분이
선생님이십니까, 아니면 아직도 기다려야 합니까?'
하고 물어보라고 했습니다."
21-23 예수께서는 몇 시간에 걸쳐, 질병과 고통과 악
한 귀신으로 시달리는 많은 사람들을 고쳐 주시고,
눈먼 많은 사람들의 눈을 뜨게 해주셨다. "가서 방
금 너희가 보고 들은 것을 요한에게 알려라.

눈먼 사람이 보고
저는 사람이 걷고
나병환자가 깨끗해지고
귀먹은 사람이 듣고
죽은 사람이 살아나며,
이 땅의 불쌍한 사람들에게
하나님의 환대와 구원이 베풀어지고 있다.

이것이 너희가 기대하던 것이냐? 그렇다면 너희야
말로 복된 줄 알아라!"
24-27 요한이 보낸 사람들이 떠나자, 예수께서 요한
에 대해 무리에게 더 말씀하셨다. "그를 보러 광야
로 나갈 때에 너희는 무엇을 기대했더냐? 주말을
쉬러 나온 사람이더냐? 아닐 것이다. 그럼 무엇이
냐? 멋진 양복을 차려입은 교주더냐? 광야에서는
어림도 없다. 그럼 무엇이냐? 하나님의 메시지를
전하는 사람이냐? 맞다, 하나님의 심부름꾼이다!
너희 평생에 최고의 하나님 심부름꾼일 것이다. 그
는 예언자 말라기가 말한 그 심부름꾼이다.

내가 내 심부름꾼을 앞서 보내어
네 길을 평탄하게 만들 것이다.

28-30 내가 너희에게 최대한 알기 쉽게 설명하겠다.
역사상 어느 누구도 세례자 요한보다 나은 사람은
없다. 그러나 그가 너희에게 준비시킨 천국에서는
가장 낮은 사람이라도 요한보다 앞선다. 요한의 말
을 듣고 그에게 세례를 받아, 천국에 들어온 평범

Is This What You Were Expecting?

18-19 John's disciples reported back to him the
news of all these events taking place. He sent two
of them to the Master to ask the question, "Are
you the One we've been expecting, or are we still
waiting?"
20 The men showed up before Jesus and said,
"John the Baptizer sent us to ask you, 'Are you
the One we've been expecting, or are we still
waiting?'"
21-23 In the next two or three hours Jesus healed
many from diseases, distress, and evil spirits. To
many of the blind he gave the gift of sight. Then
he gave his answer: "Go back and tell John what
you have just seen and heard:

The blind see,
The lame walk,
Lepers are cleansed,
The deaf hear,
The dead are raised,
The wretched of the earth
have God's salvation hospitality extended to them.

"Is this what you were expecting? Then count
yourselves fortunate!"
24-27 After John's messengers left to make their
report, Jesus said more about John to the crowd
of people. "What did you expect when you went
out to see him in the wild? A weekend camper?
Hardly. What then? A sheik in silk pajamas? Not
in the wilderness, not by a long shot. What then?
A messenger from God? That's right, a messen-
ger! Probably the greatest messenger you'll ever
hear. He is the messenger Malachi announced
when he wrote,

I'm sending my messenger on ahead
To make the road smooth for you.

28-30 "Let me lay it out for you as plainly as I can:
No one in history surpasses John the Baptizer,
but in the kingdom he prepared you for, the
lowliest person is ahead of him. The ordinary

하고 평판이 좋지 않은 사람들이 가장 분명한 증거다. 바리새인과 종교 관리들은 그런 세례를 거들떠보지도 않았고, 자기보다 못한 사람들에게 자기 자리를 내줄 마음도 없었다.

31-35 이 세대 사람들을 어떻게 설명할 수 있을까? 그들은 '우리는 더 놀고 이야기하고 싶은데 엄마 아빠는 늘 피곤하고 바쁘다고 해요' 하고 불평을 늘어놓는 아이와 같다. 세례자 요한이 와서 금식하니 너희는 그가 미쳤다고 했다. 인자가 와서 실컷 먹으니 너희는 인자가 술고래라고 했다. 본래 여론조사는 믿을 만한 것이 못되지 않더냐? 음식 맛은 먹어 보아야 안다."

그분 발에 향유를 바른 여인

36-39 바리새인 가운데 한 사람이 예수를 식사에 초대했다. 예수께서 그 바리새인의 집에 가셔서 저녁식탁에 앉으셨다. 마침 그 동네에 창녀인 한 여자가 있었는데, 예수께서 바리새인의 집에 손님으로 와 계신다는 소식을 듣고는, 아주 값비싼 향유 한 병을 가지고 왔다. 그 여자는 그분의 발치에 서서 울며, 그분 발에 눈물을 쏟았다. 그리고 자기 머리카락을 풀어 그분의 발을 닦고, 그 발에 입을 맞추고 향유를 발랐다. 예수를 초대한 바리새인이 그것을 보고는, "이 사람이 만일 내가 생각한 대로 예언자라면, 자기의 비위를 맞추는 이 여자가 어떤 부류인지 알았을 텐데" 하고 혼잣말을 했다.

40 예수께서 그에게 말씀하셨다. "시몬아, 내가 너에게 할 말이 있다."

"말씀하십시오."

41-42 "두 사람이 은행가한테 빚을 졌다. 한 사람은 은화 오백을 빚졌고, 다른 한 사람은 오십을 빚졌다. 그런데 두 사람 다 갚을 수 없는 처지인 것을 알고는, 은행가가 두 사람의 빚을 없는 것으로 해주었다. 그렇다면 두 사람 중에 누가 더 감사하겠느냐?"

43-47 시몬이 대답했다. "그야 더 많이 탕감받은 사람이겠지요."

"맞다." 예수께서 말씀하셨다. 그리고 여자 쪽을 바라보시며 계속해서 시몬에게 말씀하셨다. "이 *여자가 보이느냐? 내가 네 집에 왔을 때* 너는 내게 발 씻을 물도 내주지 않았으나, 이 여자는 내 발에 눈물을 쏟고 자기 머리카락으로 닦았다. 너는 내게 인사도 하지 않았으나, 이 여자는 내가 도착한 때부터 내 발에 입 맞추기를 그치지 않았

and disreputable people who heard John, by being baptized by him into the kingdom, are the clearest evidence; the Pharisees and religious officials would have nothing to do with such a baptism, wouldn't think of giving up their place in line to their inferiors.

31-35 "How can I account for the people of this generation? They're like spoiled children complaining to their parents, 'We wanted to skip rope and you were always too tired; we wanted to talk but you were always too busy.' John the Baptizer came fasting and you called him crazy. The Son of Man came feasting and you called him a lush. Opinion polls don't count for much, do they? The proof of the pudding is in the eating."

Anointing His Feet

36-39 One of the Pharisees asked him over for a meal. He went to the Pharisee's house and sat down at the dinner table. Just then a woman of the village, the town harlot, having learned that Jesus was a guest in the home of the Pharisee, came with a bottle of very expensive perfume and stood at his feet, weeping, raining tears on his feet. Letting down her hair, she dried his feet, kissed them, and anointed them with the perfume. When the Pharisee who had invited him saw this, he said to himself, "If this man was the prophet I thought he was, he would have known what kind of woman this is who is falling all over him."

40 Jesus said to him, "Simon, I have something to tell you."

"Oh? Tell me."

41-42 "Two men were in debt to a banker. One owed five hundred silver pieces, the other fifty. Neither of them could pay up, and so the banker canceled both debts. Which of the two would be more grateful?"

43-47 Simon answered, "I suppose the one who was forgiven the most."

"That's right," said Jesus. Then turning to the woman, but speaking to Simon, he said, "Do you see this woman? I came to your home; you provided no water for my feet, but she rained tears on my feet and dried them with her hair. You gave me no greeting, but from the time I arrived she hasn't quit

다. 너는 기분을 상쾌하게 할 만한 것 하나 내놓
지 않았으나, 이 여자는 향유로 내 발의 피로를
덜어 주었다. 감동적이지 않느냐? 이 여자는 아
주 많은 죄를 용서받았다. 그래서 많이 감사한 것
이다. 용서가 적으면 감사도 적은 법이다."
48 그러고 나서 예수께서 여자에게 말씀하셨다.
"내가 네 죄를 용서한다."
49 그러자 식탁에 있던 손님들이 그분이 듣지 않
는 데서 말했다. "자기가 누구라고 죄를 용서한단
말인가!"
50 예수께서 그들을 무시하고 여자에게 말씀하셨
다. "네 믿음이 너를 구원했다. 평안히 가거라."

8 1-3 예수께서 계획하신 대로, 마을마다 다
니시며 하나님 나라를 전하시고, 메시지
를 퍼뜨리셨다. 열두 제자가 그분과 함께했다.
일행 중에는 여러 악한 귀신의 괴롭힘과 질병에
서 나은 여자들도 있었다. 일곱 귀신이 나간 막달
라라 하는 마리아와 헤롯의 관리인 구사의 아내
요안나와 수산나가 있었고, 그 외에도 많은 여자
들이 자신들의 재물을 넉넉히 들여서 일행을 섬
겼다.

씨 뿌리는 농부 이야기

4-8 그들이 이 마을 저 마을을 다니는데, 많은 사
람들이 합류해서 함께 다녔다. 예수께서 그들에
게 이 이야기로 말씀하셨다. "농부가 밖에 나가서
씨를 뿌렸다. 더러는 길 위에 떨어져서, 발에 밟
히고 새들이 먹어 버렸다. 다른 씨는 자갈밭에 떨
어져서, 싹이 났으나 뿌리가 튼튼하지 못해 이내
시들어 버렸다. 다른 씨는 잡초밭에 떨어져서, 씨
와 함께 잡초가 자라 싹을 짓눌러 버렸다. 다른
씨는 비옥한 땅에 떨어져서, 풍작을 이루었다.
너희는 듣고 있느냐? 정말로 듣고 있느냐?"
9 제자들이 물었다. "왜 이 이야기를 말씀해 주셨
습니까?"
10 예수께서 말씀하셨다. "너희에게는 하나님 나
라를 아는 깨달음이 주어졌다. 너희는 하나님 나
라가 어떻게 되어 가는지 안다. 다른 사람들에게
는 이야기가 필요하다. 그러나 그들 가운데 일부
는 이야기를 듣고도 깨닫지 못할 것이다.

그들은 눈을 떴으나 하나도 보지 못하고
귀가 열렸으나 하나도 듣지 못한다.

kissing my feet. You provided nothing for freshen-
ing up, but she has soothed my feet with perfume.
Impressive, isn't it? She was forgiven many, many
sins, and so she is very, very grateful. If the forgive-
ness is minimal, the gratitude is minimal."
48 Then he spoke to her: "I forgive your sins."
49 That set the dinner guests talking behind his
back: "Who does he think he is, forgiving sins!"
50 He ignored them and said to the woman, "Your
faith has saved you. Go in peace."

8 1-3 He continued according to plan, traveled
to town after town, village after village,
preaching God's kingdom, spreading the Message.
The Twelve were with him. There were also some
women in their company who had been healed
of various evil afflictions and illnesses: Mary, the
one called Magdalene, from whom seven demons
had gone out; Joanna, wife of Chuza, Herod's
manager; and Susanna—along with many others
who used their considerable means to provide for
the company.

The Story of the Seeds

4-8 As they went from town to town, a lot of people
joined in and traveled along. He addressed them,
using this story: "A farmer went out to sow his
seed. Some of it fell on the road; it was tramped
down and the birds ate it. Other seed fell in the
gravel; it sprouted, but withered because it didn't
have good roots. Other seed fell in the weeds; the
weeds grew with it and strangled it. Other seed fell
in rich earth and produced a bumper crop.
"Are you listening to this? Really listening?"
9 His disciples asked, "Why did you tell this story?"
10 He said, "You've been given insight into God's
kingdom—you know how it works. There are
others who need stories. But even with stories
some of them aren't going to get it:

Their eyes are open but don't see a thing,
Their ears are open but don't hear a thing.

11-12 "This story is about some of those people. The

11-12 이 이야기는 그런 사람들 가운데 일부에 관한 것이다. 씨는 하나님의 말씀이다. 길 위에 떨어진 씨는, 말씀을 듣지만 듣자마자 마귀가 그 말씀을 낚아채 가서, 믿어 구원을 얻지 못하는 사람이다.

13 자갈밭에 떨어진 씨는, 열성적으로 듣지만 그 열성에 깊이가 없는 사람이다. 그 열성은 또 한 번의 유행일 뿐, 어려움이 닥치는 순간에 사라져 버린다.

14 잡초밭에 떨어진 씨는, 말씀을 듣지만 세상 사는 일로 내일을 염려하면서 돈 벌고 즐기느라, 씨가 자리 잡지 못해 아무 소득이 없는 사람이다.

15 그러나 좋은 땅에 떨어진 씨는, 무슨 일이 있어도 말씀을 붙잡고 견디면서, 추수 때까지 변치 않는 선한 마음을 가진 사람이다."

들은 것을 전하지 않는 인색한 사람

16-18 "등불을 켜서 통으로 덮어 두거나 침대 밑에 두는 사람은 아무도 없다. 오히려 단 위에 올려 두어, 방에 들어오는 사람들이 앞을 볼 수 있도록 한다. 우리는 비밀을 감추어 두지 않고, 오히려 말할 것이다. 숨기지 않고, 오히려 모든 것을 밝히 드러낼 것이다. 그러니 너희는 들은 것을 전하지 않는 인색한 사람이 되지 않도록 조심하여라. 베풂은 베풂을 낳는다. 인색하면 가난해진다."

19-20 예수의 어머니와 형제들이 왔으나 무리 때문에 그분께 가까이 갈 수 없었다. 그분께 전갈이 왔다. "선생님의 어머니와 형제들이 선생님을 만나려고 밖에 서 있습니다."

21 예수께서 대답하셨다. "하나님의 말씀을 듣고 행하는 사람이 나의 어머니요 나의 형제다. 순종이 피보다 진하다."

22-24 하루는 예수와 제자들이 배에 올랐다. 예수께서 "호수를 건너가자"고 말씀하셨고, 그들은 떠났다. 항해는 순탄했다. 예수께서는 잠이 드셨다. 그런데 갑자기 호수에 사나운 풍랑이 몰아쳤다. 물이 들이쳐서 배가 뒤집힐 지경이었다. 제자들이 예수를 깨웠다. "주님, 주님, 우리가 빠져 죽겠습니다!"
예수께서 일어나셔서, 바람에게 "잠잠하여라!" 하시고, 파도에게 "잔잔하여라!" 명령하셨다. 그러자 호수가 이전처럼 고요해졌다.

25 예수께서 제자들에게 말씀하셨다. "왜 나를

seed is the Word of God. The seeds on the road are those who hear the Word, but no sooner do they hear it than the Devil snatches it from them so they won't believe and be saved.

13 "The seeds in the gravel are those who hear with enthusiasm, but the enthusiasm doesn't go very deep. It's only another fad, and the moment there's trouble it's gone.

14 "And the seed that fell in the weeds—well, these are the ones who hear, but then the seed is crowded out and nothing comes of it as they go about their lives worrying about tomorrow, making money, and having fun.

15 "But the seed in the good earth—these are the good-hearts who seize the Word and hold on no matter what, sticking with it until there's a harvest.

Misers of What You Hear

16-18 "No one lights a lamp and then covers it with a washtub or shoves it under the bed. No, you set it up on a lamp stand so those who enter the room can see their way. We're not keeping secrets; we're telling them. We're not hiding things; we're bringing *everything* out into the open. So be careful that you don't become misers of what you hear. Generosity begets generosity. Stinginess impoverishes."

19-20 His mother and brothers showed up but couldn't get through to him because of the crowd. He was given the message, "Your mother and brothers are standing outside wanting to see you."

21 He replied, "My mother and brothers are the ones who hear and do God's Word. Obedience is thicker than blood."

22-24 One day he and his disciples got in a boat. "Let's cross the lake," he said. And off they went. It was smooth sailing, and he fell asleep. A terrific storm came up suddenly on the lake. Water poured in, and they were about to capsize. They woke Jesus: "Master, Master, we're going to drown!"
Getting to his feet, he told the wind, "Silence!" and the waves, "Quiet down!" They did it. The lake became smooth as glass.

25 Then he said to his disciples, "Why can't you trust me?"
They were in absolute awe, staggered and stammer-

신뢰하지 못하느냐?"

그들은 너무도 두려워서 어찌할 바를 모른 채, 겨우 입을 열었다. "도대체 이분은 누구신가? 이분의 명령에 바람과 파도도 복종하다니!"

거라사의 귀신 들린 사람

26-29 그들은 배를 타고 갈릴리 바로 맞은편에 있는 거라사 사람들의 지방으로 갔다. 예수께서 뭍에 내리시자, 그 동네 사람 하나가 그분과 마주쳤다. 그는 귀신들에게 피해를 당하며 살아왔는데, 오랫동안 옷도 입지 않고 집을 떠나 묘지에서 살았다. 그가 예수를 보더니 소리를 지르고, 그분 앞에 엎드려 고함쳤다. "무슨 일로 내게 간섭합니까? 지극히 높으신 하나님의 아들 예수여, 제발 나를 괴롭게 하지 마십시오!" (그 사람이 이렇게 말한 것은, 예수께서 이미 더러운 귀신에게 그 사람한테서 나오라고 명령하셨기 때문이었다.) 귀신이 여러 번 그 사람에게 경련을 일으키게 했기 때문에, 사람들이 그를 사슬과 족쇄에 채워 늘 감시했지만, 귀신 때문에 미칠 때면 그는 그 결박을 끊어 버리곤 했다.

30-31 예수께서 그에게 물으셨다. "네 이름이 무엇이냐?"

"패거리입니다. 내 이름은 패거리입니다." 그가 이렇게 말한 것은, 그가 많은 귀신들에 들렸기 때문이었다. 귀신들은 자기들을 지옥으로 보내지 말아 달라고 예수께 애원했다.

32-33 마침 근처 언덕에서 큰 돼지 떼가 땅을 파헤치며 먹을 것을 찾고 있었다. 귀신들은 자기들을 돼지들 속으로 들어가게 해달라고 예수께 애걸했다. 예수께서 그렇게 하라고 말씀하셨다. 그러나 돼지 떼의 형편은 그 사람의 형편보다 더 나빠졌다. 돼지들이 미쳐서 벼랑으로 우르르 몰려가더니, 호수에 빠져 죽은 것이다.

34-36 돼지를 치던 사람들이 혼비백산하여 도망쳐서, 시내와 마을에 그 이야기를 전했다. 사람들이 어찌 된 일인지 보려고 나왔다. 그들이 예수께 다가와서 보니, 귀신 들렸던 사내가 단정한 옷차림과 멀쩡한 정신으로 예수의 발 앞에 앉아 있었다. 거룩한 순간이었다. 잠시지만 그들에게 호기심보다 경외심이 앞섰다. 그때, 그 일을 처음부터 목격한 사람들이 귀신 들린 사람이 어떻게 구원받았는지 이야기해 주었다.

37-39 그 후에, 거라사 지방에서 온 많은 사람들이 예수께 그곳을 떠나 달라고 요청했다. 그들

ing, "Who is this, anyway? He calls out to the winds and sea, and they do what he tells them!"

The Madman and the Pigs

26-29 They sailed on to the country of the Gerasenes, directly opposite Galilee. As he stepped out onto land, a madman from town met him; he was a victim of demons. He hadn't worn clothes for a long time, nor lived at home; he lived in the cemetery. When he saw Jesus he screamed, fell before him, and bellowed, "What business do you have messing with me? You're Jesus, Son of the High God, but don't give me a hard time!" (The man said this because Jesus had started to order the unclean spirit out of him.) Time after time the demon threw the man into convulsions. He had been placed under constant guard and tied with chains and shackles, but crazed and driven wild by the demon, he would shatter the bonds.

30-31 Jesus asked him, "What is your name?"

"Mob. My name is Mob," he said, because many demons afflicted him. And they begged Jesus desperately not to order them to the bottomless pit.

32-33 A large herd of pigs was browsing and rooting on a nearby hill. The demons begged Jesus to order them into the pigs. He gave the order. It was even worse for the pigs than for the man. Crazed, they stampeded over a cliff into the lake and drowned.

34-36 Those tending the pigs, scared to death, bolted and told their story in town and country. People went out to see what had happened. They came to Jesus and found the man from whom the demons had been sent, sitting there at Jesus' feet, wearing decent clothes and making sense. It was a holy moment, and for a short time they were more reverent than curious. Then those who had seen it happen told how the demoniac had been saved.

37-39 Later, a great many people from the Gerasene countryside got together and asked Jesus to leave—too much change, too fast, and they were scared. So Jesus got back in the boat and set off. The man whom he had delivered from the demons asked to go with him, but he sent him back, saying, "Go home and tell everything God did in you." So he went back and preached all over town everything

은 너무 엄청나고 갑작스러운 변화가 두려웠기 때문이
다. 예수께서는 다시 배를 타고 떠나셨다. 귀신한테 놓
인 사람이 자기도 함께 가게 해달라고 간청했으나, 예
수께서는 그를 돌려보내며 말씀하셨다. "집으로 가서,
하나님께서 네게 행하신 일을 전부 말하여라." 그는 돌
아가서, 예수께서 자기에게 행하신 모든 일을 온 동네
에 전했다.

믿음의 모험

40-42 예수께서 오시자, 무리가 그분을 반겼다. 그들 모
두가 거기서 예수를 기다리고 있었다. 그때 야이로라
는 사람이 예수께 다가왔다. 회당장인 그는, 예수의 발
앞에 엎드려 자기 집에 가 주시기를 애원했다. 열두 살
난 그의 외동딸이 죽어가고 있었기 때문이다. 예수께
서 밀고 당기는 무리를 헤치며 그와 함께 가셨다.
43-45 그날 무리 가운데 십이 년 동안 혈루증으로 고생
한 여자가 있었다. 그 여자는 가지고 있던 돈을 의사한
테 전부 썼으나 어느 누구도 그녀에게 도움이 되지 못
했다. 여자는 뒤에서 슬그머니 다가가 예수의 옷자락
을 만졌다. 그 순간에 출혈이 멈추었다. 예수께서 말씀
하셨다. "누가 내게 손을 대었느냐?"
아무도 나서지 않자, 베드로가 말했다. "주님, 수많은
사람들이 우리를 에워싸고 있습니다. 손을 댄 사람이
수십 명은 될 것입니다!"
46 예수께서는 그냥 지나치지 않으셨다. "내게 손을 댄
사람이 있다. 내게서 능력이 빠져나간 것을 내가 안다."
47 더 이상 숨길 수 없게 된 여자는, 떨며 그분 앞에 무
릎을 꿇었다. 여자는 자신이 왜 그분께 손을 댔으며,
그 순간 어떻게 병이 나았는지 사람들이 다 보는 앞에
서 털어놓았다.
48 예수께서 말씀하셨다. "딸아, 너는 나를 신뢰하는 믿
음의 모험을 했고, 이제 다 나아서 온전해졌다. 잘 살
아라. 복되게 살아라!"
49 예수께서 아직 말씀하시는 중에, 회당장의 집에서
사람이 와서 회당장에게 말했다. "따님이 죽었습니다.
이제 선생님을 괴롭게 해드릴 일이 없습니다."
50-51 예수께서 그 말을 들으시고 말씀하셨다. "당황하
지 마라. 나만 신뢰하여라. 그러면 다 잘될 것이다." 집
으로 들어가며, 예수께서는 베드로와 요한과 야고보
그리고 아이의 부모 외에는 아무도 들어오지 못하게
하셨다.
52-53 사람들이 모두 아이 때문에 울며불며 슬퍼하고 있
었다. 예수께서 말씀하셨다. "울지 마라. 이 아이는 죽
은 것이 아니라 자고 있다." 사람들은 아이가 죽은 것
을 알고 있었으므로, 그분을 비웃었다.

Jesus had done in him.

His Touch

40-42 On his return, Jesus was welcomed by a
crowd. They were all there expecting him. A
man came up, Jairus by name. He was presi-
dent of the meeting place. He fell at Jesus' feet
and begged him to come to his home because
his twelve-year-old daughter, his only child,
was dying. Jesus went with him, making his
way through the pushing, jostling crowd.
43-45 In the crowd that day there was a woman
who for twelve years had been afflicted with
hemorrhages. She had spent every penny she
had on doctors but not one had been able
to help her. She slipped in from behind and
touched the edge of Jesus' robe. At that very
moment her hemorrhaging stopped. Jesus
said, "Who touched me?"
When no one stepped forward, Peter said,
"But Master, we've got crowds of people on
our hands. Dozens have touched you."
46 Jesus insisted, "Someone touched me. I felt
power discharging from me."
47 When the woman realized that she couldn't
remain hidden, she knelt trembling before
him. In front of all the people, she blurted out
her story–why she touched him and how at
that same moment she was healed.
48 Jesus said, "Daughter, you took a risk
trusting me, and now you're healed and
whole. Live well, live blessed!"
49 While he was still talking, someone from
the leader's house came up and told him,
"Your daughter died. No need now to bother
the Teacher."
50-51 Jesus overheard and said, "Don't be
upset. Just trust me and everything will be
all right." Going into the house, he wouldn't
let anyone enter with him except Peter, John,
James, and the child's parents.
52-53 Everyone was crying and carrying on
over her. Jesus said, "Don't cry. She didn't
die; she's sleeping." They laughed at him.
They knew she was dead.

54-56 예수께서 아이의 손을 붙잡고 외치셨다. "내 사랑
하는 아이야, 일어나라." 아이는 곧바로 일어나서, 다
시 숨을 쉬었다! 예수께서 아이에게 먹을 것을 주라
고 말씀하셨다. 아이의 부모는 기뻐서 어쩔 줄 몰라했
다. 예수께서는 이 일을 알리지 말라고 그들에게 엄히
명하셨다. "이 방에서 일어난 일을 아무에게도 말하지
마라."

열두 제자를 파송하시다

9 1-5 예수께서 열두 제자를 부르셔서, 그들에게
모든 귀신을 다루고 병을 고치는 권세와 능력
을 주셨다. 예수께서 하나님 나라의 소식을 전하고 병
자를 고치는 일을 제자들에게 맡기셨다. 예수께서 말
씀하셨다. "잔뜩 준비하지 마라. 간소하게 하여라. 너
희 자신을 준비하여라. 고급 여관도 안된다. 적당한
곳을 찾아가 떠날 때까지 그곳으로 만족하여라. 사람
들이 너희를 맞아들이지 않거든, 그 마을을 떠나거라.
소란 피울 것 없다. 무시해 버리고 너희의 길을 가면
된다."
6 제자들은 위임을 받고서 길을 나섰다. 그들은 이 마
을 저 마을로 다니면서 하나님의 최신 소식, 곧 메시지
를 전했고, 가는 곳마다 사람들을 고쳐 주었다.
7-9 통치자 헤롯은, 이런 일들이 진행된다는 이야기를
듣고서 어떻게 받아들여야 할지 몰랐다. 요한이 죽은
자들 가운데서 살아났다고 말하는 사람들도 있고, 엘
리야가 나타났다고 말하는 사람들도 있고, 또 옛 예언
자가 출현했다고 말하는 사람들도 있었다. 헤롯은 말
했다. "하지만 요한은 내가 목을 베어 죽였다. 그런데
계속해서 내 귀에 이야기가 들려오는 이 사람은 누구
냐?" 궁금한 마음에 헤롯은 예수가 활동하는 모습을
볼 기회를 노렸다.
10-11 사도들이 돌아와서 자기들이 한 일을 보고했다.
예수께서는 그들만 따로 데리고 벳새다라 하는 마을
근처로 가셨다. 그러나 무리가 눈치를 채고 따라왔다.
예수께서는 그들을 너그럽게 맞아 주셨고, 하나님 나
라에 대해 말씀해 주셨다. 또한 치유가 필요한 사람들
을 고쳐 주셨다.

너희가 먹을 것을 주어라

12 날이 저물자, 열두 제자가 말했다. "무리를 보내서,
근처 농가나 마을에서 하룻밤 묵을 곳과 먹을 것을 구
하게 해야겠습니다. 여기는 인적 없는 외딴 곳입니다."
13-14 "너희가 그들에게 먹을 것을 주어라." 예수께서 말
씀하셨다.
제자들이 말했다. "우리에게 있는 것을 다 긁어모았지

54-56 Then Jesus, gripping her hand, called,
"My dear child, get up." She was up in an
instant, up and breathing again! He told them
to give her something to eat. Her parents
were ecstatic, but Jesus warned them to keep
quiet. "Don't tell a soul what happened in this
room."

Keep It Simple

9 1-5 Jesus now called the Twelve and
gave them authority and power to
deal with all the demons and cure diseases.
He commissioned them to preach the news
of God's kingdom and heal the sick. He said,
"Don't load yourselves up with equipment.
Keep it simple; you are the equipment. And
no luxury inns—get a modest place and be
content there until you leave. If you're not
welcomed, leave town. Don't make a scene.
Shrug your shoulders and move on."
6 Commissioned, they left. They traveled
from town to town telling the latest news of
God, the Message, and curing people every-
where they went.
7-9 Herod, the ruler, heard of these goings on
and didn't know what to think. There were
people saying John had come back from the
dead, others that Elijah had appeared, still
others that some prophet of long ago had
shown up. Herod said, "But I killed John—
took off his head. So who is this that I keep
hearing about?" Curious, he looked for a
chance to see him in action.
10-11 The apostles returned and reported on
what they had done. Jesus took them away,
off by themselves, near the town called
Bethsaida. But the crowds got wind of it and
followed. Jesus graciously welcomed them
and talked to them about the kingdom of
God. Those who needed healing, he healed.

Bread and Fish for Five Thousand

12 As the day declined, the Twelve said,
"Dismiss the crowd so they can go to the
farms or villages around here and get a room

만, 빵 다섯 개와 물고기 두 마리뿐입니다. 저희가
직접 읍내에 가서 모두가 먹을 만큼 음식을 사 오
지 않는 한, 그것이 전부입니다." (모인 사람의 수
가 오천 명이 넘었다.)
14-17 예수께서 곧바로 제자들에게 말씀하셨다.
"사람들을 오십여 명씩 무리 지어 앉게 하여라."
제자들은 말씀대로 했고, 곧 모두가 자리에 앉았
다. 예수께서 빵 다섯 개와 물고기 두 마리를 손에
들고 하늘을 우러러 감사기도를 드리고 축복하신
다음, 빵과 물고기를 떼어, 제자들에게 주시며 사
람들에게 나눠 주게 하셨다. 사람들이 모두 배불
리 먹고 나서 남은 것을 거두니 열두 바구니가 되
었다.

주님은 메시아이십니다

18 한번은 예수께서 따로 떨어져서 홀로 기도하시
는데, 제자들이 가까이에 있었다. 예수께서 물으
셨다. "무리가 나에 대해 뭐라고 말하더냐? 나를
누구라고 하더냐?"
19 제자들이 말했다. "세례자 요한이라고 합니다.
엘리야라고 하는 사람들도 있고, 옛 예언자 가운데
한 사람이 돌아왔다고 하는 사람들도 있습니다."
20-21 그러자 예수께서 물으셨다. "그러면 너희는
나를 누구라고 말하겠느냐? 내가 누구냐?"
베드로가 대답했다. "하나님의 메시아이십니다."
그러자 예수께서 그것을 비밀로 하라고 제자들에
게 경계하셨다. 베드로가 한 말을 아무에게도 이
야기하지 말라고 말씀하셨다.
22 예수께서 계속해서 말씀하셨다. "이제부터 인
자는 처참한 고난을 받고, 종교 지도자와 대제사
장과 종교 학자들에게 재판에서 유죄를 선고받아
죽임을 당하고, 사흘째 되는 날에 다시 살아나야
한다."
23-27 이어서 예수께서 그들에게 예상되는 일을 말
씀해 주셨다. "누구든지 나와 함께 가려면 내가 가
는 길을 따라야 한다. 결정은 내가 한다. 너희가
하는 것이 아니다. 고난을 피해 달아나지 말고, 오
히려 고난을 끌어안아라. 나를 따라오너라. 그러
면 내가 방법을 일러 주겠다. 자기 스스로 세우
려는 노력에는 아무 희망이 없다. 자기를 희생하
는 것이야말로 너희 자신, 곧 너희의 참된 자아를
찾는 길이며, 나의 길이다. 원하는 것을 다 얻고
도 참된 자기 자신을 잃으면 무슨 유익이 있겠느
냐? 너희 가운데 누구든지 나와 너희를 인도하는
내 방식을 부끄러워하면, 인자도 모든 영광에 싸

for the night and a bite to eat. We're out in the
middle of nowhere."
13-14 "You feed them," Jesus said.
They said, "We couldn't scrape up more than five
loaves of bread and a couple of fish—unless, of
course, you want us to go to town ourselves and
buy food for everybody." (There were more than
five thousand people in the crowd.)
14-17 But he went ahead and directed his disciples,
"Sit them down in groups of about fifty." They did
what he said, and soon had everyone seated. He
took the five loaves and two fish, lifted his face
to heaven in prayer, blessed, broke, and gave the
bread and fish to the disciples to hand out to the
crowd. After the people had all eaten their fill,
twelve baskets of leftovers were gathered up.

Don't Run from Suffering

18 One time when Jesus was off praying by
himself, his disciples nearby, he asked them,
"What are the crowds saying about me, about
who I am?"
19 They said, "John the Baptizer. Others say
Elijah. Still others say that one of the prophets
from long ago has come back."
20-21 He then asked, "And you—what are you
saying about me? Who am I?"
Peter answered, "The Messiah of God." Jesus
then warned them to keep it quiet. They were to
tell no one what Peter had said.
22 He went on, "It is necessary that the Son of
Man proceed to an ordeal of suffering, be tried
and found guilty by the religious leaders, high
priests, and religion scholars, be killed, and on
the third day be raised up alive."
23-27 Then he told them what they could expect for
themselves: "Anyone who intends to come with
me has to let me lead. You're not in the driver's
seat—I am. Don't run from suffering; embrace
it. Follow me and I'll show you how. Self-help is
no help at all. Self-sacrifice is the way, my way, to
finding yourself, your true self. What good would
it do to get everything you want and lose you, the
real you? If any of you is embarrassed with me
and the way I'm leading you, know that the Son of

여 아버지와 거룩한 천사들과 함께 올 때, 그를 더 부끄럽게 여길 줄로 알아라. 이것은 믿을 수 없는 훗날의 이야기가 아니다. 잘 알아 두어라. 여기 서 있는 사람들 가운데 그런 일이 일어나는 것을 볼 사람들도 있다. 그들은 자기 눈으로 하나님 나라를 볼 것이다."

영광 가운데 계신 예수

28-31 그 말씀을 하시고 여드레쯤 지나서, 예수께서 베드로와 요한과 야고보를 데리고 기도하러 산에 올라가셨다. 기도하는 중에, 그분의 얼굴 모습이 변하고 그분의 옷이 눈부시게 하얘졌다. 동시에 두 사람이 거기서 예수와 이야기하고 있었다. 알고 보니 그들은 모세와 엘리야였다. 그들의 모습이 몹시 영광스러웠다! 그들은 예수께서 예루살렘에서 이루실 일, 곧 그분의 떠나심에 대해 이야기를 나누었다.

32-33 한편, 베드로와 그 일행은 잠에 취해 있었다. 그들이 깨어 눈을 비비며 보니, 예수께서 영광 가운데 계시고 그 곁에 두 사람이 서 있는 것이 보였다. 모세와 엘리야가 떠난 뒤에 베드로가 예수께 말했다. "주님, 지금은 중대한 순간입니다! 기념비 셋을 세우는 것이 어떻겠습니까? 하나는 주님을 위해, 하나는 모세를 위해, 하나는 엘리야를 위해서 말입니다." 이것은 베드로가 무심코 내뱉은 말이었다.

34-35 베드로가 이렇게 말을 하고 있는데, 빛처럼 환한 구름이 그들을 덮었다. 구름 속에 묻히자, 그들은 하나님을 깊이 느끼게 되었다. 그때 구름 속에서 한 음성이 들려왔다. "이는 내 아들, 내가 택한 자다! 그의 말을 들어라."

36 그 음성이 사라지자, 그곳에 예수만 홀로 계셨다. 그들은 한동안 할 말을 잃은 채로 있었다. 그들은 자기들이 본 것을, 그때에는 아무에게도 말하지 않았다.

37-40 이튿날 그들이 산에서 내려오니, 큰 무리가 그들을 맞이했다. 무리 가운데 한 사람이 외쳤다. "부탁입니다, 선생님. 제 아들 좀 봐 주십시오. 하나뿐인 제 자식입니다. 귀신이 아이를 사로잡을 때마다, 아이는 갑자기 비명을 지르고 경련을 일으키며 입에 거품을 뭅니다. 귀신은 아이를 때려서 검푸른 멍이 들게 해놓고서야 떠납니다. 제가 아이를 구해 달라고 선생님의 제자들에게 부탁했

Man will be far more embarrassed with you when he arrives in all his splendor in company with the Father and the holy angels. This isn't, you realize, pie in the sky by and by. Some who have taken their stand right here are going to see it happen, see with their own eyes the kingdom of God."

Jesus in His Glory

28-31 About eight days after saying this, he climbed the mountain to pray, taking Peter, John, and James along. While he was in prayer, the appearance of his face changed and his clothes became blinding white. At once two men were there talking with him. They turned out to be Moses and Elijah—and what a glorious appearance they made! They talked over his exodus, the one Jesus was about to complete in Jerusalem.

32-33 Meanwhile, Peter and those with him were slumped over in sleep. When they came to, rubbing their eyes, they saw Jesus in his glory and the two men standing with him. When Moses and Elijah had left, Peter said to Jesus, "Master, this is a great moment! Let's build three memorials: one for you, one for Moses, and one for Elijah." He blurted this out without thinking.

34-35 While he was babbling on like this, a light-radiant cloud enveloped them. As they found themselves buried in the cloud, they became deeply aware of God. Then there was a voice out of the cloud: "This is my Son, the Chosen! Listen to him."

36 When the sound of the voice died away, they saw Jesus there alone. They were speechless. And they continued speechless, said not one thing to anyone during those days of what they had seen.

37-40 When they came down off the mountain the next day, a big crowd was there to meet them. A man called from out of the crowd, "Please, please, Teacher, take a look at my son. He's my only child. Often a spirit seizes him. Suddenly he's screaming, thrown into convulsions, his mouth foaming. And then it beats him black-and-blue before it leaves. I asked your disciples to deliver

으나, 그들은 하지 못했습니다."
41 예수께서 말씀하셨다. "하나님도 모르고 삶에 중심도 없는 세대여! 내가 같은 말을 몇 번이나 해야 하느냐? 얼마나 더 참아야 하느냐? 네 아들을 이리 데려오너라."
42-43 아이가 나아오자, 귀신은 아이를 바닥에 내동댕이치고 경련을 일으키게 했다. 예수께서 더러운 귀신에게 나가라고 명하시고, 아이를 고쳐서 그 아버지에게 돌려주셨다. 사람들이 모두 고개를 끄덕이며, 하나님의 위대하심과 그분의 크신 위엄에 놀라워했다.

네 본분은 삶이지 죽음이 아니다

43-44 사람들이 둘러서서 그분이 하시는 모든 일을 보고 감탄하고 있는데, 예수께서 제자들에게 말씀하셨다. "이제 내가 하는 말 하나하나를 마음에 두고 곰곰이 되새겨 보아라. 인자는 사람들의 손에 넘어갈 것이다."
45 제자들은 예수께서 하시는 말씀을 알아듣지 못했다. 마치 예수께서 외국어로 말씀하셔서, 그들이 전혀 감을 잡지 못하는 것 같았다. 당황한 그들은 그 말씀이 무슨 뜻인지 예수께 묻지도 못했다.
46-48 제자들은 그들 가운데 누가 가장 유명해질지, 말다툼을 벌이기 시작했다. 예수께서 그것이 그들에게 아주 중요한 문제인 것을 아시고, 어린아이 하나를 곁으로 데려와 말씀하셨다. "누구든지 이 아이를 나로 여기고 받아들이는 사람은, 곧 나를 받아들이는 것이다. 또한 누구든지 나를 받아들이는 사람은, 나를 보내신 분을 받아들이는 것이다. 이와 같이 내세울 때가 아니라 받아들일 때 큰 사람이 된다. 중요한 것은 눈에 보이는 크기가 아니라, 너희의 영이다."
49 요한이 당당히 말했다. "주님, 어떤 사람이 주님 이름으로 귀신을 쫓아내는 것을 보고 우리가 막았습니다. 그가 우리에게 속한 사람이 아니어서 그렇게 했습니다."
50 예수께서 말씀하셨다. "그를 막지 마라. 그가 적이 아니라면, 곧 우리 편이다."
51-54 승천하실 때가 가까워 오자, 예수께서 마음을 단단히 먹고 용기를 내어 예루살렘을 향해 길을 떠나셨다. 예수께서 심부름꾼들을 앞서 보내셨다. 그들은 그분을 맞을 곳을 준비하려고 사마리아의 어느 마을로 갔다. 그러나 그분의 행선지가 예루살렘이라는 것을 안 사마리아 사람들은 그분을 맞아들이지 않았다. 제자인 야고보와 요한이 그 이야기를 듣

him but they couldn't."
41 Jesus said, "What a generation! No sense of God! No focus to your lives! How many times do I have to go over these things? How much longer do I have to put up with this? Bring your son here."
42-43 While he was coming, the demon slammed him to the ground and threw him into convulsions. Jesus stepped in, ordered the vile spirit gone, healed the boy, and handed him back to his father. They all shook their heads in wonder, astonished at God's greatness, God's majestic greatness.

Your Business Is Life

43-44 While they continued to stand around exclaiming over all the things he was doing, Jesus said to his disciples, "Treasure and ponder each of these next words: The Son of Man is about to be betrayed into human hands."
45 They didn't get what he was saying. It was like he was speaking a foreign language and they couldn't make heads or tails of it. But they were embarrassed to ask him what he meant.
46-48 They started arguing over which of them would be most famous. When Jesus realized how much this mattered to them, he brought a child to his side. "Whoever accepts this child as if the child were me, accepts me," he said. "And whoever accepts me, accepts the One who sent me. You become great by accepting, not asserting. Your spirit, not your size, makes the difference."
49 John spoke up, "Master, we saw a man using your name to expel demons and we stopped him because he wasn't of our group."
50 Jesus said, "Don't stop him. If he's not an enemy, he's an ally."
51-54 When it came close to the time for his Ascension, he gathered up his courage and steeled himself for the journey to Jerusalem. He sent messengers on ahead. They came to a Samaritan village to make arrangements for his hospitality. But when the Samaritans learned that his destination was Jerusalem, they refused

고 말했다. "주님, 우리가 하늘에서 번갯불을 내려오게 해서 저들을 태워 버릴까요?"

55-56 예수께서 그들을 꾸짖으셨다. "옳지 않다!" 그들은 다른 마을로 발걸음을 옮겼다.

57 길을 가고 있는데, 어떤 사람이 자기도 함께 가도 되는지 물었다. 그는 "어디든지 주님과 함께 가겠습니다" 하고 말했다.

58 예수께서 잘라 말씀하셨다. "고생할 각오가 되어 있느냐? 너도 알다시피, 우리가 묵는 곳은 일류 호텔이 아니다."

예수께서 또 다른 사람에게 말씀하셨다. "나를 따라오너라."

59 그가 말했다. "그렇게 하겠습니다. 하지만 며칠 말미를 주십시오. 아버지 장례 준비를 해야 합니다."

60 예수께서 거절하셨다. "중요한 일이 먼저다. 네 본분은 삶이지 죽음이 아니다. 삶은 긴박하다. 하나님 나라를 알려라."

61 그때 또 다른 사람이 말했다. "주님, 저는 주님을 따라갈 준비가 되었습니다. 하지만 먼저 집에 정리할 일이 있으니 허락해 주십시오."

62 예수께서 말씀하셨다. "머뭇거리지 마라. 뒤돌아보지도 마라. 하나님 나라를 내일로 미룰 수는 없다. 오늘 기회를 잡아라."

이리 떼 가운데 있는 어린양

10 1-2 그 후에 주님께서 일흔 명을 뽑으시고, 앞으로 그분이 가시려는 모든 성읍과 지역으로 그들을 둘씩 짝지어 보내셨다. 예수께서 그들에게 당부하셨다.

"추수할 것이 이토록 많은데, 추수할 일손은 얼마나 적은가! 그러니 추수할 일손을 보내 달라고 추수의 하나님께 무릎 꿇고 기도하여라.

3 가거라! 그러나 조심하여라. 이것은 위험한 일이다. 너희는 이리 떼 가운데 있는 어린양들 같다.

4 짐을 가볍게 하고 다녀라. 빗과 칫솔이면 된다. 그 이상은 필요 없다.

길에서 만나는 모든 사람과 노닥거리거나 잡담하지 마라.

5-6 어느 집에 들어가든지, 그 가족에게 '평화를 빕니다' 하고 인사하여라. 그들이 너희의 인사를 받아들이면, 그곳에 머물러도 좋다. 그러나 받아들이지 않거든, 인사를 거두고 나오너라. 억지로 하지 마라.

7 한 집에 머물면서 거기서 주는 음식을 먹어라. 일꾼이 든든한 세 끼 식사를 하는 것이 마땅하다. 동네에서 음식 솜씨가 좋은 사람을 찾아서 이 집 저 집 옮겨

hospitality. When the disciples James and John learned of it, they said, "Master, do you want us to call a bolt of lightning down out of the sky and incinerate them?"

55-56 Jesus turned on them: "Of course not!" And they traveled on to another village.

57 On the road someone asked if he could go along. "I'll go with you, wherever," he said.

58 Jesus was curt: "Are you ready to rough it? We're not staying in the best inns, you know."

Jesus said to another, "Follow me."

59 He said, "Certainly, but first excuse me for a couple of days, please. I have to make arrangements for my father's funeral."

60 Jesus refused. "First things first. Your business is life, not death. And life is urgent: Announce God's kingdom!"

61 Then another said, "I'm ready to follow you, Master, but first excuse me while I get things straightened out at home."

62 Jesus said, "No procrastination. No backward looks. You can't put God's kingdom off till tomorrow. Seize the day."

Lambs in a Wolf Pack

10 1-2 Later the Master selected seventy and sent them ahead of him in pairs to every town and place where he intended to go. He gave them this charge:

"What a huge harvest! And how few the harvest hands. So on your knees; ask the God of the Harvest to send harvest hands.

3 "On your way! But be careful–this is hazardous work. You're like lambs in a wolf pack.

4 "Travel light. Comb and toothbrush and no extra luggage.

"Don't loiter and make small talk with everyone you meet along the way.

5-6 "When you enter a home, greet the family, 'Peace.' If your greeting is received, then it's a good place to stay. But if it's not received, take it back and get out. Don't impose yourself.

7 "Stay at one home, taking your meals there, for a worker deserves three square meals. Don't move from house to house, looking for the best

다니지 마라.
8-9 어느 성읍에 들어갔는데 너희를 받아들이거든, 그들이 차려 주는 것을 먹고, 병든 사람은 누구나 고쳐 주며, '하나님 나라가 바로 너희 문 앞에 있다!'고 말하여라.
10-12 어느 성읍에 들어갔는데 너희를 받아들이지 않거든, 거리로 나가서 이렇게 말하여라. '우리가 너희한테서 얻은 것이라고는 우리 발의 먼지뿐이다. 이제 그것마저 돌려주겠다. 너희는 하나님 나라가 바로 너희 문 앞에 있었다는 것을 알고 있느냐?' 심판 날에 차라리 소돔이 너희를 거부한 성읍보다 나을 것이다.
13-14 고라신아, 화가 있을 것이다! 벳새다야, 화가 있을 것이다! 너희에게 주어진 기회의 절반만 두로와 시돈에게 주어졌어도, 그들은 오래전에 무릎 꿇고 회개하며 자비를 구했을 것이다. 심판 날에 두로와 시돈이 너희보다 견디기 쉬울 것이다.
15 가버나움아! 네가 하늘까지 높아질 것 같으냐? 다시 생각하여라. 너는 지옥으로 굴러 떨어질 것이다.
16 너희 말을 듣는 사람은, 곧 내 말을 듣는 것이다. 너희를 거부하는 사람은, 곧 나를 거부하는 것이다. 그리고 나를 거부하는 것은, 나를 보내신 하나님을 거부하는 것이나 마찬가지다."
17 일흔 명이 의기양양해서 돌아왔다. "주님, 귀신들조차 주님의 명령대로 따랐습니다."
18-20 예수께서 말씀하셨다. "나도 안다. 사탄이 하늘에서 번갯불처럼 떨어지는 것을 내가 보았다. 내가 너희에게 무엇을 주었는지 알겠느냐? 너희는 뱀과 전갈을 밟고 걸어도 무사히 지날 것이며, 원수의 공격에도 보호받을 것이다. 아무도 너희를 건드릴 자가 없을 것이다. 그러나 위대한 승리는 악을 다스리는 너희의 권세에 있지 않고, 너희를 다스리시는 하나님의 권세와 너희와 함께하시는 그분의 임재에 있다. 너희가 하나님을 위해 하는 일이 아니라 하나님께서 너희를 위해 하시는 일, 바로 그것이 너희가 기뻐해야 할 제목이다."
21 그때에, 예수께서 성령으로 한없이 기뻐하셨다. "하늘과 땅의 주인이신 아버지, 이것을 다 아는 체하는 사람들에게 숨기시고 천진난만한 초보자들에게 보여주시니 감사합니다. 그렇습니다, 아버지. 아버지께서는 이렇게 하기를 기뻐하셨습니다.
22 나는 아버지에게서 이 모든 것을 받았습니다! 오직 아버지만이 아들이 누구인지 아시며, 오직 아들만이 아버지가 누구신지 압니다. 아들은 자기가

cook in town.
8-9 "When you enter a town and are received, eat what they set before you, heal anyone who is sick, and tell them, 'God's kingdom is right on your doorstep!'
10-12 "When you enter a town and are not received, go out in the street and say, 'The only thing we got from you is the dirt on our feet, and we're giving it back. Did you have any idea that God's kingdom was right on your doorstep?' Sodom will have it better on Judgment Day than the town that rejects you.
13-14 "Doom, Chorazin! Doom, Bethsaida! If Tyre and Sidon had been given half the chances given you, they'd have been on their knees long ago, repenting and crying for mercy. Tyre and Sidon will have it easy on Judgment Day compared to you.
15 "And you, Capernaum! Do you think you're about to be promoted to heaven? Think again. You're on a mudslide to hell.
16 "The one who listens to you, listens to me. The one who rejects you, rejects me. And rejecting me is the same as rejecting God, who sent me."
17 The seventy came back triumphant. "Master, even the demons danced to your tune!"
18-20 Jesus said, "I know. I saw Satan fall, a bolt of lightning out of the sky. See what I've given you? Safe passage as you walk on snakes and scorpions, and protection from every assault of the Enemy. No one can put a hand on you. All the same, the great triumph is not in your authority over evil, but in God's authority over you and presence with you. Not what you do for God but what God does for you – that's the agenda for rejoicing."
21 At that, Jesus rejoiced, exuberant in the Holy Spirit. "I thank you, Father, Master of heaven and earth, that you hid these things from the know-it-alls and showed them to these innocent newcomers. Yes, Father, it pleased you to do it this way.
22 "I've been given it all by my Father! Only the Father knows who the Son is and only the Son knows who the Father is. The Son can introduce the Father to anyone he wants to."
23-24 He then turned in a private aside to his

원하는 사람 누구에게나 아버지를 소개할 수 있습니다."

23-24 그러고 나서 예수께서 제자들에게 따로 은밀히 말씀하셨다. "너희가 지금 보고 있는 것을 보는 눈은 복이 있다! 많은 예언자와 왕들이 너희가 지금 보는 것을 보고 너희가 지금 듣는 것을 들을 수만 있었다면, 자신의 오른팔이라도 내놓았을 것이다. 하지만 그들은 희미하게라도 보지 못했고, 속삭이는 소리조차 듣지 못했다."

강도 만난 사람의 이웃

25 그때에 어떤 종교 학자가 일어나 예수를 시험하는 질문을 던졌다. "선생님, 제가 무엇을 해야 영원한 생명을 얻겠습니까?"

26 예수께서 대답하셨다. "하나님의 율법에 어떻게 기록되어 있느냐? 너는 그것을 어떻게 해석하느냐?"

27 그가 말했다. "'네 열정과 간구와 힘과 지성을 다해 주 너의 하나님을 사랑하라' 하였고, 또 '네 자신을 사랑하는 것같이 네 이웃을 사랑하라' 하였습니다."

28 "잘 대답했다." 예수께서 말씀하셨다. "그것을 행하여라. 그러면 네가 살 것이다."

29 그는 빠져나갈 길을 찾으면서 물었다. "그러면 선생님은 이웃을 어떻게 정의하겠습니까?"

30-32 예수께서 그 대답으로 이야기를 하나 들려주셨다. "어떤 사람이 예루살렘에서 여리고로 가고 있는데, 도중에 강도들의 습격을 받았다. 강도들은 그의 옷을 빼앗고 때려 거의 죽게 해놓고는, 버려두고 가 버렸다. 다행히, 제사장이 같은 길로 내려가고 있었다. 그러나 그는 다친 사람을 보고는 방향을 바꿔 다른 쪽으로 비켜 갔다. 이어서 경건한 레위 사람이 나타났다. 그 역시 부상당한 사람을 피해 갔다.

33-35 그 길을 가던 어떤 사마리아 사람이 그 사람에게 다가왔다. 사마리아 사람은 그 사람의 처지를 보고는 가엾은 마음이 들었다. 그는 상처를 소독하고 붕대를 감아 응급조치를 한 뒤에, 그를 자기 나귀에 태워 여관으로 데려가 편히 쉬게 해주었다. 아침에 그는 은화 두 개를 꺼내 여관 주인에게 주면서 말했다. '이 사람을 잘 돌봐 주십시오. 비용이 더 들면 내 앞으로 계산해 두십시오. 내가 돌아오는 길에 갚겠습니다.'

36 네 생각은 어떠냐? 세 사람 가운데 누가 강도 만난 사람의 이웃이 되었겠느냐?"

37 종교 학자가 대답했다. "친절을 베푼 사람입니다." 예수께서 말씀하셨다. "너도 가서 똑같이 하여라."

disciples. "Fortunate the eyes that see what you're seeing! There are plenty of prophets and kings who would have given their right arm to see what you are seeing but never got so much as a glimpse, to hear what you are hearing but never got so much as a whisper."

Defining "Neighbor"

25 Just then a religion scholar stood up with a question to test Jesus. "Teacher, what do I need to do to get eternal life?"

26 He answered, "What's written in God's Law? How do you interpret it?"

27 He said, "That you love the Lord your God with all your passion and prayer and muscle and intelligence – and that you love your neighbor as well as you do yourself."

28 "Good answer!" said Jesus. "Do it and you'll live."

29 Looking for a loophole, he asked, "And just how would you define 'neighbor'?"

30-32 Jesus answered by telling a story. "There was once a man traveling from Jerusalem to Jericho. On the way he was attacked by robbers. They took his clothes, beat him up, and went off leaving him half-dead. Luckily, a priest was on his way down the same road, but when he saw him he angled across to the other side. Then a Levite religious man showed up; he also avoided the injured man.

33-35 "A Samaritan traveling the road came on him. When he saw the man's condition, his heart went out to him. He gave him first aid, disinfecting and bandaging his wounds. Then he lifted him onto his donkey, led him to an inn, and made him comfortable. In the morning he took out two silver coins and gave them to the innkeeper, saying, 'Take good care of him. If it costs any more, put it on my bill – I'll pay you on my way back.'

36 "What do you think? Which of the three became a neighbor to the man attacked by robbers?"

37 "The one who treated him kindly," the religion scholar responded.

Jesus said, "Go and do the same."

마르다와 마리아

38-40 계속해서 길을 가다가, 예수께서 한 마을에 들
어가셨다. 마르다라는 여자가 그분을 맞아 편히 쉬
도록 모셨다. 그녀에게 마리아라는 동생이 있었는
데, 마리아는 주님 앞에 앉아 그분의 말씀을 경청하
고 있었다. 그러나 마르다는 해야 할 온갖 부엌일로
마음이 분주했다. 얼마 후에, 마르다가 그들의 이야
기를 끊고 끼어들었다. "주님, 제 동생이 부엌일을
저한테만 떠넘기고 있는데, 그냥 두십니까? 저를 좀
거들어 주라고 동생에게 말씀해 주십시오."
41-42 주님께서 말씀하셨다. "마르다야, 사랑하는 마
르다야, 네가 지나치게 염려하여 아무것도 아닌 일
로 흥분하고 있구나. 마리아는 가장 중요한 한 가지
일을 택했다. 그러니 마리아는 그것을 빼앗기지 않
을 것이다."

필요한 것을 솔직하게 구하여라

11 1 하루는 예수께서 한 곳에서 기도하고 계
셨다. 예수께서 기도를 마치자, 제자들 가
운데 한 사람이 말했다. "주님, 요한이 자기 제자들에
게 한 것처럼 저희에게도 기도를 가르쳐 주십시오."
2-4 그러자 예수께서 말씀하셨다. "너희는 기도할 때
이렇게 하여라.

아버지,
아버지가 어떤 분이신지 드러내소서.
세상을 바로잡아 주소서.
든든한 세 끼 식사로 우리가 살아가게 하소서.
아버지께 용서받은 우리가 다른 사람들을 용서하
게 하소서.
우리를 우리 자신에게서와, 마귀에게서 안전하게
지켜 주소서."

5-6 예수께서 말씀하셨다. "너희가 한밤중에 친구에
게 가서 이렇게 말하면 어떻게 될지 상상해 보아라.
'친구여, 내게 빵 세 덩이를 빌려 주게. 옛 친구가 여
행을 하다가 방금 찾아왔는데, 내 수중에 아무것도
없네.'
7 친구가 침대에서 대답했다. '귀찮게 굴지 말게. 문
도 닫혔고 아이들도 다 자려고 누웠다네. 그러니 내
가 일어나 자네에게 아무것도 줄 수가 없네.'
8 그러나 내가 너희에게 말한다. 비록 그가 친구라는
이유로는 일어나지 않더라도, 너희가 물러서지 않고
그 자리에 서서 계속 문을 두드려 이웃들을 다 깨운다
면, 그가 일어나서 무엇이든 필요한 것을 줄 것이다.

Mary and Martha

38-40 As they continued their travel, Jesus
entered a village. A woman by the name of
Martha welcomed him and made him feel quite
at home. She had a sister, Mary, who sat before
the Master, hanging on every word he said. But
Martha was pulled away by all she had to do in
the kitchen. Later, she stepped in, interrupting
them. "Master, don't you care that my sister has
abandoned the kitchen to me? Tell her to lend
me a hand."
41-42 The Master said, "Martha, dear Martha,
you're fussing far too much and getting yourself
worked up over nothing. One thing only is
essential, and Mary has chosen it—it's the main
course, and won't be taken from her."

Ask for What You Need

11 1 One day he was praying in a certain
place. When he finished, one of his
disciples said, "Master, teach us to pray just as
John taught his disciples."
2-4 So he said, "When you pray, say,

Father,
Reveal who you are.
Set the world right.
Keep us alive with three square meals.
Keep us forgiven with you and forgiving others.
Keep us safe from ourselves and the Devil."

5-6 Then he said, "Imagine what would happen
if you went to a friend in the middle of the night
and said, 'Friend, lend me three loaves of bread.
An old friend traveling through just showed up,
and I don't have a thing on hand.'
7 "The friend answers from his bed, 'Don't
bother me. The door's locked; my children are
all down for the night; I can't get up to give you
anything.'
8 "But let me tell you, even if he won't get up
because he's a friend, if you stand your ground,
knocking and waking all the neighbors, he'll
finally get up and get you whatever you need.
9 "Here's what I'm saying:

9 내가 하려는 말은 이것이다.

구하여라, 그러면 받을 것이다.
찾아라, 그러면 발견할 것이다.
두드려라, 그러면 문이 열릴 것이다.

10-13 하나님과 흥정하지 마라. 솔직하게 말씀드려
라. 필요한 것을 구하여라. 우리는 쫓고 쫓기는 게
임이나 숨바꼭질을 하고 있는 것이 아니다. 너희 어
린 아들이 생선을 달라고 하는데, 살아 있는 뱀을 접
시에 담아 아이를 무섭게 하겠느냐? 너희 어린 딸이
계란을 달라고 하는데, 거미를 주며 아이를 속이겠
느냐? 너희가 아무리 악해도 그런 생각은 하지 않을
것이다. 너희도 자기 자식에게는 최소한의 예의를
지킨다. 그렇다면, 너희를 사랑으로 잉태하신 아버
지께서 너희가 구할 때 성령을 주시지 않겠느냐?"

중립지대는 없다

14-16 예수께서 어떤 사람을 말 못하게 하는 귀신에게
서 구해 주셨다. 귀신이 떠나가자, 그 사람이 쉴 새
없이 말하는 것을 보고 무리가 깜짝 놀랐다. 그러나
그들 가운데 더러는 빈정대며 말했다. "마술이다. 소
맷자락에서 마귀의 속임수를 끄집어낸 것이다." 또
어떤 사람은 미심쩍은 태도를 보이면서도, 그분이
굉장한 기적으로 자신을 입증해 주기를 바라며 서성
댔다.
17-20 예수께서 그들의 생각을 아시고 말씀하셨다.
"장기간 내전을 벌이는 나라는 황폐해진다. 늘 싸움
질하는 가정은 무너지게 마련이다. 사탄이 사탄을
없애면, 어느 사탄이 남아나겠느냐? 너희는 내가 귀
신들의 왕인 마귀와 한패가 되어 귀신을 쫓아낸다고
비난한다. 그러나 너희가 나를 마귀라고 욕하며 마
귀 쫓아내는 마귀라고 부른다면, 너희의 귀신 쫓아
내는 자들에게도 똑같은 욕이 되지 않겠느냐? 그러
나 내가 하나님의 손가락으로 귀신들을 몰아내는 것
이라면, 하나님 나라가 확실히 여기 있는 것이다.
21-22 강한 사람이 완전 무장하고 자기 집 마당에 지
키고 서 있으면, 그의 재산은 끄떡없이 안전하다.
그러나 더 강한 사람이 더 강한 무기를 들고 오면 어
찌 되겠느냐? 그는 자기 수법에 자기가 당하고 말
것이다. 그가 그토록 믿었던 무기고는 탈취당하고,
귀한 재물은 약탈당한다.
23 이것은 전쟁이며, 중립지대는 없다. 내 편이 아니
라면, 너희는 내 적이다. 돕지 않으면 방해하는 것
이다.

Ask and you'll get;
Seek and you'll find;
Knock and the door will open.

10-13 "Don't bargain with God. Be direct. Ask for
what you need. This is not a cat-and-mouse,
hide-and-seek game we're in. If your little boy
asks for a serving of fish, do you scare him
with a live snake on his plate? If your little girl
asks for an egg, do you trick her with a spider?
As bad as you are, you wouldn't think of such
a thing—you're at least decent to your own
children. And don't you think the Father who
conceived you in love will give the Holy Spirit
when you ask him?"

No Neutral Ground

14-16 Jesus delivered a man from a demon that
had kept him speechless. The demon gone, the
man started talking a blue streak, taking the
crowd by complete surprise. But some from the
crowd were cynical. "Black magic," they said.
"Some devil trick he's pulled from his sleeve."
Others were skeptical, waiting around for him
to prove himself with a spectacular miracle.
17-20 Jesus knew what they were thinking and
said, "Any country in civil war for very long is
wasted. A constantly squabbling family falls to
pieces. If Satan cancels Satan, is there any Satan
left? You accuse me of ganging up with the
Devil, the prince of demons, to cast out demons,
but if you're slinging devil mud at me, calling
me a devil who kicks out devils, doesn't the
same mud stick to your own exorcists? But if it's
God's finger I'm pointing that sends the demons
on their way, then God's kingdom is here for
sure.
21-22 "When a strong man, armed to the teeth,
stands guard in his front yard, his property
is safe and sound. But what if a stronger man
comes along with superior weapons? Then
he's beaten at his own game, the arsenal that
gave him such confidence hauled off, and his
precious possessions plundered.
23 "This is war, and there is no neutral ground.

24-26 사람에게서 쫓겨난 더러운 귀신은 광야를 이리저리 떠돌며 자기가 들어갈 만한 오아시스, 곧 순진한 영혼을 찾아다닌다. 아무도 찾지 못하면, 귀신은 '내가 전에 있던 소굴로 돌아가자' 하고 말한다. 돌아가 보니, 그 사람 안은 쓸고 닦아 깨끗한데, 텅 비어 있다. 그래서 귀신은 달려가서 자기보다 더 더러운 귀신을 일곱이나 끌어모아서는, 다 함께 그 사람 안에 들어가 난장판을 벌인다. 결국 그 사람의 상태는 깨끗함을 받지 않았던 처음보다 훨씬 나빠진다."

27 예수께서 이 말씀을 하고 있는데, 웅성거리는 무리 가운데서 어떤 여자가 목소리 높여 말했다. "선생님을 밴 태와 선생님을 먹인 가슴은 복이 있습니다!"

28 예수께서 덧붙이셨다. "하나님의 말씀을 듣고 자기 삶으로 그 말씀을 지키는 사람이 훨씬 더 복이 있다!"

요나의 증거

29-30 무리가 점점 늘어나자, 예수께서 화제를 바꾸셨다. "이 시대의 풍조가 다 잘못되었다. 사람마다 증거를 찾고 있으나 엉뚱한 증거를 찾고 있다. 너희는 너희의 호기심을 만족시켜 주고, 기적에 대한 너희의 욕망을 채워 줄 무언가를 찾고 있다. 그러나 너희가 얻게 될 유일한 증거는, 요나가 니느웨 사람들에게 준 증거뿐이다. 그것은 전혀 증거처럼 보이지 않는다. 인자와 이 시대는 요나와 니느웨 같다.

32, 31 심판 날에 니느웨 사람들이 일어나 이 세대를 정죄할 증거를 내놓을 것이다. 요나가 설교할 때, 그들이 자신들의 삶을 고쳤기 때문이다. 요나보다 더 큰 설교자가 여기 있는데도, 너희는 증거를 따지고 있다. 심판 날에, 시바 여왕이 앞에 나와서 이 세대를 정죄할 증거를 제시할 것이다. 여왕이 지혜로운 솔로몬의 말을 들으려고 먼 땅 끝에서부터 찾아왔기 때문이다. 솔로몬의 지혜보다 더 큰 지혜가 바로 너희 앞에 있는데도, 너희는 증거 운운하며 억지를 부리고 있다.

33-36 등불을 켜서 서랍 속에 숨겨 두는 사람은 아무도 없다. 등불은 단 위에 둔다. 그래야 방에 들어오는 사람들이 그 빛 덕분에 자신이 어디로 가는지 보고 다닐 수 있다. 네 눈은 네 온몸을 밝혀 주는 등불이다. 네가 경이와 믿음으로 눈을 크게 뜨고 살면, 네 몸은 빛으로 가득해진다. 네가 탐욕과 불신으로 곁눈질하고 살면, 네 몸

If you're not on my side, you're the enemy; if you're not helping, you're making things worse.

24-26 "When a corrupting spirit is expelled from someone, it drifts along through the desert looking for an oasis, some unsuspecting soul it can bedevil. When it doesn't find anyone, it says, 'I'll go back to my old haunt.' On return, it finds the person swept and dusted, but vacant. It then runs out and rounds up seven other spirits dirtier than itself and they all move in, whooping it up. That person ends up far worse than if he'd never gotten cleaned up in the first place."

27 While he was saying these things, some woman lifted her voice above the murmur of the crowd: "Blessed the womb that carried you, and the breasts at which you nursed!"

28 Jesus commented, "Even more blessed are those who hear God's Word and guard it with their lives!"

Keep Your Eyes Open

29-30 As the crowd swelled, he took a fresh tack: "The mood of this age is all wrong. Everybody's looking for proof, but you're looking for the wrong kind. All you're looking for is something to titillate your curiosity, satisfy your lust for miracles. But the only proof you're going to get is the Jonah-proof given to the Ninevites, which looks like no proof at all. What Jonah was to Nineveh, the Son of Man is to this age.

32, 31 "On Judgment Day the Ninevites will stand up and give evidence that will condemn this generation, because when Jonah preached to them they changed their lives. A far greater preacher than Jonah is here, and you squabble about 'proofs.' On Judgment Day the Queen of Sheba will come forward and bring evidence that condemns this generation, because she traveled from a far corner of the earth to listen to wise Solomon. Wisdom far greater than Solomon's is right in front of you, and you quibble over 'evidence.'

33-36 "No one lights a lamp, then hides it in a drawer. It's put on a lamp stand so those entering the room have light to see where they're going. Your eye is a lamp, lighting up your whole body. If you live wide-eyed in wonder and belief, your body

은 음습한 지하실이 된다. 네 몸이 곰팡내 나고 어둠침침하게 되지 않으려면, 눈을 뜨고 살면서 네 등불이 계속 타오르게 하여라. 빛이 가장 잘 드는 네 방처럼, 네 삶에도 늘 빛이 잘 들게 하여라."

사기꾼들아!

37-41 예수께서 이 말씀을 마치자, 바리새인 하나가 그분을 저녁식사에 초대했다. 예수께서 그의 집에 들어가 식탁 앞에 앉으셨다. 바리새인은 예수께서 식사 전에 손을 씻지 않는 것을 보고 기분이 언짢았다. 그러자 주님께서 그에게 말씀하셨다. "너희 바리새인들이 햇빛에 반짝일 정도로 컵과 접시 겉에 광을 내는 것을 나는 알고 있다. 그러나 나는 너희 속에 탐욕과 은밀한 악이 득실거리는 것도 알고 있다. 미련한 바리새인들아! 겉을 지으신 분께서 속도 지으시지 않았느냐? 너희 주머니와 너희 마음 둘 다를 뒤집어서 가난한 사람들에게 후히 베풀어라. 그러면 너희의 그릇과 손뿐 아니라, 너희의 삶도 깨끗해질 것이다.

42 나는 이제 너희라면 지긋지긋하다! 너희 바리새인들아! 사기꾼들아! 너희는 도무지 구제 불능이구나! 너희는 꼼꼼히 장부를 적어 가며 동전 하나에까지 십일조를 내지만, 정의와 하나님의 사랑 같은 기본적인 것에서는 용케도 빠져나갈 길을 찾아낸다. 정성스런 장부 정리도 좋지만, 기본은 반드시 해야 하는 것이다.

43-44 너희 바리새인들아! 사기꾼들아! 너희는 도무지 구제 불능이구나! 너희는 교회 식사 때 상석에 앉는 것을 좋아하고, 사람들의 화려한 칭찬에 우쭐하는 것을 좋아한다. 사기꾼들아! 너희는 꼭 묘지 표지가 없는 무덤과 같다. 사람들은 깔끔하게 정리된 잔디를 밟고 다니지만, 그 2미터 아래 땅 속은 온통 썩고 부패한 것을 알 턱이 없다."

45 종교 학자 가운데 한 사람이 말했다. "선생님, 그렇게 말하면 우리에게까지 모욕이 된다는 것을 아는지요?"

46 예수께서 말씀하셨다. "그렇다. 이보다 더 노골적으로 말할 수도 있다. 너희 종교 학자들아! 너희는 도무지 구제 불능이구나! 너희는 사람들에게 온갖 규칙과 규정의 짐을 잔뜩 지워서 그야말로 등골이 휘어지게 하면서, 도와주려고 손가락 하나 까딱하지 않는다.

fills up with light. If you live squinty-eyed in greed and distrust, your body is a dank cellar. Keep your eyes open, your lamp burning, so you don't get musty and murky. Keep your life as well-lighted as your best-lighted room."

Frauds!

37-41 When he finished that talk, a Pharisee asked him to dinner. He entered his house and sat right down at the table. The Pharisee was shocked and somewhat offended when he saw that Jesus didn't wash up before the meal. But the Master said to him, "I know you Pharisees burnish the surface of your cups and plates so they sparkle in the sun, but I also know your insides are maggoty with greed and secret evil. Stupid Pharisees! Didn't the One who made the outside also make the inside? Turn both your pockets and your hearts inside out and give generously to the poor; then your *lives* will be clean, not just your dishes and your hands.

42 "I've had it with you! You're hopeless, you Pharisees! Frauds! You keep meticulous account books, tithing on every nickel and dime you get, but manage to find loopholes for getting around basic matters of justice and God's love. Careful bookkeeping is commendable, but the basics are required.

43-44 "You're hopeless, you Pharisees! Frauds! You love sitting at the head table at church dinners, love preening yourselves in the radiance of public flattery. Frauds! You're just like unmarked graves: People walk over that nice, grassy surface, never suspecting the rot and corruption that is six feet under."

45 One of the religion scholars spoke up: "Teacher, do you realize that in saying these things you're insulting us?"

46 He said, "Yes, and I can be even more explicit. You're hopeless, you religion scholars! You load people down with rules and regulations, nearly breaking their backs, but never lift even a finger to help.

47-51 "You're hopeless! You build tombs for the prophets your ancestors killed. The tombs you build are monuments to your murdering ancestors

47-51 너희는 도무지 구제 불능이구나! 너희는 너희 조상들이 죽인 예언자들을 위해 무덤을 쌓는다. 그러나 너희가 쌓는 무덤은 살해당한 예언자들을 기념하는 것이 아니라, 오히려 살인자인 너희 조상들을 기념하는 것이다. 그래서 하나님의 지혜도 말하기를, '내가 그들에게 예언자와 사도들을 보내겠지만, 그들이 이들을 죽이고 쫓아낼 것이다'라고 한 것이다. 이것은 아벨의 피에서부터 제단과 성소 사이에서 죽임당한 사가랴의 피까지, 땅이 시작된 이래로 지금까지 흘린 모든 의로운 피가 다 너희 책임이라는 뜻이다. 그렇다. 그것이 이 세대의 계산서에 올라 있으니 이 세대가 갚아야 할 것이다.
52 너희 종교 학자들아! 너희는 도무지 구제 불능이구나! 너희는 지식의 열쇠를 가지고 있지만, 문을 열지 않고 오히려 잠가 버렸다. 너희 자신도 들어가려 하지 않고, 다른 사람도 들어가지 못하게 한다."
53-54 예수께서 식탁을 떠나시자마자, 종교 학자와 바리새인들이 격분했다. 그들은 어떻게 그분의 입에서 나오는 말로 그분을 함정에 빠뜨릴까 모의하며, 그분이 하신 말씀을 하나하나 따져 보았다.

더러운 누룩을 주의하여라

12 1-3 어느새 무리가 수천 명으로 엄청나게 늘어나, 서로 발에 밟힐 지경이 되었다. 그러나 예수의 일차적인 관심은 제자들에게 있었다. 예수께서 제자들에게 말씀하셨다. "바리새인들의 누룩, 바리새인들의 겉치레에 더럽혀지지 않도록 주의하여라. 너희는 자신의 참 자아를 영원히 감춰 둘 수 없다. 머잖아 본 모습이 드러나게 되어 있다. 너희는 종교의 가면 뒤에 영원히 숨을 수 없다. 머잖아 가면이 벗겨지고 진짜 얼굴이 드러날 것이다. 너희가 은밀한 데서는 이렇게 속삭이고, 사람들 앞에서는 그와 정반대로 전할 수 없다. 너희가 속삭이며 한 말을 온 동네에 대고 다시 말할 날이 올 것이다.
4-5 나의 사랑하는 친구인 너희에게 말한다. 종교 불량배들이 허세를 부리며 위협한다고 해서 침묵하거나 진실함을 잃어서는 안된다. 물론 그들이 너희를 죽일 수는 있겠지만, 그 후에 너희를 어찌할 *수 있겠느냐?* 그들이 너희 존재의 중심인 너희 영혼에 할 수 있는 일이란 아무것도 없다. 너희는 너희 삶 전체—몸과 영혼—를 그 손에 붙잡고 계시는 하나님만 두려워하면 된다.
6-7 애완용 카나리아 두세 마리의 값이 얼마더냐?

more than to the murdered prophets. That accounts for God's Wisdom saying, 'I will send them prophets and apostles, but they'll kill them and run them off.' What it means is that every drop of righteous blood ever spilled from the time earth began until now, from the blood of Abel to the blood of Zechariah, who was struck down between altar and sanctuary, is on your heads. Yes, it's on the bill of this generation and this generation will pay.
52 "You're hopeless, you religion scholars! You took the key of knowledge, but instead of unlocking doors, you locked them. You won't go in yourself, and won't let anyone else in either."
53-54 As soon as Jesus left the table, the religion scholars and Pharisees went into a rage. They went over and over everything he said, plotting how they could trap him in something from his own mouth.

Can't Hide Behind a Religious Mask

12 1-3 By this time the crowd, unwieldy and stepping on each other's toes, numbered into the thousands. But Jesus' primary concern was his disciples. He said to them, "Watch yourselves carefully so you don't get contaminated with Pharisee yeast, Pharisee phoniness. You can't keep your true self hidden forever; before long you'll be exposed. You can't hide behind a religious mask forever; sooner or later the mask will slip and your true face will be known. You can't whisper one thing in private and preach the opposite in public; the day's coming when those whispers will be repeated all over town.
4-5 "I'm speaking to you as dear friends. Don't be bluffed into silence or insincerity by the threats of religious bullies. True, they can kill you, but *then* what can they do? There's nothing they can do to your soul, your core being. Save your fear for God, who holds your entire life—body and soul—in his hands.
6-7 "What's the price of two or three pet canaries? Some loose change, right? But God never overlooks a single one. And he pays even greater

푼돈이 아니냐? 그러나 하나님은 한 마리라도 절대 그냥 지나치지 않으신다. 그분께서 너희에게는 더 정성을 쏟으신다. 세세한 것까지 일일이 돌보시며, 심지어 너희의 머리카락까지 다 세신다! 그러니 괴롭히는 자들의 이런저런 말에 겁먹지 마라. 너희는 카나리아 수백만 마리보다 더 귀하다.

8-9 너희는 사람들 앞에서 내 편을 들어라. 그러면 인자도 하나님의 모든 천사들 앞에서 너희 편을 들 것이다. 그러나 너희가 나를 모른 척한다면, 내가 하나님의 천사들 앞에서 너희를 변호해 줄 것 같으냐?

10 너희가 오해나 무지로 인해 인자를 비방하면, 그것은 그냥 넘어갈 수 있다. 그러나 성령을 겨냥해 고의로 하나님을 공격하면, 그것은 그냥 넘어갈 수 없다.

11-12 사람들이 너희를 회당이나 즉결재판소의 재판관 앞으로 끌고 가더라도, 너희는 자신을 변호할 일로—무엇을 어떻게 말해야 할지—걱정하지 마라. 꼭 맞는 말이 떠오를 것이다. 때가 되면 성령께서 꼭 맞는 말을 너희에게 주실 것이다."

어리석은 부자 이야기

13 무리 가운데 누군가 말했다. "선생님, 제 형에게 명하여 집안의 유산을 제게 공평하게 떼어 주라고 말씀해 주십시오."

14 예수께서 대답하셨다. "이 사람아, 어떻게 내 일이 너희의 재판관이나 중재자가 되는 것이겠느냐?"

15 예수께서 사람들에게 말씀하셨다. "조심하여라! 털끝만한 탐심에도 빠져들지 않도록 너희 자신을 지켜라. 너희의 소유가 많더라도, 그 소유가 너희의 삶을 규정해 주지 않는다."

16-19 그 후에 예수께서 그들에게 이런 이야기를 들려주셨다. "어느 부자의 농사가 풍년이 들었다. 그가 혼잣말로 말했다. '어쩌지? 이 수확물을 두기에 내 창고가 좁구나.' 그러다가 이렇게 말했다. '이렇게 하자. 창고를 헐고 더 크게 짓자. 그리고 내 곡식과 재산을 다 모아들이고 내 자신에게 이렇게 말해야겠다. "잘했다! 너는 크게 성공했으니 이제 은퇴해도 좋다. 편안히 네 인생을 즐겨라!"'

20 바로 그때에 하나님께서 나타나 말씀하셨다. '어리석은 사람아! 오늘밤 너는 죽는다. 그러면 창고에 가득한 네 재산은 누구 것이 되겠느냐?'

21 너희의 창고를 하나님이 아니라 너희의 자아로 채우면 바로 이렇게 된다."

attention to you, down to the last detail—even numbering the hairs on your head! So don't be intimidated by all this bully talk. You're worth more than a million canaries.

8-9 "Stand up for me among the people you meet and the Son of Man will stand up for you before all God's angels. But if you pretend you don't know me, do you think I'll defend you before God's angels?

10 "If you bad-mouth the Son of Man out of misunderstanding or ignorance, that can be overlooked. But if you're knowingly attacking God himself, taking aim at the Holy Spirit, that won't be overlooked.

11-12 "When they drag you into their meeting places, or into police courts and before judges, don't worry about defending yourselves—what you'll say or how you'll say it. The right words will be there. The Holy Spirit will give you the right words when the time comes."

The Story of the Greedy Farmer

13 Someone out of the crowd said, "Teacher, order my brother to give me a fair share of the family inheritance."

14 He replied, "Mister, what makes you think it's any of my business to be a judge or mediator for you?"

15 Speaking to the people, he went on, "Take care! Protect yourself against the least bit of greed. Life is not defined by what you have, even when you have a lot."

16-19 Then he told them this story: "The farm of a certain rich man produced a terrific crop. He talked to himself: 'What can I do? My barn isn't big enough for this harvest.' Then he said, 'Here's what I'll do: I'll tear down my barns and build bigger ones. Then I'll gather in all my grain and goods, and I'll say to myself, Self, you've done well! You've got it made and can now retire. Take it easy and have the time of your life!'

20 "Just then God showed up and said, 'Fool! Tonight you die. And your barnful of goods—who gets it?'

21 "That's what happens when you fill your barn

하나님께서 일하시는 방식

22-24 예수께서 같은 주제로 제자들에게 더 말씀하셨다. "너희는 식사 때 식탁에 무엇이 오르고 옷장에 있는 옷들이 유행에 맞는지 따위로 안달하며 설치지 마라. 너희 내면의 삶은 뱃속에 넣는 음식이 전부가 아니며, 너희의 겉모습도 몸에 걸치는 옷이 전부가 아니다. 까마귀를 보아라. 얽매일 것 없이 자유롭고, 업무에 속박되지 않으며, 하나님이 돌보시니 염려가 없다. 너희는 그 까마귀보다 훨씬 더 중요하다.

25-28 거울 앞에서 설친다고 해서 키가 1센티미터라도 커진 사람이 있더냐? 그래 봐야 소용없는 일인데, 왜 야단법석을 떠느냐? 들판에 나가 들꽃을 보아라. 들꽃은 외모 때문에 안달복달하는 법이 없지만, 너희는 여태 그런 색깔이나 디자인을 본 적이 있느냐? 이 나라의 남녀 베스트드레서 열 명이라도 그 꽃 옆에 서면 초라해 보인다. 아무도 보아 주지 않는 들꽃에도 그토록 정성을 들이시는데, 하물며 하나님께서 너희를 돌보시고 자랑스러워하시며, 너희를 위해 최선을 다하시지 않겠느냐?

29-32 나는 지금 너희로 여유를 갖게 하려는 것이며, 손에 넣는 데 온통 정신을 빼앗기지 않게 해서, 베푸시는 하나님께 반응하도록 하려는 것이다. 하나님과 그분의 일하시는 방식을 모르는 사람은 그런 일로 안달하지만, 너희는 하나님을 알고 그분의 일하시는 방식도 안다. 너희는 하나님이 실체가 되시고, 하나님이 주도하시며, 하나님이 공급하시는 삶에 흠뻑 젖어 살아라. 너희 매일의 삶에 필요한 것을 하나님께서 모두 채워 주실 것이다. 뭔가 놓칠까 봐 걱정하지 마라. 너희는 내가 가장 사랑하는 친구다! 아버지께서 너희에게 그 나라를 주시기 원하신다.

33-34 후하게 베풀어라. 가난한 사람들에게 베풀어라. 파산하지 않는 은행, 강도가 침입할 수 없고 횡령의 위험이 없는 하늘 은행, 신뢰할 수 있는 은행과 거래하여라. 너희는 너희 보물이 있는 곳에 가장 있고 싶어 할 텐데, 결국 그렇게 될 것이다. 그것이 당연하지 않겠느냐?"

깨어 있는 사람은 복되다

35-38 "늘 옷을 입고 있고, 불을 밝혀 두어라! 너희는 주인이 신혼여행에서 돌아오기를 기다리며, 주인이 도착해 문을 두드리면 열어 주기 위해 깨어서 준비하고 있는 종들처럼 되어라. 주인이 왔

with Self and not with God."

Steep Yourself in God-Reality

22-24 He continued this subject with his disciples. "Don't fuss about what's on the table at mealtimes or if the clothes in your closet are in fashion. There is far more to your inner life than the food you put in your stomach, more to your outer appearance than the clothes you hang on your body. Look at the ravens, free and unfettered, not tied down to a job description, carefree in the care of God. And you count far more.

25-28 "Has anyone by fussing before the mirror ever gotten taller by so much as an inch? If fussing can't even do that, why fuss at all? Walk into the fields and look at the wildflowers. They don't fuss with their appearance—but have you ever seen color and design quite like it? The ten best-dressed men and women in the country look shabby alongside them. If God gives such attention to the wildflowers, most of them never even seen, don't you think he'll attend to you, take pride in you, do his best for you?

29-32 "What I'm trying to do here is get you to relax, not be so preoccupied with *getting* so you can respond to God's *giving*. People who don't know God and the way he works fuss over these things, but you know both God and how he works. Steep yourself in God-reality, God-initiative, God-provisions. You'll find all your everyday human concerns will be met. Don't be afraid of missing out. You're my dearest friends! The Father wants to give you the very kingdom itself.

33-34 "Be generous. Give to the poor. Get yourselves a bank that can't go bankrupt, a bank in heaven far from bankrobbers, safe from embezzlers, a bank you can bank on. It's obvious, isn't it? The place where your treasure is, is the place you will most want to be, and end up being.

When the Master Shows Up

35-38 "Keep your shirts on; keep the lights on! Be like house servants waiting for their master to come back from his honeymoon, awake and ready to open the door when he arrives and knocks.

을 때 깨어서 일하고 있는 종들은 복되다! 주인이 앞치마를 두르고 그들을 식탁에 앉게 해서, 식사를 대접하며 그들과 결혼잔치를 함께할 것이다. 주인이 밤 몇 시에 오든 상관없이, 깨어 있는 그들은 복되다!

39-40 집 주인이 어느 밤에 도둑이 드는지 알았더라면, 문도 잠그지 않은 채 밤늦도록 집을 비우지 않았을 것이다. 그러니 너희는 흐트러지거나 긴장을 늦추지 마라. 너희가 예상하지 못한 때에 인자가 올 것이다."

41 베드로가 말했다. "주님, 이 이야기는 우리에게 하시는 것입니까, 아니면 모든 사람에게 하시는 것입니까?"

42-46 주님께서 말씀하셨다. "너희에게 묻겠다. 주인이 자기 일꾼들을 맡겨서 그 일꾼들을 제때에 잘 먹이게 할 만큼 사리가 밝고 믿을 만한 관리인이 누구냐? 주인이 나타날 때 자기 본분을 다하고 있는 사람은 복된 사람이다. 그러나 관리인이 '주인이 더디 온다' 생각하고는, 일꾼들을 학대하고 친구들을 불러 모아 파티를 벌여 술에 취한다면, 생각지도 못한 때에 주인이 돌아와서, 그를 호되게 매질하고 부엌으로 돌려보내 감자껍질을 벗기게 할 것이다.

47-48 주인이 무엇을 원하는지 알고도 무시하거나, 건방지게 자기 마음대로 하는 종은 흠씬 두들겨 맞을 것이다. 그러나 알지 못해서 일을 제대로 못한 종은 회초리 몇 대로 그칠 것이다. 선물이 크면 책임도 그만큼 큰 법이다. 더 큰 선물에는 더 큰 책임이 따른다."

나는 이 땅에 불을 지르러 왔다

49-53 "나는 이 땅에 불을 지르러 왔다. 바로 지금 이 땅이 활활 불타고 있다면 얼마나 좋겠는가! 나는 모든 것을 바꾸고 모든 것을 제대로 뒤집으려고 왔다. 이 일을 이루기를 내가 얼마나 기다렸던가! 너희는 내가 모든 것을 순탄하고 무난하게 만들려고 온 줄 아느냐? 아니다. 나는 분열과 대립을 일으키러 왔다! 이제부터는 한 집에 다섯 식구가 있으면,

세 사람이 두 사람과 맞서고
두 사람이 세 사람과 맞서고
아버지가 아들과 맞서고
아들이 아버지와 맞서고
어머니가 딸과 맞서고

Lucky the servants whom the master finds on watch! He'll put on an apron, sit them at the table, and serve them a meal, sharing his wedding feast with them. It doesn't matter what time of the night he arrives; they're awake—and so blessed!

39-40 "You know that if the house owner had known what night the burglar was coming, he wouldn't have stayed out late and left the place unlocked. So don't you be slovenly and careless. Just when you don't expect him, the Son of Man will show up."

41 Peter said, "Master, are you telling this story just for us? Or is it for everybody?"

42-46 The Master said, "Let me ask you: Who is the dependable manager, full of common sense, that the master puts in charge of his staff to feed them well and on time? He is a blessed man if when the master shows up he's doing his job. But if he says to himself, 'The master is certainly taking his time,' begins maltreating the servants and maids, throws parties for his friends, and gets drunk, the master will walk in when he least expects it, give him the thrashing of his life, and put him back in the kitchen peeling potatoes.

47-48 "The servant who knows what his master wants and ignores it, or insolently does whatever he pleases, will be thoroughly thrashed. But if he does a poor job through ignorance, he'll get off with a slap on the hand. Great gifts mean great responsibilities; greater gifts, greater responsibilities!

To Start a Fire

49-53 "I've come to start a fire on this earth—how I wish it were blazing right now! I've come to change everything, turn everything rightside up—how I long for it to be finished! Do you think I came to smooth things over and make everything nice? Not so. I've come to disrupt and confront! From now on, when you find five in a house, it will be—

Three against two,
  and two against three;
Father against son,
  and son against father;
Mother against daughter,

딸이 어머니와 맞서고
시어머니가 며느리와 맞서고
며느리가 시어머니와 맞설 것이다."

54-56 예수께서 무리를 향해 말씀하셨다. "구름이 서쪽에서 오는 것을 보면 너희는 '큰비가 오겠다'고 하는데, 그 말이 맞다. 또 바람이 남쪽에서 불면 '오늘은 덥겠다'고 하는데, 그 말도 맞다. 사기꾼들아! 너희가 날씨의 변화는 읽을 줄 알면서, 지금 우리에게 임한 하나님의 계절의 변화는 왜 읽을 줄 모르느냐.

57-59 너희가 반드시 천재가 되어야만 이런 것을 알 수 있는 것은 아니다. 그저 사리분별만 제대로 해도 된다. 가령, 법정으로 끌려갈 때 너희는 너희를 고소한 자와 도중에 타협하기로 결심할 것이다. 사건이 재판관에게까지 가면, 감옥에 갇히고 한 푼도 남김없이 벌금을 다 내야 할 것을 너희가 알기 때문이다. 내가 너희에게 요구하는 것은 바로 그런 결심이다."

열매 맺지 못하는 나무 이야기

13 1-5 그때에 몇몇 사람들이 와서, 빌라도가 예배드리던 갈릴리 사람들을 죽여서 그 피를 제단 제물의 피에 섞은 일을 예수께 전했다. 예수께서 대답하셨다. "너희는 이 살해당한 갈릴리 사람들이 다른 모든 갈릴리 사람보다 더 나쁜 죄인들이라고 생각하느냐? 전혀 그렇지 않다. 하나님께 돌아오지 않으면 너희도 죽을 것이다. 또한 며칠 전 실로암 탑이 무너져 덮치는 바람에 거기에 깔려 죽은 열여덟 명의 예루살렘 사람들이, 다른 모든 예루살렘 사람들보다 더 나쁜 줄 아느냐? 전혀 그렇지 않다. 하나님께 돌아오지 않으면 너희도 죽을 것이다."

6-7 예수께서 이런 이야기를 들려주셨다. "어떤 사람이 앞마당에 사과나무를 심었다. 그가 그 나무에 사과가 있을까 해서 다가가 보니, 하나도 없었다. 그가 정원사에게 말했다. '어찌 된 일이냐? 이제까지 내가 삼 년이나 이 나무에 와서 사과를 찾았지만 하나도 얻지 못했다. 찍어 버려라! 무엇 때문에 좋은 땅을 더 버리겠느냐?'

8-9 정원사가 말했다. '일 년만 더 관심을 기울여 보겠습니다. 제가 그 둘레를 파고 거름을 주겠습니다. 내년에는 열매를 맺을지 모릅니다. 그렇지 않거든, 그때 찍어 버리십시오.'"

and daughter against mother;
Mother-in-law against bride,
and bride against mother-in-law."

54-56 Then he turned to the crowd: "When you see clouds coming in from the west, you say, 'Storm's coming'—and you're right. And when the wind comes out of the south, you say, 'This'll be a hot one'—and you're right. Frauds! You know how to tell a change in the weather, so don't tell me you can't tell a change in the season, the God-season we're in right now.

57-59 "You don't have to be a genius to understand these things. Just use your common sense, the kind you'd use if, while being taken to court, you decided to settle up with your accuser on the way, knowing that if the case went to the judge you'd probably go to jail and pay every last penny of the fine. That's the kind of decision I'm asking you to make."

Unless You Turn to God

13 1-5 About that time some people came up and told him about the Galileans Pilate had killed while they were at worship, mixing their blood with the blood of the sacrifices on the altar. Jesus responded, "Do you think those murdered Galileans were worse sinners than all other Galileans? Not at all. Unless you turn to God, you, too, will die. And those eighteen in Jerusalem the other day, the ones crushed and killed when the Tower of Siloam collapsed and fell on them, do you think they were worse citizens than all other Jerusalemites? Not at all. Unless you turn to God, you, too, will die."

6-7 Then he told them a story: "A man had an apple tree planted in his front yard. He came to it expecting to find apples, but there weren't any. He said to his gardener, 'What's going on here? For three years now I've come to this tree expecting apples and not one apple have I found. Chop it down! Why waste good ground with it any longer?'

8-9 "The gardener said, 'Let's give it another year. I'll dig around it and fertilize, and maybe it will produce next year; if it doesn't, then chop it down.'"

안식일에 병을 고치시다

10-13 예수께서 안식일에 한 회당에서 가르치고 계셨다. 거기에 관절염으로 몸이 뒤틀리고 등이 굽어서 고개조차 들 수 없는 한 여자가 있었다. 여자는 십팔 년째 그 병을 앓고 있었다. 예수께서 그 여자를 보시고 가까이 부르셨다. "여자여, 네가 자유케 되었다!" 예수께서 여자에게 손을 얹자, 여자는 당장 꼿꼿하게 서서 하나님께 영광을 돌렸다.

14 예수께서 안식일에 병을 고친 것 때문에 몹시 화가 난 회당장이 회중에게 말했다. "일하는 날로 정해진 날이 엿새나 됩니다. 치료받고 싶거든 그중 한 날에 오시오. 그러나 일곱째 날 안식일에는 안됩니다."

15-16 그러자 예수께서 쏘아붙이셨다. "너희 사기꾼들아! 너희도 안식일에 자기 소나 나귀를 풀어서 외양간에서 끌고 나가 물을 먹이는 것을 아무렇지 않게 생각한다. 그런데 내가 사탄에게 십팔 년이나 매여 있던 이 아브라함의 딸을 풀어 주고 그 외양간에서 끌어낸 것이 어째서 문제라는 말이냐?"

17 예수께서 그렇게 말씀하시자, 비난하던 자들이 말문이 막혀 얼굴을 붉히며 떠나갔다. 회중은 기뻐하며 그분께 갈채를 보냈다.

하나님께 이르는 길

18-19 그 후에 예수께서 말씀하셨다. "하나님 나라를 어떻게 묘사할 수 있을까? 어떤 이야기가 좋을까? 하나님 나라는 어떤 사람이 자기 앞마당에 심는 솔씨 하나와 같다. 솔씨는 독수리들이 그 안에 둥지를 틀 만큼 가지가 무성한 큰 나무로 자란다."

20-21 예수께서 다시 말씀하셨다. "하나님 나라를 어떻게 묘사할 수 있을까? 하나님 나라는 여자가 빵 세 덩이를 만들려고 반죽에 넣는 누룩과 같다. 기다리고 있으면 반죽이 부푼다."

22 예수께서 계속해서 각 성읍과 마을로 다니며 가르치셨으나, 시종일관 예루살렘을 향해 가고 계셨다.

23-25 어떤 구경꾼이 말했다. "주님, 구원받을 사람이 적습니까?"

예수께서 말씀하셨다. "많고 적고는 너희가 상관할 일이 아니다. 너희는 하나님과 함께하는 삶에 전념하여라. 생명, 곧 하나님께 이르는 길은 정신을 바짝 차려야만 갈 수 있는 힘든 길이

Healing on the Sabbath

10-13 He was teaching in one of the meeting places on the Sabbath. There was a woman present, so twisted and bent over with arthritis that she couldn't even look up. She had been afflicted with this for eighteen years. When Jesus saw her, he called her over. "Woman, you're free!" He laid hands on her and suddenly she was standing straight and tall, giving glory to God.

14 The meeting-place president, furious because Jesus had healed on the Sabbath, said to the congregation, "Six days have been defined as work days. Come on one of the six if you want to be healed, but not on the seventh, the Sabbath."

15-16 But Jesus shot back, "You frauds! Each Sabbath every one of you regularly unties your cow or donkey from its stall, leads it out for water, and thinks nothing of it. So why isn't it all right for me to untie this daughter of Abraham and lead her from the stall where Satan has had her tied these eighteen years?"

17 When he put it that way, his critics were left looking quite silly and red-faced. The congregation was delighted and cheered him on.

The Way to God

18-19 Then he said, "How can I picture God's kingdom for you? What kind of story can I use? It's like a pine nut that a man plants in his front yard. It grows into a huge pine tree with thick branches, and eagles build nests in it."

20-21 He tried again. "How can I picture God's kingdom? It's like yeast that a woman works into enough dough for three loaves of bread–and waits while the dough rises."

22 He went on teaching from town to village, village to town, but keeping on a steady course toward Jerusalem.

23-25 A bystander said, "Master, will only a few be saved?"

He said, "Whether few or many is none of your business. Put your mind on your life with God. The way to life–to God!–is vigorous and requires your total attention. A lot of you are going to assume that you'll sit down to God's salvation banquet

다. 너희 가운데는 평생 동안 그 근처를 맴돌았다는 이유만으로 하나님의 구원 잔치에 앉을 줄로 생각할 사람이 많이 있다. 어느 날 너희가 안에 들어가고 싶어 문을 쾅쾅 두드리겠지만, 문은 잠겨 있고 주인은 이렇게 말할 것이다. '미안하지만, 너희는 내 손님 명단에 없다.'

26-27 너희는 '우리는 평생 주님을 알았습니다!' 하고 따지겠지만, 주인은 단호히 너희 말을 자를 것이다. '너희는 안다고 하지만, 그것은 아는 것이 아니다. 너희는 나에 대해 조금도 모른다.'

28-30 그때 너희는 은혜에서 소외된 자가 되어 바깥 추운 데 있을 것이다. 너희는 아브라함과 이삭과 야곱과 모든 예언자들이 하나님 나라로 행진해 들어가는 것을 볼 것이다. 너희는 동서남북 사방에서 사람들이 흘러들어와서, 하나님 나라 식탁에 앉는 것을 볼 것이다. 그러는 동안 너희는 바깥에서 안을 들여다보며, 이것이 어찌 된 일인지 의아해 할 것이다. 이것은 위대한 반전이다. 맨 뒤에 서 있던 사람이 앞으로 오고, 먼저였던 사람이 결국 나중 될 것이다."

31 바로 그때에 몇몇 바리새인들이 다가와서 말했다. "얼른 피하십시오! 헤롯이 선생님을 찾아 죽이려고 합니다!"

32-35 예수께서 말씀하셨다. "지금은 내가 시간이 없다고 그 여우에게 전하여라. 오늘과 내일은 내가 귀신을 쫓아내고 병든 사람들을 고치느라 바쁘고, 사흘째에는 일을 마무리할 것이다. 그뿐 아니다. 예언자가 예루살렘 밖에서 불운한 최후를 맞는 것은 합당하지 않다.

예루살렘아, 예루살렘아, 예언자들을 죽이고
하나님의 심부름꾼들을 학대하는 너희여!
암탉이 제 새끼를 날개 아래 안전히 품듯이
내가 너희 자녀들을
간절히 모으려고 했으나
너희는 거부하고 돌아섰다!
이제는 너무 늦었다.
너희가 '복되다,
하나님의 이름으로 오시는 이여' 하고
말하는 그날까지,
너희가 다시는 나를 보지 못할 것이다."

just because you've been hanging around the neighborhood all your lives. Well, one day you're going to be banging on the door, wanting to get in, but you'll find the door locked and the Master saying, 'Sorry, you're not on my guest list.'

26-27 "You'll protest, 'But we've known you all our lives!' only to be interrupted with his abrupt, 'Your kind of knowing can hardly be called knowing. You don't know the first thing about me.'

28-30 "That's when you'll find yourselves out in the cold, strangers to grace. You'll watch Abraham, Isaac, Jacob, and all the prophets march into God's kingdom. You'll watch outsiders stream in from east, west, north, and south and sit down at the table of God's kingdom. And all the time you'll be outside looking in—and wondering what happened. This is the Great Reversal: the last in line put at the head of the line, and the so-called first ending up last."

31 Just then some Pharisees came up and said, "Run for your life! Herod's on the hunt. He's out to kill you!"

32-35 Jesus said, "Tell that fox that I've no time for him right now. Today and tomorrow I'm busy clearing out the demons and healing the sick; the third day I'm wrapping things up. Besides, it's not proper for a prophet to come to a bad end outside Jerusalem.

Jerusalem, Jerusalem, killer of prophets,
abuser of the messengers of God!
How often I've longed to gather your children,
gather your children like a hen,
Her brood safe under her wings—
but you refused and turned away!
And now it's too late: You won't see me again
until the day you say,
'Blessed is he
who comes in
the name of God.'"

14

1-3 한번은 예수께서 바리새인의 최고 지도자들 가운데 한 사람과 안식일 식사를 하러 가셨는데, 손님들이 모두 그분을 주시하며 일거수일투족을 살폈다. 바로 그분 앞에 관절 마디가 심하게 부은 사람이 있었다. 예수께서 그 자리에 있는 종교 학자와 바리새인들에게 물으셨다. "안식일에 병을 고쳐도 되느냐, 안되느냐?"

4-6 그들은 묵묵부답이었다. 예수께서 그 사람을 데려다가 고쳐 주시고, 돌려보내셨다. 그러고 나서 말씀하셨다. "여기 있는 사람 가운데 자기 자식이나 가축이 우물에 빠졌는데 당장 달려가서 끌어내지 않고, 안식일이냐 아니냐를 따질 사람이 있느냐?" 그들은 대답할 말이 없었다.

소외된 사람들을 초대하여라

7-9 예수께서 식탁에 둘러앉은 손님들에게 계속해서 이야기해 주셨다. 사람들이 저마다 밀치고 상석에 앉으려는 것을 보시고, 예수께서 말씀하셨다. "누가 너를 저녁식사에 초대하거든, 상석에 앉지 마라. 주인이 너보다 더 중요한 사람을 초대했을 수도 있다. 그런 경우에, 주인이 와서 모든 사람 앞에서 큰소리로 '당신은 자리를 잘못 잡았소. 상석은 이 사람의 자리요' 할 것이다. 그러면 너는 부끄러워 얼굴을 붉히며, 마지막 남은 맨 끝자리로 가야 할 것이다.

10-11 저녁식사에 초대를 받거든, 맨 끝자리에 앉아라. 그러면 너를 초대한 사람이 와서 '친구여, 앞으로 나오시오' 하고 반드시 말할 것이다. 그 일이, 저녁식사에 온 손님들에게 화젯거리가 될 것이다! 내가 말한다. 너희가 거만한 태도로 다니면, 결국 코가 납작해지고 말 것이다. 그러나 너희가 너희 있는 모습을 그대로 인정하면, 자기 자신보다 큰 존재가 될 것이다."

12-14 예수께서 자기를 초대한 사람에게 말씀하셨다. "다음번에 네가 저녁식사를 베풀거든, 네 친구와 가족과 잘사는 이웃들, 곧 호의를 갚을 사람들만 초대하지 마라. 한 번도 초대받지 못하는 사람들, 가난한 지역에 사는 소외된 사람들을 초대하여라. 그러면 네 자신이 복되고 또한 복을 경험하게 될 것이다. 그들은 호의에 보답할 수 없겠지만, 하나님의 사람들이 부활할 때 그 호의에 대한 보답이 있을 것이다. 반드시 있을 것이다!"

초대받은 손님 이야기

15 그 말에 손님 가운데 한 사람이 응답했다. "하나

14

1-3 One time when Jesus went for a Sabbath meal with one of the top leaders of the Pharisees, all the guests had their eyes on him, watching his every move. Right before him there was a man hugely swollen in his joints. So Jesus asked the religion scholars and Pharisees present, "Is it permitted to heal on the Sabbath? Yes or no?"

4-6 They were silent. So he took the man, healed him, and sent him on his way. Then he said, "Is there anyone here who, if a child or animal fell down a well, wouldn't rush to pull him out immediately, not asking whether or not it was the Sabbath?" They were stumped. There was nothing they could say to that.

Invite the Misfits

7-9 He went on to tell a story to the guests around the table. Noticing how each had tried to elbow into the place of honor, he said, "When someone invites you to dinner, don't take the place of honor. Somebody more important than you might have been invited by the host. Then he'll come and call out in front of everybody, 'You're in the wrong place. The place of honor belongs to this man.' Red-faced, you'll have to make your way to the very last table, the only place left.

10-11 "When you're invited to dinner, go and sit at the last place. Then when the host comes he may very well say, 'Friend, come up to the front.' That will give the dinner guests something to talk about! What I'm saying is, If you walk around with your nose in the air, you're going to end up flat on your face. But if you're content to be simply yourself, you will become more than yourself."

12-14 Then he turned to the host. "The next time you put on a dinner, don't just invite your friends and family and rich neighbors, the kind of people who will return the favor. Invite some people who never get invited out, the misfits from the wrong side of the tracks. You'll be–and experience–a blessing. They won't be able to return the favor, but the favor will be returned–oh, how it will be returned!–at the resurrection

님 나라에서 저녁 만찬을 먹게 되는 사람은 정말 복이 있습니다!"
16-17 예수께서 그 말을 이어받으셨다. "그렇다. 어떤 사람이 성대한 저녁 파티를 열어 많은 사람을 초대했다. 식사 시간이 되자, 그는 초대받은 손님들에게 종을 보내 말했다. '오십시오. 음식이 다 준비되었습니다.'
18 그러나 초대받은 사람들이 한 명씩 핑계를 대며 거절하기 시작했다. 한 사람은 '나는 땅을 좀 샀는데, 가서 둘러봐야겠다. 미안하다고 전해라' 하고 말했다.
19 또 한 사람은 '나는 방금 소 다섯 쌍을 샀는데, 꼭 가서 부려 봐야겠다. 미안하다고 전해라' 하고 말했다.
20 또 한 사람은 '나는 신혼이라, 집에 있는 아내에게 가 봐야 한다' 하고 말했다.
21 종이 돌아와서 주인에게 사정을 보고했다. 주인은 격분해서 종에게 말했다. '어서, 시내의 큰길과 골목길로 나가거라. 가서 제대로 된 식사가 필요한 사람들, 소외된 사람과 노숙자와 불쌍한 사람들을 눈에 띄는 대로 모아서 이리로 데려오너라.'
22 종이 다시 보고했다. '주인님, 명령하신 대로 했는데도 여전히 자리가 남습니다.'
23-24 주인이 말했다. '그렇다면 길거리로 가서, 아무나 만나는 대로 데려 오너라. 나는 내 집이 가득 차기를 원한다! 내가 너희에게 말한다. 처음에 초대받은 사람들 가운데는, 아무도 내 저녁 파티에서 먹지 못할 것이다.'"

비용을 계산해 보아라

25-27 하루는 많은 무리가 예수와 함께 걷고 있는데, 예수께서 돌아서서 그들에게 말씀하셨다. "누구든지 내게 오려는 사람은, 아버지와 어머니, 배우자와 자녀, 형제자매 그리고 자기 자신까지 내려놓지 않고서는 내 제자가 될 수 없다. 누구든지 자기 십자가를 지고 내 뒤를 따라오지 않는 사람은 내 제자가 될 수 없다.
28-30 새 집을 지을 계획이라면, 집을 다 지을 수 있을지 비용을 계산해 보지 않을 사람이 누가 있겠느냐? 기초만 놓았는데 돈이 다 떨어졌다면, 너희는 아주 어리석은 사람으로 보일 것이다. 지나가는 사람마다 '이 사람이 끝내지도 못할 일을 벌였구나' 하고 손가락질하며 너희를 비웃을 것이다.

of God's people."

The Story of the Dinner Party

15 That triggered a response from one of the guests: "How fortunate the one who gets to eat dinner in God's kingdom!"
16-17 Jesus followed up. "Yes. For there was once a man who threw a great dinner party and invited many. When it was time for dinner, he sent out his servant to the invited guests, saying, 'Come on in; the food's on the table.'
18 "Then they all began to beg off, one after another making excuses. The first said, 'I bought a piece of property and need to look it over. Send my regrets.'
19 "Another said, 'I just bought five teams of oxen, and I really need to check them out. Send my regrets.'
20 "And yet another said, 'I just got married and need to get home to my wife.'
21 "The servant went back and told the master what had happened. He was outraged and told the servant, 'Quickly, get out into the city streets and alleys. Collect all who look like they need a square meal, all the misfits and homeless and wretched you can lay your hands on, and bring them here.'
22 "The servant reported back, 'Master, I did what you commanded – and there's still room.'
23-24 "The master said, 'Then go to the country roads. Whoever you find, drag them in. I want my house full! Let me tell you, not one of those originally invited is going to get so much as a bite at my dinner party.'"

Figure the Cost

25-27 One day when large groups of people were walking along with him, Jesus turned and told them, "Anyone who comes to me but refuses to let go of father, mother, spouse, children, brothers, sisters – yes, even one's own self! – can't be my disciple. Anyone who won't shoulder his own cross and follow behind me can't be my disciple.
28-30 "Is there anyone here who, planning to build a new house, doesn't first sit down and figure the cost so you'll know if you can complete it? If you only get the foundation laid and then run out of money,

31-32 또 너희는 병사 일만 명으로 병사 이만 명을 가진 왕을 당해 낼 수 있을지 판단해 보지도 않고 전쟁에 나가는 왕을 상상할 수 있겠느냐? 만일 당해 낼 수 없다고 판단하면, 밀사를 보내 휴전을 맺지 않겠느냐?
33 간단히 말하겠다. 계획이든 사람이든, 너희에게 가장 소중한 것과 기꺼이 작별할 각오가 없으면, 너희는 내 제자가 될 수 없다.
34 소금은 좋은 것이다. 그러나 소금이 맛을 잃으면 아무 데도 쓸모없는 무용지물이 되고 만다.
너희는 듣고 있느냐? 정말로 듣고 있느냐?"

잃어버린 양 한 마리

15

1-3 평판이 좋지 않은 많은 사람들이 예수 주변에 머물며, 그분의 말씀을 열심히 듣고 있었다. 바리새인과 종교 학자들은 이것이 전혀 달갑지 않았다. 그들은 화가 나서 투덜거렸다. "이 사람이 죄인들을 받아들이고 함께 식사하며, 그들을 오랜 친구처럼 대한다." 그들이 불평하자 예수께서 다음 이야기를 들려주셨다.
4-7 "너희 가운데 한 사람에게 양 백 마리가 있는데, 한 마리를 잃어버렸다고 하자. 너희라면 아흔아홉 마리를 들판에 두고서 잃어버린 양 한 마리를 찾아다니지 않겠느냐? 그러다가 찾으면, 너희는 그 양을 어깨에 메고 즐거워하며 집에 돌아와서는, 친구와 이웃들을 불러 이렇게 말할 것이다. '나와 함께 축하합시다. 내가 잃어버린 양을 찾았습니다!' 내가 분명히 말한다. 구원이 필요하지 않은 아흔아홉 명의 선한 사람보다, 구원받은 죄인 한 사람의 생명으로 인해 천국에는 더 큰 기쁨이 있다."

잃어버린 동전 하나

8-10 "어떤 여자에게 동전 열 개가 있었는데, 하나를 잃어버렸다. 그렇다면 그 여자가 그 동전 하나를 찾을 때까지, 불을 켜고 집을 뒤지며 구석구석 살피지 않겠느냐? 그러다가 찾으면, 틀림없이 친구와 이웃들을 불러 이렇게 말할 것이다. '나와 함께 축하합시다. 내가 잃어버린 동전을 찾았습니다!' 내가 분명히 말한다. 잃어버린 한 영혼이 하나님께 돌아오면, 그때마다 하나님의 천사들이 바로 그와 같이 파티를 벌이며 축하한다."

you're going to look pretty foolish. Everyone passing by will poke fun at you: 'He started something he couldn't finish.'
31-32 "Or can you imagine a king going into battle against another king without first deciding whether it is possible with his ten thousand troops to face the twenty thousand troops of the other? And if he decides he can't, won't he send an emissary and work out a truce?
33 "Simply put, if you're not willing to take what is dearest to you, whether plans or people, and kiss it good-bye, you can't be my disciple.
34 "Salt is excellent. But if the salt goes flat, it's useless, good for nothing.
"Are you listening to this? Really listening?"

The Story of the Lost Sheep

15

1-3 By this time a lot of men and women of doubtful reputation were hanging around Jesus, listening intently. The Pharisees and religion scholars were not pleased, not at all pleased. They growled, "He takes in sinners and eats meals with them, treating them like old friends." Their grumbling triggered this story.
4-7 "Suppose one of you had a hundred sheep and lost one. Wouldn't you leave the ninety-nine in the wilderness and go after the lost one until you found it? When found, you can be sure you would put it across your shoulders, rejoicing, and when you got home call in your friends and neighbors, saying, 'Celebrate with me! I've found my lost sheep!' Count on it—there's more joy in heaven over one sinner's rescued life than over ninety-nine good people in no need of rescue.

The Story of the Lost Coin

8-10 "Or imagine a woman who has ten coins and loses one. Won't she light a lamp and scour the house, looking in every nook and cranny until she finds it? And when she finds it you can be sure she'll call her friends and neighbors: 'Celebrate with me! I found my lost coin!' Count on it—that's the kind of party God's angels throw every time one lost soul turns to God."

잃어버린 아들 이야기

11-12 예수께서 말씀하셨다. "어떤 사람에게 두 아
들이 있었다. 둘째 아들이 아버지에게 말했다.
'아버지, 제가 받을 유산을 지금 당장 주십시오.'
12-16 아버지는 재산을 두 아들의 몫으로 나누었
다. 얼마 지나지 않아, 둘째 아들은 짐을 싸서 먼
나라로 떠났다. 거기서 그는, 제멋대로 방탕하게
살면서 가지고 있던 재산을 다 날려 버렸다. 돈이
다 떨어졌다. 그때에 그 나라 전역에 심한 기근이
들었고, 그는 구차한 형편에 처하게 되었다. 그는
그 나라에 사는 한 사람에게 일감을 얻어, 들판에
나가 돼지 치는 일을 하게 되었다. 그는 배가 너
무 고파서 돼지 구정물 속의 옥수수 속대라도 먹
고 싶었지만, 그것마저 주는 사람이 없었다.
17-20 그제야 정신을 차린 그가 말했다. '내 아버지
밑에서 일하는 일꾼들도 식탁에 앉아 하루 세 끼
를 먹는데, 나는 여기서 굶어 죽는구나. 아버지께
돌아가야겠다. 가서 아버지, 제가 하나님께 죄를
짓고 아버지 앞에 죄를 지었습니다. 저는 아버지
의 아들이라 불릴 자격도 없으니, 저를 품꾼으로
받아 주십시오 하고 말씀드리자.' 그는 바로 일어
나서 아버지가 있는 집으로 갔다.
20-21 그가 아직 멀리 있는데, 아버지가 그를 보았
다. 아버지는 뛰는 가슴으로 달려나가, 아들을 끌
어안고 입을 맞추었다. 아들이 말했다. '아버지,
저는 하나님께 죄를 짓고 아버지 앞에 죄를 지었
습니다. 저는 다시 아버지의 아들이라 불릴 자격
이 없습니다.'
22-24 그러나 아버지는 그의 말을 듣지 않았다. 아
버지는 종들을 불렀다. '어서 깨끗한 옷 한 벌을
가져다가 이 아들에게 입혀라. 손가락에 집안 반
지를 끼우고 발에 신발을 신겨라. 그리고 좋은 사
료로 키운 암소를 잡아다가 구워라. 잔치를 벌여
야겠다! 흥겹게 즐겨야겠다! 내 아들이 여기 있
다. 죽은 줄 알았는데, 이렇게 살아 있다! 잃어버
린 줄 알았는데, 이렇게 찾았다!' 그들은 흥겹게
즐기기 시작했다.
25-27 그 일이 있는 동안에 맏아들은 밭에 나가 있
었다. 그가 하루 일을 끝내고 들어오는데, 집 가
까이 이르자 음악소리와 춤추는 소리가 들렸다.
그는 종을 불러서 무슨 일인지 물었다. '동생 분
이 집에 돌아왔습니다. 그가 무사히 집에 돌아왔
다고 주인 어른께서 잔치를 열라고 명하셨습니
다. 쇠고기 파티입니다' 하고 종이 말해 주었다.
28-30 맏아들은 분하고 언짢아서, 저만치 물러나

The Story of the Lost Son

11-12 Then he said, "There was once a man who had
two sons. The younger said to his father, 'Father, I
want right now what's coming to me.'
12-16 "So the father divided the property between
them. It wasn't long before the younger son
packed his bags and left for a distant country.
There, undisciplined and dissipated, he wasted
everything he had. After he had gone through all
his money, there was a bad famine all through that
country and he began to hurt. He signed on with a
citizen there who assigned him to his fields to slop
the pigs. He was so hungry he would have eaten
the corncobs in the pig slop, but no one would give
him any.
17-20 "That brought him to his senses. He said, 'All
those farmhands working for my father sit down
to three meals a day, and here I am starving to
death. I'm going back to my father. I'll say to him,
Father, I've sinned against God, I've sinned before
you; I don't deserve to be called your son. Take
me on as a hired hand.' He got right up and went
home to his father.
20-21 "When he was still a long way off, his
father saw him. His heart pounding, he ran out,
embraced him, and kissed him. The son started
his speech: 'Father, I've sinned against God, I've
sinned before you; I don't deserve to be called your
son ever again.'
22-24 "But the father wasn't listening. He was calling
to the servants, 'Quick. Bring a clean set of clothes
and dress him. Put the family ring on his finger
and sandals on his feet. Then get a grain-fed heifer
and roast it. We're going to feast! We're going to
have a wonderful time! My son is here – given up
for dead and now alive! Given up for lost and now
found!' And they began to have a wonderful time.
25-27 "All this time his older son was out in the
field. When the day's work was done he came in.
As he approached the house, he heard the music
and dancing. Calling over one of the houseboys,
he asked what was going on. He told him, 'Your
brother came home. Your father has ordered a
feast – barbecued beef! – because he has him home
safe and sound.'

집에 들어가려고 하지 않았다. 아버지가 나와서 그와 이야기하려 했으나, 그는 들으려고 하지 않았다. 아들이 말했다. '제가 집에 남아서 한시도 속을 썩이지 않고 아버지를 모신 것이 몇 년째입니까? 그런데도 아버지는 저와 제 친구들을 위해 잔치 한 번 열어 주신 적이 없습니다. 그런데 아버지의 돈을 창녀들에게 다 날리고 나타난 저 아들에게는 성대한 잔치를 베풀어 주시다니요!'

31-32 아버지가 말했다. '아들아, 네가 모르는 것이 있다. 너는 늘 나와 함께 있으니 내 것이 다 네 것이다. 그러나 지금은 흥겨운 때고, 마땅히 기뻐할 때다. 네 동생은 죽었다가 살아났고, 잃었다가 다시 찾았다!'"

부정직한 관리인 이야기

16 1-2 예수께서 제자들에게 말씀하셨다. "어떤 부자에게 관리인이 있었다. 관리인이 직위를 남용해서 사사로운 지출이 크게 늘고 있다는 보고가 주인에게 들어갔다. 그래서 주인은 그를 불러들여 말했다. '너에 대해 들려오는 이야기가 어찌 된 것이냐? 너를 해고하겠다. 내가 네 장부를 철저히 감사해 볼 것이다.'

3-4 그러자 관리인은 속으로 말했다. '관리인 일을 잃었으니 이제 어쩌지? 막노동을 하자니 힘이 없고, 구걸을 하자니 자존심이 상하고……. 그렇지, 좋은 수가 있다. 이렇게 하자……. 그러면 내가 거리에 나앉더라도, 사람들이 나를 자기 집에 들여 줄 것이다.'

5 관리인은 곧장 행동으로 옮겼다. 그는 자기 주인에게 빚진 사람들을 한 사람씩 불렀다. 처음 온 사람에게 관리인이 말했다. '내 주인에게 진 빚이 얼마요?'

6 그가 대답했다. '올리브기름 백 통입니다.'
관리인이 말했다. '지금 당장 여기 앉아서 당신 서류에 오십이라고 쓰시오.'

7 다음 사람에게 말했다. '당신은 무슨 빚을 졌소?'
그가 대답했다. '밀 백 부대입니다.'
그가 말했다. '당신 서류를 가져다가 팔십이라고 쓰시오.'

8-9 자, 여기에 놀라운 소식이 있다. 주인은 이 부정직한 관리인을 칭찬했다. 왜 그랬겠느냐? 그가 제 앞가림을 할 줄 알았기 때문이다. 세상 물정에 밝은 사람들이, 이 점에 있어서는 법을 잘 지키는 시민들보다 영리하다. 그들은 늘 빈틈이 없고, 온갖 수단을 꾀하며, 수완을 발휘해서 살아남는다.

28-30 "The older brother stalked off in an angry sulk and refused to join in. His father came out and tried to talk to him, but he wouldn't listen. The son said, 'Look how many years I've stayed here serving you, never giving you one moment of grief, but have you ever thrown a party for me and my friends? Then this son of yours who has thrown away your money on whores shows up and you go all out with a feast!'

31-32 "His father said, 'Son, you don't understand. You're with me all the time, and everything that is mine is yours—but this is a wonderful time, and we had to celebrate. This brother of yours was dead, and he's alive! He was lost, and he's found!'"

The Story of the Crooked Manager

16 1-2 Jesus said to his disciples, "There was once a rich man who had a manager. He got reports that the manager had been taking advantage of his position by running up huge personal expenses. So he called him in and said, 'What's this I hear about you? You're fired. And I want a complete audit of your books.'

3-4 "The manager said to himself, 'What am I going to do? I've lost my job as manager. I'm not strong enough for a laboring job, and I'm too proud to beg... Ah, I've got a plan. Here's what I'll do... then when I'm turned out into the street, people will take me into their houses.'

5 "Then he went at it. One after another, he called in the people who were in debt to his master. He said to the first, 'How much do you owe my master?'

6 "He replied, 'A hundred jugs of olive oil.'
"The manager said, 'Here, take your bill, sit down here—quick now—write fifty.'

7 "To the next he said, 'And you, what do you owe?'
"He answered, 'A hundred sacks of wheat.'
"He said, 'Take your bill, write in eighty.'

8-9 "Now here's a surprise: The master praised the crooked manager! And why? Because he knew how to look after himself. Streetwise people are smarter in this regard than law-abiding citizens. They are on constant alert, looking for angles, surviving by their wits. I want you to be smart in the same

나는 너희도 그런 식으로, 옳은 것을 위해 영리해지
기를 바란다. 모든 역경을 생존을 위한 창조적인 자
극제로 삼고, 가장 본질적인 것에 너희 관심을 집
중하여라. 그러면 너희는, 선한 행동에 만족하면서
그저 그렇게 사는 것이 아니라, 참으로 살게 될 것
이다."

하나님은 내면을 보신다

10-13 예수께서 계속해서 말씀하셨다.

너희가 작은 일에 정직하면
큰 일에도 정직할 것이다.
너희가 작은 일을 속이면
큰 일도 속일 것이다.
너희가 작은 일에 정직하지 못하면
누가 너희에게 가게를 맡기겠느냐?
두 명의 사장을 위해 일하는 직원은 없다.
하나는 미워하고 하나는 사랑하거나,
하나는 떠받들고 하나는 얕보게 된다.
너희가 하나님과 은행, 둘 다를 섬길 수는 없다.

14-18 돈을 밝히는 무리인 바리새인들이 이 말씀을
들었다. 그들은 눈을 부라리며, 그분을 현실을 모
르는 대책 없는 사람으로 치부해 버렸다. 그러자
예수께서 그들에게 말씀하셨다. "너희는 다른 사람
들 앞에 자신을 그럴듯하게 보이는 데는 달인이다.
그러나 하나님은 겉모습이 아니라 내면을 보신다.

이 사회가 보고 대단하다고 이르는 것을
하나님은 꿰뚫어 보시고 터무니없다 하신다.
하나님의 율법과 예언자는 요한에서 절정을 이
루었다.
이제 하나님 나라의 기쁜 소식이 전파된다.
이것은 모든 사람의 마음을 끄는 초대다.
하나님의 율법이 한 글자라도 닳아 없어지기 전에
먼저 하늘이 풀어지고 땅이 녹아내릴 것이다.
이혼법 규정을 구실 삼아
정욕을 덮으려는 것은 간음이다.
결혼법 규정을 구실 삼아
정욕을 덮으려는 것도 간음이다."

부자와 나사로

19-21 "어떤 부자가 있었는데, 그는 최신 유행하는
값비싼 옷을 입고 과시적으로 돈을 쓰면서 하루하
루를 허비했다. 나사로라는 가난한 사람이 그의 집

way – but for what is *right* – using every adversity to stimulate you to creative survival, to concentrate your attention on the bare essentials, so you'll live, really live, and not complacently just get by on good behavior."

God Sees Behind Appearances

10-13 Jesus went on to make these comments:

If you're honest in small things,
you'll be honest in big things;
If you're a crook in small things,
you'll be a crook in big things.
If you're not honest in small jobs,
who will put you in charge of the store?
No worker can serve two bosses:
He'll either hate the first and love the second
Or adore the first and despise the second.
You can't serve both God and the Bank.

14-18 When the Pharisees, a money-obsessed bunch, heard him say these things, they rolled their eyes, dismissing him as hopelessly out of touch. So Jesus spoke to them: "You are masters at making yourselves look good in front of others, but God knows what's behind the appearance.

What society sees and calls monumental,
God sees through and calls monstrous.
God's Law and the Prophets climaxed in John;
Now it's all kingdom of God – the glad news
and compelling invitation to every man and woman.
The sky will disintegrate and the earth dissolve
before a single letter of God's Law wears out.
Using the legalities of divorce
as a cover for lust is adultery;
Using the legalities of marriage
as a cover for lust is adultery.

The Rich Man and Lazarus

19-21 "There once was a rich man, expensively dressed in the latest fashions, wasting his days in conspicuous consumption. A poor man named

문 앞에 버려져 있었는데, 온몸이 종기투성이었다. 부자의 식탁에서 떨어지는 부스러기로 끼니를 때우는 것이 그 인생의 소원이었다. 그에게 다가와서 그 몸에 난 종기를 핥는 개들이 그의 가장 가까운 친구였다.

22-24 그러다가 이 가난한 사람이 죽었고, 천사들에게 이끌려 아브라함의 품에 안겼다. 부자도 죽어서 땅에 묻혔다. 지옥에서 고통받던 부자가, 눈을 들어 멀리 있는 아브라함과 그 품에 안긴 나사로를 보았다. 그가 외쳤다. '아버지 아브라함이여, 불쌍히 여기시고, 자비를 베풀어 주십시오! 나사로를 보내서 그 손가락에 물을 찍어 제 혀를 시원하게 해주십시오. 제가 이 불 속에서 몹시 괴롭습니다.'

25-26 그러자 아브라함이 말했다. '얘야, 너는 사는 동안에 좋은 것을 받았고 나사로는 나쁜 것을 받았다는 사실을 기억하여라. 여기는 그렇지 않다. 여기서는 그가 위로를 받고 너는 고통을 받는다. 게다가, 너희와 우리 사이에 큰 수렁이 있어서, 우리 쪽에서 너희에게 가고 싶어도 갈 수 없고 너희 쪽에서도 아무도 우리에게 건너올 수 없다.'

27-28 부자가 말했다. '그러면 아버지, 부탁이 있습니다. 다섯 형제가 있는 내 아버지 집으로 나사로를 보내 주십시오. 그가 그들에게 진실을 알리고 경고해서, 그들만큼은 이 고통의 자리에 오지 않도록 해주십시오.'

29 아브라함이 대답했다. '그들에게는 진실을 말해 줄 모세와 예언자들이 있다. 그들한테 들으면 된다.'

30 그가 말했다. '저도 압니다, 아버지 아브라함이여. 하지만 그들은 듣지 않습니다. 죽은 자들 가운데서 누군가 일어나 그들에게 간다면, 그들도 자신들의 행실을 고칠 것입니다.'

31 아브라함이 대답했다. '그들이 모세와 예언자들의 말을 듣지 않는다면, 죽은 자들 가운데서 살아난 사람도 그들을 설득할 수 없을 것이다.'"

깨알만한 믿음만 있어도

17 1-2 예수께서 제자들에게 말씀하셨다. "힘든 시련과 유혹이 오게 마련이지만, 누구든지 그것을 초래하는 자는 불행하다! 이 사랑스런 어린아이들 가운데 하나를 괴롭히느니, 차라리 맷돌을 목에 두르고 깊은 바다를 헤엄치는 편이 낫다!

3-4 조심하여라. 네 친구가 잘못하는 것을 보거든, 바로잡아 주어라. 그가 네 지적에 응하거든, 용서하여라. 설령 너에게 하루에 일곱 번 되풀이해서

Lazarus, covered with sores, had been dumped on his doorstep. All he lived for was to get a meal from scraps off the rich man's table. His best friends were the dogs who came and licked his sores.

22-24 "Then he died, this poor man, and was taken up by the angels to the lap of Abraham. The rich man also died and was buried. In hell and in torment, he looked up and saw Abraham in the distance and Lazarus in his lap. He called out, 'Father Abraham, mercy! Have mercy! Send Lazarus to dip his finger in water to cool my tongue. I'm in agony in this fire.'

25-26 "But Abraham said, 'Child, remember that in your lifetime you got the good things and Lazarus the bad things. It's not like that here. Here he's consoled and you're tormented. Besides, in all these matters there is a huge chasm set between us so that no one can go from us to you even if he wanted to, nor can anyone cross over from you to us.'

27-28 "The rich man said, 'Then let me ask you, Father: Send him to the house of my father where I have five brothers, so he can tell them the score and warn them so they won't end up here in this place of torment.'

29 "Abraham answered, 'They have Moses and the Prophets to tell them the score. Let them listen to them.'

30 "'I know, Father Abraham,' he said, 'but they're not listening. If someone came back to them from the dead, they would change their ways.'

31 "Abraham replied, 'If they won't listen to Moses and the Prophets, they're not going to be convinced by someone who rises from the dead.'"

A Kernel of Faith

17 1-2 He said to his disciples, "Hard trials and temptations are bound to come, but too bad for whoever brings them on! Better to wear a millstone necklace and take a swim in the deep blue sea than give even one of these dear little ones a hard time!

3-4 "Be alert. If you see your friend going wrong, correct him. If he responds, forgive him. Even if

잘못하더라도, 그가 일곱 번 '미안하네. 다시는
그러지 않겠네' 하거든 용서하여라."
5 사도들이 주님께 다가와서 말했다. "우리에게
더 큰 믿음을 주십시오."
6 그러자 주님께서 말씀하셨다. "너희에게 필요
한 것은 더 큰 믿음이 아니다. 더 큰 믿음도 없고
더 작은 믿음도 없다. 너희에게 낟알 하나만한
믿음, 깨알만한 믿음만 있어도, 너희가 이 뽕나
무더러 '가서 호수에 뛰어들어라' 하고 말할 수
있다. 너희가 말하면 그렇게 될 것이다.
7-10 너희 가운데 누가 종이 있는데, 그 종이 밭
을 갈거나 양을 치고 나서 들어왔다고 해보자.
너희라면 그의 겉옷을 받아 주고 식탁을 차려 주
며 그에게 '앉아서 먹어라' 하겠느냐? 오히려 '저
녁을 준비하여라. 옷을 갈아입고 내가 커피를 다
마실 때까지 식탁에서 시중들어라. 그런 다음에
부엌에 가서 저녁을 먹어라' 하지 않겠느냐? 종
이 당연히 해야 할 일을 했다고 특별히 감사를
받더냐? 너희도 마찬가지다. 너희는 당연히 해
야 할 일을 끝내고 나서 '일을 마쳤습니다. 명령
하신 대로 우리가 했습니다' 하고 말하여라."
11-13 예수께서 예루살렘으로 가시는 길에, 마침
사마리아와 갈릴리 경계를 넘어가셨다. 예수께
서 한 마을에 들어가시다가, 나병환자 열 명을
만나셨다. 그들은 거리를 두고 서서 목소리를
높여 외쳤다. "주 예수여, 우리를 불쌍히 여겨
주십시오."
14-16 예수께서 그들을 유심히 보시며 말씀하셨
다. "제사장들에게 가서 너희 몸을 보여라."
그들은 갔고, 가는 길에 그 몸이 깨끗해졌다. 그
들 가운데 한 사람이 자기가 나은 것을 알고는,
하나님께 소리 높여 감사하고 영광을 돌리며 가
던 길을 되돌아왔다. 어떻게 다 감사해야 할지
몰랐던 그는, 예수의 발 앞에 무릎을 꿇었다. 그
는 사마리아 사람이었다.
17-19 예수께서 말씀하셨다. "열 사람이 낫지 않
았느냐? 아홉 사람은 어디 있느냐? 돌아와서 하
나님께 영광을 돌린 사람이 이 이방인 말고는
아무도 없느냐?" 예수께서 그에게 말씀하셨다.
"일어나, 가거라. 네 믿음이 너를 낫게 하고 너
를 구원했다."

인자는 갑작스럽게 온다

20-21 바리새인들이 하나님 나라가 언제 오는지
따져 묻자, 예수께서 대답하셨다. "하나님 나라

it's personal against you and repeated seven times
through the day, and seven times he says, 'I'm
sorry, I won't do it again,' forgive him."
5 The apostles came up and said to the Master, "Give
us more faith."
6 But the Master said, "You don't need *more* faith.
There is no 'more' or 'less' in faith. If you have a
bare kernel of faith, say the size of a poppy seed,
you could say to this sycamore tree, 'Go jump in the
lake,' and it would do it.
7-10 "Suppose one of you has a servant who comes
in from plowing the field or tending the sheep.
Would you take his coat, set the table, and say, 'Sit
down and eat'? Wouldn't you be more likely to say,
'Prepare dinner; change your clothes and wait table
for me until I've finished my coffee; then go to the
kitchen and have your supper'? Does the servant
get special thanks for doing what's expected of
him? It's the same with you. When you've done
everything expected of you, be matter-of-fact and
say, 'The work is done. What we were told to do, we
did.'"
11-13 It happened that as he made his way toward
Jerusalem, he crossed over the border between
Samaria and Galilee. As he entered a village, ten
men, all lepers, met him. They kept their distance
but raised their voices, calling out, "Jesus, Master,
have mercy on us!"
14-16 Taking a good look at them, he said, "Go, show
yourselves to the priests."
They went, and while still on their way, became
clean. One of them, when he realized that he was
healed, turned around and came back, shouting his
gratitude, glorifying God. He kneeled at Jesus' feet,
so grateful. He couldn't thank him enough–and he
was a Samaritan.
17-19 Jesus said, "Were not ten healed? Where are
the nine? Can none be found to come back and give
glory to God except this outsider?" Then he said to
him, "Get up. On your way. Your faith has healed
and saved you."

When the Son of Man Arrives

20-21 Jesus, grilled by the Pharisees on when the
kingdom of God would come, answered, "The

는 너희가 달력을 보고 날짜를 세고 있다고 해서 오는 것이 아니다. 누가 '여기를 보아라!' 하거나 '저기 있다!' 한다고 해서 오는 것도 아니다. 이유가 무엇이겠느냐? 하나님 나라는 이미 너희 가운데 있기 때문이다."

22-24 예수께서 계속해서 제자들에게 말씀하셨다. "너희가 인자의 날들 중에 단 하루라도 보고 싶어 애타게 사모할 때가 오겠으나, 보지 못할 것이다. 사람들이 너희에게 '저기를 보아라!' 하거나 '여기를 보아라!' 할 것이다. 그런 허튼 말에 절대 속지 마라. 너희가 보러 나간다고 해서 인자가 오는 것을 볼 수 있는 것은 아니다. 인자는 올 때가 되면 온다.

24-25 번개가 한 번만 쳐도 온 하늘이 환해지지 않느냐? 인자의 날도 그럴 것이다. 그러나 먼저 인자가 많은 고난을 당하고, 이 시대 사람들에게 버림받아야 한다.

26-27 인자의 때도 노아의 때와 똑같을 것이다. 노아가 방주에 오르던 그날까지도, 사람들은 모두 평소처럼 지내며 시시덕거리고 즐겼다. 홍수가 나서 모든 것을 쓸어버릴 때까지, 그들은 아무런 낌새도 채지 못했다.

28-30 롯의 때도 마찬가지였다. 롯이 소돔에서 나오고 화염이 폭풍처럼 쏟아져 모든 것을 바싹 태우던 그날까지도, 사람들은 평소대로 시시덕거리고 즐겼다. 인자가 나타나는 때도 그처럼 갑작스럽고 전면적일 것이다.

31-33 그날이 올 때에 너희가 마당에서 일하고 있거든, 무엇을 가지러 집으로 들어가지 마라. 밭에 나가 있거든, 겉옷을 가지러 돌아가지 마라. 롯의 아내가 어떻게 되었는지 기억하여라! 너희가 너희의 목숨을 붙잡고 매달리면 목숨을 잃겠지만, 그 목숨을 놓으면 하나님의 목숨을 얻을 것이다.

34-35 그날에 두 남자가 한 배에서 고기를 잡다가, 한 사람은 데려가고 다른 한 사람은 남겨질 것이다. 두 여자가 한 부엌에서 일하다가, 한 사람은 데려가고 다른 한 사람은 남겨질 것이다."

37 제자들이 이 모든 말씀을 받아들이려는 마음에서 말했다. "주님, 어디에서 그런 일이 있겠습니까?"

예수께서 그들에게 말씀하셨다. "독수리들이 맴도는 곳을 잘 보아라. 독수리들이 먼저 시체를 찾아낼 것이다. 그 일은 내 주검 주위에서 시작될 것이다."

kingdom of God doesn't come by counting the days on the calendar. Nor when someone says, 'Look here!' or, 'There it is!' And why? Because God's kingdom is already among you."

22-24 He went on to say to his disciples, "The days are coming when you are going to be desperately homesick for just a glimpse of one of the days of the Son of Man, and you won't see a thing. And they'll say to you, 'Look over there!' or, 'Look here!' Don't fall for any of that nonsense. The arrival of the Son of Man is not something you go out to see. He simply comes.

24-25 "You know how the whole sky lights up from a single flash of lightning? That's how it will be on the Day of the Son of Man. But first it's necessary that he suffer many things and be turned down by the people of today.

26-27 "The time of the Son of Man will be just like the time of Noah—everyone carrying on as usual, having a good time right up to the day Noah boarded the ship. They suspected nothing until the flood hit and swept everything away.

28-30 "It was the same in the time of Lot—the people carrying on, having a good time, business as usual right up to the day Lot walked out of Sodom and a firestorm swept down and burned everything to a crisp. That's how it will be—sudden, total—when the Son of Man is revealed.

31-33 "When the Day arrives and you're out working in the yard, don't run into the house to get anything. And if you're out in the field, don't go back and get your coat. Remember what happened to Lot's wife! If you grasp and cling to life on your terms, you'll lose it, but if you let that life go, you'll get life on God's terms.

34-35 "On that Day, two men will be in the same boat fishing—one taken, the other left. Two women will be working in the same kitchen—one taken, the other left."

37 Trying to take all this in, the disciples said, "Master, where?"

He told them, "Watch for the circling of the vultures. They'll spot the corpse first. The action will begin around my dead body."

끈질긴 과부 이야기

18 1-3 예수께서 그들에게 끈질기게 기도하고
절대 포기하지 말아야 할 것을 가르치려고
이야기를 들려주셨다. 예수께서 말씀하셨다. "어떤 도시에 하나님을 전혀 의식하지 않고 사람들도 안중에 없는 재판관이 있었다. 그 도시에 사는 한 과부가 계속해서 그를 찾아왔다. '내 권리가 침해받고 있으니 나를 보호해 주십시오!'
4-5 재판관은 그 과부를 거들떠보지도 않았다. 그러나 과부가 계속해서 찾아오자 재판관은 이렇게 혼잣말을 했다. '나는 하나님이 어떻게 생각하는지 전혀 관심도 없고, 사람들의 생각은 더 말할 것도 없다. 그런데 이 과부가 끝까지 나를 귀찮게 할 텐데, 뭔가 조치를 취해서 이 여자가 정당한 대우를 받도록 해주는 편이 차라리 낫겠다. 그러지 않으면, 이 여자의 집요한 펀치에 내가 시퍼렇게 멍이 들고 말겠다.'"
6-8 주님께서 말씀하셨다. "너희는 이 불의한 재판관이 하는 말을 들었느냐? 그렇다면 너희는, 도움을 구하며 끊임없이 부르짖는 택하신 백성을 위해 하나님이 개입하셔서 정의를 이루어 주시리라고 왜 생각지 않느냐? 하나님이 자기 백성의 권리를 지켜 주시지 않겠느냐? 내가 보장한다. 하나님이 반드시 그렇게 해주실 것이다. 그분은 질질 끌지 않으실 것이다. 그러나 인자가 다시 올 때에 그처럼 끈질긴 믿음을 이 땅에서 얼마나 찾을 수 있겠느냐?"

세금 징수원과 바리새인의 기도

9-12 자신의 도덕적 행위에 흡족해 하며 자만심에 빠져서 보통 사람들을 업신여기는 사람들에게, 예수께서 다음 이야기를 들려주셨다. "두 사람이 기도하러 성전에 올라갔다. 한 사람은 바리새인이고, 다른 한 사람은 세금 징수원이었다. 바리새인은 자세를 잡고 이렇게 기도했다. '오 하나님, 내가 다른 사람과 같지 않으니 감사합니다. 강도나 사기꾼이나 간음하는 자나, 행여 이 세금 징수원과도 같지 않으니 감사합니다. 나는 일주일에 두 번 금식하고 모든 수입의 십일조를 드립니다.'
13 한편, 후미진 곳에 구부정하게 웅크려서 두 손으로 얼굴을 감싸고 있던 세금 징수원은, 감히 고개도 들지 못한 채 말했다. '하나님, 불쌍히 여겨 주십시오. *이 죄인을 용서해 주십시오.*'"
14 예수께서 설명을 덧붙이셨다. "하나님과 바른 관계가 되어 집으로 돌아간 사람은, 다름 아닌 세금 징수원이다. 너희가 고개를 쳐들고 거만하게 다니면, 결국 코가 납작해지고 말 것이다. 그러나 너희가 자

The Story of the Persistent Widow

18 1-3 Jesus told them a story showing that it was necessary for them to pray consistently and never quit. He said, "There was once a judge in some city who never gave God a thought and cared nothing for people. A widow in that city kept after him: 'My rights are being violated. Protect me!'
4-5 "He never gave her the time of day. But after this went on and on he said to himself, 'I care nothing what God thinks, even less what people think. But because this widow won't quit badgering me, I'd better do something and see that she gets justice—otherwise I'm going to end up beaten black-and-blue by her pounding.'"
6-8 Then the Master said, "Do you hear what that judge, corrupt as he is, is saying? So what makes you think God won't step in and work justice for his chosen people, who continue to cry out for help? Won't he stick up for them? I assure you, he will. He will not drag his feet. But how much of that kind of persistent faith will the Son of Man find on the earth when he returns?"

The Story of the Tax Man and the Pharisee

9-12 He told his next story to some who were complacently pleased with themselves over their moral performance and looked down their noses at the common people: "Two men went up to the Temple to pray, one a Pharisee, the other a tax man. The Pharisee posed and prayed like this: 'Oh, God, I thank you that I am not like other people—robbers, crooks, adulterers, or, heaven forbid, like this tax man. I fast twice a week and tithe on all my income.'
13 "Meanwhile the tax man, slumped in the shadows, his face in his hands, not daring to look up, said, 'God, give mercy. Forgive me, a sinner.'"
14 Jesus commented, "This tax man, not the other, went home made right with God. If you walk around with your nose in the air, you're going to end up flat on your face, but if you're

신의 모습을 있는 그대로 인정하면, 너희는 자기 자신보다 큰 존재가 될 것이다."

15-17 사람들이 예수께서 만져 주시기를 바라며, 그분께 아이들을 데려왔다. 제자들이 그것을 보고는 그들을 쫓아냈다. 그러자 예수께서 그들을 다시 부르셨다. "이 아이들을 그냥 두어라. 아이들과 나 사이에 끼어들지 마라. 이 아이들은 천국의 자랑이며 기쁨이다. 명심하여라. 너희가 하나님 나라를 아이처럼 단순하게 받아들이지 않으면, 절대로 그 나라에 들어갈 수 없다."

부자와 하나님 나라

18 하루는 한 지방 관리가 예수께 물었다. "선하신 선생님, 제가 무엇을 해야 영원한 생명에 들어갈 자격을 얻겠습니까?"

19-20 예수께서 말씀하셨다. "어째서 나를 선하다고 하느냐? 오직 하나님 한분 외에는 선하신 분이 없다. 계명에 '간음하지 마라, 살인하지 마라, 도둑질하지 마라, 거짓말하지 마라, 네 부모를 공경하라' 하지 않았더냐?"

21 그가 말했다. "선생님, 제가 기억하기로는, 그 계명들은 제가 다 지켰습니다."

22 예수께서 그 말을 들으시고 말씀하셨다. "그렇다면 남은 일은 하나뿐이다. 네가 가진 것을 다 팔아서 가난한 사람들에게 거저 주어라. 그러면 네가 하늘의 부를 갖게 될 것이다. 그런 다음 와서 나를 따라라."

23 그것은 그 관리가 전혀 예상치 못한 말이었다. 큰 부자인 그는 몹시 근심했다. 그는 많은 것을 움켜쥐고 있었고, 그것을 놓을 마음이 없었다.

24-25 예수께서 그의 반응을 보시고 말씀하셨다. "많이 가진 사람이 하나님 나라에 들어가는 것이 얼마나 어려운지 아느냐? 부자가 하나님 나라에 들어가는 것보다, 낙타가 바늘귀로 지나가는 것이 더 쉽다."

26 다른 사람들이 물었다. "그러면 어느 누가 가망이 있겠습니까?"

27 예수께서 말씀하셨다. "너희 힘으로 해낼 수 있다고 생각하면 전혀 가망이 없다. 그러나 하나님께서 하실 수 있다고 믿으면 얼마든지 가능한 일이다."

28 베드로가 이야기의 주도권을 다시 잡으려고 이렇게 말했다. "우리는 가진 것을 다 버리고 주님을 따랐습니다. 그렇지 않습니까?"

29-30 예수께서 말씀하셨다. "그렇다. 너희는 절대 후회하지 않을 것이다. 집과 배우자와 형제자매와

content to be simply yourself, you will become more than yourself."

15-17 People brought babies to Jesus, hoping he might touch them. When the disciples saw it, they shooed them off. Jesus called them back. "Let these children alone. Don't get between them and me. These children are the kingdom's pride and joy. Mark this: Unless you accept God's kingdom in the simplicity of a child, you'll never get in."

The Rich Official

18 One day one of the local officials asked him, "Good Teacher, what must I do to deserve eternal life?"

19-20 Jesus said, "Why are you calling me good? No one is good–only God. You know the commandments, don't you? No illicit sex, no killing, no stealing, no lying, honor your father and mother."

21 He said, "I've kept them all for as long as I can remember."

22 When Jesus heard that, he said, "Then there's only one thing left to do: Sell everything you own and give it away to the poor. You will have riches in heaven. Then come, follow me."

23 This was the last thing the official expected to hear. He was very rich and became terribly sad. He was holding on tight to a lot of things and not about to let them go.

24-25 Seeing his reaction, Jesus said, "Do you have any idea how difficult it is for people who have it all to enter God's kingdom? I'd say it's easier to thread a camel through a needle's eye than get a rich person into God's kingdom."

26 "Then who has any chance at all?" the others asked.

27 "No chance at all," Jesus said, "if you think you can pull it off by yourself. Every chance in the world if you trust God to do it."

28 Peter tried to regain some initiative: "We left everything we owned and followed you, didn't we?"

29-30 "Yes," said Jesus, "and you won't regret it.

부모와 자식과 그 무엇을 희생하고서 손해 볼 사람은 아무도 없다. 너희 평생에 그 모든 것을 여러 배로 돌려받을 것이다. 영원한 생명도 덤으로 받을 것이다!"

눈먼 사람을 고치시다

31-34 그 후에 예수께서 열두 제자를 따로 한쪽으로 데리고 가셔서 말씀하셨다. "잘 들어라. 우리는 지금 예루살렘으로 올라가는 길이다. 인자에 대해 예언서에 기록된 것이 모두 이루어질 것이다. 사람들이 인자를 로마 사람들에게 넘겨주어, 조롱하고 놀리고 침 뱉을 것이다. 그리고 인자를 고문한 뒤에 죽일 것이다. 그러나 사흘 후에 인자는 다시 살아날 것이다." 하지만 제자들은 깨닫지 못했고, 예수께서 무슨 말을 하시는지 전혀 감을 잡지 못했다.

35-37 예수께서 여리고 외곽에 이르셨다. 한 눈먼 사람이 길가에 앉아서 구걸하고 있었다. 그는 무리가 술렁이는 소리를 듣고, 무슨 일인지 물었다. 사람들이 그에게 말했다. "나사렛 예수께서 지나가신다."

38 그러자 그가 갑자기 소리쳤다. "예수여! 다윗의 자손이여! 불쌍히 여겨 주십시오. 저를 불쌍히 여겨 주십시오!"

39 앞서 가던 사람들이 그에게 조용하라고 했으나, 그는 오히려 더 크게 소리쳤다. "다윗의 자손이여! 불쌍히 여겨 주십시오. 저를 불쌍히 여겨 주십시오!"

40 예수께서 걸음을 멈추시고 그를 데려오라고 말씀하셨다. 그가 가까이 오자, 예수께서 물으셨다. "내게 무엇을 원하느냐?"

41 그가 말했다. "주님, 다시 보기 원합니다."

42-43 예수께서 말씀하셨다. "다시 보아라! 네 믿음이 너를 구원했고 낫게 했다!" 그는 즉시 고침을 받았다. 그가 고개를 들어서 보니, 앞이 보였다. 그는 하나님께 영광을 돌리며 예수를 따라갔다. 길가에 있는 사람들도 모두 합류하여, 큰소리로 하나님을 찬양했다.

삭개오

19 1-4 예수께서 여리고에 들어가 걷고 계셨다. 삭개오라는 사람이 거기에 있었는데, *그는 세금 징수원의 우두머리이자* 상당한 부자였다. 그는 예수를 보고 싶은 마음이 간절했으나, 무리 때문에 시야가 가렸다. 키가 작아서 사람들 너머로 볼 수가 없었다. 그는 예수께서 지나가실 때 보려고 먼저 달려가 뽕나무에 올라갔다.

No one who has sacrificed home, spouse, brothers and sisters, parents, children–whatever–will lose out. It will all come back multiplied many times over in your lifetime. And then the bonus of eternal life!"

I Want to See Again

31-34 Then Jesus took the Twelve off to the side and said, "Listen carefully. We're on our way up to Jerusalem. Everything written in the Prophets about the Son of Man will take place. He will be handed over to the Romans, jeered at, made sport of, and spit on. Then, after giving him the third degree, they will kill him. In three days he will rise, alive." But they didn't get it, could make neither heads nor tails of what he was talking about.

35-37 He came to the outskirts of Jericho. A blind man was sitting beside the road asking for handouts. When he heard the rustle of the crowd, he asked what was going on. They told him, "Jesus the Nazarene is going by."

38 He yelled, "Jesus! Son of David! Mercy, have mercy on me!"

39 Those ahead of Jesus told the man to shut up, but he only yelled all the louder, "Son of David! Mercy, have mercy on me!"

40 Jesus stopped and ordered him to be brought over. When he had come near, Jesus asked, "What do you want from me?"

41 He said, "Master, I want to see again."

42-43 Jesus said, "Go ahead–see again! Your faith has saved and healed you!" The healing was instant: He looked up, seeing–and then followed Jesus, glorifying God. Everyone in the street joined in, shouting praise to God.

Zacchaeus

19 1-4 Then Jesus entered and walked through Jericho. There was a man there, his name Zacchaeus, the head tax man and quite rich. He wanted desperately to see Jesus, but the crowd was in his way–he was a short man and couldn't see over the crowd. So he ran on ahead and climbed up in a sycamore

5-7 예수께서 나무 밑에 오셔서, 올려다보며 말씀하
셨다. "삭개오야, 어서 내려오너라. 오늘은 내가 네
집에서 묵어야겠다." 삭개오는 자신의 행운이 도저
히 믿기지 않았다. 그는 나무에서 내려와, 기쁜 마
음으로 예수를 자기 집에 모셨다. 그 일을 본 사람들
이 하나같이 분개하며 투덜거렸다. "저분이 무슨 일
로 이 사기꾼 같은 사람을 가까이하는가?"
8 삭개오는 놀라서 그냥 그 자리에 서 있었다. 그가
더듬거리며 사죄했다. "주님, 제 수입의 절반을 가
난한 사람들에게 거저 주겠습니다. 그리고 제가 남
을 속인 일이 있으면, 그 피해액을 네 배로 보상하겠
습니다."
9-10 예수께서 말씀하셨다. "오늘은 이 집에 구원이
임한 날이다! 여기 아브라함의 자손 삭개오가 있다!
인자는 잃어버린 자를 찾아 회복시키려고 왔다."

투자금 이야기

11 그들이 말씀에 집중하고 있을 때, 예수께서 다음
이야기를 들려주셨다. 그렇게 하신 것은, 사람들이
예루살렘 가까이 이르면서, 하나님 나라가 금방이
라도 나타날 것 같은 기대감으로 고조되어 있었기
때문이다.
12-13 "왕가의 자손인 사람이 있었는데, 그는 자신의
통치권을 위임받기 위해 멀리 본국까지 다녀와야 했
다. 그는 먼저 종 열 명을 한곳에 불러 모아 각 사람
에게 돈을 얼마씩 주면서, '내가 돌아올 때까지 이
돈을 잘 운용하여라' 하고 지시했다.
14 그런데 그곳 사람들은 그를 미워했다. 그래서 그
들은 그의 통치에 반대하는 탄원서를 작성하여 사절
단에게 들려서 보냈다. '우리는 이 사람이 우리를 다
스리는 것을 원치 않습니다.'
15 통치권을 위임받고 돌아온 그는, 돈을 맡겼던 종
열 명을 불러, 그들이 돈을 어떻게 운용했는지 알아
보았다.
16 첫 번째 종이 말했다. '주인님, 주인님의 돈을 두
배로 늘렸습니다.'
17 그가 말했다. '착한 종아! 잘했다! 네가 이 작은 일
을 믿음직스럽게 해냈으니, 내가 너를 열 성읍을 다
스리는 자로 삼겠다.'
18 두 번째 종이 말했다. '주인님, 주인님의 돈으로
절반의 수익을 남겼습니다.'
19 그가 말했다. '내가 네게 다섯 성읍을 맡기겠다.'
20-21 다음 종이 말했다. '주인님, 여기 주인님의 돈
을 안전하게 가져왔습니다. 저는 그 돈을 지하실에
숨겨 두었습니다. 솔직히 말씀드리면, 저는 두려웠

tree so he could see Jesus when he came by.
5-7 When Jesus got to the tree, he looked up and
said, "Zacchaeus, hurry down. Today is my day
to be a guest in your home." Zacchaeus scram-
bled out of the tree, hardly believing his good
luck, delighted to take Jesus home with him.
Everyone who saw the incident was indignant
and grumped, "What business does he have
getting cozy with this crook?"
8 Zacchaeus just stood there, a little stunned. He
stammered apologetically, "Master, I give away
half my income to the poor–and if I'm caught
cheating, I pay four times the damages."
9-10 Jesus said, "Today is salvation day in this
home! Here he is: Zacchaeus, son of Abraham!
For the Son of Man came to find and restore the
lost."

The Story About Investment

11 While he had their attention, and because
they were getting close to Jerusalem by this
time and expectation was building that God's
kingdom would appear any minute, he told this
story:
12-13 "There was once a man descended from
a royal house who needed to make a long trip
back to headquarters to get authorization for
his rule and then return. But first he called ten
servants together, gave them each a sum of
money, and instructed them, 'Operate with this
until I return.'
14 "But the citizens there hated him. So they sent
a commission with a signed petition to oppose
his rule: 'We don't want this man to rule us.'
15 "When he came back bringing the authoriza-
tion of his rule, he called those ten servants to
whom he had given the money to find out how
they had done.
16 "The first said, 'Master, I doubled your
money.'
17 "He said, 'Good servant! Great work! Because
you've been trustworthy in this small job, I'm
making you governor of ten towns.'
18 "The second said, 'Master, I made a fifty
percent profit on your money.'

습니다. 제가 알기로, 주인님은 기준이 높고 적당
히 하는 것을 싫어하며, 어리석은 짓을 용서하지
않으십니다.'
22-23 그가 말했다. '네 말대로 나는 어리석은 짓을
용서하지 않는다. 그런데 너는 어리석은 짓을 했
구나! 왜 너는 그 돈을 안전한 곳에라도 투자하지
않았느냐? 그랬더라면 조금이라도 이득을 보았
을 것이다.'
24 그가 거기 서 있는 사람들에게 말했다. '이 자
의 돈을 빼앗아 내 돈을 두 배로 늘린 종에게 주
어라.'
25 그들이 말했다. '하지만 주인님, 그 사람은 이
미 두 배를 가지고 있습니다…….'
26 그가 말했다. '내 말이 그 말이다. 너희가 목숨
을 걸면 상상도 못할 만큼 많이 받게 된다. 그러
나 안전에 급급하면 빈털터리가 되고 만다.
27 나의 통치에 반대하는 탄원을 했던 이 원수들
을 여기서 끌어내어라. 다시는 여기서 그들의 얼
굴을 보고 싶지 않다.'"

예루살렘 입성

28-31 이 말씀을 하시고 나서, 예수께서 곧장 예루
살렘으로 향하셨다. 올리브 산에 있는 벳바게와
베다니에 이르렀을 때, 예수께서 두 제자를 보내
시며 지시하셨다. "맞은편 마을로 가거라. 들어
가서 보면, 아직 아무도 타 보지 않은 나귀 새끼
가 줄에 매여 있을 것이다. 줄을 풀어서 끌고 오
너라. '왜 그러시오?' 하고 누가 묻거든, '이 나귀
의 주님께서 필요로 하십니다' 하여라."
32-33 두 제자가 가서 보니 예수께서 말씀하신 그
대로였다. 그들이 나귀 새끼의 줄을 풀고 있는데,
나귀의 주인들이 말했다. "그 나귀 새끼의 줄은
왜 푸는 것이오?"
34 제자들이 말했다. "이 나귀의 주님께서 필요로
하십니다."
35-36 제자들이 나귀 새끼를 예수께로 끌고 와서,
그 위에 자기 겉옷을 펴고 그분을 태웠다. 예수께
서 나귀에 오르시자, 사람들이 길 위에 자기 겉옷
을 펼치며 그분을 대대적으로 환영했다.
37-38 올리브 산이 내리막길로 접어드는 등성이에
서, 제자의 온 무리가 그들이 목격한 놀라운 일들
로 인해 열광적으로 찬양을 터뜨렸다.

복되다, 하나님의 이름으로
오시는 왕이여!

19 "He said, 'I'm putting you in charge of five
towns.'
20-21 "The next servant said, 'Master, here's your
money safe and sound. I kept it hidden in the
cellar. To tell you the truth, I was a little afraid. I
know you have high standards and hate sloppi-
ness, and don't suffer fools gladly.'
22-23 "He said, 'You're right that I don't suffer fools
gladly—and you've acted the fool! Why didn't you
at least invest the money in securities so I would
have gotten a little interest on it?'
24 "Then he said to those standing there, 'Take the
money from him and give it to the servant who
doubled my stake.'
25 "They said, 'But Master, he already has double...'
26 "He said, 'That's what I mean: Risk your life and
get more than you ever dreamed of. Play it safe
and end up holding the bag.
27 "'As for these enemies of mine who petitioned
against my rule, clear them out of here. I don't
want to see their faces around here again.'"

God's Personal Visit

28-31 After saying these things, Jesus headed
straight up to Jerusalem. When he got near
Bethphage and Bethany at the mountain called
Olives, he sent off two of the disciples with
instructions: "Go to the village across from you. As
soon as you enter, you'll find a colt tethered, one
that has never been ridden. Untie it and bring it. If
anyone says anything, asks, 'What are you doing?'
say, 'His Master needs him.'"
32-33 The two left and found it just as he said. As
they were untying the colt, its owners said, "What
are you doing untying the colt?"
34 They said, "His Master needs him."
35-36 They brought the colt to Jesus. Then, throwing
their coats on its back, they helped Jesus get on.
As he rode, the people gave him a grand welcome,
throwing their coats on the street.
37-38 Right at the crest, where Mount Olives begins
its descent, the whole crowd of disciples burst into
enthusiastic praise over all the mighty works they
had witnessed:

하늘에는 모든 것이 형통!
가장 높은 곳에는 영광!

39 무리 가운데 몇몇 바리새인들이 예수께 말했
다. "선생님, 당신의 제자들을 단속하십시오."
40 그러자 예수께서 말씀하셨다. "이들이 잠잠하
면, 돌들이 대신 소리쳐 찬양할 것이다."
41-44 도시가 눈에 들어오자, 예수께서 그 도시를 보고 우셨다. "네게 유익한 모든 것을 오늘 네가 알았더라면 좋았을 텐데! 그러나 이제 너무 늦었다. 앞으로 네 원수들이 포병대를 몰고 와서 너를 포위하고 사방에서 치고 들어올 것이다. 그들이 너와 네 아이들을 바닥에 메어칠 것이다. 돌 하나도 그대로 남지 않을 것이다. 이 모두가, 너를 직접 찾아오신 하나님을 네가 알아보지도 않고 맞아들이지도 않았기 때문이다."
45-46 예수께서 성전에 들어가셔서, 거기에 상점을 차려 놓고 온갖 잡다한 것을 파는 사람들을 모두 쫓아내셨다. 예수께서 말씀하셨다. "성경에 이렇게 기록되었다.

내 집은 기도하는 집이다.
그런데 너희는 그곳을 종교 시장으로 바꾸어 놓았다."

47-48 그때부터 예수께서 날마다 성전에서 가르치셨다. 대제사장과 종교 학자와 백성의 지도자들은 예수를 제거할 방법을 찾으려고 혈안이 되어 있었다. 그러나 그분의 말씀을 한 마디라도 놓칠세라 경청하는 백성 때문에 그들도 어찌할 수 없었다.

20 1-2 하루는 예수께서 성전에서 백성을 가르치며, 메시지를 선포하고 계셨다. 대제사장과 종교 학자와 지도자들이 그분께 맞서며 따졌다. "당신의 신임장을 보여주시오. 누구의 권한으로 이렇게 말하고 행동하는 겁니까?"
3-4 예수께서 대답하셨다. "먼저 한 가지 묻겠다. 요한의 세례에 관한 것인데, 그것이 누구에게서 온 권한이냐? 하늘이냐, 사람이냐?"
5-7 그들은 자기들이 궁지에 몰린 것을 알아차리고는, 뒤로 물러나와 모여서 수군거렸다. "하늘이라고 하면 왜 요한을 믿지 않았느냐고 물을 것이고, 사람이라고 하면 요한을 하나님의 예언자

Blessed is he who comes,
the king in God's name!
All's well in heaven!
Glory in the high places!

39 Some Pharisees from the crowd told him,
"Teacher, get your disciples under control!"
40 But he said, "If they kept quiet, the stones would
do it for them, shouting praise."
41-44 When the city came into view, he wept over it. "If you had only recognized this day, and everything that was good for you! But now it's too late. In the days ahead your enemies are going to bring up their heavy artillery and surround you, pressing in from every side. They'll smash you and your babies on the pavement. Not one stone will be left intact. All this because you didn't recognize and welcome God's personal visit."
45-46 Going into the Temple he began to throw out everyone who had set up shop, selling everything and anything. He said, "It's written in Scripture,

My house is a house of prayer;
You have turned it into a religious bazaar."

47-48 From then on he taught each day in the Temple. The high priests, religion scholars, and the leaders of the people were trying their best to find a way to get rid of him. But with the people hanging on every word he spoke, they couldn't come up with anything.

20 1-2 One day he was teaching the people in the Temple, proclaiming the Message. The high priests, religion scholars, and leaders confronted him and demanded, "Show us your credentials. Who authorized you to speak and act like this?"
3-4 Jesus answered, "First, let me ask you a question: About the baptism of John—who authorized it, heaven or humans?"
5-7 They were on the spot, and knew it. They pulled back into a huddle and whispered, "If we say 'heaven,' he'll ask us why we didn't believe him;

로 굳게 믿고 있는 백성이 우리를 갈기갈기 찢어
놓을 것이다." 그들은 이번은 예수께 양보하기로
하고, 자신들은 모른다고 말했다.
8 예수께서 말씀하셨다. "그렇다면 나도 너희의 물
음에 대답하지 않겠다."

못된 소작농들 이야기

9-12 예수께서 백성에게 또 다른 이야기를 들려주셨
다. "어떤 사람이 포도원을 세우고, 그 포도원을 소
작농들에게 맡기고 먼 길을 떠났다. 그는 오랜 시
간 동안 떠나 있다가, 때가 되자 수확하려고 소작
농들에게 종을 한 사람 보냈다. 그러나 소작농들은
그 종을 마구 때려 빈손으로 돌려보냈다. 주인이
다시 한번 다른 종을 보내자, 소작농들은 그 종도
멍이 들도록 때려 빈손으로 돌려보냈다. 주인이 세
번째로 종을 보내자, 소작농들은 그 종을 머리부터
발끝까지 두들겨 패서 길거리에 내다 버렸다.
13 그러자 포도원 주인이 말했다. '이렇게 해야겠
다. 내 사랑하는 아들을 보내자. 저들이 내 아들만
큼은 존중하겠지.'
14-15 그러나 아들이 오는 것을 본 소작농들은 재빨
리 머리를 맞대고 의논했다. '지금이 기회다. 이 자
는 상속자다! 그를 죽이고 우리가 재산을 다 차지
하자.' 그들은 그 아들을 죽여서 울타리 밖으로 내
던졌다.
15-16 너희 생각에는 포도원 주인이 어떻게 할 것 같
으냐? 맞다. 그가 와서 그들을 다 없애 버릴 것이
다. 그리고 포도원 관리는 다른 사람들에게 맡길
것이다."
듣고 있던 사람들이 말했다. "아닙니다! 그렇게 하
면 안됩니다!"
17-18 그러나 예수께서는 물러서지 않으셨다. "그
렇다면 너희는 이 말씀이 왜 기록되었다고 생각하
느냐?

석공들이 내버린 돌이
이제 모퉁잇돌이 되었다!

누구든지 이 돌 위에 걸려 넘어지는 사람은 그 몸
의 뼈가 다 부러질 것이요, 이 돌이 그 사람 위에
떨어지면 그는 완전히 가루가 될 것이다."
19 종교 학자와 대제사장들은 당장 예수를 잡고 싶
었으나, 여론이 두려웠다. 그들은 그분의 이야기가
자기들을 두고 한 것임을 알았다.

if we say 'humans,' the people will tear us limb
from limb, convinced as they are that John was
God's prophet." They agreed to concede that
round to Jesus and said they didn't know.
8 Jesus said, "Then neither will I answer your
question."

The Story of Corrupt Farmhands

9-12 Jesus told another story to the people: "A
man planted a vineyard. He handed it over to
farmhands and went off on a trip. He was gone
a long time. In time he sent a servant back to
the farmhands to collect the profits, but they
beat him up and sent him off empty-handed. He
decided to try again and sent another servant.
That one they beat black-and-blue, and sent him
off empty-handed. He tried a third time. They
worked that servant over from head to foot and
dumped him in the street.
13 "Then the owner of the vineyard said, 'I know
what I'll do: I'll send my beloved son. They're
bound to respect my son.'
14-15 "But when the farmhands saw him coming,
they quickly put their heads together. 'This is our
chance – this is the heir! Let's kill him and have it
all to ourselves.' They killed him and threw him
over the fence.
15-16 "What do you think the owner of the vineyard
will do? Right. He'll come and clean house. Then
he'll assign the care of the vineyard to others."
Those who were listening said, "Oh, no! He'd
never do that!"
17-18 But Jesus didn't back down. "Why, then, do
you think this was written:

That stone the masons threw out –
It's now the cornerstone!?

"Anyone falling over that stone will break every
bone in his body; if the stone falls on anyone, it
will be a total smashup."
19 The religion scholars and high priests wanted
to lynch him on the spot, but they were intim-
idated by public opinion. They knew the story
was about them.

황제의 것, 하나님의 것

20-22 예수를 잡을 기회를 노리던 그들은, 정탐꾼들을 보내어 짐짓 정당한 질문을 던지는 사람인 양 행세하게 했다. 그들은 그분을 속여서 율법에 저촉될 만한 발언을 하게 만들 속셈이었다. 그래서 예수께 물었다. "선생님, 우리가 알기로 당신은 솔직하고 정직하게 가르치며, 아무에게도 비위를 맞추지 않고, 하나님의 도를 정확히 가르칩니다. 그러니 우리한테 말해 주십시오. 황제에게 세금을 내는 것이 법에 맞습니까, 맞지 않습니까?"

23-24 예수께서 그들의 의도를 아시고 이렇게 말씀하셨다. "동전 하나를 내게 보여라. 여기 새겨진 얼굴이 누구 얼굴이냐? 그리고 뭐라고 써 있느냐?"

25 "황제입니다." 그들이 말했다.

예수께서 말씀하셨다. "그렇다면 황제의 것은 황제에게 주고, 하나님의 것은 하나님께 드려라."

26 아무리 애를 써 보아도, 그들은 예수께 죄를 뒤집어씌울 만한 발언을 유도해 낼 수 없었다. 그분의 대답은 그들의 허를 찔렀고, 그들의 말문을 막아 버렸다.

부활에 관한 가르침

27-33 부활의 가능성을 일절 부인하는 유대교 분파인 사두개파 사람 몇이 다가와서 물었다. "선생님, 모세는 기록하기를, 남자가 자식 없이 아내를 두고 죽으면 그 동생이 형수와 결혼해서 자식을 낳아 줄 의무가 있다고 했습니다. 한번은 일곱 형제가 있었습니다. 맏이가 결혼했는데, 자식 없이 죽었습니다. 둘째가 형수와 결혼했으나 죽었고, 셋째도 그러했습니다. 일곱 형제가 다 차례대로 그렇게 했으나, 자식이 없었습니다. 마지막에는 여자도 죽었습니다. 그렇다면, 부활 때에 그 여자는 누구의 아내가 됩니까? 일곱 형제가 다 그 여자와 결혼했습니다."

34-38 예수께서 말씀하셨다. "이 땅에서는 결혼이 중대한 관심사지만 저 세상에서는 그렇지 않다. 죽은 사람들의 부활에 참여하는 사람들에게 결혼은 더 이상 관심사가 못된다. 죽음도 마찬가지다. 너희야 믿지 않겠지만, 그들에게는 더 나은 관심사가 있다. 그때에는 하나님과 최고의 기쁨과 친밀감을 나눌 것이다. 모세도 불붙은 떨기나무 앞에서 부활에 관해 외치기를, '아브라함의 하나님, 이삭의 하나님, 야곱의 하나님!'이라고 했다. 하나님은 죽은 자의 하나님이 아니라, 산 자의 하나님이시다. 그분께는 모두가 살아 있다."

Paying Taxes

20-22 Watching for a chance to get him, they sent spies who posed as honest inquirers, hoping to trick him into saying something that would get him in trouble with the law. So they asked him, "Teacher, we know that you're honest and straightforward when you teach, that you don't pander to anyone but teach the way of God accurately. Tell us: Is it lawful to pay taxes to Caesar or not?"

23-24 He knew they were laying for him and said, "Show me a coin. Now, this engraving, who does it look like and what does it say?"

25 "Caesar," they said.

Jesus said, "Then give Caesar what is his and give God what is his."

26 Try as they might, they couldn't trap him into saying anything incriminating. His answer caught them off guard and left them speechless.

All Intimacies Will Be with God

27-33 Some Sadducees came up. This is the Jewish party that denies any possibility of resurrection. They asked, "Teacher, Moses wrote us that if a man dies and leaves a wife but no child, his brother is obligated to take the widow to wife and get her with child. Well, there once were seven brothers. The first took a wife. He died childless. The second married her and died, then the third, and eventually all seven had their turn, but no child. After all that, the wife died. That wife, now—in the resurrection whose wife is she? All seven married her."

34-38 Jesus said, "Marriage is a major preoccupation here, but not there. Those who are included in the resurrection of the dead will no longer be concerned with marriage nor, of course, with death. They will have better things to think about, if you can believe it. All ecstasies and intimacies then will be with God. Even Moses exclaimed about resurrection at the burning bush, saying, 'God: God of Abraham, God of Isaac, God of Jacob!' God isn't the God of dead men, but of the living. To him all are alive."

39-40 Some of the religion scholars said, "Teacher,

39-40 몇몇 종교 학자들이 말했다. "선생님, 훌륭한
답입니다!" 한동안 아무도 그분께 묻는 사람이 없
었다.

41-44 그 후에 예수께서 그들에게 물으셨다. "어째서
사람들이 메시아를 다윗의 자손이라고 하느냐? 다
윗은 시편에 분명히 말했다.

하나님께서 내 주님께 말씀하셨다.
"내가 네 원수들을 네 발아래에 둘 때까지
너는 여기 내 오른편에 앉아 있어라."

다윗이 여기서 메시아를 '내 주님'이라고 부르는데,
메시아가 어떻게 다윗의 자손이 될 수 있느냐?"
45-47 모든 사람이 듣는 가운데, 예수께서 제자들에
게 말씀하셨다. "종교 학자들을 조심하여라. 그들
은 가운을 입고 다니며, 사람들의 치켜세우는 말에
우쭐하고, 중요한 자리를 차지하면서 교회의 모든
행사에서 상석에 앉기를 좋아한다. 언제나 그들은
연약하고 무력한 사람들을 착취한다. 그들의 기도
가 길어질수록, 그들의 상태는 더 나빠진다. 마지
막에 그들은 그 값을 치르게 될 것이다."

21 1-4 예수께서 눈을 들어 부자들이 헌금
함에 헌금 넣는 것을 보셨다. 그 후에 한
가난한 과부가 동전 두 개를 헌금함에 넣는 것을
보셨다. 예수께서 말씀하셨다. "과연, 이 과부가 오
늘 가장 많은 헌금을 드렸다. 다른 사람들은 아깝
지 않을 만큼 헌금했지만, 이 여자는 자기 형편보
다 넘치도록 드렸다. 자신의 전부를 드린 것이다."

사이비 종말론자들을 조심하여라

5-6 하루는 사람들이 모여서 성전에 대해 이야기하
고 있었다. 그들은 성전이 정말 아름답고 성전의
석조물과 기념 헌물들이 수려하다고 말했다. 예수
께서 말씀하셨다. "너희가 그토록 감탄하는 이 모
든 것, 이 성전의 돌 하나하나가 결국 잔해 더미가
되고 말 것이다."
7 그들이 예수께 물었다. "선생님, 그런 일이 언제
일어나겠습니까? 그런 일이 일어나려고 할 때 우리
에게 어떤 징조가 있겠습니까?"
8-9 예수께서 말씀하셨다. "사이비 종말론자들을 조
심하여라. 많은 지도자들이 정체를 숨기고 나타나

that's a great answer!" For a while, anyway, no
one dared put questions to him.

41-44 Then he put a question to them: "How is it
that they say that the Messiah is David's son? In
the Book of Psalms, David clearly says,

God said to my Master,
"Sit here at my right hand
until I put your enemies under your feet."

"David here designates the Messiah as 'my
Master'–so how can the Messiah also be his 'son'?"
45-47 With everybody listening, Jesus spoke to his
disciples. "Watch out for the religion scholars.
They love to walk around in academic gowns,
preen in the radiance of public flattery, bask
in prominent positions, sit at the head table at
every church function. And all the time they are
exploiting the weak and helpless. The longer
their prayers, the worse they get. But they'll pay
for it in the end."

21 1-4 Just then he looked up and saw the
rich people dropping offerings in the
collection plate. Then he saw a poor widow put
in two pennies. He said, "The plain truth is that
this widow has given by far the largest offering
today. All these others made offerings that they'll
never miss; she gave extravagantly what she
couldn't afford–she gave her all!"

Watch Out for Doomsday Deceivers

5-6 One day people were standing around talking
about the Temple, remarking how beautiful it
was, the splendor of its stonework and memorial
gifts. Jesus said, "All this you're admiring so
much–the time is coming when every stone in
that building will end up in a heap of rubble."
7 They asked him, "Teacher, when is this going
to happen? What clue will we get that it's about
to take place?"
8-9 He said, "Watch out for the doomsday deceiv-

서, '내가 그다'라고 하거나 또는 '종말이 가까이 왔다'고 주장할 것이다. 그런 말에 절대 속지 마라. 전쟁과 폭동의 소문이 들리거든, 당황하지 말고 침착하여라. 그것은 역사에 늘 반복되는 일일 뿐, 아직 종말의 징조는 아니다."

10-11 예수께서 계속 말씀하셨다. "나라와 나라가 싸우고 통치자와 통치자가 싸우는 일이 계속될 것이다. 곳곳마다 큰 지진이 있을 것이다. 기근도 있을 것이다. 너희는 이따금 하늘이 무너지는 것 같을 것이다.

12-15 그러나 이런 일이 일어나기 전에, 사람들이 너희를 체포하고 박해하며 법정과 감옥으로 끌고 갈 것이다. 세상이 살벌해져서, 내 이름을 전한다는 이유로, 모두가 너희를 물어 뜯을 것이다. 너희는 결국 증인석에 서서 증언을 하도록 요구받을 것이다. 너희는 그 일로 걱정하지 않겠다고 지금 결심하여라. 내가 너희에게 말과 지혜를 줄 것이니, 너희를 고소하는 자들 모두가 맞서도 너희 말을 이기지 못할 것이다.

16-19 심지어, 부모와 형제와 친척과 친구들마저 너희를 넘겨줄 것이다. 너희 가운데 일부는 죽임을 당할 것이다. 나 때문에 너희를 미워할 사람이 누구인지 아무도 모른다. 그렇더라도 너희 몸과 영혼의 사소한 모든 것까지—심지어 너희의 머리카락까지도—내가 보살핀다. 너희는 아무것도 잃지 않을 것이다. 그대로 견뎌라. 그것이 너희가 해야 할 일이다. 끝까지 견뎌라. 그러면 너희는 절대 후회하지 않을 것이고, 결국 구원을 받을 것이다."

징벌의 날

20-24 "군대가 예루살렘을 둘러 진 친 것을 보거든, 너희는 예루살렘의 멸망이 가까운 줄 알아라. 그때에 너희가 유대에 살고 있거든, 산으로 달아나거라. 도시에 있거든, 빨리 빠져나가거라. 밭에 나가 있거든, 겉옷을 가지러 집으로 가지 마라. 그날은 징벌의 날이다. 그날에 대해 기록된 것이 다 이루어질 것이다. 특히 임신부와 젖 먹이는 어머니들이 힘들 것이다. 끔찍한 고통, 맹렬한 진노다! 사람 목숨이 파리 목숨이 될 것이다. 사람들이 감옥으로 끌려갈 것이다. 나라들이 그 맡은 일을 끝내기까지 예루살렘은 이방인들의 발에 짓밟힐 것이다.

25-26 마치 지옥이 온통 풀려난 것처럼 보일 것이다. 해와 달과 별과 땅과 바다가 요란하여, 온 세상 모든 사람이 공포에 질릴 것이다. 파멸의 위협 앞에서 사람들의 숨이 막히고, 권력자들은 두려워 떨

ers. Many leaders are going to show up with forged identities claiming, 'I'm the One,' or, 'The end is near.' Don't fall for any of that. When you hear of wars and uprisings, keep your head and don't panic. This is routine history and no sign of the end."

10-11 He went on, "Nation will fight nation and ruler fight ruler, over and over. Huge earthquakes will occur in various places. There will be famines. You'll think at times that the very sky is falling.

12-15 "But before any of this happens, they'll arrest you, hunt you down, and drag you to court and jail. It will go from bad to worse, dog-eat-dog, everyone at your throat because you carry my name. You'll end up on the witness stand, called to testify. Make up your mind right now not to worry about it. I'll give you the words and wisdom that will reduce all your accusers to stammers and stutters.

16-19 "You'll even be turned in by parents, brothers, relatives, and friends. Some of you will be killed. There's no telling who will hate you because of me. Even so, every detail of your body and soul—even the hairs of your head!—is in my care; nothing of you will be lost. Staying with it—that's what is required. Stay with it to the end. You won't be sorry; you'll be saved.

Vengeance Day

20-24 "When you see soldiers camped all around Jerusalem, then you'll know that she is about to be devastated. If you're living in Judea at the time, run for the hills. If you're in the city, get out quickly. If you're out in the fields, don't go home to get your coat. This is Vengeance Day—everything written about it will come to a head. Pregnant and nursing mothers will have it especially hard. Incredible misery! Torrential rage! People dropping like flies; people dragged off to prisons; Jerusalem under the boot of barbarians until the nations finish what was given them to do.

25-26 "It will seem like all hell has broken loose—sun, moon, stars, earth, sea, in an uproar and

것이다.
27-28 그때에야—그때에야!—사람들이 인자가 성대하게 환영받으며 오는 모습을 보게 될 것이다. 영광스러운 환영일 것이다! 이 모든 일이 벌어지기 시작하거든, 일어서거라. 고개를 들고 당당히 서거라. 구원이 가까이 온 것이다!"
29-33 예수께서 이야기를 들려주셨다. "무화과나무를 보아라. 다른 나무도 다 마찬가지다. 잎이 나기 시작하면, 너희는 한 번만 보아도 여름이 가까이 다가온 줄 안다. 이 일도 마찬가지다. 이런 일이 일어나는 것을 보거든, 하나님 나라가 가까이 온 줄 알아라. 이것은 가볍게 여길 일이 아니다. 내가 지금 하는 말은, 어느 훗날의 세대에게만 주는 말이 아니라 이 세대에게도 주는 말이다. 이 일들은 반드시 이루어진다. 하늘과 땅은 닳아 없어져도, 내 말은 닳아 없어지지 않을 것이다.
34-36 너희는 조심하여라. 너희의 예민한 기대감이 파티와 음주와 쇼핑 때문에 무뎌지지 않게 하여라. 그렇지 않으면, 그날이 불시에 너희를 덮치고, 덫과 같이 갑자기 너희를 잡을 것이다. 그날은, 모든 곳에서 모든 사람에게 동시에 임할 것이다. 그러니, 너희는 무엇을 하든, 방심하지 마라. 닥쳐올 모든 일을 끝까지 견뎌 내고, 마침내 인자 앞에 설 힘과 분별력을 얻도록 끊임없이 기도하여라."
37-38 예수께서는 낮이면 성전에서 가르치시고, 밤이면 나가서 올리브 산에서 지내셨다. 모든 백성이 새벽같이 일어나 성전으로 가서, 그분의 말씀을 들었다.

유월절 식사

22 1-2 유월절이라고 하는 무교절이 다가왔다. 대제사장과 종교 학자들은 예수를 없앨 방도를 찾고 있었으나, 백성이 두려운 나머지 자신들의 행동을 숨길 방법도 함께 찾고 있었다.
3-6 그때에, 사탄이 열두 제자 가운데 하나인 가룟 유다에게 들어갔다. 그는 다른 제자들을 떠나 대제사장들과 성전 경비대에게 가서, 예수를 *넘길 방법을 함께 의논했다.* 그들은 자신들의 행운이 믿기지 않았고, 그에게 두둑이 보상하기로 약속했다. 유다는 그들과 약속을 하고서, 그때부터 무리의 눈을 피해 예수를 넘길 방도를 찾기 시작했다.

everyone all over the world in a panic, the wind knocked out of them by the threat of doom, the powers-that-be quaking.
27-28 "And then—then!—they'll see the Son of Man welcomed in grand style—a glorious welcome! When all this starts to happen, up on your feet. Stand tall with your heads high. Help is on the way!"
29-33 He told them a story. "Look at a fig tree. Any tree for that matter. When the leaves begin to show, one look tells you that summer is right around the corner. The same here—when you see these things happen, you know God's kingdom is about here. Don't brush this off: I'm not just saying this for some future generation, but for this one, too—these things will happen. Sky and earth will wear out; my words won't wear out.
34-36 "But be on your guard. Don't let the sharp edge of your expectation get dulled by parties and drinking and shopping. Otherwise, that Day is going to take you by complete surprise, spring on you suddenly like a trap, for it's going to come on everyone, everywhere, at once. So, whatever you do, don't go to sleep at the switch. Pray constantly that you will have the strength and wits to make it through everything that's coming and end up on your feet before the Son of Man."
37-38 He spent his days in the Temple teaching, but his nights out on the mountain called Olives. All the people were up at the crack of dawn to come to the Temple and listen to him.

The Passover Meal

22 1-2 The Feast of Unleavened Bread, also called Passover, drew near. The high priests and religion scholars were looking for a way to do away with Jesus but, fearful of the people, they were also looking for a way to cover their tracks.
3-6 That's when Satan entered Judas, the one called Iscariot. He was one of the Twelve. Leaving the others, he conferred with the high priests and the Temple guards about how he might betray Jesus to them. They couldn't believe their good luck and agreed to pay him well. He gave them his word and started looking for a way to betray Jesus, but out of

7-8 유월절 양을 잡는 무교절이 되었다. 예수께서 베드로와 요한을 보내며 말씀하셨다. "가서 우리가 함께 먹을 수 있도록 유월절을 준비하여라."

9 그들이 말했다. "우리가 어디에다 준비하기 원하십니까?"

10-12 예수께서 말씀하셨다. "시내로 들어가면서 주의하여 잘 보아라. 그러면 물 한 동이를 지고 가는 사람을 만날 것이다. 그를 따라 집으로 가서, 집 주인에게 '선생님께서, 제자들과 함께 유월절 식사를 할 방이 어디 있느냐고 물어보십니다' 하고 말하여라. 그가 너희에게 이미 청소를 마친 넓은 다락방을 보여줄 것이다. 거기서 식사를 준비하여라."

13 제자들이 가 보니, 모든 것이 예수께서 말씀하신 그대로였다. 그들은 유월절 식사를 준비했다.

14-16 시간이 되자, 예수께서 자리에 앉으시고 모든 사도가 함께 앉았다. 예수께서 말씀하셨다. "내가 고난의 때에 들어가기 전에, 너희와 이 유월절 식사를 함께하기를 얼마나 기다렸는지 너희는 모를 것이다. 우리가 하나님 나라에서 다 함께 먹기까지는, 이것이 내가 먹는 마지막 유월절 식사다."

17-18 예수께서 잔을 들어 축복하시고 말씀하셨다. "이 잔을 받아 돌아가면서 나누어 마셔라. 하나님 나라가 올 때까지, 내가 다시는 포도주를 마시지 않을 것이다."

19 예수께서 빵을 들어 축복하시고, 떼어서 그들에게 주시며 말씀하셨다. "이 빵은 너희를 위해 주는 내 몸이다. 나를 기념하여 이 빵을 먹어라."

20 저녁식사 후에 예수께서 잔을 가지고 똑같이 하시며 말씀하셨다. "이 잔은 너희를 위해 붓는, 내 피로 쓴 새 언약이다.

21-22 나를 배반할 사람의 손이 지금 이 식탁 위에 있는 것을 너희는 아느냐? 인자는 이미 정해진 길을 가는 것이니, 이것이 전혀 뜻밖의 일은 아니다. 그러나 인자를 배반하여 넘겨줄 그 사람에게는, 오늘이 파멸의 날이다!"

23 그들은 그런 일을 할 자가 누구인지 궁금해서, 서로 의심하며 묻기 시작했다.

고난에 대비하여라

24-26 제자들이 자기들 가운데 누가 가장 크게 될지를 두고 말다툼을 벌였다. 그러자 예수께서 개입하셨다. "왕들은 위세 부리기를 좋아하고,

sight of the crowd.

7-8 The Day of Unleavened Bread came, the day the Passover lamb was butchered. Jesus sent Peter and John off, saying, "Go prepare the Passover for us so we can eat it together."

9 They said, "Where do you want us to do this?"

10-12 He said, "Keep your eyes open as you enter the city. A man carrying a water jug will meet you. Follow him home. Then speak with the owner of the house: The Teacher wants to know, 'Where is the guest room where I can eat the Passover meal with my disciples?' He will show you a spacious second-story room, swept and ready. Prepare the meal there."

13 They left, found everything just as he told them, and prepared the Passover meal.

14-16 When it was time, he sat down, all the apostles with him, and said, "You've no idea how much I have looked forward to eating this Passover meal with you before I enter my time of suffering. It's the last one I'll eat until we all eat it together in the kingdom of God."

17-18 Taking the cup, he blessed it, then said, "Take this and pass it among you. As for me, I'll not drink wine again until the kingdom of God arrives."

19 Taking bread, he blessed it, broke it, and gave it to them, saying, "This is my body, given for you. Eat it in my memory."

20 He did the same with the cup after supper, saying, "This cup is the new covenant written in my blood, blood poured out for you.

21-22 "Do you realize that the hand of the one who is betraying me is at this moment on this table? It's true that the Son of Man is going down a path already marked out – no surprises there. But for the one who turns him in, turns traitor to the Son of Man, this is doomsday."

23 They immediately became suspicious of each other and began quizzing one another, wondering who might be about to do this.

Get Ready for Trouble

24-26 Within minutes they were bickering over who of them would end up the greatest. But Jesus intervened: "Kings like to throw their weight around

권세 가진 사람들은 거창한 호칭 달기를 좋아한다. 너희는 그래서는 안된다. 너희 가운데 선배는 후배처럼 되고, 지도자는 종의 역할을 맡아라.

27-30 저녁식사를 하는 사람과 시중드는 사람 가운데, 너희는 어느 쪽이 되고 싶으냐? 너희라면 시중받으면서 식사를 하고 싶지 않겠느냐? 그러나 나는 너희 가운데서 섬기는 자리에 있었다. 너희는 크고 작은 시련 중에도 끝까지 나에게 충실했다. 이제 나는, 내 아버지께서 내게 주신 왕의 권세를 너희에게 준다. 그리하여 너희는 내 나라에서 내 식탁에 앉아 먹고 마시며, 하나님 백성의 회중 가운데서 책임을 감당할 힘을 얻게 될 것이다.

31-32 시몬아, 방심하지 마라. 사탄이 밀에서 겨를 가려내듯이, 너희 모두를 내게서 떼어 놓으려고 안간힘을 썼다. 시몬아, 네가 굴복하거나 지쳐 쓰러지지 않도록 내가 특히 너를 위해 기도했다. 네가 시험의 시기를 다 통과하거든, 네 동료들이 새 출발을 할 수 있도록 도와주어라."

33 베드로가 말했다. "주님, 주님과 함께라면 저는 무엇이든지 할 각오가 되어 있습니다. 주님을 위해서라면 감옥에라도 가겠습니다. 주님을 위해 죽기까지 하겠습니다!"

34 예수께서 말씀하셨다. "베드로야, 안됐지만 네게 이 말을 해야겠다. 수탉이 울기 전에, 네가 나를 모른다고 세 번 부인할 것이다."

35 예수께서 말씀하셨다. "내가 너희를 보내면서, 꼭 필요한 것만 가지고 가볍게 다니라고 했을 때에, 너희에게 문제가 없었느냐?"

그들이 말했다. "물론입니다. 아무 문제없이 잘 지냈습니다."

36-37 예수께서 말씀하셨다. "이번에는 다르다. 고난에 대비하여라. 힘든 시기가 닥쳐올 테니, 필요한 것을 챙겨라. 너희 겉옷을 전당 잡혀서 칼을 구하여라. '그는 범죄자들과 한 무리로 여겨졌다'고 기록된 성경 말씀의 최종 의미는 나에게서 완성된다. 나에 대해 기록된 모든 것이 이제 결말로 다가가고 있다."

38 제자들이 말했다. "보십시오, 주님. 칼 두 자루가 있습니다!"

그러자 예수께서 말씀하셨다. "그만하면 됐다. 칼 이야기는 그만하자!"

올리브 산에서 잡히시다

39-40 예수께서 거기를 떠나, 전에 자주 다니시던 올리브 산으로 가셨다. 제자들이 그분을 따라갔다. 그곳에 이르자, 예수께서 말씀하셨다. "유혹에 넘어가

and people in authority like to give themselves fancy titles. It's not going to be that way with you. Let the senior among you become like the junior; let the leader act the part of the servant.

27-30 "Who would you rather be: the one who eats the dinner or the one who serves the dinner? You'd rather eat and be served, right? But I've taken my place among you as the one who serves. And you've stuck with me through thick and thin. Now I confer on you the royal authority my Father conferred on me so you can eat and drink at my table in my kingdom and be strengthened as you take up responsibilities among the congregations of God's people.

31-32 "Simon, stay on your toes. Satan has tried his best to separate all of you from me, like chaff from wheat. Simon, I've prayed for you in particular that you not give in or give out. When you have come through the time of testing, turn to your companions and give them a fresh start."

33 Peter said, "Master, I'm ready for anything with you. I'd go to jail for you. I'd *die* for you!"

34 Jesus said, "I'm sorry to have to tell you this, Peter, but before the rooster crows you will have three times denied that you know me."

35 Then Jesus said, "When I sent you out and told you to travel light, to take only the bare necessities, did you get along all right?"

"Certainly," they said, "we got along just fine."

36-37 He said, "This is different. Get ready for trouble. Look to what you'll need; there are difficult times ahead. Pawn your coat and get a sword. What was written in Scripture, 'He was lumped in with the criminals,' gets its final meaning in me. Everything written about me is now coming to a conclusion."

38 They said, "Look, Master, two swords!"

But he said, "Enough of that; no more sword talk!"

A Dark Night

39-40 Leaving there, he went, as he so often did, to Mount Olives. The disciples followed him. When they arrived at the place, he said, "Pray that you don't give in to temptation."

지 않도록 기도하여라."

41-44 예수께서 그들을 떠나 돌을 던져 닿을 만한 거리에 가셨다. 거기서 무릎을 꿇고 기도하셨다. "아버지, 이 잔을 내게서 거두어 주십시오. 그러나 내가 원하는 대로 하지 마시고, 아버지께서 원하시는 대로 행하십시오. 아버지께서 원하시는 것이 무엇입니까?" 그때 하늘에서 천사가 나타나 그분 곁에 서서 힘을 북돋아 주었다. 예수께서 계속해서 더욱 간절히 기도하셨다. 예수의 얼굴에서 쏟아지는 땀방울이 마치 핏방울 같았다.

45-46 예수께서 기도를 마치고 일어나셔서 제자들에게 돌아와 보니, 그들이 슬픔에 잠겨 잠들어 있었다. 예수께서 말씀하셨다. "너희가 무슨 일로 자고 있느냐? 일어나거라. 유혹에 넘어가지 않도록 기도하여라."

47-48 예수께서 그 말씀을 하시자마자, 한 무리가 열두 제자 가운데 하나인 유다를 앞세우고 나타났다. 유다가 예수께 입 맞추려고 곧장 그분께 다가왔다. 예수께서 말씀하셨다. "유다야, 네가 입맞춤으로 인자를 팔려고 하느냐?"

49-50 예수와 함께 있던 이들이 사태를 보고 말했다. "주님, 우리가 싸울까요?" 그들 가운데 한 사람이 대제사장의 종에게 칼을 휘둘러 그의 오른쪽 귀를 잘라 버렸다.

51 예수께서 말씀하셨다. "그냥 두어라." 그러고는 종의 귀를 만져 낫게 해주셨다.

52-53 예수께서 거기에 온 사람들, 곧 대제사장과 성전 경비대와 종교 지도자들에게 말씀하셨다. "내가 위험한 범죄자라도 되는 것처럼 칼과 몽둥이로 내게 덤벼들다니, 이게 무슨 짓이냐? 내가 날마다 성전에서 너희와 함께 있었지만, 너희는 내게 손 하나 대지 않았다. 그러나 이제 너희 뜻대로 하여라. 지금은 어두운 밤이요, 어두운 시간이다."

베드로가 예수를 부인하다

54-56 그들이 예수를 체포해서, 대제사장의 집으로 끌고 갔다. 베드로는 안전한 거리를 두고 뒤따라갔다. 사람들이 안뜰 한가운데서 불을 피우고 둘러앉아 불을 쬐고 있었다. 불가에 앉아 있던 여종 하나가 베드로를 알아보았다. 그리고 다시 유심히 보더니 말했다. "이 사람도 저 자와 함께 있었어요!"

57 베드로가 부인했다. "여자여, 나는 그를 알지도 못하오."

58 조금 있다가, 다른 사람이 베드로를 알아보고 말했다. "너도 저들과 한패다."

41-44 He pulled away from them about a stone's throw, knelt down, and prayed, "Father, remove this cup from me. But please, not what I want. What do you want?" At once an angel from heaven was at his side, strengthening him. He prayed on all the harder. Sweat, wrung from him like drops of blood, poured off his face.

45-46 He got up from prayer, went back to the disciples and found them asleep, drugged by grief. He said, "What business do you have sleeping? Get up. Pray so you won't give in to temptation."

47-48 No sooner were the words out of his mouth than a crowd showed up, Judas, the one from the Twelve, in the lead. He came right up to Jesus to kiss him. Jesus said, "Judas, you would betray the Son of Man with a kiss?"

49-50 When those with him saw what was happening, they said, "Master, shall we fight?" One of them took a swing at the Chief Priest's servant and cut off his right ear.

51 Jesus said, "Let them be. Even in this." Then, touching the servant's ear, he healed him.

52-53 Jesus spoke to those who had come—high priests, Temple police, religion leaders: "What is this, jumping me with swords and clubs as if I were a dangerous criminal? Day after day I've been with you in the Temple and you've not so much as lifted a hand against me. But do it your way—it's a dark night, a dark hour."

A Rooster Crowed

54-56 Arresting Jesus, they marched him off and took him into the house of the Chief Priest. Peter followed, but at a safe distance. In the middle of the courtyard some people had started a fire and were sitting around it, trying to keep warm. One of the serving maids sitting at the fire noticed him, then took a second look and said, "This man was with him!"

57 He denied it, "Woman, I don't even know him."

58 A short time later, someone else noticed him and said, "You're one of them."
But Peter denied it: "Man, I am not."

59 About an hour later, someone else spoke up,

그러나 베드로는 잡아뗐다. "이 사람아, 나는 아니라고."
59 한 시간쯤 후에, 또 다른 사람이 아주 단호하게 말했다. "이 사람은 저 자와 함께 있었던 것이 틀림없소. 갈릴리 사람이라는 표시가 이 사람의 온몸에 새겨져 있소."
60-62 베드로가 말했다. "이보시오. 나는 당신이 무슨 말을 하는지 모르겠소." 바로 그때, 베드로가 마지막 말을 끝마치기 전에 수탉이 울었다. 그때에, 주님께서 고개를 돌려 베드로를 바라보셨다. 베드로는 "수탉이 울기 전에, 네가 나를 세 번 부인할 것이다"라고 하신 주님의 말씀이 생각났다. 그는 밖으로 나가서, 하염없이 흐느껴 울고 또 울었다.

조롱을 당하시다

63-65 예수를 맡은 자들이 그분을 마구 때리며 조롱하기 시작했다. 그들은 예수께 눈가리개를 씌우고 놀렸다. "이번에 너를 친 사람이 누구냐?" 그들은 그분을 가지고 신나게 놀았다.
66-67 아침이 되자, 백성의 종교 지도자와 대제사장과 종교 학자들이 다 모여서 예수를 최고의회 앞으로 끌고 갔다. 그들이 말했다. "네가 메시아냐?"
67-69 예수께서 대답하셨다. "내가 그렇다고 해도 너희는 나를 믿지 않을 것이다. 내가 너희 질문이 무슨 뜻이냐고 물어도 너희는 대답하지 않을 것이다. 내가 할 말은 이것이다. 이제 후로는, 인자가 하나님의 오른편, 권능의 자리에 앉게 될 것이다."
70 그들이 일제히 말했다. "그러면 네가 하나님의 아들이라고 한 주장을 스스로 인정하는 것이냐?"
"그 말을 계속하는 사람은 너희다." 예수께서 말씀하셨다.
71 그러자 그들이 마음을 정했다. "우리에게 무슨 증거가 더 필요하겠소? 우리가 들은 것처럼, 이 자는 자기 입으로 하나님의 아들이라고 말한 것이나 다름없소."

빌라도에게 사형선고를 받으시다

23 1-2 그 후에 그들 모두가 예수를 빌라도에게 끌고 가서 고발하기 시작했다. 그들은 말했다. "우리가 보니, 이 사람은 우리의 법과 질서를 허물고, 황제께 세금 바치는 것을 방해하고, 스스로 메시아 왕이라고 말했습니다."
3 빌라도가 예수께 물었다. "네가 유대인의 왕이라는 이 말이 사실이냐?"
예수께서 대답하셨다. "그것은 내 말이 아니라, 네 말이다."

really adamant: "He's got to have been with him! He's got 'Galilean' written all over him."
60-62 Peter said, "Man, I don't know what you're talking about." At that very moment, the last word hardly off his lips, a rooster crowed. Just then, the Master turned and looked at Peter. Peter remembered what the Master had said to him: "Before the rooster crows, you will deny me three times." He went out and cried and cried and cried.

Slapping Him Around

63-65 The men in charge of Jesus began poking fun at him, slapping him around. They put a blindfold on him and taunted, "Who hit you that time?" They were having a grand time with him.
66-67 When it was morning, the religious leaders of the people and the high priests and scholars all got together and brought him before their High Council. They said, "Are you the Messiah?"
67-69 He answered, "If I said yes, you wouldn't believe me. If I asked what you meant by your question, you wouldn't answer me. So here's what I have to say: From here on the Son of Man takes his place at God's right hand, the place of power."
70 They all said, "So you admit your claim to be the Son of God?"
"You're the ones who keep saying it," he said.
71 But they had made up their minds, "Why do we need any more evidence? We've all heard him as good as say it himself."

Pilate

23 1-2 Then they all took Jesus to Pilate and began to bring up charges against him. They said, "We found this man undermining our law and order, forbidding taxes to be paid to Caesar, setting himself up as Messiah-King."
3 Pilate asked him, "Is this true that you're 'King of the Jews'?"
"Those are your words, not mine," Jesus

4 빌라도는 대제사장들과 함께한 무리에게 말했다. "나는 아무 잘못도 못 찾겠소. 내가 보기에 이 자는 죄가 없는 인물 같소."

5 그러나 그들은 맹렬했다. "그 사람은 갈릴리에서부터 시작해서, 이제는 온 유대 곳곳에서 평화를 어지럽히고, 자신의 가르침으로 백성 가운데 불안을 조장하고 있습니다. 그는 평화를 위협하는 인물입니다."

6-7 빌라도가 그 말을 듣고 물었다. "그러니까, 이 사람이 갈릴리 사람이란 말이오?" 빌라도는 예수가 본래 헤롯의 관할이라는 것을 알고는, 헤롯에게 책임을 떠넘겼다. 마침 헤롯은 며칠간 예루살렘에 와 있었다.

8-10 헤롯은 예수가 나타나자 기뻐했다. 그는 오래전부터 예수를 보고 싶어 했고, 그분에 대한 이야기를 귀가 닳도록 들어 왔다. 그는 예수가 무슨 대단한 일을 행하는 것을 보고 싶어 했다. 헤롯은 예수께 질문을 퍼부었으나, 예수께서는 대답이 없으셨다. 한 마디도 하지 않으셨다. 그러나 대제사장과 종교 학자들은 곁에 서서 저마다 한 마디씩 신랄하고 격한 소리로 그분을 고발했다.

11-12 헤롯은 크게 기분이 상해 예수를 자극했다. 헤롯의 병사들도 합세해서 조롱하고 비아냥거렸다. 그러고는 공들여 만든 왕의 복장을 그분께 입혀서 빌라도에게 돌려보냈다. 전에는 생전 가까이하지 않던 헤롯과 빌라도가 그날은 둘도 없는 사이가 되었다.

13-16 빌라도가 대제사장과 통치자와 다른 사람들을 불러들여 놓고 말했다. "여러분은 이 사람이 평화를 어지럽힌다고 해서 나에게 데려왔소. 내가 여러분 모두가 보는 앞에서 그를 심문해 보았으나, 여러분의 고발을 뒷받침할 만한 것을 하나도 찾지 못했소. 헤롯 왕도 혐의를 찾지 못해 이렇게 무혐의로 돌려보냈소. 이 사람은 죽을 만한 일은 고사하고 아무 잘못도 없는 것이 분명하오. 그러니 조심하라고 경고해서 이 사람을 풀어 주겠소."

18-20 그러자, 무리가 격해졌다. "그 자를 죽이시오! 우리에게 바라바를 주시오!" (바라바는 그 도시에서 폭동을 일으키고 살인을 저지른 죄로 감옥에 갇혀 있었다.) 그럼에도 빌라도는 예수를 놓아주고 싶어서, 다시 분명히 말했다.

21 그러나 그들은 계속 소리쳤다. "십자가에 못 박으시오! 그 자를 십자가에 못 박으시오!"

22 빌라도가 세 번째로 나섰다. "그러나 무슨 죄목 때문이오? 나는 이 사람한테서 죽일 만한 죄를 찾지 못했소. 조심하라고 경고해서 이 사람을 풀어 주겠소."

23-25 그러나 무리는 고함을 치면서, 예수를 십자가에 못 박으라고 막무가내로 우겼다. 결국 그들의 고함소

replied.

4 Pilate told the high priests and the accompanying crowd, "I find nothing wrong here. He seems harmless enough to me."

5 But they were vehement. "He's stirring up unrest among the people with his teaching, disturbing the peace everywhere, starting in Galilee and now all through Judea. He's a dangerous man, endangering the peace."

6-7 When Pilate heard that, he asked, "So, he's a Galilean?" Realizing that he properly came under Herod's jurisdiction, he passed the buck to Herod, who just happened to be in Jerusalem for a few days.

8-10 Herod was delighted when Jesus showed up. He had wanted for a long time to see him, he'd heard so much about him. He hoped to see him do something spectacular. He peppered him with questions. Jesus didn't answer—not one word. But the high priests and religion scholars were right there, saying their piece, strident and shrill in their accusations.

11-12 Mightily offended, Herod turned on Jesus. His soldiers joined in, taunting and jeering. Then they dressed him up in an elaborate king costume and sent him back to Pilate. That day Herod and Pilate became thick as thieves. Always before they had kept their distance.

13-16 Then Pilate called in the high priests, rulers, and the others and said, "You brought this man to me as a disturber of the peace. I examined him in front of all of you and found there was nothing to your charge. And neither did Herod, for he has sent him back here with a clean bill of health. It's clear that he's done nothing wrong, let alone anything deserving death. I'm going to warn him to watch his step and let him go."

18-20 At that, the crowd went wild: "Kill him! Give us Barabbas!" (Barabbas had been thrown in prison for starting a riot in the city and for murder.) Pilate still wanted to let Jesus go, and so spoke out again.

21 But they kept shouting back, "Crucify! Crucify him!"

리가 빌라도의 말문을 막았다. 빌라도는 잠자
코 그들의 뜻을 들어주었다. 그는 폭동과 살인
죄로 감옥에 갇혀 있던 사람을 풀어 주고, 예수
를 그들에게 넘겨주어 그들이 원하는 대로 하
게 했다.

십자가에 못 박히시다

26-31 그들이 예수를 끌고 가다가, 마침 시골에
서 올라오던 구레네 사람 시몬에게 십자가를
지워 예수의 뒤를 따르게 했다. 큰 무리가 뒤를
따랐고, 여자들도 함께 따라가면서 슬피 울었
다. 예수께서 여자들을 돌아보며 말씀하셨다.
"예루살렘의 딸들아, 나를 위해 울지 마라. 너
희와 너희 자녀들을 위해 울어라. 사람들이 이
렇게 말할 날이 올 것이다. '임신하지 못하는 여
자는 복되다! 아이를 낳아 보지 못한 태는 복되
다! 젖을 먹인 적 없는 가슴은 복되다!' 그때에
사람들이 산에다 대고 '우리 위로 무너져 내려
라!' 하고, 언덕에다 대고 '우리를 덮어 버려라!'
하고 외칠 것이다. 사람들이 살아 있는 푸른 나
무에도 그렇게 하는데, 말라 버린 나무에는 어
떻게 할지 상상이 되느냐?"
32 다른 죄수 두 사람도 사형을 받으러 예수와
함께 끌려갔다.
33 해골 언덕이라는 곳에 이르러, 그들이 예수
를 십자가에 못 박았다. 두 죄수도 하나는 그분
오른쪽에, 다른 하나는 왼쪽에 못 박았다.
34-35 예수께서 기도하셨다. "아버지, 이 사람들
을 용서해 주십시오. 이 사람들은 자기들이 무
슨 일을 하는지 모릅니다."
그들은 주사위를 던져 예수의 옷을 나눠 가졌
다. 사람들이 거기 서서 예수를 구경했고, 주모
자들도 비웃으며 말했다. "저가 다른 사람들은
구원했는데, 자기 자신도 구원하는지 보자! 하
나님의 메시아라고? 선택받은 자라고? 아하!"
36-37 병사들도 다가와 예수를 조롱하고 비웃었
다. 그들은 신 포도주로 그분께 건배를 제안했
다. "유대인의 왕이여! 너나 구원해 보아라!"
38 예수의 머리 위에는 '이 사람은 유대인의 왕'
이라고 쓴 팻말이 붙어 있었다.
39 함께 달린 죄수 가운데 한 사람도 그분을 저
주했다. "너는 대단한 메시아가 아니냐! 너를
구원해 보아라! 우리를 구원해 보라고!"
40-41 그러나 다른 죄수가 그의 말을 막았다. "너
는 하나님이 두렵지도 않느냐? 이분은 너와 똑

22 He tried a third time. "But for what crime? I've
found nothing in him deserving death. I'm going to
warn him to watch his step and let him go."
23-25 But they kept at it, a shouting mob, demanding
that he be crucified. And finally they shouted him
down. Pilate caved in and gave them what they
wanted. He released the man thrown in prison for
rioting and murder, and gave them Jesus to do
whatever they wanted.

Skull Hill

26-31 As they led him off, they made Simon, a man
from Cyrene who happened to be coming in from
the countryside, carry the cross behind Jesus. A
huge crowd of people followed, along with women
weeping and carrying on. At one point Jesus turned
to the women and said, "Daughters of Jerusalem,
don't cry for me. Cry for yourselves and for your
children. The time is coming when they'll say,
'Lucky the women who never conceived! Lucky the
wombs that never gave birth! Lucky the breasts that
never gave milk!' Then they'll start calling to the
mountains, 'Fall down on us!' calling to the hills,
'Cover us up!' If people do these things to a live,
green tree, can you imagine what they'll do with
deadwood?"
32 Two others, both criminals, were taken along with
him for execution.
33 When they got to the place called Skull Hill, they
crucified him, along with the criminals, one on his
right, the other on his left.
34-35 Jesus prayed, "Father, forgive them; they don't
know what they're doing."
Dividing up his clothes, they threw dice for them.
The people stood there staring at Jesus, and the
ringleaders made faces, taunting, "He saved others.
Let's see him save himself! The Messiah of God–ha!
The Chosen–ha!"
36-37 The soldiers also came up and poked fun at him,
making a game of it. They toasted him with sour
wine: "So you're King of the Jews! Save yourself!"
38 Printed over him was a sign: THIS IS THE KING
OF THE JEWS.
39 One of the criminals hanging alongside cursed
him: "Some Messiah you are! Save yourself! Save us!"

같은 일을 당하고 있다. 우리야 처벌받는 것이 마땅하지만, 이분은 그렇지 않다. 이분은 이런 처벌을 받을 만한 일을 하신 적이 없다."

42 그러고 나서 그가 말했다. "예수님, 당신의 나라에 들어가실 때에 저를 기억해 주십시오."

43 예수께서 말씀하셨다. "걱정하지 마라. 내가 그렇게 하겠다. 오늘 네가 나와 함께 낙원에 있을 것이다."

44-46 어느덧 정오가 되었다. 온 땅이 어두워졌고, 그 어둠은 이후 세 시간 동안 계속되었다. 칠흑 같은 어둠이었다. 성전의 휘장 한가운데가 찢어졌다. 예수께서 큰소리로 부르짖으셨다. "아버지, 내 생명을 아버지 손에 맡깁니다!" 그 말을 하시고 예수께서 숨을 거두셨다.

47 그 자리에 있던 지휘관이 일어난 일을 보고, 하나님께 영광을 돌렸다. "이 사람은 죄 없는 사람이었다! 선하고 죄 없는 사람이었다!"

48-49 그 광경을 구경하려고 모인 사람들도, 실제로 일어난 일을 보고는 모두 비탄에 잠긴 채 집으로 돌아갔다. 예수를 잘 아는 사람들과 갈릴리에서부터 그분을 따라온 여자들은, 숙연한 마음으로 멀찍이 서서 지켜보았다.

50-54 유대 최고의회 의원으로 요셉이라는 사람이 있었는데, 그는 마음이 선하고 성품이 어진 사람이었다. 그는 의회의 계획과 행동에 찬성하지 않았다. 유대인 동네 아리마대가 고향인 그는, 하나님 나라를 간절히 기다리며 살아온 사람이었다. 그가 빌라도에게 가서 예수의 시신을 거두게 해달라고 청했다. 요셉은 그분을 십자가에서 내려 세마포 수의에 싸서, 아직 아무도 사용한 적이 없는, 바위를 깎아서 만든 무덤에 그분을 모셔 두었다. 그날은 안식일 전날이었고, 안식일이 막 시작될 무렵이었다.

55-56 갈릴리에서부터 예수를 늘 따라다닌 여자들이 뒤따라가서 예수의 시신을 모셔 둔 무덤을 보았다. 그러고는 돌아가서 장례용 향료와 향유를 준비했다. 그들은 계명대로 안식일에 조용히 쉬었다.

그분은 다시 살아나셨다

24 1-3 일요일 새벽에, 여자들은 미리 준비해 두었던 장례용 향료를 가지고 무덤으로 갔다. 그들은 무덤 입구를 막은 돌이

40-41 But the other one made him shut up: "Have you no fear of God? You're getting the same as him. We deserve this, but not him–he did nothing to deserve this."

42 Then he said, "Jesus, remember me when you enter your kingdom."

43 He said, "Don't worry, I will. Today you will join me in paradise."

44-46 By now it was noon. The whole earth became dark, the darkness lasting three hours–a total blackout. The Temple curtain split right down the middle. Jesus called loudly, "Father, I place my life in your hands!" Then he breathed his last.

47 When the captain there saw what happened, he honored God: "This man was innocent! A good man, and innocent!"

48-49 All who had come around as spectators to watch the show, when they saw what actually happened, were overcome with grief and headed home. Those who knew Jesus well, along with the women who had followed him from Galilee, stood at a respectful distance and kept vigil.

50-54 There was a man by the name of Joseph, a member of the Jewish High Council, a man of good heart and good character. He had not gone along with the plans and actions of the council. His hometown was the Jewish village of Arimathea. He lived in alert expectation of the kingdom of God. He went to Pilate and asked for the body of Jesus. Taking him down, he wrapped him in a linen shroud and placed him in a tomb chiseled into the rock, a tomb never yet used. It was the day before Sabbath, the Sabbath just about to begin.

55-56 The women who had been companions of Jesus from Galilee followed along. They saw the tomb where Jesus' body was placed. Then they went back to prepare burial spices and perfumes. They rested quietly on the Sabbath, as commanded.

Looking for the Living One in a Cemetery

24 1-3 At the crack of dawn on Sunday, the women came to the tomb carrying the burial spices they had prepared. They found the

옮겨져 있는 것을 발견하고, 안으로 들어갔다. 그런데 안에 들어가 보니, 주 예수의 시신이 보이지 않았다.

4-8 그들은 어찌 된 영문인지 몰라 당황했다. 그때 온몸에 광채가 나는 두 사람이 갑자기 나타나, 그들 곁에 섰다. 여자들은 두려워서 엎드려 경배했다. 그들이 말했다. "어째서 너희는 살아 계신 분을 무덤에서 찾고 있느냐? 그분은 여기 계시지 않고, 다시 살아나셨다. 너희가 갈릴리에 있을 때에, 그분께서 자기가 죄인들에게 넘겨져 십자가에서 죽임을 당하고, 사흘 후에 살아나야 한다고 말씀하신 것을 기억하느냐?" 그때서야 여자들은 예수의 말씀이 생각났다.

9-11 그들은 무덤에서 돌아와, 이 모든 소식을 열한 제자와 나머지 사람들에게 전했다. 막달라 마리아와 요안나와 야고보의 어머니 마리아와 함께 있던 다른 여자들이 사도들에게 계속 이야기했으나, 사도들은 그들의 말을 한 마디도 믿지 않았다. 그들은 여자들이 지어낸 말이라고 생각했다.

12 그러나 베드로는 벌떡 일어나 무덤으로 달려갔다. 그가 몸을 구부려 안을 들여다보니, 보이는 것이라고는 수의가 전부였다. 그는 이상하게 여겨 고개를 저으며 돌아갔다.

엠마오 가는 길

13-16 바로 그날에, 그들 가운데 두 사람이 예루살렘에서 11킬로미터쯤 떨어진 엠마오라는 마을로 걸어가고 있었다. 그들은 그동안 일어난 모든 일을 되돌아보며 깊은 대화를 나누고 있었다. 그들이 한참 묻고 말하는 중에, 예수께서 다가오셔서 그들과 함께 걸으셨다. 그러나 그들은 그분이 누구신지 알아보지 못했다.

17-18 예수께서 물으셨다. "당신들은 길을 가면서 무슨 이야기를 그토록 열심히 합니까?"

그들은 가장 친한 벗을 잃은 듯한 침통한 얼굴로 그 자리에 멈춰 섰다. 그중에 글로바라는 사람이 말했다. "지난 며칠 동안 있었던 일을 예루살렘에서 당신 혼자만 모른단 말입니까?"

19-24 예수께서 말씀하셨다. "무슨 일이 있었습니까?"

그들이 말했다. "나사렛 예수께 일어난 일입니다. 그분은 하시는 일과 말에 능력이 있고, 하나님과 온 백성에게 축복받은 하나님의 사람이자 예언자셨지요. 그런데 대제사장과 지도자들이 그분을 넘겨주어서, 사형선고를 받게 하고, 십자가에 못 박았습니다. 우리는 그분이야말로 이스라엘을 구원

entrance stone rolled back from the tomb, so they walked in. But once inside, they couldn't find the body of the Master Jesus.

4-8 They were puzzled, wondering what to make of this. Then, out of nowhere it seemed, two men, light cascading over them, stood there. The women were awestruck and bowed down in worship. The men said, "Why are you looking for the Living One in a cemetery? He is not here, but raised up. Remember how he told you when you were still back in Galilee that he had to be handed over to sinners, be killed on a cross, and in three days rise up?" Then they remembered Jesus' words.

9-11 They left the tomb and broke the news of all this to the Eleven and the rest. Mary Magdalene, Joanna, Mary the mother of James, and the other women with them kept telling these things to the apostles, but the apostles didn't believe a word of it, thought they were making it all up.

12 But Peter jumped to his feet and ran to the tomb. He stooped to look in and saw a few grave clothes, that's all. He walked away puzzled, shaking his head.

The Road to Emmaus

13-16 That same day two of them were walking to the village Emmaus, about seven miles out of Jerusalem. They were deep in conversation, going over all these things that had happened. In the middle of their talk and questions, Jesus came up and walked along with them. But they were not able to recognize who he was.

17-18 He asked, "What's this you're discussing so intently as you walk along?"

They just stood there, long-faced, like they had lost their best friend. Then one of them, his name was Cleopas, said, "Are you the only one in Jerusalem who hasn't heard what's happened during the last few days?"

19-24 He said, "What has happened?"

They said, "The things that happened to Jesus the Nazarene. He was a man of God, a prophet, dynamic in work and word, blessed by both God and all the people. Then our high priests and leaders betrayed him, got him sentenced to death,

하실 분이라는 희망을 품고 있었습니다. 그 일이
있은 지 벌써 사흘째입니다. 그런데 지금 우리 가
운데 몇몇 여자들이 우리를 완전히 혼란에 빠뜨렸
습니다. 오늘 아침 일찍 그들이 무덤에 갔는데, 그
분의 시신을 찾을 수 없었다고 합니다. 그들이 돌
아와서 하는 말이, 자기들이 천사들의 환상을 보
았는데, 천사들이 예수께서 살아 계시다고 했다는
겁니다. 우리의 친구들 가운데 몇 사람이 무덤에
가서 확인해 보니, 여자들 말대로 무덤이 비어 있
었지만 예수를 보지는 못했습니다."
25-27 그러자 예수께서 말씀하셨다. "당신들은 머
리가 둔하고 마음이 무딘 사람들이군요! 어째서
당신들은 예언자들이 말한 모든 것을 단순히 믿
지 못합니까? 당신들은 이런 일이 일어나야 한다
는 것과, 메시아가 고난을 겪고서 자기 영광에 들
어가야 한다는 것을 알지 못합니까?" 그러고 나서
예수께서는 모세의 책들로 시작해 예언서를 전부
살피시면서, 자신을 언급한 성경 구절들을 모두
짚어 주셨다.
28-31 그들은 자신들이 가려던 마을 어귀에 도착했
다. 예수께서 계속 가시려는 듯하자 그들이 간청
했다. "우리와 머물며 함께 저녁을 드십시오. 날이
저물어 저녁이 되었습니다." 그래서 예수께서 그
들과 함께 들어가셨다. 예수께서 그들과 함께 식
탁에 앉으셔서 빵을 들어 축복하시고, 떼어서 그
들에게 주셨다. 그 순간, 그들의 눈이 열렸다. 깜
짝 놀라 눈이 휘둥그레진 그들이 예수를 알아보았
다. 그러나 그 순간, 예수께서 사라지셨다.
32 그들이 서로 말을 주고받았다. "그분이 길에서
우리와 대화하며 성경을 풀어 주실 때, 우리 마음
이 뜨거워지지 않았습니까?"

제자들 앞에 나타나시다

33-34 그들은 한시도 지체하지 않고, 일어나서 곧
장 예루살렘으로 돌아갔다. 가 보니, 열한 제자와
친구들이 함께 모여 이야기하고 있었다. "사실이
다! 주님께서 살아나셨다. 시몬이 주님을 보았다!"
35 이어서 그 두 사람도 길에서 있었던 일과, 예수
께서 빵을 떼실 때에 자기들이 그분을 알아본 일
을 모두 이야기했다.
36-41 그들이 이런 이야기를 하고 있는데, 예수께
서 그들 앞에 나타나 말씀하셨다. "너희에게 평안
이 있기를!" 그들은 자기들이 유령을 보고 있는 줄
알고 잔뜩 겁을 먹었다. 예수께서 그들에게 말씀
하셨다. "당황하지 마라. 그리고 이 모든 의심에

and crucified him. And we had our hopes up that
he was the One, the One about to deliver Israel.
And it is now the third day since it happened.
But now some of our women have completely
confused us. Early this morning they were at
the tomb and couldn't find his body. They came
back with the story that they had seen a vision of
angels who said he was alive. Some of our friends
went off to the tomb to check and found it empty
just as the women said, but they didn't see Jesus."
25-27 Then he said to them, "So thick-headed! So
slow-hearted! Why can't you simply believe all
that the prophets said? Don't you see that these
things had to happen, that the Messiah had to
suffer and only then enter into his glory?" Then
he started at the beginning, with the Books of
Moses, and went on through all the Prophets,
pointing out everything in the Scriptures that
referred to him.
28-31 They came to the edge of the village where
they were headed. He acted as if he were going on
but they pressed him: "Stay and have supper with
us. It's nearly evening; the day is done." So he
went in with them. And here is what happened:
He sat down at the table with them. Taking the
bread, he blessed and broke and gave it to them.
At that moment, open-eyed, wide-eyed, they
recognized him. And then he disappeared.
32 Back and forth they talked. "Didn't we feel on
fire as he conversed with us on the road, as he
opened up the Scriptures for us?"

A Ghost Doesn't Have Muscle and Bone

33-34 They didn't waste a minute. They were up
and on their way back to Jerusalem. They found
the Eleven and their friends gathered together,
talking away: "It's really happened! The Master
has been raised up—Simon saw him!"
35 Then the two went over everything that
happened on the road and how they recognized
him when he broke the bread.
36-41 While they were saying all this, Jesus
appeared to them and said, "Peace be with you."
They thought they were seeing a ghost and were
scared half to death. He continued with them,

휩쓸리지도 마라. 내 손을 보고 내 발을 보아라.
정말로 나다. 나를 만져 보아라. 머리부터 발끝까
지 나를 잘 보아라. 유령은 이런 근육과 뼈가 없
다." 이렇게 말씀하시며, 그들에게 자신의 손과
발을 보여주셨다. 그들은 자기 눈으로 보면서도
여전히 믿을 수가 없었다. 너무 좋아서 믿기지 않
았다.
41-43 예수께서 물으셨다. "여기에 먹을 것이 좀
있느냐?" 그들은 요리해 둔 생선 한 토막을 그분
께 드렸다. 예수께서는 그것을 받아 그들이 보는
앞에서 드셨다.

너희는 증인이다

44 예수께서 말씀하셨다. "내가 너희와 함께 있을
때에, 나에 대해 기록한 모세의 율법과 예언서와
시편의 모든 것이 이루어져야 한다고 말했다."
45-49 예수께서는 계속해서 그들이 하나님의 말씀
을 깨닫도록 이해력을 넓혀 주시고, 성경을 어떻
게 읽어야 하는지 설명해 주셨다. 그분께서 말씀
하셨다. "너희가 아는 것처럼 이렇게 기록되어 있
다. 메시아가 고난을 겪고, 사흘째 되는 날에 죽
은 자들 가운데서 살아나며, 죄 용서를 통한 전
적인 삶의 변화가—이곳 예루살렘에서부터 시작
해 모든 민족에게까지—그분의 이름으로 선포될
것이다! 너희는 그것을 보고 들은 첫 증인들이다.
이제 이 다음부터가 매우 중요하다! 내 아버지께
서 약속하신 것을 내가 너희에게 보내 주겠다. 너
희는 그분이 오셔서 위로부터 오는 능력을 입을
때까지 이 성에 머물러 있어라."
50-51 예수께서 그들을 데리고 성에서 나가 베다
니로 가셨다. 예수께서 손을 들어 그들을 축복하
시고, 그들을 떠나 하늘로 들려 올라가셨다.
52-53 그들은 무릎을 꿇고 그분께 경배하고, 터질
듯한 기쁨을 안고 예루살렘으로 돌아왔다. 그들
은 하나님을 찬양하면서 모든 시간을 성전에서
보냈다!

"Don't be upset, and don't let all these doubting
questions take over. Look at my hands; look at
my feet–it's really me. Touch me. Look me over
from head to toe. A ghost doesn't have muscle and
bone like this." As he said this, he showed them
his hands and feet. They still couldn't believe what
they were seeing. It was too much; it seemed too
good to be true.
41-43 He asked, "Do you have any food here?" They
gave him a piece of leftover fish they had cooked.
He took it and ate it right before their eyes.

You're the Witnesses

44 Then he said, "Everything I told you while I
was with you comes to this: All the things written
about me in the Law of Moses, in the Prophets,
and in the Psalms have to be fulfilled."
45-49 He went on to open their understanding
of the Word of God, showing them how to read
their Bibles this way. He said, "You can see now
how it is written that the Messiah suffers, rises
from the dead on the third day, and then a total
life-change through the forgiveness of sins is
proclaimed in his name to all nations–starting
from here, from Jerusalem! You're the first to hear
and see it. You're the witnesses. What comes next
is very important: I am sending what my Father
promised to you, so stay here in the city until he
arrives, until you're equipped with power from on
high."
50-51 He then led them out of the city over to
Bethany. Raising his hands he blessed them, and
while blessing them, took his leave, being carried
up to heaven.
52-53 And they were on their knees, worshiping
him. They returned to Jerusalem bursting with
joy. They spent all their time in the Temple prais-
ing God. Yes.

성경의 첫 책인 창세기에서, 하나님은 말씀으로 창조세계를 존재하게 하시는 분으로 소개된다. 하나님께서 말씀하시면, 그 말씀대로 하늘과 땅, 바다와 강, 나무와 풀, 새와 물고기, 동물과 사람이 생겨난다. 보이는 모든 것과 보이지 않는 모든 것이, 하나님께서 하신 말씀으로 존재하게 된다.

요한은 창세기의 여는 말과 유사하게 하려는 의도에서, 말씀으로 구원을 이루시는 분으로 하나님을 소개한다. "처음에 그 말씀이 계셨다. 그 말씀은 하나님과 함께 계셨고, 하나님도 그 말씀과 함께 계셨다. 그 말씀이 곧 하나님이셨다. 그 말씀은 첫날부터 하나님을 위해 준비된 말씀이었다"(요 1:1-2). 이번에는 하나님의 말씀이 예수의 인격 속에서 사람의 모습을 입고 역사 속으로 들어온다. 예수께서 말씀하시면, 그 말씀대로 용서와 심판, 치유와 깨달음, 자비와 은혜, 기쁨과 사랑, 자유와 부활이 생겨난다. 망가지고 타락한 모든 것과 죄악되고 병든 모든 것이, 하나님께서 하신 말씀으로 구원을 얻는다.

왜냐하면 첫 창조 이후에 어디선가 일이 잘못되었고(창세기는 그 이야기도 전한다), 그것을 바로잡는 일이 절실히 필요해졌기 때문이다. 바로잡는 일 역시 말씀하심으로 이루어졌다. 구원하시는 하나님의 말씀이 예수의 인격 속에서 나타난 것이다. 이 이야기에서, 예수는 하나님의 말씀을 선포하시는 분 정도가 아니다. 그분 자신이 곧 하나님의 말씀이시다.

우리는 이 말씀과 사귀면서 우리의 말이 예상보다 훨씬 중요하다는 것을 깨닫게 된다. 예를 들어, "내가 믿습니다"라고 말하는 것이 삶과 죽음을 가르는 표지가 된다. 요한은 "이것을 기록한 이유는, 예수께서 메시아이시며 하나님의 아들이심을 여러분으로 믿게 하고, 그 믿음을 통해 예수께서 친히 계시해 주신 참되고 영원한 생명을 얻게 하려는 것이다"라고 말한다(요 20:30-31). 예수와 대화할 때 우리의 말에 품위와 무게가 실린다. 그것은 예수께서 구원을 해답으로 강요하시지 않기 때문이다. 그분은 편안한 대화, 친밀하고 인격적인

In Genesis, the first book of the Bible, God is presented as speaking the creation into existence. God speaks the word and it happens: heaven and earth, ocean and stream, trees and grass, birds and fish, animals and humans. Everything, seen and unseen, called into being by God's spoken word.

In deliberate parallel to the opening words of Genesis, John presents God as speaking salvation into existence. "The Word was first, the Word present to God, God present to the Word. The word was God, in readiness for God from day one"(John 1:1-2). This time God's word takes on human form and enters history in the person of Jesus. Jesus speaks the word and it happens: forgiveness and judgment, healing and illumination, mercy and grace, joy and love, freedom and resurrection. Everything broken and fallen, sinful and diseased, called into salvation by God's spoken word.

For, somewhere along the line things went wrong (Genesis tells that story, too) and are in desperate need of fixing. The fixing is all accomplished by speaking—God speaking salvation into being in the person of Jesus. Jesus, in this account, not only speaks the word of God; he *is* the Word of God.

Keeping company with these words, we begin to realize that our words are more important than we ever supposed. Saying "I believe," for instance, marks the difference between life and death. John wrote, "Jesus provided far more God-revealing signs than are written down so you will believe that Jesus is the Messiah, the Son of God, and in the act of believing, have real and eternal life in the way he personally revealed it"(John 20:30-31). Our words accrue dignity and gravity in conversations with Jesus. For Jesus doesn't impose salvation as a solution; he *narrates* salvation into being through leisurely conversation, intimate personal relationships, compassionate responses, passionate

관계, 자비로운 반응, 뜨거운 기도, 그리고—이 모든 것을 아우르는—희생적인 죽음을 통해, 구원을 선포하고 존재하게 하신다. 우리는 그 같은 말씀을 무심하게 지나칠 수 없다.

prayer, and—putting it all together—a sacrificial death. We don't casually walk away from words like that.

요한복음

그 말씀이 살과 피가 되어

1 1-2 처음에 그 말씀이 계셨다.
그 말씀은 하나님과 함께 계셨고,
하나님도 그 말씀과 함께 계셨다.
그 말씀이 곧 하나님이셨다.
그 말씀은 첫날부터 하나님을 위해 준비된 말씀이었다.

3-5 모든 것이 그분을 통해 창조되었다.
그분 없이 창조된 것은
단 하나도 없었다.
존재할 수 있도록 한 것은 바로 생명이었으니,
그 생명은 삶을 유지하는 빛이었다.
그 생명 빛이 어둠을 뚫고 타올랐으니,
어둠은 그 빛을 끌 수 없었다.

6-8 일찍이 한 사람이 있었다. 그의 이름은 요한이었다.
그는 그 생명 빛에 이르는 길을 가리켜 보이라고 하나님
께서 보내신 사람이었다. 그가 온 것은, 어디를 보고 누
구를 믿어야 할지를 모든 사람에게 보여주기 위해서였
다. 요한 자신은 그 빛이 아니었다. 그는 그 빛에 이르는
길을 보여주려고 온 사람이었다.

9-13 그 생명 빛은 참된 빛이었다.
그분은 생명에 들어가는 사람 누구나
그 빛 속으로 데려가신다.
그분이 세상에 계셨고
세상이 그분을 통해 존재했지만
세상은 그분을 알아보지 못했다.
그분이 자기 백성에게 오셨지만
그들은 그분을 원치 않았다.
그러나 그분을 원했던 이들,

JOHN

The Life-Light

1 1-2 The Word was first,
the Word present to God,
God present to the Word.
The Word was God,
in readiness for God from day one.

3-5 Everything was created through him;
nothing – not one thing! –
came into being without him.
What came into existence was Life,
and the Life was Light to live by.
The Life-Light blazed out of the darkness;
the darkness couldn't put it out.

6-8 There once was a man, his name John,
sent by God to point out the way to the
Life-Light. He came to show everyone
where to look, who to believe in. John was
not himself the Light; he was there to show
the way to the Light.

9-13 The Life-Light was the real thing:
Every person entering Life
he brings into Light.
He was in the world,
the world was there through him,
and yet the world didn't even notice.
He came to his own people,
but they didn't want him.
But whoever did want him,

그분이 스스로 말씀하신 그분이며
말씀하신 대로 행하실 분이라고 믿은 이들은 누구나,
그들의 참된 자아,
곧 하나님의 자녀가 되게 해주셨다.
이들은 피로 난 자도 아니고
육체로 난 자도 아니며
성관계로 난 자도 아닌
하나님에게서 난 사람들이다.

14 그 말씀이 살과 피가 되어
우리가 사는 곳에 오셨다.
우리는 그 영광을 두 눈으로 보았다.
단 하나뿐인 그 영광은
아버지 같고, 아들 같아서
안팎으로 두루 충만하고
처음부터 끝까지 참된 영광이었다.

15 요한은 그분을 가리켜 외쳤다. "이분이 바로 그분
이시다! 내가 전에 내 뒤에 오시지만, 사실은 나보다
앞서 계신 분이라고 말한 것은, 바로 이분을 두고 한
말이다. 그분은 언제나 나보다 먼저 계신 분, 늘 먼저
말씀하신 분이기 때문이다."

16-18 우리 모두는 그분의 충만한 은혜,
끊임없이 베푸시는 선물에 의지해 살아간다.
우리가 기본적인 것은 모세에게서 받았지만,
이 풍성한 주고받음,
이 끝없는 앎과 깨달음,
이 모든 것은 메시아 예수를 통해 받았다.
이제까지 하나님을 본 사람,
어렴풋하게라도 그분을 본 사람은 없었다.
아버지의 심장에 계신 분,
단 하나뿐인 하나님의 모습이신 그분께서
하나님을 대낮처럼 분명하게 드러내 보이셨다.

광야에서 외치는 소리

19-20 예루살렘의 유대인들이 제사장과 관리들을 요
한에게 보내어 그가 누구인지 물어보았을 때, 요한은
아무것도 숨기지 않았다. 그는 그 질문을 얼버무려
넘기지 않고, 사실 그대로 말했다. "나는 메시아가 아
니다."
21 그들이 다그쳐 물었다. "그렇다면 누구란 말이오?
엘리야요?"
"아니다."
"예언자요?"

who believed he was who he claimed
and would do what he said,
He made to be their true selves,
their child-of-God selves.
These are the God-begotten,
not blood-begotten,
not flesh-begotten,
not sex-begotten.

14 The Word became flesh and blood,
and moved into the neighborhood.
We saw the glory with our own eyes,
the one-of-a-kind glory,
like Father, like Son,
Generous inside and out,
true from start to finish.

15 John pointed him out and called, "This is
the One! The One I told you was coming after
me but in fact was ahead of me. He has always
been ahead of me, has always had the first
word."

16-18 We all live off his generous bounty,
gift after gift after gift.
We got the basics from Moses,
and then this exuberant giving and receiv-
ing,
This endless knowing and understanding–
all this came through Jesus, the Messiah.
No one has ever seen God,
not so much as a glimpse.
This one-of-a-kind God-Expression,
who exists at the very heart of the Father,
has made him plain as day.

Thunder in the Desert

19-20 When Jews from Jerusalem sent a group
of priests and officials to ask John who he was,
he was completely honest. He didn't evade the
question. He told the plain truth: "I am not the
Messiah."
21 They pressed him, "Who, then? Elijah?"
"I am not."
"The Prophet?"

"아니다."

22 그들은 화를 내며 말했다. "그렇다면 누구란 말이오? 우리를 보낸 이들에게 전해 줄 답변이 필요하오. 무엇이라도 좋으니, 당신 자신에 대해 좀 알려 주시오."

23 "나는 '하나님을 위해 길을 곧게 하라'고 광야에서 외치는 소리다. 나는 예언자 이사야가 선포한 일을 행하는 것이다."

24-25 요한에게 질문한 사람들은 바리새인들이 보낸 이들이었다. 이제 그들은 자신들이 궁금해 하던 질문을 던졌다. "당신이 메시아도 아니고 엘리야도 아니고 예언자도 아니라면, 세례는 왜 주는 겁니까?"

26-27 요한이 대답했다. "나는 물로 세례를 줄 뿐이다. 그러나 너희 가운데 너희가 알아보지 못하는 한분이 서 계신다. 그분은 내 뒤에 오시지만, 내 다음가는 분이 아니시다. 나는 그분의 겉옷을 들고 있을 자격조차 없는 사람이다."

28 이것은 요한이 세례를 주던 요단 강 건너편 베다니에서 나눈 대화였다.

하나님을 계시하시는 분

29-31 이튿날, 요한은 예수께서 자기에게 오시는 것을 보고 큰소리로 말했다. "이분이 하나님의 유월절 어린양이시다! 세상 죄를 용서하시는 분이다! 내가 전에 '내 뒤에 오시지만, 사실은 나보다 앞서 계신 분'이라고 말한 이가 바로 이분이다. 나는 이분이 누구신지 전혀 알지 못했다. 내가 아는 것은, 이분이 하나님을 계시하시는 분이심을 알아보도록 이스라엘을 준비시키는 것이 내 임무라는 것뿐이었다. 그래서 내가 여기에 와서 물로 세례를 주는 것이다. 너희를 말끔히 씻기고 너희 삶에서 죄를 씻어 내어, 너희로 하여금 하나님과 함께 새 출발을 하게 하려는 것이다."

32-34 요한은 자신의 증언을 이 말로 매듭지었다. "나는 성령께서 비둘기처럼 하늘에서 내려와 이분 안에 편히 머무시는 것을 보았다. 다시 말하지만, 내가 이분에 대해 아는 것은, 물로 세례를 주라고 내게 권한을 주신 분께서 '너는 성령이 내려와 한분 위에 머무는 것을 보게 될 텐데, 바로 그가 성령으로 세례를 줄 것이다'라고 말씀하신 것뿐이었다. 나는 정확하게 그 일이 일어나는 것을 보았고, 그래서 너희에게 말하는 것이다. 이분이 하나님의 아들이신 것에는 조금도 의심의 여지가 없다."

와서 직접 보아라

35-36 이튿날 요한이 두 제자와 함께 자기 일터에 있

"No."

22 Exasperated, they said, "Who, then? We need an answer for those who sent us. Tell us something – anything! – about yourself."

23 "I'm thunder in the desert: 'Make the road straight for God!' I'm doing what the prophet Isaiah preached."

24-25 Those sent to question him were from the Pharisee party. Now they had a question of their own: "If you're neither the Messiah, nor Elijah, nor the Prophet, why do you baptize?"

26-27 John answered, "I only baptize using water. A person you don't recognize has taken his stand in your midst. He comes after me, but he is not in second place to me. I'm not even worthy to hold his coat for him."

28 These conversations took place in Bethany on the other side of the Jordan, where John was baptizing at the time.

The God-Revealer

29-31 The very next day John saw Jesus coming toward him and yelled out, "Here he is, God's Passover Lamb! He forgives the sins of the world! This is the man I've been talking about, 'the One who comes after me but is really ahead of me.' I knew nothing about who he was – only this: that my task has been to get Israel ready to recognize him as the God-Revealer. That is why I came here baptizing with water, giving you a good bath and scrubbing sins from your life so you can get a fresh start with God."

32-34 John clinched his witness with this: "I watched the Spirit, like a dove flying down out of the sky, making himself at home in him. I repeat, I know nothing about him except this: The One who authorized me to baptize with water told me, 'The One on whom you see the Spirit come down and stay, this One will baptize with the Holy Spirit.' That's exactly what I saw happen, and I'm telling you, there's no question about it: *This* is the Son of God."

Come, See for Yourself

35-36 The next day John was back at his post

다가, 예수께서 근처를 지나가시는 것을 보고 말했다. "하나님의 유월절 어린양이시다."

37-38 두 제자는 요한의 말을 듣고 예수를 따라갔다. 예수께서 고개를 돌려 그들을 보시고 말씀하셨다. "무엇을 찾느냐?"
그들이 말했다. "랍비님, 어디에 묵고 계십니까?" (랍비는 '선생'이라는 뜻이다.)

39 예수께서 대답하셨다. "와서 직접 보아라."
그들은 가서 예수께서 지내시는 곳을 보았고, 그날을 그분과 함께 지냈다. 늦은 오후에 일어난 일이었다.

40-42 요한의 증언을 듣고 예수를 따라간 두 사람 중 하나는, 시몬 베드로의 동생 안드레였다. 그가 예수께서 지내시는 곳을 확인하고 나서 맨 먼저 한 일은, 자기 형 시몬을 찾아가 "우리가 메시아를 만났다"고 알린 것이었다. (메시아는 곧 그리스도다.) 그는 즉시 시몬을 예수께로 인도했다.
예수께서 시몬을 쳐다보시고 말씀하셨다. "너는 요한의 아들 시몬이 아니냐? 이제부터 네 이름은 게바다." (게바는 베드로, 곧 '바위'라는 뜻이다.)

43-44 이튿날 예수께서 갈릴리에 가기로 하셨다. 예수께서 갈릴리에 도착해 빌립과 마주치셨다. 예수께서 말씀하셨다. "가자. 나를 따라오너라." (빌립의 고향은 벳세다였다. 그곳은 안드레와 베드로의 고향이기도 했다.)

45-46 빌립이 가서 나다나엘을 만나 이렇게 말했다. "모세가 율법에 기록하고 예언자들이 전해 준 그분을, 우리가 만났습니다. 그분은 요셉의 아들 예수라는 분인데, 나사렛에서 오셨어요!" 나다나엘이 말했다. "나사렛이라고요? 설마 농담이겠지요."
그러나 빌립은 이렇게 말했다. "와서 직접 보세요."

47 예수께서 나다나엘이 오는 것을 보시고 말씀하셨다. "저 사람은 참된 이스라엘 사람이다. 그에게는 거짓된 구석이 하나도 없다."

48 나다나엘이 말했다. "어떻게 그런 생각을 하셨습니까? 저를 모르시지 않습니까?"
예수께서 대답하셨다. "빌립이 너를 이곳으로 부르기 오래전에, 네가 무화과나무 아래 있는 것을 보았다."

49 나다나엘이 큰소리로 말했다. "랍비님! 선생님은 하나님의 아들이시며, 이스라엘의 왕이십니다!"

50-51 예수께서 말씀하셨다. "네가 무화과나무 아래 앉아 있는 것을 내가 보았다고 해서 믿는 것이냐? 그것은 아무것도 아니다! 이 일이 끝나기 전에, 너희는 하늘이 열리고 하나님의 천사들이 인자 위에 오르내리는 것을 보게 될 것이다."

with two disciples, who were watching. He looked up, saw Jesus walking nearby, and said, "Here he is, God's Passover Lamb."

37-38 The two disciples heard him and went after Jesus. Jesus looked over his shoulder and said to them, "What are you after?"
They said, "Rabbi" (which means "Teacher"), "where are you staying?"

39 He replied, "Come along and see for yourself."
They came, saw where he was living, and ended up staying with him for the day. It was late afternoon when this happened.

40-42 Andrew, Simon Peter's brother, was one of the two who heard John's witness and followed Jesus. The first thing he did after finding where Jesus lived was find his own brother, Simon, telling him, "We've found the Messiah" (that is, "Christ"). He immediately led him to Jesus.
Jesus took one look up and said, "You're John's son, Simon? From now on your name is Cephas" (or Peter, which means "Rock").

43-44 The next day Jesus decided to go to Galilee. When he got there, he ran across Philip and said, "Come, follow me." (Philip's hometown was Bethsaida, the same as Andrew and Peter.)

45-46 Philip went and found Nathanael and told him, "We've found the One Moses wrote of in the Law, the One preached by the prophets. It's *Jesus*, Joseph's son, the one from Nazareth!"
Nathanael said, "Nazareth? You've got to be kidding."
But Philip said, "Come, see for yourself."

47 When Jesus saw him coming he said, "There's a real Israelite, not a false bone in his body."

48 Nathanael said, "Where did you get that idea? You don't know me."
Jesus answered, "One day, long before Philip called you here, I saw you under the fig tree."

49 Nathanael exclaimed, "Rabbi! You are the Son of God, the King of Israel!"

50-51 Jesus said, "You've become a believer simply because I say I saw you one day sitting under the fig tree? You haven't seen anything yet! Before this is over you're going to see heaven open and God's angels descending to

물로 포도주를 만드시다

2 1-3 사흘 후에 갈릴리 가나 마을에서 결혼식
이 있었다. 예수의 어머니가 그곳에 있었고,
예수와 제자들도 거기에 손님으로 있었다. 결혼잔
치에 포도주가 떨어져 가자, 예수의 어머니가 예수
께 말했다. "포도주가 거의 바닥났구나."
4 예수께서 말씀하셨다. "어머니, 그것이 어머니와
내가 관여할 일입니까? 지금은 나의 때가 아닙니다.
재촉하지 마십시오."
5 예수의 어머니가 지체 없이 종들에게 말했다. "그
가 시키는 대로 무엇이든 하여라."
6-7 거기에는 유대인들이 정결예식에 쓰는 물 항아
리가 여섯 개 놓여 있었다. 항아리는 각각 75에서
110리터 정도가 들어가는 크기였다. 예수께서 종들
에게 지시하셨다. "항아리에 물을 가득 채워라." 그
러자 그들은 항아리가 넘치도록 물을 가득 채웠다.
8 예수께서 "이제 주전자에 가득 담아 잔치를 맡은
자에게 가져다주어라" 하고 말씀하셨다. 종들은 그
대로 했다.
9-10 잔치를 맡은 자가 물이 변하여 된 포도주를 맛
보고서, 큰소리로 신랑을 불러 말했다. (그는 방금
무슨 일이 일어났는지 몰랐지만, 종들은 알고 있었
다.) "내가 알기로는, 누구나 처음에 가장 맛좋은 포
도주를 내놓다가 손님들이 잔뜩 마신 뒤에는 싸구려
를 내놓는데, 그대는 지금까지 가장 좋은 포도주를
남겨 두었구려!"
11 갈릴리 가나에서 행하신 이 일은 예수께서 보여
주신 첫 번째 표적이었고, 처음으로 자신의 영광을
나타내신 것이었다. 그분의 제자들이 예수를 믿게
되었다.
12 이 일이 있고 나서, 예수께서는 어머니와 형제와 제
자들과 함께 가버나움으로 내려가 며칠을 지내셨다.

성전을 깨끗하게 하시다

13-14 유대인들이 매년 봄에 지키는 유월절이 막 시
작될 무렵, 예수께서 예루살렘으로 올라가셨다. 예
수께서는 성전이 소와 양과 비둘기를 파는 사람들로
북적대는 것을 보셨다. 고리대금업자들도 거기서
마음껏 활개를 치고 있었다.
15-17 예수께서 가죽 끈으로 채찍을 만들어서 그들을
성전에서 쫓아내셨다. 양과 소를 몰아내고, 동전을
사방으로 흩어 버리시며, 고리대금업자들의 가판대
를 뒤엎으셨다. 예수께서 비둘기 상인들에게 이렇
게 말씀하셨다. "여기에서 너희 물건을 치워라! 내
아버지 집을 쇼핑몰로 만드는 짓은 그만두어라!" 그

the Son of Man and ascending again."

From Water to Wine

2 1-3 Three days later there was a wedding
in the village of Cana in Galilee. Jesus'
mother was there. Jesus and his disciples were
guests also. When they started running low on
wine at the wedding banquet, Jesus' mother
told him, "They're just about out of wine."
4 Jesus said, "Is that any of our business,
Mother—yours or mine? This isn't my time.
Don't push me."
5 She went ahead anyway, telling the servants,
"Whatever he tells you, do it."
6-7 Six stoneware water pots were there, used by
the Jews for ritual washings. Each held twenty
to thirty gallons. Jesus ordered the servants,
"Fill the pots with water." And they filled them
to the brim.
8 "Now fill your pitchers and take them to the
host," Jesus said, and they did.
9-10 When the host tasted the water that had
become wine (he didn't know what had just
happened but the servants, of course, knew),
he called out to the bridegroom, "Everybody I
know begins with their finest wines and after
the guests have had their fill brings in the cheap
stuff. But you've saved the best till now!"
11 This act in Cana of Galilee was the first sign
Jesus gave, the first glimpse of his glory. And
his disciples believed in him.
12 After this he went down to Capernaum along
with his mother, brothers, and disciples, and
stayed several days.

Tear Down This Temple...

13-14 When the Passover Feast, celebrated each
spring by the Jews, was about to take place,
Jesus traveled up to Jerusalem. He found the
Temple teeming with people selling cattle and
sheep and doves. The loan sharks were also
there in full strength.
15-17 Jesus put together a whip out of strips of
leather and chased them out of the Temple,
stampeding the sheep and cattle, upending the

순간, 제자들은 "당신의 집을 향한 열심이 나를 삼킵니다"라고 한 성경 말씀을 기억했다.

18-19 그러나 유대인들은 불쾌한 마음에 이렇게 물었다. "당신이 하는 이 일이 옳다고 입증해 줄 신임장을 제시할 수 있겠소?" 예수께서 대답하셨다. "이 성전을 헐어라. 그러면 내가 사흘 만에 다시 짓겠다."

20-22 그들은 분개하며 말했다. "이 성전을 짓는 데 사십육 년이 걸렸는데, 당신이 사흘 만에 다시 짓겠다는 거요?" 그러나 예수께서 성전이라고 하신 것은, 자신의 몸을 두고 하신 말씀이었다. 나중에 예수께서 죽은 자들 가운데서 살아나신 뒤에야, 제자들은 그분이 그렇게 말씀하신 것을 기억해 냈다. 그때에야 제자들은 비로소 올바른 결론을 내릴 수 있었다. 성경에 기록된 말씀과 예수께서 하신 말씀을 모두 믿게 된 것이다.

23-25 예수께서 예루살렘에 계시는 유월절 기간 동안, 많은 사람들이 그분이 나타내시는 표적을 보았다. 그리고 그 표적이 하나님을 가리킨다는 것을 알고는, 자신들의 삶을 예수께 맡겼다. 그러나 예수께서는 자신의 삶을 그들에게 맡기지 않으셨다. 예수께서는 그들을 속속들이 아셨고, 그들이 신뢰할 수 없는 사람들인 것도 알고 계셨다. 예수께서는 아무런 도움 없이도 그들을 훤히 꿰뚫어 보고 계셨던 것이다.

니고데모와의 대화

3 1-2 바리새파 사람 가운데 니고데모라는 사람이 있었다. 그는 유대인들 사이에서 유력한 지도자였다. 하루는 그가 밤늦게 예수를 찾아와서 말했다. "랍비님, 우리 모두는 선생님이 하나님께로부터 직접 오신 분이라는 것을 알고 있습니다. 하나님이 관여하지 않으시면, 아무도 선생님이 하시는 일, 곧 하나님을 가리켜 보이고 하나님을 계시하는 일을 할 수 없습니다."

3 예수께서 말씀하셨다. "네 말이 정말 맞다. 내가 하는 말을 믿어라. 사람이 위로부터 태어나지 않으면, 내가 가리키는 하나님 나라를 볼 수 없다."

4 니고데모가 말했다. "이미 태어나서 다 자란 사람이 어떻게 다시 태어날 수 있겠습니까? 어머니 배에 들어가서 다시 태어날 수는 없습니다. '위로부터 태어난다'고 하신 말씀이 도대체 무슨 뜻입니까?"

5-6 예수께서 말씀하셨다. "너는 귀 기울여 듣지 않는구나. 다시 말해 주겠다. 사람은 누구나 근본적인 창조 과정을 거쳐야 한다. '태초에 수면 위를 운행하시던 성령'을 통한 창조, 보이는 세계를 움직이는 보

tables of the loan sharks, spilling coins left and right. He told the dove merchants, "Get your things out of here! Stop turning my Father's house into a shopping mall!" That's when his disciples remembered the Scripture, "Zeal for your house consumes me."

18-19 But the Jews were upset. They asked, "What credentials can you present to justify this?" Jesus answered, "Tear down this Temple and in three days I'll put it back together."

20-22 They were indignant: "It took forty-six years to build this Temple, and you're going to rebuild it in three days?" But Jesus was talking about his body as the Temple. Later, after he was raised from the dead, his disciples remembered he had said this. They then put two and two together and believed both what was written in Scripture and what Jesus had said.

23-25 During the time he was in Jerusalem, those days of the Passover Feast, many people noticed the signs he was displaying and, seeing they pointed straight to God, entrusted their lives to him. But Jesus didn't entrust his life to them. He knew them inside and out, knew how untrustworthy they were. He didn't need any help in seeing right through them.

Born from Above

3 1-2 There was a man of the Pharisee sect, Nicodemus, a prominent leader among the Jews. Late one night he visited Jesus and said, "Rabbi, we all know you're a teacher straight from God. No one could do all the God-pointing, God-revealing acts you do if God weren't in on it."

3 Jesus said, "You're absolutely right. Take it from me: Unless a person is born from above, it's not possible to see what I'm pointing to—to God's kingdom."

4 "How can anyone," said Nicodemus, "be born who has already been born and grown up? You can't re-enter your mother's womb and be born again. What are you saying with this 'born-from-above' talk?"

5-6 Jesus said, "You're not listening. Let me say

이지 않는 세계, 새로운 생명으로 들어가게 이끄는 세례, 이 과정들이 없으면 하나님 나라에 들어갈 수 없다. 아기를 예로 들어 설명하겠다. 태어난 아기는 다만 네가 볼 수 있고 만질 수 있는 몸만 가지고 있을 뿐이다. 그러나 그 몸 안에 형성되는 인격은 네가 절대 볼 수도 없고 만질 수도 없는 것—성령—으로 빚어져 살아 있는 영이 되는 것이다. 바로 이러한 과정을 말하는 것이다.

7-8 그러니 너는 '위로부터 태어나야 한다'는 말, 곧 이 세상의 가치로부터 떠나야 한다는 내 말에 놀라지 마라. 너는 바람이 부는 방향을 예측할 수 없다는 것을 잘 알 것이다. 너는 나무 사이를 스치는 바람의 소리는 듣지만, 그 바람이 어디서 와서 어디로 가는지는 모른다. 하나님의 바람, 곧 하나님의 영을 힘입어 '위로부터 태어난' 사람도 다 그와 같다."

9 니고데모가 물었다. "그 말이 무슨 뜻입니까? 어떻게 그런 일이 일어날 수 있습니까?"

10-12 예수께서 대답하셨다. "너는 이스라엘의 존경받는 선생이면서, 이런 기본적인 것도 모르느냐? 잘 들어라. 진리를 있는 그대로 일러 주겠다. 나는 경험으로 아는 것만 말한다. 나는 내 두 눈으로 본 것만 증언한다. 얻어들은 말이나 전해 들은 말은 하나도 없다. 그러나 너는 증거를 직면해서 받아들이기는커녕 이런저런 질문으로 꾸물거리고 있구나. 손바닥 보듯 뻔한 사실을 말해도 네가 믿지 않는데, 네가 보지 못하는 하나님의 일을 내가 말해 봐야 무슨 소용이 있겠느냐?

13-15 하나님 앞에서 내려온 이, 곧 인자밖에는 아무도 하나님 앞으로 올라간 이가 없다. 모세가 광야에서 뱀을 들어 백성에게 보고 믿게 한 것과 마찬가지로, 인자도 들려야 한다. 그러면 그를 바라보는 사람, 그를 믿고 기다리는 사람마다 참된 생명, 영원한 생명을 얻게 될 것이다.

16-18 하나님께서 이 세상을 얼마나 사랑하셨는지, 그분은 하나뿐인 아들을 우리에게 주셨다. 그것은 아무도 멸망하지 않고, 그를 믿는 사람은 누구나 온전하고 영원한 생명을 얻게 하시려는 것이다. 하나님께서 고통을 무릅쓰고 자기 아들을 보내신 것은, 세상을 정죄하고 손가락질해서 세상이 얼마나 악한지 일러 주시려는 것이 아니다. 아들이 온 것은, 세상을 구원하고 다시 바로잡으려는 것이다. 누구든지 아들을 신뢰하는 사람은 죄를 용서받지만, 아들을 신뢰하지 않는 사람은 이미 오래전에 사형선고를 받았으면서도 그것을 모르는 사람이다. 하나뿐인 하나님의 아들을 알고도 그가 믿지 않았기 때문

it again. Unless a person submits to this original creation—the 'wind-hovering-over-the-water' creation, the invisible moving the visible, a baptism into a new life—it's not possible to enter God's kingdom. When you look at a baby, it's just that: a body you can look at and touch. But the person who takes shape within is formed by something you can't see and touch—the Spirit—and becomes a living spirit.

7-8 "So don't be so surprised when I tell you that you have to be 'born from above'—out of this world, so to speak. You know well enough how the wind blows this way and that. You hear it rustling through the trees, but you have no idea where it comes from or where it's headed next. That's the way it is with everyone 'born from above' by the wind of God, the Spirit of God."

9 Nicodemus asked, "What do you mean by this? How does this happen?"

10-12 Jesus said, "You're a respected teacher of Israel and you don't know these basics? Listen carefully. I'm speaking sober truth to you. I speak only of what I know by experience; I give witness only to what I have seen with my own eyes. There is nothing secondhand here, no hearsay. Yet instead of facing the evidence and accepting it, you procrastinate with questions. If I tell you things that are plain as the hand before your face and you don't believe me, what use is there in telling you of things you can't see, the things of God?

13-15 "No one has ever gone up into the presence of God except the One who came down from that Presence, the Son of Man. In the same way that Moses lifted the serpent in the desert so people could have something to see and then believe, it is necessary for the Son of Man to be lifted up—and everyone who looks up to him, trusting and expectant, will gain a real life, eternal life.

16-18 "This is how much God loved the world: He gave his Son, his one and only Son. And this is why: so that no one need be destroyed; by believing in him, anyone can have a whole and lasting life. God didn't go to all the trouble of

이다.

19-21 너희가 처한 위기 상황은 이러하다. 빛이신 하나님께서 세상 안으로 들어오셨지만, 사람들은 어둠을 찾아 달아났다. 그들이 어둠을 찾아 달아난 것은, 하나님을 기쁘시게 해드리는 일에 관심이 없었기 때문이다. 악행을 일삼고 부정과 망상에 사로잡힌 사람은 누구나 빛이신 하나님을 싫어해서, 그 빛에 가까이 가려고 하지 않는다. 자기 행위가 드러날까 괴롭고 두렵기 때문이다. 그러나 진리와 실체 안에서 일하고 살아가는 사람은 빛이신 하나님을 맞아들인다. 그것은 자기 행위가 하나님의 일을 위한 것이었음을 드러내려는 것이다."

그분 앞서 준비하는 사람

22-26 이 대화를 마치고, 예수께서 제자들과 함께 유대로 가셔서 그들과 함께 휴식을 취하셨다. 예수께서는 세례도 주셨다. 같은 때에 요한은 살렘 근처에 있는 애논에서 세례를 주고 있었는데, 애논은 물이 풍부한 곳이었다. 이때는 아직 요한이 감옥에 갇히기 전이었다. 요한의 제자들이 세례의 본질을 두고 유대 지도자들과 논쟁을 벌였다. 제자들이 요한에게 가서 말했다. "랍비님, 요단 강 건너편에서 선생님과 함께 있던 분을 아시지요? 선생님께서 증언하고 인정해 주신 분 말입니다. 그분이 이제는 우리와 경쟁하고 있습니다. 그분도 세례를 주고 있는데, 사람들이 우리에게로 오지 않고 다 그분에게로 갑니다."

27-29 요한이 대답했다. "사람이 하늘의 도움 없이는 성공할 수 없다. (나는 지금 영원한 성공을 말하는 것이다.) 나는 메시아가 아니다. 나는 그분보다 앞서 보냄받아서 그분을 준비하는 사람에 불과하다. 내가 이것을 공개적으로 말할 때에 너희도 그 자리에 나와 함께 있었다. 신부를 얻는 이는 당연히 신랑이다. 그리고 들러리가 되어 신랑 곁에서 그가 하는 말을 모두 듣는 신랑의 친구는 참으로 행복하다. 내가 바로 그 사람이다. 이제 결혼식이 끝나고 행복한 결혼생활이 시작될 것을 잘 아는 신랑의 친구가 어떻게 질투할 수 있겠느냐?

29-30 그래서 내 잔이 넘쳐흐르는 것이다. 지금은 그분이 중앙무대로 나오시고, 나는 가장자리로 비켜나야 할 순간이다.

31-33 위로부터 오시는 그분이야말로 하나님께

sending his Son merely to point an accusing finger, telling the world how bad it was. He came to help, to put the world right again. Anyone who trusts in him is acquitted; anyone who refuses to trust him has long since been under the death sentence without knowing it. And why? Because of that person's failure to believe in the one-of-a-kind Son of God when introduced to him.

19-21 "This is the crisis we're in: God-light streamed into the world, but men and women everywhere ran for the darkness. They went for the darkness because they were not really interested in pleasing God. Everyone who makes a practice of doing evil, addicted to denial and illusion, hates God-light and won't come near it, fearing a painful exposure. But anyone working and living in truth and reality welcomes God-light so the work can be seen for the God-work it is."

The Bridegroom's Friend

22-26 After this conversation, Jesus went on with his disciples into the Judean countryside and relaxed with them there. He was also baptizing. At the same time, John was baptizing over at Aenon near Salim, where water was abundant. This was before John was thrown into jail. John's disciples got into an argument with the establishment Jews over the nature of baptism. They came to John and said, "Rabbi, you know the one who was with you on the other side of the Jordan? The one you authorized with your witness? Well, he's now competing with us. He's baptizing, too, and everyone's going to him instead of us."

27-29 John answered, "It's not possible for a person to succeed–I'm talking about *eternal* success–without heaven's help. You yourselves were there when I made it public that I was not the Messiah but simply the one sent ahead of him to get things ready. The one who gets the bride is, by definition, the bridegroom. And the bridegroom's friend, his 'best man'–that's me–in place at his side where he can hear every word, is genuinely happy. How could he be jealous when he knows that the wedding is finished and the marriage is off to a good start?

29-30 "That's why my cup is running over. This is the

서 보내신 다른 어떤 심부름꾼보다 뛰어나신 분이다. 땅에서 난 자는 땅에 매여서 땅의 언어로 말하지만, 하늘에서 나신 분은 우리와 차원이 다르다. 그분은 하늘에서 직접 보고 들은 것을 증거로 제시하신다. 하지만 아무도 그 같은 사실에 관심을 두지 않는다. 그러나 그 증거를 면밀히 살펴보는 사람은, 하나님이 곧 진리라는 사실에 자기 목숨을 걸게 된다.

34-36 하나님께서 보내신 그분은 하나님의 말씀을 전한다. 하나님께서 성령을 조금씩 나누어 주신다고 생각하지 마라. 아버지는 아들을 한량없이 사랑하신다. 아버지는 아들에게 모든 것을 맡기셔서, 아들로 하여금 그 선물을 아낌없이 나눠 주게 하셨다. 그래서 아들을 받아들이고 신뢰하는 사람은 누구나 그 모든 것, 곧 온전하고 영원한 생명에 참여하게 된다! 어둠 속에 있어 아들을 신뢰하지 않고 외면하는 사람이 생명을 보지 못하는 것도 그 때문이다. 그가 하나님에 대해 경험하는 것이라고는 온통 어둠, 지독한 어둠뿐이다."

우물가의 여인

4 1-3 예수께서 바리새인들이 자신과 요한이 세례를 준 횟수를 세고 있다는 것을 아셨다. (실제로 세례를 준 것은 예수가 아니라 그분의 제자들이었다.) 바리새인들은 예수가 앞섰다고 점수를 발표하여, 그분과 요한이 경쟁하는 것으로 사람들의 눈에 보이게 했다. 그래서 예수께서 유대를 떠나 다시 갈릴리로 가셨다.

4-6 갈릴리로 가려면, 사마리아를 가로질러 가야 했다. 예수께서 사마리아의 수가라 하는 마을에 이르셨다. 수가는 야곱이 자기 아들 요셉에게 준 땅과 맞닿아 있었는데, 야곱의 우물이 아직 거기 있었다. 여행으로 지친 예수께서 우물가에 앉으셨다. 때는 정오 무렵이었다.

7-8 한 사마리아 여자가 물을 길으러 나왔다. 예수께서 그 여자에게 말씀하셨다. "나에게 물 한 모금 줄 수 있겠느냐?" (제자들은 점심거리를 사러 마을에 가고 없었다.)

9 사마리아 여자가 당황해 하며 물었다. "당신은 유대인이면서 어떻게 사마리아 여자인 나에게 물을 달라고 하십니까?" (당시에 유대인들은 사마리아 사람들과 절대로 말을 나누려 하지 않았다.)

assigned moment for him to move into the center, while I slip off to the sidelines.

31-33 "The One who comes from above is head and shoulders over other messengers from God. The earthborn is earthbound and speaks earth language; the heavenborn is in a league of his own. He sets out the evidence of what he saw and heard in heaven. No one wants to deal with these facts. But anyone who examines this evidence will come to stake his life on this: that God himself is the truth.

34-36 "The One that God sent speaks God's words. And don't think he rations out the Spirit in bits and pieces. The Father loves the Son extravagantly. He turned everything over to him so he could give it away—a lavish distribution of gifts. That is why whoever accepts and trusts the Son gets in on everything, life complete and forever! And that is also why the person who avoids and distrusts the Son is in the dark and doesn't see life. All he experiences of God is darkness, and an angry darkness at that."

The Woman at the Well

4 1-3 Jesus realized that the Pharisees were keeping count of the baptisms that he and John performed (although his disciples, not Jesus, did the actual baptizing). They had posted the score that Jesus was ahead, turning him and John into rivals in the eyes of the people. So Jesus left the Judean countryside and went back to Galilee.

4-6 To get there, he had to pass through Samaria. He came into Sychar, a Samaritan village that bordered the field Jacob had given his son Joseph. Jacob's well was still there. Jesus, worn out by the trip, sat down at the well. It was noon.

7-8 A woman, a Samaritan, came to draw water. Jesus said, "Would you give me a drink of water?" (His disciples had gone to the village to buy food for lunch.)

9 The Samaritan woman, taken aback, asked, "How come you, a Jew, are asking me, a Samaritan woman, for a drink?" (Jews in those days wouldn't be caught dead talking to Samaritans.)

10 Jesus answered, "If you knew the generosity of God and who I am, you would be asking *me* for a drink, and I would give you fresh, living water."

10 예수께서 대답하셨다. "네가 하나님의 후하심을 알고 내가 누구인지 알았더라면 내게 마실 물을 달라고 했을 것이고, 나는 네게 시원한 생수를 주었을 것이다."

11-12 그러자 여자가 말했다. "선생님, 선생님께는 물 긷는 두레박도 없고, 또 이 우물은 깊습니다. 그런데 어떻게 생수를 주시겠다는 말입니까? 선생님이 우리 조상 야곱보다 더 뛰어난 분이라는 말입니까? 그는 이 우물을 파서, 자신은 물론이고 자기 아들들과 가축들까지 이 물에서 마시게 했고, 우리에게 물려주기까지 했습니다."

13-14 예수께서 말씀하셨다. "이 물을 마시는 사람은 누구나 다시 목마를 것이다. 그러나 내가 주는 물을 마시는 사람은 다시는 목마르지 않을 것이다. 내가 주는 물은, 그 사람 속에서 솟구쳐 오르는 영원한 생명의 샘이 될 것이다."

15 여자가 말했다. "선생님, 내게 그 물을 주셔서 내가 다시는 목마르지 않게 해주시고, 이 우물을 다시 찾는 일이 없게 해주십시오!"

16 예수께서 말씀하셨다. "가서 네 남편을 불러서 다시 오너라."

17-18 "나는 남편이 없습니다" 하고 여자가 대답했다.

"'남편이 없다'고 한 네 말이 맞다. 너는 남편이 다섯이나 있었고, 지금 함께 사는 남자도 네 남편이 아니다. 그러니 네 말이 맞다."

19-20 "이제 보니 선생님은 예언자이십니다! 그렇다면 이것을 좀 말해 주십시오. 우리 조상들은 이 산에서 하나님께 예배드렸습니다. 하지만 선생님 같은 유대인들은 예루살렘이 유일한 예배 장소라고 주장합니다. 그렇지요?"

21-23 "여자여, 내 말을 믿어라. 너희 사마리아 사람들이 이 산도 아니고 예루살렘도 아닌 곳에서 아버지께 예배드릴 때가 온다. 너희는 어둠 속에서 확신 없는 예배를 드리지만, 우리 유대인들은 밝은 대낮에 확신에 가득 찬 예배를 드린다. 하나님의 구원의 길은 유대인들을 통해 열린다. 그러나 너희가 어떤 이름으로 불리고 어디서 예배드리는지는 중요하지 않게 될 때가 온다. 사실은 그때가 이미 왔다.

23-24 하나님 앞에서 중요한 것은, 너희가 어떤 사람이며 어떻게 사느냐 하는 것이다. 너희가 드리는 예배는, 너희 영으로 진리를 추구하는 예배여야 한다. 아*버지께서는 바로 그런 사람*, 곧 그분 앞에 단순하고 정직하게 있는 모습 그대로 예배드리는 사람들을 찾으신다. 하나님은 순전한 존재 그 자체, 곧 영이시다. 그러므로 하나님께 예배드리는 사람은, 자신의 존재와 자신의 영과 자신의 참된 마음으로 예배드려야 한다."

11-12 The woman said, "Sir, you don't even have a bucket to draw with, and this well is deep. So how are you going to get this 'living water'? Are you a better man than our ancestor Jacob, who dug this well and drank from it, he and his sons and livestock, and passed it down to us?"

13-14 Jesus said, "Everyone who drinks this water will get thirsty again and again. Anyone who drinks the water I give will never thirst—not ever. The water I give will be an artesian spring within, gushing fountains of endless life."

15 The woman said, "Sir, give me this water so I won't ever get thirsty, won't ever have to come back to this well again!"

16 He said, "Go call your husband and then come back."

17-18 "I have no husband," she said.

"That's nicely put: 'I have no husband.' You've had five husbands, and the man you're living with now isn't even your husband. You spoke the truth there, sure enough."

19-20 "Oh, so you're a prophet! Well, tell me this: Our ancestors worshiped God at this mountain, but you Jews insist that Jerusalem is the only place for worship, right?"

21-23 "Believe me, woman, the time is coming when you Samaritans will worship the Father neither here at this mountain nor there in Jerusalem. You worship guessing in the dark; we Jews worship in the clear light of day. God's way of salvation is made available through the Jews. But the time is coming—it has, in fact, come—when what you're called will not matter and where you go to worship will not matter.

23-24 "It's who you are and the way you live that count before God. Your worship must engage your spirit in the pursuit of truth. That's the kind of people the Father is out looking for: those who are simply and honestly *themselves* before him in their worship. God is sheer being itself—Spirit. Those who worship him must do it out of their very being, their spirits, their true selves, in adoration."

25 여자가 말했다. "그것은 잘 모르겠습니다만, 메시아가 오신다는 것은 압니다. 그분이 오시면, 이 모든 것의 전말을 알게 되겠지요."

26 예수께서 말씀하셨다. "내가 바로 그다. 너는 더 이상 기다리거나 찾지 않아도 된다."

27 바로 그때 제자들이 돌아왔다. 제자들은 크게 놀랐다. 예수께서 그런 여자와 이야기를 나누리라고는 생각지도 못했기 때문이다. 제자들 가운데 아무도 자신의 생각을 말하지 않았지만, 그들의 얼굴에 다 드러나 있었다.

28-30 여자는 눈치를 채고 자리를 떴다. 어찌나 당황했던지 물동이까지 두고 갔다. 여자는 마을로 돌아가서 사람들에게 말했다. "내가 한 일을 다 알고 있는 사람이 있습니다. 와 보세요. 그분은 나를 속속들이 아십니다. 혹시 그분이 메시아가 아닐까요?" 그래서 그들은 예수를 직접 보러 나갔다.

추수할 때가 되었다

31 그 사이에, 제자들이 예수께 음식을 권했다. "랍비님, 드십시오. 안 드시겠습니까?"

32 예수께서 제자들에게 말씀하셨다. "나에게는 너희가 알지 못하는 음식이 있다."

33 제자들은 "누가 그분께 먹을 것을 가져다 드리기라도 한 걸까?" 하고 어리둥절해 했다.

34-35 예수께서 말씀하셨다. "나를 살게 하는 음식은, 나를 보내신 분의 뜻을 행하고 그분이 시작하신 일을 마무리 짓는 것이다. 지금 너희가 주위를 둘러본다면, 넉 달쯤 지나야 추수할 때가 되겠다고 말하지 않겠느냐? 내가 너희에게 말한다. 눈을 떠서 눈앞에 무엇이 있는지 똑똑히 보아라. 이 사마리아 밭들은 곡식이 무르익었다. 추수할 때가 된 것이다!

36-38 추수하는 사람은 기다리는 법이 없다. 그는 자기 삯을 받고, 영원한 생명을 위해 무르익은 곡식을 거두어들인다. 이제 씨 뿌리는 사람과 추수하는 사람이 서로 어깨동무를 하고 기뻐하게 되었구나. '한 사람은 씨를 뿌리고, 다른 사람은 거두어들인다'는 말이 과연 맞는 말이다. 나는 너희가 일구지 않은 밭으로 너희를 보내 추수하게 했다. 너희는 손가락 하나 보탠 것 없이, 다른 사람들이 오랫동안 힘써 일궈 놓은 밭에 걸어 들어간 것이다."

39-42 마을에서 온 많은 사마리아 사람들이 예수께 자신의 삶을 맡겼다. "그분은 내가 한 일을 다 아십니다. 나를 속속들이 아십니다!"라고 말한 여자의 증언 때문이었다. 그들은 예수께 좀 더 머물러 주기를 청했고, 예수께서는 이틀을 더 머무셨다. 더 많은 사람들

25 The woman said, "I don't know about that. I do know that the Messiah is coming. When he arrives, we'll get the whole story."

26 "I am he," said Jesus. "You don't have to wait any longer or look any further."

27 Just then his disciples came back. They were shocked. They couldn't believe he was talking with that kind of a woman. No one said what they were all thinking, but their faces showed it.

28-30 The woman took the hint and left. In her confusion she left her water pot. Back in the village she told the people, "Come see a man who knew all about the things I did, who knows me inside and out. Do you think this could be the Messiah?" And they went out to see for themselves.

It's Harvest Time

31 In the meantime, the disciples pressed him, "Rabbi, eat. Aren't you going to eat?"

32 He told them, "I have food to eat you know nothing about."

33 The disciples were puzzled. "Who could have brought him food?"

34-35 Jesus said, "The food that keeps me going is that I do the will of the One who sent me, finishing the work he started. As you look around right now, wouldn't you say that in about four months it will be time to harvest? Well, I'm telling you to open your eyes and take a good look at what's right in front of you. These Samaritan fields are ripe. It's harvest time!

36-38 "The Harvester isn't waiting. He's taking his pay, gathering in this grain that's ripe for eternal life. Now the Sower is arm in arm with the Harvester, triumphant. That's the truth of the saying, 'This one sows, that one harvests.' I sent you to harvest a field you never worked. Without lifting a finger, you have walked in on a field worked long and hard by others."

39-42 Many of the Samaritans from that village committed themselves to him because of the woman's witness: "He knew all about the things I did. He knows me inside and out!"

이 예수의 말씀을 듣고 자신의 삶을 그분께 의탁했다. 사람들이 여자에게 말했다. “이제 우리는 당신의 말 때문에 믿는 것이 아니오. 우리가 직접 듣고, 확실히 알게 되었소. 그분은 세상의 구주이십니다.”

43-45 이틀 후에 예수께서 갈릴리로 떠나셨다. 예수께서는 예언자가 자기가 자란 곳에서는 존경받지 못한다는 것을 경험으로 잘 알고 계셨다. 예수께서 갈릴리에 도착하셨을 때, 갈릴리 사람들이 그분을 반겼다. 그러나 그것은 그들이 유월절 기간 동안 예수께서 예루살렘에서 행하신 일에 감동을 받았기 때문이지, 그분이 누구시며 장차 무슨 일을 하시려는지 정말로 알았기 때문은 아니었다.

46-48 예수께서 전에 물로 포도주를 만드셨던 갈릴리 가나로 다시 가셨다. 한편, 가버나움에 왕실 관리 한 사람이 있었는데, 그의 아들이 병을 앓고 있었다. 그는 예수께서 유대를 떠나 갈릴리로 오셨다는 소식을 듣고서 그분을 찾아가, 가버나움으로 내려가서 죽기 직전에 있는 자기 아들을 고쳐 달라고 그분께 간절히 청했다. 예수께서 그의 말을 피하시며 이렇게 말씀하셨다. “기적을 보고 압도되지 않으면 너희는 믿으려 하지 않는다.”

49 그러나 그 관리는 물러서지 않았다. “함께 가주십시오! 제 아들의 생사가 달린 일입니다.”

50-51 예수께서는 그저 “집으로 가거라. 네 아들이 살아났다”고만 대답하셨다.

그 사람은 예수께서 하신 말씀을 그대로 믿고 집으로 향했다. 그가 돌아가고 있는데, 종들이 중간에서 그를 붙잡고는 소식을 전했다. “아드님이 살아났습니다!”

52-53 그 사람이 자기 아들이 언제 낫기 시작했는지를 묻자, 종들이 대답했다. “어제 오후 한 시쯤에 열이 내렸습니다.” 그 아버지는 그때가 바로, 예수께서 “네 아들이 살아났다”고 말씀하신 때라는 것을 알았다.

53-54 그 일로 결론이 났다. 그 관리뿐 아니라 온 가족이 다 믿게 된 것이다. 이것은 예수께서 유대를 떠나 갈릴리로 오신 뒤에 보여주신 두 번째 표적이다.

삼십팔 년 된 병자를 고치시다

5 1-6 곧이어 또 다른 명절이 다가오자 예수께서 다시 예루살렘으로 가셨다. 예루살

They asked him to stay on, so Jesus stayed two days. A lot more people entrusted their lives to him when they heard what he had to say. They said to the woman, “We're no longer taking this on your say-so. We've heard it for ourselves and know it for sure. He's the Savior of the world!”

43-45 After the two days he left for Galilee. Now, Jesus knew well from experience that a prophet is not respected in the place where he grew up. So when he arrived in Galilee, the Galileans welcomed him, but only because they were impressed with what he had done in Jerusalem during the Passover Feast, not that they really had a clue about who he was or what he was up to.

46-48 Now he was back in Cana of Galilee, the place where he made the water into wine. Meanwhile in Capernaum, there was a certain official from the king's court whose son was sick. When he heard that Jesus had come from Judea to Galilee, he went and asked that he come down and heal his son, who was on the brink of death. Jesus put him off: “Unless you people are dazzled by a miracle, you refuse to believe.”

49 But the court official wouldn't be put off. “Come down! It's life or death for my son.”

50-51 Jesus simply replied, “Go home. Your son lives.”

The man believed the bare word Jesus spoke and headed home. On his way back, his servants intercepted him and announced, “Your son lives!”

52-53 He asked them what time he began to get better. They said, “The fever broke yesterday afternoon at one o'clock.” The father knew that that was the very moment Jesus had said, “Your son lives.”

53-54 That clinched it. Not only he but his entire household believed. This was now the second sign Jesus gave after having come from Judea into Galilee.

Even on the Sabbath

5 1-6 Soon another Feast came around and Jesus was back in Jerusalem. Near

렘의 양의 문 근처에 히브리 말로 베데스다라 하
는 연못이 있었고, 그 연못에 회랑 다섯 채가 딸려
있었다. 그 회랑에는 눈먼 사람, 다리를 저는 사
람, 중풍병자같이 몸이 아픈 사람들이 수백 명 있
었다. 거기에 삼십팔 년 동안 앓고 있던 한 남자가
있었다. 예수께서 그가 연못가에 누워 있는 것을
보시고, 또 그가 그곳에 얼마나 오래 있었는지를
아시고 말씀하셨다. "네가 낫기를 원하느냐?"
7 그 남자가 말했다. "선생님, 물이 움직일 때 저를
연못에 넣어 줄 사람이 없습니다. 제가 연못에 닿
을 즈음이면, 이미 다른 사람이 들어가 있습니다."
8-9 예수께서 말씀하셨다. "일어나서 네 자리를
들고 걸어가거라." 그러자 그가 곧바로 나았다.
그는 자기 자리를 들고 걸어갔다.
9-10 마침 그날은 안식일이었다. 유대인들이 그
나은 사람을 막아서며 말했다. "오늘은 안식일이
오. 자리를 들고 다녀서는 안되오. 그것은 규정을
위반하는 일이오."
11 그러자 그가 그들에게 말했다. "나를 낫게 해준
분이 내게 자리를 들고 걸어가라고 말씀하셨소."
12-13 그들이 물었다. "당신에게 자리를 들고 걸어
가라고 한 사람이 누구요?" 그러나 그 나은 사람
은 그분이 누구인지 알지 못했다. 예수께서 어느
새 무리 속으로 몸을 숨기셨기 때문이었다.
14 얼마 후에 예수께서 성전에서 그 사람을 만나
자 이렇게 말씀하셨다. "아주 좋아 보이는구나! 너
는 건강해졌다! 죄짓는 삶으로 되돌아가지 마라.
만일 되돌아가면, 더 심한 일이 일어날 수 있다."
15-16 그 사람이 돌아가서, 자기를 낫게 해준 이가
예수라고 유대인들에게 말했다. 그러자 유대인들
은 예수께서 안식일에 그 같은 일을 했다는 이유
로 그분을 잡으려고 했다.
17 그러나 예수께서는 스스로를 변호하시며 이렇
게 말씀하셨다. "내 아버지께서 안식일에도 쉬지
않고 일하신다. 그러니 나도 일한다."
18 그 말에 유대인들이 격분했다. 이제 그들은 예
수를 공개적으로 공격하는 것에 머물지 않고, 그
분을 죽이려고 했다. 예수께서 안식일을 어겼을
뿐 아니라, 하나님을 자기 아버지라고 부르면서
하나님과 자신을 동등한 자리에 두었기 때문이다.

오직 아버지의 말씀대로

19-20 그래서 예수께서 자신에 대해 길게 설명하
셨다. "내가 너희에게 사실 그대로 말하겠다. 아
들은 무슨 일이든지 자기 마음대로 하지 않고 아

the Sheep Gate in Jerusalem there was a pool,
in Hebrew called Bethesda, with five alcoves.
Hundreds of sick people—blind, crippled,
paralyzed—were in these alcoves. One man had
been an invalid there for thirty-eight years. When
Jesus saw him stretched out by the pool and knew
how long he had been there, he said, "Do you want
to get well?"
7 The sick man said, "Sir, when the water is stirred,
I don't have anybody to put me in the pool. By the
time I get there, somebody else is already in."
8-9 Jesus said, "Get up, take your bedroll, start
walking." The man was healed on the spot. He
picked up his bedroll and walked off.
9-10 That day happened to be the Sabbath. The
Jews stopped the healed man and said, "It's the
Sabbath. You can't carry your bedroll around. It's
against the rules."
11 But he told them, "The man who made me well
told me to. He said, 'Take your bedroll and start
walking.'"
12-13 They asked, "Who gave you the order to take it
up and start walking?" But the healed man didn't
know, for Jesus had slipped away into the crowd.
14 A little later Jesus found him in the Temple
and said, "You look wonderful! You're well! Don't
return to a sinning life or something worse might
happen."
15-16 The man went back and told the Jews that it
was Jesus who had made him well. That is why the
Jews were out to get Jesus—because he did this
kind of thing on the Sabbath.
17 But Jesus defended himself. "My Father is
working straight through, even on the Sabbath. So
am I."
18 That really set them off. The Jews were now not
only out to expose him; they were out to *kill* him.
Not only was he breaking the Sabbath, but he was
calling God his own Father, putting himself on a
level with God.

What the Father Does, the Son Does

19-20 So Jesus explained himself at length.
"I'm telling you this straight. The Son can't
independently do a thing, only what he sees the

버지에게서 본 대로만 한다. 아버지께서 하시는 일을 아들도 한다. 아버지는 아들을 사랑하셔서, 자신이 하는 모든 일에 아들도 참여하게 하신다.

20-23 그러나 너희가 본 것은 일부에 지나지 않는다. 아버지께서 죽은 사람들을 다시 살리시고 생명을 창조하시는 것처럼, 아들도 그 일을 하기 때문이다. 아들은 자기가 택한 사람 누구에게나 생명을 준다. 아들과 아버지는 그 누구도 내쫓지 않는다. 아버지는 심판할 모든 권한을 아들에게 넘겨주셔서, 아들도 아버지와 똑같이 영광을 받게 하셨다. 아들에게 영광을 돌리지 않는 사람은 아버지께도 영광을 돌리지 않는 것이다. 아들을 영광의 자리에 앉히신 것이 아버지의 결정이기 때문이다.

24 너희가 반드시 귀 기울여 들어야 할 말이 있다. 누구든지 지금 내가 하는 말을 믿고 나에게 책임을 맡기신 아버지와 한편에 서는 사람은, 지금 이 순간 참되고 영원한 생명을 얻고 더 이상 정죄받지 않는다. 그는 죽은 사람의 세계에서 산 사람의 세계로 과감히 옮겨 온 것이다.

25-27 너희가 반드시 알아 두어야 할 것이 있다. 죽은 자들이 하나님 아들의 음성을 듣고 살아날 때가 왔다. 지금이 바로 그때다! 아버지 안에 생명이 있는 것처럼, 아버지께서는 아들 안에도 생명을 주셨다. 또한 아버지께서는, 그가 인자이기 때문에 그에게 심판의 문제를 결정하고 시행할 권한을 주셨다.

28-29 이 모든 말에 그렇게 놀랄 것 없다. 죽어서 땅에 묻힌 모든 사람들이 그의 음성을 들을 때가 온다. 바른 길을 따라서 산 사람들은 부활 생명으로 들어가고, 그릇된 길을 따라서 산 사람들은 부활 심판으로 들어갈 것이다.

30-33 나는 단 하나도 내 마음대로 할 수 없다. 나는 먼저 귀 기울여 듣고, 그런 다음 결정할 뿐이다. 너희는 내 결정을 신뢰해도 좋다. 내가 내 마음대로 하지 않고, 오직 지시받은 대로 하기 때문이다. 내가 내 자신을 위해 말한다면, 그 증언은 헛될 뿐 아니라 나의 이익을 위한 것이 되고 말 것이다. 그러나 나를 증언해 주시는 분은 따로 계신다. 그분은 모든 증인 가운데 가장 믿을 만한 증인이시다. 게다가, 너희 모두는 요한을 보았고 그의 말을 들었다. 그가 나에 관해 전문적이고 믿을 만한 증언을 해주지 않았느냐?

34-38 그러나 내가 너희의 지지를 얻으려고 하거나 한낱 사람의 증언에 호소하려는 것은 아니다. 내가 이렇게 말하는 것은, 너희로 구원을 얻게 하려

Father doing. What the Father does, the Son does. The Father loves the Son and includes him in everything he is doing.

20-23 "But you haven't seen the half of it yet, for in the same way that the Father raises the dead and creates life, so does the Son. The Son gives life to anyone he chooses. Neither he nor the Father shuts anyone out. The Father handed all authority to judge over to the Son so that the Son will be honored equally with the Father. Anyone who dishonors the Son, dishonors the Father, for it was the Father's decision to put the Son in the place of honor.

24 "It's urgent that you listen carefully to this: Anyone here who believes what I am saying right now and aligns himself with the Father, who has in fact put me in charge, has at this very moment the real, lasting life and is no longer condemned to be an outsider. This person has taken a giant step from the world of the dead to the world of the living.

25-27 "It's urgent that you get this right: The time has arrived–I mean right now!–when dead men and women will hear the voice of the Son of God and, hearing, will come alive. Just as the Father has life in himself, he has conferred on the Son life in himself. And he has given him the authority, simply because he is the Son of Man, to decide and carry out matters of Judgment.

28-29 "Don't act so surprised at all this. The time is coming when everyone dead and buried will hear his voice. Those who have lived the right way will walk out into a resurrection Life; those who have lived the wrong way, into a resurrection Judgment.

30-33 "I can't do a solitary thing on my own: I listen, then I decide. You can trust my decision because I'm not out to get my own way but only to carry out orders. If I were simply speaking on my own account, it would be an empty, self-serving witness. But an independent witness confirms me, the most reliable Witness of all. Furthermore, you all saw and heard John, and he gave expert and reliable testimony about me, didn't he?

34-38 "But my purpose is not to get your vote,

는 것이다. 요한은 밝게 타오르는 횃불이었고, 너희는 한동안 그의 밝은 빛 속에서 기쁘게 춤을 추었다. 그러나 참으로 나를 증거하는 증언, 요한의 증언보다 훨씬 뛰어난 증언이 있다. 아버지께서 나에게 이루라고 맡겨 주신 일이 바로 그것이다. 내가 이루려고 하는 이 일이 아버지께서 실제로 나를 보내셨다는 것을 증언해 준다. 또한 나를 보내신 아버지께서도 나를 증언해 주셨다. 그러나 너희는 이 점을 놓치고 말았다. 너희는 그분의 음성을 들은 적도 없고, 그분의 모습을 뵌 적도 없다. 너희의 기억 속에 그분의 메시지가 하나도 남아 있지 않은 것은, 너희가 그분의 심부름꾼을 진정으로 받아들이지 않았기 때문이다."

39-40 "너희는 영원한 생명을 얻을 수 있으리라는 생각에 늘 성경에 파묻혀 지낸다. 그러나 너희는 나무를 보느라 숲을 놓치고 있다. 이 성경 전체가 나에 관해 기록된 것이다! 그런데 내가 너희 앞에 이렇게 서 있는데도, 너희는 생명을 원한다고 하면서 정작 나에게서 그 생명을 받으려고 하지 않는다.

41-44 나는 사람들의 인정을 받는 데는 관심이 없다. 왜 그런지 아느냐? 내가 너희와 너희 무리를 잘 알기 때문이다. 나는 너희의 행사 일정에 사랑이 없다는 것을, 무엇보다 하나님의 사랑이 없다는 것을 안다. 내가 내 아버지의 권한을 가지고 왔으나, 너희는 나를 쫓아내거나 피하기만 한다. 만일 다른 누군가가 으스대며 왔다면, 너희는 두 팔 벌려 그를 맞았을 것이다. 너희가 서로 자리다툼을 벌이고, 경쟁자들보다 상석에 앉으려 하고, 하나님을 무시하는 데 시간을 다 허비하면서, 어떻게 하나님과 함께하는 곳에 이르기를 기대하느냐?

45-47 그러나 내가 내 아버지 앞에서 너희를 고발할 것이라고는 생각하지 마라. 너희를 고발할 이는 너희가 그토록 의지하는 모세다. 너희가 모세의 말을 진실로 믿었더라면 나를 믿었을 것이다. 그가 기록한 것이 나를 두고 한 것이기 때문이다. 너희가 그의 기록도 진정으로 받아들이지 않는데, 어떻게 내 말을 진정으로 받아들일 것이라고 기대할 수 있겠느냐?"

보리빵 다섯 개와 물고기 두 마리

6 1-4 이 일 후에, 예수께서 갈릴리(디베랴라고도 하는) 바다 건너편으로 가셨다. 큰

and not to appeal to mere human testimony. I'm speaking to you this way so that you will be saved. John was a torch, blazing and bright, and you were glad enough to dance for an hour or so in his bright light. But the witness that really confirms me far exceeds John's witness. It's the work the Father gave me to complete. These very tasks, as I go about completing them, confirm that the Father, in fact, sent me. The Father who sent me, confirmed me. And you missed it. You never heard his voice, you never saw his appearance. There is nothing left in your memory of his Message because you do not take his Messenger seriously.

39-40 "You have your heads in your Bibles constantly because you think you'll find eternal life there. But you miss the forest for the trees. These Scriptures are all about *me*! And here I am, standing right before you, and you aren't willing to receive from me the life you say you want.

41-44 "I'm not interested in crowd approval. And do you know why? Because I know you and your crowds. I know that love, especially God's love, is not on your working agenda. I came with the authority of my Father, and you either dismiss me or avoid me. If another came, acting self-important, you would welcome him with open arms. How do you expect to get anywhere with God when you spend all your time jockeying for position with each other, ranking your rivals and ignoring God?

45-47 "But don't think I'm going to accuse you before my Father. Moses, in whom you put so much stock, is your accuser. If you believed, really believed, what Moses said, you would believe me. He wrote of me. If you won't take seriously what *he* wrote, how can I expect you to take seriously what *I* speak?"

Bread and Fish for All

6 1-4 After this, Jesus went across the Sea of Galilee (some call it Tiberias). A huge crowd followed him, attracted by the miracles

무리가 그분을 따라갔다. 그것은 그들이 예수께서 병자들에게 행하신 기적을 보고 거기에 매료되었기 때문이었다. 건너편에 이르자 예수께서 언덕에 올라가 앉으셨고, 제자들은 그분 주위에 둘러앉았다. 마침 유대인들이 해마다 지키는 유월절이 다가오고 있었다.

5-6 예수께서 눈을 들어 큰 무리가 와 있는 것을 보시고, 빌립에게 말씀하셨다. "우리가 어디에서 빵을 사서 이 사람들을 먹일 수 있겠느냐?" 이렇게 말씀하신 것은 빌립의 믿음을 자라게 하기 위해서였다. 예수께서는 자신이 할 일을 이미 알고 계셨다.

7 빌립이 대답했다. "각 사람에게 빵 한 조각이라도 돌아가게 하려면 은화 이백 개로도 모자라겠습니다."

8-9 제자들 가운데 한 사람인 시몬 베드로의 동생 안드레가 말했다. "여기 한 아이가 보리빵 다섯 개와 물고기 두 마리를 가지고 있습니다. 하지만 이 많은 사람들을 먹이기에는 턱없이 부족한 양입니다."

10-11 예수께서 말씀하셨다. "사람들을 앉게 하여라." 그곳에는 푸른 풀밭이 멋진 카펫처럼 깔려 있었다. 사람들이 자리를 잡고 앉으니 오천 명 정도 되었다. 예수께서 빵을 들어 감사를 드리고, 앉아 있는 사람들에게 나눠 주셨다. 그리고 물고기를 가지고도 그와 같이 하셨다. 모두가 원하는 만큼 실컷 먹었다.

12-13 사람들이 배불리 먹고 나자, 예수께서 제자들에게 말씀하셨다. "버리는 것이 없도록 남은 것을 다 모아라." 제자들이 모으고 보니, 보리빵 다섯 개로 먹고 남은 것이 커다란 열두 바구니에 가득 찼다.

14-15 사람들은 예수께서 행하신 이 일로 인해 하나님께서 자기들 가운데서 일하고 계심을 알았다. 그들은 말했다. "이분은 분명 그 예언자다. 하나님의 예언자가 바로 이곳 갈릴리에 오신 것이다!" 예수께서는 열광한 그들이 자기를 붙들어다가 왕으로 삼으려는 것을 아시고, 그 자리를 빠져나와 다시 산으로 올라가서 혼자 계셨다.

16-21 저녁때가 되자, 제자들이 바닷가로 내려가 배를 타고 바다 건너편 가버나움으로 향했다. 날이 아주 저물었는데, 예수께서는 아직 돌아오지 않으셨다. 큰 바람이 불어 바다에 거센 물결이 일었다. *제자들이 4, 5킬로미터쯤 갔을* 때, 예수께서 바다 위를 걸어 배 가까이 다가오시는 모습이 보였다. 제자들이 소스라치게 놀라자, 예수께서 그들을 안심시키며 말씀하셨다. "나다. 괜찮으니 두려워 마라." 그러자 제자들이 예수를 배 안으로 모셨다. 어

they had seen him do among the sick. When he got to the other side, he climbed a hill and sat down, surrounded by his disciples. It was nearly time for the Feast of Passover, kept annually by the Jews.

5-6 When Jesus looked out and saw that a large crowd had arrived, he said to Philip, "Where can we buy bread to feed these people?" He said this to stretch Philip's faith. He already knew what he was going to do.

7 Philip answered, "Two hundred silver pieces wouldn't be enough to buy bread for each person to get a piece."

8-9 One of the disciples–it was Andrew, brother to Simon Peter–said, "There's a little boy here who has five barley loaves and two fish. But that's a drop in the bucket for a crowd like this."

10-11 Jesus said, "Make the people sit down." There was a nice carpet of green grass in this place. They sat down, about five thousand of them. Then Jesus took the bread and, having given thanks, gave it to those who were seated. He did the same with the fish. All ate as much as they wanted.

12-13 When the people had eaten their fill, he said to his disciples, "Gather the leftovers so nothing is wasted." They went to work and filled twelve large baskets with leftovers from the five barley loaves.

14-15 The people realized that God was at work among them in what Jesus had just done. They said, "This is the Prophet for sure, God's Prophet right here in Galilee!" Jesus saw that in their enthusiasm, they were about to grab him and make him king, so he slipped off and went back up the mountain to be by himself.

16-21 In the evening his disciples went down to the sea, got in the boat, and headed back across the water to Capernaum. It had grown quite dark and Jesus had not yet returned. A huge wind blew up, churning the sea. They were maybe three or four miles out when they saw Jesus walking on the sea, quite near the boat. They were scared senseless, but he reassured them, "It's me. It's all right. Don't be afraid." So

느새 그들은 자신들이 가려고 했던 지점에 정확히
이르렀다.
22-24 이튿날, 뒤에 남은 무리는 배가 한 척밖에 없
던 것과, 예수께서 그 배에 제자들과 함께 타지 않
으신 것을 알았다. 그분을 두고 제자들만 떠나는
것을 그들이 보았기 때문이다. 그때에 디베랴에서
온 배들이 주님께서 축복하고 빵을 먹여 주신 곳
근처에 정박해 있었다. 무리는 예수께서 그곳을 떠
나 돌아오시지 않을 것을 알고는, 디베랴에서 온
배들로 몰려가 올라타고서 예수를 찾아 가버나움
으로 향했다.
25 그들이 바다 건너편에서 그분을 다시 뵙고는 말
했다. "랍비님, 언제 여기로 오셨습니까?"
26 예수께서 대답하셨다. "너희가 나를 찾아온 것
은, 내가 하는 일에서 하나님을 보았기 때문이 아
니라, 오히려 내가 너희를 배부르게 해주었기 때문
이다. 그것도 내가 값없이 먹여 주었기 때문이다."

생명의 빵

27 "너희는 그렇게 썩어 없어질 음식을 얻으려고 힘
을 허비하지 마라. 너희와 함께 있을 음식, 너희의
영원한 생명을 살지게 하는 음식, 인자가 주는 음
식을 위해 일하여라. 인자와 인자가 하는 일은 하
나님 아버지께서 끝까지 보증해 주신다."
28 그러자 그들이 말했다. "우리가 하나님의 일에
참여하려면 무엇을 해야 합니까?"
29 예수께서 말씀하셨다. "하나님께서 보내신 이에
게 너희 삶을 걸어라. 그렇게 너희 자신을 걸 때에
야 하나님의 일에 참여할 수 있다."
30-31 그들이 애매한 말로 빗겨 갔다. "선생님이 누
구시며 어떤 일을 하시려는지 알 수 있도록, 단서
가 될 만한 것을 보여주시면 어떻겠습니까? 그러면
우리가 알아보고 나서 우리 삶을 걸겠습니다. 선생
님이 무슨 일을 하실 수 있는지 보여주십시오. 모
세는 광야에서 우리 조상들에게 빵을 먹게 해주었
습니다. 성경에도 '그가 그들에게 하늘에서 내려온
빵을 먹게 해주었다'고 기록되어 있습니다."
32-33 예수께서 대답하셨다. "그 성경 말씀의 진정
한 의미는 이렇다. 모세가 너희에게 하늘에서 내려
온 빵을 주었다는 것이 아니라, 지금 이 순간에 내
아버지께서 너희에게 하늘에서 내려온 빵, 곧 참된
빵을 주신다는 뜻이다. 하나님의 빵은 하늘에서 내
려와 세상에 생명을 준다."
34 그들이 그 말씀을 듣고 반색하며 말했다. "주님,
그 빵을 지금부터 영원토록 우리에게 주십시오!"

they took him on board. In no time they reached
land—the exact spot they were headed to.
22-24 The next day the crowd that was left behind
realized that there had been only one boat,
and that Jesus had not gotten into it with his
disciples. They had seen them go off without
him. By now boats from Tiberias had pulled up
near where they had eaten the bread blessed by
the Master. So when the crowd realized he was
gone and wasn't coming back, they piled into
the Tiberias boats and headed for Capernaum,
looking for Jesus.
25 When they found him back across the sea, they
said, "Rabbi, when did you get here?"
26 Jesus answered, "You've come looking for
me not because you saw God in my actions but
because I fed you, filled your stomachs—and for
free.

The Bread of Life

27 "Don't waste your energy striving for perish-
able food like that. Work for the food that sticks
with you, food that nourishes your lasting life,
food the Son of Man provides. He and what he
does are guaranteed by God the Father to last."
28 To that they said, "Well, what do we do then to
get in on God's works?"
29 Jesus said, "Throw your lot in with the One
that God has sent. That kind of a commitment
gets you in on God's works."
30-31 They waffled: "Why don't you give us a
clue about who you are, just a hint of what's
going on? When we see what's up, we'll commit
ourselves. Show us what you can do. Moses fed
our ancestors with bread in the desert. It says
so in the Scriptures: 'He gave them bread from
heaven to eat.'"
32-33 Jesus responded, "The real significance of
that Scripture is not that Moses gave you bread
from heaven but that my Father is right now
offering you bread from heaven, the *real* bread.
The Bread of God came down out of heaven and
is giving life to the world."
34 They jumped at that: "Master, give us this
bread, now and forever!"

35-38 예수께서 말씀하셨다. "내가 바로 그 생명의 빵이다. 나와 한편에 서는 사람은 더 이상 굶주리지도 않고 목마르지도 않을 것이다. 내가 이것을 너희에게 분명히 말한 것은, 너희가 내가 하는 일을 보았으면서도 참으로 나를 믿지 않기 때문이다. 아버지께서 내게 주시는 사람은 결국 다 내게로 달려올 것이다. 그가 나와 함께하면, 내가 그를 붙잡고 놓지 않을 것이다. 내가 하늘에서 내려온 것은, 일시적인 내 기분대로 하려는 것이 아니라, 나를 보내신 분의 뜻을 이루려는 것이다.

39-40 나를 보내신 분의 뜻을 간단히 말하면 이렇다. 아버지께서 내게 맡기신 모든 일을 하나도 빠짐없이 이루고, 마지막 날에 만물과 모든 사람을 바르고 온전하게 회복시키는 것이다. 아들을 보고서 그와 그가 하는 일을 신뢰하며 그와 한편에 서는 사람은, 누구든지 참된 생명, 영원한 생명을 얻는다. 이것이 내 아버지께서 원하시는 것이다. 마지막 날에 그들을 일으켜 세워 살리고 온전하게 하는 것이 나의 일이다."

41-42 예수께서 "내가 하늘에서 내려온 빵이다"라고 말씀하신 것 때문에, 유대인들이 그분을 두고 말다툼을 벌였다. "이 사람은 요셉의 아들이 아닌가? 우리가 그의 아버지도 알고, 그의 어머니도 알지 않는가? 그런데 어떻게 그가 '나는 하늘에서 내려왔다'고 말하며, 그 말을 믿어 주기를 바란단 말인가?"

43-46 예수께서 말씀하셨다. "나를 두고 너희끼리 논쟁하지 마라. 이 세상의 책임자는 너희가 아니다. 나를 보내신 아버지가 책임자이시다. 아버지께서는 사람들을 내게로 이끌어 주신다. 너희가 내게 올 수 있는 방법은 오직 그 길뿐이다. 그때에야 비로소 나는 사람들을 회복시키고 일으켜 세워, 마지막 날을 준비하게 한다. 예언자들이 '그때가 되면 그들 모두가 하나님께 직접 가르침을 받을 것이다'라고 한 것은 이 일을 두고 한 말이다. 누구든지 시간을 내서 아버지의 말씀을 듣는 사람, 정말로 귀 기울여 듣고 배우는 사람은, 나에게로 와서 직접 가르침을 받는다. 자신의 두 눈으로 보고, 자신의 두 귀로 듣는다. 그것은 내가 아버지께로부터 직접 가르침을 받기 때문이다. 아버지와 함께 있는 이 외에는 아무도 아버지를 본 사람이 없다. 그런데 너희는 나를 볼 수 있다.

47-51 이제 내가 너희에게 가장 중요하고 참된 진리를 말해 주겠다. 누구든지 나를 믿는 사람은 참된 생명, 영원한 생명을 얻는다. 나는 생명의 빵이다.

35-38 Jesus said, "I am the Bread of Life. The person who aligns with me hungers no more and thirsts no more, ever. I have told you this explicitly because even though you have seen me in action, you don't really believe me. Every person the Father gives me eventually comes running to me. And once that person is with me, I hold on and don't let go. I came down from heaven not to follow my own whim but to accomplish the will of the One who sent me.

39-40 "This, in a nutshell, is that will: that everything handed over to me by the Father be completed – not a single detail missed – and at the wrap-up of time I have everything and everyone put together, upright and whole. This is what my Father wants: that anyone who sees the Son and trusts who he is and what he does and then aligns with him will enter *real* life, *eternal* life. My part is to put them on their feet alive and whole at the completion of time."

41-42 At this, because he said, "I am the Bread that came down from heaven," the Jews started arguing over him: "Isn't this the son of Joseph? Don't we know his father? Don't we know his mother? How can he now say, 'I came down out of heaven' and expect anyone to believe him?"

43-46 Jesus said, "Don't bicker among yourselves over me. You're not in charge here. The Father who sent me is in charge. He draws people to me – that's the only way you'll ever come. Only then do I do my work, putting people together, setting them on their feet, ready for the End. This is what the prophets meant when they wrote, 'And then they will all be personally taught by God.' Anyone who has spent any time at all listening to the Father, really listening and therefore learning, comes to me to be taught personally – to see it with his own eyes, hear it with his own ears, from me, since I have it firsthand from the Father. No one has seen the Father except the One who has his Being alongside the Father – and you can see *me*.

47-51 "I'm telling you the most solemn and sober truth now: Whoever believes in me has real life, eternal life. I am the Bread of Life. Your ancestors

너희 조상들은 광야에서 만나라는 빵을 먹고도 죽었다. 그러나 지금 여기에 너희와 함께 있는 빵은 정말로 하늘에서 내려온 빵이다. 누구든지 이 빵을 먹는 사람은 결코 죽지 않을 것이다. 나는 하늘에서 내려온 빵, 생명의 빵이다! 누구든지 이 빵을 먹는 사람은 영원히 살 것이다. 내가 세상에 줄 빵, 세상으로 하여금 먹고 살게 할 빵은 나 자신, 곧 내 살과 피다."

52 이 말을 들은 유대인들이 서로 말다툼을 벌였다. "이 사람이 어떻게 자기 살을 먹을 수 있게 내어준다는 말인가?"

53-58 그러나 예수께서는 조금도 물러서지 않으셨다. "너희가 살과 피, 곧 인자의 살과 피를 먹고 마실 때에야 비로소 너희가 생명을 얻는다. 이 살과 피를 왕성하게 먹고 마시는 사람은 영원한 생명을 얻고, 마지막 날을 맞을 준비가 다 된 것이다. 내 살은 참된 음식이고, 내 피는 참된 음료다. 너희는 내 살을 먹고 내 피를 마심으로 내 안에 들어오고, 나는 너희 안에 들어간다. 온전히 살아 계신 아버지께서 나를 이 세상에 보내셨다. 내가 그분으로 말미암아 사는 것같이, 나를 먹는 사람도 나로 말미암아 살 것이다. 나는 하늘에서 내려온 빵이다. 너희 조상들은 빵을 먹고도 죽었지만, 누구든지 이 빵을 먹는 사람은 영원히 살 것이다."

59 이것은 예수께서 가버나움 회당에서 가르치실 때에 하신 말씀이다.

예수께 인생을 건 사람들

60 예수의 제자들 가운데 많은 사람들이 이 말씀을 듣고 말했다. "이 가르침은 너무 어려워 받아들이기가 힘들다."

61-65 예수께서 제자들이 이 말씀을 두고 힘들어 하는 것을 아시고 말씀하셨다. "내 말이 그렇게도 혼란스러우냐? 인자가 원래 있던 곳으로 올라가는 것을 보게 되면 어찌하겠느냐? 성령만이 생명을 만들어 낼 수 있다. 육신의 근육과 의지력으로는 아무것도 일어나게 할 수 없다. 내가 너희에게 전하는 모든 말은 성령의 말이며, 생명을 만들어 내는 말이다. 그러나 너희 가운데 이 말에 저항하고, 이 말에 관여하지 않으려는 사람들이 있다." (예수께서는 자신에게 인생을 걸지 않을 사람들이 있다는 것을 처음부터 알고 계셨다. 또한 자신을 배반할 자가 누구인지도 알고 계셨다.) 예수께서 계속 말씀하셨다. "그래서 내가 전에, 자기 힘으로는 아무도 내게 올 수 없다고 너희에게 말한 것이다. 너

ate the manna bread in the desert and died. But now here is Bread that truly comes down out of heaven. Anyone eating this Bread will not die, ever. I am the Bread–living Bread!–who came down out of heaven. Anyone who eats this Bread will live–and forever! The Bread that I present to the world so that it can eat and live is myself, this flesh-and-blood self."

52 At this, the Jews started fighting among themselves: "How can this man serve up his flesh for a meal?"

53-58 But Jesus didn't give an inch. "Only insofar as you eat and drink flesh and blood, the flesh and blood of the Son of Man, do you have life within you. The one who brings a hearty appetite to this eating and drinking has eternal life and will be fit and ready for the Final Day. My flesh is real food and my blood is real drink. By eating my flesh and drinking my blood you enter into me and I into you. In the same way that the fully alive Father sent me here and I live because of him, so the one who makes a meal of me lives because of me. This is the Bread from heaven. Your ancestors ate bread and later died. Whoever eats this Bread will live always."

59 He said these things while teaching in the meeting place in Capernaum.

Too Tough to Swallow

60 Many among his disciples heard this and said, "This is tough teaching, too tough to swallow."

61-65 Jesus sensed that his disciples were having a hard time with this and said, "Does this throw you completely? What would happen if you saw the Son of Man ascending to where he came from? The Spirit can make life. Sheer muscle and willpower don't make anything happen. Every word I've spoken to you is a Spirit-word, and so it is life-making. But some of you are resisting, refusing to have any part in this." (Jesus knew from the start that some weren't going to risk themselves with him. He knew also who would betray him.) He went on to say, "This is why I told you earlier that no one is capable of coming to me on his own. You get to me only as a gift from the

희는 아버지께서 주시는 선물로만 내게 올 수 있다."
66-67 이 일 후에 제자들 가운데 많은 사람들이 떠나
갔다. 그들은 더 이상 그분과 관련되기를 원치 않았
다. 그러자 예수께서 열두 제자에게도 기회를 주셨
다. "너희도 떠나가려느냐?"
68-69 베드로가 대답했다. "주님, 참된 생명, 영원한
생명의 말씀이 주님께 있는데, 저희가 누구에게 가겠
습니까? 저희는 이미 주님이 하나님의 거룩하신 분
임을 확신하며 주님께 인생을 걸었습니다."
70-71 예수께서 대답하셨다. "내가 너희 열둘을 직접
뽑지 않았느냐? 그러나 너희 가운데 한 사람은 마귀
다!" 이는 예수께서 시몬 가룟의 아들 유다를 두고 말
씀하신 것이다. 열두 제자 가운데 한 사람인 이 자는,
그때 이미 예수를 배반할 준비를 하고 있었다.

7 1-2 그 후에 예수께서 갈릴리에서 일하고 계
셨다. 유대인들이 예수를 죽일 기회를 노리
고 있었으므로, 그분께서는 유대에서 돌아다니기를
원치 않으셨다. 유대인들이 매년 지키는 명절인 초막
절이 다가오고 있었다.
3-5 예수의 형제들이 그분께 말했다. "여기를 떠나 명
절을 지키러 올라가서, 형님의 제자들도 형님이 하는
일을 잘 보게 하는 것이 어떻겠습니까? 공개적으로
알려지기를 바라는 사람치고 은밀히 일하는 경우는
없습니다. 형님이 지금 하고 있는 일을 계속하실 마
음이면, 밖으로 나가서 세상에 드러내십시오." 예수
의 형제들이 그분을 몰아붙인 것은, 그들도 아직 그
분을 믿지 않았기 때문이다.
6-8 예수께서 그들에게 대답하셨다. "다그치지 마라.
지금은 나의 때가 아니다. 지금은 너희의 때다. 항상
너희의 때다. 너희는 아무것도 잃을 것이 없다. 세상
이 너희에게는 반대하지 않지만, 나에게는 반기를
들고 일어선다. 세상이 나를 대적하는 것은 내가 세
상의 겉모습 뒤에 감춰진 악을 폭로하기 때문이다.
너희는 어서 명절을 지키러 올라가거라. 나를 기다
릴 것 없다. 나는 준비되지 않았다. 지금은 내 때가
아니다."
9-11 예수께서는 이렇게 말씀하시고 갈릴리에 남아
계셨다. 그러나 가족들이 명절을 지키러 올라간 뒤
에, 예수께서도 올라가셨다. 하지만 사람들의 이목을
끌지 않으려고 조심하며 피해 계셨다. 유대인들은 이
미 그분을 찾아다니며 "그 사람이 어디 있는가?" 하
고 묻고 다녔다.
12-13 예수를 두고 무리 가운데 다투는 말이 떠돌았다.

Father."
66-67 After this a lot of his disciples left. They no
longer wanted to be associated with him. Then
Jesus gave the Twelve their chance: "Do you
also want to leave?"
68-69 Peter replied, "Master, to whom would we
go? You have the words of real life, eternal life.
We've already committed ourselves, confident
that you are the Holy One of God."
70-71 Jesus responded, "Haven't I handpicked
you, the Twelve? Still, one of you is a devil!" He
was referring to Judas, son of Simon Iscariot.
This man—one from the Twelve!—was even
then getting ready to betray him.

7 1-2 Later Jesus was going about his
business in Galilee. He didn't want to
travel in Judea because the Jews there were
looking for a chance to kill him. It was near the
time of Tabernacles, a feast observed annually
by the Jews.
3-5 His brothers said, "Why don't you leave here
and go up to the Feast so your disciples can get
a good look at the works you do? No one who
intends to be publicly known does everything
behind the scenes. If you're serious about what
you are doing, come out in the open and show
the world." His brothers were pushing him like
this because they didn't believe in him either.
6-8 Jesus came back at them, "Don't crowd me.
This isn't my time. It's your time—it's *always*
your time; you have nothing to lose. The world
has nothing against you, but it's up in arms
against me. It's against me because I expose
the evil behind its pretensions. You go ahead,
go up to the Feast. Don't wait for me. I'm not
ready. It's not the right time for me."
9-11 He said this and stayed on in Galilee.
But later, after his family had gone up to the
Feast, he also went. But he kept out of the way,
careful not to draw attention to himself. The
Jews were already out looking for him, asking
around, "Where is that man?"
12-13 There was a lot of contentious talk about

"그분은 선한 사람이오"라고 말하는 사람들도 있었고, "그렇지 않소. 그는 사기꾼일 뿐이오"라고 말하는 사람들도 있었다. 이런 이야기는 위협적인 유대 지도자들 때문에 조심스럽게 수군거림으로만 떠돌았다.

성전에서 가르치시다

14-15 명절이 이미 중반을 지날 무렵, 예수께서 성전에 나타나 가르치셨다. 유대인들은 깊은 인상을 받았으나 당혹스러웠다. "저 사람은 교육받은 것도 아닌데, 어떻게 저토록 아는 것이 많을까?"

16-19 예수께서 말씀하셨다. "이 가르침은 내가 지어낸 것이 아니다. 나의 가르침은 나를 보내신 분에게서 온다. 그분의 뜻을 행하는 사람은 누구나 이 가르침을 시험해 보고, 그것이 하나님에게서 왔는지 아니면 내가 지어낸 것인지 알 수 있다. 말을 지어내는 사람은 자기를 좋게 보이려고 하지만, 자기를 보내신 분께 영광을 돌리려는 사람은 사실을 있는 그대로 전할 뿐 진실을 조작하지 않는다. 너희에게 하나님의 율법을 전해 준 이는 모세가 아니냐? 하지만 너희 가운데는 그 율법대로 살려고 하는 사람이 하나도 없다. 그러면서 너희는 왜 나를 죽이려고 하느냐?"

20 무리가 말했다. "당신은 미쳤소! 누가 당신을 죽이려 한단 말이오? 당신은 귀신 들렸소."

21-24 예수께서 말씀하셨다. "몇 달 전에 내가 기적을 한 가지 행한 것을 가지고, 너희는 지금도 둘러서서 화를 내며 내가 하려는 일을 이상하게 여긴다. 모세가 할례를 규정했고—원래 할례는 모세에게서 온 것이 아니라 그의 조상에게서 온 것이다—그래서 너희는 안식일에도 할례를 주며 몸의 일부를 처리한다. 너희는 모세의 율법 가운데 단 한 조항을 지키기 위해 그렇게 한다. 그런데 너희는 어찌하여 내가 안식일에 한 사람의 온몸을 건강하게 해주었다는 이유로 내게 화를 내느냐? 트집 잡지 마라. 너희 머리와 가슴으로 무엇이 옳은지 분별하고, 무엇이 정말로 옳은지를 따져 보아라."

25-27 그때 몇몇 예루살렘 사람들이 말했다. "그들이 죽이려고 하는 사람이 이 사람이 아닌가요? 이 사람이 여기에서 공공연히 다니며 자기 마음대로 말하고 있는데, 아무도 제지하는 사람이 없습니다. 혹시 통치자들도 이 사람이 메시아라고 생각하는 것은 아닐까요? 우리는 이 사람이 어디에서 왔는지 압니다. 하지만 메시아는 어디에서 오는지, 아무도 모르게 오실 겁니다."

28-29 성전에서 가르치던 예수께서 그 말에 자극을 받아 큰소리로 외치셨다. "그렇다. 너희는 나를 알고

him circulating through the crowds. Some were saying, "He's a good man." But others said, "Not so. He's selling snake oil." This kind of talk went on in guarded whispers because of the intimidating Jewish leaders.

Could It Be the Messiah?

14-15 With the Feast already half over, Jesus showed up in the Temple, teaching. The Jews were impressed, but puzzled: "How does he know so much without being schooled?"

16-19 Jesus said, "I didn't make this up. What I teach comes from the One who sent me. Anyone who wants to do his will can test this teaching and know whether it's from God or whether I'm making it up. A person making things up tries to make himself look good. But someone trying to honor the one who sent him sticks to the facts and doesn't tamper with reality. It was Moses, wasn't it, who gave you God's Law? But none of you are living it. So why are you trying to kill me?"

20 The crowd said, "You're crazy! Who's trying to kill you? You're demon-possessed."

21-24 Jesus said, "I did one miraculous thing a few months ago, and you're still standing around getting all upset, wondering what I'm up to. Moses prescribed circumcision—originally it came not from Moses but from his ancestors—and so you circumcise a man, dealing with one part of his body, even if it's the Sabbath. You do this in order to preserve one item in the Law of Moses. So why are you upset with me because I made a man's whole body well on the Sabbath? Don't be nitpickers; use your head—and heart!—to discern what is right, to test what is authentically right."

25-27 That's when some of the people of Jerusalem said, "Isn't this the one they were out to kill? And here he is out in the open, saying whatever he pleases, and no one is stopping him. Could it be that the rulers know that he is, in fact, the Messiah? And yet we know where this man came from. The Messiah is going to come out of nowhere. Nobody is

내가 어디에서 왔는지 안다고 생각하지만, 나는 너희가 생각하는 데서 오지 않았다. 또한 나 스스로 일을 시작한 것도 아니다. 나의 참된 근원은 나를 보내신 분이다. 너희는 그분을 조금도 알지 못한다. 나는 그분께로부터 왔다. 그래서 나는 그분을 안다. 그분께서 나를 이곳에 보내셨기 때문이다."

30-31 그들은 예수를 체포할 방법을 찾으면서도 그분께 손을 대지는 못했다. 아직 하나님의 때가 되지 않았기 때문이다. 무리 가운데서 많은 사람들이 믿음으로 그분께 자신을 드리며 이렇게 말했다. "메시아가 오신다고 해도, 이보다 설득력 있는 증거를 내놓으시겠는가?"

32-34 이처럼 선동적인 기운이 무리 사이에 흐르는 것을 보고 놀란 바리새인들이, 대제사장들과 한패가 되어 예수를 체포하라고 경비병들을 보냈다. 예수께서 그들을 물리치며 말씀하셨다. "나는 잠깐 동안만 너희와 함께 있다가, 나를 보내신 분께로 간다. 너희가 나를 찾으려고 해도 찾지 못할 것이다. 내가 있는 곳에 너희는 올 수 없다."

35-36 유대인들이 머리를 맞대고 수군거렸다. "저가 어디로 가는데, 우리가 저를 찾지 못할 것이라고 하는 겁니까? 그리스 땅으로 가서 유대인들을 가르치려는 것일까요? '너희가 나를 찾으려고 해도 찾지 못할 것이다'는 말이나 '내가 있는 곳에 너희는 올 수 없다'는 말이 무슨 뜻일까요?"

37-39 명절의 절정인 마지막 날에, 예수께서 입장을 분명히 하시고서 큰소리로 말씀하셨다. "누구든지 목마른 사람은 내게 와서 마셔라. 누구든지 나를 믿는 사람은 성경에서 말한 것같이, 그 깊은 곳에서 생수의 강이 넘쳐흐를 것이다." (이것은 그분을 믿는 사람들이 받게 될 성령을 두고 하신 말씀이다. 예수께서 아직 영광을 받지 않으셨으므로, 성령이 아직 사람들에게 오시지 않았다.)

40-44 이 말씀을 들은 무리 가운데 "이분은 그 예언자가 틀림없다"고 말하는 사람들도 있었고, "저분이야말로 메시아이시다!"라고 말하는 사람들도 있었다. 그러나 "메시아가 갈릴리에서 나오겠는가? 성경에는 메시아가 다윗의 혈통을 따라 다윗의 동네인 베들레헴에서 나온다고 하지 않았던가?"라고 말하는 이들도 있었다. 그렇게 무리 사이에 예수를 두고 의견이 갈렸다. 예수를 체포하려는 사람들도 있었으나, 아무도 그분께 손을 대지는 못했다.

45 그때 성전 경비병들이 돌아와서 보고하자, 대

going to know where he comes from."

28-29 That provoked Jesus, who was teaching in the Temple, to cry out, "Yes, you think you know me and where I'm from, but that's not where I'm from. I didn't set myself up in business. My true origin is in the One who sent me, and you don't know him at all. I come from him—that's how I know him. He sent me here."

30-31 They were looking for a way to arrest him, but not a hand was laid on him because it wasn't yet God's time. Many from the crowd committed themselves in faith to him, saying, "Will the Messiah, when he comes, provide better or more convincing evidence than this?"

32-34 The Pharisees, alarmed at this seditious undertow going through the crowd, teamed up with the high priests and sent their police to arrest him. Jesus rebuffed them: "I am with you only a short time. Then I go on to the One who sent me. You will look for me, but you won't find me. Where I am, you can't come."

35-36 The Jews put their heads together. "Where do you think he is going that we won't be able to find him? Do you think he is about to travel to the Greek world to teach the Jews? What is he talking about, anyway: 'You will look for me, but you won't find me,' and 'Where I am, you can't come'?"

37-39 On the final and climactic day of the Feast, Jesus took his stand. He cried out, "If anyone thirsts, let him come to me and drink. Rivers of living water will brim and spill out of the depths of anyone who believes in me this way, just as the Scripture says." (He said this in regard to the Spirit, whom those who believed in him were about to receive. The Spirit had not yet been given because Jesus had not yet been glorified.)

40-44 Those in the crowd who heard these words were saying, "This has to be the Prophet." Others said, "He is the Messiah!" But others were saying, "The Messiah doesn't come from Galilee, does he? Don't the Scriptures tell us that the Messiah comes from David's line and from Bethlehem, David's village?" So there was a split in the crowd over him. Some went so far as wanting to arrest him, but no one laid a hand on him.

제사장과 바리새인들은 "왜 그를 데려오지 않았느냐?"고 따져 물었다.
46 경비병들이 대답했다. "그가 어떻게 말하는지 들어 보셨습니까? 우리는 여태껏 그 사람처럼 말하는 사람을 본 적이 없습니다."
47-49 바리새인들이 말했다. "너희도 저 천하기 짝이 없는 무리처럼 미혹된 것이냐? 지도자나 바리새인들 가운데서 그를 믿는 사람을 보았느냐? 그에게 미혹된 자라고는 하나님의 율법을 모르는 저 무리뿐이다."
50-51 전에 예수를 찾아왔던 사람으로 지도자이자 바리새인인 니고데모가 나서서 말했다. "먼저 당사자의 말을 들어 보고 그가 무슨 일을 하는지 알아보고 나서 사람의 죄를 판결하는 것이 우리 율법에 맞지 않습니까?"
52-53 그러나 그들이 그의 말을 가로막으며 말했다. "당신도 그 갈릴리 사람을 선전하는 거요? 성경에서 증거를 살펴보시오. 갈릴리에서 예언자가 단 한 명이라도 나왔는지 살펴보란 말이오." 그러고는 모두 집으로 돌아갔다.

간음하다가 잡혀 온 여인

8 1-2 예수께서 올리브 산으로 가로질러 가셨다가, 곧이어 성전으로 돌아오셨다. 사람들이 떼를 지어 그분께 몰려왔고, 예수께서는 자리에 앉아 그들을 가르치셨다.
3-6 종교 학자와 바리새인들이 간음하다가 붙잡힌 한 여자를 끌고 왔다. 그들은 모든 사람이 잘 볼 수 있도록 여자를 세워 놓고 말했다. "선생님, 이 여자가 간음하다가 현장에서 잡혔습니다. 모세는 율법에서 이런 자들을 돌로 치라고 명령했습니다. 선생님은 뭐라고 하겠습니까?" 그들은 예수를 함정에 빠뜨려, 뭔가 책잡을 만한 발언을 하도록 유도했다.
6-8 예수께서 몸을 굽혀 손가락으로 땅에다 뭔가를 쓰셨다. 그들은 계속해서 그분을 다그쳤다. 예수께서 몸을 펴고 일어나 말씀하셨다. "너희 가운데 죄 없는 사람이 먼저 돌로 쳐라." 그런 다음, 다시 몸을 굽혀 땅에다 뭔가를 더 쓰셨다.
9-10 사람들이 이 말을 듣고는, 가장 나이 많은 사람부터 시작해 하나 둘씩 자리를 떴다. 그 여자만 홀로 남자, 예수께서 일어서서 여자에게 말씀하셨다. "여자여, 사람들이 어디 있느냐? 너를 정죄하는 사람이 아무도 없느냐?"
11 "아무도 없습니다, 주님."

45 That's when the Temple police reported back to the high priests and Pharisees, who demanded, "Why didn't you bring him with you?"
46 The police answered, "Have you heard the way he talks? We've never heard anyone speak like this man."
47-49 The Pharisees said, "Are you carried away like the rest of the rabble? You don't see any of the leaders believing in him, do you? Or any from the Pharisees? It's only this crowd, ignorant of God's Law, that is taken in by him – and damned."
50-51 Nicodemus, the man who had come to Jesus earlier and was both a ruler and a Pharisee, spoke up. "Does our Law decide about a man's guilt without first listening to him and finding out what he is doing?"
52-53 But they cut him off. "Are you also campaigning for the Galilean? Examine the evidence. See if any prophet ever comes from Galilee." Then they all went home.

To Throw the Stone

8 1-2 Jesus went across to Mount Olives, but he was soon back in the Temple again. Swarms of people came to him. He sat down and taught them.
3-6 The religion scholars and Pharisees led in a woman who had been caught in an act of adultery. They stood her in plain sight of everyone and said, "Teacher, this woman was caught red-handed in the act of adultery. Moses, in the Law, gives orders to stone such persons. What do you say?" They were trying to trap him into saying something incriminating so they could bring charges against him.
6-8 Jesus bent down and wrote with his finger in the dirt. They kept at him, badgering him. He straightened up and said, "The sinless one among you, go first: Throw the stone." Bending down again, he wrote some more in the dirt.
9-10 Hearing that, they walked away, one after another, beginning with the oldest. The woman was left alone. Jesus stood up and spoke to her. "Woman, where are they? Does no one condemn you?"

"나도 너를 정죄하지 않겠다." 예수께서 말씀하셨다.
"네 갈 길을 가거라. 이제부터는 죄를 짓지 마라."

세상의 빛

12 예수께서 다시 사람들에게 말씀하셨다. "나는 세
상의 빛이다. 나를 따르는 사람은 아무도 어둠 속에
서 넘어지지 않는다. 나는 그에게 빛을 풍성히 주어
그 속에서 살게 한다."
13 바리새인들이 이의를 제기했다. "우리가 들은 것
은 당신 말이 전부요. 우리는 당신의 말보다 더한 것
이 필요하오."
14-18 예수께서 대답하셨다. "너희가 들은 것이 내 말
뿐이라니, 너희 말이 맞다. 그러나 너희는 내 말이 참
되다는 것을 믿고 의지해도 좋다. 나는 내가 어디에
서 왔고 어디로 가는지 알지만, 너희는 내가 어디에
서 와서 어디로 가는지 알지 못한다. 너희는 너희가
보고 만질 수 있는 것에 근거해서 판단하지만, 나는
그런 식으로 판단하지 않는다. 설령 내가 판단하더라
도, 내가 하는 판단은 참되다. 그것은 내가 좁은 경험
에 근거해서 판단하지 않고 나를 보내신 크신 아버지
안에서, 그분과 함께 판단하기 때문이다. 이것으로,
두 증인의 증언은 믿어도 된다고 한 하나님의 율법의
요건이 충족된 것이다. 너희가 들은 내 말이 그러하
다. 나도 너희에게 말하고, 나를 보내신 아버지께서
도 너희에게 말씀하시기 때문이다."
19 그들이 말했다. "당신의 아버지라는 분이 어디
있소?"
예수께서 말씀하셨다. "너희가 나를 보면서도 나를
알지 못하는데, 어찌 아버지를 알기 바라느냐? 너희
가 나를 알았더라면, 아버지도 알았을 것이다."
20 이것은 예수께서 성전 헌금함 근처에서 가르치며
하신 말씀이다. 아무도 그분을 잡는 사람이 없었다.
아직 그분의 때가 되지 않았기 때문이다.
21 예수께서 이전에 말씀한 내용을 다시 말씀하셨다.
"나는 이제 곧 떠나고, 너희는 나를 찾으려고 할 것
이다. 하지만 너희는 그렇게 하다가 하나님을 놓치고
죽음이라는 막다른 길로 치닫게 될 것이다. 너희는
나와 함께 갈 수 없다."
22 유대인들이 말했다. "그렇다면, 이 사람이 자살하
겠다는 말인가? '너희는 나와 함께 갈 수 없다'는 말
이 그런 뜻인가?"
23-24 예수께서 말씀하셨다. "너희는 이 세상에 매여
있지만, 나는 너희가 볼 수 있는 세상 그 너머의 세상
과 연결되어 있다. 너희는 눈으로 보고 손으로 만지
는 육신의 차원에서 살고 있지만, 나는 다른 차원에

11 "No one, Master."
"Neither do I," said Jesus. "Go on your way.
From now on, don't sin."

You're Missing God in All This

12 Jesus once again addressed them: "I am the
world's Light. No one who follows me stumbles
around in the darkness. I provide plenty of
light to live in."
13 The Pharisees objected, "All we have is your
word on this. We need more than this to go on."
14-18 Jesus replied, "You're right that you only
have my word. But you can depend on it being
true. I know where I've come from and where
I go next. You don't know where I'm from
or where I'm headed. You decide according
to what you can see and touch. I don't make
judgments like that. But even if I did, my
judgment would be true because I wouldn't
make it out of the narrowness of my experience
but in the largeness of the One who sent me,
the Father. That fulfills the conditions set
down in God's Law: that you can count on the
testimony of two witnesses. And that is what
you have: You have my word and you have the
word of the Father who sent me."
19 They said, "Where is this so-called Father of
yours?"
Jesus said, "You're looking right at me and you
don't see me. How do you expect to see the
Father? If you knew me, you would at the same
time know the Father."
20 He gave this speech in the Treasury while
teaching in the Temple. No one arrested him
because his time wasn't yet up.
21 Then he went over the same ground again.
"I'm leaving and you are going to look for me,
but you're missing God in this and are headed
for a dead end. There is no way you can come
with me."
22 The Jews said, "So, is he going to kill
himself? Is that what he means by 'You can't
come with me'?"
23-24 Jesus said, "You're tied down to the
mundane; I'm in touch with what is beyond

서 살고 있다. 바로 이런 이유로, 내가 너희에게 '너희는 하나님을 놓치고 있다'고 말한 것이다. 너희는 죽음이라는 막다른 길에 있다. 내가 누구인지 말하는데도 너희가 믿지 않으면, 너희는 죄로 인해 죽음이라는 막다른 길에 있는 것이다. 너희는 지금 너희 삶에서 하나님을 놓치고 있다."

25-26 그들이 예수께 말했다. "도대체 당신은 누구요?" 예수께서 말씀하셨다. "내가 처음부터 말한 그대로다. 나는 너희에 대해 할 말도 많고, 심판할 것도 많다. 그러나 나에게 말과 행동을 명령하신 분의 참되심을 너희가 인정하지 않으면, 아무 소용이 없다. 너희는 내가 아니라 나를 보내신 분을 문제 삼고 있는 것이다."

27-29 그들은 여전히 예수께서 아버지를 두고 하신 말씀을 알아듣지도, 깨닫지도 못했다. 예수께서 다시 말씀하셨다. "너희는 인자를 들어 올리고 나서야 내가 누구인지 알게 될 것이다. 내가 이 말을 지어낸 것이 아니라, 아버지께서 가르쳐 주신 대로 말한다는 것을 알게 될 것이다. 나를 보내신 분이 나와 함께 계신다. 그분은 나를 버려두지 않으신다. 그분을 기쁘시게 해드리는 것이 나에게 얼마나 큰 기쁨이 되는지, 그분은 잘 아신다."

30 예수께서 이렇게 말씀하시자, 많은 사람들이 믿기로 작정했다.

진리가 너희를 자유롭게 할 것이다

31-32 그러자 예수께서 자기를 믿겠다고 한 유대인들을 향해 말씀하셨다. "너희가 내 말을 붙들고 내 말대로 살아가면, 너희는 진정한 내 제자가 된다. 그러면 너희는 진리를 직접 경험하게 될 것이고, 진리가 너희를 자유롭게 할 것이다."

33 그들이 놀라서 말했다. "하지만 우리는 아브라함의 자손입니다. 우리는 누구의 종이 되어 본 적이 없습니다. 그런데 어째서 당신은 '진리가 너희를 자유롭게 할 것이다'라고 말하는 것입니까?"

34-38 예수께서 말씀하셨다. "내가 너희에게 진지하게 말한다. 죄의 삶을 선택하는 사람은 누구나 막다른 골목에 갇힌 것이며, 그런 사람은 사실상 종이나 다름없다. 종은 뜨내기여서 마음대로 드나들지 못하지만, 아들은 지위가 확고해서 마음대로 드나든다. 그러므로 아들이 너희를 자유롭게 하면, 너희는 완전히 자유롭게 될 것이다. 나도 너희가 아브라함의 자손인 줄은 안다. 그러나 나는 너희가 나를 죽이려 한다는 것도 알고 있다. 그것은 나의 메시지가 너희 둔한 머리에 속속들이 스며들지 않았기 때문이다. 나는 아버

your horizons. You live in terms of what you see and touch. I'm living on other terms. I told you that you were missing God in all this. You're at a dead end. If you won't believe I am who I say I am, you're at the dead end of sins. You're missing God in your lives."

25-26 They said to him, "Just who are you anyway?"
Jesus said, "What I've said from the start. I have so many things to say that concern you, judgments to make that affect you, but if you don't accept the trustworthiness of the One who commanded my words and acts, none of it matters. That is who you are questioning—not me but the One who sent me."

27-29 They still didn't get it, didn't realize that he was referring to the Father. So Jesus tried again. "When you raise up the Son of Man, then you will know who I am—that I'm not making this up, but speaking only what the Father taught me. The One who sent me stays with me. He doesn't abandon me. He sees how much joy I take in pleasing him."

30 When he put it in these terms, many people decided to believe.

If the Son Sets You Free

31-32 Then Jesus turned to the Jews who had claimed to believe in him. "If you stick with this, living out what I tell you, you are my disciples for sure. Then you will experience for yourselves the truth, and the truth will free you."

33 Surprised, they said, "But we're descendants of Abraham. We've never been slaves to anyone. How can you say, 'The truth will free you'?"

34-38 Jesus said, "I tell you most solemnly that anyone who chooses a life of sin is trapped in a dead-end life and is, in fact, a slave. A slave is a transient, who can't come and go at will. The Son, though, has an established position, the run of the house. So if the Son sets you free, you are free through and through. I know you are Abraham's descendants. But I also know that you are trying to kill me because

지와 사귀면서 본 것을 말하는데, 너희는 단지 너희 아버지에게서 들은 것을 계속 행한다."

39-41 그들이 분개했다. "우리 아버지는 아브라함이오!" 예수께서 말씀하셨다. "너희가 아브라함의 자손이라면, 아브라함이 한 일을 너희도 했을 것이다. 그러나 너희는 지금, 하나님께로부터 직접 들은 진리를 너희에게 전해 준 나를 죽이려고 한다! 아브라함은 그런 일을 하지 않았다. 너희는 너희 아버지의 일을 고집스럽게 되풀이하고 있다." 그들이 말했다. "우리는 사생아가 아니오. 우리에게는 적법한 아버지이신 유일하신 하나님이 계시오."

42-47 예수께서 말씀하셨다. "하나님이 너희 아버지라면, 너희가 나를 사랑했을 것이다. 내가 하나님께로부터 나서 이 세상에 왔기 때문이다. 나는 내 뜻대로 온 것이 아니다. 아버지께서 나를 보내셔서 온 것이다. 어째서 너희는 내 말을 한 마디도 알아듣지 못하느냐? 그것은 너희가 내 말을 감당할 수 없기 때문이다. 너희는 너희 아버지인 마귀에게서 났고, 너희가 하려는 일은 온통 그를 기쁘게 하는 것뿐이다. 마귀는 처음부터 살인자였다. 그가 진리를 견디지 못하는 것은, 그 속에 진리가 조금도 없기 때문이다. 그 거짓말쟁이는 말할 때마다 자기 본성에 따라 말을 만들어 내고, 그 거짓말로 온 세상을 가득 채운다. 내가 와서 너희에게 명백하게 진리를 말해도, 너희는 나와 관계하려고 하지 않는다. 너희 가운데 내가 그릇된 말이나 죄악된 행동을 하나라도 했다고 입증할 수 있는 사람이 있느냐? 내가 진리를 말하는데도, 너희는 어째서 나를 믿지 않느냐? 하나님과 한편에 있는 사람은 누구나 하나님의 말씀을 듣는다. 너희가 듣지 않는 것은, 하나님과 한편에 있지 않기 때문이다."

나는 아브라함이 있기 전부터 있었다

48 그러자 유대인들이 말했다. "당신의 말로 모든 것이 분명해졌소. 우리가 당신을 사마리아 사람이라 하고, 미치고 귀신 들렸다고 한 것이 처음부터 옳았소!"

49-51 예수께서 말씀하셨다. "나는 미친 것이 아니다. 나는 다만 내 아버지를 영화롭게 하고 있는데, 너희는 나를 모욕하고 있다. 나는 내 자신을 위해서는 아무것도 구하지 않는다. 그러나 여기에 영광스럽고 큰 일을 계획하시고 그 일을 하기로 작정하신 분이 계시는데, 그분은 하나님이시다. 내가 아주 확신 있게 말한다. 너희가 내 말대로 행하면 결코 죽음을 대면하지 않을 것이다."

my message hasn't yet penetrated your thick skulls. I'm talking about things I have seen while keeping company with the Father, and you just go on doing what you have heard from your father."

39-41 They were indignant. "Our father is Abraham!"
Jesus said, "If you were Abraham's children, you would have been doing the things Abraham did. And yet here you are trying to kill me, a man who has spoken to you the truth he got straight from God! Abraham never did that sort of thing. You persist in repeating the works of your father."
They said, "We're not bastards. We have a legitimate father: the one and only God."

42-47 "If God were your father," said Jesus, "you would love me, for I came from God and arrived here. I didn't come on my own. He sent me. Why can't you understand one word I say? Here's why: You can't handle it. You're from your father, the Devil, and all you want to do is please him. He was a killer from the very start. He couldn't stand the truth because there wasn't a shred of truth in him. When the Liar speaks, he makes it up out of his lying nature and fills the world with lies. I arrive on the scene, tell you the plain truth, and you refuse to have a thing to do with me. Can any one of you convict me of a single misleading word, a single sinful act? But if I'm telling the truth, why don't you believe me? Anyone on God's side listens to God's words. This is why you're not listening—because you're not on God's side."

I Am Who I Am

48 The Jews then said, "That clinches it. We were right all along when we called you a Samaritan and said you were crazy—demon-possessed!"

49-51 Jesus said, "I'm not crazy. I simply honor my Father, while you dishonor me. I am not trying to get anything for myself. God intends something gloriously grand here and is making the decisions that will bring it about. I say this with absolute confidence. If you practice what I'm telling you, you'll never have to look death in the

52-53 이때 유대인들이 말했다. "당신이 미쳤다는 것을 이제 알겠소. 아브라함도 죽었고 예언자들도 죽었소. 그런데도 당신은 '내 말대로 행하면 결코 죽음을 대면하지도, 맛보지도 않을 것이다'라고 말하다니, 당신이 아브라함보다 크다는 말이오? 아브라함도 죽었고, 예언자들도 죽었소! 당신은 자신이 누구라고 생각하는 거요?"

54-56 예수께서 말씀하셨다. "내가 사람들의 이목을 내 자신에게로 끌려고 한다면, 그것은 헛된 일로 끝나고 말 것이다. 그러나 내 아버지, 곧 너희가 너희 아버지라고 부르는 분께서, 이 순간에 나를 영광의 자리에 두셨다. 너희는 그분을 알아보지 못했으나, 나는 그분을 알아보았다. 내가 겸손한 척하며 무슨 일인지 모르겠다고 말하면, 나도 너희와 같은 거짓말쟁이가 되고 말 것이다. 그러나 나는 알고 있고, 그분의 말씀대로 행하고 있다. 너희 조상 아브라함은 희열에 찬 믿음으로 역사의 뒤안길을 굽어보면서 나의 날이 오는 것을 보았다. 그는 그날을 보고 크게 기뻐했다."

57 유대인들이 말했다. "당신이 쉰 살도 되지 않았는데, 아브라함이 당신을 보았다는 말이오?"

58 예수께서 말씀하셨다. "나를 믿어라. 나는 아브라함이 있기 오래전부터 스스로 있다."

59 그 말에 그들이 폭발하고 말았다. 그들은 돌을 들어 그분을 치려고 했다. 그러나 예수께서는 어느새 성전을 빠져나와 사라지셨다.

참으로 눈먼 사람

9 1-2 예수께서 길을 가시다가, 태어날 때부터 눈먼 사람을 보셨다. 제자들이 물었다. "랍비님, 이 사람이 눈먼 사람으로 태어난 것이 누구의 죄 때문입니까? 이 사람 때문입니까, 이 사람의 부모 때문입니까?"

3-5 예수께서 말씀하셨다. "탓할 사람을 찾으려고 하니, 너희의 질문이 잘못되었다. 이 일에 그런 식의 인과관계는 없다. 차라리 너희는 하나님께서 어떤 일을 하시는지를 주목해 보아라. 우리는 나를 이 세상에 보내신 분을 위해 해가 비치는 동안 활기차게 일해야 한다. 밤이 되면, 일할 시간이 끝난다. 내가 이 세상에 있는 동안은 빛이 풍성하다. 나는 세상의 빛이다."

6-7 예수께서 이렇게 말씀하시고, 흙에 침을 뱉어 그것으로 반죽을 이겨서 눈먼 사람의 눈에 바르고 말씀하셨다. "실로암 연못에 가서 씻어라." (실로암은 '보냄을 받았다'는 뜻이다.) 그 사람이 가서 씻고

face."

52-53 At this point the Jews said, "Now we *know* you're crazy. Abraham died. The prophets died. And you show up saying, 'If you practice what I'm telling you, you'll never have to face death, not even a taste.' Are you greater than Abraham, who died? And the prophets died! Who do you think you are!"

54-56 Jesus said, "If I turned the spotlight on myself, it wouldn't amount to anything. But my Father, the same One you say is your Father, put me here at this time and place of splendor. You haven't recognized him in this. But I have. If I, in false modesty, said I didn't know what was going on, I would be as much of a liar as you are. But I do know, and I am doing what he says. Abraham – your 'father' – with jubilant faith looked down the corridors of history and saw my day coming. He saw it and cheered."

57 The Jews said, "You're not even fifty years old – and Abraham saw you?"

58 "Believe me," said Jesus, "I *am who* I *am* long before Abraham was anything."

59 That did it – pushed them over the edge. They picked up rocks to throw at him. But Jesus slipped away, getting out of the Temple.

True Blindness

9 1-2 Walking down the street, Jesus saw a man blind from birth. His disciples asked, "Rabbi, who sinned: this man or his parents, causing him to be born blind?"

3-5 Jesus said, "You're asking the wrong question. You're looking for someone to blame. There is no such cause-effect here. Look instead for what God can do. We need to be energetically at work for the One who sent me here, working while the sun shines. When night falls, the workday is over. For as long as I am in the world, there is plenty of light. I am the world's Light."

6-7 He said this and then spit in the dust, made a clay paste with the saliva, rubbed the paste on the blind man's eyes, and said, "Go, wash at the Pool of Siloam" (Siloam means "Sent"). The man went and washed – and saw.

앞을 보게 되었다.

8 이내 마을이 소란해졌다. 그 사람의 친척과, 여러 해 동안 그가 구걸하는 모습을 보아 온 사람들이 말했다. "이 사람은 우리가 알던 사람, 여기 앉아서 구걸하던 그 사람이 아닙니까?"

9 "그 사람이 맞아요!" 하고 다른 사람들이 말했다.

그러나 "같은 사람이 아니오. 그와 닮은 사람일 뿐입니다" 하고 말하는 사람들도 있었다.

그 사람이 말했다. "납니다. 내가 바로 그 사람입니다."

10 그들이 말했다. "당신이 어떻게 눈을 뜨게 되었소?"

11 "예수라는 분이 진흙을 이겨서 내 눈에 바르고는, 내게 실로암에 가서 씻으라고 말했습니다. 나는 그분이 말한 대로 했습니다. 눈을 씻었더니, 이렇게 보게 되었습니다."

12 "그 사람이 어디 있소?"

"모르겠습니다."

13-15 그들은 그 사람을 바리새인들에게 데려갔다. 예수께서 진흙을 이겨 그의 눈을 고쳐 주신 날은 안식일이었다. 바리새인들은 그 사람이 어떻게 보게 되었는지 엄히 따져 물었다. 그 사람이 대답했다. "그분이 내 눈에 진흙 반죽을 발라 주셔서, 내가 씻었습니다. 그랬더니 이렇게 보게 되었습니다."

16 몇몇 바리새인들이 말했다. "그 자는 하나님에게서 온 사람이 아닌 게 틀림없소. 안식일을 지키지 않으니 말이오."

그러자 다른 이들이 반박했다. "그렇다면 악한 사람이 어떻게 하나님을 드러내는 이런 기적을 행할 수 있겠소?" 그들 사이에 의견이 갈렸다.

17 그들이 다시 눈먼 사람에게 가서 말했다. "당신이 잘 알 테니, 말해 보시오. 그가 당신의 눈을 뜨게 해 주었소. 당신은 그 사람에 대해 뭐라고 말하겠소?"

그 사람이 대답했다. "그분은 예언자이십니다."

18-19 유대인들은 그 말을 믿지 않았다. 또한 그가 처음부터 눈먼 사람이었다는 것도 믿지 않았다. 그래서 그들은 눈이 밝아져 보게 된 그 사람의 부모를 불러다가 물었다. "이 사람이 눈먼 자로 태어났다는 당신네 아들이오? 그렇다면 그가 지금은 어떻게 앞을 보게 된 것이오?"

20-23 그의 부모가 대답했다. "그가 우리 아들이라는 것과 그가 눈이 멀어서 태어난 것은 우리가 압니다. 하지만 그가 어떻게 해서 보게 되었고, 누가 그의 눈을 뜨게 해주었는지는 전혀 모르겠습니다. 그에게 물어보시지요. 그도 다 자란 어른이니 자기가 직접 말할 겁니다." (그의 부모가 이렇게 말한 것은 유대 지도자들이 두려웠기 때문이다. 그들은 '예수가 메시아

8 Soon the town was buzzing. His relatives and those who year after year had seen him as a blind man begging were saying, "Why, isn't this the man we knew, who sat here and begged?"

9 Others said, "It's him all right!"

But others objected, "It's not the same man at all. It just looks like him."

He said, "It's me, the very one."

10 They said, "How did your eyes get opened?"

11 "A man named Jesus made a paste and rubbed it on my eyes and told me, 'Go to Siloam and wash.' I did what he said. When I washed, I saw."

12 "So where is he?"

"I don't know."

13-15 They marched the man to the Pharisees. This day when Jesus made the paste and healed his blindness was the Sabbath. The Pharisees grilled him again on how he had come to see. He said, "He put a clay paste on my eyes, and I washed, and now I see."

16 Some of the Pharisees said, "Obviously, this man can't be from God. He doesn't keep the Sabbath."

Others countered, "How can a bad man do miraculous, God-revealing things like this?" There was a split in their ranks.

17 They came back at the blind man, "You're the expert. He opened your eyes. What do you say about him?"

He said, "He is a prophet."

18-19 The Jews didn't believe it, didn't believe the man was blind to begin with. So they called the parents of the man now bright-eyed with sight. They asked them, "Is this your son, the one you say was born blind? So how is it that he now sees?"

20-23 His parents said, "We know he is our son, and we know he was born blind. But we don't know how he came to see – haven't a clue about who opened his eyes. Why don't you ask him? He's a grown man and can speak for himself." (His parents were talking like this because they were intimidated by the Jewish leaders, who had already decided that anyone who took

다'라는 입장을 취하는 사람은 누구나 회당에서 내쫓
기로 이미 결정해 놓은 상태였다. 그래서 그의 부모
가 "그에게 물어보시지요. 그도 다 자란 어른입니다"
라고 말한 것이다.)
24 그들은 눈이 멀었던 사람을 다시 불러다가 말했
다. "하나님께 영광을 돌리시오. 우리가 알기로, 그
자는 사기꾼이오."
25 그 사람이 대답했다. "그 일이라면, 나는 어느 쪽
도 아는 것이 없습니다. 그러나 한 가지 확실히 아는
것은, 내가 눈이 멀었는데, 이제는 볼 수 있다는 사실
입니다."
26 그들이 말했다. "그 자가 당신에게 무슨 짓을 했
소? 어떻게 당신의 눈을 뜨게 해준 것이오?"
27 "내가 여러분에게 거듭 말했는데도, 여러분은 듣
지 않았습니다. 그런데 왜 다시 들으려고 하십니까?
여러분도 그분의 제자가 되려는 것입니까?"
28-29 그 말에 그들이 마구 호통을 쳤다. "당신은 그
자의 제자인지 모르겠으나, 우리는 모세의 제자요.
우리는 하나님께서 모세에게 말씀하셨다는 것은 확
실히 알지만, 이 자가 어디에서 왔는지는 모르오."
30-33 그 사람이 대답했다. "참 놀라운 일입니다! 여러
분은 그분에 대해 아는 게 없다고 하지만, 그분이 내
눈을 뜨게 해준 것은 틀림없는 사실입니다! 모두가
알다시피, 하나님은 죄인들의 말대로 하시는 분이 아
니라, 누구든지 경건하게 살면서 그분 뜻대로 행하는
사람의 말에 귀를 기울이시는 분입니다. 누군가가 날
때부터 눈먼 사람의 눈을 뜨게 해주었다는 이야기를
나는 들어 본 적이 없습니다. 그분이 하나님에게서
오시지 않았다면 아무 일도 못하셨을 것입니다."
34 그들이 말했다. "먼지만도 못한 주제에, 어디서 감
히 그런 투로 말하느냐!" 그러고 나서 그 사람을 거리
로 내쫓았다.
35 그들이 그 사람을 내쫓았다는 말을 예수께서 들으
시고, 그를 찾아가 만나셨다. 예수께서 그 사람에게
물으셨다. "네가 인자를 믿느냐?"
36 그 사람이 말했다. "선생님, 그분이 누구신지 제게
일러 주십시오. 제가 그분을 믿겠습니다."
37 예수께서 말씀하셨다. "네가 지금 인자를 보고 있
다. 내 음성을 알아듣지 못하겠느냐?"
38 그 사람은 "주님, 제가 믿습니다" 하며 예수께 경
배했다.
39 그러자 예수께서 말씀하셨다. "내가 이 세상에 온
것은, 모든 것을 대낮같이 환하게 드러내서 분명히
하려는 것이다. 모든 것을 선명히 구별해서, 보지 못
하는 사람들은 보게 하고, 잘 본다고 하는 사람들은

a stand that this was the Messiah would be
kicked out of the meeting place. That's why his
parents said, "Ask him. He's a grown man.")
24 They called the man back a second time—
the man who had been blind—and told him,
"Give credit to God. We know this man is an
impostor."
25 He replied, "I know nothing about that one
way or the other. But I know one thing for
sure: I was blind... I now see."
26 They said, "What did he do to you? How did
he open your eyes?"
27 "I've told you over and over and you haven't
listened. Why do you want to hear it again? Are
you so eager to become his disciples?"
28-29 With that they jumped all over him. "*You*
might be a disciple of that man, but we're
disciples of Moses. We know for sure that God
spoke to Moses, but we have no idea where this
man even comes from."
30-33 The man replied, "This is amazing! You
claim to know nothing about him, but the fact
is, he opened my eyes! It's well known that God
isn't at the beck and call of sinners, but listens
carefully to anyone who lives in reverence and
does his will. That someone opened the eyes
of a man born blind has never been heard of—
ever. If this man didn't come from God, he
wouldn't be able to do anything."
34 They said, "You're nothing but dirt! How
dare you take that tone with us!" Then they
threw him out in the street.
35 Jesus heard that they had thrown him out,
and went and found him. He asked him, "Do
you believe in the Son of Man?"
36 The man said, "Point him out to me, sir, so
that I can believe in him."
37 Jesus said, "You're looking right at him.
Don't you recognize my voice?"
38 "Master, I believe," the man said, and wor-
shiped him.
39 Jesus then said, "I came into the world to
bring everything into the clear light of day,
making all the distinctions clear, so that those
who have never seen will see, and those who

눈먼 자로 폭로하려는 것이다.”

40 몇몇 바리새인들이 그분의 말씀을 듣고 말했다. “결국 우리가 눈먼 자라는 말이오?”

41 예수께서 말씀하셨다. “너희가 정말로 눈이 멀었더라면 차라리 허물이 없었을 것이다. 그러나 너희가 모든 것을 잘 본다고 하니, 너희는 모든 허물과 잘못에 대해 책임을 져야 할 것이다.”

그분은 양들의 이름을 부르신다

10 1-5 “할 수 있는 한 분명히 말하겠다. 양의 우리에 들어갈 때, 문으로 들어가지 않고 울타리를 넘거나 뚫고 들어가는 사람은, 딴 속셈이 있는 양 도둑이다! 목자는 곧바로 문으로 간다. 문지기는 목자에게 문을 열어 주고, 양들은 그의 음성을 알아듣는다. 목자는 자기 양들의 이름을 하나하나 불러 밖으로 데리고 나간다. 양들을 모두 데리고 나가면, 목자는 앞장서 가고 양들은 그를 따라간다. 양들이 목자의 음성을 잘 알기 때문이다. 양들은 낯선 사람의 음성은 따르지 않고, 오히려 뿔뿔이 흩어진다. 낯선 자의 목소리에는 익숙하지 않기 때문이다.”

6-10 예수께서 이토록 쉽게 이야기해 주셨으나, 그들은 그분이 무슨 말씀을 하시는지 전혀 깨닫지 못했다. 그래서 예수께서 다시 말씀하셨다. “그렇다면 분명히 말하겠다. 나는 양들이 드나드는 문이다. 다른 사람들은 모두 못된 일을 꾸민다. 그들은 하나같이 양 도둑이다. 양들은 그들의 말을 듣지 않는다. 나는 문이다. 나를 통해 들어오는 사람은 누구나 보살핌을 받고 마음껏 드나들며 풀밭을 찾게 될 것이다. 도둑은 오직 훔치고 죽이고 멸망시키려고 올 뿐이다. 내가 온 것은 양들로 참되고 영원한 생명을 얻게 하고, 그들이 꿈꾸던 것보다 더 나은 삶을 얻게 하려는 것이다.

11-13 나는 선한 목자다. 선한 목자는 자기보다 양들을 먼저 생각해서, 필요하다면 자기를 희생하기까지 한다. 삯꾼은 참된 목자가 아니다. 삯꾼은 양들을 하찮게 여긴다. 이리가 오는 것을 보면 양들을 버리고 급히 달아난다. 그러면 양들은 이리에게 잡아먹히거나 뿔뿔이 흩어지고 만다. 삯꾼이 관심을 기울이는 것은 돈밖에 없다. 삯꾼은 양들을 소중히 여기지 않는다.

14-18 나는 선한 목자다. 나는 내 양들을 알고, 내 양들도 나를 안다. 아버지께서 나를 아시고, 내가 아버지를 아는 것과 같다. 나는 내 자신보다 양들을 먼저 생각해서, 필요하다면 내 목숨까지 내어

have made a great pretense of seeing will be exposed as blind.”

40 Some Pharisees overheard him and said, “Does that mean you’re calling us blind?”

41 Jesus said, “If you were really blind, you would be blameless, but since you claim to see everything so well, you’re accountable for every fault and failure.”

He Calls His Sheep by Name

10 1-5 “Let me set this before you as plainly as I can. If a person climbs over or through the fence of a sheep pen instead of going through the gate, you know he’s up to no good – a sheep rustler! The shepherd walks right up to the gate. The gatekeeper opens the gate to him and the sheep recognize his voice. He calls his own sheep by name and leads them out. When he gets them all out, he leads them and they follow because they are familiar with his voice. They won’t follow a stranger’s voice but will scatter because they aren’t used to the sound of it.”

6-10 Jesus told this simple story, but they had no idea what he was talking about. So he tried again. “I’ll be explicit, then. I am the Gate for the sheep. All those others are up to no good – sheep stealers, every one of them. But the sheep didn’t listen to them. I am the Gate. Anyone who goes through me will be cared for – will freely go in and out, and find pasture. A thief is only there to steal and kill and destroy. I came so they can have real and eternal life, more and better life than they ever dreamed of.

11-13 “I am the Good Shepherd. The Good Shepherd puts the sheep before himself, sacrifices himself if necessary. A hired man is not a real shepherd. The sheep mean nothing to him. He sees a wolf come and runs for it, leaving the sheep to be ravaged and scattered by the wolf. He’s only in it for the money. The sheep don’t matter to him.

14-18 “I am the Good Shepherd. I know my own sheep and my own sheep know me. In the same way, the Father knows me and I know the Father. I put the sheep before myself, sacrificing myself if necessary. You need to know that I have other

준다. 너희는 이 우리에 있는 양들 말고도 다른 양들도 있다는 것을 알아야 한다. 나는 그 양들도 모아서 데려와야 한다. 그들도 내 목소리를 알아듣고, 한 목자 아래서 한 양 떼가 될 것이다. 아버지께서 나를 사랑하신다. 그것은 내가 목숨을 기꺼이 버리기 때문이다. 또한 나는 목숨을 다시 얻을 자유도 있다. 아무도 내게서 목숨을 앗아 가지 못한다. 나는 내 자유의지로 내 목숨을 버린다. 나는 목숨을 버릴 권한도 있고, 다시 얻을 권한도 있다. 나는 이 권한을 내 아버지에게서 직접 받았다."

19-21 이 말씀 때문에 유대인들 사이에 또다시 의견이 갈렸다. 그들 중 많은 사람들이 말했다. "그는 미치광이오. 완전히 제정신이 아닙니다. 무엇 때문에 그의 말을 듣고 있는 거요?" 그러나 다른 사람들은 그렇게 생각하지 않았다. "이것은 미친 사람의 말이 아니오. 미치광이가 눈먼 사람의 눈을 뜨게 할 수 있겠소?"

22-24 바로 그 즈음에, 사람들이 예루살렘에서 하누카(성전 봉헌절)를 지키고 있었다. 때는 겨울이었다. 예수께서 성전 안에 있는 솔로몬 회랑을 거닐고 계셨다. 유대인들이 그분을 에워싸며 말했다. "당신은 언제까지 우리로 추측만 하게 만들 작정이오? 당신이 메시아라면, 속 시원하게 말해 보시오."

25-30 예수께서 대답하셨다. "내가 말했지만 너희는 믿지 않는다. 내가 행한 모든 일은 내 아버지께서 인정해 주신 것이며, 그것은 말보다 더 분명한 증거다. 너희가 나를 믿지 않는 것은, 내 양이 아니기 때문이다. 내 양들은 내 목소리를 알아듣는다. 나는 내 양들을 알고, 내 양들은 나를 따른다. 나는 그들에게 참되고 영원한 생명을 준다. 그들에게는 파괴자의 손길이 결코 닿지 못할 것이다. 아무도 그들을 내 손에서 빼앗아 갈 수 없다. 그들을 내게 맡기신 아버지는 파괴자나 도둑보다 훨씬 크신 분이다. 아무도 그들을 내 아버지에게서 빼앗아 갈 수 없다. 나와 아버지는 한마음 한뜻이다."

31-32 유대인들이 또다시 돌을 집어 들고 예수를 치려고 했다. 예수께서 말씀하셨다. "나는 아버지께로부터 온 많은 선한 일을 너희에게 선물로 주었다. 너희는 그 가운데 무엇 때문에 나를 돌로 치려고 하느냐?"

33 유대인들이 말했다. "우리가 당신을 돌로 치려

sheep in addition to those in this pen. I need to gather and bring them, too. They'll also recognize my voice. Then it will be one flock, one Shepherd. This is why the Father loves me: because I freely lay down my life. And so I am free to take it up again. No one takes it from me. I lay it down of my own free will. I have the right to lay it down; I also have the right to take it up again. I received this authority personally from my Father."

19-21 This kind of talk caused another split in the Jewish ranks. A lot of them were saying, "He's crazy, a maniac–out of his head completely. Why bother listening to him?" But others weren't so sure: "These aren't the words of a crazy man. Can a 'maniac' open blind eyes?"

22-24 They were celebrating Hanukkah just then in Jerusalem. It was winter. Jesus was strolling in the Temple across Solomon's Porch. The Jews, circling him, said, "How long are you going to keep us guessing? If you're the Messiah, tell us straight out."

25-30 Jesus answered, "I told you, but you don't believe. Everything I have done has been authorized by my Father, actions that speak louder than words. You don't believe because you're not my sheep. My sheep recognize my voice. I know them, and they follow me. I give them real and eternal life. They are protected from the Destroyer for good. No one can steal them from out of my hand. The Father who put them under my care is so much greater than the Destroyer and Thief. No one could ever get them away from him. I and the Father are one heart and mind."

31-32 Again the Jews picked up rocks to throw at him. Jesus said, "I have made a present to you from the Father of a great many good actions. For which of these acts do you stone me?"

33 The Jews said, "We're not stoning you for anything good you did, but for what you said–this blasphemy of calling yourself God."

34-38 Jesus said, "I'm only quoting your inspired Scriptures, where God said, 'I tell you–you are gods.' If God called your ancestors 'gods'–

는 것은 당신이 행한 선한 일 때문이 아니라, 당신 스스로를 하나님이라 일컫는 신성모독죄 때문이오."

34-38 예수께서 말씀하셨다. "나는 영감으로 기록된 너희 성경을 인용했을 뿐이다. 그 말씀에서 하나님은 '내가 너희에게 말한다. 너희는 신(神)이다'라고 하셨다. 하나님께서 너희 조상을 '신'이라 부르셨다. 성경은 거짓을 말하지 않는다. 그런데 왜 너희는 내가 하나님의 아들이라고 말했다는 이유만으로, 아버지께서 거룩하게 구별해서 이 세상에 보내신 유일한 존재인 나에게 '하나님을 모독하는 자! 하나님을 모독하는 자!'라고 소리 지르는 것이냐? 내가 만일 내 아버지의 일을 행하지 않는다면, 나를 믿지 않아도 좋다. 그러나 내가 아버지의 일을 행하고 있다면, 내가 내 자신에 대해 하는 말은 잠시 제쳐두고, 바로 너희 눈앞에 일어나는 일만이라도 증거로 받아들여라. 그러면 너희는 이 모든 일을 한번에 깨닫게 될 것이다. 우리가 같은 일을 하고 있을 뿐 아니라 같다는 것—아버지와 아들이라는 것—을 알게 될 것이다. 아버지가 내 안에 계시고, 내가 아버지 안에 있다."

39-42 그들이 이번에도 예수를 잡으려고 했지만, 그분은 그들의 손을 빠져나가셨다. 예수께서는 다시 요단강 건너편, 요한이 처음 세례를 주던 곳으로 가셔서 거기에 머무셨다. 많은 사람들이 그곳으로 예수를 따라왔다. 그들이 말했다. "요한은 기적을 하나도 행하지 못했지만, 그가 이분을 두고 한 말은 모두 사실이었다." 그때 거기서 많은 사람들이 예수를 믿었다.

나사로야, 나오너라!

11 1-3 어떤 사람이 병이 들었다. 그는 마리아와 그 자매 마르다가 사는 마을 베다니의 나사로였다. 이 마리아는 주님의 발에 향유를 바르고, 자기 머리카락으로 그 발을 닦아 드린 사람이었다. 병이 든 나사로는 그녀의 오라버니였다. 두 자매는 예수께 사람을 보내 소식을 알렸다. "주님, 주님께서 사랑하시는 사람이 깊은 병이 들었습니다."

4 예수께서 그 소식을 듣고 말씀하셨다. "그 병은 죽을 병이 아니다. 그것은 하나님의 영광을 드러내는 기회가 될 것이다. 그 일로 하나님의 아들이 영광을 받을 것이다."

5-7 예수께서는 마르다와 그 자매 마리아와 나사로를 *사랑하셨다. 그러나 나사로가 아프다는* 소식을 듣고도, 그분은 계시던 곳에서 이틀을 더 머무셨다. 이틀 후에, 예수께서 제자들에게 말씀하셨다. "다시 유대로 가자."

8 제자들이 말했다. "랍비님, 그리로 가시면 안됩니다.

and Scripture doesn't lie—why do you yell, 'Blasphemer! Blasphemer!' at the unique One the Father consecrated and sent into the world, just because I said, 'I am the Son of God'? If I don't do the things my Father does, well and good; don't believe me. But if I am doing them, put aside for a moment what you hear me say about myself and just take the evidence of the actions that are right before your eyes. Then perhaps things will come together for you, and you'll see that not only are we doing the same thing, we *are* the same—Father and Son. He is in me; I am in him."

39-42 They tried yet again to arrest him, but he slipped through their fingers. He went back across the Jordan to the place where John first baptized, and stayed there. A lot of people followed him over. They were saying, "John did no miracles, but everything he said about this man has come true." Many believed in him then and there.

The Death of Lazarus

11 1-3 A man was sick, Lazarus of Bethany, the town of Mary and her sister Martha. This was the same Mary who massaged the Lord's feet with aromatic oils and then wiped them with her hair. It was her brother Lazarus who was sick. So the sisters sent word to Jesus, "Master, the one you love so very much is sick."

4 When Jesus got the message, he said, "This sickness is not fatal. It will become an occasion to show God's glory by glorifying God's Son."

5-7 Jesus loved Martha and her sister and Lazarus, but oddly, when he heard that Lazarus was sick, he stayed on where he was for two more days. After the two days, he said to his disciples, "Let's go back to Judea."

8 They said, "Rabbi, you can't do that. The Jews are out to kill you, and you're going back?"

9-10 Jesus replied, "Are there not twelve hours of daylight? Anyone who walks in daylight

유대인들이 선생님을 죽이려고 하는데, 다시 가시다니요?"

9-10 예수께서 대답하셨다. "낮은 열두 시간이 아니냐? 낮에 다니는 사람은 햇빛이 넉넉하기 때문에 넘어지지 않는다. 그러나 밤에 다니는 사람은 자신이 어디로 가는지 볼 수 없기 때문에 넘어진다."

11 이 말씀을 하신 뒤에 예수께서 이렇게 말씀하셨다. "우리 친구 나사로가 잠들었다. 내가 가서 깨워야겠다."

12-13 제자들이 말했다. "주님, 그가 잠들었다면 푹 쉬고 나서 기분 좋게 깰 것입니다." 예수께서는 죽음을 두고 하신 말씀인데, 제자들은 잠시 잠을 잔다는 뜻으로 받아들였다.

14-15 그래서 예수께서 분명하게 밝히셨다. "나사로가 죽었다. 내가 거기에 있지 않은 것이 너희에게는 잘된 일이다. 너희는 이 일로 믿음의 눈을 뜨게 될 것이다. 이제 그에게 가자."

16 바로 그때 '쌍둥이'라고 불리는 도마가 동료들에게 말했다. "갑시다. 우리도 그와 함께 죽는 것이 낫겠습니다."

17-20 예수께서 마침내 베다니에 도착해서 보니, 나사로가 죽은 지 벌써 나흘이 되었다. 베다니는 예루살렘에서 몇 킬로미터밖에 떨어지지 않은 곳이어서, 많은 유대인들이 마르다와 마리아를 찾아와 나사로를 잃은 그들을 위로하고 있었다. 마르다는 예수께서 오신다는 소식을 듣고 그분을 마중하러 나갔고, 마리아는 집에 남아 있었다.

21-22 마르다가 말했다. "주님, 주님께서 여기에 계셨더라면 제 오라버니가 죽지 않았을 것입니다. 그러나 지금이라도 주님이 구하시면, 하나님께서 무엇이든지 들어주실 것을 제가 압니다."

23 예수께서 말씀하셨다. "네 오라버니가 다시 살아날 것이다."

24 마르다가 대답했다. "마지막 날 부활 때에 제 오라버니가 다시 살아날 것을 제가 압니다."

25-26 "마지막 날까지 기다리지 않아도 된다. 지금 이 순간에, 나는 부활이요 생명이다. 나를 믿는 사람은 죽어도 살고, 누구든지 살아서 나를 믿는 사람은 결코 죽지 않을 것이다. 네가 이것을 믿느냐?"

27 "믿습니다, 주님. 저는 주님이 메시아이시며, 이 세상에 오시는 하나님의 아들이신 것을 처음부터 믿었습니다."

28 이 말을 한 뒤에, 마르다는 동생 마리아에게 돌아가서 귓속말로 이렇게 말했다. "선생님이 오셨는데, 너를 찾으시는구나."

doesn't stumble because there's plenty of light from the sun. Walking at night, he might very well stumble because he can't see where he's going."

11 He said these things, and then announced, "Our friend Lazarus has fallen asleep. I'm going to wake him up."

12-13 The disciples said, "Master, if he's gone to sleep, he'll get a good rest and wake up feeling fine." Jesus was talking about death, while his disciples thought he was talking about taking a nap.

14-15 Then Jesus became explicit: "Lazarus died. And I am glad for your sakes that I wasn't there. You're about to be given new grounds for believing. Now let's go to him."

16 That's when Thomas, the one called the Twin, said to his companions, "Come along. We might as well die with him."

17-20 When Jesus finally got there, he found Lazarus already four days dead. Bethany was near Jerusalem, only a couple of miles away, and many of the Jews were visiting Martha and Mary, sympathizing with them over their brother. Martha heard Jesus was coming and went out to meet him. Mary remained in the house.

21-22 Martha said, "Master, if you'd been here, my brother wouldn't have died. Even now, I know that whatever you ask God he will give you."

23 Jesus said, "Your brother will be raised up."

24 Martha replied, "I know that he will be raised up in the resurrection at the end of time."

25-26 "You don't have to wait for the End. I am, right now, Resurrection and Life. The one who believes in me, even though he or she dies, will live. And everyone who lives believing in me does not ultimately die at all. Do you believe this?"

27 "Yes, Master. All along I have believed that you are the Messiah, the Son of God who comes into the world."

28 After saying this, she went to her sister

29-32 이 말을 들은 마리아는 벌떡 일어나 예수께 달려갔다. 예수께서는 아직 마을에 들어가지 않으시고, 마르다가 마중 나왔던 곳에 계셨다. 마리아를 위로하던 유대인 친구들은, 그녀가 달려가는 것을 보고, 그녀가 무덤에 가서 울려는가 생각하고 따라나섰다. 마리아는 예수께서 기다리고 계신 곳에 가서 그분 발 앞에 엎드렸다. "주님, 주님이 여기에 계시기만 했어도 제 오라버니가 죽지 않았을 것입니다."

33-34 마리아도, 마리아와 함께 온 유대인들도 울었다. 그 모습을 보시며, 그분 안에 깊은 분노가 북받쳐 올랐다. 예수께서 말씀하셨다. "그를 어디에 두었느냐?"

34-35 사람들이 말했다. "주님, 와서 보십시오." 예수께서 눈물을 흘리셨다.

36 유대인들이 말했다. "보시오, 저분이 그를 얼마나 깊이 사랑하셨는지!"

37 그들 가운데 또 다른 이들이 말했다. "글쎄요, 저분이 그를 그토록 사랑했다면, 왜 그가 죽지 않도록 손을 쓰지 않았을까요? 저분은 눈먼 사람의 눈을 뜨게 해준 분이지 않습니까?"

38-39 예수께서 무덤에 이르셨을 때, 그분 안에 다시 분노가 북받쳐 올랐다. 무덤은 산허리에 있는 소박한 굴인데, 입구가 돌로 막혀 있었다. 예수께서 말씀하셨다. "돌을 치워라."

죽은 자의 누이인 마르다가 말했다. "주님, 이미 악취가 납니다. 죽은 지 나흘이 되었습니다!"

40 예수께서 마르다의 눈을 들여다보며 말씀하셨다. "네가 믿으면 하나님의 영광을 볼 것이라고 내가 말하지 않았느냐?"

41-42 그러고는 "어서 돌을 치워라" 하고 다른 사람들에게 명하셨다.

사람들이 돌을 치우자, 예수께서 하늘을 우러러보며 기도하셨다. "아버지, 내 말을 들어주시니 감사합니다. 아버지께서 언제나 들으신다는 것을 내가 압니다. 그러나 내가 이렇게 말씀드린 것은, 여기서 있는 이 사람들 때문입니다. 아버지께서 나를 보내신 것을 저들로 믿게 하려는 것입니다."

43-44 그런 다음에 예수께서 큰소리로 외치셨다. "나사로야, 나오너라!" 그러자 나사로가 나왔다. *머리에서 발끝까지 천으로 감고*, 얼굴에는 수건을 덮은 시신의 모습이었다.

예수께서 그들에게 말씀하셨다. "마음대로 움직이게 그를 풀어 주어라."

Mary and whispered in her ear, "The Teacher is here and is asking for you."

29-32 The moment she heard that, she jumped up and ran out to him. Jesus had not yet entered the town but was still at the place where Martha had met him. When her sympathizing Jewish friends saw Mary run off, they followed her, thinking she was on her way to the tomb to weep there. Mary came to where Jesus was waiting and fell at his feet, saying, "Master, if only you had been here, my brother would not have died."

33-34 When Jesus saw her sobbing and the Jews with her sobbing, a deep anger welled up within him. He said, "Where did you put him?"

34-35 "Master, come and see," they said. Now Jesus wept.

36 The Jews said, "Look how deeply he loved him."

37 Others among them said, "Well, if he loved him so much, why didn't he do something to keep him from dying? After all, he opened the eyes of a blind man."

38-39 Then Jesus, the anger again welling up within him, arrived at the tomb. It was a simple cave in the hillside with a slab of stone laid against it. Jesus said, "Remove the stone."

The sister of the dead man, Martha, said, "Master, by this time there's a stench. He's been dead four days!"

40 Jesus looked her in the eye. "Didn't I tell you that if you believed, you would see the glory of God?"

41-42 Then, to the others, "Go ahead, take away the stone."

They removed the stone. Jesus raised his eyes to heaven and prayed, "Father, I'm grateful that you have listened to me. I know you always do listen, but on account of this crowd standing here I've spoken so that they might believe that you sent me."

43-44 Then he shouted, "Lazarus, come out!" And he came out, a cadaver, wrapped from head to toe, and with a kerchief over his face.

Jesus told them, "Unwrap him and let him loose."

예수를 죽이려는 모의를 하다

45-48 그 사건은 마리아와 함께 있던 많은 유대인들에게 전환점이 되었다. 그들이 예수께서 하신 일을 보고 그분을 믿게 된 것이다. 그러나 몇몇 사람들이 바리새인들에게 돌아가 예수께서 하신 일을 밀고했다. 대제사장과 바리새인들은 유대 최고의회를 소집했다. "어떻게 하면 좋겠습니까? 이 자가 끊임없이 일을 벌이며, 하나님의 표적을 일으키고 있으니 말입니다. 이대로 두면 조만간 모든 사람이 그를 믿게 될 테고, 그러면 로마 사람들이 와서 얼마 남지 않은 우리의 권력과 특권마저 빼앗고 말 것입니다."

49-52 그러자 그들 가운데서 그해의 대제사장으로 임명된 가야바라는 사람이 말했다. "여러분은 아무것도 모르겠소? 한 사람이 백성을 위해 죽는 것이 민족 전체가 멸망하는 것보다 우리에게 낫다는 것을 알지 못한단 말이오?" 이것은 그가 스스로 한 말이 아니라, 그해의 대제사장으로서 뜻하지 않게 예언한 것이다. 그는 예수께서 민족을 위해서뿐만 아니라 흩어져 나그네의 삶을 살아가는 하나님의 자녀들을 모아서 한 백성으로 만들기 위해 죽으실 것을 예언한 것이다.

53-54 그날부터 그들은 예수를 죽이기로 모의했다. 그래서 예수께서는 더 이상 유대인들 가운데 드러나게 다니지 않으셨다. 그분은 광야에 인접한 에브라임이라는 시골 마을로 물러나서 제자들과 함께 머물러 계셨다.

55-56 유대인의 유월절이 다가오고 있었다. 많은 사람들이 명절 준비를 하려고 시골에서 예루살렘으로 올라갔다. 그들은 예수에 대해 궁금해 했다. 성전에 모여 선 사람들 사이에 그분에 대해 많은 이야기가 오갔다. "여러분 생각은 어떻습니까? 그가 명절에 모습을 드러낼 것 같습니까?"

57 한편, 대제사장과 바리새인들은 누구든지 예수에 대한 소문을 듣거든 자신들에게 알리라는 명령을 내려 두었다. 그들은 예수를 붙잡을 만반의 태세를 갖추고 있었다.

그분 발에 향유를 부은 여인

12 1-3 유월절 엿새 전에, 예수께서 베다니로 들어가셨다. 그곳에는 얼마 전에 죽은 자들 가운데서 살아난 나사로가 살고 있었다. 나사로와 그의 누이들이 자신들의 집에서 저녁식사를 하자고 예수를 초대했다. 마르다는 시중 들고, 나사로는 사람들과 함께 식탁에 앉아 있었다.

The Man Who Creates God-Signs

45-48 That was a turnaround for many of the Jews who were with Mary. They saw what Jesus did, and believed in him. But some went back to the Pharisees and told on Jesus. The high priests and Pharisees called a meeting of the Jewish ruling body. "What do we do now?" they asked. "This man keeps on doing things, creating God-signs. If we let him go on, pretty soon everyone will be believing in him and the Romans will come and remove what little power and privilege we still have."

49-52 Then one of them—it was Caiaphas, the designated Chief Priest that year—spoke up, "Don't you know anything? Can't you see that it's to our advantage that one man dies for the people rather than the whole nation be destroyed?" He didn't say this of his own accord, but as Chief Priest that year he unwittingly prophesied that Jesus was about to die sacrificially for the nation, and not only for the nation but so that all God's exile-scattered children might be gathered together into one people.

53-54 From that day on, they plotted to kill him. So Jesus no longer went out in public among the Jews. He withdrew into the country bordering the desert to a town called Ephraim and secluded himself there with his disciples.

55-56 The Jewish Passover was coming up. Crowds of people were making their way from the country up to Jerusalem to get themselves ready for the Feast. They were curious about Jesus. There was a lot of talk of him among those standing around in the Temple: "What do you think? Do you think he'll show up at the Feast or not?"

57 Meanwhile, the high priests and Pharisees gave out the word that anyone getting wind of him should inform them. They were all set to arrest him.

Anointing His Feet

12 1-3 Six days before Passover, Jesus entered Bethany where Lazarus, so recently raised from the dead, was living. Lazarus and his sisters invited Jesus to dinner at their home. Martha served. Lazarus was one of those

마리아가 아주 값비싼 향유 한 병을 가지고 들어
와서 예수의 발에 붓고, 자기 머리카락으로 그 발
을 닦아 드렸다. 향유 냄새가 집 안에 가득했다.
4-6 제자들 가운데 한 사람으로, 이미 그때 예수
를 배반할 준비를 하고 있던 가룟 유다가 말했다.
"왜 이 향유를 팔아서 그 돈을 가난한 사람들에
게 주지 않습니까? 팔면 은화 삼백은 충분히 받
을 텐데." 이렇게 말한 것은, 그가 가난한 사람들
을 생각해서가 아니라 도둑이었기 때문이다. 그
는 일행의 공금을 맡고 있었는데, 그것을 빼돌리
기도 했다.
7-8 예수께서 말씀하셨다. "그 여자를 가만두어
라. 그 여자는 내 장례식을 내다보고 예를 표한
것이다. 가난한 사람들은 너희와 항상 함께 있지
만, 나는 너희와 항상 함께 있는 것이 아니다."
9-11 예수께서 다시 마을에 오셨다는 소문이 유대
인들 사이에 퍼졌다. 사람들이 예수뿐만 아니라,
죽은 자들 가운데서 살아난 나사로도 보려고 몰
려왔다. 대제사장들은 나사로를 죽이기로 모의했
다. 나사로 때문에 많은 유대인들이 예수를 믿었
기 때문이다.

예루살렘 입성

12-15 이튿날, 명절을 지키러 와 있던 많은 무리가
예수께서 예루살렘에 들어오신다는 말을 들었다.
그들은 종려나무 가지를 꺾어 들고 그분을 맞으
러 나가서 환호했다.

호산나!
복되다, 하나님의 이름으로 오시는 이여!
복되다! 이스라엘의 왕이여!

성경에 기록된 대로 예수께서 어린 나귀를 얻어
타셨다.

두려워하지 마라, 딸 시온아.
너의 왕이 오시는 모습을 보아라.
나귀 새끼를 타고 오신다.

16 제자들은 성경의 많은 구절이 성취된 것을 당
시에는 알아채지 못했다. 그러나 예수께서 영화롭
게 되신 뒤에, 그들은 그분에 대해 기록된 것과 그
분께 일어난 일이 일치한다는 것을 기억해 냈다.
17-19 예수께서 나사로를 불러 죽은 자들 가운데
서 일으키실 때에, 그 자리에 있던 사람들이 자신

sitting at the table with them. Mary came in with
a jar of very expensive aromatic oils, anointed and
massaged Jesus' feet, and then wiped them with
her hair. The fragrance of the oils filled the house.
4-6 Judas Iscariot, one of his disciples, even then
getting ready to betray him, said, "Why wasn't this
oil sold and the money given to the poor? It would
have easily brought three hundred silver pieces."
He said this not because he cared two cents about
the poor but because he was a thief. He was in
charge of their common funds, but also embezzled
them.
7-8 Jesus said, "Let her alone. She's anticipating and
honoring the day of my burial. You always have the
poor with you. You don't always have me."
9-11 Word got out among the Jews that he was back
in town. The people came to take a look, not only
at Jesus but also at Lazarus, who had been raised
from the dead. So the high priests plotted to kill
Lazarus because so many of the Jews were going
over and believing in Jesus on account of him.

See How Your King Comes

12-15 The next day the huge crowd that had arrived
for the Feast heard that Jesus was entering
Jerusalem. They broke off palm branches and
went out to meet him. And they cheered:

Hosanna!
Blessed is he who comes in God's name!
Yes! The King of Israel!

Jesus got a young donkey and rode it, just as the
Scripture has it:

No fear, Daughter Zion:
See how your king comes,
riding a donkey's colt.

16 The disciples didn't notice the fulfillment of
many Scriptures at the time, but after Jesus was
glorified, they remembered that what was written
about him matched what was done to him.
17-19 The crowd that had been with him when he
called Lazarus from the tomb, raising him from

들이 목격한 것을 이야기했다. 그들이 얼마 전에 있었던 하나님의 표적에 대해 소문을 퍼뜨렸기 때문에 환영하는 무리가 더 늘어났던 것이다. 바리새인들이 그 모습을 보고 체념하듯 말했다. "이제는 통제 불능이오. 온 세상이 저 자의 뒤를 따라 몰려가고 있소."

나를 따라오너라

20-21 명절을 맞아 예배를 드리려고 올라온 그리스 사람들이 있었다. 그들이 갈릴리 벳새다 출신인 빌립에게 다가가서 말했다. "선생님, 우리가 예수를 뵙고 싶습니다. 도와주시겠습니까?"
22-23 빌립이 안드레에게 가서 말했다. 안드레와 빌립이 예수께 가서 말씀드리자, 예수께서 대답하셨다. "때가 되었다. 인자가 영광을 받을 때가 왔다.
24-25 잘 들어라. 밀알 하나가 땅에 묻혀 완전히 죽지 않으면, 한 알 그대로 남아 있다. 그러나 밀알 하나가 땅에 묻혀 죽으면, 싹이 나서 몇 배의 열매를 맺는다. 마찬가지로, 누구든지 현재의 목숨에 집착하는 사람은 그 목숨을 잃을 것이다. 그러나 앞뒤를 재지 않는 사랑으로 그 목숨을 버리는 사람은 참되고 영원한 생명을 얻게 될 것이다.
26 너희 가운데 누구든지 나를 섬기려는 사람은 나를 따라오너라. 나를 섬기는 사람은 내가 있는 곳에 있게 될 것이다. 누구든지 나를 섬기는 사람은 아버지께서 높여 주시고 상 주실 것이다.
27-28 내 마음은 몹시 흔들리고 있다. 그러니 내가 무슨 말을 하겠느냐? '아버지, 나를 여기에서 벗어나게 해주십시오'라고 말해야 하겠느냐? 아니다. 나는 처음부터 이것 때문에 온 것이다. 나는 '아버지, 아버지의 영광을 드러내 보이십시오'라고 말하겠다."
그러자 하늘에서 한 음성이 들려왔다. "내가 이미 영화롭게 했고, 앞으로도 영화롭게 할 것이다."
29 그 소리를 들은 무리가 말했다. "천둥소리다!" 다른 사람들이 말했다. "천사가 이분께 말한 것이다!"
30-33 예수께서 말씀하셨다. "이 음성은 나를 위해서가 아니라 너희를 위해서 들려온 것이다. 지금 이 순간에, 세상은 위기에 처해 있다. 이제 이 세상의 통치자인 사탄이 쫓겨날 것이다. 그리고 내가 이 땅에서 들려 올라갈 때, 나는 모든 사람을 이끌어서 내 주위로 모을 것이다." 예수께서 이렇게 말씀하신 것은, 자신이 어떤 죽임을 당할지 보여주시려는 것이었다.

the dead, was there giving eyewitness accounts. It was because they had spread the word of this latest God-sign that the crowd swelled to a welcoming parade. The Pharisees took one look and threw up their hands: "It's out of control. The world's in a stampede after him."

A Grain of Wheat Must Die

20-21 There were some Greeks in town who had come up to worship at the Feast. They approached Philip, who was from Bethsaida in Galilee: "Sir, we want to see Jesus. Can you help us?"
22-23 Philip went and told Andrew. Andrew and Philip together told Jesus. Jesus answered, "Time's up. The time has come for the Son of Man to be glorified.
24-25 "Listen carefully: Unless a grain of wheat is buried in the ground, dead to the world, it is never any more than a grain of wheat. But if it is buried, it sprouts and reproduces itself many times over. In the same way, anyone who holds on to life just as it is destroys that life. But if you let it go, reckless in your love, you'll have it forever, real and eternal.
26 "If any of you wants to serve me, then follow me. Then you'll be where I am, ready to serve at a moment's notice. The Father will honor and reward anyone who serves me.
27-28 "Right now I am storm-tossed. And what am I going to say? 'Father, get me out of this'? No, this is why I came in the first place. I'll say, 'Father, put your glory on display.'"
A voice came out of the sky: "I have glorified it, and I'll glorify it again."
29 The listening crowd said, "Thunder!"
Others said, "An angel spoke to him!"
30-33 Jesus said, "The voice didn't come for me but for you. At this moment the world is in crisis. Now Satan, the ruler of this world, will be thrown out. And I, as I am lifted up from the earth, will attract everyone to me and gather them around me." He put it this way to show how he was going to be put to death.
34 Voices from the crowd answered, "We heard from God's Law that the Messiah lasts forever.

34 무리 가운데 대답하는 소리가 들려왔다. "우리는 하나님의 율법에서 메시아가 영원히 계신다고 들었습니다. 그런데 선생님은 인자가 들려야 한다고 하시니, 어째서 그래야 합니까? 선생님이 말씀하신 인자가 누구입니까?"

35-36 예수께서 말씀하셨다. "빛이 너희 가운데 있는 것은 잠시뿐이다. 빛이 너희 가운데 있는 동안 다녀라. 그래서 어둠이 너희를 멸하지 못하게 하여라. 너희가 어둠 속에 다니면, 자신이 어디로 가는지 알지 못한다. 빛이 너희와 함께 있는 동안 그 빛을 믿어라. 그러면 그 빛이 너희 안에 있으면서 너희 삶을 속속들이 비춰 줄 것이다. 너희는 빛의 자녀가 될 것이다."

나를 믿는 사람은 나를 보내신 분을 믿는 것이다

36-40 예수께서 이 모든 것을 말씀하시고 나서 몸을 숨기셨다. 예수께서 이 모든 하나님의 표적을 보여주셨지만, 그들은 받아들이지도 않았고 그분을 신뢰하지도 않았다. 이 일로 예언자 이사야의 말이 옳다는 것이 확인되었다.

하나님, 우리가 전한 말을 누가 믿었습니까?
하나님께서 팔을 뻗어 행하려고 하시건만, 누가 그 것을 알아보았습니까?

처음에 그들은 믿으려 하지 않았고, 나중에는 믿을 수도 없었다. 이 또한 이사야가 말한 것과 같았다.

그들의 눈은 멀었고
그들의 마음은 완고해졌으니,
이는 그들이 눈으로 보고
마음으로 깨달아서,
나 하나님께로 돌아와
내게 고침을 받지 못하게 하려는 것이다.

41 이것은 이사야가 메시아를 통해 폭포수처럼 쏟아지는 하나님의 빛을 스치듯 보고 나서 한 말이었다.

42-43 한편, 지도자들 가운데서도 상당수가 믿었다. 그러나 바리새인들 때문에 자신들의 믿음을 밖으로 드러내지는 않았는데, 회당에서 쫓겨날까 봐 두려웠기 때문이다. 그들은 위기의 순간에, 하나님의 영광보다는 *사람의 인정을 받는 것에 더 신경을* 썼던 것이다.

44-46 예수께서 이 모든 말씀의 결론으로 이렇게 외치셨다. "누구든지 나를 믿는 사람은, 나를 믿는 것이 아니라 나를 보내신 분을 믿는 것이다. 누구든지 나를 보는 사람은, 사실은 나를 보내신 분을 보는 것이다.

How can it be necessary, as you put it, that the Son of Man 'be lifted up'? Who is this 'Son of Man'?"

35-36 Jesus said, "For a brief time still, the light is among you. Walk by the light you have so darkness doesn't destroy you. If you walk in darkness, you don't know where you're going. As you have the light, believe in the light. Then the light will be within you, and shining through your lives. You'll be children of light."

Their Eyes Are Blinded

36-40 Jesus said all this, and then went into hiding. All these God-signs he had given them and they still didn't get it, still wouldn't trust him. This proved that the prophet Isaiah was right:

God, who believed what we preached?
Who recognized God's arm, outstretched
and ready to act?

First they wouldn't believe, then they *couldn't*—again, just as Isaiah said:

Their eyes are blinded,
their hearts are hardened,
So that they wouldn't see with their eyes
and perceive with their hearts,
And turn to me, God,
so I could heal them.

41 Isaiah said these things after he got a glimpse of God's cascading brightness that would pour through the Messiah.

42-43 On the other hand, a considerable number from the ranks of the leaders did believe. But because of the Pharisees, they didn't come out in the open with it. They were afraid of getting kicked out of the meeting place. When push came to shove they cared more for human approval than for God's glory.

44-46 Jesus summed it all up when he cried out, "Whoever believes in me, believes not just in me but in the One who sent me. Whoever

나는 이 세상에 온 빛이다. 내가 온 것은 나를 믿는 모든 사람들로 더 이상 어둠 속에 머물지 않게 하려는 것이다.

47-50 만일 누가 내 말을 듣고 진지하게 받아들이지 않는다고 해도, 나는 그를 심판하지 않는다. 나는 세상을 심판하기 위해 온 것이 아니라 세상을 구원하기 위해 왔다. 그러나 나를 회피하고 내 말을 받아들이지 않는 사람은 스스로 심판 받기를 선택하는 것이다. 육신이 된 그 말씀, 내가 너희에게 말했을 뿐 아니라 바로 나 자신이기도 한 그 말씀이, 너희의 운명을 결정할 말이다. 그 말씀 가운데 어느 것도 내 마음대로 지어낸 것이 없다. 나를 보내신 아버지께서 내가 무엇을 말하고, 어떻게 말해야 하는지를 지시해 주셨다. 나는 아버지의 명령이 어떤 열매를 맺는지 정확히 안다. 그것은 참되고 영원한 생명이다. 내가 할 말은 이것이 전부다. 아버지께서 내게 말씀하신 것을 나도 너희에게 말한다."

제자들의 발을 씻어 주시다

13 1-2 유월절 직전에, 예수께서는 이 세상을 떠나 아버지께로 가야 할 때가 된 것을 아셨다. 예수께서는 자신의 소중한 동료들을 사랑하시되, 끝까지 사랑하셨다. 저녁식사 때가 되었다. 이때 이미 마귀는 가룟 사람 시몬의 아들 유다를 단단히 붙잡고서, 예수를 배반하도록 준비를 마친 상태였다.

3-6 예수께서는 아버지께서 자기에게 모든 것을 맡기셨다는 것과, 자기가 하나님께로부터 왔다가 하나님께로 돌아갈 것을 아셨다. 예수께서 저녁식탁에서 일어나 겉옷을 옆에 두시고 수건을 두르셨다. 그런 다음에, 대야에 물을 부어 제자들의 발을 씻고 수건으로 닦아 주셨다. 예수께서 시몬 베드로에게 이르셨을 때, 베드로가 말했다. "주님, 주님께서 정말 제 발을 씻으실 겁니까?"

7 예수께서 대답하셨다. "내가 하는 일을 네가 지금은 이해하지 못한다. 그러나 나중에는 분명하게 알게 될 것이다."

8 베드로가 고집을 부렸다. "제 발은 절대로 씻지 못합니다!"

예수께서 말씀하셨다. "내가 너를 씻어 주지 않으면, 너는 내가 하는 일과 아무 상관이 없다."

9 베드로가 말했다. "주님! 그렇다면 제 발만 씻지 말고, 제 손도 씻어 주십시오! 제 머리도 씻어 주십시오!"

10-12 예수께서 말씀하셨다. "아침에 목욕을 한 사람은 이제 발만 씻으면 된다. 너희는 머리부터 발끝까지 깨

looks at me is looking, in fact, at the One who sent me. I am Light that has come into the world so that all who believe in me won't have to stay any longer in the dark.

47-50 "If anyone hears what I am saying and doesn't take it seriously, I don't reject him. I didn't come to reject the world; I came to save the world. But you need to know that whoever puts me off, refusing to take in what I'm saying, is willfully choosing rejection. The Word, the Word-made-flesh that I have spoken and that I am, *that* Word and no other is the last word. I'm not making any of this up on my own. The Father who sent me gave me orders, told me what to say and how to say it. And I know exactly what his command produces: real and eternal life. That's all I have to say. What the Father told me, I tell you."

Washing His Disciples' Feet

13 1-2 Just before the Passover Feast, Jesus knew that the time had come to leave this world to go to the Father. Having loved his dear companions, he continued to love them right to the end. It was suppertime. The Devil by now had Judas, son of Simon the Iscariot, firmly in his grip, all set for the betrayal.

3-6 Jesus knew that the Father had put him in complete charge of everything, that he came from God and was on his way back to God. So he got up from the supper table, set aside his robe, and put on an apron. Then he poured water into a basin and began to wash the feet of the disciples, drying them with his apron. When he got to Simon Peter, Peter said, "Master, *you* wash *my* feet?"

7 Jesus answered, "You don't understand now what I'm doing, but it will be clear enough to you later."

8 Peter persisted, "You're not going to wash my feet—ever!"

Jesus said, "If I don't wash you, you can't be part of what I'm doing."

9 "Master!" said Peter. "Not only my feet, then.

끗하다. 내 관심사는 위생이 아니라 거룩이라는
것을 너희는 알아야 한다. 이제 너희는 깨끗하다.
그러나 너희 모두가 깨끗한 것은 아니다." (예수께
서는 누가 자신을 배반할지 알고 계셨다. 그래서
"너희 모두가 깨끗한 것은 아니다"라고 말씀하신
것이다.) 예수께서 제자들의 발을 씻어 주시고 나
서, 겉옷을 입고 식탁 자기 자리로 돌아가셨다.
12-17 예수께서 말씀하셨다. "내가 너희에게 무슨
일을 했는지 이해하겠느냐? 너희는 나를 '선생'이
라 부르고 '주'라고 부르는데, 맞는 말이다. 내가
정말로 그러하다. 주이며 선생인 내가 너희의 발
을 씻어 주었으니, 이제 너희도 서로 발을 씻어 주
어야 한다. 내가 너희에게 모범을 보였으니, 너희
도 내가 한 그대로 하여라. 나는 분명한 것만 말한
다. 종이 주인보다 높지 않고, 사원이 사장에게 명
령하지 못한다. 내 말이 무슨 뜻인지 알겠거든 너
희도 그대로 행하여라. 복된 삶을 살아라."

그분을 배반할 자

18-20 "지금부터 내가 하는 말은 너희 모두를 두고
하는 말이 아니다. 나는 내가 선택한 사람들을 정
확히 안다. 그것은 다음의 성경 말씀을 이루려는
것이다.

> 내 식탁에서 빵을 먹던 자가
> 나를 배반하였습니다.

내가 이 모든 것을 너희에게 미리 말해 두는 것은,
그 일이 일어날 때에 내가 누구인지를 너희로 믿
게 하려는 것이다. 너희는 이것을 바로 알고 있어
야 한다. 내가 보내는 사람을 맞아들이면 나를 맞
아들이는 것과 같고, 나를 맞아들이면 나를 보내
신 분을 맞아들이는 것과 같다."
21 예수께서 이 말씀을 하시고 나서, 근심하는 기
색으로 그 이유를 말씀하셨다. "너희 가운데 한 사
람이 나를 배반할 것이다."
22-25 제자들은 예수께서 도대체 누구를 두고 하신
말씀인지 궁금해서 서로 둘러보았다. 제자들 가운
데 한 사람, 곧 예수께서 깊이 사랑하시는 제자가
그분의 어깨에 머리를 기대고 있었다. 베드로가
그에게 몸짓하여, 예수께서 누구를 두고 말씀하신
것인지 물어보게 했다. 그래서 가장 가까이 있던
그 제자가 물었다. "주님, 그가 누구입니까?"
26-27 예수께서 말씀하셨다. "내가 이 빵 조각을 적
셔서 주는 사람이 바로 그다." 그러고는 빵 조각을

Wash my hands! Wash my head!"
10-12 Jesus said, "If you've had a bath in the
morning, you only need your feet washed now
and you're clean from head to toe. My concern,
you understand, is holiness, not hygiene. So now
you're clean. But not every one of you." (He knew
who was betraying him. That's why he said, "Not
every one of you.") After he had finished washing
their feet, he took his robe, put it back on, and
went back to his place at the table.
12-17 Then he said, "Do you understand what I
have done to you? You address me as 'Teacher'
and 'Master,' and rightly so. That is what I am.
So if I, the Master and Teacher, washed your feet,
you must now wash each other's feet. I've laid
down a pattern for you. What I've done, you do.
I'm only pointing out the obvious. A servant is not
ranked above his master; an employee doesn't
give orders to the employer. If you understand
what I'm telling you, act like it – and live a blessed
life.

The One Who Ate Bread at My Table

18-20 "I'm not including all of you in this. I know
precisely whom I've selected, so as not to interfere
with the fulfillment of this Scripture:

> The one who ate bread at my table
> Turned on his heel against me.

"I'm telling you all this ahead of time so that
when it happens you will believe that I am who I
say I am. Make sure you get this right: Receiving
someone I send is the same as receiving me, just
as receiving me is the same as receiving the One
who sent me."
21 After he said these things, Jesus became visibly
upset, and then he told them why. "One of you is
going to betray me."
22-25 The disciples looked around at one another,
wondering who on earth he was talking about.
One of the disciples, the one Jesus loved dearly,
was reclining against him, his head on his shoul-
der. Peter motioned to him to ask who Jesus
might be talking about. So, being the closest, he

적셔서 가룟 사람 시몬의 아들 유다에게 주셨다. 유다가 그 빵을 받자마자, 사탄이 그에게 들어갔다. 예수께서 말씀하셨다. "네가 하려고 하는 일을 하여라. 어서 마무리 지어라."

28-29 저녁식탁에 둘러앉은 사람들 가운데, 왜 예수께서 유다에게 그런 말씀을 하시는지 아는 사람이 아무도 없었다. 어떤 제자는 유다가 공금을 맡고 있었으므로 예수께서 그에게 명절에 필요한 것을 사라고 하셨거나, 가난한 사람들에게 뭔가를 주라고 하신 것이려니 생각했다.

30 유다는 빵 조각을 받고 그 자리를 떠났다. 밤이었다.

새 계명

31-32 유다가 떠나가자, 예수께서 말씀하셨다. "이제 인자가 누구인지 드러났고, 하나님이 어떤 분이신지도 인자 안에서 드러났다. 인자 안에서 하나님이 드러나시는 순간에, 하나님의 영광이 드러날 것이다. 하나님께서 인자를 영화롭게 하심으로 그분 자신도 영광을 받으실 것이다!

33 자녀들아, 내가 너희와 함께 있는 것도 잠시뿐이다. 너희는 나를 찾을 것이다. 내가 유대인들에게 말한 것처럼 너희에게도 말한다. '내가 가는 곳에 너희는 올 수 없다.'

34-35 내가 너희에게 새 계명을 준다. 서로 사랑하여라. 내가 너희를 사랑한 것같이, 너희도 서로 사랑하여라. 너희가 서로 사랑할 때, 모든 사람이 그 모습을 보고 너희가 내 제자라는 것을 알게 될 것이다."

36 시몬 베드로가 물었다. "주님, 어디로 가십니까?" 예수께서 대답하셨다. "내가 가려는 곳에 네가 지금은 따라올 수 없다. 그러나 나중에는 따라오게 될 것이다."

37 베드로가 말했다. "주님, 왜 지금은 따라갈 수 없습니까? 주님을 위해서라면 제 목숨까지도 버리겠습니다!"

38 "정말이냐? 나를 위해 네 목숨을 버리겠다는 말이냐? 그러나 너는 수탉이 울기 전에, 나를 세 번 부인할 것이다."

내가 길이요 진리요 생명이다

14 1-4 "너희는 이 일로 당황하지 마라. 너희는 하나님을 믿지 않느냐? 그렇다면 또한 나를 믿어라. 내 아버지 집에는 너희를 위해 예비된 방이 많이 있다. 그렇지 않으면, 내가 너희

said, "Master, who?"

26-27 Jesus said, "The one to whom I give this crust of bread after I've dipped it." Then he dipped the crust and gave it to Judas, son of Simon the Iscariot. As soon as the bread was in his hand, Satan entered him.

"What you must do," said Jesus, "do. Do it and get it over with."

28-29 No one around the supper table knew why he said this to him. Some thought that since Judas was their treasurer, Jesus was telling him to buy what they needed for the Feast, or that he should give something to the poor.

30 Judas, with the piece of bread, left. It was night.

A New Command

31-32 When he had left, Jesus said, "Now the Son of Man is seen for who he is, and God seen for who he is in him. The moment God is seen in him, God's glory will be on display. In glorifying him, he himself is glorified–glory all around!

33 "Children, I am with you for only a short time longer. You are going to look high and low for me. But just as I told the Jews, I'm telling you: 'Where I go, you are not able to come.'

34-35 "Let me give you a new command: Love one another. In the same way I loved you, you love one another. This is how everyone will recognize that you are my disciples–when they see the love you have for each other."

36 Simon Peter asked, "Master, just where are you going?"

Jesus answered, "You can't now follow me where I'm going. You will follow later."

37 "Master," said Peter, "why can't I follow now? I'll lay down my life for you!"

38 "Really? You'll lay down your life for me? The truth is that before the rooster crows, you'll deny me three times."

The Road

14 1-4 "Don't let this throw you. You trust God, don't you? Trust me. There is plenty of room for you in my Father's home. If that weren't so, would I have told you that I'm on

방을 마련하러 간다고 말했겠느냐? 내가 가서 너희 방을 마련하면, 다시 와서 너희를 데려다가 내가 사는 곳에 너희도 같이 살게 하겠다. 너희는 내가 가는 길을 이미 알고 있다."

5 도마가 말했다. "주님, 저희는 주님이 어디로 가시는지 알지 못합니다. 그런데 어떻게 우리가 그 길을 안다고 생각하십니까?"

6-7 예수께서 말씀하셨다. "내가 길이요 진리요 생명이다. 나를 떠나서는 그 누구도 아버지께 갈 수 없다. 너희가 정말로 나를 안다면, 내 아버지도 알게 될 것이다. 이제부터 너희는 그분을 아는 것이나 다름없다. 너희는 그분을 뵙기까지 했다!"

8 빌립이 말했다. "주님, 저희에게 아버지를 보여주십시오. 그러면 저희가 만족하겠습니다."

9-10 "빌립아, 네가 지금까지 나와 함께 지냈으면서 아직도 모르겠느냐? 나를 보는 것은 곧 아버지를 보는 것이다. 그런데 어떻게 '아버지가 어디 계십니까?' 하고 묻는 것이냐? 내가 아버지 안에 있고 아버지께서 내 안에 계시다는 것을 너는 믿지 않는 것이냐? 내가 너희에게 하는 말은 단지 말에 불과한 것이 아니다. 나는 내 뜻대로 말을 지어내지 않는다. 내 안에 계신 아버지께서, 내 말 한 마디 한 마디를 하나님의 일로 정교하게 만들어 내신다.

11-14 내가 아버지 안에 있고, 내 아버지께서 내 안에 계시다고 한 내 말을 믿어라. 믿지 못하겠거든, 너희 눈으로 본 이 일이라도 믿어라. 나를 신뢰하는 사람은 내가 하는 일을 할 뿐 아니라 더 큰 일도 하게 될 것이다. 내가 아버지께로 가서, 내가 한 것과 똑같은 일을 너희도 하게 할 것이기 때문이다. 너희는 기대해도 좋다. 이제부터 내가 누구이며 내가 무슨 일을 하는지 너희가 믿고 무엇이든지 구하면, 내가 다 이루어 주겠다. 그리하여 아들 안에서 아버지가 어떤 분이신지 훤히 드러나게 하겠다. 정말이다. 너희가 무엇이든지 이 방법대로 구하면, 내가 다 이루어 주겠다."

진리의 성령

15-17 "너희가 나를 사랑하면, 내 말대로 행하여 너희의 사랑을 나타내 보여라. 내가 아버지께 말씀드려, 너희에게 또 다른 친구이신 성령을 보내시게 하겠다. *그분은 너희와 영원히 함께 계실 것이다.* 친구이신 그분은 진리의 성령이시다. 하나님을 모르는 세상은, 그분을 알아보는 눈도 없고 무엇을 찾아야 할지도 모르기 때문에 그분을 맞아들이지 못한다. 그러나 너희는 이미 그분을 알고 있다. 그분이 지금까지 너희와

my way to get a room ready for you? And if I'm on my way to get your room ready, I'll come back and get you so you can live where I live. And you already know the road I'm taking."

5 Thomas said, "Master, we have no idea where you're going. How do you expect us to know the road?"

6-7 Jesus said, "I am the Road, also the Truth, also the Life. No one gets to the Father apart from me. If you really knew me, you would know my Father as well. From now on, you do know him. You've even seen him!"

8 Philip said, "Master, show us the Father; then we'll be content."

9-10 "You've been with me all this time, Philip, and you still don't understand? To see me is to see the Father. So how can you ask, 'Where is the Father?' Don't you believe that I am in the Father and the Father is in me? The words that I speak to you aren't mere words. I don't just make them up on my own. The Father who resides in me crafts each word into a divine act.

11-14 "Believe me: I am in my Father and my Father is in me. If you can't believe that, believe what you see–these works. The person who trusts me will not only do what I'm doing but even greater things, because I, on my way to the Father, am giving you the same work to do that I've been doing. You can count on it. From now on, whatever you request along the lines of who I am and what I am doing, I'll do it. That's how the Father will be seen for who he is in the Son. I mean it. Whatever you request in this way, I'll do.

The Spirit of Truth

15-17 "If you love me, show it by doing what I've told you. I will talk to the Father, and he'll provide you another Friend so that you will always have someone with you. This Friend is the Spirit of Truth. The godless world can't take him in because it doesn't have eyes to see him, doesn't know what to look for. But you know him already because he has been staying with you, and will even be *in* you!

함께 계셨고, 앞으로도 너희 안에 계실 것이기 때문이다!

18-20 나는 너희를 고아로 버려두지 않겠다. 내가 다시 오겠다. 이제 잠시 후면 세상은 더 이상 나를 보지 못하겠지만, 너희는 나를 보게 될 것이다. 내가 살아 있고, 너희도 살아날 것이기 때문이다. 그때가 되면, 너희는 내가 아버지 안에 있고 너희가 내 안에 있으며, 내가 너희 안에 있음을 확실히 알게 될 것이다.

21 내 계명을 알고 지키는 사람이야말로 나를 사랑하는 사람이다. 나를 사랑하는 사람은 내 아버지께 사랑을 받을 것이다. 나도 그를 사랑하고 그에게 나를 분명히 드러내 보일 것이다."

22 (가룟 사람이 아닌) 유다가 말했다. "주님, 저희에게는 주님 자신을 드러내시고 세상에는 드러내지 않으시겠다니, 무슨 이유입니까?"

23-24 예수께서 말씀하셨다. "사랑이 없는 세상은 앞을 보지 못하는 세상이기 때문이다. 누구든지 나를 사랑하는 사람은 내 말을 정성껏 지킬 것이고, 내 아버지께서 그를 사랑하실 것이다. 아버지와 나는 그와 이웃이 될 것이다! 나를 사랑하지 않는 것은 곧 내 말을 지키지 않는다는 뜻이다. 너희가 듣고 있는 이 메시지는 나의 것이 아니라, 나를 보내신 아버지의 메시지다.

25-27 내가 아직 너희와 함께 있는 동안에는 이것들을 말한다. 그러나 아버지께서 나의 요청으로 보내실 친구이신 성령께서, 모든 것을 너희에게 분명히 알려 주실 것이다. 또한 내가 너희에게 말한 모든 것을 생각나게 해주실 것이다. 나는 너희를 떠나면서 온전한 선물을 주고 간다. 그것은 평화다. 나는 너희가 홀로 남겨지고 버림받고 빼앗겼다는 느낌이 들지 않게 떠날 것이다. 그러니 당황하지 마라. 불안해하지 마라.

28 너희는 '내가 갔다가 다시 오겠다'고 한 말을 들었다. 너희가 나를 사랑한다면, 내가 아버지께로 가는 것을 기뻐할 것이다. 아버지는 내 삶의 목표이자 목적이기 때문이다.

29-31 나는 그 일이 일어나기 전에 너희에게 미리 말했다. 그것은 그 일이 일어날 때, 그 일이 확증되어 나를 믿는 너희 믿음이 깊어지게 하려는 것이다. 이제 나는 너희와 더 이상의 이야기는 하지 않겠다. 하나님을 모르는 이 세상의 우두머리가 공격해 오기 때문이다. 하지만 걱정하지 마라. 그는 나를 책잡을 것도 없고, 그는 내게 아무런 권리도 없다. 내가 아버지를 얼마나 철저히 사랑하는지 세상이 알게 하려고, 나는 마지막 하나까지도 내 아버지의 지시대로 따르고 있다.

18-20 "I will not leave you orphaned. I'm coming back. In just a little while the world will no longer see me, but you're going to see me because I am alive and you're about to come alive. At that moment you will know absolutely that I'm in my Father, and you're in me, and I'm in you.

21 "The person who knows my commandments and keeps them, that's who loves me. And the person who loves me will be loved by my Father, and I will love him and make myself plain to him."

22 Judas (not Iscariot) said, "Master, why is it that you are about to make yourself plain to us but not to the world?"

23-24 "Because a loveless world," said Jesus, "is a sightless world. If anyone loves me, he will carefully keep my word and my Father will love him–we'll move right into the neighborhood! Not loving me means not keeping my words. The message you are hearing isn't mine. It's the message of the Father who sent me.

25-27 "I'm telling you these things while I'm still living with you. The Friend, the Holy Spirit whom the Father will send at my request, will make everything plain to you. He will remind you of all the things I have told you. I'm leaving you well and whole. That's my parting gift to you. Peace. I don't leave you the way you're used to being left–feeling abandoned, bereft. So don't be upset. Don't be distraught.

28 "You've heard me tell you, 'I'm going away, and I'm coming back.' If you loved me, you would be glad that I'm on my way to the Father because the Father is the goal and purpose of my life.

29-31 "I've told you this ahead of time, before it happens, so that when it does happen, the confirmation will deepen your belief in me. I'll not be talking with you much more like this because the chief of this godless world is about to attack. But don't worry–he has nothing on me, no claim on me. But so the world might know how thoroughly I love the Father, I am carrying out my Father's instructions right

일어나 가자. 여기를 떠날 때가 되었다."

포도나무와 가지

15 1-3 "나는 참 포도나무요 내 아버지는 농부이시다. 내게 붙어 있으면서 열매를 맺지 않는 가지는 아버지께서 다 쳐내시고, 열매를 맺는 가지는 잘 손질해서 더 많은 열매를 맺게 하신다. 너희는 내가 전한 메시지로 이미 잘 손질되었다.

4 내 안에 살아라. 내가 너희 안에 살듯이, 너희도 내 안에 살아라. 가지가 홀로 열매를 맺을 수 없고 나무에 붙어 있어야 열매를 맺을 수 있듯이, 너희도 내게 붙어 있지 않으면 열매를 맺을 수 없다.

5-8 나는 포도나무요 너희는 가지다. 너희가 내게 붙어 있고 내가 너희에게 붙어 있어서 친밀하고 유기적인 관계를 이루면, 틀림없이 풍성한 수확을 거둘 것이다. 그러나 내게서 떨어져 있으면, 너희는 아무 열매도 맺을 수 없다. 누구든지 내게서 떨어져 있는 사람은 말라 죽은 가지일 뿐이다. 사람들이 그 가지를 모아다가 모닥불에 던져 버린다. 그러나 너희가 내 안에 편히 머물고 내 말이 너희 안에 머물면, 너희가 구하는 것은 무엇이든 응답받고 이루어질 것을 확신해도 좋다. 이처럼 너희가 열매를 맺고 내 제자로 성숙해 갈 때, 내 아버지께서 자신의 모습을 드러내 보이신다.

9-10 내 아버지가 나를 사랑하신 것같이 나도 너희를 사랑했다. 나의 사랑 안에 편히 머물러라. 너희가 내 계명을 지키면, 나의 사랑 안에 편히 머물게 될 것이다. 나도 내 아버지의 계명을 지켜서 아버지의 사랑 안에 편히 머물렀다.

11-15 내가 이것을 너희에게 말한 것은 한 가지 목적 때문이다. 그것은 나의 기쁨이 너희 기쁨이 되게 하고, 너희 기쁨이 온전히 성숙하게 하려는 것이다. 내 계명은 이것이다. 내가 너희를 사랑한 것같이 너희도 서로 사랑하여라. 최선의 사랑법은 이것이다. 친구를 위해 너희 목숨을 걸어라. 내가 너희에게 명하는 것을 너희가 행하면, 너희는 내 친구가 된다. 나는 너희를 더 이상 종이라고 부르지 않겠다. 종은 주인이 무슨 생각을 하고 무슨 계획을 세우는지 알지 못하기 때문이다. 그러나 나는 너희를 *친구라고 불렀다. 내가 내 아버지께* 들은 것을 모두 너희에게 알려 주었기 때문이다.

16 잊지 마라. 너희가 나를 선택한 것이 아니라, 내가 너희를 선택했다. 썩지 않을 열매를 맺게 하려고 내가 너희를 세상에 두었다. 너희가 열매 맺는

down to the last detail.

"Get up. Let's go. It's time to leave here."

The Vine and the Branches

15 1-3 "I am the Real Vine and my Father is the Farmer. He cuts off every branch of me that doesn't bear grapes. And every branch that is grape-bearing he prunes back so it will bear even more. You are already pruned back by the message I have spoken.

4 "Live in me. Make your home in me just as I do in you. In the same way that a branch can't bear grapes by itself but only by being joined to the vine, you can't bear fruit unless you are joined with me.

5-8 "I am the Vine, you are the branches. When you're joined with me and I with you, the relation intimate and organic, the harvest is sure to be abundant. Separated, you can't produce a thing. Anyone who separates from me is deadwood, gathered up and thrown on the bonfire. But if you make yourselves at home with me and my words are at home in you, you can be sure that whatever you ask will be listened to and acted upon. This is how my Father shows who he is—when you produce grapes, when you mature as my disciples.

9-10 "I've loved you the way my Father has loved me. Make yourselves at home in my love. If you keep my commands, you'll remain intimately at home in my love. That's what I've done—kept my Father's commands and made myself at home in his love.

11-15 "I've told you these things for a purpose: that my joy might be your joy, and your joy wholly mature. This is my command: Love one another the way I loved you. This is the very best way to love. Put your life on the line for your friends. You are my friends when you do the things I command you. I'm no longer calling you servants because servants don't understand what their master is thinking and planning. No, I've named you friends because I've let you in on everything I've heard from the Father.

16 "You didn't choose me, remember; I chose

사람으로서 나와 연결되어 아버지께 구하면, 아버지께서 무엇이든지 너희에게 주실 것이다.
17 그러나 기억하여라. 핵심 계명은 이것이다. 서로 사랑하여라."

세상이 너희를 미워할 것이다

18-19 "하나님을 모르는 세상이 너희를 미워하거든, 세상이 먼저 나를 미워했다는 것을 기억하여라. 너희가 세상의 기준대로 살았다면, 세상이 너희를 자기네 사람으로 여겨 사랑했을 것이다. 그러나 내가 너희를 선택해서 세상의 기준대로 살지 않고 하나님의 기준대로 살게 했으니, 세상이 너희를 미워할 것이다.
20 그런 일이 일어나거든, '종이 주인보다 더 나은 대우를 받지 못한다'고 한 내 말을 기억하여라. 사람들이 나를 때렸으면 틀림없이 너희도 때릴 것이다. 사람들이 내 말대로 따랐으면 너희 말도 따를 것이다.
21-25 그들은 내게 한 것처럼 너희에게도 이 모든 일을 할 것이다. 그들이 나를 보내신 분을 알지 못하기 때문이다. 내가 와서 그들에게 이 모든 것을 명백하게 말해 주지 않았다면, 상황이 그렇게까지 나쁘지는 않았을 것이다. 그러나 이제 그들은 변명할 여지가 없다. 나를 미워하는 것은 내 아버지를 미워하는 것이나 다름없다. 내가 그들 가운데서 행한 일, 지금까지 아무도 행한 적이 없는 그 일을 내가 행하지 않았더라면, 그들에게 허물이 없었을 것이다. 그러나 그들은 하나님의 표적을 보았으면서도 나와 내 아버지를 미워했다. '그들이 정당한 이유 없이 나를 미워했다'고 기록된 성경 말씀이 진리인 것을, 그들 스스로 입증한 셈이다.
26-27 내가 아버지께로부터 너희에게 보낼 친구이신 분, 곧 아버지께로부터 나오는 진리의 성령이 오시면, 그분이 나에 대해 모든 것을 확증해 주실 것이다. 너희가 처음부터 이 일에 나와 함께했으니, 너희도 분명한 증언을 내놓아야 할 것이다."

16 1-4 "내가 너희에게 이것들을 말한 것은, 장차 있을 힘든 때를 대비하게 하려는 것이다. 사람들이 너희를 회당에서 내쫓을 것이다. 심지어 너희를 죽이는 자마다 자기가 하는 일이 하나님을 위한 것이라고 생각할 때가 올 것이다. 그들은 아버지를 제대로 알지 못하기 때문에 그 같은 일을 할 것이다. 내가 너희에게 이것들을 말한 것

you, and put you in the world to bear fruit, fruit that won't spoil. As fruit bearers, whatever you ask the Father in relation to me, he gives you.
17 "But remember the root command: Love one another.

Hated by the World

18-19 "If you find the godless world is hating you, remember it got its start hating me. If you lived on the world's terms, the world would love you as one of its own. But since I picked you to live on God's terms and no longer on the world's terms, the world is going to hate you.
20 "When that happens, remember this: Servants don't get better treatment than their masters. If they beat on me, they will certainly beat on you. If they did what I told them, they will do what you tell them.
21-25 "They are going to do all these things to you because of the way they treated me, because they don't know the One who sent me. If I hadn't come and told them all this in plain language, it wouldn't be so bad. As it is, they have no excuse. Hate me, hate my Father–it's all the same. If I hadn't done what I have done among them, works no one has *ever* done, they wouldn't be to blame. But they saw the God-signs and hated anyway, both me and my Father. Interesting–they have verified the truth of their own Scriptures where it is written, 'They hated me for no good reason.'
26-27 "When the Friend I plan to send you from the Father comes–the Spirit of Truth issuing from the Father–he will confirm everything about me. You, too, from your side must give your confirming evidence, since you are in this with me from the start."

16 1-4 "I've told you these things to prepare you for rough times ahead. They are going to throw you out of the meeting places. There will even come a time when anyone who kills you will think he's doing God a favor. They will do these things because they never really

은 사람들이 너희를 비난할 때 일어날 일을 미리 알려 주어서, 너희로 그때를 대비하게 하려는 것이다."

친구이신 성령께서 오실 것이다

4-7 "내가 이것을 처음부터 말하지 않은 것은 내가 날마다 너희와 함께 있었기 때문이다. 그러나 이제 나는 나를 보내신 분께로 간다. 그런데도 너희 가운데 아무도 '어디로 가십니까?' 하고 내게 묻는 사람이 없었다. 오히려 내 말이 길어질수록 너희는 더욱 슬픔에 잠겼다. 그래서 내가 다시 한번 진실을 말한다. 내가 떠나는 것이 너희에게 더 낫다. 내가 떠나지 않으면, 친구이신 성령이 오시지 않을 것이다. 그러나 내가 가면, 그분을 너희에게 보내 주겠다.

8-11 그분이 오셔서, 죄와 의와 심판에 대해 하나님을 모르는 세상의 관점이 잘못되었다는 것을 드러내실 것이다. 그들의 근본 죄는 나를 믿지 않는 것이고, 의는 그들이 볼 수도 없고 통제할 수도 없는 영역인 나와 아버지가 함께 있는 하늘에서 오는 것이며, 심판은 하나님을 모르는 이 세상 통치자가 재판에 붙여져 유죄 판결을 받으면서 시행된다는 것을, 그분이 너희에게 보이실 것이다.

12-15 내가 너희에게 할 말이 아직 많지만 너희가 지금은 다 감당하지 못한다. 그러나 친구이신 진리의 성령이 오시면, 그분이 너희 손을 잡고 모든 진리 가운데로 인도하실 것이다. 그분은 자신에게 이목을 끌지 않으면서, 장차 일어날 일과 내가 행하고 말한 모든 것의 의미를 너희에게 알려 주실 것이다. 그분은 나를 영화롭게 하실 것이다. 그분이 나에게서 받은 것을 너희에게 전해 줄 것이기 때문이다. 아버지께서 가지고 계신 모든 것이 또한 내 것이다. 그래서 내가 '성령이 나에게서 받은 것을 너희에게 전해 주실 것이다'라고 말한 것이다.

16 잠시 후면 너희가 나를 보지 못할 것이다. 그러나 다시 잠시 후면 너희가 나를 보게 될 것이다."

강물같이 넘쳐흐르는 기쁨

17-18 그 말씀 때문에 제자들 사이에 의문이 일었다. "'잠시 후면 너희가 나를 보지 못할 것이다. 그러나 다시 잠시 후면 너희가 나를 보게 될 것이다'라고 하신 말씀이 무슨 뜻인가? 또 '내가 아버지께로 가기 때문이다'라고 하신 말씀은 무슨 뜻인가? '잠시 후면'이라는 말씀은 무슨 뜻인가? 선생님께서 무슨 말씀을 하시는지 모르겠다."

19-20 그들은 예수께서 무슨 뜻으로 말씀하신 것인지 무척이나 묻고 싶었다. 예수께서 그것을 아시고 말씀

understood the Father. I've told you these things so that when the time comes and they start in on you, you'll be well-warned and ready for them.

The Friend Will Come

4-7 "I didn't tell you this earlier because I was with you every day. But now I am on my way to the One who sent me. Not one of you has asked, 'Where are you going?' Instead, the longer I've talked, the sadder you've become. So let me say it again, this truth: It's better for you that I leave. If I don't leave, the Friend won't come. But if I go, I'll send him to you.

8-11 "When he comes, he'll expose the error of the godless world's view of sin, righteousness, and judgment: He'll show them that their refusal to believe in me is their basic sin; that righteousness comes from above, where I am with the Father, out of their sight and control; that judgment takes place as the ruler of this godless world is brought to trial and convicted.

12-15 "I still have many things to tell you, but you can't handle them now. But when the Friend comes, the Spirit of the Truth, he will take you by the hand and guide you into all the truth there is. He won't draw attention to himself, but will make sense out of what is about to happen and, indeed, out of all that I have done and said. He will honor me; he will take from me and deliver it to you. Everything the Father has is also mine. That is why I've said, 'He takes from me and delivers to you.'

16 "In a day or so you're not going to see me, but then in another day or so you will see me."

Joy Like a River Overflowing

17-18 That stirred up a hornet's nest of questions among the disciples: "What's he talking about: 'In a day or so you're not going to see me, but then in another day or so you will see me'? And, 'Because I'm on my way to the Father'? What is this 'day or so'? We don't know what he's talking about."

19-20 Jesus knew they were dying to ask him

하셨다. "'잠시 후면 너희가 나를 보지 못할 것이다. 그러나 다시 잠시 후면 너희가 나를 보게 될 것이다' 라고 한 내 말을 두고, 너희가 서로 그 뜻을 알고자 하느냐? 그렇다면 이것을 명심하여라. 너희는 깊은 슬픔에 잠기겠지만, 하나님을 모르는 세상은 파티를 열 것이다. 너희는 슬퍼하고 몹시 슬퍼하겠지만, 너희 슬픔은 기쁨으로 바뀔 것이다.

21-23 여자가 출산할 때에는 고통이 따르고 피할 길도 없다. 그러나 아기가 태어나면 기쁨이 넘친다. 세상에 태어난 새 생명이 고통의 기억을 말끔히 없애 주기 때문이다. 지금 너희가 겪는 슬픔이 그 고통과 같겠지만, 장차 맛볼 기쁨 또한 그 기쁨과 같을 것이다. 내가 너희를 다시 볼 때 너희는 기쁨으로 충만할 것이다. 아무도 너희에게서 그 기쁨을 빼앗아 가지 못할 것이다. 너희는 더 이상 의문을 가득 품지 않게 될 것이다.

23-24 내가 너희에게 바라는 것은 이것이다. 내가 너희에게 계시해 준 것과 일치하면 무엇이든지 아버지께 구하여라. 내 뜻을 따라 내 이름으로 구하여라. 그러면 아버지께서 너희에게 반드시 주실 것이다. 너희 기쁨이 강둑을 넘쳐흐르는 강물 같을 것이다!

25-28 나는 비유로 너희에게 말했다. 머지않아 나는 비유를 버리고 분명한 말로 아버지에 대해 너희에게 말해 줄 것이다. 그때 너희는 내가 너희에게 계시해 준 바로 그 삶과 관련된 것을 아버지께 직접 구할 수 있을 것이다. 내가 계속 너희를 대신해서 아버지께 구하지는 않을 것이다. 그럴 필요가 없다. 너희는 위험을 무릅쓰고 나를 사랑하고 신뢰하는 일에 너희 삶을 걸었고, 내가 아버지께로부터 직접 왔다는 것을 믿었으므로 아버지께서 너희를 친히 사랑하신다. 전에 나는 아버지를 떠나 이 세상에 왔으나 이제는 이 세상을 떠나 아버지께로 간다."

29-30 제자들이 말했다. "드디어 선생님께서 비유로 표현하지 않으시고 명백하고 직설적으로 말씀해 주시는군요. 이제야 저희는 선생님께서 모든 것을 알고 계시며, 모든 것이 선생님 안에서 하나로 모아진다는 것을 알겠습니다. 더 이상 선생님에 대해 의문을 갖지 않아도 되겠습니다. 저희는 선생님이 하나님께로부터 오셨다고 확신합니다."

31-33 예수께서 그들에게 대답하셨다. "너희들이 이제야 믿느냐? 하지만 너희는 곧 달아날 것이다. 너희 목숨을 구하겠다고 나를 버릴 것이다. 그러나 나는 버림받지 않는다. 아버지께서 나와 함께하신다. 내가 너희에게 이 모든 것을 말한 것은, 너희로 나를 신뢰하여 흔들리지 않게 하고 깊은 평화를 누리게 하려는

what he meant, so he said, "Are you trying to figure out among yourselves what I meant when I said, 'In a day or so you're not going to see me, but then in another day or so you will see me'? Then fix this firmly in your minds: You're going to be in deep mourning while the godless world throws a party. You'll be sad, very sad, but your sadness will develop into gladness.

21-23 "When a woman gives birth, she has a hard time, there's no getting around it. But when the baby is born, there is joy in the birth. This new life in the world wipes out memory of the pain. The sadness you have right now is similar to that pain, but the coming joy is also similar. When I see you again, you'll be full of joy, and it will be a joy no one can rob from you. You'll no longer be so full of questions.

23-24 "This is what I want you to do: Ask the Father for whatever is in keeping with the things I've revealed to you. Ask in my name, according to my will, and he'll most certainly give it to you. Your joy will be a river overflowing its banks!

25-28 "I've used figures of speech in telling you these things. Soon I'll drop the figures and tell you about the Father in plain language. Then you can make your requests directly to him in relation to this life I've revealed to you. I won't continue making requests of the Father on your behalf. I won't need to. Because you've gone out on a limb, committed yourselves to love and trust in me, believing I came directly from the Father, the Father loves you directly. First, I left the Father and arrived in the world; now I leave the world and travel to the Father."

29-30 His disciples said, "Finally! You're giving it to us straight, in plain talk–no more figures of speech. Now we know that you know everything–it all comes together in you. You won't have to put up with our questions anymore. We're convinced you came from God."

31-33 Jesus answered them, "Do you finally believe? In fact, you're about to make a run for it–saving your own skins and abandoning me.

것이다. 너희는 하나님을 모르는 이 세상에서 끊임 없이 어려움을 겪을 것이다. 그러나 용기를 내라! 내가 세상을 이겼다."

예수의 기도

17 1-5 예수께서 이 말씀을 하시고 나서 눈을 들어 기도하셨다.

아버지, 때가 되었습니다.
아들의 밝은 빛을 드러내셔서
아들이 아버지의 밝은 빛을 드러내게 해주십시오.
아버지께서는 아들에게 모든 사람을 맡기셔서
아들이 자기에게 맡겨진 모든 사람에게 참되고 영원한 생명을 주게 하셨습니다.
참되고 영원한 생명은
아버지,
곧 유일하신 참 하나님을 알고
아버지께서 보내신 예수 그리스도를 아는 것입니다.
나는 아버지께서 내게 하라고 명하신 일을
하나도 빠뜨리지 않고 완수하여
이 땅에서 아버지를 영화롭게 했습니다.
그러니 아버지, 이번에는 아버지의 빛,
이 세상이 존재하기 전에 내가 아버지 앞에서 누리던
그 빛으로 나를 영화롭게 해주십시오.

6-12 나는 아버지께서 내게 주신 모든 사람에게
아버지의 성품을 자세히 말해 주었습니다.
그들은 본래 아버지의 사람들이었는데,
아버지께서 내게 주셨습니다.
그들은 아버지께서 말씀하신 것을 지금까지 행했습니다.
이제 그들은 모든 의심의 그림자를 넘어,
아버지께서 내게 주신 모든 것이 아버지께로부터
직접 왔다는 것을 알고 있습니다.
아버지께서 내게 주신 메시지를 내가 그들에게 주었고,
그들은 메시지를 받아들여,
내가 아버지께로부터 왔다는 것을 확신했습니다.
나는 그들을 위해 기도합니다.
하나님을 거부하는 세상을 위해서가 아니라
아버지께서 내게 주신 사람들을 위해 기도합니다.
그들은 당연히 아버지의 사람들이기 때문입니다.
나의 모든 것이 아버지의 것이고, 아버지의 것이

But I'm not abandoned. The Father is with me. I've told you all this so that trusting me, you will be unshakable and assured, deeply at peace. In this godless world you will continue to experience difficulties. But take heart! I've conquered the world."

Jesus' Prayer for His Followers

17 1-5 Jesus said these things. Then, raising his eyes in prayer, he said:

Father, it's time.
Display the bright splendor of your Son
So the Son in turn may show your bright splendor.
You put him in charge of everything human
So he might give real and eternal life to all in his charge.
And this is the real and eternal life:
That they know you,
The one and only true God,
And Jesus Christ, whom you sent.
I glorified you on earth
By completing down to the last detail
What you assigned me to do.
And now, Father, glorify me with your very own splendor,
The very splendor I had in your presence
Before there was a world.

6-12 I spelled out your character in detail
To the men and women you gave me.
They were yours in the first place;
Then you gave them to me,
And they have now done what you said.
They know now, beyond the shadow of a doubt,
That everything you gave me is firsthand from you,
For the message you gave me, I gave them;
And they took it, and were convinced
That I came from you.
They believed that you sent me.
I pray for them.

다 내 것입니다.
그리고 내 생명이 그들 안에서 드러나고 있습니다.
나는 더 이상 세상에 모습을 드러내지 않을 것입니다.
그러나 내가 아버지께 돌아가도
그들은 이 세상에 머물러 있을 것입니다.
거룩하신 아버지, 아버지께서 나를 통해 선물로 주신
이 생명을 그들이 추구할 때 그들을 지켜 주셔서,
아버지와 내가 한마음 한뜻인 것처럼
그들도 한마음 한뜻이 되게 해주십시오.
나는 그들과 함께 있는 동안
아버지께서 나를 통해 주신 생명을 추구하게 하려고 그들을 지켰습니다.
잠도 자지 않고 그들을 보호했습니다.
그들 가운데 한 사람도 잃지 않았습니다.
다만 멸망하기로 작정하고 배반한 사람만 예외가 되었습니다.
(그 예외의 사람은 성경의 근거를 입증하기 위해서였습니다.)

13-19 이제 나는 아버지께 돌아갑니다.
내가 세상이 듣는 자리에서 이 말씀을 드리는 것은,
내 사람들로 하여금 내 기쁨이
그들 안에서 충만해지는 것을 경험하게 하려는 것입니다.
내가 그들에게 아버지의 말씀을 주었는데
하나님을 모르는 세상은 그것 때문에 그들을 미워했습니다.
내가 세상의 방식을 따르지 않았듯이
그들도 세상의 방식을 따르지 않았기 때문입니다.
나는 그들을 세상에서 데려가 달라고 구하는 것이 아니라
그들을 악한 자에게서 지켜 달라고 구하는 것입니다.
세상이 나를 규정할 수 없듯이
세상도 그들을 규정할 수 없습니다.
진리로 그들을 거룩하게 구별해 주십시오.
아버지의 말씀은 거룩하게 구별하는 진리입니다.
아버지께서 내게 사명을 주셔서 세상에 보내신 것처럼
나도 그들에게 사명을 주어 세상에 보냅니다.
내가 그들을 위해 나 자신을 거룩하게 구별하는 것은
그들도 진리로 거룩하게 구별되어 자신의 사명을 감당하게 하려는 것입니다.

I'm not praying for the God-rejecting world
But for those you gave me,
For they are yours by right.
Everything mine is yours, and yours mine,
And my life is on display in them.
For I'm no longer going to be visible in the world;
They'll continue in the world
While I return to you.
Holy Father, guard them as they pursue this life
That you conferred as a gift through me,
So they can be one heart and mind
As we are one heart and mind.
As long as I was with them, I guarded them
In the pursuit of the life you gave through me;
I even posted a night watch.
And not one of them got away,
Except for the rebel bent on destruction
(the exception that proved the rule of Scripture).

13-19 Now I'm returning to you.
I'm saying these things in the world's hearing
So my people can experience
My joy completed in them.
I gave them your word;
The godless world hated them because of it,
Because they didn't join the world's ways,
Just as I didn't join the world's ways.
I'm not asking that you take them out of the world
But that you guard them from the Evil One.
They are no more defined by the world
Than I am defined by the world.
Make them holy—consecrated—with the truth;
Your word is consecrating truth.
In the same way that you gave me a mission in the world,
I give them a mission in the world.
I'm consecrating myself for their sakes
So they'll be truth-consecrated in their mission.

20-23 나는 그들을 위해서만 아니라
그들 때문에, 그리고 나에 대한 그들의 증언 때문에
나를 믿게 될 이들을 위해서도 기도합니다.
그들 모두 한마음 한뜻이 되고
아버지께서 내 안에 계시고 내가 아버지 안에 있듯이,
그들도 우리와 한마음 한뜻이 되는 것, 이것이 내 기도의 목적입니다.
그래서 아버지께서 참으로 나를 보내셨다는 것을
세상이 믿게 해주십시오.
아버지께서 내게 주신 영광을 나도 그들에게 주었습니다.
이는 내가 그들 안에 있고 아버지께서 내 안에 계시듯이,
그들도 우리처럼 하나가 되어 함께하게 하려는 것입니다.
그들이 이 하나됨 속에서 성장해서
아버지께서 나를 보내셨다는 것을,
아버지께서 나를 사랑하신 것같이 그들도 사랑하셨다는 것을
하나님을 모르는 세상에 증언하게 해주십시오.

24-26 아버지, 나는 아버지께서 내게 주신 사람들이
내가 있는 그곳에 나와 함께 있으면서
내 영광, 곧 세상이 존재하기 오래전부터
아버지께서 나를 사랑하셔서 내게 주신 빛을 보게 되기를 바랍니다.
의로우신 아버지, 세상은 아버지를 알지 못했지만
나는 아버지를 알았고
이 제자들도, 아버지께서 내게 이 사명을 맡겨서 보내신 것을 알고 있습니다.
나는 아버지의 존재를,
아버지께서 어떤 분이시고 무슨 일을 하시는지를
그들에게 알렸고
계속해서 알려 주겠습니다.
그래서 나를 사랑하신 아버지의 사랑이,
내가 그들 안에 있는 것과 똑같이
그들 안에도 있게 될 것입니다.

겟세마네 동산에서 잡히시다

18 [1] 예수께서 이렇게 기도하시고 나서, 제자
들과 함께 기드론 시내 건너편으로 가셨
다. 거기에 동산이 하나 있었다. 예수께서 제자들과

20-23 I'm praying not only for them
But also for those who will believe in me
Because of them and their witness about me.
The goal is for all of them to become one heart and mind—
Just as you, Father, are in me and I in you,
So they might be one heart and mind with us.
Then the world might believe that you, in fact, sent me.
The same glory you gave me, I gave them,
So they'll be as unified and together as we are—
I in them and you in me.
Then they'll be mature in this oneness,
And give the godless world evidence
That you've sent me and loved them
In the same way you've loved me.

24-26 Father, I want those you gave me
To be with me, right where I am,
So they can see my glory, the splendor you gave me,
Having loved me
Long before there ever was a world.
Righteous Father, the world has never known you,
But I have known you, and these disciples know
That you sent me on this mission.
I have made your very being known to them—
Who you are and what you do—
And continue to make it known,
So that your love for me
Might be in them
Exactly as I am in them.

Seized in the Garden at Night

18 [1] Jesus, having prayed this prayer, left
with his disciples and crossed over
the brook Kidron at a place where there was a
garden. He and his disciples entered it.
2-4 Judas, his betrayer, knew the place because

함께 그 안으로 들어가셨다.
2-4 그 동산은 예수와 제자들이 자주 다니던 곳이다.
그분을 배반할 유다도 그곳을 알고 있었다. 유다는
동산으로 가는 길을 안내했고, 대제사장과 바리새인
들이 보낸 로마 병사와 경비병들이 그 뒤를 따라갔
다. 그들은 등불과 횃불과 칼을 들고 동산에 도착했
다. 예수께서는 자신에게 닥칠 일을 다 아시고, 앞으
로 나아가 그들을 만나셨다. 예수께서 말씀하셨다.
"너희가 누구를 찾느냐?"
그들이 대답했다. "나사렛 사람 예수요."
5-6 예수께서 말씀하셨다. "내가 그다." 병사들이 크
게 놀라 뒷걸음질했다. 배반자 유다가 눈에 띄었다.
7 예수께서 다시 물으셨다. "너희가 누구를 찾느냐?"
그들이 대답했다. "나사렛 사람 예수요."
8-9 예수께서 말씀하셨다. "내가 그라고 너희에게 말
했다. 내가 그 사람이다. 너희가 찾는 사람이 나라면,
이 사람들은 가게 해주어라." (이것으로 "아버지께서
내게 주신 사람들은 하나도 잃지 않았습니다"라고 기
도하신 말씀이 이루어졌다.)
10 바로 그때, 시몬 베드로가 차고 있던 칼을 뽑아 대
제사장의 종을 쳐서 오른쪽 귀를 잘라 버렸다. 그 종
의 이름은 말고였다.
11 예수께서 베드로에게 명하셨다. "그 칼을 도로 꽂
아라. 너는 아버지께서 내게 주신 이 잔을 내가 마시
지 않으리라고 생각하느냐?"
12-14 그때 대장의 명령을 받은 로마 병사들이 유대
경비병들과 합세하여 예수를 붙잡고 결박했다. 그들
은 먼저 가야바의 장인 안나스에게 예수를 끌고 갔
다. 가야바는 그해의 대제사장이었다. 그는 한 사람
이 백성을 위해 죽는 것이 낫다고 유대인들에게 충고
했던 자다.
15-16 시몬 베드로와 또 다른 제자가 예수를 뒤따라갔
다. 그 다른 제자는 대제사장과 아는 사이여서, 예수
를 따라 대제사장의 집 안뜰에 들어갈 수 있었다. 베
드로는 밖에 머물러 있어야 했다. 곧 다른 제자가 나
와서 문지기에게 말하고 베드로를 데리고 들어갔다.
17 문을 지키던 젊은 여자가 베드로에게 말했다. "당
신도 저 사람의 제자 가운데 하나가 아닌가요?"
베드로가 말했다. "나는 아니오."
18 날이 추워 종들과 경비병들이 불을 피워 놓고 그
주위에 모여서 불을 쬐고 있었다. 베드로도 그들과
함께 서서 불을 쬐었다.

대제사장에게 심문 받으시다

19-21 안나스가 예수의 제자들과 가르침에 대해 그분

Jesus and his disciples went there often. So
Judas led the way to the garden, and the
Roman soldiers and police sent by the high
priests and Pharisees followed. They arrived
there with lanterns and torches and swords.
Jesus, knowing by now everything that was
coming down on him, went out and met them.
He said, "Who are you after?"
They answered, "Jesus the Nazarene."
5-6 He said, "That's me." The soldiers recoiled,
totally taken aback. Judas, his betrayer, stood
out like a sore thumb.
7 Jesus asked again, "Who are you after?"
They answered, "Jesus the Nazarene."
8-9 "I told you," said Jesus, "that's me. I'm the
one. So if it's me you're after, let these others
go." (This validated the words in his prayer, "I
didn't lose one of those you gave.")
10 Just then Simon Peter, who was carrying a
sword, pulled it from its sheath and struck the
Chief Priest's servant, cutting off his right ear.
Malchus was the servant's name.
11 Jesus ordered Peter, "Put back your sword.
Do you think for a minute I'm not going to
drink this cup the Father gave me?"
12-14 Then the Roman soldiers under their
commander, joined by the Jewish police, seized
Jesus and tied him up. They took him first to
Annas, father-in-law of Caiaphas. Caiaphas
was the Chief Priest that year. It was Caiaphas
who had advised the Jews that it was to their
advantage that one man die for the people.
15-16 Simon Peter and another disciple followed
Jesus. That other disciple was known to the
Chief Priest, and so he went in with Jesus to
the Chief Priest's courtyard. Peter had to stay
outside. Then the other disciple went out,
spoke to the doorkeeper, and got Peter in.
17 The young woman who was the doorkeeper
said to Peter, "Aren't you one of this man's
disciples?"
He said, "No, I'm not."
18 The servants and police had made a fire
because of the cold and were huddled there
warming themselves. Peter stood with them,

을 심문했다. 예수께서 대답하셨다. "나는 드러내
놓고 말했다. 나는 언제나 유대인들이 모두 모이는
회당과 성전에서 가르쳤다. 나는 모든 것을 공개적
으로 했다. 은밀히 말한 것은 하나도 없었다. 그런
데 너희는 왜 나를 음모자 대하듯 하느냐? 내 말을
들은 사람들에게 물어보아라. 내가 무슨 말을 했는
지 그들이 잘 안다. 나는 모든 것을 숨김없이 가르
쳤다."
22 예수께서 이렇게 말씀하시자, 그 자리에 서 있던
경비병 하나가 예수의 뺨을 때리며 말했다. "어떻게
네가 대제사장에게 그런 식으로 말하느냐!"
23 예수께서 대답하셨다. "내가 잘못 말한 것이 있다
면 증거를 대 보아라. 그러나 내가 사실 그대로 말했
다면, 어찌하여 때리느냐?"
24 그러자 안나스는 예수를 결박한 채로 대제사장
가야바에게 보냈다.
25 그동안 시몬 베드로는 뒤로 물러나 불가에서 불
을 쬐고 있었다. 거기에 있던 다른 사람들이 그에게
말했다. "당신도 저 사람의 제자 가운데 하나가 아
니오?"
베드로가 부인했다. "나는 아니오."
26 대제사장의 종 가운데 한 사람으로 베드로에게
귀를 잘린 사람의 친척이 말했다. "당신이 동산에서
저 사람과 함께 있는 것을 내가 본 것 같은데?"
27 베드로가 다시 한번 부인했다. 바로 그때, 수탉이
울었다.

빌라도 앞에 서시다

28-29 사람들이 예수를 가야바에게서 로마 총독의 관
저로 끌고 갔다. 때는 이른 아침이었다. 그들은 유
월절 음식을 먹을 자격을 잃고 싶지 않아서 총독 관
저로는 들어가지 않았다. 그래서 빌라도가 그들에
게 나와서 말했다. "무슨 죄로 이 사람을 고발하는
것이오?"
30 그들이 말했다. "이 사람이 악행을 저지르지 않았
다면, 우리가 여기까지 와서 총독님을 귀찮게 하겠
습니까?"
31-32 빌라도가 말했다. "그를 데려가서, 여러분의 법
대로 재판하시오."
유대인들이 말했다. "우리는 사람을 죽일 권한이 없
습니다." (*이것으로 예수께서 어떻게 죽으실 것인지
가리켜 하신 말씀이 입증되었다.*)
33 빌라도가 다시 관저로 들어가 예수를 불러냈다.
"네가 유대인의 왕이냐?"
34 예수께서 대답하셨다. "그 말은 너 스스로 한 말

trying to get warm.

The Interrogation

19-21 Annas interrogated Jesus regarding his
disciples and his teaching. Jesus answered, "I've
spoken openly in public. I've taught regularly in
meeting places and the Temple, where the Jews
all come together. Everything has been out in
the open. I've said nothing in secret. So why are
you treating me like a conspirator? Question
those who have been listening to me. They
know well what I have said. My teachings have
all been aboveboard."
22 When he said this, one of the policemen
standing there slapped Jesus across the face,
saying, "How dare you speak to the Chief Priest
like that!"
23 Jesus replied, "If I've said something wrong,
prove it. But if I've spoken the plain truth, why
this slapping around?"
24 Then Annas sent him, still tied up, to the
Chief Priest Caiaphas.
25 Meanwhile, Simon Peter was back at the fire,
still trying to get warm. The others there said to
him, "Aren't you one of his disciples?"
He denied it, "Not me."
26 One of the Chief Priest's servants, a relative
of the man whose ear Peter had cut off, said,
"Didn't I see you in the garden with him?"
27 Again, Peter denied it. Just then a rooster
crowed.

The King of the Jews

28-29 They led Jesus then from Caiaphas to the
Roman governor's palace. It was early morning.
They themselves didn't enter the palace because
they didn't want to be disqualified from eating
the Passover. So Pilate came out to them and
spoke. "What charge do you bring against this
man?"
30 They said, "If he hadn't been doing something
evil, do you think we'd be here bothering you?"
31-32 Pilate said, "You take him. Judge him by
your law."
The Jews said, "We're not allowed to kill

이냐, 아니면 다른 사람들이 나에 대해서 네게 한 말이냐?"

35 빌라도가 말했다. "내가 유대인처럼 보이느냐? 네 동족과 대제사장들이 너를 나한테 넘겼다. 네가 무슨 일을 했느냐?"

36 예수께서 말씀하셨다. "내 나라는 눈에 보이는 것들로 이루어지지 않는다. 만일 그랬다면, 나를 따르는 사람들이 싸워서 내가 유대인들의 손에 넘어가지 않게 했을 것이다. 그러나 나는 그런 왕이 아니다. 나는 세상이 생각하는 그런 왕이 아니다."

37 그러자 빌라도가 말했다. "그래서, 네가 왕이냐, 아니냐?"

예수께서 대답하셨다. "네가 사실을 말했다. 나는 왕이다. 나는 진리를 증언하려고 이 세상에 왔다. 누구든지 진리에 마음이 있는 사람, 조금이라도 진리에 관심을 갖는 사람은 내 음성을 알아듣는다."

38-39 빌라도가 말했다. "진리가 무엇이냐?"

빌라도가 이 말을 한 다음, 다시 유대인들에게 나가서 말했다. "나는 이 사람에게서 아무 잘못도 찾지 못하겠소. 유월절에는 내가 죄수 한 명을 사면해 주는 관례가 있소. 내가 유대인의 왕이라는 이 자를 놓아주면 어떻겠소?"

40 그들이 다시 외쳤다. "이 자가 아니라 바라바를 놓아주시오!" 바라바는 로마 체제에 저항한 유대인이었다.

가시관을 쓰시다

19 1-3 그래서 빌라도는 예수를 데려다가 채찍질하게 했다. 병사들이 가시나무로 왕관을 엮어 예수의 머리에 씌우고, 자주색 옷을 입혔다. 그런 다음에 그분께 다가가 "유대인의 왕, 만세!" 하고 외쳤다. 그리고 예수께 인사하며 그분의 뺨을 때렸다.

4-5 빌라도가 다시 밖으로 나가서 유대인들에게 말했다. "내가 저 사람을 여러분 앞에 데려오겠소. 그러나 알아주기 바라오. 나는 그에게서 아무 죄도 찾지 못하겠소." 바로 그때, 예수께서 가시관을 쓰고 자주색 옷을 입고 나오셨다.

빌라도가 말했다. "보시오, 이 사람이오."

6 대제사장과 경비병들이 예수를 보고 미친 듯이 소리쳤다. "십자가에 못 박으시오! 십자가에 못 박으시오!"

빌라도가 그들에게 말했다. "여러분이 그를 데려가시오. 여러분이 그를 십자가에 못 박으시오. 나는 그에게서 아무 잘못도 찾지 못하겠소."

anyone." (This would confirm Jesus' word indicating the way he would die.)

33 Pilate went back into the palace and called for Jesus. He said, "Are you the 'King of the Jews'?"

34 Jesus answered, "Are you saying this on your own, or did others tell you this about me?"

35 Pilate said, "Do I look like a Jew? Your people and your high priests turned you over to me. What did you do?"

36 "My kingdom," said Jesus, "doesn't consist of what you see around you. If it did, my followers would fight so that I wouldn't be handed over to the Jews. But I'm not that kind of king, not the world's kind of king."

37 Then Pilate said, "So, are you a king or not?"

Jesus answered, "You tell me. Because I am King, I was born and entered the world so that I could witness to the truth. Everyone who cares for truth, who has any feeling for the truth, recognizes my voice."

38-39 Pilate said, "What is truth?"

Then he went back out to the Jews and told them, "I find nothing wrong in this man. It's your custom that I pardon one prisoner at Passover. Do you want me to pardon the 'King of the Jews'?"

40 They shouted back, "Not this one, but Barabbas!" Barabbas was a Jewish freedom fighter.

The Thorn Crown of the King

19 1-3 So Pilate took Jesus and had him whipped. The soldiers, having braided a crown from thorns, set it on his head, threw a purple robe over him, and approached him with, "Hail, King of the Jews!" Then they greeted him with slaps in the face.

4-5 Pilate went back out again and said to them, "I present him to you, but I want you to know that I do not find him guilty of any crime." Just then Jesus came out wearing the thorn crown and purple robe.

Pilate announced, "Here he is: the Man."

6 When the high priests and police saw him, they shouted in a frenzy, "Crucify! Crucify!"

Pilate told them, "You take him. You crucify

7 유대인들이 대답했다. "우리에게는 율법이 있습니다. 그 율법에 따르면, 그는 죽어 마땅합니다. 자기가 하나님의 아들이라고 했기 때문입니다."

8-9 빌라도는 이 말을 듣고 더욱 두려워졌다. 그는 다시 관저로 들어가 예수께 말했다. "네가 어디서 왔느냐?"

예수께서 아무 대답도 하지 않으셨다.

10 빌라도가 말했다. "말하지 않을 작정이냐? 나는 너를 풀어 줄 권한도 있고, 십자가에 못 박을 권한도 있다는 것을 모르느냐?"

11 예수께서 말씀하셨다. "하늘이 네게 주신 권한 말고는, 너는 나에 대해 조금도 권한이 없다. 그래서 나를 네게 넘겨준 자의 잘못이 훨씬 큰 것이다."

12 빌라도는 이 말을 듣고서 예수를 사면하려고 최선을 다했다. 그러나 유대인들의 외치는 소리에 그의 말은 묻혀 버리고 말았다. "이 사람을 놓아주면 총독님은 황제의 친구가 아닙니다. 누구든지 자기가 왕이라고 주장하는 사람은 황제에게 대항하는 것이나 마찬가지입니다."

13-14 빌라도는 이 말을 듣고서 예수를 데리고 나갔다. 그는 '포장된 뜰'(히브리 말로 '가바다')이라는 곳의 재판석에 앉았다. 그날은 유월절 예비일이었고, 시간은 낮 열두 시였다. 빌라도가 유대인들에게 말했다. "여기, 여러분의 왕이 있소."

15 그들이 다시 외쳤다. "그를 죽이시오! 죽이시오! 그를 십자가에 못 박으시오!"

빌라도가 말했다. "여러분의 왕을 십자가에 못 박으라는 말이오?"

대제사장들이 대답했다. "우리에게 왕은 황제뿐이오."

16-19 빌라도는 잠자코 그들의 요구를 들어주었다. 그는 예수를 십자가에 못 박도록 넘겨주었다.

십자가에 못 박히시다

그들이 예수를 끌고 갔다. 예수께서 십자가를 지시고 '해골 언덕'(히브리 말로 '골고다')이라는 곳으로 가셨다. 거기서 그들은 예수를 십자가에 못 박고, 다른 두 사람도 예수를 가운데 두고 양 옆에 못 박았다. 빌라도가 팻말을 써서 십자가에 달게 했다. 팻말에는 이렇게 쓰여 있었다.

나사렛 사람 예수
유대인의 왕

20-21 예수께서 십자가에 못 박히신 곳은 도성에서 아주 가까운 곳이었기 때문에, 많은 유대인들이 그 팻

him. I find nothing wrong with him."

7 The Jews answered, "We have a law, and by that law he must die because he claimed to be the Son of God."

8-9 When Pilate heard this, he became even more scared. He went back into the palace and said to Jesus, "Where did you come from?"

Jesus gave no answer.

10 Pilate said, "You won't talk? Don't you know that I have the authority to pardon you, and the authority to–crucify you?"

11 Jesus said, "You haven't a shred of authority over me except what has been given you from heaven. That's why the one who betrayed me to you has committed a far greater fault."

12 At this, Pilate tried his best to pardon him, but the Jews shouted him down: "If you pardon this man, you're no friend of Caesar's. Anyone setting himself up as 'king' defies Caesar."

13-14 When Pilate heard those words, he led Jesus outside. He sat down at the judgment seat in the area designated Stone Court (in Hebrew, *Gabbatha*). It was the preparation day for Passover. The hour was noon. Pilate said to the Jews, "Here is your king."

15 They shouted back, "Kill him! Kill him! Crucify him!"

Pilate said, "I am to crucify your king?"

The high priests answered, "We have no king except Caesar."

16-19 Pilate caved in to their demand. He turned him over to be crucified.

The Crucifixion

They took Jesus away. Carrying his cross, Jesus went out to the place called Skull Hill (the name in Hebrew is *Golgotha*), where they crucified him, and with him two others, one on each side, Jesus in the middle. Pilate wrote a sign and had it placed on the cross. It read:

JESUS THE NAZARENE
THE KING OF THE JEWS.

말을 읽었다. 팻말은 히브리 말과 라틴 말, 그리스 말로 쓰여 있었다. 유대 대제사장들이 이의를 제기하며 빌라도에게 말했다. "'유대인의 왕'이라고 쓰지 마십시오. '자칭 유대인의 왕'이라고 고쳐 주십시오."

22 빌라도가 말했다. "나는 쓸 것을 썼소."

23-24 로마 병사들이 예수를 십자가에 못 박고 나서, 그분의 옷가지를 가져다가 네 몫으로 나누어 각자 한 몫씩 가졌다. 하지만 그분의 겉옷은 이음매 없이 통으로 짠 것이었다. 병사들이 서로 말했다. "저 옷은 찢지 말고 제비를 뽑아 누가 차지하나 보자." 이로써 "그들이 내 옷을 나누었고 내 겉옷을 두고 제비를 뽑았다"고 한 성경 말씀이 확증되었다. (병사들이 성경 말씀을 이룬 것이다!)

24-27 병사들이 자기네 잇속을 챙기는 동안에, 예수의 어머니와 이모와 글로바의 아내 마리아와 막달라 마리아는 십자가 아래에 서 있었다. 예수께서 자기 어머니와 그 곁에 서 있는 사랑하는 제자를 보시고 어머니에게 말씀하셨다. "여자여, 이 사람이 어머니의 아들입니다." 그런 다음, 그 제자에게 말씀하셨다. "이분이 네 어머니이시다." 그 순간부터 그 제자는 그녀를 자기 어머니로 모셨다.

28 예수께서 모든 일이 다 이루어진 것을 아시고, 성경 말씀을 이루시려고 "내가 목마르다" 하고 말씀하셨다.

29-30 그 곁에 신 포도주가 담긴 병이 있었다. 어떤 사람이 솜뭉치를 신 포도주에 적셔서, 창끝에 달아 올려 그분의 입에 갖다 대었다. 예수께서 신 포도주를 드시고 말씀하셨다. "됐다......다 이루었다." 예수께서 고개를 숙이고 숨을 거두셨다.

31-34 그날은 안식일을 준비하는 날이었다. 안식일에는 시체를 십자가에 둘 수 없었기 때문에, 유대인들은 십자가에 달린 자들의 다리를 꺾어 빨리 죽게 해서 시체를 내리게 해달라고 빌라도에게 청원했다. (이번 안식일은 일 년 중 가장 거룩하게 지키는 날이었다.) 그래서 병사들이 가서, 예수와 함께 십자가에 못 박힌 첫째 사람의 다리를 꺾고 또 다른 사람의 다리도 꺾었다. 병사들이 예수께 다가가서 그분이 이미 숨을 거두신 것을 보고는, 다리를 꺾지 않았다. 병사들 가운데 하나가 창으로 그분의 옆구리를 찔렀다. 피와 물이 쏟아져 나왔다.

35 이 일은 직접 목격한 사람이 정확히 전한 것이다. 그가 직접 보고 진실을 말한 이유는, 여러분도 믿게 하려는 것이다.

36-37 이 일들로 인해 "그의 뼈가 하나도 꺾이지 않았다"고 한 성경 말씀과, "그들은 자기들이 찌른 이를

20-21 Many of the Jews read the sign because the place where Jesus was crucified was right next to the city. It was written in Hebrew, Latin, and Greek. The Jewish high priests objected. "Don't write," they said to Pilate, " 'The King of the Jews.' Make it, 'This man said, "I am the King of the Jews." ' "

22 Pilate said, "What I've written, I've written."

23-24 When they crucified him, the Roman soldiers took his clothes and divided them up four ways, to each soldier a fourth. But his robe was seamless, a single piece of weaving, so they said to each other, "Let's not tear it up. Let's throw dice to see who gets it." This confirmed the Scripture that said, "They divided up my clothes among them and threw dice for my coat." (The soldiers validated the Scriptures!)

24-27 While the soldiers were looking after themselves, Jesus' mother, his aunt, Mary the wife of Clopas, and Mary Magdalene stood at the foot of the cross. Jesus saw his mother and the disciple he loved standing near her. He said to his mother, "Woman, here is your son." Then to the disciple, "Here is your mother." From that moment the disciple accepted her as his own mother.

28 Jesus, seeing that everything had been completed so that the Scripture record might also be complete, then said, "I'm thirsty."

29-30 A jug of sour wine was standing by. Someone put a sponge soaked with the wine on a javelin and lifted it to his mouth. After he took the wine, Jesus said, "It's done... complete." Bowing his head, he offered up his spirit.

31-34 Then the Jews, since it was the day of Sabbath preparation, and so the bodies wouldn't stay on the crosses over the Sabbath (it was a high holy day that year), petitioned Pilate that their legs be broken to speed death, and the bodies taken down. So the soldiers came and broke the legs of the first man crucified with Jesus, and then the other. When they got to Jesus, they saw that he was already dead, so they didn't break his legs. One of the soldiers stabbed him in the side with his spear. Blood

볼 것이다"라고 한 성경 말씀이 확증되었다.

[38] 이 모든 일이 있고 나서, 아리마대 사람 요셉이 예수의 시신을 거두게 해달라고 빌라도에게 청했다. (그는 예수의 제자였지만, 유대인들의 위협 때문에 자기가 예수의 제자라는 사실을 비밀로 하고 있었다.) 빌라도가 허락하자, 요셉이 가서 시신을 거두었다.

[39-42] 일찍이 밤중에 예수를 찾아왔던 니고데모가, 이번에는 환한 대낮에 몰약과 침향 섞은 것을 33킬로그램쯤 가지고 왔다. 그들은 예수의 시신을 모셔다가 유대인의 장례 풍습대로 향료를 바르고 고운 베로 쌌다. 예수께서 십자가에 못 박히신 곳 근처에 동산이 있었다. 그 동산에는 아직 아무도 모신 적이 없는 새 무덤이 있었다. 그날은 유대인들이 안식일을 준비하는 날이었고 무덤도 가까이 있었으므로, 그들은 거기에 예수를 모셨다.

다시 살아나시다

20 [1-2] 한 주의 첫날 이른 아침이었다. 아직 어두울 때에, 막달라 마리아가 무덤에 가서 보니, 무덤을 막고 있던 돌이 입구에서 옮겨져 있었다. 그녀는 곧장 시몬 베드로와 예수께서 사랑하시는 다른 제자에게 숨 가쁘게 달려가서 말했다. "사람들이 주님을 무덤에서 꺼내 갔어요. 그들이 그분을 어디에 두었는지 모르겠습니다."

[3-10] 베드로와 다른 제자가 즉시 무덤을 향해 서로 앞 다투어 달려갔다. 다른 제자가 베드로를 앞질러 무덤에 먼저 도착했다. 그가 몸을 구부려 안을 들여다보니 거기에 고운 베가 놓여 있었다. 그러나 그는 안으로 들어가지는 않았다. 시몬 베드로가 그의 뒤에 도착해서 무덤 안으로 들어가 보니 고운 베가 놓여 있었다. 그분의 머리를 감쌌던 수건은 고운 베와 함께 있지 않고 따로 가지런하게 개어져 있었다. 그제야 먼저 도착했던 다른 제자도 무덤 안으로 들어가서, 증거를 보고 믿었다. 그분께서 죽은 자들 *가운데서 살아나야 한다는 말씀을 아직 아무도* 깨닫지 못하고 있었다. 그 후에 두 제자는 집으로 돌아갔다.

[11-13] 그러나 마리아는 무덤 바깥에 서서 울고 있었다. 그녀가 울면서 무릎을 꿇고 무덤 안을

and water gushed out.

[35] The eyewitness to these things has presented an accurate report. He saw it himself and is telling the truth so that you, also, will believe.

[36-37] These things that happened confirmed the Scripture, "Not a bone in his body was broken," and the other Scripture that reads, "They will stare at the one they pierced."

[38] After all this, Joseph of Arimathea (he was a disciple of Jesus, but secretly, because he was intimidated by the Jews) petitioned Pilate to take the body of Jesus. Pilate gave permission. So Joseph came and took the body.

[39-42] Nicodemus, who had first come to Jesus at night, came now in broad daylight carrying a mixture of myrrh and aloes, about seventy-five pounds. They took Jesus' body and, following the Jewish burial custom, wrapped it in linen with the spices. There was a garden near the place he was crucified, and in the garden a new tomb in which no one had yet been placed. So, because it was Sabbath preparation for the Jews and the tomb was convenient, they placed Jesus in it.

Resurrection!

20 [1-2] Early in the morning on the first day of the week, while it was still dark, Mary Magdalene came to the tomb and saw that the stone was moved away from the entrance. She ran at once to Simon Peter and the other disciple, the one Jesus loved, breathlessly panting, "They took the Master from the tomb. We don't know where they've put him."

[3-10] Peter and the other disciple left immediately for the tomb. They ran, neck and neck. The other disciple got to the tomb first, outrunning Peter. Stooping to look in, he saw the pieces of linen cloth lying there, but he didn't go in. Simon Peter arrived after him, entered the tomb, observed the linen cloths lying there, and the kerchief used to cover his head not lying with the linen cloths but separate, neatly folded by itself. Then the other disciple, the one who had gotten there first, went into the tomb, took one

들여다보니, 흰옷을 입은 두 천사가 거기에 앉아 있었다. 한 천사는 예수의 시신이 놓여 있던 자리 머리맡에, 다른 천사는 발치에 앉아 있었다. 천사들이 마리아에게 말했다. "여자여, 어찌하여 우느냐?"

13-14 마리아가 말했다. "사람들이 내 주님을 꺼내 갔습니다. 그들이 그분을 어디에 두었는지 모르겠습니다." 마리아가 이렇게 말하고 나서 뒤로 돌아서니, 예수께서 거기에 서 계셨다. 그러나 마리아는 그분을 알아보지 못했다.

15 예수께서 마리아에게 말씀하셨다. "여자여, 어찌하여 우느냐? 누구를 찾고 있느냐?"
마리아는 그분이 동산지기인 줄 알고 말했다. "선생님, 선생님이 그분을 모셔 갔으면, 어디에 두었는지 알려 주세요. 내가 그분을 돌보겠습니다."

16 예수께서 "마리아야" 하고 부르셨다.
마리아가 예수께 돌아서며 히브리 말로 "랍오니!" 하고 불렀다. 이는 '선생님!'이라는 뜻이다.

17 예수께서 말씀하셨다. "나를 계속 붙들고 있지 마라. 내가 아직 아버지께로 올라가지 않았다. 너는 내 형제들에게 가서, '내가 내 아버지이며 너희 아버지이신 분, 곧 내 하나님이시며 너희 하나님이신 분께로 올라간다'고 전하여라."

18 막달라 마리아가 제자들에게 가서 소식을 전했다. "내가 주님을 뵈었어요!" 마리아는 예수께서 자기에게 말씀하신 모든 것을 그들에게 알렸다.

믿는 자가 되어라

19-20 그날 해질 녘에 제자들이 모였으나, 그들은 유대인들이 무서워 집에 있는 문이란 문은 다 닫아걸고 있었다. 예수께서 들어오셔서, 그들 가운데 서서 말씀하셨다. "너희에게 평안이 있기를!" 그러고 나서 자기의 두 손과 옆구리를 제자들에게 보여주셨다.

20-21 제자들은 자기 눈으로 주님을 뵙고는 기쁨을 가누지 못했다. 예수께서 다시 한번 인사하셨다. "너희에게 평안이 있기를! 아버지께서 나를 보내신 것처럼 나도 너희를 보낸다."

22-23 예수께서 이 말씀을 하시고 나서 숨을 깊이 들이쉬었다가 그들에게 내쉬며 말씀하셨다. "성령을 받아라. 너희가 다른 사람의 죄를 용서하면 그 죄가 영원히 사라질 것이다. 너희가 죄를 용서하지 않으면 그 죄를 가지고 무엇을 하

look at the evidence, and believed. No one yet knew from the Scripture that he had to rise from the dead. The disciples then went back home.

11-13 But Mary stood outside the tomb weeping. As she wept, she knelt to look into the tomb and saw two angels sitting there, dressed in white, one at the head, the other at the foot of where Jesus' body had been laid. They said to her, "Woman, why do you weep?"

13-14 "They took my Master," she said, "and I don't know where they put him." After she said this, she turned away and saw Jesus standing there. But she didn't recognize him.

15 Jesus spoke to her, "Woman, why do you weep? Who are you looking for?"
She, thinking that he was the gardener, said, "Mister, if you took him, tell me where you put him so I can care for him."

16 Jesus said, "Mary."
Turning to face him, she said in Hebrew, "*Rabboni*!" meaning "Teacher!"

17 Jesus said, "Don't cling to me, for I have not yet ascended to the Father. Go to my brothers and tell them, 'I ascend to my Father and your Father, my God and your God.'"

18 Mary Magdalene went, telling the news to the disciples: "I saw the Master!" And she told them everything he said to her.

To Believe

19-20 Later on that day, the disciples had gathered together, but, fearful of the Jews, had locked all the doors in the house. Jesus entered, stood among them, and said, "Peace to you." Then he showed them his hands and side.

20-21 The disciples, seeing the Master with their own eyes, were exuberant. Jesus repeated his greeting: "Peace to you. Just as the Father sent me, I send you."

22-23 Then he took a deep breath and breathed into them. "Receive the Holy Spirit," he said. "If you forgive someone's sins, they're gone for good. If you don't forgive sins, what are you going to do with them?"

24-25 But Thomas, sometimes called the Twin, one of

려느냐?"

24-25 그러나 열두 제자 가운데 한 사람으로, 간혹 쌍둥이라고 불리는 도마는 예수께서 오셨을 때 그 자리에 없었다. 다른 제자들이 그에게 말했다. "우리가 주님을 보았소."

그러나 도마는 이렇게 말했다. "내가 그분 손에 난 못 자국을 보고, 그 못 자국에 내 손가락을 넣어 보고, 그분의 옆구리에 내 손을 넣어 보지 않고는 그 말을 믿지 않겠소."

26 여드레 후에 제자들이 다시 방에 모여 있었다. 이번에는 도마도 함께 있었다. 예수께서 잠긴 문들을 지나 들어오셔서, 그들 가운데 서서 말씀하셨다. "너희에게 평안이 있기를!"

27 그런 다음, 예수께서 도마에게 주목하며 말씀하셨다. "네 손가락을 내 손에 대어 보아라. 네 손을 내 옆구리에 넣어 보아라. 의심하는 자가 되지 말고, 믿는 자가 되어라."

28 도마가 말했다. "나의 주님! 나의 하나님!"

29 예수께서 말씀하셨다. "너는 네 두 눈으로 보고 나서야 믿는구나. 보지 않고도 믿는 사람들에게는 더 큰 복이 기다리고 있다."

30-31 예수께서는 이 책에 기록된 것보다 훨씬 많은 표적을 베푸셔서 하나님을 계시해 주셨다. 이것을 기록한 이유는, 예수께서 메시아이시며 하나님의 아들이심을 여러분으로 믿게 하고, 그 믿음을 통해 예수께서 친히 계시해 주신 참되고 영원한 생명을 얻게 하려는 것이다.

다시 고기를 잡으러 간 제자들

21 1-3 그 후에 예수께서 제자들에게 다시 나타나셨는데, 이번에는 디베랴 바다(갈릴리 호수)에서였다. 예수께서 나타나신 경위는 이렇다. 시몬 베드로, (쌍둥이라고도 하는) 도마, 갈릴리 가나 출신의 나다나엘, 세베대의 두 아들, 그리고 다른 두 제자가 함께 있었다. 시몬 베드로가 말했다. "나는 고기 잡으러 가야겠다."

3-4 나머지 사람들도 "우리도 함께 가겠다"고 대답했다. 그들은 나가서 배를 탔다. 그날 밤, 그들은 아무것도 잡지 못했다. 해가 뜰 무렵, 예수께서 바닷가에 서 계셨으나 그들은 그분을 알아보지 못했다.

5 예수께서 그들에게 말씀하셨다. "좋은 아침이구나! 아침거리로 뭘 좀 잡았느냐?"

그들이 대답했다. "못 잡았습니다."

6 예수께서 말씀하셨다. "그물을 배 오른쪽에 던지고 어떻게 되는지 보아라."

the Twelve, was not with them when Jesus came. The other disciples told him, "We saw the Master."

But he said, "Unless I see the nail holes in his hands, put my finger in the nail holes, and stick my hand in his side, I won't believe it."

26 Eight days later, his disciples were again in the room. This time Thomas was with them. Jesus came through the locked doors, stood among them, and said, "Peace to you."

27 Then he focused his attention on Thomas. "Take your finger and examine my hands. Take your hand and stick it in my side. Don't be unbelieving. Believe."

28 Thomas said, "My Master! My God!"

29 Jesus said, "So, you believe because you've seen with your own eyes. Even better blessings are in store for those who believe without seeing."

30-31 Jesus provided far more God-revealing signs than are written down in this book. These are written down so you will believe that Jesus is the Messiah, the Son of God, and in the act of believing, have real and eternal life in the way he personally revealed it.

Fishing

21 1-3 After this, Jesus appeared again to the disciples, this time at the Tiberias Sea (the Sea of Galilee). This is how he did it: Simon Peter, Thomas (nicknamed "Twin"), Nathanael from Cana in Galilee, the brothers Zebedee, and two other disciples were together. Simon Peter announced, "I'm going fishing."

3-4 The rest of them replied, "We're going with you." They went out and got in the boat. They caught nothing that night. When the sun came up, Jesus was standing on the beach, but they didn't recognize him.

5 Jesus spoke to them: "Good morning! Did you catch anything for breakfast?"

They answered, "No."

6 He said, "Throw the net off the right side of the boat and see what happens."

그들은 그 말씀대로 했다. 순식간에 수많은 고기가 그물에 걸려들었다. 힘이 달려서 그물을 끌어 올리지 못할 정도였다.

7-9 그때 예수께서 사랑하시는 제자가 베드로에게 말했다. "주님이시다!"

시몬 베드로가 그분이 주님이신 것을 알고는, 일하느라 벗어 놓았던 옷을 급히 챙겨 입고 바다로 뛰어들었다. 다른 제자들은 배를 탄 채로 고기가 가득 든 그물을 끌고 나왔다. 그들은 육지에서 90미터 정도밖에 떨어지지 않은 곳에 나가 있었다. 그들이 배에서 내리고 보니, 숯불이 지펴져 있고 그 위에 물고기와 빵이 익고 있었다.

10-11 예수께서 말씀하셨다. "너희가 방금 잡은 물고기를 몇 마리 가져오너라." 시몬 베드로가 다른 제자들과 힘을 합쳐 그물을 바닷가로 끌어올렸는데, 큰 물고기가 153마리나 되었다! 그렇게 많은 물고기가 들었는데도 그물이 찢어지지 않았다.

12 예수께서 말씀하셨다. "아침식사가 준비됐다." 제자들 가운데 "당신은 누구십니까?" 하고 감히 묻는 사람이 없었다. 그들은 그분이 주님이신 것을 알고 있었다.

13-14 예수께서 빵을 들어 그들에게 주시고, 물고기도 그들에게 주셨다. 예수께서 죽은 자들 가운데서 살아나신 뒤에, 제자들에게 살아 있는 모습을 보이신 것은 이번이 세 번째였다.

네가 나를 사랑하느냐

15 아침식사 후에, 예수께서 시몬 베드로에게 말씀하셨다. "요한의 아들 시몬아, 네가 이 사람들보다 나를 더 사랑하느냐?"

"예, 주님, 제가 주님을 사랑하는 줄을 주님이 아십니다."

예수께서 말씀하셨다. "내 어린양들을 먹여라."

16 그런 다음, 예수께서 두 번째로 물으셨다. "요한의 아들 시몬아, 네가 나를 사랑하느냐?"

"예, 주님, 제가 주님을 사랑하는 줄을 주님이 아십니다."

예수께서 말씀하셨다. "내 양들을 돌보아라."

17-19 예수께서 세 번째로 물으셨다. "요한의 아들 시몬아, 네가 나를 사랑하느냐?"

예수께서 "네가 나를 사랑하느냐?" 하고 세 번째 물으시니, 베드로는 근심이 되었다. "주님, 주님은 모르시는 것이 없습니다. 제가 주님을 사랑하는 줄을 주님께서 틀림없이 아십니다."

예수께서 말씀하셨다. "내 양들을 먹여라. 이제 너에게 진실을 알려 주겠다. 네가 젊었을 때는 네 스스로 옷을 입고 어디든지 원하는 곳으로 다녔다. 그러나 네가 나이 들어서는 두 팔을 벌려야 할 것이다. 다른 사람이

They did what he said. All of a sudden there were so many fish in it, they weren't strong enough to pull it in.

7-9 Then the disciple Jesus loved said to Peter, "It's the Master!"

When Simon Peter realized that it was the Master, he threw on some clothes, for he was stripped for work, and dove into the sea. The other disciples came in by boat for they weren't far from land, a hundred yards or so, pulling along the net full of fish. When they got out of the boat, they saw a fire laid, with fish and bread cooking on it.

10-11 Jesus said, "Bring some of the fish you've just caught." Simon Peter joined them and pulled the net to shore—153 big fish! And even with all those fish, the net didn't rip.

12 Jesus said, "Breakfast is ready." Not one of the disciples dared ask, "Who are you?" They knew it was the Master.

13-14 Jesus then took the bread and gave it to them. He did the same with the fish. This was now the third time Jesus had shown himself alive to the disciples since being raised from the dead.

Do You Love Me?

15 After breakfast, Jesus said to Simon Peter, "Simon, son of John, do you love me more than these?"

"Yes, Master, you know I love you."

Jesus said, "Feed my lambs."

16 He then asked a second time, "Simon, son of John, do you love me?"

"Yes, Master, you know I love you."

Jesus said, "Shepherd my sheep."

17-19 Then he said it a third time: "Simon, son of John, do you love me?"

Peter was upset that he asked for the third time, "Do you love me?" so he answered, "Master, you know everything there is to know. You've got to know that I love you."

Jesus said, "Feed my sheep. I'm telling you the very truth now: When you were young you dressed yourself and went wherever you

네게 옷을 입히고, 네가 원하지 않는 곳으로 너를 데려갈
것이다." 예수께서 이렇게 말씀하신 것은, 베드로가 어떤
죽음으로 하나님을 영화롭게 할 것인지를 암시하신 것이
다. 이 말씀을 하시고, 예수께서 이렇게 명하셨다. "나를
따라오너라."
20-21 베드로가 고개를 돌려 보니, 예수께서 사랑하시는
제자가 바로 뒤에서 따라오고 있었다. 베드로가 그를
보고 예수께 물었다. "주님, 이 사람은 어떻게 되겠습
니까?"
22-23 예수께서 말씀하셨다. "내가 다시 올 때까지 그를
살려 두고자 하더라도 그것이 너와 무슨 상관이 있느냐?
너는 나를 따라오너라." 그래서 그 제자가 죽지 않을 것
이라는 소문이 형제들 사이에 퍼진 것이다. 그러나 예수
께서 하신 말씀은 그런 뜻이 아니었다. 예수께서는 그저
"내가 다시 올 때까지 그를 살려 두고자 하더라도 그것이
너와 무슨 상관이 있느냐?"라고 말씀하셨을 뿐이다.
24 이 모든 일을 목격하고 기록한 사람이 바로 그 제자
다. 우리 모두는 그의 증언이 믿을 만하고 정확하다는 것
을 알고 있다.
25 이 밖에도 예수께서는 아주 많은 일을 행하셨다. 그것
을 하나도 빠뜨리지 않고 낱낱이 기록한다면, 그 기록한
책을 다 담아 두기에는 이 세상도 비좁을 것이다.

wished, but when you get old you'll have to
stretch out your hands while someone else
dresses you and takes you where you don't
want to go." He said this to hint at the kind
of death by which Peter would glorify God.
And then he commanded, "Follow me."
20-21 Turning his head, Peter noticed the
disciple Jesus loved following right behind.
When Peter noticed him, he asked Jesus,
"Master, what's going to happen to *him*?"
22-23 Jesus said, "If I want him to live until I
come again, what's that to you? You–follow
me." That is how the rumor got out among
the brothers that this disciple wouldn't die.
But that is not what Jesus said. He simply
said, "If I want him to live until I come
again, what's that to you?"
24 This is the same disciple who was eyewit-
ness to all these things and wrote them
down. And we all know that his eyewitness
account is reliable and accurate.
25 There are so many other things Jesus did.
If they were all written down, each of them,
one by one, I can't imagine a world big
enough to hold such a library of books.

사도행전 | 머리말

예수의 이야기는 정말 감동적이다. 우리 가운데 오신 하나님, 우리가 알아들을 수 있는 언어로 말씀하시는 하나님, 우리를 치료하시고 돕고 구원하시기 위해 활동하시는 하나님! 그러다 보니 자칫, 감동만 받고 거기서 끝날 위험이 있다. 이 이야기의 극적인 차원들을 서서히 (또는 갑자기) 깨닫기 시작하면서, 우리는 열광하는 구경꾼이 되어 거기에 안주하기 쉽다. 예수의 팬이 되어서 감탄사를 연발하고, 기분 좋을 때 그분을 본받으려고 하는 정도에 만족할 뿐이다.

예수의 구경꾼이 되거나 메시지의 팬이 되지 않도록 하는 것, 이것이 누가의 과제다. 예수의 삶을 기록한 네 명의 저자 가운데 누가만이, 다음 세대를 살아가는 사도들과 제자들의 이야기를 계속해서 들려준다. 놀라운 사실은, 본질적으로 같은 이야기가 여기서도 이어진다는 점이다. 누가는 거의 쉬지 않고, 펜을 잉크에 찍을 겨를도 없이, 이야기를 이어 나간다. 같은 문체, 같은 어휘를 가지고 이야기를 써 나간다.

예수의 이야기는 예수에서 끝나지 않는다. 그 이야기는 그분을 믿는 사람들의 삶에서 계속된다. 초자연적인 역사도 예수에게서 멈추지 않는다. 예수께서는 제자들에게 "너희가 받을 것은 성령이다. 성령이 너희에게 오시면, 너희는 예루살렘과 온 유대와 사마리아와 세상 끝까지 가서 내 증인이 될 것이다"라고 말씀하신다(행 1:8). 그리고 책의 중간쯤에 우리는 "이 구원의 메시지는 그 지역 곳곳으로 들불처럼 퍼져나갔다"라는 내용을 접하게 된다(행 13:49). 예수께서 하나님의 구경꾼이 아니셨듯이, 그리스도인들도 예수의 구경꾼이 아니었음을 누가는 분명히 밝힌다. 그들은 하나님이 행하시는 역사 안에 있었고, 하나님은 그들 안에서 일하셨으며, 그들 안에 살아 계셨다. 그것은 하나님께서 당연히 우리 안에서도 그렇게 하심을 의미한다.

Because the story of Jesus is so impressive—God among us! God speaking a language we can understand! God acting in ways that heal and help and save us!—there is a danger that we will be impressed, but only be impressed. As the spectacular dimensions of this story slowly (or suddenly) dawn upon us, we could easily become enthusiastic spectators, and then let it go at that—become admirers of Jesus, generous with our oohs and ahs, and in our better moments inspired to imitate him.

It is Luke's task to prevent that, to prevent us from becoming mere spectators to Jesus, fans of the Message. Of the original quartet of writers on Jesus, Luke alone continues to tell the story as the apostles and disciples live it into the next generation. The remarkable thing is that it continues to be essentially the same story. Luke continues his narration with hardly a break, a pause perhaps to dip his pen in the inkwell, writing in the same style, using the same vocabulary.

The story of Jesus doesn't end with Jesus. It continues in the lives of those who believe in him. The supernatural does not stop with Jesus. He told his disciples, "What you'll get is the Holy Spirit. And when the Holy Spirit comes on you, you will be able to be my witnesses in Jerusalem, all over judea and Samaria, even to the ends of the world"(Act 1:8). And about midway through the book, we read, "This Message of salvation spread like wildfire all through the region"(Act 13:49). Luke makes it clear that these Christians he wrote about were no more spectators of Jesus than Jesus was a spectator of God—they are *in* on the action of God, God acting *in* them, God living *in* them. Which also means, of course, in *us*.

사도행전

성령을 약속하시다

1 1-5 친애하는 데오빌로 각하께. 이 책 첫 권에서 나는, 예수께서 성령으로 말미암아 친히 택하신 사도들에게 작별을 고하시고 하늘로 들려 올라가신 날까지, 그분이 행하시고 가르치신 모든 것을 기록했습니다. 예수께서는 죽으신 후에, 사십 일에 걸쳐 여러 다른 상황에서 사도들에게 살아 계신 모습으로 나타나셨습니다. 얼굴을 대면한 여러 번의 만남에서, 그분은 그들에게 하나님 나라에 관한 일들을 말씀해 주셨습니다. 만나서 함께 식사를 하면서, 사도들에게 절대로 예루살렘을 떠나지 말라고 하시며 이렇게 이르셨습니다. "아버지께서 약속하신 것, 곧 너희가 내게서 들은 약속을 기다려야 한다. 요한은 물로 세례를 주었지만, 너희는 성령으로 세례를 받을 것이다. 이제 곧 받을 것이다."

6 마지막으로 함께 있을 때에 사도들이 물었다. "주님, 이스라엘에 나라를 회복하실 때가 지금입니까?"

7-8 예수께서 그들에게 말씀하셨다. "때는 너희가 알 수 없다. 때를 정하는 것은 아버지의 몫이다. 너희가 받을 것은 성령이다. 성령이 너희에게 오시면, 너희는 예루살렘과 온 유대와 사마리아와 세상 끝까지 가서 내 증인이 될 것이다."

9-11 이것이 그분의 마지막 말씀이었다. 예수께서는 사도들이 보는 가운데 들려 올라가 구름 속으로 사라지셨다. 그들은 빈 하늘을 바라보며 거기 서 있었다. 그때 갑자기 흰옷을 입은 두 사람이 나타났다. 그들이 말했다. "너희 갈릴리 사람들아! 왜 여기 서서 빈 하늘만 쳐다보고 있느냐?

ACTS

To the Ends of the World

1 1-5 Dear Theophilus, in the first volume of this book I wrote on everything that Jesus began to do and teach until the day he said good-bye to the apostles, the ones he had chosen through the Holy Spirit, and was taken up to heaven. After his death, he presented himself alive to them in many different settings over a period of forty days. In face-to-face meetings, he talked to them about things concerning the kingdom of God. As they met and ate meals together, he told them that they were on no account to leave Jerusalem but "must wait for what the Father promised: the promise you heard from me. John baptized in water; you will be baptized in the Holy Spirit. And soon."

6 When they were together for the last time they asked, "Master, are you going to restore the kingdom to Israel now? Is this the time?"

7-8 He told them, "You don't get to know the time. Timing is the Father's business. What you'll get is the Holy Spirit. And when the Holy Spirit comes on you, you will be able to be my witnesses in Jerusalem, all over Judea and Samaria, even to the ends of the world."

9-11 These were his last words. As they watched, he was taken up and disappeared in a cloud. They stood there, staring into the empty sky. Suddenly two men appeared – in white robes! They said, "You Galileans! – why do you just stand here looking up at an empty sky? This very Jesus who was taken up

너희 가운데서 하늘로 들려 올라가신 이 예수는 떠나신 그대로 틀림없이, 영광 중에 오실 것이다."

from among you to heaven will come as certainly—and mysteriously—as he left."

예루살렘으로 돌아가다

12-13 사도들이 올리브 산이라는 곳을 떠나 예루살렘으로 돌아갔다. 1킬로미터가 채 안되는 길이었다. 그들은 모임 장소로 사용하던 다락방으로 갔다.

베드로
요한
야고보
안드레
빌립
도마
바돌로매
마태
알패오의 아들 야고보
열심당원 시몬
야고보의 아들 유다.

14 이들은 끝까지 이 길을 가기로 뜻을 모으고, 온전히 하나가 되어 기도했다. 그중에는 여자들도 있었다. 예수의 어머니 마리아와, 예수의 동생들도 함께 있었다.

유다를 대신할 자

15-17 그때에 베드로가 일행 가운데서 일어나 말했다. 방 안에는 백이십 명쯤 있었다. "친구 여러분, 오래전에 성령께서 다윗을 통해, 예수를 체포한 자들의 길잡이가 된 유다에 대해 말씀하셨습니다. 그 성경 말씀은 성취되어야 했고, 이제 성취되었습니다. 유다는 우리 가운데 한 사람으로 이 사역의 한 부분을 맡았었습니다.

18-20 여러분도 알다시피, 그는 뇌물로 받은 악한 돈으로 조그마한 농지를 샀는데, 거기서 배가 터지고 창자가 쏟아져 나오는 비참한 최후를 맞았습니다. 이는 예루살렘 사람이면 누구나 아는 일입니다. 사람들은 그곳을 '살인의 밭'이라고 합니다. 정확히 시편에 기록된 그대로입니다.

그의 농지가 흉흉하게 되어
아무도 거기 살지 못하게 하소서.

또한 나중에 기록된 그대로입니다.

Returning to Jerusalem

12-13 So they left the mountain called Olives and returned to Jerusalem. It was a little over half a mile. They went to the upper room they had been using as a meeting place:

Peter,
John,
James,
Andrew,
Philip,
Thomas,
Bartholomew,
Matthew,
James, son of Alphaeus,
Simon the Zealot,
Judas, son of James.

14 They agreed they were in this for good, completely together in prayer, the women included. Also Jesus' mother, Mary, and his brothers.

Replacing Judas

15-17 During this time, Peter stood up in the company—there were about 120 of them in the room at the time—and said, "Friends, long ago the Holy Spirit spoke through David regarding Judas, who became the guide to those who arrested Jesus. That Scripture had to be fulfilled, and now has been. Judas was one of us and had his assigned place in this ministry.

18-20 "As you know, he took the evil bribe money and bought a small farm. There he came to a bad end, rupturing his belly and spilling his guts. Everybody in Jerusalem knows this by now; they call the place Murder Meadow. It's exactly what we find written in the Psalms:

Let his farm become haunted
So no one can ever live there.

"And also what was written later:

그의 자리를 다른 사람이 대신하게 하소서.

21-22 이제 유다를 대신할 사람을 세워야 합니다.
후임자는 예수께서 요한에게 세례를 받으시던 때
부터 승천하신 날까지 우리와 함께 있었고, 우리
와 함께 그분의 부활의 증인으로 지목된 사람들
중에서 나와야 합니다."
23-26 그들은 두 사람을 추천했다. 일명 유스도라
하는 요셉 바사바와 맛디아였다. 그들은 기도했
다. "오 하나님, 하나님께서는 우리 각 사람을 속
속들이 아십니다. 유다가 제 갈 길을 가려고 버린
이 사역과 지도자의 자리를 대신할 사람으로, 하
나님께서 이 두 사람 중에 누구를 택하셨는지 보
여주십시오." 그들은 제비를 뽑았다. 맛디아가 뽑
혀서 열두 사도 중에 들게 되었다.

강한 바람 같은 소리

2 1-4 오순절이 되었을 때, 그들이 다 함께
한곳에 있었다. 난데없이 맹렬한 기세의
강한 바람 같은 소리가 났으나, 그 소리가 어디서
나는지 아무도 알 수 없었다. 그 소리가 온 건물을
가득 채웠다. 그러더니, 성령께서 들불처럼 무리
사이로 퍼졌고, 그들은 성령께서 시키시는 대로
여러 다른 언어로 말하기 시작했다.
5-11 마침 그때에 예루살렘에는 많은 유대인들이
머물고 있었다. 그들은 세계 각지에서 모인 경건
한 순례자들이었다. 그들이 그 소리를 듣고 서둘
러 달려왔다. 그런데 그들은 각자의 모국어로 들
려오는 소리를 듣고 크게 놀랐다. 도무지 무슨 일
인지 영문을 알 수 없어, 그들은 이렇게 되뇌었다.
"이들은 다 갈릴리 사람들이 아닌가? 그런데 이들
이 하는 말이 우리 각 사람의 모국어로 들리니 어
찌된 일인가?

바대 사람, 메대 사람, 엘람 사람,
메소포타미아, 유대, 갑바도기아,
본도와 아시아, 브루기아와 밤빌리아,
이집트, 구레네에 속한 리비아 여러 지역에서
온 방문객들,
로마에서 이주해 온 유대인과 개종자들,
크레타 사람과 아라비아 사람들까지!

이들이 우리 언어로 하나님의 능하신 일들을 말하
고 있지 않은가!"
12 그들은 머리가 혼란스러워 갈피를 잡을 수 없었

Let someone else take over his post.

21-22 "Judas must now be replaced. The replace-
ment must come from the company of men who
stayed together with us from the time Jesus was
baptized by John up to the day of his ascension,
designated along with us as a witness to his resur-
rection."
23-26 They nominated two: Joseph Barsabbas,
nicknamed Justus, and Matthias. Then they
prayed, "You, O God, know every one of us inside
and out. Make plain which of these two men
you choose to take the place in this ministry and
leadership that Judas threw away in order to go
his own way." They then drew straws. Matthias
won and was counted in with the eleven apostles.

A Sound Like a Strong Wind

2 1-4 When the Feast of Pentecost came, they
were all together in one place. Without
warning there was a sound like a strong wind,
gale force—no one could tell where it came from.
It filled the whole building. Then, like a wildfire,
the Holy Spirit spread through their ranks, and
they started speaking in a number of different
languages as the Spirit prompted them.
5-11 There were many Jews staying in Jerusalem
just then, devout pilgrims from all over the world.
When they heard the sound, they came on the
run. Then when they heard, one after another,
their own mother tongues being spoken, they
were thunderstruck. They couldn't for the life
of them figure out what was going on, and kept
saying, "Aren't these all Galileans? How come
we're hearing them talk in our various mother
tongues?

Parthians, Medes, and Elamites;
Visitors from Mesopotamia, Judea, and Cappa-
docia,
Pontus and Asia, Phrygia and Pamphylia,
Egypt and the parts of Libya belonging to
Cyrene;
Immigrants from Rome, both Jews and prose-
lytes;

다. 당황해서 "도대체 이게 무슨 일이지?" 하는 말
을 서로 주고받았다.
13 그런가 하면 "이 사람들이 싸구려 술에 취했다"
고 놀리는 사람들도 있었다.

베드로의 설교

14-21 바로 그때에 다른 열한 사도의 지지를 받은
베드로가 일어나 무척 긴박한 어조로 말했다. "유
대인 동포 여러분과 예루살렘을 방문중인 모든 여
러분, 잘 듣고 이 이야기를 바로 아시기 바랍니다.
이 사람들은 여러분 가운데 일부가 생각하는 것처
럼 술에 취한 것이 아닙니다. 이제 겨우 아침 아홉
시인데 취할 시간이나 있었겠습니까? 이것은 예
언자 요엘이 장차 일어날 것이라고 알려 준 일입
니다.

하나님께서 말씀하신다. "마지막 때에
내가 모든 사람에게
내 영을 부어 줄 것이다.
너희 아들들은 예언할 것이며
너희 딸들도 예언할 것이다.
너희 청년들은 환상을 볼 것이며
너희 노인들은 꿈을 꿀 것이다.
그때가 이르면
나를 섬기는 남종과 여종에게
내 영을 부어 줄 것이니,
그들은 예언할 것이다.
내가 위로 하늘에 이적과
아래로 땅에 표적을 베풀 것이니,
피와 불과 소용돌이치는 연기,
주의 날,
무섭고 기이한 그날이 오기 전에,
해가 어두워지고 달이 핏빛으로 붉어질 것이다.
누구든지 나 하나님에게 구해 달라고 부르짖는
자는
구원을 얻을 것이다."

22-28 이스라엘 동포 여러분, 이 말을 잘 들으십시
오. 나사렛 예수는 하나님께 온전히 인정받으신
분이셨습니다. 하나님께서 그분을 통해 행하신 기
적과 이적과 표적들은 여러분이 이미 다 알고 있
습니다. 이 예수께서 하나님의 주도면밀하신 계획
에 따라, 법을 제멋대로 주무르는 사람들에게 배
반당하시고 여러분에게 넘겨졌습니다. 여러분은
그분을 십자가에 못 박아 죽였습니다. 하지만 하

Even Cretans and Arabs!

"They're speaking our languages, describing
God's mighty works!"
12 Their heads were spinning; they couldn't make
head or tail of any of it. They talked back and
forth, confused: "What's going on here?"
13 Others joked, "They're drunk on cheap wine."

Peter Speaks Up

14-21 That's when Peter stood up and, backed by
the other eleven, spoke out with bold urgency:
"Fellow Jews, all of you who are visiting
Jerusalem, listen carefully and get this story
straight. These people aren't drunk as some of
you suspect. They haven't had time to get drunk—
it's only nine o'clock in the morning. This is what
the prophet Joel announced would happen:

"In the Last Days," God says,
"I will pour out my Spirit
on every kind of people:
Your sons will prophesy,
also your daughters;
Your young men will see visions,
your old men dream dreams.
When the time comes,
I'll pour out my Spirit
On those who serve me, men and women both,
and they'll prophesy.
I'll set wonders in the sky above
and signs on the earth below,
Blood and fire and billowing smoke,
the sun turning black and the moon blood-red,
Before the Day of the Lord arrives,
the Day tremendous and marvelous;
And whoever calls out for help
to me, God, will be saved."

22-28 "Fellow Israelites, listen carefully to these
words: Jesus the Nazarene, a man thoroughly
accredited by God to you—the miracles and
wonders and signs that God did through him
are common knowledge—this Jesus, following

나님께서 죽음의 밧줄을 푸시고 그분을 다시 살리셨습니다. 죽음은 그분의 상대가 되지 못했습니다. 다윗이 이 모든 것을 말했습니다.

내가 항상 내 앞에 계신 하나님을 뵈었다.
그분이 내 곁에 계시니, 그 무엇도 나를 흔들 수 없다.
내 속에서 온통 기쁨과 희열이 넘쳐,
나는 소망의 땅에 내 거처를 정했다.
주님은 절대로 나를 음부에 버리지 않으실 것이므로,
나는 죽음의 악취조차 맡지 않을 것이다.
주님께서 내 발을 생명 길에 두셨고
주님의 얼굴은 온 사방에 햇빛 같은 기쁨으로 빛난다.

29-36 사랑하는 친구 여러분, 여러분에게 더없이 솔직히 말하겠습니다. 우리 조상 다윗이 죽어서 묻혔고, 그 무덤이 오늘도 분명히 우리 눈앞에 있습니다. 그러나 예언자이기도 했던 그는, 자신의 한 후손이 나라를 다스릴 것이라고 하신 하나님의 엄숙한 맹세를 알고서, 먼 장래를 내다보며 메시아의 부활을 앞서 말했습니다. '음부에 내려가지 않고 죽음의 악취를 맡지 않을 것이다'라는 말이 바로 그것입니다. 이 예수를 하나님께서 다시 살리셨습니다. 여기 있는 우리가 다 그 일의 증인입니다. 그 후에 예수께서 하나님 오른편 높은 곳에 올려져 아버지께서 약속하신 성령을 받으시고, 그 받으신 성령을 우리에게 부어 주셨습니다. 여러분은 지금 그 일을 보고 듣고 있습니다. 그래서 다윗은 자기가 직접 하늘로 올라가지 않았지만, 이렇게 말했습니다.

하나님께서 내 주님께 말씀하셨다. "내가 네 원수들을
네 발판으로 삼을 때까지 너는 내 오른편에 앉아 있어라."

그러니, 온 이스라엘 여러분, 이것을 아십시오. 여러분이 십자가에서 죽인 이 예수를, 하나님께서 주와 메시아로 삼으셨습니다. 더 이상 의심할 여지가 없습니다."

37 듣고 있던 사람들이 마음속 깊이 찔려서 베드로와 다른 사도들에게 물었다. "형제 여러분! 형제 여러분! 그러면 우리가 이제 어떻게 해야 합니까?"

the deliberate and well-thought-out plan of God, was betrayed by men who took the law into their own hands, and was handed over to you. And you pinned him to a cross and killed him. But God untied the death ropes and raised him up. Death was no match for him. David said it all:

I saw God before me for all time.
Nothing can shake me; he's right by my side.
I'm glad from the inside out, ecstatic;
I've pitched my tent in the land of hope.
I know you'll never dump me in Hades;
I'll never even smell the stench of death.
You've got my feet on the life-path,
with your face shining sun-joy all around.

29-36 "Dear friends, let me be completely frank with you. Our ancestor David is dead and buried—his tomb is in plain sight today. But being also a prophet and knowing that God had solemnly sworn that a descendant of his would rule his kingdom, seeing far ahead, he talked of the resurrection of the Messiah—'no trip to Hades, no stench of death.' This Jesus, God raised up. And every one of us here is a witness to it. Then, raised to the heights at the right hand of God and receiving the promise of the Holy Spirit from the Father, he poured out the Spirit he had just received. That is what you see and hear. For David himself did not ascend to heaven, but he did say,

God said to my Master, "Sit at my right hand
Until I make your enemies a stool for resting your feet."

"All Israel, then, know this: There's no longer room for doubt—God made him Master and Messiah, this Jesus whom you killed on a cross."

37 Cut to the quick, those who were there listening asked Peter and the other apostles, "Brothers! Brothers! So now what do we do?"

38-39 Peter said, "Change your life. Turn to God and be baptized, each of you, in the name of Jesus Christ, so your sins are forgiven. Receive the gift

38-39 베드로가 말했다. "삶을 고치십시오. 하나님께로 돌아와서, 여러분 각자가 예수 그리스도의 이름으로 세례를 받으십시오. 그러면 여러분의 죄가 용서받습니다. 성령을 선물로 받으십시오. 이 약속은 여러분과 여러분의 자녀들은 물론이고 멀리 있는 모든 사람들까지, 우리 주 하나님께서 부르시는 사람이면 누구에게나 해당됩니다."

40 그는 이렇게 한참을 더 말하며, 그들에게 간절히 권했다. "이 병들고 무감각한 문화에서 빠져나오십시오! 여러분이 할 수 있을 때에 어서 나오십시오."

41-42 그날 약 삼천 명이 그 말을 믿어서, 세례를 받고 등록했다. 그들은 사도들의 가르침과 공동생활과 공동식사와 기도에 자신들의 삶을 드렸다.

43-45 주위에 있던 사람들 모두가, 사도들을 통해 이루어진 모든 이적과 표적을 보고 두려워했다! 믿는 사람들 모두가 무엇이든 공유하면서, 멋진 화합을 이루고 살았다. 그들은 자신들이 가진 것은 무엇이든 팔아 공동 자원으로 이용하면서, 각 사람의 필요를 채웠다.

46-47 성전에서 예배를 드리고 나서, 집에서 식사하고 하나님을 찬양하는 것이 그들의 하루 일과였다. 식사 때마다 즐거움이 넘쳐흐르는 축제였다. 사람들은 그 모습을 좋게 보았다. 하나님께서 구원받은 사람들을 더하셔서 날마다 그들의 수가 늘어났다.

3 1-5 하루는 오후 세 시에, 베드로와 요한이 기도하러 성전에 들어가고 있었다. 마침 그때에 사람들이 나면서부터 걷지 못하던 사람을 메고 왔다. 그는 날마다 '아름다운 문'이라는 성전 문에 앉아, 성전에 들어가는 사람들에게 구걸하던 사람이었다. 그는 베드로와 요한이 성전에 들어가려는 것을 보고 구걸을 했다. 베드로와 그 옆에 있던 요한이 그의 눈을 똑바로 쳐다보며 말했다. "여기를 보시오." 그러자 그는 그들에게서 뭔가 얻을 줄로 생각하고 고개를 들었다.

6-8 베드로가 말했다. "나는 동전 한 푼 가진 것이 없지만, 내게 있는 것을 당신에게 주겠소. 나사렛 예수 그리스도의 이름으로 걸으시오!" 베드로가 그 사람의 오른손을 잡아 일으키자, 즉시 그의 발과 발목에 힘이 생겼다. 그는 펄쩍 뛰듯이 일어나 걸었다.

8-10 그 사람은 베드로와 요한과 함께 성전으로 들어가서, 이리저리 걷고 춤추며 하나님을 찬양했다. 그

of the Holy Spirit. The promise is targeted to you and your children, but also to all who are far away—whomever, in fact, our Master God invites."

40 He went on in this vein for a long time, urging them over and over, "Get out while you can; get out of this sick and stupid culture!"

41-42 That day about three thousand took him at his word, were baptized and were signed up. They committed themselves to the teaching of the apostles, the life together, the common meal, and the prayers.

43-45 Everyone around was in awe—all those wonders and signs done through the apostles! And all the believers lived in a wonderful harmony, holding everything in common. They sold whatever they owned and pooled their resources so that each person's need was met.

46-47 They followed a daily discipline of worship in the Temple followed by meals at home, every meal a celebration, exuberant and joyful, as they praised God. People in general liked what they saw. Every day their number grew as God added those who were saved.

3 1-5 One day at three o'clock in the afternoon, Peter and John were on their way into the Temple for prayer meeting. At the same time there was a man crippled from birth being carried up. Every day he was set down at the Temple gate, the one named Beautiful, to beg from those going into the Temple. When he saw Peter and John about to enter the Temple, he asked for a handout. Peter, with John at his side, looked him straight in the eye and said, "Look here." He looked up, expecting to get something from them.

6-8 Peter said, "I don't have a nickel to my name, but what I do have, I give you: In the name of Jesus Christ of Nazareth, walk!" He grabbed him by the right hand and pulled him up. In an instant his feet and ankles became

곳에 있던 사람들 모두가 그가 걸어 다니며 하나님을 찬양하는 것을 보았다. 그들은 그가 성전의 아름다운 문에 앉아 구걸하던 사람인 것을 알아보고는, 깜짝 놀라 눈을 비볐다. 눈으로 보면서도 도저히 믿기지 않았던 것이다.

11 그 사람은 기뻐서 어쩔 줄 몰라 하며 베드로와 요한을 끌어안았다. 모든 사람이 그 모습을 직접 보려고 그들이 있는 솔로몬 회랑으로 달려왔다.

하나님께로 돌아서라

12-16 사람들이 모인 것을 보고, 베드로가 그들에게 말했다.

"이스라엘 여러분, 이 일에 왜 이렇게 크게 놀라십니까? 이 사람이 걷게 된 것이 마치 우리 능력이나 경건함 때문인 것처럼, 왜 우리를 쳐다보는 것입니까? 아브라함과 이삭과 야곱의 하나님, 곧 우리 조상의 하나님께서 그 아들 예수를 영화롭게 하셨습니다. 빌라도가 죄 없다고 한 그분을 여러분은 거절했습니다. 여러분은 거룩하고 의로우신 분을 거절하고, 그 대신에 살인자를 놓아 달라고 했습니다. 그러나 여러분이 생명의 주인 되신 분을 죽이자마자, 하나님은 죽은 자들 가운데서 그분을 살리셨습니다. 우리가 그 증인들입니다. 예수의 이름을 믿는 믿음이 이 사람을 일으켜 세운 것입니다. 이 사람의 상태는 여러분이 잘 알지 않습니까? 그렇습니다. 바로 믿음, 오직 믿음이 여러분 눈앞에서 이 사람을 완전히 낫게 한 것입니다.

17-18 친구 여러분, 예수를 죽일 때 여러분은 자신이 무슨 일을 하는지 몰랐습니다. 여러분의 지도자들도 그러했습니다. 그러나 모든 예언자의 설교를 통해 메시아가 죽임당할 것을 처음부터 말씀하신 하나님께서는, 여러분이 무슨 일을 하는지 정확히 아셨고, 그 일을 사용해서 그분의 계획을 이루셨습니다.

19-23 이제 여러분의 행실을 고칠 때입니다! 하나님께로 돌아서십시오. 그리하면 그분께서 여러분의 죄를 씻어 주시고, 축복의 소나기를 쏟아부어 여러분을 새롭게 하시며, 여러분을 위해 예비하신 메시아 예수를 보내 주실 것입니다. 하나님께서 거룩한 옛 예언자들의 설교를 통해 말씀하신 대로, 예수는 만물의 질서가 다시 회복될 때까지 하늘에 계셔서 보이지 않을 것입니다. 한 예로, 모세는 이렇게 말했습니다. '너희 하나님께서 너희를 위해, 너희 동족 가운데서 나와 같은 한 예언자를 일으켜 세우실 것이다. 너희는 그가 하는 말을 다 들어라. 그 예언자의 말을 듣지 않는 사람은 하나도 남김없이 그 백성 가운데서 멸망할 것

firm. He jumped to his feet and walked.

8-10 The man went into the Temple with them, walking back and forth, dancing and praising God. Everybody there saw him walking around and praising God. They recognized him as the one who sat begging at the Temple's Gate Beautiful and rubbed their eyes, astonished, scarcely believing what they were seeing.

11 The man threw his arms around Peter and John, ecstatic. All the people ran up to where they were at Solomon's Porch to see it for themselves.

Turn to Face God

12-16 When Peter saw he had a congregation, he addressed the people:

"Oh, Israelites, why does this take you by such complete surprise, and why stare at us as if *our* power or piety made him walk? The God of Abraham and Isaac and Jacob, the God of our ancestors, has glorified his Son Jesus. The very One that Pilate called innocent, you repudiated. You repudiated the Holy One, the Just One, and asked for a murderer in his place. You no sooner killed the Author of Life than God raised him from the dead–and we're the witnesses. Faith in Jesus' name put this man, whose condition you know so well, on his feet–yes, faith and nothing but faith put this man healed and whole right before your eyes.

17-18 "And now, friends, I know you had no idea what you were doing when you killed Jesus, and neither did your leaders. But God, who through the preaching of all the prophets had said all along that his Messiah would be killed, knew exactly what you were doing and used it to fulfill his plans.

19-23 "Now it's time to change your ways! Turn to face God so he can wipe away your sins, pour out showers of blessing to refresh you, and send you the Messiah he prepared for you, namely, Jesus. For the time being he must remain out of sight in heaven until everything is restored to order again just the way God, through the preaching of his holy prophets of

이다.'

24-26 사무엘부터 시작해 그 뒤를 이은 예언자들도 모두 같은 이야기를 전했고, 이날이 올 것을 힘주어 말했습니다. 여러분은 이 예언자들의 후손이며, 또 하나님께서 여러분의 조상과 맺으신 그 언약의 후손입니다. 하나님께서 아브라함에게 주신 언약의 말씀이 무엇입니까? '이 땅의 모든 민족이 네 후손으로 말미암아 복을 받을 것이다.' 그러나 여러분이 맨 먼저입니다. 하나님께서는 여러분 한 사람 한 사람이 그 악한 길에서 돌이키면 여러분에게 복을 주시려고, 그 아들을 일으켜 세우시고 여러분에게 보내신 것입니다."

숨길 것이 없다

4 1-4 베드로와 요한이 사람들에게 말하는 동안, 제사장들과 성전 경비대장과 사두개인들이 다가왔다. 그들은 이 신출내기 사도들이 사람들을 가르치는 것과, 죽은 자의 부활이 예수께 일어났다고 선포하는 것에 분개했다. 그들은 사도들을 체포해 다음날 아침까지 감옥에 가두었다. 이미 늦은 저녁이기 때문이었다. 그러나 그들의 이야기를 들은 사람들 가운데 이미 메시지를 믿은 사람들이 많았다. 그 수가 대략 오천 명쯤 되었다!

5-7 이튿날 예루살렘에 회의가 소집되었다. 통치자, 종교 지도자, 종교 학자, 대제사장 안나스, 가야바, 요한, 알렉산더 등 주요 인물들이 다 모였다. 그들은 베드로와 요한을 한가운데 세워 놓고 따져 물었다. "누가 너희에게 이런 일을 맡기더냐? 도대체 무엇 때문에 이런 일을 하느냐?"

8-12 그 말에 베드로가 성령이 충만하여 거침없이 말했다. "백성의 통치자와 지도자 여러분, 오늘 우리가 병자를 고친 일로 재판에 회부되어 심문을 받는 것이라면, 나는 더없이 솔직히 말하겠습니다. 우리는 하나도 숨길 것이 없습니다. 여러분이 십자가에서 죽였으나 하나님께서 죽은 자들 가운데서 다시 살리신 나사렛 예수 그리스도, 그분의 이름으로 이 사람이 건강하고 온전한 모습으로 여러분 앞에 서 있습니다. '너희 석공들이 내버린 돌이 이제 모퉁잇돌이 되었다'는 말씀은, 예수를 두고 하신 말씀입니다. 구원받을 다른 길은 없습니다. 오직 예수의 이름 외에는, 구원받을 수 있는 다른 이름을

old, said it would be. Moses, for instance, said, 'Your God will raise up for you a prophet just like me from your family. Listen to every word he speaks to you. Every last living soul who refuses to listen to that prophet will be wiped out from the people.'

24-26 "All the prophets from Samuel on down said the same thing, said most emphatically that these days would come. These prophets, along with the covenant God made with your ancestors, are your family tree. God's covenant-word to Abraham provides the text: 'By your offspring all the families of the earth will be blessed.' But you are first in line: God, having raised up his Son, sent him to bless you as you turn, one by one, from your evil ways."

Nothing to Hide

4 1-4 While Peter and John were addressing the people, the priests, the chief of the Temple police, and some Sadducees came up, indignant that these upstart apostles were instructing the people and proclaiming that the resurrection from the dead had taken place in Jesus. They arrested them and threw them in jail until morning, for by now it was late in the evening. But many of those who listened had already believed the Message—in round numbers about five thousand!

5-7 The next day a meeting was called in Jerusalem. The rulers, religious leaders, religion scholars, Annas the Chief Priest, Caiaphas, John, Alexander—everybody who was anybody was there. They stood Peter and John in the middle of the room and grilled them: "Who put you in charge here? What business do you have doing this?"

8-12 With that, Peter, full of the Holy Spirit, let loose: "Rulers and leaders of the people, if we have been brought to trial today for helping a sick man, put under investigation regarding this healing, I'll be completely frank with you—we have nothing to hide. By the name of Jesus Christ of Nazareth, the One you killed on a cross, the One God raised from the dead, by means of his name this man stands before you healthy and whole. Jesus is 'the stone you masons threw out, which is now the cornerstone.' Salvation comes no other way; no other name has been or will be given to us by which we can be saved,

우리에게 주신 적이 없고 앞으로도 없을 것입니다."

13-14 베드로와 요한이 어찌나 당당하고 자신 있게 서 있던지, 그들은 두 사람에게서 눈을 뗄 수 없었다! 그 두 사람이 성경 훈련이나 정식 교육을 받지 못한 평신도인 것을 알고, 그들은 더욱 놀랐다. 그들은 그 두 사람이 예수와 함께 다녔다는 것을 알았지만, 그들 앞에 꼿꼿이 서 있는—고침받은!—그 사람을 보고서는, 뭐라고 반박할 말을 찾을 수 없었다!

15-17 그들은 방도를 짜내기 위해 베드로와 요한을 밖으로 내보내고 나서 서로 의논했다. "이들을 어떻게 하면 좋겠습니까? 기적이 일어났고, 그 배후에 저들이 있다는 것이 이미 온 시내에 알려졌습니다. 우리도 부인할 길이 없습니다. 더 이상 일이 커지지 않도록 저들을 위협해서 입을 막읍시다. 다시는 누구한테도 예수의 이름을 말하지 못하도록 말입니다."

18-20 그들은 베드로와 요한을 다시 불러서, 어떠한 경우에도 예수의 이름으로 말하거나 가르치지 말라고 경고했다. 그러자 그들이 바로 되받았다. "하나님의 말씀보다 여러분의 말을 듣는 것이 하나님 보시기에 옳은 일인지 여러분이 판단하십시오. 우리의 입장은 분명합니다. 우리는 우리가 보고 들은 것을 말하지 않을 수 없습니다."

21-22 종교 지도자들은 그들을 다시 위협한 뒤에, 결국 풀어 주었다. 그들을 감옥에 가두어 둘 만한 죄목을 찾지 못했던 것이다. 만일 가두어 두었다면, 백성이 가만있지 않았을 것이다. 백성은 이번 일로 모두 하나님을 찬양하고 있었다. 이 기적으로 병이 나은 사람은 마흔 살이 넘었다.

한마음 한뜻으로

23-26 베드로와 요한은 풀려나자마자, 동료들에게 가서 대제사장과 종교 지도자들이 한 말을 전했다. 보고를 전해 들은 사람들은, 놀랍도록 하나가 되어 소리 높여 기도했다. "강하신 하나님, 주님께서는 하늘과 땅과 바다와 그 안에 있는 모든 것을 지으셨습니다. 주님께서는 주님의 종이자 우리의 조상인 다윗의 입을 통해 성령으로 이렇게 말씀하셨습니다.

못 나라들아, 웬 소란이냐?

only this one."

13-14 They couldn't take their eyes off them—Peter and John standing there so confident, so sure of themselves! Their fascination deepened when they realized these two were laymen with no training in Scripture or formal education. They recognized them as companions of Jesus, but with the man right before them, seeing him standing there so upright—so healed!—what could they say against that?

15-17 They sent them out of the room so they could work out a plan. They talked it over: "What can we do with these men? By now it's known all over town that a miracle has occurred, and that they are behind it. There is no way we can refute that. But so that it doesn't go any further, let's silence them with threats so they won't dare to use Jesus' name ever again with anyone."

18-20 They called them back and warned them that they were on no account ever again to speak or teach in the name of Jesus. But Peter and John spoke right back, "Whether it's right in God's eyes to listen to you rather than to God, you decide. As for us, there's no question—we can't keep quiet about what we've seen and heard."

21-22 The religious leaders renewed their threats, but then released them. They couldn't come up with a charge that would stick, that would keep them in jail. The people wouldn't have stood for it—they were all praising God over what had happened. The man who had been miraculously healed was over forty years old.

One Heart, One Mind

23-26 As soon as Peter and John were let go, they went to their friends and told them what the high priests and religious leaders had said. Hearing the report, they lifted their voices in a wonderful harmony in prayer: "Strong God, you made heaven and earth and sea and everything in them. By the Holy Spirit you spoke through the mouth of your servant and our father, David:

Why the big noise, nations?
Why the mean plots, peoples?

못 민족들아, 웬 흉계냐?
땅의 두목들이 권력투쟁을 벌이고
권력자들이 모여 정상회담을 여니,
하나님을 부정하며 메시아께 대드는 자들이다!

27-28 과연 그들이 모였습니다. 헤롯과 본디오 빌라도와 나라들과 민족들과 이스라엘까지! 바로 이 도성에 모였습니다. 주님의 거룩하신 아들 예수, 주님께서 메시아로 삼으신 그분을 해치려고 모의했습니다. 주님께서 오래전부터 계획하신 일들을 이루려고 모였습니다.
29-30 이제 그들이 또 시작합니다! 그들의 위협을 살피시고 주님의 종들에게 두려워하지 않는 담대함을 주셔서, 주님의 메시지를 전하게 해주십시오. 주님의 손을 우리에게 내미셔서, 주님의 거룩하신 종 예수의 이름으로 치유와 기적과 이적이 일어나게 해주십시오."
31 그들이 기도하고 있는데, 그 모인 곳이 흔들리고 진동했다. 그들은 모두 성령으로 충만해져서, 두려움 없이 계속해서 하나님의 말씀을 전했다.
32-33 믿는 사람들이 하나로—한마음 한뜻으로—연합했다! 그들은 자기 재산에 대한 소유권을 주장하지 않았다. "이건 내 것이니, 당신이 가질 수 없소"라고 말하는 사람이 아무도 없었다. 그들은 모든 것을 공유했다. 사도들은 주 예수의 부활을 강력하게 증거했고, 그들 모두에게 은혜가 머물렀다.
34-35 그리하여 그들 가운데 궁핍한 사람이 단 한 명도 없었다. 밭이나 집이 있는 사람들은 그것을 팔아서, 그 판 돈을 사도들에게 가져와 헌금했다. 사도들은 각 사람의 필요에 따라 그 돈을 나누어 주었다.
36-37 키프로스 태생의 레위 사람으로, 사도들이 바나바('위로의 아들'이라는 뜻)라고 부르던 요셉도 자기 소유의 밭을 팔아서, 그 돈을 가져다가 사도들에게 헌금했다.

아나니아와 삽비라

5 1-2 그러나 아나니아라는 사람이 자기 아내 삽비라와 공모하여 땅을 판 돈의 일부를 몰래 자기 몫으로 챙겨 두고는, 나머지를 사도들에게 가져와 헌금했다.
3-4 베드로가 말했다. "아나니아야, 네가 어찌하여 사탄에게 넘어가 성령께 거짓말하고 땅값의

Earth's leaders push for position,
Potentates meet for summit talks,
The God-deniers, the Messiah-defiers!

27-28 "For in fact they did meet—Herod and Pontius Pilate with nations and peoples, even Israel itself!—met in this very city to plot against your holy Son Jesus, the One you made Messiah, to carry out the plans you long ago set in motion.
29-30 "And now they're at it again! Take care of their threats and give your servants fearless confidence in preaching your Message, as you stretch out your hand to us in healings and miracles and wonders done in the name of your holy servant Jesus."
31 While they were praying, the place where they were meeting trembled and shook. They were all filled with the Holy Spirit and continued to speak God's Word with fearless confidence.
32-33 The whole congregation of believers was united as one—one heart, one mind! They didn't even claim ownership of their own possessions. No one said, "That's mine; you can't have it." They shared everything. The apostles gave powerful witness to the resurrection of the Master Jesus, and grace was on all of them.
34-35 And so it turned out that not a person among them was needy. Those who owned fields or houses sold them and brought the price of the sale to the apostles and made an offering of it. The apostles then distributed it according to each person's need.
36-37 Joseph, called by the apostles "Barnabas" (which means "Son of Comfort"), a Levite born in Cyprus, sold a field that he owned, brought the money, and made an offering of it to the apostles.

Ananias and Sapphira

5 1-2 But a man named Ananias—his wife, Sapphira, conniving in this with him—sold a piece of land, secretly kept part of the price for himself, and then brought the rest to the apostles and made an offering of it.
3-4 Peter said, "Ananias, how did Satan get you to lie to the Holy Spirit and secretly keep back part of the price of the field? Before you sold it, it was all yours, and after you sold it, the money was yours to

일부를 몰래 떼어 두었느냐? 그 땅은 팔기 전에 도 네 것이었고 판 뒤에도 네 것이어서, 그 돈을 네 마음대로 할 수 있었다. 그런데 네가 무슨 생각으로 이런 속임수를 썼느냐? 너는 사람에게 거짓말한 것이 아니라 하나님께 거짓말한 것이다."

5-6 아나니아가 그 말을 듣고는 쓰러져 죽었다. 이 소식을 들은 사람들이 모두 하나님을 두려워했다. 젊은 사람들이 곧바로 그 시체를 싸서, 메고 나가서 묻었다.

7-8 세 시간이 못 되어서, 그의 아내가 무슨 일이 있었는지 전혀 모른 채 들어왔다. 베드로가 말했다. "너희가 땅을 팔고 받은 돈이 이것이냐?"

"예, 그 돈입니다." 삽비라가 말했다.

9-10 베드로가 대답했다. "너희가 공모하여 주님의 영을 대적하다니 이 무슨 일이냐? 네 남편을 묻고 온 사람들이 집 앞에 있으니, 다음은 네 차례다." 그의 입에서 말이 떨어지기가 무섭게 삽비라도 쓰러져 죽었다. 젊은 사람들이 돌아와 보니 그 여자의 시체가 있었다. 그들은 시신을 메고 나가서 남편 곁에 묻었다.

11 이즈음에 이 일을 들은 온 교회는 물론 모든 사람들 안에 하나님께 대한 깊은 경외심이 생겼다. 하나님을 함부로 대해서는 안된다는 것을 알게 된 것이다.

모두가 정기적으로 모이다

12-16 사도들이 하는 일을 통해, 백성 가운데 하나님의 표적이 크게 나타나고 놀라운 일이 많이 이루어졌다. 그들은 모두 하나가 되어 솔로몬의 이름을 붙인 성전 회랑에 정기적으로 모였다. 백성이 그들을 크게 칭찬했으나, 그들 모임에 합류하기를 꺼리는 사람들도 있었다. 한편, 주님을 믿는 사람들은 남녀 할 것 없이 도처에서 더 늘어났다. 심지어 그들은 병자들을 메고서 길거리로 나와 들것과 이부자리에 눕혀 놓고는, 지나가는 베드로의 그림자에라도 닿기를 바랐다. 예루살렘 인근의 여러 마을에서 사람들이 아픈 사람과 귀신 들린 사람들을 데리고 몰려나왔다. 그들 모두가 나았다.

사람보다 하나님께 순종하는 것

17-20 대제사장과 그의 편에 선 사람들, 주로 사두개파 사람들이 이 모든 일에 단단히 화가 나서 행동에 돌입했다. 그들은 사도들을 체포해 시내

do with as you wished. So what got into you to pull a trick like this? You didn't lie to men but to God."

5-6 Ananias, when he heard those words, fell down dead. *That* put the fear of God into everyone who heard of it. The younger men went right to work and wrapped him up, then carried him out and buried him.

7-8 Not more than three hours later, his wife, knowing nothing of what had happened, came in. Peter said, "Tell me, were you given this price for your field?"

"Yes," she said, "that price."

9-10 Peter responded, "What's going on here that you connived to conspire against the Spirit of the Master? The men who buried your husband are at the door, and you're next." No sooner were the words out of his mouth than she also fell down, dead. When the young men returned they found her body. They carried her out and buried her beside her husband.

11 By this time the whole church and, in fact, everyone who heard of these things had a healthy respect for God. They knew God was not to be trifled with.

They All Met Regularly

12-16 Through the work of the apostles, many God-signs were set up among the people, many wonderful things done. They all met regularly and in remarkable harmony on the Temple porch named after Solomon. But even though people admired them a lot, outsiders were wary about joining them. On the other hand, those who put their trust in the Master were added right and left, men and women both. They even carried the sick out into the streets and laid them on stretchers and bedrolls, hoping they would be touched by Peter's shadow when he walked by. They came from the villages surrounding Jerusalem, throngs of them, bringing the sick and bedeviled. And they all were healed.

To Obey God Rather than Men

17-20 Provoked mightily by all this, the Chief Priest and those on his side, mainly the sect of Sadducees, went into action, arrested the apostles and put

감옥에 가두었다. 그러나 밤중에 하나님의 천사가 감옥 문을 열고 그들을 이끌어 냈다. 천사가 말했다. "성전으로 가서 당당히 서거라. 이 생명에 대해 말해야 할 모든 것을 사람들에게 다 전하여라."

그들은 즉시 순종하여, 새벽녘에 성전으로 들어가 계속해서 가르쳤다.

21-23 한편, 대제사장과 그의 동료들은 이스라엘의 최고의회를 소집한 뒤에, 감옥에 사람을 보내 죄수들을 데려오게 했다. 경비대가 감옥에 가 보니, 그 안에는 아무도 없었다. 그들이 돌아와서 보고했다. "감옥은 철통같이 잠겨서 문마다 간수들이 지키고 있었지만, 안에 들어가 보니 한 사람도 없었습니다."

24 성전 경비대장과 대제사장들은 당황했다. "이게 도대체 어떻게 된 일이냐?"

25-26 그때에 누군가가 나타나서 말했다. "감옥에 가두어 두었던 사람들이 다시 성전에서 사람들을 가르치고 있는 것을 알고 계십니까?" 경비대장이 부하들과 함께 가서 사도들을 붙잡았다. 그러나 백성이 폭동을 일으켜 대항할까 두려워서, 그들을 조심스럽게 다루었다.

27-28 그들은 사도들을 데려다가 다시 최고의회 앞에 세웠다. 대제사장이 말했다. "우리가 너희에게 예수의 이름으로 가르치지 말라고 엄히 명령하지 않았더냐? 그런데 너희는 너희 가르침으로 예루살렘을 가득 채우고는, 그 사람의 죽음을 기어이 우리 탓으로 돌리려 하고 있다."

29-32 베드로와 사도들이 대답했다. "사람보다 하나님께 순종하는 것이 당연합니다. 여러분이 십자가에 매달아 죽인 그 예수를, 우리 조상의 하나님께서 다시 살리셨습니다. 그 하나님께서 이스라엘에게 변화된 삶과 죄 용서의 선물을 주시려고, 예수를 왕과 구주로 삼아 그분 오른편 높은 곳에 두셨습니다. 우리는 이 일의 증인들입니다. 하나님이 그분께 순종하는 이들에게 주시는 성령께서도, 이 모든 일을 확증해 주십니다."

33-37 그들은 이 말을 듣고 격분하여, 그 자리에서 당장 사도들을 죽이려고 했다. 그러자 최고의회 의원인 가말리엘이라는 바리새인이 자리에서 일어섰다. 하나님의 율법을 가르치는 교사로 모든 사람의 존경을 받고 있던 그는, 잠시 사도들을 밖으로 내보내고 나서 이렇게 말했다. "동료 여러분, 이들을 대할 때 조심하십시오. 얼마 전 드다가 대단한 사람인 양 행세하다가 잠

them in the town jail. But during the night an angel of God opened the jailhouse door and led them out. He said, "Go to the Temple and take your stand. Tell the people everything there is to say about this Life."

Promptly obedient, they entered the Temple at daybreak and went on with their teaching.

21-23 Meanwhile, the Chief Priest and his cronies convened the High Council, Israel's senate, and sent to the jail to have the prisoners brought in. When the police got there, they couldn't find them anywhere in the jail. They went back and reported, "We found the jail locked tight as a drum and the guards posted at the doors, but when we went inside we didn't find a soul."

24 The chief of the Temple police and the high priests were puzzled. "What's going on here anyway?"

25-26 Just then someone showed up and said, "Did you know that the men you put in jail are back in the Temple teaching the people?" The chief and his police went and got them, but they handled them gently, fearful that the people would riot and turn on them.

27-28 Bringing them back, they stood them before the High Council. The Chief Priest said, "Didn't we give you strict orders not to teach in Jesus' name? And here you have filled Jerusalem with your teaching and are trying your best to blame us for the death of this man."

29-32 Peter and the apostles answered, "It's necessary to obey God rather than men. The God of our ancestors raised up Jesus, the One you killed by hanging him on a cross. God set him on high at his side, Prince and Savior, to give Israel the gift of a changed life and sins forgiven. And we are witnesses to these things. The Holy Spirit, whom God gives to those who obey him, corroborates every detail."

33-37 When they heard that, they were furious and wanted to kill them on the spot. But one of the council members stood up, a Pharisee by the name of Gamaliel, a teacher of God's Law who was honored by everyone. He ordered the men taken out of the room for a short time, then said, "Fellow Israelites, be careful what you do to these

깐 유명해져서, 사백 명 정도를 끌어 모은 일이 있습니다. 그러나 그가 죽임을 당하자 추종자들도 흩어지고, 결국 흐지부지되고 말았습니다. 그 일이 있고 나서 얼마 후 인구조사 때에는, 갈릴리 사람 유다가 나타나서 세력을 불렸으나 그 역시 용두사미로 끝났고, 그를 따르던 사람들도 뿔뿔이 흩어지고 말았습니다.

38-39 그래서 하는 말입니다. 이 사람들에게서 손을 떼십시오! 그냥 내버려 두세요. 만일 이 계획이나 일이 순전히 인간에게서 난 것이라면, 산산이 무너지고 말 것입니다. 하지만 하나님에게서 난 것이라면, 여러분이 어떻게 해도 소용없습니다. 괜히 하나님을 대적하는 자가 되지 마십시오!"

40-42 그 말이 설득력이 있었다. 그들은 사도들을 다시 불러들여 호되게 매질한 다음, 예수의 이름으로 말하지 말라고 경고하여 그들을 쫓아냈다. 사도들은 예수의 이름 때문에 치욕당하는 영예를 얻은 것을 크게 기뻐하며 의회에서 나왔다. 그들은 날마다 잠시도 쉬지 않고, 예수가 그리스도이심을 성전과 집에서 가르치고 전했다.

하나님의 말씀이 크게 번성하다

6 1-4 그때에 제자들의 수가 급격하게 늘어나면서, 그리스 말을 하는 신자들이 히브리 말을 하는 신자들에 대해 섭섭하게 여기는 마음이 커졌다. 매일 양식을 배급받을 때 자기네 과부들이 차별을 받고 있기 때문이었다. 그래서 열두 사도는 제자 회의를 소집하여 제자들에게 말했다. "우리가 하나님 말씀을 전하고 가르치는 책임을 저버린 채 가난한 사람들을 돌보는 것은 옳지 못합니다. 그러니 여러분, 여러분 가운데서 모두에게 신임을 얻고, 성령 충만하여 분별력 있는 사람 일곱을 뽑으십시오. 그러면 우리는 이 일을 그들에게 맡기겠습니다. 대신에 우리는, 우리가 맡은 본분인 기도하고 하나님 말씀을 전하는 일에 전념하겠습니다."

5-6 회중이 그 생각을 아주 좋게 여겼다. 그들은 다음 일곱 사람을 뽑았다.

믿음과 성령이 충만한 사람, 스데반
빌립
브로고로
니가노르
디몬

men. Not long ago Theudas made something of a splash, claiming to be somebody, and got about four hundred men to join him. He was killed, his followers dispersed, and nothing came of it. A little later, at the time of the census, Judas the Galilean appeared and acquired a following. He also fizzled out and the people following him were scattered to the four winds.

38-39 "So I am telling you: Hands off these men! Let them alone. If this program or this work is merely human, it will fall apart, but if it is of God, there is nothing you can do about it—and you better not be found fighting against God!"

40-42 That convinced them. They called the apostles back in. After giving them a thorough whipping, they warned them not to speak in Jesus' name and sent them off. The apostles went out of the High Council overjoyed because they had been given the honor of being dishonored on account of the Name. Every day they were in the Temple and homes, teaching and preaching Christ Jesus, not letting up for a minute.

The Word of God Prospered

6 1-4 During this time, as the disciples were increasing in numbers by leaps and bounds, hard feelings developed among the Greek-speaking believers—"Hellenists"—toward the Hebrew-speaking believers because their widows were being discriminated against in the daily food lines. So the Twelve called a meeting of the disciples. They said, "It wouldn't be right for us to abandon our responsibilities for preaching and teaching the Word of God to help with the care of the poor. So, friends, choose seven men from among you whom everyone trusts, men full of the Holy Spirit and good sense, and we'll assign them this task. Meanwhile, we'll stick to our assigned tasks of prayer and speaking God's Word."

5-6 The congregation thought this was a great idea. They went ahead and chose—

Stephen, a man full of faith and the Holy Spirit,
Philip,
Procorus,

바메나
안디옥 출신의 개종자, 니골라.

회중은 그들을 사도들에게 보였다. 사도들은 기도하고 안수하여 그들에게 일을 위임했다.

7 하나님의 말씀이 크게 번성했다. 예루살렘에 있는 제자들의 수가 어마어마하게 늘고, 이 믿음을 따르게 된 제사장들도 많이 생겨났다.

8-10 스데반은 하나님의 은혜와 능력이 차고 넘쳐서, 백성 가운데 놀라운 일들을 행했다. 그것은 하나님이 그들 가운데 계신다는 틀림없는 표적이었다. 그때 회당에서 온 몇몇 사람들이 그를 반대하고 나서서 변론으로 그를 누르려고 했다. 그 무리는 종이었다가 자유인이 된 구레네 사람, 알렉산드리아 사람, 길리기아와 아시아 출신의 사람들로 이루어져 있었다. 그러나 스데반이 말하자, 그들은 그의 지혜와 영적 기개를 당해 내지 못했다.

11 그래서 그들은 몰래 사람들을 매수해 거짓말을 퍼뜨렸다. "이 사람이 모세와 하나님을 저주하는 것을 우리가 들었습니다."

12-14 그 말이 백성과 종교 지도자와 종교 학자들의 마음을 휘저어 놓았다. 그들은 스데반을 잡아서 최고의회 앞으로 끌고 갔다. 그리고 자신들이 매수한 증인들을 앞세워 이렇게 증언했다. "이 사람은 쉬지 않고 이 거룩한 곳과 하나님의 율법을 욕하고 있습니다. 심지어 우리는, 나사렛 예수가 이곳을 무너뜨릴 것이며 또한 모세가 우리에게 준 관습을 다 내버릴 것이라고 그가 말하는 것도 들었습니다."

15 최고의회에 앉아 있던 모든 사람이 스데반을 쳐다보았다. 그들은 그에게서 눈을 뗄 수가 없었다. 그의 얼굴이 천사의 얼굴 같았다!

성령 충만한 스데반

7 1 그때 대제사장이 말했다. "네 자신을 변호할 말이 있느냐?"

2-3 스데반이 대답했다. "친구 여러분, 아버지와 *형제 여러분, 우리 조상 아브라함이 하란으로 이주하기 전 아직 메소포타미아에 있을 때에,* 영광의 하나님이 그에게 나타나서 말씀하셨습니다. '네 고향과 가족을 떠나 내가 네게 보여줄 땅으로 가거라.'

Nicanor,
Timon,
Parmenas,
Nicolas, a convert from Antioch.

Then they presented them to the apostles. Praying, the apostles laid on hands and commissioned them for their task.

7 The Word of God prospered. The number of disciples in Jerusalem increased dramatically. Not least, a great many priests submitted themselves to the faith.

8-10 Stephen, brimming with God's grace and energy, was doing wonderful things among the people, unmistakable signs that God was among them. But then some men from the meeting place whose membership was made up of freed slaves, Cyrenians, Alexandrians, and some others from Cilicia and Asia, went up against him trying to argue him down. But they were no match for his wisdom and spirit when he spoke.

11 So in secret they bribed men to lie: "We heard him cursing Moses and God."

12-14 That stirred up the people, the religious leaders, and religion scholars. They grabbed Stephen and took him before the High Council. They put forward their bribed witnesses to testify: "This man talks nonstop against this Holy Place and God's Law. We even heard him say that Jesus of Nazareth would tear this place down and throw out all the customs Moses gave us."

15 As all those who sat on the High Council looked at Stephen, they found they couldn't take their eyes off him—his face was like the face of an angel!

Stephen, Full of the Holy Spirit

7 1 Then the Chief Priest said, "What do you have to say for yourself?"

2-3 Stephen replied, "Friends, fathers, and brothers, the God of glory appeared to our father Abraham when he was still in Mesopotamia, before the move to Haran, and told him, 'Leave your country and family and go to the land I'll

4-7 그래서 아브라함은 갈대아 사람들의 땅을 떠나 하란으로 옮겨 갔습니다. 아버지가 죽은 뒤에, 그는 지금 여러분이 살고 있는 이 땅으로 이주해 왔습니다. 그러나 하나님께서는 그에게 아무것도, 발붙일 곳조차 주지 않으셨습니다. 그때에 아브라함에게는 아들이 없었습니다. 그런데도 하나님은, 후에 이 땅을 그와 그의 아들에게 주시겠다고 약속하셨습니다. 하나님은 그의 후손이 낯선 땅으로 이주하여, 거기서 사백 년 동안 종이 되어 가혹한 대우를 받을 것을 그에게 알려 주셨습니다. 그러나 하나님께서는 '내가 개입해서 너희를 종으로 삼은 자들을 처리하고 내 백성을 이끌어 내어, 이곳에서 나를 예배하게 할 것이다' 하고 말씀하셨습니다.

8 그 후에 하나님은 아브라함과 언약을 맺으시고, 할례로 그의 몸에 표를 남기셨습니다. 아브라함은 아들 이삭을 낳고 여드레 만에 그 몸에 할례의 표를 남겼습니다. 이삭이 야곱의 아버지가 되고 야곱이 열두 조상들의 아버지가 되는 동안에, 그들은 저마다 언약의 표를 충실히 전했습니다.

9-10 그러나 그 조상들은 시기심에 불타서, 요셉을 이집트에 노예로 보내 버렸습니다. 그럼에도 불구하고 하나님이 그와 함께 하셔서, 그를 모든 환난에서 구하셨을 뿐 아니라 그를 이집트 왕 바로의 눈에 띄게 하셨습니다. 바로는 요셉에게 크게 감동받아서, 개인적 사무를 비롯해 온 나랏일을 그에게 맡겼습니다.

11-15 그 후에 이집트에서부터 가나안까지 전 지역에 기근이 들어, 사람들의 고생이 말이 아니었습니다. 배고픈 우리 조상들은 양식을 얻고자 모든 곳을 샅샅이 뒤졌으나 아무것도 찾을 수 없었습니다. 야곱이 이집트에 양식이 있다는 말을 듣고는, 우리 조상들을 보내어 알아보게 했습니다. 소문이 사실임을 확인한 뒤에, 그들은 양식을 구하려고 이집트로 다시 갔습니다. 그 방문 때, 요셉은 형들에게 자신의 정체를 밝히고 야곱 일가를 바로에게 소개했습니다. 이어서 요셉은 아버지 야곱과 일흔다섯 명이나 되는 일가족을 모두 데려오게 했습니다. 그렇게 해서 야곱 일가가 이집트로 가게 된 것입니다.

15-16 야곱이 죽고, 그 후에 우리 조상들도 죽었습니다. 그들은 세겜으로 옮겨져, 전에 아브라함이 하몰의 자손에게 충분한 값을 치르고 산 무덤에 묻혔습니다.

17-19 하나님께서 아브라함에게 구원을 약속하신

show you.'

4-7 "So he left the country of the Chaldees and moved to Haran. After the death of his father, he immigrated to this country where you now live, but God gave him nothing, not so much as a foothold. He did promise to give the country to him and his son later on, even though Abraham had no son at the time. God let him know that his offspring would move to an alien country where they would be enslaved and brutalized for four hundred years. 'But,' God said, 'I will step in and take care of those slaveholders and bring my people out so they can worship me in this place.'

8 "Then he made a covenant with him and signed it in Abraham's flesh by circumcision. When Abraham had his son Isaac, within eight days he reproduced the sign of circumcision in him. Isaac became father of Jacob, and Jacob father of twelve 'fathers,' each faithfully passing on the covenant sign.

9-10 "But then those 'fathers,' burning up with jealousy, sent Joseph off to Egypt as a slave. God was right there with him, though—he not only rescued him from all his troubles but brought him to the attention of Pharaoh, king of Egypt. He was so impressed with Joseph that he put him in charge of the whole country, including his own personal affairs.

11-15 "Later a famine descended on that entire region, stretching from Egypt to Canaan, bringing terrific hardship. Our hungry fathers looked high and low for food, but the cupboard was bare. Jacob heard there was food in Egypt and sent our fathers to scout it out. Having confirmed the report, they went back to Egypt a second time to get food. On that visit, Joseph revealed his true identity to his brothers and introduced the Jacob family to Pharaoh. Then Joseph sent for his father, Jacob, and everyone else in the family, seventy-five in all. That's how the Jacob family got to Egypt.

15-16 "Jacob died, and our fathers after him. They were taken to Shechem and buried in the tomb for which Abraham paid a good price to the sons of Hamor.

17-19 "When the four hundred years were nearly up,

사백 년이 다 되어 갈 무렵, 이집트에 있던 우리 백성의 수가 크게 늘어났습니다. 이제 요셉에 대해 들어 보지 못한 왕이 이집트를 다스리고 있었습니다. 그는 우리 민족을 무자비하게 착취했습니다. 갓난아기들을 강제로 버리게 해서, 비바람 속에 비참하게 죽게 했습니다.

20-22 바로 그러한 때에 모세가 태어났습니다. 그는 무척 준수한 아기였습니다. 부모가 석 달 동안 그 아기를 집 안에 숨겼으나 더 이상 숨길 수 없게 되자, 그를 밖에 내놓았습니다. 그러자 바로의 딸이 그를 구해 내어 자기 아들로 삼아 길렀습니다. 모세는 이집트 최고 학교에서 교육을 받았습니다. 그는 사상이나 체력이 모두 대단했습니다.

23-26 마흔 살이 되자, 모세는 자기 동족 히브리 사람들이 어떻게 지내는지 알고 싶어 그들의 형편을 살피러 나갔습니다. 그는 이집트 사람이 히브리 사람 하나를 괴롭히는 것을 보고는, 끼어들어서 그 이집트 사람을 때려눕히고 싸움에서 진 형제의 원수를 갚았습니다. 그는 히브리 형제들이 자기가 그들 편인 것을 기뻐할 줄 알았습니다. 나아가 자신을, 그들을 구해 줄 하나님의 도구로 여길 줄 알았습니다. 그러나 그들은 그렇게 생각하지 않았습니다. 이튿날 히브리 사람 둘이 싸우고 있는데, 모세가 다툼을 말리며 그들에게 서로 사이좋게 지내도록 권했습니다. '그대들은 형제 사이인데, 왜 서로 치고 싸우는 것이오?'

27-29 싸움을 시작한 사람이 말했습니다. '누가 당신을 우리 책임자로 세웠소? 어제 이집트 사람을 죽인 것처럼 나도 죽일 셈이오?' 모세는 그 말을 듣고 소문이 퍼진 것을 알고는, 죽을힘을 다해 도망하여 미디안 땅에서 나그네로 살았습니다. 나그네로 살면서, 그는 두 아들을 낳았습니다.

30-32 사십 년 후, 시내 산 광야에서 불타는 떨기나무 불꽃으로 가장한 천사가 그에게 나타났습니다. 모세는 자기 눈을 믿을 수 없어, 자세히 보려고 다가갔습니다. 그때, 그는 하나님의 음성을 들었습니다. '나는 네 조상, 아브라함과 이삭과 야곱의 하나님이다.' 소스라치게 놀란 모세는, 눈을 감고 고개를 돌렸습니다.

33-34 하나님께서 말씀하셨습니다. '무릎을 꿇고 *기도하여라. 네가 있는 곳은 거룩한 곳, 거룩한* 땅이다. 내가 이집트에 있는 내 백성의 괴로움을 보았다. 내가 그들의 신음소리를 들었다. 내가 그들을 도우려고 왔다. 그러니 너는 준비하여라. 내가 너를 이집트로 다시 보내겠다.'

the time God promised Abraham for deliverance, the population of our people in Egypt had become very large. And there was now a king over Egypt who had never heard of Joseph. He exploited our race mercilessly. He went so far as forcing us to abandon our newborn infants, exposing them to the elements to die a cruel death.

20-22 "In just such a time Moses was born, a most beautiful baby. He was hidden at home for three months. When he could be hidden no longer, he was put outside—and immediately rescued by Pharaoh's daughter, who mothered him as her own son. Moses was educated in the best schools in Egypt. He was equally impressive as a thinker and an athlete.

23-26 "When he was forty years old, he wondered how everything was going with his Hebrew kin and went out to look things over. He saw an Egyptian abusing one of them and stepped in, avenging his underdog brother by knocking the Egyptian flat. He thought his brothers would be glad that he was on their side, and even see him as an instrument of God to deliver them. But they didn't see it that way. The next day two of them were fighting and he tried to break it up, told them to shake hands and get along with each other: 'Friends, you are brothers, why are you beating up on each other?'

27-29 "The one who had started the fight said, 'Who put you in charge of us? Are you going to kill me like you killed that Egyptian yesterday?' When Moses heard that, realizing that the word was out, he ran for his life and lived in exile over in Midian. During the years of exile, two sons were born to him.

30-32 "Forty years later, in the wilderness of Mount Sinai, an angel appeared to him in the guise of flames of a burning bush. Moses, not believing his eyes, went up to take a closer look. He heard God's voice: 'I am the God of your fathers, the God of Abraham, Isaac, and Jacob.' Frightened nearly out of his skin, Moses shut his eyes and turned away.

33-34 "God said, 'Kneel and pray. You are in a holy place, on holy ground. I've seen the agony of my people in Egypt. I've heard their groans. I've come to help them. So get yourself ready; I'm sending

35-39 이 모세는, 전에 사람들로부터 '누가 당신을 우리 책임자로 세웠소?'라는 말을 듣고 거부당했던 사람입니다. 이 모세는, 불타는 떨기나무 속에서 천사를 통해 불꽃을 발하시던 하나님께서 지도자와 구원자로 다시 보내신 사람입니다. 모세는 노예생활에서 백성을 이끌어 냈습니다. 그는 사십 년 동안, 이집트 전역과 홍해와 광야에서 하나님의 표적과 이적을 베풀고 행했습니다. 이 모세는, 백성에게 '하나님께서 너희 후손 중에서 나와 같은 예언자 하나를 일으켜 세우실 것이다'라고 말한 사람입니다. 이 모세는, 시내 산에서 말하던 천사와 광야에 모인 여러분의 조상들 사이에 서서, 그가 받은 생명의 말씀을 가져다가 우리에게 전해 준 사람입니다. 그런데 우리 조상들은 그 말씀이 자신과 무관하다고 생각했습니다.

39-41 그들은 이집트의 옛 생활방식을 갈망하며 아론에게 불평했습니다. '우리가 보고 따를 수 있는 신을 만들어 주시오. 우리를 인적조차 없는 이곳으로 끌어낸 모세가 어찌 되었는지 누가 알겠소!' 그때 그들은 송아지 우상을 만들고, 그 앞에 희생 제물을 바치며, 자기들이 대단한 종교 프로그램을 만들어 낸 것처럼 자축했습니다.

42-43 하나님은 조금도 기뻐하지 않으셨습니다. 그래서 그들이 자기 방식대로 하게 내버려 두셨습니다. 새롭게 등장하는 모든 신에게 다 예배하게 두고, 그 결과를 지고 살도록 내버려 두셨습니다. 예언자 아모스는, 그 결과를 이렇게 묘사했습니다.

오 이스라엘아, 너희가 사십 년 광야 시절 동안
내게 짐승과 곡식 제물을 가져온 적이 있더냐?
전혀 없었다. 너희는 전쟁의 신, 음란의 여신에게
산당을 지어 주느라,
힘을 다해 그들을 예배하느라, 너무 바빴다.
그래서 내가 너희를 바빌론에 포로로 보낸 것
이다.

44-47 그 기간 동안 우리 조상들에게는 참된 예배를 드릴 장막 성소가 있었습니다. 그 장막은 모세가 하나님께서 알려 주신 설계대로 만든 것이었습니다. 하나님이 그 땅에서 이방인들을 쫓아내실 때에, 그들은 장막을 가지고 여호수아를 따라갔고, 그 장막은 다윗의 때까지도 있었습니다. 다윗은 하나님께 영구적인 예배 장소를 구했고, 결국 솔로몬이 그것을 지었습니다.

you back to Egypt.'

35-39 "This is the same Moses whom they earlier rejected, saying, 'Who put you in charge of us?' This is the Moses that God, using the angel flaming in the burning bush, sent back as ruler and redeemer. He led them out of their slavery. He did wonderful things, setting up God-signs all through Egypt, down at the Red Sea, and out in the wilderness for forty years. This is the Moses who said to his congregation, 'God will raise up a prophet just like me from your descendants.' This is the Moses who stood between the angel speaking at Sinai and your fathers assembled in the wilderness and took the life-giving words given to him and handed them over to us, words our fathers would have nothing to do with.

39-41 "They craved the old Egyptian ways, whining to Aaron, 'Make us gods we can see and follow. This Moses who got us out here miles from nowhere—who knows what's happened to him!' That was the time when they made a calf-idol, brought sacrifices to it, and congratulated each other on the wonderful religious program they had put together.

42-43 "God wasn't at all pleased; but he let them do it their way, worship every new god that came down the pike—and live with the consequences, consequences described by the prophet Amos:

Did you bring me offerings of animals and
grains
those forty wilderness years, O Israel?
Hardly. You were too busy building shrines
to war gods, to sex goddesses,
Worshiping them with all your might.
That's why I put you in exile in Babylon.

44-47 "And all this time our ancestors had a tent shrine for true worship, made to the exact specifications God provided Moses. They had it with them as they followed Joshua, when God cleared the land of pagans, and still had it right down to the time of David. David asked God for a permanent place for worship. But Solomon built it.

48-50 "Yet that doesn't mean that Most High God

48-50 그러나 지극히 높으신 하나님께서 목수와 석공이 만든 건물에 사신다는 뜻은 아닙니다. 예언자 이사야가 그것을 잘 기록했습니다.

하나님께서 말씀하신다. "하늘은 내 보좌이고
땅은 내 발을 쉬는 곳이다.
그러니 너희가 내게
무슨 집을 지어 주겠느냐?
내가 물러나 쉴 만한 곳이 어디 있느냐?
내 쉴 곳은 이미 지어져 있다. 내가 그곳을 지었다."

51-53 그런데 여러분은 계속해서 웬 고집입니까! 여러분의 마음은 딱딱하게 굳어 있고, 여러분의 귀는 꽉 막혀 있습니다! 성령을 고의로 무시하니, 여러분은 여러분의 조상들과 다를 바 없습니다. 예언자들 가운데 그 같은 대우를 받지 않은 사람이 일찍이 있었습니까? 여러분의 조상들은, 의로우신 이가 오실 것을 말하는 사람은 누구든지 죽였습니다. 이제 여러분이 가문의 전통을 잇고 있으니, 여러분은 모두 배반자이며 살인자입니다. 천사들이 선물 포장까지 해서 하나님의 율법을 전해 주었건만, 여러분은 그것을 함부로 써 버렸습니다!"

54-56 그 말을 듣고 있던 사람들이 난폭해지더니, 야유와 휘파람과 욕설을 퍼붓는 폭도로 변했다. 그러나 성령 충만한 스데반의 눈에는 그것이 보이지 않았다. 하나님밖에 보이지 않았다. 그는 모든 영광 가운데 계신 하나님과 그 곁에 서 계신 예수를 보았다. 그가 말했다. "아! 하늘이 활짝 열리고 인자가 하나님 곁에 서 계신 것이 보입니다!"

57-58 폭도의 고함과 야유가 스데반의 목소리를 삼켜 버렸다. 그들은 사정없이 달려들어 그를 시내 밖으로 끌어내어서, 그에게 돌을 던졌다. 주동자들이 겉옷을 벗어 놓고 사울이라는 청년에게 지키게 했다.

59-60 돌이 비 오듯 쏟아지는데, 스데반이 기도했다. "주 예수여, 내 생명을 받아 주십시오." 그런 다음 무릎을 꿇고, 모두에게 들릴 만큼 큰소리로 기도했다. "주님, 이 죄를 저들에게 돌리지 마십시오." 이것이 그의 마지막 말이었다. 그리고 그는 숨을 거두었다.

1 사울이 바로 그 자리에 있었다. 그는 살인자들에게 축하의 말을 건넸다.

마술사 시몬

8 1-2 이 일을 계기로 예루살렘 교회에 무서운 박해가 시작되었다. 믿는 사람들이 모두 유대와 사마리아 전역으로 흩어졌다. 사도들만 빼고는

lives in a building made by carpenters and masons. The prophet Isaiah put it well when he wrote,

"Heaven is my throne room;
I rest my feet on earth.
So what kind of house
will you build me?" says God.
"Where I can get away and relax?
It's already built, and I built it."

51-53 "And you continue, so bullheaded! Calluses on your hearts, flaps on your ears! Deliberately ignoring the Holy Spirit, you're just like your ancestors. Was there ever a prophet who didn't get the same treatment? Your ancestors killed anyone who dared talk about the coming of the Just One. And you've kept up the family tradition–traitors and murderers, all of you. You had God's Law handed to you by angels–gift-wrapped!–and you squandered it!"

54-56 At that point they went wild, a rioting mob of catcalls and whistles and invective. But Stephen, full of the Holy Spirit, hardly noticed–he only had eyes for God, whom he saw in all his glory with Jesus standing at his side. He said, "Oh! I see heaven wide open and the Son of Man standing at God's side!"

57-58 Yelling and hissing, the mob drowned him out. Now in full stampede, they dragged him out of town and pelted him with rocks. The ringleaders took off their coats and asked a young man named Saul to watch them.

59-60 As the rocks rained down, Stephen prayed, "Master Jesus, take my life." Then he knelt down, praying loud enough for everyone to hear, "Master, don't blame them for this sin"–his last words. Then he died.

1 Saul was right there, congratulating the killers.

Simon the Wizard

8 1-2 That set off a terrific persecution of the church in Jerusalem. The believers were all scattered throughout Judea and Samaria. All, that is, but the apostles. God

전부 흩어졌다. 선하고 용감한 사람들이 스데반을 묻고, 엄숙하게 장례를 치러 주었다. 그날 많은 이들의 눈에 눈물이 마르지 않았다!

3-8 몹시 사나워진 사울은, 교회를 초토화했다. 그는 집집마다 들어가서, 남녀 할 것 없이 모조리 끌어다가 감옥에 넣었다. 본거지를 떠날 수밖에 없게 되자, 예수를 따르는 모든 이들은 선교사가 되었다. 어디로 흩어지든지, 그들은 예수에 대한 메시지를 전했다. 빌립은 사마리아의 한 성에 내려가, 메시아에 대한 메시지를 선포했다. 사람들은 그가 하는 말을 듣고 기적을 보았다. 하나님께서 행하시는 확실한 표적을 보고서, 그들은 그의 말을 한 마디도 놓치지 않았다. 일어서지도 걷지도 못하던 많은 사람들이 그날 고침을 받았다. 악한 귀신들이 쫓겨나면서 큰소리로 대들었다. 그 성에 큰 기쁨이 있었다!

9-11 빌립이 오기 전에, 시몬이라는 사람이 그 성에서 마술을 행했다. 그는 유명한 인물처럼 행세하며 마술로 모든 사마리아 사람들을 현혹했다. 어린아이부터 노인까지, 모두가 그의 말에 복종했다. 모든 사람이 그에게 초능력이 있는 줄 알고, 그를 "위대한 마술사"로 불렀다. 그는 그곳에 있은 지 오래되었고, 누구나 웬만큼은 그를 두려워하고 있었다.

12-13 그러나 빌립이 그 마을에 와서 하나님 나라의 소식을 전하고 예수 그리스도의 이름을 선포하자, 사람들은 시몬을 잊어버리고 곳곳에서 세례를 받고 믿는 사람이 되었다! 시몬도 믿고 세례를 받았다. 그 순간부터 그는 빌립을 그림자처럼 쫓아 다녔다. 하나님의 모든 표적과 기적에 매료되어, 그는 도무지 빌립의 곁을 떠나려 하지 않았다.

14-17 예루살렘에 있는 사도들이 사마리아 사람들이 하나님의 메시지를 받아들였다는 보고를 듣고, 베드로와 요한을 보내 그들이 성령을 받도록 기도하게 했다. 그때까지 그들은 주 예수의 이름으로 세례만 받았을 뿐, 아직 성령께서 그들에게 오시지 않았다. 그때 사도들이 그들에게 안수하자 그들도 성령을 받았다.

18-19 시몬은 사도들이 안수만으로 성령을 받게 하는 것을 보고는, 흥분하여 돈을 꺼내며 말했다. "당신들의 비밀을 내게 파십시오! 어떻게 했는지 알려 주십시오! 얼마면 되겠습니까? 부르는 대로 드리겠습니다!"

20-23 베드로가 말했다. "당신은 돈과 함께 망할 것이오! 하나님의 선물을 돈으로 사려 하다니, 이 무슨 터무니없는 짓이오! 흥정을 맺고 뇌물을 바쳐서는 하나님이 하시는 일에 절대로 참여할 수 없소. 지금 당장,

and brave men buried Stephen, giving him a solemn funeral—not many dry eyes that day!

3-8 And Saul just went wild, devastating the church, entering house after house after house, dragging men and women off to jail. Forced to leave home base, the followers of Jesus all became missionaries. Wherever they were scattered, they preached the Message about Jesus. Going down to a Samaritan city, Philip proclaimed the Message of the Messiah. When the people heard what he had to say and saw the miracles, the clear signs of God's action, they hung on his every word. Many who could neither stand nor walk were healed that day. The evil spirits protested loudly as they were sent on their way. And what joy in the city!

9-11 Previous to Philip's arrival, a certain Simon had practiced magic in the city, posing as a famous man and dazzling all the Samaritans with his wizardry. He had them all, from little children to old men, eating out of his hand. They all thought he had supernatural powers, and called him "the Great Wizard." He had been around a long time and everyone was more or less in awe of him.

12-13 But when Philip came to town announcing the news of God's kingdom and proclaiming the name of Jesus Christ, they forgot Simon and were baptized, becoming believers right and left! Even Simon himself believed and was baptized. From that moment he was like Philip's shadow, so fascinated with all the God-signs and miracles that he wouldn't leave Philip's side.

14-17 When the apostles in Jerusalem received the report that Samaria had accepted God's Message, they sent Peter and John down to pray for them to receive the Holy Spirit. Up to this point they had only been baptized in the name of the Master Jesus; the Holy Spirit hadn't yet fallen on them. Then the apostles laid their hands on them and they did receive the Holy Spirit.

18-19 When Simon saw that the apostles by merely laying on hands conferred the Spirit, he

당신의 행실을 고치시오! 하나님을 돈벌이에 이용하려고 했던 것을 용서해 달라고 주님께 구하시오. 내가 보니, 이것은 당신의 고질적인 습관이오. 당신한테서 돈을 탐하는 냄새가 진동하오."

24 시몬이 말했다. "오! 나를 위해 기도해 주십시오! 그런 일이 내게 절대 일어나지 않도록 주님께 기도해 주십시오!"

25 그 말을 끝으로, 두 사도는 길을 떠나 하나님의 구원 메시지를 계속해서 증거하고 널리 알렸다. 예루살렘으로 돌아가는 길에도, 지나는 사마리아의 마을마다 메시지를 전했다.

에티오피아 내시

26-28 그 후에 하나님의 천사가 빌립에게 말했다. "오늘 정오에, 예루살렘에서 가사로 내려가는 광야 길로 걸어가거라." 그는 서둘러 움직였다. 그는 길을 가던 에티오피아 내시를 만났다. 그 내시는 에티오피아 여왕 간다게의 재무대신으로, 예루살렘으로 순례를 왔다가 에티오피아로 돌아가는 길이었다. 그는 마차를 타고 가며 예언자 이사야의 글을 읽고 있었다.

29-30 성령께서 빌립에게 말씀하셨다. "마차에 올라타거라." 빌립은 옆으로 달려가, 내시가 이사야서를 읽는 소리를 듣고 이렇게 물었다. "읽는 것이 이해가 됩니까?"

31-33 내시가 대답했다. "도와주는 사람이 없는데 어찌 이해가 되겠습니까?" 그러고는 마차 안으로 빌립을 청했다. 그가 읽고 있던 구절은 다음과 같았다.

도살당하러 끌려가는 양처럼
털 깎이는 어린양처럼 잠잠히,
그는 아무 말이 없었다.
공정한 재판도 없이 조롱과 멸시를 당했다.
그가 이 땅에서 격리되었으니
이제 누가 그를 자기 백성으로 여기겠는가?

34-35 내시가 말했다. "말해 주시오. 예언자가 *지금 누구 이야기를 하는 것입니까? 그 자신*입니까, 아니면 다른 사람입니까?" 빌립은 그 기회를 놓치지 않고, 그 구절을 본문 삼아 내시에게 예수를 전했다.

36-39 계속해서 길을 가다가, 그들은 냇가에

pulled out his money, excited, and said, "Sell me your secret! Show me how you did that! How much do you want? Name your price!"

20-23 Peter said, "To hell with your money! And you along with it. Why, that's unthinkable–trying to buy God's gift! You'll never be part of what God is doing by striking bargains and offering bribes. Change your ways–and now! Ask the Master to forgive you for trying to use God to make money. I can see this is an old habit with you; you reek with money-lust."

24 "Oh!" said Simon, "pray for me! Pray to the Master that nothing like that will ever happen to me!"

25 And with that, the apostles were on their way, continuing to witness and spread the Message of God's salvation, preaching in every Samaritan town they passed through on their return to Jerusalem.

The Ethiopian Eunuch

26-28 Later God's angel spoke to Philip: "At noon today I want you to walk over to that desolate road that goes from Jerusalem down to Gaza." He got up and went. He met an Ethiopian eunuch coming down the road. The eunuch had been on a pilgrimage to Jerusalem and was returning to Ethiopia, where he was minister in charge of all the finances of Candace, queen of the Ethiopians. He was riding in a chariot and reading the prophet Isaiah.

29-30 The Spirit told Philip, "Climb into the chariot." Running up alongside, Philip heard the eunuch reading Isaiah and asked, "Do you understand what you're reading?"

31-33 He answered, "How can I without some help?" and invited Philip into the chariot with him. The passage he was reading was this:

As a sheep led to slaughter,
and quiet as a lamb being sheared,
He was silent, saying nothing.
He was mocked and put down, never got a fair trial.
But who now can count his kin
since he's been taken from the earth?

34-35 The eunuch said, "Tell me, who is the prophet talking about: himself or some other?" Philip grabbed

이르렀다. 내시가 말했다. "여기 물이 있습니
다. 내가 세례를 받지 못할 까닭이 무엇이겠
습니까?" 그는 마차를 멈추게 했다. 두 사람
은 물로 내려갔고, 빌립은 그 자리에서 그에
게 세례를 주었다. 그들이 물에서 올라올 때,
하나님의 영이 갑자기 빌립을 데려가셨다. 그
후로 내시는 빌립을 보지 못했다. 그러나 그
는 개의치 않았다. 그는 애초에 얻으려던 것
을 얻었고, 더없이 행복한 마음으로 길을 갈
수 있었다.
40 빌립은 아소도에 나타나 북쪽으로 계속 올
라가면서, 그 길을 따라 있는 모든 마을에 메
시지를 전했다. 그는 마침내 가이사랴에 도착
했다.

눈먼 사울

9 1-2 그동안 사울은 주님의 제자들을
죽이려고 바싹 추적하고 있었다. 그
는 대제사장에게 가서 다마스쿠스의 여러 회
당에 가져갈 체포 영장을 받았다. 거기서 이
도(道)를 따르는 사람들을 찾으면, 남녀를 불
문하고 체포해서 예루살렘으로 데려오려는
것이었다.
3-4 그는 길을 떠났다. 그가 다마스쿠스 외곽
에 이르렀을 때, 갑자기 눈부시게 환한 빛 때
문에 앞이 잘 보이지 않았다. 그가 바닥에 쓰
러졌는데, 한 음성이 들려왔다. "사울아, 사
울아, 왜 나를 해치려고 하느냐?"
5-6 그가 말했다. "주님, 누구십니까?"
"나는 네가 핍박하는 예수다. 너는 일어나 성
안으로 들어가거라. 네가 무엇을 해야 할지
말해 줄 사람이 거기 있다."
7-9 그의 일행은 놀라서 말도 못하고 서 있었
다. 그들은 소리는 들었으나 아무도 보지 못
했다. 바닥에서 몸을 일으킨 사울은, 자신의
눈이 완전히 먼 것을 알았다. 일행이 그의 손
을 잡고 다마스쿠스로 데리고 들어갔다. 그는
사흘 동안 눈이 먼 채로 있었다. 그는 아무것
도 먹지 못하고, 아무것도 마시지 못했다.
10 다마스쿠스에 아나니아라는 제자가 있었
다. 주께서 환상 가운데 그에게 말씀하셨다.
"아나니아야."
"예, 주님!" 그가 대답했다.
11-12 "일어나서 '곧은 길'로 가거라. 유다의 집
에서 다소 출신 사람 사울을 찾아라. 그가 거

his chance. Using this passage as his text, he preached
Jesus to him.
36-39 As they continued down the road, they came to
a stream of water. The eunuch said, "Here's water.
Why can't I be baptized?" He ordered the chariot to
stop. They both went down to the water, and Philip
baptized him on the spot. When they came up out of
the water, the Spirit of God suddenly took Philip off,
and that was the last the eunuch saw of him. But he
didn't mind. He had what he'd come for and went on
down the road as happy as he could be.
40 Philip showed up in Azotus and continued north,
preaching the Message in all the villages along that
route until he arrived at Caesarea.

The Blinding of Saul

9 1-2 All this time Saul was breathing down the
necks of the Master's disciples, out for the kill.
He went to the Chief Priest and got arrest warrants to
take to the meeting places in Damascus so that if he
found anyone there belonging to the Way, whether
men or women, he could arrest them and bring them
to Jerusalem.
3-4 He set off. When he got to the outskirts of
Damascus, he was suddenly dazed by a blinding flash
of light. As he fell to the ground, he heard a voice:
"Saul, Saul, why are you out to get me?"
5-6 He said, "Who are you, Master?"
"I am Jesus, the One you're hunting down. I want you
to get up and enter the city. In the city you'll be told
what to do next."
7-9 His companions stood there dumbstruck—they
could hear the sound, but couldn't see anyone—while
Saul, picking himself up off the ground, found himself
stone-blind. They had to take him by the hand and
lead him into Damascus. He continued blind for three
days. He ate nothing, drank nothing.
10 There was a disciple in Damascus by the name
of Ananias. The Master spoke to him in a vision:
"Ananias."
"Yes, Master?" he answered.
11-12 "Get up and go over to Straight Avenue. Ask at
the house of Judas for a man from Tarsus. His name
is Saul. He's there praying. He has just had a dream in
which he saw a man named Ananias enter the house

기서 기도하고 있다. 그가 방금, 아나니아라는 사람이 집에 들어와서 자기에게 안수하여 다시 보게 하는 꿈을 꾸었다."

13-14 아나니아가 항의했다. "주님, 진심이 아니시겠지요. 모두가 이 사람과 이 사람이 여태까지 행한 끔찍한 일들과, 예루살렘에 있는 주님의 백성에게 저지른 만행에 대해 말하고 있습니다! 이제 그는, 우리에게도 똑같이 할 수 있는 권한이 적힌 문서를 대제사장한테서 받아서 여기 나타난 것입니다."

15-16 그러자 주님이 말씀하셨다. "이유를 묻지 말고 가거라! 내가 그를 이방인과 왕과 유대인들 앞에 세울 나의 대리인으로 뽑았다. 이제 나는 장차 그가 당할 일, 곧 이 일에 따르는 혹독한 고난을 그에게 보여줄 것이다."

17-19 아나니아가 그 집을 찾아가서, 눈이 먼 사울에게 안수하고 말했다. "사울 형제여, 당신이 여기 오는 길에 뵈었던 주님이신 예수께서, 당신이 다시 보고 성령으로 충만해지도록 나를 보내셨습니다." 그의 입에서 말이 떨어지자마자, 사울의 눈에서 비늘 같은 것이 떨어졌다. 사울은 다시 보게 되었다! 사울은 일어나 세례를 받고, 그들과 함께 앉아 음식을 먹고 힘을 얻었다.

사울을 죽이려는 음모

19-21 사울은 다마스쿠스에 있는 형제들과 며칠을 보내며 친해졌다. 그 후 사울은 한시도 허비하지 않고, 곧바로 일을 시작했다. 사울은 여러 회당에서 예수가 하나님의 아들이심을 전했다. 사람들은 예기치 못한 그의 말에 놀라서, 그를 믿어야 할지 분간이 서지 않아 이렇게 되뇌었다. "이 사람은 예루살렘에서 믿는 이들을 파멸시키던 자가 아닌가? 그가 여기에 온 것도 똑같은 일을 하려고 온 것이 아닌가? 우리를 체포하고 예루살렘 감옥으로 끌고 가서 대제사장들의 판결을 받게 하려는 것일 텐데?"

22 그러나 그들의 의심에도 불구하고 사울은 한순간도 주춤하지 않았다. 오히려 그는 더욱 힘을 얻어, 반대 세력을 정면 돌파해 갔다. 그는 다마스쿠스의 유대인들의 의심을 누그러뜨리면서, 예수가 메시아이심을 그들에게 힘써 증명했다.

23-25 긴 시간이 흐른 후에, 몇몇 유대인들이 그를 죽이기로 모의했으나 그 말이 사울의 귀에 들어갔다. 유대인들은 그를 죽이려고 불철주야 성문을 감시하고 있었다. 그러던 어느날 밤에, 제자들이 그

and lay hands on him so he could see again."

13-14 Ananias protested, "Master, you can't be serious. Everybody's talking about this man and the terrible things he's been doing, his reign of terror against your people in Jerusalem! And now he's shown up here with papers from the Chief Priest that give him license to do the same to us."

15-16 But the Master said, "Don't argue. Go! I have picked him as my personal representative to non-Jews and kings and Jews. And now I'm about to show him what he's in for—the hard suffering that goes with this job."

17-19 So Ananias went and found the house, placed his hands on blind Saul, and said, "Brother Saul, the Master sent me, the same Jesus you saw on your way here. He sent me so you could see again and be filled with the Holy Spirit." No sooner were the words out of his mouth than something like scales fell from Saul's eyes—he could see again! He got to his feet, was baptized, and sat down with them to a hearty meal.

Plots Against Saul

19-21 Saul spent a few days getting acquainted with the Damascus disciples, but then went right to work, wasting no time, preaching in the meeting places that this Jesus was the Son of God. They were caught off guard by this and, not at all sure they could trust him, they kept saying, "Isn't this the man who wreaked havoc in Jerusalem among the believers? And didn't he come here to do the same thing—arrest us and drag us off to jail in Jerusalem for sentencing by the high priests?"

22 But their suspicions didn't slow Saul down for even a minute. His momentum was up now and he plowed straight into the opposition, disarming the Damascus Jews and trying to show them that this Jesus was the Messiah.

23-25 After this had gone on quite a long time, some Jews conspired to kill him, but Saul got wind of it. They were watching the city gates around the clock so they could kill him. Then one night the disciples engineered his escape by lowering him over the wall in a basket.

26-27 Back in Jerusalem he tried to join the disci-

를 광주리에 담아 벽으로 달아 내려 탈출시켰다.
26-27 사울은 예루살렘으로 돌아와 제자들의 무리
에 들려고 했으나, 모두가 그를 두려워했다. 그들
은 사울을 조금도 믿지 않았다. 그때 바나바가 그
를 감싸 주었다. 바나바는 사도들에게 사울을 소
개하며 그를 옹호했다. 사울이 다마스쿠스 길에서
어떻게 주님을 만나 그분과 대화했는지, 다마스
쿠스 현지에서 어떻게 목숨을 걸고 예수의 이름을
담대히 전했는지 사도들에게 말해 주었다.
28-30 그 후로 사울은 그들 가운데 하나로 받아들여
져, 아무 의혹도 사지 않고 예루살렘에 드나들며
제약 없이 주님의 이름으로 전했다. 그러나 그는,
그리스 말을 하는 유대인 무리와 부딪치며 그들과
잇단 논쟁을 벌였다. 그들은 사울을 죽이려는 음
모를 꾸몄다. 그러나 그의 동료들이 그 음모를 알
고 그를 성 밖으로 빼돌려 가이사랴로 데려갔다.
거기서 그를 배에 태워 다소로 보냈다.
31 그 후에 사태가 진정되고, 교회는 한동안 순항
했다. 유대와 사마리아와 갈릴리 등 모든 지역에
서 교회가 성장했다. 하나님을 깊이 경외하는 마
음이 그들 속에 충만했다. 성령께서 그들과 함께
계셔서 그들에게 힘을 주셨다. 그들은 놀랍도록
번성했다.

다비다

32-35 베드로가 모든 교회를 방문하는 사명을 가
지고 길을 떠났다. 여행중에 그는, 룻다에 도착해
그곳에 있는 믿는 사람들을 만났다. 그는 애니아
라는 사람과 마주쳤는데, 그 사람은 몸이 마비되
어 팔 년째 자리에 누워 있었다. 베드로가 말했다.
"애니아야, 예수 그리스도께서 너를 낫게 하신다.
일어나서 자리를 정돈하여라!" 그러자 그가 그대
로 했다. 자리에서 벌떡 일어난 것이다. 룻다와 사
론에 사는 모든 사람이 그가 걸어 다니는 것을 보
고, 하나님께서 자기들 가운데 살아 역사하신다는
사실에 눈을 뜨게 되었다.
36-37 거기서 조금 떨어진 욥바에 다비다라는 제자
가 있었는데, 그 이름은 '도르가'(산양)라는 뜻이
다. 그녀의 선행과 구제는 잘 알려져 있었다. 베드
로가 그 지역에 있는 동안 그녀가 병이 들어 죽었
다. 그녀의 친구들이 장례를 치르려고 시신을 수
습해 서늘한 방에 두었다.
38-40 마침 베드로가 인근 룻다를 방문중이라는 말
을 들은 몇몇 제자들이, 그에게 두 사람을 보내어
그들이 있는 곳으로 와 줄 수 있는지 물었다. 베드

ples, but they were all afraid of him. They didn't
trust him one bit. Then Barnabas took him under
his wing. He introduced him to the apostles and
stood up for him, told them how Saul had seen
and spoken to the Master on the Damascus Road
and how in Damascus itself he had laid his life on
the line with his bold preaching in Jesus' name.
28-30 After that he was accepted as one of them,
going in and out of Jerusalem with no questions
asked, uninhibited as he preached in the Master's
name. But then he ran afoul of a group called
Hellenists – he had been engaged in a running
argument with them – who plotted his murder.
When his friends learned of the plot, they got
him out of town, took him to Caesarea, and then
shipped him off to Tarsus.
31 Things calmed down after that and the church
had smooth sailing for a while. All over the
country – Judea, Samaria, Galilee – the church
grew. They were permeated with a deep sense of
reverence for God. The Holy Spirit was with them,
strengthening them. They prospered wonderfully.

Tabitha

32-35 Peter went off on a mission to visit all the
churches. In the course of his travels he arrived
in Lydda and met with the believers there. He
came across a man – his name was Aeneas – who
had been in bed eight years paralyzed. Peter said,
"Aeneas, Jesus Christ heals you. Get up and make
your bed!" And he did it – jumped right out of
bed. Everybody who lived in Lydda and Sharon
saw him walking around and woke up to the fact
that God was alive and active among them.
36-37 Down the road a way in Joppa there was
a disciple named Tabitha, "Gazelle" in our
language. She was well-known for doing good and
helping out. During the time Peter was in the area
she became sick and died. Her friends prepared
her body for burial and put her in a cool room.
38-40 Some of the disciples had heard that Peter
was visiting in nearby Lydda and sent two men to
ask if he would be so kind as to come over. Peter
got right up and went with them. They took him
into the room where Tabitha's body was laid out.

로는 즉시 일어나 그들과 함께 갔다. 그들은 다비다의 시신을 안치해 둔 방으로 그를 안내했다. 대부분 과부인 고인의 옛 친구들이 방 안에서 울고 있었다. 그들은 도르가가 살아 있을 때 만들어 둔 옷가지들을 베드로에게 보여주었다. 베드로가 과부들을 방에서 내보내고 무릎을 꿇고 기도했다. 그리고 시신에 대고 직접 말했다. "다비다야, 일어나라."

40-41 다비다가 눈을 떴다. 그리고 베드로를 보더니, 일어나 앉았다. 그는 다비다의 손을 잡아 일으켰다. 그러고는 믿는 사람들과 과부들을 불러들여, 살아난 그녀를 보여주었다.

42-43 이 일이 욥바 전체에 알려지자, 많은 사람들이 주님을 믿었다. 베드로는 가죽가공업을 하는 시몬의 손님으로 욥바에 오랫동안 머물렀다.

베드로의 환상

10 1-3 가이사랴에 고넬료라는 사람이 살고 있었다. 그는 그곳에 주둔한 이탈리아 경비대의 지휘관이었는데, 선하기 그지없는 사람이었다. 그는 자기 집안 사람들 모두가 하나님 앞에서 예배하며 살도록 이끌었다. 뿐만 아니라 늘 어려운 사람들을 도와주었고, 기도가 몸에 배어 있었다. 하루는 오후 세 시쯤에 그가 환상을 보았다. 하나님의 천사가 옆집 사람만큼이나 생생한 모습으로 들어와서 말했다. "고넬료야."

4-6 고넬료는 자기가 허깨비를 보는가 싶어, 유심히 쳐다보았다. 그러고는 말했다. "무슨 일이십니까?"

천사가 말했다. "하나님께서 네 기도와, 이웃을 돌보는 네 행실을 보시고 너를 주목하셨다. 지금부터 이렇게 하여라. 사람들을 욥바로 보내서, 베드로라 하는 시몬을 데려오너라. 그는 바닷가에 있는 가죽가공업자 시몬의 집에 묵고 있다."

7-8 천사가 떠나자, 고넬료는 하인 둘과 경비대의 경건한 병사 하나를 불렀다. 그는 방금 있었던 일의 자초지종을 자세히 들려주고, 그들을 욥바로 보냈다.

9-13 이튿날 세 사람이 그 성에 이를 무렵, 베드로가 기도하러 발코니로 나갔다. 때는 정오쯤이었다. 베드로는 배가 고파서 점심 생각이 났다. 점심식사가 준비되는 동안, 그는 비몽사몽간에 하늘이 열리는 것을 보았다. 네 귀퉁이를 줄에 매단 커다란 보자기 같은 것이 땅바닥으로 내려왔다. 온갖 잡다한 짐승이며 파충류며 새들이 그 안에

Her old friends, most of them widows, were in the room mourning. They showed Peter pieces of clothing the Gazelle had made while she was with them. Peter put the widows all out of the room. He knelt and prayed. Then he spoke directly to the body: "Tabitha, get up."

40-41 She opened her eyes. When she saw Peter, she sat up. He took her hand and helped her up. Then he called in the believers and widows, and presented her to them alive.

42-43 When this became known all over Joppa, many put their trust in the Master. Peter stayed on a long time in Joppa as a guest of Simon the Tanner.

Peter's Vision

10 1-3 There was a man named Cornelius who lived in Caesarea, captain of the Italian Guard stationed there. He was a thoroughly good man. He had led everyone in his house to live worshipfully before God, was always helping people in need, and had the habit of prayer. One day about three o'clock in the afternoon he had a vision. An angel of God, as real as his next-door neighbor, came in and said, "Cornelius."

4-6 Cornelius stared hard, wondering if he was seeing things. Then he said, "What do you want, sir?"

The angel said, "Your prayers and neighborly acts have brought you to God's attention. Here's what you are to do. Send men to Joppa to get Simon, the one everyone calls Peter. He is staying with Simon the Tanner, whose house is down by the sea."

7-8 As soon as the angel was gone, Cornelius called two servants and one particularly devout soldier from the guard. He went over with them in great detail everything that had just happened, and then sent them off to Joppa.

9-13 The next day as the three travelers were approaching the town, Peter went out on the balcony to pray. It was about noon. Peter got hungry and started thinking about lunch. While lunch was being prepared, he fell into a trance. He saw the skies open up. Something that looked like

있었다. 그러더니 한 음성이 들려왔다. "베드로야, 어서 잡아먹어라."

14 베드로가 말했다. "안됩니다, 주님. 지금까지 저는 부정한 음식은 입에 대 본 적이 없습니다."

15 두 번째로 음성이 들려왔다. "하나님께서 괜찮다고 하시면 괜찮은 것이다."

16 그런 일이 세 번 있고 나서, 보자기가 다시 하늘로 들려 올라갔다.

17-20 베드로가 어리둥절하여 그 모든 것이 무슨 뜻인지 생각하며 앉아 있는데, 고넬료가 보낸 사람들이 시몬의 집 현관에 나타났다. 그들은 베드로라 하는 시몬이 그 집에 묵고 있는지 안에 대고 물었다. 베드로는 생각에 잠겨 있느라 그 말을 듣지 못했다. 성령께서 그에게 속삭이셨다. "세 사람이 문을 두드리며 너를 찾고 있다. 내려가서 그들과 함께 가거라. 아무것도 묻지 마라. 내가 보낸 사람들이다."

21 베드로가 내려가서 그 사람들에게 말했다. "여러분이 찾고 있는 사람이 나인 것 같습니다. 무슨 일입니까?"

22-23 그들이 말했다. "고넬료 지휘관님은 의롭게 행하며 하나님을 경외하는 분으로 널리 알려져 있습니다. 이 부근에 사는 유대인들 아무한테나 물어보시면 압니다. 그런데 거룩한 천사가 그분께 명하기를, 당신을 찾아서 집으로 모셔다가 당신의 말을 들으라고 했습니다." 베드로는 그들을 집 안으로 들여 편히 쉬게 했다.

하나님은 차별하지 않으신다

23-26 이튿날 아침에, 베드로가 일어나 그들과 함께 갔다. 욥바에 있던 그의 동료 몇 사람도 함께 갔다. 그 다음날 그들은 가이사랴로 들어갔다. 고넬료는 그들이 올 것을 기대하며 친척과 가까운 친구들을 불러서 함께 기다리고 있었다. 베드로가 문에 들어서자, 고넬료가 일어나 그를 맞았다. 그러고는 엎드려 그에게 경배했다! 베드로가 고넬료를 잡아 일으키며 말했다. "안될 일입니다! 나도 한낱 사람에 불과합니다. 당신과 다를 바 없는 사람일 뿐입니다."

27-29 그들은 말을 주고받으며 집 안으로 들어갔다. 고넬료는 모여 있는 모든 사람에게 베드로를 소개했다. 베드로가 그들에게 말했다. "여러분도 알다시피, 이것은 아주 이례적인 일입니다. 유대인들은 절대로 다른 민족 사람들을 찾아가서 편하게 어울리지 않습니다. 그러나 어느 민족도 다

a huge blanket lowered by ropes at its four corners settled on the ground. Every kind of animal and reptile and bird you could think of was on it. Then a voice came: "Go to it, Peter—kill and eat."

14 Peter said, "Oh, no, Lord. I've never so much as tasted food that was not kosher."

15 The voice came a second time: "If God says it's okay, it's okay."

16 This happened three times, and then the blanket was pulled back up into the skies.

17-20 As Peter, puzzled, sat there trying to figure out what it all meant, the men sent by Cornelius showed up at Simon's front door. They called in, asking if there was a Simon, also called Peter, staying there. Peter, lost in thought, didn't hear them, so the Spirit whispered to him, "Three men are knocking at the door looking for you. Get down there and go with them. Don't ask any questions. I sent them to get you."

21 Peter went down and said to the men, "I think I'm the man you're looking for. What's up?"

22-23 They said, "Captain Cornelius, a God-fearing man well-known for his fair play—ask any Jew in this part of the country—was commanded by a holy angel to get you and bring you to his house so he could hear what you had to say." Peter invited them in and made them feel at home.

God Plays No Favorites

23-26 The next morning he got up and went with them. Some of his friends from Joppa went along. A day later they entered Caesarea. Cornelius was expecting them and had his relatives and close friends waiting with him. The minute Peter came through the door, Cornelius was up on his feet greeting him—and then down on his face worshiping him! Peter pulled him up and said, "None of that—I'm a man and only a man, no different from you."

27-29 Talking things over, they went on into the house, where Cornelius introduced Peter to everyone who had come. Peter addressed them, "You know, I'm sure that this is highly irregular. Jews just don't do this—visit and relax with people of another race. But God has just shown me that no

른 민족보다 나을 게 없다는 것을 하나님이 내게 보여주셨습니다. 그래서 여러분이 나를 부르러 왔을 때에, 내가 아무것도 묻지 않고 따라온 것입니다. 이제 여러분이 왜 나를 불렀는지 들어 보고 싶습니다."

30-32 고넬료가 말했다. "나흘 전 이맘때인 오후 세 시쯤에, 내가 집에서 기도하고 있는데, 갑자기 내 앞에 어떤 사람이 나타나면서 방 안에 빛이 가득했습니다. 그 사람이 말하기를, '고넬료야, 하나님께서 네가 드리는 매일의 기도와, 이웃을 돌보는 네 행실을 보시고 너를 주목하셨다. 이제 너는 욥바에 사람을 보내, 베드로라 하는 시몬을 데려오너라. 그는 바닷가에 있는 가죽가공업자 시몬의 집에 묵고 있다' 고 했습니다.

33 나는 그 말대로, 당신을 부르러 사람들을 보냈습니다. 고맙게도 당신은 이렇게 와 주셨습니다. 이제 우리 모두가 하나님 앞에 모여 있습니다. 주님께서 우리에게 말하라고 당신 마음에 두신 것이면, 무엇이든 들을 준비가 되어 있습니다."

34-36 그분의 복된 소식을 전하는 베드로의 가슴은 터질 듯했다. "이보다 더 확실한 하나님의 진리는 없습니다. 하나님은 차별하지 않으십니다! 여러분이 누구이며 어디 출신인지는 하나도 중요하지 않습니다. 여러분이 하나님을 원하고 그분의 말씀대로 행할 각오가 되어 있다면, 문은 열려 있습니다. 그분은, 예수 그리스도로 말미암아 모든 것이 다시 회복되고 있다는 메시지를 이스라엘 자손에게 보내셨습니다. 이제 그분은, 어느 곳에서든 누구에게나 그 일을 행하고 계십니다.

37-38 유대에서 있었던 일은 여러분도 이미 알고 있습니다. 그 일은 세례자 요한이 전적인 삶의 변화를 전한 뒤에 갈릴리에서 시작되었습니다. 그때 예수께서 나사렛에서 오셔서, 하나님께 성령으로 기름부음을 받으셨습니다. 이로써 활동하실 준비가 되신 것입니다. 그분은 온 나라를 다니시며 사람들을 도우시고, 마귀에게 짓눌린 모든 사람을 고쳐 주셨습니다. 예수께서 이 모든 일을 하실 수 있었던 것은, 하나님께서 함께하셨기 때문입니다.

39-43 우리는 그 일을 보았습니다. 유대인의 땅과 예루살렘에서 그분이 행하신 모든 일을 보았습니다. 예루살렘에서 사람들이 그분을 십자가에 매달아 죽였습니다. 그러나 하나님께서 사흘째 되는 날에 그분을 *일으켜 다시 살리시고, 나타내 보이셨습니다.* 모든 사람이 그분을 본 것은 아닙니다. 그분이 공개적으로, 누구에게나 드러나신 것은 아닙니다. 하나님께서 미리 신중하게 증인들을 택하셨습니다. 우리가 바로 그 증인들입니다! 그분이 죽은 자들 가운데서 살아나

race is better than any other. So the minute I was sent for, I came, no questions asked. But now I'd like to know why you sent for me."

30-32 Cornelius said, "Four days ago at about this time, midafternoon, I was home praying. Suddenly there was a man right in front of me, flooding the room with light. He said, 'Cornelius, your daily prayers and neighborly acts have brought you to God's attention. I want you to send to Joppa to get Simon, the one they call Peter. He's staying with Simon the Tanner down by the sea.'

33 "So I did it–I sent for you. And you've been good enough to come. And now we're all here in God's presence, ready to listen to whatever the Master put in your heart to tell us."

34-36 Peter fairly exploded with his good news: "It's God's own truth, nothing could be plainer: God plays no favorites! It makes no difference who you are or where you're from–if you want God and are ready to do as he says, the door is open. The Message he sent to the children of Israel–that through Jesus Christ everything is being put together again–well, he's doing it everywhere, among everyone.

37-38 "You know the story of what happened in Judea. It began in Galilee after John preached a total life-change. Then Jesus arrived from Nazareth, anointed by God with the Holy Spirit, ready for action. He went through the country helping people and healing everyone who was beaten down by the Devil. He was able to do all this because God was with him.

39-43 "And we saw it, saw it all, everything he did in the land of the Jews and in Jerusalem where they killed him, hung him from a cross. But in three days God had him up, alive, and out where he could be seen. Not everyone saw him–he wasn't put on public display. Witnesses had been carefully handpicked by God beforehand–us! We were the ones, there to eat and drink with him after he came back from the dead. He commissioned us to announce this in public, to bear solemn witness that he is in fact the One whom God destined as Judge of

신 뒤에, 그분과 함께 먹고 마신 사람들이 바로 우리입니다. 그분은 이 일을 공개적으로 알리는 일을 우리에게 맡기셨습니다. 하나님께서 산 자와 죽은 자의 심판자로 정하신 이가 바로 예수이심을 엄숙히 증거하는 일을 우리에게 맡기신 것입니다. 그러나 이 일에 우리만 참여한 것은 아닙니다. 그분을 통해 죄를 용서받는다는 우리의 증언은, 모든 예언자의 증언이 뒷받침합니다."

44-46 베드로의 입에서 이 말이 떨어지자마자, 듣고 있던 사람들에게 성령이 임하셨다. 베드로와 함께 온 믿는 유대인들은 믿기지 않았다. 유대인이 아닌 이방인들에게 성령의 선물이 부어지는 것이 도무지 믿기지 않았던 것이다. 그러나 분명한 사실이었다. 그들은 이방인들이 방언으로 말하고, 하나님을 찬양하는 소리를 들었다.

46-48 그러자 베드로가 말했다. "이 벗들에게 물로 세례를 주는 데 이의가 있습니까? 이들도 우리와 똑같은 성령을 받았습니다." 아무런 이의가 없자, 그는 그들에게 명하여 예수 그리스도의 이름으로 세례를 받게 했다.

그들은 베드로에게 며칠 더 묵어 가기를 청했다.

돌파해 들어가시는 하나님

11 1-3 소식이 빠르게 퍼져서, 예루살렘에 있는 지도자와 동료들도 곧 그 이야기를 들었다. 유대인이 아닌 이방인들도 이제 하나님의 메시지를 받아들였다는 소식을 들은 것이다. 베드로가 예루살렘에 돌아오자, 그의 옛 동료 가운데 할례를 중시하는 몇몇 사람들이 그를 나무랐다. "당신이 그 무리와 어깨를 맞대고 금지된 음식을 먹으며 우리 이름에 먹칠을 하다니, 도대체 어찌 된 일입니까?"

4-6 그러자 베드로가 그들에게 처음부터 차근차근 설명했다. "최근에 내가 욥바 성에서 기도하고 있었는데, 비몽사몽간에 환상을 보았습니다. 네 귀퉁이를 줄에 매단 커다란 보자기 같은 것이 하늘에서 내 앞 땅바닥으로 내려왔습니다. 보자기 안에는 가축이며 들짐승이며 파충류며 새들이 가득했습니다. 그야말로 없는 게 없었습니다. 나는 넋을 잃고서, 유심히 보았습니다.

7-10 그때 한 음성이 들려왔습니다. '베드로야, 어서 잡아먹어라.' 나는 말했습니다. '안됩니다, 주님. 지금까지 저는 부정한 음식은 입에 대 본 적이 없습니다.' 그 음성이 다시 들려왔습니다. '하나님께서 괜찮다고 하시면 괜찮은 것이다.' 그런 일이 세 번 있고 나서, 보자기가 다시 하늘로 들려 올라갔습니다.

the living and dead. But we're not alone in this. Our witness that he is the means to forgiveness of sins is backed up by the witness of all the prophets."

44-46 No sooner were these words out of Peter's mouth than the Holy Spirit came on the listeners. The believing Jews who had come with Peter couldn't believe it, couldn't believe that the gift of the Holy Spirit was poured out on "outsider" non-Jews, but there it was—they heard them speaking in tongues, heard them praising God.

46-48 Then Peter said, "Do I hear any objections to baptizing these friends with water? They've received the Holy Spirit exactly as we did." Hearing no objections, he ordered that they be baptized in the name of Jesus Christ.

Then they asked Peter to stay on for a few days.

God Has Broken Through

11 1-3 The news traveled fast and in no time the leaders and friends back in Jerusalem heard about it—heard that the non-Jewish "outsiders" were now "in." When Peter got back to Jerusalem, some of his old associates, concerned about circumcision, called him on the carpet: "What do you think you're doing rubbing shoulders with that crowd, eating what is prohibited and ruining our good name?"

4-6 So Peter, starting from the beginning, laid it out for them step-by-step: "Recently I was in the town of Joppa praying. I fell into a trance and saw a vision: Something like a huge blanket, lowered by ropes at its four corners, came down out of heaven and settled on the ground in front of me. Milling around on the blanket were farm animals, wild animals, reptiles, birds—you name it, it was there. Fascinated, I took it all in.

7-10 "Then I heard a voice: 'Go to it, Peter—kill and eat.' I said, 'Oh, no, Master. I've never so much as tasted food that wasn't kosher.' The voice spoke again: 'If God says it's okay, it's okay.' This happened three times, and then the

11-14 바로 그때, 내가 묵고 있던 집에 세 사람이 나타났습니다. 가이사랴에서 나를 데리러 온 사람들이었습니다. 성령께서 내게 아무것도 묻지 말고 그들과 함께 가라고 하셨습니다. 그래서 나와 여섯 동료는, 나를 부른 사람에게 갔습니다. 그 사람은, 천사가 옆집 사람만큼이나 생생한 모습으로 자기 집에 와서는 '욥바로 사람을 보내서, 베드로라 하는 시몬을 데려오너라. 그가 너에게 네 생명뿐 아니라 네가 아끼는 모든 사람의 생명까지도 구원할 말을 해줄 것이다' 하고 말했다고 했습니다.

15-17 그래서 나는 말을 시작했습니다. 그런데 대여섯 문장도 채 말하기 전에 성령이 그들에게 임하셨는데, 처음 우리에게 임하실 때와 같았습니다. '요한은 물로 세례를 주었지만, 너희는 성령으로 세례를 받을 것이다' 하신 예수의 말씀이 떠올랐습니다. 그러니 내가 묻겠습니다. 하나님께서 우리가 주 예수 그리스도를 믿을 때 우리에게 주신 것과 동일한 선물을 그들에게도 주신다면, 내가 어떻게 하나님을 막을 수 있겠습니까?"

18 그들은 베드로가 전한 말을 다 듣더니, 잠잠해졌다. 그 의미가 마음 깊이 스며들자, 하나님을 찬양하기 시작했다. "이 일이 정말 일어났다! 하나님께서 다른 나라들로 돌파해 들어가셔서, 그들의 마음을 열어 생명을 주셨다!"

19-21 스데반의 죽음으로 촉발된 박해 때문에 사람들이 멀리 페니키아와 키프로스와 안디옥까지 갔으나, 그들은 여전히 유대인들과만 말하며 교제하고 있었다. 그때 키프로스와 구레네 출신으로 안디옥에 와 있던 몇몇 사람들이 그리스 사람들과 말하기 시작하며, 그들에게 주 예수의 메시지를 전했다. 하나님께서 그들이 하는 일을 기뻐하시며, 그들의 일을 인정해 주셨다. 아주 많은 그리스 사람들이 믿고 주님께 돌아왔다.

22-24 예루살렘 교회가 이 소식을 듣고, 바나바를 안디옥에 보내 상황을 알아보게 했다. 바나바는 도착하자마자, 그 모든 일의 배후와 중심에 하나님이 계심을 보았다. 그는 적극적으로 그들과 함께하면서 그들을 지원했고, 남은 평생을 지금과 같이 살도록 그들을 권면했다. 바나바는 선*한 사람이었으며, 뜨겁고 담대하게 성령의 길로* 행하는 사람이었다. 그 공동체는 주님 안에서 크고 강하게 성장했다.

25-26 그 후에 바나바는 사울을 찾으러 다소로 갔다. 거기서 사울을 만나, 안디옥으로 돌아왔다.

blanket was pulled back up into the sky.

11-14 "Just then three men showed up at the house where I was staying, sent from Caesarea to get me. The Spirit told me to go with them, no questions asked. So I went with them, I and six friends, to the man who had sent for me. He told us how he had seen an angel right in his own house, real as his next-door neighbor, saying, 'Send to Joppa and get Simon, the one they call Peter. He'll tell you something that will save your life–in fact, you and everyone you care for.'

15-17 "So I started in, talking. Before I'd spoken half a dozen sentences, the Holy Spirit fell on them just as he did on us the first time. I remembered Jesus' words: 'John baptized with water; you will be baptized with the Holy Spirit.' So I ask you: If God gave the same exact gift to them as to us when we believed in the Master Jesus Christ, how could I object to God?"

18 Hearing it all laid out like that, they quieted down. And then, as it sank in, they started praising God. "It's really happened! God has broken through to the other nations, opened them up to Life!"

19-21 Those who had been scattered by the persecution triggered by Stephen's death traveled as far as Phoenicia, Cyprus, and Antioch, but they were still only speaking and dealing with their fellow Jews. Then some of the men from Cyprus and Cyrene who had come to Antioch started talking to Greeks, giving them the Message of the Master Jesus. God was pleased with what they were doing and put his stamp of approval on it–quite a number of the Greeks believed and turned to the Master.

22-24 When the church in Jerusalem got wind of this, they sent Barnabas to Antioch to check on things. As soon as he arrived, he saw that God was behind and in it all. He threw himself in with them, got behind them, urging them to stay with it the rest of their lives. He was a good man that way, enthusiastic and confident in the Holy Spirit's ways. The community grew large and strong in the Master.

25-26 Then Barnabas went on to Tarsus to look for Saul. He found him and brought him back to Antioch. They were there a whole year, meeting with the church and teaching a lot of people. It was

그들은 꼬박 일 년 동안 그곳 교회에 머물면서, 많은 사람들을 가르쳤다. 제자들이 처음으로 "그리스도인"이라고 불린 것도 안디옥에서였다.

27-30 거의 같은 시기에, 몇몇 예언자들이 예루살렘에서 안디옥으로 왔다. 그 가운데 아가보라는 사람이 있었다. 하루는 그가 성령에 이끌려 일어서더니, 조만간 극심한 기근으로 나라가 황폐해질 것이라고 경고했다. (기근은 결국 글라우디오 황제 재임중에 닥쳤다.) 제자들은 각자 힘닿는 대로, 유대에 있는 동료 그리스도인들에게 도움이 되는 것은 무엇이든 보내기로 했다. 그들은 그 모든 것을 바나바와 사울 편에 보내 예루살렘의 지도자들에게 전달하도록 했다.

투옥된 베드로가 풀려나다

12 1-4 바로 그 무렵, 헤롯 왕의 머릿속에 교회 구성원 몇몇을 처단할 생각이 들었다. 그는 요한의 형제 야고보를 죽였다. 그 일로 인해 유대인들한테 자신의 인기가 부쩍 높아진 것을 알게 된 헤롯은, 이번에는 베드로를 잡아들여 감옥에 가두고, 사인조 병사 네 개 조로 그를 감시하게 했다. 이 모든 일이 유월절 주간에 일어났다. 헤롯은 유월절이 지난 후에 베드로를 공개 처형할 작정이었다.

5 베드로가 감옥에서 삼엄한 경비를 받고 있는 동안에, 교회는 그를 위해 더욱 맹렬히 기도했다.

6 드디어 헤롯이 그를 끌어내어 처형할 때가 다가왔다. 그날 밤, 베드로는 양쪽에 한 명씩 두 병사 틈에 쇠사슬로 묶여 있으면서도, 아기처럼 잘 잤다. 문에는 경비병들이 감시하고 있었다. 헤롯은 빈틈을 보이지 않았다!

7-9 갑자기 한 천사가 베드로 곁에 나타나고, 감옥에 빛이 가득했다. 천사가 베드로를 흔들어 깨웠다. "서둘러라!" 그의 팔목에서 쇠사슬이 벗겨졌다. 천사가 말했다. "옷을 입고 신발을 신어라." 베드로는 시키는 대로 했다. 그러자 천사가 말했다. "네 겉옷을 들고 여기서 나가자." 베드로는 따라가면서도, 그가 정말 천사라고는 믿지 않았다. 그는 자기가 꿈을 꾸고 있다고 생각했다.

10-11 그들은 첫째 경비병을 지나고 둘째 경비병을 지나, 시내로 통하는 철문에 이르렀다. 그들 앞에서 문이 저절로 활짝 열렸다. 어느새 그들은 바람처럼 자유롭게 거리에 나와 있었다. 첫 교차로에서 천사는 베드로를 두고 자기 길로 갔다. 그제야 베드로는 그것이 꿈이 아닌 것을 알

in Antioch that the disciples were for the first time called Christians.

27-30 It was about this same time that some prophets came to Antioch from Jerusalem. One of them named Agabus stood up one day and, prompted by the Spirit, warned that a severe famine was about to devastate the country. (The famine eventually came during the rule of Claudius.) So the disciples decided that each of them would send whatever they could to their fellow Christians in Judea to help out. They sent Barnabas and Saul to deliver the collection to the leaders in Jerusalem.

Peter Under Heavy Guard

12 1-4 That's when King Herod got it into his head to go after some of the church members. He murdered James, John's brother. When he saw how much it raised his popularity ratings with the Jews, he arrested Peter—all this during Passover Week, mind you—and had him thrown in jail, putting four squads of four soldiers each to guard him. He was planning a public lynching after Passover.

5 All the time that Peter was under heavy guard in the jailhouse, the church prayed for him most strenuously.

6 Then the time came for Herod to bring him out for the kill. That night, even though shackled to two soldiers, one on either side, Peter slept like a baby. And there were guards at the door keeping their eyes on the place. Herod was taking no chances!

7-9 Suddenly there was an angel at his side and light flooding the room. The angel shook Peter and got him up: "Hurry!" The handcuffs fell off his wrists. The angel said, "Get dressed. Put on your shoes." Peter did it. Then, "Grab your coat and let's get out of here." Peter followed him, but didn't believe it was really an angel—he thought he was dreaming.

10-11 Past the first guard and then the second, they came to the iron gate that led into the city. It swung open before them on its own, and they were out on the street, free as the breeze. At the first intersection the angel left him, going his own way. That's when Peter realized it was no dream. "I can't believe it—this really happened! The Master

았다. "이런 일이 정말로 벌어지다니 믿기지 않는다! 주님이 천사를 보내셔서, 헤롯의 악하고 옹졸한 수작과, 구경거리를 기대하는 유대인 폭도에게서 나를 구해 주셨구나."

12-14 놀라움에 고개를 저으며, 그는 요한 마가의 어머니 마리아의 집으로 갔다. 그 집은 기도하는 동료들로 가득 차 있었다. 그가 마당으로 난 문을 두드리자, 로데라는 젊은 여자가 누구인지 보러 나왔다. 로데는 목소리를 듣고 그가 누구인지 알았다. 베드로였다! 그녀는 너무 흥분한 나머지 베드로를 길에 세워 두고 문을 열어 주는 것도 잊은 채, 그가 왔다는 사실을 모두에게 알렸다.

15-16 그러나 사람들은 로데의 말을 믿으려 하지 않았다. 그녀와, 그녀의 말을 모두 무시해 버렸다. 그들은 "네가 미쳤다"고 말했다. 로데는 뜻을 굽히지 않았다. 그래도 그들은 그녀의 말을 믿으려 하지 않았고, "베드로의 천사가 틀림없다"고 말했다. 그동안에 베드로는 계속 바깥에 서서 문을 두드리고 있었다.

16-17 마침내 그들이 문을 열어 베드로를 보았다. 그들은 몹시 흥분했다! 베드로가 손을 들어 그들을 진정시켰다. 그는 주님께서 어떻게 자기를 감옥에서 빼내 주셨는지 설명한 뒤에, "야고보와 형제들에게 이 일을 알리십시오" 하고 말했다. 그러고는 그들을 떠나 다른 곳으로 갔다.

18-19 동이 트자, 감옥에서는 난리가 났다. "베드로는 어디 있지? 베드로가 어떻게 된 거지?" 헤롯이 그를 데려오라고 사람을 보냈다. 그러나 간수들이 그를 데려오지도 않고 이유도 대지 못하자, 헤롯은 그들을 사형에 처하라고 명령했다. "저들의 머리를 쳐라!" 유대와 유대인들이 지긋지긋해진 헤롯은, 가이사랴로 휴식을 취하러 갔다.

헤롯의 죽음

20-22 그러나 헤롯의 상황은 악화일로로 치달았다. 두로와 시돈 사람들은 헤롯의 분노를 사고 있었다. 그들은 왕의 오른팔인 블라스도에게 자기들을 옹호해 달라고 청원하는 한편, 사태를 원만하게 해결하기 위해 대표단을 소집했다. 그들은 유대로부터 식량을 공급받고 있었으므로, 마냥 버틸 처지가 못 되었다. 대표단을 만나기로 한 날이 되자, 헤롯은 화려하게 차려입고 보좌에 앉아 잔뜩 허세를 부렸다. 백성은 백성대로 자기

sent his angel and rescued me from Herod's vicious little production and the spectacle the Jewish mob was looking forward to."

12-14 Still shaking his head, amazed, he went to Mary's house, the Mary who was John Mark's mother. The house was packed with praying friends. When he knocked on the door to the courtyard, a young woman named Rhoda came to see who it was. But when she recognized his voice—Peter's voice!—she was so excited and eager to tell everyone Peter was there that she forgot to open the door and left him standing in the street.

15-16 But they wouldn't believe her, dismissing her, dismissing her report. "You're crazy," they said. She stuck by her story, insisting. They still wouldn't believe her and said, "It must be his angel." All this time poor Peter was standing out in the street, knocking away.

16-17 Finally they opened up and saw him—and went wild! Peter put his hands up and calmed them down. He described how the Master had gotten him out of jail, then said, "Tell James and the brothers what's happened." He left them and went off to another place.

18-19 At daybreak the jail was in an uproar. "Where is Peter? What's happened to Peter?" When Herod sent for him and they could neither produce him nor explain why not, he ordered their execution: "Off with their heads!" Fed up with Judea and Jews, he went for a vacation to Caesarea.

The Death of Herod

20-22 But things went from bad to worse for Herod. Now people from Tyre and Sidon put him on the warpath. But they got Blastus, King Herod's right-hand man, to put in a good word for them and got a delegation together to iron things out. Because they were dependent on Judea for food supplies, they couldn't afford to let this go on too long. On the day set for their meeting, Herod, robed in pomposity, took his place on the throne and regaled them with a lot of hot air. The people played their part to the hilt and shouted flatteries: "The voice of God! The voice of God!"

23 That was the last straw. God had had enough of

역할을 충실히 했다. "이것은 신의 목소리다! 신의 목소리다!" 하고 소리 높여 그에게 아첨했다.
23 그것이 불행의 시작이었다. 헤롯의 교만을 더는 볼 수 없었던 하나님께서 천사를 보내 그를 치셨다. 헤롯은 어떤 일에도 하나님께 영광을 돌린 적이 없었다. 뼛속까지 부패하고 비루한 헤롯은, 그렇게 쓰러져 죽었다.
24 한편, 하나님의 말씀 사역은 하루가 다르게 크게 성장했다.
25 바나바와 사울은 예루살렘 교회에 구제 헌금을 전달하고 나서, 안디옥으로 돌아왔다. 이번에는 마가라 하는 요한도 데리고 왔다.

바나바와 사울 그리고 만물박사

13 1-2 복되게도 안디옥의 회중에게는 예언자—설교자와 교사들이 많았다.

바나바
니게르라고 하는 시므온
구레네 사람 루기오
통치자 헤롯의 조언자, 마나엔
사울.

하루는 그들이 인도하심을 바라며 금식하고 하나님을 예배하는데, 성령께서 말씀하셨다. "바나바와 사울을 따로 세워 내가 그들에게 명하는 일을 맡겨라."
3 그들은 그 두 사람을 세웠다. 그리고 간절함과 순종하는 마음으로, 금식과 기도 가운데 안수하여 두 사람을 떠나보냈다.
4-5 성령께 새로운 사명을 받아 길을 떠난 바나바와 사울은, 실루기아로 내려가 키프로스로 가는 배에 올랐다. 살라미에 닿자마자, 그들은 가장 먼저, 유대인의 여러 회당에서 하나님의 말씀을 전했다. 그들은 자신들을 도와줄 동료로 요한을 데리고 갔다.
6-7 그들은 섬 전역을 다니다가, 바보에서 유대인 마술사와 마주쳤다. 그는 애를 써서 총독 서기오 바울의 신임을 얻어 낸 사람이었다. 총독은 웬만해서는 협잡꾼에게 넘어가지 않는 똑똑한 사람이었다. 바예수라 하는 그 마술사는, 비뚤어질 대로 비뚤어진 인간이었다.
7-11 바나바와 사울에게서 하나님의 말씀을 직접 듣고 싶었던 총독은, 그들을 불러들였다. 그러나 '만물박사'(그 마술사의 이름을 우리 식으로 풀면 이런 뜻이다)는, 총독의 주의를 흩뜨려서 믿지 못하게 하려고 애를 썼다. 그러나 성령이 충만한 사울—곧 바

Herod's arrogance and sent an angel to strike him down. Herod had given God no credit for anything. Down he went. Rotten to the core, a maggoty old man if there ever was one, he died.
24 Meanwhile, the ministry of God's Word grew by leaps and bounds.
25 Barnabas and Saul, once they had delivered the relief offering to the church in Jerusalem, went back to Antioch. This time they took John with them, the one they called Mark.

Barnabas, Saul, and Doctor Know-It-All

13 1-2 The congregation in Antioch was blessed with a number of prophet-preachers and teachers:

Barnabas,
Simon, nicknamed Niger,
Lucius the Cyrenian,
Manaen, an advisor to the ruler Herod,
Saul.

One day as they were worshiping God—they were also fasting as they waited for guidance—the Holy Spirit spoke: "Take Barnabas and Saul and commission them for the work I have called them to do."
3 So they commissioned them. In that circle of intensity and obedience, of fasting and praying, they laid hands on their heads and sent them off.
4-5 Sent off on their new assignment by the Holy Spirit, Barnabas and Saul went down to Seleucia and caught a ship for Cyprus. The first thing they did when they put in at Salamis was preach God's Word in the Jewish meeting places. They had John along to help out as needed.
6-7 They traveled the length of the island, and at Paphos came upon a Jewish wizard who had worked himself into the confidence of the governor, Sergius Paulus, an intelligent man not easily taken in by charlatans. The wizard's name was Bar-Jesus. He was as crooked as a

울―이 그의 눈을 똑바로 쳐다보며 말했다. "마귀의 흉내나 내는 허풍선이야, 너는 사람들을 속여 하나님을 믿지 못하게 하려고 잠도 안 자고 계략을 꾸미는구나. 그러나 이제 네가 하나님과 직접 부딪쳤으니, 네 장난질은 끝났다. 너는 눈이 멀어서 오랫동안 햇빛을 보지 못할 것이다." 그는 곧 어두운 안개 속에 빠져들어 주변을 더듬거렸다. 사람들에게 자기 손을 잡고 길을 알려 달라고 간청했다.

12 총독은 그 일어난 일을 보고, 주님을 믿었다. 그는 그들이 주님에 대해 하는 말을 듣고 대단한 열의를 보였다.

모든 이방인에게 문이 열리다

13-14 바울 일행은, 바보에서 출항해 밤빌리아의 버가로 항해했다. 거기서 요한이 중도에 포기하고 예루살렘으로 돌아갔다. 나머지 일행은 버가에서 비시디아의 안디옥으로 이동했다.

14-15 안식일에 그들은 회당에 가서 자리에 앉았다. 성경, 곧 하나님의 율법과 예언서를 읽은 뒤에 회당장이 그들에게 물었다. "형제 여러분, 혹시 격려의 말이나 전하고 싶은 말이 있습니까?"

16-20 바울이 일어나 잠시 숨을 고르고 나서 말했다. "이스라엘 동포 여러분, 하나님과 벗이 되신 여러분, 들어 보십시오. 하나님께서는 우리 조상에게 특별한 관심을 두셔서, 이집트에서 짓밟히던 나그네 된 우리 민족을 일으켜 세우시고, 거기서 장엄하게 이끌어 내셨습니다. 그분은 황량한 광야에서 사십 년 가까이 그들을 돌보아 주셨습니다. 그 후에, 앞길을 가로막는 일곱 적국을 쓸어버리시고, 가나안 땅을 그들의 소유로 주셨습니다. 그 기간이 사백오십 년에 달합니다.

20-22 예언자 사무엘 때까지, 하나님은 사사들을 보내셔서 그들을 이끌게 하셨습니다. 그러나 그들은 왕을 요구했고, 결국 하나님은 베냐민 지파에서 기스의 아들 사울을 택하여 그들에게 주셨습니다. 사울이 사십 년을 다스린 뒤에, 하나님은 그를 왕위에서 제하시고, 그 자리에 다윗을 왕으로 세우시며 이렇게 말씀하셨습니다. '내가 땅을 두루 살펴 이새의 아들 다윗을 찾았다. 그는 내 마음에 합한 사람, 내가 말하는 것을 그대로 행할 사람이다.'

corkscrew.

7-11 The governor invited Barnabas and Saul in, wanting to hear God's Word firsthand from them. But Dr. Know-It-All (that's the wizard's name in plain English) stirred up a ruckus, trying to divert the governor from becoming a believer. But Saul (or Paul), full of the Holy Spirit and looking him straight in the eye, said, "You bag of wind, you parody of a devil–why, you stay up nights inventing schemes to cheat people out of God. But now you've come up against God himself, and your game is up. You're about to go blind–no sunlight for you for a good long stretch." He was plunged immediately into a shadowy mist and stumbled around, begging people to take his hand and show him the way.

12 When the governor saw what happened, he became a believer, full of enthusiasm over what they were saying about the Master.

Don't Take This Lightly

13-14 From Paphos, Paul and company put out to sea, sailing on to Perga in Pamphylia. That's where John called it quits and went back to Jerusalem. From Perga the rest of them traveled on to Antioch in Pisidia.

14-15 On the Sabbath they went to the meeting place and took their places. After the reading of the Scriptures–God's Law and the Prophets–the president of the meeting asked them, "Friends, do you have anything you want to say? A word of encouragement, perhaps?"

16-20 Paul stood up, paused and took a deep breath, then said, "Fellow Israelites and friends of God, listen. God took a special interest in our ancestors, pulled our people who were beaten down in Egyptian exile to their feet, and led them out of there in grand style. He took good care of them for nearly forty years in that godforsaken wilderness and then, having wiped out seven enemies who stood in the way, gave them the land of Canaan for their very own–a span in all of about 450 years.

20-22 "Up to the time of Samuel the prophet, God provided judges to lead them. But then they asked for a king, and God gave them Saul, son of Kish, out of the tribe of Benjamin. After Saul had ruled forty

23-25 약속대로 하나님께서는 다윗의 후손에서 이스라엘을 위한 구주, 곧 예수를 보내셨습니다. 그 전에 요한으로 하여금 그분이 오실 것을 백성에게 경고하게 하셔서, 전적으로 삶을 고치도록 그들을 준비시키셨습니다. 요한은 자기 일을 마무리하면서 이렇게 말했습니다. '너희는 내가 그분인 줄 알았더냐? 아니다. 나는 그분이 아니다. 그러나 너희가 그토록 오랜 세월 동안 기다려 온 그분이 가까이 와 계신다. 그분이 곧 나타나실 것이다. 그리고 나는 곧 사라질 것이다.'

26-29 사랑하는 형제자매 여러분, 아브라함의 자손이요 하나님과 벗이 되신 여러분, 이 구원의 메시지를 들어야 할 사람은 바로 여러분이었습니다. 예루살렘 시민과 통치자들은 그분이 누구신지 알아보지 못하고 그분께 사형을 선고했습니다. 정당한 이유가 없는데도 무조건 빌라도에게 처형을 요구했습니다. 그들은 예언자들이 말한 그대로 행한 것입니다. 그들은 안식일마다 회당에서 예언자들의 글을 읽으면서도, 정작 자신들이 그 예언자들의 각본을 글자 그대로 따르고 있다는 사실을 몰랐습니다.

29-31 예언자들의 말대로 다 행한 뒤에, 그들은 그분을 십자가에서 내려다가 무덤에 두었습니다. 그러나 하나님께서 그분을 죽음에서 다시 살리셨습니다. 그 후에 그분은, 갈릴리 시절부터 그분을 잘 알던 이들에게 여러 곳에서 여러 번에 걸쳐 나타나셨고, 바로 그들이 그분의 살아 계심을 계속해서 증거하고 있습니다. 이것은 논쟁의 여지가 없는 사실입니다.

32-35 오늘 우리도 여러분에게 복된 소식을 가져왔습니다. 그것은 바로, 하나님께서 우리 조상에게 하신 약속이, 그 후손인 우리에게 성취되었다는 메시지입니다! 시편 2편에 정확히 기록된 것처럼, 하나님께서 예수를 살리셨습니다.

내 아들! 내 소중한 아들아!
오늘 내가 너를 기뻐한다!

그분을 죽은 자들 가운데서 살리실 때, 하나님은 영원히 그렇게 하신 것입니다. 그 예수가 썩고 부패한 것으로 다시 돌아가실 일은 없습니다. 그래서 이사야는 '내가 다윗의 약속된

years, God removed him from office and put King David in his place, with this commendation: 'I've searched the land and found this David, son of Jesse. He's a man whose heart beats to my heart, a man who will do what I tell him.'

23-25 "From out of David's descendants God produced a Savior for Israel, Jesus, exactly as he promised—but only after John had thoroughly alerted the people to his arrival by preparing them for a total life-change. As John was finishing up his work, he said, 'Did you think I was the One? No, I'm not the One. But the One you've been waiting for all these years is just around the corner, about to appear. And I'm about to disappear.'

26-29 "Dear brothers and sisters, children of Abraham, and friends of God, this message of salvation has been precisely targeted to you. The citizens and rulers in Jerusalem didn't recognize who he was and condemned him to death. They couldn't find a good reason, but demanded that Pilate execute him anyway. They did just what the prophets said they would do, but had no idea they were following to the letter the script of the prophets, even though those same prophets are read every Sabbath in their meeting places.

29-31 "After they had done everything the prophets said they would do, they took him down from the cross and buried him. And then God raised him from death. There is no disputing that—he appeared over and over again many times and places to those who had known him well in the Galilean years, and these same people continue to give witness that he is alive.

32-35 "And we're here today bringing you good news: the Message that what God promised the fathers has come true for the children—for us! He raised Jesus, exactly as described in the second Psalm:

My Son! My very own Son!
Today I celebrate you!

"When he raised him from the dead, he did it for good—no going back to that rot and decay for him. That's why Isaiah said, 'I'll give to all of you David's guaranteed blessings.' So also the psalmist's prayer: 'You'll never let your Holy One see death's rot and

축복을 너희 모두에게 주겠다'고 한 것입니다. 시편 기자도 이렇게 기도했습니다. '주님께서는 주님의 거룩하신 분이 썩고 부패한 것을 다시 보지 않게 하실 것입니다.'

36-39 물론 다윗은 하나님이 맡기신 일을 다 마치고 나서, 오늘까지 긴 세월을 흙과 재가 되어 무덤 속에 있습니다. 그러나 하나님이 살리신 예수는, 흙과 재가 되는 일이 없습니다! 내가 참으로 사랑하는 친구 여러분, 여러분에게 죄 용서의 약속이 주어진 것은, 바로 부활하신 이 예수 때문임을 아시기 바랍니다. 그분은 모세의 율법이 결코 해낼 수 없었던 일을, 믿는 사람들 안에서 모두 성취하십니다. 부활하신 이 예수를 믿는 사람은, 누구나 하나님 앞에서 선하고 의롭고 온전하다고 선포됩니다.

40-41 이것을 가볍게 여기지 마십시오. 다음과 같은 예언자의 설교가 여러분을 묘사한 것이어서는 안 될 것입니다.

조심하여라, 비웃는 자들아.
똑어지게 보아라, 너희의 세상이 산산조각 나는 것을.
내가 바로 너희 눈앞에서 일을 행할 것인데,
그 일이 눈앞에 닥쳐도 너희는 믿지 않을 것이다."

42-43 예배가 끝나자, 바울과 바나바는 다음 안식일에도 설교해 달라는 초청을 받았다. 모임이 끝나자, 아주 많은 유대인과 유대교 개종자들이 바울과 바나바를 따라갔다. 두 사람은 그들과 긴 대화를 나누면서, 그들이 시작한 삶, 곧 하나님의 은혜와 그 은혜 안에서 사는 삶에 머물러 있으라고 권면했다.

44-45 다음 안식일이 돌아오자, 도시 전체가 하나님의 말씀을 들으려고 모여들었다. 일부 유대인들이 그 무리를 보고는, 시기심에 휩싸여 바울을 심하게 비난했다. 그들은 바울의 말을 일일이 반박하며 소란을 피웠다.

46-47 그러나 바울과 바나바는 물러서지 않았다. 그들은 자신들의 입장을 굽히지 않고 이렇게 말했다. "본래 하나님의 말씀은 유대인 여러분에게 먼저 전해지도록 되어 있었습니다. 그러나 여러분은 그 말씀에 관여할 마음이 전혀 없고, 영원한 생명에 대해서도 아무 관심과 마음이 없음을 아주 분명히 했습니다. 그래서 모든 이방인에게 문이 열렸습니다. 우리는 그 문을 통해 나아가면서, 하나님께서 명령하신 대로 행합니다. 그분께서 이렇게 말씀하셨습

decay.'

36-39 "David, of course, having completed the work God set out for him, has been in the grave, dust and ashes, a long time now. But the One God raised up–no dust and ashes for him! I want you to know, my very dear friends, that it is on account of this resurrected Jesus that the forgiveness of your sins can be promised. He accomplishes, in those who believe, everything that the Law of Moses could never make good on. But everyone who believes in this raised-up Jesus is declared good and right and whole before God.

40-41 "Don't take this lightly. You don't want the prophet's sermon to describe you:

Watch out, cynics;
Look hard–watch your world fall to pieces.
I'm doing something right before your eyes
That you won't believe, though it's staring you in the face."

42-43 When the service was over, Paul and Barnabas were invited back to preach again the next Sabbath. As the meeting broke up, a good many Jews and converts to Judaism went along with Paul and Barnabas, who urged them in long conversations to stick with what they'd started, this living in and by God's grace.

44-45 When the next Sabbath came around, practically the whole city showed up to hear the Word of God. Some of the Jews, seeing the crowds, went wild with jealousy and tore into Paul, contradicting everything he was saying, making an ugly scene.

46-47 But Paul and Barnabas didn't back down. Standing their ground they said, "It was required that God's Word be spoken first of all to you, the Jews. But seeing that you want no part of it–you've made it quite clear that you have no taste or inclination for eternal life–the door is open to all the outsiders. And we're on our way through it, following orders, doing what God commanded when he said,

니다.

내가 너를 모든 민족의
빛으로 세웠다.
너는 온 땅과 바다 끝까지
구원을 선포할 것이다!"

48-49 이 말을 들은 이방인들은, 자신들이 받은 복이 믿기지 않을 만큼 좋았다. 참된 생명을 얻도록 정해진 사람들은 모두 하나님을 믿었다. 그들은 그 생명을 받아들임으로써, 하나님의 말씀을 존귀히 여겼다. 이 구원의 메시지는 그 지역 곳곳으로 들불처럼 퍼져나갔다.

50-52 일부 유대인들이 그 성의 존경받는 여자들과 지도자급 남자들을 선동해서, 그들의 소중한 생활 방식이 곧 훼손될 것이라고 믿게 했다. 그 말에 놀란 그들은 바울과 바나바를 적대하면서 강제로 내쫓았다. 바울과 바나바는 마음에서 그 일을 떨쳐 버리고, 다음 성인 이고니온으로 향했다. 행복한 두 제자는, 기쁨과 성령이 흘러넘쳤다.

14 1-3 바울과 바나바는 이고니온에 도착하여, 늘 하던 대로 유대인 회당에 가서 메시지를 전했다. 메시지는 유대인과 이방인 양쪽 모두를 설득시켰다. 그 수가 적지 않았다. 그러나 믿지 않는 유대인들이 바울과 바나바에 대한 허위 사실을 유포하여, 사람들의 마음에 불신과 의혹의 씨를 뿌렸다. 두 사도는 거기에 오랫동안 머물면서, 거리낌 없이 드러내놓고 담대히 말했다. 그들은 하나님의 선물에 관한 확실한 증거를 제시했고, 하나님은 기적과 이적으로 그들의 사역을 확증해 주셨다.

4-7 그러나 그때 여론이 갈라져, 유대인 편에 서는 사람들도 있고 두 사도 편에 서는 사람들도 있었다. 어느 날, 유대인과 이방인으로 구성된 한 무리가 지도자들의 지휘하에 자신들을 습격하려는 것을 알게 된 두 사람은, 루가오니아와 루스드라, 더베와 인근 성으로 급히 피했다. 그들은 거기서도 메시지를 전했다.

신인가, 사람인가

8-10 루스드라에 걷지 못하는 사람이 있었는데, 그는 태어날 때부터 걷지 못해 앉아서 지냈다. 그 사람이 바울의 말을 듣고 있었다. 바울이 그의 눈을

I've set you up
as light to all nations.
You'll proclaim salvation
to the four winds and seven seas!"

48-49 When the non-Jewish outsiders heard this, they could hardly believe their good fortune. All who were marked out for *real life* put their trust in God—they honored God's Word by receiving that life. And this Message of salvation spread like wildfire all through the region.

50-52 Some of the Jews convinced the most respected women and leading men of the town that their precious way of life was about to be destroyed. Alarmed, they turned on Paul and Barnabas and forced them to leave. Paul and Barnabas shrugged their shoulders and went on to the next town, Iconium, brimming with joy and the Holy Spirit, two happy disciples.

14 1-3 When they got to Iconium they went, as they always did, to the meeting place of the Jews and gave their message. The Message convinced both Jews and non-Jews—and not just a few, either. But the unbelieving Jews worked up a whispering campaign against Paul and Barnabas, sowing mistrust and suspicion in the minds of the people in the street. The two apostles were there a long time, speaking freely, openly, and confidently as they presented the clear evidence of God's gifts, God corroborating their work with miracles and wonders.

4-7 But then there was a split in public opinion, some siding with the Jews, some with the apostles. One day, learning that both the Jews and non-Jews had been organized by their leaders to beat them up, they escaped as best they could to the next towns—Lyconia, Lystra, Derbe, and that neighborhood—but then were right back at it again, getting out the Message.

Gods or Men?

8-10 There was a man in Lystra who couldn't walk. He sat there, crippled since the day of his

들여다보고는, 그가 하나님의 일을 위해 준비되었고, 믿으려고 하는 것을 알았다. 바울은 모두가 들을 수 있게 큰소리로 말했다. "일어서시오!" 그 사람은 순식간에 일어섰고, 마치 평생 걸어 다닌 사람처럼 걷기도 하고 껑충껑충 뛰기도 했다.

11-13 무리가 바울이 한 일을 보고 흥분해서, 루가오니아 말로 외쳤다. "신들이 내려오셨다! 이 사람들은 신이다!" 그들은 바나바를 '제우스'라고 부르고 바울을 '헤르메스'라고 불렀다(바울이 주로 말을 했기 때문이다). 인근 제우스 신당의 제사장이 행렬을 준비했다. 소와 깃발과 사람들이 문 앞에까지 늘어서서 제사를 준비했다.

14-15 바나바와 바울이 마침내 사태를 파악하고는 그들을 말렸다. 그들은 팔을 흔들어 행렬을 저지하며 외쳤다. "도대체 무엇을 하는 것입니까! 우리는 신이 아닙니다! 우리도 여러분과 같은 사람입니다. 우리는 여러분에게 메시지를 전하기 위해 여기에 왔습니다. 신이니 뭐니 하는 어리석은 미신을 버리고, 살아 계신 하나님을 받아들이도록 여러분에게 권하려고 온 것입니다. 우리가 하나님을 만들 수 없습니다. 하나님께서 인간과 만물, 하늘과 땅과 바다와 그 안에 있는 모든 것을 만드셨습니다.

16-18 우리 앞선 세대에는, 하나님께서 각 나라마다 자기 길을 가게 두셨습니다. 그러나 그때에도 하나님께서는 아무 단서 없이 버려두신 것이 아닙니다. 그분은 좋은 자연을 만들어 주셨고, 비를 내려 주셨으며, 풍작을 주셨습니다. 여러분의 배가 부르고 마음이 즐거운 것은, 여러분의 행위로는 누릴 수 없는 하나님의 선하심에 대한 증거였습니다." 그들이 급히 열변을 토하고 나서야, 그들을 신으로 모시려는 무리의 제사 행위를 겨우 막을 수 있었다.

19-20 그 후에 유대인들 일부가 안디옥과 이고니온에서부터 바나바와 바울을 좇아와서, 변덕스러운 무리를 부추겨 그들에게 악감정을 품게 했다. 그 무리가 의식을 잃을 정도로 바울을 때리고, 성 밖으로 끌고 가 죽도록 내버려 두었다. 그러나 제자들이 그를 둘러서자, 바울은 의식을 되찾고 일어났다. 그는 다시 성 안으로 들어가서, 이튿날 바나바와 함께 더베로 떠났다.

안디옥으로 돌아오다

21-22 바울과 바나바는 더베에서 메시지를 선포

birth. He heard Paul talking, and Paul, looking him in the eye, saw that he was ripe for God's work, ready to believe. So he said, loud enough for everyone to hear, "Up on your feet!" The man was up in a flash–jumped up and walked around as if he'd been walking all his life.

11-13 When the crowd saw what Paul had done, they went wild, calling out in their Lyconian dialect, "The gods have come down! These men are gods!" They called Barnabas "Zeus" and Paul "Hermes" (since Paul did most of the speaking). The priest of the local Zeus shrine got up a parade–bulls and banners and people lined right up to the gates, ready for the ritual of sacrifice.

14-15 When Barnabas and Paul finally realized what was going on, they stopped them. Waving their arms, they interrupted the parade, calling out, "What do you think you're doing! We're not gods! We are men just like you, and we're here to bring you the Message, to persuade you to abandon these silly god-superstitions and embrace God himself, the living God. We don't make God; he makes us, and all of this–sky, earth, sea, and everything in them.

16-18 "In the generations before us, God let all the different nations go their own way. But even then he didn't leave them without a clue, for he made a good creation, poured down rain and gave bumper crops. When your bellies were full and your hearts happy, there was evidence of good beyond your doing." Talking fast and hard like this, they prevented them from carrying out the sacrifice that would have honored them as gods–but just barely.

19-20 Then some Jews from Antioch and Iconium caught up with them and turned the fickle crowd against them. They beat Paul unconscious, dragged him outside the town and left him for dead. But as the disciples gathered around him, he came to and got up. He went back into town and the next day left with Barnabas for Derbe.

Plenty of Hard Times

21-22 After proclaiming the Message in Derbe and establishing a strong core of disciples, they retraced their steps to Lystra, then Iconium, and then

하고 든든한 기둥이 될 제자들을 세운 뒤에, 오던 길로 되돌아가서, 루스드라와 이고니온을 거쳐 안디옥에 이르렀다. 그들은 제자들의 삶에 힘과 기운을 북돋아 주고, 처음에 믿은 것을 굳게 붙들어 거기서 떠나지 말라고 당부했다. 그것이 쉽지 않으리라는 것을 그들에게 분명히 말했다. "누구든지 하나님 나라에 지원하는 사람은 반드시 많은 어려움을 겪어야 합니다."

23-26 바울과 바나바는 각 교회의 지도자들을 신중하게 뽑았다. 그들은 금식하고 더욱 간절히 기도를 드리고 나서, 지금까지 자신들의 삶을 의탁했던 주님께 새로 뽑은 지도자들을 맡겨 드렸다. 두 사람은 비시디아를 지나 밤빌리아로 되돌아왔고, 버가에서 메시지를 전했다. 마침내 그들은 앗달리아에 도착해서, 배를 타고 처음 출발점인 안디옥으로 돌아왔다. 하나님의 은혜로 시작해서, 이제 하나님의 은혜로 무사히 돌아온 것이다.

27-28 그들은 그곳에 도착하자마자, 교회 회중을 모아 놓고 그동안의 여행을 보고했다. 하나님께서 어떻게 자신들을 사용하셔서 믿음의 문을 활짝 열어 주셨는지, 그래서 어떻게 모든 민족이 교회로 들어올 수 있게 되었는지를 자세히 이야기했다. 그들은 그곳에 머물면서, 제자들과 오랫동안 여유 있게 교제를 나누었다.

이방인 신자들을 위한 지침

15 1-2 얼마 후에 유대인들 몇 사람이 유대에서 내려와, "모세의 방식대로 할례를 받지 않으면 구원받을 수 없다"면서, 모든 사람이 할례를 받아야 한다고 주장했다. 바울과 바나바가 즉시 일어나서 강력히 항의했다. 교회는 이 문제를 해결하기 위해 바울과 바나바와 다른 몇 사람을 예루살렘으로 보내, 사도와 지도자들 앞에 이 문제를 내놓기로 했다.

3 그들은 전송을 받고 길을 떠나 페니키아와 사마리아를 지나면서, 이방인들에게도 돌파구가 열렸다는 소식을 만나는 모든 사람에게 전했다. 그 이야기를 들은 사람들은 모두 굉장한 소식이라며 환호했다!

4-5 바울과 바나바가 예루살렘에 이르자, 사도와 지도자들을 비롯해 온 교회가 그들을 따뜻하게 맞아 주었다. 두 사람은 최근 여행중에, 하나님께서 자신들을 사용하셔서 이방인들에게 문을 열어 주신 일을 보고했다. 몇몇 바리새인들이

Antioch, putting muscle and sinew in the lives of the disciples, urging them to stick with what they had begun to believe and not quit, making it clear to them that it wouldn't be easy: "Anyone signing up for the kingdom of God has to go through plenty of hard times."

23-26 Paul and Barnabas handpicked leaders in each church. After praying–their prayers intensified by fasting–they presented these new leaders to the Master to whom they had entrusted their lives. Working their way back through Pisidia, they came to Pamphylia and preached in Perga. Finally, they made it to Attalia and caught a ship back to Antioch, where it had all started–launched by God's grace and now safely home by God's grace. A good piece of work.

27-28 On arrival, they got the church together and reported on their trip, telling in detail how God had used them to throw the door of faith wide open so people of all nations could come streaming in. Then they settled down for a long, leisurely visit with the disciples.

To Let Outsiders Inside

15 1-2 It wasn't long before some Jews showed up from Judea insisting that everyone be circumcised: "If you're not circumcised in the Mosaic fashion, you can't be saved." Paul and Barnabas were up on their feet at once in fierce protest. The church decided to resolve the matter by sending Paul, Barnabas, and a few others to put it before the apostles and leaders in Jerusalem.

3 After they were sent off and on their way, they told everyone they met as they traveled through Phoenicia and Samaria about the breakthrough to the non-Jewish outsiders. Everyone who heard the news cheered–it was terrific news!

4-5 When they got to Jerusalem, Paul and Barnabas were graciously received by the whole church, including the apostles and leaders. They reported on their recent journey and how God had used them to open things up to the outsiders. Some Pharisees stood up to say their piece. They had become believers, but continued to hold to the hard party line of the Pharisees. "You have to circumcise

일어나 자신들의 의견을 밝혔다. 그들은 믿는 사람들이기는 했으나, 바리새인의 강경 노선을 계속 고수하려는 이들이었다. 그들이 말했다. "이방인 개종자들에게도 할례를 주어서, 모세의 율법을 지키게 해야 합니다."

6-9 사도와 지도자들이 특별 회의를 소집해 이 문제를 깊이 논의했다. 여러 주장이 끊임없이 오가는 가운데, 열띤 논쟁을 벌였다. 그때 베드로가 자리에서 일어나 이렇게 말했다. "친구 여러분, 여러분도 잘 알다시피, 하나님께서는 이방인들도 이 복된 메시지를 듣고 받아들이기 원하신다는 것을 일찍부터 아주 분명히 밝히셨습니다. 그것도 전해 들은 말이 아니라, 바로 내가 전하는 말을 직접 듣고 받아들이게 하셨습니다. 우리의 어떤 겉치레에도 속지 않으시고 언제나 사람의 생각을 아시는 하나님께서, 우리에게 주신 것과 똑같은 성령을 그들에게도 주셨습니다. 그분은 우리를 대하신 것처럼 이방인들을 대하셨습니다. 하나님께서는 그분을 믿고 신뢰하는 이방인들에게 역사하셔서, 먼저 그들이 누구인지 깨닫게 하시고 그 중심에서부터 시작해서 그들의 삶을 깨끗게 하셨습니다.

10-11 그런데 어찌하여 지금 여러분은 하나님보다 더한 하나님이 되어서, 우리 조상을 짓누르고 우리까지 짓누른 규정들을 새로 믿은 이 사람들에게 지우려는 것입니까? 주 예수께서 놀랍고도 너그러운 은혜로 우리를 찾아오셔서 구원해 주신 것처럼, 우리 민족이 아닌 이방인들도 그렇게 구원해 주셨다는 것을 우리가 믿지 않습니까? 그렇다면 지금 우리가 무엇을 두고 싸우는 것입니까?"

12-13 깊은 침묵이 흘렀다. 아무도 입을 열지 않았다. 그 침묵 가운데 바나바와 바울은, 자신들의 사역을 통해 하나님께서 다른 민족들 가운데 행하신 기적과 이적을 사실대로 보고했다. 침묵은 더욱 깊어져, 사람들의 숨소리까지 들릴 정도였다.

13-18 야고보가 침묵을 깼다. "친구 여러분, 들으십시오. 시므온이 우리에게 전해 준 대로, 하나님께서는 이방 민족들도 품으실 것을 처음부터 분명히 말씀하셨습니다. 이것은 예언자들의 말과 정확히 일치합니다.

이후에 내가 돌아와
다윗의 무너진 집을 다시 세울 것이다.
내가 모든 조각을 다시 맞추어
새것처럼 보이게 할 것이다.
이방인들도 구하는 자는 찾게 되고,

the pagan converts," they said. "You must make them keep the Law of Moses."

6-9 The apostles and leaders called a special meeting to consider the matter. The arguments went on and on, back and forth, getting more and more heated. Then Peter took the floor: "Friends, you well know that from early on God made it quite plain that he wanted the pagans to hear the Message of this good news and embrace it—and not in any secondhand or roundabout way, but firsthand, straight from my mouth. And God, who can't be fooled by any pretense on our part but always knows a person's thoughts, gave them the Holy Spirit exactly as he gave him to us. He treated the outsiders exactly as he treated us, beginning at the very center of who they were and working from that center outward, cleaning up their lives as they trusted and believed him.

10-11 "So why are you now trying to out-god God, loading these new believers down with rules that crushed our ancestors and crushed us, too? Don't we believe that we are saved because the Master Jesus amazingly and out of sheer generosity moved to save us just as he did those from beyond our nation? So what are we arguing about?"

12-13 There was dead silence. No one said a word. With the room quiet, Barnabas and Paul reported matter-of-factly on the miracles and wonders God had done among the other nations through their ministry. The silence deepened; you could hear a pin drop.

13-18 James broke the silence. "Friends, listen. Simeon has told us the story of how God at the very outset made sure that racial outsiders were included. This is in perfect agreement with the words of the prophets:

After this, I'm coming back;
 I'll rebuild David's ruined house;
I'll put all the pieces together again;
 I'll make it look like new
So outsiders who seek will find,
 so they'll have a place to come to,
All the pagan peoples

갈 곳을 얻게 되며,
모든 이방 민족도
내가 하는 일을 알게 될 것이다.

하나님께서 이렇게 말씀하셨고, 이제 그 말씀대로 행하고 계십니다. 이것은 느닷없이 일어난 일이 아닙니다. 그분은 처음부터 이렇게 하실 것을 알고 계셨습니다.

19-21 그러니, 내 판단은 이렇습니다. 우리는 주님께로 돌아오는 이방인들에게 불필요한 짐을 지우지 말아야겠습니다. 우리가 그들에게 편지를 써서 이렇게 말하는 것이 좋겠습니다. '우상과 관계된 활동에 관여하지 않도록 조심하고, 성생활과 결혼의 도덕을 지키며, 유대인 그리스도인들에게 거슬리는 음식—이를테면 피 같은 것—은 내놓지 마십시오.' 이것은 모세가 전한 기본 지혜입니다. 이것은 우리가 안식일을 지켜 모일 때, 지금까지 어느 도시에서나 수백 년 동안 전하고 지켜 온 것입니다."

22-23 사도와 지도자와 모든 사람들이 거기에 동의했다. 그들은 교회에서 상당히 비중 있는 바사바라는 유다와 실라를 택하고, 바울과 바나바와 함께 그들 편으로 다음의 편지를 안디옥으로 보냈다.

여러분의 형제인 사도와 지도자들이, 안디옥과 시리아와 길리기아에 있는 우리 형제들에게 편지합니다.
평안하십니까?
24-27 우리 교회의 몇몇 사람들이, 여러분에게 가서 여러분을 혼란스럽고 당황스럽게 하는 말을 했다는 소식을 들었습니다. 알아 두십시오. 우리는 그들에게 아무런 권한도 준 적이 없습니다. 그들은 우리가 보낸 사람들이 아닙니다. 우리는 우리를 대표할 사람들을 뽑아서, 우리의 귀한 형제인 바나바와 바울과 함께 여러분에게 보내기로 만장일치로 결의했습니다. 우리는 여러분이 신임할 만한 사람, 곧 유다와 실라를 뽑았습니다. 그들은 우리 주 예수 그리스도를 위해 몇 번이나 죽음까지도 마다하지 않은 사람들입니다. 우리는 그들이 여러분을 대면해서 우리가 쓴 내용이 사실임을 확증해 주도록 그들을 보냅니다.
28-29 성령과 우리는, 꼭 필요한 최소한의 책임 외에는 여러분에게 어떤 무거운 짐도 지워서는 안 된다고 생각합니다. 여러분은 우상과 관계된 활동에 관여하지 않도록 조심하고, 유대인 그리스도인들에게 거슬리는 음식—이를테면 피 같은

included in what I'm doing.

"God said it and now he's doing it. It's no afterthought; he's always known he would do this.

19-21 "So here is my decision: We're not going to unnecessarily burden non-Jewish people who turn to the Master. We'll write them a letter and tell them, 'Be careful to not get involved in activities connected with idols, to guard the morality of sex and marriage, to not serve food offensive to Jewish Christians—blood, for instance.' This is basic wisdom from Moses, preached and honored for centuries now in city after city as we have met and kept the Sabbath."

22-23 Everyone agreed: apostles, leaders, all the people. They picked Judas (nicknamed Barsabbas) and Silas—they both carried considerable weight in the church—and sent them to Antioch with Paul and Barnabas with this letter:

From the apostles and leaders, your friends, to our friends in Antioch, Syria, and Cilicia:
Hello!
24-27 We heard that some men from our church went to you and said things that confused and upset you. Mind you, they had no authority from us; we didn't send them. We have agreed unanimously to pick representatives and send them to you with our good friends Barnabas and Paul. We picked men we knew you could trust, Judas and Silas—they've looked death in the face time and again for the sake of our Master Jesus Christ. We've sent them to confirm in a face-to-face meeting with you what we've written.
28-29 It seemed to the Holy Spirit and to us that you should not be saddled with any crushing burden, but be responsible only for these bare necessities: Be careful not to get involved in activities connected with idols; avoid serving food offensive to Jewish Christians (blood, for instance); and guard the morality of sex and marriage.
These guidelines are sufficient to keep rela-

것—은 내놓지 말며, 성생활과 결혼의 도덕을 지키십시오.
이런 지침만 따른다면, 우리 사이에는 뜻이 맞고 돈독한 관계가 충분히 유지될 것입니다. 하나님께서 여러분과 함께하시기를 바랍니다!

바나바와 바울이 갈라서다

30-33 그들은 안디옥으로 떠났다. 그들은 그곳에 도착해서, 교회 회중을 모아 놓고 편지를 읽어 주었다. 사람들은 크게 안도하고 기뻐했다. 훌륭한 설교자인 유다와 실라는, 많은 격려와 소망의 말로 새로운 동료들에게 힘을 실어 주었다. 어느새 돌아갈 때가 되었다. 새로운 동료들 모두가 웃음과 포옹으로 그들을 전송했고, 유다와 실라는 자신들을 보낸 이들에게 보고하러 가기 위해 길을 떠났다.
35 바울과 바나바는 안디옥에 머물면서, 하나님 말씀을 가르치고 전했다. 그러나 그들은 혼자가 아니었다. 당시 안디옥에는 가르치고 전하는 사람들이 많이 있었다.
36 며칠 후에 바울이 바나바에게 말했다. "전에 우리가 하나님 말씀을 전하던 각 도시로 돌아가서, 거기 있는 동료들을 방문하고 어떻게 지내는지 알아봅시다."
37-41 바나바는 일명 마가라 하는 요한도 데려가고 싶어 했다. 그러나 바울은 그와 함께하고 싶지 않았다. 상황이 힘들어지자 밤빌리아에서 그들을 두고 떠났던 이 중도 포기자를 데려갈 마음이 없었던 것이다. 언성이 높아지더니, 결국 그들은 갈라섰다. 바나바는 마가를 데리고 배편으로 키프로스로 갔다. 바울은 실라를 택해, 주님의 은혜를 구하는 동료들의 인사를 받으며 시리아와 길리기아로 갔다. 그곳에서 회중에게 힘과 기운을 북돋아 주었다.

바울의 갈 길을 정해 준 꿈

16 1-3 바울은 먼저 더베로 갔다가, 그 후에 루스드라로 갔다. 거기서 그는, 경건한 유대인 어머니와 그리스 사람인 아버지 사이에서 태어난 디모데라는 제자를 만났다. 루스드라와 이고니온에 있는 형제들은, 디모데가 아주 훌륭한 청년이라고 다들 입을 모아 말했다. 바울은 그를 선교 사역에 영입하고 싶었다. 그는 그 지역에 사는 유대인들에게 걸림이 되지 않도록, *디모데를 따로 데려다가* 먼저 할례를 주었다. 그의 아버지가 그리스 사람이라는 것을 모두가 알고 있었기 때문이다.
4-5 바울 일행은 각 도시를 다니면서, 예루살렘의 사도와 지도자들이 작성한 간단한 지침을 제시해 주었

tions congenial between us. And God be with you!

Barnabas and Paul Go Their Separate Ways

30-33 And so off they went to Antioch. On arrival, they gathered the church and read the letter. The people were greatly relieved and pleased. Judas and Silas, good preachers both of them, strengthened their new friends with many words of courage and hope. Then it was time to go home. They were sent off by their new friends with laughter and embraces all around to report back to those who had sent them.
35 Paul and Barnabas stayed on in Antioch, teaching and preaching the Word of God. But they weren't alone. There were a number of teachers and preachers at that time in Antioch.
36 After a few days of this, Paul said to Barnabas, "Let's go back and visit all our friends in each of the towns where we preached the Word of God. Let's see how they're doing."
37-41 Barnabas wanted to take John along, the John nicknamed Mark. But Paul wouldn't have him; he wasn't about to take along a quitter who, as soon as the going got tough, had jumped ship on them in Pamphylia. Tempers flared, and they ended up going their separate ways: Barnabas took Mark and sailed for Cyprus; Paul chose Silas and, offered up by their friends to the grace of the Master, went to Syria and Cilicia to build up muscle and sinew in those congregations.

A Dream Gave Paul His Map

16 1-3 Paul came first to Derbe, then Lystra. He found a disciple there by the name of Timothy, son of a devout Jewish mother and Greek father. Friends in Lystra and Iconium all said what a fine young man he was. Paul wanted to recruit him for their mission, but first took him aside and circumcised him so he wouldn't offend the Jews who lived in those parts. They all knew that his father was Greek.
4-5 As they traveled from town to town, they

다. 그 지침은 더없이 큰 도움이 되었다. 날마다 회중의 믿음이 더욱 굳건해지고 그 수가 더 많아졌다.

6-8 그들은 브루기아로 갔다가, 갈라디아를 지나갔다. 그들의 계획은 서쪽으로 방향을 잡아 아시아로 가는 것이었으나, 성령께서 그 길을 막으셨다. 그래서 그들은 무시아로 갔다. 거기서 북쪽 비두니아로 가려고 했으나, 예수의 영께서 그쪽으로 가는 것도 허락지 않으셨다. 그래서 그들은 다시 무시아를 지나, 드로아 항으로 내려갔다.

9-10 그날 밤에 바울은 꿈을 꾸었다. 마케도니아 사람 하나가 멀리 해안에 서서 바다 건너 이쪽을 향해 외쳤다. "마케도니아로 건너와서 우리를 도와주십시오!" 그 꿈이 바울의 갈 길을 정해 주었다. 우리는 곧장 마케도니아로 건너갈 준비에 착수했다. 모든 조각이 꼭 들어맞았다. 이제 하나님께서 유럽 사람들에게 복된 소식을 전하라고 우리를 부르셨음을 확신했다.

11-12 드로아 항을 떠나, 사모드라게로 직행했다. 이튿날 '네압볼리'(신도시)에 배를 대고 거기서부터 걸어서 빌립보로 갔다. 빌립보는 마케도니아의 주요 도시이자, 더 중요하게는 로마의 식민지였다. 우리는 거기서 며칠을 묵었다.

13-14 안식일에, 우리는 시내를 벗어나 기도 모임이 있다는 곳으로 강을 따라 내려갔다. 우리는 그곳에 모여 있는 여자들 곁에 자리를 잡고서, 그들과 이야기를 나누었다. 그들 가운데는 값비싼 직물을 파는 루디아라는 여자가 있었다. 루디아는 두아디라 출신의 상인인데, 하나님을 경외하는 여자로 알려져 있었다. 우리의 말을 열심히 듣던 중에, 주님께서 루디아에게 믿는 마음을 주셨다. 그래서 그녀는 믿었다!

15 루디아는 자기 집에 있는 모든 사람과 함께 세례를 받은 뒤에, 우리를 대접하고 싶은 마음에 이렇게 말했다. "내가 이 일에 당신들과 하나이며 참으로 주님을 믿는 줄로 당신들이 확신한다면, 우리 집에 오셔서 머물러 주십시오." 우리는 주저했으나, 그녀는 절대로 우리의 거절을 받아들일 태세가 아니었다.

매 맞고 감옥에 갇히다

16-18 하루는 기도 장소로 가다가, 한 여종과 우연히 마주쳤다. 그 여자는 점을 쳐서 자기 주인들에게 많은 돈을 벌어 주는 점쟁이였다. 그 여자는 바울을 따라다니면서, "이 사람들은 지극히 높으신 하나님을 위해 일하고 있습니다. 여러분을 위해 구원의 길을 놓고 있습니다!" 하고 소리치며 모든 사람의 이목을 우리에게 집중시켰다. 그 여자가 며칠을 그렇게 하자, 바울은 너무도 성가셨다. 그가 돌아서서, 그 여자

presented the simple guidelines the Jerusalem apostles and leaders had come up with. That turned out to be most helpful. Day after day the congregations became stronger in faith and larger in size.

6-8 They went to Phrygia, and then on through the region of Galatia. Their plan was to turn west into Asia province, but the Holy Spirit blocked that route. So they went to Mysia and tried to go north to Bithynia, but the Spirit of Jesus wouldn't let them go there either. Proceeding on through Mysia, they went down to the seaport Troas.

9-10 That night Paul had a dream: A Macedonian stood on the far shore and called across the sea, "Come over to Macedonia and help us!" The dream gave Paul his map. We went to work at once getting things ready to cross over to Macedonia. All the pieces had come together. We knew now for sure that God had called us to preach the good news to the Europeans.

11-12 Putting out from the harbor at Troas, we made a straight run for Samothrace. The next day we tied up at New City and walked from there to Philippi, the main city in that part of Macedonia and, even more importantly, a Roman colony. We lingered there several days.

13-14 On the Sabbath, we left the city and went down along the river where we had heard there was to be a prayer meeting. We took our place with the women who had gathered there and talked with them. One woman, Lydia, was from Thyatira and a dealer in expensive textiles, known to be a God-fearing woman. As she listened with intensity to what was being said, the Master gave her a trusting heart—and she believed!

15 After she was baptized, along with everyone in her household, she said in a surge of hospitality, "If you're confident that I'm in this with you and believe in the Master truly, come home with me and be my guests." We hesitated, but she wouldn't take no for an answer.

를 사로잡고 있는 귀신에게 명령했다. "예수 그리스도의 이름으로 명한다. 나오너라! 이 여자에게서 나오너라!" 그러자 그 명령대로 귀신이 떠나가 버렸다.

19-22 그 여자의 주인들이 자신들의 돈벌이 되는 사업이 순식간에 망한 것을 알고는, 바울과 실라를 쫓아가서 우격다짐으로 그들을 붙잡아 광장으로 끌고 갔다. 그러자 경비대가 그들을 체포해, 법정으로 끌고 가서 고발했다. "이 자들은 평화를 어지럽히고 있습니다. 우리 로마 법과 질서를 파괴하는 위험한 유대인 선동자들입니다." 어느새 무리는 흥분한 폭도로 변해 있었다.

22-24 판사들은 폭도와 한편이 되어서, 바울과 실라의 옷을 찢어 벗기고 그들에게 공개 태형을 명령했다. 그들은 시퍼런 멍이 들도록 그 두 사람을 때린 뒤 감옥에 가두고, 탈출은 꿈도 꾸지 못하도록 삼엄하게 감시하라고 간수에게 명령했다. 간수는 명령대로 감시가 가장 삼엄한 감옥에 그 두 사람을 가두고 발에 족쇄를 채웠다.

25-26 자정쯤에, 바울과 실라가 기도하며 힘차게 하나님을 찬송했다. 다른 죄수들은 자신의 귀를 의심했다. 그때 난데없이 큰 지진이 일어났다! 감옥이 흔들리며 감옥 문이 모두 열렸고, 죄수들을 묶어 놓은 것들도 다 풀렸다.

27-28 간수가 잠을 자다가 놀라서 깨어 보니, 감옥 문이 다 열려 제멋대로 흔들리고 있었다. 그는 죄수들이 탈출한 줄 알고, 어차피 자신은 죽은 목숨이라는 생각에 칼을 뽑아 자살하려고 했다. 그때 바울이 그를 말렸다. "그러지 마시오! 우리 모두가 여기 그대로 있습니다! 아무도 달아나지 않았습니다!"

29-31 간수는 횃불을 들고 급히 안으로 들어갔다. 그는 부들부들 떨면서, 바울과 실라 앞에 무너지듯 주저앉았다. 그는 그들을 감옥 바깥으로 데리고 나와서 물었다. "선생님, 내가 어떻게 하면 구원을 얻어 참으로 살 수 있겠습니까?" 그들이 말했다. "주 예수를 온전히 믿으시오. 그러면 당신이 바라는 참된 삶을 살게 될 것입니다. 당신 집안의 사람들도 모두 마찬가지입니다!"

32-34 그들은 주님에 대한 이야기를 자세히 설명해 주었다. 그 이야기를 할 때 그의 가족도 모두 함께 있었다. 그날 모두가 꼬박 밤을 새

Beat Up and Thrown in Jail

16-18 One day, on our way to the place of prayer, a slave girl ran into us. She was a psychic and, with her fortunetelling, made a lot of money for the people who owned her. She started following Paul around, calling everyone's attention to us by yelling out, "These men are working for the Most High God. They're laying out the road of salvation for you!" She did this for a number of days until Paul, finally fed up with her, turned and commanded the spirit that possessed her, "Out! In the name of Jesus Christ, get out of her!" And it was gone, just like that.

19-22 When her owners saw that their lucrative little business was suddenly bankrupt, they went after Paul and Silas, roughed them up and dragged them into the market square. Then the police arrested them and pulled them into a court with the accusation, "These men are disturbing the peace—dangerous Jewish agitators subverting our Roman law and order." By this time the crowd had turned into a restless mob out for blood.

22-24 The judges went along with the mob, had Paul and Silas's clothes ripped off and ordered a public beating. After beating them black-and-blue, they threw them into jail, telling the jailkeeper to put them under heavy guard so there would be no chance of escape. He did just that—threw them into the maximum security cell in the jail and clamped leg irons on them.

25-26 Along about midnight, Paul and Silas were at prayer and singing a robust hymn to God. The other prisoners couldn't believe their ears. Then, without warning, a huge earthquake! The jailhouse tottered, every door flew open, all the prisoners were loose.

27-28 Startled from sleep, the jailer saw all the doors swinging loose on their hinges. Assuming that all the prisoners had escaped, he pulled out his sword and was about to do himself in, figuring he was as good as dead anyway, when Paul stopped him: "Don't do that! We're all still here! Nobody's run away!"

29-31 The jailer got a torch and ran inside. Badly shaken, he collapsed in front of Paul and Silas. He led them out of the jail and asked, "Sirs, what do I have to do to be saved, to really live?" They said, "Put your entire trust in the Master Jesus. Then you'll live as

웠다. 간수는 그들이 편히 쉴 수 있도록 했고, 상처를 싸매 주었다. 그러고 나서, 그와 가족 모두가 세례를 받았다. 아침까지 기다릴 수 없었던 것이다! 축하의 뜻으로 그는 자기 집에서 음식을 대접했다. 잊지 못할 밤이었다. 그와 온 가족이 하나님을 믿었다. 집안 모든 사람이 기뻐하며 잔치를 벌였다.

35-36 동이 트자, 법정 판사들이 관리들을 보내어 지시했다. "그 사람들을 풀어 주어라." 간수가 바울에게 그 말을 전했다. "판사들한테서 지시가 왔는데, 선생님들은 이제 자유의 몸이 되었습니다. 축하합니다! 평안히 가십시오!"

37 그러나 바울은 꿈쩍하지 않았다. 그가 관리들에게 말했다. "저들은 로마 시민 신분이 확실한 우리를 공개적으로 때리고 감옥에 가두었습니다. 그런데 이제 와서 아무도 모르게 우리를 내보내겠다는 말입니까? 그렇게는 못 하겠습니다! 여기서 우리를 내보내려면, 저들이 직접 와서 환한 대낮에 우리를 데리고 나가야 할 것입니다."

38-40 관리들이 이 말을 보고하자 판사들이 당황했다. 그들은 바울과 실라가 로마 시민인 줄은 전혀 몰랐다. 그들은 급히 와서 사과했다. 그리고 두 사람을 감옥에서부터 직접 호송해 나가면서, 그들에게 그 도시를 떠나 달라고 간청했다. 감옥에서 나온 바울과 실라는, 곧장 루디아의 집으로 가서 동료들을 다시 만났다. 믿음 안에서 그들을 격려하고 길을 떠났다.

데살로니가

17 1-3 그들은 남쪽 길을 택해, 암비볼리와 아볼로니아를 지나 데살로니가로 갔다. 그곳에는 유대인 공동체가 있었다. 바울은 평소 하던 대로 그 시내의 회당으로 가서, 세 번의 안식일 동안 성경을 가지고 말씀을 전했다. 그는 그들이 평생 읽어 온 성경 본문의 뜻을 풀어 주었다. 그들로 하여금 메시아께서 반드시 죽임을 당하고 죽은 자들 가운데서 살아나야 하며—그 밖에 다른 길은 없으며—"지금 여러분에게 소개하는 이 예수가 바로 그 메시아"라는 사실을 깨닫도록 해 주었다.

4-5 그들 가운데 일부가 설득되어 바울과 실라에게 합류했다. 그중에는 하나님을 경외하

you were meant to live—and everyone in your house included!"

32-34 They went on to spell out in detail the story of the Master—the entire family got in on this part. They never did get to bed that night. The jailer made them feel at home, dressed their wounds, and then—he couldn't wait till morning!—was baptized, he and everyone in his family. There in his home, he had food set out for a festive meal. It was a night to remember: He and his entire family had put their trust in God; everyone in the house was in on the celebration.

35-36 At daybreak, the court judges sent officers with the instructions, "Release these men." The jailer gave Paul the message, "The judges sent word that you're free to go on your way. Congratulations! Go in peace!"

37 But Paul wouldn't budge. He told the officers, "They beat us up in public and threw us in jail, Roman citizens in good standing! And now they want to get us out of the way on the sly without anyone knowing? Nothing doing! If they want us out of here, let them come themselves and lead us out in broad daylight."

38-40 When the officers reported this, the judges panicked. They had no idea that Paul and Silas were Roman citizens. They hurried over and apologized, personally escorted them from the jail, and then asked them if they wouldn't please leave the city. Walking out of the jail, Paul and Silas went straight to Lydia's house, saw their friends again, encouraged them in the faith, and only then went on their way.

Thessalonica

17 1-3 They took the road south through Amphipolis and Apollonia to Thessalonica, where there was a community of Jews. Paul went to their meeting place, as he usually did when he came to a town, and for three Sabbaths running he preached to them from the Scriptures. He opened up the texts so they understood what they'd been reading all their lives: that the Messiah absolutely *had* to be put to death and raised from the dead—there were no other options—and that "this Jesus I'm introducing you to is that Messiah."

4-5 Some of them were won over and joined ranks with Paul and Silas, among them a great many God-fearing Greeks and a considerable number of women from

는 그리스 사람들이 아주 많았고, 귀족층 여자들도 여럿 있었다. 그러나 강경파 유대인들은 그들의 개종에 격분했다. 시기심에 휩싸인 그들은 거리의 사나운 불량배들을 끌어 모아, 시내에 공포 분위기를 조성하며 바울과 실라를 추적했다.
5-7 그들은 바울과 실라가 야손의 집에 있는 줄 알고 그곳으로 쳐들어갔다. 거기서 두 사람을 찾지 못하자, 그들은 야손과 그 친구들을 대신 붙잡아 시 원로들 앞으로 끌고 갔다. 그러고는 미친 듯이 소리쳤다. "이들은 세상을 무너뜨리려는 자들입니다. 이제 우리 문 앞에까지 나타나서, 우리가 소중히 여기는 모든 것을 공격하고 있습니다! 예수가 왕이고 황제는 아무것도 아니라고 말하는 이 반역자와 배반자들을 야손이 숨겨 주고 있습니다!"
8-9 시 원로들과 모여든 사람들은 그 말을 듣고 크게 놀랐다. 그들은 고발 내용을 조사하는 한편, 야손과 그 친구들에게서 보석금을 두둑이 받고 그들을 풀어 주었다.

베뢰아

10-12 그날 밤에 형제들이 어둠을 틈타 바울과 실라를 신속히 성읍 밖으로 빼냈다. 그들은 그 둘을 베뢰아로 보냈고, 거기서 두 사람은 다시 유대인 공동체를 만났다. 그곳 사람들은 데살로니가 사람들보다 훨씬 나았다. 그곳의 유대인들은 바울이 전하는 소식을 열정적으로 받아들였고, 그가 하는 말이 성경적 근거가 있는지 알아보려고 날마다 그를 만나 성경을 연구했다. 그들 가운데 많은 이들이 믿는 사람이 되었는데, 그중에는 공동체에서 유력하고 영향력 있는 남녀 그리스 사람들도 많았다.
13-15 그러나 바울이 베뢰아에서 다시 하나님의 말씀을 전하고 있다는 보고가 데살로니가의 강경파 유대인들에게 들어갔다. 그들은 지체하지 않고 대응했다. 거기서도 무리를 모아 소란을 일으킨 것이다. 바울은 형제들의 도움을 받아 그들을 따돌리고서, 배를 타고 바다로 나갔다. 실라와 디모데는 뒤에 남았다. 바울의 피신을 도와준 사람들은 아테네까지 그를 데려가서, 거기에 그를 두고 떠났다. 떠나는 그들 편에 바울은 "되도록 빨리 오라!"는 전갈을 실라와 디모데에게 보냈다.

아테네

16 아테네에서 실라와 디모데를 기다리는 기간이 길어질수록, 바울은 그곳에 우상이 가득한 것을 보고 큰 분노를 느꼈다! 그 도시는 우상 천지였다.

the aristocracy. But the hard-line Jews became furious over the conversions. Mad with jealousy, they rounded up a bunch of brawlers off the streets and soon had an ugly mob terrorizing the city as they hunted down Paul and Silas.
5-7 They broke into Jason's house, thinking that Paul and Silas were there. When they couldn't find them, they collared Jason and his friends instead and dragged them before the city fathers, yelling hysterically, "These people are out to destroy the world, and now they've shown up on our doorstep, attacking everything we hold dear! And Jason is hiding them, these traitors and turncoats who say Jesus is king and Caesar is nothing!"
8-9 The city fathers and the crowd of people were totally alarmed by what they heard. They made Jason and his friends post heavy bail and let them go while they investigated the charges.

Berea

10-12 That night, under cover of darkness, their friends got Paul and Silas out of town as fast as they could. They sent them to Berea, where they again met with the Jewish community. They were treated a lot better there than in Thessalonica. The Jews received Paul's message with enthusiasm and met with him daily, examining the Scriptures to see if they supported what he said. A lot of them became believers, including many Greeks who were prominent in the community, women and men of influence.
13-15 But it wasn't long before reports got back to the Thessalonian hard-line Jews that Paul was at it again, preaching the Word of God, this time in Berea. They lost no time responding, and created a mob scene there, too. With the help of his friends, Paul gave them the slip–caught a boat and put out to sea. Silas and Timothy stayed behind. The men who helped Paul escape got him as far as Athens and left him there. Paul sent word back with them to Silas and Timothy: "Come as quickly as you can!"

17-18 그는 그 문제로, 유대인 및 그들과 뜻이 맞는 다른 사람들과 더불어 유대인 회당에서 토론했다. 그리고 날마다 거리에 나가서, 만나는 사람 누구하고나 이야기를 나누었다. 그런 대화를 통해 그는 에피쿠로스 학파와 스토아 학파 지식인 몇 사람과도 잘 알게 되었다. 그들 가운데는 "이런 어리석은 사람을 봤나!" 하고 빈정대며 바울의 말을 일축하는 사람들도 있었다. 그러나 바울이 전하는 예수와 부활 이야기에 귀를 기울이며 "당신의 이야기는 신에 관한 새로운 관점이오. 더 들어 봅시다" 하고 관심을 보이는 사람들도 있었다.

19-21 그 사람들이 함께 모여서, 바울에게 아레오바고 법정에서 공개적으로 설명해 줄 것을 요청했다. 그곳은 주변이 한결 조용한 곳이었다. 그들이 말했다. "이 이야기는 우리에게 새로운 것이오. 우리는 이 같은 이야기를 한 번도 들어 본 적이 없소. 대체 당신은 어디서 이런 생각을 찾아낸 것이오? 우리가 이해할 수 있도록 설명해 보시오." 아테네 시내는 잡다한 이야기들이 넘쳐나는 곳이었다. 현지인이나 관광객이나 할 것 없이, 항상 사람들이 어슬렁거리며 무엇이든 최신 뉴스를 기다리는 곳이었다.

22-23 그러자 바울은 아레오바고 법정에 자리를 잡고 서서 설명했다. "내가 보니, 아테네 시민 여러분은 종교를 진지하게 여기는 것이 분명합니다. 나는 며칠 전 이곳에 도착했는데, 오가면서 발견한 그 모든 신당들에 놀랐습니다. '아무도 알지 못하는 신에게'라고 새겨진 신당도 있더군요. 내가 여기 온 것은 아무도 알지 못했던 그 신을 여러분에게 소개하여, 여러분이 대상을 분명히 알고 예배할 수 있도록 하려는 것입니다.

24-29 세상과 그 안에 있는 모든 것을 만드신 하나님, 하늘과 땅의 주님께서는 여러분이 주문 제작한 신당에 사시지 않습니다. 또한 자신을 건사하지 못해 옆에서 시중들어 줄 누군가가 필요하신 분도 아닙니다. 그분이 피조물을 만드셨지, 피조물이 그분을 만든 것이 아닙니다. 그분은 무(無)에서 출발해 온 인류를 지으셨고, 이 땅을 살 만한 좋은 곳으로 만들어 주셨습니다. 넉넉한 시간과 살 만한 공간도 주셨습니다. 이는 우리가 어둠 속에서 더듬기만 하는 것이 아니라 실제로 그분을 만날 수 있도록, 우리가 하나님을 찾을 수 있도록 하시려는 것입니다. 그분은 우리와 숨바꼭질하시지 않습니다. 그분은 멀리 계시지 않습니다. 그분은 가까이 계십니다. 우리는 그분 안에서 살고 움직입니다. 그분을 벗어날 수 없습니다! 여러분의 시인들 가운데 누군가가 '우

Athens

16 The longer Paul waited in Athens for Silas and Timothy, the angrier he got—all those idols! The city was a junkyard of idols.

17-18 He discussed it with the Jews and other like-minded people at their meeting place. And every day he went out on the streets and talked with anyone who happened along. He got to know some of the Epicurean and Stoic intellectuals pretty well through these conversations. Some of them dismissed him with sarcasm: "What an airhead!" But others, listening to him go on about Jesus and the resurrection, were intrigued: "That's a new slant on the gods. Tell us more."

19-21 These people got together and asked him to make a public presentation over at the Areopagus, where things were a little quieter. They said, "This is a new one on us. We've never heard anything quite like it. Where did you come up with this anyway? Explain it so we can understand." Downtown Athens was a great place for gossip. There were always people hanging around, natives and tourists alike, waiting for the latest tidbit on most anything.

22-23 So Paul took his stand in the open space at the Areopagus and laid it out for them. "It is plain to see that you Athenians take your religion seriously. When I arrived here the other day, I was fascinated with all the shrines I came across. And then I found one inscribed, TO THE GOD NOBODY KNOWS. I'm here to introduce you to this God so you can worship intelligently, know who you're dealing with.

24-29 "The God who made the world and everything in it, this Master of sky and land, doesn't live in custom-made shrines or need the human race to run errands for him, as if he couldn't take care of himself. He makes the creatures; the creatures don't make him. Starting from scratch, he made the entire human race and made the earth hospitable, with plenty of time and space for living so we could seek after God, and not just grope around in the dark but actually *find* him. He doesn't play hide-and-seek with us. He's

리는 하나님께 지음받은 존재'라고 잘 말했습니다. 과연 우리가 하나님께 지음받은 존재라면, 우리가 석공을 고용해서 돌을 깎아 우리를 위한 신을 만들겠다는 것은 얼마나 얼토당토않은 생각입니까?

30-31 여러분이 아직 잘 모를 때에는 하나님께서 그냥 지나치셨습니다. 그러나 이제는 그러한 때가 지났습니다. 알지 못하던 그 신이 여러분에게 알려졌고, 이제 그분은 여러분에게 근본적인 삶의 변화를 요구하십니다. 그분은 온 인류를 심판하시고 모든 것을 바르게 할 날을 정하셨습니다. 이미 심판자를 지명하시고 그분을 죽은 자들 가운데서 살리셔서, 모든 사람 앞에 확증하셨습니다."

32-34 "죽은 자들 가운데서 살리신다"는 말에, 듣던 사람들이 두 부류로 나누어졌다. 바울을 비웃고 조롱하며 떠나간 사람들이 있는가 하면, "다시 들어 봅시다. 우리는 더 듣고 싶소" 하고 말하는 사람들도 있었다. 그러나 그날은 그것으로 끝났고 바울도 떠났다. 그날 그 자리에서 확신이 생겨 바울을 떠나지 않은 사람들도 있었다. 그 가운데는 아레오바고 법정의 판사인 디오누시오와 다마리라는 여자도 있었다.

고린도

18

1-4 아테네 사역이 끝나고, 바울은 고린도로 갔다. 거기서 그는 본도 태생 유대인 아굴라와 그 아내 브리스길라를 만났다. 그들은 글라우디오 황제가 유대인들에게 내린 대대적인 로마 추방령 때문에 이탈리아로부터 막 도착해 있었다. 바울은 그들의 집에 묵으면서, 그들과 천막 만드는 일을 함께했다. 그는 안식일마다 회당에 가서 유대인과 그리스 사람 모두에게 예수에 대한 확신을 심어 주려고 최선을 다했다.

5-6 마케도니아에서 실라와 디모데가 오자, 바울은 말씀을 전하고 가르치는 일에 전념할 수 있었다. 그는 예수가 하나님의 메시아라는 사실을 유대인들에게 설득시키려고 애썼다. 그러나 뜻대로 되지 않았다. 유대인들이 한 일이라고는 사사건건 논쟁을 일삼고 그의 말을 반박하는 것이 전부였다. 몹시 화가 난 바울은 결국 그들에게 크게 실망해서, 소용없는 일로 여기고 손을 뗐다. 그가 말했다. "그렇다면 여러분 마음대로 하십시오. 여러분이 뿌린 씨앗은 여러분이 거두게 될 것입니다. 이제부터 나는 다른 민족들을 위해 내 시간을 쓰겠습니다."

7-8 바울은 그곳을 떠나, 유대인의 회당 바로 옆에

not remote; he's *near*. We live and move in him, can't get away from him! One of your poets said it well: 'We're the God-created.' Well, if we are the God-created, it doesn't make a lot of sense to think we could hire a sculptor to chisel a god out of stone for us, does it?

30-31 "God overlooks it as long as you don't know any better—but that time is past. The unknown is now known, and he's calling for a radical life-change. He has set a day when the entire human race will be judged and everything set right. And he has already appointed the judge, confirming him before everyone by raising him from the dead."

32-34 At the phrase "raising him from the dead," the listeners split: Some laughed at him and walked off making jokes; others said, "Let's do this again. We want to hear more." But that was it for the day, and Paul left. There were still others, it turned out, who were convinced then and there, and stuck with Paul—among them Dionysius the Areopagite and a woman named Damaris.

Corinth

18

1-4 After Athens, Paul went to Corinth. That is where he discovered Aquila, a Jew born in Pontus, and his wife, Priscilla. They had just arrived from Italy, part of the general expulsion of Jews from Rome ordered by Claudius. Paul moved in with them, and they worked together at their common trade of tentmaking. But every Sabbath he was at the meeting place, doing his best to convince both Jews and Greeks about Jesus.

5-6 When Silas and Timothy arrived from Macedonia, Paul was able to give all his time to preaching and teaching, doing everything he could to persuade the Jews that Jesus was in fact God's Messiah. But no such luck. All they did was argue contentiously and contradict him at every turn. Totally exasperated, Paul had finally had it with them and gave it up as a bad job. "Have it your way, then," he said. "You've made your bed; now lie in it. From now on I'm spending my time with the other nations."

사는 디도 유스도의 집으로 갔다. 그는 하나님을 경외하는 사람이었다. 유대인들을 향한 바울의 수고가 전혀 헛되지는 않았다. 회당장 그리스보가 주님을 믿은 것이다. 그와 함께 그의 온 가족도 믿었다.

8-11 바울의 말을 듣는 중에, 아주 많은 고린도 사람들이 믿고 세례를 받았다. 어느 날 밤, 주님께서 바울의 꿈에 나타나 말씀하셨다. "계속 밀고 나가거라. 누구에게든지 겁을 먹거나 침묵해서는 안된다. 무슨 일이 있어도 내가 너와 함께하니 아무도 너를 해칠 수 없다. 이 도시에 내 편에 서 있는 사람이 얼마나 많은지 너는 모른다." 그 한 마디 말로, 바울은 끝까지 견딜 수 있었다. 그는 그곳에서 일 년 반을 더 머물면서, 고린도 사람들에게 하나님의 말씀을 신실하게 가르쳤다.

12-13 그러나 갈리오가 아가야 총독으로 있을 때, 유대인들이 바울에 반대하는 운동을 벌여 그를 법정으로 끌고 가 고발했다. "이 자는 율법에 어긋나는 예배 행위를 하라고 사람들을 현혹하고 있습니다."

14-16 바울이 막 자신을 변호하려고 하는데, 갈리오가 끼어들어 유대인들에게 말했다. "이것이 범죄 행위와 관련된 문제라면, 내가 기꺼이 여러분의 말을 듣겠소. 그러나 내게는, 이것이 유대인들이 종교를 두고 벌이는 끝없는 말다툼처럼 들리오. 여러분이 직접 해결하시오. 말도 안되는 이런 문제로 신경 쓰고 싶지 않소." 그러고 나서 갈리오는 그들을 법정에서 내보냈다.

17 그러자 거리에 모여 있던 무리가 신임 회당장 소스데네에게 달려들어, 법정에서도 다 볼 수 있도록 그를 마구 때렸다. 그러나 갈리오는 손가락 하나 까딱하지 않았다. 조금도 개의치 않았던 것이다.

에베소

18 바울은 고린도에 조금 더 머물렀다. 그러나 곧 동료들을 떠나야 할 때가 되었다. 그는 작별인사를 하고, 배에 올라 시리아로 향했다. 브리스길라와 아굴라가 그와 함께했다. 항구 도시 겐그레아에서, 바울은 배에 오르기 전에 자신이 서원한 대로 머리를 깎았다.

19-21 일행이 에베소에 도착했다. 브리스길라와 아굴라는 배에서 내려 거기에 머물렀다. 바울도 배에서 잠시 내려, 회당에 가서 유대인들에게 말씀을 전했다. 그들은 그가 더 오래 머물기를 원했으나, 그는 그럴 수 없었다. 작별인사를 한 뒤에, 그

7-8 He walked out and went to the home of Titius Justus, a God-fearing man who lived right next to the Jews' meeting place. But Paul's efforts with the Jews weren't a total loss, for Crispus, the meeting-place president, put his trust in the Master. His entire family believed with him.

8-11 In the course of listening to Paul, a great many Corinthians believed and were baptized. One night the Master spoke to Paul in a dream: "Keep it up, and don't let anyone intimidate or silence you. No matter what happens, I'm with you and no one is going to be able to hurt you. You have no idea how many people I have on my side in this city." That was all he needed to stick it out. He stayed another year and a half, faithfully teaching the Word of God to the Corinthians.

12-13 But when Gallio was governor of Achaia province, the Jews got up a campaign against Paul, hauled him into court, and filed charges: "This man is seducing people into acts of worship that are illegal."

14-16 Just as Paul was about to defend himself, Gallio interrupted and said to the Jews, "If this was a matter of criminal conduct, I would gladly hear you out. But it sounds to me like one more Jewish squabble, another of your endless hairsplitting quarrels over religion. Take care of it on your own time. I can't be bothered with this nonsense," and he cleared them out of the courtroom.

17 Now the street rabble turned on Sosthenes, the new meeting-place president, and beat him up in plain sight of the court. Gallio didn't raise a finger. He could not have cared less.

Ephesus

18 Paul stayed a while longer in Corinth, but then it was time to take leave of his friends. Saying his good-byes, he sailed for Syria, Priscilla and Aquila with him. Before boarding the ship in the harbor town of Cenchrea, he had his head shaved as part of a vow he had taken.

19-21 They landed in Ephesus, where Priscilla and Aquila got off and stayed. Paul left the ship briefly to go to the meeting place and preach to the Jews. They wanted him to stay longer, but he said he

는 "하나님의 뜻이면 다시 돌아오겠습니다" 하고 약속했다.

21-22 바울은 에베소를 떠나 가이사랴로 향했다. 그곳에 있는 그리스도인 모임에서 인사를 나눈 뒤에 안디옥까지 가서 여정을 마쳤다.

23 안디옥의 그리스도인들과 오랜 시간을 함께 보내고 나서, 바울은 다시 갈라디아와 부르기아로 떠났다. 그는 전에 자신이 왔던 길을 되돌아가면서, 각 성을 차례로 다니며 제자들에게 새로운 마음을 심어 주었다.

24-26 아볼로라는 사람이 에베소에 왔다. 그는 이집트 알렉산드리아 태생의 유대인이었는데, 유창한 말로 성경 말씀을 힘 있게 전하는 탁월한 웅변가였다. 그는 주님의 도(道)를 잘 교육받았고, 열정으로 불타오르는 사람이었다. 그가 예수에 대해 가르치는 내용은 아주 정확했으나, 그 가르침은 요한의 세례까지밖에 이르지 못했다. 아볼로가 회당에서 말씀을 힘 있게 전하는 것을 들은 브리스길라와 아굴라는, 그를 따로 데려다가 그가 알지 못하는 나머지 이야기를 들려주었다.

27-28 아볼로가 아가야로 가기로 결정하자, 에베소의 동료들이 그를 축복해 주었다. 그리고 그곳의 제자들에게, 두 팔 벌려 그를 영접하도록 추천장을 써 주었다. 과연 그를 기쁘게 맞아들인 보람이 있었다. 하나님의 크신 자비로 믿는 사람이 된 이들에게 아볼로는 큰 도움이 되었다. 특히 그는 유대인들과의 공개 토론에 능하여, 예수가 참으로 하나님의 메시아라는 증거를 성경을 근거로 설득력 있게 제시했다.

19

1-2 아볼로가 고린도에 가 있는 동안, 바울은 높은 지역을 거쳐 에베소에 이르렀다. 거기서 몇몇 제자들을 만난 바울은 먼저 이런 말부터 꺼냈다. "여러분이 믿을 때에 성령을 받았습니까? 여러분은 하나님을 머리에만 모셨습니까, 아니면 마음에도 모셨습니까? 그분이 여러분 안에 들어오셨습니까?"

"성령이라니요? 하나님이 우리 안에 계신다고요? 그런 말은 처음 듣습니다."

3 "그럼 세례는 어떻게 받았습니까?" 바울이 물었다.

"요한의 세례를 받았습니다."

4 "아, 그렇군요." 바울이 말했다. "요한은 자기

couldn't. But after saying good-bye, he promised, "I'll be back, God willing."

21-22 From Ephesus he sailed to Caesarea. He greeted the church there, and then went on to Antioch, completing the journey.

23 After spending a considerable time with the Antioch Christians, Paul set off again for Galatia and Phrygia, retracing his old tracks, one town after another, putting fresh heart into the disciples.

24-26 A man named Apollos came to Ephesus. He was a Jew, born in Alexandria, Egypt, and a terrific speaker, eloquent and powerful in his preaching of the Scriptures. He was well-educated in the way of the Master and fiery in his enthusiasm. Apollos was accurate in everything he taught about Jesus up to a point, but he only went as far as the baptism of John. He preached with power in the meeting place. When Priscilla and Aquila heard him, they took him aside and told him the rest of the story.

27-28 When Apollos decided to go on to Achaia province, his Ephesian friends gave their blessing and wrote a letter of recommendation for him, urging the disciples there to welcome him with open arms. The welcome paid off: Apollos turned out to be a great help to those who had become believers through God's immense generosity. He was particularly effective in public debate with the Jews as he brought out proof after convincing proof from the Scriptures that Jesus was in fact God's Messiah.

19

1-2 Now, it happened that while Apollos was away in Corinth, Paul made his way down through the mountains, came to Ephesus, and happened on some disciples there. The first thing he said was, "Did you receive the Holy Spirit when you believed? Did you take God into your mind only, or did you also embrace him with your heart? Did he get inside you?"

"We've never even heard of that–a Holy Spirit? God within us?"

3 "How were you baptized, then?" asked Paul.

"In John's baptism."

4 "That explains it," said Paul. "John preached a

뒤에 오실 분을 받아들이도록 사람들을 준비시키기 위해 세례를 베풀었습니다. 그 세례는 과거와는 전혀 다른 삶을 살라는 요청이었습니다. 뒤에 오실 분은, 바로 예수이셨습니다. 여러분이 요한의 세례를 받았다면, 이제 진짜 세례인 예수를 맞을 준비가 된 것입니다."

5-7 그들은 참으로 준비되어 있었다. 그 말을 듣자마자, 그들은 주 예수의 이름으로 세례를 받았다. 바울이 그들의 머리에 손을 얹자, 성령께서 그들 안으로 들어오셨다. 그때부터 그들은 방언으로 하나님을 찬송하고, 하나님께서 하신 일들을 이야기했다. 그날 거기 있던 사람들은 모두 열두 명 정도였다.

8-10 그 후 바울은 곧바로 회당으로 갔다. 그는 석 달 동안 자유로이 회당에 드나들며, 최선을 다해 하나님 나라의 일을 생생하고 설득력 있게 제시했다. 그러나 그때에, 그들 가운데 일부가 그리스도인의 생활방식에 대해 악한 소문을 퍼뜨리는 바람에 회중 사이에 저항이 생기기 시작했다. 바울은 제자들을 데리고 그곳을 떠나, 두란노 학교를 열고 날마다 거기서 강론했다. 그는 이 년 동안 그 일을 하면서, 아시아에 있는 모든 사람, 유대인뿐 아니라 그리스 사람들까지 주의 메시지를 들을 수 있도록 충분한 기회를 주었다.

난데없이 나타난 마술사들

11-12 하나님께서 바울을 통해 강력하고도 비상한 일들을 행하셨다. 그 소문이 퍼지자, 사람들은 바울의 살에 닿았던 옷가지, 곧 손수건과 목도리 같은 것을 가져다가 병자들에게 대기 시작했다. 그것을 대기만 해도 병자들이 깨끗이 나았다.

13-16 귀신을 축출하며 떠돌아다니는 몇몇 유대인들이 마침 시내에 와 있었다. 그들은 그 모든 일이 바울의 술수려니 생각하고 그 일을 자기들도 한번 해보았다. 그들은 악한 귀신의 피해를 입은 사람들에게 주 예수의 이름을 대면서 말했다. "내가 바울이 전하는 예수로 너희에게 명한다!" 유대인 대제사장인 스게와의 일곱 아들도 어떤 사람에게 그렇게 하려고 하자, 악한 귀신들이 이렇게 되받았다. "내가 예수도 알고 바울도 들어 보았지만, 너희는 누구냐?" 그때 귀신 들린 자가 포악해지더니, 그들에게 뛰어올라 그들을 마구 때리고 옷을 찢었다. 그들은 옷이 벗겨

baptism of radical life-change so that people would be ready to receive the One coming after him, who turned out to be Jesus. If you've been baptized in John's baptism, you're ready now for the real thing, for Jesus."

5-7 And they were. As soon as they heard of it, they were baptized in the name of the Master Jesus. Paul put his hands on their heads and the Holy Spirit entered them. From that moment on, they were praising God in tongues and talking about God's actions. Altogether there were about twelve people there that day.

8-10 Paul then went straight to the meeting place. He had the run of the place for three months, doing his best to make the things of the kingdom of God real and convincing to them. But then resistance began to form as some of them began spreading evil rumors through the congregation about the Christian way of life. So Paul left, taking the disciples with him, and set up shop in the school of Tyrannus, holding class there daily. He did this for two years, giving everyone in the province of Asia, Jews as well as Greeks, ample opportunity to hear the Message of the Master.

Witches Came out of the Woodwork

11-12 God did powerful things through Paul, things quite out of the ordinary. The word got around and people started taking pieces of clothing—handkerchiefs and scarves and the like—that had touched Paul's skin and then touching the sick with them. The touch did it—they were healed and whole.

13-16 Some itinerant Jewish exorcists who happened to be in town at the time tried their hand at what they assumed to be Paul's "game." They pronounced the name of the Master Jesus over victims of evil spirits, saying, "I command you by the Jesus preached by Paul!" The seven sons of a certain Sceva, a Jewish high priest, were trying to do this on a man when the evil spirit talked back: "I know Jesus and I've heard of Paul, but who are you?" Then the possessed man went berserk—jumped the exorcists, beat them up, and tore off their clothes. Naked and bloody, they got away as best they could.

진 채 피를 흘리면서, 있는 힘을 다해 달아났다.
17-20 곧 이 일이 에베소 전역에 있는 유대인과 그리스 사람들에게 알려졌다. 이 일의 배후와 중심에 하나님이 계시다는 인식이 퍼져 나갔다. 바울에 대한 사람들의 호기심은, 점차 주 예수를 높이는 마음으로 바뀌어 갔다. 그렇게 믿게 된 많은 사람들이 자신의 정체를 밝히고, 은밀히 행하던 마술에서 완전히 손을 뗐다. 온갖 종류의 마술사와 점쟁이들이 마술책과 주술책을 가지고 나타나서, 그것들을 전부 불태워 버렸다. 어떤 사람이 그 값을 계산해 보니, 은화 오만이나 되었다. 이제 에베소에서 주님의 말씀이 최고이자 대세인 것이 분명해졌다.

아데미 여신

21-22 이 모든 일이 있고 나서, 바울은 마케도니아와 아가야로 이동했다. 거기서 그는 예루살렘으로 갈 때가 되었다고 판단했다. 그는 "이제 나는 로마로 갑니다. 내가 로마를 꼭 보아야겠습니다!" 하고 말했다. 그는 자신의 조력자 가운데 디모데와 에라스도 두 사람을 마케도니아로 보내고, 얼마 동안 아시아에 머물면서 남은 일을 마무리했다.
23-26 그러나 그가 떠나기 전에, 이 도(道)를 두고 큰 소동이 벌어졌다. 데메드리오라 하는 은세공인이 아데미 여신의 신당을 제작하는 일을 했는데, 사업이 번창하여 많은 장인을 두고 있었다. 그는 자신이 고용한 사람들과 그 외에 비슷한 일로 고용된 사람들을 모아 놓고 말했다. "여러분, 여러분도 잘 알다시피, 우리는 이 사업으로 그럭저럭 먹고살고 있습니다. 그런데 바울이라는 자가 끼어들어, 손으로 만든 신 따위는 없다고 사람들에게 말하고 다녀 우리 일을 망치고 있습니다. 여기 에베소에서만 아니라, 아시아 전역에서 많은 사람들이 그를 따르고 있습니다.
27 우리 사업만 무너질 위험에 처한 것이 아닙니다. 아데미의 영광스러운 명성도 흔적 없이 허물어질 지경입니다. 그렇게 되면, 저 유명한 아데미 여신의 신전도 틀림없이 잔해 더미가 되고 말 것입니다. 온 세상이 우리의 아데미를 숭배하고 있으니, 이것은 단순히 한 지역만의 문제가 아닙니다."
28-31 *그 말에 사람들이 격분했다.* 그들은 거리로 뛰쳐나가면서 "에베소 사람들의 위대한 아데미여! 에베소 사람들의 위대한 아데미여!" 하고 소리쳤다. 그들은 온 도시에 소동을 일으키며 경기장으로 우르르 몰려갔다. 가는 길에, 바울의 동료 가운

17-20 It was soon news all over Ephesus among both Jews and Greeks. The realization spread that God was in and behind this. Curiosity about Paul developed into reverence for the Master Jesus. Many of those who thus believed came out of the closet and made a clean break with their secret sorceries. All kinds of witches and warlocks came out of the woodwork with their books of spells and incantations and made a huge bonfire of them. Someone estimated their worth at fifty thousand silver coins. In such ways it became evident that the Word of the Master was now sovereign and prevailed in Ephesus.

The Goddess Artemis

21-22 After all this had come to a head, Paul decided it was time to move on to Macedonia and Achaia provinces, and from there to Jerusalem. "Then," he said, "I'm off to Rome. I've got to see Rome!" He sent two of his assistants, Timothy and Erastus, on to Macedonia and then stayed for a while and wrapped things up in Asia.
23-26 But before he got away, a huge ruckus occurred over what was now being referred to as "the Way." A certain silversmith, Demetrius, conducted a brisk trade in the manufacture of shrines to the goddess Artemis, employing a number of artisans in his business. He rounded up his workers and others similarly employed and said, "Men, you well know that we have a good thing going here—and you've seen how Paul has barged in and discredited what we're doing by telling people that there's no such thing as a god made with hands. A lot of people are going along with him, not only here in Ephesus but all through Asia province.
27 "Not only is our little business in danger of falling apart, but the temple of our famous goddess Artemis will certainly end up a pile of rubble as her glorious reputation fades to nothing. And this is no mere local matter—the whole world worships our Artemis!"
28-31 That set them off in a frenzy. They ran into the street yelling, "Great Artemis of the Ephesians! Great Artemis of the Ephesians!" They

데 가이오와 아리스다고 두 사람도 잡아갔다. 바울도 경기장 안으로 들어가려고 했으나 제자들이 말렸다. 바울과 친분이 있던 그 도시의 유력한 종교 지도자들도 같은 생각이었다. "절대로 저 폭도 곁에 가까이 가서는 안됩니다!"

32-34 사람들이 저마다 이렇게 저렇게 소리치고 있었다. 그들 대부분은 지금 무슨 일이 벌어지고 있는지, 자기가 왜 거기 있는지도 모르고 있었다. 유대인들이 상황을 통제해 보려고 알렉산더를 앞으로 밀자, 여러 파당들이 그를 자기네 편으로 끌어들이려고 아우성이었다. 그러나 그는 그들을 무시하고 엄숙한 손짓으로 폭도를 조용히 시켰다. 하지만 그가 입을 여는 순간에 유대인이라는 사실이 밝혀지자, 그들은 소리를 질러 그의 말을 막아 버렸다. "에베소 사람들의 위대한 아데미여! 에베소 사람들의 위대한 아데미여!" 그들은 두 시간이 넘도록 계속 소리쳤다.

35-37 마침내 에베소 시의 서기가 폭도를 진정시키고 말했다. "시민 여러분, 우리의 사랑하는 도시 에베소가, 영광스러운 아데미와 하늘에서 직접 떨어진 신성한 석상을 지키는 도시인 것을 모르는 사람이 어디 있습니까? 이것은 부인할 수 없는 사실이니, 여러분은 자중하십시오. 이런 행동은 아데미에게 어울리지 않는 행동입니다. 여러분이 여기로 끌고 온 이 사람들은 우리 신전이나 우리 여신에게 해를 끼친 것이 하나도 없습니다.

38-41 그러니 데메드리오와 장인 조합은, 민원이 있거든 법정에 가서 원하는 대로 고발하면 됩니다. 그 밖의 고충이 있거든, 정기 시민회의에 상정해서 해결하도록 하십시오. 오늘 벌어진 일은 변명의 여지가 없습니다. 여러분은 지금 우리 도시를 심각한 위험에 빠뜨리고 있습니다. 로마가 폭도를 곱게 보지 않는다는 사실을 잊지 마십시오." 그렇게 말하고, 그는 사람들을 집으로 돌려보냈다.

마케도니아와 그리스

20

1-2 사태가 진정되자, 바울은 제자들을 불러 모아 에베소에서 선한 일을 지속하도록 격려했다. 그러고 나서, 작별인사를 하고 마케도니아로 떠났다. 그는 그 지역을 여행하며 각 모임을 방문할 때마다 끊임없이 사람들을 격려하여 사기를 높이고, 그들에게 새로운 희망을 불어넣었다.

2-4 그 후에 바울은 그리스로 가서 석 달을 머물렀

put the whole city in an uproar, stampeding into the stadium, and grabbing two of Paul's associates on the way, the Macedonians Gaius and Aristarchus. Paul wanted to go in, too, but the disciples wouldn't let him. Prominent religious leaders in the city who had become friendly to Paul concurred: "By no means go near that mob!"

32-34 Some were yelling one thing, some another. Most of them had no idea what was going on or why they were there. As the Jews pushed Alexander to the front to try to gain control, different factions clamored to get him on their side. But he brushed them off and quieted the mob with an impressive sweep of his arms. But the moment he opened his mouth and they knew he was a Jew, they shouted him down: "Great Artemis of the Ephesians! Great Artemis of the Ephesians!"—on and on and on, for over two hours.

35-37 Finally, the town clerk got the mob quieted down and said, "Fellow citizens, is there anyone anywhere who doesn't know that our dear city Ephesus is protector of glorious Artemis and her sacred stone image that fell straight out of heaven? Since this is beyond contradiction, you had better get hold of yourselves. This is conduct unworthy of Artemis. These men you've dragged in here have done nothing to harm either our temple or our goddess.

38-41 "So if Demetrius and his guild of artisans have a complaint, they can take it to court and make all the accusations they want. If anything else is bothering you, bring it to the regularly scheduled town meeting and let it be settled there. There is no excuse for what's happened today. We're putting our city in serious danger. Rome, remember, does not look kindly on rioters." With that, he sent them home.

Macedonia and Greece

20

1-2 With things back to normal, Paul called the disciples together and encouraged them to keep up the good work in Ephesus. Then, saying his good-byes, he left for Macedonia. Traveling through the country, passing from one gathering to another, he gave constant encour-

다. 그가 배를 타고 시리아로 떠나려는데, 유대인들이 그를 해치려는 음모를 꾸몄다. 그래서 그는 다시 마케도니아를 지나는 육로로 길을 바꾸어 그들을 따돌렸다. 그 여정을 함께한 동료들은, 베뢰아 출신 부로의 아들 소바더, 데살로니가 사람 아리스다고와 세군도, 더베 출신 가이오, 디모데, 그리고 서아시아 출신의 두 사람 두기고와 드로비모였다.

5-6 그들이 먼저 가서 드로아에서 우리를 기다렸다. 한편, 우리는 유월절 주간을 빌립보에서 보낸 뒤에 배를 타고 떠났다. 우리는 닷새 만에 다시 드로아에 가서 한 주를 머물렀다.

7-9 일요일에 우리는 모여서 예배를 드리고 주님의 만찬을 기념했다. 바울은 회중에게 강론했다. 우리는 다음날 아침 일찍 떠날 예정이었으나, 바울의 이야기가 밤늦게까지 길게 이어졌다. 우리가 모인 곳은 불을 환하게 밝힌 다락방이었다. 유두고라는 청년이 창을 열고 걸터앉아 있었다. 바울의 이야기가 계속되자, 깊은 잠이 들었던 유두고가 삼층 창문 밖으로 떨어졌다. 사람들이 일으켜 보니, 그가 죽어 있었다.

10-12 바울이 내려가서 그 위에 엎드려 그를 꼭 끌어안고 말했다. "그만들 우시오. 그에게 아직 생명이 있습니다." 그 후에 바울이 일어나서 주의 만찬을 베풀었다. 그는 새벽까지 믿음의 이야기를 계속해서 전했다! 그런 분위기 속에서 사람들이 떠났다. 바울과 회중은 각자의 길을 갔다. 다시 살아난 유두고를 데리고 가면서, 그들은 모두 생명으로 충만했다.

13-16 한편, 남은 우리는 먼저 배를 타고 앗소로 향했다. 거기서 우리는 바울을 태울 계획이었다. 바울이 앗소까지 걸어가기를 원해서, 미리 일정을 맞추어 둔 것이다. 일은 계획대로 되어, 우리는 앗소에서 그를 만나 배에 태우고 미둘레네로 향했다. 이튿날 우리는 기오 맞은편에 들렀다가, 다음날 사모를 거쳐 밀레도에 이르렀다. 바울은 아시아에서 시간을 지체하지 않으려고 에베소를 지나치기로 했다. 그는 오순절에 맞춰 예루살렘에 도착하려고 서둘렀다.

예루살렘으로

17-21 바울이 밀레도에서 에베소로 사람을 보내 회중의 지도자들을 불렀다. 그들이 도착하자, 바울이 말했다. "여러분도 알다시피, 나는 아시아에 도착한 첫날부터 전적으로 여러분과 함께

agement, lifting their spirits and charging them with fresh hope.

2-4 Then he came to Greece and stayed on for three months. Just as he was about to sail for Syria, the Jews cooked up a plot against him. So he went the other way, by land back through Macedonia, and gave them the slip. His companions for the journey were Sopater, son of Pyrrhus, from Berea; Aristarchus and Secundus, both Thessalonians; Gaius from Derbe; Timothy; and the two from western Asia, Tychicus and Trophimus.

5-6 They went on ahead and waited for us in Troas. Meanwhile, we stayed in Philippi for Passover Week, and then set sail. Within five days we were again in Troas and stayed a week.

7-9 We met on Sunday to worship and celebrate the Master's Supper. Paul addressed the congregation. Our plan was to leave first thing in the morning, but Paul talked on, way past midnight. We were meeting in a well-lighted upper room. A young man named Eutychus was sitting in an open window. As Paul went on and on, Eutychus fell sound asleep and toppled out the third-story window. When they picked him up, he was dead.

10-12 Paul went down, stretched himself on him, and hugged him hard. "No more crying," he said. "There's life in him yet." Then Paul got up and served the Master's Supper. And went on telling stories of the faith until dawn! On that note, they left – Paul going one way, the congregation another, leading the boy off alive, and full of life themselves.

13-16 In the meantime, the rest of us had gone on ahead to the ship and sailed for Assos, where we planned to pick up Paul. Paul wanted to walk there, and so had made these arrangements earlier. Things went according to plan: We met him in Assos, took him on board, and sailed to Mitylene. The next day we put in opposite Chios, Samos a day later, and then Miletus. Paul had decided to bypass Ephesus so that he wouldn't be held up in Asia province. He was in a hurry to get to Jerusalem in time for the Feast of Pentecost, if at all possible.

On to Jerusalem

17-21 From Miletus he sent to Ephesus for the

지냈습니다. 어떤 상황에서도 목숨을 걸고 주
님을 섬겼고, 나를 죽이려는 유대인들의 끝없는
계략을 참아 냈습니다. 나는 어떤 경우에도 인
색하게 굴거나 잇속을 챙기지 않았고, 여러분의
삶에 변화를 가져다줄 진리와 격려의 말을 여러
분에게 아낌없이 주었습니다. 나는 여러분을 사
람들 앞에서나 여러분의 집에서 가르치면서, 유
대인에게나 그리스 사람에게나 똑같이 하나님
앞에서 삶을 근본적으로 고치고 우리 주 예수를
철저히 신뢰하도록 당부했습니다.
22-24 그러나 지금, 내 앞에는 또 하나의 긴급한
일이 있습니다. 예루살렘으로 가야 한다는 부담
입니다. 거기에 가면 무슨 일이 벌어질지, 나는
전혀 모릅니다. 쉽지 않을 것이 분명합니다. 내
앞에 고난과 투옥이 있을 것을 성령께서 거듭해
서 분명히 말씀해 주셨습니다. 그러나 그것이 나
에게는 별로 중요하지 않습니다. 나에게 가장 중
요한 것은, 하나님께서 시작하신 일을 마치는 것
입니다. 주 예수께서 내게 맡기신 사명, 곧 믿을
수 없을 만큼 후히 베푸시는 하나님의 자비를,
내가 만나는 모든 사람에게 알리는 것입니다.
25-27 오늘은 작별의 날입니다. 여러분은 나를 다
시는 보지 못할 것입니다. 나도 여러분을 다시
는 보지 못할 것입니다. 나는 오랫동안 여러분
사이를 오가며, 이제 막이 오른 하나님 나라를
선포했습니다. 나는 여러분을 위해 최선을 다했
습니다. 내 모든 것을 여러분에게 주었으며, 여
러분을 향한 하나님의 뜻을 하나도 남김없이 전
했습니다.
28 이제 모든 것이 여러분에게 달려 있습니다.
여러분 자신을 위해서나 양 떼인 회중을 위해서
나, 긴장을 늦추지 마십시오. 성령께서 이 하나
님의 사람들을 여러분에게 맡기셔서, 교회를 지
키고 보호하게 하셨습니다. 하나님께서 친히 이
들을 위해 죽을 가치가 있다고 여기셨습니다.
29-31 내가 떠나자마자, 흉악한 이리들이 나타나
서 이 양들을 맹렬히 공격하리라는 것을 압니
다. 여러분의 무리 중에서 나온 자들이, 제자들
을 유혹하여 예수 대신에 자기들을 따르게 하려
고 왜곡된 이야기를 할 것입니다. 그러니 늘 깨
어 경계하십시오. 지난 삼 년 동안 내가 여러분
과 함께 끝까지 포기하지 않고 견디면서, 여러
분 한 사람 한 사람에게 내 마음을 쏟았던 것을
잊지 마십시오.
32 이제 나는 여러분을 놀라우신 우리 하나님께

leaders of the congregation. When they arrived, he
said, "You know that from day one of my arrival in
Asia I was with you totally–laying my life on the
line, serving the Master no matter what, putting up
with no end of scheming by Jews who wanted to
do me in. I didn't skimp or trim in any way. Every
truth and encouragement that could have made
a difference to you, you got. I taught you out in
public and I taught you in your homes, urging Jews
and Greeks alike to a radical life-change before God
and an equally radical trust in our Master Jesus.
22-24 "But there is another urgency before me now.
I feel compelled to go to Jerusalem. I'm completely
in the dark about what will happen when I get
there. I do know that it won't be any picnic, for the
Holy Spirit has let me know repeatedly and clearly
that there are hard times and imprisonment ahead.
But that matters little. What matters most to me is
to finish what God started: the job the Master Jesus
gave me of letting everyone I meet know all about
this incredibly extravagant generosity of God.
25-27 "And so this is good-bye. You're not going to
see me again, nor I you, you whom I have gone
among for so long proclaiming the news of God's
inaugurated kingdom. I've done my best for you,
given you my all, held back nothing of God's will
for you.
28 "Now it's up to you. Be on your toes–both for
yourselves and your congregation of sheep. The
Holy Spirit has put you in charge of these people–
God's people they are–to guard and protect them.
God himself thought they were worth dying for.
29-31 "I know that as soon as I'm gone, vicious
wolves are going to show up and rip into this flock,
men from your very own ranks twisting words so
as to seduce disciples into following them instead
of Jesus. So stay awake and keep up your guard.
Remember those three years I kept at it with you,
never letting up, pouring my heart out with you,
one after another.
32 "Now I'm turning you over to God, our marvel-
ous God whose gracious Word can make you into
what he wants you to be and give you everything
you could possibly need in this community of holy
friends.

맡겨 드립니다. 하나님의 은혜로운 말씀이 여러분을 그분이 원하시는 모습으로 만드실 수 있고, 이 거룩한 형제들의 이 공동체에서 여러분에게 필요한 것을 다 공급해 주실 수 있습니다.

33-35 여러분이 잘 알다시피, 나는 재물이나 유행에는 관심이 없습니다. 나는 내 자신과 또 나와 함께 일하는 사람들의 기본적인 필요를 맨손으로 해결했습니다. 무슨 일을 하든지, 약한 사람들 편에서 일하고 그들을 이용하지 않아야 한다는 것을 여러분에게 본으로 보였습니다. '받는 것보다 주는 것이 훨씬 행복하다'고 하신 우리 주님의 말씀을 늘 기억한다면, 여러분은 이 부분에서 잘못되지 않을 것입니다."

36-38 말을 마치고 나서, 바울은 무릎을 꿇고 기도했다. 그들도 다 무릎을 꿇었다. 하염없이 눈물이 흘렀다. 그들은 바울을 꼭 붙들고서 그를 보내려고 하지 않았다. 그들은 이제 다시는 그를 보지 못할 것을 알았다. 그렇게 되리라고, 바울이 아주 분명히 말했기 때문이다. 마음이 몹시 아팠으나, 마침내 그들은 용기를 내어 그를 배까지 배웅했다.

두로와 가이사랴

21

1-4 눈물 어린 작별을 뒤로하고, 우리는 길을 떠났다. 우리는 곧장 고스로 가서 이튿날 로도에 이르렀고, 그 다음에 바다라에 도착했다. 거기서 페니키아로 직항하는 배를 찾아, 그 배를 타고 출발했다. 시리아로 항로를 잡고 가는 동안에, 왼쪽으로 키프로스가 시야에 들어왔다가 곧 사라졌다. 마침내 우리는 두로 항에 정박했다. 짐을 내리는 동안, 우리는 현지에 있는 제자들을 찾아가 그들과 함께 이레를 지냈다. 그들이 성령을 힘입어 앞일을 내다보고, 바울에게 "예루살렘으로 가지 말라"는 말을 전했다.

5-6 시간이 다 되자, 그들은 시내에서 부두까지 우리를 바래다주었다. 남녀노소 할 것 없이 모두가 따라왔다. 그 자리가 송별회가 되었다! 바닷가에서 우리는 모두 무릎을 꿇고 기도했다. 또 한 차례 작별인사를 나눈 뒤에, 우리는 배에 오르고 그들은 집으로 돌아갔다.

7-9 두로에서 돌레마이까지 짧은 항해를 마쳤다. 우리는 그곳의 그리스도인 동료들을 문안하고 그들과 함께 하루를 지냈다. 아침에 우리는 가이사랴로 가서 "일곱 사람" 중 하나인 전도자 빌립의 집에 묵었다. 빌립에게는 예언하는 처녀 딸이 네 명 있었다.

10-11 그곳에 있은 지 며칠이 지난 후에, 아가보라는 예언자가 우리를 보려고 유대에서 내려왔다. 그는 곧

33-35 "I've never, as you so well know, had any taste for wealth or fashion. With these bare hands I took care of my own basic needs and those who worked with me. In everything I've done, I have demonstrated to you how necessary it is to work on behalf of the weak and not exploit them. You'll not likely go wrong here if you keep remembering that our Master said, 'You're far happier giving than getting.'"

36-38 Then Paul went down on his knees, all of them kneeling with him, and prayed. And then a river of tears. Much clinging to Paul, not wanting to let him go. They knew they would never see him again–he had told them quite plainly. The pain cut deep. Then, bravely, they walked him down to the ship.

Tyre and Caesarea

21

1-4 And so, with the tearful good-byes behind us, we were on our way. We made a straight run to Cos, the next day reached Rhodes, and then Patara. There we found a ship going direct to Phoenicia, got on board, and set sail. Cyprus came into view on our left, but was soon out of sight as we kept on course for Syria, and eventually docked in the port of Tyre. While the cargo was being unloaded, we looked up the local disciples and stayed with them seven days. Their message to Paul, from insight given by the Spirit, was "Don't go to Jerusalem."

5-6 When our time was up, they escorted us out of the city to the docks. Everyone came along–men, women, children. They made a farewell party of the occasion! We all kneeled together on the beach and prayed. Then, after another round of saying good-bye, we climbed on board the ship while they drifted back to their homes.

7-9 A short run from Tyre to Ptolemais completed the voyage. We greeted our Christian friends there and stayed with them a day. In the morning we went on to Caesarea and stayed with Philip the Evangelist, one of "the Seven." Philip had four virgin daughters who prophesied.

10-11 After several days of visiting, a prophet

장 바울에게 가더니, 바울의 허리띠를 가져다가 연극을 하듯 자기 손발을 묶었다. 그러고는 이렇게 말했다. "성령께서 '예루살렘의 유대인들이 이 허리띠의 주인을 이렇게 묶어서, 하나님을 모르는 믿지 않는 자들에게 넘겨줄 것이다'라고 말씀하십니다."

12-13 그 말을 들은 우리와 그날 거기 있던 모든 사람들이, 바울에게 예루살렘으로 가겠다는 완강한 고집을 버리라고 간청했다. 그러나 바울은 뜻을 굽히지 않았다. "왜 이렇게 야단들입니까? 왜 소란을 피워 나를 더 힘들게 합니까? 여러분은 이 일을 거꾸로 보고 있습니다. 예루살렘에서 중요한 문제는, 나를 체포하든 죽이든 그들이 나한테 하는 일이 아니라, 나의 순종을 통해 주 예수께서 하시는 일입니다. 그것을 모르시겠습니까?"

14 그의 결심이 조금도 흔들리지 않는 것을 보고서, 우리는 단념했다. 우리는 "이제 하나님 손에 있습니다. 주님, 주님께서 알아서 해주십시오" 하고 말했다.

15-16 얼마 지나지 않아 우리는 짐을 꾸려 예루살렘을 향해 길을 떠났다. 가이사랴에서 온 제자들 몇 사람이 우리와 함께 가서, 우리를 나손의 집에 데려다 주었다. 그는 우리를 따뜻하게 맞아 주었다. 그는 키프로스 태생으로, 초기 제자들 가운데 한 사람이었다.

예루살렘

17-19 예루살렘에서 동료들이 우리를 보고 반가워하며, 두 팔 벌려 우리를 맞아 주었다. 이튿날 아침, 먼저 우리는 바울을 데리고 가서 야고보를 만났다. 교회의 지도자들도 다 그 자리에 있었다. 안부와 몇 마디 인사말을 나눈 뒤에, 바울은 그동안 하나님께서 자신의 사역을 통해 이방인들 가운데 행하신 일을 하나하나 자세히 이야기해 주었다. 그들은 이야기를 듣고 기뻐하며 하나님께 영광을 돌렸다.

20-21 그들도 들려줄 이야기가 있었다. "그동안 여기에 무슨 일이 있었는지 보십시오. 하나님을 경외하는 유대인 수만 명이 예수를 믿게 되었습니다! 그러나 그들이 모세의 율법을 지키는 데 어느 때보다 열심이다 보니 문제도 있습니다. 유대인들 사이에서 들리는 말이, 당신이 믿지 않는 이방인들 속에서 살아가는 믿는 유대인들에게 모세를 가볍게 여겨도 된다고 하면서, 자녀들에게 할례를 주지 않아도 되고 옛 전통도 지킬 필요가 없다고 가르친다고 합니다. 그러나 그것은 그들이 전혀 받아들일 수 없는 일입니다.

22-24 당신이 시내에 들어온 것을 그들이 알면 어찌될지 걱정입니다. 곤란한 일이 생길 것입니다. 그러니 이렇게 합시다. 우리 일행 가운데 정결예식을 하기로

from Judea by the name of Agabus came down to see us. He went right up to Paul, took Paul's belt, and, in a dramatic gesture, tied himself up, hands and feet. He said, "This is what the Holy Spirit says: The Jews in Jerusalem are going to tie up the man who owns this belt just like this and hand him over to godless unbelievers."

12-13 When we heard that, we and everyone there that day begged Paul not to be stubborn and persist in going to Jerusalem. But Paul wouldn't budge: "Why all this hysteria? Why do you insist on making a scene and making it even harder for me? You're looking at this backward. The issue in Jerusalem is not what they do to me, whether arrest or murder, but what the Master Jesus does through my obedience. Can't you see that?"

14 We saw that we weren't making even a dent in his resolve, and gave up. "It's in God's hands now," we said. "Master, you handle it."

15-16 It wasn't long before we had our luggage together and were on our way to Jerusalem. Some of the disciples from Caesarea went with us and took us to the home of Mnason, who received us warmly as his guests. A native of Cyprus, he had been among the earliest disciples.

Jerusalem

17-19 In Jerusalem, our friends, glad to see us, received us with open arms. The first thing next morning, we took Paul to see James. All the church leaders were there. After a time of greeting and small talk, Paul told the story, detail by detail, of what God had done among the non-Jewish people through his ministry. They listened with delight and gave God the glory.

20-21 They had a story to tell, too: "And just look at what's been happening here—thousands upon thousands of God-fearing Jews have become believers in Jesus! But there's also a problem because they are more zealous than ever in observing the laws of Moses. They've been told that you advise believing Jews who live surrounded by unbelieving outsiders to go

서원했으나 돈이 없어 행하지 못한 네 사람이 있습니다. 당신이 그들의 서원에 참여해서 그들의 비용을 대 주십시오. 그러면 당신에 대해 떠도는 소문이 사실무근이며, 당신이 모세의 율법을 철저히 존중한다는 것이 모든 사람 앞에 분명해질 것입니다.

25 당신에게 이렇게 요청한다고 해서, 믿는 사람이 된 이방인들에 대해 전에 우리가 합의한 내용을 되돌리는 것은 아닙니다. 우리는 그 편지에 쓴 내용을 계속해서 굳게 붙들고 있습니다. '우상과 관계된 활동에 관여하지 말고, 유대인 그리스도인들에게 거슬리는 음식을 내놓지 말며, 성생활과 결혼의 도덕을 지킬 것'을 말입니다."

26 바울은 그들의 제안대로 했다. 그 사람들을 데리고 가서, 그들의 서원에 참여하고 그들의 비용을 댔다. 이튿날 그는 성전에 가서 그것을 공식화했다. 각 사람의 정결예식을 위한 제사를 드리고, 그 제사가 끝날 때까지 거기에 머물렀다.

바울이 체포되다

27-29 그들의 정결예식에 필요한 이레가 거의 끝나갈 무렵, 에베소 근방에서 온 몇몇 유대인들이 성전에서 바울을 발견했다. 그들은 당장 그곳을 뒤집어 놓았다. 그들은 바울을 붙잡고 목이 터져라 외치기 시작했다. "도와주시오! 이스라엘 동포 여러분, 도와주시오! 이 자는 온 세상을 다니면서 우리와 우리 종교와 이 성전을 거슬러 거짓말하는 자입니다. 이제는 그리스 사람들을 여기까지 데리고 들어와서, 이 거룩한 곳을 더럽혀 놓았습니다." (바울과 에베소 사람 드로비모가 함께 도성 안을 다니는 것을 보고서, 바울이 그를 성전까지 데려와 구경시켜 주었으리라 짐작했던 것이다.)

30 이내 도시 전체에 소동이 일어났다. 도처에서 사람들이 성전으로 달려와 그들의 행동에 가세했다. 그들은 바울을 붙잡아서 성전 밖으로 끌어낸 다음, 그가 다시는 거룩한 곳에 접근하지 못하도록 성전 문을 모두 잠갔다.

31-32 *그들이 바울을 죽이려고 할 때*, "폭동입니다! 도시 전체가 들끓고 있습니다!" 하는 보고가 경비대 지휘관에게 들어갔다. 그 지휘관은 신속히 행동을 취했다. 그의 병사와 백부장들이 즉시 현장으로 달려갔다. 바울을 때리던

light on Moses, telling them that they don't need to circumcise their children or keep up the old traditions. This isn't sitting at all well with them.

22-24 "We're worried about what will happen when they discover you're in town. There's bound to be trouble. So here is what we want you to do: There are four men from our company who have taken a vow involving ritual purification, but have no money to pay the expenses. Join these men in their vows and pay their expenses. Then it will become obvious to everyone that there is nothing to the rumors going around about you and that you are in fact scrupulous in your reverence for the laws of Moses.

25 "In asking you to do this, we're not going back on our agreement regarding non-Jews who have become believers. We continue to hold fast to what we wrote in that letter, namely, to be careful not to get involved in activities connected with idols; to avoid serving food offensive to Jewish Christians; to guard the morality of sex and marriage."

26 So Paul did it—took the men, joined them in their vows, and paid their way. The next day he went to the Temple to make it official and stay there until the proper sacrifices had been offered and completed for each of them.

Paul Under Arrest

27-29 When the seven days of their purification were nearly up, some Jews from around Ephesus spotted him in the Temple. At once they turned the place upside-down. They grabbed Paul and started yelling at the top of their lungs, "Help! You Israelites, help! This is the man who is going all over the world telling lies against us and our religion and this place. He's even brought Greeks in here and defiled this holy place." (What had happened was that they had seen Paul and Trophimus, the Ephesian Greek, walking together in the city and had just assumed that he had also taken him to the Temple and shown him around.)

30 Soon the whole city was in an uproar, people running from everywhere to the Temple to get in on the action. They grabbed Paul, dragged him outside, and locked the Temple gates so he couldn't get back in and gain sanctuary.

무리가 지휘관과 병사들을 보고서야 행동을 멈췄다.

33-36 지휘관이 다가가서 바울을 체포했다. 그는 먼저 바울에게 수갑을 채우라고 명령했고, 그런 다음 그가 누구이며 무슨 일을 했는지 물었다. 지휘관이 무리에게서 얻은 것은, 저마다 이렇게 저렇게 외치는 고함소리뿐이었다. 광기 어린 무리의 소리를 분간할 수 없었던 지휘관은, 바울을 군대 병영으로 데려가라고 명령했다. 그러나 그들이 성전 계단에 이르렀을 때 무리가 난폭해져서, 병사들은 바울을 메고 가야만 했다. 그들이 바울을 메고 가자, 무리가 따라오며 외쳤다. "죽여라! 저 자를 죽여라!"

37-38 그들이 병영에 도착해 들어가려고 할 때, 바울이 지휘관에게 말했다. "한 말씀 드려도 되겠습니까?"

지휘관이 대답했다. "오, 나는 당신이 그리스 말을 하는 줄 몰랐소. 나는 당신이 얼마 전 여기서 폭동을 일으켰다가, 자신을 따르는 사천여 명과 함께 광야로 잠적한 그 이집트 사람인 줄 알았소."

39 바울이 말했다. "아닙니다. 나는 다소 태생의 유대인입니다. 지금도 그 유력한 도시의 시민입니다. 간단한 부탁을 하나 드리겠습니다. 내가 저 무리에게 말할 수 있게 해주십시오."

31-32 As they were trying to kill him, word came to the captain of the guard, "A riot! The whole city's boiling over!" He acted swiftly. His soldiers and centurions ran to the scene at once. As soon as the mob saw the captain and his soldiers, they quit beating Paul.

33-36 The captain came up and put Paul under arrest. He first ordered him handcuffed, and then asked who he was and what he had done. All he got from the crowd were shouts, one yelling this, another that. It was impossible to tell one word from another in the mob hysteria, so the captain ordered Paul taken to the military barracks. But when they got to the Temple steps, the mob became so violent that the soldiers had to carry Paul. As they carried him away, the crowd followed, shouting, "Kill him! Kill him!"

37-38 When they got to the barracks and were about to go in, Paul said to the captain, "Can I say something to you?"

He answered, "Oh, I didn't know you spoke Greek. I thought you were the Egyptian who not long ago started a riot here, and then hid out in the desert with his four thousand thugs."

39 Paul said, "No, I'm a Jew, born in Tarsus. And I'm a citizen still of that influential city. I have a simple request: Let me speak to the crowd."

바울이 자신의 이야기를 말하다

40 병영 계단에 서 있던 바울이 돌아서서 손을 들어 올렸다. 바울이 말을 시작하자 무리가 조용해졌다. 그는 히브리 말로 이야기했다.

Paul Tells His Story

40 Standing on the barracks steps, Paul turned and held his arms up. A hush fell over the crowd as Paul began to speak. He spoke in Hebrew.

22

1-2 "사랑하는 내 형제요 아버지이신 여러분, 나에 대해 미리 결론을 내리기 전에, 지금부터 내가 하는 말을 잘 들어주십시오." 그들은 그가 히브리 말로 말하는 것을 듣고는 더 조용해졌다. 모두가 그의 말을 한 마디도 놓치지 않으려고 했다.

2-3 그가 말을 이었다. "나는 길리기아의 다소에서 태어난 선량한 유대인입니다. 여기 예루살렘에서 교육받았고, 랍비 가말리엘의 엄격한 지도 아래 우리 종교의 전통을 철저히 배웠습니다. 그리고 지금 여러분처럼 나도 항상 열정적으로 하나님 편에 있었습니다.

4-5 나는 이 도(道)와 관련된 사람이면 누구나

22

1-2 "My dear brothers and fathers, listen carefully to what I have to say before you jump to conclusions about me." When they heard him speaking Hebrew, they grew even quieter. No one wanted to miss a word of this.

2-3 He continued, "I am a good Jew, born in Tarsus in the province of Cilicia, but educated here in Jerusalem under the exacting eye of Rabbi Gamaliel, thoroughly instructed in our religious traditions. And I've always been passionately on God's side, just as you are right now.

4-5 "I went after anyone connected with this 'Way,' went at them hammer and tongs, ready to kill for

추적하고 맹렬히 공격해서, 하나님을 위해 죽일 준비가 되어 있었습니다. 나는 남자든 여자든 가리지 않고, 가는 곳마다 그들을 잡아들여 감옥에 가두었습니다. 대제사장이나 최고의회의 누구에게나 물어보면 그 사실을 확인할 수 있습니다. 그들 모두가 나를 잘 알고 있었습니다. 그러다가 나는, 예수를 따르는 이들을 추적하고 체포하려고 우리 형제들이 있는 다마스쿠스로 떠났습니다. 나는 그들을 예루살렘으로 데려와서 형을 받게 하는 권한이 부여된 공문서를 가지고 있었습니다.

6-7 정오쯤 다마스쿠스 외곽에 이르렀을 때, 하늘에서 눈부신 빛이 강하게 비쳤습니다. 나는 바닥에 쓰러졌고 시야가 흐려졌습니다. 그때, 한 음성이 들렸습니다. '사울아, 사울아, 왜 나를 해치려고 하느냐?'

8-9 나는 '주님, 누구십니까?' 하고 물었습니다.

'나는 네가 핍박하는 나사렛 예수다' 하고 그분이 말씀하셨습니다. 동료들은 그 빛은 보았으나, 그 대화는 듣지 못했습니다.

10-11 그래서 나는 '주님, 이제 제가 어떻게 해야 합니까?' 하고 물었습니다.

그분은 '일어나서 다마스쿠스로 들어가거라. 앞으로 네가 해야 할 일을 말해 줄 사람이 거기에 있다'고 말씀하셨습니다. 그래서 우리는 다마스쿠스로 들어갔습니다. 내가 처음 계획한 것과는 전혀 다른 모습으로 그 성에 들어간 것입니다. 나는 눈이 멀어 볼 수 없었기 때문에 동료들이 내 손을 잡고 데리고 들어가야 했습니다.

12-13 바로 그때, 아나니아를 만났습니다. 그는 우리의 율법을 잘 지키기로 소문난 사람입니다. 이것은 다마스쿠스 유대인 공동체가 다 동의하는 사실입니다. 그가 와서 내 어깨에 손을 얹고 '눈을 들어 보시오' 하고 말했습니다. 내가 눈을 들었는데, 어느새 나는 그의 눈을 똑바로 쳐다볼 수 있었습니다. 다시 보게 된 것입니다!

14-16 그러자 그가 말했습니다. '우리 조상의 하나님이 그대를 택하셔서 그분의 활동 계획을 알게 하셨습니다. 그대는 의롭고 죄 없으신 분을 실제로 뵈었고, 그분의 말씀을 들었습니다. 이제 그대는 만나는 모든 사람에게, 그대가 보고 들은 것을 증거하는 핵심 증인이 될 것입니다. 그러니 망설이지 말고, 일어나 세*례를 받으십시오. 죄를 깨끗이 씻어 내고*, 하나님과 직접 사귀십시오.'

17-18 정말로, 아나니아가 말한 대로 되었습니다. 예루살렘으로 돌아온 뒤에 어느날, 나는 성전에서 하나님의 임재에 잠겨 기도하다가 그분을 뵈었습니다. 하

God. I rounded up men and women right and left and had them thrown in prison. You can ask the Chief Priest or anyone in the High Council to verify this; they all knew me well. Then I went off to our brothers in Damascus, armed with official documents authorizing me to hunt down the followers of Jesus there, arrest them, and bring them back to Jerusalem for sentencing.

6-7 "As I arrived on the outskirts of Damascus about noon, a blinding light blazed out of the skies and I fell to the ground, dazed. I heard a voice: 'Saul, Saul, why are you out to get me?'

8-9 "'Who are you, Master?' I asked.

"He said, 'I am Jesus the Nazarene, the One you're hunting down.' My companions saw the light, but they didn't hear the conversation.

10-11 "Then I said, 'What do I do now, Master?'

"He said, 'Get to your feet and enter Damascus. There you'll be told everything that's been set out for you to do.' And so we entered Damascus, but nothing like the entrance I had planned – I was blind as a bat and my companions had to lead me in by the hand.

12-13 "And that's when I met Ananias, a man with a sterling reputation in observing our laws – the Jewish community in Damascus is unanimous on that score. He came and put his arm on my shoulder. 'Look up,' he said. I looked, and found myself looking right into his eyes – I could see again!

14-16 "Then he said, 'The God of our ancestors has handpicked you to be briefed on his plan of action. You've actually seen the Righteous Innocent and heard him speak. You are to be a key witness to everyone you meet of what you've seen and heard. So what are you waiting for? Get up and get yourself baptized, scrubbed clean of those sins and personally acquainted with God.'

17-18 "Well, it happened just as Ananias said. After I was back in Jerusalem and praying one day in the Temple, lost in the presence of God, I saw him, saw God's Righteous Innocent, and heard him say to me, 'Hurry up! Get out of here

나님의 의롭고 죄 없으신 분을 뵙고, 그분께서 하시
는 말씀을 들었습니다. '서둘러라! 최대한 서둘러 여
기를 떠나라. 여기 예루살렘에 있는 유대인들 가운
데, 어느 누구도 네가 나에 대해 하는 말을 받아들이
지 않을 것이다.'
19-20 처음에는 반대했습니다. '저보다 적합한 사람이
누가 있겠습니까? 제가 주님을 믿는 사람들을 핍박
하고 회당에서 마구 때리고 감옥에 가두는 일에 얼마
나 열중했는지 모르는 사람이 없습니다. 주님의 증인
스데반이 살해될 때에도, 바로 그 자리에서 제가 살
인자들의 겉옷을 들고 그들을 응원했습니다. 그러나
이제 제가 완전히 돌아선 것을 그들이 알고 있습니
다. 그러니 제게 무슨 자격이 더 필요하겠습니까?'
21 그러나 그분은 '이유를 묻지 말고 가거라. 내가 너를
멀리 이방인들에게로 보내겠다'고 말씀하셨습니다."

로마 시민인 바울

22-25 모여 있던 사람들이 집중해서 듣다가, 갑자기
소리를 질렀다. "저 자를 죽여라! 버러지 같은 놈이
다! 밟아 버려라!" 그들은 주먹을 휘둘렀다. 욕설이
쏟아졌다. 그때 지휘관이 끼어들어, 바울을 병영으로
데려가라고 명령했다. 지휘관도 잔뜩 화가 치밀었다.
그는 이 일의 진상을 규명하기 위해 바울을 고문하고
심문하기로 결심했다. 그가 무슨 일을 저질러서 이런
폭력을 유발했는지 알아내고자 한 것이다. 그들이 그
의 사지를 가죽끈으로 묶어 채찍질할 준비를 하는데,
바울이 거기 서 있던 백부장에게 말했다. "공정한 재
판도 없이 로마 시민을 고문하다니, 이게 법에 맞는
일입니까?"
26 백부장이 그 말을 듣고, 곧장 지휘관에게 갔다.
"도대체 무슨 일을 하신 겁니까? 이 사람은 로마 시
민입니다!"
27 지휘관이 돌아와서 심문을 맡았다. "내가 들은 말
이 사실이오? 당신이 로마 시민이오?"
바울이 말했다. "분명히 그렇습니다."
28 지휘관은 관심을 보였다. "나는 큰돈을 들여서 시
민권을 얻었소. 당신은 얼마나 들었소?"
"전혀 들지 않았습니다." 바울이 말했다. "한 푼도 들
지 않았습니다. 나는 태어날 때부터 자유의 몸이었습
니다."
29 그것으로 심문은 끝났다. 그 일로 지휘관에게 하
나님을 두려워하는 마음이 생겼다. 그는 로마 시민을
결박했고, 하마터면 고문까지 할 뻔했던 것이다!
30 이튿날, 지휘관은 문제의 원인을 규명하고 유대인
들의 고발에 배후가 있는지 확실히 알아보기로 작정

as quickly as you can. None of the Jews here
in Jerusalem are going to accept what you say
about me.'
19-20 "At first I objected: 'Who has better
credentials? They all know how obsessed I
was with hunting out those who believed in
you, beating them up in the meeting places
and throwing them in jail. And when your
witness Stephen was murdered, I was right
there, holding the coats of the murderers and
cheering them on. And now they see me totally
converted. What better qualification could I
have?'
21 "But he said, 'Don't argue. Go. I'm sending
you on a long journey to outsider non-Jews.'"

A Roman Citizen

22-25 The people in the crowd had listened
attentively up to this point, but now they
broke loose, shouting out, "Kill him! He's an
insect! Stomp on him!" They shook their fists.
They filled the air with curses. That's when
the captain intervened and ordered Paul
taken into the barracks. By now the captain
was thoroughly exasperated. He decided to
interrogate Paul under torture in order to get
to the bottom of this, to find out what he had
done that provoked this outraged violence. As
they spread-eagled him with thongs, getting
him ready for the whip, Paul said to the centu-
rion standing there, "Is this legal: torturing a
Roman citizen without a fair trial?"
26 When the centurion heard that, he went
directly to the captain. "Do you realize what
you've done? This man is a Roman citizen!"
27 The captain came back and took charge. "Is
what I hear right? You're a Roman citizen?"
Paul said, "I certainly am."
28 The captain was impressed. "I paid a huge
sum for my citizenship. How much did it cost
you?"
"Nothing," said Paul. "It cost me nothing. I was
free from the day of my birth."
29 That put a stop to the interrogation. And it
put the fear of God into the captain. He had

했다. 그는 바울의 결박을 풀어 주고, 명령을 내려 대제사장들과 최고의회를 소집했다. 그들의 생각을 알아보기 위해서였다. 바울은 안내를 받아 그들 앞에 섰다.

최고의회 앞에 선 바울

23 1-3 바울은 침착하게 의회 의원들을 둘러본 다음, 자신의 견해를 밝혔다. "친구 여러분, 나는 지금 이 순간까지 평생을 하나님 앞에서 깨끗한 양심으로 살아왔습니다." 그 말에 대제사장 아나니아가 격분했다. 그는 옆에 있던 사람들에게 바울의 뺨을 때리라고 명령했다. 그러자 바울이 응수했다. "하나님께서 당신을 치실 것이오! 이 위선자여! 율법대로 나를 심판한다고 거기 앉아 있으면서, 율법을 어기고 나를 치라고 명하는 것입니까!"

4 측근들이 괘씸하게 생각했다. "어떻게 네가 하나님의 대제사장께 함부로 말하느냐!"

5 바울이 놀란 듯이 행동했다. "그가 대제사장인 줄 내가 어찌 알 수 있었겠습니까? 그는 대제사장답게 처신하지 않았습니다. 여러분 말이 맞습니다. 성경에도 '백성의 통치자를 욕하지 말라'고 했습니다. 미안합니다."

6 의회의 일부는 사두개인으로, 일부는 바리새인으로 구성되었다. 그 둘이 서로 얼마나 미워하는지 알고 있던 바울은, 그들의 적대감을 이용하기로 했다. "형제 여러분, 나는 대대로 바리새인 집안에서 태어난 충실한 바리새인입니다. 내가 이 법정에 끌려온 것도, 바리새인으로서의 내 신념인 죽은 사람들의 소망과 부활을 믿었기 때문입니다."

7-9 그가 이렇게 말하자, 의회는 바리새인과 사두개인으로 완전히 갈라져서 뜨거운 논쟁을 벌였다. 사두개인들은 부활이나 천사, 심지어 영의 존재도 부인하는 사람들이었다. 그들은 눈에 보이지 않으면 믿지 않았다. 그러나 바리새인들은 그 모두를 믿었다. 그러다 보니, 큰 언쟁이 벌어진 것이다. 그때에 바리새인 쪽의 종교 학자 몇 사람이 언성을 높이면서 반대편 사두개인들의 말문을 막았다. "우리는 이 사람에*게서 아무 잘못도 찾지 못하겠소!* 만일 어떤 영이나 천사가 이 사람에게 말한 것이라면, 어찌하겠소? 행여 우리가 하나님을 대적해 싸우는 것이라면, 어찌할 셈이오?"

10 불에 기름을 끼얹은 격이었다. 언쟁이 달아

put a Roman citizen in chains and come within a whisker of putting him under torture!

30 The next day, determined to get to the root of the trouble and know for sure what was behind the Jewish accusation, the captain released Paul and ordered a meeting of the high priests and the High Council to see what they could make of it. Paul was led in and took his place before them.

Before the High Council

23 1-3 Paul surveyed the members of the council with a steady gaze, and then said his piece: "Friends, I've lived with a clear conscience before God all my life, up to this very moment." That set the Chief Priest Ananias off. He ordered his aides to slap Paul in the face. Paul shot back, "God will slap you down! What a fake you are! You sit there and judge me by the Law and then break the Law by ordering me slapped around!"

4 The aides were scandalized: "How dare you talk to God's Chief Priest like that!"

5 Paul acted surprised. "How was I to know he was Chief Priest? He doesn't act like a Chief Priest. You're right, the Scripture does say, 'Don't speak abusively to a ruler of the people.' Sorry."

6 Paul, knowing some of the council was made up of Sadducees and others of Pharisees and how they hated each other, decided to exploit their antagonism: "Friends, I am a stalwart Pharisee from a long line of Pharisees. It's because of my Pharisee convictions – the hope and resurrection of the dead – that I've been hauled into this court."

7-9 The moment he said this, the council split right down the middle, Pharisees and Sadducees going at each other in heated argument. Sadducees have nothing to do with a resurrection or angels or even a spirit. If they can't see it, they don't believe it. Pharisees believe it all. And so a huge and noisy quarrel broke out. Then some of the religion scholars on the Pharisee side shouted down the others: "We don't find anything wrong with this man! And what if a spirit has spoken to him? Or maybe an angel? What if it turns out we're fighting against God?"

10 That was fuel on the fire. The quarrel flamed up and became so violent the captain was afraid they

올라 너무 과격해지자, 지휘관은 행여 그들이 바울의 사지를 찢어 죽이지나 않을까 두려웠다. 그는 병사들에게 바울을 거기서 빼내어 병영 안으로 다시 호송해 가라고 명령했다.

바울을 해치려는 음모

11 그날 밤, 주님께서 바울에게 나타나셨다. "괜찮다. 다 잘될 것이다. 지금까지 너는 여기 예루살렘에서 나의 훌륭한 증인이었다. 이제 너는 로마에서 내 증인이 될 것이다!"

12-15 이튿날 유대인들이 바울을 해치려고 음모를 꾸몄다. 그들은 그를 죽이기 전에는 먹지도 않고 마시지도 않기로 엄숙히 맹세했다. 마흔 명이 넘는 자들이 이 살인 동맹에 맹세하는 의식을 갖고 대제사장과 종교 지도자들을 찾아갔다. "우리는 바울을 죽이기 전에는 아무것도 먹지도 않고 마시지도 않기로 엄숙히 맹세했습니다. 다만, 여러분의 도움이 필요합니다. 의회에서 죄목을 더 자세히 조사하려고 하니 바울을 다시 보내 달라고 지휘관에게 요청하십시오. 나머지는 우리가 알아서 하겠습니다. 그가 여러분 근처에 오기도 전에 우리가 죽여 버리겠습니다. 여러분은 그 일에 휘말리지 않도록 하겠습니다."

16-17 바울의 외조카가 그들이 매복을 모의하는 이야기를 엿듣고, 즉시 병영으로 가서 바울에게 이 사실을 알렸다. 바울은 백부장 하나를 불러서 말했다. "이 청년을 지휘관에게 데려가 주십시오. 그가 중요하게 드릴 말씀이 있습니다."

18 백부장이 그를 지휘관에게 데리고 가서 말했다. "죄수 바울이 이 청년을 지휘관님께 데려가 달라고 했습니다. 긴히 드릴 말씀이 있다고 합니다."

19 지휘관이 그의 팔을 잡고 한쪽으로 데려갔다. "무슨 일이냐? 나한테 할 말이 무엇이냐?"

20-21 바울의 외조카가 말했다. "유대인들이 바울을 해치려고 음모를 꾸몄습니다. 그들은 그의 죄목을 더 자세히 조사해 보겠다는 구실로 아침 일찍 바울을 의회로 보내 달라고 지휘관님께 부탁할 것입니다. 하지만 그것은 바울을 당신의 보호에서 빼돌려 살해하려는 속임수입니다. 지금 마흔 명도 넘는 사람들이 숨어서 바울을 기다리고 있습니다. 그들은 바울을 죽이기 전에는 먹지도 않고 마시지도 않기로 맹세했습니다. 그들은 이미 매복을 끝내고 이제 지휘관

would tear Paul apart, limb from limb. He ordered the soldiers to get him out of there and escort him back to the safety of the barracks.

A Plot Against Paul

11 That night the Master appeared to Paul: "It's going to be all right. Everything is going to turn out for the best. You've been a good witness for me here in Jerusalem. Now you're going to be my witness in Rome!"

12-15 Next day the Jews worked up a plot against Paul. They took a solemn oath that they would neither eat nor drink until they had killed him. Over forty of them ritually bound themselves to this murder pact and presented themselves to the high priests and religious leaders. "We've bound ourselves by a solemn oath to eat nothing until we have killed Paul. But we need your help. Send a request from the council to the captain to bring Paul back so that you can investigate the charges in more detail. We'll do the rest. Before he gets anywhere near you, we'll have killed him. You won't be involved."

16-17 Paul's nephew, his sister's son, overheard them plotting the ambush. He went immediately to the barracks and told Paul. Paul called over one of the centurions and said, "Take this young man to the captain. He has something important to tell him."

18 The centurion brought him to the captain and said, "The prisoner Paul asked me to bring this young man to you. He said he has something urgent to tell you."

19 The captain took him by the arm and led him aside privately. "What is it? What do you have to tell me?"

20-21 Paul's nephew said, "The Jews have worked up a plot against Paul. They're going to ask you to bring Paul to the council first thing in the morning on the pretext that they want to investigate the charges against him in more detail. But it's a trick to get him out of your safekeeping so they can murder him. Right now there are more than forty men lying in ambush for him. They've all taken a vow to neither eat nor drink until they've killed him. The ambush is set–all they're waiting for is for you to send him over."

님께서 그를 보내기만 기다리고 있습니다."

22 지휘관은 "이 일을 아무한테도 입 밖에 내지 마라" 하고 주의를 주어 그를 돌려보냈다.

23-24 지휘관은 백부장 둘을 불렀다. "가이사랴로 떠날 병사 이백 명을 준비시켜라. 기병 칠십 명과 보병 이백 명도 함께 오늘 밤 아홉 시까지 행군할 준비를 해두어라. 바울과 그의 소지품을 실을 노새도 두어 마리 필요할 것이다. 이 사람을 벨릭스 총독에게 무사히 넘겨야겠다."

25-30 그리고 그는 이렇게 편지를 썼다.

글라우디오 루시아가 벨릭스 총독 각하께.
안녕하십니까!
이 사람은 내가 유대인 무리에게서 구해 낸 자입니다. 그들이 그를 잡아서 죽이려고 할 때, 그가 로마 시민인 것을 알게 되었습니다. 그래서 병사들을 보냈습니다. 그가 무슨 잘못을 저질렀는지 알고 싶어, 그를 그들의 의회 앞에 세웠습니다. 알고 보니 자기들끼리 종교적인 문제로 이견이 있어 말다툼이 격화되었을 뿐, 범죄와는 전혀 거리가 멀었습니다.
그러던 차에, 유대인들이 그를 살해하려는 음모를 꾸민 것을 알게 되었습니다. 나는 그의 안전을 위해 그를 여기서 급히 빼내는 것이 좋겠다고 판단했습니다. 그래서 그를 각하께 보냅니다. 그를 고발한 무리에게도 이제 그가 각하의 관할하에 있다고 알리겠습니다.

31-33 그날 밤, 병사들은 명령받은 대로 바울을 데리고 안드바드리의 안전한 곳으로 갔다. 이튿날 아침에, 병사들은 기병대의 호송하에 바울을 가이사랴로 보내고 예루살렘 병영으로 돌아갔다. 기병대는 가이사랴에 들어가서 바울과 편지를 총독에게 인계했다.

34-35 편지를 다 읽은 총독은 바울에게 어느 지역 출신인지를 물었고 "길리기아"라는 답을 들었다. 총독은 바울에게 "그대를 고발하는 사람들이 오면 그대의 사건을 처리하겠소" 하고 말했다. 총독은 바울을 헤롯 왕의 공관에 가두어 두라고 명령했다.

자신을 변호하는 바울

24 1-4 닷새 후에, 대제사장 아나니아가 지도자 대표단과 함께 법정 변호인 더둘로를 데리고 도착했다. 그들은 총독에게 바울을

22 The captain dismissed the nephew with a warning: "Don't breathe a word of this to a soul."

23-24 The captain called up two centurions. "Get two hundred soldiers ready to go immediately to Caesarea. Also seventy cavalry and two hundred light infantry. I want them ready to march by nine o'clock tonight. And you'll need a couple of mules for Paul and his gear. We're going to present this man safe and sound to Governor Felix."

25-30 Then he wrote this letter:

From Claudius Lysias, to the Most Honorable Governor Felix:
Greetings!
I rescued this man from a Jewish mob. They had seized him and were about to kill him when I learned that he was a Roman citizen. So I sent in my soldiers. Wanting to know what he had done wrong, I had him brought before their council. It turned out to be a squabble turned vicious over some of their religious differences, but nothing remotely criminal.
The next thing I knew, they had cooked up a plot to murder him. I decided that for his own safety I'd better get him out of here in a hurry. So I'm sending him to you. I'm informing his accusers that he's now under your jurisdiction.

31-33 The soldiers, following orders, took Paul that same night to safety in Antipatris. In the morning the soldiers returned to their barracks in Jerusalem, sending Paul on to Caesarea under guard of the cavalry. The cavalry entered Caesarea and handed Paul and the letter over to the governor.

34-35 After reading the letter, the governor asked Paul what province he came from and was told "Cilicia." Then he said, "I'll take up your case when your accusers show up." He ordered him locked up for the meantime in King Herod's official quarters.

Paul States His Defense

24 1-4 Within five days, the Chief Priest Ananias arrived with a contingent of

고발하는 소송을 제기했다. 바울이 법정 앞에 불려나오자, 더둘로가 기소 발언을 했다. "벨릭스 각하, 각하의 지혜롭고 너그러운 통치에 우리는 언제 어디서나 감사할 따름입니다. 우리가 이 모든 평화를 누리고 날마다 각하의 개혁으로 득을 보는 것은 오로지 각하 덕분임을 잘 알고 있습니다. 장황한 말로 각하를 피곤하게 하지 않겠습니다. 부디 넓으신 마음으로 제 말을 들어 주십시오. 아주 간략히 아뢰겠습니다.

5-8 우리는 이 사람이 평화를 어지럽히고, 온 세상에 있는 유대인들을 상대로 폭동을 선동하는 것을 여러 번 보았습니다. 그는 나사렛파라고 하는 선동적 분파의 주모자입니다. 그야말로 암적인 존재라 할 수 있습니다. 우리는 그가 우리의 거룩한 성전을 더럽히려고 하는 것을 목격하고는 그를 체포했습니다. 직접 심문해 보시면 이 모든 고발 내용을 확인하실 수 있을 것입니다."

9 유대인들도 이 말에 합세했다. "직접 들어 보십시오! 맞는 말입니다!"

10-13 총독이 몸짓으로 바울에게 이제 그의 차례가 되었음을 알렸다. 바울이 말했다. "총독 각하, 지난 여러 해 동안 총독께서 얼마나 공정하게 우리를 재판하셨는지 압니다. 그래서 나는 총독님 앞에서 나 자신을 변호하게 된 것을 다행으로 여깁니다. 나는 본국에 돌아온 지 겨우 열이틀 되었습니다. 날짜 관계는 쉽게 확인하실 수 있습니다. 나는 오순절에 예루살렘에서 예배를 드리기 위해 일부러 왔고, 도착한 이후로는 줄곧 내 일에만 충실했습니다. 내가 성전에서 논쟁을 벌이거나 거리에서 무리를 선동하는 것을 보았다고 말할 수 있는 사람은 아무도 없습니다. 저들의 고발 내용 중에 증거나 증인으로 입증할 수 있는 것은 단 하나도 없습니다.

14-15 그러나 내가 이것 하나는 기꺼이 인정합니다. 저들이 막다른 길이라고 비방하는 이 도(道)에 유념하여, 나는 우리 조상이 섬기고 예배한 바로 그 하나님을 섬기고 예배하며, 우리의 성경에 기록된 것을 전부 받아들입니다. 또한 나는, 하나님께서 선한 사람이든 악한 사람이든 죽은 사람들을 다시 살리실 것이라고 소망하고 기대하며 살고 있다는 것도 인정합니다. 만일 이것이 죄가 된다면, 나를 고발한 사람들도 나 못지않게 유죄입니다.

16-19 나는 모든 일에 하나님과 내 이웃들 앞에 깨끗한 양심을 지키려고 최선을 다해 왔습니다. 나는 여러 해 동안 본국을 떠났다가 이제 돌아왔습

leaders, along with Tertullus, a trial lawyer. They presented the governor with their case against Paul. When Paul was called before the court, Tertullus spoke for the prosecution: "Most Honorable Felix, we are most grateful in all times and places for your wise and gentle rule. We are much aware that it is because of you and you alone that we enjoy all this peace and gain daily profit from your reforms. I'm not going to tire you out with a long speech. I beg your kind indulgence in listening to me. I'll be quite brief.

5-8 "We've found this man time and again disturbing the peace, stirring up riots against Jews all over the world, the ringleader of a seditious sect called Nazarenes. He's a real bad apple, I must say. We caught him trying to defile our holy Temple and arrested him. You'll be able to verify all these accusations when you examine him yourself."

9 The Jews joined in: "Hear, hear! That's right!"

10-13 The governor motioned to Paul that it was now his turn. Paul said, "I count myself fortunate to be defending myself before you, Governor, knowing how fair-minded you've been in judging us all these years. I've been back in the country only twelve days—you can check out these dates easily enough. I came with the express purpose of worshiping in Jerusalem on Pentecost, and I've been minding my own business the whole time. Nobody can say they saw me arguing in the Temple or working up a crowd in the streets. Not one of their charges can be backed up with evidence or witnesses.

14-15 "But I do freely admit this: In regard to the Way, which they malign as a dead-end street, I serve and worship the very same God served and worshiped by all our ancestors and embrace everything written in all our Scriptures. And I admit to living in hopeful anticipation that God will raise the dead, both the good and the bad. If that's my crime, my accusers are just as guilty as I am.

16-19 "Believe me, I do my level best to keep a clear conscience before God and my neighbors in everything I do. I've been out of the country for a number of years and now I'm back. While I

니다. 떠나 있는 동안에, 나는 가난한 사람들을 위한 헌금을 모아서 성전 예물과 함께 가지고 왔습니다. 바로 그 예물을 드리면서, 성전에서 조용히 기도하고 있는 나를 저들이 본 것입니다. 모여든 무리도 없었고 소란도 없었습니다. 에베소 근방에서 온 몇몇 유대인들이 이 모든 소동을 일으켰습니다. 그런데 보시다시피, 그들은 오늘 이 자리에 없습니다. 그들은 겁쟁이입니다. 너무 겁이 나서, 총독님 앞에서 나를 고발하지 못하는 것입니다.

20-21 그러니 내가 무슨 죄를 짓다가 잡혔는지, 여기 이 사람들에게 물어보십시오. 말재주가 뛰어난 더둘로 뒤에 숨지 말라고 하십시오. 저들이 나에 대해 내세울 수 있는 것은, 내가 의회에서 외친 '내가 이 법정에 끌려온 것은 내가 부활을 믿기 때문입니다!'라는 이 한 문장뿐입니다. 총독께서는 이 말이 형사 사건의 근거가 된다고 보십니까?"

22-23 벨릭스는 주저했다. 그는 보기보다 이 도(道)에 대해 훨씬 많이 알고 있어서, 바로 그 자리에서 사건을 종결지을 수도 있었다. 그러나 정치적으로 가장 좋은 수가 무엇인지 확신하지 못해 시간을 끌었다. "지휘관 루시아가 오면 그대의 사건을 결정짓겠소." 그는 백부장에게 바울을 수감하라고 명령하면서, 한편으로 바울에게 어느 정도 출입의 자유를 허락해 동료들이 그를 돌보는 것을 막지 않았다.

24-26 며칠 후에 벨릭스와 그의 유대인 아내 드루실라가, 바울을 불러다가 예수 그리스도를 믿는 삶에 대해 이야기를 들었다. 바울이 하나님과 그분의 사람들과의 바른 관계, 도덕적으로 훈련된 삶, 다가올 심판을 계속 강조하자, 벨릭스는 마음이 너무 조여 오는 것 같아 불편해서 그를 내보냈다. "오늘은 됐소. 시간이 있을 때 다시 부르겠소." 그는 바울이 자기에게 거액의 뇌물을 바치기를 은근히 바라고 있었다. 그 후에도 이런 대화가 자주 되풀이되었다.

27 그렇게 이 년이 지난 후에, 벨릭스 후임으로 보르기오 베스도가 그 자리에 부임했다. 벨릭스는 유대인들의 환심을 사려고 정의를 무시한 채, 바울을 감옥에 내버려 두었다.

황제에게 상소하다

25 1-3 베스도가 총독의 임무를 수행하기 위해 가이사랴에 도착하고 나서, 사흘 후에 예루살렘으로 올라갔다. 대제사장과 고위

was away, I took up a collection for the poor and brought that with me, along with offerings for the Temple. It was while making those offerings that they found me quietly at my prayers in the Temple. There was no crowd, there was no disturbance. It was some Jews from around Ephesus who started all this trouble. And you'll notice they're not here today. They're cowards, too cowardly to accuse me in front of you.

20-21 "So ask these others what crime they've caught me in. Don't let them hide behind this smooth-talking Tertullus. The only thing they have on me is that one sentence I shouted out in the council: 'It's because I believe in the resurrection that I've been hauled into this court!' Does that sound to you like grounds for a criminal case?"

22-23 Felix shilly-shallied. He knew far more about the Way than he let on, and could have settled the case then and there. But uncertain of his best move politically, he played for time. "When Captain Lysias comes down, I'll decide your case." He gave orders to the centurion to keep Paul in custody, but to more or less give him the run of the place and not prevent his friends from helping him.

24-26 A few days later Felix and his wife, Drusilla, who was Jewish, sent for Paul and listened to him talk about a life of believing in Jesus Christ. As Paul continued to insist on right relations with God and his people, about a life of moral discipline and the coming Judgment, Felix felt things getting a little too close for comfort and dismissed him. "That's enough for today. I'll call you back when it's convenient." At the same time he was secretly hoping that Paul would offer him a substantial bribe. These conversations were repeated frequently.

27 After two years of this, Felix was replaced by Porcius Festus. Still playing up to the Jews and ignoring justice, Felix left Paul in prison.

An Appeal to Caesar

25 1-3 Three days after Festus arrived in Caesarea to take up his duties as governor, he went up to Jerusalem. The high priests and top leaders renewed their vendetta against Paul.

지도자들이 바울에 대한 복수심을 다시 새롭게 다졌다. 그들은 호의를 베풀어 달라고 베스도에게 요청했다. 그들의 고발에 응해 바울을 예루살렘으로 보내 달라고 한 것이다. 물론 거짓말이었다. 그들은 예전의 음모를 재개하여 길에 매복해 있다가 그를 죽일 참이었다.

4-5 베스도는 바울의 관할 구역은 가이사랴이며, 자기도 며칠 후에 그리로 돌아갈 것이라고 대답했다. 그는 "그때 나와 함께 가서 그의 잘못을 마음껏 고발하시오" 하고 말했다.

6-7 베스도는 여드레 또는 열흘 후에 가이사랴로 돌아갔다. 이튿날 아침에 그는 법정에 앉아 바울을 불러들였다. 바울이 들어서는 순간, 예루살렘에서 내려온 유대인들이 그에게 달려들어 온갖 과격한 고발을 퍼부었다. 그러나 그중에 그들이 입증할 수 있는 것은 하나도 없었다.

8 이어서 바울이 증언대에 서서 간단히 말했다. "나는 유대인의 종교나 성전이나 황제에게 아무것도 잘못한 것이 없습니다. 그뿐입니다."

9 그러나 베스도는 유대인들의 환심을 사고 싶어 이렇게 말했다. "그대가 예루살렘으로 올라가 거기서 재판을 받으면 어떻겠소?"

10-11 바울이 대답했다. "이 순간 나는 황제의 법정에 서 있습니다. 나는 얼마든지 이 자리에 설 권리가 있으며, 앞으로도 계속해서 여기에 서 있을 것입니다. 나는 유대인들에게 아무것도 잘못한 것이 없으며, 총독께서도 나만큼이나 그 사실을 잘 아십니다. 만일 내가 범죄를 저질러 사형을 받아 마땅하다면, 기한을 정하십시오. 달게 받겠습니다. 그러나 저들의 고발이 사실무근이라면—그렇다는 것을 총독께서도 아십니다—아무도 저들의 터무니없는 수작을 따르라고 내게 강요할 수 없습니다. 여기서 이만큼 시간을 허비한 것으로 충분합니다. 나는 황제에게 상소합니다!"

12 베스도가 참모들과 잠시 이야기를 나눈 뒤에 평결을 내렸다. "그대가 황제에게 상소했으니, 그대는 황제에게 갈 것이오!"

13-17 며칠 후, 아그립바 왕과 그의 아내 버니게가, 새로 부임한 베스도를 환영하려고 가이사랴를 방문했다. 수일 후에 베스도가 아그립바 왕에게 바울 사건을 거론했다. "벨릭스가 두고 간 죄수 하나가 여기 내 관할하에 있습니다. 내가 예루살렘에 갔을 때 대제사장과 유대인 지도자들이

They asked Festus if he wouldn't please do them a favor by sending Paul to Jerusalem to respond to their charges. A lie, of course—they had revived their old plot to set an ambush and kill him along the way.

4-5 Festus answered that Caesarea was the proper jurisdiction for Paul, and that he himself was going back there in a few days. "You're perfectly welcome," he said, "to go back with me then and accuse him of whatever you think he's done wrong."

6-7 About eight or ten days later, Festus returned to Caesarea. The next morning he took his place in the courtroom and had Paul brought in. The minute he walked in, the Jews who had come down from Jerusalem were all over him, hurling the most extreme accusations, none of which they could prove.

8 Then Paul took the stand and said simply, "I've done nothing wrong against the Jewish religion, or the Temple, or Caesar. Period."

9 Festus, though, wanted to get on the good side of the Jews and so said, "How would you like to go up to Jerusalem, and let me conduct your trial there?"

10-11 Paul answered, "I'm standing at this moment before Caesar's bar of justice, where I have a perfect right to stand. And I'm going to keep standing here. I've done nothing wrong to the Jews, and you know it as well as I do. If I've committed a crime and deserve death, name the day. I can face it. But if there's nothing to their accusations—and you know there isn't—nobody can force me to go along with their nonsense. We've fooled around here long enough. I appeal to Caesar."

12 Festus huddled with his advisors briefly and then gave his verdict: "You've appealed to Caesar; you'll go to Caesar!"

13-17 A few days later King Agrippa and his wife, Bernice, visited Caesarea to welcome Festus to his new post. After several days, Festus brought up Paul's case to the king. "I have a man on my hands here, a prisoner left by Felix. When I was in Jerusalem, the high priests and Jewish leaders brought a bunch of accusations against him and

그를 고발하는 죄목을 잔뜩 대면서, 내게 사형선고를 내려 주기를 바랐습니다. 나는 그들에게 우리 로마 사람들은 그런 식으로 하지 않는다고 말했습니다. 고발당했다는 이유만으로 사람을 판결하지 않으며, 반드시 피고에게 원고와 대면해 자신을 변호할 기회를 준다고 말했습니다. 그래서 그들이 여기로 내려왔을 때, 나는 곧바로 그 사건을 조사했습니다. 법정에 앉아 그 사람을 증언대에 세웠습니다.

18-21 원고들이 사정없이 그를 공격했으나, 그들의 고발은 고작 자기네 종교와 피고가 살아 있다고 주장하는 예수라 하는 죽은 사람에 대한 논쟁이었습니다. 나는 여기 새로 부임한 데다 이런 사건에 관련된 사항도 모르는 터라, 그에게 예루살렘에 가서 재판을 받겠느냐고 물었습니다. 그는 거절하면서 최고법정의 황제 앞에서 재판 받기를 요청했습니다. 그래서 나는 로마에 있는 황제에게 그를 보낼 때까지 다시 수감해 두도록 명령했습니다."

22 아그립바가 말했다. "내가 그 사람을 보고 그의 이야기를 들어 보고 싶습니다."

"좋습니다." 베스도가 말했다. "아침에 가장 먼저 불러들일 테니, 직접 들어 보십시오."

23 이튿날에 가이사랴의 주요 인사들이 모두 대연회장에 모였고, 군 고위 장교들도 함께 왔다. 아그립바와 버니게가 성대하고 위엄 있게 입장해 자리를 잡았다. 베스도가 바울을 데려오라고 명령했다.

24-26 베스도가 말했다. "아그립바 왕과 귀빈 여러분, 이 사람을 잘 보십시오. 많은 유대인들이 예루살렘에서 시작해 이제는 여기서도 그를 없애 달라고 나한테 청원했습니다. 그들은 더없이 맹렬하게 그의 처형을 요구했습니다. 내가 조사해 보니, 그는 아무 죄도 짓지 않았다는 판단이 섰습니다. 그는 황제 앞에서 재판 받게 해달라고 요청했고, 나는 그를 로마로 보내기로 승낙했습니다. 하지만 내 주이신 황제께 뭐라고 써야 하겠습니까? 유대인들이 내놓은 고발은 다 허위로 꾸민 것이고, 그 밖에 내가 더 밝혀 낸 것은 하나도 없습니다.

26-27 그래서 이렇게 여러분 앞에, 특별히 아그립바 왕 앞에 그를 데려다 세운 것입니다. 제대로 된 소송에 어울리는 무언가를 건질 수 있을까 해서 말입니다. 죄수로 하여금 재판을 받게 그 먼 길을 보내면서 문서에 죄목 하나 적을 수 없다면 우스운 꼴이 될 것입니다."

wanted me to sentence him to death. I told them that wasn't the way we Romans did things. Just because a man is accused, we don't throw him out to the dogs. We make sure the accused has a chance to face his accusers and defend himself of the charges. So when they came down here I got right on the case. I took my place in the courtroom and put the man on the stand.

18-21 "The accusers came at him from all sides, but their accusations turned out to be nothing more than arguments about their religion and a dead man named Jesus, who the prisoner claimed was alive. Since I'm a newcomer here and don't understand everything involved in cases like this, I asked if he'd be willing to go to Jerusalem and be tried there. Paul refused and demanded a hearing before His Majesty in our highest court. So I ordered him returned to custody until I could send him to Caesar in Rome."

22 Agrippa said, "I'd like to see this man and hear his story."

"Good," said Festus. "We'll bring him in first thing in the morning and you'll hear it for yourself."

23 The next day everybody who was anybody in Caesarea found his way to the Great Hall, along with the top military brass. Agrippa and Bernice made a flourishing grand entrance and took their places. Festus then ordered Paul brought in.

24-26 Festus said, "King Agrippa and distinguished guests, take a good look at this man. A bunch of Jews petitioned me first in Jerusalem, and later here, to do away with him. They have been most vehement in demanding his execution. I looked into it and decided that he had committed no crime. He requested a trial before Caesar and I agreed to send him to Rome. But what am I going to write to my master, Caesar? All the charges made by the Jews were fabrications, and I've uncovered nothing else.

26-27 "That's why I've brought him before this company, and especially you, King Agrippa: so we can come up with something in the nature of a charge that will hold water. For it seems to me silly to send a prisoner all that way for a trial and not be able to document what he did wrong."

아그립바 왕 앞에서 증언하다

26 1-3 아그립바 왕이 바울에게 직접 말했다. "어서, 그대 자신에 대해 말해 보시오." 바울이 증언대에 서서 자신의 이야기를 했다. "아그립바 왕이여, 왕께서 유대인의 풍습과 우리의 모든 집안싸움에 대해 잘 알고 계시니, 다른 누구보다 왕 앞에서 유대인들의 이 모든 고발에 대해 답변하게 되어 다행입니다.

4-8 젊어서부터, 나는 예루살렘의 내 민족들 속에서 살았습니다. 그 도성에서 내가 자라는 것을 지켜본 유대인들은—만일 그들이 위험을 감수할 마음이 있다면 왕께 직접 증언할 수도 있을 것입니다—내가, 우리 종교의 가장 엄격한 분파인 바리새인으로 살았다는 것을 알고 있습니다. 내가 이렇게 유대인들에게 고발당하는 것은, 내가 하나님께서 우리 조상에게 주신 약속—열두 지파가 오랜 세월 동안 밤낮으로 바라보며 살았던 그 소망—을 믿고 진지하게 여기며, 그 약속에 마음과 생명을 바쳤기 때문입니다. 시험을 거쳐 검증된 소망을 내가 굳게 붙잡았기 때문입니다. 이 자리에 서서 재판을 받아야 할 사람은 내가 아니라 저들입니다! 하나님께서 죽은 사람들을 살리신다고 믿는 것이 어떻게 형사 범죄가 성립되는지 나는 도무지 이해가 되지 않습니다.

9-11 솔직히 내가 늘 이런 입장에 서 있었던 것은 아닙니다. 한동안 나는, 있는 힘껏 나사렛 예수를 대적하는 것이 내 본분인 줄 알았습니다. 나는 대제사장들의 전권을 등에 업고, 도처에서 믿는 이들을 예루살렘 감옥에 처넣었습니다. 나는 그들이 하나님의 백성인 줄 전혀 몰랐습니다! 기회가 올 때마다 그들을 처형하는 데 찬성표를 던졌습니다. 나는 그들의 회당을 짓밟고 들어가서, 그들을 협박하고 예수를 저주하게 했습니다. 나는 그 사람들을 소탕하는 일에 사로잡힌 폭군이었습니다. 그러다가 나는, 예루살렘 바깥에 있는 여러 도시에서도 그 일을 시작했습니다.

12-14 그날도 여느 때처럼 내 활동을 공인해 주는 대제사장들의 문서를 가지고 다마스쿠스로 가고 있는데, 한낮에 하늘에서 햇빛보다 더 밝은 눈부신 빛이 나와 내 동료들에게 쏟아져 내렸습니다. 오 왕이여, 그렇게 환할 수가 없었습니다! 우리는 앞으로 고꾸라졌습니다. 그때 히브리 말로 한 음성이 들렸습니다. '사울아, 사울아, 왜 나를 해치려고 하느냐? 무슨 고집으로 순리를 거스르는 것이냐?'

"I Couldn't Just Walk Away"

26 1-3 Agrippa spoke directly to Paul: "Go ahead–tell us about yourself." Paul took the stand and told his story. "I can't think of anyone, King Agrippa, before whom I'd rather be answering all these Jewish accusations than you, knowing how well you are acquainted with Jewish ways and all our family quarrels.

4-8 "From the time of my youth, my life has been lived among my own people in Jerusalem. Practically every Jew in town who watched me grow up–and if they were willing to stick their necks out they'd tell you in person–knows that I lived as a strict Pharisee, the most demanding branch of our religion. It's because I believed it and took it seriously, committed myself heart and soul to what God promised my ancestors–the identical hope, mind you, that the twelve tribes have lived for night and day all these centuries–it's because I have held on to this tested and tried hope that I'm being called on the carpet by the Jews. They should be the ones standing trial here, not me! For the life of me, I can't see why it's a criminal offense to believe that God raises the dead.

9-11 "I admit that I didn't always hold to this position. For a time I thought it was my duty to oppose this Jesus of Nazareth with all my might. Backed with the full authority of the high priests, I threw these believers–I had no idea they were God's people!–into the Jerusalem jail right and left, and whenever it came to a vote, I voted for their execution. I stormed through their meeting places, bullying them into cursing Jesus, a one-man terror obsessed with obliterating these people. And then I started on the towns outside Jerusalem.

12-14 "One day on my way to Damascus, armed as always with papers from the high priests authorizing my action, right in the middle of the day a blaze of light, light outshining the sun, poured out of the sky on me and my companions. Oh, King, it was so bright! We fell flat on our faces. Then I heard a voice in Hebrew: 'Saul, Saul, why are you out to get me? Why do you insist on going against the grain?'

15-16 나는 '주님, 누구십니까?' 하고 말했습니다. 그 음성이 대답했습니다. '나는 네가 짐승을 추적하듯이 핍박하는 예수다. 그러나 이제 일어나거라. 내가 네게 맡길 일이 있다. 너는 오늘 일어난 일과 내가 앞으로 너에게 보여줄 일에 종과 증인이 될 것이다. 그 일을 위해 내가 너를 선택했다.

17-18 내가 너를 보내는 것은, 이방인들의 눈을 열어 주어 그들로 하여금 어둠과 빛의 차이를 보고 빛을 선택하게 하며, 사탄과 하나님의 차이를 보고 하나님을 선택하게 하려는 것이다. 내가 너를 보내는 것은, 내가 그들의 죄를 용서하고 그들에게 내 가족의 신분을 주려는 것이다. 나를 믿어 참된 삶을 시작하는 사람들 속으로, 그들을 초청하려는 것이다.'

19-20 아그립바 왕이여, 그러니 내가 어찌하겠습니까? 그런 비전을 두고 그냥 물러설 수는 없었습니다! 그 자리에서 나는 순종하며 믿는 자가 되었습니다. 나는 이 삶의 변화—하나님께 전적으로 돌아서는 것과 그것이 매일의 삶에서 갖는 의미—를 그곳 다마스쿠스에서 전하기 시작했습니다. 예루살렘과 인근 지역으로, 거기서 다시 온 세상으로 나아갔습니다.

21-23 그날 유대인들이 성전에서 나를 붙잡아 죽이려고 한 것도, 바로 '온 세상으로 나아간 것' 때문입니다. 저들은 하나님을 자기들한테만 묶어 두려고 합니다. 그러나 하나님께서는 약속하신 대로 내 편에 서 주셨습니다. 내가 지금 이 자리에 서서 하는 말은, 왕이나 어린아이나 할 것 없이 누구든지 들으려고 하는 사람에게 내가 들려준 이야기입니다. 그리고 이 모든 말은, 예언자들과 모세가 그렇게 되리라고 한 것과 정확하게 일치합니다. 그것은, 첫째로 메시아가 반드시 죽어야 하며, 둘째로 그분이 죽은 자들 가운데서 살아나셔서, 하나님을 모르는 사람들과 하나님을 경외하는 사람들 모두에게 하나님의 빛을 비추는 첫 번째 빛이 되리라는 것입니다."

24 베스도에게 이 말은 버거운 것이었다. 그는 큰 소리로 말을 잘랐다. "바울, 그대가 미쳤소! 책을 너무 많이 읽고, 허공을 너무 오래 쳐다봤소. 그만 자중하고 현실 세계로 돌아오시오!"

25-27 그러나 바울은 물러서지 않았다. "베스도 총독 각하, 정중히 아뢥니다. 나는 미치지 않았습니다. 맑은 정신으로 똑바로 말하는 것입니다. 왕께서는 내가 무슨 말을 하는지 잘 알고 계십니다. 내 이야기 중에 왕께서 제정신이 아니라고 여길 만한

15-16 "I said, 'Who are you, Master?'

"The voice answered, 'I am Jesus, the One you're hunting down like an animal. But now, up on your feet–I have a job for you. I've handpicked you to be a servant and witness to what's happened today, and to what I am going to show you.

17-18 "'I'm sending you off to open the eyes of the outsiders so they can see the difference between dark and light, and choose light, see the difference between Satan and God, and choose God. I'm sending you off to present my offer of sins forgiven, and a place in the family, inviting them into the company of those who begin real living by believing in me.'

19-20 "What could I do, King Agrippa? I couldn't just walk away from a vision like that! I became an obedient believer on the spot. I started preaching this life-change–this radical turn to God and everything it meant in everyday life–right there in Damascus, went on to Jerusalem and the surrounding countryside, and from there to the whole world.

21-23 "It's because of this 'whole world' dimension that the Jews grabbed me in the Temple that day and tried to kill me. They want to keep God for themselves. But God has stood by me, just as he promised, and I'm standing here saying what I've been saying to anyone, whether king or child, who will listen. And everything I'm saying is completely in line with what the prophets and Moses said would happen: One, the Messiah must die; two, raised from the dead, he would be the first rays of God's daylight shining on people far and near, people both godless and God-fearing."

24 That was too much for Festus. He interrupted with a shout: "Paul, you're crazy! You've read too many books, spent too much time staring off into space! Get a grip on yourself, get back in the real world!"

25-27 But Paul stood his ground. "With all respect, Festus, Your Honor, I'm not crazy. I'm both accurate and sane in what I'm saying. The king knows what I'm talking about. I'm sure that nothing of what I've said sounds crazy to him.

말은 하나도 없었다고 확신합니다. 왕은 오래전 부터 이 일을 다 알고 계셨습니다. 이 일은 아무도 모르게 벌어진 일이 아닙니다. 아그립바 왕이여, 예언자들을 믿으시지 않습니까? 대답하지 않으셔도, 믿으시는 줄 내가 압니다."

28 그러자 아그립바 왕이 대답했다. "이대로 더 가다가는 네가 나를 그리스도인으로 만들겠구나!"

29 바울이 결박된 채 말했다. "그것이 내가 기도하는 바입니다. 지금이나 나중이나, 왕뿐 아니라 오늘 여기서 이야기를 듣고 있는 여러분 모두가 나처럼 되기를 바랍니다. 이렇게 결박된 것만 빼고 말입니다!"

30-31 왕과 총독이 버니게와 참모들과 함께 일어나 옆방으로 가서, 지금까지 들은 것을 두고 의논했다. 그들은 금세 바울이 무죄라는 데 뜻을 같이하며 말했다. "이 사람은 사형은 고사하고 감옥에 갇힐 만한 일도 한 적이 없습니다."

32 아그립바 왕이 베스도에게 말했다. "황제 앞에서 재판 받기를 요청하지만 않았어도 지금 당장 석방할 수 있었을 겁니다."

바다에서 풍랑을 만나다

27 1-2 우리가 이탈리아로 항해할 준비를 마치자, 바울과 다른 죄수 몇이 친위대의 일원인 율리오라는 백부장 감독하에 배치되었다. 우리는 아드라뭇데노에서 온 배에 올라탔다. 그 배는 에베소와 서쪽 항구로 향하는 배였다. 데살로니가 출신의 마케도니아 사람 아리스다고가 우리와 동행했다.

3 이튿날 우리는 시돈에 입항했다. 율리오는 바울을 아주 관대하게 대했다. 배에서 내려 그곳 동료들의 환대를 받도록 허락해 주었다.

4-8 다시 뱃길에 오른 우리는, 서쪽에서 불어오는 맞바람 때문에 키프로스 북동 해안을 바람막이 삼아 북쪽으로 항해했다. 그리고 다시 해안을 따라 서쪽으로 향하여 무라 항에 닿았다. 거기서 백부장은 이탈리아로 가는 이집트 선박을 찾아 우리를 그 배에 옮겨 태웠다. 그런데 사나운 날씨를 만나 항로를 유지하기가 불가능했다. 갖은 고생 끝에, 마침내 우리는 크레타 섬 남쪽 해안에 이르러, '아름다운 항구'(이름 그대로였다!)에 닻을 내렸다.

9-10 우리는 이미 시간을 많이 허비했다. 추분이 이미 지났고, 이제부터는 겨우내 폭풍우가 잦은 날씨여서 항해하기에 너무 위험했다. 바울이 경고했다. "지금 바다로 나갔다가는 재난을 당해 짐과 배

He's known all about it for a long time. You must realize that this wasn't done behind the scenes. You believe the prophets, don't you, King Agrippa? Don't answer that–I know you believe."

28 But Agrippa did answer: "Keep this up much longer and you'll make a Christian out of me!"

29 Paul, still in chains, said, "That's what I'm praying for, whether now or later, and not only you but everyone listening today, to become like me–except, of course, for this prison jewelry!"

30-31 The king and the governor, along with Bernice and their advisors, got up and went into the next room to talk over what they had heard. They quickly agreed on Paul's innocence, saying, "There's nothing in this man deserving prison, let alone death."

32 Agrippa told Festus, "He could be set free right now if he hadn't requested the hearing before Caesar."

A Storm at Sea

27 1-2 As soon as arrangements were complete for our sailing to Italy, Paul and a few other prisoners were placed under the supervision of a centurion named Julius, a member of an elite guard. We boarded a ship from Adramyttium that was bound for Ephesus and ports west. Aristarchus, a Macedonian from Thessalonica, went with us.

3 The next day we put in at Sidon. Julius treated Paul most decently–let him get off the ship and enjoy the hospitality of his friends there.

4-8 Out to sea again, we sailed north under the protection of the northeast shore of Cyprus because winds out of the west were against us, and then along the coast westward to the port of Myra. There the centurion found an Egyptian ship headed for Italy and transferred us on board. We ran into bad weather and found it impossible to stay on course. After much difficulty, we finally made it to the southern coast of the island of Crete and docked at Good Harbor (appropriate name!).

9-10 By this time we had lost a lot of time. We had passed the autumn equinox, so it would be

는 말할 것도 없고 목숨까지 잃을 것입니다!"
12-11 그러나 그곳은 겨울을 나기에 적합한 항구가 못되었다. 거기서 몇 킬로미터 떨어진 뵈닉스가 더 나았다. 백부장은 바울의 경고를 흘려듣고 선장과 선주의 말을 좇아 다음 항구로 향했다.
13-15 남쪽에서 미풍이 불어오자, 그들은 순항할 줄로 생각해 닻을 올렸다. 그러나 바다에 나가기가 무섭게, 악명 높은 북동풍이 맹렬한 기세로 몰아쳤다. 배는 완전히 그들의 통제를 벗어나고 말았다. 풍랑 가운데 떠다니는 나뭇잎 신세였다.
16-17 우리는 가우다라는 작은 섬을 바람막이 삼아 간신히 구명보트를 준비하고 돛을 내렸다. 그러나 모래톱에 바위가 많아 섬에 다가갈 수 없었다. 우리는 닻을 던져 겨우 표류를 막고 바위에 부딪치는 것을 면할 수 있었다.
18-20 이튿날, 다시 물결이 높아진 데다 폭풍우에 배가 큰 손상을 입어, 우리는 배 밖으로 짐을 던졌다. 사흘째 되는 날에는 선원들이 장비와 식료품까지 내던져 배를 좀 더 가볍게 했다. 해와 별을 보지 못한 지 벌써 여러 날이었다. 바람과 파도가 사정없이 우리를 때렸고, 우리는 구조되리라는 희망마저 잃고 말았다.
21-22 식욕도 삶의 의욕도 잃어버린 지 오래될 즈음에, 바울이 우리 가운데 서서 말했다. "여러분, 여러분이 크레타에서 내 말을 들었더라면 이 모든 고생과 시련을 피할 수 있었을 것입니다. 그러나 지금부터 상황이 호전될 테니, 지난 일에 연연할 것 없습니다. 우리 가운데 단 한 사람도 물에 빠져 죽는 일은 없을 것입니다. 하지만 배도 무사할 것이라고는 말 못하겠습니다. 배는 파선할 것입니다.
23-26 지난밤에 내가 섬기는 하나님의 천사가, 내 곁에 서서 말했습니다. '바울아, 포기하지 마라. 너는 장차 황제 앞에 설 것이다. 너와 함께 항해하는 사람들도 모두 무사할 것이다.' 그러니 사랑하는 친구 여러분, 용기를 내십시오. 나는 하나님께서 내게 말씀하신 그대로 행하실 것을 믿습니다. 그러나 우리는 한 섬에 *난파될 것입니다.*"
27-29 열나흘째 되는 날 밤에, 우리는 아드리아 해 어디쯤에서 표류하고 있었다. 자정 무렵에 선원들은 배가 육지 가까이로 다가가고 있음을 직감했다. 수심을 재어 보니 약 40미터였

stormy weather from now on through the winter, too dangerous for sailing. Paul warned, "I see only disaster ahead for cargo and ship–to say nothing of our lives!–if we put out to sea now."
12,11 But it was not the best harbor for staying the winter. Phoenix, a few miles further on, was more suitable. The centurion set Paul's warning aside and let the ship captain and the shipowner talk him into trying for the next harbor.
13-15 When a gentle southerly breeze came up, they weighed anchor, thinking it would be smooth sailing. But they were no sooner out to sea than a gale-force wind, the infamous nor'easter, struck. They lost all control of the ship. It was a cork in the storm.
16-17 We came under the lee of the small island named Clauda, and managed to get a lifeboat ready and reef the sails. But rocky shoals prevented us from getting close. We only managed to avoid them by throwing out drift anchors.
18-20 Next day, out on the high seas again and badly damaged now by the storm, we dumped the cargo overboard. The third day the sailors lightened the ship further by throwing off all the tackle and provisions. It had been many days since we had seen either sun or stars. Wind and waves were battering us unmercifully, and we lost all hope of rescue.
21-22 With our appetite for both food and life long gone, Paul took his place in our midst and said, "Friends, you really should have listened to me back in Crete. We could have avoided all this trouble and trial. But there's no need to dwell on that now. From now on, things are looking up! I can assure you that there'll not be a single drowning among us, although I can't say as much for the ship–the ship itself is doomed.
23-26 "Last night God's angel stood at my side, an angel of this God I serve, saying to me, 'Don't give up, Paul. You're going to stand before Caesar yet–and everyone sailing with you is also going to make it.' So, dear friends, take heart. I believe God will do exactly what he told me. But we're going to shipwreck on some island or other."
27-29 On the fourteenth night, adrift somewhere on the Adriatic Sea, at about midnight the sailors sensed that we were approaching land. Sounding,

고, 잠시 후에는 약 30미터였다. 그들은 배가 좌초될까 두려워, 닻을 네 개 내리고 어서 햇빛이 나기를 빌었다.

30-32 선원들 가운데 몇 사람이 배에서 탈출하려고 했다. 그들은 뱃머리에서 닻을 더 내리는 척하면서 구명보트를 내렸다. 바울이 그들의 속셈을 꿰뚫어 보고는 백부장과 병사들에게 말했다. "이 선원들이 배에 남아 있지 않으면 우리는 다 빠져죽을 것입니다." 그러자 병사들이 구명보트의 줄을 끊어 그냥 떠내려가게 했다.

33-34 동틀 무렵, 바울이 사람들을 모두 불러 모아 아침식사를 권했다. "우리가 음식 없이 지낸 지 벌써 열나흘이 되었습니다. 아무도 음식 생각이 없었습니다! 하지만 이제 뭘 좀 먹어야 합니다. 기력이 있어야 구조도 되지 않겠습니까. 여러분은 상처 하나 입지 않고 여기서 벗어날 것입니다!"

35-38 그는 빵을 떼어 하나님께 감사하고, 모두에게 돌렸다. 다들 실컷 먹었다. 모두 이백칠십육 명이었다! 사람들이 다 배부르게 먹고, 남은 곡식은 바다에 버려 배를 가볍게 했다.

39-41 날이 밝았으나, 아무도 그 땅이 어디인지 알아보지 못했다. 그때 근사한 해안이 펼쳐진 만(灣)이 눈에 들어왔다. 그들은 해안가에 배를 대기로 하고, 닻줄을 자르고 키를 풀고 돛을 올리고 순풍을 받아 해안으로 향했다. 그러나 뜻대로 되지 않았다. 아직도 해안가로부터 꽤 먼데, 배가 암초와 충돌해 부서지기 시작했다.

42-44 병사들은 죄수들이 헤엄쳐 탈출하지 못하도록 그들을 죽일 작정이었다. 그러나 백부장이 바울을 구하기 위해 병사들을 막았다. 그는 누구든지 헤엄칠 줄 아는 사람은 물속으로 뛰어들어 헤엄쳐 가고, 나머지 사람들은 나무 조각을 붙잡으라고 명령했다. 다들 무사히 해안에 닿았다.

28

1-2 인원을 점검해 보니, 모두가 무사했다. 우리가 있는 곳이 몰타 섬이라는 것을 알았다. 그곳 원주민들이 우리에게 특별히 친절을 베풀어 주었다. 비가 오고 날이 추워서 우리가 흠뻑 젖자, 그들은 큰 불을 피우고 그 주위에 우리를 모이게 했다.

3-6 바울도 힘껏 거들기 시작했다. 그가 나뭇

they measured a depth of 120 feet, and shortly after that ninety feet. Afraid that we were about to run aground, they threw out four anchors and prayed for daylight.

30-32 Some of the sailors tried to jump ship. They let down the lifeboat, pretending they were going to set out more anchors from the bow. Paul saw through their guise and told the centurion and his soldiers, "If these sailors don't stay with the ship, we're all going down." So the soldiers cut the lines to the lifeboat and let it drift off.

33-34 With dawn about to break, Paul called everyone together and proposed breakfast: "This is the fourteenth day we've gone without food. None of us has felt like eating! But I urge you to eat something now. You'll need strength for the rescue ahead. You're going to come out of this without even a scratch!"

35-38 He broke the bread, gave thanks to God, passed it around, and they all ate heartily—276 of us, all told! With the meal finished and everyone full, the ship was further lightened by dumping the grain overboard.

39-41 At daybreak, no one recognized the land—but then they did notice a bay with a nice beach. They decided to try to run the ship up on the beach. They cut the anchors, loosed the tiller, raised the sail, and ran before the wind toward the beach. But we didn't make it. Still far from shore, we hit a reef and the ship began to break up.

42-44 The soldiers decided to kill the prisoners so none could escape by swimming, but the centurion, determined to save Paul, stopped them. He gave orders for anyone who could swim to dive in and go for it, and for the rest to grab a plank. Everyone made it to shore safely.

28

1-2 Once everyone was accounted for and we realized we had all made it, we learned that we were on the island of Malta. The natives went out of their way to be friendly to us. The day was rainy and cold and we were already soaked to the bone, but they built a huge bonfire and gathered us around it.

3-6 Paul pitched in and helped. He had gathered up

가지 한 다발을 모아다가 불에 넣자, 불 때문에 깨어난 독사가 그의 손을 물고 놓지 않았다. 원주민들은 바울의 손에 매달린 뱀을 보고, 그가 살인자여서 응분의 벌을 받는 것이라고 단정했다. 바울은 손을 털어 뱀을 불 속에 떨어 버렸다. 그는 물리기 전과 다름없이 멀쩡했다. 그들은 그가 급사할 것으로 예상했다가 그런 일이 일어나지 않자, 이번에는 그가 신이라고 단정했다!

7-9 그 섬의 지역 추장은 보블리오였다. 그는 우리를 손님으로 자기 집에 맞아들여서, 몸도 녹이고 사흘 동안 편히 묵게 해주었다. 마침 보블리오의 아버지가 고열과 이질로 앓아누워 있었다. 바울이 노인의 방에 들어가서 안수하고 기도하자, 그의 병이 나았다. 그가 나았다는 소식이 순식간에 퍼졌고, 이내 그 섬의 병든 자들이 와서 고침을 받았다.

로마

10-11 우리는 몰타에서 석 달 동안을 아주 잘 지냈다. 그들은 우리를 극진히 대접해 주었다. 모든 쓸 것을 채워 주고, 남은 여정에 필요한 장비까지 챙겨 주었다. 그곳 항구에서 겨울을 난 이집트 선박이 이탈리아로 떠날 준비가 되어, 우리도 그 배에 올랐다. 그 배의 머리에는 쌍둥이자리, 곧 '천상의 쌍둥이'가 조각되어 있었다.

12-14 배는 수라구사에 사흘 동안 정박해 있다가, 해안을 따라 레기온으로 올라갔다. 이틀 후에, 우리는 남풍을 힘입어 나폴리 만에 입항했다. 거기서 우리는 그리스도인 동료들을 만나 일주일 동안 함께 지냈다.

14-16 그 후에 우리는 로마로 갔다. 로마의 동료들이 우리가 온다는 소식을 듣고 마중을 나왔다. 그 가운데 한 무리는 아피온 광장까지 나왔고, 다른 무리는 '세 막사'라는 곳에서 우리를 맞았다. 짐작하듯이, 그것은 감정을 주체할 수 없는 만남이었다. 바울은 찬양이 흘러넘쳐, 감사의 기도로 우리를 인도했다. 우리가 로마에 들어가자, 그들은 바울이 그를 지키는 병사와 함께 개인 숙소에서 생활하게 해주었다.

17-20 사흘 후에, 바울은 유대인 지도자들을 불러 모아 자기 집에서 모임을 가졌다. 그가 말했다. "예루살렘의 유대인들이 혐의를 날조해 나를 체포했고, 나는 로마 사람들의 손에 수감되었습니다. 분명히 말하지만, 나는 유대인의 율

a bundle of sticks, but when he put it on the fire, a venomous snake, roused from its torpor by the heat, struck his hand and held on. Seeing the snake hanging from Paul's hand like that, the natives jumped to the conclusion that he was a murderer getting his just deserts. Paul shook the snake off into the fire, none the worse for wear. They kept expecting him to drop dead, but when it was obvious he wasn't going to, they jumped to the conclusion that he was a god!

7-9 The head man in that part of the island was Publius. He took us into his home as his guests, drying us out and putting us up in fine style for the next three days. Publius's father was sick at the time, down with a high fever and dysentery. Paul went to the old man's room, and when he laid hands on him and prayed, the man was healed. Word of the healing got around fast, and soon everyone on the island who was sick came and got healed.

Rome

10-11 We spent a wonderful three months on Malta. They treated us royally, took care of all our needs and outfitted us for the rest of the journey. When an Egyptian ship that had wintered there in the harbor prepared to leave for Italy, we got on board. The ship had a carved Gemini for its figurehead: "the Heavenly Twins."

12-14 We put in at Syracuse for three days and then went up the coast to Rhegium. Two days later, with the wind out of the south, we sailed into the Bay of Naples. We found Christian friends there and stayed with them for a week.

14-16 And then we came to Rome. Friends in Rome heard we were on the way and came out to meet us. One group got as far as Appian Court; another group met us at Three Taverns—emotion-packed meetings, as you can well imagine. Paul, brimming over with praise, led us in prayers of thanksgiving. When we actually entered Rome, they let Paul live in his own private quarters with a soldier who had been assigned to guard him.

17-20 Three days later, Paul called the Jewish leaders together for a meeting at his house. He said, "The Jews in Jerusalem arrested me on trumped-

법이나 관습에 어긋나게 행동한 것이 전혀 없습니다. 로마 사람들은 혐의 내용을 조사해 사실무근인 것이 밝혀지자, 나를 풀어 주려고 했습니다. 그러나 유대인들이 맹렬히 반대해서 나는 어쩔 수 없이 황제에게 상소했습니다. 내가 그렇게 한 것은, 그들의 잘못을 고발하거나 로마를 상대로 우리 민족을 곤란에 빠뜨리려는 것이 아닙니다. 그런 문제라면 우리는 이미 겪을 만큼 겪었습니다. 나는 이스라엘을 위해 그렇게 했습니다. 오늘 내가 여러분에게 이 말을 들려주는 것은, 내가 이스라엘의 적이 아니라 이스라엘 편임을 분명히 하려는 것입니다. 내가 여기 잡혀 온 것은, 멸망이 아니라 소망을 위해서입니다."

21-22 그들이 말했다. "우리는 아무한테서도 당신에 대해 경계하는 편지를 받지 못했습니다. 여기에 와서 당신을 나쁘게 말한 사람도 없었습니다. 다만, 우리는 당신의 생각을 더 들어 보고 싶습니다. 그리스도인이라는 이 분파에 대해 우리가 아는 것이라고는, 이 분파를 좋게 말하는 사람이 아무도 없다는 것뿐입니다."

23 그들은 시간을 정했다. 그날이 되자, 그들이 많은 친구들과 함께 바울의 집에 다시 모였다. 바울은 아침부터 저녁까지, 온종일 그들에게 하나님 나라에 관한 모든 것을 설명했다. 그리고 모세와 예언자들이 예수에 대해 기록한 것을 짚어 가며, 그들 모두를 힘써 설득했다.

24-27 그들 가운데 어떤 이들은 그의 말에 설득되었으나, 다른 이들은 한 마디도 믿으려 하지 않았다. 믿지 않는 이들이 서로 시비를 걸며 말다툼을 시작하자, 바울이 끼어들었다. "여러분에게 한 말씀만 더 드리겠습니다. 성령께서 예언자 이사야를 통해 우리 조상에게 말씀하실 때, 그분은 이것을 분명히 알고 계셨습니다.

이 백성에게 가서 이렇게 말하여라.
"너희가 귀로 듣겠으나
한 마디도 듣지 못할 것이요,
눈으로 보겠으나
하나도 보지 못할 것이다.
이 사람들은 머리가 꽉 막혔다!
그들은 듣지 않으려고
손가락으로 귀를 틀어막는다.
보지 않으려고
나와 얼굴을 맞대어 내 치료를 받지 않으

up charges, and I was taken into custody by the Romans. I assure you that I did absolutely nothing against Jewish laws or Jewish customs. After the Romans investigated the charges and found there was nothing to them, they wanted to set me free, but the Jews objected so fiercely that I was forced to appeal to Caesar. I did this not to accuse them of any wrongdoing or to get our people in trouble with Rome. We've had enough trouble through the years that way. I did it *for* Israel. I asked you to come and listen to me today to make it clear that I'm on Israel's side, not against her. I'm a hostage here for hope, not doom."

21-22 They said, "Nobody wrote warning us about you. And no one has shown up saying anything bad about you. But we would like very much to hear more. The only thing we know about this Christian sect is that nobody seems to have anything good to say about it."

23 They agreed on a time. When the day arrived, they came back to his home with a number of their friends. Paul talked to them all day, from morning to evening, explaining everything involved in the kingdom of God, and trying to persuade them all about Jesus by pointing out what Moses and the prophets had written about him.

24-27 Some of them were persuaded by what he said, but others refused to believe a word of it. When the unbelievers got cantankerous and started bickering with each other, Paul interrupted: "I have just one more thing to say to you. The Holy Spirit sure knew what he was talking about when he addressed our ancestors through Isaiah the prophet:

Go to this people and tell them this:
"You're going to listen with your ears,
  but you won't hear a word;
You're going to stare with your eyes,
  but you won't see a thing.
These people are blockheads!
They stick their fingers in their ears
  so they won't have to listen;
They screw their eyes shut
  so they won't have to look,
  so they won't have to deal with me face-to-face

려고
두 눈을 질끈 감는다."

28 여러분에게는 이미 기회가 있었습니다. 다음은
이방인들 차례입니다. 내가 장담합니다. 그들은 두
팔 벌려 받아들일 것입니다!"
30-31 이 년 동안 바울은 셋집에서 살았다. 그는 찾아
오는 사람 누구나 맞아들였다. 바울은 긴박한 마음
으로 하나님 나라의 일을 모두 전하고, 예수 그리스
도에 관해 모든 것을 설명했다. 그의 집 문은 항상
열려 있었다.

and let me heal them."

28 "You've had your chance. The non-Jewish
outsiders are next on the list. And believe me,
they're going to receive it with open arms!"
30-31 Paul lived for two years in his rented house.
He welcomed everyone who came to visit. He
urgently presented all matters of the kingdom
of God. He explained everything about Jesus
Christ. His door was always open.

로마서 | 머리말

바울이 이 편지를 쓰기 약 30여 년 전, 역사를 "그 전"과 "그 후"로 나눠지게 하고 세상을 바꿔 놓은 한 사건이 일어났다. 예수의 삶과 죽음과 부활이 바로 그것인데, 이는 광대한 로마 제국의 한 외딴 귀퉁이, 팔레스타인의 유다 지방에서 일어난 사건이었다. 사람들에게 거의 주목받지 못했던 일, 부산하게 돌아가던 권력의 도시 로마에서는 분명 아무도 거들떠보지 않았을 그런 사건이었다.

이 편지가 로마에 도착했을 때도 극소수의 사람들만이 읽었을 뿐, 힘 있는 사람들은 아무도 읽지 않았다. 로마에는 읽을거리가 많았다. 황제의 칙령, 세련된 시, 정교한 도덕철학 등이 넘쳐났고, 게다가 그 대부분이 수준급이었다. 그러나 얼마 지나지 않아 그런 글들은 결국 다 흙먼지를 뒤집어쓰는 신세가 되고 말았다. 하지만 이 편지는 그렇지 않았다. 로마 사람들에게 보낸 바울의 편지는 그 로마 작가들이 쓴 책들 전부를 다 합쳐 놓은 것보다도 훨씬 더 광범위한 영향을 끼쳤다.

로마에 아무 연고도 없던 한 무명의 로마 시민이 쓴 이 편지가, 그렇게 빠른 시간 내에 최고 영향력의 자리에 올라서게 된 것은 분명 비범한 일이었다. 그러나 우리 스스로 이 편지를 읽어 볼 때 곧 깨닫는 바가 있다. 참으로 범상치 않은 것은 바로 이 편지 자체라는 점이다. 곧 이 편지는, 쓴 이나 읽은 이들이 무명의 사람들이었다고 해서 결코 오랫동안 무명으로 남아 있을 그런 편지가 아니라는 사실 말이다.

로마 사람들에게 보내는 이 편지는 왕성하고 열정적인 사고가 낳은 작품이다. 하나님을 섬기는 일에 징집된 지성의 영광스런 삶이 여기 나타나 있다. 바울은 나사렛 예수의 삶과 죽음과 부활이라는, 탁월한 증언과 경건한 믿음의 대상이 되고 있는 그 사실을 두고서, 그것이 뜻하는 바가 무엇인지에 대해 숙고한다. 예수의 죽음과 부활 안에서 세계 역사의 방향이 달라진 것, 또 그것이 지상의 모든 남자, 여자, 어린이들의 삶에 영원한 영향을 끼치게 된 것은 대체 어째서인가? 바울은 다음과 같이 대답한다.

우리를 위해 오신 그리스도의 임재 속에 들어가 사

The event that split history into "before" and "after" and changed the world took place about thirty years before Paul wrote this letter. The event – the life, death, and resurrection of Jesus – took place in a remote corner of the extensive Roman Empire: the province of Judea in Palestine. Hardly anyone noticed, certainly no one in busy and powerful Rome.

And when this letter arrived in Rome, hardly anyone read it, certainly no one of influence. There was much to read in Rome – imperial decrees, exquisite poetry, finely crafted moral philosophy – and much of it was world-class. And yet in no time, as such things go, this letter left all those other writings in the dust. Paul's letter to the Romans has had a far larger impact on its readers than the volumes of all those Roman writers put together.

The quick rise of this letter to a peak of influence is extraordinary, written as it was by an obscure Roman citizen without connections. But when we read it for ourselves, we begin to realize that it is the letter itself that is truly extraordinary, and that no obscurity in writer or readers could have kept it obscure for long.

The letter to the Romans is a piece of exuberant and passionate thinking. This is the glorious life of the mind enlisted in the service of God. Paul takes the well-witnessed and devoutly believed fact of the life, death, and resurrection of Jesus of Nazareth and thinks through its implications. How does it happen that in the death and resurrection of Jesus, world history took a new direction, and at the same moment the life of every man, woman, and child on the planet was eternally affected? Paul responded,

Those who enter into Christ's being-here-for-

는 사람들은, 늘 먹구름이 드리운 것 같은 암울한 삶을 더 이상 살지 않아도 됩니다. 이제 새로운 힘이 움직이고 있습니다. 그리스도 안에 있는 생명의 성령이 세찬 바람처럼 불어와서 하늘의 구름을 모조리 걷어 주었습니다. 죄와 죽음이라는 잔혹한 폭군 밑에서 평생을 허덕거려야 했을 여러분을 해방시켜 주었습니다(롬 8:1-2).

us no longer have to live under a continuous, low-lying black cloud. A new power is in operation. The Spirit of life in Christ, like a strong wind, has magnificently cleared the air, freeing you from a fated lifetime of brutal tyranny at the hands of sin and death(Romans 8:1-2)

하나님께서 대체 무슨 일을 하신 것인가? 바울은 대답하기에 앞서 몇 가지 질문을 덧붙인다.

What is God up to? Paul asks a few more questions before he gets to the answer.

하나님을 설명할 수 있는 이 누구인가?
그분께 하실 일을 아뢸 수 있을 만큼 똑똑한 이 누구인가?
하나님이 조언을 구하시는 이 누구며
그분께 도움이 된 이 누구인가?

Is there anyone who can explain God?
Anyone samrt enough to tell him what to do?
Anyone who has done him such a huge favor
that God has to ask his advice?

모든 것이 그분에게서 시작하고
그분을 통해 일어나며
그분에게서 마친다.
영원토록 영광! 영원토록 찬양!(롬 11:34-36)

Everything comes from him;
Everything happens through him;
Everything ends up in him.
Always glory! Always praise!
(Romans 11:34-36)

예수께서 "구원하신다"는 말은 대체 무슨 의미인가?

What does it *mean* that Jesus "saves"?

우리가 너무 약하고 반항적이어서 전혀 준비되어 있지 않았던 그때에, 그분은 자기 자신을 이 희생적 죽음에 내어주셨습니다. 설령 우리가 그렇게 약하지 않았다 하더라도, 우리는 여전히 갈팡질팡했을 것입니다. 우리는 목숨을 바칠 만한 가치가 있다고 여기는 사람을 위해 대신 죽는 것은 이해할 수 있습니다. 또 선하고 고귀한 사람을 보면 우리 안에 그를 위해 기꺼이 희생하고자 하는 마음이 일어난다는 사실도 알고 있습니다. 그러나 하나님은 우리가 그분께 아무 쓸모가 없을 때에 당신의 아들을 희생적 죽음에 내어주심으로, 그렇게 우리를 위해 당신의 사랑을 아낌없이 내놓으셨습니다. 이 희생적 죽음, 이 완성된 희생 제사를 통해 우리는 하나님 앞에 바로 세워졌습니다. 그러므로 이제는 더 이상 하나님과 사이가 멀어질 일은 없습니다. 생각해 보십시오. 우리가 최악이었을 때에도 그분 아들의 희생적 죽음을 통해 우리와 하나님 사이가 친밀하게 되었습니다. 그렇다면 우리가 최선인 지금, 그분의 부활 생명이 우리 삶을 얼마나 드넓고 깊게 하겠습니까!(롬 5:6-10)

He presented himself for this sacrificial death when we were far too weak and rebellious to do anything to get ourselves ready. And even if we hadn't been so weak, we wouldn't have known what to do anyway. We can understand someone dying for a person worth dying for, and we can understand how someone good and noble could inspire us to selfless sacrifice. But God put his love on the line for us by offering his Son in sacrificial death while we were of no use whatever to him. Now that we are set right with God by means of this sacrificial death, the consummate blood sacrifice, there is no longer a question of being at odds with God in any way. If, when we were at our worst, we were put on friendly terms with God by the sacrificial death of his Son, now that we're at our best, just think of how our lives will expand and deepen by means of his

이 모든 것 배후에 있는 것은 무엇이며, 또 이 모든 것은 결국 어디를 향해 가는가?

하나님은 처음부터 자신이 하실 일을 분명히 아셨습니다. 처음부터 하나님은 그분을 사랑하는 사람들의 삶을 그분 아들의 삶을 본떠 빚으시려고 결정해 두셨습니다. 그분의 아들은 그분께서 회복시키신 인류의 맨 앞줄에 서 계십니다. 그분을 바라볼 때 우리는, 우리 삶이 본래 어떤 모습이었어야 하는지 깨닫게 됩니다. 하나님은 이처럼 그분의 자녀들이 어떤 모습이어야 하는지를 결정하신 뒤에, 그들의 이름을 불러 주셨습니다. 이름을 부르신 뒤에는, 그들을 그분 앞에 굳게 세워 주셨습니다. 또한 그들을 그렇게 굳게 세워 주신 뒤에는 그들과 끝까지 함께하시며, 그분이 시작하신 일을 영광스럽게 완성시켜 주셨습니다(롬 8:29-30).

이런 것들이 바로 바울의 생각을 이끌었던 질문들이다. 바울은 유연하고 폭넓은 사고를 가진 지성인이었다. 그가 논리와 논증, 시와 상상력, 성경과 기도, 창조와 역사와 경험을 짜 넣어 써내려 간 이 편지는, 기독교 신학의 으뜸작으로 꼽히는 저술이 되었다.

resurrection life!(Roman 5:6-10)

What's behind all this, and where is it going?

God knew what he was doing from the very beginning. He decided from the outset to shape the lives of those who love him along the same lines as the life of his Son. The Son stands first in the line of humanity he restored. We see the original and intended shape of our lives there in him. After God made that decision of what his children should be like, he followed it up by calling people by name. After he called them by name, he set them on a solid basis with himself. And then, after getting them established, he stayed with them to the end, gloriously completing what he had begun(Romans 8:29-30).

These are the questions that drive Paul's thinking. Paul's mind is supple and capacious. He takes logic and argument, poetry and imagination, Scripture and prayer, creation and history and experience, and weaves them into this letter that has become the premier document of Christian theology.

로마서

1

1 나 바울은, 사명을 받아 예수 그리스도께 몸 바쳐 일하는 그분의 종이자, 하나님의 말씀과 하신 일을 선포할 권한을 부여받은 사도입니다. 나는 로마에 있는 모든 믿는 이들, 곧 하나님의 친구인 여러분에게 이 편지를 씁니다.

2-7 성경에는 하나님의 아들에 대해 예언자들이 앞서 전한 보고들이 담겨 있습니다. 역사적으로 보면, 그분은 다윗의 후손이십니다. 또한 고유한 정체성으로 보면, 그분은 하나님의 아들이신데, 예수께서 죽은 자들 가운데서 부활하심으로 메시아 곧 우리 주님으로 세워지셨을 때, 성령께서 이를 우리에게 보여주셨습니다. 그분을 통해 우리는 그분의 생명을 풍성한 선물로 받았고, 또 이 생명을 사람들에게 전하는 긴급한 사명도 받았습니다. 예수를 향한 순종과 신뢰 속으로 뛰어들 때 사람들은 이 생명을 선사받습니다. 여러분이 지금의 여러분인 것은, 바로 예수 그리스도께서 주시는 이 선물과 부르심 때문입니다! 나는 하나님 우리 아버지와 메시아이신 우리 주 예수의 풍성하심으로 여러분에게 문안합니다.

8-12 나는 여러분 한 사람 한 사람으로 인해 예수를 통해 하나님께 감사드립니다. 이것이 내가 가장 먼저 하고 싶은 말입니다. 어디를 가든지 사람들은 내게 여러분의 믿음의 삶에 대해 이야기를 들려줍니다. 그런 이야기를 들을 때마다 나는 그분께 감사드립니다. 그리고 그분의 아들에 관한 복된 소식 곧 메시지를 전할 때에, 내가 사랑하여 예배하고 섬기기 원하는 하나님은 아십니다. 내가 기도중에 여러분을 생각할 때마다—사실은 늘—여러분을 보러 갈 수 있도록 길을 열어 달라고 그분께 기도한다는 것을 말입니다. 기다림이 길어질수록 간절함도 더 깊어집니다. 여러분이 있는 그곳에 가서 하나님의 선물을 직접 전

ROMANS

1

1 I, Paul, am a devoted slave of Jesus Christ on assignment, authorized as an apostle to proclaim God's words and acts. I write this letter to all the believers in Rome, God's friends.

2-7 The sacred writings contain preliminary reports by the prophets on God's Son. His descent from David roots him in history; his unique identity as Son of God was shown by the Spirit when Jesus was raised from the dead, setting him apart as the Messiah, our Master. Through him we received both the generous gift of his life and the urgent task of passing it on to others who receive it by entering into obedient trust in Jesus. You are who you are through this gift and call of Jesus Christ! And I greet you now with all the generosity of God our Father and our Master Jesus, the Messiah.

8-12 I thank God through Jesus for every one of you. That's first. People everywhere keep telling me about your lives of faith, and every time I hear them, I thank him. And God, whom I so love to worship and serve by spreading the good news of his Son—the Message!—knows that every time I think of you in my prayers, which is practically all the time, I ask him to clear the way for me to come and see you. The longer this waiting goes on, the deeper the ache. I so want to be there to deliver God's gift in person and watch you grow stronger right before my eyes! But don't think I'm not

해 주고, 여러분이 더욱 강건해져 가는 모습을 내 눈으로 직접 볼 수 있기를 내가 얼마나 원하는지요! 하지만 이 과정에서 내가 여러분에게 주려고만 한다고 생각하지 마십시오! 내가 여러분에게 줄 것 못지않게 여러분도 내게 줄 것이 많습니다.

13-15 친구 여러분, 내가 여러분을 방문하지 못한 것을 두고 부디 오해가 없기를 바랍니다. 내가 로마에 가려는 계획을 얼마나 자주 세웠는지 아마 여러분은 상상도 못할 것입니다. 나는 그동안 다른 많은 이방 성읍과 공동체에서 그랬던 것처럼, 여러분들 가운데서도 하나님께서 일하시는 모습을 직접 확인하는 즐거움을 누리고 싶었습니다. 그러나 늘 사정이 생겨 그러지 못했습니다. 누구를 만나든—문명인이든 미개인이든, 학식이 많은 사람이든 배우지 못한 사람이든, 그것은 중요하지 않습니다—나는 우리가 얼마나 서로에게 의존하는 존재이며, 서로에게 책임이 있는 존재인지를 깊이 느끼게 됩니다. 이것이 내가 로마에 있는 여러분에게 어서 가서 하나님의 놀랍도록 복된 소식을 전하려는 이유입니다.

16-17 내가 참으로 자랑스럽게 선포하는 이 소식은, 그분의 능력 가득한 계획에 관한 것입니다. 하나님께서 그분을 신뢰하는 사람이면 누구나, 유대인으로부터 시작해서 모든 사람에 이르기까지 다 구원하신다는 엄청난 메시지입니다. 사람들을 바로 세워 주시는 하나님의 길은 믿음의 행위 안에서 드러납니다. 이는 성경이 늘 말해 온 것과도 일치합니다. "하나님을 신뢰함으로 하나님 앞에 바로 세워진 사람은 참으로 살 것이다."

하나님을 무시하는 자들의 끝없는 추락

18-23 그러나 하나님의 노가 화염처럼 터져 나옵니다. 사람들의 불신과 범죄와 거짓의 행위가 쌓여 가고, 사람들이 애써 진리를 덮으려 하기 때문입니다. 그러나 하나님이 실재하신다는 것은 너무도 분명한 근본 사실입니다. 그저 눈을 떠 보기만 해도 보이지 않습니까! 하나님이 창조하신 것을 찬찬히 그리고 유심히 바라보았던 사람들은 언제나, 그 눈으로는 볼 수 없는 것—이를테면, 그분의 영원한 능력이나 신성의 신비—을 볼 수 있었습니다. 따라서 누구도 변명할 수 없습니다. 사실을 말하면 이렇습니다. 사람들은 하나님을 너무도 잘 알고 있었지만 그분을 하나님으로 대하지 않았고, 그분을 경배하기를 거부했습니다. 그럼으로써 그들은 스스로 어리석고 혼란에 빠진 하찮은 존재가 되었고, 결국 삶의 의미도 방향도 잃고 말았습니다. 그들은 다 아는 것처럼 행세하나, 사실은 삶에 대해 아무것도 모릅니다. 심지어 그들은 온 세상을 손에 붙들고 계신 하

expecting to get something out of this, too! You have as much to give me as I do to you.

13-15 Please don't misinterpret my failure to visit you, friends. You have no idea how many times I've made plans for Rome. I've been determined to get some personal enjoyment out of God's work among you, as I have in so many other non-Jewish towns and communities. But something has always come up and prevented it. Everyone I meet—it matters little whether they're mannered or rude, smart or simple—deepens my sense of interdependence and obligation. And that's why I can't wait to get to you in Rome, preaching this wonderful good news of God.

16-17 It's news I'm most proud to proclaim, this extraordinary Message of God's powerful plan to rescue everyone who trusts him, starting with Jews and then right on to everyone else! God's way of putting people right shows up in the acts of faith, confirming what Scripture has said all along: "The person in right standing before God by trusting him really lives."

Ignoring God Leads to a Downward Spiral

18-23 But God's angry displeasure erupts as acts of human mistrust and wrongdoing and lying accumulate, as people try to put a shroud over truth. But the basic reality of God is plain enough. Open your eyes and there it is! By taking a long and thoughtful look at what God has created, people have always been able to see what their eyes as such can't see: eternal power, for instance, and the mystery of his divine being. So nobody has a good excuse. What happened was this: People knew God perfectly well, but when they didn't treat him like God, refusing to worship him, they trivialized themselves into silliness and confusion so that there was neither sense nor direction left in their lives. They pretended to know it all, but were illiterate regarding life. They traded the glory of God who holds the whole world in his

나님의 영광을, 어느 길거리에서나 살 수 있는 싸구려 조각상들과 바꾸어 버렸을 정도입니다.

24-25 그래서 하나님께서 이런 뜻의 말씀을 하셨습니다. "너희가 원하는 것이 그것이라면, 그것을 주겠다." 결국 그들은 머지않아, 안팎으로 온통 오물범벅인 돼지우리의 삶을 살게 되었습니다. 이것은 다 그들이 참 하나님을 거짓 신과 바꾸었기 때문입니다. 그들을 만드신 하나님—우리가 찬양 드리는 하나님! 우리에게 복 주시는 하나님!—대신에 자기들이 만든 신을 예배했기 때문입니다.

26-27 상황은 더 나빠져, 그들은 하나님 알기를 거부하면서 곧 사람이 어떠해야 하는지도 잊고 말았습니다. 여자는 여자가 어떠해야 하는지 잊었고, 남자는 남자가 어떠해야 하는지 잊어버렸습니다. 성적 혼란에 빠져, 그들은 여자가 여자끼리 남자가 남자끼리 서로 학대하고 더럽혔습니다. 사랑 없이 욕정만 가득해서 말입니다. 그리고 그 대가를 치렀습니다. 아, 그 대가가 무엇인지 보십시오. 그들은 하나님과 사랑이 빠져 버린, 불경하고 무정한, 비참한 존재가 되고 말았습니다.

28-32 그들이 하나님 인정하기를 귀찮아하자, 하나님도 그들에게 간섭하기를 그만두시고 제멋대로 살도록 내버려 두셨습니다. 그러자, 그야말로 지옥 판이 벌어졌습니다. 악이 들끓고, 욕망의 아수라장이 벌어지고, 악독한 중상모략이 판을 쳤습니다. 시기와 무자비한 살인과 언쟁과 속임수로, 그들은 이 땅의 삶을 지옥으로 만들어 버렸습니다. 그들을 보십시오. 비열한 정신에, 독기에, 일구이언하며, 하나님을 맹렬히 욕하는 자들입니다. 깡패요, 건달이요, 참을 수 없는 떠버리들입니다! 그들은 삶을 파멸로 이끄는 새로운 길을 끊임없이 만들어 냅니다. 그들은 자기 인생에 방해가 될 때는 부모조차도 저버립니다. 우둔하고, 비열하고, 잔인하고, 냉혹한 자들입니다. 그들이 뭘 몰라서 그러는 것이 아닙니다. 그들은 자기들이 하나님의 얼굴에 침을 뱉고 있다는 사실을 너무도 잘 알고 있습니다. 하지만 그들은 개의치 않습니다. 오히려 가장 나쁜 짓을 가장 잘하는 이들에게 상까지 주고 있습니다!

하나님을 만만히 여기지 말라

2 1-2 그들은 그렇게 어둠 속으로 끝없이 추락하고 있습니다. 그러나 여러분이 그들에게 손가락질할 만한 고상한 위치에 있다고 생각한다면, 생각을 바꾸십시오. 누군가를 비난할 때마다, 여러분은 자신을 정죄하는 것입니다. 여러분도 다르지 않기 때문입니다. 남을 판단하고 비난하는 것은 자신의 죄와 잘못이 발각되는 것을 모면해 보려는 흔한 술책입니다.

hands for cheap figurines you can buy at any roadside stand.

24-25 So God said, in effect, "If that's what you want, that's what you get." It wasn't long before they were living in a pigpen, smeared with filth, filthy inside and out. And all this because they traded the true God for a fake god, and worshiped the god they made instead of the God who made them—the God we bless, the God who blesses *us*. Oh, yes!

26-27 Worse followed. Refusing to know God, they soon didn't know how to be human either—women didn't know how to be women, men didn't know how to be men. Sexually confused, they abused and defiled one another, women with women, men with men—all lust, no love. And then they paid for it, oh, how they paid for it—emptied of God and love, godless and loveless wretches.

28-32 Since they didn't bother to acknowledge God, God quit bothering them and let them run loose. And then all hell broke loose: rampant evil, grabbing and grasping, vicious backstabbing. They made life hell on earth with their envy, wanton killing, bickering, and cheating. Look at them: mean-spirited, venomous, fork-tongued God-bashers. Bullies, swaggerers, insufferable windbags! They keep inventing new ways of wrecking lives. They ditch their parents when they get in the way. Stupid, slimy, cruel, cold-blooded. And it's not as if they don't know better. They know perfectly well they're spitting in God's face. And they don't care—worse, they hand out prizes to those who do the worst things best!

God Is Kind, but Not Soft

2 1-2 Those people are on a dark spiral downward. But if you think that leaves you on the high ground where you can point your finger at others, think again. Every time you criticize someone, you condemn yourself. It takes one to know one. Judgmental criticism of others is a well-known way

그러나 하나님은 그렇게 호락호락하신 분이 아닙니다. 그분은 그 모든 술책을 꿰뚫어 보시며 '그러면 너는 어떤지 보자'고 하십니다.

3-4 혹시 다른 사람을 손가락질하면 여러분이 저지른 모든 잘못에 대해 하나님의 주의를 돌릴 수 있다고 생각했습니까? 하나님의 책망을 면할 수 있다고 생각했습니까? 하나님은 너무나 좋은 분이므로 여러분의 죄를 그냥 눈감아 주실 것이라고 생각했습니까? 그렇다면 처음부터 생각을 완전히 달리 하는 것이 좋습니다. 예, 하나님은 좋은 분이십니다. 그러나 결코 만만한 분은 아니십니다. 하나님이 좋은 분이라는 말은, 우리 손을 꼭 붙잡고서 우리를 근본적인 삶의 변화 속으로 이끌어 주신다는 말입니다.

5-8 얼렁뚱땅 넘어갈 생각은 마십시오. 하나님을 거부하고 회피하는 일은 다 무엇이든 불을 키우는 일입니다. 그 불이 마침내 뜨겁게 활활 타오르는 날, 하나님의 의롭고 불같은 심판의 날이 다가오고 있습니다. 착각하지 마십시오. 여러분은 결국 여러분이 자초한 결과에 직면하게 될 것입니다. 하나님 편에서 일하는 이들에게는 참 생명이, 자기 마음대로 살기를 고집하며 쉽게만 살려는 이들에게는 불이 찾아올 것입니다!

9-11 하나님의 길을 거부한다면 데일 수밖에 없습니다. 여러분이 어디에서 살았고, 어떤 부모 밑에서 자랐고, 어떤 학교를 다녔는지는 아무 상관이 없습니다. 다만 여러분이 하나님이 행하시는 길을 받아들이고 따르면, 어마어마한 유익이 있을 것입니다. 이 또한 여러분의 출신이나 성장 배경과는 아무 상관이 없습니다. 유대인이라고 해서 하나님께 자동적으로 인정받는 법은 없습니다. 하나님은 여러분에 대한 다른 사람들의 말(혹은 여러분 스스로의 생각)에 전혀 상관치 않으십니다. 그분은 스스로 판단하십니다.

12-13 죄인 줄 모르고 죄를 짓는 경우라면, 하나님은 정상을 참작해 주십니다. 그러나 죄인 줄 잘 알면서도 죄를 짓는다면, 그것은 완전히 다른 이야기입니다. 하나님의 법을 듣기만 하고 그 명령을 행하지 않는다면, 그것은 시간 낭비일 뿐입니다. 하나님이 중요하게 여기시는 것은, 듣는 것이 아니라 행하는 것이기 때문입니다.

14-16 하나님의 법을 전혀 들어 본 적 없는 사람들도 직관을 따라 하나님의 법을 따르는 경우가 있습니다. 그런 그들의 순종은 하나님의 법이 진리임을 확증해 줍니다. 그들은 하나님의 법이 밖에서부터 우리에게 부과된 낯선 것이 아니라, 우리가 창조될 때 우리 안에 새겨진 것임을 보여줍니다. 그들의 내면 깊은 곳에는 하나님이 말씀하시는 '그렇다'와 '아니다'에, 그

of escaping detection in your own crimes and misdemeanors. But God isn't so easily diverted. He sees right through all such smoke screens and holds you to what *you've* done.

3-4 You didn't think, did you, that just by pointing your finger at others you would distract God from seeing all your misdoings and from coming down on you hard? Or did you think that because he's such a nice God, he'd let you off the hook? Better think this one through from the beginning. God is kind, but he's not soft. In kindness he takes us firmly by the hand and leads us into a radical life-change.

5-8 You're not getting by with anything. Every refusal and avoidance of God adds fuel to the fire. The day is coming when it's going to blaze hot and high, God's fiery and righteous judgment. Make no mistake: In the end you get what's coming to you—*Real Life* for those who work on God's side, but to those who insist on getting their own way and take the path of least resistance, *Fire*!

9-11 If you go against the grain, you get splinters, regardless of which neighborhood you're from, what your parents taught you, what schools you attended. But if you embrace the way God does things, there are wonderful payoffs, again without regard to where you are from or how you were brought up. Being a Jew won't give you an automatic stamp of approval. God pays no attention to what others say (or what you think) about you. He makes up his own mind.

12-13 If you sin without knowing what you're doing, God takes that into account. But if you sin knowing full well what you're doing, that's a different story entirely. Merely hearing God's law is a waste of your time if you don't do what he commands. Doing, not hearing, is what makes the difference with God.

14-16 When outsiders who have never heard of God's law follow it more or less by instinct, they confirm its truth by their obedience. They show that God's law is not something alien, imposed on us from without, but woven

분의 '옳다'와 '그르다'에 공명하는 무언가가 있습니다. 하나님의 '그렇다'와 '아니다'에 대해 그들이 어떻게 응답했는지는, 하나님께서 모든 남녀들에 대해 최종 심판을 내리시는 그날, 온 천하에 다 공개될 것입니다. 이는 내가 예수 그리스도를 통해 선포하는 하나님의 메시지에 다 들어 있는 이야기입니다.

종교가 우리를 구원하지 못한다

17-24 유대인으로 성장한 이들에게 말합니다. 여러분의 종교가 여러분이 기댈 수 있는 안전한 품이라도 되는 줄 착각하지 마십시오. 하나님의 계시에 정통하다고, 하나님에 관해서라면 최신 교리까지 다 꿰고 있는 최고 전문가라고 목에 힘주고 다니지 마십시오! 특히 스스로 다 갖추었다고 확신하는 여러분, 하나님의 계시된 말씀을 속속들이 다 알기 때문에 어두운 밤길을 헤매면서 하나님에 대해 혼란스러워하는 이들에게 길 안내자가 되어 줄 수 있다고 자처하는 여러분에게 경고해 줄 말이 있습니다. 여러분이 다른 사람들을 인도한다고 하지만, 정작 여러분은 어떻습니까? 나는 지금 정색하고 말합니다. "도둑질하지 말라!"고 설교하는 여러분이 어찌하여 도둑질을 합니까? 얼마나 감쪽같은지요! 간음도 마찬가지입니다. 우상숭배도 마찬가지입니다. 그러면서도 여러분은 하나님과 그분의 법에 대해 온갖 유창한 언변을 늘어놓으며 용케도 잘 빠져나갑니다. 이것은 어제 오늘의 일도 아닙니다. "너희 유대인들 때문에 이방인들에게서 하나님이 욕을 먹는다"는 성경 구절도 있듯이 말입니다.

25-29 할례는 어떻습니까? 여러분이 유대인임을 표시해 주는 그 수술 의식은 좋은 것입니다. 여러분이 하나님의 율법에 맞게 산다면 그렇습니다. 그러나 여러분이 하나님의 율법을 따라 살지 않는다면, 차라리 할례를 받지 않는 것이 낫습니다. 그 반대도 마찬가지입니다. 할례 받지 않고도 하나님의 길을 따라 사는 이들은 할례 받은 이들 못지않습니다. 사실, 더 낫습니다. 할례는 받지 않았어도 하나님의 율법을 지키는 것이, 할례를 받고도 율법을 지키지 않는 것보다 낫습니다. 칼로 뭔가를 잘라 낸다고 유대인이 되는 것은 아닙니다. 유대인인지 아닌지는, 여러분이 어떤 사람인지에 달린 일입니다. 여러분을 유대인으로 만들어 주는 것은 여러분 마음에 새겨진 하나님의 표시이지, 여러분 피부에 새겨진 칼자국이 아닙니다. 그리고 중요한 것은 하나님께 인정받는 것이지, 율법 전문가들한테 인정받는 것이 아닙니다.

into the very fabric of our creation. There is something deep within them that echoes God's yes and no, right and wrong. Their response to God's yes and no will become public knowledge on the day God makes his final decision about every man and woman. The Message from God that I proclaim through Jesus Christ takes into account all these differences.

Religion Can't Save You

17-24 If you're brought up Jewish, don't assume that you can lean back in the arms of your religion and take it easy, feeling smug because you're an insider to God's revelation, a connoisseur of the best things of God, informed on the latest doctrines! I have a special word of caution for you who are sure that you have it all together yourselves and, because you know God's revealed Word inside and out, feel qualified to guide others through their blind alleys and dark nights and confused emotions to God. While you are guiding others, who is going to guide you? I'm quite serious. While preaching "Don't steal!" are you going to rob people blind? Who would suspect you? The same with adultery. The same with idolatry. You can get by with almost anything if you front it with eloquent talk about God and his law. The line from Scripture, "It's because of you Jews that the outsiders are down on God," shows it's an old problem that isn't going to go away.

25-29 Circumcision, the surgical ritual that marks you as a Jew, is great if you live in accord with God's law. But if you don't, it's worse than not being circumcised. The reverse is also true: The uncircumcised who keep God's ways are as good as the circumcised—in fact, better. Better to keep God's law uncircumcised than break it circumcised. Don't you see: It's not the cut of a knife that makes a Jew. You become a Jew by who you are. It's the mark of God on your heart, not of a knife on your skin, that makes a Jew. And recognition comes from God, not legalistic critics.

3 1-2 그렇다면 유대인인 것과 아닌 것, 다시 말해 하나님의 길에 대해 훈련받은 것과 그렇지 못한 것은 무슨 차이가 있을까요? 사실, 큰 차이가 있습니다. 그러나 사람들이 흔히 생각하는 그런 차이는 아닙니다.

2-6 우선, 유대인들에게는 하나님의 계시, 곧 성경을 기록하고 보존할 책임이 맡겨졌습니다. 그 과정에서, 유대인들 중 일부가 자신의 임무를 저버렸던 것은 사실이지만, 하나님은 그들을 저버리지 않으셨습니다. 여러분은 그들이 신실하지 못했다고 해서 하나님도 신실하기를 포기하실 수 있다고 생각합니까? 결코 그럴 수 없습니다! 세상이 다 거짓말을 일삼을 때에도 하나님은 끝까지 당신이 하신 약속을 지키시는 분입니다. 이 말은 틀림없습니다. 성경도 그렇게 말합니다.

주님의 말씀은 변함이 없고 참되십니다.
거부를 당해도 주님은 흔들리시지 않습니다.

그런데 이런 질문이 나올 수 있습니다. '우리의 악한 행위가 오히려 하나님의 의로운 행위를 분명히 드러내고 확증한다면, 그 일로 우리는 오히려 칭찬받아야 하는 것 아닌가?' '우리의 악한 말이 그분의 선한 말씀에 흠집 하나 내지 못한다면, 하나님께서 우리를 다그쳐 우리 말에 책임을 묻는 것은 잘못된 것 아닌가?' 그 질문에 대한 대답은 '아니다'입니다. 결코 그렇지 않습니다! 생각해 보십시오. 하나님께서 바르지 않은 일을 하신다면, 어떻게 그분께서 세상을 바로 세우실 수 있겠습니까?

7-8 그저 심사가 뒤틀려서 이렇게 말할 수도 있습니다. "나의 거짓됨이 하나님의 참되심을 더욱 영광스럽게 드러내 준다면, 왜 내가 비난을 받아야 하는가? 하나님한테 좋은 일을 하는 것인데." 실제로 어떤 이들은 우리가 그렇게 말한다고 말을 퍼뜨리기도 합니다. 그들은 우리가 "악을 더 많이 행할수록 하나님은 선을 더 많이 행하시니, 악을 더 많이 행하자!"고 말하며 다닌다고 주장합니다. 이는 순전히 중상모략인 것을 여러분도 잘 아시리라 믿습니다.

모두가 침몰하는 배에 타고 있다

9-20 그렇다면, 우리의 처지는 어떻습니까? 우리 유대인들이 다른 이들보다 더 운이 좋은 것일까요? 사실, 그렇지 않습니다. 기본적으로 우리는 유대인이든 이

3 1-2 So what difference does it make who's a Jew and who isn't, who has been trained in God's ways and who hasn't? As it turns out, it makes a lot of difference—but not the difference so many have assumed.

2-6 First, there's the matter of being put in charge of writing down and caring for God's revelation, these Holy Scriptures. So, what if, in the course of doing that, some of those Jews abandoned their post? God didn't abandon them. Do you think their faithlessness cancels out his faithfulness? Not on your life! Depend on it: God keeps his word even when the whole world is lying through its teeth. Scripture says the same:

Your words stand fast and true;
Rejection doesn't faze you.

But if our wrongdoing only underlines and confirms God's rightdoing, shouldn't we be commended for helping out? Since our bad words don't even make a dent in his good words, isn't it wrong of God to back us to the wall and hold us to our word? These questions come up. The answer to such questions is *no*, a most emphatic *No*! How else would things ever get straightened out if *God* didn't do the straightening?

7-8 It's simply perverse to say, "If my lies serve to show off God's truth all the more gloriously, why blame me? I'm doing God a favor." Some people are actually trying to put such words in our mouths, claiming that we go around saying, "The more evil we do, the more good God does, so let's just do it!" That's pure slander, as I'm sure you'll agree.

We're All in the Same Sinking Boat

9-20 So where does that put us? Do we Jews get a better break than the others? Not really. Basically, all of us, whether insiders or outsiders, start out in identical conditions, which is

방인이든 모두 똑같은 조건에서 출발합니다. 다시 말해, 우리는 다 죄인으로 출발합니다. 이 점에 대해 성경은 더할 나위 없이 분명합니다.

바르게 사는 자 아무도 없다. 단 한 사람도 없다.
사리분별하는 자 아무도 없고, 하나님께 깨어 있는 자 아무도 없다.
다들 잘못된 길로 접어들어,
다들 막다른 길에서 헤매고 있다.
바르게 사는 자 아무도 없다.
그런 사람 단 한 사람도 나는 찾을 수 없다.
그들의 목구멍은 쩍 벌어진 무덤이요,
그 혀는 기름칠한 듯 매끄럽다.
하는 말마다 독이 서렸고
입을 열면 공기를 오염시킨다.
'올해의 죄인'이 되려고 각축전을 벌이며
세상을 온통 비통과 파멸로 어지럽힌다.
사람들과 더불어 사는 법이라고는 기본조차 모르는 그들,
하나님은 안중에도 없다.

그렇다면 분명하지 않습니까? 성경에 기록된 모든 말씀은 다른 사람에 대한 말씀이 아니라 바로 우리에게 하시는 말씀입니다! 성경은 처음부터 우리를 향한 말씀이었습니다. 또한 명백하지 않습니까? 우리는 하나같이 다 죄인이며, 다 함께 한 배를 타고서 가라앉을 수밖에 없는 사람들입니다! 하나님의 계시와 관련 있는 민족이라고 해서 우리가 자동적으로 하나님 앞에 바로 서게 되는 것은 아닙니다. 우리는 다만, 모든 사람의 죄에 우리 역시 연루되어 있다는 사실을 직시하게 될 뿐입니다.

하나님께서 바로 세우십니다

21-24 그런데 우리 시대에 와서 새로운 것이 더해졌습니다. 모세와 예언자들이 그들 시대에 증언했던 일이 실제로 일어난 것입니다. 그들이 증언한 '하나님이 바로 세워 주시는 일'이 이제 우리에게는 '예수께서 바로 세워 주시는 일'로 나타났습니다. 이는 우리만을 위한 것이 아니라, 그분을 믿는 모든 사람을 위한 것입니다. 이 점에서 우리와 그들 사이에 아무런 차이가 없습니다. (우리나 그들이나) 다 죄인으로 오랫동안 비참한 전과를 쌓아 왔고, 하나님께서 뜻하시는 그 영광스런 삶을 살아 낼 능력이 전혀 없다는 것도 입증되었습니다. 그래서 하나님께서 친히 우리를 위해 일해 주셨습니다. 순전히 은혜로, 그분은 우리

to say that we all start out as sinners. Scripture leaves no doubt about it:

There's nobody living right, not even one,
nobody who knows the score, nobody alert for God.
They've all taken the wrong turn;
they've all wandered down blind alleys.
No one's living right;
I can't find a single one.
Their throats are gaping graves,
their tongues slick as mudslides.
Every word they speak is tinged with poison.
They open their mouths and pollute the air.
They race for the honor of sinner-of-the-year,
litter the land with heartbreak and ruin,
Don't know the first thing about living with others.
They never give God the time of day.

This makes it clear, doesn't it, that whatever is written in these Scriptures is not what God says *about others* but *to us* to whom these Scriptures were addressed in the first place! And it's clear enough, isn't it, that we're sinners, every one of us, in the same sinking boat with everybody else? Our involvement with God's revelation doesn't put us right with God. What it does is force us to face our complicity in everyone else's sin.

God Has Set Things Right

21-24 But in our time something new has been added. What Moses and the prophets witnessed to all those years has happened. The God-setting-things-right that we read about has become Jesus-setting-things-right for us. And not only for us, but for everyone who believes in him. For there is no difference between us and them in this. Since we've compiled this long and sorry record as sinners (both us and them) and proved that we are utterly incapable of living the glorious lives God wills for us, God did it for us. Out of sheer

를 그분 앞에 바로 세워 주셨습니다. 이는 전적으로 그분의 선물입니다. 그분은 우리를 진창에서 건져 주셨고, 우리가 있기를 늘 원하셨던 자리로 우리를 되돌려 주셨습니다. 바로 예수 그리스도를 통해 그 일을 하셨습니다.

25-26 하나님은 세상의 제단 위에 예수님을 희생 제물로 삼으셔서 세상으로 하여금 죄를 면하게 해주셨습니다. 그분께 믿음을 둘 때 우리는 죄를 면하게 됩니다. 하나님은 이 일, 곧 예수의 희생을 통해 세상으로 하여금 그분 앞에서 죄를 면하게 해주신 이 일을 만천하에 드러내셨습니다. 하나님은 그동안 오래 참으신 죄들을 마침내 이렇게 처리해 주신 것입니다. 이는 분명히 드러난 일일 뿐 아니라, 또한 지금 일어나고 있는 일입니다. 이것은 현재 진행중인 역사입니다! 하나님은 모든 것을 바로 세워 주고 계십니다. 또한 우리로 하여금 바로 세워 주시는 그분의 의로우심 안에서 살 수 있게 해주십니다.

27-28 그렇다면, 우리 교만한 유대인들의 옥신각신하는 주장들은 어떻게 되는 것입니까? 무효가 되는 것입니까? 그렇습니다. 무효가 되었습니다. 우리가 알게 된 것은 이것입니다. 우리가 행하는 일에 하나님이 응답하시는 것이 아니라는 것입니다. 사실은, 하나님이 행하시는 일에 우리가 응답하는 것입니다. 마침내 우리는 이 사실을 깨닫습니다. 우리의 삶이 하나님과, 또 다른 모든 사람들과 발맞추어 나가려면, 우리가 그분의 발걸음을 따라가야지, 거만하고 초조한 마음으로 우리가 행진을 이끌려고 해서는 안됩니다.

29-30 그렇다면 하나님에 대해 독점권을 가졌다고 하는 우리 유대인들의 교만한 주장은 또 어떻게 되는 것입니까? 이 또한 무효가 되었습니다. 하나님은 유대인들의 하나님일 뿐 아니라 또한 이방인들의 하나님이기도 합니다. 하나님은 오직 한분이신데, 어찌 그렇지 않을 수 있겠습니까? 하나님은 당신이 하시는 일을 기꺼이 받아들이고 그 속으로 뛰어드는 사람이면 누구나, 다 그분 앞에 바로 세워 주십니다. 우리 종교의 제도를 따르는 이들뿐 아니라, 우리 종교에 대해 들어 본 적 없는 이들도 마찬가지입니다.

31 그런데 우리가, 초점을 우리가 행하는 일에서 하나님이 행하시는 일로 옮긴다는 것은, 하나님의 규례와 법도를 신중히 따르던 삶을 취소한다는 말일까요? 전혀 그렇지 않습니다. 오히려 우리 삶 전체를 제자리에 놓음으로써, 그 삶을 더 굳게 세웁니다.

하나님을 신뢰하십시오

4 1-3 그렇다면 우리 믿음의 첫 조상 아브라함 이야기를 이 새로운 관점에서 보면 어떨까요? 만일 아브라함이 하나님을 위해 이룬 일로 하나님의 인정

generosity he put us in right standing with himself. A pure gift. He got us out of the mess we're in and restored us to where he always wanted us to be. And he did it by means of Jesus Christ.

25-26 God sacrificed Jesus on the altar of the world to clear that world of sin. Having faith in him sets us in the clear. God decided on this course of action in full view of the public—to set the world in the clear with himself through the sacrifice of Jesus, finally taking care of the sins he had so patiently endured. This is not only clear, but it's *now*—this is current history! God sets things right. He also makes it possible for us to live in his rightness.

27-28 So where does that leave our proud Jewish insider claims and counterclaims? Canceled? Yes, canceled. What we've learned is this: God does not respond to what we do; we respond to what *God* does. We've finally figured it out. Our lives get in step with God and all others by letting him set the pace, not by proudly or anxiously trying to run the parade.

29-30 And where does that leave our proud Jewish claim of having a corner on God? Also canceled. God is the God of outsider non-Jews as well as insider Jews. How could it be otherwise since there is only one God? God sets right all who welcome his action and enter into it, both those who follow our religious system and those who have never heard of our religion.

31 But by shifting our focus from what we do to what *God* does, don't we cancel out all our careful keeping of the rules and ways God commanded? Not at all. What happens, in fact, is that by putting that entire way of life in its proper place, we confirm it.

Trusting God

4 1-3 So how do we fit what we know of Abraham, our first father in the faith, into this new way of looking at things?

을 얻어 낸 것이라면, 당연히 그 공로를 인정받았을 것입니다. 그러나 우리에게 전해진 이 이야기의 주인공은 하나님이지 아브라함이 아닙니다. 성경은 우리에게 이렇게 말합니다. "아브라함은 하나님이 그를 위해 하시는 일에 뛰어들었다. 바로 그것이 전환점이 되었다. 그는 자기 힘으로 바로 서려고 애쓰는 대신에, 하나님께서 자신을 바로 세워 주실 것을 신뢰했다."

4-5 만일 여러분이 열심히 해서 어떤 일을 잘 해낸다면, 여러분은 보수를 받을 자격이 생깁니다. 그때 여러분이 받는 것은 임금이지 선물이 아닙니다. 그러나 여러분이 그 일을 감당할 수 없어 오직 하나님만이 하실 수 있는 일이라고 인정하고 그분께서 해주실 것을 신뢰한다면, 바로 그 신뢰가 여러분을 하나님에 의해, 하나님 앞에 바로 세워 줍니다. 이렇게 하나님 앞에 바로 서는 일은, 여러분의 힘으로 아무리 오랫동안 수고하고 애쓴다 해도 결코 해낼 수 없는 일입니다. 이는 전적으로 그분의 선물입니다.

6-9 이 새로운 관점은 다윗에게서도 확증됩니다. 그는 자신의 공로 하나 없이, 오직 하나님께서 모든 것을 바로 세워 주실 것을 신뢰하는 사람은 복이 있다고 말합니다.

그 범죄가 지워지고 지은 죄 말끔히 씻겨진 사람은
　복이 있다.
주님께 그 죄를 청산받은 사람은
　복이 있다.

혹시 여러분은 이런 복이 우리 종교의 길을 따르는 할례받은 사람들에게만 선언된다고 생각합니까? 우리가 따르는 길에 대해 들어 본 적 없는 사람들, 하나님께 훈련받아 본 적 없는 사람들도 이런 복을 받을 수 있다는 생각은 못해 봤습니까? 일단 우리 모두가 동의할 수 있는 사실부터 말해 보겠습니다. 아브라함이 하나님께 합당하다고 선언된 것은, 그가 하나님께서 그를 위해 하시는 일을 받아들였기 때문입니다.

10-11 그렇다면 생각해 보십시오. 그 선언이 내려진 것은, 그가 할례라는 언약 의식을 통해 몸에 표시를 받기 전이었습니까, 그 후였습니까? 맞습니다. 표시를 받기 전이었습니다. 그렇다면, 그가 할례를 받은 것은, 하나님께서 그를 당신 앞에 바로 세우시려고 오래전부터 그를 위해 일해 오신 것에 대한 증거이자 확증의 의미였다는 뜻입니다. 아브라함은 다만 하나님의 이 일을 자신의 온 삶으로 받아들였던 것입니다.

12 또한 이것은 아브라함이 모든 사람의 조상이라는 뜻이기도 합니다. 다시 말해, 하나님께 아직 "바깥 사람"인 이들, 하나님의 백성으로 인정받지 못하는 이른바 "할례

If Abraham, by what he *did* for God, got God to approve him, he could certainly have taken credit for it. But the story we're given is a God-story, not an Abraham-story. What we read in Scripture is, "Abraham entered into what God was doing for him, and *that* was the turning point. He trusted God to set him right instead of trying to be right on his own."

4-5 If you're a hard worker and do a good job, you deserve your pay; we don't call your wages a gift. But if you see that the job is too big for you, that it's something only *God* can do, and you trust him to do it—you could never do it for yourself no matter how hard and long you worked—well, that trusting-him-to-do-it is what gets you set right with God, *by* God. Sheer gift.

6-9 David confirms this way of looking at it, saying that the one who trusts God to do the putting-everything-right without insisting on having a say in it is one fortunate man:

Fortunate those whose crimes are carted off,
　whose sins are wiped clean from the slate.
Fortunate the person against
　whom the Lord does not keep score.

Do you think for a minute that this blessing is only pronounced over those of us who keep our religious ways and are circumcised? Or do you think it possible that the blessing could be given to those who never even heard of our ways, who were never brought up in the disciplines of God? We all agree, don't we, that it was by embracing what God did for him that Abraham was declared fit before God?

10-11 Now *think*: Was that declaration made before or after he was marked by the covenant rite of circumcision? That's right, *before* he was marked. That means that he underwent circumcision as evidence and confirmation of what God had done

받지 않은" 사람들이라도, 하나님께서 자신들을 위해 하시는 일을 받아들인다면, 아브라함은 그들 모두의 조상도 된다는 것입니다. "하나님에 의해, 하나님 앞에 바로 서게 된" 사람들이란 바로 이런 사람들을 두고 하는 말입니다! 물론, 아브라함은 할례라는 종교 의식을 거친 이들의 조상이기도 합니다. 그러나 이는 그들이 행한 그 종교 의식 때문이 아니라, 하나님께서 그들을 위해 행하시는 일을 믿음으로 받아들이는 모험의 삶을 살기로 그들이 결단했기 때문입니다. 아브라함은 할례의 표시를 받기 오래전부터 바로 이런 삶을 살아온 것입니다.

13-15 하나님께서 아브라함에게 그 유명한 약속—그와 그의 후손이 땅을 차지하리라—을 주신 것은, 그가 무언가를 이루었거나 이루려고 했기 때문이 아니었습니다. 그 약속이 주어진 것은, 그를 위해 모든 것을 바로 세워 주시겠다는 하나님의 결정에 기초한 것이었습니다. 아브라함은 다만 믿음으로 거기에 뛰어들었을 뿐입니다. 만일 우리가 하나님께 무언가를 얻는 것이 자기가 해야 할 일을 다 마치고 온갖 서류를 다 구비해야만 비로소 가능한 일이라면, 인격적 신뢰가 들어설 여지는 아예 사라지고 약속은 냉혹한 계약으로 바뀌고 맙니다! 그런 것은 거룩한 약속이 아닙니다. 사업상 거래일 뿐입니다. 빈틈없는 변호사가 깨알 같은 글씨로 작성한 계약서는 우리가 얻을 것이 전혀 없을 것이라는 사실만 확인해 줄 뿐입니다. 그러나 애초에 계약이란 없고 약속만이—그것도 하나님의 약속만이—있는 것이라면, 그것은 여러분이 깰 수 있는 것이 아닙니다.

16 바로 이런 이유로 하나님의 약속의 성취는, 전적으로 하나님과 그분의 길을 신뢰하는 것, 하나님과 그분이 하시는 일을 단순히 받아들이는 것에 달려 있습니다. 하나님의 약속은 순전한 선물로 우리에게 옵니다. 바로 이것이 우리 종교적 전통을 따르는 사람들뿐 아니라, 그런 것에 대해 들어 본 적 없는 사람들도 그 약속에 확실히 참여할 수 있는 유일한 길입니다. 아브라함은 우리 모두의 조상이기 때문입니다. 그는 우리 민족의 조상이 아닙니다. 그렇다고 한다면, 그것은 이야기를 거꾸로 읽는 것입니다. 그는 우리 믿음의 조상입니다.

17-18 우리가 아브라함을 "조상"이라고 부르는 것은 그*가 거룩한 사람처럼 살아서 하나님의 주목을 받았기* 때문이 아닙니다. 하나님께서 보잘것없던 아브라함을 불러 대단한 사람으로 만드셨기 때문입니다. 성경에서 우리가 늘 읽는 말씀, 하나님께서 아브라함에게 하신 말씀이 바로 이것 아닙니까? "내가 너를 많은 민

long before to bring him into this acceptable standing with himself, an act of God he had embraced with his whole life.

12 And it means further that Abraham is father of *all* people who embrace what God does for them while they are still on the "outs" with God, as yet unidentified as God's, in an "uncircumcised" condition. It is precisely these people in this condition who are called "set right by God and with God"! Abraham is also, of course, father of those who have undergone the religious rite of circumcision *not* just because of the ritual but because they were willing to live in the risky faith-embrace of God's action for them, the way Abraham lived long before he was marked by circumcision.

13-15 That famous promise God gave Abraham—that he and his children would possess the earth—was not given because of something Abraham did or would do. It was based on God's decision to put everything together for him, which Abraham then entered when he believed. If those who get what God gives them only get it by doing everything they are told to do and filling out all the right forms properly signed, that eliminates personal trust completely and turns the promise into an ironclad *contract*! That's not a holy promise; that's a business deal. A contract drawn up by a hard-nosed lawyer and with plenty of fine print only makes sure that you will never be able to collect. But if there is no contract in the first place, simply a *promise*—and God's promise at that—you can't break it.

16 This is why the fulfillment of God's promise depends entirely on trusting God and his way, and then simply embracing him and what he does. God's promise arrives as pure gift. That's the only way everyone can be sure to get in on it, those who keep the religious traditions *and* those who have never heard of them. For Abraham is father of us all. He is not our racial father—that's reading the story backward. He is our *faith* father.

17-18 We call Abraham "father" not because he

족의 조상으로 세운다." 아브라함은 먼저 "조상"이라 고 불렸고, 그런 다음에 조상이 된 것입니다. 그것은 오직 하나님만이 하실 수 있는 일을, 하나님께서 하실 것으로 그가 담대히 신뢰했기 때문입니다. 하나님께서는 죽은 사람들을 살리시고, 말씀으로 무(無)에서 유(有)를 만들어 내시는 분이십니다. 아무 희망이 없었음에도 불구하고, 아브라함은 믿었습니다. 아브라함은 자신의 눈에 보이는 불가능한 것을 근거로 살지 않고, 하나님께서 하시겠다고 말씀하신 약속을 근거로 살기로 결단한 것입니다. 그러므로 그는 허다한 민족의 조상이 되었습니다. 하나님께서 친히 그에게 말씀하셨습니다. "아브라함아, 너는 장차 큰 민족을 이룰 것이다!"

19-25 아브라함은 자신의 무력함에 집중하지 않았습니다. 그는 "소망이 사라졌다. 백 살이나 먹은 이 늙은 몸으로 어떻게 아이를 볼 수 있겠는가" 하고 말하지 않았습니다. 또 사라가 아기를 낳지 못한 수십 년을 헤아리며 체념하지도 않았습니다. 그는 하나님의 약속 주위를 서성거리며 조심스레 의심 어린 질문을 던지지도 않았습니다. 그는 그 약속 안으로 성큼 뛰어들었습니다. 그러고는 굳센 자, 하나님을 위해 준비된 자, 말씀하신 바를 이루실 하나님을 확신하는 자가 되어 나왔습니다. 그래서 이런 말씀이 기록되었습니다. "아브라함은 하나님이 그를 바로 세워 주실 것을 신뢰함으로 하나님께 합당한 사람으로 선언되었다." 그러나 이것은 아브라함에게만 해당되는 이야기가 아닙니다. 이것은 우리 이야기이기도 합니다! 우리가 아무 소망 없는 상황에서도 예수를 살리신 분을 받아들이고 믿을 때, 우리 역시 동일한 말씀을 듣게 됩니다. 희생 제물이 되어 주신 예수께서 우리를 하나님께 합당한 사람으로, 하나님 앞에 바로 세워진 사람으로 만들어 주셨습니다.

인내를 기르라

5 1-2 하나님께서 우리를 위해 늘 하고자 하셨던 일, 곧 그분 앞에 우리를 바로 세워 주시고, 그분께 합당한 사람으로 만들어 주는 일에 우리는 믿음으로 뛰어들었습니다. 그러므로 지금 우리는, 우리 주인이신 예수로 말미암아 하나님 앞에서 이를 누리고 있습니다. 그뿐 아닙니다. 하나님을 향해 우리 문을 활짝 열어젖히는 순간, 우리는 그분께서 이미 우리를 향해 문을 활짝 열어 놓고 계셨음을 발견합니다. 우리가 늘 있고자 원했던 그곳에, 마침내 우리가 서 있음을 알게 됩니다. 우리는 하나님의 은혜와 영광의 그 넓고 탁 트인 공간에서, 고개 들고 서서

got God's attention by living like a saint, but because God made something out of Abraham when he was a nobody. Isn't that what we've always read in Scripture, God saying to Abraham, "I set you up as father of many peoples"? Abraham was first named "father" and then *became* a father because he dared to trust God to do what only God could do: raise the dead to life, with a word make something out of nothing. When everything was hopeless, Abraham believed anyway, deciding to live not on the basis of what he saw he *couldn't* do but on what God said he *would* do. And so he was made father of a multitude of peoples. God himself said to him, "You're going to have a big family, Abraham!"

19-25 Abraham didn't focus on his own impotence and say, "It's hopeless. This hundred-year-old body could never father a child." Nor did he survey Sarah's decades of infertility and give up. He didn't tiptoe around God's promise asking cautiously skeptical questions. He plunged into the promise and came up strong, ready for God, sure that God would make good on what he had said. That's why it is said, "Abraham was declared fit before God by trusting God to set him right." But it's not just Abraham; it's also us! The same thing gets said about us when we embrace and believe the One who brought Jesus to life when the conditions were equally hopeless. The sacrificed Jesus made us fit for God, set us *right with God.*

Developing Patience

5 1-2 By entering through faith into what God has always wanted to do for us—set us right with him, make us fit for him—we have it all together with God because of our Master Jesus. And that's not all: We throw open our doors to God and discover at the same moment that he has already thrown open his door to us. We find ourselves standing where we always hoped we might stand—out in the wide open spaces of God's grace and glory, standing tall

소리 높여 찬양하는 우리 자신을 발견하게 됩니다.

3-5 그뿐 아닙니다. 온갖 환난에 포위되어 있을 때에도 우리는 소리 높여 찬양하기를 멈추지 않습니다. 환난이 우리 안에 열정 어린 인내를 길러 주고, 그 인내가 쇠를 연마하듯 우리 인격을 단련시켜 주며, 우리로 하여금 하나님께서 장차 행하실 모든 일에 대해 늘 깨어 있게 해준다는 것을 우리가 알기 때문입니다. 이 같은 희망 속에 늘 깨어 있을 때, 우리는 결코 실망하는 법이 없습니다. 오히려 정반대입니다. 우리가 하나님께서 성령을 통해 우리 삶 속에 아낌없이 쏟아붓고 계신 그 모든 것을 다 담아 내기에는, 아무리 많은 그릇으로도 부족합니다!

6-8 그리스도께서 더없이 알맞은 때에 오셔서 이런 일을 이루십니다. 그분은 우리가 다 준비되기까지 기다리지 않으셨고, 지금도 그러하십니다. 우리가 너무 약하고 반항적이어서 전혀 준비되어 있지 않았던 그 때에, 그분은 자기 자신을 이 희생적 죽음에 내어주셨습니다. 설령 우리가 그렇게 약하지 않았다 하더라도, 우리는 여전히 갈팡질팡했을 것입니다. 우리는 목숨을 바칠 만한 가치가 있다고 여기는 사람을 위해 대신 죽는 것은 이해할 수 있습니다. 또 선하고 고귀한 사람을 보면 우리 안에 그를 위해 기꺼이 희생하고자 하는 마음이 일어난다는 사실도 알고 있습니다. 그러나 하나님은 우리가 그분께 아무 쓸모가 없을 때에 당신의 아들을 희생적 죽음에 내어주심으로, 그렇게 우리를 위해 당신의 사랑을 아낌없이 내놓으셨습니다.

9-11 이 희생적 죽음, 이 완성된 희생 제사를 통해 우리는 하나님 앞에 바로 세워졌습니다. 그러므로 이제는 더 이상 하나님과 사이가 멀어질 일은 없습니다. 생각해 보십시오. 우리가 최악이었을 때에도 그분 아들의 희생적 죽음을 통해 우리와 하나님 사이가 친밀하게 되었습니다. 그렇다면 우리가 최선인 지금, 그분의 부활 생명이 우리 삶을 얼마나 드넓고 깊게 하겠습니까! 하나님과 친구가 되는 이 엄청난 선물을 실제로 받아 누리고 있는 우리는, 이제 더 이상 단조로운 산문적 표현에 만족할 수 없습니다. 우리는 노래하고 외칩니다! 메시아 예수를 통해 하나님께 우리의 찬양을 드립니다!

죽음을 부르는 죄, 생명을 주는 선물

12-14 여러분은 아담이 어떻게 우리를 죄와 죽음이라는 딜레마에 처하게 만들었는지 들어서 알고 있을 것입니다. 죄와 죽음으로부터 자유로운 사람은 아무도 없습니다. 죄는 만물과 하나님과의 관계, 또 모든

and shouting our praise.

3-5 There's more to come: We continue to shout our praise even when we're hemmed in with troubles, because we know how troubles can develop passionate patience in us, and how that patience in turn forges the tempered steel of virtue, keeping us alert for whatever God will do next. In alert expectancy such as this, we're never left feeling shortchanged. Quite the contrary—we can't round up enough containers to hold everything God generously pours into our lives through the Holy Spirit!

6-8 Christ arrives right on time to make this happen. He didn't, and doesn't, wait for us to get ready. He presented himself for this sacrificial death when we were far too weak and rebellious to do anything to get ourselves ready. And even if we hadn't been so weak, we wouldn't have known what to do anyway. We can understand someone dying for a person worth dying for, and we can understand how someone good and noble could inspire us to selfless sacrifice. But God put his love on the line for us by offering his Son in sacrificial death while we were of no use whatever to him.

9-11 Now that we are set right with God by means of this sacrificial death, the consummate blood sacrifice, there is no longer a question of being at odds with God in any way. If, when we were at our worst, we were put on friendly terms with God by the sacrificial death of his Son, now that we're at our best, just think of how our lives will expand and deepen by means of his resurrection life! Now that we have actually received this amazing friendship with God, we are no longer content to simply say it in plodding prose. We sing and shout our praises to God through Jesus, the Messiah!

The Death-Dealing Sin, the Life-Giving Gift

12-14 You know the story of how Adam landed us in the dilemma we're in—first sin, then death, and no one exempt from either sin or death. That sin disturbed relations with God in everything and everyone, but the extent of the

사람과 하나님과의 관계에 해(害)를 끼쳐 왔지만, 하나님께서 모세를 통해 자세히 상술해 주시기까지는 그 해가 어느 정도인지 분명치 않았습니다. 그처럼 죽음, 곧 우리와 하나님 사이를 갈라놓는 그 거대한 심연은, 아담으로부터 모세에 이르는 시간에도 위세를 떨쳤습니다. 하나님이 주신 특정 명령에 불순종했던 아담과 같은 죄를 짓지 않은 이들도 모두 이러한 생명의 끊어짐, 곧 하나님과의 분리를 경험해야만 했습니다. 그러나 우리를 이런 지경에 빠뜨린 아담은, 또한 우리를 거기서 구원해 주실 분을 앞서 가리키는 존재이기도 합니다.

15-17 그러나 우리를 구출하는 이 선물은, 죽음을 초래하는 그 죄와 비교가 되지 않습니다. 생각해 보십시오! 한 사람의 죄가 수많은 사람들을 하나님과의 분리라는 그 죽음의 심연에 밀어 넣었다고 할 때, 한 사람 예수 그리스도를 통해 쏟아 부어지는 이 하나님의 선물은 우리에게 어떤 것을 가져다줄까요? 죽음을 초래하는 그 죄와 넘치는 생명을 가져오는 이 선물은 서로 비교할 수 없습니다. 그 죄에 대한 평결로는 죽음의 선고가 내려졌지만, 뒤따르는 다른 많은 죄들에 대한 평결로는 경이로운 생명 선고가 내려졌습니다. 한 사람의 잘못을 통해 죽음이 위세를 떨쳤다면, 이제 한 사람 예수 그리스도께서 마련해 주신 이 어마어마한 생명의 선물, 이 "모든 것을 바로 세우시는" 장대한 일을 두 팔 벌려 받아들이는 이들 안에서 이 생명이 이루어 낼 가슴 벅찬 회복—우리를 다스리는 생명!—이 어떤 것일지, 여러분은 상상할 수 있겠습니까?

18-19 한마디로 말하면 이렇습니다. 한 사람이 잘못을 범해 우리 모두가 죄와 죽음이라는 곤경에 처하게 된 것처럼, 또 다른 한 사람이 올바른 일을 함으로써 우리 모두가 거기서 벗어날 수 있게 되었습니다. 사실, 우리는 단순히 곤경에서 건져진 것 이상입니다. 그분은 우리를 생명 속으로 이끌어 들이셨습니다! 한 사람이 하나님께 "아니요"라고 말함으로써 많은 사람이 잘못되었고, 한 사람이 하나님께 "예"라고 말함으로써 많은 사람이 바르게 되었습니다.

20-21 일시적인 율법이 죄와 맞서 할 수 있었던 것이라고는 더 많은 율법 위반자들을 만들어 내는 것이 전부였습니다. 그러나 죄는 우리가 은혜라고 부르는 그 전투적 용서에는 도저히 맞수가 되지 못합니다. 죄와 은혜가 맞설 때, 이기는 쪽은 언제나 은혜입니다. 죄가 할 수 있는 일이라고는 죽음으로 우리를 위협하는 것이 전부인데, 이제 그 일도 끝났습니다. 하나님께서 메시아를 통해 모든 것을 다시 바로 세우고 계시기에, 은혜는 우리를 생명의 삶 속으로 이끌어 들입니다. 끝없

disturbance was not clear until God spelled it out in detail to Moses. So death, this huge abyss separating us from God, dominated the landscape from Adam to Moses. Even those who didn't sin precisely as Adam did by disobeying a specific command of God still had to experience this termination of life, this separation from God. But Adam, who got us into this, also points ahead to the One who will get us out of it.

15-17 Yet the rescuing gift is not exactly parallel to the death-dealing sin. If one man's sin put crowds of people at the dead-end abyss of separation from God, just think what God's gift poured through one man, Jesus Christ, will do! There's no comparison between that death-dealing sin and this generous, life-giving gift. The verdict on that one sin was the death sentence; the verdict on the many sins that followed was this wonderful life sentence. If death got the upper hand through one man's wrongdoing, can you imagine the breathtaking recovery life makes, sovereign life, in those who grasp with both hands this wildly extravagant life-gift, this grand setting-everything-right, that the one man Jesus Christ provides?

18-19 Here it is in a nutshell: Just as one person did it wrong and got us in all this trouble with sin and death, another person did it right and got us out of it. But more than just getting us out of trouble, he got us into life! One man said no to God and put many people in the wrong; one man said yes to God and put many in the right.

20-21 All that passing laws against sin did was produce more lawbreakers. But sin didn't, and doesn't, have a chance in competition with the aggressive forgiveness we call *grace*. When it's sin versus grace, grace wins hands down. All sin can do is threaten us with death, and that's the end of it. Grace, because God is putting everything together again through the Messiah, invites us into life—a life that goes on and on and on, world

는 삶, 다함없는 세상 속으로 말입니다.

그리스도와 함께 죽고 살다

6 1-3 그렇다면, 이제 우리는 어떻게 할까요? 혹시, 하나님이 계속해서 용서를 베풀어 주시도록 계속해서 죄를 지을까요? 그렇지 않기를 바랍니다! 죄가 다스리는 나라를 떠난 사람이 어떻게 거기 있는 옛 집에서 계속 살 수 있단 말입니까? 우리는 짐을 꾸려 영원히 그곳을 떠났다는 사실을 모르십니까? 우리가 세례 받을 때 일어난 일이 바로 이것입니다. 물 아래로 들어갔을 때 우리는 죄라는 옛 나라를 뒤에 남겨두고 떠난 것입니다. 그 물에서 올라올 때 우리는 은혜라는 새 나라에 들어간 것입니다. 새로운 땅에서의 새로운 삶 속으로 말입니다!

3-5 우리가 받은 세례의 의미가 바로 이것입니다. 세례는 예수의 삶 속으로 들어가는 것입니다. 물에 들어갔을 때 우리는 예수처럼 죽어 매장된 것입니다. 물 위로 일으켜졌을 때 우리는 예수처럼 부활한 것입니다. 우리 한 사람 한 사람을 우리 아버지 하나님이 일으켜 세우셔서 빛이 가득한 세상에 들어가게 해주셨고, 그래서 지금 우리는 은혜가 다스리는 그 새 나라에서 길을 찾아 살게 되었습니다.

6-11 너무도 분명하지 않습니까? 우리 옛 삶은 그리스도와 함께 십자가에 못 박혔습니다. 죄의 삶, 그 비참한 삶에 종지부를 찍은 것입니다. 이제 우리는 더 이상 죄에 이리저리 휘둘리지 않습니다! 우리는 믿습니다. 그리스도의 죽음은 죄를 정복하는 죽음입니다. 그 죽음에 우리가 들어갔다면, 또한 우리는 그분의 부활, 곧 생명을 구원하는 그 부활 속으로도 들어갑니다. 우리가 알듯이, 예수께서 죽은 자들 가운데서 일으켜지신 것은 마지막으로서의 죽음의 끝을 알리는 것이었습니다. 이제 죽음은 끝이 아닙니다. 예수께서 죽으셨을 때 그분은 자신과 더불어 죄를 끌어내리셨고, 다시 살아나셨을 때 그분은 하나님을 우리에게 내려오시게 하셨습니다. 그러니 이제부터는 이렇게 여기십시오. 이제 죄는 여러분이 알아듣지도 못하는 사어(死語)로 말할 뿐입니다. 그러나 하나님은 여러분에게 모국어로 말씀하시며, 여러분은 그 말씀을 한 마디도 놓치지 않습니다. 여러분은 이제 죄에 대해서는 죽었고, 하나님께 대해서는 살았습니다. 예수께서 그렇게 만드셨습니다.

12-14 *다시 말합니다. 이제 여러분은 삶의 길을 정할* 때, 죄에게는 단 한 표의 권한도 허용하지 말아야 합니다. 죄는 거들떠보지도 마십시오. 그런 옛 방식의 삶이라면 잔심부름도 거절하십시오. 대신 여러분은, 온 마음을 다하고 온 시간을 들여 하나님의 길에 헌신하십시

without end.

When Death Becomes Life

6 1-3 So what do we do? Keep on sinning so God can keep on forgiving? I should hope not! If we've left the country where sin is sovereign, how can we still live in our old house there? Or didn't you realize we packed up and left there for good? That is what happened in baptism. When we went under the water, we left the old country of sin behind; when we came up out of the water, we entered into the new country of grace–a new life in a new land!

3-5 That's what baptism into the life of Jesus means. When we are lowered into the water, it is like the burial of Jesus; when we are raised up out of the water, it is like the resurrection of Jesus. Each of us is raised into a light-filled world by our Father so that we can see where we're going in our new grace-sovereign country.

6-11 Could it be any clearer? Our old way of life was nailed to the cross with Christ, a decisive end to that sin-miserable life–no longer at sin's every beck and call! What we believe is this: If we get included in Christ's sin-conquering death, we also get included in his life-saving resurrection. We know that when Jesus was raised from the dead it was a signal of the end of death-as-the-end. Never again will death have the last word. When Jesus died, he took sin down with him, but alive he brings God down to us. From now on, think of it this way: Sin speaks a dead language that means nothing to you; God speaks your mother tongue, and you hang on every word. You are dead to sin and alive to God. That's what Jesus did.

12-14 That means you must not give sin a vote in the way you conduct your lives. Don't give it the time of day. Don't even run little errands that are connected with that old way of life. Throw yourselves wholeheartedly and full-time–remember, you've been raised

오. 여러분은 죽은 자들 가운데서 일으켜진 사람임을 기억하십시오! 이제 여러분은 죄가 시키는 대로 살 수 없습니다. 여러분은 더 이상 그 옛 폭군의 지배 아래 있지 않기 때문입니다. 이제 여러분은 하나님의 자유 가운데 살고 있습니다.

참된 자유

15-18 그런데, 그 옛 폭군에게서 벗어났다고 해서 우리가 옛날처럼 마음대로 살아도 좋다는 뜻입니까? 하나님의 자유 가운데 자유롭게 되었다고 해서, 이제 무엇이든 내키는 대로 해도 좋다는 것입니까? 그렇지 않습니다. 여러분은 경험을 통해 알 것입니다. 자유로운 행위라지만 실은 자유를 파괴하는 행위들이 있다는 것을 말입니다. 가령, 여러분 자신을 죄에 바쳐 보십시오. 그러면 그것으로 여러분의 자유의 행위는 끝이 납니다. 그러나 여러분 자신을 하나님의 길에 바쳐 보십시오. 그러면 그 자유는 결코 그치는 법이 없습니다. 여러분은 평생을 죄가 시키는 대로 살아왔습니다. 그러나 감사하게도, 이제 여러분은 새로운 주인의 말을 듣기 시작했으며, 그분의 명령은 여러분을 그분의 자유 가운데 가슴 펴고 사는 자유인으로 만들어 줍니다!

19 내가 이처럼 "자유"를 들어 말하는 것은, 쉽게 우리 머릿속에 그림이 그려지기 때문입니다. 어렵지 않게 떠올릴 수 있지 않습니까? 과거에 자기 마음대로—다른 사람이나 하나님은 안중에 두지 않고서—살았을 때, 어떻게 여러분의 삶이 더 나빠지고 오히려 자유에서 멀어져 갔던지를 말입니다. 그러나 이제, 하나님의 자유 가운데 사는 여러분의 삶, 거룩함으로 치유받고 드넓어진 여러분의 삶은 얼마나 다릅니까!

20-21 과거에 하나님을 무시하며 제멋대로 살았을 때, 여러분은 무엇이 바른 생각인지, 무엇이 바른 행동인지는 전혀 신경 쓰지 않고 살았습니다. 그러나 과연 그런 삶을 자유로운 삶이라고 할 수 있습니까? 그런 삶에서 여러분이 얻은 것은 대체 무엇이었나요? 이제 와서 볼 때 자랑스럽게 여길 만한 것은 하나도 없지 않습니까? 그런 삶이 여러분을 마침내 데려간 곳은 어디였나요? 막다른 길뿐이었습니다.

22-23 그러나 더 이상 죄가 시키는 대로 살 필요가 없다는 사실을 알게 된 지금, 하나님의 말씀을 듣고 따르는 즐거움을 알게 된 지금, 여러분, 놀랍지 않습니까? 여러분은 지금 온전한 삶, 치유된 삶, 통합된 삶을 누리고 있습니다. 또한 이 삶은 갈수록 더 풍성해집니다! 죄를 위해 평생 애써 일해 보십시오. 결국 여러분이 받게 될 연금은 죽음이 전부입니다. 그러나 하나님의 선물은, 우리 주 예수께서 전해 주시는 참된 삶, 영원한 삶입니다.

from the dead!—into God's way of doing things. Sin can't tell you how to live. After all, you're not living under that old tyranny any longer. You're living in the freedom of God.

What Is True Freedom?

15-18 So, since we're out from under the old tyranny, does that mean we can live any old way we want? Since we're free in the freedom of God, can we do anything that comes to mind? Hardly. You know well enough from your own experience that there are some acts of so-called freedom that destroy freedom. Offer yourselves to sin, for instance, and it's your last free act. But offer yourselves to the ways of God and the freedom never quits. All your lives you've let sin tell you what to do. But thank God you've started listening to a new master, one whose commands set you free to live openly in *his* freedom!

19 I'm using this freedom language because it's easy to picture. You can readily recall, can't you, how at one time the more you did just what you felt like doing—not caring about others, not caring about God—the worse your life became and the less freedom you had? And how much different is it now as you live in God's freedom, your lives healed and expansive in holiness?

20-21 As long as you did what you felt like doing, ignoring God, you didn't have to bother with right thinking or right living, or right *anything* for that matter. But do you call that a free life? What did you get out of it? Nothing you're proud of now. Where did it get you? A dead end.

22-23 But now that you've found you don't have to listen to sin tell you what to do, and have discovered the delight of listening to God telling you, what a surprise! A whole, healed, put-together life right now, with more and more of life on the way! Work hard for sin your whole life and your pension is death. But God's gift is *real life*, eternal life, delivered by Jesus, our Master.

두 길 사이에서 신음하는 삶

7

1-3 친구 여러분, 여러분은 내가 하는 말을 이해하는 데 어려움이 없을 것입니다. 여러분은 율법에 대해서라면 박식한 전문가들이기 때문입니다. 여러분이 잘 알듯이, 율법의 적용과 효력은 살아 있는 사람들에게만 해당됩니다. 가령, 아내는 남편이 살아 있는 동안에는 법적으로 남편에게 묶여 있지만 남편이 죽으면 자유로워집니다. 만일 남편이 살아 있는데도 다른 남자와 산다면, 이는 명백한 간음입니다. 하지만 남편이 죽는다면 그녀는 아무 양심의 거리낌 없이 자유롭게 다른 남자와 결혼할 수 있고, 누구도 이의를 제기할 수 없습니다.

4-6 친구 여러분, 여러분에게 일어난 일이 바로 이와 같습니다. 그리스도께서 죽으셨을 때, 그분은 법에 얽매이는 삶 전체를 자신과 더불어 끌어내리시고 그것을 무덤으로 가져가셨습니다. 여러분으로 하여금 부활 생명과 자유롭게 "결혼"할 수 있도록, 그래서 하나님을 향한 믿음을 "자녀"로 낳을 수 있도록 하셨습니다. 우리가 옛 방식대로—다시 말해 우리 마음대로—살았을 때는, 옛 율법 조문에 포위당한 채 죄에 거의 속수무책이었습니다. 그럴수록 우리는 더욱더 반항적이 되어 갔습니다. 그런 삶에서 우리가 내놓은 것이라고는 유산(流産)과 사산(死産)이 전부였습니다. 그러나 더 이상 죄라는 폭압적인 배우자에게 묶여 있지 않고, 그 모든 포악한 규정들과 계약 조항들로부터 자유로워진 우리는, 하나님의 자유 가운데, 자유롭게 새로운 삶을 살 수 있게 되었습니다.

7 아마 이런 질문이 나올 수 있습니다. "율법 조문이 그렇게 나쁜 것이라면, 죄와 다를 바 없다는 것이군요." 아닙니다. 분명, 그렇지 않습니다. 율법 조문에는 나름의 정당한 기능이 있습니다. 만약 옳고 그름에 대해 안내해 주는 분명한 지침이 없었다면, 도덕적 행위는 대부분 어림짐작에 따른 일이 되고 말았을 것입니다. "탐내지 말라"는 딱 부러지는 명령이 없었다면, 아마도 나는 탐욕을 마치 덕인 양 꾸며 댔을 것이며, 그러다가 결국 내 삶을 파멸시키고 말았을 것입니다.

8-12 여러분, 기억 못하십니까? 나는 너무도 잘 기억합니다. 율법 조문은 처음 시작할 때는 대단히 멋진 것이었습니다. 그러나 그 다음 어떻게 되었던가요? 그 명령을 죄가 왜곡하여 유혹이 되게 만들었고, 그래서 결국 *"금지된 열매"라는 것이 만들어졌습니다*. 율법 조문이 나를 안내해 주는 것이 아니라, 도리어 나를 유혹하는 일에 사용되어 버린 것입니다. 율법 조문이라는 장신구가 붙어 있지 않았을 때는 죄가 그저 따분하고 생기 없어 보였을 뿐, 나는 그것에 별 관심을

Torn Between One Way and Another

7

1-3 You shouldn't have any trouble understanding this, friends, for you know all the ins and outs of the law—how it works and how its power touches only the living. For instance, a wife is legally tied to her husband while he lives, but if he dies, she's free. If she lives with another man while her husband is living, she's obviously an adulteress. But if he dies, she is quite free to marry another man in good conscience, with no one's disapproval.

4-6 So, my friends, this is something like what has taken place with you. When Christ died he took that entire rule-dominated way of life down with him and left it in the tomb, leaving you free to "marry" a resurrection life and bear "offspring" of faith for God. For as long as we lived that old way of life, doing whatever we felt we could get away with, sin was calling most of the shots as the old law code hemmed us in. And this made us all the more rebellious. In the end, all we had to show for it was miscarriages and stillbirths. But now that we're no longer shackled to that domineering mate of sin, and out from under all those oppressive regulations and fine print, we're free to live a new life in the freedom of God.

7 But I can hear you say, "If the law code was as bad as all that, it's no better than sin itself." That's certainly not true. The law code had a perfectly legitimate function. Without its clear guidelines for right and wrong, moral behavior would be mostly guesswork. Apart from the succinct, surgical command, "You shall not covet," I could have dressed covetousness up to look like a virtue and ruined my life with it.

8-12 Don't you remember how it was? I do, perfectly well. The law code started out as an excellent piece of work. What happened, though, was that sin found a way to pervert the command into a temptation, making a piece of "forbidden fruit" out of it. The law code, instead of being used to guide me, was

기울이지 않았습니다. 그러나 죄가 율법 조문을 가져다가 장신구로 삼고 자신을 꾸미자, 나는 그것에 속아 넘어가고 말았습니다. 나를 생명으로 안내해야 할 그 명령이, 도리어 나를 넘어뜨리는 일, 나를 곤두박질치게 하는 일에 사용되어 버린 것입니다. 이런 식으로, 죄는 생기가 넘치게 되었으나 나는 완전히 생기를 잃고 말았습니다. 그러나 율법 조문 자체는 하나님께서 상식으로 여기시는 것으로서, 각 명령은 모두 건전하고 거룩한 권고입니다.

13 나는 여러분의 다음 질문이 무엇인지도 알고 있습니다. "율법을 좋은 것이라고 하면서, 왜 우리가 그 좋은 것을 의지해서는 안된다는 것인가요? 선도 악처럼 위험하단 말입니까?" 이번에도 대답은 "그렇지 않다"입니다. 죄가 다만 자기가 잘하기로 이름난 일을 했을 뿐입니다. 다시 말해, 죄가 선한 것 속에 숨어 들어가 나를 유혹하고 나로 하여금 나 자신을 파멸시키는 일을 하게 만든 것입니다. 죄는 하나님의 선한 계명 속에 숨어서, 자기 혼자 할 수 있는 것보다 훨씬 더 큰 해악을 끼칠 수 있었습니다.

14-16 이런 반응도 나올 수 있을 것입니다. "하나님의 명령은 다 영적입니다. 하지만 나는 나 자신이 영적이지 못하다는 것을 압니다. 당신도 같은 경험을 하지 않나요?" 예, 그렇습니다. 나는 나 자신으로 가득합니다. 정말 나는 오랜 시간을 죄의 감옥에 갇혀 지냈습니다. 내가 내 자신에 대해 이해하지 못하는 것이 있습니다. 나는 늘 결심은 이렇게 하지만 행동은 다르게 합니다. 나 자신이 끔찍히도 경멸하는 행동들을 결국 저지르고 맙니다. 이처럼 나는, 무엇이 최선인지를 알아서 실천에 옮길 수 있는 사람이 못됩니다. 내게는 분명 하나님의 명령이 필요합니다.

17-20 사실, 내게는 명령 이상의 무언가가 필요합니다! 율법을 알면서도 지키지 못하고, 내 속에 있는 죄의 세력이 계속해서 나의 최선의 의도를 좌초시키고 있다면, 분명 내게는 다른 도움이 필요한 것입니다! 지금 내게는 있어야 할 것이 없습니다. 나는 뜻을 품을 수는 있으나, 그 뜻을 행동으로 옮길 수는 없습니다. 나는 선을 행하기로 결심하지만, 실제로는 선을 행하지 않습니다. 나는 악을 행하지 않기로 결심하지만, 결국에는 악을 저지르고 맙니다. 나는 결심하지만, 결심만 하지 행동으로 이어지지 않습니다. 내 내면 깊은 곳에서 무엇인가 잘못된 것입니다. 그래서 나는 매번 패배하고 맙니다.

21-23 이는 너무도 반복적으로 일어나는 일이어서 충분히 예측할 수 있습니다. 내가 선을 행하기로 결심하는 순간, 벌써 죄가 나를 넘어뜨리려고 와 있습니다. 내

used to seduce me. Without all the paraphernalia of the law code, sin looked pretty dull and lifeless, and I went along without paying much attention to it. But once sin got its hands on the law code and decked itself out in all that finery, I was fooled, and fell for it. The very command that was supposed to guide me into life was cleverly used to trip me up, throwing me headlong. So sin was plenty alive, and I was stone dead. But the law code itself is God's good and common sense, each command sane and holy counsel.

13 I can already hear your next question: "Does that mean I can't even trust what is good [that is, the law]? Is good just as dangerous as evil?" No again! Sin simply did what sin is so famous for doing: using the good as a cover to tempt me to do what would finally destroy me. By hiding within God's good commandment, sin did far more mischief than it could ever have accomplished on its own.

14-16 I can anticipate the response that is coming: "I know that all God's commands are spiritual, but I'm not. Isn't this also your experience?" Yes. I'm full of myself–after all, I've spent a long time in sin's prison. What I don't understand about myself is that I decide one way, but then I act another, doing things I absolutely despise. So if I can't be trusted to figure out what is best for myself and then do it, it becomes obvious that God's command is necessary.

17-20 But I need something *more*! For if I know the law but still can't keep it, and if the power of sin within me keeps sabotaging my best intentions, I obviously need help! I realize that I don't have what it takes. I can will it, but I can't *do* it. I decide to do good, but I don't *really* do it; I decide not to do bad, but then I do it anyway. My decisions, such as they are, don't result in actions. Something has gone wrong deep within me and gets the better of me every time.

21-23 It happens so regularly that it's predictable. The moment I decide to do good, sin is

가 정말 하나님의 명령을 즐거워하지만, 내 안의 모든 것이 그 즐거움에 동참하는 것은 아니라는 사실 또한 분명합니다. 내 안의 다른 부분들이 은밀히 반란을 일으켜서, 가장 예상치 못했던 순간에 나를 장악해 버립니다.

24 내가 할 수 있는 일을 무엇이든 해보았지만, 결국 아무 소용이 없습니다. 나는 벼랑 끝에 서 있습니다. 이런 나를 위해 무엇인가 해줄 수 있는 이 누구 없습니까? 정말 던져야 할 질문은 바로 이런 것이 아닙니까?

25 감사하게도, 답이 있습니다. 바로 예수 그리스도께서 그 같은 일을 하실 수 있고, 또 하신다는 것입니다! 마음과 생각으로는 하나님을 섬기고 싶어 하지만, 죄의 세력에 끌려 전혀 엉뚱한 일을 행하는 우리의 모순 가득한 삶 속에 들어오셔서, 그분은 모든 것을 바로 세우는 일을 행하셨습니다.

성령께서 주시는 그리스도의 생명

8 1-2 메시아이신 예수께서 오심으로, 마침내 이 치명적 딜레마가 해결되었습니다. 우리를 위해 오신 그리스도의 임재 속에 들어가 사는 사람들은, 늘 먹구름이 드리운 것 같은 암울한 삶을 더 이상 살지 않아도 됩니다. 이제 새로운 힘이 움직이고 있습니다. 그리스도 안에 있는 생명의 성령이 세찬 바람처럼 불어와서 하늘의 구름을 모조리 걷어 주었습니다. 죄와 죽음이라는 잔혹한 폭군 밑에서 평생을 허덕거려야 했을 여러분을 해방시켜 주었습니다.

3-4 하나님께서 자신의 아들을 보내셔서 문제의 급소를 찌르셨습니다. 그분은 우리의 문제를 자신과 동떨어진 문제로 취급하지 않으셨습니다. 그분은 아들이신 예수 안에서 친히 인간의 처지를 떠맡으시고, 진창 속에서 씨름하고 있는 인류 안으로 들어오셔서, 문제를 영단번에 바로잡아 주신 것입니다. 그동안 율법 조문은 이런 일을 해낼 수 없었는데, 균열된 인간 본성으로 인해 그것 역시 허약해졌기 때문입니다.

율법은 언제나 근본적 치유가 아니라, 죄에 대한 미봉책이었을 뿐입니다. 그러나 마침내, 그동안 응할 수 없었던 율법 조문의 요구에 우리가 응할 수 있게 되었습니다. 이는 우리가 한층 더 노력해서가 아니라, 오직 성령께서 우리 안에서 행하고 계신 일을 우리가 받아들임으로써 그렇게 된 것입니다.

5-8 *자기 힘으로 할 수 있다고 여기*는 사람들은 늘 자신의 도덕적 힘을 재 보는 일에만 몰두할 뿐, 정작 실제 삶에서 그 힘을 발휘하여 일하지는 못합니다. 반면에, 자기 안에 일하고 계신 하나님의 활동을 신뢰하는 사람들은 자기 안에 하나님의 성령이—살아 숨 쉬고 계

there to trip me up. I truly delight in God's commands, but it's pretty obvious that not all of me joins in that delight. Parts of me covertly rebel, and just when I least expect it, they take charge.

24 I've tried everything and nothing helps. I'm at the end of my rope. Is there no one who can do anything for me? Isn't that the real question?

25 The answer, thank God, is that Jesus Christ can and does. He acted to set things right in this life of contradictions where I want to serve God with all my heart and mind, but am pulled by the influence of sin to do something totally different.

The Solution Is Life on God's Terms

8 1-2 With the arrival of Jesus, the Messiah, that fateful dilemma is resolved. Those who enter into Christ's being-here-for-us no longer have to live under a continuous, low-lying black cloud. A new power is in operation. The Spirit of life in Christ, like a strong wind, has magnificently cleared the air, freeing you from a fated lifetime of brutal tyranny at the hands of sin and death.

3-4 God went for the jugular when he sent his own Son. He didn't deal with the problem as something remote and unimportant. In his Son, Jesus, he personally took on the human condition, entered the disordered mess of struggling humanity in order to set it right once and for all. The law code, weakened as it always was by fractured human nature, could never have done that.

The law always ended up being used as a Band-Aid on sin instead of a deep healing of it. And now what the law code asked for but we couldn't deliver is accomplished as we, instead of redoubling our own efforts, simply embrace what the Spirit is doing in us.

5-8 Those who think they can do it on their own end up obsessed with measuring their own moral muscle but never get around to exercising it in real life. Those who trust

신 하나님이!—계시다는 사실을 발견하게 됩니다. 자기 자아에 사로잡힌 사람들은 결국 막다른 길에 이를 뿐입니다. 그러나 하나님께 주목하는 사람들은 탁 트이고 드넓은, 자유로운 삶 속으로 이끌려 갑니다. 자기 자아에 집중하는 것과 하나님께 집중하는 것은, 극과 극입니다. 자기 자아에 몰두하는 사람들은 하나님을 무시하고, 결국 하나님보다 자기 자아에 더 많이 몰입하게 됩니다. 그런 사람들은 하나님과, 하나님이 행하시는 일을 무시합니다. 그러나 하나님은 결코 무시당하는 것을 기뻐하시는 분이 아닙니다.

9-11 하나님께서 친히 여러분의 삶 가운데 사시기로 하셨다면, 이제 여러분은 하나님보다 여러분 자신에 대해 더 많이 생각할 수 없습니다. 보이지 않지만 분명히 현존하는 하나님이신 그리스도의 영을 아직 모셔 들이지 않은 사람들은, 지금 우리가 하는 말을 이해하지 못할 것입니다. 그러나 그분을 모셔 들인 여러분, 그분이 안에 사시는 여러분은, 비록 지금도 죄로 인한 한계들을 경험하지만, 하나님의 생명으로 사는 삶을 경험하고 있습니다. 예수를 죽은 자들 가운데서 일으키신 살아 계신 하나님께서 여러분의 삶 속에 들어오신 것입니다. 그렇다면, 그분이 예수 안에서 행하셨던 것과 같은 일을 여러분 안에서도 행하셔서, 여러분을 그분을 향해 살아나게 만드시리라는 것은 너무도 분명하지 않습니까? 하나님께서 여러분 안에 살아 숨 쉬고 계시다면(이것도 예수 안에서처럼 여러분 안에서도 분명한 사실입니다), 여러분은 실로 죽은 삶으로부터 건짐받은 것입니다. 여러분 안에 사시는 그분의 성령으로 말미암아, 여러분의 몸도 그리스도의 몸처럼 살아나게 될 것입니다!

12-14 우리는 자기 힘을 믿고 사는 옛 삶에게는 한 푼도 덕을 본 것이 없습니다. 그런 삶은 우리에게 유익한 것이 전혀 없습니다. 우리가 해야 할 최선은, 그 삶을 땅에 묻고 새로운 삶을 시작하는 것입니다. 하나님의 영이 우리를 손짓해 부르고 계십니다. 해야 할 일들, 가야 할 곳들이 얼마나 많은지요!

15-17 하나님께 받은 이 부활 생명의 삶은 결코 소심하거나 무거운 삶이 아닙니다. 이는 기대 넘치는 모험의 삶, 어린아이처럼 늘 하나님께 "다음은 또 뭐죠, 아빠?"라고 묻는 삶입니다. 하나님의 영이 우리의 영을 만지셔서 우리가 정말 누구인지를 확증해 주십니다. 우리는 하나님이 어떤 분이시고 우리가 누구인지를, 곧 그분은 우리의 아버지이시며 우리는 그분의 자녀라는 것을 알게 됩니다. 뿐만 아니라, 장차 우리에게 주어질 믿을 수 없을 만큼 엄청난 상속에 대해서도 알게 됩니다. 우리는 그리스도께서 경험하시는 것을 그대로

God's action in them find that God's Spirit is in them—living and breathing God! Obsession with self in these matters is a dead end; attention to God leads us out into the open, into a spacious, free life. Focusing on the self is the opposite of focusing on God. Anyone completely absorbed in self ignores God, ends up thinking more about self than God. That person ignores who God is and what he is doing. And God isn't pleased at being ignored.

9-11 But if God himself has taken up residence in your life, you can hardly be thinking more of yourself than of him. Anyone, of course, who has not welcomed this invisible but clearly present God, the Spirit of Christ, won't know what we're talking about. But for you who welcome him, in whom he dwells—even though you still experience all the limitations of sin—you yourself experience life on God's terms. It stands to reason, doesn't it, that if the alive-and-present God who raised Jesus from the dead moves into your life, he'll do the same thing in you that he did in Jesus, bringing you alive to himself? When God lives and breathes in you (and he does, as surely as he did in Jesus), you are delivered from that dead life. With his Spirit living in you, your body will be as alive as Christ's!

12-14 So don't you see that we don't owe this old do-it-yourself life one red cent. There's nothing in it for us, nothing at all. The best thing to do is give it a decent burial and get on with your new life. God's Spirit beckons. There are things to do and places to go!

15-17 This resurrection life you received from God is not a timid, grave-tending life. It's adventurously expectant, greeting God with a childlike "What's next, Papa?" God's Spirit touches our spirits and confirms who we really are. We know who he is, and we know who we are: Father and children. And we know we are going to get what's coming to us—an unbelievable inheritance! We go through exactly what Christ goes through. If

경험합니다. 그러므로 여러분, 지금 우리가 그분과 더불어 힘든 때를 보내고 있다면, 분명 우리는 그분과 더불어 좋은 때도 맞게 될 것입니다!

18-21 그런 이유로, 나는 현재 우리가 겪고 있는 힘든 때와 장차 우리에게 다가올 좋은 때는 서로 비교조차 할 수 없다고 생각합니다. 이 창조세계 전체는 장차 자신에게 다가올 그 무엇을 손꼽아 기다리고 있습니다. 창조세계 안의 모든 것이 얼마 동안 제어를 당하고 있습니다. 창조세계와 또 모든 창조물들이 다 자신들 앞에 놓인 그 영광스러운 때 안으로 동시에 해방되어 들어갈 준비가 될 때까지, 하나님께서 고삐로 그들을 제어하고 계십니다. 그러는 동안 현재는 기쁨 가득한 기대가 점점 깊어 갑니다.

22-25 우리 주변 어디를 둘러봐도 이 창조세계는, 마치 해산을 앞둔 임신부와 같습니다. 세상 전체가 겪고 있는 이 고통은, 한마디로 해산의 고통입니다. 우리 주변 세상만 그런 것이 아닙니다. 우리 내면도 마찬가지입니다! 하나님의 영이 우리 내면을 일깨우셔서, 우리 역시 산고를 느끼고 있습니다. 지금 우리는 이 불모의 몸, 불임의 몸이 완전히 구원받기를 열망하고 있습니다. 기다림이 우리를 작아지게 하지 않는 이유가 바로 여기 있습니다. 임신부의 기다림은 임신부를 작아지게 하지 않기 때문입니다. 우리는 그러한 기다림 중에서 오히려 커져 갑니다. 물론 우리는, 우리를 커지게 하는 그것을 아직 눈으로 볼 수는 없습니다. 그러나 기다림이 길어질수록 우리는 더욱 커져 가며, 우리의 기대 또한 더욱 기쁨으로 충만해집니다.

26-28 기다리다 지치는 순간에, 하나님의 영이 바로 우리 곁에서 우리를 도우십니다. 어떻게 또 무엇을 기도해야 할지 몰라도 괜찮습니다. 그분이 우리 안에서, 우리를 위해, 우리의 기도를 하십니다. 할 말을 잃어버린 우리의 탄식, 우리의 아픈 신음소리를 기도로 만들어 주시기 때문입니다. 그분은 우리 자신보다 우리를 훨씬 더 잘 아시고 임신부와 같은 우리 상태를 아셔서, 늘 우리를 하나님 앞에 머물게 하십니다. 그래서 우리는 하나님을 사랑하는 우리 삶 속에 일어나는 모든 일이, 결국에는 선한 것을 이루는 데 쓰인다는 확신을 갖고 살 수 있습니다.

29-30 하나님은 처음부터 자신이 하실 일을 분명히 아셨습니다. 처음부터 하나님은 그분을 사랑하는 사람들의 삶을 그분 아들의 삶을 본떠 빚으시려고 결정해 두셨습니다. 그분의 아들은 그분께서 회복시키신 인

we go through the hard times with him, then we're certainly going to go through the good times with him!

18-21 That's why I don't think there's any comparison between the present hard times and the coming good times. The created world itself can hardly wait for what's coming next. Everything in creation is being more or less held back. God reins it in until both creation and all the creatures are ready and can be released at the same moment into the glorious times ahead. Meanwhile, the joyful anticipation deepens.

22-25 All around us we observe a pregnant creation. The difficult times of pain throughout the world are simply birth pangs. But it's not only around us; it's *within* us. The Spirit of God is arousing us within. We're also feeling the birth pangs. These sterile and barren bodies of ours are yearning for full deliverance. That is why waiting does not diminish us, any more than waiting diminishes a pregnant mother. We are enlarged in the waiting. We, of course, don't see what is enlarging us. But the longer we wait, the larger we become, and the more joyful our expectancy.

26-28 Meanwhile, the moment we get tired in the waiting, God's Spirit is right alongside helping us along. If we don't know how or what to pray, it doesn't matter. He does our praying in and for us, making prayer out of our wordless sighs, our aching groans. He knows us far better than we know ourselves, knows our pregnant condition, and keeps us present before God. That's why we can be so sure that every detail in our lives of love for God is worked into something good.

29-30 God knew what he was doing from the very beginning. He decided from the outset to shape the lives of those who love him along the same lines as the life of his Son. The Son stands first in the line of humanity he restored. We see the original and intended shape of our lives

류의 맨 앞줄에 서 계십니다. 그분을 바라볼 때 우리는, 우리 삶이 본래 어떤 모습이었어야 하는지 깨닫게 됩니다. 하나님은 이처럼 그분의 자녀들이 어떤 모습이어야 하는지를 결정하신 뒤에, 그들의 이름을 불러 주셨습니다. 이름을 부르신 뒤에는, 그들을 그분 앞에 굳게 세워 주셨습니다. 또한 그들을 그렇게 굳게 세워 주신 뒤에는 그들과 끝까지 함께하시며, 그분이 시작하신 일을 영광스럽게 완성시켜 주셨습니다.

31-39 여러분, 어떻습니까? 이처럼 하나님이 우리 편이 되어 주셨는데, 어떻게 우리가 패배할 수 있겠습니까? 아들을 보내셔서 우리 인간의 처지를 껴안으셔서 최악의 일을 감수하기까지 하신 하나님, 그 하나님께서 우리를 위해 자신의 전부를 주저 없이 내놓으셨다면, 그분이 우리를 위해 기꺼이, 아낌없이 하시지 않을 일이 무엇이 있겠습니까? 누가 감히, 하나님께서 택하신 이들을 들먹이며 그분께 시비를 걸 수 있겠습니까? 누가 감히, 그들에게 손가락질할 수 있겠습니까? 우리를 위해 죽으신 분—우리를 위해 다시 살아나신 분!—께서 지금 이 순간에도 하나님 앞에서 우리를 변호하고 계십니다. 그 무엇이, 우리와 우리를 향하신 하나님의 사랑을 갈라놓을 수 있겠습니까? 절대 있을 수 없습니다! 고생도, 난관도, 증오도, 배고픔도, 노숙도, 위협도, 협박도, 심지어 성경에 나오는 최악의 죄들도 마찬가지입니다.

> 당신을 증오하는 자들은 눈 하나 깜박 않고 우리를 죽입니다.
> 그들의 손쉬운 표적인 우리는 하나씩 하나씩 처치됩니다.

그 무엇도 우리를 동요시키지 못합니다. 예수께서 우리를 사랑하시기 때문입니다. 나는 절대적으로 확신합니다. 그 무엇도—산 것이든 죽은 것이든, 천사적인 것이든 악마적인 것이든, 현재 것이든 장래 것이든, 높은 것이든 낮은 것이든, 생각할 수 있는 것이든 생각할 수 없는 것이든—절대적으로 그 무엇도, 우리를 하나님의 사랑에서 떼어 놓을 수 없습니다. 우리 주 예수께서 우리를 꼭 품어 안고 계시기 때문입니다.

자기 백성을 부르시는 하나님

9 1-5 내게는 늘 지고 다니는 큰 슬픔이 하나 있습니다. 여러분이 그것을 알아주었으면 합니다. 이는 내 마음 깊은 곳에 자리하는 큰 고통이며, 나는 한 번도 거기서 벗어나 본 적이 없습니다. 이는 결코 과장이 아닙니다. 그리스도와 성령께서 나의

there in him. After God made that decision of what his children should be like, he followed it up by calling people by name. After he called them by name, he set them on a solid basis with himself. And then, after getting them established, he stayed with them to the end, gloriously completing what he had begun.

31-39 So, what do you think? With God on our side like this, how can we lose? If God didn't hesitate to put everything on the line for us, embracing our condition and exposing himself to the worst by sending his own Son, is there anything else he wouldn't gladly and freely do for us? And who would dare tangle with God by messing with one of God's chosen? Who would dare even to point a finger? The One who died for us—who was raised to life for us!—is in the presence of God at this very moment sticking up for us. Do you think anyone is going to be able to drive a wedge between us and Christ's love for us? There is no way! Not trouble, not hard times, not hatred, not hunger, not homelessness, not bullying threats, not backstabbing, not even the worst sins listed in Scripture:

> They kill us in cold blood because they hate you.
> We're sitting ducks; they pick us off one by one.

None of this fazes us because Jesus loves us. I'm absolutely convinced that nothing—nothing living or dead, angelic or demonic, today or tomorrow, high or low, thinkable or unthinkable—absolutely *nothing* can get between us and God's love because of the way that Jesus our Master has embraced us.

God Is Calling His People

9 1-5 At the same time, you need to know that I carry with me at all times a huge sorrow. It's an enormous pain deep within me, and I'm never free of it. I'm not exaggerating—Christ and the Holy Spirit are my witnesses. It's

증인이십니다. 바로 이스라엘 백성에 관한 이야기입니다……. 내가 메시아께 저주를 받더라도 그들이 그분께 복을 받을 수 있는 길이 있다면, 나는 조금도 주저하지 않고 그렇게 하겠습니다. 그들은 내 동족입니다. 우리는 더불어 자랐습니다. 그들에게는 없는 것이 없었습니다. 동족, 영광, 언약, 계시, 예배, 약속들. 더욱이 그들은 메시아이신 그리스도께서 태어난 민족이기도 합니다. 그리스도는 모든 것을 다스리는 하나님이시며, 영원히 그러하십니다!

6-9 하나님께서 뭔가 일을 제대로 못하신 것이 아니냐는 생각은 잠시라도 품지 마십시오. 문제의 발단은 많이 거슬러 올라갑니다. 혈통에 따른 이스라엘 사람이라고 해서, 처음부터 다 영에 따른 이스라엘 사람인 것은 아니었습니다. 이스라엘 사람이라는 정체성을 부여해 준 것은 아브라함의 정자(精子)가 아니라, 하나님의 약속이었습니다. 어떻게 기록되어 있는지 기억하십니까? "네 가문은 이삭을 통해서만 이어질 것이다"라고 되어 있지 않습니까? 다시 말해, 이스라엘 사람이라는 정체성은 결코 성행위를 통해 전달되고 인종적으로 결정되는 것이 아니라, 하나님의 약속에 의해서 결정된다는 뜻입니다. 무슨 약속인지 기억하십니까? "내년 이맘때쯤 내가 다시 올 때에는 사라에게 아들이 있을 것이다"라는 말씀이었습니다.

10-13 그때만 그랬던 것이 아닙니다. 리브가에게도 약속이 주어졌는데, 출생의 순서보다 우선하는 약속이었습니다. 리브가가 우리 모두의 조상인 이삭의 아이를 가졌을 때, 또 그 아이들이 아직 아무것도 모르는—선도 악도 행할 수 없는—태아였을 때, 이미 그녀는 하나님에게서 특별한 보증의 말씀을 들었습니다. 이처럼 하나님께서 하신 일들을 살펴볼 때, 우리가 분명히 알게 되는 것이 있습니다. 그분의 목적은, 우리가 무엇을 하고 안 하고에 달려 있지 않습니다. 그것은 이루어질 수도 있고 안 이루어질 수도 있는 그런 것이 아니라, 그분의 결정에 의해 결정되고 그분의 주도로 확정된 확실한 무엇입니다. 하나님은 리브가에게 "너의 쌍둥이 중에 둘째가 첫째보다 뛰어날 것이다"라고 말씀하셨습니다. 후에 이 말씀은 "나는 야곱을 사랑했고, 에서는 미워했다"는 딱딱한 경구 형태로 등장합니다.

14-18 이것을 두고 우리가 하나님은 불공평하시다고 불평할 수 있을까요? 부디, 성급하게 판단하지 마십시오. *하나님은 모세에게 이렇게 말씀하셨습니다.* "자비도 내가 베푸는 것이고, 긍휼도 내가 베푸는 것이다." 다시 말하면, 긍휼은 우리의 동정 어린 심정이나 도덕적 노력에서 비롯되지 않고 하나님의 자비에서 비롯된다는 말씀입니다. 하나님께서 바로에게 하신 말씀도 같은 요지

the Israelites... If there were any way I could be cursed by the Messiah so they could be blessed by him, I'd do it in a minute. They're my family. I grew up with them. They had everything going for them—family, glory, covenants, revelation, worship, promises, to say nothing of being the race that produced the Messiah, the Christ, who is God over everything, always. Oh, yes!

6-9 Don't suppose for a moment, though, that God's Word has malfunctioned in some way or other. The problem goes back a long way. From the outset, not all Israelites of the flesh were Israelites of the spirit. It wasn't Abraham's sperm that gave identity here, but God's *promise*. Remember how it was put: "Your family will be defined by Isaac"? That means that Israelite identity was never racially determined by sexual transmission, but it was *God*-determined by promise. Remember that promise, "When I come back next year at this time, Sarah will have a son"?

10-13 And that's not the only time. To Rebecca, also, a promise was made that took priority over genetics. When she became pregnant by our one-of-a-kind ancestor, Isaac, and her babies were still innocent in the womb—incapable of good or bad—she received a special assurance from God. What God did in this case made it perfectly plain that his purpose is not a hit-or-miss thing dependent on what we do or don't do, but a sure thing determined by his decision, flowing steadily from his initiative. God told Rebecca, "The firstborn of your twins will take second place." Later that was turned into a stark epigram: "I loved Jacob; I hated Esau."

14-18 Is that grounds for complaining that God is unfair? Not so fast, please. God told Moses, "*I'm* in charge of mercy. *I'm* in charge of compassion." Compassion doesn't originate in our bleeding hearts or moral sweat, but in God's mercy. The same point

의 말씀입니다. "나는 나의 구원 능력이 펼쳐지는 이 드라마에서 너를 단역으로 쓰려고 골랐다." 이 모든 이야기를 한마디로 하면, 결정권은 처음부터 하나님께 있다는 것입니다. 하나님께서 일을 주도하셨고, 우리는 그 일에서 좋은 역할이든 나쁜 역할이든 우리 역할을 할 뿐입니다.

19 이렇게 이의를 제기하시렵니까? "모든 것을 다 하나님이 결정하시는 것이라면, 어떻게 하나님이 우리에게 책임을 물을 수 있단 말인가? 큰 결정은 이미 다 내려져 있는데, 대체 우리가 할 수 있는 것이 무엇이란 말인가?"

20-33 대체 여러분은 누구이기에 이런 식으로 하나님에 대해 이러쿵저러쿵 할 수 있다고 생각하는 것입니까? 사람이 감히 하나님을 문제 삼을 수 있다고 생각합니까? 진흙이 자기를 빚고 있는 손을 향해 "왜 당신은 나를 이런 모양으로 만들고 있습니까?" 하고 묻는 법은 없습니다. 한 진흙덩이로는 꽃을 담는 병을, 또 다른 진흙덩이로는 콩 조리용 항아리를 만들 수 있는 완전한 권리가 토기장이에게 있는 것이 분명하지 않습니까? 하나님께서 당신의 노여움을 보여줄 목적으로 한 모양의 도기를 특별히 고안하시고, 당신의 영광스런 선을 보여줄 목적으로 또 다른 모양의 도기를 정교히 제작하셨다는 것에, 대체 무슨 문제가 있을 수 있겠습니까? 전자나 후자나 또는 두 경우 모두에 유대 민족이 해당될 때가 있었고, 이는 다른 민족들의 경우도 마찬가지입니다. 호세아가 이를 잘 표현해 줍니다.

> 내가 이름 없는 사람들을 불러 이름 있는 사람들로 만들겠다.
> 내가 사랑받지 못한 사람들을 불러 사랑받는 사람들로 만들겠다.
> 사람들이 "이 하찮은 것들!"이라고 퍼붓던 그곳에서,
> "하나님의 살아 있는 자녀들"이라고 불리게 되리라.

이사야도 이런 사실을 역설합니다.

> 해변의 모래알 하나하나에 다 숫자가 매겨지고
> 그 합한 것에 "하나님이 택하신 사람들"이라는 라벨이 붙더라도
> 그것들은 여전히 숫자에 불과할 뿐, 이름이 아니다.
> 구원은 택하심을 통해 오는 것.
> 하나님은 우리를 수로 세지 않으신다. 그분은 우리를 이름으로 부르신다.
> 산술은 그분의 관심이 아니다.

이사야는 앞날을 정확히 내다보며 이렇게 말했습니다.

was made when God said to Pharaoh, "I picked you as a bit player in this drama of my salvation power." All we're saying is that God has the first word, initiating the action in which we play our part for good or ill.

19 Are you going to object, "So how can God blame us for anything since he's in charge of everything? If the big decisions are already made, what say do we have in it?"

20-33 Who in the world do you think you are to second-guess God? Do you for one moment suppose any of us knows enough to call God into question? Clay doesn't talk back to the fingers that mold it, saying, "Why did you shape me like this?" Isn't it obvious that a potter has a perfect right to shape one lump of clay into a vase for holding flowers and another into a pot for cooking beans? If God needs one style of pottery especially designed to show his angry displeasure and another style carefully crafted to show his glorious goodness, isn't that all right? Either or both happens to Jews, but it also happens to the other people. Hosea put it well:

> I'll call nobodies and make them somebodies;
> I'll call the unloved and make them beloved.
> In the place where they yelled out, "You're nobody!"
> they're calling you "God's living children."

Isaiah maintained this same emphasis:

> If each grain of sand on the seashore were numbered
> and the sum labeled "chosen of God,"
> They'd be numbers still, not names;
> salvation comes by personal selection.
> God doesn't count us; he calls us by name.
> Arithmetic is not his focus.

Isaiah had looked ahead and spoken the truth:

능하신 우리 하나님께서
우리에게 살아 있는 자녀를 유산으로 남겨 주지 않으셨더라면,
우리는 유령 마을처럼
소돔과 고모라처럼 되고 말았을 것이다.

이것을 모두 종합해 보면 무슨 말입니까? 하나님께서 하고 계신 일에 관심 없어 보였던 사람들이, 실제로는 하나님이 하고 계신 일, 곧 그들의 삶을 바로 세우시는 하나님의 일을 받아들였습니다. 그러나 하나님께서 하고 계신 일에 대해 읽고 이야기하는 일에 그토록 관심 많아 보였던 이스라엘은, 결국 그것을 놓치고 말았습니다. 어떻게 그들이 그것을 놓칠 수 있었던 것일까요? 그들이 하나님을 신뢰하는 대신에, 자기 자신을 앞세웠기 때문입니다. 그들은 자기들이 하고 있는 일에 푹 빠져 있었습니다. 그들은 자신들의 '하나님 프로젝트'에 너무도 푹 빠져 있어서, 그만 바로 눈앞에 계신 하나님을 주목하지 못했습니다. 길 한복판에 우뚝 솟은 거대한 바위 같은 그분을 말입니다. 그들은 그분과 부닥쳤고 큰 대자로 쭉 뻗어 버리고 말았습니다. (이번에도!) 이사야가 은유를 통해 이를 잘 표현해 줍니다.

조심하여라! 내가 시온 산으로 가는 길에 큰 돌을 놓아두었다.
너희가 피해 돌아갈 수 없는 돌을 두었다.
그런데 그 돌은 바로 나다! 그러므로 너희가 나를 찾고 있다면,
길 가다 내게 걸려 넘어지지 않아야 비로소 나를 만나게 될 것이다.

종교에 빠져 있는 이스라엘

10 1-3 친구 여러분, 참으로 내가 원하는 것은 이스라엘이 가장 선한 것, 곧 구원을 얻는 것입니다. 나는 온 마음으로 그것을 원하며, 늘 그것을 위해 하나님께 기도드립니다. 나는 하나님에 대한 유대인의 열정이 참 대단하다는 사실을 기꺼이 인정합니다. 그러나 문제는, 그들의 모든 일이 본말이 전도되어 있다는 것입니다. 모든 것을 바로 세우는 이 구원의 일은 하나님이 하시는 사업이며, 그것도 대단히 번창하고 있는 사업이라는 사실을 그들은 깨닫지 못하고 있습니다. 그래서 그들은 길거리 바로 맞은편에 자신들의 구원 판매점을 차려 놓고서 요란스럽게 자신들의 물건을 팔고 있습니다. 오랜 시간 동안 하나님을 하나님에 걸맞게 대해 드리지 않고 자기들 멋대로 다루어 온 결과, 이제 그들은 더는 내놓을 것이 없

If our powerful God
had not provided us a legacy of living children,
We would have ended up like ghost towns,
like Sodom and Gomorrah.

How can we sum this up? All those people who didn't seem interested in what God was doing actually *embraced* what God was doing as he straightened out their lives. And Israel, who seemed so interested in reading and talking about what God was doing, missed it. How could they miss it? Because instead of trusting God, *they* took over. They were absorbed in what they themselves were doing. They were so absorbed in their "God projects" that they didn't notice God right in front of them, like a huge rock in the middle of the road. And so they stumbled into him and went sprawling. Isaiah (again!) gives us the metaphor for pulling this together:

Careful! I've put a huge stone on the road to Mount Zion,
a stone you can't get around.
But the stone is me! If you're looking for me,
you'll find me on the way, not in the way.

Israel Reduced to Religion

10 1-3 Believe me, friends, all I want for Israel is what's best for Israel: salvation, nothing less. I want it with all my heart and pray to God for it all the time. I readily admit that the Jews are impressively energetic regarding God—but they are doing everything exactly backward. They don't seem to realize that this comprehensive setting-things-right that is salvation is *God's* business, and a most flourishing business it is. Right across the street they set up their own salvation shops and noisily hawk their wares. After all these years of refusing to really deal with God on his terms, insisting instead on making their own deals, they have nothing to show for it.

게 되었습니다.

4-10 앞선 계시는, 다만 우리를 준비시키기 위한 것이었습니다. 자신을 신뢰하는 사람들을 위해 모든 것을 바로 세워 주시는 메시아를 맞이할 준비입니다. 모세가 기록했듯이, 한사코 율법 조문을 이용해 하나님 앞에 바로 서겠다는 자들은, 곧 그렇게 사는—깨알 같은 계약서 조항들에 일일이 얽매여 사는!—것이 결코 쉽지 않다는 사실을 알게 됩니다. 그러나 우리 안에 바른 삶을 형성시켜 주시는 하나님을 신뢰하는 것은 전혀 다른 이야기입니다. 여기서는, 메시아를 모셔 오겠다고 위험천만하게 하늘까지 올라갈 일도 없고, 또 메시아를 구출하겠다고 위험천만하게 지옥까지 내려갈 일도 없습니다. 모세가 정확히 뭐라고 말했습니까?

구원하시는 말씀이 바로 여기 있다.
너의 입 속 혀처럼 가까이,
너의 가슴 속 심장처럼 가까이.

이 말씀이란, 우리를 위해 모든 것을 바로 세워 주시며 일하시는 하나님을 받아들이는 믿음의 말씀을 말합니다. 우리가 전하는 메시지의 핵심이 바로 이것입니다. 하나님을 받아들이며 "예수가 나의 주님이시다" 라고 말하십시오. 예수를 죽은 자들 가운데서 살려 내실 때 하셨던 일을 지금 우리 안에서도 행하고 계신 하나님의 일을, 마음과 몸을 다해 받아들이십시오. 그렇습니다. 바로 그것입니다. 이는 여러분이 무엇인가 "해내는" 것이 아닙니다. 여러분은 그저 하나님을 소리내어 부를 뿐입니다. 그분께서 여러분을 위해 일하실 것을 신뢰하면서 말입니다. 이것이 바로 구원입니다. 여러분은 전 존재를 기울여, 모든 것을 바로 세워 주시는 하나님을 받아들이며 큰소리로 외칩니다. "하나님께서 그분과 나 사이 모든 것을 바로 세워 주셨다!"

11-13 성경도 우리에게 확신을 심어 줍니다. "마음과 목숨을 다해 하나님을 신뢰하는 사람들은 결코 후회하는 법이 없다." 이는 우리의 종교적 배경과는 아무 상관이 없는 일입니다. 우리 모두에게 동일하신 하나님께서, 소리쳐 도움을 청하는 모든 사람들에게 믿을 수 없을 만큼 동일하게 풍성히 베풀어 주십니다. "'하나님, 도와주세요!' 하고 외치는 사람은 누구나 도움을 얻습니다."

14-17 하지만, 누구를 신뢰해야 하는지 모른다면 어떻게 도움을 청할 수 있겠습니까? 신뢰할 수 있는 그분에 대해 들어보지 못했다면 어떻게 그분을 신뢰할 수 있겠습니까? 말해 주는 사람이 없다면 어떻게 그분에 대해 전해 들을 수 있겠습니까? 또한 보냄을 받은 사람이 없다면 누가 그분에 대해 말해 주는 일을 하겠습니까? 그

4-10 The earlier revelation was intended simply to get us ready for the Messiah, who then puts everything right for those who trust him to do it. Moses wrote that anyone who insists on using the law code to live right before God soon discovers it's not so easy—every detail of life regulated by fine print! But trusting God to shape the right living in us is a different story—no precarious climb up to heaven to recruit the Messiah, no dangerous descent into hell to rescue the Messiah. So what exactly was Moses saying?

The word that saves is right here,
as near as the tongue in your mouth,
as close as the heart in your chest.

It's the word of faith that welcomes God to go to work and set things right for us. This is the core of our preaching. Say the welcoming word to God—"Jesus is my Master"—embracing, body and soul, God's work of doing in us what he did in raising Jesus from the dead. That's it. You're not "doing" anything; you're simply calling out to God, trusting him to do it for you. That's salvation. With your whole being you embrace God setting things right, and then you say it, right out loud: "God has set everything right between him and me!"

11-13 Scripture reassures us, "No one who trusts God like this—heart and soul—will ever regret it." It's exactly the same no matter what a person's religious background may be: the same God for all of us, acting the same incredibly generous way to everyone who calls out for help. "Everyone who calls, 'Help, God!' gets help."

14-17 But how can people call for help if they don't know who to trust? And how can they know who to trust if they haven't heard of the One who can be trusted? And how can they hear if nobody tells them? And how is anyone going to tell them, unless someone is sent to do it? That's why Scripture exclaims,

러므로 성경은 이렇게 외칩니다.

숨 막히는 저 광경을 보라!
하나님께서 행하신 온갖 좋은 일을 들려주는 사람들의
저 장대한 행렬을!

그러나 모든 사람이 다 말씀을 받아들일 준비, 보고 듣고 행동할 준비가 되어 있는 것은 아닙니다. 이사야도 우리 모두가 다 한 번씩은 던질 법한 질문을 던졌습니다. "하나님, 누가 관심을 보입니까? 이 말씀에 귀 기울이고 믿는 사람이 누가 있습니까?" 중요한 것은 이것입니다. 신뢰할 수 있으려면 먼저 귀 기울여 들어야 합니다. 그러나 귀 기울여 들을 것이 있으려면 먼저 그리스도의 말씀이 전해져야 합니다.

18-21 그러나 이스라엘의 경우는, 지금 일어나고 있는 일에 대해 듣고 깨달을 수 있는 기회가 충분히, 정말 충분히 있지 않았던가요?

전하는 사람들의 목소리가 온 세상에 울려 퍼졌고
그들의 메시지가 땅의 칠대양에까지 미쳤다.

그러므로 중요한 질문은 이것입니다. 왜 이스라엘은 이 메시지에 대한 독점권이 자신에게 없다는 사실을 깨닫지 못했던 것일까요? 다음과 같이 예언한 모세가 바로 보았습니다.

여러분은 하나님께서
여러분이 낮추어 보는 사람들—이방인들!—에게 다가가시는 것을 보게 될 것이고,
질투심에 미칠 것입니다.
여러분은 하나님께서
여러분이 종교적으로 하등하다고 여기는 사람들에게 다가가시는 것을 보게 될 것이고,
울화가 치밀 것입니다.

이사야는 담대하게 하나님의 말씀을 이렇게 전합니다.

나를 찾지도 않던 사람들이
나를 만났고 받아들였다.
나 또한 나에 대해 묻지도 않았던 사람들을
만났고 받아들였다.

그러고는 분명한 고발로 마무리 짓습니다.

날이면 날마다
나는 두 팔 벌려 이스라엘을 불렀건만,

A sight to take your breath away!
Grand processions of people
telling all the good things of God!

But not everybody is ready for this, ready to see and hear and act. Isaiah asked what we all ask at one time or another: "Does anyone care, God? Is anyone listening and believing a word of it?" The point is: Before you trust, you have to listen. But unless Christ's Word is preached, there's nothing to listen to.

18-21 But haven't there been plenty of opportunities for Israel to listen and understand what's going on? *Plenty*, I'd say.

Preachers' voices have gone 'round the world,
Their message to earth's seven seas.

So the big question is, Why didn't Israel understand that she had no corner on this message? Moses had it right when he predicted,

When you see God reach out to those
you consider your inferiors—outsiders!—
you'll become insanely jealous.
When you see God reach out to people
you think are religiously stupid,
you'll throw temper tantrums.

Isaiah dared to speak out these words of God:

People found and welcomed me
who never so much as looked for me.
And I found and welcomed people
who had never even asked about me.

Then he capped it with a damning indictment:

Day after day after day,
I beckoned Israel with open arms,

이런 수고에도 내게 돌아온 것은
냉대와 차가운 시선뿐이었다.

충성스런 소수

11 1-2 그렇다면 하나님께서, 이제 이스라엘이라면 넌더리가 나서 그들과 아예 절교하시려 한다는 말입니까? 그렇지 않습니다. 기억하십시오. 지금 이런 이야기를 쓰고 있는 나 역시 이스라엘 사람으로서, 베냐민 지파 출신이며 아브라함의 후손입니다. 이보다 더 확실한 셈족 혈통을 본 적 있습니까? 우리는 절교 이야기를 하려는 것이 아닙니다. 하나님은 쉽게 이스라엘에게서 손을 떼어 버리실 수 없습니다. 그동안 이스라엘과 너무 오랫동안 관계를 맺어 오셨고, 투자하신 것이 너무 많습니다.

2-6 이런 이스라엘을 두고 엘리야가 몹시 괴로워하며 기도 가운데 외쳤던 것을 기억하십니까?

하나님, 그들이 주님의 예언자들을 죽였고
주님의 제단을 짓밟았습니다.
저만 홀로 남았는데, 이제 그들이 저의 뒤도 쫓고 있습니다!

하나님의 대답이 무엇이었는지 기억하십니까?

내게는, 아직 무릎 꿇지 않은 칠천 명이 있다.
끝까지 충성을 다하고 있는 칠천 명이 있다.

오늘날도 마찬가지입니다. 지금도 치열한 모습으로 충성을 다하는 소수가 남아 있습니다. 많지 않은 수일 것입니다. 하지만 여러분이 생각하는 것보다는 많은 수일 것입니다. 그들이 그처럼 버티고 있는 것은, 무언가 얻을 것이 있어서가 아닙니다. 그들은 다만 자신을 택해 주신 하나님의 은혜와 목적에 대해 확신하고 있기 때문입니다. 그들이 그저 눈앞의 사욕만을 생각했더라면, 이미 오래전에 포기하고 물러났을 것입니다.

7-10 결국 어떻게 되었습니까? 이스라엘이 자신의 사욕을 도모하며 자기 힘으로 하나님 앞에 서려고 했을 때, 이스라엘은 성공하지 못했습니다. 하나님께 택함받은 사람들은, 하나님께서 그들을 통해 그분의 뜻을 도모하시도록 했던 사람들이었습니다. 그들은 그분께 정당성을 인정받았습니다. 사욕을 도모한 이스라엘은 하나님을 향해 바위처럼 굳어 버렸습니다. 여기에 대해 모세와 이사야도 이렇게 평했습니다.

싸움질 좋아하고 자기중심적인 그들에게 넌더리가 나신
하나님은

And got nothing for my trouble
but cold shoulders and icy stares.

The Loyal Minority

11 1-2 Does this mean, then, that God is so fed up with Israel that he'll have nothing more to do with them? Hardly. Remember that I, the one writing these things, am an Israelite, a descendant of Abraham out of the tribe of Benjamin. You can't get much more Semitic than that! So we're not talking about repudiation. God has been too long involved with Israel, has too much invested, to simply wash his hands of them.

2-6 Do you remember that time Elijah was agonizing over this same Israel and cried out in prayer?

God, they murdered your prophets,
They trashed your altars;
I'm the only one left and now they're after me!

And do you remember God's answer?

I still have seven thousand who haven't quit,
Seven thousand who are loyal to the finish.

It's the same today. There's a fiercely loyal minority still—not many, perhaps, but probably more than you think. They're holding on, not because of what they think they're going to get out of it, but because they're convinced of God's grace and purpose in choosing them. If they were only thinking of their own immediate self-interest, they would have left long ago.

7-10 And then what happened? Well, when Israel tried to be right with God on her own, pursuing her own self-interest, she didn't succeed. The chosen ones of God

그들을 눈멀고 귀먹게 하셨고
그들로 그들 자신 안에 갇히게 하셨는데,
그들은 지금까지도 계속 그렇게 갇혀 있다.

다윗도 그런 사람들에 대해 몹시 불편한 마음을 드러냈습니다.

그들이 그렇게 자기 뱃속만 채우며 먹다가 탈이 나 버렸으면,
그렇게 자기 잇속만 차리며 가다가 다리가 부러졌으면 좋겠습니다.
그들이 그렇게 자기만 쳐다보다가 눈이 멀어 버리기를,
그렇게 신(神) 행세를 하다가 궤양에 걸려 버렸으면 좋겠습니다.

이방인의 구원

11-12 이런 질문이 나올 수 있습니다. '그렇다면 이제 그들은 완전히 끝난 것인가? 영원히 나가 버린 것인가?' 답은 분명합니다. 결코 그렇지 않습니다. 아이러니하게도, 그들이 퇴장하면서 열고 나간 문으로 이방인들이 입장할 수 있게 되었습니다. 그런데 여러분도 아시는 것처럼, 지금 유대인들은 자신들이 무언가 좋은 것을 제 발로 차 버리고 나가 버린 것이 아닌가 하는 의구심을 갖기 시작했습니다. 한번 상상해 보십시오. 그들이 나가 버린 것이 온 세상에 걸쳐 이방인들이 하나님 나라로 몰려오는 일을 촉발시켰다면, 그 유대인들이 다시 돌아올 때는 그 효과가 과연 어떠하겠습니까? 그 귀향이 무엇을 가져올지 상상해 보십시오!
13-15 그러나 그들에 대한 이야기는 여기서 그만하려고 합니다. 지금 나의 관심사는 바로 여러분, 곧 이방인들이기 때문입니다. 나는 이방인이라고 하는 여러분에 대해 특별한 사명을 받은 사람입니다. 나는 이 사실을, 나의 동족인 이스라엘 사람들 가운데 있을 때 최대한 자랑하며 강조하곤 합니다. 나는 그들이 지금 스스로 놓치고 있는 것을 깨닫게 되고, 하나님께서 하고 계신 일에 동참하려는 마음을 품게 되기를 바라기 때문입니다. 그들이 떨어져 나간 일로 인해 이처럼 온 세상에 걸쳐 하나되는 일이 시작되었다면, 그들이 다시 돌아올 때는 더 큰 일이 촉발될 것입니다. 엄청난 *귀향이 있을 것입니다! 이렇게* 유대인들이 저지른 일이, 그들로서는 잘못한 일이었지만 여러분에게는 좋은 일이 되었다면, 그들이 그 일을 바로잡을 때는 과연 어떻게 될지 생각해 보십시오!
16-18 이 모든 일의 배후와 바탕에는 어떤 거룩한 뿌리

were those who let God pursue his interest in them, and as a result received his stamp of legitimacy. The "self-interest Israel" became thick-skinned toward God. Moses and Isaiah both commented on this:

Fed up with their quarrelsome, self-centered ways,
God blurred their eyes and dulled their ears,
Shut them in on themselves in a hall of mirrors,
and they're there to this day.

David was upset about the same thing:

I hope they get sick eating self-serving meals,
break a leg walking their self-serving ways.
I hope they go blind staring in their mirrors,
get ulcers from playing at god.

Pruning and Grafting Branches

11-12 The next question is, "Are they down for the count? Are they out of this for good?" And the answer is a clear-cut No. Ironically when they walked out, they left the door open and the outsiders walked in. But the next thing you know, the Jews were starting to wonder if perhaps they had walked out on a good thing. Now, if their leaving triggered this worldwide coming of non-Jewish outsiders to God's kingdom, just imagine the effect of their coming back! What a homecoming!
13-15 But I don't want to go on about them. It's you, the outsiders, that I'm concerned with now. Because my personal assignment is focused on the so-called outsiders, I make as much of this as I can when I'm among my Israelite kin, the so-called *insiders*, hoping they'll realize what they're missing and want to get in on what God is doing. If their falling out initiated this worldwide coming together, their recovery is going to set off something even better: mass homecoming! If the first thing the Jews did, even though it was wrong for them, turned out for your good, just think

가 자리 잡고 있습니다. 하나님께서 심으시고 기르시고 계신 뿌리입니다. 근본 뿌리가 거룩한 나무에는 거룩한 열매가 맺힐 수밖에 없습니다. 지금 상황은 이러합니다. 그 나무의 가지 중 얼마는 가지치기를 당하고, 대신에 야생 올리브나무 가지인 여러분이 그 나무에 접붙임을 받은 것입니다. 그러나 여러분이 지금 그 비옥하고 거룩한 뿌리로부터 영양을 공급받고 있다고 해서, 여러분이 그 가지치기 당한 가지들 앞에서 우쭐댈 수는 없습니다. 기억하십시오. 여러분이 그 뿌리에 영양을 공급하고 있는 것이 아니라, 그 뿌리가 여러분에게 영양을 공급하고 있는 것입니다.

19-20 이런 말이 나올 법합니다. '다른 가지들이 가지치기를 당한 것은 나를 접붙이기 위한 것이 아닌가?' 그렇습니다. 하지만 기억하십시오. 그들이 그렇게 가지치기 당한 것은, 그들이 믿음과 헌신을 통해 계속해서 그 뿌리에 연결되어 있지 않고 말라죽어 버렸기 때문입니다. 지금 여러분이 그 나무에 붙어 있는 것은, 다만 여러분이 믿음으로 그 나무에 접붙여졌기 때문입니다. 믿음을 길러 주는 그 뿌리에 연결되어 있기 때문입니다. 그러므로 자만해져서 뽐내는 가지가 되지 마십시오. 여러분이 연하고 푸릇푸릇할 수 있는 것은, 오직 그 뿌리 덕이라는 사실을 늘 겸손 가운데 기억하십시오.

21-22 본래의 가지에 주저 없이 가위를 대신 하나님이시라면, 여러분에게는 어떠하시겠습니까? 그분은 조금도 주저하지 않으실 것입니다. 하나님은 온화하고 인자하신 분이지만, 동시에 가차 없고 엄하신 분이기도 하다는 사실을 반드시 명심하십시오. 그분은 말라죽은 가지에 대해서는 가차 없으시되, 접붙여진 가지에 대해서는 온화하십니다. 그분의 온화하심을 믿고 방자하게 굴 생각은 버리십시오. 여러분이 말라죽은 가지가 되는 순간, 여러분은 가차 없이 내쳐지게 됩니다.

23-24 그러니 여러분은 바닥에 나뒹구는 가지치기 당한 가지들을 보며 우월감에 젖지 않도록 하십시오. 계속 죽은 가지로 남기를 고집하지 않는다면, 그들도 얼마든지 다시 접붙임 받을 수 있습니다. 하나님은 그렇게 하실 수 있습니다. 그분은 기적적인 접붙임을 행하실 수 있는 분입니다. 바깥 야생 나무에서 잘려 나온 가지들인 여러분을 접붙여 내신 그분에게는, 그 나무에 본래 붙어 있던 가지들을 다시 접붙이는 일은 분명 일도 아닐 것입니다. 다만 여러분은, 지금 여러분이 그 나무에 붙어 있다는 사실을 기뻐하며 다른 사람들도 다 잘되기를 바라십시오.

what's going to happen when they get it right!

16-18 Behind and underneath all this there is a holy, God-planted, God-tended root. If the primary root of the tree is holy, there's bound to be some holy fruit. Some of the tree's branches were pruned and you wild olive shoots were grafted in. Yet the fact that you are now fed by that rich and holy root gives you no cause to crow over the pruned branches. Remember, you aren't feeding the root; the root is feeding you.

19-20 It's certainly possible to say, "Other branches were pruned so that *I* could be grafted in!" Well and good. But they were pruned because they were deadwood, no longer connected by belief and commitment to the root. The only reason you're on the tree is because your graft "took" when you believed, and because you're connected to that belief-nurturing root. So don't get cocky and strut your branch. Be humbly mindful of the root that keeps you lithe and green.

21-22 If God didn't think twice about taking pruning shears to the natural branches, why would he hesitate over you? He wouldn't give it a second thought. Make sure you stay alert to these qualities of gentle kindness and ruthless severity that exist side by side in God—ruthless with the deadwood, gentle with the grafted shoot. But don't presume on this gentleness. The moment you become deadwood, you're out of there.

23-24 And don't get to feeling superior to those pruned branches down on the ground. If they don't persist in remaining deadwood, they could very well get grafted back in. God can do that. He can perform miracle grafts. Why, if he could graft *you*—branches cut from a tree out in the wild—into an orchard tree, he certainly isn't going to have any trouble grafting branches back into the tree they grew from in the first place. Just be glad you're in the tree, and hope for the best for the others.

완성된 이스라엘

25-29 친구 여러분, 나는 최대한 분명하게 짚고 넘어가려고 합니다. 이 문제는 결코 단순한 문제가 아닙니다. 현재 상황을 잘못 해석해서, 오만하게도 자칫 여러분은 왕족이고 저들은 내쳐진 천민인 것처럼 생각할 수 있습니다. 전혀 그렇지 않습니다. 이스라엘이 현재 하나님에 대해 완고해져 있는 것은 일시적인 현상입니다. 그 효과로, 모든 이방인을 향해 문이 열리게 되었고, 그래서 마침내 집이 꽉 차게 될 것입니다. 그러나 이 일이 다 이루어지기 전에, 먼저 이스라엘이 완성되는 일이 있을 것입니다. 이렇게 기록되어 있듯이 말입니다.

> 한 투사가 시온 산에서 성큼성큼 내려와서는
> 야곱의 집을 깨끗이 치울 것이다.
> 내가 내 백성에게 반드시 하고야 말 일이 이것이다.
> 그들에게서 내가 죄를 제거할 것이다.

메시지의 복된 소식을 듣고 받아들인 여러분의 입장에서 보면, 유대인들이 마치 하나님의 원수처럼 보일 것입니다. 그러나 하나님의 전체 목적이라는 원대한 시각에서 보면, 그들은 여전히 하나님의 가장 오래된 친구입니다. 하나님의 선물과 하나님의 부르심에는 완전한 보증이 붙어 있습니다. 결코 취소되거나 무효가 될 수 없습니다.

30-32 불과 얼마 전까지만 해도 여러분은 하나님께 바깥 사람이었습니다. 그러나 유대인들이 하나님께 등을 돌렸고, 여러분에게는 문이 열렸습니다. 이제 그들이 하나님께 바깥 사람이 된 것입니다. 그런데 여러분에게 문이 활짝 열린 것으로 인해, 그들에게도 다시 들어올 수 있는 길이 열렸습니다. 이렇게 혹은 저렇게, 하나님께서는 우리 모두로 하여금 한 번씩 다 바깥에 처해 보는 경험을 하게 하셨습니다. 이것은 그분께서 친히 문을 여시고, 우리를 다시 안으로 받아들이시기 위해서입니다.

33-36 이 비할 데 없는 하나님의 엄청난 관대하심과 깊고 깊은 지혜! 우리는 결코 다 이해하지 못하며, 다 헤아려 알 수도 없습니다.

> 하나님을 설명할 수 있는 이 누구인가?
> *그분께 하실 일을 아뢸 수 있을 만큼 똑똑한 이 누구인가?*
> 하나님이 조언을 구하시는 이 누구며
> 그분께 도움이 된 이 누구인가?
> 모든 것이 그분에게서 시작하고

A Complete Israel

25-29 I want to lay all this out on the table as clearly as I can, friends. This is complicated. It would be easy to misinterpret what's going on and arrogantly assume that you're royalty and they're just rabble, out on their ears for good. But that's not it at all. This hardness on the part of insider Israel toward God is temporary. Its effect is to open things up to all the outsiders so that we end up with a full house. Before it's all over, there will be a complete Israel. As it is written,

> A champion will stride down from the mountain of Zion;
> he'll clean house in Jacob.
> And this is my commitment to my people:
> removal of their sins.

From your point of view as you hear and embrace the good news of the Message, it looks like the Jews are God's enemies. But looked at from the long-range perspective of God's overall purpose, they remain God's oldest friends. God's gifts and God's call are under full warranty–never canceled, never rescinded.

30-32 There was a time not so long ago when you were on the outs with God. But then the Jews slammed the door on him and things opened up for you. Now *they* are on the outs. But with the door held wide open for you, they have a way back in. In one way or another, God makes sure that we all experience what it means to be outside so that he can personally open the door and welcome us back in.

33-36 Have you ever come on anything quite like this extravagant generosity of God, this deep, deep wisdom? It's way over our heads. We'll never figure it out.

> Is there anyone around who can explain God?
> Anyone smart enough to tell him what to do?
> Anyone who has done him such a huge favor
> that God has to ask his advice?
> Everything comes from him;

그분을 통해 일어나며
그분에게서 마친다.
영원토록 영광! 영원토록 찬양!
오, 참으로 그러하기를!

하나님께 바쳐진 삶

12 1-2 그러므로 나는, 이제 여러분이 이렇게 살기를 바랍니다. 하나님께서 여러분을 도우실 것입니다. 여러분의 매일의 삶, 일상의 삶—자고 먹고 일하고 노는 모든 삶—을 하나님께 헌물로 드리십시오. 하나님께서 여러분을 위해 하시는 일을 받아들이는 것이, 바로 여러분이 그분을 위해 할 수 있는 최선의 일입니다. 문화에 너무 잘 순응하여 아무 생각 없이 동화되어 버리는 일이 없도록 하십시오. 대신에, 여러분은 하나님께 시선을 고정하십시오. 그러면 속에서부터 변화가 일어날 것입니다. 그분께서 여러분에게 바라시는 것을 흔쾌히 인정하고, 조금도 머뭇거리지 말고 거기에 응하십시오. 여러분을 둘러싸고 있는 문화는 늘 여러분을 미숙한 수준으로 끌어 낮추려 하지만, 하나님께서는 언제나 여러분에게서 최선의 것을 이끌어 내시고 여러분 안에 멋진 성숙을 길러 주십니다.
3 하나님께서 주신 것들에 대한 깊은 감사의 마음으로, 여러분에 대해 특별한 사명을 받은 사람으로서 말씀드립니다. 여러분은 순전히 은혜 가운데 살고 있습니다. 여러분이 마치 하나님께 뭔가 좋은 것을 해 드리고 있는 것처럼 착각하지 마십시오. 그렇지 않습니다. 실은, 하나님께서 여러분에게 온갖 좋은 것을 가져다주고 계신 것입니다. 우리가 우리 자신을 바르게 알게 되는 것은, 오직 하나님과 또한 그분이 우리를 위해 하고 계신 일에 주목할 때이지, 우리 자신과 또한 우리가 그분을 위해 하는 일에 주목할 때가 아닙니다.
4-6 우리 각자는 사람 몸의 다양한 부분과 같습니다. 각 부분은 전체 몸에게서 의미를 얻습니다. 그 반대는 아닙니다. 지금 우리가 말하는 몸은, 택함받은 사람들로 이루어진 그리스도의 몸을 말합니다. 우리 각자의 의미와 기능은, 우리가 그분 몸의 한 부분으로서 갖는 의미와 기능입니다. 잘려 나간 손가락, 잘려 나간 발가락이라면 무슨 대단한 의미와 기능이 있겠습니까? 우리는 그리스도의 몸 안에서, 빼어난 모양과 탁월한 기능을 부여받은 부분 부분들로 지음받았습니다. 그러므로 우리는 지음받은 본연의 모습대로 살아가야 합니다. 시기심이나 교만한 마음을 품고서 다른 사람들과 자신을 비교해서는 안됩니다. 자기가

Everything happens through him;
Everything ends up in him.
Always glory! Always praise!
Yes. Yes. Yes.

Place Your Life Before God

12 1-2 So here's what I want you to do, God helping you: Take your everyday, ordinary life—your sleeping, eating, going-to-work, and walking-around life—and place it before God as an offering. Embracing what God does for you is the best thing you can do for him. Don't become so well-adjusted to your culture that you fit into it without even thinking. Instead, fix your attention on God. You'll be changed from the inside out. Readily recognize what he wants from you, and quickly respond to it. Unlike the culture around you, always dragging you down to its level of immaturity, God brings the best out of you, develops well-formed maturity in you.
3 I'm speaking to you out of deep gratitude for all that God has given me, and especially as I have responsibilities in relation to you. Living then, as every one of you does, in pure grace, it's important that you not misinterpret yourselves as people who are bringing this goodness to God. No, God brings it all to you. The only accurate way to understand ourselves is by what God is and by what he does for us, not by what we are and what we do for him.
4-6 In this way we are like the various parts of a human body. Each part gets its meaning from the body as a whole, not the other way around. The body we're talking about is Christ's body of chosen people. Each of us finds our meaning and function as a part of his body. But as a chopped-off finger or cut-off toe we wouldn't amount to much, would we? So since we find ourselves fashioned into all these excellently formed and marvelously functioning parts in Christ's body, let's just go ahead and be what we were made to be, without enviously or pridefully comparing ourselves with each other, or trying to be something we aren't.

아닌 다른 무엇이 되려고 애쓰지 마십시오.

6-8 설교하는 일이라면, 하나님의 메시지만을 전하고 그와 상관없는 내용을 전하지 마십시오. 돕는 일이라면, 도와주기만 하지 월권하지 마십시오. 가르치는 일을 한다면, 여러분이 가르치는 바를 고수하십시오. 격려하고 안내하는 일이라면, 으스대지 않도록 조심하십시오. 책임자 위치에 있다면, 멋대로 권력을 휘두르지 마십시오. 곤란에 빠진 사람들을 원조하는 일에 부름받았다면, 늘 눈을 크게 뜨고 잘 살펴 신속하게 움직이도록 하십시오. 불우한 사람들과 더불어 일하는 사람이라면, 그들 때문에 화를 내거나 우울해지지 않도록 하십시오. 늘 얼굴에 미소를 띠고 일하십시오.

9-10 중심으로부터 사랑하십시오. 사랑하는 척하지 마십시오. 악은 필사적으로 피하십시오. 선은 필사적으로 붙드십시오. 깊이 사랑하는 좋은 친구들이 되십시오. 기꺼이 서로를 위한 조연이 되어 주십시오.

11-13 지쳐 나가떨어지지 않도록 하십시오. 늘 힘과 열정이 가득한 사람이 되십시오. 언제든 기쁘게 주님을 섬길 준비를 갖춘 종이 되십시오. 힘든 시기에도 주저앉지 마십시오. 그럴수록 더욱 열심히 기도하십시오. 도움이 필요한 그리스도인들을 도우십시오. 정성껏 환대하십시오.

14-16 원수에게도 축복해 주십시오. 결코 악담을 퍼붓거나 하지 마십시오. 친구들이 행복해 할 때 함께 기뻐해 주십시오. 그들이 슬퍼할 때 함께 울어 주십시오. 서로 잘 지내십시오. 혼자 잘난 척하지 마십시오. 별 볼 일 없는 이들과도 친구가 되십시오. 대단한 사람인 양 굴지 마십시오.

17-19 되받아치려고 하지 마십시오. 대신, 누구에게서나 아름다운 점을 찾으십시오. 할 수 있다면 모든 사람과 더불어 사이좋게 지내십시오. 받은 대로 갚아 주겠다고 고집하지 마십시오. 그것은 여러분이 할 일이 아닙니다. "내가 심판할 것이다, 내가 알아서 할 것이다"라고 하나님께서 말씀하십니다.

20-21 우리의 성경은, 원수가 굶주리고 있는 것을 보면 가서 점심을 사 주고 그가 목말라 하면 음료수를 대접하라고 말하고 있습니다. 여러분이 그런 관대함을 베풀면 원수는 소스라치게 놀랄 것입니다. 악이 여러분을 이기도록 놔두지 마십시오. 오히려 선을 행함으로써 악을 이겨내십시오.

그리스도인과 세상 권세

13 1-3 훌륭한 시민이 되십시오. 모든 정부는 다 하나님의 주권 아래 있습니다. 평화와 질서가

6-8 If you preach, just preach God's Message, nothing else; if you help, just help, don't take over; if you teach, stick to your teaching; if you give encouraging guidance, be careful that you don't get bossy; if you're put in charge, don't manipulate; if you're called to give aid to people in distress, keep your eyes open and be quick to respond; if you work with the disadvantaged, don't let yourself get irritated with them or depressed by them. Keep a smile on your face.

9-10 Love from the center of who you are; don't fake it. Run for dear life from evil; hold on for dear life to good. Be good friends who love deeply; practice playing second fiddle.

11-13 Don't burn out; keep yourselves fueled and aflame. Be alert servants of the Master, cheerfully expectant. Don't quit in hard times; pray all the harder. Help needy Christians; be inventive in hospitality.

14-16 Bless your enemies; no cursing under your breath. Laugh with your happy friends when they're happy; share tears when they're down. Get along with each other; don't be stuck-up. Make friends with nobodies; don't be the great somebody.

17-19 Don't hit back; discover beauty in everyone. If you've got it in you, get along with everybody. Don't insist on getting even; that's not for you to do. "I'll do the judging," says God. "I'll take care of it."

20-21 Our Scriptures tell us that if you see your enemy hungry, go buy that person lunch, or if he's thirsty, get him a drink. Your generosity will surprise him with goodness. Don't let evil get the best of you; get the best of evil by doing good.

To Be a Responsible Citizen

13 1-3 Be a good citizen. All governments are under God. Insofar as

있다면 거기에는 하나님의 질서가 있는 것입니다. 그러므로 책임성 있는 시민으로 사십시오. 만일 여러분이 국가에 대해 무책임하다면 여러분은 하나님과의 관계에 있어 무책임한 것이며, 하나님은 여러분에게 책임을 물으실 것입니다. 정당하게 세워진 권력 기관이라면 여러분이 정당하지 못한 일을 하고 있지 않는 한, 무서워할 이유가 없습니다. 건전한 시민이라면 아무것도 두려워할 것이 없습니다.

3-5 여러분은 정부와 좋은 관계이기를 원하십니까? 책임 있게 사는 시민이 되십시오. 그러면 아무 문제가 없을 것입니다. 정부가 하는 일은 여러분에게 득이 될 것입니다. 그러나 만일 여러분이 법을 사방팔방으로 어기고 다닌다면 조심하십시오. 경찰은 그저 멋으로 있는 것이 아닙니다. 하나님은 질서를 유지하는 일에 관심이 있으시고, 그분은 그 일에 그들을 사용하십니다. 이것이 여러분이 책임 있게 살아야 하는 이유입니다. 단순히 벌을 피하기 위해서가 아니라, 그렇게 사는 것이 바른 것이기 때문입니다.

6-7 여러분이 세금을 내는 이유도 바로 이것입니다. 질서가 유지되도록 하기 위해서입니다. 시민으로서 여러분의 의무를 다하십시오. 세금을 내고, 청구서를 지불하고, 지도자들을 존중하십시오.

8-10 여러분은 서로에 대해 지고 있는 커다란 사랑의 빚 말고는 더는 빚을 지지 마십시오. 여러분이 사람을 사랑하면, 여러분은 율법의 최종 목적을 완성하는 것입니다. 율법 조문은—다른 사람의 배우자와 동침하지 말라, 사람을 죽이지 말라, 자기 소유가 아닌 것에 대해 욕심을 품지 말라 등과 같은 "하지 말라"는—결국 모두 합치면 "다른 사람을 자기 자신처럼 사랑하라"는 것입니다. 여러분이 사랑하고 있다면, 여러분은 결코 잘못할 수 없습니다. 율법 조문에 들어 있는 모든 것을 합치면, 그 합은 바로 사랑입니다.

11-14 그날그날 해야 할 일에 너무 열중해 지친 나머지, 그만 지금이 어떤 때인지 잊고 살아서는 안됩니다. 하나님을 망각하고서 꾸벅꾸벅 졸며 살지 않도록 조심하십시오. 이제 밤이 끝나고 새벽이 밝아 오고 있습니다. 일어나서, 하나님이 하고 계신 일에 눈을 뜨십시오! 이제 하나님께서, 우리가 처음 믿었을 때 시작하신 그 구원 사역에 마무리 손질을 하고 계십니다. 우리는 일 분도 시간을 허비할 수 없습니다. 천박하고 방종한 생활을 하면서, 음탕하고 방탕하게 살면서, 말다툼이나 일삼고 눈에 보이는 것이면 무엇이든 탐내면서, 이 소중한 낮 시간을 허비할 수 없습니다. 잠자리에서 일어나 옷을 차려입으십시

there is peace and order, it's God's order. So live responsibly as a citizen. If you're irresponsible to the state, then you're irresponsible with God, and God will hold you responsible. Duly constituted authorities are only a threat if you're trying to get by with something. Decent citizens should have nothing to fear.

3-5 Do you want to be on good terms with the government? Be a responsible citizen and you'll get on just fine, the government working to your advantage. But if you're breaking the rules right and left, watch out. The police aren't there just to be admired in their uniforms. God also has an interest in keeping order, and he uses them to do it. That's why you must live responsibly—not just to avoid punishment but also because it's the right way to live.

6-7 That's also why you pay taxes—so that an orderly way of life can be maintained. Fulfill your obligations as a citizen. Pay your taxes, pay your bills, respect your leaders.

8-10 Don't run up debts, except for the huge debt of love you owe each other. When you love others, you complete what the law has been after all along. The law code—don't sleep with another person's spouse, don't take someone's life, don't take what isn't yours, don't always be wanting what you don't have, and any other "don't" you can think of—finally adds up to this: Love other people as well as you do yourself. You can't go wrong when you love others. When you add up everything in the law code, the sum total is love.

11-14 But make sure that you don't get so absorbed and exhausted in taking care of all your day-by-day obligations that you lose track of the time and doze off, oblivious to God. The night is about over, dawn is about to break. Be up and awake to what God is doing! God is putting the finishing touches

오! 꾸물거리지 마십시오. 그리스도를 옷 입고, 당장 일어나십시오!

서로 사이좋게 지내십시오

14 1 여러분과 생각이 다른 동료 신자들을 두 팔 벌려 받아들이십시오. 여러분이 동의할 수 없는 말과 행동을 한다고 해서 그때마다 그들을 질책하지 마십시오. 주장은 강하나 여러분 보기에 믿음이 약한 사람들의 경우도 마찬가지입니다. 그들의 살아온 길이 여러분과 다르다는 사실을 기억하십시오. 그들을 부드럽게 대해 주십시오.

2-4 어떤 사람은 뭔가 아는 바가 있어서, 신자는 식탁에 차려진 것이면 무엇이든 먹을 수 있다는 확신을 갖고 있습니다. 반면에, 또 어떤 사람은 다른 배경을 가졌던 관계로, 신자는 채식만 해야 하는 것은 아닌가 하고 생각할 수도 있습니다. 그러나 두 사람 모두 그리스도의 식탁에 초대받은 손님입니다. 만일 그들이 상대가 무엇을 먹는지, 혹은 무엇을 먹지 않는지를 두고 서로 비난에 열을 올린다면, 이는 참으로 무례하기 그지없는 일이지 않겠습니까? 하나님께서 그 두 사람 모두를 식탁에 초대하셨기 때문입니다. 손님인 여러분에게, 손님 명단에서 누구를 지워 버리거나 하나님의 환대에 간섭할 권한이 있겠습니까? 바로잡아야 할 것과 익혀야 할 예절 등이 있다면, 하나님이 알아서 하실 것입니다. 여러분의 도움 없이도 말입니다.

5 또 어떤 사람은 특정한 날을 거룩한 날로 구별해야 한다고 생각하고, 어떤 사람은 모든 날이 다 똑같다고 생각할 수 있습니다. 양쪽 모두 나름의 이유가 있습니다. 각자 자유롭게 자기 양심의 신념을 따르면 됩니다.

6-9 중요한 것은 이것입니다. 어떤 날을 거룩한 날로 지킨다면, 하나님을 위해 그렇게 하십시오. 고기를 먹는다면, 하나님의 영광을 위해 그렇게 하고 갈비를 주신 하나님께 감사드리십시오. 채식주의자라면, 하나님의 영광을 위해 채식을 하고 브로콜리를 주신 하나님께 감사드리십시오. 이런 문제에 있어서 자기 마음대로 행동해도 괜찮은 사람은 아무도 없습니다. 우리는 서로에게가 아니라, *하나님께 답변할 책임이 있습니다*. 우리는 태어나서 죽을 때까지 우리가 행한 모든 것에 대해, 그분이 물으시면 답변할 책임이 있습니다. 예수께서 사시고, 죽으시고, 다시 살아나신 이유가 바로 이것입니다. 삶과 죽음의 전 영역에 걸쳐 우리의 주

on the salvation work he began when we first believed. We can't afford to waste a minute, must not squander these precious daylight hours in frivolity and indulgence, in sleeping around and dissipation, in bickering and grabbing everything in sight. Get out of bed and get dressed! Don't loiter and linger, waiting until the very last minute. Dress yourselves in Christ, and be up and about!

Cultivating Good Relationships

14 1 Welcome with open arms fellow believers who don't see things the way you do. And don't jump all over them every time they do or say something you don't agree with—even when it seems that they are strong on opinions but weak in the faith department. Remember, they have their own history to deal with. Treat them gently.

2-4 For instance, a person who has been around for a while might well be convinced that he can eat anything on the table, while another, with a different background, might assume he should only be a vegetarian and eat accordingly. But since both are guests at Christ's table, wouldn't it be terribly rude if they fell to criticizing what the other ate or didn't eat? God, after all, invited them both to the table. Do you have any business crossing people off the guest list or interfering with God's welcome? If there are corrections to be made or manners to be learned, God can handle that without your help.

5 Or, say, one person thinks that some days should be set aside as holy and another thinks that each day is pretty much like any other. There are good reasons either way. So, each person is free to follow the convictions of conscience.

6-9 What's important in all this is that if you keep a holy day, keep it for *God's* sake; if you eat meat, eat it to the glory of God and thank God for prime rib; if you're a vegetarian, eat vegetables to the glory of God and thank God for broccoli. None of us are permitted to insist on our own way in these matters. It's *God* we are answerable to—all the way from life to death and everything in

인이 되셔서, 서로가 서로에게 행하는 소소한 폭정으로부터 우리를 자유롭게 만드시기 위함이었습니다.

10-12 그러므로, 형제를 비판하는 여러분은 지금 무엇을 하는 것입니까? 자매 앞에서 잘난 척하는 여러분은 지금 무엇을 하는 것입니까? 여러분은 스스로 어리석은 사람, 아니 그보다 못한 사람이 되고 있을 뿐입니다. 결국 우리 모두는, 다 함께 하나님을 뵐 때에 심판대에 나란히 무릎 꿇게 될 사람들입니다. 여러분이 비판적이고 잘난 척하는 태도를 취한다고 해서, 그 심판대에서 여러분의 자리가 한 치라도 더 높아지는 것은 아닙니다. 성경 말씀을 찾아 직접 읽어 보십시오.

하나님이 말씀하신다. "내가 살아 숨 쉬고 있기에
결국 모두가 내 앞에 무릎 꿇게 될 것이며,
모든 혀가 있는 그대로의 진실을 말하게 될 것이다.
내가, 오직 나만이 하나님이라는 진실을!"

그러므로 여러분은 여러분 일에 전념하십시오. 하나님 앞에서 여러분 자신의 삶만으로도 여러분은 이미 할 일이 많습니다.

13-14 남에게 이래라저래라 하던 것을 그만두십시오. 오히려 여러분이 관심 가져야 할 일은 이것입니다. 쓸데없이 다른 사람의 길에 끼어들어서, 어려운 삶을 더 어렵게 만들지는 않는지 살피는 것입니다. 내가 확신하기로—이는 예수께서 주신 확신입니다!—모든 것이 그 자체로는 거룩한 것입니다. 물론 우리가 그것을 대하는 방식, 그것에 대해 하는 말들 때문에 그것을 더럽힐 수는 있습니다.

15-16 만일 여러분이 다른 사람이 먹는 것과 먹지 않는 것을 가지고 큰 화젯거리로 만들어 그들을 혼란에 빠뜨린다면, 여러분은 지금 그들과 사랑의 교제를 나누는 것이 아닙니다. 그렇지 않습니까? 기억하십시오. 그리스도께서 바로 그들을 위해 죽으셨습니다. 그런데 여러분은, 고작 먹는 문제로 그들을 지옥에 보내겠다는 말입니까? 하나님이 축복하신 음식이 영혼을 독살하는 일에 이용되도록 놔두겠다는 말입니까?

17-18 하나님 나라는, 무엇으로 배를 채우느냐 하는 문제가 결코 아닙니다. 하나님 나라는, 하나님께서 여러분의 삶으로 무엇을 하시느냐 하는 문제입니다. 그분은 여러분의 삶을 바로 세우시고, 온전케 하시며, 기쁨으로 완성시키십니다. 여러분이

between—not each other. That's why Jesus lived and died and then lived again: so that he could be our Master across the entire range of life and death, and free us from the petty tyrannies of each other.

10-12 So where does that leave you when you criticize a brother? And where does that leave you when you condescend to a sister? I'd say it leaves you looking pretty silly—or worse. Eventually, we're all going to end up kneeling side by side in the place of judgment, facing God. Your critical and condescending ways aren't going to improve your position there one bit. Read it for yourself in Scripture:

"As I live and breathe," God says,
"every knee will bow before me;
Every tongue will tell the honest truth
that I and only I am God."

So tend to your knitting. You've got your hands full just taking care of your own life before God.

13-14 Forget about deciding what's right for each other. Here's what you need to be concerned about: that you don't get in the way of someone else, making life more difficult than it already is. I'm convinced—Jesus convinced me!—that everything as it is in itself is holy. We, of course, by the way we treat it or talk about it, can contaminate it.

15-16 If you confuse others by making a big issue over what they eat or don't eat, you're no longer a companion with them in love, are you? These, remember, are persons for whom Christ died. Would you risk sending them to hell over an item in their diet? Don't you dare let a piece of God-blessed food become an occasion of soul-poisoning!

17-18 God's kingdom isn't a matter of what you put in your stomach, for goodness' sake. It's what God does with your life as he sets it right, puts it together, and completes it with joy. Your task is to single-mindedly serve Christ. Do that and you'll kill two birds with one stone: pleasing the God above you and proving your worth to the people around you.

할 일은 일편단심으로 그리스도를 섬기는 것입니다. 다만 그 일을 하십시오. 그러면 여러분은 일석이조의 효과를 얻을 것입니다. 여러분은 여러분 위에 계신 하나님을 기쁘시게 해드리면서, 여러분 주변 사람들에게도 여러분의 값어치를 증명해 보일 수 있게 됩니다.

19-21 그러므로 우리는, 서로 사이좋게 지내는 일에 힘을 다하고 뜻을 모아야 합니다. 격려의 말로 서로 도와주십시오. 흠을 잡아 풀이 죽게 만들지 마십시오. 분명 여러분은 저녁식탁에 무엇이 올라오고 무엇이 올라오지 않는지 하는 문제 때문에, 여러분 가운데 일하고 계신 하나님의 일이 좌초되는 것을 바라지 않을 것입니다. 그렇지 않습니까? 나는 전에도 말한 바 있고 앞으로도 계속 말할 것입니다. 모든 음식은 다 좋은 것입니다. 하지만 여러분이 그것을 나쁘게 이용한다면, 다른 사람들을 걸고 넘어뜨리고 때려눕힐 목적으로 이용한다면, 그것은 나쁜 것이 될 수 있습니다. 식사자리에 앉을 때 여러분의 주된 관심은, 여러분의 뱃속을 채우는 것이 아니라 예수의 생명을 나누는 것이어야 합니다. 그러므로 함께 식사하는 다른 사람들을 세심하게 배려하고 예의를 지키십시오. 마음껏 사랑을 나누는 일에 방해되는 것이면, 먹는 것이나 말하는 것이나 그 무엇이든 하지 마십시오.

22-23 각자 자신과 하나님과의 관계를 가꾸어 나가되, 여러분의 방식을 다른 사람들에게 강요하지는 마십시오. 만일 여러분의 행위와 신념이 일치한다면, 여러분은 행복한 사람입니다. 그러나 그렇지 않다면, 여러분이 행하는 바와 여러분이 믿는 바가 일치하지 않다면—어떤 날은 사람들에게 자신의 의견을 강요하다가, 어떤 날은 그저 그들을 기쁘게 해주려고만 한다면—그때는 여러분 스스로도 앞뒤가 맞지 않는다는 것을 잘 알 것입니다. 여러분이 사는 방식과 여러분이 믿는 바가 일치하지 않는 것은 잘못입니다.

15

1-2 우리 가운데 믿음이 강건한 사람들은, 약해서 비틀거리는 사람들을 보면 다가가 손 내밀어 도와야 합니다. 그저 자기 편한 대로만 살아서는 안됩니다. 힘은 섬기라고 있는 것이지, 지위를 즐기라고 있는 것이 아닙니다. 우리는 늘 "어떻게 하면 도움을 줄 수 있을까?" 물으며, 주변 사람들의 유익을 도모할 필요가 있습니다.

3-6 예수께서 하신 일이 바로 이것입니다. 그분은 사람들의 어려움을 외면한 채 자기 편한 길을 가지 않으셨습니다. 그분은 그들의 어려움 속으로 직접 뛰어드셔서 그들을 건져 주셨습니다. 성경은 이를 "내가 어려움에 처한 사람들의 어려움을 짊어졌다"는 말로 표현하고 있습니다. 비록 오래전에 쓰여진 말씀이지만, 여러분은 그 말씀이 다름 아닌 우리를 위해 쓰여진 말씀임을 확신할 수 있습니다. 하

19-21 So let's agree to use all our energy in getting along with each other. Help others with encouraging words; don't drag them down by finding fault. You're certainly not going to permit an argument over what is served or not served at supper to wreck God's work among you, are you? I said it before and I'll say it again: All food is good, but it can turn bad if you use it badly, if you use it to trip others up and send them sprawling. When you sit down to a meal, your primary concern should not be to feed your own face but to share the life of Jesus. So be sensitive and courteous to the others who are eating. Don't eat or say or do things that might interfere with the free exchange of love.

22-23 Cultivate your own relationship with God, but don't impose it on others. You're fortunate if your behavior and your belief are coherent. But if you're not sure, if you notice that you are acting in ways inconsistent with what you believe—some days trying to impose your opinions on others, other days just trying to please them—then you know that you're out of line. If the way you live isn't consistent with what you believe, then it's wrong.

15

1-2 Those of us who are strong and able in the faith need to step in and lend a hand to those who falter, and not just do what is most convenient for us. Strength is for service, not status. Each one of us needs to look after the good of the people around us, asking ourselves, "How can I help?"

3-6 That's exactly what Jesus did. He didn't make it easy for himself by avoiding people's troubles, but waded right in and helped out. "I took on the troubles of the troubled," is the way Scripture puts it. Even if it was written in Scripture long ago, you can be sure it's written for *us*.

나님은 성경이 보여주는 하나님의 성품—한결같고 변치 않는 부르심과 따뜻하고 인격적인 권면—이 또한 우리의 성품이 되기를 원하십니다. 우리가 늘 그분이 하시는 일에 깨어 있는 사람이 되기를 바라십니다. 미더우시고 한결같으시며 따뜻하고 인격적이신 하나님께서 여러분 안에 성숙을 길러 주셔서, 예수께서 우리 모두와 그러하시듯, 여러분도 서로 사이좋게 지내기를 바랍니다. 그럴 때 우리는 합창대가 될 것입니다. 우리 소리뿐 아니라 우리 삶이 다 함께 어우러져서, 우리 주 예수의 하나님이시자 아버지이신 분께 우렁찬 찬송을 부르게 될 것입니다!

7-13 그러므로 여러분은, 하나님의 영광을 위해 서로를 두 팔 벌려 받아들이십시오. 예수께서 그렇게 하셨습니다. 이제 여러분이 그렇게 할 차례입니다! 하나님의 목적에 늘 충실하셨던 예수께서, 먼저 유대인들에게 특별히 다가가셔서, 그들의 조상이 받은 옛 약속들을 실현시키셨습니다. 그 결과로, 이방인들이 자비를 경험하고, 하나님께 감사드릴 수 있게 되었습니다. 우리에게 실현될 성경의 그 모든 말씀을 한번 생각해 보십시오!

그때 나는 이방인들과 더불어 찬송 부르리라.
주님의 이름을 향해 노래하리라!

또한

이방인과 유대인 모두가 함께 즐거워하여라!

또한

모든 나라 사람들아, 하나님을 찬양하여라!
모든 피부색, 모든 인종의 사람들아, 마음껏 찬양을 올려라!

이사야도 말했습니다.

우리 조상 이새의 뿌리가
땅을 뚫고 나와 나무만큼 크게 자란다.
어디서나 누구나 보고 소망을 품을 수 있을 만큼 커다란
나무로 자란다!

아! 생생한 소망을 주신 하나님께서 여러분을 기쁨으로 가득 채우시기를, 평화 가득하게 하시기를, 그리하여 여러분의 믿음의 삶이 생명 주시는 성령의 힘으로 가득해져서, 소망이 차고 넘치기를!

God wants the combination of his steady, constant calling and warm, personal counsel in Scripture to come to characterize *us*, keeping us alert for whatever he will do next. May our dependably steady and warmly personal God develop maturity in you so that you get along with each other as well as Jesus gets along with us all. Then we'll be a choir—not our voices only, but our very lives singing in harmony in a stunning anthem to the God and Father of our Master Jesus!

7-13 So reach out and welcome one another to God's glory. Jesus did it; now *you* do it! Jesus, staying true to God's purposes, reached out in a special way to the Jewish insiders so that the old ancestral promises would come true for them. As a result, the non-Jewish outsiders have been able to experience mercy and to show appreciation to God. Just think of all the Scriptures that will come true in what we do! For instance:

Then I'll join outsiders in a hymn-sing;
I'll sing to your name!

And this one:

Outsiders and insiders, rejoice together!

And again:

People of all nations, celebrate God!
All colors and races, give hearty praise!

And Isaiah's word:

There's the root of our ancestor Jesse,
breaking through the earth and growing tree tall,
Tall enough for everyone everywhere to see and take hope!

Oh! May the God of green hope fill you

14-16 개인적으로 말하면, 나는 여러분과 여러분이 하는 일에 대해 대단히 만족하고 있습니다. 내가 보는 바로는, 여러분은 의욕도 넘치고 훈련도 잘 받았으며 서로에게 안내와 조언을 해주는 일에 있어서도 무척 유능합니다. 그러니 사랑하는 친구 여러분, 다소 거친 내 말을 비판으로 받아들이지는 말아 주십시오. 이는 비판이 아닙니다. 나는 다만, 하나님께서 내게 주신 이 특별한 과제를 수행하는 데 여러분의 도움이 얼마나 절실한지 강조하는 것일 뿐입니다. 하나님의 성령으로 온전해지고 거룩해진 이방인들로 하여금, 하나님께서 받으실 만한 제물이 되도록 그들의 영적 필요를 채우는 것이 나의 제사장적 복음 사역입니다.

17-21 지금까지 된 일과 또 지금껏 지켜본 바를 돌이켜 볼 때, 고백컨대, 내 마음은 무척 흡족합니다. 아니, 예수 안에서 실로 자긍심을 느낀다고 말할 수 있습니다. 물론 오직 예수 안에서 느끼는 자긍심이지만 말입니다. 나는 내가 겪은 사소한 모험담을 이야기하는 데는 관심이 없습니다. 다만, 내 안에 계신 그리스도께서 그 놀랍도록 힘 있고 삶을 변화시키는 말씀과 역사(役事)를 통해, 어떻게 이방인들로부터 믿음의 응답을 불러일으키셨는지를 전하고 싶을 뿐입니다. 나는 예루살렘에서부터 시작해 멀리 그리스 북서 지방에 이르기까지, 두루 다니며 예수에 대한 메시지를 전해 왔습니다. 이는 전적으로 개척의 일이었습니다. 나는 아직 예수를 알거나 예배해 본 적 없는 곳으로만 그 메시지를 들고 갔습니다. 내가 따르려고 한 성경 본문은 이것이었습니다.

그분에 대해 들어 보지 못한 사람들
그들이 그분을 보게 될 것이다!
그분에 대해 들어 본 적 없는 사람들
그들이 그 메시지를 받을 것이다!

22-24 바로 이런 이유로, 내가 마침내 여러분을 방문할 계획을 세우기까지 이렇게 오랜 시간이 걸렸던 것입니다. 그러나 이제는 그런 지역에서 해야 할 개척의 일이 더 이상 없고 또 여러 해에 걸쳐 여러분을 만나 보기를 고대해 왔으므로, 이제 나는 구체적인 방문 계획을 세우고 있습니다. 나는 스페인으로 가는 길인데, 도중에 여러분에게 들러서 즐거운 시간을 갖고, 또 여러분이 베풀어 주는 하나님의 복을 가

up with joy, fill you up with peace, so that your believing lives, filled with the life-giving energy of the Holy Spirit, will brim over with hope!

14-16 Personally, I've been completely satisfied with who you are and what you are doing. You seem to me to be well-motivated and well-instructed, quite capable of guiding and advising one another. So, my dear friends, don't take my rather bold and blunt language as criticism. It's not criticism. I'm simply underlining how very much I need your help in carrying out this highly focused assignment God gave me, this priestly and gospel work of serving the spiritual needs of the non-Jewish outsiders so they can be presented as an acceptable offering to God, made whole and holy by God's Holy Spirit.

17-21 Looking back over what has been accomplished and what I have observed, I must say I am most pleased—in the context of Jesus, I'd even say *proud*, but only in that context. I have no interest in giving you a chatty account of my adventures, only the wondrously powerful and transformingly present words and deeds of Christ in me that triggered a believing response among the outsiders. In such ways I have trailblazed a preaching of the Message of Jesus all the way from Jerusalem far into northwestern Greece. This has all been pioneer work, bringing the Message only into those places where Jesus was not yet known and worshiped. My text has been,

Those who were never told of him—
they'll see him!
Those who've never heard of him—
they'll get the message!

22-24 And that's why it has taken me so long to finally get around to coming to you. But now that there is no more pioneering work to be done in these parts, and since I have looked forward to seeing you for many years, I'm planning my visit. I'm headed for Spain, and

지고 다시 길에 오르게 되기를 기대하고 있습니다.

25-29 나는 그 전에 먼저 예루살렘으로 가서, 거기서 예수를 따르는 사람들에게 구제 헌금을 전달할 것입니다. 북쪽으로는 마케도니아로부터 남쪽으로는 아가야에 이르기까지, 모든 지역의 그리스 사람들이 예루살렘의 가난한 신자들을 돕기 위해 마음을 모아 헌금했습니다. 그들은 기쁜 마음으로 이 일을 했는데, 이는 그들이 마땅히 해야 하는 일이기도 합니다. 그동안 예루살렘 공동체로부터 흘러나오는 영적 선물을 풍성히 얻어 누려 온 것을 생각할 때, 그들이 그 공동체의 가난을 덜어 주기 위해 힘을 다하는 것은 지극히 당연한 일입니다. 이 일을 마치고 나면—이 "열매 광주리"를 직접 전달하고 나면—나는 곧장 스페인으로 출발할 텐데, 그 길에 로마에 있는 여러분에게 들를 것입니다. 나의 방문이 그리스도께서 여러분에게 주시는 넘치는 복 가운데 하나가 되었으면 좋겠습니다.

30-33 사랑하는 친구 여러분, 한 가지 간청이 있습니다. 나를 위해 기도해 주십시오. 나와 더불어 또 나를 위해, 힘을 다해—하나님 아버지께, 우리 주 예수의 능력과 성령의 사랑으로—기도해 주십시오. 유대의 믿지 않는 사람들의 사자굴에서 내가 건짐받도록 기도해 주십시오. 또한 예루살렘 신자들에게 가져가는 나의 구제 헌금이, 기쁘게 모아졌던 것처럼 또한 기쁘게 받아들여지도록 기도해 주십시오. 하나님의 뜻이라면, 나는 가볍고 기꺼운 마음으로 여러분을 찾아가 만나 볼 수 있을 것입니다. 여러분과의 사귐을 통해 새로운 힘을 얻게 되기를 고대합니다. 하나님의 평화가 여러분 모두와 함께하기를 바랍니다. 아멘!

16

1-2 우리 친구 뵈뵈를 주님 안에서 맞아 주십시오. 우리 그리스도인들이 잘하기로 유명한 그 넉넉한 환대로 그녀를 맞아 주십시오. 나는 그녀와 그녀가 하는 일을 진심으로 지지합니다. 그녀는 겐그레아에 있는 교회의 핵심 대표자들 가운데 한 사람입니다. 그녀가 무엇을 요청하든지 그녀를 잘 도와주십시오. 그녀는 여러분이 해줄 수 있는 최선의 것을 받을 자격이 충분합니다. 그녀는 지금껏 나를 포함해서 여러 사람들을 도왔습니다.

3-5 예수를 섬기는 일에 나와 손잡고 일해 온 브리스길라와 아굴라에게 안부를 전해 주십시오. 그들은 전에 나를 위해서 자신의 목숨까지 내걸었던 사람들입니다. 그들에게 감사하는 사람은 나뿐만이 아

expect to stop off on the way to enjoy a good visit with you, and eventually have you send me off with God's blessing.

25-29 First, though, I'm going to Jerusalem to deliver a relief offering to the followers of Jesus there. The Greeks—all the way from the Macedonians in the north to the Achaians in the south—decided they wanted to take up a collection for the poor among the believers in Jerusalem. They were happy to do this, but it was also their duty. Seeing that they got in on all the spiritual gifts that flowed out of the Jerusalem community so generously, it is only right that they do what they can to relieve their poverty. As soon as I have done this—personally handed over this "fruit basket"—I'm off to Spain, with a stopover with you in Rome. My hope is that my visit with you is going to be one of Christ's more extravagant blessings.

30-33 I have one request, dear friends: Pray for me. Pray strenuously with and for me—to God the Father, through the power of our Master Jesus, through the love of the Spirit—that I will be delivered from the lions' den of unbelievers in Judea. Pray also that my relief offering to the Jerusalem believers will be accepted in the spirit in which it is given. Then, God willing, I'll be on my way to you with a light and eager heart, looking forward to being refreshed by your company. God's peace be with all of you. Oh, yes!

16

1-2 Be sure to welcome our friend Phoebe in the way of the Master, with all the generous hospitality we Christians are famous for. I heartily endorse both her and her work. She's a key representative of the church at Cenchrea. Help her out in whatever she asks. She deserves anything you can do for her. She's helped many a person, including me.

3-5 Say hello to Priscilla and Aquila, who have worked hand in hand with me in serving Jesus. They once put their lives on the line for me. And I'm not the only one grateful to them. All

넙니다. 그들의 집에서 모이는 교회는 말할 것도 없고, 모든 이방인 신자들 모임도 그들에게 큰 신세를 졌습니다.
나의 사랑하는 친구 에배네도에게 안부를 전해 주십시오. 그는 아시아에서 처음으로 예수를 따르게 된 사람입니다.
6 마리아에게 안부를 전해 주십시오. 그녀는 정말 대단한 일꾼입니다!
7 나의 친척인 안드로니고와 유니아에게 안부를 전해 주십시오. 우리는 전에 함께 감옥에 갇힌 적이 있습니다. 그들은 나보다 먼저 예수를 믿어 믿는 이가 된 사람들입니다. 두 사람 모두 탁월한 지도자입니다.
8 하나님 안에서 한가족이며 나의 좋은 친구인 암블리아에게 안부를 전해 주십시오.
9 그리스도의 일에 있어 나의 동료인 우르바노에게, 그리고 나의 친구 스다구에게 안부를 전해 주십시오.
10 그리스도를 따르는 일에 있어 믿음직한 역전의 용사인 아벨레에게 안부를 전해 주십시오.
아리스도불로 가족에게 안부를 전해 주십시오.
11 나의 친척 헤로디온에게 안부를 전해 주십시오.
나깃수 가족으로서 주님께 속해 있는 사람들에게 안부를 전해 주십시오.
12 드루배나와 드루보사에게 안부를 전해 주십시오. 그들은 주님을 섬기는 일에 참으로 근면한 여성들입니다.
그리스도 안에서 사랑하는 친구이자 열심 있는 일꾼인 버시에게 안부를 전해 주십시오.
13 루포와 그의 어머니에게 안부를 전해 주십시오. 그는 주님의 탁월한 일꾼입니다! 그의 어머니는 곧 내게도 어머니이십니다.
14 아순그리도와 블레곤과 허메와 바드로바와 허마에게, 또 그들의 가족 모두에게 안부를 전해 주십시오.
15 빌롤로고와 율리아와 네레오와 그의 자매와 올름바에게, 또 그들과 함께 살며 예수를 따르는 모든 사람들에게 안부를 전해 주십시오.
16 거룩한 포옹으로 서로 인사하십시오! 그리스도의 모든 교회가 따뜻한 인사를 건넵니다!
17-18 친구 여러분, 마지막으로 조언합니다. 여러분이 배운 가르침 중에서 몇몇 조각과 단편들을 취해서, 그것들을 이용해 문제를 일으키는 자들을 늘 예리한 눈으로 살피십시오. 그런 사람들과는 거리를 두십시오. 그들은 우리 주님이신 그리스도를 위해 살 뜻이 없는 자들입니다. 그들은 다만 무언가를 얻어 낼 목적으로 이 일에 들어온 것이며, 경건하고 달콤한 말로 순진한 사람들을 속여 먹는 자들입니다.

the non-Jewish gatherings of believers also owe them plenty, to say nothing of the church that meets in their house.
Hello to my dear friend Epenetus. He was the very first follower of Jesus in the province of Asia.
6 Hello to Mary. What a worker she has turned out to be!
7 Hello to my cousins Andronicus and Junias. We once shared a jail cell. They were believers in Christ before I was. Both of them are outstanding leaders.
8 Hello to Ampliatus, my good friend in the family of God.
9 Hello to Urbanus, our companion in Christ's work, and my good friend Stachys.
10 Hello to Apelles, a tried-and-true veteran in following Christ.
Hello to the family of Aristobulus.
11 Hello to my cousin Herodion.
Hello to those who belong to the Lord from the family of Narcissus.
12 Hello to Tryphena and Tryphosa–such diligent women in serving the Master.
Hello to Persis, a dear friend and hard worker in Christ.
13 Hello to Rufus–a good choice by the Master!–and his mother. She has also been a dear mother to me.
14 Hello to Asyncritus, Phlegon, Hermes, Patrobas, Hermas, and also to all of their families.
15 Hello to Philologus, Julia, Nereus and his sister, and Olympas–and all the followers of Jesus who live with them.
16 Holy embraces all around! All the churches of Christ send their warmest greetings!
17-18 One final word of counsel, friends. Keep a sharp eye out for those who take bits and pieces of the teaching that you learned and then use them to make trouble. Give these people a wide berth. They have no intention of living for our Master Christ. They're only in this for what they can get out of it, and aren't above using pious sweet talk to dupe unsuspecting innocents.
19-20 And so while there has never been any

19-20 이런 문제에 여러분이 정직하다는 사실에 대해서는 의심의 여지가 없지만—내가 얼마나 여러분을 자랑스러워하는지요!—나는 또한 여러분이 똑똑해져서, "좋은" 것이라도 그것이 정말로 좋은 것인지 분별해 낼 수 있기를 바랍니다. 달콤한 말을 들려주는 악에 대해서는 순진한 사람이 되지 마십시오. 늘 깨어 있으십시오. 그러면 어느새 평화의 하나님께서 두 발로 사탄을 땅바닥에 짓이겨 주실 것입니다! 늘 예수께서 주시는 최고의 것을 누리십시오!

21 우리 쪽에서 건네는 인사가 더 남았습니다. 나의 동역자 디모데와 나의 친척 루기오와 야손과 소시바더가 여러분에게 안부를 전합니다.

22 지금 바울의 이 편지를 받아쓰고 있는 나 더디오도 여러분에게 인사드립니다.

23 이곳에서 나와 온 교회를 접대하고 있는 가이오도 여러분에게 안부를 전합니다.

도시 재무관인 에라스도와 우리의 좋은 친구 구아도도 안부를 전합니다.

25-26 예수 그리스도 안에서 전파된 것처럼, 지금 여러분을 굳세게 세워 주고 계신 하나님께 우리의 모든 찬양을 드립니다. 이는, 오랫동안 비밀이었으나 이제 성경의 예언 말씀을 통해 마침내 밝히 드러난 비밀입니다. 이제 세상 모든 나라가 진리를 알고 순종과 믿음 속으로 인도되어 하나님의 명령을 따라 살 수 있게 되었습니다. 이 모든 것은 처음부터 끝까지 모두 하나님이 주도하신 일입니다.

27 비할 데 없이 지혜로우신 하나님께만 예수를 통해 우리의 모든 찬양을 올려 드립니다! 아멘!

question about your honesty in these matters—I couldn't be more proud of you!—I want you also to be smart, making sure every "good" thing is the *real* thing. Don't be gullible in regard to smooth-talking evil. Stay alert like this, and before you know it the God of peace will come down on Satan with both feet, stomping him into the dirt. Enjoy the best of Jesus!

21 And here are some more greetings from our end. Timothy, my partner in this work, Lucius, and my cousins Jason and Sosipater all said to tell you hello.

22 I, Tertius, who wrote this letter at Paul's dictation, send you my personal greetings.

23 Gaius, who is host here to both me and the whole church, wants to be remembered to you. Erastus, the city treasurer, and our good friend Quartus send their greetings.

25-26 All of our praise rises to the One who is strong enough to make *you* strong, exactly as preached in Jesus Christ, precisely as revealed in the mystery kept secret for so long but now an open book through the prophetic Scriptures. All the nations of the world can now know the truth and be brought into obedient belief, carrying out the orders of God, who got all this started, down to the very last letter.

27 All our praise is focused through Jesus on this incomparably wise God! Yes!

고린도전서 | 머리말

사람들이 그리스도인이 되는 것과 동시에 훌륭하게 되는 것은 아니다. 그것은 언제나 놀라운 일이다. 그리스도와 그분의 길로 들어섰다고 해서 그 사람이 나무랄 데 없는 예절과 적절한 도덕을 자동적으로 갖추게 되는 것은 아니다.

고대 세계에서 고린도 사람들은 제멋대로 굴고, 독주를 마시고, 성적으로 문란한 무리라는 평판을 받았다. 바울이 메시지를 가지고 고린도에 도착하자, 고린도 사람들 가운데 상당수가 예수를 믿는 신자가 되었지만, 그들은 자신들에게 들러붙은 평판까지 교회 안으로 가지고 들어왔다.

바울은 그들의 목회자 자격으로 1년 6개월을 그들과 함께 보내면서 "복음"의 메시지를 자세히 전하고, 그들이 신자들의 공동체로서 구원과 거룩함의 새 삶을 살려면 어찌해야 하는지를 가르쳤다. 그런 다음 그는 길을 떠나 다른 도시와 다른 교회로 갔다.

그리고 얼마 지나지 않아서 바울은 고린도 교회 식구들 가운데 한 사람으로부터 보고를 받는다. 말하자면, 그의 부재중에 고린도 교회의 사정이 다소 나빠졌다는 것이었다. 또한 그는 고린도 교회로부터 도움을 요청하는 한 통의 편지도 받는다. 파벌 싸움이 격해지고, 도덕이 무너졌으며, 예배가 초자연적인 것에 집착하는 이기적인 수단으로 변질되었다는 것이다. 고린도 사람들이라면 능히 그러고도 남을 일이었다!

바울이 고린도 교우들에게 보낸 첫 번째 편지는 목회적 대응의 고전이나 다름없다. 그의 대응은 다감하고, 확고하고, 명쾌하고, 어긋남이 없다. 바울은 그들이 사태를 혼란스럽게 하기는 했지만, 그들 가운데 계신 하나님, 곧 예수 안에서 자신을 계시하시고 성령 안에 임재하시는 하나님께서 끊임없이 그들 삶의 중심 주제가 되셨다고 확신한다.

여러분은 이것이 살길이 아니라는 것을 알지 못합니까? 하나님께 마음을 두지 않은 불의한 자들은 그분의 나라에 들어가지 못할 것입니다. 서로를 이용하고 악용하는 자들, 성(性)을 이용하고 오용하는 자들, 땅을 이용해 먹으면서 땅과 거기

When people become Christians, they don't at the same moment become nice. This always comes as something of a surprise. Conversion to Christ and his ways doesn't automatically furnish a person with impeccable manners and suitable morals.

The people of Corinth had a reputation in the ancient world as an unruly, hard-drinking, sexually promiscuous bunch of people. When Paul arrived with the Message and many of them became believers in Jesus, they brought their reputations with them right into the church.

Paul spent a year and a half with them as their pastor, going over the Message of the "good news" in detail, showing them how to live out this new life of salvation and holiness as a community of believers. Then he went on his way to other towns and churches.

Sometime later Paul received a report from one of the Corinthian families that in his absence things had more or less fallen apart. He also received a letter from Corinth asking for help. Factions had developed, morals were in disrepair, worship had degenerated into a selfish grabbing for the supernatural. It was the kind of thing that might have been expected from Corinthians!

Paul's first letter to the Corinthians is a classic of pastoral response: affectionate, firm, clear, and unswerving in the conviction that God among them, revealed in Jesus and present in his Holy Spirit, continued to be the central issue in their lives, regardless of how much of a mess they had made of things.

Don't you realize that this is not the way to live? Unjust people who don't care about God will not be joining in his kingdom. Those who use and abuse each other, use and abuse sex, use and abuse the earth and everything in it,

에 있는 모든 것을 착취하고 남용하는 자들은 하나님 나라의 시민이 될 자격이 없습니다. 여러분 가운데 상당수는 내가 무엇을 두고 말하는지 경험으로 알 것입니다. 얼마 전까지만 해도 여러분이 그렇게 살았으니 말입니다. 그러나 그 이후로 여러분은 우리 주님이시며 메시아이신 예수와, 우리 안에 계신 하나님 곧 성령으로 말미암아 깨끗해졌고 새로운 출발을 하게 되었습니다. 법적으로 문제가 없다고 해서 영적으로 적합한 것은 아닙니다. 만일 내가 해도 된다고 생각한 것을 무엇이나 하면서 돌아다녔다면, 나는 변덕의 노예가 되고 말았을 것입니다(고전 6:9-12).

don't qualify as citizens in God's kingdom. A number of you know from experience what I'm talking about, for not so long ago you were on that list. Since then, you've been cleaned up and given a fresh start by Jesus, our Master, our Messiah and by our God present in us, the Spirit. Just because something is technically legal doesn't mean that it's spiritually appropriate. If I went around doing whatever I thought I could get by with, I'd be a slave to my whims(1 Corinthians 6:9-12).

바울은 그들이 그리스도 안에서 형제자매임을 부인하지 않았고, 그들이 나쁜 행실을 보였다고 해서 그들을 내치지도 않았으며, 그들의 무책임한 생활방식에 대해 비난성 잔소리를 늘어놓지도 않는다. 그는 그 모든 문제를 냉철하게 처리하면서, 그들의 손을 잡아끌어 이전의 토대로 되돌린다. 그는 그들을 지도하여, 구원하시는 하나님의 거룩한 사랑을 속속들이 행하게 하고 서로 사랑하게 한다.

Paul doesn't disown them as brother and sister Christians, doesn't throw them out because of their bad behavior, and doesn't fly into a tirade over their irresponsible ways. He takes it all more or less in stride, but also takes them by the hand and goes over all the old ground again, directing them in how to work all the glorious details of God's saving love into their love for one another.

사랑은 절대로 사라지지 않습니다. 제아무리 영감 넘치는 말도 언젠가는 사라지고, 방언으로 기도하는 것도 그칠 것입니다. 이해력도 한계에 이르게 될 것입니다. 진리의 한 부분만 아는 우리가 하나님에 대해 말하는 것은 언제나 불완전합니다. 그러나 완전하신 그분이 오시면, 우리의 불완전한 것들을 없애 주실 것입니다.……그러나 그 완전함에 이르기까지, 우리는 다음 세 가지를 행함으로 완성을 향해 나아가야 합니다. 하나님을 꾸준히 신뢰하십시오. 흔들림 없이 소망하십시오. 아낌없이 사랑하십시오. 이 세 가지 가운데 으뜸은 사랑입니다. 여러분의 생명이 사랑에 달려 있다는 듯이, 온 힘을 다해 사랑의 삶을 추구하십시오(고전 13:8-10, 13; 14:1).

Love never dies. Inspired speech will be over some day; praying in tongues will end; understanding will reach its limit. We know only a portion of the truth, and what we say about God is always incomplete. But when the Complete arrives, our incompletes will be canceled...But for right now, until that completeness, we have three things to do to lead us toward that consummation: Trust steadily in God, hope unswervingly, love extravagantly. And the best of the three is love. Go after a life of love as if your life depended on it—because it does(1 Corinthians 13:8-10, 13; 14:1).

고린도전서

1

1-2 나 바울은, 하나님의 계획하심에 따라 나의
벗 소스데네와 함께 메시아이신 예수의 부르심
과 보내심을 받았습니다. 나는 고린도에 있는 하나님의
교회에 속한 여러분, 곧 예수께서 깨끗게 하시고 하나
님으로 충만한 삶을 위해 구별된 신자들에게 이 편지를
보냅니다. 또한 나는, 어느 곳에 살든지 예수께 진심으
로 부르짖는 모든 이들에게도 문안합니다. 예수께서는
우리의 주님도 되시지만 그들의 주님도 되시기 때문입
니다!
3 하나님 우리 아버지와 주 예수 그리스도께서 주시는
온갖 선물과 은혜가 여러분의 것이 되기를 바랍니다.
4-6 나는 여러분을 생각할 때마다—나는 여러분을 자주
생각합니다!—예수께서 주신 삶, 곧 자원하여 즐거운
마음으로 하나님께 나아가는 여러분의 변화된 삶에 대
해 하나님께 감사를 드립니다. 여러분 안에 일어난 변화
는 끝이 없습니다. 그것은 말과 지식을 넘어섭니다. 내
가 여러분에게 전해 준 그리스도에 관한 증거가 참되다
는 것이 여러분의 삶을 통해 확실하게 증명되었습니다.
7-9 생각해 보십시오. 여러분은 아무것도 필요로 하지
않습니다. 여러분은 전부를 얻었기 때문입니다. 여러분
이 우리 주 예수께서 이 세상의 마지막 무대에 등장하기
를 간절히 기다리며 살아가는 동안, 하나님의 온갖 선물
이 바로 여러분 앞에 있습니다. 그뿐만 아니라 예수께서
모든 일을 마무리 지으실 때까지, 하나님께서 친히 여러
분 곁에 계시면서 여러분을 흔들리지 않게 해주시고 가
던 길에서 벗어나지 않게 해주실 것입니다. 여러분을 이
끌어 이 영적 모험을 하게 하신 하나님께서, 자기 아들
이시며 우리 주님이신 예수의 생명을 우리와 함께 나누
고 계십니다. 하나님께서는 여러분을 결코 포기하지 않
으실 것입니다. 그 점을 절대 잊지 마십시오.

1 CORINTHIANS

1

1-2 I, Paul, have been called and sent
by Jesus, the Messiah, according to
God's plan, along with my friend Sosthenes.
I send this letter to you in God's church at
Corinth, believers cleaned up by Jesus and
set apart for a God-filled life. I include in my
greeting all who call out to Jesus, wherever
they live. He's their Master as well as ours!
3 May all the gifts and benefits that come
from God our Father, and the Master, Jesus
Christ, be yours.
4-6 Every time I think of you—and I think
of you often!—I thank God for your lives of
free and open access to God, given by Jesus.
There's no end to what has happened in
you—it's beyond speech, beyond knowledge.
The evidence of Christ has been clearly
verified in your lives.
7-9 Just think—you don't need a thing, you've
got it all! All God's gifts are right in front of
you as you wait expectantly for our Master
Jesus to arrive on the scene for the Finale.
And not only that, but God himself is right
alongside to keep you steady and on track
until things are all wrapped up by Jesus.
God, who got you started in this spiritual
adventure, shares with us the life of his Son
and our Master Jesus. He will never give up
on you. Never forget that.

십자가, 역설적인 하나님의 지혜

10 나는 깊이 우려하고 있습니다. 이제 우리 주 예수의 권위를 빌려, 나의 벗인 여러분에게 그것을 말씀드리겠습니다. 절박한 심정으로 말씀드립니다. 서로 사이좋게 지내십시오. 서로 배려하는 법을 익히고, 공동체로 살아가기를 힘쓰십시오.

11-12 내가 이런 말씀을 드리는 것은, 글로에의 가족 가운데 몇 사람이 나의 마음을 몹시도 불안케 하는 소식을 가져왔기 때문입니다. 여러분이 서로 다투고 있다는 것입니다! 내가 들은 것을 그대로 옮기면, 여러분이 너나없이 편을 갈라서 "나는 바울 편이다", "나는 아볼로 편이다", "나는 베드로의 사람이다", "나는 메시아 그룹에 속해 있다"고 말하면서 돌아다닌다고 하더군요.

13-16 여러분에게 묻습니다. 그리스도께서 우리가 저마다 나누어 가지도록 조각조각 갈라지기라도 하셨습니까? 바울이 여러분을 위해 십자가에 달리기라도 했습니까? 여러분 가운데 한 사람이라도 바울의 이름으로 세례를 받은 이가 있습니까? 나는 그리스보와 가이오 외에는 어느 누구에게도 세례를 주지 않았습니다. 여러분의 소식을 듣고, 나는 그들 외에 아무에게도 세례를 주지 않은 것을 다행으로 여겼습니다. 내 이름으로 세례를 받았다고 떠들며 돌아다니는 사람이 하나도 없을 테니까요. (그러고 보니, 스데바나 가족에게도 세례를 준 일이 있군요. 그러나 내 기억으로는 그것이 전부입니다.)

17 하나님께서는 나의 추종자들을 모으라고 나를 보내신 것이 아니라, 그분께서 친히 이루신 일에 관한 메시지를 전하고, 그분의 추종자를 모으라고 나를 보내셨습니다. 그분은 화려한 말솜씨로 메시지를 전하라고 나를 보내신 것이 아닙니다. 그랬더라면, 메시지의 중심에 자리한 강력한 사건—십자가에 달리신 그리스도—이 미련하고 어리석은 몇 마디 말 때문에 하찮은 것이 되고 말았을 것입니다.

18-21 십자가에 달리신 그리스도를 가리키는 메시지가, 멸망하기로 굳게 결심한 사람들에게는 어리석은 것처럼 보이겠지만, 구원의 길에 들어선 사람들에게는 완벽하게 이해될 것입니다. 이것이 하나님께서 일하시는 방식입니다. 그리고 그것은 가장 강력한 방식임이 입증되었습니다. 성경에 이렇게 기록되었습니다.

> 내가 세상의 지혜를 뒤집어엎고
> 전문가라는 자들이 얼마나 정신 나간 사람들인지
> 폭로하겠다.

The Cross: The Irony of God's Wisdom

10 I have a serious concern to bring up with you, my friends, using the authority of Jesus, our Master. I'll put it as urgently as I can: You must get along with each other. You must learn to be considerate of one another, cultivating a life in common.

11-12 I bring this up because some from Chloe's family brought a most disturbing report to my attention—that you're fighting among yourselves! I'll tell you exactly what I was told: You're all picking sides, going around saying, "I'm on Paul's side," or "I'm for Apollos," or "Peter is my man," or "I'm in the Messiah group."

13-16 I ask you, "Has the Messiah been chopped up in little pieces so we can each have a relic all our own? Was Paul crucified for you? Was a single one of you baptized in Paul's name?" I was not involved with any of your baptisms—except for Crispus and Gaius—and on getting this report, I'm sure glad I wasn't. At least no one can go around saying he was baptized in my name. (Come to think of it, I also baptized Stephanas's family, but as far as I can recall, that's it.)

17 God didn't send me out to collect a following for myself, but to preach the Message of what he has done, collecting a following for him. And he didn't send me to do it with a lot of fancy rhetoric of my own, lest the powerful action at the center—Christ on the Cross—be trivialized into mere words.

18-21 The Message that points to Christ on the Cross seems like sheer silliness to those hellbent on destruction, but for those on the way of salvation it makes perfect sense. This is the way God works, and most powerfully as it turns out. It's written,

> I'll turn conventional wisdom on its head,
> I'll expose so-called experts as crackpots.

So where can you find someone truly wise, truly educated, truly intelligent in this day and

이 시대에 지혜로운 자나 교양 있는 자, 참으로 지성을 갖춘 자가 어디 있습니까? 하나님께서 그 모든 것이 얼마나 터무니없는 허세인지 드러내시지 않았습니까? 이 세상은 그 화려한 지혜를 가지고도 하나님을 조금도 알지 못했습니다. 그래서 지혜로우신 하나님께서는 믿는 사람들을 구원의 길로 이끄시기 위해, 이 세상이 어리석다고 여긴 것—무엇보다도, 복음 선포!—을 즐겨 사용하셨습니다.

22-25 유대인들은 기적의 증거를 극성스레 요구하고, 그리스 사람들은 철학적 지혜를 구하지만, 우리는 십자가에 달리신 그리스도만을 전합니다. 유대인들은 그리스도께서 십자가에 달리신 것을 기적에 역행하는 것으로 여기고, 그리스 사람들은 그것을 어리석은 일로 무시해 버립니다. 그러나 하나님께서 친히 한 사람씩 부르신 우리—유대인이든 그리스 사람이든—에게는, 그리스도가 하나님의 궁극적 기적이요 지혜의 결정체입니다. 겉으로 어리석게 보이는 하나님의 지혜와 비교하면, 인간의 지혜는 너무나 보잘것없고 너무나 무력합니다. 인간의 수준에서 강한 것은 하나님의 "약함"과도 견줄 수 없습니다.

26-31 친구 여러분, 여러분이 이 그리스도인의 삶으로 부름받았을 때, 여러분의 모습이 어떠했는지 잘 떠올려 보십시오. 나는 여러분 가운데서 가장 영리하고 뛰어난 사람, 상당한 영향력을 가진 사람, 상류층 집안 출신을 그다지 많이 보지 못했습니다. 하나님께서 "잘났다고 하는 사람들"의 그럴듯한 허세를 폭로하시려고, 홀대받고 착취당하며 학대받는 사람들, 곧 "아무것도 아닌 사람들"을 일부러 택하신 것이 분명하지 않습니까? 그렇다면 여러분 가운데 누구도 하나님 앞에서 스스로 자랑할 수 없다는 것은 분명한 사실입니다. 우리가 그리스도인이 되어 누리는 모든 것—바른 생각, 바른 삶, 깨끗해진 경력, 새로운 출발—은 예수 그리스도를 통해 하나님께로부터 주어진 것입니다. "자랑을 하려거든, 하나님을 자랑하라"는 말씀이 있는 것은 바로 그 때문입니다.

2

1-2 여러분도 기억하시겠지만, 내가 처음으로 여러분에게 가서 하나님이 행하신 놀라운 일을 전할 때, 나는 번지르르한 말이나 최신 철학으로 여러분을 감동시키려고 하지 않았습니다. 오히려 나는 쉽고 분명하게 전하려고 노력했습니다. 처음에는 예수가 누구이신지를 전했고, 그 다음에는 십자가에 달리신 예수가 어떤 일을 하셨는지를 전했습니다.

3-5 나는 그 일을 어떻게 해야 하는지 자신이 없었고,

age? Hasn't God exposed it all as pretentious nonsense? Since the world in all its fancy wisdom never had a clue when it came to knowing God, God in his wisdom took delight in using what the world considered dumb—*preaching*, of all things!—to bring those who trust him into the way of salvation.

22-25 While Jews clamor for miraculous demonstrations and Greeks go in for philosophical wisdom, we go right on proclaiming Christ, the Crucified. Jews treat this like an *anti*-miracle—and Greeks pass it off as absurd. But to us who are personally called by God himself—both Jews and Greeks—Christ is God's ultimate miracle and wisdom all wrapped up in one. Human wisdom is so tinny, so impotent, next to the seeming absurdity of God. Human strength can't begin to compete with God's "weakness."

26-31 Take a good look, friends, at who you were when you got called into this life. I don't see many of "the brightest and the best" among you, not many influential, not many from high-society families. Isn't it obvious that God deliberately chose men and women that the culture overlooks and exploits and abuses, chose these "nobodies" to expose the hollow pretensions of the "somebodies"? That makes it quite clear that none of you can get by with blowing your own horn before God. Everything that we have—right thinking and right living, a clean slate and a fresh start—comes from God by way of Jesus Christ. That's why we have the saying, "If you're going to blow a horn, blow a trumpet for God."

2

1-2 You'll remember, friends, that when I first came to you to let you in on God's master stroke, I didn't try to impress you with polished speeches and the latest philosophy. I deliberately kept it plain and simple: first Jesus and who he is; then Jesus and what he did—Jesus crucified.

3-5 I was unsure of how to go about this, and

내가 그 일에 적합하지 않다는 것을 절실히 느꼈습니다. 더 솔직히 말씀드리면, 나는 몹시도 두려웠습니다. 내가 메시지를 전할 때 여러분이나 다른 누구에게 감동을 주지 못한 것은 그 때문입니다. 그러나 메시지는 결국 전해졌습니다. 하나님의 영과 하나님의 능력이 그렇게 한 것입니다. 여러분의 믿음의 삶이, 나나 다른 누구의 지적이고 감정적인 화려한 말솜씨에서 비롯된 반응이 아니라, 하나님의 능력에서 비롯된 반응인 것이 분명해졌습니다.

6-10 물론 우리에게는 하나님의 지혜가 풍성합니다. 여러분이 확고한 영적 토대 위에 서기만 하면, 여러분에게 그 지혜를 넘겨드리겠습니다. 그런데 그 지혜는 대중적인 지혜도 아니고, 고임금의 전문가들이 선호하는 지혜도 아니고, 한두 해가 지나면 시대에 뒤처지고 마는 지혜도 아닙니다. 하나님의 지혜는 그분의 목적 깊은 곳에 비밀하게 감춰진 지혜입니다. 겉만 살피는 사람은 그 지혜를 찾을 수 없습니다. 그 지혜는 최신 소식이 아니라, 가장 오래된 소식입니다. 그 지혜는, 우리가 등장하기 훨씬 오래전에 하나님께서 그분의 가장 좋은 것을 우리 안에 드러내시려고 정하신 방식입니다. 우리 시대의 전문가들은 그 영원한 계획이 무엇인지 조금도 알지 못했습니다. 만일 알았더라면, 그들은 하나님께서 계획하신 생명의 주님을 십자가에 매달아 죽이지 않았을 것입니다. 다음의 성경 말씀이 있는 것은 그 때문입니다.

> 어느 누구도 이 같은 것을 보거나 듣지 못했고
> 이 같은 것을 상상해 본 적도 없다.
> 그것은 하나님께서 자기를 사랑하는 이들을 위해
> 마련해 두신 것이다.

하지만 여러분은 그것을 보고 들었습니다. 이는 하나님께서 그분의 영을 통해 그 모든 일을 여러분 앞에 다 드러내 보이셨기 때문입니다.

10-13 성령께서는 표면에서 떠도는 것에 만족하지 않으시고 하나님의 깊은 곳으로 뛰어드셔서, 하나님이 처음부터 계획하신 것을 드러내십니다. 여러분이 생각하고 계획하고 있는 것을 여러분 자신이 아니면 누가 알겠습니까? 하나님도 마찬가지이십니다. 하나님께서는 자기가 생각하는 것을 아십니다. 또한 그것을 *우리에게도 드러내 주십니다.* 하나님께서는 우리에게 베푸시는 생명과 구원의 선물을 자세히 알려 주십니다. 우리는 이 세상의 추측과 견해에 의지할 필요가 없습니다. 우리가 이 사실을 아는 것은, 책을 읽거나 학교에 다녀서가 아니라, 하나님께 직접 배웠기

felt totally inadequate—I was scared to death, if you want the truth of it—and so nothing I said could have impressed you or anyone else. But the Message came through anyway. God's Spirit and God's power did it, which made it clear that your life of faith is a response to God's power, not to some fancy mental or emotional footwork by me or anyone else.

6-10 We, of course, have plenty of wisdom to pass on to you once you get your feet on firm spiritual ground, but it's not popular wisdom, the fashionable wisdom of high-priced experts that will be out-of-date in a year or so. God's wisdom is something mysterious that goes deep into the interior of his purposes. You don't find it lying around on the surface. It's not the latest message, but more like the oldest—what God determined as the way to bring out his best in us, long before we ever arrived on the scene. The experts of our day haven't a clue about what this eternal plan is. If they had, they wouldn't have killed the Master of the God-designed life on a cross. That's why we have this Scripture text:

> No one's ever seen or heard anything like this,
> Never so much as imagined anything quite like it—
> What God has arranged for those who love him.

But *you've* seen and heard it because God by his Spirit has brought it all out into the open before you.

10-13 The Spirit, not content to flit around on the surface, dives into the depths of God, and brings out what God planned all along. Who ever knows what you're thinking and planning except you yourself? The same with God—except that he not only knows what he's thinking, but he lets us in on it. God offers a full report on the gifts of life and salvation that he is giving us. We don't have to rely on the world's guesses and opinions. We didn't learn

때문입니다. 하나님께서 예수를 통해 우리를 일대일로 가르쳐 주셨습니다. 그와 같은 방식으로, 우리도 그것을 여러분에게 직접 전합니다.

14-16 영에 속하지 않은 사람은, 본질상 하나님의 영의 선물을 받을 수 없습니다. 그에게는 그럴 가능성이 없습니다. 그의 눈에는 그 선물들이 대단히 어리석은 것처럼 보이기 때문입니다. 영을 알 수 있는 통로는 영밖에 없습니다. 하나님의 영과 우리의 영은 막힘없이 서로 통합니다. 우리는 영적으로 살아 있어서, 하나님의 영이 하고 계신 모든 일에 다가갈 수 있습니다. 우리는 영에 속하지 않은 사람들의 판단을 받지 않습니다. "하나님의 영을 아는 사람 누구인가? 하나님께서 하고 계신 일을 아는 사람 누구인가?"라는 이사야의 물음에 답이 주어졌습니다. 바로 그리스도이십니다. 그리고 우리는 그리스도의 영을 가졌습니다.

3 1-4 그러나 친구 여러분, 지금 나는 여러분이 영에 속하지 않은 사람처럼 사람과 하나님께 행하는 것에 몹시 실망하고 있습니다. 여러분은 그리스도와 관련해서, 젖 먹는 것 외에는 아무것도 할 수 없는 어린아이처럼 굴고 있습니다. 여러분이 더 나은 것을 소화하지 못하는 것처럼 보이니, 이제 나는 어린아이를 대하듯 여러분을 양육할 작정입니다. 여러분의 기분을 좋게 하거나 여러분을 돋보이게 해주는 것에만 손을 뻗는다면, 모든 것이 자기 마음대로 될 때에만 만족하는 젖먹이와 여러분이 다를 것이 뭐가 있겠습니까? 여러분 가운데 어떤 사람은 "나는 바울 편이다" 말하고, 또 어떤 사람은 "나는 아볼로를 지지한다"고 말한다니, 여러분은 어린아이처럼 구는 것이 아닌가요?

5-9 여러분은 도대체 바울이 누구라고 생각합니까? 여러분은 아볼로가 누구라고 생각합니까? 우리 두 사람은 모두 종에 불과합니다. 여러분을 섬겨, 우리 주인이신 하나님께 여러분의 삶을 맡기는 법을 배우게 한 종일 따름입니다. 우리 두 사람은 주님께서 맡겨 주신 종의 임무를 수행했을 뿐입니다. 나는 씨를 심었고, 아볼로는 물을 주었습니다. 그러나 하나님께서 여러분을 자라게 하셨습니다. 이 과정에서 가장 중요한 이는 심는 자나 물을 주는 자가 아니라, 자라게 하시는 하나님이십니다. 심는 일과 물을 주는 일은 종들이 약간의 급료를 받고 하는 허드렛일에 불과합니다. 그 일을 가치 있게 해주시는 이는, 우리가 섬기는 하나님이십니다. 여러분은 하나님의 밭이며, 우

this by reading books or going to school; we learned it from God, who taught us person-to-person through Jesus, and we're passing it on to you in the same firsthand, personal way.

14-16 The unspiritual self, just as it is by nature, can't receive the gifts of God's Spirit. There's no capacity for them. They seem like so much silliness. Spirit can be known only by spirit—God's Spirit and our spirits in open communion. Spiritually alive, we have access to everything God's Spirit is doing, and can't be judged by unspiritual critics. Isaiah's question, "Is there anyone around who knows God's Spirit, anyone who knows what he is doing?" has been answered: Christ knows, and we have Christ's Spirit.

3 1-4 But for right now, friends, I'm completely frustrated by your unspiritual dealings with each other and with God. You're acting like infants in relation to Christ, capable of nothing much more than nursing at the breast. Well, then, I'll nurse you since you don't seem capable of anything more. As long as you grab for what makes you feel good or makes you look important, are you really much different than a babe at the breast, content only when everything's going your way? When one of you says, "I'm on Paul's side," and another says, "I'm for Apollos," aren't you being totally infantile?

5-9 Who do you think Paul is, anyway? Or Apollos, for that matter? Servants, both of us—servants who waited on you as you gradually learned to entrust your lives to our mutual Master. We each carried out our servant assignment. I planted the seed, Apollos watered the plants, but *God* made you grow. It's not the one who plants or the one who waters who is at the center of this process but God, who makes things grow. Planting and watering are menial servant jobs at minimum wages. What makes them worth doing is the God we are serving. You happen to be God's field in which we are

리는 그 밭에서 일하는 일꾼입니다.

9-15 달리 말하면, 여러분은 하나님의 집입니다. 나는 하나님께서 내게 주신 훌륭한 건축가의 재능을 사용해 설계도를 작성했고, 아볼로는 벽을 쌓아 올리고 있습니다. 그러니 일을 맡은 목수가 그 기초 위에다 각자 신중하게 집을 짓게 하십시오. 기억하십시오! 이미 놓인 기초는 하나뿐입니다. 그 기초는 다름 아닌 예수 그리스도이십니다. 여러분은 각별히 신경 써서 건축 재료를 고르십시오. 그러다 보면, 마침내 준공 검사를 받을 날이 올 것입니다. 여러분이 값싸거나 부실한 재료를 쓴다면 다 드러나고 말 것입니다. 준공 검사는 철저하고 엄격하게 이루어질 것입니다. 어느 것 하나 대충 넘어가는 일이 없을 것입니다. 여러분이 지은 것이 검사를 통과하면 잘된 일입니다. 그러나 검사에 통과하지 못하면, 여러분이 지은 것을 뜯어내고 다시 시작해야 할 것입니다. 여러분은 뜯기지 않고 살아남겠지만, 간신히 살아남을 것입니다.

16-17 여러분이 하나님의 성전이고, 하나님께서 친히 여러분 안에 계신다는 것을 여러분은 알지 못합니까? 여러분도 알다시피, 성전을 파괴한 사람은 누구도 검사를 통과할 수 없습니다. 하나님의 성전은 거룩합니다. 여러분이 그 성전임을 잊지 마십시오.

18-20 여러분 자신을 속이지 마십시오. 시대의 최신 유행을 따르는 것으로 지혜로운 사람이 될 수 있다고 생각하지 마십시오. 하나님의 바보가 되십시오. 그것만이 참된 지혜에 이르는 길입니다. 이 세상이 영리하다고 하는 것을 하나님은 어리석다고 하십니다. 성경에 이렇게 기록되었습니다.

> 그분은 똑똑한 자들의 얕은 꾀를 폭로하신다.
> 주님은 모든 것을 안다고 하는 자들의 연막을 꿰뚫어 보신다.

21-23 나는 여러분이 자기 자신을 자랑하거나 다른 누군가를 자랑하는 것을 조금도 듣고 싶지 않습니다. 이미 모든 것이 여러분에게 선물로 주어졌습니다. 바울, 아볼로, 베드로, 세상, 생명, 죽음, 현재, 미래—이 모든 것이 여러분의 것입니다. 여러분은 하나님과 하나이신 그리스도와 하나가 되는 특권을 받았습니다.

4

1-4 여러분은 우리 지도자들을 무슨 대단한 사람이라도 되는 양 여기지 마십시오. 우리는 그리스도의 종이지, 그분의 주인이 아닙니다. 우리는 하나님의 장엄한 비밀들로 여러분을 인도하는

working.

9-15 Or, to put it another way, you are God's house. Using the gift God gave me as a good architect, I designed blueprints; Apollos is putting up the walls. Let each carpenter who comes on the job take care to build on the foundation! Remember, there is only one foundation, the one already laid: Jesus Christ. Take particular care in picking out your building materials. Eventually there is going to be an inspection. If you use cheap or inferior materials, you'll be found out. The inspection will be thorough and rigorous. You won't get by with a thing. If your work passes inspection, fine; if it doesn't, your part of the building will be torn out and started over. But *you* won't be torn out; you'll survive—but just barely.

16-17 You realize, don't you, that you are the temple of God, and God himself is present in you? No one will get by with vandalizing God's temple, you can be sure of that. God's temple is sacred—and you, remember, *are* the temple.

18-20 Don't fool yourself. Don't think that you can be wise merely by being up-to-date with the times. Be God's fool—that's the path to true wisdom. What the world calls smart, God calls stupid. It's written in Scripture,

> He exposes the chicanery of the chic.
> The Master sees through the smoke screens
> of the know-it-alls.

21-23 I don't want to hear any of you bragging about yourself or anyone else. Everything is already yours as a gift—Paul, Apollos, Peter, the world, life, death, the present, the future—all of it is yours, and you are privileged to be in union with Christ, who is in union with God.

4

1-4 Don't imagine us leaders to be something we aren't. We are servants of Christ, not his masters. We are guides into God's most sublime secrets, not security guards posted to protect them. The requirements for a

안내인이지, 그 비밀들을 보호하기 위해 배치된 경비원이 아닙니다. 좋은 안내인이 갖추어야 할 덕목은 믿음직스러움과 정확한 지식입니다. 여러분이 나를 어떻게 생각하든, 사람들이 나를 어떻게 평가하든, 그것이 내게는 조금도 중요하지 않습니다. 나는 내 자신을 평가하지 않습니다. 그러한 일로 비교하는 것은 무의미합니다. 나는 여러분의 좋은 안내인이 되기에 어긋날 만한 일을 한 적이 없습니다. 그렇다고 내가 대단하다는 뜻은 아닙니다. 그런 판단을 내리시는 분은 주님이십니다.

5 그러니 주님을 앞지르지 말고, 모든 증거가 명백히 드러나기 전에는 섣불리 결론을 내리지 마십시오. 주님이 오시면, 그분께서 우리가 생각지 못했던 모든 것—우리 마음속의 동기와 의도, 그리고 기도—을 환히 밝히시고 증거로 제시하실 것입니다. 그때에야 우리는 저마다 "잘했다" 말씀하시는 하나님의 칭찬을 듣게 될 것입니다.

6 친구 여러분, 내가 지금까지 이 모든 말씀을 아볼로와 나에게 적용해서 설명한 것은, 여러분이 조심하는 법을 배워서, 모든 사실을 알기도 전에 성급하게 판단하는 일이 없게 하려는 것입니다. 하나님의 관점으로 사태를 보는 것이 중요합니다. 나는 여러분이 별것도 아닌 소문을 근거로, 평판을 부풀리거나 깎아내리는 모습을 보고 싶지 않습니다.

7-8 여러분을 정말로 아는 사람, 여러분의 마음을 아는 사람이 누구입니까? 설령 그런 사람이 있다고 해도, 그들이 여러분 안에서 발견해 낸 것 가운데 여러분 자신의 공로로 삼을 만한 것이 무엇입니까? 여러분이 지니고 있는 것과 여러분의 현재 모습은 모두 하나님께로부터 온 순전한 선물이 아닙니까? 그러니 비교하고 경쟁하는 것이 무슨 소용이 있겠습니까? 여러분은 이미 필요한 모든 것을 가졌습니다. 여러분이 감당할 수 있는 것보다 더 많은 것을 하나님에게서 받고 있습니다. 여러분은 아볼로나 나를 제쳐 둔 채 세상—하나님이 지으신 세상—꼭대기에 앉아 있군요. 우리도 거기에서, 여러분과 나란히 앉아 봤으면 좋겠습니다!

9-13 내가 보기에, 하나님께서는 메시지를 전하는 우리를 아무도 표를 사려고 하지 않는 극장의 무대에 올려놓으신 것 같습니다. 교통사고 현장을 구경하듯이, 모든 사람이 우리를 둘러서서 빤히 쳐다보는 것 같습니다. 우리는 메시아 때문에 환경에 적응하지 못한 사람들입니다. 여러분은 자신이 있을지 모르나, 우리는 약함과 불확실성 한가운데서 살아갑니다. 여러분은 남들에게 좋은 평판을 받을지 모르나, 우리는

good guide are reliability and accurate knowledge. It matters very little to me what you think of me, even less where I rank in popular opinion. I don't even rank myself. Comparisons in these matters are pointless. I'm not aware of anything that would disqualify me from being a good guide for you, but that doesn't mean much. The *Master* makes that judgment.

5 So don't get ahead of the Master and jump to conclusions with your judgments before all the evidence is in. When he comes, he will bring out in the open and place in evidence all kinds of things we never even dreamed of—inner motives and purposes and prayers. Only then will any one of us get to hear the "Well done!" of God.

6 All I'm doing right now, friends, is showing how these things pertain to Apollos and me so that you will learn restraint and not rush into making judgments without knowing all the facts. It's important to look at things from God's point of view. I would rather not see you inflating or deflating reputations based on mere hearsay.

7-8 For who do you know that really knows *you*, knows your heart? And even if they did, is there anything they would discover in you that you could take credit for? Isn't everything you *have* and everything you *are* sheer gifts from God? So what's the point of all this comparing and competing? You already have all you need. You already have more access to God than you can handle. Without bringing either Apollos or me into it, you're sitting on top of the world—at least God's world—and we're right there, sitting alongside you!

9-13 It seems to me that God has put us who bear his Message on stage in a theater in which no one wants to buy a ticket. We're something everyone stands around and stares at, like an accident in the street. We're the Messiah's misfits. You might be sure of yourselves, but we live in the midst of frailties and uncertainties. You might be well-thought-of by others, but we're mostly kicked around. Much of the

대부분 빙 둘러싸인 채 발길질을 당합니다. 우리는 식사할 시간도 넉넉지 않고, 누더기 옷을 입고, 문전박대를 당하고, 어디에서든 허드렛일을 얻어 근근이 생계를 꾸려 갑니다. 남들이 우리를 욕해도, 우리는 그들을 축복합니다. 남들이 우리를 두고 터무니없는 말을 해도, 우리는 그들에 대해 좋게 말합니다. 우리는 부엌에 버려진 감자 껍질처럼, 이 문화로부터 쓰레기 취급을 받습니다. 앞으로도 그보다 더 나은 대접을 받지 못할 것입니다.

14-16 나는 나무라듯 하는 이웃처럼 여러분의 기분을 상하게 하려고 이 모든 글을 쓰고 있는 것이 아닙니다. 나는 자녀인 여러분에게 아버지 자격으로 이 글을 쓰고 있습니다. 나는 여러분을 사랑하고, 여러분이 버릇없이 자라지 않고 바르게 자라기를 바랍니다. 여러분 주위에는 여러분의 잘못을 서슴없이 말해 주는 사람이 많을 것입니다. 그러나 시간과 수고를 아끼지 않고 여러분이 자라도록 돕는 아버지는 많지 않을 것입니다. 예수께서 내게 하나님의 메시지를 여러분에게 선포할 수 있게 해주셔서, 나는 여러분의 아버지가 되었습니다. 여러분도 알다시피, 나는 내가 직접 행하지 않은 것을 여러분에게 하라고 하지 않습니다.

17 그런 이유로, 나는 먼저 디모데를 여러분에게 보냈습니다. 그는 나의 사랑하는 아들이며 주님께 신실한 사람입니다. 내가 그리스도의 방식과 관련해서 모든 교회에 늘 제시하는 가르침을, 그가 여러분에게 새로이 기억나게 해줄 것입니다.

18-20 여러분 가운데 자만해서, 내 말은 물론이고 어느 누구의 말도 듣지 않는 사람이 더러 있다는 것을 압니다. 그들은 내가 직접 찾아가 얼굴을 마주할 것이라고 생각지 않는 모양입니다. 그러나 하나님께서 원하시면, 나는 여러분이 생각하는 것보다 빨리 여러분을 찾아갈 것입니다. 그래서 우리는 그들이 허세가 가득하다는 것을 확인해 볼 것입니다. 하나님의 도(道)에서 중요한 것은, 단순한 말이 아니라 능력 입은 삶이기 때문입니다.

21 그러니 내가 어떤 준비를 하고 여러분에게 가는 것이 좋겠습니까? 여러분을 통제하는 엄한 교관의 모습이 좋겠습니까? 아니면, 여러분과 속마음을 터놓는 다정한 벗이나 상담자의 모습이 좋겠습니까? 결정은 여러분이 하십시오.

여러분의 몸으로 하나님을 영화롭게 하십시오

5 1-2 또한 나는 여러분 교회의 가족 가운데서 수치스러운 성행위가 행해지고 있다는 소식을 접했습니다. 여러분 남자들 가운데 한 사람이 자기 계모

time we don't have enough to eat, we wear patched and threadbare clothes, we get doors slammed in our faces, and we pick up odd jobs anywhere we can to eke out a living. When they call us names, we say, "God bless you." When they spread rumors about us, we put in a good word for *them*. We're treated like garbage, potato peelings from the culture's kitchen. And it's not getting any better.

14-16 I'm not writing all this as a neighborhood scold just to make you feel rotten. I'm writing as a father to you, my children. I love you and want you to grow up well, not spoiled. There are a lot of people around who can't wait to tell you what you've done wrong, but there aren't many fathers willing to take the time and effort to help you grow up. It was as Jesus helped me proclaim God's Message to you that I became your father. I'm not, you know, asking you to do anything I'm not already doing myself.

17 This is why I sent Timothy to you earlier. He is also my dear son, and true to the Master. He will refresh your memory on the instructions I regularly give all the churches on the way of Christ.

18-20 I know there are some among you who are so full of themselves they never listen to anyone, let alone me. They don't think I'll ever show up in person. But I'll be there sooner than you think, God willing, and then we'll see if they're full of anything but hot air. God's Way is not a matter of mere talk; it's an empowered life.

21 So how should I prepare to come to you? As a severe disciplinarian who makes you toe the mark? Or as a good friend and counselor who wants to share heart-to-heart with you? You decide.

The Mystery of Sex

5 1-2 I also received a report of scandalous sex within your church family, a kind that wouldn't be tolerated even outside

와 잠자리를 같이하고 있다는 것입니다. 그것은 교회 밖에서도 용납되지 않는 일입니다. 그런데도 여러분은 그런 일로 당혹스러워하기는커녕 태연하기만 하더군요. 그 일로 비탄에 젖어야 하지 않겠습니까? 그 일로 무릎을 꿇고 울어야 하지 않겠습니까? 그런 일을 저지른 자와 그 소행에 맞서 어떤 조치를 취해야 하지 않겠습니까?

3-5 나라면 어떻게 할지 여러분에게 알려 드리지요. 내 몸은 그곳에 있지 않지만, 내가 여러분과 함께 그곳에 있다고 여기십시오. 무슨 일이 벌어지고 있는지 내 눈에 훤히 보이기 때문입니다. 분명히 말하건대, 그런 행위는 잘못되었습니다. 그저 외면한 채 그런 행위가 저절로 없어지기를 바라지 마십시오. 우리 주 예수의 권위로 그 문제를 공개적으로 처리하십시오. 공동체의 교우들을 모으십시오. 나는 영으로 여러분과 함께하고, 우리 주 예수께서는 권능으로 임하실 것입니다. 그 사람의 행위를 공개적으로 조사하십시오. 그에게 자기 행위를 변호하게 하십시오! 그러나 변호하지 못하거든, 그를 쫓아내십시오! 물론 그렇게 하는 것은 그에게 충격적이고, 여러분에게는 당혹스러운 일일 것입니다. 그러나 그를 지옥에 떨어뜨리기보다, 그가 충격을 받고 여러분이 당혹스러움을 겪는 것이 더 낫습니다. 여러분은 그가 다시 일어서서 심판 날에 주님 앞에서 용서받기를 원할 것입니다.

6-8 여러분이 그런 일들을 겪으면서 보인 경망스럽고 무감각한 교만이 나를 괴롭게 합니다. 여러분은 작은 것으로 여기지만, 그 교만은 작은 것이 아닙니다. 누룩은 "작은 것"이지만, 빵 반죽 전체를 아주 빨리 부풀어 오르게 합니다. 그러니 그 "누룩"을 제거하십시오. 우리의 참된 정체성은 한결같고 순수해야지, 나쁜 성분 때문에 부풀려져서는 안됩니다. 우리의 유월절 어린양이신 메시아께서 이미 유월절 식사를 위해 희생되셨으므로, 우리는 누룩을 넣지 않은 유월절 빵이 되었습니다. 그러니 우리는 악독이라는 누룩을 넣어 부풀어 오른 빵이 아니라, 누룩을 넣지 않은 납작한 빵, 곧 단순하고 참되고 꾸밈없는 빵으로 유월절에 참여해야 합니다.

9-13 나는 전에 보낸 편지에서, 성관계가 문란한 사람들과 어울리지 말라고 했습니다. 내 말은 그 같은 짓을 하는 교회 밖의 사람들, 곧 육체노동을 하거나 사무직에 종사하면서 사기를 치는 사람이나 영적인 사기꾼들과 전혀 상종하지 말라는 뜻이 아니었습니다. 그렇게 하려면, 아예 이 세상을 떠나야 할 테니까요! 그러나 내가 지금 말하는 것은, 그리스도인을 자처하는 어떤 친구가 불륜을 저지르거나 사기를 치거나 하나님께

the church: One of your men is sleeping with his stepmother. And you're so above it all that it doesn't even faze you! Shouldn't this break your hearts? Shouldn't it bring you to your knees in tears? Shouldn't this person and his conduct be confronted and dealt with?

3-5 I'll tell you what I would do. Even though I'm not there in person, consider me right there with you, because I can fully see what's going on. I'm telling you that this is wrong. You must not simply look the other way and hope it goes away on its own. Bring it out in the open and deal with it in the authority of Jesus our Master. Assemble the community–I'll be present in spirit with you and our Master Jesus will be present in power. Hold this man's conduct up to public scrutiny. Let him defend it if he can! But if he can't, then out with him! It will be totally devastating to him, of course, and embarrassing to you. But better devastation and embarrassment than damnation. You want him on his feet and forgiven before the Master on the Day of Judgment.

6-8 Your flip and callous arrogance in these things bothers me. You pass it off as a small thing, but it's anything but that. Yeast, too, is a "small thing," but it works its way through a whole batch of bread dough pretty fast. So get rid of this "yeast." Our true identity is flat and plain, not puffed up with the wrong kind of ingredient. The Messiah, our Passover Lamb, has already been sacrificed for the Passover meal, and we are the Unraised Bread part of the Feast. So let's live out our part in the Feast, not as raised bread swollen with the yeast of evil, but as flat bread–simple, genuine, unpretentious.

9-13 I wrote you in my earlier letter that you shouldn't make yourselves at home among the sexually promiscuous. I didn't mean that you should have nothing at all to do with outsiders of that sort. Or with crooks, whether blue- or white-collar. Or with spiritual phonies, for that matter. You'd have to leave

건방지게 굴거나 친구들에게 무례하게 굴거나 술 취하거나 탐욕스럽거나 이기적인데도, 여러분이 아무 일 없는 것처럼 행동해서는 안된다는 것입니다. 여러분은 그런 사람과 어울려서도 안되고, 그런 행위를 용납해서도 안됩니다. 나는 세상 사람들이 행하는 일에 대해서는 책임을 질 것이 없습니다. 그러나 믿는 사람들의 공동체 안에서 이루어진 일에 대해서는 책임을 져야 하지 않겠습니까? 교회 밖에 있는 사람들에게 판결을 내리는 것은 하나님의 몫입니다. 그러나 우리의 형제자매가 가던 길에서 벗어날 때, 필요하다면 그들을 내쫓아 교회를 깨끗게 하는 것은 우리의 몫입니다.

6 1-4 그리고 여러분이 서로를 세상 법정으로 끌고 간다고 하는데, 어떻게 그럴 수 있습니까! 여러분이 부당한 취급을 받았다고 생각하여, 그리스도인의 가족인 교회 안에서 그 문제를 해결하지 않고 하나님의 방식을 전혀 모르는 세상 법정으로 앞장서 가다니, 그것이 말이 됩니까? 이 세상이 예수를 따르는 성도들로 이루어진 법정 앞에 서게 될 날이 다가오고 있습니다. 장차 여러분이 이 세상 운명을 판결하게 되어 있다면, 이처럼 사소한 일은 직접 판결하는 것이 바람직하지 않겠습니까? 우리는 장차 천사들까지 심판하게 될 테니 말입니다! 여러분이 이 일상적인 사건들을 판결하지 못할 이유가 무엇이겠습니까? 이처럼 불화와 부당한 일이 일어날 때, 어째서 여러분은 다른 면에 있어서는 신뢰하지 않는 세상 사람들에게 그 일을 맡겨 판결을 받으려고 합니까?

5-6 내가 이토록 냉정하게 말하는 것은, 여러분이 벌이고 있는 일이 얼마나 어리석은지 일깨우려는 것입니다. 불화와 다툼이 일어날 때, 여러분 가운데 그 일을 공정하게 판결할 만큼 분별 있는 사람이 하나도 없다는 것이 가능한 일입니까? 믿을 수 없는 일입니다. 여러분이 하나님을 전혀 믿지 않는 사람들 앞으로 서로를 끌고 가다니요! 정의의 하나님을 믿지 않는 그들이 어찌 정의로운 판결을 내리겠습니까?

7-8 이런 법정 다툼은 여러분의 공동체에 흉한 오*점이 되고 말 것입니다. 차라리* 부당한 취급을 받더라도 그냥 받아들이고 잊어버리는 편이 더 낫지 않겠습니까? 지금 여러분이 벌이고 있는 일은, 더 많은 부당행위와 불의가 일어나도록 기름을 끼얹는 격입니다. 여러분의 영적 공동체에 속한 가족

the world entirely to do that! But I *am* saying that you shouldn't act as if everything is just fine when a friend who claims to be a Christian is promiscuous or crooked, is flip with God or rude to friends, gets drunk or becomes greedy and predatory. You can't just go along with this, treating it as acceptable behavior. I'm not responsible for what the *outsiders* do, but don't we have some responsibility for those within our community of believers? God decides on the outsiders, but we need to decide when our brothers and sisters are out of line and, if necessary, clean house.

6 1-4 And how dare you take each other to court! When you think you have been wronged, does it make any sense to go before a court that knows nothing of God's ways instead of a family of Christians? The day is coming when the world is going to stand before a jury made up of followers of Jesus. If someday you are going to rule on the world's fate, wouldn't it be a good idea to practice on some of these smaller cases? Why, we're even going to judge angels! So why not these everyday affairs? As these disagreements and wrongs surface, why would you ever entrust them to the judgment of people you don't trust in any other way?

5-6 I say this as bluntly as I can to wake you up to the stupidity of what you're doing. Is it possible that there isn't one levelheaded person among you who can make fair decisions when disagreements and disputes come up? I don't believe it. And here you are taking each other to court before people who don't even believe in God! How can they render justice if they don't believe in the *God* of justice?

7-8 These court cases are an ugly blot on your community. Wouldn't it be far better to just take it, to let yourselves be wronged and forget it? All you're doing is providing fuel for more wrong, more injustice, bringing more hurt to the people of your own spiritual family.

9-11 Don't you realize that this is not the way to live? Unjust people who don't care about God

들에게 더 많은 상처를 안겨 줄 뿐입니다.
9-11 여러분은 이것이 살길이 아니라는 것을 알지 못합니까? 하나님께 마음을 두지 않은 불의한 자들은 그분의 나라에 들어가지 못할 것입니다. 서로를 이용하고 악용하는 자들, 성(性)을 이용하고 오용하는 자들, 땅을 이용해 먹으면서 땅과 거기에 있는 모든 것을 착취하고 남용하는 자들은 하나님 나라의 시민이 될 자격이 없습니다. 여러분 가운데 상당수는 내가 무엇을 두고 말하는지 경험으로 알 것입니다. 얼마 전까지만 해도 여러분이 그렇게 살았으니 말입니다. 그러나 그 이후로 여러분은 우리 주님이시며 메시아이신 예수와, 우리 안에 계신 하나님 곧 성령으로 말미암아 깨끗해졌고 새로운 출발을 하게 되었습니다.
12 법적으로 문제가 없다고 해서 영적으로 적합한 것은 아닙니다. 만일 내가 해도 된다고 생각한 것을 무엇이나 하면서 돌아다녔다면, 나는 변덕의 노예가 되고 말았을 것입니다.
13 "처음에는 살기 위해 먹지만, 나중에는 먹기 위해서 산다"는 옛 격언을 아시지요? 어찌 보면, 몸은 덧없는 것이라는 말이 타당한 것처럼 들립니다. 그렇다고 해서 여러분의 몸을 음식으로 가득 채우거나, 여러분의 몸을 섹스에 내맡기는 것이 정당화되는 것은 아닙니다. 주님께서 몸으로 여러분을 영화롭게 하시니, 여러분도 자신의 몸으로 그분을 영화롭게 하십시오!
14-15 하나님께서는 주님의 몸을 무덤에서 일으켜 영화롭게 하셨습니다. 그분은 똑같은 부활의 능력으로 여러분의 몸을 대하실 것입니다. 그때까지, 여러분의 몸이 주님의 몸과 똑같이 존귀하게 지어졌음을 기억하십시오. 여러분은 주님의 몸을 매음굴로 끌고 갈 작정입니까? 나는 여러분이 그러지 않기를 바랍니다.
16-20 섹스에는 살갗과 살갗의 접촉 그 이상의 것이 있습니다. 섹스는 육체적 사실만큼이나 영적인 비밀이 있습니다. 이는 성경에 "두 사람이 한 몸이 될 것이다"라고 기록된 것과 같습니다. 영적으로 주님과 하나가 되려거든, 헌신과 친밀함이 없는 섹스, 우리를 전보다 더 외롭게 하는 섹스, 결코 "한 몸이 될" 수 없는 섹스를 추구하지 마십시오. 성적인 죄는 다른 모든 죄와는 의미가 다릅니다. 성적인 죄는 우리 몸의 거룩함을 더럽히는 죄입니다. 우리 몸은, 하나님께서 주시고 하나님께서 의도하신 사랑을 위해 다른 사람과 "한 몸이 되도록" 지어졌습니다. 여러분은 여러분의 몸이, 성

will not be joining in his kingdom. Those who use and abuse each other, use and abuse sex, use and abuse the earth and everything in it, don't qualify as citizens in God's kingdom. A number of you know from experience what I'm talking about, for not so long ago you were on that list. Since then, you've been cleaned up and given a fresh start by Jesus, our Master, our Messiah, and by our God present in us, the Spirit.
12 Just because something is technically legal doesn't mean that it's spiritually appropriate. If I went around doing whatever I thought I could get by with, I'd be a slave to my whims.
13 You know the old saying, "First you eat to live, and then you live to eat"? Well, it may be true that the body is only a temporary thing, but that's no excuse for stuffing your body with food, or indulging it with sex. Since the Master honors you with a body, honor him with your body!
14-15 God honored the Master's body by raising it from the grave. He'll treat yours with the same resurrection power. Until that time, remember that your bodies are created with the same dignity as the Master's body. You wouldn't take the Master's body off to a whorehouse, would you? I should hope not.
16-20 There's more to sex than mere skin on skin. Sex is as much spiritual mystery as physical fact. As written in Scripture, "The two become one." Since we want to become spiritually one with the Master, we must not pursue the kind of sex that avoids commitment and intimacy, leaving us more lonely than ever—the kind of sex that can never "become one." There is a sense in which sexual sins are different from all others. In sexual sin we violate the sacredness of our own bodies, these bodies that were made for God-given and God-modeled love, for "becoming one" with another. Or didn't you realize that your body is a sacred place, the place of the Holy Spirit? Don't you see that you can't live however you please, squandering what God paid such a high price for? The physical part of you is not some piece of property belonging to the spiritual part of you. God owns the whole works. So let people see God

령께서 거하시는 거룩한 곳임을 알지 못합니까? 여러분은 하나님께서 엄청난 대가를 치르고 사신 여러분의 몸을 함부로 굴리면서 제멋대로 살아서는 안된다는 것을 모릅니까? 여러분의 몸은 여러분의 영적인 부분에 속해 있는 소유물이 아닙니다. 그 모든 것의 주인은 하나님이십니다. 그러니 여러분의 몸 안에서, 여러분의 몸을 통해, 사람들이 하나님을 볼 수 있게 하십시오.

결혼과 독신에 관한 지침

7 이제, 나는 여러분이 내게 편지하면서 던진 질문에 답하려고 합니다. 첫째, '성관계를 갖는 것이 바람직한 일일까요?'
2-6 물론입니다. 그러나 결혼이라는 확실한 관계 안에서만 그렇습니다. 남자가 아내를 얻고, 여자가 남편을 얻는 것은 좋은 일입니다. 성적인 욕구가 강하다고 하지만, 부부관계는 그 욕구를 다스릴 뿐 아니라 성적 무질서의 세상 속에서 균형 잡히고 만족스러운 성생활을 지켜 줄 만큼 강합니다. 부부의 잠자리는 서로를 위한 자리가 되어야 합니다. 남편은 아내를 만족시키기 위해 힘쓰고, 아내도 남편을 만족시키기 위해 힘써야 합니다. 부부관계는 "자신의 권리를 주장하는" 자리가 아닙니다. 부부관계는 침대 안에서든 침대 밖에서든, 상대방을 섬기겠다는 결단입니다. 성관계의 절제는 부부가 기도나 금식에 전념하기 위해 서로가 동의하는 한에서만 일정 기간 허용될 수 있습니다. 그 기간에만 그렇게 해야 합니다. 정한 기간이 끝난 다음에는, 다시 함께하십시오. 여러분이 부부관계에 대한 기대를 접는 순간, 사탄이 교묘하게 유혹하기 때문입니다. 나는 그 같은 절제의 기간을 가지라고 명하는 것이 아닙니다. 다만, 여러분이 그런 기간을 갖고자 할 때에 필요한 최선의 조언을 제시하는 것뿐입니다.
7 가끔씩 나는 모든 사람이 나처럼 독신이기를 바랍니다. 그것이 여러 생활방식 중에서 보다 단순한 생활방식이기 때문입니다! 그러나 결혼생활과 마찬가지로, 독신생활도 모든 사람에게 맞는 것은 아닙니다. 하나님께서 어떤 사람에게는 독신생활을 선물로 주시고, 어떤 사람에게는 결혼생활을 선물로 주십니다.
8-9 하지만 결혼하지 않은 사람과 과부들에게 말합니다. 내가 그랬던 것처럼, 홀로 지내는 것이 가장 좋을 것입니다. 그러나 욕구와 감정을 다스리지 못하겠거든, 어서 결혼하는 것이 좋습니다. 결혼생활이 수고롭기는 해도, 홀로 살면서 정욕에 시달리는 것보다는 낫습니다.
10-11 이미 결혼한 사람들은 결혼생활을 유지하십시오. 이것은 나의 명령이 아니라 주님의 명령입니다. 남편

in and through your body.

To Be Married, to Be Single...

7 Now, getting down to the questions you asked in your letter to me. First, Is it a good thing to have sexual relations?
2-6 Certainly—but only within a certain context. It's good for a man to have a wife, and for a woman to have a husband. Sexual drives are strong, but marriage is strong enough to contain them and provide for a balanced and fulfilling sexual life in a world of sexual disorder. The marriage bed must be a place of mutuality—the husband seeking to satisfy his wife, the wife seeking to satisfy her husband. Marriage is not a place to "stand up for your rights." Marriage is a decision to serve the other, whether in bed or out. Abstaining from sex is permissible for a period of time if you both agree to it, and if it's for the purposes of prayer and fasting—but only for such times. Then come back together again. Satan has an ingenious way of tempting us when we least expect it. I'm not, understand, commanding these periods of abstinence—only providing my best counsel if you should choose them.
7 Sometimes I wish everyone were single like me—a simpler life in many ways! But celibacy is not for everyone any more than marriage is. God gives the gift of the single life to some, the gift of the married life to others.
8-9 I do, though, tell the unmarried and widows that singleness might well be the best thing for them, as it has been for me. But if they can't manage their desires and emotions, they should by all means go ahead and get married. The difficulties of marriage are preferable by far to a sexually tortured life as a single.
10-11 And if you are married, stay married. This is the Master's command, not mine. If a wife should leave her husband, she must either remain single or else come back and make things right with him. And a husband

과 헤어진 여자는, 홀로 지내든가 아니면 돌아가서 남편과 화해하는 것이 좋습니다. 남편도 아내를 버릴 권리는 없습니다.

12-14 여러분 중에는 믿지 않는 사람—그리스도인이 아닌 사람—과 결혼한 이들이 있는데, 주님은 그들에게 이렇다 할 명령을 주지 않으셨습니다. 그러니 이렇게 하십시오. 믿는 남자에게 믿지 않는 아내가 있고 그 아내가 남편과 같이 살기를 원한다면, 그녀와 함께 사십시오. 믿는 여자에게 믿지 않는 남편이 있고 그 남편이 아내와 같이 살기를 원한다면, 그와 함께 사십시오. 믿지 않는 남편은 자기 아내의 거룩함을 어느 정도 나누어 갖게 되며, 믿지 않는 아내도 자기 남편의 거룩함에 어느 정도 영향을 받게 마련입니다. 그렇지 않으면, 그들의 자녀는 버림받은 상태가 되고 말 것입니다. 그 자녀들도 하나님의 영적인 목적에 포함되어 있습니다.

15-16 그러나 믿지 않는 배우자가 떠나가려고 하면, 떠나가게 내버려 두는 것이 좋습니다. 필사적으로 붙잡을 필요가 없습니다. 하나님께서 우리를 부르신 것은, 할 수 있는 한 평화롭게 살고 최선을 다해 살게 하려는 것입니다. 아내 여러분, 여러분이 이같이 함으로써 남편을 여러분과 하나님께로 돌아오게 할는지도 모릅니다. 남편 여러분, 여러분이 이렇게 함으로써 아내를 여러분과 하나님께로 돌아오게 할는지도 모릅니다.

17 그러니 여러분은 어딘가 다른 곳에 있기를 바라거나, 누군가 다른 사람과 살았으면 하고 바라서는 안됩니다. 여러분이 지금 있는 곳이야 말로, 하나님께서 여러분을 위해 마련해 주신 삶의 자리입니다. 바로 거기에서 살고 순종하고 사랑하고 믿으십시오. 여러분 삶의 가치를 결정하는 것은 하나님이시지, 결혼 여부가 아닙니다. 내가 다른 사람들보다 여러분에게 더 엄하다고 생각지 마십시오. 나는 모든 교회에 똑같이 조언하고 있습니다.

18-19 하나님께 부르심을 받을 때 여러분이 유대인이었습니까? 그렇다면 유대인이라는 증거를 없애려고 하지 마십시오. 하나님의 부르심을 받을 때 여러분이 이방인이었습니까? 그렇다면 유대인이 되려고 하지 마십시오. 유대인인지의 여부가 중요한 것이 아닙니다. 정말 중요한 것은, 하나님의 부르심에 순종하고 그분의 계명을 지키는 것입니다.

20-22 하나님께서 여러분의 이름을 부르실 때 여러분이 있던 바로 그 자리에 머무르십시오. 여러분이 종이었습니까? 종의 신분이 순종이나 믿음에 걸림돌이 되는 것은 아닙니다. 내 말은 여러분이 옴짝달싹 못하게 매여 있으니 벗어날 수 없다는 뜻이 아닙니다. 자유인이 될 기회를 얻게 되거든, 속히 그 기회를 붙잡으십시오.

has no right to get rid of his wife.

12-14 For the rest of you who are in mixed marriages—Christian married to non-Christian—we have no explicit command from the Master. So this is what you must do. If you are a man with a wife who is not a believer but who still wants to live with you, hold on to her. If you are a woman with a husband who is not a believer but he wants to live with you, hold on to him. The unbelieving husband shares to an extent in the holiness of his wife, and the unbelieving wife is likewise touched by the holiness of her husband. Otherwise, your children would be left out; as it is, they also are included in the spiritual purposes of God.

15-16 On the other hand, if the unbelieving spouse walks out, you've got to let him or her go. You don't have to hold on desperately. God has called us to make the best of it, as peacefully as we can. You never know, wife: The way you handle this might bring your husband not only back to you but to God. You never know, husband: The way you handle this might bring your wife not only back to you but to God.

17 And don't be wishing you were someplace else or with someone else. Where you are right now is God's place for you. Live and obey and love and believe right there. God, not your marital status, defines your life. Don't think I'm being harder on you than on the others. I give this same counsel in all the churches.

18-19 Were you Jewish at the time God called you? Don't try to remove the evidence. Were you non-Jewish at the time of your call? Don't become a Jew. Being Jewish isn't the point. The really important thing is obeying God's call, following his commands.

20-22 Stay where you were when God called your name. Were you a slave? Slavery is no roadblock to obeying and believing. I don't mean you're stuck and can't leave. If you have a chance at freedom, go ahead and take it. I'm

나는 여러분이 새로운 주인을 모시면, 여러분이 꿈에도 생각지 못했던 놀라운 자유를 경험하게 될 것이라고 말씀드리는 것입니다. 다른 한편으로, 그리스도께서 여러분을 부르실 때 여러분이 자유인이었다면, 여러분은 꿈에도 생각지 못했던 "하나님께 종이 되는" 기쁜 경험을 하게 될 것입니다.

23-24 종이든 자유인이든 간에, 한때 여러분 모두는 죄악된 사회에 볼모로 잡혀 있었습니다. 그때 하나님께서 여러분의 몸값으로 어마어마한 금액을 치르셨습니다. 그러니 여러분은 다른 사람이 시키는 대로 행하던 옛 습관으로 돌아가지 마십시오. 친구 여러분, 여러분이 부름받았던 그 자리에 머무르십시오. 하나님께서 그 자리에 함께 계십니다. 고상한 자세를 견지하고 하나님 곁에 머무르십시오.

25-28 주님께서 처녀들과 관련해서는 이렇다 할 지침을 주지 않으셨습니다. 그러나 주님의 크신 자비를 경험하고 줄곧 그분께 충성한 사람으로서 드리는 나의 조언을, 여러분은 신뢰할 수 있을 것입니다. 지금 사방에서 우리에게 가해져 오는 압박이 있으니, 나는 여러분이 현재 상태로 살아가는 것이 가장 좋겠다고 생각합니다. 결혼했습니까? 그렇다면 결혼한 상태로 살아가십시오. 미혼입니까? 그렇다면 미혼인 상태로 살아가십시오. 그러나 여러분이 처녀이든 아니든, 결혼하는 것이 죄는 아닙니다. 내가 말씀드리려는 것은, 이미 우리를 압박하는 일이 많은 이 시대에, 여러분이 결혼하면 더 많은 스트레스를 받게 되리라는 것입니다. 가능하다면, 나는 여러분을 붙잡고 말리고 싶습니다.

29-31 친구 여러분, 나는 시간이 아주 중요하다는 점을 말씀드리고 싶습니다. 낭비할 시간이 없으니, 여러분의 삶을 쓸데없이 복잡하게 만들지 마십시오. 결혼생활이든, 슬픈 일이나 기쁜 일을 만나든, 무슨 일을 하든지 단순하게 사십시오. 쇼핑 같은 평범한 일을 할 때에도 그렇게 하십시오. 세상이 여러분에게 억지로 떠맡기는 일은, 가급적 삼가십시오. 여러분도 보다시피, 이 세상은 소멸해 가고 있습니다.

32-35 나는 여러분이 할 수 있는 한 복잡한 일에서 벗어나 살아가기를 바랍니다. 미혼이면 여러분은 주님을 기쁘시게 해드리는 일에 마음껏 집중할 수 있습니다. 결혼한 사람은 자잘한 집안일과 배우자를 기쁘게 하는 데 매이게 되고, 신경 써야 할 수많은 요구에 매이게 됩니다. 미혼인 사람은, 결혼한 사람이 서로를 돌보고 부양하기 위해 기울이는 시간과 에너지를 하나님의 온전하고 거룩한 도구가 되는 데 쏟을 수 있습니다. 나는 여러분에게 도움을 주어 그

simply trying to point out that under your new Master you're going to experience a marvelous freedom you would never have dreamed of. On the other hand, if you were free when Christ called you, you'll experience a delightful "enslavement to God" you would never have dreamed of.

23-24 All of you, slave and free both, were once held hostage in a sinful society. Then a huge sum was paid out for your ransom. So please don't, out of old habit, slip back into being or doing what everyone else tells you. Friends, stay where you were called to be. God is there. Hold the high ground with him at your side.

25-28 The Master did not give explicit direction regarding virgins, but as one much experienced in the mercy of the Master and loyal to him all the way, you can trust my counsel. Because of the current pressures on us from all sides, I think it would probably be best to stay just as you are. Are you married? Stay married. Are you unmarried? Don't get married. But there's certainly no sin in getting married, whether you're a virgin or not. All I am saying is that when you marry, you take on additional stress in an already stressful time, and I want to spare you if possible.

29-31 I do want to point out, friends, that time is of the essence. There is no time to waste, so don't complicate your lives unnecessarily. Keep it simple—in marriage, grief, joy, whatever. Even in ordinary things—your daily routines of shopping, and so on. Deal as sparingly as possible with the things the world thrusts on you. This world as you see it is on its way out.

32-35 I want you to live as free of complications as possible. When you're unmarried, you're free to concentrate on simply pleasing the Master. Marriage involves you in all the nuts and bolts of domestic life and in wanting to please your spouse, leading to so many more demands on your attention. The time and energy that married people spend on caring for and nurturing each other, the unmarried can spend in becoming whole and holy instruments of God.

일을 가급적 용이하게 하려는 것이지, 더 어렵게 하려는 것이 아닙니다. 내가 바라는 것은, 여러분이 주님과 많은 시간을 보내면서 크게 주의를 빼앗기지 않는 생활방식을 발전시켜 가는 것입니다.

36-38 어떤 남자가 여자친구에게 성실을 다하면서도 독신으로 하나님을 섬기겠다고 결심하여 결혼할 마음이 없다가, 마음이 변해서 그녀와 결혼하기로 결심했다면 어서 결혼하는 것이 좋습니다. 결혼이 죄가 되는 것도 아니고, 일부 사람들이 말하는 것처럼 독신생활보다 "한 단계 낮은" 것도 아닙니다. 그러나 어떤 남자가 하나님을 섬기기 위해 홀로 지내기로 결심했고, 그 결심이 다른 사람들의 강요가 아니라 자신의 확신에 따른 것이라면, 그는 홀로 지내는 것이 좋습니다. 결혼생활은 도덕적으로나 영적으로 바르며, 어느 모로 보나 독신생활보다 낮은 차원의 삶이 전혀 아닙니다. 그러나 앞에서 말씀드린 대로, 나는 우리가 살고 있는 이 시대의 특성 때문에 목회적인 이유로 독신생활을 장려하는 것입니다.

39-40 아내는 남편이 살아 있는 동안 남편과 함께 지내야 합니다. 그러나 남편이 죽으면 자기가 원하는 사람과 결혼할 자유가 있습니다. 물론 그녀는 믿는 사람과 결혼하여 주님의 축복을 받고 싶어 할 것입니다. 지금쯤 여러분은 내 생각을 아시겠지만, 나는 그녀가 독신으로 지내는 편이 더 좋을 것이라고 생각합니다. 주님도 그렇게 생각하실 것입니다.

책임이 따르는 자유

8 1-3 우상에게 바친 고기와 관련해서 여러분은 끊임없이 이런 질문을 합니다. '우상에게 바친 고기가 차려진 식탁에 앉아야 하나요, 말아야 하나요?' 종종 우리는 이런 질문에 답하기 위해 알아야 할 모든 것을 알고 있다고 생각하기 쉽습니다. 그러나 교만한 지성보다는 겸손한 마음이 우리에게 더 많은 도움이 됩니다. 하나님 한분만이 모든 것을 아십니다. 이것을 인정할 때까지 우리는 제대로 알고 있다고 할 수 없습니다.

4-6 어떤 사람들은 우상이라는 것은 전혀 실체가 없는 것이고 아무것도 아니며, 우리 하나님 한분밖에는 다른 신이 없다고 아주 정확하게 말합니다. 또한 그들은 아무리 많은 신들의 이름이 불려지고 숭배되어도, 모두 터무니없는 이야기에 지나지 않는다고 말합니다. 아버지 하나님 한분만이 계실 뿐이며, 만물이 그분에게서 났고, 그분은 우리가 그분을 위해 살아가기를 바라신다고 아주 정확하게 말합니다. 그리고 오직 한분 주님—메시아 예수—만이 계

I'm trying to be helpful and make it as easy as possible for you, not make things harder. All I want is for you to be able to develop a way of life in which you can spend plenty of time together with the Master without a lot of distractions.

36-38 If a man has a woman friend to whom he is loyal but never intended to marry, having decided to serve God as a "single," and then changes his mind, deciding he should marry her, he should go ahead and marry. It's no sin; it's not even a "step down" from celibacy, as some say. On the other hand, if a man is comfortable in his decision for a single life in service to God and it's entirely his own conviction and not imposed on him by others, he ought to stick with it. Marriage is spiritually and morally right and not inferior to singleness in any way, although as I indicated earlier, because of the times we live in, I do have pastoral reasons for encouraging singleness.

39-40 A wife must stay with her husband as long as he lives. If he dies, she is free to marry anyone she chooses. She will, of course, want to marry a believer and have the blessing of the Master. By now you know that I think she'll be better off staying single. The Master, in my opinion, thinks so, too.

Freedom with Responsibility

8 1-3 The question keeps coming up regarding meat that has been offered up to an idol: Should you attend meals where such meat is served, or not? We sometimes tend to think we know all we need to know to answer these kinds of questions—*but* sometimes our humble hearts can help us more than our proud minds. We never really know enough until we recognize that God alone knows it all.

4-6 Some people say, quite rightly, that idols have no actual existence, that there's nothing to them, that there is no God other than our one God, that no matter how many of these so-called gods are named and worshiped they still don't add up to anything but a tall story. They say—again, quite rightly—that there is

시고, 만물이 그분을 위해 존재하며, 우리도 그분을 위해 존재한다고 말합니다. 옳은 말입니다.

7 엄밀하게 따지자면, 우상에게 바친 고기에는 아무 일도 일어나지 않습니다. 그것은 여느 고기와 똑같습니다. 이것은 나도 알고 여러분도 아는 사실입니다. 그러나 아는 것이 전부가 아닙니다. 아는 것이 전부가 되어 버리면, 몇몇 사람은 다 아는 자로 자처하며 다른 사람을 아무것도 알지 못하는 자로 여기게 될 것입니다. 참된 앎은 그렇게 무신경한 것이 아닙니다.

이와 관련해서 우리는, 모든 사람의 이해 수준이 똑같지 않다는 것을 알아야 합니다. 여러분 가운데는 평생 동안 "우상에게 바친 고기"를 먹어 왔고, 그 고기 속에 악한 것이 들어 있어서 여러분 안에서도 악한 것이 될 것이라고 생각하는 사람이 있습니다. 그런 조건 아래서 형성된 상상력과 양심이라면, 하룻밤 사이에 갑자기 바뀌지는 않을 것입니다.

8-9 그러나 다행히도, 하나님께서는 먹는 음식으로 우리의 등급을 매기지 않으십니다. 우리가 그릇을 깨끗이 비운다고 칭찬받는 것도 아니고, 다 먹지 못한다고 질책받는 것도 아닙니다. 그러나 하나님께서는, 여러분이 자신의 자유를 부주의하게 행사한 나머지, 아직 과거의 틀과 생각에서 자유롭지 못한 동료 신자들을 길에서 벗어나게 할까 봐 마음을 쓰십니다.

10 예를 들어, 여러분이 우상숭배를 위해 차려진 잔치, 곧 우상에게 바친 고기가 주요 요리인 잔치에 참석함으로써 여러분의 자유를 과시한다고 해봅시다. 만일 그 문제로 고민하던 어떤 사람이 평소에 여러분을 지적이고 성숙한 사람으로 여겼는데, 그 잔치에 여러분이 참석하는 모습을 본다면 커다란 위험이 되지 않겠습니까? 그는 대단히 혼란스러워 할 것입니다. 어쩌면 그는 자기 양심이 하는 말이 틀렸다고 생각하며 불안해 할지도 모릅니다.

11-13 그리스도께서는 그 사람을 위해서도 자기 목숨을 내어주셨습니다. 그렇다면 여러분은 적어도 그 사람을 위해 그런 잔치에 가지 말아야 하지 않겠습니까? 여러분이 말하는 것처럼, 잔치에 가고 안 가고가 중요한 문제는 아니니까요. 그러나 여러분이 잔치에 간 것이 여러분의 동료에게 심각한 상처를 *주고 그를 영원히 망하게 한다면*, 그것은 큰 문제가 아닐 수 없습니다! 여러분의 동료에게 상처를 주는 것은 그리스도께 상처를 주는 것입니다. 여기저기서 거리낌 없이 행해지는 식사는, 이 약한 사람들을 희생시켜도 될 만큼 가치 있는 것은 아닙니다. 우상

only one God the Father, that everything comes from him, and that he wants us to live for him. Also, they say that there is only one Master–Jesus the Messiah–and that everything is for his sake, including us. Yes. It's true.

7 In strict logic, then, nothing happened to the meat when it was offered up to an idol. It's just like any other meat. I know that, and you know that. But knowing isn't everything. If it becomes everything, some people end up as know-it-alls who treat others as know-nothings. Real knowledge isn't that insensitive.

We need to be sensitive to the fact that we're not all at the same level of understanding in this. Some of you have spent your entire lives eating "idol meat," and are sure that there's something bad in the meat that then becomes something bad inside of you. An imagination and conscience shaped under those conditions isn't going to change overnight.

8-9 But fortunately God doesn't grade us on our diet. We're neither commended when we clean our plate nor reprimanded when we just can't stomach it. But God *does* care when you use your freedom carelessly in a way that leads a fellow believer still vulnerable to those old associations to be thrown off track.

10 For instance, say you flaunt your freedom by going to a banquet thrown in honor of idols, where the main course is meat sacrificed to idols. Isn't there great danger if someone still struggling over this issue, someone who looks up to you as knowledgeable and mature, sees you go into that banquet? The danger is that he will become terribly confused–maybe even to the point of getting mixed up himself in what his conscience tells him is wrong.

11-13 Christ gave up his life for that person. Wouldn't you at least be willing to give up going to dinner for him–because, as you say, it doesn't really make any difference? But it *does* make a difference if you hurt your friend terribly, risking his eternal ruin! When you hurt your friend, you hurt Christ. A free meal here and there isn't worth it at the cost of even

숭배로 더러워진 음식을 먹으러 가는 것이 여러분의 형제자매 가운데 한 사람이라도 걸려 넘어지게 할 우려가 있다면, 절대로 그 자리에 가지 마십시오.

9

1-2 나에게 이런 글을 쓸 권한이 없다고 말하지 마십시오. 나에게는 분명 이렇게 할 자유가 있습니다. 그렇지 않습니까? 내가 수행할 직무를 받지 못했다는 말입니까? 내가 우리 주 예수를 대면하여 이 일을 위임받지 않았다는 말입니까? 내가 주님을 위해 행한 선한 일의 증거가 여러분이지 않습니까? 다른 사람은 내가 위임받은 권한을 인정하지 않더라도, 여러분은 그럴 수 없습니다. 여러분과 함께한 나의 일이 내 권한의 생생한 증거이기 때문입니다!

3-7 나를 비판하는 사람들에게 나는 거리낌 없이 항변합니다. 하나님을 위해 선교사로 임명받은 우리에게는, 그에 걸맞은 편의를 도모할 권리가 있습니다. 우리에게는 우리와 가족을 위해 후원 받을 권리가 있습니다. 여러분은 이 문제와 관련해서, 다른 사도들과 우리 주님의 형제들과 베드로에게는 이의를 제기하지 않는 것 같습니다. 그런데 나에게는 어째서 이의를 제기합니까? 바나바와 나만은 혼자 힘으로 생계를 유지해야 한다는 말입니까? 군인이 자기 힘으로 생계를 유지하며 군복무를 합니까? 정원사가 자기 정원에서 나온 채소를 먹어서는 안되는 것입니까? 우유 짜는 사람이 통에 담긴 우유를 마시지 말아야 한다는 말입니까?

8-12 나는 화가 나서 언성을 높이는 것이 아닙니다. 이것은 성경의 율법에도 기록되어 있습니다. 모세는 "타작 일을 하는 소의 입에 망을 씌워 낟알을 먹지 못하게 해서는 안된다"고 했습니다. 농장의 동물들을 돌보는 것이 모세의 일차적인 관심사였다고 생각합니까? 여러분은 그의 관심이 우리에게도 미치고 있다고 생각지 않습니까? 당연히 모세의 관심은 우리에게도 미칩니다. 농부가 밭을 갈고 타작하는 것은, 추수할 때에 기대하는 것이 있기 때문입니다. 여러분 가운데 영적인 씨를 뿌린 우리가 여러분에게 한두 끼 식사를 기대한다고 해서, 그것이 지나친 일이겠습니까? 다른 사람들은 여러분에게 그런 식으로 많은 것을 요구하더군요. 그렇다면 이제까지 한 번도 요구한 적 없는 우리는 그럴 권리가 더 있지 않겠습니까?

12-14 우리는 정당하게 요구할 권리를 줄곧 가지고 있었지만, 그렇다고 그 권리를 행사할 마음은 없습

one of these "weak ones." So, never go to these idol-tainted meals if there's any chance it will trip up one of your brothers or sisters.

9

1-2 And don't tell me that I have no authority to write like this. I'm perfectly free to do this–isn't that obvious? Haven't I been given a job to do? Wasn't I commissioned to this work in a face-to-face meeting with Jesus, our Master? Aren't you yourselves proof of the good work that I've done for the Master? Even if no one else admits the authority of my commission, *you* can't deny it. Why, my work with you is living proof of my authority!

3-7 I'm not shy in standing up to my critics. We who are on missionary assignments for God have a right to decent accommodations, and we have a right to support for us and our families. You don't seem to have raised questions with the other apostles and our Master's brothers and Peter in these matters. So, why me? Is it just Barnabas and I who have to go it alone and pay our own way? Are soldiers self-employed? Are gardeners forbidden to eat vegetables from their own gardens? Don't milkmaids get to drink their fill from the pail?

8-12 I'm not just sounding off because I'm irritated. This is all written in the scriptural law. Moses wrote, "Don't muzzle an ox to keep it from eating the grain when it's threshing." Do you think Moses' primary concern was the care of farm animals? Don't you think his concern extends to us? Of course. Farmers plow and thresh expecting something when the crop comes in. So if we have planted spiritual seed among you, is it out of line to expect a meal or two from you? Others demand plenty from you in these ways. Don't we who have never demanded deserve even more?

12-14 But we're not going to start demanding now what we've always had a perfect right to. Our decision all along has been to put up with anything rather than to get in the way or detract from the Message of Christ. All I'm concerned

니다. 우리는 그리스도의 메시지에 방해가 되거나 그 가치를 떨어뜨리기보다는, 차라리 무슨 일이든지 참기로 결심했습니다. 다만 나는 여러분이 우리의 결심을 이용해 다른 사람들을 속이고, 그들의 정당한 몫을 가로채지나 않을까 염려할 따름입니다. 여러분도 알다시피, 성전에서 일하는 사람은 성전 수입으로 살고, 제단에서 제사를 드리는 사람은 제물로 바쳐진 것을 먹지 않습니까? 주님께서도 같은 취지로 말씀하셨습니다. 메시지를 전하는 사람은 그 메시지를 믿는 사람들의 후원을 받아야 한다고 말입니다.

15-18 그러나 나는 내 자신을 위해 이 권리를 행사한 적이 없으며, 이렇게 편지하는 것도 무엇을 얻으려는 것이 아님을 분명히 하고자 합니다. 나는 누군가에게 나를 불신하거나 나의 동기를 의심할 만한 빌미를 주느니 차라리 죽는 편을 택하겠습니다. 내가 메시지를 선포하는 것은, 그것으로 나의 이익을 취하기 위해서가 아닙니다. 나는 메시지를 전하지 않을 수 없습니다. 만일 내가 메시지를 전하지 않으면, 나는 파멸하고 말 것입니다! 메시지를 전하여 생계를 꾸리는 것이 내 생각이었다면, 나는 약간의 급여라도 기대했을 것입니다. 그러나 메시지를 전하는 것은 내 생각이 아니라 내게 엄숙하게 맡겨진 사명입니다. 그러니 내가 어찌 급여를 기대할 수 있겠습니까? 그렇다면 내가 메시지를 전하여 얻는 것이 있을까요? 사실을 말씀드리면, 얻는 것이 있습니다. 여러분에게 값없이 메시지를 전하는 즐거움이 그것입니다. 그러니 여러분은 나의 경비를 지불하지 않아도 됩니다.

19-23 나는 어느 누구의 요구나 기대에 매이지 않는 자유인이지만, 다양한 부류의 사람들에게 다가가려고 자발적으로 모든 사람—종교인들, 비종교인들, 매우 신중한 도덕가들, 자유분방하게 사는 부도덕한 자들, 실패한 자들, 타락한 자들—의 종이 되었습니다. 나는 그들의 생활방식을 받아들이지는 않았습니다. 나는 그리스도 안에 내 뜻을 두었지만, 그들의 세계로 들어가서 그들의 관점으로 경험하고자 했습니다. 나는 모든 모양의 종이 되어, 만나는 사람들을 하나님께 구원받은 삶으로 인도하고자 애썼습니다. 내가 이 모든 일을 한 것은 메시지 때문이었습니다. 나는 메시지를 두고 이러쿵저러쿵 논하기보다, 다만 메시지에 참여하고 싶었을 따름입니다!

24-25 *여러분은 경기장에서 육상선수들이 달리는* 모습을 보았을 것입니다. 모든 선수가 달리지만, 상을 받는 선수는 한 명뿐입니다. 여러분도 상을 받을 수 있도록 달려가십시오. 훌륭한 육상선수는 너나없이 열심히 훈련합니다. 그들은 녹슬어 없어질 금메달을 따려고 훈

with right now is that you not use our decision to take advantage of others, depriving them of what is rightly theirs. You know, don't you, that it's always been taken for granted that those who work in the Temple live off the proceeds of the Temple, and that those who offer sacrifices at the altar eat their meals from what has been sacrificed? Along the same lines, the Master directed that those who spread the Message be supported by those who believe the Message.

15-18 Still, I want it made clear that I've never gotten anything out of this for myself, and that I'm not writing now to get something. I'd rather die than give anyone ammunition to discredit me or impugn my motives. If I proclaim the Message, it's not to get something out of it for myself. I'm *compelled* to do it, and doomed if I don't! If this was my own idea of just another way to make a living, I'd expect some pay. But since it's *not* my idea but something solemnly entrusted to me, why would I expect to get paid? So am I getting anything out of it? Yes, as a matter of fact: the pleasure of proclaiming the Message at no cost to you. You don't even have to pay my expenses!

19-23 Even though I am free of the demands and expectations of everyone, I have voluntarily become a servant to any and all in order to reach a wide range of people: religious, nonreligious, meticulous moralists, loose-living immoralists, the defeated, the demoralized—whoever. I didn't take on their way of life. I kept my bearings in Christ—but I entered their world and tried to experience things from their point of view. I've become just about every sort of servant there is in my attempts to lead those I meet into a God-saved life. I did all this because of the Message. I didn't just want to talk about it; I wanted to be *in* on it!

24-25 You've all been to the stadium and seen the athletes race. Everyone runs; one wins. Run to win. All good athletes train hard.

련하지만, 여러분은 영원한 금메달을 따려고 훈련하는 것입니다.

26-27 여러분은 어떤지 모르겠으나, 나는 결승선에 닿으려고 열심히 달리고 있습니다. 나는 내가 가진 모든 것을 그 일에 쏟고 있습니다. 되는 대로 사는 것은 나에게 있을 수 없는 일입니다! 나는 정신을 바짝 차리고 최상의 상태를 유지하고 있습니다. 이는 방심하다가 허를 찔리는 일이 없게 하려는 것입니다. 다른 모든 사람에게 메시지를 전하고 나서, 정작 나 자신은 버림받는 일이 없게 하려는 것입니다.

10

1-5 친구 여러분, 우리의 역사를 떠올려 경계를 삼기 바랍니다. 우리 조상들은 모두 하나님의 섭리로 구름의 인도를 받았고, 기적적으로 바다를 건넜습니다. 모세가 그들을 종의 상태에서 구원으로, 죽음에서 생명으로 이끌 때, 그들은 우리가 세례를 받듯이 물속을 지났습니다. 그들은 모두 같은 음식을 먹고 같은 음료를 마셨습니다. 그것은 하나님께서 날마다 공급해 주신 식사였습니다. 그들은 바위틈에서 솟아나는 물을 마셨습니다. 하나님께서 그들을 위해 마련하신 바위에서 솟아난 물은, 그들이 있는 곳이면 어디에서나 그들과 함께 머물렀습니다. 그 바위는 다름 아닌 그리스도였습니다. 그러나 하나님의 기적과 은혜를 경험한 것이 그들에게는 큰 의미가 없었던 것 같습니다. 광야에서 어려운 시기를 보내는 동안, 그들 대다수가 유혹에 무너지고 말았으니까요. 결국 하나님께서도 그들을 기뻐하지 않으셨습니다.

6-10 똑같은 일이 우리에게도 일어날 수 있습니다. 그러니 우리는 그들처럼 자기 마음대로 하려고 하다가 허를 찔리는 일이 없도록 조심하지 않으면 안됩니다. "백성이 먼저 파티를 벌이고, 그런 다음 춤을 추었다"고 했지만, 우리는 그들처럼 우리의 신앙을 떠들썩한 쇼로 변질시켜서는 안됩니다. 성적으로 문란해서도 안됩니다. 잊지 마십시오. 그들은 성적으로 문란하게 살다가 하루에 23,000명이나 죽었습니다! 우리가 그리스도를 섬겨야지, 그리스도께서 우리를 섬기게 해서는 안됩니다. 그런데도 그들은 그렇게 했고, 결국 하나님께서는 독뱀을 풀어놓으셨습니다. 우리는 불평하지 않도록 조심해야 합니다. 그들은 불평하다가 멸망했습니다.

11-12 이 모든 것은 "위험!"을 알리는 경고 표지입니다. 이 모든 것이 우리의 역사책에 기록된 것은, 우리로 하여금 그들의 실수를 되풀이하지 않게 하려는 것입니다. 우리의 처지가 그들과 유사합니다. 그들이 처음이라면, 우리는 나중이라고 할 수 있습니다. 우리도 그들처럼

They do it for a gold medal that tarnishes and fades. You're after one that's gold eternally.

26-27 I don't know about you, but I'm running hard for the finish line. I'm giving it everything I've got. No sloppy living for me! I'm staying alert and in top condition. I'm not going to get caught napping, telling everyone else all about it and then missing out myself.

10

1-5 Remember our history, friends, and be warned. All our ancestors were led by the providential Cloud and taken miraculously through the Sea. They went through the waters, in a baptism like ours, as Moses led them from enslaving death to salvation life. They all ate and drank identical food and drink, meals provided daily by God. They drank from the Rock, God's fountain for them that stayed with them wherever they were. And the Rock was Christ. But just experiencing God's wonder and grace didn't seem to mean much – most of them were defeated by temptation during the hard times in the desert, and God was not pleased.

6-10 The same thing could happen to us. We must be on guard so that we never get caught up in wanting our own way as they did. And we must not turn our religion into a circus as they did – "First the people partied, then they threw a dance." We must not be sexually promiscuous – they paid for that, remember, with 23,000 deaths in one day! We must never try to get Christ to serve us instead of us serving him; they tried it, and God launched an epidemic of poisonous snakes. We must be careful not to stir up discontent; discontent destroyed them.

11-12 These are all warning markers – DANGER! – in our history books, written down so that we don't repeat their mistakes. Our positions in the story are parallel – they at the beginning, we at the end – and we are just as capable of messing it up as they were. Don't be so naive and self-confident. You're

실패할 수 있습니다. 그러니 순진하게 속지도 말고 자
만하지도 마십시오. 여러분도 예외가 아닙니다. 여러분
도 다른 누구처럼 쉽게 넘어질 수 있습니다. 자신에 대
한 신뢰는 버리십시오. 그런 것은 전혀 도움이 되지 않
습니다. 오히려 하나님께 대한 신뢰를 기르십시오.
13 여러분의 앞길에 닥치는 시험과 유혹은 다른 사람들
이 직면해야 했던 시험과 다르지 않습니다. 다만 여러
분이 기억해야 할 것은, 하나님께서 여러분을 포기하
지 않으시고, 여러분이 한계 이상으로 내밀리지 않게
하시며, 그 시험을 이기도록 언제나 곁에 계시며 도우
신다는 사실입니다.
14 그러니 사랑하는 친구 여러분, 사람들이 하나님을 어
떤 대상으로 전락시켜 이용하거나 통제하려는 모습이 보
이거든, 할 수 있는 한 속히 그 모임에서 빠져나오십시오.
15-18 이제 나는 성숙한 신자들에게 하듯이 말하겠습니
다. 여러분 스스로 결론을 내려 보십시오. 우리가 성
찬 때 축복의 잔을 마시는 것은 그리스도의 피, 그리스
도의 참 생명에 참여하는 것이 아닙니까? 마찬가지로,
우리가 빵을 떼어 먹는 것도 그리스도의 몸, 그리스도
의 참 생명에 참여하는 것이 아닙니까? 여럿인 우리
가 하나가 되는 것은 빵이 하나이기 때문입니다. 그리
스도가 우리 안에서 조각조각 나는 것이 아닙니다. 오
히려 우리가 그분 안에서 하나가 되는 것입니다. 우리
가 그리스도를 우리의 모습으로 축소시키는 것이 아니
라, 오히려 그리스도가 우리를 그분의 모습으로 끌어
올리십니다. 옛 이스라엘에서도 그런 일이 일어났습니
다. 하나님의 제단에 바친 제물을 먹는 사람은 하나님
의 활동에 참여한 사람이 되었던 것입니다.
19-22 이제 차이점을 아시겠습니까? 우상에게 바친 제
물은 아무것도 아닌 것에 바친 것입니다. 우상이 아무
것도 아니기 때문입니다. 그러나 사실 우상은 아무것
도 아닌 것보다 더 심각합니다. 그것은 바로 마귀입니
다. 바라건대, 여러분은 스스로를 여러분보다 못한 것
으로 떨어뜨리지 마십시오. 여러분은 둘 다 가질 수 없
습니다. 여러분이 한 날은 주님과 잔치를 벌이고, 이튿
날에는 마귀들과 잔치를 벌일 수 없습니다. 주님은 그
런 것을 참으시는 분이 아닙니다. 주님은 우리의 전부
를 원하십니다. 전부가 아니라면 우리는 아무것도 아
닌 것이 됩니다. 그런데도 여러분은 여러분보다 못한
것과 어울리시겠습니까?
23-24 여러분은 한 면만 보고 이렇게 말할지도 모르겠습
니다. "뭐든지 괜찮아. 하나님은 한없이 관대하시고 은
혜로우시잖아. 그러니 우리가 무슨 일을 할 때마다, 그
것이 그분의 기준을 통과할지 일일이 따져 보거나 조
사하지 않아도 돼"라고 말입니다. 그러나 무사히 잘 빠

not exempt. You could fall flat on your face as
easily as anyone else. Forget about self-confi-
dence; it's useless. Cultivate God-confidence.
13 No test or temptation that comes your way
is beyond the course of what others have had
to face. All you need to remember is that God
will never let you down; he'll never let you be
pushed past your limit; he'll always be there
to help you come through it.
14 So, my very dear friends, when you see
people reducing God to something they can
use or control, get out of their company as
fast as you can.
15-18 I assume I'm addressing believers now
who are mature. Draw your own conclusions:
When we drink the cup of blessing, aren't we
taking into ourselves the blood, the very life,
of Christ? And isn't it the same with the loaf
of bread we break and eat? Don't we take into
ourselves the body, the very life, of Christ?
Because there is one loaf, our many-ness
becomes one-ness—Christ doesn't become
fragmented in us. Rather, we become unified
in him. We don't reduce Christ to what we
are; he raises us to what he is. That's basically
what happened even in old Israel—those
who ate the sacrifices offered on God's altar
entered into God's action at the altar.
19-22 Do you see the difference? Sacrifices
offered to idols are offered to nothing, for
what's the idol but a nothing? Or worse than
nothing, a minus, a demon! I don't want you
to become part of something that reduces
you to less than yourself. And you can't have
it both ways, banqueting with the Master one
day and slumming with demons the next.
Besides, the Master won't put up with it. He
wants *us*—all or nothing. Do you think you
can get off with anything less?
23-24 Looking at it one way, you could say,
"Anything goes. Because of God's immense
generosity and grace, we don't have to dissect
and scrutinize every action to see if it will
pass muster." But the point is not to just get
by. We want to live well, but our foremost

져나가는 것이 핵심이 아닙니다. 우리가 제대로 살아야 하겠지만, 무엇보다 우리가 노력을 기울여야 할 것은, 다른 사람들이 제대로 살도록 돕는 일입니다.

25-28 이것을 행동의 근거로 삼으면, 나머지는 상식선에서 해결됩니다. 예를 들어, 정육점에서 판매하는 것은 무엇이든 먹어도 됩니다. 정육점에서 파는 고기마다 우상에게 바친 것인지 아닌지 따질 필요가 없습니다. 결국 땅과 거기서 난 모든 것이 하나님의 것이니까요. 정육점에서 판매하는 양의 다리도 땅에서 난 모든 것에 포함됩니다. 믿지 않는 사람이 초대한 저녁식사에 여러분이 가고 싶다면, 가서 마음껏 즐기십시오. 여러분 앞에 차려진 음식은 무엇이나 드십시오. 여러분을 초대한 사람에게, 차려진 음식마다 윤리적으로 깨끗한 것인지 일일이 추궁하듯 묻는다면, 그것은 예의에 어긋난 행위이며 바람직한 영성도 아닙니다. 그러나 여러분을 초대한 사람이 일부러 "이것과 저것은 우상에게 바친 음식입니다" 하고 말해 주거든, 그 음식은 먹지 않는 것이 좋습니다. 여러분은 그 음식이 어디에서 왔든 개의치 않겠지만, 여러분을 초대한 사람은 그렇지 않습니다. 여러분은 그 사람에게 여러분이 예배하는 분에 관해 혼란스런 메시지를 주어서는 안되기 때문입니다.

29-30 이처럼 특별한 경우가 아니라면, 나는 속 좁은 사람들이 하는 말에 마음 졸이며 신경 쓰지 않겠습니다. 나는 마음 편히 처신하겠습니다. 마음이 넓으신 주님께서 어떻게 말씀하셨는지 알기 때문입니다. 내 앞에 차려진 음식을 먹으면서 식탁에 놓인 것을 두고 하나님께 감사드린다면, 그런 내가 어떻게 남이 하는 말을 두고 마음을 졸이겠습니까? 내가 그 음식에 대해 하나님께 감사드렸고, 하나님께서도 그 음식을 축복해 주셨는데 말입니다!

31-33 그러니 남들이 여러분을 두고 뭐라고 말하든지, 신경 쓰지 말고 마음껏 드십시오. 결국 여러분이 음식을 먹는 것은, 하나님의 영광을 위한 것이지 사람들을 기쁘게 하기 위해 먹는 것이 아니기 때문입니다. 무슨 일을 하든지 그렇게 하십시오. 마음을 다하여 자유롭게 하나님의 영광을 위해 하십시오. 그러나 여러분의 자유를 지각없이 행사하지는 마십시오. 여러분만큼 자유롭지 못한 사람들의 감정을 상하게 하지 마십시오. 나는 이 모든 문제에서 모든 사람의 기분을 헤아리려고 최선을 다하고 있습니다. 여러분도 그렇게 하기를 바랍니다.

하나님의 영광을 위해

11 1-2 여러분이 나를 기억하고 존중하여, 내가 여러분에게 가르쳐 준 믿음의 전통을 지키

efforts should be to help *others* live well.

25-28 With that as a base to work from, common sense can take you the rest of the way. Eat anything sold at the butcher shop, for instance; you don't have to run an "idolatry test" on every item. "The earth," after all, "is God's, and everything in it." That "everything" certainly includes the leg of lamb in the butcher shop. If a nonbeliever invites you to dinner and you feel like going, go ahead and enjoy yourself; eat everything placed before you. It would be both bad manners and bad spirituality to cross-examine your host on the ethical purity of each course as it is served. On the other hand, if he goes out of his way to tell you that this or that was sacrificed to god or goddess so-and-so, you should pass. Even though you may be indifferent as to where it came from, he isn't, and you don't want to send mixed messages to him about who *you* are worshiping.

29-30 But, except for these special cases, I'm not going to walk around on eggshells worrying about what small-minded people might say; I'm going to stride free and easy, knowing what our large-minded Master has already said. If I eat what is served to me, grateful to God for what is on the table, how can I worry about what someone will say? I thanked God for it and he blessed it!

31-33 So eat your meals heartily, not worrying about what others say about you—you're eating to God's glory, after all, not to please them. As a matter of fact, do everything that way, heartily and freely to God's glory. At the same time, don't be callous in your exercise of freedom, thoughtlessly stepping on the toes of those who aren't as free as you are. I try my best to be considerate of everyone's feelings in all these matters; I hope you will be, too.

To Honor God

11 1-2 It pleases me that you continue to remember and honor me by keeping

고 있다니 내 마음이 참 기쁩니다. 모든 실질적인 권위는 그리스도께로부터 옵니다.

3-9 부부관계에서 남편의 권위는 그리스도에게서 오고, 아내의 권위는 남편에게서 온 것입니다. 그리스도의 권위는 하나님의 권위입니다. 그리스도의 권위를 존중하지 않으면서 하나님과 대화하거나 하나님에 대해 말하는 사람이 있다면, 그는 그리스도의 명예를 실추시키는 자입니다. 마찬가지로, 자기 남편의 권위를 존중하지 않으면서 하나님과 대화하는 아내가 있다면, 그 아내는 자기 남편의 명예를 실추시키는 것은 물론이고 자기 명예까지 실추시키는 것입니다. 그것은 머리를 민 여자처럼 보기 흉한 모습입니다. 여자들이 예배중에 머리덮개를 쓰는 관습은 기본적으로 여기에서 유래한 것입니다. 그러나 남자는 모자를 벗습니다. 남자와 여자는 너무도 빈번하게 머리를 맞대고 충돌하지만, 그 같은 상징적 행위를 통해 자신의 머리를 우리의 머리 되신 하나님께 복종시키는 것입니다.

10-12 그러나 여기서 남자와 여자의 차이를 너무 확대해서 해석하지는 마십시오. 남자나 여자나 누구든지 혼자 힘으로 살 수 없고, 누가 먼저라고 할 수도 없습니다. 남자가 하나님의 아름답고 빛나는 형상을 반영하여 먼저 지어진 것이 사실이지만, 그때 이후로 모든 남자는 여자에게서 나왔습니다! 사실, 모든 것이 하나님께로부터 온 것이니, "누가 먼저냐?"를 따지는 일은 이제 그만둡시다.

13-16 여러분은 이 상징 속에 무언가 강력한 것이 있음을 인정하지 않습니까? 여자의 아름다운 머리카락은 하나님께 경배하며 기도하는 천사를 생각나게 하고, 경건한 마음으로 모자를 벗은 남자의 머리는 순종하는 가운데 기도하는 모습을 연상시키지 않습니까? 나는 여러분이 이 문제로 논쟁을 벌이지 않기를 바랍니다. 하나님의 모든 교회는 이런 문제로 논쟁하지 않습니다. 나는 여러분만 예외인 것처럼 고집 피우지 않기를 바랍니다.

17-19 다음 문제와 관련해서는, 내 마음이 조금도 기쁘지 않습니다. 여러분이 함께 모일 때, 여러분의 가장 좋은 모습이 아니라 가장 나쁜 모습이 드러나는 것으로 알고 있습니다! 첫째, 여러분이 서로 갈라져 다투고 비난한다는 소식이 들려옵니다. 믿고 싶지 않지만, 그것이 사실이군요. 그 문제에 대해 내가 할 수 있는 최선의 답변은, 조사 과정에서 진실이 드러나고 가려지리라는 것입니다.

20-22 또한 여러분은 예배를 드리러 와서도 서로 갈

up the traditions of the faith I taught you. All actual authority stems from Christ.

3-9 In a marriage relationship, there is authority from Christ to husband, and from husband to wife. The authority of Christ is the authority of God. Any man who speaks with God or about God in a way that shows a lack of respect for the authority of Christ, dishonors Christ. In the same way, a wife who speaks with God in a way that shows a lack of respect for the authority of her husband, dishonors her husband. Worse, she dishonors herself–an ugly sight, like a woman with her head shaved. This is basically the origin of these customs we have of women wearing head coverings in worship, while men take their hats off. By these symbolic acts, men and women, who far too often butt heads with each other, submit their "heads" to the Head: God.

10-12 Don't, by the way, read too much into the differences here between men and women. Neither man nor woman can go it alone or claim priority. Man was created first, as a beautiful shining reflection of God–that is true. But the head on a woman's body clearly outshines in beauty the head of her "head," her husband. The first woman came from man, true–but ever since then, every man comes from a woman! And since virtually everything comes from God anyway, let's quit going through these "who's first" routines.

13-16 Don't you agree there is something naturally powerful in the symbolism–a woman, her beautiful hair reminiscent of angels, praying in adoration; a man, his head bared in reverence, praying in submission? I hope you're not going to be argumentative about this. All God's churches see it this way; I don't want you standing out as an exception.

17-19 Regarding this next item, I'm not at all pleased. I am getting the picture that when you meet together it brings out your worst side instead of your best! First, I get this report on your divisiveness, competing with and criticizing each other. I'm reluctant to believe it, but there it is. The best that can be said for it is that the testing process will bring truth into the open and

라진 채 있다고 하더군요. 한자리에 모여서 주님의 만찬을 나누기는커녕, 오히려 밖에서 많은 음식을 가져와 돼지처럼 먹는다고 하더군요. 그래서 어떤 사람은 따돌림을 당해 아무것도 먹지 못한 채 집으로 돌아가고, 어떤 사람은 걷지 못할 정도로 술에 취해서 실려 가기까지 한다더군요. 믿을 수가 없습니다! 여러분에게 먹고 마실 집이 없습니까? 여러분이 창피한 줄도 모르고 하나님의 교회를 모독하다니, 어찌 된 일입니까? 여러분이 하나님의 가난한 사람을 모욕하다니, 어찌 된 일입니까? 나는 여러분이 창피한 줄도 모른 채 그런 짓을 하리라고는 믿고 싶지 않았습니다. 이제 나는 말없이 두고 보지 않겠습니다.

23-26 주님의 만찬이 어떤 의미가 있고, 그것이 왜 그토록 중요한지를 다시 한번 정확히 말씀드리겠습니다. 이 가르침은 내가 주님께 직접 받아 여러분에게 전한 것입니다. 주 예수께서 배반당하시던 날 밤에, 빵을 들어 감사하신 후에, 떼어 주시며, 이렇게 말씀하셨습니다.

이것은 너희를 위해 찢는 내 몸이다.
이것을 행하여 나를 기억하여라.

저녁식사 후에, 잔을 들어 감사하시며, 이렇게 말씀하셨습니다.

이 잔은 나의 피, 너희와 맺는 새 언약이다.
너희는 이 잔을 마실 때마다 나를 기억하여라.

여러분은 이것을 알아야 합니다. 여러분이 이 빵을 먹고 이 잔을 마실 때마다, 여러분의 말과 행위로 주님의 죽으심을 재현하는 것입니다. 여러분은 주님이 다시 오실 때까지, 이 식사를 계속해서 되풀이해야 합니다. 익숙하다고 해서 주님의 만찬을 얕보아서는 안됩니다.

27-28 누구든지 불손한 마음으로 주님의 빵을 먹거나 주님의 잔을 마시는 사람은, 주님이 죽으실 때 그분께 야유를 보내고 침을 뱉은 군중과 같습니다. 여러분이 주님을 "기념하려고" 하는 것이 그런 것입니까? 여러분의 동기를 살피고 여러분의 마음을 점검한 뒤에, 거룩한 두려움으로 이 식사에 참여하십시오.

29-32 여러분이 주님의 찢어진 몸을 먹고 마신다는 사실에 주의하지 않으면, 여러분은 심각한 결과를 초래하고 말 것입니다. 그래서 여러분 가운데 지

confirm it.

20-22 And then I find that you bring your divisions to worship—you come together, and instead of eating the Lord's Supper, you bring in a lot of food from the outside and make pigs of yourselves. Some are left out, and go home hungry. Others have to be carried out, too drunk to walk. I can't believe it! Don't you have your own homes to eat and drink in? Why would you stoop to desecrating God's church? Why would you actually shame God's poor? I never would have believed you would stoop to this. And I'm not going to stand by and say nothing.

23-26 Let me go over with you again exactly what goes on in the Lord's Supper and why it is so centrally important. I received my instructions from the Master himself and passed them on to you. The Master, Jesus, on the night of his betrayal, took bread. Having given thanks, he broke it and said,

This is my body, broken for you.
Do this to remember me.

After supper, he did the same thing with the cup:

This cup is my blood, my new covenant with you.
Each time you drink this cup, remember me.

What you must solemnly realize is that every time you eat this bread and every time you drink this cup, you reenact in your words and actions the death of the Master. You will be drawn back to this meal again and again until the Master returns. You must never let familiarity breed contempt.

27-28 Anyone who eats the bread or drinks the cup of the Master irreverently is like part of the crowd that jeered and spit on him at his death. Is that the kind of "remembrance" you want to be part of? Examine your motives, test your heart, come to this meal in holy awe.

29-32 If you give no thought (or worse, don't care) about the broken body of the Master when you

금도 무력한 사람과 아픈 사람이 많고, 일찍 죽은 사람이 많은 것입니다. 지금이라도 우리가 이 일을 바로잡지 않으면, 나중에 주님께서 우리를 바로잡으실 것입니다. 지금 주님과 대면하는 것이, 나중에 불 가운데서 대면하는 것보다 낫습니다.

33-34 그러니 친구 여러분, 주님의 만찬에 모일 때는 예의를 갖춰 서로 정중히 대하십시오. 배가 너무 고파서 음식이 차려지기를 기다리지 못하겠거든, 집에 가서 요기를 하십시오. 그러나 무슨 일이 있어도 주님의 만찬을, 먹고 마시는 술판이나 집안싸움으로 변질시켜서는 안됩니다. 주님의 만찬은 영적인 식사, 곧 사랑의 향연입니다.

여러분이 질문한 다른 문제들은, 이 다음에 내가 방문해서 직접 대답하겠습니다.

성령께서 주시는 선물

12 1-3 이제 나는, 하나님의 영이 우리 삶 속에서 활동하시는 다양한 방식에 대해 이야기하려고 합니다. 이것은 복잡하고 종종 오해를 받기도 하는 문제지만, 나는 여러분이 반드시 제대로 알아 두기를 바랍니다. 하나님을 알지 못하던 때에 여러분이 어떠했는지 기억하십니까? 그때 여러분은 가짜 신에게서 또 다른 가짜 신에게로 끌려다녔습니다. 자신이 무엇을 하는지도 모른 채, 다른 사람이 하는 대로 그저 따랐을 뿐입니다. 이제부터 내가 말씀드리는 삶은 다릅니다. 하나님께서는 우리가 우리의 지성을 사용해서, 할 수 있는 한 제대로 이해하려고 애쓰기를 바라십니다. 예컨대, 여러분이 조금만 생각해 보면, 하나님의 영이 누군가로 하여금 "예수는 저주를 받아라!" 하고 말하게 하지 않는다는 것을 충분히 알 수 있습니다. 또한 성령이 주시는 통찰력 없이는 아무도 "예수는 주님이시다!" 하고 말할 수 없습니다.

4-11 하나님의 다양한 선물은 어디서나 받을 수 있지만, 그 선물은 모두 하나님의 영에서 비롯됩니다. 하나님이 맡겨 주신 다양한 사역도 어디서나 수행할 수 있지만, 그 사역 역시 하나님의 영에서 비롯됩니다. 하나님의 다양한 능력도 어디서나 펼쳐지지만, 그 모든 배후에 계신 분은 하나님이십니다. 누구나 할 일을 얻어, 하나님이 어떤 분이신지 알릴 수 있습니다. 누구나 그 일에 참여할 수 있고, 누구나 유익을 얻을 수 있습니다. 성령께서는 온갖 선물을 온갖 부류의 사람들에게 나눠 주십니다! 그 다양성이 놀랍습니다.

eat and drink, you're running the risk of serious consequences. That's why so many of you even now are listless and sick, and others have gone to an early grave. If we get this straight now, we won't have to be straightened out later on. Better to be confronted by the Master now than to face a fiery confrontation later.

33-34 So, my friends, when you come together to the Lord's Table, be reverent and courteous with one another. If you're so hungry that you can't wait to be served, go home and get a sandwich. But by no means risk turning this Meal into an eating and drinking binge or a family squabble. It is a spiritual meal – a love feast.

The other things you asked about, I'll respond to in person when I make my next visit.

Spiritual Gifts

12 1-3 What I want to talk about now is the various ways God's Spirit gets worked into our lives. This is complex and often misunderstood, but I want you to be informed and knowledgeable. Remember how you were when you didn't know God, led from one phony god to another, never knowing what you were doing, just doing it because everybody else did it? It's different in this life. God wants us to use our intelligence, to seek to understand as well as we can. For instance, by using your heads, you know perfectly well that the Spirit of God would never prompt anyone to say "Jesus be damned!" Nor would anyone be inclined to say "Jesus is Master!" without the insight of the Holy Spirit.

4-11 God's various gifts are handed out everywhere; but they all originate in God's Spirit. God's various ministries are carried out everywhere; but they all originate in God's Spirit. God's various expressions of power are in action everywhere; but God himself is behind it all. Each person is given something to do that shows who God is: Everyone gets in on it, everyone benefits. All kinds of things are handed out by the Spirit, and to all kinds of people! The variety is wonderful:

지혜로운 권면
명료한 이해력
단순한 신뢰
병자를 고치는 능력
기적
선포
영을 분별하는 능력
방언
방언 통역

이 모든 선물의 근원은 같습니다. 한분이신 하나님의 영이 하나씩 나눠 주시는 것들입니다. 누가 언제 무엇을 받게 될지는 그분께서 정하십니다.

12-13 다른 데서 더 찾을 것도 없이, 여러분 자신의 몸을 보면 이런 성령의 선물들이 어떻게 역사하는지 쉽게 알 수 있을 것입니다. 여러분의 몸은 여러 지체—팔과 다리, 여러 기관, 수많은 세포—로 이루어져 있습니다. 일일이 열거할 수 없을 만큼 많은 지체가 있지만, 여러분의 몸은 여전히 하나입니다. 그리스도께서도 그러하십니다. 한분이신 그분의 영으로 말미암아 우리 모두는 불완전하고 조각난 우리 삶에 작별을 고했습니다. 저마다 독립적으로 자기 삶을 책임지던 우리가, 이제는 그리스도께서 모든 일의 최종 결정권을 쥐고 계신 크고 온전한 삶에 참여하게 되었습니다. (이것은 우리가 세례 받을 때 말과 행위로 선언한 내용입니다.) 이제 우리 각 사람은 부활하신 그분 몸의 지체가 되어, 하나의 같은 샘—그분의 영—을 마시고 새 힘을 얻어 살아갑니다. 전에 우리가 신원을 확인하기 위해 사용하던 낡은 꼬리표들—유대인이나 그리스 사람, 종이나 자유인 같은 꼬리표들—이 더 이상 쓸모없게 되었습니다. 우리에게는 보다 크고 보다 포괄적인 것이 필요합니다.

14-18 이 모든 것이 여러분을 하찮은 존재가 아니라, 얼마나 중요한 존재로 만드는지 생각해 보시기 바랍니다. 한 지체가 부풀어 올라 거대한 덩어리가 된다고 해서 몸이 되는 것은 아닙니다. 다르면서도 비슷한 지체들이 가지런히 정돈되어 함께 기능하는 것이 몸입니다. 발이 "나는 반지로 치장한 손처럼 아름답지 못하니 이 몸에 속하지 않은 것 같아" 하고 말한다면, 그것이 말이 되겠습니까? 귀가 "나는 맑고 그윽한 눈처럼 아름답지 않으니 머리의 한 자리를 차지할 자격이 없어" 하고 말한다면, 여러분은 그것을 몸에서 떼어 내버리겠습니까? 온몸이 다 눈이라면, 어떻게 듣겠습니까? 온몸이 다 귀라면, 어떻게 냄새를 맡겠습니까? 그러나 하나님께서, 그분이 원하시

wise counsel
clear understanding
simple trust
healing the sick
miraculous acts
proclamation
distinguishing between spirits
tongues
interpretation of tongues.

All these gifts have a common origin, but are handed out one by one by the one Spirit of God. He decides who gets what, and when.

12-13 You can easily enough see how this kind of thing works by looking no further than your own body. Your body has many parts—limbs, organs, cells—but no matter how many parts you can name, you're still one body. It's exactly the same with Christ. By means of his one Spirit, we all said good-bye to our partial and piecemeal lives. We each used to independently call our own shots, but then we entered into a large and integrated life in which *he* has the final say in everything. (This is what we proclaimed in word and action when we were baptized.) Each of us is now a part of his resurrection body, refreshed and sustained at one fountain—his Spirit—where we all come to drink. The old labels we once used to identify ourselves—labels like Jew or Greek, slave or free—are no longer useful. We need something larger, more comprehensive.

14-18 I want you to think about how all this makes you more significant, not less. A body isn't just a single part blown up into something huge. It's all the different-but-similar parts arranged and functioning together. If Foot said, "I'm not elegant like Hand, embellished with rings; I guess I don't belong to this body," would that make it so? If Ear said, "I'm not beautiful like Eye, limpid and expressive; I don't deserve a place on the head," would you want to remove it from the body? If the body was all eye, how could it hear? If all ear, how could it smell? As it is, we see that God has carefully placed each

는 곳에 각각의 지체를 세심하게 두셨다는 것을 우리는 압니다.

19-24 그러니 여러분이 아무리 중요한 인물이라고 해도, 여러분은 스스로 잘난 체해서는 안됩니다. 나는 여러분이 그 이유도 생각해 보았으면 합니다. 여러분이 그처럼 중요한 것은, 여러분이 몸의 한 지체이기 때문입니다. 눈만 엄청나게 크거나 손만 거인처럼 크다면, 그것은 몸이 아니라 괴물일 것입니다. 우리 몸은 여러 지체로 이루어진 한 몸입니다. 우리 몸의 각 지체는 알맞은 크기로 알맞은 자리에 있습니다. 어떤 지체도 자기 혼자서는 중요하지 않습니다. 눈이 손에게 "꺼져 버려. 나는 네가 필요치 않아" 하고 말하거나, 머리가 발에게 "너는 해고야. 네가 할 일은 없어" 하고 말하는 것을 상상할 수 있겠습니까? 사실, 우리 몸은 정반대의 방식으로 움직입니다. 약한 지체일수록 더 필수적이고 요긴합니다. 예를 들어, 우리는 한쪽 눈이 없어도 살 수 있지만 위가 없으면 살 수 없습니다. 여러분과 관계된 여러분 몸의 지체라면, 눈에 보이거나 가려져 있거나, 강하거나 약하거나 하는 것이 중요하지 않습니다. 여러분은 각각의 지체를 비교하지 않고, 오히려 있는 그대로 존귀하고 소중하게 여길 것입니다. 굳이 편을 든다면, 강한 지체보다는 약한 지체에 더 관심을 기울일 것입니다. 윤기 나는 머리카락과 튼튼한 위장 중에서 하나를 택하라면, 여러분은 튼튼한 위장을 택하지 않겠습니까?

25-26 하나님께서 우리 몸을 설계하신 방식이야말로, 우리가 교회를 이루어 함께 살아가는 삶을 이해하는 데 적합한 모형입니다. 우리가 언급한 지체이든 그렇지 않은 지체이든, 눈에 보이는 지체이든 그렇지 않은 지체이든 간에, 각각의 지체는 저마다 다른 지체를 의지합니다. 한 지체가 아프면, 다른 모든 지체도 그 지체의 아픔과 치료에 동참합니다. 한 지체가 잘되면, 다른 모든 지체도 그 지체의 풍성함을 누립니다.

27-31 여러분은 그리스도의 몸입니다. 그것이 여러분의 참모습입니다! 여러분은 이것을 잊어서는 안됩니다. 여러분 자신을 그 몸의 지체로 인정할 때에야 비로소 여러분이 "지체"인 것이 의미가 있습니다. 하나님께서 그분의 몸이신 교회 안에 세우신 여러 지체 가운데, 여러분이 잘 아는 지체는 다음과 같습니다.

사도
예언자
교사
기적을 행하는 사람
병을 고치는 사람

part of the body right where he wanted it.

19-24 But I also want you to think about how this keeps your significance from getting blown up into self-importance. For no matter how significant you are, it is only because of what you are a *part* of. An enormous eye or a gigantic hand wouldn't be a body, but a monster. What we have is one body with many parts, each its proper size and in its proper place. No part is important on its own. Can you imagine Eye telling Hand, "Get lost; I don't need you"? Or, Head telling Foot, "You're fired; your job has been phased out"? As a matter of fact, in practice it works the other way—the "lower" the part, the more basic, and therefore necessary. You can live without an eye, for instance, but not without a stomach. When it's a part of your own body you are concerned with, it makes *no* difference whether the part is visible or clothed, higher or lower. You give it dignity and honor just as it is, without comparisons. If anything, you have more concern for the lower parts than the higher. If you had to choose, wouldn't you prefer good digestion to full-bodied hair?

25-26 The way God designed our bodies is a model for understanding our lives together as a church: every part dependent on every other part, the parts we mention and the parts we don't, the parts we see and the parts we don't. If one part hurts, every other part is involved in the hurt, and in the healing. If one part flourishes, every other part enters into the exuberance.

27-31 You are Christ's body—that's who you are! You must never forget this. Only as you accept your part of that body does your "part" mean anything. You're familiar with some of the parts that God has formed in his church, which is his "body":

apostles
prophets
teachers

도와주는 사람
조직하는 사람
방언으로 기도하는 사람

이제 그리스도의 교회가 온전한 하나의 몸이라는 것이 분명하지 않습니까? 한 지체만 비정상적으로 커진 것은 그리스도의 교회가 아닙니다. 사도만 있는 교회, 예언자만 있는 교회, 기적을 행하는 사람만 있는 교회, 병 고치는 사람만 있는 교회, 방언으로 기도하는 사람만 있는 교회, 방언을 통역하는 사람만 있는 교회. 그런 교회는 그리스도의 교회가 아닙니다. 그런데도 여러분 가운데 몇몇 사람은 이른바 "중요한" 지체가 되겠다고 계속 경쟁하더군요.
그러나 나는 이제 여러분에게 훨씬 나은 길을 제시하려고 합니다.

사랑의 길

13 [1] 내가 사람의 유창한 말과 천사의 황홀한 말을 해도, 사랑하지 않으면, 나는 녹슨 문에서 나는 삐걱거리는 소리에 지나지 않습니다.
[2] 내가 하나님의 말씀을 힘차게 전하고, 그분의 모든 비밀을 드러내고, 모든 것을 대낮처럼 환히 밝혀도, 또 내가 산에게 "뛰어올라라" 명하면 산이 그대로 뛰어오를 만큼의 믿음을 지니고 있어도, 사랑하지 않으면, 나는 아무것도 아닙니다.
[3-7] 내가 가진 모든 재산을 가난한 사람들에게 나누어 주고, 순교자처럼 불살라질 각오를 하더라도, 사랑하지 않으면, 아무 소용이 없습니다. 내가 무엇을 말하고 무엇을 믿고 무슨 일을 하든지, 사랑이 없으면, 나는 파산한 사람이나 다름없습니다.

사랑은 절대로 포기하지 않습니다.
사랑은 자기보다 다른 사람에게 더 마음을 씁니다.
사랑은 자기가 갖지 못한 것을 바라지 않습니다.
사랑은 뽐내지 않으며
자만하지 않으며
다른 사람에게 자신을 강요하지 않으며
"내가 먼저야"라고 말하지 않으며
화내지 않으며
다른 사람의 죄를 꼬치꼬치 따지지 않으며
다른 사람이 비굴하게 굴 때 즐거워하지 않으며
진리가 꽃피는 것을 보고 기뻐하며
무슨 일이든지 참으며
하나님을 늘 신뢰하며
언제나 최선을 구하며

miracle workers
healers
helpers
organizers
those who pray in tongues.

But it's obvious by now, isn't it, that Christ's church is a complete Body and not a gigantic, unidimensional Part? It's not all Apostle, not all Prophet, not all Miracle Worker, not all Healer, not all Prayer in Tongues, not all Interpreter of Tongues. And yet some of you keep competing for so-called "important" parts.
But now I want to lay out a far better way for you.

The Way of Love

13 [1] If I speak with human eloquence and angelic ecstasy but don't love, I'm nothing but the creaking of a rusty gate.
[2] If I speak God's Word with power, revealing all his mysteries and making everything plain as day, and if I have faith that says to a mountain, "Jump," and it jumps, but I don't love, I'm nothing.
[3-7] If I give everything I own to the poor and even go to the stake to be burned as a martyr, but I don't love, I've gotten nowhere. So, no matter what I say, what I believe, and what I do, I'm bankrupt without love.

Love never gives up.
Love cares more for others than for self.
Love doesn't want what it doesn't have.
Love doesn't strut,
Doesn't have a swelled head,
Doesn't force itself on others,
Isn't always "me first,"
Doesn't fly off the handle,
Doesn't keep score of the sins of others,
Doesn't revel when others grovel,
Takes pleasure in the flowering of truth,
Puts up with anything,
Trusts God always,

뒷걸음질하지 않으며
끝까지 견딥니다.

Always looks for the best,
Never looks back,
But keeps going to the end.

8-10 사랑은 절대로 사라지지 않습니다. 제아무리 영감 넘치는 말도 언젠가는 사라지고, 방언으로 기도하는 것도 그칠 것입니다. 이해력도 한계에 이르게 될 것입니다. 진리의 한 부분만 아는 우리가 하나님에 대해 말하는 것은 언제나 불완전합니다. 그러나 완전하신 그분이 오시면, 우리의 불완전한 것들을 없애 주실 것입니다.

11 내가 어머니의 품에 안긴 젖먹이였을 때에는 젖먹이처럼 옹알거렸지만, 다 자라서는 그러한 어린아이 짓을 영원히 버렸습니다.

12 우리는 아직 모든 것을 분명하게 보지 못합니다. 우리는 안개 한가운데서 눈을 가늘게 뜨고 그 속을 들여다봅니다. 그러나 머지않아 날이 맑게 개고, 태양이 환히 빛날 것입니다. 그때가 되면, 우리는 모든 것을 볼 것입니다. 하나님께서 우리를 보시는 것과 같이 모든 것을 또렷하게 보고, 하나님께서 우리를 아시는 것과 같이 그분을 직접 알게 될 것입니다!

13 그러나 그 완전함에 이르기까지, 우리는 다음 세 가지를 행함으로 완성을 향해 나아가야 합니다. 하나님을 꾸준히 신뢰하십시오. 흔들림 없이 소망하십시오. 아낌없이 사랑하십시오. 이 세 가지 가운데 으뜸은 사랑입니다.

8-10 Love never dies. Inspired speech will be over some day; praying in tongues will end; understanding will reach its limit. We know only a portion of the truth, and what we say about God is always incomplete. But when the Complete arrives, our incompletes will be canceled.

11 When I was an infant at my mother's breast, I gurgled and cooed like any infant. When I grew up, I left those infant ways for good.

12 We don't yet see things clearly. We're squinting in a fog, peering through a mist. But it won't be long before the weather clears and the sun shines bright! We'll see it all then, see it all as clearly as God sees us, knowing him directly just as he knows us!

13 But for right now, until that completeness, we have three things to do to lead us toward that consummation: Trust steadily in God, hope unswervingly, love extravagantly. And the best of the three is love.

기도의 언어

14

1-3 여러분의 생명이 사랑에 달려 있다는 듯이, 온 힘을 다해 사랑의 삶을 추구하십시오. 하나님께서 여러분에게 주시는 선물을 열심히 구하십시오. 무엇보다도 하나님의 진리를 힘써 선포하십시오. 여러분이 자기만 아는 방언으로 하나님을 찬양하면, 하나님은 알아들으시지만 다른 사람들은 알아듣지 못합니다. 여러분이 하나님과만 사귐을 갖고 있기 때문입니다. 그러나 여러분이 일상의 언어로 하나님의 진리를 선포하면, 여러분은 다른 사람들도 그 진리에 참여하도록 한 것입니다. 그러면 그들도 자라고 튼튼해져서, 여러분과 함께 그분의 임재를 경험하게 될 것입니다.

4-5 자기만 아는 "기도의 언어"로 기도하는 사람은 거기서 많은 것을 얻겠지만, 하나님의 진리를 누구나 알아들을 수 있는 말로 선포하는 사람은 온 교회를 성숙시키고 튼튼하게 합니다. 나는 여러분 모두가 기도로 하나님과의 사귐을 발전시키기를 바랍니다. 하지만 거기서 멈추지는 마십시오. 다른 사람들을 찾아

Prayer Language

14

1-3 Go after a life of love as if your life depended on it—because it does. Give yourselves to the gifts God gives you. Most of all, try to proclaim his truth. If you praise him in the private language of tongues, God understands you but no one else does, for you are sharing intimacies just between you and him. But when you proclaim his truth in everyday speech, you're letting *others* in on the truth so that they can grow and be strong and experience his presence with you.

4-5 The one who prays using a private "prayer language" certainly gets a lot out of it, but proclaiming God's truth to the church in its common language brings the whole church into growth and strength. I want all of you to develop intimacies with God in prayer, but please don't stop with that. Go on and proclaim his

가서 하나님의 분명한 진리를 선포하십시오. 여러분이 말하는 것을 모든 사람의 유익을 위해 통역해 주는 사람이 없다면, 비밀한 기도의 언어로 하나님의 임재를 경험하고 구하기보다는, 모든 사람이 알아들을 수 있는 언어로 하나님을 아는 지식과 그분의 사랑에 접근할 수 있게 하는 것이 더 중요합니다.

6-8 친구 여러분, 생각해 보십시오. 내가 여러분에게 가서 하나님만 알아들으실 수 있는 말로 그분께 비밀히 기도한다면, 여러분에게 무슨 유익이 있겠습니까? 내게 어떤 통찰이나 진리나 선포나 가르침이 있더라도 누구나 알아들을 수 있는 말로 전하지 않으면, 여러분에게 무슨 도움이 되겠습니까? 가령, 플루트나 하프 같은 악기들이 각각 독특한 음색으로 조화를 이루며 연주되지 않는다면, 우리가 어떻게 선율을 알아듣고 음악을 즐기겠습니까? 나팔소리가 다른 악기소리와 구분되지 않는다면, 어떻게 전투 개시를 알릴 수 있겠습니까?

9-12 여러분이 아무도 알아듣지 못하게 말한다면, 여러분의 입을 여는 것이 무슨 소용이 있겠습니까? 이 세상에는 수많은 언어가 있고, 그 언어들은 저마다 누군가에게 뜻을 가지고 있습니다. 그러나 내가 그 언어를 알아듣지 못하면, 그 언어는 내게 유익한 것이 아닙니다. 여러분의 경우도 다르지 않습니다. 여러분은 하나님이 하시는 일에는 열심히 참여하려고 하면서, 어찌하여 교회 안의 모든 이들에게 도움이 되는 일에는 주의를 기울이지 않는 것입니까?

13-17 자기만 아는 기도의 언어로 기도할 때는, 그 경험을 혼자서만 간직하지 마십시오. 다른 사람들을 그러한 사귐으로 이끄는 안목과 능력을 구하십시오. 내가 방언으로 기도하면, 내 영은 기도하겠지만 내 이성은 하릴없이 놀 것이고, 지성도 그만큼 약화될 것입니다. 그러면 무엇이 해결책이겠습니까? 답은 너무나 간단합니다. 둘 다 하십시오. 나라면 영적으로 자유롭고 풍성하게 기도하면서, 동시에 신중하고 주의 깊게 기도하겠습니다. 영으로도 찬양하고, 지성으로도 찬양하겠습니다. 여러분이 아무도 알아듣지 못하는 기도의 언어로 축복한다면, 교회에 갓 들어와 무슨 일인지 알지 못하는 사람은 언제 "아멘" 해야 할지 모를 것입니다. 여러분의 축복 기도는 더할 나위 없이 훌륭하겠지만, 여러분은 그 사람을 아주 무시한 것이나 다름없습니다.

18-19 나는 우리에게 방언 기도라는 선물을 주셔서 그분을 찬양하게 하신 하나님께 감사를 드립니다. 그로 인해 우리는 그분과 놀라운 사귐을 갖게 되었습니다. 나는 여러분 가운데 누구보다도 방언 기도를 많이 합

clear truth to others. It's more important that everyone have access to the knowledge and love of God in language everyone understands than that you go off and cultivate God's presence in a mysterious prayer language—unless, of course, there is someone who can interpret what you are saying for the benefit of all.

6-8 Think, friends: If I come to you and all I do is pray privately to God in a way only he can understand, what are you going to get out of that? If I don't address you plainly with some insight or truth or proclamation or teaching, what help am I to you? If musical instruments—flutes, say, or harps—aren't played so that each note is distinct and in tune, how will anyone be able to catch the melody and enjoy the music? If the trumpet call can't be distinguished, will anyone show up for the battle?

9-12 So if you speak in a way no one can understand, what's the point of opening your mouth? There are many languages in the world and they all mean something to someone. But if *I* don't understand the language, it's not going to do me much good. It's no different with you. Since you're so eager to participate in what God is doing, why don't you concentrate on doing what helps everyone in the church?

13-17 So, when you pray in your private prayer language, don't hoard the experience for yourself. Pray for the insight and ability to bring others into that intimacy. If I pray in tongues, my spirit prays but my mind lies fallow, and all that intelligence is wasted. So what's the solution? The answer is simple enough. Do both. I should be spiritually free and expressive as I pray, but I should also be thoughtful and mindful as I pray. I should sing with my spirit, and sing with my mind. If you give a blessing using your private prayer language, which no one else understands, how can some outsider who has just shown up and has no idea what's going on know when to say "Amen"? Your blessing might be beautiful, but you have very effectively cut that person out of it.

18-19 I'm grateful to God for the gift of praying

니다. 그러나 나는 사람들이 예배하러 모인 교회 안에 있을 때는, 다른 사람들에게 횡설수설로 들릴 일만 마디 말을 하는 것보다, 누구나 알아듣고 배울 수 있는 다섯 마디 말을 하고 싶습니다.

20-25 아주 솔직히 말씀드리면, 나는 여러분이 어린아이처럼 생각하는 것에 화가 납니다. 얼마나 더 있어야 여러분이 자라서 어른스럽게 생각하겠습니까? 어린아이처럼 악에 대해서는 잘 몰라도 괜찮습니다. 그런 경우에는 그저 "안돼" 하고 말할 줄 알면 됩니다. 그러나 무언가에 대해 "예" 하고 말하려면, 그 이상의 것이 필요합니다. 성숙하고 잘 훈련된 지성만이 여러분이 속임수에 빠지지 않도록 지켜 줄 수 있습니다. 하나님께서 성경에 이렇게 말씀하셨습니다.

내가 낯선 방언과
낯선 사람의 입술로
이 백성에게 전해도
그들은 귀 기울여 듣지도 않고 믿지도 않을 것이다.

그러니 아무도 알아듣지 못하는 방언으로 말하는 것이 무슨 소용이 있겠습니까? 그것은 믿는 사람들에게 도움이 되지 않고, 믿지 않는 사람들에게는 구경거리를 제공하여 그저 멍하니 바라보게 할 뿐입니다. 그러나 알아듣기 쉬운 말로 진리를 말하면, 믿는 이들의 마음에 곧바로 다가갈 뿐 아니라 믿지 않는 이들에게도 거슬리지 않습니다. 여러분이 교회에 모여 있고 믿지 않는 사람들도 들어와 있는데, 때마침 여러분이 알아들을 수 없는 방언으로 기도하고 있다면, 그들이 듣다가 여러분이 미쳤다고 생각하고 서둘러 거기서 빠져나가지 않겠습니까? 그러나 믿지 않는 사람들 몇 명이 우연히 교회에 들어왔는데, 여러분이 하나님의 진리를 알아듣기 쉽게 명확히 말하고 있다면, 그들이 여러분의 말을 듣다가 진리를 접하고 자기 마음을 살피게 될 것입니다. 어느새 그들은 하나님 앞에 엎드려, 하나님께서 여러분 가운데 계심을 인정하게 될 것입니다.

26-33 나는 여러분이 이렇게 하면 좋겠습니다. 예배하러 모일 때는, 각자가 전체를 유익하게 할 만한 것을 준비하십시오. 찬송을 부르거나, 가르치거나, 이야기를 해주거나, 기도를 인도하거나, 영적으로 깨달은 것을 나누십시오. 방언으로 기도할 때는 두세 사람까지만 하되, 그것도 여러분의 말

in tongues that he gives us for praising him, which leads to wonderful intimacies we enjoy with him. I enter into this as much or more than any of you. But when I'm in a church assembled for worship, I'd rather say five words that everyone can understand and learn from than say ten thousand that sound to others like gibberish.

20-25 To be perfectly frank, I'm getting exasperated with your infantile thinking. How long before you grow up and use your head–your *adult* head? It's all right to have a childlike unfamiliarity with evil; a simple *no* is all that's needed there. But there's far more to saying *yes* to something. Only mature and well-exercised intelligence can save you from falling into gullibility. It's written in Scripture that God said,

In strange tongues
and from the mouths of strangers
I will preach to this people,
but they'll neither listen nor believe.

So where does it get you, all this speaking in tongues no one understands? It doesn't help believers, and it only gives unbelievers something to gawk at. Plain truth-speaking, on the other hand, goes straight to the heart of believers and doesn't get in the way of unbelievers. If you come together as a congregation and some unbelieving outsiders walk in on you as you're all praying in tongues, unintelligible to each other and to them, won't they assume you've taken leave of your senses and get out of there as fast as they can? But if some unbelieving outsiders walk in on a service where people are speaking out God's truth, the plain words will bring them up against the truth and probe their hearts. Before you know it, they're going to be on their faces before God, recognizing that God is among you.

26-33 So here's what I want you to do. When you gather for worship, each one of you be prepared with something that will be useful for all: Sing a hymn, teach a lesson, tell a story, lead a prayer, provide an insight. If prayers are offered in tongues, two or three's the limit, and then only if

을 통역할 사람이 있을 때에만 하십시오. 통역할 사람이 없거든, 하나님과 여러분 사이에서만 하십시오. 모임에서는 두세 사람 정도만 말하고, 나머지는 귀 기울여 듣고 마음에 새기십시오. 한 사람이 독차지하지 말고 차례를 지켜 말하십시오. 그리고 말하는 사람은 각자 기회를 얻어 하나님으로부터 받은 특별한 것을 말하십시오. 그러면 여러분 모두가 서로에게서 배우게 될 것입니다. 말하기로 한 사람은 말하는 방식과 시간까지 책임지십시오. 우리가 바르게 예배하면, 하나님은 우리를 무질서에 빠뜨리지 않으십니다. 하나님은 우리를 조화로 이끄십니다. 이것은 모든 교회에 예외 없이 해당하는 사항입니다.

34-36 아내들은 귀 기울여 들어야 할 시간에 이야기하거나, 집에서 남편에게 물어봐도 될 질문을 던지면서 예배를 혼란스럽게 해서는 안됩니다. 예배시간에 지켜야 할 예절과 관습은 하나님의 율법이 적혀 있는 성경책이 지도해 줄 것입니다. 아내들은 예배 시간을 이용해 자기가 하고 싶은 말을 하려고 해서는 안됩니다. 여러분—여자든 남자든—은 자신이 옳고 그름을 판단하는 거룩한 예언자라도 된다고 생각하는 것입니까? 모든 것이 여러분을 중심으로 움직인다고 생각하십니까?

37-38 여러분 가운데 어떤 사람이 하나님께로부터 할 말을 받았거나 할 일을 받았다고 생각한다면, 내가 쓴 이 글을 유의해서 보십시오. 이것이 주님이 바라시는 방식입니다. 여러분이 이 규칙들을 따르지 않겠다면, 미안한 말이지만, 하나님께서도 여러분을 쓰시지 않을 것입니다.

39-40 요약해서 세 가지를 말씀드립니다. 하나님의 진리를 전할 때는 진심으로 하십시오. 여러분이 알아듣지 못하는 방언으로 사람들이 기도한다고 해서, 그들에게 가타부타 말하지 마십시오. 무슨 일을 하든지 예의 바르고 사려 깊게 하십시오.

부활

15 1-2 친구 여러분, 여러분과 함께 마지막으로 메시지를 점검해 보겠습니다. 이 메시지는 내가 선포하고 여러분이 자기 것으로 삼은 것입니다. 여러분은 이 메시지 위에 서 있고, 이 메시지로 인해 여러분의 삶은 구원을 받았습니다. (나는 여러분의 믿음이 일시적인 것이 아니라 진실한 것이며, 여러분이 영원토록 이 믿음 안에 있으면서 이 믿음을 굳게 붙잡으리라고 생각합니다.)

someone is present who can interpret what you're saying. Otherwise, keep it between God and yourself. And no more than two or three speakers at a meeting, with the rest of you listening and taking it to heart. Take your turn, no one person taking over. Then each speaker gets a chance to say something special from God, and you all learn from each other. If you choose to speak, you're also responsible for how and when you speak. When we worship the right way, God doesn't stir us up into confusion; he brings us into harmony. This goes for all the churches–no exceptions.

34-36 Wives must not disrupt worship, talking when they should be listening, asking questions that could more appropriately be asked of their husbands at home. God's Book of the law guides our manners and customs here. Wives have no license to use the time of worship for unwarranted speaking. Do you–both women *and* men–imagine that you're a sacred oracle determining what's right and wrong? Do you think everything revolves around you?

37-38 If any one of you thinks God has something for you to say or has inspired you to do something, pay close attention to what I have written. This is the way the Master wants it. If you won't play by these rules, God can't use you. Sorry.

39-40 Three things, then, to sum this up: When you speak forth God's truth, speak your heart out. Don't tell people how they should or shouldn't pray when they're praying in tongues that you don't understand. Be courteous and considerate in everything.

Resurrection

15 1-2 Friends, let me go over the Message with you one final time–this Message that I proclaimed and that you made your own; this Message on which you took your stand and by which your life has been saved. (I'm assuming, now, that your belief was the real thing and not a passing fancy, that you're in this for good and holding fast.)

3-9 The first thing I did was place before you what

3-9 내가 가장 먼저 한 일은, 내 앞에 아주 강력하게 제시된 다음 사실을 여러분 앞에 제시하는 것이었습니다. 성경에 기록된 대로, 메시아께서 우리 죄를 위해 죽으시고 무덤에 묻히시고 사흘째 되는 날에 다시 살아나셔서, 베드로에게 생생히 나타나시고, 가장 가까운 제자들에게 나타나셨습니다. 그 후에 그분께서는 한번에 오백 명이 넘는 제자들에게 나타나셨는데, 그들 가운데 몇 사람은 세상을 떠났지만, 대부분은 지금도 우리 곁에 살아 있습니다. 또한 그분께서 자기를 대변하도록 세우신 야고보와 나머지 사도들에게 나타나셨습니다. 그러고는 마지막으로, 나에게도 생생히 나타나셨습니다. 내가 맨 나중이 된 것은 합당한 일이었습니다. 여러분도 알다시피, 나는 사도들의 반열에 포함될 자격이 없는 사람입니다. 내가 하나님의 교회를 없애 버리는 일에 혈안이 되어 젊은 시절 대부분을 허비했기 때문입니다.

10-11 그러나 하나님께서는 너무나 은혜로우시고 한없이 너그러우셨습니다. 그래서 오늘의 내가 있게 된 것입니다. 나는 그분의 은혜를 헛되게 하지 않을 것입니다. 내가 다른 어느 누구보다 더 많은 일을 하려고 애쓰지 않았습니까? 그렇다고 해도 내가 한 일은 그리 대단한 것이 아니었습니다. 하나님께서 내게 할 일을 주시고 감당할 힘도 주셨기에, 내가 할 수 있었던 것입니다. 그러므로 여러분이 내게서 메시지를 들었든 다른 사람들에게서 들었든 간에, 그것은 같은 메시지입니다. 나나 그들이나 하나님의 진리를 전했고, 여러분은 여러분의 삶을 맡겼습니다.

12-15 이제 나는 여러분에게 의미심장하면서도 어려운 질문을 던지려고 합니다. 여러분은 우리가 선포한 사실—그리스도께서 죽은 자들 가운데서 다시 살아나셨다는 사실—을 믿어서 신자가 된 것인데, 사람들이 부활 같은 것은 없다고 말하도록 내버려 두다니 어찌 된 일입니까? 부활이 없다면, 그리스도께서 살아나는 일도 없었을 것입니다. 그리스도의 부활이 없다면, 우리가 여러분에게 전한 모든 것은 교묘한 속임수가 되고, 여러분이 목숨을 걸고 붙잡은 모든 것도 교묘한 속임수가 되고 말 것입니다. 뿐만 아니라, 부활이 없다면, 우리는 하나님에 대해 뻔뻔한 거짓말을 늘어놓는 죄를 범한 셈이 되고, 하나님께서 그리스도를 다시 살리셨다고 증언한 우리의 진술도 순전*히 거짓말이 되고 말 것입니다.*

16-20 죽은 자들이 다시 살아나는 일이 없다면, 그리스도께서 다시 살아나는 일도 없었을 것입니다. 그분은 실제로 죽으셨기 때문입니다. 그리고 그리스도께서 다시 살아나지 않으셨다면, 여러분은 지금도 예전

was placed so emphatically before me: that the Messiah died for our sins, exactly as Scripture tells it; that he was buried; that he was raised from death on the third day, again exactly as Scripture says; that he presented himself alive to Peter, then to his closest followers, and later to more than five hundred of his followers all at the same time, most of them still around (although a few have since died); that he then spent time with James and the rest of those he commissioned to represent him; and that he finally presented himself alive to *me*. It was fitting that I bring up the rear. I don't deserve to be included in that inner circle, as you well know, having spent all those early years trying my best to stamp God's church right out of existence.

10-11 But because God was so gracious, so very generous, here I am. And I'm not about to let his grace go to waste. Haven't I worked hard trying to do more than any of the others? Even then, my work didn't amount to all that much. It was God giving me the work to do, God giving me the energy to do it. So whether you heard it from me or from those others, it's all the same: We spoke God's truth and you entrusted your lives.

12-15 Now, let me ask you something profound yet troubling. If you became believers because you trusted the proclamation that Christ is alive, risen from the dead, how can you let people say that there is no such thing as a resurrection? If there's no resurrection, there's no living Christ. And face it—if there's no resurrection for Christ, everything we've told you is smoke and mirrors, and everything you've staked your life on is smoke and mirrors. Not only that, but we would be guilty of telling a string of barefaced lies about God, all these affidavits we passed on to you verifying that God raised up Christ—sheer fabrications, if there's no resurrection.

16-20 If corpses can't be raised, then Christ wasn't, because he was indeed dead. And if Christ weren't raised, then all you're doing is

처럼 어둠 속에서 길을 잃고 헤매고 있을 것입니다. 그것은 그리스도와 부활을 신뢰하며 죽은 이들에게 훨씬 불행한 일이 되었을 것입니다. 그들은 이미 무덤 속에 누워 있으니 말입니다. 우리가 그리스도에게서 얻는 것이 이 땅에서 잠시 사는 동안 누리는 작은 감동이 전부라면, 우리야말로 정말 가엾은 사람들일 것입니다. 그러나 진실은 이렇습니다. 그리스도께서 다시 살아나셔서, 장차 무덤을 떠날 수많은 사람들의 첫 유산이 되신 것입니다.

21-28 이것과 관련해 적절한 예를 들어 보겠습니다. 처음에 죽음이 한 사람을 통해서 왔고, 부활도 한 사람을 통해서 왔습니다. 아담 안에서 모든 사람이 죽은 것과 같이, 그리스도 안에서 모든 사람이 살아납니다. 그러나 우리는 순서를 기다려야 합니다. 그리스도가 먼저이고, 그 다음은 그리스도께서 다시 오시는 때에 그분과 함께하는 사람들입니다. 그리스도께서 다시 오시는 때는 장중한 완성의 때일 텐데, 그때가 되면 그리스도께서 반대 세력을 부서뜨리고 그의 나라를 하나님 아버지께 넘겨드릴 것입니다. 그분께서는 마지막 원수가 쓰러질 때까지 멈추지 않으실 것입니다. 그 마지막 원수는 다름 아닌 죽음입니다! 시편 기자는 "하나님께서 그들 모두를 낮추시고, 하나님께서 그들 모두를 짓밟으셨다"고 말했습니다. "하나님께서 그들 모두를 짓밟으셨다"고 말할 때, 모든 것을 짓밟으신 분께서 동시에 짓밟힐 수 없다는 것은 자명한 이치입니다. 하나님께서 마침내 만물과 모든 이들을 다스리실 때, 그 아들도 모든 이들의 자리로 내려가 그들과 함께 서서 하나님의 통치가 미치지 않는 곳이 없음을 증명해 보이실 것입니다. 완벽한 결말이 아닐 수 없습니다!

29 사람들이 죽은 자들을 위해 세례를 받는 이유가 무엇이라고 생각합니까? 죽은 자들의 부활이 없고 하나님의 능력이 무덤 입구에서 그치고 만다면, 그분께서 무덤을 깨끗이 정리하시고 모든 이들을 끌어올려 일어서게 하실 것을 암시하는 행위를 우리가 무엇 때문에 계속한다는 말입니까?

30-33 내가 이토록 위험한 일에 목숨을 거는 이유가 무엇이겠습니까? 나는 살면서 하루도 빠짐없이 죽음과 직면합니다. 여러분은 내가 부활하신 메시아 예수께서 보증해 주신 여러분의 부활과 나의 부활에 대한 확신도 없이 이 일을 하고 있다고 생각합니까? 여러분은 내가 에베소에서 나의 최후가 되지 않기를 바라면서 사나운 짐승들과 싸울 때, 그것이 단지 영웅처럼 행동하려고 한 것에 불과하다고 생각합니까? 결코 그렇지 않습니다! 내가 행하고 말하는 것, 내가 사

wandering about in the dark, as lost as ever. It's even worse for those who died hoping in Christ and resurrection, because they're already in their graves. If all we get out of Christ is a little inspiration for a few short years, we're a pretty sorry lot. But the truth is that Christ *has* been raised up, the first in a long legacy of those who are going to leave the cemeteries.

21-28 There is a nice symmetry in this: Death initially came by a man, and resurrection from death came by a man. Everybody dies in Adam; everybody comes alive in Christ. But we have to wait our turn: Christ is first, then those with him at his Coming, the grand consummation when, after crushing the opposition, he hands over his kingdom to God the Father. He won't let up until the last enemy is down—and the very last enemy is death! As the psalmist said, "He laid them low, one and all; he walked all over them." When Scripture says that "he walked all over them," it's obvious that he couldn't at the same time be walked on. When everything and everyone is finally under God's rule, the Son will step down, taking his place with everyone else, showing that God's rule is absolutely comprehensive—a perfect ending!

29 Why do you think people offer themselves to be baptized for those already in the grave? If there's no chance of resurrection for a corpse, if God's power stops at the cemetery gates, why do we keep doing things that suggest he's going to clean the place out someday, pulling everyone up on their feet alive?

30-33 And why do you think I keep risking my neck in this dangerous work? I look death in the face practically every day I live. Do you think I'd do this if I wasn't convinced of your resurrection and mine as guaranteed by the resurrected Messiah Jesus? Do you think I was just trying to act heroic when I fought the wild beasts at Ephesus, hoping it wouldn't be the end of me? Not on your life! It's resurrection, resurrection, always resurrection, that undergirds what I do and say, the way I live. If there's no resurrection, "We eat, we drink,

는 방식을 뒷받침하는 것은 부활, 부활, 언제나 부활입니다. 부활이 없다면, 우리는 "내일이면 죽을 테니 먹고 마시자"고 할 것입니다. 그리고 그것이 전부일 것입니다. 그러나 속지 마십시오. 부활을 반대하는 잡담에 물들지 마십시오. "나쁜 친구가 좋은 행실을 망칩니다."

34 똑바로 생각하십시오. 깨어나 거룩한 삶을 사십시오. 더 이상 부활의 사실에 대해 오락가락하지 마십시오. 지금 같은 시대에 하나님을 알지 못하는 것은 여러분이 부릴 사치가 아닙니다. 이러한 일을 오래도록 방치하다니, 여러분은 창피하지도 않습니까?

35-38 어떤 회의론자는 꼭 이런 질문을 던집니다. '부활이 어떻게 일어나는지 보여주시오. 도표로 보여주고, 그림으로 보여주시오. 도대체 부활한 몸은 어떻게 생겼습니까?' 자세히 살펴보면, 이 질문이 얼마나 어리석은 것인지 알 수 있습니다. 이런 일은 도표로 나타낼 수 없습니다. 우리는 이와 유사한 경험을 정원 일에서 찾아볼 수 있습니다. "죽은 것 같은" 씨를 심었는데, 이내 식물이 무성하게 자랍니다. 눈으로 볼 때 씨앗과 식물은 비슷한 점이 없습니다. 여러분은 토마토 씨를 보고 토마토가 어떻게 생겼을지 헤아릴 수 없습니다. 우리가 흙 속에 심은 것과 거기서 움튼 것은 똑같아 보이지 않습니다. 우리가 땅에 묻는 죽은 몸과 그 몸에서 비롯되는 부활한 몸도 전혀 다른 모습일 것입니다.

39-41 몸의 종류도 놀랄 만큼 다양하다는 것에 주목해 보십시오. 씨앗의 종류가 여러 가지이듯이, 몸의 종류도 여러 가지입니다. 사람의 몸도 있고, 동물의 몸도 있고, 새의 몸도 있고, 물고기의 몸도 있습니다. 저마다 독특한 형태의 몸을 가지고 있습니다. 땅에 있는 다양한 몸뿐만 아니라, 하늘에 있는 해와 달과 별들과 같은 다양한 천체들도 그 아름다움과 밝기가 각기 다르고 다양합니다. 그것을 보는 것만으로도 부활의 영광이 얼마나 다양한지를 어렴풋하게나마 알 수 있습니다. 우리는 부활 이전의 "씨"를 보고 있을 따름입니다. 그러니 부활이라는 "식물"이 어떤 모습일지 누가 상상할 수 있겠습니까?

42-44 죽은 것 같은 씨를 심었는데, 살아 있는 식물을 거둡니다. 이 이미지는 기껏해야 밑그림 정도에 불과하지만, 부활한 몸의 비밀에 접근하는 데 도움이 될 것입니다. *다만, 다시 살아나면 영원히 살아나* 영원히 살게 된다는 것을 마음에 새겨야 합니다! 죽어서 묻힌 몸은 아름답지 않지만, 다시 살아난 몸은 영광스럽습니다. 약한 것을 심었는데, 강한 것이 싹틉니다. 뿌린 씨는 자연의 것인데, 거기서 자란 것

the next day we die," and that's all there is to it. But don't fool yourselves. Don't let yourselves be poisoned by this anti-resurrection loose talk. "Bad company ruins good manners."

34 Think straight. Awaken to the holiness of life. No more playing fast and loose with resurrection facts. Ignorance of God is a luxury you can't afford in times like these. Aren't you embarrassed that you've let this kind of thing go on as long as you have?

35-38 Some skeptic is sure to ask, "Show me how resurrection works. Give me a diagram; draw me a picture. What does this 'resurrection body' look like?" If you look at this question closely, you realize how absurd it is. There are no diagrams for this kind of thing. We do have a parallel experience in gardening. You plant a "dead" seed; soon there is a flourishing plant. There is no visual likeness between seed and plant. You could never guess what a tomato would look like by looking at a tomato seed. What we plant in the soil and what grows out of it don't look anything alike. The dead body that we bury in the ground and the resurrection body that comes from it will be dramatically different.

39-41 You will notice that the variety of bodies is stunning. Just as there are different kinds of seeds, there are different kinds of bodies—humans, animals, birds, fish—each unprecedented in its form. You get a hint at the diversity of resurrection glory by looking at the diversity of bodies not only on earth but in the skies—sun, moon, stars—all these varieties of beauty and brightness. And we're only looking at pre-resurrection "seeds"—who can imagine what the resurrection "plants" will be like!

42-44 This image of planting a dead seed and raising a live plant is a mere sketch at best, but perhaps it will help in approaching the mystery of the resurrection body—but only if you keep in mind that when we're raised, we're raised for *good*, alive forever! The corpse that's planted is no beauty, but when it's raised, it's glorious. Put in the ground weak, it comes up powerful. The seed sown is natural; the seed grown is

은 자연 너머의 것입니다. 씨도 같은 씨이고 몸도 같은 몸이지만, 그것이 육체로 죽어 묻힐 때와 영원한 영의 생명으로 다시 살아날 때, 그 차이는 실로 엄청납니다!

45-49 성경에서 이 순서를 따라가 보겠습니다. 첫 번째 아담은 생명을 얻었고, 마지막 아담은 생명을 주는 영이 되었습니다. 육체의 생명이 먼저 오고, 영적인 생명은 그 다음에 옵니다. 기초는 흙으로부터 단단히 빚어졌지만, 최종 완성은 하늘로부터 옵니다. 첫 번째 사람이 흙에서 난 이래로, 사람들은 땅에 속한 사람이 되었습니다. 두 번째 사람은 하늘에서 났고, 사람들은 이제 하늘에 속한 사람이 될 수 있습니다. 이제껏 우리는 땅에 뿌리를 두고 살아 왔지만, 이제는 하늘에 속하는 것을 목표로 삼아야 합니다.

50 친구 여러분, 내가 강조하고 싶은 것은 이것입니다. 땅에 속한 우리의 삶은 그 본성상 우리를 하나님 나라로 인도해 주지 못합니다. 그 삶의 "자연스런 본성"은 죽음입니다. 그러니 그 삶이 어떻게 마지막에 가서 "자연스럽게" 생명의 나라에 들어갈 수 있겠습니까?

51-57 그러나 나는 여러분에게 나도 다 이해하지 못하는 놀라운 비밀을 알려 드리겠습니다. 우리는 모두 죽지 않고 변화될 것입니다. 여러분이 모든 소리를 잠재울 나팔소리를 듣고 위를 쳐다보며 눈을 깜박이는 순간, 그 일은 끝날 것입니다. 나팔 신호가 하늘로부터 울리면, 죽은 자들이 무덤을 박차고 일어나서 죽음의 힘이 미치지 못하는 곳, 다시는 죽을 일이 없는 곳에 이르게 될 것입니다. 그와 동시에, 우리도 그들과 똑같은 방식으로 모두 변화될 것입니다. 부활 계획표에는 다음과 같은 일이 일어나도록 되어 있습니다. 모든 썩을 것이 썩지 않을 것으로 바뀌고, 죽을 수밖에 없는 것이 죽지 않을 것으로 바뀔 것입니다. 그때가 되면, 다음의 말씀이 이루어질 것입니다.

> 생명이 죽음을 삼키고 승리를 거두었다!
> 오 죽음아, 누가 최종 결정권을 쥐었느냐?
> 오 죽음아, 이제 누가 너를 두려워하겠느냐?

죄가 죽음을 두려운 존재로 만들었고, 율법의 죄책이 죄에게 권세와 파괴력을 주었습니다. 그러나 생명이신 분의 단 한 번의 승리로, 그 세 가지—죄와 죄책과 죽음—가 모두 사라지게 되었습니다. 이 모두가 우리 주 예수 그리스도의 선물입니다. 그러니

supernatural—same seed, same body, but what a difference from when it goes down in physical mortality to when it is raised up in spiritual immortality!

45-49 We follow this sequence in Scripture: The First Adam received life, the Last Adam is a life-giving Spirit. Physical life comes first, then spiritual—a firm base shaped from the earth, a final completion coming out of heaven. The First Man was made out of earth, and people since then are earthy; the Second Man was made out of heaven, and people now can be heavenly. In the same way that we've worked from our earthy origins, let's embrace our heavenly ends.

50 I need to emphasize, friends, that our natural, earthy lives don't in themselves lead us by their very nature into the kingdom of God. Their very "nature" is to die, so how could they "naturally" end up in the Life kingdom?

51-57 But let me tell you something wonderful, a mystery I'll probably never fully understand. We're not all going to die—*but* we are all going to be changed. You hear a blast to end all blasts from a trumpet, and in the time that you look up and blink your eyes—it's over. On signal from that trumpet from heaven, the dead will be up and out of their graves, beyond the reach of death, never to die again. At the same moment and in the same way, we'll all be changed. In the resurrection scheme of things, this has to happen: everything perishable taken off the shelves and replaced by the imperishable, this mortal replaced by the immortal. Then the saying will come true:

> Death swallowed by triumphant Life!
> Who got the last word, oh, Death?
> Oh, Death, who's afraid of you now?

It was sin that made death so frightening and law-code guilt that gave sin its leverage, its destructive power. But now in a single victorious stroke of Life, all three—sin, guilt, death—are gone, the gift of our Master, Jesus Christ.

하나님께 감사드리십시오.

58 사랑하는 친구 여러분, 우리를 위해 이루어진 이 모든 일을 기억하고, 굳게 서서 흔들리지 마십시오. 주저하지 마십시오. 여러분이 주님을 위해 하는 일이 시간 낭비나 헛수고가 아님을 확신하여, 주님의 일에 매진하십시오.

여러분을 보러 가겠습니다

16 1-4 여러분이 가난한 그리스도인들을 위해 모으고 있는 구제 헌금과 관련해서, 나는 갈라디아에 있는 여러 교회에 내린 것과 똑같은 지시를 여러분에게도 내립니다. 여러분 각자 일요일마다 헌금하고, 그것을 잘 보관하십시오. 할 수 있는 한 후하게 하십시오. 그러면 내가 그리로 갈 때 여러분은 모든 준비를 마쳐서, 내가 따로 부탁하지 않아도 될 것입니다. 내가 가면, 여러분이 대표로 세운 사람들에게 편지를 써 주어 권한을 부여하고, 그들을 예루살렘으로 보내어 여러분의 선물을 전하도록 하겠습니다. 내가 함께 가는 것이 최선이라고 생각하면, 기꺼운 마음으로 그들과 함께 가겠습니다.

5-9 나는 그리스 북부 지역을 거쳐 여러분에게 갈 작정입니다. 오래 머물 계획은 아니지만, 한동안 여러분과 함께 지내며 겨울을 나게 될지도 모르는데, 그래도 되겠습니까? 그런 다음에 여러분은 다음 행선지로 나를 보내 주면 됩니다. 나는 다른 주요 행선지로 가는 도중에 여러분에게 잠깐 들르려는 것이 아닙니다. 나는 얼마 동안 편안한 마음으로 머물고 싶습니다. 주님께서 허락하시면, 우리는 그 시간을 갖게 될 것입니다! 지금 나는 이곳 에베소에 머무르고 있습니다. 선한 일을 할 수 있는 큰 문이 이곳에 활짝 열렸으니까요. (물론 저항도 만만치 않습니다.)

10-11 디모데가 그리로 가거든, 잘 보살펴 주십시오. 그가 여러분 가운데서 마음 편히 지낼 수 있게 해주십시오. 그도 나처럼 주님을 위해 열심히 일하는 사람입니다. 그를 얕보는 사람이 없게 하십시오. 그리고 얼마 후에, 여러분의 축복과 함께 그를 내게 보내 주십시오. 내가 그를 기다리고 있다고 전해 주십시오. 그와 함께하던 벗들도 그를 기다리고 있습니다.

12 우리의 벗 아볼로에 관해서 말씀드리면, 나는 그가 여러분을 방문할 수 있게 하려고 최선

Thank God!

58 With all this going for us, my dear, dear friends, stand your ground. And don't hold back. Throw yourselves into the work of the Master, confident that nothing you do for him is a waste of time or effort.

Coming to See You

16 1-4 Regarding the relief offering for poor Christians that is being collected, you get the same instructions I gave the churches in Galatia. Every Sunday each of you make an offering and put it in safekeeping. Be as generous as you can. When I get there you'll have it ready, and I won't have to make a special appeal. Then after I arrive, I'll write letters authorizing whomever you delegate, and send them off to Jerusalem to deliver your gift. If you think it best that I go along, I'll be glad to travel with them.

5-9 I plan to visit you after passing through northern Greece. I won't be staying long there, but maybe I can stay awhile with you—maybe even spend the winter? Then you could give me a good send-off, wherever I may be headed next. I don't want to just drop by in between other "primary" destinations. I want a good, long, leisurely visit. If the Master agrees, we'll have it! For the present, I'm staying right here in Ephesus. A huge door of opportunity for good work has opened up here. (There is also mushrooming opposition.)

10-11 If Timothy shows up, take good care of him. Make him feel completely at home among you. He works so hard for the Master, just as I do. Don't let anyone disparage him. After a while, send him on to me with your blessing. Tell him I'm expecting him, and any friends he has with him.

12 About our friend Apollos, I've done my best to get him to pay you a visit, but haven't talked him into it yet. He doesn't think this is the right time. But there will be a "right time."

13-14 Keep your eyes open, hold tight to your convictions, give it all you've got, be resolute, and love without stopping.

15-16 Would you do me a favor, friends, and give special recognition to the family of Stephanas? You

을 다했습니다. 그러나 아직 그를 설득하지 못
했습니다. 지금은 적절한 때가 아니라고 생각
하는 것 같습니다. 그러나 적절한 때가 올 것입
니다.
13-14 깨어 있으십시오. 여러분의 믿음을 굳게
붙잡으십시오. 전력을 다하십시오. 확고해지십
시오. 쉬지 말고 사랑하십시오.
15-16 친구 여러분, 나의 부탁을 들어주기 바랍
니다. 스데바나 가족에게 특별한 관심을 기울
여 주십시오. 여러분도 알다시피, 그들은 그리
스에서 얻은 첫 번째 회심자들입니다. 회심 이
후로 그들은 그리스도인들을 섬기는 일에 헌신
해 왔습니다. 나는 여러분이 이런 사람들을 존
중하고 존경하기를 바랍니다. 그들은 바람직한
일이 무엇이며, 그 일을 어떻게 해야 하는지를
보여주는 동료요 일꾼입니다.
17-18 나는 스데바나와 브드나도와 아가이고가
나와 함께 있게 되어 얼마나 기쁜지 모릅니다.
그들이 내가 여러분과 함께하지 못해 아쉬워하
는 마음을 어느 정도 채워 주고 있습니다! 그들
이 여러분과 나 사이에 소식을 전해 주어 내 기
운을 북돋아 주었습니다. 이런 사람들이 여러
분 가운데 있음을 자랑으로 여기십시오.
19 이곳 서아시아에 있는 교회들이 여러분에게
안부를 전합니다.
아굴라와 브리스길라, 그리고 그들의 집에 모
이는 교회가 안부를 전합니다.
20 이곳에 있는 모든 벗들이 안부를 전합니다.
거룩한 포옹으로 주위에 안부를 전해 주십시오.
21 나 바울이 친필로 안부를 전합니다.
22 누구든지 주님을 사랑하지 않는 사람이 있으
면, 그를 내쫓으십시오. 주님을 위한 자리를 마
련해 두십시오.
23 우리 주 예수께서 여러분에게 두 팔을 활짝
벌리고 계십니다.
24 나는 메시아이신 예수 안에서 여러분 모두를
사랑합니다.

know, they were among the first converts in Greece,
and they've put themselves out, serving Christians
ever since then. I want you to honor and look up to
people like that: companions and workers who show
us how to do it, giving us something to aspire to.
17-18 I want you to know how delighted I am to have
Stephanas, Fortunatus, and Achaicus here with me.
They partially make up for your absence! They've
refreshed me by keeping me in touch with you. Be
proud that you have people like this among you.
19 The churches here in western Asia send greetings.
Aquila, Priscilla, and the church that meets in their
house say hello.
20 All the friends here say hello.
Pass the greetings around with holy embraces!
21 And I, Paul – in my own handwriting! – send you
my regards.
22 If anyone won't love the Master, throw him out.
Make room for the Master!
23 Our Master Jesus has his arms wide open for you.
24 And I love all of you in the Messiah, in Jesus.

고린도후서 | 머리말

고린도 교회의 그리스도인들은 그 교회의 설립자인 바울에게 골치 아픈 문제를 안겨 주었다. 그 문제는 바울이 설립한 다른 모든 교회가 안겨 준 것보다 훨씬 심각한 문제였다. 바울이 고린도 교회에서 발생한 한 가지 문제를 바로잡자마자, 곧바로 세 가지 문제가 더 발생했다.

교인이 되면 가장 훌륭한 사람들과 만나서 평탄한 관계와 사귐을 가질 수 있을 것이라고 순진하게 추측하는 사람들이 있다. 그런 사람들은 바울의 고린도 서신을 읽음으로써 이미 처방된 치료법을 접하게 될 것이다. 고린도 사람들은 서로에게는 물론이고 바울에게도 엄청난 골칫거리였지만, 우리에게는 축복의 상징이기도 하다. 그들이야말로 바울의 가장 심오하고 힘찬 저작 가운데 일부를 촉발시킨 장본인들이기 때문이다.

바울이 고린도에 있는 그리스도인들에게 두 번째 편지를 보낼 수밖에 없었던 것은, 그들이 바울의 지도력을 공격했기 때문이다. 첫 번째 편지에서, 바울은 가장 자상하고 호의적으로 말하면서도 에둘러 말하지 않았다. 첫 번째 편지는 하나님의 구원이 어떻게 이루어지고, 그 결과로 어떤 공동체가 생겨나는지를 잘 아는 한 목회자가 확신에 찬 권위를 가지고 쓴 글이다. 바울이 그들에게 써 보낸 글 가운데 적어도 일부는 듣기 민망하고 받아들이기 거북한 내용이었다.

그래서 그들이 바울의 지도력에 반기를 든 것이다. 그들은 바울이 변덕스럽다고 비난하고, 그의 동기를 공격하고, 그의 자격을 의심했다. 바울이 써 보낸 글을 가지고 논쟁하는 것이 아니라, 자신들에게 이래라저래라 하는 그의 권한을 인정하지 않았던 것이다.

그래서 바울은 자신의 지도력을 변호할 수밖에 없었다.

여러분은 명백한 것을 보고 또 보지만, 나무는 보면서 숲은 보지 못하고 있습니다. 여러분은 그리스도 편에 서 있는 사람의 분명한 본보기를 구하면서, 어찌하여 그리도 성급하게 나를 제쳐 놓습니까? 나는 내가 그리스도와 함께 서 있다고 확신합니다. 그러니 나를 믿어 주십시오. 여러분은 그리스도께서 나

The Corinthian Christians gave their founding pastor, Paul, more trouble than all his other churches put together. No sooner did Paul get one problem straightened out in Corinth than three more appeared.

For anyone operating under the naive presumption that joining a Christian church is a good way to meet all the best people and cultivate smooth social relations, a reading of Paul's Corinthian correspondence is the prescribed cure. But however much trouble the Corinthians were to each other and to Paul, they prove to be a cornucopia of blessings to us, for they triggered some of Paul's most profound and vigorous writing.

The provocation for Paul's second letter to the Christians in Corinth was an attack on his leadership. In his first letter, though he wrote most kindly and sympathetically, he didn't mince words. He wrote with the confident authority of a pastor who understands the ways God's salvation works and the kind of community that comes into being as a result. At least some of what he wrote to them was hard to hear and hard to take.

So they bucked his authority—accused him of inconsistencies, impugned his motives, questioned his credentials. They didn't argue with what he had written; they simply denied his right to tell them what to do.

And so Paul was forced to defend his leadership.

You stare and stare at the obvious, but you can't see the forest for the trees. If you're looking for a clear example of someone on Christ's side, why do you so quickly cut me out? Believe me, I am quite sure of my

에게 주신 권위를 내가 과장해서 말한다고 생각할 지 모르겠으나, 나는 내 말을 철회할 생각이 없습니다. 내가 몸을 던져 수고한 것 하나하나는 여러분을 넘어뜨리려는 것이 아니라, 여러분을 일으켜 세우려는 것이기 때문입니다(고후 10:7-8).

standing with Christ. You may think I overstate the authority he gave me, but I'm not backing off. Every bit of my commitment is for the purpose of building you up, after all, not tearing you down(2 Corinthians 10:7-8).

그는 첫 번째 편지에서 다루지 못한 몇 가지 지엽적인 문제를 다루고 나서 도전에 맞섰다. 그러면서 믿는 이들의 공동체 안에서 지도력이 갖는 진정한 본질을 면밀히 파헤쳤다. 예컨대, 바울은 고린도 사람들과 "동역자"가 되어 그들과 "함께 힘을 모아 일하면서, 기쁜 마음으로" 그들을 바라보기를 원했다(고후 1:24). 그리고 그는 "하나님을 진심으로 기쁘시게 해드리는 것이 핵심"이라는 것을 알았다(고후 5:9).

지도력은 권한의 행사일 수밖에 없다. 그런 까닭에 지도력은 쉽게 힘을 행사하는 것이 되고 만다. 그러나 힘을 행사하는 순간, 지도력은 지도자와 지도를 받는 사람 모두에게 손해를 입히게 마련이다. 바울은 예수를 배워 가면서, 다른 사람들에게 방해가 되지 않으려 애쓰고, 그들이 자기를 통하지 않고 하나님을 직접 상대할 수 있게 하는 지도력을 익혔다. 그는 자신을 대사로 생각했다.

After mopping up a few details left over from the first letter, he confronted the challenge, and in the process probed the very nature of leadership in a community of believers. For example, Paul wanted to be "partners" with the Corinthians, "working alongside" them, "joyfully expectant"(2 Corinthians 1:24). And he knew "cheerfully pleasing God is the main thing"(2 Corinthians 5:9).

Because leadership is necessarily an exercise of authority, it easily shifts into an exercise of power. But the minute it does that, it begins to inflict damage on both the leader and the led. Paul, studying Jesus, had learned a kind of leadership in which he managed to stay out of the way so that the others could deal with God without having to go through him. He saw himself as an ambassador.

우리는 그리스도의 대사입니다. 하나님께서는 우리를 쓰셔서, 다툼을 버리고 서로의 관계를 바로잡으시는 하나님의 일에 참여하라고 사람들을 설득하게 하십니다. 이제 우리는 그리스도를 대신해 말씀드립니다. 하나님께서 이미 여러분과 친구가 되셨으니, 여러분도 하나님과 친구가 되십시오(고후 5:20).

We're Christ's representatives. God uses us to persuade men and women to drop their differences and enter into God's work of making things right between them. We're speaking for Christ himself now: Become friends with God; he's already a friend with you(2 Corinthians 5:20).

부모이든 지도자이든 목사이든 공동체의 장이든 교사이든 관리자이든 어떤 입장에 있든 간에, 지도력을 행사하도록 부름받은 이들은 이 편지를 쓴 바울과 이 편지를 촉발시킨 고린도 교회 교인들에게 감사할 수밖에 없을 것이다.

All who are called to exercise leadership in whatever capacity—parent or coach, pastor or president, teacher or manager—can be grateful to Paul for this letter, and to the Corinthians for provoking it.

고린도후서

1

[1-2] 나 바울은, 하나님께서 친히 계획하신 특별한 임무를 띠고 메시아이신 예수에게서 보내심을 받았습니다. 나는 고린도에 있는 하나님의 교회와 아가야의 모든 믿는 이들에게 이 편지를 씁니다. 우리 아버지와 주 예수 그리스도께서 주시는 온갖 선물과 은혜가 여러분의 것이 되기를 바랍니다! 여러분이 알고 신뢰하는 디모데도 나와 함께 문안합니다.

우리를 건지시는 하나님

[3-5] 우리 주님이며 메시아이신 예수의 하나님 아버지께 모든 찬양을 드립시다! 모든 자비를 베풀어 주시는 아버지! 모든 위로의 하나님! 그분은 우리가 힘든 시기를 겪을 때 우리 곁에 오시는 분입니다. 또한 그분은 우리가 알아차리기도 전에, 힘든 시기를 겪고 있는 다른 사람 곁으로 우리를 데려가셔서, 그분께서 우리를 위로해 주셨듯이 우리도 그 사람을 위로하도록 힘 주시는 분입니다. 우리가 메시아를 따르다 보면 힘겨운 시기를 많이 겪게 마련이지만, 그분께서 주시는 치유와 위로의 복된 시기에 비하면 그 시기는 아무것도 아닙니다. 우리 역시 그러한 위로를 넘치게 받고 있습니다.

[6-7] *우리가 예수를 위해* 고난을 겪는 것은, 여러분의 치유와 구원을 위한 것입니다. 우리가 잘 대접받고 도움의 손길과 격려의 말을 받는 것도, 여러분의 유익을 위한 것입니다. 그것은 여러분을 격려하여 움츠러들지 않고 앞만 보고 나아가도록 하려는 것입니다. 여러분의 힘든 시기는 우리의 힘든 시기이기도 합니다. 여러분이 복된 시기를 누릴 때와 마찬가지로 힘겨운 시기를 견뎌 내는 모습을 보면서, 우리는 여러분이 잘 해낼 것을 조금도 의심하지 않습니다.

2 CORINTHIANS

1

[1-2] I, Paul, have been sent on a special mission by the Messiah, Jesus, planned by God himself. I write this to God's congregation in Corinth, and to believers all over Achaia province. May all the gifts and benefits that come from God our Father and the Master, Jesus Christ, be yours! Timothy, someone you know and trust, joins me in this greeting.

The Rescue

[3-5] All praise to the God and Father of our Master, Jesus the Messiah! Father of all mercy! God of all healing counsel! He comes alongside us when we go through hard times, and before you know it, he brings us alongside someone else who is going through hard times so that we can be there for that person just as God was there for us. We have plenty of hard times that come from following the Messiah, but no more so than the good times of his healing comfort—we get a full measure of that, too.

[6-7] When we suffer for Jesus, it works out for your healing and salvation. If we are treated well, given a helping hand and encouraging word, that also works to your benefit, spurring you on, face forward, unflinching. Your hard times are also our hard times. When we see that you're just as willing to endure the hard times as to enjoy the good times, we know you're going to make it, no doubt about it.

[8-11] We don't want you in the dark, friends,

8-11 친구 여러분, 아시아에서 우리에게 이 모든 일이 닥쳤을 때, 얼마나 힘겨운 시기였는지 여러분이 알아주면 좋겠습니다. 그 시기는 우리가 헤쳐 나가리라고 생각지도 못할 만큼 극심했습니다. 그 시기가 계속되는 동안, 우리는 사형수가 된 것 같았고 모든 것이 끝난 줄 알았습니다. 그러나 나중에 안 일이지만, 그 일은 무엇보다도 좋은 결과를 가져다주었습니다. 왜냐하면 우리는 우리 자신의 힘이나 지식에 의지해 거기에서 벗어나려 하지 않고, 하나님을 전적으로 신뢰할 수밖에 없었기 때문입니다. 그것은 틀린 생각이 아니었습니다. 그분께서는 죽은 자들을 다시 살리시는 하나님이시니까요! 그분께서는 그렇게 해주셨습니다. 피할 수 없는 죽음에서 우리를 건져 주셨습니다. 하나님께서는 또다시 그렇게 해주실 것입니다. 우리가 구원을 필요로 할 때면 언제든지 우리를 건져 주실 것입니다. 여러분과 여러분의 기도는 그 구조 작업의 일부입니다. 나는 여러분이 그 점에 관해서도 알고 있기를 바랍니다. 나는 우리를 건져 주신 하나님께 찬양을 올려 드리는 여러분의 얼굴을 지금도 볼 수 있습니다. 여러분의 기도가 우리를 구하는 데 그토록 결정적인 역할을 한 것입니다.

12-14 최악의 상황이 지나간 지금, 우리는 양심과 신앙을 더럽히지 않고 이 상황에서 벗어나게 된 것을 전할 수 있게 되어 무척 기쁩니다. 또한 다시 세상을 대할 수 있게 되어 기쁘기 그지없습니다. 더 중요한 것은, 우리가 고개를 들고 떳떳하게 여러분을 대할 수 있게 되었다는 것입니다. 그러나 그것은 우리의 대단한 능력으로 된 것이 아닙니다. 하나님께서 우리가 무엇에도 굽히지 않고 그분께만 초점을 맞추게 해주셨기에 가능한 일이었습니다. 이 편지에서 행간을 읽으려 하거나 숨은 의도를 찾으려고 하지 마십시오. 우리는 여러분이 이미 세세한 부분을 본 것같이 전체 그림도 알아보기를 바라면서, 이해하기 쉽고 꾸밈없는 진리를 쓰고 있습니다. 우리 주 예수 앞에 함께 서게 될 때, 여러분이 우리의 자랑거리이듯이, 우리도 여러분의 자랑거리가 되기를 바랍니다.

15-16 처음에 나는 여러분의 환대를 확신했기에, 여러분을 두 차례 방문하기로 계획했습니다. 마케도니아로 가는 도중에 여러분에게 들렀다가 돌아오는 길에 다시 들를 작정이었습니다. 그러면 나는 여러분의 환송을 받고 유대로 떠나갈 수 있었을 테니까요. 원래 계획은 그랬습니다.

17-19 그러나 일이 계획대로 되지 않았습니다. 그래서 여러분은 내가 약속을 쉽게 뒤집는다고 생각하며 비난하는 것입니까? 여러분은 내가 한 입으로 두 말을 하면서, 어떤 때는 쉽게 "예" 하고 다른 때는 쉽게 "아니요" 한다고 생각하십니까? 그렇다면, 여러분이 틀린 것입니다. 하나

about how hard it was when all this came down on us in Asia province. It was so bad we didn't think we were going to make it. We felt like we'd been sent to death row, that it was all over for us. As it turned out, it was the best thing that could have happened. Instead of trusting in our own strength or wits to get out of it, we were forced to trust God totally—not a bad idea since he's the God who raises the dead! And he did it, rescued us from certain doom. *And* he'll do it again, rescuing us as many times as we need rescuing. You and your prayers are part of the rescue operation—I don't want you in the dark about that either. I can see your faces even now, lifted in praise for God's deliverance of us, a rescue in which your prayers played such a crucial part.

12-14 Now that the worst is over, we're pleased we can report that we've come out of this with conscience and faith intact, and can face the world—and even more importantly, face you with our heads held high. But it wasn't by any fancy footwork on our part. It was *God* who kept us focused on him, uncompromised. Don't try to read between the lines or look for hidden meanings in this letter. We're writing plain, unembellished truth, hoping that you'll now see the whole picture as well as you've seen some of the details. We want you to be as proud of us as we are of you when we stand together before our Master Jesus.

15-16 Confident of your welcome, I had originally planned two great visits with you—coming by on my way to Macedonia province, and then again on my return trip. Then we could have had a bon-voyage party as you sent me off to Judea. That was the plan.

17-19 Are you now going to accuse me of being flip with my promises because it didn't work out? Do you think I talk out of both sides of my mouth—a glib *yes* one

님께서 자신의 말씀에 신실하시듯이, 나도 나의 말에 신실하려고 애쓰는 사람입니다. 우리가 여러분에게 전한 말씀은 경솔하게 "예" 하고 말했다가 가차 없이 "아니요" 하고 취소할 수 있는 말이 아닙니다. 어찌 그럴 수 있겠습니까? 실라와 디모데와 내가 여러분에게 하나님의 아들을 선포했을 때, 여러분은 그것을 "예"도 되고 "아니요"도 되는, 일관성 없는 모호한 것으로 이해했습니까? 우리가 선포한 것은 순수하고 확고한 "예"가 아니었습니까?

20-22 무엇이든지 하나님께서 약속하신 것에는 예수의 "예"가 찍혀 있습니다. 그분 안에서 우리가 전하고 기도하는 것도 그러합니다. 우리가 전하고 기도하는 것에는 위대한 "아멘", 하나님의 "예"와 우리의 "예"가 아주 또렷하게 찍혀 있습니다. 하나님은 우리를 지지하시고, 그리스도 안에서 우리를 믿을 수 있는 사람으로 만드시며, 우리 안에 그분의 "예"를 새겨 넣으시는 분입니다. 그분은 자기 영으로 우리에게 영원한 언약을 찍어 주셨습니다. 그분이 완성하고자 하시는 일을 확실하게 시작하신 것입니다.

23 내가 고린도에 있는 여러분에게 찾아가지 않은 진짜 이유를 들을 준비가 되었습니까? 하나님을 나의 증인으로 모시고 말하는데, 내가 가지 않은 것은 여러분의 아픔을 덜어 주기 위해서였습니다. 여러분에게 무관심해서도 아니고, 여러분을 조종하려고 그런 것도 아니었습니다. 나는 여러분을 배려했을 따름입니다.

24 우리는 여러분이 믿음생활을 어떻게 하고 있는지 감독하는 사람, 의혹을 품고 어깨 너머로 여러분을 보며 흠을 잡는 사람이 아닙니다. 우리는 여러분과 함께 힘을 모아 일하면서, 기쁜 마음으로 여러분을 바라보는 동역자입니다. 나는 여러분이 우리의 믿음이 아니라, 여러분 자신의 믿음으로 서 있다는 것을 압니다.

moment, a glib *no* the next? Well, you're wrong. I try to be as true to my word as God is to his. Our word to you wasn't a careless yes canceled by an indifferent no. How could it be? When Silas and Timothy and I proclaimed the Son of God among you, did you pick up on any yes-and-no, on-again, off-again waffling? Wasn't it a clean, strong Yes?

20-22 Whatever God has promised gets stamped with the Yes of Jesus. In him, this is what we preach and pray, the great Amen, God's Yes and our Yes together, gloriously evident. God affirms us, making us a sure thing in Christ, putting his Yes within us. By his Spirit he has stamped us with his eternal pledge—a sure beginning of what he is destined to complete.

23 Now, are you ready for the real reason I didn't visit you in Corinth? As God is my witness, the only reason I didn't come was to spare you pain. I was being *considerate* of you, not indifferent, not manipulative.

24 We're not in charge of how you live out the faith, looking over your shoulders, suspiciously critical. We're partners, working alongside you, joyfully expectant. I know that you stand by your own faith, not by ours.

2

1-2 그래서 나는, 여러분과 나에게 아픔을 줄 수 있는 또 다른 방문을 자제하기로 결심한 것입니다. 내가 그저 얼굴을 내밀기만 해도 여러분이 난처하고 괴로운 입장에 처하게 될 텐데, 여러분이 어찌 나를 위로하고 나의 기운을 북돋아 주겠습니까?

3-4 그래서 나는 가지 않고 편지를 써 보냈습니다. 나를 기쁘게 해주리라 여겼던 벗들을 낙담시키면서 괴로운 시간을 보내고 싶지 않았기 때문입니다. 그 편지는 내게 최선인 것이 여러분에게도 최선일 것이라고 확신하고 써 보낸 것입니다. 결과적으로, 그 편지를 쓰는 것은 몹시 괴로운 일이었습니다. 그 편지는 양피지에 잉크로 쓴 것이 아니라, 눈물로 쓴 것입니다. 그러나 나는 여러분에게 고통을 주려고 그 편지를 쓴 것이 아닙니다. 그 편지는 내가 여러분을 얼마나 아끼는지—오, 아끼는 것 이상입

2

1-2 That's why I decided not to make another visit that could only be painful to both of us. If by merely showing up I would put you in an embarrassingly painful position, how would you then be free to cheer and refresh me?

3-4 That was my reason for writing a letter instead of coming—so I wouldn't have to spend a miserable time disappointing the very friends I had looked forward to cheering me up. I was convinced at the time I wrote it that what was best for me was also best for you. As it turned out, there was pain enough just in writing that letter, more

니다—내가 여러분을 얼마나 사랑하는지, 여러분이 알아주기를 바라면서 쓴 것입니다!

5-8 여러분의 교회 안에 이 모든 일을 일으킨 장본인, 곧 이 모든 고통을 안겨 준 문제의 인물을 두고 말씀드립니다. 이 일로 상처를 입은 사람은 나 한 사람만 아니라, 몇몇 사람을 제외한 여러분 모두라는 사실을 알아 두기 바랍니다. 그래서 나는 심하게 책망하지 않으렵니다. 여러분 대다수가 동의하여 그 사람에게 벌을 내렸다니, 그것으로 충분합니다. 이제는 그 사람을 용서하여 스스로 일어서도록 도울 때입니다. 여러분이 그의 죄를 비난하기만 한다면, 그는 죄의식 속에서 숨이 막혀 죽을 것입니다. 그러나 나는 사랑을 쏟아부을 것을 권고합니다.

9-11 내 편지의 초점은 그 사람을 처벌하는 데 있지 않고, 여러분에게 교회를 건강하게 하는 책임을 지우려는 데 있었습니다. 그러므로 여러분이 그를 용서하면, 나도 그를 용서하겠습니다. 내가 개인적인 원한의 목록을 지니고 다닌다고 생각지 마십시오. 그리스도께서 우리와 함께하시고 우리를 인도하시듯이, 나도 용서하는 여러분과 행동을 함께하겠습니다. 어쨌든 우리는, 부지중에라도 사탄이 더 많은 해를 끼칠 틈을 주지 않을 것입니다. 우리는 사탄의 교활한 책략을 잘 알고 있습니다!

그리스도의 향기

12-14 내가 메시아의 메시지를 선포하려고 드로아에 이르러 보니, 이미 문이 활짝 열려 있었습니다. 하나님께서 문을 열어 두신 것입니다. 나는 그저 그 문을 통과하기만 하면 되었습니다. 그러나 여러분의 소식을 가지고 나를 기다리고 있던 디도를 만나지 못해서, 나는 마음을 놓지 못했습니다. 여러분을 걱정한 나는, 그곳을 떠나 마케도니아로 갔습니다. 디도를 만나 여러분에 관한 든든한 소식을 듣기 위해서였습니다. 그리고 감사하게도 여러분의 소식을 들었습니다!

14-16 하나님께서는 메시아, 곧 그리스도 안에서 우리를 이리저리 데리고 다니시면서, 끊임없이 계속되는 개선 행진에 참여시키고 계십니다. 그분은 우리를 통해 그리스도를 아는 지식을 제시하십니다. 우리가 가는 곳마다 사람들은 고상한 향기를 들이마십니다. 그*리스도로 인해, 우리가 하나님께 달콤한 향기*를 피워 올리면, 구원의 길에 들어선 사람들은 그 향기를 맡고 알아봅니다. 그 향기는 생명을 드러내는 향기입니다. 그러나 멸망의 길에 들어선 사람들은 우리를 썩은 시체에서 나는 악취처럼 대합니다.

tears than ink on the parchment. But I didn't write it to cause pain; I wrote it so you would know how much I care–oh, more than care–*love* you!

5-8 Now, regarding the one who started all this–the person in question who caused all this pain–I want you to know that I am not the one injured in this as much as, with a few exceptions, all of you. So I don't want to come down too hard. What the majority of you agreed to as punishment is punishment enough. Now is the time to forgive this man and help him back on his feet. If all you do is pour on the guilt, you could very well drown him in it. My counsel now is to pour on the love.

9-11 The focus of my letter wasn't on punishing the offender but on getting you to take responsibility for the health of the church. So if you forgive him, I forgive him. Don't think I'm carrying around a list of personal grudges. The fact is that I'm joining in with *your* forgiveness, as Christ is with us, guiding us. After all, we don't want to unwittingly give Satan an opening for yet more mischief–we're not oblivious to his sly ways!

An Open Door

12-14 When I arrived in Troas to proclaim the Message of the Messiah, I found the place wide open: God had opened the door; all I had to do was walk through it. But when I didn't find Titus waiting for me with news of your condition, I couldn't relax. Worried about you, I left and came on to Macedonia province looking for Titus and a reassuring word on you. And I got it, thank God!

14-16 In the Messiah, in Christ, God leads us from place to place in one perpetual victory parade. Through us, he brings knowledge of Christ. Everywhere we go, people breathe in the exquisite fragrance. Because of Christ, we give off a sweet scent rising to God, which is recognized by those on the way of salvation–an aroma redolent with life. But those on the way to destruction treat us more like the stench

16-17 이것은 엄청난 책임입니다. 이 책임을 떠맡을 역량이 되는 사람이 누구이겠습니까? 아무도 없을 것입니다. 그러나 적어도 우리는, 하나님의 말씀을 가져다가 거기에 물을 타서 거리로 나가 값싸게 파는 일은 하지 않습니다. 우리는 그리스도가 보시는 앞에서 말합니다. 하나님께서 우리의 얼굴을 보고 계십니다. 우리는 하나님에게서 할 말을 직접 받아서 할 수 있는 한 정직하게 전합니다.

3

1-3 우리가 자화자찬하는 것처럼 들립니까? 신임장을 받았다고 주장하면서 우리의 권한을 옹호하는 것으로 들립니까? 글쎄요, 그렇지 않습니다. 우리는 여러분에게 내보일 추천서나 여러분에게서 받을 추천서가 필요 없는 사람입니다. 여러분 자신이야말로 우리가 필요로 하는 추천서의 전부입니다. 여러분의 참된 삶이야말로 누구나 보고 읽을 수 있는 편지입니다. 그리스도께서 친히 그 편지를 쓰셨습니다. 그 편지는 잉크로 쓰신 것이 아니라, 살아 계신 하나님의 영으로 쓰신 것입니다. 그 편지는 돌에 새긴 것이 아니라, 사람의 삶에 새긴 것입니다. 그리고 우리는 그 편지를 전하는 사람입니다.

4-6 우리는 이것을 전적으로 확신합니다. 그리스도께서 하나님을 위해 친히 쓰신 여러분이야말로 우리의 추천서입니다. 우리 같으면 이런 추천서를 쓸 생각도 하지 못했을 것입니다. 하나님만이 그러한 추천서를 쓰실 수 있습니다. 그분의 추천서가 우리에게 권한을 주어, 우리가 이렇게 새로운 행동 계획을 실행에 옮기고 있는 것입니다. 그 계획은 종이에 잉크로 쓴 것도 아니고, 페이지마다 율법에 관한 각주를 빼곡하게 달아서 여러분의 영을 죽이는 것도 아닙니다. 그 계획은 성령께서 영에 대고 쓰신 것, 그분의 생명이 우리의 삶에 대고 쓰신 것입니다!

성령에 의한 의의 통치

7-8 죽음의 통치, 돌판에 새긴 죽음의 헌법인 율법은 멋지게 시작했습니다. 모세가 율법을 새긴 그 돌판을 전달할 때, (곧 사라지기는 했지만) 그의 얼굴은 대낮같이 빛났습니다. 이스라엘 백성은 태양을 응시할 수 없는 것처럼, 그의 얼굴을 똑바로 쳐다보지 못했습니다. 그렇다면 살아 계신 영의 통치는 얼마나 더 눈부시겠습니까?

9-11 율법에 의해 이루어진 정죄의 통치가 인상적이었다면, 성령에 의해 이루어지는 의의 통치는 얼마나 더 인상적이겠습니까? 옛 통치가 눈부셨다고 하

from a rotting corpse.

16-17 This is a terrific responsibility. Is anyone competent to take it on? No—but at least we don't take God's Word, water it down, and then take it to the streets to sell it cheap. We stand in Christ's presence when we speak; God looks us in the face. We get what we say straight from God and say it as honestly as we can.

3

1-3 Does it sound like we're patting ourselves on the back, insisting on our credentials, asserting our authority? Well, we're not. Neither do we need letters of endorsement, either to you or from you. You yourselves are all the endorsement we need. Your very lives are a letter that anyone can read by just looking at you. Christ himself wrote it—not with ink, but with God's living Spirit; not chiseled into stone, but carved into human lives—and we publish it.

4-6 We couldn't be more sure of ourselves in this—that *you*, written by Christ himself for God, are our letter of recommendation. We wouldn't think of writing this kind of letter about ourselves. Only God can write such a letter. His letter authorizes us to help carry out this new plan of action. The plan wasn't written out with ink on paper, with pages and pages of legal footnotes, killing your spirit. It's written with Spirit on spirit, his life on our lives!

Lifting the Veil

7-8 The Government of Death, its constitution chiseled on stone tablets, had a dazzling inaugural. Moses' face as he delivered the tablets was so bright that day (even though it would fade soon enough) that the people of Israel could no more look right at him than stare into the sun. How much more dazzling, then, the Government of Living Spirit?

9-11 If the Government of Condemnation was impressive, how about this Government of Affirmation? Bright as that old government was, it would look downright dull alongside

지만, 그것은 이 새 통치와 나란히 서면 완전히 희미해 보일 것입니다. 잠시 있다가 사라지고 말 제도가 깊은 인상을 주었다면, 영원토록 다스릴 이 밝게 빛나는 통치는 얼마나 더한 인상을 주겠습니까?

12-15 우리를 감격스럽게 하는 그 소망이 있기에, 그 어떤 것도 우리에게 방해가 되지 않습니다. 모세와 달리, 우리는 숨길 것이 전혀 없습니다. 모든 것이 우리와 함께 환히 드러나 있습니다. 모세는 자기 얼굴에 나타난 영광이 사라져 가는 것을 이스라엘 자손이 알아채지 못하게 하려고 수건을 썼습니다. 그래서 그들은 알아채지 못했습니다. 그들은 그때에도 알아채지 못했지만, 지금도 알아채지 못하고 있습니다. 그 수건 뒤에 아무것도 남아 있지 않다는 것을 전혀 알아채지 못하고 있습니다. 오늘날에도 그들은 그 낡고 힘없는 통치의 선포를 소리내어 읽고 있지만, 그것을 꿰뚫어 보지는 못합니다. 오직 그리스도만이 수건을 벗기셔서, 그 뒤에 아무것도 없다는 것을 그들로 직접 보게 하실 수 있습니다.

16-18 그러나 그들이 모세처럼 돌아서서 하나님을 마주하면, 하나님께서 그 수건을 벗겨 주십니다. 그러면 거기서 하나님과 서로 얼굴을 마주보게 됩니다! 그 순간 그들은, 하나님이 율법을 새긴 한 조각 돌판이 아니라, 살아 계셔서 인격적으로 임재하시는 분이라는 것을 깨닫게 됩니다. 살아 계신 영이신 하나님께서 임하시면, 우리를 옥죄던 저 낡은 법조문이 쓸모없다는 것을 깨닫게 됩니다. 우리는 그 법조문에서 풀려난 사람들입니다! 우리 모두가 그러합니다! 우리와 하나님 사이를 가로막는 것은 아무것도 없습니다. 우리의 얼굴은 그 분의 얼굴빛으로 환히 빛나고 있습니다. 하나님께서 우리 삶에 들어오시고 우리가 그분을 닮아 갈 때, 우리는 메시아를 꼭 닮은 형상으로 변화되고 우리 삶은 점점 더 밝아져서 보다 아름다워질 것입니다.

질그릇에 담긴 귀중한 메시지

4 1-2 하나님은 너무도 은혜로우셔서, 그분이 하고 계신 일에 우리를 참여시키셨습니다. 그러니 이따금 힘겨운 시기를 만나더라도, 우리는 단념하거나 우리 일을 포기할 마음이 없습니다. 우리는 가면을 쓰고 속이는 짓을 하지 않습니다. 술수를 쓰거나 배후에서 조작하는 짓도 하지 않습니다. 우리는 하나님의 말씀을 마음대로 왜곡하지도 않습니다. 오히려 우리가 행하고 말하는 모든 것을 사람들 앞에 훤히 드러내고 진리를 모두 공개하여, 원하는 사람은 누구든지 보고 하나님 앞에서 스스로 판단할 수 있게 합니다.

3-4 우리의 메시지가 누군가의 눈에 보이지 않는다면,

this new one. If that makeshift arrangement impressed us, how much more this brightly shining government installed for eternity?

12-15 With that kind of hope to excite us, nothing holds us back. Unlike Moses, we have nothing to hide. Everything is out in the open with us. He wore a veil so the children of Israel wouldn't notice that the glory was fading away—and they *didn't* notice. They didn't notice it then and they don't notice it now, don't notice that there's nothing left behind that veil. Even today when the proclamations of that old, bankrupt government are read out, they can't see through it. Only Christ can get rid of the veil so they can see for themselves that there's nothing there.

16-18 Whenever, though, they turn to face God as Moses did, God removes the veil and there they are—face-to-face! They suddenly recognize that God is a living, personal presence, not a piece of chiseled stone. And when God is personally present, a living Spirit, that old, constricting legislation is recognized as obsolete. We're free of it! All of us! Nothing between us and God, our faces shining with the brightness of his face. And so we are transfigured much like the Messiah, our lives gradually becoming brighter and more beautiful as God enters our lives and we become like him.

Trial and Torture

4 1-2 Since God has so generously let us in on what he is doing, we're not about to throw up our hands and walk off the job just because we run into occasional hard times. We refuse to wear masks and play games. We don't maneuver and manipulate behind the scenes. And we don't twist God's Word to suit ourselves. Rather, we keep everything we do and say out in the open, the whole truth on display, so that those who want to can see and judge for themselves in the presence of God.

3-4 If our Message is obscure to anyone,

그것은 우리가 감추고 있어서가 아니라, 그들이 잘못된 곳을 보거나 잘못된 길을 가면서 메시지에 주의를 기울이지 않기 때문입니다. 그들이 온통 관심을 갖는 것은 유행하는 어둠의 신뿐입니다. 그들은 자신들이 원하는 것을 그 신이 줄 수 있다고 생각합니다. 그들은 자신들이 보지 못하는 진리이신 분을 믿으려 하지 않습니다. 그들은 눈이 아주 멀어서, 그리스도와 더불어 빛나는 메시지의 밝은 서광을 보지 못합니다. 그리스도께서는 우리가 장차 얻게 될 하나님의 형상을 가장 분명하게 보여주시는 분입니다.

5-6 기억하십시오. 우리가 전하는 메시지는 우리 자신에 관한 것이 아닙니다. 우리는 예수 그리스도를 주님으로 선포하고 있습니다. 현재의 우리는 모두 심부름꾼, 예수께서 보내셔서 여러분에게 달려가는 심부름꾼입니다. 이 일은 하나님께서 "어둠을 밝혀라!" 하고 말씀하신 때부터 시작된 일입니다. 우리가 온통 밝고 아름다우신 그리스도의 얼굴에서 하나님을 보고 깨달은 순간, 우리 삶은 빛으로 차올랐습니다.

7-12 여러분이 우리만 본다면, 여러분은 그 밝은 빛을 놓치고 말 것입니다. 우리는 이 귀중한 메시지를 우리 일상의 삶이라는 수수한 질그릇에 담아 가지고 다니기 때문입니다. 그것은 어느 누구도 비할 데 없는 하나님의 능력을 우리의 능력으로 혼동하지 않게 하려는 것입니다. 사실, 그럴 가능성이 많지 않을 것입니다. 여러분도 알다시피, 우리는 볼품없는 사람들이니까요. 우리가 고난에 둘러싸여 난타를 당했지만, 사기를 잃지 않았습니다. 우리가 어찌할 바를 몰라도, 우리가 알기로, 하나님은 어찌해야 하는지 알고 계십니다. 우리가 영적으로 위협을 받았지만, 하나님은 우리 곁을 떠나지 않으셨습니다. 우리가 넘어뜨림을 당했지만, 꺾이지 않았습니다. 사람들은 예수께 한 일—재판과 고문, 조롱과 살해—을 우리에게도 그대로 하고 있습니다. 그러나 예수께서는 그들 가운데서 행하신 일을 우리 안에서도 행하고 계십니다. 그분은 살아 계십니다! 우리의 삶은 예수를 위해 끊임없이 위험을 무릅쓰고 있습니다. 그것은 예수의 생명이 우리 안에서 보다 분명히 드러나게 하려는 것입니다. 우리는 가장 나쁜 일을 겪고 있지만, 여러분은 가장 좋은 상황을 맞고 있습니다!

13-15 우리는 이것을 비밀로 할 수 없습니다. 절대 그럴 수 없습니다. "나는 믿었다. 그래서 말했다"라고 말한 시편 기자처럼, 우리도 우리가 믿는 바를 말합니다. 우리가 믿는 바는, 주 예수를 다시 살리신 분께서 우리를 여러분과 함께 다시 살리시리라는 확신입니다. 이 모든 일은 여러분의 유익과 하나님의 영광을 위한 것입

it's not because we're holding back in any way. No, it's because these other people are looking or going the wrong way and refuse to give it serious attention. All they have eyes for is the fashionable god of darkness. They think he can give them what they want, and that they won't have to bother believing a Truth they can't see. They're stone-blind to the dayspring brightness of the Message that shines with Christ, who gives us the best picture of God we'll ever get.

5-6 Remember, our Message is not about ourselves; we're proclaiming Jesus Christ, the Master. All we are is messengers, errand runners from Jesus for you. It started when God said, "Light up the darkness!" and our lives filled up with light as we saw and understood God in the face of Christ, all bright and beautiful.

7-12 If you only look at *us*, you might well miss the brightness. We carry this precious Message around in the unadorned clay pots of our ordinary lives. That's to prevent anyone from confusing God's incomparable power with us. As it is, there's not much chance of that. You know for yourselves that we're not much to look at. We've been surrounded and battered by troubles, but we're not demoralized; we're not sure what to do, but we know that God knows what to do; we've been spiritually terrorized, but God hasn't left our side; we've been thrown down, but we haven't broken. What they did to Jesus, they do to us–trial and torture, mockery and murder; what Jesus did among them, he does in us–he lives! Our lives are at constant risk for Jesus' sake, which makes Jesus' life all the more evident in us. While we're going through the worst, you're getting in on the best!

13-15 We're not keeping this quiet, not on your life. Just like the psalmist who wrote, "I believed it, so I said it," we say what we believe. And what we believe is that the One who raised up the Master Jesus will just as

니다. 더욱 많은 은혜가 더욱 많은 사람들에게 퍼져서, 더욱 많은 찬양이 있게 하려는 것입니다!

16-18 그러므로 우리는 포기하지 않습니다. 어찌 포기할 수 있겠습니까! 겉으로는 우리의 일이 실패로 끝나는 것처럼 보이지만, 안에서는 하나님께서 단 하루도 빠짐없이 은혜를 펼치시며 새로운 생명을 창조하고 계십니다. 현재의 힘겨운 시기는 장차 다가올 복된 시기, 우리를 위해 마련된 성대한 잔치에 비하면 하찮은 것에 불과합니다. 눈에 보이는 것이 전부가 아닙니다. 지금 우리 눈에 보이는 것은 오늘 이 자리에 있다가 내일이면 사라지고 말지만, 보이지 않는 것은 영원히 지속될 것입니다.

5 1-5 예컨대, 우리의 몸이 장막처럼 무너져 내리면, 하늘에 있는 부활의 몸—사람의 손으로 지은 몸이 아니라 하나님께서 지으신 몸—이 대신하리라는 것을 우리는 압니다. 그때가 되면, 우리는 우리의 장막을 다시 이전하지 않아도 될 것입니다. 이따금 우리는 장막을 이전하고 싶어 견딜 수 없을 때가 있습니다. 그럴 때면 우리는 좌절하여 울부짖기도 합니다. 장차 다가올 삶에 비하면, 현재 삶의 조건은 가구 하나 비치되어 있지 않는 오두막에 잠시 체류하는 것처럼 보입니다. 우리는 그런 삶에 지쳤습니다! 그 이유는 우리가 참된 것, 우리의 참된 집, 우리의 부활한 몸을 어렴풋하게나마 보았기 때문입니다! 하나님의 영은 우리의 식욕을 돋우셔서, 장차 다가올 것을 맛보게 하십니다. 그분은 우리 마음속에 천국을 조금 넣어 두셔서, 우리가 천국보다 못한 것에 만족하는 일이 없게 하십니다.

6-8 우리는 그 천국을 기대함으로 아주 힘차게 살아갑니다. 여러분은 우리가 고개를 떨어뜨리거나 꾸물거리는 모습을 볼 수 없을 것입니다. 현재의 답답한 상황도 우리를 넘어뜨릴 수 없습니다. 그것은 장차 다가올 풍성한 삶의 조건을 상기시킬 뿐입니다. 우리가 믿지만 아직 눈에 보이지 않는 것, 바로 그것이 우리를 전진하게 합니다. 여러분은 길에 패인 홈이나 길바닥에 널린 돌멩이들이 우리를 방해할 것이라고 생각합니까? 때가 되면, 우리는 나그네 삶을 끝내고 본향으로 돌아갈 채비를 갖추게 될 것입니다.

9-10 *그러나 나그네 삶이나 본향으로 돌아가는 것이* 핵심은 아닙니다. 하나님을 진심으로 기쁘시게 해드리는 것이 핵심입니다. 어떤 처지에 있더라도, 우리가 하려고 하는 일은 그것입니다. 조만간 우리는 우리의 처지와 관계없이 하나님을 대면하여 뵙게 될 것

certainly raise us up with you, alive. Every detail works to your advantage and to God's glory: more and more grace, more and more people, more and more praise!

16-18 So we're not giving up. How could we! Even though on the outside it often looks like things are falling apart on us, on the inside, where God is making new life, not a day goes by without his unfolding grace. These hard times are small potatoes compared to the coming good times, the lavish celebration prepared for us. There's far more here than meets the eye. The things we see now are here today, gone tomorrow. But the things we can't see now will last forever.

5 1-5 For instance, we know that when these bodies of ours are taken down like tents and folded away, they will be replaced by resurrection bodies in heaven—God-made, not handmade—and we'll never have to relocate our "tents" again. Sometimes we can hardly wait to move—and so we cry out in frustration. Compared to what's coming, living conditions around here seem like a stopover in an unfurnished shack, and we're tired of it! We've been given a glimpse of the real thing, our true home, our resurrection bodies! The Spirit of God whets our appetite by giving us a taste of what's ahead. He puts a little of heaven in our hearts so that we'll never settle for less.

6-8 That's why we live with such good cheer. You won't see us drooping our heads or dragging our feet! Cramped conditions here don't get us down. They only remind us of the spacious living conditions ahead. It's what we trust in but don't yet see that keeps us going. Do you suppose a few ruts in the road or rocks in the path are going to stop us? When the time comes, we'll be plenty ready to exchange exile for homecoming.

9-10 But neither exile nor homecoming is the main thing. Cheerfully pleasing God is the main thing, and that's what we aim to do,

입니다. 우리는 그리스도 앞에 나아가, 선한 행위이든 악한 행위이든, 우리가 행한 일의 마땅한 결과를 받게 될 것입니다.

11-14 그 사실이 우리를 깨어 있게 하는 것임을, 여러분은 확신해도 좋습니다. 우리 모두가 장차 그 심판의 자리에 서게 될 것입니다. 그것을 아는 것은 결코 가볍게 여길 일이 아닙니다. 그런 이유로, 우리는 만나는 모든 사람을 위해 긴박하게 일하면서, 그들이 하나님을 대면할 수 있도록 준비시키고 있습니다. 우리가 이 일을 얼마나 잘하는지는 하나님만이 아시겠지만, 우리가 얼마나 깊고 얼마나 많이 마음을 쓰는지는 여러분이 알아주었으면 합니다. 우리가 이렇게 말하는 것은, 여러분에게 우리를 내세우려는 것이 아닙니다. 다만, 많은 사람들처럼 여러분 앞에서만 친절하게 대하는 것이 아니라, 여러분과 한편이 되는 것이 여러분의 기분을 좋게 하고, 나아가 여러분을 자랑스럽게 해줄 것이라고 생각했던 것입니다. 내가 미친 사람처럼 행동했다면 하나님을 위해서 그렇게 한 것이고, 내가 지나칠 정도로 신중하게 처신했다면 여러분을 위해서 그렇게 한 것입니다. 그리스도의 사랑이 나를 그 같은 극단으로 치우치게 했습니다. 우리가 하는 모든 일의 처음과 끝을 결정하는 것은, 다름 아닌 그분의 사랑입니다.

그리스도의 대사

14-15 우리 사역의 변치 않는 결심이자 중심은, 한 사람 곧 예수 그리스도께서 우리 모두를 위해 죽으셨다는 것입니다. 그 사실이 모든 사람으로 하여금 한 배를 타게 합니다. 그분은 모든 사람으로 하여금 그분의 죽음에 들어가게 하셔서, 그들로 그분의 생명과, 부활의 삶과, 자기 마음대로 살았던 삶보다 훨씬 나은 삶에 들어가게 하셨습니다.

16-20 우리가 사람을 소유나 외모로 평가하지 않는 것은 그 같은 결심 때문입니다. 여러분도 알다시피, 우리는 일찍이 메시아를 그런 식으로 잘못 바라보았습니다. 우리는 더 이상 그분을 그런 식으로 바라보지 않습니다. 이제 우리는 중심을 봅니다. 우리가 보는 것은, 누구든지 메시아와 연합하면 새로운 출발을 할 수 있고, 새롭게 창조될 수 있다는 것입니다. 옛 삶이 지나가고, 새로운 삶이 싹트는 것입니다! 보십시오! 이 모든 것은 우리와 가족 관계를 맺으시고, 우리 각자를 부르셔서 서로 가족 관계를 맺게 하신 하나님께로부터 옵니다. 하나님께서는 메시아를 통해 이 세상을 그분과 화해시키셨고, 죄를 용서하심으로 이 세상이 새로운 출발을 하게 하셨습니다. 하나님께서는

regardless of our conditions. Sooner or later we'll all have to face God, regardless of our conditions. We will appear before Christ and take what's coming to us as a result of our actions, either good or bad.

11-14 *That* keeps us vigilant, you can be sure. It's no light thing to know that we'll all one day stand in that place of Judgment. That's why we work urgently with everyone we meet to get them ready to face God. God alone knows how well we do this, but I hope you realize how much and deeply we care. We're not saying this to make ourselves look good to you. We just thought it would make you feel good, proud even, that we're on your side and not just nice to your face as so many people are. If I acted crazy, I did it for God; if I acted overly serious, I did it for you. Christ's love has moved me to such extremes. His love has the first and last word in everything we do.

A New Life

14-15 Our firm decision is to work from this focused center: One man died for everyone. That puts everyone in the same boat. He included everyone in his death so that everyone could also be included in his life, a resurrection life, a far better life than people ever lived on their own.

16-20 Because of this decision we don't evaluate people by what they have or how they look. We looked at the Messiah that way once and got it all wrong, as you know. We certainly don't look at him that way anymore. Now we look inside, and what we see is that anyone united with the Messiah gets a fresh start, is created new. The old life is gone; a new life burgeons! Look at it! All this comes from the God who settled the relationship between us and him, and then called us to settle our relationships with each other. God put the world square with himself through the Messiah, giving the world a fresh start by offering forgiveness of sins. God has given us the task of telling everyone what he is doing. We're Christ's representatives. God uses

그분이 지금 하고 계신 일을 모든 사람에게 알리는 임무를 우리에게 맡기셨습니다. 우리는 그리스도의 대사입니다. 하나님께서는 우리를 쓰셔서, 다툼을 버리고 서로의 관계를 바로잡으시는 하나님의 일에 참여하라고 사람들을 설득하게 하십니다. 이제 우리는 그리스도를 대신해 말씀드립니다. 하나님께서 이미 여러분과 친구가 되셨으니, 여러분도 하나님과 친구가 되십시오.

21 어떻게 하면 되느냐고, 여러분은 물을 것입니다. 그리스도 안에 머물기만 하면 됩니다. 하나님께서는 잘못한 일이 없는 그리스도께 죄를 씌우셔서, 우리로 하여금 하나님과 바른 관계를 맺게 하셨습니다.

하나님이 거하시는 성전

6 1-10 우리는 이 일에 여러분과 함께하는 동료로서 부탁드립니다. 하나님께서 우리에게 주신 이 놀라운 삶을 조금도 낭비하지 마십시오. 하나님께서 우리에게 이렇게 말씀하셨습니다.

> 가장 알맞은 때에, 내가 너의 외치는 소리를 들었다.
> 네가 나를 필요로 하던 그날에, 내가 너를 도우려고 거기 있었다.

지금이야말로 하나님께서 들으시는 때요, 그분께로부터 도움을 받을 날입니다. 그러니 미루지 마십시오. 여러분은 우리가 하는 모든 일에 의문을 던지다가, 때를 놓쳐 하나님의 일을 그르치는 일이 없게 하십시오. 우리가 하나님의 종이 되어 하는 일은, 세세한 부분에 이르기까지 정당함을 인정받습니다. 우리가 힘겨운 시기와 역경과 곤경 속에서도, 정신을 바짝 차리고 흔들림 없이 우리의 자리를 지키고 있는지, 사람들이 지켜보고 있습니다. 우리는 매를 맞고 투옥되고 습격을 받으면서도, 열심히 일하고 늦게까지 일하고 식사도 거른 채 일합니다. 깨끗한 마음과 맑은 정신과 착실한 손으로 일합니다. 우리는 온유함과 거룩함과 정직한 사랑으로 일합니다. 우리가 진리를 말할 때에도, 하나님께서 자신의 능력을 보이실 때에도 그리합니다. 우리는 최선을 다해 사태를 바로잡을 때도, 칭찬을 받거나 비난을 받거나 비방을 받거나 존경을 받을 때도 그리합니다. 우리는 의심을 받을 때도 있지만, 우리의 말에 정직합니다. 세상이 우리를 무시하지만, 하나님께서는 우리를 인정해 주십니다. 죽었다는 소문이 돌기도 했지만, 우리는 멋지게 살아 있습니다. 우리는 거의 죽을 정도로 맞았지만, 죽지 않았습니다. 우리는 슬픔에 잠겼으나, 항상 커다란 기쁨으로 가득 찼습니다. 우리는 후원에 의지해 살면서도, 많은 사람을 부요하게 합니다. 우리는 가진 것이 없지만, 모든 것을 가진 사람입니다.

us to persuade men and women to drop their differences and enter into God's work of making things right between them. We're speaking for Christ himself now: Become friends with God; he's already a friend with you.

21 How? you ask. In Christ. God put the wrong on him who never did anything wrong, so we could be put right with God.

Staying at Our Post

6 1-10 Companions as we are in this work with you, we beg you, please don't squander one bit of this marvelous life God has given us. God reminds us,

> I heard your call in the nick of time;
> The day you needed me, I was there to help.

Well, now is the right time to listen, the day to be helped. Don't put it off; don't frustrate God's work by showing up late, throwing a question mark over everything we're doing. Our work as God's servants gets validated–or not–in the details. People are watching us as we stay at our post, alertly, unswervingly... in hard times, tough times, bad times; when we're beaten up, jailed, and mobbed; working hard, working late, working without eating; with pure heart, clear head, steady hand; in gentleness, holiness, and honest love; when we're telling the truth, and when God's showing his power; when we're doing our best setting things right; when we're praised, and when we're blamed; slandered, and honored; true to our word, though distrusted; ignored by the world, but recognized by God; terrifically alive, though rumored to be dead; beaten within an inch of our lives, but refusing to die; immersed in tears, yet always filled with deep joy; living on handouts, yet enriching many; having nothing, having it all.

11-13 사랑하는 고린도 교우 여러분, 나는 여러분이 이토록 활짝 열려 있는 풍성한 삶에 참여하기를 간절히 바라고 있습니다. 우리가 여러분을 작게 만든 것이 아닙니다. 여러분이 작다고 느끼는 것은 여러분 자신에게서 비롯된 것입니다. 여러분의 삶이 작지 않은데도, 여러분은 작게 살고 있습니다. 나는 할 수 있는 한 알기 쉽게, 애정을 듬뿍 담아서 말씀드립니다. 여러분의 삶을 넓히십시오. 탁 트인 마음으로 대범하게 사십시오!

14-18 하나님을 무시하는 사람들과 연합하지 마십시오. 옳은 것과 그른 것이 어떻게 연합할 수 있겠습니까? 그 둘은 서로 싸울 뿐이지, 절대 연합할 수 없습니다. 빛이 어둠의 절친한 벗이라는 말입니까? 그리스도께서 마귀와 손잡고 거니신다는 말입니까? 믿음과 불신이 손을 잡는다는 말입니까? 어느 누가 이교도의 우상을 하나님의 성전에 갖다 놓을 생각을 하겠습니까? 그러나 우리의 현재 모습이 그러합니다. 우리 각 사람은 하나님이 거하시는 성전입니다. 하나님께서 그것을 이렇게 말씀하셨습니다.

"내가 그들 안으로 들어가 그들 가운데서 살겠다.
나는 그들의 하나님이 되고, 그들은 내 백성이 될 것이다.
그러니 타락과 타협의 행위를 그만두어라.
영원히 그만두어라.
너희를 타락시키는 자들과 어울리지 마라.
나는 너희가 나하고만 있기를 원한다.
나는 너희에게 아버지가 되고
너희는 나에게 아들딸이 될 것이다."
주 하나님의 말씀이다.

7 1 사랑하는 친구 여러분, 이와 같이 우리를 이끌어 주는 약속을 받았으니, 안에 있든 밖에 있든, 우리를 더럽히거나 우리의 주의를 흐트리는 것과 관계를 깨끗이 끊어 버립시다. 우리 삶 전체를 하나님을 예배하기에 합당한 성전으로 만듭시다.

하나님께로 이끄는 근심

2-4 우리를 믿어 주십시오. 우리는 한 사람도 해친 적이 없고, 누군가를 이용하거나 속인 적도 없습니다. 내가 여러분의 흠을 잡는다고 생각하지 마십시오. 전에도 말씀드렸지만, 나는 어떤 경우에도 여러분과 줄곧 함께할 것입니다. 사실, 나는 여러분을 크게 신뢰하고 있습니다.

11-13 Dear, dear Corinthians, I can't tell you how much I long for you to enter this wide-open, spacious life. We didn't fence you in. The smallness you feel comes from within you. Your lives aren't small, but you're living them in a small way. I'm speaking as plainly as I can and with great affection. Open up your lives. Live openly and expansively!

14-18 Don't become partners with those who reject God. How can you make a partnership out of right and wrong? That's not partnership; that's war. Is light best friends with dark? Does Christ go strolling with the Devil? Do trust and mistrust hold hands? Who would think of setting up pagan idols in God's holy Temple? But that is exactly what we are, each of us a temple in whom God lives. God himself put it this way:

"I'll live in them, move into them;
I'll be their God and they'll be my people.
So leave the corruption and compromise;
leave it for good," says God.
"Don't link up with those who will pollute you.
I want you all for myself.
I'll be a Father to you;
you'll be sons and daughters to me."
The Word of the Master, God.

7 1 With promises like this to pull us on, dear friends, let's make a clean break with everything that defiles or distracts us, both within and without. Let's make our entire lives fit and holy temples for the worship of God.

More Passionate, More Responsible

2-4 Trust us. We've never hurt a soul, never exploited or taken advantage of anyone. Don't think I'm finding fault with you. I told

내가 여러분을 얼마나 자랑스러워하는지 여러분이 알았으면 좋겠습니다! 우리의 온갖 수고에도 불구하고, 나는 기쁨이 넘쳐납니다.

5-7 마케도니아에 이르렀을 때, 우리는 편히 쉴 수 없었습니다. 교회 안의 다툼과 우리 마음속의 두려움으로 인해 우리는 계속 초조하고 불안했습니다. 우리는 사태가 어떻게 마무리될지 알 수 없어서 긴장을 늦추지 못했습니다. 그때 풀이 죽은 사람들의 기운을 돋우어 주시는 하나님이 디도를 도착하게 하셔서, 우리의 기운과 마음을 북돋아 주셨습니다. 우리는 그를 보는 것만으로도 기뻤지만, 그에게서 여러분의 소식을 듣고 나서는 정말로 안심이 되었습니다. 여러분이 나에게 얼마나 마음을 쓰는지, 여러분이 나 때문에 얼마나 슬퍼하는지, 여러분이 나를 두고 얼마나 걱정하는지, 그가 소식을 들려주더군요. 나의 걱정이 금세 평안으로 바뀌었답니다!

8-9 나는 내 편지가 여러분을 근심하게 했다는 것을 압니다. 그 당시 나는 마음이 편치 않았지만, 지금은 사태가 어떻게 마무리되었는지 알기에 전혀 후회하지 않습니다. 그 편지가 여러분을 근심하게 했지만, 잠시만 그랬을 것입니다. 지금 내가 기뻐하는 것은, 여러분이 근심했기 때문이 아니라, 여러분이 아픔을 겪으면서도 상황을 호전시켰기 때문입니다. 여러분은 근심하며 하나님에게서 멀어지기는커녕, 도리어 하나님께로 나아갔습니다. 그 결과는 모든 것이 유익이었지, 손해가 아니었습니다.

10 우리를 하나님께로 이끄는 근심은 그런 일을 합니다. 우리의 방향을 바꾸게 하고, 우리를 구원의 길로 되돌아가게 합니다. 그런 아픔에는 결코 후회하는 일이 없습니다. 그러나 근심으로 인해 하나님으로부터 멀어지는 사람은 후회만 하다가, 결국 죽음에 이르게 됩니다.

11-13 하지만 그 아픔이 여러분을 자극하여 하나님께 가까이 가게 했으니 놀랍지 않습니까? 여러분은 더 생생하고, 더 사려 깊고, 더 섬세하고, 더 공손하고, 더 인간답고, 더 열정적이고, 더 책임감 있는 사람이 되었습니다. 어느 모로 보나, 여러분은 이 일로 깨끗한 마음을 갖게 되었습니다. 그것이야말로 내가 편지를 쓸 때 가장 먼저 기대한 사항입니다. 나의 일차적 관심은 해를 끼친 사람이나 해를 입은 사람이 아니라 *여러분을 위한 것이었습니다*. 여러분이 하나님 앞에서 우리와 맺은 깊고 깊은 관계를 깨닫고 그에 합당한 행동을 하려는 것이었습니다. 결국 그렇게 되었고, 우리는 너무나 기뻤습니다.

13-16 또한 디도가 여러분의 반응을 접하고 느낀 충만

you earlier that I'm with you all the way, no matter what. I have, in fact, the greatest confidence in you. If only you knew how proud I am of you! I am overwhelmed with joy despite all our troubles.

5-7 When we arrived in Macedonia province, we couldn't settle down. The fights in the church and the fears in our hearts kept us on pins and needles. We couldn't relax because we didn't know how it would turn out. Then the God who lifts up the downcast lifted our heads and our hearts with the arrival of Titus. We were glad just to see him, but the true reassurance came in what he told us about you: how much you cared, how much you grieved, how concerned you were for me. I went from worry to tranquility in no time!

8-9 I know I distressed you greatly with my letter. Although I felt awful at the time, I don't feel at all bad now that I see how it turned out. The letter upset you, but only for a while. Now I'm glad – not that you were upset, but that you were jarred into turning things around. You let the distress bring you to God, not drive you from him. The result was all gain, no loss.

10 Distress that drives us to God does that. It turns us around. It gets us back in the way of salvation. We never regret that kind of pain. But those who let distress drive them away from God are full of regrets, end up on a deathbed of regrets.

11-13 And now, isn't it wonderful all the ways in which this distress has goaded you closer to God? You're more alive, more concerned, more sensitive, more reverent, more human, more passionate, more responsible. Looked at from any angle, you've come out of this with purity of heart. And that is what I was hoping for in the first place when I wrote the letter. My primary concern was not for the one who did the wrong or even the one wronged, but for you – that you would realize and act upon the deep, deep ties between us before God. That's what happened – and we felt just great.

13-16 And then, when we saw how Titus felt –

한 기쁨을 알게 되었을 때, 우리의 기쁨은 배가 되었습니다. 여러분이 해준 모든 일로 디도가 어떻게 다시 살아나고 새로워졌는지를 보는 것은 놀라운 일이었습니다. 나는 디도에게 여러분을 무척이나 칭찬하면서 혹시라도 나의 말이 거짓이 되면 어쩌나 하고 염려했는데, 여러분은 그 염려를 말끔히 해소해 주었습니다. 내가 조금도 과장하지 않았음이 드러난 것입니다. 디도는 내가 여러분을 두고 한 말이 모두 진실임을 직접 목격했습니다. 그가 여러분의 즉각적인 순종과 점잖고 섬세한 환대를, 두고두고 이야기하고 있으니 말입니다. 그가 그 모든 일에 확실히 감동받은 것이 분명합니다! 나는 더할 나위 없이 기쁩니다. 여러분이 무척 든든하고 자랑스럽습니다.

구제 헌금

8

1-4 친구 여러분, 이제 나는 하나님께서 마케도니아의 여러 교회 가운데서 행하고 계신 놀랍고 은혜로운 방식들에 대해 알려 드리고자 합니다. 극심한 시련이 그 교회 교우들에게 닥쳐서, 그들을 극한 상황으로까지 내몰았습니다. 결국 시련이 그들의 참 모습을 여실히 보여주었습니다. 그들은 지독한 가난에 시달리면서도 믿을 수 없을 만큼 즐거워했습니다. 그들의 곤경이 오히려 뜻밖의 결과를 낳았는데, 곧 순수하고 풍성한 선물들을 흘려보내도록 만들었습니다. 내가 거기 있으면서 직접 그 모습을 보았습니다. 그들은 가난한 그리스도인들을 구제하는 활동에 참여할 특권을 달라고 간청하면서, 자신들이 베풀 수 있는 것이면 무엇이나 베풀고, 자신들이 베풀 수 있는 것 그 이상을 베풀었습니다!

5-7 그것은 순전히 자발적인 활동이었고, 그들 스스로 생각해 낸 아이디어였으며, 우리가 전혀 예상하지 못한 일이었습니다. 설명하면 이렇습니다. 그들은 먼저 자신을 송두리째 하나님께 드리고 우리에게도 맡겼습니다. 구제 헌금은 그들의 삶 속에서 활동하시는 하나님의 뜻으로부터 흘러나온 것이었습니다. 우리는 그 일에 자극받아, 디도에게 청하여 구제 헌금에 *여러분의 주의를 환기시키도록* 했습니다. 훌륭하게 시작한 일이니 잘 마무리할 수 있게 하라고 말입니다. 여러분은 잘하는 일이 참 많습니다. 하나님을 신뢰하는 일도 잘하고, 말도 똑바르게 하며, 통찰력 있고, 열성적이고, 우리를 사랑하는 일도 잘합니다. 그러니 이제 이 일에도 최선을 다하시기 바랍니다.

8-9 나는 여러분의 의지를 거슬러 명령하려는 것이 아닙니다. 다만 마케도니아 사람들의 열성으로 여러분의 사랑을 자극하여, 여러분에게서 최선을 이끌어 내

his exuberance over your response—our joy doubled. It was wonderful to see how revived and refreshed he was by everything you did. If I went out on a limb in telling Titus how great I thought you were, you didn't cut off that limb. As it turned out, I hadn't exaggerated one bit. Titus saw for himself that everything I had said about you was true. He can't quit talking about it, going over again and again the story of your prompt obedience, and the dignity and sensitivity of your hospitality. He was quite overwhelmed by it all! And I couldn't be more pleased—I'm so confident and proud of you.

The Offering

8

1-4 Now, friends, I want to report on the surprising and generous ways in which God is working in the churches in Macedonia province. Fierce troubles came down on the people of those churches, pushing them to the very limit. The trial exposed their true colors: They were incredibly happy, though desperately poor. The pressure triggered something totally unexpected: an outpouring of pure and generous gifts. I was there and saw it for myself. They gave offerings of whatever they could—far more than they could afford!—pleading for the privilege of helping out in the relief of poor Christians.

5-7 This was totally spontaneous, entirely their own idea, and caught us completely off guard. What explains it was that they had first given themselves unreservedly to God and to us. The other giving simply flowed out of the purposes of God working in their lives. That's what prompted us to ask Titus to bring the relief offering to your attention, so that what was so well begun could be finished up. You do so well in so many things—you trust God, you're articulate, you're insightful, you're passionate, you love us—now, do your best in this, too.

8-9 I'm not trying to order you around against your will. But by bringing in the Macedonians' enthusiasm as a stimulus to your love, I am hoping to bring the best out of you. You are

려는 것입니다. 여러분은 우리 주 예수 그리스도의 관대하심을 잘 알고 있습니다. 그분은 부요하셔서, 그 모든 것을 우리에게 내어주셨습니다. 그분은 단숨에 가난하게 되시고, 우리는 부요하게 되었습니다.

10-20 내 생각은 이렇습니다. 여러분이 지금 당장 할 수 있는 최선의 일은, 여러분이 지난해 시작한 구제 헌금 모으는 일을 마저 끝내서, 여러분의 선한 의도가 퇴색하지 않게 하는 것입니다. 여러분의 마음은 줄곧 바른 자리에 있었습니다. 여러분은 그 일을 마무리 짓는 데 필요한 것을 가지고 있으니, 어서 마무리 지으십시오. 하고자 하는 의사가 분명한 만큼, 여러분이 할 수 있는 일은 하고 할 수 없는 일은 하지 마십시오. 마음 가는 곳에 손이 따르게 마련입니다. 이 일이, 다른 사람들에게는 쉽고 여러분에게는 어려운 일이 아닙니다. 여러분은 항상 그들과 서로 어깨를 같이하고 있습니다. 여러분의 남은 것이 그들의 부족분을 채워 주고, 그들의 남은 것이 여러분의 부족분을 채워 줍니다. 결국, 모두가 균등하게 되는 것입니다. 이는 성경에 기록된 그대로입니다.

> 가장 많이 거둔 사람도 남은 것이 없었고
> 가장 적게 거둔 사람도 모자라는 것이 없었다.

내가 여러분을 위해 품은 뜨거운 관심을 디도에게도 똑같이 허락하신 하나님께 감사를 드립니다. 디도는 우리의 생각을 가장 잘 헤아리는 사람입니다. 하지만 여러분에게 가서 이 구제 헌금 거두는 일을 기꺼이 돕기로 한 것은, 순전히 그의 생각입니다. 우리는 그와 함께 동료한 사람을 보냅니다. 그는 메시지를 선포하는 일로 교회 안에서 대단히 평판이 좋은 사람입니다. 그러나 그에게는 평판 이상의 것이 있습니다. 그는 바위처럼 견고하고 믿음직스럽습니다. 여러 교회가 직접 그를 뽑아 우리와 함께 여행하며 하나님의 선물을 나누는 이 일을 하게 했습니다. 그것은 하나님께 영광을 돌리고, 불미스러운 사건이나 소문이 나지 않도록 모든 주의를 기울이게 하기 위해서입니다.

20-22 우리는 누구에게서도 이 헌금 가운데 단 한 푼이라도 착복한다는 의심을 사고 싶지 않습니다. 우리는 하나님께서 우리에게 내리시는 평판은 물론이고 사람들이 우리에게 내리는 평판도 두려워하면서 조심합니다. 그런 이유로, 우리는 믿을 만한 벗 한 사람을 더 딸려 보냅니다. 그는 자신이 신뢰할 수 있는 사람임을 여러 차례 입증해 보였으며, 처음 사역을 시작한 때는 물론이고 지금도 열정적으로 일하고 있습니다. 그는 여러분에 관한 소식을 많이 들었고, 그 들은 소식으로 인해 기뻐했습니다. 그 정도로 그는 여러분에게 가기를 고대한 사람입니다.

familiar with the generosity of our Master, Jesus Christ. Rich as he was, he gave it all away for us – in one stroke he became poor and we became rich.

10-20 So here's what I think: The best thing you can do right now is to finish what you started last year and not let those good intentions grow stale. Your heart's been in the right place all along. You've got what it takes to finish it up, so go to it. Once the commitment is clear, you do what you can, not what you can't. The heart regulates the hands. This isn't so others can take it easy while you sweat it out. No, you're shoulder to shoulder with them all the way, your surplus matching their deficit, their surplus matching your deficit. In the end you come out even. As it is written,

> Nothing left over to the one with the most,
> Nothing lacking to the one with the least.

I thank God for giving Titus the same devoted concern for you that I have. He was most considerate of how we felt, but his eagerness to go to you and help out with this relief offering is his own idea. We're sending a companion along with him, someone very popular in the churches for his preaching of the Message. But there's far more to him than popularity. He's rock-solid trustworthy. The churches handpicked him to go with us as we travel about doing this work of sharing God's gifts to honor God as well as we can, taking every precaution against scandal.

20-22 We don't want anyone suspecting us of taking one penny of this money for ourselves. We're being as careful in our reputation with the public as in our reputation with God. That's why we're sending another trusted friend along. He's proved his dependability many times over, and carries on as energetically as the day he started. He's heard much about you, and liked what he's heard – so much so that he can't wait to get there.

23-24 디도에 관해서는 두말할 필요가 없습니다. 그와 나는 여러분을 섬기는 이 일에 오랫동안 절친한 동료로 지내 왔습니다. 그와 함께 여행하는 형제들은 여러 교회에서 파견한 대표들이며, 그리스도의 참 자랑거리입니다. 그러니 여러분은 그들에게 여러분의 진면목, 곧 내가 여러 교회에서 큰소리로 자랑해 보인 여러분의 사랑을 보여주십시오. 그들의 눈으로 직접 보게 해주십시오!

9 1-2 가난한 그리스도인들을 위한 구제 헌금과 관련해 편지를 더 쓴다면, 똑같은 말을 되풀이하는 것밖에 되지 않을 것입니다. 나는 여러분이 이 일에 충분히 준비되어 있다는 것을 알고 있습니다. 나는 마케도니아 어디에서나 여러분을 자랑하며 "아가야에서는 지난해부터 이 일에 준비가 되어 있다"고 말해 왔습니다. 지금은 여러분의 열정에 관한 소문이 그들 대다수에게 퍼진 상태입니다.

3-5 이제 내가 형제들을 보내는 것은, 앞서 말한 대로 여러분이 준비되었음을 확인하고, 내가 자랑한 것이 과장된 이야기로 끝나지 않게 하려는 것입니다. 내가 몇몇 마케도니아 사람과 함께 여러분을 불시에 방문하여 여러분이 준비되지 않은 것을 보게 된다면, 우리가 그토록 자신하며 행동한 것 때문에 여러분과 우리 모두가 부끄러워 얼굴을 붉히게 될 것입니다. 내가 이 형제들을 선발대로 뽑은 것은, 그들을 여러분에게 보내어 그곳 상황을 빠짐없이 확인하고, 여러분이 약속한 헌금을 내가 이르기 전에 모두 준비하게 하려는 것입니다. 나는 여러분이 필요한 만큼의 충분한 시간을 두고 여러분 나름대로 헌금을 마련했으면 합니다. 나는 여러분이 억지로 하거나 막판에 허둥대는 것을 바라지 않습니다.

6-7 인색하게 심는 사람은 적은 곡식을 거두고, 아낌없이 심는 사람은 풍성한 곡식을 거둔다는 것을 기억하십시오. 나는 여러분 각자가 충분한 시간을 두고 생각한 다음, 얼마를 낼 것인지 작정하기를 바랍니다. 그렇게 하면 구차한 변명을 늘어놓거나, 마지못해 하는 일이 없게 될 것입니다. 하나님께서는 즐거운 마음으로 베푸는 사람을 기뻐하십니다.

8-11 하나님께서는 온갖 복을 놀라운 방식으로 부어 주실 수 있습니다. 이는 여러분이 꼭 해야 할 일을 하도록 준비시키는 것에 그치지 않고, 무슨 일이든지 넉넉히 할 수 있도록 준비시키시려는 것입니다. 이는 시편 기자가 말한 그대로입니다.

그는 가난한 사람들에게
거침없이, 아낌없이 베푼다.

23-24 I don't need to say anything further about Titus. We've been close associates in this work of serving you for a long time. The brothers who travel with him are delegates from churches, a real credit to Christ. Show them what you're made of, the love I've been talking up in the churches. Let them see it for themselves!

9 1-2 If I wrote any more on this relief offering for the poor Christians, I'd be repeating myself. I know you're on board and ready to go. I've been bragging about you all through Macedonia province, telling them, "Achaia province has been ready to go on this since last year." Your enthusiasm by now has spread to most of them.

3-5 Now I'm sending the brothers to make sure you're ready, as I said you would be, so my bragging won't turn out to be just so much hot air. If some Macedonians and I happened to drop in on you and found you weren't prepared, we'd all be pretty red-faced—you and us—for acting so sure of ourselves. So to make sure there will be no slipup, I've recruited these brothers as an advance team to get you and your promised offering all ready before I get there. I want you to have all the time you need to make this offering in your own way. I don't want anything forced or hurried at the last minute.

6-7 Remember: A stingy planter gets a stingy crop; a lavish planter gets a lavish crop. I want each of you to take plenty of time to think it over, and make up your own mind what you will give. That will protect you against sob stories and arm-twisting. God loves it when the giver delights in the giving.

8-11 God can pour on the blessings in astonishing ways so that you're ready for anything and everything, more than just ready to do what needs to be done. As one psalmist puts it,

그가 사는 방식, 그가 베푸는 방식은 참되어서
결코 끝나거나 닳아 없어지지 않는다.

농부에게 먹을거리가 될 씨앗을 주시는 지극히 풍성하신 하나님께서, 여러분에게도 아낌없이 베푸십니다. 하나님께서는 여러분이 베풀 수 있도록 무언가를 주셔서, 그것이 하나님 안에서 튼튼하고, 모든 면에서 풍성하고 충만한 삶으로 자라게 하십니다. 이는 여러분이 모든 면에서 후히 베푸는 사람이 되어, 우리와 더불어 하나님을 찬양하게 하려는 것입니다.

12-15 이 구제 활동을 실행에 옮기는 것은, 가난한 그리스도인들의 부족한 필요를 채워 주는 데 도움이 되는 것은 물론이고, 그 이상의 의미가 있습니다. 그것은 하나님께 드릴 풍성하고 넉넉한 감사를 낳게 합니다. 이 구제 헌금은 여러분을 최선의 상태로 살게 하는 자극제, 여러분이 그리스도의 메시지가 지닌 분명한 뜻에 공개적으로 순종하면서, 하나님께 대한 여러분의 감사를 드러내 보이게 하는 자극제입니다. 여러분은 후한 헌금을 통해 여러분의 궁핍한 형제자매에게는 물론이고, 모든 사람에게도 여러분의 감사를 보여주게 될 것입니다. 그들은 여러분의 삶에 아낌없이 베풀어 주시는 하나님의 은혜에 감동하여, 여러분이 필요로 하는 것이면 무엇이든지 들어주시기를 구하는 간절한 중보기도로 응답할 것입니다. 이 선물을 주시는 하나님께 감사드립니다. 이것을 어찌 말로 다 찬양할 수 있겠습니까!

자신의 사도직을 변호하는 바울

10 1-2 이제부터 말씀드리는 것은 사적이기는 하지만 대단히 절박한 문제입니다. 나는 그리스도의 온유하심과 확고한 영에 힘입어 말합니다. 내가 여러분과 함께 있을 때에는 움츠리고 연약하지만, 여러분과 적당히 떨어져 편지를 쓸 때에는 모질고 요구가 지나치다는 말이 들리는군요. 바라건대, 내가 여러분과 함께 있을 때에도 강경한 입장을 취하지 않게 해주십시오. 나를 가리켜 원칙 없는 기회주의자라고 말하는 자들에게 맞서는 일에, 내가 단 일 분이라도 주저할 것이라고 생각지 마십시오. 그들은 자신들이 한 말을 취소해야 할 것입니다.

3-6 세상은 원칙이 없습니다. 인정사정없는 냉혹한 곳입니다! 세상은 정정당당하게 싸우지 않습니다. 그러나 우리는 그런 식으로 살거나 싸우지 않습니다. 이제까지도 그랬고, 앞으로도 그럴 것입니다. 우리 일에 사용하는 도구는 마케팅이나 시세를 조작하는 데 쓰이는 것이 아닙니다. 우리의 도구는 타락한 문

He throws caution to the winds,
giving to the needy in reckless abandon.
His right-living, right-giving ways
never run out, never wear out.

This most generous God who gives seed to the farmer that becomes bread for your meals is more than extravagant with you. He gives you something you can then give away, which grows into full-formed lives, robust in God, wealthy in every way, so that you can be generous in every way, producing with us great praise to God.

12-15 Carrying out this social relief work involves far more than helping meet the bare needs of poor Christians. It also produces abundant and bountiful thanksgivings to God. This relief offering is a prod to live at your very best, showing your gratitude to God by being openly obedient to the plain meaning of the Message of Christ. You show your gratitude through your generous offerings to your needy brothers and sisters, and really toward everyone. Meanwhile, moved by the extravagance of God in your lives, they'll respond by praying for you in passionate intercession for whatever you need. Thank God for this gift, his gift. No language can praise it enough!

Tearing Down Barriers

10 1-2 And now a personal but most urgent matter; I write in the gentle but firm spirit of Christ. I hear that I'm being painted as cringing and wishy-washy when I'm with you, but harsh and demanding when at a safe distance writing letters. Please don't force me to take a hard line when I'm present with you. Don't think that I'll hesitate a single minute to stand up to those who say I'm an unprincipled opportunist. Then they'll have to eat their words.

3-6 The world is unprincipled. It's dog-eat-dog out there! The world doesn't fight fair. But we don't live or fight our battles that way—never have and never will. The tools of our trade

화 전체를 뒤엎는 데 쓰입니다. 우리는 하나님의 강력한 도구를 사용하여 뒤틀린 철학을 분쇄하고, 하나님의 진리를 가로막기 위해 세워진 장벽들을 허물고, 모든 흐트러진 생각과 감정과 충동을 그리스도께서 조성하신 삶의 구조에 맞게 변화시킵니다. 우리의 도구는 모든 방해의 원인을 제거하고, 성숙에 이르는 순종의 삶을 세우는 데 즉시 쓸 수 있도록 준비된 도구입니다.

7-8 여러분은 명백한 것을 보고 또 보지만, 나무는 보면서 숲은 보지 못하고 있습니다. 여러분은 그리스도 편에 서 있는 사람의 분명한 본보기를 구하면서, 어찌하여 그리도 성급하게 나를 제쳐 놓습니까? 나는 내가 그리스도와 함께 서 있다고 확신합니다. 그러니 나를 믿어 주십시오. 여러분은 그리스도께서 나에게 주신 권위를 내가 과장해서 말한다고 생각할지 모르겠으나, 나는 내 말을 철회할 생각이 없습니다. 내가 몸을 던져 수고한 것 하나하나는 여러분을 넘어뜨리려는 것이 아니라, 여러분을 일으켜 세우려는 것이기 때문입니다.

9-11 내가 편지로 여러분을 위협한다는 이 소문은 어찌 된 것입니까? "그의 편지는 강하고 설득력이 있지만, 그 사람 자신은 나약하고 말도 잘 못한다." 그러한 소문은 면밀히 조사해 보면, 전혀 근거 없다는 것이 밝혀질 것입니다. 우리는 여러분을 떠나서 편지로 쓴 것을, 여러분 곁에 있으면서도 그대로 행하는 사람입니다. 여러분을 떠나 있든 여러분과 함께 있든, 편지로 쓰든 직접 말로 하든 간에, 우리는 동일한 사람입니다.

12 우리는 우리보다 낫다고 자처하는 사람들 편에 우리를 끼워 넣으려는 것이 아닙니다. 우리는 그럴 생각이 없습니다. 그러나 비교하고 등급을 매기고 경쟁하는 자들은, 사실상 핵심을 놓친 것입니다.

13-14 우리는 이 자리에서 터무니없는 주장을 하고 있는 것이 아닙니다. 우리는 하나님께서 우리에게 정해 주신 한계에서 벗어나지 않았습니다. 그 한계가 여러분에게까지 미쳐, 여러분도 그 안에 포함된다는 사실에는 의문의 여지가 없습니다. 우리는 다른 누군가의 영역을 침범하려는 것이 아닙니다. 우리가 이미 여러분과 함께 있지 않았습니까? 우리는 그리스도의 메시지를 가지고 여러분을 방문한 첫 번째 사람들이지 않습니까? 그런데도 여러분은, 우리가 편지를 보내거나 직접 방문하는 것이 우리의 한계를 넘어선 것이 아닌가 의문을 품으니 어찌된 일입니까?

15-18 우리는 다른 이들의 적법한 일에 쓸데없이 참견하거나, 그들의 직무에 간섭하거나, 그들과 똑같은

aren't for marketing or manipulation, but they are for demolishing that entire massively corrupt culture. We use our powerful God-tools for smashing warped philosophies, tearing down barriers erected against the truth of God, fitting every loose thought and emotion and impulse into the structure of life shaped by Christ. Our tools are ready at hand for clearing the ground of every obstruction and building lives of obedience into maturity.

7-8 You stare and stare at the obvious, but you can't see the forest for the trees. If you're looking for a clear example of someone on Christ's side, why do you so quickly cut me out? Believe me, I am quite sure of my standing with Christ. You may think I overstate the authority he gave me, but I'm not backing off. Every bit of my commitment is for the purpose of building you up, after all, not tearing you down.

9-11 And what's this talk about me bullying you with my letters? "His letters are brawny and potent, but in person he's a weakling and mumbles when he talks." Such talk won't survive scrutiny. What we write when away, we do when present. We're the exact same people, absent or present, in letter or in person.

12 We're not, understand, putting ourselves in a league with those who boast that they're our superiors. We wouldn't dare do that. But in all this comparing and grading and competing, they quite miss the point.

13-14 We aren't making outrageous claims here. We're sticking to the limits of what God has set for us. But there can be no question that those limits reach to and include you. We're not moving into someone else's "territory." We were already there with you, weren't we? We were the first ones to get there with the Message of Christ, right? So how can there be any question of overstepping our bounds by writing or visiting you?

15-18 We're not barging in on the rightful work of others, interfering with their ministries, demanding a place in the sun with them. What

혜택을 요구하려는 것이 아닙니다. 다만 우리는, 여러분의 삶이 믿음 안에서 자라 가면서, 우리가 확장시키고 있는 일에 여러분이 나름대로 참여하기를 바랄 따름입니다. 우리는 고린도 너머에 있는 지역에 메시지를 전할 때에도 하나님께서 정하신 한계를 넘지 않을 것입니다. 우리는 다른 이들이 이루어 놓은 일을 침범하여 그것을 우리 공로로 삼을 마음이 전혀 없습니다. "공로를 주장하려거든, 하나님을 위해 주장하십시오." 여러분이 스스로를 내세우는 것은 하나님의 일에 아무 의미가 없습니다. 하나님께서 여러분을 내세워 주시는 것이 중요합니다.

거짓 종들

11 [1-3] 여러분은 내가 좀 어리석은 말을 하더라도 참아 주시겠습니까? 부디, 잠시만 참아 주십시오. 내가 여러분을 몹시 걱정하고 있다는 사실이 나를 당황스럽게 합니다. 이것은 내 안에서 타오르는 하나님의 열정이나 다름없습니다! 나는 여러분을 그리스도와 결혼시키려 했고, 여러분을 순결한 처녀로 신랑 되시는 그리스도께 소개했습니다. 이제 내가 걱정하는 것은, 하와가 뱀의 번지르르한 재잘거림에 속아 넘어간 것처럼, 여러분도 유혹을 받아 그리스도를 향한 수수하고 순결한 사랑에서 멀어지고 있다는 점입니다.

[4-6] 어떤 사람이 나타나서 우리가 전한 것과 상당히 다른 예수—다른 영, 다른 메시지—를 전하는데도, 여러분은 그를 잘도 용납하는 것 같습니다. 이렇게 대단하다는 사도들은 용납하면서, 나처럼 평범한 사람은 용납하지 못하다니 어찌 된 일입니까? 나도 그들보다 못할 것이 없는 사람입니다. 내가 그들처럼 말을 잘하지 못하고, 여러분을 그토록 감동시키는 매끄러운 웅변도 익히지 못한 것은 사실입니다. 그러나 적어도 나는, 입을 열 때마다 내가 무엇을 이야기하고 있는지는 압니다. 우리는 아무것도 감추지 않았습니다. 우리는 여러분에게 모든 것을 털어놓았습니다.

[7-12] 나는 하나님의 메시지를 여러분에게 전하면서 답례로 아무것도 요구하지 않았고, 여러분에게 폐를 끼치지 않으려고 아무 사례 없이 여러분을 섬겼습니다. 그렇게 하면서 내가 큰 실수라도 범했습니까? 여러분에게 경제적인 부담을 주지 않으려고 다른 교회들이 *나의 비용을 대 주었습니다. 내가 여러분과 함께* 지내는 동안, 누군가 나를 돕겠다고 거든 적이 한 번도 없습니다. 내게 필요한 것은 늘 마케도니아의 신자들이 공급해 주었습니다. 나는 여러분에게 짐이 되지 않으려고 조심했고, 앞으로도 짐이 되지 않을 테니 여러분

we're hoping for is that as your lives grow in faith, you'll play a part within our expanding work. And we'll all still be within the limits God sets as we proclaim the Message in countries beyond Corinth. But we have no intention of moving in on what others have done and taking credit for it. "If you want to claim credit, claim it for God." What you say about yourself means nothing in God's work. It's what God says about you that makes the difference.

Pseudo-Servants of God

11 [1-3] Will you put up with a little foolish aside from me? Please, just for a moment. The thing that has me so upset is that I care about you so much—this is the passion of God burning inside me! I promised your hand in marriage to Christ, presented you as a pure virgin to her husband. And now I'm afraid that exactly as the Snake seduced Eve with his smooth patter, you are being lured away from the simple purity of your love for Christ.

[4-6] It seems that if someone shows up preaching quite another Jesus than we preached—different spirit, different message—you put up with him quite nicely. But if you put up with these big-shot "apostles," why can't you put up with simple me? I'm as good as they are. It's true that I don't have their voice, haven't mastered that smooth eloquence that impresses you so much. But when I do open my mouth, I at least know what I'm talking about. We haven't kept anything back. We let you in on everything.

[7-12] I wonder, did I make a bad mistake in proclaiming God's Message to you without asking for something in return, serving you free of charge so that you wouldn't be inconvenienced by me? It turns out that the other churches paid my way so that you could have a free ride. Not once during the time I lived among you did anyone have to lift a finger to help me out. My needs were always supplied

은 믿어도 좋습니다. 그리스도를 나의 증인으로 모시고 말하는데, 이것은 내 명예와 관련된 일입니다. 나는 이웃의 판단으로부터 여러분을 보호하기 위해서라도 이 일을 비밀로 해둘 마음이 없습니다. 내가 여러분을 사랑하지 않아서 그런 것이 아닙니다. 내가 여러분을 사랑하는 것은 하나님께서 아십니다. 다만 나는 우리 사이의 일을 공개하여, 숨기는 것이 없게 하려는 것뿐입니다.

12-15 이와 관련해서 나는 내 입장을 바꾸지 않을 작정입니다. 여러분의 돈을 받느니 차라리 죽는 편을 택하겠습니다. 나는 악착같이 돈을 모으면서도 자신들을 특별한 존재로 자처하는 설교자들과 나를 한통속으로 취급할 빌미를 누구에게도 주지 않을 것입니다. 그들은 그리스도의 대리인 행세를 하지만 속속들이 가짜인 가엾은 패거리—거짓 사도들, 거짓 설교자들, 부정직한 일꾼들—입니다. 그렇다고 놀랄 것까지는 없습니다! 사탄은 늘 그런 식으로 활동하고, 빼어난 빛의 천사로 가장하기 때문입니다. 그러므로 사탄의 졸개들이 하나님의 종으로 가장한다고 해서 놀랄 것이 없습니다. 그러나 그들은 그 무엇으로도 성공하지 못할 것이며, 결국에는 그 대가를 치르게 될 것입니다.

여러 번 기나긴 밤을 홀로 지새우고

16-21 출발점으로 다시 돌아가서 말씀드리겠습니다. 내가 다소 어리석은 말을 계속하더라도 나를 비난하지는 말아 주십시오. 비난하려거든, 차라리 나를 어리석은 사람으로 받아들여서, 내가 큰소리 좀 치게 해 주십시오. 이러한 말투는 그리스도에게서 배운 것이 아닙니다. 오, 절대로 아닙니다. 그것은 내가 요즘 인기 있는 현란한 설교자들에게서 찾아낸 못된 버릇입니다. 여러분은 재판석에 앉아 이 모든 사기극을 관찰하기 때문에, 예상치 않게 이따금 찾아오는 어리석은 자들의 비위까지 맞춰 줄 여유가 있는 모양입니다. 사기꾼들이 여러분의 자유를 빼앗고, 여러분을 이용해 먹고, 여러분에게 터무니없는 돈을 청구하고, 여러분을 윽박지르고, 여러분의 뺨까지 때리는데도, 여러분은 그들을 감탄스러울 정도로 참아 줍니다. 나라면 여러분에게 그렇게 할 수 없었을 것입니다. 우리는 그런 짓을 참을 만큼 비위가 강하지 않기 때문입니다.

21-23 여러분이 설교단에서 자기자랑을 늘어놓는 자들에게 감탄을 금치 못하니, 나도 자랑해 보렵니다. (이것은 어리석은 사람, 곧 여러분의 옛 친구가 하는 말이라는 것을 잊지 마십시오.) 그들이 스스로를 일컬어 히브리 사람, 이스라엘 사람, 아브라함의 순수 혈통이라고 자랑합니까? 나도 그들과 동등한 사람입니다.

by the believers from Macedonia province. I was careful never to be a burden to you, and I never will be, you can count on it. With Christ as my witness, it's a point of honor with me, and I'm not going to keep it quiet just to protect you from what the neighbors will think. It's not that I don't love you; God knows I do. I'm just trying to keep things open and honest between us.

12-15 And I'm not changing my position on this. I'd die before taking your money. I'm giving nobody grounds for lumping me in with those money-grubbing "preachers," vaunting themselves as something special. They're a sorry bunch—pseudo-apostles, lying preachers, crooked workers—posing as Christ's agents but sham to the core. And no wonder! Satan does it all the time, dressing up as a beautiful angel of light. So it shouldn't surprise us when his servants masquerade as servants of God. But they're not getting by with anything. They'll pay for it in the end.

Many a Long and Lonely Night

16-21 Let me come back to where I started—and don't hold it against me if I continue to sound a little foolish. Or if you'd rather, just accept that I am a fool and let me rant on a little. I didn't learn this kind of talk from Christ. Oh, no, it's a bad habit I picked up from the three-ring preachers that are so popular these days. Since you sit there in the judgment seat observing all these shenanigans, you can afford to humor an occasional fool who happens along. You have such admirable tolerance for impostors who rob your freedom, rip you off, steal you blind, put you down—even slap your face! I shouldn't admit it to you, but our stomachs aren't strong enough to tolerate that kind of stuff.

21-23 Since you admire the egomaniacs of the pulpit so much (remember, this is your old friend, the fool, talking), let me try my hand at it. Do they brag of being Hebrews, Israelites, the pure race of Abraham? I'm their match.

그들이 그리스도의 종입니까? 나는 더욱 그렇습니다. (내가 이런 말을 하고 있다는 것이 믿기지 않습니다. 이런 식으로 말하는 것은 정신 나간 짓입니다! 그러나 시작했으니, 끝을 보겠습니다.)

23-27 나는 그들보다 더 열심히 일했고, 그들보다 더 자주 투옥되었고, 매도 셀 수 없을 만큼 많이 맞았고, 죽음의 고비도 여러 차례 넘겼습니다. 유대인들에게 매 서른아홉 대를 맞은 것이 다섯 차례, 로마 사람들에게 매질을 당한 것이 세 차례, 돌로 맞은 것이 한 차례입니다. 세 차례나 배가 난파되었고, 망망한 바다에 빠져 꼬박 하루를 보내기도 했습니다. 해마다 고된 여행을 하면서 여러 개의 강을 건너고, 강도들을 피해 다니고, 벗들과도 다투고, 적들과도 싸워야 했습니다. 도시에서도 위험에 처하고, 시골에서도 위험에 처했으며, 태양이 작열하는 사막의 위험과 폭풍이 이는 바다의 위험도 겪었고, 형제로 여겼던 사람들에게 배신도 당했습니다. 단조롭고 고된 일과 중노동을 겪고, 길고 외로운 밤을 여러 차례 지새우고, 식사도 자주 거르고, 추위에 상하고, 헐벗은 채 비바람을 맞기도 했습니다.

28-29 하지만 이 모든 것과 비교조차 할 수 없는 것은 모든 교회로 인해 겪는 곤경과 걱정입니다. 누군가 더 이상 물러설 수 없는 형편에 처하면, 나는 뼛속 깊이 절망을 느낍니다. 누가 속아 넘어가 죄를 지으면, 내 속에서 화가 불같이 타오릅니다.

30-33 굳이 나 자신을 자랑해야 한다면, 나는 내가 당한 굴욕을 자랑하겠습니다. 그 굴욕이 나를 예수처럼 되게 해주기 때문입니다. 영원히 찬양받으실 하나님, 곧 우리 주 예수의 아버지께서 내가 하는 말이 거짓이 아님을 아십니다. 내가 다마스쿠스에 있을 때, 아레다 왕의 총독이 나를 체포하려고 성문에 초병을 배치한 적이 있는데, 내가 성벽에 난 창문으로 기어 나오자, 사람들이 나를 바구니에 담아서 내려주었고, 나는 필사적으로 도망쳤습니다.

약함에서 오는 강함

12 1-5 여러분 때문에 나는 이런 식으로 말할 수밖에 없습니다. 나는 본의 아니게 이렇게 말하는 것입니다. 이참에, 하나님께서 내게 주신 환상과 계시의 문제도 꺼내는 것이 좋겠습니다. 예를 들어, 나는 십사 년 전에 그리스도께 붙잡혀 황홀경 속에서 지극히 높은 하늘로 끌려 올라간 사람을 알고 있습니다. 사실, 나는 이 일이 몸을 입은 채 일어났는지, 몸을 떠나서 일어났는지 알지 못합니다. 그것은 하나님만이 아십니다. 내가 알기로,

Are they servants of Christ? I can go them one better. (I can't believe I'm saying these things. It's crazy to talk this way! But I started, and I'm going to finish.)

23-27 I've worked much harder, been jailed more often, beaten up more times than I can count, and at death's door time after time. I've been flogged five times with the Jews' thirty-nine lashes, beaten by Roman rods three times, pummeled with rocks once. I've been shipwrecked three times, and immersed in the open sea for a night and a day. In hard traveling year in and year out, I've had to ford rivers, fend off robbers, struggle with friends, struggle with foes. I've been at risk in the city, at risk in the country, endangered by desert sun and sea storm, and betrayed by those I thought were my brothers. I've known drudgery and hard labor, many a long and lonely night without sleep, many a missed meal, blasted by the cold, naked to the weather.

28-29 And that's not the half of it, when you throw in the daily pressures and anxieties of all the churches. When someone gets to the end of his rope, I feel the desperation in my bones. When someone is duped into sin, an angry fire burns in my gut.

30-33 If I have to "brag" about myself, I'll brag about the humiliations that make me like Jesus. The eternal and blessed God and Father of our Master Jesus knows I'm not lying. Remember the time I was in Damascus and the governor of King Aretas posted guards at the city gates to arrest me? I crawled through a window in the wall, was let down in a basket, and had to run for my life.

Strength from Weakness

12 1-5 You've forced me to talk this way, and I do it against my better judgment. But now that we're at it, I may as well bring up the matter of visions and revelations that God gave me. For instance, I know a man who, fourteen years ago, was seized by Christ and swept in ecstasy to the heights of heaven. I

이 사람은 낙원으로 이끌려 갔는데, 몸을 입고 그렇
게 된 것인지, 몸을 떠나서 그렇게 된 것인지, 나로
서는 알 길이 없습니다. 하지만 하나님은 아십니다.
그는 거기서 말로 표현할 수 없는 놀라운 말을 들었
지만, 그 들은 것을 발설해서는 안되었습니다. 이
사람이 내가 말하려는 그 사람입니다. 그러나 나 자
신에 관해서는, 내가 당한 굴욕 외에 아무 말도 하
지 않겠습니다.
6 내가 조금이라도 자랑할 마음이 있다면 우스운 꼴
을 보이지 않으면서 그렇게 할 수 있고, 그러면서도
알기 쉽게 진리를 내내 말할 수 있을 것입니다. 그
러나 나는 여러분을 아끼는 마음으로 그만두겠습
니다. 여러분이 길에서 나를 보거나 내가 하는 말을
듣게 되거든, 나를 우연히 마주친 어리석은 사람 그
이상의 존재로 여기는 사람이 아무도 없기를 바랍
니다.
7-10 받은 계시들이 엄청나고 또 내가 우쭐거려서는
안되겠기에, 주님께서는 나에게 장애를 선물로 주
셔서, 늘 나의 한계들을 절감하도록 하셨습니다. 사
탄의 하수인이 나를 넘어뜨리려고 전력을 다했고,
실제로 내 무릎을 꿇게 했습니다. 그래서 내가 교만
하게 다닐 위험이 없게 한 것입니다! 처음에 나는 장
애를 선물로 여기지 못하고, 그것을 없애 달라고 하
나님께 간구했습니다. 세 번이나 그렇게 했는데, 그
분께서 이렇게 말씀하셨습니다.

내 은혜가 네게 족하다. 네게 필요한 것은 그것이
전부다.
내 능력은 네 약함 속에서 진가를 드러낸다.

나는 그 말씀을 듣자마자, 이렇게 된 것을 기쁘게 받아들였습니다. 나는 장애에 집착하는 것을 그만두고, 그것을 선물로 여기며 감사하기 시작했습니다. 그것은 그리스도의 능력이 나의 약함 속으로 쇄도해 들어오는 하나의 사건이었습니다. 이제 나는 약점들을 기꺼이 받아들입니다. 나를 낮추어 주는 이 약점들—모욕, 재난, 적대 행위, 불운—을 기쁘게 받아들입니다. 나는 그저 그리스도께 넘겨드릴 따름입니다! 그리하여 나는 약하면 약할수록 점점 더 강하게 됩니다.

11-13 내가 실수를 저질렀습니다! 나는 이와 같이 말
하면서 완전히 어리석은 사람이 되고 말았습니다.
그러나 그것은 내 탓만은 아닙니다. 여러분이 나를

really don't know if this took place in the body
or out of it; only God knows. I also know that
this man was hijacked into paradise—again,
whether in or out of the body, I don't know; God
knows. There he heard the unspeakable spoken,
but was forbidden to tell what he heard. This is
the man I want to talk about. But about myself,
I'm not saying another word apart from the
humiliations.
6 If I had a mind to brag a little, I could proba-
bly do it without looking ridiculous, and I'd
still be speaking plain truth all the way. But I'll
spare you. I don't want anyone imagining me as
anything other than the fool you'd encounter if
you saw me on the street or heard me talk.
7-10 Because of the extravagance of those
revelations, and so I wouldn't get a big head,
I was given the gift of a handicap to keep me
in constant touch with my limitations. Satan's
angel did his best to get me down; what he in
fact did was push me to my knees. No danger
then of walking around high and mighty! At
first I didn't think of it as a gift, and begged God
to remove it. Three times I did that, and then he
told me,

My grace is enough; it's all you need.
My strength comes into its own in your weak-
ness.

Once I heard that, I was glad to let it happen. I quit focusing on the handicap and began appreciating the gift. It was a case of Christ's strength moving in on my weakness. Now I take limitations in stride, and with good cheer, these limitations that cut me down to size—abuse, accidents, opposition, bad breaks. I just let Christ take over! And so the weaker I get, the stronger I become.

11-13 Well, now I've done it! I've made a
complete fool of myself by going on like this.
But it's not all my fault; you put me up to it. You
should have been doing this for me, sticking

부추긴 것입니다. 여러분은 내가 어리석은 말을 하도록 놔두기보다는 나를 지지하고 칭찬해 주었어야 했습니다. 내가 보잘것없고 하찮은 사람이기는 하지만, 여러분을 그토록 매료시킨 저 대단한 "사도들"과 견주어 내가 그들만 못한 사람이 아니라는 것을 여러분도 직접 겪어 보아서 알 것입니다. 내가 여러분과 함께 있으면서 복된 시기와 힘겨운 시기를 보내는 동안, 참 사도를 구별하는 온갖 표적들, 곧 놀라운 일과 이적과 능력의 표적들이 분명하게 나타났습니다. 여러분이 나나 하나님께로부터 다른 교회들에 비해 덜 받은 것이 있습니까? 여러분이 덜 받은 것이 한 가지 있기는 합니다. 바로 내 생활비를 책임지지 않은 것 말입니다. 참 미안하게 되었습니다. 여러분에게서 그 책임을 빼앗은 것을 용서해 주시기 바랍니다.

14-15 지금 나는 여러분을 세 번째로 방문하기 위해 모든 준비를 마친 상태입니다. 그러나 걱정하지 마십시오. 여러분은 특별히 애쓰지 않아도 됩니다. 지난 두 차례의 방문 때와 마찬가지로, 이번에도 여러분을 성가시게 하는 일은 없을 것입니다. 나는 여러분의 소유에는 관심이 없습니다. 여러분 자신에게만 관심이 있을 따름입니다. 자녀가 부모를 돌보는 것이 아니라, 부모가 자녀를 돌보는 것입니다. 여러분을 위해서라면 나는 기꺼이 내 지갑을 비우고, 내 목숨까지도 저당잡히겠습니다. 그러니 내가 여러분을 사랑할수록 여러분의 사랑을 덜 받게 되다니, 어찌 된 일입니까?

16-18 내가 앞에서는 자급하는 척하고 뒤에서는 교묘하게 속여 빼앗았다는 험담이 끊임없이 들리니, 어찌 된 일입니까? 그 증거가 어디에 있습니까? 내가 누군가를 보내서 여러분을 속이거나 여러분의 것을 빼앗은 일이 있습니까? 나는 디도에게 여러분을 방문하라고 권했고, 그와 함께 형제 몇 사람을 보냈습니다. 그들이 여러분을 속여 무언가를 빼앗은 일이 있습니까? 우리가 솔직하지 않거나 정직하지 않았던 적이 있습니까?

19 우리가 여러분을 배심원으로 여겨 줄곧 변명하고 있다고 생각하지 마시기 바랍니다. 여러분은 배심원이 아닙니다. 하나님—그리스도 안에서 계시된 하나님—이 배심원이십니다. 우리는 그분 앞에서 진술하고 있는 것입니다. 우리는 여러분의 성장을 방해하지 않으려고 자비량으로 온갖 수고를 감당했습니다.

20-21 내게는 이런 두려움이 있습니다. 내가 여러분을 방문할 때 여러분이 나를 실망시키지 않을까, 내가 여러분을 실망시키지 않을까, 서로 실망한 나머지 모든 것이 산산조각 나서, 싸움과 시기와 격분과 편가

up for me and commending me instead of making me do it for myself. You know from personal experience that even if I'm a nobody, a nothing, I wasn't second-rate compared to those big-shot apostles you're so taken with. All the signs that mark a true apostle were in evidence while I was with you through both good times and bad: signs of portent, signs of wonder, signs of power. Did you get less of me or of God than any of the other churches? The only thing you got less of was less responsibility for my upkeep. Well, I'm sorry. Forgive me for depriving you.

14-15 Everything is in readiness now for this, my third visit to you. But don't worry about it; you won't have to put yourselves out. I'll be no more of a bother to you this time than on the other visits. I have no interest in what you have—only in you. Children shouldn't have to look out for their parents; parents look out for the children. I'd be most happy to empty my pockets, even mortgage my life, for your good. So how does it happen that the more I love you, the less I'm loved?

16-18 And why is it that I keep coming across these whiffs of gossip about how my self-support was a front behind which I worked an elaborate scam? Where's the evidence? Did I cheat or trick you through anyone I sent? I asked Titus to visit, and sent some brothers along. Did they swindle you out of anything? And haven't we always been just as above-board, just as honest?

19 I hope you don't think that all along we've been making our defense before you, the jury. You're not the jury; God is the jury—God revealed in Christ—and we make our case before him. And we've gone to all the trouble of supporting ourselves so that we won't be in the way or get in the way of your growing up.

20-21 I do admit that I have fears that when I come you'll disappoint me and I'll disappoint you, and in frustration with each other everything will fall to pieces—quarrels, jealousy, flaring tempers, taking sides, angry words,

르기와 격한 말과 악한 소문과 자만과 큰 소란이 일어나지 않을까 하는 것입니다. 나는 다시 여러분에게 둘러싸여서 하나님께 창피를 당하고 싶지 않습니다. 또한 나는, 예전과 똑같이 죄짓기를 되풀이하는 저 무리—악과 불륜과 추잡한 행위의 진창 속에서 뒹굴며 헤어 나오려고 하지 않는 무리—때문에 뜨거운 눈물을 흘리고 싶지도 않습니다.

그리스도께서 살아 계십니다!

13 1-4 이제 나의 세 번째 방문이 얼마 남지 않았습니다. "사건은 두세 증인이 증거를 제시하고 나서야 명백해진다"고 한 성경 말씀을 기억하십니까? 두 번째 방문에서 나는, 예전과 똑같이 죄짓기를 되풀이하는 자들에게, 내가 다시 가면 그냥 넘어가지 않겠다고 경고한 적이 있습니다. 이제 나는 세 번째 방문을 준비하면서, 멀리 있지만 거듭 경고합니다. 내가 그곳에 갈 때까지 옛 습관을 바꾸지 않는다면, 조심해야 할 것입니다. 그리스도께서 나를 통해 말씀하신다는 증거를 요구해 온 여러분은, 생각보다 많은 증거를 얻게 될 것입니다. 여러분은 그리스도의 충만한 능력을 얻게 될 것입니다. 얻지 못할 것이라고 생각지 마십시오. 그리스도께서 십자가에 달려 돌아가실 때, 그분은 더없이 약하고 굴욕적이었지만, 지금은 강력하신 하나님의 능력으로 살아 계십니다! 우리도 볼품없어서 여러분 가운데서 굴욕을 당했지만, 이번에 여러분을 대할 때에는 하나님의 능력으로 그리스도 안에서 살아 있을 것입니다.

5-9 여러분 자신을 스스로 점검해 보십시오. 여러분은 자신이 믿음 안에서 흔들림이 없는지 스스로 확인해 보고, 모든 것을 당연한 것으로 여기며 적당히 지내는 일이 없게 하십시오. 여러분 자신을 주기적으로 점검하십시오. 여러분에게 필요한 것은, 예수 그리스도께서 여러분 안에 계신다는 전해 들은 이야기가 아니라, 직접적인 증거입니다. 그 증거가 있는지 시험해 보십시오. 만일 그 시험에 실격했다면, 방법을 강구하십시오. 나는 그 시험에서 우리가 실격자로 드러나지 않기를 바랍니다. 그러나 설령 그렇게 되더라도, 여러분이 아니라 우리가 실격자로 드러나기를 바랍니다. 우리는 여러분 안에서 이 진리가 완성되기를 응원합니다. 이것 외에 우리가 할 수 있는 일은 없습니다.

우리는 우리가 가진 한계를 그저 참고만 있는 것이 아닙니다. 우리는 그 한계를 환영하고, 나아가 그 한계를 넘어설 수 있도록 하나님이 주시는 모든 능력을 환영하며, 결국에는 여러분 안에서 그 한계를 넘어

vicious rumors, swelled heads, and general bedlam. I don't look forward to a second humiliation by God among you, compounded by hot tears over that crowd that keeps sinning over and over in the same old ways, who refuse to turn away from the pigsty of evil, sexual disorder, and indecency in which they wallow.

He's Alive Now!

13 1-4 Well, this is my third visit coming up. Remember the Scripture that says, "A matter becomes clear after two or three witnesses give evidence"? On my second visit I warned that bunch that keeps sinning over and over in the same old ways that when I came back I wouldn't go easy on them. Now, preparing for the third, I'm saying it again from a distance. If you haven't changed your ways by the time I get there, look out. You who have been demanding proof that Christ speaks through me will get more than you bargained for. You'll get the full force of Christ, don't think you won't. He was sheer weakness and humiliation when he was killed on the cross, but oh, he's alive now—in the mighty power of God! We weren't much to look at, either, when we were humiliated among you, but when we deal with you this next time, we'll be alive in Christ, strengthened by God.

5-9 Test yourselves to make sure you are solid in the faith. Don't drift along taking everything for granted. Give yourselves regular checkups. You need firsthand evidence, not mere hearsay, that Jesus Christ is in you. Test it out. If you fail the test, do something about it. I hope the test won't show that we have failed. But if it comes to that, we'd rather the test showed our failure than yours. We're rooting for the truth to win out in you. We couldn't possibly do otherwise.

We don't just put up with our limitations; we celebrate them, and then go on to celebrate every strength, every triumph of the truth in you. We pray hard that it will all come together in your lives.

이루어지는 진리의 승리를 경축할 것입니다. 우리는 여러분의 삶 속에서 모든 것이 온전해지기를 열심히 기도하고 있습니다.
10 여러분에게 이 편지를 써 보내는 것은, 내가 여러분에게 갈 때 이 문제에 대해 다른 말을 하지 않으려는 것입니다. 주님께서 내게 주신 권위는 사람들로 하여금 힘을 내게 하라고 주신 것이지, 그들을 무너뜨리라고 주신 것이 아닙니다. 나는 그 일을 잘 진척시키고 싶을 뿐, 책망이나 징계에 시간을 낭비할 마음이 없습니다.

11-13 친구 여러분, 이것으로 마치겠습니다. 기뻐하십시오. 모든 일이 잘 회복되도록 노력하십시오! 여러분의 영이 생명으로 넘쳐나게 하십시오. 서로 조화롭게 생각하십시오. 상냥하게 대하십시오. 모든 일을 그렇게 하십시오. 그러면 사랑과 평화의 하나님께서 틀림없이 여러분과 함께하실 것입니다. 거룩한 포옹으로 서로 인사하십시오. 이곳에 있는 모든 형제자매가 안부를 전합니다.
14 주 예수 그리스도의 놀라운 은혜와, 하나님의 아낌없는 사랑과, 성령의 친밀한 사귐이, 여러분 모두와 함께하기를 바랍니다.

10 I'm writing this to you now so that when I come I won't have to say another word on the subject. The authority the Master gave me is for putting people together, not taking them apart. I want to get on with it, and not have to spend time on reprimands.

11-13 And that's about it, friends. Be cheerful. Keep things in good repair. Keep your spirits up. Think in harmony. Be agreeable. Do all that, and the God of love and peace will be with you for sure. Greet one another with a holy embrace. All the brothers and sisters here say hello.
14 The amazing grace of the Master, Jesus Christ, the extravagant love of God, the intimate friendship of the Holy Spirit, be with all of you.

갈라디아서 | 머리말

종교인들이 곧잘 취하는 태도 가운데 하나는, 종교를 다른 사람들을 통제하는 수단으로 변질시켜 그들을 옴짝달싹하지 못하게 하는 것이다. 그러한 종교적 조작과 통제의 역사는 지루할 정도로 오래되었다. 종교를 그런 식으로만 이해하던 사람들이 종교로부터 벗어나는 것을 자유로 여기는 것은 당연한 노릇이다. 그러나 문제는 그 자유의 수명이 짧다는 것이다.

다소의 바울은 예수를 만난 뒤 근본적으로 전혀 다른 존재, 곧 하나님 안에서 자유의 삶을 사는 존재로 변화되어, 저 따분한 역사에 전혀 다른 장(章)을 더하려고 최선을 다하고 있었다. 예수를 만난 바울은 하나님이 사람들을 특정한 방식으로 행동하게 하는 비인격적인 힘이 아니라, 우리를 해방시켜 자유로운 삶을 살게 하는 인격적인 구원자라는 것을 알게 되었다. 하나님은 밖에서 우리를 억누르는 분이 아니라, 안에서 우리를 해방하는 분이셨다.

그것은 영광스러운 경험이었다. 바울은 자기가 만나는 사람들 누구에게나 이 자유로운 삶을 소개하고, 그 삶으로 사람들을 초대하기 시작했다. 초기에 바울은 로마 제국의 갈라디아 지역을 몇 차례 여행하면서 여러 교회를 세웠다. 그리고 몇 년 후에, 바울은 예전에 자신이 속해 있던 종파의 종교 지도자들이 그 교회들을 찾아다니면서 바울의 견해와 권위에 이의를 제기하고, 옛 방식을 다시 소개하고, 자유를 사랑하는 그리스도인들을 종교 규칙과 규정이라는 울타리에 가두고 있다는 소식을 들었다.

바울이 노발대발한 것은 당연한 일이었다. 그는 옛날 방식의 옹호자들이 강압적인 종교 수단을 소개하고, 그리스도인들을 위협하여 예수 안에 있는 자유로운 삶을 포기하게 한 것에 분노했다. 또한 그는 그러한 위협에 넘어간 그리스도인들에게도 분노했다. 그는 자신의 생각을 말하는 것에 조금의 거리낌도 없었다.

> 여러분은 이 어리석은 짓을 계속하렵니까? 정신 나간 사람만이 하나님께서 시작하신 일을 자신의 힘으로 성취할 수 있다고 생각합니다. 여러분

When men and women get their hands on religion, one of the first things they often do is turn it into an instrument for controlling others, either putting or keeping them "in their place." The history of such religious manipulation and coercion is long and tedious. It is little wonder that people who have only known religion on such terms experience release or escape from it as freedom. The problem is that the freedom turns out to be short-lived.

Paul of Tarsus was doing his diligent best to add yet another chapter to this dreary history when he was converted by Jesus to something radically and entirely different – a free life in God. Through Jesus, Paul learned that God was not an impersonal force to be used to make people behave in certain prescribed ways, but a personal Savior who set us free to live a free life. God did not coerce us from without, but set us free from within.

It was a glorious experience, and Paul set off telling others, introducing and inviting everyone he met into this free life. In his early travels he founded a series of churches in the Roman province of Galatia. A few years later Paul learned that religious leaders of the old school had come into those churches, called his views and authority into question, and were reintroducing the old ways, herding all these freedom-loving Christians back into the corral of religious rules and regulations.

Paul was, of course, furious. He was furious with the old guard for coming in with their strong-arm religious tactics and intimidating the Christians into giving up their free life in Jesus. But he was also furious with the Christians for caving in to the intimidation, and he had no qualms about speaking his mind.

> Are you going to continue this craziness? For

은 그 일을 시작할 만큼 슬기롭거나 강하지도 못하면서, 어찌 그 일을 성취할 수 있다고 생각합니까? 여러분이 그토록 고통스러운 학습 과정을 거친 것이 다 허사였다는 말입니까? 아직 완전히 허사가 되어 버린 것은 아닙니다만, 계속 이런 식이라면 분명 허사가 되고 말 것입니다!(갈 3:2-4)

바울은 갈라디아에 있는 여러 교회에 편지를 보내어 그 교회들이 — 그리고 우리가 — 처음 가졌던 자유를 회복하도록 돕는다.

자유롭게 살되, 하나님의 영이 이끌고 북돋아 주시는 대로 사십시오. 그러면 여러분은 이기심이라는 욕망에 휘둘리지 않게 될 것입니다.……성령이 이끄시는 삶을 선택하여, 율법이 지배하는 변덕스런 욕망의 삶에서 빠져나오십시오(갈 5:16-18).

또한 그의 편지는, 하나님께서 선물로 주시는 자유의 본질이 무엇인지 우리에게 가르친다. 그것은 정말로 필요한 지침이라고 하지 않을 수 없다. 자유는 미묘하고 민감한 선물이라서 자칫 오해되거나 악용될 수 있기 때문이다.

only crazy people would think they could complete by their own efforts what was begun by God. If you weren't smart enough or strong enough to begin it, how do you suppose you could perfect it? Did you go through this whole painful learning process for nothing? It is not yet a total loss, but it certainly will be if you keep this up!(Galatians 3:2-4)

His letter to the Galatian churches helps them, and us, recover the original freedom.

Live freely, animated and motivated by God's Spirit. Then you won't feed the compulsions of selfishness...Why don't you choose to be led by the Spirit and so escape the erratic compulsions of a law-dominated existence?(Galatians 5:16-18)

It also gives direction in the nature of God's gift of freedom – most necessary guidance, for freedom is a delicate and subtle gift, easily perverted and often squandered.

갈라디아서

1 [1-5] 나 바울과 이곳에 있는 믿음의 동료들은, 갈라디아에 있는 여러 교회에 문안합니다. 내가 이렇게 편지를 보낼 수 있는 권한은, 사람들의 합의나 윗사람들의 임명에서 온 것이 아닙니다. 그것은 메시아 예수와 그분을 죽은 자들 가운데서 살리신 아버지 하나님께 직접 받은 것입니다. 나는 하나님께로부터 임명받은 사람입니다. 그러므로 나는 다음과 같은 말로 여러분에게 문안합니다. 은혜와 평화가 여러분에게 있기를 바랍니다! 우리는 이 말이 무엇을 의미하는지 잘 압니다. 예수 그리스도께서 우리 죄를 대속하기 위해 자기 몸을 제물로 바치시고, 우리가 사는 이 악한 세상에서 우리를 건져 주셨기 때문입니다. 우리 모두가 이 구원을 경험하는 것, 그것이 바로 하나님의 계획입니다. 하나님께 영광이 영원무궁토록 있기를 바랍니다! 참으로 그렇게 되기를!

다른 메시지는 없습니다

[6-9] 나는 여러분의 변덕이 믿기지 않습니다. 그리스도의 은혜로 여러분을 불러 주신 그분을 그렇게도 쉽게 배반하고 다른 메시지를 받아들이다니요! 여러분도 알다시피, 그것은 사소한 차이 정도가 아닙니다. 그것은 완전히 다른 메시지, 이질적인 메시지, 메시지라고 할 수도 없는 것, 하나님에 관한 거짓말이기 때문입니다. 이처럼 여러분 사이에서 동요를 일으키는 자들이 그리스도의 메시지를 왜곡하고 있습니다. 단도직입적으로 말하겠습니다. 우리 가운데 어떤 사람이, 심지어 하늘에서 온 천사일지라도, 우리가 처음 전한 메시지와 다른 것을 전한다면, 그는 저주를 받아 마땅합니다. 전에 말씀드렸고 이제 다시 말씀드리지만, 아무리 유명하고 자격이 대단한 사람이라도 여러분이 처음 받은 메시지와 다른 것을 전하는 사람

GALATIANS

1 [1-5] I, Paul, and my companions in faith here, send greetings to the Galatian churches. My authority for writing to you does not come from any popular vote of the people, nor does it come through the appointment of some human higher-up. It comes directly from Jesus the Messiah and God the Father, who raised him from the dead. I'm God-commissioned. So I greet you with the great words, grace and peace! We know the meaning of those words because Jesus Christ rescued us from this evil world we're in by offering himself as a sacrifice for our sins. God's plan is that we all experience that rescue. Glory to God forever! Oh, yes!

The Message

[6-9] I can't believe your fickleness—how easily you have turned traitor to him who called you by the grace of Christ by embracing a variant message! It is not a minor variation, you know; it is completely other, an alien message, a no-message, a lie about God. Those who are provoking this agitation among you are turning the Message of Christ on its head. Let me be blunt: If one of us—even if an angel from heaven!—were to preach something other than what we preached originally, let him be cursed. I said it once; I'll say it again: If anyone, regardless of reputation or credentials, preaches something other than what you received

이 있다면, 그는 저주를 받아 마땅합니다.

10-12 내가 이처럼 강경하게 말하는 것이 사람들을 조종하려는 것이겠습니까? 혹은 하나님의 환심을 사려는 것이겠습니까? 아니면 대중의 박수를 얻으려는 것이겠습니까? 대중의 인기를 얻는 것이 나의 목표라면, 나는 그리스도의 종이 되려고 애쓰지 않을 것입니다. 이것을 알아야 합니다. 친구 여러분, 아주 단호하게 말씀드립니다. 내가 여러분에게 전한 이 위대한 메시지는 그저 인간의 낙관론이 아닙니다. 그것은 내가 전통으로 물려받은 것도 아니고, 어떤 학파로부터 배운 것도 아닙니다. 나는 그것을 하나님께로부터 직접 받았습니다. 나는 그 메시지를 예수 그리스도께로부터 직접 받았습니다.

13-16 여러분은 내가 전에 유대인의 방식대로 살 때 어떻게 행동했었는지 이야기를 들었을 것입니다. 그 당시 나는 하나님의 교회를 박해하는 일에 전력을 다했습니다. 나는 하나님의 교회를 철저히 파괴하려고 했습니다. 내 조상의 전통을 지키는 일에 어찌나 열성을 다했던지, 그 면에서 나는 내 동료들보다 훨씬 앞서 있었습니다. 그러나 그때에도 하나님은 나를 향한 계획을 가지고 계셨습니다. 내가 아직 모태에 있을 때, 그분은 너그럽게도 나를 택하시고 불러 주셨습니다! 그분은 내게 개입하시고 자기 아들을 나타내 보이셔서, 나로 하여금 기쁜 마음으로 그 아들을 이방인들에게 알리게 하셨습니다.

16-20 나는 부르심을 받자마자—내 주위의 누구와도 상의하지 않고, 나보다 먼저 사도가 된 사람들과 의논하러 예루살렘으로 올라가지도 않고—곧장 아라비아로 갔습니다. 그리고 얼마 후 다마스쿠스로 되돌아갔고, 삼 년 후에 베드로와 함께 내가 전하는 이야기를 서로 비교해 보려고 예루살렘으로 올라갔습니다. 내가 예루살렘에 머문 기간은 고작 보름 정도였으나, 거기서 지낸 시간은 정말 대단했습니다. 나는 우리 주님의 동생 야고보만 만났을 뿐 다른 사도들은 구경도 못했습니다. (내가 여러분에게 하는 이 말은 절대로 거짓말이 아닙니다.)

21-24 그 후에 나는 시리아와 길리기아에서 사역을 시작했습니다. 그렇게 시간을 보내며 활동한 뒤에도, 나는 유대에 있는 그리스도의 교회들에 얼굴이 알려지지 않았습니다. 그저 "전에 우리를 박해하던 사람이 *이제는 자기가 없애 버리려던 그* 메시지를 전하고 있다"는 소문만 떠돌 뿐이었습니다. 그들이 나에 대해 보인 반응은, 나로 인해 하나님을 알아보고 그분을 경배한 것이었습니다!

originally, let him be cursed.

10-12 Do you think I speak this strongly in order to manipulate crowds? Or curry favor with God? Or get popular applause? If my goal was popularity, I wouldn't bother being Christ's slave. Know this—I am most emphatic here, friends—this great Message I delivered to you is not mere human optimism. I didn't receive it through the traditions, and I wasn't taught it in some school. I got it straight from God, received the Message directly from Jesus Christ.

13-16 I'm sure that you've heard the story of my earlier life when I lived in the Jewish way. In those days I went all out in persecuting God's church. I was systematically destroying it. I was so enthusiastic about the traditions of my ancestors that I advanced head and shoulders above my peers in my career. Even then God had designs on me. Why, when I was still in my mother's womb he chose and called me out of sheer generosity! Now he has intervened and revealed his Son to me so that I might joyfully tell non-Jews about him.

16-20 Immediately after my calling—without consulting anyone around me and without going up to Jerusalem to confer with those who were apostles long before I was—I got away to Arabia. Later I returned to Damascus, but it was three years before I went up to Jerusalem to compare stories with Peter. I was there only fifteen days—but what days they were! Except for our Master's brother James, I saw no other apostles. (I'm telling you the absolute truth in this.)

21-24 Then I began my ministry in the regions of Syria and Cilicia. After all that time and activity I was still unknown by face among the Christian churches in Judea. There was only this report: "That man who once persecuted us is now preaching the very message he used to try to destroy." Their response was to recognize and worship *God* because of *me*!

내 중심은 더 이상 내가 아닙니다

2 1-5 첫 번째 방문이 있고 십사 년이 지나서, 바나바와 나는 디도를 데리고 예루살렘으로 올라갔습니다. 내가 예루살렘으로 간 것은, 내가 계시받은 것을 그들에게 분명히 설명하기 위해서였습니다. 그때 나는 이방인들에게 무엇을 전했는지 그들에게 정확하게 설명했고, 교회에서 존경받는 지도자들에게도 따로 설명했습니다. 그것은 우리의 일이, 유대인과 이방인 사이의 관계 문제로 인해 오명을 얻게 되거나, 공공연한 쟁점이 되는 것을 막기 위해서였습니다. 그러지 않으면, 자칫 여러 해에 걸쳐 이루어진 나의 활동이 훼손되고, 현재 진행되고 있는 나의 사역이 위험에 처할 수도 있었기 때문입니다. 유대인이 아닌 디도가 할례를 강요받지 않았다는 사실에 유념하십시오. 우리가 협의하고 있는 중에 그리스도인인 척하는 첩자들이 침투한 일이 있었습니다. 그들은 참된 그리스도인들이 어떤 자유를 누리는지 엿보려고 슬그머니 끼어든 자들이었습니다. 그들의 저의는 우리를 꾀어 자신들의 종으로 삼으려는 것이었습니다. 그러나 우리는 그들을 거들떠보지도 않았습니다. 여러분을 위해 메시지의 진리를 지키기로 결심했기 때문이었습니다.

6-10 교회 안에서 중요 인사로 여겨지는 사람들이 어떤 평판을 받든, 나는 아무 관심이 없습니다. 하나님은 사람의 겉모습에 감동하지 않으시며, 나 또한 그러합니다. 그 지도자들은 내가 줄곧 전한 메시지에 어떤 것도 덧붙이지 못했습니다. 하나님께서 베드로가 유대인들에게 전한 것과 똑같은 메시지를 내게 맡겨 주셔서 이방인들에게 전하게 하셨다는 사실이 조만간 드러났습니다. 교회의 기둥인 야고보와 베드로와 요한은 하나님께서 나를 부르셨음을 알고서, 나와 바나바에게 손을 내밀어 악수하고, 우리에게는 이방인들을 상대로 하는 사역을 맡기고, 자신들은 계속해서 유대인들에게 나아가기로 했습니다. 그들이 우리에게 한 가지 당부한 것은, 가난한 사람들을 기억해 달라는 것이었습니다. 그것은 내가 이미 열심히 하고 있던 일이었습니다.

11-13 그 후에 베드로가 안디옥에 왔을 때, 나는 그와 정면으로 맞선 적이 있습니다. 그가 분명하게 잘못한 일이 있었기 때문입니다. 이야기는 이렇습니다. 베드로는 야고보가 보낸 몇몇 사람들이 오기 전만 해도, 식사 때마다 이방인들과 함께 식사를 했습니다. 그러나 예루살렘에서 보수적인 사람들이 오자, 그는 슬그머니 뒤로 물러나, 할 수 있는 한 이방인 동료들과 거리를 두었습니다. 그는 할례라는 옛 방식을 강요해

What Is Central?

2 1-5 Fourteen years after that first visit, Barnabas and I went up to Jerusalem and took Titus with us. I went to clarify with them what had been revealed to me. At that time I placed before them exactly what I was preaching to the non-Jews. I did this in private with the leaders, those held in esteem by the church, so that our concern would not become a controversial public issue, marred by ethnic tensions, exposing my years of work to denigration and endangering my present ministry. Significantly, Titus, non-Jewish though he was, was not required to be circumcised. While we were in conference we were infiltrated by spies pretending to be Christians, who slipped in to find out just how free true Christians are. Their ulterior motive was to reduce us to their brand of servitude. We didn't give them the time of day. We were determined to preserve the truth of the Message for you.

6-10 As for those who were considered important in the church, their reputation doesn't concern me. God isn't impressed with mere appearances, and neither am I. And of course these leaders were able to add nothing to the message I had been preaching. It was soon evident that God had entrusted me with the same message to the non-Jews as Peter had been preaching to the Jews. Recognizing that my calling had been given by God, James, Peter, and John–the pillars of the church–shook hands with me and Barnabas, assigning us to a ministry to the non-Jews, while they continued to be responsible for reaching out to the Jews. The only additional thing they asked was that we remember the poor, and I was already eager to do that.

11-13 Later, when Peter came to Antioch, I had a face-to-face confrontation with him because he was clearly out of line. Here's the situation. Earlier, before certain persons had come from James, Peter regularly ate with the non-Jews. But when that conservative group came from Jerusalem, he cautiously pulled back and put

온 유대 보수파를 두려워했던 것입니다. 안타깝게도, 안디옥 교회에 있던 나머지 유대인들도 그런 위선에 동조했고, 바나바까지도 그런 수작에 휩쓸리고 말았습니다.

14 나는 그들이 메시지를 따라 한결같이 바른 길을 걷지 않는 것을 보고, 그들 모두가 보는 앞에서 베드로에게 이렇게 말했습니다. "당신은 예루살렘에서 파견된 감시인들이 보지 않을 때는 유대인이면서도 이방인처럼 살더니, 이제는 예루살렘에서 온 당신의 옛 동료들에게 좋은 인상을 주려고 이방인에게 유대인의 관습을 강요하는군요. 도대체 무슨 권한으로 그렇게 하는 것입니까?"

15-16 우리가 유대인이기는 하지만 "죄인인 이방인"보다 태생적으로 우월한 것은 아니라는 것을 우리는 압니다. 우리는 율법을 지킴으로써 하나님과 올바른 관계가 되는 것이 아니라, 오직 예수 그리스도를 직접 믿음으로써 하나님과 올바른 관계가 되는 것임을 잘 알고 있습니다. 어떻게 압니까? 우리가 그것을 시험해 보았기 때문입니다. 우리는 이 세상에서 가장 훌륭한 율법 체계를 가지고 있습니다! 그러나 우리는 누구도 자기 개선을 통해서는 하나님을 기쁘시게 해 드릴 수 없음을 깨닫고, 예수를 메시아로 믿었습니다. 자기 힘으로 선한 사람이 되려고 애쓰기보다는, 메시아를 믿음으로 하나님과 올바른 관계에 들어가게 되었습니다.

17-18 혹시 우리가 아직 완전한 사람이 아니라는 것을 눈치챘습니까? (그리 놀랄 일도 아닙니다.) 나처럼 그리스도를 통해 하나님과 바른 관계를 맺으려는 사람들이 덕을 완전히 갖추지 못했다는 이유로, 그리스도는 죄의 방조자임에 틀림없다고 비난하시렵니까? 그런 비난은 섣부른 것입니다. 내가 "자기 힘으로 선한 사람이 되려고" 한다면, 그것은 전에 헐어 버린 낡은 헛간을 다시 세우는 셈이 되고, 사기꾼처럼 행동하는 꼴이 되고 말 것입니다.

19-21 실제로 일어난 일을 말하자면 이렇습니다. 나는 율법을 지키려고 애쓰고 하나님을 기쁘시게 해드리려고 고심했지만, 뜻대로 되지 않았습니다. 그래서 나는 "율법의 사람"이 되기를 포기했습니다. 그것은 "하나님의 사람"이 되기 위해서였습니다. 그리스도의 삶이 내게 방법을 일러 주었고, 그렇게 살도록 *해주었습니다. 나는 그리스도와 나를 완전히 동일시*했습니다. 정말로 나는 그리스도와 함께 십자가에 못 박혔습니다. 이제 내 자아는 더 이상 내 중심이 아닙니다. 나는 더 이상 여러분에게 의롭게 보이거나 여러분에게서 좋은 평판을 얻고 싶은 마음이 없습니다.

as much distance as he could manage between himself and his non-Jewish friends. That's how fearful he was of the conservative Jewish clique that's been pushing the old system of circumcision. Unfortunately, the rest of the Jews in the Antioch church joined in that hypocrisy so that even Barnabas was swept along in the charade.

14 But when I saw that they were not maintaining a steady, straight course according to the Message, I spoke up to Peter in front of them all: "If you, a Jew, live like a non-Jew when you're not being observed by the watchdogs from Jerusalem, what right do you have to require non-Jews to conform to Jewish customs just to make a favorable impression on your old Jerusalem cronies?"

15-16 We Jews know that we have no advantage of birth over "non-Jewish sinners." We know very well that we are not set right with God by rule-keeping but only through personal faith in Jesus Christ. How do we know? We tried it—and we had the best system of rules the world has ever seen! Convinced that no human being can please God by self-improvement, we believed in Jesus as the Messiah so that we might be set right before God by trusting in the Messiah, not by trying to be good.

17-18 Have some of you noticed that we are not yet perfect? (No great surprise, right?) And are you ready to make the accusation that since people like me, who go through Christ in order to get things right with God, aren't perfectly virtuous, Christ must therefore be an accessory to sin? The accusation is frivolous. If I was "trying to be good," I would be rebuilding the same old barn that I tore down. I would be acting as a charlatan.

19-21 What actually took place is this: I tried keeping rules and working my head off to please God, and it didn't work. So I quit being a "law man" so that I could be God's man. Christ's life showed me how, and enabled me to do it. I identified myself completely with him. Indeed, I have been crucified with Christ. My ego is no longer central. It is no longer

나는 더 이상 하나님께 좋은 평가를 얻어야 한다는 강박관념이 없습니다. 그리스도께서 내 안에서 살고 계십니다. 여러분이 보는 내 삶은 "나의 것"이 아니라, 나를 사랑하시고 나를 위해 자기 목숨을 내어주신 하나님의 아들을 믿는 믿음으로 살아가는 삶입니다. 나는 이 삶을 저버리지 않을 것입니다.

21 내가 율법을 준수하거나 사람을 기쁘게 하는 종교로 되돌아간다면, 그것은 하나님과의 관계에서 인격적으로 누리는 자유를 송두리째 포기하는 일이 되지 않겠습니까? 나는 그렇게 하지 않을 것입니다. 나는 하나님의 은혜를 거부하지 않을 것입니다. 하나님과의 생생한 관계가 율법을 지킴으로 이루어지는 것이라면, 그리스도는 헛되이 죽으신 것이 됩니다.

율법이 아닌 그리스도를 믿는 믿음

3 1 정신 나간 갈라디아 사람들이여! 누가 여러분을 홀렸습니까? 여러분은 분별력을 잃었습니까? 십자가에 달리신 예수를 삶의 중심에 놓지 않고 있음이 분명하니, 여러분은 제정신이 아닌 것이 틀림없습니다. 십자가에 달리신 그분의 모습이 여러분의 눈에 선할 텐데, 어찌 그럴 수 있습니까?

2-4 여러분에게 한 가지 묻겠습니다. 여러분의 새 삶이 어떻게 시작되었습니까? 하나님을 기쁘시게 해드리기 위해 죽도록 노력함으로써 시작되었습니까? 아니면 여러분이 받은 하나님의 메시지에 응답함으로써 시작되었습니까? 여러분은 이 어리석은 짓을 계속하렵니까? 정신 나간 사람만이 하나님께서 시작하신 일을 자신의 힘으로 성취할 수 있다고 생각합니다. 여러분은 그 일을 시작할 만큼 슬기롭거나 강하지도 못하면서, 어찌 그 일을 성취할 수 있다고 생각합니까? 여러분이 그토록 고통스러운 학습 과정을 거친 것이 다 허사였다는 말입니까? 아직 완전히 허사가 되어 버린 것은 아닙니다만, 계속 이런 식이라면 분명 허사가 되고 말 것입니다!

5-6 대답해 보십시오. 하나님께서 여러분에게 자신의 임재, 곧 성령을 아낌없이 주셔서 여러분 스스로는 결코 할 수 없는 일을 하게 하신 것이, 여러분의 부단한 도덕적 열심 때문입니까, 아니면 여러분 안에서 그 모든 일을 행하시는 그분을 믿어서입니까? 이 모든 일이 여러분에게서 일어난 것은 아브라함의 경우와 같지 않습니까? 그는 하나님을 믿었고, 그 믿음의 행위가 하나님과 올바른 관계를 유지하는 삶으로 변화된 것입니다.

7-8 (율법을 신뢰하는 사람들이 아니라!) 그리스도를 신뢰하는 사람들이야말로 아브라함처럼 믿음의 자녀

important that I appear righteous before you or have your good opinion, and I am no longer driven to impress God. Christ lives in me. The life you see me living is not "mine," but it is lived by faith in the Son of God, who loved me and gave himself for me. I am not going to go back on that.

21 Is it not clear to you that to go back to that old rule-keeping, peer-pleasing religion would be an abandonment of everything personal and free in my relationship with God? I refuse to do that, to repudiate God's grace. If a living relationship with God could come by rule-keeping, then Christ died unnecessarily.

Trust in Christ, Not the Law

3 1 You crazy Galatians! Did someone put a hex on you? Have you taken leave of your senses? Something crazy has happened, for it's obvious that you no longer have the crucified Jesus in clear focus in your lives. His sacrifice on the cross was certainly set before you clearly enough.

2-4 Let me put this question to you: How did your new life begin? Was it by working your heads off to please God? Or was it by responding to God's Message to you? Are you going to continue this craziness? For only crazy people would think they could complete by their own efforts what was begun by God. If you weren't smart enough or strong enough to begin it, how do you suppose you could perfect it? Did you go through this whole painful learning process for nothing? It is not yet a total loss, but it certainly will be if you keep this up!

5-6 Answer this question: Does the God who lavishly provides you with his own presence, his Holy Spirit, working things in your lives you could never do for yourselves, does he do these things because of your strenuous moral striving *or* because you trust him to do them in you? Don't these things happen among you just as they happened with Abraham? He believed God, and that act of belief was turned into a life that was right with God.

인 것이 분명하지 않습니까? 또한 성경에는, 하나님께서 이방인과도 믿음에 근거하여 올바른 관계를 맺으실 것이라는 사실이 이미 기록되어 있습니다. 성경은 아브라함에게 "모든 민족이 네 안에서 복을 받을 것이다"라고 약속하면서, 그 사실을 미리 내다보았습니다.

9-10 그러므로 이제 믿음으로 사는 이들은 믿음으로 살았던 아브라함과 함께 복을 받습니다. 이것은 결코 새로운 가르침이 아닙니다! 그리고 이것은 하나님을 의지하지 않고 스스로의 힘으로 살려고 하는 사람은, 누구든지 실패할 수밖에 없음을 의미합니다. 성경은 이렇게 뒷받침합니다. "율법 책에 기록된 모든 조항 가운데 하나라도 행하지 않는 자는 심한 저주를 받게 된다."

11-12 그 같은 도덕적 요구조항을 온전히 지킬 수 없다는 것은 분명합니다. 그러므로 그런 식으로는 누구도 하나님과 바른 관계를 유지할 수 없습니다. 하나님과 바른 관계를 맺고 사는 사람은, 하나님께서 마련해 주시는 일을 받아들임으로써 그런 삶을 살아갑니다. 하나님을 위해 무언가를 하는 것과, 하나님이 해주시는 일 속으로 들어가는 것은 분명히 다릅니다. 예언자 하박국이 옳았습니다. "하나님을 믿는 사람은, 하나님께서 바로잡아 주신다. 그것만이 참된 삶이다." 율법 준수는 믿음으로 사는 삶으로 자연스럽게 나아가기는커녕, 더 많은 율법 준수로 이어지게 마련입니다. 그것은 성경에 기록되어 있는 사실이기도 합니다. "이와 같은 일(율법 준수)을 하는 사람은 그 일로 살 것이다."

13-14 그리스도께서는 실패할 수밖에 없는, 저주받은 우리 삶을 온전히 자기 것으로 삼으심으로, 그 삶에서 우리를 건져 주셨습니다. 여러분은 "나무에 달린 자는 모두 저주를 받은 자다"라는 성경 말씀을 기억하실 것입니다. 예수께서 십자가에 못 박히실 때 바로 그런 일이 일어났습니다. 그분은 저주를 받은 자가 되셨고, 동시에 그 저주를 푸셨습니다. 그 일로 모든 장애물이 사라져, 이제 우리는 아브라함의 복이 지금도 계속되고 있으며, 그 복이 이방인에게도 유효하다는 사실을 알게 되었습니다. 우리는 너나 할 것 없이 믿음으로—아브라함이 받았던 것과 똑같은 방식으로—하나님의 생명, 곧 성령을 받을 수 있게 되었습니다.

7-8 Is it not obvious to you that persons who put their trust in Christ (not persons who put their trust in the law!) are like Abraham: children of faith? It was all laid out beforehand in Scripture that God would set things right with non-Jews by *faith*. Scripture anticipated this in the promise to Abraham: "All nations will be blessed in you."

9-10 So those now who live by faith are blessed along with Abraham, who lived by faith—this is no new doctrine! And that means that anyone who tries to live by his own effort, independent of God, is doomed to failure. Scripture backs this up: "Utterly cursed is every person who fails to carry out every detail written in the Book of the law."

11-12 The obvious impossibility of carrying out such a moral program should make it plain that no one can sustain a relationship with God that way. The person who lives in right relationship with God does it by embracing what God arranges for him. Doing things for God is the opposite of entering into what God does for you. Habakkuk had it right: "The person who believes God, is set right by God—and that's the real life." Rule-keeping does not naturally evolve into living by faith, but only perpetuates itself in more and more rule-keeping, a fact observed in Scripture: "The one who does these things [rule-keeping] continues to live by them."

13-14 Christ redeemed us from that self-defeating, cursed life by absorbing it completely into himself. Do you remember the Scripture that says, "Cursed is everyone who hangs on a tree"? That is what happened when Jesus was nailed to the cross: He became a curse, and at the same time dissolved the curse. And now, because of that, the air is cleared and we can see that Abraham's blessing is present and available for non-Jews, too. We are *all* able to receive God's life, his Spirit, in and with us by believing—just the way Abraham received it.

15-18 친구 여러분, 내가 말씀드리는 자유의 삶에 대해 일상생활로부터 한 가지 예를 들어 보겠습니다.

15-18 Friends, let me give you an example from everyday affairs of the free life I am talking

어떤 사람이 유언장을 법 절차에 따라 작성해 놓으면, 아무도 그것을 무효로 하거나 거기에 무언가를 덧붙일 수 없습니다. 이제 약속이 아브라함과 그의 후손에게 주어졌습니다. 여러분도 알다시피, 성경은 마치 일반인 모두를 가리키는 것처럼 "후손들에게"라고 말하지 않고, 법률 문서에서 쓰는 신중한 용어로 "네 후손에게"라고 말합니다(여기서 '후손'을 뜻하는 명사는 단수로 쓰였습니다). 그 후손은 다름 아닌 그리스도를 가리킵니다. 내가 말하려는 것은 이렇습니다. 하나님께서 일찍이 적법하게 확정하신 유언을, 430년 후에 덧붙여진 부록이 그 유언의 약속을 무효로 하여 파기할 수 없습니다. 절대로 그럴 수 없습니다. 부록에 명시된 계명들과 규정들은, 유언에 약속된 유산과는 아무 관계가 없습니다.

18-20 그렇다면 율법, 곧 부록의 취지는 무엇일까요? 율법은 아브라함에게 주신 처음 약속에 덧붙여진 것으로, 사려 깊은 배려였습니다. 율법의 의의는 (후손이신) 그리스도께서 오셔서 약속을 물려받으시고, 그 약속을 우리에게 나눠 주실 때까지 죄인들을 구원의 길에 붙잡아 두는 데 있습니다. 이 율법이 하나님과의 직접적인 만남의 결과가 아니라는 점은 분명합니다. 그것은 천사들을 통해 중개자인 모세의 손을 거쳐 제정되었습니다. 그런데 시내 산에서처럼 중개자가 있다면, 사람들이 하나님과 직접 교제하는 것은 아니지 않습니까? 믿음으로 받는, 복에 관한 첫 약속은 하나님이 직접 주신 것입니다.

21-22 그렇다면 율법은 약속과 반대되는 것, 곧 우리를 향하신 하나님의 뜻과 반대되는 것일까요? 결코 그렇지 않습니다. 율법의 취지는, 우리 스스로는 하나님과 올바른 관계를 맺을 수 없음을 모든 사람에게 분명히 알리는 것입니다. 하나님께서 자신의 약속을 성취하실 때까지 믿음으로 기다림으로써만 얻을 수 있는 것을, 우리 스스로의 노력으로 얻겠다고 종교 체계를 고안해 내는 것이 얼마나 쓸데없는 짓인지 드러내 보이는 데 있습니다. 율법을 준수해서 우리 안에 생명을 창조할 능력이 있었다면, 우리는 벌써 생명을 얻고도 남았을 것입니다.

23-24 우리가 충분히 성숙해져서 살아 계신 하나님께 믿음으로 흔쾌히 응답하기까지, 우리는 모세의 율법에 세심하게 둘러싸여 보호받을 수밖에 없었습니다. 율법은 여러분이 잘 아는, 그리스의 가정교사와 같습니다. 아이들을 학교까지 바래다주고, 아이들이 위험에 빠지거나 산만해지지 않도록 지켜 주고, 목적지까지 안전하게 도착하도록 도와주는 가정교사 말입니다.

about. Once a person's will has been ratified, no one else can annul it or add to it. Now, the promises were made to Abraham and to his descendant. You will observe that Scripture, in the careful language of a legal document, does not say "to descendants," referring to everybody in general, but "to your descendant" (the noun, note, is singular), referring to Christ. This is the way I interpret this: A will, earlier ratified by God, is not annulled by an addendum attached 430 years later, thereby negating the promise of the will. No, this addendum, with its instructions and regulations, has nothing to do with the promised inheritance in the will.

18-20 What is the point, then, of the law, the attached addendum? It was a thoughtful addition to the original covenant promises made to Abraham. The purpose of the law was to keep a sinful people in the way of salvation until Christ (the descendant) came, inheriting the promises and distributing them to us. Obviously this law was not a firsthand encounter with God. It was arranged by angelic messengers through a middleman, Moses. But if there is a middleman as there was at Sinai, then the people are not dealing directly with God, are they? But the original promise is the *direct* blessing of God, received by faith.

21-22 If such is the case, is the law, then, an anti-promise, a negation of God's will for us? Not at all. Its purpose was to make obvious to everyone that we are, in ourselves, out of right relationship with God, and therefore to show us the futility of devising some religious system for getting by our own efforts what we can only get by waiting in faith for God to complete his promise. For if any kind of rule-keeping had power to create life in us, we would certainly have gotten it by this time.

23-24 Until the time when we were mature enough to respond freely in faith to the living God, we were carefully surrounded and protected by the Mosaic law. The law was like those Greek tutors, with which you are familiar, who escort children to school and protect them from

25-27 그러나 이제 여러분은 여러분의 목적지에 이르렀습니다. 여러분은 그리스도를 믿음으로, 하나님과 직접 사귀게 되었습니다. 여러분이 그리스도 안에서 받은 세례는 새 출발을 할 수 있도록 깨끗해지는 것에서 끝나지 않습니다. 세례는 또한 성숙한 신앙의 옷을 입는 것을 의미합니다. 그 옷은 다름 아닌 그리스도의 생명, 곧 하나님께서 처음 하신 약속의 성취입니다.

그리스도 안에는 차별이 없다

28-29 그리스도의 집안에는 유대인이나 이방인이나, 자유인이나 종이나, 남자나 여자나 차별이 없습니다. 우리 사이에서 여러분은 모두 평등합니다. 다시 말해, 우리는 다 함께 예수 그리스도와 관계를 맺고 있는 사람들입니다. 또한 여러분은 그리스도와 한가족이니, 바로 여러분이 아브라함의 "후손"이며, 언약의 약속에 따른 상속자입니다.

4

1-3 이 말이 무슨 뜻인지 말씀드리겠습니다. 상속자가 미성년일 때는 종보다 나을 것이 없습니다. 그는 법적으로는 모든 유산의 주인이지만, 아버지가 정해 놓은 자유의 때까지는 가정교사나 유산 관리인의 지배를 받아야 합니다. 우리도 마찬가지입니다. 우리도 어릴 때에는 유치한 교훈(이 세상의 가정교사와 유산 관리인)에 둘러싸여 종처럼 명령을 받았습니다. 스스로 행동을 결정할 권한이 없었습니다.

4-7 그러나 정하신 때가 차자, 아버지 하나님은 자기 아들을 보내셔서 우리와 마찬가지로 여자에게서 태어나게 하시고 율법의 제약을 받게 하셨습니다. 그것은 율법에 사로잡힌 우리와 같은 사람들을 건지시기 위해서였습니다. 그 결과로, 우리는 자유인이 되어 정당한 상속자의 권리를 누릴 수 있게 되었습니다. 이제 여러분은, 하나님의 자녀로 완전히 입양되었다고 자신 있게 말할 수 있습니다. 하나님께서 자기 아들의 영을 우리의 삶에 보내셔서 "아빠! 아버지!"라 부르도록 하셨으니 말입니다. 하나님과 친밀한 대화를 나눌 수 있는 특권을 가졌으니, 여러분은 이제 종이 아니라 자녀입니다. 그리고 자녀이면, 유산을 완전히 물려받을 수 있는 상속자이기도 합니다.

8-11 전에 여러분이 하나님을 개인적으로 알지 못하던 때에는 신성과는 아무 상관이 없는 신들에게 종노릇했지만, 이제는 진짜 하나님을 알게 되었습니

danger or distraction, making sure the children will really get to the place they set out for.

25-27 But now you have arrived at your destination: By faith in Christ you are in direct relationship with God. Your baptism in Christ was not just washing you up for a fresh start. It also involved dressing you in an adult faith wardrobe–Christ's life, the fulfillment of God's original promise.

In Christ's Family

28-29 In Christ's family there can be no division into Jew and non-Jew, slave and free, male and female. Among us you are all equal. That is, we are all in a common relationship with Jesus Christ. Also, since you are Christ's family, then you are Abraham's famous "descendant," heirs according to the covenant promises.

4

1-3 Let me show you the implications of this. As long as the heir is a minor, he has no advantage over the slave. Though legally he owns the entire inheritance, he is subject to tutors and administrators until whatever date the father has set for emancipation. That is the way it is with us: When we were minors, we were just like slaves ordered around by simple instructions (the tutors and administrators of this world), with no say in the conduct of our own lives.

4-7 But when the time arrived that was set by God the Father, God sent his Son, born among us of a woman, born under the conditions of the law so that he might redeem those of us who have been kidnapped by the law. Thus we have been set free to experience our rightful heritage. You can tell for sure that you are now fully adopted as his own children because God sent the Spirit of his Son into our lives crying out, "Papa! Father!" Doesn't that privilege of intimate conversation with God make it plain that you are not a slave, but a child? And if you are a child, you're also an heir, with complete access to the inheritance.

8-11 Earlier, before you knew God personally, you

다. 아니, 하나님께서 여러분을 알아 주셨습니다. 그러니 어찌 다시 종이호랑이들에게 굽실거릴 수 있겠습니까? 그런데도 여러분은 특정한 날과 절기와 해와 관련된, 모든 전통과 금기와 미신을 두려워하며 꼼꼼히 지키더군요. 여러분과 함께 있으면서 기울인 나의 모든 수고가 연기처럼 사라질까 두려울 따름입니다!

12-13 사랑하는 친구 여러분, 내가 여러분과 함께 있을 때에 여러분의 입장에 서려고 노력했던 것처럼, 여러분도 나의 입장에 서려고 노력해 주십시오. 그때 여러분은 참으로 다감하고 친절했습니다. 여러분은 개인적으로 나에게 함부로 하지 않았습니다. 여러분도 잘 알다시피, 내가 여러분에게 메시지를 전하게 된 것은, 내 육체가 병들었기 때문이었습니다. 육체가 병들어 여행을 계속할 수 없게 되었고, 나는 여행을 멈추고 여러분과 함께 있지 않으면 안 되었습니다. 내가 여러분에게 메시지를 전하게 된 것은 바로 그 때문입니다.

14-16 아픈 손님을 맞이하는 것만큼 골치 아픈 일도 없을 것입니다. 그런데도 여러분은 하나님의 천사를 대하듯 나를 대했습니다. 여러분은 마치 예수께서 친히 여러분을 방문하시기라도 한 것처럼, 나를 대하면서 예수를 대하듯 했습니다. 그런데 여러분은 그런 사실을 까마득히 잊었습니까? 그 당시 여러분이 느꼈던 그 만족은 다 어떻게 된 것입니까? 그때 여러분 가운데는 할 수만 있다면 내게 자기 눈을 빼 주려고 한 이들도 있었습니다. 그 정도로 나를 생각한 여러분이었습니다! 그런데 이제는 내가 여러분에게 진리를 말했다고 해서 갑자기 여러분의 원수가 되었다는 말입니까? 도무지 믿기지 않습니다.

17 저 이단 교사들이 여러분에게 장광설을 늘어놓으면서 아첨을 떨고 있지만, 그들은 더러운 동기에서 그렇게 하는 것입니다. 그들은 하나님께서 은혜로이 열어 놓으신 자유의 세계를 보지 못하도록 여러분의 눈을 가려서, 자신들을 중요 인물로 돋보이게 하고 여러분으로 하여금 자신들에게서 승인과 지도를 구하게 하려는 것입니다.

18-20 선을 열심히 행하는 것은, 내가 여러분과 함께 있을 때뿐만 아니라 언제든지 좋은 일입니다. 내가 여러분과 함께 있을 때에는 나라는 사람과 내가 전한 메시지에 관심을 기울이더니, 이제는 내가 여러분을 떠났다고 관심을 기울이지 않는 것인가요? 여

were enslaved to so-called gods that had nothing of the divine about them. But now that you know the real God–or rather since God knows you–how can you possibly subject yourselves again to those paper tigers? For that is exactly what you do when you are intimidated into scrupulously observing all the traditions, taboos, and superstitions associated with special days and seasons and years. I am afraid that all my hard work among you has gone up in a puff of smoke!

12-13 My dear friends, what I would really like you to do is try to put yourselves in my shoes to the same extent that I, when I was with you, put myself in yours. You were very sensitive and kind then. You did not come down on me personally. You were well aware that the reason I ended up preaching to you was that I was physically broken, and so, prevented from continuing my journey, I was forced to stop with you. That is how I came to preach to you.

14-16 And don't you remember that even though taking in a sick guest was most troublesome for you, you chose to treat me as well as you would have treated an angel of God–as well as you would have treated Jesus himself if he had visited you? What has happened to the satisfaction you felt at that time? There were some of you then who, if possible, would have given your very eyes to me–that is how deeply you cared! And now have I suddenly become your enemy simply by telling you the truth? I can't believe it.

17 Those heretical teachers go to great lengths to flatter you, but their motives are rotten. They want to shut you out of the free world of God's grace so that you will always depend on them for approval and direction, making them feel important.

18-20 It is a good thing to be ardent in doing good, but not just when I am in your presence. Can't you continue the same concern for both my person and my message when I am away from you that you had when I was with you? Do you know how I feel right now, and will feel until Christ's life becomes visible in your lives? Like

러분은 내가 얼마나 절절한 심정인지 아십니까? 이 심정은 그리스도의 생명이 여러분의 삶 속에서 드러날 때까지 계속 이어질 것입니다. 나는 지금 산고를 겪는 어머니와 같은 심정입니다. 오, 여러분과 함께 있다면 좋겠습니다. 그렇다면 이렇게 좌절감에서 터져 나온 냉담한 편지 형식의 글을 보내지 않아도 되었을 테니까요.

21-31 율법에 흠뻑 빠진 여러분, 내게 말해 보십시오. 여러분은 율법을 자세히 살펴보았습니까? 기억하겠지만, 아브라함에게는 두 아들이 있었습니다. 하나는 여종의 아들이고, 다른 하나는 자유인 여인의 아들입니다. 여종의 아들은 인간적인 묵인 아래 태어났고, 자유인 여인의 아들은 하나님의 약속으로 태어났습니다. 이것은 지금 우리가 다루고 있는 주제를 잘 설명해 줍니다. 그 두 출생 방식은 하나님과 관계를 맺는 두 가지 방식을 가리킵니다. 그중 하나는 아라비아의 시내 산에서 생겨난 방식입니다. 그것은 지금도 예루살렘에서 계속되고 있는 것과 일치하는 삶, 곧 끊임없이 종을 만들어 내는 종의 삶입니다. 바로 하갈의 방식입니다. 반면에, 우리 눈에 보이지 않는 예루살렘 곧 자유로운 예루살렘이 있는데, 그 예루살렘이 바로 우리의 어머니입니다. 이는 다름 아닌 사라의 방식입니다. 이사야가 기록한 것을 기억해 보십시오.

즐거워하여라, 아이를 낳지 못하는 여인아!
환성을 올려라, 산고를 겪어 보지 못한 여인아!
아이를 낳지 못하던 여인의 자녀가
선택받은 여인의 자녀보다 훨씬 많기 때문이다.

친구 여러분, 여러분은 이삭과 같은 약속의 자녀라는 것이 분명하지 않습니까? 하갈과 사라의 시대에는, 부정한 묵인 아래 태어난 아이 이스마엘이, 신실한 약속으로—성령의 능력으로—태어난 아이 이삭을 괴롭혔습니다. 여러분이 지금 예루살렘 출신의 이단자들에게 괴롭힘을 받는 것은 바로 그런 일의 되풀이라는 점이 분명하지 않습니까? 우리가 어찌해야 하는지 성경은 이렇게 말하고 있습니다. "여종과 그 아들을 내쫓아라. 종의 아들은 자유인 아들과 함께 상속을 받을 수 없기 때문이다." 그렇다면 분명하지 않습니까? 우리는 여종의 자녀가 아니라, 자유인 여인의 자녀입니다.

그리스도인의 자유

5 1 그리스도께서 우리를 해방시켜 자유로운 삶을 살게 해주셨습니다. 그러니 굳게 서십

a mother in the pain of childbirth. Oh, I keep wishing that I was with you. Then I wouldn't be reduced to this blunt, letter-writing language out of sheer frustration.

21-31 Tell me now, you who have become so enamored with the law: Have you paid close attention to that law? Abraham, remember, had *two* sons: one by the slave woman and one by the free woman. The son of the slave woman was born by human connivance; the son of the free woman was born by God's promise. This illustrates the very thing we are dealing with now. The two births represent two ways of being in relationship with God. One is from Mount Sinai in Arabia. It corresponds with what is now going on in Jerusalem—a slave life, producing slaves as offspring. This is the way of Hagar. In contrast to that, there is an invisible Jerusalem, a free Jerusalem, and she is our mother—this is the way of Sarah. Remember what Isaiah wrote:

Rejoice, barren woman who bears no children,
shout and cry out, woman who has no birth pangs,
Because the children of the barren woman
now surpass the children of the chosen woman.

Isn't it clear, friends, that you, like Isaac, are children of promise? In the days of Hagar and Sarah, the child who came from faithless connivance (Ishmael) harassed the child who came—empowered by the Spirit—from the faithful promise (Isaac). Isn't it clear that the harassment you are now experiencing from the Jerusalem heretics follows that old pattern? There is a Scripture that tells us what to do: "Expel the slave mother with her son, for the slave son will not inherit with the free son." Isn't that conclusive? We are not children of the slave woman, but of the free woman.

The Life of Freedom

5 1 Christ has set us free to live a free life. So take your stand! Never again let

시오! 그 누구도 다시 여러분에게 종의 멍에를 씌우지 못하게 하십시오!

2-3 나는 단호하게 말씀드립니다. 여러분 가운데 누군가가 할례를 받고 여타의 율법 체계에 굴복하는 순간, 그리스도께서 애써 쟁취하신 자유라는 선물은 사라지고 맙니다. 거듭해서 경고합니다. 할례의 방식을 받아들이는 사람은, 그리스도 안에서 이루어지는 자유로운 삶의 유익을 율법이라는 종의 삶의 의무로 바꾸는 자입니다.

4-6 나는 여러분이 의도한 것이라고는 생각하지 않지만, 그런 일이 실제로 일어나고 있습니다. 여러분이 종교활동에 기대어 살려고 하는 순간, 여러분은 그리스도에게서 떨어져 나간 것이며, 은혜에서 떨어져 나간 것입니다. 그러나 우리는 성령과의 만족스러운 사귐을 애타게 기다리고 있습니다. 그리스도 안에서는 종교적 의무를 성실히 준수하거나 무시하거나 아무 차이가 없기 때문입니다. 중요한 것은 그보다 훨씬 내적인 것입니다. 그것은 다름 아닌 사랑으로 표현되는 믿음입니다.

7-10 여러분은 아주 잘 달리고 있었습니다! 그런데 누가 여러분의 길에 끼어들어, 여러분을 참된 복종의 길에서 멀어지게 했습니까? 그러한 탈선은, 애초에 여러분을 경주로 불러 주신 분께로부터 온 것이 아닙니다. 이 말을 그저 한 귀로 듣고 흘려보내지 마십시오. 여러분도 알다시피, 약간의 누룩이 순식간에 반죽 전체를 부풀어 오르게 합니다. 주님은 내 마음 깊은 곳에 여러분이 변절하지 않을 것이라는 확신을 주셨습니다. 그러나 누구든지 여러분을 흔드는 자는, 하나님의 심판을 받게 될 것입니다.

11-12 내가 (다마스쿠스 길에 들어서기 전에 그랬듯이) 지금도 계속해서 할례의 방식을 전하고 있다는 소문은 터무니없는 것입니다. 만일 그렇다면, 왜 내가 지금도 박해를 받겠습니까? 내가 그 낡은 메시지를 전하면서 이따금 십자가를 언급한다면, 아무도 기분 상하지 않을 것입니다. 그처럼 물에 물 탄 듯한 메시지는 아무도 상관하지 않습니다. 할례에 집착하여 여러분을 선동하는 자들은 아예 끝까지 가서 거세하는 편이 좋겠습니다!

13-15 하나님께서 여러분을 자유로운 삶으로 부르셨다는 것은 틀림없는 사실입니다. 그러나 여러분은 그 자유를 방탕한 삶을 위한 구실로 삼지 마십시오. 여러분의 자유를 망치지 마십시오. 오히려 여러분의 자유를 사랑 안에서 서로 섬기는 일에 사용하십시오. 그것이야말로 자유가 자라는 길입니다. 우리가 하나님 말씀에 대해 아는 모든 것을 한 문장으로 요약하

anyone put a harness of slavery on you.

2-3 I am emphatic about this. The moment any one of you submits to circumcision or any other rule-keeping system, at that same moment Christ's hard-won gift of freedom is squandered. I repeat my warning: The person who accepts the ways of circumcision trades all the advantages of the free life in Christ for the obligations of the slave life of the law.

4-6 I suspect you would never intend this, but this is what happens. When you attempt to live by your own religious plans and projects, you are cut off from Christ, you fall out of grace. Meanwhile we expectantly wait for a satisfying relationship with the Spirit. For in Christ, neither our most conscientious religion nor disregard of religion amounts to anything. What matters is something far more interior: faith expressed in love.

7-10 You were running superbly! Who cut in on you, deflecting you from the true course of obedience? This detour doesn't come from the One who called you into the race in the first place. And please don't toss this off as insignificant. It only takes a minute amount of yeast, you know, to permeate an entire loaf of bread. Deep down, the Master has given me confidence that you will not defect. But the one who is upsetting you, whoever he is, will bear the divine judgment.

11-12 As for the rumor that I continue to preach the ways of circumcision (as I did in those pre-Damascus Road days), that is absurd. Why would I still be persecuted, then? If I were preaching that old message, no one would be offended if I mentioned the Cross now and then–it would be so watered-down it wouldn't matter one way or the other. Why don't these agitators, obsessive as they are about circumcision, go all the way and castrate themselves!

13-15 It is absolutely clear that God has called you to a free life. Just make sure that you don't use this freedom as an excuse to do whatever you want to do and destroy your freedom. Rather, use your freedom to serve

면, "네 자신을 사랑하듯이 다른 사람을 사랑하라"는 것입니다. 이것이야말로 참된 자유의 행위입니다. 여러분이 서로 물어뜯고 할퀴면, 얼마 못 가서 서로가 파멸할 것이니 조심하십시오. 만일 그렇게 된다면, 여러분의 값진 자유가 설 자리가 어디에 있겠습니까?

16-18 내가 드리는 조언은 이러합니다. 자유롭게 살되, 하나님의 영이 이끌고 북돋아 주시는 대로 사십시오. 그러면 여러분은 이기심이라는 욕망에 휘둘리지 않게 될 것입니다. 우리 안에는 죄스러운 이기심이 자리하고 있는데, 그것은 자유로운 영을 거스릅니다. 자유로운 영은 이기심과 양립할 수 없습니다. 그 두 가지 생활방식은 정반대입니다. 여러분은 그날그날 기분에 따라서, 어떤 때는 이렇게 살고 어떤 때는 저렇게 살 수 없습니다. 성령이 이끄시는 삶을 선택하여, 율법이 지배하는 변덕스런 욕망의 삶에서 빠져나오십시오.

19-21 여러분이 항상 자기 마음대로 살려고 할 때 여러분의 삶이 어떻게 될지는 아주 분명합니다. 사랑 없이 되풀이되는 값싼 섹스, 악취를 풍기며 쌓이는 정신과 감정의 쓰레기, 과도하게 집착하지만 기쁨 없는 행복, 껍데기 우상들, 마술쇼 같은 종교, 편집증적 외로움, 살벌한 경쟁, 모든 것을 집어삼키지만 결코 만족할 줄 모르는 욕망, 잔인한 기질, 사랑할 줄도 모르고 사랑받을 줄도 모르는 무력감, 찢겨진 가정과 찢어진 삶, 편협한 마음과 왜곡된 추구, 모든 이를 경쟁자로 여기는 악한 습관, 통제되지도 않고 통제할 수도 없는 중독, 이름뿐인 꼴사나운 공동체 등이 그것입니다. 더 열거할 수도 있지만 그만하겠습니다.

여러분도 알다시피, 내가 여러분에게 경고한 것이 이번이 처음은 아닙니다. 여러분이 자신의 자유를 그런 식으로 사용하면, 여러분은 하나님 나라를 상속받지 못할 것입니다.

22-23 그러나 우리가 하나님의 방법대로 살면 어떤 일이 일어날까요? 과수원에 과일이 풍성히 맺히는 것처럼, 하나님께서 우리의 삶에 여러 가지 선물—다른 사람들에 대한 호의, 풍성한 삶, 고요함 같은 것들—을 풍성히 주실 것입니다. 또한 우리는 끝까지 견디는 마음과, 긍휼히 여기는 마음과, 사물과 사람들 속에 기본적인 거룩함이 스며들어 있다는 확신을 갖게 될 것입니다. 우리는 충성스럽게 헌신하고, 우리가 살아가는 방식을 강요하지

one another in love; that's how freedom grows. For everything we know about God's Word is summed up in a single sentence: Love others as you love yourself. That's an act of true freedom. If you bite and ravage each other, watch out–in no time at all you will be annihilating each other, and where will your precious freedom be then?

16-18 My counsel is this: Live freely, animated and motivated by God's Spirit. Then you won't feed the compulsions of selfishness. For there is a root of sinful self-interest in us that is at odds with a free spirit, just as the free spirit is incompatible with selfishness. These two ways of life are antithetical, so that you cannot live at times one way and at times another way according to how you feel on any given day. Why don't you choose to be led by the Spirit and so escape the erratic compulsions of a law-dominated existence?

19-21 It is obvious what kind of life develops out of trying to get your own way all the time: repetitive, loveless, cheap sex; a stinking accumulation of mental and emotional garbage; frenzied and joyless grabs for happiness; trinket gods; magic-show religion; paranoid loneliness; cutthroat competition; all-consuming-yet-never-satisfied wants; a brutal temper; an impotence to love or be loved; divided homes and divided lives; small-minded and lopsided pursuits; the vicious habit of depersonalizing everyone into a rival; uncontrolled and uncontrollable addictions; ugly parodies of community. I could go on.

This isn't the first time I have warned you, you know. If you use your freedom this way, you will not inherit God's kingdom.

22-23 But what happens when we live God's way? He brings gifts into our lives, much the same way that fruit appears in an orchard–things like affection for others, exuberance about life, serenity. We develop a willingness to stick with things, a sense of compassion in the heart, and a conviction that a basic holiness permeates things and people. We find ourselves involved in loyal commitments, not needing to force our way

않으며, 우리의 에너지를 슬기롭게 모으고 관리할 수 있을 것입니다.

23-24 율법주의는 이와 같은 삶을 자라게 하는 데 아무 도움이 되지 않습니다. 그저 방해만 될 뿐입니다. 그리스도께 속한 사람들에게는, 자기 마음대로 사는 삶이나 남들이 필요하다고 말하는 것에 부화뇌동하는 삶이 영원히 끝났습니다. 그들은 그런 삶을 십자가에 못 박았습니다.

25-26 이것이 우리가 선택한 삶, 곧 성령의 인도를 받는 삶이니, 그 삶을 그저 머릿속 사상이나 마음속 감정으로 여기지 말고, 그 삶에 담긴 뜻을 우리 삶 구석구석에 힘써 적용하십시오. 마치 우리 가운데 누구는 더 낫고 누구는 모자라기라도 한 것처럼 비교하지 말아야 한다는 뜻입니다. 우리에게는 살면서 해야 할 훨씬 흥미로운 일들이 많습니다. 우리는 저마다 하나님의 독특한 작품입니다.

십자가만 자랑하는 삶

6 1-3 친구 여러분, 창조적으로 사십시오! 누군가가 죄에 빠지거든 너그러운 마음으로 그를 바로잡아 주고, 여러분 자신을 위해 비판의 말을 아끼십시오. 여러분도 하루가 가기 전에 용서가 필요하게 될지 모르기 때문입니다. 눌린 사람들에게 몸을 굽혀 손을 내미십시오. 그들의 짐을 나누어 짐으로써, 그리스도의 법을 완성하십시오. 자신이 너무 잘나서 그런 일을 할 수 없다고 생각한다면, 여러분은 대단한 착각에 빠진 것입니다.

4-5 여러분 자신이 어떤 사람이며 여러분에게 맡겨진 일이 무엇인지 조심스럽게 살핀 다음에, 그 일에 몰두하십시오. 우쭐대지 마십시오. 남과 비교하지 마십시오. 여러분은 저마다 창조적으로 최선의 삶을 살아야 할 책임이 있습니다.

6 여러분이 스스로 설 수 있을 만큼 성숙해진 것은 훈련을 받았기 때문인데, 여러분은 여러분을 훈련시킨 사람들과 넉넉한 마음으로 삶을 공유해야 합니다. 여러분이 소유한 것이든 경험한 것이든, 온갖 좋은 것을 함께 나누어야 합니다.

7-8 착각하지 마십시오. 어느 누구도 하나님을 속일 수 없습니다. 사람은 심은 대로 거두게 마련입니다. 다른 사람의 사정은 아랑곳하지 않고—하나님을 무시하고!—이기심을 심는 사람은 잡초를 거둘 것입니다. 그런 사람은 자기만을 위해 살면서 온통 잡초만 키워 낼 것입니다! 그러나 하나님께 대한 응답으로 심고, 그것을 키우는 일을 하나님의 영에게 맡기는 사람은 참된 삶, 곧 영생이라는

in life, able to marshal and direct our energies wisely.

23-24 Legalism is helpless in bringing this about; it only gets in the way. Among those who belong to Christ, everything connected with getting our own way and mindlessly responding to what everyone else calls necessities is killed off for good–crucified.

25-26 Since this is the kind of life we have chosen, the life of the Spirit, let us make sure that we do not just hold it as an idea in our heads or a sentiment in our hearts, but work out its implications in every detail of our lives. That means we will not compare ourselves with each other as if one of us were better and another worse. We have far more interesting things to do with our lives. Each of us is an original.

Nothing but the Cross

6 1-3 Live creatively, friends. If someone falls into sin, forgivingly restore him, saving your critical comments for yourself. You might be needing forgiveness before the day's out. Stoop down and reach out to those who are oppressed. Share their burdens, and so complete Christ's law. If you think you are too good for that, you are badly deceived.

4-5 Make a careful exploration of who you are and the work you have been given, and then sink yourself into that. Don't be impressed with yourself. Don't compare yourself with others. Each of you must take responsibility for doing the creative best you can with your own life.

6 Be very sure now, you who have been trained to a self-sufficient maturity, that you enter into a generous common life with those who have trained you, sharing all the good things that you have and experience.

7-8 Don't be misled: No one makes a fool of God. What a person plants, he will harvest. The person who plants selfishness, ignoring the needs of others–ignoring God!–harvests a crop of weeds. All he'll have to show for his life is weeds! But the one who plants in response to God, letting God's Spirit do the growth work in him, harvests a crop

알곡을 거둘 것입니다.
9-10 그러니 선을 행하되 지치지 마십시오. 포기하거나 중단하지 않으면, 때가 되어 좋은 알곡을 거둘 것입니다. 그러므로 이제 기회 있을 때마다 모든 사람의 유익을 위해 힘쓰십시오. 믿음의 공동체 안에 있는 가까운 사람들에게부터 그 일을 시작하십시오.
11-13 마지막으로, 나는 내가 여러분에게 말씀드린 것이 얼마나 중요한지 강조하기 위해 이렇게 굵은 글씨로 손수 씁니다. 할례의 방식을 여러분에게 강요하려는 자들에게는 오직 한 가지 동기밖에 없습니다. 그들은 손쉬운 방법으로 남들 앞에서 좋게 보이려고 할 뿐, 믿음으로 살겠다는 용기, 곧 그리스도의 고난과 죽음에 참여할 용기는 없습니다. 그들이 율법에 대해 하는 말은 모두 헛소리에 불과합니다. 정작 그들 자신은 율법을 지키지 않습니다! 그들은 율법을 준수할 때에도 지극히 자의적으로 취사선택합니다. 그들이 여러분에게 할례를 받게 하려는 것은, 여러분을 자기 편으로 끌어들여 자신들의 성공을 자랑하려는 것입니다. 비열한 행동이 아닐 수 없습니다!
14-16 그러나 나는 우리 주 예수 그리스도의 십자가만을 자랑하겠습니다. 그 십자가로 말미암아 나는 이 세상에 대해 십자가에 못 박혔고, 남을 기쁘게 하거나 남이 지시하는 하찮은 방식에 나를 끼워 맞추려는 숨 막히는 분위기에서 벗어났습니다. 여러분은 이 모든 일의 핵심이 무엇인지 알겠습니까? 그것은 할례를 받거나 안 받거나 하는 일과 같이, 여러분과 내가 하는 일에 있지 않습니다. 핵심은 하나님께서 지금 하고 계신 일에 있습니다. 그분은 완전히 새로운 것, 곧 자유로운 삶을 창조하고 계십니다! 이 기준에 따라 사는 사람은 누구나 하나님의 참 이스라엘, 곧 하나님이 택하신 백성입니다. 이들에게 평화와 긍휼이 있기를 바랍니다!
17 아주 솔직히 말씀드리자면, 나는 더 이상 이런 말다툼에 시달리고 싶지 않습니다. 내게는 해야 할 훨씬 중요한 일이 있습니다. 이 믿음으로 진지하게 사는 것입니다. 내 몸에는 예수를 섬기다가 얻은 상처 자국이 있습니다.
18 친구 여러분, 우리 주 예수 그리스도께서 값없이 주시는 은혜가 여러분 각 사람 깊은 곳에 있기를 바랍니다. 아멘!

of real life, eternal life.
9-10 So let's not allow ourselves to get fatigued doing good. At the right time we will harvest a good crop if we don't give up, or quit. Right now, therefore, every time we get the chance, let us work for the benefit of all, starting with the people closest to us in the community of faith.
11-13 Now, in these last sentences, I want to emphasize in the bold scrawls of my personal handwriting the immense importance of what I have written to you. These people who are attempting to force the ways of circumcision on you have only one motive: They want an easy way to look good before others, lacking the courage to live by a faith that shares Christ's suffering and death. All their talk about the law is gas. They *themselves* don't keep the law! And they are highly selective in the laws they *do* observe. They only want you to be circumcised so they can boast of their success in recruiting you to their side. That is contemptible!
14-16 For my part, I am going to boast about nothing but the Cross of our Master, Jesus Christ. Because of that Cross, I have been crucified in relation to the world, set free from the stifling atmosphere of pleasing others and fitting into the little patterns that they dictate. Can't you see the central issue in all this? It is not what you and I do–submit to circumcision, reject circumcision. It is what *God* is doing, and he is creating something totally new, a free life! All who walk by this standard are the true Israel of God–his chosen people. Peace and mercy on them!
17 Quite frankly, I don't want to be bothered anymore by these disputes. I have far more important things to do–the serious living of this faith. I bear in my body scars from my service to Jesus.
18 May what our Master Jesus Christ gives freely be deeply and personally yours, my friends. Oh, yes!

에베소서 | 머리말

하나님을 아는 것과 하나님을 섬기는 것이 우리 삶에서 따로 놀 때가 있다. 우리는 온전한 인간으로 살아가도록 창조되었지만, 믿음과 행함의 유기적인 일치가 깨어지는 순간, 온전한 인간으로 살아갈 수 없게 된다.

에베소 교우들에게 보낸 바울의 편지는 죄로 난파된 세상에서 깨어진 모든 것을 두루 봉합한다. 바울은 먼저 그리스도인들이 하나님에 대해 믿는 내용을 의욕적으로 파고든다. 그런 다음에 복합골절을 능숙하게 맞추는 외과의처럼, 하나님을 믿는 믿음과 하나님 앞에서 살아가는 우리의 삶, 곧 믿음과 행위를 서로 짜 맞추고 치료한다. 그러나 바울은 자신의 작업에 한계가 있음을 깨닫고는, 편지를 쓰는 동시에 하나님께 기도하며 이렇게 간구한다.

> 우리 주 예수 그리스도의 하나님, 영광의 하나님께서 여러분에게 이해력과 분별력을 주셔서, 하나님을 친히 알게 하시고 여러분의 눈을 맑고 또렷하게 해주시기를 구합니다. 그리하여 하나님께서 무엇을 하라고 부르시는지, 여러분이 정확히 볼 수 있기를 바랍니다. 또한 하나님께서 그분을 따르는 이들을 위해 마련해 두신 이 영광스러운 삶의 방식이 얼마나 대단한 것인지, 오, 하나님께서 그분을 믿는 우리 안에서 끊임없는 에너지와 한없는 능력으로 행하시는 역사가 얼마나 풍성한지를 이해할 수 있기를 구합니다!(엡 1:17-19)

일단 이렇게 깨어진 모습에 주목하고 나면, 우리 도처에 만연한 균열과 분열이 보이기 시작한다. 우리 몸에서 상처 입지 않은 뼈는 하나도 없다. 마을이나 직장, 학교나 교회, 가정이나 국가에서 깨어지거나 어그러지지 않은 관계를 찾아보기 어려울 정도다. 손댈 곳, 짜 맞출 곳이 한두 군데가 아니다.

그런 이유로 바울은 일을 시작한다. 그는 하늘에서부터 땅까지 그리고 다시 하늘에 이르기까지 모든 것을 두루 아우르며, 메시아이신 예수께서 어떻게 만물과 모든 사람을 끊임없이 화해시키고 계신지를 보여준다.

What we know about God and what we do for God have a way of getting broken apart in our lives. The moment the organic unity of belief and behavior is damaged in any way, we are incapable of living out the full humanity for which we were created.

Paul's letter to the Ephesians joins together what has been torn apart in our sin-wrecked world. He begins with an exuberant exploration of what Christians believe about God, and then, like a surgeon skillfully setting a compound fracture, "sets" this belief in God into our behavior before God so that the bones – belief and behavior – knit together and heal. He knew, however, that his surgical skills were limited, so he not only wrote; he prayed, asking

> I ask – ask the God of our Master, Jesus Christ, the God of glory – to make you intelligent and discerning in knowing him personally, your eyes focused and clear, so that you can see exactly what it is he is calling you to do, grasp the immensity of this glorious way of life he has for his followers, oh, the utter extravagance of his work in us who trust him – endless energy, boundless strength!(Ephesians 1:17-19)

Once our attention is called to it, we notice these fractures all over the place. There is hardly a bone in our bodies that has escaped injury, hardly a relationship in city or job, school or church, family or country, that isn't out of joint or limping in pain. There is much work to be done.

And so Paul goes to work. He ranges widely, from heaven to earth and back again, showing how Jesus, the Messiah, is eternally and tirelessly bringing everything and everyone together.

그리스도께서 십자가에서 죽으심으로 우리를 화해시키셨습니다. 십자가는 우리로 하여금 서로 껴안게 했습니다. 이로써 적대 행위는 끝났습니다. 그리스도께서 오셔서, 밖에 있던 여러분에게 평화를 전하시고, 안에 있는 우리에게도 평화를 전하셨습니다. 그분께서는 우리를 동등하게 대하셨고, 우리로 하여금 동등한 사람이 되게 하셨습니다. 그분을 통해 우리 모두가 같은 성령을 받았고, 동등한 자격으로 아버지께 나아가게 되었습니다.……여러분은 모두 같은 길, 같은 방향으로 나아감으로써, 내적으로나 외적으로 하나가 되도록 부름받았습니다. 여러분은 한 주님, 한 믿음, 한 세례, 한 하나님 아버지를 모시고 있습니다. 이 하나님은 만물을 다스리시고, 만물을 통해 일하시며, 만물 안에 계십니다. 여러분의 존재와 생각과 행위에는 이러한 하나됨이 속속들이 배어 있습니다(엡 2:16-18; 4:4-6).

또한 바울은 그 일이 우리 안에서 우리를 위해 이루어졌을 뿐 아니라, 우리가 그 시급한 일에 협력해야 한다는 사실을 밝힌다.

저 바깥으로 나가, 하나님께서 여러분을 부르셔서 걷게 하신 그 길을 걸어가십시오. 아니, 달려가십시오! 나는 여러분 가운데 어느 누구도 팔짱 끼고 가만히 앉아 있기를 바라지 않습니다. 나는 여러분이 엉뚱한 길에서 헤매는 것을 바라지 않습니다. 겸손과 절제로 이 일을 행하십시오. 기분 내킬 때나 처음에만 하지 말고, 꾸준히 행하십시오. 서로를 위한 사랑의 행위에 자신을 쏟아붓고, 서로의 다름을 깊이 이해하고, 서로 간에 벽이 있다면 서둘러 허무십시오(엡 4:1-3).

이제 우리는 사태가 어떻게 돌아가는지 안다. 또한 화해의 에너지가 우주의 중심에 자리한 발전기인 것도 잘 안다. 그러므로 우리는 우리 삶의 일거수일투족이 바울이 말한바 그리스도께서 완수하신 하나님의 계획, 곧 "광대한 하늘에 있는 모든 것과 땅에 있는 모든 것을 그리스도 안에서 화해시키시고 종합하시려는 원대한 계획"에 이바지한다는 확신을 가지고, 의욕적으로 꾸준히 이 일에 참여해야만 한다.

Christ brought us together through his death on the cross. The Cross got us to embrace, and that was the end of the hostility. Christ came and preached peace to you outsiders and peace to us insiders. He treated us as equals, and so made us equals. Through him we both share the same Spirit and have equal access to the Father...You were all called to travel on the same road and in the same direction, so stay together, both outwardly and inwardly. You have one Master, one faith, one baptism, one God and Father of all, who rules over all, works through all, and is present in all. Everything you are and think and do is permeated with Oneness(Ephesians 2:16-18; 4:4-6).

He also shows us that in addition to having this work done in and for us, we are participants in this most urgent work.

Get out there and walk–better yet, run!–on the road God called you to travel. I don't want any of you sitting around on your hands. I don't want anyone strolling off, down some path that goes nowhere. And mark that you do this with humility and discipline–not in fits and starts, but steadily, pouring yourselves out for each other in acts of love, alert at noticing differences and quick at mending fences(Ephesians 4:1-3).

Now that we know what is going on, that the energy of reconciliation is the dynamo at the heart of the universe, it is imperative that we join in vigorously and perseveringly, convinced that every detail in our lives contributes (or not) to what Paul describes as God's plan worked out by Christ, "a long-range plan in which everything would be brought together and summed up in him, everything in deepest heaven, everything on planet earth."

에베소서

1

1-2 하나님의 계획에 따라 그리스도 예수의 특사인 사도가 된 나 바울은, 에베소에 있는 신실한 그리스도인들에게 이 편지를 씁니다. 나는 하나님 우리 아버지와 우리 주 예수 그리스도께서 우리 삶에 부어 주시는 은혜와 평화로 여러분에게 문안합니다.

영광의 하나님

3-6 하나님은 얼마나 찬송받으실 분이신지요! 하나님은 얼마나 복되신 분이신지요! 하나님은 우리 주 예수 그리스도의 아버지이시며, 그분 안에 있는 축복의 높은 자리로 우리를 데려가시는 분이십니다. 하나님께서는 땅의 기초를 놓으시기 오래전부터 우리를 마음에 두시고 사랑의 중심으로 삼으셔서, 우리가 그분의 사랑으로 온전하고 거룩하게 되도록 하셨습니다. 아주 오래전에, 하나님께서는 예수 그리스도를 통해 우리를 자녀로 맞아들이기로 작정하셨습니다. (이 계획을 세우시며 하나님은 얼마나 기뻐하셨는지 모릅니다!) 하나님께서는, 그분의 사랑하시는 아들의 손을 통해 아낌없이 베푸시는 선물을 우리가 찬양하기 원하셨습니다.

7-10 메시아의 희생, 곧 십자가의 제단에 뿌려진 그분의 피로 말미암아 우리는 자유로운 사람이 되었습니다. 우리의 모든 잘못된 행실에서 비롯된 형벌과 처벌에서 자유케 된 것입니다. 그것도 겨우 자유케 된 것이 아니라, 넘치도록 자유케 되었습니다! 하나님께서는 모든 것을 고려하셨고, 우리에게 필요한 모든 것을 공급해 주셨으며, 친히 기뻐하며 세우신 계획을 우리에게 알려 주셨습니다. 하나님께서는 그리스도 안에서 그 계획을 우리 앞에 활짝 펼쳐 보이셨습니다. 그것은 만물, 곧 광대한 하늘에 있는 모든 것과

EPHESIANS

1

1-2 I, Paul, am under God's plan as an apostle, a special agent of Christ Jesus, writing to you faithful believers in Ephesus. I greet you with the grace and peace poured into our lives by God our Father and our Master, Jesus Christ.

The God of Glory

3-6 How blessed is God! And what a blessing he is! He's the Father of our Master, Jesus Christ, and takes us to the high places of blessing in him. Long before he laid down earth's foundations, he had us in mind, had settled on us as the focus of his love, to be made whole and holy by his love. Long, long ago he decided to adopt us into his family through Jesus Christ. (What pleasure he took in planning this!) He wanted us to enter into the celebration of his lavish gift-giving by the hand of his beloved Son.

7-10 Because of the sacrifice of the Messiah, his blood poured out on the altar of the Cross, we're a free people—free of penalties and punishments chalked up by all our misdeeds. And not just barely free, either. *Abundantly* free! He thought of everything, provided for everything we could possibly need, letting us in on the plans he took such delight in making. He set it all out before us in Christ, a long-range plan in which everything would be brought together and summed up in him,

땅에 있는 모든 것을 그리스도 안에서 화해시키시고 종합하시려는 원대한 계획이었습니다.

11-12 그리스도 안에서 우리는, 자신이 누구이며 무엇을 위해 사는지를 알게 되었습니다. 우리가 그리스도에 대해 처음 듣고 소망을 품기 훨씬 전에, 하나님께서는 우리를 눈여겨보시고 우리로 하여금 영광스러운 삶을 살도록 계획하셨습니다. 그것은 하나님께서 만물과 모든 사람 안에서 성취하고 계신 전체 목적의 일부였습니다.

13-14 그리스도 안에서 여러분은, 진리(여러분의 구원에 관한 이 메시지)를 듣고 믿어 구원을 확신하게 되었습니다. 그것은 성령께서 서명하고 보증하여 전해 주신 구원입니다. 하나님께 날인받은 이 인증은 앞으로 계속될 전집의 첫 권처럼, 하나님께서 우리를 위해 계획해 놓으신 모든 것—곧 하나님을 찬양하며 사는 영광스러운 삶—을 우리가 누리게 될 것임을 일깨워 줍니다.

15-19 그런 까닭에, 나는 여러분이 주 예수를 굳건히 신뢰하고 있으며 예수를 따르는 모든 이들에게 사랑을 쏟고 있다는 소식을 듣고서, 여러분을 두고 하나님께 감사드리지 않을 수 없습니다. 나는 기도할 때마다 여러분을 떠올리며 감사를 드립니다. 그러나 감사에서 멈추지 않고 간구합니다. 우리 주 예수 그리스도의 하나님, 영광의 하나님께서 여러분에게 이해력과 분별력을 주셔서, 하나님을 친히 알게 하시고 여러분의 눈을 맑고 또렷하게 해주시기를 구합니다. 그리하여 하나님께서 무엇을 하라고 부르시는지, 여러분이 정확히 볼 수 있기를 바랍니다. 또한 하나님께서 그분을 따르는 이들을 위해 마련해 두신 이 영광스러운 삶의 방식이 얼마나 대단한 것인지, 오, 하나님께서 그분을 믿는 우리 안에서 끊임없는 에너지와 한없는 능력으로 행하시는 역사가 얼마나 풍성한지를 이해할 수 있기를 구합니다!

20-23 이 모든 에너지는 그리스도에게서 나옵니다. 하나님은 그분을 죽음에서 살리시고 하늘의 보좌에 앉히셔서, 은하계로부터 이 땅의 통치에 이르기까지 우주의 모든 것을 다스리게 하셨습니다. 그분의 통치를 받지 않는 이름이나 권세가 하나도 없게 하셨습니다. 잠시만이 아니라 영원토록 그렇게 하셨습니다. 이 모든 일을 담당하고 계신 분, 모든 일의 최종 결정권을 가지고 계신 분은 그리스도이십니다. 이 모든 것의 중심에서, *그리스도께서 교회를 다스리고 계십니다*. 여러분도 알다시피, 교회는 세상의 변두리가 아니라 세상의 중심입니다. 교회는 그리스도의 몸입니다. 그분은 교회 안에서 말씀하시고 활동하시며, 교회를 통해 만물을 자신의 임재로 가득 채우십니다.

everything in deepest heaven, everything on planet earth.

11-12 It's in Christ that we find out who we are and what we are living for. Long before we first heard of Christ and got our hopes up, he had his eye on us, had designs on us for glorious living, part of the overall purpose he is working out in everything and everyone.

13-14 It's in Christ that you, once you heard the truth and believed it (this Message of your salvation), found yourselves home free—signed, sealed, and delivered by the Holy Spirit. This signet from God is the first installment on what's coming, a reminder that we'll get everything God has planned for us, a praising and glorious life.

15-19 That's why, when I heard of the solid trust you have in the Master Jesus and your outpouring of love to all the followers of Jesus, I couldn't stop thanking God for you—every time I prayed, I'd think of you and give thanks. But I do more than thank. I ask—ask the God of our Master, Jesus Christ, the God of glory—to make you intelligent and discerning in knowing him personally, your eyes focused and clear, so that you can see exactly what it is he is calling you to do, grasp the immensity of this glorious way of life he has for his followers, oh, the utter extravagance of his work in us who trust him—endless energy, boundless strength!

20-23 All this energy issues from Christ: God raised him from death and set him on a throne in deep heaven, in charge of running the universe, everything from galaxies to governments, no name and no power exempt from his rule. And not just for the time being, but *forever*. He is in charge of it all, has the final word on everything. At the center of all this, Christ rules the church. The church, you see, is not peripheral to the world; the world is peripheral to the church. The church is Christ's body, in which he speaks and acts, by which he fills everything with his presence.

그리스도께서 벽을 허무셨습니다

2 1-6 얼마 전까지만 해도 여러분은 죄로 인해 낡고 정체된 삶에 빠져 있었습니다. 그때 여러분은, 참된 삶에 대해서는 아무것도 모르고, 이 세상이 가르쳐 주는 대로 살았습니다. 여러분은 더러운 불신을 폐에 가득 채우고서 불순종의 기운을 내뿜었습니다. 우리는 너나없이 자기가 하고 싶은 것을 마음대로 하며 그렇게 살았습니다. 우리 모두가 같은 배를 타고 있었던 것입니다. 하나님께서 평정심을 잃고 우리 모두를 쓸어버리지 않으신 것은, 정말로 놀라운 일입니다. 오히려 하나님은, 한없는 자비와 믿을 수 없을 만큼 엄청난 사랑으로 우리를 품어 주셨습니다. 하나님은 죄로 죽은 우리 생명을 떠맡으시고 그리스도 안에서 우리를 살리셨습니다. 하나님은 그 모든 일을 우리의 도움 없이, 혼자서 이루셨습니다! 그런 다음 우리를 들어 올리셔서, 가장 높은 하늘에 메시아 예수와 함께 앉게 하셨습니다.

7-10 지금도 하나님께서는 우리를 그분이 원하시는 곳에 두시고, 이 세상에서나 저 세상에서나, 그리스도 예수 안에서 은혜와 사랑을 우리에게 쉼 없이 쏟아부어 주십니다. 구원은 전적으로 하나님이 생각해 내신 일이고, 전적으로 그분이 하신 일입니다. 우리가 할 일은, 다만 하나님께서 그 일을 행하시도록 그분을 신뢰하는 것입니다. 구원은 처음부터 끝까지 하나님의 선물입니다! 주인공 역할은 우리 몫이 아닙니다. 우리가 주인공 역할을 했다면, 우리는 모든 일을 우리가 했다고 떠벌리며 돌아다녔을 것입니다! 하지만 그렇지 않습니다. 우리는 우리 자신을 만들 수도, 구원할 수도 없습니다. 만들고 구원하는 일은 하나님이 하시는 일입니다. 하나님은 그리스도 예수를 통해 우리 각 사람을 지으셨습니다. 그렇게 하신 것은 그분께서 하시는 일, 곧 우리를 위해 마련해 놓으신 선한 일, 우리가 해야 할 그 일에 우리를 참여시키시려는 것입니다.

11-13 그러나 이 일 가운데 어떤 것도 당연한 것으로 여기지 마십시오. 불과 얼마 전까지만 해도 여러분은, 하나님의 방법에 대해서는 아무것도 알지 못하는 이방인이었습니다. 그때 여러분은 하나님이 일하시는 방식이 무엇인지도 몰랐고, 그리스도가 누구신지도 전혀 알지 못했습니다. 여러분은 하나님이 이스라엘 안에 펼치신 풍성한 언약과 약속의 역사(歷史)에 대해서도 전혀 알지 못했고, 그분께서 이 세상에서 무슨 일을 하고 계신지에 대해서도 무지했습니다. 전에는 밖에 있던 여러분이 이제는, 죽음을 맞으시고 피를 흘리신 그리스도로 말미암아 안으로 들어와, 모든 일에 참여하게 되었습니다.

He Tore Down the Wall

2 1-6 It wasn't so long ago that you were mired in that old stagnant life of sin. You let the world, which doesn't know the first thing about living, tell you how to live. You filled your lungs with polluted unbelief, and then exhaled disobedience. We all did it, all of us doing what we felt like doing, when we felt like doing it, all of us in the same boat. It's a wonder God didn't lose his temper and do away with the whole lot of us. Instead, immense in mercy and with an incredible love, he embraced us. He took our sin-dead lives and made us alive in Christ. He did all this on his own, with no help from us! Then he picked us up and set us down in highest heaven in company with Jesus, our Messiah.

7-10 Now God has us where he wants us, with all the time in this world and the next to shower grace and kindness upon us in Christ Jesus. Saving is all his idea, and all his work. All we do is trust him enough to let him do it. It's God's gift from start to finish! We don't play the major role. If we did, we'd probably go around bragging that we'd done the whole thing! No, we neither make nor save ourselves. God does both the making and saving. He creates each of us by Christ Jesus to join him in the work he does, the good work he has gotten ready for us to do, work we had better be doing.

11-13 But don't take any of this for granted. It was only yesterday that you outsiders to God's ways had no idea of any of this, didn't know the first thing about the way God works, hadn't the faintest idea of Christ. You knew nothing of that rich history of God's covenants and promises in Israel, hadn't a clue about what God was doing in the world at large. Now because of Christ—dying that death, shedding that blood—you who were once out of it altogether are in on everything.

14-15 The Messiah has made things up between us so that we're now together on this, both non-Jewish outsiders and Jewish insiders.

14-15 메시아께서 우리 사이를 화해시키셨습니다. 이제 밖에 있던 이방인과 안에 있는 유대인 모두가 이 일에 함께하도록 하셨습니다. 그분은 우리가 서로 거리를 두기 위해 이용하던 벽을 허무셨습니다. 그분은 도움보다는 방해가 되었던, 깨알 같은 글자와 각주로 꽉 찬 율법 조문을 폐지하셨습니다. 그런 다음에, 전혀 새로운 출발을 하셨습니다. 그분은 오랜 세월 동안 증오와 의심에 사로잡혀 둘로 갈라져 있던 사람들을 그대로 두지 않으시고 새로운 인류를 지으셔서, 누구나 새 출발을 하게 하셨습니다.

16-18 그리스도께서 십자가에서 죽으심으로 우리를 화해시키셨습니다. 십자가는 우리로 하여금 서로 껴안게 했습니다. 이로써 적대 행위는 끝났습니다. 그리스도께서 오셔서, 밖에 있던 여러분에게 평화를 전하시고, 안에 있는 우리에게도 평화를 전하셨습니다. 그분께서는 우리를 동등하게 대하셨고, 우리로 하여금 동등한 사람이 되게 하셨습니다. 그분을 통해 우리 모두가 같은 성령을 받았고, 동등한 자격으로 아버지께 나아가게 되었습니다.

19-22 너무도 분명하지 않습니까? 여러분은 더 이상 떠돌이 유랑민이 아닙니다. 이 믿음의 나라가 이제 여러분의 본향입니다. 여러분은 더 이상 나그네나 이방인이 아닙니다. 여러분은 이 믿음의 나라에 속한 사람입니다. 여러분은 여느 사람 못지않게 그리스도인이라는 이름에 딱 어울리는 사람입니다. 하나님은 한 집을 짓고 계십니다. 하나님은 우리가 어떻게 이 믿음의 나라에 이르게 되었는지 따지지 않으시고 우리 모두를 사용하셔서, 그분이 짓고 계신 그 일에 우리를 참여시키십니다. 하나님은 사도들과 예언자들을 기초로 삼으셨습니다. 이제 벽돌을 차곡차곡 쌓듯이, 여러분을 그 기초 위에 끼워 넣으십니다. 그리스도 예수께서는 그 건물의 각 부분을 떠받치는 모퉁잇돌입니다. 우리는 날마다 그 집의 모양이 잡혀 가는 모습을 봅니다. 그 집은 하나님께서 세우시는 성전, 우리 모두가 벽돌처럼 쌓여 이루어지는 성전, 하나님이 머무시는 성전입니다.

하나님의 구원의 비밀

3 1-3 바로 이것이, 나 바울이 이방인이라고 하는 여러분을 위해 일하며 그리스도의 일로 감옥에 갇힌 이유입니다. 여러분은, 모든 사람을 구원하시려는 하나님의 계획 가운데 내가 맡은 역할이 무엇인지 잘 알 것입니다. 나는 이 계획과 관련된 비밀 이야기를 하나님께로부터 직접 들었습니다. 그것은 내가 이미 간략하게 적은 바와 같습니다.

4-6 내가 여러분에게 쓴 글을 읽어 보면, 여러분도 그리스도의 비밀을 직접 알 수 있을 것입니다. 우리 조상 가

He tore down the wall we used to keep each other at a distance. He repealed the law code that had become so clogged with fine print and footnotes that it hindered more than it helped. Then he started over. Instead of continuing with two groups of people separated by centuries of animosity and suspicion, he created a new kind of human being, a fresh start for everybody.

16-18 Christ brought us together through his death on the cross. The Cross got us to embrace, and that was the end of the hostility. Christ came and preached peace to you outsiders and peace to us insiders. He treated us as equals, and so made us equals. Through him we both share the same Spirit and have equal access to the Father.

19-22 That's plain enough, isn't it? You're no longer wandering exiles. This kingdom of faith is now your home country. You're no longer strangers or outsiders. You *belong* here, with as much right to the name Christian as anyone. God is building a home. He's using us all–irrespective of how we got here–in what he is building. He used the apostles and prophets for the foundation. Now he's using you, fitting you in brick by brick, stone by stone, with Christ Jesus as the cornerstone that holds all the parts together. We see it taking shape day after day–a holy temple built by God, all of us built into it, a temple in which God is quite at home.

The Secret Plan of God

3 1-3 This is why I, Paul, am in jail for Christ, having taken up the cause of you outsiders, so-called. I take it that you're familiar with the part I was given in God's plan for including everybody. I got the inside story on this from God himself, as I just wrote you in brief.

4-6 As you read over what I have written to you, you'll be able to see for yourselves into the mystery of Christ. None of our ances-

운데 어느 누구도 이 비밀을 알지 못했습니다. 하나님의 영이 이 새로운 질서를 전하는 거룩한 사도들과 예언자들을 통해 오직 우리 시대에만 그 비밀을 분명하게 알려 주셨습니다. 그 비밀은, 하나님에 대해 한 번도 들어 보지 못한 사람들(밖에 있던 사람들)과 하나님에 대해 평생 들어 온 사람들(안에 있는 사람들)이 하나님 앞에서 같은 터에 서 있다는 것입니다. 그 둘이 그리스도 예수 안에서 같은 제안과 같은 도움, 같은 약속을 받습니다. **메시지**는 누구도 차별하지 않고 모두에게 열려 있으며 모두를 맞아 줍니다.

7-8 내 평생의 사명은, 사람들이 이 **메시지**를 이해하고 이 **메시지**에 응답하도록 돕는 것입니다. 그것은 순전한 선물, 진짜 뜻밖의 선물, 하나님께서 세세한 부분에까지 손을 대신 선물로 내게 다가왔습니다. 나는 하나님의 방식에 대한 배경지식이 전혀 없는 사람들에게 **메시지**를 전하는 일에서, 가장 자격을 갖추지 못한 그리스도인이었습니다. 하나님께서는 그런 나를 준비시키셨습니다. 그러나 여러분은, 그것이 나의 타고난 능력과는 아무 상관이 없는 일임을 알 것입니다.

8-10 그러므로 나는 내 생각을 훨씬 뛰어넘는 일들, 곧 그리스도의 다함없는 부요와 관대하심을 말과 글로 전합니다. 나의 임무는, 이 모든 것을 처음 창조하신 하나님께서 줄곧 은밀히 해오신 일을 알리고 밝히는 것입니다. 하나님의 이 탁월하신 계획은, 교회에 모인 여러분처럼 예수를 따르는 이들을 통해 천사들에게까지 알려져 이야기되고 있습니다!

11-13 이 모든 일은, 하나님께서 줄곧 계획하시고 그리스도 예수 안에서 실행된 방침을 따라 진행되고 있습니다. 그리스도를 신뢰하면서, 우리는 말해야 할 것은 무엇이나 자유롭게 말할 수 있고, 가야 할 곳은 어디나 담대하게 갈 수 있습니다. 그러니 여러분은 지금 내가 여러분을 위해 겪는 고난을 보고서 낙심하지 않기를 바랍니다. 오히려 영광으로 여기십시오!

14-19 나는 하늘과 땅에 있는 만물에 제 이름을 주시는, 위대하신 아버지 앞에 무릎을 꿇음으로 그분의 은혜에 응답합니다. 나는 아버지께서 그분의 영—육체의 힘이 아닌 영광스러운 내적 힘—으로 여러분을 강하게 해주셔서, 여러분이 마음의 문을 열고 그리스도를 모셔들임으로써 그분이 여러분 안에 살게 해주시기를 간구합니다. 또한 나는 여러분이 사랑 위에 두 발로 굳게 서서, 그리스도께서 아낌없이 베푸시는 사랑의 크기를, 예수를 따르는 모든 이들과 함께 이해할 수 있게 해주시기를 간구합니다. 손을 뻗어 그 사랑의 넓이를 경험해 보십시오!

tors understood this. Only in our time has it been made clear by God's Spirit through his holy apostles and prophets of this new order. The mystery is that people who have never heard of God and those who have heard of him all their lives (what I've been calling outsiders and insiders) stand on the same ground before God. They get the same offer, same help, same promises in Christ Jesus. The Message is accessible and welcoming to everyone, across the board.

7-8 This is my life work: helping people understand and respond to this Message. It came as a sheer gift to me, a real surprise, God handling all the details. When it came to presenting the Message to people who had no background in God's way, I was the least qualified of any of the available Christians. God saw to it that I was equipped, but you can be sure that it had nothing to do with my natural abilities.

8-10 And so here I am, preaching and writing about things that are way over my head, the inexhaustible riches and generosity of Christ. My task is to bring out in the open and make plain what God, who created all this in the first place, has been doing in secret and behind the scenes all along. Through followers of Jesus like yourselves gathered in churches, this extraordinary plan of God is becoming known and talked about even among the angels!

11-13 All this is proceeding along lines planned all along by God and then executed in Christ Jesus. When we trust in him, we're free to say whatever needs to be said, bold to go wherever we need to go. So don't let my present trouble on your behalf get you down. Be proud!

14-19 My response is to get down on my knees before the Father, this magnificent Father who parcels out all heaven and earth. I ask him to strengthen you by his

그 사랑의 길이를 재어 보십시오! 그 사랑의 깊이를 측량해 보십시오! 그 사랑의 높이까지 올라가 보십시오! 하나님의 충만하심 안에서 충만해져, 충만한 삶을 사십시오.

20-21 여러분도 알다시피, 하나님은 무엇이든지 하실 수 있는 분입니다. 하나님은 여러분이 꿈에서나 상상하고 짐작하고 구할 수 있는 것보다 훨씬 많은 것을 주실 수 있는 분입니다! 하나님은 밖에서 우리를 강요하심으로써가 아니라 우리 안에서 활동하심으로, 곧 우리 안에서 깊고 온유하게 활동하시는 그분의 영을 통해 그 일을 하십니다.

교회 안에 계신 하나님께 영광!
메시아 예수 안에 계신 하나님께 영광!
영광이 모든 세대에 이르기를!
영광이 영원무궁하기를! 참으로 그러하기를!

한 주님, 한 믿음, 한 세례, 한 하나님

4
1-3 이 모든 것을 생각하면서, 내가 여러분에게 바라는 것은 다음과 같습니다. 나는 주님을 위해 죄수가 되어 이곳에 갇혀 있지만, 여러분은 저 바깥으로 나가, 하나님께서 여러분을 부르셔서 걷게 하신 그 길을 걸어가십시오. 아니, 달려가십시오! 나는 여러분 가운데 어느 누구도 팔짱 끼고 가만히 앉아 있기를 바라지 않습니다. 나는 여러분이 엉뚱한 길에서 헤매는 것을 바라지 않습니다. 겸손과 절제로 이 일을 행하십시오. 기분 내킬 때나 처음에만 하지 말고, 꾸준히 행하십시오. 서로를 위한 사랑의 행위에 자신을 쏟아붓고, 서로의 다름을 깊이 이해하고, 서로 간에 벽이 있다면 서둘러 허무십시오.

4-6 여러분은 모두 같은 길, 같은 방향으로 나아감으로써, 내적으로나 외적으로 하나가 되도록 부름받았습니다. 여러분은 한 주님, 한 믿음, 한 세례, 한 하나님 아버지를 모시고 있습니다. 이 하나님은 만물을 다스리시고, 만물을 통해 일하시며, 만물 안에 계십니다. 여러분의 존재와 생각과 행위에는 이러한 하나됨이 속속들이 배어 있습니다.

7-13 그렇다고 해서 여러분이 다 똑같은 것을 보고 말하고 행해야 한다는 의미는 아닙니다. 우리는 *저마다 그리스도의 은혜에 따라 각자에게 알맞은* 선물을 받았습니다. 다음은 그것을 두고 말한 본문입니다.

그분께서 높은 산으로 올라가셔서

Spirit—not a brute strength but a glorious inner strength—that Christ will live in you as you open the door and invite him in. And I ask him that with both feet planted firmly on love, you'll be able to take in with all followers of Jesus the extravagant dimensions of Christ's love. Reach out and experience the breadth! Test its length! Plumb the depths! Rise to the heights! Live full lives, full in the fullness of God.

20-21 God can do anything, you know—far more than you could ever imagine or guess or request in your wildest dreams! He does it not by pushing us around but by working within us, his Spirit deeply and gently within us.

Glory to God in the church!
Glory to God in the Messiah, in Jesus!
Glory down all the generations!
Glory through all millennia! Oh, yes!

To Be Mature

4
1-3 In light of all this, here's what I want you to do. While I'm locked up here, a prisoner for the Master, I want you to get out there and walk—better yet, run!—on the road God called you to travel. I don't want any of you sitting around on your hands. I don't want anyone strolling off, down some path that goes nowhere. And mark that you do this with humility and discipline—not in fits and starts, but steadily, pouring yourselves out for each other in acts of love, alert at noticing differences and quick at mending fences.

4-6 You were all called to travel on the same road and in the same direction, so stay together, both outwardly and inwardly. You have one Master, one faith, one baptism, one God and Father of all, who rules over all, works through all, and is present in all. Everything you are and think and do is permeated with Oneness.

7-13 But that doesn't mean you should all look and speak and act the same. Out of the generosity of Christ, each of us is given his own gift. The text for this is,

원수를 사로잡아 전리품을 취하시고,
그 모든 것을 사람들에게 선물로 나눠 주셨다.

높은 데로 올라가신 분께서, 또한 땅의 골짜기로 내려오셨다는 것은 사실이지 않습니까? 낮은 데로 내려오신 분은, 다시 가장 높은 하늘로 올라가신 그분이십니다. 그분은 위에서나 아래서나 선물을 나눠 주시고, 하늘을 자신의 선물로 가득 채우시며, 땅도 자신의 선물로 가득 채우셨습니다. 그분은 사도, 예언자, 복음 전도자, 목사-교사의 은사를 선물로 나눠 주셨습니다. 그것은 그리스도를 따르는 사람들을 숙련된 봉사의 일을 하도록 훈련시켜, 그리스도의 몸인 교회 안에서 일하게 하시려는 것입니다. 그리하여 우리 모두가 춤추듯 서로 손발이 척척 맞아, 하나님의 아들께 능숙하고 우아하게 응답하고, 충분히 성숙한 어른이 되고, 안팎으로 충분히 계발되어, 그리스도처럼 충만히 살게 하시려는 것입니다.

14-16 부디, 우리 가운데는 더 이상 어린아이로 남아 있는 사람이 없어야 합니다. 세상 물정 모르는 순진한 사람이 되거나, 아이처럼 사기꾼의 손쉬운 표적이 되어서는 안됩니다. 하나님은 우리가 충분히 자라서, 모든 면에서 그리스도처럼 온전한 진리를 알고, 사랑으로 그 진리를 말하기를 바라십니다. 우리는 그리스도를 따라갑니다. 그분은 우리가 하는 모든 일의 근원이십니다. 그분은 우리가 서로 발맞춰 나아가게 하십니다. 그분의 숨과 피가 우리에게 흘러 영양을 공급하면, 우리는 하나님 안에서 건강하게 자라고 사랑 안에서 강해질 것입니다.

낡은 생활방식을 버리십시오

17-19 그러므로 나는 힘주어 말합니다—하나님께서도 내 말을 지지하십니다. 아무 생각이나 분별없이 사는 대중들을 따라가지 마십시오. 그들은 너무나 오랫동안 하나님과 관계 맺기를 거부한 나머지, 하나님은 물론이고 현실에 대해서도 감각을 잃어버린 자들입니다. 그들은 똑바로 생각할 줄 모릅니다. 감각을 잃어버린 그들은, 성에 집착하고 온갖 종류의 변태 행위에 중독되어 있습니다.

20-24 그런 삶은 여러분에게 어울리지 않습니다. 여러분은 그리스도를 배웠습니다! 우리가 예수 안에서 배운 것처럼, 여러분도 그분께 세심한 주의를 기울였고 진리 안에서 제대로 교육받았습니다. 따라서 우리에게는 못 배워서 그랬다는 핑계가 통하지 않으니, 저 낡은 생활방식과 관련된 모든 것—말 그대로 모든 것—을 버리십시오. 그것은 속속들이 썩었으니, 내

He climbed the high mountain,
He captured the enemy and seized the booty,
He handed it all out in gifts to the people.

Is it not true that the One who climbed up also climbed down, down to the valley of earth? And the One who climbed down is the One who climbed back up, up to highest heaven. He handed out gifts above and below, filled heaven with his gifts, filled earth with his gifts. He handed out gifts of apostle, prophet, evangelist, and pastor-teacher to train Christ's followers in skilled servant work, working within Christ's body, the church, until we're all moving rhythmically and easily with each other, efficient and graceful in response to God's Son, fully mature adults, fully developed within and without, fully alive like Christ.

14-16 No prolonged infancies among us, please. We'll not tolerate babes in the woods, small children who are an easy mark for impostors. God wants us to grow up, to know the whole truth and tell it in love—like Christ in everything. We take our lead from Christ, who is the source of everything we do. He keeps us in step with each other. His very breath and blood flow through us, nourishing us so that we will grow up healthy in God, robust in love.

The Old Way Has to Go

17-19 And so I insist—and God backs me up on this—that there be no going along with the crowd, the empty-headed, mindless crowd. They've refused for so long to deal with God that they've lost touch not only with God but with reality itself. They can't think straight anymore. Feeling no pain, they let themselves go in sexual obsession, addicted to every sort of perversion.

20-24 But that's no life for you. You learned Christ! My assumption is that you have paid careful attention to him, been well instructed in the truth precisely as we have it in Jesus. Since, then, we do not have the excuse of ignorance, everything—and I do mean every-

다 버리십시오! 그 대신, 전혀 새로운 생활방식을 입으십시오. 하나님께서 그분의 성품을 여러분 안에 정확하게 재현해 내시는 것같이, 하나님께서 만들어 주신 생활, 안에서부터 새로워진 생활을 몸에 익히고, 그 생활이 여러분의 행위에 배어들게 하십시오.

25 덧붙여 말씀드립니다. 더 이상 거짓과 가식이 있어서는 안됩니다. 이웃에게 진실을 말하십시오. 우리는 너나없이 그리스도의 몸 안에서 서로 연결되어 있기 때문입니다. 다른 사람에게 거짓말하는 것은 결국 자신에게 거짓말하는 것입니다.

26-27 화가 나면 화를 내십시오. 화내는 것 자체는 괜찮습니다. 그러나 화를 연료로 삼아 복수심을 불태워서는 안될 일입니다. 화난 채로 오래 있지 마십시오. 화난 채로 잠자리에 들지 마십시오. 마귀에게 거점을 내주어서는 안됩니다.

28 도둑질로 생계를 꾸렸습니까? 더 이상은 그렇게 살지 마십시오! 정당한 일로 돈을 벌어서, 일할 수 없는 다른 사람들을 도우십시오.

29 여러분의 말하는 습관을 살피십시오. 여러분의 입에서 불쾌하고 더러운 말이 나오지 않게 하십시오. 도움이 되는 말만 하고, 여러분의 말 한 마디 한 마디가 선물이 되게 하십시오.

30 하나님을 슬프게 하지 마십시오. 그분의 마음을 아프게 하지 마십시오. 여러분 안에서 숨 쉬고 움직이시는 하나님의 거룩한 영은 여러분 삶의 가장 깊숙한 곳에 자리하십니다. 성령께서 여러분을 하나님께 합당한 사람으로 만들어 주십니다. 그러한 선물을 당연한 것으로 여기지 마십시오.

31-32 가시 돋친 말, 헐뜯는 말, 불경스러운 말은 입에 담지도 마십시오. 서로 친절하게 대하고, 서로 마음을 쓰십시오. 하나님께서 그리스도 안에서 여러분을 용서하신 것같이, 여러분도 서로 신속하고 완전하게 용서하십시오.

잠에서 깨어나라

5 1-2 자녀가 부모에게서 바른 행동을 배우고 익히듯이, 여러분은 하나님께서 하시는 일을 살펴서 그대로 행하십시오. 하나님께서 하시는 일 대부분은 여러분을 사랑하시는 것입니다. 그분과의 사귐을 지속하고, 사랑의 삶을 익히십시오. 그리스도께서 *우리를 어떻게 사랑하셨는지 잘 살펴보십시오.* 그분의 사랑은 인색한 사랑이 아니라 아낌없는 사랑이었습니다. 그분은 우리에게서 무언가를 얻으려고 사랑하신 것이 아니라 자신의 전부를 우리에게 주시기 위해 사랑하셨습니다. 여러분도 그렇게 사랑하십시오.

thing—connected with that old way of life has to go. It's rotten through and through. Get rid of it! And then take on an entirely new way of life—a God-fashioned life, a life renewed from the inside and working itself into your conduct as God accurately reproduces his character in you.

25 What this adds up to, then, is this: no more lies, no more pretense. Tell your neighbor the truth. In Christ's body we're all connected to each other, after all. When you lie to others, you end up lying to yourself.

26-27 Go ahead and be angry. You do well to be angry—but don't use your anger as fuel for revenge. And don't stay angry. Don't go to bed angry. Don't give the Devil that kind of foothold in your life.

28 Did you use to make ends meet by stealing? Well, no more! Get an honest job so that you can help others who can't work.

29 Watch the way you talk. Let nothing foul or dirty come out of your mouth. Say only what helps, each word a gift.

30 Don't grieve God. Don't break his heart. His Holy Spirit, moving and breathing in you, is the most intimate part of your life, making you fit for himself. Don't take such a gift for granted.

31-32 Make a clean break with all cutting, backbiting, profane talk. Be gentle with one another, sensitive. Forgive one another as quickly and thoroughly as God in Christ forgave you.

Wake Up from Your Sleep

5 1-2 Watch what God does, and then you do it, like children who learn proper behavior from their parents. Mostly what God does is love you. Keep company with him and learn a life of love. Observe how Christ loved us. His love was not cautious but extravagant. He didn't love in order to get something from us but to give everything of himself to us. Love like that.

3-4 Don't allow love to turn into lust, setting off a downhill slide into sexual promiscuity, filthy

3-4 사랑을 육체의 욕망으로 변질시키지 마십시오. 난잡한 성행위, 추잡한 행실, 거만한 탐욕에 빠져드는 일이 없게 하십시오. 몇몇 사람들이 남의 뒷말하기를 즐기더라도, 예수를 따르는 사람들은 그보다 나은 언어 습관을 가져야 합니다. 더러운 말이나 어리석은 말은 입에 담지 마십시오. 그런 말은 우리의 생활방식에 어울리지 않습니다. 우리가 늘 사용해야 할 언어는 감사입니다.

5 사람이나 종교나 어떤 것을 이용해 이득을 보려고 한다면—이는 우상숭배의 흔한 변종입니다—그 사람은 분명 아무것도 얻지 못할 것입니다. 그는 그리스도의 나라, 하나님 나라 근처에도 가지 못할 것입니다.

6-7 종교적으로 번지르르한 말에 속아 넘어가지 마십시오. 종교적 장삿속으로 온갖 말을 하면서도 정작 하나님과는 아무 관계도 맺지 않으려는 자들에게, 하나님은 격한 노를 발하십니다. 그런 사람들 곁에는 얼씬도 하지 마십시오.

8-10 여러분은 전에 그러한 어둠 속에서 길을 찾아 헤맸으나, 이제는 그렇지 않습니다. 여러분은 지금 환한 곳으로 나와 있습니다. 그리스도의 밝은 빛이 여러분의 길을 똑똑히 보여줍니다. 그러니 더 이상 비틀거리지 마십시오. 그리스도의 밝은 빛을 가까이 하십시오! 선함, 옳음, 참됨. 이 세 가지는 밝은 대낮에 어울리는 행위입니다. 그리스도를 기쁘시게 해드릴 일이 무엇인지 생각하고, 그것을 행하십시오.

11-16 헛된 일, 분주하기만 할 뿐 성과가 없는 일, 어둠을 좇는 무익한 일로 여러분의 시간을 허비하지 마십시오. 오히려 그러한 일들이 속임수임을 드러내 보이십시오. 아무도 보는 이 없는 어둠 속에서나 할 법한 일에 삶을 낭비하는 것은 수치스러운 일입니다. 그런 사기꾼들의 정체를 폭로하고, 그리스도의 빛 가운데 밝혀진 그들의 정체가 과연 매력적인지 한번 생각해 보십시오.

잠에서 깨어나라.
관을 열어젖히고 나오너라.
그리스도께서 네게 빛을 보여주실 것이다!

그러니 여러분의 발걸음을 살피십시오. 머리를 쓰십시오. 기회를 얻을 때마다 그 기회를 선용하십시오. 지금은 긴박한 때입니다!

17 생각 없이 경솔하게 살지 마십시오. 주님이 바라시는 것이 무엇인지를 깨달으십시오.

18-20 과음하지 마십시오. 과음은 여러분의 삶을 저속하게 만듭니다. 하나님의 영을 들이마시십시오. 벌컥

practices, or bullying greed. Though some tongues just love the taste of gossip, those who follow Jesus have better uses for language than that. Don't talk dirty or silly. That kind of talk doesn't fit our style. Thanksgiving is our dialect.

5 You can be sure that using people or religion or things just for what you can get out of them—the usual variations on idolatry—will get you nowhere, and certainly nowhere near the kingdom of Christ, the kingdom of God.

6-7 Don't let yourselves get taken in by religious smooth talk. God gets furious with people who are full of religious sales talk but want nothing to do with him. Don't even hang around people like that.

8-10 You groped your way through that murk once, but no longer. You're out in the open now. The bright light of Christ makes your way plain. So no more stumbling around. Get on with it! The good, the right, the true—these are the actions appropriate for daylight hours. Figure out what will please Christ, and then do it.

11-16 Don't waste your time on useless work, mere busywork, the barren pursuits of darkness. Expose these things for the sham they are. It's a scandal when people waste their lives on things they must do in the darkness where no one will see. Rip the cover off those frauds and see how attractive they look in the light of Christ.

Wake up from your sleep,
Climb out of your coffins;
Christ will show you the light!

So watch your step. Use your head. Make the most of every chance you get. These are desperate times!

17 Don't live carelessly, unthinkingly. Make sure you understand what the Master wants.

18-20 Don't drink too much wine. That cheapens your life. Drink the Spirit of God, huge draughts of him. Sing hymns instead of

벌컥 들이키십시오. 축배의 노래 대신 찬송을 부르십시오! 마음에서 우러난 노래를 그리스도께 불러 드리십시오. 모든 일에 노래할 이유를 주신 하나님 아버지께, 우리 주 예수 그리스도의 이름으로 찬양을 드리십시오.

그리스도 안에 있는 여러 관계들

21 그리스도를 경외하는 마음으로, 서로 예의 바르고 공손하게 대하십시오.

22-24 아내 여러분, 그리스도를 지지하는 것처럼 남편을 이해하고 지지해 주십시오. 남편은 그리스도께서 교회에 하시는 것처럼 아내에게 지도력을 보이되, 아내를 좌지우지하지 말고 소중히 여기십시오. 남편이 그러한 지도력을 발휘하면, 아내도 교회가 그리스도께 순종하듯 남편에게 순종해야 합니다.

25-28 남편 여러분, 그리스도께서 교회를 사랑하신 것과 같이, 아내를 사랑하는 일에 전력을 다하십시오. 그런 사랑의 특징은 받는 것이 아니라 주는 것입니다. 그리스도의 사랑은 교회를 온전하게 합니다. 그리스도의 말씀은 교회의 아름다움을 일깨웁니다. 그분의 모든 행동과 말씀은 교회를 가장 아름답게 만들며, 눈이 부실 만큼 흰 비단으로 교회를 둘러서, 거룩함으로 빛나게 하려는 것입니다. 남편은 아내를 그런 식으로 사랑해야 합니다. 그런 남편은 자기 자신에게 특별한 사랑을 베푸는 것이나 다름없습니다. 두 사람은 결혼하여 이미 "하나"이기 때문입니다.

29-33 자기 몸을 학대하는 사람이 있을까요? 없습니다. 누구나 자기 몸을 돌보고, 자기 몸의 필요를 채웁니다. 그리스도께서 우리, 곧 교회를 다루시는 방식도 그와 같습니다. 우리는 그분 몸의 지체이기 때문입니다. 이런 이유로, 남자는 부모를 떠나 아내를 소중히 여겨야 합니다. 그들은 더 이상 둘이 아닙니다. 그들은 "한 몸"이 됩니다. 이것은 참으로 큰 신비가 아닐 수 없습니다. 나는 그 신비를 다 이해한다고 감히 말하지 않습니다. 내가 가장 분명하게 아는 것은, 그리스도께서 교회를 대하시는 방식입니다. 이것은 남편이 아내를 어떻게 대해야 하는지를 보여주는 생생한 그림입니다. 남편은 아내를 사랑함으로 자기를 사랑하는 것입니다. 또한 이것은 아내가 남편을 어떻게 존중해야 하는지를 보여주는 생생한 그림이기도 합니다.

6

1-3 자녀 여러분, 여러분의 부모가 여러분에게 이르는 대로 하십시오. 이것은 아주 옳은 일입니다. "네 아버지와 어머니를 공경하라"는 계명은 약속

drinking songs! Sing songs from your heart to Christ. Sing praises over everything, any excuse for a song to God the Father in the name of our Master, Jesus Christ.

Relationships

21 Out of respect for Christ, be courteously reverent to one another.

22-24 Wives, understand and support your husbands in ways that show your support for Christ. The husband provides leadership to his wife the way Christ does to his church, not by domineering but by cherishing. So just as the church submits to Christ as he exercises such leadership, wives should likewise submit to their husbands.

25-28 Husbands, go all out in your love for your wives, exactly as Christ did for the church—a love marked by giving, not getting. Christ's love makes the church whole. His words evoke her beauty. Everything he does and says is designed to bring the best out of her, dressing her in dazzling white silk, radiant with holiness. And that is how husbands ought to love their wives. They're really doing themselves a favor—since they're already "one" in marriage.

29-33 No one abuses his own body, does he? No, he feeds and pampers it. That's how Christ treats us, the church, since we are part of his body. And this is why a man leaves father and mother and cherishes his wife. No longer two, they become "one flesh." This is a huge mystery, and I don't pretend to understand it all. What is clearest to me is the way Christ treats the church. And this provides a good picture of how each husband is to treat his wife, loving himself in loving her, and how each wife is to honor her husband.

6

1-3 Children, do what your parents tell you. This is only right. "Honor your father and mother" is the first commandment that has a promise attached to it, namely, "so

이 따르는 첫 계명입니다. 그 약속은 "그러면 네가 잘 살고 장수할 것이다"입니다.

4 아버지 여러분, 자녀를 호되게 꾸짖어 노엽게 만들지 마십시오. 주님의 방법으로 그들을 돌보고 이끄십시오.

5-8 종으로 있는 여러분, 이 세상에 있는 여러분의 주인에게 존경하는 마음으로 복종하되, 참 주인이신 그리스도께 복종하는 일에 언제나 주의를 기울이십시오. 해야 할 일을 눈가림으로 하지 말고 진심으로 하십시오. 하나님께서 바라시는 일을 하는 그리스도의 종처럼 진심으로 하십시오. 누구에게 지시를 받든지, 실제로 여러분은 하나님을 위해 일하는 것임을 늘 명심하고 기쁘게 일하십시오. 선한 일을 하는 사람은 종이든 자유인이든 상관없이, 충분한 상을 주님으로부터 받을 것입니다.

9 주인 된 여러분, 여러분도 똑같이 하십시오. 부탁이니, 종을 학대하거나 위협하지 마십시오. 여러분과 여러분의 종이 섬기는 주님은 하늘에 계신 같은 주님이십니다. 그분은 여러분과 여러분의 종을 차별하지 않으십니다.

마귀와 끝까지 싸우십시오

10-12 이제 마무리하겠습니다. 하나님은 강하신 분입니다. 하나님은 여러분도 그분 안에서 강하기를 바라십니다. 그러니 주님께서 여러분을 위해 마련해 주신 모든 것, 곧 가장 좋은 재료로 정교하게 만들어진 무기를 취하십시오. 그 무기를 활용해서, 마귀가 여러분의 길에 던져 놓은 모든 장애물에 용감히 맞서십시오. 이 싸움은 잠깐 출전해서 쉽게 이기고 금세 잊고 마는 한나절의 운동 경기가 아닙니다. 이 싸움은 지구전, 곧 마귀와 그 수하들을 상대로 끝까지 싸우는, 사느냐 죽느냐의 싸움입니다.

13-18 단단히 준비하십시오. 여러분은 지금 혼자 힘으로 다루기에는 벅찬 상대를 마주하고 있습니다. 도움이 될 만한 것은 무엇이든 취하고, 하나님께서 주신 온갖 무기로 무장하십시오. 그러면 싸움이 끝나도, 여러분은 승리의 함성을 지르며 여전히 두 발로 서 있을 것입니다. 진리와 의와 평화와 믿음과 구원은, 단순한 말 이상의 것입니다. 그 무기들의 사용법을 익히십시오. 살아가는 동안 그 무기들이 필요합니다. 하나님의 말씀이야말로 없어서는 안될 무기입니다. 마찬가지로, 계속되는 이 전쟁에서 기도는 필수입니다. 열심히, 오래 기도하십시오. 형제자매를 위해 기도하십시오. 끊임없이 주의를 기울이십시오. 서로 기운을 북돋아 주어, 아무도 뒤처지거나 낙오하는 사람이 없게 하십시오.

you will live well and have a long life."

4 Fathers, don't exasperate your children by coming down hard on them. Take them by the hand and lead them in the way of the Master.

5-8 Servants, respectfully obey your earthly masters but always with an eye to obeying the *real* master, Christ. Don't just do what you have to do to get by, but work heartily, as Christ's servants doing what God wants you to do. And work with a smile on your face, always keeping in mind that no matter who happens to be giving the orders, you're really serving God. Good work will get you good pay from the Master, regardless of whether you are slave or free.

9 Masters, it's the same with you. No abuse, please, and no threats. You and your servants are both under the same Master in heaven. He makes no distinction between you and them.

A Fight to the Finish

10-12 And that about wraps it up. God is strong, and he wants you strong. So take everything the Master has set out for you, well-made weapons of the best materials. And put them to use so you will be able to stand up to everything the Devil throws your way. This is no afternoon athletic contest that we'll walk away from and forget about in a couple of hours. This is for keeps, a life-or-death fight to the finish against the Devil and all his angels.

13-18 Be prepared. You're up against far more than you can handle on your own. Take all the help you can get, every weapon God has issued, so that when it's all over but the shouting you'll still be on your feet. Truth, righteousness, peace, faith, and salvation are more than words. Learn how to apply them. You'll need them throughout your life. God's Word is an *indispensable* weapon. In the same way, prayer is essential in this ongoing warfare. Pray hard and long. Pray for your

19-20 그리고 나를 위해 기도하는 것도 잊지 마십시오. 내가 무엇을 말해야 할지 알고, 할 말을 제때에 용기 있게 말하며, 그 비밀을 누구에게나 전할 수 있게 해달라고 기도해 주십시오. 나는 비록 감옥에 갇힌 전도자이지만, 이 메시지를 알릴 책임이 있습니다.

21-22 이곳에 있는 나의 좋은 벗 두기고가 내가 어떻게 지내는지, 나의 신변에 어떤 일이 있는지를 여러분에게 알릴 것입니다. 그는 참으로 듬직한 주님의 일꾼입니다! 나는 우리의 사정을 여러분에게 알리고, 여러분의 믿음을 북돋우려고 그를 보냈습니다.

23-24 친구 여러분, 잘 지내십시오. 하나님 아버지와 주 예수 그리스도께서 주시는 사랑과 믿음이 여러분의 것이 되기를, 오직 순전한 은혜가 우리 주 예수 그리스도를 사랑하는 모든 이들에게 함께하기를 바랍니다.

brothers and sisters. Keep your eyes open. Keep each other's spirits up so that no one falls behind or drops out.

19-20 And don't forget to pray for me. Pray that I'll know what to say and have the courage to say it at the right time, telling the mystery to one and all, the Message that I, jailbird preacher that I am, am responsible for getting out.

21-22 Tychicus, my good friend here, will tell you what I'm doing and how things are going with me. He is certainly a dependable servant of the Master! I've sent him not only to tell you about us but to cheer you on in your faith.

23-24 Good-bye, friends. Love mixed with faith be yours from God the Father and from the Master, Jesus Christ. Pure grace and nothing but grace be with all who love our Master, Jesus Christ.

빌립보서 | 머리말

빌립보서는 바울이 행복에 가득 차서 보낸 편지다. 그 행복은 전염성이 강하다. 몇 절만 읽어도 금세 그 기쁨이 전해지기 시작한다. 춤을 추는 듯한 단어와 기쁨의 탄성은 곧장 우리 마음속에 와 닿는다.

그러나 행복은 우리가 사전을 뒤적거려 알 수 있는 그런 단어가 아니다. 사실, 그리스도인의 삶의 특성 가운데 책을 보고 익힐 수 있는 것은 하나도 없다. 그 삶의 특성을 익히려면 도제 제도 같은 것이 필요하다. 수년간 충실한 훈련을 통해 몸에 익힌 것을 자신의 모든 행실로 보여주는 사람에게 직접 배워야 한다. 물론 설명을 듣기도 하겠지만, 제자는 주로 "스승"과 날마다 친밀하게 지내면서, 기능을 배우고 타이밍과 리듬과 "터치" 같은 미묘하지만 절대적으로 필요한 기법을 익힌다.

바울이 빌립보라는 도시의 그리스도인들에게 보낸 편지를 읽다 보면, 위에서 말한 스승을 대하는 것 같은 느낌이 든다. 바울은 우리에게 행복해질 수 있다고 말하거나, 행복해지는 법을 말해 주지 않는다. 다만 분명히 알 수 있는 것은, 그가 행복하다는 사실이다. 그 기쁨은 그가 처한 상황과는 무관한 것이었다. 그는 감옥에서 편지를 썼고, 그의 활동은 경쟁자들의 공격을 받고 있었다. 그는 예수를 섬기며 스무 해가 넘도록 혹독한 여행을 한 끝에 지쳐 있었고, 어느 정도 위안도 필요했을 것이다.

그러나 바울이 내면으로 경험한 메시아 예수의 생명에 견줄 때, 상황은 그다지 중요하지 않았다. 왜냐하면 그 생명은 역사의 특정 시점에 한 번 나타난 것으로 그친 것이 아니라 이후에도 끊임없이 나타나서, 그분을 영접하는 사람들의 삶으로 흘러들고, 계속해서 사방으로 넘쳐흐르기 때문이다. 바울은 그의 편지를 읽는 이들이 그리스도의 생명으로 넘쳐흐르는 모습을 다음과 같이 그려 본다.

> 무슨 일을 하든지 기꺼운 마음으로 흔쾌히 하십시오. 말다툼하거나 따지지 마십시오! 흠 없이 세상 속으로 들어가, 이 더럽고 타락한 사회에 맑은 공기를 불어넣으십시오. 사람들에게 선한

This is Paul's happiest letter. And the happiness is infectious. Before we've read a dozen lines, we begin to feel the joy ourselves–the dance of words and the exclamations of delight have a way of getting inside us.

But happiness is not a word we can understand by looking it up in the dictionary. In fact, none of the qualities of the Christian life can be learned out of a book. Something more like apprenticeship is required, being around someone who out of years of devoted discipline shows us, by his or her entire behavior, what it is. Moments of verbal instruction will certainly occur, but mostly an apprentice acquires skill by daily and intimate association with a "master," picking up subtle but absolutely essential things, such as timing and rhythm and "touch."

When we read what Paul wrote to the Christian believers in the city of Philippi, we find ourselves in the company of just such a master. Paul doesn't tell us that we can be happy, or how to be happy. He simply and unmistakably *is* happy. None of his circumstances contribute to his joy: He wrote from a jail cell, his work was under attack by competitors, and after twenty years or so of hard traveling in the service of Jesus, he was tired and would have welcomed some relief.

But circumstances are incidental compared to the life of Jesus, the Messiah, that Paul experiences from the inside. For it is a life that not only happened at a certain point in history, but continues to happen, spilling out into the lives of those who receive him, and then continues to spill out all over the place. Here's how Paul envisioned his readers spilling out the life of Christ:

> Do everything readily and cheerfully–no bickering, no second-guessing allowed! Go out into the world uncorrupted, a breath of fresh

생활과 살아 계신 하나님을 볼 수 있게 하십시오. 환하게 빛을 비춰 주는 메시지를 어둠 속에 전하십시오(빌 2:14-15).

air in this squalid and polluted society. Provide people with a glimpse of good living and of the living God. Carry the light-giving Message into the night(Philippians 2:14-15).

무엇보다도 그리스도는, 어느 누구도 하나님을 제한하거나 독점할 수 없다는 사실을 보여주는 계시다.

Christ is, among much else, the revelation that God cannot be contained or hoarded.

적절하게 사랑하는 법을 익히십시오. 여러분의 사랑이 감정의 분출이 아니라 진실하고 지각 있는 사랑이 되려면 지혜로워야 하고 자신의 감정을 살필 줄 알아야 합니다. 사랑하는 삶을 살되 신중하고도 모범적인 삶, 예수께서 자랑스러워하실 삶을 사십시오. 그것은 영혼의 열매를 풍성히 맺고, 예수 그리스도를 매력적인 분으로 만들며, 모든 이들로 하여금 하나님께 영광과 찬송을 돌려드리도록 하는 삶입니다(빌 1:9-11).

Learn to love appropriately. You need to use your head and test your feelings so that your love is sincere and intelligent, not sentimental gush. Live a lover's life, circumspect and exemplary, a life Jesus will be proud of: bountiful in fruits from the soul, making Jesus Christ attractive to all, getting everyone involved in the glory and praise of God(Philippians 1:9-11).

그리스도인의 행복을 설명해 주는 것은, 바로 이처럼 "넘쳐흐르는" 그리스도의 생명이다. 기쁨은 충만한 생명이며, 어느 한 사람 안에 가두어 둘 수 없는, 넘쳐흐르는 것이기 때문이다.

It is this "spilling out" quality of Christ's life that accounts for the happiness of Christians, for joy is life in excess, the overflow of what cannot be contained within any one person.

빌립보서

1 [1-2] 그리스도 예수의 헌신된 종인 바울과
디모데는, 예수를 따르는 빌립보의 모든
이들과 목회자와 사역자들에게 이 편지를 씁니
다. 우리는 하나님 우리 아버지와 우리 주 예수
그리스도께서 주시는 은혜와 평화로 여러분에게
문안합니다.

예수께서 자랑스러워하실 삶

[3-6] 나는 여러분을 떠올릴 때마다 하나님께 감사
의 탄성을 지릅니다. 그 탄성은 기도로 이어져,
어느새 나는 기쁜 마음으로 여러분을 위해 기도
하게 됩니다. 나는 여러분이 하나님의 메시지를
들은 날부터 지금까지, 메시지를 믿고 전하는 일
에 우리와 함께해 주어서 얼마나 기쁜지 모릅니
다. 여러분 안에 이 위대한 일을 시작하신 하나님
께서 그 일을 지속하셔서, 그리스도 예수께서 오
시는 그날에 멋지게 완성하실 것을 나는 조금도
의심치 않습니다.
[7-8] 내가 여러분을 이렇게 생각하는 것은 결코 비
현실적인 공상이 아닙니다. 내가 기도하고 바라
는 것은 분명한 현실에 근거한 것입니다. 내가 감
옥에 갇혀 있을 때나, 재판을 받을 때나, 잠시 감
옥에서 풀려났을 때에도 여러분은 한결같이 나와
함께해 주었습니다. 그 과정에서 여러분과 나는
하나님께서 넉넉히 도와주시는 것을 경험했습니
다. 지금도 내가 여러분을 얼마나 사랑하고 그리
워하는지, 하나님은 아십니다. 이따금 나는 그리
스도께서 생각하시는 것만큼이나 절절히 여러분
을 생각합니다!
[9-11] 그래서 나는, 여러분의 사랑이 풍성해지고,
여러분이 많이 사랑할 뿐 아니라 바르게 사랑하

PHILIPPIANS

1 [1-2] Paul and Timothy, both of us committed
servants of Christ Jesus, write this letter to
all the followers of Jesus in Philippi, pastors and
ministers included. We greet you with the grace
and peace that comes from God our Father and
our Master, Jesus Christ.

A Love That Will Grow

[3-6] Every time you cross my mind, I break out in
exclamations of thanks to God. Each exclamation
is a trigger to prayer. I find myself praying for
you with a glad heart. I am so pleased that you
have continued on in this with us, believing and
proclaiming God's Message, from the day you
heard it right up to the present. There has never
been the slightest doubt in my mind that the God
who started this great work in you would keep at it
and bring it to a flourishing finish on the very day
Christ Jesus appears.
[7-8] It's not at all fanciful for me to think this way
about you. My prayers and hopes have deep roots
in reality. You have, after all, stuck with me all
the way from the time I was thrown in jail, put on
trial, and came out of it in one piece. All along you
have experienced with me the most generous help
from God. He knows how much I love and miss
you these days. Sometimes I think I feel as strong-
ly about you as Christ does!
[9-11] So this is my prayer: that your love will flour-
ish and that you will not only love much but well.
Learn to love appropriately. You need to use your

게 해주시기를 기도합니다. 적절하게 사랑하는 법을 익히십시오. 여러분의 사랑이 감정의 분출이 아니라 진실하고 지각 있는 사랑이 되려면 지혜로워야 하고 자신의 감정을 살필 줄 알아야 합니다. 사랑하는 삶을 살되 신중하고도 모범적인 삶, 예수께서 자랑스러워하실 삶을 사십시오. 그것은 영혼의 열매를 풍성히 맺고, 예수 그리스도를 매력적인 분으로 만들며, 모든 이들로 하여금 하나님께 영광과 찬송을 돌려드리도록 하는 삶입니다.

아무도 가둘 수 없는 메시지

12-14 친구 여러분, 내가 이곳에 갇힌 것이 본래의 의도와는 정반대의 결과를 낳았음을 여러분에게 알리고자 합니다. 메시지가 짓눌리기는커녕, 오히려 더 번성했습니다. 내가 메시아 때문에 감옥에 갇혔다는 사실을 이곳의 모든 병사와 그 밖의 모든 사람이 알게 되었습니다. 그 사실이 저들의 호기심을 자극해, 이제는 저들도 그분을 많이 알게 되었습니다. 그뿐 아니라, 이곳에 있는 그리스도인 대다수가 자신들의 믿음을 전보다 더 확신하게 되었고, 하나님과 메시아에 대해 두려움 없이 말하게 되었습니다.

15-17 물론, 이 지역에 있는 어떤 이들은 내가 없는 틈을 이용해 사람들의 주목을 한번 끌어 보려고 그리스도를 전하는 것이 사실입니다. 그러나 다른 사람들은 이 세상에서 가장 선한 마음으로 그리스도를 전합니다. 그들은 내가 이곳에서 메시지를 변호하고 있음을 알고는, 순수한 사랑의 마음에서 나를 도우려 합니다. 그러나 어떤 사람들은 내가 사라지자, 이 일에서 뭔가를 얻으려는 탐욕스런 마음으로 이 일을 합니다. 그들은 악한 동기로 행하는 것입니다. 그들은 나를 경쟁자로 여기고, 나의 상황이 악화될수록 자신들의 상황은 더욱 나아진다고 생각합니다.

18-21 그러면 내가 어떻게 반응해야겠습니까? 나는 그들의 동기가 순수하지 않든 악하든 분명치 않든 간에, 신경 쓰지 않기로 했습니다. 그들 가운데 누구라도 입을 열 때마다 그리스도가 전파되니, 그저 박수를 보낼 뿐입니다!

나는 일이 어찌 될지 알기에 계속해서 그들을 응원할 것입니다. 믿음으로 드리는 여러분의 기도와 넉넉하게 응답하시는 예수 그리스도의 영으로 말미암아, 그*리스도께서 내 안에서 그리고 나를 통해 하시려는* 모든 일이 이루어질 것입니다. 나는 내가 하던 일을 계속할 것입니다. 나는 부끄러울 것이 하나도 없습니다. 살든지 죽든지, 감옥에 갇혀 있는 나에게 일어나는 모든 일이 그리스도를 더욱 정확하게 알리는 데

head and test your feelings so that your love is sincere and intelligent, not sentimental gush. Live a lover's life, circumspect and exemplary, a life Jesus will be proud of: bountiful in fruits from the soul, making Jesus Christ attractive to all, getting everyone involved in the glory and praise of God.

They Can't Imprison the Message

12-14 I want to report to you, friends, that my imprisonment here has had the opposite of its intended effect. Instead of being squelched, the Message has actually prospered. All the soldiers here, and everyone else, too, found out that I'm in jail because of this Messiah. That piqued their curiosity, and now they've learned all about him. Not only that, but most of the followers of Jesus here have become far more sure of themselves in the faith than ever, speaking out fearlessly about God, about the Messiah.

15-17 It's true that some here preach Christ because with me out of the way, they think they'll step right into the spotlight. But the others do it with the best heart in the world. One group is motivated by pure love, knowing that I am here defending the Message, wanting to help. The others, now that I'm out of the picture, are merely greedy, hoping to get something out of it for themselves. Their motives are bad. They see me as their competition, and so the worse it goes for me, the better–they think–for them.

18-21 So how am I to respond? I've decided that I really don't care about their motives, whether mixed, bad, or indifferent. Every time one of them opens his mouth, Christ is proclaimed, so I just cheer them on!

And I'm going to keep that celebration going because I know how it's going to turn out. Through your faithful prayers and the generous response of the Spirit of Jesus Christ, everything he wants to do in and through me will be done. I can hardly wait to continue on my course. I don't expect to be embarrassed in the least. On the contrary, everything happening to me in this

도움이 됩니다. 저들은 내 입을 다물게 하기는커녕, 오히려 내게 설교단을 마련해 준 셈입니다. 나는 살아서는 그리스도의 심부름꾼이고, 죽어서는 그리스도의 선물입니다. 지금의 삶과 훨씬 더 나은 삶! 어느 쪽이든 내게는 유익입니다.

22-26 이 육신을 입고 사는 동안, 내가 해야 할 선한 일이 있습니다. 지금 당장 선택해야 한다면, 나는 어느 쪽을 선택해야 할지 모르겠습니다. 어려운 선택이 아닐 수 없습니다! 이 세상에서 그만 육신의 장막을 걷고 그리스도와 함께 있고픈 마음이 간절합니다. 어떤 날은 정말 그러고 싶은 마음뿐이지만, 여러분이 겪고 있는 일이 있으니 내가 이 세상에서 끝까지 견디는 것이 더 낫겠다는 확신이 듭니다. 그러므로 나는 하나님을 신뢰하는 이 삶에서 여러분의 성장과 기쁨이 지속되도록, 여러분의 동료로 여러분 곁에 좀 더 머물러 있으려고 합니다. 내가 여러분을 다시 방문하는 날, 멋진 재회를 기대해도 좋습니다. 그날에 우리는 그리스도를 찬양하며 서로 기뻐할 것입니다.

27-30 그때까지 그리스도의 메시지에 어울리는 명예로운 삶을 사십시오. 여러분의 행동이 내가 가고 안 가고에 따라 달라져서는 안됩니다. 내가 여러분에게 가서 직접 보든 멀리서 소식만 전해 듣든 간에, 여러분의 행동은 한결같아야 합니다. 한 비전을 품고 한 마음으로 굳게 서서, 사람들이 메시지, 곧 복된 소식을 신뢰하도록 분투하십시오. 대적하는 자들 앞에서 조금도 위축되거나 몸을 빼는 일이 없게 하십시오. 여러분의 용기와 하나됨은 적들에게 분명 위협이 될 것입니다. 그들이 직면한 것은 패배요, 여러분이 직면한 것은 승리입니다. 이 둘은 모두 하나님에게서 오는 것입니다. 이 삶에는 그리스도를 신뢰하며 사는 것만 있는 것이 아니라, 그리스도를 위해 받는 고난도 있습니다. 고난은 신뢰만큼이나 값진 선물입니다. 여러분은 내가 어떤 싸움을 싸워 왔는지 보았고, 지금도 이 편지를 통해서 계속 소식을 듣고 있습니다. 여러분도 똑같은 싸움을 지금 하고 있습니다.

종의 지위를 취하신 그리스도

2 1-4 그러므로 여러분이 그리스도를 따름으로 무엇을 얻었거나, 그분의 사랑으로 여러분의 삶에 얼마간의 변화가 일어났거나, 성령의 공동체 안에 있는 것이 여러분에게 어떤 의미가 있거나, 여러분에게 따뜻한 마음이나 배려하는 마음이 있거든, 내 부탁을 들어주시기 바랍니다. 서로 뜻을 같이하고, 서로 사랑하고, 서로 속 깊은 벗이 되십시오. 자신의 방식을 앞세우지 말고, 그럴듯한 말로 자신의 방식을

jail only serves to make Christ more accurately known, regardless of whether I live or die. They didn't shut me up; they gave me a pulpit! Alive, I'm Christ's messenger; dead, I'm his bounty. Life versus even more life! I can't lose.

22-26 As long as I'm alive in this body, there is good work for me to do. If I had to choose right now, I hardly know which I'd choose. Hard choice! The desire to break camp here and be with Christ is powerful. Some days I can think of nothing better. But most days, because of what you are going through, I am sure that it's better for me to stick it out here. So I plan to be around awhile, companion to you as your growth and joy in this life of trusting God continues. You can start looking forward to a great reunion when I come visit you again. We'll be praising Christ, enjoying each other.

27-30 Meanwhile, live in such a way that you are a credit to the Message of Christ. Let nothing in your conduct hang on whether I come or not. Your conduct must be the same whether I show up to see things for myself or hear of it from a distance. Stand united, singular in vision, contending for people's trust in the Message, the good news, not flinching or dodging in the slightest before the opposition. Your courage and unity will show them what they're up against: defeat for them, victory for you—and both because of God. There's far more to this life than trusting in Christ. There's also suffering for him. And the suffering is as much a gift as the trusting. You're involved in the same kind of struggle you saw me go through, on which you are now getting an updated report in this letter.

He Took on the Status of a Slave

2 1-4 If you've gotten anything at all out of following Christ, if his love has made any difference in your life, if being in a community of the Spirit means anything to you, if you have a heart, if you *care*—then do me a favor: Agree with each other, love each other, be deep-spirited friends. Don't push

내세우지 마십시오. 자기를 제쳐 두고 다른 사람이
잘 되도록 도우십시오. 자기 이익을 꾀하는 일에
사로잡히지 마십시오. 자신을 잊을 정도로 도움의
손길을 내미십시오.
5-8 그리스도 예수께서 자기 자신을 생각하셨던 방
식으로 여러분도 자기 자신을 생각하십시오. 그분
은 하나님과 동등한 지위셨으나 스스로를 높이지
않으셨고, 그 지위의 이익을 고집하지도 않으셨습
니다. 조금도 고집하지 않으셨습니다! 때가 되자,
그분은 하나님과 동등한 특권을 버리고 종의 지위
를 취하셔서, 사람이 되셨습니다! 그분은 사람이
되셔서, 사람으로 사셨습니다. 그것은 믿을 수 없
을 만큼 자신을 낮추는 과정이었습니다. 그분은 특
권을 주장하지 않으셨습니다. 오히려 사심 없이 순
종하며 사셨고, 사심 없이 순종하며 죽으셨습니다.
그것도 가장 참혹하게 십자가에서 죽으셨습니다.
9-11 그 순종으로 말미암아 하나님께서는 그분을 높
이 들어 올리시고, 어떤 사람이나 사물도 받아 본
적 없는 영광을 그분에게 주셨습니다. 그리하여,
하늘과 땅에 있는 모든 피조물이—오래전에 죽어
땅에 묻힌 사람들까지도—예수 그리스도 앞에 절
하고 경배하게 하시고 그분이 만물의 주이심을 찬
양하게 하셔서, 하나님 아버지께 큰 영광을 돌리게
하셨습니다.

함께 기뻐하십시오

12-13 친구 여러분, 내가 바라는 것은, 여러분이 처
음부터 해온 일을 계속해 달라는 것입니다. 내가
여러분 가운데 살 때에, 여러분은 순종으로 응답하
는 삶을 살았습니다. 지금은 내가 여러분과 떨어져
있지만, 계속해서 그렇게 사십시오. 아니, 한층 더
애쓰십시오. 구원받은 자의 삶을 힘차게 살고, 하
나님 앞에서 경건하고 민감하게 반응하십시오. 그
힘이야말로 하나님이 주시는 힘이고, 여러분 안에
깊이 자리한 힘입니다. 하나님은 자기를 가장 기쁘
시게 할 만한 일을 바라시고 행하시는 분입니다.
14-16 무슨 일을 하든지 기꺼운 마음으로 흔쾌히 하
십시오. 말다툼하거나 따지지 마십시오! 흠 없이
세상 속으로 들어가, 이 더럽고 타락한 사회에 맑
은 공기를 불어넣으십시오. 사람들에게 선한 생활
*과 살아 계신 하나님*을 볼 수 있게 하십시오. 환하
게 빛을 비춰 주는 메시지를 어둠 속에 전하십시
오. 그러면 그리스도께서 오시는 날에 나는 여러분
에 대해 자랑할 것이 있을 것입니다. 여러분은 내
가 한 이 모든 일이 헛수고가 아니었음을 보여주는

your way to the front; don't sweet-talk your way to the top. Put yourself aside, and help others get ahead. Don't be obsessed with getting your own advantage. Forget yourselves long enough to lend a helping hand.
5-8 Think of yourselves the way Christ Jesus
thought of himself. He had equal status with
God but didn't think so much of himself that he
had to cling to the advantages of that status no
matter what. Not at all. When the time came, he
set aside the privileges of deity and took on the
status of a slave, became *human*! Having become
human, he stayed human. It was an incredibly
humbling process. He didn't claim special privi-
leges. Instead, he lived a selfless, obedient life
and then died a selfless, obedient death—and the
worst kind of death at that—a crucifixion.
9-11 Because of that obedience, God lifted him
high and honored him far beyond anyone or
anything, ever, so that all created beings in
heaven and on earth—even those long ago dead
and buried—will bow in worship before this
Jesus Christ, and call out in praise that he is the
Master of all, to the glorious honor of God the
Father.

Rejoicing Together

12-13 What I'm getting at, friends, is that you
should simply keep on doing what you've done
from the beginning. When I was living among
you, you lived in responsive obedience. Now that
I'm separated from you, keep it up. Better yet,
redouble your efforts. Be energetic in your life
of salvation, reverent and sensitive before God.
That energy is *God's* energy, an energy deep
within you, God himself willing and working at
what will give him the most pleasure.
14-16 Do everything readily and cheerfully—no
bickering, no second-guessing allowed! Go out
into the world uncorrupted, a breath of fresh
air in this squalid and polluted society. Provide
people with a glimpse of good living and of the
living God. Carry the light-giving Message into
the night so I'll have good cause to be proud
of you on the day that Christ returns. You'll be

산 증거가 될 것입니다.
17-18 내가 지금 여기서 처형당한다 해도, 내가 여러분이 그리스도의 제단에 믿음으로 바치는 제물의 일부가 되고 여러분 기쁨의 일부가 된다면, 나는 그것으로 기뻐할 것입니다. 그러니, 여러분도 나의 기쁨의 일부가 되어 나와 함께 기뻐해야 합니다. 무슨 일을 하든지, 내게 미안한 마음을 품지 마십시오.
19-24 나는 (예수의 계획을 따라) 조만간 디모데를 여러분에게 보내어, 할 수 있는 한 여러분의 소식을 모아서 돌아오게 하려고 합니다. 아, 그러면 내 마음은 실로 큰 기쁨을 얻을 것입니다! 내게는 디모데만한 사람이 없습니다. 그는 충직하고, 여러분을 진심으로 걱정하는 사람입니다. 이곳에 있는 대다수 사람들이 예수의 일에는 관심이 없고 자기 일에만 관심이 있습니다. 그러나 여러분도 알다시피, 디모데는 진국입니다. 우리가 메시지를 전하는 동안 그는 내게 충실한 아들이었습니다. 앞으로 이곳에서 내게 있을 일을 알게 되는 대로, 그를 보내려고 합니다. 나도 곧 그의 뒤를 따라가게 되기를 바라고 기도합니다.
25-27 그러나 지금 당장은 나의 좋은 벗이며 동역자인 에바브로디도를 급히 보내려고 합니다. 전에 여러분이 그를 보내어 나를 돕게 했으니, 이제는 내가 그를 보내어 여러분을 돕게 하겠습니다. 그는 여러분에게 돌아가기를 몹시도 사모했습니다. 여러분도 들었겠지만, 그는 병이 나은 뒤로 더욱 여러분에게 돌아가기를 원했습니다. 자기 병이 다 나았으니 여러분을 안심시키고 싶어 했습니다. 여러분도 알다시피, 그는 죽을 뻔했으나 하나님께서 자비를 베풀어 주셨습니다. 그리고 하나님은 내게도 자비를 베풀어 주셨습니다. 하마터면 그의 죽음이 그 무엇보다도 큰 슬픔이 될 뻔했습니다.
28-30 그러니 그를 여러분에게 보내는 것이 내게 큰 기쁨인 이유를 여러분은 아실 것입니다. 그의 강건하고 기운찬 모습을 다시 볼 때, 여러분은 얼마나 기뻐할 것이며 나는 또 얼마나 안심하겠습니까! 기쁨이 넘치는 포옹으로 그를 성대히 맞아 주십시오! 그와 같은 사람은 여러분으로부터 가장 좋은 것을 받을 자격이 있습니다. 여러분이 나를 위해 시작했으나 마무리 짓지 못한 사역이 생각나는지요? 그는 그 일을 마무리하느라 목숨까지 걸었고, 그 일을 하다가 하마터면 죽을 뻔했습니다.

living proof that I didn't go to all this work for nothing.
17-18 Even if I am executed here and now, I'll rejoice in being an element in the offering of your faith that you make on Christ's altar, a part of your rejoicing. But turnabout's fair play—you must join me in *my* rejoicing. Whatever you do, don't feel sorry for me.
19-24 I plan (according to Jesus' plan) to send Timothy to you very soon so he can bring back all the news of you he can gather. Oh, how that will do my heart good! I have no one quite like Timothy. He is loyal, and genuinely concerned for you. Most people around here are looking out for themselves, with little concern for the things of Jesus. But you know yourselves that Timothy's the real thing. He's been a devoted son to me as together we've delivered the Message. As soon as I see how things are going to fall out for me here, I plan to send him off. And then I'm hoping and praying to be right on his heels.
25-27 But for right now, I'm dispatching Epaphroditus, my good friend and companion in my work. You sent him to help me out; now I'm sending him to help you out. He has been wanting in the worst way to get back with you. Especially since recovering from the illness you heard about, he's been wanting to get back and reassure you that he is just fine. He nearly died, as you know, but God had mercy on him. And not only on him—he had mercy on me, too. His death would have been one huge grief piled on top of all the others.
28-30 So you can see why I'm so delighted to send him on to you. When you see him again, hale and hearty, how you'll rejoice and how relieved I'll be. Give him a grand welcome, a joyful embrace! People like him deserve the best you can give. Remember the ministry to me that you started but weren't able to complete? Well, in the process of finishing up that work, he put his life on the line and nearly died doing it.

그리스도를 주님으로 아는 특권

3 [1] 우리 소식은 이쯤 하겠습니다. 친구 여러분, 하나님 안에서 기뻐하십시오! 전에 편지로 한 말을 되풀이하는 것이 나는 번거롭지 않습니다. 여러분도 그 내용을 다시 들으면서 귀찮아하지 않았으면 합니다. 나중에 후회하는 것보다 안전한 길을 택하는 편이 낫지 않겠습니까? 그래서 다시 적습니다.

2-6 짖는 개들, 곧 참견하기 좋아하는 종교인들, 시끄럽기만 하고 실속은 없는 자들을 피하십시오. 그들이 관심 갖는 것은 온통 겉모습뿐입니다. 나는 그들을, 수술하기 좋아하는 할례주의자라고 부릅니다. 진짜 믿는 사람은, 하나님의 영이 인도하시는 대로 이 사역을 부지런히 하고, 우리가 늘 하는 것처럼 그리스도를 찬양하는 소리를 공중에 가득 채우는 사람입니다. 우리 스스로의 노력으로는 이 일을 할 수 없습니다. 많은 사람들이 아무리 대단한 자격 조건들을 내세운다 해도, 우리 스스로의 노력으로는 이 일을 할 수 없음을 우리는 잘 알고 있습니다. 여러분은 나의 배경을 잘 알고 있습니다. 나는 합법적으로 태어나 여드레 만에 할례를 받았고, 엘리트 지파인 베냐민 출신의 이스라엘 사람이며, 하나님의 율법을 엄격하고 독실하게 준수했고, 내 종교의 순수성을 열렬히 수호하면서, 심지어 교회를 박해하기까지 했으며, 하나님의 율법책에 기록된 것을 낱낱이 지켰습니다.

7-9 나는 저들이 자랑스럽게 내세우는 조건들을, 내가 명예로이 여겼던 다른 모든 것과 함께 갈기갈기 찢어 쓰레기통에 내던졌습니다. 왜 그랬을까요? 그리스도 때문입니다. 그렇습니다. 내가 전에 그토록 중요하게 여겼던 모든 것이 내 삶에서 사라져 버렸습니다. 그리스도 예수를 내 주님으로 직접 아는 고귀한 특권에 비하면, 내가 전에 보탬이 된다고 여겼던 모든 것은 하찮은 것, 곧 개똥이나 다름없습니다. 나는 그 모든 것을 쓰레기통에 버렸습니다. 그것은 내가 그리스도를 품고, 또한 그분 품에 안기려는 것이었습니다. 그리스도를 신뢰하는 데서 오는 강력한 힘, 곧 하나님의 의를 얻고 나서부터는, 나열된 규칙이나 지키는 하찮고 시시한 의는 조금도 바라지 않게 되었습니다.

10-11 그리스도를 직접 알고, 그분의 부활의 능력을 *경험하고, 그분의 고난에 동참하면서* 죽기까지 그분과 함께하기 위해, 나는 그 모든 하찮은 것을 버렸습니다. 죽은 자들 가운데서 살아나는 부활에 이르는 길이 있다면, 나는 그 길을 걷고 싶었습니다.

To Know Him Personally

3 [1] And that's about it, friends. Be glad in God! I don't mind repeating what I have written in earlier letters, and I hope you don't mind hearing it again. Better safe than sorry–so here goes.

2-6 Steer clear of the barking dogs, those religious busybodies, all bark and no bite. All they're interested in is appearances–knife-happy circumcisers, I call them. The *real* believers are the ones the Spirit of God leads to work away at this ministry, filling the air with Christ's praise as we do it. We couldn't carry this off by our own efforts, and we know it–even though we can list what many might think are impressive credentials. You know my pedigree: a legitimate birth, circumcised on the eighth day; an Israelite from the elite tribe of Benjamin; a strict and devout adherent to God's law; a fiery defender of the purity of my religion, even to the point of persecuting the church; a meticulous observer of everything set down in God's law Book.

7-9 The very credentials these people are waving around as something special, I'm tearing up and throwing out with the trash–along with everything else I used to take credit for. And why? Because of Christ. Yes, all the things I once thought were so important are gone from my life. Compared to the high privilege of knowing Christ Jesus as my Master, firsthand, everything I once thought I had going for me is insignificant–dog dung. I've dumped it all in the trash so that I could embrace Christ and be embraced by him. I didn't want some petty, inferior brand of righteousness that comes from keeping a list of rules when I could get the robust kind that comes from trusting Christ–*God's* righteousness.

10-11 I gave up all that inferior stuff so I could know Christ personally, experience his resurrection power, be a partner in his suffering, and go all the way with him to death itself. If there was any way to get in on the resurrection from the dead, I wanted to do it.

목표를 향한 달음질

12-14 내가 이 모든 것을 다 얻었다거나 다 이루었다 고 말하는 것이 아닙니다. 나는 다만, 놀랍게도 나를 붙드신 그리스도를 붙잡으려고 내 길을 갈 뿐입니다. 친구 여러분, 내 말을 오해하지 마십시오. 나는 결코 나 자신을 이 모든 일의 전문가라고 생각지 않습니다. 나는 하나님께서 우리를 손짓하여 부르시는 그 목표, 곧 예수만을 바라볼 뿐입니다. 나는 달려갈 뿐, 되돌아가지 않겠습니다.

15-16 그러므로 하나님께서 우리를 위해 마련하신 것을 모두 얻으려는 사람들은, 그 목표에 초점을 맞추어야 합니다. 여러분이 전적인 헌신에 못 미치는 것을 마음에 품더라도, 하나님께서 여러분의 흐려진 시야를 깨끗하게 하심으로, 결국 여러분은 보게 될 것입니다! 이제 우리가 올바른 방향에 들어섰으니, 그 방향을 유지해야겠습니다.

17-19 친구 여러분, 내 뒤를 잘 따라오십시오. 같은 목표를 향해 우리와 같은 길을 달려가는 사람들을 놓치지 마십시오. 저기 바깥에는 우리와 다른 길을 걷고 다른 목표를 택하면서, 여러분을 그 길로 끌어들이려는 자들이 많습니다. 그들을 조심하라고 여러 차례 경고했지만, 유감스럽게도 다시 경고할 수밖에 없습니다. 그들은 편한 길만 바랍니다. 그들은 그리스도의 십자가를 싫어합니다. 그러나 편한 길은 막다른 길일 뿐입니다. 편한 길을 걷는 자들은 자신의 배를 신(神)으로 삼습니다. 트림이 그들의 찬양입니다. 그들의 머릿속에는 온통 먹는 생각뿐입니다.

20-21 그러나 우리에게는 더 나은 삶이 있습니다. 우리는 하늘의 시민입니다! 우리는 구원자이시며 주님이신 예수 그리스도가 오시기를 기다립니다. 그리스도께서 오셔서, 우리의 썩어질 몸을 그분의 몸과 같은 영광스러운 몸으로 바꾸어 주실 것입니다. 그분은 능하신 솜씨로 만물을 마땅히 있어야 할 자리, 곧 그분 아래와 주위에 머물게 하시는데, 바로 그 능하신 솜씨로 우리를 아름답고 온전하게 해주실 것입니다.

4 1 사랑하는 친구 여러분, 내가 너무나 사랑하는 여러분, 나는 여러분이 가장 좋은 것을 누리기 원합니다. 여러분은 나의 크나큰 기쁨이며 큰 자랑입니다. 그러니 흔들리지 마십시오. 길에서 벗어나지 말고, 하나님 안에서 꾸준하십시오.

염려 대신 기도하십시오

2 유오디아와 순두게에게 권면합니다. 견해차를 해

Focused on the Goal

12-14 I'm not saying that I have this all together, that I have it made. But I am well on my way, reaching out for Christ, who has so wondrously reached out for me. Friends, don't get me wrong: By no means do I count myself an expert in all of this, but I've got my eye on the goal, where God is beckoning us onward—to Jesus. I'm off and running, and I'm not turning back.

15-16 So let's keep focused on that goal, those of us who want everything God has for us. If any of you have something else in mind, something less than total commitment, God will clear your blurred vision—you'll see it yet! Now that we're on the right track, let's stay on it.

17-19 Stick with me, friends. Keep track of those you see running this same course, headed for this same goal. There are many out there taking other paths, choosing other goals, and trying to get you to go along with them. I've warned you of them many times; sadly, I'm having to do it again. All they want is easy street. They hate Christ's Cross. But easy street is a dead-end street. Those who live there make their bellies their gods; belches are their praise; all they can think of is their appetites.

20-21 But there's far more to life for us. We're citizens of high heaven! We're waiting the arrival of the Savior, the Master, Jesus Christ, who will transform our earthy bodies into glorious bodies like his own. He'll make us beautiful and whole with the same powerful skill by which he is putting everything as it should be, under and around him.

4 1 My dear, dear friends! I love you so much. I do want the very best for you. You make me feel such joy, fill me with such pride. Don't waver. Stay on track, steady in God.

Pray About Everything

2 I urge Euodia and Syntyche to iron out their

소하고 화해하십시오. 하나님께서는 자기 자녀들이 서로 미워하는 것을 원치 않으십니다.

3 그리고 나와 멍에를 같이한 동역자에게 부탁합니다. 그대가 그들과 함께 있으니, 그들이 문제를 잘 해결하도록 최선을 다해 도와주십시오. 이 여인들은 글레멘드와 나, 그리고 다른 노련한 사람들과 협력하여 메시지를 전하려고 힘쓴 이들입니다. 그들은 우리만큼 열심히 일했습니다. 그들의 이름 또한 생명책에 기록되어 있다는 것을 잊지 마십시오.

4-5 날마다, 온종일 하나님을 찬양하십시오. 하나님께 푹 빠지십시오! 만나는 모든 사람에게, 여러분이 그들 편이며 그들과 함께 일하며 그들을 거스르지 않는다는 것을, 할 수 있는 한 분명하게 보여주십시오. 주님이 곧 도착하신다는 것을 그들에게 알리십시오. 그분은 지금 당장이라도 나타나실 수 있습니다!

6-7 마음을 졸이거나 염려하지 마십시오. 염려 대신 기도하십시오. 간구와 찬양으로 여러분의 염려를 기도로 바꾸어, 하나님께 여러분의 필요를 알리십시오. 그러면 여러분도 모르는 사이에, 하나님의 온전하심에 대한 감각, 곧 모든 것이 협력하여 선을 이루게 된다는 믿음이 생겨나서 여러분의 마음을 안정시켜 줄 것입니다. 그리스도께서 여러분 삶의 중심에서 염려를 쫓아내실 때 일어나는 일은 실로 놀랍기 그지없습니다.

8-9 결론으로 말씀드립니다. 친구 여러분, 참된 것과 고귀한 것과 존경할 만한 것과 믿을 만한 것과 바람직한 것과 품위 있는 것을 마음에 품고 묵상하십시오. 최악이 아니라 최선을, 추한 것이 아니라 아름다운 것을, 저주할 만한 일이 아니라 칭찬할 만한 일을 생각하십시오. 내게서 배운 것과, 여러분이 듣고 보고 깨달은 것을 실천하십시오. 그러면 모든 것을 협력하게 하시는 하나님께서, 그분의 가장 탁월한 조화 속으로 여러분을 끌어들이실 것입니다.

빌립보 교우들의 향기로운 선물

10-14 나는 하나님 안에서 기쁩니다. 여러분이 짐작하는 것보다 훨씬 더 행복합니다. 내가 행복한 것은, 여러분이 다시 나에게 큰 관심을 보여주기 때문입니다. 여러분이 지금까지 나를 위해 기도하지 않았다거나 나를 생각지 않았다는 것이 아닙니다. 여러분에게는 그것을 보여줄 기회가 없었을 뿐입니다. 사실, 나는 개인적으로 무언가를 바라는 마음이 없습니다. 이제 나는 나의 형편이 어떠하든지 간에, 정말로 만족하는 법을 배웠습니다. 나는 적은 것을 가지고도 많은 것을 가진 것처럼 행복하고, 많은 것을 가지고도

differences and make up. God doesn't want his children holding grudges.

3 And, oh, yes, Syzygus, since you're right there to help them work things out, do your best with them. These women worked for the Message hand in hand with Clement and me, and with the other veterans—worked as hard as any of us. Remember, their names are also in the Book of Life.

4-5 Celebrate God all day, every day. I mean, *revel* in him! Make it as clear as you can to all you meet that you're on their side, working with them and not against them. Help them see that the Master is about to arrive. He could show up any minute!

6-7 Don't fret or worry. Instead of worrying, pray. Let petitions and praises shape your worries into prayers, letting God know your concerns. Before you know it, a sense of God's wholeness, everything coming together for good, will come and settle you down. It's wonderful what happens when Christ displaces worry at the center of your life.

8-9 Summing it all up, friends, I'd say you'll do best by filling your minds and meditating on things true, noble, reputable, authentic, compelling, gracious—the best, not the worst; the beautiful, not the ugly; things to praise, not things to curse. Put into practice what you learned from me, what you heard and saw and realized. Do that, and God, who makes everything work together, will work you into his most excellent harmonies.

Content Whatever the Circumstances

10-14 I'm glad in God, far happier than you would ever guess—happy that you're again showing such strong concern for me. Not that you ever quit praying and thinking about me. You just had no chance to show it. Actually, I don't have a sense of needing anything personally. I've learned by now to be quite content whatever my circumstances. I'm just as happy with little as with much, with much as with little. I've found the recipe for being

적은 것을 가진 것처럼 행복합니다. 나는 배부르거나
굶주리거나, 많이 가졌거나 빈손이거나 행복하게 살
수 있는 비결을 찾았습니다. 내가 가진 것이 무엇이
든지, 내가 어디에 있든지, 나를 지금의 나로 만들어
주시는 분 안에서 나는 모든 것을 해낼 수 있습니다.
내 말은 여러분이 나를 많이 도와주지 않았다는 뜻이
아닙니다. 여러분은 나를 많이 도와주었습니다. 내가
고난당할 때 여러분이 나와 함께해 준 것은 아름다운
일이었습니다.
15-17 빌립보의 교우 여러분, 여러분도 잘 알고 나도
잊지 않겠지만, 내가 처음 마케도니아를 떠나 담대히
메시지를 전하러 나아갈 때에, 이 일에 협력하여 도
움을 준 교회는 여러분밖에 없었습니다. 내가 데살로
니가에 있을 때에도, 여러분은 한 번만 아니라 두 번
이나 내게 도움을 주었습니다. 나는 헌금을 바라지
않습니다. 다만 여러분이 관대한 행위에서 오는 복을
경험하기 원하는 마음뿐입니다.
18-20 지금 나는 모든 것을 가지고 있고, 더 많이 얻고
있습니다! 여러분이 에바브로디도 편에 보내준 선물
은 차고 넘쳤습니다. 그것은 제단에서 타올라 주위를
향기로 가득 채우고, 하나님의 마음을 끝없이 흡족하
게 해드리는 향기로운 제물과 같습니다. 하나님께서
여러분의 모든 필요를 해결해 주시며, 그분의 관대하
심이 예수께로부터 흘러나오는 영광 중에 여러분의
관대함을 훨씬 능가한다는 것을 확신하십시오. 우리
하나님 아버지는 영광이 충만하셔서, 영원토록 영광
이 넘쳐나는 분이십니다. 정말 그렇습니다.
21-22 만나는 모든 그리스도인들에게 안부를 전해 주
십시오. 이곳에 있는 우리의 벗들도 여러분에게 문안
합니다. 이곳에 있는 모든 그리스도인들, 특히 황제
의 궁궐에서 일하는 믿는 이들이 여러분에게 안부를
전합니다.
23 주 예수 그리스도의 놀라우신 은혜를, 여러분 안
에 깊이깊이 받아들이고 생생히 경험하십시오.

happy whether full or hungry, hands full or
hands empty. Whatever I have, wherever I am,
I can make it through anything in the One who
makes me who I am. I don't mean that your
help didn't mean a lot to me—it did. It was a
beautiful thing that you came alongside me in
my troubles.
15-17 You Philippians well know, and you can
be sure I'll never forget it, that when I first left
Macedonia province, venturing out with the
Message, not one church helped out in the
give-and-take of this work except you. You
were the only one. Even while I was in Thessa-
lonica, you helped out—and not only once, but
twice. Not that I'm looking for handouts, but
I do want you to experience the blessing that
issues from generosity.
18-20 And now I have it all—and keep getting
more! The gifts you sent with Epaphroditus
were more than enough, like a sweet-smelling
sacrifice roasting on the altar, filling the air
with fragrance, pleasing God no end. You can
be sure that God will take care of everything
you need, his generosity exceeding even yours
in the glory that pours from Jesus. Our God
and Father abounds in glory that just pours out
into eternity. Yes.
21-22 Give our regards to every follower of
Jesus you meet. Our friends here say hello. All
the Christians here, especially the believers
who work in the palace of Caesar, want to be
remembered to you.
23 Receive and experience the amazing grace
of the Master, Jesus Christ, deep, deep within
yourselves.

골로새서 | 머리말

예수에 관한 이야기를 전부 듣고 그분의 삶과 가르침, 십자가의 죽으심과 부활의 참된 사실을 알게 된 사람이, 그분을 무심하게 지나쳐 버리거나 대수롭지 않게 여기는 경우는 거의 없다. 물론 그분의 이야기를 모르거나 잘못 전해 들은 사람은 그분을 거부할 것이다. 그러나 예외적인 경우를 뺀 대부분의 사람들은, 자신이 지금 대단히 뛰어나고 위대한 분을 대하고 있음을 본능적으로 알아차린다.

그러나 예수를 진심으로 중요하게 여기는 사람들조차도, 흔히 그분을 그분만큼이나 중요해 보이는 다른 사람들—부처, 모세, 소크라테스, 마호메트처럼 역사의 신기원을 연 인물이나 개인적으로 선호하는 그 밖의 인물들—과 같은 위치에 둔다. 이 사람들에게 예수는 중요한 인물이지만, 그들의 중심은 아니다. 예수의 명성은 무시 못하지만, 다른 인물에 비해 크게 탁월한 것은 아니다.

골로새라는 도시에 있는 그리스도인들 가운데 적어도 몇몇 사람들은 그렇게 생각했던 것 같다. 그들은 이러저러한 영적 존재와 예수를 동급으로 여겼던 것이다. 바울은 그들에게 편지를 보내어, 메시아이신 예수를 다시 그들 삶의 중심에 돌려놓으려고 했다.

> 거창한 말과 지적인 체하는 모호한 말로 여러분을 현혹하려는 사람들이 있으니 조심하십시오. 그들은 아무 성과도 없는 끝없는 논쟁에 여러분을 끌어들이려고 합니다. 그들은 인간의 헛된 전통과 영적 존재에 대한 허망한 미신을 유포함으로써 자신들의 사상을 퍼뜨리는 자들입니다. 그러나 그것은 그리스도의 길이 아닙니다. 그리스도 안에는 하나님의 모든 것이 표현되어 있어서, 여러분은 분명하게 그분을 볼 수 있고 그분의 말씀을 들을 수 있습니다. 그리스도의 충만하심을 알고, 또 그분 없이는 우주가 공허하다는 사실을 알기 위해서, 망원경이나 현미경이나 점성술 같은 것이 필요한 것은 아닙니다. 그분께 다가가기만 하면, 여러분에게도 그분의 충만하심이 나타날 것입니다. 그분의 능력은 모든 것에 두루 미칩니다(골 2:8-10).

Hardly anyone who hears the full story of Jesus and learns the true facts of his life and teaching, crucifixion and resurrection, walks away with a shrug of the shoulders, dismissing him as unimportant. People ignorant of the story or misinformed about it, of course, regularly dismiss him. But with few exceptions, the others know instinctively that they are dealing with a most remarkable greatness.

But it is quite common for those who consider him truly important to include others who seem to be equally important in his company–Buddha, Moses, Socrates, and Muhammad for a historical start, along with some personal favorites. For these people, Jesus is important, but not central; his prestige is considerable, but he is not preeminent.

The Christians in the town of Colosse, or at least some of them, seem to have been taking this line. For them, cosmic forces of one sort or another were getting equal billing with Jesus. Paul writes to them in an attempt to restore Jesus, the Messiah, to the center of their lives.

> Watch out for people who try to dazzle you with big words and intellectual double-talk. They want to drag you off into endless arguments that never amount to anything. They spread their ideas through the empty traditions of human beings and the empty superstitions of spirit beings. But that's not the way of Christ. Everything of God gets expressed in him, so you can see and hear him clearly. You don't need a telescope, a microscope, or a horoscope to realize the fullness of Christ, and the emptiness of the universe without him. When you come to him, that fullness comes together for you, too. His power extends over everything(Colossians

바울이 논증하는 방식은 그가 논증하는 내용만큼이나 의미 있다. 많은 사람들이 예수의 유일성을 주장하지만, 그러한 주장은 종종 예수와 전혀 어울리지 않는 거만한 태도로 개진된다. 때로는 난폭하게 강요되기까지 한다.

그러나 바울은 그리스도께서 창조와 구원의 중심에 계시며, 그분과 견줄 자가 없음을 굳게 확신하면서도 오만한 태도를 보이지 않는다. 난폭하게 강요하지도 않는다. 그는 몸에 밴 겸손한 자세로 논증한다. 그의 편지에는 가장 사려 깊은 사랑의 에너지가 담겨 있다. 명석하고 타협할 줄 모르는 지성과, 따뜻하고 놀라울 정도로 친절한 마음의 결합을 우리는 그에게서 다시 한번 보게 된다. 우리 그리스도인들은 바울이 보여준 그 같은 모습에 고마워하지 않을 수 없다.

하나님께서 새로운 사랑의 삶을 살라고 여러분을 택하셨으니, 하나님께서 여러분을 위해 골라 주신 옷, 곧 긍휼과 친절과 겸손과 온화한 힘과 자제심의 옷을 입으십시오. 평온한 마음을 유지하고, 높은 자리가 아니어도 만족하며, 기분 상하는 일이 있어도 재빨리 용서하십시오. 주님께서 여러분을 용서하신 것같이, 여러분도 신속하고 완전하게 용서하십시오. 그 밖에 다른 무엇을 입든지 사랑을 입으십시오. 사랑이야말로 여러분이 어떤 경우에든 기본적으로 갖춰 입어야 할 옷입니다. 사랑 없이 행하는 일이 절대로 없게 하십시오(골 3:12-14).

2:8-10).

The way he makes his argument is as significant as the argument he makes. Claims for the uniqueness of Jesus are common enough. But such claims about Jesus are frequently made with an arrogance that is completely incompatible with Jesus himself. Sometimes the claims are enforced with violence.

But Paul, although unswervingly confident in the conviction that Christ occupies the center of creation and salvation without peers, is not arrogant. And he is certainly not violent. He argues from a position of rooted humility. He writes with the energies of most considerate love. He exhibits again what Christians have come to appreciate so much in Paul–the wedding of a brilliant and uncompromising intellect with a heart that is warmly and wonderfully kind.

So, chosen be God for this new life of love, dress in the wardrobe God picked out for you: compassion, kindness, humility, quiet strength, discipline. Be even-tempered, content with second place, quick to forgive an offense. Forgive as quickly and completely as the Master forgave you. And regardless of what else you put on, wear love. It's your basic, all-purpose garment. Never be without it(Colossians 3:12-14).

골로새서

1 [1-2] 나 바울은, 하나님께서 세우신 큰 계획의 일부로서, 그리스도께 특별한 임무를 부여받았습니다. 나와 나의 벗 디모데는, 골로새에 있는 그리스도인들과 그리스도를 충직하게 따르는 모든 이들에게 문안합니다. 하나님 우리 아버지께서 주시는 온갖 좋은 것이 여러분에게 있기를 바랍니다!

감사가 넘치는 기도

[3-5] 여러분을 위해 기도할 때마다 우리는 항상 감사가 넘쳐납니다. 우리는 여러분으로 인해 우리 아버지 하나님과 메시아이신 예수께 끊임없이 감사를 드립니다. 우리는 여러분이 한결같은 마음으로 우리 예수 그리스도를 잘 믿고 있으며, 모든 그리스도인에게 끊임없이 사랑을 베풀고 있다는 소식을 전해 듣고 있습니다. 여러분의 삶에 놓인 목표는 동아줄 같아서, 결코 느슨해지지 않을 것입니다. 그것은 하늘에 있는 여러분의 미래와 단단히 연결되어 있고, 희망으로 든든히 묶여 있기 때문입니다.

[5-8] 메시지는 여러분이 처음 들었을 때와 마찬가지로 지금도 여러분 가운데서 참되며, 세월이 지나도 위축되거나 약해지지 않으며, 이 세상 어디에서나 한결같습니다. 메시지는 여러분 안에서 그랬던 것처럼, 열매를 맺으며 점점 더 커지고 점점 더 튼실해지고 있습니다. 하나님께서 어떤 일을 하고 계신지를 여러분이 듣고 깨달은 첫날부터, 여러분은 메시지를 더욱 사모했습니다. 메시지는 여러분이 우리의 벗이자 절친한 동료인 에바브라에게서 들었을 때와 마찬가지로, 지금도 여러분 안에서 왕성하게 움직이고 있습니다. 에

COLOSSIANS

1 [1-2] I, Paul, have been sent on special assignment by Christ as part of God's master plan. Together with my friend Timothy, I greet the Christians and stalwart followers of Christ who live in Colosse. May everything good from God our Father be yours!

Working in His Orchard

[3-5] Our prayers for you are always spilling over into thanksgivings. We can't quit thanking God our Father and Jesus our Messiah for you! We keep getting reports on your steady faith in Christ, our Jesus, and the love you continuously extend to all Christians. The lines of purpose in your lives never grow slack, tightly tied as they are to your future in heaven, kept taut by hope.

[5-8] The Message is as true among you today as when you first heard it. It doesn't diminish or weaken over time. It's the same all over the world. The Message bears fruit and gets larger and stronger, just as it has in you. From the very first day you heard and recognized the truth of what God is doing, you've been hungry for more. It's as vigorous in you now as when you learned it from our friend and close associate Epaphras. He is one reliable worker for Christ! I could always depend on him. He's the one who told us how thoroughly love had been worked into your lives by the Spirit.

[9-12] Be assured that from the first day we heard of you, we haven't stopped praying for you, asking God to give you wise minds and spirits attuned

바브라는 그리스도의 듬직한 일꾼이며, 내가 늘 의지
하는 사람입니다! 그는 성령께서 여러분의 삶을 얼마
나 속속들이 사랑으로 물들게 하셨는지 우리에게 알려
준 사람입니다.
9-12 여러분의 소식을 들은 날부터 우리는 여러분을 위
해 쉬지 않고 기도하면서, 하나님께서 여러분에게 그
분의 뜻에 맞는 지혜로운 마음과 영을 주시기를 구했
습니다. 또한 우리는 하나님께서 일하시는 방법을 여
러분이 완전히 이해할 수 있게 해달라고 간구했습니
다. 우리는 여러분이 주님의 과수원에서 주님께서 자
랑스러워하실 정도로 열심히 일하고, 주님을 위해 더
할 나위 없이 훌륭하게 살기를 기도합니다. 하나님께
서 일하시는 방식을 알면 알수록, 여러분은 여러분의
일을 어떻게 해야 할지 더욱 알게 될 것입니다. 우리는
여러분이 여러분의 일을 끝까지 해낼 수 있는 힘—이
를 바득바득 갈면서 마지못해 하는 힘이 아니라 하나
님이 주시는 그 영광스러운 힘—을 받게 되기를 바랍
니다. 그것은 견딜 수 없는 것을 견디는 힘, 기쁨이 넘
쳐나는 힘, 우리를 강하게 하셔서 우리를 위해 마련해
두신 온갖 밝고 아름다운 일에 참여하게 하시는 아버
지께 감사드리는 힘입니다.
13-14 하나님께서는 우리를 막다른 길과 어두운 소굴에
서 구출하셔서, 그분이 몹시 아끼시는 아들의 나라로
옮겨 주셨습니다. 그 아들은 수렁에서 우리를 건지시
고, 반복해서 지을 수밖에 없던 죄에서 우리를 벗어나
게 해주셨습니다.

모든 것을 연결하시는 그리스도

15-18 우리는 이 아들을 보면서, 보이지 않는 하나님을
봅니다. 우리는 이 아들을 보면서, 모든 피조물에 깃들
어 있는 하나님의 원래 목적을 봅니다. 모든 것이—위
에 있는 것과 아래에 있는 것, 보이는 것과 보이지 않
는 것, 천사 위의 천사 위의 천사들까지—참으로 모든
것이 그분 안에서 시작되고, 그분 안에서 자신의 목적
을 찾기 때문입니다. 그분은 만물이 존재하기 전부터
계셨고, 지금 이 순간에도 만물을 유지하고 계십니다.
또한 그분은, 머리와 몸의 관계처럼 교회를 하나의 유
기체로 조직하시고 유지시켜 주시는 분입니다.
18-20 그분은 처음에도 으뜸이 되셨고—부활 행진을 이
끄시며—마지막에도 으뜸이 되십니다. 그분은 처음부
터 끝까지 계시며, 만물과 모든 사람보다 단연 뛰어나
신 분입니다. 그분은 어찌나 광대하고 광활하신지, 만
물이 그분 안에서 저마다 알맞은 자리를 차지해도 전
혀 비좁지 않습니다. 그뿐만이 아닙니다. 사람과 사물,
동물과 원자 할 것 없이 깨지고 조각난 우주의 모든 파

to his will, and so acquire a thorough under-
standing of the ways in which God works.
We pray that you'll live well for the Master,
making him proud of you as you work hard
in his orchard. As you learn more and more
how God works, you will learn how to do *your*
work. We pray that you'll have the strength
to stick it out over the long haul—not the
grim strength of gritting your teeth but the
glory-strength God gives. It is strength that
endures the unendurable and spills over into
joy, thanking the Father who makes us strong
enough to take part in everything bright and
beautiful that he has for us.
13-14 God rescued us from dead-end alleys and
dark dungeons. He's set us up in the kingdom
of the Son he loves so much, the Son who got
us out of the pit we were in, got rid of the sins
we were doomed to keep repeating.

Christ Holds It All Together

15-18 We look at this Son and see the God who
cannot be seen. We look at this Son and see
God's original purpose in everything created.
For everything, absolutely everything, above
and below, visible and invisible, rank after
rank after rank of angels—*everything* got
started in him and finds its purpose in him.
He was there before any of it came into
existence and holds it all together right up
to this moment. And when it comes to the
church, he organizes and holds it together,
like a head does a body.
18-20 He was supreme in the beginning and—
leading the resurrection parade—he is
supreme in the end. From beginning to end
he's there, towering far above everything,
everyone. So spacious is he, so roomy, that
everything of God finds its proper place in
him without crowding. Not only that, but
all the broken and dislocated pieces of the
universe—people and things, animals and
atoms—get properly fixed and fit together in
vibrant harmonies, all because of his death,
his blood that poured down from the cross.

편이, 그분의 죽으심과 그분이 십자가에서 쏟으신 피로 말미암아 제자리를 얻고, 서로 어우러져 힘찬 조화를 이룹니다.

21-23 바로 여러분은 하나님께서 어떤 일을 하고 계신지를 보여주는 사례입니다. 한때 여러분 모두는 하나님을 등지고, 하나님께 반역하는 마음을 품으며, 기회 있을 때마다 하나님을 괴롭게 해드렸습니다. 그러나 그리스도께서는 십자가에서 자기를 완전히 내어주시고, 실제로 여러분을 위해 죽으셨습니다. 그리스도께서 여러분을 하나님께 데려가셔서, 여러분의 삶을 회복시켜 하나님 앞에 온전하고 거룩하게 하셨습니다. 그 같은 선물을 버리고 떠나가서는 안됩니다! 여러분은 신실한 결속에 터를 잡고 든든히 서서, 끊임없이 메시지에 주파수를 맞추고, 마음이 흐트러지거나 주의를 빼앗기는 일이 없도록 조심하십시오. 다른 메시지는 없습니다. 이 메시지뿐입니다. 하늘 아래 있는 모든 피조물이 이 메시지를 받고 있습니다. 나 바울은 이 메시지를 전하는 심부름꾼입니다.

24-25 이 감옥에 여러분이 아니라 내가 갇혀 있는 것이 얼마나 감사한지 모릅니다. 이 세상에는 우리가 받아야 할 고난이 많습니다. 그것은 그리스도께서 겪으신 것과 같은 고난입니다. 나는 교회가 겪는 이 고난에 참여할 기회를 기꺼이 환영합니다. 나는 이 교회의 일꾼이 되어 이 고난을 순전한 선물로 받았습니다. 그것은 나로 하여금 여러분을 섬기고, 온전한 진리를 전하게 하시려는 하나님의 방법이었습니다.

26-29 이 비밀은 오랫동안 감추어져 있었지만, 지금은 환히 드러났습니다. 하나님께서는 유대인뿐 아니라 모든 사람이, 자신의 배경과 종교적 입장에 상관없이, 이 충만하고 영광스러운 비밀을 속속들이 알기를 원하셨습니다. 이 비밀을 간단히 말씀드리면, 그리스도께서 여러분 안에 계시며, 그분으로 인해 여러분이 하나님의 영광에 참여할 수 있게 되었다는 것입니다. 간단하지만, 이것이 메시지의 핵심입니다. 우리는 메시지에 무언가를 보태지 않도록 사람들에게 주의를 주면서 그리스도를 전합니다. 우리는 각 사람을 성숙시키기 위해 깊이 있는 분별력을 가지고 가르칩니다. 성숙해진다는 것은 기본으로 돌아간다는 것입니다. 바로 그리스도께로 말입니다! 그 이상도 그 이하도 아닙니다. 내가 날마다 해마다 힘쓰는 일, 너무나 풍성히 베풀어 주시는 하나님의 힘으로 최선을 다해 하는 일이, 바로 그것입니다.

21-23 You yourselves are a case study of what he does. At one time you all had your backs turned to God, thinking rebellious thoughts of him, giving him trouble every chance you got. But now, by giving himself completely at the Cross, actually *dying* for you, Christ brought you over to God's side and put your lives together, whole and holy in his presence. You don't walk away from a gift like that! You stay grounded and steady in that bond of trust, constantly tuned in to the Message, careful not to be distracted or diverted. There is no other Message–just this one. Every creature under heaven gets this same Message. I, Paul, am a messenger of this Message.

24-25 I want you to know how glad I am that it's me sitting here in this jail and not you. There's a lot of suffering to be entered into in this world–the kind of suffering Christ takes on. I welcome the chance to take my share in the church's part of that suffering. When I became a servant in this church, I experienced this suffering as a sheer gift, God's way of helping me serve you, laying out the whole truth.

26-29 This mystery has been kept in the dark for a long time, but now it's out in the open. God wanted everyone, not just Jews, to know this rich and glorious secret inside and out, regardless of their background, regardless of their religious standing. The mystery in a nutshell is just this: Christ is in you, so therefore you can look forward to sharing in God's glory. It's that simple. That is the substance of our Message. We preach *Christ*, warning people not to add to the Message. We teach in a spirit of profound common sense so that we can bring each person to maturity. To be mature is to be basic. Christ! No more, no less. That's what I'm working so hard at day after day, year after year, doing my best with the energy God so generously gives me.

2 [1] 여러분과 라오디게아에 있는 그리스도인들을 위해 내가 얼마나 열심히 일하고 있는지, 여러분이 알기 원합니다. 여러분 가운데 나를 직접 만나 본 사람이 많지 않지만, 그것은 중요하지 않습니다. 내가 여러분을 지지하고, 여러분과 함께한다는 사실을 알고 계십시오. 여러분은 혼자가 아닙니다.

2-4 나는 여러분이 다채로운 색실로 엮인 비단처럼 사랑으로 함께 연결되어, 하나님을 아는 모든 일에 닿아 있기를 바랍니다. 그러면 여러분의 마음은 하나님의 위대한 비밀이신 그리스도께 초점이 맞춰지고, 확신과 평안을 얻을 것입니다. 온갖 지혜와 지식의 보화가 그 비밀 안에 풍성하게 들어 있습니다. 이는 다른 어디에서도 찾을 수 없습니다. 이제 그 비밀이 우리에게 환히 드러났습니다! 내가 이 말을 하는 것은, 누군가가 여러분을 꾀어 이상한 것을 추구하게 하거나, 다른 비밀이나 "비법"을 추구하지 못하게 하려는 것입니다.

5 내가 멀리 떨어져 있고 여러분도 나를 볼 수 없지만, 나는 여러분 편이며 여러분 바로 곁에 있는 것이나 다름없습니다. 나는 여러분이 조심스럽고도 질서 있게 일한다는 소식을 듣고 기뻐하며, 그리스도를 믿는 여러분의 믿음이 굳건하고 튼실한 것에 감동하고 있습니다.

실체이신 그리스도

6-7 단순하고 직설적으로 권면합니다. 여러분이 이미 받은 것을 가지고 전진하십시오. 여러분은 그리스도 예수, 곧 주님을 받아들였습니다. 그러니 이제 그분의 삶을 사십시오. 여러분은 그분 안에 깊이 뿌리를 내렸습니다. 그분 위에 굳건히 세우심을 받았습니다. 여러분은 그분을 믿는 것이 무엇인지 잘 알고 있습니다. 그러니 이제 가르침 받은 대로 행하십시오. 수업은 끝났습니다. 배우는 일은 그만두고, 배운 대로 사십시오! 여러분의 삶을 감사로 넘치게 하십시오.

8-10 거창한 말과 지적인 체하는 모호한 말로 여러분을 현혹하려는 사람들이 있으니 조심하십시오. 그들은 아무 성과도 없는 끝없는 논쟁에 여러분을 끌어들이려고 합니다. 그들은 인간의 헛된 전통과 영적 존재에 대한 허망한 미신을 유포함으로써 자신들의 사상을 퍼뜨리는 자들입니다. 그러나 그것은 그리스도*의 길이 아닙니다*. 그리스도 안에는 하나님의 모든 것이 표현되어 있어서, 여러분은 분명하게 그분을 볼 수 있고 그분의 말씀을 들을 수 있습니다. 그리스도의 충만하심을 알고, 또 그분 없이는 우주가 공허하다는 사실을 알기 위해서, 망원경이나 현미경이나

2 [1] I want you to realize that I continue to work as hard as I know how for you, and also for the Christians over at Laodicea. Not many of you have met me face-to-face, but that doesn't make any difference. Know that I'm on your side, right alongside you. You're not in this alone.

2-4 I want you woven into a tapestry of love, in touch with everything there is to know of God. Then you will have minds confident and at rest, focused on Christ, God's great mystery. All the richest treasures of wisdom and knowledge are embedded in that mystery and nowhere else. And we've been shown the mystery! I'm telling you this because I don't want anyone leading you off on some wild-goose chase, after other so-called mysteries, or "the Secret."

5 I'm a long way off, true, and you may never lay eyes on me, but believe me, I'm on your side, right beside you. I am delighted to hear of the careful and orderly ways you conduct your affairs, and impressed with the solid substance of your faith in Christ.

From the Shadows to the Substance

6-7 My counsel for you is simple and straightforward: Just go ahead with what you've been given. You received Christ Jesus, the Master; now *live* him. You're deeply rooted in him. You're well constructed upon him. You know your way around the faith. Now do what you've been taught. School's out; quit studying the subject and start *living* it! And let your living spill over into thanksgiving.

8-10 Watch out for people who try to dazzle you with big words and intellectual double-talk. They want to drag you off into endless arguments that never amount to anything. They spread their ideas through the empty traditions of human beings and the empty superstitions of spirit beings. But that's not the way of Christ. Everything of God gets expressed in him, so you can see and hear him clearly. You don't need a telescope, a microscope, or a horoscope to realize the fullness of Christ, and

점성술 같은 것이 필요한 것은 아닙니다. 그분께 다가가기만 하면, 여러분에게도 그분의 충만하심이 나타날 것입니다. 그분의 능력은 모든 것에 두루 미칩니다.

11-15 여러분이 무언가를 깨닫거나 성취해야 그분의 충만하심에 들어가는 것은 아닙니다. 할례를 받거나 장황한 율법 조문을 준수한다고 되는 것도 아닙니다. 여러분은 이미 그분의 충만하심을 경험한 사람들입니다. 그것은 비밀스러운 입회 의식을 통해 이루어진 것이 아니라, 그리스도께서 여러분을 위해 이미 행하신 일, 곧 죄의 권세를 멸하신 일을 통해 이루어진 것입니다. 여러분이 추구하는 것이 입회 의식이라면, 여러분은 이미 세례를 받음으로써 그 의식을 치렀습니다. 물 속으로 들어간 것은 여러분의 옛 삶을 장사지낸 것이고, 물에서 나온 것은 새로운 삶으로 부활한 것입니다. 하나님께서는, 그리스도께 하셨던 것처럼 여러분을 죽은 자들 가운데서 일으키셨습니다. 여러분이 죄로 죽을 수밖에 없는 옛 생활을 고수하던 때에는 하나님께 반응할 수 없었습니다. 그러나 하나님은 여러분을 그리스도와 함께 살리셨습니다! 그 사실을 생각하십시오! 여러분의 모든 죄가 용서받았고, 여러분의 이력이 깨끗해졌으며, 여러분을 체포하기 위해 발부되었던 구속 영장이 취소되어 그리스도의 십자가에 못 박혔습니다. 하나님께서는 이 세상의 모든 영적 압제자들의 거짓 권위를 십자가에서 폭로하시고, 그들을 벌거벗겨 거리를 행진하게 하셨습니다.

16-17 그러므로 음식, 예식, 축제일과 관련된 세부 조항들로 여러분을 압박하는 사람들을 그냥 내버려 두지 마십시오. 그 모든 것은 장차 올 것 앞에 드리워진 그림자일 뿐입니다. 실체는 그리스도이십니다.

18-19 여러분을 굽실거리게 하고, 천사에 빠져 있는 자신들과 한패가 되게 하며, 환상에 매달리게 하여 여러분의 삶을 조종하려는 사람들을 용납하지 마십시오. 그들은 허풍으로 가득 찬 자들입니다. 그것이 그들의 전부입니다. 그들은 생명의 원천이신 분, 곧 우리를 하나되게 하시는 그리스도와 아무 관계가 없습니다. 그러나 우리에게는 그리스도의 참된 숨이 드나들고 그분의 피가 흐르고 있습니다. 그분은 머리이시고, 우리는 몸입니다. 그분께서 영양을 공급하실 때만 우리는 하나님 안에서 건강하게 자랄 수 있습니다.

20-23 여러분은 그리스도와 함께 저 거짓되고 유치한 종교를 떠났습니다. 그런데도 여러분 스스로 그 종교에 휘둘리고 있으니 어찌 된 노릇입니까? [그 종교는 이렇게 말합니다.] "이것은 만지지 마라! 저것은 맛보지 마라! 이것은 하지 마라!" 여러분은 오늘 여기 있

the emptiness of the universe without him. When you come to him, that fullness comes together for you, too. His power extends over everything.

11-15 Entering into this fullness is not something you figure out or achieve. It's not a matter of being circumcised or keeping a long list of laws. No, you're already *in*–insiders–not through some secretive initiation rite but rather through what Christ has already gone through for you, destroying the power of sin. If it's an initiation ritual you're after, you've already been through it by submitting to baptism. Going under the water was a burial of your old life; coming up out of it was a resurrection, God raising you from the dead as he did Christ. When you were stuck in your old sin-dead life, you were incapable of responding to God. God brought you alive–right along with Christ! Think of it! All sins forgiven, the slate wiped clean, that old arrest warrant canceled and nailed to Christ's cross. He stripped all the spiritual tyrants in the universe of their sham authority at the Cross and marched them naked through the streets.

16-17 So don't put up with anyone pressuring you in details of diet, worship services, or holy days. All those things are mere shadows cast before what was to come; the substance is Christ.

18-19 Don't tolerate people who try to run your life, ordering you to bow and scrape, insisting that you join their obsession with angels and that you seek out visions. They're a lot of hot air, that's all they are. They're completely out of touch with the source of life, Christ, who puts us together in one piece, whose very breath and blood flow through us. He is the Head and we are the body. We can grow up healthy in God only as he nourishes us.

20-23 So, then, if with Christ you've put all that pretentious and infantile religion behind you, why do you let yourselves be bullied by it? "Don't touch this! Don't taste that! Don't go near this!" Do you think things that are here

다가 내일이면 없어지고 말 것들에 주목할 가치가 있다고 생각하십니까? 한껏 폼을 잡고 이야기하면, 그런 것들이 인상적으로 들리기는 합니다. 심지어 경건하거나 겸손해 보이며 금욕하는 것 같은 착각을 주기도 합니다. 그러나 그것들은 자신을 과시하고 드러내 보이는 또 다른 방편에 불과합니다.

참된 생명이신 그리스도

3 1-2 여러분이 진심으로 그리스도와 더불어 이 새로운 부활의 삶을 살고자 한다면, 그렇게 행하십시오. 그리스도께서 주관하시는 것들을 추구하십시오. 발을 질질 끌며 땅만 쳐다보고 다니거나, 바로 눈앞에 있는 것들에 관심을 빼앗기지 마십시오. 위를 바라보고, 그리스도 주위에 무슨 일이 일어나고 있는지에 주목하십시오. 정말 중요한 일이 벌어지고 있는 곳은 바로 그곳입니다! 그분의 시각에서 사물을 보십시오.

3-4 여러분의 옛 삶은 죽었습니다. 여러분의 새 삶, 참된 삶은—구경꾼들에게는 잘 보이지 않겠지만—하나님 안에서 그리스도와 함께하는 삶입니다. 그분이야말로 여러분의 생명입니다. 기억하십시오. 여러분의 참된 생명이신 그리스도께서 이 세상에 다시 나타나실 때에, 여러분의 참 모습, 여러분의 영광스러운 모습도 드러날 것입니다. 그때까지는 그리스도께서 그러셨던 것처럼, 세상에 알려지지 않더라도 만족하십시오.

5-8 이는 죽음의 길과 관련된 모든 것—불륜, 더러운 행위, 정욕, 무엇이든 하고 싶을 때 자기 마음대로 하려는 마음, 마음에 드는 것이면 무엇이든 움켜쥐려는 마음—을 죽이는 것입니다. 그런 삶은 하나님이 만드신 것이 아니라 물질과 감정이 만들어 낸 것입니다. 하나님께서는 그러한 삶에 진노를 발하십니다. 얼마 전까지만 해도 여러분은 더 나은 삶을 알지 못한 채 그 모든 행위를 일삼았습니다. 그러나 이제 더 나은 삶을 알고 있으니, 그 모든 것을 영원히 확실하게 버리십시오. 분노와 급한 성미와 비열한 행위와 불경한 짓과 무례한 말을 버리십시오.

9-11 서로 거짓말하지 마십시오. 여러분은 옛 삶을 청산했습니다. 그것은 맞지 않는 더러운 옷과 같아서, 여러분은 이미 그 옷을 벗어서 불 속에 던져 넣었습니다. *이제 여러분은 새 옷을 입었습니다.* 여러분의 새로운 생활방식은 창조주께서 하나하나 맞춤제작하셔서 손수 꼬리표를 달아 놓으신 것입니다. 이제 낡은 생활방식은 모두 쓸모없게 되었습니다. 유대인과 이방인, 종교인과 비종교인, 안에 있는 사람과 밖에 있

today and gone tomorrow are worth that kind of attention? Such things sound impressive if said in a deep enough voice. They even give the illusion of being pious and humble and ascetic. But they're just another way of showing off, making yourselves look important.

He Is Your Life

3 1-2 So if you're serious about living this new resurrection life with Christ, *act* like it. Pursue the things over which Christ presides. Don't shuffle along, eyes to the ground, absorbed with the things right in front of you. Look up, and be alert to what is going on around Christ—that's where the action is. See things from *his* perspective.

3-4 Your old life is dead. Your new life, which is your *real* life—even though invisible to spectators—is with Christ in God. *He* is your life. When Christ (your real life, remember) shows up again on this earth, you'll show up, too—the real you, the glorious you. Meanwhile, be content with obscurity, like Christ.

5-8 And that means killing off everything connected with that way of death: sexual promiscuity, impurity, lust, doing whatever you feel like whenever you feel like it, and grabbing whatever attracts your fancy. That's a life shaped by things and feelings instead of by God. It's because of this kind of thing that God is about to explode in anger. It wasn't long ago that you were doing all that stuff and not knowing any better. But you know better now, so make sure it's all gone for good: bad temper, irritability, meanness, profanity, dirty talk.

9-11 Don't lie to one another. You're done with that old life. It's like a filthy set of ill-fitting clothes you've stripped off and put in the fire. Now you're dressed in a new wardrobe. Every item of your new way of life is custom-made by the Creator, with his label on it. All the old fashions are now obsolete. Words like Jewish and non-Jewish, religious and irreligious, insider and outsider, uncivilized and uncouth,

는 사람, 야만인과 천박한 사람, 종과 자유인 같은 단어들은 의미가 없습니다. 이제부터 모든 사람은 그리스도로 말미암아 규정되며, 그리스도 안에 들어와 있습니다.

12-14 하나님께서 새로운 사랑의 삶을 살라고 여러분을 택하셨으니, 하나님께서 여러분을 위해 골라 주신 옷, 곧 긍휼과 친절과 겸손과 온화한 힘과 자제심의 옷을 입으십시오. 평온한 마음을 유지하고, 높은 자리가 아니어도 만족하며, 기분 상하는 일이 있어도 재빨리 용서하십시오. 주님께서 여러분을 용서하신 것같이, 여러분도 신속하고 완전하게 용서하십시오. 그 밖에 다른 무엇을 입든지 사랑을 입으십시오. 사랑이야말로 여러분이 어떤 경우에든 기본적으로 갖춰 입어야 할 옷입니다. 사랑 없이 행하는 일이 절대로 없게 하십시오.

15-17 그리스도의 평화가 여러분을 서로 조화롭게 하고 보조를 맞추게 하십시오. 이것을 상실한 채 자신의 일에만 몰두하는 일이 없도록 하십시오. 그리고 감사하는 마음을 기르십시오. 그리스도의 말씀, 곧 메시지가 여러분의 삶을 마음껏 드나들게 하십시오. 메시지가 여러분 삶에 속속들이 스며들도록 충분한 자리를 만드십시오. 분별 있게 서로 가르치고 지도하십시오. 마음을 다해 하나님을 노래하고 찬양하십시오! 살아가면서 말이나 행위나 그 무엇이든지 주 예수의 이름으로 하고, 걸음을 뗄 때마다 하나님 아버지께 감사하십시오.

18 아내 여러분, 남편에게 순종함으로 남편을 이해하고 지지해 주십시오. 그것이 주님을 영화롭게 하는 일입니다.

19 남편 여러분, 전심으로 아내를 사랑하십시오. 아내를 속이지 마십시오.

20 자녀 여러분, 부모가 여러분에게 하는 말을 따르십시오. 그것은 주님을 한없이 기쁘게 해드리는 일입니다.

21 부모 여러분, 여러분의 자녀를 너무 호되게 꾸짖지 마십시오. 그들의 기를 꺾지 않도록 하십시오.

22-25 종으로 있는 여러분, 이 세상 주인이 시키는 대로 따르십시오. 어물쩍 넘기지 마십시오. 최선을 다하십시오. 여러분의 진짜 주인이신 하나님께 하듯 마음을 다해 일하고, 유산을 상속받을 때 충분히 보상을 받게 되리라고 확신하십시오. 여러분이 섬기는 궁극적인 주인은 그리스도이심을 늘 명심하십시오. 눈가림으로 일하는 굼뜬 종은 그 책임을 지게 될 것입니다. 예수를 따르는 사람이라고 해서 일을 잘못해도 묵과되는 것은 아닙니다.

slave and free, mean nothing. From now on everyone is defined by Christ, everyone is included in Christ.

12-14 So, chosen by God for this new life of love, dress in the wardrobe God picked out for you: compassion, kindness, humility, quiet strength, discipline. Be even-tempered, content with second place, quick to forgive an offense. Forgive as quickly and completely as the Master forgave you. And regardless of what else you put on, wear love. It's your basic, all-purpose garment. Never be without it.

15-17 Let the peace of Christ keep you in tune with each other, in step with each other. None of this going off and doing your own thing. And cultivate thankfulness. Let the Word of Christ—the Message—have the run of the house. Give it plenty of room in your lives. Instruct and direct one another using good common sense. And sing, sing your hearts out to God! Let every detail in your lives—words, actions, whatever—be done in the name of the Master, Jesus, thanking God the Father every step of the way.

18 Wives, understand and support your husbands by submitting to them in ways that honor the Master.

19 Husbands, go all out in love for your wives. Don't take advantage of them.

20 Children, do what your parents tell you. This delights the Master no end.

21 Parents, don't come down too hard on your children or you'll crush their spirits.

22-25 Servants, do what you're told by your earthly masters. And don't just do the minimum that will get you by. Do your best. Work from the heart for your real Master, for God, confident that you'll get paid in full when you come into your inheritance. Keep in mind always that the ultimate Master you're serving is Christ. The sullen servant who does shoddy work will be held responsible. Being a follower of Jesus doesn't cover up bad work.

4 1 그리고 주인 된 여러분, 종을 사려 깊게 대하십시오. 그들을 공정하게 대우하십시오. 여러분도 주인을, 곧 하늘에 계신 하나님을 섬기고 있음을 한시도 잊지 마십시오.

메시지의 비밀을 전하도록 기도해 주십시오

2-4 부지런히 기도하십시오. 감사하는 마음으로 눈을 크게 뜨고 깨어 있으십시오. 내가 이렇게 감옥에 갇혀 있는 동안에도, 하나님께서 문을 활짝 열어 주셔서 그리스도의 비밀을 전할 수 있도록, 우리를 위해 기도하기를 잊지 마십시오. 내가 입을 열 때마다 사람들에게 그리스도를 대낮처럼 분명하게 나타낼 수 있도록 기도해 주십시오.

5-6 교회 밖의 사람들 가운데서 일하며 살아갈 때는 지혜롭게 행하십시오. 좋은 기회를 놓치지 마십시오. 모든 기회를 선용하십시오. 말할 때에는 은혜가 넘치게 하십시오. 대화할 때는 다른 사람을 깎아내리거나 제치는 것이 아니라, 그들에게서 가장 좋은 점을 이끌어 내는 것을 목표로 삼으십시오.

7-9 나의 착한 벗 두기고가 나의 사정을 여러분에게 전부 알려 줄 것입니다. 그는 주님을 섬기는 일에 믿음직한 사역자이자 동료입니다. 내가 그를 보낸 것은 여러분에게 우리의 사정을 알리고, 여러분의 믿음을 격려하게 하려는 것입니다. 그와 함께 오네시모도 보냈습니다. 오네시모는 여러분과 동향 사람인데, 믿음직하고 신실한 형제가 되었습니다! 그들이 이곳에서 지금까지 진행된 모든 일을 여러분에게 전해 줄 것입니다.

10-11 나와 함께 이곳 감옥에 갇혀 있는 아리스다고가 안부를 전합니다. 바나바의 사촌 마가도 문안합니다(여러분은 전에 그에 대한 편지를 받았으니, 그가 여러분에게 가거든 잘 맞아 주십시오). 사람들이 유스도라고 부르는 예수도 문안합니다. 이전에 함께하던 무리 가운데 나를 떠나지 않고 남아서 하나님 나라를 위해 일한 사람은 이들뿐입니다. 이들이 얼마나 큰 도움이 되었는지 모릅니다!

12-13 여러분과 동향 사람인 에바브라가 문안합니다. 그는 참으로 훌륭한 용사입니다! 그는 여러분을 위해 꾸준히 기도해 온 사람입니다. 그는 여러분이 굳게 서서, 하나님께서 바라시는 모든 일을 성숙하게, 확신을 가지고 행하기를 기도하고 있습니다. 그를 면밀히 살펴본 나는, 그가 여러분을 위해 그리고 라오디게아와 히에라볼리에 있는 사람들을 위해 얼마나 열심히 일했는지 말할 수 있습니다.

14 좋은 벗이자 의사인 누가와 데마도 인사합니다.

4 1 And masters, treat your servants considerately. Be fair with them. Don't forget for a minute that you, too, serve a Master—God in heaven.

Pray for Open Doors

2-4 Pray diligently. Stay alert, with your eyes wide open in gratitude. Don't forget to pray for us, that God will open doors for telling the mystery of Christ, even while I'm locked up in this jail. Pray that every time I open my mouth I'll be able to make Christ plain as day to them.

5-6 Use your heads as you live and work among outsiders. Don't miss a trick. Make the most of every opportunity. Be gracious in your speech. The goal is to bring out the best in others in a conversation, not put them down, not cut them out.

7-9 My good friend Tychicus will tell you all about me. He's a trusted minister and companion in the service of the Master. I've sent him to you so that you would know how things are with us, and so he could encourage you in your faith. And I've sent Onesimus with him. Onesimus is one of you, and has become such a trusted and dear brother! Together they'll bring you up-to-date on everything that has been going on here.

10-11 Aristarchus, who is in jail here with me, sends greetings; also Mark, cousin of Barnabas (you received a letter regarding him; if he shows up, welcome him); and also Jesus, the one they call Justus. These are the only ones left from the old crowd who have stuck with me in working for God's kingdom. Don't think they haven't been a big help!

12-13 Epaphras, who is one of you, says hello. What a trooper he has been! He's been tireless in his prayers for you, praying that you'll stand firm, mature and confident in everything God wants you to do. I've watched him closely, and can report on how hard he has worked for you and for those in Laodicea and Hierapolis.

14 Luke, good friend and physician, and Demas both send greetings.

15 라오디게아에 있는 우리 교우들에게 안부를 전해
주십시오. 눔바와 그 집에서 모임을 갖는 교회에도
안부를 전해 주십시오.
16 이 편지를 읽은 다음에 라오디게아 교회도 읽게
하십시오. 그리고 여러분도 내가 라오디게아 교회로
보낸 편지를 받아서 읽어 보시기 바랍니다.
17 그리고 아킵보에게 "주님에게서 받은 일에 최선을
다하라. 진실로 최선을 다하라"고 일러 주십시오.
18 나 바울이 친필로 "바울"이라고 서명합니다. 감옥
에 갇힌 나를 위해 잊지 말고 기도해 주십시오. 은혜
가 여러분과 함께하기를 바랍니다.

15 Say hello to our friends in Laodicea; also
to Nympha and the church that meets in her
house.
16 After this letter has been read to you, make
sure it gets read also in Laodicea. And get the
letter that went to Laodicea and have it read to
you.
17 And, oh, yes, tell Archippus, "Do your best in
the job you received from the Master. Do your
very best."
18 I'm signing off in my own handwriting—
Paul. Remember to pray for me in this jail.
Grace be with you.

데살로니가전후서 | 머리말

우리가 미래를 어떤 식으로 그리느냐에 따라 현재의 모습이 달라지고, 그날그날 이루어지는 행위의 윤곽과 사고의 품격이 결정된다. 미래관이 분명하지 않은 사람은 무력하게 살게 마련이다. 수많은 정서적·정신적 질환과 대부분의 자살이 "미래가 없다"고 느끼는 사람들에게서 일어난다.

기독교 신앙의 특징은 언제나 강력하고 분명한 미래관이었다. 그 미래관의 가장 구체적인 특징은, 그리스도께서 다시 오신다는 믿음이다. 예수를 따르는 사람들은 그분께서 승천하신 날부터 그분의 오심을 기다리며 살았다. 예수께서는 자신을 따르는 이들에게 다시 오시겠다고 말씀하셨다. 그리고 그들은 다시 오시겠다는 그분의 약속을 믿었다. 바울은 자신의 편지에서 "아무 의심 없이" 다음과 같이 말한다.

> 우리에게는 이에 관한 주님의 말씀이 있습니다. 주님께서 우리를 데려가시기 위해 다시 오실 때, 우리 가운데 죽지 않고 살아 있는 사람들이라도 죽은 사람들을 앞서지 못할 것입니다. 실제로, 죽은 사람들이 우리보다 먼저일 것입니다. 주님께서 친히 호령하실 것입니다. 천사장의 천둥 같은 소리가 들릴 것입니다! 하나님의 나팔소리가 울릴 것입니다! 주님께서 하늘로부터 내려오시고 그리스도 안에서 죽은 사람들이 일어날 것입니다. 그들이 먼저 갈 것입니다. 그런 다음에, 우리 가운데 그때까지 죽지 않고 살아 있는 사람들이 그들과 함께 구름 속으로 이끌려 올라가서 주님을 만나 뵐 것입니다. 오, 우리는 기뻐 뛸 것입니다! 그 후에, 주님과 함께하는 성대한 가족모임이 있을 것입니다(살전 4:15-17).

그분을 따르는 사람들은 지금도 그 믿음을 붙들며 산다. 그리스도인에게는 미래를 알고 믿는 것이 가장 중요하기 때문이다.

이러한 믿음 때문에 우리는 현재의 매순간을 희망으로 마주할 수 있다. 미래가 예수의 다시 오심으로 인해 결정되는 것이라면, 불안에 떨거나 환상에 잠길 이유가 없기 때문이다. 예수께서 다시 오신다는 믿음은 우리 삶에서 혼란을 제거한다. 그리고 우리는 훨씬 더

The way we conceive the future sculpts the present, gives contour and tone to nearly every action and thought through the day. If our sense of future is weak, we live listlessly. Much emotional and mental illness and most suicides occur among men and women who feel that they "have no future."

The Christian faith has always been characterized by a strong and focused sense of future, with belief in the Second Coming of Jesus as the most distinctive detail. From the day Jesus ascended into heaven, his followers lived in expectancy of his return. He told them he was coming back. They believed he was coming back. Paul wrote "with complete confidence,"

> We have the Master's word on it–that when the Master comes again to get us, those of us who are still alive will not get a jump on the dead and leave them behind. In actual fact, they'll be ahead of us. The Master himself will give the command. Archangel thunder! God's trumpet blast! He'll come down from heaven and the dead in Christ will rise–they'll go first. Then the rest of us who are still alive at the time will be caught up with them into the clouds to meet the Master. Oh, we'll be walking on air! And then there will be one huge family reunion with the Master(1 Thessalonians 4:15-17).

They continue to believe it. For Christians, it is the most important thing to know and believe about the future.

The practical effect of this belief is to charge each moment of the present with hope. For if the future is dominated by the coming again of Jesus, there is little room left on the screen

자유롭게 하나님의 자유에 응답할 수 있게 된다.

그럼에도 불구하고 이 믿음은 오해를 받기도 한다. 어떤 사람에게는 꼼짝 못하게 하는 두려움으로 다가오기도 하고, 어떤 사람에게는 끝없는 게으름을 조장하는 수단이 되기도 한다. 바울은 데살로니가 그리스도인들에게 보낸 두 통의 편지에서, 무엇보다도 사람을 무력하게 만드는 잘못된 생각을 바로잡는다. 그리고 하나님께서 장차 예수 안에서 이루실 일을 확신하면서, 팽팽한 긴장감과 즐거운 마음으로 계속해서 살아가도록 격려한다.

그러므로 친구 여러분, 땅에 발을 딛고 굳게 서서 머리를 치켜드십시오. 우리의 말과 편지로 배운 가르침을 굳게 붙잡으십시오. 사랑으로 다가오셔서 끊임없는 도움과 확신을 선물로 주시며 여러분을 놀라게 하신 예수와 하나님 우리 아버지께서, 친히 여러분 안에 새로운 마음을 주시고, 여러분의 일을 격려하시며, 여러분의 말에 생기를 더해 주시기를 바랍니다(살후 2:15-17).

for projecting our anxieties and fantasies. It takes the clutter out of our lives. We're far more free to respond spontaneously to the freedom of God.

All the same, the belief can be misconceived so that it results in paralyzing fear for some, shiftless indolence in others. Paul's two letters to the Christians in Thessalonica, among much else, correct such debilitating misconceptions, prodding us to continue to live forward in taut and joyful expectancy for what God will do next in Jesus.

So, friends, take a firm stand, feet on the ground and head high. Keep a tight grip on what you were taught, whether in personal conversation or by our letter. May Jesus himself and God our Father, who reached out in love and surprised you with gifts of unending help and confidence, put a fresh heart in you, invigorate your work, enliven your speech(2 Thessalonians 2:15-17).

데살로니가전서

1 나 바울과 실루아노와 디모데는 데살로니
가 교회, 곧 하나님 아버지와 주 예수 그리
스도께서 모아 주신 그리스도인들에게 문안합니다.
놀라우신 하나님의 은혜가 여러분과 함께하기를,
하나님의 든든한 평화가 여러분과 함께하기를 바랍
니다!

강철 같은 확신

2-5 우리는 여러분을 생각할 때마다 여러분을 두고
하나님께 감사를 드립니다. 우리는 하나님 우리 아
버지 앞에서, 여러분의 믿음의 행위와 사랑의 수고
와 우리 주 예수 그리스도를 따르면서 보여준 소망
의 인내를 떠올리며 밤낮으로 기도합니다. 친구 여
러분, 우리는 하나님께서 여러분을 몹시 사랑하실
뿐만 아니라 여러분에게 안수하셔서 특별한 일을 맡
기신 것을 잘 알고 있습니다. 우리가 여러분에게 전
한 메시지는 그저 말에 그치지 않았습니다. 여러분
안에 무엇인가 중요한 일이 일어났습니다. 성령께
서 여러분의 확신을 강철 같게 해주셨습니다.
5-6 여러분은 우리가 여러분 가운데서 어떻게 살았
는지 주의 깊게 보았고, 여러분 자신도 우리처럼 살
기로 작정했습니다. 여러분은 우리를 본받음으로써
주님을 본받는 사람이 되었습니다. 비록 말씀에 많
은 어려움이 뒤따라왔지만, 여러분은 성령으로부터
큰 기쁨을 얻을 수 있었습니다! 여러분은 기쁜 일에
따르는 고난도, 고난에 따르는 기쁨도 받아들였습
니다.
7-10 마케도니아와 아가야에 있는 모든 믿는 이들이
여러분을 존경하고 있다는 것을 아시는지요? 여러
분의 소문이 주위에 두루 퍼졌습니다. 여러분의 삶
으로 인해 주님의 말씀이 그 지역뿐 아니라 모든 곳

1 THESSALONIANS

1 I, Paul, together here with Silas and
Timothy, send greetings to the church at
Thessalonica, Christians assembled by God the
Father and by the Master, Jesus Christ. God's
amazing grace be with you! God's robust peace!

Convictions of Steel

2-5 Every time we think of you, we thank God
for you. Day and night you're in our prayers as
we call to mind your work of faith, your labor of
love, and your patience of hope in following our
Master, Jesus Christ, before God our Father. It
is clear to us, friends, that God not only loves
you very much but also has put his hand on
you for something special. When the Message
we preached came to you, it wasn't just words.
Something happened in you. The Holy Spirit
put steel in your convictions.
5-6 You paid careful attention to the way we lived
among you, and determined to live that way
yourselves. In imitating us, you imitated the
Master. Although great trouble accompanied
the Word, you were able to take great joy from
the Holy Spirit! – taking the trouble with the joy,
the joy with the trouble.
7-10 Do you know that all over the provinces of
both Macedonia and Achaia believers look up
to you? The word has gotten around. Your lives
are echoing the Master's Word, not only in the
provinces but all over the place. The news of
your faith in God is out. We don't even have to

에서 울려 퍼지고 있습니다. 하나님을 믿는 여러분의 믿음의 소문이 널리 퍼졌습니다. 우리가 더 말할 필요가 없을 정도입니다. 여러분이 곧 메시지이니까요! 사람들이 우리에게 다가와서 이야기해 주더군요. 여러분이 두 팔 벌려 우리를 맞아 준 것과, 여러분이 지난날 섬기던 죽은 우상들을 버리고 참 하나님을 받아들여 섬기게 된 이야기를 말입니다. 하나님께서 죽은 자들 가운데서 살리신 그분의 아들—장차 닥쳐올 멸망에서 우리를 건져 주신 예수—이 오시기를 간절히 기다리는 여러분의 모습을 보고 그들은 놀라워했습니다.

2

1-2 친구 여러분, 우리가 여러분을 방문한 것이 시간 낭비가 아니었음이 분명합니다. 여러분도 알다시피, 우리는 빌립보에서 험한 대접을 받았지만, 그것이 우리를 지체시키지는 못했습니다. 우리는 하나님 안에서 확신을 가지고 곧장 앞으로 나아가, 우리의 할 말을 했습니다. 반대에 굴하지 않고, 여러분에게 하나님의 메시지를 전한 것입니다.

오직 하나님의 인정만 구했습니다

3-5 하나님은 우리를 철저히 시험하셔서, 우리가 이 메시지를 맡을 자격이 있는지 확인하셨습니다. 분명히 말씀드리지만, 여러분에게 말할 때 우리는 다수의 인정을 구하지 않고 오직 하나님의 인정을 구할 뿐입니다. 우리가 그 같은 시험을 거쳤으니, 우리는 물론이고 우리가 전한 메시지에 오류나 불순한 동기나 감춰진 의도가 없다는 것을 여러분은 확신해도 됩니다. 우리가 여러분에게 아첨하는 말을 한 적이 없다는 것을, 다른 누구보다 여러분이 잘 알고 있습니다. 그리고 우리가 말로 연막을 쳐서 여러분을 이용한 적이 없다는 것을, 하나님께서 잘 알고 계십니다.

6-8 우리가 그리스도의 사도라는 지위에 있지만 그 지위를 남용한 적이 없고, 여러분이나 다른 누구에게 중요 인물이라는 인상을 주려고 한 적도 없습니다. 우리는 여러분에게 무관심하지도 않았습니다. 우리는 여러분을 있는 모습 그대로 받아들였습니다. 생색을 내거나 으스댄 적이 없습니다. 그저 어머니가 자기 자녀를 돌보듯이, 여러분에게 마음을 썼을 뿐입니다. 우리는 여러분을 끔찍이 사랑했습니다. 여러분에게 메시지를 *전하는 것에 만족하지 않고, 우리의 마음을 주려고 했*습니다. 그리고 실제로 그렇게 했습니다.

9-12 친구 여러분, 여러분은 그 시절에 우리가 몸을 아끼지 않고 일하며 밤늦도록 수고한 것을 기억하실 것입니다. 그것은 우리가 하나님의 메시지를 전하는 동

say anything anymore—*you're* the message! People come up and tell us how you received us with open arms, how you deserted the dead idols of your old life so you could embrace and serve God, the true God. They marvel at how expectantly you await the arrival of his Son, whom he raised from the dead—Jesus, who rescued us from certain doom.

2

1-2 So, friends, it's obvious that our visit to you was no waste of time. We had just been given rough treatment in Philippi, as you know, but that didn't slow us down. We were sure of ourselves in God, and went right ahead and said our piece, presenting God's Message to you, defiant of the opposition.

No Hidden Agendas

3-5 God tested us thoroughly to make sure we were qualified to be trusted with this Message. Be assured that when we speak to you we're not after crowd approval—only God approval. Since we've been put through that battery of tests, you're guaranteed that both we and the Message are free of error, mixed motives, or hidden agendas. We never used words to butter you up. No one knows that better than you. And God knows we never used words as a smoke screen to take advantage of you.

6-8 Even though we had some standing as Christ's apostles, we never threw our weight around or tried to come across as important, with you or anyone else. We weren't aloof with you. We took you just as you were. We were never patronizing, never condescending, but we cared for you the way a mother cares for her children. We loved you dearly. Not content to just pass on the Message, we wanted to give you our hearts. And we *did*.

9-12 You remember us in those days, friends, working our fingers to the bone, up half the night, moonlighting so you wouldn't have the

안, 여러분에게 우리를 후원하는 짐을 지우지 않으려는 것이었습니다. 우리가 여러분 가운데서 얼마나 신중하고 경우 있게 처신했는지, 또한 여러분을 믿음의 동료로 얼마나 세심하게 대했는지, 여러분은 두 눈으로 똑똑히 보았습니다. 하나님께서도 우리가 거저 얻어먹지 않았다는 것을 아십니다! 여러분은 그 모든 것을 직접 경험해서 알고 있습니다. 우리는 아버지가 자기 자녀에게 하듯이, 여러분 한 사람 한 사람을 대했습니다. 여러분의 손을 붙잡고 격려의 말을 속삭였고, 그분의 나라, 곧 이 기쁨 넘치는 삶으로 우리를 불러 주신 하나님 앞에서 바르게 사는 법을 차근차근 보여주었습니다.

13 이제 우리는 그 모든 것을 돌아보며, 하나님께 샘물처럼 솟구치는 감사를 드립니다! 여러분은 우리가 전한 하나님의 메시지를 받을 때 사람의 견해로 흘려버리지 않고, 하나님께서 여러분에게 주시는 참된 말씀으로 받아들여 마음에 새겼습니다. 하나님께서 믿는 여러분 안에서 친히 역사하고 계십니다!

14-16 친구 여러분, 여러분이 유대에 있는 하나님의 교회들이 걸어간 발걸음을 그대로 따랐다는 것을 알고 있는지요? 그들은 예수 그리스도께서 걸어가신 발걸음을 가장 먼저 따라간 이들입니다. 그들이 동족에게서 부당한 대우를 받은 것처럼, 여러분도 여러분의 동족에게서 그 같은 대우를 받았습니다. 유대인들은 (예언자는 물론이고) 주 예수까지 죽이고, 그 여세를 몰아 우리를 도시에서 내쫓기까지 했습니다. 그들은 하나님과 모든 사람을 대적하고 있습니다. 그들은 하나님에 대해 들어 본 적 없는 사람들에게 어떻게 구원받는지를 전하는 우리를 방해하려고 안간힘을 쓰고 있습니다. 그들은 하나님 대적하기를 일삼는 자들로, 그 일에 아주 능합니다. 그러나 하나님께서는 더 이상 참지 않으시고, 그들의 일을 끝내시기로 하셨습니다.

17-20 사랑하는 친구 여러분, 우리가 여러분을 얼마나 그리워하는지 아십니까? 여러분과 떨어진 지 그리 오래되지 않았고 마음이 아니라 몸으로만 떨어져 있을 뿐인데도, 우리는 여러분을 다시 만나기 위해 최선을 다했습니다. 우리가 여러분을 얼마나 그리워하는지, 여러분은 상상도 못할 것입니다! 나 바울은 몇 번이고 여러분에게 돌아가려고 했지만, 그때마다 사탄이 우리를 방해했습니다. 우리 주 예수께서 오실 때 우리의 자랑이 누구이겠습니까? 여러분이 아니겠습니까? 여러분이야말로 우리의 자랑이요 기쁨입니다!

burden of supporting us while we proclaimed God's Message to you. You saw with your own eyes how discreet and courteous we were among you, with keen sensitivity to you as fellow believers. And God knows we weren't freeloaders! You experienced it all firsthand. With each of you we were like a father with his child, holding your hand, whispering encouragement, showing you step-by-step how to live well before God, who called us into his own kingdom, into this delightful life.

13 And now we look back on all this and thank God, an artesian well of thanks! When you got the Message of God we preached, you didn't pass it off as just one more human opinion, but you took it to heart as God's true word to you, which it is, God himself at work in you believers!

14-16 Friends, do you realize that you followed in the exact footsteps of the churches of God in Judea, those who were the first to follow in the footsteps of Jesus Christ? You got the same bad treatment from your countrymen as they did from theirs, the Jews who killed the Master Jesus (to say nothing of the prophets) and followed it up by running us out of town. They make themselves offensive to God and everyone else by trying to keep us from telling people who've never heard of our God how to be saved. They've made a career of opposing God, and have gotten mighty good at it. But God is fed up, ready to put an end to it.

17-20 Do you have any idea how very homesick we became for you, dear friends? Even though it hadn't been that long and it was only our bodies that were separated from you, not our hearts, we tried our very best to get back to see you. You can't imagine how much we missed you! I, Paul, tried over and over to get back, but Satan stymied us each time. Who do you think we're going to be proud of when our Master Jesus appears if it's not you? You're our pride and joy!

3 1-2 그러므로, 더는 여러분과 떨어져 있을 수도 없고 마땅히 여러분을 찾아갈 방법도 찾을 수 없었던 우리는, 아테네에 남아 있기로 하고 디모데를 여러분에게 보냈습니다. 그것은 여러분을 일으켜 세우고, 여러분이 이 고난으로 인해 낙심하지 않도록 위로하게 하려는 것이었습니다. 그는 믿음 안에서 형제이자 동료이며, 메시지를 전파하고 그리스도를 전하는 하나님의 사람입니다.

3-5 여러분에게 고난이 다가오는 것이 놀라운 일은 아닙니다. 여러분도 알다시피, 우리는 이런 일을 겪게 되어 있습니다. 고난은 우리가 감당해야 할 소명의 일부입니다. 여러분과 함께 있을 때 우리는, 장차 고난이 닥쳐올 것을 분명히 말씀드렸습니다. 그리고 이제 그대로 되어서, 여러분도 고난을 직접 겪게 되었습니다. 그래서 나는 걱정을 멈출 수 없었습니다. 그 고난 가운데서 여러분이 어떻게 믿음으로 살고 있는지 직접 확인하고 싶었습니다. 나는 유혹자가 여러분에게 접근해서, 우리가 함께 세운 모든 것을 허물어뜨리지 못하게 하고 싶었습니다.

6-8 그런데 이제 디모데가 돌아와서 여러분의 믿음과 사랑에 대해 멋진 소식을 전해 주니, 우리의 기분이 한결 나아졌습니다. 여러분이 계속해서 우리를 좋게 여기고, 우리만큼이나 여러분도 우리를 보고 싶어 한다는 소식을 들으니, 감사하는 마음이 더욱 각별합니다! 우리가 여기서 고난과 역경 가운데 있지만 여러분이 어떻게 지내는지 알게 되었으니, 우리가 더 견딜 수 있겠습니다. 여러분의 믿음이 살아 있다는 것을 알게 되었으니, 우리가 살겠습니다.

9-10 우리가 여러분으로 말미암아 하나님 앞에서 누리는 이 기쁨을 두고, 어떻게 하면 하나님께 제대로 감사드릴 수 있을까요? 우리는 우리가 할 수 있는 일을 합니다. 곧 밤낮으로 기도하며, 여러분의 얼굴을 다시 보게 되는 기쁨을 선물로 주시기를, 여러분의 믿음이 흔들릴 때 우리가 도울 수 있게 해주시기를 구합니다.

11-13 하나님 우리 아버지와 우리 주 예수께서 여러분에게로 가는 길을 우리 앞에 열어 주시기를 바랍니다! 또한 주님께서 여러분에게 사랑을 부어 주셔서 그 사랑이 여러분의 삶을 가득 채우기를, 그 사랑이 우리에게서 여러분에게 전해진 것같이 또한 여러분에게서 주위 모든 사람에게까지 넘쳐나기를 바랍니다. 여러분에게 힘과 순결한 마음을 채워 주셔서, 우리 주 예수께서 그분을 따르는 모든 이들과 함께 오실 때, 하나님 우리 아버지 앞에서 여러분이 확신에 찬 모습으로 서게 되기를 바랍니다.

3 1-2 So when we couldn't stand being separated from you any longer and could find no way to visit you ourselves, we stayed in Athens and sent Timothy to get you up and about, cheering you on so you wouldn't be discouraged by these hard times. He's a brother and companion in the faith, God's man in spreading the Message, preaching Christ.

3-5 Not that the troubles should come as any surprise to you. You've always known that we're in for this kind of thing. It's part of our calling. When we were with you, we made it quite clear that there was trouble ahead. And now that it's happened, you know what it's like. That's why I couldn't quit worrying; I had to know for myself how you were doing in the faith. I didn't want the Tempter getting to you and tearing down everything we had built up together.

6-8 But now that Timothy is back, bringing this terrific report on your faith and love, we feel a lot better. It's especially gratifying to know that you continue to think well of us, and that you want to see us as much as we want to see you! In the middle of our trouble and hard times here, just knowing how you're doing keeps us going. Knowing that your faith is alive keeps us alive.

9-10 What would be an adequate thanksgiving to offer God for all the joy we experience before him because of you? We do what we can, praying away, night and day, asking for the bonus of seeing your faces again and doing what we can to help when your faith falters.

11-13 May God our Father himself and our Master Jesus clear the road to you! And may the Master pour on the love so it fills your lives and splashes over on everyone around you, just as it does from us to you. May you be infused with strength and purity, filled with confidence in the presence of God our Father when our Master Jesus arrives with all his followers.

하나님을 기쁘시게 해드리십시오

4 1-3 친구 여러분, 마지막으로 한 말씀 더 드립니다. 여러분에게 부탁합니다. 아니, 강권합니다. 우리가 일러 준 대로 계속 행하여 하나님을 기쁘시게 해드리십시오. 억지스러운 종교적 노력으로 하지 말고, 생기 넘치고 즐거운 춤을 추듯 그분을 기쁘시게 해드리십시오. 우리가 주 예수께 받아 여러분에게 제시해 드린 지침을 여러분은 알고 있습니다. 하나님께서는 여러분이 순결하게 살기를 바라십니다.
난잡한 성생활을 멀리하십시오.

4-5 하나님을 알지 못하는 사람들이 흔히 하는 것처럼 여러분의 몸을 함부로 다루지 말고, 오히려 몸을 아끼고 존중하는 법을 익히십시오.

6-7 형제자매의 관심사를 함부로 무시하지 마십시오. 그들의 관심사는 하나님의 관심사이니, 하나님께서 그들을 돌봐 주실 것입니다. 우리는 전에 이 일로 여러분에게 경고한 바 있습니다. 하나님께서는 무질서하고 난잡한 삶이 아니라, 거룩하고 아름다운 삶으로, 안과 밖이 모두 아름다운 삶으로 우리를 초대하셨습니다.

8 이 권고를 무시하는 사람은 자기 이웃의 기분을 상하게 하는 것이 아니라, 여러분에게 성령을 선물로 주시는 하나님을 저버리는 것입니다.

9-10 함께 살아가는 생활과 서로 사이좋게 지내는 일에 대해서는, 내가 여러분에게 지시할 필요가 없을 것 같습니다. 여러분은 이 점에 대해 직접 하나님의 가르침을 받았습니다. 그저 서로 사랑하십시오! 이미 여러분은 잘하고 있습니다. 마케도니아 전역에 있는 여러분의 벗들이 그 증거입니다. 멈추지 말고 더욱더 그렇게 하십시오.

11-12 조용히 지내고, 자기 일에 전념하며, 자기 손으로 일하십시오. 여러분은 이 모든 것을 전에도 들은 바 있지만, 다시 듣는다고 해서 해가 될 것은 없습니다. 우리는 여러분이 세상 사람들의 존경을 받을 정도로 제대로 살기를 바라고, 빈둥거리며 친구들에게 빌붙어 사는 일이 없기를 바랍니다.

주님의 재림과 죽은 사람의 부활

13-14 친구 여러분, 우리는 여러분이 '이미 죽어서 땅에 묻힌 사람들에게 어떤 일이 일어나는가'라는 물음에 대해 아무것도 모르고 지내기를 원치 않습니다. 우선, 여러분은 무덤이 끝이라는 생각에, 모든 기대를 포기한 사람들처럼 분별없이 처신해서는 안됩니다. 예수께서 죽으셨다가 무덤에서 벗어나셨으니, 하나님께서 예수 안에서 죽은 사람들도 분명히 다시 살

You're God-Taught

4 1-3 One final word, friends. We ask you—*urge* is more like it—that you keep on doing what we told you to do to please God, not in a dogged religious plod, but in a living, spirited dance. You know the guidelines we laid out for you from the Master Jesus. God wants you to live a pure life.
Keep yourselves from sexual promiscuity.

4-5 Learn to appreciate and give dignity to your body, not abusing it, as is so common among those who know nothing of God.

6-7 Don't run roughshod over the concerns of your brothers and sisters. Their concerns are God's concerns, and *he* will take care of them. We've warned you about this before. God hasn't invited us into a disorderly, unkempt life but into something holy and beautiful—as beautiful on the inside as the outside.

8 If you disregard this advice, you're not offending your neighbors; you're rejecting God, who is making you a gift of his Holy Spirit.

9-10 Regarding life together and getting along with each other, you don't need me to tell you what to do. You're *God*-taught in these matters. Just love one another! You're already good at it; your friends all over the province of Macedonia are the evidence. Keep it up; get better and better at it.

11-12 Stay calm; mind your own business; do your own job. You've heard all this from us before, but a reminder never hurts. We want you living in a way that will command the respect of outsiders, not lying around sponging off your friends.

The Master's Coming

13-14 And regarding the question, friends, that has come up about what happens to those already dead and buried, we don't want you in the dark any longer. First off, you must not carry on over them like people who have nothing to look forward to, as if the grave were the last word. Since Jesus died and broke loose from the grave, God will most certainly bring

리실 것입니다.

15-18 다음으로, 우리는 온전한 확신으로 여러분에게 말씀드릴 수 있습니다. 우리에게는 이에 관한 주님의 말씀이 있습니다. 주님께서 우리를 데려가시기 위해 다시 오실 때, 우리 가운데 죽지 않고 살아 있는 사람들이라도 죽은 사람들을 앞서지 못할 것입니다. 실제로, 죽은 사람들이 우리보다 먼저일 것입니다. 주님께서 친히 호령하실 것입니다. 천사장의 천둥 같은 소리가 들릴 것입니다! 하나님의 나팔소리가 울릴 것입니다! 주님께서 하늘로부터 내려오시고 그리스도 안에서 죽은 사람들이 일어날 것입니다. 그들이 먼저 갈 것입니다. 그런 다음에, 우리 가운데 그때까지 죽지 않고 살아 있는 사람들이 그들과 함께 구름 속으로 이끌려 올라가서 주님을 만나 뵐 것입니다. 오, 우리는 기뻐 뛸 것입니다! 그 후에, 주님과 함께하는 성대한 가족모임이 있을 것입니다. 그러니 그러한 말로 서로 격려하십시오.

5 1-3 친구 여러분, 나는 '이 모든 일이 언제 일어날 것인가'라는 물음은 다룰 필요가 없다고 생각합니다. 주님께서 오실 날을 달력에 표시할 수 없다는 것은, 나도 알고 여러분도 아는 사실입니다. 그분은 미리 연락하거나 약속 일자를 정하지 않고 도둑처럼 오실 것입니다. 모든 사람들이 "우리는 확실히 성공했어! 이제 편히 살아도 돼!"라고 말하며 서로 축하하고 만족하며 느긋해 할 때, 갑자기 모든 것이 산산조각 날 것입니다. 그날은 아기를 밴 여인에게 진통이 오는 것처럼, 누구도 피할 수 없게 느닷없이 올 것입니다.

4-8 그러나 친구 여러분, 여러분은 어둠 속에 있지 않으니, 그런 일로 당황할 일은 없을 것입니다. 여러분은 빛의 아들이며 낮의 딸입니다. 탁 트인 하늘 아래서 살아가는 우리는, 우리가 서 있는 곳이 어디인지 잘 압니다. 그러니 다른 사람들처럼 몽롱한 채로 다니지 맙시다. 눈을 크게 뜨고, 빈틈없이 살아가야 합니다. 밤이 되면 사람들은 잠을 자거나 술에 취합니다. 그러나 우리는 그렇지 않습니다! 우리는 낮의 자녀이니, 낮의 자녀답게 행동해야 합니다. 대낮에 맑은 정신으로 다니고, 믿음과 사랑과 구원의 소망을 입도록 하십시오.

9-11 하나님께서는 우리를 진노의 심판에 이르게 하신 것이 아니라, 우리 주 예수 그리스도로 말미암아 구원에 이르게 하셨습니다. 그분이 우리를 위해 죽으셨습니다. 그리고 그분의 죽음이 생명을 일으켰습니다

back to life those who died in Jesus.

15-18 And then this: We can tell you with complete confidence—we have the Master's word on it—that when the Master comes again to get us, those of us who are still alive will not get a jump on the dead and leave them behind. In actual fact, they'll be ahead of us. The Master himself will give the command. Archangel thunder! God's trumpet blast! He'll come down from heaven and the dead in Christ will rise—they'll go first. Then the rest of us who are still alive at the time will be caught up with them into the clouds to meet the Master. Oh, we'll be walking on air! And then there will be one huge family reunion with the Master. So reassure one another with these words.

5 1-3 I don't think, friends, that I need to deal with the question of when all this is going to happen. You know as well as I that the day of the Master's coming can't be posted on our calendars. He won't call ahead and make an appointment any more than a burglar would. About the time everybody's walking around complacently, congratulating each other—"We've sure got it made! Now we can take it easy!"—suddenly everything will fall apart. It's going to come as suddenly and inescapably as birth pangs to a pregnant woman.

4-8 But friends, you're not in the dark, so how could you be taken off guard by any of this? You're sons of Light, daughters of Day. We live under wide open skies and know where we stand. So let's not sleepwalk through life like those others. Let's keep our eyes open and be smart. People sleep at night and get drunk at night. But not us! Since we're creatures of Day, let's act like it. Walk out into the daylight sober, dressed up in faith, love, and the hope of salvation.

9-11 God didn't set us up for an angry rejection but for salvation by our Master, Jesus Christ. He died for us, a death that triggered life.

다. 산 자와 함께 깨어 있든지 죽은 자와 함께 잠들어 있든지, 우리는 그분과 함께 살아 있습니다! 그러니 서로 격려의 말을 하십시오. 소망을 든든히 세우십시오. 그러면 여러분은 한 사람도 빠지거나 뒤처지는 일 없이, 모두가 그 소망 안에 있게 될 것입니다. 나는 여러분이 이미 그렇게 하고 있다는 것을 압니다. 그러니 계속해서 그리하십시오.

하나님이 바라시는 생활방식

12-13 친구 여러분, 부탁드립니다. 여러분을 위해 열심히 수고하는 지도자들, 여러분의 순종에 따라 여러분을 권면하고 이끄는 책임 맡은 이들을 존중하십시오. 감사와 사랑으로 그들을 감동시키십시오!

13-15 서로 사이좋게 지내고, 각자 자기 몫의 일을 하십시오. 우리의 조언은 이것입니다. 거저 얻어먹기만 하는 사람들에게 힘써 일하라고 주의를 주십시오. 뒤처진 사람들을 온유하게 격려하고, 지친 사람들에게 손을 내밀어 그들을 일으켜 세우십시오. 서로 참고, 각 사람의 필요에 주의를 기울이십시오. 서로 신경을 건드려 화를 돋우지 않도록 조심하십시오. 서로에게서 최선의 모습을 찾아보고, 언제나 그것을 이끌어 내기 위해 최선을 다하십시오.

16-18 무슨 일에든지 기뻐하십시오. 항상 기도하십시오. 무슨 일에든지 하나님께 감사하십시오. 이것이야말로 하나님께서 그리스도 예수 안에 있는 여러분에게 바라시는 생활방식입니다.

19-22 성령을 억누르지 마십시오. 주님께 말씀을 받은 사람들을 막지 마십시오. 그러나 쉽게 속지는 마십시오. 모든 것을 꼼꼼히 따져 보고, 선한 것만을 간직하십시오. 악에 물든 것은 무엇이든 내다 버리십시오.

23-24 모든 것을 거룩하고 온전하게 하시는 하나님께서 여러분을 거룩하고 온전하게 하시고 여러분의 영과 혼과 몸을 온전하게 하셔서, 우리 주 예수 그리스도께서 오실 때 그에 합당한 사람이 되게 해주시기를 바랍니다. 여러분을 불러 주신 분은 완전히 의지할 만한 분이십니다. 그분께서 말씀하셨으니, 그분께서 이루실 것입니다!

25-27 친구 여러분, 우리를 위해 계속 기도해 주십시오. 그곳에 있는 예수를 따르는 모든 이들과 거룩한 포옹으로 인사하십시오. 이 편지를 모든 형제자매에게 반드시 읽게 하십시오. 한 사람도 빼놓지 말고 읽게 하십시오.

28 예수 그리스도의 놀라운 은혜가 여러분과 함께하기를 바랍니다!

Whether we're awake with the living or asleep with the dead, we're *alive* with him! So speak encouraging words to one another. Build up hope so you'll all be together in this, no one left out, no one left behind. I know you're already doing this; just keep on doing it.

The Way He Wants You to Live

12-13 And now, friends, we ask you to honor those leaders who work so hard for you, who have been given the responsibility of urging and guiding you along in your obedience. Overwhelm them with appreciation and love!

13-15 Get along among yourselves, each of you doing your part. Our counsel is that you warn the freeloaders to get a move on. Gently encourage the stragglers, and reach out for the exhausted, pulling them to their feet. Be patient with each person, attentive to individual needs. And be careful that when you get on each other's nerves you don't snap at each other. Look for the best in each other, and always do your best to bring it out.

16-18 Be cheerful no matter what; pray all the time; thank God no matter what happens. This is the way God wants you who belong to Christ Jesus to live.

19-22 Don't suppress the Spirit, and don't stifle those who have a word from the Master. On the other hand, don't be gullible. Check out everything, and keep only what's good. Throw out anything tainted with evil.

23-24 May God himself, the God who makes everything holy and whole, make you holy and whole, put you together–spirit, soul, and body–and keep you fit for the coming of our Master, Jesus Christ. The One who called you is completely dependable. If he said it, he'll do it!

25-27 Friends, keep up your prayers for us. Greet all the followers of Jesus there with a holy embrace. And make sure this letter gets read to all the brothers and sisters. Don't leave anyone out.

28 The amazing grace of Jesus Christ be with you!

데살로니가후서

1 [1-2] 나 바울은, 실루아노와 디모데와 더불어 하나님 우리 아버지와 우리 주 예수 그리스도의 이름으로 데살로니가 그리스도인들의 교회에 문안합니다. 우리 하나님께서는 여러분에게 필요한 모든 것을 주시고, 여러분이 되어야 할 모습으로 여러분을 만들어 주시는 분이십니다.

주님께서 다시 오시는 날

[3-4] 친구 여러분, 이 점을 알아 두십시오. 우리가 여러분을 두고 거듭해서 하나님께 감사를 드리는 것은, 즐거운 일이자 마땅한 의무이기도 합니다. 우리는 감사할 수밖에 없습니다. 여러분의 믿음이 눈에 띄게 자라고, 서로에게 베푸는 여러분의 사랑이 놀랍도록 발전하고 있습니다. 그러니 우리가 감사드리는 것은 당연합니다. 우리는 여러분이 대단히 자랑스럽습니다. 여러분에게 온갖 고난이 닥쳤지만, 여러분의 믿음이 흔들리지 않고 굳건하기 때문입니다. 우리는 교회에서 만나는 사람 누구에게나 여러분의 모든 것을 자랑합니다.

[5-10] 이 모든 고난은, 하나님께서 여러분을 그 나라에 합당한 사람이 되게 하시겠다고 작정하신 분명한 표입니다. 여러분이 지금 고난을 겪고 있지만, 정의 또한 다가오고 있습니다. 주 예수께서 강력한 천사들과 함께 하늘로부터 활활 타는 불꽃 가운데 나타나실 때, 그분은 여러분에게 고난을 안겨 준 자들에게 원한을 갚아 주시는 것으로 셈을 치르실 것입니다. 그분의 오심은 우리가 고대하던 전환점이 될 것입니다. 하나님을 알려고 하지 않는 자들, 메시지에 순종하려고 하지 않는 자들은 자신들이 한 일의 대가를 치르게 될 것입니다. 그들은 주님과 주님의 찬란한 권능 앞에서 영원히 추방되는 벌을 받을 것입니다. 그러나

2 THESSALONIANS

1 [1-2] I, Paul, together with Silas and Timothy, greet the church of the Thessalonian Christians in the name of God our Father and our Master, Jesus Christ. Our God gives you everything you need, makes you everything you're to be.

Justice Is on the Way

[3-4] You need to know, friends, that thanking God over and over for you is not only a pleasure; it's a must. We *have* to do it. Your faith is growing phenomenally; your love for each other is developing wonderfully. Why, it's only right that we give thanks. We're so proud of you; you're so steady and determined in your faith despite all the hard times that have come down on you. We tell everyone we meet in the churches all about you.

[5-10] All this trouble is a clear sign that God has decided to make you fit for the kingdom. You're suffering now, but justice is on the way. When the Master Jesus appears out of heaven in a blaze of fire with his strong angels, he'll even up the score by settling accounts with those who gave you such a bad time. His coming will be the break we've been waiting for. Those who refuse to know God and refuse to obey the Message will pay for what they've done. Eternal exile from the presence of the Master and his splendid power is their sentence. But on that very same day when he comes, he will

주님께서 오시는 날, 그분을 따르고 그분을 믿는 모든 사람들은, 그분을 높이고 찬양할 것입니다. 그것은 여러분이 우리가 전한 소식을 믿었기 때문입니다.
11-12 우리는 이 뜻밖의 날이 조만간 닥쳐오리라는 것을 알기에, 늘 여러분을 위해 기도합니다. 우리 하나님께서 여러분을 그분의 부르심에 합당하게 하시고 여러분의 선한 생각과 믿음의 행위에 그분의 능력을 가득 채워 주셔서, 그것이 온전해지기를 기도합니다. 여러분의 삶이 예수의 이름을 드높이면, 그분도 여러분을 높여 주실 것입니다. 이 모든 일의 배후에는 은혜가 자리하고 있습니다. 자신을 값없이 내어주시는 우리 하나님, 자신을 값없이 내어주시는 주 예수 그리스도가 계십니다.

무법자의 등장

2 1-3 친구 여러분, 이어지는 글을 주의 깊게 읽어 보시기 바랍니다. 침착하십시오. 우리 주 예수 그리스도께서 다시 오실 그날, 우리가 그분을 맞이할 그날에 대해 성급하게 결론짓지 마십시오. 누가 거창한 소문이나 내게서 받았다고 하는 편지를 가지고서, 주님이 오실 날이 벌써 왔다고 하거나 이미 지나갔다고 하여, 여러분을 동요시키거나 흥분시키는 일이 없게 하십시오. 그와 같은 말에 속아 넘어가지 마십시오.
3-5 그날이 오기 전에 몇 가지 일이 일어날 것입니다. 먼저, 배교하는 일이 있을 것입니다. 그런 다음, 무법자 곧 사탄의 개가 등장할 것입니다. 그는 신이라고 불리는 모든 것이나 제단에 대항하고, 그 모든 것을 접수할 것입니다. 그는 반대자를 쓸어버린 뒤에, 하나님의 성전에서 "전능한 하나님"을 자처할 것입니다. 여러분은 내가 여러분과 함께 있을 때에 이 모든 일을 낱낱이 짚어 준 것을 기억하지 못합니까? 여러분의 기억력이 그리도 짧습니까?
6-8 또한 여러분은, 무법자가 정해진 때까지는 억제당할 것이라고 한 내 말을 기억할 것입니다. 그렇다고 해서, 무법의 영이 지금 활동하고 있지 않다는 뜻은 아닙니다. 그 영은 지하에서 은밀히 활동하고 있습니다. 언젠가는 무법자가 더 이상 억제당하지 않고 풀려날 때가 올 것입니다. 그러나 걱정하지 마십시오. 주 예수께서 바로 뒤쫓아 가셔서 그를 날려 버리실 것입니다. *주님께서 나타나셔서* 한번 훅 부시면, 무법자는 흔적도 없이 사라지고 말 것입니다.
9-12 무법자가 오는 것은 모두 사탄의 역사입니다. 그의 능력과 표적과 기적은 모두 가짜이며, 자신을 구원해 줄 진리를 미워하는 자들에게 영합하려는 교활

be exalted by his followers and celebrated by all who believe—and all because you believed what we told you.
11-12 Because we know that this extraordinary day is just ahead, we pray for you all the time—pray that our God will make you fit for what he's called you to be, pray that he'll fill your good ideas and acts of faith with his own energy so that it all amounts to something. If your life honors the name of Jesus, he will honor you. Grace is behind and through all of this, our God giving himself freely, the Master, Jesus Christ, giving himself freely.

The Anarchist

2 1-3 Now, friends, read these next words carefully. Slow down and don't go jumping to conclusions regarding the day when our Master, Jesus Christ, will come back and we assemble to welcome him. Don't let anyone shake you up or get you excited over some breathless report or rumored letter from me that the day of the Master's arrival has come and gone. Don't fall for any line like that.
3-5 Before that day comes, a couple of things have to happen. First, the Apostasy. Second, the debut of the Anarchist, a real dog of Satan. He'll defy and then take over every so-called god or altar. Having cleared away the opposition, he'll then set himself up in God's Temple as "God Almighty." Don't you remember me going over all this in detail when I was with you? Are your memories that short?
6-8 You'll also remember that I told you the Anarchist is being held back until just the right time. That doesn't mean that the spirit of anarchy is not now at work. It is, secretly and underground. But the time will come when the Anarchist will no longer be held back, but will be let loose. But don't worry. The Master Jesus will be right on his heels and blow him away. The Master appears and—puff!—the Anarchist is out of there.
9-12 The Anarchist's coming is all Satan's work. All his power and signs and miracles are fake,

한 술수에 불과합니다. 하나님께서는 악에 사로잡혀 있는 그들로 하여금 자기 술수에 당하게 하십니다. 그들이 원하는 것을 그들에게 주시는 것입니다. 그들이 스스로 선택한 거짓과 눈속임의 세계로 쫓겨나는 것은, 진리를 믿지 않기 때문입니다.

13-14 하나님께 사랑을 입은 우리의 선한 친구 여러분, 우리는 여러분으로 인해 하나님께 끊임없이 감사할 수밖에 없습니다! 하나님께서는 처음부터 여러분을 자기 사람으로 선택해 주셨습니다. 잊지 마십시오. 여러분은 하나님이 세우신 처음 구원 계획에 들어 있고, 살아 있는 진리 안에서 믿음의 끈으로 묶여 있습니다. 이것이 하나님께서 우리가 전한 메시지를 통해 여러분에게 권하시는 성령의 삶입니다. 여러분이 그렇게 살면, 우리 주 예수 그리스도의 영광에 참여하게 될 것입니다.

15-17 그러므로 친구 여러분, 땅에 발을 딛고 굳게 서서 머리를 치켜드십시오. 우리의 말과 편지로 배운 가르침을 굳게 붙잡으십시오. 사랑으로 다가오셔서 끊임없는 도움과 확신을 선물로 주시며 여러분을 놀라게 하신 예수와 하나님 우리 아버지께서, 친히 여러분 안에 새로운 마음을 주시고, 여러분의 일을 격려하시며, 여러분의 말에 생기를 더해 주시기를 바랍니다.

게으른 자들에 대한 경고

3 1-3 친구 여러분, 한 가지 더 부탁드립니다. 우리를 위해 기도해 주십시오. 주님의 말씀이 여러분 가운데서 퍼져 나간 것처럼 전 지역으로 퍼져 나가서, 큰 물결 같은 반응을 얻도록 기도해 주십시오. 또한 우리를 파멸시키려는 악당들로부터 우리를 구해 달라고 기도해 주십시오. 요즘 내가 느끼는 것은, 믿는 사람이라고 해서 다 믿는 사람이 아니라는 것입니다. 그러나 주님께서는 절대로 우리를 저버리지 않으십니다. 그분은 신실하셔서, 여러분을 악에서 지켜 주실 것입니다.

4-5 주님으로 인해 우리는 여러분을 크게 신뢰하고 있습니다. 우리가 말한 모든 것을 여러분이 행하고 있고, 앞으로도 행하리라는 것을 우리는 압니다. 주님께서 여러분의 손을 붙잡고, 하나님의 사랑과 그리스도의 인내의 길로 인도해 주시기를 바랍니다.

6-9 우리는 주 예수의 지지를 받아 여러분에게 명령합니다. 여러분 가운데 게으른 사람들, 곧 우리가 여러분에게 가르친 대로 일하지 않는 사람들과 관계하지 마십시오. 그들이 하는 일 없이 거저먹는 일이 없게 하십시오. 우리는 여러분과 함께 있으면서, 여러분이

evil sleight of hand that plays to the gallery of those who hate the truth that could save them. And since they're so obsessed with evil, God rubs their noses in it–gives them what they want. Since they refuse to trust truth, they're banished to their chosen world of lies and illusions.

13-14 Meanwhile, we've got our hands full continually thanking God for you, our good friends–so loved by God! God picked you out as his from the very start. Think of it: included in God's original plan of salvation by the bond of faith in the living truth. This is the life of the Spirit he invited you to through the Message we delivered, in which you get in on the glory of our Master, Jesus Christ.

15-17 So, friends, take a firm stand, feet on the ground and head high. Keep a tight grip on what you were taught, whether in personal conversation or by our letter. May Jesus himself and God our Father, who reached out in love and surprised you with gifts of unending help and confidence, put a fresh heart in you, invigorate your work, enliven your speech.

Those Who Are Lazy

3 1-3 One more thing, friends: Pray for us. Pray that the Master's Word will simply take off and race through the country to a ground-swell of response, just as it did among you. And pray that we'll be rescued from these scoundrels who are trying to do us in. I'm finding that not all "believers" are believers. But the Master never lets us down. He'll stick by you and protect you from evil.

4-5 Because of the *Master*, we have great confidence in *you*. We know you're doing everything we told you and will continue doing it. May the Master take you by the hand and lead you along the path of God's love and Christ's endurance.

6-9 Our orders–backed up by the Master, Jesus–are to refuse to have anything to do with those among you who are lazy and refuse to work the way we taught you. Don't permit

어떻게 자기 역할을 다 해야 하는지 본을 보여주었습니다. 그러니 그대로 행하십시오. 우리는 남들이 보살펴 주겠지 생각하면서 팔짱을 끼고 빈둥거리지 않았습니다. 오히려 몸을 아끼지 않고 밤늦도록 일했습니다. 그것은 우리를 보살피는 짐을 여러분에게 지우지 않으려는 것이었습니다. 우리에게 여러분의 후원을 받을 권리가 없어서가 아니었습니다. 우리에게는 그럴 권리가 있습니다. 다만, 우리는 부지런한 본을 보여서, 그것이 여러분에게 전염되기를 바랐던 것입니다.

10-13 우리가 여러분과 함께 생활할 때 제시한 규정을 기억하지 못합니까? "일하지 않는 자는 먹지도 말라"는 규정 말입니다. 그런데 우리가 듣는 소식에 의하면, 게으르기만 할 뿐 전혀 쓸모없는 무리가 여러분을 이용해 먹고 있다고 하더군요. 그런 짓을 용납해서는 안됩니다. 그런 사람들에게 명령합니다. 당장 일을 시작하십시오. 변명하거나 이의를 달지 말고 손수 생활비를 버십시오. 친구 여러분, 일손을 놓지 말고 자기 본분을 다하십시오.

14-15 이 편지에 담긴 우리의 명확한 지시를 따르지 않는 사람이 있거든, 내버려두지 마십시오. 그런 사람을 지적하고, 그의 무위도식을 눈감아 주지 마십시오. 그러면 그는 다시 생각하게 될 것입니다. 그러나 그를 원수처럼 대하지는 마십시오. 그를 앉혀 놓고, 걱정하는 심정으로 그 문제를 꺼내 상의하십시오.

16 평화의 주님께서 언제나 서로 화목하게 지내는 선물을 여러분에게 주시기를 바랍니다. 참으로 주님께서 여러분 가운데 계시기를 바랍니다!

17 나 바울이 친필로 여러분에게 작별인사를 합니다. 내가 보내는 모든 편지에는 이런 식으로 서명이 되어 있으니, 내 서명을 보고 편지의 진위 여부를 가리십시오.

18 우리 주 예수 그리스도의 놀라운 은혜가 여러분 모두와 함께하기를 바랍니다!

them to freeload on the rest. We showed you how to pull your weight when we were with you, so get on with it. We didn't sit around on our hands expecting others to take care of us. In fact, we worked our fingers to the bone, up half the night moonlighting so you wouldn't be burdened with taking care of us. And it wasn't because we didn't have a right to your support; we did. We simply wanted to provide an example of diligence, hoping it would prove contagious.

10-13 Don't you remember the rule we had when we lived with you? "If you don't work, you don't eat." And now we're getting reports that a bunch of lazy good-for-nothings are taking advantage of you. This must not be tolerated. We command them to get to work immediately—no excuses, no arguments—and earn their own keep. Friends, don't slack off in doing your duty.

14-15 If anyone refuses to obey our clear command written in this letter, don't let him get by with it. Point out such a person and refuse to subsidize his freeloading. Maybe then he'll think twice. But don't treat him as an enemy. Sit him down and talk about the problem as someone who cares.

16 May the Master of Peace himself give you the gift of getting along with each other at all times, in all ways. May the Master be truly among you!

17 I, Paul, bid you good-bye in my own handwriting. I do this in all my letters, so examine my signature as proof that the letter is genuine.

18 The incredible grace of our Master, Jesus Christ, be with all of you!

디모데전후서·디도서 | 머리말

그리스도인들은 예배나 일로 모일 때, 하나님이 그 자리에 함께 계셔서 모든 것을 다스리신다고 진심으로 믿는다. 하나님은 창조하시고, 인도하시고, 구원하시고, 치료하시고, 바로잡으시고, 복 주시고, 부르시고, 심판하신다. 하나님으로부터 오는 이 폭넓고 인격적인 지도력과 견줄 때, 인간의 지도력이 있어야 할 자리는 어디인가?

분명, 인간의 지도력은 두 번째여야 한다. 인간의 지도력이 하나님의 지도력을 밀어내서도 안되고, 하나님의 지도력을 대신하려고 해서도 안된다. 자기중심적이고 자기과시적인 지도력은 주님을 등질 수밖에 없다. 메시아 예수의 이름으로 세워진 영적 공동체에서 최선의 지도력은, 자신을 드러내지 않고 사람들의 이목을 끌지 않으면서도 믿음과 확신의 길에 있는 그 무엇도 희생시키지 않는 것이다.

바울이 젊은 두 동료, 에베소의 디모데와 크레타의 디도에게 보낸 편지에서, 우리는 그러한 지도력을 계발하도록 격려하고 지도하는 바울의 모습을 보게 된다.

> 그대의 삶으로 가르치십시오. 그대의 말과 행실과 사랑과 믿음과 성실함으로 믿는 이들을 가르치십시오. 그대에게 맡겨진, 성경을 읽는 일과 권면하는 일과 가르치는 일을 계속하십시오.……그대의 성품과 그대의 가르침을 잘 살피십시오. 한눈팔지 마십시오. 끝까지 힘을 내십시오(딤전 4:11-13, 15-16).

바울은 자신이 직접 익힌 것을 전할 뿐 아니라, 지역 교회에서 그 같은 지도력을 계발하려면 어떻게 해야 하는지를 잘 보여준다. 바울은 디도에게 "그대의 임무는 견고한 교훈에 어울리는 말을 하는 것입니다"라고 말한다.

> 나이 많은 남자들을 인도하여, 절제와 위엄과 지혜와 건강한 믿음과 사랑과 인내의 삶을 살게 하십시오. 나이 많은 여자들을 공경의 삶으로

Christians are quite serious in believing that when they gather together for worship and work, God is present and sovereign, really present and absolutely sovereign. God creates and guides, God saves and heals, God corrects and blesses, God calls and judges. With such comprehensive and personal leadership from God, what is the place of *human* leadership?

Quite obviously, it has to be second place. It must not elbow its way to the front, it must not bossily take over. Ego-centered, ego-prominent leadership betrays the Master. The best leadership in spiritual communities formed in the name of Jesus, the Messiah, is inconspicuous, not calling attention to itself but not sacrificing anything in the way of conviction and firmness either.

In his letters to two young associates—Timothy in Ephesus and Titus in Crete—we see Paul encouraging and guiding the development of just such leadership:

> Teach believers with your life: by word, by demeanor, by love, by faith, by integrity. Stay at your post reading Scripture, giving counsel, teaching...Cultivate these things. Immerse yourself in them. The people will all see you mature right before their eyes! keep a firm grasp on both your character and your teaching. Don't be diverted. Just keep at it(1 Timothy 4:11-13, 15-16).

What he had learned so thoroughly himself, he was now passing on, and showing them, in turn, how to develop a similar leadership in local congregations. "Your job," he told Titus, "is to speak out on the things that make for solid doctrine."

> Guide older men into lives of temperance, dignity, and wisdom, into healthy faith, love, and endurance. Guide older women into lives of reverence so they end up as neither gossips nor

인도하여, 험담이나 술주정을 그치고 선한 일의 본보기가 되게 하십시오. 그러면 젊은 여자들이 그들을 보고, 남편과 자녀를 어떻게 사랑해야 하는지, 고결하고 순결한 삶을 살려면 어떻게 해야 하는지, 집안 살림을 잘하려면 어떻게 해야 하는지, 좋은 아내가 되려면 어떻게 해야 하는지를 알게 될 것입니다. 우리는 그들의 행실 때문에 하나님의 메시지를 멸시하는 사람이 하나도 없기를 바랍니다. 또한 그대는 젊은 남자들을 지도하여, 잘 훈련된 삶을 살게 하십시오. 그대는 몸소 실천하여 이 모든 것을 보여주고, 가르치는 일을 순수하게, 말은 믿음직하고 건전하게 하십시오(딛 2:1-7).

잘못된 방향으로 형성된 영적 지도력은 사람들의 영혼에 큰 해악을 끼치게 마련이다. 그래서 우리는 이 편지들을 읽어야 한다. 바울은 어떻게 해야 바른 지도력을 펼칠 수 있는지, 자신의 삶과 편지를 통해 우리에게 제시해 준다.

drunks, but models of goodness. By looking at them, the younger women will know how to love their husbands and children, be virtuous and pure, keep a good house, be good wives. We don't want anyone looking down on God's Message because of their behavior. Also, guide the young men to live disciplined lives. But mostly, show them all this by doing it yourself, incorruptible in your teaching, your words solid and sane(Titus 2:1-7).

This is essential reading because ill-directed and badly formed spiritual leadership causes much damage in souls. Paul in both his life and his letters shows us how to do it right.

디모데전서

1 1-2 나 바울은, 우리의 산 소망이신 그리스도를 위해 특별한 임무를 맡은 사도입니다. 나는 우리 구주이신 하나님의 명령에 따라, 믿음 안에서 나의 아들 된 디모데에게 이 편지를 씁니다. 우리 하나님과 그리스도께서 주시는 온갖 좋은 선물이 그대의 것이 되기를 바랍니다!

거짓 교훈들에 대한 경고

3-4 내가 마케도니아로 가는 길에, 그대에게 에베소에 머물 것을 권했습니다. 나의 생각은 지금도 변함이 없습니다. 그대는 그곳에 머물면서, 가르침이 계속 이어지게 하십시오. 몇몇 사람들이 기이한 이야기와 허망한 족보를 소개하고 있는 것이 분명합니다. 그런 것은 사람들을 중심으로 되돌려 그들의 믿음과 순종이 깊어지도록 해주기보다는, 오히려 어리석음에 빠지게 할 뿐입니다.

5-7 우리가 이렇게 강권하는 목적은 오직 사랑입니다. 이기심과 거짓 믿음에 물들지 않은 사랑, 곧 하나님을 향해 열려 있는 삶을 위해서입니다. 이 목적에서 벗어난 자들은 조만간 길을 잃고, 쓸데없는 말에 빠져들고 말 것입니다. 그들은 종교적인 문제의 전문가인 양 우쭐대면서 온갖 화려한 말로 열변을 토하지만, 정작 자신들이 무슨 말을 하고 있는지 전혀 알지 못합니다.

8-11 도덕적 지침과 조언이 필요하기는 하지만, 그 내용만큼이나 필요한 사람에게 제대로 전해주는 것이 중요합니다. 율법은 책임을 다하며 사는 사람들 때문이 아니라 무책임한 사람들, 곧 모든 권위에 도전하면서 하나님이든 생명이든 성윤리든 진리든 무엇이든지 함부로 취급하는 자들 때문에 있는 것이 분명하지 않습니까! 그들은 크

1 TIMOTHY

1 1-2 I, Paul, am an apostle on special assignment for Christ, our living hope. Under God our Savior's command, I'm writing this to you, Timothy, my son in the faith. All the best from our God and Christ be yours!

Self-Appointed Experts on Life

3-4 On my way to the province of Macedonia, I advised you to stay in Ephesus. Well, I haven't changed my mind. Stay right there on top of things so that the teaching stays on track. Apparently some people have been introducing fantasy stories and fanciful family trees that digress into silliness instead of pulling the people back into the center, deepening faith and obedience.

5-7 The whole point of what we're urging is simply *love*—love uncontaminated by self-interest and counterfeit faith, a life open to God. Those who fail to keep to this point soon wander off into cul-de-sacs of gossip. They set themselves up as experts on religious issues, but haven't the remotest idea of what they're holding forth with such imposing eloquence.

8-11 It's true that moral guidance and counsel need to be given, but the way you say it and to whom you say it are as important as what you say. It's obvious, isn't it, that the law code isn't primarily for people who live responsibly, but for the irresponsible, who defy all authority, riding roughshod over God, life, sex, truth, whatever! They are contemptuous of this great Message I've

신 하나님께서 내게 맡겨 주신 이 위대한 메시지를 멸시하는 자들입니다.

been put in charge of by this great God.

12-14 나를 이 일의 적임자로 삼아 주신 그리스도 예수께 큰 감사를 드립니다. 그대도 알다시피, 그분은 위험을 무릅쓰고 내게 이 사역을 맡기셨습니다. 이 사역을 위해 내가 가진 자격이라고는, 비난하는 말과 무자비한 박해와 교만함이 전부였습니다. 그런데도 그분은 나를 자비롭게 대해 주셨습니다. 그것은 내가 하는 일이 무엇인지, 그리고 내가 거역하는 분이 누구신지 알지 못하고 한 일이었기 때문입니다! 은혜가 믿음과 사랑과 하나가 되어, 내게 그리고 내 안에 부어졌습니다. 이 모두가 예수의 은혜로 되어진 것입니다.

15-19 그대가 마음에 새기고 의지할 말씀이 있습니다. 예수 그리스도께서 죄인들을 구원하시려고 이 세상에 오셨다는 말씀입니다. 내가 그 증거입니다. 나는 '공공의 죄인 1호'로서, 순전한 자비가 아니었다면 구원받지 못했을 사람입니다. 예수께서는 영원히 그분을 신뢰하려는 사람들에게, 당신의 한없는 인내의 증거로 나를 제시하고 계십니다.

모든 시대의 왕,
보이지 않고 소멸치 않으시는 한분 하나님께
깊은 경외와 찬란한 영광이
이제부터 영원까지 있기를!

나의 아들 디모데여, 나는 그대에게 이 일을 맡깁니다. 그대에게 주어진 예언의 말씀을 따라 우리는 이 일을 준비했습니다. 그대가 이 일을 잘 수행하고, 용감히 싸우고, 그대의 믿음과 그대 자신을 굳게 지키게 해달라고 모두가 하나되어 기도하고 있습니다. 결국 이것은 우리가 싸울 싸움입니다.

19-20 그대도 아는 것처럼, 무슨 일이든 해도 괜찮다고 마음을 놓고 있다가 믿음을 망쳐 버린 자들이 몇 있습니다. 그 가운데 두 사람이 후메내오와 알렉산더입니다. 나는 그들이 사탄에게 넘어가도록 두었습니다. 그것은 그들이 하나님을 모독하지 못하도록 한두 가지 교훈을 배우게 하려는 것입니다.

모든 일에 바탕이 되는 기도

2 1-3 나는 그대가 무엇보다 먼저 기도하기를 바랍니다. 그대가 아는 모든 방법을 동원해서, 그대가 아는 모든 사람을 위해 기도하십시오. 특히, 통치자들과 정부가 바르게 다스릴 수 있게 해달라고 기도

12-14 I'm so grateful to Christ Jesus for making me adequate to do this work. He went out on a limb, you know, in trusting me with this ministry. The only credentials I brought to it were invective and witch hunts and arrogance. But I was treated mercifully because I didn't know what I was doing—didn't know Who I was doing it against! Grace mixed with faith and love poured over me and into me. And all because of Jesus.

15-19 Here's a word you can take to heart and depend on: Jesus Christ came into the world to save sinners. I'm proof—Public Sinner Number One—of someone who could never have made it apart from sheer mercy. And now he shows me off—evidence of his endless patience—to those who are right on the edge of trusting him forever.

Deep honor and bright glory
to the King of All Time—
One God, Immortal, Invisible,
ever and always. Oh, yes!

I'm passing this work on to you, my son Timothy. The prophetic word that was directed to you prepared us for this. All those prayers are coming together now so you will do this well, fearless in your struggle, keeping a firm grip on your faith and on yourself. After all, this is a fight we're in.

19-20 There are some, you know, who by relaxing their grip and thinking anything goes have made a thorough mess of their faith. Hymenaeus and Alexander are two of them. I let them wander off to Satan to be taught a lesson or two about not blaspheming.

Simple Faith and Plain Truth

2 1-3 The first thing I want you to do is pray. Pray every way you know how, for everyone you know. Pray especially for

하십시오. 그래야 우리가 겸손히 묵상하면서 단순하게 사는 일에 조용히 마음을 쏟을 수 있을 것입니다. 그것은 우리 구주 하나님께서 우리에게 바라시는 생활방식입니다.

4-7 그대도 알다시피, 하나님은 우리뿐만 아니라 모든 사람이 구원받기를 바라십니다. 또한 우리가 배운 진리를 그들도 알기를 원하십니다. 하나님은 오직 한분이십니다. 하나님과 우리 사이를 중재하는 제사장도 한분이시니, 그분은 다름 아닌 예수이십니다. 예수께서는 죄에 사로잡힌 모든 사람을 대신해 자기를 내어 주시고, 그들을 자유롭게 해주셨습니다. 이 소식이 결국은 널리 퍼져 나갈 것입니다. 바로 이 소식을 널리 전하는 것이 내게 맡겨진 일입니다. 하나님에 대해 들어 본 적 없는 사람들에게 이 소식을 전하고, 단순한 믿음과 명백한 진리가 어떻게 역사하는지 설명해 주는 이 일을 위해 내가 임명받았습니다.

8-10 기도는 이 모든 일의 바탕이 됩니다. 나는 무엇보다도 남자들이 기도하기를 바랍니다. 원수를 향해 분노에 찬 주먹을 흔들 것이 아니라, 하나님을 향해 거룩한 손을 들고 기도하십시오. 나는 여자들도 남자들과 함께 하나님 앞에서 겸손하기를 바랍니다. 거울 앞에서 최신 유행을 좇아 자신을 아름답게 꾸밀 것이 아니라, 하나님께 아름다운 일을 행함으로 진정 아름다운 사람이 되십시오.

11-15 나는 여자가 나서서 남자에게 이래라저래라 하지 않기를 바랍니다. 여자들은 다른 모든 사람들과 더불어 조용히 지내면서 순종하는 법을 배우십시오. 아담이 먼저 지음받았고, 그 다음에 하와가 지음받았습니다. 여자가 먼저 속아 넘어갔고—죄의 개척자가 되었고!—아담이 그 뒤를 따랐습니다. 반면에, 여자가 아이를 낳음으로 구원을 가져오게 되었고, 그 삶이 바뀌었습니다. 그러나 이 구원은 믿음과 사랑과 거룩함을 지키는 사람들, 이 모든 것을 바탕으로 성숙에 이르는 사람들에게만 옵니다. 그대는 이 말을 믿으십시오.

교회 지도자의 자격

3 1-7 어떤 사람이 교회의 지도자가 되고자 한다면, 그것은 좋은 일입니다! 그러나 그 전에 갖춰야 할 조건이 있습니다. 지도자는 평판이 좋으며, 아내에게 헌신하며, 침착하며, 붙임성 있고, 남을 따뜻하게 맞아 주는 사람이어야 합니다. 그는 잘 가르쳐야 하며, 술을 지나치게 좋아하지 않으며, 난폭하지 않고 너그러우며, 쉽게 화를 내지 않으며, 돈을 사랑하지 않는 사람이어야 합니다. 또한 자기 일을 잘 처리하며, 자녀들을 세심히 돌보며, 자녀들의 존경을 받는 사람이어

rulers and their governments to rule well so we can be quietly about our business of living simply, in humble contemplation. This is the way our Savior God wants us to live.

4-7 He wants not only us but everyone saved, you know, everyone to get to know the truth *we've* learned: that there's one God and only one, and one Priest-Mediator between God and us—Jesus, who offered himself in exchange for everyone held captive by sin, to set them all free. Eventually the news is going to get out. This and this only has been my appointed work: getting this news to those who have never heard of God, and explaining how it works by simple faith and plain truth.

8-10 Since prayer is at the bottom of all this, what I want mostly is for men to pray—not shaking angry fists at enemies but raising holy hands to God. And I want women to get in there with the men in humility before God, not primping before a mirror or chasing the latest fashions but doing something beautiful for God and becoming beautiful doing it.

11-15 I don't let women take over and tell the men what to do. They should study to be quiet and obedient along with everyone else. Adam was made first, then Eve; woman was deceived first—our pioneer in sin!—with Adam right on her heels. On the other hand, her childbearing brought about salvation, reversing Eve. But this salvation only comes to those who continue in faith, love, and holiness, gathering it all into maturity. You can depend on this.

Leadership in the Church

3 1-7 If anyone wants to provide leadership in the church, good! But there are preconditions: A leader must be well-thought-of, committed to his wife, cool and collected, accessible, and hospitable. He must know what he's talking about, not be overfond of wine, not pushy but gentle, not thin-skinned, not money-hungry. He must handle his own affairs well, attentive to his own children and

야 합니다. 자기 일조차 제대로 처리하지 못하는 사람이 어떻게 하나님의 교회를 돌볼 수 있겠습니까? 신앙을 가진 지 얼마 되지 않은 사람이 교회의 지도자가 되어서는 안됩니다. 그가 그 직분으로 말미암아 자만해져서 마귀의 발에 걸려 넘어질 수 있기 때문입니다. 또한 교회의 지도자가 되려는 사람은 세상 사람들로부터도 좋은 평판을 받아야 합니다. 그래야 마귀의 함정에 빠지지 않을 것입니다.

8-13 교회에서 섬기는 사람이 되려는 이들에게도 똑같은 기준이 적용됩니다. 섬기는 이들은 신중하며, 남을 속이지 않으며, 술을 흥청망청 마시지 않으며, 그저 얻는 것에만 관심을 갖는 사람이 아니어야 합니다. 또한 믿음의 비밀 앞에 경건하며, 자신의 직분을 이용해 이익을 도모하지 않는 사람이어야 합니다. 먼저, 그들 스스로 자신을 증명해 보이게 하십시오. 그것이 입증될 때, 그들에게 일을 맡기십시오. 여자라고 해서 예외가 아니며, 똑같은 자격 요건을 갖춰야 합니다. 신중하며, 신뢰할 만하며, 입이 험하지 않으며, 술을 지나치게 좋아하지 않는 사람이어야 합니다. 교회에서 섬기는 이들은 배우자에게 헌신하며, 자녀들을 세심히 돌보며, 부지런히 자기 일을 살피는 사람이어야 합니다. 이 섬김의 일을 하는 사람들은 큰 존경을 받으며, 예수를 믿는 믿음의 참 자랑거리가 될 것입니다.

14-16 나는 곧 그대에게 가기를 바라지만, 지체될 경우를 대비해 이렇게 편지를 써 보냅니다. 그 이유는, 그대가 살아 계신 하나님의 교회이자 진리의 요새인 하나님의 가족 가운데서 일을 어떻게 처리해야 하는지 알려 주려는 것입니다. 그리스도인의 삶은, 우리의 이해를 훨씬 넘어서는 위대한 비밀이 아닐 수 없습니다. 다음 몇 가지 사실은 너무도 분명합니다.

그분은 사람의 몸으로 나타나시고
보이지 않는 성령에 의해 의롭다고 인정받으셨으며
천사들에게 보이셨습니다.
모든 사람 가운데 선포되므로
온 세상이 그분을 믿었고,
그분은 하늘 영광 속으로 들려 올라가셨습니다.

그대의 삶으로 가르치십시오

4 1-5 성령께서 분명히 말씀하시는 것처럼, 시간이 지나면서 몇몇 사람들이 믿음을 저버리고, 거짓을 일삼는 자들이 퍼뜨리는 마귀의 망상을 따를 것입니다. 이 거짓말쟁이들은 너무도 오랫동안 능숙하게 거짓을 말해 온 까닭에, 이제는 진리를 말

having their respect. For if someone is unable to handle his own affairs, how can he take care of God's church? He must not be a new believer, lest the position go to his head and the Devil trip him up. Outsiders must think well of him, or else the Devil will figure out a way to lure him into his trap.

8-13 The same goes for those who want to be servants in the church: serious, not deceitful, not too free with the bottle, not in it for what they can get out of it. They must be reverent before the mystery of the faith, not using their position to try to run things. Let them prove themselves first. If they show they can do it, take them on. No exceptions are to be made for women—same qualifications: serious, dependable, not sharp-tongued, not overfond of wine. Servants in the church are to be committed to their spouses, attentive to their own children, and diligent in looking after their own affairs. Those who do this servant work will come to be highly respected, a real credit to this Jesus-faith.

14-16 I hope to visit you soon, but just in case I'm delayed, I'm writing this letter so you'll know how things ought to go in God's household, this God-alive church, bastion of truth. This Christian life is a great mystery, far exceeding our understanding, but some things are clear enough:

He appeared in a human body,
was proved right by the invisible Spirit,
was seen by angels.
He was proclaimed among all kinds of peoples,
believed in all over the world,
taken up into heavenly glory.

Teach with Your Life

4 1-5 The Spirit makes it clear that as time goes on, some are going to give up on the faith and chase after demonic illusions put forth by professional liars. These liars have lied so well and for so long that they've lost their

할 능력조차 잃어버린 자들입니다. 그들은 결혼하지 말라고 할 것입니다. 또한 이러저러한 음식을 먹지 말라고 할 것입니다. 사실, 그 음식은 하나님께서 분별 있는 신자들에게 감사함으로 마음껏 먹으라고 주신 더없이 좋은 음식인데도 말입니다! 하나님이 지으신 모든 것이 선하니, 감사한 마음으로 받아야 할 것입니다. 멸시하며 내버릴 것이 하나도 없습니다. 지어진 모든 것이 하나님의 말씀과 우리의 기도로 거룩해집니다.

6-10 지금까지 그대는 믿음의 메시지로 양육받았고 건전한 가르침을 따랐습니다. 이제 그대는, 그곳에서 예수를 따르는 이들에게도 이 가르침을 전해 주십시오. 그러면 그대는 예수의 귀한 종이 될 것입니다. 신앙을 가장한 어리석은 이야기를 멀리하십시오. 하나님 안에서 날마다 훈련하십시오. 영적 무기력은 절대 금물입니다! 체육관에서 몸을 단련하는 것도 유익하지만, 하나님 안에서 훈련받는 삶은 훨씬 유익합니다. 그런 삶은 현재는 물론이고 영원토록 그대를 건강하게 해줄 것입니다. 이 말을 믿고 마음 깊이 새기십시오. 우리가 이 모험에 우리 자신의 전부를 내던진 것은 그 때문입니다. 우리는 모든 사람, 특히 모든 믿는 이들의 구주이신 살아 계신 하나님을 의지하고 있는 것입니다.

11-14 입을 열어 말하십시오. 이 모든 것을 가르치십시오. 아무도 그대가 젊다는 이유로 그대를 얕잡아 보지 못하게 하십시오. 그대의 삶으로 가르치십시오. 그대의 말과 행실과 사랑과 믿음과 성실함으로 믿는 이들을 가르치십시오. 그대에게 맡겨진, 성경을 읽는 일과 권면하는 일과 가르치는 일을 계속하십시오. 교회 지도자들이 그대에게 안수하고 기도하며 맡긴 사역, 그 특별한 은사에 먼지가 쌓이지 않도록 부지런히 사용하십시오.

15-16 이 일에 전념하고 집중하십시오. 그러면 성숙해 가는 그대의 모습이 사람들 눈에 분명히 드러날 것입니다! 그대의 성품과 그대의 가르침을 잘 살피십시오. 한눈팔지 마십시오. 끝까지 힘을 내십시오. 그러면 그대는 물론이고, 그대의 말을 듣는 사람들도 구원을 경험하게 될 것입니다.

성도를 대하는 자세

5 1-2 나이 많은 남자를 나무라거나 꾸짖지 마십시오. 그에게는 아버지를 대하듯 말하고, 젊은 남자에게는 형제를 대하듯 말하십시오. 나이 많은 여자에게는 어머니를 대하듯 존중하고, 젊은 여자에게는 누이를 대하듯 존중하십시오.

capacity for truth. They will tell you not to get married. They'll tell you not to eat this or that food–perfectly good food God created to be eaten heartily and with thanksgiving by believers who know better! Everything God created is good, and to be received with thanks. Nothing is to be sneered at and thrown out. God's Word and our prayers make every item in creation holy.

6-10 You've been raised on the Message of the faith and have followed sound teaching. Now pass on this counsel to the followers of Jesus there, and you'll be a good servant of Jesus. Stay clear of silly stories that get dressed up as religion. Exercise daily in God–no spiritual flabbiness, please! Workouts in the gymnasium are useful, but a disciplined life in God is far more so, making you fit both today and forever. You can count on this. Take it to heart. This is why we've thrown ourselves into this venture so totally. We're banking on the living God, Savior of all men and women, especially believers.

11-14 Get the word out. Teach all these things. And don't let anyone put you down because you're young. Teach believers with your life: by word, by demeanor, by love, by faith, by integrity. Stay at your post reading Scripture, giving counsel, teaching. And that special gift of ministry you were given when the leaders of the church laid hands on you and prayed–keep that dusted off and in use.

15-16 Cultivate these things. Immerse yourself in them. The people will all see you mature right before their eyes! Keep a firm grasp on both your character and your teaching. Don't be diverted. Just keep at it. Both you and those who hear you will experience salvation.

The Family of Faith

5 1-2 Don't be harsh or impatient with an older man. Talk to him as you would your own father, and to the younger men as your brothers. Reverently honor an older woman as you would your mother, and the

3-8 가난한 과부들을 보살피십시오. 어떤 과부에게 가족이 있어서 그녀를 돌볼 경우, 그들을 가르쳐서 그 가정에 신앙심이 싹트고, 받은 사랑에 감사로 보답하게 하십시오. 이것은 하나님이 크게 기뻐하시는 일입니다. 그대는 의지할 데 없는 참 과부에게 말하여, 모든 소망을 하나님께 두고 자신의 쓸 것과 다른 사람의 쓸 것을 위해 하나님께 끊임없이 구하게 하십시오. 그러나 사람들의 마음과 지갑을 털어 가는 과부가 있다면, 그런 사람과는 관계하지 마십시오. 사람들에게 이런 것을 말해서, 그들이 확대 가족 안에서 바르게 처신하게 하십시오. 누구든지 곤경에 처한 가족을 돌보지 않는 사람은 믿음을 저버린 자입니다. 그것은 애초에 믿기를 거부하는 것보다 더 악한 행위입니다.

9-10 과부 몇 사람을 명단에 올려서, 구제하는 특별한 사역을 맡기십시오. 그리고 교회는 그들의 생활비를 지원해 주십시오. 과부로 명단에 올릴 이는 예순 살이 넘어야 하고, 단 한 번 결혼한 사람이어야 합니다. 또한 자녀와 나그네와 지친 그리스도인과 상처 입고 어려움에 처한 사람들을 도운 일로 평판을 얻은 사람이어야 합니다.

11-15 젊은 과부는 명단에 올리지 마십시오. 그들은 구제하는 일로 그리스도를 섬기기보다는 남편을 얻으려는 마음이 강해서, 명단에 이름이 오르자마자 곧바로 이름을 빼려고 할 것입니다. 그들은 자신들의 약속을 저버리고 점점 더 악화되어, 수다와 험담과 잡담으로 시간을 낭비하기 쉽습니다. 나는 젊은 과부들이 재혼을 해서 아기를 낳고 가정을 돌봄으로써, 헐뜯는 자들에게 흠잡힐 빌미를 주지 않기를 바랍니다. 그들 가운데 몇 사람이 이미 곁길로 빠져 사탄을 좇아갔습니다.

16 어떤 여자 그리스도인 집안에 과부들이 있거든, 그 교우가 그들을 책임져야 할 것입니다. 그들이 교회에 짐이 되어서는 안됩니다. 교회는 도움이 필요한 과부들을 보살피느라 이미 손이 모자라는 상태입니다.

17-18 일을 잘하는 지도자들, 특히 설교하고 가르치는 일에 힘쓰는 지도자들에게는 보수를 지급하십시오. 성경에 이르기를, "일하는 소의 입에 망을 씌우지 말라"고 했고, "일꾼이 보수를 받는 것이 마땅하다"고 했습니다.

19 지도자에 대한 고발은, 두세 사람의 신뢰할 만한 증인에 의해 입증된 것이 아니면 귀담아듣지 마십시오.

younger women as sisters.

3-8 Take care of widows who are destitute. If a widow has family members to take care of her, let them learn that religion begins at their own doorstep and that they should pay back with gratitude some of what they have received. This pleases God immensely. You can tell a legitimate widow by the way she has put all her hope in God, praying to him constantly for the needs of others as well as her own. But a widow who exploits people's emotions and pocketbooks—well, there's nothing to her. Tell these things to the people so that they will do the right thing in their extended family. Anyone who neglects to care for family members in need repudiates the faith. That's worse than refusing to believe in the first place.

9-10 Sign some widows up for the special ministry of offering assistance. They will in turn receive support from the church. They must be over sixty, married only once, and have a reputation for helping out with children, strangers, tired Christians, the hurt and troubled.

11-15 Don't put young widows on this list. No sooner will they get on than they'll want to get off, obsessed with wanting to get a husband rather than serving Christ in this way. By breaking their word, they're liable to go from bad to worse, frittering away their days on empty talk, gossip, and trivialities. No, I'd rather the young widows go ahead and get married in the first place, have children, manage their homes, and not give critics any foothold for finding fault. Some of them have already left and gone after Satan.

16 Any Christian woman who has widows in her family is responsible for them. They shouldn't be dumped on the church. The church has its hands full already with widows who need help.

17-18 Give a bonus to leaders who do a good job, especially the ones who work hard at preaching and teaching. Scripture tells us, "Don't muzzle a working ox" and "A worker deserves his pay."

19 Don't listen to a complaint against a leader

20 어떤 사람이 죄에 빠지거든, 그 사람을 불러서 꾸짖으십시오. 그러면 그 사람처럼 하려고 하던 이들도 그렇게 해서는 안된다는 것을 곧바로 깨닫게 될 것입니다.

21-23 나는 하나님과 예수와 천사들의 지지를 받아 이런 지시들을 내립니다. 그대는 이것들을 실행에 옮기되, 치우치거나 편드는 일이 없게 하십시오. 사람들을 너무 성급하게 교회 지도자의 자리에 앉히지 마십시오. 어떤 사람이 심각한 죄에 연루되어 있거든, 부지중에라도 공범자가 되지 않도록 하십시오. 어떤 경우에도, 그대 자신을 꼼꼼히 살피십시오. 헐뜯는 자들이 뭐라고 하든 지나치게 걱정하지 마십시오. 포도주를 조금씩 사용하십시오. 포도주는 그대의 소화기능에도 효과가 있고, 그대를 괴롭히는 병에도 좋은 약입니다.

24-25 어떤 사람의 죄는 금세 드러나서, 곧장 법정으로 가야만 합니다. 어떤 사람의 죄는 한참이 지나서야 드러납니다. 선행도 마찬가지입니다. 어떤 선행은 즉각 드러나고, 어떤 선행은 당장은 아니더라도 언젠가는 드러나게 마련입니다.

6

1-2 누구든지 종으로 살아가는 사람은 묵묵히 참고 주인을 존경해야 합니다. 그렇게 해야, 세상 사람들이 그의 행실을 보고 하나님과, 우리의 가르침을 비난하지 않을 것입니다. 그리스도인을 주인으로 둔 종들은 더욱더 그러해야 합니다. 그들의 주인은 실제로 그들의 사랑하는 형제이니 말입니다!

돈에 대한 욕심

2-5 나는 그대가 이런 것들을 가르치고 설교하기 바랍니다. 다른 교훈을 가르치거나 우리 주 예수의 확실한 말씀과 경건한 교훈을 받아들이지 않는 지도자들이 있거든, 그들의 정체를 드러내 보이십시오. 그들은 무지한 허풍쟁이어서, 시기와 말다툼과 비방과 미심쩍은 소문으로 공기를 더럽히는 자들입니다. 결국에는 모함하는 말이 전염병처럼 퍼져서, 진리는 아득히 먼 기억이 되고 말 것입니다. 그들은 종교를 재빨리 한밑천 잡는 수단으로 생각합니다.

6-8 경건한 삶은 큰 유익을 가져다줍니다. 그것은 하나님 앞에서 그대 자신이 됨으로써, 단순한 삶 가운데서 누리는 넉넉함입니다. 우리는 이 세상에 빈손으로 왔으니 빈손으로 떠날 것입니다. 그러니 식탁에 음식이 있고 발에 신을 신발이 있으면, 그것으로

that isn't backed up by two or three responsible witnesses.

20 If anyone falls into sin, call that person on the carpet. Those who are inclined that way will know right off they can't get by with it.

21-23 God and Jesus and angels all back me up in these instructions. Carry them out without favoritism, without taking sides. Don't appoint people to church leadership positions too hastily. If a person is involved in some serious sins, you don't want to become an unwitting accomplice. In any event, keep a close check on yourself. And don't worry too much about what the critics will say. Go ahead and drink a little wine, for instance; it's good for your digestion, good medicine for what ails you.

24-25 The sins of some people are blatant and march them right into court. The sins of others don't show up until much later. The same with good deeds. Some you see right off, but none are hidden forever.

6

1-2 Whoever is a slave must make the best of it, giving respect to his master so that outsiders don't blame God and our teaching for his behavior. Slaves with Christian masters all the more so—their masters are really their beloved brothers!

The Lust for Money

2-5 These are the things I want you to teach and preach. If you have leaders there who teach otherwise, who refuse the solid words of our Master Jesus and this godly instruction, tag them for what they are: ignorant windbags who infect the air with germs of envy, controversy, bad-mouthing, suspicious rumors. Eventually there's an epidemic of backstabbing, and truth is but a distant memory. They think religion is a way to make a fast buck.

6-8 A devout life does bring wealth, but it's the rich simplicity of being yourself before God. Since we entered the world penniless and will leave it penniless, if we have bread on the table

족합니다.
9-10 그러나 지도자들이 사랑하는 것이 돈뿐이라면, 그들은 얼마 못 가서 자멸하고 말 것입니다. 돈에 대한 욕심은 괴로움만 안겨 줄 뿐입니다. 그 길로 내려가다가 믿음에서 완전히 벗어나서, 몹시 후회하며 사는 사람들이 더러 있습니다.

믿음 안에서 힘을 다해 달려가십시오

11-12 그러나 그대, 하나님의 사람 디모데여, 그대는 이 모든 것에서 벗어나십시오. 의로운 삶, 곧 경이롭고 믿음직스럽고 사랑스럽고 꾸준하고 친절한 삶을 추구하십시오. 믿음 안에서 힘을 다해 열심히 달려가십시오. 영원한 생명, 곧 부름받은 그대가 수많은 증인들 앞에서 뜨겁게 껴안은, 그 생명을 붙잡으십시오.
13-16 나는 생명을 주시는 하나님 앞과, 본디오 빌라도 앞에서 조금도 물러서지 않으신 그리스도 앞에서, 그대에게 명령합니다. 이 계명을 글자 그대로 지키고, 느슨해지는 일이 없게 하십시오. 우리 주 예수 그리스도께서 가까이 오고 계십니다. 그분은 정한 때에 나타나실 것입니다. 복되시고 의심할 여지 없는 통치자이시며 지극히 높으신 왕, 지극히 높으신 하나님께서 그분의 오심을 보증해 주셨습니다. 그분은 죽음이 건드릴 수 없는 유일하신 분이며, 누구도 가까이 할 수 없는 밝은 빛이십니다. 그분은 사람의 눈으로 본 적도 없고, 볼 수도 없는 분이십니다! 그분께 영광과 영원한 주권이 있기를! 오, 그렇습니다.
17-19 이 세상에서 부유하게 사는 사람들에게 명하여, 교만하지 말고, 오늘 있다가 내일이면 없어질 돈에 사로잡히지 말라고 하십시오. 그들에게 명하여, 우리에게 모든 것을 풍성히 주셔서 관리하게 하시는 하나님을 따르라고 말하십시오. 선을 행하고, 남을 돕는 일에 부유해지고, 아낌없이 베푸는 사람이 되라고 말하십시오. 그들이 그렇게 하면, 그들은 영원토록 무너지지 않을 보물창고를 짓고, 참된 생명을 얻게 될 것입니다.
20-21 오 나의 사랑하는 디모데여, 그대가 맡은 보화를 잘 지키십시오! 목숨을 걸고 지키십시오. 자칭 전문가라고 하는 자들이 종교를 두고 잡담하면서 일으키는 혼란을 피하십시오. 그러한 잡담에 사로잡힌 사람들은 믿음을 통째로 잃어버릴 수밖에 없습니다.
차고 넘치는 은혜가 그대를 지켜 주기를 바랍니다!

and shoes on our feet, that's enough.
9-10 But if it's only money these leaders are after, they'll self-destruct in no time. Lust for money brings trouble and nothing but trouble. Going down that path, some lose their footing in the faith completely and live to regret it bitterly ever after.

Running Hard

11-12 But you, Timothy, man of God: Run for your life from all this. Pursue a righteous life—a life of wonder, faith, love, steadiness, courtesy. Run hard and fast in the faith. Seize the eternal life, the life you were called to, the life you so fervently embraced in the presence of so many witnesses.
13-16 I'm charging you before the life-giving God and before Christ, who took his stand before Pontius Pilate and didn't give an inch: Keep this command to the letter, and don't slack off. Our Master, Jesus Christ, is on his way. He'll show up right on time, his arrival guaranteed by the Blessed and Undisputed Ruler, High King, High God. He's the only one death can't touch, his light so bright no one can get close. He's never been seen by human eyes—human eyes can't take him in! Honor to him, and eternal rule! Oh, yes.
17-19 Tell those rich in this world's wealth to quit being so full of themselves and so obsessed with money, which is here today and gone tomorrow. Tell them to go after God, who piles on all the riches we could ever manage—to do good, to be rich in helping others, to be extravagantly generous. If they do that, they'll build a treasury that will last, gaining life that is truly life.
20-21 And oh, my dear Timothy, guard the treasure you were given! Guard it with your life. Avoid the talk-show religion and the practiced confusion of the so-called experts. People caught up in a lot of talk can miss the whole point of faith.
Overwhelming grace keep you!

디모데후서

1 1-2 나 바울은, 그리스도를 위해 특별한 임무를 맡아서, 예수의 생명의 메시지에 담긴 하나님의 계획을 실행에 옮기고 있습니다. 내가 몹시 사랑하는 아들, 그대 디모데에게 이 편지를 씁니다. 우리 하나님과 그리스도께서 주시는 온갖 좋은 선물이 그대의 것이 되기를 바랍니다!

메시지를 위한 고난에 참여하십시오

3-4 나는 기도하면서 그대의 이름을 떠올릴 때마다—실제로, 늘 그렇게 하고 있습니다만—그대로 인해 하나님께, 곧 내 조상의 전통을 따라 내가 목숨을 다해 섬기는 하나님께 감사를 드립니다. 특히 지난번에 있었던 눈물 어린 이별을 돌아보면서, 나는 그대가 몹시 그립습니다. 나는 기쁘게 그대를 다시 만나게 될 날을 손꼽아 기다립니다.

5-7 그 소중한 기억을 떠올리자니, 그대의 진실한 믿음이 떠오르는군요. 그대의 믿음은 참으로 값진 믿음입니다. 그 믿음은 그대의 할머니 로이스에게서 어머니 유니게에게로 이어졌다가, 이제는 그대에게로 이어졌습니다! 그리고 내가 그대에게 안수하고 기도할 때, 그대가 받은 특별한 사역의 은사도 떠오르는군요. 그 은사를 계속 타오르게 하십시오! 하나님께서는 우리가 그분의 은사에 소심한 태도를 보이는 것을 바라지 않으십니다. 오히려 담대하게 받아들이고, 사랑으로 대하고, 민감하게 반응하기를 바라십니다.

8-10 그러니 부끄러워하지 말고, 우리 주님과 그분 때문에 감옥에 갇힌 나를 위해 변호하십시오. 우리와 함께 메시지를 위한 고난에 참여하십시오. 결국 우리는 하나님의 능력을 힘입어 앞으로 나아갈 뿐입니다. 하나님께서 먼저 우리를 구원하시고, 그 후에 이 거룩한 일로 우리를 불러 주셨습니다. 전에 우리는 이

2 TIMOTHY

1 1-2 I, Paul, am on special assignment for Christ, carrying out God's plan laid out in the Message of Life by Jesus. I write this to you, Timothy, the son I love so much. All the best from our God and Christ be yours!

To Be Bold with God's Gifts

3-4 Every time I say your name in prayer—which is practically all the time—I thank God for you, the God I worship with my whole life in the tradition of my ancestors. I miss you a lot, especially when I remember that last tearful good-bye, and I look forward to a joy-packed reunion.

5-7 That precious memory triggers another: your honest faith—and what a rich faith it is, handed down from your grandmother Lois to your mother Eunice, and now to you! And the special gift of ministry you received when I laid hands on you and prayed—keep that ablaze! God doesn't want us to be shy with his gifts, but bold and loving and sensible.

8-10 So don't be embarrassed to speak up for our Master or for me, his prisoner. Take your share of suffering for the Message along with the rest of us. We can only keep on going, after all, by the power of God, who first saved us and then called us to this holy work. We had nothing to do with it. It was all *his* idea, a gift prepared for us in Jesus long before we knew anything about it. But we know it now. Since

거룩한 일과는 전혀 상관없는 사람들이었습니다. 이 일은 전적으로 그분께서 생각하신 것입니다. 우리가 아무것도 알지 못하던 오래전에, 하나님이 예수 안에서 우리를 위해 예비하신 선물입니다. 그러나 이제 우리는 압니다. 우리 구주께서 나타나신 이래로, 이보다 더 분명한 것은 없습니다. 그것은 죽음이 패하고, 생명이 끊임없이 타오르는 빛 가운데 굳건해졌다는 사실입니다. 이 모든 것이 예수의 사역을 통해 이루어졌습니다.

11-12 이것이 내가 설교자와 특사와 교사로 세움받아 전하는 메시지입니다. 이것은 내가 겪고 있는 모든 고난의 원인이기도 합니다. 그러나 나는 후회하지 않습니다. 나는 나의 근원이신 분, 곧 내가 믿는 하나님께서 내게 맡기신 일을 끝까지 완수하도록 보살펴 주실 것을 확신합니다.

13-14 그러니 그대는 내게 들은 대로, 그대의 일—그리스도 안에 뿌리내린 믿음과 사랑—을 포기하지 마십시오. 그 일은, 그대가 처음 내게서 들었던 때와 마찬가지로 지금도 옳은 일입니다. 우리 안에서 일하시는 성령께서 그대에게 맡겨 주신 것이니, 이 귀한 것을 잘 지키십시오.

15-18 그대는 아시아에 있는 모든 사람들은 물론이고, 부겔로와 허모게네마저 나를 버렸다는 것을 알고 있으리라 생각합니다. 그러나 하나님께서 오네시보로와 그의 가정에 복을 내리시기를 바랍니다! 나는 그의 집에서 기운을 얻은 적이 한두 번이 아니었습니다. 그는 내가 감옥에 갇힌 것을 조금도 부끄럽게 여기지 않았습니다. 그가 로마로 와서 처음 한 일은 나를 면회하는 것이었습니다. 그가 나를 대접한 것처럼, 마지막 날에 하나님께서 그를 선대해 주시기를 바랍니다. 그대가 나보다 더 잘 알고 있겠지만, 그는 에베소에서도 온갖 도움을 베풀었습니다.

하나님이 쓰실 그릇

2 1-7 그러므로 나의 아들이여, 그리스도를 위한 이 일에 그대 자신을 드리십시오. 온 회중이 "아멘!" 하고 말하는 가운데 그대가 내게서 들은 것을, 다른 사람을 가르칠 역량 있고 믿음직한 지도자들에게 전하십시오. 그대의 가는 길이 험할지라도, 예수께서 하셨던 것처럼 용감하게 참고 견디십시오. 복무중인 군인은 시장에서 사고파는 일에 마음을 빼앗기지 않습니다. 그는 명령을 수행하는 데만 정신을 쏟습니다. 규칙대로 경기하지 않는 선수는 절대로 승리하지 못합니다. 부지런한 농부가 농작물을 수확합니다. 내가 하는 말을 곰곰이 생각해 보십시오. 그러면 하나님께서 알기 쉽게 풀어 주실 것입니다.

8-13 예수 그리스도를 마음속에 굳건히 모시십시오. 그

the appearance of our Savior, nothing could be plainer: death defeated, life vindicated in a steady blaze of light, all through the work of Jesus.

11-12 This is the Message I've been set apart to proclaim as preacher, emissary, and teacher. It's also the cause of all this trouble I'm in. But I have no regrets. I couldn't be more sure of my ground—the One I've trusted in can take care of what he's trusted me to do right to the end.

13-14 So keep at your work, this faith and love rooted in Christ, exactly as I set it out for you. It's as sound as the day you first heard it from me. Guard this precious thing placed in your custody by the Holy Spirit who works in us.

15-18 I'm sure you know by now that everyone in the province of Asia deserted me, even Phygelus and Hermogenes. But God bless Onesiphorus and his family! Many's the time I've been refreshed in that house. And he wasn't embarrassed a bit that I was in jail. The first thing he did when he got to Rome was look me up. May God on the Last Day treat him as well as he treated me. And then there was all the help he provided in Ephesus—but you know that better than I.

Doing Your Best for God

2 1-7 So, my son, throw yourself into this work for Christ. Pass on what you heard from me—the whole congregation saying Amen!—to reliable leaders who are competent to teach others. When the going gets rough, take it on the chin with the rest of us, the way Jesus did. A soldier on duty doesn't get caught up in making deals at the marketplace. He concentrates on carrying out orders. An athlete who refuses to play by the rules will never get anywhere. It's the diligent farmer who gets the produce. Think it over. God will make it all plain.

8-13 Fix this picture firmly in your mind: Jesus, descended from the line of David,

분은 다윗의 자손으로 나셔서, 죽은 자들 가운데 다시 살아나신 분입니다. 그대가 내게서 줄곧 들은 말씀이 그것입니다. 바로 그 말씀을 전하는 것 때문에 내가 지금 감옥에 갇혀 있습니다. 그러나 하나님의 말씀은 감옥에 갇히지 않습니다! 내가 이곳에서 참고 견디는 것도 그 때문입니다. 그것은 하나님의 부르심을 받은 모든 이들이, 그리스도의 구원을 그 모든 영광과 함께 얻게 하려는 것입니다. 다음 말씀은 확실합니다.

우리가 그분과 함께 죽으면 그분과 함께 살 것이고
우리가 그분과 함께 참고 견디면 그분과 함께 다스릴 것이고
우리가 그분을 부인하면 그분도 우리를 부인하실 것입니다.
우리는 그분을 버려도 그분께서 우리를 버리지 않으시리니,
그분은 자신에게 불성실하실 수 없기 때문입니다.

14-18 이것은 필수 사항이니, 하나님의 사람들에게 되풀이해서 말해 주십시오. 하나님 앞에서 사람들에게 경고하여, 신앙을 빙자한 트집 잡기를 못하게 하십시오. 그것은 믿음을 조금씩 갉아먹어, 모든 이들을 지치게 할 뿐입니다. 그대는 하나님을 위해 최선을 다하고, 그대가 부끄러워하지 않을 일, 곧 진리를 쉽게 풀어 분명하게 전하는 일에 집중하십시오. 신앙을 내세운 잡담도 잡담일 뿐이니 멀리하십시오. 그대도 아는 것처럼, 말은 그저 말로 그치는 것이 아닙니다. 경건한 삶이 뒷받침되지 않는 말은 독약처럼 영혼에 쌓이게 마련입니다. 후메내오와 빌레도가 그 본보기입니다. 진리에서 멀리 떠난 그들은, 부활이 이미 지나갔다고 말하며 신자들을 흔들리게 하고 있습니다.

19 그러나 하나님의 굳건한 기초는 예나 지금이나 흔들림이 없고, 거기에는 이런 문장이 새겨져 있습니다.

하나님께서는 자기에게 속한 사람을 아신다.
하나님을 하나님이라 부르는 너희 모든 사람들아, 악을 물리쳐라.

20-21 주방기구가 잘 갖춰진 부엌에는 고급 유리잔과 은접시만 있는 것이 아니라 쓰레기통과 음식물 찌꺼기를 담는 통도 있어서, 어떤 그릇은 멋진 음식을 담는 데 쓰이고 어떤 것은 쓰레기를 처리하는 데 쓰입니다. 그대는 하나님께서 쓰실 수 있는 그릇이 되십시오. 그러면 하나님께서 자기 손님들에게 온갖 종류의 복된 선물을 베푸시는 데 그 그릇을 사용하실 것입니다.

raised from the dead. It's what you've heard from me all along. It's what I'm sitting in jail for right now—but God's Word isn't in jail! That's why I stick it out here—so that everyone God calls will get in on the salvation of Christ in all its glory. This is a sure thing:

If we die with him, we'll live with him;
If we stick it out with him, we'll rule with him;
If we turn our backs on him, he'll turn his back on us;
If we give up on him, he does not give up—
for there's no way he can be false to himself.

14-18 Repeat these basic essentials over and over to God's people. Warn them before God against pious nitpicking, which chips away at the faith. It just wears everyone out. Concentrate on doing your best for God, work you won't be ashamed of, laying out the truth plain and simple. Stay clear of pious talk that is only talk. Words are not mere words, you know. If they're not backed by a godly life, they accumulate as poison in the soul. Hymenaeus and Philetus are examples, throwing believers off stride and missing the truth by a mile by saying the resurrection is over and done with.

19 Meanwhile, God's firm foundation is as firm as ever, these sentences engraved on the stones:

GOD KNOWS WHO BELONGS TO HIM.
SPURN EVIL, ALL YOU WHO NAME GOD AS GOD.

20-21 In a well-furnished kitchen there are not only crystal goblets and silver platters, but waste cans and compost buckets—some containers used to serve fine meals, others to take out the garbage. Become the kind of container God can use to present any and every kind of gift to his guests for their

22-26 젊음의 방종을 피하십시오. 하나님 앞에서 솔직하고 진실하게 기도하는 사람들과 함께 성숙한 의—믿음, 사랑, 평화—를 추구하십시오. 공허한 논쟁에 말려들지 마십시오. 그런 논쟁은 언제나 다툼으로 끝나기 때문입니다. 하나님의 종은 논쟁을 좋아하기보다는, 오히려 귀 기울여 듣는 사람과 침착한 교사가 되어야 합니다. 그래서 순종하지 않는 자들을 단호하면서도 참을성 있게 바로잡아 주어야 합니다. 하나님께서 언제 어떻게 그들의 마음을 일깨워 진리로 돌아서게 하실지, 마귀에게 사로잡혀 마귀의 심부름을 할 수밖에 없던 그들을 언제 어떻게 마귀의 덫에서 벗어나게 하실지, 그대는 알 수 없기 때문입니다.

마지막 때

3 1-5 순진하게 속아 넘어가지 마십시오. 힘든 시기가 다가오고 있습니다. 마지막 때가 다가오면, 사람들이 자기만 알고, 돈을 사랑하고, 으스대고 거만하며, 하나님을 모독하고, 부모를 무시하고, 버릇없이 굴고, 상스럽게 행동하고, 죽기살기로 경쟁하고, 고집을 부리고, 남을 헐뜯고, 난폭하고, 잔혹하고, 남을 비꼬고, 배반하고, 무자비하고, 허풍을 떨고, 정욕에 빠지고, 하나님을 몹시 싫어할 것입니다. 겉으로는 경건한 척하지만, 그들 속에는 짐승이 들어앉아 있습니다. 그대는 그러한 자들을 멀리하십시오.

6-9 저들은 생활이 불안정하고 가난한 여자들 집으로 들어가서, 그럴듯한 말로 꾀어서 그들을 이용합니다. 그러면 그 여자들은 죄에 짓눌린 나머지, "진리"를 자처하는 모든 일시적인 종교적 유행을 받아들입니다. 그 여자들은 매번 이용당하기만 할 뿐, 실제로는 배우는 것이 하나도 없습니다. 저들은 옛적에 모세에게 대항하던 이집트 사기꾼 얀네와 얌브레와 같은 자들입니다. 저들은 믿음에서 낙오한 자들이며, 그릇된 생각을 하고 진리를 무시하는 자들입니다. 최근에 등장한 저 사기꾼들에게서는 아무것도 얻을 것이 없습니다. 사람들이 이집트 사기꾼들을 꿰뚫어 보았듯이, 모든 사람이 저들도 꿰뚫어 볼 것입니다.

메시지를 살아 있게 하십시오

10-13 그대는 나의 훌륭한 제자였습니다. 나의 가르침, 생활방식, 행동지침, 믿음, 끈기, 사랑, 인내, 수고, 고난을 함께했습니다. 그대는 내가 안디옥과 이고니온과 루스드라에서 온갖 불행 가운데 겪어야 했

blessing.

22-26 Run away from infantile indulgence. Run after mature righteousness—faith, love, peace—joining those who are in honest and serious prayer before God. Refuse to get involved in inane discussions; they always end up in fights. God's servant must not be argumentative, but a gentle listener and a teacher who keeps cool, working firmly but patiently with those who refuse to obey. You never know how or when God might sober them up with a change of heart and a turning to the truth, enabling them to escape the Devil's trap, where they are caught and held captive, forced to run his errands.

Difficult Times Ahead

3 1-5 Don't be naive. There are difficult times ahead. As the end approaches, people are going to be self-absorbed, money-hungry, self-promoting, stuck-up, profane, contemptuous of parents, crude, coarse, dog-eat-dog, unbending, slanderers, impulsively wild, savage, cynical, treacherous, ruthless, bloated windbags, addicted to lust, and allergic to God. They'll make a show of religion, but behind the scenes they're animals. Stay clear of these people.

6-9 These are the kind of people who smooth-talk themselves into the homes of unstable and needy women and take advantage of them; women who, depressed by their sinfulness, take up with every new religious fad that calls itself "truth." They get exploited every time and never really learn. These men are like those old Egyptian frauds Jannes and Jambres, who challenged Moses. They were rejects from the faith, twisted in their thinking, defying truth itself. But nothing will come of these latest impostors. Everyone will see through them, just as people saw through that Egyptian hoax.

Keep the Message Alive

10-13 You've been a good apprentice to me, a part of my teaching, my manner of life, direction, faith, steadiness, love, patience, troubles,

던 고난에도 함께했습니다. 또한 그대는 하나님께서 나를 건져 주셨다는 것을 잘 알고 있습니다! 누구든지 그리스도를 위해 살려고 하는 사람은 많은 고난을 겪게 마련입니다. 그 고난을 피할 수 없습니다. 파렴치한 사기꾼들은 계속해서 믿음을 이기적으로 이용해 먹을 것입니다. 저들은 자신들 때문에 길을 잃은 사람들과 같이, 그 자신들도 속아 넘어갈 것입니다. 저들이 활보하는 한, 사태는 점점 더 악화될 뿐입니다.

14-17 그러나 저들의 일로 당황하지 말고, 그대가 배워서 믿은 것을 굳게 붙잡으십시오. 그대는 그대를 가르친 스승들의 고상한 성품을 잘 알고 있습니다. 왜 아니겠습니까! 그대는 어머니의 품에서 젖을 먹을 때부터 거룩한 성경을 받아들였으니 말입니다! 그리스도 예수를 믿는 믿음으로 말미암아 구원에 이르는 길을 보여주는 것은, 오직 기록된 하나님의 말씀 외에는 없습니다. 성경의 모든 부분에는 하나님의 숨결이 깃들어 있어 모든 면에서 유익합니다. 우리에게 진리를 보여주고, 우리의 반역을 드러내며, 우리의 실수를 바로잡아 주고, 우리를 훈련시켜 하나님의 방식대로 살게 합니다. 우리는 말씀을 통해 온전해지며, 하나님께서 우리를 위해 마련하신 일을 이루어 가게 됩니다.

4

1-2 그대에게 이 점을 아무리 강조해도 지나치지 않을 것 같군요. 하나님께서 그대를 지켜보고 계십니다. 그리스도야말로 모든 산 자와 죽은 자에게 최종 판결을 내리시는 재판장이십니다. 그분께서 그의 통치를 펼치려고 하시니, 그대는 메시지를 힘차게 선포하십시오. 마음을 놓지 마십시오. 그대의 사람들을 자극하고 훈계하고 설득하십시오. 절대로 멈추지 마십시오. 그 일을 단순하게 지속하십시오.

3-5 그대는 사람들이 건전한 가르침을 싫어하고, 영적 불량식품—자신들의 기호에 맞는 변덕스러운 의견—으로 배를 채우려고 할 때가 온다는 것을 알게 될 것입니다. 저들은 진리를 등지고 헛된 망상을 좇을 것입니다. 그러나 그대는 하고 있는 일에 시선을 고정하여, 좋은 시기든 힘든 시기든 메시지를 살아 있게 하며, 하나님의 일꾼으로 그대의 일을 빈틈없이 하십시오.

6-8 그대가 이어받으십시오. 나의 죽을 날이 가까웠고, 나의 생명은 하나님의 제단에 제물로 드려졌습니다. 이것은 참으로 달려 볼 가치가 있는 유일한 경

sufferings—suffering along with me in all the grief I had to put up with in Antioch, Iconium, and Lystra. And you also well know that God rescued me! Anyone who wants to live all out for Christ is in for a lot of trouble; there's no getting around it. Unscrupulous con men will continue to exploit the faith. They're as deceived as the people they lead astray. As long as they are out there, things can only get worse.

14-17 But don't let it faze you. Stick with what you learned and believed, sure of the integrity of your teachers—why, you took in the sacred Scriptures with your mother's milk! There's nothing like the written Word of God for showing you the way to salvation through faith in Christ Jesus. Every part of Scripture is God-breathed and useful one way or another—showing us truth, exposing our rebellion, correcting our mistakes, training us to live God's way. Through the Word we are put together and shaped up for the tasks God has for us.

4

1-2 I can't impress this on you too strongly. God is looking over your shoulder. Christ himself is the Judge, with the final say on everyone, living and dead. He is about to break into the open with his rule, so proclaim the Message with intensity; keep on your watch. Challenge, warn, and urge your people. Don't ever quit. Just keep it simple.

3-5 You're going to find that there will be times when people will have no stomach for solid teaching, but will fill up on spiritual junk food—catchy opinions that tickle their fancy. They'll turn their backs on truth and chase mirages. But *you*—keep your eye on what you're doing; accept the hard times along with the good; keep the Message alive; do a thorough job as God's servant.

6-8 You take over. I'm about to die, my life an offering on God's altar. This is the only race worth running. I've run hard right to the finish, believed all the way. All that's left now is the shouting—God's applause! Depend on it, he's

주입니다. 나는 열심히 달려서 이제 막 결승점에 이르렀고, 그 길에서 믿음을 지켰습니다. 이제 남은 것은 환호소리, 곧 하나님의 박수갈채뿐입니다! 그것을 믿으십시오. 하나님은 공정한 재판장이십니다. 그분께서 나뿐 아니라, 그분의 오심을 간절히 기다리는 모든 이들에게도 공정하게 대해 주실 것입니다.

9-13 그대는 할 수 있는 한 속히 내게로 오십시오. 데마는 덧없는 유행을 좇다가, 나를 이곳에 버려두고 데살로니가로 갔습니다. 그레스게는 갈라디아에 있고, 디도는 달마디아에 있습니다. 누가만 나와 함께 이곳에 있습니다. 그대는 올 때 마가를 데려오십시오. 내가 두기고를 에베소에 보내고 나면, 마가가 나의 오른팔이 될 것입니다. 내가 드로아에 있는 가보의 집에 두고 온 겨울 외투를 가져오고, 책과 양피지 수첩들도 가져오십시오.

14-15 구리 세공업자 알렉산더를 조심하십시오. 그는 우리가 전한 메시지를 심히 반대하며, 끝없이 문제를 일으킨 자입니다. 하나님께서 그가 행한 대로 갚아 주실 것입니다.

16-18 내가 예심을 받으러 첫 번째 법정에 섰을 때, 내 곁에는 아무도 없었습니다. 다들 겁먹은 토끼처럼 달아났습니다. 그러나 그것은 아무 문제가 되지 않았습니다. 주께서 내 곁에 계시면서, 나로 하여금 메시지를 알지 못한 사람들에게 크고 분명한 목소리로 메시지를 전하게 하셨기 때문입니다. 내가 사자의 입에서 건짐을 받았던 것입니다! 하나님께서 하늘나라에 들어가도록 나를 보살피시고 안전하게 지켜 주고 계십니다. 그분께 온갖 찬양을, 영원토록 찬양을! 오, 그렇습니다!

19-20 브리스길라와 아굴라에게 안부를 전해 주십시오. 오네시보로의 가족에게도 안부를 전해 주십시오. 에라스도는 고린도에 남아 있습니다. 드로비모는 아파서 밀레도에 남겨 두었습니다.

21 그대는 겨울이 오기 전에 이곳에 올 수 있도록 힘쓰십시오.

으불로와 부데와 리노와 글라우디아와 그대의 모든 벗들이 이곳에서 문안합니다.

22 하나님께서 그대와 함께하시기를, 은혜가 그대와 함께하기를 바랍니다.

an honest judge. He'll do right not only by me, but by everyone eager for his coming.

9-13 Get here as fast as you can. Demas, chasing fads, went off to Thessalonica and left me here. Crescens is in Galatia province, Titus in Dalmatia. Luke is the only one here with me. Bring Mark with you; he'll be my right-hand man since I'm sending Tychicus to Ephesus. Bring the winter coat I left in Troas with Carpus; also the books and parchment notebooks.

14-15 Watch out for Alexander the coppersmith. Fiercely opposed to our Message, he caused no end of trouble. God will give him what he's got coming.

16-18 At my preliminary hearing no one stood by me. They all ran like scared rabbits. But it doesn't matter – the Master stood by me and helped me spread the Message loud and clear to those who had never heard it. I was snatched from the jaws of the lion! God's looking after me, keeping me safe in the kingdom of heaven. All praise to him, praise forever! Oh, yes!

19-20 Say hello to Priscilla and Aquila; also, the family of Onesiphorus. Erastus stayed behind in Corinth. I had to leave Trophimus sick in Miletus.

21 Try hard to get here before winter.

Eubulus, Pudens, Linus, Claudia, and all your friends here send greetings.

22 God be with you. Grace be with you.

디도서

1 [1-4] 나 바울은, 하나님이 택하신 사람들 가운데 믿음을 일깨우고, 하나님의 말씀을 정확히 전달하며, 그 말씀에 바르게 응답하도록 하기 위해 임명된 하나님의 종이자 그리스도의 대리인입니다. 나의 목표는 영원한 생명에 이르는 길을 제시하여 소망을 일으키는 것입니다. 이 생명은 하나님께서 오래전에 약속해 주신 것입니다. 하나님은 약속을 어기시는 분이 아닙니다! 때가 무르익자, 그분께서는 자신의 진리를 공표하셨습니다. 나는 우리 구주 하나님의 명령으로 이 메시지를 선포하는 일을 맡았습니다. 믿음 안에서 합법적으로 아들이 된 사랑하는 디도에게 말합니다. 하나님 우리 아버지와 우리 구주 예수께서 그대에게 주시는 모든 것을 받아들이십시오!

크레타에서의 디도의 사역

[5-9] 내가 그대를 크레타에 남겨 둔 것은, 내가 마무리하지 못한 일을 그대가 마무리하게 하려는 것입니다. 내가 지시한 대로 각 성읍의 지도자를 임명하십시오. 그들을 뽑을 때는, 다른 사람들에게 "이 사람은 평판이 좋습니까? 아내에게 헌신합니까? 자녀들도 신자입니까? 자녀들은 그를 존경하고 말썽을 피우지는 않습니까?" 하고 물어보십시오. 하나님의 집안일을 책임지는 교회 지도자는 존경받는 사람이어야 합니다. 그는 고집을 부리지 않고, 쉽게 화를 내지 않으며, 술을 지나치게 좋아하거나, 폭력을 행사하거나, 돈을 사랑하는 자가 아니어야 합니다. 그는 사람들을 환대하고, 도움을 베풀며, 지혜롭고, 공정하고, 공손하고, 자신을 잘 알고, 메시지를 잘 이해하고, 사람들이 진리를 알도록 격려할 줄 알고, 진리에 반대하는 자들을 제지할 줄 알아야 합니다.

[10-16] 교회 밖에는 반항적인 사람들, 곧 느슨하고 난

TITUS

1 [1-4] I, Paul, am God's slave and Christ's agent for promoting the faith among God's chosen people, getting out the accurate word on God and how to respond rightly to it. My aim is to raise hopes by pointing the way to life without end. This is the life God promised long ago—and he doesn't break promises! And then when the time was ripe, he went public with his truth. I've been entrusted to proclaim this Message by order of our Savior, God himself. Dear Titus, legitimate son in the faith: Receive everything God our Father and Jesus our Savior give you!

A Good Grip on the Message

[5-9] I left you in charge in Crete so you could complete what I left half-done. Appoint leaders in every town according to my instructions. As you select them, ask, "Is this man well-thought-of? Is he committed to his wife? Are his children believers? Do they respect him and stay out of trouble?" It's important that a church leader, responsible for the affairs in God's house, be looked up to—not pushy, not short-tempered, not a drunk, not a bully, not money-hungry. He must welcome people, be helpful, wise, fair, reverent, have a good grip on himself, and have a good grip on the Message, knowing how to use the truth to either spur people on in knowledge or stop them in their tracks if they oppose it.

잡하며 속이는 자들이 많습니다. 종교적으로 자라서 남보다 더 많이 안다고 하는 자들이 최악입니다. 그들의 입을 다물게 해야 합니다. 그들은 자신들의 가르침으로 가정들을 송두리째 붕괴시킵니다. 모두 재빨리 한밑천 잡으려고 합니다. 그들의 예언자들 가운데 한 사람이 그것을 가장 잘 표현했습니다.

> 크레타 사람들은 태어날 때부터 거짓말쟁이,
> 짖어 대는 개, 게으른 먹보들이다.

이 예언자는 사실을 정확히 표현한 것입니다. 그들을 당장 꾸짖으십시오. 유대인인 척하는 자들의 지어낸 몹쓸 이야기나 그들이 만들어 낸 규정들을 막아서, 그들이 확고한 믿음을 회복하게 하십시오. 마음이 깨끗한 사람들에게는 모든 것이 깨끗하지만, 마음이 더럽고 믿지 않는 자들에게는 깨끗한 것이 하나도 없습니다. 그들의 모든 생각과 행위에는 그들의 더러운 지문이 찍혀 있습니다. 그들은 하나님을 안다고 말하지만, 오히려 말보다 행위가 더 역겹습니다. 그들은 참으로 가증스러운, 완고하고 변변치 못한 자들입니다.

하나님으로 충만한 삶

2 1-6 그대의 임무는 견고한 교훈에 어울리는 말을 하는 것입니다. 나이 많은 남자들을 인도하여, 절제와 위엄과 지혜와 건강한 믿음과 사랑과 인내의 삶을 살게 하십시오. 나이 많은 여자들을 공경의 삶으로 인도하여, 험담이나 술주정을 그치고 선한 일의 본보기가 되게 하십시오. 그러면 젊은 여자들이 그들을 보고, 남편과 자녀를 어떻게 사랑해야 하는지, 고결하고 순결한 삶을 살려면 어떻게 해야 하는지, 집안 살림을 잘하려면 어떻게 해야 하는지, 좋은 아내가 되려면 어떻게 해야 하는지를 알게 될 것입니다. 우리는 그들의 행실 때문에 하나님의 메시지를 멸시하는 사람이 하나도 없기를 바랍니다. 또한 그대는 젊은 남자들을 지도하여, 잘 훈련된 삶을 살게 하십시오.

7-8 그대는 몸소 실천하여 이 모든 것을 보여주고, 가르치는 일을 순수하게, 말은 믿음직하고 건전하게 하십시오. 그러면 우리에게 정면으로 대적하던 자들도 수상한 점이나 잘못된 점을 찾지 못하고, 결국 마음을 고쳐먹게 될 것입니다.

9-10 종들을 지도하여 성실한 일꾼이 되게 하고, 그들의 주인들에게 기쁨이 되게 하십시오. 말대꾸나 자그마한 도둑질도 못하게 하십시오. 그러면 그들의 성품

10-16 For there are a lot of rebels out there, full of loose, confusing, and deceiving talk. Those who were brought up religious and ought to know better are the worst. They've got to be shut up. They're disrupting entire families with their teaching, and all for the sake of a fast buck. One of their own prophets said it best:

> The Cretans are liars from the womb,
> barking dogs, lazy bellies.

He certainly spoke the truth. Get on them right away. Stop that diseased talk of Jewish make-believe and made-up rules so they can recover a robust faith. Everything is clean to the clean-minded; nothing is clean to dirty-minded unbelievers. They leave their dirty fingerprints on every thought and act. They say they know God, but their actions speak louder than their words. They're real creeps, disobedient good-for-nothings.

A God-Filled Life

2 1-6 Your job is to speak out on the things that make for solid doctrine. Guide older men into lives of temperance, dignity, and wisdom, into healthy faith, love, and endurance. Guide older women into lives of reverence so they end up as neither gossips nor drunks, but models of goodness. By looking at them, the younger women will know how to love their husbands and children, be virtuous and pure, keep a good house, be good wives. We don't want anyone looking down on God's Message because of their behavior. Also, guide the young men to live disciplined lives.

7-8 But mostly, show them all this by doing it yourself, incorruptible in your teaching, your words solid and sane. Then anyone who is dead set against us, when he finds nothing weird or misguided, might eventually come around.

9-10 Guide slaves into being loyal workers, a bonus to their masters—no back talk, no petty thievery. Then their good character will shine through their actions, adding luster to the

이 좋게 바뀌어 행실로 밝히 드러나고, 우리 구주 하나님의 가르침을 더욱 빛나게 할 것입니다.
11-14 기꺼이 베푸시고 용서하시는 하나님의 은혜가 이제 밝히 드러났습니다. 구원의 길이 누구에게나 열렸습니다! 우리는 하나님을 모르는 방탕한 삶에서 돌아서서, 하나님으로 충만한 삶, 그분께 영광을 돌려드리는 삶을 살려면 어떻게 해야 하는지를 목격하고 있습니다. 이제 이 새로운 삶이 시작되어, 우리로 하여금 위대하신 하나님과 구주 예수 그리스도께서 나타나실 영광스러운 날을 소망하게 합니다. 예수 그리스도께서 자기 자신을 희생 제물로 내어주신 것은, 우리를 반역의 어두운 삶에서 해방시켜 선하고 순결한 삶으로 이끄시고, 우리로 그분의 자랑스러운 백성, 곧 선한 일에 열심을 내는 백성이 되게 하시려는 것입니다.
15 그대는 이 모든 것을 사람들에게 말하십시오. 그들의 사기를 높여 주되, 그들이 가던 길에서 벗어나거든 징계하십시오. 그대가 바로 책임자입니다. 아무도 그대를 업신여기지 못하게 하십시오.

우리 삶을 조화롭게 하신 구주 하나님

3 1-2 그대는 사람들에게 일러서 정부를 존중하고, 법을 준수하고, 언제나 도움의 손길을 베풀 준비를 갖추게 하십시오. 무례한 짓을 하지 못하게 하고, 다투지 않게 하십시오. 하나님의 백성은 마음이 넓고 품위가 있어야 합니다.
3-8 얼마 전까지만 해도 우리 역시 어리석고, 완고하고, 죄에 쉽게 넘어가며, 온갖 욕망의 지배를 받고, 원한을 품은 채 돌아다니며, 서로 미워하면서 살았습니다. 그러나 우리의 인자하시고 사랑이 많으신 구주 하나님이 개입하셔서, 그 모든 것으로부터 우리를 구해 주셨습니다. 이 일은 전적으로 그분께서 하신 일이었습니다. 우리가 한 일은 아무것도 없었습니다. 그분께서 우리를 깨끗게 씻어 주셨고, 우리는 그 일로 말미암아 새 사람이 되었습니다. 성령께서 우리를 속속들이 씻어 주신 것입니다. 우리 구주 예수께서 새 생명을 아낌없이 부어 주셨습니다. 하나님의 선물이 그분과 우리의 관계를 회복시켜 주었고, 우리의 삶도 회복시켜 주었습니다. 그리고 장차 더 나은 삶이 다가올 텐데, 그것은 다름 아닌 영원한 생명입니다! 그대는 이 말을 믿어도 좋습니다.
8-11 나는 그대가 단호하게 행동하기를 바랍니다. 이런 문제들을 분명하게 처리하여, 하나님을 믿는 사람들이 누구에게나 유익한 본질적인 일에 전념하게 하십시오. 족보와 율법의 세부 조항을 따지는 어리석고

teaching of our Savior God.
11-14 God's readiness to give and forgive is now public. Salvation's available for everyone! We're being shown how to turn our backs on a godless, indulgent life, and how to take on a God-filled, God-honoring life. This new life is starting right now, and is whetting our appetites for the glorious day when our great God and Savior, Jesus Christ, appears. He offered himself as a sacrifice to free us from a dark, rebellious life into this good, pure life, making us a people he can be proud of, energetic in goodness.
15 Tell them all this. Build up their courage, and discipline them if they get out of line. You're in charge. Don't let anyone put you down.

He Put Our Lives Together

3 1-2 Remind the people to respect the government and be law-abiding, always ready to lend a helping hand. No insults, no fights. God's people should be bighearted and courteous.
3-8 It wasn't so long ago that we ourselves were stupid and stubborn, dupes of sin, ordered every which way by our glands, going around with a chip on our shoulder, hated and hating back. But when God, our kind and loving Savior God, stepped in, he saved us from all that. It was all his doing; we had nothing to do with it. He gave us a good bath, and we came out of it new people, washed inside and out by the Holy Spirit. Our Savior Jesus poured out new life so generously. God's gift has restored our relationship with him and given us back our lives. And there's more life to come—an eternity of life! You can count on this.
8-11 I want you to put your foot down. Take a firm stand on these matters so that those who have put their trust in God will concentrate on the essentials that are good for everyone. Stay away from mindless, pointless quarreling over genealogies and fine print in the law code. That gets you nowhere. Warn a quarrelsome person once or twice, but then be done with him. It's

부적절한 말다툼을 피하십시오. 그런 일은 아무 유익이 없습니다. 다툼을 일삼는 사람이 있거든, 한두 번 타이른 뒤에 손을 떼십시오. 그런 사람은 제멋대로 굴다가 하나님께 반역할 것이 분명합니다. 그런 사람은 계속해서 불화를 일으키다가 스스로 고립될 뿐입니다.

12-13 내가 조만간 아데마나 두기고를 그대에게 보내거든, 그대는 곧 니고볼리로 와서 나를 만나십시오. 나는 거기에서 겨울을 나기로 정했습니다. 율법 교사인 세나와 아볼로를 따뜻하게 배웅해 주십시오. 그들을 잘 돌봐 주십시오.

14 우리 교우들도 필요한 것을 (특히 가난한 사람들 사이에) 마련해 줄 수 있도록 부지런히 일하는 것을 배워야 합니다. 그렇게 해야, 사는 동안 아무 열매 없이 생을 마감하는 일이 없게 될 것입니다.

15 이곳에 있는 모든 사람들이 안부를 전합니다. 믿음 안에서 우리의 벗들에게 안부를 전해 주십시오. 은혜가 여러분 모두에게 있기를 바랍니다.

obvious that such a person is out of line, rebellious against God. By persisting in divisiveness he cuts himself off.

12-13 As soon as I send either Artemas or Tychicus to you, come immediately and meet me in Nicopolis. I've decided to spend the winter there. Give Zenas the lawyer and Apollos a hearty send-off. Take good care of them.

14 Our people have to learn to be diligent in their work so that all necessities are met (especially among the needy) and they don't end up with nothing to show for their lives.

15 All here want to be remembered to you. Say hello to our friends in the faith. Grace to all of you.

빌레몬서 | 머리말

하나님께 반응하는 우리의 모든 행동은 가정과 이웃과 친구와 공동체에 영향을 미친다. 하나님을 믿는 믿음은 우리의 언어를 변화시킨다. 하나님을 사랑하면 일상의 관계도 영향을 받는다. 하나님께 소망을 두면 우리의 일에도 소망이 찾아든다. 하지만 이것과 상반되는 가치들, 이를테면, 불신과 냉담, 절망도 마찬가지로 우리 삶에 영향을 미친다. 이러한 움직임과 반응, 믿음과 기도, 태도와 추구 가운데 그 어느 것도 영혼에만 머무르는 것은 하나도 없다. 그것들은 현실에서 역사를 만들기도 하고 뒤엎기도 한다. 만일 그렇지 않다면, 기껏해야 환상이거나 최악의 경우 위선이라는 혐의를 벗지 못할 것이다.

그리스도인들은 언제나 예수의 역사성을 주장해 왔다. 그분이 실제로 이 땅에서 태어나셨고, 그분이 죽으신 날짜를 추정할 수 있으며, 그분의 부활을 증거하는 증인들이 있고, 그분이 다니셨던 마을도 지도에서 찾을 수 있다. 예수를 따르는 이들에게도 유사한 역사성이 나타난다. 그들이 예수께서 말씀하시고 행하신 모든 것, 곧 일정한 시간과 공간 속에서 일어난 하나님의 인격적 계시를 받아들일 때, 그 모든 것이 각 나라의 역사는 물론이고 세계사 속으로 침투해 들어가 역사(役事)한다.

바울은 그의 편지에서 오네시모의 주인이자 동료 그리스도인인 빌레몬에게, 도망쳤던 종 오네시모를 돌려받는 것에 그치지 말고 맞아 주라고 부탁한다.

> 그대에게 이 편지를 직접 전하는 오네시모가 바로 그 아들입니다! 그가 전에는 그대에게 무익한 사람이었으나, 이제는 그대와 나에게 유익한 사람이 되었습니다. 나는 그를 그대에게 돌려보내려고 합니다. 그렇게 하려니, 마치 내 오른팔을 잘라 내는 것만 같습니다. ……그러므로 그대가 여전히 나를 믿음의 동지로 여긴다면, 나를 맞이하듯이 그를 맞아 주십시오(몬 10-12절, 17절).

빌레몬과 오네시모는 예수를 믿는 믿음이 자신들을 급진적인 사회 변혁으로 이끈다고는 전혀 생각지 못했다. 그러나 두 사람이 이 편지를 통해 맺어지면서, 그 일이 이루어졌다. 그리고 그러한 일은 지금도 계속되고 있다.

Every movement we make in response to God has a ripple effect, touching family, neighbors, friends, community. Belief in God alters our language. Love of God affects daily relationships. Hope in God enters into our work. Also their opposites—unbelief, indifference, and despair. None of these movements and responses, beliefs and prayers, gestures and searches, can be confined to the soul. They spill out and make history. If they don't, they are under suspicion of being fantasies at best, hypocrisies at worst.

Christians have always insisted on the historicity of Jesus—an actual birth, a datable death, a witnessed resurrection, locatable towns. There is a parallel historicity in the followers of Jesus. As they take in everything Jesus said and did—all of it a personal revelation of God in time and place—it all gets worked into local history, eventually into world history.

In his letter, Paul made a simple request of Philemon, a slave owner and fellow Christian: Take back—no, *welcome* back—your runaway slave Onesimus.

> Here he is, hand-carrying this letter—Onesimus! He was useless to you before; now he's useful to both of us. I'm sending him back to you, but it feels like I'm cutting off my right arm in doing so...So if you still consider me a comrade-in-arms, welcome him back as you would me(Philemon 10-12, 17).

Philemon and Onesimus had no idea that believing in Jesus would involve them in radical social change. But as the two of them were brought together by this letter, it did. And it still does.

빌레몬서

1-3 그리스도를 위해 감옥에 갇힌 나 바울은, 나의 형제 디모데와 함께 이곳에 있습니다. 나는 나의 좋은 벗이자 동료인 그대 빌레몬과 우리의 자매인 압비아와 참된 용사인 아킵보, 그리고 그대의 집에서 모이는 교회에 이 편지를 씁니다. 하나님께서 주시는 가장 좋은 것이 여러분에게 있기를, 그리스도께서 주시는 복이 여러분에게 있기를 바랍니다!

4-7 나는 기도할 때마다 그대의 이름을 떠올리며 "오 하나님, 감사합니다!" 하고 고백합니다. 주 예수를 향한 그대의 사랑과 믿음이 다른 믿는 이들에게까지 넘쳐흐르고 있다는 소식이 계속해서 들려옵니다. 나는 우리가 함께 붙든 이 믿음이, 우리가 행하는 모든 선한 일 속에서 끊임없이 드러나기를 기도합니다. 그리하여 사람들이 그 가운데 계신 그리스도를 알아보기를 계속해서 기도합니다. 친구여, 그대의 사랑으로 인해 내가 얼마나 행복한지 그대는 모를 것입니다. 믿는 동료들을 환대하는 그대의 모습을 볼 때면, 나의 기쁨은 두 배가 된답니다.

종이 친구가 되었습니다

8-9 그런 그대에게 나는 한 가지 부탁을 하려고 합니다. 그리스도의 대사이며 그분을 위해 감옥에 갇힌 나는, 필요하다면 주저 없이 명령할 수도 있지만, 그보다는 그대에게 개인적인 부탁을 하려고 합니다.

10-14 이곳 감옥에 있으면서, 나는 아들을 하나 얻었습니다. 그대에게 이 편지를 직접 전하는 오네시모가 바로 그 아들입니다! 그가 전에는 그대에게 무익한 사람이었으나, 이제는 그대와 나에게 유익한 사람이 되었습니다. 나는 그를 그대에게 돌려보내려고 합니다. 그렇게 하려니, 마치 내 오른팔을 잘라 내는 것만 같습니다. 메시지를 위해 감옥에 갇혀 있는 동안, 나는 최

PHILEMON

1-3 I, Paul, am a prisoner for the sake of Christ, here with my brother Timothy. I write this letter to you, Philemon, my good friend and companion in this work—also to our sister Apphia, to Archippus, a real trooper, and to the church that meets in your house. God's best to you! Christ's blessings on you!

4-7 Every time your name comes up in my prayers, I say, "Oh, thank you, God!" I keep hearing of the love and faith you have for the Master Jesus, which brims over to other believers. And I keep praying that this faith we hold in common keeps showing up in the good things we do, and that people recognize Christ in all of it. Friend, you have no idea how good your love makes me feel, doubly so when I see your hospitality to fellow believers.

To Call the Slave Your Friend

8-9 In line with all this I have a favor to ask of you. As Christ's ambassador and now a prisoner for him, I wouldn't hesitate to command this if I thought it necessary, but I'd rather make it a personal request.

10-14 While here in jail, I've fathered a child, so to speak. And here he is, hand-carrying this letter—Onesimus! He was useless to you before; now he's useful to both of us. I'm sending him back to you, but it feels like I'm cutting off my right arm in doing so. I wanted in the worst way to keep him here as your

악의 경우 그를 이곳에 남게 하여, 그대를 대신해서 나를 돕게 하고 싶었습니다. 그러나 나는 그대에게 비밀로 한 채 아무것도 하고 싶지 않았고, 아무리 선한 일이라도 그대가 기꺼이 승낙하지 않으면 그대에게 억지로 시키고 싶지 않았습니다.

15-16 그대가 잠시 그를 잃어버린 것은 참 잘된 일이었던 것 같습니다. 이제 그를 영원히 돌려받게 되었으니 말입니다. 게다가 이제 그는 종이 아니라, 참된 그리스도인 형제입니다! 그가 내게 참된 그리스도인 형제였으니, 그대에게는 더욱더 그러할 것입니다.

17-20 그러므로 그대가 여전히 나를 믿음의 동지로 여긴다면, 나를 맞이하듯이 그를 맞아 주십시오. 그가 그대에게 손해를 입혔거나 빚을 진 것이 있거든, 내 앞으로 달아 두십시오. 나 바울이 이렇게 친필로 서명합니다. 내가 그것을 갚겠습니다. (그대가 내게 생명을 빚지고 있음을 굳이 일깨우지 않아도 되겠지요?) 친구여, 나의 이 큰 부탁을 들어주기 바랍니다. 그대가 그를 맞아 준다면, 그것은 그리스도를 위하는 일이며, 내 마음에도 큰 기쁨이 될 것입니다.

21-22 나는 그대를 잘 아니, 그대는 내 부탁을 들어줄 것입니다. 그대는 내가 이 편지에 쓴 것 이상으로 해 줄 것입니다. 그리고 나를 위해 방을 하나 마련해 주십시오. 여러분의 기도로, 내가 다시 여러분의 손님이 될 수 있기를 간절히 바랍니다.

23-25 그리스도를 위해 나와 함께 갇힌 에바브라가 안부를 전합니다. 나의 동역자인 마가와 아리스다고와 데마와 누가도 안부를 전합니다. 주 예수 그리스도께서 주시는 온갖 좋은 것이 여러분에게 있기를 바랍니다!

stand-in to help out while I'm in jail for the Message. But I didn't want to do anything behind your back, make you do a good deed that you hadn't willingly agreed to.

15-16 Maybe it's all for the best that you lost him for a while. You're getting him back now for good—and no mere slave this time, but a true Christian brother! That's what he was to me—he'll be even more than that to you.

17-20 So if you still consider me a comrade-in-arms, welcome him back as you would me. If he damaged anything or owes you anything, chalk it up to my account. This is my personal signature—Paul—and I stand behind it. (I don't need to remind you, do I, that you owe your very life to me?) Do me this big favor, friend. You'll be doing it for Christ, but it will also do my heart good.

21-22 I know you well enough to know you will. You'll probably go far beyond what I've written. And by the way, get a room ready for me. Because of your prayers, I fully expect to be your guest again.

23-25 Epaphras, my cellmate in the cause of Christ, says hello. Also my coworkers Mark, Aristarchus, Demas, and Luke. All the best to you from the Master, Jesus Christ!

히브리서 | 머리말

이상한 말 같지만, 지나친 종교 행위는 좋지 않다. 하나님, 믿음과 순종, 사랑과 예배는 아무리 많이 찾고 추구해도 지나치지 않다. 그러나 우리가 하나님을 "이롭게 해드리려는 마음"으로 행하는 노력들, 이른바 종교 행위들은 아무리 선의에서 나온 것이라 해도 하나님께서 우리를 위해 행하시는 일을 가로막을 수 있다. 언제 어디서나 핵심은 하나님께서 이미 행하신 일, 그분이 지금 행하고 계신 일, 그리고 장차 그분이 행하실 일이다. 예수께서는 하나님의 그 일을 드러내신 분이시다. 실제로 히브리서의 저자는 예수가 "우리 믿음의 중심"이라고 말한다(히 3:3). 우리의 핵심 임무는, 예수께서 드러내신 하나님의 일에 응답하고 순종하며 사는 것이다. 하나님의 일에서 우리의 역할은 믿음을 실천하는 것이다.

그러나 그 과정에서 우리는 종종 조급하게 자신을 드러내 보이려 하고, 보잘것없는 생각으로 뭔가 좀 더 낫게 만들어 보려고 한다. 우리는 덧붙이고, 보완하고, 미화한다. 그러나 이런 행동은 예수의 순수함과 단순함을 선명하게 드러내기보다는 오히려 더 흐리게 할 뿐이다. 우리는 종교적으로 까다로운 사람이 되거나 안달복달하는 사람이 되고 만다. 우리는 길을 가로막는 장애물이 된다.

지금은 히브리 사람들에게 쓴 이 편지를 다시 읽고 기도하며 우리의 길을 점검할 때다. 이 편지는 "지나치게 종교적인" 그리스도인들, 곧 "예수에다 이러저러한 것을 덧붙이는" 그리스도인들을 위해 쓴 편지다. 이 편지에 묘사된 그들은 예수와 천사를 연결하고, 예수와 모세를 연결하고, 예수와 제사장을 연결한다. 오늘날로 말하면, 예수와 정치를 연결하고, 예수와 교육을 연결하고, 예수와 부처를 연결하는 사람들일 것이다. 이 편지는 그렇게 덧붙여진 것들을 전부 제거해 버린다. 저자는 우리에게 "그분에 관한 최신 이론에 이끌려 그분을 떠나는 일이 없게 하십시오. 그리스도의 은혜만이 우리의 삶을 떠받치는 유일하고 충분한 기초입니다. 그리스도의 이름을 붙인 온갖 상품은 별 도움이 되지 않습니다"라고 말한다(히 13:9). 그러면서 "오직 예수만 바라보십시오. 그분은 우리가 참여한 이 경주를 시작하고 완주하신 분이십니다"라고 권면한다(히 12:2). 그 결과, 예수 안에서 하나님이 행하신 일이 다시 명료하고 또렷하게

It seems odd to have to say so, but too much religion is a bad thing. We can't get too much of God, can't get too much faith and obedience, can't get too much love and worship. But *religion* – the well-intentioned efforts we make to "get it all together" for God – can very well get in the way of what God is doing for us. The main and central action is everywhere and always *what God has done, is doing, and will do for us*. Jesus is the revelation of that action. Our main and central task is to live in responsive obedience to God's action revealed in Jesus. Our part in the action is the act of faith.

But more often than not we become impatiently self-important along the way and decide to improve matters with our two cents' worth. We add on, we supplement, we embellish. But instead of improving on the purity and simplicity of Jesus, we dilute the purity, clutter the simplicity. We become fussily religious, or anxiously religious. We get in the way.

That's when it's time to read and pray our way through the letter to the Hebrews again, written for "too religious" Christians, for "Jesusand" Christians. In the letter, it is Jesus-and-angels, or Jesus-and-Moses, or Jesus-and-priesthood. In our time it is more likely to be Jesus-and politics, or Jesus-and-education, or even Jesus-and-Buddha. This letter deletes the hyphens, the add-ons. The writer urges us: "Don't be lured away from him by the latest speculations about him. The grace of Christ is the only good ground for life. Products named after Christ don't seem to do much for those who buy them"(Hebrews 13:9). Rather, "Keep your eyes on *Jesus*, who both began and finished this race

드러난다. 그때 우리는 다시 한번 믿음을 실천할 자유를 얻는다. 믿음을 실천할 때에야 비로소, 우리는 그 길을 가로막는 자가 아니라 그 길을 걷는 자가 된다.

we're in"(Hebrew 12:2). When we do that, the focus becomes clear and sharp again: God's action in Jesus. And we are free once more for the act of faith, the one human action in which we don't get *in* the way but *on* the Way.

히브리서

1 [1-3] 하나님께서는 지난 수백 년 동안 수많은 예언자들을 통해, 여러 가지 방법으로 우리 조상들에게 말씀하셨습니다. 그러나 최근에는 아들을 통해 우리에게 직접 말씀하셨습니다. 태초에 하나님께서 이 아들을 통해 세상을 창조하셨고, 이 세상은 마지막 날에 아들의 소유가 될 것입니다. 이 아들은 거울처럼 완벽하게 하나님을 비추시는 분이며, 그분께는 하나님의 본성이 도장처럼 찍혀 있습니다. 아들은 자신의 말, 곧 능력 있는 말씀으로 만물을 조화롭게 유지하시는 분입니다!

천사보다 높으신 분

[3-6] 그 아들은 죄를 해결하기 위한 희생 제사를 마치신 뒤에, 하늘 높이 계신 하나님 오른편 영광의 자리에 앉으셔서, 그 어떤 천사보다도 높은 서열과 통치권을 받으셨습니다. 하나님께서 어느 천사에게 "너는 내 아들이다. 오늘 내가 너를 축복한다"고 하시거나, "나는 그의 아버지이며, 그는 내 아들이다"라고 말씀하신 적이 있습니까? 하나님은 영광스러운 자기 아들을 세상에 주시면서 "모든 천사는 그에게 경배하여라" 하고 말씀하셨습니다.

[7] 천사들에 대해서는 성경에 이렇게 말했습니다.

그 심부름꾼들은 바람,
그 시종들은 타오르는 불꽃이다.

[8-9] 그러나 아들에 대해서는 성경에 이렇게 말했습니다.

당신은 하나님, 영원토록 보좌에 앉아 계신 분.
당신의 통치는 모든 것을 바로잡습니다.
당신은 만물이 바른 자리에 있는 것을 기뻐하시고,
그릇된 자리에 있는 것을 싫어하십니다.

HEBREWS

1 [1-3] Going through a long line of prophets, God has been addressing our ancestors in different ways for centuries. Recently he spoke to us directly through his Son. By his Son, God created the world in the beginning, and it will all belong to the Son at the end. This Son perfectly mirrors God, and is stamped with God's nature. He holds everything together by what he says—powerful words!

The Son Is Higher than Angels

[3-6] After he finished the sacrifice for sins, the Son took his honored place high in the heavens right alongside God, far higher than any angel in rank and rule. Did God ever say to an angel, "You're my Son; today I celebrate you" or "I'm his Father, he's my Son"? When he presents his honored Son to the world, he says, "All angels must worship him."

[7] Regarding angels he says,

The messengers are winds,
the servants are tongues of fire.

[8-9] But he says to the Son,

You're God, and on the throne for good;
your rule makes everything right.
You love it when things are right;

바로 그런 이유로 하나님, 곧 당신의 하나님께서
당신의 머리에 향기로운 기름을 부으시고
당신을 왕으로 삼으셔서,
당신의 귀한 동료들보다 훨씬 뛰어나게 하셨습니다.

10-12 또한 아들에 대해 이런 말씀도 있습니다.

이 모든 일을 시작하신 주님, 당신께서 땅의 기초를 놓으시고
하늘의 별들을 지으셨습니다.
땅과 하늘은 닳아 없어져도, 당신은 그대로이십니다.
오래된 옷처럼 닳아서 헤어져 버릴 그것들을,
당신은 낡은 옷을 치우듯
폐기처분하실 것입니다.
그러나 당신은 세월이 흘러도 한결같으시니
빛이 바래거나 닳아 없어지지 않을 것입니다.

13 하나님께서 천사 가운데 어느 누구에게 이렇게 말씀하신 적이 있습니까?

내가 네 원수들을 네 발판으로 삼을 때까지
너는 여기 내 보좌 옆에 앉아 있어라.

14 모든 천사는, 구원을 받기 위해 예비된 사람들을 도우라고 보냄받은 존재들이라는 사실이 분명하지 않습니까?

2 1-4 우리는 이미 들은 메시지를 굳게 붙잡아, 떠내려가는 일이 없어야 하겠습니다. 지난날에 천사들을 통해 전한 메시지가 유효해서 아무도 그것을 피해 갈 수 없었는데, 하물며 최근에 우리가 받은 이토록 장엄한 구원의 메시지를 어떻게 소홀히 할 수 있겠습니까? 이 구원의 메시지는 가장 먼저 주님이 직접 전해 주셨고, 그 다음은 주님께 들은 이들이 우리에게 정확히 전해 주었습니다. 하나님께서도 성령을 통해 여러 은사, 곧 모든 표적과 기적을 자기 뜻에 따라 주심으로 이 구원의 메시지를 확증해 주셨습니다.

구원의 개척자이신 예수

5-9 하나님께서는 지금 우리가 감당하고 있는 이 구원의 일을 천사들의 손에 맡기지 않으셨습니다. 성경에 이렇게 기록되었습니다.

you hate it when things are wrong.
That is why God, your God,
poured fragrant oil on your head,
Marking you out as king,
far above your dear companions.

10-12 And again to the Son,

You, Master, started it all, laid earth's foundations,
then crafted the stars in the sky.
Earth and sky will wear out, but not you;
they become threadbare like an old coat;
You'll fold them up like a worn-out cloak,
and lay them away on the shelf.
But you'll stay the same, year after year;
you'll never fade, you'll never wear out.

13 And did he ever say anything like this to an angel?

Sit alongside me here on my throne
Until I make your enemies a stool for your feet.

14 Isn't it obvious that all angels are sent to help out with those lined up to receive salvation?

2 1-4 It's crucial that we keep a firm grip on what we've heard so that we don't drift off. If the old message delivered by the angels was valid and nobody got away with anything, do you think we can risk neglecting this latest message, this magnificent salvation? First of all, it was delivered in person by the Master, then accurately passed on to us by those who heard it from him. All the while God was validating it with gifts through the Holy Spirit, all sorts of signs and miracles, as he saw fit.

The Salvation Pioneer

5-9 God didn't put angels in charge of this business of salvation that we're dealing with

사람이 무엇이기에 그들을 걱정하시며
그들의 길을 거듭 살피십니까?
그들을 천사보다 조금 못하게 지으시고
에덴의 새벽빛으로 빛나게 하셨습니다.
당신께서 손수 지으신 온 세상을
그들에게 맡기셨습니다.

하나님께서는 모든 것을 하나도 빠짐없이 사람들의 손에 맡기셨습니다. 그러나 우리가 보기에는, 아직도 만물이 사람의 관할 아래 있지 않습니다. 우리가 보는 것은, "천사보다 조금 못하게 지어져서" 죽음을 경험하시고, 천사보다 더 높은 곳에 앉으셔서 "에덴의 새벽빛으로 빛나는" 영광의 관을 쓰신 예수입니다. 이 죽음을 통해 그분은, 하나님의 은혜로 모든 사람을 대신하는 죽음을 온전히 겪으셨습니다.

10-13 만물을 처음 움직이게 하셨고 지금도 그 만물을 붙들고 계신 하나님께서, 구원의 개척자이신 예수를 고난을 통해 완전케 하시고, 그로써 자신의 일을 완성하시며 모든 사람을 영광으로 이끄시는 것은 너무도 그분다운 일입니다. 구원하는 분과 구원받는 이들이 같은 근원에서 나왔으므로, 이제 예수께서는 조금도 주저함 없이 그들을 가족으로 대하시며, 이렇게 말씀하십니다.

당신에 대해 알고 있는 모든 것을 나의 소중한 친구인 형제자매들에게 알리고,
함께 당신을 경배하고 찬양하겠습니다.

다음 말씀도 자신을 그들과 한가족으로 여기신다는 뜻입니다.

나도 하나님을 신뢰함으로 살아갑니다.

또한 이렇게 말씀하셨습니다.

하나님께서 내게 주신 자녀들과 함께 내가 여기 있습니다.

14-15 자녀들이 살과 피로 된 존재이니, 그들을 구하기 위해 구주께서 살과 피를 입고 죽으신 것입니다. 그분은 죽음을 껴안고 자기 안에 받아들이셔서, 죽음을 지배하는 마귀를 멸하시고, 죽도록 죽음을 무서워하며 평생을 위축되어 살아가는 모든 사람을 풀어 주셨습니다.

16-18 그분께서 이 모든 고난을 겪으신 것은, 천사들

here. It says in Scripture,

What is man and woman that you bother with them;
why take a second look their way?
You made them not quite as high as angels,
bright with Eden's dawn light;
Then you put them in charge
of your entire handcrafted world.

When God put them in charge of everything, nothing was excluded. But we don't see it yet, don't see everything under human jurisdiction. What we do see is Jesus, made "not quite as high as angels," and then, through the experience of death, crowned so much higher than any angel, with a glory "bright with Eden's dawn light." In that death, by God's grace, he fully experienced death in every person's place.

10-13 It makes good sense that the God who got everything started and keeps everything going now completes the work by making the Salvation Pioneer perfect through suffering as he leads all these people to glory. Since the One who saves and those who are saved have a common origin, Jesus doesn't hesitate to treat them as family, saying,

I'll tell my good friends, my brothers and sisters, all I know about you;
I'll join them in worship and praise to you.

Again, he puts himself in the same family circle when he says,

Even *I* live by placing my trust in God.

And yet again,

I'm here with the children God gave me.

14-15 Since the children are made of flesh and blood, it's logical that the Savior took on flesh and blood in order to rescue them by his death. By embracing death, taking it into himself, he

을 위한 것이 아니라 우리 같은 사람들, 곧 아브라함의 자손을 위한 것이 분명합니다. 그렇기 때문에, 그분은 모든 면에서 인간의 삶에 들어오셔야만 했습니다. 그분은 사람들의 죄를 없애는 대제사장으로 하나님 앞에 서실 때, 이미 모든 고난과 시험을 몸소 겪으셨습니다. 그러므로 그분은 도움이 필요한 곳에 도움을 베푸실 수 있습니다.

우리 믿음의 중심이신 분

3 1-6 그러므로, 사랑하는 그리스도인 친구 여러분, 높은 곳을 향한 부르심을 따라 사는 동료 여러분, 예수를 진지하고 주의 깊게 바라보십시오. 그분은 우리 믿음의 중심이시며, 하나님이 맡기신 모든 일에 성실하신 분이십니다. 모세도 성실했지만, 예수는 더 큰 영광을 받아 마땅한 분이십니다. 언제나 건축자가 건물보다 귀합니다. 어느 집이든지 그 집을 지은 이가 있습니다. 그러나 그 모든 것의 배후에 계신 건축자는 하나님이십니다. 모세는 하나님의 집에서 성실하게 일했습니다. 하지만 그 일은 장차 이루어질 일을 준비하는 종의 신분으로 한 일입니다. 그리스도는 아들로서 그 집을 맡고 계십니다.

6-11 이제 우리가 이 담대한 확신을 굳게 붙들면, 우리가 바로 그 집입니다! 그러므로 성령께서 이렇게 말씀하셨습니다.

오늘 너희는 귀 기울여 들어라.
광야에서 시험받던 때,
"쓰디쓴 반역"의 때처럼 못 들은 체하지 마라!
너희 조상들은 내가 하는 일을 사십 년 동안 지켜보고도
나의 방식을 거절하고
나의 인내심을 거듭거듭 시험했다.
나는 진노했다. 더 이상 참을 수 없어서 말했다!
"그들은 한시도 하나님을 마음에 두지도 않고
나의 길을 따라 걷지도 않는다."
나는 노하여 맹세하며 말했다.
"그들은 가고자 하는 곳에 이르지 못하며
결코 안식하지 못할 것이다."

12-14 *그러니 친구 여러분, 조심하십시오. 믿지 않는* 악한 마음으로 빈둥거리지 마십시오. 그런 일은 여러분을 넘어뜨리고 곁길로 빠뜨려서, 살아 계신 하나님으로부터 멀어지게 합니다. 하나님께서 주신 오늘이라는 시간 동안 서로 주의하여, 죄로 인해

destroyed the Devil's hold on death and freed all who cower through life, scared to death of death.

16-18 It's obvious, of course, that he didn't go to all this trouble for angels. It was for people like us, children of Abraham. That's why he had to enter into every detail of human life. Then, when he came before God as high priest to get rid of the people's sins, he would have already experienced it all himself–all the pain, all the testing–and would be able to help where help was needed.

The Centerpiece of All We Believe

3 1-6 So, my dear Christian friends, companions in following this call to the heights, take a good hard look at Jesus. He's the centerpiece of everything we believe, faithful in everything God gave him to do. Moses was also faithful, but Jesus gets far more honor. A builder is more valuable than a building any day. Every house has a builder, but the Builder behind them all is God. Moses did a good job in God's house, but it was all servant work, getting things ready for what was to come. Christ as Son is in charge of the house.

6-11 Now, if we can only keep a firm grip on this bold confidence, we're the house! That's why the Holy Spirit says,

Today, please listen;
don't turn a deaf ear as in "the bitter uprising,"
that time of wilderness testing!
Even though they watched me at work for forty years,
your ancestors refused to let me do it my way;
over and over they tried my patience.
And I was provoked, oh, so provoked!
I said, "They'll never keep their minds on God;
they refuse to walk down my road."
Exasperated, I vowed,
"They'll never get where they're going,
never be able to sit down and rest."

12-14 So watch your step, friends. Make sure there's no evil unbelief lying around that will

여러분의 대응 능력이 떨어지지 않도록 하십시오. 처음 시작할 때 붙든 확신을 마지막까지 굳게 붙들면, 마침내 우리는 그리스도와 함께하는 사람들이 될 것입니다.
다음과 같은 말씀이 우리 귀에 쟁쟁히 들려옵니다.

오늘 너희는 귀 기울여 들어라.
"쓰디쓴 반역"의 때처럼 못 들은 체하지 마라.

15-19 귀를 막은 자들이 누구였습니까? 모세가 이집트에서 이끌어 낸 자들이 아니었습니까? 하나님께서 사십 년 동안 누구에게 노하셨습니까? 귀를 막고 듣지 않다가 광야의 시체로 생을 마감한 자들이 아니었습니까? 하나님께서 그들이 가고자 하는 곳에 이르지 못하게 하겠다고 맹세하신 것은, 그렇게 귀를 막고 듣지 않은 자들을 두고 하신 말씀이 아니었습니까? 그들이 가고자 하는 곳에 이르지 못한 것은, 그들이 전혀 듣지도 않고 믿지도 않았기 때문입니다.

믿음으로 약속을 받아들일 때

4 1-3 그러므로 하나님 안에서 안식을 주겠다고 하신 그 약속이 우리를 이끌어서 그분이 세우신 목표로 데려가는 동안, 우리 중에 자격을 잃는 사람이 없도록 조심하십시오. 우리가 받은 약속과 광야에 있던 그들이 받은 약속은 똑같은 것입니다. 그러나 그 약속이 그들에게 조금도 유익이 되지 못한 것은, 그들이 그 약속을 믿음으로 받아들이지 않았기 때문입니다. 하지만 그 약속을 믿는 우리는 안식을 경험할 것입니다. 이것은 믿음 없이는 되지 않습니다. 하나님께서 하신 말씀을 기억하십시오.

나는 노하여 맹세하며 말했다.
"그들은 가고자 하는 곳에 이르지 못하며
결코 안식하지 못할 것이다."

3-7 하나님께서는 창세전에 이미 하실 일을 다 마치셨음에도, 이런 맹세를 하신 것입니다. 성경에 "하나님께서 자기 일을 다 마치시고 일곱째 날에 쉬셨다"고 했으나, 다른 구절에는 "그들은 결코 안식하지 못할 것이다"라고 했습니다. 이 약속은 아직 성취된 것이 아닙니다. 먼저 들은 자들이 안식처에 들어가지 못한 것은 순종하지 않았기 때문입니다. 하나님은 "오늘"로 날짜를 조정하시며 끊임없이 약

trip you up and throw you off course, diverting you from the living God. For as long as it's still God's Today, keep each other on your toes so sin doesn't slow down your reflexes. If we can only keep our grip on the sure thing we started out with, we're in this with Christ for the long haul.
These words keep ringing in our ears:

Today, please listen;
don't turn a deaf ear as in the bitter uprising.

15-19 For who were the people who turned a deaf ear? Weren't they the very ones Moses led out of Egypt? And who was God provoked with for forty years? Wasn't it those who turned a deaf ear and ended up corpses in the wilderness? And when he swore that they'd never get where they were going, wasn't he talking to the ones who turned a deaf ear? They never got there because they never listened, never believed.

When the Promises Are Mixed with Faith

4 1-3 For as long, then, as that promise of resting in him pulls us on to God's goal for us, we need to be careful that we're not disqualified. We received the same promises as those people in the wilderness, but the promises didn't do them a bit of good because they didn't receive the promises with faith. If we believe, though, we'll experience that state of resting. But not if we don't have faith. Remember that God said,

Exasperated, I vowed,
"They'll never get where they're going,
never be able to sit down and rest."

3-7 God made that vow, even though he'd finished *his* part before the foundation of the world. Somewhere it's written, "God rested the seventh day, having completed his work," but in this other text he says, "They'll never be able to sit down and rest." So this promise has not yet been fulfilled. Those earlier ones never did get to the place of rest because they were disobedient. God

속을 갱신해 주십니다. 이것은 처음 초대장을 보내시고 나서 수백 년이 지난 후에, 다윗의 시편을 통해 하신 말씀과 같습니다.

오늘 너희는 귀 기울여 들어라.
……귀를 막지 마라.

8-11 그러므로 이 약속은 아직 살아 있습니다. 이 약속은 여호수아 시대에도 파기되지 않았습니다. 만일 파기되었다면, 하나님께서 약속 일자를 "오늘"로 갱신하지 않으실 것입니다. 하나님의 백성에게는 "도착"과 "안식"의 약속이 아직 남아 있습니다. 하나님께서 지금 안식하고 계십니다. 이 여정을 마치는 날, 우리도 하나님과 더불어 틀림없이 안식할 것입니다. 그러니 계속 힘을 내서 마침내 안식처에 도착하도록 하십시오. 순종하지 않다가 떨어져 나가는 일이 없어야 합니다.

12-13 하나님께서는 말씀하신 것을 반드시 지키시는 분입니다. 그분의 말씀은 이루어집니다. 그분의 능력 있는 말씀은 수술용 메스처럼 날카로워서, 의심이든 변명이든 무엇이나 갈라내고, 우리 마음을 열어서 귀 기울여 듣고 순종하게 합니다. 하나님의 말씀이 꿰뚫지 못할 것은 아무것도 없습니다. 아무리 발버둥 쳐도 우리는 하나님의 말씀에서 달아날 수 없습니다.

고통 가운데 부르짖으신 대제사장

14-16 이제 우리에게는, 하나님께 자유롭게 나아갈 수 있는 위대한 대제사장 예수가 계십니다. 그러니 그분을 놓치는 일이 없어야 하겠습니다. 그분은 우리의 현실에 무관심한 제사장이 아니십니다. 그분은 연약함과 시험, 온갖 고난을 다 겪으셨지만, 죄는 짓지 않으셨습니다. 그러니 곧장 그분께로 나아가, 그분이 기꺼이 주시려는 것을 받으십시오. 자비를 입고 도움을 받으십시오.

5

1-3 하나님 앞에서 사람들을 대표하고, 그들의 죄를 위해 희생 제사를 드리도록 선택된 대제사장이라면, 분명 사람들의 약점을 너그러이 대할 수 있을 것입니다. 그 약점이 어떤 것인지 바로 자기 경험을 통해 알기 때문입니다. 그러나 이것은, 그가 사람들의 죄뿐 아니라 자기 죄를 위해서도 제사를 드려야 한다는 것을 의미합니다.

4-6 이 영광의 자리는 사람이 스스로를 세워서 얻을 수 있는 것이 아닙니다. 아론과 같이 하나님의 부르

keeps renewing the promise and setting the date as *today*, just as he did in David's psalm, centuries later than the original invitation:

Today, please listen,
don't turn a deaf ear...

8-11 And so this is still a live promise. It wasn't canceled at the time of Joshua; otherwise, God wouldn't keep renewing the appointment for "today." The promise of "arrival" and "rest" is still there for God's people. God himself is at rest. And at the end of the journey we'll surely rest with God. So let's keep at it and eventually arrive at the place of rest, not drop out through some sort of disobedience.

12-13 God means what he says. What he says goes. His powerful Word is sharp as a surgeon's scalpel, cutting through everything, whether doubt or defense, laying us open to listen and obey. Nothing and no one is impervious to God's Word. We can't get away from it—no matter what.

The High Priest Who Cried Out in Pain

14-16 Now that we know what we have—Jesus, this great High Priest with ready access to God—let's not let it slip through our fingers. We don't have a priest who is out of touch with our reality. He's been through weakness and testing, experienced it all—all but the sin. So let's walk right up to him and get what he is so ready to give. Take the mercy, accept the help.

5

1-3 Every high priest selected to represent men and women before God and offer sacrifices for their sins should be able to deal gently with their failings, since he knows what it's like from his own experience. But that also means that he has to offer sacrifices for his own sins as well as the peoples'.

4-6 No one elects himself to this honored position. He's called to it by God, as Aaron was. Neither did Christ presume to set himself up as

심을 받아서 얻는 것입니다. 그리스도께서도 스스로 를 세워 대제사장이 되신 것이 아니라, "너는 내 아들이다. 오늘 내가 너를 기뻐한다!"고 말씀하신 하나님께서 따로 세워 주셔서 되신 것입니다. 다른 곳에서도 하나님께서는 "너는 멜기세덱의 반열에 따른 영원한 제사장이다"라고 선포하셨습니다.

7-10 예수께서 이 땅에 계실 때 자신이 죽을 것을 미리 아시고, 고통 가운데 부르짖으시고, 슬픔의 눈물을 흘리시며, 하나님께 제사장의 기도를 드리셨습니다. 그분이 하나님을 높이시는 것을 보시고, 하나님도 그분께 응답하셨습니다. 그분은 하나님의 아들이셨지만, 우리와 마찬가지로 고난을 받으심으로 신뢰와 순종을 배우셨습니다. 이처럼 완전한 성숙의 상태에 이르시고, 또한 하나님께 멜기세덱의 반열에 따른 대제사장으로 임명되심으로, 그분은 믿음으로 순종하는 모든 이들에게 영원한 구원의 근원이 되셨습니다.

그리스도 안에서 자라 가십시오

11-14 멜기세덱에 관해서는 할 말이 많지만, 여러분의 귀 기울여 듣지 않는 나쁜 습관 때문에 여러분을 이해시키기가 어렵습니다. 지금쯤 여러분은 선생이 되어 있어야 마땅한데도, 내가 보기에 여러분은 하나님에 관해 기본부터 다시 가르쳐 줄 사람이 필요한 것 같습니다. 오래전에 단단한 음식을 먹었어야 했건만, 여러분은 아직도 아기처럼 젖을 빨아야 할 형편입니다! 젖은 하나님의 방식에 미숙한 초보자들이 먹는 것입니다. 성숙한 사람들은 단단한 음식을 먹습니다. 그들은 경험으로 옳고 그른 것을 분별할 줄 아는 사람들입니다.

6 1-3 그러므로 유치원생 수준으로 그리스도를 그리는 데서 벗어나, 멋진 작품을 만드십시오. 그리스도 안에서 무럭무럭 자라 가십시오. 그 기초가 되는 진리는, 자기 힘으로 구원받으려는 노력을 버리고 하나님께 돌아서서 그분을 신뢰하는 것과, 세례에 관한 가르침과, 안수와, 죽은 자의 부활과, 영원한 심판입니다. 하나님께서 도와주시면, 우리는 이 모든 진리를 충실하게 붙들 수 있을 것입니다. 그러나 그 이상의 것이 있습니다. 그러니 계속 나아가십시오!

4-8 한때 빛을 보고 하늘을 맛보고 성령의 역사에 참여하고 하나님의 선하신 말씀과 우리 안으로 돌파해 들어오는 능력을 경험한 자들이, 등을 돌려 그 모든 것과 관계를 끊어 버렸다면, 그들은 아무 일 없었다

high priest, but was set apart by the One who said to him, "You're my Son; today I celebrate you!" In another place God declares, "You're a priest forever in the royal order of Melchizedek."

7-10 While he lived on earth, anticipating death, Jesus cried out in pain and wept in sorrow as he offered up priestly prayers to God. Because he honored God, God answered him. Though he was God's Son, he learned trusting-obedience by what he suffered, just as we do. Then, having arrived at the full stature of his maturity and having been announced by God as high priest in the order of Melchizedek, he became the source of eternal salvation to all who believingly obey him.

Re-Crucifying Jesus

11-14 I have a lot more to say about this, but it is hard to get it across to you since you've picked up this bad habit of not listening. By this time you ought to be teachers yourselves, yet here I find you need someone to sit down with you and go over the basics on God again, starting from square one—baby's milk, when you should have been on solid food long ago! Milk is for beginners, inexperienced in God's ways; solid food is for the mature, who have some practice in telling right from wrong.

6 1-3 So come on, let's leave the preschool fingerpainting exercises on Christ and get on with the grand work of art. Grow up in Christ. The basic foundational truths are in place: turning your back on "salvation by self-help" and turning in trust toward God; baptismal instructions; laying on of hands; resurrection of the dead; eternal judgment. God helping us, we'll stay true to all that. But there's so much more. Let's get on with it!

4-8 Once people have seen the light, gotten a taste of heaven and been part of the work of the Holy Spirit, once they've personally experienced the sheer goodness of God's Word

는 듯이 처음부터 다시 시작할 수는 없습니다. 그것은 불가능한 일입니다. 그들이 예수를 다시 십자가에 못 박고, 공개적으로 부인한 것이기 때문입니다! 바싹 마른 땅이라도 비를 흠뻑 빨아들여서 농사짓는 사람에게 풍성한 곡식을 내면, 하나님께 "잘했다!"는 칭찬을 듣습니다. 그러나 잡초와 엉겅퀴를 내는 땅은 저주를 받습니다. 그 땅은 불에 타서 수확할 것이 없습니다.

9-12 친구 여러분, 나는 그런 일이 여러분에게 일어나지 않으리라고 확신합니다. 나는 여러분이 구원의 여정에서 이룬 더 나은 것이 있다는 것을 생각하게 됩니다! 하나님께서는 어느 것 하나 잊으시는 법이 없습니다. 하나님께서는 여러분이 가난한 그리스도인들을 도우면서 보여준 사랑을 너무도 잘 알고 계시며, 여러분이 그 일을 계속하고 있다는 것도 잘 알고 계십니다. 이제 내가 바라는 것은, 여러분 각자가 튼실한 소망을 향해 동일한 열정을 펼쳐서, 마지막까지 그 소망을 유지하는 것입니다. 꾸물거리지 마십시오. 헌신적인 믿음으로 끝까지 달려가서, 마침내 약속받은 것을 전부 얻는 사람이 되십시오.

변치 않는 하나님의 약속

13-18 하나님께서는 아브라함에게 약속하실 때, 자신의 명예를 걸고 분명하게 약속하셨습니다. 하나님께서는 "내가 약속한다. 내가 가진 모든 것으로 너에게 복을 주겠다. 복을 주고, 복을 주고, 또 복을 주겠다!"고 말씀하셨습니다. 아브라함은 참고 견딘 끝에 약속받은 것을 전부 받았습니다. 사람들은 약속할 때 자기보다 위에 있는 권위에 호소하여 약속을 보증합니다. 약속을 이행하기로 한 당사자들 사이에 문제가 생길 때, 그 권위로 약속을 뒷받침하려는 것입니다. 하나님께서도 자신의 약속을 보증하기 원하셨고, 결국 바위처럼 단단하여 깨지지 않는 자신의 말씀으로 보증해 주셨습니다. 하나님께서는 자신의 말씀을 어기실 수 없기 때문입니다. 그분의 말씀은 변치 않으며, 그분의 약속도 변치 않습니다.

18-20 하나님께 인생을 건 우리는, 약속받은 소망을 두 손으로 붙잡고 놓지 말아야 할 이유가 충분합니다. *그 소망은 끊어지지 않는 영적 생명줄 같아서,* 모든 상황을 뛰어넘어 곧바로 하나님 앞에까지 이릅니다. 그곳에는 우리보다 앞서 달려가신 예수께서, 멜기세덱의 반열에 따라 우리를 위한 영원한 대제사장직을 맡고 계십니다.

and the powers breaking in on us—if then they turn their backs on it, washing their hands of the whole thing, well, they can't start over as if nothing happened. That's impossible. Why, they've re-crucified Jesus! They've repudiated him in public! Parched ground that soaks up the rain and then produces an abundance of carrots and corn for its gardener gets God's "Well done!" But if it produces weeds and thistles, it's more likely to get cussed out. Fields like that are burned, not harvested.

9-12 I'm sure that won't happen to you, friends. I have better things in mind for you—salvation things! God doesn't miss anything. He knows perfectly well all the love you've shown him by helping needy Christians, and that you keep at it. And now I want each of you to extend that same intensity toward a full-bodied hope, and keep at it till the finish. Don't drag your feet. Be like those who stay the course with committed faith and then get everything promised to them.

God Gave His Word

13-18 When God made his promise to Abraham, he backed it to the hilt, putting his own reputation on the line. He said, "I promise that I'll bless you with everything I have—bless and bless and bless!" Abraham stuck it out and got everything that had been promised to him. When people make promises, they guarantee them by appeal to some authority above them so that if there is any question that they'll make good on the promise, the authority will back them up. When God wanted to guarantee his promises, he gave his word, a rock-solid guarantee—God *can't* break his word. And because his word cannot change, the promise is likewise unchangeable.

18-20 We who have run for our very lives to God have every reason to grab the promised hope with both hands and never let go. It's an unbreakable spiritual lifeline, reaching past all appearances right to the very presence of God where Jesus, running on ahead of us, has taken up his permanent post as high priest for us, in the order of Melchizedek.

하나님의 제사장 멜기세덱

7 1-3 멜기세덱은 살렘의 왕이며 지극히 높으신 하나님의 제사장이었습니다. 그는 여러 왕을 무찌르고 돌아오는 아브라함을 만나서 축복했습니다. 아브라함은 답례로 전리품의 십분의 일을 그에게 바쳤습니다. 멜기세덱은 '의의 왕'을 뜻합니다. 살렘은 '평화'를 뜻합니다. 그러므로 그는 평화의 왕이기도 합니다. 멜기세덱은 먼 과거로부터 우뚝 솟은 존재로서, 족보도 없고 시작도 없고 끝도 없습니다. 이처럼 그는 하나님의 아들과 같아서, 언제나 다스리는 위대한 제사장으로 있습니다.

4-7 조상 아브라함이 전리품의 십분의 일을 멜기세덱에게 바친 것을 보면, 그가 얼마나 위대한지 여러분도 알 수 있을 것입니다. 레위 자손 가운데 제사장들은 백성으로부터 십일조를 거두도록 율법에 규정되어 있습니다. 제사장과 백성 모두가 아브라함을 한 조상으로 둔 동족인데도 그렇습니다. 그러나 멜기세덱은 완전히 외부인인데도 아브라함에게서 십분의 일을 받았고, 약속을 받은 사람인 아브라함을 축복했습니다. 축복은 아랫사람이 윗사람에게 받는 법입니다.

8-10 이렇게 볼 수도 있습니다. 우리는 죽을 수밖에 없는 제사장들에게 십분의 일을 바치지만, 아브라함은 성경에 "살아 있다"고 기록된 제사장에게 십분의 일을 바친 것입니다. 궁극적으로는 이렇게 말할 수 있습니다. 레위는 멜기세덱에게 십분의 일을 바친 아브라함의 자손입니다. 그러니 우리가 레위 지파의 제사장에게 십분의 일을 바치는 것은, 결국 멜기세덱에게 바치는 것이나 마찬가지입니다.

영원한 제사장이신 예수

11-14 율법을 받을 때 바탕이 되었던 레위와 아론의 제사장직이 백성을 완전하게 할 수 있었다면, 멜기세덱의 제사장직과 같은 제사장직이 생겨날 필요가 없었을 것입니다. 그러나 레위와 아론의 제사장직이 직무를 제대로 마무리하지 못했기 때문에 제사장직에 변화가 일어났고, 그로 인해 근본적으로 새로운 법이 생기게 되었습니다. 옛 레위의 제사장직으로는 이 사실을 이해할 길이 없습니다. 예수의 족보에 그분과 레위의 제사장직을 연결할 만한 근거가 없는 것은 그 때문입니다.

15-19 그러나 멜기세덱 이야기에서 다음과 같이 완벽한 설명을 얻을 수 있습니다. 멜기세덱과 같은 제사장 예수께서는 혈통의 계보를 따라서가 아니라, 순전히 부활 생명의 힘으로—그분은 살아 계

Melchizedek, Priest of God

7 1-3 Melchizedek was king of Salem and priest of the Highest God. He met Abraham, who was returning from "the royal massacre," and gave him his blessing. Abraham in turn gave him a tenth of the spoils. "Melchizedek" means "King of Righteousness." "Salem" means "Peace." So, he is also "King of Peace." Melchizedek towers out of the past—without record of family ties, no account of beginning or end. In this way he is like the Son of God, one huge priestly presence dominating the landscape always.

4-7 You realize just how great Melchizedek is when you see that Father Abraham gave him a tenth of the captured treasure. Priests descended from Levi are commanded by law to collect tithes from the people, even though they are all more or less equals, priests and people, having a common father in Abraham. But this man, a complete outsider, collected tithes from Abraham and blessed him, the one to whom the promises had been given. In acts of blessing, the lesser is blessed by the greater.

8-10 Or look at it this way: We pay our tithes to priests who die, but Abraham paid tithes to a priest who, the Scripture says, "lives." Ultimately you could even say that since Levi descended from Abraham, who paid tithes to Melchizedek, when we pay tithes to the priestly tribe of Levi they end up with Melchizedek.

A Permanent Priesthood

11-14 If the priesthood of Levi and Aaron, which provided the framework for the giving of the law, could really make people perfect, there wouldn't have been need for a new priesthood like that of Melchizedek. But since it didn't get the job done, there was a change of priesthood, which brought with it a radical new kind of law. There is no way of understanding this in terms of the old Levitical priesthood, which is why there is nothing in Jesus' family tree connecting him with that priestly line.

15-19 But the Melchizedek story provides a perfect

십니다!—"멜기세덱의 반열에 따른 영원한 제사장"이 되셨습니다. 이전의 방식, 곧 율법 제도는 기대했던 것만큼 효력을 내지 못해 폐기되고 말았습니다. 율법은 아무것도 성숙에 이르게 하지 못했습니다. 그러나 이제 효력이 분명한, 우리를 하나님의 임재 속으로 곧바로 데려다 주는 또 다른 길이 그 자리를 대신했습니다. 그 길은 다름 아닌 예수이십니다!

20-22 옛 아론의 제사장직은, 하나님의 명시적인 확증 없이도 자동적으로 아버지에게서 아들로 계승되었습니다. 그러나 하나님이 개입하셔서, 새롭고 영원한 제사장직을 제정하시고 다음과 같은 약속을 덧붙이셨습니다.

하나님께서 약속하셨으니
그 약속을 철회하지 않으실 것이다.
"너는 영원한 제사장이다."

이처럼 예수께서는 우리와 하나님 사이에 더 나은 방식, 실제로 효력 있는 방식을 보증하는 분이 되셨습니다! 이것이 다름 아닌 새 언약입니다.

23-25 전에 제사장이 많았던 것은, 한 사람이 죽으면 다른 이가 대신해야 했기 때문입니다. 그러나 예수의 제사장직은 영원합니다. 그분은 지금부터 영원까지 제사장으로 계시면서, 자기를 통해 하나님께 나아오는 모든 사람을 구원하시고 언제나 그들 편에서 말씀해 주십니다.

26-28 이제 우리에게는 우리의 필요에 완벽하게 들어맞는 한분 대제사장이 계십니다. 그분은 온전히 거룩하시고 죄가 전혀 없으시며, 그 권세가 하늘 높이 하나님 계신 곳까지 이릅니다. 그분은 다른 대제사장들과 같지 않으셔서, 우리와 우리 죄를 위한 희생 제물을 드리기 전에 매일같이 자기 죄를 위해 희생 제물을 드릴 필요가 없으십니다. 그분께서 자기 몸을 희생 제물로 드리심으로, 영단번에 그 일을 완성하셨기 때문입니다. 율법은 일을 제대로 해내지 못하는 사람들을 어쩔 수 없이 대제사장으로 세웁니다. 그러나 하나님이 개입하셔서 율법 다음으로 주신 명령은, 영원토록 완전하신 아들을 대제사장으로 세웁니다.

새 언약

8 1-2 요점을 말하면 이렇습니다. 우리에게는 이와 같은 대제사장이 계십니다. 그분은 하나님 오른편에 권위 있게 앉으셔서, 하나님께서 세

analogy: Jesus, a priest like Melchizedek, not by genealogical descent but by the sheer force of resurrection life—he lives!—"priest forever in the royal order of Melchizedek." The former way of doing things, a system of commandments that never worked out the way it was supposed to, was set aside; the law brought nothing to maturity. Another way—Jesus!—a way that *does* work, that brings us right into the presence of God, is put in its place.

20-22 The old priesthood of Aaron perpetuated itself automatically, father to son, without explicit confirmation by God. But then God intervened and called this new, permanent priesthood into being with an added promise:

God gave his word;
he won't take it back:
"You're the permanent priest."

This makes Jesus the guarantee of a far better way between us and God—one that really works! A new covenant.

23-25 Earlier there were a lot of priests, for they died and had to be replaced. But Jesus' priesthood is permanent. He's there from now to eternity to save everyone who comes to God through him, always on the job to speak up for them.

26-28 So now we have a high priest who perfectly fits our needs: completely holy, uncompromised by sin, with authority extending as high as God's presence in heaven itself. Unlike the other high priests, he doesn't have to offer sacrifices for his own sins every day before he can get around to us and our sins. He's done it, once and for all: offered up *himself* as the sacrifice. The law appoints as high priests men who are never able to get the job done right. But this intervening command of God, which came later, appoints the Son, who is absolutely, eternally perfect.

A New Plan with Israel

8 1-2 In essence, we have just such a high priest: authoritative right alongside God, conducting worship in the one true sanctuary

우신 단 하나의 참 성소에서 예배를 주관하십니다.

3-5 대제사장에게 맡겨진 임무는 예물과 제물을 바치는 일입니다. 그것은 예수의 제사장직도 마찬가지입니다. 만일 그분께서 땅에 매여 계신 분이라면 제사장조차 되지 못하실 것입니다. 율법에 명시된 예물을 바치는 제사장이라면 이미 많이 있어서 그분을 필요로 하지 않을 것입니다. 이 땅의 제사장들은, 하늘에 있는 참 성소에서 무슨 일이 일어나는지를 보여주는 단서에 지나지 않습니다. 모세가 하늘에 있는 참 성소를 언뜻 보고 장막을 지으려고 할 때, 하나님께서 이렇게 말씀하셨습니다. "너는 산에서 본 모습 그대로 주의해서 짓도록 하여라."

6-13 그러나 예수께서 맡으신 제사장 직무는 다른 제사장들이 맡은 직무보다 훨씬 뛰어납니다. 그것은 그분께서 더 나은 계획에 따라 일하시기 때문입니다. 만일 첫 번째 계획인 옛 언약이 효력이 있었다면, 두 번째 계획은 필요하지 않았을 것입니다. 그러나 우리가 아는 것처럼, 첫 번째 계획에 결함이 있었으므로 하나님께서 이렇게 말씀하셨습니다.

조심하여라! 그날이 오고 있다.
그날에 내가 이스라엘과 유다를 위한
새 계획을 세울 것이다.
내가 그 조상들의 손을 잡고
이집트에서 인도해 나올 때
그들과 세웠던 옛 계획은 내버릴 것이다.
그들이 계약을 지키지 않아
내가 그들에게서 고개를 돌려 버렸다.
내가 이스라엘과 세우려는 새 계획은
종이에 쓸 수도 없고
돌에 새길 수도 없는 것이다.
이번에는 내가 그 계획을 그들 속에 써 주고
그들 마음에 새겨 줄 것이다.
나는 그들의 하나님이 되고
그들은 내 백성이 될 것이다.
나를 알기 위해 학교에 다니거나
'하나님에 관한 다섯 가지 쉬운 가르침' 같은 책을 사 보지 않을 것이다.
작은 자나 큰 자나, 낮은 자나 높은 자나
모두가 나를 직접 알게 될 것이다.
그들의 죄가 영원토록 깨끗이 씻겨지고,
너그럽게 용서받음으로 나를 알게 될 것이다.

하나님께서는 자기와 자기 백성 사이에 새 계획, 새 언약을 세우심으로 옛 계획을 폐기처분하셨습

built by God.

3-5 The assigned task of a high priest is to offer both gifts and sacrifices, and it's no different with the priesthood of Jesus. If he were limited to earth, he wouldn't even be a priest. We wouldn't need him since there are plenty of priests who offer the gifts designated in the law. These priests provide only a hint of what goes on in the true sanctuary of heaven, which Moses caught a glimpse of as he was about to set up the tent-shrine. It was then that God said, "Be careful to do it exactly as you saw it on the Mountain."

6-13 But Jesus' priestly work far surpasses what these other priests do, since he's working from a far better plan. If the first plan—the old covenant—had worked out, a second wouldn't have been needed. But we know the first was found wanting, because God said,

Heads up! The days are coming
when I'll set up a new plan
for dealing with Israel and Judah.
I'll throw out the old plan
I set up with their ancestors
when I led them by the hand out of Egypt.
They didn't keep their part of the bargain,
so I looked away and let it go.
This new plan I'm making with Israel
isn't going to be written on paper,
isn't going to be chiseled in stone;
This time I'm writing out the plan in them,
carving it on the lining of their hearts.
I'll be their God,
they'll be my people.
They won't go to school to learn about me,
or buy a book called *God in Five Easy Lessons*.
They'll all get to know me firsthand,
the little and the big, the small and the great.
They'll get to know me by being kindly forgiven,
with the slate of their sins forever wiped clean.

By coming up with a new plan, a new covenant between God and his people, God put the old plan on the shelf. And there it stays, gathering

니다. 이제 옛 계획에는 먼지만 쌓이고 있습니다.

가시적 비유인 성소

9 1-5 첫 번째 계획에는 예배를 위한 지침과 특별히 고안된 예배 장소가 있었습니다. 바깥을 두르는 큰 장막을 세우고, 그 안에 등잔대와 상과 하나님께 드리는 빵을 두었는데, 이곳을 성소라고 했습니다. 그런 다음 휘장을 치고 그 뒤에 작은 내부 장막을 세웠는데, 이곳을 지성소라고 했습니다. 거기에는 금으로 만든 분향 제단과 금을 입힌 언약궤가 놓여 있었고, 언약궤 안에는 만나를 담은 금항아리와 아론의 싹 난 지팡이와 언약의 두 돌판이 있었고, 천사가 날개로 덮는 모양의 속죄소가 언약궤를 덮고 있었습니다. 하지만 지금은 이것들에 대해 이야기할 시간이 없습니다.

6-10 이런 것이 갖춰진 뒤에, 제사장들이 큰 장막에 들어가 직무를 수행했습니다. 작은 내부 장막에는 대제사장만이 일 년에 한 번 들어가서, 자기 죄와 백성의 누적된 죄를 위해 피를 제물로 드렸습니다. 이것은 큰 장막이 서 있는 동안에는, 백성이 하나님께로 걸어 들어갈 수 없음을 성령께서 시각적 비유로 보여주신 것입니다. 이 제도 아래서 드려진 예물과 제물은 예식과 행위의 문제에 해당할 뿐 문제의 핵심에는 다가가지 못합니다. 백성의 양심을 만족시켜 주지 못합니다. 본질적으로 이 제도는 철저히 재정비될 때까지 한시적으로 차용된 제도일 뿐입니다.

하늘의 실체를 가리키는 단서

11-15 그러나 메시아께서 뛰어난 새 언약의 대제사장으로 오셔서, 이 창조세계에 있는 옛 장막과 그 부속물을 지나시고, 하늘에 있는 "장막"인 참 성소로 영단번에 들어가셨습니다. 또한 그분은 염소와 송아지의 피로 드리는 제물 대신에 자신의 피로 값을 치르심으로, 영단번에 우리를 자유케 하셨습니다. 동물의 피와 정결예식도 우리의 신앙과 행위를 실제로 깨끗하게 해준다면, 하물며 그리스도의 피는 우리의 삶 전체를 안팎으로 얼마나 더 깨끗하게 해줄지 생각해 보십시오. 그리스도께서 성령을 힘입어 자기 몸을 흠 없는 제물로 드리심으로, 스스로 훌륭해지려는 부질없는 수고에서 우리를 자유케 하셨습니다. 그리하여 우리는 전력을 다해 하나님을 위해 살 수 있게 되었습니다.

dust.

A Visible Parable

9 1-5 That first plan contained directions for worship, and a specially designed place of worship. A large outer tent was set up. The lampstand, the table, and "the bread of presence" were placed in it. This was called "the Holy Place." Then a curtain was stretched, and behind it a smaller, inside tent set up. This was called "the Holy of Holies." In it were placed the gold incense altar and the gold-covered ark of the covenant containing the gold urn of manna, Aaron's rod that budded, the covenant tablets, and the angel-wing-shadowed mercy seat. But we don't have time to comment on these now.

6-10 After this was set up, the priests went about their duties in the large tent. Only the high priest entered the smaller, inside tent, and then only once a year, offering a blood sacrifice for his own sins and the people's accumulated sins. This was the Holy Spirit's way of showing with a visible parable that as long as the large tent stands, people can't just walk in on God. Under this system, the gifts and sacrifices can't really get to the heart of the matter, can't assuage the conscience of the people, but are limited to matters of ritual and behavior. It's essentially a temporary arrangement until a complete overhaul could be made.

Pointing to the Realities of Heaven

11-15 But when the Messiah arrived, high priest of the superior things of this new covenant, he bypassed the old tent and its trappings in this created world and went straight into heaven's "tent"—the true Holy Place—once and for all. He also bypassed the sacrifices consisting of goat and calf blood, instead using his own blood as the price to set us free once and for all. If that animal blood and the other rituals of purification were effective in cleaning up certain matters of our religion and behavior, think how much more the blood of Christ cleans up our whole lives, inside and out. Through the Spirit, Christ offered himself as an unblemished sacrifice, freeing us from all those

16-17 유언은 사람이 죽어야 그 효력이 발생합니다. 새 언약도 예수께서 죽으심으로 효력이 발생했습니다. 그분의 죽으심은 옛 계획에서 새 계획으로 바뀌었음을 나타내는 표지입니다. 이 죽음으로 인해 옛 의무 조항과 그에 따르는 죄가 폐지되었고, 상속인들은 자신들에게 약속된 영원한 유산을 받으라는 부름을 받았으며, 그분께서 이 새로운 방식으로 하나님과 그분의 백성을 화해시키셨습니다.

18-22 첫 번째 계획을 실행에 옮기는 데도 죽음이 필요했습니다. 모세는 율법 계획—하나님의 "유언"—의 조항들을 전부 낭독한 뒤에, 엄숙한 예식을 진행하며 제물로 바쳐진 동물의 피를 취해 언약 문서에 뿌리고, 그 언약의 수혜자인 백성에게도 뿌렸습니다. 그런 다음 "이것은 하나님께서 명하신 언약의 피입니다"라는 말로 그 효력을 확증했습니다. 그는 예배 장소와 그 안에 있는 모든 비품에도 똑같이 했습니다. 모세는 백성에게 "이것은 하나님께서 여러분과 세우신 언약의 피입니다"라고 말했습니다. 사실, 유언에 담긴 모든 내용의 효력은 죽음에 달려 있습니다. 죽음의 증거인 피가 우리의 전통 속에서, 특히 죄 용서와 관련해 그토록 자주 사용된 것은 이 때문입니다.

23-26 이것으로 하늘에 있는 실체를 가리키는 그 모든 부차적 의식에서, 피와 죽음이 왜 그토록 중요한 역할을 했는지 설명됩니다. 또한 지금, 더 이상 동물 제물이 쓸모없고 필요 없게 된 것도 설명됩니다. 그리스도께서는 이 땅에 있는 성소로 들어가신 것이 아닙니다. 그분은 참 성소로 들어가셔서, 우리 죄를 위한 희생 제물로 자기 몸을 하나님께 드리셨습니다. 옛 계획 아래 있는 대제사장들은 해마다 동물의 피를 가지고 성소에 들어갔지만, 그리스도께서는 그러실 필요가 없습니다. 만일 해마다 성소에 들어가셔야 했다면, 그분은 역사가 진행되는 내내 되풀이해서 자기 몸을 드리셔야 했을 것입니다. 그러나 그분은 영단번에 자기 몸을 희생 제물로 드리셨습니다. 다른 모든 희생 제물을 대신해서 자기 몸을 드리심으로, 죄에 대한 최종 해결책을 내놓으신 것입니다.

27-28 누구나 한 번은 죽으며, 그 후에는 자기 삶의 결과와 마주해야 합니다. 그리스도의 죽으심도 단 한 번 일어난 사건이지만, 죄를 영원히 제거하는 희생 제물로 죽으신 것이었습니다. 그러므로 그분께서 다시 나타나실 때, 그분을 뵙기 원하는 이들이 맞게 될 결과는 다름 아닌 구원입니다.

dead-end efforts to make ourselves respectable, so that we can live all out for God.

16-17 Like a will that takes effect when someone dies, the new covenant was put into action at Jesus' death. His death marked the transition from the old plan to the new one, canceling the old obligations and accompanying sins, and summoning the heirs to receive the eternal inheritance that was promised them. He brought together God and his people in this new way.

18-22 Even the first plan required a death to set it in motion. After Moses had read out all the terms of the plan of the law—God's "will"—he took the blood of sacrificed animals and, in a solemn ritual, sprinkled the document and the people who were its beneficiaries. And then he attested its validity with the words, "This is the blood of the covenant commanded by God." He did the same thing with the place of worship and its furniture. Moses said to the people, "This is the blood of the covenant God has established with you." Practically everything in a will hinges on a death. That's why blood, the evidence of death, is used so much in our tradition, especially regarding forgiveness of sins.

23-26 That accounts for the prominence of blood and death in all these secondary practices that point to the realities of heaven. It also accounts for why, when the real thing takes place, these animal sacrifices aren't needed anymore, having served their purpose. For Christ didn't enter the earthly version of the Holy Place; he entered the Place Itself, and offered himself to God as the sacrifice for our sins. He doesn't do this every year as the high priests did under the old plan with blood that was not their own; if that had been the case, he would have to sacrifice himself repeatedly throughout the course of history. But instead he sacrificed himself once and for all, summing up all the other sacrifices in this sacrifice of himself, the final solution of sin.

27-28 Everyone has to die once, then face the consequences. Christ's death was also a one-time event, but it was a sacrifice that took care of sins forever. And so, when he next appears, the outcome for those eager to greet him is, precisely, *salvation*.

예수의 희생

10

1-10 옛 계획은 새 계획 속에 담겨 있는 좋은 것들을 암시할 뿐입니다. 옛 "율법 계획"은 완전하지 못해서, 그것을 따르는 이들 또한 온전하게 해주지 못했습니다. 해마다 수많은 희생 제물이 드려졌지만, 그것은 완전한 해결책이 되지 못했습니다. 만일 그 제물이 해결책이 되었다면 예배자들은 기쁜 마음으로 자기 길을 갔을 것이고, 더 이상 죄에 끌려 다니지 않았을 것입니다. 그러나 죄의식이 없어지기는커녕, 동물 제물을 거듭해서 바칠수록 죄의식과 죄책감은 오히려 고조되었습니다. 황소와 염소의 피가 죄를 없앨 수 없다는 것이 너무도 분명합니다. 그리스도께서 선포하신 예언의 말씀은 이 점을 염두에 두고 하신 것입니다.

당신께서는 해마다 드리는 제물과 예물을 원치 않으십니다.
그래서 나를 위해 몸을 마련해 주셔서 희생 제물로 삼으셨습니다.
이제 당신이 기뻐하시는 것은
제단에서 피어오르는 향기와 연기가 아닙니다.
그래서 내가 말했습니다. "오 하나님, 당신의 책에 기록된 대로,
당신의 방법대로 행하기 위해 내가 왔습니다."

"당신께서는 제물과 예물을 원치 않으십니다"라고 말씀하실 때, 그리스도께서는 옛 계획에 따른 의식을 언급하신 것입니다. 또한 "당신의 방법대로 행하기 위해 내가 왔습니다"라고 말씀하실 때, 그분은 첫 번째 계획을 폐하시고 새 계획—하나님의 방법—을 세우신 것입니다. 예수께서 자기 몸을 영단번에 제물로 드리심으로, 우리는 하나님께 합당한 사람이 되었습니다.

11-18 각 제사장들이 날마다 제단에 나아가 일하고 해마다 똑같은 제물을 드리지만, 그런 것이 결코 죄 문제를 해결하지는 못합니다. 그러나 그리스도께서 제사장으로 죄를 위해 단 한 번 제물을 드리셨고, 그것으로 모든 것이 끝났습니다! 그런 후에 그분은 하나님 오른편에 앉으셔서, 원수들이 항복하기를 기다리셨습니다. 그것은 완전하신 분이 불완전한 사람들을 온전케 하기 위해 드리신 완전한 제물이었습니다. 단 한 번 제물을 드리심으로, 그분은 정결 과정에 참여하는 모든 이들에게 필요한 모든 일을 완수하신 것입니다. 성령께서도 이같이 증언해 주셨습니다.

The Sacrifice of Jesus

10

1-10 The old plan was only a hint of the good things in the new plan. Since that old "law plan" wasn't complete in itself, it couldn't complete those who followed it. No matter how many sacrifices were offered year after year, they never added up to a complete solution. If they had, the worshipers would have gone merrily on their way, no longer dragged down by their sins. But instead of removing awareness of sin, when those animal sacrifices were repeated over and over they actually heightened awareness and guilt. The plain fact is that bull and goat blood can't get rid of sin. That is what is meant by this prophecy, put in the mouth of Christ:

You don't want sacrifices and offerings year after year;
you've prepared a body for me for a sacrifice.
It's not fragrance and smoke from the altar
that whet your appetite.
So I said, "I'm here to do it your way, O God,
the way it's described in your Book."

When he said, "You don't want sacrifices and offerings," he was referring to practices according to the old plan. When he added, "I'm here to do it your way," he set aside the first in order to enact the new plan—*God's* way—by which we are made fit for God by the once-for-all sacrifice of Jesus.

11-18 Every priest goes to work at the altar each day, offers the same old sacrifices year in, year out, and never makes a dent in the sin problem. As a priest, Christ made a single sacrifice for sins, and that was it! Then he sat down right beside God and waited for his enemies to cave in. It was a perfect sacrifice by a perfect person to perfect some very imperfect people. By that single offering, he did everything that needed to be done for everyone who takes part in the purifying process. The Holy Spirit confirms this:

내가 이스라엘과 세우려는 새 계획은
종이에 쓸 수도 없고
돌에 새길 수도 없는 것이다.
이번에는 "내가 그 계획을 그들 속에 써 주고
그들 마음에 새겨 줄 것이다."

그러고는 이렇게 결론지으셨습니다.

내가 그들의 죄를 영원토록 깨끗이 씻어 줄 것이다.

이제 죄가 영원토록 제거되었으니, 더 이상 죄 때문
에 제물을 드릴 필요가 없습니다.

확신을 가지고 나아가십시오

19-21 그러므로 친구 여러분, 이제 우리는 주저함 없
이 곧바로 하나님께로, 성소 안으로 나아갈 수 있습
니다. 예수께서 자기를 희생해 흘리신 피로 그 길을
열어 주셨고, 하나님 앞에서 우리의 제사장이 되어
주셨습니다. 하나님 앞으로 나아가는 통로인 휘장은
다름 아닌 그분의 몸입니다.
22-25 그러니 확고한 믿음과, 우리가 하나님 앞에 온
전히 드려질 만한 존재가 되었다는 확신을 가지고 하
나님 앞에 나아가야 합니다. 우리를 앞으로 이끌어
주는 약속을 굳게 붙잡으십시오. 그분은 언제나 자
기 말을 지키시는 분이십니다. 창의적으로 사랑을 권
하고 도움의 손길을 펼치십시오. 어떤 이들처럼 함께
모여 예배하기를 피할 것이 아니라, 서로 격려하여
더욱 힘써 모이십시오. 중요한 그날이 다가오는 것을
볼수록 더욱 그리하십시오.
26-31 우리가 배우고 받았으며 이제 알고 있는 모든
진리를 버리거나 외면한다면, 그것은 그리스도의 희
생을 거부하는 것이며, 우리는 혼자 힘으로 심판을
마주해야 할 것입니다. 그 심판은 맹렬할 것입니다!
모세의 율법을 어긴 자가 받은 벌은 육체의 죽음이었
습니다. 하물며 하나님의 아들을 적대하고, 자기를
온전하게 해준 희생에 침을 뱉고, 가장 은혜로우신
성령을 모욕하는 자에게는 어떤 일이 있겠습니까?
이것은 결코 가볍게 여길 문제가 아닙니다. 하나님께
서는 우리에게 책임을 묻고 그 값을 치르게 하겠다고
경고하셨습니다. 그분은 아주 분명히 밝히셨습니다.
"복수는 나의 것이다. 나는 어느 것 하나 그냥 넘어가
지 않겠다"고 하셨고, "하나님께서 자기 백성을 심판
하실 것이다"라고 하셨습니다. 아무도 그냥 통과할
수 없는 것이 분명합니다.
32-39 여러분이 처음 그 복음의 빛을 보고 난 뒤에 어

This new plan I'm making with Israel
isn't going to be written on paper,
isn't going to be chiseled in stone;
This time "I'm writing out the plan *in* them,
carving it on the lining of their hearts."

He concludes,

I'll forever wipe the slate clean of their sins.

Once sins are taken care of for good, there's no
longer any need to offer sacrifices for them.

Don't Throw It All Away

19-21 So, friends, we can now—without hesita-
tion—walk right up to God, into "the Holy
Place." Jesus has cleared the way by the blood
of his sacrifice, acting as our priest before God.
The "curtain" into God's presence is his body.
22-25 So let's *do* it—full of belief, confident that
we're presentable inside and out. Let's keep a
firm grip on the promises that keep us going.
He always keeps his word. Let's see how inven-
tive we can be in encouraging love and helping
out, not avoiding worshiping together as some
do but spurring each other on, especially as we
see the big Day approaching.
26-31 If we give up and turn our backs on all
we've learned, all we've been given, all the truth
we now know, we repudiate Christ's sacrifice
and are left on our own to face the Judgment—
and a mighty fierce judgment it will be! If
the penalty for breaking the law of Moses is
physical death, what do you think will happen
if you turn on God's Son, spit on the sacrifice
that made you whole, and insult this most
gracious Spirit? This is no light matter. God
has warned us that he'll hold us to account and
make us pay. He was quite explicit: "Vengeance
is mine, and I won't overlook a thing" and "God
will judge his people." Nobody's getting by with
anything, believe me.
32-39 Remember those early days after you
first saw the light? Those were the hard times!
Kicked around in public, targets of every kind

떻게 살았는지 기억하십니까? 그 시절은 고난의 시기였습니다! 여러분은 사람들 앞에서 박해와 모욕의 표적이었습니다. 어떤 때는 여러분이 표적이 되고, 어떤 때는 여러분의 벗들이 표적이 되었습니다. 여러분의 벗 가운데 몇이 감옥에 갇힐 때에도, 여러분은 끝까지 그들 곁을 지켰습니다. 박해하는 자들이 난입해 여러분의 소유를 빼앗을 때도, 여러분은 편한 얼굴로 그들이 하는 대로 내버려 두었습니다. 그들이 여러분의 진짜 보물을 어찌할 수 없다는 것을 알고 있었기 때문입니다. 그들의 어떤 행위도 여러분을 괴롭게 하거나 좌절시키지 못했습니다. 그러니 이제 와서 포기하지 마십시오. 그때 여러분은 확신에 차 있었습니다. 그 확신은 지금도 유효합니다! 하지만 약속을 이루려면 하나님의 계획을 붙잡고 끝까지 견뎌야 합니다.

이제 머지않아 그분이 오신다.
언제라도 모습을 드러내실 것이다.
하지만 나와 바른 관계에 있는 사람은, 그 변치 않는
신뢰로 인해 살 것이다.
도망치는 자는 내가 기뻐하지 않을 것이다.

우리는 중도에 포기하여 실패할 사람들이 아닙니다. 결코 아닙니다! 우리는 언제나 신뢰함으로 계속 살아남을 사람들입니다.

보이지 않는 것을 믿는 믿음

11 [1-2] 삶의 근본 사실은 이것입니다. 하나님을 신뢰하는 이 믿음이야말로, 삶을 가치 있게 하는 든든한 기초입니다. 믿음은 볼 수 없는 것을 볼 수 있게 하는 단서입니다. 우리 조상을 다른 사람들과 구별해 준 것이, 바로 이 믿음의 행위였습니다.

[3] 믿음으로 우리는, 세상이 하나님의 말씀으로 존재하게 되었고, 보이는 것이 보이지 않는 것에 의해 창조되었음을 압니다.

[4] 믿음의 행위로 아벨은, 가인보다 나은 제물을 하나님께 드렸습니다. 중요한 것은, 그가 드린 제물이 아니라 그의 믿음이었습니다. 하나님이 주목하시고 의롭다 인정해 주신 것은 다름 아닌 믿음이었습니다. 수많은 세월이 흘렀으나, 그 믿음은 여전히 우리의 눈을 사로잡습니다.

[5-6] 믿음의 행위로 에녹은, 죽음을 완전히 건너뛰었습니다. "하나님이 그를 데려가셨기 때문에, 사람들이 아무리 눈을 씻고 찾아보아도 그를 찾을 수 없었습니다." 우리는 하나님께서 그를 데려가시기 전에 "그가 하나님을 기쁘시게 해드렸다"는 것을, 믿을 만한 증언으로

of abuse—some days it was you, other days your friends. If some friends went to prison, you stuck by them. If some enemies broke in and seized your goods, you let them go with a smile, knowing they couldn't touch your real treasure. Nothing they did bothered you, nothing set you back. So don't throw it all away now. You were sure of yourselves then. It's *still* a sure thing! But you need to stick it out, staying with God's plan so you'll be there for the promised completion.

It won't be long now, he's on the way;
he'll show up most any minute.
But anyone who is right with me thrives on
loyal trust;
if he cuts and runs, I won't be very happy.

But we're not quitters who lose out. Oh, no! We'll stay with it and survive, trusting all the way.

Faith in What We Don't See

11 [1-2] The fundamental fact of existence is that this trust in God, this faith, is the firm foundation under everything that makes life worth living. It's our handle on what we can't see. The act of faith is what distinguished our ancestors, set them above the crowd.

[3] By faith, we see the world called into existence by God's word, what we see created by what we don't see.

[4] By an act of faith, Abel brought a better sacrifice to God than Cain. It was what he *believed*, not what he *brought*, that made the difference. That's what God noticed and approved as righteous. After all these centuries, that belief continues to catch our notice.

[5-6] By an act of faith, Enoch skipped death completely. "They looked all over and couldn't find him because God had taken him." We know on the basis of reliable testimony that before he was taken "he pleased God." It's impossible to please God apart

알고 있습니다. 믿음을 떠나서는 하나님을 기쁘시게 해드릴 수 없습니다. 왜 그렇습니까? 하나님께 나아가려는 사람은 하나님이 계시다는 것과, 하나님께서 자기를 찾는 이들에게 기꺼이 응답하신다는 것을 믿어야 하기 때문입니다.

7 믿음으로 노아는, 메마른 땅 한복판에 배를 지었습니다. 그는 하나님께서 보이지 않는 일에 대해 경고하셨을 때, 지시받은 대로 행동했습니다. 그 결과가 어떠했습니까? 그의 집안이 구원을 받았습니다. 그의 믿음의 행위가, 믿지 않는 악한 세계와 믿는 올바른 세계를 예리하게 구분 지었습니다. 그 결과로, 노아는 하나님과 친밀한 사이가 되었습니다.

8-10 믿음의 행위로 아브라함은, 장차 그의 본향이 될 미지의 땅으로 떠나라는 하나님의 부르심에 "예" 하고 응답했습니다. 떠나면서도 그는 자기가 어디로 가는지 몰랐습니다. 믿음의 행위로 그는, 자신에게 약속된 땅에서 살되 나그네처럼 장막을 치고 살았습니다. 이삭과 야곱도 같은 약속 아래서 살았습니다. 아브라함은 눈에 보이지 않지만, 실재하는 영원한 기초 위에 세워진 도성, 곧 하나님이 설계하시고 세우신 도성에 눈을 고정했던 것입니다.

11-12 믿음으로 사라는, 나이 들어 임신하지 못하는 몸이었음에도 아이를 가질 수 있었습니다. 약속하신 분께서 말씀대로 행하실 것을 믿었기 때문입니다. 그리하여 약해져서 죽은 것이나 다름없던 한 사람의 몸에서 셀 수 없을 만큼 많은 사람들이 난 것입니다.

13-16 이 믿음의 사람들은, 약속된 것을 아직 손에 넣지 못했지만 믿음으로 살다가 죽었습니다. 어떻게 그럴 수 있었습니까? 그들은 약속된 것을 멀리서 바라보며 반겼고, 자신들이 이 세상에 잠시 머물다 가는 나그네임을 인정했습니다. 그들은 그렇게 살아감으로써, 자신들이 참된 본향을 찾고 있음을 분명히 밝힌 것입니다. 만일 그들이 전에 살던 나라를 그리워했다면, 언제라도 돌아갈 수 있었을 것입니다. 그러나 그들은 그보다 더 나은 나라, 곧 하늘나라를 갈망했습니다. 이제 여러분은 하나님께서 왜 그들을 자랑스러워하시며, 왜 그들을 위해 한 도성을 마련해 두셨는지를 이해할 수 있을 것입니다.

17-19 믿음으로 아브라함은, 시험을 받을 때 이삭을 하나님께 다시 올려 드렸습니다. 그는 약속으로 받은 자신의 외아들을, 얻을 때와 마찬가지로 믿음으로 돌려드렸습니다. 이 일은 그가 하나님으로부터 "네 후손들이 이삭에게서 나올 것이다"라고 하신 말씀을 들은 뒤에

from faith. And why? Because anyone who wants to approach God must believe both that he exists *and* that he cares enough to respond to those who seek him.

7 By faith, Noah built a ship in the middle of dry land. He was warned about something he couldn't see, and acted on what he was told. The result? His family was saved. His act of faith drew a sharp line between the evil of the unbelieving world and the rightness of the believing world. As a result, Noah became intimate with God.

8-10 By an act of faith, Abraham said yes to God's call to travel to an unknown place that would become his home. When he left he had no idea where he was going. By an act of faith he lived in the country promised him, lived as a stranger camping in tents. Isaac and Jacob did the same, living under the same promise. Abraham did it by keeping his eye on an unseen city with real, eternal foundations—the City designed and built by God.

11-12 By faith, barren Sarah was able to become pregnant, old woman as she was at the time, because she believed the One who made a promise would do what he said. That's how it happened that from one man's dead and shriveled loins there are now people numbering into the millions.

13-16 Each one of these people of faith died not yet having in hand what was promised, but still believing. How did they do it? They saw it way off in the distance, waved their greeting, and accepted the fact that they were transients in this world. People who live this way make it plain that they are looking for their true home. If they were homesick for the old country, they could have gone back any time they wanted. But they were after a far better country than that—*heaven* country. You can see why God is so proud of them, and has a City waiting for them.

17-19 By faith, Abraham, at the time of testing,

한 일이었습니다. 아브라함은, 하나님이 원하시면
죽은 사람도 일으키실 수 있다고 생각했습니다.
어떤 의미에서 보면, 그 일은 아브라함이 이삭을
제단에서 산 채로 돌려받을 때 일어난 것입니다.
20 믿음의 행위로 이삭은, 미래를 내다보며 야곱과
에서를 축복했습니다.
21 믿음의 행위로 야곱은, 죽기 직전에 요셉의 아
들들을 차례대로 축복하면서, 자신의 복이 아니라
하나님의 복으로 축복하고, 지팡이에 의지해 서서
하나님을 경배했습니다.
22 믿음의 행위로 요셉은, 죽어가면서 이스라엘 백
성의 탈출을 예언하고 자기의 장례를 준비시켰습
니다.
23 믿음의 행위로 모세의 부모는, 모세가 태어난 후
석 달 동안 아이를 숨겼습니다. 그들은 아이가 준
수한 것을 보고, 왕의 법령에 용감히 맞섰습니다.
24-28 믿음으로 모세는, 어른이 되어 이집트 왕실
의 특권층이 되기를 거절했습니다. 그는 압제자들
과 더불어 기회주의적이고 안락한 죄악된 삶을 누
리기보다, 하나님의 백성과 더불어 고된 삶을 선
택했습니다. 그는 메시아 진영에서 겪는 고난을
이집트에서 누리는 부귀보다 훨씬 값지게 여겼습
니다. 그것은 그가 앞을 내다보며 장차 받을 상을
기대했기 때문입니다. 믿음의 행위로 그는, 왕의
맹목적인 분노에도 아랑곳하지 않고 이집트를 떠
났습니다. 그는 보이지 않는 분께 눈을 고정하고
계속해서 나아갔습니다. 믿음의 행위로 그는, 유
월절을 지키고 집집마다 유월절 피를 뿌려, 맏아
들을 멸하는 이의 손이 그들에게 닿지 않게 했습
니다.
29 믿음의 행위로 이스라엘은, 바싹 마른 땅을 걸
어서 홍해를 건넜습니다. 이집트 사람들도 그렇게
하려다가 물에 빠져 죽었습니다.
30 믿음으로 이스라엘 사람들이 칠 일 동안 여리고
성벽을 돌자, 성벽이 무너져 내렸습니다.
31 믿음의 행위로 여리고의 창녀 라합은, 정탐꾼
들을 맞아들여, 하나님을 신뢰하지 않는 자들에게
닥칠 파멸을 면했습니다.

32-38 계속해서 더 열거하려면, 시간이 모자랄 것
입니다. 훨씬 더 많은 이들이 있기 때문입니다.
기드온, 바락, 삼손, 입다, 다윗, 사무엘, 예언자
들……. 믿음의 행위로 그들은 나라를 무너뜨리
고, 정의를 실천하고, 약속된 것을 받았습니다. 그

offered Isaac back to God. Acting in faith, he was
as ready to return the promised son, his only son,
as he had been to receive him—and this after he
had already been told, "Your descendants shall
come from Isaac." Abraham figured that if God
wanted to, he could raise the dead. In a sense,
that's what happened when he received Isaac
back, alive from off the altar.
20 By an act of faith, Isaac reached into the future
as he blessed Jacob and Esau.
21 By an act of faith, Jacob on his deathbed bless-
ed each of Joseph's sons in turn, blessing them
with God's blessing, not his own—as he bowed
worshipfully upon his staff.
22 By an act of faith, Joseph, while dying, prophe-
sied the exodus of Israel, and made arrangements
for his own burial.
23 By an act of faith, Moses' parents hid him
away for three months after his birth. They saw
the child's beauty, and they braved the king's
decree.
24-28 By faith, Moses, when grown, refused the
privileges of the Egyptian royal house. He chose a
hard life with God's people rather than an oppor-
tunistic soft life of sin with the oppressors. He
valued suffering in the Messiah's camp far greater
than Egyptian wealth because he was looking
ahead, anticipating the payoff. By an act of faith,
he turned his heel on Egypt, indifferent to the
king's blind rage. He had his eye on the One no
eye can see, and kept right on going. By an act of
faith, he kept the Passover Feast and sprinkled
Passover blood on each house so that the destroy-
er of the firstborn wouldn't touch them.
29 By an act of faith, Israel walked through the
Red Sea on dry ground. The Egyptians tried it
and drowned.
30 By faith, the Israelites marched around the walls
of Jericho for seven days, and the walls fell flat.
31 By an act of faith, Rahab, the Jericho harlot,
welcomed the spies and escaped the destruction
that came on those who refused to trust God.

32-38 I could go on and on, but I've run out of time.

들은 사자와 불과 칼의 공격을 막아 냈고, 약점을 강점으로 바꾸었으며, 전쟁에서 이겨 외국 군대를 물리쳤습니다. 여자들은 죽었다가 다시 살아난 사랑하는 이들을 맞아들이기도 했습니다. 고문을 당하면서도 더 나은 부활을 사모한 나머지, 굴복하고 풀려 나가는 것을 거부한 이들도 있습니다. 어떤 이들은 학대와 채찍질을 기꺼이 받았고, 쇠사슬에 묶여 지하굴에 갇히기도 했습니다. 돌에 맞고, 톱으로 켜져 두 동강이 나고, 살해되어 싸늘한 시체가 된 이들의 이야기도 있습니다. 짐승 가죽을 두르고 집도 친구도 권력도 없이 세상을 떠돈 이들의 이야기도 있습니다. 세상은 그들을 받아들일 만한 곳이 되지 못했습니다! 그들은 이 혹독한 세상의 가장자리로 다니면서도, 최선을 다해 자기 길을 갔습니다.

39-40 그들이 믿음으로 사는 삶의 본보기가 되기는 했지만, 그들 가운데 약속받은 것을 손에 잡은 사람은 한 사람도 없었습니다. 하나님께서는 우리를 위해 더 좋은 계획을 가지고 계셨습니다. 바로 그들의 믿음과 우리의 믿음이, 완전하고 온전한 하나의 믿음이 되게 하는 것입니다. 우리의 믿음 없이는, 믿음으로 산 그들의 삶도 온전해질 수 없습니다.

절대로 포기하지 마십시오

12 1-3 길을 개척한 이 모든 사람들, 이 모든 노련한 믿음의 대가들이 우리를 응원하고 있다는 말이 무슨 뜻인지 알겠습니까? 그들이 열어 놓은 길을 따라 우리가 앞으로 나아가야 한다는 뜻입니다. 달려가십시오. 절대로 멈추지 마십시오! 영적으로 군살이 붙어도 안되고, 몸에 기생하는 죄가 있어서도 안됩니다. 오직 예수만 바라보십시오. 그분은 우리가 참여한 이 경주를 시작하고 완주하신 분이십니다. 그분이 어떻게 하셨는지 배우십시오. 그분은 앞에 있는 것, 곧 하나님 안에서 그리고 하나님과 함께 결승점을 지나는 기쁨에서 눈을 떼지 않으셨기에, 달려가는 길에서 무엇을 만나든, 심지어 십자가와 수치까지도 참으실 수 있었습니다. 이제 그분은 하나님의 오른편 영광의 자리에 앉아 계십니다. 여러분의 믿음이 시들해지거든, 그분 이야기를 하나하나 되새기고, 그분이 참아 내신 적대 행위의 긴 목록을 살펴보십시오. 그러면 여러분의 영혼에 새로운 힘이 힘차게 솟구칠 것입니다!

4-11 죄와 맞서 싸우는 이 전면전에서, 여러분보다

There are so many more – Gideon, Barak, Samson, Jephthah, David, Samuel, the prophets...Through acts of faith, they toppled kingdoms, made justice work, took the promises for themselves. They were protected from lions, fires, and sword thrusts, turned disadvantage to advantage, won battles, routed alien armies. Women received their loved ones back from the dead. There were those who, under torture, refused to give in and go free, preferring something better: resurrection. Others braved abuse and whips, and, yes, chains and dungeons. We have stories of those who were stoned, sawed in two, murdered in cold blood; stories of vagrants wandering the earth in animal skins, homeless, friendless, powerless – the world didn't deserve them! – making their way as best they could on the cruel edges of the world.

39-40 Not one of these people, even though their lives of faith were exemplary, got their hands on what was promised. God had a better plan for us: that their faith and our faith would come together to make one completed whole, their lives of faith not complete apart from ours.

Discipline in a Long-Distance Race

12 1-3 Do you see what this means – all these pioneers who blazed the way, all these veterans cheering us on? It means we'd better get on with it. Strip down, start running – and never quit! No extra spiritual fat, no parasitic sins. Keep your eyes on *Jesus*, who both began and finished this race we're in. Study how he did it. Because he never lost sight of where he was headed – that exhilarating finish in and with God – he could put up with anything along the way: Cross, shame, whatever. And now he's *there*, in the place of honor, right alongside God. When you find yourselves flagging in your faith, go over that story again, item by item, that long litany of hostility he plowed through. *That* will shoot adrenaline into your souls!

4-11 In this all-out match against sin, others have suffered far worse than you, to say nothing of what Jesus went through – all that bloodshed! So don't feel sorry for yourselves. Or have you

훨씬 심한 고난을 겪은 이들이 있습니다. 예수께서 피 흘리시기까지 겪으신 그 모든 고난은 말할 것도 없습니다! 그러니 낙심하지 마십시오. 여러분은 훌륭한 부모가 자녀를 어떻게 대하는지 잊었습니까? 하나님께서 여러분을 자녀로 여기신다는 것을 잊었습니까?

나의 사랑하는 자녀야,
하나님의 훈련을 가볍게 여기지 말고
그분의 훈련을 받을 때 낙심하지 마라.
그분은 사랑하는 자녀를 훈련하시고,
품에 안으신 자녀를 징계하신다.

하나님께서 여러분을 훈련하고 계십니다. 그러니 절대로 도중에 포기하지 마십시오. 하나님은 여러분을 사랑하는 자녀로 대하십니다. 여러분이 겪는 이 고난은 벌이 아니라, 자녀라면 당연히 겪게 마련인 훈련입니다. 무책임한 부모만이 자녀를 제멋대로 살게 내버려 둡니다. 하나님이 무책임한 분이시면 좋겠습니까? 우리가 부모를 존경하는 것은, 그들이 우리를 버릇없게 놔두지 않고 훈련하기 때문입니다. 그러니 우리가 참으로 살고자 한다면 하나님의 훈련을 받아들여야 하지 않겠습니까? 우리가 아이였을 때, 우리의 부모는 자기 생각에 최선으로 여기는 일을 우리에게 했습니다. 하나님께서는 진정으로 우리에게 최선이 되는 일을 하고 계시며, 우리를 훈련시켜 하나님의 거룩하심을 따라 최선을 다해 살아가도록 하십니다. 당장은 훈련이 즐겁지 않으며, 본성을 거스른다고 느껴집니다. 그러나 나중에는 틀림없이 좋은 상으로 보답을 받습니다. 잘 훈련받은 사람만이 하나님과의 관계에서 성숙한 열매를 얻기 때문입니다.

12-13 그러니 수수방관하며 빈둥거리지 마십시오! 꾸물거리지도 마십시오. 먼 길을 달려갈 수 있게 길을 정비하십시오. 그래야 발을 헛디뎌 넘어지거나 구덩이에 빠져 발목을 삐는 사람이 없을 것입니다. 서로 도우십시오! 그리고 힘을 다해 달려가십시오!

14-17 서로 화목하게 지내고 하나님과 화평하게 지내도록 힘쓰십시오. 그러지 않고서는 하나님을 결코 뵙지 못할 것입니다. 아무도 하나님의 자비하신 은혜에서 떨어져 나가는 일이 없게 하십시오. 쓰디쓴 불평이 잡초처럼 자라고 있지는 않은지 예리하게 살피십시오. *엉겅퀴 한두 포기가 뿌리를 내리면*, 순식간에 정원 전체를 망칠 수도 있습니다. 에서 증후군을 조심하십시오. 잠깐 동안의 욕구 충족을 위해, 평생 지속되는 하나님의 선물을 팔아넘기는 일은 없어야 합니다. 여러분도 아는 것처럼, 에서는 나중에 자신의 충동적인 행

forgotten how good parents treat children, and that God regards you as *his* children?

My dear child, don't shrug off God's discipline,
but don't be crushed by it either.
It's the child he loves that he disciplines;
the child he embraces, he also corrects.

God is educating you; that's why you must never drop out. He's treating you as dear children. This trouble you're in isn't punishment; it's *training*, the normal experience of children. Only irresponsible parents leave children to fend for themselves. Would you prefer an irresponsible God? We respect our own parents for training and not spoiling us, so why not embrace God's training so we can truly *live*? While we were children, our parents did what *seemed* best to them. But God is doing what *is* best for us, training us to live God's holy best. At the time, discipline isn't much fun. It always feels like it's going against the grain. Later, of course, it pays off handsomely, for it's the well-trained who find themselves mature in their relationship with God.

12-13 So don't sit around on your hands! No more dragging your feet! Clear the path for long-distance runners so no one will trip and fall, so no one will step in a hole and sprain an ankle. Help each other out. And run for it!

14-17 Work at getting along with each other and with God. Otherwise you'll never get so much as a glimpse of God. Make sure no one gets left out of God's generosity. Keep a sharp eye out for weeds of bitter discontent. A thistle or two gone to seed can ruin a whole garden in no time. Watch out for the Esau syndrome: trading away God's lifelong gift in order to satisfy a short-term appetite. You well know how Esau later regretted that impulsive act and wanted God's blessing—but by then it was too late, tears or no tears.

동을 뼈저리게 후회하고 하나님의 복을 간절히 원했습니다. 하지만 때는 이미 너무 늦어서, 아무리 울고불고 해도 소용이 없었습니다.

은혜의 말씀에 귀를 막은 자들에게 주는 경고

18-21 여러분은 조상들처럼, 화염이 솟구치고 지축이 흔들리는 시내 산에 나아가서 하나님의 말씀을 들은 것이 아닙니다. 여러분의 조상들은 천지를 울리고 영혼을 뒤흔드는 말씀을 듣고서, 벌벌 떨며 하나님께 멈추어 달라고 빌었습니다. 그들은 "짐승이라도 그 산에 닿으면 죽을 것이다"라고 하신 말씀을 듣고서, 어찌나 무서웠던지 꼼짝도 못했습니다. 모세도 두려워 떨었습니다.

22-24 그러나 여러분의 경험은 전혀 다릅니다. 여러분이 이른 곳은 시온 산, 곧 살아 계신 하나님이 머무르시는 도성입니다. 그 보이지 않는 예루살렘은 축제를 벌이는 수많은 천사들과 그리스도인 시민들로 북적대는 곳입니다. 그곳에서 하나님께서는 우리를 심판하시고, 그 심판은 우리를 의롭게 합니다. 여러분은 새 언약—새로 작성된 헌장—을 하나님께로부터 받아 우리에게 전해 주시는 예수께로 나아왔습니다. 그분은 이 언약의 중재자이십니다. 아벨이 당한 죽음은 복수를 호소하는 살인이지만, 예수가 당한 죽음은 은혜의 선포입니다.

25-27 그러니 이 은혜의 말씀에 귀를 막지 마십시오. 땅에서의 경고를 무시한 자들이 벌을 피할 수 없었는데, 하물며 우리가 하늘의 경고를 거역한다면 어떤 일이 일어나겠습니까? 그때에는 그분의 음성이 땅의 뿌리까지 흔들었지만, 이번에는 하늘까지 흔드시겠다고 분명히 말씀하셨습니다. "마지막으로 한 번 더 하늘 끝에서부터 땅 끝까지 철저하게 흔들겠다." "마지막으로 한 번 더"라는 표현은 철저하게 정리하시겠다는 의미입니다. 역사와 종교의 온갖 쓰레기를 치우시겠다는 것입니다. 그것은 흔들리지 않는 본질적인 것들을 말끔히 정돈된 모습으로 서 있게 하시려는 것입니다.

28-29 우리가 무엇을 받았는지 아시겠습니까? 흔들리지 않는 나라입니다! 우리가 얼마나 감사해야 하는지 아시겠습니까? 감사드릴 뿐 아니라, 하나님 앞에서 깊은 경외감이 넘치는 예배를 드려야 합니다. 하나님께서는 냉담한 방관자가 아니십니다. 그분은 적극적으로 정리하시고, 태워 버려야 할 것은 전부 불사르십니다. 모든 것이 깨끗해질 때까지, 그분은 결코 멈추지 않으실 것입니다. 하나님, 그분은 불이십니다!

An Unshakable Kingdom

18-21 Unlike your ancestors, you didn't come to Mount Sinai—all that volcanic blaze and earthshaking rumble—to hear God speak. The earsplitting words and soul-shaking message terrified them and they begged him to stop. When they heard the words—"If an animal touches the Mountain, it's as good as dead"—they were afraid to move. Even Moses was terrified.

22-24 No, that's not *your* experience at all. You've come to Mount Zion, the city where the living God resides. The invisible Jerusalem is populated by throngs of festive angels and Christian citizens. It is the city where God is Judge, with judgments that make us just. You've come to Jesus, who presents us with a new covenant, a fresh charter from God. He is the Mediator of this covenant. The murder of Jesus, unlike Abel's—a homicide that cried out for vengeance—became a proclamation of grace.

25-27 So don't turn a deaf ear to these gracious words. If those who ignored earthly warnings didn't get away with it, what will happen to us if we turn our backs on heavenly warnings? His voice that time shook the earth to its foundations; this time—he's told us this quite plainly—he'll also rock the heavens: "One last shaking, from top to bottom, stem to stern." The phrase "one last shaking" means a thorough housecleaning, getting rid of all the historical and religious junk so that the unshakable essentials stand clear and uncluttered.

28-29 Do you see what we've got? An unshakable kingdom! And do you see how thankful we must be? Not only thankful, but brimming with worship, deeply reverent before God. For God is not an indifferent bystander. He's actively cleaning house, torching all that needs to burn, and he won't quit until it's all cleansed. God himself is Fire!

하나님이 기뻐하시는 제사

13 1-4 서로 변함없이 사이좋게 지내고 사랑으로 화합하십시오. 식사나 잠자리를 구하는 이가 있으면, 기꺼운 마음으로 제공해 주십시오. 자기도 모르는 사이에 천사들을 환대한 이들이 있었습니다! 감옥에 갇힌 이들을 대할 때는, 여러분이 그들과 함께 감옥에 갇히기라도 한 것처럼 대하십시오. 학대를 당한 이들을 보거든, 그들에게 일어난 일이 여러분에게도 일어난 것처럼 대하십시오. 결혼을 소중히 여기고, 아내와 남편 사이에 이루어지는 성적 친밀감을 거룩하게 지키십시오. 하나님은 일회성 섹스와 부정한 섹스를 금하십니다.

5-6 물질적인 것을 더 많이 얻으려는 데 사로잡히지 마십시오. 지금 가지고 있는 것으로 만족하십시오. 하나님께서는 "내가 너를 저버리지 않겠다. 너를 떠나지도 않고 버리지도 않겠다"고 하시며 우리에게 확신을 주셨습니다. 그러므로 우리는 담대한 마음으로 이렇게 말할 수 있습니다.

> 하나님께서 기꺼이 도우시니
> 내게 무슨 일이 닥쳐와도 두렵지 않다.
> 그 누가, 그 무엇이 나를 괴롭힐 수 있으랴?

7-8 여러분에게 하나님의 말씀을 전해 준 목회자들을 인정해 주십시오. 그들의 사는 모습을 눈여겨보고, 그들의 신실함과 진실함을 본받으십시오. 우리 모두는 언제나 한결같아야 합니다. 예수께서 변치 않는 분이시기 때문입니다. 어제나 오늘이나 내일이나, 그분은 한결같으십니다.

9 그분에 관한 최신 이론에 이끌려 그분을 떠나는 일이 없게 하십시오. 그리스도의 은혜만이 우리의 삶을 떠받치는 유일하고 충분한 기초입니다. 그리스도의 이름을 붙인 온갖 상품은 별 도움이 되지 않습니다.

10-12 하나님께서 자기 자신을 선물로 내어주시는 제단이, 안에서 횡령과 부정 이득을 일삼는 자들에 의해 오용되어서는 안됩니다. 옛 제도 아래서는, 짐승을 죽여 진 밖에서 그 몸을 처리합니다. 그 후에 그 피를 안으로 가져와서, 죄를 위한 제물로 제단에 바칩니다. 예수께서도 똑같은 일을 당하셨습니다. 그분은 성문 밖에서 십자가에 못 박히셨습니다. 그분은 *거기서 희생의 피를 쏟으셨고, 그 흘리신* 피가 하나님의 제단에 드려져 백성을 깨끗게 했습니다.

13-15 그러니 우리도 밖으로 나갑시다. 예수께서 계시는 그곳, 중요한 일이 벌어지는 그곳으로 나갑시다. 특권을 누리며 안에서 안주하는 사람이 되려고 하

Jesus Doesn't Change

13 1-4 Stay on good terms with each other, held together by love. Be ready with a meal or a bed when it's needed. Why, some have extended hospitality to angels without ever knowing it! Regard prisoners as if you were in prison with them. Look on victims of abuse as if what happened to them had happened to you. Honor marriage, and guard the sacredness of sexual intimacy between wife and husband. God draws a firm line against casual and illicit sex.

5-6 Don't be obsessed with getting more material things. Be relaxed with what you have. Since God assured us, "I'll never let you down, never walk off and leave you," we can boldly quote,

> God is there, ready to help;
> I'm fearless no matter what.
> Who or what can get to me?

7-8 Appreciate your pastoral leaders who gave you the Word of God. Take a good look at the way they live, and let their faithfulness instruct you, as well as their truthfulness. There should be a consistency that runs through us all. For Jesus doesn't change—yesterday, today, tomorrow, he's always totally himself.

9 Don't be lured away from him by the latest speculations about him. The grace of Christ is the only good ground for life. Products named after Christ don't seem to do much for those who buy them.

10-12 The altar from which God gives us the gift of himself is not for exploitation by insiders who grab and loot. In the old system, the animals are killed and the bodies disposed of outside the camp. The blood is then brought inside to the altar as a sacrifice for sin. It's the same with Jesus. He was crucified outside the city gates—*that* is where he poured out the sacrificial blood that was brought to God's altar to cleanse his people.

13-15 So let's go outside, where Jesus is, where the action is—not trying to be privileged

지 말고, 예수께서 받으신 치욕을 우리도 짊어져야겠습니다. "안에서 안주하는 사람의 세상"은 우리가 있을 곳이 아닙니다. 우리는 장차 다가올 도성을 간절히 찾고 있습니다. 우리는 예수와 함께 밖에 있어야 합니다. 더 이상 짐승 피로 제사를 드릴 것이 아니라, 예수의 이름으로, 우리 입술에서 나오는 찬양의 제사를 하나님께 드립시다.

16 아무것도 당연하게 여기지 말고, 공동의 유익을 위해 일할 때 게으르지 말며, 여러분이 가진 것을 다른 이들과 나누십시오. 하나님께서는 이런 예배 행위를 특별히 기뻐하십니다. 그것은 부엌과 일터와 길거리에서 이루어지는 다른 종류의 "제사"입니다.

17 여러분 교회의 지도자들에게 민감히 반응하십시오. 그들의 권고에 귀를 기울이십시오. 그들은 여러분이 처해 있는 삶의 조건을 부지런히 살피며, 하나님의 엄격한 감독 아래서 일하는 사람들입니다. 그들이 고단한 심정이 아니라 기쁜 마음으로 지도력을 펼치도록 도와주십시오. 그들을 힘들게 할 이유가 무엇이겠습니까?

18-21 우리를 위해 기도해 주십시오. 우리가 하는 일이나 그 일을 하는 이유에 대해서는 의심할 바 없지만, 상황이 어려우니 여러분의 기도가 필요합니다. 하나님 앞에서 바르게 사는 것, 우리가 온통 마음 쓰는 것은 이것뿐입니다. 여러분을 조만간 만날 수 있도록 기도해 주십시오.

만물을 화해시키시고
온전하게 하시는 하나님,
예수의 희생, 곧 영원한 언약을 보증하는 피의 제사를 통해
영원한 업적을 이루신 하나님,
우리의 위대한 목자이신 예수를
죽은 자들 가운데서 일으켜 살리신 하나님께서,
여러분을 화해시키고 필요한 모든 것을 공급해 주셔서
그분의 기쁨이 되게 해주시기를,
메시아 예수의 희생을 통해
그분께 가장 큰 기쁨을 드리는 존재로 우리를 만들어 주시기를.
모든 영광이 예수께 영원하기를!
오, 참으로 그러하기를.

22-23 친구 여러분, 부디 내가 최대한 고심하며 쓴 이

insiders, but taking our share in the abuse of Jesus. This "insider world" is not our home. We have our eyes peeled for the City about to come. Let's take our place outside with Jesus, no longer pouring out the sacrificial blood of animals but pouring out sacrificial praises from our lips to God in Jesus' name.

16 Make sure you don't take things for granted and go slack in working for the common good; share what you have with others. God takes particular pleasure in acts of worship—a different kind of "sacrifice"—that take place in kitchen and workplace and on the streets.

17 Be responsive to your pastoral leaders. Listen to their counsel. They are alert to the condition of your lives and work under the strict supervision of God. Contribute to the joy of their leadership, not its drudgery. Why would you want to make things harder for them?

18-21 Pray for us. We have no doubts about what we're doing or why, but it's hard going and we need your prayers. All we care about is living well before God. Pray that we may be together soon.

May God, who puts all things together,
makes all things whole,
Who made a lasting mark through the sacrifice of Jesus,
the sacrifice of blood that sealed the eternal covenant,
Who led Jesus, our Great Shepherd,
up and alive from the dead,
Now put you together, provide you
with everything you need to please him,
Make us into what gives him most pleasure,
by means of the sacrifice of Jesus, the Messiah.
All glory to Jesus forever and always!
Oh, yes, yes, yes.

22-23 Friends, please take what I've written most seriously. I've kept this as brief as possible; I

편지를 받아들이시기 바랍니다. 나는 가급적 간결하게 쓰려고 했습니다. 다른 많은 이야기는 적지 않았습니다. 디모데가 감옥에서 풀려난 것을 알게 되었으니, 여러분도 기쁘겠지요. 곧 그가 오면, 그와 함께 여러분을 직접 찾아뵙겠습니다.
24 여러분 교회의 지도자들과 모든 회중에게 안부를 전해 주십시오. 이곳 이탈리아에 있는 모든 이들이 여러분에게 안부를 전합니다.
25 여러분 모두에게 은혜가 함께하기를 바랍니다.

haven't piled on a lot of extras. You'll be glad to know that Timothy has been let out of prison. If he leaves soon, I'll come with him and get to see you myself.
24 Say hello to your pastoral leaders and all the congregations. Everyone here in Italy wants to be remembered to you.
25 Grace be with you, every one.

야고보서 | 머리말

그리스도인들이 교회에 모이면, 머지않아 불미스러운 일이 일어나게 마련이다. 밖에서 그 모습을 지켜보는 사람들은 이런 결론을 내린다. "종교 사업에는 사업 빼고는 아무것도 없군. 게다가 부정직하기까지 하다니." 그러나 안에 있는 사람들의 시각은 다르다. 병원이 환자들을 한 지붕 아래 모아서 이러저러한 환자로 분류하듯이, 교회도 죄인들을 불러 모은다. 병원 밖에 있는 사람들 또한 병원 안에 있는 사람들만큼 아프기는 매한가지다. 다만, 그들의 질환이 아직 진단되지 않았거나 감추어져 있을 뿐이다. 교회 밖에 있는 죄인들의 사정도 마찬가지다.

일반적으로 교회는 선한 행실로 넘쳐나는 이상적인 공동체가 아니다. 오히려 교회는 인간의 나쁜 행실을 공개적으로 드러내 놓고, 직면해서 처리하는 곳이다.

야고보서에는 초대교회 목회자 가운데 한 사람이 등장한다. 그는 자기가 맡고 있는 공동체 안에 그릇된 믿음과 잘못된 행실이 모습을 드러내자, 그것들을 마주해 진단하고 능숙하게 조치를 취한다. 깊이 있고 살아 있는 지혜, 흔히 볼 수 없는 본질적인 지혜가 여기서 드러난다. 지혜에는 진리를 아는 것이 포함되지만, 그것이 전부는 아니다. 지혜는 삶의 기술이기도 하다. 우리가 진리를 안다고 해도, 그 진리대로 살아갈 줄 모른다면 무슨 소용이 있겠는가? 우리가 아무리 좋은 의도를 가지고 있다 해도, 그 좋은 의도를 지속적으로 붙들지 않는다면 무슨 소용이 있겠는가?

> 참된 지혜, 하나님의 지혜는 거룩한 삶에서 시작됩니다. 참된 지혜의 특징은 다른 사람들과 평화롭게 지내는 것입니다. 참된 지혜는 온유하고, 이치에 맞으며, 자비와 축복이 넘칩니다. 하루는 뜨겁고 다음날은 차갑고 하지 않습니다. 겉과 속이 다르지 않습니다. 여러분이 서로 평화롭게 지내고 품위와 예의를 갖춰 서로를 대하려고 노력한다면, 여러분은 하나님과 바른 관계를 맺고 사는 건강하고 튼튼한 공동체를 세우고, 그 열매 또한 맛보게 될 것입니다(약 3:17-18).

When Christian believers gather in churches, everything that can go wrong sooner or later does. Outsiders, on observing this, conclude that there is nothing to the religion business except, perhaps, business—and dishonest business at that. Insiders see it differently. Just as a hospital collects the sick under one roof and labels them as such, the church collects sinners. Many of the people outside the hospital are every bit as sick as the ones inside, but their illnesses are either undiagnosed or disguised. It's similar with sinners outside the church.

So Christian churches are not, as a rule, model communities of good behavior. They are, rather, places where human misbehavior is brought out in the open, faced, and dealt with.

The letter of James shows one of the church's early pastors skillfully going about his work of confronting, diagnosing, and dealing with areas of misbelief and misbehavior that had turned up in congregations committed to his care. Deep and living wisdom is on display here, wisdom both rare and essential. Wisdom is not primarily knowing the truth, although it certainly includes that; it is skill in living. For, what good is a truth if we don't know how to live it? What good is an intention if we can't sustain it?

> Real wisdom, God's wisdom, begins with a holy life and is characterized by getting along with others. It is gentle and reasonable, overflowing with mercy and blessings, not hot one day and cold the next, not two-faced. You can develop a healthy, robust community that lives right with God and enjoy its results *only* if you do the hard work of getting along with each other, treating each other with dignity and honor(James 3:17-18).

교회 전승에 따르면, 야고보는 여러 해 동안 작정하고 기도한 나머지 무릎에 굳은살이 두텁게 박여서 "늙은 낙타 무릎"이라는 뜻의 별명을 얻었다고 한다. 기도는 지혜의 기초다. 야고보는 그가 편지에 쓴 대로 살았다. "여러분이 무엇을 어떻게 해야 할지 모르겠거든, 아버지께 기도하십시오. 그분은 기꺼이 도와주시는 분이십니다. 여러분은 그분의 도우심을 받게 될 것이며, 그분의 도우심을 구할 때 부끄러움을 당하지 않을 것입니다. 망설이지 말고, 믿음을 가지고 담대히 구하십시오."(약 1:5-6). 기도는 언제나 지혜의 근원이다.

According to church traditions, James carried the nickname "Old Camel Knees" because of thick calluses built up on his knees from many years of determined prayer. James lived what he wrote: "If you don't know what you're doing, pray to the Father. He loves to help. You'll get his help, and won't be condescended to when you ask for it. Ask boldly, believingly, without a second thought"(James 1:5-6). The prayer is foundational to the wisdom. Prayer is *always* foundational to wisdom. The prayer is foundational to the wisdom. Prayer is *always* foundational to wisdom.

야고보서

1 [1] 하나님과 주 예수의 종인 나 야고보는, 다가올 그 나라를 바라보며 이 땅에서 뿔뿔이 흩어져 살아가는 열두 지파에게 편지합니다. 평안하신지요!

시련을 견디는 믿음

2-4 친구 여러분, 시험과 도전이 사방에서 여러분에게 닥쳐올 때, 그것을 더할 나위 없는 선물로 여기십시오. 여러분도 알다시피, 시련을 겪을수록 여러분의 믿음생활은 훤히 그 실체가 드러날 것입니다. 그러니 성급하게 시련에서 벗어나려고 하지 마십시오. 시련을 충분히 참고 견디십시오. 그러면 여러분은 성숙하고 잘 다듬어진 사람, 어느 모로 보나 부족함이 없는 사람이 될 것입니다.

5-8 여러분이 무엇을 어떻게 해야 할지 모르겠거든, 아버지께 기도하십시오. 그분은 기꺼이 도와주시는 분이십니다. 여러분은 그분의 도우심을 받게 될 것이며, 그분의 도우심을 구할 때 부끄러움을 당하지 않을 것입니다. 망설이지 말고, 믿음을 가지고 담대히 구하십시오. "기도해 놓고 염려하는" 사람은 바람에 밀려 출렁이는 물결과 같습니다. 그런 식으로 태도를 정하지 않은 채 바다에 표류하는 사람은, 주님께 무언가 받을 생각을 하지 마십시오.

9-11 망했던 사람이 다시 일어설 기회를 얻거든 박수를 보내십시오! 거들먹거리던 부자가 곤두박질쳐도 박수를 보내십시오! 부귀영화는 들꽃처럼 덧없는 것이니, 거기에 기대지 마십시오. 여러분은 해가 떠서 뜨거운 열을 뿜으면 꽃이 시든다는 것을 잘 알고 있습니다. 꽃잎은 시들고, 그 아름답던 모습도 어느새 바싹 마른 꽃대로 변하고 맙니다. "부유한 삶"의 모습이 그러합니다. 부유한 삶은, 모든 사람이 바라보면서 감탄하는 순간에, 온데간데없이 사라지고 맙니다.

JAMES

1 [1] I, James, am a slave of God and the Master Jesus, writing to the twelve tribes scattered to Kingdom Come: Hello!

Faith Under Pressure

2-4 Consider it a sheer gift, friends, when tests and challenges come at you from all sides. You know that under pressure, your faith-life is forced into the open and shows its true colors. So don't try to get out of anything prematurely. Let it do its work so you become mature and well-developed, not deficient in any way.

5-8 If you don't know what you're doing, pray to the Father. He loves to help. You'll get his help, and won't be condescended to when you ask for it. Ask boldly, believingly, without a second thought. People who "worry their prayers" are like wind-whipped waves. Don't think you're going to get anything from the Master that way, adrift at sea, keeping all your options open.

9-11 When down-and-outers get a break, cheer! And when the arrogant rich are brought down to size, cheer! Prosperity is as short-lived as a wildflower, so don't ever count on it. You know that as soon as the sun rises, pouring down its scorching heat, the flower withers. Its petals wilt and, before you know it, that beautiful face is a barren stem. Well, that's a picture of the "prosper-

12 시련을 정면으로 맞서서 견뎌 내는 사람은 대단히 복된 사람입니다. 그렇게 성실하게 하나님을 사랑하는 사람은, 생명의 상급을 받을 것입니다.

13-15 악에 빠질 위험에 처한 사람을 보거든 "하나님이 나를 넘어뜨리려 한다"고 함부로 말하지 못하게 하십시오. 하나님께서는 악에 영향받는 분도 아니시며, 누군가의 앞길에 악을 들이미는 분도 아니십니다. 유혹을 받아 악에 굴복하는 것은 전적으로 우리 자신입니다. 우리는 누구도 탓해서는 안됩니다. 탓하려면, 자꾸 곁눈질하고 유혹에 이끌리는 우리 자신의 타오르는 욕심을 탓할 것밖에 없습니다. 욕심이 잉태하면 죄를 낳습니다. 그리고 죄가 자라서 어른이 되면 진짜 살인자가 됩니다.

16-18 그러니 사랑하는 친구 여러분, 가던 길에서 벗어나지 마십시오. 모든 바람직하고 유익한 선물은 하늘로부터 옵니다. 빛의 아버지로부터 폭포처럼 하염없이 내려옵니다. 하나님께는 속임수나, 겉과 속이 다르거나, 변덕스러운 것이 전혀 없습니다. 그분께서는 참된 말씀으로 우리를 소생시키시고, 우리를 모든 피조물의 머리로 삼아 돋보이게 하셨습니다.

들은 그대로 행하십시오

19-21 사랑하는 친구 여러분, 사람들이 모이는 곳마다 이렇게 알리십시오. 귀를 앞세우고, 혀가 뒤따르게 하고, 분노는 한참 뒤처지게 하라고 말입니다. 사람이 화내는 것으로는 하나님의 의를 자라게 할 수 없습니다. 모든 악덕과 암과 같은 악을 쓰레기통에 던져 버리십시오. 그저 마음을 겸손하게 하여, 우리의 정원사이신 하나님께서 여러분을 말씀으로 조경하셔서, 여러분의 삶을 구원의 정원으로 만드시게 하십시오.

22-24 말씀을 한 귀로 듣고 다른 귀로 흘려보내면서도, 자신은 말씀을 듣는 사람이라고 스스로 속이는 일이 없게 하십시오. 들은 그대로 행하십시오! 듣고도 행하지 않는 사람은, 거울을 흘끗 들여다보고 떠나가서는, 금세 자기가 누구이며 어떻게 생겼는지 전혀 알지 못하는 사람과 같습니다.

25 *그러나 계시된 하나님의 권고—자유를 주는 삶!*—를 흘끗이라도 살피고 거기서 떠나지 않는 사람은, 마음과 머리가 산만하지 않으며 행동으로 옮기는 사람입니다. 그런 사람은 그 행함으로 기쁨과 확신을 얻게 될 것입니다.

ous life." At the very moment everyone is looking on in admiration, it fades away to nothing.

12 Anyone who meets a testing challenge head-on and manages to stick it out is mighty fortunate. For such persons loyally in love with God, the reward is life and more life.

13-15 Don't let anyone under pressure to give in to evil say, "God is trying to trip me up." God is impervious to evil, and puts evil in no one's way. The temptation to give in to evil comes from us and only us. We have no one to blame but the leering, seducing flare-up of our own lust. Lust gets pregnant, and has a baby: sin! Sin grows up to adulthood, and becomes a real killer.

16-18 So, my very dear friends, don't get thrown off course. Every desirable and beneficial gift comes out of heaven. The gifts are rivers of light cascading down from the Father of Light. There is nothing deceitful in God, nothing two-faced, nothing fickle. He brought us to life using the true Word, showing us off as the crown of all his creatures.

Act on What You Hear

19-21 Post this at all the intersections, dear friends: Lead with your ears, follow up with your tongue, and let anger straggle along in the rear. God's righteousness doesn't grow from human anger. So throw all spoiled virtue and cancerous evil in the garbage. In simple humility, let our gardener, God, landscape you with the Word, making a salvation-garden of your life.

22-24 Don't fool yourself into thinking that you are a listener when you are anything but, letting the Word go in one ear and out the other. *Act* on what you hear! Those who hear and don't act are like those who glance in the mirror, walk away, and two minutes later have no idea who they are, what they look like.

25 But whoever catches a glimpse of the revealed counsel of God–the free life!–even out of the corner of his eye, and sticks with it, is no distracted scatterbrain but a man or woman of action. That person will find delight and affirmation in the action.

26-27 그럴듯한 말로 경건한 척하는 사람은 자기를 속이는 자입니다. 그러한 경건은 자기자랑이자 허풍일 뿐입니다. 하나님 아버지 앞에서 인정받는 참된 경건은, 어려움을 겪는 집 없는 사람과 사랑받지 못하는 사람들을 보살피고, 하나님을 모르는 세상에 오염되지 않도록 조심하는 것입니다.

사랑이라는 고귀한 법

2 1-4 사랑하는 친구 여러분, 그리스도께로부터 시작된 우리의 영광스러운 믿음생활에 세상 사람들의 생각이 영향을 미치지 못하게 하십시오. 어떤 사람이 값비싼 정장 차림을 하고 여러분의 교회에 들어오고, 뒤이어 누더기 옷차림의 노숙자가 들어왔다고 가정해 봅시다. 여러분이 정장을 차려입은 사람에게는 "선생님, 여기 앉으십시오. 이 자리가 가장 좋은 자리입니다"라고 말하면서, 누더기를 걸친 노숙자는 아예 무시하거나 혹은 "여기 뒷자리에 앉는 게 좋겠습니다"라고 말한다면, 여러분은 하나님의 자녀들을 차별하고 남을 판단하는, 신뢰할 수 없는 사람이 아니겠습니까?

5-7 사랑하는 친구 여러분, 귀 기울여 들으십시오. 하나님께서는 전혀 다르게 일하신다는 것이 이미 분명하게 드러나지 않았습니까? 그분께서는 세상의 가난한 사람들을 택하셔서 그 나라의 권리와 특권을 지닌 일등 시민이 되게 하셨습니다. 그 나라는 하나님을 사랑하는 사람 누구에게나 약속된 나라입니다. 그런데도 여러분은 여러분과 같은 시민들을 업신여겨 욕보이고 있습니다! 여러분을 착취하는 사람들은 지위가 높고 힘있는 자들이 아닙니까? 법정을 이용해 여러분에게 터무니없는 돈을 청구하는 사람들도 그들이 아닙니까? 여러분이 세례 때 받은 "그리스도인"이라는 새 이름을 경멸하는 사람들도 바로 그들이 아닙니까?

8-11 여러분이 "네 자신을 사랑하듯이 다른 사람들을 사랑하라"는 성경의 고귀한 법을 이행하면, 그것은 잘하는 일입니다. 그러나 여러분이 이른바 유력 인사라고 하는 자들을 우대한다면, 그것은 성경의 법을 어기는 것이고, 여러분은 그 일로 말미암아 범법자가 됩니다. 여러분은 하나님의 율법 가운데 이러저러한 조항만 선택할 수 없고, 특별히 한두 가지는 지키고 다른 것들을 무시할 수는 없습니다. "간음하지 말라"고 하신 하

26-27 Anyone who sets himself up as "religious" by talking a good game is self-deceived. This kind of religion is hot air and only hot air. Real religion, the kind that passes muster before God the Father, is this: Reach out to the homeless and loveless in their plight, and guard against corruption from the godless world.

The Royal Rule of Love

2 1-4 My dear friends, don't let public opinion influence how you live out our glorious, Christ-originated faith. If a man enters your church wearing an expensive suit, and a street person wearing rags comes in right after him, and you say to the man in the suit, "Sit here, sir; this is the best seat in the house!" and either ignore the street person or say, "Better sit here in the back row," haven't you segregated God's children and proved that you are judges who can't be trusted?

5-7 Listen, dear friends. Isn't it clear by now that God operates quite differently? He chose the world's down-and-out as the kingdom's first citizens, with full rights and privileges. This kingdom is promised to anyone who loves God. And here you are abusing these same citizens! Isn't it the high and mighty who exploit you, who use the courts to rob you blind? Aren't they the ones who scorn the new name—"Christian"—used in your baptisms?

8-11 You do well when you complete the Royal Rule of the Scriptures: "Love others as you love yourself." But if you play up to these so-called important people, you go against the Rule and stand convicted by it. You can't pick and choose in these things, specializing in keeping one or two things in God's law and ignoring others. The same God who said, "Don't commit adultery," also said, "Don't murder." If you don't commit adultery but go ahead and murder, do you think your non-adultery will cancel out your murder? No, you're a murderer, period.

12-13 Talk and act like a person expecting to be judged by the Rule that sets us free. For if you refuse to act kindly, you can hardly expect to be treated kindly. Kind mercy wins over harsh

나님께서 또한 "살인하지 말라"고 하셨습니다. 여러분이 간음하지는 않았으나 살인을 저질렀다고 가정해 봅시다. 그러면 여러분은 "나는 간음하지 않았으니, 그것으로 나의 살인죄가 상쇄될 거야"라고 생각하겠습니까? 그럴 수 없습니다. 여러분은 결국 살인범입니다.

12-13 여러분은 우리에게 자유를 주는 그 법에 따라 심판을 기다리는 사람처럼 말하고 행동하십시오. 여러분이 친절하게 행동하지 않으면, 친절한 대우 받기를 기대할 수 없을 것입니다. 친절한 자비는 언제나 무자비한 심판을 이깁니다.

행함이 있는 믿음

14-17 사랑하는 친구 여러분, 여러분은 온갖 옳은 말씀을 배우기만 하고 아무것도 행하지 않으면서 잘되기를 바랍니까? 어떤 사람이 믿음을 논하기만 하고 전혀 실천하지 않는다면, 그 사람에게 믿음이 실제로 있는 것이겠습니까? 예를 들어, 여러분의 옛 친구가 누더기를 걸친 채 굶주리고 있는데, 그에게 다가가서 "여보게 친구! 그리스도를 입으시게! 성령 충만하시게!"라고 말하면서, 외투 한 벌이나 밥 한 그릇 주지 않고 떠나간다면, 무슨 소용이 있겠습니까? 하나님의 말만 앞세우고 하나님의 행함이 없다면, 그것은 터무니없는 짓임이 분명하지 않습니까?

18 벌써 여러분 가운데 누군가가 "좋습니다. 당신이 믿음을 맡으면, 나는 행함을 맡겠습니다"라고 말하는 소리가 들립니다.

성급하게 판단하지 마십시오. 내가 행함이 없는 믿음을 보여줄 수 없듯이, 여러분도 믿음 없는 행함을 보여줄 수 없습니다. 믿음과 행함, 행함과 믿음은 떼려야 뗄 수 없는 관계입니다.

19-20 여러분은 한분이신 하나님을 믿는다고 공언하면서, 마치 그것으로 대단한 일을 했다는 듯이 뒷짐을 진 채 만족해 하더군요. 참 대단하십니다. 마귀들도 그렇게 합니다만, 그것이 무슨 소용이 있겠습니까? 생각을 좀 해보십시오! 여러분은 믿음과 행함을 갈라놓고도 그것을 계속 죽지 않게 할 수 있다고 생각하는 것입니까?

21-24 우리 조상 아브라함이 자기 아들 이삭을 번제단에 바칠 때 "행함으로 하나님과 바른 관계를 맺은" 것이 아닙니까? 믿음과 행함은 함께 멍에를 맨 동반자임이 분명하지 않습니까? 믿음은 행함으로 나타나는 것이 아닙니까? 행함이 "믿음의 행위"라는 것은 다 아는 사실이 아닙니까? 성경은 "아브라함이 하나님을 믿어 하나님과 바른 관계를 맺었다"고 했는데, 여기서 "믿는다"는 말의 온전한 의미는 그의 행위까지 담고 있습니다. 아브라함이 "하나님의 벗"이라는 이름을 얻게 된 것은, 그가 믿

judgment every time.

Faith in Action

14-17 Dear friends, do you think you'll get anywhere in this if you learn all the right words but never do anything? Does merely talking about faith indicate that a person really has it? For instance, you come upon an old friend dressed in rags and half-starved and say, "Good morning, friend! Be clothed in Christ! Be filled with the Holy Spirit!" and walk off without providing so much as a coat or a cup of soup—where does that get you? Isn't it obvious that God-talk without God-acts is outrageous nonsense?

18 I can already hear one of you agreeing by saying, "Sounds good. You take care of the faith department, I'll handle the works department."

Not so fast. You can no more show me your works apart from your faith than I can show you my faith apart from my works. Faith and works, works and faith, fit together hand in glove.

19-20 Do I hear you professing to believe in the one and only God, but then observe you complacently sitting back as if you had done something wonderful? That's just great. Demons do that, but what good does it do them? Use your heads! Do you suppose for a minute that you can cut faith and works in two and not end up with a corpse on your hands?

21-24 Wasn't our ancestor Abraham "made right with God by works" when he placed his son Isaac on the sacrificial altar? Isn't it obvious that faith and works are yoked partners, that faith expresses itself in works? That the works are "works of faith"? The full meaning of "believe" in the Scripture sentence, "Abraham believed God and was set right with God," includes his action. It's that mesh of believing and acting that got Abraham named "God's friend." Is it not evident that a person is made right with God

음과 행위를 하나로 조화시켰기 때문이 아닙니까? 사람이 하나님과 바른 관계를 맺는 것은, 열매 맺지 못하는 믿음으로 되는 것이 아니라, 행함으로 열매를 맺는 믿음으로 되는 것이 분명하지 않습니까?
25-26 여리고의 창녀 라합의 경우가 그러했습니다. 하나님이 그녀를 귀하게 여기신 것은, 하나님의 정탐꾼들을 숨겨 주고 그들의 탈출을 도운 행위, 곧 믿음과 행함의 빈틈없는 일치 때문이 아니었습니까? 여러분이 육체와 영을 분리시키는 바로 그 순간에, 여러분은 싸늘한 시체가 되고 맙니다. 믿음과 행함을 분리시켜 보십시오. 여러분이 얻을 것은 시체뿐입니다.

말의 힘

3 1-2 친구 여러분, 성급하게 선생이 되려고 하지 마십시오. 가르침에는 막중한 책임이 따릅니다. 선생은 가장 엄격한 기준을 적용받습니다. 우리 가운데 완전한 자격을 갖춘 사람은 하나도 없습니다. 우리는 입을 열 때마다 거의 매번 실수를 저지릅니다. 온전히 참된 말을 하는 사람을 만난다면, 여러분은 삶을 완벽하게 제어하는 완전한 사람을 보고 있는 것입니다.
3-5 말의 입에 물린 재갈이 말의 온몸을 통제합니다. 큰 배라도 능숙한 선장의 손에 작은 키가 잡혀 있으면, 그 배는 아무리 거센 풍랑을 만나도 항로를 벗어나지 않습니다. 여러분의 입에서 나오는 말이 하찮아 보이지만, 그 말은 무슨 일이든 성취하거나 파괴할 수 있습니다!
5-6 잊지 마십시오. 아주 작은 불꽃이라도 큰 산불을 낼 수 있습니다. 여러분의 입에서 나오는 부주의한 말이나 부적절한 말이 그 같은 일을 합니다. 우리는 말로 세상을 파괴할 수도 있고, 조화를 무질서로 바꿀 수도 있고, 명성에 먹칠을 할 수도 있고, 지옥 구덩이에서 올라오는 연기처럼 온 세상을 허망하게 사라지게 할 수도 있습니다.
7-10 두려운 일이 아닐 수 없습니다. 여러분이 호랑이는 길들일 수 있지만, 혀는 길들일 수 없습니다. 이제껏 혀를 길들인 사람은 아무도 없었습니다. 혀는 사납게 날뛰는, 무자비한 살인자입니다. 우리는 혀로 하나님 우리 아버지를 찬양하기도 하고, 바로 그 혀로 하나님이 자기 형상대로 지으신 사람들을 저주하기도 합니다. 한 입에서 저주도 나오고 찬양도 나옵니다!
10-12 친구 여러분, 그런 일이 계속 일어나서는 안됩니다. 샘이 하루는 단물을 내고, 다음날은 쓴물을 낼 수 있겠습니까? 사과나무가 딸기를 낼 수 있습니까? 딸기 덩굴이 사과를 낼 수 있습니까? 더러운 진흙 구덩이에서 맑고 시원한 물 한 잔을 얻을 수 있겠습니까?

not by a barren faith but by faith fruitful in works?
25-26 The same with Rahab, the Jericho harlot. Wasn't her action in hiding God's spies and helping them escape—that seamless unity of *believing* and *doing*—what counted with God? The very moment you separate body and spirit, you end up with a corpse. Separate faith and works and you get the same thing: a corpse.

When You Open Your Mouth

3 1-2 Don't be in any rush to become a teacher, my friends. Teaching is highly responsible work. Teachers are held to the strictest standards. And none of us is perfectly qualified. We get it wrong nearly every time we open our mouths. If you could find someone whose speech was perfectly true, you'd have a perfect person, in perfect control of life.
3-5 A bit in the mouth of a horse controls the whole horse. A small rudder on a huge ship in the hands of a skilled captain sets a course in the face of the strongest winds. A word out of your mouth may seem of no account, but it can accomplish nearly anything—or destroy it!
5-6 It only takes a spark, remember, to set off a forest fire. A careless or wrongly placed word out of your mouth can do that. By our speech we can ruin the world, turn harmony to chaos, throw mud on a reputation, send the whole world up in smoke and go up in smoke with it, smoke right from the pit of hell.
7-10 This is scary: You can tame a tiger, but you can't tame a tongue—it's never been done. The tongue runs wild, a wanton killer. With our tongues we bless God our Father; with the same tongues we curse the very men and women he made in his image. Curses and blessings out of the same mouth!
10-12 My friends, this can't go on. A spring doesn't gush fresh water one day and

참된 지혜

13-16 지혜롭다는 평가를 듣고 싶습니까? 지혜롭다는 평판을 쌓고 싶습니까? 여기 여러분이 할 일이 있습니다. 제대로 살고, 지혜롭게 살고, 겸손하게 사십시오. 중요한 것은, 여러분의 말하는 방식이 아니라 사는 방식입니다. 야비한 야심은 지혜가 아닙니다. 스스로 지혜롭다고 뽐내는 것도 지혜가 아닙니다. 지혜롭게 보이려고 진실을 왜곡해 말하는 것도 지혜가 아닙니다. 그것은 지혜와는 한참 거리가 멉니다. 그것은 짐승같이 약삭빠르고, 악마같이 교활한 속임수일 뿐입니다. 여러분이 다른 사람보다 더 낫게 보이려고 하거나 다른 사람을 이기려고 할 때마다, 일은 엉망이 되고 서로 멱살을 잡는 것으로 끝나고 말 것입니다.

17-18 참된 지혜, 하나님의 지혜는 거룩한 삶에서 시작됩니다. 참된 지혜의 특징은 다른 사람들과 평화롭게 지내는 것입니다. 참된 지혜는 온유하고, 이치에 맞으며, 자비와 축복이 넘칩니다. 하루는 뜨겁고 다음날은 차갑고 하지 않습니다. 겉과 속이 다르지 않습니다. 여러분이 서로 평화롭게 지내고 품위와 예의를 갖춰 서로를 대하려고 노력한다면, 여러분은 하나님과 바른 관계를 맺고 사는 건강하고 튼튼한 공동체를 세우고, 그 열매 또한 맛보게 될 것입니다.

하나님 뜻대로 사는 삶

4 1-2 여러분은 이 모든 형편없는 싸움과 다툼이 어디에서 비롯된다고 생각합니까? 그냥 일어나는 일이라고 생각합니까? 곰곰이 생각해 보십시오. 그런 일이 일어나는 것은, 여러분이 자기 마음대로 하려 하고, 싸워서라도 그렇게 하려는 마음이 여러분 깊은 곳에 있기 때문입니다. 여러분은 자신이 갖지 못한 것을 탐하고, 살인까지 해서라도 그것을 얻으려고 합니다. 여러분의 것이 아닌 것을 가지려다가 폭력까지 휘두르고 맙니다.

2-3 여러분은 그런 것을 달라고 하나님께 구하지는 않겠지요? 그 이유가 무엇입니까? 여러분이 가질 권리가 없는 것을 구하고 있음을 잘 알기 때문입니다. 여러분은 매번 자기 마음대로 하려고 하니, 버릇없는 아이와 같습니다.

4-6 여러분은 하나님을 속이고 있습니다. 온통 자기 마음대로 살거나 기회 있을 때마다 세상과 놀아나는 것이 여러분이 원하는 바라면, 여러분은 결국 하나님의 원수가 되어 하나님과 그분의 길을 거스르고 말 것입니다. 여러분은 하나님께서 관심하지

brackish the next, does it? Apple trees don't bear strawberries, do they? Raspberry bushes don't bear apples, do they? You're not going to dip into a polluted mud hole and get a cup of clear, cool water, are you?

Live Well, Live Wisely

13-16 Do you want to be counted wise, to build a reputation for wisdom? Here's what you do: Live well, live wisely, live humbly. It's the way you live, not the way you talk, that counts. Mean-spirited ambition isn't wisdom. Boasting that you are wise isn't wisdom. Twisting the truth to make yourselves sound wise isn't wisdom. It's the furthest thing from wisdom—it's animal cunning, devilish conniving. Whenever you're trying to look better than others or get the better of others, things fall apart and everyone ends up at the others' throats.

17-18 Real wisdom, God's wisdom, begins with a holy life and is characterized by getting along with others. It is gentle and reasonable, overflowing with mercy and blessings, not hot one day and cold the next, not two-faced. You can develop a healthy, robust community that lives right with God and enjoy its results *only* if you do the hard work of getting along with each other, treating each other with dignity and honor.

Get Serious

4 1-2 Where do you think all these appalling wars and quarrels come from? Do you think they just happen? Think again. They come about because you want your own way, and fight for it deep inside yourselves. You lust for what you don't have and are willing to kill to get it. You want what isn't yours and will risk violence to get your hands on it.

2-3 You wouldn't think of just asking God for it, would you? And why not? Because you know you'd be asking for what you have no right to. You're spoiled children, each wanting your own way.

4-6 You're cheating on God. If all you want is your

않으신다고 생각합니까? 잠언은 "하나님은 맹렬히 질투하는 연인이시다"라고 말합니다. 그분께서 사랑으로 주시는 것은, 여러분이 얻고자 하는 다른 어떤 것보다 훨씬 나은 것입니다. "하나님은 자기 마음대로 하려는 교만한 자들을 대적하시고, 기꺼이 자기를 낮추는 사람들에게는 은혜를 베푸신다"는 말씀은 누구나 아는 사실입니다.

7-10 그러니, 하나님이 여러분 안에서 그분 뜻대로 일하시게 해드리십시오. 마귀에게는 큰소리로 "안 돼!" 하고 외치고, 마귀가 날뛰지 않는지 주시하십시오. 하나님께는 조용히 "예!" 하고 말씀드리십시오. 그러면 하나님께서 즉시 여러분 곁에 계실 것입니다. 죄에서 손을 떼십시오. 내면의 삶을 깨끗게 하십시오. 여기저기 기웃거리지 마십시오. 땅을 치며 하염없이 우십시오. 놀고 즐기는 일은 끝났습니다. 신중하게, 참으로 신중하게 처신하십시오. 주님 앞에 무릎을 꿇으십시오. 여러분이 일어설 수 있는 길은 그 길뿐입니다.

11-12 친구 여러분, 서로 헐뜯지 마십시오. 그런 식의 험담은 하나님의 말씀, 그분의 메시지, 그분의 고귀한 법을 짓밟는 행위입니다. 여러분은 메시지를 존중해야지, 거기에 낙서를 해서는 안됩니다. 사람의 운명은 하나님이 정하십니다. 도대체 여러분이 누구이기에 다른 사람의 운명에 간섭할 수 있단 말입니까?

한 줌 안개와 같은 인생

13-15 "오늘이나 내일 이러저러한 도시에 가서 일 년 정도 머물면서, 사업을 시작해 큰돈을 벌어야겠다"고 건방진 소리를 하는 여러분에게 한마디 하겠습니다. 여러분은 내일에 대해 아무것도 알지 못합니다. 여러분은 햇빛이 조금만 비쳐도 금세 사라지고 마는 한 줌 안개에 지나지 않습니다. 오히려 "주님이 원하셔서 우리가 살게 된다면, 이러저러한 일을 하겠다"고 말하는 습관을 들이십시오.

16-17 사실, 여러분은 우쭐거리는 자아로 가득 차 있습니다. 그런 자만은 다 악한 것입니다. 여러분이 옳은 일을 할 줄 알면서도 하지 않는 것, 그것이 바로 여러분의 죄악입니다.

부자들에게 주는 경고

5 1-3 마지막으로, 거만하게 구는 부자들에게 말합니다. 슬퍼하며 몇 가지 가르침을 받으십시오. 그대들은 재난이 닥칠 때 눈물을 담을 양동이가 필요할 것입니다. 그대들의 돈은 썩었

own way, flirting with the world every chance you get, you end up enemies of God and his way. And do you suppose God doesn't care? The proverb has it that "he's a fiercely jealous lover." And what he gives in love is far better than anything else you'll find. It's common knowledge that "God goes against the willful proud; God gives grace to the willing humble."

7-10 So let God work his will in you. Yell a loud *no* to the Devil and watch him scamper. Say a quiet *yes* to God and he'll be there in no time. Quit dabbling in sin. Purify your inner life. Quit playing the field. Hit bottom, and cry your eyes out. The fun and games are over. Get serious, really serious. Get down on your knees before the Master; it's the only way you'll get on your feet.

11-12 Don't bad-mouth each other, friends. It's God's Word, his Message, his Royal Rule, that takes a beating in that kind of talk. You're supposed to be honoring the Message, not writing graffiti all over it. God is in charge of deciding human destiny. Who do you think you are to meddle in the destiny of others?

Nothing but a Wisp of Fog

13-15 And now I have a word for you who brashly announce, "Today—at the latest, tomorrow—we're off to such and such a city for the year. We're going to start a business and make a lot of money." You don't know the first thing about tomorrow. You're nothing but a wisp of fog, catching a brief bit of sun before disappearing. Instead, make it a habit to say, "If the Master wills it and we're still alive, we'll do this or that."

16-17 As it is, you are full of your grandiose selves. All such vaunting self-importance is evil. In fact, if you know the right thing to do and don't do it, that, for you, *is* evil.

Destroying Your Life from Within

5 1-3 And a final word to you arrogant rich: Take some lessons in lament. You'll need buckets for the tears when the crash comes upon you. Your money is corrupt and your fine clothes

고, 그대들의 좋은 옷은 역겹기 그지없습니다. 그대들의 탐욕스런 사치품은 내장에 생긴 암과 같아서, 안에서부터 그대들의 생명을 파괴하고 있습니다. 그대들은 스스로 재물을 쌓아 올렸다고 생각하겠지만, 그대들이 쌓아 올린 것은 다름 아닌 심판입니다.

4-6 그대들에게 착취당하고 갈취당한 일꾼들이 심판을 요구하며 부르짖고 있습니다. 그대들에게 이용당하고 혹사당한 일꾼들의 신음소리가, 원수를 갚아 주시는 주님의 귀에 쟁쟁히 울리고 있습니다. 그대들은 땅을 착취해 배를 불렸으면서도, 그 땅에 돌려줄 것은 유난히도 뚱뚱한 그대들의 시신밖에 없습니다. 사실 그대들이 한 일은, 묵묵히 당하기만 하는 더할 나위 없이 선한 사람들을 정죄하고 죽인 것이 전부입니다.

7-8 친구 여러분, 주님이 오실 때까지 참고 기다리십시오. 여러분도 알다시피, 농부들은 늘 이렇게 합니다. 농부들은 귀한 곡식이 자라기를 기다립니다. 더디지만, 비가 내려 분명한 결과를 낼 것을 인내심을 가지고 기다립니다. 여러분도 그렇게 참고 기다리십시오. 마음을 한결같이 강하게 하십시오. 주님은 언제라도 오실 수 있습니다.

9 친구 여러분, 서로 원망하지 마십시오. 여러분도 알다시피, 훨씬 큰 원망이 여러분을 기다리고 있을지 모릅니다. 심판하실 분께서 가까이 와 계십니다.

10-11 옛 예언자들을 여러분의 멘토로 삼으십시오. 그들은 모든 것을 참았고, 온갖 고난을 겪으면서도 멈추지 않고 언제나 하나님을 경외했습니다. 끝까지 경주를 마친 사람들에게는 하나님께서 생명을 선물로 주실 것입니다! 물론, 여러분은 욥의 인내에 대해 들었을 것입니다. 하나님께서 마지막에 어떻게 그에게 모든 것을 회복해 주셨는지도 알 것입니다. 하나님께서 그렇게 하신 것은, 그분은 돌보시는 분, 사소한 일까지 세세하게 보살펴 주시는 분이기 때문입니다.

12 하나님은 돌보시는 분임을 알았으니, 이제 여러분의 말로 그 사실을 알리십시오. 여러분의 말에 "맹세하건대" 같은 표현을 덧붙이지 마십시오. 하나님을 재촉하려고 맹세를 덧붙이는 조급함을 보이지 마십시오. 그저 "예"라고 하거나, "아니요"라고만 하십시오. 참된 것만 말하십시오. 그래야 여러분의 말이 여러분을 거스르는 데 사용되지 않을 것입니다.

하나님이 헤아리시는 기도

13-15 고통을 겪고 있습니까? 기도하십시오. 기분이 몹시 좋습니까? 찬양하십시오. 아픈 데가 있습니까? 교

stink. Your greedy luxuries are a cancer in your gut, destroying your life from within. You thought you were piling up wealth. What you've piled up is judgment.

4-6 All the workers you've exploited and cheated cry out for judgment. The groans of the workers you used and abused are a roar in the ears of the Master Avenger. You've looted the earth and lived it up. But all you'll have to show for it is a fatter than usual corpse. In fact, what you've done is condemn and murder perfectly good persons, who stand there and take it.

7-8 Meanwhile, friends, wait patiently for the Master's Arrival. You see farmers do this all the time, waiting for their valuable crops to mature, patiently letting the rain do its slow but sure work. Be patient like that. Stay steady and strong. The Master could arrive at any time.

9 Friends, don't complain about each other. A far greater complaint could be lodged against you, you know. The Judge is standing just around the corner.

10-11 Take the old prophets as your mentors. They put up with anything, went through everything, and never once quit, all the time honoring God. What a gift life is to those who stay the course! You've heard, of course, of Job's staying power, and you know how God brought it all together for him at the end. That's because God cares, cares right down to the last detail.

12 And since you know that he cares, let your language show it. Don't add words like "I swear to God" to your own words. Don't show your impatience by concocting oaths to hurry up God. Just say yes or no. Just say what is true. That way, your language can't be used against you.

Prayer to Be Reckoned With

13-15 Are you hurting? Pray. Do you feel great?

회의 지도자들을 불러 주님의 이름으로 함께 기도하고, 기름을 발라 달라고 하십시오. 믿음으로 드리는 기도는 여러분을 낫게 해줄 것입니다. 예수께서 여러분을 일으켜 주실 것입니다. 또한 죄를 지은 것이 있으면 용서받을 것입니다. 안팎이 모두 치유될 것입니다.

16-18 여러분 모두가 함께 실천할 것이 있습니다. 서로 죄를 고백하고, 서로를 위해 기도하십시오. 그러면 여러분의 병이 낫고 온전해져서 더불어 살 수 있을 것입니다. 하나님과 바른 관계를 맺고 사는 사람의 기도는, 하나님께서 헤아리실 만큼 강력한 힘을 발휘합니다. 예컨대, 엘리야는 우리와 똑같은 사람이었으나, 비가 오지 않게 해달라고 간절히 기도하자 비가 내리지 않았습니다. 삼 년 육 개월 동안 한 방울도 내리지 않았습니다. 그 후에 비를 내려 달라고 기도하자 비가 내렸습니다. 소나기가 내려 모든 것이 다시 자라기 시작했습니다.

19-20 사랑하는 친구 여러분, 하나님의 진리에서 떠난 사람들을 알고 있거든, 그들을 포기하지 마십시오. 그들을 찾아가십시오. 그들을 돌아서게 하십시오. 이는 귀한 생명들을 파멸에서 건져 내는 일이며, 하나님을 등지는 일이 전염병처럼 퍼지는 것을 막는 일입니다.

Sing. Are you sick? Call the church leaders together to pray and anoint you with oil in the name of the Master. Believing-prayer will heal you, and Jesus will put you on your feet. And if you've sinned, you'll be forgiven–healed inside and out.

16-18 Make this your common practice: Confess your sins to each other and pray for each other so that you can live together whole and healed. The prayer of a person living right with God is something powerful to be reckoned with. Elijah, for instance, human just like us, prayed hard that it wouldn't rain, and it didn't–not a drop for three and a half years. Then he prayed that it would rain, and it did. The showers came and everything started growing again.

19-20 My dear friends, if you know people who have wandered off from God's truth, don't write them off. Go after them. Get them back and you will have rescued precious lives from destruction and prevented an epidemic of wandering away from God.

베드로전후서 | 머리말

"당신은 그리스도, 곧 메시아이십니다." 베드로의 이 간결한 고백은, 우리 가운데 하나님으로 계시면서 친히 영원한 구원 사역을 행하시는 예수께 믿음의 초점을 맞춘 것이다. 베드로는 순수한 인격의 힘으로 동료들의 존경을 불러일으키는 타고난 지도자였던 것 같다. 예수의 제자 명단에는, 베드로의 이름이 언제나 첫 번째 자리를 차지한다.

초대교회에서 그의 영향력은 대단했으며, 모든 이들의 인정을 받았다. 이러한 위치 때문에, 그는 기독교 공동체 안에서 가장 영향력 있는 인물이 되었다. 또한 그는 힘찬 설교와 뜨거운 기도, 담대한 치유 사역과 지혜로운 지도력을 통해서도 자신에게 주어진 신뢰가 정당하다는 것을 증명해 보였다.

베드로가 영향력 있는 자리에 있으면서 처신한 방식은, 그의 영향력보다 훨씬 인상적이다. 그는 중심에서 벗어나 있었고, 권력을 "휘두르지" 않았으며, 예수께 한결같이 순종했다. 카리스마 넘치는 성품으로 보나 으뜸으로 인정받은 위치로 보나, 그는 쉽게 권력을 넘겨받을 수도 있었고 예수와의 각별한 관계를 내세워 스스로를 높일 수도 있었다. 그러나 오늘날의 영적 지도자들이 자주 범하는 것과 달리, 그는 그렇게 하지 않았다. 그것은 참으로 인상 깊고 감동적이다. 실제로 그는 편지를 읽는 이들에게 "여러분은 자신의 모습에 만족하고, 거들먹거리지 마십시오. 하나님의 강한 손이 여러분 위에 있으니, 때가 되면 그분께서 여러분을 높이실 것입니다"라고 말한다(벧전 5:6). 베드로는 한 줄기 신선한 산들바람과 같은 사람이었다.

베드로가 쓴 두 통의 편지는, 성령께서 베드로 안에 빚으신 예수의 성품을 드러내 보여준다. 특권보다는 고난을 기꺼이 껴안으려는 마음, 책보다는 경험에서 우러난 지혜, 활력과 상상력을 잃지 않은 겸손이 그것들이다. 베드로의 초기 이야기에서 알 수 있듯이, 그는 골목대장 기질이 다분한 사람이었다. 그러나 그는 그런 사람이 되지 않았다(종교적 골목대장만큼 최악인 경우도 없다). 오히려 그는, 담대한 확신을 갖고 있으면서도 자신을 내세우지 않는, 예수 그리스도의 종이 되었다. 우리는 이 두 편지에

Peter's concise confession—"You are the Messiah, the Christ"—focused the faith of the disciples on Jesus as God among us, in person, carrying out the eternal work of salvation. Peter seems to have been a natural leader, commanding the respect of his peers by sheer force of personality. In every listing of Jesus' disciples, Peter's name is invariably first.

In the early church, his influence was enormous and acknowledged by all. By virtue of his position, he was easily the most powerful figure in the Christian community. And his energetic preaching, ardent prayer, bold healing, and wise direction confirmed the trust placed in him.

The way Peter handled himself in that position of power is even more impressive than the power itself. He stayed out of the center, didn't "wield" power, maintained a scrupulous subordination to Jesus. Given his charismatic personality and well-deserved position at the head, he could easily have taken over, using the prominence of his association with Jesus to promote himself. That he didn't do it, given the frequency with which spiritual leaders do exactly that, is impressive. In fact, he told his readers to "be content with who you are, and don't put on airs. God's strong hand is on you; he'll promote you at the right time"(1 Peter 5:6). Peter is a breath of fresh air.

The two letters Peter wrote exhibit the qualities of Jesus that the Holy Spirit shaped in him: a readiness to embrace suffering rather than prestige, a wisdom developed from experience and not imposed from a book, a humility that lacked nothing in vigor or imagination. From what we know of the early stories of Peter, he had in him all the makings of a bully. That he didn't become a bully (and religious bullies are the worst kind) but rather the boldly confident and humbly self-effacing servant of Jesus Christ that we discern in

서 그런 그의 모습을 볼 수 있다. 이것이야말로 그가 말한 "전혀 새로운 생명, 가장 중요한 삶의 목적"에 대한 강력한 증언인 것이다.

these letters, is a compelling witness to what he himself describes as "a brand-new life, with everything to live for."

베드로전서

1 [1-2] 메시아 예수께 사도로 임명받은 나 베드로는, 사방에 흩어져 나그네 삶을 살아가는 이들에게 이 편지를 씁니다. 나는 여러분 가운데 한 사람도 그리워하지 않은 적이 없고, 한 사람도 잊은 적이 없습니다. 하나님 아버지께서 여러분 각자를 눈여겨보시고, 성령의 역사로 말미암아 예수의 희생을 통해 여러분을 순종하는 사람이 되게 하기로 작정하셨습니다. 하나님께서 주시는 온갖 좋은 것이 여러분의 것이 되기를 바랍니다!

새 생명

[3-5] 우리 안에 계시는 하나님은 얼마나 놀라운 분이신지요! 우리 주 예수의 아버지 하나님을 모신 우리는 얼마나 복된 사람들인지요! 예수께서 죽은 자들 가운데서 다시 살아나심으로 우리는 전혀 새로운 생명을 받았고, 가장 중요한 삶의 목적을 얻게 되었습니다. 또한 하늘에 간직된 미래까지 보장받았습니다. 그 미래가 이제 시작되고 있습니다! 하나님께서는 우리와 그 미래를 꼼꼼히 살피고 계십니다. 여러분이 온전하게 치유된 생명을 얻게 될 그날이 다가오고 있습니다.

[6-7] 나는 이것으로 말미암아 여러분이 얼마나 기뻐할지 알고 있습니다. 얼마 동안은 여러분이 온갖 힘든 일을 참고 견뎌야 하겠지만 말입니다. 순금은 불 속을 통과해야 순금인 것이 입증됩니다. 참된 믿음도 시련을 겪고 나와야 참된 믿음인 것이 입증됩니다. 예수께서 모든 일을 완성하실 때에 하나님께서 승리의 증거로 내보이실 것은, 여러분의 믿음이지 여러분의 금덩이가 아닙니다.

[8-9] 여러분은 예수를 본 적이 없지만 그분을 사랑합니다. 지금도 그분을 볼 수 없지만, 그분을 신뢰하며 기뻐 찬송합니다. 믿음을 잘 지켜 왔으니, 이제 여러분은 손꼽아 기다리던 완전한 구원을 얻게 될 것입니다.

1 PETER

1 [1-2] I, Peter, am an apostle on assignment by Jesus, the Messiah, writing to exiles scattered to the four winds. Not one is missing, not one forgotten. God the Father has his eye on each of you, and has determined by the work of the Spirit to keep you obedient through the sacrifice of Jesus. May everything good from God be yours!

A New Life

[3-5] What a God we have! And how fortunate we are to have him, this Father of our Master Jesus! Because Jesus was raised from the dead, we've been given a brand-new life and have everything to live for, including a future in heaven – and the future starts now! God is keeping careful watch over us and the future. The Day is coming when you'll have it all – life healed and whole.

[6-7] I know how great this makes you feel, even though you have to put up with every kind of aggravation in the meantime. Pure gold put in the fire comes out of it *proved* pure; genuine faith put through this suffering comes out *proved* genuine. When Jesus wraps this all up, it's your faith, not your gold, that God will have on display as evidence of his victory.

[8-9] You never saw him, yet you love him. You still don't see him, yet you trust him – with laughter and singing. Because you kept

10-12 이 구원이 다가오고 있음을 우리에게 일러 준 예언자들은, 하나님이 예비하고 계신 생명의 선물에 대해 많은 질문을 던졌습니다. 메시아의 영이 그들에게 그 선물에 대해 알려 주셨습니다. 그 선물은 메시아께서 고난을 받으시고, 그 후에 영광을 받으시리라는 것이었습니다. 예언자들은 그런 일이 누구에게, 또 언제 일어날지 알고 싶어 그분께 부르짖었습니다. 예언자들이 들은 것은 모두 여러분을 섬기기 위한 것이었습니다. 여러분은 하늘의 지시에 따라—성령을 통해—저 예언자들의 메시지가 성취되었다는 말을 직접 들은 사람들입니다. 여러분이 얼마나 복된 사람인지 아시겠습니까? 천사들도 이런 복을 누릴 기회를 조금이라도 얻고 싶어 했을 것입니다!

하나님의 생명으로 빚어진 생활방식

13-16 그러니 마음을 단단히 먹고 정신을 바짝 차려서, 예수께서 오실 때에 여러분의 선물을 받을 수 있도록 철저히 준비하십시오. 전에 하고 싶은 대로만 하던 악한 습관에 다시 빠져들지 않게 하십시오. 그때는 여러분이 더 나은 것을 알지 못했으나, 이제는 알고 있습니다. 순종하는 자녀가 되었으니, 여러분은 하나님의 생명으로 빚어진 생활방식을 따라 거룩함으로 빛나는 힘찬 삶을 살아가십시오. 하나님께서 "내가 거룩하니, 너희도 거룩하여라" 하고 말씀하셨습니다.

17 여러분이 하나님께 도움을 구하면, 그분께서 도와주십니다. 하나님은 그토록 자애로우신 아버지이십니다. 그러나 잊지 마십시오. 그분은 책임을 다하는 아버지도 되시기에, 여러분이 단정치 못한 삶을 살도록 내버려 두지 않으십니다.

18-21 여러분의 삶은 하나님을 깊이 의식하면서 나아가야 하는 여정입니다. 하나님께서는 여러분이 전에 몸담고 살았던 막다른 삶, 아무 생각 없이 살아온 그 삶에서 여러분을 건져 내기 위해 큰 값을 치르셨습니다. 여러분도 알다시피, 하나님께서는 그리스도의 거룩한 피를 지불하셨습니다. 그리스도께서 흠 없는 희생양처럼 죽으셨습니다. 이것은 느닷없이 일어난 일이 아니었습니다. 최근에—마지막 때에—이르러 공공연한 지식이 되었지만, 하나님은 그리스도께서 여러분을 위해 이 일을 하실 것을 전부터 미리 알고 계셨습니다. 여러분이 하나님을 믿게 된 것, 하나님 안에 *미래가 있음을 알게 된 것은 메시아의 희생*으로 말미암은 것입니다. 하나님께서는 메시아를 죽은 자들 가운데서 살리시고 영광스럽게 하셨습니다.

22-25 이제 여러분이 진리를 따름으로 여러분의 삶을 깨끗게 했으니, 서로 사랑하십시오. 여러분의 삶이 거

on believing, you'll get what you're looking forward to: total salvation.

10-12 The prophets who told us this was coming asked a lot of questions about this gift of life God was preparing. The Messiah's Spirit let them in on some of it–that the Messiah would experience suffering, followed by glory. They clamored to know who and when. All they were told was that they were serving you, you who by orders from heaven have now heard for yourselves–through the Holy Spirit–the Message of those prophecies fulfilled. Do you realize how fortunate you are? Angels would have given anything to be in on this!

A Future in God

13-16 So roll up your sleeves, put your mind in gear, be totally ready to receive the gift that's coming when Jesus arrives. Don't lazily slip back into those old grooves of evil, doing just what you feel like doing. You didn't know any better then; you do now. As obedient children, let yourselves be pulled into a way of life shaped by God's life, a life energetic and blazing with holiness. God said, "I am holy; you be holy."

17 You call out to God for help and he helps–he's a good Father that way. But don't forget, he's also a responsible Father, and won't let you get by with sloppy living.

18-21 Your life is a journey you must travel with a deep consciousness of God. It cost God plenty to get you out of that dead-end, empty-headed life you grew up in. He paid with Christ's sacred blood, you know. He died like an unblemished, sacrificial lamb. And this was no afterthought. Even though it has only lately–at the end of the ages–become public knowledge, God always knew he was going to do this for you. It's because of this sacrificed Messiah, whom God then raised from the dead and glorified, that you trust God, that you know you have a future in God.

22-25 Now that you've cleaned up your lives by following the truth, love one another as if your

기에 달려 있다는 듯이 사랑하십시오. 여러분의 새 삶은 옛 삶과 다릅니다. 전에 여러분은 썩어 없어질 씨에서 태어났지만, 이제는 살아 계신 하나님의 말씀에서 새로 태어났습니다. 생각해 보십시오. 여러분은 하나님께서 직접 잉태하신 생명입니다! 그래서 예언자가 이렇게 말한 것입니다.

옛 생명은 풀의 목숨과 같고
그 아름다움은 들꽃처럼 오래가지 못한다.
풀은 마르고 꽃은 시들지만,
하나님의 말씀은 영원히 계속된다.

이 말씀이 여러분 안에 새 생명을 잉태했습니다.

2 1-3 그러니 여러분을 깨끗이 정리하십시오! 악의와 위선, 시기와 악담을 말끔히 치워 버리십시오. 하나님을 맛보았으니, 이제 여러분은 젖먹이 아이처럼, 하나님의 순수한 보살핌을 깊이 들이키십시오. 그러면 하나님 안에서 무럭무럭 자라서, 성숙하고 온전하게 될 것입니다.

살아 있는 돌

4-8 살아 있는 돌, 곧 생명의 근원을 맞이하십시오. 일꾼들은 그 돌을 얼핏 보고 내다 버렸지만, 하나님께서는 그 돌을 영광의 자리에 두셨습니다. 여러분은 건축용 벽돌과 같으니, 생명이 약동하는 성소를 짓는 데 쓰일 수 있도록 자신을 하나님께 드리십시오. 거룩한 제사장이 되어, 그리스도께서 인정하시는 삶을 하나님께 드리십시오. 성경에는 이러한 선례가 있습니다.

보라! 내가 돌 하나를 시온에 둔다.
모퉁잇돌 하나를 영광의 자리에 두겠다.
누구든지 이 돌을 신뢰하고 기초로 삼는 사람은
후회할 일이 결코 없을 것이다.

그분을 신뢰하는 여러분에게는 그분이 자랑할 만한 돌이지만, 신뢰하지 않는 자들에게는

일꾼들이 내버린 돌이
머릿돌이 되었습니다.

또한

걸려 넘어지게 하는 돌,

lives depended on it. Your new life is not like your old life. Your old birth came from mortal sperm; your new birth comes from God's living Word. Just think: a life conceived by God himself! That's why the prophet said,

The old life is a grass life,
  its beauty as short-lived as wildflowers;
Grass dries up, flowers droop,
  God's Word goes on and on forever.

This is the Word that conceived the new life in you.

2 1-3 So clean house! Make a clean sweep of malice and pretense, envy and hurtful talk. You've had a taste of God. Now, like infants at the breast, drink deep of God's pure kindness. Then you'll grow up mature and whole in God.

The Stone

4-8 Welcome to the living Stone, the source of life. The workmen took one look and threw it out; God set it in the place of honor. Present yourselves as building stones for the construction of a sanctuary vibrant with life, in which you'll serve as holy priests offering Christ-approved lives up to God. The Scriptures provide precedent:

Look! I'm setting a stone in Zion,
  a cornerstone in the place of honor.
Whoever trusts in this stone as a foundation
  will never have cause to regret it.

To you who trust him, he's a Stone to be proud of, but to those who refuse to trust him,

The stone the workmen threw out
  is now the chief foundation stone.

For the untrusting it's

길을 가로막는 큰 바위입니다.

믿지 않는 자들이 걸려 넘어지는 것은, 그렇게 되도록 정해져 있는 것과 같이, 그들이 순종하지 않기 때문입니다.

9-10 그러나 여러분은 하나님께서 택하신 사람들입니다. 여러분은 제사장의 일이라는 고귀한 사명을 감당하도록 선택받았고, 거룩한 백성이 되도록 선택받았으며, 하나님의 일을 하고 하나님을 위해 말하는 그분의 도구로 선택받았습니다. 그것은 하나님께서 여러분을 위해 밤낮으로 행하신 특별한 일—아무것도 아닌 자에서 중요한 자로, 거절당한 자에서 받아들여진 자로 바꾸신 일—을 다른 사람들에게 전하게 하시려는 것입니다.

11-12 친구 여러분, 이 세상은 여러분의 본향이 아닙니다. 그러니 이 세상에서 여러분의 안락함을 구하지 마십시오. 자기 욕망을 채우려다가 영혼을 희생하는 일이 없게 하십시오. 여러분은 이 세상을 본향으로 삼은 사람들 가운데 본이 될 만한 삶을 살아서, 여러분의 행실로 그들의 편견을 없애십시오. 그러면 그들도 하나님 편에 서서, 그분께서 오시는 날에 그분을 찬송하는 자리에 참여하게 될 것입니다.

13-17 훌륭한 시민이 되어 주님을 자랑스럽게 해드리십시오. 권력자들의 수준이 어떠하든지 그들을 존중하십시오. 그들은 질서 유지를 위해 하나님께서 보내신 밀사들입니다. 하나님의 뜻은 여러분이 지속적으로 선을 행하여, 여러분을 사회의 위험 요소로 여기는 어리석은 자들의 생각을 고쳐 주는 것입니다. 여러분의 자유를 행사하되 질서를 파괴하는 일이 아니라, 하나님을 섬기는 일에 그것을 사용하십시오. 누구를 만나든지 품위 있게 대하십시오. 영적으로 가족이 된 이들을 사랑하십시오. 하나님을 경외하십시오. 정부를 존중하십시오.

그리스도께서 친히 사셨던 삶

18-20 종으로 있는 여러분, 여러분의 주인에게 착한 종이 되십시오. 좋은 주인뿐만 아니라 못된 주인에게도 그렇게 하십시오. 합당한 이유 없이 나쁜 대우를 받더라도 하나님을 위해 참는 것이 중요합니다. 마땅히 받아야 할 벌을 받는 것이 무슨 특별한 일이겠습니까? 그러나 여러분이 선을 행하는데도 부당한 대우를 받으면서 여전히 착한 종으로 산다면, 그것은 하나님 보시기에 귀한 일입니다.

21-25 여러분은 그러한 삶을 살도록, 그리스도께서 친히 사셨던 삶을 살도록 초청받았습니다. 그분은 자기에게

...a stone to trip over,
a boulder blocking the way.

They trip and fall because they refuse to obey, just as predicted.

9-10 But you are the ones chosen by God, chosen for the high calling of priestly work, chosen to be a holy people, God's instruments to do his work and speak out for him, to tell others of the night-and-day difference he made for you—from nothing to something, from rejected to accepted.

11-12 Friends, this world is not your home, so don't make yourselves cozy in it. Don't indulge your ego at the expense of your soul. Live an exemplary life among the natives so that your actions will refute their prejudices. Then they'll be won over to God's side and be there to join in the celebration when he arrives.

13-17 Make the Master proud of you by being good citizens. Respect the authorities, whatever their level; they are God's emissaries for keeping order. It is God's will that by doing good, you might cure the ignorance of the fools who think you're a danger to society. Exercise your freedom by serving God, not by breaking the rules. Treat everyone you meet with dignity. Love your spiritual family. Revere God. Respect the government.

The Kind of Life He Lived

18-20 You who are servants, be good servants to your masters—not just to good masters, but also to bad ones. What counts is that you put up with it for God's sake when you're treated badly for no good reason. There's no particular virtue in accepting punishment that you well deserve. But if you're treated badly for good behavior and continue in spite of it to be a good servant, that is what counts with God.

21-25 This is the kind of life you've been invited

닥친 온갖 고난을 겪으심으로, 여러분도 그분처럼 살 수 있음을 알려 주셨고, 그 방법도 하나씩 알려 주셨습니다.

그분은 잘못된 일을 하나도 행하지 않으셨고
어긋난 말을 한 번도 입에 담지 않으셨다.

사람들이 그분께 온갖 욕을 퍼부었지만, 그분은 전혀 대꾸하지 않으셨습니다. 그분은 말없이 고난을 당하시고, 하나님께서 바로잡아 주시도록 맡기셨습니다. 그분은 종의 몸으로 우리의 죄를 지시고 십자가에 달리셨습니다. 그것은 우리로 하여금 죄에서 벗어나 옳은 길을 따라 살게 하시려는 것이었습니다. 그분께서 상처를 입으심으로 여러분이 나았습니다. 전에 여러분은 자신이 누구이며 어디로 가고 있는지 알지 못하는 길 잃은 양이었습니다. 그러나 이제는 여러분의 영혼을 영원토록 지키는 목자께서 그 이름을 불러 주시고 보살펴 주시는 양이 되었습니다.

내면의 아름다움을 계발하십시오

3
1-4 아내 여러분에게 권합니다. 남편에게 착한 아내가 되어, 남편의 필요를 들어주십시오. 그러면 하나님 이야기에 무관심하던 남편도 여러분의 거룩하고 아름다운 삶에 감화를 받을 것입니다. 중요한 것은 외모—머리 모양, 몸에 걸친 보석, 옷차림—가 아니라, 여러분의 내적인 마음가짐입니다.
4-6 내면의 아름다움을 계발하십시오. 내면을 온화하고 우아하게 가꾸십시오. 그것이야말로 하나님께서 기뻐하시는 일입니다. 전에 거룩하게 살았던 여인들은 하나님 앞에서 그와 같이 아름다웠고, 남편에게도 착하고 성실한 아내였습니다. 예컨대, 사라는 아브라함을 보살피면서 그를 "나의 사랑하는 남편"이라고 불렀습니다. 여러분도 걱정과 두려움 없이 그렇게 하면 사라의 참된 딸이 될 것입니다.
7 남편 여러분에게도 똑같이 권합니다. 아내에게 좋은 남편이 되십시오. 아내를 존중하고 기뻐하십시오. 여러분의 아내는 여자이기에 여러분보다 연약합니다. 하지만 하나님의 은혜로 사는 새로운 삶 안에서는 여러분과 동등한 사람입니다. 여러분의 아내를 동등한 사람으로 존중하십시오. 그래야 여러분의 기도가 막히지 않을 것입니다.

선을 행하다가 고난받을 때

8-12 요약해서 말합니다. 친절하고, 인정 많고, 사랑하고, 자비로우며, 겸손한 사람이 되십시오. 이것은 여러

into, the kind of life Christ lived. He suffered everything that came his way so you would know that it could be done, and also know how to do it, step-by-step.

He never did one thing wrong,
Not once said anything amiss.

They called him every name in the book and he said nothing back. He suffered in silence, content to let God set things right. He used his servant body to carry our sins to the Cross so we could be rid of sin, free to live the right way. His wounds became your healing. You were lost sheep with no idea who you were or where you were going. Now you're named and kept for good by the Shepherd of your souls.

Cultivate Inner Beauty

3
1-4 The same goes for you wives: Be good wives to your husbands, responsive to their needs. There are husbands who, indifferent as they are to any words about God, will be captivated by your life of holy beauty. What matters is not your outer appearance—the styling of your hair, the jewelry you wear, the cut of your clothes—but your inner disposition.
4-6 Cultivate inner beauty, the gentle, gracious kind that God delights in. The holy women of old were beautiful before God that way, and were good, loyal wives to their husbands. Sarah, for instance, taking care of Abraham, would address him as "my dear husband." You'll be true daughters of Sarah if you do the same, unanxious and unintimidated.
7 The same goes for you husbands: Be good husbands to your wives. Honor them, delight in them. As women they lack some of your advantages. But in the new life of God's grace, you're equals. Treat your wives, then, as equals so your prayers don't run aground.

분 모두에게 해당하는 사항이니, 한 사람도 빠짐없이 그렇게 하십시오. 앙갚음하거나 냉소적으로 비꼬는 말을 하지 마십시오. 오히려 축복해 주십시오. 축복이야말로 여러분이 할 일입니다. 그러면 여러분은 복덩어리가 되어 여러분도 복을 받게 될 것입니다.

생명을 받아들이고
좋은 날 보기를 바라는 이여,
그대가 할 일은 이것이니,
곧 악담과 험담을 삼가고
악을 물리치고 선을 장려하며
힘을 다해 평화를 추구하여라.
하나님께서 이 모든 일을 지켜보시고 인정해 주신다.
하나님께서 그의 간구에 귀 기울이시고 응답해 주신다.
그러나 악을 행하는 자에게는
등을 돌리신다.

13-18 여러분이 마음과 영혼을 다해 선을 행하면, 누가 여러분을 방해하겠습니까? 선을 행하다가 고난을 당하더라도, 여러분은 훨씬 더 복된 사람입니다. 고난을 너무 마음에 두지 마십시오. 온갖 어려움 속에서도 여러분의 마음을 다잡고, 여러분의 주님이신 그리스도께 경배하십시오. 여러분의 삶의 방식에 대해 묻는 사람에게 할 말을 준비하되, 최대한 예의를 갖춰 답변하십시오. 하나님 앞에서 양심을 깨끗게 하여, 사람들이 퍼붓는 욕설이 여러분을 괴롭히지 못하도록 하십시오. 오히려 그들이야말로 깨끗함을 받아야 할 사람이라는 것을 깨닫게 될 것입니다. 하나님이 바라시는 것이면, 선을 행하다가 고난받는 것이, 악을 행하다가 벌 받는 것보다 낫습니다. 그리스도께서 분명히 그렇게 하셨습니다. 그분께서는 다른 사람들의 죄 때문에 고난을 받으셨습니다. 의로우신 분께서 불의한 자들을 위해 고난을 받으신 것입니다. 그리스도께서는 우리를 하나님께 인도하기 위해, 그 모든 고난을 겪으시고 죽임을 당하시고 다시 살아나셨습니다.

19-22 그분께서는, 전에 말씀을 귀 기울여 듣지 않아 심판을 받고 감옥에 갇힌 세대들을 찾아가셔서, 하나님의 구원을 선포하셨습니다. 여러분도 알다시피, 노아가 배를 건조하던 기간 내내 참고 기다리셨습니다. 그러나 물에 의해 물로부터 구원받은 사람은 고작 몇 명, 정확하게는 여덟 명뿐이었습니다. 세례 받을 때의 물이 여러분에게 그와 같은 일을 합니다. 그 물은 여러분의 살갗에 묻은 더러움을 씻어 주는 것이 아니

Suffering for Doing Good

8-12 Summing up: Be agreeable, be sympathetic, be loving, be compassionate, be humble. That goes for all of you, no exceptions. No retaliation. No sharp-tongued sarcasm. Instead, bless—that's your job, to bless. You'll be a blessing and also get a blessing.

Whoever wants to embrace life
and see the day fill up with good,
Here's what you do:
Say nothing evil or hurtful;
Snub evil and cultivate good;
run after peace for all you're worth.
God looks on all this with approval,
listening and responding well to what he's asked;
But he turns his back
on those who do evil things.

13-18 If with heart and soul you're doing good, do you think you can be stopped? Even if you suffer for it, you're still better off. Don't give the opposition a second thought. Through thick and thin, keep your hearts at attention, in adoration before Christ, your Master. Be ready to speak up and tell anyone who asks why you're living the way you are, and always with the utmost courtesy. Keep a clear conscience before God so that when people throw mud at you, none of it will stick. They'll end up realizing that *they're* the ones who need a bath. It's better to suffer for doing good, if that's what God wants, than to be punished for doing bad. That's what Christ did definitively: suffered because of others' sins, the Righteous One for the unrighteous ones. He went through it all—was put to death and then made alive—to bring us to God.

19-22 He went and proclaimed God's salvation to earlier generations who ended up in the prison of judgment because they wouldn't listen. You know, even though God waited patiently all the days that Noah built his ship, only a few were saved then, eight to be exact—

라, 예수의 부활을 힘입어 깨끗해진 양심을 갖게 된 여러분을 하나님 앞에 세우는 물입니다. 예수께서는 천사에서 권세에 이르기까지, 만물과 모든 이들에 대한 최종 결정권을 쥐고 계신 분입니다. 그분은 하나님 오른편에 계시면서, 그분이 말씀하신 것을 이루십니다.

예수처럼 생각하십시오

4 [1-2] 예수께서는 여러분이 지금 겪고 있는 모
든 고난과 그보다 더한 고난을 겪으셨으니,
여러분도 그분처럼 생각하는 법을 익히십시오. 여러
분의 고난을, 전에 늘 자기 마음대로 살려고 하던 죄
악된 옛 습관을 끊는 기회로 삼으십시오. 그렇게 할
때 여러분은 자기 욕망의 압제 아래 살기보다, 하나
님께서 원하시는 삶을 추구하면서 자유롭게 살아가
게 될 것입니다.
[3-5] 전에 여러분은 하나님을 모르는 생활방식에 푹 빠
져, 밤마다 파티를 벌이고 술에 취해 방탕한 삶을 살
았습니다. 이제 그런 삶을 영원히 청산할 때가 되었
습니다. 물론 여러분의 옛 친구들은, 여러분이 그들
과 함께 어울리지 않는 이유를 이해하지 못할 것입니
다. 그렇다고 해서 그들에게 일일이 설명할 필요는
없습니다. 그들은 장차 하나님 앞에서 책망받을 자들
이니 말입니다.
[6] **메시지**에 귀를 기울이십시오. **메시지**는 죽은 신자
들에게도 선포되었습니다. (모든 사람들이 그러하듯
이) 비록 그들이 죽었지만, 하나님이 예수 안에서 주
신 생명을 얻게 될 것입니다.
[7-11] 이 세상 만물의 마지막이 다가오고 있습니다. 그
러니 아무것도 당연한 것으로 여기지 마십시오. 정신
을 바짝 차리고 기도하십시오. 무엇보다도 서로 사
랑하십시오. 여러분의 삶이 거기에 달려 있다는 듯이
사랑하십시오. 사랑은 실제적으로 무언가를 만들어
냅니다. 굶주린 사람을 보거든 서둘러 식사를 제공
하고, 집 없는 사람을 보거든 기꺼이 잠자리를 제공
하십시오. 여러분 각자가 하나님께 받은 은사를 관대
한 마음으로 서로 나누어, 모두가 그 덕을 보게 하십
시오. 여러분이 받은 것이 말이면 여러분의 말이 하
나님의 말씀이 되게 하고, 여러분이 받은 것이 남을
돕는 것이면 여러분의 도움이 하나님의 진심어린 도
움이 되게 하십시오. 그렇게 하면, 모든 일에서 하나
님의 찬란한 임재가 예수를 통해 환히 드러날 것입니
다. 또한 하나님께서는 모든 일을 하실 수 있는 능력
있는 분으로 영광을 받으실 것입니다. 마지막 날까지
영원무궁토록. 예, 그렇습니다!

saved *from* the water *by* the water. The waters of baptism do that for you, not by washing away dirt from your skin but by presenting you through Jesus' resurrection before God with a clear conscience. Jesus has the last word on everything and everyone, from angels to armies. He's standing right alongside God, and what he says goes.

Learn to Think Like Him

4 [1-2] Since Jesus went through everything
you're going through and more, learn
to think like him. Think of your sufferings as
a weaning from that old sinful habit of always
expecting to get your own way. Then you'll be
able to live out your days free to pursue what
God wants instead of being tyrannized by what
you want.
[3-5] You've already put in your time in that
God-ignorant way of life, partying night after
night, a drunken and profligate life. Now it's
time to be done with it for good. Of course,
your old friends don't understand why you
don't join in with the old gang anymore. But
you don't have to give an account to them.
They're the ones who will be called on the
carpet–and before God himself.
[6] Listen to the Message. It was preached to
those believers who are now dead, and yet even
though they died (just as all people must), they
will still get in on the *life* that God has given in
Jesus.
[7-11] Everything in the world is about to be
wrapped up, so take nothing for granted. Stay
wide-awake in prayer. Most of all, love each
other as if your life depended on it. Love makes
up for practically anything. Be quick to give a
meal to the hungry, a bed to the homeless–
cheerfully. Be generous with the different
things God gave you, passing them around so
all get in on it: if words, let it be God's words;
if help, let it be God's hearty help. That way,
God's bright presence will be evident in every-
thing through Jesus, and *he'll* get all the credit
as the One mighty in everything–encores to

고난을 기쁘게 여김

12-13 친구 여러분, 사는 것이 참으로 힘들더라도, 하나님께서 일하시지 않는다고 속단하지 마십시오. 오히려 그리스도가 겪으신 고난의 한가운데에 여러분이 있게 된 것을 기쁘게 여기십시오. 이 고난은 영광이 임박했을 때 여러분이 통과해야 하는 영적 제련의 과정입니다.

14-16 여러분이 그리스도 때문에 모욕을 받으면, 스스로 복되다고 여기십시오. 여러분 안에 계신 하나님의 영과 그분의 영광이, 여러분을 사람들의 눈에 띄게 하신 것입니다. 법을 어기거나 평화를 어지럽혀서 사람들이 여러분을 욕하는 것이라면, 그것은 전혀 다른 문제입니다. 그러나 여러분이 그리스도인이기에 받는 모욕이라면, 기꺼이 받아들이십시오. 그리스도인이라는 이름에 반영되어 있는 여러분의 구별된 신분을 자랑으로 여기십시오.

17-19 하나님의 집에 심판이 시작되었습니다. 우리가 맨 먼저입니다. 우리가 먼저 심판을 받는데, 하나님의 메시지를 거절하는 자들은 어떻게 되겠습니까?

선한 사람도 간신히 관문을 통과한다면
악한 사람에게는 무엇이 기다리고 있겠습니까?

하나님의 말씀대로 산다는 이유로 여러분의 삶이 힘겨워지거든, 당연한 일로 받아들이십시오. 하나님을 신뢰하십시오. 하나님께서는 자신의 일을 잘 알고 계시니, 계속해서 그 일을 이루실 것입니다.

하나님의 양 떼를 돌보는 지도자

5 1-3 교회의 지도자 여러분께 특별히 말씀드립니다. 나는 지도자가 된다는 것이 어떤 것인지 알고 있습니다. 지도자는 그리스도의 고난에 참여함으로써 다가오는 영광을 누리는 사람입니다. 내가 드릴 말씀은 이것입니다. 여러분은 목자의 근면함으로 하나님의 양 떼를 보살피십시오. 억지로 하는 것이 아니라, 하나님을 기쁘시게 해드리려는 마음으로 하십시오. 얼마나 이익을 얻게 될지 따져 보고 하는 것이 아니라, 자발적으로 하십시오. 위세를 부리듯 사람들에게 무엇을 시키는 것이 아니라, 부드러운 자세로 모범을 보이십시오.

4-5 모든 목자 가운데 으뜸이신 하나님께서 오셔서 다스리실 때, 그분은 여러분이 일을 제대로 한 것을 보시고 여러분을 아낌없이 칭찬하실 것입니다. 젊은 사람들은 지도자를 따라야 합니다. 그러나 지도자와 따르는 사람 모두가 서로에게 겸손해야 합니다.

the end of time. Oh, yes!

Glory Just Around the Corner

12-13 Friends, when life gets really difficult, don't jump to the conclusion that God isn't on the job. Instead, be glad that you are in the very thick of what Christ experienced. This is a spiritual refining process, with glory just around the corner.

14-16 If you're abused because of Christ, count yourself fortunate. It's the Spirit of God and his glory in you that brought you to the notice of others. If they're on you because you broke the law or disturbed the peace, that's a different matter. But if it's because you're a Christian, don't give it a second thought. Be proud of the distinguished status reflected in that name!

17-19 It's judgment time for God's own family. We're first in line. If it starts with us, think what it's going to be like for those who refuse God's Message!

If good people barely make it,
What's in store for the bad?

So if you find life difficult because you're doing what God said, take it in stride. Trust him. He knows what he's doing, and he'll keep on doing it.

He'll Promote You at the Right Time

5 1-3 I have a special concern for you church leaders. I know what it's like to be a leader, in on Christ's sufferings as well as the coming glory. Here's my concern: that you care for God's flock with all the diligence of a shepherd. Not because you have to, but because you want to please God. Not calculating what you can get out of it, but acting spontaneously. Not bossily telling others what to do, but tenderly showing them the way.

4-5 When God, who is the best shepherd of all, comes out in the open with his rule, he'll see that you've done it right and commend you lavishly. And you who are younger must follow your leaders. But all of you, leaders and

하나님께서 교만한 사람은 물리치시지만
겸손한 사람은 기뻐하십니다.

6-7 그러므로 여러분은 자신의 모습에 만족하고, 거들먹거리지 마십시오. 하나님의 강한 손이 여러분 위에 있으니, 때가 되면 그분께서 여러분을 높이실 것입니다. 하나님께서 여러분을 세심하게 돌보고 계시니, 아무것도 근심하지 말고 하나님 앞에서 사십시오.

깨어 있으십시오

8-11 냉정을 유지하십시오. 깨어 있으십시오. 마귀가 덤벼들 태세를 하고 있습니다. 여러분의 방심을 틈타는 것보다 마귀가 좋아하는 것도 없습니다. 바짝 경계하십시오. 여러분만 고난에 처한 것이 아닙니다. 세계 도처에 있는 그리스도인들이 같은 고난을 겪고 있습니다. 그러니 믿음을 굳게 붙드십시오. 고난이 영원히 지속되지는 않을 것입니다. 그리스도 안에서 우리를 위한 큰 계획—영원하고 영광스러운 계획!—을 세우신 은혜의 하나님께서, 여러분을 온전하게 하시고 여러분을 영원토록 세워 주실 날이 멀지 않았습니다. 그분께서 최종 결정권을 쥐고 계십니다. 예, 그렇습니다.
12 나는 가장 믿을 만한 형제인 실루아노에게 부탁해 이 짧은 편지를 여러분에게 보냅니다. 그는 내가 대단히 존경하는 사람입니다.
나는 내가 아는 바를 절박한 심정으로 정확하게 썼습니다. 이것은 은혜로우신 하나님의 진리이니, 여러분의 두 팔로 끌어안으십시오!
13-14 이곳에서 나와 함께 나그네 삶을 살고 있지만, 하나님께 잠시도 잊혀진 적 없는 교회가 여러분에게 문안합니다. 나에게 아들이나 다름없는 마가도 안부를 전합니다. 거룩한 포옹으로 서로 인사하십시오! 그리스도의 길을 걷는 여러분 모두에게 평화가 있기를 바랍니다.

followers alike, are to be down to earth with each other, for—

God has had it with the proud,
But takes delight in just plain people.

6-7 So be content with who you are, and don't put on airs. God's strong hand is on you; he'll promote you at the right time. Live carefree before God; he is most careful with you.

He Gets the Last Word

8-11 Keep a cool head. Stay alert. The Devil is poised to pounce, and would like nothing better than to catch you napping. Keep your guard up. You're not the only ones plunged into these hard times. It's the same with Christians all over the world. So keep a firm grip on the faith. The suffering won't last forever. It won't be long before this generous God who has great plans for us in Christ—eternal and glorious plans they are!—will have you put together and on your feet for good. He gets the last word; yes, he does.
12 I'm sending this brief letter to you by Silas, a most dependable brother. I have the highest regard for him.
I've written as urgently and accurately as I know how. This is God's generous truth; embrace it with both arms!
13-14 The church in exile here with me—but not for a moment forgotten by God—wants to be remembered to you. Mark, who is like a son to me, says hello. Give holy embraces all around! Peace to you—to all who walk in Christ's ways.

베드로후서

1 1-2 나 시몬 베드로는, 예수 그리스도의 종이며 사도입니다. 나는 우리 하나님의 직접적인 돌보심과 우리 하나님과 구주이신 예수 그리스도의 간섭하심에 힘입어, 우리처럼 하나님을 경험하여 삶이 변화되고 있는 여러분에게 이 편지를 씁니다. 하나님과 우리 주 예수를 더욱 깊이 경험함으로, 은혜와 평화가 여러분에게 임하기를 바랍니다.

하나님께 받은 초청과 약속

3-4 우리는 하나님을 기쁘시게 해드리는 삶에 어울리는 모든 것을 기적적으로 받았습니다. 그것은 우리를 하나님께로 초청해 주신 분을 우리가 직접 친밀하게 알았기 때문입니다. 그분의 초청은, 이제껏 우리가 받은 초청 가운데 최고의 초청입니다! 또한 우리는 여러분에게 전해 줄 멋진 약속도 받았습니다. 그 약속은, 여러분이 욕망으로 얼룩진 세상에 등을 돌리고 하나님의 생명에 참여할 수 있는 입장권입니다.

5-9 그러니 한 순간도 놓치지 말고, 여러분이 받은 것을 의지하십시오. 여러분의 믿음의 기초 위에 선한 성품, 영적 이해력, 빈틈없는 절제, 힘찬 인내, 놀라운 경건, 따뜻한 형제애, 너그러운 사랑을 더하십시오. 이것들 하나하나는 서로 조화를 이루고, 다른 것들을 발전시키니 말입니다. 이러한 자질들이 여러분의 삶 속에서 활발하게 자라나면, 여러분은 우리 주 예수를 경험하면서 성숙해 가는 일에 기회를 놓치거나 단 하루도 헛되이 흘려보내지 않을 것입니다. 이러한 자질들을 갖추지 못하면, 여러분은 자기 바로 앞에 놓인 장애물을 보지 못하고, 자신의 죄악된 옛 삶이 깨끗해졌음을 잊어버린 사람이 되고 말 것입니다.

2 PETER

1 1-2 I, Simon Peter, am a servant and apostle of Jesus Christ. I write this to you whose experience with God is as life-changing as ours, all due to our God's straight dealing and the intervention of our God and Savior, Jesus Christ. Grace and peace to you many times over as you deepen in your experience with God and Jesus, our Master.

Don't Put It Off

3-4 Everything that goes into a life of pleasing God has been miraculously given to us by getting to know, personally and intimately, the One who invited us to God. The best invitation we ever received! We were also given absolutely terrific promises to pass on to you—your tickets to participation in the life of God after you turned your back on a world corrupted by lust.

5-9 So don't lose a minute in building on what you've been given, complementing your basic faith with good character, spiritual understanding, alert discipline, passionate patience, reverent wonder, warm friendliness, and generous love, each dimension fitting into and developing the others. With these qualities active and growing in your lives, no grass will grow under your feet, no day will pass without its reward as you mature in your experience of our Master Jesus. Without these qualities you can't see what's right before you, oblivious that your old sinful life has been wiped off the books.

10-11 그러니 친구 여러분, 하나님께서 여러분을 초청하고 선택하신 것이 옳았음을 입증해 보이십시오. 미루지 말고, 지금 당장 그렇게 하십시오. 그러면 여러분은 확고한 토대, 곧 우리 주님이시며 구주이신 예수 그리스도의 영원한 나라를 향해 활짝 열려 있는 포장된 길에서 생명을 얻게 될 것입니다.

어두운 시절에 만난 한줄기 빛

12-15 여러분이 이제껏 이 모든 진리를 알고 안팎으로 실천해 왔지만, 때가 위태로우니 나는 잠시도 멈추지 않고 여러분의 주의를 환기시키려고 합니다. 여러분을 자주 일깨워 방심하지 않게 하는 것, 이것이 내게 주어진 임무입니다. 나는 살아 있는 동안 이 일에 충실할 것입니다. 주님께서 분명하게 일러 주신 대로, 나는 조만간 내가 죽게 되리라는 것을 압니다. 내가 특별히 바라는 것은, 여러분이 이 모든 것을 문서화했으면 하는 것입니다. 내가 이 세상을 떠난 뒤에도, 여러분이 언제든지 찾아볼 수 있게 말입니다.
16-18 여러분도 알다시피, 우리가 우리 주 예수 그리스도의 강력한 재림과 관련된 사실을 여러분에게 제시할 때, 별에게 빌고 한 것이 아니었습니다. 우리는 이미 그 일을 미리 보았습니다! 하나님 아버지께로부터 빛을 받아 찬란하게 빛나는 예수를 우리 두 눈으로 똑똑히 보았습니다. 그때, 장엄하고 영광스러운 분께서 이렇게 말씀하셨습니다. "이는 내가 사랑으로 구별한 내 아들, 내 모든 기쁨의 근원이다." 우리는 거룩한 산에서 그분과 함께 있었습니다. 하늘로부터 들려오는 음성을 우리의 두 귀로 똑똑히 들었습니다.
19-21 우리는 우리가 보고 들은 것을 확신합니다. 그것은 하나님의 영광, 하나님의 음성이었습니다. 예언의 말씀이 우리에게 확증되었습니다. 여러분도 그 말씀에 주의를 집중해야 합니다. 그것은 여러분의 어두운 시절, 곧 여러분의 마음속에 새벽이 와서 새벽별이 떠오르기를 기다리던 시절에, 여러분이 만난 한줄기 빛입니다. 여기서 꼭 명심해야 할 것이 있습니다. 성경의 예언은 사적인 의견을 제시한 것이 아닙니다. 왜 그렇습니까? 예언은 사람의 마음에서 꾸며 낸 것이 아니기 때문입니다. 예언은 성령께서 사람들을 격려하여 하나님의 말씀을 전하게 할 때 생겨난 것입니다.

거짓 종교 지도자들

2 1-2 그러나 전에 백성 가운데 거짓 예언자들이 있었던 것처럼, 여러분 가운데에도 거짓

10-11 So, friends, confirm God's invitation to you, his choice of you. Don't put it off; do it now. Do this, and you'll have your life on a firm footing, the streets paved and the way wide open into the eternal kingdom of our Master and Savior, Jesus Christ.

The One Light in a Dark Time

12-15 Because the stakes are so high, even though you're up-to-date on all this truth and practice it inside and out, I'm not going to let up for a minute in calling you to attention before it. This is the post to which I've been assigned—keeping you alert with frequent reminders—and I'm sticking to it as long as I live. I know that I'm to die soon; the Master has made that quite clear to me. And so I am especially eager that you have all this down in black and white so that after I die, you'll have it for ready reference.
16-18 We weren't, you know, just wishing on a star when we laid the facts out before you regarding the powerful return of our Master, Jesus Christ. We were there for the preview! We saw it with our own eyes: Jesus resplendent with light from God the Father as the voice of Majestic Glory spoke: "This is my Son, marked by my love, focus of all my delight." We were there on the holy mountain with him. We heard the voice out of heaven with our very own ears.
19-21 We couldn't be more sure of what we saw and heard—*God's* glory, *God's* voice. The prophetic Word was confirmed to us. You'll do well to keep focusing on it. It's the one light you have in a dark time as you wait for daybreak and the rising of the Morning Star in your hearts. The main thing to keep in mind here is that no prophecy of Scripture is a matter of private opinion. And why? Because it's not something concocted in the human heart. Prophecy resulted when the Holy Spirit prompted men and women to speak God's Word.

Lying Religious Leaders

2 1-2 But there were also *lying* prophets among the people then, just as there will

종교 지도자들이 나타날 것입니다. 그들은 은근슬쩍 파괴적인 분열을 일으켜서, 여러분을 서로 다투게 하고 생명을 되찾을 기회를 주신 분의 손을 물어뜯게 할 것입니다! 그들은 파멸로 이어진 가파른 비탈길에 서 있습니다. 그러나 그들은 파멸하기 전까지, 옳고 그름을 구별하지 못하는 추종자들을 많이 모을 것입니다.

2-3 그들 때문에 진리의 길이 욕을 먹습니다. 그들은 자기만 아는 자들입니다. 그들은 무엇이든 그럴싸한 말로 여러분을 이용해 먹을 것입니다. 물론, 그들은 무사하지 못하고 불행한 최후를 맞을 것입니다. 그런 일이 계속되도록 하나님께서 두고 보고만 계시지 않기 때문입니다.

4-5 하나님께서는 반역한 천사들을 가볍게 넘기지 않으셨습니다. 그들을 지옥에 가두셔서, 최후 심판의 날까지 갇혀 있게 하셨습니다. 또한 그분은 경건치 못한 옛 세상도 가볍게 넘기지 않으셨습니다. 홍수로 쓸어버리시고, 오직 여덟 명만 살려 주셨습니다. 혼자서 의를 부르짖던 노아가 그중 한 사람이었습니다.

6-8 하나님께서 소돔과 고모라 두 도성을 멸망시키기로 작정하시자, 남은 것은 잿더미뿐이었습니다. 그것은 경건치 못한 삶에 빠져 있는 사람 누구에게나 보내는 끔찍한 경고였습니다. 그러나 성적으로 더럽고 사악한 자들 때문에 몹시 괴로워하던 선한 사람 롯은 구원을 받았습니다. 저 의로운 사람은 날마다 도덕적인 부패에 둘러싸여 끊임없이 괴로움을 겪고 있었던 것입니다.

9 이처럼 하나님께서는 경건한 사람들을 악한 시련에서 건져 내시는 분입니다. 또한 그분은, 사악한 자들의 발을 최후 심판의 날까지 불 속에 붙들어 두시는 분입니다.

먹이를 찾아 어슬렁거리는 약탈자들

10-11 하나님께서는 특히 더러운 생활방식에 빠져서 정욕을 따라 살아가는 거짓 교사들에게 진노하십니다. 그들은 참된 권위를 멸시하고, 간섭받기를 싫어합니다. 그들은 거만하고 자기만 아는 자들이어서, 피조물 가운데 가장 빛나는 이들마저 서슴없이 헐뜯습니다. 모든 면에서 그들보다 뛰어난 천사들조차도 그런 식으로 거만하게 굴거나, 하나님 앞에서 다른 이들을 헐뜯을 생각을 하지 않습니다.

12-14 이들은 광야에서 태어난 사나운 짐승이며, 먹이를 찾아 어슬렁거리는 약탈자에 불과합니다.

be lying religious teachers among you. They'll smuggle in destructive divisions, pitting you against each other–biting the hand of the One who gave them a chance to have their lives back! They've put themselves on a fast downhill slide to destruction, but not before they recruit a crowd of mixed-up followers who can't tell right from wrong.

2-3 They give the way of truth a bad name. They're only out for themselves. They'll say anything, *anything*, that sounds good to exploit you. They won't, of course, get by with it. They'll come to a bad end, for God has never just stood by and let that kind of thing go on.

4-5 God didn't let the rebel angels off the hook, but jailed them in hell till Judgment Day. Neither did he let the ancient ungodly world off. He wiped it out with a flood, rescuing only eight people–Noah, the sole voice of righteousness, was one of them.

6-8 God decreed destruction for the cities of Sodom and Gomorrah. A mound of ashes was all that was left–grim warning to anyone bent on an ungodly life. But that good man Lot, driven nearly out of his mind by the sexual filth and perversity, was rescued. Surrounded by moral rot day after day after day, that righteous man was in constant torment.

9 So God knows how to rescue the godly from evil trials. And he knows how to hold the feet of the wicked to the fire until Judgment Day.

Predators on the Prowl

10-11 God is especially incensed against these "teachers" who live by lust, addicted to a filthy existence. They despise interference from true authority, preferring to indulge in self-rule. Insolent egotists, they don't hesitate to speak evil against the most splendid of creatures. Even angels, their superiors in every way, wouldn't think of throwing their weight around like that, trying to slander others before God.

12-14 These people are nothing but brute beasts, born in the wild, predators on the prowl. In the very act of bringing down others with their

그들은 무식한 독설로 남을 파멸시키지만, 바로
그 행위로 자신들도 파멸당하고 결국에는 패배자
가 되고 말 것입니다. 그들의 악행이 부메랑이 되
어 그들에게 돌아갈 것입니다. 그들은 난잡한 파
티를 즐기고, 환한 대낮에도 흥청망청 쾌락에 빠
진 비루한 자들입니다. 그들은 간음을 일삼고, 죄
짓기를 밥 먹듯 하며, 연약한 영혼을 만날 때마다
유혹합니다. 탐욕이 그들의 전공입니다. 그들은
그 방면의 전문가들입니다. 죽은 영혼들입니다!
15-16 그들은 큰길에서 벗어나 방향을 잃었고, 브
올의 아들 발람의 길을 따랐습니다. 발람은 예언
자이면서도 불의한 이득을 취하여 악의 전문가가
되고 말았습니다. 그는 제멋대로 길을 가다가 제
지당했습니다. 말 못하는 짐승이 인간의 목소리로
말해서, 그 예언자의 미친 행동을 막은 것입니다.
17-19 그들에게는 아무것도 없습니다. 그들은 바싹
마른 샘이며, 폭풍에 흩어지는 구름입니다. 그들
은 지옥의 블랙홀을 향해 나아갑니다. 그들은 허
풍이 잔뜩 들어 잘난 체하며 큰소리치지만, 아주
위험한 자들입니다. 그릇된 생활에서 막 벗어난
사람들이 그들의 상표인 유혹에 가장 쉽게 넘어갑
니다. 그들은 이 새내기들에게 자유를 약속하지
만, 정작 자신들은 부패의 종입니다. 그들이 부패
에 빠져 있다면—실제로 그러합니다—부패의 종
노릇을 하게 되기 때문입니다
20-22 그들이 우리 주님이시며 구주이신 예수 그리
스도를 경험함으로써 죄의 구렁에서 벗어났다가
다시 예전 삶으로 되돌아가면, 그 사람의 상태는
전보다 더 나빠질 것입니다. 떠났다가 되돌아가서
자기가 경험했던 것과 거룩한 계명을 거부하느니,
차라리 하나님께로 난 곧은길에 들어서지 않는 편
이 더 나았을 것입니다. "개는 자기가 토해 놓은
곳으로 되돌아간다"는 속담과 "돼지가 말끔히 씻
고 나서 다시 진창으로 향한다"는 속담을, 그들이
증명하고 있습니다.

마지막 때

3 1-2 사랑하는 친구 여러분, 이 편지는 내
가 여러분에게 두 번째로 쓰는 편지입니
다. 나는 이 두 편지를 통해 여러분이 마음을 빼앗
기지 않도록 여러분을 일깨우고자 합니다. 거룩한
예언자들의 말과 여러분의 사도들이 전해 준 우리
주님이신 구주의 계명을 명심하십시오.
3-4 무엇보다 이것을 알아 두십시오. 마지막 때에
조롱하는 자들이 나타나서 전성기를 누릴 것입니

ignorant blasphemies, they themselves will be
brought down, losers in the end. Their evil will
boomerang on them. They're so despicable and
addicted to pleasure that they indulge in wild
parties, carousing in broad daylight. They're
obsessed with adultery, compulsive in sin, seduc-
ing every vulnerable soul they come upon. Their
specialty is greed, and they're experts at it. Dead
souls!
15-16 They've left the main road and are direction-
less, having taken the way of Balaam, son of Beor,
the prophet who turned profiteer, a connoisseur
of evil. But Balaam was stopped in his wayward
tracks: A dumb animal spoke in a human voice
and prevented the prophet's craziness.
17-19 There's nothing to these people – they're
dried-up fountains, storm-scattered clouds,
headed for a black hole in hell. They are
loudmouths, full of hot air, but still they're
dangerous. Men and women who have recently
escaped from a deviant life are most susceptible
to their brand of seduction. They promise these
newcomers freedom, but they themselves are
slaves of corruption, for if they're addicted to
corruption – and they are – they're *enslaved*.
20-22 If they've escaped from the slum of sin by
experiencing our Master and Savior, Jesus Christ,
and then slid back into that same old life again,
they're worse than if they had never left. Better
not to have started out on the straight road to
God than to start out and then turn back, repudi-
ating the experience and the holy command. They
prove the point of the proverbs, "A dog goes back
to its own vomit" and "A scrubbed-up pig heads
for the mud."

In the Last Days

3 1-2 My dear friends, this is now the second
time I've written to you, both letters
reminders to hold your minds in a state of undis-
tracted attention. Keep in mind what the holy
prophets said, and the command of our Master
and Savior that was passed on by your apostles.
3-4 First off, you need to know that in the last
days, mockers are going to have a heyday.

다. 그들은 모든 것을 자기들의 보잘것없는 감정 수준으로 끌어내려, "그분께서 다시 오겠다고 약속했는데, 어찌 된 거요? 우리 조상들이 죽어서 땅에 묻혀 있고, 모든 것이 창조 첫날 이래로 그대로이지 않소? 변한 것이 하나도 없잖소?" 하고 조롱할 것입니다.

5-7 그러나 그들이 쉽게 잊어버리는 사실이 있습니다. 모든 천체와 이 지구가 오래전 하나님의 말씀을 통해 물로 덮인 혼돈에서 생겨났다는 것입니다. 그런 다음, 하나님의 말씀이 다시 홍수로 혼돈을 일으켜 세상을 파멸시켰습니다. 지금 있는 천체와 지구는 마지막 불 심판 때 쓰일 연료입니다. 하나님께서 다시 말씀하실 준비를 하고 계십니다. 하나님을 모독하는 회의론자들을 심판하고 멸망시키겠다는 신호를 보내고 계신 것입니다.

하나님의 심판 날

8-9 친구 여러분, 이 분명한 사실을 그냥 지나치지 마십시오. 하나님께는 하루가 천 년 같고, 천 년이 하루 같습니다. 어떤 이들이 생각하는 것처럼, 하나님께서는 자신의 약속을 더디 이루시는 분이 아닙니다. 그분은 여러분을 위해 참고 계십니다. 그분께서 종말을 유보하고 계신 것은, 한 사람도 잃고 싶지 않으시기 때문입니다. 하나님께서는 모든 이들에게 삶을 고칠 수 있는 시간과 공간을 베풀고 계십니다.

10 그러나 하나님의 심판 날이 닥칠 때에는, 아무 예고 없이 도둑처럼 닥칠 것입니다. 하늘이 천둥 같은 소리를 내면서 무너지고, 모든 것이 큰 화염에 휩싸여 분해되며, 땅과 그 안에서 이루어진 모든 것이 낱낱이 드러나 심판을 받을 것입니다.

11-13 오늘 이 세상에 있는 모든 것은 내일이면 없어지고 말 것들입니다. 그러니 거룩하게 사는 것이 얼마나 중요한지 아시겠습니까? 날마다 하나님의 날을 기다리고, 그날이 오기를 간절한 마음으로 바라십시오. 그날이 오면 천체가 불타 없어지고, 원소들이 녹아내릴 것입니다. 그러나 우리는 거의 알아채지 못할 것입니다. 우리는 다른 길을 바라보면서, 하나님께서 약속하신 새 하늘과 새 땅, 의로 뒤덮인 새 하늘과 새 땅을 맞이할 것입니다.

❦

14-16 사랑하는 친구 여러분, 여러분이 손꼽아 기다려야 할 것은 이런 것입니다. 그러니 순결하고 평화롭게 살아가는 최상의 모습으로 그분을 뵐 수 있

Reducing everything to the level of their puny feelings, they'll mock, "So what's happened to the promise of his Coming? Our ancestors are dead and buried, and everything's going on just as it has from the first day of creation. Nothing's changed."

5-7 They conveniently forget that long ago all the galaxies and this very planet were brought into existence out of watery chaos by God's word. Then God's word brought the chaos back in a flood that destroyed the world. The current galaxies and earth are fuel for the final fire. God is poised, ready to speak his word again, ready to give the signal for the judgment and destruction of the desecrating skeptics.

The Day the Sky Will Collapse

8-9 Don't overlook the obvious here, friends. With God, one day is as good as a thousand years, a thousand years as a day. God isn't late with his promise as some measure lateness. He is restraining himself on account of you, holding back the End because he doesn't want anyone lost. He's giving everyone space and time to change.

10 But when the Day of God's Judgment does come, it will be unannounced, like a thief. The sky will collapse with a thunderous bang, everything disintegrating in a huge conflagration, earth and all its works exposed to the scrutiny of Judgment.

11-13 Since everything here today might well be gone tomorrow, do you see how essential it is to live a holy life? Daily expect the Day of God, eager for its arrival. The galaxies will burn up and the elements melt down that day—but *we'll* hardly notice. We'll be looking the other way, ready for the promised new heavens and the promised new earth, all landscaped with righteousness.

❦

14-16 So, my dear friends, since this is what you have to look forward to, do your very best to be found living at your best, in purity and peace.

도록, 최선을 다하십시오. 우리 주님께서 오래 참고 계신 것은 구원 때문이라고 생각하십시오. 이 문제와 관련해 많은 지혜를 받은 이가 우리의 귀한 형제 바울입니다. 그는 자신의 모든 편지에서 이 문제를 언급하고 있으며, 여러분에게도 본질적으로 같은 내용을 써 보냈습니다. 바울이 편지에서 다루고 있는 것 가운데 몇 가지는 이해하기가 쉽지 않습니다. 자신들이 무슨 말을 하는지도 모르면서 무책임하게 떠드는 사람들이 그 편지들을 함부로 왜곡하기도 합니다. 그들은 성경의 다른 구절에 대해서도 그렇게 하다가 스스로를 파멸시키고 있습니다.

17-18 그러나 친구 여러분, 여러분은 이미 훈계를 잘 받았습니다. 자기 마음대로 떠드는 불의한 교사들로 인해 발을 헛디뎌 넘어지는 일이 없도록, 정신을 바짝 차리십시오. 우리 주님이시며 구주이신 예수 그리스도의 은혜와, 그분을 아는 지식 안에서 자라 가십시오.

영광이 이제부터 영원토록, 주님께 있기를 바랍니다! 아멘!

Interpret our Master's patient restraint for what it is: salvation. Our good brother Paul, who was given much wisdom in these matters, refers to this in all his letters, and has written you essentially the same thing. Some things Paul writes are difficult to understand. Irresponsible people who don't know what they are talking about twist them every which way. They do it to the rest of the Scriptures, too, destroying themselves as they do it.

17-18 But you, friends, are well-warned. Be on guard lest you lose your footing and get swept off your feet by these lawless and loose-talking teachers. Grow in grace and understanding of our Master and Savior, Jesus Christ.

Glory to the Master, now and forever! Yes!

요한일이삼서 | 머리말

살면서 가장 정리하기 어려운 두 가지 문제는, 사랑과 하나님이다. 대개 사람들이 삶을 망치는 이유는, 그 두 가지 문제 가운데 한쪽 또는 양쪽에서 실패하거나, 그 문제와 관련해서 어리석게 처신하거나 속좁게 행동하기 때문이다.

기독교의 기본적이면서도 성경적인 확신은, 두 주제가 서로 밀접하게 연결되어 있다는 것이다. 하나님을 바르게 섬기려면, 제대로 사랑하는 법을 익혀야 한다. 제대로 사랑하려면, 하나님을 바르게 섬겨야 한다. 하나님과 사랑은 서로 떼어 놓고 생각할 수 없다. "사랑은 그분의 계명을 따라 사는 것입니다. 그분의 계명을 하나로 줄여 말하면 이렇습니다. '사랑 안에서 삶을 경영하라'"(요이 5-6절).

요한이 보낸 세 통의 편지는 그 일을 제대로 하는데 필요한 지침을 놀라우리만치 명백하게 제공한다. 그 초점은 메시아 예수이시다. 예수께서는 하나님에 대한 풍성하고도 참된 이해를 제공하신다. 그분은 우리에게 사랑으로 이루어진 성숙을 보여주신다. 하나님과 사랑은 예수 안에서 빈틈없이 연결되고 얽혀 있어서, 서로 뗄 수 없는 관계다. "예수가 하나님의 아들이심을 시인하면, 누구나 하나님과의 친밀한 사귐에 끊임없이 참여하게 됩니다"(요일 4:15).

그러나 예수께서 계시하신 하나님, 예수께서 계시하신 사랑에 구속받기를 싫어하는 사람들이 있게 마련이다. 그들은 자기 방식으로 하나님을 생각하고, 자기 방식으로 사랑하려고 한다. 요한은 그러한 사람들 때문에 혼란을 겪고 있는 교회의 목회자였다. 우리는 그의 편지들을 읽으면서, 그가 하나님과 사랑의 긴밀한 일치를 다시 회복하고 있음을 보게 된다. 이제 하나님과 사랑이 하나인 것이 예수 그리스도 안에서 분명하게 드러나고, 우리는 그것을 경험하게 된다.

The two most difficult things to get straight in life are love and God. More often than not, the mess people make of their lives can be traced to failure or stupidity or meanness in one or both of these areas.

The basic and biblical Christian conviction is that the two subjects are intricately related. If we want to deal with God the right way, we have to learn to love the right way. If we want to love the right way, we have to deal with God the right way. God and love can't be separated: "Love means following his commandments, and his unifying commandment is that you conduct your lives in love"(2 John 5-6).

John's three letters provide wonderfully explicit direction in how this works. Jesus, the Messiah, is the focus: Jesus provides the full and true understanding of God; Jesus shows us the mature working-out of love. In Jesus, God and love are linked accurately, intricately, and indissolubly: "Everyone who confesses that Jesus is God's Son participates continuously in an intimate relationship with God"(1 John 4:15).

But there are always people around who don't want to be pinned down to the God Jesus reveals, to the love Jesus reveals. They want to make up their own idea of God, make up their own style of love. John was pastor to a church (or churches) disrupted by some of these people. In his letters we see him reestablishing the original and organic unity of God and love that comes to focus and becomes available to us in Jesus Christ.

요한일서

1

1-2 우리는 첫날부터 거기 있으면서, 그 모든 것을 받아들였습니다. 우리는 그 모든 것을 두 귀로 듣고, 두 눈으로 보고, 두 손으로 확인했습니다. 생명의 말씀이 우리 눈앞에 나타나셨습니다. 우리는 그것을 똑똑히 보았습니다! 이제 우리가 목격한 것을 여러분에게 과장 없이 있는 그대로 말씀드리겠습니다. 너무나 놀랍게도, 하나님 자신의 무한하신 생명이 우리 앞에 모습을 드러냈습니다.

3-4 우리가 그것을 보고 듣고서 이제 여러분에게 전하는 것은, 우리와 더불어 여러분도 아버지와 그분의 아들이신 예수 그리스도와의 사귐을 경험하게 하려는 것입니다. 우리가 이 편지를 쓰는 목적은, 여러분도 이 사귐을 누리게 하려는 것입니다. 그러면 여러분의 기쁨으로 인해 우리의 기쁨이 두 배가 될 테니까요!

빛 가운데로 걸어가십시오

5 우리가 그리스도에게서 듣고 여러분에게 전하는 메시지의 핵심은 이것입니다. 하나님은 빛, 순전한 빛이십니다. 그분 안에는 어둠의 흔적조차 없습니다.

6-7 우리가 하나님과 함께하는 삶을 경험한다고 주장하면서 어둠 속에서 넘어지기를 반복한다면, 우리는 뻔뻔스러운 거짓말을 하는 것이 분명하며 자신의 말대로 살지 않는 것입니다. 그러나 하나님은 빛이시니, 우리가 그 빛 가운데로 걸어가면 우리는 서로 함께하는 삶을 경험하게 되고, 하나님의 아들이신 예수께서 흘리신 희생의 피가 우리의 모든 죄를 깨끗게 해줄 것입니다.

8-10 우리가 죄 없다고 주장하면, 우리는 스스로를 속이는 것입니다. 그 같은 주장은 터무니없이 잘못된 생각입니다. 그러나 우리가 우리 죄를 인정하고

1 JOHN

1

1-2 From the very first day, we were there, taking it all in—we heard it with our own ears, saw it with our own eyes, verified it with our own hands. The Word of Life appeared right before our eyes; we saw it happen! And now we're telling you in most sober prose that what we witnessed was, incredibly, this: The infinite Life of God himself took shape before us.

3-4 We saw it, we heard it, and now we're telling you so you can experience it along with us, this experience of communion with the Father and his Son, Jesus Christ. Our motive for writing is simply this: We want you to enjoy this, too. Your joy will double our joy!

Walk in the Light

5 This, in essence, is the message we heard from Christ and are passing on to you: God is light, pure light; there's not a trace of darkness in him.

6-7 If we claim that we experience a shared life with him and continue to stumble around in the dark, we're obviously lying through our teeth—we're not *living* what we claim. But if we walk in the light, God himself being the light, we also experience a shared life with one another, as the sacrificed blood of Jesus, God's Son, purges all our sin.

8-10 If we claim that we're free of sin, we're only fooling ourselves. A claim like that is errant nonsense. On the other hand, if we admit our

남김없이 고백하면, 그분은 진실하신 분이시니 우리를 저버리지 않으실 것입니다. 그분께서 우리 죄를 용서해 주시고, 우리의 모든 잘못을 깨끗게 해주실 것입니다. 우리가 죄지은 적이 한 번도 없다고 주장하면, 우리는 하나님을 철저하게 부인하고 그분을 거짓말쟁이로 만드는 것입니다. 그 같은 주장은, 우리가 하나님을 알지 못한다는 것을 드러낼 뿐입니다.

sins–make a clean breast of them–he won't let us down; he'll be true to himself. He'll forgive our sins and purge us of all wrongdoing. If we claim that we've never sinned, we out-and-out contradict God–make a liar out of him. A claim like that only shows off our ignorance of God.

2 1-2 사랑하는 자녀 여러분, 내가 이 편지를 쓰는 것은 여러분을 죄에서 이끌어 내기 위해서입니다. 그러나 누가 죄를 짓더라도 우리에게는 아버지 앞에서 제사장이며 친구이신 분이 계시니, 그분은 의로우신 예수 그리스도이십니다. 그분께서 우리 죄를 위해 희생 제물이 되심으로 죄 문제를—우리의 죄뿐 아니라 온 세상의 죄까지—영원토록 해결하셨습니다.

2 1-2 I write this, dear children, to guide you out of sin. But if anyone does sin, we have a Priest-Friend in the presence of the Father: Jesus Christ, righteous Jesus. When he served as a sacrifice for our sins, he solved the sin problem for good–not only ours, but the whole world's.

새 계명

2-3 그분의 계명을 지키십시오. 우리가 하나님을 제대로 안다고 확신할 수 있는 방법은 그것뿐입니다.
4-6 어떤 사람이 "나는 하나님을 잘 알아!" 하면서도 그분의 계명을 지키지 않는다면, 그는 분명 거짓말쟁이입니다. 그의 삶과 말이 일치하지 않는 것입니다. 그러나 하나님의 말씀을 지키는 사람에게는 하나님의 성숙한 사랑이 보이게 마련입니다. 그것이야말로 우리가 하나님 안에 있음을 확신할 수 있는 유일한 길입니다. 자신이 하나님과 친밀하다고 말하는 사람은, 예수께서 사신 것과 같은 삶을 살아야 합니다.
7-8 사랑하는 친구 여러분, 내가 이 편지에 새로운 내용을 쓰는 것이 아닙니다. 이것은 성경에 기록된 가장 오래된 계명이며, 여러분이 처음부터 알고 있던 계명입니다. 이 계명은 여러분이 들은 메시지에도 항상 담겨 있습니다. 그러나 이 계명은, 어쩌면 그리스도와 여러분 안에서 새롭게 만들어진 계명인지도 모르겠습니다. 어둠이 물러가고 이미 참 빛이 반짝이고 있으니 말입니다!
9-11 하나님의 빛 가운데 산다고 하면서 형제나 자매를 미워하는 사람은 여전히 어둠 가운데 있는 사람입니다. 형제자매를 사랑하는 사람은 하나님의 빛 가운데 머물러 있으며, 그 빛이 다른 사람들에게 비치는 것을 가로막지 않습니다. 그러나 형제자매를 미워하는 사람은 여전히 어둠 속에 있고, 어둠 속에서 넘어지며, 자기가 어디로 가는지 알지 못합니다. 어둠이 그의 눈을 가렸기 때문입니다.

The Only Way to Know We're in Him

2-3 Here's how we can be sure that we know God in the right way: Keep his commandments.
4-6 If someone claims, "I know him well!" but doesn't keep his commandments, he's obviously a liar. His life doesn't match his words. But the one who keeps God's word is the person in whom we see God's mature love. This is the only way to be sure we're in God. Anyone who claims to be intimate with God ought to live the same kind of life Jesus lived.
7-8 My dear friends, I'm not writing anything new here. This is the oldest commandment in the book, and you've known it from day one. It's always been implicit in the Message you've heard. On the other hand, perhaps it is new, freshly minted as it is in both Christ and you–the darkness on its way out and the True Light already blazing!
9-11 Anyone who claims to live in God's light and hates a brother or sister is still in the dark. It's the person who loves brother and sister who dwells in God's light and doesn't block the light from others. But whoever hates is still in the dark, stumbles around in the dark, doesn't know which end is up,

세상을 사랑하지 마십시오

12-13 사랑하는 자녀 여러분, 여러분에게 이것을 일깨워 드립니다. 여러분의 죄가 예수의 이름으로 용서받았습니다. 믿음의 선배 여러분, 가장 먼저 첫발을 내디딘 여러분은 이 모든 일을 시작하신 분을 알고 있습니다. 믿음의 후배 여러분, 여러분은 악한 자와 싸워 큰 승리를 거두었습니다.

13-14 사랑하는 자녀 여러분, 여러분에게 두 번째로 일깨워 드릴 것은 이것입니다. 여러분은 개인적인 경험을 통해 아버지를 알고 있습니다. 믿음의 선배 여러분, 여러분은 이 모든 일을 시작하신 분을 알고 있습니다. 믿음의 후배 여러분, 여러분은 참으로 활기차고 힘이 넘치는군요! 하나님의 말씀이 여러분 안에 확고하게 자리 잡고 있습니다. 여러분은 하나님과의 사귐에서 힘을 얻어 악한 자와 싸워 승리를 거둘 것입니다.

15-17 세상의 방식을 사랑하지 마십시오. 세상의 것을 사랑하지 마십시오. 세상을 사랑하는 마음이 아버지를 사랑하는 마음을 밀어냅니다. 세상에서 통용되는 모든 것—자기 마음대로 살려 하고, 모든 것을 자기 뜻대로 하려 하고, 잘난 체하는 욕망—은, 아버지와 아무 상관이 없습니다. 그런 것은 여러분을 그분께로부터 고립시킬 뿐입니다. 세상과 세상의 멈출 줄 모르는 욕망도 다 사라지지만, 하나님이 바라시는 일을 행하는 사람은 영원히 남습니다.

적그리스도의 출현

18 자녀 여러분, 때가 거의 되었습니다. 여러분은 적그리스도가 출현할 것이라는 말을 들었습니다. 이제 여러분의 눈 닿는 곳 어디에나 적그리스도들이 있습니다. 이것을 보고 우리는, 마지막 때가 가까웠다는 것을 압니다.

19 그들이 우리에게서 떠나갔지만, 실제로 우리와 함께 한 적은 없었습니다. 그들이 정말로 우리와 함께했다면, 끝까지 우리와 함께 남아 충실했을 것입니다. 우리를 떠나감으로써, 그들은 자신의 본색을 드러냈고, 우리에게 속하지 않았음을 보여준 것입니다.

20-21 그러나 여러분은 우리에게 속했습니다. 거룩하신 분께서 여러분에게 기름을 부으셨고, 여러분 모두가 그것을 알고 있습니다. 내가 이 편지를 쓰는 것은, 여러분이 알지 못하는 무언가를 알려 주려는 것이 아니라, 여러분이 알고 있는 진리를 확인시키고, 그 진리가 거짓을 낳지 않음을 일깨우려는 것입니다.

22-23 누가 거짓말을 하는 자입니까? 예수가 하나님의 그리스도이심을 부인하는 자입니다. 아버지를 부인하고 아들을 부인하는 자, 그가 바로 적그리스도입니다.

blinded by the darkness.

Loving the World

12-13 I remind you, my dear children: Your sins are forgiven in Jesus' name. You veterans were in on the ground floor, and know the One who started all this; you newcomers have won a big victory over the Evil One.

13-14 And a second reminder, dear children: You know the Father from personal experience. You veterans know the One who started it all; and you newcomers—such vitality and strength! God's word is so steady in you. Your fellowship with God enables you to gain a victory over the Evil One.

15-17 Don't love the world's ways. Don't love the world's goods. Love of the world squeezes out love for the Father. Practically everything that goes on in the world—wanting your own way, wanting everything for yourself, wanting to appear important—has nothing to do with the Father. It just isolates you from him. The world and all its wanting, wanting, wanting is on the way out—but whoever does what God wants is set for eternity.

Antichrists Everywhere You Look

18 Children, time is just about up. You heard that Antichrist is coming. Well, they're all over the place, antichrists everywhere you look. That's how we know that we're close to the end.

19 They left us, but they were never really with us. If they had been, they would have stuck it out with us, loyal to the end. In leaving, they showed their true colors, showed they never did belong.

20-21 But you belong. The Holy One anointed you, and you all know it. I haven't been writing this to tell you something you don't know, but to confirm the truth you do know, and to remind you that the truth doesn't breed lies.

22-23 So who is lying here? It's the person who denies that Jesus is the Divine Christ, that's

아들을 부인하는 자는 아버지와 전혀 관계없는 사람이며, 아들을 시인하는 자는 아버지까지도 받아들인 사람입니다.

24-25 여러분이 처음부터 들은 메시지를 간직하십시오. 그것이 여러분의 삶에 스며들게 하십시오. 처음부터 들은 그 메시지가 여러분 안에 생생히 살아 있으면, 여러분은 아들과 아버지 안에서 충만한 삶을 살게 될 것입니다. 바로 이것이 그리스도께서 약속하신 영원한 생명, 참된 생명입니다!

26-27 나는 여러분을 속이려는 사람들이 있다는 것을 경고하기 위해 이렇게 썼습니다. 그러나 그들은 여러분 안에 깊이 새겨진 그리스도의 기름부으심에 전혀 상대가 되지 못합니다. 여러분에게는 저들의 가르침이 필요하지 않습니다. 그리스도의 기름부으심이, 여러분 자신과 그분에 대해 알아야 할 모든 진리, 곧 거짓에 조금도 물들지 않은 진리를 가르쳐 줍니다. 그러니 여러분이 받은 가르침 안에 깊이 머물러 사십시오.

하나님의 참된 자녀

28 자녀 여러분, 그리스도와 함께 머물러 있으십시오. 그리스도 안에 깊이 머물러 사십시오. 그러면 그분이 나타나실 때 그분을 만날 준비, 두 팔 벌려 그분을 맞을 준비가 되어 있는 것입니다. 그분이 오실 때, 죄 때문에 부끄러워 낯을 붉히거나 서투른 변명을 늘어놓지 않아도 될 것입니다.

29 그분께서 옳고 의로우신 분이심을 확신한다면, 여러분은 의를 행하는 사람마다 하나님의 참된 자녀임을 깨닫게 될 것입니다.

3 1 아버지께서 우리에게 펼쳐 보이신 사랑은 실로 놀라운 사랑이 아닐 수 없습니다! 그 사랑을 바라보십시오. 우리가 하나님의 자녀라 불리게 되었습니다! 참으로 우리는 하나님의 자녀입니다. 세상이 우리를 알아주지 않고 우리를 진지하게 대하지 않는 것은, 하나님이 누구시며 그분이 무슨 일을 하시는지 세상이 알지 못하기 때문입니다.

2-3 그러나 친구 여러분, 우리는 분명 하나님의 자녀입니다. 그것은 단지 시작일 뿐입니다. 우리의 끝이 어떻게 될지는 아무도 모릅니다! 다만 우리가 아는 것은, 그리스도께서 밝히 나타나실 때 우리가 그분을 뵐 것이며, 그분을 뵐 때 우리도 그분과 같이 되리라는 것입니다. 그분의 오심을 손꼽아 기다리는 우리는, 순결하게 빛나는 예수의 삶을 모범으로 삼

who. This is what makes an antichrist: denying the Father, denying the Son. No one who denies the Son has any part with the Father, but affirming the Son is an embrace of the Father as well.

24-25 Stay with what you heard from the beginning, the original message. Let it sink into your life. If what you heard from the beginning lives deeply in you, you will live deeply in both Son and Father. This is exactly what Christ promised: eternal life, real life!

26-27 I've written to warn you about those who are trying to deceive you. But they're no match for what is embedded deeply within you–Christ's anointing, no less! You don't need any of their so-called teaching. Christ's anointing teaches you the truth on everything you need to know about yourself and him, uncontaminated by a single lie. Live deeply in what you were taught.

Live Deeply in Christ

28 And now, children, stay with Christ. Live deeply in Christ. Then we'll be ready for him when he appears, ready to receive him with open arms, with no cause for red-faced guilt or lame excuses when he arrives.

29 Once you're convinced that he is right and righteous, you'll recognize that all who practice righteousness are God's true children.

3 1 What marvelous love the Father has extended to us! Just look at it–we're called children of God! That's who we really are. But that's also why the world doesn't recognize us or take us seriously, because it has no idea who he is or what he's up to.

2-3 But friends, that's exactly who we are: children of God. And that's only the beginning. Who knows how we'll end up! What we know is that when Christ is openly revealed, we'll see him–and in seeing him, become like him. All of us who look forward to his Coming stay ready, with the glistening purity of Jesus' life as a

아 우리의 삶을 준비합니다.

4-6 죄악된 삶에 빠진 사람은 누구나 위험한 무법자입니다. 하나님의 질서를 어지럽히는 것은 죄입니다. 그리스도께서 죄를 없애기 위해 오셨다는 것을 여러분은 잘 알고 있습니다. 그분 안에는 죄가 없습니다. 죄는 그분께서 세우신 계획의 일부가 아닙니다. 그리스도 안에 깊이 머물며 사는 사람 가운데 습관처럼 죄를 짓는 사람은 하나도 없습니다. 습관처럼 죄를 짓는 사람은 그리스도를 제대로 보지 못했고, 그분을 전혀 알지 못하는 자입니다.

7-8 그러므로 사랑하는 자녀 여러분, 누군가의 유혹을 받아서 진리에서 벗어나는 일이 없게 하십시오. 우리가 의로우신 메시아의 삶에서 본 것처럼, 의를 행하는 사람이 의로운 사람입니다. 습관처럼 죄를 짓는 사람은 죄짓는 일의 개척자인 마귀에게서 난 사람입니다. 하나님의 아들이 오신 것은 마귀의 길을 멸하시기 위해서입니다.

9-10 하나님에게서 나서 생명에 들어간 사람들은 습관처럼 죄를 짓지 않습니다. 어째서 그렇습니까? 하나님의 씨가 그들 깊은 곳에 자리하여, 그들을 지금의 모습으로 만들어 가기 때문입니다. 죄를 짓거나 자랑하는 것은 하나님에게서 난 사람들의 본성이 아닙니다. 하나님의 자녀와 마귀의 자녀를 구별하는 방법이 있습니다. 의로운 삶을 살지 않는 자는 하나님에게서 난 사람이 아닙니다. 형제나 자매를 사랑하지 않는 자도 그러합니다. 간단한 기준이 아닙니까?

11 서로 사랑하십시오. 이것이 우리가 처음부터 들은 메시지입니다.

12-13 우리는 악한 자와 손잡고 자기 동생을 죽인 가인처럼 되어서는 안됩니다. 그가 왜 동생을 죽였습니까? 그는 악한 일에 깊이 빠져 있었고, 그의 동생이 한 행위는 의로웠기 때문입니다. 그러니 친구 여러분, 세상이 여러분을 미워해도 놀라지 마십시오. 그런 일은 오래전부터 계속 있어 온 일입니다.

14-15 형제자매를 사랑하면, 그것으로 우리가 죽음에서 생명으로 옮겨졌다는 것을 알 수 있습니다. 사랑하지 않는 사람은 죽은 사람과 같습니다. 형제나 자매를 미워하는 사람은 살인하는 자입니다. 영원한 생명과 살인이 서로 어울리지 않는다는 것을, 여러분은 잘 알고 있습니다.

16-17 그리스도께서 우리를 위해 자기 목숨을 희생하신 것을 보고, 우리는 사랑을 이해하고 경험하게 되

model for our own.

4-6 All who indulge in a sinful life are dangerously lawless, for sin is a major disruption of God's order. Surely you know that Christ showed up in order to get rid of sin. There is no sin in him, and sin is not part of his program. No one who lives deeply in Christ makes a practice of sin. None of those who do practice sin have taken a good look at Christ. They've got him all backward.

7-8 So, my dear children, don't let anyone divert you from the truth. It's the person who *acts* right who *is* right, just as we see it lived out in our righteous Messiah. Those who make a practice of sin are straight from the Devil, the pioneer in the practice of sin. The Son of God entered the scene to abolish the Devil's ways.

9-10 People conceived and brought into life by God don't make a practice of sin. How could they? God's seed is deep within them, making them who they are. It's not in the nature of the God-begotten to practice and parade sin. Here's how you tell the difference between God's children and the Devil's children: The one who won't practice righteous ways isn't from God, nor is the one who won't love brother or sister. A simple test.

11 For this is the original message we heard: We should love each other.

12-13 We must not be like Cain, who joined the Evil One and then killed his brother. And why did he kill him? Because he was deep in the practice of evil, while the acts of his brother were righteous. So don't be surprised, friends, when the world hates you. This has been going on a long time.

14-15 The way we know we've been transferred from death to life is that we love our brothers and sisters. Anyone who doesn't love is as good as dead. Anyone who hates a brother or sister is a murderer, and you know very well that eternal life and murder don't go together.

16-17 This is how we've come to understand and

었습니다. 그러므로 우리도 자기 자신만 위하는 것이 아니라, 믿는 동료들을 위해 희생하며 살아야 합니다. 곤경에 처한 형제나 자매를 보고서, 도울 방법이 있는 여러분이 그들을 냉대하고 아무것도 도와주지 않는다면, 하나님의 사랑은 어찌 되겠습니까? 사라지고 말 것입니다. 여러분이 하나님의 사랑을 사라지게 한 것입니다.

참된 사랑의 실천

18-20 사랑하는 자녀 여러분, 사랑에 대해 말만 하지 말고 참된 사랑을 실천하십시오. 그것만이 우리가 참되게 살고 있으며, 실제로 하나님 안에 살고 있음을 알 수 있는 유일한 길입니다. 또한 그것은 스스로를 비판할 일이 생기더라도, 그 힘겨운 자기비판을 멈추게 하는 길이기도 합니다. 하나님은 우리의 근심하는 마음보다 크시며, 우리 자신보다 우리를 더 잘 아시기 때문입니다.

21-24 친구 여러분, 그렇게 마음을 살핀 뒤에 더 이상 우리가 자책하거나 스스로를 정죄하지 않으면, 우리는 하나님 앞에서 담대하고 자유롭게 됩니다. 손을 내밀어, 우리가 구한 것을 받을 수 있습니다. 그것은 우리가 하나님의 말씀을 행하고 그분을 기쁘시게 해 드리는 일을 하기 때문입니다. 다시 말씀드리지만, 하나님의 계명은 이것입니다. 곧 하나님께서 친히 이름 지어 주신 아들 예수 그리스도를 믿는 것입니다. 그리스도께서 우리에게 말씀하신 것은, 처음 받은 계명대로 서로 사랑하라는 것입니다. 우리가 그리스도의 계명을 지키면, 우리는 그분 안에서 충만히 살고, 그분도 우리 안에 사십니다. 이렇게 우리는 그분이 주신 성령을 힘입어, 그리스도께서 우리 안에 깊이 머무르고 계심을 경험합니다.

적그리스도의 영

4 사랑하는 친구 여러분, 들려오는 말을 다 믿지 마십시오. 사람들이 여러분에게 하는 말을 신중히 생각하고 따져 보십시오. 하나님에 대해 이야기한다고 해서 모두가 하나님에게서 난 사람은 아닙니다. 수많은 거짓 설교자들이 이 세상을 활보하고 있습니다.

2-3 참 하나님의 영을 가려내는 기준이 있습니다. 예수 그리스도, *곧 하나님의 아들이 살과 피를 지닌 진짜 사람으로 오신 것*을 믿는다고 공개적으로 시인하는 사람은, 누구나 하나님에게서 나서 하나님께 속한 사람입니다. 그러나 예수를 믿는다고 시인하지 않는 사람은, 누구든지 하나님과 아무 관계가 없습니다.

experience love: Christ sacrificed his life for us. This is why we ought to live sacrificially for our fellow believers, and not just be out for ourselves. If you see some brother or sister in need and have the means to do something about it but turn a cold shoulder and do nothing, what happens to God's love? It disappears. And you made it disappear.

When We Practice Real Love

18-20 My dear children, let's not just talk about love; let's practice real love. This is the only way we'll know we're living truly, living in God's reality. It's also the way to shut down debilitating self-criticism, even when there is something to it. For God is greater than our worried hearts and knows more about us than we do ourselves.

21-24 And friends, once that's taken care of and we're no longer accusing or condemning ourselves, we're bold and free before God! We're able to stretch our hands out and receive what we asked for because we're doing what he said, doing what pleases him. Again, this is God's command: to believe in his personally named Son, Jesus Christ. He told us to love each other, in line with the original command. As we keep his commands, we live deeply and surely in him, and he lives in us. And this is how we experience his deep and abiding presence in us: by the Spirit he gave us.

Don't Believe Everything You Hear

4 My dear friends, don't believe everything you hear. Carefully weigh and examine what people tell you. Not everyone who talks about God comes from God. There are a lot of lying preachers loose in the world.

2-3 Here's how you test for the genuine Spirit of God. Everyone who confesses openly his faith in Jesus Christ–the Son of God, who came as an actual flesh-and-blood person–comes from God and belongs to God. And everyone who refuses to confess faith in Jesus has nothing in common with God. This is the spirit of

이것이 바로 적그리스도의 영입니다. 여러분은 적그리스도가 오리라는 말을 들었습니다. 그런데 그 영이 우리가 생각한 것보다 빨리 왔습니다!

4-6 사랑하는 자녀 여러분, 여러분은 하나님에게서 나서 하나님께 속해 있습니다. 여러분은 이미 저 거짓 교사들과 싸워 큰 승리를 거두었습니다. 여러분 안에 계신 성령께서 이 세상 그 어떤 것보다 더 강하시기 때문입니다. 저 거짓 교사들은 그리스도를 부인하는 세상에 속해 있습니다. 그들은 세상의 언어를 말하고, 세상은 그들의 언어를 먹고 자랍니다. 그러나 우리는 하나님에게서 나서 하나님께 속해 있습니다. 하나님을 아는 사람은 누구나 우리의 말을 이해하고 듣습니다. 물론 하나님과 아무 관계가 없는 자는 우리의 말을 듣지 않습니다. 이것이 진리의 영과 속이는 영을 구별하는 또 하나의 기준입니다.

하나님은 사랑이십니다

7-10 사랑하는 친구 여러분, 사랑은 하나님에게서 오는 것이니, 사랑하기를 멈추지 마십시오. 사랑하는 사람은 모두 하나님에게서 나서 하나님과의 사귐을 경험합니다. 사랑하지 않는 사람은 하나님에 대해 아무것도 알지 못하는 자입니다. 하나님은 사랑이시기 때문입니다. 그러니 여러분도 사랑하지 않으면 그분을 알 수 없습니다. 하나님께서 우리를 향하신 그분의 사랑을 이렇게 보이셨습니다. 하나님께서 하나뿐인 자기 아들을 세상에 보내셔서, 우리로 그 아들을 통해 살게 하신 것입니다. 우리가 말하려는 사랑은 이런 사랑입니다. 우리는 한 번도 하나님을 사랑해 본 적이 없습니다. 그럼에도 우리를 사랑하신 하나님께서 자기 아들을 희생 제물로 보내 주심으로, 우리 죄뿐 아니라 그 죄가 하나님과 우리의 관계에 입힌 상처까지 깨끗이 없애 주신 것입니다.

11-12 내가 사랑하고 사랑하는 친구 여러분, 하나님께서 이처럼 우리를 사랑하셨으니, 우리도 서로 사랑하는 것이 마땅합니다. 지금까지 하나님을 본 사람은 아무도 없습니다. 그러나 우리가 서로 사랑하면 하나님께서 우리 안에 깊이 머무르시고, 그분의 사랑이 우리 안에 완성되어 완전한 사랑이 됩니다!

13-16 하나님께서 우리에게 자신의 생명, 자신의 영에서 난 생명을 주셨습니다. 이것으로 우리는, 우리가 그분 안에서 변함없이 충만하게 살고 있는 것과, 그분이 우리 안에 살고 계신 것을 압니다. 또한 우리는 아버지께서 자기 아들을 세상의 구주로 보내신 것을 직접 보았고, 그것을 공개적으로 증언합니다. 예수가 하나님의 아들이심을 시인하면, 누구나 하나님과의

antichrist that you heard was coming. Well, here it is, sooner than we thought!

4-6 My dear children, you come from God and belong to God. You have already won a big victory over those false teachers, for the Spirit in you is far stronger than anything in the world. These people belong to the Christ-denying world. They talk the world's language and the world eats it up. But we come from God and belong to God. Anyone who knows God understands us and listens. The person who has nothing to do with God will, of course, not listen to us. This is another test for telling the Spirit of Truth from the spirit of deception.

God Is Love

7-10 My beloved friends, let us continue to love each other since love comes from God. Everyone who loves is born of God and experiences a relationship with God. The person who refuses to love doesn't know the first thing about God, because God *is* love—so you can't know him if you don't love. This is how God showed his love for us: God sent his only Son into the world so we might live through him. This is the kind of love we are talking about—not that we once upon a time loved God, but that he loved us and sent his Son as a sacrifice to clear away our sins and the damage they've done to our relationship with God.

11-12 My dear, dear friends, if God loved us like this, we certainly ought to love each other. No one has seen God, ever. But if we love one another, God dwells deeply within us, and his love becomes complete in us—perfect love!

13-16 This is how we know we're living steadily and deeply in him, and he in us: He's given us life from his life, from his very own Spirit. Also, we've seen for ourselves and continue to state openly that the Father sent his Son as Savior of the world. Everyone who confesses that Jesus is God's Son participates continuously in an intimate relationship with God. We know it so well, we've embraced it heart and soul, this love that comes from God.

친밀한 사귐에 끊임없이 참여하게 됩니다. 우리는 이것을 너무도 잘 압니다. 우리는 하나님에게서 오는 이 사랑을, 마음과 영혼을 다해 껴안았습니다.

사랑하고 사랑받으십시오

17-18 하나님은 사랑이십니다. 우리가 사랑의 삶 속에 영원히 살기로 작정하면, 우리는 하나님 안에 살고 하나님도 우리 안에 사십니다. 이처럼 사랑이 우리 안에 자유롭게 드나들고 익숙해지고 성숙해지면, 심판 날에 우리는 염려할 일이 없을 것입니다. 그리스도께서 사신 대로 우리도 그렇게 살기 때문입니다. 사랑 안에는 두려움이 들어설 자리가 없습니다. 온전한 사랑은 두려움을 내어 쫓습니다. 두려움은 삶을 무력하게 만듭니다. 두려워하는 삶, 곧 죽음을 두려워하고 심판을 두려워하는 삶은 사랑 안에서 온전해지지 못한 삶입니다.

19 그럼에도, 우리는 사랑합니다. 사랑하고 사랑받습니다. 우리가 먼저 사랑받았으니, 이제 우리가 사랑합니다. 하나님께서 먼저 우리를 사랑해 주셨습니다.

20-21 "나는 하나님을 사랑한다!"고 떠벌리고는, 곧바로 형제나 자매를 미워하고 아무렇지도 않게 생각하는 사람이 있다면, 그는 거짓말쟁이입니다. 보이는 사람을 사랑하지 않으면서 어찌 보이지 않는 하나님을 사랑할 수 있겠습니까? 우리가 그리스도에게서 받은 계명은 단순명료합니다. 하나님에 대한 사랑은 사람에 대한 사랑을 포함한다는 것입니다. 여러분은 하나님과 사람 모두를 사랑해야 합니다.

5

1-3 예수께서 메시아이심을 믿는 사람은 누구나 하나님에게서 난 사람입니다. 낳으신 분을 사랑한다면, 우리는 분명 그분에게서 난 자녀까지도 사랑할 것입니다. 하나님을 사랑합니까? 그분의 계명을 지킵니까? 이것이 우리가 하나님의 자녀를 사랑하는지 사랑하지 않는지를 구별해 주는 참된 기준입니다. 우리가 하나님을 사랑하는 증거는, 우리가 그분의 계명을 지킬 때 나타납니다. 그분의 계명은 결코 힘든 것이 아닙니다.

세상을 무릎 꿇게 하는 힘

4-5 하나님에게서 난 사람은 누구나 세상의 방식을 이깁니다. 세상을 무릎 꿇게 하는 승리의 힘은, 다름 아닌 우리의 믿음입니다. 예수께서 하나님의 아들이심을 믿는 사람, 그가 곧 세상의 방식을 이기는 사람입니다.

6-8 예수, 하나님의 그리스도! 그분께서는 생명을 주는 탄생을 경험하시고, 죽음을 이기는 죽음도 경험하셨습니다. 그분께서는 자궁을 통한 탄생뿐 아니라, 세례를 통한 탄

To Love, to Be Loved

17-18 God is love. When we take up permanent residence in a life of love, we live in God and God lives in us. This way, love has the run of the house, becomes at home and mature in us, so that we're free of worry on Judgment Day—our standing in the world is identical with Christ's. There is no room in love for fear. Well-formed love banishes fear. Since fear is crippling, a fearful life—fear of death, fear of judgment—is one not yet fully formed in love.

19 We, though, are going to love—love and be loved. First we were loved, now we love. He loved us first.

20-21 If anyone boasts, "I love God," and goes right on hating his brother or sister, thinking nothing of it, he is a liar. If he won't love the person he can see, how can he love the God he can't see? The command we have from Christ is blunt: Loving God includes loving people. You've got to love both.

5

1-3 Every person who believes that Jesus is, in fact, the Messiah, is God-begotten. If we love the One who conceives the child, we'll surely love the child who was conceived. The reality test on whether or not we love God's children is this: Do we love God? Do we keep his commands? The proof that we love God comes when we keep his commandments and they are not at all troublesome.

The Power That Brings the World to Its Knees

4-5 Every God-begotten person conquers the world's ways. The conquering power that brings the world to its knees is our faith. The person who wins out over the world's ways is simply the one who believes Jesus is the Son of God.

6-8 Jesus—the Divine Christ! He experienced a life-giving birth and a death-killing

생도 경험하셨습니다. 그분께서는 그 세례를 통해 자기의 사역을 시작하시고, 희생적인 죽음을 맞이하셨습니다. 성령은 언제나 진리를 증언해 주십니다. 예수께서 세례 받으시고 십자가에 달리실 때 하나님이 함께 계셨음을 증언하시는 성령께서, 그 모든 사건을 우리 눈앞에 생생하게 제시해 주십니다. 증언은 삼중으로 이루어집니다. 성령과 세례와 십자가에 달리심이 그것입니다. 이 세 증언은 완전하게 일치합니다.

9-10 우리가 사람의 증언도 그대로 받아들이는데, 하물며 하나님께서 마치 이 자리에 계신 것처럼 자기 아들에 관해 증언하실 때에는 더욱 확실하지 않겠습니까? 하나님의 아들을 믿는 사람은 누구나 하나님의 증언을 자기 속에 확인한 사람입니다. 믿지 않는 사람은 하나님을 거짓말쟁이로 만드는 자입니다. 하나님께서 자기 아들을 두고 친히 하신 증언을 믿지 않기 때문입니다.

11-12 증언의 핵심은, 하나님께서 우리에게 영원한 생명을 주셨고, 그 생명이 아들 안에 있다는 것입니다. 그러므로 그 아들을 모신 사람은 생명을 가졌고, 그 아들을 부인하는 사람은 생명을 부인하는 자입니다.

허상이 아닌 실체

13-15 내가 이 편지를 쓰는 목적은 이것입니다. 하나님의 아들을 믿는 여러분이 의심의 그림자를 헤치고 나와, 영원한 생명, 허상이 아닌 실체를 소유하고 있음을 알게 하려는 것입니다. 우리는 하나님 앞에서 담대하고 자유롭게 되었습니다. 그분의 뜻에 따라 마음껏 구하고, 또 그분께서 들어주심을 확신하게 되었습니다. 하나님께서 들어주신다고 확신하고 구하면, 우리가 구한 것은 우리 것이나 다름없음을 우리는 압니다.

16-17 예컨대, (영원한 죽음으로 이끄는 "죽을"죄를 짓는 자들을 두고 하는 말은 아니지만) 어떤 그리스도인이 죄 짓는 것을 보거든, 하나님께 도움을 구하십시오. 그러면 하나님께서 기꺼이 도우시고, 죽을죄를 짓지 않은 그 죄인에게 생명을 베푸실 것입니다. 죽을죄라고 할 수 있는 죄가 있는데, 나는 그것을 두고 간구하라는 말이 아닙니다. 우리가 잘못 행하는 것은 다 죄입니다. 그러나 죄라고 해서 다 죽을 죄는 아닙니다.

18-21 우리가 알기로, 하나님에게서 난 사람은 아무도 죄, 곧 죽을죄를 짓지 않습니다. 하나님에게서 난 사람은 하나님의 보호를 받습니다. 마귀도 그를 건드리지 못합니다. 우리는 하나님께서 우리를 굳게 붙잡아 주신다는 것을 압니다. 오직 세상 사람들만 마귀의 손에 붙잡혀 있습니다. 우리가 알다시피, 하나님의 아들이 오셔서, 우리로 하여금 하나님의 진리를 깨닫게 해주셨습니다. 실로 멋진 선물이 아닐 수 없습니다! 우리는 진리 자체이신 하나님

death. Not only birth from the womb, but baptismal birth of his ministry and sacrificial death. And all the while the Spirit is confirming the truth, the reality of God's presence at Jesus' baptism and crucifixion, bringing those occasions alive for us. A triple testimony: the Spirit, the Baptism, the Crucifixion. And the three in perfect agreement.

9-10 If we take human testimony at face value, how much more should we be reassured when God gives testimony as he does here, testifying concerning his Son. Whoever believes in the Son of God inwardly confirms God's testimony. Whoever refuses to believe in effect calls God a liar, refusing to believe God's own testimony regarding his Son.

11-12 This is the testimony in essence: God gave us eternal life; the life is in his Son. So, whoever has the Son, has life; whoever rejects the Son, rejects life.

The Reality, Not the Illusion

13-15 My purpose in writing is simply this: that you who believe in God's Son will know beyond the shadow of a doubt that you have eternal life, the reality and not the illusion. And how bold and free we then become in his presence, freely asking according to his will, sure that he's listening. And if we're confident that he's listening, we know that what we've asked for is as good as ours.

16-17 For instance, if we see a Christian believer sinning (clearly I'm not talking about those who make a practice of sin in a way that is "fatal," leading to eternal death), we ask for God's help and he gladly gives it, gives life to the sinner whose sin is not fatal. There is such a thing as a fatal sin, and I'm not urging you to pray about that. Everything we do wrong is sin, but not all sin is fatal.

18-21 We know that none of the God-be-

의 아들 예수 그리스도 안에 살고 있습니다. 이 예수야말로 참 하나님이시며 참 생명이십니다. 사랑하는 자녀 여러분, 모든 가짜는 영리하기 그지없으니, 그들을 조심하십시오.

gotten makes a practice of sin—fatal sin. The God-begotten are also the God-protected. The Evil One can't lay a hand on them. We know that we are held firm by God; it's only the people of the world who continue in the grip of the Evil One. And we know that the Son of God came so we could recognize and understand the truth of God—what a gift!—and we are living in the Truth itself, in God's Son, Jesus Christ. This Jesus is both True God and Real Life. Dear children, be on guard against all clever facsimiles.

요한이서

1-2 사랑하는 회중 여러분, 여러분의 목회자인 나는 진리 안에서 여러분을 사랑합니다. 나만 그런 것이 아니라, 영원토록 우리 안에 머물러 계시는 진리를 아는 모든 사람들이 여러분을 사랑합니다.

3 하나님 아버지와 아버지의 아들 예수 그리스도께서 주시는 은혜와 자비와 평화가, 진리와 사랑 안에서 우리와 함께하기를 바랍니다!

4-6 여러분의 회중 가운데 많은 사람들이 아버지께서 명하신 대로 진리를 따라 열심히 살아가고 있다는 소식을 듣고, 내가 얼마나 행복했는지 이루 말할 수 없습니다. 그러나 친구 여러분, 내가 여러분의 기억을 다시 일깨워 드리니, 서로 사랑하십시오. 이것은 새로운 계명이 아니라, 우리가 처음부터 가지고 있던 기본 헌장을 되풀이한 것입니다. 사랑은 그분의 계명을 따라 사는 것입니다. 그분의 계명을 하나로 줄여 말하면 이렇습니다. “사랑 안에서 삶을 경영하라.” 이것은 여러분이 처음부터 들은 것입니다. 변한 것은 하나도 없습니다.

속이는 자! 적그리스도!

7 세상에는 그럴듯한 말로 속이는 사람들이 많이 활개 치고 있습니다. 그들은 예수 그리스도께서 살과 피를 가진 진짜 사람이었다고 믿지 않습니다. 그들에게 그들의 진짜 이름을 붙여 주십시오. “속이는 자! 적그리스도!”라고 말입니다.

8-9 그들을 조심하십시오. 우리가 함께 애써서 맺은 열매를 잃어버리는 일이 없게 하십시오. 나는 여러분이 받을 모든 상급을 여러분이 다 받게 되기를 바랍니다. 누구든지 함부로 그리스도의 가르침을 버리겠다고 생각하는 사람이 있다면, 그는 하나님을 버리는 자입니다. 그러나 그리스도의 가르침 안에

2 JOHN

1-2 My dear congregation, I, your pastor, love you in very truth. And I'm not alone—everyone who knows the Truth that has taken up permanent residence in us loves you.

3 Let grace, mercy, and peace be with us in truth and love from God the Father and from Jesus Christ, Son of the Father!

4-6 I can't tell you how happy I am to learn that many members of your congregation are diligent in living out the Truth, exactly as commanded by the Father. But permit me a reminder, friends, and this is not a new commandment but simply a repetition of our original and basic charter: that we love each other. Love means following his commandments, and his unifying commandment is that you conduct your lives in love. This is the first thing you heard, and nothing has changed.

Don't Walk Out on God

7 There are a lot of smooth-talking charlatans loose in the world who refuse to believe that Jesus Christ was truly human, a flesh-and-blood human being. Give them their true title: Deceiver! Antichrist!

8-9 And be very careful around them so you don't lose out on what we've worked so diligently in together; I want you to get every reward you have coming to you. Anyone who gets so progressive in his thinking that he walks out on the teaching of Christ, walks out on God. But

머무르는 사람은, 아버지에게도 신실하고 아들에게도 신실한 사람입니다.

10-11 이 가르침을 붙들지 않는 사람이 눈에 띄거든, 그를 초청해 들이거나 그에게 자리를 내주는 일이 없게 하십시오. 만일 초청하거나 자리를 내주면, 그에게 악행을 계속할 빌미를 마련해 주는 셈이며, 결국 여러분도 그와 한패가 될 수 있습니다.

12-13 나는 여러분에게 할 말이 많이 있지만, 종이와 잉크로 쓰고 싶지 않습니다. 조만간 여러분에게 직접 가서 마음을 터놓고 이야기를 나눌 수 있기를 바랍니다. 그것이 여러분과 내게 훨씬 만족스러운 일이 될 것입니다. 이곳에 있는 여러분의 자매 교회의 회중 모두가 안부를 전합니다.

whoever stays with the teaching, stays faithful to both the Father and the Son.

10-11 If anyone shows up who doesn't hold to this teaching, don't invite him in and give him the run of the place. That would just give him a platform to perpetuate his evil ways, making you his partner.

12-13 I have a lot more things to tell you, but I'd rather not use paper and ink. I hope to be there soon in person and have a heart-to-heart talk. That will be far more satisfying to both you and me. Everyone here in your sister congregation sends greetings.

요한삼서

1-4 목회자인 나는, 사랑하는 벗 가이오에게 편지합니다. 나는 그대를 진정으로 사랑합니다! 그대와 나는 가장 절친한 친구 사이이니, 나는 그대가 하는 모든 일이 잘되고, 그대가 건강하기를 기도합니다. 또한 그대의 영혼이 잘됨 같이, 그대의 일상의 일도 잘되기를 간구합니다! 몇몇 친구들이 와서, 그대가 끊임없이 진리의 길을 따라 살고 있다는 소식을 전해주었을 때 나는 몹시 기뻤습니다. 나의 자녀들이 진리의 길을 꾸준히 걷고 있다는 소식을 듣는 것만큼 나를 행복하게 해주는 일도 없을 것입니다!

선한 것을 본받으십시오

5-8 사랑하는 친구여, 그대가 그리스도인 형제자매는 물론이고 낯선 사람들까지 환대하고 있으니, 그대의 믿음이 더욱 돋보이는군요. 그들이 이곳 교회로 돌아와서, 그대의 사랑이 어떠했는지를 전부 말해 주었습니다. 그대가 이 여행자들을 도와 여행을 계속하게 한 것은 잘한 일입니다. 그것은 하나님께서 펼치시는 환대의 손길과 같은 것입니다! 그들은 그분의 이름을 깃발에 내걸고 길을 나서서, 믿지 않는 사람들에게서는 아무 도움도 받지 않습니다. 그러므로 그들은 우리가 제공하는 도움을 받을 자격이 있습니다. 우리는 식사와 잠자리를 제공함으로써, 진리를 전파하는 그들의 동료가 되는 것입니다.

9-10 전에 나는 이와 관련해서, 그곳에 있는 교회에 편지를 써 보냈습니다. 그러나 지도자 되기를 좋아하는 디오드레베가 나의 권고를 깎아내렸습니다. 내가 가면, 우리에 관해 악의적인 소문을 퍼뜨린 이유를 그에게 반드시 따져 묻겠습니다.

그것으로도 모자랐는지, 그는 여행중인 그리스도인들을 환대하지 않고 다른 사람들이 그들을 환대하는

3 JOHN

1-4 The Pastor, to my good friend Gaius: How truly I love you! We're the best of friends, and I pray for good fortune in everything you do, and for your good health—that your everyday affairs prosper, as well as your soul! I was most happy when some friends arrived and brought the news that you persist in following the way of Truth. Nothing could make me happier than getting reports that my children continue diligently in the way of Truth!

Model the Good

5-8 Dear friend, when you extend hospitality to Christian brothers and sisters, even when they are strangers, you make the faith visible. They've made a full report back to the church here, a message about your love. It's good work you're doing, helping these travelers on their way, hospitality worthy of God himself! They set out under the banner of the Name, and get no help from unbelievers. So they deserve any support we can give them. In providing meals and a bed, we become their companions in spreading the Truth.

9-10 Earlier I wrote something along this line to the church, but Diotrephes, who loves being in charge, denigrates my counsel. If I come, you can be sure I'll hold him to account for spreading vicious rumors about us.

As if that weren't bad enough, he not only refuses hospitality to traveling Christians but tries to

것까지 막으려고 합니다. 더욱이 그들을 맞아들이기는커녕 오히려 내쫓기까지 합니다.
11 친구여, 악한 것과 짝하지 마십시오. 선한 것을 본받으십시오. 선한 일을 하는 사람은 하나님의 일을 하는 사람입니다. 악한 일을 하는 사람은 하나님을 저버리고, 하나님에 대해 기초적인 것조차 모르는 자입니다.
12 모든 사람이 데메드리오를 칭찬하고, 진리 자체가 그를 지지합니다! 우리가 보증합니다. 그대는 우리가 함부로 보증하지 않는다는 것을 알 것입니다.
13-14 그대에게 할 말이 많지만, 나는 펜과 잉크로 쓰고 싶지 않군요. 내가 조만간 그곳으로 직접 가서 마음을 터놓고 이야기할 수 있기를 바랍니다. 그대에게 평화가 있기를 바랍니다. 이곳에 있는 벗들이 안부를 전합니다. 그곳에 있는, 이름으로만 아는 우리의 벗들에게 안부를 전해 주십시오.

stop others from welcoming them. Worse yet, instead of inviting them in he throws them out.
11 Friend, don't go along with evil. Model the good. The person who does good does God's work. The person who does evil falsifies God, doesn't know the first thing about God.
12 Everyone has a good word for Demetrius—the Truth itself stands up for Demetrius! We concur, and you know we don't hand out endorsements lightly.
13-14 I have a lot more things to tell you, but I'd rather not use pen and ink. I hope to be there soon in person and have a heart-to-heart talk. Peace to you. The friends here say hello. Greet our friends there by name.

유다서 | 머리말

우리의 영적 공동체는 우리의 육체만큼이나 병에 걸리기 쉽다. 그러나 우리의 예배와 증언에서 잘못된 것을 찾아내기란 우리의 위장과 폐에 생긴 병을 찾아내는 것보다 훨씬 어렵다. 육체가 병들거나 상처를 입으면, 고통이 우리의 주의를 끈다. 그리고 우리는 신속하게 조치를 취한다. 그러나 우리의 영적 공동체 안에 침투한 위험하고 치명적인 바이러스는 오랫동안 발견되지 않은 채 잠복해 있을 수 있다. 육체를 치료하는 의사가 필요한 만큼, 영을 진단하고 치료하는 사람은 더욱 필요하다.

유다가 초기 그리스도인 공동체에 보낸 편지는 바로 그러한 진단이라고 할 수 있다. 그는 편지에서 이렇게 말한다. "그러던 차에 간곡한 권고가 담긴 편지를 쓸 필요가 생겼습니다. 그것은 우리에게 선물로 맡겨진 이 믿음을 지키고 소중히 여기기 위해, 여러분이 가진 모든 것을 동원해 싸워야 한다는 것입니다"(유 3절). 신자들이 무언가 잘못되었다는 것을 알지 못하거나, 적어도 유다가 지적하는 것만큼 잘못되지 않았다고 생각하는 상황에서 유다의 진단은 더욱 필요한 것이었다.

물론 그리스도인 공동체 안에서의 삶은 단순히 공격이나 파괴로부터 신앙을 보호하는 일에 그치지 않는다. 이 일에 과대망상적인 태도를 보인다면 그것은 정신적으로뿐만 아니라 영적으로도 해롭다. 그리스도인이 가장 먼저 갖추어야 할 자세는, 유다가 말한 대로 "두 팔을 활짝 벌려 우리 주 예수 그리스도의 자비를 기다리는 것"이다. 이와 함께 강력한 경계 태세도 필요하다. 유다는 편지를 읽는 이들에게 다음과 같이 격려한다. "여러분은 가장 거룩한 이 믿음 안에 여러분 자신을 세우십시오. 성령 안에서 기도하고, 하나님의 사랑 한가운데 머무르고"(유 20절). 유다의 호루라기소리가 수많은 불행을 막았다.

Our spiritual communities are as susceptible to disease as our physical bodies. But it is easier to detect whatever is wrong in our stomachs and lungs than in our worship and witness. When our physical bodies are sick or damaged, the pain calls our attention to it, and we do something quick. But a dangerous, even deadly, virus in our spiritual communities can go undetected for a long time. As much as we need physicians for our bodies, we have even greater need for diagnosticians and healers of the spirit.

Jude's letter to an early community of Christians is just such diagnosis. He writes "I have to write insisting—begging!—that you fight with everything you have in you for this faith entrusted to us as a gift to guard and cherish"(Jude 3). It is all the more necessary in that those believers apparently didn't know anything was wrong, or at least not as desperately wrong as Jude points out.

There is far more, of course, to living in Christian community than protecting the faith against assault or subversion. Paranoia is as unhealthy spiritually as it is mentally. The primary Christian posture is, in Jude's words, "keeping your arms open and outstretched, ready for the mercy of our Master, Jesus Christ." All the same, energetic watchfulness is required. Jude encourages his readers to "carefully build yourselves up in this most holy faith by praying in the Holy Spirit, staying right at the center of God's love"(Jude 20). Jude's whistle-blowing has prevented many a disaster.

유다서

1-2 예수 그리스도의 종이며 야고보의 형제인 나 유다는, 하나님 아버지께서 사랑하시고 예수 그리스도께서 부르시고 지켜 주시는 이들에게 편지합니다. 모든 일이 바르게 될 것이니, 긴장을 푸십시오. 모든 것이 화합할 것이니, 안심하십시오. 사랑이 시작되고 있으니, 여러분의 마음을 활짝 여십시오!

모든 것을 동원해 싸우십시오

3-4 사랑하는 친구 여러분, 나는 우리가 함께 누리고 있는 이 구원의 삶에 관해서 여러분에게 편지하려고 여러모로 애썼습니다. 그러던 차에 간곡한 권고가 담긴 편지를 쓸 필요가 생겼습니다. 그것은 우리에게 선물로 맡겨진 이 믿음을 지키고 소중히 여기기 위해, 여러분이 가진 모든 것을 동원해 싸워야 한다는 것입니다. (이런 일이 일어나리라고 성경이 우리에게 경고한 대로) 어떤 사람들이 우리 모임에 잠입하는 일이 일어났습니다. 그들은 겉으로만 경건한 척하는 뻔뻔한 불한당입니다. 그들의 속셈은 우리 하나님의 순전한 은혜를 방종거리로 바꾸는 것입니다. 그것은 오직 한분이신 우리 주 예수 그리스도를 제거하는 일이나 다름없습니다.

우주에서 길을 잃은 별들

5-7 여러분이 이미 잘 알고 있는 내용이어서 새삼스럽게 여러분의 기억을 되살릴 필요가 없을 테지만, 내가 할 수 있는 한 분명하게 제시하려는 것은 이것입니다. 간략하게 말씀드리겠습니다. 주님께서 그분의 백성을 이집트 땅에서 구원해 내셨지만, 나중에 변절자들을 모두 멸하셨습니다. 또한 여러분은, 사악한 짓을 일삼기 위해 자기 자리를 지키지 않고 내팽개친 천사들의 이야기를 알고 있습니다. 그들

JUDE

1-2 I, Jude, am a slave to Jesus Christ and brother to James, writing to those loved by God the Father, called and kept safe by Jesus Christ. Relax, everything's going to be all right; rest, everything's coming together; open your hearts, love is on the way!

Fight with All You Have in You

3-4 Dear friends, I've dropped everything to write you about this life of salvation that we have in common. I have to write insisting—begging!—that you fight with everything you have in you for this faith entrusted to us as a gift to guard and cherish. What has happened is that some people have infiltrated our ranks (our Scriptures warned us this would happen), who beneath their pious skin are shameless scoundrels. Their design is to replace the sheer grace of our God with sheer license—which means doing away with Jesus Christ, our one and only Master.

Lost Stars in Outer Space

5-7 I'm laying this out as clearly as I can, even though you once knew all this well enough and shouldn't need reminding. Here it is in brief: The Master saved a people out of the land of Egypt. Later he destroyed those who defected. And you know the story of the angels who didn't stick to their post, abandoning it for other, darker missions. But they are now chained and

은 지금 쇠사슬에 매여 캄캄한 곳에 갇혀 최후 심판의 날을 기다리고 있습니다. 그들과 똑같이 행하다가 성적인 황폐함에 빠진 소돔과 고모라와 그 주위 도성들은 또 다른 본보기입니다. 그 도성들은 불타고 불타도 완전히 타서 없어지지 않는 형벌을 받음으로써, 지금도 여전히 경고의 표지 역할을 하고 있습니다.

8 최근에 잠입해 들어온 이 침입자들의 프로그램도 똑같습니다. 그들은 불륜을 일삼고, 법과 통치자를 거부하며, 영광을 진창으로 끌어넣습니다.

9-11 미가엘 천사는 천사장이면서도, 모세의 시체를 놓고 마귀와 격렬한 논쟁을 벌일 때 함부로 모독적인 저주를 퍼붓지 않고, "그렇게 해서는 안된다. 하나님께서 그대를 처리하실 것이다!" 하고 말했을 뿐입니다. 그러나 저 침입자들은 자기들이 이해하지 못하는 것은 무엇이든지 깔보고 조롱합니다. 그들은 자기들이 하고 싶어 하는 것만 하고 짐승처럼 본능에 의지해 살다가, 스스로를 파멸시키고 맙니다. 나는 그들을 생각만 해도 진저리가 납니다! 그들은 가인의 길을 따라 걸었고, 탐욕 때문에 발람의 오류에 빠져들었으며, 고라처럼 반역하다가 멸망당하고 말았습니다.

12-13 그들은, 여러분이 함께 예배하고 식사할 때 나누는 여러분의 애찬을 망치는 자들입니다. 그들은 여러분의 평판을 떨어뜨립니다. 부끄러운 줄도 모른 채 흥청거리고, 아무것에도 얽매이려 하지 않습니다. 그들은 이와 같습니다.

바람에 떠밀려 사라지는 연기,
잎새와 열매도 없이 죽고 또 죽어서
뿌리째 뽑힌 늦가을 나무,
수치의 거품 외에는 아무것도 남기지 못하는
바닷가 거친 파도,
우주에서 길을 잃고
짙은 어둠을 향해 가는 별들.

14-16 아담의 칠대손 에녹은 그들을 두고 이렇게 예언했습니다. "보아라! 주님께서 수천의 거룩한 천사들과 함께 오셔서, 그들 모두를 심판하실 것이다. 저마다 뻔뻔스럽게 저지른 모든 모독 행위와, 경건한 척하면서 불경스럽게 내뱉은 모든 더러운 말에 따라, 각 사람에게 유죄 판결을 내리실 것이다." 이들은 불평과 불만을 늘어놓는 자들로서, 가장 큰 빵 조각을 움켜잡으려 하고, 허풍을 떨고, 자기들을 출세시켜 줄 말이라면 무엇이든 지껄입니다.

jailed in a black hole until the great Judgment Day. Sodom and Gomorrah, which went to sexual rack and ruin along with the surrounding cities that acted just like them, are another example. Burning and burning and never burning up, they serve still as a stock warning.

8 This is exactly the same program of these latest infiltrators: dirty sex, rule and rulers thrown out, glory dragged in the mud.

9-11 The Archangel Michael, who went to the mat with the Devil as they fought over the body of Moses, wouldn't have dared level him with a blasphemous curse, but said simply, "No you don't. *God* will take care of you!" But these people sneer at anything they can't understand, and by doing whatever they feel like doing–living by animal instinct only–they participate in their own destruction. I'm fed up with them! They've gone down Cain's road; they've been sucked into Balaam's error by greed; they're canceled out in Korah's rebellion.

12-13 These people are warts on your love feasts as you worship and eat together. They're giving you a black eye–carousing shamelessly, grabbing anything that isn't nailed down. They're–

Puffs of smoke pushed by gusts of wind;
late autumn trees stripped clean of leaf and fruit,
Doubly dead, pulled up by the roots;
wild ocean waves leaving nothing on the beach
but the foam of their shame;
Lost stars in outer space
on their way to the black hole.

14-16 Enoch, the seventh after Adam, prophesied of them: "Look! The Master comes with thousands of holy angels to bring judgment against them all, convicting each person of every defiling act of shameless sacrilege, of every dirty word they have spewed of their pious filth." These are the "grumpers," the bellyachers, grabbing for the biggest piece of the pie, talking

17-19 그러나 사랑하는 친구 여러분, 우리 주 예수 그리스도의 사도들이 이런 일이 일어날 것이라고 일러준 것을 기억하십시오. "마지막 때에는 이 같은 일을 더 이상 진지하게 받아들이지 않는 자들이 나타날 것입니다. 그들은 이 일들을 농담처럼 받아들이고, 경건을 자기들의 변덕과 욕망으로 변질시킬 것입니다." 그들은 교회를 분열시키고, 자기들만 생각하는 자들입니다. 그들에게는 아무것도 없으며, 성령의 표지도 전혀 없습니다!

20-21 그러나 사랑하는 친구 여러분, 여러분은 가장 거룩한 이 믿음 안에 여러분 자신을 세우십시오. 성령 안에서 기도하고, 하나님의 사랑 한가운데 머무르고, 두 팔을 활짝 벌려 우리 주 예수 그리스도의 자비를 기다리십시오. 그것이야말로 영원한 생명, 참된 생명입니다!

22-23 믿음 안에서 머뭇거리는 사람들을 너그러이 대하십시오. 잘못된 길을 걷는 사람들을 찾아가십시오. 죄지은 사람들에게 마음을 쓰되, 죄는 너그럽게 대하지 마십시오. 죄 자체는 아주 나쁜 것이기 때문입니다.

24-25 여러분을 일으켜 주시고 자기 앞에 우뚝 세우셔서, 여러분의 마음을 새롭고 기쁘게 해주시는 분, 오직 한분이신 우리 하나님, 오직 한분이신 우리 구주께, 우리 주 예수 그리스도를 통해 영광과 위엄과 권능과 주권이 영원 전부터, 또한 이제와 영원까지 있기를 바랍니다. 아멘.

big, saying anything they think will get them ahead.

17-19 But remember, dear friends, that the apostles of our Master, Jesus Christ, told us this would happen: "In the last days there will be people who don't take these things seriously anymore. They'll treat them like a joke, and make a religion of their own whims and lusts." These are the ones who split churches, thinking only of themselves. There's nothing to them, no sign of the Spirit!

20-21 But you, dear friends, carefully build yourselves up in this most holy faith by praying in the Holy Spirit, staying right at the center of God's love, keeping your arms open and outstretched, ready for the mercy of our Master, Jesus Christ. This is the unending life, the *real* life!

22-23 Go easy on those who hesitate in the faith. Go after those who take the wrong way. Be tender with sinners, but not soft on sin. The sin itself stinks to high heaven.

24-25 And now to him who can keep you on your feet, standing tall in his bright presence, fresh and celebrating—to our one God, our only Savior, through Jesus Christ, our Master, be glory, majesty, strength, and rule before all time, and now, and to the end of all time. Yes.

성경의 마지막은 화려하다. 환상과 노래, 재앙과 구출, 공포와 승리로 가득하다. 쇄도하는 색과 소리, 이미지와 에너지에 현기증이 날 정도다. 비록 처음에는 당혹스럽더라도 계속해서 읽어 나가다 보면, 우리는 점차 그 리듬을 파악하고, 연결점들을 깨달으며, 기독교 예배의 다차원적 행위에 참여하고 있는 우리 자신을 발견하게 된다.

예배는 네 동물들이 밤낮으로 쉬지 않고 찬송을 부르는 가운데 시작된다.

거룩하시다, 거룩하시다, 거룩하시다.
우리 주님, 주권자이신 하나님,
전에도 계셨고, 지금도 계시며, 장차 오실 분.

오, 합당하신 주님! 그렇습니다, 우리 하나님!
영광을! 존귀를! 권능을 받으소서!
주님께서 만물을 창조하셨습니다.
주님께서 원하셨기에 만물이 창조되었습니다.
(계 4:8, 11)

그리고 스물네 장로들이 함께 찬송을 부른다. 이 책의 중간쯤에서는, "구원받은 이들"이 함께 서서 모세의 노래를 부르고 어린양의 노래를 부른다.

오, 주권자이신 하나님,
주님께서 하신 일이 크고 놀랍습니다!
모든 민족의 왕이시여,
주님의 길은 의롭고 참되십니다!
하나님, 누가 주님을 두려워하지 않을 수 있습니까?
누가 주님의 이름에 영광을 돌리지 않을 수 있습니까?
주님, 오직 주님만 홀로 거룩하시니
모든 민족이 와서 주님께 경배합니다.
그들이 주님의 심판이 옳음을 알기 때문입니다.
(계 15:3-4)

The Bible ends with a flourish: vision and song, doom and deliverance, terror and triumph. The rush of color and sound, image and energy, leaves us reeling. But if we persist through the initial confusion and read on, we begin to pick up the rhythms, realize the connections, and find ourselves enlisted as participants in a multidimensional act of Christian worship.

It begins as the Four Animals chant night and day, never taking a break:

Holy, holy, holy
Is God our Master, sovereign-Strong,
THE WAS, THE IS, THE COMING...

Worthy, O Master! Yes, our God!
Take the glory! the honor! the power!
You created it all;
It was created because you wanted it.
(Revelation 4;8, 11)

The the Twenty-four Elders join in, chanting their song. By the middle of this book, the "saved ones" stand together, singing the Song of Moses and the Song of the Lamb:

Mighty your acts and marvelous,
O God, the Sovereign-Strong!
Righteous your ways and true,
King of the nations!
Who can fail to fear you, God,
give glory to your Name?
Because you and you only are holy,
all nations will come and worship you, because they see your judgments are right.
(Revelation 15:3-4)

John of Patmos, a pastor of the late first century,

1세기 후반 목회자였던 밧모 섬의 요한은 예배에 마음을 둔 사람으로, 그의 최고 관심은 예배였다. 요한계시록에 기록된 그의 환상은, 그가 밧모라는 지중해의 한 섬에서 어느 일요일 예배를 드리는 중에 찾아왔다. 그는 육지에 있는 일곱 교회를 순회하며 돌보는 목회자로서, 그의 주된 임무는 예배를 인도하는 것이었다. 살아계신 하나님께 대한 응답인 예배는 사람들을 공동체로 모아 준다. 따라서 예배를 소홀히 하거나 왜곡하면, 공동체는 혼란에 빠지거나 몇몇 사람들의 횡포에 시달리게 된다.

지금 우리가 사는 이 시대는 예배하기에 좋은 시대가 아니다. 아니, 그런 시대는 애초부터 없었다. 세상은 예배를 적대시한다. 마귀는 예배를 증오한다. 요한계시록이 분명히 보여주듯이, 예배는 더없이 부적합한 조건 아래서 수행할 수밖에 없는 임무다. 어떤 그리스도인들은 예배한다는 이유로 죽임을 당하기도 한다.

요한계시록은 수월하게 읽히는 책은 아니다. 목사일 뿐 아니라 시인이기도 한 요한은, 은유와 상징, 이미지와 암시 등을 즐겨 사용했다. 그것은 우리로 하여금 믿고 순종하는 가운데 예수의 임재 안으로 들어가게 해주려는 열망 때문이었다. 그가 우리의 지성과 상상력에 요구하는 것들은 또한 우리에게 큰 보상도 안겨 준다. 요한과 벗이 되어 함께 예배드릴 때, 우리의 예배는 분명 전보다 더 긴박하고 기쁨 가득한 예배가 될 것이기 때문이다.

우리 하나님을 찬양하여라, 그분의 모든 종들아!
그분을 두려워하는, 너희 크고 작은 모든 사람들아!(계 19:5)

has worship on his mind, is preeminently concerned with worship. The vision, which is The Revelation, comes to him while he is at worship on a certain Sunday on the Mediterranean island of Patmos. He is responsible for a circuit of churches on the mainland whose primary task is worship. Worship shapes the human community in response to the living God. If worship is neglected or perverted, our communities fall into chaos or under tyranny.

Our times are not propitious for worship. The times never are. The world is hostile to worship. The Devil hates worship. As The Revelation makes clear, worship must be carried out under conditions decidedly uncongenial to it. Some Christians even get killed because they worship.

John's Revelation is not easy reading. Besides being a pastor, John is a poet, fond of metaphor and symbol, image and allusion, passionate in his desire to bring us into the presence of Jesus believing and adoring. But the demands he makes on our intelligence and imagination are well rewarded, for in keeping company with John, our worship of God will almost certainly deepen in urgency and joy.

Praise our God, all you his servants,
All you who fear him, small and great!
(Revelation 19:5)

요한계시록

1 [1-2] 이 책은 메시아 예수의 계시입니다. 하나님
께서는 앞으로 일어날 일을 그분의 종들에게
분명히 보여주시려고 이 계시를 주셨습니다. 그분은
천사를 통해 이를 공포하셨고, 자신의 종 요한에게 전
해 주셨습니다. 그리고 요한은 자신이 본 모든 것을 말
했습니다. 하나님의 말씀, 곧 예수 그리스도의 증언을!
[3] 이것을 읽는 독자는 얼마나 복된 사람인지요! 이 예
언의 말씀, 이 책에 기록된 모든 말씀을 듣고 지키는
이들은 얼마나 복된 사람인지요!
때가 바로 눈앞에 다가왔기 때문입니다.

지금도 계시고, 전에도 계셨고, 장차 오실 하나님

[4-7] 나 요한은, 아시아에 있는 일곱 교회에 이 편지를
적어 보냅니다. 지금도 계시고, 전에도 계셨고, 장차
오실 하나님께서, 또 그분의 보좌 앞에 있는 일곱 영
이, 또 충성스런 증인이자 죽은 자들 가운데서 처음
살아나신 장자이자 지상의 모든 왕을 다스리고 계신
예수 그리스도께서 여러분에게 온갖 좋은 것을 내려
주시기를 바랍니다.

우리를 사랑하셔서, 우리 삶에서 우리 죄를 피로 씻
으시고
우리를 한 나라로, 그분의 아버지를 위한 제사장으
로 삼으신 그리스도께
영광과 능력이 영원하기를!
아멘. 그분이 지금 오고 계신다!
구름 타고 오시는 분, 모든 눈이 보게 되리라.
그분을 조롱하고 죽인 자들도 보게 되리라.
모든 나라, 모든 시대의 사람들이 보고
비통해 하며 자기 옷을 찢으리라.
오, 그렇게 되기를!

REVELATION

1 [1-2] A revealing of Jesus, the Messiah.
God gave it to make plain to his
servants what is about to happen. He published
and delivered it by Angel to his servant John.
And John told everything he saw: God's
Word–the witness of Jesus Christ!
[3] How blessed the reader! How blessed the
hearers and keepers of these oracle words, all
the words written in this book!
Time is just about up.

His Eyes Pouring Fire-Blaze

[4-7] I, John, am writing this to the seven church-
es in Asia province: All the best to you from
THE GOD WHO IS, THE GOD WHO WAS,
AND THE GOD ABOUT TO ARRIVE, and from
the Seven Spirits assembled before his throne,
and from Jesus Christ–Loyal Witness, First-
born from the dead, Ruler of all earthly kings.

Glory and strength to Christ, who loves us,
who blood-washed our sins from our lives,
Who made us a Kingdom, Priests for his
Father,
forever–and yes, he's on his way!
Riding the clouds, he'll be seen by every eye,
those who mocked and killed him will see
him,
People from all nations and all times
will tear their clothes in lament.
Oh, Yes.

8 주님께서 밝히 말씀하십니다. "나는 처음이요 마지막이다. 나는 지금도 있고, 전에도 있었고, 장차 올 하나님이다. 나는 주권자다."

9-17 예수 안에서 여러분과 함께 시련과 그 나라와 열정 어린 인내에 참여해 온 나 요한은, 하나님의 말씀, 곧 예수의 증언 때문에 밧모라 하는 섬에 있게 되었습니다. 그날은 일요일이었고, 나는 성령 안에서 기도하고 있었습니다. 그때 뒤에서 나팔소리처럼 우렁차고 쩡쩡한 큰 음성이 들려왔습니다. "네가 보는 것을 책으로 기록하여라. 그리고 그 기록한 것을 에베소, 서머나, 버가모, 두아디라, 사데, 빌라델비아, 라오디게아 일곱 교회에 보내라." 나는 그 음성을 알아보려고 돌아섰습니다.

내가 보니
일곱 가지 달린 금촛대가 있고
그 한가운데 인자가 계셨습니다.
긴 옷과 금가슴막이를 입으시고
머리는 새하얀 눈보라 치는 듯
눈은 화염을 쏟아내는 듯했고,
두 발은 화로에 달궈진 청동 같았습니다.
음성은 큰 폭포소리 같고
오른손은 일곱 별을 붙들고 계셨으며,
입은 예리한 날 선 칼,
얼굴은 바싹 다가온 태양 같았습니다.

이를 본 나는 죽은 듯 그분 발 앞에 쓰러졌습니다. 그분의 오른손이 나를 잡아 일으켜 세우셨고, 그분의 음성이 나를 안심시키셨습니다.

17-20 "두려워 마라. 나는 처음이요 마지막이다. 나는 살아 있다. 나는 죽었으나 살아났고, 이제 나의 생명은 영원하다. 내 손에 있는 이 열쇠들이 보이느냐? 이것은 죽음의 문들을 열고 잠그며, 지옥의 문들을 열고 잠그는 열쇠들이다. 이제 네가 보는 것을 모두 기록하여라. 지금 일어나는 일들과 곧 일어날 일들을 기록하여라. 네가 내 오른편에서 본 그 일곱 별과, 그 일곱 가지 달린 금촛대, 너는 그 이면에 담긴 의미가 무엇인지 알기 원하느냐? 일곱 별은 바로 일곱 교회의 천사들이며, 촛대의 일곱 가지는 바로 그 일곱 교회다."

에베소 교회에 보내는 말씀

2

1 에베소 교회의 천사에게 이렇게 적어 보내라. 오른손에 일곱 별을 쥐고 계신 분, 일곱 금촛대의 빛 가운데를 활보하시는 분이 말씀하

8 The Master declares, "I'M A TO Z. I'M THE GOD WHO IS, THE GOD WHO WAS, AND THE GOD ABOUT TO ARRIVE. I'm the Sovereign-Strong."

9-17 I, John, with you all the way in the trial and the Kingdom and the passion of patience in Jesus, was on the island called Patmos because of God's Word, the witness of Jesus. It was Sunday and I was in the Spirit, praying. I heard a loud voice behind me, trumpet-clear and piercing: "Write what you see into a book. Send it to the seven churches: to Ephesus, Smyrna, Pergamum, Thyatira, Sardis, Philadelphia, Laodicea." I turned and saw the voice.

I saw a gold menorah
with seven branches,
And in the center, the Son of Man,
in a robe and gold breastplate,
hair a blizzard of white,
Eyes pouring fire-blaze,
both feet furnace-fired bronze,
His voice a cataract,
right hand holding the Seven Stars,
His mouth a sharp-biting sword,
his face a perigee sun.

I saw this and fainted dead at his feet. His right hand pulled me upright, his voice reassured me:

17-20 "Don't fear: I am First, I am Last, I'm Alive. I died, but I came to life, and my life is now forever. See these keys in my hand? They open and lock Death's doors, they open and lock Hell's gates. Now write down everything you see: things that are, things about to be. The Seven Stars you saw in my right hand and the seven-branched gold menorah—do you want to know what's behind them? The Seven Stars are the Angels of the seven churches; the menorah's seven branches are the seven churches."

To Ephesus

2

1 Write this to Ephesus, to the Angel of the church. The One with Seven Stars in his right-fist grip, striding through the golden

신다.

2-3 "나는 네가 한 일을 잘 알고 있다. 너는 수고를 아끼지 않았고, 가다가 그만두는 법이 없었다. 나는 네가 악을 그냥 두고 보지 못하는 것과, 사도 행세를 하는 자들을 뿌리째 뽑아낸 것도 알고 있다. 나는 너의 끈기와 내 일을 위해 보여준 네 용기를 알며, 네가 결코 나가떨어지는 법이 없다는 것도 알고 있다.

4-5 그러나 너는 처음 사랑에서 떠나 버렸다. 어찌 된 일이냐? 대체 무슨 일이냐? 너는 네가 얼마나 떨어져 나갔는지 알고 있느냐? 너는 루시퍼처럼 떨어져 나갔다!

다시 돌아오너라! 너의 소중한 처음 사랑을 회복하여라! 우물쭈물할 시간이 없다. 이제 내가 그 금촛대에서 네 빛을 없애 버릴 것이기 때문이다.

6 네가 잘한 일은 이것이다. 너는 니골라 당이 벌이는 일을 미워한다. 나 역시 그것을 미워한다.

7 너의 귀는 지금 깨어 있느냐? 귀 기울여 들어라. 바람 불어오는 그 말씀에, 교회들 가운데 불어오는 그 성령에 귀를 기울여라. 승리한 사람은 내가 곧 만찬으로 부를 것이다. 내가 하나님의 과수원에서 따온 생명나무 열매로 차린 잔치로 부를 것이다."

서머나 교회에 보내는 말씀

8 서머나 교회의 천사에게 이렇게 적어 보내라. 시작이요 끝이신 분, 최초이자 최종이신 분, 죽었다가 다시 살아나신 분이 말씀하신다.

9 "나는 너의 고통과 가난을, 네가 겪고 있는 그 끝없는 고통과 비참한 가난을 잘 알고, 또한 너의 부요함도 잘 알고 있다. 나는 훌륭한 유대인인 척하는 자들, 그러나 실은 사탄의 무리에 속하는 자들의 주장에 담긴 그 거짓을 잘 알고 있다.

10 네가 곧 겪게 될 일들을 조금도 두려워하지 마라. 다만 경계를 갖추고 있어라! 아무것도 두려워 마라! 마귀가 곧 너를 감옥에 던져 넣을 것이나, 이 시험의 때는 열흘뿐이다. 곧 끝난다.

목숨을 잃는 한이 있어도 결코 포기하지 마라. 믿음으로 끝까지 견뎌 내라. 내가 너를 위해 준비해 둔 생명의 면류관이 있다.

11 너의 귀는 지금 깨어 있느냐? 귀 기울여 들어라. 바람 불어오는 그 말씀에, 교회들 가운데 불어오는 그 성령에 귀를 기울여라. 그리스도께 속한 승리한 사람은 마귀와 죽음으로부터 안전하다."

seven-lights' circle, speaks:

2-3 "I see what you've done, your hard, hard work, your refusal to quit. I know you can't stomach evil, that you weed out apostolic pretenders. I know your persistence, your courage in my cause, that you never wear out.

4-5 "But you walked away from your first love—why? What's going on with you, anyway? Do you have any idea how far you've fallen? A Lucifer fall!

"Turn back! Recover your dear early love. No time to waste, for I'm well on my way to removing your light from the golden circle.

6 "You do have this to your credit: You hate the Nicolaitan business. I hate it, too.

7 "Are your ears awake? Listen. Listen to the Wind Words, the Spirit blowing through the churches. I'm about to call each conqueror to dinner. I'm spreading a banquet of Tree-of-Life fruit, a supper plucked from God's orchard."

To Smyrna

8 Write this to Smyrna, to the Angel of the church. The Beginning and Ending, the First and Final One, the Once Dead and Then Come Alive, speaks:

9 "I can see your pain and poverty—constant pain, dire poverty—but I also see your wealth. And I hear the lie in the claims of those who pretend to be good Jews, who in fact belong to Satan's crowd.

10 "Fear nothing in the things you're about to suffer—but stay on guard! Fear nothing! The Devil is about to throw you in jail for a time of testing—ten days. It won't last forever.

"Don't quit, even if it costs you your life. Stay there believing. I have a Life-Crown sized and ready for you.

11 "Are your ears awake? Listen. Listen to the Wind Words, the Spirit blowing through the churches. Christ-conquerors are safe from Devil-death."

버가모 교회에 보내는 말씀

12 버가모 교회의 천사에게 이렇게 적어 보내라.
날 선 칼을 가지신 분께서 칼을 꺼내 드신다. 칼집
과 같은 입에서 칼과 같은 말씀이 나온다.
13 "나는 네가 어디 사는지 잘 안다. 너는 사탄의
보좌 바로 밑에 살고 있다. 그럼에도 너는 담대히
내 이름 안에 머물렀다. 최악의 압박 가운데서도,
사탄의 관할 구역에서 내게 끝까지 신실했던 나의
증인 안디바가 순교할 때도, 너는 한 번도 내 이름
을 부인하지 않았다.
14-15 그런데 왜 너는 그 발람의 무리를 받아 주느
냐? 발람이 맞서야 할 원수였다는 것을, 그가 발
락을 부추겨 사악한 잔치를 열고 이스라엘의 거룩
한 순례길을 방해했던 자인 것을 기억하지 못하느
냐? 왜 똑같은 짓을 하고 있는 니골라 당을 참아
주느냐?
16 이제 그만! 더 이상 그들을 용납하지 마라. 내가
곧 네게 갈 것이다. 나는 그들이 너무도 싫다. 내
말씀의 날 선 칼로 그들을 갈기갈기 찢을 것이다.
17 너의 귀는 지금 깨어 있느냐? 귀 기울여 들어
라. 바람 불어오는 그 말씀에, 교회들 가운데 불어
오는 그 성령에 귀를 기울여라. 나는 승리한 사람
에게 거룩한 만나를 줄 것이다. 또한 나는 너의 새
이름, 너의 비밀한 새 이름이 새겨진 깨끗하고 부
드러운 돌을 줄 것이다."

두아디라 교회에 보내는 말씀

18 두아디라 교회의 천사에게 이렇게 적어 보내
라. 눈은 화염을 쏟아내는 듯하고, 발은 화로에 달
궈진 청동 같으신 하나님의 아들이 이렇게 말씀하
신다.
19 "나는 네가 나를 위해 하고 있는 일을 잘 안다.
그 사랑과 믿음, 봉사와 끈기는 참으로 인상적이
다! 그렇다. 대단히 인상적이다! 게다가 날이 갈수
록 너는 더욱 열심이다.
20-23 그러나 어찌하여 너는 자칭 예언자라 하는 이
세벨이, 나의 아끼는 종들을 십자가를 부인하는
종교로, 자아에 탐닉하는 종교로 꾀는 것을 보고
만 있느냐? 나는 그녀에게 돌아설 기회를 주었으
나, 그녀는 자신의 신(神) 장사를 그만둘 뜻이 없
다. 나는 '섹스 종교' 게임을 벌이는 그녀와 그 동
업자들을 곧 병들게 할 것이다. 그 우상숭배의 매
춘 행위에서 태어나는 사생아들을 내가 죽일 것이
다. 그러면 내가 겉모습에 감동받지 않는다는 것
을 온 교회가 알게 될 것이다. 나는 마음속을 꿰뚫

To Pergamum

12 Write this to Pergamum, to the Angel of the
church. The One with the sharp-biting sword
draws from the sheath of his mouth—out come
the sword words:
13 "I see where you live, right under the shadow
of Satan's throne. But you continue boldly in
my Name; you never once denied my Name,
even when the pressure was worst, when they
martyred Antipas, my witness who stayed faithful
to me on Satan's turf.
14-15 "But why do you indulge that Balaam crowd?
Don't you remember that Balaam was an enemy
agent, seducing Balak and sabotaging Israel's
holy pilgrimage by throwing unholy parties? And
why do you put up with the Nicolaitans, who do
the same thing?
16 "Enough! Don't give in to them; I'll be with you
soon. I'm fed up and about to cut them to pieces
with my sword-sharp words.
17 "Are your ears awake? Listen. Listen to the
Wind Words, the Spirit blowing through the
churches. I'll give the sacred manna to every
conqueror; I'll also give a clear, smooth stone
inscribed with your new name, your secret new
name."

To Thyatira

18 Write this to Thyatira, to the Angel of the
church. God's Son, eyes pouring fire-blaze, stand-
ing on feet of furnace-fired bronze, says this:
19 "I see everything you're doing for me. Impres-
sive! The love and the faith, the service and
persistence. Yes, very impressive! You get better
at it every day.
20-23 "But why do you let that Jezebel who calls
herself a prophet mislead my dear servants
into Cross-denying, self-indulging religion? I
gave her a chance to change her ways, but she
has no intention of giving up a career in the
god-business. I'm about to lay her low, along with
her partners, as they play their sex-and-religion
games. The bastard offspring of their idol-whor-
ing I'll kill. Then every church will know that
appearances don't impress me. I x-ray every

어 보며, 네가 자초한 일을 네가 반드시 당하도록 만든다.

24-25 너희 나머지 두아디라 사람들, 이런 불법과 무관하며, 심오한 것인 양 선전하는 이런 마귀와의 장난질을 경멸하는 너희들은 안심해도 좋다. 나는 너희 삶을 지금보다 더 어렵게 만들지 않을 것이다. 내가 갈 때까지 너희가 가진 그 진리를 굳게 지켜라.

26-28 승리하는 모든 사람, 끝까지 포기하기를 거부하는 모든 사람에게 내가 줄 보상은 이것이다. 너는 민족들을 다스리게 될 것이며, 목자이자 왕으로서 너의 통치는 쇠지팡이처럼 굳건할 것이다. 그 민족들의 저항은 질그릇처럼 쉽게 깨어질 것이다. 이는 내 아버지께서 내게 주신 선물인데, 나는 그것을 네게 전해 준다. 또 그것과 더불어, 새벽별을 주겠다!

29 너의 귀는 지금 깨어 있느냐? 귀 기울여 들어라. 바람 불어오는 그 말씀에, 교회들 가운데 불어오는 그 성령에 귀를 기울여라."

사데 교회에 보내는 말씀

3 1 사데 교회의 천사에게 이렇게 적어 보내라. 한 손으로는 하나님의 일곱 영을 붙들고 계시고, 다른 손으로는 일곱 별을 쥐고 계신 분이 말씀하신다.

"나는 네 일을 정확히 꿰뚫고 있다. 너는 원기 왕성한 것으로 유명하다만, 그러나 실은 죽은 자다. 돌처럼 죽어 있다.

2-3 일어서라! 숨을 깊게 내쉬어라! 어쩌면 네 안에 아직 생명이 남아 있을지 모른다. 그러나 네가 벌이는 그 분주한 일들로 봐서는 과연 그런지 나는 모르겠다. 네 일에서, 하나님의 일은 이뤄진 것이 아무것도 없다. 지금 네 상태는 절망적이다. 네가 전에 두 손에 받았던 그 선물을, 네가 귀로 들었던 그 메시지를 생각하여라. 다시 그것을 붙잡고, 하나님께 돌아가라.

그러지 않고서 하나님은 안중에도 없이 이불을 머리 위까지 뒤집어쓰고 계속 잠을 잔다면, 나는 네가 전혀 생각지 못한 때에 돌아와서 네 삶에 한밤의 도둑처럼 들이닥칠 것이다.

4 사데에는 여전히 예수를 따르는 이들 몇이 있다. 그들은 세상의 길을 따라 쓰레기 더미에서 뒹굴지 않은 사람들이다. 그들은 나와 더불어 행진하게 될 것이다! 그들은 그럴 자격이 있음을 증명해 보였다!

motive and make sure you get what's coming to you.

24-25 "The rest of you Thyatirans, who have nothing to do with this outrage, who scorn this playing around with the Devil that gets paraded as profundity, be assured I'll not make life any harder for you than it already is. Hold on to the truth you have until I get there.

26-28 "Here's the reward I have for every conqueror, everyone who keeps at it, refusing to give up: You'll rule the nations, your Shepherd-King rule as firm as an iron staff, their resistance fragile as clay pots. This was the gift my Father gave me; I pass it along to you–and with it, the Morning Star!

29 "Are your ears awake? Listen. Listen to the Wind Words, the Spirit blowing through the churches."

To Sardis

3 1 Write this to Sardis, to the Angel of the church. The One holding the Seven Spirits of God in one hand, a firm grip on the Seven Stars with the other, speaks:

"I see right through your work. You have a reputation for vigor and zest, but you're dead, stone-dead.

2-3 "Up on your feet! Take a deep breath! Maybe there's life in you yet. But I wouldn't know it by looking at your busywork; nothing of *God's* work has been completed. Your condition is desperate. Think of the gift you once had in your hands, the Message you heard with your ears–grasp it again and turn back to God.

"If you pull the covers back over your head and sleep on, oblivious to God, I'll return when you least expect it, break into your life like a thief in the night.

4 "You still have a few followers of Jesus in Sardis who haven't ruined themselves wallowing in the muck of the world's ways. They'll walk with me on parade! They've proved their worth!

5 "Conquerors will march in the victory parade, their names indelible in the Book of Life. I'll lead them up and present them by name to my Father

5 승리하는 사람들은 그 개선 행진에 참여하게 된다.
그들의 이름은 생명책에서 지워지지 않을 것이다. 나
는 그들을 위로 데리고 올라가서, 내 아버지와 그분
의 천사들에게 이름 불러 소개할 것이다.
6 너의 귀는 지금 깨어 있느냐? 귀 기울여 들어라. 바
람 불어오는 그 말씀에, 교회들 가운데 불어오는 그
성령에 귀를 기울여라."

빌라델비아 교회에 보내는 말씀

7 빌라델비아 교회의 천사에게 이렇게 적어 보내라.
거룩하신 분, 참되신 분, 다윗의 열쇠를 손에 가지신
분, 문을 여시면 아무도 잠글 수 없고, 문을 잠그시면
아무도 열 수 없는 분께서 말씀하신다.
8 "나는 네가 한 일을 잘 안다. 이제 내가 한 일이 무
엇인지 보아라. 나는 네 앞에 문을 하나 열어 두었다.
그것은 아무도 닫을 수 없는 문이다. 네가 힘이 미약
하다는 것을 나도 알고 있다. 그럼에도 너는 내 말을
지키기 위해 네 있는 힘을 다했다. 너는 힘든 시절에
도 나를 부인하지 않았다.
9 자칭 참된 그리스도인이라고 하나 실은 전혀 그렇
지 않은 이들, 실제로는 사탄 클럽에 속해 있는 그 위
장꾼들을 내가 어떻게 하는지 지켜보아라. 나는 그들
의 가식을 드러낼 것이고, 그렇게 되면 그들은 내가
사랑하는 사람이 바로 너라는 사실을 인정하게 될 것
이다.
10 네가 열정 어린 인내로 내 말을 지켰으니, 나는 이
제 곧 찾아올 시련의 때에 너를 안전하게 지켜 줄 것
이다. 그때는 온 땅의 모든 남자와 여자와 아이들이
시험을 받는 때다.
11 내가 가고 있다. 곧 갈 것이다. 네가 가지고 있는
것을 꼭 붙들고 지켜서, 아무도 너를 미혹하여 네 면
류관을 훔쳐 가지 못하게 하여라.
12 나는 승리한 사람마다 내 하나님의 성소 기둥으
로, 영원한 존귀의 자리로 삼을 것이다. 그러고는 나
는 네 위에, 그 기둥들 위에 내 하나님의 이름과 하나
님의 도성, 곧 하늘로부터 내려오는 새 예루살렘의
이름, 그리고 나의 새 이름을 적을 것이다.
13 너의 귀는 지금 깨어 있느냐? 귀 기울여 들어라.
바람 불어오는 그 말씀에, 교회들 가운데 불어오는
그 성령에 귀를 기울여라."

라오디게아 교회에 보내는 말씀

14 라오디게아 교회의 천사에게 이렇게 적어 보내라.
하나님의 '예'이신 분, 신실하고 확실한 증인이신 분,
하나님 창조의 으뜸이신 분이 말씀하신다.

and his Angels.
6 "Are your ears awake? Listen. Listen to the
Wind Words, the Spirit blowing through the
churches."

To Philadelphia

7 Write this to Philadelphia, to the Angel of the
church. The Holy, the True–David's key in his
hand, opening doors no one can lock, locking
doors no one can open–speaks:
8 "I see what you've done. Now see what *I've*
done. I've opened a door before you that no one
can slam shut. You don't have much strength, I
know that; you used what you had to keep my
Word. You didn't deny me when times were
rough.
9 "And watch as I take those who call
themselves true believers but are nothing of
the kind, pretenders whose true membership is
in the club of Satan–watch as I strip off their
pretensions and they're forced to acknowledge
it's you that I've loved.
10 "Because you kept my Word in passionate
patience, I'll keep you safe in the time of testing
that will be here soon, and all over the earth,
every man, woman, and child put to the test.
11 "I'm on my way; I'll be there soon. Keep a
tight grip on what you have so no one distracts
you and steals your crown.
12 "I'll make each conqueror a pillar in the
sanctuary of my God, a permanent position
of honor. Then I'll write names on you, the
pillars: the Name of my God, the Name of
God's City–the new Jerusalem coming down
out of Heaven–and my new Name.
13 "Are your ears awake? Listen. Listen to the
Wind Words, the Spirit blowing through the
churches."

To Laodicea

14 Write to Laodicea, to the Angel of the church.
God's Yes, the Faithful and Accurate Witness,
the First of God's creation, says:
15-17 "I know you inside and out, and find little
to my liking. You're not cold, you're not hot–

15-17 "나는 너를 속속들이 아는데, 네게서는 내가 좋아할 만한 구석을 거의 찾을 수 없다. 너는 차갑지도 않고 뜨겁지도 않다. 차갑거나, 아니면 뜨거웠으면 훨씬 더 낫겠다! 너는 진부하다. 너는 정체되었다. 너는 나를 토하고 싶도록 만든다. 너는 '나는 부자다, 나는 성공했다, 나는 부족한 것이 없다'고 자랑한다. 자신이 실제로는 가련하고, 눈멀고, 누더기 옷에, 집 없는 거지라는 사실을 알지 못하고서 말이다.

18 나는 네가 이렇게 하기를 바란다. 나에게서 네 금을 사라. 불로 정련된 금이다. 그러면 너는 부자가 될 것이다. 나에게서 네 옷을 사라. 하늘에서 디자인된 옷이다. 너는 너무 오랫동안 거의 벌거벗은 채로 돌아다녔다. 내게서 네 눈에 바를 약을 사라. 볼 수 있도록, 정말로 볼 수 있도록 말이다.

19 나는 내가 사랑하는 이들을 책망한다. 자극하고 고치고 인도해서, 그들이 최선의 삶을 살 수 있도록 해준다. 일어나라! 뒤로 돌아서라! 하나님을 향해 뛰어가라!

20-21 나를 보아라. 지금 내가 문 앞에 서 있다. 내가 노크하고 있다. 만일 내가 부르는 소리를 네가 듣고 문을 열면, 나는 곧장 들어가 너와 더불어 앉아 만찬을 나눌 것이다. 승리한 사람들은 상석에, 내 옆 자리에 앉게 될 것이다. 내가 승리했으므로, 내 아버지 옆의 존귀한 자리에 앉게 된 것과 같다. 이것이 승리한 사람들에게 주는 내 선물이다!

22 너의 귀는 지금 깨어 있느냐? 귀 기울여 들어라. 바람 불어오는 그 말씀에, 교회들 가운데 불어오는 그 성령에 귀 기울여라."

하늘의 예배

4 1 그 후에 보니, 아! 하늘에 문이 하나 열려 있었습니다. 나팔소리 같은 음성, 앞선 환상에서 들었던 그 음성이 소리쳐 나를 불렀습니다. "이리로 올라오너라. 들어오너라. 내가 네게 다음 일을 보여주겠다."

2-6 곧 나는 깊은 예배 가운데 빠져들었고, 그러고 보니 아! 하늘에 보좌 하나가 놓인 것과 그 보좌에 앉아 계신 분이 보였습니다. 거기에는 온통 호박(琥珀) 옥빛이 가득하고 에메랄드빛이 이글대고 있었습니다. 보좌 주위를 스물네 개의 보좌가 둘러싸고 있었는데, 흰 옷을 입고 머리에는 금면류관을 쓴 스물네 명의 장로가 거기 앉아 있었습니다. 번쩍이는 섬광과 천둥소리가 보좌로부터 고동치듯 들려왔습니다. 보좌 앞에는 일곱 횃불이 타오르며 서 있었습니다(이들은 하나님의 일곱 겹의 영입니다). 그 보좌 앞은 수정처럼

far better to be either cold or hot! You're stale. You're stagnant. You make me want to vomit. You brag, 'I'm rich, I've got it made, I need nothing from anyone,' oblivious that in fact you're a pitiful, blind beggar, threadbare and homeless.

18 "Here's what I want you to do: Buy your gold from me, gold that's been through the refiner's fire. Then you'll be rich. Buy your clothes from me, clothes designed in Heaven. You've gone around half-naked long enough. And buy medicine for your eyes from me so you can see, *really* see.

19 "The people I love, I call to account–prod and correct and guide so that they'll live at their best. Up on your feet, then! About face! Run after God!

20-21 "Look at me. I stand at the door. I knock. If you hear me call and open the door, I'll come right in and sit down to supper with you. Conquerors will sit alongside me at the head table, just as I, having conquered, took the place of honor at the side of my Father. That's my gift to the conquerors!

22 "Are your ears awake? Listen. Listen to the Wind Words, the Spirit blowing through the churches."

A Door into Heaven

4 1 Then I looked, and, oh!–a door open into Heaven. The trumpet-voice, the first voice in my vision, called out, "Ascend and enter. I'll show you what happens next."

2-6 I was caught up at once in deep worship and, oh!–a Throne set in Heaven with One Seated on the Throne, suffused in gem hues of amber and flame with a nimbus of emerald. Twenty-four thrones circled the Throne, with Twenty-four Elders seated, white-robed, gold-crowned. Lightning flash and thunder crash pulsed from the Throne. Seven fire-blazing torches fronted the Throne (these are the Sevenfold Spirit of God). Before the Throne it was like a clear crystal sea.

6-8 Prowling around the Throne were Four

맑은 바다가 펼쳐져 있는 듯했습니다.
6-8 보좌 주위를 돌아다니는 네 동물이 있었는데, 온
통 눈으로 가득했습니다. 앞을 보는 눈, 뒤를 보는
눈. 첫 번째 동물은 사자 같았고, 두 번째 동물은 황
소 같았고, 세 번째 동물은 사람의 얼굴을 가졌으며,
네 번째 동물은 날고 있는 독수리 같았습니다. 네 동
물 모두 날개를 가졌는데, 각각 여섯 날개가 달려 있
었습니다. 그 날개는 온통 눈으로 가득했고, 그 눈들
은 주위와 안쪽을 보고 있었습니다. 그들은 밤낮으로
쉬지 않고 찬송을 불렀습니다.

거룩하시다, 거룩하시다, 거룩하시다.
우리 주님, 주권자이신 하나님,
전에도 계셨고, 지금도 계시며, 장차 오실 분.

9-11 그 동물들이 보좌에 앉아 계신 분께—영원무궁
토록 살아 계신 분께—영광과 존귀와 감사를 드릴
때마다, 스물네 장로는 얼굴을 바닥에 대고 보좌에
앉으신 분 앞에 엎드렸습니다. 그들은 영원무궁토록
살아 계신 분께 예배했습니다. 그들은 보좌 앞에 자
기들의 면류관을 벗어 놓고서 찬송을 불렀습니다.

오, 합당하신 주님! 그렇습니다, 우리 하나님!
영광을! 존귀를! 권능을 받으소서!
주님께서 만물을 창조하셨습니다.
주님께서 원하셨기에 만물이 창조되었습니다.

보좌에 앉아 계신 어린양

5 1-2 나는 보좌에 앉아 계신 분의 오른손에 두
루마리가 있는 것을 보았습니다. 그것은 안
팎으로 글이 적혀 있었고, 일곱 개의 인으로 봉해져
있었습니다. 나는 또 힘센 천사가 천둥과 같은 음성
으로 이렇게 외치는 것을 보았습니다. "저 두루마리
를 펼 수 있는 자, 저 봉인을 뜯을 수 있는 자 누구 없
는가?"
3 아무도 없었습니다. 하늘에도, 땅에도, 땅 밑에도,
그 두루마리를 펴서 읽을 수 있는 자가 아무도 없었
습니다.
4-5 그 두루마리를 펴서 읽을 수 있는 자가 아무도 없
는 것을 보고서, 나는 울고 울고 또 울었습니다. 장로
들 가운데 하나가 말했습니다. "울지 마라. 보아라.
유다 지파에서 나신 사자이신 분, 다윗 나무의 뿌리
이신 분께서 승리를 거두셨다. 그분은 저 두루마리를
펴실 수 있고, 일곱 봉인을 떼실 수 있다."
6-10 그래서 내가 보니, 한 어린양이 보좌와 동물과

Animals, all eyes. Eyes to look ahead, eyes to look behind. The first Animal like a lion, the second like an ox, the third with a human face, the fourth like an eagle in flight. The Four Animals were winged, each with six wings. They were all eyes, seeing around and within. And they chanted night and day, never taking a break:

Holy, holy, holy
Is God our Master, Sovereign-Strong,
THE WAS, THE IS, THE COMING.

9-11 Every time the Animals gave glory and
honor and thanks to the One Seated on the Throne—the age-after-age Living One—the Twenty-four Elders would fall prostrate before the One Seated on the Throne. They worshiped the age-after-age Living One. They threw their crowns at the foot of the Throne, chanting,

Worthy, O Master! Yes, our God!
Take the glory! the honor! the power!
You created it all;
It was created because you wanted it.

The Lion Is a Lamb

5 1-2 I saw a scroll in the right hand of
the One Seated on the Throne. It was
written on both sides, fastened with seven
seals. I also saw a powerful Angel, calling out in
a voice like thunder, "Is there anyone who can
open the scroll, who can break its seals?"
3 There was no one—no one in Heaven, no one
on earth, no one from the underworld—able to
break open the scroll and read it.
4-5 I wept and wept and wept that no one was
found able to open the scroll, able to read it.
One of the Elders said, "Don't weep. Look—
the Lion from Tribe Judah, the Root of David's
Tree, has conquered. He can open the scroll,
can rip through the seven seals."
6-10 So I looked, and there, surrounded by
Throne, Animals, and Elders, was a Lamb,
slaughtered but standing tall. Seven horns he

장로들로 둘러싸여 계셨습니다. 그분은 전에 도살되었으나 이제 우뚝 서 계신 어린양이었습니다. 그분은 일곱 뿔을 가졌고 또 일곱 눈을 가졌는데, 그 눈은 모든 땅에 보내진 하나님의 일곱 영이었습니다. 그분이 보좌에 앉아 계신 분께 가서, 그분의 오른손에서 두루마리를 받아 드셨습니다. 그분이 두루마리를 받아 드는 순간, 네 동물과 스물네 장로가 바닥에 엎드려 어린양께 경배했습니다. 각각 하프와 향이 가득한 금 대접을 들고 있었는데, 그 향은 하나님의 거룩한 백성의 기도였습니다. 그리고 그들은 새 노래를 불렀습니다.

합당하십니다! 두루마리를 받으시고 그 봉인을 떼소서.
죽임당하신 분! 주님은 피로 값을 치르시고 사람들을 사셨습니다.
그들을 온 땅으로부터 다시 데려오셨습니다.
그들을 하나님께로 다시 데려오셨습니다.
주님께서 그들을 한 나라와, 우리 하나님을 섬기는 제사장과
온 땅을 다스리는 제사장-왕이 되게 하셨습니다.

11-14 나는 또 보았습니다. 보좌와 동물과 장로들 주위에서 수천 수백만 천사들이 큰소리로 함께 노래 부르는 소리를 들었습니다.

죽임당하신 어린양은 합당하시다!
권능과 부와 지혜와 능력을 받으소서!
존귀와 영광과 찬양을 받으소서!

그리고 나는 하늘과 땅, 땅 밑과 바다의 모든 창조물이, 모든 곳의 모든 목소리가, 다 함께 한목소리로 노래하는 소리를 들었습니다.

보좌에 앉아 계신 분께! 그 어린양께!
찬양과 존귀와 영광과 권능이,
영원무궁토록!

네 동물은 "오, 그렇습니다!" 하고 소리쳤고, 장로들은 무릎 꿇어 경배했습니다.

두루마리의 봉인을 떼다

6 1-2 나는 어린양이 일곱 봉인 중 첫째 봉인을 떼시는 것을 지켜보았습니다. 나는 그 동물 가운데 하나가 포효하는 소리를 들었습니다. "나오너

had, and seven eyes, the Seven Spirits of God sent into all the earth. He came to the One Seated on the Throne and took the scroll from his right hand. The moment he took the scroll, the Four Animals and Twenty-four Elders fell down and worshiped the Lamb. Each had a harp and each had a bowl, a gold bowl filled with incense, the prayers of God's holy people. And they sang a new song:

Worthy! Take the scroll, open its seals.
Slain! Paying in blood, you bought men and women,
Bought them back from all over the earth,
Bought them back for God.
Then you made them a Kingdom, Priests for our God,
Priest-kings to rule over the earth.

11-14 I looked again. I heard a company of Angels around the Throne, the Animals, and the Elders–ten thousand times ten thousand their number, thousand after thousand after thousand in full song:

The slain Lamb is worthy!
Take the power, the wealth, the wisdom, the strength!
Take the honor, the glory, the blessing!

Then I heard every creature in Heaven and earth, in underworld and sea, join in, all voices in all places, singing:

To the One on the Throne! To the Lamb!
The blessing, the honor, the glory, the strength,
For age after age after age.

The Four Animals called out, "Oh, Yes!" The Elders fell to their knees and worshiped.

Unsealing the Scroll

6 1-2 I watched while the Lamb ripped off the first of the seven seals.
I heard one of the Animals roar, "Come out!" I

라!" 내가 보니, 흰 말이 보였습니다. 그 위에 탄 이는 활을 들고 있었고 승리의 면류관을 받아 썼습니다. 그는 좌우로 승리를 거두며, 의기양양하게 나아갔습니다.

3-4 어린양이 두 번째 봉인을 떼시자, 두 번째 동물이 외치는 소리가 들려왔습니다. "나오너라!" 또 말이 나타났는데, 이번에는 붉은 말이었습니다. 그 위에 탄 이는 땅에서 평화를 없애는 일을 맡았습니다. 그는 사람들이 서로 목 조르고 죽이도록 했습니다. 그에게는 거대한 칼이 주어졌습니다.

5-6 어린양이 세 번째 봉인을 떼시자, 세 번째 동물이 외치는 소리가 들려왔습니다. "나오너라!" 내가 보니, 이번에는 검은 말이었습니다. 그 위에 탄 이는 손에 저울을 들고 있었습니다. 한 메시지가 들려왔습니다(이는 네 동물에게서 나오는 것 같았습니다). "하루 품삯으로 고작 밀 한 되, 혹은 보리 석 되를 살 수 있을 뿐이다. 기름과 포도주는 꿈도 못 꾼다."

7-8 어린양이 네 번째 봉인을 떼시자, 네 번째 동물이 외치는 소리가 들려왔습니다. "나오너라!" 내가 보니, 핏기 없는 창백한 말이었습니다. 그 위에 탄 이는 죽음이었고, 그 뒤를 지옥이 바싹 따르고 있었습니다. 그들에게는 전쟁과 기근과 질병과 들짐승들로 땅의 사분의 일을 멸할 수 있는 힘이 주어졌습니다.

9-11 어린양이 다섯 번째 봉인을 떼시자, 흔들리지 않고 하나님의 말씀을 증언하느라 죽임당한 이들의 영혼이 보였습니다. 그들은 제단 아래 모여서 큰소리로 기도하며 외쳤습니다. "얼마나 더 기다려야 합니까? 거룩하고 참되신, 능력의 하나님! 얼마나 더 기다려야 주님이 나서서 우리를 죽인 자들에게 앙갚음해 주시겠습니까?" 그러자 순교자 각 사람에게 흰 옷이 주어졌고, 그들은 믿음 안에서 동료된 종들과 친구들 중에서 그들처럼 순교자가 될 이들의 수가 다 채워질 때까지 더 앉아서 기다리라는 말씀을 들었습니다.

12-17 나는 어린양이 여섯 번째 봉인을 떼시는 것을 지켜보았습니다. 그러자 지축을 흔드는 거대한 지진이 일어나고, 태양이 칠흑처럼 검게 변하고, 달이 온통 핏빛이 되었으며, 별들이 강풍에 흔들리는 무화과나무 열매처럼 하늘에서 떨어지고, 하늘이 책처럼 턱 하고 덮히고, 섬과 산들이 이쪽저쪽으로 미끄러져 다녔습니다. 아수라장이 벌어졌습니다. 왕과 통치자와 장군과 부자와 권력자들 할 것 없이, 노예든 자유인이든 할 것 없이, 모든 사람이 너나없이 다 숨을 곳을 찾아 뛰어다녔습니다. 그들은 모두 산속 동굴과 바위굴에 숨어서 산과 바위를 향해 소리쳤습니다. "우리를 숨겨 다오! 저기 보좌에 앉아 계신 분께로부터, 그 어린

looked—I saw a white horse. Its rider carried a bow and was given a victory garland. He rode off victorious, conquering right and left.

3-4 When the Lamb ripped off the second seal, I heard the second Animal cry, "Come out!" Another horse appeared, this one red. Its rider was off to take peace from the earth, setting people at each other's throats, killing one another. He was given a huge sword.

5-6 When he ripped off the third seal, I heard the third Animal cry, "Come out!" I looked. A black horse this time. Its rider carried a set of scales in his hand. I heard a message (it seemed to issue from the Four Animals): "A quart of wheat for a day's wages, or three quarts of barley, but all the oil and wine you want."

7-8 When he ripped off the fourth seal, I heard the fourth Animal cry, "Come out!" I looked. A colorless horse, sickly pale. Its rider was Death, and Hell was close on its heels. They were given power to destroy a fourth of the earth by war, famine, disease, and wild beasts.

9-11 When he ripped off the fifth seal, I saw the souls of those killed because they had held firm in their witness to the Word of God. They were gathered under the Altar, and cried out in loud prayers, "How long, Strong God, Holy and True? How long before you step in and avenge our murders?" Then each martyr was given a white robe and told to sit back and wait until the full number of martyrs was filled from among their servant companions and friends in the faith.

12-17 I watched while he ripped off the sixth seal: a bone-jarring earthquake, sun turned black as ink, moon all bloody, stars falling out of the sky like figs shaken from a tree in a high wind, sky snapped shut like a book, islands and mountains sliding this way and that. And then pandemonium, everyone and his dog running for cover—kings, princes, generals, rich and strong, along with every commoner, slave or free. They hid in mountain caves and rocky dens, calling out to mountains and rocks,

양의 진노로부터 우리를 숨겨 다오! 그들이 진노하시
는 큰 날이 이르렀으니, 누가 버틸 수 있겠느냐?"

도장을 받은 하나님의 종들

7 [1] 그 후에 나는 천사 넷이 땅의 네 모퉁이에
서 있는 것을 보았습니다. 그들은 땅이나 바
다에 바람이 불지 못하도록, 나뭇가지를 살랑거리게
하는 바람조차 없도록, 사방의 바람들을 꼭 붙들고
서 있었습니다.
2-3 또한 나는 다른 천사가 살아 계신 하나님의 도장
을 들고서 해 돋는 쪽에서 올라오는 것을 보았습니다.
그는 땅과 바다를 해하는 임무를 부여받은 네 천사에
게 천둥소리처럼 외쳤습니다. "땅을 해하지 마라! 바
다를 해하지 마라! 내가 우리 하나님의 종들의 이마에
도장을 다 찍기 전까지는 나무 하나도 해하지 마라!"
4-8 나는 도장을 받은 이들의 수가 얼마인지를 들었
습니다. 144,000명! 도장을 받은 이들은 이스라엘
각 지파에서 나온 사람들이었습니다. 도장을 받은
이들은 유다 지파에서 12,000명, 르우벤 지파에서
12,000명, 갓 지파에서 12,000명, 아셀 지파에서
12,000명, 납달리 지파에서 12,000명, 므낫세 지파
에서 12,000명, 시므온 지파에서 12,000명, 레위
지파에서 12,000명, 잇사갈 지파에서 12,000명, 스
불론 지파에서 12,000명, 요셉 지파에서 12,000명,
베냐민 지파에서 12,000명이었습니다.

⁂

9-12 나는 또 보았습니다. 거대한 무리의 사람들, 헤
아릴 수 없이 많은 수의 사람들이 보였습니다. 모두
가 그곳에 있었습니다. 모든 나라, 모든 지파, 모든
종족, 모든 언어가 그곳에 있었습니다. 그들은 서 있
었습니다. 그들은 흰 옷을 입고 종려나무 가지를 흔
들며, 보좌와 어린양 앞에 서서 전심으로 노래를 불
렀습니다.

> 구원은 보좌에 앉아 계신 우리 하나님께!
> 구원은 어린양께 있도다!

보좌 주위에 서 있는 모든 이들—천사들, 장로들, 동
물들—이 보좌 앞 바닥에 얼굴을 대고 엎드려서, 하
나님께 경배하며 노래했습니다.

> 참으로 그렇다!
> 찬양과 영광과 지혜와 감사,
> 존귀와 힘과 능력이,

"Refuge! Hide us from the One Seated on the Throne and the wrath of the Lamb! The great Day of their wrath has come—who can stand it?"

The Servants of God

7 [1] Immediately I saw Four Angels
standing at the four corners of earth,
standing steady with a firm grip on the four
winds so no wind would blow on earth or sea,
not even rustle a tree.
2-3 Then I saw another Angel rising from where
the sun rose, carrying the seal of the Living
God. He thundered to the Four Angels assigned
the task of hurting earth and sea, "Don't hurt
the earth! Don't hurt the sea! Don't so much as
hurt a tree until I've sealed the servants of our
God on their foreheads!"
4-8 I heard the count of those who were sealed:
144,000! They were sealed out of every Tribe of
Israel: 12,000 sealed from Judah, 12,000 from
Reuben, 12,000 from Gad, 12,000 from Asher,
12,000 from Naphtali, 12,000 from Manasseh,
12,000 from Simeon, 12,000 from Levi, 12,000
from Issachar, 12,000 from Zebulun, 12,000
from Joseph, 12,000 sealed from Benjamin.

⁂

9-12 I looked again. I saw a huge crowd, too
huge to count. Everyone was there—all nations
and tribes, all races and languages. And they
were standing, dressed in white robes and
waving palm branches, standing before the
Throne and the Lamb and heartily singing:

> Salvation to our God on his Throne!
> Salvation to the Lamb!

All who were standing around the Throne—Angels, Elders, Animals—fell on their faces before the Throne and worshiped God, singing:

> Oh, Yes!
> The blessing and glory and wisdom and thanksgiving,
> The honor and power and strength,

우리 하나님께 영원히, 영원무궁히 있도다!
참으로 그렇다!

13-14 바로 그때 장로들 중 하나가 나를 불렀습니다. "저기 흰 옷을 입은 이들은 누구인가? 그들은 어디서 온 이들인가?" 흠칫 놀란 나는 말했습니다. "장로님, 저는 도무지 모르겠습니다. 하지만 분명 장로님은 아실 것입니다."
14-17 그러자 그가 내게 말했습니다. "저들은 큰 환난을 겪은 이들인데, 그들은 어린양의 피로 자기들의 옷을 빨아 희게 만들었다. 그래서 그들이 하나님의 보좌 앞에 서 있는 것이다. 그들은 그분의 성전에서 밤낮으로 그분을 섬기고 있다. 그 보좌에 앉아 계신 분께서 그곳에 그들을 위해 그분의 장막을 쳐 주실 것이다. 더 이상 굶주림이나, 목마름이나, 불볕이 없을 것이다. 그 보좌에 앉아 계신 어린양이 그들의 목자가 되셔서, 생명수 솟아나는 샘으로 그들을 인도하실 것이다. 하나님께서 그들의 눈에서 눈물을 말끔히 씻어 주실 것이다."

8 [1] 어린양이 일곱 번째 봉인을 떼시자, 하늘이 갑자기 고요해졌습니다. 이 완전한 정적은 약 반 시간 동안 지속되었습니다.

나팔이 울리다

2-4 나는 하나님 앞에 늘 대기하고 있는 일곱 천사를 보았는데, 그들의 손에 일곱 나팔이 들려 있었습니다. 또 다른 천사가 금향로를 들고 와서 제단 앞에 섰습니다. 그는 엄청난 양의 향을 받았는데, 이는 보좌 앞 금제단에 하나님의 모든 거룩한 백성의 기도를 바쳐 올리기 위한 것이었습니다. 향으로 묶인, 거룩한 이들의 기도가 천사의 손으로부터 하나님 앞으로 연기처럼 굽이쳐 올라갔습니다.
5 그 후에 그 천사는 향로를 제단에서 나오는 불로 가득 채워 땅으로 내던졌습니다. 그러자 천둥과 음성과 번개와 지진이 일어났습니다.
6-7 나팔을 든 일곱 천사가 나팔을 불 준비를 갖추었습니다. 첫 번째 나팔을 불자, 피가 섞인 우박과 불이 땅으로 쏟아져 내렸습니다. 땅의 삼분의 일이 불탔고, 나무들의 삼분의 일과 모든 푸른 풀잎이 바싹 타 버렸습니다.
8-9 두 번째 천사가 나팔을 불었습니다. 불타오르는 거대한 산 같은 것이 바다 속으로 던져졌습니다. 바다의 삼분의 일이 피가 되었고, 바다 생물의

To our God forever and ever and ever!
Oh, Yes!

13-14 Just then one of the Elders addressed me: "Who are these dressed in white robes, and where did they come from?" Taken aback, I said, "O Sir, I have no idea—but you must know."
14-17 Then he told me, "These are those who come from the great tribulation, and they've washed their robes, scrubbed them clean in the blood of the Lamb. That's why they're standing before God's Throne. They serve him day and night in his Temple. The One on the Throne will pitch his tent there for them: no more hunger, no more thirst, no more scorching heat. The Lamb on the Throne will shepherd them, will lead them to spring waters of Life. And God will wipe every last tear from their eyes."

8 [1] When the Lamb ripped off the seventh seal, Heaven fell quiet—complete silence for about half an hour.

Blowing the Trumpets

2-4 I saw the Seven Angels who are always in readiness before God handed seven trumpets. Then another Angel, carrying a gold censer, came and stood at the Altar. He was given a great quantity of incense so that he could offer up the prayers of all the holy people of God on the Golden Altar before the Throne. Smoke billowed up from the incense-laced prayers of the holy ones, rose before God from the hand of the Angel.
5 Then the Angel filled the censer with fire from the Altar and heaved it to earth. It set off thunders, voices, lightnings, and an earthquake.
6-7 The Seven Angels with the trumpets got ready to blow them. At the first trumpet blast, hail and fire mixed with blood were dumped on earth. A third of the earth was scorched, a third of the trees, and every blade of green grass—burned to a crisp.
8-9 The second Angel trumpeted. Something like a huge mountain blazing with fire was flung into

삼분의 일이 죽었고, 배들의 삼분의 일이 가라앉아
버렸습니다.
10-11 세 번째 천사가 나팔을 불었습니다. 횃불처럼
타오르는 거대한 별이 하늘에서 떨어져, 강들의 삼
분의 일과 샘들의 삼분의 일을 없애 버렸습니다.
그 별들의 이름은 쑥입니다. 물의 삼분의 일이 쓴
물이 되었고, 많은 사람들이 그 독물을 마시고 죽
었습니다.
12 네 번째 천사가 나팔을 불었습니다. 해의 삼분
의 일, 달의 삼분의 일 그리고 별들의 삼분의 일이
타격을 받아 삼분의 일만큼 어두워졌고, 낮도 밤도
삼분의 일만큼 어두워졌습니다.
13 내가 유심히 보는 동안, 독수리 한 마리가 중간
하늘을 날면서 불길한 소리를 외치는 것을 들었습
니다. "화가 있다! 화가 있다! 땅에 남아 있는 모든
이들에게 화가 있다! 나팔을 불 천사가 아직 셋이
더 남았다. 화가 닥칠 것이다!"

9

1-2 다섯 번째 천사가 나팔을 불었습니다.
나는 별 하나가 하늘에서 땅으로 수직으로
떨어져 내리는 것을 보았습니다. 그 별은 바닥 없
는 구덩이를 여는 열쇠를 건네받았습니다. 그는 바
닥 없는 구덩이를 열었습니다. 그러자 그 구덩이에
서 연기가 쏟아져 나왔고, 쉴 새 없이 쏟아져 나오
는 그 연기로 해와 공중이 어두워졌습니다.
3-6 그 후에 연기 속에서 전갈의 독을 품은 메뚜기
들이 기어 나왔습니다. 그들에게 명령이 떨어졌습
니다. "풀은 해치지 마라. 푸른 것은 무엇이든 해
치지 말고, 나무 하나도 해치지 마라. 다만 사람들
만 해치되, 이마에 하나님의 도장이 찍히지 않은
자들만 해쳐라." 그들은 괴롭히기만 할 뿐 죽이지
는 말라는 명령을 받았습니다. 그들은 다섯 달 동
안 괴롭혔는데, 그들이 주는 고통은 전갈에게 쏘이
는 것 같은 고통이었습니다. 이런 일이 일어나면,
사람들은 고통받느니 차라리 죽으려고 스스로 목
숨을 끊을 방도를 찾습니다. 그러나 그들은 찾지
못할 것입니다. 죽음이 그들을 피해 다닐 것이기
때문입니다.
7-11 그 메뚜기들은 전투채비를 갖춘 말처럼 보였습
니다. 그들은 금면류관과 사람의 얼굴과 여자의 머
리카락과 사자의 이빨과 철가슴막이를 하고 있었
습니다. 그들의 날갯소리는 말들이 끄는 전차가 싸
움터로 질주하는 소리 같았습니다. 그들의 꼬리는
전갈의 꼬리처럼 독침을 가졌습니다. 그들은 그 꼬

the sea. A third of the sea turned to blood, a third
of the living sea creatures died, and a third of the
ships sank.
10-11 The third Angel trumpeted. A huge Star,
blazing like a torch, fell from Heaven, wiping out
a third of the rivers and a third of the springs.
The Star's name was Wormwood. A third of the
water turned bitter, and many people died from
the poisoned water.
12 The fourth Angel trumpeted. A third of the
sun, a third of the moon, and a third of the stars
were hit, blacked out by a third, both day and
night in one-third blackout.
13 I looked hard; I heard a lone eagle, flying
through Middle-Heaven, crying out ominously,
"Doom! Doom! Doom to everyone left on earth!
There are three more Angels about to blow their
trumpets. Doom is on its way!"

9

1-2 The fifth Angel trumpeted. I saw a Star
plummet from Heaven to earth. The Star
was handed a key to the Well of the Abyss. He
unlocked the Well of the Abyss—smoke poured
out of the Well, billows and billows of smoke,
sun and air in blackout from smoke pouring out
of the Well.
3-6 Then out of the smoke crawled locusts
with the venom of scorpions. They were given
their orders: "Don't hurt the grass, don't hurt
anything green, don't hurt a single tree—only
men and women, and then only those who lack
the seal of God on their foreheads." They were
ordered to torture but not kill, torture them for
five months, the pain like a scorpion sting. When
this happens, people are going to prefer death
to torture, look for ways to kill themselves. But
they won't find a way—death will have gone into
hiding.
7-11 The locusts looked like horses ready for war.
They had gold crowns, human faces, women's
hair, the teeth of lions, and iron breastplates.
The sound of their wings was the sound of horse-
drawn chariots charging into battle. Their tails
were equipped with stings, like scorpion tails.

리로 다섯 달 동안 인류를 괴롭히라는 명령을 받았습니다. 그들에게는 왕이 있었는데, 바닥 없는 구덩이의 천사가 바로 그입니다. 그의 이름은 히브리 말로는 아바돈, 그리스 말로는 아볼루온, 곧 파괴자입니다.

12 첫 번째 화가 지나갔습니다. 그러나 아직도 두 가지 화가 더 남았습니다.

13-14 여섯 번째 천사가 나팔을 불었습니다. 나는 하나님 앞에 있는 금제단의 뿔들로부터 울리는 한 음성이 여섯 번째 천사에게 말하는 소리를 들었습니다. "네 천사들, 큰 강 유프라테스에 감금되어 있는 그 천사들을 풀어 놓아주어라."

15-19 그 네 천사가 풀려났습니다. 네 천사는 정해진 년, 월, 일, 그리고 시까지 맞춰 인류의 삼분의 일을 죽일 준비를 하고 있던 이들입니다. 기마대의 수는 2억이었습니다. 나는 환상 중에 그 수를 들었고, 말들과 그 위에 탄 이들을 보았습니다. 말 탄 이들은 화염 같은 가슴막이를 했고, 말들은 머리가 사자 머리 같았으며, 불과 연기와 유황을 내뿜고 있었습니다. 그들은 이 세 가지 무기, 곧 불과 연기와 유황으로 인류의 삼분의 일을 죽였습니다. 그 말들은 입과 꼬리로 사람들을 죽였습니다. 뱀 같은 그 꼬리에도 머리가 달렸는데, 그것으로도 큰 해를 끼쳤습니다.

20-21 이런 무기에 죽임을 당하지 않고 살아남은 자들은 계속 전처럼 멋대로 살아갔습니다. 삶의 길을 바꾸지 않았습니다. 귀신들에게 예배하던 것을 멈추지 않았고, 보거나 듣거나 움직이지 못하는 금, 은, 놋쇠 덩어리, 돌, 나무 조각들을 삶의 중심으로 삼던 것을 그만두지 않았습니다. 마음의 변화를 보여주는 어떤 기미도 없었습니다. 여전히 살인, 점치는 일, 음행, 도둑질에 빠져 지냈습니다.

10

1-4 또한 나는 힘센 다른 천사가 구름에 싸여서 하늘에서 내려오는 것을 보았습니다. 그의 머리 위에는 무지개가 둘려 있었고, 얼굴은 해처럼 빛났으며, 다리는 불기둥 같았습니다. 그의 손에는 작은 책 한 권이 펼쳐져 있었습니다. 그는 오른발로 바다를, 왼발로 육지를 디디고 서서, 사자가 포효하듯 큰소리로 외쳤습니다. 그가 소리치자, 일곱 천둥이 되받아 소리쳤습니다. 그 일곱 천둥이 말을 할 때 나는 그 말을 다 받아 적으려 했으나, 하늘에서 한 음성이 들려와

With those tails they were ordered to torture the human race for five months. They had a king over them, the Angel of the Abyss. His name in Hebrew is *Abaddon*, in Greek, *Apollyon*—"Destroyer."

12 The first doom is past. Two dooms yet to come.

13-14 The sixth Angel trumpeted. I heard a voice speaking to the sixth Angel from the horns of the Golden Altar before God: "Let the Four Angels loose, the Angels confined at the great River Euphrates."

15-19 The Four Angels were untied and let loose, Four Angels all prepared for the exact year, month, day, and even hour when they were to kill a third of the human race. The number of the army of horsemen was twice ten thousand times ten thousand. I heard the count and saw both horses and riders in my vision: fiery breastplates on the riders, lion heads on the horses breathing out fire and smoke and brimstone. With these three weapons—fire and smoke and brimstone—they killed a third of the human race. The horses killed with their mouths and tails; their serpentlike tails also had heads that wreaked havoc.

20-21 The remaining men and women who weren't killed by these weapons went on their merry way—didn't change their way of life, didn't quit worshiping demons, didn't quit centering their lives around lumps of gold and silver and brass, hunks of stone and wood that couldn't see or hear or move. There wasn't a sign of a change of heart. They plunged right on in their murderous, occult, promiscuous, and thieving ways.

10

1-4 I saw another powerful Angel coming down out of Heaven wrapped in a cloud. There was a rainbow over his head, his face was sun-radiant, his legs pillars of fire. He had a small book open in his hand. He placed his right foot on the sea and his left foot on land, then called out thunderously, a lion roar. When he called out, the Seven Thunders called back. When the Seven Thunders spoke, I started to write it all down, but a voice out of Heaven stopped me, saying, "Seal with silence the Seven Thunders; don't write a

나를 멈추게 했습니다. "그 일곱 천둥을 침묵으로
봉인하여라. 단 한 마디도 적지 마라."
5-7 그 후에 내가 본 그 바다와 땅을 딛고 서 있는
천사가 오른손을 하늘을 향해 들더니, 하늘과 그
안의 모든 것을 창조하신, 바다와 그 안의 모든
것을 창조하신, 영원무궁히 살아 계신 그분을 두
고 맹세하며 말했습니다. 이제 때가 되어 곧 일곱
번째 천사가 나팔을 불면, 하나님의 신비가, 그분
이 그동안 그분의 종들과 예언자들에게 계시하셨
던 모든 계획이 다 완성될 것이라고 말했습니다.
8-11 하늘에서 들려오는 그 음성이 다시 내게 말
했습니다. "가서, 바다와 땅을 딛고 서 있는 그 천
사의 손에 펼쳐져 있는 책을 받아라." 나는 그 천
사에게 올라가서 말했습니다. "내게 그 작은 책을
주십시오." 그가 말했습니다. "이것을 받아서 먹
어라. 이것은 꿀처럼 달겠으나, 너의 배에서는 쓸
것이다." 나는 그 작은 책을 천사의 손에서 받았
는데, 그것은 입에서는 꿀처럼 달았지만, 삼키자
배가 쓰라렸습니다. 그때 "너는 가서, 많은 백성
과 나라와 언어와 왕들을 향해 다시 예언해야만
한다"는 음성이 내게 들려왔습니다.

두 증인

11 1-2 나는 측량자로 쓸 수 있는 막대기를
하나 받았는데, 그때 이런 말씀이 들려
왔습니다. "일어나서, 하나님의 성전과 제단 또
거기서 예배하는 모든 사람을 측량하여라. 바깥
뜰은 측량하지 말고 내버려 두어라. 그것은 이방
인들에게 넘겨졌다. 그들이 마흔두 달 동안 그 거
룩한 도성을 더럽힐 것이다.
3-6 그동안 나는 내 두 증인을 준비시킬 것이다.
그들은 굵은 베옷을 입고 1,260일 동안 예언할
것이다. 이들은 땅에서 하나님 앞에 서 있는 두
올리브나무이며, 두 촛대다. 만일 누구라도 그들
을 해치려고 시도하면, 그들의 입에서 불이 터져
나와 그를 태워 재가 되게 할 것이다. 그렇게 바
싹 태워 버릴 것이다. 그들은 하늘을 봉인할 힘을
가져서, 자기들이 예언하는 동안 비가 오지 않게
할 수 있으며, 또한 강물과 샘물을 피가 되게 하
는 힘과 원하는 만큼 무슨 재앙이든 땅에 임하게
할 수 있는 힘을 가질 것이다.
7-10 그들이 증언을 다 마치면, 바닥 없는 구덩이
에서 짐승이 올라와 그들과 싸워서 이기고 그들
을 죽일 것이다. 그들의 시체는 영적으로는 소돔
과 이집트라는 큰 도성, 그들의 주님이 십자가에

word."
5-7 Then the Angel I saw astride sea and land lifted
his right hand to Heaven and swore by the One
Living Forever and Ever, who created Heaven and
everything in it, earth and everything in it, sea
and everything in it, that time was up–that when
the seventh Angel blew his trumpet, which he was
about to do, the Mystery of God, all the plans he
had revealed to his servants, the prophets, would
be completed.
8-11 The voice out of Heaven spoke to me again:
"Go, take the book held open in the hand of the
Angel astride sea and earth." I went up to the
Angel and said, "Give me the little book." He
said, "Take it, then eat it. It will taste sweet like
honey, but turn sour in your stomach." I took the
little book from the Angel's hand and it was sweet
honey in my mouth, but when I swallowed, my
stomach curdled. Then I was told, "You must go
back and prophesy again over many peoples and
nations and languages and kings."

The Two Witnesses

11 1-2 I was given a stick for a measuring
rod and told, "Get up and measure God's
Temple and Altar and everyone worshiping in it.
Exclude the outside court; don't measure it. It's
been handed over to non-Jewish outsiders. They'll
desecrate the Holy City for forty-two months.
3-6 "Meanwhile, I'll provide my two Witnesses.
Dressed in sackcloth, they'll prophesy for
1,260. These are the two Olive Trees, the two
Lampstands, standing at attention before God on
earth. If anyone tries to hurt them, a blast of fire
from their mouths will incinerate them–burn
them to a crisp just like that. They'll have power
to seal the sky so that it doesn't rain for the time
of their prophesying, power to turn rivers and
springs to blood, power to hit earth with any and
every disaster as often as they want.
7-10 "When they've completed their witness, the
Beast from the Abyss will emerge and fight them,
conquer and kill them, leaving their corpses
exposed on the street of the Great City spiritually
called Sodom and Egypt, the same City where

못 박혔던 바로 그 도성의 거리에 내버려질 것이다. 그들은 사흘 반 동안을 그렇게 있을 것이다. 무덤에 안장되지 못하고 길거리에 버려진 채, 온 세상 사람들의 구경거리가 될 것이다. 사람들은 그 광경을 보며 환호성을 지를 것이다. '속이 시원하다!'고 외치며 축하연을 열 것이다. 그것은 그 두 예언자가 그동안 땅의 모든 사람의 양심을 찔러 괴롭혀서, 그들이 죄를 마음껏 즐기지 못하도록 했기 때문이다.

11 그 후 사흘 반이 지나면, 하나님의 생명의 성령께서 그들 속으로 들어갈 것이며—그들은 두 발로 벌떡 일어설 것이다!—그러면 고소해 하며 바라보던 구경꾼들이 모두 놀라서 까무러칠 것이다."

12-13 나는 하늘에서 들려오는 큰 음성을 들었습니다. "여기로 올라오너라!" 그러자 두 예언자는 그들의 적들이 지켜보는 가운데 구름에 싸여 하늘로 올라갔습니다. 그 순간 거대한 지진이 일어났습니다. 도성의 십분의 일이 무너졌고, 7,000명의 사람들이 그 지진에 죽었으며, 나머지는 혼비백산하여 하늘의 하나님께 영광을 돌렸습니다.

14 두 번째 화가 지나갔고, 이제 세 번째 화가 뒤따릅니다.

their Master was crucified. For three and a half days they'll be there–exposed, prevented from getting a decent burial, stared at by the curious from all over the world. Those people will cheer at the spectacle, shouting 'Good riddance!' and calling for a celebration, for these two prophets pricked the conscience of all the people on earth, made it impossible for them to enjoy their sins.

11 "Then, after three and a half days, the Living Spirit of God will enter them–they're on their feet!–and all those gloating spectators will be scared to death."

12-13 I heard a strong voice out of Heaven calling, "Come up here!" and up they went to Heaven, wrapped in a cloud, their enemies watching it all. At that moment there was a gigantic earthquake–a tenth of the city fell to ruin, seven thousand perished in the earthquake, the rest frightened to the core of their being, frightened into giving honor to the God-of-Heaven.

14 The second doom is past, the third doom coming right on its heels.

마지막 나팔이 울리다

15-18 일곱 번째 천사가 나팔을 불었습니다. 점점 커지는 음성으로 하늘에서 노랫소리가 터져 나왔습니다.

이제 세상 나라는
우리 하나님과 그분의 메시아 나라!
그분이 영원무궁토록 다스릴 것이다!

하나님 앞에서 자기 보좌에 앉아 있던 스물네 장로가 바닥에 엎드려, 경배하며 노래 불렀습니다.

오, 지금도 계시고 전에도 계셨던
주권자이신 주님께 감사드립니다.
주님께서 주님의 큰 권능을 들어서
이제 행사하셨습니다!
분노한 민족들이
주님의 진노를 맛봅니다.
죽은 사람들을 심판하시고
주님의 종들, 모든 예언자와 성도와
주님의 이름을 두려워하는 크고 작은 이들에게
상을 주시고,

The Last Trumpet Sounds

15-18 The seventh Angel trumpeted. A crescendo of voices in Heaven sang out,

The kingdom of the world is now
the Kingdom of our God and his Messiah!
He will rule forever and ever!

The Twenty-four Elders seated before God on their thrones fell to their knees, worshiped, and sang,

We thank you, O God, Sovereign-Strong,
WHO IS AND WHO WAS
You took your great power
and took over–reigned!
The angry nations now
get a taste of *your* anger.
The time has come to judge the dead,
to reward your servants, all prophets and saints,
Reward small and great who fear your Name,

땅을 망하게 하던 이들을 멸망시키실 때가 왔습니다.

19 하늘의 하나님의 성전 문들이 활짝 열리고 그분의 언약궤가 분명히 보였는데, 그것은 번개와 큰 함성과 천둥소리와 지진과 거센 우박폭풍에 둘러싸여 있었습니다.

여자와 아들과 용

12 1-2 하늘에 커다란 표징이 나타났습니다. 한 여자가 온통 햇빛으로 옷 입고 달을 밟고 서서, 열두 별의 면류관을 쓰고 있었습니다. 그 여자가 아이를 해산하고 있는데, 해산의 고통으로 크게 소리지르고 있었습니다.

3-4 그 후에 앞선 것과 나란히 또 다른 표징이 나타났는데, 화염 같은 거대한 용이었습니다! 그 용은 일곱 머리와 열 개의 뿔을 가졌는데, 일곱 머리에는 각각 하나씩 왕관이 씌워져 있었습니다. 그 용이 꼬리를 한 번 흔들더니 하늘에서 별 삼분의 일을 쳐서 땅으로 떨어뜨렸습니다. 그 용은 아이가 나오면 잡아먹을 태세로, 해산중인 그 여자 앞에 웅크리고 있었습니다.

5-6 여자가 아들을 낳았는데, 그는 쇠지팡이로 모든 나라의 목자가 되어 주실 분이었습니다. 그 여자의 아들은 하나님 앞으로 붙들려 올라가 하나님의 보좌에 안전하게 놓여졌습니다. 그 여자는 하나님이 마련해 주신 안전한 처소가 있는 사막으로 피신해 갔고, 거기서 1,260일 동안 모든 것을 제공받으며 편안히 지냈습니다.

7-12 하늘에서 전쟁이 벌어졌습니다. 미가엘과 그의 천사들이 그 용과 싸움을 벌였습니다. 용과 그 부하들이 반격했으나, 미가엘의 적수가 되지 못했습니다. 그들은 흔적도 없이 하늘에서 완전히 축출되었습니다. 그 큰 용—옛 뱀, 마귀와 사탄이라고도 불리는 자, 온 땅을 미혹시켜 온 자—이 내쫓기면서, 그 부하들도 모두 그 용과 함께 아래로, 땅으로 쫓겨났습니다. 그때 나는 하늘에서 들려오는 큰 음성을 들었습니다.

이제 구원과 권능이,
우리의 하나님의 나라가, 그분의 메시야의 권위가 굳게 섰다!
우리 형제자매를 고발하던 자,
하나님 앞에서 그들을 밤낮으로 고발하던 자가 쫓겨났다.

and destroy the destroyers of earth.

19 The doors of God's Temple in Heaven flew open, and the Ark of his Covenant was clearly seen surrounded by flashes of lightning, loud shouts, peals of thunder, an earthquake, and a fierce hailstorm.

The Woman, Her Son, and the Dragon

12 1-2 A great Sign appeared in Heaven: a Woman dressed all in sunlight, standing on the moon, and crowned with Twelve Stars. She was giving birth to a Child and cried out in the pain of childbirth.

3-4 And then another Sign alongside the first: a huge and fiery Dragon! It had seven heads and ten horns, a crown on each of the seven heads. With one flick of its tail it knocked a third of the Stars from the sky and dumped them on earth. The Dragon crouched before the Woman in childbirth, poised to eat up the Child when it came.

5-6 The Woman gave birth to a Son who will shepherd all nations with an iron rod. Her Son was seized and placed safely before God on his Throne. The Woman herself escaped to the desert to a place of safety prepared by God, all comforts provided her for 1,260 days.

7-12 War broke out in Heaven. Michael and his Angels fought the Dragon. The Dragon and his Angels fought back, but were no match for Michael. They were cleared out of Heaven, not a sign of them left. The great Dragon—ancient Serpent, the one called Devil and Satan, the one who led the whole earth astray—thrown out, and all his Angels thrown out with him, thrown down to earth. Then I heard a strong voice out of Heaven saying,

Salvation and power are established!
Kingdom of our God, authority of his Messiah!
The Accuser of our brothers and sisters thrown out,
who accused them day and night before God.

우리의 형제자매는 어린양의 피와
그들의 담대한 증언을 힘입어 그를 이겼다.
그들은 자기 자신을 사랑한 것이 아니라,
그리스도를 위해 기꺼이 죽고자 했다.
그러므로 기뻐하여라, 오 하늘아, 거기에 사는 모든 이들아.
그러나 땅과 바다에는 화가 있으리라.
마귀가 단단히 작심하고서 너희에게 내려갔다.
그가 크게 추락해 떨어졌다.
그가 화가 나서 미친 듯이 날뛰고 있다.
이제 시간이 많지 않다는 것을 그도 알기 때문이다.

13-17 그 용은 자기가 땅으로 내쫓긴 것을 알고서, 남자 아이를 낳은 여자를 쫓아갔습니다. 그 여자는 커다란 독수리 날개를 받아서 사막의 한 장소로 날아가, 거기서 한 때와 두 때와 반 때 동안, 그 뱀을 피해 안전하게 보호받으며 편안히 지냈습니다. 뱀은 그녀를 물에 잠기게 하여 익사시키려고 강물 같은 물을 토해 냈지만, 땅이 그녀를 도와서 용이 입에서 토해 낸 물을 삼켜 버렸습니다. 분을 이기지 못한 용은 그 여자에게 격노하여, 그녀의 남은 자녀들, 곧 하나님의 계명을 지키며 예수의 증언을 굳게 지키는 자녀들과 전쟁을 하러 나갔습니다.

바다에서 올라온 짐승

13 1-2 그리고 그 용은 바닷가에 섰습니다. 나는 짐승 하나가 바다에서 올라오는 것을 보았습니다. 그 짐승은 열 개의 뿔과 일곱 개의 머리를 가졌는데, 각 뿔에는 왕관이 씌워져 있었고, 각 머리에는 하나님을 모독하는 이름이 새겨져 있었습니다. 내가 본 그 짐승은 곰의 발과 사자의 입을 가진 표범 같은 모양이었습니다. 용은 자기의 권능과 보좌와 큰 권세를 그 짐승에게 넘겨주었습니다.

3-4 그 짐승의 머리 가운데 하나는, 전에 치명상을 입었다가 나은 적이 있는 듯 보였습니다. 온 땅이 넋을 잃고 그 짐승을 바라보며 법석을 떨었습니다. 그들은 그 짐승에게 권세를 준 용에게 경배했고, 그들은 그 짐승에게 경배하며 "이 짐승에 필적할 자 아무도 없다! 감히 이 짐승과 맞붙을 수 있는 자 아무도 없다!"고 소리쳐 댔습니다.

5-8 그 짐승은 크게 떠들고 자화자찬하며, 하나님을 모독하는 말을 입으로 쏟아냈습니다. 그 짐승은 마흔두 달 동안 그가 원하는 일은 무엇이든 할 수

They defeated him through the blood of the Lamb
and the bold word of their witness.
They weren't in love with themselves;
they were willing to die for Christ.
So rejoice, O Heavens, and all who live there,
but doom to earth and sea,
For the Devil's come down on you with both feet;
he's had a great fall;
He's wild and raging with anger;
he hasn't much time and he knows it.

13-17 When the Dragon saw he'd been thrown to earth, he went after the Woman who had given birth to the Man-Child. The Woman was given wings of a great eagle to fly to a place in the desert to be kept in safety and comfort for a time and times and half a time, safe and sound from the Serpent. The Serpent vomited a river of water to swamp and drown her, but earth came to her help, swallowing the water the Dragon spewed from its mouth. Helpless with rage, the Dragon raged at the Woman, then went off to make war with the rest of her children, the children who keep God's commands and hold firm to the witness of Jesus.

The Beast from the Sea

13 1-2 And the Dragon stood on the shore of the sea. I saw a Beast rising from the sea. It had ten horns and seven heads—on each horn a crown, and each head inscribed with a blasphemous name. The Beast I saw looked like a leopard with bear paws and a lion's mouth. The Dragon turned over its power to it, its throne and great authority.

3-4 One of the Beast's heads looked as if it had been struck a deathblow, and then healed. The whole earth was agog, gaping at the Beast. They worshiped the Dragon who gave the Beast authority, and they worshiped the Beast, exclaiming, "There's never been anything like the Beast! No one would dare go to war with the Beast!"

5-8 The Beast had a loud mouth, boastful and

있었습니다. 그 짐승은 하나님을 향해 모독하는 말을 내뱉었고, 그분의 이름을 모독했으며, 그분의 교회, 특히 이미 하늘에서 하나님과 더불어 거하고 있는 이들을 모독했습니다. 그 짐승은 하나님의 거룩한 백성을 공격하여 그들을 정복하도록 허락받았습니다. 그 짐승은 모든 지파와 백성과 방언과 종족에 대해 절대적인 지배력을 행사했습니다. 땅 위에 사는 사람 중에, 도살당한 어린양의 생명책에 창세로부터 그 이름이 기록되어 있지 않은 자들은 모두 그 짐승에게 경배하게 될 것입니다.

9-10 여러분, 듣고 있습니까? 뿌린 대로 거두는 것입니다. 마땅히 감옥에 갈 사람은 감옥에 갈 것이며, 칼을 뽑아 드는 사람은 그 칼에 자기가 쓰러질 것입니다. 그러나 하나님의 거룩한 백성은 여전히 열정적이고 신실하게 그들의 길을 갑니다.

땅 밑에서 올라온 짐승

11-12 나는 또 다른 짐승이 땅 밑에서 올라오는 것을 보았습니다. 그 짐승은 어린양처럼 두 뿔을 가졌으나, 말할 때는 용 같은 소리를 냈습니다. 그 짐승은 첫 번째 짐승의 꼭두각시였고, 땅과 그 위에 사는 모든 이들로 하여금 그 첫 번째 짐승, 곧 치명적 상처에서 회복된 그 짐승에게 경배하게 했습니다.

13-17 이 두 번째 짐승은 마법의 표징들을 일으켰는데, 하늘에서 불이 내려오게 하여 사람들을 현혹시키기도 했습니다. 그리고 첫 번째 짐승에게서 받은 마법을 이용해서 땅 위에 사는 사람들을 기만하고, 그들로 하여금 치명상을 입었다가 살아난 그 짐승의 형상을 만들게 했습니다. 두 번째 짐승은 첫 번째 짐승의 형상에 생기를 불어넣어서 그 짐승의 형상이 말할 수 있게 하고, 그 짐승에게 예배하지 않는 사람은 모조리 죽임을 당하게 했습니다. 또한 작은 자나 큰 자나, 부자나 가난한 자나, 자유인이나 노예나, 모든 이들에게 강제로 오른손이나 이마에 표를 받도록 했습니다. 그 짐승의 이름의 표나 그 이름의 숫자 없이는, 어떤 것도 사거나 파는 것이 불가능했습니다.

18 수수께끼를 한번 풀어 보십시오. 서로 머리를 맞대고 그 짐승의 숫자의 의미를 알아맞혀 보십시오. 그것은 인간의 숫자로서 666입니다.

십사만사천 명의 노래

14 1-2 나는 보았습니다. 숨이 멎는 광경을! 어린양이 시온 산에 서 있었습니다. 그

blasphemous. It could do anything it wanted for forty-two months. It yelled blasphemies against God, blasphemed his Name, blasphemed his Church, especially those already dwelling with God in Heaven. It was permitted to make war on God's holy people and conquer them. It held absolute sway over all tribes and peoples, tongues and races. Everyone on earth whose name was not written from the world's foundation in the slaughtered Lamb's Book of Life will worship the Beast.

9-10 Are you listening to this? They've made their bed; now they must lie in it. Anyone marked for prison goes straight to prison; anyone pulling a sword goes down by the sword. Meanwhile, God's holy people passionately and faithfully stand their ground.

The Beast from Under the Ground

11-12 I saw another Beast rising out of the ground. It had two horns like a lamb but sounded like a dragon when it spoke. It was a puppet of the first Beast, made earth and everyone in it worship the first Beast, which had been healed of its deathblow.

13-17 This second Beast worked magical signs, dazzling people by making fire come down from Heaven. It used the magic it got from the Beast to dupe earth dwellers, getting them to make an image of the Beast that received the deathblow and lived. It was able to animate the image of the Beast so that it talked, and then arrange that anyone not worshiping the Beast would be killed. It forced all people, small and great, rich and poor, free and slave, to have a mark on the right hand or forehead. Without the mark of the name of the Beast or the number of its name, it was impossible to buy or sell anything.

18 Solve a riddle: Put your heads together and figure out the meaning of the number of the Beast. It's a human number: 666.

A Perfect Offering

14 1-2 I saw—it took my breath away!—the Lamb standing on Mount Zion,

어린양과 함께 144,000명이 서 있었는데, 그들의 이마에는 그분의 이름과 그분의 아버지 이름이 새겨져 있었습니다. 그리고 나는 하늘로부터 들려오는 음성, 폭포소리 같고 천둥소리 같은 음성을 들었습니다.

2-5 또한 나는 하프 타는 소리를 들었는데, 하프 타는 이들이 그 보좌와 네 동물과 장로들 앞에서 새 노래를 부르고 있었습니다. 그 노래는 오직 144,000명만이 배울 수 있는 노래였습니다. 그들은 땅에서 구원받은 이들로서, 조금도 타협하지 않고 하나님 앞에서 처녀처럼 순결하게 산 이들입니다. 그들은 어린양이 가는 곳이면 어디든지 따라갔습니다. 그들은 하나님과 어린양을 위한 첫 추수 열매로서, 인류 가운데서 구원받은 사람들입니다. 그들은 그 입에서 한 마디도 거짓된 말을 찾을 수 없는, 완전한 봉헌물이었습니다.

하늘로부터 들려온 음성

6-7 나는 또 다른 천사가 중간하늘에서 높이 치솟아 날고 있는 것을 보았습니다. 그는 아직 땅에 있는 모든 사람, 모든 민족과 족속, 모든 언어와 백성에게 전할 영원한 메시지를 가졌습니다. 그는 큰 목소리로 전파했습니다. "하나님을 두려워하고 그분께 영광을 돌려라! 그분께서 심판하실 때가 왔다! 하늘과 땅, 바닷물과 민물을 만드신 분께 경배하여라!"

8 두 번째 천사가 뒤따라와서 소리쳤습니다. "무너졌다, 무너졌다, 큰 바빌론이 무너졌다! 그녀는 음행의 포도주로 모든 나라를 취하게 만들던 자다!"

9-11 세 번째 천사가 뒤따라와서 소리치며 경고했습니다. "누구든지 그 짐승과 그 형상에게 경배하고 이마나 손에 그 표를 받는 자는, 하나님의 진노의 잔에 담긴, 아무것도 섞이지 않은 진노의 포도주를 마시게 될 것이며, 거룩한 천사들 앞과 어린양 앞에서 불과 유황으로 고통을 받게 될 것이다. 그들의 고통에서 나오는 연기는 영원무궁토록 올라올 것이다. 그 짐승과 그 형상에게 예배하는 자들, 그 이름의 표를 받는 자들에게는 잠시의 쉼도 주어지지 않을 것이다."

12 그러나 성도는 하나님의 계명을 지키고, 예수께 끝까지 신실하며, 열정 어린 인내 가운데 살아갑니다.

13 나는 하늘에서 들려오는 한 음성을 들었습니다. "이렇게 기록하여라. 이제부터 주님 안에서 죽는 사람들은 복되다. 그렇게 죽는 것이 얼마나 복된 일인지!"
"그렇다." 성령이 말씀하십니다. "그들은 그토록 힘

144,000 standing there with him, his Name and the Name of his Father inscribed on their foreheads. And I heard a voice out of Heaven, the sound like a cataract, like the crash of thunder.

2-5 And then I heard music, harp music and the harpists singing a new song before the Throne and the Four Animals and the Elders. Only the 144,000 could learn to sing the song. They were bought from earth, lived without compromise, virgin-fresh before God. Wherever the Lamb went, they followed. They were bought from humankind, firstfruits of the harvest for God and the Lamb. Not a false word in their mouths. A perfect offering.

Voices from Heaven

6-7 I saw another Angel soaring in Middle-Heaven. He had an Eternal Message to preach to all who were still on earth, every nation and tribe, every tongue and people. He preached in a loud voice, "Fear God and give him glory! His hour of judgment has come! Worship the Maker of Heaven and earth, salt sea and fresh water!"

8 A second Angel followed, calling out, "Ruined, ruined, Great Babylon ruined! She made all the nations drunk on the wine of her whoring!"

9-11 A third Angel followed, shouting, warning, "If anyone worships the Beast and its image and takes the mark on forehead or hand, that person will drink the wine of God's wrath, prepared unmixed in his chalice of anger, and suffer torment from fire and brimstone in the presence of Holy Angels, in the presence of the Lamb. Smoke from their torment will rise age after age. No respite for those who worship the Beast and its image, who take the mark of its name."

12 Meanwhile, the saints stand passionately patient, keeping God's commands, staying faithful to Jesus.

13 I heard a voice out of Heaven, "Write this: Blessed are those who die in the Master from now on; how blessed to die that way!"
"Yes," says the Spirit, "and blessed rest from their hard, hard work. None of what they've

겨웠던 일을 끝내고 복된 쉼을 얻는다. 그들이 행한 일은 그 어떤 것도 헛되지 않다. 하나님께서 마침내 그 모든 것으로 인해 그들에게 복을 주신다."

추수 때

14-16 나는 위를 쳐다보았는데, 숨이 멎는 듯했습니다! 흰 구름이 보였고, 그 위에 인자 같은 분이 앉아 계셨습니다. 그분은 금면류관을 쓰고 날 선 낫을 들고 계셨습니다. 또 다른 천사가 그 성전에서 나와서 구름을 보좌 삼으신 분께 소리쳤습니다. "낫을 대어 추수하십시오. 추수할 때가 되었습니다. 땅에 추수할 것들이 다 무르익었습니다." 구름을 보좌 삼으신 분께서 그의 낫을 힘 있게 휘두르시면서, 그렇게 단번에 땅을 추수하기 시작하셨습니다.

17-18 그러자 또 다른 천사가 하늘에 있는 성전에서 나왔습니다. 그도 날 선 낫을 들고 있었습니다. 또 다른 천사, 곧 불을 돌보는 일을 맡은 천사가 제단으로부터 왔습니다. 그는 날 선 낫을 든 천사에게 천둥소리로 외쳤습니다. "너의 날 선 낫을 휘둘러라. 땅의 포도밭을 추수하여라. 포도들이 다 익어 터지려 하고 있다."

19-20 그 천사가 그의 낫을 휘둘러 땅의 포도를 추수해서, 포도주를 만드는 거대한 술틀, 하나님의 진노의 술틀에다가 던져 넣었습니다. 그 술틀은 그 도성 바깥에 있었습니다. 포도가 짓밟힐 때 그 술틀에서 피가 말 굴레 높이만큼 쏟아져 나왔고, 약 300킬로미터까지 피의 강을 이루었습니다.

모세의 노래, 어린양의 노래

15 1 나는 하늘에서 거대하고 숨이 멎을 듯한 또 다른 표징을 보았습니다. 일곱 천사가 일곱 재앙을 들고 있었습니다. 그 재앙은 마지막 재앙으로서, 하나님의 진노의 결말입니다.

2-4 나는 유리 바다 같은 것을 보았습니다. 그 유리는 불빛으로 빛났습니다. 그 짐승과 그 형상과 그 이름의 숫자를 이겨 낸 구원받은 사람들이, 그 유리 바다 위에 하나님의 하프를 들고 서 있었습니다. 그들은 하나님의 종 모세의 노래를 불렀습니다. 그들은 어린양의 노래를 불렀습니다.

오, 주권자이신 하나님,
주님께서 하신 일이 크고 놀랍습니다!
모든 민족의 왕이시여,
주님의 길은 의롭고 참되십니다!
하나님, 누가 주님을 두려워하지 않을 수 있습

done is wasted; God blesses them for it all in the end."

Harvest Time

14-16 I looked up, I caught my breath!—a white cloud and one like the Son of Man sitting on it. He wore a gold crown and held a sharp sickle. Another Angel came out of the Temple, shouting to the Cloud-Enthroned, "Swing your sickle and reap. It's harvest time. Earth's harvest is ripe for reaping." The Cloud-Enthroned gave a mighty sweep of his sickle, began harvesting earth in a stroke.

17-18 Then another Angel came out of the Temple in Heaven. He also had a sharp sickle. Yet another Angel, the one in charge of tending the fire, came from the Altar. He thundered to the Angel who held the sharp sickle, "Swing your sharp sickle. Harvest earth's vineyard. The grapes are bursting with ripeness."

19-20 The Angel swung his sickle, harvested earth's vintage, and heaved it into the winepress, the giant winepress of God's wrath. The winepress was outside the City. As the vintage was trodden, blood poured from the winepress as high as a horse's bridle, a river of blood for two hundred miles.

The Song of Moses, the Song of the Lamb

15 1 I saw another Sign in Heaven, huge and breathtaking: seven Angels with seven disasters. These are the final disasters, the wrap-up of God's wrath.

2-4 I saw something like a sea made of glass, the glass all shot through with fire. Carrying harps of God, triumphant over the Beast, its image, and the number of its name, the saved ones stood on the sea of glass. They sang the Song of Moses, servant of God; they sang the Song of the Lamb:

Mighty your acts and marvelous,
O God, the Sovereign-Strong!
Righteous your ways and true,
King of the nations!

니까?
누가 주님의 이름에 영광을 돌리지 않을 수 있습니까?
주님, 오직 주님만 홀로 거룩하시니
모든 민족이 와서 주님께 경배합니다.
그들이 주님의 심판이 옳음을 알기 때문입니다.

5-8 그 후에 나는 하늘에 있는 성전, 그 증거의 장막 문들이 활짝 열린 것을 보았습니다. 일곱 천사가 일곱 재앙을 들고 그 성전에서 나왔습니다. 그들은 깨끗하고 빛나는 모시옷과 금조끼를 입고 있었습니다. 네 동물 중 하나가 일곱 천사에게, 영원무궁히 살아 계신 하나님의 진노로 가득 찬 일곱 금대접을 건네주었습니다. 하나님의 영광과 권능에서 나오는 연기가 그 성전 바깥으로 쏟아져 나왔습니다. 그 일곱 천사의 일곱 재앙이 다 끝나기 전까지는, 아무도 그 성전에 들어갈 수 없었습니다.

일곱 재앙을 쏟아붓다

16 [1] 나는 일곱 천사를 향해 성전에서 외치는 큰 명령소리를 들었습니다. "시작하여라! 땅에 하나님의 진노의 일곱 대접을 쏟아부어라!"

[2] 첫 번째 천사가 나와서 땅에 그 대접을 부었습니다. 그러자 그 짐승의 표를 받고 그 형상에게 예배한 모든 자들에게 끔찍하고 독한 종기가 생겨났습니다.

[3] 두 번째 천사가 바다에 그 대접을 부었습니다. 그러자 바다가 응고되어 피가 되었고, 그 안에 있는 것이 다 죽었습니다.

4-7 세 번째 천사가 강과 샘물에 그 대접을 부었습니다. 그러자 물이 피로 변했습니다. 나는 물의 천사가 말하는 소리를 들었습니다.

지금도 계시고, 전에도 계셨던, 거룩하신 분,
주님은 의로우시고, 주님의 심판도 의로우십니다.
그들이 성도와 예언자들의 피를 흘리게 하였으므로,
주님께서 그들에게 피를 주어 마시게 하셨습니다.
그들은 마땅히 받아야 할 것을 받았습니다.

바로 그때 나는 제단이 찬성하는 소리를 들었습니다.

그렇습니다, 오 주권자이신 하나님!

Who can fail to fear you, God,
give glory to your Name?
Because you and you only are holy,
all nations will come and worship you,
because they see your judgments are right.

5-8 Then I saw the doors of the Temple, the Tent of Witness in Heaven, open wide. The Seven Angels carrying the seven disasters came out of the Temple. They were dressed in clean, bright linen and wore gold vests. One of the Four Animals handed the Seven Angels seven gold bowls, brimming with the wrath of God, who lives forever and ever. Smoke from God's glory and power poured out of the Temple. No one was permitted to enter the Temple until the seven disasters of the Seven Angels were finished.

Pouring Out the Seven Disasters

16 [1] I heard a shout of command from the Temple to the Seven Angels: "Begin! Pour out the seven bowls of God's wrath on earth!"

[2] The first Angel stepped up and poured his bowl out on earth: Loathsome, stinking sores erupted on all who had taken the mark of the Beast and worshiped its image.

[3] The second Angel poured his bowl on the sea: The sea coagulated into blood, and everything in it died.

4-7 The third Angel poured his bowl on rivers and springs: The waters turned to blood. I heard the Angel of Waters say,

Righteous you are, and your judgments are righteous,
THE IS, THE WAS, THE HOLY
They poured out the blood of saints and prophets
so you've given them blood to drink—
they've gotten what they deserve!

Just then I heard the Altar chime in,

Yes, O God, the Sovereign-Strong!

주님의 심판은 참되고 정의로우십니다!

8-9 네 번째 천사가 태양에 그 대접을 부었습니다. 그러자 태양에서 불이 뿜어져 나와 사람들을 그슬렸습니다. 불에 살갗이 그슬린 그들은 이 재앙 뒤에 계신 하나님의 이름을 저주했습니다. 그들은 회개하기를 거부했고, 하나님 높이기를 거부했습니다.

10-11 다섯 번째 천사가 그 짐승의 보좌에 그 대접을 부었습니다. 그러자 순식간에 짐승의 나라 전체가 암흑천지가 되었습니다. 고통 때문에 실성한 자들은 자기 혀를 깨물었고, 자기들의 고통과 종기를 두고서 하늘의 하나님을 저주했으며, 회개하고 자기 삶을 바꾸기를 거부했습니다.

12-14 여섯 번째 천사가 큰 강 유프라테스에 그 대접을 부었습니다. 그러자 강물이 바닥까지 말라 버렸습니다. 그 마른 강바닥은 동방에서 오는 왕들을 위한 좋은 도로가 되었습니다. 나는 용과 짐승과 거짓 예언자의 입에서 더러운 악령 셋이 구물구물 기어 나오는 것을 보았습니다. 그 생김새가 개구리 같았습니다. 그것들은 표징을 행하는 귀신의 영으로서, 온 세계 왕들을 찾아가, 주권자 하나님의 큰 날에 있을 전쟁을 위해 그들을 불러 모았습니다.

15 "조심하여라! 나는 예고 없이, 도둑처럼 온다. 깨어 옷을 갖춰 입고 나를 맞을 준비가 된 사람은 복되다. 그러나 그렇지 못한 사람은, 벌거벗은 채로 거리를 이리저리 뛰어다니며 큰 수치를 당할 것이다."

16 그 개구리 귀신들은 히브리 말로 아마겟돈이라는 곳에 왕들을 다 불러 모았습니다.

17-21 일곱 번째 천사가 공중에 그 대접을 부었습니다. 그러자 성전 안의 보좌로부터 "다 되었다!"는 외침이 들려왔고, 번갯불과 함성과 천둥소리와 어마어마한 지진이 뒤따랐습니다. 그 지진은 시간이 시작된 이래 한 번도 없었던, 실로 엄청난 지진이었습니다. 그 큰 도성은 세 조각이 났고, 민족들의 도성들도 무너져 내렸습니다. 큰 바빌론은 하나님의 맹렬한 진노의 포도주를 마셔야만 했습니다. 그 잔을 주시기로 했던 것을 하나님이 기억하신 것입니다! 섬들이 다 도망가 버렸고, 산들도 하나도 남지 않게 되었습니다. 1톤이나 되는 우박이 떨어져 사람들을 내리쳤고, 사람들은 그 초대형 우박 재앙을 두고서 하나님을 저주했습니다.

Your judgments are true and just!

8-9 The fourth Angel poured his bowl on the sun: Fire blazed from the sun and scorched men and women. Burned and blistered, they cursed God's Name, the God behind these disasters. They refused to repent, refused to honor God.

10-11 The fifth Angel poured his bowl on the throne of the Beast: Its kingdom fell into sudden eclipse. Mad with pain, men and women bit and chewed their tongues, cursed the God-of-Heaven for their torment and sores, and refused to repent and change their ways.

12-14 The sixth Angel poured his bowl on the great Euphrates River: It dried up to nothing. The dry riverbed became a fine roadbed for the kings from the East. From the mouths of the Dragon, the Beast, and the False Prophet I saw three foul demons crawl out—they looked like frogs. These are demon spirits performing signs. They're after the kings of the whole world to get them gathered for battle on the Great Day of God, the Sovereign-Strong.

15 "Keep watch! I come unannounced, like a thief. You're blessed if, awake and dressed, you're ready for me. Too bad if you're found running through the streets, naked and ashamed."

16 The frog-demons gathered the kings together at the place called in Hebrew *Armageddon*.

17-21 The seventh Angel poured his bowl into the air: From the Throne in the Temple came a shout, "Done!" followed by lightning flashes and shouts, thunder crashes and a colossal earthquake—a huge and devastating earthquake, never an earthquake like it since time began. The Great City split three ways, the cities of the nations toppled to ruin. Great Babylon had to drink the wine of God's raging anger—God remembered to give her the cup! Every island fled and not a mountain was to be found. Hailstones weighing a ton plummeted, crushing and smashing men and women as they cursed God for the hail, the epic disaster of hail.

음녀들의 어미, 큰 바빌론

17 1-2 일곱 대접을 들고 있던 일곱 천사 중 하나가 와서, 나를 초대하며 말했습니다. "오너라. 많은 물 위에 보좌를 두고 앉았던 그 큰 음녀, 땅의 왕들이 더불어 음행을 행한 그 음녀가 받을 심판을 네게 보여주겠다. 그녀의 음란한 욕정을 마시고 취한, 땅에 사는 사람들에게 내릴 심판을 보여주겠다."

3-6 그 천사는 성령 안에서 나를 광야로 데리고 갔습니다. 나는 붉은 짐승을 타고 있는 한 여자를 보았습니다. 하나님을 모독하는 말로 가득 찬 그 짐승에는 일곱 개의 머리와 열 개의 뿔이 있었습니다. 그 여자는 자주색과 붉은색 옷을 입고 있었고, 금과 보석과 진주로 치장하고 있었습니다. 그 여자는 손에 금잔을 들고 있었는데, 그 잔은 온갖 역겨운 것들, 그녀의 더러운 음행들로 가득했습니다. 그녀의 이마에는 수수께끼 같은 이름이 찍혀 있었습니다. '땅의 음녀들과 혐오스런 것들의 어미, 큰 바빌론.' 내가 보니 그 여자는 술에 취해 있었는데, 하나님의 거룩한 백성의 피를 마시고, 예수의 순교자들의 피를 마시고 그렇게 취해 있었습니다.

6-8 소스라치게 놀란 나는 내 눈을 비볐습니다. 나는 놀라서 고개를 설레설레 저었습니다. 천사가 말했습니다. "놀랐느냐? 내가 그 여자와 그 여자가 타고 있는 짐승, 일곱 머리와 열 뿔을 가진 그 짐승의 수수께끼를 네게 말해 주마. 네가 본 그 짐승은 전에 있었으나 지금은 없으며, 장차 바닥 없는 구덩이에서 올라와 결국 지옥으로 직행할 짐승이다. 땅에 사는 사람들 중에 그 이름이 창세로부터 생명책에 기록되어 있지 않은 이들은, 전에 있었으나 지금은 없으며 앞으로 올 그 짐승을 보고서 현혹될 것이다.

9-11 그러나 경계를 늦추지 마라. 머리를 써라. 일곱 머리는 일곱 언덕으로서, 그 여자가 앉아 있는 곳들이다. 또한 일곱 머리는 일곱 왕이다. 그중 다섯은 이미 죽었고, 하나는 지금 살아 있으며, 다른 하나는 아직 나타나지 않았다. 나타나더라도 그의 때는 잠깐일 것이다. 전에 있었으나 지금은 없는 그 짐승은 여덟 번째이기도 하고 일곱 중 하나이기도 한데, 장차 지옥으로 들어갈 것이다.

12-14 네가 본 그 열 뿔은 열 왕이지만, 그들은 아직 권력을 잡지 못했다. 그들은 장차 그 붉은 짐승과 함께 권력을 잡을 것이지만, 오래가지는 못할 것이다. 아주 잠깐만 위세를 부릴 것이다. 이 왕들은 한 마음으로 그들의 권능과 권세를 그 짐승에게 넘겨

Great Babylon, Mother of Whores

17 1-2 One of the Seven Angels who carried the seven bowls came and invited me, "Come, I'll show you the judgment of the great Whore who sits enthroned over many waters, the Whore with whom the kings of the earth have gone whoring, show you the judgment on earth dwellers drunk on her whorish lust."

3-6 In the Spirit he carried me out in the desert. I saw a woman mounted on a Scarlet Beast. Stuffed with blasphemies, the Beast had seven heads and ten horns. The woman was dressed in purple and scarlet, festooned with gold and gems and pearls. She held a gold chalice in her hand, brimming with defiling obscenities, her foul fornications. A riddle-name was branded on her forehead: GREAT BABYLON, MOTHER OF WHORES AND ABOMINATIONS OF THE EARTH. I could see that the woman was drunk, drunk on the blood of God's holy people, drunk on the blood of the martyrs of Jesus.

6-8 Astonished, I rubbed my eyes. I shook my head in wonder. The Angel said, "Does this surprise you? Let me tell you the riddle of the woman and the Beast she rides, the Beast with seven heads and ten horns. The Beast you saw once was, is no longer, and is about to ascend from the Abyss and head straight for Hell. Earth dwellers whose names weren't written in the Book of Life from the foundation of the world will be dazzled when they see the Beast that once was, is no longer, and is to come.

9-11 "But don't drop your guard. Use your head. The seven heads are seven hills; they are where the woman sits. They are also seven kings: five dead, one living, the other not yet here–and when he does come his time will be brief. The Beast that once was and is no longer is both an eighth and one of the seven–and headed for Hell.

12-14 "The ten horns you saw are ten kings, but they're not yet in power. They will come to power with the Scarlet Beast, but won't last long–a *very* brief reign. These kings will agree to turn over their power and authority to the Beast. They

줄 것이다. 그들은 어린양에 맞서 전쟁을 일으키겠으나, 어린양이 그들을 이길 것이다. 이는 그 어린양이야말로 모든 주의 주님이시며 모든 왕의 왕이시라는 증거가 될 것이며, 부름받아 뽑힌 신실한 사람들이 그분과 함께할 것이다."

15-18 이어서 그 천사가 말했습니다. "네가 본 음녀가 보좌를 두고 앉아 있는 그 물은, 백성과 무리와 나라와 언어들이다. 그리고 네가 본 그 열 뿔은, 그 짐승과 더불어 그 음녀에게 등을 돌릴 것이다. 그들은 그녀를 증오하고, 폭행하고, 벌거벗겨, 이빨로 갈기갈기 찢어서는, 불에 태워 버릴 것이다. 하나님의 말씀이 이루어질 때까지 그들의 통치권을 그 짐승에게 넘길 생각을 하게 만드신 이는 하나님이셨다. 네가 본 그 여자는, 땅의 왕들을 압제하는 그 큰 도성이다."

바빌론의 패망

18 1-8 그 후에 내가 보니, 또 다른 천사가 하늘에서 내려왔습니다. 그는 엄청난 권세를 가졌고, 그의 영광은 땅을 빛으로 가득하게 만들었으며, 그의 음성은 천둥 치는 듯했습니다.

무너졌다, 무너졌다, 큰 바빌론이 무너졌다!
귀신들만 남은 유령 마을이 되었다!
불결한 영들의 주둔지,
역겹고 불결한 새들의 주둔지가 되었다.
모든 나라들이 그녀가 벌이는 음행의 난폭한 포도주를 마셨다.
땅의 왕들이 그녀와 음행을 벌였다.
사업가들이 그녀를 이용해 막대한 돈을 벌어들였다.

그때 나는 하늘에서 들려오는 또 다른 큰 음성을 들었습니다.

내 백성아, 어서 빨리 거기서 나오너라.
그녀의 죄와 뒤섞이지 않도록,
그녀의 멸망에 휘말리지 않도록.
그녀의 죄는 악취가 하늘까지 사무친다.
하나님은 그녀가 저지른 모든 악을 기억해 두셨다.
그녀가 준 것을 그녀에게 되돌려 주어라.
그녀가 갑절로 만든 것을 갑절로 돌려주어라.
그녀가 섞어 준 그 잔에 든 것을 갑절로 돌려주어라.
으스대고 방탕하던 그녀에게
고통의 눈물을 안겨 주어라.

will go to war against the Lamb but the Lamb will defeat them, proof that he is Lord over all lords, King over all kings, and those with him will be the called, chosen, and faithful."

15-18 The Angel continued, "The waters you saw on which the Whore was enthroned are peoples and crowds, nations and languages. And the ten horns you saw, together with the Beast, will turn on the Whore—they'll hate her, violate her, strip her naked, rip her apart with their teeth, then set fire to her. It was God who put the idea in their heads to turn over their rule to the Beast until the words of God are completed. The woman you saw is the great city, tyrannizing the kings of the earth."

Doom to the City of Darkness

18 1-8 Following this I saw another Angel descend from Heaven. His authority was immense, his glory flooded earth with brightness, his voice thunderous:

Ruined, ruined, Great Babylon, ruined!
A ghost town for demons is all that's left!
A garrison of carrion spirits,
garrison of loathsome, carrion birds.
All nations drank the wild wine of her whoring;
kings of the earth went whoring with her;
entrepreneurs made millions exploiting her.

Just then I heard another shout out of Heaven:

Get out, my people, as fast as you can,
so you don't get mixed up in her sins,
so you don't get caught in her doom.
Her sins stink to high Heaven;
God has remembered every evil she's done.
Give her back what she's given,
double what she's doubled in her works,
double the recipe in the cup she mixed;
Bring her flaunting and wild ways
to torment and tears.
Because she gloated, "I'm queen over all,
and no widow, never a tear on my face,"
In one day, disasters will crush her—

"나는 모두를 지배하는 여왕이요
과부가 아니니, 눈물 흘릴 일이 없다"고 자만했으므로,
어느 날, 죽음과 비통과 기근의 재난이
그녀를 압사시킬 것이다.
결국 그녀는 불태워질 것이다.
그녀를 심판하시는 강하신 하나님께서
더는 두고 보시지 않기 때문이다.

9-10 "밤마다 그녀와 음행을 벌인 땅의 왕들은, 그녀가 불태워지는 연기를 보고 울고불고 난리일 것이다. 그들은 자기들도 불태워질까 봐 두려워, 멀찍이 서서 슬피 울 것이다.

화를 입었다, 화를 입었다, 그 큰 도성이 화를 입었다!
바빌론아, 강력하던 도성이여!
단 한 시간 만에 끝장나 버렸구나. 네게 심판이 닥쳤다!

11-17 상인들도 울고불고 난리일 것이다. 사업 기반이 완전히 무너져 내렸고, 자기들의 상품을 내다 팔 시장이 사라졌기 때문이다. 그 상품은 금과 은과 값진 보석과 진주, 또 고운 모시와 자주 옷감과 비단과 붉은 옷감, 향나무와 상아와 값진 나무와 구리와 철과 대리석으로 만든 그릇, 계피와 향료와 향과 몰약과 유향, 또 포도주와 올리브기름과 밀가루와 밀, 소와 양과 말과 전차, 그리고 노예다. 그들은 사람의 목숨을 사고파는 끔찍한 장사도 한다.

너희가 바라며 살았던 모든 것, 다 사라져 버렸다!
그 모든 세련되고 맛좋은 사치품, 다 없어져 버렸다!
천 한 조각, 실 한 오라기 남기지 않고!

그 여자 때문에 막대한 돈을 벌어들인 상인들은 자기들도 불태워질까 봐 두려워, 멀찍이 서서 울고불고 난리였다.

화를 입었다, 화를 입었다, 그 큰 도성이 화를 입었다!
최신 유행하는 의상을 걸치고
최고가의 보석들로 치장하고 다니더니,
단 한 시간 만에 그 부가 모조리 날아갔구나!

17-19 모든 선장과 선객, 선원과 바다에서 일하는 사람들도 모두 멀찍이 서서 그 도성이 불타는 연기를 보며 비탄에 빠져 울었다. '아, 얼마나 대단한 도성이

death, heartbreak, and famine—
Then she'll be burned by fire, because God,
the Strong God who judges her,
has had enough.

9-10 "The kings of the earth will see the smoke of her burning, and they'll cry and carry on, the kings who went night after night to her brothel. They'll keep their distance for fear they'll get burned, and they'll cry their lament:

Doom, doom, the great city doomed!
City of Babylon, strong city!
In one hour it's over, your judgment come!

11-17 "The traders will cry and carry on because the bottom dropped out of business, no more market for their goods: gold, silver, precious gems, pearls; fabrics of fine linen, purple, silk, scarlet; perfumed wood and vessels of ivory, precious woods, bronze, iron, and marble; cinnamon and spice, incense, myrrh, and frankincense; wine and oil, flour and wheat; cattle, sheep, horses, and chariots. And slaves—their terrible traffic in human lives.

Everything you've lived for, gone!
All delicate and delectable luxury, lost!
Not a scrap, not a thread to be found!

"The traders who made millions off her kept their distance for fear of getting burned, and cried and carried on all the more:

Doom, doom, the great city doomed!
Dressed in the latest fashions,
adorned with the finest jewels,
in one hour such wealth wiped out!

17-19 "All the ship captains and travelers by sea, sailors and toilers of the sea, stood off at a distance and cried their lament when they saw the smoke from her burning: 'Oh, what a city! There was never a city like her!' They threw dust on their heads and cried as if the world

었던가! 저런 도성이 또 언제 있었던가!' 그들은 머리 에 재를 끼얹고 마치 세상이 끝난 것처럼 울었다.

화를 입었다, 화를 입었다, 그 큰 도성이 화를 입었다!
배를 가진 사람들, 바다에서 장사하는 사람들 모두
그녀가 사고 소비하는 덕에 부를 얻었건만,
이제 다 끝났다. 한 시간 만에 모조리 다 날아갔다!

20 오 하늘이여, 기뻐하라! 성도와 사도와 예언자들도 함께 즐거워하라! 하나님께서 그 여자를 심판하셨다. 그 여자가 너희에게 행한 모든 악행을 다 심판하셨다."
21-24 한 힘센 천사가, 맷돌처럼 거대한 옥석을 손을 뻗어 잡고서는, 바다에 내던지며 말했습니다.

큰 도성 바빌론이 내던져져 가라앉았다.
바다에 가라앉아, 흔적조차 찾아볼 수 없게 되었다.
하프 타고 노래하는 자들의 음악소리 더 이상 들리지 않고,
피리소리, 나팔소리도 다시 들리지 않으리라.
장인(匠人)들도 다 사라졌다.
그런 사람들을 다시는 보지 못하리라.
맷돌소리도 잠잠해졌다.
그 소리도 다시는 듣지 못하리라.
램프의 불빛도 다시 보지 못할 것이며,
신랑신부의 웃음소리도 다시 듣지 못하리라.
그녀의 상인들이 온 땅을 속여 먹고,
검은 마술로 모든 민족을 기만해 왔다.
이제 바빌론에게 남은 것이란 피가 전부다.
성도들과 예언자들의 피
살해당한 사람들, 순교한 사람들의 피.

할렐루야!

19 1-3 나는 하늘에서 큰 합창단이 부르는 노래 같은 소리를 들었습니다.

할렐루야!
구원과 영광과 권능은 하나님의 것,
그분의 심판은 참되고, 그분의 심판은 정의로우시다.
그분이 큰 음녀,
음행으로 땅을 타락시킨 그 여자를 심판하셨다.
그분의 종들이 흘린 피를 그분이 갚아 주셨다.

다시 노래가 들려왔습니다.

할렐루야!

had come to an end:

Doom, doom, the great city doomed!
All who owned ships or did business by sea
Got rich on her getting and spending.
And now it's over—wiped out in one hour!

20 "O Heaven, celebrate! And join in, saints, apostles, and prophets! God has judged her; every wrong you suffered from her has been judged."
21-24 A strong Angel reached for a boulder—huge, like a millstone—and heaved it into the sea, saying,

Heaved and sunk, the great city Babylon,
sunk in the sea, not a sign of her ever again.
Silent the music of harpists and singers—
you'll never hear flutes and trumpets again.
Artisans of every kind—gone;
you'll never see their likes again.
The voice of a millstone grinding falls dumb;
you'll never hear that sound again.
The light from lamps, never again;
never again laughter of bride and groom.
Her traders robbed the whole earth blind,
and by black-magic arts deceived the nations.
The only thing left of Babylon is blood—
the blood of saints and prophets,
the murdered and the martyred.

The Sound of Hallelujahs

19 1-3 I heard a sound like massed choirs in Heaven singing,

Hallelujah!
The salvation and glory and power are God's—
his judgments true, his judgments just.
He judged the great Whore
who corrupted the earth with her lust.
He avenged on her the blood of his servants.

Then, more singing:

그 여자를 불태우며 나는 연기가 하늘 높이 굽이
쳐 올라간다.
영원무궁히.

4 스물네 장로와 네 동물이 무릎을 꿇고 엎드려, 보좌에 앉아 계신 하나님께 경배하며 찬양했습니다.

아멘! 그렇습니다! 할렐루야!

5 그 보좌로부터 큰소리의 명령이 들려왔습니다.

우리 하나님을 찬양하여라, 그분의 모든 종들아!
그분을 두려워하는, 너희 크고 작은 모든 사람들아!

6-8 또 나는 거대한 폭포소리, 우렁찬 천둥소리 같은 합창단의 소리를 들었습니다.

할렐루야!
주님께서,
주권자이신 우리 하나님께서 다스리신다!
함께 기뻐하자, 함께 즐거워하자.
함께 그분께 영광을 돌리자!
어린양의 혼인날이 임했다.
그분의 신부가 단장을 마쳤다.
밝게 빛나는 모시로 만든
신부옷이 그녀에게 주어졌다.
그 모시옷은 바로 성도들의 의다.

9 천사가 내게 말했습니다. "'어린양의 혼인 축하연에 초대받은 사람들은 복되다'고 적어라." 천사가 덧붙여 말했습니다. "이 말씀은 하나님의 참된 말씀이다."
10 내가 천사의 발 앞에 엎드려 경배하려는데, 천사가 말렸습니다. "이러지 마라." 그가 말했습니다. "나도 너처럼, 예수를 증언하는 너의 형제자매들과 같은 종일 뿐이다. 예수의 증언은 곧 예언의 영이다."

흰 말과 그 말을 타신 분

11-16 *그 후에 내가 보니 하늘이 활짝 열렸는데,* 아, 흰 말과 그 말을 타신 분이 보였습니다. 그 말을 타신 분은 신실함과 참됨이라는 이름을 가진 분인데, 순전한 의로 심판하시고 싸우시는 분입니다. 그분의 눈은 불꽃이며, 그분의 머리에는 많은 관이 씌

Hallelujah!
The smoke from her burning billows up
to high Heaven forever and ever and ever.

4 The Twenty-four Elders and the Four Animals fell to their knees and worshiped God on his Throne, praising,

Amen! Yes! Hallelujah!

5 From the Throne came a shout, a command:

Praise our God, all you his servants,
All you who fear him, small and great!

6-8 Then I heard the sound of massed choirs, the sound of a mighty cataract, the sound of strong thunder:

Hallelujah!
The Master reigns,
our God, the Sovereign-Strong!
Let us celebrate, let us rejoice,
let us give him the glory!
The Marriage of the Lamb has come;
his Wife has made herself ready.
She was given a bridal gown
of bright and shining linen.
The linen is the righteousness of the saints.

9 The Angel said to me, "Write this: 'Blessed are those invited to the Wedding Supper of the Lamb.'" He added, "These are the true words of God!"
10 I fell at his feet to worship him, but he wouldn't let me. "Don't do that," he said. "I'm a servant just like you, and like your brothers and sisters who hold to the witness of Jesus. The witness of Jesus is the spirit of prophecy."

A White Horse and Its Rider

11-16 Then I saw Heaven open wide—and oh! a white horse and its Rider. The Rider, named Faithful and True, judges and makes war in pure righteousness. His eyes are a blaze of fire, on his head many crowns. He has a Name inscribed

워져 있습니다. 그분에게는 오직 그분만이 알고 계신 한 이름이 새겨져 있습니다. 그분은 피로 물든 옷을 입으셨고, 하나님의 말씀이라고 불립니다. 하늘의 군대가 흰 말을 타고 눈부시게 흰 모시옷을 입고 그분의 뒤를 따릅니다. 그분의 입에서 한 날 선 칼이 나오는데, 그분은 그것으로 모든 민족을 정복하시고, 쇠지팡이로 모든 민족을 다스리십니다. 그분은 주권자 하나님의 맹렬한 진노의 포도주 틀을 발로 밟으십니다. 그의 옷과 허벅지에는 **만왕의 왕, 만주의 주**라고 적혀 있습니다.

17-18 나는 한 천사가 태양 안에 서서, 중간하늘을 날고 있는 모든 새들에게 소리치는 것을 보았습니다. "하나님이 베푸신 큰 잔치에 오너라! 와서 왕과 장군과 전사와 말과 그 말을 탄 사람들의 살을 배불리 먹어라. 자유인이나 노예나, 작은 자나 큰 자나 할 것 없이, 그들 모두를 너희 배가 찰 때까지 먹어라."

19-21 나는 그 짐승과 그와 함께 모인 땅의 왕들과 그들의 군대들이, 그 말 타신 분과 그분의 군대에 맞서 전쟁을 벌이려고 하는 것을 보았습니다. 그러나 그 짐승은 붙잡혔고, 그와 함께 그의 꼭두각시인 거짓 예언자, 곧 표징을 일으키고 짐승의 표를 받고 그 형상에게 예배한 이들을 현혹시키고 속였던 자도 붙잡혔습니다. 그 둘은 산 채로 유황이 타오르는 불못에 던져졌습니다. 그리고 남은 자들도 그 말 탄 분의 칼에, 그분의 입에서 나오는 그 칼에 죽임을 당했습니다. 모든 새들이 그들의 살을 배불리 먹었습니다.

천년왕국

20 1-3 나는 한 천사가 하늘에서 내려오는 것을 보았습니다. 그는 바닥 없는 구덩이를 여는 열쇠와 쇠사슬을 들고 있었습니다. 거대한 쇠사슬이었습니다. 그는 용, 곧 옛 뱀—바로 마귀, 사탄!—을 잡아 쇠사슬로 묶어서, 바닥 없는 구덩이 속으로 던져 넣고 굳게 닫은 뒤에, 천 년 동안 단단히 봉했습니다. 천 년이 다 될 때까지 그는 민족들을 기만하거나 말썽을 일으킬 수 없었습니다. 그 후에 그는 잠시 풀려나야 합니다.

4-6 나는 보좌들을 보았습니다. 그 보좌들 위에는 심판하는 일을 맡은 사람들이 앉아 있었습니다. 또 나는 예수에 대한 증언과 하나님의 말씀 때문에 목이 베인 사람들의 영혼을 보았습니다. 그들은 짐승이나 그 형상에게 경배하기를 거부하고, 이마나 손에 표 받기를 거부한 사람들입니다. 그들은 살아나

that's known only to himself. He is dressed in a robe soaked with blood, and he is addressed as "Word of God." The armies of Heaven, mounted on white horses and dressed in dazzling white linen, follow him. A sharp sword comes out of his mouth so he can subdue the nations, then rule them with a rod of iron. He treads the winepress of the raging wrath of God, the Sovereign-Strong. On his robe and thigh is written, KING OF KING, LORD OF LORDS.

17-18 I saw an Angel standing in the sun, shouting to all flying birds in Middle-Heaven, "Come to the Great Supper of God! Feast on the flesh of kings and captains and champions, horses and their riders. Eat your fill of them all—free and slave, small and great!"

19-21 I saw the Beast and, assembled with him, earth's kings and their armies, ready to make war against the One on the horse and his army. The Beast was taken, and with him, his puppet, the False Prophet, who used signs to dazzle and deceive those who had taken the mark of the Beast and worshiped his image. They were thrown alive, those two, into Lake Fire and Brimstone. The rest were killed by the sword of the One on the horse, the sword that comes from his mouth. All the birds held a feast on their flesh.

A Thousand Years

20 1-3 I saw an Angel descending out of Heaven. He carried the key to the Abyss and a chain—a huge chain. He grabbed the Dragon, that old Snake—the very Devil, Satan himself!—chained him up for a thousand years, dumped him into the Abyss, slammed it shut and sealed it tight. No more trouble out of him, deceiving the nations—until the thousand years are up. After that he has to be let loose briefly.

4-6 I saw thrones. Those put in charge of judgment sat on the thrones. I also saw the souls of those beheaded because of their witness to Jesus and the Word of God, who refused to worship either the Beast or his image, refused to take his mark on forehead or hand—they

서 천 년 동안 그리스도와 함께 다스렸습니다! 나머지 죽은 사람들은 그 천 년이 다 될 때까지 살아나지 못했습니다. 이것이 첫째 부활입니다. 여기에 포함된 사람들은 참으로 복되고, 참으로 거룩한 사람들입니다. 그들에게는 둘째 죽음이 없습니다! 그들은 하나님과 그리스도의 제사장들입니다. 그들은 천 년 동안 그분과 함께 다스릴 것입니다.

7-10 그 천 년이 다 되면, 사탄이 갇혔던 곳에서 풀려나, 다시 민족들을 기만하러 땅의 구석구석을—심지어 곡과 마곡까지!—다닐 것입니다. 그는 그들을 꼬드겨 전쟁을 일으킬 것이며, 거대한 군대를, 무수한 병력의 강력한 군대를 모을 것입니다. 그들은 땅을 가로질러 행진해 나아가서는, 하나님의 거룩한 백성의 진(陣), 하나님께서 사랑하시는 도성을 둘러싸 포위할 것입니다. 그러나 그들은 그곳에 도착하자마자 하늘에서 쏟아져 내리는 불로 모조리 불태워질 것입니다. 그들을 기만했던 마귀는 불과 유황의 못에 던져져, 거기서 그 짐승과 거짓 예언자와 함께 영원히 쉼 없이 고통을 당할 것입니다.

보좌 앞 심판

11-15 나는 크고 흰 보좌와 그 위에 앉아 계신 분을 보았습니다. 그 임재 앞에 서거나, 그 임재와 맞설 수 있는 것은 아무것도 없었습니다. 하늘에도 없고 땅에도 없었습니다. 또 나는 모든 죽은 사람들이, 큰 자나 작은 자 할 것 없이 거기—그 보좌 앞에!—서 있는 것을 보았습니다. 그리고 책들이 펼쳐져 있었습니다. 그런데 또 다른 책이 펼쳐져 있었습니다. 바로 생명책이었습니다. 죽은 사람들은 그 책에 기록된 대로, 그들이 살아온 대로 심판을 받았습니다. 바다가 죽은 사람들을 내놓았고, 죽음과 지옥도 죽은 사람들을 내놓았습니다. 각 사람은 자신이 살아온 대로 심판을 받았습니다. 그러고는 죽음과 지옥이 불못에 던져졌습니다. 이것이 바로 둘째 죽음, 곧 불못입니다. 그 생명책에 자기 이름이 적혀 있지 않은 사람은 다 불못에 던져졌습니다.

새로 창조된 하늘과 땅

21 1 나는 새로 창조된 하늘과 땅을 보았습니다. 처음 하늘은 사라졌고, 처음 땅도 사라졌고, 바다도 사라졌습니다.

2 나는 새로 창조된 거룩한 예루살렘이, 남편을 위해 단장한 신부처럼 하나님을 위해 단장한 빛나는 모습으로 하늘에서 내려오는 것을 보았습니다.

lived and reigned with Christ for a thousand years! The rest of the dead did not live until the thousand years were up. This is the first resurrection—and those involved most blessed, most holy. No second death for them! They're priests of God and Christ; they'll reign with him a thousand years.

7-10 When the thousand years are up, Satan will be let loose from his cell, and will launch again his old work of deceiving the nations, searching out victims in every nook and cranny of earth, even Gog and Magog! He'll talk them into going to war and will gather a huge army, millions strong. They'll stream across the earth, surround and lay siege to the camp of God's holy people, the Beloved City. They'll no sooner get there than fire will pour out of Heaven and burn them up. The Devil who deceived them will be hurled into Lake Fire and Brimstone, joining the Beast and False Prophet, the three in torment around the clock for ages without end.

Judgment

11-15 I saw a Great White Throne and the One Enthroned. Nothing could stand before or against the Presence, nothing in Heaven, nothing on earth. And then I saw all the dead, great and small, standing there—before the Throne! And books were opened. Then another book was opened: the Book of Life. The dead were judged by what was written in the books, by the way they had lived. Sea released its dead, Death and Hell turned in their dead. Each man and woman was judged by the way he or she had lived. Then Death and Hell were hurled into Lake Fire. This is the second death—Lake Fire. Anyone whose name was not found inscribed in the Book of Life was hurled into Lake Fire.

Everything New

21 1 I saw Heaven and earth new-created. Gone the first Heaven, gone the first earth, gone the sea.

2 I saw Holy Jerusalem, new-created, descending resplendent out of Heaven, as ready for God as a

3-5 나는 그 보좌에서 들려오는 천둥소리 같은 음성을 들었습니다. "보아라! 보아라! 이제 하나님께서 사람들이 사는 곳에 오셔서 사람들과 더불어 사신다! 그들은 그분의 백성이며, 그분은 그들의 하나님이시다. 하나님께서는 그들의 눈에서 눈물을 말끔히 씻어 주실 것이다. 죽음은 영원히 사라졌다. 눈물도 사라지고, 통곡도 사라지고, 고통도 사라졌다. 만물의 처음 질서는 다 사라졌다." 보좌에 앉으신 분이 계속해서 말씀하셨습니다. "보아라! 내가 모든 것을 새롭게 한다. 이 모두를 받아 적어라. 한 마디 한 마디가 다 믿을 수 있는 확실한 말씀이다."

6-8 또 그분이 말씀하셨습니다. "이제 이루어졌다. 나는 처음이요 마지막이다. 나는 시작이며 끝이다. 나는 목마른 이들에게 생명수 샘물을 거저 준다. 승리한 사람들은 이 모두를 상속받는다. 나는 그들에게 하나님이 될 것이요, 그들은 내게 아들과 딸이 될 것이다. 그러나 나머지 사람들—줏대 없고 신의 없는 자와, 타락한 자와 살인자와, 성매매꾼과 마술사와, 우상숭배자와 모든 거짓말쟁이들—이 받을 몫은 불과 유황이 타는 못, 곧 둘째 죽음이다!"

새 예루살렘

9-12 일곱 가지 최종 재앙이 가득 담긴 대접들을 들고 있던 일곱 천사 가운데 하나가 내게 말했습니다. "이리로 오너라. 내가 어린양의 아내인 신부를 네게 보여주겠다." 그는 성령 안에서 나를 거대하고 높은 산으로 데려가서, 하나님의 빛나는 영광에 싸여 하나님께로부터 하늘에서 내려오는 거룩한 예루살렘을 보여주었습니다.

12-14 그 도성은 귀한 보석처럼 반짝거렸고, 빛이 가득 넘실거렸습니다. 그 도성은 웅장하고 높은 성벽을 가졌고, 열두 대문이 있었습니다. 각 대문에는 천사가 하나씩 서 있었고, 이스라엘 자손 열두 지파의 이름이 새겨져 있었습니다. 그 대문은 동쪽으로 세 개, 북쪽으로 세 개, 남쪽으로 세 개, 서쪽으로 세 개가 나 있었습니다. 그 벽은 열두 개의 주춧돌 위에 서 있었는데, 주춧돌에는 어린양의 열두 사도 이름이 새겨져 있었습니다.

15-21 내게 말하던 천사가 금 측량자를 가지고, 그 도성과 문과 성벽을 재었습니다. 그 도성은 완벽한 정사각형이었습니다. 천사는 측량자로 도성을 재었는데, 길이와 폭과 높이가 똑같이 12,000스타디온이었습니다. 또 표준 치수로 성벽의 두께를 재어 보니 144규빗이었습니다. 성벽은 벽옥으로 영광의

bride for her husband.

3-5 I heard a voice thunder from the Throne: "Look! Look! God has moved into the neighborhood, making his home with men and women! They're his people, he's their God. He'll wipe every tear from their eyes. Death is gone for good—tears gone, crying gone, pain gone—all the first order of things gone." The Enthroned continued, "Look! I'm making everything new. Write it all down—each word dependable and accurate."

6-8 Then he said, "It's happened. I'm A to Z. I'm the Beginning, I'm the Conclusion. From Water-of-Life Well I give freely to the thirsty. Conquerors inherit all this. I'll be God to them, they'll be sons and daughters to me. But for the rest—the feckless and faithless, degenerates and murderers, sex peddlers and sorcerers, idolaters and all liars—for them it's Lake Fire and Brimstone. Second death!"

The City of Light

9-12 One of the Seven Angels who had carried the bowls filled with the seven final disasters spoke to me: "Come here. I'll show you the Bride, the Wife of the Lamb." He took me away in the Spirit to an enormous, high mountain and showed me Holy Jerusalem descending out of Heaven from God, resplendent in the bright glory of God.

12-14 The City shimmered like a precious gem, light-filled, pulsing light. She had a wall majestic and high with twelve gates. At each gate stood an Angel, and on the gates were inscribed the names of the Twelve Tribes of the sons of Israel: three gates on the east, three gates on the north, three gates on the south, three gates on the west. The wall was set on twelve foundations, the names of the Twelve Apostles of the Lamb inscribed on them.

15-21 The Angel speaking with me had a gold measuring stick to measure the City, its gates, and its wall. The City was laid out in a perfect square. He measured the City with the measuring stick: twelve thousand stadia, its length, width, and height all equal. Using the standard

색을 발했고, 도성은 유리처럼 투명한 순금이었습니다. 도성의 주춧돌은 온갖 귀한 보석들로 장식되어 있습니다. 첫째 주춧돌은 벽옥, 둘째 것은 사파이어, 셋째 것은 마노, 넷째 것은 에메랄드, 다섯째 것은 얼룩마노, 여섯째 것은 홍옥수, 일곱째 것은 귀감람석, 여덟째 것은 녹주석, 아홉째 것은 황옥, 열째 것은 녹옥수, 열한째 것은 청옥, 열두째 것은 자수정이었습니다. 그 열두 대문은 열두 진주로 되어 있었는데, 각 대문이 한 개의 진주로 되어 있었습니다.

21-27 도시의 중심가는 유리처럼 투명한 순금이었습니다. 그러나 성전은 도무지 찾아볼 수 없었는데, 주권자이신 주 하나님과 어린양이 바로 성전이시기 때문입니다. 그 도시에는 빛을 비추어 줄 해나 달이 필요 없습니다. 거기서는 하나님의 영광이 빛이며, 어린양이 등불이시기 때문입니다! 민족들이 그 빛 가운데로 다니고, 땅의 왕들이 자기 영광을 가지고 들어올 것입니다. 낮에는 결코 대문이 닫히는 법이 없으며, 다시는 밤이 없을 것입니다. 사람들은 민족들의 영광과 영예를 그 도성 안으로 가지고 들어올 것입니다. 더럽거나 더렵혀진 것은 무엇이든 그 안으로 들어오지 못할 것입니다. 더럽히거나 속이는 자들도 들어오지 못할 것입니다. 오직 어린양의 생명책에 이름이 적혀 있는 사람들만 들어올 것입니다.

22

1-5 그 천사는 또 내게 수정같이 빛나는 생명수 강을 보여주었습니다. 그 강은 하나님과 어린양의 보좌로부터 흘러 나와, 거리 한가운데로 흐르고 있었습니다. 그 강의 양쪽에는 열두 종류의 열매를 맺는 생명나무가 심겨 있어서, 달마다 열매를 내었습니다. 그 나무의 잎사귀는 민족들을 치유하는 데 쓰였습니다. 결코 다시는 저주가 없을 것입니다. 하나님과 어린양의 보좌가 중앙에 있습니다. 그분의 종들이 하나님을 섬길 것입니다. 그들은 하나님께 예배하며 그분의 얼굴을 뵐 것입니다. 그들의 이마는 하나님의 빛을 받아 빛날 것입니다. 다시는 밤이 없을 것입니다. 누구에게도 등불이나 햇빛이 필요 없을 것입니다. 주 하나님의 빛나는 빛이 모두를 비춰 줄 것입니다. 그들은 영원무궁토록 그분과 함께 다스릴 것입니다.

measure, the Angel measured the thickness of its wall: 144 cubits. The wall was jasper, the color of Glory, and the City was pure gold, translucent as glass. The foundations of the City walls were garnished with every precious gem imaginable: the first foundation jasper, the second sapphire, the third agate, the fourth emerald, the fifth onyx, the sixth carnelian, the seventh chrysolite, the eighth beryl, the ninth topaz, the tenth chrysoprase, the eleventh jacinth, the twelfth amethyst. The twelve gates were twelve pearls, each gate a single pearl.

21-27 The main street of the City was pure gold, translucent as glass. But there was no sign of a Temple, for the Lord God—the Sovereign-Strong—and the Lamb are the Temple. The City doesn't need sun or moon for light. God's Glory is its light, the Lamb its lamp! The nations will walk in its light and earth's kings bring in their splendor. Its gates will never be shut by day, and there won't be any night. They'll bring the glory and honor of the nations into the City. Nothing dirty or defiled will get into the City, and no one who defiles or deceives. Only those whose names are written in the Lamb's Book of Life will get in.

22

1-5 Then the Angel showed me Water-of-Life River, crystal bright. It flowed from the Throne of God and the Lamb, right down the middle of the street. The Tree of Life was planted on each side of the River, producing twelve kinds of fruit, a ripe fruit each month. The leaves of the Tree are for healing the nations. Never again will anything be cursed. The Throne of God and of the Lamb is at the center. His servants will offer God service—worshiping, they'll look on his face, their foreheads mirroring God. Never again will there be any night. No one will need lamplight or sunlight. The shining of God, the Master, is all the light anyone needs. And they will rule with him age after age after age.

이 책의 말씀을 지키는 사람은 복되다

6-7 천사가 내게 말했습니다. "이는 한 마디 한 마디가 다 믿을 수 있는 확실한 말씀이다. 예언자의 영들의 하나님이시며 주님이신 분께서, 그분의 천사를 보내 그분의 종들에게 곧 일어날 일을 보여 주셨다. 그리고 그들에게 말하여라. '그렇다. 내가 가고 있다!' 이 책의 예언의 말씀을 지키는 사람은 복되다."

8-9 나 요한은, 이 모든 것을 눈으로 직접 보고, 귀로 직접 들었습니다. 나는 보고 들은 그 순간에, 내 앞에 이 모든 것을 펼쳐 보여준 그 천사의 발 앞에 엎드려 경배하려고 했습니다. 그러자 천사가 말렸습니다. "이러지 마라! 나도 너와 너의 동료와 예언자와, 이 책의 말씀을 지키는 모든 사람처럼 다만 종일 뿐이다. 하나님께 경배하여라!"

10-11 천사가 이어서 말했습니다. "이 책의 예언의 말씀을 봉인하지 마라. 책꽂이에 처박아 두지 마라. 때가 가까이 왔다. 악행을 일삼는 자들은 계속해서 악하게 살도록 내버려 두고, 마음이 더러운 자들은 계속해서 더럽게 살도록 내버려 두어라. 의로운 사람들은 계속해서 올곧게 살게 하고, 거룩한 사람들은 계속해서 거룩하게 살게 하여라."

12-13 "그렇다. 내가 가고 있다! 내가 곧 갈 것이다! 내가 갈 때 내 임금 대장을 가지고 갈 것이다. 나는 사람들이 살면서 행한 대로 그들에게 임금을 지불해 줄 것이다. 나는 처음이며 마지막, 최초이며 최종, 시작이며 끝이다.

14-15 자기 옷을 깨끗이 하는 사람은 얼마나 복된지! 생명나무가 영원히 그들의 것이 될 것이며, 그들은 대문을 통해 그 도성에 들어갈 것이다. 그러나 더러운 똥개들, 곧 마술사, 간음한 자, 살인자, 우상숭배자, 거짓을 사랑하고 일삼는 모든 사람들은 영원히 바깥으로 내쳐질 것이다.

16 나 예수는, 내 천사를 보내 교회들에게 이 모든 것을 증언하게 했다. 나는 다윗의 뿌리요 가지며, 빛나는 새벽별이다."

17 "오십시오!" 성령과 신부가 말씀하십니다.
듣는 이들도 "오십시오!" 하고 화답하십시오.
목마른 사람 있습니까? 오십시오!
원하는 사람은 누구나, 와서 마시십시오.
생명수를 거저 마시십시오!

Don't Put It Away on the Shelf

6-7 The Angel said to me, "These are dependable and accurate words, every one. The God and Master of the spirits of the prophets sent his Angel to show his servants what must take place, and soon. And tell them, 'Yes, I'm on my way!' Blessed be the one who keeps the words of the prophecy of this book."

8-9 I, John, saw all these things with my own eyes, heard them with my ears. Immediately when I heard and saw, I fell on my face to worship at the feet of the Angel who laid it all out before me. He objected, "No you don't! I'm a servant just like you and your companions, the prophets, and all who keep the words of this book. Worship God!"

10-11 The Angel continued, "Don't seal the words of the prophecy of this book; don't put it away on the shelf. Time is just about up. Let evildoers do their worst and the dirty-minded go all out in pollution, but let the righteous maintain a straight course and the holy continue on in holiness."

12-13 "Yes, I'm on my way! I'll be there soon! I'm bringing my payroll with me. I'll pay all people in full for their life's work. I'm A to Z, the First and the Final, Beginning and Conclusion.

14-15 "How blessed are those who wash their robes! The Tree of Life is theirs for good, and they'll walk through the gates to the City. But outside for good are the filthy curs: sorcerers, fornicators, murderers, idolaters—all who love and live lies.

16 "I, Jesus, sent my Angel to testify to these things for the churches. I'm the Root and Branch of David, the Bright Morning Star."

17 "Come!" say the Spirit and the Bride.
Whoever hears, echo, "Come!"
Is anyone thirsty? Come!
All who will, come and drink,
Drink freely of the Water of Life!

18-19 I give fair warning to all who hear the words of the prophecy of this book: If you add to the

[18-19] 나는 이 책의 예언의 말씀을 듣는 모든 이들에게
분명히 말해 둡니다. 만일 여러분이 이 예언의 말씀에
무엇을 덧붙이면, 하나님께서 여러분의 삶에 이 책에
기록된 그 재앙들을 덧붙이실 것입니다. 만일 여러분
이 이 예언의 책의 말씀에서 무엇을 떼어 버리면, 하
나님께서 이 책에 기록된 생명나무와 그 거룩한 도성
에서 여러분이 받을 몫을 떼어 버리실 것입니다.
[20] 이 모든 것을 증언하는 분이 다시 말씀하십니다.
"내가 가고 있다! 내가 곧 갈 것이다!"
예! 오십시오, 주 예수님!
[21] 주 예수의 은혜가 여러분 모두와 함께 있기를 바
랍니다. 아멘!

words of this prophecy, God will add to your life the disasters written in this book; if you subtract from the words of the book of this prophecy, God will subtract your part from the Tree of Life and the Holy City that are written in this book.
[20] He who testifies to all these things says it
again: "I'm on my way! I'll be there soon!"
Yes! Come, Master Jesus!
[21] The grace of the Master Jesus be with all of
you. Oh, Yes!

성경 이야기의 다섯 막

성경의 요체는 이야기다. 특정 백성에 대한 이야기, 하나님께서 어떻게 그들을 부르셨고 그들을 모든 인류를 위한 복의 통로로 삼고자 하시는지에 대한 이야기다. 사실, **이야기**는 우리 삶을 가장 잘 묘사해 주는 단어이기도 하다. 우리는 법을 잘 준수하는 사람일 수도, 사실을 깊이 연구하는 사람일 수도, 지혜를 추구하는 사람일 수도 있지만, 이런 행위들이 우리에게 우리 삶의 의미를 밝혀 주는 것은 아니다. 우리 삶에 맥락을 제공하고 의미를 부여해 주는 것은 다름 아닌 이야기다.

성경은 모든 부분들이 모여 결국 하나의 이야기를 이룬다. 그렇기에

성경을 이해하자면, 우리는 그 등장인물을 파악하고 배경을 이해하고 줄거리를 따라가야 한다.

성경의 클라이맥스와 대미를 이해하자면, 우리는 거기까지 전개되어 온 이야기를 알고 있어야 한다. 고조되는 긴장과 깊어지는 갈등을 함께 느낄 줄 알아야 한다. 좋은 소설을 읽을 때처럼 우리는 이야기 속에 푹 빠져들어야 한다.

다음은 성경을 다섯 막으로 이루어진 드라마로 보고 그 이야기를 축약해 본 것이다.

제1막 | **창조**

성경 드라마는 막이 오를 때 이미 하나님이 무대 위에 올라와 계신다. 세상을 창조하고 계신다. 하나님은 사람 곧 아담을 만드시고는, 그를 에덴 동산에 두어 그곳을 돌보고 가꾸는 일을 하게 하신다. 하나님의 뜻은 인간이 당신과 친밀한 관계 가운데 살며 주변의 모든 창조물과 조화를 이루며 사는 것이다. 성경의 처음 장들은 하나님을 처음 인간들인 아담과 하와와 더불어 에덴 동산에 거주하시는 분으로 그린다. 창세기 첫째 장은 스스로 하신 일에 대해 자평하시는 하나님의 말씀으로 마친다.

하나님께서 손수 만드신 모든 것을 보시니

참으로 좋고 좋았다!(창 1:31)

이렇게 성경 이야기의 1막은 하나님께서 사람에게 바라시는 것이 무엇인지를 계시해 주며, 이후 일어날 일들의 배경이 된다.

제2막 | 타락

이야기에 긴장이 도입된다. 아담과 하와가 하나님의 길을 저버리고 자기 꾀를 내어 살기로 선택한 것이다. 그들은 하나님의 원수인 사탄의 혹하는 소리에 귀를 기울이고 하나님의 미쁘심을 의심한다. 그들은 하나님께 반역한다. 그 결과,

> 하나님은 그들을 에덴 동산에서 내쫓으시고, 그들이 흙으로 지어졌으므로 흙을 일구게 하셨다. 하나님께서 그들을 쫓아내신 다음, 동산 동쪽에 그룹 천사들과 회전하는 불칼을 두셔서, 생명나무에 이르는 길을 지키게 하셨다(창 3:23-24).

1막이 세상을 창조하신 하나님의 뜻이 무엇인지를 계시해 주었다면, 여기 2막은 창조물 가운데 일부가 하나님의 계획을 따르기를 거부했음을 보여준다. 하나님은 과연 인간과의 관계를 회복하고 창조세계에서 저주를 제거하실 수 있을 것인가? 아니면, 하나님의 원수에 의해 결국 그분의 계획이 무산되고 이야기가 역전되고 말 것인가?

1막과 2막은 페이지 수로 따지면 성경에서 얼마 안되지만, 뒤따라 전개되는 이야기 전체를 지배하는 중심 갈등이 도입되는 부분이다.

제3막 | 이스라엘

> 하나님께서 아브람에게 말씀하셨다. "네 고향과 네 가족과 네 아버지 집을 떠나, 내가 네게 보여 줄 땅으로 가거라.
>
> 내가 너를 큰 민족이 되게 하고
> 네게 복을 주겠다.
> 내가 네 이름을 떨치게 할 것이니
> 너는 복의 근원이 될 것이다.

너를 축복하는 사람에게는 내가 복을 내리고
너를 저주하는 사람에게는 내가 저주를 내리겠다.
세상 모든 민족이
너로 인하여 복을 받을 것이다"(창 12:1-3).

하나님은 아브람(후에 하나님은 그에게 아브라함이라는 새 이름을 지어 주신다)을 부르셔서는 그를 큰 민족의 조상으로 삼아 주시겠다는 약속을 하신다. 그러고는 하나님은 초점을 좁혀 한동안은 한 무리의 사람들에게 집중하신다. 하지만 하나님의 궁극적 목적은 동일하다. 지상의 모든 민족들에게 복을 내리고, 창조세계에서 저주를 없애며, 에덴 동산에 존재했던 그 본래적 관계를 회복시키는 것 말이다.

이후 아브라함의 자손들이 이집트에서 노예로 살아가는 상황이 벌어지자, 성경 이야기의 중심 패턴 하나가 모습을 드러낸다. 즉 하나님께서 당신의 백성을 다시 찾아오시고, 그들을 해방시켜 주시며, 그들에게 약속의 땅을 되찾아 주신다. 하나님은 이 새 민족 이스라엘과 시내 산에서 언약을 맺으신다. 이집트로부터 탈출하여 출애굽(Exodus)하는 그들을 위해 모세를 지도자로 세워 주신다. 언약을 맺으실 때 하나님은, 만일 당신의 백성이 당신께 충실하고 신실히 당신의 길을 따른다면 그 새 땅에서 그들에게 복을 내리고 그곳을 에덴 동산 같은 곳으로 만들어 주겠노라고 분명히 약속해 주신다.

그러나 하나님은 또 경고하시기를, 만일 이스라엘이 언약을 충실히 이행하지 않는다면, 당신께서는 그들을 아담과 하와에게 하셨던 것처럼 그 땅에서 쫓아내실 것이라고 하신다. 비극적이게도, 또 하나님의 거듭된 경고와 호소에도 불구하고, 이스라엘은 결국 하나님의 길을 저버리고 만다. 그들은 하나님과의 언약을 깨뜨리고, 주변 민족들이 섬기는 거짓 신들을 따르며, 그렇게 하나님의 심판을 자초한다.

이렇게 아브라함의 자손들은 아담의 실패를 만회하라고 선택된 이들이었음에도 결국 실패하고 만다. 그러나 이런 와중에서도 하나님은 다른 씨들을 심고 계셨다. 이스라엘의 왕들 가운데 하나였던 다윗은 **"하나님의 마음에 합한 사람"**이었다. 하나님은 이스라엘에게 장차 다윗 같은 왕을 보내 주시겠다고 약속하셨다. 다윗의 후손인 그 왕은 이스라엘을 지혜롭게 인도할 것이며, 백성의 마음을 다시 하나님께로 돌이킬 것이며, 세계의 모든 민족들에게 복을 가져올 것이라고 하셨다.

이렇게 3막은 하나님의 부재와 더불어, 그러나 또한 한 약속, 희망과 더불어 막을 내린다.

제4막 | 예수

시간이 흘러 사백 년 후, 이스라엘 백성은 로마의 압제 아래서 신음하며 하나님이 다시 찾아와 주시기를 대망하고 있다. 이때 하나님의 천사가 마리아라는 한 젊은 여인을 찾아와서는 소식을 전한다.

"네가 임신하여 아들을 낳을 것이니, 그 이름을 예수라고 하여라.

그는 크게 되어
'지극히 높으신 분의 아들'이라 불릴 것이다.
주 하나님께서 그에게
그의 조상 다윗의 왕위를 주실 것이다.
그는 영원히 야곱의 집을 다스리고
그의 나라는 영원무궁할 것이다"(눅 1:31-33).

예수께서 오시는 것은 하나님의 약속의 성취였다.

예수께서는 미션에 돌입하신다. 백성 가운데 아프고 병든 이들을 고쳐 주신다. 영적 세계에 도사리고 있는 하나님의 원수들 곧 마귀들과 대결하시고, 그들더러 사람을 괴롭히지 말고 떠나라고 명령하신다. 가난한 심령으로 나아오는 이들에게 죄 용서를 선언하신다. 예수께서는 복음, 곧 희소식을 선포하신다.

"때가 다 되었다! 하나님 나라가 여기 있다. 너희 삶을 고치고 메시지를 믿어라"(막 1:15).

예수께서 전한 메시지의 핵심은 바로 이 희소식, 하나님께서 통치하시는 나라가 다가오고 있다는 소식이다. 마침내 하나님께서 당신의 백성에게 돌아오실 것이고 다시 그들 가운데 거하실 것이다. 예수께서 임마누엘, 곧 "하나님이 우리와 함께하신다"고 불리시는 까닭이 여기에 있다.

그러나 예수의 메시지는 상반된 반응을 불러일으킨다. 믿고 받아들이는 이들도 있으나, 대부분은 그저 어리둥절해하며 그분을 신기해할 뿐이다. 제도권 종교 지도자들은 곧 그분을 적대한다. 갈등은 고조되다가 마침내 파국에 이르고, 마침내 종교 지도자들은 공모해 예수를 체포해서는 십자가에 못 박아 죽인다.

그러나 일견 하나님의 패배로 보이는 이 일은 실상 하나님의 최고 승리 사건이다. 예수의 죽음은 대역전의 사건, 하나님께서 당신의 원수를 거꾸러뜨리고 세상을 뒤엎으신 사건이다. 스스로 자기 목숨을 제물로 바침으로써 예수께서는 우리의 죄에 대한 하나님의 심판을 친히 담당해 주신다. 이스라엘의 참 제사장으로서 그분은 자기 목숨을 당신의 백성을 위해 제물로 바치신다. 그분께서는 당신 백성을 새로이 출애굽시키신다. 죽음에서 생명으로 옮기신다. 이 모든 일이 보여주는 바, 예수께서는 인류를 하나님과 화해시켜 주러 오시기로 약속된 바로 그 아브라함의 자손이다. 이스라엘은 예수를 통해 비로소 자신의 역할을 완수하게 된다. 하나님께서 아브라함을 부르신 목적을 마침내 이루게 된다.

이와 같은 예수 이야기가 바로 성경 전체 이야기의 핵심 포인트다. 하나님의 원수와의 대결, 세상의 근원적 뒤틀림을 바로잡으려는 씨름의 진면목이 펼쳐지는 장이 바로 예수의 삶이다. 예수께서 바로 성경 이야기의 주인공이시다.

제5막 | 하나님의 새 백성

결정적 승리는 이미 확보되었다. 그런데 왜 5막이 필요할까? 하나님께서는 예수의 승리가 세상 모든 민족들에게 퍼져 나가기를 바라시기 때문이다. 예수를 따르는 이들은 지금 함께 하나님의 새 성전으로 지어져 가는 중이다. 하나님의 영이 거하시는 곳으로 말이다. 하나님은 세계 방방곡곡에서 이런 이들을 불러 모아 당신의 교회를 이루게 하신다. 이 일이 완성되는 날, 예수께서 돌아오실 것이고, 하나님의 통치가 하나님의 창조세계 전체에 걸쳐 실재가 될 것이다(고전 15:24-25). 2막 때 들어왔던 저주가 마침내 제거될 것이다(계 22:3).

세계 모든 민족들에게 복을 가져오는 백성이 되라는 임무가 다시금 아브라함의 자손들에게 주어졌다. 신약성경에 따르면, 그리스도께 속한 이들이야말로 진정한 아브라함의 자손들이다(갈 3:29). 5막은 그리스도를 따르는 제자들에게 부여된 미션을 강조한다. 그리스도의 나라에 대한 희소식, 그 해방의 메시지를 선포하며 살아 내는 삶 말이다.

지금 우리 모두는 이 5막의 시대, 그 드라마를 살고 있다. 그리스도에 대한, 그분 나라에 대한 복음 메시지가 우리에게까지 이르렀다. 우리도 중대한 결단 앞에 서게 된 것이다. 어떤 결단을 내릴 것인가? 이 이야기 속에서 우리는 어떤 역할을 자임할 것인가?

성경 이야기는 인류 역사를 관통하는 갈등과 씨름에 대한 참된 서술이다. 우리는 새 창조의 일을 하시는, 세상을 회복시키시며 세상과 우리를 새롭게 하시는 하나님의 선교에 동참할 것인가?

무엇을 할 것인가?

지금 당장 할 수 있는 가장 중요한 일은 먼저 이 성경을 주의 깊게 읽는 것이다. 그러면 하나님의 영께서 성경의 말씀을 힘 있게 들어 사용하셔서 당신의 목적을 성취하신다. 여러분을 변화시키며, 여러분을 통해 세상을 변화시키신다.

성경을 읽기 쉬운 책이라 말하기는 어렵다. 이해하기 어려운 구절들도 분명 있다. 그러나 그럼에도 불구하고 여러분이 성경 읽기를 고수한다면, 하나님에 대해, 또 그분께서 성경을 통해 주시는 이야기에 대해 더 깊이 알고자 매진한다면, 여러분은 인도받을 것이고, 변화될 것이며, 하나님과 친밀한 사이가 될 것이다.

성경 드라마 | 연대표

◎ **세계사 주요 사건**

피라미드 건설, 주전 2500년대
힌두교가 인도에서 흥왕하다, 주전 1100년대
불교가 인도에서 창시되다, 주전 500년대
알렉산더 대제의 통치 시대 개막, 주전 336년
중국이 만리장성 건축을 시작하다, 주전 214년
로마제국의 발흥, 주전 28년

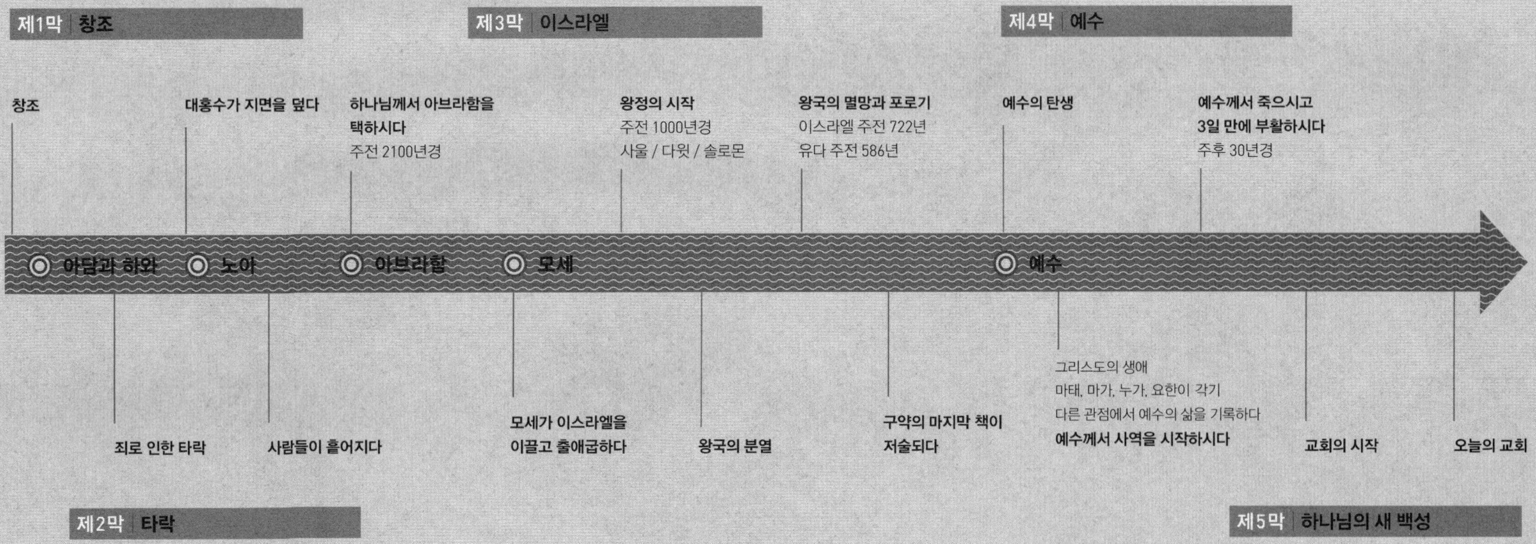

The MESSAGE

주요 성경 지도

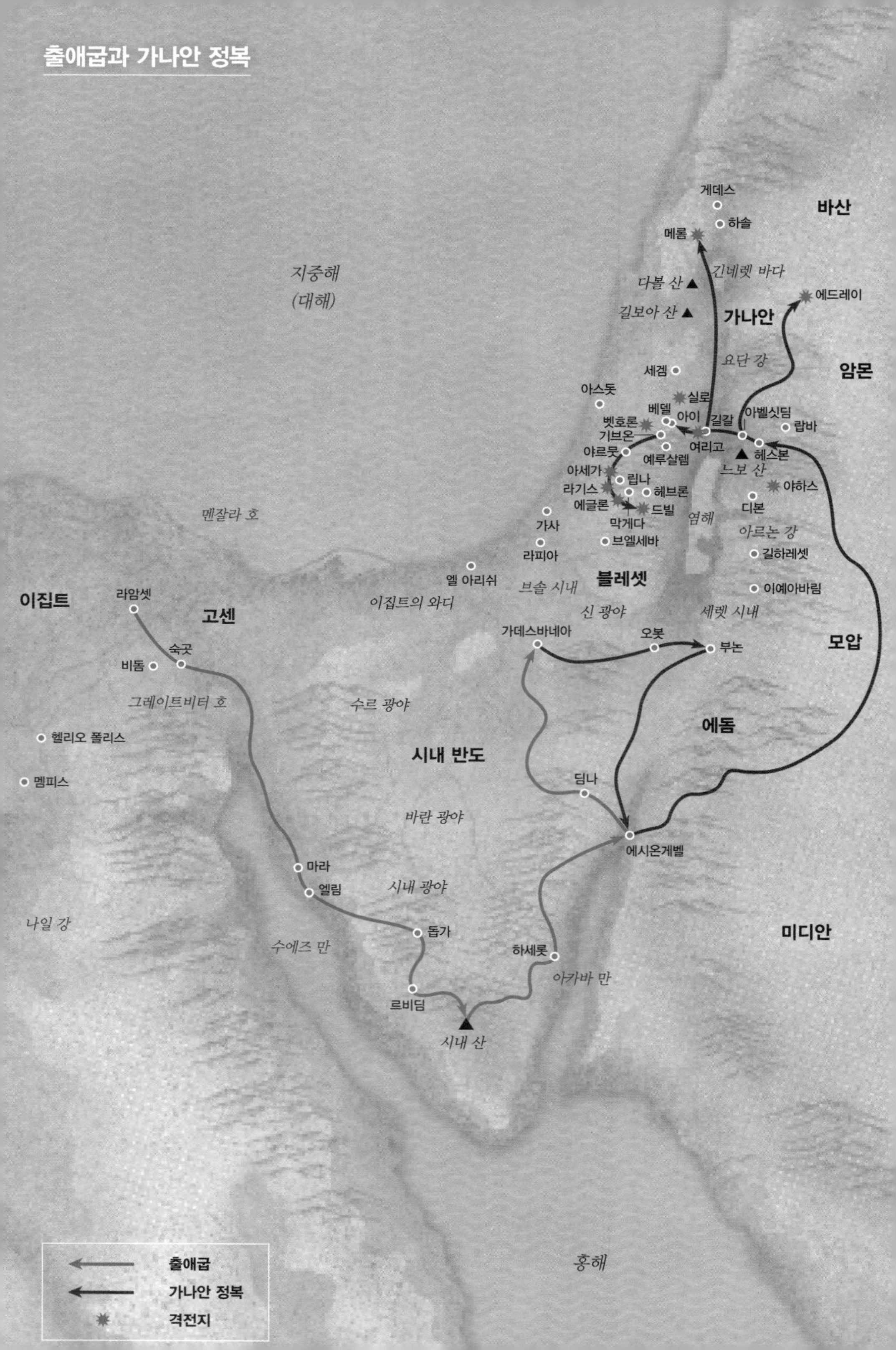

출애굽과 가나안 정복
게데스
바산
하솔
메롬
긴네렛 바다
다볼 산
에드레이
길보아 산
가나안
지중해
(대해)
요단 강
암몬
세겜
아스돗
실로
베델
아이
아벨싯딤
벳호론
길갈
랍바
기브온
여리고
아르못
예루살렘
헤스본
느보 산
아세가
립나
라기스
헤브론
야하스
에글론
드빌
디본
막게다
염해
가사
아르논 강
브엘세바
멘잘라 호
라피아
길하레셋
엘 아리쉬
블레셋
브솔 시내
이예아바림
이집트
라암셋
이집트의 와디
고센
신 광야
세렛 시내
가데스바네아
오봇
부논
모압
숙곳
비돔
그레이트비터 호
수르 광야
에돔
헬리오 폴리스
시내 반도
멤피스
딤나
바란 광야
에시온게벨
마라
엘림
시내 광야
나일 강
돕가
미디안
수에즈 만
하세롯
아카바 만
르비딤
시내 산
홍해
출애굽
가나안 정복
격전지

이스라엘 열두 지파

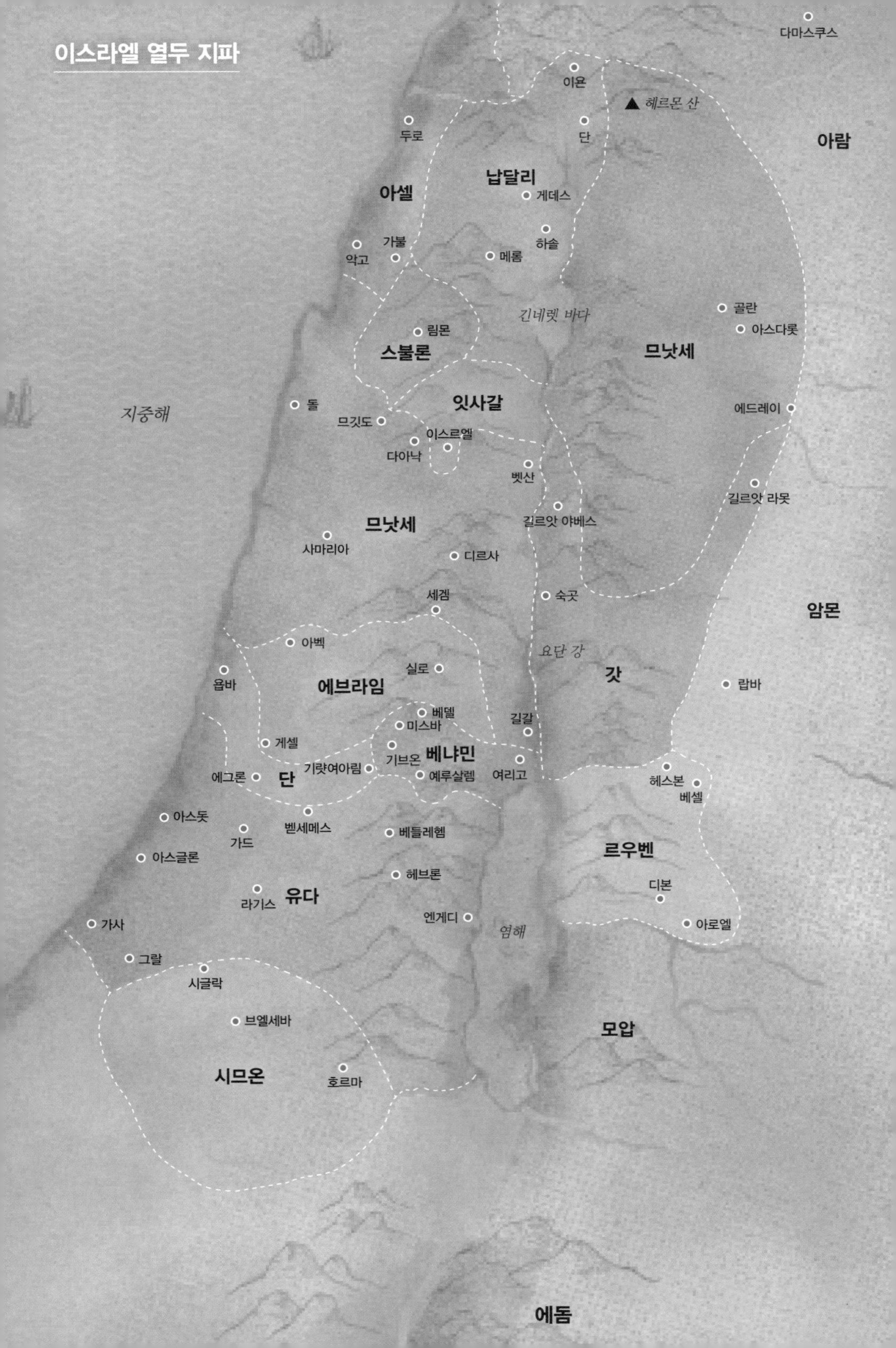

다마스쿠스
이욘
헤르몬 산
아람
두로
단
납달리
아셀
게데스
하솔
가불
악고
메롬
긴네렛 바다
골란
아스다롯
림몬
스불론
므낫세
지중해
돌
잇사갈
므깃도
이스르엘
다아낙
에드레이
벳산
길르앗 라못
길르앗 야베스
므낫세
사마리아
디르사
세겜
숙곳
암몬
아벡
요단 강
실로
욥바
에브라임
갓
랍바
베델
미스바
길갈
게셀
기브온
베냐민
여리고
기럇여아림
에그론
단
예루살렘
헤스본
베셀
아스돗
벧세메스
가드
베들레헴
아스글론
르우벤
헤브론
디본
라기스
유다
엔게디
가사
염해
아로엘
그랄
시글락
브엘세바
모압
시므온
호르마
에돔

분열 왕국

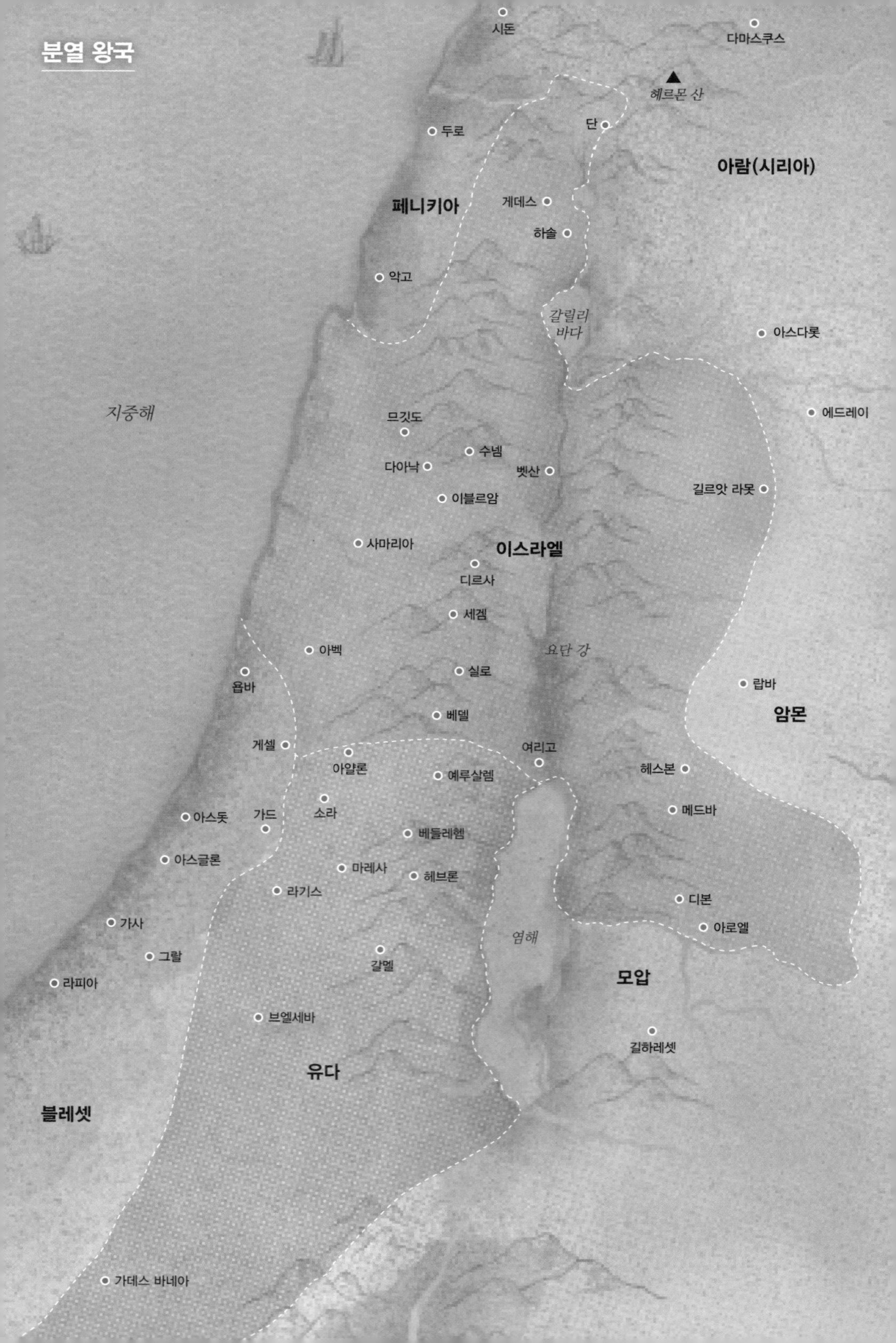
시돈
다마스쿠스
헤르몬 산
두로
단
아람(시리아)
페니키아
게데스
하솔
악고
갈릴리 바다
아스다롯
지중해
에드레이
므깃도
수넴
다아낙
벳산
이블르암
길르앗 라못
사마리아
이스라엘
디르사
세겜
아벡
요단 강
실로
욥바
랍바
베델
암몬
게셀
여리고
아얄론
예루살렘
헤스본
소라
가드
아스돗
메드바
베들레헴
아스글론
마레사
헤브론
라기스
디본
가사
아로엘
염해
그랄
갈멜
모압
라피아
브엘세바
길하레셋
유다
블레셋
가데스 바네아

예수 시대의 팔레스타인

시돈
이두레
다마스쿠스
시리아
헤르몬 산
두로
페니키아
가이사랴 빌립보
가울리니티스
트라코니티스(드라고닛)
라파나
갈릴리
하솔
분봉왕 빌립의 영토
돌레마이
고라신
가버나움
벳세다
게네사렛
거라사
막달라
갈릴리 바다
가나
디베랴
힙포
바타네아
나사렛
아빌라
나인
가다라
돌
지중해
므깃도
스키토폴리스
가이사랴
펠라
아우라니티스
도단
디온
사마리아
데가볼리
세바스테(사마리아)
게라사
아마타우스
수가
안디바드리
알렉산드리움
욥바
베레아
빌라델비아
에브라임
룻다
베델
요단 강
아얄론
여리고
얌니아
엠마오
에스부스(헤스본)
키프로스
예루살렘
베다니
메드바
아스돗
유대
베들레헴
히르카니아
아스글론
헤로디움
마케루스
헤브론
가사
아도라임
염해
이두메
엔게디
라피아
마사다
브엘세바
아랏
말라타
나바테아

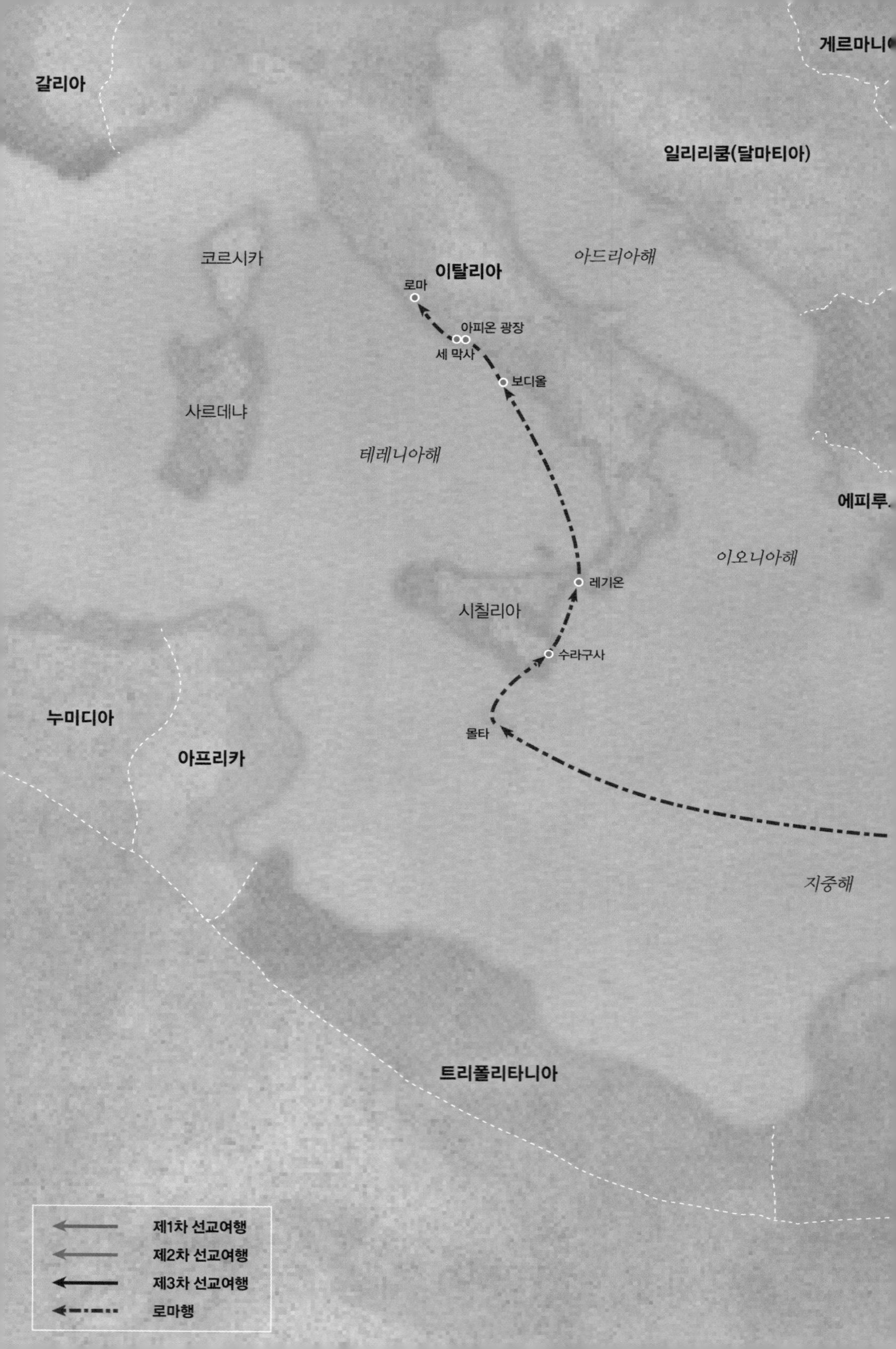

갈리아
게르마니
일리리쿰(달마티아)
코르시카
이탈리아
아드리아해
로마
아피온 광장
세 막사
보디올
사르데냐
테레니아해
에피루
이오니아해
레기온
시칠리아
수라구사
누미디아
아프리카
몰타
지중해
트리폴리타니아
제1차 선교여행
제2차 선교여행
제3차 선교여행
로마행

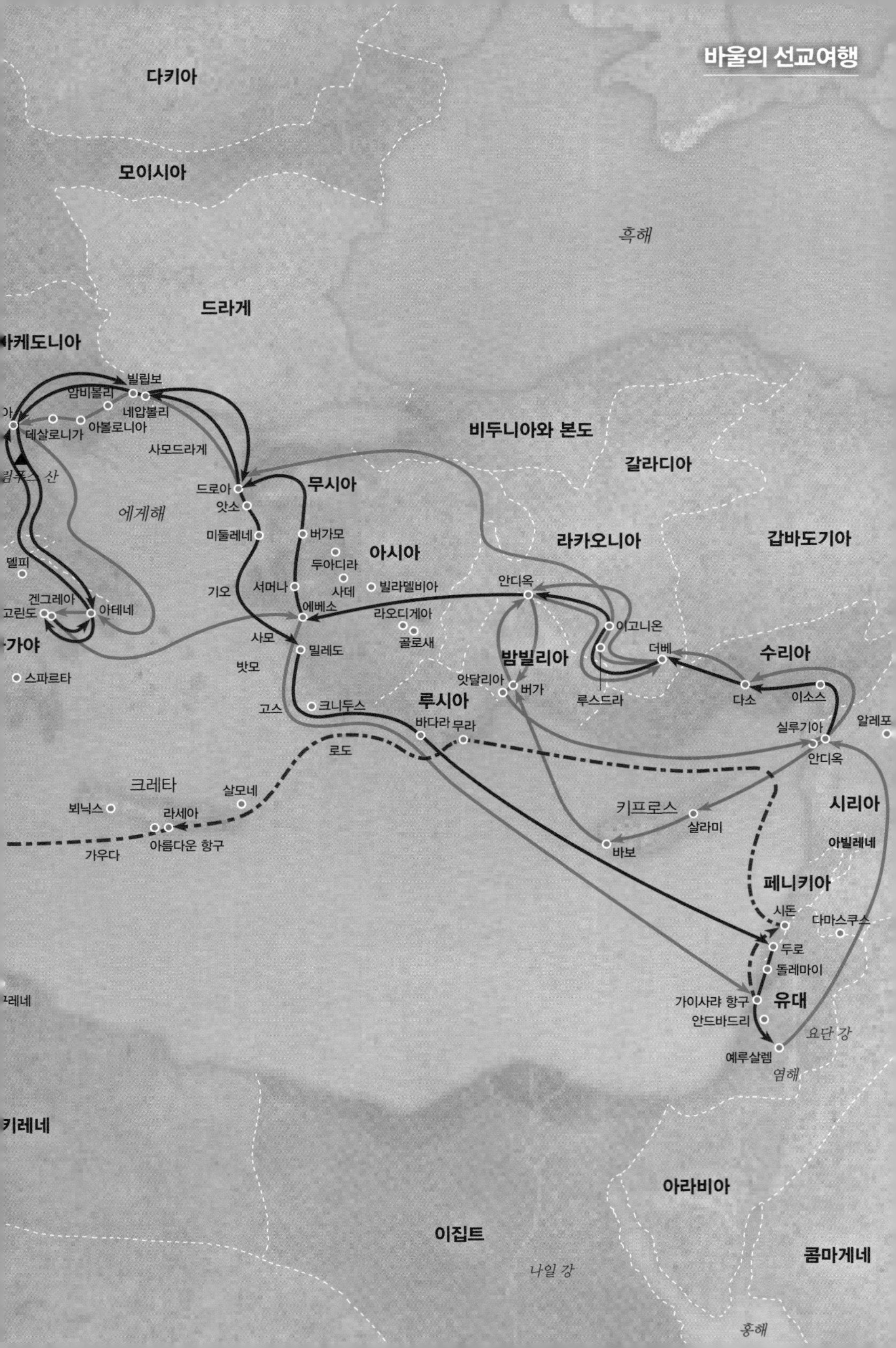

바울의 선교여행
다키아
모이시아
흑해
드라게
빌립보
암비볼리
네압볼리
아볼로니아
데살로니가
사모드라게
비두니아와 본도
갈라디아
무시아
드로아
앗소
에게해
미둘레네
버가모
아시아
두아디라
사데
빌라델비아
라카오니아
갑바도기아
델피
겐그레아
고린도
아테네
기오
서머나
에베소
안디옥
라오디게아
골로새
이고니온
사모
밀레도
밧모
밤빌리아
더베
수리아
스파르타
앗달리아
버가
루스드라
다소
이소스
고스
크니두스
루시아
바다라
무라
실루기아
안디옥
알레포
로도
크레타
살모네
뵈닉스
라세아
키프로스
살라미
시리아
아름다운 항구
가우다
바보
아빌레네
페니키아
시돈
다마스쿠스
두로
돌레마이
가이사랴 항구
유대
안드바드리
요단 강
예루살렘
염해
키레네
아라비아
이집트
나일 강
콤마게네
홍해